diccionario SALAMANCA de la lengua española

El Instituto Caro y Cuervo
ha homologado esta obra para la enseñanza de la lengua española.

diccionario SALAMANCA de la lengua española

español
Santillana
Universidad de Salamanca

Han participado en la elaboración de este diccionario:

Proyecto:

JUAN GUTIÉRREZ CUADRADO (U. de Barcelona)
JOSÉ ANTONIO PASCUAL RODRÍGUEZ (U. de Salamanca)

Dirección:

JUAN GUTIÉRREZ CUADRADO

Equipo de redacción:

María Bargalló Escrivá (*lemas verbales.* U. Rovira i Virgili)
Francisco Alberto Buitrago Jiménez (U. de Salamanca)
M.ª del Rosario Calderón Soto
Carmen Carrasco González
Ladislao Castro Ramos (*lemas gramaticales.* U. de Salamanca)
Natalia Catalá Torres (*lemas verbales.* U. Rovira i Virgili)
Mercedes Esteban García
Jesús Fernández González (U. de Salamanca)
Esther Forgás Berdet (U. Rovira i Virgili)
Cecilio Garriga Escribano (U. Rovira i Virgili)
Edelmira Martínez Fuentes
Marta Monje Molina
Carmen Morales Ruiz (U. Autónoma de Barcelona)
Gloria Prado Rodríguez
Lidia Sala Caja (U. de Barcelona)
Ana M.ª Sánchez Mora
Javier de Santiago Guervós (U. de Salamanca)
Luis Santos Río (*lemas gramaticales.* U. de Salamanca)
José Agustín Torijano Pérez (U. de Salamanca)

Equipo editorial:

Pilar Peña Pérez (*dirección editorial*)
M.ª del Rosario Calderón Soto y Mercedes Esteban García (*coordinación editorial*)
Silvia Cerrato Rodríguez, M.ª Luisa Esteban García
y M.ª Leocadia Rodrigálvarez Martín (*captura de datos*)
Francisco Romero Ruiz (*dirección técnica*)
Manuel Baña y Pedro Martín (*coordinación técnica*)
Ángeles Barzano Caraballo y Begoña Pascual Rodríguez (*composición*)
Carolina Frías Ortiz, Gerardo Z. García García,
M.ª José Rodríguez Fierro y Francisco Viciana Rodríguez (*corrección*)

Diseño de cubierta: ZAC

Torrelaguna, 60. 28043 Madrid

Coedición con Ediciones de la Universidad de Salamanca
PRINTED IN SPAIN
Impreso en España por CAYFOSA-QUEBECOR
Sta. Perpètua de Mogoda (Barcelona)

ISBN: 84-934537-4-9
CP: 870586
D.L.: B-23.069-2006

INTRODUCCIÓN

Juan Gutiérrez Cuadrado

El nacimiento de este diccionario

Este diccionario es el resultado de un proyecto que hemos escrito José Antonio Pascual y yo, y que ha sido acogido e impulsado por la Universidad de Salamanca y por la editorial Santillana, y realizado por un grupo de profesionales de la propia editorial, un grupo de profesores de las universidades de Salamanca, Barcelona y Tarragona y algunos otros colaboradores. Sin el entusiasmo de todos estos amigos, que se han esforzado más allá de lo imaginable; sin la pericia del equipo técnico de la editorial, que se ha volcado para que nuestro trabajo quepa en un solo tomo manejable de cuidada y variada tipografía; sin el apoyo y la crítica constantes y leales de los editores; y, por último, pero no en menor medida, sin los consejos de José Manuel Blecua, este diccionario nunca hubiera llegado a su conclusión. Yo me he limitado todo este tiempo a resistir sentado en un sillón de tijera como el de los directores de cine y ahora me veo obligado a estampar mi firma en la presente introducción.

I. OBJETO Y CONTENIDO DEL DICCIONARIO SALAMANCA

¿Qué busca este diccionario?

Este diccionario se dirige primordialmente a todos los estudiantes, sean o no extranjeros, que quieran mejorar su dominio de la lengua española, y a todos los profesores que se dedican a enseñar español. Comparte con otros diccionarios generales de lengua la información enciclopédica habitual, pero, sobre todo, pretende con sus observaciones morfológicas y sintácticas ayudar a los usuarios para que incorporen activamente a su léxico las palabras consultadas y las empleen con seguridad en la vida cotidiana, tanto oralmente como por escrito.

¿Qué encontrar en el diccionario?

Además de las **palabras generales** del léxico actual del español, sin arcaísmos ni dialectalismos, el usuario encontrará:

• los **hispanoamericanismos** más generales, exceptuados los específicos de la flora y la fauna;

• los **neologismos** actuales más frecuentes, con la pronunciación más extendida en el español si todavía no están completamente integrados en la lengua;

• las **abreviaturas** y siglas más comunes de la prensa española contemporánea;

• un conjunto de **sinónimos** y **antónimos** de acepción, seleccionados para evitar errores en su uso;

• numerosas **locuciones** y frases hechas;

• los **refranes** más utilizados en la lengua actual;

• muchos **ejemplos** que aclaran las definiciones, muestran muchas colocaciones habituales y sirven de modelo de construcción sintáctica;

• un conjunto de **marcas** claras que proporciona seguridad para usar las palabras en muchas situaciones concretas;

• numerosas **observaciones morfológicas** que resuelven las dudas de uso;

• un conjunto estructurado de **informaciones sintácticas** que ayudan en muchos casos al usuario a construir frases sin errores;

• un **sistema de definición** en los verbos y adjetivos que facilita notablemente la incorporación activa de los términos definidos al léxico del usuario;

• una **gramática casuística** de las categorías gramaticales cerradas (artículos, pronombres, adverbios, preposiciones y conjunciones) que contiene muchas observaciones concretas de la lengua actual;

• un apéndice con los **verbos irregulares** del español;

• observaciones esquemáticas sobre los principales **prefijos** y **sufijos** tradicionales.

II. CÓMO USAR ESTE DICCIONARIO

Búsqueda de palabras

En el diccionario se ha utilizado el **orden alfabético internacional**. Por consiguiente, *ch* es un dígrafo alfabetizado dentro de la *c*, como *ll* dentro de la *l* y *rr* dentro de la *r*.

• Las abreviaturas están alfabetizadas prescindiendo de la puntuación o de los espacios en blanco.

• Los espacios en blanco sí cuentan para la ordenación alfabética tanto de las locuciones y frases como de los lemas compuestos. Así: *pala pala* aparece después de *pala* y antes de *palabra*; *papel de plata* se ordena antes de *papel del estado*.

• Cuando una palabra tiene varias formas, como *spot/espot,* puede buscarse por cualquiera de ellas: la entrada de la menos frecuente remite a la más frecuente. En ésta aparece un lema doble con dos formas separadas por la conjunción *o*. La primera forma es la preferible: *austríaco o austriaco*. Las formas como las de este último ejemplo, que sólo se diferencian por cambios acentuales o que se alfabetizan una a continuación de otra, aparecen en un único lema.

• Los lemas homónimos no se numeran. Se distinguen por su categoría gramatical. Así: *tejar s.* y *tejar v. tr.*; *especular adj.* y *especular v. tr./intr.*

• Las frases y locuciones fijas o semifijas se buscan por cualquiera de sus palabras claves (sustantivo, adjetivo, verbo), ya que un sistema de remisiones conduce al usuario a la entrada del diccionario en la que están definidas. Así: *hacer novillos* puede buscarse por *hacer* y por *novillos*, aunque sólo esté definida en *hacer*. *A tontas y a locas* puede buscarse en *tonto* o en *loco*. *Diente de león* puede buscarse en *diente* y en *león*, etc.

• Las locuciones gramaticales complejas (adverbiales, preposicionales o conjuntivas) aparecen bajo los lemas gramaticales simples (adverbios, preposiciones o conjunciones).

• Los refranes no tienen remisiones; deben buscarse por el primer sustantivo o el primer verbo que figuren en ellos.

La información morfológica

La información morfológica que puede consultarse en este diccionario es de dos clases:

– **información general** sobre la forma del lema, que aparece en un paréntesis al principio, tras el lema y antes de la categoría gramatical;

– **información sobre una acepción concreta,** que aparece en un paréntesis, inmediatamente después del número de la acepción.

Aquí presentamos ordenadamente todas las observaciones que pueden aparecer en cada paréntesis, pero es raro que afecten todas a un único lema o a una única acepción:

• Paréntesis primero:

Observaciones sobre la formación del número: Se señalan todos los plurales que pueden presentar alguna duda, aunque obedezcan a reglas morfológicas claras como los que no varían en plural (*la crisis/ las crisis*). Se señala la forma preferible entre dos o más plurales (*bantúes* es preferible a *bantús* o *esquís* a *esquíes*).

Origen: Se indica el origen de los neologismos que no están perfectamente integrados en el español y de las marcas registradas importantes.

Pronunciación: Se indica la pronunciación aproximada más común del neologismo que no está totalmente integrado en el español. No se usa la transcripción fonética; la ortografía convencional del español es suficiente para señalar con cierta exactitud aproximada la pronunciación. También se indica la pronunciación de las siglas y abreviaturas. En ambos casos se advierten las posibles pronunciaciones rivales, si están extendidas.

Otras informaciones: En algunos lemas (especialmente en los pronombres, adverbios, preposiciones y conjunciones, aunque no solamente en éstos) aparecen diferentes clases de observaciones morfológicas que pueden interesar al usuario: abreviaturas, formas apocopadas, ortografía, etc. Así: *ese* (como pronombre, *ese, esa* y sus plurales *esos* y *esas* pueden acentuarse: *ése, ésa, ésos, ésas*; en cambio, *eso* nunca se acentúa).

Advertencia sobre otro lema homófono: Se llama la atención al usuario sobre los lemas homófonos, si existen. Así: *ola* (diferente de *hola*).

• Paréntesis segundo:

Variación de género: Se llama la atención sobre los nombres de animales que con una única concordancia gramatical (masculina o femenina) se refieren a toda la especie y que pueden referirse a uno de los dos sexos de la especie añadiendo las palabras *macho* o *hembra*. Así: *escorpión s. m. 1 (macho y hembra)...* Se indica en las acepciones que pueden resultar confusas la relación entre el género gramatical y el significado.

Número: Se marca en las acepciones que pueden resultar confusas la relación entre la forma del número gramatical y el significado. *Preferentemente en plural* hace referencia a una acepción cuyo significado se da en ese caso. *En singular y plural* indica que la acepción no varía, a pesar de la forma singular o plural. *Invariable* señala que tanto en singular como en plural la forma es única. Se produce mucho en sustantivos usados pospuestos con valor atributivo. Así: *escorpio 3 (invariable) ... Hombre escorpio, mujeres escorpio.*

Informaciones varias morfológicas relacionadas con una acepción (ortografía, etc.). Así: *escorpio s. m. ... 2 (preferentemente con mayúscula) Signo del Zodiaco.*

La información sintáctica

Este diccionario aspira a convertirse en un instrumento fundamental para construir frases. Por ello, además de la información que aclara dudas morfológicas, se han incluido sistemáticamente diversas observaciones sintácticas. La información de esta clase tiene que ser obligatoriamente clara, esquemática y selecta. No se pueden arropar las decisiones tomadas con largas explicaciones. En consecuencia, se ha preferido incluir pocos fenómenos, pero importantes y de manera casi exhaustiva, dentro de lo posible. Las cuestiones seleccionadas, excepto el régimen preposicional, se incluyen en el paréntesis segundo, después del número de la acepción. Son las siguientes:

• **Régimen de verbos, adjetivos y sustantivos.** En los ejemplos aparecen con letra negrita las preposiciones que forman el régimen de otras palabras: así, de *pensar, pienso en ti (pensar en);* de *harto, harto de carne (harto de);* de *amor, amor a/de la vida (amor a/de)...*

• **Posición de los adjetivos en relación con el sustantivo.** Se considera que la posición neutra del adjetivo en la frase es la pospuesta. En este caso –muy general– no se señala. Excepto unos pocos, en español casi todos los adjetivos podrían anteponerse, aunque con un uso muy marcado estilísticamente. Aquí se indican, en general, los usos más comunes, tal como aparecen en los ejemplos en los siguientes casos:

– cuando el adjetivo puede construirse antepuesto en ciertos usos, aunque no sea muy frecuente, se señala algún ejemplo;

– si puede construirse antepuesto/pospuesto, indistintamente, aunque con pequeños matices de significado, también se marca.

• **Construcción de los adjetivos como atributos con ser/estar**. En principio, se considera neutra la construcción con el verbo *ser* y no se marca. Se marcan, por tanto, las acepciones en las que pueden alternar los usos con *ser/estar* o aquellas en las que solamente se usa *estar*. Debe comprenderse que en un diccionario es imposible explicar o razonar todas las variaciones posibles. Por tanto, se han elegido construcciones relativamente normales, no forzadas.

• **Contable/no contable.** Siempre que no se han planteado excesivas dificultades se han marcado los sustantivos como *contable/no contable*. Las ventajas de disponer de esta información parecen claras. En primer lugar, el usuario puede despreocuparse del plural morfológico en el caso de que el sustantivo esté caracterizado como no contable en una acepción. En segundo lugar, en muchos casos diferencian semánticamente dos acepciones: el significado diferente se apoya solamente en esta oposición. En los casos frecuentes en los que hay razones para discutir si el uso concreto de un sustantivo es contable o no en una acepción, se ha prescindido de la caracterización.

• **Observaciones aisladas.** En algunos casos se incluyen también, aunque no de una manera sistemática, ciertas observaciones en relación con otros aspectos sintácticos: relación entre ciertos significados y comparaciones, contextos negativos o verbo en subjuntivo.

III. MARCAS

Este diccionario supone que el conocimiento del significado de las palabras no basta para usarlas bien en los momentos oportunos. Además de la elección de la forma morfológica adecuada y de la construcción correcta, se utilizan varios conjuntos de marcas que completan el significado de las palabras. En este diccionario hay cuatro tipos de marcas:

a) tecnicismos;

b) marcas de uso;

c) marcas de pragmática;

d) hispanoamericanismos.

Términos de una especialidad o tecnicismos

En los términos de una especialidad, aunque no se utilicen solamente en esa especialidad, se señala el campo. Las áreas de especialidad aparecen en abreviatura, después del número de acepción y del paréntesis si lo hay. Entre todas las posibles marcas, hemos seleccionado las principales. Podríamos haber seleccionado más o menos, porque no hay acuerdo en los diccionarios, pero, en conjunto, hemos seleccionado las que parecían más utilizadas.

El uso y el registro

Las marcas de uso pueden cruzarse con las de registro y llegar a ser extremadamente complicadas. Este diccionario pretende indicar una clasificación clara y relativamente útil. Para marcar el uso de las acepciones de cada palabra partimos de lo **normal o neutro**, que no se señala. Se considera neutro un amplio uso social, que abarca muchos registros. Lo normal es lo que se puede decir en público o lo que se puede escribir en medios públicos, que no destaca ni como especialmente elevado ni como vulgar, ni muestra especial confianza con el interlocutor. Es un amplio territorio en el que muchísimos términos aparecen. Lo que no está marcado se considera normal y se puede usar, por consiguiente, ante personas desconocidas sin peligro de ofenderlas o de hacer el ridículo.

• **Restringido:** Las acepciones o los términos que se marcan con la etiqueta de *restringido* son heterogéneas. Esencialmente son acepciones que pertenecen al léxico regional, que están desusadas, que se emplean en ciertas circunstancias determinadas. Aunque pertenecen, por consiguiente, a grupos diferentes, han sido agrupadas bajo un único grupo, porque el diccionario quiere que el usuario las conozca de una manera pasiva, dado que puede encontrarlas en la vida cotidiana o en escritos, pero no las debe usar si no está seguro de cómo se utilizan en una comunidad determinada. En cuanto el usuario tenga una cierta experiencia, podrá en muchos contextos emplear la acepción o el término marcado como *restringido.*

• **Rural:** Se marcan así pocas palabras o acepciones. Son términos relacionados con el léxico rural, poco conocido en las ciudades actuales por los hablantes jóvenes. En ocasiones parte de este léxico rural ha sido marcado como restringido.

• **Vulgar:** Se ha marcado como vulgar cualquier acepción que no debe usarse en público, ni entre conocidos de escasa confianza. Es probable que entre amigos de cierta confianza se utilicen con frecuencia estos términos; sin embargo, conviene tener presente que es mejor, en principio, saber bien en qué ambiente, en público o entre amigos de poca confianza, puede resultar poco agradable.

• **Jergal:** Con este término marcamos las voces que no se consideran propias de la lengua general, sino de círculos de hablantes que quieren en este caso alejarse de ella. En los hispanoamericanismos, algunas veces la marca hace referencia a los usos de una profesión. En el español peninsular, la marca se refiere siempre a la lengua juvenil o a ciertos usos relativamente marginales, aunque a veces se empleen también por razones de estilo en la lengua común.

• **Coloquial:** Perfectamente posible entre un grupo de amigos de confianza, en muchas ocasiones en público, pero hay que tener cuidado. Por escrito no suele ser aconsejable.

• **Literario:** Explícitamente de la literatura, sea poesía o prosa.

• **Elevado:** Marcado como propio de lengua escrita o muy formal, poco usado coloquialmente, sin sentido de marca.

• **Administrativo:** Típico de la lengua de la burocracia o de sus imitadores.

• **Afectado:** Lenguaje desusado o elevado, empleado fuera de lugar, tal como se indica.

Las marcas geográficas

Las marcas geográficas peninsulares se incluyen en la etiqueta restringida. Se utilizan marcas geográficas para los **países de Hispanoamérica**. A veces se alude de una manera imprecisa a una región hispanoamericana, bien por tradición o porque los datos de que se disponen son imprecisos. El hecho de que se marquen varios países no significa que no puedan aparecer en otros también no señalados. Se han utilizado los diccionarios disponibles, sobre todo los de G. Haensch, el de Venezuela, y la propia información de los corresponsales de la editorial Santillana. Los hispanoamericanismos se marcan más o menos como rurales, restringidos o como coloquiales, aunque no son equivalentes a los de la Península. Se trata, sobre todo, de distinguir los hispanoamericanismos urbanos y generales de los rurales, dialectales o menos comunes en todas las capas sociales.

La pragmática

Las marcas pragmáticas, aunque no por completo, intentan señalar las posibilidades de uso en ciertas circunstancias de algunas expresiones y términos. Son las siguientes, que indican bastante en sí mismas:

amenaza	*afectivo*	*afirmación*
ánimo	*anticipador narrativo*	*contestación a presentación*
despedida	*disgusto y enfado*	*eufemismo*
humorístico	*infantil*	*insulto*
intensificador	*ironía*	*llamada de atención*
negación	*petición*	*peyorativo*
presentación	*resumidor final*	*saludo*
sorpresa	*tratamiento*	

Los refranes, algunas frases y locuciones señalan, en principio, su uso pragmático general; por ejemplo: *¿Qué tal?: Se usa para saludar.*

IV. DEFINICIONES

Las definiciones de los verbos y adjetivos necesitan alguna aclaración. Además de la información tradicional que debe encerrar toda definición y de las características generales tradicionales (claridad, información necesaria, etc.) los verbos y los adjetivos de este diccionario encierran cierta información sintáctica que ayuda, una vez más, al usuario a construir activamente frases correctas.

Verbos

En todas las definiciones aparece marcado el tipo de sujeto con un paréntesis en ángulo < > . Los complementos se marcan con los corchetes [ ]. El complemento directo de persona lleva la preposición *a* dentro del corchete. Los otros complementos llevan las preposiciones fuera.

Adjetivos

Utilizan los corchetes [ ] para marcar el grupo de sustantivos al que pueden aplicarse. Unas veces se utilizan entre corchetes sustantivos genéricos que definen el conjunto al que se puede aplicar el adjetivo. Así: [plata], [persona]. En otros casos, aparecen entre corchetes uno o varios sustantivos que sirven de ejemplos de todo el grupo. No es raro tampoco, como puede comprobarse por los ejemplos, que entre paréntesis aparezcan los únicos sustantivos que acompañan a un adjetivo determinado.

Lemas gramaticales

Los lemas gramaticales (pronombre, preposición, conjunción, adverbio...) suelen incluir precisiones gramaticales, además de otras observaciones.

V. EJEMPLOS

En la mayoría de los neologismos están seleccionados de periódicos y revistas. En los demás casos, un porcentaje elevado está construido especialmente para el diccionario. Se tienen en cuenta tanto las posibilidades o nivel de uso, como las colocaciones o contextos. En muchos casos el ejemplo no es una frase completa, sino una construcción que indica las colocaciones más frecuentes.

VI. SINÓNIMOS Y ANTÓNIMOS

Se citan pocos, y en contadas acepciones, cuando parecen relativamente sustituibles uno por otro en algún ejemplo. No nos conformamos con que conceptualmente sean iguales. Se indica sistemáticamente el registro, cuando no es considerado normal.

VII. FRASES Y LOCUCIONES

En este diccionario se distinguen varias clases de frases y locuciones:

Locuciones de acepción

• Las que aparecen dentro de una acepción numerada. En este caso pueden encontrarse dos tipos:

a) las que equivalen semánticamante a la suma de sus dos miembros y no se definen como, por ejemplo, *guardia urbano, pase de modelos* o *instrucciones de uso*;

b) las que no equivalen a sus miembros y deben definirse. Éstas aparecen numeradas como una acepción, después de las acepciones que no son locuciones: aparecen, por ejemplo, numeradas como acepción las locuciones *diente de león, oso hormiguero,* que no tienen relación ni con el oso ni con el diente; son definidas porque su significado no es deducible ni de «diente», ni de «león», ni de «oso».

Locuciones de lema

• Las que aparecen al final del artículo, después de la última acepción, ordenadas alfabéticamente y bajo el marbete *Frases y locuciones*: *hacer novillos, partir la cara, estar en buen uso, tener mala uva.* Estas frases y locuciones están siempre definidas, llevan la marca del nivel de uso y van acompañadas al menos de un ejemplo. Figura además una remisión entre sus componentes.

VIII. APÉNDICE

Se han incluido las conjugaciones de todos los verbos que presentan irregularidades en un apéndice final. El usuario dispone de dos vías para comprobar si un verbo tiene alguna irregularidad:

– por el lema correspondiente. En caso de irregularidad encontrará al final del lema una remisión al apéndice con la indicación del tipo en el que está clasificado. Los diferentes tipos de irregularidad están numerados. Para conocer las irregularidades, bastará con buscar ese número en el apéndice.

– por el índice final de verbos irregulares. El índice es alfabético y cada verbo lleva la indicación del tipo al que pertenece.

SIGNOS Y ABREVIATURAS DEL DICCIONARIO

SIGNOS

1, 2, 3... Indica cada una de las acepciones cuando hay varias o cuando hay una acepción y una o varias expresiones compuestas.

|| Indica cambio de categoría gramatical o inicio de las expresiones compuestas.

11, **1**2... Indica cada una de las subacepciones cuando hay varias, en palabras gramaticales y expresiones compuestas.

1, 2... Indica cada una de las acepciones, cuando hay varias, de una expresión de acepción o en expresiones del tipo de frases y locuciones.

(...) Se emplea detrás del lema, para incluir información gramatical relacionada con la palabra en general, o inmediatamente antes de la definición de la acepción, para incluir información gramatical relacionada con el uso de la palabra en dicha acepción.

(...) Indica que un elemento de la expresión que se propone como expresión compuesta, expresión de acepción o como frases y locuciones, puede aparecer o no.

‹ ... › Indica el tipo de sujeto que lleva un verbo o una frase o locución verbal.

[...] En los adjetivos, indica el sustantivo o tipo de sustantivos al que suele ir asociado el adjetivo de que se trata. En los verbos, indica el tipo de complemento que, en su caso, rige dicho verbo.

/ o / Indica que en el contexto de que se trate pueden alternar el elemento inmediatamente anterior al signo y el inmediatamente posterior. En el caso de las abreviaturas de categorías gramaticales puede indicar alternancia de los grupos de elementos anteriores y posteriores al signo.

* Indica que la expresión compuesta, la expresión de acepción o la frase o locución de que se trata aparece definida en el lema que lleva el asterisco.

~ Sustituye exactamente al lema en las expresiones compuestas, en las expresiones de acepción y en frases y locuciones.

◊ Indica cada una de las observaciones diferentes cuando hay varias en los apartados OBSERVACIONES y RELACIONES Y CONTRASTES de las acepciones de palabras gramaticales.

⇒ Introduce la indicación del número del modelo de conjugación de los verbos irregulares, que se corresponde con el que aparece en el apéndice.

ABREVIATURAS

A

abr. abreviatura
ACÚST. acústica
adj. adjetivo
adj. / pron. adjetivo y pronombre
adj. / pron. / adv. excl. adjetivo, pronombre y adverbio exclamativos
adj. / pron. / adv. int. adjetivo, pronombre y adverbio interrogativos
adj. / pron. dem. adjetivo y pronombre demostrativos
adj. / pron. excl. adjetivo y pronombre exclamativos
adj. / pron. indef. adjetivo y pronombre indefinidos
adj. / pron. indef. / s. m. adjetivo y pronombre indefinidos y sustantivo masculino
adj. / pron. int. adjetivo y pronombre interrogativos
adj. / pron. num. card. adjetivo y pronombre numerales cardinales
adj. / pron. num. card. / s. m. adjetivo y pronombre numerales cardinales y sustantivo masculino
adj. / pron. num. ord. adjetivo y pronombre numerales ordinales
adj. / pron. num. ord. / s. m. adjetivo y pronombre numerales ordinales y sustantivo masculino
adj. / pron. num. ord. / s. m. y *f.* adjetivo y pronombre numerales ordinales y sustantivo masculino y femenino
adj. / pron. pos. adjetivo y pronombre posesivos
adj. / s. f. adjetivo y sustantivo femenino
adj. / s. m. adjetivo y sustantivo masculino
adj. / s. m. y *f.* adjetivo y sustantivo masculino y femenino
adj. distr. adjetivo distributivo
adj. indef. adjetivo indefinido
adj. num. adjetivo numeral
adj. num. ord. / s. m. adjetivo numeral ordinal y sustantivo masculino
adj. num. ord. / s. m. y *f.* adjetivo numeral ordinal y sustantivo masculino y femenino
adj. num. part. adjetivo numeral partitivo
adj. num. part. / s. f. adjetivo numeral partitivo y sustantivo femenino
adj. num. part. / s. m. adjetivo numeral partitivo y sustantivo masculino
adj. num. part. / s. m. y *f.* adjetivo numeral partitivo y sustantivo masculino y femenino
adj. pos. adjetivo posesivo
adj. rel. adjetivo relativo
adv. adverbio
adv. afirm. adverbio afirmativo
adv. cant. adverbio de cantidad
adv. causal adverbio causal
adv. / conj. cons. adverbio y conjunción consecutiva
adv. duda adverbio de duda
adv. excl. adverbio exclamativo
adv. instrum. adverbio instrumental
adv. int. adverbio interrogativo

adv. lug. adverbio de lugar
adv. lug. / modo adverbio de lugar y de modo
adv. lug. / temp. adverbio de lugar y temporal
adv. modo adverbio de modo
adv. modo / cant. adverbio de modo y de cantidad
adv. modo / cant. / temp. adverbio de modo, de cantidad y temporal
adv. modo / orac. adverbio de modo y oracional
adv. modo / prep. adverbio de modo y preposición
adv. modo / temp. adverbio de modo y temporal
adv. neg. adverbio de negación
adv. noc. adverbio nocional
adv. orac. adverbio oracional
adv. orac. afirm. adverbio oracional afirmativo
adv. orac. neg. adverbio oracional negativo
adv. orac. restrictivo adverbio oracional restrictivo
adv. orden adverbio de orden
adv. orden / cant. adverbio de orden y de cantidad
adv. rel. adverbio relativo
adv. restrictivo adverbio restrictivo
adv. temp. adverbio temporal
adv. temp. / s. f. adverbio temporal y sustantivo femenino
adv. temp. / s. m. adverbio temporal y sustantivo masculino
AER. aeronáutica
AGR. agricultura
AMÉR. América
AMÉR. C. América Central
AMÉR. DEL N. América del Norte
AMÉR. DEL S. América del Sur
ANAT. anatomía
ANT. antónimos
ANTROP. antropología
ARG. Argentina
ARQ. arquitectura
ARQUEOL. arqueología
art. det. artículo determinado
ART. GRÁF. artes gráficas
art. indet. artículo indeterminado
ARTES. artesanía
ASTROL. astrología
ASTRON. astronomía
ASTRONÁUT. astronáutica
AUTOMOV. automovilismo

B

BIOL. biología
BIOQUÍM. bioquímica
BOL. Bolivia
BOT. botánica

C

C. RICA Costa Rica
CIBERN. cibernética
CIR. cirugía
COL. Colombia
COMERC. comercio
COMUNIC. comunicación
conj. conjunción
conj. adv. conjunción adverbial
conj. advers. conjunción adversativa
conj. causal conjunción causal
conj. compl. conjunción completiva
conj. conc. conjunción concesiva
conj. cond. conjunción condicional
conj. cons. conjunción consecutiva
conj. copul. conjunción copulativa
conj. distr. conjunción distributiva
conj. temp. conjunción temporal

D

DEP. deportes
DER. derecho
DIB. dibujo

E

EC. Ecuador
ECOL. ecología
ECON. economía
ELECTRIC. electricidad
ELECTRÓN. electrónica
ESC. escultura

F

FARM. farmacia
FILOL. filología
FILOS. filosofía
FÍS. física
FISIOL. fisiología
FOLC. folclore
FON. fonética
FOT. fotografía
FR. Y LOC. frases y locuciones

G

GAN. ganadería
GEOGR. geografía
GEOL. geología
GEOM. geometría
GRAM. gramática
GUAT. Guatemala

H

HIST. historia
HOND. Honduras

I

INDUS. industria
INFORM. informática

INGEN. ingeniería
interj. interjección

L

LING. lingüística
LIT. literatura
LOC. locución o locuciones
LÓG. lógica

M

MAR. marina
MAT. matemáticas
MEC. mecánica
MED. medicina
METAL. metalurgia
METEOR. meteorología
MÉTR. métrica
METROL. metrología
MÉX. México
MIL. militar
MIN. minería
MINERAL. mineralogía
MIT. mitología
MÚS. música

N

NIC. Nicaragua

O

onom. onomatopeya
ÓPT. óptica

P

p. participio
P. RICO Puerto Rico
PALEONT. paleontología
PAN. Panamá
PAR. Paraguay
PEDAG. pedagogía
PERIOD. periodismo
PINT. pintura
POLÍT. política
pref. prefijo
prep. preposición
pron. pronombre
pron. cant. pronombre de cantidad
pron. dem. pronombre demostrativo
pron. indef. pronombre indefinido
pron. int. / excl. pronombre interrogativo y exclamativo
pron. pers. pronombre personal
pron. rel. pronombre relativo
PSICOL. psicología
PSIQUIAT. psiquiatría
PUBLIC. publicidad

Q

QUÍM. química

R

REFR. refranes
REL. religión
REP. DOM. República Dominicana
RET. retórica

S

SIN. sinónimos
s. f. sustantivo femenino
s. m. sustantivo masculino
s. m. / f. sustantivo masculino y femenino
SOCIOL. sociología
suf. sufijo

T

TAUROM. tauromaquia
TECNOL. tecnología
TEOL. teología
TV. televisión

U

URB. urbanismo
URUG. Uruguay

V

v. verbo
v. atr. verbo atributivo
v. aux. verbo auxiliar
v. impers. verbo impersonal
v. impers. / intr. verbo impersonal e intransitivo
v. impers. / intr. / prnl. verbo impersonal, intransitivo y pronominal
v. intr. verbo intransitivo
v. intr. / impers. verbo intransitivo e impersonal
v. intr. / prnl. verbo intransitivo y pronominal
v. intr. / tr. verbo intransitivo y transitivo
v. intr. / tr. / prnl. verbo intransitivo, transitivo y pronominal
v. prnl. verbo pronominal
v. prnl. / intr. verbo pronominal e intransitivo
v. prnl. / tr. verbo pronominal y transitivo
v. tr. verbo transitivo
v. tr. / impers. verbo transitivo e impersonal
v. tr. / intr. verbo transitivo e intransitivo
v. tr. / intr. / prnl. verbo transitivo, intransitivo y pronominal
v. tr. / prnl. verbo transitivo y pronominal
VEN. Venezuela
VETER. veterinaria

Z

ZOOL. zoología

A

a (plural *aes*) *s. f.* Primera letra del alfabeto español que representa el sonido vocálico más abierto: *La a es la vocal central del triángulo vocálico.*

a- o an- (se usa *an-* ante vocal) *pref.* Significa 'sin', 'que carece de' y forma adjetivos a partir de adjetivos y sustantivos a partir de sustantivos: *normal - anormal, moral - amoral, aerobio - anaerobio, moralidad - amoralidad.*

a *prep.* **1** Se utiliza para formar el complemento indirecto, es decir, introduce el grupo nominal que expresa el ser animado o inanimado en que recae indirectamente la acción del verbo: *Regalaron una semana de vacaciones a los ganadores. Dile algo a Pedro.* **2** Se utiliza, con restricciones, para formar el complemento directo, es decir, introduce el nombre del ser humano o animal, o cosa que se considera como animada, en que recae directamente la acción del verbo: *Ana mima a su familia. Llamaron a la policía. El niño se pasó un rato acariciando al perro. Vi a Pedro. El político no pudo comprar al juez. Lee a Cervantes.* OBSERVACIONES: No se usa cuando el ser es inespecífico: *Busco una chica que me ayude a cuidar a los niños,* frente a *Busco a una chica con la que había quedado.* **3** Forma numerosas locuciones prepositivas: *a diferencia de, a semejanza de, a partir de, a través de, a punto de.* **4** Forma numerosas expresiones adverbiales: *a lo loco, a oscuras, a dedo.* **5** Indica dirección: *un tren a Madrid.* **5₁** Con algunos verbos de movimiento, indica también el punto de destino en que acaba dicho movimiento: *Este avión va a París. ¿Te vienes a mi pueblo?* **5₂** Indica orientación: *mirar al cielo, encaminarse a la iglesia, virar a estribor, virar al norte. La ventana del salón da a la calle. Nuestra casa está situada al norte.* **6** Con verbos como *aficionarse, atender, aspirar,* introduce el objetivo o tendencia de la acción: *aspirar a lo más alto.* **7** Indica finalidad: *Bajaron a estudiar un rato. Vendrá a la votación. Me invitó a cenar. Se reunían a hablar de sus descubrimientos.* OBSERVACIONES: ◊ Admite infinitivo y oraciones con *que*: *Obligan a pagar impuestos. El cura esperaba a que sus feligreses llegaran para comenzar la misa.* ◊ Nombre + *a* + infinitivo (galicismo) ADMINISTRATIVO. Para, por: *asunto a resolver, problema a comentar.* **8₁** Indica localización o situación en el espacio: *a la vuelta de la esquina, a la puerta del cine, a la orilla del río, sentarse a la puerta, colocarse a la izquierda.* **8₂** Introduce la distancia a la que se encuentra algo o alguien: *a diez kilómetros.* **9** Indica el modo o manera de hacer algo: **9₁** Estilo: *a la española, a la inglesa.* **9₂** Tratándose de cocina, introduce el nombre del condimento o aditivo con el cual se ha cocinado el alimento principal: *pollo al ajillo, mejillones a la vinagreta.* **9₃** Instrumento: *coser a máquina, cortar el pelo a navaja.* **9₄** Modo o procedimiento: *pagar al contado.* **9₅** Medio: *a golpes, a empujones.* OBSERVACIONES: Forma locuciones adverbiales como en *(ir) a pie, (viajar) a dedo.* **9₆** Hablando de máquinas o aparatos, introduce la fuerza o combustible que permite su funcionamiento: *olla a presión, máquina a vapor.* OBSERVACIONES: Suele considerarse galicismo. Se recomienda el uso de *de* en lugar de *a*: *cocina de gas.* **10** Indica localización o situación en el tiempo: *a la salida del cine, a la llegada, al atardecer, a la hora del recreo, a mediodía.* **11** Indica el momento en que se produce algo: *a las cinco de la tarde, al final, al principio, a la caída de la tarde.* OBSERVACIONES: Incluso con infinitivos usado nominalmente: *al ponerse el sol, al entrar tú.* **11₁** Indica la edad a la que se produce algo: *Murió a los sesenta años.* **11₂** Indica el tiempo que transcurre hasta que se hace o produce algo: *Al momento le atendieron. –«Sírvame un café.» –«Al instante.»* **11₃** Forma locuciones temporales: *a veces, a ratos, a temporadas, a días.* **11₄** Con el mismo sustantivo delante y detrás de ella, indica reiteración: *día a día, semana a semana, golpe a golpe, verso a verso.* **11₅** Indica simultaneidad de acciones: *Encontraron el dinero al ordenar la ropa del armario.* **12** Indica distribución o proporción: *a tres por persona, al quince por ciento, a cuarenta por hora.* **13** Introduce el precio de aquello de que se habla: *A 150 pesetas el litro.* **14** En una comparación, introduce el segundo término de la misma: *De éste a aquél no hay diferencias.* OBSERVACIONES: Normalmente con verbos que indican parecido o igualdad. **15** Indica intervalo que hay entre dos elementos: *de dos a cinco.* OBSERVACIONES: El primer término lo introduce normalmente la preposición *de.* **16** Precedido y seguido del mismo sustantivo, indica oposición o enfrentamiento: *frente a frente, cara a cara.* **17** Con verbos que implican exposición: *al aire, tumbarse al sol, ponerse a la sombra.* **18** Indica protección: *a la sombra de, al calor de, al amparo de.* **19** Introduce órdenes o avisos: *¡A comer! ¡A formar filas!* **20** Delante de infinitivo, equivale a 'si': *a juzgar por lo que vieron, a decir verdad, a ser posible, a poder ser.* OBSERVACIONES: Uso restringido. Con otros verbos es arcaico: *A no temblarme las manos...* (es decir, *Si no me temblaran las manos...*). **21** Equivale a otras preposiciones: **21₁** Hasta: *He bajado a cien metros de profundidad. Acércate al supermercado.* **21₂** Con: *La chica ató un extremo al otro.* **21₃** Según: *a mi parecer.* **21₄** En: *A* *beneficio de los niños del Tercer Mundo.* **21**$_5$ Para: *Se desplazaron hasta la estación a comprar los billetes.* **21**$_6$ De: *meterse a bombero, meterse a monja.* **22** Con sustantivos como *fama, beneficio, honor, gloria*, y después de otros como *fiesta, espectáculo*, introduce el propósito: *una fiesta a beneficio de los niños huérfanos.* OBSERVACIONES: Actualmente se suele sustituir por *en.* **23** Con verbos como *habituarse, acostumbrarse, adaptarse*, introduce aquello a lo que alguien se habitúa, acostumbra o adapta: *Nunca llegué a acostumbrarme a la vida de la ciudad.* **24** Con verbos como *oponerse, resistirse, enfrentarse* introduce el elemento al que se opone, resiste, enfrenta: *enfrentarse al enemigo. Se opusieron a la reforma de la ley. Se resiste a cortarse el pelo.* **25**$_1$ Asociado a adjetivos, introduce preferentemente ideas que implican aproximación u orientación: *semejante a éste, parecido a aquél, cercano a la plaza.* **25**$_2$ Muchos hablantes usan *a* para la idea contraria (donde lo lógico es *de*): *distinto a eso, diferente a lo otro.* OBSERVACIONES: Actualmente se considera normal. Nadie, sin embargo, dice *semejante de eso.* **25**$_3$ Con adjetivos que implican oposición, introduce aquello a que la oposición apunta: *contrario a la reforma, reacia a las celebraciones.* **26** Con verbos que implican contienda deportiva o juego, como *jugar, ganar, perder, apostar*, introduce el tipo de juego: *jugar a las cartas, jugar al fútbol, apostar a los caballos, perder al ajedrez.* OBSERVACIONES: Adviértase la presencia del artículo: se dice *jugar al tenis*, y no *jugar a tenis* o *jugar tenis.* FR. Y LOC. **~ por** 1 'En busca de' o 'a buscar': *Salió ella a por la comida. Iré a por el pan.* 2 'En persecución de': *¡A por él!* OBSERVACIONES: Suele recomendarse *por* siempre que no hay ambigüedad: *Ve por agua.* **¡~ que...!** o **¿~ que...?** 1 Expresa el convencimiento de la persona que habla en aquello que dice: *¿A que se cae? ¡A que llegamos tarde!* 2 Expresa el temor de la persona que habla a que ocurra lo que dice: *¡A que se ha ido toda la familia sin mí!* 3 En frases negativas, desafía o incita a alguien a hacer o decir algo: *¿A que no eres capaz de ganarme? ¿A que no te atreves a cantar en televisión? ¿A que no sabes dónde comí?* 4 Pide confirmación de algo para con un tercero: *¿A que no ha venido nadie? ¿A que yo no he sido?* 5 Expresa amenaza: *¡A que te doy una bofetada!* **¡/¿~ que sí/no?/!** Equivale a 'sí' y 'no', respectivamente, en general como respuesta a un desafío realizado por otra persona: –*«Me levantaré temprano mañana.»* –*«¿A que no?»* **¿~ qué (viene) ...?** Se usa para criticar o pedir explicaciones a alguien por algo que ha dicho o hecho: *¿A qué viene esa cara de pocos amigos? ¿A qué tantos gritos?*

a/a. *abr.* ADMINISTRATIVO. «A la atención de», para la persona que tiene que recibir una carta o notificación.

AA. *abr.* «Aerolíneas Argentinas».

AA. EE. *abr.* «Ministerio de Asuntos Exteriores», España.

abacería *s. f.* RESTRINGIDO. Tienda de comestibles al por menor.

abacial *adj.* Del abad, la abadesa o la abadía: *iglesia abacial, jurisdicción abacial.*

ábaco *s. m.* **1** Instrumento de cálculo formado por un cuadro de madera con varios alambres paralelos en los que están insertadas fichas o bolas: *Con el ábaco los niños aprenden a contar.* **2** ARQ. Parte superior del capitel de una columna.

abad, desa *s. m./f.* **1** Superior responsable de un monasterio católico: *La abadesa preside el comedor de las religiosas.* || *s. m.* **2** RESTRINGIDO. Título otorgado al superior de algunas colegiatas.

abadejo *s. m.* (macho y hembra) Bacalao.

abadengo, ga *adj.* De la dignidad o jurisdicción del abad: *bienes abadengos, tierras abadengas.*

abadía *s. f.* **1** Iglesia o monasterio regidos por un abad o abadesa. **2** Territorio o dominio que estaban bajo la jurisdicción de un abad o de una abadesa.

abajeño, ña *adj./s. m.* y *f.* **1** AMÉR. De la costa o tierras bajas. || *adj.* **2** ARG. Del sur del país.

abajo *adv. lug.* **1** En un lugar que está en una posición inferior a aquella que el hablante toma como referencia: *Espérame abajo. Hay una rata por ahí abajo. Entró por abajo.* OBSERVACIONES: Pueden precederle las preposiciones *de, desde, hacia, hasta, para* y *por*, que aportan matiz de 'origen', 'procedencia', 'dirección', ...: *Llamaron desde abajo. Entró por abajo.* ANT. arriba. **2**$_1$ Hacia un lugar que está en una posición inferior: *de arriba abajo. Vete abajo.* **2**$_2$ Cuando sigue a un nombre común sin artículo, equivale a 'en dirección a la parte que está más baja del lugar que se indica': *río abajo, escaleras abajo, aguas abajo.* **cuesta ~.** **2**$_3$ Cuando le siguen ciertos nombres de partes del cuerpo indica, real o figuradamente, 'con esta parte hacia abajo'. **boca* ~. cabeza ~. panza ~.** **3** Con verbos como *echar(se), tirar, venirse*, indica que alguna persona o alguna cosa cae o es derribada al suelo: *El edificio se vino abajo. Los vecinos no quieren que el ayuntamiento tire abajo la antigua muralla para construir el aparcamiento.* **4** En un escrito, equivale a 'más adelante', 'posteriormente': *Indicaremos la solución más abajo.* **5** En una situación social, política, o de otro tipo, inferior o baja: *Los que están abajo siempre tendrán que aguantar los caprichos de los de arriba. Su afición al alcohol le ha hecho acabar muy abajo.* || *interj.* **6** Se usa para expresar protesta o desaprobación: *¡Abajo la corrupción!* FR. Y LOC. **... arriba*, ... ~** o **arriba o ~. de arriba* ~.**

abalanzarse *v. prnl.* Dirigirse ‹una persona, un animal o una cosa› hacia [una persona, un animal o una cosa] con rapidez o violencia: *Me abalancé* ***hacia*** *la ventana. Se abalanzó* ***sobre*** *el contrario.* ⇒ **19.**

abalaustrado, da *adj.* Balaustrado.

abalear *v. tr.* AMÉR. Balear.

abalizar o **balizar** *v. tr.* **1** MAR. Señalar ‹una persona› [un lugar] con balizas: *Han abalizado la zona de la regata.* **2** Señalar ‹una persona› con balizas [las pistas de un aeropuerto]: *Están abalizando el aeropuerto deportivo.* ⇒ **19.**

abalorio *s. m.* **1** Bolita de vidrio agujereada con la que se hacen collares y otros adornos: *collar de abalorios, pulsera de abalorios.* **2** Adorno llamativo y de poco valor: *Siempre le gusta llevar algún abalorio bien visible.*

abanderado *s. m.* **1** Persona que lleva la bandera en desfiles y otros actos públicos: *Mi hijo es el abanderado de la cofradía.* **2** Portavoz o representante de una causa: *Es el abanderado de la causa antirracista. Es un abanderado de los ecologistas marinos.* **3** MIL. Oficial encargado de llevar la bandera en un cuerpo militar.

abanderar *v. tr./prnl.* **1** MAR. Matricular ‹una persona› [una embarcación extranjera] bajo la bandera de un Estado: *Abanderan muchos barcos bajo pabellones de Estados* *poco exigentes en cuestiones laborales. Parte de la flota española se ha abanderado bajo pabellones extranjeros.* || *v. tr.* **2** Encabezar ‹una persona› [un movimiento reivindicativo o una protesta]: *Nuestra directora siempre ha abanderado la causa de la libertad.*

abandonado, da *adj./s. m.* y *f.* [Persona] que no tiene cuidado de su aseo personal o de sus cosas: *Es un tipo muy abandonado, casi nunca se afeita. Ahora es muy abandonada, ni limpia la casa ni se preocupa de arreglarse.*

abandonar *v. tr.* **1** Dejar ‹una persona› [a una persona, un animal o una cosa que tiene obligación de atender] sin cuidado: *No debemos abandonar los perros en verano. Su padre los abandonó cuando eran pequeños.* **2** Poner descuidadamente ‹una persona› [una cosa] en un sitio: *Abandonan las basuras en la plaza. El ladrón ha abandonado el coche en que huía en una céntrica calle.* **3** Irse ‹una persona› de [un lugar]: *Marta abandonó su ciudad natal a los diecisiete años. Abandoné el restaurante hacia las doce.* **4** Dejar de tener ‹una persona› [una idea o un proyecto]: *Han abandonado el proyecto de urbanizar la playa.* **5** Dejar ‹una persona› el cuidado de [una persona o una cosa] a [otra persona]: *He abandonado por tres días la casa a mi hermana.* || *v. tr./intr.* **6** Dejar ‹una persona› [una actividad]: *He abandonado el atletismo. Perico abandonó. No abandonaré nunca, seguiré escribiendo poesía hasta que no pueda más.* || *v. prnl.* **7** Ponerse ‹una persona› en manos de [otra persona o de la suerte]: *En este asunto me abandono **a** tus consejos. Lo rescataron cuando ya se había abandonado **a** la suerte. Me he abandonado **en manos de** la suerte. Este gato es un fresco, se abandona **a** las caricias de cualquiera.* **8** Dejar de cuidar ‹una persona› su aspecto físico, su higiene o su salud: *Desde que murieron sus hijos, Ana se ha abandonado mucho. Aunque estemos tristes no tenemos que abandonarnos.* **9** Dejar de mantener ‹una persona› un esfuerzo: *No he ganado, pero no me abandonaré, seguiré entrenándome con dureza. No te abandones y estudia, que el esfuerzo merece la pena.* **10** Dejarse dominar ‹una persona› por [un estado de ánimo]: *No te abandones **a** la desesperación. Julio se abandona con facilidad **a** la depresión y **a** la tristeza.*

abandonismo *s. m.* (no contable) Ideología y comportamiento de las comunidades o de las personas que renuncian a sus aspiraciones o a lo que tienen derecho: *El equipo debe luchar por el título, no puede darse al abandonismo. Nuestra nación no puede practicar el abandonismo en las cuestiones relacionadas con nuestro comercio en Asia.*

abandonista *adj./s. m.* y *f.* Que es partidario del abandonismo: *política abandonista, partido abandonista.*

abandono *s. m.* **1** (no contable) Falta de cuidado o atención con una persona o cosa: *En él es normal el abandono del trabajo, así que tardará en hacerte lo que le pediste. Carlos tiene a sus padres en un abandono total.* **2** Marcha o alejamiento de un lugar: *El abandono del puesto de guardia se sanciona duramente. El abandono del hogar te hace culpable ante el juez.* **3** Renuncia a alguna actividad emprendida o desinterés por ella: *El abandono de esta carrera te aleja bastante de la puntuación general del campeonato.* **4** Falta de atención de una persona a sí misma o a sus cosas: *Tienes la casa en un abandono total. Si lo ves, comprobarás su abandono, va sin lavar, sin afeitar, con un traje sucio.*

abanicar *v. tr./prnl.* **1** Dar ‹una persona› aire [a otra persona] o a [una cosa] con un abanico: *Inés abanicaba a Ana lentamente. **Nos** abanicaremos con las manos si hace mucho calor. El aire acondicionado está acabando con la costumbre de abanicar**se**.* || *v. tr.* **2** TAUROM. Mover ‹el torero› la muleta de un lado a otro ante [el toro] para citarlo. ⇒ **71.**

abanico *s. m.* **1** Instrumento manual que se agita para hacer aire, especialmente el plegable formado por varillas en forma de semicírculo: *abanico de tela, abanico de papel, abrir el abanico, cerrar el abanico.* **2** Conjunto, serie o gama de posibilidades para elegir: *Puedes escoger entre un abanico de posibilidades. Se le ha presentado un abanico de propuestas.* **3** Cualquier cosa en forma de abanico: *La escalinata formaba un hermoso abanico ante el palacio.* FR. Y LOC. **en ~** En forma de abanico: *poner las cartas en abanico. Las tropas se abrieron en abanico.*

abaniqueo *s. m.* Movimiento repetido del abanico: *Deja ya ese abaniqueo, que me mareas.*

abaniquería *s. f.* RESTRINGIDO. Fábrica y tienda de abanicos: *En algunas ciudades hay todavía abaniquerías típicas.*

abanto *s. m.* **1** Alimoche. || *adj./s. m.* y *f.* **2** RESTRINGIDO. [Persona] que es muy impulsiva o ansiosa: *Este niño es un abanto, no para quieto un minuto.* **3** RESTRINGIDO. [Persona] que está aturdida o es torpe.

abarajar *v. tr.* **1** ARG., PAR., URUG. Detener ‹una persona› [una cosa] en el aire. **2** ARG., PAR. Darse cuenta ‹una persona› rápidamente de [una cosa] que dice una persona. **3** ARG., PAR. Parar en el aire ‹una persona› [los golpes] de un arma blanca o un palo.

abaratamiento *s. m.* Bajada de los precios: *No es fácil el abaratamiento de los pisos, como señalan las encuestas.*

abaratar *v. tr.* **1** Hacer bajar ‹una persona o una cosa› el precio de [una cosa]: *Los tenderos de mi pueblo se han puesto de acuerdo para abaratar el pan.* || *v. prnl.* **2** Bajar el precio de ‹una cosa›: *Se han abaratado mucho últimamente los artículos deportivos.*

abarca *s. f.* Sandalia rústica de esparto, llanta o cuero que sólo cubre las plantas de los pies y se ata con cordones o correas: *La abarca es calzado típico de pastores.*

abarcable *adj.* Que se puede abarcar física o mentalmente: *Esta ciudad es todavía abarcable. Me gusta trabajar en ese tema, porque me parece muy abarcable.*

abarcar *v. tr.* **1** Contener ‹una cosa› [otra cosa]: *La provincia abarca varios fértiles valles y una llanura cruzada por un río. La propuesta abarca los problemas municipales y los autonómicos. El curso abarcará lo relacionado con la literatura medieval.* **2** Llegar ‹la mirada de una persona› hasta [un lugar]: *Desde la cima abarcamos todo el valle. La cámara abarca poco campo y no se ve bien el partido.* **3** Rodear ‹una persona› [una cosa] con los brazos o con la mano: *No podemos abarcar este árbol entre los tres. Hijo, suelta algunos caramelos que se te van a caer porque no puedes abarcarlos todos.* **4** AMÉR. Acaparar ‹una persona› [una cosa]. ⇒ **71.**

abarquillado, da *adj.* (estar) Que tiene forma de barquillo: *superficie abarquillada.*

abarquillar *v. tr.* **1** Dar ‹una persona o una cosa› forma curva a [una superficie]: *Abarquillaron las planchas para poder colocarlas.* || *v. prnl.* **2** Tomar ‹una superficie› forma curva: *La pintura se está abarquillando. Se abarquilló la pared. Las fotos que guardas en la caja se han abarquillado.*

abarraganarse *v. prnl.* RESTRINGIDO. Convivir como un matrimonio ‹dos personas› que no están casadas.

abarrancar *v. tr. / prnl.* RESTRINGIDO. Quedar ‹una embarcación› detenida por tocar su fondo una roca, un banco de arena o la playa. SIN. embarrancar. ⇒ **71.**

abarrotar *v. tr.* **1** Llenar ‹personas o cosas› [un espacio] totalmente: *El público abarrotó la sala. En Navidades se abarrotan los grandes almacenes.* **2** GUAT. Monopolizar ‹una persona› [un género de comercio].

abarrote *s. m.* **1** (preferentemente en plural) AMÉR. C., COL., MÉX. Artículo de comercio para el uso doméstico diario como comidas, bebidas o conservas: *comercio de abarrotes.* **2** AMÉR. Comercio donde se venden estos artículos.

abastecedor, ra *adj. / s. m.* y *f.* Que abastece: *un depósito abastecedor de agua. Los abastecedores de la residencia se han ido de vacaciones.*

abastecer *v. tr. / prnl.* Proporcionar ‹una persona› [una cosa necesaria] a [otra persona]: *El mercado central abastece a los habitantes de la población* ***de*** *alimentos. La familia* ***se*** *abasteció* ***de*** *víveres para el largo fin de semana.* ⇒ **5.**

abastecimiento *s. m.* Provisión o entrega de las cosas necesarias: *El abastecimiento de las grandes ciudades exige un tráfico de mercancías muy intenso. El abastecimiento de agua para la zona seca se hará en camiones cisterna.*

abasto *s. m.* **1** (preferentemente en plural) RESTRINGIDO. Provisión de cosas de primera necesidad, especialmente víveres: *mercado de abastos. Ya ha desaparecido el antiguo cuerpo de inspectores de abastos y consumos.* **2** (preferentemente en plural) VEN. Tienda de comestibles y de artículos para el hogar. FR. Y LOC. **(no) dar ~** (No) ser suficiente ‹una persona o una cosa› para algo: *En verano, con el turismo, no damos abasto para atender el restaurante. El presupuesto dará abasto para todas las obras de la ciudad.*

abatanar *v. tr.* Batanar.

abatatar *v. tr. / prnl.* ARG., PAR., URUG. Confundirse, acobardarse ‹una persona›.

abate *s. m.* **1** Clérigo francés o italiano o eclesiástico español que ha residido mucho tiempo en Italia o Francia: *El abate Marchena es una figura importante de la literatura española.* **2** Clérigo cortesano y frívolo del siglo XVIII: *En todas las estampas cortesanas del siglo XVIII aparecen los famosos abates, con fama de frívolos y librepensadores.*

abatí *s. m.* **1** PAR. Maíz. **2** ARG., PAR. Bebida alcohólica destilada del maíz.

abatible *adj.* Que se ha fabricado para poderse abatir o tumbar: *los asientos abatibles de un coche, las butacas abatibles de un cine.Tenemos una mesa abatible en la cocina.*

abatido, da *adj.* (estar) Que está muy desanimado o triste: *Está muy abatido por la situación.*

abatimiento *s. m.* Hundimiento o debilidad extrema física o moral de una persona: *No es fácil que supere el actual abatimiento a sus años.*

abatir *v. tr.* **1** Hacer caer ‹una persona› [una cosa] por tierra: *Abatieron los torreones de la fortaleza.* SIN. derrumbar. **2** Poner ‹una persona› echada o inclinada [una cosa que estaba derecha]: *Abatió la cabeza en señal de reverencia.* **3** Bajar ‹una persona› [una cosa que estaba izada]: *Abatieron las tiendas de campaña al amanecer.* **4** Hacer perder ‹una cosa› [el orgullo o la soberbia] [a una persona]: *Los problemas económicos abatieron su tradicional orgullo.* || *v. prnl.* **5** Lanzarse ‹un ave o un aparato mecánico› desde lo alto sobre [una cosa]: *El águila se abatió* ***sobre*** *su presa. El avión se abatió* ***sobre*** *un bosquecillo y cayó al suelo.* **6** Caer ‹una cosa negativa› sobre [una persona]: *La desgracia se abatió* ***sobre*** *aquella familia.* **7** Ponerse ‹una persona› desanimada o triste: *Te abates por cualquier contrariedad. La abuela se ha abatido un poco por la gripe, pero está fuerte.*

abdicación *s. f.* **1** Renuncia voluntaria de un monarca al trono: *La abdicación de Carlos V* ***en*** *su hijo Felipe II fue un acontecimiento importante en el siglo* XVI. **2** Documento en que consta la abdicación: *No creo que esa abdicación que te vende el librero sea un documento auténtico.*

abdicar *v. tr.* **1** Renunciar ‹una persona› a [una alta dignidad] en favor de [otra persona]: *El rey abdicó la corona* ***en*** *su hijo.* || *v. tr. / intr.* **2** Renunciar ‹una persona› a [sus opiniones o ideales]: *Aquel hombre abdicó* ***de*** *sus creencias para poder casarse con la que es su esposa. Yo nunca abdicaré* ***de*** *mis ideales.* ⇒ **71.**

abdomen *s. m.* **1** Cavidad del cuerpo del hombre y los vertebrados situada debajo del pecho, que contiene los órganos principales del aparato digestivo, genital y urinario. **2** Parte exterior del cuerpo que corresponde a esta cavidad. **3** ZOOL. Parte posterior del cuerpo de los artrópodos.

abdominal *adj.* Del abdomen o del vientre: *cavidad abdominal, extremidades abdominales, músculos abdominales. Los ejercicios abdominales son buenos para fortalecer las paredes del abdomen.* **aleta ~.**

abducción *s. f.* Movimiento por el cual un miembro se aparta de un eje central del cuerpo como al levantar un brazo lateralmente. ANT. aducción.

abductor *adj. / s. m.* [Músculo] que puede separar un miembro del cuerpo de su eje central: *Tiene una lesión de abductores.* **músculo ~.**

abecé *s. m.* **1** Abecedario. **2** COLOQUIAL. Conocimientos mínimos de una ciencia o de una actividad: *No conoces ni el abecé de la física. ¿Cómo quiere Sagrario dirigir una galería de arte si no sabe el abecé de la pintura?*

abecedario *s. m.* **1** Serie ordenada de las letras de una lengua: *el abecedario español.* SIN. alfabeto. **2** Folleto o cartelón con esta serie: *Hay un abecedario junto a la pizarra.*

abedul *s. m.* Género *Betula.* Árbol de cierta altura, con hojas pequeñas y puntiagudas y corteza lisa y clara, cuya madera es utilizada para fabricar muebles.

abeja *s. f.* (macho y hembra) *Apis mellifera.* Insecto de color oscuro, generalmente con aguijón, que se alimenta de néctar y polen de flores, vive en comunidades y elabora miel y cera. FR. Y LOC. **nido* de ~.**

abejaruco *s. m.* (macho y hembra) *Merops apiaster.* Ave de brillantes colores, pico y cola largos, y alas puntiagudas, que se alimenta sobre todo de abejas capturadas al vuelo.

abejorro *s. m.* **1** (macho y hembra) Género *Bombus.* Insecto del orden de la abeja, bastante grande, con el cuerpo cubierto de vello y larga trompa, que al volar hace un ruido característico. **2** (macho y hembra) Género *Melontha.* Insecto de la familia del escarabajo, de color rojizo y con grandes antenas, que resulta muy perjudicial para la agricultura.

aberración *s. f.* **1** Desviación exagerada de lo que se considera normal, natural o lógico: *La prensa divulgó las aberraciones sexuales del psicópata.* **2** Error grave del entendimiento o de la razón: *Eso que dices es una aberración. Han perdido el partido porque es una aberración un planteamiento defensivo con buenos delanteros.* **3** ASTRON. Desvío aparente de los astros, que proviene de la velocidad de la luz combinada con la de la Tierra en su órbita. **4** BIOL. Desviación del tipo normal que en determinados casos experimenta un carácter morfológico o fisiológico. **5** Imperfección de un sistema óptico.

aberrante *adj.* Que se desvía o aparta de lo que se considera normal, natural o lógico: *La conducta aberrante de algunos enfermos del sanatorio se sigue con especial atención.*

aberrar *v. intr.* RESTRINGIDO, ELEVADO. Apartarse ‹una persona› de [una cosa considerada normal].

abertura *s. f.* **1** Acción y efecto de abrir o abrirse: *La abertura del baúl, aun con romper la cerradura, resultó laboriosa.* SIN. apertura. **2** Separación entre dos partes de una cosa o dos cosas, que deja al descubierto el interior: *la abertura de una herida. La abertura de la ventana era suficiente para mostrar la disputa familiar. La chaqueta tiene dos aberturas laterales.* **3** Grieta o hendidura que rompe una superficie sin dividirla en dos: *Están apareciendo algunas aberturas en la pared. Ha aparecido una abertura en el espejo del recibidor.* **4** Amplitud que los órganos articulatorios dejan al paso del aire cuando se emite un sonido: *La abertura para la pronunciación de las vocales varía de lengua a lengua.* **5** Cualidad de los sonidos que depende de esta amplitud de los órganos articulatorios: *El grado de abertura y la localización son los rasgos distintivos de las vocales.* **6** Diámetro útil de un objetivo, anteojo o telescopio.

aberzale *adj. / s. m.* y *f.* Que es partidario del nacionalismo radical vasco: *movimiento aberzale, política aberzale. Los aberzales han convocado una manifestación.*

abeto *s. m.* Género *Abies.* Árbol abietáceo que crece en zonas de alta montaña, con tronco alto, copa cónica y hojas perennes en forma de aguja: *El abeto es un árbol típico de la Navidad.*

abichar *v. tr.* **1** ARG., URUG. Infectar ‹un insecto› la herida de [un animal]. || *v. prnl.* **2** ARG., URUG. Aparecer gusanos en ‹la fruta u otras cosas›. **3** ARG., URUG. Infectarse ‹una herida de un animal›.

abierto, ta *adj.* **1** Que no tiene árboles, edificios u otros obstáculos que dificulten la visión o el paso: *El caserón estaba situado en campo abierto.* **régimen* ~. 2** Que es amable, simpático y franco: *Es muy fácil hacer amistad con ella porque es muy abierta.* **3** (ser / estar) Que es comprensivo y tolerante: *Su padre es muy abierto. El director está abierto a todo tipo de sugerencias.* **4** Que se manifiesta de una manera clara y sin dudas o disimulos: *guerra abierta, lucha abierta.* **5** FON. [Sonido, articulación] que se pronuncia ensanchando el paso del aire en la boca: *La «a» es un sonido abierto.* **vocal* abierta.** || *p.* **6** Participio irregular de *abrir.* || **7 carta* abierta. 8 sílaba* abierta / libre.**

abietáceo, a *adj.* **1** [Planta] que pertenece a un grupo de árboles ramificados, de hoja perenne con flores unisexuales y semillas cubiertas de escamas duras y apretadas, como el pino, el abeto, el alerce y el cedro. || *s. f.* **2** BOT. (preferentemente en plural) Familia de las abietáceas.

abigarrado, da *adj.* **1** Que tiene muchos colores mal combinados: *A tu amiga le gustan las telas abigarradas. Es un cuadro tan abigarrado que me produce mareo.* **2** Que está compuesto por elementos muy diversos sin relación entre ellos: *Un público abigarrado llenaba la plaza. A este director de teatro le gustan las decoraciones abigarradas.*

abigarrar *v. tr.* **1** RESTRINGIDO. Poner ‹una persona› muchos colores mal combinados en [una cosa]: *A mi tía le encanta abigarrar la habitación, es mareante su manía de mezclar colores.* || *v. prnl.* **2** Juntarse ‹muchas cosas distintas› en [un lugar o en otra cosa]: *Todas las tonterías que encuentras en el Rastro se abigarran en el sótano y ya no caben.*

abigeo *s. m.* DER. Persona que hurta bestias caballares.

abisal *adj.* **1** Del abismo marino: *exploraciones abisales.* SIN. abismal. **2** [Zona oceánica] que tiene una profundidad de más de 2.000 metros y se extiende más allá del talud continental: *Los batiscafos están preparados para descender a profundidades abisales.* **fosa* ~. 3** [Fauna, flora] que vive en las zonas abisales: *peces abisales, algas abisales. La fauna abisal está adaptada a la oscuridad.*

abisinio, nia *adj. / s. m.* y *f.* De Abisinia o Etiopía, en África.

abismal *adj.* **1** Del abismo: *profundidades abismales.* **2** (antepuesto / pospuesto) Que es muy profundo: *Nos envolvía un silencio abismal. Hay abismales diferencias entre los dos aparatos, es normal que los precios varíen.* **3** (antepuesto / pospuesto) Que no se puede comprender: *La teoría de este filósofo pretende desvelar las abismales profundidades del alma humana.*

abismar *v. tr.* **1** Hacer caer ‹una cosa› [a una persona] en un estado negativo: *La muerte de su padre la ha abismado en una depresión de difícil tratamiento.* || *v. prnl.* **2** ELEVADO. Llegar ‹una persona› a estar tan concentrada [en una cosa] que se olvida de todo lo demás: *María se abismó **en** la lectura y se olvidó de nuestra cita. No me gusta ir al cine contigo, porque te abismas **en** la película y no haces ningún comentario.* SIN. embeberse.

abismo *s. m.* **1** (no contable) Profundidad grande y peligrosa: *el abismo del mar. Este barranco es un auténtico abismo.* **2** (no contable) INTENSIFICADOR. Situación o sentimiento incontrolables racionalmente: *un abismo de dudas. El héroe de la película no encontraba la solución a sus problemas, sumido en el abismo de la desesperación.* **3** (no contable) INTENSIFICADOR. Pensamiento o idea incomprensibles o desmesurados: *el abismo del infinito, el abismo de la inteligencia, el abismo del Universo.* **4** (no contable) REL. Entre los católicos, infierno. FR. Y LOC. **al borde del ~** En una situación muy peligrosa: *Juan se está poniendo al borde del abismo con esas amistades. Haces negocios siempre al borde del abismo y un día vas a tener un disgusto fuerte.* **haber / mediar un ~** Existir ‹una gran diferencia› entre [dos personas o cosas]: *Entre sus sueños y la realidad hay un abismo. Entre tu fortuna y la mía media un abismo.*

abjurar *v. tr. / intr.* Abandonar ‹una persona› [una creencia] públicamente: *El hombre abjuró **de** su fe. Este político ha abjurado (**de**) sus principios liberales y ahora es un apóstol de la socialdemocracia.*

ablación *s. f.* **1** ELEVADO. Separación o extirpación de algún órgano del cuerpo: *En algunos pueblos aún se produce la ablación del clítoris.* || **2 ~ continental** GEOL. Arrastre de materiales de la corteza terrestre producido por el agua o el viento. **3 ~ glaciar** GEOL. Pérdida de hielo en el final de un glaciar.

ablandamiento *s. m.* **1** Disminución o pérdida de dureza: *Las lluvias torrenciales produjeron el ablandamiento de la tierra. El calor excesivo produjo el ablandamiento de la carretera.* **2** Debilitamiento del carácter o de las exigencias de una persona: *La edad ha producido un ablandamiento del abuelo y llora por cualquier cosa. El buen comportamiento de Juan consiguió el ablandamiento de su padre.*

ablandar *v. tr./prnl.* **1** Poner ‹una persona o una cosa› blanda [una cosa]: *El calor ablandó el asfalto. El helado **se** ha ablandado fuera de la nevera. **Se** han ablandado los plátanos con los golpes. El abuelo **se** ha ablandado **con** la edad y resiste menos.* SIN. reblandecer. **2** Hacer desaparecer ‹una persona o una cosa› la oposición o la severidad de [una persona]: *Habéis conseguido que **me** ablande y podéis ir al cine, si os portáis bien.* **3** Hacer ‹una persona o una cosa› que [una persona] se compadezca de otra: *Las fotos de África ablandan a cualquiera. Los tipos más duros **se** ablandan **con** los refugiados.* **4** Hacer más suaves ‹una persona o una cosa› [las exigencias] de una persona: *Hemos conseguido ablandar las condiciones de la delegación comercial. Hemos ablandado las exigencias de los acreedores y saldremos adelante.* FR. Y LOC. **~ las piedras*.**

ablande *s. m.* AUTOMOV.; ARG., URUG. Rodaje de un automóvil.

ablativo *s. m.* **1** GRAM. Caso gramatical de las lenguas con declinación que indica la función de complemento circunstancial en general. **caso ~.** || **2 ~ absoluto** Construcción gramatical formada por un participio como núcleo, que no tiene nexos explícitos con la oración principal y que equivale a una oración circunstancial: *Las siguientes construcciones son ejemplos de «ablativos absolutos»: Oídas las noticias, se marchó. Entregado el paquete, se marchó.*

-able *suf.* -ble.

ablución *s. f.* **1** Purificación ritual por medio del agua, propia de algunas religiones como la mahometana: *Alí hacía las abluciones antes de ponerse a orar.* **2** REL. En la religión católica, parte de la misa en que el sacerdote, después de comulgar, purifica el cáliz y se lava los dedos. **3** ELEVADO. Acción de lavarse: *La abuela realizaba cuidadosamente sus abluciones matinales.*

ablusado, da *adj.* [Prenda] que se ahueca o queda ancha como una blusa: *vestido ablusado.*

ablusar *v. tr.* RESTRINGIDO. Dar ‹una persona o una cosa› forma de blusa a [una prenda de vestir]: *Una amiga mía me ha dicho que me ablusará el vestido.*

abnegación *s. f.* (no contable) Sacrificio que una persona hace de su voluntad o de sus intereses en beneficio de los demás: *La doctora cuidaba a los enfermos con abnegación. Están dedicados a su familia con auténtica abnegación.*

abnegado, da *adj.* (antepuesto/pospuesto) Que se comporta con abnegación: *una abnegada actitud, una vida abnegada, un hombre abnegado.*

abnegarse *v. prnl.* ELEVADO. Sacrificarse ‹una persona› por los demás: *El mundo iría mejor si todos nos abnegáramos un poco más y fuéramos menos egoístas.* ⇒ **56.**

abobado, da *adj.* Que parece bobo o que es propio de bobo: *Esta niña está abobada, no se fija en lo que le dices. Dicen que Carlos es abobado, pero no te fíes.*

abobamiento *s. m.* **1** Pérdida pasajera o aturdimiento de algunas cualidades mentales o habilidades: *Mira, hasta las once de la mañana estoy con un abobamiento que no entiendo nada. Ana tiene hoy tal abobamiento que ya se ha dado dos veces con la puerta del salón en las narices.* **2** (no contable) Admiración exagerada hacia una persona o cosa: *Rodolfo tiene un abobamiento por la nueva profesora de ciencias que sólo va a aprobar esa asignatura.*

abobar *v. tr.* **1** Hacer ‹una persona o una cosa› que [una persona] se vuelva boba: *Esa chica lo ha abobado.* **2** Causar ‹una persona o una cosa› admiración [a una persona]: *Sus juegos de magia abobaron a los invitados.* SIN. embobar. || *v. prnl.* **3** Volverse ‹una persona› boba: *El abuelo ya se ha abobado completamente. Me abobo por momentos, no entiendo nada.* **4** Sentir ‹una persona› admiración por una persona o una cosa: *Ana se aboba con el tenis. Los niños se aboban con la tele.* SIN. embobarse.

abocado, da *adj.* **1** (estar) Que está destinado a alguna cosa inevitablemente: *Su proyecto, joven, está abocado al fracaso. Si no cambian mucho los dos, este matrimonio está abocado al divorcio. Todos nos vemos abocados a decir tonterías.* || *adj./s. m.* **2** (ser/estar) [Vino] que tiene mezcla de dulce y seco: *Este vino es abocado. Este vino está abocado. Sírvanos cuatro abocados.*

abocarse *v. prnl.* **1** ARG. Reunirse ‹varias personas› para resolver un asunto. **2** ARG. Distraerse ‹una persona›. ⇒ **71.**

abocetado, da *adj.* [Pintura] que tiene forma de boceto o está sin concluir: *Éste es un retrato abocetado.*

abocetar *v. tr.* RESTRINGIDO. Hacer ‹una persona› un boceto de [una obra]: *Me ha abocetado una portada muy fea.*

abochornar *v. tr./prnl.* **1** Causar ‹el calor› bochorno [a una persona]: *Ayer en los toros el calor nos abochornaba. **Te** abochornas enseguida, ya verás cuando llegue agosto.* **2** Causar ‹una persona o una cosa› vergüenza [a una persona]: *Nos abochornaste con ese ridículo sombrero. A mí no me abochorna ir por la calle en bermudas. **Te** abochornas por cualquier cosa.* SIN. avergonzar(se).

abocinado, da *adj.* (ser/estar) Que tiene forma de bocina: *instrumento musical con boca abocinada.*

abocinar *v. tr.* RESTRINGIDO. Dar ‹una persona› forma de bocina a [una cosa]: *Calculen las medidas para abocinar el arco del dibujo.*

abofetear *v. tr.* Dar ‹una persona› bofetadas [a otra persona]: *La chica lo abofeteó en plena calle. No me parece bien que abofetees al niño por cualquier cosa.*

abogacía *s. f.* **1** (no contable) Profesión de abogado: *Elena ha ejercido la abogacía durante treinta años. Conoce muy bien la práctica de la abogacía.* **2** Conjunto de abogados: *el Consejo General de la Abogacía. La abogacía leonesa se ha reunido en una cena de confraternidad.*

abogaderas (plural) *s. f.* AMÉR. DEL S. Argumentos falsos o engañosos.

abogado, da *s. m./f.* **1** Licenciado en derecho que representa y defiende a una persona o sociedad en los tribunales de justicia: *bufete de abogados, contratar a una abogada, consultar a un abogado, el abogado de la empresa. Sólo hablaré en presencia de mi abogada.* **~ criminalista. ~ defensor. ~ fiscal. ~ de oficio** Abogado designado por la ley para defender a las personas con pocos recursos económicos. **~ del Estado** Abogado que representa y defiende al Estado en asuntos jurídicos. **2** Persona que actúa en favor de otra: *Siempre le gusta hacer de abogada de sus compañe-*

ros y hoy la han castigado. Hijo, siempre haces de abogado de causas perdidas. **3** Santo protector: *San Pedro es nuestro patrón y nuestro abogado. San Antonio es el abogado de las cosas perdidas.* SIN. patrono. || **4 ~ del diablo** 1 REL. En la Iglesia católica, promotor de la fe que se encarga de presentar objeciones en los procesos de canonización. 2 COLOQUIAL. Persona que pone en duda un argumento para esclarecer la verdad: *Voy a hacer de abogado del diablo: ¿Qué pasa si no te dan permiso?*

abogar *v. intr.* Hablar ‹una persona› en favor de [otra persona o una cosa]: *Abogan **por** la construcción de más viviendas. Es buen chico, está abogando **por** sus amigos para que no los castiguemos.* ⇒ **56.**

abolengo *s. m.* Conjunto de antepasados, especialmente si son ilustres: *Es de una familia de gran abolengo.* **rancio ~** Antepasados ilustres: *Presumen de rancio abolengo.*

abolición *s. f.* Supresión legal de una ley o norma jurídica o de una costumbre: *Han pedido la abolición de la pena de muerte y la abolición de la tortura.*

abolicionismo *s. m.* (no contable) HIST. Ideología y comportamiento de los que eran partidarios de abolir la esclavitud: *El abolicionismo tuvo un fuerte arraigo en América en el siglo* XIX.

abolicionista *adj.* **1** Del abolicionismo: *doctrina abolicionista.* || *adj. / s. m.* y *f.* **2** Que es partidario del abolicionismo: *partido abolicionista.*

abolir *v. tr.* Suprimir ‹una persona› [una ley o una costumbre] mediante ley: *Han abolido la ley de extranjería. La Constitución ha abolido por fin la tortura y la indefensión legal.* ⇒ **1.**

abolladura *s. f.* Golpe o hundimiento de una superficie: *El coche está lleno de abolladuras. La cazuela tiene una abolladura.* SIN. abollón.

abollar *v. tr.* **1** Hundir ‹una persona o una cosa› la superficie de [una cosa] al apretarla o golpearla: *La grúa abolló la puerta del automóvil.* **2** PERÚ; JERGAL. Golpear ‹una persona› [a otra persona]. || *v. prnl.* **3** Hundirse la superficie de ‹una cosa›: *Se me ha caído la olla y se ha abollado.*

abollón *s. m.* Golpe o hundimiento de una superficie: *El coche está lleno de abollones. La cazuela tiene un abollón.* SIN. abolladura.

abolsar *v. tr.* **1** RESTRINGIDO. Formar ‹una persona o una cosa› bolsas en la superficie de [una cosa]: *¿Quieres que te abolse un poco la blusa por delante?* || *v. prnl.* **2** Formarse bolsas en la superficie de ‹una cosa›: *Esta pared se está abolsando con la humedad. Se te abolsa el pantalón en las rodillas si no te sientas bien.*

abombado, da *adj.* ARG., URUG.; COLOQUIAL; INSULTO. Que se porta como un majadero.

abombar *v. tr.* **1** Dar ‹una persona o una cosa› forma curva a la superficie de una cosa: *El peso de los libros abombó la estantería.* || *v. prnl.* **2** Tomar la superficie de ‹una cosa› forma curva: *Se está abombando la pared. Se ha abombado la mesa, quizá porque la madera no estaba muy seca.* **3** AMÉR. Achisparse, marearse ‹una persona›. **4** ARG., URUG. Empezar a descomponerse ‹una cosa›.

abominable *adj.* (antepuesto / pospuesto) Que merece ser abominado o condenado: *Todavía no se ha encontrado a los responsables de este abominable crimen. Tu comportamiento fue abominable, repugnante, detestable.*

abominación *s. f.* **1** (no contable) Acción y resultado de abominar: *La abominación de la guerra tiene que interesar a todos.* **2** ELEVADO. Cosa abominable: *Se cuenta que en esa secta se cometen auténticas abominaciones.*

abominar *v. tr.* **1** Sentir ‹una persona› horror hacia [otra persona] o hacia [una cosa]: *Juan abomina el egoísmo con todas sus fuerzas. Abomino las matemáticas. Mi perro abomina el baño. Este hombre siempre ha abominado a sus enemigos.* || *v. intr.* **2** Hablar ‹una persona› muy mal, incluso con maldiciones, de [una persona o una cosa]: *Ana abomina **de** quienes la engañaron. Abomina **de** esa forma de pensar.*

abonar *v. tr.* **1** Pagar ‹una persona› [una cantidad] por [una cosa]: *Hemos abonado la mitad del importe del coche.* **2** Anotar ‹una persona› [una cantidad] en el haber de una cuenta corriente: *Me han abonado ya los intereses en la cartilla.* **3** Dar ‹una persona o una cosa› garantías de la bondad o de la validez de [una cosa]: *El director abonó nuestra propuesta. Este músico viene abonado por varios premios internacionales.* SIN. avalar. **4** Echar ‹una persona› abono en [un terreno]: *Hoy he abonado la viña pequeña.* || *v. tr. / prnl.* **5** Inscribir ‹una persona› [a otra persona] para que, mediante el pago de una cuota, pueda disfrutar de [una cosa]: ***Nos** hemos abonado **a** la temporada de ópera. Vuestros padres os han abonado **a** la piscina municipal.* || *v. prnl.* **6** Sumarse ‹una persona› a [una actividad agradable] con cualquier motivo: *Tú te abonas **a** todo; en cuanto te proponen algo, eres el primero en apuntarte.* FR. Y LOC. **abonarse / apuntarse a un bombardeo*. terreno* abonado.**

abonero, ra *s. m. / f.* MÉX.; COLOQUIAL. Comerciante callejero y ambulante que vende a plazos.

abono *s. m.* **1** Acción y resultado de abonar una cantidad de dinero: *el abono del recibo del gas, el abono de la luz.* **2** Sustancia con la que se abona la tierra: *poner abono en los campos.* SIN. fertilizante. **3** Entrada o billete que permite el uso periódico de algún servicio o la asistencia a algún espectáculo: *el abono de la piscina, el abono del autobús, el abono de teatro.* **4** Conjunto de entradas para una actividad o un espectáculo: *Me he comprado un abono de diez entradas para la piscina, porque sale más barato. He comprado un abono para los tres conciertos.* **5** MÉX.; COLOQUIAL. Plazo, pago de una cantidad en varias veces.

abordaje *s. m.* Acción o resultado de abordar una embarcación a otra: *Los piratas tomaron al abordaje la nave.*

abordar *v. tr.* **1** Aproximarse ‹una embarcación› a [otra] hasta tocarla intencionadamente o por accidente: *Un petrolero abordó ayer **a** un barco pesquero que se ha hundido.* **2** Pasar ‹los tripulantes de una embarcación› a [otra] con la intención de apropiarse de ella: *Los piratas antiguos abordaban las naves enemigas.* **3** Dirigirse ‹una persona› [a otra persona]: *El periodista abordó a los participantes en el acto. Ayer en la calle me abordó un tipo y me pidió cinco duros.* **4** Tratar ‹una persona› [un asunto difícil]: *El ministro abordó los asuntos más espinosos sin más dilación.*

aborigen *adj. / s. m.* y *f.* **1** (preferentemente en plural) Que es el primitivo habitante de un país: *los aborígenes de las islas caribeñas, los aborígenes peninsulares.* || *adj.* **2** Que procede del lugar donde se encuentra: *las costumbres aborígenes, la religión aborigen. La tradición aborigen todavía pervive. Son plantas aborígenes de la Península.* SIN. indígena, natural.

aborlonado, da *adj.* CHILE, COL., EC. [Tela, tejido] que tiene irregularidades de hilado, trama o tinte.

aborrajarse *v. prnl.* RESTRINGIDO. Secarse ‹las mieses› con el calor, antes de tiempo: *La cosecha no será buena, porque el cereal está aborrajado.*

aborrascarse *v. prnl.* RESTRINGIDO. Ponerse ‹el tiempo› borrascoso: *La tarde estaba tranquila y de repente se aborrascó.* ⇒ **71.**

aborrecer *v. tr.* **1** Experimentar ‹una persona› sentimientos negativos hacia [otra persona o una cosa]: *Este profesor me aborrece con todas sus fuerzas. Ana aborrece la comida vegetariana.* **2** Abandonar ‹un animal› [a sus crías]: *A este gato lo hemos criado con biberón porque su madre lo aborreció.* ⇒ **5.**

aborrecible *adj.* Que merece ser aborrecido: *Es un tipo aborrecible. Es una película mal hecha y aborrecible.*

aborrecimiento *s. m.* Repugnancia o aversión hacia alguna cosa o persona: *El aborrecimiento **por** su hermana no ha cambiado con los años. Tiene un aborrecimiento enfermizo **hacia** la televisión.*

aborregarse *v. prnl.* **1** Perder ‹una persona› la iniciativa en opiniones o ideas: *Los proyectos que nos presenta Carlos son vulgares, se ha aborregado.* SIN. adocenarse. **2** Cubrirse ‹el cielo› de pequeñas nubes blancas: *Cuando el cielo se aborrega al atardecer, saco buenas fotos.* ⇒ **56.**

abortar *v. intr. / tr.* **1** Parir ‹una hembra› un feto muerto: *La vaca ha abortado un feto de cuatro meses.* **2** Interrumpir ‹una persona o una cosa› una cosa: *La policía abortó el atraco. La tormenta abortó la manifestación.* || *v. intr.* **3** Interrumpir ‹una mujer› su embarazo: *Ya estoy bien, pero estuve mal hace dos meses, porque me caí y aborté.*

abortista *adj. / s. m.* y *f.* Que es partidario del aborto voluntario sin responsabilidad penal: *manifestación abortista, propaganda abortista, los abortistas.*

abortivo, va *adj. / s. m.* Que provoca el aborto: *sustancias abortivas, prácticas abortivas, manipulación abortiva. La chica tomó un abortivo y se puso malísima.*

aborto *s. m.* **1** Acción de abortar o interrumpir el embarazo: *legalización del aborto. Antes de conseguir un hijo, Chelo tuvo varios abortos.* **2** Ser expulsado por los abortos: *La policía encontró anoche un aborto en un céntrico portal.* **3** PEYORATIVO. Persona o cosa deforme y repugnante: *¡Es un aborto de la naturaleza! Esa película es un auténtico aborto.* SIN. engendro.

abotagarse o **abotargarse** *v. prnl.* **1** Ponerse ‹el cuerpo de una persona o parte de él› hinchado: *Te estás abotargando de estar tanto tiempo sentado, debes pasear más y moverte todos los días algo.* **2** Volverse ‹la mente de una persona› poco ágil: *Es necesario que las personas mayores lean mucho para que el entendimiento no se abotargue.* ⇒ **56.**

abotinado, da *adj.* Que tiene forma de botín: *Se han puesto de moda entre las mujeres los zapatos abotinados.*

abotonadura *s. f.* Botonadura.

abovedado, da *adj.* Que tiene forma curva como una bóveda: *techo abovedado.*

abovedar *v. tr.* **1** Cubrir ‹una persona› [una cosa] con una bóveda: *Hemos decidido abovedar la bodega, que queda más bonita.* **2** Dar ‹una persona› forma de bóveda a [una cosa]: *Hemos abovedado el techo del salón, porque un amigo arquitecto nos ha dicho que es la última moda.*

abra *s. f.* **1** RESTRINGIDO. Bahía, ensenada. **2** AMÉR. Claro del bosque. **3** AMÉR. C. Sendero abierto entre matorrales.

abracadabra *s. m.* HUMORÍSTICO. Término supersticioso escrito en forma de triángulo, al que se le atribuían propiedades curativas y mágicas: *Ahora diré la palabra mágica «abracadabra» y saldrá el conejito del sombrero.*

abracadabrante *adj.* COLOQUIAL. Que causa sorpresa o desconcierto: *La administración es abracadabrante, me exigen ahora para el carnet un papel que tienen que darme ellos, pero no me lo dan porque no tengo el carnet.*

abrasador, ra *adj.* Que abrasa: *un sol abrasador, un día abrasador, una pasión abrasadora.*

abrasar *v. tr. / prnl.* **1** Convertir ‹una persona o una cosa› [a otra] en brasa o ceniza: *El incendio abrasó completamente el palacio. Una llamarada abrasó al jefe de bomberos. **Se** abrasó un niño en el incendio.* **2** Secar ‹el frío o el calor excesivos› [una planta]: *El calor ha abrasado la cosecha de cereales. Las heladas han abrasado los almendros. Las vides **se** han abrasado con el bochorno de agosto.* **3** Consumir ‹una pasión› [a una persona]: *El odio lo abrasa hace tiempo. Carlos **se** abrasa con el amor de tu hermana.* || *v. tr. / intr.* **4** Calentar ‹una cosa› mucho [a una persona o una cosa]: *No soporto la playa, el sol me abrasa.* **5** Quemar, estar ‹una cosa› muy caliente: *La arena abrasa. El aire abrasa estos días. Este café está abrasando.* **6** Producir ‹una cosa o sustancia› una sensación desagradable o seca en [una persona]: *La copa me abrasó la garganta. Las comidas picantes de mi abuela me abrasan.*

abrasión *s. f.* **1** (no contable) Acción y resultado de raer o desgastar por fricción: *El polvo de diamante se utiliza para la abrasión de superficies muy duras.* **2** (no contable) Lesión superficial o irritación de la piel o mucosas por la acción de ciertas sustancias, como los purgantes, o por el roce: *El golpe le ha producido abrasiones en brazos y piernas.* **3** (no contable) GEOL. Desgaste de la superficie terrestre al arrancarle porciones de materia los agentes externos como las olas: *la abrasión marina, la abrasión eólica.*

abrasivo, va *adj. / s. m.* Que produce abrasión: *efecto abrasivo, sustancia abrasiva, polvos abrasivos.*

abrazadera *s. f.* Pieza, generalmente en forma de aro, que rodea a otra para ceñirla o sujetarla: *la abrazadera del fusil, la abrazadera de una tubería de goma.*

abrazar *v. tr. / prnl.* **1** Rodear ‹una persona› [a otra persona o una cosa] con los brazos en señal de afecto: *Los dos amigos **se** abrazaron. Siempre que llega a casa Carmencita abraza y besa con cariño su oso de peluche.* || *v. tr.* **2** Rodear ‹una persona› [a otra persona o una cosa] con los brazos: *El nene ha crecido mucho, ya abraza la silla.* **3** Rodear ‹una cosa› [otra cosa]: *El río abraza una parte de la ciudad.* **4** Contener ‹una cosa› [otra cosa]: *La asignatura abraza varias disciplinas. El curso abraza dos cuatrimestres.* **5** Unirse ‹una persona› a otras en [una creencia]: *Lars abrazó el catolicismo cuando tenía quince años.* **6** Tomar ‹una persona› a su cargo [una cosa]: *La ministra ha abrazado con decisión la causa de los niños disléxicos. Cuando Juan se interesa por un proyecto lo abraza sin reservas.* ⇒ **19.**

abrazo *s. m.* **1** Acción de abrazar a una persona: *Los dos amigos se fundieron en un abrazo.* **2** AFECTIVO, CORTESÍA, DESPEDIDA. Se usa al terminar algunas conversaciones o cartas: *Te llamaré el jueves; un abrazo.*

abreboca *s. m.* COLOQUIAL. Aperitivo: *–«¿Queréis un abreboca antes de comer?» –«Puedes traernos unas aceitunas y unos pinchitos de tortilla con una cerveza.»*

abrebotellas (plural *abrebotellas*) *s. m.* Instrumento para abrir la chapa de las botellas: *Yo no necesito abrebotellas para la cerveza, la abro con las manos.* SIN. abridor.

abrecartas (plural *abrecartas*) *s. m.* Instrumento parecido a un cuchillo para abrir los sobres de las cartas o cortar papel: *Separa con el abrecartas las páginas pegadas del libro.*

abrecoches (plural *abrecoches*) *s. m.* Empleado encargado de abrir la puerta de los automóviles en la entrada de hoteles y otros locales públicos.

ábrego *s. m.* LITERARIO. Viento del sur o del sudoeste.

abrelatas (plural *abrelatas*) *s. m.* Instrumento con un borde cortante para abrir latas o botes de conserva. SIN. abridor. **~ eléctrico.**

abrevadero *s. m.* Lugar donde beben los animales.

abrevar *v. tr.* **1** Dar ‹una persona› bebida [al ganado]: *Esta tarde todavía tengo que abrevar las ovejas.* || *v. intr.* **2** Beber ‹el ganado›: *Las vacas abrevan ahora en una charca artificial.*

abreviación *s. f.* Abreviamiento.

abreviadamente *adv. modo* De forma breve: *Pon tus datos personales abreviadamente.*

abreviamiento *s. m.* **1** Acción y efecto de abreviar un acto: *El abreviamiento del concierto molestó a los melómanos. Ahora hay un abreviamiento real del tiempo de biblioteca, con la regulación del horario de portería.* **2** GRAM. Figura retórica por la que se acorta el final de las palabras: *«Bici» y «cine» proceden de «bicicleta» y «cinematógrafo» por abreviamiento.*

abreviar *v. tr.* **1** Hacer ‹una persona o una cosa› más breve [una cosa]: *La lluvia abrevió el acto. No sé qué hacer para que este niño abrevie las comidas, tarda tres cuartos de hora en beber un vaso de leche.* || *v. intr.* **2** Darse ‹una persona› prisa: *Abrevia, que llegamos tarde al cine.*

abreviatura *s. f.* **1** Procedimiento utilizado para representar una palabra escribiendo sólo una o varias de sus letras. **2** Palabra que resulta al utilizar este procedimiento: *«Sr.» es la abreviatura de «señor».*

abriboca *s. m. / f.* ARG.; COLOQUIAL; PEYORATIVO. Persona crédula, fácil de engañar, papanatas.

abridor, ra *adj.* **1** Que abre: *Este licor es buen abridor del apetito.* || *s. m.* **2** Instrumento para desprender el tapón de las botellas o abrir latas: *el abridor de botellas.*

abrigar *v. tr. / intr. / prnl.* **1** Cubrir ‹una persona› [a otra persona o una cosa] con [una cosa] para evitar que se enfríe: ***Nos** abrigamos **con** mantas de lana. **Nos** abrigamos **del** aguacero. Este vestido abriga mucho. Esta capa no abriga.* || *v. tr.* **2** Proteger ‹una persona o una cosa› [a otra persona]: *La familia lo ha abrigado en todo este pleito. La ancha cornisa abriga un poco la pared de la lluvia.* || **3** Tener ‹una persona› [un pensamiento o un deseo]: *Abrigaba grandes esperanzas sobre su futuro.* ⇒ **56.**

abrigo *s. m.* **1** Prenda de vestir con mangas para protegerse del frío, que se coloca sobre otras ropas: *un abrigo sastre, un abrigo de pieles. No salgas sin abrigo, hace mucho frío.* **2** (no contable) Cualquier cosa que defienda del frío: *ropas de abrigo. Tenemos buenas mantas de abrigo.* **3** (no contable) Amparo, protección: *Se encontraron seguros al abrigo de sus padres. Creció al abrigo de su poderosa familia.* **4** Lugar defendido de los vientos o del frío o lugar en la costa donde se pueden refugiar las naves: *En la montaña encontraron un abrigo para pasar la noche protegidos de la nieve. Buscaban abrigo para protegerse de la tormenta. Los barcos regresaron al abrigo del puerto.* FR. Y LOC. **de ~** COLOQUIAL; INTENSIFICADOR. Que produce miedo o admiración: *una pelea de abrigo. Es un tipo de abrigo. Los aficionados organizaron una bronca de abrigo.*

abril *s. m.* **1** Cuarto mes del año, que tiene 30 días. **2** (preferentemente en plural) Años, edad de una persona, generalmente joven: *José tiene quince abriles.* FR. Y LOC. **estar hecho un ~** RESTRINGIDO. Tener buen aspecto: *Para los años que tiene, tu abuelo está hecho un abril.* REFR. **En abril, aguas mil.** Se usa para comentar la normalidad de la lluvia en abril, mes en que ya suele lucir el sol con bastante fuerza y es primavera en España.

abrileño, ña *adj.* RESTRINGIDO. Que es propio del mes de abril: *un paisaje abrileño.*

abrillantado, da *adj.* ARG., URUG. [Fruta] que está escarchada.

abrillantador, ra *adj.* **1** [Sustancia] que abrillanta: *una cera abrillantadora del suelo.* || *s. m.* **2** Producto que se usa para abrillantar: *Cómprame el abrillantador del baño.*

abrillantar *v. tr.* Dar ‹una persona o una cosa› brillo a [una cosa]: *Tienes que conseguir abrillantar un poquito este picaporte, que así está muy feo.*

abrir *v. tr.* **1** Hacer ‹una persona› posible el acceso al interior de [una cosa]: *El empleado abrió la caja fuerte.* **2** Mover ‹una persona› [una cosa que cierra otra]: *Abrimos el grifo para dejar salir un poco de agua.* **3** Cortar ‹una persona o una cosa› [una cosa]: *La bomba abrió un boquete en el muro.* **4** Separar ‹una persona› las partes de [una cosa]: *Abre las tijeras y empieza a cortar.* **5** Extender ‹una persona› [una cosa]: *Abrí el paraguas para guarecerme de la lluvia. La profesora abrió el periódico.* **6** Dar ‹una persona› comienzo a [una cosa]: *El alcalde abrió la sesión. Abrió su discurso agradeciendo la presencia de todos nosotros.* **7** Provocar ‹una cosa› [apetito] a [una persona]: *El paseo me ha abierto las ganas de comer. El estudio me abre el apetito.* **8** Ofrecer ‹una cosa› [otra cosa] a [una persona]: *Este proyecto nos abre nuevas perspectivas en este campo.* **9** Hacer ‹una persona› [un agujero o un camino]: *He abierto un sendero en mi jardín.* **10** Poner ‹una persona› [el primer signo ortográfico]: *Abre comillas para indicar que escribes una cita literal.* **11** Dar ‹una persona› [una cantidad de dinero] a una entidad bancaria para tener [una cuenta corriente]: *Abriré la cuenta con cinco mil pesetas.* **12** Ir ‹una persona› delante de [una formación]: *El presidente abría el desfile.* || *v. intr.* **13** Hacer ‹un jugador› la primera apuesta en un juego de naipes: *Abro con veinte duros.* **14** Empezar ‹una cosa›: *Se abre la sesión. Se abren las tiendas. Se abre el curso.* || *v. intr. / impers.* **15** Desaparecer las nubes del [cielo]: *Parece que está abriendo.* || *v. intr. / prnl.* **16** Separarse y extenderse los pétalos de ‹las flores›: *Las rosas **se** han abierto.* || *v. prnl.* **17** Moverse ‹una cosa que cierra otra›: *Con el viento se abrían los batientes de las celosías.* **18** Separarse las partes de ‹una cosa›: *Se han abierto con el calor las argollas que sujetan el mango del cazo.*

19 Extenderse ‹una cosa›: *La pradera se abría a nuestra derecha.* **20** Dejar conocer ‹una persona› los sentimientos o los pensamientos [a otra persona]: *Vamos mucho mejor, el otro día se abrió Carlos conmigo, y no es mala persona. Se abrió **con** los asistentes a la fiesta.* **21** Tomar ‹un vehículo› una curva por el lado exterior: *No te abras tanto en las curvas que vamos a acabar en la cuneta.* **22** Estar ‹una cosa› orientada hacia [otra]: *Las terrazas se abren **a** un frondoso bosque.* **23** JERGAL, COLOQUIAL. Irse ‹una persona› de un lugar: *Cuando llegaron aquellos tontos nos abrimos nosotros.* **24** AMÉR. Apartarse ‹una persona› de una cosa o huir de un sitio. **25** AMÉR. Volverse atrás de una decisión ‹una persona›. FR. Y LOC. **~ el día*. ~ el juego*. ~ el ojo*** o **~ los ojos. ~ la mano*. ~ la puerta*. ~ / hacer boca*. ~ / hacer fuego*. ~ / levantar la sesión*. ~ paso*. ~ / romper la cabeza*. ~ su corazón*. ~ su pecho*. abrirse camino*. abrirse paso*. abrírsele la boca*. abrírsele las carnes*. en un ~ y cerrar de ojos*. no ~ el pico*. ⇒ 91.**

abrochador *s. m.* ARG. Máquina grapadora.

abrochadora *s. f.* Abrochador.

abrochar *v. tr. / prnl.* Cerrar ‹una persona› [una prenda de vestir] con botones, broches o corchetes: ***Me** abroché el abrigo, porque hacía fresco. Abróchen**se** los cinturones.*

abrogación *s. f.* DER. Supresión: *la abrogación de una ley, la abrogación de un artículo, la abrogación de un código.* SIN. abolición.

abrogar *v. tr.* DER. Suprimir ‹una persona autorizada› [una ley]: *abrogar una ley.* SIN. abolir. **⇒ 56.**

abrojo *s. m.* Género *Tribulus.* Planta de tallos largos, flores amarillas y fruto espinoso, que es perjudicial para los sembrados.

abroncar *v. tr.* **1** Echar ‹una persona› una bronca [a otra persona]: *Cuando llego tarde a casa me abroncan de un modo exagerado. Porque aparqué un momento en la acera, me ha abroncado un guardia, pero no me ha multado.* **2** Manifestar ‹una persona› desagrado [a otra persona que habla o actúa en público] con silbidos o gritos: *El público abroncó repetidamente a los actores por su desastrosa actuación. Los alumnos abroncaron al decano, que no pudo hablar en la asamblea.* SIN. abuchear. **⇒ 71.**

abrótano *s. m.* **1** *Artemisia abrotanum.* Planta herbácea de cerca de un metro de altura, con hojas finas y blanquecinas y flores amarillas; se emplea para hacer crecer el pelo. || **2 ~ hembra** *Santolina chamaecyparissus.* Planta herbácea, de unos 50 centímetros de altura, con hojas finas y blanquecinas y flores amarillas.

abrumado, da *adj.* (estar) Que está angustiado, molesto o avergonzado: *Marisa estaba abrumada con tanto trabajo. La cantante se sintió abrumada por tantos aplausos.*

abrumador, ra *adj.* Que abruma, porque es muy grande o muy importante o imponente: *Han sido unas manifestaciones de cariño abrumadoras. Ha sido una derrota abrumadora. La muerte de su padre ha sido un golpe abrumador.*

abrumadoramente *adv. modo / cant.* (suele usarse precediendo a adjetivos.) De forma abrumadora o en grado abrumador: *abrumadoramente mayoritario. La encuesta ha resultado abrumadoramente adversa a nuestros intereses.*

abrumar *v. tr.* **1** Causar ‹una persona o una cosa› agobio o angustia [a una persona]: *Los exámenes me abruman. La presión me abrumaba cuando estaba en el tribunal.* **2** Causar ‹las alabanzas o la amabilidad de una persona› apuro o vergüenza [a otra persona]: *Tantas inmerecidas alabanzas me abruman. Es un escritor muy tímido y tantos aplausos lo abruman y no sabe qué decir. Nos abruman todas tus atenciones.* || *v. prnl.* **3** Empezar a sentir ‹una persona› agobio: *Esta mujer se abruma enseguida **con** los niños. No nos abrumamos aquí **con** el trabajo.* **4** Empezar a sentir ‹una persona› apuro: *Me abrumo **con** tantas inmerecidas alabanzas. Nos abrumamos **con** tus atenciones.*

abrupto, ta *adj.* **1** [Terreno, camino] que tiene mucha pendiente y es muy accidentado: *Le gustaba pintar paisajes abruptos.* SIN. escarpado. **2** Que es violento y desagradable: *un carácter abrupto. Sus respuestas eran muy abruptas.*

absceso *s. m.* Acumulación de pus en un órgano causada por una infección: *Tiene un absceso muy grande en un dedo del pie y no puede andar.*

abscisa *s. f.* GEOM. Coordenada horizontal en un sistema de ejes cartesianos.

abscisión *s. f.* ELEVADO. Separación de una parte pequeña de un cuerpo con un instrumento cortante.

absenta *s. f.* **1** (no contable) LITERARIO. Aguardiente de ajenjo y anís. SIN. ajenjo. **2** Medida de este líquido contenida en un vaso o copa: *Cuando era joven este poeta siempre bebía dos absentas después de comer.*

absentismo *s. m.* **1** (no contable) Falta de asistencia al trabajo sin causa justificada: *el absentismo laboral, el absentismo de los parlamentarios.* **2** (no contable) Costumbre que tenían los propietarios de vivir en la ciudad o en la corte, lejos de sus fincas.

absentista *adj.* **1** Del absentismo: *una costumbre absentista.* || *adj. / s. m.* y *f.* **2** Que practica el absentismo.

ábside *s. f.* ARQ. Parte abovedada y semicircular que sobresale de la fachada posterior de una iglesia, donde solía estar antiguamente el altar mayor: *Son muy hermosos los ábsides de las iglesias románicas de Ávila.*

absolución *s. f.* **1** Declaración de un tribunal dejando libre de culpa a un acusado: *El abogado pidió la absolución de su cliente.* **2** REL. Perdón que el sacerdote católico concede al penitente en la confesión: *El sacerdote no le quiso dar la absolución porque no lo veía arrepentido.*

absolutismo *s. m.* (no contable) Ideología y sistema de gobierno de las monarquías europeas anteriores al siglo XIX en que el monarca gobernaba de forma autoritaria y su poder no estaba sometido a ningún control.

absolutista *adj.* **1** Del absolutismo: *una política absolutista.* || *adj. / s. m.* y *f.* **2** Que es partidario del absolutismo: *gobierno absolutista, partido absolutista.*

absoluto, ta *adj.* **1** [Cualidad, valor] que no depende de su relación con otro: *La masa de un cuerpo es una magnitud absoluta porque no varía aunque cambie la situación del cuerpo.* ANT. relativo. **valor* ~.** **2** Que no admite excepción, restricción o reserva: *la verdad absoluta.* **3** (antepuesto / pospuesto) Que es intenso o total: *Se hizo un absoluto silencio. Tiene una seguridad absoluta en ella. El médico me dijo que hiciera reposo absoluto.* ANT. relativo. **licencia* absoluta. mayoría* absoluta.** **4** Que no admite objeciones o réplicas: *Carlos tiene un poder absoluto sobre su mujer.* **5** Que es partidario del absolutismo: *Ejerce un gobierno absoluto.* **monarquía absoluta.** || **6 ablativo* ~. 7 superlati-**

vo* ~. 8 alcohol* ~. 9 cero* ~. 10 poder* ~. FR. Y LOC. **en ~** De ninguna manera: *No me molesta en absoluto.* **en lo ~** MÉX. En absoluto.

absolutorio, ria *adj.* Que absuelve: *Ha recibido una sentencia absolutoria. El tribunal ha hecho una declaración absolutoria.*

absolver *v. tr.* **1** Declarar ‹un tribunal› la inocencia de [un acusado]: *El tribunal supremo le absolvió* ***de*** *toda culpa.* **2** Declarar ‹un sacerdote católico› libre de pecado [a una persona] en la confesión: *Le absolvió* ***de*** *todos sus pecados.* ⇒ **88.**

absorbencia *s. f.* Capacidad de absorber: *Este material tiene buena absorbencia de radiaciones. Este algodón tiene buena absorbencia.*

absorbente *adj.* **1** Que absorbe o atrae muy intensamente la atención o interés de alguien: *trabajo absorbente, relación absorbente.* **2** Que trata de dominar o imponer su voluntad a los demás: *Son unos padres muy absorbentes. Soy muy absorbente y mis amigos se cansan de mí.*

absorber *v. tr.* **1** Atraer y retener ‹un cuerpo› [un líquido o un gas]: *La esponja absorbió el agua. Esta disolución absorbe poco los gases.* **2** Atraer ‹la materia› la energía de [las radiaciones]: *El filtro absorbe los rayos ultravioleta y puede trabajar usted con tranquilidad.* **3** Atraer ‹una cosa› la atención o el interés de [una persona]: *El fútbol lo absorbe completamente.* **4** Hacer ‹una cosa› que [otra cosa] se consuma o se gaste: *El alquiler absorbe buena parte de sus ingresos.* **5** Hacer ‹una sociedad o una empresa› que [otra] se una a ella: *Mi empresa ha absorbido a la de mi hermano.*

absorción *s. f.* **1** Acción y resultado de absorber: *En los emigrantes, la absorción de las nuevas costumbres puede ser lenta. El poder de absorción del algodón es muy alto. La absorción del grupo cementero español por el gigante mexicano es un hecho. Se puede medir la absorción de las radiaciones de este material.* || **2 ~ respiratoria** FISIOL. Intercambio de dióxido de carbono y oxígeno que se realiza en los alveolos pulmonares.

absorto, ta *adj.* **1** (estar; antepuesto / pospuesto) Que se concentra en lo que hace o piensa y no atiende a nada más: *La estudiante permanecía sentada con una absorta expresión de desencanto. Estaba absorto* ***en*** *sus pensamientos y no la vio salir.* **2** Que está muy admirado o muy asombrado: *El guardia se quedó absorto* ***ante*** *un espectáculo tan desagradable. La turista se quedó absorta* ***ante*** *la fachada de la catedral.*

abstemio, mia *adj. / s. m.* y *f.* Que no consume bebidas alcohólicas: *No le ofrezcas coñac porque es abstemia. Había más abstemios que bebedores.*

abstención *s. f.* **1** (no contable) Acción y resultado de abstenerse: *La Organización Mundial de la Salud recomienda a los jóvenes la abstención de alcohol y de tabaco.* **2** (no contable) Renuncia voluntaria a votar en unas elecciones: *Este partido ha sido perjudicado por la abstención. El índice de abstención ha sido bajo.* ANT. participación. **~ técnica** Abstención electoral debida a causas ajenas a la voluntad del votante, como errores en el censo. **3** Cada renuncia a voto contabilizada en una votación: *En las elecciones a presidente de la junta de vecinos ha habido cuatro votos a favor, dos en contra y dos abstenciones.*

abstencionismo *s. m.* **1** (no contable) Ideología y comportamiento de los partidarios de la abstención, especialmente en la política. **2** Abstención: *Los políticos temen que suba el abstencionismo en estas elecciones.*

abstencionista *adj.* **1** Del abstencionismo: *propaganda abstencionista.* || *adj. / s. m.* y *f.* **2** Que es partidario del abstencionismo: *Crece el número de abstencionistas.*

abstenerse *v. prnl.* **1** No participar ‹una persona› en un acto o en una votación: *Nuestros diputados se abstuvieron en la votación.* **2** Dejar de hacer o tomar ‹una persona› [una cosa]: *Debes abstenerte* ***del*** *tabaco. Debemos abstenernos* ***de*** *beber alcohol cuando conducimos. Abstente* ***de*** *tomar decisiones cuando estés enfadada.* ⇒ **81.**

abstergente *adj.* MED. Que absterge o limpia: *líquido abstergente.*

absterger *v. tr.* MED. Limpiar ‹una persona o una cosa› [una superficie orgánica]: *El médico absterge los tejidos antes de coser la herida.* ⇒ **23.**

abstinencia *s. f.* **1** (no contable) Privación de alguna cosa, especialmente por razones religiosas o morales: *abstinencia sexual, abstinencia de tomar alcohol.* **2** REL. Privación de comer carne en los días fijados por la Iglesia católica: *El miércoles de Ceniza es un día de ayuno y abstinencia para la Iglesia.* FR. Y LOC. **síndrome* de ~.**

abstracción *s. f.* **1** (no contable) FILOS. Operación mental por medio de la cual se pueden pensar o estudiar independientemente cualidades o cosas que en la realidad están unidas: *Concebimos el color como algo aislado por una abstracción mental, porque el color siempre aparece ligado a una sustancia.* **2** Construcción mental sin correspondencia exacta en la realidad: *Todas las grandes concepciones científicas son abstracciones que no se encuentran en la realidad, como el movimiento perpetuo o el cuerpo sano. La abstracción es necesaria para la ciencia.* **3** (no contable) Concentración de la mente: *La abstracción de lo que te rodea es necesaria para que puedas estudiar.*

abstracto, ta *adj.* **1** [Acción, concepto, cualidad] que es independiente de la persona o cosa que lo hace o posee: *La sinceridad es un concepto abstracto.* **nombre* ~. 2** Que está poco definido: *Su idea del trabajo es un poco abstracta.* **3** [Arte, artista] que no representa la realidad figurativa tal como es y crea o combina formas, colores y proporciones: *arte abstracto, pintor abstracto.* FR. Y LOC. **en ~** 1 En general, sin considerar casos concretos: *En abstracto no me parece mal, pero tenemos que ver los casos concretos.* 2 Sin descender a detalles: *Luis trató el tema en abstracto.*

abstraer *v. tr.* **1** Considerar ‹una persona› [una cualidad o una acción] con independencia [de la cosa en la que existe o de la persona que la realiza]: *Ana supo abstraer la belleza* ***de*** *todos sus recuerdos.* **2** Considerar sólo las cuestiones esenciales en un estudio: *Jaime es incapaz de abstraer lo fundamental de los casos concretos.* || *v. prnl.* **3** Dejar de considerar ‹una persona› [una cosa] para poner toda la atención en su pensamiento: *No consigo abstraerme* ***del*** *ruido de la calle.* ⇒ **83.**

abstraído, da *adj.* Muy concentrado en sus pensamientos o en sus cosas: *Eva pasea abstraída y no saluda a nadie.*

abstruso, sa *adj.* ELEVADO. Que es difícil de comprender: *una idea abstrusa, un concepto abstruso.*

absuelto, ta *p.* Participio irregular de *absolver.*

absurdo, da *adj. / s. m.* **1** Que no tiene sentido o explicación lógica: *Sus disculpas parecen absurdas. El relato del tes-*

tigo es bastante absurdo. || *adj.* **2** (antepuesto / pospuesto) Que se sale de lo común y resulta ridículo: *una absurda forma de vestir. Es un hombre absurdo.* || *s. m.* **3** Acción o expresión contrarias a la razón o al buen sentido: *Eso que hace es un absurdo. Es un absurdo y un desatino salir por la noche con este frío.* FR. Y LOC. **reducción* al ~.**

abubilla *s. f.* (macho y hembra) *Upupa epops.* Ave de color pardo, con las alas y la cola blancas y negras, pico largo y curvado hacia abajo, y un penacho en la cabeza, que se alimenta de insectos y tiene muy mal olor.

abuchear *v. tr.* Manifestar ‹una persona› desagrado [a otra persona que habla o actúa en público] con silbidos o gritos: *Los espectadores abuchearon al protagonista. El público abucheó al conferenciante.* SIN. abroncar.

abucheo *s. m.* Muestra de desagrado o disconformidad por medio de ruidos y gritos: *El payaso cosechó muchos abucheos. La actriz tuvo que retirarse ante el abucheo.*

abuelo, la *s. m. / f.* **1** El padre y la madre de los padres de una persona: *Mis cuatro abuelos eran aragoneses.* **2** (en plural) Los antepasados de una persona: *Visité el pueblo de mis abuelos.* **3** RESTRINGIDO. Persona anciana: *Levántate para que se siente esta abuelita. Un periodista: –«Aquí tenemos un abuelo que nos va a decir cómo se encuentra.»* || **4 tío* ~** o **tía abuela.** FR. Y LOC. **cuéntaselo a tu / la abuela** o **que se lo cuente a su / la abuela** Se usa para indicar que una persona no cree la historia que otra cuenta: *Si dice que gana mucho al mes, que se lo cuente a su abuela.* **no tener* / necesitar abuela.**

abuhardillado, da *adj.* **1** (ser / estar) Que tiene el techo inclinado como las buhardillas: *La habitación es abuhardillada.* **2** Que tiene buhardillas: *un ático que está abuhardillado, un edificio que es abuhardillado.*

abulense *adj. / s. m.* y *f.* De Ávila, ciudad y provincia española: *Su madre es abulense. Los abulenses tienen una bonita ciudad.*

abulia *s. f.* Falta de voluntad o de energía de carácter: *La abulia lo domina y el chico estudia poco.*

abúlico, ca *adj. / s. m.* y *f.* (ser / estar) Que está dominado por la abulia: *comportamiento abúlico, carácter abúlico. ¿Qué te pasa últimamente?, ¡estás abúlico! Eres un abúlico, te falta energía para cualquier cosa.*

abultado, a *adj.* (antepuesto / pospuesto) Que es grueso o hace mucho bulto: *Marta nos ha contado una abultada mentira. El juez tiene un vientre muy abultado.*

abultamiento *s. m.* Bulto o hinchazón: *Carlos tiene dos abultamientos en el cogote desde pequeñito.*

abultar *v. tr.* **1** Hacer ‹una persona o una cosa› que [una cosa] aumente de volumen o forme un bulto: *La levadura te abultará la masa. El viento abultaba los vestidos y las faldas.* **2** Hacer parecer ‹una persona› [una cosa] más grande o más importante de lo que es: *Las autoridades abultaron la gravedad del accidente. Han abultado las cifras de los manifestantes.* || *v. intr.* **3** Tener ‹una cosa› volumen: *Tendré que facturar el paquete porque abulta mucho para llevarlo en la mano.* || *v. prnl.* **4** Formar ‹una cosa› un bulto: *Ponte bien la falda porque se te abulta por detrás.*

abundamiento *s. m.* RESTRINGIDO. Abundancia. FR. Y LOC. **a mayor ~** RESTRINGIDO. Además: *La conferencia no nos interesaba y, a mayor abundamiento, el conferenciante era muy aburrido.*

abundancia *s. f.* **1** (no contable) Gran cantidad de alguna cosa: *La abundancia de flores en primavera es agradable. En este barrio hay abundancia de comercios.* **2** (no contable) Buena situación económica: *Hay que ahorrar en épocas de abundancia.* FR. Y LOC. **cuerno* de la ~. en ~** COLOQUIAL. Mucho: *Roberto come en abundancia. Ana fuma en abundancia.* **en la ~** Con muchas riquezas: *Viven en la abundancia. Nadan en la abundancia.*

abundante *adj.* (antepuesto / pospuesto) Que abunda o es grande en cantidad o número: *En este bar sirven raciones muy abundantes. Este año disponemos de abundante material sin utilizar. Es una zona muy abundante* ***en*** *viñas.*

abundar *v. intr.* **1** Existir ‹personas, animales o cosas› en gran cantidad: *Este año abundan los mosquitos en la huerta.* **2** Tener ‹una persona o una cosa› una gran cantidad de [una cosa]: *El libro abunda* ***en*** *errores. El barrio abunda* ***en*** *fiestas en verano.* **3** Mantener ‹una persona› [una idea, una opinión o una propuesta]: *Abundó* ***en*** *la misma opinión. Yo abundaré* ***en*** *la misma propuesta que Pilar.*

abundoso, sa *adj.* AMÉR. Abundante.

¡abur! *interj.* RESTRINGIDO. Expresión de despedida equivalente a *¡adiós!*

aburguesar *v. tr.* **1** Acostumbrar ‹una persona o una cosa› [a una persona] a las comodidades y a la vida tranquila: *El agua caliente, la calefacción, el aire acondicionado, todo nos aburguesa un poco.* || *v. prnl.* **2** Acostumbrarse ‹una persona› a las comodidades y a la vida tranquila: *Ya no va Carlos al camping, va al hotel, se ha aburguesado.*

aburrido, da *adj.* **1** (ser / estar; antepuesto / pospuesto) Que produce aburrimiento o desgana: *La charla que dio Luisa fue muy aburrida. Me parece que me marcho porque la fiesta está muy aburrida.* || *adj. / s. m.* y *f.* **2** (ser / estar) [Persona] que no es capaz de divertirse: *Tu amigo es muy aburrido y nunca propone un buen plan. Tu hermana es una aburrida que no sale de casa. Los niños están muy aburridos porque con esta lluvia no pueden bajar a la calle.*

aburrimiento *s. m.* Cansancio, fastidio o desinterés por disgustos o por falta de diversiones: *No soporto el aburrimiento. Es un aburrimiento tener que pasear siempre por el mismo sitio. Esta novela me produce aburrimiento.*

aburrir *v. tr.* **1** Producir ‹una persona o una cosa› cansancio o desinterés [a una persona]: *Sus disquisiciones me aburren. Sus fiestas aburrían a todos. Los dulces tan empalagosos nos aburren a todos.* **2** Causar ‹una persona o una cosa› molestias [a una persona] con su insistencia o persistencia: *Me aburres* ***con*** *tus quejas. Carlos aburre* ***con*** *los papeles que debemos rellenarle.* || *v. prnl.* **3** Sentir ‹una persona› cansancio o desinterés por [una persona o una cosa]: ***Me*** *aburro* ***con*** *ella.* ***Me*** *aburro* ***de*** *esta vida.* ***Me*** *aburro* ***de*** *leer y* ***de*** *ver la tele.* FR. Y LOC. **aburrirse como una ostra*.**

abusado, da *adj. / s. m.* y *f.* **1** MÉX.; COLOQUIAL. [Persona] que es inteligente y tiene iniciativa. **2** MÉX.; COLOQUIAL. Se usa para llamar la atención de una persona que se distrae o equivoca.

abusar *v. intr.* **1** Usar ‹una persona› [una cosa] en exceso: *Tu padre abusa* ***del*** *tabaco.* **2** Usar ‹una persona› la fuerza o el poder para perjudicar a [otra persona]: *Todos abusan* ***de*** *él en el trabajo.* **3** Usar ‹una persona› la fuerza para someter a [otra persona] sexualmente: *Se ha demostrado que el acusado abusó* ***de*** *varios niños.* SIN. forzar.

abusivo, va *adj.* **1** Que encierra un abuso: *Son unos precios abusivos.* **2** Que abusa o se aprovecha de su situación: *unos profesores abusivos. Son unos tenderos abusivos.*

abuso *s. m.* **1** Uso indebido de alguna cosa o exceso en su utilización: *El abuso de la grasa en la comida puede ser perjudicial. El abuso de las cremas bronceadoras no puede ser bueno.* **2** Cualquier aprovechamiento de una situación de fuerza física o legal: *Lo que hacen algunos funcionarios es un abuso.* **3** Uso de la violencia física para conseguir favores sexuales: *Ha sido acusado de diferentes abusos **a** varias primas.* **~ deshonesto.** || **4 ~ de confianza** Infidelidad o deslealtad que un subordinado tiene hacia el superior: *El cajero hizo el desfalco sirviéndose de un abuso de confianza. La empresa acusó a su gerente de abuso de confianza.*

abusón, na *adj. / s. m.* y *f.* Que tiende a aprovecharse de los demás en beneficio propio: *Eres un abusón, porque sólo te enfrentas conmigo, que soy más pequeño. Si la invitas, te aceptará, es una abusona.*

abyección *s. f.* **1** (no contable) ELEVADO. Envilecimiento: *Nuestro amigo se precipitó en la abyección de una vida consagrada al vicio.* **2** ELEVADO. Acción vil y despreciable: *Burlarse de la debilidad ajena es una abyección.* SIN. vileza.

abyecto, ta *adj.* (antepuesto / pospuesto) Que es despreciable, vil, falso o cobarde: *una persona abyecta, una acción abyecta. El abyecto asesino sonreía mientras descuartizaba a su víctima.*

a. C. *abr.* «Antes de Cristo».

acá *adv. lug.* **1** Indica, de forma poco precisa, el lugar en que se encuentra el que habla: *Arrímate para acá.* RELACIONES Y CONTRASTES: Indica el lugar de forma menos exacta que *aquí*: *Acá nadie tiene trabajo.* || *adv. temp.* **2** Precedido de la preposición *de* o *desde* y una expresión de tiempo, indica el momento presente: *De la última Navidad acá no te he vuelto a ver. Del domingo acá no se ha recibido ninguna noticia.* **3** AMÉR. Equivale a *éste* o *ésta*: *Acá te dirá lo que sabemos.* FR. Y LOC. **~ y allá** Se usa para indicar que algo sucede o se encuentra en varios sitios, de manera dispersa y no ordenada: *Vimos animales acá y allá.* **de ~ / aquí para allá*. traer* de ~ para allá.**

acabado, da *adj.* **1** (estar) Que está viejo o fracasado: *Era una buena actriz, pero ya está acabada. Está acabado **como** empresario.* || *s. m.* **2**. Perfeccionamiento, retoque o revisión final que se le da a una obra: *El acabado de estos coches no es bueno. Tienen un acabado muy rico estas obras. Tu trabajo mejorará con un último acabado.*

acabar *v. tr.* **1** Llevar ‹una persona› [una cosa] a su fin: *He acabado por fin el libro.* SIN. finalizar. **2** Gastar o consumir ‹una persona› [una cosa] totalmente: *He acabado las naranjas. Tu madre ha acabado el aceite.* SIN. agotar. **3** Dar ‹una persona› los últimos toques a [una cosa]: *He acabado la instalación del baño y me ha quedado muy bien.* || *v. intr.* **4** Tener ‹una cosa› el final en [una forma]: *Los barrotes acaban **en** punta. La fachada acaba **en** una hermosa cornisa.* SIN. terminar. **5** Destruir o hacer desaparecer ‹una persona o una cosa› [una cosa]: *El resultado acabó **con** nuestras esperanzas. Con este insecticida hemos acabado **con** los mosquitos.* **6** COL.; COLOQUIAL. Alcanzar ‹una persona› el orgasmo en una relación sexual. || *v. intr. / prnl.* **7** Llegar ‹una cosa› a su fin: *Las clases **se** acaban hoy. La película acaba bien.* **8** Gastarse ‹una cosa› totalmente: *Se ha acabado la cerveza. Se ha acabado el vino. Se acabaron las entradas.* SIN. agotarse. || FR. Y LOC. **~ como el rosario de la aurora** COLOQUIAL. Acabar mal un asunto o una reunión, con desacuerdo o pelea de los participantes. **~ / terminar en punta*. ~ con la paciencia*. ~ de** + infinitivo. Haber llevado ‹una persona› [una acción] a su fin en ese momento: *Acabo de llegar a casa.* **acabáramos** Se usa para indicar que una persona comprende por fin una cosa: *Pero ¿es tu hijo? ¡Acabáramos! No hay más que hablar.* **~** + gerundio o expresión adverbial o **~ por** + infinitivo. Llegar a hacer ‹una persona› [una cosa]: *Acabé llorando desesperadamente. Acabó por negarse.* **Colorín* colorado, este cuento se ha acabado. el cuento* de nunca ~. no ser el fin del mundo*** o **no acabarse el mundo. se acabó la fiesta*.**

acacia *s. f.* Árbol o arbusto de varias especies, a veces con espinas, de hoja caduca y flores olorosas, dispuestas en racimos colgantes, del que se obtiene la goma arábiga. **~ blanca / falsa. ~ bastarda** Endrino.

academia *s. f.* **1** Sociedad o institución artística, literaria o científica: *Real Academia Española.* **2** Establecimiento de enseñanza privado donde se enseñan algunas materias: *academia de informática, academia de idiomas.* **3** Establecimiento de enseñanza para ciertas carreras, profesiones o especialidades: *academia militar.*

académicamente *adv. modo* **1** a veces PEYORATIVO. De manera académica: *académicamente realizado. Pintas demasiado académicamente.* || *adv. restrictivo* **2** Desde una perspectiva académica: *Académicamente, eso es inadmisible.* **3** En el plano académico: *He mejorado académicamente.*

academicismo *s. m.* (no contable) Actitud de los autores y característica de las obras que siguen con rigidez las normas académicas.

academicista *adj.* **1** Del academicismo: *tendencia academicista.* || *adj. / s. m.* y *f.* **2** Que es partidario del academicismo: *Es un escritor muy academicista.*

académico, ca *adj.* **1** De las academias: *discurso académico, sillón académico.* **2** Que se atiene o cumple con las normas académicas: *estilo académico, autora académica, pintura académica.* **3** De la enseñanza oficial: *expediente académico, título académico, curso académico.* **año* escolar / ~.** || *s. m. / f.* **4** Persona que pertenece a una academia: *En las diferentes academias españolas hay pocas académicas.*

acadio, dia *adj. / s. m.* y *f.* **1** De Akkad, antiguo reino de Mesopotamia: *soldado acadio, los acadios.* || *s. m.* **2** LING. Antigua lengua semítica que se hablaba en Asiria y Babilonia.

acaecer *v. intr.* Ocurrir ‹una cosa› espontáneamente: *A veces acaecen cosas que no nos gustan.* SIN. acontecer. ⇒ **2.**

acahual *s. m.* **1** MÉX.; COLOQUIAL. Especie de girasol muy abundante en México. **2** MÉX.; COLOQUIAL. Cualquier hierba que cubre las tierras en barbecho.

acallar *v. tr.* **1** Hacer callar ‹una persona› [ruidos o voces]: *El sacerdote acalló los murmullos y empezó a hablar sobre las virtudes del matrimonio.* **2** Hacer callar ‹una persona› [una voz interior o las protestas de otra persona]: *El cacique acalló su conciencia con repetidas limosnas. No podrán acallar las voces de protesta con los despidos de los trabajadores.* || *v. prnl.* **3** Callar ‹ruidos o voces›: *Se acalló el rumor de la sala y empezó a cantar la soprano.* **4** Callar ‹una voz interior o las protestas de una persona›: *La voz de la conciencia no se acalla con ningún regalo.*

acaloramiento *s. m.* **1** Calor corporal que siente una persona: *Tengo un acaloramiento en verano que no me deja vivir. No soporto el acaloramiento al lado de la estufa.* **2** Excitación o ardor pasional: *No me controlo cuando discuto y me agarro un acaloramiento que cualquier día me va a hacer explotar. Me produce tal acaloramiento el estar al lado de María que no lo puedo resistir.*

acalorar *v. tr.* **1** Dar ‹una cosa› calor [a una persona]: *Esta cuesta acalora a cualquiera.* || *v. prnl.* **2** Ponerse ‹la cara de una persona› roja a causa de un esfuerzo: *Me acaloro **con** la cocina.* **3** Hablar ‹una persona› de [una cosa] con mucha pasión: *El diputado se acaloró **en** su crítica al Gobierno. Tú misma te acaloras **con** tus propias palabras.* **4** Perder ‹una persona› la calma [por una cosa]: *Ana se acaloró **en** la disputa. Se acaloró **por** lo que le dijiste.*

acampada *s. f.* **1** Estancia temporal al aire libre, generalmente en tiendas de campaña: *Las acampadas son agradables en el verano.* **2** Lugar preparado para realizar acampadas: *zona de acampada.* FR. Y LOC. **ir / salir de ~** Ir a vivir al campo ‹una persona› durante un tiempo limitado: *Los fines de semana solemos ir de acampada.*

acampanado, da *adj.* Que tiene forma de campana: *mangas acampanadas, pantalones acampanados.*

acampar *v. intr.* Detenerse ‹una persona› en el campo y quedarse al aire libre o en una tienda de campaña: *Les gusta acampar en la montaña. Se van a acampar en vacaciones.*

ACAN (pronunciamos *'acán'*) *s. f.* Sigla de «Agencia Norteamericana de Noticias».

acanalado, da *adj.* **1** (estar) Que pasa por un canal o lugar estrecho: *El río va acanalado.* **2** Que tiene forma de canal: *tejas acanaladas.* **3** Que tiene estrías: *columna con fuste acanalado. Es una tela acanalada.* SIN. estriado.

acanaladura *s. f.* ARQ. Canal o estría : *las acanaladuras de una columna.*

acanalar *v. tr.* **1** Hacer ‹una persona› canales o estrías en [un objeto]: *A los clientes les gusta que acanalemos los fustes de las columnas.* **2** Dar ‹una persona› forma de canal o teja a [una cosa]: *En esa carpintería acanalan los rodapiés.*

acantáceo, a *adj. / s. m.* y *f.* **1** BOT. [Plantas arbustivas o herbáceas] que son angiospermas dicotiledóneas, tienen tallo y ramos nudosos, hojas opuestas, flores de cinco pétalos y un fruto en caja membranosa como el acanto. || *adj. / s. f.* **2** BOT. (en plural) Familia de las acantáceas.

acantilado *s. m.* Costa rocosa cortada casi verticalmente: *Los acantilados impiden llegar por tierra a esas playas. La tormenta arrojó el bote contra los acantilados.*

acanto *s. m.* **1** Planta herbácea perenne de hojas rizadas y espinosas que se utiliza con fines ornamentales. **2** ARQ. Adorno que imita las hojas de esta planta, característico de los capiteles corintios.

acantonamiento *s. m.* **1** Acción y resultado de acantonar o acantonarse una tropa militar: *El acantonamiento puede indicar que se espera un ataque del enemigo.* **2** Lugar o zona donde se acantonan las tropas: *Casi todas las unidades operativas están en un acantonamiento oriental.*

acantonar *v. tr. / prnl.* Distribuir y alojar ‹una persona› [a la tropa] en diferentes poblaciones, por razones estratégicas: *Las tropas **se** acantonaron en la capital y se suspendieron todos los permisos. En tiempo de guerra suelen acantonar**se** las tropas en las zonas conflictivas.*

acaparador, ra *adj. / s. m.* y *f.* Que acapara: *Es muy acaparadora y todo lo quiere para ella.*

acaparamiento *s. m.* **1** Almacenamiento de una mercancía en cantidad superior a lo normal: *El acaparamiento de aceite está elevando su precio en el mercado.* **2** Apropiación o uso abusivo de algo que debería compartirse: *Los alumnos protestaron por el acaparamiento de los mejores sitios de la biblioteca por los investigadores.*

acaparar *v. tr.* **1** Quedarse ‹una persona› con el total o la mayor parte de [una cosa] por el temor a la escasez o por hacer negocio: *La población acaparó las existencias de azúcar.* **2** Atraer ‹una persona o una cosa› [el interés o la atención de otras personas]: *Si no acapara la conversación no está contenta con los amigos. Las elecciones argentinas han acaparado las primeras páginas de los periódicos.*

acápite *s. m.* AMÉR. Párrafo aparte del texto.

acaramelar *v. tr.* **1** Cubrir ‹una persona› [una cosa] con caramelo: *Acarameló el flan.* || *v. prnl.* **2** Ponerse ‹una persona› dulce y cariñosa: *Se acaramelan en cuanto se ven. Está muy acaramelado **con** la novia.*

acariciador, ra *adj.* Que acaricia: *una brisa acariciadora.*

acariciar *v. tr. / prnl.* **1** Hacer ‹una persona o una cosa› caricias [a otra persona o a un animal]: *El viento acariciaba su hermoso pelo. Me gusta acariciar a los gatos. Los amantes **se** acariciaban continuamente.* || *v. tr.* **2** Tocar ‹una persona› [una cosa] suavemente: *Acariciaba la tela mientras calculaba el precio de la falda y la chaqueta.* **3** Pensar ‹una persona› en la realización de [una cosa]: *Acaricia la idea de marcharse a América.*

ácaro *s. m.* **1** (macho y hembra) ZOOL. Animal arácnido de tamaño muy pequeño, que vive entre plantas o como parásito de otros animales, a los que a veces les transmiten enfermedades, como la garrapata o el arador de la sarna. **2** (en plural) ZOOL. Orden que forman los ácaros.

acarrear *v. tr.* **1** Llevar ‹una persona o animal› [una cosa] de un lugar a otro: *Me he pasado todo el día acarreando libros al nuevo despacho. Me voy a casa porque estoy harto de acarrear todo el día este paquete.* || *v. tr. / prnl.* **2** Causar ‹una persona o una cosa› [daños o molestias] a [una persona]: *Su comportamiento le acarreó muchos disgustos. Mis hijos me acarrean muchos problemas.* || *v. tr. / intr.* **3** RESTRINGIDO. Llevar ‹una persona› [la cosecha] a la era: *Mañana acabamos de acarrear el trigo. Mañana empezamos a acarrear, ¿podrás venir a echarnos una mano?*

acarreo *s. m.* **1** Acción y resultado de acarrear: *material de acarreo, el acarreo de la paja.* **2** GEOL. Conjunto de materiales del terreno que se acumulan en un lugar después de haber sido transportados por el agua o el viento: *los terrenos de acarreo al lado del río.* FR. Y LOC. **de ~** Tomado de aquí y de allá: *El edificio está construido con un estilo de acarreo. Es un artículo escrito con materiales de acarreo. Su poesía no es original, se notan las imágenes de acarreo.*

acartonarse *v. prnl.* **1** Ponerse ‹una cosa› rígida como el cartón: *Se me han mojado las alpargatas y se han acartonado.* **2** Ponerse ‹una persona› enjuta al envejecer: *La abuela no está muy bien, se acartona un poco cada día.*

acaserarse *v. prnl.* **1** CHILE, PERÚ; COLOQUIAL. Hacerse ‹un cliente› habitual de una tienda o de un puesto del mercado. **2** CHILE, PERÚ. Encariñarse ‹una persona› de un lugar.

acaso *s. m.* **1** Especie de fuerza imaginaria que hace que los acontecimientos no se rijan por leyes fijas o predecibles: *El acaso hizo que nos encontráramos aquella tarde. No puedes confiar en el acaso para los asuntos importantes, debes planearlos.* SIN. casualidad. || *adv. duda* **2** Indica la posibilidad de que suceda o sea cierto el hecho apuntado: *Acaso tenga frío. Acaso hayan muerto ya. Acaso sintiera miedo.* OBSERVACIONES: Precediendo a una forma verbal, no suele usarse con presente o pasado de indicativo; prefiere los de subjuntivo (o el futuro o potencial de probabilidad). Puede actuar como respuesta completa: *–«¿Habrá sido él?» –«Acaso.»* SIN. quizá, tal vez. **3** Por ventura. OBSERVACIONES: Sigue a la condicional *si* en construcciones hipotéticas no irreales, a menudo en contexto de petición o mandato: *Si acaso cambias de idea, llámame. Si acaso vieras a Pedro, dile que lo estoy esperando.* SIN. por casualidad, por un casual. **4** Precede a estructuras interrogativas totales como refuerzo de la duda o sorpresa del hablante: *¿Acaso viniste y no estábamos en casa?* **5** Precede a estructuras interrogativas totales confirmativas como refuerzo pragmático del supuesto que defiende el hablante (lo contrario de lo que expresa la proposición que sigue a *acaso*): *¿Acaso eres mejor que nosotros? ¿Acaso no te socorrí?* FR. Y LOC. **si ~** 1 Como única posibilidad, como único caso posible (o permisible), como mucho, en todo caso. OBSERVACIONES: Expresa un tope máximo y suele usarse tras interrogaciones o negaciones: *No creo que venga gente; si acaso, algún despistado. –«¿Lo habrá intuido alguien? –«Si acaso, Andrés Bello.»* 2 En última instancia, en último término: *Si acaso, te quedas tú con él.* **por si ~** 1 Por si, en previsión de que: *Saldré con el paraguas por si acaso llueve.* RELACIONES Y CONTRASTES: Como *por si*, puede afectar al acto mismo de decir: *Por si acaso no lo sabes, el próximo soy yo.* 2 En previsión de que pueda suceder cierta cosa (normalmente, no deseada): *Por si acaso, meteré las cadenas en el maletero. Lleva el paraguas, por si acaso.*

acatamiento *s. m.* Aceptación respetuosa de la ley, la autoridad o las órdenes que salen de ellas: *El acatamiento de los estatutos de nuestra sociedad recreativa no me obliga a aguantar a todos sus socios. Todos los ciudadanos deben acatamiento a las leyes justas del país donde viven.*

acatar *v. tr.* **1** Cumplir ‹una persona› [una orden, una ley o una disposición]: *Siempre hemos acatado cualquier indicación de la autoridad competente.* **2** Manifestar ‹una persona› respeto o sumisión hacia [otra persona, una institución o sus órdenes, leyes o disposiciones]: *Acatamos las decisiones de los jueces pero no podemos cumplirlas.* || *v. tr. / intr.* **3** AMÉR. C., COL., VEN.; RESTRINGIDO en Venezuela. Darse cuenta ‹una persona› de algo.

acatarrarse *v. prnl.* Contraer ‹una persona› un catarro: *Me he acatarrado. Estoy acatarrada.* SIN. constiparse.

acaudalado, da *adj.* (antepuesto / pospuesto) Que tiene mucho dinero: *una empresaria acaudalada, un acaudalado cliente.*

acaudillar *v. tr.* Estar ‹una persona› al frente de [un ejército, una rebelión o un país]: *Tres sargentos han acaudillado la rebelión de las provincias centrales.*

acceder *v. intr.* **1** Estar ‹una persona› de acuerdo en [una cosa]: *La dirección ha accedido* ***a*** *nuestra petición. Juan ha accedido* ***a*** *prestarnos sus apartamentos.* **2** Tener ‹una persona› acceso [a un lugar]: *Sólo algunos acceden* ***a*** *la oficina principal. Se necesita el carnet de socio para acceder* ***a*** *las instalaciones de la piscina.* **3** Conseguir ‹una persona› [una condición, un rango o un grado]: *Con este examen se puede acceder* ***a*** *los estudios superiores.*

accesible *adj.* **1** Que tiene acceso, o que se puede alcanzar: *La cumbre es accesible por la cara norte de la montaña.* ANT. inaccesible. **2** Que puede ser entendido o comprendido: *un tema accesible* ***para*** *su edad, planteamiento accesible* ***para*** *todos, explicación accesible* ***para*** *los no especialistas, concepto accesible.* ANT. inaccesible. **3** Que tiene un trato sencillo, natural y amable: *A pesar de su éxito profesional, Ana sigue siendo una persona accesible.* ANT. inaccesible.

accésit (plural *accésit* o *accésits*) *s. m.* Segundo premio en un concurso científico, artístico o literario: *Carlos ha ganado un accésit de poesía en el premio Ateneo de Sevilla.*

acceso *s. m.* **1** Acción y resultado de acercarse o llegar a un lugar. **2** Lugar o vía por donde se entra en un lugar: *una vía* ***de*** *acceso, el acceso* ***al*** *castillo, acceso cerrado, acceso* ***de*** *entrada, los accesos* ***a*** *Barcelona. El acceso por carretera está cortado.* **3** Posibilidad de llegar a [una persona o a una cosa]: *Tiene acceso* ***a*** *todos los archivos. Tiene acceso* ***a*** *información confidencial. Esta carrera da acceso* ***a*** *un empleo seguro.* **4** Exaltación, arrebato o ataque: *acceso* ***de*** *tos, acceso* ***de*** *fiebre, acceso* ***de*** *locura, acceso* ***de*** *alegría, acceso* ***de*** *cólera, acceso* ***de*** *histeria.* || **5 ~ carnal** ELEVADO. Unión sexual.

accesoriamente *adv. modo* Por accesión o agregación: *Considerarán este plan accesoriamente.*

accesorio, ria *adj.* **1** Que depende o se ha añadido a lo principal: *Es una línea accesoria a la principal. Es un mueble accesorio para poner el teléfono.* **puerta* de servicio** o **puerta accesoria.** **2** Que no es necesario: *Es un detalle accesorio que no has de tener en cuenta.* || *s. m.* **3** Utensilio auxiliar u objeto de adorno: *Vamos a poner una tienda de accesorios de coches.*

accidentado, da *adj. / s. m.* y *f.* **1** Que ha sufrido un accidente: *Recogieron a una persona accidentada. Se llevaron a los accidentados en una ambulancia.* || *adj.* **2** (antepuesto / pospuesto) Que transcurre con muchos incidentes: *un viaje accidentado, una fiesta accidentada, una accidentada reunión.* **3** [Terreno] que tiene muchos desniveles y obstáculos: *Hicimos una excursión por una zona muy accidentada. El camino discurre por un terreno muy accidentado.*

accidental *adj.* **1** Que no es esencial: *asunto accidental, materia accidental.* **2** Que ocurre al margen de lo acostumbrado, establecido o previsto: *Fue un encuentro accidental, totalmente casual.* **3** [Cargo] que tiene carácter provisional o interino: *empleo accidental, nombramiento accidental.*

accidentalmente *adv. modo* Por accidente, de modo accidental, casualmente: *Accidentalmente, José se cruzó con ella.*

accidentar *v. tr.* **1** Causar ‹una persona o una cosa› un accidente [a una persona]: *El defensa accidentó casualmente al delantero centro.* || *v. prnl.* **2** Sufrir ‹una persona, un animal o una cosa› un accidente: *Me accidenté cuando intentaba llegar a la cumbre.*

accidente *s. m.* **1** Suceso inesperado del que normalmente resulta un daño: *accidente laboral, accidente de tráfico.* **2** (no contable) Casualidad: *Ignacio nació en esa ciudad por* *accidente*. **3** Irregularidad del terreno: *accidente del terreno*. **~ geográfico** Río, montaña, costa u otro elemento que configura la superficie de la Tierra: *Los principales accidentes geográficos de las costas españolas son los cabos, golfos y bahías*. **4** FILOS. Lo que aparece en alguna cosa, sin que forme parte de su esencia: *Para la filosofía aristotélica, el accidente necesita ser pensado como dependiente de una sustancia*. **5** GRAM. Variación gramatical de las palabras: *El género es uno de los accidentes del nombre*.

acción *s. f.* **1** (no contable) Ejercicio de la facultad de actuar o hacer alguna cosa: *Es preciso pasar a la acción*. SIN. actividad. ANT. inacción. **2** Efecto de hacer, acto: *Todas sus acciones son generosas. Abandonarlo fue una mala acción. Así harás una buena acción*. **~ de gracias** Se usa para indicar que un acto, por lo común religioso, es una manifestación de agradecimiento: *Mandó decir una misa en acción de gracias*. **3** Efecto de la actividad de una persona o cosa sobre otra: *Estudia la acción del ácido sobre los metales*. SIN. influencia. **4** Actividad intensa: *El movimiento, la acción era lo único que le interesaba*. **campo* de ~. hombre de ~. radio* de ~. 5** MIL. Combate: *Mi padre se distinguió como buen militar en varias acciones*. SIN. batalla. **~ de armas. ~ de guerra. 6** LIT. Conjunto de acontecimientos que componen el argumento de una obra literaria narrativa, una obra de teatro, o una película: *La acción de la novela transcurre en Madrid*. SIN. trama. **7** Conjunto de los gestos o movimientos de una persona, en especial los de un actor u orador, para lograr una mayor expresividad: *Mira sus acciones y movimientos*. **8** ECON. Cada una de las partes cotizables en bolsa en que se considera dividido el capital de una sociedad anónima: *Las acciones de esa empresa ya no se cotizan como antes*. **9** ECON. Documento que acredita la posesión y el valor de cada una de las acciones de una sociedad anónima: *Las acciones se habían convertido en papeles sin valor*. **10** Facultad de solicitar alguna cosa en juicio y procedimiento para hacer efectivo ese derecho: *Hemos iniciado las acciones legales tendentes a llevarlo a juicio*. SIN. denuncia. || **11 ~ civil** Acción que persigue la satisfacción de un derecho: *Mi hermana emprendió una acción civil para reclamar la herencia*. **12 ~ directa** Empleo de la violencia con fines sociales, políticos o sindicales: *Nuestro sindicato no aceptará nunca la acción directa como sistema reivindicativo*. **13 ~ penal** Acción que pretende el castigo de un delito: *Si quieres iniciar una acción penal contra él tienes que denunciarlo*. FR. Y LOC. **paquete* de acciones.**

accionamiento *s. m* Acción y resultado de accionar o hacer funcionar un mecanismo: *El accionamiento de la palanca abrirá las compuertas*.

accionar *v. tr.* **1** Hacer funcionar ‹una persona o una cosa› el mecanismo de [una cosa]: *Accionaron la bomba a distancia mediante un mecanismo de relojería*. SIN. activar. || *v. intr.* **2** Hacer ‹una persona› gestos o movimientos con las manos para expresarse: *Si quieres atraerte al público, debes accionar menos cuando estés en el escenario*.

accionariado *s. m.* Conjunto de accionistas de una empresa: *El accionariado apoya la gestión del nuevo presidente del banco*.

accionista *s. m./f.* Persona o sociedad que posee acciones o parte del capital de una empresa: *accionista mayoritario, accionista minoritario*.

acebo *s. m. Ilex aquifolium*. Árbol de gran altura, hojas perennes con espinas en sus extremos y frutos en forma de baya roja, cuyas ramas se emplean como adorno navideño.

acebuche *s. m.* Olivo silvestre.

acechanza (diferente de *asechanza*) *s. f.* Acecho o persecución cautelosa: *la acechanza de los soldados enemigos*.

acechar *v. tr.* **1** Observar ‹una persona o un animal› [a una persona, un animal o una cosa] cautelosamente: *El león acechaba su presa*. **2** Amenazar ‹un peligro› [a una persona]: *El diablo acecha siempre a las buenas personas*.

acecho *s. m.* (no contable) Acción de acechar: *Estaba absorto en el acecho de la presa. No es agradable para las estrellas el acecho de los periodistas*. SIN. vigilancia. FR. Y LOC. **al/en ~** Vigilando con cuidado: *Tu primo siempre está al acecho de las faltas de los demás. Los vigilantes están al acecho de las personas que entran en el banco*.

acedera *s. f. Rumex acetosa*. Planta poligonácea perenne de hojas en forma de vaina y flores verdosas.

acedía *s. f.* (macho y hembra) Platija.

acéfalo, la *adj.* **1** Que no tiene cabeza o le falta gran parte de ella: *feto acéfalo, cuerpo acéfalo*. **2** (ser/estar) [Grupo social] que no tiene jefe o dirección: *comunidad acéfala. empresa acéfala. Ahora mismo la comunidad está acéfala*.

aceitar *v. tr.* **1** Poner ‹una persona› aceite en [una cosa]: *Aceita la ensalada, por favor. Le gusta aceitar todas las comidas excesivamente*. **2** ARG. Sobornar ‹una persona› [a otra persona].

aceite *s. m.* **1** Sustancia líquida y grasa, insoluble en agua, que puede ser de origen vegetal, animal o mineral: *aceite de oliva, aceite de cacahuete, aceite de ballena, aceite de girasol, aceite de hígado de bacalao, aceite de ricino, aceite refinado, aceite puro, botella de aceite de oliva virgen, lata de aceite lubricante*. **~ virgen. bomba de ~. filtro de ~.** || **2 ~ de vitriolo*.** FR. Y LOC. **balsa* de ~.**

aceitera *s. f.* **1** Recipiente de cocina para guardar el aceite. **2** Recipiente pequeño de la vajilla para servir el aceite en la mesa: *Por favor, pásame la aceitera para la ensalada*.

aceitero, ra *adj.* **1** Del aceite: *industria aceitera*. || *adj./s. m.* y *f.* **2**. [Persona] que se dedica profesionalmente a la fabricación o a la venta de aceite de oliva: *Los aceiteros ambulantes no han desaparecido totalmente de la geografía española*.

aceitoso, sa *adj.* (ser/estar) Que tiene aceite o que tiene alguna propiedad del aceite, como la grasa: *Esta ensalada está demasiado aceitosa. Aquí el agua del mar es un líquido aceitoso. Haces un líquido aceitoso con jugo de pepino y aceite y es muy bueno para la piel*.

aceituna *s. f.* Fruto del olivo, adobado en sal y sazonado, que se toma como aperitivo o en ensaladas. SIN. oliva (RESTRINGIDO). FR. Y LOC. **llegar a las aceitunas** Llegar ‹una persona› a una reunión o a una ceremonia cuando ya se ha terminado todo o está a punto de finalizar: *Vamos pronto, que no quiero llegar a la cena a las aceitunas*.

aceitunado, da *adj.* Que tiene el color de la aceituna verde: *Es de piel aceitunada*.

aceitunero, ra *s. m./f.* Persona que por oficio se dedica a vender o acarrear aceitunas.

aceleración *s. f.* **1** Acción y resultado de acelerar o acelerarse: *Se produjo una aceleración de los cambios sociales*.

carril de aceleración. **2** MEC. Variación de la velocidad en una unidad de tiempo: *Jesús estudia la aceleración de los móviles.*

acelerador, ra *adj./s. m.* Que acelera: *un mecanismo acelerador del movimiento, un acelerador de partículas.*

aceleramiento *s. m.* Aceleración: *El aceleramiento de los acontecimientos nos pilló desprevenidos.*

acelerar *v. tr./intr.* **1** Hacer ir ‹una persona o una cosa› más deprisa [a una persona o una cosa]: *Te he dicho que aceleres.* ‖ *v. tr.* **2** Hacer ‹una cosa› que [otra cosa] ocurra antes de tiempo: *La crisis aceleró el despido de los trabajadores.* ‖ *v. prnl.* **3** Ir ‹una persona o una cosa› más deprisa: *Se está acelerando esta máquina. No te aceleres cuando te pregunten.* **4** Ocurrir ‹una cosa› antes de tiempo.

acelerón *s. m.* COLOQUIAL. Aceleración brusca e intensa a la que se somete un motor: *Con esos acelerones arruinas el motor.*

acelga *s. f.* Verdura de grandes hojas y tallo grueso y acanalado que se consume generalmente hervida o salteada: *acelgas con patatas.* ‖ FR. Y LOC. **cara* de ~.**

acémila *s. f.* **1** RESTRINGIDO. Mula o macho de carga. **2** INSULTO. Persona de modales muy groseros o muy poco inteligente: *Siempre me pareció que aquel profesor era un poco acémila.*

acemilero *s. m.* El que por oficio conducía o cuidaba las acémilas: *Los acemileros solían formar recuas de mulas para transportar las mercancías.*

acendrado, da *adj.* (antepuesto/pospuesto) Que está muy limpio y sin defecto: *No hay amor tan acendrado como el de los padres adoptivos.*

acendramiento *s. m.* ELEVADO. Purificación o limpieza: *El acendramiento de su amor fue haciéndose más profundo con los años.*

acendrar *v. tr.* **1** Hacer ‹una cosa› más puros e intensos [los valores o los sentimientos de una persona]: *Los sufrimientos sirven para acendrar el verdadero amor.* SIN. purificar. ‖ *v. prnl.* **2** Hacerse ‹los valores o los sentimientos de una persona› más puros e intensos: *La virtud se acendra* ***con*** *las dificultades.* SIN. purificarse.

acento *s. m.* **1** FON. Elemento articulatorio mediante el cual se destaca una sílaba dentro de la palabra o grupo de palabras: *El acento de una palabra se marca con un golpe de voz más fuerte.* **2** Representación gráfica de este elemento articulatorio: *«Lápiz» lleva acento en la «a».* SIN. tilde. **3** Signo que se coloca encima de las vocales de algunas lenguas para señalar matices de pronunciación. **~ agudo** Rayita inclinada que baja de derecha a izquierda (´). **~ circunflejo** Acento usado en algunas lenguas como el francés, que se representa como un ángulo con el vértice hacia arriba (^). **~ grave** Rayita inclinada que baja de izquierda a derecha (`). **4** Conjunto de circunstancias articulatorias características de una persona, una región o un país: *Carlota tiene un fuerte acento francés. Los de esa región tiene un acento que se distingue de sus vecinos.* **5** Interés, dedicación: *Los Gobiernos deben poner el acento en la lucha contra la pobreza.*

acentuación *s. f.* **1** Acrecentamiento o aumento de alguna cosa: *La acentuación de la sequía va a trastornar la industria del turismo. Con la edad, la acentuación de su mal carácter lo hace insoportable.* **2** GRAM. Colocación del acento ortográfico sobre una vocal: *Acentúa con cuidado, que te van a suspender.* **3** GRAM. Pronunciación destacada de una sílaba de acuerdo con las reglas fonéticas de una lengua: *No es tan difícil la acentuación de los adverbios acabados en «-mente». La acentuación de las palabras nuevas debe enseñarse en la escuela.*

acentuadamente *adv. modo* **1** Con pronunciación acentuada: *Esta palabra se pronuncia acentuadamente.* ‖ *adv. cant.* **2** Señaladamente, marcadamente: *Sagrario es acentuadamente enigmática.*

acentuado, da *adj.* (preferentemente antepuesto) Que se percibe con facilidad: *un acentuado gusto a vinagre, una acentuada tendencia al fracaso.* SIN. claro, marcado.

acentual *adj.* GRAM. Del acento: *problemas acentuales, estudios acentuales de los dialectos del español.*

acentualmente *adv. restrictivo* En cuanto al acento: *Nuestras dos lenguas se encuentran acentualmente muy alejadas.*

acentuar *v. tr.* **1** Poner ‹una persona› el acento gráfico sobre [una letra]: *Tienes que fijarte en las palabras que se acentúen, porque así no aprobarás el examen. Las palabras llanas acabadas en vocal nunca se acentúan.* **2** Pronunciar ‹una persona› [una palabra] marcando su acento: *En castellano no se acentúan los adjetivos posesivos antepuestos. Se puede hablar muy bien una lengua y acentuarla sólo regularmente.* **3** Hacer ‹una persona o una cosa› mayor [una cosa] o muy perceptible: *Acentuó la magnitud del accidente. No hay que acentuar las dificultades del proyecto.* SIN. aumentar. ‖ *v. prnl.* **4** Hacerse ‹una cosa› mayor o muy perceptible: *Con el silencio se acentúa la oscuridad de la noche. Con la soledad se acentúan los dolores.* ⇒ **3.**

aceña *s. f.* Molino harinero instalado dentro de un cauce de agua: *En muchas zonas castellanas pueden verse todavía las antiguas aceñas, ahora ya sin funcionar.*

-áceo, cea *suf.* **1** Significa 'que se parece a' y forma adjetivos a partir de adjetivos: *gris - grisáceo, rosa - rosáceo.* **2** Significa 'que pertenece a una clase' y forma adjetivos a partir de sustantivos: *gallina - gallináceo, hierba - herbáceo.*

acepción *s. f.* LING. Cada uno de los significados de una palabra o de una locución: *«Agua» es una palabra con muchas acepciones.*

aceptable *adj.* Que puede ser aceptado o creído: *Su comportamiento es aceptable. Tu explicación de los hechos me parece aceptable, en cambio, creo que él miente. Has hecho un examen aceptable.* ANT. inaceptable.

aceptablemente *adv. modo* **1** Bastante bien, de forma aceptable: *Cantaste aceptablemente.* ‖ *adv. cant.* **2** Bastante, suficientemente: *una habitación aceptablemente amplia.*

aceptación *s. f.* **1** (no contable) Acción y resultado de aceptar algo voluntariamente: *La aceptación de sus regalos podría ser mal interpretada. La aceptación de mi oferta me ha sorprendido a mí, en primer lugar.* ANT. rechazo. **2** Cualidad de ser acogida favorablemente una persona o una cosa: *La película tuvo mucha aceptación.* SIN. éxito.

aceptar *v. tr.* **1** Recibir ‹una persona› [una cosa que le dan] voluntariamente: *Acepto tu regalo con mucho gusto.* SIN. tomar. **2** Dar ‹una persona› [una cosa] por buena: *Acepto que tenías razón. Aceptaré tus condiciones en cuanto vuelvas.* **3** Soportar ‹una persona› [una cosa]: *Aceptaron la reprimenda sin rechistar. Aceptaremos con tranquilidad* *lo que nos envíe el destino.* **4** Obligarse ‹una persona› a pagar [una letra de cambio] por escrito: *Me han aceptado la letra, así que pronto nos pagarán la mercancía.*

acequia *s. f.* Zanja o canal pequeño por donde va el agua, generalmente para el riego: *Utilizan el agua de la acequia para regar. No pases cerca de la acequia que está llena de mosquitos.*

acera *s. f.* **1** Parte lateral de una vía pública destinada a los peatones: *caminar por la acera, ir por la acera.* **2** Fila de casas que hay a los lados de las calles o que forman una plaza: *la acera de la derecha, la acera de la izquierda, la acera de los pares, la acera de los impares.* FR. Y LOC. **ser de la ~ de enfrente** o **ser de la otra ~** COLOQUIAL; EUFEMISMO. Ser ‹una persona› homosexual: *Me parece que el nuevo vecino es de la acera de enfrente.*

acerado, da *adj.* **1** ELEVADO. De acero o parecido a él: *metal acerado, una espada acerada.* **2** (antepuesto / pospuesto) ELEVADO. [Comentario] que es agresivo y cruel: *una acerada respuesta, una crítica acerada.* **3** BOT. [Hoja] que es cilíndrica y punzante: *El enebro tiene hojas aceradas.*

acerar *v. tr.* **1** Poner ‹una persona› aceras en [un lugar]: *Quedan muy bien las nuevas calles que están acerando y asfaltando.* **2** RESTRINGIDO. Dar ‹una persona› las propiedades del acero a [una cosa]: *Tienen una técnica excelente para acerar el hierro.*

acerbo, ba (diferente de *acervo*) *adj.* **1** ELEVADO. Que es áspero o amargo al gusto: *Es una medicina muy acerba.* **2** (antepuesto / pospuesto) ELEVADO. Que es muy intenso o cruel: *Le han hecho unas críticas acerbas. Lo embarga un dolor muy acerbo y no quiere hablar con nadie.*

acerca *adv.* Se usa en la LOC. **~ de** En relación con, sobre: *Lola ha estado hablando exactamente media hora acerca de este asunto. Escribe libros acerca de los insectos.*

acercamiento *s. m.* Acción y resultado de acercar posiciones o de acercarse: *Se ha producido un acercamiento en las posturas de los negociadores. La dirección está iniciando un acercamiento **a** nuestras ideas.*

acercar *v. tr. / prnl.* **1** Poner ‹una persona› [una cosa] más cerca de [otra cosa] o de [una persona]: *Acércame el agua, por favor. Se acercó **a** la pared.* SIN. aproximar(se). ‖ *v. tr.* **2** Hacer ‹una persona o una cosa› que [varias personas o varias cosas] estén en armonía: *Hemos conseguido acercarlos un poquito, pero estos abuelos están muy enfadados.* **3** Llevar ‹una persona› [a otra persona o una cosa] a [un lugar]: *Os acercaré **a** casa en mi coche.* ‖ *v. prnl.* **4** Ponerse ‹varias personas o varias cosas› en armonía: *Los dos países se han acercado estos últimos meses.* **5** Dirigirse ‹una persona› [a otra]: *El hombre se me acercó a pedirme un cigarro.* **6** Ir ‹una persona› a [un lugar]: *Me acercaré **a** su casa.* ⇒ **71.**

acerería *s. f.* Acería.

acería o **acerería** *s. f.* Fábrica de acero: *Las acerías vascas son famosas.*

acerico *s. m.* Almohada pequeña para clavar alfileres y agujas: *En el costurero tengo un acerico.*

acero *s. m.* **1** Aleación de hierro y carbono, muy dura y elástica: *acero fundido, acero rápido, acero colado.* **~ inoxidable.** **2** LITERARIO. Arma blanca, en especial la espada: *el acero homicida. El ofendido desenvainó el acero. Se disponían a cruzar sus aceros.* FR. Y LOC. **de ~** Muy duro o resistente: *nervios de acero, músculos de acero.* **pulmón* de ~.**

acerola *s. f.* Fruto del acerolo, comestible, redondo, rojo o amarillo con tres huesecillos dentro.

acerolo *s. m.* *Crataegus azarolus.* Árbol rosáceo, de hojas vellosas y flores blancas cuyo fruto es la acerola.

acérrimo, ma (superlativo irregular de *acre*) *adj.* **1** (antepuesto / pospuesto) Que tiene un sabor muy agrio y fuerte: *No me gusta este licor, tiene un sabor acérrimo.* **2** (antepuesto / pospuesto) Que es constante, fanático y entusiasta: *Paula es una acérrima defensora de sus derechos. Soy un seguidor acérrimo de su obra.*

acertadamente *adv. modo* Con acierto, atinadamente, con la razón a favor: *Como acertadamente dijo el filósofo, todo fluye.*

acertado, da *adj.* (antepuesto / pospuesto) Que es conveniente u oportuno: *una acertada elección, un regalo acertado, una postura acertada.*

acertante *adj. / s. m.* y *f.* **1** [Persona] que acierta y gana en la lotería, en las quinielas o en cualquier juego de parecidas características: *Los acertantes de doce aciertos no cobrarán nada esta semana.* **2** [Boleto] que tiene aciertos ganadores: *Sólo ha aparecido un boleto acertante de seis números.*

acertar *v. tr.* **1** Dar ‹una persona› con la solución o el resultado de [una cosa]: *Ana acertó los cinco números del premio.* ‖ *v. intr.* **2** Dar ‹una persona› en [el blanco de una cosa]: *Acerté **en** la diana.* **3** Encontrar ‹una persona› [una cosa]: *Acertamos **con** la calle. He acertado **con** el número.* **4** Tener ‹una persona› acierto en [una cosa]: *Has acertado **con** la carrera. Has acertado **en** tu boda.* ‖ FR. Y LOC. **~ a** + infinitivo Ocurrir ‹una cosa› por casualidad: *Acertó **a** pasar por allí un caballero. Acerté **a** cambiar la rueda.* ⇒ **58.**

acertijo *s. m.* **1** Enigma o adivinanza que se propone como entretenimiento: *Resolver un acertijo no es tan fácil.* **2** Palabras difíciles de entender: *Las últimas declaraciones del ministro nos parecen un acertijo.*

acervo (diferente de *acerbo*) *s. m.* **1** Conjunto de bienes espirituales o materiales pertenecientes a un grupo o lugar: *el acervo cultural de España. El acervo patrimonial de los vecinos no está mal. Tiene un acervo de lecturas nada despreciable.* SIN. caudal. **2** RESTRINGIDO. Montón de cosas menudas, como semillas o legumbres: *Guardo en el desván un acervo de clavos, tornillos y puntas de la antigua casa.*

acetábulo *s. m.* ANAT. Cavidad de un hueso en la que encaja otro: *El fémur encaja en el acetábulo del isquion.*

acetato *s. m.* QUÍM. Sal formada por la combinación del ácido acético con una base: *Los disolventes suelen ser acetatos.*

acético, ca *adj.* **1** QUÍM. Del vinagre o de sus derivados. **ácido ~** Ácido que da al vinagre su olor y sabor característicos. ‖ **2 aldehído* ~.**

acetileno *s. m.* QUÍM. Hidrocarburo gaseoso que se emplea para el alumbrado en las lámparas de carburo y como materia prima para obtener varios productos usados en la soldadura.

acetímetro *s. m.* QUÍM. Aparato para medir el ácido acético de una sustancia.

acetona *s. f.* **1** Líquido incoloro de olor fuerte usado como disolvente de materias orgánicas. **2** COLOQUIAL. Acetonemia: *El análisis demuestra que tiene un poco de acetona.*

acetonemia *s. f.* (no contable) MED. Presencia de acetona en la orina.

achabacanar *v. tr./prnl.* Hacer ‹una persona o cosa› chabacana o vulgar [a una persona o una cosa]: *El ambiente de los bares lo está achabacanando. Su lenguaje se ha achabacanado con esas amistades.*

achacar *v. tr.* Atribuir ‹una persona› [una cosa negativa] [a otra persona]: *Le achacó su mala suerte. El periódico de la competencia nos achaca intenciones ocultas que no tenemos.* ⇒ **71.**

achacoso, sa *adj.* (ser/estar) Que padece algún achaque o malestar habituales y de poca importancia, a causa de la edad: *Últimamente estoy muy achacoso, pero nunca es nada grave. ¡Parece mentira, tan joven y siempre tan achacoso! El poeta es joven, feo y achacoso.*

achaflanar *v. tr.* Hacer ‹una persona› un chaflán en la esquina de [una cosa]: *El arquitecto municipal de ahora es partidario de achaflanar todos los edificios que pueda construir en las esquinas.*

achampanado, da o **achampañado, da** *adj.* [Vino] que imita al champán: *No me gustan las bebidas achampañadas.*

achamparse *v. prnl.* **1** CHILE. Arraigar, echar raíces. **2** CHILE. Apropiarse ‹una persona› de [alguna cosa].

achancharse *v. prnl.* **1** ARG.; COLOQUIAL. Perder ‹un coche› potencia por problemas del carburador. **2** ARG., URUG.; COLOQUIAL. Engordar excesivamente ‹un animal o una persona›.

achantar *v. tr.* **1** Hacer ‹una persona o una cosa› que [una persona] se asuste, pierda su presunción, se calle o deje de actuar: *El miedo lo achantó. Las amenazas injustas nunca la han achantado.* || *v. prnl.* **2** Perder ‹una persona› su presunción o callarse ‹una persona› por cobardía, resignación o astucia: *La jefa le llamó ayer la atención y se ha achantado y sale poco de su despacho. En cuanto gritas un poco, Juan se achanta.* **3** VEN. Quedarse, permanecer ‹una persona› en un sitio porque quiere.

achaparrado, da *adj.* **1** (ser/estar) Que es grueso y bajo: *un perro achaparrado. Ana siempre ha sido achaparrada. Cada día Carlitos está más achaparrado.* **2** Que es bajo y ancho: *un árbol achaparrado.*

achaparrarse *v. prnl.* **1** Tomar ‹un árbol› forma de chaparro: *Con la sequía los árboles crecen poco y se achaparran.* **2** Tomar ‹una persona, un animal o una planta› un aspecto grueso y ancho: *Como comas tanto, te vas a achaparrar cada día más.*

achaque *s. m.* **1** Dolencia habitual de poca importancia: *El abuelo está bien, aunque tiene los achaques propios de la vejez.* **2** RESTRINGIDO. Excusa, pretexto: *Siempre buscas algún achaque para no venir con nosotros.*

achares (plural) *s. m.* COLOQUIAL, RESTRINGIDO. Celos: *dar achares.*

acharolar *v. tr.* Charolar.

achatar *v. tr.* **1** Poner ‹una persona o una cosa› chata [una cosa]: *Tu tío puede achatarte en el taller la punta del sillín de la bicicleta. A este dibujante le gusta achatar un poco los retratos. No le hagas la foto, que esta luz la achata completamente.* || *v. prnl.* **2** Ponerse ‹una cosa› chata: *Se ha achatado un poco el morro del coche con el golpe.*

achicar *v. tr./prnl.* **1** Hacer ‹una persona› más pequeña [una cosa]: *Rosa **se** ha achicado los pantalones.* || *v. tr.* **2** Hacer ‹una persona o una cosa› que [una persona] se sienta inferior o insignificante: *La presencia de cualquier jefe lo achica.* **3** Sacar ‹una persona› [el agua encharcada o acumulada] en [un lugar]: *Todos achicaron el agua de la bodega cuando pasó la tormenta. Mientras uno remaba, el otro achicaba el agua de la barca.* || *v. prnl.* **4** Hacerse ‹una cosa› más pequeña: *Parece que se está achicando esta planta en vez de crecer.* **5** Sentirse ‹una persona› inferior o insignificante: *No tienes que achicarte cuando hables con ellos.* || *v. intr./prnl.* **6** PERÚ; VULGAR. Orinar ‹una persona›. ⇒ **71.**

achicharradero *s. m.* COLOQUIAL; INTENSIFICADOR. Lugar donde hace demasiado calor: *En verano nuestra casa es un auténtico achicharradero.* SIN. horno.

achicharrar *v. tr.* **1** Quemar ‹una persona› [una comida]: *Hoy he achicharrado la paella. Ten cuidado que achicharras las chuletas.* **2** Calentar ‹una cosa› [a una persona, a un animal o a una cosa] en exceso: *La estufa achicharró a los polluelos. Perecieron achicharrados en el incendio.* **3** Llenar ‹una persona› [a otra persona] de agujeros con balazos: *No se puede andar de noche en las grandes ciudades, porque te pueden achicharrar en cualquier momento.* SIN. acribillar. || *v. prnl.* **4** Quemarse ‹una comida›: *Se me han achicharrado los garbanzos.* **5** Calentarse ‹una persona, un animal o una cosa› en exceso: *No me gusta achicharrarme al sol.* **6** MÉX.; COLOQUIAL. Exhibirse ‹una persona› negativamente.

achichinar *v. tr.* MÉX.; COLOQUIAL. **1** Quemar, incendiar ‹una persona› [a otra persona o una cosa]. **2** Cobrar ‹una persona› [una vieja deuda]. **3** Matar, quitar ‹una persona› [la vida] [a otra persona].

achichincle *s. m.* MÉX. Persona que está al servicio de alguien por un salario.

achichinque *s. m.* MÉX. Achichincle.

achicoria *s. f.* **1** Hierba compuesta de hojas ásperas cuyas raíces, molidas y tostadas, se emplean como sucedáneo del café. **2** (no contable) Infusión de raíz de achicoria, de sabor amargo: *En la Segunda Guerra Mundial en vez de café se bebía achicoria.*

achiguar *v. tr./prnl.* **1** ARG., CHILE; VULGAR. Combar ‹una cosa› [otra cosa]. || *v. prnl.* **2** ARG., CHILE; VULGAR. Engordar excesivamente ‹una persona o un animal›. ⇒ **14.**

achinado, da *adj.* AMÉR. Que tiene características de los chinos o aindiados: *aspecto achinado, ojos achinados.*

achiote *s. m.* **1** AMÉR. C., COL., MÉX., PERÚ, VEN. Bija.

achique *s. m.* Acción y resultado de achicar o sacar agua de una embarcación: *Nos dedicamos afanosamente al achique del agua en la bodega.*

achiquitar *v. tr./prnl.* COL., GUAT., MÉX., REP. DOM.; COLOQUIAL en México. Achicar, empequeñecer ‹una persona› [una cosa].

achira *s. f.* AMÉR. *Sagitaria montevidensis.* Planta originaria de América del Sur, propia de terrenos húmedos, con tallo nudoso, hojas en forma de espada y flores vistosas, que se cultiva en parques y jardines.

achispar *v. tr.* **1** Poner ‹una bebida› un poco borracha [a una persona]: *Ten cuidado, que este orujo achispa enseguida.* || *v. prnl.* **2** Ponerse ‹una persona› un poco borracha: *Se achispa con una sola copa. Yo aguanto tan poco bebiendo, que me achispo cuando huelo una caña de cerveza.*

acholado, da *adj./s. m.* y *f.* AMÉR. Que tiene características de cholo o mestizo.

acholar *v. tr.* AMÉR. Avergonzar o humillar ‹una persona› [a otra persona].

achorado, da *adj.* PERÚ; JERGAL. Que es peligroso o muy molesto.

achuchado, da *adj.* (ser/estar) Que es difícil y complicado: *La vida está muy achuchada. Llevo este curso muy achuchado, no sé si lo aprobaré en junio.*

achuchar *v. tr.* **1** Incitar ‹una persona› [a otra o a un animal] contra otros: *Con este decreto, el Gobierno achucha a los bancos contra los pequeños comerciantes. Déjalos, no achuches a uno contra otro, que las disputas amistosas se acaban enseguida.* SIN. azuzar. **2** COLOQUIAL. Hacer ‹una persona› que [otra persona] se apresure a [hacer una cosa]: *Lleva tres días achuchándome para que firme el contrato. El profe nos achucha para que estudiemos. No me achuches* ***con*** *la botánica.* **3** Echar ‹una persona› peso sobre [una cosa]: *Ten cuidado, que estás achuchando los discos con los libros.* ‖ *v. tr./prnl.* **4** Dar ‹una persona› achuchones [a otra persona]: *Los espectadores* ***se*** *achuchaban para poder entrar pronto en el teatro.* **5** COLOQUIAL. Dar ‹una persona› achuchones [a otra persona] cariñosamente: *Aquella pareja se achucha en todos los rincones.* ‖ *v. intr.* **6** ARG., URUG. Tiritar o estremecerse ‹una persona› por el frío o la fiebre.

achucharrar *v. prnl.* **1** COL., HOND.; COLOQUIAL en Colombia. Quemarse, secarse, empequeñecerse o reducirse ‹una cosa›. **2** ARG.; COLOQUIAL. Encogerse ‹una persona› por el frío. ‖ *v. tr./prnl.* **3** MÉX.; COLOQUIAL. Asustar, acobardar ‹una persona o una cosa› [a una persona].

achuchón *s. m.* **1** COLOQUIAL. Empujón o aprieto entre personas: *En este autobús siempre hay que aguantar achuchones.* **2** Abrazo o aprieto cariñoso: *Se dieron un achuchón.* **3** Indisposición repentina: *Está desmejorado porque tuvo un achuchón.* SIN. arrechucho.

achucutarse *v. prnl.* COL., EC. Acurrucarse ‹una persona›.

achucuyar *v. tr./prnl.* **1** AMÉR. C. Humillar o acobardar ‹una persona› a [otra persona]. **2** AMÉR. C. Entristecer mucho ‹una persona› [a otra persona].

achularse *v. prnl.* COLOQUIAL. Adquirir ‹una persona› el aspecto o los modales de un chulo: *Desde que ha ido a Madrid se ha achulado de una manera considerable.*

achunchar *v. tr./prnl.* **1** BOL., CHILE, EC., PERÚ; VULGAR en Chile. Avergonzar ‹una persona› [a otra persona]. ‖ *v. tr.* **2** CHILE; VULGAR. Provocar ‹una persona› mala suerte en [otra persona].

achuntar *v. intr.* CHILE, PERÚ; COLOQUIAL. Dar casualmente, acertar ‹una cosa o una idea› en el objetivo al que se dirige.

achura *s. f.* (preferentemente en plural) ARG., CHILE, PAR., URUG. Menudos de una res que constituyen un plato predilecto entre la gente del campo.

achurar *v. tr.* **1** ARG., BOL., PAR. Extraer ‹una persona› las achuras de una res. **2** ARG., BOL., PAR., URUG.; COLOQUIAL. Matar ‹una persona› a cuchilladas [a otra persona o un animal]. **3** CHILE, PERÚ; COLOQUIAL en Chile. Rellenar ‹una persona› [una porción de un dibujo] con rayitas horizontales.

aciago, ga *adj.* (antepuesto/pospuesto) Que prevé desgracias o va acompañado de ellas: *un aciago día, un comentario aciago. Llevo una temporada aciaga, todo me sale mal.*

acíbar *s. m.* **1** Áloe, planta y su jugo amargo. **2** ELEVADO. Amargura, sentimiento causado por una contrariedad o un accidente: *Probó el acíbar de la derrota.*

acibarar *v. tr.* **1** Poner ‹una persona› acíbar en [una cosa]. **2** ELEVADO. Producir ‹una persona o una cosa› [una turbación o un profundo malestar] a [una persona]: *Viviría feliz, pero las tonterías de mi hija me acibaran la vida.*

acicalar *v. tr./prnl.* Adornar ‹una persona› [a otra persona o una cosa] mucho: ***Se*** *han acicalado para ir a la fiesta. Acicala mucho a los niños para salir de paseo.*

acicate *s. m.* **1** Algo que mueve o incita a hacer una cosa: *Necesitaba un acicate para seguir trabajando. El dinero es su único acicate. Los obstáculos sirven de acicate para el amor.* SIN. estímulo. **2** RESTRINGIDO. Espuela con una sola punta de hierro para picar a la caballería.

acíclico, ca *adj.* ELEVADO. Que no se desarrolla de forma cíclica: *Muchos autores creen que la historia es acíclica.*

acicular *adj.* Que tiene forma de aguja. **hoja ~.**

acidez *s. f.* **1** (no contable) Carácter ácido de algo: *la acidez del vinagre. Me gusta el aceite virgen con un grado de acidez muy bajo.* **2** (no contable) Ardor de estómago por exceso de ácidos: *No quiero comer chorizo, que me produce acidez de estómago.* **3** (no contable) ELEVADO. Antipatía y aspereza de una persona o de una expresión: *La acidez de su trato es insoportable. Desde que se quedó viudo sólo te contesta con acidez. La acidez de sus críticas es insoportable.*

acidificar *v. tr.* **1** Hacer ‹una persona o una cosa› ácida [una cosa]: *El aire acidifica el vino.* ‖ *v. prnl.* **2** ELEVADO. Hacerse ‹una cosa› ácida: *Se está acidificando su carácter con la edad.* ⇒ **71.**

ácido, da *adj.* **1** (ser/estar) Que produce en la boca la misma sensación que el limón o el vinagre: *Estas pastillas son ácidas. La verdura se ha estropeado y está ácida.* **2** (ser/estar) [Carácter, persona] que es muy desagradable y antipático en su trato: *Hoy esta niña está ácida. Mi compañero es siempre muy ácido.* **3** [Sustancia] que tiene las propiedades de un ácido: *Es un jabón muy ácido.* **4** [Escrito, humor] que es ingenioso, muy crítico y áspero: *Ha escrito una comedia muy ácida. Siempre anda con sus bromas ácidas.* ‖ *s. m.* **5** Sustancia química que reacciona con las bases formando sales y agua, y que en disolución acuosa tiende a perder protones. **~ acético*. ~ acrílico. ~ benzoico. ~ bórico. ~ cianhídrico. ~ cítrico. ~ clorhídrico. ~ crómico. ~ esteárico. ~ fórmico. ~ láctico. ~ nítrico. ~ nucleico*. ~ ribonucleico. ~ salicílico. ~ sulfhídrico. ~ sulfúrico. ~ sulfuroso. ~ úrico. ~ desoxirribonucleico** ADN, ácido responsable de la herencia a través de la reproducción de casi todos los organismos vivos.

acientífico, ca *adj.* Que no sigue las reglas o el método de la ciencia o se opone a ella: *Es un texto absolutamente acientífico.*

acierto *s. m.* **1** Acción y resultado de acertar o elegir soluciones correctas: *Cuenta los errores y los aciertos. He tenido sólo tres aciertos en las cincuenta preguntas. En las dos conferencias hemos cosechado dos aciertos de importancia. Fue un acierto separar a los niños, porque ahora estudian más.* **2** (no contable) Habilidad, destreza: *Resolvió la situación* ***con*** *acierto. Te he observado, manejas el arco* ***con*** *mucho acierto.* SIN. tino.

ácimo *adj.* Ázimo. **pan* ~.**

acimut o **azimut** *s. m.* ASTRON. Ángulo formado por el plano vertical o de altura que contiene la línea de un astro con el plano del meridiano del lugar de observación.

acimutal *adj.* ASTRON. Del acimut. **ángulo* ~. círculo* ~.**

ación *s. f.* Correa de la que cuelga el estribo en la silla de montar.

-ación *suf.* -ción*.

aclamación *s. f.* Acción y resultado de aclamar: *El alcalde fue recibido con una aclamación de todo el público que llenaba la plaza.* FR. Y LOC. **por ~** Por opinión común o general expresada públicamente: *Fue elegido presidente de la sociedad por aclamación.*

aclamar *v. tr.* **1** Manifestar ‹un grupo de personas› su aprobación [a una persona] con aplausos o voces: *Aclamaron al cantante tras su actuación.* **2** Designar ‹un grupo de personas› [a una persona] para [un cargo u honor] por unanimidad: *Lo aclamaron **como** líder del grupo. Lo aclamaron rey.* SIN. proclamar.

aclaración *s. f.* **1** Acción y resultado de aclarar o aclararse de palabra: *Con estas aclaraciones últimas la explicación se entiende sin ninguna dificultad. Tus palabras requieren una aclaración.* SIN. explicación. **2** Nota o comentario aclaratorio en un texto: *El libro es interesante porque conserva aclaraciones marginales del autor.* SIN. explicación.

aclarado *s. m.* **1** Limpieza superficial con agua: *No he lavado a fondo el mantel, con un aclarado queda limpio de sobra.* **2** Eliminación con agua del jabón que tiene una cosa: *Ya me he lavado el pelo, pero espera que me dé otro aclarado. Esta sábana necesita un buen aclarado.*

aclarar *v. tr. / prnl.* **1** Hacer ‹una persona o una cosa› más clara [una cosa]: ***Se** aclaraba el pelo con manzanilla.* ‖ *v. tr.* **2** Hacer ‹una persona› menos espesa o menos tupida [una cosa]: *Aclaremos esa salsa, que somos muchos y así nos llegará para todos.* **3** Hacer ‹una persona o una cosa› que [una cosa] sea más comprensible: *Su explicación aclaró el problema. Estos esquemas aclaran perfectamente el texto.* SIN. clarificar. **4** Quitar ‹una persona› el jabón de [una cosa]: *Ahora dejamos el pantalón en remojo, luego lo aclararemos. Por favor, aclara bien las copas antes de secarlas.* SIN. enjuagar. ‖ *v. tr. / prnl.* **5** Hacer ‹una persona o una cosa› más nítida [la voz]: *El conferenciante **se** aclaró la voz y empezó a hablar.* ‖ *v. impers. / intr. / prnl.* **6** Desaparecer las nubes o la niebla: *El cielo ha aclarado por el oeste. Se ha aclarado la tarde. No aclara hoy.* SIN. despejar. **7** RESTRINGIDO. Empezar a aparecer la luz del día: *Ya parece que va aclarando.* SIN. amanecer. ‖ *v. prnl.* **8** Hacerse ‹una cosa› más clara: *El pelo se aclara con agua oxigenada.* **9** Hacerse ‹una cosa› menos espesa o menos tupida: *El puré se aclara con un poquito de mantequilla.* **10** Hacerse ‹una cosa› más evidente: *Cada vez se aclara más el misterio, parece que el joyero tropezó y se cayó por la escalera él solo.* SIN. clarificarse. **11** COLOQUIAL. Ser ‹una persona› capaz de entender una cosa: *¿Te has aclarado con sus explicaciones? Con los problemas de velocidad no hay quien se aclare.*

aclaratorio, ria *adj.* Que aclara o explica: *una nota aclaratoria del delegado.*

aclimatación *s. f.* (no contable) Adaptación de un ser vivo a un nuevo ambiente: *La aclimatación de los atletas **a** la altura de México sigue progresando. No es fácil la aclimatación de los inmigrantes **a** las costumbres del nuevo país.*

aclimatar *v. tr.* **1** Adaptar o acostumbrar ‹una persona› [a otra persona o a un ser vivo] a un medio hasta el momento no habitual: *Los campesinos han conseguido aclimatar **en** Castilla una variedad de trigo americano. No acabamos de aclimatar a los estudiantes nórdicos **a** nuestra ciudad.* ‖ *v. prnl.* **2** Adaptarse ‹un ser vivo› a condiciones de vida hasta el momento no habituales: *Las patatas se aclimatan bien **en** todos los climas. Yo me aclimato enseguida **a** cualquier horario de trabajo.*

acné *s. m.* MED. Enfermedad de la piel que se caracteriza por la inflamación de las glándulas sebáceas y la formación de espinillas: *acné juvenil.*

ACNUR (pronunciamos *'acnur'*) *s. f.* Sigla de «Alto Comisariado de las Naciones Unidas para los Refugiados» (en inglés *UNHCR*).

-aco, ca *suf.* **1** Significa 'origen o procedencia' y forma adjetivos y sustantivos a partir de sustantivos: *Austria - austriaco, Polonia - polaco.* **2** Significa 'cualidad propia de' y forma adjetivos a partir de sustantivos: *policía - policiaco, demonio - demoniaco.* **3** Tiene significado peyorativo y forma sustantivos a partir de sustantivos: *pájaro - pajarraco, libro - libraco.*

acobardamiento *s. m.* Fuerte miedo o falta de valor o energía: *El acobardamiento de algunas personas ante la enfermedad dificulta su cura.*

acobardar *v. tr.* **1** Causar ‹una persona o una cosa› temor [a una persona]: *La película de terror acobardó al niño.* SIN. atemorizar. **2** Quitar ‹una cosa› el ánimo o la energía [a una persona]: *La enfermedad la acobardó.* ‖ *v. prnl.* **3** Sentir ‹una persona› temor hacia [una cosa]: *Se acobarda **ante** la enfermedad.* **4** Perder ‹una persona› el ánimo o la energía: *Mi padre se acobarda enseguida.* SIN. desanimarse.

acodado, da *adj.* Que tiene forma de codo: *tubería acodada.*

acodar *v. tr.* **1** Doblar ‹una persona› [una cosa] en ángulo: *El fontanero tiene que acodar la tubería, porque yo no puedo sin herramientas.* **2** AGR. Poner ‹una persona› [una rama unida a una planta] dentro de la tierra para que eche raíces. ‖ *v. prnl.* **3** Apoyarse ‹una persona› sobre los codos en [un lugar]: *La niña se acodó **en** el alféizar de la ventana.*

acodillar *v. prnl. / tr.* CHILE; RESTRINGIDO. Poner enfermo ‹una persona› [a un caballo] por cincharlo.

acodo *s. m.* **1** (no contable) AGR. Acción de acodar una rama. **2** AGR. Rama joven o renuevo acodado de una planta. **3** ARQ. Moldura que resalta y rodea un hueco.

acogedor, ra *adj.* **1** Que es amable y hospitalario: *Es una persona muy acogedora, te sientes en su casa como en la tuya propia. Es un profesional muy acogedor, te presta toda la atención que necesitas.* **2** [Lugar] que es cómodo y agradable: *Tienen una casa muy acogedora. Vamos a un hotel muy acogedor. Es un pueblo muy acogedor.*

acoger *v. tr.* **1** Recibir ‹una persona› [a una persona o una cosa] de una manera determinada: *El público acoge estos estrenos con mucha desconfianza. No me han acogido en el trabajo con especial simpatía. El cine español es acogido con entusiasmo.* **2** Recibir ‹una persona› [a otra persona]: *Es agradable estar de vacaciones en su casa porque acogen con mucha simpatía a todos los invitados.* **3** Admitir ‹una persona› [una cosa]: *Acogieron nuestra idea con gran júbilo.* **4** Dar ‹una persona o una cosa› protección [a una persona]: *La ley de inmigración acoge a todos los refugiados políticos. El asilo acoge a los necesitados.* || *v. prnl.* **5** Buscar ‹una persona› protección en [una ley o costumbre]: *Se acogieron **a** una sentencia reciente para no pagar.* **6** Buscar ‹una persona› disculpas en [una cosa] para no hacer algo: *Ana se acoge **a** la mala salud de su madre para romper el noviazgo. Si me dicen algo, me acogeré **a** la huelga de transportes para justificar mi tardanza.* ⇒ **23.**

acogida *s. f.* **1** Recibimiento público: *El equipo de fútbol tuvo una calurosa acogida a su llegada al aeropuerto. El pueblo de Sevilla dispensó una acogida cariñosa a los jefes de Estado latinoamericanos.* **2** Hospitalidad o protección que ofrece un lugar o una persona: *México y Argentina prepararon una acogida inolvidable a los exiliados de la guerra civil española. La acogida que dispensó Hispanoamérica a muchos intelectuales salvó una parte importante del patrimonio cultural español.* **3** Aceptación o aprobación: *El proyecto ha tenido muy buena acogida **entre** los miembros del comité.*

acogido, da *adj. / s. m.* y *f.* RESTRINGIDO. [Persona] que vive en un establecimiento de beneficencia: *Ahora mismo sólo podemos atender a catorce ancianos acogidos.*

acogimiento *s. m.* **1** RESTRINGIDO. Recibimiento: *La atleta tuvo un acogimiento multitudinario.* **2** RESTRINGIDO. Aceptación: *Mi idea tuvo un buen acogimiento **entre** los compañeros.*

acogotar *v. tr.* Someter ‹una persona› [a otra persona] por la fuerza física o moral: *No sale de paseo porque su padre la tiene acogotada. No te dejes acogotar por tu hermano. Hacienda nos acogota **con** los impuestos todos los años.*

acojonante *adj.* VULGAR. Que causa miedo o asombro: *Es un desnivel acojonante. Su pintura es acojonante, te hace pensar. Es un cocinero acojonante.*

acojonar *v. tr.* **1** VULGAR. Causar ‹una persona o una cosa› temor [a una persona]: *Me acojonan los exámenes.* **2** VULGAR. Causar ‹una cosa› gran sorpresa [a una persona]: *Nos acojonó cómo se mueve sobre el escenario.* || *v. prnl.* **3** VULGAR. Sentir ‹una persona› temor: *Ana se acojona enseguida **con** cualquier tontería.* **4** VULGAR. Sentir ‹una persona› asombro: *Cuando lees esa poesía, tienes que acojonarte.*

acojudado, da *adj.* PERÚ; VULGAR. Que está deprimido o amilanado.

acolchado *s. m.* ARG., URUG. Edredón, cobertor de cama relleno de plumas o de lana.

acolchar *v. tr.* **1** Poner ‹una persona› algodón, lana u otra materia entre dos trozos de [tela] y pespuntearlos después: *Quiero acolchar la tela que me regalaron.* **2** Cubrir ‹una persona› [una cosa] con una tela rellena con algodón, lana u otra materia: *Voy a acolchar las puertas del piso.*

acólito *s. m.* **1** En la iglesia católica, persona que ayuda al sacerdote en el altar y puede administrar la eucaristía. **2** En la Iglesia católica, monaguillo. **3** COLOQUIAL. Persona que depende de otra y la sigue ciegamente: *Pepe parece el acólito de su jefe. Apareció el presidente del partido con sus acólitos ante los periodistas.*

acollaramiento *s. m.* RESTRINGIDO. Unión de dos o más bestias o cosas.

acollarar *v. tr.* **1** ARG., CHILE; RESTRINGIDO. Unir ‹una persona› [dos personas, animales o cosas] por el cuello. || *v. prnl.* **2** ARG., URUG.; RESTRINGIDO. Convivir ‹dos personas no casadas› maritalmente. **3** ARG., URUG.; RESTRINGIDO. Casarse ‹dos personas›.

acomedido, da *adj.* AMÉR. Persona que es servicial o complaciente.

acomedirse *v. prnl.* AMÉR. Ofrecerse ‹una persona› para hacer un servicio.

acometer *v. tr. / intr.* **1** Dirigirse ‹una persona, un animal o una cosa› con fuerza y decisión contra [otra persona, otro animal u otra cosa]: *El gato acomete **al** perro en cuanto lo ve. Los dos luchadores se acometieron con fiereza.* || *v. tr.* **2** Empezar ‹una persona› [una cosa]: *Acometieron el proyecto con gran ilusión. Ha acometido la reforma del piso sin pensárselo.* **3** Ocurrir ‹una cosa› [a una persona] inesperadamente: *Le acometió la fiebre. Estaba bien, pero me acometió un dolor terrible en este costado y tuve que ir al hospital.* FR. Y LOC. **~ con dinero** Intentar o pretender cohecho o soborno.

acometida *s. f.* **1** Ataque con fuerza: *El luchador aguantó bien las acometidas del contrario. La acometida de los lusitanos sorprendió a los romanos.* **2** Punto de un tubo o conducto principal de un fluido en el que se instala otro secundario: *Había una fuga en la acometida de agua del edificio. Tenemos que reformar la acometida del gas.*

acometimiento *s. m.* RESTRINGIDO. Acción y resultado de acometer: *El acometimiento **del** proyecto exige trabajo.*

acometividad *s. f.* **1** (no contable) Brío o decisión al emprender una cosa: *La nula acometividad del equipo decepcionó a los aficionados.* SIN. empuje. **2** (no contable) RESTRINGIDO. Agresividad: *Su acometividad causa continuos conflictos.* SIN. belicosidad.

acomodación *s. f.* **1** Acción y resultado de acomodar o acomodarse: *No fue difícil la acomodación de tantos invitados en un caserón tan grande.* **2** Capacidad del ojo de adaptarse a distancias y luces diferentes para que la visión no se altere.

acomodadizo, za *adj.* Que se adapta con facilidad a cualquier situación: *El abuelo se conforma con todo, es muy acomodadizo y nunca causa problemas.*

acomodado, da *adj.* (antepuesto / pospuesto) Que tiene una buena posición económica: *una familia acomodada. Es un acomodado comerciante.*

acomodador, ra *s. m. / f.* Persona que tiene por oficio conducir hasta sus asientos a los espectadores de una representación o de un espectáculo: *acomodador de cine, acomodadora de teatro. Se le fundió la linterna al acomodador.*

acomodar *v. tr. / prnl.* **1** Poner ‹una persona› [a otra persona o una cosa] en [el lugar apropiado]: ***Me** acomodé **en** un sillón. Los responsables nos han acomodado **en** el peor sitio del departamento.* **2** Hacer ‹una persona› compatibles [varias personas o varias cosas]: *Los invitados **se** acomodaron perfectamente **a** las manías del abuelo. No se puede acomodar siempre **a** las partes enfrentadas.* **3** RESTRINGIDO. Proporcionar ‹una persona› un empleo [a otra]: *Carlos me ha acomodado **de** transportista en su empresa.* **4** Venir bien, convenir ‹una cosa› [a una persona]: *Siempre hace las cosas como le acomodan. Lo haré como me acomode.* || *v. tr.* **5** Preparar ‹una persona› [una cosa] convenientemente: *Acomodó el salón para recibir a su familia. He acomodado el pedido **a** las necesidades reales de la empresa.* || *v. prnl.* **6** Conformarse ‹una persona› con algo: *Yo me acomodo **a** cualquier trabajo o exigencia. Es un tipo que se acomoda **a** lo que necesitamos.*

acomodaticio, cia *adj.* **1** Que se puede acomodar o adaptar a una situación o un uso distintos de los que le son propios: *Es un empleo acomodaticio. Ésa es una frase acomodaticia.* **2** Que se acomoda o se adapta fácilmente a cualquier situación o circunstancia: *una palabra acomodaticia. Esto se llama adoptar una postura acomodaticia. Antonio siempre ha sido muy acomodaticio.* SIN. acomodadizo.

acomodo *s. m.* **1** Acción y resultado de acomodar: *El acomodo de los huéspedes fue difícil.* **2** Ocupación o situación familiar o social: *Pasa de los 30 y aún no ha encontrado acomodo.* **3** Alojamiento: *Buscan acomodo para pasar la noche.* **4** ARG., URUG.; COLOQUIAL. Colocación por enchufe.

acompañamiento *s. m.* **1** (no contable) Acción y resultado de acompañar: *Los hechos fueron relatados con acompañamiento de lágrimas y suspiros.* **2** (no contable) Conjunto de personas que acompañan a alguien: *Llegó el torero al hotel con su acompañamiento habitual.* **3** (no contable) En las representaciones teatrales y en los filmes, conjunto de personas que no hablan y carecen de papel individual: *Escena III. Salón de palacio. Claudio y Gertrudis, caballeros, damas y acompañamiento.* SIN. figurantes, extras. **4** MÚS. Conjunto de acordes instrumentales o vocales subordinados a la melodía principal en una partitura: *Ensayaba un acompañamiento con la guitarra.* **5** Alimentos que acompañan a un plato: *En el menú, de segundo tenemos filete o pescadilla, y como acompañamiento patatas o ensalada.*

acompañanta *s. f.* RESTRINGIDO. Mujer que acompañaba a otra cuando salía de casa.

acompañante *s. m./f.* **1** Persona que acompaña a otra: *Saludé a María y a su acompañante.* **2** Persona que tiene alguna relación sentimental con otra: *Es una de las acompañantes del presidente.*

acompañar *v. tr./prnl.* **1** Estar o ir ‹una persona› con [otra persona]: *Mi hermana y yo **nos** acompañamos. Va siempre acompañada **de** su madre. Está acompañado **por** su hermano.* **2** Tocar ‹una persona› el acompañamiento de [una melodía]: ***Se** acompañó **con** el piano. Olga suele acompañar**se de** la guitarra cuando canta.* || *v. tr.* **3** Ocurrir ‹una cosa› al mismo tiempo que [otra]: *La nieve acompañó nuestro viaje.* **4** Poner ‹una persona› [una cosa] junto a [otra cosa]: *Acompañó el escrito **con** las pruebas pertinentes.* **5** Comer o beber ‹una persona› [una cosa] al mismo tiempo que [otra cosa]: *Acompaña el almuerzo **con** vino.* **6** Existir ‹una habilidad o una cualidad› en [una persona]: *Le acompaña un gran sentido del deber. Es buen actor, pero no le acompaña el físico.* || *v. tr./intr.* **7** Estar ‹una cosa› junto a [otra cosa]: *Un prospecto acompaña **a** la circular.* **8** Hacer ‹una persona, un animal o una cosa› compañía [a una persona]: *La radio acompaña mucho. He estado toda la tarde acompañando a mi hermano.* FR. Y LOC. **~ en el sentimiento***. REFR. **Más vale solo que mal acompañado.** Se usa para indicar que es mejor la soledad que la compañía de una persona que no conviene, interesa o agrada.

acompasado, da *adj.* **1** Que es lento y sosegado: *Andaba con pasos acompasados. Tenía una forma de hablar acompasada.* **2** Que se hace en periodos de tiempo seguidos e iguales: *un ritmo acompasado, unos golpes acompasados.*

acompasar *v. tr.* Poner ‹una persona› [una cosa] al mismo ritmo que [otra cosa]: *Acompasaron sus pasos al ritmo de la música instintivamente.*

acomplejado, da *adj./s. m.* y *f.* (ser/estar) [Persona] que tiene un complejo psíquico: *Está acomplejado **con** sus orejas. Es una acomplejada.*

acomplejar *v. tr.* **1** Causar ‹una persona o una cosa› un complejo [a otra persona]: *La inteligencia de su hermano lo acompleja. Siempre la ha acomplejado Ana con su simpatía.* || *v. prnl.* **2** Sentir ‹una persona› un complejo ante otra persona o por una cosa: *Me acomplejo cuando me presento a un empleo y las demás candidatas saben idiomas.*

aconchar *v. tr.* MÉX.; COLOQUIAL. Vivir y comer gratis ‹una persona› en casa ajena.

acondicionado, da *adj.* **1** Que reúne las condiciones adecuadas: *Tienen un gran local acondicionado para discoteca.* || **2 aire* ~.**

acondicionador *s. m.* **1** Sustancia cosmética que se emplea para preparar la acción de otra: *acondicionador de ojos. El acondicionador de pelo sirve para facilitar el peinado.* || **2 ~ de aire** Aparato que sirve para mantener una habitación con un clima determinado.

acondicionar *v. tr.* **1** Poner ‹una persona› [una cosa] en las condiciones adecuadas: *He acondicionado la casa del pueblo y nos vamos allí estas vacaciones.* **2** Disponer ‹una persona› [una cosa] para que esté climatizada: *Acondicione usted su casa para el verano, no pase calor.* FR. Y LOC. **~ bien/mal** Preparar ‹una persona› una cosa bien o mal para un fin: *Ha acondicionado muy bien su despacho y todo se encuentra con facilidad. Ha acondicionado muy mal la habitación de los niños y se van a dar muchos golpes con tantas esquinas.*

aconfesional *adj.* Que no es confesional, o que no tiene doctrina religiosa oficial: *La Constitución define al Estado como aconfesional.*

aconfesionalidad *s. f.* Cualidad de ser no confesional: *La ayuda económica estatal a la Iglesia no viola la aconfesionalidad del Estado.*

acongojar *v. tr.* **1** Causar ‹una persona o una cosa› congoja [a una persona]: *Las salidas nocturnas de su hijo la acongojan. Francamente, me acongojan las condiciones del crédito.* || *v. prnl.* **2** Sentir ‹una persona› congoja: *Me acongojé con la noticia.*

acónito *s. m.* Hierba ranunculácea venenosa, de hasta dos metros de altura, hojas perennes palmeadas y flores azules o blancas.

aconsejable *adj.* Que se puede aconsejar o recomendar: *Si vas allí, es aconsejable que te vacunes contra la malaria.*

aconsejado, da *adj.* **1** Que recibe algún consejo. || **2 mal ~** RESTRINGIDO. [Persona] que se comporta con imprudencia: *No es mal chico, pero es mal aconsejado.*

aconsejar *v. tr.* **1** Dar ‹una persona› un consejo o una recomendación personal o profesional [a otra persona]: *Este abogado aconsejó a su madre durante muchos años. Nos han aconsejado que no vayamos allí de vacaciones.* **2** Dar ‹una cosa› indicación de la conveniencia de [otra cosa]: *El tiempo aconsejaba no continuar el viaje.* || *v. prnl.* **3** Recibir ‹una persona› consejo [de otra persona]: *Debes aconsejarte **de** un buen abogado.*

aconsonantar *v. tr.* **1** MÉTR. Usar ‹una persona› la rima consonante en [un poema o unos versos]: *Aconsonanta bien, pero no es poeta.* || *v. intr.* MÉTR. **2** Rimar ‹varios versos› en consonante: *Estas dos tiradas aconsonantan.*

acontecer *v. intr.* Ocurrir ‹una cosa› espontáneamente: *El verano pasado nos acontecieron todas las desgracias del mundo. Si no cambiamos va a acontecer alguna cosa rara en este país.* SIN. acaecer. ⇒ **2.**

acontecimiento *s. m.* Suceso o hecho de alguna importancia: *La boda fue todo un acontecimiento. Tenemos que contarles varios acontecimientos importantes.*

acopio *s. m.* Acumulación o colección grande de alguna cosa: *Hizo acopio* ***de*** *valor y le pidió aumento de sueldo al jefe. Las hormigas hacen acopio* ***de*** *grano en verano.*

acoplado *s. m.* ARG., PAR., URUG. Vehículo sin motor destinado a ser trasladado por uno que sí lo tiene, remolque.

acoplador, ra *adj. / s. m.* Que acopla o sirve para acoplar: *un mecanismo acoplador.*

acoplamiento *s. m.* **1** Acción de acoplar o acoplarse: *el acoplamiento de la rueda al eje.* **2** Punto de unión de dos cosas diferentes en un aparato o en una maquinaria: *Ha fallado el acoplamiento de la ducha a la tubería. Hay por ahí un acoplamiento entre el carburador y la bomba de gasolina que debe de estar algo flojo.*

acoplar *v. tr.* **1** Poner ‹una persona› [una cosa] de manera que se encaje con [otra cosa]: *Acoplé la rueda* ***a*** *su eje.* **2** Dar ‹una persona› un uso distinto del habitual a [una cosa]: *Acoplé un motor* ***a*** *una bicicleta. Le podemos acoplar una cama infantil en la habitación.* **3** RESTRINGIDO. Dar ‹una persona› trabajo o acomodo [a otra persona]: *He podido acoplar al hijo de Juan en un grupo de repartidores.* SIN. acomodar. **4** ARG., CHILE; COLOQUIAL. Unir ‹una persona› [un vehículo] a [otro] que le sirve de tractor. **5** CHILE; COLOQUIAL. Poner ‹una persona› [a otra persona o a una cosa] en [un lugar o en una estructura a los que no pertenece]. || *v. tr. / prnl.* **6** Poner ‹una persona› [a otra persona] en [un lugar o en una posición]: ***Me*** *acoplé* ***en*** *la primera mesa que vi.* || *v. prnl.* **7** Adaptarse ‹una cosa› a [otra cosa]: *El zapato se acopla perfectamente* ***al*** *pie.* **8** ELECTRÓN. Producirse ‹dificultades› en la recepción del sonido de dos aparatos receptores que están funcionando a la vez: *Cuando un oyente habla por teléfono en la radio y no ha bajado el volumen de su receptor, se acoplan los dos aparatos y se oye mal.* **9** Tener ‹una persona› buena relación con [otra persona]: *Pedro se acopla muy bien* ***a*** *Pilar. Ese matrimonio se acopla perfectamente.* **10** Estar ‹una persona› cómoda en [una situación]: *Nos hemos acoplado* ***al*** *nuevo trabajo.* **11** Formar ‹una persona› parte de [un grupo de personas]: *Se acopló* ***a*** *los compañeros sin ningún problema.* **12** Unirse sexualmente ‹los animales›: *A algunas especies animales les resulta difícil acoplarse cuando están cautivas.*

acoquinamiento *s. m.* COLOQUIAL. Acción y resultado de acoquinar o acoquinarse: *Levanta el ánimo, no sirve de nada el acoquinamiento en las enfermedades.*

acoquinar *v. tr.* **1** COLOQUIAL. Causar ‹una persona o una cosa› miedo [a una persona]: *A mí me acoquina mi vecino, con esa pinta tan bruta que tiene.* || *v. prnl.* **2** COLOQUIAL. Sentir ‹una persona› miedo: *En cuanto me gritan, me acoquino. Me acoquino* ***con*** *un simple catarro.*

acorazado, da *adj.* **1** Que lleva coraza o blindaje: *Los vehículos acorazados son cada día más rápidos. Yo en invierno voy acorazado.* **cámara* acorazada. división* acorazada.** || *s. m.* **2** Barco de guerra, muy blindado, con mucha potencia de fuego y gran tonelaje.

acorazar *v. tr.* **1** Cubrir ‹una persona› [una cosa] con planchas de hierro para protegerla: *Piensan acorazar de nuevo la sala subterránea de cajas del banco.* SIN. blindar. || *v. prnl.* **2** Defenderse ‹una persona› de [otra persona o una cosa]: *Se acorazó* ***contra*** *sus adversarios.* **3** Hacerse ‹una persona› menos sensible: *Yo ya me he acorazado* ***contra*** *los sufrimientos después de lo que he pasado.* ⇒ **19.**

acorchamiento *s. m.* Acción y resultado de acorchar o acorcharse: *¿Doctor, el acorchamiento de las piernas es algo grave?*

acorchar *v. tr.* **1** Cubrir ‹una persona› [una cosa] con corcho: *He acorchado la habitación del niño.* || *v. prnl.* **2** Ponerse ‹una cosa› como el corcho: *Estos dulces se han acorchado, no hay quien los coma.* **3** Perder ‹una persona› la sensibilidad de una parte del cuerpo: *Se me acorchan las piernas por las noches.* SIN. insensibilizarse.

acordadamente *adv. modo* **1** RESTRINGIDO. De común acuerdo, uniformemente: *Conviene que actuemos acordadamente en este asunto.* **2** RESTRINGIDO. Con reflexión.

acordar *v. tr.* **1** Tomar ‹varias personas› [una decisión] por unanimidad o por mayoría: *Los sindicatos acordaron movilizaciones para el mes siguiente.* SIN. concertar. **2** Tomar ‹una persona› [una decisión] después de meditar: *Acordó seguir estudiando.* || *v. prnl.* **3** Tener ‹una persona› [una cosa] en la memoria: *Esta profesora se acuerda* ***del*** *nombre de todos sus alumnos. No se acuerda* ***de*** *cómo se va hasta allí.* SIN. recordar. ⇒ **28.**

acorde *adj.* **1** Que coincide o está de acuerdo con alguien o alguna cosa: *Los resultados fueron acordes* ***con*** *su informe. Todos estuvimos acordes* ***en*** *ir a comer una paella.* **2** (estar) Que armoniza y no desentona: *Su vestido estaba acorde* ***con*** *la situación, era de un color acorde* ***con*** *la estación del año.* || *s. m.* MÚS. **3** Conjunto de varios sonidos combinados armónicamente: *El acorde final es muy bello.*

acordemente *adv. modo* RESTRINGIDO. De común acuerdo: *Conviene que actuéis acordemente.*

acordeón *s. m.* Instrumento musical portátil de viento formado por un teclado vertical y un fuelle que, al extenderse y plegarse, hace vibrar un sistema de lengüetas: *tocar el acordeón.*

acordeonista *adj. / s m.* y *f.* Persona que toca por profesión el acordeón: *Es acordeonista en un circo de Valencia.*

acordonamiento *s. m.* Acción y efecto de acordonar: *El acordonamiento de la zona por la policía ha causado grandes atascos de tráfico.*

acordonar *v. tr.* **1** Sujetar ‹una persona› [una cosa] con un cordón: *No lleva correa, pero se acordona los pantalones con una cuerda de plástico.* SIN. atar. **2** Rodear ‹varias personas› [un lugar] para aislarlo: *La policía acordonó el lugar del accidente.*

acorralamiento *s. m.* Acción y resultado de acorralar: *No fue agradable presenciar el acorralamiento del ilustre personaje, incapaz de contestar a ninguna de las preguntas del fiscal. El acorralamiento de un pobre zorro por una multitud de perros y cazadores no tiene mérito.*

acorralar *v. tr.* **1** Rodear ‹una persona› [a otra persona o un animal] para que no pueda escapar: *Los niños acorralaron a un gazapo, pero dejaron después que escapara.* **2** Dejar ‹una persona› confusa y sin respuesta [a otra] en una discusión: *El fiscal acorraló a sus adversarios con la contundencia acostumbrada.* 3 RESTRINGIDO. Meter ‹una persona› [el ganado] en el corral.

acortamiento *s. m.* Acción y resultado de acortar: *El acortamiento de los días ya se nota al final del verano. El acortamiento de la duración de las sesiones de cine es muy notorio si se piensa en lo que sucedía hace quince años.*

acortar *v. tr.* **1** Hacer ‹una persona o una cosa› más corta [una cosa]: *He acortado la falda para aprovecharla los días de playa. Acortaré la charla para que no se aburran los invitados. En este restaurante mantienen los mismos precios, pero están acortando las raciones. Podemos acortar el camino si vamos por el atajo.* || *v. intr. / prnl.* **2** Hacerse ‹una cosa› más corta: *En otoño se acortan los días. El viaje en buena compañía se acorta mucho.* FR. Y LOC. **~ las distancias*.**

acosar *v. tr.* **1** Perseguir ‹una persona o un animal› [a una persona o un animal] sin descanso: *Los defensas acosan continuamente a nuestra estrella, que no está haciendo un buen partido. Los lobos acosan a su presa hasta que la rodean y la matan.* **2** Perseguir ‹una persona› [a otra persona] con [peticiones o preguntas insistentes]: *Acosaron al alcalde* ***con*** *sus preguntas. La oposición acosa al Gobierno desde hace meses.* SIN. asediar.

acoso *s. m.* Acción y resultado de acosar: *El acoso de la oposición parlamentaria se ha endurecido. No pueden los rebeldes soportar el acoso de las tropas gubernamentales. El líder tiene que soportar el acoso del segundo clasificado y sin nerviosismo.* **~ sexual** Propuestas molestas o insistentes de mantener algún tipo de contacto sexual que una persona, rechazada en un primer momento, sigue haciendo a otra que la rechazó, normalmente en el trabajo: *Las denuncias de acoso sexual en el trabajo se han incrementado.*

acostar *v. tr. / prnl.* **1** Poner ‹una persona› [a otra persona] en posición horizontal para que duerma o descanse: *Acostó al niño en la cuna para que durmiera mejor.* ***Me*** *acosté en el suelo.* || *v. tr.* **2** Aproximar ‹una persona› el costado de [una embarcación] al de otra embarcación o a la costa: *Acostaron la barca* ***al*** *remolcador.* || *v. prnl.* **3** Irse ‹una persona› a dormir: *Buenas noches, que me voy a acostar. Me acuesto pronto en invierno.* **4** COLOQUIAL. Hacer ‹una persona› el amor con [otra persona]: *No me importaría nada acostarme* ***con*** *él. Yo no me acuesto* ***con*** *cualquiera. Una cosa es acostarse y otra amarse eternamente.* FR. Y LOC. **acostarse con las gallinas** COLOQUIAL. Irse muy temprano a la cama. ⇒ **28.** En la acepción **2** es regular.

acostumbrar *v. tr.* **1** Hacer ‹una persona o una cosa› que [una persona o un animal] adquiera la costumbre de [una cosa] o se adapte a [una cosa]: *Mi padre me acostumbró* ***a*** *madrugar.* || *v. intr.* **2** Hacer ‹una persona› [una cosa] habitualmente: *Acostumbro* ***a*** *dormir la siesta.* SIN. soler. || *v. prnl.* **3** Adquirir ‹una persona o un animal› la costumbre de [una cosa]: *Me acostumbré* ***a*** *comer poco cuando estaba en la mili.* **4** Llegar a adaptarse ‹una persona› a [una cosa]: *Me acostumbré* ***a*** *tus desplantes, pero ya me he cansado. Me acostumbro con rapidez* ***a*** *las nuevas ciudades que visito.*

acotación *s. f.* **1** Apunte que se hace al margen de algún escrito o impreso: *Era un antiguo manuscrito lleno de extrañas acotaciones.* SIN. apostilla. **2** TEATRO. Indicaciones sobre el escenario, movimiento de actores y otros aspectos de la realización, que aparecen intercalados en un texto teatral o un guión cinematográfico: *En la primera acotación describe minuciosamente el decorado.* **3** Anotación de las cotas de un mapa o plano: *Es fundamental que las acotaciones del plano sean correctas.* **4** Limitación de una zona o parcela de un terreno o lugar con un fin determinado: *Dicen que es necesaria la acotación de una zona para los niños en la piscina.*

acotamiento *s. m.* **1** MÉX.; COLOQUIAL. Margen u orilla de la carretera, arcén. **2** (no contable) Acción y resultado de acotar: *El acotamiento de la finca es necesario.*

acotar *v. tr.* **1** Señalar ‹una persona› los límites de [un terreno] para reservar su uso: *Acotaron una parte de la montaña para la caza. El ayuntamiento piensa acotar un terreno para la práctica del motocross.* **2** Señalar ‹una persona› los límites de [una cosa]: *Acotaron las responsabilidades de los directivos. Tienes que acotar bien el tema de tu investigación.* **3** Poner ‹una persona› cotas o números en [un plano] o en [un croquis]: *Trabaja en un departamento de cartografía, acotando los planos y mapas que le pasan.* **4** RESTRINGIDO. Poner ‹una persona› acotaciones en [un texto]: *Yo proporciono el texto y el editor lo acota.* SIN. anotar.

acracia *s. f.* ELEVADO. Doctrina política y social que defiende la supresión de la autoridad organizada en un Estado. SIN. anarquismo.

ácrata *adj. / s. m.* y *f.* ELEVADO. Que es partidario de la acracia: *ideología ácrata. Ha habido una manifestación de los ácratas.*

acre *adj.* **1** [Sabor, olor] que es fuerte y picante: *Cuando hay un escape de gas hay un olor muy acre en toda la casa.* **2** Que es muy desagradable y hostil: *crítica acre, humor acre.* || *s. m.* **3** Medida inglesa de superficie, equivalente a un poco menos de media hectárea.

acrecentamiento *s. m.* Acción y resultado de acrecentar, aumento: *Mi empresa ha tenido un acrecentamiento espectacular de los beneficios este año.*

acrecentar *v. tr.* **1** Hacer aumentar ‹una persona o una cosa› la cantidad o la importancia de [una cosa]: *El nuevo gestor ha acrecentado los beneficios.* || *v. prnl.* **2** Aumentar la cantidad o la importancia de [una cosa]: *El número de parados se ha acrecentado este año.* ⇒ **58.**

acrecer *v. tr.* RESTRINGIDO. Acrecentar: *Es difícil acrecer los beneficios en estos momentos.* ⇒ **5.**

acreditación *s. f.* **1** Documento que garantiza que una persona tiene atribuciones para realizar una comisión: *Nos pidieron la acreditación de periodistas antes de dejarnos pasar.* SIN. credencial. **2** Acción de acreditar o acreditarse: *Su acreditación como negociador con los rebeldes le ha granjeado el respeto de todos.*

acreditadamente *adv. modo* **1** Autorizadamente: *Como acreditadamente señaló mi colega, son problemas generales.* **2** (preferentemente ante adjetivos) Reputadamente, con reconocida consideración de calidad o validez: *Se trata de informes acreditadamente serios.*

acreditado, da *adj.* (estar) [Persona] que ha sido oficialmente enviada a un destino para trabajar o representar a un país, una empresa o un grupo de personas: *una periodista acreditada* ***en*** *los campeonatos del mundo. El embajador español acreditado* ***en*** *Corea también está acreditado en Camboya.*

acreditar *v. tr.* **1** Demostrar ‹una cosa› la verdad o la realidad de [otra cosa]: *Este hecho acredita su fama.* **2** Demostrar ‹una cosa› la autenticidad de [una persona] o de [una cosa]: *El pasaporte acredita que el detenido es un diplomático. El certificado acredita el origen del producto.* **3** Proporcionar ‹una cosa› fama o reputación a [otra cosa]: *Estos productos acreditan la marca. El nombre de Rioja acredita la calidad de los vinos.* **4** Proporcionar ‹una persona› [a otra que ha de desempeñar una misión] los documentos que demuestran que es la designada: *El Gobierno ha acreditado al joven embajador en Uruguay como nuevo embajador en México.* **5** ECON. Tomar ‹una persona› [una partida] en cuenta y asentarla en el haber: *Se acreditan aquí varios millones de la renta de una finca.* ‖ *v. prnl.* **6** Adquirir ‹una persona o una cosa› crédito, fama o reputación: *Almodóvar se ha acreditado con sus últimas películas.*

acreditativo, va *adj.* Que acredita: *documento acreditativo* ***de*** *la autenticidad del cuadro. Son palabras acreditativas* ***de*** *la bondad del presidente de la compañía.*

acreedor, ra *adj. / s. m.* y *f.* **1** Que tiene derecho a exigir el pago de una deuda o el cumplimiento de una obligación: *una institución acreedora. Habla con los acreedores.* ‖ *adj.* **2** Que reúne los méritos para merecer alguna cosa: *Se hizo acreedor* ***de*** *nuestra confianza. Es un empleado acreedor* ***de*** *nuestro agradecimiento por su entrega a la empresa.*

acremente *adv. modo* RESTRINGIDO. Con acritud, con aspereza: *Lo reprendió acremente.*

acribillar *v. tr.* **1** Llenar ‹una persona o una cosa› [a una persona o una cosa] de agujeros: *Acribillaron el coche* ***a*** *balazos. Los acribillaron* ***con*** *una ametralladora.* **2** Llenar ‹una persona o un animal› [a una persona] de heridas o picaduras: *Los mosquitos la acribillaron durante toda la noche.* **3** Causar ‹una persona› muchas molestias [a otra persona]: *Me acribillaron* ***a*** *preguntas. Estaba harta porque la acribillaron* ***a*** *fotografías.*

acrílico, ca *adj. / s. m.* [Fibra, material plástico] que se obtiene por polimerización del ácido denominado *acrílico* o de sus derivados: *tejido acrílico.* **pintura acrílica.**

acrimonia *s. f.* ELEVADO. Acritud.

acriollarse *v. prnl.* Adquirir ‹una persona de otro país› las costumbres del país iberoamericano donde vive.

acrisolar *v. tr.* **1** ELEVADO. Hacer ‹una persona o una cosa› más sólida [una cualidad moral de una persona]: *Los sufrimientos acrisolan la paciencia de las personas.* SIN. purificar. ‖ *v. prnl.* **2** ELEVADO. Hacerse ‹una cualidad moral de una persona› más sólida: *Su paciencia se acrisoló* ***con*** *el dolor. Su caridad se ha acrisolado* ***entre*** *los pobres.* SIN. purificarse.

acristalado, da *adj.* Que tiene una superficie grande con cristal: *balcón acristalado, puerta acristalada.*

acristalamiento *s. m.* **1** Superficie grande de cristales: *Hay un acristalamiento en el pasillo que te permite ver a los que están en la sala de espera.* **2** (no contable) Acción y resultado de acristalar: *Hemos solicitado que nos hagan un acristalamiento entre cada mesa.*

acristalar *v. tr.* Poner ‹una persona› cristales en [un hueco] para cerrarlo: *Hemos acristalado el lavadero.*

acritud *s. f.* (no contable) Aspereza o brusquedad en el carácter o en el comportamiento de las personas: *Siempre me habla con mucha acritud. Escribe con mucha acritud. Se le nota la acritud en el trato con los compañeros.*

acrobacia *s. f.* **1** Ejercicio gimnástico o de habilidad que consiste principalmente en hacer equilibrios en el aire: *Hizo varias acrobacias en el trapecio.* **2** Ejercicio espectacular que hace un avión en el aire: *Hay un festival de acrobacia aérea en Valencia.* **3** Profesión del acróbata: *Se dedica a la acrobacia circense.* FR. Y LOC. **hacer acrobacias** Conseguir realizar ‹una persona› una cosa difícil: *He hecho acrobacias para aprobar este curso, pero lo he conseguido.*

acróbata *s. m. / f.* Persona que realiza por profesión ejercicios de equilibrio en un espectáculo, especialmente de circo o callejero: *Me gusta el número de los acróbatas.*

acrobático, ca *adj.* Del acróbata y de la acrobacia: *vuelo acrobático. El artista realizó sus ejercicios acrobáticos.*

acrocefalia *s. f.* MED. Malformación congénita caracterizada por la forma cónica del cráneo.

acrofobia *s. f.* (no contable) Horror a la altura: *No puedo subir a la torre porque tengo acrofobia.*

acromático, ca *adj.* [Cristal, instrumento óptico] que puede transmitir la luz blanca sin descomponerla en sus colores constituyentes: *lente acromática.*

acromatismo *s. m.* (no contable) Cualidad de acromático: *El acromatismo de este cristal es muy perfecto.*

acromegalia *s. f.* (no contable) MED. Enfermedad de la pituitaria que produce un desarrollo extraordinario de las extremidades.

acromio o **acromion** *s. m.* Parte del omóplato que se articula con la clavícula.

acronimia *s. f.* GRAM. Procedimiento de formación de una palabra nueva con las letras o las sílabas iniciales de otras palabras de un conjunto: *Muchos nombres de empresas están formados por acronimia, como Pémex.*

acrónimo *s. m.* Palabra formada por las iniciales de otras palabras: *La palabra «elepé» es un acrónimo.*

acrópolis (plural *acrópolis*) *s. f.* Lugar más alto y fortificado en la ciudades griegas: *la acrópolis de Atenas.*

acróstico, ca *adj. / s. m.* [Composición poética] que forma una palabra o una frase con las letras iniciales, medias o finales de los versos: *poema acróstico. Si lees verticalmente las letras de estos versos, descubrirás un acróstico.*

acrotera *s. f.* ARQ. Cualquier pedestal que sirve de remate en los frontones y sobre el que suelen ponerse estatuas.

acta *s. f.* **1** Escrito que narra ordenadamente lo sucedido en una reunión oficial o privada y recoge los acuerdos o conclusiones: *las actas del Congreso de los Diputados, las actas de una sociedad, el acta de una reunión.* **2** Certificación oficial de un hecho: *Las actas con las calificaciones de los exámenes se guardan en la secretaría del centro.* **~ de defunción** Extracto del registro del juzgado en el que se certifica la muerte de una persona. **~ de nacimiento** Extracto del libro del juzgado en el que se certifica la fecha y las circunstancias del nacimiento de una persona. **3** Certificación en que se acredita que una persona ha ganado la elección para un cargo, especialmente de diputado o senador: *Después de las elecciones, los elegidos tienen que acreditar su personalidad y recoger su acta.* **~ de diputado. ~ de senador.** FR. Y LOC. **levantar ~** Tomar nota de un hecho ‹la autoridad competente›: *El secretario levantó acta de la reunión. La propietaria fue con un notario para levantar acta de que los vecinos no le permitían abrir su bar.*

actante *s. m.* LIT. Personaje o fuerza dramática que sustenta una función narrativa.

actinia *s. f.* Género *Actinia.* Animal celentéreo marino en forma de tubo abierto por un extremo con muchos tentáculos, que parece una flor, vive fijo y aislado y se alimenta de pequeños peces.

actínido *adj. / s. m.* **1** [Elemento químico] que tiene un número atómico entre el 89 y el 103, como el actinio o el curio. || *s. m.* **2** (en plural) Conjunto formado por estos elementos.

actinio *s. m. Ac.* Elemento químico, metal plateado que posee propiedades radiactivas.

actitud *s. f.* **1** Modo de comportarse o actuar ante una determinada circunstancia o hecho: *No vas a ganar nada con esta actitud insultante.* **2** Postura o gesto que adopta una persona o animal y que muestra un estado de ánimo determinado: *Me lo encontré en actitud dubitativa.*

activación *s. f.* **1** Aumento de la velocidad o de la intensidad de alguna cosa: *Busca la activación de sus emociones para que supere la crisis. Ha conseguido la activación de las relaciones entre nuestras empresas.* **2** Puesta en marcha de un mecanismo: *La activación de la bomba no se produjo porque había un fallo en su fabricación. El presidente pulsó el botón de activación de la cadena de montaje.*

activador, ra *adj.* Que activa: *una sustancia activadora del proceso. Es una medicina activadora de la circulación.*

activamente *adv. modo* **1** Con actividad, con eficacia: *Intervino activamente en el negocio.* **2** GRAM. En sentido activo, con significación activa:. *El término «considerado» usado activamente significa 'que tiene consideración'.*

activar *v. tr.* **1** Hacer ‹una persona o una cosa› más intensa o más rápida [una cosa]: *Este fármaco activa la circulación de la sangre.* **2** Hacer ‹una cosa› radiactiva [a otra cosa]: *El bombardeo de fotones activa el núcleo.* **3** Hacer ‹una persona o una cosa› que el mecanismo de [una cosa] se ponga en marcha: *Activó el motor por la mañana. No es capaz de activar el mecanismo de control del aire acondicionado.* || *v. prnl.* **4** Hacerse ‹una cosa› más intensa o más rápida: *A medida que se activan los paneles solares, se activa la potencia de la luz.* **5** Hacerse ‹una cosa› radiactiva: *Estos núcleos sólo se activan en circunstancias extraordinarias.* **6** Ponerse el mecanismo de ‹una cosa› en marcha: *La puerta del garaje se activa con la voz.*

actividad *s. f.* **1** (no contable) Capacidad para obrar o actuar: *Después del accidente perdió la actividad del brazo.* **2** Conjunto de acciones o cada una de las acciones en particular: *la actividad humana, la actividad de una fábrica. La actividad de los sindicatos tiene como fin mantener el empleo.* **3** Conjunto de las tareas propias de una persona, profesión o institución: *actividad docente, actividad bursátil, actividad empresarial, actividades profesionales, actividades domésticas. El ámbito en que se desarrolla su actividad política es limitado.* **4** (no contable) Cualidad de activo: *Despliega una actividad pasmosa.* **5** Trabajo escolar de tipo práctico: *actividades de Matemáticas. Rellenad el cuestionario de las actividades de la lección.* FR. Y LOC. **en ~** Se usa para indicar que una cosa tiene actividad en el momento de que se trata: *un volcán en actividad.*

activismo *s. m.* **1** (no contable) Ideología y comportamiento de las personas que participan activamente y con frecuencia de forma violenta en las actividades de un grupo político: *el activismo de los miembros de una organización terrorista.* **2** (no contable) Actividad sociopolítica o sindical: *Ahora nuestro grupo quiere recoger mantas para las víctimas del terremoto, necesitamos desplegar un gran activismo y nos sobran discusiones teóricas.*

activista *adj. / s. m.* y *f.* **1** PEYORATIVO. [Persona] que participa activamente en una organización que practica la violencia social o política: *Han encarcelado a dos activistas de una banda armada.* **2** [Persona] que participa activamente en una organización política, sindical o de otro tipo: *Yo siempre he trabajado en el sindicato y me considero un activista más que un teórico. Somos activistas por la paz, sólo buscamos propagar la necesidad de que los pueblos se entiendan.*

activo, va *adj.* **1** Que actúa o puede actuar: *principio activo del medicamento, los miembros activos de la asociación. Tenemos bastantes socios activos.* **2** Que es diligente o eficaz: *Es muy activa, siempre está haciendo cosas. Tenemos unos vendedores muy activos.* **3** Que produce efectos con rapidez y eficacia: *un tumor activo. Es una sustancia muy activa contra los insectos. El principio activo del medicamento se obtiene con facilidad. Es un veneno activo.* **4** [Sustancia] que puede emitir energía o desencadenar una acción física o química: *Es un material radiactivo muy activo. Han arrojado varios bidones de cloro activo.* **5** GRAM. [Construcción, voz] que indica que el sujeto es el que realiza la acción verbal: *oración activa.* || *s. m.* **6** Conjunto de bienes de una persona o de una entidad: *El activo de la compañía es muy saneado. El activo de usted en nuestro banco ha ido disminuyendo todos los meses este último año.* || **7 participio* ~** o **participio de presente. 8 población* activa.** FR. Y LOC. **en ~** Que ejerce su profesión, que todavía no es jubilado: *Su padre está todavía en activo. Ana sigue en activo. Es un militar en activo.* **por activa y por pasiva** De todas las maneras posibles: *Ya se lo he dicho por activa y por pasiva, pero no me hace caso.*

acto *s. m.* **1** Hecho o acción: *un acto de violencia, acto de cobardía.* **2** Acontecimiento público o ceremonia solemne: *Las autoridades provinciales acudieron al acto de inauguración del teatro.* **3** Cada una de las partes en que se divide una obra teatral: *una comedia en dos actos.* **4** FILOS. Existencia real del ser, opuesta a la potencia. || **5 ~ de conciliación** DER. Acto en el que el juez intenta poner de acuerdo a las partes para evitar el litigio o procedimiento contencioso: *Fue llamado a un acto de conciliación.* **6 ~ jurídico** DER. Acto voluntario del que se derivan derechos y obligaciones legales: *La firma de un contrato o el otorgar un testamento son actos jurídicos.* **7 ~ reflejo** Respuesta instintiva del organismo a estímulos exteriores: *Cuando se quemó soltó la sartén por un acto reflejo y con el aceite se incendió la cocina.* **8 ~ carnal / sexual** Coito o unión sexual de una pareja. FR. Y LOC. **~ seguido** A continuación: *Tomó el desayuno y acto seguido salió a dar un paseo.* **en ~ de servicio** En el momento de realizar una persona su trabajo: *Sufrió un accidente en acto de servicio.* **en el ~** En el mismo momento, en seguida: *El conductor del vehículo falleció en el acto. Me dieron las fotos en el acto.* **hacer ~ de presencia** Presentarse ‹una persona› en un lugar, a veces por cortesía: *Hizo acto de presencia en la ceremonia. El alcalde debía haber hecho acto de presencia en las fiestas del barrio.*

actor, ra *adj. / s. m.* y *f.* **1** DER. [Parte] que demanda en un juicio. ‖ *s. m.* **2** (femenino *actriz*) Hombre que interpreta un papel o personaje en una obra: *Empezó* ***de*** *actor en el teatro y luego se pasó al cine.* **3** (femenino *actriz*) Hombre con gran capacidad para actuar o fingir: *No le hagas caso, es un actor perfecto, no le duele nada.*

actriz *s. f.* **1** Mujer que interpreta un papel o personaje en una obra: *Es una famosa actriz.* **2** Mujer con gran capacidad para actuar o fingir: *Tengo una nena que es una gran actriz, no le hagas caso.*

actuación *s. f.* **1** Manera de obrar o de comportarse de una persona: *La actuación de tu hermano me desconcierta.* **margen* de ~ / maniobras.** **2** Manera de interpretar una persona una obra musical o un papel de una representación: *La actuación del protagonista de la película no es buena. Me gustan las actuaciones de la banda municipal.* **3** DER. Diligencias o partes de un procedimiento: *El juez inició la actuación a petición de parte.*

actual *adj.* **1** (antepuesto / pospuesto) Del tiempo presente: *La actual situación política no es estable. En el momento actual hay un altísimo porcentaje de paro.* **2** Que está de moda: *Este coche tiene un diseño muy actual.*

actualidad *s. f.* **1** (no contable) Momento o tiempo presente: *la actualidad deportiva. En la actualidad no ocurren esas cosas.* **2** Situación de la persona o cosa que está de moda: *una novela de actualidad. Su mérito es la actualidad del programa.* **3** Cualidad de la persona o cosa del pasado que hace que no haya perdido vigencia: *la actualidad de los clásicos, una belleza que no pierde actualidad.* SIN. vigencia.

actualización *s. f.* **1** Renovación o mejora: *Este texto exige una actualización.* **2** Renovación con la incorporación de las novedades últimas: *A un profesional, la actualización le exige un esfuerzo constante. Me ofrecen una actualización del procesador del ordenador.*

actualizador, ra *adj. / s. m.* LING. [Elemento o procedimiento] del que se valen las lenguas para que un elemento abstracto del sistema pueda funcionar en el discurso concreto: *Los artículos, los posesivos o los demostrativos son actualizadores en español.*

actualizar *v. tr.* **1** Poner ‹una persona› [una cosa] al día: *Han actualizado los datos del censo.* **2** Poner ‹una persona o una cosa› [a una persona o una cosa] de actualidad: *Las revistas del corazón están actualizando a algunos cantantes de la década de los sesenta.* **3** LING. Hacer ‹una persona› que [una palabra o expresión que designa un concepto abstracto] haga referencia a una realidad concreta: *La palabra genérica «hombre» se actualiza en español de diferentes maneras: este hombre, un hombre, el hombre.* ⇒ **19.**

actualmente *adv. temp.* En la actualidad, hoy día: *Actualmente se valora poco el talento.*

actuar *v. intr.* **1** Obrar ‹una persona› de [determinada manera]: *Has actuado juiciosamente.* SIN. proceder. **2** Realizar ‹una persona› [una función que le es propia]: *Juan ha actuado* ***como*** *secretario del tribunal.* SIN. ejercer. **3** Realizar ‹una persona› actuaciones judiciales: *El juez del juzgado número cinco actúa en el caso.* **4** Realizar ‹una persona› un ejercicio en una oposición o en un examen: *Mañana me toca actuar.* **5** Producir ‹una cosa› [su efecto]: *Esta sustancia actúa* ***como*** *calmante.* **6** Trabajar ‹un actor› en [una obra o en una función]: *Su hermano actúa en muchas obras.* ⇒ **3.**

actuario *s. m.* **1** DER. Funcionario o auxiliar judicial que da fe en los actos procesales. ‖ **2 ~ de seguros** RESTRINGIDO. Asesor económico y jurídico de una compañía de seguros.

acuarela *s. f.* **1** (no contable) Técnica pictórica que emplea colores diluidos en agua: *Es pintor de paisajes y domina la acuarela.* **2** Obra realizada con esta técnica: *una exposición de acuarelas. Me gustaba una acuarela muy bonita tuya, pero la vendiste.* **3** (en plural) Pinturas empleadas en esta técnica: *una caja de acuarelas. ¿Has visto mis acuarelas?*

acuario *s. m.* **1** Recipiente con agua apropiado para mantener vivos animales y plantas acuáticos: *Hemos comprado un acuario pequeñito para el salón.* **2** Recinto donde se muestran al público animales acuáticos: *El acuario de Barcelona se renovará.* **3** (en mayúscula) ASTRON. Una de las constelaciones del Zodiaco. **4** Signo del Zodiaco que el Sol recorre aparentemente entre el 20 de enero y el 18 de febrero. ‖ *adj. / s. m.* y *f.* **5** (invariable) Persona nacida bajo este signo del Zodiaco: *Las mujeres y hombres acuario tendrán una semana felicísima. —«Yo soy acuario, ¿y tú, Marta?» —«Acuario también. Y las acuario somos peligrosas.»*

acuartelamiento *s. m.* **1** Lugar donde un conjunto de soldados hace su vida militar: *Han mejorado las condiciones de los acuartelamientos.* **2** (no contable) Retención o reunión de un conjunto de soldados en un cuartel para que puedan intervenir en unas maniobras o en una acción bélica: *Han decretado el acuartelamiento de los reclutas que estaban de permiso, ante la situación internacional.*

acuartelar *v. tr.* Reunir ‹una persona› [a la tropa] en un cuartel: *Mandó el gobernador acuartelar las tropas de infantería ante los disturbios continuados de la provincia.*

acuático, ca *adj.* **1** Del agua: *medio acuático, competiciones acuáticas, deportes acuáticos.* **esquí* ~ / náutico. polo* ~.** **2** Que vive en el agua: *El océano está repleto de seres acuáticos.*

acuatizaje *s. m.* Acción y resultado de acuatizar.

acuatizar *v. intr.* Ponerse ‹un hidroavión› en el agua suavemente: *El hidroavión acuatizó sin contratiempos.*

acuchillado *s. m.* Acción y resultado de acuchillar: *Se hacen acuchillados de parqués.*

acuchillar *v. tr.* **1** Herir o matar ‹una persona› [a otra persona] a cuchilladas: *Ayer dos desaprensivos acuchillaron a un mendigo en el parque.* SIN. apuñalar. **2** Poner ‹una persona› lisa [una superficie de madera]: *Tengo que acuchillar el parqué de casa, porque está en muy mal estado.*

acuchuchar *v. tr.* CHILE; VULGAR. Aplastar, estrujar ‹una persona o una cosa› [a otra persona o una cosa].

acuciar *v. tr.* **1** Meter ‹una persona› prisa [a otra persona]: *Me acucia continuamente con sus exigencias para que acabe el trabajo.* **2** Ser ‹una cosa› urgente para [una persona]: *Le acucia la necesidad de encontrar trabajo. Le acucia encontrar un piso para casarse pronto.* **3** Producir ‹una persona o una cosa› inquietud en [una persona]: *La soledad del pueblo nos acuciaba y hemos venido a la ciudad. Se fue la luz y los ruidos nocturnos lo acuciaban.*

acudiente *s. m. / f.* COL. Persona que sustituye a los padres de familia ante la directiva de una institución escolar.

acudir *v. intr.* **1** Ir ‹una persona› a [un lugar donde tiene algo que hacer o donde ha sido llamado]: *Acudió* ***a*** *la cita.*

2 Ir ‹una persona› con frecuencia a un lugar: *A menudo acude a la biblioteca municipal. Suele acudir a tomar un café enfrente del museo.* **3** Ir ‹una persona› en ayuda de otra: *Acudieron* ***a*** *la llamada de Protección Civil. No podemos dejar de acudir* ***al*** *clamor de los desfavorecidos. Acudiremos* ***en*** *tu ayuda cuando sea necesario. No acudisteis ayer* ***a*** *la manifestación feminista.* **4** Buscar ‹una persona› la ayuda de [otra persona]: *Acudió* ***a*** *su padre para pedirle dinero. No acudáis más veces* ***a*** *mí, si no hacéis caso de mis consejos.* **5** Buscar ‹una persona› ayuda en [una cosa]: *Acudirán* ***a*** *las armas si es necesario.* **6** Aparecer ‹una cosa› en [la memoria de una persona]: *Los recuerdos acudieron* ***a*** *mi mente. Al pasar por la estación han acudido otra vez muchas escenas de mi infancia.* FR. Y LOC. **ir / ~ a las urnas*.**

acueducto *s. m.* **1** Conducto artificial por donde va el agua, destinada frecuentemente al abastecimiento de una población: *El acueducto de Segovia es un famoso monumento romano.* **2** COL. Red de suministro de aguas de una población.

ácueo, a *adj.* **1** ELEVADO. De agua o de naturaleza similar al agua. || **2 humor* ~ / acuoso.**

acuerdo *s. m.* **1** Decisión tomada por dos o más personas sobre alguna cosa: *Ambas partes llegaron a un acuerdo.* **~ marco** Acuerdo que regula las condiciones generales a las que deben someterse otras discusiones o negociaciones parciales o particulares en un campo laboral o político: *Se ha conseguido un acuerdo marco para los problemas de la pesca. El acuerdo marco firmado entre nuestros dos países regirá los aspectos de la inmigración y el control aduanero.* **2** Conformidad, armonía: *Hubo acuerdo entre los reunidos. Todas estuvieron de acuerdo.* ANT. desacuerdo. **3** Resolución tomada por una persona: *Mi acuerdo irrevocable es no asistir a la reunión.* SIN. determinación. **4** ARG., MÉX.; COLOQUIAL. Reunión de una autoridad con sus colaboradores para decidir sobre algunos asuntos. **5** ARG. Consejo de ministros. **6** ARG. Confirmación de un nombramiento realizada por el Senado. FR. Y LOC. **de ~** 1 Conforme, según: *De acuerdo con lo dicho, se aplazan las vacaciones.* 2 Se usa para indicar en una respuesta la aceptación de las palabras de otro hablante: *–«¿Me llamas?» –«De acuerdo.»*

acuicultura *s. f.* (no contable) Actividad de cultivar en el agua especies vegetales y animales.

acuidad *s. f.* **1** ELEVADO. Agudez o perspicacia mental: *La acuidad de su razonamiento es notable.* **2** ELEVADO. Agudeza visual: *A los pilotos les exigen gran acuidad visual.*

acuífero, ra *adj. / s. m.* [Terreno] que contiene agua en una determinada capa o zona del subsuelo: *capa acuífera, zona acuífera, bolsa acuífera. Los acuíferos de Madrid son muy importantes.*

acular *v. tr.* COLOQUIAL. Hacer ‹una persona› que ‹una persona o una cosa› esté junto a [otra cosa]: *Me enfadó y lo agarré de la corbata, lo aculé* ***contra*** *la pared y le dije que como no nos dejara tranquilos la próxima vez sería peor. Tienes que acular bien la cómoda vieja* ***contra*** *la pared, porque no aguanta el peso de esos tiestos que has puesto encima.*

acullá *adv. lug.* RESTRINGIDO. Allá, en la parte opuesta del que habla. OBSERVACIONES: Se usa raramente solo. Aparece con otros adverbios de lugar, normalmente con *acá*, y siempre en último lugar: *Acá y acullá encontraron restos del naufragio.*

acullico *s. m.* ARG., BOL., PERÚ. Bola de hojas de coca que se mastica para extraer el jugo.

aculturación *s. f.* Proceso de asimilación que hace un pueblo de otra cultura distinta a la suya: *La aculturación de los germanos había comenzado antes de la caída del imperio romano. El anorak es un testigo del proceso de aculturación de los esquimales con el hombre occidental.*

acumulable *adj.* Que puede ser sumado o acumulado: *Los puntos no son acumulables para solicitar otro premio. Las deducciones del impuesto sobre la renta por estos conceptos no son acumulables.*

acumulación *s. f.* Acción y resultado de acumular: *La acumulación de capital en pocas manos es peligrosa. No saben cómo acabar con la acumulación de poder en unas cuantas manos del aparato del partido. La acumulación de basura en la vía pública puede provocar accidentes.*

acumulador, ra *adj. / s. m.* Que acumula: *un aparato acumulador de energía, un acumulador de calor.*

acumular *v. tr.* **1** Ir juntando ‹una persona› [personas, animales o cosas]: *Los madrileños acumulan las multas de tráfico.* || *v. prnl.* **2** Ir juntándose ‹personas, animales o cosas›: *Se van acumulando los muebles en el trastero.*

acumulativo, va *adj.* **1** De la acumulación: *proceso acumulativo.* **2** Que es resultado de la acumulación: *cantidad acumulativa.*

acunar *v. tr.* Mover ‹una persona› la cuna de [un niño] rítmicamente para que se duerma: *Este niño está mal enseñado, si no lo acunamos no se duerme.* SIN. mecer.

acuñación *s. f.* **1** Fabricación de moneda: *Los Estados tienen el privilegio de la acuñación de moneda.* **2** LING. Creación o difusión de un término: *La acuñación de nueva terminología está regulada por comités de científicos.* **3** Acción y resultado de acuñar: *Todo lo relacionado con la acuñación es propio de la Fábrica Nacional de Moneda y Timbre.*

acuñar *v. tr.* **1** Imprimir ‹una persona› [una pieza de metal] con un cuño: *Las monedas son acuñadas ahora en modernas máquinas.* **2** Fabricar ‹una institución o una persona autorizadas› [moneda]: *Han acuñado nuevas monedas de un peso.* **3** Poner ‹una persona› [una palabra o una expresión nueva] en circulación: *Ese término fue acuñado ya por un filólogo chileno del siglo diecinueve.* **4** RESTRINGIDO. Poner ‹una persona› una cuña para sujetar [una cosa]: *Tienes que acuñar la estantería para que no se caiga.*

acuosidad *s. f.* Cualidad de acuoso: *Llama la atención la acuosidad de su mirada.*

acuoso, sa *adj.* **1** Que tiene mucha agua, o que es parecido al agua: *líquido acuoso. La sandía es una fruta acuosa, muy refrescante.* **disolución* acuosa. 2** Del agua: *Es una ampolla acuosa, no me duele.* || **3 humor* ácueo / ~.**

acupresión *s. f.* Técnica terapéutica que consiste en la aplicación de presión digital de una forma determinada sobre puntos específicos del cuerpo para combatir el dolor produciendo anestesia o para regular una función corporal: *En esta clínica suelen usarse varias técnicas: la acupuntura, la acupresión y el hipnotismo.*

acupuntor, ra *s. m. / f.* Médico que es especialista en acupuntura: *Lo está tratando una acupuntora.*

acupuntura *s. f.* (no contable) Técnica médica que consiste en clavar agujas en determinadas partes del cuerpo para curar ciertas enfermedades o aliviar el dolor.

acurrucarse *v. prnl.* Ponerse ‹una persona› doblada y encogida para esconderse o para librarse del frío: *El gato se acurruca en invierno al lado de la estufa. Le gusta acurrucarse junto a su padre para dormirse.* SIN. ovillarse. ⇒ **71.**

acusación *s. f.* **1** Acción y resultado de acusar: *Fue objeto de una acusación injusta. No creemos ninguna de las acusaciones que le hacen.* **2** DER. Parte acusadora en un juicio o proceso: *La acusación tiene la palabra.* ANT. defensa.

acusadamente *adv.* (preferentemente ante adjetivos) Destacadamente, ostensiblemente, marcadamente: *Estaba acusadamente molesto por la tardanza.*

acusado, da *adj.* **1** (antepuesto / pospuesto) Que destaca y se percibe con facilidad: *Pancho hablaba con acusado sentimentalismo y ella escuchaba con una frialdad acusada.* ‖ *s. m. / f.* **2** Persona acusada de un delito: *Las acusadas pueden ser condenadas a trescientos años de cárcel.* FR. Y LOC. **sentar en el banquillo* de los acusados.**

acusador, ra *adj. / s. m.* y *f.* Que acusa: *una prueba acusadora, un detalle acusador.* **parte acusadora.**

acusar *v. tr. / prnl.* **1** Atribuir ‹una persona› [una falta o una culpa] [a otra persona]: *Lo acusaron* ***del*** *robo. Se acusó* ***de*** *negligencia.* SIN. culpar(se). **2** Comunicar ‹una persona› [el delito de otra persona] [a una autoridad]: *Ángel se acusó* ***del*** *asesinato ante la policía. Ante el juez de guardia han acusado* ***de*** *la muerte del marqués al mayordomo.* ‖ *v. tr.* **3** Mostrar ‹una cosa› el efecto o las consecuencias de [otra cosa]: *Estos plásticos acusan el calor. Los excursionistas acusaron la dureza de la jornada.* ‖ FR. Y LOC. **~ recibo*.**

acusativo *s. m.* GRAM. Caso gramatical de las lenguas con declinación que indica la función de complemento directo: *La terminación del acusativo latino singular de la primera declinación es «–m».* **caso ~.**

acusatorio, ria *adj.* **1** De la acusación: *acto acusatorio, táctica acusatoria.* **2** Que acusa: *pruebas acusatorias.*

acuse *s. m.* **1** (no contable) Acción y efecto de comunicar el recibo de una carta o documento: *No constaba en ninguna parte el acuse de los documentos.* ‖ **2 ~ de recibo** Certificación o comunicación por la que se hace saber a quien ha escrito una carta o enviado un documento que el destinatario lo ha recibido: *Quiero enviar esta carta con acuse de recibo.*

acuseta *s. m. / f.* VEN. Acusetas.

acusetas (plural *acusetas*) *s. m. / f.* C. RICA, COL.; INFANTIL, PEYORATIVO. Persona que acusa o delata a otros.

acusete, ta *adj. / s. m.* y *f.* AMÉR.; generalmente INFANTIL. Persona que acusa o delata a otros, soplón.

acusica *adj. / s. m.* y *f.* INFANTIL. Que delata a sus compañeros: *Ningún niño quiere jugar con él porque es un acusica. Las niñas de la clase de al lado son unas acusicas.*

acusón, na *adj.* Acusica.

acústica *s. f.* **1** (no contable) Parte de la física que estudia los sonidos. **2** (no contable) Condiciones de un lugar para que se transmita adecuadamente el sonido: *La sala de conciertos tiene una excelente acústica.*

acústico, ca *adj.* **1** Del órgano del oído: *Tiene problemas acústicos. No tengo muy finos, según parece, mis órganos acústicos.* **2** De la acústica o de la recepción del sonido: *El auditorio tiene unas buenas condiciones acústicas. Los nuevos aparatos acústicos son estupendos.* **filtro* ~. foco ~.**

acutángulo *adj.* [Triángulo] que tiene todos sus ángulos agudos.

-ada *suf.* -da.

adagio *s. m.* **1** Expresión breve, tradicional y frecuentemente de origen popular, de significado moralizante: *Dice un antiguo adagio que no conviene moverse si no se sabe qué se debe hacer.* **2** Ritmo musical lento: *El adagio está entre el lento y el andante.* **3** MÚS. Composición musical de tiempo lento: *el adagio de Albinoni.* ‖ *adv. modo* **4** Con ritmo lento: *Atención, la partitura señala adagio.*

adalid *s. m.* **1** Caudillo militar en la Edad Media. **2** ELEVADO. Guía o cabeza de un partido o movimiento: *Pedro es el adalid del movimiento estudiantil.* SIN. líder.

adamascar *v. tr.* Dar ‹una persona› las características del damasco a [una tela]: *Van a sacar una colección de telas adamascada, muy bonitas para tapicería.*

adámico, ca *adj.* Adánico.

adán *s. m.* COLOQUIAL; PEYORATIVO. Hombre sucio, que no cuida su aspecto exterior: *Es un adán, siempre mal vestido y desarreglado. Siempre va hecho un adán, da asco verlo.* FR. Y LOC. **bocado* de Adán.**

adánico, ca o **adámico, ca** *adj.* ELEVADO. De Adán o del paraíso terrenal: *el relato adánico, la lengua adánica. La felicidad adánica no existe.*

adaptabilidad *s. f.* **1** Capacidad de adaptarse un ser vivo a un ambiente: *La adaptabilidad del hombre es casi infinita.* **2** Capacidad de adaptarse de una cosa a otra: *Si las empresas no mejoran su adaptabilidad* ***al*** *mercado, perecerán.*

adaptación *s. f.* **1** Proceso por el cual un ser vivo se adapta a un ambiente: *La adaptación de los campesinos* ***a*** *las fábricas es un proceso trabajoso. Resulta problemática la adaptación de ciertos animales salvajes* ***a*** *la vida en cautividad.* **2** Acomodación de un objeto material o mental a otro: *La adaptación de la economía estatal* ***a*** *una economía de mercado no puede ser brusca. La adaptación de los neumáticos* ***al*** *trazado de la carretera está bien estudiada. La adaptación de su voz* ***al*** *personaje es perfecta.* **3** Arreglo o cambio de una cosa en otra para desempeñar nuevas funciones: *La adaptación de la plaza de toros* ***como*** *centro cultural tardará dos años. La adaptación de la antigua iglesia* ***a*** *biblioteca es costosa.* **4** Transformación de una obra artística en otra: *La adaptación de esa obra del siglo* XIX *se estrenará pronto. Esta novela es una magnífica adaptación de una biografía.*

adaptador, ra *adj.* **1** RESTRINGIDO. Que sirve para adaptar: *La ley regula varias etapas adaptadoras de la nueva situación.* ‖ *adj. / s. m.* y *f.* **2** [Persona] que adapta una obra artística: *Los adaptadores de la partitura han contado con la colaboración desinteresada del autor. Es adaptadora de obras de teatro.* ‖ *s. m.* **3** Aparato o mecanismo que sirve para ajustar o acomodar entre sí elementos o instrumentos de diferente forma o tamaño: *Necesitamos un adaptador para el enchufe de la radio. Necesito un adaptador para mi maquinilla eléctrica, que funciona con otro voltaje.*

adaptar *v. tr.* **1** Hacer ‹una persona o una cosa› que [una cosa] haga juego con [otra]: *Tienes que adaptar el abrigo a tu talla. Adaptarán el modelo a las exigencias de la ceremonia.* **2** Hacer ‹una persona› que [un objeto o un mecanismo] desempeñe funciones distintas de aquellas para las que fue creado: *Adaptó la cómoda para utilizarla como me-*

sa. He adaptado la lámpara de pie como lámpara de mesilla. **3** Hacer ‹una persona› los cambios necesarios en [una obra literaria o musical] para que pueda difundirse en un medio distinto de aquel para el que fue creada: *Adaptarán varias novelas **para** el teatro. Ha adaptado su cuento **para** niños.* || *v. prnl.* **4** Hacer ‹una cosa› juego con [otra cosa]: *Esta clavija no se adapta bien **al** enchufe.* **5** Aceptar o sentirse ‹una persona› cómoda en [una situación no habitual]: *Se ha adaptado **a** nuestro sistema de trabajo perfectamente. No se adapta **a** nuestras costumbres.* FR. Y LOC. **adaptarse a las circunstancias** Aceptar ‹una persona› cambiar su comportamiento de acuerdo con la situación que vive: *Si quieres estar cómoda en tu nuevo trabajo tendrás que adaptarte a las circunstancias.*

adarga *s. f.* Escudo ovalado o en forma de corazón, hecho de cuero.

adarme *s. m.* **1** Antigua medida de peso, muy pequeña, que se empleaba en farmacia. **2** RESTRINGIDO. Cantidad muy pequeña de una cosa: *No tiene ni un adarme de generosidad. No tiene un adarme de tonto.* SIN. pizca.

adarve *s. m.* **1** Muralla de una ciudad: *Acamparon ante los adarves de Ávila.* **2** Camino que se encuentra en lo alto de una fortificación: *Los defensores miraban desde el adarve el ejército real.*

adecentar *v. tr. / prnl.* Poner ‹una persona› limpia y ordenada [a otra persona, un animal o una cosa]: ***Se** adecentó para asistir a la reunión. Adecenta a los niños antes de salir de paseo. Tenemos que adecentar el despacho, que vendrá dentro de poco la directora.* SIN. arreglar(se), asear(se).

adecuación *s. f.* Adaptación o ajuste entre dos cosas: *No hay adecuación entre la falta y el castigo si éste es muy superior a lo razonable. No veo adecuación entre lo que dice y lo que hace.*

adecuado, da *adj.* (antepuesto / pospuesto) Que es bueno o conveniente para alguna cosa: *Esta dieta no es la adecuada **para** su estado. Los zapatos son adecuados **para** la ceremonia. Ese hombre no es adecuado **para** ti. Con una adecuada dieta podrá bajar pronto unos kilos.*

adecuar *v. tr.* **1** Hacer ‹una persona› que [una cosa] sea apropiada para [otra cosa]: *Hay que adecuar los medios **a** los fines.* || *v. prnl.* **2** Hacerse ‹una cosa› apropiada para [otra cosa]: *No se adecua tu comportamiento **a** lo que me prometiste.*

adefesiero, ra *adj.* PERÚ; COLOQUIAL. Que es ridículo o estúpido.

adefesio *s. m.* COLOQUIAL. Persona o cosa, especialmente una prenda de vestir, ridículas o extravagantes: *Lleva un abrigo que es un adefesio. Con ese traje va hecha un adefesio. Tiene dos candelabros en el salón que son dos adefesios.*

adelantado, da *adj.* **1** (estar) Que se desarrolla más o antes de lo normal: *Las obras están muy adelantadas. Lleva el trabajo muy adelantado. La cosecha está muy adelantada. Tu sobrino está muy adelantado para la edad que tiene.* SIN. avanzado. **2** (ser) Que supera a otros o es muy bueno: *Ésta es una técnica muy adelantada que se utiliza sólo aquí. Sus ideas eran muy adelantadas entonces.* **3** [Pago] que se recibe antes de hacer el trabajo: *Le hizo dos pagos adelantados.* || *s. m.* **4** Antiguo gobernador de una zona fronteriza: *el adelantado de Andalucía.* FR. Y LOC. **por ~** Anticipadamente: *Aquí siempre se paga **por** adelantado.*

adelantamiento *s. m.* **1** (no contable) Movimiento hacia delante en el tiempo o en el espacio: *El adelantamiento de los calores este año puede dañar los árboles frutales. El adelantamiento de los exámenes no es posible. Fue emocionante presenciar el adelantamiento que hizo el campeón cuando estaba a punto de pisar la meta.* **2** Maniobra en la que un vehículo adelanta o supera a otro en una vía: *Está prohibido en esta cuesta el adelantamiento entre camiones. Los adelantamientos deben ser cuidadosos, pero rápidos.*

adelantar *v. tr. / prnl.* **1** Mover ‹una persona› [a otra persona o una cosa] hacia adelante: *Le adelantó la silla para que se sentara. Si nos ve en la escalera, **se** adelanta para quitarnos el ascensor.* **2** Pasar ‹una persona, un animal o una cosa› delante de [otra persona, animal o cosa]: *Juan **se** ha adelantado **a** nosotros para abrir la puerta. Tu hermana nos ha adelantado al llegar a la cuesta.* SIN. sobrepasar. || *v. tr.* **3** Hacer ‹una persona› [una cosa] antes de lo previsto: *Adelantamos nuestra salida de vacaciones.* **4** Hacer girar ‹una persona› las manecillas del [reloj] para que señalen una hora más avanzada: *Tenemos que adelantar el reloj esta noche.* **5** Estar ‹una persona› por delante de [otra persona]: *Tu hijo adelanta al mío en los estudios.* **6** Obtener ‹una persona› una ventaja con [una cosa]: *No adelantamos nada **con** decírselo.* **7** Dar ‹una persona› [una cosa] a [otra persona] antes de tiempo: *Nos adelantó la noticia hace días.* **8** Dar ‹una persona› [una cosa] a [otra persona] contando con recuperarla: *La empresa le ha adelantado cien mil pesetas.* || *v. intr.* **9** Hacer ‹una persona o una cosa› progresos: *Adelantamos poco en portugués. La ciudad ha adelantado en estos años.* || *v. intr. / prnl.* **10** Ir ‹el reloj› más deprisa de lo debido: *Este reloj **se** adelanta.* || *v. prnl.* **11** Ocurrir ‹una cosa› antes de tiempo: *Se ha adelantado la primavera.* FR. Y LOC. **no ~ / ganar un palmo* de terreno.**

adelante *adv. lug.* **1** Más allá o hacia el frente: *El batallón siguió adelante hasta que se quedó sin municiones.* **un paso* adelante / atrás.** OBSERVACIONES: No admite segundo término de relación. Precedido por un nombre perteneciente al grupo de *camino, sendero, vía*, sin artículo, equivale a 'avanzando por el camino, sendero, vía': *carretera adelante, camino adelante, calle adelante.* Puede ir precedido por *para* o *hacia*, que resalta el significado de dirección: *La grúa desplazó el camión **hacia** adelante.* || *adv. temp.* **2** Indica tiempo futuro. OBSERVACIONES: Va precedido, necesariamente, de una preposición o un adverbio: *de hoy **en** adelante, **en** adelante.* || *interj.* **3**1 Se usa para ordenar o animar a alguien a que haga o siga haciendo algo: *¡Adelante, continúe con su exposición!* **3**2 Se usa para autorizar el paso a alguien cuando pide permiso para entrar en un sitio: *¡Adelante, pase!* OBSERVACIONES: Puede acompañarle *con* seguido de un artículo y un nombre, especificando la materia u objeto de lo que se habla: *Adelante **con** la idea.* FR. Y LOC. **¡ ~ con los faroles*! de ahora* en ~. de aquí* en ~. de hoy* en ~. en ~** A partir del momento en que se habla: *En adelante no quiero volver a verte por aquí.* **huida* hacia ~. ir* ~. llevar* ~. más ~** 1 Dentro de algún tiempo, después, posteriormente: *Iremos de vacaciones más adelante. Más adelante se verá quién tenía razón. Son para más adelante.* 2 En un discurso o escrito, equivale a 'posteriormente' o 'más abajo': *De sus ideas ya hablaremos más adelante.* **sacar* ~. salir* ~. seguir* ~. ¡tira*! o ¡tira ~!**

adelanto *s. m.* **1** Progreso o mejora: *Cree en el adelanto indefinido de la humanidad. ¿Tú crees que nuestro adelanto es tan grande?* **2** Anticipación de un hecho al momento que estaba señalado o que se esperaba: *El tren llega con cinco minutos de adelanto sobre el horario previsto. El adelanto del concierto a las nueve permitirá a los socios disfrutar de los jardines del club.* **3** (preferentemente en plural) COLOQUIAL. Aparato moderno: *Le gusta tener los últimos adelantos en alta fidelidad. Me gustan los adelantos de cocina.* **4** Dinero que se da o se recibe por anticipado: *Ten un adelanto como señal. Pedí un adelanto en la oficina.*

adelfa *s. f.* **1** *Nerium oleander.* Arbusto venenoso, de hojas perennes en forma de lanza y grupos de flores blancas, rojizas, rosas o amarillas, que se cultiva como planta de adorno. **2** Flor de las adelfas.

adelgazamiento *s. m.* Pérdida de peso o de volumen: *Me ha puesto el médico un régimen de adelgazamiento.* **plan* de ~.**

adelgazar *v. tr.* **1** Hacer perder ‹una cosa› peso o volumen [a una persona, un animal o una cosa]: *El verano me ha adelgazado un poco. Las preocupaciones me han adelgazado mis michelines. El calor está adelgazando la tarta peligrosamente, va a quedar muy fea.* ‖ *v. intr.* **2** Perder ‹una persona, un animal o una cosa› peso o volumen: *Tu hermana ha adelgazado. Es raro, pero la bandeja de pasteles cada hora adelgaza más.* ⇒ **19.**

ADELPHA (pronunciamos *'adelfa'*) *s. f.* Sigla de «Asociación para la Defensa Ecológica y del Patrimonio Histórico-Artístico», España.

ademán *s. m.* **1** Gesto o movimiento del cuerpo con que se manifiesta una intención o estado de ánimo: *Hizo ademán de saludarnos.* **2** (en plural) Modales: *En la mesa tiene unos ademanes poco refinados.*

además *adv. cant.* Se usa para introducir algo que se añade a lo dicho o algo que se apoya en lo que se ha dicho anteriormente. OBSERVACIONES: ◊ Se usa a menudo seguido de la preposición *de.* En ese caso, *además de* introduce la información ya conocida o, al menos, la información que se quiere resaltar: *Las pruebas fueron largas, además **de** difíciles.* ◊ Puede ir delante o detrás del verbo. Cuando va detrás, va entre comas: *El jefe dijo que no le gustaba el proyecto y comentó, además, que el presupuesto era muy alto. Es caro y, además, de poca calidad.* ◊ Se usa también en la locución *además de que*: *Además de que no le gusta ir al cine por la noche, dice que hoy tiene invitados para cenar.*

ADENA (pronunciamos *'adena'*) *s. f.* Sigla de «Asociación para la Defensa de la Naturaleza», España.

adenda *s. f.* ELEVADO. Apéndice o añadido en un libro o en un texto: *En su carta me escribe en una adenda los teléfonos de todos los directivos del club.*

adenitis *s. f.* MED. Inflamación de los ganglios linfáticos.

adentrarse *v. prnl.* **1** Ir ‹una persona, un animal o una cosa› hacia el interior de [una cosa]: *Nos adentramos **en** el bosque.* SIN. internarse. **2** Estudiar ‹una persona› [una cosa] en profundidad: *Quiere adentrarse **en** la teología.* SIN. ahondar.

adentro *adv. lug.* **1** En el interior o hacia la parte interior. OBSERVACIONES: ◊ Según vaya con un verbo de movimiento o de estado, indicará dirección o situación: *Vayamos adentro. Cenaremos adentro.* Pueden seguirle las preposiciones *de, desde, hasta, hacia, para* y *por,* que aportan la idea de origen, procedencia o dirección: *Movieron la estatua **hacia** adentro.* ◊ Pospuesto a un nombre de lugar, equivale a 'hacia la parte interior' del lugar que se indica: *mar adentro, tierra adentro.* RELACIONES Y CONTRASTES: A diferencia de *dentro*, no admite término de relación: *Estoy adentro,* pero *Estoy dentro de casa.* ANT. afuera. ‖ *interj.* **2** Se usa para invitar u ordenar a alguien que entre en un lugar: *Todos los prisioneros, ¡adentro!* ANT. ¡afuera! FR. Y LOC. **de puertas* ~.**

adepto, ta *adj. / s. m.* y *f.* Que es partidario de alguna idea, persona o asociación: *Es adepto **de** todas las asociaciones humanitarias. Es una adepta **de** la nueva presidenta. Es una adepta fanática **de** las dietas vegetarianas.*

aderezar *v. tr.* **1** Añadir ‹una persona› un condimento a [una comida] para darle mejor sabor: *Puedes aderezar la ensalada.* SIN. aliñar. **2** Preparar ‹una persona› [una cosa] para realizar una operación: *Este fin de semana iremos al chalé para aderezárselo un poco a los pintores que irán la próxima semana.* SIN. arreglar. **3** Hacer ‹una persona› más amena [una exposición] con [observaciones graciosas]: *Aderezó la conferencia **con** varias anécdotas.* SIN. amenizar. ‖ *v. tr. / prnl.* **4** Adornar ‹una persona› [a otra persona o una cosa]: ***Se** aderezó cuidadosamente.* ⇒ **19.**

aderezo *s. m.* **1** (no contable) COCINA. Ingrediente o conjunto de ingredientes con que se sazona la comida: *Prepara el aderezo para la ensalada.* SIN. condimento. **2** Adorno o conjunto de adornos: *Nos ha quedado muy bien el aderezo de la fiesta. En este pueblo se fabrican artesanalmente muchos aderezos para caballerías.*

-adero, ra *suf.* -dero.

adeudar *v. tr.* **1** Tener que pagar ‹una persona› [una cosa] a [otra persona]: *Nos adeuda una cantidad considerable de dinero.* **2** Anotar ‹una persona› [una cantidad] en el debe de una cuenta: *Le adeudamos en su cuenta el recibo.*

adeudo *s. m.* Acción y resultado de adeudar en una cuenta: *Tiene un adeudo de veinte mil pesetas en esa fecha.*

adherencia *s. f.* **1** (no contable) Acción y resultado de adherir o adherirse: *Con ese pegamento conseguirás una adherencia perfecta.* **2** (no contable) Cualidad o capacidad para adherir o adherirse: *Con el agua han perdido los neumáticos casi toda la adherencia.* **3** Cosa que se adhiere a la superficie de otra: *Este hierro lleva tanto tiempo bajo el agua que está lleno de adherencias.* **4** Soldadura anormal entre dos órganos o superficies del cuerpo humano: *Hay que limpiar la herida de todas sus adherencias.*

adherente *adj. / s. m.* y *f.* **1** [Sustancia] que se usa para pegar o unir cosas: *Hemos comprado un poderoso adherente.* **2** Que se adhiere o pega o agarra bien: *Estos neumáticos son muy adherentes. Están ensayando un asfalto muy adherente, aunque esté mojado.* **3** ARG., URUG. Que es partidario de una opinión o de un partido.

adherir *v. tr.* **1** Unir ‹una persona› [una cosa] a [otra cosa] mediante una sustancia aglutinante: *Adhirió las fotos **al** álbum.* ‖ *v. intr. / prnl.* **2** Unirse ‹una cosa› a [otra cosa]: *El polvo **se** adhiere **a** la ropa.* ‖ *v. prnl.* **3** Unirse ‹una persona› a la decisión de [otra persona, a una causa o a un partido]: *Su hijo se adhirió **a** una secta. Siempre te adhieres **a** nuestras opiniones.* ⇒ **75.**

adhesión *s. f.* **1** Acción y resultado de adherirse a una idea, grupo o persona: *Demostraron su adhesión al rey. Mi* *adhesión al partido es muy antigua.* **2** FÍS. Fuerza de atracción que mantiene unidas moléculas de distinta especie química.

adhesivo, va *adj.* **1** Que puede adherirse o pegarse: *una superficie adhesiva.* ‖ *adj. / s. m.* **2** Que sirve para adherir o pegar: *una sustancia adhesiva. He comprado un adhesivo.* **tela* adhesiva.**

adicción *s. f.* (no contable) Necesidad física o psicológica que crea en el organismo el consumo habitual de algunas sustancias: *adicción **al** alcohol, adicción **al** tabaco.*

adición *s. f.* **1** Acción y resultado de añadir o agregar una cosa a otra: *La adición de vinagre a la ensalada ha sido una tontería. La fachada más moderna del palacio ha sido un pegote, más que una adición.* **2** Añadidura o parte con que se acrecienta un escrito: *Los últimos capítulos de la novela son una adición de un continuador anónimo.* **3** MAT. Operación de sumar una cantidad a otra. SIN. suma.

adicional *adj.* Que se añade a algo para completarlo o complementarlo: *cantidad adicional, capítulo adicional.*

adicionalmente *adv.* **1** Además, aparte, al margen: *Adicionalmente **a** los ya apuntados, podríamos señalar algunos más. Adicionalmente **a** la información presentada, disponemos de nuevas noticias.* ‖ *adv. orac.* **2** Además, aparte, al margen de lo ya citado o sabido: *Adicionalmente, podríamos señalar algunos hechos ocurridos hace unos días.*

adictivo, va *adj.* Que crea adicción o hábito: *La mayoría de las drogas son sustancias adictivas.*

adicto, ta *adj. / s. m.* y *f.* **1** Que es tan aficionado a algo que no puede prescindir de ello: *Es adicta **a** las drogas. Es un adicto **a** la televisión.* **2** Que es partidario de una idea, persona o asociación: *Es adicto **a** la religión budista. Es una adicta **de** la nueva presidenta.*

adiestramiento *s. m.* Enseñanza o preparación para algún oficio o actividad: *En esta academia conseguimos un adiestramiento perfecto de la policía de la nación. El adiestramiento de los perros es asunto de expertos.*

adiestrar *v. tr. / prnl.* **1** Hacer adquirir ‹una persona› habilidad [a otra persona] en [una cosa]: ***Se** adiestra **en** el manejo de la máquina.* SIN. ejercitar(se). ‖ *v. tr.* **2** Hacer ‹una persona› que [un animal] se acostumbre a obedecer o a [hacer una cosa]: *Lo adiestró **para** que durmiera a sus pies.* SIN. amaestrar.

adinerado, da *adj.* (antepuesto / pospuesto) Que tiene mucho dinero: *Mi vecino es un adinerado fabricante de trajes de baño. Se casó con la hija de un industrial adinerado.*

adintelado, da *adj.* ARQ. [Arco] que se cierra, en su parte superior, en línea recta. **arco ~.**

¡adiós! *interj.* **1** Expresión de despedida: *¡Adiós amigos!* **2** Expresa sorpresa o extrañeza: *¡Adiós! He dejado el fuego encendido. ¡Adiós! ¿Cómo has conseguido entrar sin llave?* ‖ *s. m.* **3** Despedida: *No me gustan los adioses.* FR. Y LOC. **decir ~** 1 Despedirse ‹una persona› de otra persona: *Niño, dile adiós a tu tía, que nos vamos.* 2 Aceptar ‹una persona› que no puede conseguir alguna cosa: *Con esta derrota ha dicho adiós **a** su proclamación como campeón del mundo.*

adiposidad *s. f.* ELEVADO. Grasa o gordura de las personas: *El médico me dice que tengo que perder algo de adiposidad.*

adiposo, sa *adj.* Que está lleno de grasa, o que tiene alguna propiedad de la grasa: *El tejido adiposo es el que nos defiende contra el frío en invierno.* **panículo* ~.**

aditamento *s. m.* **1** Lo que se añade a una cosa: *Este vestido lleva muchos aditamentos.* **2** GRAM. Complemento circunstancial.

adivinación *s. f.* **1** Acción y efecto de adivinar: *La adivinación del enigma era imposible.* **2** Conjunto de prácticas con las que se pretende conocer el futuro o lo oculto: *Era experta en adivinación, sobre todo en quiromancia.*

adivinanza *s. f.* Frase, generalmente en verso, que se propone como acertijo para adivinar su respuesta: *resolver una adivinanza, jugar a las adivinanzas.*

adivinar *v. tr.* **1** Saber ‹una persona› [una cosa] por conjeturas o intuición: *Adivinó el acertijo que le planteamos.* **2** Saber ‹una persona› [el futuro o lo desconocido] por arte de magia: *No te lo creerás, pero Santiago adivina el futuro.* ‖ *v. prnl.* **3** Ser ‹una cosa› un poco perceptible: *A lo lejos **se** adivinan las luces de la ciudad.*

adivinatorio, ria *adj.* De la adivinación o que contiene alguna adivinación: *Las artes adivinatorias clásicas se basaban en observar el vuelo de las aves, las entrañas de los animales sacrificados, el humo, el cielo y otros signos.*

adivino, na *adj. / s. m.* y *f.* [Persona] que adivina el futuro: *He ido a un adivino que me ha confirmado que es muy difícil que me toque la lotería.*

adjetivación *s. f.* **1** Uso o aplicación de adjetivos para calificar a una persona o una cosa: *Santiago no merece esa adjetivación tan feroz.* **2** Conjunto de adjetivos que caracterizan el estilo de un autor: *La adjetivación de los modernistas es diferente de la adjetivación de los románticos.* **3** GRAM. Funcionamiento como adjetivo en un contexto de una parte de la oración que no lo es: *Es frecuente la adjetivación de sustantivos en determinados contextos.*

adjetivadamente *adv. modo* RESTRINGIDO. Adjetivalmente.

adjetivalmente *adv. modo* A manera, o con valor y significación de adjetivo: *Es un participio usado aquí adjetivalmente.*

adjetivar *v. tr.* **1** Aplicar ‹una persona› el significado de un adjetivo [a una persona, un animal o una cosa]: *No me gusta que me adjetiven de imbécil sin conocerme bien.* **2** LING. Dar ‹una persona› el valor y la función de adjetivo a [un elemento lingüístico]: *Azorín describe muy bien los paisajes, porque adjetiva muy bien.* ‖ *v. prnl.* **3** LING. Adquirir ‹un elemento lingüístico› valor y función de adjetivo: *En esta oración el sustantivo se adjetiva.*

adjetivo, va *adj.* **1** GRAM. Del adjetivo o que funciona como un adjetivo: *la función adjetiva de una frase, la concordancia adjetiva.* **2** [Oración, sintagma, locución] que funciona como un adjetivo. **3** RESTRINGIDO. Que es secundario: *Son observaciones adjetivas las que tengo que hacerte.* ‖ *s. m.* **4** GRAM. Clase de palabras que funciona primariamente como modificador directo del sustantivo, con el que concierta en género y número. **~ calificativo. ~ demostrativo. ~ especificativo. ~ exclamativo. ~ explicativo. ~ indefinido. ~ interrogativo. ~ numeral. ~ posesivo. ~ relativo. ~ positivo** Adjetivo de significación absoluta frente al comparativo o al superlativo: *«Guapo» y «bueno» son adjetivos positivos frente a los comparativos, «más guapo», «mejor» o los superlativos, «guapísimo» y «óptimo».*

adjudicación *s. f.* Acción y resultado de adjudicar una cosa a una persona: *La adjudicación de licencias para abrir ciertos comercios está muy controlada.*

adjudicar *v. tr.* **1** Dar ‹una persona› [una cosa] a [otra persona que aspiraba a ella]: *Le adjudicaron el premio sin merecerlo.* ‖ *v. prnl.* **2** Tomar ‹una persona› [una cosa] indebidamente: *Se ha adjudicado todos los méritos.* **3** Conseguir ‹una persona› [la victoria] en una competición: *El equipo se adjudicó la victoria.* SIN. lograr. ⇒ **71.**

adjudicatario, ria *adj. / s. m.* y *f.* Persona que ha recibido la adjudicación de alguna cosa: *Las familias adjudicatarias de los pisos del ayuntamiento deben formalizar su contrato en las oficinas centrales. Los adjudicatarios de la representación de prestigiosas marcas van a emprender acciones legales contra los falsificadores e imitadores.*

adjuntar *v. tr.* Enviar ‹una persona› [una cosa] junto con [un escrito]: *Adjunto el documento **al** expediente. Le adjuntamos el talón que le debemos.*

adjuntía *s. f.* RESTRINGIDO. Cargo y oficio de los antiguos profesores adjuntos: *Las tradicionales adjuntías se han convertido en titularidades.*

adjunto, ta *adj.* **1** (antepuesto / pospuesto) Que va junto a otra cosa: *una tarjeta adjunta **al** regalo. En la adjunta nota le comunico mi opinión.* ‖ *adj. / s. m.* y *f.* **2** Que ayuda a otro en un cargo o función: *secretario adjunto.* ‖ *s. m. / f.* **3** RESTRINGIDO. Profesor de Universidad o enseñanza secundaria de un centro oficial, que tiene la categoría inferior al catedrático: *Los adjuntos han sido sustituidos hace algunos años por otros profesores, como los titulares.* ‖ *s. m.* **4** GRAM. Palabra que funciona como complemento de otra sin nexos: *Los adjetivos son adjuntos de los sustantivos.* ‖ *adv.* **5** ADMINISTRATIVO. Unido a otra cosa de la que ya se ha hablado: *Adjunto le remito el material que me pedía en su carta.*

adlátere *s. m. / f.* PEYORATIVO. Persona que, de forma subordinada, acompaña o representa a otra: *No te fíes de él, es un adlátere del jefe.*

adminículo *s. m.* **1** Objeto pequeño que sirve de ayuda o complemento para algo, como un alfiler, un imperdible o una chincheta: *Necesitaría un adminículo para sujetar el cristal de la ventanilla del coche.* **2** Cualquiera de los objetos que se tienen para utilizarlos en caso de necesidad: *Tiene un cajón lleno de adminículos absurdos.*

administración *s. f.* **1** (no contable) Acción y efecto de administrar: *Al juez le corresponde la administración de la justicia. La enfermera se ocupaba de la administración del medicamento al paciente. Se encarga de la administración de la empresa.* **2** Lugar donde se administra una cosa: *Entregó la declaración en la administración de Hacienda más cercana a su casa. Ha tocado el premio en esa administración de lotería.* **3** (no contable) Conjunto de órganos del Estado destinados a la realización de funciones y fines públicos: *Tiene un pleito con la Administración por haberle expropiado unos terrenos.* **~ central** Conjunto de órganos superiores o de competencia general dentro de la Administración pública. **~ local** Sector de la Administración pública que comprende las provincias, municipios y entidades locales menores. **~ pública** Conjunto de organismos e instituciones encargados de administrar una cosa o del gobierno de un territorio o comunidad. **4** Equipo de gobierno de Estados Unidos que actúa bajo un presidente.

administrador, ra *s. m. / f.* Persona que por profesión se dedica a administrar los bienes o los capitales de otras personas: *Busca un administrador para sus fincas.*

administrar *v. tr. / prnl.* **1** Cuidar ‹una persona› los intereses económicos de [otra persona] o de [una entidad]: *Juana **se** administra muy bien. El presidente administrará el patrimonio de la fundación.* **2** Tener ‹una persona› controlado el consumo o el gasto de [una cosa]: *Luis **se** administra las fuerzas. Es más difícil administrar la victoria que la derrota.* **3** Hacer tomar ‹una persona› [una medicina] a [otra persona]: ***Se** administró el antibiótico. Mi madre me administra unas vitaminas estupendas.* ‖ *v. tr.* **4** Hacer cumplir ‹el poder judicial› las leyes de [la justicia]: *El tribunal ha administrado justicia con imparcialidad y seguridad.* **5** Proporcionar ‹una persona› [una cosa] a [una persona]: *Le administró ropa de abrigo. Nos han administrado un poco de agua para la vuelta.* **6** Cuidar ‹la autoridad› los intereses de [un territorio] o de [una comunidad]: *El Reino de España tuvo que administrar algunos territorios africanos a principios del siglo* XX. **7** Dar ‹un sacerdote› [un sacramento] a [una persona]: *El sacerdote le administró la eucaristía. Ha pedido que le administren la extremaunción.* **8** Dar ‹una persona› [golpes] [a otra]: *Le ha administrado una soberana paliza.*

administrativamente *adv. modo* **1** Por autoridad o procedimiento administrativo: *Este asunto debe resolverse administrativamente.* ‖ *adv. restrictivo* **2** Desde la perspectiva del arte o técnica de la administración: *Administrativamente, aquello fue un error gravísimo.* **3** Desde la perspectiva del derecho administrativo o de la organización administrativa: *Administrativamente, esa ley no tiene ni pies ni cabeza.* **4** En el aspecto administrativo, desde el punto de vista administrativo: *Administrativamente, es más importante Bruselas. Esta aldea depende administrativamente del pueblo que ves allí.* ‖ *adv. orac. restrictivo* **5** De acuerdo con los principios legales administrativos, si nos atenemos a las disposiciones administrativas: *Administrativamente, la razón la tienes tú.*

administrativo, va *adj.* **1** De la administración: *reforma administrativa.* **derecho* ~. recurso* contencioso ~. silencio* ~.** ‖ *s. m. / f.* **2** Persona que hace por profesión tareas administrativas en una oficina: *La administrativa de la secretaría está de vacaciones. Es administrativo del departamento de sanidad provincial.* **gestor* ~.**

admirable *adj.* (antepuesto / pospuesto) Que merece admiración: *¡Es admirable, realmente asombroso! Tras una admirable resistencia, mis tropas pasaron al ataque.*

admiración *s. f.* **1** Acción y resultado de admirar o admirarse: *Su inteligencia era la admiración de todos. La admiración puede ser el comienzo del amor.* **2** Sorpresa que causan una persona o una cosa: *Dijo que nos iba a causar admiración su traje de noche y acertó.* **3** LING. Signo ortográfico que se coloca al principio y al final de una oración exclamativa: *Los signos con que empieza y termina la frase «¡Vaya frío que hace!» son signos de admiración.*

admirar *v. tr. / prnl.* **1** Tener ‹una persona› respeto o estima [a una persona o una cosa destacable]: *Juan y Pilar **se** admiran.* **2** Causar ‹una persona o una cosa› sorpresa o extrañeza [a una persona]: *Me admira tu inocencia. **Me** admiro **de** tu paciencia.* SIN. sorprender(se), asombrar(se). **3** Mirar ‹una persona› [a otra persona o una cosa] con especial placer o gusto: *En México podremos admirar las hermosas pirámides precolombinas.*

admirativo, va *adj.* Que expresa admiración: *tono admirativo. Lo dijo mientras te lanzaba una mirada admirativa. Ha escrito frases muy admirativas sobre ti.*

admisible *adj.* Que se puede admitir o aceptar: *Hay propuestas admisibles y otras que no lo son, la tuya no lo es.* ANT. inadmisible.

admisión *s. f.* Acción y resultado de admitir: *Se abre el plazo de admisión de nuevos alumnos. Reservado el derecho de admisión. La admisión de originales para el concurso acaba a las doce.*

admitidamente *adv. restrictivo* Ciertamente: *Era yo, admitidamente, el responsable; pero tú estabas allí y no hiciste nada.* OBSERVACIONES: Es un anglicismo no recomendable.

admitir *v. tr.* **1** Dejar entrar ‹una persona› [a otra persona o a un animal] en [un lugar]: *Lo admitieron en la sala. Se admiten perros en este hotel.* **2** Dar ‹una persona› por buena [una cosa]: *Admito sus disculpas.* SIN. aceptar. **3** Ser ‹una persona› consciente de [una cosa]: *Admito **que** tienes razón. Admitiremos **que** nos hemos equivocado si nos lo demuestras.* **4** Tener ‹una persona› [a otra persona] por [una cosa]: *Lo admitieron **como** líder del grupo.* **5** Permitir ‹una cosa› [otra cosa]: *Ese pago admite aplazamiento. El problema no admite más pérdida de tiempo.* **6** Tener ‹una cosa› [una capacidad]: *Este taxi admite sólo cuatro viajeros.*

admonición *s. f.* ELEVADO. Advertencia que se hace a alguien para que no haga cierta cosa o corrija su conducta: *Las más severas admoniciones no consiguieron disuadirlo. De nada sirvieron admoniciones ni elogios.*

ADN (pronunciamos *'a-de-ene'*) *s. m.* Sigla de «ácido desoxirribonucleico» (en inglés *DNA*).

-ado, da *suf.* -do.

adobado, da *adj.* ARG., URUG.; COLOQUIAL. Que está borracho.

adobar *v. tr.* **1** Poner ‹una persona› [un alimento] en adobo para condimentarlo o conservarlo: *Adobó la pieza de lomo. Me gusta mucho la carne adobada.* **2** Aplicar ‹una persona› las sustancias adecuadas a [las pieles] para curtirlas: *En Salamanca adobaban muy bien las pieles.* **3** RESTRINGIDO. Arreglar o presentar ‹una persona› [una cosa] con habilidad o falsedad intencionadamente: *Consigue adobar su historia para que le creamos.*

adobe *s. m.* RESTRINGIDO. Masa de barro moldeada en forma de ladrillo que, sin cocer, secada al sol, se utilizaba en la construcción popular. FR. Y LOC. **hacer adobes con la cabeza** RESTRINGIDO, COLOQUIAL. Morir ‹una persona›: *Como no cambie, pronto estará haciendo adobes con la cabeza.*

adobo *s. m.* (no contable) Caldo o salsa, generalmente de aceite, vinagre, sal y especias, que sirve para sazonar o macerar alimentos, especialmente carnes y pescados: *carne **en** adobo, pescado **en** adobo.*

adocenar *v. tr./prnl.* Volver ‹una cosa› mediocre [a una persona]: *Algunos profesores **se** han adocenado con el paso de los años. La competencia adocena a nuestros diseñadores, en lugar de fomentar su actividad.*

adoctrinamiento *s. m.* Enseñanza organizada y reiterativa de una doctrina o de una ideología. *El mejor adoctrinamiento es el que se realiza en la familia. Hay que vigilar el adoctrinamiento de la juventud que llevan a cabo las sectas.*

adoctrinar *v. tr.* **1** Hacer ‹una persona› que [otra] adquiera un conocimiento: *Yo os adoctrinaré en los principios básicos de la escalada.* SIN. aleccionar. **2** frecuentemente PEYORATIVO. Decir ‹una persona› [a otra persona] cuál debe ser su comportamiento o su pensamiento: *De pequeño me adoctrinaron bien sobre cómo aprovechar el tiempo. Es peligroso que las sectas adoctrinen a los jóvenes.*

adolecer *v. intr.* **1** Tener ‹una persona o una cosa› [una cosa negativa]: *El presidente adolece **de** grandes defectos.* **2** Tener ‹una persona› [una enfermedad habitual]: *Adolezco **de** insomnio desde pequeño. Adolezco **de** faringitis desde hace muchos años.* ⇒ **5.**

adolescencia *s. f.* (no contable) Período de la vida de las personas que abarca desde la pubertad hasta el estado completo de madurez: *La adolescencia es una de las etapas más difíciles de la vida. En la adolescencia los jóvenes descubren cosas que no podían imaginar.*

adolescente *adj./s. m.* y *f.* **1** Que está en la adolescencia: *Tengo una hija adolescente y dos hijos ya mayores. Los adolescentes son personas inestables y generosas.* || *adj.* **2** De la adolescencia o de los adolescentes: *Tiene cuarenta años, pero una mentalidad muy adolescente.*

adonde (diferente de *adónde*) *adv. rel.* **1** Amalgama gráfica de *a* y *donde: La ciudad adonde ('a la que') me dirijo. Está en París, adonde ('lugar al cual') yo iré en breve. A donde ('al lugar al que') yo voy, vosotros no podéis venir. A donde ('en el lugar al que') yo voy, no hay bicicletas. Iré a donde tú me digas que vaya. Vamos a donde ('al mismo sitio que') vosotros.* OBSERVACIONES: En los ejemplos anteriores puede observarse que si se menciona el antecedente se escribe *adonde* y si no se menciona, *a donde.* **2** RESTRINGIDO. Donde, en el lugar en el que: *Me escondí adonde tú me indicaste.* **3** A casa de, al sitio de. *Ve adonde el tendero y págale. Voy un momento adonde Vicente.*

adónde (diferente de *adonde*) *adv. int.* **1** A qué lugar, a qué parte: *¿Adónde vas? No sabe adónde ir. Dile que adónde piensa ir.* OBSERVACIONES: Al contrario que *adonde*, sólo admite una grafía. **2** Dónde, en qué lugar: *¿Adónde los pusiste?* OBSERVACIONES: Es aconsejable reservar *adónde* para preguntar por la dirección o el destino.

adondequiera *adv. lug.* **1** A cualquier parte, a cualquier sitio: *Te seguiré adondequiera.* **2** RESTRINGIDO. Dondequiera, en cualquier sitio: *En Salamanca hay bares adondequiera.* OBSERVACIONES: Es preferible usar *dondequiera.* FR. Y LOC. **~ que** 1 A cualquier parte que, a cualquier sitio que: *Te seguiré adondequiera que vayas.* 2 RESTRINGIDO. Dondequiera que, en cualquier sitio que: *Déjalo adondequiera que encuentres una papelera.* OBSERVACIONES: Es preferible usar *dondequiera que.*

adonis (plural *adonis*) *s. m.* ELEVADO. Joven muy hermoso: *Tu hermano está hecho un adonis. Ese actor es un adonis.*

adopción *s. f.* **1** Acto regulado por la ley, con el que una persona reconoce como hijo a otra que no lo es biológicamente: *Se ha retrasado la adopción del niño porque faltan unos papeles.* **2** (no contable) Disposición u organización: *Es necesaria la adopción de medidas contra el paro. Debe decidirse la adopción de lo necesario para la ceremonia.* || FR. Y LOC. **de ~** Por decisión personal, no originariamente: *Es español de adopción. Soy argentina de adopción.*

adopcionismo *s. m.* (no contable) Doctrina de algunos cristianos primitivos que afirmaba que Cristo es sólo hijo adoptivo del Padre.

adopcionista *adj.* **1** Del adopcionismo: *tesis adopcionista.* **2** Que es partidario del adopcionismo: *escritos adopcionistas.*

adoptar *v. tr.* **1** Tomar ‹una persona› como descendiente [a otra persona que no lo es] legalmente: *Lo adoptó **como** hijo.* SIN. prohijar. **2** Adoptar ‹una persona› como propia [una cosa que no lo es]: *He adoptado la nacionalidad mexicana.* **3** Tomar ‹una persona› [una actitud o una resolución]: *Hemos adoptado la decisión de luchar contra el paro. Hemos adoptado nuevas medidas de seguridad.* **4** Tomar ‹una cosa› [el carácter o la forma de otra]: *Las estalactitas adoptan figuras de columnas de catedral.*

adoptivo, va *adj.* **1** Que es adoptado: *hijo adoptivo.* **2** Que adopta: *padre adoptivo, madre adoptiva.* **3** Que es considerado por una persona como propio sin serlo: *país adoptivo, nacionalidad adoptiva. Mi familia adoptiva es ésta.*

adoquín *s. m.* **1** Piedra rectangular utilizada para pavimentar una vía pública: *pavimento de adoquines, calzada de adoquines.* **2** COLOQUIAL; PEYORATIVO. Persona torpe y poco inteligente: *Es un adoquín. ¡Qué adoquín!, no entiende nada.*

adoquinado *s. m.* **1** Pavimento o suelo de adoquines: *El adoquinado de las calles se sustituye por el asfalto.* **2** Acción de adoquinar: *Actualmente no suele pensarse en el adoquinado de las calles, se asfaltan.*

adoquinar *v. tr.* Cubrir ‹una persona› el suelo de [una calle] con adoquines: *Antes adoquinaban las calles en lugar de asfaltarlas.* SIN. empedrar.

-ador *suf.* -dor.

adorable *adj.* (ser/estar; antepuesto/pospuesto) Que merece adoración, o que provoca simpatía o cariño: *Echo de menos su adorable sonrisa. Estás adorable con ese vestido y ese sombrero nuevos. Tiene una expresión y unos gestos adorables. ¡Es sencillamente adorable!*

adorar *v. tr.* **1** Dar ‹una persona› culto [a un ser o a un objeto al que se le atribuye carácter divino]: *Adora a Dios **en** sus criaturas. Los cristianos adoran a Dios **sobre** todas las cosas. En algunos pueblos se adoraba al Sol o a la Luna.* **2** Sentir ‹una persona› un gran cariño o afición por [una persona, un animal o una cosa]: *Adora a su perro. Adoro las matemáticas. Adoro la paella valenciana. Adoro pasear.*

adoratriz *s. f.* Monja de la congregación de las Esclavas del Santísimo Sacramento fundada para la educación de las jóvenes.

adormecer *v. tr.* **1** Producir ‹una cosa› sueño [a una persona o un animal]: *La televisión nos adormece a mi perro y a mí.* SIN. adormilar. **2** Quitar ‹una cosa› fuerza a [otra cosa]: *Este medicamento adormece los sentidos. Te adormecen las tonterías que te cuenta tu tío.* || *v. prnl.* **3** Empezar a dormirse ‹una persona o un animal›: *Me he adormecido, no quiero salir de casa.* SIN. adormilarse. **4** Perder ‹una cosa› fuerza: *Parece que los efectos de la devaluación se notan menos y se están adormeciendo. La industria de la construcción está adormecida hace tiempo.* **5** Perder ‹una parte del cuerpo› movimiento y sensibilidad: *Se me adormecen las piernas de tanto estar sentado.* SIN. entume-cerse. ⇒ **5.**

adormecimiento *s. m.* **1** Sensación de sueño o sueño ligero: *Me entra un adormecimiento muy agradable después de comer.* **2** Pérdida o disminución de la fuerza, de la sensibilidad o de los efectos de alguna cosa o persona: *Tiene un adormecimiento intelectual muy peligroso. El adormecimiento afectivo es normal en estas condiciones. Noto un adormecimiento del dolor con esa medicina.*

adormidera *s. f.* **1** *Papaver somniferum.* Planta papaverácea, con hojas en la parte baja del tallo, flores grandes y fruto en cápsula del que se extrae el opio. **2** Fruto de las adormideras.

adormilarse *v. prnl.* Empezar a dormirse o dormirse a medias ‹una persona o un animal›: *Se estaba adormilando. Después de comer siempre me adormilo.* SIN. adormecerse.

adornar *v. tr./prnl.* **1** Dar ‹una persona o una cosa› belleza [a una persona o una cosa] con [adornos]: *Adornó la casa **con** tapices. **Se** adornó el pelo **con** flores.* || *v. tr./intr.* **2** Servir ‹una cosa› como adorno de [otra]: *Las flores adornan mucho.* || *v. tr.* **3** Proporcionar ‹una cosa› [una cosa positiva] [a una persona]: *La naturaleza la adornó **con** muchas virtudes. Lo adornan una buena educación y una elegancia natural.*

adorno *s. m.* **1** Aquello que se pone para embellecer o mejorar una cosa o persona: *Tengo que comprar los adornos de Navidad. Lleva una cinta de adorno en la cabeza. Le he comprado un adorno para la mesa.* **2** TAUROM. Lance con que el torero remata un pase. FR. Y LOC. **de ~** Que no cumple una función o que no sirve para nada concreto: *Esa secretaria debe de estar de adorno, porque no hace nada. Deben de tener el teléfono de adorno porque no llaman a nadie.*

adosado, da *adj./s. m.* [Vivienda] que es individual y comparte con otras alguna pared lateral: *casa adosada, una urbanización de adosados.* **chalé ~.**

adosar *v. tr.* Poner ‹una persona› [una cosa] junto [a otra cosa que le sirve de apoyo]: *Adosó la estantería **al** armario. Si no está la cama adosada **a** la pared no puedo dormir.*

adquirir *v. tr.* **1** Llegar a tener ‹una persona› [una cosa]: *Ha adquirido una gran fortuna. He adquirido la buena costumbre de pasear tdespués de comer.* **2** Comprar ‹una persona› [una cosa] [a otra persona]: *Tu vecino adquirió nuestra casa. Acabo de adquirir una moto de segunda mano.* ⇒ **4.**

adquisición *s. f.* **1** (no contable) Compra de una cosa: *La adquisición de la finca era su único objetivo.* **2** Cosa adquirida: *Su casa está llena de las adquisiciones hechas en sus viajes.* **3** (no contable) COLOQUIAL. Persona contratada o cosa comprada recientemente, que se valora positiva o negativamente: *La cocinera es una magnífica adquisición. Este licenciado es una estupenda adquisición para el departamento. El coche no ha sido una buena adquisición, gasta mucho.*

adquisitivamente *adv. restrictivo* Desde el punto de vista del poder adquisitivo: *Adquisitivamente, la situación es peor aquí.*

adquisitivo, va *adj.* Que sirve para adquirir: *Ha crecido nuestra capacidad adquisitiva global.* **poder* ~.**

adrede *adv. modo* preferentemente PEYORATIVO. A propósito, con toda la intención, con plena voluntad: *Disculpe usted, pero no lo he hecho adrede. –«Te ha insultado sin darse cuenta.» –«Yo creo que lo ha hecho adrede.»*

adredemente *adv. modo* RESTRINGIDO. Adrede, intencionadamente: *Lo habían ubicado allí adredemente.*

adrenalina *s. f.* **1** (no contable) Hormona responsable de las reacciones del organismo ante la tensión. **2** COLOQUIAL. Tensión, nerviosismo: *Descarga la adrenalina corriendo y no chillándome. Pone mucha adrenalina en todo lo que hace.*

adriático, ca *adj.* Del mar Adriático: *La ciudad de Rávena está situada en la costa adriática.*

adscribir *v. tr.* **1** Destinar ‹una persona› [una cosa] a [otra persona]: *Han adscrito el nuevo caso **al** juzgado número ocho. La directora ha adscrito una cantidad importante de dinero **a** nuestra sección para comprar libros.* **2** Destinar ‹una persona› [a otra persona] a un servicio determinado: *Me han adscrito **a** la secretaría de la biblioteca. En enero adscribieron a cinco nuevos policías **a** la brigada anticorrupción.* || *v. tr. / prnl.* **3** Considerar ‹una persona› [a otra persona] como integrante de un grupo ideológico o de trabajo: *Lo adscribían **entre** los anarquistas. **Me** adscribí **al** positivismo desde que empecé a investigar.* ⇒ **91.**

adscripción *s. f.* **1** Agregación a un servicio: *La adscripción de los refuerzos no tardará.* **2** Catalogación, clasificación en una ideología o grupo: *La adscripción de este escritor **entre** los idealistas no ofrece duda.*

adscrito, ta *p.* Participio irregular de *adscribir.*

adsorber (diferente de *absorber*) *v. tr.* Atraer y retener ‹un cuerpo› [otro cuerpo, líquido o gaseoso] en su superficie.

adstrato *s. m.* LING. Lengua o dialecto que, en un momento dado, influye en otro vecino con el que está en contacto: *el adstrato catalán del español, el adstrato portugués del andaluz.*

aduana *s. f.* **1** Oficina pública del Estado, establecida en las fronteras o puntos de contacto directo con el exterior: *la aduana del aeropuerto. Al llegar a Francia tuvo que pasar por la aduana.* **2** Aranceles o derechos que se pagan a estas oficinas por determinadas mercancías: *La aduana sube al quince por ciento de la mercancía.* FR. Y LOC. **despachante de ~.**

aduanero, ra *adj.* **1** De la aduana: *política aduanera. La nueva legislación implica un endurecimiento de los controles aduaneros.* || *adj. / s. m.* y *f.* **2** Persona que es funcionaria del cuerpo de la administración o de la policía de aduanas: *Mi padre fue aduanero. Se ha casado con un aduanero del puerto.*

aducción *s. f.* (no contable) Movimiento que acerca un miembro al plano imaginario que divide el cuerpo en dos mitades simétricas: *el movimiento de aducción del brazo.* ANT. abducción.

aducir *v. tr.* Dar ‹una persona› [una razón o un motivo] como prueba o justificación de [una cosa]: *Aduce su corta edad **en** su defensa. Aduce que estaba borracho **como** atenuante.* SIN. alegar. ⇒ **27.**

aductor *adj. / s. m.* [Músculo] que acerca un miembro al eje central del cuerpo: *El futbolista ha tenido una lesión de los aductores de la pierna izquierda.* **músculo ~.**

adueñarse *v. prnl.* **1** Hacerse ‹una persona› dueña de [una cosa]: *Se adueñó **de** las tierras de su vecino.* SIN. apoderarse. **2** Hacerse ‹una persona o una cosa› dominante en [una persona]: *El pánico se adueñó **de** ellos. La madre se ha adueñado **del** hijo y éste no hace nada sin consultarla.* SIN. apoderarse.

adulación *s. f.* Acción y resultado de adular a una persona: *Es difícil rechazar la adulación de nuestros subordinados. La adulación que practican los enemigos es un peligroso veneno para el adulado.*

adulador, ra *adj. / s. m.* y *f.* Que adula: *La nota era muy aduladora. Es un adulador y por eso gusta a las señoras.*

adular *v. tr.* Alabar ‹una persona› [a otra persona] excesiva e interesadamente: *Adula a sus jefes para conseguir un ascenso. Me adulas con esas opiniones, pero creo que exageras.* SIN. lisonjear.

adulteración *s. f.* **1** Alteración negativa de las cualidades o virtudes de algo: *La adulteración de los alimentos merece un castigo ejemplar. El joven murió por adulteración de la droga.* **2** Alteración o manipulación de una verdad o de una información: *Acusaron a la empresa estadística de adulteración de los porcentajes de audiencia.*

adulterar *v. tr.* **1** Alterar ‹una persona o una cosa› la pureza de [una cosa] añadiendo [otras cosas]: *Adulteraron los alimentos **con** conservantes no autorizados.* **2** Alterar ‹una persona› el sentido de [una cosa]: *Adulteraron el contenido de la noticia. Lo acusan de adulterar frecuentemente los informes que le escriben al jefe.* SIN. falsificar. || *v. prnl.* **3** Alterarse el sentido de ‹una cosa›: *La verdad se adultera, a veces, con el paso del tiempo.*

adulterino, na *adj.* ELEVADO. Del adulterio o que procede de él: *hijo adulterino.*

adulterio *s. m.* Relación sexual voluntaria entre una persona casada y otra que no es su cónyuge: *El adulterio probado es causa de separación legal.*

adúltero, ra *adj. / s. m.* y *f.* **1** Que practica el adulterio: *La Biblia dice que los adúlteros no verán la casa de Dios. La mujer adúltera está peor considerada en nuestra sociedad que el hombre adúltero.* || *adj.* **2** Del adulterio: *Ana y Juan mantienen una relación adúltera.*

adulto, ta *adj. / s. m.* y *f.* **1** Que ha alcanzado su mayor grado de desarrollo o perfección: *una sociedad adulta. Nuestra empresa demuestra con estos contratos que es adulta.* **2** [Animal] que tiene plena capacidad reproductora: *Éste es un gato ya adulto. Es un perro adulto, está bien educado y no molesta a nadie.* **3** [Persona] que ha alcanzado su máximo desarrollo físico y psíquico: *Es un adulto, ya ha dejado la adolescencia hace tiempo.* || **4 edad* adulta.**

-adura *suf.* -dura.

adustez *s. f.* (no contable) ELEVADO. Severidad o seriedad de la persona que no es amable ni alegre: *No tiene que ser amable, pero tampoco debe tratarnos con adustez.*

adusto, ta *adj.* **1** Que es muy serio y poco amable: *un gesto adusto, una persona adusta, una mirada adusta.* **2** Que no es alegre o llamativo: *una decoración adusta. Es un paisaje adusto, sin árboles ni agua.*

advenedizo, za *adj. / s. m.* y *f.* Que alcanza una posición social o un cargo que no le corresponde: *No ha conseguido integrarse bien porque la consideran una advenediza. Aunque ha hecho dinero, está aislado porque para la burguesía urbana es un advenedizo. Es una advenediza, pero está llevando muy bien el negocio.*

advenimiento *s. m.* **1** (no contable) ELEVADO. Llegada, especialmente de un acontecimiento importante o un período histórico: *Fue un personaje clave para el advenimiento de la democracia.* SIN. venida. **2** RESTRINGIDO. Elevación al trono de un rey o un papa: *Ese hecho ocurrió el mismo año del advenimiento del rey.* FR. Y LOC. **esperar el santo ~** Se usa para indicar que en algunos momentos una espera larga es también inútil: *Me voy a casa, porque no llegan y no voy a* *quedarme aquí esperando el santo advenimiento. Cuando llegó el último avión nos fuimos a dormir, porque no tenía sentido estar esperando el santo advenimiento.*

adventicio, cia *adj.* **1** RESTRINGIDO. Que sucede ocasionalmente o por accidente: *Ésas son situaciones adventicias que no suelen producirse en esta empresa.* **2** BIOL. [Órgano] que se desarrolla ocasionalmente o en un sitio distinto del normal: *raíces adventicias.*

adventismo *s. m.* (no contable) REL. Doctrina cristiana que anuncia la próxima venida de Cristo y el establecimiento de su reino en la Tierra.

adventista *adj.* **1** Del adventismo: *doctrina adventista.* ‖ *s. m./f.* **2** Persona que es partidaria del adventismo.

adverbial *adj.* **1** Del adverbio: *funciones adverbiales, posición adverbial.* **2** [Oración, sintagma, locución] que hace la función de un adverbio o tiene sus características: *expresión adverbial, oración adverbial.*

adverbializar *v. tr.* **1** GRAM. Dar ‹una persona› valor o función de adverbio a [una palabra o una expresión]: *Con frecuencia adverbializamos el adjetivo en castellano.* ‖ *v. prnl.* **2** GRAM. Convertirse ‹una expresión› en un adverbio: *«Alto» se adverbializa en la frase «Habla alto».* ⇒ **19.**

adverbio *s. m.* Clase de palabra que modifica al verbo, al adjetivo, a otro adverbio o a una oración completa. **~ de cantidad. ~ de lugar. ~ de modo. ~ de tiempo. ~ exclamativo. ~ interrogativo. ~ nocional. ~ oracional. ~ relativo. ~ restrictivo.**

adversario, ria *adj./s. m.* y *f.* **1** Persona enemiga, contraria a otra o que compite con ella: *El boxeador más joven ha sido derribado por su adversario. Son nuestras adversarias en el debate. Es una adversaria temible en el partido de tenis.* ‖ *s. m.* **2** (no contable) Conjunto o grupo de personas contrarias o enemigas: *Los jugadores bolivianos constituyen un adversario fuerte y no podemos confiarnos. El adversario se ha desplegado en el frente sur y pueden ya distinguirse cientos de tanques en las colinas que rodean la ciudad.*

adversativo, va *adj.* **1** Que implica oposición de significado: *sentido adversativo.* **2** GRAM. [Proposición, oración] que expresa idea de oposición o contrariedad: *En la oración «Le gustaría ir al cine, pero no tiene dinero», la proposición «pero no tiene dinero» es adversativa.* **3** GRAM. [Conjunción] que sirve de nexo en oraciones adversativas.

adversidad *s. f.* **1** Dificultad, situación difícil: *Se supera en las adversidades.* **2** (no contable) Mala suerte: *Nunca he tenido la suerte de cara, siempre he tenido que luchar contra la adversidad.* **3** (no contable) Cualidad de las cosas que no son favorables: *La adversidad de la situación política aconsejó al presidente del Gobierno abandonar las vacaciones.*

adverso, sa *adj.* Que causa algún perjuicio o va contra lo que se desea: *actitud adversa **a** sus intenciones, sucesos adversos, suerte adversa. Ha obtenido un resultado adverso en su examen.*

advertencia *s. f.* **1** Información verbal o escrita que se da a alguien para que regule su comportamiento: *La dirección ha publicado una advertencia en el tablón de anuncios para avisar a los trabajadores de su cierre el lunes próximo. Haz caso de las advertencias de los profesores. El accidente debía servirte de advertencia para ir más despacio con la moto.* **2** (no contable) ELEVADO. Capacidad de darse cuenta de algo: *No se le puede exigir mucha advertencia a su edad.*

advertidamente *adv. modo* RESTRINGIDO. Con advertencia, con conocimiento, a sabiendas: *Rompió la bicicleta advertidamente para fastidiarnos.*

advertido, da *adj.* **1** RESTRINGIDO. Que está preparado o es especialista en una materia: *Es un médico advertido, te tratará muy bien.* **2** RESTRINGIDO. Que es prudente o listo: *Es una chica advertida, no comete errores.*

advertir *v. tr.* **1** Darse ‹una persona o un animal› cuenta de [una cosa]: *El perro advirtió la presencia del ladrón. Entonces advertí que el coche perdía aceite.* SIN. notar. **2** Decir ‹una persona› a [otra persona] [una cosa] con el deseo de persuadir o amenazar: *Te advierto que se está acabando mi paciencia. Acepto ir a cenar contigo, pero te advierto que quiero estar en casa pronto.* ‖ *v. tr./intr.* **3** Hacer ver ‹una persona o una cosa› [una cosa] [a una persona]: *Las señales de tráfico advertían **de** la presencia de animales sueltos. El arquitecto me advirtió **del** peligro que supone levantar una habitación en la azotea.* SIN. avisar. ⇒ **75.**

adviento *s. m.* Tiempo de la liturgia cristiana que comprende las cuatro semanas anteriores a la Navidad y son la preparación al nacimiento de Jesús: *domingo de adviento.*

advocación *s. f.* **1** REL. Denominación que se da a un templo, capilla o altar en relación con el personaje o acontecimiento sagrado al que están dedicados: *La iglesia se puso bajo la advocación de San Juan. La catedral de Zaragoza está bajo la advocación de la Virgen del Pilar.* **2** REL. Cada uno de los nombres y representaciones con que los cristianos veneran a la Virgen: *Allí se venera a la Virgen bajo la advocación de Nuestra Señora de Guadalupe.*

adyacencia *s. f.* ELEVADO. Proximidad o contigüidad física: *No se permite la adyacencia de dos establecimientos de este tipo.*

adyacente *adj.* **1** Que está situado en las cercanías o proximidades de otra cosa: *calle adyacente, casa adyacente.* **2** GRAM. [Palabra, construcción] que modifica el núcleo de otra: *En «perro que ladra», «que ladra» es una frase adyacente de «perro».* **3** GEOM. [Ángulo] que tiene el mismo vértice que otro y un lado común con él: *Los ángulos adyacentes tienen unas propiedades muy características.* **ángulo ~.**

AEB (pronunciamos *'a-e-be'*) *s. f.* Sigla de «Asociación Española de la Banca privada».

AEE (pronunciamos *'a-e-e'*) *s. f.* Sigla de «Agencia Española del Espacio» (en inglés *ESA*).

aeración *s. f.* Ventilación, suministro de aire: *Mantenga al descubierto la rejilla de aeración del ordenador. No conviene bloquear los conductos de aeración de la tele.*

aéreo, a *adj.* **1** Del aire: *un globo aéreo.* **transporte ~ / marítimo / terrestre.** **2** Que está o sucede en el aire o desde el aire: *acrobacia aérea, fotografía aérea.* **perspectiva* aérea.** **3** BIOL. [Animal, planta] que vive en contacto con el aire: *raíz aérea.* **4** Que tiene relación con la aviación o con los aviones: *fuego aéreo, combate aéreo, competencia aérea, división aérea.* **controlador* ~. espacio* ~. línea* aérea. navegación* aérea. región aérea.** ‖ **5 puente* ~.**

aeróbic *s. m.* DEP. Modalidad de gimnasia rítmica que estimula la actividad respiratoria mediante ejercicios con música: *profesora de aeróbic, clase de aeróbic, hacer aeróbic. Los viernes tengo aeróbic.*

aerobio, bia *adj./s. m.* y *f.* [Organismo] que necesita respirar oxígeno para vivir: *microbio aerobio.*

aerobús *s. m.* Avión de pasajeros muy grande fabricado por un grupo de compañías europeas: *un aerobús de trescientos pasajeros.*

aeroclub (plural *aeroclubs* o *aeroclubes*) *s. m.* **1** Centro de asociación e instrucción de pilotos de aviación civil o deportiva y de otros deportes aéreos: *Practican vuelo sin motor y paracaidismo en su aeroclub.* **2** Instalaciones y aeródromo de este centro: *Ayer consiguió aterrizar una avioneta averiada en nuestro aeroclub.*

aerodeslizador *s. m.* Vehículo que se desliza por agua y por tierra sobre un colchón de aire.

aerodinámica *s. f.* **1** FÍS. Parte de la física que estudia el comportamiento de los cuerpos en movimiento: *Es una gran especialista en aerodinámica.* **2** COLOQUIAL. Forma de un vehículo que ofrece en su movimiento la mínima resistencia al aire: *La aerodinámica de este modelo de moto es muy buena.*

aerodinámico, ca *adj.* **1** De la aerodinámica: *estudios aerodinámicos.* **2** Que tiene una forma adecuada para disminuir la resistencia del aire: *vehículo aerodinámico. El casco aerodinámico permite a los ciclistas rebajar sus tiempos en las pruebas contra reloj.* **perfil ~.**

aeródromo *s. m.* Terreno preparado para la salida y llegada de aviones: *En las selvas algunos contrabandistas disponen de aeródromos clandestinos. Están construyendo un aeródromo militar en ese valle.*

aeroespacial *adj.* De la aviación y la aeronáutica: *La investigación aeroespacial se ha desarrollado espectacularmente en los últimos años.*

aerofagia *s. f.* (no contable) MED. Acción de tragar aire en exceso, generalmente de una manera involuntaria, causa de molestias digestivas: *Como el niño mama rápido y tiene aerofagia, hay que esperar a que eche el aire antes de acostarlo en la cuna.*

aerofaro *s. m.* TECNOL. Dispositivo luminoso o de radio que se coloca en los aeropuertos para orientar a los aviones cuando aterrizan de noche o con poca visibilidad.

aerofotografía *s. f.* Fotografía tomada desde un vehículo aéreo.

aerofreno *s. m.* Parte del avión situada en el fuselaje o en el interior de las alas que se eleva hacia afuera para ayudar a frenar el aparato.

aerografía *s. f.* **1** Dibujo hecho con un aerógrafo. **2** RESTRINGIDO. Ciencia que trata de la descripción del aire.

aerógrafo *s. m.* Instrumento que lanza pintura pulverizada a presión, muy utilizado en trabajos de dibujo y diseño gráfico.

aerolínea *s. f.* (preferentemente en plural) Compañía de transporte aéreo: *Viajó a Buenos Aires en Aerolíneas Argentinas.*

aerolito *s. m.* ASTRON. Meteorito de composición pétrea o rocosa.

aerómetro *s. m.* FÍS. Instrumento que sirve para medir las propiedades físicas de los gases.

aeromodelismo *s. m.* (no contable) Deporte y actividad que consiste en construir y probar maquetas de aviones: *club de aeromodelismo.*

aeromodelista *adj.* **1** Del aeromodelismo: *material aeromodelista.* ‖ *s. m./f.* **2** Persona que practica el aeromodelismo.

aeromodelo *s. m.* **1** Avión a escala reducida que se emplea en vuelos experimentales. **2** Maqueta de aeromodelismo.

aeromotor *s. m.* Motor que funciona mediante la fuerza del aire en movimiento.

aeromoza *s. f.* AMÉR. Azafata de líneas aéreas.

aeronauta *s. m./f.* Piloto o tripulante de un vehículo aéreo, especialmente de una nave espacial: *Es la primera aeronauta de la historia.*

aeronáutica *s. f.* **1** (no contable) Ciencia que estudia la navegación aérea. **2** (no contable) Conjunto de medios, personal y servicios destinados al transporte aéreo: *la aeronáutica civil, la aeronáutica militar, la modernización de la aeronáutica.*

aeronáutico, ca *adj.* De la aeronáutica o navegación aérea: *industria aeronáutica, ingeniero aeronáutico.*

aeronaval *adj.* De la aviación y la marina: *batalla aeronaval. Una fuerza aeronaval se dirige a la zona del conflicto.*

aeronave *s. f.* Aparato de navegación aérea: *Un avión o un globo son aeronaves.*

aeronavegación *s. f.* AER. (no contable) Navegación aérea: *La aeronavegación recibió un fuerte impulso durante la Segunda Guerra Mundial.*

aeroplano *s. m.* Avión de motores que no son reactores: *Se estrelló un aeroplano y murieron sus dos ocupantes.*

aeropostal *adj.* Del correo aéreo: *compañía aeropostal.*

aeropuerto *s. m.* Lugar con pistas e instalaciones para el tráfico de aviones.

aerosol *s. m.* **1** (no contable) Suspensión en un gas de pequeñas partículas de un líquido o de un sólido. **2** Líquido almacenado a presión en un envase que puede lanzarse al exterior pulverizado: *Me gusta más usar esta medicina en aerosol.* **3** Envase que contiene un líquido almacenado a presión: *Déme dos aerosoles de ese antirreumático. A veces los aerosoles pueden explotar.*

aerostática *s. f.* (no contable) Parte de la física que estudia la relación entre los gases y los cuerpos sumergidos en ellos.

aerostático, ca *adj.* De la aerostática: *navegación aerostática.* **globo* aerostático.**

aerostato o **aeróstato** *s. m.* Aeronave que puede volar gracias a un compartimento lleno de un gas menos pesado que el aire: *Los dirigibles y los globos son aeróstatos.*

aerotaxi *s. m.* Avión pequeño que se alquila para uso privado.

aeroterrestre *adj.* MIL. Que combina fuerzas militares aéreas y terrestres: *operación aeroterrestre, unidad aeroterrestre.*

aerotransportado, da *adj.* MIL. Que está preparado para ser transportado por aire al lugar donde deba intervenir: *división aerotransportada, batallón aerotransportado.*

aerotransportar *v. tr.* Transportar ‹una persona› [una cosa] por vía aérea.

aerotrén *s. m.* Tren que se mueve mediante un colchón de aire por una vía especial.

aerovía *s. f.* Ruta para el vuelo de aviones comerciales.

afable *adj.* (ser/estar) Que trata a los demás con agrado, amabilidad o afecto: *No sé contigo, pero* ***con*** *nosotras estuvo muy afable. Es muy afable* ***en*** *el trato con los amigos. Nuestra editora es muy afable.*

afamado, da *adj.* (antepuesto / pospuesto) Que tiene fama: *Es una actriz afamada. Es un afamado escritor.*

afán *s. m.* **1** Deseo intenso, anhelo: *Su gran afán es ser una estrella de cine.* **2** Esfuerzo e interés con que se hace algo: *Pone mucho afán en el estudio.* SIN. empeño. **3** (preferentemente en plural) Actividad excesiva o penosa: *los afanes de la vida. Pasamos tantos afanes en la vida para acabar al final en la sepultura.* SIN. penalidad, fatiga.

afanador, ra *s. m. / f.* MÉX.; COLOQUIAL. Persona contratada para limpiar.

afanar *v. tr.* **1** COLOQUIAL. Robar ‹una persona› [una cosa] con habilidad: *Me han afanado el bolso en el mercado.* SIN. hurtar. **2** PERÚ; JERGAL. Conquistar ‹un hombre› [a una mujer]. || *v. prnl.* **3** Poner ‹una persona› mucho afán en [una cosa]: *Se afanaba* ***en*** *el trabajo. Se afanó* ***por*** *triunfar.* SIN. esforzarse.

afanoso, sa *adj.* **1** Que se afana o esfuerza, o que trabaja con afán o empeño: *Es un jugador afanoso y, a pesar de no tener muchas aptitudes, conseguirá ser titular.* **2** (antepuesto / pospuesto) Que cuesta o implica mucho trabajo: *Después de una afanosa lucha lo conseguimos. Fue un debate afanoso que finalmente dio resultados.*

afarolarse *v. prnl.* **1** CHILE; COLOQUIAL. Estar ‹una persona› un poco bebida, con unas copas de más. **2** PERÚ. Exaltarse. || *v. tr.* **3** RESTRINGIDO. Dar ‹una persona› forma de farol a [una prenda de vestir o parte de ella]: *Mi madre me ha afarolado las mangas del vestido.*

afasia *s. f.* (no contable) MED. Dificultad para expresar o comprender el lenguaje debida a una enfermedad cerebral: *Los estudios de las afasias nos enseñan muchas cosas sobre el lenguaje humano.*

afear *v. tr.* **1** Poner ‹una cosa› fea [a una persona o una cosa]: *Ese peinado no te favorece, yo diría que te afea. La falda corta te afea el tipo.* **2** Dirigir ‹una persona› reproches a [otra] por [una cosa]: *Le afeó su comportamiento. Nos han afeado nuestro desinterés.* SIN. reprochar. || *v. prnl.* **3** Ponerse ‹una persona o una cosa› fea: *Este niño se afea con los años. Con el tiempo este barniz se afea.*

afección *s. f.* **1** ELEVADO. Enfermedad del organismo: *Sufre diferentes afecciones. Ha padecido una afección intestinal, pero ya está bien.* **2** (no contable) ELEVADO. Actitud de apoyar o defender a una persona o doctrina: *Su afección* ***a*** *la causa revolucionaria motivó su encarcelamiento.*

afectación *s. f.* (no contable) Falta de naturalidad en la manera de hablar o de comportarse: *El orador gesticulaba con afectación. Se hace desagradable porque habla siempre con afectación.* ANT. sencillez.

afectado, da *adj.* **1** (antepuesto / pospuesto) Que no es natural ni espontáneo: *unos gestos afectados. Tiene un afectado modo de hablar.* **2** Que es fingido o aparente: *Siempre se presenta con su despiste afectado. Muestra un arrepentimiento afectado, no te fíes de él.*

afectar *v. tr.* **1** Ser ‹una cosa› aplicable [a una persona, a un animal o a una cosa]: *La medida afecta a los pensionistas. Las decisiones de la junta no nos afectan.* SIN. incumbir, atañer. **2** Mostrar ‹una persona› [una actitud o una característica que no le es propia]: *Le gusta afectar una tranquilidad que no tiene.* SIN. aparentar. **3** Hacer creer ‹una persona› [una cosa que no es verdad]: *Afectó desconocimiento de la ley.* **4** Causar ‹una cosa› una impresión dolorosa [a una persona]: *El suceso la afectó considerablemente.* **5** Destinar ‹una persona› [una cantidad de dinero] a un fin público o privado. || *v. tr. / intr.* **6** Tener ‹una cosa› un efecto negativo para [una persona, un animal o una cosa]: *Esta enfermedad sólo afecta* ***a*** *los cachorros. La crisis económica afecta más* ***a*** *los países pobres. El calor afecta mucho* ***a*** *los alimentos frescos. El ruido intenso afecta* ***a*** *la capacidad auditiva.* || *v. prnl.* **7** Sentirse ‹una persona› dolorosamente impresionada: *Se afectó mucho con la muerte de su padre.*

afectísimamente *adv. modo* RESTRINGIDO, ADMINISTRATIVO. Con muchísimo afecto: *Afectísimamente, su amigo y admirador Juan Gómez.*

afectísimo, ma *adj.* (su abreviatura es *afmo., ma.* o *affmo., ma.*) Se utiliza en las cartas como fórmula de despedida: *Suyo afectísimo, J.G. Suya affma., P.P.*

afectivamente *adv. restrictivo* **1** En lo afectivo, por el lado del afecto: *Está afectivamente vinculado a Salamanca.* **2** En el aspecto de la sensibilidad, emocionalmente: *Afectivamente, es persona poco equilibrada.*

afectividad *s. f.* **1** Afecto, emoción: *Sus gestos manifiestan una gran afectividad.* **2** PSICOL. Conjunto de los hechos psíquicos del individuo que implican placer y dolor: *Es un hombre de una afectividad desequilibrada.*

afectivo, va *adj.* **1** Que tiene relación con los sentimientos o emociones: *reacción afectiva.* **2** Que se emociona con facilidad: *Es muy afectiva y llora con cualquier cosa.* SIN. emotivo. **3** (antepuesto / pospuesto) Que expresa afecto o cariño: *Nos dirigió una afectiva sonrisa. Se despidió con un gesto muy afectivo.* SIN. afectuoso.

afecto, ta *adj.* **1** ELEVADO. Que es partidario de una idea, persona o cosa: *Eran afectos* ***a*** *los nuevos colaboradores. Es muy afecto* ***a*** *las nuevas ideas artísticas.* SIN. adepto, adicto. **2** ADMINISTRATIVO. Que está destinado a trabajar en un determinado lugar: *afecto* ***al*** *departamento de personal.* **3** ADMINISTRATIVO. [Finca, renta] que está sujeta a una determinada obligación: *Estas tierras están afectas* ***al*** *pago de unos impuestos.* || *s. m.* **4** Cariño o simpatía hacia alguien o algo: *Le tengo mucho afecto a mi tío. Le tengo afecto a este reloj.* SIN. apego, aprecio. ANT. antipatía. **5** Cualquier estado de ánimo, sentimiento o emoción: *los afectos del espíritu.*

afectuoso, sa *adj.* (ser / estar; antepuesto / pospuesto) Que siente o muestra afecto o cariño: *En su visita estuvo muy afectuoso con todos los enfermos. Sin más que decirte, me despido con un saludo afectuoso. Con un afectuoso abrazo, se despide J.J. Es afectuosa con la familia.*

afeitadamente *adv. modo* ELEVADO, RESTRINGIDO. Con adorno y pulimento: *Escribe afeitadamente.*

afeitado *s. m.* **1** Corte del pelo del cuerpo, sobre todo del de la cara, a ras de piel: *Le gusta el afeitado de la barbería.* **2** TAUROM. Corte de los extremos de los cuernos de los toros para que resulte menos peligrosa su embestida: *El afeitado de los toros de las corridas está prohibido.*

afeitadora *s. f.* Máquina de afeitar eléctrica.

afeitar *v. tr. / prnl.* **1** Cortar ‹una persona› el pelo de [una parte del cuerpo, preferentemente de la cara de un hombre] a ras de piel: ***Me*** *afeito todas las mañanas.* **brocha de ~. hoja* de ~. máquina de ~. navaja* de ~.** || *v. tr.* **2** TAUROM. Cortar ‹una persona› la punta de los cuernos de [un toro de lidia]: *El ganadero jura que en su finca nunca afeitan los toros.* **3** COLOQUIAL, RESTRINGIDO. Pasar un vehículo o un objeto peligroso que va por el aire muy cerca de una persona: *Cuidado, casi te afeita el motorista. Me tiró un cuchillo y casi me afeita.*

afeite *s. m.* **1** (preferentemente en plural) RESTRINGIDO. Cosmético: *Parece una máscara, va con un dedo de afeites.* **2** (no contable) RESTRINGIDO. Acicalamiento de una persona.

afelio *s. m.* ASTRON. Punto más distante del Sol en la órbita de un planeta.

afelpado, da *adj.* Que es parecido a la felpa o que está forrado de felpa: *tejido afelpado, camiseta afelpada.*

afelpar *v. tr.* **1** RESTRINGIDO. Dar ‹una persona o una cosa› el aspecto de la felpa a [una cosa]: *Es un fabricante que afelpa muy bien las telas.* **2** RESTRINGIDO. Cubrir ‹una persona› [una cosa] con felpa: *Está de moda afelpar las camisetas de montaña. Me gusta la ropa afelpada en el invierno.*

afeminado, da *adj. / s. m.* **1** [Hombre] que tiene caracteres físicos o psicológicos atribuidos tradicionalmente a las mujeres: *Es un autor algo afeminado.* || *adj.* **2** Que tiene rasgos atribuidos tradicionalmente a las mujeres: *un rostro afeminado. Su voz es afeminada. Tiene gestos afeminados.*

afeminamiento *s. m.* (no contable) Utilización por parte de un hombre de caracteres atribuidos tradicionalmente a las mujeres: *No oculta el afeminamiento de sus andares.*

afeminar *v. tr. / prnl.* Hacer ‹una persona o una cosa› que [un hombre adquiera rasgos tradicionalmente atribuidos a las mujeres]: ***Se*** *ha afeminado trabajando siempre entre mujeres. Lo afeminan las manías de su madre.*

afer *s. m.* Affaire.

aferente *adj.* ANAT. [Órgano] que transmite sustancias o impulsos desde una parte periférica del organismo a otra central: *vaso aferente, nervio aferente.*

aféresis (plural *aféresis*) *s. f.* GRAM. Supresión de uno o varios fonemas al comienzo de una palabra: *«Bus» es la aféresis de «autobús».*

aferradamente *adv. modo* Con tenacidad: *Defiende su posición aferradamente.*

aferrar *v. tr. / prnl.* **1** Agarrar ‹una persona› [una cosa] con fuerza: ***Se*** *aferró* ***a*** *la reja. Aferró la soga* ***con*** *las dos manos.* || *v. prnl.* **2** Mantener ‹una persona› [una actitud o una opinión] tenazmente: *Se aferraba* ***a*** *su punto de vista. Cuando dice una cosa, Juan se aferra* ***a*** *lo dicho y no cambia.* **3** Buscar ‹una persona› salida o esperanza en [otra persona o una cosa]: *Se aferró* ***a*** *su familia al morir su marido. Se aferra* ***al*** *trabajo como solución a sus problemas.* SIN. refugiarse.

affaire (del francés; pronunciamos *'afer'*) *s. m.* **1** Asunto o negocio económico poco limpio: *Estuvo implicado en el affaire de los pagarés falsos. Lo han pescado en un affaire de contrabando.* **2** Aventura sentimental: *Se rumorea que la joven cantante tiene un affaire con un afamado jugador.*

affmo., affma. *abr.* afmo.

afgano, na *adj. / s. m.* y *f.* **1** De Afganistán, país de Asia: *costumbres afganas, montañas afganas. He conocido a dos afganos.* || *adj. / s. m.* **2** (macho y hembra) [Galgo] que tiene el pelo largo, originario de Afganistán: *Tengo un perro afgano. Me he comprado un afgano hembra.*

afianzar *v. tr.* **1** Hacer ‹una persona o una cosa› más segura o más firme [una cosa]: *Hemos afianzado los cimientos de la casa inyectando hormigón. Su capital ayuda a afianzar nuestra empresa.* || *v. tr. / prnl.* **2** Sujetar o apoyar ‹una persona› [a otra persona o una cosa] con fuerza: ***Se*** *afianzó en mi hombro para no caerse.* **3** Hacer ‹una persona o una cosa› más segura o firme [una decisión, una opinión o una postura]: *El médico* ***se*** *afianzó* ***en*** *su diagnóstico. Los análisis afianzan nuestra opinión sobre la infección, ya no hay peligro.* SIN. reafirmar(se). || *v. prnl.* **4** Hacerse ‹una cosa› más segura o más firme: *En cada partido que juega, nuestro compatriota se afianza más como aspirante serio a ganar el título del torneo.* ⇒ **19.**

afiatarse *v. prnl.* **1** ARG., CHILE; COLOQUIAL, ELEVADO en Chile. Perfeccionar ‹una persona› sus conocimientos de un trabajo o sus técnicas con una actividad para rendir más como equipo o en conjunto. **2** ARG.; COLOQUIAL. Cohesionarse ‹un grupo de personas que trabaja en equipo›.

afiche *s. m.* AMÉR. Cartel o aviso público.

afición *s. f.* **1** Inclinación que se siente hacia alguna actividad o cosa: *Siento más afición* ***por*** *el teatro que por el cine. Su excesiva afición* ***al*** *lujo me preocupa.* **2** Actividad o cosa hacia la que se siente esa inclinación: *La música es mi mayor afición.* SIN. hobby. **3** (con artículo) Conjunto de personas que demuestran gran interés hacia un deporte o espectáculo, en especial los toros: *La afición pidió la oreja para el torero. La afición le exige mucho a los equipos importantes.* **4** Empeño: *Trabaja con afición.* **5** ELEVADO. Afecto: *Con el trato llegó a experimentar si no amor, cierta afición por él.* SIN. cariño.

aficionado, da *adj. / s. m.* y *f.* **1** Que practica alguna actividad sin tenerla como profesión: *No es una tenista profesional, es sólo aficionada. Es un pintor aficionado.* **2** Que siente afición por alguna cosa: *Luis es muy aficionado* ***al*** *teatro. Los aficionados* ***a*** *los deportes de invierno son muchos.*

aficionar *v. tr. / prnl.* Hacer ‹una persona o una cosa› que [una persona] sienta gusto o afición por algo: *La campaña del ayuntamiento me ha aficionado* ***a*** *los transportes públicos.* ***Me*** *he aficionado* ***al*** *agua mineral sin gas.*

afiebrarse *v. prnl.* RESTRINGIDO. Empezar a tener fiebre ‹una persona›: *Me voy a la cama que me estoy afiebrando.*

afijación *s. f.* GRAM. Procedimiento de formación de palabras nuevas con afijos.

afijo *s. m.* GRAM. Morfema que se añade a una palabra para formar otras derivadas o compuestas: *El afijo diminutivo castellano más frecuente es «-ito».*

afilado, da *adj.* **1** Que es cruel y tiene mala intención: *un comentario afilado, una lengua afilada.* || *s. m.* **2** RESTRINGIDO. Acción de afilar o sacar filo: *Necesita un buen afilado este cuchillo.* || **3 lengua* afilada** o **lengua de doble filo.**

afilador, ra *adj.* **1** Que afila: *un aparato afilador de cuchillos.* || *s. m. / f.* **2** Persona que por oficio se dedica a afilar cuchillos u otros objetos cortantes, tradicionalmente de forma ambulante.

afilalápices (plural *afilalápices*) *s. m.* RESTRINGIDO. Pequeño instrumento para sacar punta a un lápiz.

afilar *v. tr.* **1** Hacer ‹una persona› el filo de [una cosa]: *Afila la navaja todas las tardes. Tenemos que afilar las tijeras.* SIN. aguzar. **2** Hacer ‹una persona› más fina la punta de [una cosa]: *Afiló los lápices antes de empezar a dibujar.* **3** Hacer ‹una persona› más aguda o más penetrante [una cosa]: *Cuando está de mal humor afila su ironía. Afila su pluma en la soledad.* **4** ARG., PAR., URUG. Galantear ‹una persona› [a otra persona]. || *v. prnl.* **5** Hacerse ‹una cosa› más aguda o más penetrante: *Las montañas se afilan en el horizonte.* **6** Ponerse ‹una parte del cuerpo de una persona› más delgada: *Se le ha afilado la cara con la enfermedad.* **7** ARG., BOL., URUG. Prepararse ‹una persona› con empeño para llevar a cabo una tarea o superar una prueba. **8** CHILE; VULGAR. Mantener ‹una persona› relaciones sexuales ocasionales. FR. Y LOC. **afilarse las uñas** o **afilarse los dientes** MÉX.; COLOQUIAL. Prepararse ‹una persona› para conseguir ganancias ilícitas. **piedra* de ~.**

afiliar *v. tr. / prnl.* Hacer ‹una persona› miembro de [una asociación o un partido] [a otra persona]: ***Me** he afiliado **a** un partido ecologista. Mi amigo quiere afiliarme **al** club de fútbol del barrio.* SIN. asociar(se).

afiligranado, da *adj.* De filigrana o parecido a ella: *Se ha comprado un adorno afiligranado.*

afiligranar *v. tr.* **1** RESTRINGIDO. Hacer ‹una persona› [filigrana]: *Ha afiligranado un hermoso joyero.* **2** RESTRINGIDO. Adornar ‹una persona› [una cosa] con esmero: *Está afiligranando la habitación de su niño.*

afín *adj.* **1** Que está próximo o unido a otra cosa: *campos afines.* **2** Que tiene en común con otra persona o cosa algún rasgo o carácter: *gustos afines, costumbres afines.*

afinador, ra *s. m. / f.* Persona que por oficio afina pianos u otro instrumento musical.

afinar *v. tr.* **1** Hacer ‹una persona o una cosa› fina [una cosa]: *Hemos afinado los tableros.* **2** Hacer ‹una persona o una cosa› más educada [a una persona]: *Este colegio afinó bastante a Dolores. Aquí te afinan a la fuerza.* **3** Hacer ‹una persona› las últimas operaciones de detalle en [una cosa] para que quede perfecta: *Estoy afinando la preparación del salón y pasamos a comer. Afina poco sus últimas novelas.* **4** Poner ‹una persona› [un instrumento musical] en el tono justo: *Me afinaron el piano.* SIN. templar. **5** Hacer ‹una persona› más puro [un metal]. || *v. tr. / intr.* **6** Cantar o tocar ‹una persona› [una melodía] con el tono justo: *El tenor no afinó bien.* **7** Hacer ‹una persona› más precisa o ajustada [una cosa]: *En este trabajo debes afinar mucho.* || *v. prnl.* **8** Hacerse ‹una cosa› fina: *Los márgenes comerciales se afinan y hay que trabajar mejor ahora.* **9** Hacerse ‹una persona› más educada: *Te has afinado mucho desde que viajas a Barcelona.* FR. Y LOC. **corregir / ~ la puntería*.**

afincar *v. tr. / prnl.* Fijar ‹una persona› la residencia en [un lugar]: ***Se** afincó **en** Venezuela.* SIN. establecer(se). ⇒ **71.**

afinidad *s. f.* **1** Analogía de una cosa con otra: *La afinidad **entre** las lenguas romances era mucho mayor en la Edad Media.* SIN. similitud. ANT. diferencia. **2** Coincidencia de caracteres, opiniones o gustos que favorece la relación entre dos personas: *La afinidad **de** gustos estrechó su amistad. Hay muy pocas afinidades **entre** los dos.* SIN. similitud. **3** Parentesco entre una persona y los parientes de su cónyuge: *Somos parientes por afinidad.* **4** Tendencia a combinarse entre sí los átomos, moléculas o grupos moleculares: *La electronegatividad es uno de los determinantes de la afinidad **entre** elementos.*

afirmación *s. f.* **1** Expresión usada para decir que sí: *Una suave inclinación de cabeza me sirve de afirmación.* **2.** Acción o resultado de afirmar: *No creas todas sus afirmaciones. Tus afirmaciones son correctas.* **3** Reforzamiento psicológico: *Con esas tonterías busca la afirmación de su personalidad.*

afirmadamente *adv. modo* Con firmeza o seguridad.

afirmar *v. tr.* **1** Decir ‹una persona› que [una cosa] es cierta: *Afirmó que no había sido él.* **2** Dar ‹una persona o una cosa› firmeza a [una cosa]: *Afirmó las vigas con un nuevo material.* || *v. intr.* **3** Decir ‹una persona› que sí: *Afirmó con la mirada.*

afirmativo, va *adj.* Que afirma.

aflamencado, da *adj.* Que es parecido al flamenco: *un estilo aflamencado.*

aflautado, da *adj.* Que tiene un sonido parecido al de la flauta: *voz aflautada.*

aflicción *s. f.* Sufrimiento: *Su rostro manifestaba una profunda aflicción.* SIN. pena.

afligir *v. tr. / prnl.* Causar ‹una persona o una cosa› molestias o dolor [a una persona]: *Me aflige **con** sus reproches. **Me** aflijo **por** el hambre del mundo. Me afligen profundamente las desgracias de los niños.* SIN. apenar(se). ⇒ **78.**

aflojar *v. tr.* **1** Poner ‹una persona o una cosa› floja [una cosa]: *Hay que aflojar esta cuerda ahora.* **2** COLOQUIAL. Dar ‹una persona› [dinero]: *Aflojó todo el dinero que nos debía.* || *v. intr.* **3** Perder ‹una cosa› fuerza o intensidad: *Ha aflojado el temporal. La epidemia afloja últimamente.* SIN. remitir. **4** Poner ‹una persona› menos entusiasmo o empeño en [una cosa]: *Hace una temporada que el niño afloja **en** el estudio.* || *v. prnl.* **5** Ponerse ‹una cosa› floja: *Se me aflojaban las piernas con el miedo.* FR. Y LOC. **~ la bolsa*. ~ las riendas*. ~ / soltar la pasta*. un tira* y afloja.**

aflorar *v. intr.* **1** Aparecer o manifestarse ‹un estado de ánimo o un sentimiento›: *Su alegría afloró en cuanto vio que su hermano había vuelto.* **2** Aparecer ‹una cosa› en [la superficie de la tierra]: *Han aflorado varios yacimientos de gas en Aragón.* **3** ECON. Conseguir ‹una persona› [una plusvalía]: *Las cajas de ahorro han aflorado tres mil millones de plusvalía con la última fusión.*

afluencia *s. f.* **1** (no contable) Abundancia de cualquier tipo: *La herida fue muy profunda y había mucha afluencia **de** sangre. No ha habido mucha afluencia **de** público en los toros.* **2** Acción y resultado de afluir, ir muchas personas o cosas en una dirección: *Por la tarde hubo menos afluencia **de** coches saliendo de Madrid. La afluencia **a** las piscinas fue masiva en la primera semana de julio.*

afluente *s. m.* Río que desemboca en otro: *Enumera los afluentes del Tajo.*

afluir *v. intr.* **1** Ir a parar ‹una cosa› [a un lugar]: *El dinero afluye **al** mercado.* **2** Ir ‹muchas personas› [al mismo lugar]: *El público afluye **al** estadio todos los domingos.* SIN. concurrir. ⇒ **46.**

afmo., afma. o **affmo., affma.** *abr.* «Afectísimo, afectísima».

afonía *s. f.* (no contable) Disminución o pérdida de la voz por una afección de la laringe: *El constipado le produjo afonía. Anoche estuve hasta muy tarde con los amigos y hoy tengo una afonía considerable.*

afónico, ca *adj.* (estar) Que no tiene voz, o que ha perdido la voz de manera accidental: *Por culpa de una infección de garganta, estuve afónica una semana seguida. De tanto gritar se ha quedado afónico.*

aforar *v. tr.* **1** Calcular ‹una persona› la cantidad de agua que lleva [una corriente] en una unidad de tiempo. **2** Calcular ‹una persona› la cantidad y el valor de los géneros de [un depósito]: *Han aforado el valor de los libros de nuestros almacenes centrales, y es superior al que pensábamos.* **3** Calcular ‹una persona› la capacidad de [un recipiente o un local]: *No es fácil aforar a simple vista la capacidad del cine, pero deben caber menos de cien personas.* **4** RESTRINGIDO. Pagar ‹una persona› el foro o tributo de [una finca]. **5** COL. Facturar, enviar o recoger ‹una persona› [un paquete].

aforismo *s. m.* Sentencia breve que resume un pensamiento: *La literatura oriental está llena de aforismos.*

aforístico, ca *adj.* Del aforismo o que encierra aforismos: *pensamiento aforístico, literatura aforística.*

aforo *s. m.* **1** Acción y efecto de aforar: *Se efectuó el aforo de las aguas que regarán los nuevos cultivos.* **2** Totalidad de las localidades que pueden ser ocupadas en cualquier recinto dedicado a espectáculos públicos: *el aforo de un teatro. La plaza de toros de Madrid tiene un aforo de 25.000 personas.* SIN. capacidad, cabida.

afortunadamente *adv. orac.* Por fortuna, por suerte: *Afortunadamente, mi padre estaba allí conmigo.* OBSERVACIONES: Frente a la construcción *es una suerte que*, no precede a formas de subjuntivo ni exige hechos conocidos.

afortunado, da *adj.* **1** (ser / estar; antepuesto / pospuesto) Que tiene buena suerte: *un hombre afortunado, una afortunada concursante. Estoy afortunada esta semana. No soy afortunado normalmente.* **2** (antepuesto / pospuesto) Que da buena suerte: *el número afortunado, una visita afortunada.* **3** (antepuesto / pospuesto) Que es acertado y oportuno: *un final afortunado, una decisión afortunada.* REFR. **Desgraciado en el juego, afortunado en amores.** Se usa para consolar a los que tienen mala suerte en cualquier clase de juego.

afrancesado, da *adj. / s. m.* y *f.* **1** [Persona] que, durante la guerra de Independencia española, era partidaria de Napoleón: *Muchos afrancesados eran estupendos intelectuales y habría que estudiar las razones que les movieron a apoyar a Napoleón.* **2** Que le gustaba imitar a los franceses: *Era de costumbres afrancesadas.*

afrancesar *v. tr.* **1** RESTRINGIDO. Dar ‹una persona o cosa› carácter considerado francés [a una persona o una cosa]: *afrancesar la moda.* || *v. prnl.* **2** Adquirir ‹una persona o una cosa› carácter de algo considerado francés: *Desde que viaja a París se ha afrancesado y se acuesta a las diez.* **3** Hacerse ‹una persona› partidaria de los franceses: *En la guerra de la Independencia se afrancesaron muchos profesionales que vivían en Madrid.*

afrenta *s. f.* Deshonor, humillación que siente una persona ante unas palabras o un hecho que la ofenden o que ponen en duda su honradez: *Fue una afrenta decirle que nunca más se encargara de las cuentas. Para su padre fue una afrenta que José le dijera que ya no se casaba con su hija.* SIN. ofensa.

afrentar *v. tr.* **1** Causar ‹una persona o una cosa› afrenta [a una persona]: *Su carta me ha afrentado innecesariamente. El director puede despedirme, pero no tiene derecho a afrentarme, hablando de mis virtudes o mis defectos en esa reunión.* SIN. ofender. || *v. prnl.* **2** Sentirse ‹una persona› ofendida por una afrenta: *Estoy afrentada con esa historia que cuentan de mí.*

africado, da *adj. / s. f.* [Consonante] que se pronuncia con una oclusión y una fricación rápida y consecutiva: *No pronuncia bien las africadas. La «ch» castellana es una consonante africada.*

africano, na *adj. / s. m.* y *f.* **1** De África: *agricultura africana, costumbre africana. He conocido a dos africanos.* **elefante ~.** || *s. m.* **2** LING. Lengua descendiente del holandés de los colonos del siglo XVII que se habla en la República de Sudáfrica y es cooficial con el inglés.

afrijolar *v. tr.* COL.; COLOQUIAL. Encargar ‹una persona› [un trabajo incómodo o pesado] a [otra persona].

afrikaans *s. m.* Africano, lengua.

afro *adj.* **1** Que tiene relación con la cultura de los pueblos negros africanos: *una fiesta afro, moda afro.* **2** [Peinado, pelo] que tiene muchos rizos y muy pequeños: *Siempre va con un maravilloso peinado afro.*

afrodisiaco, ca o **afrodisíaco, ca** *adj. / s. m.* Que excita o estimula el deseo sexual: *Hay muchas sustancias que desde siempre se han considerado afrodisiacas.*

afrontamiento *s. m.* RESTRINGIDO. (no contable) Acción y resultado de afrontar: *Le asusta el afrontamiento de sus responsabilidades.*

afrontar *v. tr.* Hacer ‹una persona› frente [a un enemigo, una dificultad o una responsabilidad]: *Afrontó los exámenes con preocupación. Afrontan las elecciones con moral de victoria. Afrontaré la verdad con espíritu sereno.*

afta *s. f.* MED. Úlcera pequeña que se forma en la mucosa de la boca o del aparato genital. SIN. llaga.

afuera *adv. lug.* **1** En la parte exterior o hacia la parte exterior: *Tienes el coche afuera. Salgamos afuera.* OBSERVACIONES: Según vaya con un verbo de movimiento o de estado, indica dirección o situación, respectivamente: *Sácalo afuera. El perro está afuera.* Pueden seguirle las preposiciones *de, desde* y *hacia*, que aportan la idea de dirección, origen o procedencia: *Venimos de afuera. Desde afuera no se podía ver nada. Camina hacia afuera.* RELACIONES Y CONTRASTES: A diferencia de *fuera*, no admite término de relación: *Estoy afuera*, pero *Estoy fuera de casa.* Es una excepción la combinación *a* + *fuera*: *De dentro afuera* (o *a fuera*) *de la casa y de fuera adentro* (o *a dentro*) *del castillo.* SIN. fuera. ANT. dentro. || *interj.* **2** Se usa para exigir que alguien salga de un lugar o deje un camino libre: *¡Afuera niños! Comed el bocadillo en el jardín. ¡Afuera! dejen paso.* FR. Y LOC. **de puertas* ~.**

afuereño, ña *adj. / s. m.* y *f.* AMÉR. Que es de fuera, forastero.

afuerino, na *adj. / s. m.* y *f.* PERÚ. Que es de fuera, forastero.

afutrarse *v. prnl.* CHILE; RESTRINGIDO. Acicalarse ‹una persona›, vestirse como un futre o lechuguino.

agachada *s. f.* ARG., URUG.; COLOQUIAL. Acción desleal y con mala intención de una persona para descargarse de responsabilidades.

agachadiza *s. f.* (macho y hembra) *Gallinago gallinago.* Ave pequeña de patas largas, plumaje pardo con rayas y manchas oscuras, y pico muy largo y recto, que vive en marismas y prados.

agachado, da *adj.* **1** AMÉR. C. Que es taimado, astuto. **2** PERÚ; COLOQUIAL. Que es servil. **3** MÉX.; COLOQUIAL. Que es cornudo. **4** MÉX.; COLOQUIAL. Que es pusilánime, cobarde.

agachar *v. tr.* **1** Inclinar ‹una persona› [una parte del cuerpo]: *Agacha la cabeza que no me dejas ver la pantalla.* ‖ *v. prnl.* **2** Inclinarse ‹una persona› hacia el suelo: *Agáchate bien, para que no nos vean. No seas vago, agáchate y recoge el cuchillo que se te ha caído.* FR. Y LOC. **~/bajar las orejas*. ~/bajar/doblar la cabeza*. ~/doblar el lomo*.**

agalla *s. f.* **1** (preferentemente en plural) Órgano respiratorio de los peces y otros animales acuáticos. SIN. branquia. **2** Excrecencia anormal que aparece en las plantas por la invasión de insectos, hongos u otros parásitos: *las agallas del roble.* **3** (en plural) Valor, coraje: *Es una mujer con agallas, que luchó mucho en la vida.* **4** (preferentemente en plural) COL., EC., VEN. Codicia.

agalludo, da *adj.* AMÉR. Valiente, osado.

agamí *s. m.* (macho y hembra) *Psophia crepitans.* Ave de patas largas, pico corto y plumaje negro, que habita en las selvas tropicales de América del Sur y se domestica para guardar a otras aves domésticas.

ágape *s. m.* **1** ELEVADO. Comida para celebrar un acontecimiento: *Hoy despedimos a nuestra directora con un ágape en un céntrico restaurante.* **2** Convite o comida de fraternidad entre los primeros cristianos, conmemorando la Última Cena de Cristo.

agar-agar *s. m.* Producto gelatinoso obtenido de ciertas algas, que se usa en medicina y dietética como saciante y laxante, como medio de cultivo bacteriológico y también como apresto de papeles y tejidos.

agarbanzado, da *adj.* RESTRINGIDO; PEYORATIVO. Que es excesivamente castizo y algo vulgar: *Tiene una manera de escribir agarbanzada. Muestra una educación agarbanzada y no es consciente de ello.*

agareno, na *adj./s. m.* y *f.* ELEVADO. Mahometano: *pueblos agarenos, cultura agarena, los agarenos.*

agarrada *s. f.* COLOQUIAL. Disputa, pelea: *Tuvimos una agarrada con un tipo que nos quitó el sitio de aparcamiento.*

agarradera *s. f.* **1** RESTRINGIDO. Agarradero, asa. **2** (en plural) Influencias que una persona tiene para conseguir un cargo o un trabajo: *Tiene buenas agarraderas, así que conseguirá el empleo.* SIN. enchufe.

agarradero *s. m.* **1** Parte de un objeto que sirve para poder agarrarlo. SIN. agarradera, asa. **2** Pretexto, excusa para conseguir o no hacer alguna cosa: *La necesidad de descansar es el agarradero que le sirve para irse de vacaciones cada poco tiempo. Como no le gusta salir de casa, su madre es el agarradero que utiliza para quedarse encerrado.*

agarrado, da *adj./s. m.* y *f.* **1** COLOQUIAL. [Persona] a la que no le gusta gastar dinero: *Nunca nos invita, es muy agarrado.* SIN. tacaño. ‖ *adj./s. m.* **2** [Baile] que se baila en parejas estrechamente enlazadas: *Me gusta el baile agarrado. En esa discoteca sólo ponen agarrados.* ‖ *s. m.* **3** COLOQUIAL. Discusión, disputa fuerte: *Hemos tenido un agarrado en casa por las notas del niño.* SIN. agarrada. ‖ *adv. modo* **4** En parejas estrechamente enlazadas: *Ella siempre prefiere bailar agarrado.*

agarrador *s. m.* Utensilio u objeto para agarrar algo o agarrarse: *Utiliza el agarrador para sacar la bandeja del horno. Todos los metros tienen un agarrador central en la plataforma, para ayudar a los que pierden el equilibrio.*

agarrar *v. tr./prnl.* **1** Sujetar ‹una persona› [a otra persona o una cosa] con fuerza: *Me agarró **del** brazo. Me agarró **por** un brazo. **Me** agarré **al** asiento.* **2** Contraer ‹una persona› [una enfermedad]: *(**Me**) he agarrado un buen catarro.* SIN. pillar. **3** Empezar a tener ‹una persona› [una cosa]: *(**Se**) agarró una borrachera.* ‖ *v. tr.* **4** Sorprender ‹una persona› [a otra persona] [haciendo algo que no debía]: *Lo han agarrado espiando en el despacho del jefe y lo van a echar.* **5** Conseguir ‹una persona› [una cosa que deseaba]: *He agarrado un buen trabajo. Hemos agarrado un contrato interesante.* ‖ *v. intr.* **6** Echar ‹una planta› raíces: *Ha agarrado muy bien el geranio en el nuevo tiesto.* SIN. arraigar. ‖ *v. intr./prnl.* **7** Quedar ‹una cosa› sujeta a [otra]: *Estos neumáticos se agarran perfectamente **al** suelo.* ‖ *v. prnl.* **8** Utilizar ‹una persona› [una cosa] como pretexto o justificación de [otra cosa]: *Se agarra **a** que es mayor **para** darnos órdenes. Se agarra **a** su mala salud **para** no hacer nada.* **9** Quedar pegada ‹la comida› al recipiente en que se cocina al quemarse ligeramente: *Hoy se han agarrado las lentejas un poco.* **10** Meterse ‹dos personas› en una pelea o disputa: *Tu padre ya subirá después, lo he dejado ahí que se ha agarrado **con** uno que estaba aparcando.* FR. Y LOC. **agarrarse las mechas*. ~/coger/tomar el portante*. ~ (un) viaje*. ~ y +** verbo Realizar ‹una persona› una acción repentinamente: *Cuando nos disponíamos a cenar, agarró y se marchó. Estábamos hablando y de repente, sin saber por qué, agarré y me eché a llorar.* **agarrarse a buenas aldabas*** o **tener buenas aldabas*. agarrarse a un clavo* ardiendo. ¡agárrate!** Se usa para indicar a una persona que se prepare para recibir una emoción o una sorpresa: *¡Agárrate, voy a contarte la última noticia!* **coger/~ al toro* por los cuernos. coger/~ con pinzas*. coger/~ /pillar por banda*. no haber / tener por donde cogerlo* / agarrarlo. no poder / coger / ~ / ni con tenazas*.**

agarrón *s. m.* **1** COLOQUIAL. Acción de agarrar y tirar con fuerza: *Del agarrón que me dio se torció la muñeca.* **2** AMÉR. Agarrada, disputa.

agarrotamiento *s. m.* **1** Rigidez o dificultad para mover algún miembro corporal: *Después de estar tanto tiempo sentada noto el agarrotamiento de las piernas.* **2** Falta de movimiento en un mecanismo de una máquina o de un aparato: *Si no arreglamos el agarrotamiento de los frenos no podemos usar la furgoneta.*

agarrotar *v. tr.* **1** Poner ‹una cosa› rígida [una parte del cuerpo]: *La misma postura me agarrota los brazos.* SIN. entumecer. **2** Dejar ‹una cosa› inmóvil el mecanismo de [otra cosa]: *La suciedad agarrota los frenos. El calor agarrota la bombilla y no sale del casquillo.* **3** Dejar ‹una cosa› [a una persona] sin capacidad de acción: *El miedo me agarrotaba. Las cucarachas me agarrotan y no puedo reaccionar.* SIN. paralizar. **4** Matar ‹una persona› [a otra persona] por el procedimiento del garrote: *Hace años que agarrotaron al último condenado a garrote vil en España.* ‖ *v. prnl.* **5** Ponerse ‹una cosa› rígida: *Se me ha agarrotado el brazo.* **6** Quedar ‹una cosa› inmóvil: *Se han agarrotado las marchas del coche.* **7** Perder ‹una persona› la capacidad de acción: *Me agarroto en los exámenes. Me agarroto con el miedo.*

agasajador, ra *adj./s. m.* y *f.* RESTRINGIDO. Que agasaja: *palabras agasajadoras. Es muy agasajador que vengas a verme.*

agasajar *v. tr.* Tratar ‹una persona› [a otra persona] con atenciones: *Agasajaron a sus invitados con un banquete.*

ágata *s. f.* Cuarzo translúcido, duro y con franjas de diversos colores que se utiliza como objeto de adorno y en joyería.

agatas *adv. modo* ARG., URUG.; COLOQUIAL. Apenas.

agateador *s. m.* (macho y hembra) Género *Certhia*. Ave pequeña de color pardo con manchas blancas, pico fino, largo y curvado, que trepa por el tronco de los árboles donde se alimenta de insectos.

agauchado, da *adj. / s. m.* y *f.* ARG., CHILE, PAR., URUG.; RESTRINGIDO en Chile. Que imita las costumbres o los modales del gaucho argentino.

agauchar *v. tr. / prnl.* ARG., CHILE, PAR., URUG.; RESTRINGIDO en Chile. Tener ‹una persona› el aspecto, modales o costumbres característicos de los gauchos.

agavillador, ra *s. m. / f.* Persona que agavillaba o ataba las mieses: *La mecanización ha acabado con los agavilladores.*

agavilladora *s. f.* Máquina agrícola que siega y forma las gavillas.

agavillar *v. tr.* Formar ‹una persona o una máquina› gavillas con [la mies]: *Ahora se agavilla el trigo rápidamente con las máquinas.*

agazaparse *v. prnl.* Ponerse ‹una persona o un animal› agachados [detrás de una cosa] para ocultarse: *El niño se agazapó* ***detrás d****el armario. A los gatos pequeños les gusta agazaparse* ***tras*** *un mueble y saltar sobre las personas.*

agencia *s. f.* **1** Empresa u oficina que presta determinados servicios: *agencia de publicidad, agencia de viajes.* **~ de prensa** La que trabaja para periódicos y revistas. **2** Delegación o sucursal de una empresa: *agencia bancaria. Vaya usted a nuestra agencia de México.* **3** Organismo oficial: *Agencia Europea de Medio Ambiente, Agencia Nacional de Evaluación.* **4** CHILE. Casa de empeño.

agenciar *v. tr.* **1** Hacer ‹una persona› los trámites necesarios para lograr [una cosa]: *Agenció los papeles del contrato. He agenciado todos los permisos necesarios.* SIN. tramitar. ‖ *v. tr. / prnl.* **2** Conseguir ‹una persona› [una cosa] con maña y habilidad: *Nos agenciaron un buen coche.* ***Me*** *he agenciado un permiso especial.*

agenciero, ra *s. m. / f.* **1** ARG. Persona que tiene o dirige un negocio de venta de coches. **2** ARG., PAR. Lotero. **3** CHILE; JERGAL. Persona que tiene o dirige una agencia o casa de empeño.

agenda *s. f.* **1** Libro o cuaderno en que se anotan datos de interés personal: *agenda de teléfonos, agenda de direcciones, agenda de notas, consultar la agenda. Me lo apuntaré en la agenda para no olvidarme.* **2** Programa de trabajo o de actividades de una persona: *Tiene una agenda muy apretada.* **3** Cuestiones que deben tratarse en una reunión de trabajo: *La agenda de hoy trata sobre educación. La agenda del congreso es muy amplia. La agenda de la reunión es muy explícita, sólo trataremos los asuntos más urgentes.*

agente *adj. / s. m.* **1** GRAM. [Persona, animal] que realiza la acción del verbo: *En ocasiones el agente no es el sujeto de la oración.* **complemento* ~.** ‖ *s. m. / f.* **2** Funcionario de policía o de un cuerpo de seguridad: *Nos ha puesto una multa un agente de tráfico.* **3** Persona que se dedica profesionalmente a gestionar como intermediario asuntos de otras personas: *agente de bolsa, agente artístico. Hemos concertado una entrevista con la agente del ilustre escritor.* **~ comercial** Persona que profesionalmente gestiona por cuenta ajena, mediante comisión, operaciones de venta. **4** Cualquier cosa o actividad que puede obrar o producir un efecto: *El agua y el viento son dos poderosos agentes atmosféricos. La disputa fronteriza entre los dos países es un agente importante de tensiones internacionales.*

agigantar *v. tr.* **1** Dar ‹una persona o una cosa› una forma gigantesca a [una cosa]: *La oscuridad agigantaba las sombras de los árboles. Su miedo agigantaba cualquier acontecimiento sin importancia.* SIN. agrandar. ‖ *v. prnl.* **2** Tomar ‹una cosa› una forma gigantesca: *Sus diferencias se agigantan día a día y sólo les queda el divorcio.* SIN. agrandarse. FR. Y LOC. **a pasos* agigantados.**

ágil *adj.* **1** (ser / estar) Que puede moverse con facilidad y rapidez: *movimiento ágil. A pesar de mi edad, estoy muy ágil* ***de*** *piernas. La abuela es ágil* ***de*** *mano y arrea unos cachetes terroríficos.* **2** (ser / estar) Que comprende las cosas con facilidad y piensa con rapidez o prontitud: *respuesta ágil. Tiene un pensamiento ágil. Su mente está ágil.* **3** [Lenguaje, estilo] que es fácil o fluido: *Me gusta el lenguaje periodístico porque es ágil.*

agilidad *s. f.* **1** Facilidad para hacer movimientos con rapidez: *Se mueve con mucha agilidad. El carterista mueve las manos con agilidad extrema.* **2** Rapidez de pensamiento: *Responde con tal agilidad que su interlocutor se queda callado.* **3** Facilidad o fluidez de estilo: *Es famosa por la agilidad de sus narraciones. La agilidad de su estilo es agradable.*

agilipollar *v. tr. / prnl.* VULGAR. Hacer ‹un persona› tonta [a otra persona]: *Con esta educación estás agilipollando al niño. Cada día* ***te*** *estás agilipollando más con estas lecturas.*

agilización *s. f.* Acción y efecto de agilizar: *La agilización de los trámites ha reducido el tiempo de espera de los enfermos en las consultas médicas.*

agilizar *v. tr.* **1** Dar ‹una persona› rapidez o viveza a [una cosa]: *El ministerio ha agilizado los trámites necesarios para los permisos.* ‖ *v. prnl.* **2** Hacerse ‹una cosa› más rápida o más viva: *Se han agilizado los papeleos para la obtención del pasaporte.* ⇒ **19.**

agio *s. m.* **1** ECON.; RESTRINGIDO. Especulación o negocio con el cambio de moneda, los valores de bolsa o los fondos públicos para obtener el mayor beneficio: *Grandes fortunas amasadas mediante el agio.* SIN. agiotaje. **2** ECON. Beneficio que se obtiene de la especulación o agiotaje: *El agio obtenido en una sola operación podía ser elevadísimo.*

agiotaje *s. m.* RESTRINGIDO. Agio abusivo: *¿Permitiremos que el agiotaje hunda la economía?* SIN. especulación.

agiotista *s. m. / f.* RESTRINGIDO. Persona que se dedica al agiotaje: *Es un agiotista que inspira poca confianza.*

agitación *s. f.* **1** Movimiento repetido y fuerte: *Evítese la agitación del envase.* **2** Excitación o nerviosismo fuerte: *La agitación del enfermo fue tratada con las inyecciones habituales. La agitación le impide responder con tranquilidad.* **3** Protesta o descontento colectivos, manifestados pública o violentamente: *La agitación sindical ha crecido. La agitación estudiantil es visible en estos momentos. No es probable que crezca la agitación social en los próximos meses.*

agitador, ra *adj. / s. m.* y *f.* **1** [Persona] que se dedica a propagar ideas políticas o sociales contrarias al orden establecido: *Los agitadores sociales forman parte del paisaje his-*

tórico del siglo XIX. *Los agitadores suelen proliferar en las sociedades organizadas injustamente.* || *s. m.* **2** Instrumento que sirve para agitar líquidos.

agitanado, da *adj.* Que parece gitano: *estilo agitanado, vida agitanada, cara agitanada.*

agitanar *v. tr.* **1** RESTRINGIDO. Dar ‹una persona o una cosa› carácter o aspecto gitano [a una persona o una cosa]: *La piel oscura y unos ojos negros muy hermosos la agitanan un poco.* || *v. prnl.* **2** Tomar ‹una persona› carácter o aspecto gitano: *Se agitana para triunfar en el cante.*

agitar *v. tr.* **1** Mover ‹una persona o una cosa› [a una persona, un animal o una cosa] repetidamente de un lado a otro: *Agitó el líquido del vaso. El traqueteo del tren agitaba a todos los viajeros. Agite el frasco antes de usarlo.* **2** Causar ‹una cosa› excitación [a una persona]: *El accidente la agitó. Me ha agitado su llamada telefónica.* SIN. alterar. **3** Provocar ‹una persona o una cosa› la alteración de [la gente] por razones políticas o sociales: *Hay profesionales que están agitando a los huelguistas. Los discursos de algunos políticos sólo buscan agitar a los campesinos.* || *v. prnl.* **4** Moverse ‹una persona, un animal o una cosa› repetidamente de un lado a otro: *No te agites tanto montando en bici, porque así corres menos.* **5** Sentirse ‹una persona› excitada: *Me agito con tantas noticias importantes.* SIN. alterarse.

aglomeración *s. f.* Reunión abundante o desordenada de algunas personas o cosas: *La aglomeración de la gente no dejaba pasar el autocar de los jugadores. Esta tarde se espera una gran aglomeración en los grandes almacenes. Tenemos tal aglomeración de pedidos que no podemos asegurarle hoy la entrega de su paquete.*

aglomerante *adj. / s. m.* [Material] que puede unir y dar cohesión a fragmentos de una o varias sustancias: *El betún, el barro y las resinas son aglomerantes.*

aglomerar *v. tr. / prnl.* **1** Reunir ‹una persona o una cosa› [un conjunto de personas o de cosas] desordenadamente: *La gente se aglomeró **a** la puerta del teatro. El partido de los campeonatos de Europa ha aglomerado a un público heterogéneo.* || *v. tr.* **2** Unir ‹una persona› fragmentos de [una cosa] con un aglomerante: *Aquí aglomeramos los restos de madera y hacemos paneles.* SIN. conglomerar.

aglutinador, ra *adj.* Que aglutina, reúne, aúna o concentra todos los factores que intervienen en un proceso: *Su última obra es aglutinadora de su trayectoria poética.*

aglutinante *adj. / s. m.* Que aglutina: *La cal es una sustancia aglutinante. El yeso es un aglutinante.* **lengua* ~.**

aglutinar *v. tr.* **1** Unir ‹una persona› [cosas] con una sustancia aglutinante. **2** Reunir ‹una persona o una cosa› un conjunto de [personas] o de [cosas]: *El profesor aglutinó los esfuerzos de sus alumnos.* || *v. prnl.* **3** Reunirse un conjunto de ‹personas› o de ‹cosas›: *Nos hemos aglutinado todos con la reivindicación del parque.*

agnosticismo *s. m.* (no contable) Actitud y doctrina filosóficas que consideran que toda cuestión metafísica es inaccesible para el entendimiento humano: *Manifestó su agnosticismo cuando le preguntaron si creía en Dios.*

agnóstico, ca *adj.* **1** Del agnosticismo: *pensamiento agnóstico.* || *adj. / s. m.* y *f.* **2** Que profesa el agnosticismo: *Yo soy agnóstica. Es un agnóstico, no le interesan los problemas sobrenaturales.*

agobiante *adj.* (antepuesto / pospuesto) Que agobia: *Hace un calor agobiante. Comencé a sentir una agobiante sensación que fue creciendo minuto a minuto.*

agobiar *v. tr.* **1** Causar ‹una persona o una cosa› sensación de agobio [a una persona]: *Lo agobian tus muestras de cariño. Nos agobia su sinceridad.* || *v. prnl.* **2** Experimentar ‹una persona› sensación de agobio: *Me agobio **con** el calor. Se agobia mucho **con** los exámenes.*

agobio *s. m.* **1** (no contable) Cansancio o sensación de ahogo o angustia: *En el metro siento agobio. No puedo examinarme porque me viene un agobio y un sudor frío y me pongo malísimo.* **2** Sufrimiento, padecimiento: *Tenemos muchos agobios en casa estos días, no me cuentes más penas.*

agolparse *v. prnl.* **1** Reunirse ‹muchas personas, animales o cosas› en [un lugar]: *El público se agolpaba **en** la puerta del cine. La gente se agolpaba a la salida del metro. Se le agolpaban las lágrimas en los ojos y no podía hablar.* **2** Presentarse ‹muchas dificultades o problemas› juntos [a una persona]: *Se nos han agolpado todos los problemas en casa esta semana. Se me agolpan las penas y no me dejan vivir.*

agonía *s. f.* **1** (no contable) Estado de una persona o animal que se está muriendo: *Ha tenido una agonía muy dulce.* **2** (no contable) INTENSIFICADOR. Sufrimiento o angustia extremos: *Vivía en la agonía desde la desaparición de su hija.* **3** (no contable) INTENSIFICADOR. Decadencia o fin de algo: *la agonía de una civilización, la agonía de un movimiento político.* || *s. m. / f.* **4** (suele usarse *agonías* para singular y plural) COLOQUIAL. Persona pesimista, que no para de quejarse de su situación: *Luis es un agonías: cree que todo le va a salir mal. Son unas agonías y por eso la gente no va a su comercio.* **5** (puede usarse *agonías* para singular y plural) COLOQUIAL. Persona tacaña o avara: *Nunca compro ahí porque es un agonías, por una peseta te organiza un escándalo.*

agonista *s. m. / f.* ELEVADO. Persona que trabaja o lucha sin descanso: *Los buenos resultados de este año muestran la actividad de un agonista en la dirección.*

agonizar *v. intr.* **1** Estar ‹una persona o un animal› entre la vida y la muerte: *Cuando llegaron los hijos estaba agonizando.* **2** Estar ‹una cosa› a punto de terminarse o de desaparecer: *Nuestra civilización agoniza.* ⇒ **19.**

ágora *s. f.* **1** Plaza pública de las antiguas ciudades griegas. **2** Asamblea realizada en las ágoras: *El ágora decidía la marcha de la sociedad.*

agorero, ra *adj. / s. m.* y *f.* Que anuncia o predice males o desgracias: *ave agorera. Hazme el favor, no seas agorero. No me gustan los agoreros.*

agostar *v. tr. / prnl.* **1** Secar o consumir ‹el calor› [las plantas]: *El tiempo que hace está agostando todos los rosales. Con la sequía del pasado verano **se** agostó el jardín completamente.* **2** Consumir o debilitar ‹una cosa› [a una persona]: *La grave enfermedad lo ha agostado completamente, ya no escribe nada. Es muy fuerte de ánimo, no **se** ha agostado ni con la pérdida de sus dos hijos.*

agostero, ra *s. m. / f.* RESTRINGIDO. Persona que trabaja temporalmente en el campo en la época de las cosechas: *Este año hemos contratado a diez agosteros para recoger el trigo.* SIN. temporero.

agostizo, za *adj.* **1** Que es propio del mes de agosto: *planta agostiza.* **2** [Planta] que tiende a secarse por el excesivo calor. **3** [Animal] que nace en agosto.

agosto *s. m.* Octavo mes del año, que tiene 31 días. FR. Y LOC. **hacer su ~** Hacer ‹una persona› un buen negocio: *Los comerciantes de la costa hacen su agosto* ***con*** *el turismo.*

agotador, ra *adj.* Que agota o cansa: *camino agotador. Este niño es agotador. Hizo un esfuerzo agotador. Han sido unas jornadas agotadoras. Llevo un día agotador.*

agotar *v. tr.* **1** Gastar ‹una persona› [una cosa] totalmente: *Hemos agotado las reservas de gasolina, necesitamos una gasolinera.* **2** Producir ‹una cosa› un gran cansancio [a una persona]: *Los esfuerzos la agotan en este momento.* SIN. fatigar. ‖ *v. prnl.* **3** Acabarse ‹una cosa›: *Se han agotado ya los cheques de viaje. Con el miedo a la escasez se ha agotado todo el aceite de oliva.* **4** Sentirse ‹una persona› muy cansada: *Nos agotaremos con este calor.* SIN. fatigarse.

agracejo *s. m. Berberis vulgaris.* Arbusto de jardín, con madera y flores amarillas y bayas rojas.

agraciado, da *adj.* **1** Que tiene gracia: *Tiene la manía de contar chistes y no es muy agraciado.* **2** (antepuesto / pospuesto) Que es guapo: *una agraciada sonrisa, un rostro agraciado.* **3** Que tiene buena suerte: *Es un tipo agraciado, le ha tocado un buen premio a la lotería.* **4** Que tiene premio: *El número agraciado ha sido el 500.*

agraciar *v. tr.* **1** Dar ‹una cosa› gracia [a una persona]: *Ese lunar te agracia la barbilla.* **2** Dar ‹una persona› [una gracia, un premio o una condecoración] [a otra persona]: *El rey le agració* ***con*** *una medalla. Tu amigo nos agració el otro día* ***con*** *un vino maravilloso.* SIN. premiar.

agradable *adj.* **1** (ser / estar; antepuesto / pospuesto) Que agrada: *Fue un agradable encuentro que, más tarde, se repetiría varias veces. El tiempo está muy agradable. Esta tela es agradable* ***al*** *tacto.* **2** [Persona] que es amable: *María tiene un carácter muy agradable. Es una persona agradable.*

agradar *v. tr.* Producir ‹una persona, un animal o una cosa› agrado [a una persona]: *Me agrada mucho tu mamá. El perro de Pilar nos agrada a todos muchísimo. Me agrada que te entiendas bien con tu madrastra.* SIN. gustar, satisfacer.

agradecer *v. tr.* **1** Mostrar ‹una persona› gratitud por [una cosa que ha recibido]: *Agradeció vivamente nuestro regalo.* **2** Dar ‹una persona› [una cosa] a cambio de [un favor o una atención]: *Me lo agradeció* ***con*** *una sonrisa.* **3** Mostrar ‹una cosa› el efecto beneficioso de [otra cosa]: *Las plantas agradecen la lluvia. También la casa agradece una limpieza de vez en cuando.* ⇒ **5.**

agradecido, da *adj.* **1** (ser / estar) Que expresa agradecimiento: *Está muy agradecida* ***a*** *tu familia. Estoy muy agradecido* ***por*** *tu ayuda. Es una persona muy agradecida.* **2** Que responde bien a los cuidados o atenciones: *Estas plantas son muy agradecidas, se ponen muy bonitas en cuanto las riegas un poco. Es un tema muy agradecido, en cuanto escribes algo, ya te consideran especialista.*

agradecimiento *s. m.* Expresión de gratitud de palabra o de obra: *Nos han regalado una bonita figura* ***como*** *agradecimiento a la ayuda que les prestamos en la carretera. Yo no he hecho nada por él y* ***en*** *agradecimiento me ha enviado un hermoso ramo de rosas. Me ha escrito una carta* ***de*** *agradecimiento conmovedora.*

agrado *s. m.* **1** Gusto, placer o satisfacción que produce algo: *Recibió la noticia de nuestra llegada con agrado.* ANT. desagrado. **2** Amabilidad, afabilidad, simpatía: *Trata a los niños con agrado.*

agrafia *s. f.* Incapacidad total o parcial para la escritura por algún padecimiento cerebral.

ágrafo, fa *adj.* **1** Que no puede escribir o no sabe: *un paciente ágrafo.* **2** Que no posee escritura: *cultura ágrafa, civilización ágrafa, pueblo ágrafo.*

agramatical *adj.* Que no se atiene a las reglas de la gramática: *oración agramatical, construcción agramatical.*

agrandamiento *s. m.* Acción y resultado de agrandar o agrandarse: *El agrandamiento de la principal grieta del cráter volcánico no presagia nada bueno.*

agrandar *v. tr.* **1** Hacer ‹una persona o una cosa› más grande [una cosa]: *Los López agrandaron el salón el año pasado.* ‖ *v. prnl.* **2** Hacerse ‹una cosa› más grande: *Se ha agrandado el cráter del volcán con el terremoto.*

agrario, ria *adj.* Del campo: *reforma agraria, producción agraria. Las organizaciones agrarias han convocado una jornada de protesta este fin de semana.*

agravamiento *s. m.* (no contable) Acción y resultado de agravar o agravarse: *El agravamiento de la situación internacional no es bueno para la paz. El agravamiento de tu enfermedad es pasajero, dentro de poco estarás como nuevo.*

agravante *adj. / s. m.* y *f.* **1** Que hace peor o más grave una cosa: *Su renuncia fue un agravante que desencadenó la crisis de la junta. La huelga es un agravante que dificulta las conversaciones.* ‖ *adj. / s. f.* **2** DER. [Circunstancia] que está presente en un delito y hace más grave la responsabilidad penal por el mismo: *En la comisión del delito no hubo agravantes.* **circunstancia ~.**

agravar *v. tr.* **1** Hacer ‹una persona o una cosa› más grave o peor el estado o la situación de [una persona o una cosa]: *La enfermedad agravó seriamente su estado.* SIN. empeorar. ‖ *v. prnl.* **2** Hacerse más grave o peor el estado o la situación de ‹una persona o una cosa›: *Se agrava su sordera con la edad.*

agraviar *v. tr.* Hacer ‹una persona› un agravio [a otra persona]: *Me ha agraviado suponiendo que yo no le había pagado. Nos ha agraviado llamándonos chupatintas.*

agravio *s. m.* **1** Ofensa o insulto al honor o dignidad de una persona: *Es un agravio al honor nacional quemar la bandera. No creo que él considerara un agravio no aparecer en la fiesta.* **2** Perjuicio que se causa a una persona en sus derechos o intereses: *Es un agravio injustificado que los pequeños comercios tengan que pagar este impuesto.* **~ comparativo** Agravio que se comete al dar un trato distinto a personas en la misma situación: *No puede hacer diferencia entre las dos clases de funcionarios, porque eso sería un agravio comparativo.*

agraz *s. f.* **1** Uva sin madurar: *uva agraz.* **2** Zumo de uvas agraces, de gran aspereza. FR. Y LOC. **en ~** RESTRINGIDO. Que está sin madurar, todavía en preparación: *un escritor todavía en agraz. Es un parlamentario en agraz.* REFR. **De todo tiene la viña: uvas, pámpanos y agraz.** Se usa para aconsejar paciencia, porque en la vida se mezclan las cosas buenas y las malas, como en las viñas, que no sólo hay uvas.

agredir *v. tr.* Lanzarse ‹una persona› contra [otra persona] para causarla un daño: *El vecino agredió a mi cliente* ***con*** *un palo, porque dice que el gato no lo dejaba nunca dormir.* ⇒ **1.**

agregación *s. f.* **1** Acción y resultado de agregar: *La agregación de colorantes a ciertos productos alimenticios está* *prohibida.* **2** ADMINISTRATIVO. Cargo y función de un profesor agregado de enseñanza secundaria: *Se ha presentado a agregaciones de Matemáticas.* **3** ADMINISTRATIVO. Cargo y función de los antiguos profesores agregados de universidad.

agregado, da *s. m. / f.* **1** Funcionario diplomático encargado de un conjunto de asuntos especializados en una embajada. **~ comercial. ~ cultural. ~ militar.** **2** Persona que tiene por profesión enseñar en un centro de enseñanza secundaria con una categoría inmediatamente inferior a catedrático. **3** Persona que tenía por profesión enseñar en la universidad con una categoría inmediatamente inferior a la de catedrático. ‖ **4 valor* ~.**

agregaduría *s. f.* ADMINISTRATIVO. **1** Cargo y oficina de un agregado adscrito a un servicio o de un funcionario diplomático: *Lo han recomendado para la agregaduría cultural de Lisboa. La agregaduría comercial de Montevideo está en un despacho provisional.* **2** Cargo y función de los antiguos profesores agregados de universidad. *Entre los años 1970 y 1980 se convocaron varias agregadurías en las universidades españolas. Desempeñó una agregaduría interina.*

agregar *v. tr.* **1** Añadir ‹una persona› [una persona, un animal o una cosa] a [otras personas, animales o cosas]: *Agrega estos libros **a** los que tenías. Hemos agregado dos alumnos más **al** grupo quinto de Física. Hemos agregado un poquito de canela **al** cóctel.* **2** Añadir ‹una persona› [una cosa] a [una cosa que ha dicho o escrito]: *El conferenciante agregó que no le ilusionaba visitar todos los países andinos.* **3** Destinar ‹una persona› [a otra persona] a [un puesto o servicio] temporalmente: *Me han agregado **a** la agregaduría comercial de Lima.* SIN. adscribir. ‖ *v. prnl.* **4** Unirse ‹una persona, un animal o una cosa› a [otras personas, animales o cosas]: *Nos hemos agregado **a** la fiesta, porque tenía muy buena pinta.* ⇒ **56.**

agresión *s. f.* **1** Acción de acometer a una persona para matarla, herirla o hacerle algún daño: *El policía rechazó la agresión haciendo uso de su arma reglamentaria.* SIN. ataque. **2** Acto contrario al derecho de otro: *Los sindicatos consideran el acuerdo una agresión **al** derecho de los obreros.* **3** Ataque armado de una nación contra otra con violación del derecho: *Los países americanos considerarán cualquier maniobra naval como una agresión.*

agresividad *s. f.* **1** Disposición a actuar violentamente contra una persona o idea: *No soporto tu agresividad cuando hablas de política.* **2** Iniciativa y osadía en el ámbito de los negocios: *Una empresa con mucha agresividad en el mercado. Es un vendedor con mucha agresividad.*

agresivo, va *adj.* **1** (ser / estar; antepuesto / pospuesto) Que actúa con agresividad o la manifiesta: *una mirada agresiva, un agresivo mensaje. Desde que llegó está muy agresivo. Es un animal muy agresivo.* **2** Que tiene mucha iniciativa o empuje: *un ejecutivo agresivo, una editora agresiva.* **3** [Sustancia] que desgasta o destruye una superficie: *El ácido es muy agresivo. El ambiente urbano es muy agresivo **para** los pulmones.*

agresor, ra *adj.* **1** Que comete una agresión: *Han encontrado el arma agresora.* ‖ *s. m. / f.* **2** DER. Persona que viola o quebranta el derecho de otras: *El agresor es el de la corbata, que fue el que empezó a golpear al otro sin decir nada.*

agreste *adj.* **1** [Terreno, camino] que tiene mucha maleza o es muy irregular y es poco apto para caminar por él: *No se puede meter el coche en ese camino tan agreste. Vive en una zona agreste de difícil acceso.* **2** (ser / estar) Que no está cultivado o domesticado: *Es un animal agreste. Está algo agreste estos días, ten cuidado no te arañe. Me da mucha pena un campo que está agreste.* **3** Del campo, sin ningún refinamiento urbano: *una vivienda agreste. Sus costumbres son muy agrestes.* **4** (ser / estar) Que es grosero y de modales muy bruscos: *Es una persona muy agreste. Está totalmente agreste esta criatura.*

agriar *v. tr.* **1** Volver ‹una cosa› agria [otra cosa]: *El calor agria la leche.* **2** Volver ‹una persona o una cosa› malhumorada [a una persona]: *Los disgustos agriaron su carácter.* **3** Hacer ‹una persona o una cosa› más desagradable o violenta [una cosa]: *Sus intervenciones consiguen agriar todas las reuniones.* ‖ *v. prnl.* **4** Volverse ‹una cosa› agria: *La leche se ha agriado.* **5** Volverse ‹una persona› malhumorada: *Me estoy agriando con los años y con los desengaños.* **6** Hacerse ‹una cosa› más desagradable o violenta: *Las relaciones entre los dos países se van agriando por el problema de los refugiados políticos.*

agrícola *adj.* De la agricultura o del agricultor: *economía agrícola, productos agrícolas, región agrícola, ritos agrícolas.*

agricultor, ra *s. m. / f.* Persona que por oficio se dedica a cultivar la tierra: *Los jóvenes agricultores reclaman ayudas gubernamentales.*

agricultura *s. f.* **1** (no contable) Cultivo de la tierra: *Una gran parte de la población rural trabaja en la agricultura.* **2** (no contable) Conjunto de técnicas de cultivar la tierra: *La agricultura actual depende en gran medida de la química, del comercio y de la maquinaria.*

agridulce *adj.* [Sabor, olor] que es mezcla de agrio y dulce: *salsa agridulce.*

agriera *s. f.* AMÉR. Acidez de estómago.

agrietamiento *s. m.* Acción y resultado de agrietar o agrietarse: *El agrietamiento de la alta chimenea ha obligado a desalojar una manzana de casas. El agrietamiento de la piel está causado por la sequedad ambiental.*

agrietar *v. tr.* **1** Abrir ‹una cosa› grietas en [otra cosa]: *Las obras del metro han agrietado las paredes de varias casas.* ‖ *v. prnl.* **2** Abrirse grietas en ‹una cosa›: *Las paredes del cono volcánico se han agrietado con el terremoto. La piel se me agrieta con la sequía.*

agrimensor, ra *s. m./f.* Persona especialista que tiene por oficio medir terrenos: *el agrimensor de una empresa constructora.*

agringarse *v. prnl.* AMÉR. Adquirir ‹una persona› maneras o costumbres de gringo. ⇒ **56.**

agrio, gria *adj.* **1** (ser / estar) Que produce en la boca la misma sensación que el limón o el vinagre: *El sabor de la leche fermentada es agrio. Ese caldo está agrio, es mejor que no lo tomes. Hay que tirar esa salsa porque está agria.* SIN. ácido. **2** Que es antipático y violento: *Tiene un carácter muy agrio.* ‖ *s. m.* **3** (preferentemente en plural) Cítrico, grupo de frutas formado por el limón, la naranja, la lima, el pomelo y otras semejantes.

agro *s. m.* ELEVADO, ADMINISTRATIVO. Campo, tierra de cultivo: *la crisis del agro castellano, los problemas del agro del sur de Europa.*

agrología *s. f.* (no contable) Parte de la agronomía que estudia las relaciones entre la vegetación y el suelo.

agrónico, ca *adj.* / *s. m.* y *f.* [Persona] que está especializada en sistemas de cultivo agrícola por ordenador: *En el futuro habrá gran demanda de agricultores y agrónicos.*

agronomía *s. f.* (no contable) Conocimiento científico aplicado al cultivo de la tierra.

agrónomo, ma *adj.* / *s. m.* y *f.* [Persona] que se dedica por profesión a la agronomía: *La titulación de ingeniero agrónomo es difícil de obtener.*

agropecuario, ria *adj.* De la agricultura y la ganadería: *producción agropecuaria, sector agropecuario.*

agroquímica *s. f.* Parte de la química que trata del aprovechamiento industrial de las materias orgánicas del campo como aceites o resinas o pulpa de las plantas.

agrupación *s. f.* **1** Acción de agrupar o agruparse: *La primera agrupación la hizo atendiendo a los colores.* SIN. agrupamiento. ANT. separación. **2** Conjunto o reunión de cosas o de personas con alguna característica común: *Una agrupación de municipios formará el área metropolitana. La agrupación de despachos favorecerá el trabajo.* **3** Conjunto de personas que se asocian con un fin determinado: *agrupación de vecinos. Es socio de una agrupación filarmónica.*

agrupamiento *s. m.* Acción y resultado de agrupar o agruparse: *Hay agrupamientos fantásticos de peñas en esta ladera. El agrupamiento de los árboles del jardín es absolutamente caprichoso.*

agrupar *v. tr.* / *prnl.* **1** Reunir ‹una persona› [personas, animales o cosas] en un grupo: *Agrupa las cartulinas amarillas. Los obreros **se** agruparon en el sindicato del metal. Los hinchas **se** han agrupado en sus respectivas zonas acotadas.* **2** Formar ‹una persona› una agrupación o sociedad con [otras personas]: *Agrupó a los músicos del barrio en la Sociedad Filarmónica de Gracia.*

agua *s. f.* **1** Líquido sin sabor ni olor y sin color en pequeñas cantidades, aunque azul o de otros colores en grandes masas, que ocupa las tres cuartas partes de nuestro planeta, forma parte de todos los seres vivos, y está formado por dos volúmenes de hidrógeno y uno de oxígeno. **bolsa* de ~ caliente. bomba de ~. bota de ~. colchón* de ~. curso* de ~. huevo* pasado por ~. llave* de ~. pera* de ~. rata de ~. reloj* de ~. salto* de ~. traída* de aguas. Tribunal* de las Aguas. tromba* de ~. vapor de ~. vía* de ~. ~ bendita** Agua que bendice el sacerdote. **~ blanda** Agua que tiene pocas sales disueltas. **~ dulce** La que tiene poco o ningún sabor, por contraposición a la del mar. **~ dura** Agua que contiene impurezas de sales cálcicas. **~ gorda** Agua de sabor fuerte por tener sales en disolución, especialmente yeso. **~ mineral** Agua de manantial que contiene sales en disolución. **~ nieve** Aguanieve. **~ potable** Agua que se puede beber. **~ salada** Agua del mar. **aguas residuales / negras** Las procedentes de desagües que arrastran residuos y suciedad. **2** Líquido con abundancia de agua, extraído o destilado de alguna cosa: *agua de limón.* **3** Vertiente de un tejado: *La casa tiene un tejado de dos aguas.* **4** (en plural) Efecto óptico en forma de ondulaciones de algunas piedras, plumas, telas: *Esta tela hace aguas.* ‖ **5 ~ de borrajas** Cosa sin importancia: *El asunto quedó en agua de borrajas.* **6 ~ / leche de coco** Líquido contenido en el interior de los cocos, frutos. **7 ~ de colonia** Colonia. **8 ~ de seltz** Seltz. **9 ~ fuerte** Ácido nítrico diluido. **10 aguas mayores** RESTRINGIDO; EUFEMISMO. Excremento humano. **11 aguas menores** RESTRINGIDO; EUFEMISMO. Orina humana. **12 ~ oxigenada** Disolución de peróxido de hidrógeno y agua que se usa como desinfectante. **13 aguas jurisdiccionales** Aguas sujetas a la jurisdicción de un Estado. **14 aguas territoriales*.** **15 ~ tónica*.** FR. Y LOC. **a pan* y ~. ~ va** Se usaba para anunciar que se iban a tirar a la calle aguas sucias, mayores o menores de una casa: *En las comedias del Siglo de Oro aparece a menudo la frase «agua va» humorísticamente.* **ahogarse en un vaso* de ~. ajo* y ~. al ~ patos** Se usa para animar a una persona a meterse en el agua: *Venga niños, al agua patos.* **arca* de ~. bailar el ~** Adular ‹una persona› a [otra persona]: *Se dedica a bailarle el agua al jefe, siempre le da la razón.* **como ~ de mayo** INTENSIFICADOR. Muy bien, oportunamente: *Ese dinero nos viene como agua de mayo. Esperábamos la llegada de las vacaciones como agua de mayo.* **como pez* en el ~. con el ~ al cuello** Con muchas dificultades: *Nuestra empresa está con el agua al cuello. En nuestra casa estamos con el agua al cuello a fin de mes.* **ducha* de ~ fría. echar un jarro* de ~ fría. entre dos aguas** Con duda, sin decidirse por uno o por otro: *A ver si tomas una decisión y dejas de nadar entre dos aguas.* **hacer ~** 1 Tener ‹una embarcación› una grieta o un agujero por donde entra el agua: *Esta barca hace agua.* 2 Tener ‹una empresa o un proyecto› muchas dificultades: *Este comercio hace agua por todas partes y pronto tendremos que cerrarlo.* **hacérsele la boca* ~. llevar el ~ a su molino** COLOQUIAL. Disponer ‹una persona› las cosas en provecho propio: *Cada cual lleva el agua a su molino.* **llevar(se) el gato* al ~. más claro que el ~** COLOQUIAL; INTENSIFICADOR. Muy claro, evidente, sin admitir dudas: *Tu razonamiento es más claro que el agua. Está más claro que el agua: si no te ha dicho nada, es porque no le interesa en absoluto.* **nadar* entre dos aguas. no dar un palo* al ~. polla* de ~. romper aguas** Romper el feto la bolsa que lo envuelve y derramarse el líquido antes del parto: *Mi hermana ya ha roto aguas y la han llevado a una clínica.* **ser ~ pasada** Haber perdido ‹una cosa› actualidad o interés: *Mi enfado es agua pasada. Aquella novia es agua pasada.* **tomar las aguas** Estar ‹una persona› en un balneario para curarse: *Cada año toma las aguas para curar el reúma.* **volver las aguas a su cauce** Volver las cosas a ser como eran antes de que se produjera un cambio en ellas: *Después de reñir, hicieron las paces y volvieron las aguas a su cauce.* REFR. **Agua pasada no mueve molino.** Se usa para indicar que las cosas del pasado no producen ningún efecto. **No digas de esta agua no beberé.** Se usa para hacerle ver a una persona que no debe jactarse de no hacer determinada cosa porque en el futuro puede hacer aquello mismo que ahora critica.

aguacate *s. m.* **1** *Persea gratissima.* Árbol americano, con hojas grandes y siempre verdes y con un fruto en drupa. **2** Fruto de los aguacates: *ensalada de aguacates.*

aguacero *s. m.* Lluvia repentina, abundante y de poca duración: *Caerán aguaceros sobre el norte de la Península.* SIN. chaparrón.

aguachar *v. tr.* **1** ARG., CHILE; VULGAR en Chile. Domesticar ‹una persona› [un animal]. ‖ *v. prnl.* **2** AMÉR. Amansarse. **3** CHILE; VULGAR. Sentirse bien ‹una persona› en un lugar.

aguachento, ta *adj.* **1** AMÉR. Que está diluido o tiene poca densidad. **2** AMÉR.; RESTRINGIDO en España. [Comida, fruta] que tienen poco sabor por estar aguadas.

aguachinar *v. tr.* Estropear ‹una persona› [una comida] por añadir exceso de agua: *Ha aguachinado la sopa. Has aguachinado el gazpacho.*

aguachirle *s. m.* (no contable) Caldo o licor muy aguado, de poco sabor o graduación: *No sé cómo te puede gustar ese aguachirle que bebes; prueba esto mío.*

aguada *s. f.* **1** RESTRINGIDO. Tinte que se da a una pared para quitar la blancura excesiva del yeso. **2** Aprovisionamiento de agua potable en un barco.

aguaderas (plural) *s. f.* RESTRINGIDO. Armazón con divisiones que se coloca sobre las caballerías para transportar cántaros de agua.

aguadero *s. m.* Abrevadero.

aguado, da *adj* PERÚ; JERGAL. Que está aburrido o desanimado.

aguador, ra *s. m./f.* **1** RESTRINGIDO. Persona que tenía por oficio vender o transportar agua. || *s. m.* **2** RESTRINGIDO. Conjunto de travesaños horizontales que unen los dos aros de la rueda vertical de una noria para que corra la cadena y los cangilones.

aguafiestas *s. m./f.* (se usa siempre *aguafiestas* para singular y plural) COLOQUIAL, PEYORATIVO. Persona que estropea o interrumpe algo alegre, como una fiesta, una reunión, una comida: *Es un aguafiestas, en mitad de la cena se enfadó y se fue. No tiene sentido del humor, es una aguafiestas.*

aguafuerte *s. m./f.* **1** (no contable) Técnica de grabado mediante la acción de agua fuerte o ácido nítrico diluido sobre planchas de metal. **2** Estampa impresa con esta técnica.

aguaitar *v. tr.* AMÉR. Mirar, acechar ‹una persona› [a otra persona o una cosa].

aguaje *s. m.* PERÚ. Agua de mar amarillenta con peces muertos flotando.

aguamanil *s. m.* **1** RESTRINGIDO. Palangana. **2** RESTRINGIDO. Jarro con pico para echar agua en los aguamaniles. **3** RESTRINGIDO. Mueble o soporte donde se coloca este recipiente, usado frecuentemente como adorno. SIN. palanganero.

aguamanos (plural *aguamanos*) *s. m.* RESTRINGIDO. Aguamanil. FR. Y LOC. **dar ~** Servir ‹una persona› agua con el aguamanil a otra persona para que se lave.

aguamarina *s. f.* Variedad de berilo, transparente y de color azul, apreciada en joyería.

aguamiel *s. f.* **1** (no contable) Mezcla de agua con miel para preparar distintas bebidas o postres dulces. **2** (no contable) MÉX. Fruto del maguey que se hace fermentar para preparar el pulque.

aguanieve o **agua nieve** *s. f.* (no contable) Lluvia mezclada con nieve: *Está cayendo aguanieve.*

aguantar *v. tr.* **1** Sujetar ‹una persona o una cosa› [a una persona, un animal o una cosa] para evitar que se caiga: *Aguántame la escalera, por favor, que voy a cambiar la bombilla.* **2** Sufrir ‹una persona› [molestias] sin oponerse o quejarse: *Mi madre aguantó los inconvenientes del traslado.* || *v. prnl.* **3** Sufrir ‹una persona› una cosa molesta con resignación: *Aquí nos aguantamos con todo.* SIN. resignarse. || *v. tr./prnl.* **4** Impedir ‹una persona› que se manifieste un impulso o un deseo: ***Me** aguantaré la risa porque puede enfadarse si me ve reírme de las tonterías que dice.* SIN. reprimirse. FR. Y LOC. **~ carros* y carretas. ~/sujetar/sostener la vela*. ~ mecha*. que cada palo* aguante su vela.**

aguante *s. m.* **1** (no contable) Paciencia, capacidad de sufrir: *Tengo poco aguante, en cuanto me insultan, respondo. Tienes poquito aguante, por un pinchazo de aguja no se puede chillar tanto.* **2** Fortaleza o capacidad de resistir trabajos, pesos o presiones: *Carga más el carro que esta mula tiene mucho aguante. Me ha dicho el arquitecto que no ponga muebles antiguos pesados porque el piso tiene poco aguante.*

aguar *v. tr.* **1** Añadir ‹una persona› agua a [una cosa]: *Le gusta aguar el vino para comer.* **2** Estropear ‹una persona o una cosa› [una cosa]: *Su presencia nos aguará la fiesta.* || *v. prnl.* **3** Estropearse ‹una cosa›: *La fiesta se aguó con su llegada.* FR. Y LOC. **~ la fiesta*. aguarse los ojos** Llorar ‹una persona›: *Cuando la vi se me aguaron los ojos.*

aguardar *v. tr./intr.* **1** Esperar ‹una persona› [a otra persona o a una cosa]: *El avión no aguarda. Aguardemos **a** otro día.* || *v. tr./intr./prnl.* **2** Dejar pasar ‹una persona› un tiempo antes de [hacer una cosa]: *Aguarda unos minutos. Si **te** aguardas un poco, te ayudaré.* || *v. tr.* **3** Esperar ‹una persona› que le ocurra [una cosa]: *Ella aguarda nuevos acontecimientos.*

aguardentoso, sa *adj.* **1** Del aguardiente o parecido al aguardiente: *licor aguardentoso, olor aguardentoso. Me echó su aliento aguardentoso.* **2** [Voz] que es bronca o desagradable, como la que se tiene después de beber y no dormir: *Canta con una voz aguardentosa. Es difícil oírle por teléfono, porque cada día tiene la voz más aguardentosa.*

aguardiente *s. m.* (no contable) Bebida alcohólica de alta graduación que se obtiene por destilación del vino y otras sustancias: *aguardiente de caña, aguardiente de cerezas.*

aguarrás (no contable) *s. m.* Aceite volátil de trementina utilizado como disolvente de pinturas y barnices. *Las manchas de pintura de las manos puedes quitarlas con aguarrás.*

aguasarse o **ahuasarse** *v. prnl.* ARG., CHILE; RESTRINGIDO. Tomar ‹una persona› costumbres o modales rústicos como los del huaso u hombre de campo.

aguatero, ra *s. m./f.* AMÉR. Aguador.

aguatinta *s. f.* **1** (no contable) Tipo de grabado al aguafuerte sobre metal en que éste se recubre de una capa de polvo de resina mediante calor. **2** Estampa impresa con esta técnica.

aguaviva *s. f.* AMÉR. Animal marino que produce picazón si se toca.

agudeza *s. f.* (no contable) Capacidad de percibir las cosas: *agudeza visual, agudeza auditiva. Captó la ironía del texto gracias a su agudeza.*

agudizar *v. tr.* **1** Hacer ‹una persona o una cosa› más aguda [una cosa]: *El hambre agudiza el ingenio.* SIN. aguzar. **2** Hacer ‹una cosa› más grave [el estado de otra]: *La sequía ha agudizado el empobrecimiento de los agricultores del sur.* SIN. agravar, empeorar. || *v. prnl.* **3** Hacerse ‹el estado de una cosa› más grave: *La desesperación entre los refugiados se agudiza cada día que pasa.* ⇒ **19.**

agudo, da *adj.* **1** [Filo, arma, instrumento] que es fino y muy cortante: *El cuchillo es muy agudo. La punta de la espada es muy aguda.* **2** (antepuesto/pospuesto) [Sensación] que es muy intensa: *un agudo sabor, un dolor agudo, una aguda mirada.* **3** [Oído, vista, olfato] que percibe con claridad y facilidad: *oído agudo. Tienes un olfato muy agudo.* **4** LING. [Palabra] que está acentuada en la última sílaba. SIN. oxítono. **sílaba* aguda. 5** (ser/estar) [Escritor, humor] que percibe las cosas con rapidez e inteligencia y las expresa con gracia e ingenio: *El humorista está hoy muy agudo. El humorista es muy agudo. Estás muy aguda en tus últimos artículos. Escribe unas frases muy agudas.* **6** MAT. [Ángulo] que tiene menos de 90°. **7** [Enfermedad] que es corta y relativamente grave: *un ataque agudo de tos, una pulmonía aguda.* **8** [Situación] que es grave o preocupante: *La crisis económica es aguda.* || *adj. / s. m.* y *f.* **9** (ser / estar) ACÚST. [Sonido] que tiene una frecuencia muy alta: *Su voz es muy aguda. Esa partitura está muy aguda.* ANT. grave, bajo. || **10 acento* ~. 11 verso* ~.**

agüería *s. f.* AMÉR. Agüero.

agüero *s. m.* **1** Señal o presagio supersticioso de buena o mala suerte: *No creo ni en los buenos ni en los malos agüeros. Los ancianos dicen que es señal de buen agüero pisar mierda sin darse cuenta.* SIN. agüería (AMÉR.). **2** Adivinación supersticiosa que se utiliza en muchas culturas, basada, sobre todo, en la interpretación del vuelo o de las entrañas de las aves, en los fenómenos atmosféricos o en otras señales. FR. Y LOC. **ser pájaro de mal ~** 1 Traer ‹una persona› mala suerte: *Me voy, porque éste es un pájaro de mal agüero y siempre que estoy con él me pasa alguna desgracia.* 2 Anunciar siempre ‹una persona› que cualquier proyecto que se emprende saldrá mal: *No seas pájaro de mal agüero, este trabajo va a salir estupendamente.*

aguerrido, da *adj.* (antepuesto / pospuesto) Que es valiente: *una lucha aguerrida, un aguerrido soldado.*

aguijada *s. f.* Vara larga con una punta aguda de metal para picar a los bueyes y otros animales.

aguijar *v. tr.* **1** Estimular ‹una persona› [a un animal de carga] con la aguijada: *Aguija a las mulas que tenemos prisa.* SIN. aguijonear. **2** Estimular ‹una persona› [a un animal de carga] con la voz: *¡Arre, burro!, ¡ arre, mula! son frases típicas para aguijar una caballería.*

aguijón *s. m.* **1** Órgano puntiagudo con el que pican e inyectan el veneno algunos insectos y arácnidos: *La avispa le clavó el aguijón. Le ha clavado el aguijón un escorpión.* **2** Punta de hierro de algunas varas que se utilizan para picar a los bueyes y otros animales para que anden deprisa. **3** Estímulo, acicate: *Su deseo de aprender más es un buen aguijón para seguir estudiando.* SIN. aliciente.

aguijonazo *s. m.* **1** Golpe o herida producidos por un aguijón: *El pobre buey no reaccionaba ante los aguijonazos.* **2** Burla o reproche hiriente: *No soporta los aguijonazos de este profesor.*

aguijonear *v. tr.* **1** Estimular ‹una persona› [a un animal de carga] con la aguijada: *Aguijoneaba a las mulas.* SIN. aguijar. **2** Estimular ‹una persona o una cosa› [a una persona]: *Le aguijonea la ambición.* **3** Picar ‹un insecto o arácnido› [a una persona o un animal] con el aguijón: *Me han aguijoneado los mosquitos todo lo que han querido.*

águila *s. f.* **1** (macho y hembra) Familia *Accipitridae.* Ave rapaz, diurna, carnívora de gran tamaño, de color amarillento o pardo, pico curvo y fuerte, y garras afiladas. **~ imperial. ~ real.** **2** Persona de gran inteligencia y capacidad: *Su hermano tenía muchas tiendas y era un águila para los negocios.*

aguileño, ña *adj.* **1** Del águila: *garras aguileñas.* **2** [Rostro, nariz] que es largo y afilado: *Tiene un rostro aguileño, muy hermoso y varonil.* **nariz aguileña.**

aguilucho *s. m.* **1** (macho y hembra) *Circus macrourus.* Ave carnívora de pico corto, cola larga, grandes ojos y plumaje oscuro. **2** (macho y hembra) Pollo del águila: *Han cazado un aguilucho hembra y lo están domesticando.*

aguinaldo *s. m.* **1** Tipo de regalo que se hace en las fiestas de Navidad: *El aguinaldo de mi abuela consistía en una cesta llena de dulces y de sorpresas. Antes los niños iban por las casas cantando villancicos para que les dieran el aguinaldo.* **2** CUBA. Planta silvestre que florece en Navidad.

agüista *s. m. / f.* Persona que acude a un balneario de aguas medicinales: *A principios de siglo eran frecuentes los agüistas en los balnearios.*

agüita *s. f.* AMÉR. Tisana.

agüitarse *v. prnl.* MÉX.; COLOQUIAL. Deprimirse, decepcionarse ‹una persona›.

aguja *s. f.* **1** Pequeño instrumento de acero formado por una barra muy fina y puntiaguda con un agujero en un extremo por el que se pasa un hilo para coser: *enhebrar la aguja. Pon la aguja de la máquina de coser.* **~ colchonera. ~ de gancho** Aguja utilizada para hacer ganchillo. **~ de media** o **~ de hacer punto** Aguja utilizada para hacer punto. **2** Barra hueca muy fina y puntiaguda que se acopla a una jeringuilla para inyectar o sustraer una sustancia de un cuerpo: *Me ha hecho daño la enfermera al clavarme la aguja.* **~ quirúrgica. ~ hipodérmica** Jeringuilla usada para inyecciones. **3** Indicador alargado de diversos instrumentos: *la aguja de la balanza, la aguja del grabador. Se han parado las agujas del reloj.* **4** Punta especial que, en un tocadiscos, recorre los surcos del disco: *Tengo que cambiar la aguja del tocadiscos.* **5** Remate fino y puntiagudo de una torre, especialmente el de las catedrales góticas: *la aguja de la catedral.* **6** Hoja del pino y de alguna conífera. **7** (macho y hembra) *Belone vulgaris.* Pez marino de cuerpo largo y delgado y color verdoso con los lados plateados, que tiene las mandíbulas afiladas en forma de pico. **8** Raíl móvil para el cambio de vía en un cruce de ferrocarril: *El tren se paraba siempre al llegar a la estación del pueblo antes de entrar en agujas.* **9** Pastel alargado relleno de carne o pescado: *En esta pastelería tienen unas agujas de carne muy ricas.* **10** (preferentemente en plural) Costillas del cuarto delantero de una res. **11** Burbujas de gas carbónico que se forman en el vino como consecuencia de la fermentación: *Este vino no tiene aguja. Me gusta el vino de agujas.* || **12 ~ de marear / bitácora** Brújula que indica el rumbo de la nave. **13 ~ magnética** Brújula. FR. Y LOC. **buscar una ~ en un pajar** COLOQUIAL. Empeñarse en una cosa imposible o muy difícil: *Se me han caído las llaves en la calle, pero no las encontraremos, porque es como buscar una aguja en un pajar.* **perturbación* de la ~. tacón* de ~.**

agujerear *v. tr.* Hacer ‹una persona› un agujero en [una cosa]: *Ten cuidado no agujerees la pared. Ha agujereado la puerta del balcón para meter el cable del teléfono.*

agujero *s. m.* **1** Abertura, generalmente redonda, en alguna cosa o algún lugar: *un agujero en un calcetín, un agujero de la pared.* **2** Pérdida de dinero o déficit que no se ha justificado: *Dejó un agujero de varios millones tras dos años de gestión.* **3** COLOQUIAL. Habitación o casa de una persona: *Cuando trabaja se encierra en su agujero y no contesta al teléfono.* || **4 ~ negro** ASTRON. Cuerpo celeste no visible porque la densidad de su masa absorbe toda la energía.

agujeta *s. f.* **1** (macho y hembra) *Limnodromus griseus.* Ave pequeña de patas largas, cuerpo rechoncho y pico largo, que habita en América del Norte y aparece a veces en Europa. **2** (en plural) Dolor muscular que aparece después de haber realizado un ejercicio físico intenso o no habitual: *Tengo agujetas por haber hecho ejercicios abdominales.*

¡agur! *interj.* ¡Adiós!

agusanarse *v. prnl.* Criar ‹una cosa› gusanos: *El queso se ha agusanado. Estas cerezas están agusanadas.*

agustino, na *adj. / s. m.* y *f.* [Religioso cristiano] que pertenece a la orden de San Agustín: *Tiene un hermano agustino. Los agustinos tienen colegios para niños en algunas ciudades.*

agutí (plural *agutíes*, preferible a *agutís*) *s. m.* (macho y hembra) *Dasyprocta aguti.* Mamífero roedor de cola corta, patas largas y orejas pequeñas, que habita en América.

aguzanieves (plural *aguzanieves*) *s. m.* (macho y hembra) Género *Motacilla.* Ave pequeña, de pico fino, plumaje negro, grisáceo y blanco, cola larga y continuamente en movimiento, que pasa mucho tiempo en el suelo andando y corriendo.

aguzar *v. tr.* **1** Sacar ‹una persona› punta o filo a [una cosa]: *Tienes que aguzar las tijeras.* SIN. afilar. **2** Aplicar ‹una persona› [la atención o la inteligencia] intensamente: *Tu amigo ha aguzado su ingenio. Aguza la atención y espabílate, porque te echarán del trabajo como sigas así.* || *v. prnl.* **3** Hacerse ‹la atención o la inteligencia de una persona› más aguda: *La inteligencia se aguza con la necesidad.* ⇒ **19.**

¡ah! *interj.* **1** Expresa la emoción o impresión que experimenta una persona ante algo: *¡Ah, qué bien se está aquí! ¡Ah, pobre niño!* **2** Se usa para mostrar que se entiende, acepta o está de acuerdo con lo que alguien acaba de decir: *¡Ah, ya entiendo lo que quieres decir!* OBSERVACIONES: A veces introduce un comentario u objeción a lo que se acaba de decir: *–«Tú te encargarás de limpiar la habitación.» –«¡Ah, pero no esperes que lo haga gratis!»* **3** Se usa cuando se duda, se recuerda algo o se está pensando qué decir a continuación: *Tu cumpleaños es ¡ah!... creo que muy pronto, ¿no? ¡Ah, ya sé quién eres!*

ahechar *v. tr.* RESTRINGIDO. Limpiar ‹una persona› [el grano] con la criba: *Las cribas se utilizan ahora como adorno y no para ahechar cereales.*

aherrojamiento *s. m.* ELEVADO. Acción y resultado de aherrojar: *No soportaremos el aherrojamiento que nos impone la dictadura.*

aherrojar *v. tr.* **1** RESTRINGIDO. Poner ‹una persona› grilletes [a otra persona]: *Lo aherrojaron y lo echaron a un calabozo oscuro.* SIN. engrillar. **2** ELEVADO. Someter ‹una persona› [a otra persona]: *El destino de los vencidos es ser aherrojados. Entonces vivíamos en un régimen dictatorial, aherrojados en nuestro propio país.* SIN. esclavizar.

ahí *adv. lug.* **1** Indica un lugar próximo tanto a la persona que habla como a la que escucha, o el lugar en que está la persona a la que se habla. OBSERVACIONES: ◊ Equivale a 'a ese lugar' si acompaña a un verbo que indique movimiento o 'en ese lugar' si va con un verbo que indique situación. ◊ Admite la matización impuesta por las preposiciones *desde, hasta, hacia* y *por*: *Desde ahí no se ve nada.* ◊ Se coloca antes que cualquier adverbio que vaya junto a él: *ahí abajo, ahí delante.* RELACIONES Y CONTRASTES: *aquí* representa el lugar próximo a la persona que habla; *ahí,* un lugar más próximo a la persona que escucha; *allí,* un lugar bastante alejado. **2** (usado para llamar la atención sobre algo que se acaba de decir o sobre algo conocido por los interlocutores) Equivale a 'en esto, en eso': *No tengo dinero. Ahí está el problema.* || *interj.* **3** Exclamación que se usa para llamar la atención de alguien hacia algún lugar: *Ahí, detrás de ti.* FR. Y LOC. **~ es nada** INTENSIFICADOR. Indica la importancia que se le atribuye a algo que se ha dicho o que se va a decir: *Tendrás que quedarte sin dormir para terminar el trabajo. ¡Ahí es nada!* **~ le duele** Se usa para indicar que se ha encontrado lo fundamental de una cuestión o el punto débil de una persona: *No es necesario que me expliques más cosas para demostrarme su inseguridad, ya sé que ahí le duele. Ahí le duele, es buen chico, pero muy perezoso. Ahí le duele: ¿cómo seleccionamos a los candidatos?* **~ mismo** Se usa para resaltar lo cercana que está alguna persona o alguna cosa: *El pueblo está ahí mismo.* **~ me las den todas** COLOQUIAL. Se usa para indicar indiferencia ante un suceso porque nos afecta poco o afecta a otra persona. **¡alto*!** o **¡alto ~ ! dar* por ~. de ~** 1 De eso: *De ahí se deduce que el problema no tiene solución.* 2 Introduce la denominación de un hecho o fenómeno conocidos: *De ahí las prisas. De ahí mi preocupación.* **de ~ que** (exige subjuntivo) Se usa para indicar una consecuencia de algo que se ha dicho antes. OBSERVACIONES: El antecedente y la consecuencia van separados por coma o punto y coma : *Ha estado todo el día lloviendo; de ahí que no te haya llamado para ir a la playa.* **¡largo* (de ~ / aquí)! no ir por ~ los tiros*. por ~** 1 Indica indeterminación al hablar de un lugar: *He estado paseando por ahí.* 2 Repetido, equivale a 'aproximadamente eso', 'más o menos': *–«¿Tardarás cinco horas en llegar?» –«Por ahí, por ahí.»*

ahijado, da *s. m. / f.* Una persona con respecto a su padrino o madrina: *Tengo un ahijado de cuatro meses.*

ahijar *v. tr.* **1** RESTRINGIDO. Tomar ‹una persona› [a otra persona] como hijo: *Él nació en un pueblo pero lo ahijó un comerciante de Valencia.* SIN. prohijar. **2** Tomar ‹un animal› una cría de [otro animal] para criarlo: *Una perra ha ahijado dos gatitos de su vecina.* ⇒ **6.**

¡ahijuna! *interj.* ARG., URUG.; RESTRINGIDO, LITERARIO en Argentina. Expresa varios sentimientos, especialmente admiración.

ahínco *s. m.* (no contable) Actitud de quien realiza una cosa poniendo en ella toda su capacidad y esfuerzo: *Estudia inglés **con** ahínco. Trabaja **con** ahínco. Hay que poner todo el ahínco del mundo en lo que se hace, y a veces es poco.*

ahíto, ta *adj.* **1** (estar) Que ha comido hasta sentirse mal: *Estoy ahíto **de** pasteles.* **2** (estar) Que está harto o aburrido de algo o de alguien: *Está ahíta **de** sus amigos. Está ahíto **de** fútbol.*

ahogar *v. tr.* **1** Matar ‹una persona o una cosa› [a una persona o un animal] impidiéndole respirar: *Lo han acusado de ahogar a tres gatos.* SIN. asfixiar. **2** Causar ‹el calor, una atmósfera cargada o el exceso de abrigo› sensación de ahogo [a una persona]: *Este ambiente enrarecido me ahoga.* **3** Poner ‹el exceso de agua o la proximidad de una planta› mustia [otra planta]: *No riegues tanto los tiestos, que los estás ahogando.* **4** Apagar ‹una persona› [el fuego] poniendo una cosa encima: *Ahogó las llamas con una manta.* SIN. sofocar. **5** Llenar ‹una persona› el carburador de [un motor] con un exceso de combustible que le impide funcionar: *Has ahogado el motor. No aceleres que ahogas el coche.* **6** Causar ‹una cosa› inquietud fuerte [a una persona]: *No puedo montar en el ascensor porque me ahogan los lugares cerrados.* **7** Impedir ‹una persona o una cosa› que [una cosa] se desarrolle o se manifieste: *La policía ahogó las protestas.* **8** En el ajedrez, hacer ‹una persona› que el adversario no pueda mover ninguna pieza sin que [el rey] se quede en jaque. ‖ *v. prnl.* **9** Morir ‹una persona o un animal› por no poder respirar: *Se ahogaron varios marineros del barco que naufragó.* **10** Experimentar ‹una persona› sensación de ahogo: *Me ahogo con el calor. Me ahogo con el humo.* **11** Ponerse ‹una planta› mustia por la proximidad de otra: *El naranjo se ahoga entre los pinos.* **12** Apagarse ‹el fuego›: *El fuego se está ahogando, tienes que echar un poco de paja en la chimenea.* SIN. sofocarse. **13** Llenarse el carburador de ‹un motor› con un exceso de combustible: *Se ahoga el motor, no aceleres.* **14** Sentirse ‹una persona› inquieta: *Me ahogo entre esta multitud.* FR. Y LOC. **~ las penas*. ahogarse en un vaso* de agua. ⇒ 56.**

ahogo *s. m.* **1** (no contable) Sensación de falta de aire: *Empezó a sentir ahogo en aquel local tan lleno de humo. Con el calor y el cuello tan estrecho tenía un ahogo insoportable.* SIN. asfixia. **2** (no contable) INTENSIFICADOR. Angustia o apuro de una persona: *Sentía un ahogo en el pecho debido a las ganas de llorar.*

ahondar *v. tr. / intr.* **1** Hacer ‹una persona› más honda [una cosa]: *Hemos ahondado **en** la zanja.* **2** Introducir ‹una persona› [una cosa] muy dentro de [otra cosa]: *Hay que ahondar bien la semilla **en** la tierra.* **3** Estudiar o examinar ‹una persona› [una cosa] seriamente: *Tienes que ahondar **en** este tema.* SIN. profundizar. ‖ *v. intr. / prnl.* **4** Introducirse ‹una cosa› muy dentro de [otra cosa]: *Las raíces **se** ahondan enseguida **en** la tierra.*

ahora *adv. temp.* **1** (con la forma *mismo* toma un sentido enfático o intensificador) En el momento en que se habla: *Ahora no llueve. Ahora mismo no hay nadie en casa.* OBSERVACIONES: En algunas variedades del español, especialmente en Hispanoamérica, se usa la forma diminutiva *ahorita.* **2** En la actualidad: *Ahora la gente se divierte de otra manera.* ANT. antiguamente, antes. **3** (Con la forma *mismo* toma un sentido enfático o intensificador) Inmediatamente antes o inmediatamente después del momento en que se habla y equivale a 'hace poco' o 'dentro de poco': *He recibido el paquete ahora. Llamaré a la familia ahora. Vendrá ahora mismo.* **4** Después de lo ocurrido: *He perdido el dinero, ¿qué hacemos ahora?* FR. Y LOC. **a la hora* de ~** o **a la hora de ésta. ~ caigo** COLOQUIAL. Ahora comprendo, ahora recuerdo: *Ahora caigo, tú eres el amigo de Teresa.* **~ que** 1 Seguido de verbos como *pensar, recordar* o *decir* introduce aquello que se piensa, se recuerda o se dice, generalmente de forma repentina, o las consecuencias o resultados de haber pensado, recordado o dicho una cosa: *Ahora que recuerdo, tú me debes dinero. Ahora que lo pienso, creo que me he portado mal.* 2 Introduce la situación o el momento en que se encuentra una persona: *Ahora que hemos acabado la reunión, podemos ir a cenar. Ahora que no nos oye nadie, me lo puedes explicar.* **~ sí que** INTENSIFICADOR. (se usa frecuentemente en expresiones de disgusto) Expresa la seguridad del que habla en que una cosa sucederá como él indica: *Ahora sí que me voy. ¡Ahora sí que os habéis equivocado!* **~ último*. de ~ en adelante** A partir de ahora: *De ahora en adelante, saldrás a las dos.* **hasta* ~** DESPEDIDA. Equivale a 'hasta dentro de muy poco' y se usa por el que se despide o por la persona que abandona un lugar.

ahorcamiento *s. m.* Acción y resultado de ahorcar: *No comprendo cómo a la gente le gustaba presenciar los ahorcamientos de sus semejantes. Me ha enfadado el ahorcamiento del seis doble.*

ahorcar *v. tr. / prnl.* **1** Matar ‹una persona› [a otra persona] colgándola de una cuerda que rodea su cuello: *El fugitivo **se** ahorcó en la casa donde se escondía.* ‖ *v. tr.* **2** Impedir ‹una persona› que [el adversario] coloque una ficha doble, en el dominó: *Cierro y te ahorco el seis doble.* FR. Y LOC. **~ / colgar los hábitos*. ⇒ 71.**

ahormar *v. tr.* RESTRINGIDO. Hacer ‹una persona› que [una cosa] se ajuste a su horma: *Le ahormaremos los zapatos para que no le aprieten.* SIN. adaptar, amoldar.

ahorquillado, da *adj.* Que tiene forma de horquilla: *cola de ave ahorquillada.*

ahorquillar *v. tr.* Sujetar ‹una persona› con horquillas [las ramas de los árboles] para que no se rompan: *Hay que ahorquillar el peral del jardín.*

ahorrador, ra *adj. / s. m.* y *f.* Que ahorra: *Es una persona muy ahorradora.* SIN. ahorrativo.

ahorrar *v. tr.* **1** Guardar ‹una persona› parte del [dinero del que dispone]: *Ahorra dinero para la vejez.* **2** Gastar ‹una persona› [una cosa] en menor cantidad de lo necesario: *Le gusta ahorrar azúcar y aceite. Por este camino se ahorra tiempo.* ‖ *v. tr. / prnl.* **3** Evitar ‹una persona o una cosa› [problemas o molestias] [a una persona]: *Si pagas la multa **te** ahorrarás problemas. **Nos** ahorraremos palabras si no le hacemos caso.*

ahorrativo, va *adj.* **1** Que ahorra: *Tengo unos hijos muy ahorrativos, gastan muy poco.* SIN. ahorrador. **2** Del ahorro o que encierra ahorro: *Tiene un carácter ahorrativo. Siempre organiza unas fiestas muy ahorrativas.* SIN. ahorrador.

ahorrista *s. m. / f.* ARG., URUG., VEN. Persona que tiene una cuenta de ahorros en un establecimiento bancario.

ahorro *s. m.* **1** Gasto menor de lo que es habitual: *El ahorro de energía es fundamental para la naturaleza. Nos preocupa el ahorro de agua.* **2** Cosa que se ahorra: *Ha crecido el ahorro de las familias españolas. ¿Me prestas tus ahorros?* **caja* de ahorros. libreta* de ahorros. plan* de ~.**

ahuasarse *v. prnl.* Aguasarse.

ahuecar *v. tr.* **1** Dejar ‹una persona› hueca [una cosa]: *Ha ahuecado la calabaza para hacer un muñeco.* SIN. vaciar. **2** Hacer ‹una persona o una cosa› más grave o sonora [la voz]: *Cuando ahueca la voz es que está muy enfadada.* **3** Hacer ‹una persona o una cosa› menos compacta [una cosa]: *Tienes que ahuecarte el pelo, porque no queda bien tan aplastado.* ‖ *v. prnl.* **4** Hacerse ‹una cosa› menos compacta: *La lana se ahueca con este detergente.* **5** RESTRINGIDO. Volverse ‹una persona› afectada: *En cuanto le ha tocado la lotería se ha ahuecado y ha dejado de hablar con los conocidos.* FR. Y LOC. **~ el ala*. ⇒ 71.**

ahuehetle, ahuehuete o **ahuehuetle** *s. m.* MÉX.; COLOQUIAL. *Texodium mucronatum.* Árbol cupresáceo mexicano y americano, que hoy se cultiva por su madera y como planta de adorno, que los indígenas consideraban sagrado.

ahuesarse *v. prnl.* **1** AMÉR. Perder categoría ‹una persona› en una profesión. **2** AMÉR. No venderse ‹una mercancía› por haberse estropeado o pasado de moda. **3** AMÉR. Perder su utilidad o prestigio ‹una persona o cosa› **4** PERÚ; COLOQUIAL. Aburrirse ‹una persona›.

ahuevar *v. tr.* **1** RESTRINGIDO Dar ‹una persona o una cosa› forma de huevo a [una cosa]: *Han ahuevado el pastel de chocolate.* || *v. prnl.* **2** Tomar ‹una cosa› forma de huevo: *Este balón se está ahuevando.* **3** AMÉR.; VULGAR en Perú. Atontarse, aburrirse ‹una persona›. **4** COL.; RESTRINGIDO. Dejar de hacer o interrumpir ‹una persona› un asunto por miedo.

ahumado, da *adj.* **1** (ser / estar) [Cristal] que tiene un color gris parecido al del humo: *Me gusta ir en verano con cristales ahumados. Lleva unas enormes gafas ahumadas. Los cristales son ahumados.* || *adj. / s. m.* **2** (ser / estar) [Alimento] que ha sido sometido al efecto del humo para darle un sabor especial o para conservarlo mejor: *jamón ahumado, pescado ahumado, salmón ahumado. Los alemanes son grandes comedores de ahumados. Me gustan los ahumados.*

ahumar *v. tr.* **1** Exponer ‹una persona› [una cosa] al humo: *En Navarra ahúman muy bien los pimientos.* **2** Llenar ‹una persona o cosa› [otra persona o cosa] de humo: *Me estás ahumando con tu cigarro. El asado está ahumando toda la cocina.* || *v. prnl.* **3** Llenarse ‹una cosa› de humo: *Toda la habitación se ha ahumado por haberte dejado la sartén en el fuego.* **4** Tomar ‹un alimento› sabor a humo: *Se ha ahumado la carne. La leche está ahumada.* **5** Ponerse ‹una cosa› negra a causa del humo.: *La cocina del pueblo estaba completamente ahumada. Tienes que pintar estas paredes que están completamente ahumadas.*

ahuyama *s. f.* Auyama.

ahuyentar *v. tr.* **1** Hacer huir ‹una persona, animal o cosa› [a otra persona o animal]: *El pastor ahuyentó al zorro. El humo ahuyenta a los mosquitos.* SIN. espantar. **2** Evitar ‹una persona› [pensamientos o sentimientos]: *Ahuyenta esos pensamientos tan negros. No pienses en el accidente, ahuyenta el malhumor.*

-aico, ca *suf.* Significa 'cualidad relacionada con' y forma adjetivos a partir de sustantivos o de adjetivos: *álgebra - algebraico; hebreo - hebraico.*

aimara o **aimará** *adj. / s. m.* y *f.* Que pertenece a una raza de indios que viven en la región del lago Titicaca entre Perú y Bolivia: *poblado aimara, un grupo de aimaras.*

aindiado, da *adj.* AMÉR. Que tiene el color y las facciones propias de los indios.

airar *v. tr.* **1** Poner ‹una persona o una cosa› muy irritada [a una persona]: *Las últimas noticias sobre la guerra airaban mucho a los jóvenes.* SIN. enfurecer. || *v. prnl.* **2** Ponerse ‹una persona› muy irritada: *Se ha airado con la nueva ley.* SIN. enfurecerse. ⇒ **6.**

airbag (plural *airbags;* del inglés; pronunciamos *'erbag'*) *s. m.* Dispositivo de protección de los coches, que consiste en una bolsa situada delante de los viajeros, que se hincha rápidamente de aire en caso de un choque violento: *Casi todas las marcas ofrecen airbag en sus modelos nuevos, algunas ponen airbags delanteros y otras sólo para el conductor.*

aire *s. m.* **1** (no contable) Mezcla de gases, sobre todo nitrógeno y oxígeno, que rodea la Tierra y forma la atmósfera: *Todos necesitamos aire para respirar. Hoy día existen bastantes vehículos que se desplazan en el aire.* **bolsa de ~. bomba de ~. cámara* de ~. colchón* de ~. filtro de ~.** **2** Movimiento de estos gases, viento: *No me gusta salir de casa con aire. Hoy hace un aire fuerte. El aire te vuela el sombrero.* **3** Parecido de una persona o de una cosa con otras: *Tiene un aire a su tío. Tiene el típico aire de familia, un poco distraído.* **4** Aspecto o apariencia de una persona o de una cosa: *Tiene un aire muy agradable tu amigo. Los libros estos tienen un aire pesado. Se veía allí un aire muy acogedor.* **5** Gracia, elegancia de alguien en sus acciones: *Tiene aire. Se da un buen aire. Este portero para con mucho aire.* **6** Melodía, canción: *Esta melodía es un aire tradicional gallego.* **7** Aerofagia: *Perdona, pero creo que tengo aire.* **8** Ritmo musical: *La primera parte de esta partitura se ejecuta con aire rápido y la segunda con aire lento.* **9** Soberbia, vanidad: *No sé por qué te das esos aires. Desde que ganó el premio de poesía va con unos aires insoportables.* **10** Ambiente o circunstancias que rodean a alguna cosa: *Los inventos están en el aire. La noticia está en el aire, pero no sabemos quién la ha contado.* || **11 ~ acondicionado** Aparato o conjunto de aparatos que se usan para regular la temperatura de un lugar cerrado: *Ha comprado un coche con aire acondicionado. Tiene aire acondicionado en el piso.* **12 ~ comprimido** Aire a presión que proporciona energía cuando se expansiona: *Tiene una escopeta de aire comprimido.* FR. Y LOC. **a su ~** Libremente, según su voluntad individual: *En vacaciones me gusta ir a mi aire, sin exigencias de reloj.* **acondicionador* de ~. al ~** 1 Sin protección: *Es una piedra preciosa montada al aire. Le gusta montar en bicicleta sin casco, con la cabeza al aire.* 2 Sin cubrir con una tela: *Va con un vestido ligero, con los brazos y toda la espalda al aire.* **al ~ libre** Fuera de un espacio cerrado: *La comida tendrá lugar en el jardín, al aire libre.* **cambiar / mudar de aires** Cambiar ‹una persona› de residencia: *Creo que me conviene cambiar de aires, voy a ir a vivir a Salamanca.* **con el culo* al ~. dar un ~** Sufrir ‹una persona› una parálisis: *Le ha dado un aire y no puede mover el lado derecho.* **darse aires** Darse ‹una persona› mucha importancia: *Se da unos aires exagerados, es muy chulo.* **echar una cana* al ~. hacer castillos* en el ~. saltar* por los aires** o **saltar en pedazos. tomar el ~** Dar ‹una persona› un paseo fuera de un lugar cerrado: *Voy a tomar el aire, porque estoy cansado.*

airear *v. tr.* **1** Exponer ‹una persona› [a otra persona, un animal o una cosa] al aire: *Al llegar, aireó todas las habitaciones de la casa.* SIN. orear. **2** Hacer ‹una persona› pública [una cosa]: *La prensa aireó la noticia de su divorcio.* SIN. difundir. || *v. prnl.* **3** Estar ‹una persona, un animal o una cosa› expuesta al aire: *Esta mañana nos hemos aireado bien.* SIN. orearse. **4** Ponerse ‹una persona› al aire libre para refrescarse o serenarse: *He salido a airearme un poco, porque llevo todo el día en el despacho.* SIN. despejarse.

airoso, sa *adj.* **1** (antepuesto / pospuesto) Que tiene garbo, gracia o elegancia: *Era un paseo flanqueado por árboles de troncos airosos. Rosario cautivó a los presentes con sus airosos andares, llenos de gracia.* SIN. garboso. **2** (estar) Que hace algo con éxito: *Salió airoso de la prueba, a pesar de su dificultad. Su hijo estuvo muy airoso en su papel.*

aislacionismo *s. m.* (no contable) Ideología y comportamiento de las personas contrarias a que un país intervenga en asuntos internos de otro. ANT. intervencionismo.

aislacionista *adj.* **1** Del aislacionismo: *tendencia aislacionista, medidas aislacionistas.* || *adj. / s. m.* y *f.* **2** Que es partidario del aislacionismo: *propaganda aislacionista, partido aislacionista.*

aislado, da *adj.* **1** Que no se produce de una forma general: *Se han producido manifestaciones aisladas en contra del Gobierno. Fue un caso aislado de cólera.* **2** (estar) ARQ. [Columna] que está separada de los muros u otras zonas del edificio.

aislamiento *s. m.* **1** Separación de una cosa: *El aislamiento de las comarcas del oeste peninsular contrasta con las comunicaciones del este.* **2** Protección contra los agentes físicos: *Hemos reforzado el aislamiento de la pared norte, para que la casa esté más caliente.* **3** Incomunicación con sus semejantes: *Busca el aislamiento en el monasterio para olvidarse de su vida. En ese pueblo vive en un aislamiento absoluto, sin teléfono, ni radio, ni televisión.*

aislante *adj. / s. m.* Que aísla o protege: *La lana es un buen aislante **del** frío. Son cristales aislantes.* **cinta* ~.**

aislar *v. tr. / prnl.* **1** Poner ‹una persona› [a otra persona, un animal o una cosa] en un lugar apartado: *Tu hermano **se** ha aislado.* **2** Evitar ‹una persona o una cosa› que [una persona] se relacione con otras: ***Se** ha aislado desde que cayó enfermo.* || *v. tr.* **3** Impedir ‹una cosa› el paso de [un agente físico]: *He aislado el salón con cristales dobles.* **4** QUÍM. Separar ‹una persona› [un elemento] de otros con los que estaba combinado: *Hemos hecho prácticas para aislar algunos elementos de algunos compuestos.* **5** MED. Separar ‹una persona› [un virus o una bacteria] para observar su comportamiento. ⇒ **6.**

aizcolari *s. m.* Deportista que participa en la competición de cortar con un hacha la mayor cantidad posible de troncos en un tiempo determinado: *Los aizcolaris practican un deporte tradicional del pueblo vasco.*

¡ajá! o **¡ajajá!** *interj.* **1** Se usa cuando se sorprende a alguien en una situación en la que no esperaba ser sorprendido: *¡Ajá, te pillamos con las manos en la masa!* **2** Expresa aprobación: *¡Ajá, eso habíamos acordado!*

ajar *v. tr.* **1** Hacer ‹una cosa› más vieja [a una persona o una cosa]: *El aire del mar ha ajado su rostro. El chal se ve algo ajado por el uso.* || *v. prnl.* **2** Hacerse ‹una persona o una cosa› vieja: *Con los años se le ha ajado el cutis.*

ajardinar *v. tr.* Convertir ‹una persona› [un terreno] en jardín: *Van a ajardinar unas cuantas zonas del barrio.*

-aje *suf.* **1** Significa 'acción y resultado de' y forma sustantivos a partir de verbos o de sustantivos: *aterrizar - aterrizaje, aprendiz - aprendizaje, rodar - rodaje.* **2** Significa 'conjunto de' y forma sustantivos a partir de sustantivos: *ropa - ropaje, rama - ramaje, correa - correaje.*

ajedrecista *s. m. / f.* Persona que juega al ajedrez por afición o como profesional: *Los ajedrecistas rusos tienen fama.*

ajedrecístico, ca *adj.* Del ajedrez: *torneo ajedrecístico, afición ajedrecística.*

ajedrez *s. m.* **1** Juego de inteligencia entre dos jugadores que se desarrolla sobre un tablero con casillas blancas y negras sobre el que deben mover dieciséis piezas cada uno según unas reglas: *jugar al ajedrez, partida de ajedrez , jugador de ajedrez, juego de ajedrez, campeonato de ajedrez.* **2** Conjunto de piezas y tablero para jugar al ajedrez: *Les ha pedido a los Reyes Magos que le traigan un ajedrez.*

ajenjo *s. m.* **1** *Artemisia absinthium.* Planta compuesta perenne, de hojas blanquecinas, sabor amargo y algo aromático que se utiliza en medicina. **2** Bebida alcohólica muy fuerte elaborada con esencia de ajenjos. **3** Absenta.

ajeno, na *adj.* **1** Que pertenece a otro: *Solía guardar en el bolso objetos ajenos. No suele dar importancia a la opinión ajena.* **2** Que no interesa o afecta: *Me resulta totalmente ajeno lo que les ocurra. Es una cuestión ajena **a** lo que estamos tratando. Ese problema es ajeno **a** mi familia.* SIN. indiferente. **3** (estar) Que no se entera de lo que sucede a su alrededor: *Estaba ajena **a** todo mientras preparaba la cena. Estoy ajeno de cuidados.* **4** Que es impropio de una persona o cosa: *La preocupación es ajena **a** su carácter. El brillo es ajeno **a** esta madera.* || **5 vergüenza* ajena.** FR. Y LOC. **como gallina* en corral ~. escarmentar* en cabeza ajena.**

ajete *s. m.* Ajo tierno que aún no ha desarrollado el bulbo: *tortilla de ajetes.*

ajetrearse *v. prnl.* Moverse ‹una persona› mucho de un lado a otro realizando un trabajo excesivo: *Mi madre está ahí, ajetreándose como de costumbre en la cocina.*

ajetreo *s. m.* (no contable) Trabajo o actividad muy intensos: *En la oficina de correos había mucho ajetreo. Tengo un ajetreo tremendo estos días en la tienda.* SIN. trajín.

ají (plural *ajíes,* preferible a *ajís*) *s. m.* **1** AMÉR. *Capsicum.* Planta herbácea de la familia de las solanáceas de muchas variedades, que produce frutos picantes o dulces. **2** AMÉR. Fruto de esta planta, dulce o picante.

ajiaceite *s. m.* Ajoaceite.

ajiaco *s. m.* **1** AMÉR. Sopa de ají. **2** AMÉR. Salsa de ají para condimentar.

ajilimoje o **ajilimójili** *s. m.* **1** (no contable) COCINA. Salsa elaborada con ajos y otros ingredientes. **2** (preferentemente en singular) COLOQUIAL. Conjunto de cosas mezcladas y revueltas. **3** COLOQUIAL. Accesorios, añadidos. FR. Y LOC. **con todos sus ajilimójilis** COLOQUIAL. Con todos sus requisitos, sin que falte nada.

ajillo *s. m.* (no contable) COCINA. Condimento elaborado con ajos fritos: *gambas al ajillo, pollo al ajillo.*

ajito *s. m.* JERGAL. Dosis de LSD.

ajo *s. m.* **1** *Allium sativum.* Planta liliácea de hojas largas y estrechas, flores pequeñas y blancas y bulbo con un fuerte olor que se emplea como condimento. **2** Bulbo de los ajos que se usa en guisos, salsas y adobos. **cabeza de ajos** El bulbo completo. **diente de ~** Cada uno de los gajos del bulbo. **ristra* de ajos.** FR. Y LOC. **~ y agua** COLOQUIAL, HUMORÍSTICO. Se usa para señalar la necesidad de aguantarse o resignarse con alguna contrariedad o dificultad inevitable: *–«No puedo ir a esquiar el fin de semana porque el jefe me ha pedido que vaya a trabajar a su casa.» –«Pues ajo y agua.» Si te pesca un atasco en coche, ya sabes el remedio, ajo y agua.* **el que se pica, ajos come** COLOQUIAL; RESUMIDOR FINAL. Se usa para indicar que si una persona se siente molesta por una crítica es debido a que algo hay de cierto en ésta: *Yo no he dicho que seas un vago, pero el que se pica ajos come.* **estar en el ~** COLOQUIAL. Estar ‹una persona› enterada de alguna cuestión, generalmente porque pertenece al grupo que la ha decidido: *No sé cómo va a ser la fiesta, pregúntale a Pilar que está en el ajo. Parece que todos los apresados por la policía estaban en el ajo del asalto al banco.*

-ajo, -ja *suf.* Diminutivo con valor peyorativo que forma sustantivos a partir de sustantivos o de verbos y adjetivos a partir de adjetivos: *miga - migaja, colgar - colgajo, espantar - espantajo, pequeño - pequeñajo.*

ajoaceite *s. m.* (no contable) COCINA. Salsa elaborada con ajos machacados y aceite.

ajoarriero *s. m.* (no contable) COCINA. Guiso de bacalao condimentado con tomate, huevos y ajos: *bacalao al ajoarriero.*

ajochar *v. tr.* PERÚ; JERGAL. Perseguir, instar ‹una persona› [a otra persona].

ajolote *s. m.* (macho y hembra) *Ambystoma mexicanum.* Anfibio de los lagos mexicanos que no llega nunca al estado adulto pero es capaz de reproducirse como larva.

ajonjolí (plural *ajonjolíes* o *ajonjolís*) *s. m.* **1** *Sesamum orientale.* Planta herbácea de flores acampanadas blancas o rosadas con fruto que tiene semillas amarillentas apreciadas como condimentos. **2** Simiente de esta planta.

ajorca *s. f.* Pulsera gruesa del brazo o de la muñeca o de la pierna, usada como adorno.

ajuar *s. m.* **1** Conjunto de ropas, muebles y otras cosas que lleva la mujer al matrimonio: *Estoy bordando el ajuar para mi boda.* **2** Ropas, muebles y enseres de una casa: *Cada traslado de casa exige recomponer el ajuar de la familia.*

ajumar *v. tr. / prnl.* VEN.; COLOQUIAL. Emborrachar ‹una persona› [a otra persona].

ajuntar *v. tr. / prnl.* **1** INFANTIL. Ser ‹un niño› amigo de [otro niño]: *No me ajunto* ***con****tigo. ¿Por qué no ajuntas a Pilar?* ‖ *v. prnl.* **2** COLOQUIAL, RESTRINGIDO. Vivir ‹un hombre y una mujer› juntos sin estar casados: *Dos de mis alumnos se han ajuntado.* SIN. arrejuntarse.

ajustar *v. tr.* **1** Poner ‹una persona› [una cosa] dentro, encima o alrededor de [otra cosa] de manera que la primera se adapte perfectamente a la segunda: *He ajustado bien el grifo para que no gotee. Ajusta bien esta pieza* ***a*** *esa otra.* SIN. encajar. **2** Poner ‹una persona› [una cosa] en correspondencia con [otra cosa]: *Ajustó los gastos* ***a*** *los ingresos.* SIN. adaptar. **3** Llegar ‹una o varias personas› a un acuerdo con [otra u otras]: *Han ajustado la paz. Han ajustado un matrimonio.* **4** Llegar ‹varias personas› a un acuerdo en [el precio de una cosa]: *Ajustaron el coche* ***en*** *cien mil pesetas. Hemos ajustado una casa para las vacaciones.* **5** Dar ‹una persona› la forma definitiva a [las galeradas] para la impresión: *Está ajustando las páginas de huecograbado.* **6** Hacer ‹una persona› preciso [un aparato]: *Ajustó el carburador. Nos han ajustado la balanza electrónica. Ajustó los prismáticos al enfocar al escenario.* **7** RESTRINGIDO. Pagar ‹una persona› [una deuda o una cuenta]: *Ha venido esta mañana temprano y ha ajustado todo lo que se había llevado este trimestre.* **8** Tomar ‹una persona› [a otra persona] a su servicio determinando el precio y las condiciones: *Lo ajusté por la cama, comida y un pequeño salario mensual.* SIN. contratar. **9** QUÍM. Escribir ‹una persona› el número de moléculas de [las sustancias que intervienen en una reacción]. **10** MÉX. Cumplir años ‹una persona›. ‖ *v. intr. / prnl.* **11** Estar ‹una cosa› dentro, encima o alrededor de [otra cosa] de manera que la primera se adapta perfectamente a la segunda: *El tapón no ajusta bien en la botella. La llave no* ***se*** *ajusta a este tipo de tuerca.* ‖ *v. prnl.* **12** Estar ‹una cosa› en correspondencia con [otra cosa]: *No se ajusta esa propuesta* ***a*** *nuestras necesidades.* **13** Adaptarse ‹una persona› a [otra]: *Tu sobrino es muy agradable, se ajusta perfectamente* ***a*** *todos nosotros.* **14** Ponerse ‹varias personas› de acuerdo en una cosa: *Se ajustaron con los acreedores.* FR. Y LOC. **~ las cuentas*.**

ajuste *s. m.* **1** Acción y resultado de ajustar o ajustarse: *Tienen que hacerme un ajuste en la antena de la tele, para poder ver algunos canales del satélite.* ‖ **2 ~ de plantilla** Reducción del número de trabajadores de una empresa por razones técnicas o económicas, normalmente para conseguir mayor productividad: *Los sindicatos rechazan el ajuste de plantillas.* **3 ~ de precios** Acuerdo para regular los precios, normalmente a la baja, por razones de competencia comercial. **4 ~ económico** Conjunto de medidas económicas aplicadas para corregir desequilibrios: *El Gobierno prepara un ajuste económico urgente.* FR. Y LOC. **carta* de ~.**

ajusticiamiento *s. m.* ELEVADO. Ejecución de una pena de muerte: *El ajusticiamiento tuvo lugar a las ocho.*

ajusticiar *v. tr.* Aplicar ‹una persona› la pena de muerte [a un reo]: *Lo ajusticiaron al amanecer en un penal del centro del país.* SIN. ejecutar.

al Contracción de la preposición *a* y el artículo *el*: *Mi casa da al norte.* OBSERVACIONES: No se produce la contracción, excepto en lenguaje oral, cuando el artículo forma parte de un nombre o apodo de persona, de una población o de un título de una obra: *Acudieron a la plaza de toros a ver a El Cordobés, conocido torero. Voy a El Escorial en vacaciones. Acudió a «El Buscón» para encontrar rasgos de la novela picaresca.*

-al *suf.* **1** Significa 'cualidad relacionada con' y forma adjetivos a partir de sustantivos: *teatro - teatral, música - musical, espacio - espacial.* **2** Significa 'lugar donde abunda algo' y forma sustantivos a partir de sustantivos: *cerezo - cerezal, arena - arenal.*

ala *s. f.* **1** Parte del cuerpo de algunos animales que les sirve para volar: *las alas de un águila, las alas de un insecto.* **2** Cada una de las dos piezas laterales que tienen los aviones para mantenerse en el aire: *las alas del avión.* **3** Parte de una cosa que se extiende hacia fuera o hacia los lados: *ala de un edificio, ala del sombrero.* **4** Tendencia dentro de un partido u organización: *el ala conservadora, el ala renovadora del partido.* **5** DEP. Jugador o conjunto de jugadores de un equipo que suelen atacar por los lados laterales: *Ayer no le funcionaba a nuestro equipo el ala izquierda.* **6** Borde del tejado de un edificio que sobresale de sus muros. SIN. alero. **7** Extremos de un ejército desplegado: *Las alas están al mando de generales con larga experiencia.* **8** Borde inferior de la nariz a los dos lados del tabique nasal: *Respiraba ansiosamente y se le movían las alas de la nariz.* ‖ **9 ~ delta** Variedad de vuelo sin motor y aparato de forma triangular con el que se practica. FR. Y LOC. **ahuecar el ~** COLOQUIAL. Marcharse ‹una persona›: *Antes de que empezaran a pedirle explicaciones, ahuecó el ala. Ahuecó el ala después de cenar.* **cortar las alas** COLOQUIAL. Poner dificultades ‹una persona› a otra persona, generalmente hija o subordinada: *Pretendía ser futbolista, pero sus padres le cortaron las alas.* **dar alas** Permitir ‹una persona› a otra persona, normalmente hija o subordinada, que haga lo que quiera: *Le han dado alas al administrador y ahora lleva los negocios como quiere. Si le das alas, hará lo que se le antoje.* **del ~** COLO-

QUIAL; INTENSIFICADOR. Se usa para subrayar la cantidad de dinero expresada: *Nos costó la entrada diez mil pesetas del ala.* **estar tocado del ~** COLOQUIAL. Estar ‹una persona› un poco loca: *Es simpático, pero no le hagas mucho caso que está tocado del ala.*

¡ala! *interj.* ¡Hala!

alabanza *s. f.* **1** (no contable) Acción o resultado de alabar a una persona o una cosa: *El aprecio de la crítica es menos importante que la alabanza del público lector.* **2** Conjunto de frases o manifestaciones de esta clase: *Todos le dedican muchas alabanzas.* SIN. elogio.

alabar *v. tr.* **1** Decir ‹una persona› cosas muy favorables de [una persona o una cosa]: *Alabamos su teatro sin reservas. Alabaremos todas las reformas que mejoren las condiciones de vida de los ciudadanos.* ‖ *v. prnl.* **2** Sentir ‹una persona› orgullo o satisfacción de [sí o de sus propias cosas]: *Se alaba ante los demás con poca inteligencia. Se pasan el día alabándose el uno al otro. Se alaba siempre* ***de*** *las mismas tonterías.* SIN. elogiarse.

alabarda *s. f.* Arma medieval semejante a una lanza que, en su afilada punta, está cruzada por una cuchilla transversal aguda por un lado y con forma de media luna por el otro.

alabardero *s. m.* **1** HIST. Soldado de infantería armado de alabarda. **2** HIST. Soldado que formaba la guardia de honor de los reyes de España.

alabastrino, na *adj.* De alabastro o parecido a él: *figura alabastrina, aspecto alabastrino.*

alabastro *s. m.* (no contable) Variedad de yeso translúcido y blanco, parecido al mármol, que se emplea para hacer esculturas y otros objetos ornamentales: *estatua de alabastro, vaso de alabastro.*

álabe *s. m.* MEC. Cada una de las palas curvas de una turbina que reciben el impulso que hace girar a ésta.

alabeado, da *adj.* Que tiene forma curva: *tabla alabeada.*

alabear *v. tr.* **1** Dar ‹una persona o una cosa› forma curva a [una cosa]: *Tienes que alabearme bien el mueble.* SIN. curvar. ‖ *v. prnl.* **2** Tomar ‹una cosa› forma curva: *Se está alabeando la estantería con el peso de los libros.* SIN. curvarse.

alacena *s. f.* **1** Hueco en la pared en el que se disponen estantes y puertas a modo de armario, utilizado, generalmente, para guardar el menaje de la cocina o cosas de comer. **2** Armario popular y tradicional para guardar el menaje y los cacharros de cocina.

alacrán *s. m.* (macho y hembra) Escorpión.

aladar *s. m.* (preferentemente en plural) RESTRINGIDO. Porción de pelo que cae sobre la sien.

alado, da *adj.* **1** Que tiene alas: *un caballo alado.* **2** LIT. Que es muy rápido: *un mensajero alado.*

alagartado, da *adj. / s. m.* y *f.* **1** AMÉR. C. Tacaño, usurero. **2** C. RICA. Acaparador.

ALALC (pronunciamos *'alalc'*) *s. f.* Sigla de «Asociación Latinoamericana de Libre Comercio».

alamar *s. m.* **1** Botón y tira de tela bordada que se cose como adorno en el borde de una prenda de vestir. **2** Adorno bordado en forma de fleco.

alambicado, da *adj.* **1** Que se da lentamente y en poca cantidad: *ingresos alambicados.* **2** Que es sutil y rebuscado: *lenguaje alambicado, críticas alambicadas.*

alambicamiento *s. m.* Sutileza o complicación excesiva: *No me gusta el alambicamiento de su manera de pensar.*

alambicar *v. tr.* **1** RESTRINGIDO. Obtener ‹una persona› [una sustancia líquida] por destilación en un alambique: *Alambican muy buen orujo en esos pueblos gallegos.* **2** ELEVADO. Decir o escribir ‹una persona› [una cosa] rebuscada o sutilmente: *Alambicaba tanto su razonamiento que ni él mismo se entendía.* ⇒ **71.**

alambique *s. m.* Aparato para destilar líquidos formado por una caldera y un conducto refrigerante en forma de espiral: *La policía incautó varios alambiques de una destilería ilegal de aguardiente.*

alambrada *s. f.* **1** Cerca o protección hecha con rollos de alambre de espino empleada para impedir el paso de personas o vehículos en trincheras, caminos o zonas de vigilancia especial: *Una alambrada protege los accesos al campo de refugiados.* **2** Cerca de una finca con estacas o postes y alambre: *Tenemos que renovar algunas zonas de la alambrada.* **3** Tejido o red metálicos que suelen ponerse sobre una tapia para impedir que se escape la pelota de una zona deportiva: *Como no pongan una alambrada sobre el frontón no podremos jugar, porque cuando se escapa la pelota hay que salir a buscarla fuera entre los matorrales del campo.*

alambrar *v. tr.* Rodear ‹una persona› [una cosa] con un alambre o una alambrada: *Van a alambrar la zona de aparcamiento para poder cobrar por la entrada.*

alambre *s. m.* Hilo de metal. **~ de espino** Alambre compuesto, reforzado con pinchos del mismo material, que se utiliza para cercar.

alambrera *s. f.* **1** RESTRINGIDO. Enrejado de alambre colocado como protector en ventanas, puertas o utilizado como valla. **2** RESTRINGIDO. Campana de alambre que se ponía sobre el brasero de cisco encendido: *Antiguamente, los braseros, la badila y la alambrera eran los tres acompañantes inseparables del invierno.* **3** RESTRINGIDO. Campana de red de alambre muy espesa, que se pone sobre los alimentos para protegerlos. SIN. alambrado.

alambrista *s. m. / f.* Acróbata que realiza ejercicios sobre un alambre: *Me fascinan los números de los alambristas.*

alameda *s. f.* **1** Lugar poblado de álamos: *Al lado de los ríos castellanos suele haber hermosas alamedas.* **2** Paseo con álamos u otro tipo de árboles.

álamo *s. m.* Género *Populus.* Árbol salicáceo, de gran altura, con hojas ovaladas y madera blanca que se utiliza para fabricar papel.

alano, na *adj. / s. m.* y *f.* **1** De un pueblo que estaba establecido en Europa oriental, invadió España en el siglo V y fue derrotado por los visigodos: *la invasión alana, el pueblo alano.* ‖ *adj. / s. m.* **2** (macho y hembra) [Perro] que tiene el pelo corto rojizo, tamaño medio y cabeza grande, con el hocico chato y las extremidades cortas y fuertes.

alarde *s. m.* (no contable) Ostentación que una persona hace de algo: *Hizo alarde de sus conocimientos delante de sus compañeros. Se ha enfadado con sus amigas en un alarde más de su tonta manera de ser.*

alardear *v. intr.* Mostrar ‹una persona› [una cualidad o una circunstancia] con vanidad: *Alardea* ***de*** *conquistador. Alardeaba* ***de*** *ir y volver con su nuevo coche a Alicante en dos horas.*

alargadera *s. f.* **1** Pieza móvil que se acopla a una cosa para aumentar su longitud. SIN. alargador. **2** Tubo de vidrio que se adapta al cuello de las retortas en algunas operaciones de destilación.

alargador, ra *adj.* **1** Que alarga: *un cable alargador.* || *s. m.* **2** Dispositivo para alargar los cables de los aparatos eléctricos que se enchufan: *Este alargador no admite aparatos de más de quinientos vatios.*

alargamiento *s. m.* Aumento o incremento de la longitud o duración de alguna cosa: *El alargamiento del partido de fútbol fue injustificado.*

alargar *v. tr.* **1** Hacer ‹una persona o una cosa› más larga [una cosa]: *Alargó el vestido. El Ayuntamiento ha decidido alargar artificialmente la playa sur.* **2** Hacer ‹una persona› que [una cosa] dure más tiempo: *El decano decidió alargar el período lectivo dos semanas a la vista de las irregularidades del trimestre.* **3** Estirar ‹una persona› [un miembro que está doblado]: *Alarga el brazo, por favor, y pásame la sal.* **4** Pasar ‹una persona› [una cosa] a [otra persona]: *Alárganos los refrescos. Alárgame el abrigo que está ahí en el perchero.* SIN. alcanzar. || *v. prnl.* **5** Hacerse ‹una cosa› más larga: *Los días se alargan en verano.* **6** Explicar ‹una persona› [una cosa] muy extensamente: *Se ha alargado **en** su exposición.* **7** COLOQUIAL. Ir ‹una persona› [a un lugar]: *Alárgate **a** la tienda de la esquina y compra unos huevos.* ⇒ **56.**

alarido *s. m.* Grito muy fuerte: *Daba alaridos de dolor sobre el cadáver de su hijo.* SIN. chillido.

alarma *s. f.* **1** Señal con que se avisa de la existencia de algún peligro o de alguna anormalidad: *Al ver el fuego dieron la voz de alarma.* **2** Sobresalto, temor, inquietud: *La alarma cundió entre el público.* SIN. intranquilidad. **3** Dispositivo avisador: *una alarma antirrobo, la alarma del despertador, la alarma de un coche.* FR. Y LOC. **dar la voz* de ~.**

alarmante *adj.* Que produce alarma o inquietud: *noticias alarmantes, hechos alarmantes.*

alarmar *v. tr.* **1** Causar ‹una persona o una cosa› alarma [a una persona]: *Me alarmaron sus gritos. El humo alarmó a los vecinos y éstos avisaron a los bomberos.* || *v. prnl.* **2** Sentir ‹una persona› alarma: *Me alarmo **con** cualquier cosa esta temporada. El otro día me alarmé **con** la visita de un señor y luego resultó que era de la compañía telefónica.* SIN. sobresaltarse.

alarmismo *s. m.* (no contable) PEYORATIVO. Alarma producida por la difusión de noticias o rumores que asustan e inquietan: *El rumor de que muchos trabajadores iban a ser despedidos provocó el alarmismo en la empresa.*

alarmista *adj. / s. m.* y *f.* Que tiende a alarmar o alarmarse: *No seas alarmista, que porque tengas ese dolor no significa que te tengan que operar de apendicitis.*

alavense *adj. / s. m.* y *f.* De Álava, provincia española.

alavés, sa *adj. / s. m.* y *f.* Alavense.

alazán, na *adj. / s. m.* y *f.* [Caballería] que tiene el pelo de color rojizo: *Se ha comprado un alazán.*

alba *s. f.* **1** Tiempo durante el cual amanece: *Nos levantaremos al alba.* **2** Primera luz del día antes de salir el Sol: *Salieron de casa con el alba.* SIN. albor. **lucero* del ~** o **lucero de la mañana** o **lucero matutino.** **3** Vestidura blanca y larga que se ponen los sacerdotes católicos para celebrar las ceremonias religiosas. FR. Y LOC. **quebrar / rayar / romper el ~** Empezar a amanecer: *Van a fusilarlo al romper el alba.*

albacea *s. m. / f.* Persona nombrada por el que hace un testamento para asegurar el cumplimiento de su última voluntad: *Designó a su hermano como albacea.*

albacetense o **albaceteño, ña** *adj. / s. m.* y *f.* De Albacete, ciudad y provincia española: *un producto albaceteño.*

albahaca *s. f.* **1** Planta herbácea de jardín, de flores blancas y hojas muy verdes, de perfume intenso. **2** Especia para condimento formada por las hojas secas de las albahacas: *salmón a la albahaca.*

albanés, sa *adj. / s. m.* y *f.* **1** De Albania, país balcánico: *economía albanesa, pastor albanés. Lo visitaron dos albaneses.* || *s. m.* **2** Lengua indoeuropea hablada en Albania y en las regiones colindantes con ella.

albano, na *adj. / s. m.* y *f.* RESTRINGIDO. Albanés.

albañal *s. m.* **1** Canal o conducto que da salida a las aguas residuales: *Tienen que reparar los albañales del barrio.* **2** Lugar muy sucio: *Esta calle parece un albañal.*

albañil *s. m. / f.* Persona que trabaja por oficio en la construcción: *El albañil está obligado a llevar casco en la obra.*

albañilería *s. f.* **1** (no contable) Oficio de hacer obras de construcción con ladrillos, yeso, cemento y otros materiales. **2** (no contable) Obra de este oficio: *Encargó la albañilería de la casa a un buen profesional. Cuando me acaben la albañilería vendrán los fontaneros y luego los electricistas.*

albarán *s. m.* **1** Nota de entrega que, a modo de comprobante, firma la persona que recibe una mercancía. **2** RESTRINGIDO. Papel que se pone en un balcón o ventana para indicar que una propiedad se alquila o se vende.

albarca *s. f.* Abarca.

albarda *s. f.* Aparejo de las caballerías de carga que consiste en una almohada rellena de paja adaptada al lomo del animal para acomodar las alforjas o la carga. FR. Y LOC. **albarda sobre ~** COLOQUIAL; IRONÍA. Repetición innecesaria o torpe de algo.

albardar *v. tr.* Poner ‹una persona› la albarda a [un animal de carga]. SIN. enalbardar.

albardear *v. tr.* AMÉR. C. Molestar ‹una persona› [a otra persona].

albardilla *s. f.* **1** Silla para domar potros. **2** RESTRINGIDO. Pieza que, por su forma o posición sobre otra, semeja una albarda. **3** Tejadillo con saliente que, colocado sobre un muro, despide el agua de la lluvia. **4** Lana muy tupida que las reses crían sobre el lomo. **5** RESTRINGIDO. Almohadilla que se ponían los aguadores sobre el hombro para apoyar la cuba. **6** Lonja de tocino que se pone encima de la comida para asarla: *Los filetes de cerdo con albardillas son muy pesados.* **7** Pasta de harina para rebozar: *Nos dieron unas gambas con albardillas muy ricas.*

albardón *s. m.* AMÉR. Elevación de terreno en charcos, lagunas o zonas inundadas, que no queda cubierta por el agua.

albaricoque *s. m.* **1** Fruto del albaricoquero, jugoso y dulce, de color amarillo anaranjado, redondeado y con un surco en el centro, de piel aterciopelada y hueso liso. **2** Albaricoquero.

albaricoquero *s. m.* Árbol rosáceo, con hojas en forma de corazón, flores blancas y cuyo fruto es el albaricoque.

albariño *adj. / s. m.* [Vino] que procede de Galicia, muy ligero y de poca graduación: *Tomamos un albariño.*

albarrana *adj. / s. f.* Se usa en la LOC. **torre* ~.**

albatros (plural *albatros*) *s. m.* (macho y hembra) Género *Diomedea.* Ave palmípeda marina de color blanco con el borde de las alas negro, que vuela y planea muy bien gracias a sus alas largas y estrechas: *El albatros ha sido un ave predilecta de los poetas modernistas.*

albedrío *s. m.* Capacidad o posibilidad que tiene el hombre de tomar decisiones y obrar por su propia voluntad: *Pidió que respetaran su libre albedrío.* FR. Y LOC. **al ~** o **según el ~** Al gusto o voluntad de una persona: *Aquí las cosas funcionan al albedrío de mi padre. Todo lo hace según su albedrío.*

alberca *s. f.* **1** Depósito artificial de agua, generalmente para el riego. **2** MÉX.; COLOQUIAL. Piscina.

albérchigo *s. m.* **1** Fruto del alberchiguero, parecido al melocotón, pero más pequeño. **2** RESTRINGIDO. Albaricoque.

alberchiguero *s. m.* **1** Variedad del melocotonero, cuyo fruto es el albérchigo. **2** RESTRINGIDO. Albaricoquero, árbol frutal.

albergar *v. tr.* **1** Servir ‹un local o un establecimiento› de vivienda [a una persona]: *Este edificio alberga a doscientas familias.* SIN. alojar. **2** Contener ‹una cosa› [otra cosa] en su interior: *El piso albergaba armamento de diferente clase.* **3** Tener ‹una persona› [una idea o un sentimiento]: *Albergaba un profundo rencor contra su hermana.* || *v. tr. / prnl.* **4** Dar ‹una persona o un establecimiento› albergue [a otra]: *Nos albergaron **en** la mejor habitación de la casa. **Se** albergaron **en** el hotel.* ⇒ **56.**

albergue *s. m.* **1** Acción y resultado de albergar: *Los habitantes del pueblo dieron albergue al forastero.* **2** Alojamiento u hospedaje: *El monasterio ofrece albergue a los peregrinos.* **3** Lugar que sirve de refugio a personas o animales: *Los excursionistas encontraron un albergue en la montaña.* **4** Lugar donde se alojan personas normalmente durante un corto período de tiempo: *albergues juveniles, albergue de montaña.* **5** Establecimiento benéfico donde se aloja a personas necesitadas: *Duerme algunos días en un albergue municipal.* **6** Protección o amparo: *En los momentos difíciles un buen amigo y la familia son albergues seguros.*

albero *s. m.* **1** ELEVADO. Terreno de color blanquecino o amarillento: *Alberos desarbolados se extienden a los lados de la carretera.* **2** Ruedo de las plazas de toros: *El diestro pisó el albero madrileño dispuesto a triunfar.* **3** (no contable) Tierra para jardines: *El paseo se rellena con albero.*

albinismo *s. m.* Característica de los seres vivos que parecen blancos porque tienen ausencia congénita de pigmentación.

albino, na *adj. / s. m.* y *f.* Que carece de pigmentación: *pelo albino, piel albina, gorila albino. Los albinos tienen muchos problemas en la vista.*

albo, ba *adj.* (antepuesto / pospuesto) ELEVADO, LITERARIO. Blanco: *cabellos albos, alba vestidura.*

albóndiga *s. f.* Bola de carne picada con especias, que se fríe y se rehoga de manera diferente según las diferentes cocinas y salsas: *albóndigas con tomate, albóndigas guisadas.*

albondiguilla *s. f.* **1** Albóndiga. **2** COLOQUIAL; INFANTIL. Pelotita de moco: *Niño, no hagas albondiguillas que está muy feo.*

albor *s. m.* **1** Luz del alba. **2** (preferentemente en plural) ELEVADO. Comienzo de una cosa: *los albores de la vida, los albores de la Edad Media.* SIN. inicio. ANT. final, ocaso.

alborada *s. f.* **1** ELEVADO. Tiempo del amanecer cuando sólo se ven los rayos del Sol brillando en el horizonte. SIN. alba. **2** LIT. Composición poética o musical dedicada al amanecer. **3** Toque militar del amanecer. SIN. diana.

alborear *v. impers. / intr.* Empezar a aparecer el albor o primera luz del día: *Ya alborea el día. Alboreaba un día de primavera.* SIN. amanecer.

albornoz *s. m.* Bata de tela de toalla que se usa al salir del baño o ducha: *Hay albornoces cortos y largos, con capucha y sin capucha.*

alborotado, da *adj.* **1** (estar; antepuesto / pospuesto) [Cabello] que está revuelto y desordenado: *Tu flequillo está alborotado. Antonio suele llevar una alborotada cabellera.* **2** (estar) Que está intranquilo: *El público está alborotado.* **3** Que actúa con precipitación y sin pensar: *Siempre está alborotado. Es una niña algo alborotada.*

alborotador, ra *adj. / s. m.* y *f.* Que alborota o tiende a alborotar: *Tus amigos son unos alborotadores.*

alborotar *v. intr. / prnl.* **1** Hacer ‹una persona› ruido con voces, gritos o cantos: *Suelen alborotar un poco mientras juegan en el patio. Los niños **se** alborotaron **con** la tarta de cumpleaños.* || *v. tr.* **2** Hacer ‹una persona o una cosa› que [una cosa] se mueva, se desordene o se agite: *Has alborotado todos los discos y no encuentro ahora ninguno. Te has alborotado el pelo tocándote la cabeza, péinate.* **3** Causar ‹una cosa› inquietud o turbación [a una persona]: *Los exámenes la alborotan. Lo ha alborotado la noticia de la enfermedad de su padre.* || *v. tr. / prnl.* **4** Hacer ‹una persona› que [otra persona] desee una cosa o se ilusione en vano: *La tropa **se** alborotó con las cabareteras.* || *v. prnl.* **5** Moverse, desordenarse o agitarse ‹una cosa›: *Las olas se alborotaban con el viento. Los árboles se alborotan con la tormenta.* **6** Sentir ‹una persona› inquietud o turbación: *Ana se alborota en cuanto oye el teléfono.* FR. Y LOC. **~ el gallinero*. ~ el palomar*.**

alboroto *s. m.* **1** Ruido y agitación producidos por gritos, voces: *Se armó un buen alboroto en clase cuando llegó la hora del recreo.* **2** Desorden o tumulto producidos por protestas. **3** (en plural) AMÉR. C. Palomitas de maíz.

alborozar *v. tr. / prnl.* Producir ‹una cosa o una persona› una gran alegría en [una persona]: *Me han alborozado las notas del nene. La primavera nos alboroza a todos. **Nos** alborozamos **con** tu suerte y **con** tu alegría.*

alborozo *s. m.* Alegría, placer, regocijo extraordinarios, generalmente acompañados de manifestaciones externas: *Había un gran alborozo en el pueblo donde tocó el gordo de Navidad.*

albricias *s. f.* **1** Alegría o felicitación ante una noticia o acontecimiento favorable. || *interj.* **2** RESTRINGIDO. Se emplea para expresar júbilo y alegría: *¡Albricias!, nos ha tocado la lotería.*

albufera *s. f.* Extensión de agua salada separada del mar por tierra arenosa: *La albufera de Valencia es famosa.*

álbum (plural *álbumes*) *s. m.* **1** Encuadernación o bloc de anillas provisto de hojas especiales para colocar diversos objetos planos, generalmente imágenes: *álbum del bautizo, álbum de fotos, álbum de postales, álbum de sellos, álbum* *de cromos, pegar en el álbum. Te enseñaré el álbum familiar.* **2** Estuche con uno o más discos de larga duración: *Me he comprado un álbum doble de los Beatles.*

albumen *s. m.* Tejido que rodea el embrión de algunas plantas y le sirve de alimento en las primeras fases de la germinación.

albúmina *s. f.* Proteína animal y vegetal, soluble en agua, que se coagula con el calor, presente en la clara del huevo, en la leche y otros líquidos biológicos.

albuminoide *s. m.* Compuesto orgánico proteínico que forma parte de las células de los seres vivos.

albur *s. m.* Azar o suerte a que se deja el resultado de un juego o de una empresa: *Le gusta dejar sus asuntos al albur y así le van de mal.* FR. Y LOC. **estar al ~** Depender ‹una persona› de las decisiones de otra o de los resultados de una cosa: *Está al albur de lo que decida su hermano. Está al albur de si le toca la lotería.*

albura *s. f.* ELEVADO. Blancura.

alcabala *s. f.* **1** HIST. Antiguo impuesto de Castilla que gravaba las compras y ventas de determinados bienes. **2** CHILE, COL., VEN.; RESTRINGIDO en Colombia y Venezuela. Puesto de control policial.

alcachofa *s. f.* **1** *Cynara scolymus.* Planta compuesta de huerta, de tallo ramoso, hojas anchas y cabezuelas comestibles en forma de piña. **2** Cabezuela de las alcachofas, comestible, de hojas verdes y duras y centro pulposo, que se consume de diferentes maneras: *alcachofas braseadas, tortilla de alcachofas.* **3** Pieza con múltiples orificios por los que sale el agua en las duchas y regaderas.

alcahuete, ta *s. m./f.* **1** Persona que facilita y encubre relaciones amorosas: *Ana ha hecho de alcahueta en muchas relaciones.* **2** RESTRINGIDO. Persona a la que le gusta contar cosas y chismes de otras.

alcahuetear *v. intr./tr.* **1** RESTRINGIDO. Hacer ‹una persona› de alcahuete o intermediario en una relación amorosa. **2** RESTRINGIDO. Dedicarse ‹una persona› a contar chismes y cotilleos de otras: *No le cuentes nada a Ana que lo alcahuetea todo.* **3** ARG. Denunciar ‹una persona› contando a la autoridad o a un superior lo que hace o piensa otra persona.

alcahuetería *s. f.* **1** Manera de comportarse los alcahuetes. **2** RESTRINGIDO. Oficio y actividad del alcahuete.

alcaide, desa *s. m./f.* **1** Persona que dirige un centro penitenciario o cárcel, en algunos países. **2** HIST. Antiguo responsable de la defensa y guarda de una fortaleza. ‖ *s. f.* **3** RESTRINGIDO. Mujer del alcaide.

alcaldada *s. f.* Acto arbitrario o abusivo realizado por una persona dotada de autoridad: *Conceder una subvención a su propia empresa ha sido la última alcaldada del delegado de obras públicas.*

alcalde, desa *s. m./f.* **1** Persona elegida para presidir y dirigir un ayuntamiento: *La alcaldesa ha convocado un pleno para tratar el problema.* ‖ *s. f.* **2** RESTRINGIDO. Mujer del alcalde.

alcaldía *s. f.* **1** Cargo del alcalde y territorio bajo su autoridad: *la alcaldía de Madrid.* **~ de barrio** En las grandes ciudades, delegación de la alcaldía, bajo la jurisdicción de un alcalde de barrio o del concejal presidente del distrito. **2** Edificio donde tiene su oficina un alcalde: *Tengo que ir a la alcaldía a buscar un certificado.* SIN. ayuntamiento.

álcali *s. m.* QUÍM. Hidróxido que se obtiene al disolver los óxidos o metales alcalinos o alcalinotérreos.

alcalimetría *s. f.* QUÍM. Procedimiento para saber la cantidad de álcali en los carbonatos de sosa o de potasa.

alcalinidad *s. f.* QUÍM. Cualidad de alcalino: *La alcalinidad de una disolución varía según sus componentes.*

alcalino, na *adj.* De álcali o que lo contiene; se aplica especialmente a algunos metales del grupo I A del sistema periódico: litio, sodio, potasio, rubidio: *solución alcalina, tierras alcalinas.* **pila alcalina.**

alcalinotérreo, a *adj./s. m.* [Elemento] del grupo II A del sistema periódico: berilio, magnesio, calcio, estroncio, bario.

alcaloide *s. m.* Compuesto orgánico nitrogenado, de carácter básico, producido por algunas plantas.

alcance *s. m.* **1** Distancia a la que llega la acción, eficacia o influencia de alguna cosa: *el alcance de un arma, el alcance de una emisora. Deje las medicinas fuera del alcance de los niños.* **2** Importancia, trascendencia de algo: *el alcance de sus palabras, el alcance de sus ideas.* SIN. significación. **3** RESTRINGIDO. Choque de trenes que van en la misma dirección: *Anoche, a las dos, hubo un alcance cerca de Zaragoza, cuando el talgo que iba a Madrid embistió a un mercancías.* **4** (preferentemente en plural y en frases negativas) RESTRINGIDO. Inteligencia: *persona de pocos alcances. No tiene muchos alcances.* SIN. luces. FR. Y LOC. **dar ~** Alcanzar: *El pelotón dio alcance al ciclista escapado.* **estar al ~** Poder ‹una persona› conseguir algo: *Este trabajo está al alcance de tus posibilidades. Este auto está a tu alcance. Entrar en esa escuela está al alcance de quien estudie un poquito.* **noticia/información de ~** RESTRINGIDO. Noticia recibida a última hora en un periódico. **tener al ~ de la mano** Tener ‹una persona› muchas posibilidades de conseguir una cosa: *El atleta tiene el triunfo al alcance de la mano.*

alcancía *s. f.* **1** AMÉR.; RESTRINGIDO en España. Recipiente cerrado para guardar monedas que se introducen por una ranura en la parte superior. SIN. hucha. **2** AMÉR. Cepillo para las limosnas.

alcanfor *s. m.* **1** Sustancia de color blanco cristalino, sólida y aromática, que se obtiene del alcanforero y otras plantas; tiene aplicaciones médicas e industriales: *He puesto bolitas de alcanfor en los armarios para las polillas.* **2** Alcanforero.

alcanforado, da *adj./s. m.* y *f.* (ser/estar) [Sustancia] que lleva alcanfor: *la pomada es alcanforada. Está alcanforada esta pomada.*

alcanforar *v. tr.* Mezclar ‹una persona› [una cosa] con alcanfor.

alcanforero *s. m.* Árbol de hojas ovaladas y pequeñas flores blancas, y del que se obtiene el alcanfor.

alcantarilla *s. f.* **1** Conducto subterráneo que recoge y da salida a las aguas residuales o de lluvia. SIN. cloaca, albañal (RESTRINGIDO). **rata de ~. 2** Boca de las alcantarillas que asoma a la superficie: *El otro día se cayó un niño por una alcantarilla.*

alcantarillado *s. m.* Conjunto de alcantarillas de una población: *Es el encargado del alcantarillado del pueblo.*

alcantarillar *v. tr.* Hacer ‹una persona› alcantarillas en [un lugar]: *El alcalde decidió alcantarillar todo el pueblo.*

alcanzar *v. tr. / intr.* **1** Llegar a agarrar o tocar ‹una persona› [una cosa]: *No alcanza **al** picaporte.* || *v. tr.* **2** Llegar ‹una persona o un animal› a [un lugar]: *Alcanzó la orilla a nado.* **3** Llegar a ponerse ‹una persona› a la altura de [otra persona o una cosa]: *Alcanzó a los primeros corredores.* **4** Agarrar o sujetar ‹una persona› [una cosa] para dársela a [otra persona]: *Alcánzame el abrigo, por favor.* SIN. alargar. **5** Llegar a tener ‹una persona› [una cosa que busca o desea]: *Alcancé el objetivo que pretendía.* SIN. lograr. **6** Llegar ‹una cosa› a [un nivel o una situación]: *Su obra aún no ha alcanzado la madurez. Las aguas alcanzaron hasta este escalón en la inundación de 1976.* **7** Llegar a comprender ‹una persona› [una cosa]: *No alcanzo las razones que lo obligaron a marcharse. No alcanzo a comprender por qué no se ha casado antes.* **8** Llegar ‹el proyectil de un arma o su efecto› a [un lugar]: *La bomba alcanzó un barrio de la ciudad.* || **9** Tener ‹una cosa› efecto sobre [otra cosa]: *La sequía alcanzó **a** toda la región. La peste no alcanzó **a** la Península en aquella ocasión.* || *v. intr.* **10** Ser ‹una cosa› suficiente: *El sueldo no le alcanza.* FR. Y LOC. **~ a** + infinitivo Poder ‹una persona› hacer una cosa: *No alcancé a verlo. He alcanzado a hablar con ella en tres ocasiones. No alcanzo a recordarlo, aunque me suena lo que cuentas.* **alcanzársele** Entender ‹una persona› una cosa: *De verdad, no se me alcanza tu pasión por los trenes regionales. Se me alcanza lo que quiere decir, pero me parece absurdo.* ⇒**19.**

alcaparra *s. f.* **1** *Caparris spinosa.* Arbusto con tallos espinosos, hojas redondeadas y flores blancas cuyo fruto es el alcaparrón. **2** (preferentemente en plural) Botón o yema de la flor de las alcaparras que se utiliza como condimento en salsas, guisos y pizzas, y en vinagre, como aperitivo: *alcaparras en vinagre.*

alcaparrón *s. m.* Fruto de la alcaparra, que suele comerse adobado en vinagre.

alcaraván *s. m.* (macho y hembra) Género *Burhinus.* Ave de patas largas, plumaje con rayas, ojos grandes y amarillos y pico grueso negro y amarillo, que habita en Europa y América tropical.

alcaravea *s. f.* **1** *Carum carvi.* Planta umbelífera anual de flores blancas o rosadas y semillas aromáticas empleadas como condimento. **2** Semilla de las alcaraveas.

alcatraz *s. m.* (macho y hembra) *Sula bassana.* Ave palmípeda marina, generalmente blanca con manchas negras en el borde de sus largas alas y en la base del pico, que se lanza al agua desde gran altura para capturar peces.

alcaucil *s. m.* RESTRINGIDO. Alcachofa.

alcaudón *s. m.* (macho y hembra). Género *Lanius.* Ave de plumaje grisáceo, que se alimenta de insectos, pájaros, reptiles y mamíferos pequeños, a los que clava en espinos después de capturarlos.

alcayata *s. f.* Clavo con la cabeza doblada en ángulo recto o en semicírculo para sujetar o colgar una cosa: *Cuelga el cuadro de la alcayata. Hay que clavar las alcayatas de la cuerda de tender la ropa.* SIN. escarpia.

alcayota *s. f.* AMÉR. Planta cucurbitácea, cuyo fruto, parecido a la sandía pero de pulpa blanca, sirve para preparar un dulce.

alcazaba *s. f.* Ciudadela, recinto fortificado construido en el interior de las poblaciones amuralladas: *La alcazaba era el punto de más difícil acceso de las ciudades.*

alcázar *s. m.* **1** Castillo, recinto fortificado construido en lugares estratégicos: *El alcázar de la ciudad de Cuenca se puede apreciar hoy día perfectamente.* **2** RESTRINGIDO. Casa Real o vivienda del príncipe: *Es famoso el alcázar de Toledo de Carlos V. Los Reyes suelen hospedarse en Sevilla en los Reales Alcázares.*

alce *s. m.* (macho y hembra). Género *Alces.* Mamífero rumiante que vive en Eurasia y Norteamérica, de la familia de los ciervos pero de mayor tamaño, con los cuernos, en los machos, en forma de paleta con ramas.

alcista *adj.* Que sube o tiende a subir: *la tendencia alcista de los precios. El período alcista de la bolsa puede ser breve. La economía está en crisis, pero la inflación mantiene su orientación alcista.*

alcoba *s. f.* RESTRINGIDO. Dormitorio: *A las once se retiró a su alcoba a descansar.* SIN. habitación.

alcohol *s. m.* **1** Líquido de olor fuerte, incoloro e inflamable, que se obtiene de la destilación de ciertas sustancias, azucaradas o feculentas, fermentadas: *cuarenta grados de alcohol.* **~ etílico. 2** Bebida que contiene este líquido: *cerveza sin alcohol. No puedes beber alcohol si vas a conducir.* **3** QUÍM. Sustancia derivada de un hidrocarburo en la que se ha sustituido un átomo de hidrógeno por un hidróxilo. || **4 ~ absoluto** Alcohol en estado puro. **5 ~ desnaturalizado** Alcohol etílico mezclado con otras sustancias, apto para la industria, pero no para el consumo humano. **6 ~ metílico** Metanol. **7 ~ neutro** El etílico de 96-97 grados que suele emplearse en la fabricación de vinos.

alcoholemia *s. f.* (no contable) Presencia de alcohol en la sangre: *Le hicieron la prueba de alcoholemia para comprobar si conducía borracha.*

alcohólico, ca *adj.* **1** Que contiene alcohol: *bebidas alcohólicas.* || *adj. / s. m.* y *f.* **2** Que padece alcoholismo: *Las personas alcohólicas encontrarán en nuestra asociación la ayuda y el apoyo necesarios. Si usted lo necesita, busque a los alcohólicos anónimos en este teléfono.*

alcoholímetro *s. m.* **1** Aparato para medir la cantidad de alcohol presente en el aire espirado por una persona: *La policía utiliza ahora alcoholímetros más precisos.* **2** Aparato que mide el grado de alcohol de un líquido o un gas.

alcoholismo *s. m.* **1** (no contable) Adicción a las bebidas alcohólicas: *Tiene un alcoholismo que ya no puede controlar.* SIN. dipsomanía (ELEVADO). **2** (no contable) Conjunto de trastornos producidos por el alcohol: *Ha tenido un ataque de alcoholismo agudo.*

alcoholista *s. m. / f.* ARG., URUG. Alcohólico, adicto al alcohol.

alcoholizado, da *adj. / s. m.* y *f.* (estar) Que está enfermo por abusar de las bebidas alcohólicas: *Aunque es tan joven, ya está alcoholizado.*

alcoholizarse *v. prnl.* Volverse ‹una persona› alcohólica: *Yo creo que se alcoholiza conscientemente para olvidarse de todo.* ⇒ **19.**

alcor *s. m.* LITERARIO. Colina. SIN. collado.

alcornoque *s. m.* **1** *Quercus suber.* Árbol fagáceo, de altura regular, de copa extensa, bellotas por fruto, madera dura y una corteza que es la fuente del corcho. **2** INSULTO. Persona ignorante y torpe. SIN. zoquete. **pedazo* de ~ / animal.**

alcorque *s. m.* Hoyo que se hace al pie de los árboles o plantas para retener el agua de lluvia o de riego: *Los alcorques aún conservaban agua.*

alcotán *s. m.* (macho y hembra) *Falco subbuteo.* Ave parecida al halcón, pero más pequeña, que se adiestra también para la caza.

alcotana *s. f.* Herramienta de albañil parecida al martillo pero con un extremo en forma de hacha y el otro con un corte o en pico.

alcurnia *s. f.* ELEVADO. Ascendencia, especialmente si es noble o antigua: *Conoció a una familia de gran alcurnia. Presume de familia de alta alcurnia.*

alcuza *s. f.* **1** RESTRINGIDO. Recipiente, donde se tiene el aceite de uso diario. SIN. aceitera. **2** (en plural) AMÉR. Vinagreras.

aldaba *s. f.* **1** Pieza de hierro o bronce que cuelga en una puerta para llamar golpeando: *Los timbres han acabado con las aldabas.* SIN. picaporte. **2** Pequeña barra o listón sujeto sólo por el centro, de manera que pueda girar para sujetar puertas o postigos cerrados. **3** Pieza fija en la pared para atar una caballería. FR. Y LOC. **agarrarse a buenas aldabas** o **tener buenas aldabas** COLOQUIAL. Tener ‹una persona› amistades poderosas o buenas influencias: *No se preocupe, tiene buenas aldabas. Conseguirá el trabajo porque tiene buenas aldabas.*

aldabilla *s. f.* RESTRINGIDO. Gancho metálico que se hace entrar en una hembrilla para sujetar cerrada una puerta, ventana o caja: *Todavía cerramos la puerta del baño en mi casa con una aldabilla.*

aldabonazo *s. m.* **1** Golpe dado con la aldaba: *Tres aldabonazos me despertaron.* **2** Llamada de atención: *El reportaje fue un aldabonazo en todas las conciencias* ***sobre*** *la situación de la infancia.* SIN. advertencia.

aldea *s. f.* Pueblo muy pequeño y sin jurisdicción municipal propia: *En Galicia y en Asturias muchos municipios tienen varias aldeas.*

aldeanismo *s. m.* **1** PEYORATIVO. Actitud de la persona demasiado apegada a las costumbres de su localidad, que desprecia las ajenas: *Siempre nos han acusado de aldeanismo, pero simplemente tenemos amor a nuestra tierra.* **2** ELEVADO, RESTRINGIDO. Grosería y escasa educación: *Su aldeanismo en la mesa llama la atención a cualquiera.*

aldeano, na *adj. / s. m.* y *f.* **1** De una aldea: *costumbre aldeana. Los aldeanos celebraron su fiesta.* **2** Que tiene poco refinamiento o se comporta con poca educación: *No me gustan las bromas aldeanas. Santiago es un auténtico aldeano que debería vivir solo con los osos en las montañas.*

aldehído *s. m.* QUÍM. Compuesto químico resultante de la oxidación de ciertos alcoholes usado en la industria y en los laboratorios. **~ acético** Aldehído resultante de la oxidación del alcohol etílico. **~ fórmico** Aldehído resultante de la oxidación del alcohol metílico.

¡ale! *interj.* ¡Hala!

aleación *s. f.* **1** Acción de alear metales: *Aún no conocían la técnica de la aleación de los metales.* **2** Mezcla homogénea de dos o más elementos, uno de los cuales debe ser un metal, que posee cualidades físicas distintas de las que tienen los componentes por separado: *El acero y el bronce son aleaciones.* **~ ligera** Aleación en la que está el aluminio o el magnesio como elemento esencial.

alear *v. tr.* RESTRINGIDO. Hacer ‹una persona› una aleación con [varios elementos].

aleatorio, ria *adj.* **1** Que depende de la suerte o el azar: *La concesión del premio es un hecho aleatorio.* **2** Que se ajusta a las leyes de la probabilidad: *muestra aleatoria.*

aleccionador, ra *adj.* Que alecciona o enseña: *Tu actitud es aleccionadora en este caso. Su honestidad es aleccionadora para todos.*

aleccionamiento *s. m.* Enseñanza o instrucción sobre cómo hacer una cosa o cómo comportarse: *Estoy cansado del aleccionamiento de alumnos que hacen lo que quieren.*

aleccionar *v. tr.* **1** Dar ‹una persona› consejos o instrucciones [a otra persona]: *La aleccionó para que supiera qué hacer. Me ha aleccionado sobre cómo pintar la casa.* SIN. instruir. **2** Servir ‹una cosa› de lección o de escarmiento [a una persona]: *El accidente lo ha aleccionado y conduce con más prudencia.* SIN. escarmentar.

aledaño, ña *adj.* **1** [Terreno, solar] que está junto a otro: *Tu casa es aledaña de la mía. Nuestras casas son aledañas.* || *s. m.* **2** (en plural) Terrenos que están en las cercanías de un lugar o lindando con él: *La avioneta se estrelló en los aledaños de la sierra.* SIN. alrededores, inmediaciones.

alegación *s. f.* (preferentemente en plural) DER. Presentación de pruebas o razones para fundamentar una petición o una disculpa: *El tribunal ha abierto el plazo de alegaciones. No me convencen sus alegaciones en este asunto.*

alegar *v. intr.* **1** AMÉR.; RESTRINGIDO. Discutir, disputar ‹dos personas› || *v. tr.* **2** Exponer ‹una persona› [argumentos, razones o méritos] para [fundamentar una petición o una disculpa]: *Alega su experiencia* ***para*** *conseguir el puesto. Alega que no vino al examen porque no se enteró.* **3** DER. Traer o citar ‹un abogado› leyes y razones en defensa de su causa: *Alegó el abogado defensor la sentencia del Tribunal Supremo del pasado mes de diciembre en la que se establece la nulidad del procedimiento ahora discutido.* ⇒ **56.**

alegato *s. m.* **1** DER. Escrito en que el abogado expone los fundamentos de los derechos de su cliente e impugna los de la parte contraria: *No he visto todavía el alegato de mi abogada.* **2** Razonamiento o argumentos a favor o en contra de alguien o algo: *Su exposición constituyó un alegato* ***a favor de*** *la conservación del medio ambiente.* **3** (no contable) AMÉR.; RESTRINGIDO. Discusión, disputa.

alegoría *s. f.* **1** Figura o imagen que representa o simboliza una idea abstracta: *El cuerno de la abundancia es la alegoría de la fortuna.* **2** RET. Figura retórica que consiste en la expresión de un significado oculto o profundo mediante imágenes poéticas relacionadas: *En Calderón el teatro es una alegoría de la vida humana.* **3** LIT. Composición literaria o artística en la que se emplea este modo de expresión: *Escribe unas alegorías muy hermosas.*

alegórico, ca *adj.* **1** De la alegoría: *un estudio alegórico.* **2** Que tiene o es una alegoría: *Es un poema alegórico. En esa obra hay muchas alusiones alegóricas.*

alegrar *v. tr.* **1** Poner ‹una persona o una cosa› alegre [a una persona]: *Alegras la vista con ese traje. Me alegra tu venida.* SIN. contentar. **2** Hacer ‹una cosa› agradable o alegre [un lugar]: *Las flores alegran el jardín. Las cortinas claras alegran la habitación.* || *v. prnl.* **3** Ponerse ‹una persona› alegre: *Me alegro* ***de*** *verte. Me alegré* ***con*** *la noticia. Me alegro* ***de que*** *sea así. Me alegro* ***por*** *ti.*

alegre *adj.* **1** (ser / estar; antepuesto / pospuesto) Que siente, produce o manifiesta alegría: *Es una alegre noticia. Estaba alegre* ***con*** *su buen resultado. Es un día muy alegre.* **2** Que tiende a sentir alegría: *Es un niño muy alegre.* **3** Que se desarrolla con alegría: *Ha sido una velada muy alegre. La excursión es alegre hasta ahora.* **4** Que tiene mucha luz o intensidad: *He elegido la habitación más alegre. Pintó la bicicleta de un color muy alegre.* **5** (estar) Que está ligeramente excitado por haber bebido demasiado alcohol: *Volvieron todos un poco alegres. Estabais todas algo alegres.* **6** Que se comporta con imprudencia o con poca reflexión: *No podéis ser tan alegres conduciendo. Sois muy alegres con el dinero de los demás, hay que llevar bien las cuentas.* FR. Y LOC. **de vida ~** 1 Poco respetable moralmente: *Es gente de vida alegre. Es un local de vida alegre.* 2 [Mujer] de vida alegre, mujer muy frívola o, en ocasiones, prostituta: *Es una mujer de vida alegre.*

alegreto *s. m.* **1** MÚS. Ritmo musical un poco más lento que el alegro. **2** MÚS. Composición musical o parte de ella interpretada con este ritmo: *El primer movimiento de la sinfonía es un alegreto.* || *adv. modo* **3** MÚS. Menos vivo que el alegro.

alegría *s. f.* **1** Sentimiento de placer producido por algo favorable o deseado y que suele manifestarse con signos externos: *Tuvo una gran alegría cuando fue padre por primera vez.* **2** Persona o cosa que produce o manifiesta este sentimiento: *Esta niña es la alegría de la casa.* **3** Cualidad de lo que tiene o manifiesta ese sentimiento o predispone el ánimo hacia el mismo: *Lo que más me gusta es la alegría que tiene.* **4** (puede usarse en plural con el significado de singular) Falta de responsabilidad, ligereza: *En asunto tan grave no se puede actuar con esa alegría. No se pueden tener esas alegrías en asuntos económicos.* **5** (en plural) Modalidad del cante flamenco, vivo y gracioso: *Le gusta mucho el cante por alegrías.* **6** Baile que se realiza al compás de las alegrías: *Le gustan más las alegrías que cualquier otro baile.* **7** Ajonjolí. FR. Y LOC. **dar / pegar brincos* de ~ / contento.**

alegro *s. m.* **1** MÚS. Ritmo moderadamente vivo con que se ejecuta una composición musical. **2** Composición musical o parte de ella con este ritmo. || *adv. modo* **3** Con ritmo moderadamente vivo.

alegrón, na *adj.* **1** COL.; COLOQUIAL. Que está un poco borracho. **2** COL.; RESTRINGIDO. Que es enamoradizo. || *s. m.* **3** (no contable) COLOQUIAL. Alegría muy fuerte. **4** RESTRINGIDO. Llamarada de fuego de corta duración: *Atiza el fuego de la chimenea, que me gusta mirar los alegrones.* FR. Y LOC. **dar / llevar(se) un ~** Tener o dar ‹una persona› una alegría muy intensa por alguna razón: *Cuando lo vi entrar por la puerta me llevé un alegrón. Me dio un alegrón muy grande aprobar el examen.*

alejamiento *s. m.* Acción y resultado de alejar o alejarse: *Se ha producido un alejamiento entre las previsiones y los resultados del Ministerio de Economía. No es bueno el alejamiento de los niños de sus padres. Ana y Luis están ahora en una fase de alejamiento y ya no hablan de la boda.*

alejandrino, na *adj. / s. m.* y *f.* **1** De Alejandría, antigua ciudad egipcia: *viajero alejandrino, cultura alejandrina.* **2** Que es partidario de la filosofía neoplatónica que floreció en Alejandría en los primeros siglos de la edad cristiana. || *adj.* **3** De Alejandro Magno: *ejército alejandrino, victoria alejandrina.* || *adj. / s. m.* **4** MÉTR. [Verso] que tiene catorce sílabas y está dividido en dos hemistiquios: *Escribió un poema en alejandrinos.* || *adj. / s. f.* **5** MÉTR. [Estrofa] que está formada por versos alejandrinos.

alejar *v. tr. / prnl.* **1** Poner ‹una persona› lejos [a otra persona, un animal o una cosa]: *No* ***te*** *alejes. Aleja el cigarro* ***del*** *depósito de gasolina.* || *v. tr.* **2** Hacer ‹una persona› que [otra persona o un animal] se vaya: *Las multitudes lo alejan* ***de*** *la ciudad. El calor lo aleja* ***de*** *la playa. El jazmín aleja los mosquitos. La sal aleja las hormigas.* SIN. apartar. **3** Hacer ‹una persona o una cosa› que [una persona] deje [una cosa]: *Aléja****te de*** *ese chico, que no te conviene. Aléja****te del*** *boxeo, que va a ser tu perdición.* SIN. apartar.

alelado, da *adj. / s. m.* y *f.* (ser / estar) Que está lelo o tonto: *Hoy está alelada. Es un alelado.*

alelar *v. tr.* **1** Poner ‹una persona o una cosa› lela o boba [a una persona]: *La noticia de la muerte de su hijo la aleló un poco. El premio de lotería me ha alelado algo, pero no mucho.* SIN. abobar. || *v. prnl.* **2** Ponerse ‹una persona› lela: *Se alelan con los nietos. Se alela ante la tele.* SIN. abobarse.

alelí *s. m.* Alhelí.

aleluya *s. f.* **1** MÉTR. Estrofa formada por dos versos octosílabos. **2** (preferentemente en plural) COLOQUIAL, RESTRINGIDO. Historia o fantasía sin interés, tontería, presentadas como verdaderas: *Déjate de aleluyas y ponte a estudiar.* || *interj.* **3** Se utiliza para expresar alegría: *¡Aleluya! Has conseguido aprobar.*

alemán, na *adj. / s. m.* y *f.* **1** De Alemania, país europeo: *la industria alemana, el parlamento alemán, las costumbres alemanas. Conocieron a un grupo de alemanes.* || *s. m.* **2** Lengua indoeuropea que pertenece al grupo germano, hablada, sobre todo, en Alemania y Austria. || **3 pastor* ~ / alsaciano.**

alentador, ra *adj.* Que alienta o anima: *un aplauso alentador, unas palabras alentadoras.*

alentar *v. tr.* **1** Dar ‹una persona o una cosa› ánimos [a una persona]: *Los hinchas alentaban a su equipo, aunque perdía.* SIN. animar. **2** Mantener ‹una persona› vivo [un sentimiento]: *Siempre he alentado el deseo de volver a vivir en el campo.* || *v. intr.* **3** Mantenerse ‹un sentimiento› vivo en [una persona]: *Aún alienta la esperanza* ***en*** *nuestro corazón.* ***En*** *sus ojos cansados alienta un destello de inteligencia.* **4** RESTRINGIDO. Absorber y expulsar ‹un ser vivo› aire: *La abuela alienta con dificultad cuando sube las escaleras.* SIN. respirar. || *v. prnl.* **5** COL. Convalecer ‹una persona› de una enfermedad. ⇒ **58.**

alerce *s. m.* Género *Larix.* Árbol de gran altura, hojas en forma de aguja, madera aromática y fruto en forma de pequeña piña.

alergeno, na o **alérgeno, na** *adj. / s. m.* RESTRINGIDO. [Sustancia] que provoca o puede provocar una reacción alérgica: *El polen es un alergeno muy frecuente. Existen muchas sustancias alergenas.*

alergia *s. f.* **1** (no contable) Reacción anómala de algunas personas a sustancias que son bien toleradas por la mayoría: *alergia al polen. Las gambas me dan alergia.* **2** (no contable) COLOQUIAL; INTENSIFICADOR. Rechazo o asco hacia una persona o circunstancia: *Los presumidos me dan alergia.* SIN. aversión.

alérgico, ca *adj.* 1 De la alergia: *Tuve una reacción alérgica **a** un medicamento que me administraron en el hospital.* **rinitis alérgica.** || *adj. / s. m.* y *f.* 2 Que padece alergia: *Es alérgico **al** polen. Los alérgicos lo tienen mal esta primavera.*

alergiólogo, ga *s. m. / f.* Alergólogo.

alergista *s. m. / f.* Médico especialista en enfermedades alérgicas: *Debe tratarte un alergista.*

alergólogo, la o **alergiólogo, ga** *s. m. / f.* Alergista.

alero *s. m.* 1 Parte inferior del tejado de una construcción que sobresale de las paredes y las protege contra la lluvia. 2 DEP. Jugador de baloncesto que juega por los laterales de la cancha: *Los aleros deben moverse con mucha rapidez.* 3 Pieza lateral de un coche que preserva de salpicaduras: *Los coches antiguos solían tener unos aleros brillantes.* FR. Y LOC. **estar en el ~** 1 Estar ‹una cosa› sin decidir: *Todavía no sé si me darán el trabajo, la cosa está en el alero.* 2 Estar ‹una persona› con poca seguridad en un puesto de trabajo o en un cargo: *Parece que el ministro está en el alero.*

alerón *s. m.* 1 Pieza articulada situada en el borde posterior de las alas de un avión, utilizada para cambiar la inclinación del aparato y facilitar ciertas maniobras: *el alerón de cola.* 2 Pieza que se coloca en la parte posterior de un coche para hacerlo más aerodinámico: *El alerón le da un aire más juvenil al coche.* 3 COLOQUIAL; HUMORÍSTICO. Sobaco de una persona: *Se me acercó en el baile, levantó los brazos, dejó al descubierto los alerones y me quedé traspuesta con el perfume. ¡Qué tío más guarro!*

alerta *s. f.* 1 Situación en que se necesita especial atención y vigilancia: *Se encuentran en estado de alerta todas las unidades de la marina. Las autoridades sanitarias están en alerta por la invasión de medusas en las playas.* **~ roja** Situación de máxima atención que exige medidas muy especiales y urgentes: *La sequía ha obligado a declarar la alerta roja.* || *adv.* 2 Con atención y vigilancia: *Andaba alerta desde que supo que volvía. Vive alerta esperando la noticia.* || *interj.* 3 Se emplea para incitar a permanecer vigilante o atento o para ordenarlo: *¡Alerta, que vienen los guardias! ¡Alerta, que aquéllos no tienen buenas intenciones!* FR. Y LOC. **dar la ~** Avisar ‹una persona› del peligro de una cosa: *Los consejeros del banco dieron la alerta **sobre** el estado confuso de la contabilidad. Los científicos han dado la alerta **sobre** las consecuencias de la disminución de la capa de ozono.*

alertar *v. tr.* Poner ‹una persona o una cosa› [a una persona] en alerta sobre [una cosa]: *Las autoridades alertaron a la población **d**el peligro de contagio. Toda la policía está alertada **sobre** los ladrones de la autopista.* SIN. avisar.

aleta *s. f.* 1 Extremidad de los animales acuáticos que les permite avanzar por el agua: *las aletas de un pez.* **~ abdominal. ~ anal. ~ caudal. ~ dorsal. ~ torácica.** 2 Parte membranosa situada a cada lado de los orificios de la nariz. 3 (preferentemente en plural) Calzado de forma similar a las aletas de los peces, que se usa para nadar más deprisa: *El submarinista se puso las aletas antes de entrar en el agua.* 4 Guardabarros de una bicicleta o de las motos y coches antiguos: *Se me ha roto la aleta trasera de la bici al raspar una pared.* 5 Parte saliente de algunas cosas: *las aletas de un timón.*

aletargamiento *s. m.* 1 Adormecimiento o somnolencia de las personas: *Las comidas abundantes me producen un aletargamiento muy agradable, pero luego no puedo hacer nada.* 2 Reposo por la disminución fuerte del metabolismo de algunos animales en ciertas épocas del año: *Los osos pasan un prolongado aletargamiento en invierno.*

aletargar *v. tr.* 1 Producir ‹una cosa› letargo o adormecimiento [a una persona o un animal]: *Me aletarga el calor del verano. La televisión aletarga a toda la familia.* SIN. adormecer. || *v. prnl.* 2 Experimentar ‹una persona o un animal› letargo: *Mi gato se aletarga con el calor de la estufa y no se mueve de allí en todo el invierno. Los osos se aletargan en invierno.* ⇒ **56.**

aletear *v. intr.* 1 Mover ‹un ave› las alas repetidamente sin volar: *El pájaro atrapado en la red aleteaba desesperadamente.* 2 Mover ‹un pez› las aletas repetidamente fuera del agua: *El pobre pez aleteaba todavía sobre la cubierta de la barca.* 3 COLOQUIAL; RESTRINGIDO. Comenzar a tener ‹una persona o una cosa› fuerza o vigor: *Parece que la abuela ya aletea otra vez después de la gripe.*

aleteo *s. m.* Movimiento repetido y rápido de las alas o de las aletas o de alguna cosa que se parezca a ellas o las recuerde: *el aleteo del pájaro asustado.*

aleutiano, na *adj. / s. m.* y *f.* De las islas Aleutianas, archipiélago que es una prolongación de Alaska, al norte del océano Pacífico: *Le traje un bolso aleutiano. Los aleutianos son gente muy agradable.*

alevín *s. m.* 1 (macho y hembra) Cría de pez que suele emplearse para repoblar ríos y estanques. || *adj. / s. m.* y *f.* 2 [Deportista] que pertenece a la categoría anterior a la infantil: *Ahora mismo tenemos en gimnasia diez alevines, cuatro niños y seis niñas, y las alevines son muy buenas.*

alevosía *s. f.* 1 DER. Circunstancia agravante de la responsabilidad por una falta o delito, cuando el que los comete pone los medios para asegurar su ejecución e impedir que la víctima pueda defenderse: *Lo engañó con alevosía, aprovechándose de su confianza.* 2 RESTRINGIDO. Traición: *La alevosía de su familia lo ha desconcertado.* FR. Y LOC. **con premeditación* y ~.**

alfa *s. f.* 1 Primera letra del alfabeto griego. || 2 **~ y omega** REL. Cristo, que es principio y fin de todas las cosas. 3 **partícula* ~.**

alfabéticamente *adv. modo* 1 Por orden alfabético: *Ordénalos alfabéticamente.* OBSERVACIONES: Como adverbio oracional puede llevar implícito el término modificado: *Son, alfabéticamente (=* 'aduciéndose por orden alfabético'*), los siguientes: Antón, García y Ruiz.* || *adv. restrictivo* 2 Desde el punto de vista de la ordenación alfabética: *Alfabéticamente, sí es el primero, pero en importancia no.*

alfabético, ca *adj.* Del alfabeto: *orden alfabético.*

alfabetización *s. f.* 1 Enseñanza de la lectura y la escritura a personas que no están en edad escolar: *la alfabetización de los adultos. La alfabetización de las mujeres es fundamental para que cambie el Tercer Mundo.* 2 Ordenación por orden alfabético: *Han organizado la alfabetización de las antiguas fichas con el método moderno.*

alfabetizar *v. tr.* 1 Poner ‹una persona› [varias cosas] en orden alfabético: *Estamos alfabetizando todas las fichas que hemos reunido.* 2 Enseñar ‹una persona› el alfabeto [a otra]: *Es necesario alfabetizar a toda la población femenina para que pueda subir el nivel cultural del país.* ⇒ **19.**

alfabeto *s. m.* 1 Serie ordenada de las letras de una lengua: *el alfabeto griego, el alfabeto ruso, el alfabeto japonés.*

SIN. abecedario. **2** Conjunto de signos o símbolos convencionales utilizados en un sistema de comunicación: *alfabeto morse, alfabeto de los sordomudos.* **~ fonético** FON. Alfabeto de signos que transcriben los fonemas de una lengua.

alfajor *s. m.* **1** Dulce elaborado generalmente con almendras, nueces y miel: *El alfajor es un dulce muy típico de la Navidad.* **2** ARG., URUG. Dulce elaborado con dos porciones de masa con dulce de leche, chocolate o mermelada en el centro.

alfalfa *s. f. Medicago sativa.* Planta leguminosa con hojas en forma de trébol y flores violetas o azules, utilizada como forraje.

alfandoque *s. m.* Alfondoque.

alfanje *s. m.* Sable corto y curvado de hoja ancha con punta de doble filo, utilizado por los pueblos orientales: *El alfanje es un componente típico de los uniformes de gala de los oficiales de algunos ejércitos árabes.*

alfanumérico, ca *adj.* INFORM. Que está formado por cifras y letras: *teclado alfanumérico, código alfanumérico, caracteres alfanuméricos.*

alfaque *s. m.* (preferentemente en plural) RESTRINGIDO. Banco de arena que generalmente se encuentra en la desembocadura de un río o en la boca de un puerto: *los alfaques de la desembocadura del Ebro.*

alfar *s. m.* RESTRINGIDO. Taller donde se hacen vasijas y objetos de barro: *En algunos pueblos quedan todavía alfares tradicionales.* SIN. alfarería.

alfarería *s. f.* **1** (no contable) Arte y oficio de fabricar vasijas y otros objetos de barro: *La alfarería se encuentra en todo el litoral mediterráneo.* **2** Taller donde se fabrican y tienda donde se venden objetos de barro.

alféizar *s. m.* Entrante o apoyo que forma la pared alrededor de una ventana o de una puerta, especialmente el situado en la parte inferior de una ventana: *Siempre tiene palomas en el alféizar de su ventana porque les echa migas y granos de trigo para que coman.*

alfeñique *s. m.* **1** COLOQUIAL. Persona físicamente débil o delicada: *¡Se ha casado con un alfeñique, siempre está enfermo! Está hecha un alfeñique este año, la atacan todas las enfermedades.* **2** Dulce hecho de pasta de azúcar.

alférez *s. m.* **1** Oficial del ejército de tierra y aire cuyo grado es inmediatamente inferior al de teniente: *el alférez de la compañía.* **2** Oficial que llevaba la bandera del regimiento o de la compañía. || **3 ~ de fragata** Oficial de la marina de guerra cuyo grado es equivalente al de alférez del ejército de tierra. **4 ~de navío** Oficial de la marina de guerra cuyo grado es equivalente al de teniente del ejército de tierra.

alfil *s. m.* Pieza del juego de ajedrez que se mueve diagonalmente y puede recorrer de una vez todas las casillas que encuentre libres: *mover el alfil, alfil de rey, alfil de reina.*

alfiler *s. m.* **1** Barra de acero muy fina y puntiaguda, parecida a la aguja pero con cabeza, que se clava para sujetar partes del vestido o del tocado: *El vestido está prendido con alfileres. Cuando ya esté cosido quita los alfileres. Sujétalo con alfileres hasta que lo cosas.* **2** Joya que se prende como sujeción de algo o adorno en una prenda de vestir: *alfiler de corbata, alfiler de solapa, alfiler de sombrero, un alfiler de brillantes.* SIN. broche. FR. Y LOC. **no caber (ni) un ~** Estar ‹un sitio› muy lleno: *El autobús estaba que no cabía (ni) un alfiler.* **prendido con alfileres** COLOQUIAL. Sin terminar o poco seguro: *Se sabe la lección prendida con alfileres.*

alfiletero *s. m.* Estuche para guardar alfileres o almohadilla en la que se clavan.

alfiz *s. m.* Elemento arquitectónico decorativo árabe que enmarca un arco o el vano de una puerta o ventana.

alfombra *s. f.* **1** Pieza de tejido grueso de lana o de otros materiales que se emplea para cubrir el suelo: *una alfombra persa.* **2** Cualquier cosa que cubra el suelo o la tierra: *una alfombra de flores, la alfombra de nieve del jardín. Una alfombra de cadáveres se extendía después de la batalla.*

alfombrado, da *adj.* **1** (ser / estar) Que está cubierto con alfombras: *un pasillo alfombrado. Los salones del hotel son alfombrados. La habitación está alfombrada.* || *s. m.* **2** Acción y resultado de alfombrar: *una casa especializada en el alfombrado de grandes superficies.* **3** Conjunto de alfombras de un lugar: *Sólo el alfombrado de los salones costó un millón.*

alfombrar *v. tr.* **1** Cubrir ‹una persona› [el suelo de un lugar] con una alfombra: *Nuestra empresa ha alfombrado el nuevo hotel. Somos especialistas en alfombrar salones para ceremonias.* **2** Cubrir ‹una persona› [el suelo de un lugar] con [una cosa]: *Alfombraron las calles* ***con*** *flores para la procesión.*

alfombrilla *s. f.* **1** (no contable) MED. Enfermedad infantil parecida al sarampión, pero sin síntomas catarrales. **2** Alfombra pequeña de material resistente que se coloca delante de la puerta de la casa para recoger el polvo y el barro de los zapatos. || **3 ~ de baño** Alfombra pequeña que se coloca al pie de la bañera o la ducha.

alfondoque o **alfandoque** *s. m.* COL., VEN. Especie de dulce tradicional elaborado con melaza de caña de azúcar, anís, leche y otros ingredientes, y que se envuelve en hojas de plátano o caña.

alfonsí (plural *alfonsíes* o *alfonsís*) *adj.* Alfonsino.

alfonsino, na *adj.* De Alfonso, nombre de muchos reyes de España: *la reforma alfonsina, la corte alfonsina.*

alforfón *s. m.* **1** *Fagopyrum esculentum.* Planta poligonácea, de hasta un metro de altura, hojas en forma de corazón, flores blancas y fruto oscuro. **2** Semilla de los alforfones que se utiliza para hacer pan negro.

alforja *s. f.* (preferentemente en plural) RESTRINGIDO. Tira de tela con dos bolsas en sus extremos que se pone al hombro o al lomo del caballo y sirve para transportar cargas: *las alforjas del caballo, las alforjas de un mendigo, unas alforjas de tela, alforjas de piel. El bandolero le robó todo lo que llevaba en las alforjas.* FR. Y LOC. **para este viaje* no se necesitan alforjas.**

alfoz *s. m.* HIST. Territorio, en gran parte comunal, que dependía de un municipio: *El alfoz de Toledo en la Edad Media era extensísimo.*

alga *s. f.* **1** Planta talofita que suele vivir en el agua, tanto dulce como salada. **2** (en plural) Clase de estas plantas.

algarabía *s. f.* Ruido producido por voces confusas y estridentes: *Con esta algarabía no hay quien se entienda. En el mercado reina una algarabía muy simpática.* SIN. jaleo.

algarada *s. f.* **1** Disturbio callejero: *Las algaradas se sucedían entonces y había un clima de inseguridad.* SIN. tumulto. **2** Motín o revuelta de poca importancia: *La algarada fue* *rápidamente reprimida por la policía antidisturbios.* **3** HIST. En la Edad Media, incursión militar que tenía como objeto saquear la tierra enemiga: *La ciudad fue incendiada en una algarada veraniega.*

algarroba *s. f.* **1** Fruto del algarrobo, en forma de vaina. **2** Planta leguminosa que se usa como forraje de animales.

algarrobo *s. m. Ceratonia siliqua.* Árbol de hasta diez metros de altura, muy típico del Mediterráneo, hojas perennes y flores rojas, cuyo fruto es la algarroba.

algazara *s. f.* Ruido de voces, canciones o risas alegres de gente que se divierte: *Hasta la azotea llegaba la algazara de la fiesta.* SIN. bullicio.

álgebra *s. f.* (no contable) MAT. Parte de las matemáticas que estudia las operaciones en las que hay cantidades conocidas representadas por números y otras desconocidas representadas por letras u otros signos: *Esta profesora sabe mucho de álgebra.*

algebraico, ca *adj.* Del álgebra. **cálculo ~. expresión* algebraica.**

álgido, da *adj.* **1** [Punto, momento, período] que es el más importante de un proceso o situación: *El descubrimiento del asesino fue el momento álgido de la película. La enfermedad está en su punto álgido.* **2** (ser / estar; antepuesto / pospuesto) Que es muy frío o se manifiesta con mucho frío: *El clima polar es álgido. No hay quien entre en esa habitación, está álgida. Nos lanzamos unas álgidas sonrisas cuando nos cruzamos.*

algo (carece de plural) *pron. indef.* **1** Indica indeterminación al sustituir al nombre de una cosa cualquiera. OBSERVACIONES: Se usa, normalmente, en enunciados afirmativos. En enunciados negativos sólo corrige o rechaza lo dicho anteriormente por otra persona: *–«No habéis comido nada de jamón.» –«Algo.» Verán algo en la televisión antes de acostarse. Algo sucedió en aquel lugar. –«Vosotros no habéis bebido vino.» –«Algo.»* **2** Cantidad pequeña e indeterminada de alguna cosa. OBSERVACIONES: Delante de un nombre va seguido de la preposición *de*: *algo **de** comida, algo **de** diversión. Sirvió algo **de** vino, pero muy poco.* || *adv. cant.* **3** Un poco. OBSERVACIONES: Se aplica a verbos, adjetivos o adverbios. **3**1 En *algo* + adjetivo o adverbio presenta una característica como negativa y no deseada: *Este modelo es algo pequeño. La casa es algo oscura. Toca algo el piano. Eres algo cruel. Dale algo más.* **3**2 En *algo de* + adjetivo o nombre no contable equivale a 'un poco': *Tiene algo de tonto. Tiene algo de morriña.* **3**3 En *algo más de* equivale a 'un poco más de': *Vendieron algo más de doscientos abrigos.* **4** IRONÍA. Mucho: *Algo habréis bebido para estar tan borrachos. –«Los niños han dejado la nevera vacía.» –«Sí, ya comen algo.»* || *s. m.* **5** Una cosa que es considerada de gran importancia: *llegar a ser algo.* FR. Y LOC. **~ así** o **~ así como** Más o menos, aproximadamente: *Tardarán cinco horas, o algo así. Avisaron algo así como a las cinco de la madrugada.* **algo es ~** Expresa conformidad con lo que se tiene o ha conseguido, señalando sutilmente que algo es más que nada, o que nada es menos: *Sólo me han tocado dos mil pesetas a la lotería, pero algo es algo.* **~ gordo*. creerse* alguien / ~. darle ~** COLOQUIAL. Sufrir ‹una persona› un malestar repentino o un desvanecimiento: *Nos dará algo como sigamos comiendo tanto. –«¿Subes a la montaña rusa?» –« No, me daría algo.» Paseaba y cayó al suelo, porque le debió dar algo.* **por ~** Indica que hay razones que explican el hecho de que se trata: *Por algo no quería él entrar. Por algo dije yo aquello. Por algo es el último.* **por ~ será** Indica que un hecho tiene su explicación, que se debe aceptar aunque se desconozca: *Cuando no quiere pasar por casa, por algo será. Si lo han metido en la cárcel, por algo será.* **ser* alguien / ~.**

algodón *s. m.* **1** Género *Gossypium.* Planta malvácea, de hojas palmeadas, flores amarillas con manchas rojas, cuyas semillas están envueltas por una fibra blanca y larga. **2** Borra blanca que envuelve las semillas de los algodones: *La cosecha de algodón es muy abundante este año.* **3** (no contable) Hilo o tejido hecho con esta fibra: *una camiseta de algodón, una blusa de algodón.* **4** (no contable) Fibra o borra de esta planta que se utiliza, esterilizada, para usos médicos, cosméticos e higiénicos: *Compra un paquete de algodón en la farmacia.* || **5 ~ dulce** Dulce de azúcar hilado que parece algodón y se pone en un palo. FR. Y LOC. **entre algodones** Con extremo cuidado y atención, con mucho mimo: *Es tan comodón que parece que se crió entre algodones.*

algodonero, ra *adj.* **1** Del algodón: *producción algodonera, región algodonera.* || *s. m. / f.* **2** Persona que profesionalmente se dedica al cultivo o a la industria del algodón: *Los algodoneros no están de acuerdo con los precios.*

algodonoso, sa *adj.* Que tiene algunas de las características propias del algodón: *las nubes algodonosas. Las ovejas tienen una lana algodonosa.*

algorítmicamente *adv. modo* Mediante procedimiento algorítmico: *No es un problema algorítmicamente abordable.*

algorítmico, ca *adj.* Del algoritmo.

algoritmo *s. m.* **1** MAT. Conjunto finito de operaciones que permite hallar la solución de un problema. **2** MAT. Método y notación en las distintas formas de cálculo.

alguacil *s. m.* **1** Funcionario de justicia que ejecuta las órdenes de un tribunal: *Fue conducido a la sala de audiencias por un alguacil.* **2** Funcionario subalterno del ayuntamiento de un pueblo que ejecuta las órdenes del alcalde: *El alguacil del ayuntamiento ha pregonado un nuevo bando.* **3** TAUROM. Alguacilillo.

alguacilillo *s. m.* TAUROM. Jinete vestido de alguacil del siglo XVII que precede a la cuadrilla durante el paseíllo y recibe del presidente la llave del toril y queda a su servicio durante la corrida: *El alguacilillo le entregó la oreja que concedió el presidente al diestro triunfador.* SIN. alguacil.

alguien (carece de plural) *pron. indef.* **1** Se refiere, de manera indeterminada, a una o varias personas, sin decir exactamente quiénes son. Va siempre en enunciados afirmativos. Concierta con los adjetivos y verbos como el pronombre *él*: *¿Vio alguien el atentado? Es alguien más listo que tú. ¿Esperas a alguien? Alguien me dijo que estabas fuera.* ANT. nadie. **2** Cierta persona, una persona concreta: *Ven, quiero presentarte a alguien. Conozco a alguien que puede ayudarte.* || *s. m.* **3** COLOQUIAL. Persona considerada importante dentro de la comunidad o grupo al que pertenece: *Pareces alguien con ese traje. Llegará a ser alguien en el mundo de los negocios.* FR. Y LOC. **creerse* ~ / algo. ser* ~ / algo.**

algún *adj. indef.* (antepuesto) Apócope de *alguno* ante sustantivo masculino singular: *algún libro, algún pensamiento,* *algún otro cuadro, algún año.* ANT. ningún. FR. Y LOC. **~ tanto*. ~ / alguno* que otro.**

alguno, na (ante s. m. singular se usa *algún) adj. / pron. indef.* 1 (antepuesto) Expresa indeterminación o imprecisión al referirse a la persona, animal o cosa que designa el sustantivo al que acompaña: *Yo quiero salir, pero alguno prefiere quedarse en casa. Déjame alguna camisa. Puede ayudarte algún vecino.* ANT. ninguno. **2** Indica una cantidad o número indeterminado: *He comprado algunas sillas. He avisado a algunos compañeros. En la montaña rusa sólo montaron algunos chicos. He recibido algunas cartas últimamente. –«¿Has comprado muchos?» –«Algunos.»* SIN. cierto. ANT. ninguno. ‖ *adj. indef.* **3** Mucho, bastante: *Le contó cosas de alguna importancia.* ANT. ninguno. **4** (en frases negativas, pospuesto) Ninguno: *No he visto a persona alguna. No había en la calle taxi alguno. No hay motivo alguno para que te enfades.* FR. Y LOC. **algún / ~ que otro** Algunos, pero pocos: *Pregunta por él algún que otro amigo. Suspensos trae alguno que otro.* **en modo* ~. hacer alguna (de las suyas)** COLOQUIAL. Se usa para referirse a una acción, normalmente de carácter negativo, que acostumbra a hacer la persona de la que se habla: *El nene hizo alguna de las suyas y metió al gato en la lavadora. –«¿Ha hecho otra vez alguna de las suyas?» –« Se ha comprado un coche absurdo que no necesita.»* **una / alguna / otra de las nuestras*.**

alhaja *s. f.* **1** (preferentemente en plural) Joya, objeto de adorno fabricado con materiales preciosos: *La colección de alhajas del Museo del Prado es impresionante. Las alhajas de la marquesa no corren peligro. Marque usted sus alhajas.* **2** COLOQUIAL. Persona o cosa de gran valor y buenas cualidades: *Esta chica es una verdadera alhaja.* **3** COLOQUIAL; IRONÍA. Persona poco recomendable, con muchos defectos: *¡Vaya alhaja de marido que tienes!*

alhajar *v. tr. / prnl.* **1** RESTRINGIDO. Adornar ‹una persona› [a otra persona] con alhajas: *No me gusta alhajarme. Va siempre alhajada como una señorona.* ‖ *v. tr.* **2** RESTRINGIDO. Poner ‹una persona› todo lo necesario en [una casa].

alhajera *s. f.* ARG., MÉX.; COLOQUIAL en México. Alhajero.

alhajero *s. m.* ARG., CHILE, URUG.; COLOQUIAL. Estuche para guardar joyas.

alharaca *s. f.* Conjunto de palabras o gestos exagerados con que se demuestra un sentimiento: *Mostró su alegría con todo tipo de alharacas.*

alhelí (plural *alhelíes,* preferible a *alhelís*) *s. m.* **1** Planta crucífera con flores de diversos colores agrupadas en racimos, que se cultiva como adorno. **2** Flor de los alhelíes.

alheña *s. f.* **1** Aligustre, arbusto. **2** Flor de las alheñas. **3** Polvo que se obtiene de las hojas de las alheñas y que se usaba mucho como tinte.

alhóndiga *s. f.* Local para la venta, compra y depósito de granos y otras mercancías: *En algunas ciudades se conservan las alhóndigas tradicionales.*

aliáceo, a *adj.* ELEVADO. Que huele o sabe a ajo: *un caldo aliáceo, un olor aliáceo.*

aliaga *s. f.* Aulaga, arbusto espinoso.

alianza *s. f.* **1** Acuerdo que se hace entre personas, organismo o países con un fin determinado: *Aquel matrimonio sellaba la alianza entre los dos países.* SIN. pacto. **2** Anillo de boda: *El novio puso la alianza a la novia.* **3** Acción y resultado de aliar o unir: *La alianza entre descaro y virtud no es frecuente.* FR. Y LOC. **el arca* de la ~.**

aliar *v. tr.* **1** Unir ‹una persona› [varias cosas]: *Alía la simpatía **con** la inteligencia. Aliaba la constancia **al** esfuerzo.* ‖ *v. prnl.* **2** Unirse ‹varias cosas›: *En este caso se alían varias técnicas para luchar contra los insectos.* **3** Ponerse ‹una persona› de acuerdo con [otra persona]: *Se aliaron **con** los ingleses. Se han aliado varias empresas de seguros para competir en el exterior.* ⇒ **8.**

alicaído, da *adj.* (estar) Que está triste y sin fuerzas: *Está alicaído desde que supo la mala noticia. Este animal está muy alicaído con el calor.*

alicantino, na *adj. / s. m.* y *f.* De Alicante, ciudad y provincia española: *las fiestas alicantinas, un alicantino muy simpático.*

alicatado *s. m.* Revestimiento de azulejos: *Los alicatados andaluces tienen justa fama.*

alicatar *v. tr.* Cubrir ‹una persona› [una pared] con azulejos: *Me han alicatado el baño y lo han dejado precioso.*

alicate *s. m.* (se usa mucho en plural con el significado de singular) Herramienta metálica parecida a las tenazas, formada por dos brazos cruzados y articulados por un eje cuyas puntas, planas o redondas, se aplican una contra otra para doblar alambres o apretar tuercas.

aliciente *s. m.* Atractivo o encanto de algo, o estímulo que proporciona: *Las buenas notas le sirvieron de aliciente para estudiar más. Es un aliciente para vivir saber que alguien te espera a la vuelta del trabajo.*

alícuota *adj.* **1** Que es proporcional. **2** Que está comprendido un número de veces en un todo: *Dos es parte alícuota de ocho. A cada uno de los herederos le correspondió una parte alícuota de la herencia.* **parte ~.**

alienación *s. f.* **1** MED.; ELEVADO. Enajenación: *Se trataba de un caso agudo de alienación mental.* **2** PSICOL., SOCIOL. Estado de ánimo individual o colectivo en el que el hombre se siente ajeno a su trabajo y a su vida auténtica: *La alienación es, según Marx, consecuencia de las condiciones de trabajo. Algunos creen que la televisión es responsable de la alienación que sufren muchas personas.* **3** PSICOL., SOCIOL. Proceso por el cual un hombre o una colectividad sufren un cambio que los lleva a pensar y actuar de forma contradictoria a su sistema de valores: *Para los existencialistas, la alienación expresa las contradicciones ineludibles de la actividad humana.*

alienar *v. tr.* **1** Volver ‹una cosa› loca [a una persona]: *La liga de fútbol lo aliena por completo.* SIN. enajenar. **2** Producir ‹una persona o una cosa› la alienación de [una persona]: *Las películas de guerra alienan a cualquiera.* ‖ *v. prnl.* **3** Sufrir ‹una persona› alienación: *Me he alienado con la obsesión de los impuestos.*

alienígena *adj. / s. m.* y *f.* Que vive fuera del planeta Tierra: *El protagonista era un alienígena.*

alienista *adj. / s. m.* y *f.* MED.; RESTRINGIDO. Médico especialista en enfermedades mentales: *médico alienista.* SIN. psiquiatra.

aliento *s. m.* **1** (no contable) Respiración o aire que se respira: *Al subir la escalera, le faltaba el aliento.* **2** (no contable) Aire que sale por la boca al respirar: *Cuando come ajo, le huele mal el aliento. Echó el aliento sobre los cristales de las gafas para limpiarlos.* **3** (no contable) Ánimo para comenzar o continuar una cosa: *El apoyo de sus compañeras le dio aliento para seguir adelante.* **4** Inspiración artística: *Es un poema de gran aliento. Está haciendo una escultura de gran aliento para una plaza mayor francesa.*

aligeramiento *s. m.* Disminución del peso o de la carga de algo: *el aligeramiento de impuestos. Hay que buscar el aligeramiento de la barca.*

aligerar *v. tr.* **1** Hacer ‹una persona o una cosa› más ligera [una cosa]: *Aligeró el vestido* ***de*** *adornos.* **2** Hacer ‹una persona o una cosa› menos pesada y complicada [una cosa]: *Van a aligerar los trámites para sacar el pasaporte.* || *v. tr. / intr.* **3** Hacer ‹una persona› más rápida [una cosa]: *Aligera o llegarás tarde.* SIN. abreviar. || *v. prnl.* **4** Hacerse ‹una cosa› menos pesada: *Con el nuevo reglamento se han aligerado las obligaciones de todos los cargos.*

aligustre *s. m. Ligustrum vulgare.* Arbusto oleáceo, con racimos de flores blancas y fruto en pequeñas bayas negras: *un seto de aligustre.* SIN. alheña.

alijar *v. tr.* **1** Descargar ‹una persona› [una embarcación] total o parcialmente. **2** Descargar ‹una persona› [la mercancía de contrabando de una embarcación] en otra o en tierra.

alijo *s. m.* Conjunto de mercancías de contrabando: *un alijo de drogas. La policía descubrió un importante alijo de tabaco en el puerto.*

alimaña *s. f.* **1** Animal silvestre perjudicial para la caza menor: *El zorro o los lobos son alimañas.* **2** Animal irracional. **3** Persona que se comporta hacia sus semejantes sin sentimientos o con extrema violencia: *El atracador es una alimaña peligrosa.*

alimentación *s. f.* **1** (no contable) Acción y resultado de alimentar o alimentarse: *Los médicos aconsejan siempre elegir una alimentación equilibrada. Es muy importante para la salud la higiene de la alimentación.* SIN. nutrición. **2** Conjunto de alimentos: *No hay tiendas de alimentación en el barrio.* SIN. comestibles. **galería* de ~. tienda de ~.** **3** Dieta de alimentos que sigue una persona: *Su alimentación es rica en calorías. Debe seguir una alimentación variada.* SIN. régimen. **4** Mantenimiento de la energía o la fuerza necesaria para que funcione algo: *Si no me arreglan la fuente de alimentación no podré usar los aparatos de batería. Hay que vigilar la alimentación de la estufa para que no se apague.* **5** Fomento de un sentimiento o actividad: *La alimentación de sentimientos como el odio o la tristeza acaba destruyendo a la persona.* FR. Y LOC. **fuente* de ~.**

alimentar *v. tr. / prnl.* **1** Dar ‹un ser vivo› alimento [a otro]: *El panda* ***se*** *alimenta sobre todo* ***de*** *bambú. Alimento al niño* ***con*** *buenas papillas.* SIN. nutrir(se). **2** Proporcionar ‹una persona› lo necesario para vivir [a otra persona]: *Mi hija se alimenta* ***de*** *su trabajo. Yo le cuento historias, porque se alimenta* ***de*** *fantasías.* || *v. tr.* **3** Proporcionar ‹una persona› [lo necesario para funcionar] a [una cosa]: *Alimentó la caldera* ***con*** *combustible. Tienes que alimentar la batería enchufándola dos horas cada día.* **4** Proporcionar ‹una persona o una cosa› lo necesario para mantener o fomentar [una cosa]: *El presidente de la fundación está harto de alimentar corrientes artísticas absurdas. Ahora mismo sólo las traducciones alimentan esa colección.* || *v. intr. / tr.* **5** Servir ‹una cosa› de alimento: *La leche alimenta mucho. Come carne, que te alimentará.*

alimentario, ria *adj.* De la alimentación: *política alimentaria, industria alimentaria, feria alimentaria.*

alimenticio, cia *adj.* **1** Que alimenta o puede alimentar: *productos alimenticios, sustancia alimenticia.* **2** De los alimentos: *conservas alimenticias. Voy a comenzar una dieta alimenticia.* || **3 bolo* ~.**

alimento *s. m.* **1** (no contable) Sustancia que toma un ser vivo para obtener la materia y energía necesarias para la vida: *El nitrógeno es un buen alimento para las plantas. Las células corporales también reciben su alimento. La enfermedad no le permite tomar alimento ninguno.* **2** (no contable) Cualquier cosa que mantiene la existencia de algo: *La ambición humana es el alimento de todas las guerras. La intransigencia es el alimento de las bandas juveniles violentas.*

alimoche *s. m.* (macho y hembra) *Neophron percnopterus.* Ave parecida al buitre pero algo más pequeña, de color blanco con las puntas de las alas negras. SIN. abanto.

alimón *s. m.* Se usa en la LOC. **al ~** COLOQUIAL. Conjuntamente, a la vez, con responsabilidad de todos los que participan: *Hacemos todos los proyectos al alimón y los firmamos, después, conjuntamente.*

alineación *s. f.* **1** Ordenación en línea recta: *Los niños hicieron su tabla de gimnasia en una alineación perfecta.* **2** Participación de un jugador en un equipo para jugar un partido determinado: *La entrenadora decidió a última hora excluirlo de la alineación del encuentro amistoso.* **3** DEP. Conjunto de jugadores de un equipo que va a disputar un partido: *El seleccionador dio a conocer la alineación.* **4** Acción y resultado de alinear o alinearse en un grupo o partido: *La alineación masiva de seguidores alteró la primitiva ideología de la asociación. La alineación de las grandes potencias ha obligado a firmar la paz a los contendientes.*

alineado, da *adj.* (estar) Que es partidario de una idea o postura: *Está alineado* ***con*** *la posición más progresista.*

alinear *v. tr. / prnl.* **1** Poner ‹una persona› [varias personas o cosas] en línea recta: *Los soldados* ***se*** *alinearon en el patio del cuartel.* || *v. tr.* **2** Decidir ‹el entrenador de un equipo› [los jugadores que van a participar en un encuentro]: *El entrenador no alineará a los jugadores con molestias musculares.* || *v. prnl.* **3** Decidir ‹una persona› formar parte de [un grupo]: *Jorge se ha alineado* ***con*** *la oposición. Si es necesario me alinearé* ***con*** *el grupo de los jóvenes.*

aliñar *v. tr.* **1** Poner ‹una persona› condimentos en [la comida]: *Aliña la ensalada, por favor, que la comida ya está en la mesa.* SIN. condimentar. **2** TAUROM. Preparar ‹el torero› [al toro] para una suerte sin arte: *Le dio dos pases y lo aliñó para entrar a matar.* || *v. tr. / prnl.* **3** Adornar ‹una persona› [a otra persona o una cosa]: *Tu hermana ha aliñado muy bien la narración, pero la verdad es que pasamos mucho miedo cuando aquel hombre nos pidió el dinero.*

aliño *s. m.* **1** COCINA. Condimento que se añade a la comida para darle más sabor: *Sólo pongo aceite, vinagre y sal en el aliño de la ensalada.* **2** Arreglo y cuidado en el aseo y en el vestido de las personas: *Siempre va con un aliño muy estudiado.* ANT. desaliño. **3** TAUROM. Preparación simple y sin arte del toro para una suerte. FR. Y LOC. **de ~** generalmente TAU-

ROM. De apaño, para cumplir las exigencias mínimas: *Le hizo una faena de aliño al toro. Los actores cumplieron, nos brindaron una interpretación de aliño, y nada más.*

alioli *s. m.* COCINA; RESTRINGIDO. Ajoaceite.

¡alirón! *interj.* En una competición deportiva, expresa alegría por el triunfo del vencedor: *¡Alirón, alirón!, el Toledo es campeón.* FR. Y LOC. **cantar el ~** Celebrar ‹una persona› que ella o su equipo favorito han vencido en una competición deportiva: *No cantes el alirón antes de tiempo, que todavía falta un partido de liga. Los jugadores del Zaragoza cantaron el alirón cuando ganaron la Copa del Rey. La tenista argentina pronto podrá cantar el alirón en el torneo de tenis de Madrid.*

alisar *v. tr.* **1** Poner ‹una persona o una cosa› lisa [una superficie]: *Alísate la falda, que la llevas arrugada.* ‖ *v. prnl.* **2** Ponerse ‹una superficie› lisa: *El asfalto se alisa con el paso de los coches.* **3** Peinarse ‹una persona› ligeramente: *Alísate un poco el pelo.* SIN. atusarse.

aliscafo *s. m.* ARG., URUG. (en Uruguay se usa también *alíscafo*) Embarcación fluvial para el transporte de pasajeros, que se desliza sobre al agua a gran velocidad impulsada por dos hélices grandes.

aliseda *s. f.* Lugar poblado de alisos: *En las zonas húmedas de las montañas centrales de la península Ibérica hay numerosas alisedas.*

alisio *adj. / s. m.* (preferentemente en plural) [Viento] que sopla desde las zonas de altas presiones tropicales a las zonas de bajas presiones ecuatoriales: *Hizo un estudio sobre los vientos alisios.*

aliso *s. m.* **1** *Alnus glutinosa.* Árbol betuláceo, de hoja caduca, corteza de color gris y con escamas y frutos en forma de pequeña piña. **2** Madera de este árbol.

alistar *v. tr.* **1** ARG., URUG. Preparar ‹una persona› [una cosa] para que se pueda usar. ‖ *v. prnl.* **2** Inscribirse ‹una persona› [en el ejército]: *Se alistó **en** la marina. Yo me alistaré, si puedo, **en** la legión.*

aliteración *s. f.* RET. Figura retórica que consiste en la repetición de uno o varios sonidos semejantes en una palabra o en un grupo de palabras: *Cabrera Infante, el escritor cubano, es un maestro en el uso de las aliteraciones.*

aliviadero *s. m.* Salida de aguas sobrantes embalsadas o canalizadas: *Las abundantes lluvias han obligado a abrir los aliviaderos del pantano.*

aliviar *v. tr.* **1** Hacer ‹una cosa› menos pesada [otra cosa]: *La lectura te aliviará la espera. Me alivia saber que allí también conoces a gente.* **2** Hacer ‹una cosa› menos intenso [el dolor de una persona]: *El calor te alivia el dolor de espalda.* **3** COLOQUIAL. Robar ‹una persona› [una cosa] a [otra persona]: *Me aliviaron ayer el bolso en el Rastro.* SIN. afanar. FR. Y LOC. **~ el luto*.** ‖ *v. prnl.* **4** VULGAR. Hacer ‹una persona› de vientre: *El niño pregunta que dónde puede aliviarse.*

alivio *s. m.* **1** Reducción de una pena o una enfermedad, mejoría: *Con esta pastillita he experimentado un alivio considerable. ¡Qué alivio el agua fresca sobre mi cuerpo!* **2** Reducción de una carga moral o espiritual: *Ha sido un alivio tremendo saber que el juez no me procesará. Siento mucho alivio pensando que me comprendes.* **3** RESTRINGIDO. Uso de ropa menos severa después del luto: *Llevaba una blusa con colores de alivio. Al año de la muerte de su marido, se puso ya de alivio.* FR. Y LOC. **de ~** Se usa para indicar que una cosa, generalmente mala, es muy grande o intensa y también como expresión peyorativa referida a personas: *Cogió una borrachera de alivio. ¡Es que la niña es de alivio!*

aljaba *s. f.* Estuche alargado que se cuelga del hombro para llevar flechas o saetas. SIN. carcaj.

aljama *s. f.* **1** HIST. En la Edad Media, junta municipal o de barrio de los musulmanes o de los judíos. **2** HIST. Sinagoga. **3** HIST. Barrio de la ciudad donde vivían los musulmanes o los judíos: *En algunas ciudades españolas se conservan todavía los trazados de las antiguas aljamas.*

aljamía *s. f.* **1** Nombre árabe que los musulmanes daban a las lenguas de los cristianos de la península Ibérica. **2** Texto romance escrito con caracteres árabes.

aljamiado, da *adj.* **1** HIST., LING. Relativo a la aljamía. **2** Que está escrito en aljamía: *texto aljamiado.*

aljibe *s. m.* **1** Depósito, generalmente subterráneo, que recoge el agua de lluvia o de algún río. **2** Tanque o barco que transporta un líquido: *Para paliar la sequía se lleva agua potable a algunos pueblos en aljibes.* FR. Y LOC. **bóveda* claustral** o **bóveda de ~.**

allá *adv. lug.* **1** Indica, de forma poco precisa, un lugar alejado tanto de la persona que habla como de la que escucha. OBSERVACIONES: ◊ Precede a otros adverbios que no sean de cantidad: *allá arriba, allá lejos.* ◊ Puede construirse con preposiciones de lugar que no sea *en*: *por allá, para allá, hacia allá.* ◊ Admite la matización con preposiciones *de, desde, hacia, hasta, para* y *por*: *Mira hacia allá. Fue hacia allá hace un rato.* RELACIONES Y CONTRASTES: Indica el lugar de forma menos precisa que *allí.* A diferencia de éste, *allá* admite grados de comparación como *más allá, demasiado allá* y *tan allá.* **2** COLOQUIAL. En *allá* + nombre de lugar, a la idea de imprecisión se le superpone la idea de lejanía: *La seda se trajo de allá, de la China.* SIN. allí. ‖ *adv. temp.* **3** Indica indeterminación al hablar de una época o pasado remoto: *Allá por principios de siglo. Allá en tiempos del cólera.* ‖ *interj.* **4** AFECTIVO. En *allá* + pronombre personal sujeto indica indiferencia o desinterés por lo que haga o diga una persona de la que se habla: *¡Allá ellos con sus problemas! ¡Allá tú con tus historias, no quiero saber nada, porque no haces caso!* OBSERVACIONES: Seguido de formas verbales como *arreglarse, verse, apañarse, darse*, la indiferencia del que habla se intensifica: *¡Allá te las veas tú con tus padres! ¡Allá se las arreglen ellos solos!* ‖ **5 el más ~** El mundo de después de la muerte: *No creo que venga nadie del más allá a contarnos historias. El más allá es una realidad tan cierta como este mundo.* FR. Y LOC. **acá* y ~. de acá / aquí para ~** De un lugar a otro: *Andaba de acá para allá buscando su bolso. Me he pasado todo el día de aquí para allá.* **¡~ cuidados / películas!** RESTRINGIDO, COLOQUIAL. Indica que quien habla se desentiende de algún asunto o problema, o de lo que haga otra persona: *Allá películas ellos y sus juergas nocturnas.* **más ~ de** Al margen de: *La victoria del campeón francés está más allá de toda duda.* **no ser / encontrarse / estar muy ~** No funcionar ‹una persona o una cosa› muy bien, o no ser ‹una persona o una cosa› muy buena: *El coche no es muy allá. Luis presume mucho, pero como conductor no es muy allá.* OBSERVACIONES: Con verbos como *estar, ser, encontrarse* y en frases negativas la partícula negativa *no* puede aparecer delante o detrás del verbo: *Hoy estoy fastidiada de salud, no me encuentro muy allá. Este bar no* *está muy allá, esperaba algo más moderno.* **no ver* más ~ de sus narices. ¡quita* (~)! y/ni lo de más ~** RESUMIDOR FINAL. Se usa como resumidor de una enumeración, normalmente fija y genérica, cuando no se quieren especificar sus elementos: *Siempre anda diciendo tonterías, que si esto, que si aquello y lo de más allá. A mí tampoco me gusta ni esto ni lo otro ni lo de más allá.* **traer* de acá para ~.**

allanamiento *s. m.* **1** Acción y resultado de allanar: *Un allanamiento reciente de la tierra nos dio la pista. Están empezando el allanamiento de los terrenos para una escuela pública.* **2** Eliminación o vencimiento de un obstáculo o de una dificultad: *Para su carácter, el allanamiento de cualquier dificultad es un desafío.* || **3 ~ de morada** DER. Delito que consiste en entrar en casa ajena sin consentimiento de su dueño y por la fuerza.

allanar *v. tr.* **1** Poner ‹una persona› llana [una superficie]: *Han allanado una zona del parque para construir un campo de fútbol.* SIN. aplanar. **2** Quitar ‹una persona o una cosa› un obstáculo o una dificultad del [camino]: *Prospera tanto porque su tío le va allanando todas las dificultades.* **3** Entrar ‹una persona› en [la casa de otra persona] sin su permiso y por la fuerza: *Allanaron mi casa a las tres de la madrugada. El tiempo y la experiencia allanan todas las dificultades.* || *v. prnl.* **4** Aceptar ‹una persona› [una cosa] aunque no esté de acuerdo con ella: *Tuve que allanarme **a** sus exigencias. En todo buen matrimonio todos tienen que allanarse un poco **a** las manías de la otra parte.*

allegado, da *adj. / s. m.* y *f.* Que es un familiar o un amigo muy íntimo de una persona: *Esa señora es una persona muy allegada a la familia del difunto. Sólo dejaron pasar a los allegados.*

allegar *v. tr.* **1** Reunir ‹una persona› [varias cosas]: *No puedo quejarme de mi suerte, he allegado la herencia de dos tíos y de un abuelo.* SIN. juntar.|| *v. tr. / prnl.* **2** Poner ‹una persona› [una cosa] junto a [otra cosa]: *Ayúdame que vamos a allegar este armario a la pared. Allega la estantería al rincón. La cómoda no **se** allega bien a la pared.* || *v. intr. / v. prnl.* **3** Llegar ‹una persona› a [un lugar]: ***Nos** allegaremos a ver a Paco. **Nos** allegaremos a casa de Juan a tomar un café.* || *v. prnl.* **4** RESTRINGIDO. Aceptar ‹una persona› [la opinión o la idea] de otra persona o ponerse de acuerdo con [otra persona]: *Nos hemos allegado a la opinión que defendías ayer. Creo que deberíamos allegarnos a él.* ⇒ **56.**

allende *prep.* **1** RESTRINGIDO. Más allá de, al otro lado de: *Allende el mar.* OBSERVACIONES: Preferentemente le siguen nombres que designan objetos extensos, como el mar, los mares, las montañas. RELACIONES Y CONTRASTES: Frente a *más allá de* no presenta nociones ni hipótesis ni hechos, por lo que no puede acompañar a infinitivos ni a oraciones con *que*: *Se ha ido a vivir allende las montañas. Allende los mares los problemas son iguales.* || *adv. lug.* **2** RESTRINGIDO. Más allá, al otro lado.

allí *adv. lug.* **1** Indica un lugar alejado de la persona que habla y de la que escucha. OBSERVACIONES: ◊ Con verbos de movimiento equivale a 'a aquel lugar': *No iré allí ni aunque me paguen el viaje.* ◊ Con verbos que indican localización o situación equivale a 'en aquel lugar': *Dormiremos en la cabaña, allí se está más tranquilo.* ◊ Admite la matización impuesta por las preposiciones *desde, de, hasta, hacia, por*: *Nadie conseguirá salir de allí. Ha venido desde allí para traerte el dinero en mano.* ◊ Se coloca primero que cualquier adverbio que vaya junto a él: *allí arriba.* **2** En *allí* + verbo + sujeto, resalta el lugar donde se produce algo o se encuentra alguien o algo: *Allí viene el avión.* SIN. allá. **3** En correlación con *aquí* (*aquí...allí*) indica, generalmente, indeterminación o imprecisión al hablar de un lugar: *Aquí y allí paseaba la gente.* OBSERVACIONES: Se emplea con sentido distributivo: *La estación estaba muy concurrida. Aquí la gente se despedía, allí la gente se encontraba.* || *adv. temp.* **4** Entonces, en aquel momento: *Hasta allí no hubo problemas.* || *interj.* **5** Se usa para llamar la atención de alguien hacia algún lugar: *Allí, mirad los aviones.* FR. Y LOC. **~ donde** En cualquier sitio que, en todos los sitios que: *Iré allí donde tú me digas.*

alma *s. f.* **1** Parte espiritual del ser humano: *Para muchas creencias lo más importante de la persona es el alma. Se confesó para que su alma quedara limpia de pecado.* SIN. espíritu, ánima. **2** RESTRINGIDO. Principio vital de los animales y las plantas. **3** Dimensión moral y afectiva de las personas: *Tiene un alma noble.* **4** Persona o cosa que constituye el eje o el motor que anima algo: *El ritmo es el alma de la poesía. Inés es el alma de la pandilla.* **5** Individuo, persona: *A medianoche la playa estaba desierta, sin un alma. Vivirán en esas chabolas como cuatro mil almas.* **6** Ímpetu, energía: *Pone toda el alma en lo que dice. Lo golpeé con toda mi alma y no pude romperlo.* || **7 ~ de cántaro** Persona ingenua, distraída o que no se entera de nada: *No le gastes bromas, que es un alma de cántaro y no tiene ningún sentido del humor.* **8 ~ de Dios** Persona sencilla y bondadosa: *Esta señora es un alma de Dios, ella sola está ayudando con su limosna a toda la parroquia.* **9 ~ en pena** 1 Entre los católicos, alma que está en el purgatorio. 2 (preferentemente en comparaciones) Persona solitaria y triste, que sufre mucho: *Parece un alma en pena desde que la dejó su novio.* FR. Y LOC. **~ mía** o **mi ~** RESTRINGIDO, COLOQUIAL; AFECTIVO. Forma cariñosa de dirigirse a una persona: *¿Podrías venir un momento, mi alma?* **arrancar el ~** 1 Causar ‹una persona o una cosa› compasión [a otra persona]: *Aquellas imágenes de la guerra le arrancaban el alma. Los niños hambrientos arrancan el alma de cualquiera.* 2 frecuentemente AMENAZA. Matar ‹una persona› [a otra persona]: *Le dijo que si lo volvía a ver robando le arrancaría el alma.* **caérsele el ~ a los pies** COLOQUIAL. Sufrir ‹una persona› una decepción muy grande: *Al verse sin trabajo, se le cayó el alma a los pies. Cuando llegamos a la playa de veraneo se nos cayó el alma a los pies; era pequeña y sucia.* **con toda su ~** INTENSIFICADOR. Con toda la fuerza de que se es capaz: *Quiere a su hermano con toda su alma. En la carrera luchó con toda su alma por llegar la primera a la meta.* **dar/entregar el ~ a Dios** Morir ‹una persona›: *Tras muchos sufrimientos entregó su alma a Dios.* **en cuerpo* y ~. en el ~** INTENSIFICADOR. Profunda e intensamente: *Te agradezco en el alma que hayas venido a verme. Siento en el alma haberte molestado.* **estar* con el ~/corazón en vilo** o **estar con el ~/corazón en un hilo. ir/salir como ~ que lleva el diablo** COLOQUIAL. Ir o salir ‹una persona› a gran velocidad, precipitadamente, por prisa o porque se encuentra a disgusto donde está: *En cuanto el chorizo vio al policía, salió como alma que lleva el diablo.* **llegarle al ~** INTENSIFICADOR. Producir ‹una cosa› a una persona una exaltación de un efecto positivo o negativo: *Me llegó al alma que hablaran mal de mi amiga. Me ha llegado al alma el regalo que me habéis hecho.* **no poder con su ~** COLOQUIAL. Estar ‹una persona› muy cansada: *Nos hemos pasado todo el día subiendo y bajando escaleras y estamos que no podemos con nuestra alma.* **partir* / romper el ~ / corazón.**

almacén *s. m.* **1** Lugar donde se guardan mercancías: *almacén de tejidos, almacén de maderas.* **2** Local donde se venden mercancías al por mayor: *almacén de materiales de construcción.* **3** AMÉR. Tienda de comestibles. ‖ **4 grandes almacenes** Establecimiento muy grande dividido en secciones donde se venden artículos muy variados.

almacenaje *s. m.* **1** Acción y resultado de almacenar: *Hay que resolver el problema del almacenaje de los excedentes.* SIN. almacenamiento. **2** Derecho que se paga por guardar cosas en un almacén o depósito: *Un almacenaje tan caro restaría competitividad al producto.*

almacenamiento *s. m.* Acción y resultado de almacenar: *el almacenamiento de mercancías, almacenamiento de datos en un ordenador.* SIN. almacenaje.

almacenar *v. tr.* **1** Guardar ‹una persona› [una cosa] en un almacén: *Tenemos que pensar cómo almacenaremos los libros antes de distribuirlos.* **2** Reunir y guardar ‹una persona› [varias cosas]: *Es un maniático, y cuando cree que va a subir el tabaco almacena muchos cartones en casa.* SIN. acopiar. **3** INFORM. Introducir y guardar ‹una persona› [información] en la memoria del ordenador.

almacenero, ra *s. m. / f.* ARG., VEN. Dueño o dependiente de un almacén o tienda de comestibles y bebidas.

almacenista *s. m. / f.* Dueño o dependiente de un almacén: *almacenista de arroz, almacenista de telas.*

almáciga *s. f.* RESTRINGIDO. Resina aromática de color amarillento que se extrae de una variedad del lentisco: *barniz de almáciga.*

almadía *s. f.* **1** Balsa de madera para el transporte en los ríos. **2** Conjunto de maderos unidos para ser transportados por un río.

almadraba *s. f.* **1** (preferentemente en singular) PESCA. Actividad de pescar atunes: *Todos esos barcos de ahí se dedican a la almadraba.* **2** PESCA. Lugar donde se pescan los atunes y donde, posteriormente, se preparan para diferentes usos: *Estuvimos visitando una almadraba donde limpiaban los atunes para conservarlos mejor.* **3** PESCA. Red especial que se utiliza para la pesca de atunes: *Había tantos atunes que las almadrabas estaban a punto de romperse.*

almadreña *s. f.* Zueco de madera, muy usado en el campo de las zonas húmedas del norte de España.

almanaque *s. m.* RESTRINGIDO. Libro popular publicado cada año que comprende, además de un calendario, información astronómica, meteorológica o consejos prácticos. **~ de taco** Taco de hojas de papel, de mesa o de pared, con la información diaria de los almanaques en cada hoja, que se puede arrancar.

almazara *s. f.* Molino de aceite: *En Andalucía hay muchas almazaras.*

almeja *s. f.* Género *Tapes.* Molusco marino con la concha formada por dos piezas, que vive en fondos arenosos con piedras, en las costas y en grandes grupos, y es apreciado como alimento.

almena *s. f.* Cada uno de los bloques de piedra que hay en la parte superior del muro de una fortaleza, utilizados como escudo por los defensores: *Las almenas le dan un aire característico a los castillos medievales.*

almendra *s. f.* **1** Fruto del almendro. **2** Semilla de este fruto: *una bolsita de almendras tostadas.* **~ dulce** Almendra que es comestible. **almendras garrapiñadas** Almendras fritas, recubiertas de un caramelo espeso.

almendrado, da *adj.* **1** Que tiene forma de almendra: *ojos almendrados.* ‖ *s. m.* **2** Dulce elaborado con masa de harina, agua, azúcar y almendras: *Son famosos los almendrados de muchos pueblos.*

almendro *s. m.* Árbol rosáceo de flores rosadas o blancas cuyo fruto es la almendra.

almendruco *s. m.* Almendra todavía verde, con el grano aún tierno. FR. Y LOC. **el truco* del ~.**

almeriense *adj. / s. m.* y *f.* De Almería, ciudad y provincia española: *la costa almeriense. Los almerienses ganaron el concurso.*

almete *s. m.* Parte de la armadura antigua que cubría la cabeza.

almez *s. m. Celtis australis.* Árbol ulmáceo, alto, de tronco recto y corteza lisa y gris, de copa redondeada y hojas caducas, que se utiliza con fines ornamentales y tiene un fruto en drupa.

almeza *s. f.* Fruto dulce del almez, amarillo por dentro y negro por fuera cuando está maduro.

almiar *s. m.* RESTRINGIDO. Pajar formado por un palo clavado en el suelo alrededor del cual se aprieta la paja o el heno, muy típico de las zonas húmedas del norte de España.

almíbar *s. m.* Jarabe compuesto de azúcar y agua que se utiliza en las conservas de frutas y en la preparación de platos dulces: *peras en almíbar, melocotones en almíbar.*

almibarado, da *adj.* (antepuesto / pospuesto) Que es demasiado dulce o amable: *una almibarada sonrisa, un lenguaje almibarado.*

almibarar *v. tr.* **1** Cubrir ‹una persona› [una cosa] con almíbar: *He almibarado completamente los plátanos fritos, no sé si os gustarán.* **2** RESTRINGIDO. Hacer ‹una persona› excesivamente amable [su lenguaje o sus maneras]: *Cuando está enfadada, almibara sus maneras y es muy peligrosa.*

almidón *s. m.* **1** Hidrato de carbono abundante en los vegetales, especialmente en las semillas de los cereales y en la patata. **2** Presentación comercial de esta sustancia, en polvo, granos o pastillas, que se usa para dar rigidez a los tejidos. FR. Y LOC. **dar ~** Poner almidón a la ropa para plancharla: *Si le das almidón a la camisa te quedará mejor.*

almidonado, da *adj.* **1** [Prenda de vestir, tejido] que tiene la rigidez del almidón: *La camisa tenía el cuello almidonado.* ‖ *s. m.* **2** Acción y efecto de almidonar: *especialistas en el almidonado de colchas de ganchillo.*

almidonar *v. tr.* Poner ‹una persona› almidón con agua en [la ropa] para darle apresto: *No me gusta que me almidonen los cuellos de las camisas.*

alminar *s. m.* Torre de las mezquitas desde donde el almuecín llama a los fieles musulmanes a la oración. SIN. minarete.

almirantazgo *s. m.* **1** Conjunto de grados o empleos de las diferentes categorías de almirantes: *El almirantazgo está formado por los grados de capitán general, almirante, contraalmirante y vicealmirante.* **2** Terreno que corresponde a la jurisdicción del almirante. **3** HIST. Antiguo tribunal o consejo de la Armada.

almirante *s. m.* 1 Grado militar de marina equivalente al de teniente general del ejército de tierra: *Le gustaría ser almirante de la flota chilena.* 2 Jerarquía de marina correspondiente a la categoría de general en el ejército. SIN. almirantazgo.

almirez *s. m.* Utensilio de cocina semejante a un mortero, formado por un recipiente con un mazo, generalmente metálicos, para machacar alimentos.

almizclado, da *adj.* (antepuesto / pospuesto) Que huele a almizcle: *un almizclado aroma, perfume almizclado.* SIN. almizcleño.

almizcle *s. m.* (no contable) Sustancia grasa, de intenso olor, que se obtiene de las glándulas abdominales de algunos animales y se utiliza en perfumería.

almizcleño, ña *adj.* De almizcle o que huele a almizcle: *una sustancia almizcleña.* SIN. almizclero.

almizclero, ra *adj.* 1 Del almizcle o de olor semejante al almizcle. SIN. almizcleño. || *s. m.* 2 (macho y hembra) *Moschus moschiferus.* Mamífero rumiante asiático de la misma familia que el ciervo, sin cuernos, y que segrega, en los machos, una sustancia llamada almizcle que le sirve de reclamo sexual. || **3 ratón* ~.**

almogávar *s. m.* HIST. Soldado mercenario que servía en la antigua corona catalano-aragonesa.

almohada *s. f.* 1 Cojín sobre el que descansa la cabeza en la cama: *Duerme sin almohada.* 2 Funda de las almohadas, almohadón: *Tenemos que cambiar la almohada, que está muy sucia.* FR. Y LOC. **consultar* con la ~.**

almohade *adj. / s. m.* y *f.* 1 Que es partidario de Aben Tumart, creador en 1120 de un nuevo imperio en el norte de África, que destronó a los almorávides y dominó la España árabe en los siglos XII y XIII: *Los almohades fueron derrotados en 1212 en la batalla de las Navas de Tolosa.* || *adj.* 2 De este imperio musulmán: *historia almohade, hazaña almohade, ejército almohade.*

almohadilla *s. f.* 1 Pequeño cojín que ponen encima de sus asientos para estar más cómodos los espectadores de algunos locales públicos, como plazas de toros o estadios de fútbol: *Algunos espectadores, cuando se enfadan en los toros o en el fútbol, arrojan las almohadillas al campo o al ruedo.* 2 Cojín muy pequeño en el que se clavan los alfileres. 3 Pequeño cojín que se utiliza para coser o planchar sobre él. 4 Tejido que protege algunas partes de la planta del pie de los animales: *El gato tiene las almohadillas muy limpias porque se las chupa mucho.*

almohadillado, da *adj.* 1 (estar) Que está relleno de lana, algodón, o gomaespuma: *sofá almohadillado.* || *adj / s. m.* 2 (estar) ARQ. [Obra] que está formada por sillares perfectamente recortados: *muro almohadillado. El almohadillado es característico de algunos edificios renacentistas.*

almohadillar *v. tr.* 1 Llenar ‹una persona› [una cosa] con lana, algodón o gomaespuma: *Hace unos años estaba de moda almohadillar las puertas.* SIN. acolchar. 2 ARQ. Trabajar ‹una persona› [los sillares] en forma de almohadillas: *Los canteros renacentistas almohadillaban con mucha habilidad la piedra.*

almohadón *s. m.* 1 Cojín grande, utilizado para apoyar los pies o la espalda en él: *Cuando se sienta, siempre se pone un almohadón para estar más cómodo.* 2 Especie de funda de un juego de cama donde se introduce la almohada.

almóndiga *s. f.* COLOQUIAL. Albóndiga.

almoneda *s. f.* 1 Subasta pública de objetos: *vender en almoneda.* 2 Venta a bajo precio de objetos antiguos o usados. 3 Establecimiento donde se realiza esta venta: *Hay una almoneda cerca de casa donde tienen unas lámparas muy interesantes.*

almorávide *adj. / s. m.* y *f.* 1 Que perteneció a una tribu africana que a mediados del siglo XI fundó un imperio en el occidente de África y dominó la España árabe desde el año 1093 hasta 1148: *Los almorávides fueron grandes guerreros.* || *adj.* 2 De este pueblo africano: *historia almorávide, batallas almorávides, ejército almorávide.*

almorrana *s. f.* (preferentemente en plural) COLOQUIAL. Hemorroide: *Tengo unas almorranas grandes y debo ir al médico.*

almorta *s. f. Lathyrus sativus.* Hierba con hojas en forma de lanza, flores moradas o blancas y semillas en forma de muela.

almorzar *v. tr. / intr.* 1 Comer ‹una persona› [una cosa] en el almuerzo de media mañana: *Hemos almorzado bien y no tengo ganas de comer.* 2 ELEVADO. Comer ‹una persona› [una cosa] en el almuerzo de mediodía: *Nos gusta almorzar en el restaurante de la esquina.* ⇒ **41.**

almuecín o **almuédano** *s. m.* Musulmán que convoca a la oración desde el alminar. SIN. muecín.

almuerzo *s. m.* 1 AMÉR.; RESTRINGIDO en España. Comida que se toma al mediodía: *Hoy tenemos un almuerzo con unos consejeros de otra empresa.* 2 COLOQUIAL. Comida que se hace a media mañana, después del desayuno: *Tomaremos el almuerzo en la oficina.*

aló (del francés) *interj.* AMÉR. Se usa para contestar al teléfono.

alocado, da *adj. / s. m.* y *f.* 1 Que es poco sensato o reflexivo: *una decisión alocada.* 2 (ser / estar) Que actúa con precipitación y nerviosismo: *Siempre va muy alocado cuando trabaja. Es alocadísima. Está muy alocada últimamente.*

alocución *s. f.* Discurso breve que un superior o autoridad pronuncia con ocasión de un acontecimiento especial: *El alcalde dirigió una alocución a los asistentes a la inauguración del museo.*

áloe *s. m.* 1 Género *Aloe.* Planta liliácea, de hojas grandes de las que se extrae una fibra resistente a la humedad. 2 Jugo laxante que se extrae de las hojas de los áloes.

alófono *s. m.* FON. Cada una de las variantes contextuales en la pronunciación de los fonemas: *En español varios alófonos se relacionan con el fonema /b/.*

aloja *s. f.* (no contable) RESTRINGIDO. Clase de bebida hecha con agua, miel y especias.

alojamiento *s. m.* 1 (no contable) Acción de alojar o alojarse: *Sus primos le dieron alojamiento.* 2 Lugar donde alguien se aloja: *Iré a Sevilla, pero necesito alojamiento.*

alojar *v. tr.* 1 Dar ‹una persona o un establecimiento› alojamiento [a una persona]: *Cuando estuve en Montevideo me alojaron en una quinta hermosísima.* SIN. albergar. 2 Poner ‹una persona› [una cosa] dentro de [otra]: *Alojó la bala **en** la recámara.* SIN. introducir. || *v. prnl.* 3 Recibir ‹una persona› alojamiento en [un lugar]: *Se alojaron **en** el hotel de la plaza.* 4 Entrar ‹una cosa› en [otra]: *La bala se le alojó **en** el pulmón.* SIN. introducirse.

alomorfo *s. m.* GRAM. Cada una de las variantes formales contextuales de un morfema: *«-s», «-es», son alomorfos del morfema plural en español.*

alón *s. m.* Ala de ave con las plumas quitadas: *Los alones de los pollos tienen poco que comer.*

alondra *s. f.* (macho y hembra) *Alauda arvensis.* Ave pequeña de plumaje pardo y blanco, que tiene un canto agradable y anida en el suelo en un agujero cavado por ella misma.

alópata *adj. / s. m.* y *f.* [Persona] que se dedica como profesional a la alopatía: *médico alópata.*

alopatía *s. f.* (no contable) Terapéutica en la que se utilizan medicamentos que producen los efectos contrarios a los síntomas que se desea eliminar.

alopecia *s. f.* (no contable) Pérdida total o parcial del cabello: *Mi peluquero me aconseja siempre que controle la alopecia incipiente que me amenaza.* SIN. calvicie.

alopécico, ca *adj.* **1** De la alopecia: *tratamiento alopécico.* **2** Que padece alopecia: *Algunos jóvenes alopécicos están fuertemente acomplejados.*

alotropía *s. f.* QUÍM. Cualidad de algunos cuerpos químicos de presentarse en varios estados, con propiedades físicas y químicas diferentes: *El fósforo rojo y el fósforo blanco son ejemplos de la alotropía del fósforo. El carbono muestra su alotropía en el diamante y el grafito.*

alpaca *s. f.* **1** (macho y hembra) *Lama pacos.* Mamífero rumiante sudamericano, parecido a la llama, pero más pequeño. **2** (no contable) Pelo largo, brillante y suave que se obtiene de este animal. **3** (no contable) Tela fabricada con este pelo: *Me han regalado una bufanda de alpaca, muy caliente.* **4** (no contable) Tejido de algodón brillante: *Para el verano los trajes de alpaca resultan frescos, pero no tanto como los de lino.* **5** Aleación de cobre, cinc y níquel de color blanquecino apreciado en orfebrería: *cubiertos de alpaca.*

alpargata *s. f.* Sandalia rústica de tela u otros materiales y de suela de esparto, cáñamo o goma, usada generalmente en el campo: *Las alpargatas son muy agradables en verano.*

alpargatería *s. f.* **1** RESTRINGIDO. Tienda donde se venden alpargatas. **2** RESTRINGIDO. Taller donde se hacen alpargatas.

alpinismo *s. m.* (no contable) Deporte que consiste en ascender a las cumbres de las montañas.

alpino, na *adj.* **1** Del movimiento orogénico producido en el período terciario por el que se levantaron los Alpes, los Pirineos y otras montañas: *orografía alpina, formaciones alpinas.* **2** De estas montañas: *fauna alpina, glaciares alpinos.* **3** De la montaña europea de los Alpes: *geografía alpina, mapa alpino.* **4** Del deporte del alpinismo: *entrenamiento alpino, expedición alpina.*

alpiste *s. m.* **1** *Phalaris canariensis.* Hierba gramínea, que termina en una espiga y cuyas semillas se emplean como alimento para los pájaros. **2** Semilla de los alpistes. **3** AFECTADO. Bebida alcohólica: *A Juan le gusta el alpiste.*

alquería *s. f.* **1** Casa de labranza o granja situada en el campo. **2** RESTRINGIDO. Conjunto de alquerías: *De pequeños vivíamos en una alquería de cuatro casas.*

alquilar *v. tr.* **1** Dejar ‹una persona› [una cosa] a [otra persona] para que la use o la ocupe a cambio de un precio que paga periódicamente: *He alquilado el piso a un amigo* ***por*** *un precio razonable. Le alquilé una habitación* ***a*** *5.000 pesetas día. El piso me lo alquilará una agencia, porque no tengo tiempo de preocuparme de él.* **2** Tomar ‹una persona› [una cosa] de [otra persona] para usarla u ocuparla a cambio de un precio que paga periódicamente: *He alquilado un piso* ***a*** *muy buen precio. Voy a alquilar un piso que me gusta.* || *v. prnl.* **3** RESTRINGIDO. Vender ‹una persona› sus servicios: *Como dice Santiago, hay que ser inteligente para alquilarse al mejor postor, así que yo me alquilo al que pague más.*

alquiler *s. m.* **1** (no contable) Uso que se hace de algo a cambio de dinero: *Vive en un piso* ***de*** *alquiler. ¿El apartamento está en venta o* ***en*** *alquiler? Se dedica al alquiler de coches.* **2** Dinero que se paga por el uso de algo: *Paga por ese piso un alquiler alto. En esta ciudad los alquileres son más baratos.* FR. Y LOC. **de ~** Que no es propiedad del usuario: *Es una casa de alquiler. Hay bicicletas de alquiler.*

alquimia *s. f.* (no contable) Conjunto de antiguas doctrinas y experimentos sobre las propiedades de la materia, con que se pretendía, sobre todo, encontrar la piedra filosofal, capaz de convertir todos los metales en oro.

alquimista *adj. / s. m.* y *f.* [Persona] que se dedicaba a la alquimia: *Los alquimistas medievales tenían fama de brujos. Algunos alquimistas modernos son los precursores de los químicos.*

alquitrán (no contable) *s. m.* **1** Sustancia viscosa de color negro que se obtiene de la destilación de la hulla y de la madera de ciertas coníferas: *Se pone alquitrán en las carreteras para tapar los baches.* **2** Sustancia que aparece como producto de la combustión de un cigarrillo: *un cigarrillo bajo en alquitrán.*

alquitranar *v. tr.* Echar ‹una persona› alquitrán en [un lugar]: *Alquitranaron la carretera el mes pasado. Los cascos de los barcos de madera se alquitranan periódicamente.*

alrededor *adv. lug.* **1** (frecuentemente con la preposición *de*) Rodeando a una persona, animal o cosa: *El pueblo tiene montañas alrededor. Los alumnos se sentaron alrededor* ***del*** *profesor.* || *adv. modo* **2** (con la preposición *de*) Aproximadamente, más o menos: *Luis tiene alrededor* ***de*** *treinta años.* || *s. m.* **3** (en plural) Lugares que rodean a otro: *Paseamos por los alrededores* ***del*** *pueblo.*

alsaciano, na *adj. / s. m.* y *f.* **1** De Alsacia, región francesa: *perro alsaciano, vinos alsacianos. Las alsacianas tienen un bonito traje regional.* || *s. m.* **2** LING. Variedad lingüística del alemán que se habla en Alsacia. || **3 pastor* alemán / ~.**

alta *s. f.* **1** Ingreso o inscripción de un nuevo miembro en un cuerpo o asociación: *Este mes ha habido varias altas en nuestro club.* **2** Comunicación que recibe el enfermo de poder abandonar un centro hospitalario o incorporarse a su actividad laboral: *Mañana me darán el alta. Le dieron ayer de alta.* **3** Documento en que consta esta comunicación: *Fue a que le sellaran el alta. Presentó el alta en la oficina del jefe de personal.* FR. Y LOC. **causar / ser ~** Ingresar en una lista o nómina de un centro, como un hospital o un club, o de una empresa o de un cuerpo de funcionarios: *En esta fecha causa alta como policía nacional. Fue alta en nuestro club en octubre del año pasado.* **dar(se) de ~** Cumplir las formalidades administrativas necesarias para pasar a formar parte de los que ejercen una profesión para empezar cualquier actividad sujeta a tributo: *Se dio de alta como industrial. Me he dado de alta como dentista.*

altaico, ca *adj. / s. m.* y *f.* De una etnia que se cree que es natural de los montes Altay, situados en el sur de Siberia, en el Asia central: *tribus altaicas. Las ornamentaciones funerarias son la principal aportación del arte altaico.*

altamente *adv. cant.* (antepuesto a adj.) INTENSIFICADOR. En alto grado, grandemente, muy: *altamente improbable, altamente eficaces, altamente peligroso.*

altanería *s. f.* **1** (no contable) ELEVADO. Soberbia, orgullo para tratar a los demás: *Trata con mucha altanería a sus empleados.* SIN. altivez. **2** RESTRINGIDO. Caza que se practica con aves rapaces que vuelan alto: *Es apasionante entrenar a los halcones para la caza de altanería.*

altanero, ra *adj.* Que se comporta con orgullo o soberbia: *Me dijo, muy altanera, que me fuese. Usa palabras y gestos estudiadamente altaneros.*

altar *s. m.* **1** Mesa sobre la que el sacerdote cristiano celebra la misa: *el altar de la iglesia, poner flores sobre el altar.* SIN. ara (ELEVADO). **2** Zona delantera de las iglesias católicas donde están los altares: *Acérquense los fieles que quieran al altar.* **3** Monumento religioso en el que se ofrecen los sacrificios a la divinidad: *Cada religión tiene una concepción diferente del altar, aunque todas lo conciben elevado y algo apartado del grupo de creyentes.* FR. Y LOC. **elevar a los altares** En la iglesia católica, canonizar o beatificar ‹el papa› a una persona: *El domingo el Papa elevará a los altares a veinticinco mártires japoneses.* **llevar / conducir al ~** Casarse ‹una persona› con otra persona: *La llevó al altar al poco tiempo de conocerse.* **poner* en un ~. sacrificio* del ~. Santísimo Sacramento*** o **sacramento del ~.**

altavoz *s. m.* Aparato eléctrico que transforma las oscilaciones eléctricas en ondas sonoras y sube la intensidad del sonido: *altavoces potentes, los altavoces de un radiocasete.* SIN. amplificador, bafle.

alteración *s. f.* Acción y resultado de alterar o alterarse: *La alteración de su carácter por cualquier motivo me preocupa. La alteración de los alimentos por el calor es normal. No me gustan las alteraciones en el trabajo.*

alterar *v. tr.* **1** Hacer ‹una persona o una cosa› distinta [una cosa]: *Has alterado las listas y ahora es difícil encontrar lo que necesitamos.* SIN. modificar. **2** Cambiar ‹una persona o una cosa› el orden o la marcha regular de [una cosa]: *No conviene alterar las costumbres de estos enfermos, porque para ellos la rutina es muy beneficiosa.* **3** Hacer ‹una persona o una cosa› que [una persona] se irrite o se inquiete: *Has conseguido alterarme con esa tontería, te pido disculpas.* SIN. enfurecer. **4** Hacer ‹una cosa› que [otra cosa] se estropee: *El viaje y el traqueteo altera este vino, no podéis llevarlo a casa.* SIN. dañar. ‖ *v. prnl.* **5** Hacerse ‹una cosa› distinta: *Los virus de la gripe se alteran cada año y no es fácil conseguir una vacuna.* SIN. modificarse. **6** Cambiar el orden o la marcha regular de ‹una cosa›: *Se han alterado todas las listas y no encuentro nada.* **7** Ponerse ‹una persona› irritada o inquieta: *Me he alterado con las exigencias de Santiago.* **8** Estropearse ‹una cosa›: *La calidad de este producto se altera si se vuelve a congelar después de descongelado.*

altercado *s. m.* Discusión o disputa violentas: *Tuve un fuerte altercado con el jefe por causa del trabajo.*

alternadamente *adv. modo* Con alternancia, alternando o alternándose: *Usarán el agua alternadamente las dos asociaciones de regantes.*

alternador *s. m.* MEC. Generador de corriente eléctrica alterna: *el alternador de un coche.*

alternadora *s. f.* ARG., URUG. Camarera de alterne.

alternancia *s. f.* Sucesión en el tiempo o en el espacio, según turnos sucesivos y repetidos: *La posibilidad de que alternen los partidos en el poder es la regla de oro de la democracia. La alternancia de días alegres y días tristes llena nuestras vidas.*

alternar *v. tr.* **1** Hacer ‹una persona› [una cosa detrás de otra] repitiéndolas en el mismo orden: *Alterna el trabajo **con** la diversión.* ‖ *v. intr.* **2** Tener ‹una persona› trato [con otra persona]: *Alterna **con** sus empleados.* SIN. tratarse. **3** Tener ‹una mujer contratada› trato [con un cliente] para incitarle a consumir, en algunos bares o locales públicos: *Su contrato la obligaba a alternar **con** los clientes.* ‖ *v. intr. / prnl.* **4** Tener ‹varias personas› turnos sucesivos: *Los dos partidos **se** alternan en el poder.* SIN. turnarse. ‖ *v. prnl.* **5** Ir ‹una cosa› después de [otra cosa] y repetirse aproximadamente en el mismo orden: *La alegría se alterna **con** la tristeza. En el cielo se alternan las nubes y los claros estos días.*

alternativa *s. f.* **1** (no contable) Posibilidad de elegir entre varias personas o cosas: *Tenemos que contratar a Juan porque no tenemos alternativa.* **2** Cada una de las opciones o elecciones posibles de un conjunto: *Si nos falla Luis o Santiago tenemos la alternativa de Juan. No me gusta la alternativa de pasar las vacaciones en una isla.Me casé contigo porque eras mi mejor alternativa entonces.* **3** TAUROM. Ceremonia en una corrida de toros en la que un torero reconoce como experto y padrino que un novillero tiene derecho a torear toros: *El Chinchi tomó ayer la alternativa de manos del diestro Curro Zapico, que ofició de padrino. El diestro Rafael «el Moluqueño» dio la alternativa al novillero Santi «el Isleño» en la plaza de la Corte.*

alternativamente *adv. modo* **1** Con alternancia, alternadamente: *Iban contando chistes alternativamente.* ‖ *adv. orac.* **2** Si se prefiere una opción distinta, como alternativa o segunda opción: *Alternativamente (**a** eso), podría adoptarse la solución apuntada por el presidente.*

alternativo, va *adj.* **1** Que ocurre o se hace con alternancia: *el movimiento alternativo del péndulo.* **2** Que implica otra posibilidad o se opone a lo establecido: *un proyecto alternativo, un menú alternativo.*

alterne *s. m.* **1** COLOQUIAL. Situación en la que se alterna o se relaciona una persona con gente: *A mí me gusta el alterne, porque es agradable estar con gente.* **2** COLOQUIAL; EUFEMISMO. Relación entre clientes y camareras de ciertos bares nocturnos, entrenadas para animar a aquéllos a consumir bebidas: *Trabaja como chica de alterne. Trabaja en un bar de alterne.*

alterno, na *adj.* **1** Que se dice, hace o sucede con alternación: *señales alternas, frases alternas.* **2** [Espacio de tiempo] que se considera alternativamente apto o no apto para la realización de alguna cosa: *Va al gimnasio en días alternos o un día sí y otro no.* **3** BOT. [Hojas u otros órganos] que están situados a ambos lados del tallo, de forma que no coinciden uno enfrente del otro. FR. Y LOC. **corriente alterna** [Corriente eléctrica] que sufre constantes cambios de valor y sentido debidos a la variación periódica de diferencia de potencial entre los dos puntos del hilo conductor.

alteza *s. f.* **1** Tratamiento otorgado a los príncipes y a los hijos de reyes: *su alteza real, su alteza la princesa, su alteza el príncipe.* **2** Elevación moral o espiritual: *Siempre actúa con alteza de miras.*

altibajo *s. m.* **1** (preferentemente en plural) Desigualdades de un terreno: *Ten cuidado con los amortiguadores porque el camino está lleno de altibajos.* **2** (preferentemente en plural) Cambios bruscos del humor de una persona: *Luis tiene altibajos de carácter: tan pronto está alegre como de mal humor.* **3** (preferentemente en plural) Alternancia de sucesos buenos y malos: *He experimentado muchos altibajos en mi vida, pero no me quejo. Un altibajo lo tiene cualquiera, no te preocupes.*

altillo *s. m.* **1** Armario situado junto al techo, sobre otro armario o sobre un falso techo, que sirve para guardar cosas en una vivienda: *El pasillo de casa tiene un altillo donde guardamos las maletas.* **2** RESTRINGIDO. Entreplanta, piso elevado en el interior de otro, usado sobre todo como oficina o almacén: *Hemos construido un altillo en la habitación del niño para que tenga un sitio donde estudiar.* **3** RESTRINGIDO. Habitación, generalmente aislada, en la parte superior de una casa: *Si vienes a casa estas vacaciones te prepararemos una cama en el altillo.*

altímetro *s. m.* Instrumento que mide la altitud desde el punto en que está situado y otro punto de referencia: *El manejo del altímetro es muy importante para los vuelos sin motor.*

altipampa *s. f.* ARG., BOL., PERÚ. Altiplanicie.

altiplanicie *s. f.* Llanura de gran extensión, muy elevada sobre el nivel del mar: *Las altiplanicies lejos del mar suelen ser frías en invierno.* SIN. altiplano.

altiplano *s. m.* Altiplanicie: *el altiplano boliviano.*

altiro *adv. modo* CHILE; COLOQUIAL. Inmediatamente.

altísimo, ma *s. m.* (con mayúscula, precedido del artículo *el*) ELEVADO. Dios: *Se encomendó al Altísimo en sus oraciones.*

altisonante *adj.* PEYORATIVO. [Lenguaje, estilo] que utiliza palabras muy sonoras, elevadas o solemnes: *No me gusta una poesía tan altisonante como la suya.*

altísono, na *adj.* ELEVADO, RESTRINGIDO. Altisonante.

altitud *s. f.* **1** Altura, dimensión de un cuerpo medida en la perpendicular a su base: *La altitud de algunos edificios de Buenos Aires es considerable.* **2** GEOGR. Altura de un punto con relación al nivel del mar: *La Paz, capital de Bolivia, está a muchos metros de altitud.*

altivez *s. f.* (no contable) Orgullo o soberbia: *Su altivez con los compañeros la hace impopular en la oficina. No me disgusta su altivez, sino su tontería.*

altivo, va *adj.* Que se comporta con orgullo y soberbia: *Es un político que tiene poca simpatía porque es muy altivo.*

alto, ta *adj.* **1** (ser / estar; antepuesto / pospuesto) Que tiene mucha altura o una altura más importante de lo normal para su clase: *nivel alto. Le gusta llevar tacones altos porque es muy bajita.* ANT. bajo. **alta mar*. cuello* ~. 2** Que está elevado o situado a mucha distancia del suelo: *Me gustan los pisos altos porque hay menos ruido. Es un apartamento muy alto. Esto está muy alto, ¡menudo vértigo! Es un placer escalar y alcanzar las altas cumbres de las montañas.* **3** Que tiene una estatura importante o más estatura de lo normal para su clase: *Es una mujer alta y delgada. Los jóvenes de esta generación son más altos que los de la mía.* **4** (estar) Que está levantado o erguido: *Mantén la cabeza alta. Su barbilla está alta.* **5** (ser / estar; antepuesto / pospuesto) Que tiene un precio caro o elevado: *Es un precio demasiado alto. Tuve que comprar a un alto precio. Los precios estas Navidades están muy altos, se han disparado.* ANT. bajo. **6** (antepuesto / pospuesto) Que es importante o de consideración: *crimen de alta traición. Alcanzó notas muy altas en su examen. Tiene una alta reputación. Su prestigio es alto. Tiene altas metas.* **alta traición*. 7** [Sonido] que tiene una frecuencia de vibraciones grande: *nota alta.* SIN. agudo. ANT. bajo. **8** (antepuesto / pospuesto) [Magnitudes físicas] que, en determinada ocasión, tienen un valor superior al ordinario: *alta temperatura, alta frecuencia. La presión es alta.* **9** [Parte] que, en un río, está más próxima a su nacimiento: *curso alto de un río.* **10** [Corriente o masa de agua] que está más elevada de lo normal o corre crecida: *Tiene el río las aguas altas. ¿A qué hora es la marea alta?* **11** Que tiene mucho oleaje: *Hoy está la mar alta.* **12** (ser / estar; antepuesto / pospuesto) Que tiene mucha fuerza o intensidad: *Baja la radio, está muy alta. Tiene la manía de hablar en voz alta. Sus altos ideales fueron diluyéndose poco a poco.* **13** Que ocupa una posición superior en un determinado orden o escala: *Un alto funcionario ha dimitido.* **alta costura*. alta sociedad*. ~ cargo*. ~ mando. 14** [Etapa] que es la primera que forma parte de un período histórico: *alta Edad Media, alto Imperio.* **15** (antepuesto) Que sucede a una hora o en un tiempo avanzado: *Nos despertaron a altas horas de la noche.* || *s. m.* **16** Sitio elevado en el campo: *Subimos a un alto para ver el paisaje.* **17** Altura de un cuerpo, dimensión medida en la perpendicular a la base: *La pared mide tres metros de alto.* **18** Detención o parada en una acción: *Hicieron un alto en el camino para descansar.* || *adv.* **19** Con poca fuerza o intensidad: *Hablas muy alto, baja la voz.* **20** Lejos del suelo, a mucha distancia del suelo: *Esos pájaros vuelan alto.* || **21 alta fidelidad*. 22 ~ relieve** Altorrelieve. **23 altos hornos*. 24 cámara* alta. 25 curso* ~. 26 monte* ~. 27 temporada* alta.** FR. Y LOC. **a lo ~** Hacia arriba: *Mira a lo alto y dime qué ves.* **¡~! o ¡~ ahí!** Se usa para ordenar a alguien que no siga andando o hablando: *¡Alto ahí, agarren al ladrón! ¡Alto!, no estoy de acuerdo contigo.* **~ el fuego** 1 Cese de un tiroteo o de las acciones bélicas: *Las dos partes en conflicto firmaron un alto el fuego.* 2 Se usa para pedir o exigir que cesen los disparos: *¡Alto el fuego! ¡No disparen!* **bota* de caña alta. de ~ copete*. de ~ coturno*. de altos / muchos vuelos*. en ~** Lejos del suelo, a bastante distancia del suelo: *No te preocupes, lo tengo en alto para que el niño no pueda cogerlo.* **en lo* ~ (de). pasar por ~** 1 No mencionar, callar: *Al contarnos su viaje, pasó por alto algunos detalles.* 2 No tener algo en consideración: *Le pasa por alto todos sus errores.* **por todo lo ~** COLOQUIAL. Muy bien, a lo grande, de manera excelente: *Hemos celebrado su cumpleaños por todo lo alto.* **dejar ~ el pabellón*. quedar ~ el pabellón*.**

altoparlante *s. m.* AMÉR. Altavoz.

altorrelieve o **alto relieve** *s. m.* ARTE. Relieve labrado o esculpido en el que las figuras o motivos sobresalen más de la mitad de volumen sobre un fondo plano.

altozano *s. m.* Cerro o monte de escasa altura situado en una zona llana. SIN. otero.

altramuz *s. m.* **1** *Lupinus albus.* Planta leguminosa, con racimos de flores blancas, frutos achatados y semilla comestible. **2** Semilla comestible de los altramuces.

altruismo *s. m.* (no contable) Comportamiento de la persona que ayuda o se dedica a los demás desinteresadamente: *El altruismo es algo que, por desgracia, abunda poco en nuestro mundo.* ANT. egoísmo.

altruista *adj. / s. m.* y *f.* Que se comporta con altruismo: *asociación altruista. Es un altruista con su dinero.*

altura *s. f.* **1** Medida de un cuerpo o una persona desde el suelo hasta su punto más elevado: *la altura de un edificio, la altura de una persona. Esta fachada mide treinta metros de altura.* SIN. alto. **2** Elevación de un punto de la tierra con relación al nivel del mar: *La altura de la plaza mayor de Salamanca sobre el nivel del mar es de más de ochocientos metros.* **3** Parte más alta de una montaña o de otro lugar elevado: *No he podido llegar a la altura de esa montaña todavía.* SIN. cima. **4** Altitud: *Volamos a 7.000 metros de altura.* **5** (no contable) Cualidad o mérito de una persona o cosa: *La película no tenía altura. Su último artículo no estaba a la altura de los anteriores.* SIN. categoría. **6** Región del espacio elevada con respecto a la tierra. **7** Cima de los montes o de los lugares más altos. SIN. cima. **8** Situación en que está algo: *¿A qué altura está la Gran Vía?* **9** FÍS. Tono del sonido. **10** GEOM. Distancia que existe ente un punto determinado de una figura geométrica a la base de la misma: *El área de un triángulo es igual al producto de la base por la altura dividido por dos.* **11** (en plural) El cielo: *Gloria a Dios en las alturas.* SIN. gloria. **12** (en plural) Quien manda, la dirección: *La orden viene de las alturas.* || **13 mal* de las alturas** o **mal de la montaña. 14 navegación* de altura. pesca* de altura.** FR. Y LOC. **a estas alturas** 1 Cuando ya se considera que ha pasado bastante tiempo: *A estas alturas del verano y todavía no sabe dónde va de vacaciones.* 2 En esta ocasión, cuando han llegado las cosas a este punto: *Yo creo que a estas alturas ya no hay nada que hacer.* **a la ~ de** En el punto en que está situado alguien o algo: *Luis vive a la altura del 234 de la calle Alcalá. Alicia logró estar a la altura de sus compañeros.* **a la ~ de las circunstancias** Como lo exigen las circunstancias: *En la reunión no supo estar a la altura de las circunstancias. Se puso a la altura de las circunstancias.* **estar a la ~ de** Estar ‹una persona› al mismo nivel de otra: *Sonia está a la altura de su competidor.* **no llegar a la altura de los zapatos** COLOQUIAL. Ser muy inferior ‹una persona› a otra: *En cuestión de números no me llega a la altura de los zapatos.* **quedar / dejar a la ~ del betún** COLOQUIAL. Quedar o dejar ‹una persona› a alguien muy mal: *Sara ha quedado a la altura del betún en el campeonato.*

alturado, da *adj.* PERÚ. Que mantiene una actitud digna.

alubia *s. f.* Judía, planta y semilla. **alubias blancas** Judías blancas. **alubias pintas** Judías pintas.

alucinación *s. f.* Percepción anormal de algo que la persona cree ver u oír, pero que no es real: *Algunas enfermedades y drogas provocan alucinaciones. En sus momentos de delirio tenía alucinaciones.*

alucinado, da *adj.* **1** (estar) Que está asombrado o muy sorprendido: *Estamos alucinados con la organización que habéis conseguido implantar aquí.* **2** Que tiende a sufrir alucinaciones y es de poca confianza: *No te fíes de él, es un financiero alucinado.*

alucinamiento *s. m.* RESTRINGIDO. Alucinación.

alucinante *adj.* Que alucina, deslumbra o impresiona muy intensamente: *Es alucinante, ¿cómo lo has hecho? En la televisión aparece un programa alucinante. Me gusta mucho, es una chica alucinante.*

alucinar *v. intr.* **1** Sufrir ‹una persona› alucinaciones: *Ana alucinó por el medicamento que le suministraron.* || *v. tr. / intr.* **2** Producir ‹una enfermedad o una sustancia› alucinaciones [a una persona]: *Tomó una sustancia que la alucinó.* || *v. tr.* **3** Gustar ‹una cosa› mucho [a una persona]: *El esquí me alucina. Si quieres darle una sorpresa, le alucina el pastel de chocolate.* || *v. intr. / prnl.* **4** Quedarse ‹una persona› pasmada por [una cosa]: *Alucinamos* ***con*** *sus trucos de magia. Me alucino* ***con*** *los coches deportivos.*

alucine *s. m.* (no contable) COLOQUIAL. Asombro que despierta algún hecho, situación o una persona: *¡Vaya alucine! Estaremos de fiesta dos días.* FR. Y LOC. **de ~** COLOQUIAL. Se usa para indicar que algo resulta asombroso o impresionante: *¡Vaya tía! ¡De alucine! Tiene una casa de alucine. Baila de alucine.* **ser un ~** Ser ‹una persona o una cosa› asombrosa: *Tu último vestido es un alucine. El último consejo de Santiago es un alucine, dice que trabajemos con tranquilidad pero rápidos.*

alucinógeno, na *adj. / s. m.* [Sustancia] que produce alucinaciones: *Las drogas alucinógenas son muy peligrosas para los conductores. El opio es un alucinógeno.*

alud *s. m.* **1** GEOGR. Gran masa de nieve que rueda por la ladera de una montaña: *Quizá fueron sepultados por un alud.* SIN. avalancha. **2** Conjunto de personas o cosas que afluyen a un lugar con ímpetu o en gran cantidad: *un alud de críticas. Un alud de noticias llega cada mañana. Un alud de visitantes ha colapsado el museo.* SIN. avalancha.

aludir *v. intr.* **1** Hacer ‹una persona› referencia a [otra persona o a una cosa] sin nombrarla explícitamente: *El político aludió* ***a*** *los inmigrantes en su discurso.* **2** Hacer ‹una persona› referencia a [otra persona o a una cosa] sin detenerse o sin profundizar en ella: *El profesor alude* ***a*** *muchos autores en sus clases.* SIN. citar. FR. Y LOC. **darse* por aludido** Creer ‹una persona› que una cosa dicha aparentemente en general le atañe o le afecta: *A pesar de las protestas de Santiago, tu amiga no se dio por aludida y siguió contando chistes. Como no se lo digas directamente a él, nunca se da por aludido.*

alumbrado, da *adj.* **1** (estar) COLOQUIAL, HUMORÍSTICO. [Persona] que está un poco borracha: *Llega a veces a casa algo alumbrado.* || *s. m.* **2** Conjunto de luces que alumbran un lugar: *Mantenimiento del alumbrado público. El alumbrado del aeropuerto.* SIN. iluminación. || *s. m. / f.* **3** HIST. Miembro de ciertos grupos espirituales españoles de los siglos XVI y XVII, caracterizados por su extremado misticismo, que fueron condenados por herejes. SIN. iluminado.

alumbramiento *s. m.* **1** Parto de una mujer: *El alumbramiento de la ilustre dama tuvo lugar en la maternidad municipal.* **2** Creación de una obra de la mente humana: *No es tan fácil el alumbramiento de una gran novela. El alumbramiento de semejantes proyectos te honra.* **3** RESTRINGIDO. Acción o resultado de desprender luz o claridad: *Las modernas lámparas tienen un alumbramiento mucho más potente.*

alumbrar *v. tr. / intr.* **1** Dar ‹una cosa› luz a [otra cosa]: *Esta bombilla alumbra poco. Vi la escena bien porque una* *farola los alumbraba perfectamente.* || *v. tr.* **2** Dar ‹una mujer› a luz [un bebé]: *Alumbró felizmente una hermosa niña de más de tres kilos.* **3** Poner ‹una persona› luces en [un lugar]: *La concejalía de barrio ha decidido, por fin, alumbrar el parque norte.* **4** Sacar ‹una persona› [una cosa] a la luz: *Los periodistas que han alumbrado los últimos escándalos recibirán la medalla del mérito de la Unión de Consumidores. La poesía que alumbró Rubén Darío es inigualable.* || *v. prnl.* **5** COLOQUIAL; HUMORÍSTICO. Ponerse ‹una persona› un poco borracha: *Bebe poco, que te alumbras enseguida.*

alumbre *s. m.* QUÍM. Cualquiera de los compuestos de un grupo de sulfatos dobles de metales trivalentes tales como el aluminio, el cromo o el hierro y un metal monovalente como el potasio o el sodio: *El alumbre era muy utilizado por los tintoreros.*

alúmina (no contable) *s. f.* QUÍM. Óxido de aluminio que, forma feldespatos o arcillas, combinado con ciertos óxidos, y, cristalizado, el rubí o el corindón.

aluminio *s. m. Al.* Elemento químico que aparece en forma de metal ligero de color plateado, buen conductor del calor y la electricidad, muy usado en la industria. **carpintería* de ~. papel* de plata / ~.**

aluminosis *s. f.* (no contable) Degradación y descomposición del hormigón fabricado con cemento aluminoso, que hace perder firmeza a las construcciones en que se ha utilizado: *La aluminosis ha obligado a desalojar un barrio de Barcelona.*

aluminoso, sa *adj.* Que tiene óxido de aluminio: *El cemento aluminoso fragua muy rápido, pero se descompone con la humedad y es peligroso en las construcciones.*

aluminotermia *s. f.* (no contable) METAL., TECNOL. Técnica para obtener un metal puro con el empleo del aluminio y elevadas temperaturas.

alumnado *s. m.* (no contable) Conjunto de alumnos: *Ha crecido mucho el alumnado universitario en España. El alumnado de esta escuela es educado.*

alumno, na *s. m./f.* Persona que recibe enseñanza: *consejo de alumnos, asociación de padres de alumnos. Los alumnos de tercero están de excursión. Es un antiguo alumno mío.* SIN. estudiante, escolar.

alunado, da *adj.* AMÉR. Malhumorado, disgustado.

alunarse *v. prnl.* **1** ARG., URUG., COLOQUIAL. Ponerse ‹una persona› de mal humor, estar disgustado. **2** COL. Enloquecer ‹una persona› temporalmente.

alunizaje *s. m.* Acción y resultado de alunizar: *El alunizaje de una nave espacial.*

alunizar *v. intr.* Detenerse ‹una astronave u otro objeto› sobre la superficie de la Luna: *La sonda alunizó en el mar de las Tormentas.* ⇒ **19.**

alusión *s. f.* **1** Acción de referirse a una cosa o a una persona sin nombrarla directamente: *Sus palabras se entendieron como una alusión a los conflictos internos del partido.* **2** Acción de mencionar una cosa incidentalmente, sin detenerse en ella: *No hizo ni una alusión a las teorías de su maestro.* SIN. mención.

alusivo, va *adj.* Que alude o se refiere a alguna cosa breve o indirectamente: *un comentario alusivo **a** su obra.* SIN. relativo.

aluvial *adj.* GEOGR. [Terreno] que se forma por los materiales de aluvión: *llanura aluvial.*

aluvión *s. m.* **1** Afluencia brusca y violenta de agua, generalmente como consecuencia de lluvias fuertes: *El aluvión desgajó árboles e inundó las fincas próximas al río.* SIN. avenida. **2** Gran cantidad o afluencia de personas o cosas: *Estamos recibiendo un aluvión de llamadas. Un aluvión de coches circula en verano por la carretera de la costa.* **3** GEOL. Depósito de materiales sueltos, como grava o arena, dejados por un curso de agua: *terrenos de aluvión, materiales de aluvión.*

aluzar *v. tr.* AMÉR. C., MÉX.; COLOQUIAL. Iluminar ‹una persona› [un lugar], llenar de claridad ‹una persona› [un lugar]. ⇒ **19.**

álveo *s. m.* GEOGR.; RESTRINGIDO. Cauce de un río o arroyo.

alveolar *adj.* **1** De los alveolos o parecido a ellos: *nervios alveolares.* **2** LING. [Sonido, consonante] que se pronuncia acercando la lengua a los alveolos de los incisivos superiores: *La «n» es una consonante alveolar.*

alveolo o **alvéolo** *s. m.* **1** ANAT. Cada uno de los huecos en que están encajados los dientes. **~ dental.** **2** ANAT. Cada una de las cavidades en que terminan las ramificaciones de los bronquiolos. **~ pulmonar.** **3** Celdilla de un panal de abejas: *Los alveolos de las colmenas son hexagonales.*

alza *s. f.* **1** Aumento en el precio, valor o intensidad de alguna cosa: *No se esperaba un alza tan brusca de las temperaturas. El alza de los precios está controlada.* SIN. subida. **2** Pedazo de cuero u otro material que se pone sobre la horma para hacer el zapato más alto o más ancho: *Necesito un alza para poder calzarme el zapato.* **3** Dispositivo en forma de regla graduada, fijo a la parte superior del cañón de las armas de fuego, que sirve para precisar la puntería: *Ajusta bien el alza, porque así no puedes hacer blanco.* FR. Y LOC. **en ~** Que sube de precio, intensidad o estimación: *La moda de España está en alza. Ese escritor está en alza. Es una fotógrafa en alza.* **jugar al ~** Especular ‹una persona› en la bolsa con valores esperando la subida de su cotización.

alzacristales (plural *alzacristales*) *s. m.* RESTRINGIDO. Elevalunas: *El equipamiento base incluye alzacristales eléctricos anteriores.*

alzacuello *s. m.* Tirilla blanca rígida que llevan los clérigos cristianos alrededor del cuello, que sobresale de la sotana o de la camisa: *Los alzacuellos son muy incómodos en verano.*

alzada *s. f.* Altura de las caballerías, medida desde el talón de la mano hasta la parte más elevada de la cruz: *Es un caballo de una alzada excesiva.* FR. Y LOC. **recurso* de ~.**

alzado, da *adj.* **1** [Precio, cantidad] que se fija globalmente antes de la realización de una obra o servicio: *Contrató la construcción a un precio alzado. Yo trabajo a un tanto alzado, si luego tardo más, pierdo dinero y si lo hago rápido, gano dinero.* **2** AMÉR.; RESTRINGIDO. Engreído, orgulloso, insolente. **3** ARG., URUG. Animal que se vuelve montaraz o que está en celo. || *s. m.* **4** ARQ. Plano en proyección vertical que no tiene en cuenta la perspectiva: *Una editorial me ha encargado un alzado del nuevo museo para la portada de una guía.* FR. Y LOC. **a mano* alzada.**

alzamiento *s. m.* **1** RESTRINGIDO. Acción y resultado de alzar: *El juez ordenó el alzamiento del cadáver.* SIN. levantamiento. **2** Oposición violenta y repentina de un grupo contra el poder establecido: *El hambre y las malas cosechas provocaron alzamientos contra la nobleza en el siglo* XV. SIN.

revuelta, motín. ~ **militar.** ~ **popular.** || **3** ~ **de bienes** DER. Ocultación de bienes realizada por el deudor para no pagar a sus acreedores.

alzapaño *s. m.* **1** RESTRINGIDO. Pieza acabada en gancho que se clava a la pared para recoger la cortina hacia los lados. **2** RESTRINGIDO. Cinta o cordón que rodea la cortina y se engancha a esa pieza.

alzar *v. tr.* **1** Poner ‹una persona› alta [una cosa]: *El niño alzó la cabeza para ver mejor.* **2** Poner ‹una persona› [una cosa que estaba tumbada] en sentido vertical: *Alzaron el poste de teléfonos que había derribado el viento.* **3** Construir ‹una persona› [un edificio]: *Alzaron una hermosa casa en esa finca.* SIN. edificar. **4** Aumentar ‹una persona o una cosa› [el precio, el valor, o la intensidad de una cosa]: *Los países productores de materias primas no quieren alzar la producción para poder alzar los precios. Alza la voz.* **5** Quitar ‹una persona› [una cosa] y llevársela: *Alzaron el campamento en poco tiempo.* || *v. tr. / prnl.* **6** Hacer ‹una persona› que [otra] se rebele contra [la autoridad de otra]: ***Se** alzó **contra** su padre. Los sindicatos **se** han alzado **contra** la política del Gobierno.* || *v. intr. / tr.* **7** Cortar ‹una persona› [la baraja] en los juegos de naipes: *Te toca alzar a ti. Alza una carta.* **8** REL. Entre los católicos, levantar ‹el sacerdote› [el cáliz y la hostia] después de la consagración, en la misa: *No has oído misa si has llegado inmediatamente antes de alzar.* || *v. prnl.* **9** Ponerse ‹una persona› en pie: *Tropezó en la acera pero se alzó con gran agilidad.* **10** Levantarse ‹una cosa›: *El circo se alza **en** la plaza mayor. El campamento se alza **al** lado del río.* **11** Llevarse ‹una persona› [una cosa que no le pertenece]: *El ladronzuelo se alzó **con** el dinero.* **12** Conseguir ‹una persona› [una cosa]: *Se alzó **con** la victoria.* **13** Ser ‹una cosa› más alta que [otra que está a su alrededor]: *La iglesia se alza **sobre** el pueblo.* **14** Estar ‹una cosa alta› en [un lugar]: *El monumento a Cervantes se alza **en** la plaza.* **15** DER. Poner ‹una persona› un recurso ante un tribunal superior: *Si fallan en contra de nuestros intereses nos alzaremos **al** Tribunal Supremo, si es necesario.* **16** AMÉR. Vivir como un animal salvaje ‹un animal doméstico›. FR. Y LOC. ~ **velas*. alzarse / cargarse con el santo* y la limosna. alzarse de hombros** Desinteresarse ‹una persona› por algo con este gesto de escepticismo: *Le dije que era importante votar y se alzó de hombros.* **alzarse en armas*. alzarse / levantarse con el dinero*. levantar / ~ / emprender el vuelo*. levantar / ~ la voz*. ⇒ 19.**

ama *s. f.* **1** Dueña o señora de la casa o familia: *el ama de la plantación.* **2** Criada principal de una casa: *Si el ama no te recibe nunca podrás entrevistarlo.* || **3** ~ **de brazos** RESTRINGIDO. Niñera. **4** ~ **de casa** Mujer que se ocupa de las labores de la casa: *Se cansó de ser ama de casa y se puso a trabajar.* **5** ~ **de cría** RESTRINGIDO. Mujer que criaba con su pecho a un bebé ajeno: *Como ella no tenía leche contrataron a un ama de cría.* **6** ~ **de llaves / gobierno** RESTRINGIDO. Criada encargada de las llaves y la economía de la casa.

amabilidad *s. f.* **1** (no contable) Delicadeza y tacto en el trato con las personas: *La amabilidad con que te escucha y recibe es increíble.* **2** Acción amable de obra o de palabra: *Nos llenó de amabilidades cuando estábamos en su casa.*

amable *adj.* (ser / estar; antepuesto / pospuesto) Que muestra deseos de agradar o complacer: *Nos dispensaron un amable recibimiento. Últimamente está muy amable, ¿qué querrá? Es muy amable, está siempre pendiente de los demás.*

amablemente *adv. modo* **1** Con amabilidad: *Deberás sonreírle amablemente.* **2** Se usa para indicar que cierta acción se ejecuta 'porque el agente tiene la amabilidad de ejecutarla'. El verbo va en indicativo, generalmente en tiempo de pasado y, por razones pragmáticas y sociales evidentes, casi siempre referido a persona distinta de la primera del singular: *Amablemente, nos esperaron a la entrada. Santiago ha reconocido, muy amablemente, mi aportación. Agradéceselo a Juana, que, muy amablemente, nos prestó su coche. El señor aquel que tan amablemente nos prestó su paraguas. Amablemente, Paca nos reclamó su silla.*

amado, da *s. m. / f.* LIT. Persona amada: *La gran poetisa argentina Alfonsina Storni suspiraba por su amado con mucha delicadeza.*

amadrinar *v. tr.* RESTRINGIDO. Hacer ‹una persona› de madrina de [otra persona] o de [una cosa]: *En España amadrinan los barcos las damas de la alta sociedad.*

amaestrar *v. tr.* Enseñar ‹una persona› [a un animal] a realizar una serie de habilidades: *He amaestrado a mi periquito y me da los buenos días cuando entro en el salón.*

amagar *v. tr. / intr.* **1** Mostrar ‹una persona› intención de hacer [una cosa, generalmente ofensiva o amenazante]: *La vecina amagó un saludo cuando nos cruzamos. Nos amagó con el puño. Ya sabes lo que dicen, lo importante es amagar y no dar.* || *v. intr.* **2** Estar a punto de ocurrir ‹una cosa›: *Amaga tormenta esta tarde.* SIN. amenazar. || *v. prnl.* **3** Ocultarse ‹una persona o un animal›: *El gato se amaga **en** el armario en cuanto entra alguien desconocido en casa.* ⇒ **56.**

amago *s. m.* **1** Acción de amagar: *Ana hizo un amago de saludarme, pero al final desvió la mirada.* **2** Señal o indicio de alguna cosa que no llega a ocurrir: *Tuvo un amago de infarto.*

amainar *v. intr.* **1** Perder ‹un fenómeno meteorológico› fuerza o intensidad: *Amainó el temporal al amanecer.* SIN. calmar. **2** Perder ‹una persona› la fuerza o la intensidad de [sus sentimientos o deseos]: *Amainó **en** sus pretensiones.* SIN. cejar. || *v. tr.* **3** MAR. Recoger ‹una persona› [las velas de una embarcación] total o parcialmente: *Tenemos que amainar velas ahora.* SIN. arriar.

amalgama *s. f.* **1** (no contable) Aleación en que uno de los componentes es el mercurio, especialmente la que se realiza con plata, utilizada en odontología para realizar empastes. **2** (no contable) Mezcla de cosas dispares: *El país es una amalgama de razas y culturas.*

amalgamación *s. f.* (no contable) RESTRINGIDO. Técnica para la obtención de metales preciosos en la que interviene la acción de amalgamar: *La amalgamación se perfeccionó por los mineros mexicanos y peruanos del siglo* XVIII.

amalgamar *v. tr.* **1** Mezclar ‹una persona› [mercurio] con otro metal para formar una aleación: *Para obtener oro y plata en Perú y México se amalgamaban los metales.* **2** Mezclar ‹una persona› [cosas heterogéneas]: *En esta novela están amalgamadas muchas cosas de una manera imperfecta.*

amamantar *v. tr.* Dar de mamar ‹la hembra de los mamíferos› [a su cría]: *La perra amamantaba a su cachorro. Ana no pudo amamantar a su hijo.* SIN. criar.

amancay, amancaya o **amancayo** *s. m.* **1** AMÉR. Planta de flores de bellos colores, que crece sobre todo en la zona andina. **2** AMÉR. Flor de los amancayos.

amanecer *v. impers.* **1** Empezar a aparecer la luz del día: *En invierno amanece tarde.* SIN. alborear (ELEVADO). || *v. intr.* **2** Estar ‹una persona, un animal o una cosa› en [un lugar o una situación]: *La calle amaneció cubierta de nieve. La barca amaneció **en** alta mar. El niño amaneció **de** buen humor. Su hija ha amanecido hoy **con** fiebre.* **3** COLOQUIAL. Aparecer ‹una persona o una cosa› en un lugar inesperado: *Chico, ayer tomé el avión y hoy he amanecido aquí, **en** Acapulco. Perdí mi cartera en Madrid y ha amanecido **en** una comisaría de Córdoba.* || *v. prnl./intr.* **4** AMÉR. Pasar ‹una persona› la noche en vela, frecuentemente por haber estado de juerga o parranda. ⇒ **5.**

amanecer *s. m.* **1** Tiempo en que amanece, principio del día: *Saldremos al amanecer. Se levanta al amanecer.* SIN. alba. **2** Comienzo de una época o situación: *el amanecer de la cultura occidental, el amanecer de nuestro pueblo.*

amanerado, da *adj./s. m.* y *f.* **1** Que tiene gestos poco naturales y muy estudiados: *Es agradable, pero poco natural, su simpatía parece amanerada.* SIN. afectado. **2** [Hombre] que habla, se mueve o actúa según los rasgos que tradicionalmente caracterizan a las mujeres: *Es muy amanerado en su forma de vestir.* || *adj.* **3** [Artista, obra, lenguaje] que está demasiado sujeto a unas normas: *No me gusta su estilo, es muy amanerado. Su pintura es excesivamente amanerada.*

amaneramiento *s. m.* **1** (no contable) Afectación o falta de naturalidad en la expresión artística: *El amaneramiento de los imitadores es inevitable.* **2** (no contable) Comportamiento de un hombre con alguna característica atribuida tradicionalmente a las mujeres: *El amaneramiento evidente está reprobado en el ejército.*

amanerar *v. tr.* **1** Hacer ‹una cosa› afectado [el estilo o el lenguaje de una persona]: *Esa manía de hablar en plural lo amanera desagradablemente. Los paisajes tan idílicos amaneran todos sus cuadros.* || *v. prnl.* **2** Hacerse ‹una persona› afectada: *No busques naturalidad en su trato, es una mujer convencional y le gusta amanerarse. Es un buen poeta, pero con su formación purista se amanera con facilidad.*

amanita *s. f.* Género de varios hongos, comestibles o venenosos, según la especie, que se caracteriza por tener un anillo en el pie y por sus esporas blancas.

amansar *v. tr.* **1** Hacer ‹una persona o una cosa› manso a [un animal]: *La televisión amansa a este gato.* **2** Quitar ‹una persona o una cosa› la violencia [a otra persona o una cosa]: *Los tíos han conseguido amansar a la niña. La novia lo ha amansado totalmente.* || *v. prnl.* **3** Hacerse ‹un animal› manso: *Este perro era algo salvaje, pero desde que está en casa se ha amansado por completo.* **4** Perder ‹una persona o una cosa› violencia: *El mar se amansó. Tu padre se ha amansado **con** los años. Los adversarios se amansaron **con** los razonamientos.*

amante *adj./s. m.* y *f.* **1** (antepuesto/pospuesto) Que ama: *Le dedico este libro a mi amante esposo. Soy un amante de la pintura impresionista.* || *s. m. / f.* **2** Persona que mantiene una relación sentimental plena con otra fuera del matrimonio: *Somos amantes desde hace tiempo. Es una poetisa excelente y la amante del pintor de moda.*

amanuense *s. m./f.* **1** RESTRINGIDO. Persona que por oficio se dedicaba a copiar escritos: *Entró de amanuense en una oficina.* SIN. escribiente, escribano. **2** Persona que copiaba una o varias veces el original de un libro, antes de que se inventara la imprenta: *Los monjes eran los mejores amanuenses medievales.*

amañar *v. tr.* **1** Preparar ‹una persona› [una cosa] con habilidad para falsearla: *Amañó el examen para poder aprobar. Se ha descubierto que algunos combates de boxeo están amañados.* SIN. apañar. || *v. prnl.* **2** COLOQUIAL. Tener ‹una persona› habilidad para [hacer una cosa o manejar una cosa]: *Se (las) amaña bien **para** cuidar a los niños. Se (las) amaña bien **con** el coche de su padre.* SIN. apañarse.

amaño *s. m.* PEYORATIVO. Manera hábil e injusta de conseguir una cosa: *Desconocemos a qué tipo de amaños habrá recurrido para hacerse con el puesto.*

amapola *s. f.* **1** *Papaver rhoeas.* Planta papaverácea, de grandes flores rojas y semilla oscura, muy común en los sembrados. **2** Flor de las amapolas.

amar *v. tr./prnl.* **1** Sentir ‹una persona› amor por [una persona, un animal o una cosa]: *Los dos hermanos **se** amaban entrañablemente. Los cristianos primitivos **se** amaban tanto, que admiraban a los gentiles. –«Santiago, te amo con todo mi corazón.» –«Pues yo, Pilar, con toda mi alma.»* SIN. querer(se). **2** Hacer ‹una persona› el amor con [otra]: *Tus vecinos **se** amaban todas las noches y organizaban unos escándalos tremendos, tienes que decirles que se compren una cama más silenciosa.* || *v. tr.* **3** Sentir ‹una persona› una afición entrañable por [una cosa]: *Amo la música hasta extremos inimaginables.*

amaraje *s. m.* Acción y afecto de amarar una aeronave. SIN. amerizaje.

amaranto *s. m.* Género *Amaranthus.* Planta de hojas alargadas y flores pequeñas de color rojo, blanco o amarillo agrupadas en racimo, que se emplea como planta de adorno.

amarar *v. intr.* Posarse ‹un hidroavión o una nave espacial› sobre el agua: *La cápsula amaró en el Pacífico.* SIN. amerizar.

amargado, da *adj./s. m.* y *f.* (estar) Que siente o se comporta con amargura: *Mi padre está amargado desde que han cerrado su empresa. No le hagas caso a ésa, es y será siempre una amargada.*

amargamente *adv. modo* Con amargura. Suele asociarse con la queja y el llanto: *Lloró amargamente.*

amargar *v. intr.* **1** Tener ‹una cosa› sabor amargo: *El café amarga.* || *v. tr.* **2** Dar ‹una cosa› sabor amargo a [otra cosa]: *Tanto limón ha amargado la salsa.* **3** Hacer ‹una persona o una cosa› que fracase [una cosa]: *Me amargarán la fiesta como sigan así.* SIN. estropear, aguar. **4** Causar ‹una cosa› pena [a una persona]: *Me amarga el comportamiento de su hijo.* SIN. apenar. || *v. prnl.* **5** Sentir ‹una persona› pena por [una cosa]: *No te amargues **por** el resultado de la votación.* SIN. apenarse. FR. Y LOC. **~ la vida*.** REFR. **A nadie le amarga un dulce.** Se usa para expresar que es difícil resistirse a algo agradable, o para aceptar una proposición atractiva. ⇒ **56.**

amargo, ga *adj.* **1** (ser/estar; antepuesto/pospuesto) Que tiene un sabor desagradable e intenso, parecido al de la hiel, la quinina u otros alcaloides: *Esto está muy amargo. Es demasiado amargo para mí. Este café está muy amargo, no tiene ni gota de azúcar. ¿Cómo te puede gustar la corteza del limón con lo amarga que es? El médico me ha recetado un amargo jarabe que sabe a rayos.* ANT. dulce. **2** (antepuesto / pospuesto) Que causa pena o disgusto: *Ha sido una experiencia amarga. Es un dolor amargo. Es una amarga sensación que no le deseo a nadie.* **3** (antepuesto / pospuesto) Que contiene amargura o pena: *recuerdo amargo. Con gesto amargo, se despidió de nosotros. Nos dijo adiós con una amarga sonrisa.*

amargón *s. m.* PERÚ; COLOQUIAL. Disgusto intenso.

amargor *s. m.* **1** Sabor amargo: *Me gusta el amargor del café sin azúcar.* ANT. dulzor. **2** Amargura.

amargura *s. f.* **1** Aflicción, disgusto: *El fracaso le produjo una gran amargura.* SIN. pena. **2** Aquello que causa pena o disgusto grande: *La amargura de la fuga de mi hijo no me deja vivir.* FR. Y LOC. **llevar / traer por la calle* de la ~.**

amariconado, da *adj.* (igual significado en los dos géneros) VULGAR. Afeminado.

amariconarse *v. prnl.* VULGAR. Volverse ‹un hombre› afeminado. SIN. afeminarse.

amarilis (plural *amarilis*) *s. f.* Hierba que tiene bulbos, flores pequeñas y fruto en forma de cápsula.

amarillear *v. intr.* Empezar a ponerse ‹una cosa› de color amarillo: *Ya amarillean las hojas de los árboles.*

amarillento, ta *adj.* Que tira a amarillo: *La ropa blanca se ha quedado amarillenta con la lejía.*

amarilleo *s. m.* (no contable) Aspecto de las cosas que amarillean: *Al final de la primavera destaca en Castilla el amarilleo de los trigales.*

amarillismo *s. m.* (no contable) Sensacionalismo propio de la prensa amarilla o de sucesos: *No hay que dar crédito a los periodistas amigos del amarillismo.*

amarillo, lla *adj. / s. m.* **1** [Color] que es semejante al color del oro o la piel de los limones: *una falda amarilla. Mi color preferido es el amarillo.* **maillot ~.** ‖ *adj.* **2** [Raza humana] que se caracteriza por tener la piel amarilla y los ojos rasgados: *Los chinos y los japoneses pertenecen a la raza amarilla.* **3** (estar) Que está pálido y demacrado: *Lleva tantos días encerrado que está amarillo. Se quedó amarilla después de la enfermedad.* **4** [Prensa] que acostumbra a dar las noticias destacando sus aspectos más llamativos para causar sensación: *La prensa amarilla dio detalles escabrosos del caso de corrupción de menores.* **periodismo* ~. prensa* amarilla.** **5** [Organización, sindicato] que defiende los intereses de los patronos: *Los sindicatos amarillos defienden de palabra las reivindicaciones obreras, pero apoyan a los patronos.* ‖ **6 fiebre* amarilla. 7 páginas* amarillas. 8 tarjeta* amarilla. 9 ungüento* ~.**

amariposado, da *adj.* **1** BOT. [Flor, corola] que tiene forma de mariposa: *Las papilionáceas son amariposadas.* **2** COLOQUIAL, AFECTADO; HUMORÍSTICO. Afeminado.

amarizaje *s. m.* Amerizaje.

amarizar *v. intr.* Amerizar. ⇒ **19.**

amarra *s. f.* **1** Cuerda o cable con que se ata la embarcación en el puerto: *Todo el mundo a bordo, soltamos amarras dentro de cinco minutos.* **2** (plural) Apoyo, protección: *Con las amarras que tiene, ya verás qué rápido asciende en el trabajo.* SIN. agarraderas. FR. Y LOC. **soltar amarras** 1 Deshacer o quitar ‹una persona› la sujeción o fijación que ataba una embarcación a un muelle y empezar a navegar. 2 Desprenderse ‹una persona› de una formación o de unas amistades anteriores: *Ahora está muy agradable, pero en cuanto lo contrates soltará amarras y defenderá sus intereses como todos. Es normal que se vaya de casa, más pronto o más tarde todos los hijos tienen que soltar amarras.*

amarraco *s. m.* Tanteo de cinco puntos y objeto que lo presenta, en el juego del mus: *Hoy he traído unos garbanzos para amarracos.*

amarradero *s. m.* Poste, pilar o anilla donde se ata un animal o una embarcación: *Pasé la cuerda por el amarradero e hice un nudo.*

amarraje *s. m.* (no contable) MAR. Impuesto que se paga por amarrar un barco en un puerto.

amarrar *v. tr.* **1** Atar ‹una persona› [una cosa] con una cuerda o un cable: *Amarra bien la caja, porque pesa mucho y puede romperse. Amarra el barco a esa anilla, que ésta es nuestra plaza.* SIN. sujetar. **2** Retener ‹una persona› con firmeza o seguridad [a una persona o una cosa]: *Hemos amarrado a un buen cliente y no lo vamos a dejar escapar. Si no amarramos el voto de los jóvenes perderemos las elecciones.* SIN. afianzar, asegurar. ‖ *v. tr. / prnl.* **3** RESTRINGIDO. Agarrar ‹una persona› [a otra persona o una cosa] con las manos fuertemente: *Amarra bien al nene, que no se caiga. Amárra**te** bien a la barra, que este autobús corre mucho.* **4** PERÚ; COLOQUIAL. Arreglar ‹una persona› [una cosa] bajo cuerda.

amarre *s. m.* **1** Acción y resultado de amarrar: *El amarre del barco se ha hecho sin problemas.* **2** Zona de amarrar en propiedad o alquilada que tiene un barco en un puerto: *En el nuevo puerto se venderán cuatrocientos amarres.*

amarrete, ta *adj. / s. m.* y *f.* ARG., URUG.; COLOQUIAL; PEYORATIVO. Avaro.

amartelado, da *adj.* PEYORATIVO. Que se muestra excesivamente cariñoso: *Van por la calle muy amartelados. Está muy amartelada* ***con*** *su último novio.*

amartelamiento *s. m.* (no contable) Muestra pública exagerada y muy dulce de cariño hacia otra persona: *Tiene un amartelamiento* ***con*** *la novia algo ridículo.*

amartelarse *v. prnl.* Mostrarse ‹una pareja› excesivamente cariñosa: *Se amartelan en cualquier sitio.* SIN. acaramelarse.

amartillar *v. tr.* **1** Poner ‹una persona› a punto para poder disparar [un arma de fuego]: *Cuando oigas la trompeta amartillas el arma, pero no dispares hasta que veas mi señal.* **2** Martillar.

amasandería *s. f.* CHILE; COLOQUIAL. Panadería, tahona donde se hace el pan a la manera casera.

amasar *v. tr.* **1** Hacer ‹una persona› una masa mezclando [una sustancia sólida o pulverizada] con un líquido: *Los críos disfrutan amasando el barro. En esta tahona amasan muy bien la harina.* **palo* de ~.** **2** Reunir ‹una persona› [una cosa]: *Con su trabajo ha amasado un poquito de dinero. Hizo prácticas en el hospital y ha amasado bastantes conocimientos y una experiencia interesante.* **~ una fortuna*.**

amasijar *v. tr.* **1** ARG., URUG.; COLOQUIAL. Golpear ‹una persona› [a otra persona] hasta dejarla muy malherida. **2** ARG.; COLOQUIAL. Matar ‹una persona› [a otra persona] violentamente.

amasijo *s. m.* Mezcla de cosas diferentes: *un amasijo de ideas. Su escrito era un amasijo ininteligible. El coche quedó convertido en un amasijo de cristales y chatarra tras la explosión.*

amate *s. m.* AMÉR. C., MÉX.; COLOQUIAL. Especie de higuera, empleada por los aztecas para hacer láminas, a modo de papel, con su corteza, utilizada actualmente en artesanía.

amaterismo o **amateurismo** *s. m.* **1** (no contable) Cualidad de amateur. **2** (no contable) PEYORATIVO. Característica de lo que organiza o hace un aficionado: *A la organización del congreso le sobra amaterismo y le falta profesionalidad. La fabricación de este producto no puede encomendarse al amaterismo y buena voluntad de tu cuñado.*

amateur (plural *amateurs*; del francés; pronunciamos *'amater'*) **1** *adj. / s. m.* y *f.* Que se dedica a una actividad por afición y no profesionalmente: *Es un tenista amateur. Es un equipo de amateurs.* **2** INSULTO. [Profesional] que hace su oficio mal: *No llames más al fontanero que conocemos, que es un amateur.*

amateurismo (del francés; pronunciamos *'amaterismo'*) *s. m.* Amaterismo.

amatista *s. f.* **1** Cuarzo cristalino de color violeta que se utiliza en joyería. || **2 ~ oriental** Corindón violeta.

amatorio, ria *adj.* Del amor o de las prácticas sexuales: *técnica amatoria, práctica amatoria, literatura amatoria.*

amauta *s. m.* PERÚ. Sabio o maestro entre los antiguos peruanos.

amazacotado, da *adj.* **1** (estar) Que está apretado y duro: *El bizcocho está muy amazacotado.* **2** (ser / estar) Que tiene demasiados adornos o datos: *un edificio amazacotado, una explicación amazacotada. El trabajo es amazacotado.*

amazona *s. f.* **1** MIT. Mujer guerrera de la mitología griega: *Hipólita, reina de las Amazonas.* **2** Mujer que monta a caballo: *Las jóvenes amazonas tuvieron una buena actuación en el campeonato.*

amazónico, ca *adj.* Del río Amazonas o de la Amazonia: *selva amazónica, cuenca amazónica, territorio amazónico.*

ambages (sólo plural) *s. m.* RESTRINGIDO. Rodeos de palabras para no decir claramente algo: *Dijo lo que pensaba de él sin ambages, abiertamente. Dime lo que piensas y no me vengas con ambages, que es peor.*

ámbar (no contable) *s. m.* **1** Resina fósil de color amarillo oscuro, que se electriza al frotarla y arde con facilidad, empleada para fabricar pequeños objetos cotidianos, adornos y barnices. **2** Color de esta resina: *No crucéis nunca si el semáforo está en ámbar.* || **3 ~ gris** Sustancia de origen animal, de olor fuerte, que se emplea como perfume y como medicamento.

ambarino, na *adj.* ELEVADO. Del ámbar o que tiene alguna de sus propiedades: *color ambarino, sustancia ambarina.*

ambi- *pref.* Significa 'dos al mismo tiempo' y forma adjetivos a partir de adjetivos y sustantivos a partir de sustantivos: *diestro - ambidiestro, valencia - ambivalencia.*

ambición *s. f.* **1** (no contable) Deseo apasionado de poder, riquezas o fama: *La ambición de poder lo sumió en la soledad.* **2** (en plural) Deseos que conducen a la mejora personal: *Es una mujer sin ambiciones.* SIN. aspiraciones.

ambicionar *v. tr.* Desear ‹una persona› con pasión o entusiasmo [una cosa]: *Sólo ambiciono poder vivir tranquilo en el pueblo sin tener que usar corbata.*

ambicioso, sa *adj. / s. m.* y *f.* **1** Que tiene o muestra ambición o deseo de algo: *Eres una ambiciosa, siempre quieres más. Deberías ser más ambicioso, eso no siempre es malo.* || *adj.* **2** (antepuesto / pospuesto) Que contiene ambición, o que pretende objetivos de gran envergadura o difíciles de conseguir: *El Gobierno plantea un ambicioso programa de reformas. La expedición a Marte es un proyecto ambicioso pero realizable.*

ambidextro, tra o **ambidiestro, tra** *adj.* Que utiliza correctamente tanto la mano izquierda como la derecha: *Es ambidiestro y escribe bien con las dos manos.*

ambientación *s. f.* **1** Reunión de los rasgos y características propias de una época en una obra artística: *No es mal pintor, pero la ambientación del mundo romano es muy deficiente. La ambientación de la acción teatral en nuestro siglo no está conseguida.* **2** Preparación en un local de las condiciones necesarias para conseguir un objetivo: *La verdad, para un entierro, me pareció poco adecuada esta ambientación basada en las fotos de cantantes diciendo adiós.* **3** Adaptación de un ser vivo a un medio nuevo: *El gato no logra la ambientación en la casa de vacaciones hasta pasada una semana.*

ambientador *s. m.* Sustancia para perfumar el ambiente o para eliminar los malos olores: *Puso en el coche un ambientador con olor a pino.*

ambiental *adj.* Del ambiente, es decir, de las condiciones o circunstancias que rodean a las personas, animales o cosas: *temperatura ambiental. El entorno ambiental de su infancia no fue el más adecuado.* **música* ~.**

ambientar *v. tr.* **1** Proporcionar ‹una persona o una cosa› un ambiente [a otra persona u otra cosa]: *Ambienta sus obras **en** la Edad Media. Hemos ambientado el salón **con** sencillez para la cena.* || *v. tr. / prnl.* **2** Introducir ‹una persona› [a otra persona] en [un ambiente]: *Tu hijo **se** ha ambientado pronto **en** el nuevo colegio. Ya estoy ambientada **en** esta ciudad. No es difícil ambientar**se** con gente tan simpática.* SIN. aclimatar(se).

ambiente *s. m.* **1** (no contable) Aire o atmósfera: *El ambiente está cargado: hay mucho humo en la habitación. Había humedad en el ambiente.* **2** ECOL., PSICOL., SOCIOL. Conjunto de circunstancias o factores humanos sociales, culturales o profesionales que rodea a una persona o cosa: *En esta novela la autora describe muy bien los ambientes rurales. El ambiente de la reunión era tenso.* **~ aristocrático. ~ burgués. ~ familiar. ~ intelectual. ~ popular. ~ universitario.** **3** (no contable) Conjunto de circunstancias o factores físicos y biológicos que rodean a los seres vivos: *protección del medio ambiente. Los animales se desarrollan mejor en su propio ambiente.* **medio ~.** **4** (no contable) Animación, concurrencia de público y entorno agradable en un acto o lugar: *En la fiesta había mucho ambiente.* **5** AMÉR. DEL S. Habitación, pieza de una casa. || *adj.* **6** (invariable) Perteneciente o relativo a un fluido que rodea un cuerpo, especialmente al aire. **temperatura* ~.**

ambigú (plural *ambigús,* preferible a *ambigúes*) *s. m.* **1** Comida, especialmente cena, en la que se sirven todos los platos a la vez. **2** Bar de los locales de espectáculos públicos: *Si viene a ver una película, aprovéchese y visite nuestro ambigú.*

ambigüedad *s. f.* **1** (no contable) Cualidad de ambiguo: *Ha calculado perfectamente la ambigüedad de su conducta y de sus últimos escritos.* **2** Duda o vacilación: *Déjate de ambigüedades y defínete claramente con o contra nosotros.*

ambiguo, gua *adj.* 1 Que puede entenderse de varios modos o admitir distintas interpretaciones: *un lenguaje ambiguo.* 2 Que no se muestra con claridad o que produce duda: *una personalidad ambigua. Nos propone soluciones ambiguas.* 3 GRAM. [Sustantivo] que admite concordancias masculinas y femeninas a la vez: *«Mar» y «calor» son dos nombres ambiguos en español.*

ámbito *s. m.* 1 Espacio comprendido dentro de unos límites: *Estudian los problemas de ámbito nacional.* 2 Espacio de actuación o influencia de determinada cosa: *El concepto de energía entra dentro del ámbito de la física.* SIN. campo, esfera.

ambivalencia *s. f.* ELEVADO. Condición de lo que tiene dos aspectos, valores o sentidos diferentes: *Con esa palabra buscó la ambivalencia para no respondernos con claridad. Su mirada tenía cierta ambivalencia. Mis sentimientos son de ambivalencia, le tengo manía y admiración a la vez.*

ambivalente *adj.* ELEVADO. Que tiene dos interpretaciones posibles o que encierra sentimientos contrapuestos: *Mantiene relaciones ambivalentes con su padre.*

ambón *s. m.* RESTRINGIDO. En las iglesias católicas, cada uno de los atriles o pequeños púlpitos situados a ambos lados del altar frente a los fieles.

ambos, as *adj. / pron. indef.* Los dos, el uno y el otro. OBSERVACIONES: ◊ Supone siempre que los dos elementos son ya conocidos o están identificados en el contexto. ◊ Es distinto de *sendos* ('respecto a un grupo de elementos, uno para cada uno'): *Ambos jugadores se merecían la expulsión. Tanto el padre como el hijo tienen mal carácter, ten cuidado con ambos. Me gustan ambas cosas, la miel y el azúcar.* **~ a dos** ELEVADO. Los dos: *Ambas a dos son peligrosas.*

-ambre *suf.* RESTRINGIDO. Significa 'abundancia' y forma sustantivos a partir de sustantivos: *pelo - pelambre.*

ambrosía *s. f.* (no contable) LITERARIO. Alimento, especialmente bebida, de exquisito sabor: *La ambrosía era el licor que bebían los dioses en el Olimpo.*

ambulancia *s. f.* 1 Vehículo automóvil con instrumental de primeros auxilios, acondicionado para el transporte de enfermos o heridos: *llamar a una ambulancia. Se lo han llevado en una ambulancia.* 2 RESTRINGIDO. Hospital ambulante que sigue los movimientos de las tropas.

ambulante *adj.* Que va de un lugar a otro o que no tiene un sitio fijo de actuación: *circo ambulante, vendedor ambulante.* **puesto (de venta) ~.**

ambulatorio *s. m.* Establecimiento donde se presta atención médica especializada a pacientes sin ingresarlos en él.

ameba *s. f. Amoeba proteus.* Organismo unicelular microscópico que se mueve mediante extensiones del cuerpo y se reproduce por escisión.

amebiasis (plural *amebiasis*) MED. *s. f.* (no contable) Enfermedad tropical que afecta al intestino producida por amebas.

amedrentar *v. tr.* 1 Causar ‹una persona, un animal o una cosa› miedo [a una persona]: *Me amedrenta la oscuridad. Nos amedrenta mucho salir de noche.* SIN. asustar, atemorizar. ‖ *v. prnl.* 2 Sentir ‹una persona› miedo: *Me amedrento **con** la oscuridad.* SIN. asustarse.

amelcochar *v. tr.* 1 AMÉR. Dar ‹una persona› un punto espeso de cocción a [una confitura]. ‖ *v. prnl.* 2 MÉX.; COLOQUIAL. Acaramelarse, reblandecerse ‹una persona›. 3 MÉX.; COLOQUIAL. Mostrarse ‹una persona› excesivamente cariñosa con otra.

amén *s. m.* 1 Voz hebrea que se dice al final de las oraciones cristianas y que significa 'así sea'. 2 Conformidad y acuerdo con lo que se dice o pide: *Para no discutir dijo a todo amén.* FR. Y LOC. **~ de** Además de: *Amén de otros problemas, he tenido que arreglar los papeles de la herencia en el notario.* **en un decir ~** RESTRINGIDO, COLOQUIAL; INTENSIFICADOR. En poquísimo tiempo: *Desapareció en un decir amén, sin despedirse de nadie.*

-amen *suf.* Tiene un significado colectivo y forma sustantivos a partir de sustantivos: *madera - maderamen, pelo - pelamen, vela - velamen.*

amenaza *s. f.* 1 Dicho o hecho con que se amenaza: *Sus amenazas no consiguieron intimidarle. Desalojaron el edificio porque había una amenaza de bomba. Entregó el dinero bajo amenaza.* 2 Peligro o mal potenciales: *Este psicópata es una amenaza para la sociedad.*

amenazador, ra *adj.* (antepuesto / pospuesto) Que amenaza: *una mirada amenazadora, una amenazadora actitud, unas nubes amenazadoras.*

amenazar *v. tr.* 1 Dar a entender ‹una persona› con palabras o gestos que quiere causar un daño [a otra persona]: *Le amenazó **de** muerte. Me amenazó **con** matarme. Me amenazan **con** organizar un escándalo.* ‖ *v. tr. / intr.* 2 Dar ‹una cosa› señales de que va a ocurrir [otra cosa]: *Esta casa amenaza ruina. Este cielo amenaza tormenta.* ⇒ **19.**

amenidad *s. f.* (no contable) Cualidad de las cosas o personas amenas: *Me gusta la amenidad de este lugar. La amenidad de su trato es ejemplar.*

amenizar *v. tr.* Hacer ‹una persona› divertida o agradable [una cosa]: *Nos amenizó la velada contando chistes. Nos amenizó la tarde gris con una maravillosa tarta.* ⇒ **19.**

ameno, na *adj.* 1 [Lugar] que es bonito y agradable: *un paisaje ameno para pasear.* 2 Que entretiene o divierte: *una lectura muy amena, una conversación muy amena.*

amenorrea *s. f.* (no contable) MED. Ausencia de menstruación.

americana *s. f.* Chaqueta de corte masculino, con solapas y botones, que llega por debajo de la cadera: *la americana del traje de cuadros.*

americanada *s. f.* 1 PEYORATIVO. Película estadounidense de baja calidad y de una ideología excesivamente simple para el gusto europeo. 2 PEYORATIVO. Acción o expresión que se considera típica de las personas estadounidenses imaginadas por los hablantes españoles.

americanismo *s. m.* 1 Palabra o expresión propia de los hispanoamericanos o procedente de alguna lengua indígena de América: *La palabra «chamaco» es un americanismo.* 2 (no contable) Carácter o condición de americano: *el americanismo de sus tradiciones.* 3 (no contable) Estudio y afición por todas las cosas americanas.

americanista *s. m. / f.* Persona que se dedica al estudio de las culturas y las lenguas de América.

americano, na *adj. / s. m.* y *f.* 1 De América: *países americanos, continente americano.* 2 De Estados Unidos: *el modo de vida americana. He conocido a dos americanos.* **billar ~. fútbol* ~.** ‖ **3 barra* americana. 4 café* ~.**

americio *s. m. Am.* Elemento radiactivo artificial que se obtiene bombardeando plutonio con neutrones.

amerindio, dia *adj.* De los indios americanos: *una tribu amerindia. Hizo varios estudios amerindios.*

ameritar *v. tr.* AMÉR. Merecer.

amerizaje o **amarizaje** *s. m.* Acción y efecto de posarse en el mar un hidroavión o cápsula espacial. SIN. amaraje.

amerizar o **amarizar** *v. intr.* Detenerse ‹un hidroavión o una nave espacial› en la superficie del agua. SIN. amarar. ⇒ **19.**

ametrallador, ra *adj.* Que ametralla: *un fusil ametrallador.*

ametralladora *s. f.* Arma de fuego automática que, apoyada en un soporte, dispara con rapidez una serie ininterrumpida de proyectiles en ráfaga: *un nido de ametralladoras.*

ametrallar *v. tr.* Disparar ‹una persona› metralla o disparar con ametralladora contra [una persona, un animal o una cosa]: *Los ametrallaron desde un coche en marcha.*

ametropía *s. f.* (no contable) MED. Defecto de percepción visual, porque las imágenes no se forman debidamente en la retina.

amianto *s. m.* MIN. Mineral del grupo de los silicatos, con fibras blancas y flexibles que se emplea en la elaboración de tejidos resistentes al fuego: *traje de amianto.*

amida *s. f.* QUÍM. Compuesto orgánico en el que uno, dos, o los tres hidrógenos del amoniaco se reemplazan por un radical ácido: *amida metálica.*

amigable *adj.* (ser / estar; antepuesto / pospuesto) Que trata a los demás con amabilidad y afecto, o que invita a la amistad: *Por esta vez, Pedro ha estado amigable. Tuvimos una amigable charla que se prolongó toda la tarde. Juana es muy amigable, te gustará conocerla.* SIN. amistoso.

amigacho *s. m.* **1** COLOQUIAL; PEYORATIVO. Amigo de juergas: *Anda por ahí con los amigachos.* **2** COLOQUIAL. Amigo: *Aquí estoy, esperando a unos amigachos.*

amígdala *s. f.* (preferentemente en plural) ANAT. Cada uno de los órganos de tejido linfático, en forma de almendra, situados en la entrada de la faringe. SIN. angina.

amigdalitis (plural *amigdalitis*) *s. f.* MED. Inflamación de las amígdalas. SIN. anginas (COLOQUIAL).

amigo, ga *adj. / s. m.* y *f.* **1** Que siente afecto y simpatía por otra persona: *Es amiga de mis hijas. Es un amigo de la familia.* **2** PEYORATIVO. [Persona] que es amante de otra: *Tiene un amigo ahí, en el piso, desde hace dos meses. Es la señorita amiga del profesor del piso de arriba.* || *adj.* **3** Que es partidario o siente afición por alguna cosa: *Es muy amiga* ***de*** *los animales. Es amigo* ***de*** *acostarse tarde todos los días.* **4** Que es agradable y reconfortante: *Escuchó una voz amiga que lo animaba.* FR. Y LOC. **cara* de pocos amigos.**

amigote *s. m.* COLOQUIAL. Compañero habitual de juergas y diversiones: *Se fue por ahí con los amigotes.*

amiguete *adj. / s. m.* **1** COLOQUIAL. Amigo superficial: *Somos buenos amiguetes.* **2** COLOQUIAL; AFECTIVO. Amigo verdadero y auténtico: *Es muy amiguete mío. Es mi amiguete de toda la vida.*

amiguismo *s. m.* (no contable) COLOQUIAL; PEYORATIVO. Práctica injusta de favorecer una persona a sus amistades dándoles empleos u otras ventajas: *La prensa ha denunciado varios casos de amiguismo en la política.* SIN. nepotismo (ELEVADO), enchufismo (COLOQUIAL).

amilanamiento *s. m.* Acobardamiento, falta de valor: *Cuando va a un examen le entra un amilanamiento y un nerviosismo que casi no puede ni escribir.*

amilanar *v. tr.* **1** Causar ‹una persona o una cosa› tanto miedo [a una persona] que no puede reaccionar: *Me amilané cuando me insultó y me quedé callada.* SIN. acobardar. **2** Quitar ‹una persona o una cosa› el ánimo [a una persona]: *No me gusta salir en verano con el coche, porque esas caravanas amilanan a cualquiera.* SIN. acobardar. || *v. prnl.* **3** Quedarse ‹una persona› sin poder reaccionar: *Se amilana en cuanto le dicen dos palabras fuertes.* SIN. acobardarse.

amina (no contable) *s. f.* QUÍM. Sustancia química formada por la reacción de un derivado de hidrocarburos con amoniaco.

aminoácido *s. m.* QUÍM. Grupo de ácidos orgánicos, algunos de los cuales son los componentes básicos de las proteínas humanas.

aminorar *v. tr.* **1** Disminuir ‹una persona o una cosa› el tamaño, la intensidad o el valor de [una cosa]: *Aminoré la velocidad porque se me echaba encima un motorista.* SIN. reducir. || *v. prnl.* **2** Disminuir ‹una cosa› en tamaño, intensidad o valor: *Las acciones se han aminorado durante el presente año en un 20 %.* SIN. reducirse.

amistad *s. f.* **1** (no contable) Relación afectiva y desinteresada entre personas: *la ruptura de una amistad. Su amistad tenía esa intensidad característica de la adolescencia. Ana trabó amistad con él rápidamente.* ANT. enemistad. **2** (preferentemente en plural) Persona con la que se tiene esta relación: *Allí hizo buenas amistades.* SIN. amigo. **3** (en plural) Conocidos influyentes: *Tiene amistades en el ministerio que lo apoyarán.* SIN. relaciones.

amistoso, sa *adj.* **1** De la amistad: *Es un beso amistoso. Mantenemos una convivencia amistosa.* **2** DEP. Que no pertenece a una competición oficial: *un torneo amistoso. Jugaremos un partido amistoso.* **partido ~.**

amnesia *s. f.* (no contable) MED. Pérdida total o parcial de la memoria: *La amnesia de mi padre es, de momento, muy selectiva.*

amnésico, ca *adj.* **1** De la amnesia: *Presenta un cuadro amnésico.* || *adj. / s. m.* y *f.* **2** (ser / estar) Que sufre amnesia: *La película trata de un amnésico que no sabe que es amnésico. Está amnésica desde el accidente.*

amnios (plural *amnios*) *s. m.* ANAT. Membrana que envuelve el embrión de mamíferos, reptiles y aves.

amniótico, ca *adj.* Del amnios: *líquido amniótico.*

amnistía *s. f.* POLÍT. Perdón general, casi siempre extraordinario, concedido por una autoridad competente a los presos, especialmente a los condenados por motivos políticos: *Las familias de presos políticos han solicitado una amnistía general al nuevo Gobierno.*

amnistiar *v. tr.* Conceder ‹una persona› amnistía [a otra persona]: *El Gobierno ha amnistiado a los presos de la dictadura.*

amo, ma *s. m. / f.* **1** Dueño de alguna cosa: *el ama de la tienda, el amo de la fábrica, el amo de la plantación.* SIN. señor. **2** Persona que tiene uno o más criados, desde el punto de vista de éstos: *Nuestra ama es agradable.* **3** Persona con mucha influencia o poder en un ámbito: *el ama del lugar, el amo del motociclismo, el amo del ajedrez.*

amodorramiento *s. m.* Sopor, sueño pesado e incompleto: *Tras beber un poco me invadió un amodorramiento fuerte.*

amodorrar *v. tr.* **1** Causar ‹una persona o una cosa› somnolencia [a una persona]: *Me amodorran tus charlas.* SIN. adormilar. || *v. prnl.* **2** Sentir ‹una persona› somnolencia: *Me amodorro con la cerveza. Nos amodorramos con el calor.* SIN. adormilarse.

amohinar *v. tr.* **1** RESTRINGIDO. Poner ‹una persona o una cosa› mohína o enfadada [a una persona]: *El tráfico me amohína. Tus bromas la amohínan.* SIN. enfadar. || *v. prnl.* **2** Ponerse ‹una persona› mohína o enfadada: *Te amohínas con cualquier bromita.* SIN. enfadarse.

amojamamiento *s. m.* (no contable) Delgadez o escasez de carnes de una persona: *El amojamamiento no es malo para los ancianos.*

amojamar *v. tr.* **1** Hacer ‹una persona› mojama de [atún]: *En el Levante amojaman muy bien el atún.* || *v. prnl.* **2** Ponerse ‹una persona› delgada y arrugada al envejecer: *Cuando sea mayor prefiero amojamarme a ponerme gordo.*

amojonamiento *s. m.* (no contable) Acción y resultado de amojonar: *Ayer se ha efectuado el amojonamiento de las fincas municipales.*

amojonar *v. tr.* Señalar ‹una persona› los límites de [un lugar] con mojones: *Hemos amojonado las fincas que heredamos de mi padre.*

amojosarse *v. prnl.* AMÉR. Enmohecerse.

amolar *v. tr.* **1** Afilar ‹una persona› [una cosa] en la muela: *amolar un cuchillo. Tenemos que amolar las guadañas para segar la hierba de los prados.* **2** COLOQUIAL. Causar ‹una persona o una cosa› una molestia [a una persona]: *¿Sabes que amuelas bastante con tus preguntas?* || *v. prnl.* **3** COLOQUIAL. Soportar ‹una persona› una molestia resignadamente: *Tenemos que amolarnos, porque estos días Mercedes está insoportable.* SIN. aguantar. FR. Y LOC. **no te amuela** COLOQUIAL, RESTRINGIDO. Se usa para indicar fastidio o enfado: *No te amuela, también a mí me gusta ir de vacaciones.* ⇒ **28.**

amoldamiento *s. m.* (no contable) Acción y resultado de amoldar o amoldarse: *El amoldamiento de los trabajadores a sus compañeros es fundamental para la empresa.*

amoldar *v. tr.* **1** Hacer ‹una persona› que [una cosa] se ajuste a [otra cosa]: *Amoldó el sombrero **a** la cabeza.* **2** Hacer ‹una persona› que [una cosa] resulte adecuada o conveniente para [otra cosa]: *Amoldaron la legislación **a** la situación del Estado.* SIN. adecuar. || *v. prnl.* **3** Ajustarse ‹una persona o una cosa› a [otra persona o cosa]: *Este sombrero se amolda **a** su cabeza. Inés se amoldó **a** las manías de su suegro.* **4** Acostumbrarse ‹una persona› a [una cosa]: *Si tienes un hijo tendrás que amoldarte **a** trabajar más.*

amonal (no contable) *s. m.* Explosivo de gran potencia hecho con polvo de aluminio y ciertos compuestos químicos: *Ha estallado una bomba de amonal en una plaza de Madrid.*

amonarse *v. prnl.* COLOQUIAL. Emborracharse ‹una persona›: *Ayer nos amonamos levemente después de cenar.*

amonedar *v. tr.* Hacer ‹una persona› monedas con [un metal].

amonestación *s. f.* **1** Acción y resultado de amonestar: *La amonestación del árbitro lo obligará a jugar más limpio. Siempre cargo con las amonestaciones del profesor por lo que hacen mis amigas en clase.* **2** Entre los católicos, publicación de los nombres de los que van a casarse para que los conocidos y amistades puedan advertir los posibles impedimentos antes de la boda: *Las amonestaciones se fijan a la puerta de las parroquias o se leen en las misas de los domingos.*

amonestar *v. tr.* **1** Reñir ‹una persona› [a otra persona] con cierta severidad, pero sin violencia: *Me ha amonestado la jefa para que no llegue tarde.* SIN. reprender. **2** DEP. Advertir ‹un árbitro› [a un jugador] que está violando el reglamento y que si sigue así lo sancionará: *Lo ha amonestado, pero debía de haberle mostrado tarjeta amarilla directamente.* **3** Hacer ‹una persona› públicos los nombres de [las personas que van a casarse] en una iglesia para que quien conozca un impedimento lo haga saber: *El sacerdote ha amonestado a los novios del pueblo por segunda vez.*

amoniacal *adj.* Del amoniaco: *compuestos amoniacales.*

amoniaco o **amoníaco** (no contable) *s. m.* QUÍM. Gas compuesto de hidrógeno y nitrógeno, incoloro, de olor irritante que se usa disuelto en agua para abonos, artículos de limpieza o productos parecidos: *amoniaco líquido.*

amonio *s. m.* QUÍM. Radical monovalente compuesto de un átomo de nitrógeno y cuatro de hidrógeno.

amontillado *adj. / s. m.* (no contable) [Vino o jerez] propio de la Montilla, algo más oscuro y oloroso que los corrientes.

amontonamiento *s. m.* Acción y resultado de amontonar: *El amontonamiento de las manzanas las estropea, hay que extenderlas.*

amontonar *v. tr.* **1** Reunir ‹una persona› [varias cosas] en un montón: *He amontonado los libros que me voy a llevar. Amontona ahí los pantalones que tienes que lavar.* SIN. apilar. || *v. tr. / prnl.* **2** Reunir ‹una persona› una gran cantidad de [personas, animales o cosas]: *La gente **se** amontona en los grandes almacenes.* || *v. prnl.* **3** Formar ‹varias cosas› un montón: *En el patio se amontonan varias sillas rotas.* SIN. apilarse. **4** Ocurrir ‹muchas cosas› en poco tiempo: *Se han amontonado tantos sucesos que no sé cómo contarlos.*

amor *s. m.* **1** Conjunto de fenómenos afectivos, emocionales y de conocimiento que ligan una persona a otra, o bien a una obra, objeto o idea: *amor de hermano, amor a la vida, amor a la pintura.* SIN. cariño. **2** Suavidad, ternura: *Le dijo con amor lo que pensaba.* SIN. delicadeza. **3** Persona amada o aquello que es especialmente querido por alguien: *Ella fue el gran amor de su vida. Su amor es el coche.* **4** Esmero, cuidado: *Prepara con amor su nuevo libro.* SIN. mimo. **5** (en plural) Relaciones amorosas: *No van mal ahora nuestros amores.* || **6 ~ libre** Relación amorosa que no acepta parejas establecidas legalmente o de estabilidad obligatoria. **7 ~ platónico** El amor que idealiza a la persona amada sin establecer con ella ningún tipo de relación física: *Mi primer amor juvenil fue puramente platónico.* **8 ~ propio** 1 Consideración o estima de sí mismo: *Esos insultos lo han herido en su amor propio.* 2 Deseo de quedar bien ante uno mismo y ante los demás y de superarse: *El amor propio no le permitía abandonar la prueba.* FR. Y LOC. **al ~ de** Cerca de, especialmente de una fuente de calor: *Se sentaron al amor de la lumbre.* **de / con mil amores** Con mucho gusto: *Acep-*

tó la propuesta de mil amores. **hacer el ~** 1 Realizar ‹dos personas› el acto sexual y las acciones que lo acompañan. 2 RESTRINGIDO. Cortejar ‹una persona› a otra. **por ~ al arte** COLOQUIAL; frecuentemente HUMORÍSTICO. Gratuitamente, sin cobrar: *No trabajo por amor al arte. Estaba en aquella asociación, pero todo lo hacía por amor al arte.* **por (el) ~ de Dios** Indica que se pide algo encarecidamente o como exclamación de protesta o disgusto: *¡Por el amor de Dios, cállate!* **requerir* de amores.**

amoral *adj.* **1** Que no tiene sentido o intención moral: *Su música es amoral.* **2** Que no se comporta de acuerdo con las reglas de la moral: *Su conducta es totalmente amoral.*

amoralidad *s. f.* **1** Comportamiento no ajustado a las reglas de la moralidad: *La amoralidad de algunos jóvenes es preocupante, pero más lo es la de algunos mayores.* **2** (no contable) Doctrina del amoralismo: *La amoralidad de las obras de arte es muy discutida.*

amoralismo *s. m.* Comportamiento e ideología de los partidarios de una filosofía del siglo XIX que defendía la naturalidad de la conducta del hombre y de muchas de sus obras, como la de otros seres de la naturaleza, sin la presión de las nociones del bien y del mal o del premio y del castigo.

amoratarse *v. prnl.* Ponerse ‹una parte del cuerpo› morada: *Se me amoratan las manos con el frío. Tengo todo el ojo amoratado después del puñetazo.*

amorcillado, da *adj.* RESTRINGIDO. Que tiene aspecto de morcilla: *Llevaba un bolso amorcillado, bastante feo.*

amorcillo *s. m.* ARTE. Representación del dios del amor en forma de niño con alas, desnudo, provisto por lo general de un arco, flechas y venda en los ojos: *En la pintura del siglo XVIII abundan los amorcillos entre los árboles.*

amordazar *v. tr.* **1** Poner ‹una persona› una mordaza [a otra persona]: *Los ladrones amordazaron a los vigilantes antes de escapar.* **2** Hacer callar ‹una persona o una cosa› [a una persona]: *La censura amordazó a los periodistas.* ⇒ **19.**

amorfo, fa *adj.* **1** COLOQUIAL. Que no tiene forma regular o bien determinada: *En un rincón de la sala se descubría una masa amorfa.* **2** COLOQUIAL. Que no tiene una personalidad o carácter bien definidos: *Es un tipo amorfo, difícil de conocer. Tiene una casa con una decoración amorfa. La novela no llama la atención, es una narración amorfa.* **3** GEOL. [Cuerpo] que no es cristalino: *El yeso es una sustancia amorfa.*

amorío *s. m.* Relación amorosa superficial y poco duradera: *Dicen que es un amorío, pero llevan ya tres años juntos.*

amoroso, sa *adj.* **1** (antepuesto / pospuesto) Que contiene o encierra amor: *relaciones amorosas, carta amorosa. Me dirigió una amorosa mirada.* **2** Que siente amor o ternura: *Es un padre muy amoroso con sus hijos, muy cariñoso.*

amortajamiento *s. m.* Acción y resultado de preparar y vestir a un difunto.

amortajar *v. tr.* Poner ‹una persona› la mortaja [a un difunto]: *En España las mujeres eran tradicionalmente las encargadas de amortajar a los parientes difuntos.*

amortecer *v. tr. / intr.* RESTRINGIDO. Disminuir ‹una cosa› la intensidad o fuerza de [otra cosa]: *El frío amortece la alegría de la naturaleza. El fuego amortecía en la chimenea.* ⇒ **5.**

amortecimiento *s. m.* RESTRINGIDO. Disminución de la fuerza o intensidad de algo: *Echa leña al fuego que se nota el amortecimiento de la llama y pasaremos frío.*

amortiguación *s. f.* **1** MEC. Mecanismo de suspensión de un vehículo o de otra maquinaria: *El coche es muy antiguo y la amortiguación es mala.* **2** Amortiguamiento.

amortiguador, ra *adj.* **1** Que amortigua: *La colchoneta es una superficie amortiguadora de las caídas.* ‖ *s. m.* **2** MEC. Resorte o dispositivo que reduce las oscilaciones de un sistema mecánico o los efectos de una sacudida brusca y, en especial, el que absorbe los movimientos verticales de las ruedas de un vehículo: *amortiguador hidráulico, amortiguador mecánico, los amortiguadores del coche, los amortiguadores de la moto, los amortiguadores del ascensor. Los amortiguadores del avión atenúan el impacto del aterrizaje.*

amortiguamiento *s. m.* **1** (no contable) Acción y resultado de amortiguar: *Con la edad llega la amortiguación de las pasiones.* **2** Disminución progresiva en el tiempo de la intensidad de un movimiento periódico: *El amortiguamiento del sonido es completo en esta sala. Con esta pantalla se consigue un agradable amortiguamiento de la luz.*

amortiguar *v. tr.* **1** Hacer ‹una persona o una cosa› menos violenta, intensa o perjudicial [una cosa]: *El colchón amortiguó el golpe de la caída. Su amabilidad quería amortiguar el efecto de sus palabras, pero no lo consiguió. El ruido de la calle amortiguaba la conversación y sólo escuché algunas palabras.* ‖ *v. prnl.* **2** Hacerse ‹una cosa› menos violenta, intensa o perjudicial: *Se ha amortiguado un poco la virulencia de la gripe de este año.* ⇒ **14.**

amortizable *adj.* Que puede amortizarse: *deuda amortizable.*

amortización *s. f.* **1** Pago total o parcial de una deuda: *A primeros de mes vence el último plazo de amortización del crédito.* **2** Recuperación total o parcial de una inversión: *Hemos conseguido buenas ganancias, pero la amortización de la inversión no ha llegado a un diez por ciento.*

amortizar *v. tr.* **1** Pagar ‹una persona› [una deuda] total o parcialmente: *Este mes amortizo por fin la deuda del préstamo del coche.* SIN. liquidar. **2** Recuperar ‹una persona› [el capital invertido] total o parcialmente: *La empresa empieza a repartir beneficios y anuncia que destina un cincuenta por ciento de las ganancias a amortizar la inversión en maquinaria.* **3** Suprimir ‹una persona› [plazas] no cubriendo las vacantes que se producen: *Han despedido a dos empleadas, pero no contratarán a más gente, se amortizan las plazas.* **4** HIST. Quitar ‹una persona› [bienes] del circuito comercial creando una propiedad blindada que no se puede enajenar. ⇒ **19.**

amoscarse *v. prnl.* COLOQUIAL. Ponerse ‹una persona› molesta o enfadada: *No te amosques, que no tienes sentido del humor.* ⇒ **71.**

amostazarse *v. prnl.* RESTRINGIDO. Ponerse ‹una persona› molesta o enfadada: *No le gastes bromas a tu madre que se amostaza enseguida. Nuestro ilustre escritor se amostaza ante cualquier discrepancia.* ⇒ **19.**

amotinado, da *adj. / s. m.* y *f.* Que interviene o toma parte en un motín: *Los amotinados del penal de San Juan se han rendido sin condiciones.*

amotinamiento *s. m.* Sublevación o levantamiento de una persona contra la autoridad establecida: *En el siglo XIX* *eran frecuentes los amotinamientos de algunas guarniciones descontentas. El amotinamiento de las ciudades por la subida de los impuestos obligó al conde a rebajarlos.*

amotinar *v. tr. / prnl.* Incitar ‹una persona› [a otras personas] a rebelarse contra la autoridad: *La tripulación del barco **se** amotinó. Un visionario amotinó a los trabajadores del polvorín y amenazaban con volarlo si no se cumplían unas condiciones.* SIN. sublevar(se).

ampalagua *s. f.* AMÉR. Boa americana de gran tamaño que habita en el nordeste argentino y zonas limítrofes.

amparar *v. tr.* **1** Dar ‹una persona o una cosa› protección [a una persona]: *La ley nos ampara a todos. Me ampara la Constitución en este caso.* ‖ *v. prnl.* **2** Utilizar ‹una persona› [una cosa] para protegerse de [otra]: *Me amparo **en** la ley de procedimiento administrativo. Nos amparamos **de** la lluvia **en** un portal.*

amparo *s. m.* **1** (no contable) Protección que proporciona una persona o cosa: *El amparo del presidente a nuestra idea es muy importante. El amparo de las instituciones es fundamental para el desarrollo de la cultura.* **2** Persona o cosa que ampara: *Los hijos son el amparo de la vejez. La casa es su único amparo; si la pierde se deprimirá por completo.* FR. Y LOC. **al ~ de** Bajo la protección de, al abrigo de: *Como llovía, se pusieron al amparo de un portal.* **recurso* de ~.**

ampayar *v. tr.* PERÚ; COLOQUIAL. Descubrir, sorprender ‹una persona› [a otra persona o una cosa].

amperímetro *s. m.* ELECTRIC. Instrumento que mide en amperios la intensidad de la corriente eléctrica.

amperio *s. m.* ELECTRIC. Unidad de intensidad de la corriente eléctrica en el Sistema Internacional.

ampliación *s. f.* **1** Aumento del número, tamaño o duración de una cosa: *Era necesaria la ampliación **del** plazo para el pago del impuesto. La ampliación **del** número de vacantes le dio la posibilidad de conseguir el trabajo.* **2** Reproducción ampliada de una imagen original: *En este laboratorio fotográfico, regalan dos ampliaciones por cada carrete revelado.*

ampliador, ra *adj.* Que amplía.

ampliadora *s. f.* Aparato para ampliar fotografías.

ampliamente *adv. modo / cant.* **1** Con amplitud y holgura: *Los resultados rebasan ampliamente las previsiones iniciales.* **2** Extensamente, durante todo el tiempo necesario: *El presupuesto fue ampliamente discutido.*

ampliar *v. tr.* **1** Aumentar ‹una persona o una cosa› el número, la intensidad o el tamaño de [una cosa]: *Si ampliamos el número de invitados, no cabrán en el comedor.* **2** Hacer ‹una persona› una copia de [una imagen] en un tamaño mayor que el original: *¿Necesitas que te amplíe este plano?* ‖ *v. prnl.* **3** Hacerse ‹una cosa› más grande: *La población se ha ampliado más de lo que se podía prever.* ⇒ **8.**

amplificación *s. f.* (no contable) Aumento de la intensidad de una cosa: *La amplificación del sonido es necesaria cuando hay mucho ruido ambiental.*

amplificador, ra *adj.* **1** Que amplifica. ‖ *s. m.* **2** FÍS. Dispositivo o aparato para aumentar la amplitud o intensidad de un fenómeno, generalmente de oscilación eléctrica: *amplificador de sonido, amplificador de audio, amplificador de fotografías.* **~ estereofónico.**

amplificar *v. tr.* **1** RESTRINGIDO. Aumentar ‹una persona o una cosa› la intensidad de [una cosa]: *No amplifiques las consecuencias, no es tan grave.* SIN. ampliar. **2** FÍS. Aumentar ‹una persona› la intensidad de [un sonido] mediante procedimientos técnicos: *Hay que amplificar el sonido para que se oiga desde el fondo de la sala.* ⇒ **71.**

amplio, plia *adj.* **1** (antepuesto / pospuesto) Que es grande o espacioso: *Le afectó a una amplia zona de la cara. La niña esbozó una amplia sonrisa. Las habitaciones eran muy amplias.* **2** (antepuesto) Que es muy extenso o abarca mucho: *Asistió al acto una amplia representación parlamentaria. Hizo un amplio uso de sus atribuciones. Habéis hecho un amplio estudio del caso.* **3** (antepuesto) Que excede o aventaja con creces a otra cosa: *una amplia victoria sobre los enemigos.* **4** [Prenda] que no se ciñe al cuerpo: *Juan se compró unos pantalones muy amplios.* SIN. holgado. ANT. ceñido. **5** (antepuesto / pospuesto) Que es abierto y comprensivo: *Es una persona de amplias miras. Tiene una mente muy amplia.*

amplitud *s. f.* **1** (no contable) Extensión o anchura: *Me gusta la amplitud de esta chaqueta. Lo mejor del coche es la amplitud de los asientos traseros.* **2** (no contable) Capacidad de comprensión intelectual: *Prefieren a personas con amplitud de miras, tolerantes y sin prejuicios.* **3** (no contable) FÍS. Espacio que recorre un cuerpo oscilante entre sus dos posiciones extremas: *La amplitud de onda es la responsable de la intensidad física del sonido.*

ampolla *s. f.* **1** Pequeña bolsa con suero o sangre que se forma en la piel: *La quemadura le produjo ampollas.* SIN. vejiga. **2** Pequeño recipiente de cristal cerrado herméticamente y de forma alargada, que contiene una dosis de líquido: *El médico le recetó unas vitaminas en ampollas.* **3** Vasija de cuello largo y estrecho y cuerpo ancho y redondeado. FR. Y LOC. **levantar ampollas** INTENSIFICADOR. Causar ‹una cosa› gran irritación o disgusto: *Las recriminaciones del jefe levantaron ampollas en todos los de la oficina.*

ampolleta *s. f.* CHILE. Bombilla.

ampulosidad *s. f.* (no contable) Exceso de artificio, o falta de sencillez o naturalidad en la expresión o en el gesto: *No se le entiende debido a la ampulosidad de su estilo. La ampulosidad del orador no agradó al auditorio.*

ampuloso, sa *adj.* (antepuesto / pospuesto) Que se expresa o gesticula de manera afectada y poco natural: *Su ampuloso estilo no es el más adecuado para la ocasión. La ministra aburrió con su discurso, elaborado con un lenguaje ampuloso. Su forma de vestir no se adecuaba a sus ampulosos gestos.*

amputación *s. f.* Separación traumática o quirúrgica de un miembro del cuerpo: *El cirujano realizó una amputación del pie gangrenado.*

amputar *v. tr.* Cortar ‹una persona o una cosa› [un miembro] separándolo completamente del cuerpo: *La médica le amputó el dedo para evitar males mayores.*

amuchamiento *s. m.* ARG., URUG.; COLOQUIAL. Aglomeración de personas en un lugar.

amueblado, da *adj.* **1** [Vivienda, local, habitación] con muebles: *un salón bien amueblado, una oficina amueblada.* **2** COLOQUIAL. Que tiene muchos conocimientos y bien estructurados sobre una cosa: *Pilar tiene la cabeza bien amueblada. Me gusta este político, porque tiene la cabeza bien amueblada.* ‖ *s. m. / f.* **3** ARG., URUG. Habitación que se alquila para mantener una relación sexual.

amueblar *v. tr.* Poner ‹una persona› muebles en [un lugar] para equiparlo: *Van a amueblar el piso para casarse. Amueblaron la oficina, pero no llegaron a abrirla.*

amuermar *v. tr.* **1** COLOQUIAL. Producir ‹una persona o una cosa› mucho aburrimiento [a una persona]: *Los culebrones de televisión me amuerman.* **2** COLOQUIAL. Producir ‹una sustancia› sopor [a una persona]: *Estas pastillas lo amuerman enseguida.* **3** COLOQUIAL. Producir ‹una cosa› malestar, decaimiento o sueño [a una persona]: *El calor lo amuerma.* ‖ *v. prnl.* **4** COLOQUIAL. Sentirse ‹una persona› aburrida, decaída o somnolienta: *Vaya tarde más perra que llevo; me estoy amuermando por momentos.*

amulatado, da *adj.* Que tiene el color y los rasgos de la cara parecidos a los de los mulatos.

amuleto *s. m.* Objeto que una persona lleva para que le dé buena suerte: *El jugador llevaba un amuleto en el cuello.*

amurallar *v. tr.* Rodear ‹una persona› [un lugar] con murallas: *Los romanos amurallaron sólidamente la ciudad de Tarragona.* SIN. fortificar.

an- *pref.* **1**(se usa ante vocal) a-. **2** (se usa ante vocal) ana-.

ana- o **an-** (se usa *an-* ante vocal) *pref.* **1** Significa 'en contra de' y forma adjetivos a partir de adjetivos y sustantivos a partir de sustantivos: *crónico - anacrónico, ion - anión.* **2** Significa 'de nuevo' y forma adjetivos a partir de adjetivos: *baptista - anabaptista.* **3** Significa 'sobre' y forma sustantivos a partir de sustantivos: *tema - anatema.*

anabaptismo *s. m.* (no contable) REL. Doctrina cristiana de los partidarios del bautismo en edad adulta.

anabaptista *adj.* **1** Del anabaptismo: *comunidad anabaptista.* ‖ *s. m./f.* **2** Persona que es partidaria del anabaptismo.

anabólico, ca *adj.* FISIOL. Del anabolismo: *Las reacciones anabólicas son fundamentales en el metabolismo.*

anabolismo *s. m.* (no contable) FISIOL. Fase del metabolismo en que las sustancias inmediatas se combinan entre sí para sintetizar otras más complejas.

anabolizante *adj./s. m.* MED. [Sustancia] que estimula el anabolismo: *El atleta fue acusado de tomar anabolizantes para mejorar su rendimiento físico.*

anacarado, da *adj.* Que tiene color de nácar: *Me han regalado una cajita anacarada.*

anacardo *s. m.* **1** Género *Anacardium.* Árbol de gran altura, corteza gris, hojas grandes y ovaladas y fruto comestible. **2** Fruto de los anacardos.

anacoluto *s. m.* GRAM. Construcción que resulta defectuosa por la falta de coherencia sintáctica entre los elementos de la oración: *Hay que completar y concordar las frases para no caer en anacolutos.*

anaconda *s. f.* (macho y hembra) *Eunectes murinus.* Serpiente de gran tamaño y color verde con manchas negras ovaladas, que vive en los ríos de América tropical.

anacoreta *s. m./f.* ELEVADO. Persona que vive aislada del mundo, entregada a hacer penitencia y a meditar: *El anacoreta se retiró a las montañas para dedicarse a la meditación. Esa chica no sale ni se divierte; parece una anacoreta.*

anacreóntico, ca *adj./s. m.* y *f.* LIT. [Composición poética] que canta los placeres del amor y del vino: *verso anacreóntico, oda anacreóntica. Estoy haciendo un estudio comparativo de las anacreónticas españolas e italianas.*

anacrónico, ca *adj.* (antepuesto/pospuesto) Que contiene anacronismo: *Su anacrónico aspecto pasó, sorprendentemente, inadvertido. Asombró al público con sus opiniones anacrónicas.*

anacronismo *s. m.* **1** Error cronológico que consiste en presentar un hecho o una cosa antes o después de la época que le corresponde: *El director comete algunos anacronismos en la ambientación de su película sobre la guerra civil.* **2** Aquello que es impropio de la época actual por estar anticuado: *Tratar hoy a una persona de usía es ya un anacronismo. Parece un anacronismo pasear en burro por la Gran Vía madrileña.*

ánade *s. m./f.* (macho y hembra) Género *Ana.* Ave muy buena nadadora y voladora, que vive en las proximidades de zonas de agua: *Los ánades son aves migratorias.*

anadiplosis *s. f.* RET. Figura retórica que consiste en la repetición de la última parte de un verso o de un enunciado al comienzo del siguiente.

anaerobio, bia *adj./s. m.* y *f.* [Organismo] que no necesita oxígeno para vivir: *bacterias anaerobias.*

anáfora *s. f.* **1** RET. Figura retórica que consiste en la repetición de una o varias palabras al comienzo de verso o enunciados sucesivos: *La anáfora es una figura que emplean mucho los poetas.* **2** LING. Procedimiento sintáctico que consiste en repetir, mediante un pronombre o un adverbio, un elemento expresado anteriormente: *El estudio de las anáforas es uno de los problemas más interesantes de la gramática actual.*

anafórico, ca *adj.* LING. Que contiene anáfora: *pronombre anafórico.* **deixis* anafórica.**

anafrodisiaco, ca o **anafrodisíaco, ca** *adj./s. m.* MED. [Medicamento, sustancia] que reduce el deseo sexual: *Hace años, en algunos cuarteles y colegios se echaba en la sopa bromuro, anafrodisiaco de moda entonces.* ANT. afrodisiaco.

anagrama *s. m.* **1** Símbolo o emblema constituido por letras: *Las letras «tve» son el anagrama de 'televisión española'.* **2** Palabra o palabras resultantes de la transposición o reordenación de las letras de otra u otras palabras: *Las palabras «caso» y «asco» son anagramas de la palabra 'cosa'.*

anal *adj.* Del ano o a través del ano: *músculo anal, exploración anal.* **aleta ~. fístula ~.**

anales (plural) *s. m.* **1** Relaciones de sucesos ordenados por años. **2** Publicaciones de periodicidad anual y de carácter científico o técnico: *anales de Filología, anales de Medicina.* **3** COLOQUIAL. Historia o memoria: *Esa goleada pasará a los anales del fútbol.*

analfabetismo *s. m.* **1** (no contable) Existencia de personas analfabetas en un país o una región: *En los últimos años ha descendido el analfabetismo en España.* **2** (no contable) Falta del dominio de la lectura y la escritura: *A pesar de su analfabetismo, es una persona espabilada.*

analfabeto, ta *adj./s. m.* y *f.* **1** [Persona] que no sabe leer ni escribir: *Es un chico analfabeto. Sara es maestra y se dedica a enseñar a los analfabetos.* **2** INSULTO. [Persona] que no tiene cultura o conocimientos elementales de las cosas: *No le gusta estudiar y será siempre un analfabeto. No consiento que una analfabeta como ella me diga cómo hay que hacerlo.*

analgésico, ca *adj. / s. m.* MED. Que sirve para quitar o disminuir el dolor físico: *El médico me ha recetado un analgésico para el dolor de cabeza.*

análisis (plural *análisis*) *s. m.* **1** Distinción y separación de las partes de un todo hasta llegar a conocer e identificar elementos o principios: *La experta hizo el análisis de la situación internacional. Ante una situación compleja, lo mejor es una buena capacidad de análisis.* ANT. síntesis. **2** Examen de alguna cuestión, problema, obra o escrito: *Ahora pasaremos a hacer el análisis de este poema.* SIN. estudio. **3** MED. Examen para determinar los componentes cualitativos y cuantitativos de una sustancia del organismo y llegar a un diagnóstico: *un análisis de sangre, un análisis clínico.* **4** Resultado del análisis: *Ayer recogí el análisis del laboratorio.* **5** LING. Determinación de los elementos que componen el discurso y sus relaciones: *El análisis sintáctico de esa oración es muy discutible.* **6** INFORM. Fase de un proceso, previa al trabajo de la máquina, en la que se establece la solución automatizada más adecuada y su forma de realización. **7** Parte de las matemáticas que comprende cualquier problema que no sea geométrico: *En análisis se estudian integrales y derivadas.* || **8 ~ dimensional** FÍS. Método que se ocupa del análisis de las magnitudes físicas.

analista *s. m. / f.* **1** Persona que tiene por profesión hacer análisis químicos o biológicos: *Charo trabaja como analista en la Facultad de Medicina. Es analista de laboratorio. La analista lo avisó de que tenía anemia.* **2** Persona que tiene por profesión hacer análisis: *analista financiero, analista informático, analista político.*

analítica *s. f.* **1** MED. Examen para determinar los componentes cualitativos y cuantitativos de una sustancia del organismo y llegar a un diagnóstico: *Le han mandado hacerse una analítica para salir de dudas.* **2** MED. Resultado de la analítica: *Tengo que pasar a recoger la analítica antes de la próxima visita al médico.*

analíticamente *adv. modo* **1** De manera analítica, con análisis o con método analítico: *Este texto, analíticamente estudiado, os parecerá otra cosa. Mi colega acaba de abordar analíticamente una cuestión similar.* || *adv. restrictivo* **2** (antepuesto a *verdadero* o *falso*) Desde la perspectiva de la semántica de la lógica analítica: *La oración «todos los lobos son lobos» es analíticamente verdadera.*

analítico, ca *adj:* **1** Del análisis: *un razonamiento analítico.* **2** Que examina algo con mucho detenimiento, separando las partes del todo: *No se harán públicas las causas del accidente hasta que no concluya el proceso analítico correspondiente.* || **3 geometría* analítica.**

analizador, ra *adj. / s. m.* Que analiza o sirve para analizar: *una técnica analizadora* ***de*** *las muestras.*

analizar *v. tr.* Realizar ‹una persona› el análisis de [una cosa]: *Antes de decidirnos, debemos analizar las consecuencias. Hay que analizar las ofertas antes de comprar el coche.* ⇒ **19.**

analmente *adv. lug.* Por vía anal, por el ano: *Todos los medicamentos se le suministraron analmente. La víctima fue violada analmente.*

análogamente *adv. modo* **1** (frecuentemente precede a *como* + frase modal) De manera análoga: *Lo plantearé análogamente* ***a*** *como usted lo plantea. Análogamente se crearon multitud de asociaciones.* || *adv. orac.* **2** De manera análoga a como se acaba de indicar, o por analogía con lo anterior: *Análogamente, podemos establecer las características de las siguientes plantas.*

analogía *s. f.* Relación de semejanza entre dos cosas: *Algunos verbos españoles se formaron* ***por*** *analogía con otros. Hay cierta analogía* ***entre*** *esos dos delitos.*

analógicamente *adv. modo* **1** (con verbos como *crear, formarse* o *surgir*) Por vía analógica, por procedimiento analógico, por analogía con otra cosa: *De aquí surgieron, analógicamente, multitud de adjetivos modernos.* || *adv. orac.* **2** Por analogía con algo que se acaba de nombrar: *Analógicamente, podemos seccionar también esta figura.*

analógico, ca *adj.* **1** Que tiene analogía o semejanza con otra cosa: *razonamiento analógico. Su reacción ha sido analógica a la de otras veces.* **2** [Aparato, instrumento de medida] que proporciona indicaciones mediante un sistema de lectura basado en rayas o agujas: *Me gustan más los relojes analógicos que los digitales.* **computador ~.**

análogo, ga *adj.* **1** (antepuesto / pospuesto) Que es parecido o casi igual a otra cosa: *Los resultados son análogos* ***a*** *los obtenidos en el análisis anterior. Los precios de este comercio son muy análogos* ***a*** *los de mi pueblo. El maletero de mi coche tiene una cabida muy análoga* ***a*** *este tuyo.* **2** BIOL. [Órgano] que tiene un aspecto parecido a otro órgano por cumplir una función semejante: *Las alas de las aves son órganos análogos* ***a*** *las aletas de los peces.*

ananá o **ananás** (plural *ananás*) *s. m.* **1** *Ananas satius.* Planta americana con hojas rígidas de bordes espinosos y flores glaucas, cuyo fruto es la piña tropical. **2** Fruto de los ananás. SIN. piña.

ANAPO (pronunciamos *'anapo'*) *s. f.* Sigla del partido «Alianza Nacional Popular», Colombia.

anaquel *s. m.* Tabla horizontal de un mueble sobre la que se colocan objetos: *Pon los libros en los anaqueles de la estantería. Hay que pintar los anaqueles de la alacena.* SIN. estante, balda.

anaranjado, da *adj. / s. m.* **1** Que tira al color naranja: *El sol tenía un color rojo anaranjado. Me he comprado una camisa anaranjada.* **2** [Color] naranja.

anarco, ca *adj. / s. m.* y *f.* COLOQUIAL. Anarquista: *Es una militante anarca desde hace muchos años. Mis vecinos son anarcas de toda la vida.*

anarquía *s. f.* **1** (no contable) ELEVADO. Ausencia de Estado en la sociedad: *Algunos revolucionarios defendían el ideal de la anarquía.* **2** (no contable) COLOQUIAL. Caos o desorganización por falta de autoridad: *En su casa reina la anarquía; cada uno hace lo que quiere. En nuestra empresa hay una anarquía permanente.* **3** (no contable) COLOQUIAL. Desorden: *Me gusta el desorden y vivir en la anarquía.*

anárquico, ca *adj.* **1** (antepuesto / pospuesto) De la anarquía o que conlleva anarquía o desorden: *El anárquico relato del testigo no aclaró lo sucedido. Con esa exposición tan anárquica que has hecho no me he enterado de nada. Tengo una habitación anárquica y acogedora.* || *adj. / s. m.* y *f.* **2** Que es muy desorganizado o amante del desorden: *Soy un anárquico empedernido, pero vivo feliz.*

anarquismo *s. m.* (no contable) POLÍT. Ideología y movimiento político partidario de suprimir el Estado y cualquier otra autoridad: *El anarquismo tenía gran aceptación entre algunos intelectuales españoles del siglo diecinueve.*

anarquista *adj.* **1** Del anarquismo: *comportamiento anarquista, sindicato anarquista.* ‖ *s. m./f.* **2** Persona que es partidaria del anarquismo: *Vi a tu amigo el anarquista en la reunión del sábado.* SIN. anarco (COLOQUIAL).

anarquizar *v. tr.* RESTRINGIDO. Introducir y difundir ‹una persona o una cosa› la anarquía en [una organización]: *Sus opiniones servían para anarquizar las asambleas.* ⇒ **19.**

anatema *s. m./f.* **1** REL. Condena de la iglesia católica que expulsa a los fieles de su seno. SIN. excomunión. **2** ELEVADO. Crítica dura que se hace de una persona, de una actitud o de una ideología: *Los conservadores han lanzado varios anatemas contra los liberales.* **3** RESTRINGIDO. Maldición: *Le lanzó un anatema contra toda su familia.*

anatematizar *v. tr.* ELEVADO. Lanzar ‹una persona› un anatema contra [otra]: *No se puede anatematizar a todo el que no esté de acuerdo con vosotros.* ⇒ **19.**

anatomía *s. f.* **1** (no contable) Parte de la biología y la medicina que estudia la forma y la estructura de las distintas partes del cuerpo de los seres vivos. **2** COLOQUIAL. Cuerpo de una persona: *Te aseguro que en bañador Santiago tiene una anatomía impresionante. No tiene mala anatomía esta chica, pero la disimula con esos vestidos tan extraños que se pone.*

anatómico, ca *adj.* **1** De la anatomía: *estructura anatómica, forma anatómica.* **2** [Objeto] que está hecho para que se adapte a la forma del cuerpo humano o a alguna de sus partes: *Los asientos de este coche resultan comodísimos, porque son anatómicos.*

anca *s. f.* **1** (preferentemente en plural) Cada una de las dos mitades en que se divide la parte posterior de algunos animales: *ancas de rana.* **2** (preferentemente en plural) Parte posterior del lomo de un caballo o animal semejante: *La fusta del jinete golpeaba el anca derecha del caballo.* SIN. grupa. **3** (preferentemente en plural) COLOQUIAL; HUMORÍSTICO. Nalgas de una persona: *No tiene malas ancas Santiago. Me duele un anca.*

ancestral *adj.* **1** De los antepasados: *costumbres ancestrales.* **danza ~.** **2** (antepuesto/pospuesto) Que tiene un origen remoto: *Hay que acabar con el ancestral miedo a lo desconocido. Ya te nombrarán nuestra amistad ancestral con su familia.*

ancestro *s. m.* (preferentemente en plural) Antepasado: *La tradición se remonta a sus ancestros.*

ancho, cha *s. m.* **1** Anchura: *La calle tiene diez metros de ancho.* ‖ *adj.* **2** (ser/estar; antepuesto/pospuesto) Que tiene anchura o demasiada anchura para lo que contiene o para lo que se necesita o es habitual: *Este tablón es ancho para lo que yo necesito. Es una carretera ancha y bien asfaltada. Voy muy ancha aquí, me sobra espacio. Es una ciudad de anchas avenidas. En estas butacas está uno muy ancho. Tiene las caderas anchas. Es ancho de hombros.* ANT. estrecho. **3** (ser/estar; antepuesto/pospuesto) Que es holgado, o está demasiado amplio: *Estos pantalones te están anchos, vas a tener que estrecharlos. Este vestido me viene ancho* ***de*** *cintura. El abrigo tiene una forma muy ancha.* ANT. estrecho. **4** (estar) Que no tiene agobios, molestias o preocupaciones: *Mírala, allí sentada tan ancha y yo aquí tan preocupado.* **5** (estar) Que siente orgullo o satisfacción de sí mismo: *Se ha puesto tan ancho con lo que le has dicho.* ‖ **6 manga* ancha.** FR. Y LOC. **a lo ~** En la dirección de la anchura: *Mide la habitación a lo ancho.* **a mis/tus/sus... anchas** Cómodamente, con entera libertad: *En tu casa me siento a mis anchas.* **quedarse* tan ~. venir* ~.**

anchoa *s. f.* Boquerón curado en salmuera o en agua y sal: *Estas aceitunas están rellenas de anchoa.*

anchoeta *s. f.* Anchoveta.

anchorena *s. m/f.* ARG.; COLOQUIAL. Persona que tiene muchos bienes o mucho dinero.

anchoveta *s. f.* PERÚ; COLOQUIAL. Especie de sardina.

anchura *s. f.* **1** Dimensión menor de un objeto o lugar en relación a un plano: *El rectángulo mide dos centímetros de anchura y tres de largura.* SIN. ancho. **2** Dimensión horizontal, considerada de derecha a izquierda, aunque sea mayor que la vertical: *Mira a ver si encuentras un jersey de mayor anchura.* SIN. ancho. **3** Medida de un contorno o diámetro de un orificio: *anchura de las caderas, anchura de una tubería.* SIN. ancho.

-ancia *suf.* -ncia.

ancianidad *s. f.* **1** (no contable) Último período de la vida de las personas: *Pasar la ancianidad entre los seres queridos es lo más bonito.* **2** (no contable) Cualidad o condición de la persona que tiene muchos años: *Su ancianidad no la impide desarrollar trabajos de tipo intelectual.*

anciano, na *adj./s. m.* y *f.* (antepuesto/pospuesto) ELEVADO. [Persona] que tiene muchos años: *residencia de ancianos. Su abuela es muy anciana. Siempre hablaba de su anciana madre.*

ancla *s. f.* MAR. Objeto de hierro en forma de arpón o anzuelo atado a una cadena o cable, que se arroja al mar para sujetar las embarcaciones: *echar anclas, echar el ancla. Cuando finalizó la escala en aquel puerto, el barco levó anclas y zarpó.* SIN. áncora (LITERARIO).

anclaje *s. m.* **1** MAR. Zona con profundidad suficiente para que puedan asegurarse las embarcaciones: *La bahía resultaba un buen anclaje por su profundidad y la tranquilidad de sus aguas.* SIN. fondeadero. **2** MAR. Acción y resultado de anclar una embarcación: *Tras el anclaje, ganaron a nado la costa.* SIN. fondeo. **3** Fijación de alguna cosa a una base, en especial un elemento de la construcción, mediante piezas metálicas: *La grúa se desplomó porque no se habían fijado bien los anclajes.*

anclar *v. tr./intr.* **1** Sujetar ‹una persona› [una embarcación] con el ancla: *Los marineros anclaron la nave al llegar a la isla.* ‖ *v. tr.* **2** Sujetar ‹una persona› [una cosa] firmemente: *Antes de salir, hay que anclar con seguridad las cajas a la base de la plataforma del camión.* SIN. fijar. ‖ *v. prnl.* **3** Mantenerse ‹una persona› firme en [una idea o una situación]: *Vivió anclado* ***en*** *el pasado y no quiso reconocer nunca la muerte de su hija.*

-anco, ca *suf.* Tiene significado peyorativo y forma sustantivos a partir de sustantivos: *potra - potranca, potro - potranco.*

áncora *s. f.* **1** LITERARIO. Ancla: *El áncora sujetaba al fondo las bravas naves.* **2** LITERARIO. Aquello que sirve para protegerse o salvarse de un peligro: *Para los católicos la Virgen es un áncora de salvación que nunca falla.*

¡anda! *interj.* **1** COLOQUIAL. Expresa asombro o sorpresa: *¡Anda... te has cortado el pelo!* **2** COLOQUIAL. Se usa para animar, rogar o pedir a alguien que haga alguna cosa: *¡Anda, ponte a estudiar! ¡Anda, lava los platos! ¡Anda!, ¿por qué* *no me llamas más tarde?* **3** VULGAR. Se usa, combinado con otras expresiones, para indicar desprecio o rechazo: *¡Anda y que te den! ¡Anda ya!*

andada *s. f.* RESTRINGIDO. Andanza. FR. Y LOC. **volver a las andadas** COLOQUIAL. Hacer ‹una persona› de nuevo cosas que había dejado de hacer porque le parecían malas o perjudiciales: *Consiguió dejar el tabaco, pero ha vuelto a las andadas.*

andaderas (plural) *s. f.* **1** Armazón, generalmente montado sobre ruedas, para sostener a un niño cuando empieza o aprende a andar, o a un adulto que precisa de ayuda para andar: *Con apenas siete meses, el niño se pasa el día en las andaderas de allá para acá; pronto andará solo. Tras la operación, ha recuperado el movimiento en las piernas; ya se mueve con andaderas.* SIN. andador. **2** Apoyos o precauciones: *Siempre hay que estar poniéndole andaderas para que haga las cosas.*

andador, ra *adj.* **1** Que anda mucho o muy deprisa: *Es un buen compañero de excursión porque es buen andador.* || *s. m.* **2** Andaderas: *Su padrino le regaló el andador para que empiece a moverse por la casa.*

andadura *s. f.* ELEVADO. Recorrido o avance que se realiza en el espacio o en el tiempo: *La conquista de las libertades se produce sólo tras una larga andadura de lucha y dificultades.*

andalucismo *s. m.* **1** (no contable) Nacionalismo andaluz: *El andalucismo va calando progresivamente en la sociedad andaluza.* **2** LING. Rasgo lingüístico propio de la variedad lingüística andaluza.

andalucista *adj. / s. m.* y *f.* **1** Que sigue la doctrina política del nacionalismo andaluz: *El partido andalucista presentó a sus candidatos para las próximas elecciones. Por sus opiniones se ve que es una andalucista convencida.* **2** Que está especializado en temas de Andalucía o del andalucismo.

andalusí (plural *andalusíes*, preferible a *andalusís*) *adj. / s. m.* y *f.* De la España musulmana.

andaluz, za *adj. / s. m.* y *f.* **1** De Andalucía, comunidad autónoma española: *folclore andaluz, industria andaluza. Muchos andaluces tuvieron que emigrar de su tierra en los años sesenta.* **caballo* ~.** || *s. m.* **2** LING. Variedad lingüística del español hablada en Andalucía.

andamiaje *s. m.* (no contable) Conjunto de andamios: *Ya han montado el andamiaje para empezar las obras.*

andamio *s. m.* Estructura de metal o de madera que se utiliza para poder trabajar en las partes altas de una construcción: *Han montado un gran andamio para restaurar la catedral.*

andana *s. f.* RESTRINGIDO. Orden de algunas cosas puestas en línea: *una casa con dos andanas de balcones. Mandaba un buque con tres andanas de cañones.* SIN. hilera.|| FR. Y LOC. **llamarse a ~** RESTRINGIDO. Desentenderse ‹una persona› de sus compromisos u obligaciones: *Cuando lo despiertas para ir al colegio se llama a andana. Parece que la política es sólo cosa de los profesionales y el resto de los ciudadanos se llama a andana.*

andanada *s. f.* **1** Serie de disparos efectuados a la vez por los cañones situados en un costado de un buque de guerra: *Recibiremos al enemigo con una andanada de pólvora.* **2** COLOQUIAL. Reprimenda o contestación brusca y agresiva: *Por toda contestación me soltó una andanada de insultos.* **3** Localidad cubierta y con gradas en la parte más alta de las plazas de toros: *Una cosa es lo que se ve desde la barrera y otra desde la andanada.*

andancia *s. f.* VEN.; COLOQUIAL. Epidemia de una enfermedad leve.

andante *adj.* **1** Que anda. **caballería ~. caballero* ~.** || *s. m.* **2** MÚS. Tiempo musical moderadamente lento. **3** MÚS. Composición musical o parte de ella interpretada con este tiempo. || *adv. modo* **4** MÚS. Ejecutándolo con este tiempo.

andanza *s. f.* (preferentemente en plural) Aventura, peripecias: *Nos habló de sus andanzas por América del Sur.*

andar *v. intr.* **1** Ir ‹una persona› de un lugar a otro dando pasos: *Me gusta andar para ir a los sitios. Vosotros podéis ir en bicicleta; ella y yo vamos andando.* SIN. caminar. **2** Ir ‹una cosa› de un lugar a otro: *El coche anda deprisa. El tren ya empieza a andar.* **3** Estar ‹un mecanismo› en funcionamiento: *Tu reloj no anda; no funciona la pila.* **4** Pasar ‹el tiempo›: *¡Hay que ver qué deprisa anda el tiempo!; parece que empezamos ayer las vacaciones y ya han pasado veinte días.* **5** Estar ‹una persona› en [una situación circunstancial]: *Antonio anda* ***en*** *trámites para lo del divorcio. Andaba* ***tras*** *el empleo, pero no lo consiguió. Anda pachucha desde que le contagiaron aquel virus.* **6** Aproximarse ‹una persona o una cosa› a [una cantidad]: *Debe de andar* ***por*** *los dos millones.* **7** (seguido de gerundio) Estar realizando ‹una persona› [una acción]: *Siempre andaba pidiendo dinero. Anda explicándole a todo el mundo lo que ha ocurrido.* || *v. intr. / prnl.* **8** Obrar ‹una persona› de [determinada manera]: *No (****se****) anda* ***con*** *bromas.* **9** Tocar o remover ‹una persona› [una cosa]: *No andes* ***en*** *mis cajones.* ***Se*** *andaba* ***en*** *la herida.* || *v. tr.* **10** Recorrer ‹una persona› [un camino o una distancia]: *Ella anduvo cientos de kilómetros hasta encontrarlo.* FR. Y LOC. **~ a golpes / tiros / gritos** Dar ‹una persona› golpes, tiros o gritos: *Siempre andan a golpes.* **~ a la brega*. ~ a la greña** COLOQUIAL. Discutir ‹dos o más personas›, estar en desacuerdo: *Esos dos vecinos andan a la greña.* **~ a lo suyo** COLOQUIAL. Ocuparse ‹una persona› de lo suyo: *Ése anda a lo suyo, no se preocupa por nadie.* **~ / bailar / ir de coronilla*. ~ con** Tener ‹una persona› relación con cierta clase de gente: *Siempre anda con maleantes y gente de mal vivir.* **~ / correr de boca* en boca. ~ de Herodes a Pilato** Ir ‹una persona› de un lado a otro buscando a una persona, sin hallarla o intentando resolver un negocio o una dificultad: *Me he pasado el día andando de Herodes a Pilato, pero no he podido sacar la licencia de pesca.* **~ derecho** Tener ‹una persona› la conducta adecuada: *Desde que le dije cuatro cosas bien dichas sobre su comportamiento del otro día, anda derecha.* **~ en boca* de todos. ~ en lenguas** COLOQUIAL. Dar que hablar ‹una persona› por su comportamiento: *Anda en lenguas por haber abandonado a su mujer.* **¡(anda y) que te jodan*! ~ clavado*. ~ / estar de capa* caída. ~ / estar el diablo* suelto. ~ / ir con ojo*** o **~ / ir con cien ojos. ~ / ir con pies* de plomo. ~ en llanto*. ~ la osa*. ~ / ir / llevar la procesión* por dentro. ~ / ir manga* por hombro. ~ muy bruja*. ~ / recorrer las siete partidas*. andarse / irse por las ramas*. ande / vaya con Dios*. estar / ~ a la que salta*. estar / ~ el mundo* revuelto. estar / ~ en juego*. estar / bailar / ~ en la cuerda***

floja. ir / caminar / ~ más tieso que un poste*. no andarse con chiquitas Comportarse ‹una persona› directa y abiertamente, sin rodeos: *Díselo directamente, no te andes con chiquitas.* **no saber* por dónde se anda / pesca. para ~ por casa*. todo se andará** Se usa para indicar que ya llegará el momento adecuado para una cosa: *No precipites los acontecimientos, todo se andará.* ⇒ **7.**

andar *s. m.* **1** (preferentemente en plural; no contable) Modo de andar o caminar: *Tiene andares garbosos. Desde lejos se lo reconoce por sus andares.* **2** Avance o transcurso: *El andar **d**el tiempo hace que todo se olvide. Con el andar **de** los días lo irás viendo más claro.*

andariego, ga o **andarín, na** *adj. / s. m.* y *f.* Que anda mucho y muy deprisa porque le gusta andar: *Es un escritor muy andariego; siempre está de acá para allá buscando material para sus historias. Le encanta hacer largas excursiones a pie; es una gran andariega. A pesar de su avanzada edad está hecho un andarín: se da grandes paseos por la playa.*

andarivel *s. m.* **1** Cuerda que va de orilla a orilla de un río para poder cruzarlo con una embarcación, tirando con las manos de la cuerda: *No pudimos pasar porque el andarivel estaba roto.* **2** Mecanismo compuesto de una cuerda atada a las dos orillas de un río o un desnivel, por la que se desliza una cesta o cajón, mediante una argolla, y que sirve para transportar personas o cosas del extremo superior al inferior: *Los socorristas improvisaron un andarivel entre los dos edificios para evacuar a las víctimas del incendio.* **3** Cuerda que se utiliza como barandilla en un barco. **4** ARG. Carril de una carretera para coches. **5** ARG., URUG. Calle de un nadador en la piscina.

andas (plural) *s. f.* Tabla grande sostenida por dos brazos paralelos para transportar personas u objetos: *llevar las andas de la Virgen, las andas de la procesión, las andas de los difuntos.*

andén *s. m.* **1** Acera de las estaciones de ferrocarril o metro situada junto a las vías: *En esta estación hay un andén central y dos andenes laterales.* **2** MAR. Parte del muelle de un puerto por donde se mueven las personas encargadas de la carga y descarga de las mercancías: *Nos gusta pasear por el andén del puerto, y ver de cerca los barcos atracados en el muelle.* **3** AMÉR. C., COL. Acera de la calle.

andinismo *s. m.* (no contable) AMÉR. Montañismo.

andino, na *adj.* De la cordillera de los Andes: *folclore andino, clima andino.*

andoba o **andóbal**. *s. m. / f.* COLOQUIAL; PEYORATIVO. Cualquier persona o individuo indeterminados: *Llegó un andoba y dijo que allí se hacía lo que él decía.* SIN. fulano.

andorga *s. f.* COLOQUIAL. Barriga, panza: *Hasta que no ha llenado bien la andorga, Juan no se levanta de la mesa.*

andorrano, na *adj. / s. m.* y *f.* Del principado de Andorra, estado situado entre Francia y España: *productos andorranos, montañas andorranas.*

andrajo *s. m.* (preferentemente en plural) PEYORATIVO. Ropa vieja y rota: *El vagabundo iba vestido con unos andrajos que le daban un aspecto deplorable.* SIN. harapo.

andrajoso, sa *adj.* **1** (estar; antepuesto / pospuesto) PEYORATIVO [Prenda de vestir] que está vieja, rota y muy usada: *No te quiero ver más con ese abrigo andrajoso; toma dinero y cómprate uno nuevo.* ‖ *adj. / s. m.* y *f.* **2** (ser / estar; antepuesto / pospuesto) PEYORATIVO. [Persona] que está vestida con andrajos o harapos: *Mendigos andrajosos pululan por todas partes. Una columna de andrajosos soldados trataba de huir de la guerra.*

androceo *s. m.* BOT. Conjunto de los estambres de la flor.

andrógeno *s. m.* (no contable) Hormona responsable de la aparición de los caracteres sexuales secundarios masculinos: *El tono de voz, la distribución del pelo o la localización de la grasa son rasgos definidos por los andrógenos.*

andrógino, na *adj.* **1** [Organismo] que reúne caracteres de los dos sexos. SIN. hermafrodita. ‖ *adj. / s. m.* **2** [Persona] que tiene algunos caracteres externos que no corresponden con los de su propio sexo: *Ese actor es un poco andrógino; a veces parece una mujer. En el espectáculo aparecen varios andróginos y no sabríamos decir si son hombres o mujeres.*

androide *s. m. / f.* CIBERN. Autómata con aspecto y movimientos humanos: *Las novelas de ciencia ficción están llenas de androides que amenazan a la especie humana.*

andropausia *s. f.* (no contable) FISIOL. Período de la vida del varón en que disminuye la actividad de las glándulas sexuales: *La andropausia se manifiesta más lentamente que la menopausia.*

andurrial *s. m.* (preferentemente en plural) PEYORATIVO. Lugar apartado y poco transitado: *No se veía un alma por aquellos andurriales. Para llegar a su refugio, nos metimos por unos andurriales en los que creí que nos perdíamos.*

anea *s. f.* Enea*, planta.

anécdota *s. f.* **1** Narración breve de un hecho interesante, curioso o divertido: *El abuelo intentó contarnos otra vez sus anécdotas de la mili. Podría explicar mil anécdotas que me han ocurrido en el viaje.* **2** Aspecto irrelevante o secundario de alguna cosa: *Su intervención fue sólo una anécdota de la asamblea. Nos entendemos bien a pesar de la pelea de hoy , que es una simple anécdota.*

anecdotario *s. m.* Colección de anécdotas: *He escrito un anecdotario de mis viajes. Tengo un buen anecdotario de cuando era monaguillo.*

anecdótico, ca *adj.* **1** Que contiene o encierra una o más anécdotas: *Ha resultado una conferencia muy anecdótica. Es una narración anecdótica.* **2** Que tiene poco interés: *Al final ha resultado ser un acontecimiento anecdótico. Este cuadro tiene un valor anecdótico, no merece la pena comprarlo.*

anegadizo, za *adj.* Que se encharca con facilidad: *terreno anegadizo.*

anegamiento *s. m.* RESTRINGIDO. Acción o resultado de anegar o anegarse un terreno: *En la ribera de este río es habitual el anegamiento de las tierras cuando llueve un poco.*

anegar *v. tr. / prnl.* ELEVADO. Cubrir ‹una persona o una cosa› [una cosa] con [un líquido]: *Las tormentas han anegado los barrios bajos de la ciudad. El dictador anegó la rebelión **en** sangre. El agua anegaba sus ojos. **Se** me anegaron los ojos **de** lágrimas. Cuando la vimos así **nos** anegamos **en** lágrimas.* SIN. inundar. ⇒ **56.**

anejar *v. tr.* Anexionar.

anejo, ja *adj. / s. m.* **1** Que está unido a otra cosa de la que depende o tiene relación: *un despacho anejo **a** la dirección. Han construido un anejo **al** edificio principal. Han aprobado varios anejos **a** la ley de comercio. Después de la carta del* *otro día me ha enviado por fax un anejo aclarándome varias cosas.* || *s. m.* **2** Libro o folleto que se edita como complemento de una revista científica o como publicación extraordinaria de alguna colección: *Para ese tema hay que consultar la colección de anejos del Boletín de la Real Academia. Hay que leer los anejos poéticos que han salido en esa colección.*

anélido *adj. / s. m.* **1** ZOOL. [Gusano] que tiene el cuerpo dividido en segmentos iguales en forma de anillos, como la lombriz o la sanguijuela. || *s. m.* **2** (en plural) ZOOL. Tipo que forman los gusanos anélidos.

anemia *s. f.* (no contable) MED. Disminución anormal del número de glóbulos rojos en la sangre: *Como consecuencia de la hemorragia, Ana tuvo una anemia grave que la dejó muy débil.*

anémico, ca *adj.* **1** De la anemia: *El paciente presenta un cuadro anémico.* || *adj. / s. m.* y *f.* **2** (ser / estar) Que tiene anemia: *Los análisis de sangre dicen que estoy anémico. Mi hermana es anémica.*

anemómetro *s. m.* Instrumento para medir la fuerza o la velocidad del viento.

anémona *s. f.* **1** Género *Anemone.* Planta herbácea ranunculácea que tiene un bulbo en la raíz, pocas hojas y flores vistosas. **2** Flor de las anémonas. || **3 ~ de mar** Género *Anemonia* Pólipo marino, de cuerpo blando y provisto de tentáculos que, al extenderse, parecen una flor.

-áneo, a *suf.* Significa 'relacionado con' y forma adjetivos a partir de sustantivos: *momento - momentáneo, instante - instantáneo, cutis - cutáneo.*

aneroide *adj.* Se usa en la LOC. **barómetro* ~.**

anestesia *s. f.* **1** (no contable) MED. Privación total o parcial de la sensibilidad. **~ general. ~ local.** **2** (no contable) MED. Sustancia química que produce la pérdida de la sensibilidad: *Antes de la operación, le administraron la anestesia. Soporta mal la anestesia.*

anestesiar *v. tr.* Aplicar ‹una persona› anestesia [a otra persona o a un animal]: *Cuando me operen quiero que me anestesien bien, porque no soporto el dolor.*

anestésico, ca *adj.* **1** MED. De la anestesia: *Los métodos anestésicos han sido fundamentales para el avance de la cirugía.* || *adj. / s. m.* **2** MED. [Sustancia] que produce anestesia: *medicamento anestésico. En el hospital, me han administrado un anestésico antes de realizarme la prueba.*

anestesista *s. m. / f.* Médico especializado que se encarga de aplicar la anestesia: *En el hospital trabaja una anestesista muy buena. Ha ganado la plaza un anestesista.*

aneurisma *s. m. / f.* MED. Dilatación anormal de una arteria o de una porción del corazón: *En el chequeo le detectaron un aneurisma cardíaco. La aneurisma aórtica diagnosticada a su padre nos preocupa.*

anexar *v. tr.* Anexionar.

anexión *s. f.* **1** Incorporación de una cosa a otra, haciendo que dependa de ella: *La anexión de nuestro convenio al régimen general de contratos era indispensable para poder negociar con la empresa.* **2** Incorporación de un territorio a otro: *El tratado de paz establece que las anexiones realizadas durante la guerra son ilegales.*

anexionar *v. tr. / prnl.* **1** Añadir ‹una persona› [una cosa] a [otra cosa]: *El consejo de administración decidió anexionar esta empresa a la otra, convirtiéndola en una sucursal.* SIN. anexar, agregar. **2** Incorporar ‹un país› [otro país o un territorio]: *La decisión del Gobierno de anexionarse los territorios ocupados no fue la más oportuna.*

anexionismo *s. m.* (no contable) Ideología y comportamiento de los partidarios de la anexión, sobre todo de territorios: *El anexionismo de algunos países es una de las causas principales de los conflictos bélicos.*

anexionista *adj.* **1** Del anexionismo: *La doctrina y el comportamiento anexionistas llevan a una política agresiva.* || *adj. / s. m.* y *f.* **2** Que es partidario del anexionismo: *Los anexionistas votaron en contra del tratado de paz.*

anexo, xa *adj. / s. m.* Que está unido a otra cosa de la que depende o con la que tiene relación: *Han creado un departamento anexo **al** suyo. Vive en un anexo **al** edificio.* SIN. anejo.

anfeta *s. f.* JERGAL. Anfetamina.

anfetamina *s. f.* MED. Droga estimulante que afecta al sistema nervioso central: *Se hizo adicto a las anfetaminas. Dependía de las anfetaminas para mantener su rendimiento intelectual.*

anfibio, bia *adj. / s. m.* **1** [Animal, planta] que puede vivir o desarrollarse dentro y fuera del agua. **2** (macho y hembra) ZOOL. [Animal vertebrado] que pasa parte de su vida en el agua, tiene branquias en la primera etapa de su desarrollo y al llegar a adulto respira por pulmones, como la salamandra o la rana. SIN. batracio (RESTRINGIDO). **3** [Vehículo] que puede desplazarse por tierra y por agua: *La marina está probando varios tipos de vehículos anfibios que utilizará en operaciones de desembarco de tropas.* || *s. m.* **4** (en plural) ZOOL. Clase formada por los animales vertebrados anfibios. SIN. batracio (RESTRINGIDO).

anfibología *s. f.* LING. Doble sentido léxico, sintagmático u oracional.

anfiteatro *s. m.* **1** Conjunto de asientos colocados generalmente sobre gradas en teatros y cines: *La platea está completa; sólo queda alguna localidad en el anfiteatro.* **2** Construcción romana usada para espectáculos, formada por gradas circulares alrededor de un espacio llano: *El anfiteatro de Tarragona está en fase de restauración.* **3** Local de forma ovalada o circular con los asientos en gradas, usado para actividades culturales o científicas: *La clase de anatomía se da en un anfiteatro especial. El curso se hará en un anfiteatro de la facultad de Letras.* **4** COL., GUAT., MÉX., NIC. Depósito de cadáveres, morgue.

anfitrión, na *s. m. / f.* **1** ELEVADO. Persona que tiene invitados en casa: *Su mujer es una excelente anfitriona; se ocupa personalmente de todos los detalles de la mesa, antes de que lleguen los invitados.* || *adj. / s. m.* y *f.* **2** [Persona, entidad, país] que recibe invitados o visitantes: *Barcelona fue la anfitriona de los Juegos Olímpicos de 1992.*

ánfora *s. f.* **1** Vasija alta y estrecha con dos asas, típica de la antigua Grecia y Roma: *En las excavaciones se ha encontrado un ánfora romana. Han robado el ánfora mejor conservada del museo.* **2** AMÉR. Urna que se utiliza en votaciones y sorteos.

angarillas (plural) *s. f.* RESTRINGIDO. Tablero provisto de dos barras paralelas para transportar cosas pesadas a mano: *angarillas llenas de piedras, llenar las angarillas de ladrillos.*

ángel *s. m.* **1** REL. Ser espiritual que sirve a Dios y es su mensajero. **~ custodio** o **~ de la guarda** Entre los católicos, ángel que Dios asigna a cada persona para que la cuide y la proteja. **~ caído / malo / rebelde** EUFEMISMO. Demonio. **2** Persona muy buena, que posee alguna de las cualidades que se atribuyen a los ángeles: *Es un ángel: tiene muy buenos sentimientos. El niño ha sido un ángel: se ha portado muy bien.* **3** (no contable) Encanto y simpatía que tiene una persona: *Rosa no es muy guapa, pero tiene ángel. Baila con mucho ángel.* FR. Y LOC. **fideos* de cabello de ~. como los ángeles** INTENSIFICADOR. Muy bien: *Canta como los ángeles. Baila como los ángeles.* **pasar un ~** Se usa para indicar que en una conversación se ha producido un silencio completo: *En medio de la discusión se produjo un silencio repentino y alguien comentó: «Ha pasado un ángel».* **tener* ~.**

angelical *adj.* **1** Angélico. **2** (antepuesto / pospuesto) Que es parecido a los ángeles en su hermosura, candor o inocencia: *rostro angelical. Tras su angelical sonrisa se esconden las más aviesas intenciones.*

angélico, ca *adj.* De los ángeles: *la protección angélica, las legiones angélicas.* **salutación* angélica.**

angelito *s. m.* AFECTIVO. Niño de muy pocos años: *El angelito está durmiendo todavía.*

angelote *s. m.* **1** ARTE. Figura grande de ángel que aparece en retablos o en obras artísticas: *En los retablos religiosos del siglo XVI abundan los angelotes mofletudos.* **2** COLOQUIAL; AFECTIVO. Niño muy grande, gordo y tranquilo: *Mi sobrino está grande, pero es un angelote.* **3** COLOQUIAL. Persona muy sencilla y apacible: *Sonia es un angelote; todo le va bien, nada la altera.*

ángelus (plural *ángelus*) *s. m.* REL. Oración cristiana en honor del misterio de la encarnación, que comienza con las palabras «El ángel del Señor...»: *A las doce del mediodía se suele rezar el ángelus.*

angina *s. f.* **1** (preferentemente en plural) COLOQUIAL. Inflamación de las amígdalas: *El niño no ha ido al colegio porque está con anginas. Tengo anginas y no puedo tragar.* **2** (preferentemente en plural) COLOQUIAL. Amígdala: *El médico le miró las anginas para ver si estaban inflamadas.* || **3 ~ de pecho** MED. Dolor pasajero en el pecho debido a una obstrucción parcial de las arterias coronarias: *El dolor en el pecho, en el brazo izquierdo y la angustia del paciente hicieron pensar que se trataba de una angina de pecho.*

angioma *s. m.* MED. Tumor benigno formado por una acumulación de vasos sanguíneos: *un angioma en la piel.*

angiospermo, ma *adj. / s. m.* y *f.* **1** BOT. [Planta] que tiene flores y sus semillas están protegidas en el interior del fruto. || *s. f.* **2** (en plural) BOT. Grupo de estas plantas.

anglicanismo *s. m.* (no contable) REL. Religión cristiana de Inglaterra que nace en el siglo XVI tras los enfrentamientos entre Enrique VIII y la Iglesia de Roma.

anglicano, na *adj.* **1** Del anglicanismo: *doctrina anglicana, clero anglicano.* || *adj. / s. m.* y *f.* **2** Que es partidario del anglicanismo: *iglesia anglicana. El arzobispo recibió a un grupo de fieles anglicanos.*

anglicismo *s. m.* LING. Palabra o expresión procedentes de la lengua inglesa usadas en otras lenguas: *Muchas palabras de uso común en español son anglicismos.*

anglo, gla *adj. / s. m.* y *f.* **1** De una tribu germánica que en los siglos V y VI se estableció en Inglaterra. **2** Inglés.

anglófono, na *adj. / s. m.* y *f.* ELEVADO. De habla inglesa: *Tiene un grupo de amigos anglófonos. La comunidad anglófona ha inaugurado un colegio en el que también podrán estudiar los hijos de los otros ciudadanos.*

anglosajón, na *adj. / s. m.* y *f.* **1** De los pueblos de habla y cultura inglesa: *música anglosajona, carácter anglosajón.* **2** Que pertenecía a un grupo de pueblos germanos que invadieron Inglaterra en el siglo V: *un guerrero anglosajón.* || *s. m.* **3** Lengua germánica de la que deriva el inglés: *un poema en anglosajón.*

angoleño, ña o **angolano, na** *adj. / s. m.* y *f.* De Angola, país africano: *costumbres angoleñas. Las angoleñas usan alegres vestidos.*

angora *s. f.* (no contable) Lana de pelo abundante y sedoso con la que se tejen prendas de punto: *Lleva los guantes de angora.*

angorina *s. f.* (no contable) Fibra textil que imita la lana de angora, de pelo más corto y menor calidad: *El chaquetón de angorina gris que compré el mes pasado deja mucha pelusilla.*

angosto, ta *adj.* (antepuesto / pospuesto) ELEVADO. Que es estrecho o reducido: *un angosto valle, un camino angosto.*

angostura *s. f.* **1** (no contable) ELEVADO. Cualidad de angosto o estrecho: *La angostura de la entrada de la gruta sólo permitía el paso de una persona.* SIN. estrechez. **2** ELEVADO. Dificultad, angustia, especialmente económica: *Hemos pasado en esta vida por muchas angosturas, pero las hemos superado.* SIN. estrechez. **3** (no contable) RESTRINGIDO. Sustancia amarga con propiedades tónicas y estimulantes que se extrae de la corteza de ciertos árboles: *Este cóctel lleva angostura en su composición.*

anguila *s. f.* (macho y hembra) Género *Anguilla.* Pez de cuerpo largo y cilíndrico y piel resbaladiza con pequeñas escamas, que sube por aguas dulces antes de ser adulto, vuelve al mar para criar, y es apreciado por su carne.

angula *s. f.* (macho y hembra) Cría de la anguila, muy apreciada como alimento.

angular *adj.* **1** Del ángulo: *proporciones angulares, dimensiones angulares.* **piedra* ~. 2** Que tiene forma de ángulo: *una figura angular.* || **3 gran ~** FOT. Objetivo de corta distancia focal, que puede cubrir un campo visual de más de setenta grados: *Para estas fotos han usado un gran angular.*

ángulo *s. m.* **1** GEOM. Figura geométrica formada por dos radios que salen de un punto común o por dos planos que salen de una línea común: *un ángulo de 90° (grados), un ángulo de 180°, medir la abertura de un ángulo.* **~ adyacente*. ~ acimutal** Ángulo comprendido entre el meridiano de un lugar y el plano vertical en que esté la visual dirigida a un objeto cualquiera. **~ agudo** GEOM. Ángulo que mide menos de noventa grados. **~ complementario** GEOM. El que junto con otro suma un ángulo recto. **~ de refracción** ÓPT. Ángulo formado por una trayectoria que pasa de un medio a otro, y la normal a la superficie de separación entre ambos medios, al alejarse de ella. **~ llano** GEOM. Ángulo que mide ciento ochenta grados. **~ mixtilíneo** Ángulo que forman una recta y una curva. **~ obtuso** GEOM. Ángulo que mide más de noventa grados y menos de ciento ochenta. **~ óptico** Ángulo que forman las dos visuales que van desde el ojo del observador a los extremos del objeto que se mira. **~ recto** GEOM. Ángulo que mide noventa grados.

2 Saliente formado en la unión de dos planos o superficies: *La pared del pasillo forma un ángulo al llegar a la habitación.* SIN. esquina. **3** Entrante formado en la unión de dos planos o superficies: *el ángulo del pasillo, el ángulo de la habitación.* SIN. rincón. **4** Punto de vista: *Hay que considerar este asunto desde otros ángulos menos estrechos.* || **5 ~ muerto** Parte de un objeto o de un lugar que no puede verse desde un punto: *Al mirar por el retrovisor del coche siempre queda algún ángulo muerto.*

anguloso, sa *adj.* Que tiene ángulos, aristas o esquinas: *rostro anguloso, facciones angulosas, fachada angulosa.*

angurria *s. f.* **1** CHILE; COLOQUIAL. Sentimiento de angustia. **2** ARG., CHILE, URUG.; COLOQUIAL. Ansia extremada de alguna cosa. **3** ARG., COL., URUG.; COLOQUIAL. Hambre, ganas de comer. **4** COL.; COLOQUIAL. Ambición.

angustia *s. f.* **1** (no contable) Sentimiento intenso y opresivo de ansiedad, temor, inquietud o incertidumbre: *La angustia se adueñó del pueblo cuando se conoció la crecida del río. Sentía verdadera angustia de ver lo que había provocado.* **2** (no contable) Sensación de opresión en el tórax o en el abdomen: *La angustia que sentía en el pecho le hizo pensar que padecía algo grave.* **3** (no contable) RESTRINGIDO. Necesidad de vomitar: *No quiero mirar la comida, porque me dan angustias.* SIN. náuseas.

angustiado, da *adj.* (estar; antepuesto / pospuesto) Que siente angustia: *El angustiado paciente se encaminó por su pie hacia el quirófano. Tengo que acostumbrarme a vivir con una hermana angustiada.*

angustiar *v. tr.* **1** Causar ‹una cosa› angustia [a una persona]: *El examen lo angustiaba hasta extremos inimaginables.* || *v. prnl.* **2** Sentir ‹una persona› angustia: *No hay que angustiarse por cosas que no tienen solución. Yo me angustio enseguida si tengo que viajar en metro.*

angustioso, sa *adj.* **1** (antepuesto / pospuesto) Que produce angustia: *El angustioso viaje acabó, tras dos horas de encierro en el túnel del metro. Una llamada angustiosa por teléfono nos dejó sin habla.* **2** (antepuesto / pospuesto) Que está lleno de angustia: *Tras unos minutos angustiosos, el ascensor se puso de nuevo en movimiento. Comenzó entonces una angustiosa espera. Siempre tiene reacciones angustiosas. Me hace preguntas angustiosas que no sé responder.*

anhelar *v. tr.* Desear ‹una persona› [una cosa] intensamente: *Tu amiga anhela riquezas. Ellos siempre anhelaron tener una casa en el campo.* SIN. ansiar.

anhelo *s. m.* Deseo intenso: *Ellas confesaban abiertamente su anhelo de ser las primeras.* SIN. ansia.

anheloso, sa *adj.* **1** (ser / estar, antepuesto / pospuesto) ELEVADO. Que demuestra anhelo: *Todos estábamos anhelosos **por** ver la función. Su anhelosa mirada revelaba lo angustioso de su situación.* **2** (antepuesto / pospuesto) ELEVADO. [Respiración] que es frecuente y fatigosa a causa del cansancio, la ansiedad o cualquier otra razón: *Con anhelosa respiración, nos confesó su última voluntad. Con una mirada anhelosa nos dijo adiós.*

anhídrido *s. m.* (no contable) QUÍM. Óxido no metálico: *anhídrido sulfúrico, anhídrido nítrico, anhídrido arsénico, anhídrido arsenioso, anhídrido bórico, anhídrido carbónico.*

anidar *v. intr.* **1** Hacer ‹un ave› un nido: *El gorrión, después de que lo curásemos, anidó **en** el árbol del jardín.* **2** Vivir ‹un ave› en un nido: *Hay unas cigüeñas que anidan todos los años **en** la torre del campanario.* **3** Vivir ‹una persona› en [un lugar]: *Se fue de allí y anidó **en** un pueblo vecino.* **4** ELEVADO. Existir ‹un sentimiento o una cualidad› en [una persona]: *El odio anida **en** tu pecho.*

anilina *s. f.* (no contable) QUÍM. Amina derivada del benceno, tóxica y de uso industrial.

anilla *s. f.* **1** Pieza, generalmente de metal, en forma de circunferencia: *anilla de un llavero, anilla de una cadena, anilla de una cortina, cuaderno de anillas, una anilla de plástico, una anilla de madera. Puso una anilla identificadora en la pata del ave.* **2** (preferentemente en plural) Aparato de gimnasia que consiste en un par de aros colgados en el aire de unas cuerdas o cadenas: *Las anillas están al fondo del gimnasio.* **3** (preferentemente en plural) Prueba gimnástica que se realiza en este aparato: *Ganó la medalla de bronce en las anillas.*

anillado, da *adj.* **1** ZOOL. Que tiene uno o más anillos: *Muchas especies de gusanos tienen el cuerpo anillado.* **2** (estar) Señalado con anillas: *Aquí contamos los patos anillados.*

anillar *v. tr.* **1** Poner ‹una persona› anillos en las patas de [un ave] para estudiar sus movimientos: *Ramón anilló las palomas antes de llevarlas al concurso.* **2** Sujetar ‹una persona› [una cosa] con anillos o anillas: *Si anillas las hojas de los apuntes evitarás que se desordenen.* **3** RESTRINGIDO. Dar ‹una persona› forma de anillo a [una cosa]: *Su hermana, que es peluquera, le anilló los cabellos.*

anillo *s. m.* **1** Aro pequeño, en particular el que se lleva en los dedos: *anillo de bodas, anillo de compromiso.* **2** Elemento en forma de circunferencia que rodea un cuerpo: *el anillo de Saturno, el anillo del fuste de una columna. Los anillos viarios que rodean Madrid descongestionan el tráfico por la ciudad.* **3** ARQ. Banda circular u ovalada que sirve de base a la cúpula. **4** BOT. Capa cilíndrica de un árbol que indica su crecimiento. **5** ZOOL. Segmento cilíndrico que forma el esqueleto de los gusanos y artrópodos. **6** TAUROM. Ruedo de una plaza de toros. SIN. redondel, arena, coso. FR. Y LOC. **no caérsele los anillos** Considerar ‹una persona› humillante hacer una cosa: *A tu padre no se le van a caer los anillos **por** poner la mesa. A mí no se me caen los anillos **por** cargar con los paquetes. **Por** ayudar a tu madre en la cocina no se te caerán los anillos.* **venir* como ~ al dedo.**

ánima *s. m.* **1** ELEVADO. Alma de una persona: *Roguemos por el ánima del difunto.* **~ del purgatorio** Entre los católicos, los difuntos que están purgando temporalmente la pena que merecieron por sus pecados, antes de entrar en el paraíso: *Con nuestras oraciones podemos ayudar a las ánimas del purgatorio.* **2** (en plural) RESTRINGIDO. Toque de campana que se hace al atardecer en algunos pueblos para rogar por las ánimas del purgatorio: *Ya han tocado a ánimas, tenemos que volver a casa.* **3** MIL. Hueco del cañón de un arma de fuego: *Entre las armas hay que distinguir las que tienen el ánima lisa, como las pistolas, de las de ánima estriada, como las ametralladoras.* FR. Y LOC. **tocar a ánimas** RESTRINGIDO. Invitar ‹una persona› a rezar por las ánimas de los difuntos con un toque especial de campana al atardecer: *El cura ha salido de casa porque va a tocar a ánimas.*

animación *s. f.* **1** (no contable) Acción y efecto de animar o animarse: *Los cohetes, las orquestas y los desfiles de gigantes y cabezudos daban animación a las fiestas del barrio.*

2 (no contable) Alegría y viveza en las acciones o palabras: *La animación de sus palabras acabó por contagiarnos.* 3 (no contable) Afluencia de gente que se muestra activa en un lugar o en un acto: *En el parque había mucha animación. Hay mucha animación en la Bolsa.* 4 (no contable) CINE. Técnica cinematográfica para dotar de movimiento a dibujos: *Disney, el mago de la animación.* 5 Técnicas y procedimientos para impulsar la participación de una persona en las actividades o en los proyectos de un grupo: *cursos de animación cultural.*

animado, da *adj.* **1** Que tiene vida: *Los seres animados son capaces de relacionarse con el medio.* **2** (ser / estar, antepuesto / pospuesto) Que es alegre y divertido: *Fuimos a una animada fiesta de cumpleaños. Ese bar está siempre muy animado. Es una persona muy animada.* || **3 dibujos* animados. 4 nombre* ~.**

animador, ra *adj. / s. m.* y *f.* **1** Que anima: *Son palabras muy animadoras, y te lo agradezco.* || *s. m. / f.* **2** Persona que se encarga de amenizar una atracción o una actividad o anima a la gente a participar en él: *Las animadoras saltan a la pista de baloncesto cada vez que hay una interrupción del juego. El animador nos proponía tantas actividades que era un problema elegir.*

animadora *s. f.* RESTRINGIDO. Mujer que como profesión se dedicaba a animar a los clientes cantando en una sala de fiestas: *Era normal que en los cafés cantantes de la década cincuenta actuara una animadora.*

animadversión *s. f.* **1** (no contable) Aversión: *No puedo disimular la animadversión que le tengo.* **2** (no contable) Oposición muy crítica a una cosa o a una persona: *Manifestó abiertamente su animadversión hacia el proyecto.*

animal *adj.* **1** Del animal: *comportamiento animal, vida animal.* **2** De la parte sensitiva de un ser vivo a diferencia de la parte racional o espiritual: *Era un deseo animal que no podía controlar.* **magnetismo* ~.** || *adj. / s. m.* y *f.* **3** INSULTO. Que no tiene o se comporta sin educación o cultura, o que utiliza con exceso la fuerza física: *Eres un poco animal. ¿Cómo has podido romper así la llave? ¡Qué animal eres! Con la fuerza que tienes le haces mucho daño a tu hermano.* **4** INTENSIFICADOR. Que destaca por cualquier capacidad física o intelectual fuera de lo común: *¡Qué animal! Es capaz de hacer quinientas flexiones sin descansar. Esta chica es un animal: se pasa toda la noche de juerga y luego va al examen y saca matrícula.* || *s. m.* **5** (macho y hembra) Ser vivo que siente, tiene por lo general capacidad de movimiento propio y se alimenta de plantas o de otros animales. **~ de sangre caliente** Animal cuya temperatura no depende de la del ambiente y es generalmente superior a ésta. **~ de sangre fría** Animal cuya temperatura es la del ambiente. **6** (macho y hembra) Ser vivo que carece de razón, por oposición al hombre: *El perro y el gato son animales domésticos.* **sociedad protectora de animales.** || **7 ~ de bellota** INSULTO. Persona bruta. **8 ~ político** Persona que siente pasión por la política y la ejerce bien: *A pesar de la derrota en las últimas elecciones, el líder de la oposición es un animal político con el que hay que contar.* **9 carbón* ~.** FR. Y LOC. **pedazo* de alcornoque / ~.**

animalada *s. f.* **1** PEYORATIVO. Dicho o hecho desmesurado o fuera de lugar: *En cuanto toma una copa, Tomás empieza a hacer animaladas.* **2** (no contable) INTENSIFICADOR. Cantidad muy grande o excesiva: *Se han gastado una animalada en la organización de la fiesta. La casa es muy bonita, pero cuesta una animalada.*

animar *v. tr. / prnl.* **1** Dar ‹una persona› ánimos [a otra persona]: *Anímate, ya falta poco para acabar el trabajo. Lo animé, porque todo está saliendo perfecto.* **2** Estimular ‹una persona› [a otra persona] para [que realice una acción]: *Me animaron **para que** estudiara alemán. **Me** animé **a** participar en el concurso.* **3** Dar ‹una persona o una cosa› dinamismo o vivacidad a [una cosa]: *La reunión **se** animó a última hora. El gol del empate animó la segunda parte del encuentro.*

anímicamente *adv. restrictivo* En cuanto al ánimo, de ánimo, moralmente: *Anímicamente, está mejor.*

anímico, ca *adj.* Del ánimo y las emociones: *Su estado anímico es lamentable, está muy deprimido. Después de encontrar este trabajo han desaparecido sus problemas anímicos.*

animismo *s. m.* (no contable) Creencia en que todos los seres, objetos o fenómenos de la naturaleza están dotados de espíritu o alma.

ánimo *s. m.* **1** (no contable) Situación afectiva o emocional de una persona: *Su estado de ánimo era optimista. Pancho venía con el ánimo decaído, y nos costó mucho convencerlo de que su problema no era tan grave.* **estado de ~. 2** (no contable) Valor o energía para hacer algo: *Nuestro ánimo no desfallece. No sé si Estrella lo acabará, porque es una persona de ánimo poco decidido.* **3** (no contable) Intención, voluntad: *Yo lo he hecho sin ánimo de ofender a nadie.* SIN. deseo. || *interj.* **4** Se usa para animar a alguien: *¡Ánimo, puedes conseguirlo!* FR. Y LOC. **dar ánimos** Animar ‹una persona› a otra persona: *Hubo que darle ánimos para que aguantara hasta el final. Voy al campo para dar ánimo a nuestros jugadores.* **presencia* de ~. tener ánimo(s)** Tener ‹una persona› ganas de hacer una cosa: *No tengo ánimos ni para comer. No tengo ánimos de nada. Tengo buenos ánimos ahora para trabajar.*

animosidad *s. f.* (no contable) Antipatía o animadversión hacia una persona o hacia una cosa: *¿Por qué tanta animosidad contra él? No quiere ni oír hablar del pueblo, le tiene una animosidad tremenda.* SIN. ojeriza (COLOQUIAL).

animoso, sa *adj.* (ser / estar) Que tiene ánimo, decisión o valor: *Superará las dificultades, es una persona animosa. Está muy animoso antes de la operación.*

aniñado, da *adj.* Que tiene las características propias de un niño: *voz aniñada, rostro aniñado. Es muy aniñado.* SIN. infantil.

anión *s. m.* FÍS. Ion con carga negativa.

aniquilación *s. f.* **1** Desaparición o destrucción total: *La aniquilación de algunas especies animales amenaza el equilibrio de la naturaleza. El tabaco te producirá la aniquilación de los pulmones.* **2** Pérdida de la fuerza o del ánimo: *Tras la derrota electoral, la aniquilación del partido fue total, y le costará bastante recuperarse.* **3** Derrota clara y absoluta ocasionada por una persona a su adversario: *La aniquilación del equipo fue absoluta, porque el contrario era netamente superior y lo barrió de la pista.*

aniquilador, ra *adj. / s. m.* y *f.* Que aniquila: *una fuerza aniquiladora, un impulso aniquilador.*

aniquilamiento *s. m.* Aniquilación.

aniquilar *v. tr. / prnl.* **1** Hacer desaparecer ‹una persona, un animal o una cosa› [personas, animales o cosas]: *Sus habitantes **se** aniquilaron en una guerra fratricida. Al cortar los árboles masivamente aniquilan la principal fuente de riqueza de la zona.* SIN. exterminar. **2** Dejar ‹una persona o una cosa› sin [fuerzas] o sin [ánimos]: *El alcohol lo ha aniquilado como corredor. **Se** aniquila con la droga, sin que nadie pueda ayudarla.* || *v. tr.* **3** Derrotar ‹una persona› [a su adversario] completamente: *El ajedrecista cubano aniquiló completamente a sus adversarios en la competición.*

anís *s. m.* **1** *Pimpinella anisum.* Planta umbelífera con pequeñas flores blancas y semillas aromáticas de sabor agradable que se utilizan en la elaboración de dulces y licores. **2** Semilla de los anises. **3** (no contable) Aguardiente elaborado con las semillas de esta planta: *una copita de anís, una botella de anís.* **~ dulce. ~ seco.** SIN. anisado.**4** Medida de este líquido contenida en una copa: *¡Pepe!, ponme un anís.* **5** (preferentemente en plural) Confite elaborado con grano de anís recubierto de azúcar: *una bolsita de anises.*

anisado, da *adj.* **1** (ser / estar) Que contiene anís: *Me gustan los pasteles que están anisados. Es un licor anisado.* || *s. m.* **2** (no contable) Aguardiente de anís.

anisar *v. tr.* RESTRINGIDO. Echar ‹una persona› anís a [un alimento] cuando se prepara: *Siempre me gusta anisar un poco la tarta de chocolate.*

anisete *s. m.* (no contable) Licor elaborado con aguardiente, azúcar y esencia de anís.

aniversario *s. m.* **1** Día en que se cumplen años de un determinado acontecimiento: *Dentro de una semana se celebra el aniversario de la independencia argentina.* **2** Celebración de un acontecimiento del que se cumplen años: *El aniversario de la fundación de Cádiz será muy solemne. Estamos invitados al aniversario de Pilar y hay que pensar en el regalo.*

ano *s. m.* ANAT. Orificio exterior del recto por el que se expulsan los excrementos. SIN. culo (VULGAR).

-ano, na o **-iano, na** *suf.* **1** Significa 'origen y procedencia' y forma sustantivos a partir de sustantivos y adjetivos a partir de sustantivos o de adverbios: *ciudad - ciudadano, lejos - lejano, Toledo - toledano, Cáucaso - caucasiano.* **2** Significa 'partidario o seguidor de' y forma sustantivos o adjetivos a partir de sustantivos: *república - republicano, Cristo - cristiano.* **3** Significa 'persona que practica una profesión' y forma sustantivos a partir de sustantivos: *cirujía - cirujano, escribir - escribano.*

anoche *adv. temp.* En la noche de ayer, especialmente referido al tiempo que transcurre entre el momento en que se hace de noche y la hora de acostarse: *Anoche el bebé no me dejó dormir. Anoche fui al cine.* OBSERVACIONES: *Anoche* se refiere a 'la noche de ayer' y *esta noche* a 'la noche de hoy'. FR. Y LOC. **antes de ~** La noche inmediatamente anterior a la de anoche.

anochecer *v. impers.* **1** Empezar a desaparecer la luz del día: *Me gusta el verano mediterráneo porque anochece muy tarde.* SIN. oscurecer. ANT. amanecer. || *v. intr.* **2** Estar ‹una persona, un animal o una cosa› en [un lugar o una situación] al hacerse de noche: *Anochecí **en** Madrid. Anocheció despejado.* ANT. amanecer. ⇒ **5.**

anochecer *s. m.* Tiempo durante el cual termina el día: *Los anocheceres caribeños son maravillosos.* ANT. amanecer. FR. Y LOC. **al ~** Cuando cae la luz del día: *Al anochecer llegamos a Zaragoza. Estuvimos todo el día viajando, sólo paramos al anochecer.*

anochecida *s. f.* RESTRINGIDO. Anochecer: *La anochecida nos pilló en el camino.* FR. Y LOC. **de ~** LITERARIO. Al anochecer: *Llegamos ya de anochecida a Madrid.*

anochecido *s. m.* LITERARIO. Noche: *Era anochecido cuando llegó.*

anodino, na *adj.* Que no llama la atención por nada: *una cara anodina, un espectáculo anodino, una novela anodina.*

ánodo *s. m.* ELECTRIC. Electrodo positivo.

anofeles (plural *anofeles*) *s. m.* (macho y hembra) Género *Anopheles.* Insecto de la familia de los mosquitos, que transmite al hombre el paludismo.

anomalía *s. f.* Anormalidad, alteración de lo que se considera normal: *El niño nació con una anomalía en la sangre. Hay ciertas anomalías en la economía de esa empresa.* SIN. irregularidad. ANT. normalidad.

anómalo, la *adj.* Que es extraño o no es habitual: *La máquina hacía un ruido anómalo. Era una tardanza anómala que nos hizo ponernos nerviosos.*

anón *s. m.* **1** COL., CUBA, MÉX., P. RICO, VEN. Árbol tropical de flores blancas y fruto carnoso comestible, cubierto de escamas. **2** COL., CUBA, MÉX., P. RICO. Fruto de este árbol.

anona *s. f.* AMÉR. C. Anón.

anonadación *s. f.* (no contable) Anonadamiento.

anonadamiento *s. m.* (no contable) ELEVADO. Desconcierto, aturdimiento o sorpresa producido por algún motivo: *La noticia de su muerte nos produjo tal anonadamiento que no sabíamos qué decir.*

anonadar *v. tr.* **1** Dejar ‹una persona o una cosa› desconcertada [a una persona]: *Me anonadó su osadía. Sus inesperadas reacciones anonadan a cualquiera.* SIN. aturdir. **2** Dejar ‹una persona o una cosa› impresionada [a una persona]: *Tuvo una actuación tan extraordinaria que nos anonadó a todos.* SIN. pasmar. || *v. prnl.* **3** Quedarse ‹una persona› desconcertada o impresionada: *Me anonadé **ante** el aluvión de propuestas que me hicieron. El autor se anonadó **por** las malas críticas recibidas.* SIN. pasmarse.

anonimato *s. m.* **1** (no contable) Desconocimiento del autor de una obra artística o literaria: *El anonimato de ese manuscrito ha dado lugar a varias investigaciones sobre la identidad del autor.* **2** (no contable) Estado o condición de la persona cuya identidad no se conoce: *vivir en el anonimato. Prefiere mantener el anonimato a tener que enfrentarse con los que lo adulan.*

anonimia *s. f.* (no contable) ELEVADO. Anonimato: *La anonimia de la novela motivó la polémica.*

anónimo, ma *adj. / s. m.* y *f.* **1** De autor desconocido: *un poema anónimo, un mensaje anónimo.* **2** (antepuesto / pospuesto) Que es desconocido: *un poeta anónimo, un autor anónimo, un admirador anónimo. El anónimo donante ingresó un millón de pesetas.* || *s. m.* **3** Mensaje escrito o telefónico en el que una persona sin identificarse amenaza, informa o insulta: *Estoy harto de recibir anónimos por carta y por teléfono; voy a denunciar el hecho a la policía.* || **4 sociedad* anónima.**

anorak (plural *anoraks*) *s. m.* Prenda deportiva, parecida a un chaquetón, impermeable y con capucha, para protegerse de la lluvia, del frío y de la nieve: *Mete el anorak en la maleta porque han dicho que lloverá mucho.*

anorexia *s. f.* (no contable) **1** MED. Falta o pérdida de apetito. || **2 ~ nerviosa** (no contable) MED. Enfermedad psiquiátrica en que el enfermo se niega a comer y se produce una desnutrición grave: *La anorexia nerviosa es una enfermedad que padecen muchos jóvenes.*

anoréxico, ca *adj. / s. m.* y *f.* Que sufre anorexia: *Las anoréxicas tienen graves problemas para normalizar su conducta respecto a la alimentación.*

anormal *adj.* **1** (antepuesto / pospuesto) Que no es normal: *Se detecta un anormal aumento de las temperaturas para esta época del año. Tenía una palidez anormal, que revelaba alguna enfermedad importante.* || *s. m. / f.* **2** PEYORATIVO. Persona que tiene una capacidad física o intelectual, o una conducta diferente a la de la mayoría: *Hasta hace pocos años se consideraba que los zurdos eran anormales, y que debían adaptarse a los diestros.* **3** INSULTO. Persona que hace o dice algo que se sale de lo normal o que resulta desagradable: *El anormal ese acaba de saltarse el semáforo.*

anormalidad *s. f.* (no contable) Falta de adecuación a lo que es habitual: *La anormalidad de la temperatura hace que se produzcan muchos incendios.*

anormalmente *adv. modo* **1** De manera anormal: *No se comportó anormalmente.* || *adv. modo / cant.* **2** (ante adjetivos y adverbios) En grado anormal: *Tiene unos brazos anormalmente largos.*

anotación *s. f.* **1** Toma de un dato por escrito: *Le gusta tomar anotaciones de todo cuanto ve por la calle, aunque luego no lo relea.* **2** Adición de notas o comentarios a un escrito: *Son más ricas sus anotaciones marginales que el propio texto.*

anotar *v. tr.* **1** Escribir ‹una persona› [una cosa] para recordarla: *Ella anota siempre los textos que lee. Anotaba* ***en*** *la agenda todas sus reuniones.* **2** Obtener ‹una persona› [un tanto] en un deporte: *El pívot anotó nueve puntos seguidos en tres tiros de tres tantos. En el último partido, no anotaron ningún gol.* || *v. prnl.* **3** Obtener ‹una persona› [un triunfo o un fracaso]: *Nuestro equipo se anotó la victoria.*

anovulatorio, ria *adj. / s. m.* MED. [Medicamento] que impide la ovulación: *Los médicos recetan anovulatorios a ciertas atletas en algunos momentos.*

anquilosamiento *s. m.* **1** (no contable) MED. Disminución de la movilidad de una articulación: *Juan padecía un anquilosamiento total debido al tiempo que pasó inmovilizado.* **2** (no contable) Interrupción o evolución lenta del progreso o cambio normal de una cosa: *El anquilosamiento de las instituciones municipales hacía perder eficacia a las iniciativas de los vecinos. El anquilosamiento de la ciencia española exige una batalla de los intelectuales.*

anquilosar *v. tr.* **1** MED. Producir ‹una cosa› anquilosis en [una articulación]: *Estoy anquilosado de tanto ver la televisión, tengo que pasear más.* **2** Detener ‹una cosa› el progreso de [otra cosa]: *Las enormes bolsas de pobreza anquilosaban el desarrollo económico del país.* || *v. prnl.* **3** MED. Quedarse ‹una articulación› total o parcialmente sin movimiento: *Sus rodillas se anquilosaron* ***por*** *causa de la artrosis.* **4** Detenerse el progreso de ‹una cosa›: *La reforma del sistema educativo se había anquilosado* ***por*** *la falta de recursos económicos para llevarla a cabo.*

anquilosis (plural *anquilosis*) *s. f.* MED. Reducción de la movilidad de una articulación.

ánsar *s. m.* **1** (macho y hembra) *Anser anser.* Ave silvestre de plumaje denso, con la parte inferior y la cola blancas, que se considera antepasado del ganso doméstico. **2** RESTRINGIDO. Ganso.

ansia *s. f.* **1** (preferentemente en plural; no contable) Deseo intenso: *Tiene ansias de riquezas. El ansia de poder no lo deja vivir.* SIN. afán. **2** (no contable) Desasosiego o inquietud por el deseo intenso de algo, o por la preocupación ante algún suceso: *No pases ansia, seguro que están todos bien.* SIN. ansiedad. **3** (en plural; no contable) Náuseas.

ansiar *v. tr.* Desear ‹una persona› [una cosa] intensamente: *Todos ansiábamos que acabara de una vez aquella pesadilla.* SIN. anhelar (ELEVADO). ⇒ **8.**

ansiedad *s. f.* **1** (no contable) Desasosiego que causa el anhelo intenso de poseer una cosa o la impaciencia y preocupación ante algún suceso: *Esperaba su llegada con ansiedad. No puedo dominar la ansiedad de lujo.* SIN. ansia. **2** (no contable) MED. Estado de zozobra y desasosiego intenso, en especial el que acompaña a ciertas neurosis: *Vive en un permanente estado de ansiedad.* SIN. angustia.

ansioso, sa *adj.* **1** (ser / estar; antepuesto / pospuesto) Que tiene muchas ansias o desasosiego: *Descolgó el teléfono con gesto ansioso. Ese ansioso comportamiento no es normal en él. Últimamente estás muy ansiosa, ¿qué te ocurre? Estamos muy ansiosos, no sabemos nada de él desde el lunes.* || *adj. / s. m.* y *f.* **2** (ser / estar) Que tiene muchas ansias o deseos de algo: *Eres un ansioso; cálmate un poco. Estoy ansiosa* ***por*** *viajar al extranjero.*

antagónico, ca *adj.* Que contiene o implica antagonismo: *opiniones antagónicas. Nuestros intereses son antagónicos, totalmente opuestos. Capitalismo y comunismo son ideologías antagónicas.*

antagonismo *s. m.* (no contable) Oposición entre personas o ideas: *El antagonismo de sus puntos de vista les impide llegar a un acuerdo.*

antagonista *adj. / s. m.* y *f.* **1** Que es opuesto o contrario: *Nuestras posiciones son antagonistas e irreconciliables. El antagonista del presidente de la corporación no dejó pasar una sola oportunidad de manifestarle su desacuerdo.* **2** [Personaje] que se opone al protagonista en una obra literaria o en una película: *Siempre la contratan para el papel de la antagonista.*

antaño *adv. temp.* Antiguamente, en otras épocas o en un tiempo pasado: *Recordaba que antaño, cuando nada tenía, nadie le dirigía la palabra. Son historias de antaño.* SIN. antiguamente.

antara *s. f.* AMÉR.; RESTRINGIDO. Flauta de caña.

antártico, ca *adj. / s. m.* GEOGR. Del polo sur: *región antártica, vientos antárticos. Un equipo de científicos está estudiando la disminución de los hielos en el Antártico.*

ante *s. m.* (no contable) Piel curtida de ciertos animales, fina y de tacto aterciopelado: *cazadora de ante, zapatos de ante.*

ante *prep.* **1** Delante de, en presencia de: *Se arrodilló ante el altar. No podía creer que estuviera ante el Cañón del Co-*

lorado. RELACIONES Y CONTRASTES: Al contrario que *a*, y como *delante de*, no admite infinitivos ni estructuras con *que*. **2** Con verbos de movimiento, combina las ideas de dirección y presencia: *Te llevaré ante los tribunales.* SIN. a presencia de. **3** Indica la causa de un determinado comportamiento o hecho: *Ante un recibimiento tan desagradable hemos decidido no volver a su casa. Tuvimos que renunciar a las vacaciones ante la falta de dinero. Nuestros soldados retrocedieron ante el fuerte ataque enemigo.* SIN. debido a, a causa de. **4** Indica la circunstancia o situación en la que se produce o se hace algo: *Me crezco ante los problemas.* SIN. frente a. **5** RESTRINGIDO. En comparación con: *Ante un discurso tan agresivo como el tuyo, el mío es muy pacífico.* FR. Y LOC. **tener ~ sí*.**

ante- *pref.* **1** Significa 'anterior en el espacio' y forma sustantivos a partir de sustantivos y verbos a partir de verbos: *cámara - antecámara, poner - anteponer.* **2** Significa 'anterior en el tiempo' y forma adjetivos a partir de adjetivos y adverbios a partir de adverbios: *ayer - anteayer, pasado - antepasado, penúltimo - antepenúltimo.*

-ante *suf.* -nte.

anteanoche *adv. temp.* En la noche de anteayer: *Anteanoche se quedó estudiando, pero anoche no pudo resistirlo y se fue de fiesta.* SIN. antes de anoche.

anteayer *adv. temp.* En el día inmediatamente anterior al de ayer: *Anteayer no trabajé porque ya tenía todas las reuniones de ayer preparadas.* SIN. antes de ayer.

antebrazo *s. m.* ANAT. Parte del brazo comprendida entre el codo y la muñeca.

antecámara *s. f.* RESTRINGIDO. Habitación situada antes de la sala principal de un palacio o mansión: *Si te reciben en la antecámara es un éxito.*

antecedente *s. m.* **1** Hecho o circunstancia anterior que explica o determina otros posteriores: *Hizo un estudio donde analizó los antecedentes de la guerra.* SIN. precedente. **2** (en plural) DER. Información que queda en el registro correspondiente sobre la persona que ha sido condenada por un delito: *antecedentes penales.* **3** GRAM. Nombre, pronombre u oración a que hace referencia un pronombre relativo: *En la frase «Me gusta el país que has visitado» el antecedente de «que» es «el país».* **4** GRAM. Primero de los términos de una correlación gramatical: *En la frase «Roberto es tan alto como Concha», «tan alto» es el antecedente de la comparación.* FR. Y LOC. **poner / estar en antecedentes** Dar o tener ‹una persona› información sobre un asunto: *Para que no lo pillara desprevenido el inspector, su amigo lo puso en antecedentes.*

anteceder *v. tr.* ELEVADO. Estar ‹una persona o una cosa› antes que [otra persona u otra cosa]: *Disturbios sociales antecedieron **a** la dimisión del Gobierno.* SIN. preceder.

antecesor, ra *s. m/f.* **1** Persona que precede a otra en un empleo o cargo: *El antecesor del actual entrenador ha hecho unas declaraciones explosivas.* || *s. m.* **2** (preferentemente en plural) Persona de la que procede o desciende una persona: *Mis antecesores procedían de un pueblecito albaceteño.* SIN. antepasado, predecesor.

antedicho, cha *adj.* (antepuesto / pospuesto) Que se ha dicho con anterioridad: *la cantidad antedicha, el antedicho título.*

antediluviano, na *adj.* **1** INTENSIFICADOR. Que es muy antiguo: *un proyecto antediluviano, un coche antediluviano.* **2** Que es anterior al diluvio universal.

antefirma *s. f.* **1** Fórmula de tratamiento que se pone antes de la firma. **2** Denominación del cargo o dignidad del firmante que se pone antes de la firma.

antelación *s. f.* (no contable) Anticipación en el tiempo con que sucede una cosa respecto a otra: *Se le comunicará la fecha con la debida antelación. Llegó con antelación para prepararlo todo.*

antemano *adv. temp.* Se usa en la LOC. **de ~** Antes, por adelantado: *Sabía de antemano que esto no iba a salir bien.*

antena *s. f.* **1** ELECTRÓN. Dispositivo electrónico para emitir o recibir ondas electromagnéticas: *antena de televisión, la antena de la radio, la antena del radar. Alguien me ha arrancado la antena de la radio del coche.* **~ colectiva. ~ parabólica. cobertura* de una ~.** **2** (preferentemente en plural) ZOOL. Apéndice sensorial y articulado que algunos artrópodos poseen en la cabeza: *las antenas de la mariposa, las antenas de la langosta.* **3** (preferentemente en plural) COLOQUIAL; IRONÍA. Interés en escuchar conversaciones ajenas: *Siempre está con las antenas puestas, a ver de qué se puede enterar.* FR. Y LOC. **en ~** En emisión: *Mi locutor favorito está en antena todos los lunes a las ocho. Este programa ha durado tres años en antena. Silencio, que vamos a salir en antena. Nos pondrán en antena mañana a las cuatro.*

anteojera *s. f.* **1** RESTRINGIDO. Pieza que se pone junto a los ojos de las caballerías para que no vean por los lados. **2** COLOQUIAL. Estrechez de ideas o límites en el pensamiento: *No me gusta nada lo que escribe hoy el maestro, parece que examina la realidad con anteojeras. Me parece que podemos pensar sin anteojeras, le guste o no al director. A mí no me pueden obligar a ponerme las anteojeras cuando escribo.*

anteojo *s. m.* **1** Instrumento óptico en forma de tubo que amplía la imagen de los objetos lejanos: *En la película, el pirata se pasaba todo el tiempo mirando al horizonte a través de su anteojo.* **2** (en plural) Instrumento óptico formado por dos anteojos unidos para mirar con los dos ojos: *El sargento llevaba los anteojos colgados al cuello.* SIN. prismáticos, gemelos. **3** (en plural) RESTRINGIDO. Gafas. **4** (en plural) RESTRINGIDO. Antiguas gafas redondas y sin patillas. SIN. quevedos.

antepasado, da *s. m. / f.* (preferentemente en plural) Persona de la que procede o desciende alguien: *Una antepasada de Felipe vivió en La Habana. Mis antepasados pertenecían a las clases más favorecidas de la sociedad de su tiempo.* SIN. antecesor, predecesor.

antepecho *s. m.* **1** Pequeño muro o barandilla que se coloca en lugares abiertos para poder asomarse sin peligro de caer: *Se apoyó en el antepecho del mirador, sobre el acantilado, y desde allí contempló el mar.* **2** Barandilla de un balcón o ventana que no sobresale del muro del edificio. **3** RESTRINGIDO. Parte protectora del arreo de los animales de tiro que les cae por delante del pecho.

antepenúltimo, ma *adj. num. ord. / s. m.* y *f.* (ser / estar; antepuesto / pospuesto) Que es inmediatamente anterior al penúltimo: *Las palabras esdrújulas se acentúan en la antepenúltima sílaba. El dato antepenúltimo que has recogido no me parece interesante. Después de las pruebas de hoy, está el antepenúltimo. Soy antepenúltima en mi clase.*

anteponer *v. tr.* **1** Poner ‹una persona› [a otra persona o una cosa] antes o delante de [otra persona u otra cosa]: *En la película, antepusieron la escena del beso* ***a*** *la del crimen.* **2** Dar ‹una persona› más importancia a [una cosa] que a [otra cosa]: *Antepone la obligación* ***al*** *gusto. Siempre ha antepuesto el bienestar de los suyos* ***a*** *todo lo demás.* ⇒ **60.**

anteportada *s. f.* Hoja que precede a la primera plana de un libro, en la que sólo aparece el título.

anteposición *s. f.* **1** Colocación anterior de una persona o cosa respecto a otra: *En las frases españolas se produce a veces la anteposición del complemento directo* ***al*** *sujeto.* **2** Preferencia que tiene una persona por una cosa o persona respecto de otra: *No me parece bien la anteposición de la política financiera* ***a*** *la de bienestar social. La anteposición del amor* ***al*** *dinero es una hermosa decisión.*

anteproyecto *s. m.* **1** Estudio previo de un asunto determinado: *Ya está preparado el anteproyecto de compra de la empresa.* **2** ARQ. Conjunto de trabajos preliminares al proyecto de una obra de arquitectura o ingeniería: *El anteproyecto del nuevo hipermercado está listo para ser presentado a los accionistas.* **3** DER. Texto legal aprobado por el Gobierno para su remisión a las Cortes Generales como proyecto de ley: *Están discutiendo el anteproyecto de la nueva Ley de Arrendamientos Urbanos.*

antera *s. f.* Parte del estambre de las flores que contiene el polen.

anterior *adj.* **1** (antepuesto / pospuesto) Que precede en el espacio o en el tiempo: *Ocurrió en un curso anterior. Lo conocimos en la anterior reunión. Vive en la calle anterior* ***a*** *ésta. Lo comenté en un capítulo anterior.* ANT. posterior. **2** Que está situado en la parte más importante o frontal de una persona o cosa: *la fachada anterior del edificio, la parte anterior de la cueva. Tienes un agujero en la parte anterior de la camisa.* ANT. posterior. ‖ **3 pretérito* ~. 4 vocal* ~.**

anterioridad *s. f.* (no contable) Precedencia temporal de una cosa respecto a otra: *Tenemos que llegar con suficiente anterioridad para poder conseguir una buena localidad. Con anterioridad* ***a*** *la llegada del tren de Lisboa tiene que pasar el expreso de Madrid.*

anteriormente *adv. temp.* **1** Con anterioridad: *anteriormente* ***a*** *la llegada del rey. Anteriormente* ***a*** *que el rey llegara, se habían producido detenciones.* RELACIONES Y CONTRASTES: Frente a *antes*, no admite matizaciones cuantitativas con *mucho* o *poco*: *Mucho antes de que tú nacieras, ya estaba aquí ese letrero. Eso fue mucho antes.* **2** ELEVADO. Con anterioridad a lo que se ha mencionado antes: *Anteriormente, habían estado discutiendo.* RELACIONES Y CONTRASTES: Al contrario que *antes*, casi solamente se usa como deíctico con referencia a hechos mencionados en el texto. Contrástese *antes* (= 'anteriormente al hecho mencionado') *habían estado discutiendo,* con *antes* (= 'antiguamente' o 'hace algún tiempo' o 'hace un rato') *no pasaban estas cosas.* **3** Hace un rato, hace un momento: *Anteriormente hemos estado discutiendo precisamente eso.*

antes *adj.* **1** Que precede en el tiempo: *Ha llegado una hora antes. Ocurrió un instante antes.* **2** (precedido de nombres de tiempo en singular y con artículo o precedido de *de*) Anterior: *La noche antes había ocurrido todo. Nos dijo que viniéramos el día antes.* ‖ *adv. temp.* **3** Indica un tiempo ya pasado o el tiempo anterior al momento del que se habla o en que se habla: *Yo he llegado antes.* OBSERVACIONES: ◊ Se usa seguido de *de* cuando introduce una palabra o un infinitivo y seguido de (*de*) *que* cuando introduce una oración o se entiende que se trata del mismo verbo: *Llegaron antes de Navidad. Acabarán de cenar antes de llamar a su familia. Volverán antes que tú. Siéntate bien antes de que te caigas. Antes que José comunicara la noticia, ya lo sabía toda la ciudad.* ◊ Admite grados con adverbios como *mucho, poco* o *bastante*, pero no con *muy*: *Recibió el regalo mucho antes. Murió poco antes.* ◊ Admite cuantificación numérica expresa con nombres de tiempo: *tres días antes, un año antes, minuto y medio antes.* ◊ Con expresiones que indican el tiempo transcurrido, éstas van antepuestas: *Me avisaron cinco meses antes de la boda. Varios años antes había tenido otras novias.* ANT. después. **4** En el pasado o antiguamente: *Antes no había televisores, se entretenían con las tertulias.* SIN. antaño. ANT. actualmente, ahora. **5** Hace un rato: *Te llamé antes pero no estabas.* ‖ *adv. lug.* **6** Delante de una persona o de una cosa: *Yo iba antes que tú.* ANT. después, detrás. ‖ *conj. adv.* **7** (con *que* seguido de un sustantivo o de un infinitivo) Indica preferencia y equivale a 'mejor', 'más bien': *Antes dejar el trabajo que aguantar al jefe.* ‖ **8 ~ de ayer** Anteayer: *Antes de ayer no paró de llover.* FR. Y LOC. **~ bien** o **al contrario** o **~ por el contrario** Introduce una situación que se opone a lo que se dice en una oración negativa anterior: *No me dieron la razón, antes bien, criticaron duramente mi propuesta. Los residentes en la isla no ven con buenos ojos a los veraneantes, antes al contrario, sufren con su presencia.* **~ de anoche** Anteanoche: *Volví antes de anoche.* **~ de / que nada** En primer lugar, lo más importante o lo primero de todo: *Antes que nada hay que avisar a la familia. Antes de nada debemos reunir todo el dinero.* **cuanto ~** Lo más pronto posible: *Rogamos confirme su asistencia cuanto antes. Llámame cuanto antes.* **~ del día*. de ~** De otras épocas, de otro tiempo: *Ésas son historias de antes.* **de ~ de la guerra*. lo ~ posible** Cuanto antes, en cuanto sea posible, lo más pronto posible: *Ven lo antes posible.*

antesala *s. f.* **1** RESTRINGIDO. Habitación situada delante de la sala principal: *El señor Pérez lo espera en la antesala.* **2** Cosa que precede a otra: *El rumor es la antesala de la noticia. La discusión puede ser la antesala de un acuerdo.*

anti- *pref.* Significa 'en contra de' y forma adjetivos a partir de adjetivos y sustantivos a partir de sustantivos: *venéreo - antivenéreo, virus - antivirus, Cristo - anticristo.*

antiaéreo, a *adj. / s. m.* MIL. Que se utiliza en la defensa contra ataques aéreos: *cañón antiaéreo, defensa antiaérea. Practicaron con los antiaéreos.* **refugio* ~.**

antiafrodisiaco, ca o **antiafrodisíaco, ca** *adj. / s. m.* MED. [Medicamento, sustancia] que reduce el deseo sexual. SIN. anafrodisiaco. ANT. afrodisiaco.

antialcohólico, ca *adj.* Que combate el alcoholismo: *liga antialcohólica, tratamiento antialcohólico.*

antialérgico, ca *adj. / s. m.* [Sustancia] que combate la alergia: *crema antialérgica. Los antialérgicos son mejores que los antitranspirantes porque no obstruyen los poros.*

antiarrugas *adj. / s. m.* y *f.* **1** (invariable) Que combate o evita las arrugas: *lavadora con programa antiarrugas.* **2** [Medicamento] que evita la formación de arrugas en la piel: *crema antiarrugas que reafirma los contornos del rostro. Me han recomendado unos tratamientos antiarrugas.*

antibalas *adj.* (invariable) Que sirve para protegerse de las balas. **chaleco* ~.**

antibelicista *adj. / s. m.* y *f.* Que es contrario al belicismo o a la guerra: *grupos antibelicistas, manifestación antibelicista. La campaña de los antibelicistas ganó el referéndum.*

antibiótico, ca *adj. / s. m.* MED. [Sustancia química] que destruye ciertos microorganismos que causan infecciones o impide su desarrollo: *La penicilina y la estreptomicina son dos de los antibióticos más empleados.*

antibloqueo *adj.* (invariable) MEC. [Sistema de frenos] que impide el bloqueo de las ruedas de un vehículo cuando se frena: *Algunas versiones de este modelo de coche presentan el sistema de frenos antibloqueo. Hay varios sistemas antibloqueo.*

anticelulítico, ca *adj. s. m.* Que combate la celulitis: *tratamiento anticelulítico, crema anticelulítica.*

anticiclón *s. m.* METEOR. Masa atmosférica de altas presiones: *Habrá cielos despejados, sin lluvias, debido a la llegada de un anticiclón.*

anticiclónico, ca *adj.* METEOR. Del anticiclón: *La situación anticiclónica se mantiene en toda la Península.* **cuña* anticiclónica.**

anticipación *s. f.* **1** Circunstancia de hacer u ocurrir una cosa antes de lo previsto o de lo que se considera normal: *El otoño llegó con anticipación. La anticipación sistemática de los delanteros **a** los defensas fue la causa del abultado resultado.* **2** RET. Figura retórica que consiste en hacerse el que habla la objeción que pudiera hacerle otra persona y refutarla por adelantado. SIN. prolepsis.

anticipadamente *adv. modo* Por anticipado, con anticipación: *Efectué el pago anticipadamente.*

anticipado, da *adj.* Que ocurre antes de tiempo. **jubilación anticipada.** FR. Y LOC. **por ~** Antes de que ocurra o de que se haga alguna cosa: *Pagó por anticipado el arreglo de las tuberías.*

anticipar *v. tr.* **1** Hacer ‹una persona› [una cosa] antes de lo previsto inicialmente: *Creo que anticipará los trabajos que tenía previstos para el otoño.* **2** Fijar ‹una persona› [la fecha de una cosa] antes de lo previsto inicialmente: *El presidente anticipó la fecha de las elecciones. Hemos anticipado la vuelta de las vacaciones.* **3** Pagar ‹una persona› [una cantidad de dinero] a [otra persona] antes de lo previsto inicialmente: *Hemos anticipado quinientas mil pesetas a los hijos a cuenta de su regalo de cumpleaños. Me han anticipado la paga de diciembre para poder pagar la reforma de casa.* **4** Pagar ‹una persona› [una cantidad de dinero] a [otra persona] como señal o reserva de una compra: *Tenemos que anticipar cien mil pesetas para reservar la compra de la plaza de aparcamiento.* || *v. prnl.* **5** Hacer ‹una persona› [una cosa] antes de que la haga [otra persona] o antes de que suceda [una cosa]: *Se anticipó **al** contrario y envió el balón a la red. Me anticipé **a** saludarlo.* **6** Ocurrir ‹una cosa› antes de tiempo: *Este año se ha anticipado la llegada de las cigüeñas.*

anticipo *s. m.* **1** Parte del sueldo de una persona que ésta recibe antes de tiempo: *Pidió un anticipo a la empresa para poder pagar unos muebles.* SIN. adelanto. **2** Adelanto o anticipación que se hace de algo: *Me leyó un anticipo de lo que iba a ser su novela.*

anticlericalismo *s. m.* (no contable) Ideología y comportamiento contrarios al poder temporal o económico de los sacerdotes de una religión. ANT. clericalismo.

anticlímax (plural *anticlímax*) *s. m.* **1** RET. Figura retórica que consiste en la gradación descendente de las ideas. **2** RET. Punto más bajo de la gradación descendente. **3** LIT., CINE. Momento en el que disminuye la tensión en una obra literaria o en una película: *El anticlímax de la película se produce cuando al protagonista le estrellan una ridícula tarta en la cara.*

anticlinal *adj. / s. m.* GEOL. [Pliegue] de las capas del terreno en forma de bóveda.

anticoagulante *adj. / s. m.* FARM. [Sustancia] que impide o retrasa la coagulación de la sangre: *Le administran anticoagulantes.* ANT. coagulante.

anticolonialismo *s. m.* (no contable) POLÍT. Ideología y comportamiento contrarios al colonialismo. ANT. colonialismo.

anticoncepción *s. f.* Procedimiento para evitar la fecundación de la mujer. SIN. contracepción.

anticonceptivo, va *adj. / s. m.* [Medicamento, técnica] que impide la fecundación de la mujer: *No todos los anticonceptivos tienen la misma eficacia.* SIN. contraceptivo.

anticongelante *adj. / s. m.* MEC. [Líquido de refrigeración] que impide la congelación: *Tengo que ponerle anticongelante al motor, o se estropeará el radiador. Este coche ya no necesita líquido anticongelante.*

anticristo *s. m.* REL. Entre los cristianos, misterioso adversario que, según San Juan, aparecerá antes de la segunda venida de Cristo para tratar de apartar a los fieles de la fe.

anticuado, da *adj.* **1** (ser / estar) Que no se usa o está pasado de moda: *Los muebles están anticuados. Esta música es anticuada. El ordenador se ha quedado anticuado.* || *adj. / s. m.* y *f.* **2** (ser / estar) Que tiene gustos o ideas de una época pasada: *Sólo le gusta la música de los años 60, es una anticuada. Su padre es muy anticuado, sólo la deja salir hasta las nueve de la noche.*

anticuario *s. m. / f.* **1** Persona que estudia o colecciona cosas antiguas: *un anticuario especializado en muebles barrocos.* **2** Persona que tiene por profesión la compraventa de antigüedades: *Te voy a llevar a un anticuario que te comprará todas las muñecas antiguas que tengas.* || *s. m.* **3** Tienda donde se venden antigüedades: *En esta calle están los anticuarios más importantes de la ciudad.*

anticuarse *v. prnl.* RESTRINGIDO. Hacerse anticuada ‹una cosa›: *Esta motocicleta se había anticuado ya antes de que tú la compraras.*

anticucho *s. m.* ARG., BOL., CHILE, PERÚ; RESTRINGIDO en Argentina, COLOQUIAL en Chile. Trocito de carne asada, que se ensarta en una cañita o palillo.

anticuerpo *s. m.* BIOL., MED. Sustancia que existe en el organismo, o es producida en él por reacción contra un antígeno: *anticuerpos del SIDA. Se ha vacunado con tiempo para desarrollar los anticuerpos antes de exponerse al virus.*

antidisturbios *adj. / s. m.* (invariable) Que se utiliza para combatir alteraciones del orden público: *policía antidisturbios, unidad antidisturbios, material antidisturbios, los entrenamientos antidisturbios.*

antídoto *s. m.* **1** Medicamento que contrarresta los efectos de un veneno o tóxico: *Cuando le mordió la serpiente,* *le administraron rápidamente un antídoto.* SIN. contraveneno. **2** Cosa capaz de evitar o prevenir un mal: *Las amistades son un buen antídoto contra la soledad. La actividad es un buen antídoto contra la depresión.*

antiemético, ca *adj. / s. m.* MED. Que impide el vómito: *En la consulta del médico me administraron un antiemético.*

antiespasmódico, ca *adj. / s. m.* MED. Que sirve para calmar los espasmos o desórdenes nerviosos en el organismo: *sustancia antiespasmódica.*

antiestético, ca *adj.* Que es contrario a la estética: *Esa barba es antiestética. Algunas corbatas son antiestéticas y no le sientan bien a nadie.*

antifaz *s. m.* Máscara o velo con el que una persona se cubre la cara o los ojos: *un antifaz de carnaval. Como no soporta la claridad, se pone un antifaz para dormir.*

antífona *s. f.* REL. Breve pasaje que se canta o reza antes y después de los salmos y de los cánticos en las distintas partes del oficio divino de la iglesia católica: *Las antífonas tienen en ocasiones valores poéticos innegables.*

antigás *adj.* (invariable) [Máscara] que protege de las emanaciones de los gases tóxicos. **máscara ~.**

antígeno *s. m.* BIOL., MED. Sustancia que, introducida en un organismo animal, provoca la formación de anticuerpos.

antigualla *s. f.* PEYORATIVO. Obra, objeto o uso muy antiguos: *En esa tienda sólo tienen antiguallas. La tecnología medieval es una venerable antigualla.*

antiguamente *adv. temp.* En un tiempo remoto o muy alejado del presente: *Antiguamente se pensaba que el Sol giraba alrededor de la Tierra.*

antigüedad *s. f.* **1** (no contable) Cualidad de antiguo: *Es imposible calcular la antigüedad del jarrón.* **2** HIST. Tiempo antiguo, en especial, la época antigua de Grecia y Roma: *Este libro trata sobre las costumbres de la antigüedad clásica griega y romana.* **3** (preferentemente en plural) Obra de arte u objeto de tiempos antiguos: *Lo compré en una tienda de antigüedades.* **4** (no contable) Tiempo que una persona lleva en un empleo: *Se valora la antigüedad en el cargo. Tengo todavía poca antigüedad y por eso gano menos.*

antiguo, gua *adj.* **1** (antepuesto / pospuesto) Que existió o sucedió hace mucho tiempo: *una antigua fiesta popular. Le gusta la música antigua.* **~ continente*. edad* antigua. el Mundo* Antiguo** o **el Viejo Mundo. 2** (antepuesto / pospuesto) Que ha sido sustituido por otro: *El sistema antiguo era mejor. La antigua normativa ha quedado derogada.* **Antiguo / viejo testamento*.** || *adj. / s. m.* y *f.* **3** Que no está de acuerdo con los procedimientos, gustos o conocimientos actuales: *Mi padre es un antiguo y no me comprende.* ANT. moderno. **4** Que lleva mucho tiempo en el mismo lugar, empleo o actividad: *Han echado a los más antiguos. Juan es muy antiguo en la empresa. Es uno de los vecinos más antiguos del barrio.* SIN. veterano. || *s. m.* **5** (en plural) Personas que vivieron en un tiempo remoto: *Los antiguos creían que la Tierra era plana.* FR. Y LOC. **a la antigua** Según la costumbre o estilo de antes: *Organizó una boda a la antigua.* **chapado* a la antigua.**

antihéroe *s. m.* Personaje de una obra literaria o de una película que posee características opuestas a las que tradicionalmente se le atribuyen al héroe: *Don Quijote es el antihéroe de las novelas de caballería.*

antihistamínico, ca *adj. / s. m.* MED. [Sustancia] que impide o bloquea las respuestas del organismo a la histamina activadora de los procesos alérgicos: *Estoy tomando antihistamínicos porque tengo alergia al polen.*

antiimperialismo *s. m.* (no contable) POLÍT. Ideología y comportamiento contrarios al imperialismo. ANT. imperialismo.

antiinflamatorio, ria *adj. / s. m.* MED. [Medicamento] que combate la inflamación: *Tomó un antiinflamatorio para calmar los dolores de la artrosis.*

antillano, na *adj. / s. m.* y *f.* De las islas Antillas, en el océano Atlántico, al este de América Central: *licor antillano, baile antillano. Los antillanos han sido convocados a las urnas en unos comicios municipales.*

antílope *s. m.* **1** (macho y hembra) *Antilope cervicapra.* Mamífero rumiante de cuerpo delgado, patas largas y finas y, en los machos, cuernos en espiral. **2** (en plural) Género de estos animales.

antimateria *s. f.* (no contable) FÍS. Materia compuesta por antipartículas: *Es físico y estudia la antimateria.*

antimilitarismo *s. m.* (no contable) Ideología y comportamiento contrarios al militarismo. ANT. militarismo.

antimilitarista *adj.* **1** Del antimilitarismo: *asociaciones antimilitaristas.* || *adj. / s. m.* y *f.* **2** Que son partidarios del antimilitarismo: *manifestantes antimilitaristas, publicaciones antimilitaristas.*

antimonio *s. m.* (no contable) *Sb.* Elemento químico metaloide que suele aparecer en forma de metal duro y quebradizo de color blanco azulado y brillante, empleado en la elaboración de granadas y aleaciones y también, antiguamente, en los caracteres de imprenta.

antimonita *s. f.* Mineral de color gris plomo y brillo metálico, que es la mena principal del antimonio.

antimoral *adj.* Que es contrario a la moral: *Me parece que engañar a los compañeros es antimoral.*

antinacional *adj.* Que es contrario al carácter de una nación o lo combate: *No somos antinacionales los que criticamos un gobierno concreto. Algunos individuos antinacionales no se alegran con el triunfo de nuestra selección de fútbol.*

antinatural *adj.* Que es contrario al orden de la naturaleza: *La pedagogía antinatural obliga a los niños pequeños a jugar poco y a hacer muchos trabajos escolares.*

antinefrítico, ca *adj.* MED. [Medicamento, tratamiento] que combate la nefritis o inflamación del riñón: *El mejor remedio antinefrítico es una vida sana.*

antineoplásico, ca *adj.* MED. [Medicamento, tratamiento] que combate el cáncer: *Continuamente están evolucionando los tratamientos antineoplásicos.*

antineurálgico, ca *adj. / s. m.* MED. [Medicamento, tratamiento] que combate la neuralgia o los dolores: *Si no me tomo un antineurálgico no me desaparecen los dolores de cabeza. Un remedio antineurálgico muy efectivo es huir al campo y olvidarse de la vida moderna.*

antiniebla *adj.* (invariable) Que ayuda a ver en la niebla: *faros antiniebla. Mi coche no tiene luces antiniebla.*

antinomia *s. f.* Contradicción entre dos principios racionales o entre dos preceptos legales: *En lingüística son famosas algunas antinomias como la distinción entre la lengua social y el habla individual.*

antinómico, ca *adj.* 1 De la antinomia: *exposición antinómica. Esa escritora que citas tiene un gusto antinómico muy marcado.* 2 Que tiene o encierra una antinomia: *conceptos antinómicos, razonamiento antinómico.*

antinuclear *adj.* 1 Que se opone al uso de la energía nuclear: *manifestación antinuclear, manifiesto antinuclear.* 2 Que protege de los efectos de una explosión nuclear: *refugio antinuclear.*

antíope *s. f. Nymphalis antiopa.* Insecto lepidóptero diurno, grande y con las alas negras con un borde amarillo, cuyas larvas se alimentan de las hojas de árboles como álamos y abedules.

antioxidante *adj. / s. m.* [Sustancia] que evita la oxidación: *Es un antioxidante muy poderoso y por eso es bueno para las células del organismo.*

antipalúdico, ca *adj.* Que combate el paludismo o malaria: *Un médico colombiano ha ensayado con éxito una vacuna antipalúdica.*

antiparasitario, ria *adj. / s. m.* 1 MED. Que combate los parásitos en personas y animales: *una loción antiparasitaria, un medicamento antiparasitario.* 2 TECNOL. Antiparásito.

antiparásito, ta *adj.* TECNOL. Que evita las perturbaciones en los canales de comunicación como radio o televisión: *El aparato viene con instrumentos antiparásitos que aseguran una perfecta recepción de las emisoras.*

antiparras (plural) *s. f.* (puede usarse en plural con el significado de singular) COLOQUIAL, RESTRINGIDO. Tipo de gafas como las que se usaban en el siglo XIX: *El abuelo ha perdido las antiparras y no puede leer. Siempre lleva consigo dos pares de antiparras.*

antipartícula *s. f.* FÍS. Partícula elemental artificial que tiene propiedades iguales, pero de sentido contrario al de la partícula correspondiente: *Cuando se unen una partícula y una antipartícula se destruyen y se originan nuevas partículas.*

antipasto *s. m.* ARG., URUG. Plato frío de entremeses formado por fiambres, aceitunas y verduras en vinagre.

antipatía *s. f.* (no contable) Sentimiento de rechazo o repugnancia hacia alguien o algo: *Los gatos tienen cierta antipatía al agua. El niño tiene antipatía a mi hermana y no quiere salir de paseo con ella.* ANT. simpatía.

antipático, ca *adj. / s. m.* y *f.* (ser / estar; antepuesto / pospuesto) Que causa o inspira antipatía: *El mundo está lleno de gente antipática. Tras ese antipático gesto, el público comenzó a abuchearle. Últimamente estás de lo más antipático, ¿te hemos hecho algo? No sé por qué te haces la antipática, porque en realidad no lo eres. Escribe cosas muy antipáticas estos días.* ANT. simpático.

antipatriota *s. m. / f.* Persona que según opinión generalizada actúa en contra de los intereses de su patria: *Es un antipatriota que vende armas a los enemigos.*

antipedagógico, ca *adj.* 1 Que es contrario a los principios de la pedagogía: *Es un plan totalmente antipedagógico. Es un libro antipedagógico.* 2 Que no es eficaz desde la perspectiva de la enseñanza: *Es un maestro muy antipedagógico. Es la escuela más antipedagógica que he visto.*

antipirético, ca *adj. / s. m.* MED. [Medicamento] que combate la fiebre: *Me han administrado un antipirético, pero no me baja la fiebre.*

antípoda *s. m. / f.* 1 (en plural) Lugar o punto geográfico diametralmente opuesto a otro: *Se ha ido a vivir a las antípodas.* ‖ *adj. / s. m.* y *f.* 2 (frecuentemente en plural y masculino) COLOQUIAL. Que es totalmente opuesto a otra persona o cosa: *Esos coches son los antípodas de los que a mí me gustan.* ‖ 3 (en plural) GEOGR. [Persona] que vive en un lugar de la Tierra diametralmente opuesto al de otro: *Los habitantes de Nueva Zelanda son los antípodas de los de España.* FR. Y LOC. **en los / las antípodas** En el lado opuesto o contrario: *Ese chico es un tonto, está en las antípodas de mi forma de ser. Su pensamiento está ahora en las antípodas del nuestro.*

antipoético, ca *adj.* 1 Que es contrario a las reglas de la poesía: *Nunca he leído una obra tan antipoética.* 2 COLOQUIAL. Que tiene un carácter poco idealista, soñador o espiritual: *Tiene un espíritu profundamente prosaico y antipoético, sólo se preocupa por la economía.*

antipolilla *adj. / s. m.* (invariable) [Insecticida] que combate la polilla de los tejidos: *Hemos puesto bolas antipolilla y el armario huele mal.*

antirrábico, ca *adj. / s. m.* y *f.* [Medicamento, tratamiento] que combate la rabia: *Hemos puesto la vacuna antirrábica al perro y está incómodo.*

antirreflector, ra *adj.* Que elimina los reflejos de la luz: *Los cristales están tratados con una sustancia antirreflectora; así verá usted mejor.*

antirreglamentario, ria *adj.* Que es contrario a un reglamento: *Han expulsado a un jugador por una entrada antirreglamentaria a un contrario. En nuestro centro no admitimos escolares de conducta antirreglamentaria.*

antirreligioso, sa *adj.* Que combate la religión o el espíritu religioso: *Creemos que no se puede proporcionar una educación antirreligiosa a los niños. El afán de ganar dinero sin otras consideraciones es propio del espíritu antirreligioso humano.*

antirreumático, ca *adj. / s. m.* MED. [Medicamento, tratamiento] que combate o cura el reumatismo: *Le han puesto un tratamiento antirreumático.*

antirrobo *adj. / s. m.* (invariable como adj.) Que impide el robo: *Ha colocado un dispositivo antirrobo en su oficina. Ha colocado dos palancas antirrobo en su nuevo coche. El antirrobo ideal es un gorila en casa.*

antisemita *adj.* 1 Del antisemitismo: *la doctrina antisemita.* ‖ *adj. / s. m.* y *f.* 2 Que difunde o practica el antisemitismo: *un panfleto antisemita, una organización antisemita.*

antisemitismo *s. m.* (no contable) Ideología y comportamiento contrarios a la cultura y al pueblo judíos: *El antisemitismo se ha producido a lo largo de la historia.*

antisepsia *s. f.* (no contable) MED. Conjunto de técnicas usadas para prevenir las enfermedades infecciosas y combatir los agentes que las causan.

antiséptico, ca *adj. / s. m.* MED. [Sustancia, técnica] que mata los microorganismos causantes de las infecciones o impide su crecimiento: *Necesitas un antiséptico si quieres desinfectar esas heridas. Una medida antiséptica muy simple es hervir mucho tiempo la cucharita del niño.*

antisiquiatría *s. f.* (no contable) Comportamiento e ideología de los psiquiatras partidarios de no aislar a los enfermos psiquiátricos en centros especiales y tratarlos en su entorno familiar y vital habitual: *La antisiquiatría estuvo muy de moda en la década de los años setenta.*

antisísmico, ca *adj.* Que puede resistir los terremotos o que se recomienda para resistirlos: *edificio antisísmico, normas de construcción antisísmicas.*

antisocial *adj. / s. m.* y *f.* **1** Que no acepta las convenciones sociales: *Es un individuo antisocial, vive en su cabaña y nunca concede entrevistas.* **2** Que ataca las bases de la organización o convivencia social: *Las leyes que perjudican a los trabajadores son leyes antisociales. Sostiene unas ideas antisociales y algo pasadas de moda.*

antisubmarino, na *adj.* Que combate a los submarinos o está especialmente preparado para la lucha contra los submarinos: *helicóptero antisubmarino, grupo de combate antisubmarino. Ha inventado una granada antisubmarina. Han comprado varios helicópteros antisubmarinos.*

antisudoral *adj. / s. m.* Que combate el sudor: *Esta nueva pomada es muy buena para los pies, es antisudoral.*

antitabaco *adj.* (invariable) Que combate el tabaco: *Han iniciado una campaña antitabaco. Es de la liga antitabaco. Hay recomendaciones antitabaco en todas las habitaciones de la residencia.*

antitanque *adj.* (invariable) Que puede destruir los tanques y vehículos blindados: *armamento antitanque.*

antitérmico, ca *adj. / s. m.* MED. [Medicamento, tratamiento] que combate la fiebre: *Cuando le suba la temperatura el mejor remedio antitérmico es que lo metas en un baño templado.*

antítesis *s. f.* **1** Oposición entre dos juicios, personas o cosas: *El pensamiento de Santiago es la antítesis del pensamiento de Gabriel.* **2** Persona o cosa opuesta a otra: *Ese chico es la antítesis de su padre.* **3** LIT. Figura retórica que consiste en contraponer frases o palabras de significación contraria: *La frase «la grandeza se demuestra en cosas pequeñas» encierra una antítesis.*

antitetánico, ca *adj. / s. m.* y *f.* Que combate el tétanos: *vacuna antitetánica.*

antitético, ca *adj.* Que implica antítesis: *Sostienen juicios antitéticos, completamente opuestos. Tienen caracteres antitéticos, no podrán entenderse nunca.*

antitranspirante *adj.* **1** [Sustancia] que impide o limita la sudoración: *crema desodorante y antitranspirante.* **2** [Sustancia] que reduce la transpiración: *suela antitranspirante.*

antituberculoso, sa *adj.* Que combate la tuberculosis: *sanatorio antituberculoso, plan antituberculoso.*

antitusígeno, na *adj. / s. m.* Que combate la tos: *El médico me ha recetado un jarabe antitusígeno. No podía dormir con el catarro y he mejorado con un antitusígeno.*

antiulceroso, sa *adj.* Que combate las úlceras: *Es una pomada antiulcerosa, muy buena para las piernas de los ancianos.*

antivaho *adj.* (invariable) Que no se empaña: *El coche tiene parabrisas antivaho. Los cristales antivaho son útiles en invierno.*

antivariólico, ca *adj. / s. m.* y *f.* MED. Que combate la viruela: *vacuna antivariólica.*

antivenéreo, a *adj.* Que combate las enfermedades venéreas: *consultorio antivenéreo, medicina antivenérea.*

antivírico, ca o **antivirus** *adj. / s. m.* Que combate los virus: *La lucha antivírica no acaba nunca. La investigación antivírica es muy complicada. Hay algunos antivíricos, pero poco eficaces, excepto las vacunas comprobadas.*

antojadizo, za *adj.* Que tiene antojos o caprichos con frecuencia: *Este niño es muy antojadizo y siempre quiere que le compre cosas. Mi hermana es una antojadiza y gasta mucho dinero en caprichos.*

antojarse *v. prnl.* **1** Hacerse ‹una cosa› deseable para [una persona] de una manera injustificada y repentina: *Se me antojó ir a Brasil.* **2** Hacerse ‹una cosa› probable para [una persona]: *Se me antoja que tu marido no cambiará. Se nos antoja que no durarán mucho tiempo juntos.* ⇒ **9.**

antojitos (plural) *s. m.* MÉX.; COLOQUIAL. Tapas, aperitivos.

antojo *s. m.* **1** Capricho repentino y pasajero: *Cuando estaba embarazada, Sagrario tuvo el antojo de comer fresas con nata en invierno.* **2** COLOQUIAL. Mancha congénita en la piel: *Tiene un antojo pequeño en la barbilla.*

antología *s. f.* Colección de fragmentos escogidos de obras literarias o artísticas: *Estoy leyendo una antología de la obra de Quevedo.* FR. Y LOC. **ser de ~** Ser ‹una persona o una cosa› extraordinaria: *Es un pintor de antología. Ten cuidado, que es una caradura de antología.*

antológico, ca *adj.* **1** De una antología o que forma una antología: *En el museo hay una exposición antológica del realismo español de posguerra.* **2** Que merece destacarse por ser lo mejor o lo más importante de su clase: *El defensa hizo un partido antológico. La vagancia y la inteligencia de Guillermo eran antológicas en la facultad.*

antonimia *s. f.* LING. Oposición del significado de dos palabras: *Aunque los lingüistas no lo consideren así, muchos hablantes creen que «comprar» y «vender», o que «hombre» y «mujer» tienen relaciones de antonimia.*

antónimo, ma *adj. / s. m.* LING. [Palabra] que se opone semánticamente a otra: *diccionario de sinónimos y antónimos. «Aquí» y «allí» son términos antónimos.*

antonomasia *s. f.* RET. Figura retórica que consiste en la sustitución de un nombre común por un nombre propio o un nombre propio por un nombre común: *Un ejemplo de antonomasia popular en español es llamar aspirina a cualquier analgésico.* FR. Y LOC. **por ~** Por excelencia, con más propiedad que en otros casos posibles: *La jota es el baile aragonés por antonomasia. Los toros constituían en España la fiesta por antonomasia.*

antorcha *s. f.* **1** Trozo de material inflamable generalmente de forma alargada, que se lleva en la mano y sirve para iluminar: *antorcha olímpica.* **2** Guía para el comportamiento o entendimiento: *En el siglo* XIX *hubo varios periódicos que se llamaron antorcha como «La Antorcha Científica» y «La Antorcha de la Verdad».* FR. Y LOC. **pasar / entregar la ~** DESPEDIDA. Cesar ‹una persona› en una obra o actividad para que otros sigan en ella: *Hemos hecho nuestro trabajo lo mejor que hemos podido y le pasamos la antorcha a este grupo tan dinámico que mejorará, sin duda, nuestra gestión.* **recoger la ~** Continuar ‹una persona› la labor o la obra que ha empezado otra: *Recogemos la antorcha de nuestro predecesor y seguiremos trabajando para que nuestra empresa sea la primera. Parece que su hija va a recoger la antorcha y se va a dedicar también a la canción.*

antracita *s. f.* MIN. Carbón fósil, que arde con dificultad y sin humo y tiene gran poder calórico.

ántrax (plural *ántrax*) *s. m.* (no contable) MED. Inflamación dolorosa del tejido de debajo de la piel producida por la acumulación de forúnculos.

antro *s. m.* 1 Local público de mal aspecto o mala fama: *Esa discoteca es un antro peligroso.* **~ de perdición** PEYORATIVO / HUMORÍSTICO. Local donde se pervierten las personas: *Los prostíbulos son antros de perdición de la juventud. Un buen antro de perdición es la biblioteca de nuestra facultad, donde se habla tanto que nadie puede estudiar nada.* 2 Vivienda o habitación pobre y sin condiciones higiénicas: *Los inmigrantes viven en unos antros inhumanos.* 3 LITERARIO. Caverna, gruta.

antropocéntrico, ca *adj.* Del antropocentrismo: *Ésta es una filosofía antropocéntrica. En el siglo* XVIII *triunfa la organización social antropocéntrica.*

antropocentrismo *s. m.* (no contable) FILOS. Doctrina filosófica que considera al hombre como el centro de todas las cosas y el fin absoluto de la naturaleza.

antropofagia *s. f.* (no contable) ANTROP.; AFECTADO. Canibalismo humano.

antropófago, ga *adj. / s. m.* y *f.* [Persona] que come carne humana: *una tribu antropófaga, un indígena antropófago. Vi un documental sobre los antropófagos.*

antropografía *s. f.* (no contable) ANTROP. Ciencia que trata de la descripción de las razas humanas.

antropoide *adj. / s. m.* 1 (macho y hembra) ZOOL. [Animal] mamífero primate que tiene ciertas características que lo asemejan al hombre: *El mono es un animal antropoide.* 2 ZOOL. (en plural) Grupo formado por los antropoides.

antropología *s. f.* (no contable) Ciencia que estudia la especie humana desde el punto de vista biológico y de su adaptación histórica y cultural.

antropológico, ca *adj.* De la antropología: *estudio antropológico, asociación antropológica.*

antropólogo, ga *s. m. / f.* Persona que se dedica por profesión a la antropología.

antropometría *s. f* (no contable) Parte de la antropología que estudia las medidas del cuerpo humano.

antropomórfico, ca *adj.* Del antropomorfismo: *Muchas religiones son antropomórficas.*

antropomorfismo *s. m.* (no contable) Atribución de características humanas a la divinidad, a los animales o a las cosas.

antropomorfo, fa *adj.* Que tiene forma o apariencia humana: *Los cuentos infantiles están llenos de figuras antropomorfas.*

antroponimia *s. f.* (no contable) LING. Estudio de los nombres propios de persona en su significación y en su historia y etimología.

antropónimo *s. m.* Nombre de persona: *Juan, Santiago, Pilar y Fernanda son antropónimos frecuentes en España.*

antruejo *s. m.* RESTRINGIDO, LITERARIO. Carnaval: *tiempo de antruejo.*

anual *adj.* 1 Que sucede o se repite cada año: *Se celebra esta semana la reunión anual de antiguos alumnos. Las reuniones tienen una periodicidad anual.* **planta ~.** 2 Que dura un año: *Se puede elegir entre cursos semestrales y anuales.*

anualidad *s. f.* Importe anual de una renta o carga periódica: *Debe dos anualidades del alquiler del piso.*

anualmente *adv. temp.* Cada año, una vez al año: *Los intereses se pagarán anualmente. Visito al dentista anualmente.*

anuario *s. m.* 1 Libro que se publica cada año como guía para profesionales: *un anuario de Medicina, un anuario de Filología.* 2 Revista que se publica una vez al año: *Estoy suscrita a un anuario de Arquitectura.*

anubarrado, da *adj.* Que está lleno de nubes: *El cielo está anubarrado. No me gusta esta noche anubarrada.*

anudar *v. tr. / prnl.* 1 Hacer ‹una persona› un nudo en [una cosa] o con [ella]: *Anudaron varias sábanas y con ellas se descolgaron por la ventana de la cárcel.* ***Se*** *anudó la corbata.* 2 RESTRINGIDO. Hacer ‹una persona› más estrecha [una relación]: *Hemos anudado otra vez la antigua confianza durante esta excursión.* SIN. estrechar(se).

anuencia *s. f.* (no contable) ELEVADO. Consentimiento, autorización para hacer algo: *Sale con el hijo del jefe con la anuencia de la madre del muchacho. Abría la caja con la anuencia de su padre.*

anulación *s. f.* 1 Acción y efecto de anular o anularse: *Poco a poco consiguió la anulación de la personalidad de su hija.* 2 DER. Acción de dejar sin valor un acto o un contrato: *Consiguió la anulación de su matrimonio.*

anular *v. tr.* 1 Dar ‹una persona› [un compromiso o un contrato] por nulo: *He anulado mis compromisos esta semana porque estoy con fiebre.* 2 Dejar ‹una persona› [un documento] sin validez: *Hemos anulado nuestros acuerdos, porque había en ellos un defecto de forma.* SIN. invalidar. 3 No dejar actuar ‹una persona› [a otra persona] libremente: *El jefe ha conseguido anular a todo el departamento y nadie se atreve a tomar una iniciativa. El defensa anuló completamente al delantero centro rival.* 4 Destruir ‹una persona› la personalidad de otra, consiguiendo que ésta no se valore ni tenga confianza en sus cualidades: *No hace nada más que lo que quiere su madre, que lo ha anulado por completo.* || *v. prnl.* 5 Perder ‹una persona› la capacidad de actuar libremente o su propia confianza en sí: *Cuando estoy con mi familia, me anulo.*

anular *adj. / s. m.* 1 [Dedo] que es el cuarto de la mano, inmediato al meñique: *Se ha hecho una herida en el dedo anular.* **dedo* ~.** || *adj.* 2 Del anillo o de esta forma: *estructura anular de un conjunto, eclipse anular.*

anunciación *s. f.* (no contable) REL. En la religión cristiana, anuncio del misterio de la Encarnación que el Arcángel San Gabriel hizo a la Virgen María y fiesta que lo conmemora: *En el retablo aparece representada la Anunciación. El veinticinco de marzo se celebra la Anunciación.*

anunciador, ra *adj. / s m.* y *f.* Que anuncia o se anuncia: *Prohibido fijar carteles, responsable la empresa anunciadora.*

anunciante *s. m. / f.* Persona o empresa que encarga un anuncio: *Los anunciantes de las cadenas de televisión han constituido una asociación para defender sus intereses. Nuestros anunciantes son empresas muy solventes.*

anunciar *v. tr.* 1 Hacer saber ‹una persona› [una cosa]: *Me ha anunciado que viene mañana en avión.* 2 Hacer saber ‹una cosa› [a una persona u otra cosa] por indicios: *La llegada de las cigüeñas anuncia el buen tiempo. Estas nubes anuncian tormenta. El taconeo anuncia a Pilar. Las sirenas anuncian al presidente.* || *v. tr. / prnl.* 3 Hacer ‹una persona› propaganda de [otra persona] o de [una cosa]: *Las empresas constructoras* ***se*** *anuncian en los periódicos.* 4 Hacer saber ‹una persona› que va a llegar [otra persona]: *El* *presidente **se** anunció con un breve carraspeo.* || *v. prnl.* **5** Empezar a aparecer ‹una cosa›: *Se anuncia mal tiempo por el oeste.* FR. Y LOC. **~ / dar / decir el corazón*.**

anuncio *s. m.* **1** Acción y resultado de anunciar o anunciarse: *El anuncio de su boda no nos ha sorprendido. El anuncio de la salida a bolsa de algunas empresas impresiona a nuestros inversores.* **2** Conjunto de signos verbales o no verbales preparados para hacer propaganda comercial, política o ideológica: *No me gustan los últimos anuncios de detergentes. Los anuncios electorales se parecen mucho entre sí.* **3** Señal o indicio de alguna cosa: *La inquietud de los animales en ciertas circunstancias es un anuncio de un terremoto. Las repetidas pérdidas de memoria pueden ser anuncio de un deterioro rápido del cerebro.*

anuro, ra *adj.* **1** ZOOL. [Batracio] que tiene cuatro extremidades en la fase adulta, pero sin cola. || *s. m.* **2** (en plural) ZOOL. Orden de estos animales.

anverso *s. m.* **1** Parte de las monedas y medallas que se considera la principal: *En el anverso de esta moneda está la efigie del rey.* SIN. cara. ANT. cruz, reverso. **2** ART. GRÁF. Cara en que va impresa la primera página de un pliego. ANT. reverso.

-anza *suf.* **1** Significa 'acción y resultado de' y forma sustantivos a partir de verbos: *esperar - esperanza, enseñar - enseñanza, confiar - confianza, criar - crianza.* **2** Significa 'cualidad de' y forma sustantivos a partir de verbos: *semejar - semejanza, templar - templanza.* **3** Significa 'agente' y forma sustantivos a partir de verbos: *ordenar - ordenanza.*

anzuelo *s. m.* **1** Gancho pequeño de metal donde se pone el cebo para pescar: *El pez mordió el anzuelo. El pez cayó en el anzuelo. El pescador tiró el anzuelo.* **2** Atracción, trampa disimulada para llamar la atención de la gente: *Los titulares escandalosos son el anzuelo de las revistas sensacionalistas para que la gente las compre. El anuncio solicitando camareras era el anzuelo para reclutar jóvenes destinadas a prostíbulos de la costa.* FR. Y LOC. **tragar / morder / picar el ~** Caer ‹una persona› en una trampa o en un engaño: *Muchos pequeños ahorradores que mordieron el anzuelo de los altos intereses han perdido el dinero que pusieron en manos de ese estafador.*

añada *s. f.* Cosecha de un año, especialmente la de vino: *Ha sido una buena añada de riojas.*

añadido *s. m.* **1** Adición con que se completa alguna cosa, especialmente una obra escrita: *La obra de teatro original sin los añadidos posteriores es mejor. El manuscrito está lleno de añadidos. La última escena de la película parece un añadido de última hora.* **2** RESTRINGIDO. Postizo de pelo, generalmente en forma de trenza: *Ahora lleva un añadido muy juvenil en el moño.* || **3 valor* ~.**

añadidura *s. f.* RESTRINGIDO. Adición con que se completa alguna cosa: *No me gustan estas añadiduras de tu último capítulo.* FR. Y LOC. **por ~** Además, como complemento: *Busca el reino de Dios y su justicia y las otras cosas las tendrás por añadidura, dice la Biblia.*

añadir *v. tr.* **1** Poner ‹una persona› [una cosa] en [otra cosa]: *El cocinero añadió un poco de sal **a** la comida.* SIN. agregar. **2** Dar ‹una persona› una explicación o una respuesta a [lo que se ha dicho antes]: *Añadiré muy poco **a** lo expuesto. Este libro no añade nada **a** lo que se sabía del asunto.* FR. Y LOC. **~ / echar leña* al fuego.**

añagaza *s. f.* **1** Artificio, trampa o razonamiento ingeniosos preparados para engañar: *La policía logró detenerlo con una añagaza. Déjate de disculpas y añagazas y empieza a trabajar, que van a ser las doce y todavía no has hecho nada esta mañana. Emplea todas las añagazas del mundo para sacarle dinero a sus padres.* **2** RESTRINGIDO. Señuelo para cazar aves.

añal *adj. / s. m.* y *f.* [Becerro, cabrito] que tiene un año: *una becerra añal.*

añañuca *s. f.* CHILE. Planta bulbosa que crece en el desierto cuando se acumula la humedad de la niebla y echa flores rojas y amarillas.

añejo, ja *adj.* **1** Que se ha hecho o producido hace mucho tiempo: *vino añejo, jamón añejo, noticia añeja, historia añeja.* **2** RESTRINGIDO. Que es producto del año que acaba de pasar: *Vamos a probar el jamón añejo porque el de este año está muy tierno. No os saco vino joven, es mejor el tinto añejo, porque tuvimos muy buena cosecha el año pasado.*

añicos (plural) *s. m.* Pedazos pequeños en que se divide alguna cosa al romperse: *Recoge los añicos de la botella rota, nos podemos cortar.* FR. Y LOC. **estar hecho ~** Estar ‹una persona› agotada por un esfuerzo o entristecida por algo: *Estoy hecha añicos de subir las escaleras. Desde que se quedó sin trabajo está hecha añicos.* **hacerse ~** Romperse ‹una cosa› en muchos pedazos pequeños: *Se me ha caído la taza y se ha hecho añicos.*

añil *s. m.* **1** Arbusto leguminoso, de tallo recto, flores rojizas y fruto en vaina ovalada. **2** (no contable) Pasta de color azul oscuro que se extrae de los tallos y hojas de los añiles. || *adj. / s. m.* **3** Color de esta pasta: *una colcha añil. El añil es un hermoso color.*

año *s. m.* **1** ASTRON. Tiempo que transcurre durante una vuelta completa de la Tierra alrededor del Sol. **2** Período de tiempo comprendido entre el 1 de enero y el 31 de diciembre siguiente: *Tengo un calendario de este año.* **~ bisiesto** Año que se repite cada cuatro años, que consta de 366 días y en el que el mes de febrero tiene 29 días. **~ nuevo** 1 El año que está a punto de comenzar o que ha comenzado hace poco tiempo. 2 (preferentemente en mayúscula) Día primero del año. **día* de ~ nuevo.** **3** Período de doce meses a partir de una fecha determinada. **~ eclesiástico / litúrgico** Año que rige las fiestas de la iglesia católica y comienza el primer domingo de Adviento. **~ escolar / académico** Curso de enseñanza oficial que, en España, empieza en septiembre. **~ jacobeo** Año en el que la iglesia católica concede especiales indulgencias a los que peregrinan a visitar el sepulcro del apóstol Santiago. **~ judicial** Período anual de funcionamiento de los tribunales. **~ legislativo** Período anual de funcionamiento de las Cortes. **~ sabático** 1 Año que se cumplía cada siete entre los judíos y en el que se dejaba descansar la tierra. 2 Año de licencia que se concede a los profesores universitarios para que lo dediquen a cuestiones académicas o a la investigación. **~ santo** Entre los católicos, año en el que el papa declara que se puede ganar jubileo o indulgencia plenaria si se peregrina a Roma o a otro lugar determinado. **4** Medida de la edad de una persona o animal: *Yo tengo cuarenta años y mi gatito tres.* || **5 ~ viejo** Última noche del año y fiesta que se celebra esa noche hasta la llegada del año nuevo: *Celebramos la fiesta de año viejo en la Puerta del Sol.* SIN. nochevieja. **6 ~ de gracia** ELEVADO, ADMINISTRATIVO. Expresión que se usaba por escritores, eclesiásticos, funcionarios o monarcas para referirse a un año de la era cristiana: *En el año de gracia de 1817 nuestro amado rey Fernando VII visitó esta hermosa ciudad. En el año de gracia de 1514 la cólera de Dios envió una enfermedad pestilente que diezmó la población de Ciudad Real.* **7 ~ luz** Distancia que recorre la luz en un año: *Esa galaxia está a muchos miles de años luz de la Tierra.* **8 ~ sideral*. 9 los (años) cincuenta* / cuarenta* / noventa* / ochenta* / sesenta* / setenta* / treinta* / veinte*.** FR. Y LOC. **~ de la nana / pera** o **~ de maricastaña** 1 COLOQUIAL; HUMORÍSTICO. Hace mucho tiempo: *Eso que me cuentas es del año de la pera, no me acuerdo de nada.* 2 COLOQUIAL; HUMORÍSTICO. Pasado de moda: *Lleva un traje del año de la nana.* **años / días / meses / tiempo atrás*. entrado en años** [Persona] muy madura, de bastante edad: *No es ninguna chiquilla, es una chica ya entrada en años.* **estar de buen ~** Estar grueso y con aspecto de buena salud: *Estás de buen año, a ver si comes menos. –«Está de buen año tu perro.» –« Sí, come mucho.»* **felices Pascuas* y próspero ~ Nuevo. fin* de ~. hacer / cumplir años** Pasar ‹una persona› el día del aniversario de su nacimiento: *Hago años el próximo domingo, pero no lo celebro.* **¡mal ~!** COLOQUIAL, RESTRINGIDO; INTENSIFICADOR. Se usa para dar énfasis a lo que se dice o para insultar a una persona deseándole un mal. **perder ~** Repetir ‹un estudiante› un curso porque no ha aprobado las asignaturas: *Ha perdido año por perezoso.* **quitarse años** Decir ‹una persona› que tiene menos años de los que realmente tiene: *Es frecuente que las mujeres se quiten algún año cuando se les pregunta por su edad.* **ser del ~ de la polca** COLOQUIAL. Ser ‹una persona o una cosa› muy antigua: *Ese cantante es del año de la polca. En el desván encontré un vestido del año de la polca.* **tal día hará / hace / hizo un ~** 1 Se usa para decir que ha pasado un año desde una fecha que se ha mencionado antes. 2 COLOQUIAL; RESUMIDOR FINAL. Se usa para quitar importancia a un hecho negativo que acaba de suceder: *Se me ha roto el jarrón, pero qué le vamos a hacer, tal día hizo un año.* REFR. **Año de nieves, año de bienes.** Se usa para recordar, cuando nieva en Castilla, la utilidad de la nieve en una geografía no muy sobrada de agua.

añojo, ja *s. m. / f.* **1** Becerro o cordero de un año cumplido: *Tiene unos añojos preciosos en su finca.* || *s. m.* **2** (no contable) Carne de añojos para la alimentación humana: *¿Tenéis añojo hoy en vuestra carnicería?*

añoranza *s. f.* (no contable) Recuerdo con pena o nostalgia de alguna persona o cosa querida: *Siento la añoranza de mi pueblo. Tenemos añoranza de aquel periquito tan listo.*

añorar *v. tr.* Recordar ‹una persona› la ausencia de [una persona, un animal o una cosa] con tristeza: *Añoro a mi hermano. La niña añora su osito de peluche.* SIN. extrañar.

añoso, sa *adj.* (antepuesto / pospuesto) ELEVADO. [Planta] que tiene muchos años: *árbol añoso, tronco añoso, añosas encinas.*

añusgarse *v. prnl.* RESTRINGIDO. Atragantarse ‹una persona› con alguna cosa: *Me he añusgado con la almendra y no dejo de toser. Bebe con cuidado que te puedes añusgar.* **⇒ 56.**

aojar *v. tr.* RESTRINGIDO, LITERARIO. Hacer mal de ojo ‹una persona› [a otra persona]: *La vecina quiere aojar a mi hijo porque no quiere casarse con la boba de su hija.*

aorta *s. f.* ANAT. Arteria principal del cuerpo que nace del ventrículo izquierdo del corazón. **arteria ~.**

aovado, da *adj.* Que tiene forma de huevo. **hoja aovada.**

aovar *v. intr.* RESTRINGIDO. Poner ‹un animal› huevos: *Las tortugas aovan en las playas arenosas.*

APA (pronunciamos *'apa'*) *s. f.* Sigla de «Asociación de Padres de Alumnos», España.

apabullante *adj.* Que apabulla o produce mucha admiración: *Es una escultura apabullante. Tienen un equipo apabullante. Ha escrito un libro apabullante.*

apabullar *v. tr.* **1** Hacer ‹una persona o una cosa› que [una persona] se sienta incapaz de responder o reaccionar: *Los escaladores colombianos apabullan a todos los ciclistas en la montaña. Nos han apabullado sus magníficas respuestas.* SIN. aturdir. || *v. prnl.* **2** Sentirse ‹una persona› incapaz de responder o reaccionar: *El delantero se apabulló delante del portero y fue incapaz de meter gol. Tú le respondes, no te apabulles.* SIN. aturdirse.

apacentamiento *s. m.* Acción y resultado de apacentar: *Yo viviría feliz si me dedicara siempre al apacentamiento de las ovejas.*

apacentar *v. tr.* **1** Cuidar ‹una persona› [el ganado] mientras pace: *Cuando era joven apacentaba las ovejas de su tío.* **2** RESTRINGIDO. Dar ‹una persona› pasto [al ganado]: *Mañana no puedo ir al pueblo; apacienta, por favor mis vacas.* || *v. prnl.* **3** RESTRINGIDO. Comer ‹el ganado› pasto: *Aquí los cerdos se apacientan de todo, pero, sobre todo, de bellotas.* SIN. pacer. **⇒ 58.**

apache *adj. / s. m.* y *f.* De un pueblo amerindio que vivía en las llanuras de Nuevo México y que actualmente habita en reservas: *un caballo apache. Los apaches atacaron al ejército.*

apacheta *s. f.* ARG., PERÚ; RESTRINGIDO. Montículo de piedra erigido en los caminos con fines religiosos.

apacibilidad *s. f.* (no contable) Cualidad de apacible: *Miguel de Cervantes recordaba la apacibilidad de la vida de Salamanca.*

apacible *adj.* **1** (ser / estar) Que tiene un carácter y un trato agradables y tranquilos: *Ayer tuvo un día malo; hoy, en cambio, está muy apacible. Es un bebé apacible, nos deja dormir por las noches.* **2** (ser / estar; antepuesto / pospuesto) De naturaleza tranquila y agradable: *Me gusta el mar cuando está apacible, en calma, sin olas. Hemos pasado un apacible fin de semana. El viento era apacible, suave.*

apaciguamiento *s. m.* Acción y resultado de apaciguar: *Busquemos el apaciguamiento de los ánimos y que no haya más peleas. El apaciguamiento del calor no es difícil ahora con el aire acondicionado.*

apaciguar *v. tr.* **1** Hacer ‹una persona o una cosa› que [otra persona o una cosa] recupere la paz: *Su presencia apacigua a las masas. Sus palabras cariñosas me apaciguaron.* SIN. aquietar, sosegar. **2** Disminuir ‹una cosa› la intensidad o la violencia de [un dolor]: *Sólo la música suave apacigua mi tristeza.* SIN. calmar. || *v. prnl.* **3** Recuperar ‹una persona o una cosa› la paz: *Me apaciguo con el ruido de las olas del mar. Se ha apaciguado el viento.* SIN. calmarse. **4** Perder ‹un dolor› violencia o intensidad: *El dolor de oídos se apacigua al amanecer.* SIN. calmarse. **⇒ 14.**

apadrinar *v. tr.* **1** Actuar ‹una persona› como padrino de [otra persona] o de [una cosa]: *Nuestros tíos nos apadrinaron en la boda.* **2** Ayudar ‹una persona› a que [otra persona o una cosa] triunfe: *Es un chico listo y, además, lo ha* *apadrinado siempre el director general. La reforma de la estación está apadrinada por el alcalde y los concejales de sus grupo.* SIN. patrocinar.

apagado, da *adj.* **1** (ser / estar) Que es poco intenso: *sonido apagado. Tiene apagado el brillo de los ojos. El azul del mar está hoy apagado. El color del vestido es un rojo apagado.* **2** (ser / estar) Que es poco alegre o animado: *Desde que nació es una niña muy apagada. Desde que se marchó su novia está muy apagado.* **3** QUÍM. [Cal] que contiene una cantidad suficiente de agua para estar saturada. **cal* apagada.**

apagar *v. tr.* **1** Hacer desaparecer ‹una persona o una cosa› [la luz o el fuego]: *Entre todos los vecinos apagaron el incendio.* **2** Hacer desaparecer ‹una persona o una cosa› [una sensación, un deseo o un sentimiento]: *Apagamos la sed con refrescos.* **3** Interrumpir ‹una persona› la conexión eléctrica entre [un aparato] y la línea general: *Apaga la radio, que nos vamos.* **4** Convertir ‹una persona› [la cal viva] en muerta, echándole agua: *Tienen un horno de apagar cal.* ‖ *v. prnl.* **5** Desaparecer ‹la luz o el fuego›: *La chimenea se apaga, hay que echar más leña.* **6** Desaparecer ‹una sensación, un deseo o un sentimiento›: *Por desgracia, todas las pasiones se apagan con los años, menos la envidia y la venganza.* FR. Y LOC. **apaga y vámonos** 1 COLOQUIAL, HUMORÍSTICO. Se utiliza para indicar que una cosa llega a su fin y que es inútil seguir ocupándose de ella: *Apaga y vámonos, ahora estamos cansados; mañana continuaremos el trabajo.* 2 COLOQUIAL. Se utiliza para indicar que, después de lo que se ha dicho o sucedido, es inútil seguir hablando o actuando con racionalidad: *Apaga y vámonos porque aquí sobramos. Si dicen eso, apaga y vámonos, no merece la pena seguir en el proyecto.* ⇒ **56.**

apagón *s. m.* Interrupción accidental y repentina del suministro de energía eléctrica: *Una vela a mano viene bien en los apagones.*

apaisado, da *adj.* (ser / estar) Que tiene forma rectangular y su base es más grande que su altura: *El cuadro está apaisado. La fotografía es apaisada.*

apalabrar *v. tr.* Ponerse ‹varias personas› de acuerdo sobre [una cosa] oralmente: *Ha apalabrado las pistas para jugar al tenis mañana a las once. He apalabrado en la tienda una lavadora que me gustaba, pero quiero que la veas tú.* SIN. ajustar, concertar.

apalancamiento *s. m.* Acción y resultado de apalancar o apalancarse: *El apalancamiento de puertas es un método frecuente para robar en los pisos en verano.*

apalancar *v. tr.* **1** Levantar o mover ‹una persona› [una cosa] con una palanca: *Los ladrones apalancaron la puerta.* ‖ *v. prnl.* **2** Quedarse ‹una persona› cómodamente en [un lugar] sin intenciones de moverse: *El perro se ha apalancado **en** mi sillón y no me dejará sentar en toda la tarde. Niño, antes de apalancarte delante de la tele haz los deberes del colegio.* ⇒ **71.**

apaleamiento *s. m.* Acción y resultado de apalear: *El apaleamiento de un ciudadano en la vía pública debe ser considerado un delito muy grave.*

apalear *v. tr.* **1** Golpear ‹una persona› [a otra persona, un animal o una cosa] con un palo: *Lo han metido en la cárcel por apalear a su mujer.* **2** RESTRINGIDO. Golpear ‹una persona› [la ropa o una alfombra] con un palo para quitarle el polvo. **3** RESTRINGIDO. Golpear ‹una persona› las ramas de [un árbol] para hacer caer la fruta: *Dice que irá a apalear aceitunas en otoño.* **4** RESTRINGIDO. Echar ‹una persona› [el grano] al viento con una pala: *Las máquinas han desterrado la necesidad de apalear las mieses en la era.*

apanar *v. tr.* PERÚ; JERGAL. Dar una paliza ‹varias personas› [a otra persona].

apandar *v. tr.* COLOQUIAL. Hurtar ‹una persona› [una cosa]: *Intentan por ahí apandar algo, pero un día los va a pescar la poli.*

apando *s. m.* MÉX.; JERGAL. Celda de castigo de algunas cárceles.

apañado, da *adj.* **1** COLOQUIAL. Que es hábil y cuidadoso: *Luis es muy apañado **con** los problemas mecánicos.* **2** COLOQUIAL. Que es muy adecuado para aquello a que se destina: *Esta chaqueta es muy apañada **para** quitar el frío.* FR. Y LOC. **ir / estar ~** 1 COLOQUIAL. Estar ‹una persona› confundida en alguna cosa: *Estás apañado si crees que ella te va a suplicar que la invites al cine. Están apañados si creen que cuando se van no sabemos nosotros qué hacer. Me parece que con esas ideas vas apañada en este caso.* 2 COLOQUIAL. Estar ‹una persona› en una situación desagradable o difícil en alguna cosa: *Estamos apañados **con** los nuevos impuestos. Estamos apañados **con** el coche; siempre está averiado.*

apañar *v. tr.* **1** Arreglar de una manera provisional o imperfecta ‹una persona› [una cosa rota o estropeada]: *He apañado el grifo hasta que pueda venir el fontanero el lunes.* SIN. reparar. **2** Preparar ‹una persona› [una cosa] con habilidad para falsearla: *Hemos apañado un pasaporte que puede servir. Le apañé al nene un disfraz de pirata y se fue a la fiesta feliz.* SIN. amañar. **3** Lavar y vestir ‹una persona› [a otra persona o una cosa]: *Tiene poco dinero, pero siempre apaña a los niños con mucho cuidado.* SIN. asear. **4** ARG., BOL., PERÚ, URUG. Encubrir ‹una persona› el comportamiento de [otra persona] para evitar que la castiguen. **5** CHILE; VULGAR. Retener ‹una persona› [a otra persona] contra su voluntad en un lugar. ‖ *v. tr. / intr.* **6** Tomar ‹una persona› [una cosa] ilícitamente: *Apañó todo lo que encontró de valor. Han apañado **con** todo lo que había en la casa.* ‖ *v. prnl.* **7** Encontrarse a gusto ‹una persona› en una situación o con una cosa: *Me apaño bien con el coche. No me apaño aquí, echo de menos el mar.* FR. Y LOC. **apañárselas (bien / mal)** Darse ‹una persona› maña para hacer una cosa, conseguir ‹una persona› hacer una cosa a pesar de las dificultades: *Siempre se las apaña **para** ganar al ajedrez. Se las apaña muy bien sola, y tiene la casa muy limpia. Mi marido no se las apaña mal cuando está solo.*

apaño *s. m.* **1** Arreglo o reparación provisional o para salir del paso de una cosa: *He hecho un apaño en el lavabo, pero funciona. Ten cuidado, que el enchufe está con un apaño.* **2** COLOQUIAL, HUMORÍSTICO. Relación amorosa considerada por la sociedad informal o ilícita: *Yo no tengo novia, tengo algún apaño por ahí. Me parece que tu hermano tiene algún apaño, porque siempre vuelve tarde de trabajar.*

apapachar *v. tr.* **1** CUBA, MÉX.; AFECTADO. Mimar, acariciar ‹una persona› [a otra persona]. **2** CUBA, MÉX. Abrazar, rodear con los brazos ‹una persona› [a otra persona].

aparador *s. m.* Mueble en el que se guarda la vajilla, la cubertería y otros utensilios del servicio de mesa: *Estaba limpiando el aparador que heredé de mi abuela.*

aparato *s. m.* **1** Objeto o instrumento que funciona por medio de un mecanismo o de un motor: *aparato eléctrico,* *aparato de precisión, aparato de radio, aparato de televisión. El aparato no funciona. Enciende el aparato.* **el ~** El teléfono: *¿Quién está al aparato?* **2** (preferentemente en plural) Conjunto de instrumentos con una función o un objetivo común: *los aparatos de gimnasia, los aparatos de laboratorio, aparato instrumental.* **3** ANAT. Conjunto de órganos que se combinan en una misma función fisiológica: *aparato digestivo, aparato locomotor, aparato reproductor, aparato circulatorio, aparato respiratorio, aparato urinario.* **4** (no contable) Lujo y formalismo exagerado que rodea a una persona o a un acto: *una ceremonia con mucho aparato. El rey viaja con gran aparato. La boda se celebró con gran aparato.* **5** (no contable) Circunstancia o señal que precede o acompaña a un fenómeno o suceso: *una tormenta con mucho aparato de truenos y relámpagos, una puesta de sol con gran aparato de colores.* **6** (no contable) Conjunto de personas que dirigen un Estado, una administración o una organización, especialmente los órganos de gobierno de un partido: *el aparato del partido, el aparato burocrático, el aparato del Estado.* **7** Avión: *El aparato despegó sin problemas.* **8** Dispositivo corrector u ortopédico: *aparato dental, aparato de ortodoncia. Lleva un aparato ortopédico en el brazo.* || **9 ~ crítico** LIT. Conjunto de variantes de un texto. **10 ~ escénico** Puesta en escena de una obra de teatro.

aparatosidad *s. f.* (no contable) Exageración, manifestación excesiva de alguna cosa: *La aparatosidad de su caída no ha tenido consecuencias graves. La aparatosidad de su aparición atrajo brevemente la atención de los paseantes.*

aparatoso, sa *adj.* (antepuesto / pospuesto) Que tiene mucha pompa u ostentación, o que llama mucho la atención porque es complicado o exagerado: *¡Qué aparatoso eres, no sabes hacer nada sin meter ruido! Su aparatoso sombrero despertó todo tipo de comentarios. Fue una boda muy aparatosa. Fue una caída muy aparatosa pero, gracias a Dios, no fue grave.*

aparcamiento *s. m.* **1** Acción y resultado de aparcar: *En el examen de conducir falló en la prueba del aparcamiento.* SIN. estacionamiento. **2** Lugar donde se dejan los coches durante un tiempo: *Dejó el coche en el aparcamiento mientras hacía las compras.* SIN. estacionamiento, parking.

aparcar *v. tr.* **1** Dejar ‹una persona› [un vehículo] en [un lugar]: *He aparcado el coche **en** la esquina de mi calle. He aparcado **en** zona prohibida.* SIN. estacionar. **2** Dejar ‹una persona› [una cosa] para más tarde, con el fin de poder avanzar en una negociación o en un trabajo: *Aparquemos el problema para disfrutar de la fiesta. Los delegados han decidido aparcar los temas candentes para el final.* ⇒ **71.**

aparcería *s. f.* DER. Contrato por el que el propietario de una finca rústica, una ganadería, fábrica o negocio cede su explotación a otra persona y recibe a cambio una parte proporcional de los frutos o beneficios: *Los contratos de aparcería son escasos en nuestro tiempo.*

aparcero, ra *s. m. / f.* **1** RESTRINGIDO. Persona que trabaja en una propiedad o negocio con un contrato de aparcería: *Se han jubilado los aparceros de la finca de la abuela y no encontramos otros.* **2** ARG. Compañero, amigo.

apareamiento *s. m.* Unión de dos animales de distinto sexo para su reproducción: *En la serie de televisión sobre los animales vemos cómo todos obedecen a ciertas conductas generales de apareamiento.*

aparear *v. tr.* **1** Juntar ‹una persona› [dos animales de distinto sexo] para que se reproduzcan: *Tenemos que aparear a tu perro y mi perra, porque tendríamos unos cachorros de raza muy valiosos.* || *v. prnl.* **2** Juntarse ‹dos animales de distinto sexo› para reproducirse: *He visto en televisión cómo se cortejaban los pingüinos antes de aparearse.*

aparecer *v. intr.* **1** Manifestarse ‹una cosa oculta›: *Ha aparecido un yacimiento de petróleo junto al río Ebro.* **2** Empezar a existir ‹una cosa›: *Ha aparecido un nuevo yacimiento.* **3** Ser encontrada ‹una persona o una cosa perdida›: *Ha aparecido tu bolso en mi casa. El niño apareció en el parque.* **4** Estar ‹una cosa› de [una manera]: *En invierno, los árboles aparecen desnudos.* **5** Salir ‹una cosa› al mercado: *Ha aparecido una nueva motocicleta.* || *v. prnl.* **6** Manifestarse ‹una persona› [a otra persona]: *La Virgen se le apareció a los pastorcillos.* FR. Y LOC. **¡ya apareció aquello!** Se usa para indicar que por fin se ha descubierto una cosa oculta o reprimida o la razón de una cosa: *¡Ya apareció aquello!, hemos conseguido que confesara sus verdaderos sentimientos.* ⇒ **5.**

aparejado, da *adj.* (antepuesto) Que va unido o es consecuencia de alguna cosa: *Tu llegada trae aparejada una gran alegría. Esa decisión lleva aparejadas consecuencias muy desagradables. Su contratación lleva aparejados gastos altos y rencillas entre los directivos.*

aparejador, ra *s. m. / f.* Persona que profesionalmente se dedica como arquitecto técnico a trazar planos parciales de una obra, estudiar los materiales y controlar su realización concreta: *La aparejadora ha supervisado la obra.*

aparejar *v. tr. / prnl.* **1** Preparar ‹una persona› [a otra persona o una cosa] para [alguna cosa]: ***Se** aparejaron en silencio para la batalla.* SIN. disponer. || *v. tr.* **2** Poner ‹una persona› los aparejos a [una caballería]: *Santiago, aparéjame el caballo que me regaló mi padre que voy a dar un paseo por el campo.* **3** Poner ‹una persona› los aparejos a [una embarcación]: *Aparejaremos la barca e iremos a pescar.*

aparejo *s. m.* **1** Preparación, disposición para hacer alguna cosa: *El aparejo de todo lo necesario para la chapuza lleva su tiempo.* **2** (preferentemente en plural) Conjunto de utensilios necesarios para realizar ciertas actividades: *los aparejos de pesca, los aparejos de pintura.* **3** MAR. Conjunto de palos, vergas, jarcias y velas de un buque: *El barco perdió la mitad de sus aparejos en la tormenta.* **4** Guarnición necesaria o conjunto de cosas necesarias para montar una caballería: *Me ha regalado mi tío los aparejos que él usaba para montar.* **5** MEC. Sistema de poleas, formado por un grupo fijo y otro móvil, con el cual se multiplica la fuerza ejercida sobre una cuerda. **6** Disposición de los materiales en una construcción.

aparentar *v. tr.* **1** Mostrar ‹una persona› [una cosa que no existe]: *Tu hermana siempre aparenta no conocerme. Aparenta una fortuna que no tiene.* SIN. simular. **2** Tener ‹una persona› el aspecto propio de [una edad]: *No aparenta tantos años.* SIN. representar.

aparente *adj.* **1** (antepuesto / pospuesto) Que parece pero en realidad no es: *fortaleza aparente. Su aparente bondad oculta una personalidad perversa.* **2** Que se muestra a la vista: *Ésos son los síntomas más aparentes de esta terrible enfermedad.* **3** Que tiene buen aspecto o apariencia: *Me quedó un plato aparente. He hecho un trabajo aparente.*

aparentemente *adv. orac.* **1** (preferentemente para argumentar) En apariencia, a primera vista. OBSERVACIONES: Suele sugerir o anticipar la idea de 'sólo en apariencia' o 'en realidad, no': *Aparentemente, estas dos hipótesis son igualmente plausibles, pero, en realidad, sólo una merece verdadera atención.* || *adv. modo* **2** COLOQUIAL. De manera aparente, adecuada o esmerada: *¡Como hace las cosas tan aparentemente, siempre queda!*

aparición *s. f.* **1** Manifestación ante la vista de lo que estaba perdido u oculto: *La aparición de la pulsera se produjo de forma sospechosa. La aparición del manuscrito de Lope entre las obras de Calderón ha causado sorpresa en la Biblioteca Nacional.* SIN. hallazgo. ANT. desaparición. **2** Acción de manifestarse o comenzar a existir alguna cosa: *Es difícil fechar la aparición de las vanguardias.* SIN. surgimiento. **3** Visión de un ser sobrenatural o fantástico: *Me miró como si yo fuera una aparición. En el lugar de la aparición de la Virgen se construyó un monasterio.*

apariencia *s. f.* **1** (no contable) Cosa que parece pero en realidad no es: *Su amor por los animales sólo es apariencia: no los soporta. Su conocimiento del ruso es pura apariencia.* **2** (no contable) Probabilidad de que algo ocurra o sea verdad: *Tiene toda la apariencia de que se han enfadado. Esto tiene la apariencia de durar mucho.* SIN. pinta (COLOQUIAL), traza. **3** (no contable) Aspecto exterior que presenta una persona o una cosa: *Aunque todavía está enfermo, ya tiene mejor apariencia que antes. La langosta que se comió tenía una apariencia excelente.* FR. Y LOC. **guardar las apariencias** Disimular, ocultar un hecho o una situación para evitar los comentarios de los demás: *Aunque su hijo está en la cárcel, hacen vida normal para guardar las apariencias. Tuvo que guardar las apariencias para que no supieran que había pasado un mal momento.* **las apariencias engañan** COLOQUIAL. Se usa para expresar que las cosas no son como parecen en un primer momento: *Parecían muy ricos, pero las apariencias engañan.*

apartado, da *adj.* **1** (estar) Que está muy lejos: *Vive en una calle apartada del centro.* **2** Que es muy tranquilo y apacible: *Lleva una vida muy apartada.* || *s. m.* **3** Servicio de correos donde el cliente puede alquilar un buzón para que le depositen las cartas. **~ de correos** Buzón de este servicio: *Escríbeme al apartado de correos número 15.* **4** Capítulo, párrafo o parte de un texto: *Este libro tiene tres apartados y quince capítulos. Cada apartado tiene dos párrafos.*

apartamento *s. m.* **1** Vivienda, generalmente pequeña, situada en un edificio donde existen otras viviendas del mismo tipo: *Alquilaron un apartamento al lado de la playa.* **2** AMÉR. Piso en un edificio de viviendas.

apartamiento *s. m.* **1** (no contable) ELEVADO. Acción y resultado de apartarse: *Su vida transcurrió en el mayor apartamiento.* SIN. aislamiento. **2** Lugar retirado: *Las aves descansan en su fresco apartamiento.* **3** AMÉR. Apartamento.

apartar *v. tr. / prnl.* **1** Poner ‹una persona› [a otra persona, un animal o una cosa] lejos de [otra persona, otro animal u otra cosa]: ***Se** apartó **de** la gente. He apartado ya los libros que podemos vender.* **2** Poner ‹una persona› [a otra persona, un animal o una cosa] en [un lugar en el que no estorba]: *Me aparté **a** un lado. Por favor, apárte**se** que no podemos pasar con el carro.* **3** Hacer ‹una persona o una cosa› que [una persona] renuncie a [una cosa]: ***Se** apartó **de** la bebida.* || *v. tr.* **4** RESTRINGIDO. Guardar ‹una persona› [una cosa] a [otra persona]: *El dueño de la tienda nos aparta lo que queramos para la fiesta. Mi tío me apartó un pavo para Navidad.* SIN. reservar. FR. Y LOC. **~ el grano* de la paja.**

aparte *adv. lug.* **1** En otro lugar: *Guarda tu dinero aparte.* **2** A cierta distancia: *Debes mantenerte aparte para no recibir ningún golpe.* || *adv. modo* **3** Dejando a un lado. OBSERVACIONES: Seguido de nombres comunes sin artículo, pero contextualmente definidos, forma con ellos locuciones circunstanciales de modo que pueden afectar al acto mismo de decir lo que se dice a continuación: *Bromas aparte, te echaremos de menos. Modestia aparte, también soy más inteligente.* || *s. m.* **4** En teatro, momento de la representación en que un personaje dice un texto como si hablase consigo mismo, suponiendo que no es escuchado por el resto de los personajes que se encuentran en escena. **5** (invariable) Fragmento de un escrito que empieza con mayúscula y termina en punto y aparte. || *adj.* **6** (invariable) Separado, diferente: *Guarda el dinero en una caja aparte.* **7** (invariable) Insólito, que tiene características que lo diferencian de los demás: *Tus vecinos son un grupo aparte dentro de la urbanización.* FR. Y LOC. **~ de** 1 A excepción de, independientemente de: *Aparte del mal tiempo, la isla es preciosa.* OBSERVACIONES: Coloquialmente a veces se suprime *de*, aunque no es un uso recomendado: *Aparte mis libros, no tengo nada.* 2 Además de: *Aparte de llover, ha nevado. Aparte de que no me gusta conducir, es mucho más económico ir en transporte público.* OBSERVACIONES: Coloquialmente ante *que*, es frecuente que se suprima *de*: *Aparte que estaba lloviendo, yo tenía pocas ganas de salir.* **echar de comer* ~. hacer / formar rancho* ~. punto* y ~.**

apartheid (del inglés; pronunciamos *'apartéid'*) *s. m.* (no contable) Régimen sociopolítico en el que una raza minoritaria limita los derechos civiles, sociales y económicos de otra: *El paradigma de apartheid era el antiguo régimen de la República de Sudáfrica.*

aparthotel o **apartotel** *s. m.* **1** Establecimiento hotelero que consta de un conjunto de apartamentos organizado con los servicios de un hotel: *Si usted viene a nuestro aparthotel encontrará la comodidad e independencia de un apartamento y las ventajas de un hotel.* **2** Apartamento de este establecimiento.

apasionado, da *adj. / s. m.* y *f.* (ser / estar) Que siente o tiende a sentir pasión por algo o por alguien: *Está apasionado **con** esa película. Es una apasionada **de** ese grupo musical. Es un apasionado **de** la cerveza. Es una apasionada **de** la literatura negra.*

apasionamiento *s. m.* **1** (no contable) Excitación personal: *Siempre habla de política con gran apasionamiento.* **2** (no contable) Interés exagerado: *Trabaja con gran apasionamiento incluso los fines de semana. Todo lo hace con apasionamiento, salvo trabajar.*

apasionante *adj.* **1** (ser / estar; antepuesto / pospuesto) Que apasiona o despierta mucho interés: *Es una novela apasionante. Sigue, sigue contándome esa historia, está apasionante.* **2** (antepuesto / pospuesto) Que despierta la pasión: *Estoy viviendo una apasionante historia de amor. Sueño una historia de amor apasionante.*

apasionar *v. tr.* **1** Provocar ‹una persona o una cosa› un sentimiento intenso [a una persona]: *Me apasionan las alu-*

bias con morcilla. Me apasionan las novelas de aventuras. Me apasiona Barcelona. || *v. prnl.* **2** Sentir ‹una persona› un gran interés por [otra persona o por una cosa]: *Me apasioné* ***con*** *la lectura. Todas las secretarias se apasionan* ***por*** *Santiago.* **3** Sentir ‹una persona› una gran excitación: *En cuanto habla de ciertos temas se apasiona de una manera peligrosa.* SIN. exaltarse.

apatía *s. f.* (no contable) ELEVADO. Falta de interés o de energía hacia las personas o las cosas: *Lleva más de un mes con una apatía profunda. Siente apatía* ***por*** *las chicas. Siento apatía* ***hacia*** *lo que sucede a mi alrededor.* SIN. desinterés.

apático, ca *adj.* (ser/estar) Que no tiene interés por nada ni nadie: *Mi padre se pasa la vida en un sillón sin ganas de pasear ni de leer, está muy apático. Esta niña ha sido siempre apática, nunca se interesa por nada. Estoy muy apático estos meses, no tengo ganas de pintar.*

apátrida *adj./s. m.* y *f.* Que no tiene nacionalidad: *Es la historia de un apátrida. El Gobierno me ha quitado mi pasaporte y ahora soy una apátrida.*

apdo. o **aptdo.** *abr.* «Apartado de correos».

apeadero *s. m.* **1** Sitio del camino donde los viajeros podían bajarse de los carros o diligencias. **2** Lugar preparado para que se detengan los trenes, pero sin las instalaciones propias de una estación.

apear *v. tr./prnl.* **1** Bajar ‹una persona› [a otra persona] de [una caballería] o de [un vehículo]: ***Se*** *apeó* ***del*** *autobús al verme. Apeamos a la abuelita entre todos, porque no podía bajar del tren.* **2** Hacer ‹una persona› que [otra persona] se convenza de la falsedad o de la inutilidad de [una cosa]: *No conseguimos que* ***se*** *apeara* ***de*** *sus ideas.* FR. Y LOC. **~ el tratamiento*. apearse/bajarse del burro** Cambiar ‹una persona› la manera de pensar, aunque se le demuestre que está equivocada: *Aunque se lo explicamos una y otra vez, no se apeó del burro. No se apea del burro y no saldrá a cenar, aunque le he prometido que la traeríamos a casa.*

apechar *v. intr.* Apechugar.

apechugar *v. intr.* Hacer o aceptar ‹una persona› [una cosa desagradable]: *Tuvo que apechugar* ***con*** *todo el trabajo. Debemos ser responsables y apechugar* ***con*** *las consecuencias de lo que hagamos.* SIN. apechar. ⇒ **56.**

apedrear *v. tr./prnl.* **1** Lanzar ‹una persona› piedras contra [otra persona, un animal o una cosa]: *¡Niños, dejad de apredrear****os****! En ese barrio apedrean el tren cuando pasa.* || *v. tr.* **2** Matar ‹una persona› [a otra persona] a pedradas: *En algunas culturas los que cometen ciertos delitos son públicamente apedreados.* SIN. lapidar. || *v. impers.* **3** Caer pedrisco: *Ha apedreado en toda la comarca y eso es malo para la cosecha.*

apegarse *v. prnl.* Empezar a sentir ‹una persona› afecto o interés por [otra persona, un animal o una cosa]: *Se ha apegado* ***a*** *este pueblo y no quiere moverse. Yo me he apegado* ***a*** *este modelo de coche y no quiero otro. Me apego mucho* ***a*** *las cosas y me cuesta trabajo cambiar.* ⇒ **56.**

apego *s. m.* (no contable) Estimación, afición o inclinación hacia una persona o cosa: *Tengo mucho apego* ***a*** *Santiago. Siento apego* ***por*** *mi vieja máquina de fotos.* SIN. estima, cariño. ANT. manía, odio.

apelable *adj.* DER. [Sentencia] que se puede apelar: *La sentencia es apelable, no te preocupes.* ANT. inapelable.

apelación *s. f.* Acción y resultado de apelar: *La sentencia está pendiente del resultado de la apelación.* **recurso* de ~.**

apelar *v. intr.* **1** Pedir ‹una persona› la revisión de [la sentencia de un juez o de un tribunal] a otro superior: *Apeló* ***contra*** *la sentencia. Apeló* ***de*** *la sentencia.* **2** Utilizar ‹una persona› [a otra persona o una cosa] para [una cosa]: *Apeló* ***a*** *su bondad* ***para*** *conseguir el trabajo.*

apelativo, va *adj./s. m.* **1** [Nombre] que se añade al nombre auténtico de una persona o que se le da en lugar de éste: *«El manco de Lepanto» es el apelativo de Cervantes. Me han puesto un apelativo cariñoso.* **2** LING. Que sirve para llamar o atraer la atención: *En español los diminutivos son apelativos.* **función* apelativa.** || *s. m.* **3** RESTRINGIDO. Nombre de familia, apellido.

apellidar *v. tr.* **1** Llamar ‹una persona› [a otra persona] por su apellido, nombre o sobrenombre: *Me apellidan «el Limpio» porque sólo me ducho el primer día de mes.* || *v. prnl.* **2** Tener ‹una persona› [un nombre o un apellido]: *Me apellido Peña. ¿Cómo te apellidas?*

apellido *s. m.* **1** Nombre de familia: *cambiar el apellido. Antes la mujer, al casarse, perdía su apellido por el del marido. Dime tu nombre y apellidos.* **~ materno. ~ paterno.** **2** Nombre que se añade al nombre auténtico de una persona o que se le da en lugar de éste.

apelmazado, da *adj.* [Estilo, obra literaria] que es aburrido y recargado: *Es una obra que está escrita con una sintaxis bastante apelmazada.*

apelmazar *v. tr.* **1** Poner ‹una persona o una cosa› compacta o dura [una cosa que debería ser esponjosa]: *Este detergente apelmaza la lana.* || *v. prnl.* **2** Ponerse ‹una cosa que debería ser esponjosa› compacta o dura: *La lana de los antiguos colchones se apelmazaba con el paso del tiempo. Este pan está hoy malísimo, se ha apelmazado.* ⇒ **19.**

apelotonar *v. tr./prnl.* **1** Hacer ‹una persona o una cosa› que [varias personas] formen un pelotón: *Los niños* ***se*** *apelotonaron delante del quiosco.* || *v. prnl.* **2** Formar ‹una cosa› grumos en su masa: *Me ha quedado la pasta completamente apelotonada, no sabe mal, pero tiene muy mal aspecto.*

apenar *v. tr.* **1** Causar ‹una persona o una cosa› pena [a una persona]: *El egoísmo de la gente me apena.* SIN. entristecer. || *v. prnl.* **2** Sentir ‹una persona› pena: *Está muy apenada* ***por*** *la muerte del padre. Se apenó* ***con*** *la noticia.* SIN. entristecerse. **3** AMÉR. Sentir ‹una persona› vergüenza.

apenas *adv.* **1** Con estructuras afirmativas precede obligatoriamente al sintagma verbal modificado y equivale a 'casi no': *Apenas duerme. Apenas estudiaba. Apenas se le oye. Apenas le dolerá.* OBSERVACIONES: ◊ En este uso y posición, puede ir seguido de *si* casi con el mismo significado: *Apenas si nos dejan dormir ('apenas nos dejan dormir'). Apenas si lo hubieras notado ('apenas lo hubieras notado'). Apenas si le dolerá. Porque apenas si nos dejan respirar ('porque apenas nos dejan respirar'). Cuando apenas si había cumplido esa edad.* ◊ Puede aparecer solo, generalmente en las respuestas: *–«¿Iba al cine?» –«Apenas».* ◊ Tiene algunas características de las palabras de orientación negativa: *Apenas probó bocado. Apenas leía libro alguno. Apenas dijo nada. Apenas come ni bebe.* ◊ *Apenas come y bebe* indica que 'bebe con normalidad o con exceso, a pesar de que casi no come'. **2** Dentro de una estructura negativa, sigue al sintagma verbal y equivale a 'casi': *No se le oye apenas. No estudia apenas.* OBSERVACIONES: ◊ Acompañando a *sin,* puede preceder o seguir al sintagma nominal (sin artículo) con el que *sin* se agrupa: *sin apenas dinero, sin apenas dificultad, sin apenas molestias* (o *sin dinero apenas, sin dificultad apenas, sin molestias apenas*), *sin apenas descansar* (o *sin descansar apenas*). ◊ Tratándose de completivas propias, *apenas,* por ser circunstancial del verbo de la completiva, no puede preceder a *que*: *sin que apenas se le notara, sin que se le notara apenas.* **3** Matizando cuantificaciones, numéricas o no, equivale a 'escasamente', 'apuradamente': *en apenas dos minutos, apenas año y medio.* OBSERVACIONES: ◊ La cantidad que se considera es, en términos relativos, pequeña y puede expresarse con aproximación: *Había pocos clientes, apenas tres o cuatro. Apenas unos cuantos pasos lo cansan. Ha hablado apenas unos segundos.* ◊ No puede preceder, en cambio, a *pocos, todos, varios, bastantes, muchos.* **4** Con el significado de 'enseguida de' o 'inmediatamente después de', precede a participios de verbos transitivos (*conocido, iniciado*) o de intransitivos (*salido, nacido, llegado*) en construcciones absolutas de valor temporal: *Apenas conocida la noticia, comenzaron a aplaudir. Apenas salido el sol, abandonaron el campamento.* **5** Con el significado de 'no bien', 'casi aún no' o 'casi aún no del todo', introduce una situación en la que aparece súbita o inesperadamente una acción: *Apenas había empezado a hablar, cuando me cortó.* OBSERVACIONES: Las dos quedan separadas por *cuando* y la acción novedosa puede estar marcada como repentina con *súbitamente, de repente, de pronto*: *Apenas había empezado a hablar, cuando, de pronto, se oyó un grito en la sala. Apenas habían andado cuatro pasos y, de repente, el secretario se llevó la mano al pecho y se desplomó.* **6** No bien, tan pronto como, en cuanto, inmediatamente que: *Apenas lo vio, se echó a llorar. Apenas salieron del aeropuerto montaron en un taxi y desaparecieron. Apenas se vieron, se enamoraron perdidamente.*

apencar *v. intr.* Hacer o aceptar ‹una persona› [una cosa desagradable]: *Apencó **con** los paquetes más pesados. Estoy un poco cansado de apencar siempre **con** el trabajo sucio.* SIN. apechar, apechugar. ⇒ **71.**

apendejar *v. tr. / prnl.* AMÉR. C., COL.; COLOQUIAL. Volver ‹una persona› tonta o boba [a otra persona].

apendejear *v. tr. / prnl.* VEN.; COLOQUIAL. Volver ‹una persona› tonta o boba [a otra persona].

apéndice *s. m.* **1** Cosa que se añade a otra: *El libro consta de ocho capítulos y un apéndice.* **2** ANAT. Parte del cuerpo de un animal unida a otra principal o inserta en ella: *el apéndice nasal.* **3** ANAT. Prolongación delgada y hueca del intestino ciego: *Se le inflamó el apéndice y tuvieron que operarlo.* **~ vermiforme** ANAT. Apéndice intestinal.

apendicitis (plural *apendicitis*) *s. f.* (no contable) MED. Inflamación del apéndice del intestino ciego: *Lo operaron de apendicitis.*

apercibimiento *s. m.* **1** Acción y efecto de apercibir o apercibirse: *Estoy tan harto de los apercibimientos del portero sobre el ascensor, que voy a cambiarme de casa.* SIN. aviso. **2** DER. Corrección disciplinaria: *Recibió un apercibimiento por incumplimiento del deber.* SIN. amonestación.

apercibir *v. tr.* **1** Amenazar ‹una persona› [a otra persona] con [una sanción]: *Le han apercibido **con** el despido si vuelve a llegar tarde.* SIN. amonestar. **2** Hacer ‹una persona› que [otra persona] se dé cuenta de [un peligro]: *Nos apercibieron **de** posibles ataques enemigos. Le apercibieron **contra** posibles abusos.* SIN. avisar. || *v. prnl.* **3** Darse ‹una persona› cuenta de [una cosa]: *Se apercibieron **de** la presencia de los desagradables mosquitos demasiado tarde.* **4** ELEVADO. Prepararse ‹una persona› para [una cosa]: *Se apercibieron **para** un largo asedio.* SIN. aprestarse.

apergaminado, da *adj.* (ser / estar) Que está seco y falto de flexibilidad como el pergamino: *piel apergaminada. Es una vieja apergaminada, pero se conserva muy bien.*

apergaminarse *v. prnl.* Ponerse ‹una persona› con la piel seca y arrugada al envejecer: *Cuando estoy pesimista me parece que ya estoy empezando a apergaminarme.*

aperitivo *s. m.* **1** Comida y bebida que se toman para abrir el apetito antes de la principal: *Se servirá un aperitivo en la barra del restaurante antes de pasar al comedor.* **2** Pinchos y bebida que se sirven en una recepción o en una fiesta: *Después de la presentación del libro habrá un aperitivo.* **3** Tapa o pincho que acompaña en un bar a una bebida: *En ese bar te ponen muy buen aperitivo al pedir un vino.*

apero *s. m.* **1** (preferentemente en plural) Conjunto de herramientas empleadas por los agricultores: *los aperos de labranza, los aperos de siembra.* **2** (preferentemente en plural) Conjunto de instrumentos que se usan en cualquier oficio: *los aperos de un escultor, los aperos de un pescador.* SIN. utensilios, aparejos. **3** AMÉR. Aparejo de montar que utiliza el hombre de campo.

aperreado, da *adj.* (estar) Que tiene mucha actividad o muchas complicaciones: *Últimamente tengo mucho trabajo y estoy muy aperreada.* **vida* aperreada / arrastrada** o **vida de perros.**

apertura *s. f.* **1** Acción y resultado de abrir: *La apertura de una cuenta corriente en un banco exige unos trámites. La apertura de un hueco en la pared exterior exige un permiso de obras.* **2** Inauguración solemne de un local, de una reunión o de un curso: *la apertura del congreso de música europea. La apertura de los grandes almacenes será mañana. El uno de octubre es la apertura de curso en la universidad.* **3** Conjunto de movimientos que inician una partida de ajedrez: *El campeón ha iniciado la partida con una apertura muy clásica.* **4** (no contable) Actitud de comprensión hacia las ideas de los demás: *La apertura mental es esencial para la convivencia humana.* **5** (no contable) Actitud de defensa de las ideas democráticas en un régimen autoritario: *El ministro de Economía es un partidario firme de la apertura.*

aperturismo *s. m.* **1** (no contable) Ideología y comportamiento de los que creen que es necesaria la democracia en un régimen autoritario: *El aperturismo avanza con muchas dificultades en este país, pero llegaremos a una situación de plena democracia muy pronto.* **2** (no contable) Comprensión hacia las ideas de los demás cuando son diferentes de las propias: *Me llama la atención el aperturismo de tus padres, que son tan mayores.*

aperturista *adj.* **1** De aperturismo: *Yang reiteró la voluntad aperturista del Gobierno en el plano económico.* || *adj. / s. m.* y *f.* **2** Que es partidario del aperturismo: *Los aperturistas apoyan la emancipación de la mujer.*

apesadumbrar *v. tr.* **1** Causar ‹una persona o una cosa› pesadumbre [a una persona]: *Nos ha apesadumbrado mu-*

cho tu mala suerte. SIN. abatir. || *v. prnl.* **2** Sentir ‹una persona› pesadumbre: *Se apesadumbra ahora* ***con*** *cualquier tontería. Me apesadumbro* ***por*** *mi mala suerte.* SIN. abatirse.

apestar *v. intr. / tr.* **1** Despedir ‹una persona, un animal o una cosa› mal olor: *Este pescado ha apestado la cocina. Esta lata de mejillones apesta, no los comas.* || *v. intr.* **2** Producir ‹una cosa› desconfianza: *Esta historia que nos cuentas, y perdóname que te lo diga, apesta; es difícil de creer.* || *v. tr.* **3** Causar o transmitir ‹una persona, un animal o una cosa› la peste [a una persona o un animal]: *Las ratas y otros animales son los que apestaban las ciudades en la Edad Media.* || *v. prnl.* **4** RESTRINGIDO. Adquirir ‹una persona o un animal› la peste: *Muchos ciudadanos se apestaban por falta de higiene.*

apestillar *v. tr.* **1** ARG. Atrapar ‹una persona› [a otra persona] de modo que no pueda escaparse. **2** P. RICO. Poner en uso o hacer adoptar ‹una persona› [una cosa].

apestoso, sa *adj.* **1** (antepuesto / pospuesto) Que apesta o tiene mal olor: *Terminamos la juerga en un apestoso y sucio local de los bajos fondos de la ciudad. Deja un olor apestoso por donde pasa.* **2** (antepuesto / pospuesto) Que causa aburrimiento o fastidio: *Después de ese apestoso partido, perdió la afición al fútbol. El concurso de la televisión es auténticamente apestoso, dan ganas de tirar la tele por la ventana.*

apetecer *v. intr. / tr.* Hacerse ‹una cosa› deseable para [una persona]: *No apetecía riquezas. No me apetece el helado ahora. ¿Qué te apetece hacer?* ⇒ **5.**

apetecible *adj.* (antepuesto / pospuesto) Que merece ser apetecido o deseado: *Esa posibilidad es muy apetecible. La mesa está llena de apetecibles manjares.*

apetencia *s. f.* Inclinación natural de una persona hacia algo: *No tengo apetencia de poder, ni de dinero, ni de comodidades, sólo me interesa la amistad y la conversación agradable. ¿No tienes apetencia de comer bien?*

apetito *s. m.* **1** (no contable) Ganas de comer: *No tengo apetito. Tengo buen apetito, gracias a Dios.* **2** Impulso o tendencia a satisfacer deseos o necesidades: *Sólo se guía por sus apetitos y eso no es bueno a largo plazo. Tiene que saber controlar sus apetitos para conocer sus auténticas aspiraciones.*

apetitoso, sa *adj.* **1** (antepuesto / pospuesto) Que excita el apetito o las ganas de comer: *Ante tan apetitoso plato, no pudo resistirlo y comenzó a comer sin esperar a nadie.* **2** Que tiene buen sabor: *La carne de buey es dura pero muy apetitosa.* **3** COLOQUIAL. Que excita el apetito o el deseo: *Era una oportunidad demasiado apetitosa como para rechazarla. Vamos al cine, que echan una película muy apetitosa.*

apiadar *v. prnl. / tr.* Sentir ‹una persona› piedad por [otra persona] o por [una cosa]: ***Se*** *apiadó* ***de*** *su desdicha. Nada apiada su duro corazón.*

apiario *s. m.* RESTRINGIDO. Colmenar.

apical *adj.* **1** FON. Del ápice: *articulación apical.* || *adj. / s. m. y f.* **2** FON. [Consonante] que se articula principalmente con el ápice de la lengua: *consonante apical. La «t» es una apical.*

ápice *s. m.* **1** Extremo superior o punta de algo: *el ápice de la lengua. Estrella no te ha hecho nada, te ha rozado con el ápice del bolígrafo.* **2** ELEVADO. Acento o signo ortográfico que se escribe sobre una letra. **3** (preferentemente en frases negativas; no contable) Parte muy pequeña o insignificante: *El cerrojo no se movió un ápice, aunque tiramos con todas nuestras fuerzas. No había ni un ápice de viento.*

apícola *adj.* De la apicultura o que se dedica a ella: *una región apícola, técnica apícola, producción apícola.*

apicultura *s. f.* (no contable) Actividad de criar abejas.

apilamiento *s. m.* Acción y resultado de apilar: *El apilamiento de los libros los estropea. El apilamiento de trastos en la puerta es una prueba de que abandonan la casa.*

apilar *v. tr.* Poner ‹una persona› [varias cosas] de manera que formen una pila: *Por favor, apilen aquí esas cajas de cerveza.* SIN. amontonar.

apilonar *v. tr.* **1** COL., VEN. Apilar. || *v. prnl.* **2** VEN. Juntarse ‹mucha gente› en un lugar.

apimplarse *v. prnl.* COLOQUIAL. Ponerse ‹una persona› borracha: *Yo bebo muy poco porque me apimplo enseguida. Se ha apimplado antes de cenar.* SIN. achisparse.

apiñamiento *s. m.* Acción y resultado de apiñar o apiñarse: *El apiñamiento de gente al lado de la barra hacía desagradable la estancia en el bar.*

apiñar *v. tr. / prnl.* Poner ‹una persona› [varias personas o varias cosas] de manera que formen una piña: ***Se*** *apiñaron para ver el desfile.* ***Nos*** *apiñábamos a la cola del cine.*

apiolar *v. tr.* JERGAL. Matar ‹una persona› [a otra persona o a un animal]: *El dueño de la joyería lo pescó robando y lo apioló en su local.* SIN. cargarse.

apiparse *v. prnl.* COLOQUIAL. Llenarse ‹una persona› de [comida] o de [bebida]: *Se apipó* ***de*** *pasteles. No puedes invitarlo, porque se queda en casa hasta tarde y se apipa* ***de*** *vino.* SIN. atiborrarse.

apisonadora *s. f.* **1** Vehículo montado sobre rodillos muy pesados para allanar la tierra: *Pronto van a hacer el campo de fútbol, porque el ayuntamiento ha concentrado varias apisonadoras en la zona.* **2** COLOQUIAL. Persona que persigue una finalidad sin reparar en medios hasta conseguirla: *Como quiera estudiar medicina la estudiará, porque este chico es una auténtica apisonadora. La jefa es una apisonadora y ha decidido que hay que acabar este trabajo en el fin de semana.*

apisonar *v. tr.* Poner ‹una persona› apretada y llana [la tierra] con rodillos pesados: *Antes de echar gravilla en el camino apisónalo bien.*

apitutarse *v. prnl.* CHILE; COLOQUIAL. Conseguir ‹una persona› una cosa por recomendación o influencias.

aplacar *v. tr.* **1** Hacer disminuir ‹una persona o una cosa› la violencia de [una persona o una cosa]: *Las súplicas de su hija preferida consiguieron aplacarlo y se tranquilizó.* SIN. calmar. || *v. prnl.* **2** Perder ‹una persona o una cosa› violencia: *Santiago es muy blando, te echa una bronca y se aplaca para una temporada. La tempestad está completamente aplacada.* SIN. calmarse. ⇒ **71.**

aplanadora *s. f.* AMÉR. Apisonadora.

aplanamiento *s. m.* **1** Acción y resultado de aplanar una superficie: *el aplanamiento de un terreno para un campo de baloncesto, el aplanamiento necesario de una vertiente para una carretera.* **2** Depresión o falta de energía de una persona: *El aplanamiento de mi hermano viene desde que se marchó su novia.*

aplanar *v. tr.* **1** Poner ‹una persona o una cosa› llana o lisa [una cosa]: *Están aplanando el descampado para convertirlo en campo de fútbol.* SIN. allanar. **2** Dejar‹una persona o una cosa› abatida [a una persona]: *Me ha aplanado la noticia y no puedo reaccionar.* SIN. abatir. || *v. prnl.* **3** Sentirse ‹una persona› abatida: *Con el frío siempre me aplano.* SIN. abatirse.

aplastamiento *s. m.* Acción y resultado de aplastar: *El aplastamiento del equipo rival ha llenado de optimismo a los jugadores. Sufre un aplastamiento de varias vértebras.*

aplastante *adj.* Que aplasta, que es muy grande: *Ganamos con una victoria aplastante. Tiene una lógica aplastante.*

aplastar *v. tr.* **1** Deformar ‹una persona o una cosa› [una cosa] al presionarla o poner peso sobre ella: *Por favor, levántate que me estás aplastando la cartera. No te sientes en esa silla, que aplastas el sombrero del abuelo.* **2** Derrotar ‹una persona› [a otra persona] completamente: *El equipo nacional aplastó a los adversarios. La policía ha aplastado una revuelta callejera.* || *v. prnl.* **3** Perder ‹una cosa› su forma al presionarla o poner peso sobre ella: *Se me ha aplastado el peinado con el sombrero. Se ha aplastado la tarta.*

aplatanamiento *s. m.* (no contable) Indolencia, falta de energía para emprender una actividad: *Tengo un aplatanamiento esta temporada que no me permite hacer nada.*

aplatanar *v. tr.* **1** COLOQUIAL. Volver ‹una cosa› [a una persona] indolente: *El clima este aplatana a cualquiera.* || *v. prnl.* **2** COLOQUIAL. Volverse ‹una persona› indolente: *Te estás aplatanando con tanta televisión.*

aplaudir *v. tr.* **1** Dar ‹una persona› palmadas en señal de aprobación o de admiración hacia [otra persona]: *El público aplaudió a los actores.* **2** Manifestar ‹una persona› su aprobación o su admiración hacia [otra persona o una cosa]: *Aplaudieron su decisión. Siempre aplaudiremos ese tipo de iniciativas.*

aplauso *s. m.* **1** Conjunto de palmadas en señal de alegría o aprobación: *Al bajar el telón, el aplauso duró mucho tiempo.* **~ cerrado** Aplauso muy intenso y unánime: *Fue recibido con un aplauso cerrado.* **salva* de aplausos. 2** Alabanza o reconocimiento: *La postura de nuestros representantes merece todo nuestro aplauso. Mi aplauso siempre irá para los que se sacrifican por todos nosotros.*

aplazado, da *adj. / s. m.* y *f.* AMÉR. Que está suspenso.

aplazamiento *s. m.* Acción y resultado de aplazar: *Nos han comunicado el aplazamiento del juicio.*

aplazar *v. tr.* **1** Dejar ‹una persona› [una cosa] para hacerla más tarde: *Hemos aplazado las vacaciones para el mes de octubre.* SIN. diferir. **2** AMÉR. Suspender ‹una persona› [a un alumno] en un examen. ⇒ **19.**

aplazo *s. m.* AMÉR. Suspenso en un examen.

aplicable *adj.* Que puede o debe ser aplicado: *Esta regla no es aplicable **a** todos los casos.*

aplicación *s. f.* **1** Acción y resultado de aplicar o aplicarse: *La abuela exige la aplicación del dinero a la compra del coche.* **2** Dedicación y atención al estudio o a una actividad: *Se entrena con mucha aplicación. La aplicación del nene en el colegio ha mejorado.* **3** MED. Colocación de una cosa sobre otra: *Aquí está indicada la aplicación de una pomada. La aplicación de varias friegas no te quitará el dolor. Es necesaria la aplicación de un vendaje duro al tobillo.* **4** MAT. Operación por la que a un elemento de un conjunto se le hace corresponder un elemento de otro conjunto: *Las aplicaciones entre conjuntos pueden ser de varios tipos.*

aplicado, da *adj.* **1** (antepuesto / pospuesto) Que estudia mucho: *un estudiante aplicado, una niña muy aplicada, un aplicado escolar.* **2** [Ciencia] que estudia aquellos aspectos científicos que interesan por su utilidad: *Le gusta la lingüística aplicada.* **ciencias* aplicadas. lingüística aplicada.**

aplicar *v. tr.* **1** Poner ‹una persona› [una cosa] en contacto con [otra cosa]: *Aplicó la cerilla **a** la leña.* **2** Poner ‹una persona› [una cosa] en práctica: *Apliqué lo que me dijiste y me quedó muy bien pintada la casa. Tenemos que aplicar las teorías comerciales a la práctica.* **3** Destinar ‹una persona› [una cosa] para [un fin determinado]: *Aplicamos la subvención especial **al** arreglo de las alcantarillas. El ayuntamiento aplicará medidas sancionadoras **contra** los que ensucian la calle.* **4** Poner ‹una persona› [un nombre o un calificativo] a [una persona] o a [una cosa]: *Le aplicaron el nombre **de** Santiago.* || *v. prnl.* **5** Poner ‹una persona› esfuerzo o interés en [una cosa]: *Se aplicó **en** los estudios.* ⇒ **71.**

aplique *s. m.* **1** Lámpara fijada a la pared: *Vamos a poner un aplique para que ilumine el cuadro.* **2** Material que se añade a algo para adornarlo: *Me compré una cazadora con apliques de cuero.*

aplomo *s. m.* (no contable) Tranquilidad, seguridad, sensatez: *Actuó con mucho aplomo. Su aplomo impidió que el fuego se extendiera en los grandes almacenes.* SIN. serenidad. ANT. nerviosismo.

apocado, da *adj.* Que es muy tímido o callado: *Tiene un carácter muy apocado. Es una chica muy apocada.*

apocalipsis (plural *apocalipsis*) *s. m.* **1** (con mayúscula) REL. Libro del Antiguo Testamento que contiene las revelaciones sobre el fin del mundo: *El apóstol San Juan escribió el Apocalipsis.* **2** ELEVADO. Fin del mundo: *Se ha escrito mucho sobre cuándo y cómo será el apocalipsis.* **3** ELEVADO. Catástrofe de grandes proporciones: *Este terremoto es un apocalipsis que ha dejado toda la comarca cubierta de cadáveres y desolación.*

apocalíptico, ca *adj.* **1** ELEVADO. Del Apocalipsis: *literatura apocalíptica, símbolo apocalíptico.* **2** ELEVADO. Que provoca espanto o terror: *visión apocalíptica, escenas apocalípticas. La situación de los sitiados es apocalíptica, espantosa.*

apocamiento *s. m.* **1** (no contable) Timidez, cortedad de ánimo: *Siempre ha tenido mucho apocamiento.* **2** (no contable) Desánimo o acobardamiento por debilidad física o psicológica: *El apocamiento de mi padre me preocupa.*

apocar *v. tr.* **1** Hacer ‹una persona o una cosa› que [una persona] se cohíba: *Me apocan tus padres.* SIN. cohibir, intimidar. || *v. prnl.* **2** Sentirse ‹una persona› cohibida: *Se apoca mucho en presencia de la gente.* SIN. cohibirse. ⇒ **71.**

apocopar *v. tr. / prnl.* GRAM. Hacer ‹un hablante› apócope con una [forma gramatical]: *«Noche» se apocopaba en «noch» en la Edad Media.*

apócope *s. f.* GRAM. Supresión de uno o más fonemas al final de una palabra.

apócrifo, fa *adj.* **1** Que es falso: *una obra de arte apócrifa. Este Picasso es apócrifo.* **2** [Libro] que no está considerado de inspiración divina, aunque el autor sea sagrado: *evangelios apócrifos.* || *s. m.* **3** Escrito que no es de la época que se supone o del autor al que se le atribuye: *Entre las obras de los grandes autores hay algunos apócrifos.*

apodar *v. tr.* **1** Poner o aplicar ‹una persona› [un apodo] [a otra persona]: *Le apodan «El Manitas».* ‖ *v. prnl.* **2** Tener ‹una persona› [un apodo]: *Me apodo «Mermelada» porque dicen que soy muy blando.*

apoderado, da *s. m./f.* **1** Persona que tiene por profesión representar a otra y actuar en su nombre: *el apoderado de la empresa. Es apoderada de un banco.* **2** TAUROM. Agente o representante de un torero: *El apoderado del joven matador le cambió el nombre.*

apoderar *v. tr.* **1** Dar ‹una persona› poder [a otra persona] para que la represente: *Apodera a varios toreros andaluces.* ‖ *v. prnl.* **2** Hacerse ‹una persona› dueña de [una cosa]: *Se apoderó **de** la herencia.* SIN. apropiarse. **3** Hacerse ‹una cosa› dueña de [una persona]: *La enfermedad se apoderó **de** él. La pereza se apodera **de** mí después de comer.*

apodíctico, ca *adj.* LÓG. Que no admite contradicción o discusión.

apodo *s. m.* Nombre que se da a alguna persona en sustitución del suyo propio, que alude a algún rasgo físico o intelectual característico: *En este pueblo a todos los llaman por el apodo, menos a mí que me llaman por mi nombre.*

ápodo, da *adj.* ZOOL. [Animal] que no tiene pies.

apódosis (plural *apódosis*) *s. m.* GRAM. Parte del período condicional que indica la consecuencia de la condición: *En la frase «Si comes mucho te pondrás como Santiago», «te pondrás como Santiago» es la apódosis.*

apófisis (plural *apófisis*) *s. f.* ANAT. Parte saliente de un hueso que se articula con otro, o donde se insertan músculos y ligamentos.

apogeo *s. m.* **1** Momento o circunstancia de mayor intensidad o esplendor de algo: *Está en el apogeo de su carrera política.* SIN. cúspide. **2** Distancia máxima entre la Tierra y cualquier astro.

apógrafo *s. m.* ELEVADO. Copia de un escrito original: *Este manuscrito de Lope es un apógrafo.*

apolillarse *v. prnl.* **1** Estropearse ‹una cosa› por la polilla: *Se me ha apolillado la alfombra del comedor.* **2** Quedarse ‹una persona o una cosa› anticuada: *Se ha apolillado en las cosas que lee, que ahora ya no interesan a nadie.*

apolíneo, a *adj.* **1** MIT.; ELEVADO. De Apolo. **2** Que tiene alguna de las características de Apolo: *La disputa entre el pensamiento apolíneo y el dionisíaco fue muy intensa a principios del siglo XX.*

apolítico, ca *adj.* **1** Que no tiene significación o ideas políticas: *Ese mensaje es apolítico sólo en apariencia.* **2** [Persona] que no se interesa por la política: *Dice que es apolítico, pero será como todos.*

apolo *s. m.* Hombre extraordinariamente hermoso: *Tampoco debe presumir tanto, porque es agraciado, pero no es un apolo.*

apologética *s. f.* (no contable) TEOL. Parte de la teología que expone las pruebas y fundamentos de la religión católica.

apologético, ca *adj.* De la apología o de la apologética: *obra apologética, escrito apologético.*

apología *s. f.* ELEVADO. Elogio o defensa orales o escritos de una persona o cosa: *El alcalde ha hecho la apología **del** estadio olímpico. El ilustre novelista hizo una apología **de** la narración hispánica contemporánea.*

apólogo *s. f.* LIT. Narración, frecuentemente con protagonistas no humanos personificados, de la que se deduce una enseñanza práctica o un consejo moral: *En la literatura árabe medieval hay muchos apólogos.*

apoltronamiento *s. m.* (no contable) Inercia y pasividad en un trabajo: *El apoltronamiento de esta empresa nos llevará a todos a la ruina, hay que pensar más.*

apoltronarse *v. prnl.* **1** Ponerse ‹una persona› cómoda en un asiento: *No te apoltrones, que tienes que fregar los cacharros.* **2** Dejar de ser ‹una persona› activa: *Se ha apoltronado y ya no trabaja nada.* **3** Mantenerse ‹una persona› en su puesto a toda costa: *Se ha apoltronado en el ministerio y no quiere salir ni muerto.* SIN. apalancarse.

apoplejía *s. f.* RESTRINGIDO. Hemorragia o infarto cerebral.

apopléjico, ca *adj.* **1** De la apoplejía: *ataque apopléjico.* ‖ *adj./s. m.* y *f.* **2** Que padece apoplejía: *Es apopléjico, sufrió un ataque hace un año.*

apoquinar *v. tr.* COLOQUIAL. Pagar ‹una persona› [una cantidad de dinero] de mala gana: *Te toca pagar esta ronda a ti, apoquínale al camarero el dinero. Apoquina lo que debes, muchacho.*

aporrear *v. tr.* Golpear ‹una persona› [a otra persona o una cosa] violenta e insistentemente: *No aporrees la puerta por la noche, toca el timbre.*

aportación *s. f.* **1** Acción y resultado de aportar: *La aportación de su prudencia nos viene muy bien al grupo.* **2** Entrega de una limosna o ayuda: *aportación a una obra de caridad, aportación a una obra social.*

aportar *v. tr.* **1** Dar ‹una persona› [una cosa] con [un fin] voluntariamente: *Aportó su saber y voluntad **a** la mejor marcha política del país.* **2** Presentar ‹una persona› [pruebas, razones o testimonios] en [defensa de una cosa]: *Aportó pruebas **en** su favor.* **3** Llevar ‹una persona› [bienes] [al matrimonio]: *Cuando se casaron, Juan aportó una finca heredada de un tío.* **4** Ser ‹una cosa o una persona› de utilidad a una persona: *Estas clases no me aportan nada a mí, pero a ti te aportan mucho.*

aporte *s. m.* **1** Aportación: *El aporte de nuestros fieles no es suficiente para el sostenimiento de la parroquia.* **2** Materias que necesita el cuerpo humano: *Muchos alimentos incorporan el aporte diario de vitaminas y minerales que necesita un joven.* **3** GEOGR. Conjunto de materiales depositados por la erosión del viento o del agua en un sitio: *El aporte del río Ebro a su delta ha disminuido desde que su curso atraviesa numerosos pantanos.*

aportillar *v. tr.* CHILE; COLOQUIAL. Malograr o estropear ‹una persona› [una cosa que otros hacen o dicen].

aposentamiento *s. m.* Hospedaje o habitación en un lugar: *El monasterio ofreció a los peregrinos aposentamiento y acomodo por varias noches.*

aposentar *v. tr.* **1** Dar ‹una persona› hospedaje [a otra persona]: *Aposentaron al rey en la mejor casa de la ciudad.* SIN. hospedar. ‖ *v. prnl.* **2** RESTRINGIDO. Fijar ‹una persona› la residencia en [un lugar]: *Se aposentó **en** una ciudad costera.* SIN. establecerse.

aposento *s. m.* **1** ELEVADO. Habitación de una casa: *Se retiró a su aposento a descansar.* SIN. cuarto. **2** (no contable) RESTRINGIDO. Alojamiento que se da a una persona: *Dieron aposento a tres de sus invitados.* SIN. hospedaje.

aposición *s. f.* GRAM. Procedimiento sintáctico que sirve para caracterizar o identificar un sustantivo o un pronombre por medio de un grupo nominal que les sigue tras una pausa representada en la escritura por una coma: *En la frase «Madrid, capital de la nación», una aposición caracteriza a «Madrid».*

apositivo, va *adj.* GRAM. De la aposición: *El sintagma apositivo va entre comas.*

apósito *s. m.* MED. Remedio que se aplica sobre la zona afectada, sujetándolo con una venda: *Los apósitos que le pusieron sobre la picadura no le sirvieron de nada.*

aposta *adv.* (preferentemente con el verbo *hacer*) Con intención, adrede: *No se puede pensar que lo hiciera aposta, pero lo cierto es que le fue muy bien que ocurriera así. ¿Lo has roto aposta?*

apostar *v. tr. / prnl.* **1** Ponerse ‹una persona› de acuerdo con [otras personas de distinta opinión] para pagar [una cantidad de dinero u otra cosa convenida de antemano] a la que tenga razón en [una cosa]: *Te apuesto veinte pesos contra diez **a** que no viene. **Nos** apostamos una cena **a** que no era su firma.* **2** Emplear ‹una persona› cierta cantidad de dinero en [un juego de apuestas]: *Cada día apuesta quinientas pesetas en el canódromo.* **3** Poner ‹una persona› [a otra persona o una cosa] en [un lugar] con una finalidad: *El cazador **se** apostó **tras** las rocas. El pistolero **se** apostó **en** un árbol, y desde allí disparaba a sus perseguidores.* ‖ *v. intr.* **4** Manifestar ‹una persona› la sospecha o la seguridad de [que ocurrirá una cosa]: *Apuesto **a** que hoy nieva.* **5** Manifestar ‹una persona› la confianza en [otra persona] para desempeñar [un determinado cometido]: *Nosotros apostamos **por** José **para** realizar esa campaña. Nuestra empresa ha apostado **por** los mercados exteriores.* FR. Y LOC. **apostarse ~ / jugarse la cabeza*.** ⇒ **28.** En la acepción **3** es regular.

apóstata *s. m. / f.* **1** REL. Persona que reniega de sus creencias religiosas: *El apóstata fue conducido a la hoguera.* **2** ELEVADO; PEYORATIVO. Persona que abandona sus ideas para adoptar otras diferentes: *Los apóstatas del partido del Gobierno abandonaron su grupo parlamentario pero no dejaron el escaño.*

apostatar *v. intr.* ELEVADO; PEYORATIVO. Abandonar ‹una persona› [una idea o una creencia]: *Apostató **de** su religión.* SIN. abjurar.

a posteriori *adv.* ELEVADO. Después de examinar la situación concreta: *A posteriori es siempre más fácil establecer conclusiones.*

apostilla *s. f.* Nota que comenta, aclara o completa un texto: *Ha escrito las apostillas a la obra de Fray Luis. En una de las apostillas se explican las vicisitudes por las que atravesó el autor.*

apostillar *v. tr.* Poner ‹una persona› apostillas a [un texto]: *La misma traductora ha apostillado el texto.*

apóstol *s. m.* **1** REL. Cada uno de los doce discípulos elegidos por Cristo: *Jesucristo envió a sus apóstoles a predicar el Evangelio por todo el mundo.* **2** Persona que defiende y propaga alguna doctrina: *un apóstol de la paz.*

apostolado *s. m.* **1** REL. Enseñanza y extensión del Evangelio, y tiempo que dura: *El apostolado de Juan Pablo I fue el más breve de la historia contemporánea.* **2** Conjunto de los doce apóstoles. **3** Difusión y defensa de una causa o doctrina considerada justa: *El apostolado de la madre Teresa de Calcuta ha recibido muchos premios pero pocas ayudas.*

apostólico, ca *adj.* **1** REL. De los apóstoles: *mensaje apostólico.* **2** REL. Del papa o de la iglesia católica: *Iglesia católica, apostólica y romana, bendición apostólica.* **vicario* ~.**

apóstrofe *s. m. / f.* **1** RET. Figura retórica que consiste en dirigirse a un ser real o imaginario con apasionamiento. **2** ELEVADO. Dicho ofensivo: *No puedo reproducir los apóstrofes que me dirigió.*

apóstrofo *s. m.* GRAM. Signo ortográfico que indica la elisión de una vocal: *Los apóstrofos en español se utilizan al escribir la evolución de una palabra desde el latín.*

apostura *s. f.* (no contable) Elegancia de una persona en su actitud y gestos: *La apostura de la modelo se debía al maquillaje y a la ropa.*

apotegma *s. m.* ELEVADO. Dicho breve y sentencioso: *En la literatura hay libros de apotegmas de personajes famosos.*

apotema *s. f.* **1** GEOM. Línea perpendicular trazada desde el centro de un polígono regular a cualquiera de sus lados. **2** GEOM. Altura de las caras triangulares de una pirámide regular.

apoteósico, ca *adj.* **1** (ser / estar; antepuesto / pospuesto) Que alcanza un grado de perfección insuperable: *Estuviste apoteósica, nos dejaste a todos boquiabiertos. El líder estuvo apoteósico en su despedida. La apoteósica actuación nos sobrecogió a todos.* **2** (antepuesto / pospuesto) Que tiene mucho éxito o aceptación: *Tras un apoteósico recibimiento, se dirigieron al público.*

apoteosis (plural *apoteosis*) *s. f.* **1** Alabanza o ensalzamiento de una persona o colectividad: *la apoteosis del vencedor.* **2** Final brillante de algo, especialmente de un espectáculo: *En estas elecciones se está produciendo la apoteosis de su carrera política.*

apoyar *v. tr. / prnl.* **1** Poner ‹una persona› [una parte de su cuerpo] sobre [otra persona o una cosa] de manera que la sostenga: *Apoyó el codo **sobre** la mesa. Carlos **se** apoyó **en** la pared.* **2** Basar ‹una persona› [una idea u opinión] en [un argumento]: *Apoyó su hipótesis **en** hechos concretos. Su afirmación **se** apoya **en** la evidencia.* SIN. fundamentar. ‖ *v. tr.* **3** Poner ‹una persona› [una cosa] sobre [otra cosa] de manera que la sostenga: *Apoyó la escalera **en** la ventana. El albañil apoyará la columna **sobre** la base de hormigón.* **4** Ayudar ‹una persona› [a otra persona] en [una cosa]: *Su amigo lo apoyó **en** la oposición. El ministro apoyó la continuidad de la subsecretaria.* **5** Servir ‹una cosa› para confirmar [otra cosa]: *Este hecho apoya mi hipótesis. El resultado de las cuentas apoya la opinión de que se trata de un buen negocio.* ‖ *v. prnl.* **6** Estar ‹una cosa› sobre [otra cosa que la sostiene]: *La bóveda se apoya **en** dos columnas. El tablero se apoya **sobre** cuatro patas macizas de piedra.*

apoyatura *s. f.* Apoyo: *Hay que buscar una buena apoyatura para fijar la grúa.*

apoyo *s. m.* **1** Cosa que sirve para sostener o sujetar una persona o una cosa: *Lleva bastón porque necesita un apoyo para poder andar. Hemos encontrado un apoyo firme para asentar la columna.* **2** Argumento que respalda una idea u opinión: *El apoyo del resultado de las encuestas ha sido fundamental para que mantenga su decisión.* **3** Ayuda que una persona presta a otra para algún fin: *Tenemos que conseguir un apoyo económico para poder levantar la empresa.*

APRA (pronunciamos *'apra'*) *s. f.* Sigla de «Alianza Popular Revolucionaria Americana», Perú.

apreciable *adj.* **1** (antepuesto / pospuesto) Que es bastante grande, intenso o importante para ser apreciado u observado: *No ha habido cambios apreciables en la evolución de los acontecimientos. Existe una apreciable diferencia entre ambos casos.* **2** (antepuesto / pospuesto) Que merece aprecio o estima: *Es un hombre apreciable. Has demostrado un apreciable interés en este caso; te lo agradezco.*

apreciación *s. f.* **1** Juicio con que se valora una cosa: *Eso no son más que apreciaciones tuyas.* SIN. opinión. **2** (no contable) Establecimiento del precio de las cosas: *Los ganaderos no aceptaron la baja apreciación de la lana.* SIN. valoración. **~ de la moneda** ECON. Aumento de valor de una moneda en términos de otra moneda diferente. **3** Percepción de las cosas o de sus cualidades: *La apreciación del contorno de la escultura era difícil desde tan lejos.*

apreciar *v. tr.* **1** Dar ‹una persona› valor [a otra persona] o a [una cosa]: *Nunca apreciaron el esfuerzo que hicimos para llegar hasta aquí.* **2** Sentir ‹una persona› afecto por [otra persona]: *Apreciáis mucho a Miguel porque se ha portado muy bien con vosotros.* SIN. estimar. **3** Percibir ‹una persona› [una cosa]: *No han apreciado ningún cambio significativo en las últimas horas.* || *v. prnl.* **4** Aumentar ‹una moneda› su valor: *Si la peseta se aprecia, resultará perjudicado el sector turístico.* SIN. revalorizarse. ANT. depreciarse.

apreciativo, va *adj.* (antepuesto / pospuesto) Que expresa aprecio o valoración: *un gesto apreciativo, una apreciativa sonrisa. El valor apreciativo de esa finca puede ser de cinco millones.*

aprecio *s. m.* (no contable) Estima o cariño que se siente por una persona: *Tengo un aprecio especial **por** Alfonso porque nos ha ayudado mucho. Se han criado juntas desde pequeñas, y eso hace que se tengan tanto aprecio.* SIN. afecto. FR. Y LOC. **no hacer ~** No dar importancia ‹una persona› a otra persona o a una cosa: *Todos pensaron que el coche lo entusiasmaría, pero no le hizo el menor aprecio.*

aprehender (diferente de *aprender*) *v. tr.* **1** Coger ‹la autoridad› [a otra persona, un botín o contrabando]: *La Guardia Civil aprehendió el lunes el mayor alijo de cocaína de los últimos años. Tras una espectacular operación, la policía aprehendió a los secuestradores.* **2** ELEVADO. Llegar a entender ‹una persona› [una cosa]: *No se trata sólo de aprender de memoria el texto y repetirlo como un lorito, sino de aprehender las cosas que en él se dicen, para ser capaz de explicarlas después.* SIN. entender, asimilar.

aprehensión (diferente de *aprensión*) *s. f.* **1** Captura o apresamiento de una persona o una cosa por parte de la autoridad: *La aprehensión del grupo de delincuentes se realizó con rapidez y discreción. Todos nos felicitamos por la aprehensión de las obras de arte robadas en el museo.* **2** ELEVADO. Asimilación de los conocimientos estudiados: *La aprehensión de los temas de Física me resulta muy difícil.*

apremiadamente *adv. modo* Con apremio.

apremiante *adj.* (antepuesto / pospuesto) Que apremia, urge o corre prisa: *solución apremiante. Recibí un apremiante mensaje de mi familia para que acudiese inmediatamente.*

apremiar *v. tr. / intr.* **1** Incitar ‹una persona› [a otra persona] a hacer [una cosa] con rapidez: *Lo apremian **para** que pague. El tiempo apremia.* SIN. acuciar. || *v. tr.* **2** Tener prisa ‹una persona› en [que una cosa se produzca]: *Nos apremia saber cuál va a ser su respuesta.*

apremio *s. m.* **1** (no contable) Prisa o urgencia para que una persona haga algo: *No me gusta este apremio para hacer mi trabajo; prefiero ir a mi ritmo.* **2** DER. Mandamiento judicial para urgir a una persona el pago de un impuesto o el cumplimiento de otra disposición administrativa: *Parece que se lo van a reclamar por vía de apremio.*

aprender (diferente de *aprehender*) *v. tr.* **1** Llegar a saber ‹una persona› [una cosa]: *Aprendí muy pronto **a** nadar. Aprenderás mucho **de** tu profesor.* || *v. tr. / prnl.* **2** Fijar ‹una persona› [una cosa] en la memoria: ***Me** aprendí la lista de los reyes godos, y aún soy capaz de repetirla sin titubeos. Apréndete tu número del carné y así, aunque no lo lleves, no tendrás problema.* SIN. memorizar.

aprendiz, za *s. m. / f.* **1** Persona que aprende algún arte u oficio manual: *aprendiza de modista, aprendiz de carpintero.* **2** Persona que se encuentra en el último escalafón laboral: *Antes de ser oficial, trabajé dos años de aprendiz.*

aprendizaje *s. m.* **1** Adiestramiento o adquisición de conocimientos: *Emplean técnicas nuevas para el aprendizaje de lenguas extranjeras.* SIN. estudio. **2** (no contable) Tiempo que se tarda en aprender una cosa: *Invirtió tres años en el aprendizaje de largas listas inútiles.*

aprensión (diferente de *aprehensión*) *s. f.* **1** (no contable) Miedo irreflexivo y exagerado a las enfermedades y a aquello que pudiera producirlas: *Me da aprensión tocarlo por si me contagia. Tiene aprensión de comer en el mismo plato que yo.* SIN. escrúpulo. **2** (preferentemente en plural) Temor o prevención infundada: *Tiene demasiadas aprensiones, ya le dije que no se lo iba a encontrar cara a cara.*

aprensivo, va *adj.* Que siente o tiende a sentir aprensión: *No me seas tan aprensiva y bebe de la botella, que no te voy a pegar nada.*

apresar *v. tr.* **1** Agarrar ‹un animal› [a una persona, un animal o una cosa] con las garras o con los colmillos: *El tigre apresó al cervatillo que se había quedado rezagado.* **2** Atrapar ‹una persona› [a un prisionero o una presa]: *Cuando ya habían apresado al ladrón, éste disparó indiscriminadamente e hirió a varios agentes.* SIN. capturar

aprestar *v. tr.* **1** Preparar ‹una persona› [una cosa] para [un fin]: *Aprestaron las armas **para** el combate.* **2** Dar ‹una persona› consistencia o rigidez a [un tejido]: *No me han aprestado bien el cuello ni los puños de la camisa.* || *v. prnl.* **3** Prepararse ‹una persona› para [una cosa]: *Se aprestó **para** recibir a los invitados. Se aprestan **a** la lucha política de otoño con una intensa preparación.*

apresto *s. m.* **1** (no contable) Tratamiento de un tejido para que tenga más consistencia: *¿Has terminado con el apresto de la ropa que te he dejado al lado de la plancha?* **2** Producto que sirve para dar mayor rigidez o consistencia a un tejido: *El único apresto que encontrarás en el armario es almidón.*

apresuradamente *adv. modo* A VECES PEYORATIVO. Con prisas, de prisa y corriendo: *Sonia salió apresuradamente a la calle.*

apresuramiento *s. m.* (no contable) Urgencia en la realización de una cosa: *El apresuramiento no suele dar buenos resultados, más vale hacer las cosas bien y sin prisa.*

apresurar *v. tr. / prnl.* Incitar ‹una persona› [a otra persona] a hacer [una cosa] con rapidez: *Apresúra**te a** entrar. Apresuró la marcha porque vio que si no llegaría tarde.*

apretadamente *adv. modo* Con aprietos, con justeza: *Llegábamos a final de mes apretadamente. La victoria se produjo muy apretadamente.*

apretado, da *adj.* **1** (antepuesto / pospuesto) Que tiene dificultad o peligro: *Pasó por una apretada situación cuando se quedó encerrada en el ascensor con el edificio en llamas.* **2** (ser / estar; antepuesto / pospuesto) Que tiene muchas obligaciones o trabajos: *La agenda del día quince está muy apretada. A esta hora no hay manera de verla; tiene unas mañanas muy apretadas. Las apretadas jornadas de Antonio son agotadoras.* **3** (ser / estar; antepuesto / pospuesto) [Resultado, cantidad, porcentaje] que se produce con un margen o diferencia muy escasos o ajustados respecto de otros: *El resultado del escrutinio está muy apretado. El apretado tanteo demuestra la igualdad de los dos equipos. La victoria ha sido muy apretada.* **4** Que tiene apuros económicos: *Mercedes pasa épocas muy apretadas, y tiene que venir a pedirme dinero.* **5** VEN.; COLOQUIAL. [Persona] que tiene un carácter fuerte.

apretapapeles (plural *apretapapeles*) *s. m.* URUG. Pisapapeles.

apretar *v. tr.* **1** Hacer ‹una persona o una cosa› fuerza o presión sobre [una persona o una cosa]: *Apretó las cajas para poder entrar en la habitación. Aprieta el botón para que venga el ascensor. No me aprietes, que no puedo respirar. El pantalón me aprieta demasiado.* **2** Aumentar ‹una persona› la tirantez o la presión de [una cosa]: *Hay que apretar estos tornillos. Apretaremos las cuerdas para que no se suelte.* **3** Tratar ‹una persona› [a otra persona] con rigor: *Esa profesora aprieta demasiado a sus alumnos. Me apretaron tanto que acabé accediendo a que vinieran a cenar.* || *v. tr. / prnl.* **4** Poner ‹una persona› [a otra persona o una cosa] de manera que ocupe menos espacio: *Si **nos** apretamos, cabremos todos.* || *v. intr.* **5** Ser ‹una cosa› más intensa que de ordinario: *El frío aprieta. Cuando apretaba el hambre las cosas se veían de otra manera.* FR. Y LOC. **~ a correr** Empezar a correr ‹una persona›: *Apretó a correr cuando nos vio.* **~ el paso*.** **~ las clavijas** o **~ los tornillos** COLOQUIAL. Presionar ‹una persona› a otra para que haga algo o controlarla severamente: *La policía trata de apretar las clavijas al detenido para ver si da alguna pista.* **apretarse el cinturón*.** **atarse / apretarse los machos*.** **saber* dónde le aprieta el zapato.** REFR. **Dios aprieta pero no ahoga.** Se usa para indicar que es posible superar cualquier dificultad. ⇒ **58.**

apretón *s. m.* **1** Presión fuerte o rápida: *Un apretón en el brazo me indicó que me callase.* **~ de manos** Estrechamiento enérgico y efusivo de las manos de dos personas como saludo o muestra de cariño. **2** COLOQUIAL. Esfuerzo superior al ordinario: *Le faltó el apretón final para aprobar.* **3** COLOQUIAL. Apretura causada por la excesiva concurrencia de gente: *Odia los empujones y apretones del metro.* SIN. estrujón (COLOQUIAL). **4** COLOQUIAL. Movimiento repentino y violento de vientre que obliga a evacuar: *Un inoportuno apretón me obligó a dejar la reunión y meterme en el baño.*

apretujamiento *s. m.* **1** (no contable) COLOQUIAL. Presión intensa y continuada: *El apretujamiento de los dedos me produjo dolor.* **2** (no contable) COLOQUIAL. Aglomeración de personas en un espacio pequeño: *Nunca he sufrido tantos apretujamientos como el otro día durante la huelga de autobuses.*

apretujar *v. tr.* **1** COLOQUIAL. Apretar ‹una persona› [una cosa] mucho: *Sólo podréis cerrar la maleta si apretujáis la ropa. De tanto apretujar el lápiz me duele la mano.* || *v. prnl.* **2** COLOQUIAL. Apretarse ‹varias personas› en [un recinto pequeño]: *El público se apretujaba **en** la entrada.*

apretujón *s. m.* COLOQUIAL. Presión intensa y continuada: *Quisiera estar en una ciudad pequeña, donde no haya apretujones ni aglomeraciones. Le dio un apretujón que por poco lo revienta.*

apretura *s. f.* **1** (en plural) Opresión causada por la aglomeración de gente: *No puedo soportar las apreturas del autobús.* SIN. apretujón. **2** (en plural) Escasez de lo necesario para vivir: *En la guerra Juana pasó muchas apreturas y a veces incluso tuvo que robar para comer.* SIN. privación. **3** Aprieto: *Tu indiscreción me puso en una apretura.* SIN. apuro.

aprietapapeles (plural *aprietapapeles*) *s. m.* ARG. Pisapapeles.

aprieto *s. m.* Situación complicada o difícil de resolver: *Hay que ayudarlo porque está en un serio aprieto. Yo no entiendo cómo tiene siempre estos aprietos con los bancos.*

a priori *adv.* ELEVADO. Antes de examinar la situación concreta: *Un juez no puede condenar al acusado a priori.*

apriori *s. m.* Demostración en la que se desciende de la causa al efecto o de lo general a lo particular: *Su filosofía está llena de aprioris. La mayoría de las demostraciones matemáticas son aprioris.*

apriorismo *s. m.* (no contable) Método en que se emplea sistemáticamente el razonamiento a priori.

apriorístico, ca *adj.* Del apriorismo: *razonamiento apriorístico.*

aprisa *adv. modo* Con rapidez, deprisa: *Tenemos que hacerlo aprisa.*

aprisco *s. m.* Lugar donde los pastores recogen el ganado para resguardarlo del frío. SIN. majada, redil.

aprisionamiento *s. m.* (no contable) Sujeción de una cosa con fuerza para limitarle el movimiento: *El aprisionamiento del conductor entre los hierros del autobús obligó a los bomberos a usar sopletes para poder rescatar el cuerpo. Dicen que la explosión ha provocado el aprisionamiento de varios mineros.*

aprisionar *v. tr.* **1** Sujetar ‹una persona› [a otra persona] con fuerza: *Me aprisionó sujetándome fuertemente del brazo.* **2** Sujetar ‹una cosa› [a una persona, un animal o una cosa] de manera que no pueda soltarse: *Los hierros del coche aprisionaron a los ocupantes del vehículo.*

aproar *v. intr.* MAR. Dirigir ‹una persona› la proa de la embarcación en [una dirección]: *Aproamos hacia el faro.*

aprobación *s. f.* **1** Aceptación de una cosa que se considera buena o apta: *La aprobación de los presupuestos tardará aún. El informe de la junta saliente mereció la aprobación de la mayoría de los socios.* **2** Conformidad o acuerdo de una persona con la conducta de otra: *Se comporta así porque busca la aprobación de sus amigos.*

aprobado *s. m.* Calificación mínima que indica la superación de una prueba o examen: *En esta asignatura hay que* *estudiar mucho para alcanzar el aprobado.* ~ **ramplón** Aprobado mínimo: *Me han dado un aprobado ramplón en Matemáticas.*

aprobar *v. tr.* **1** Dar ‹una persona› por buena [una cosa]: *Consiguieron que se aprobara la ley por un estrecho margen de votos. No puedo aprobar tu comportamiento en este asunto.* **2** Dar ‹una persona› por apta [a otra persona] después de un examen o ejercicio: *Debes decidir si lo vas a aprobar ó a suspender, porque el examen era muy justo.* || *v. tr. / intr.* **3** Recibir ‹una persona› una calificación suficiente en [un examen]: *No aprobaré la asignatura porque no me la tomo en serio. En septiembre aprobó.* ⇒ **28.**

aprobatorio, ria *adj.* Que aprueba o expresa aprobación: *una señal aprobatoria.*

apropiación *s. f.* Acción de adueñarse una persona de una cosa ajena: *apropiación indebida. No me parece que la apropiación de las fincas que rodean tu casa sea lo más correcto.*

apropiado, da *adj.* Que es bueno para el fin al que se destina: *Es la herramienta apropiada* ***para*** *esa tarea. Ese vestido no es apropiado* ***para*** *trabajar.*

apropiar *v. tr.* **1** ELEVADO. Hacer ‹una persona› que [una cosa] se acomode a [otra cosa]: *Apropió la voz* ***al*** *gesto y empezó a recitar. Tienes que apropiar tus bromas* ***a*** *los oyentes.* || *v. prnl.* **2** Tomar ‹una persona› [una cosa ajena]: *Se apropió* ***de*** *los terrenos de su hermano. Es un desaprensivo, que se apropia* ***de*** *las ideas de los demás y las presenta como suyas.* SIN. adueñarse, apoderarse.

aprovechable *adj.* (antepuesto / pospuesto) Que se puede aprovechar: *Estas maderas son aprovechables. No tires esa tela, es aprovechable. Me dio una serie de aprovechables consejos.*

aprovechado, da *adj. / s. m.* y *f.* PEYORATIVO. [Persona] que saca beneficio de cualquier situación teniendo en cuenta sólo sus propios intereses: *Mientras todos lamentaban el despido del subdirector, Antonia sólo pensaba en que ahora podría ocupar su puesto; es una aprovechada.*

aprovechamiento *s. m.* (no contable) Consecución de un provecho o rendimiento: *Hay que conseguir el máximo aprovechamiento de los equipos informáticos.*

aprovechar *v. intr.* **1** Servir ‹una cosa› de provecho [a una persona]: *Poco le aprovechó su simpatía, porque no le dieron el empleo.* **2** Obtener ‹una persona› provecho de [una cosa]: *Aprovechó* ***en*** *los estudios y consiguió unas calificaciones estupendas.* || *v. tr.* **3** Utilizar ‹una persona› [una cosa que se presenta o tiene] provechosamente: *Aprovechó la ocasión que le brindábamos. Ha aprovechado sus conocimientos en la materia para dar una lección a los que lo escuchábamos.* || *v. prnl.* **4** Obtener ‹una persona› provecho de [una persona o de una cosa] maliciosamente: *Se aprovechó* ***de*** *todos nosotros, porque nos fiamos de él. Te has aprovechado* ***de*** *su ignorancia* ***para*** *engañarlo.* **5** EUFEMISMO. Tener ‹una persona› relaciones sexuales con [otra persona] valiéndose de engaños o de la fuerza: *Se aprovechó* ***de*** *una menor.* FR. Y LOC. **¡que aproveche!** CORTESÍA. Se usa para desear buen provecho a una persona que está comiendo: *Veo que has empezado a comer, ¡que aproveche!*

aprovisionamiento *s. m.* Abastecimiento de lo que es necesario: *El aprovisionamiento de agua es esencial para la travesía.*

aprovisionar *v. tr. / prnl.* Proporcionar ‹una persona› lo necesario [a otra persona]: *Él nos aprovisionará* ***de*** *alimentos para iniciar la marcha. Aprovisionaron* ***de*** *víveres el barco.* ***Se*** *aprovisionaron para un largo viaje.* SIN. abastecer(se).

aproximación *s. f.* **1** Acercamiento de una cosa a otra: *la máxima aproximación de la Tierra al Sol. Colaboró en la aproximación de las posturas enfrentadas.* ANT. alejamiento. **2** MAT. Diferencia que se produce al obtener un resultado lo más cercano posible al exacto. **3** Premio menor que en la lotería nacional se concede al número anterior y posterior de los primeros premios de un sorteo: *Yo me conformo con alguna aproximación.*

aproximadamente *adv.* Más o menos, poco más o menos, con expresión aproximada, con medida aproximada. OBSERVACIONES: ◊ Se usa en contextos de cuantificación y, en especial, en los que implican comparación. ◊ No suele modificar a verbos: *aproximadamente la mitad, aproximadamente como tú de alto, aproximadamente millón y medio. Son, aproximadamente, las seis.*

aproximado, da *adj.* Aproximativo, que se aproxima a lo real o exacto: *una cantidad aproximada. Se repartió un premio aproximado de quinientas mil pesetas.*

aproximar *v. tr. / prnl.* **1** Poner ‹una persona› [a otra persona, un animal o una cosa] más cerca de [una persona, un animal o una cosa]: *Aproximó la silla* ***a*** *la pared. Aunque intentaron aproximar las posturas, no llegaron a ningún acuerdo.* ***Se*** *aproximaron* ***al*** *fuego.* SIN. acercar. || *v. prnl.* **2** Estar ‹una cosa› cada vez más cerca: *El autobús se aproximaba lentamente a nosotros.* **3** Ser ‹una cosa› parecida a [otra cosa]: *Tus rasgos se aproximan* ***a*** *los de tu hermano.* SIN. parecerse, asemejarse.

aproximativo, va *adj.* Que se aproxima a lo real o exacto: *un precio aproximativo. Es una previsión aproximativa de lo que puede suceder.* SIN. aproximado.

Aptdo. *abr.* «Apartado de correos».

áptero, ra *adj.* ZOOL. Que no tiene alas: *insecto áptero.*

aptitud *s. f.* Capacidad para desempeñar una determinada función: *pruebas de aptitud. Dudo de su aptitud para dedicarse a la enseñanza.*

apto, ta *adj.* **1** Que es apropiado para determinado servicio o trabajo: *Es una persona apta* ***para*** *ocupar tu lugar en la empresa.* **2** Que es adecuado para una determinada persona o cosa: *La película no es apta* ***para*** *menores.*

Apto. *abr.* «Apartamento».

apu *s. m.* PERÚ; RESTRINGIDO. Espíritu tutelar de una comunidad, que preside la vida de un pueblo desde el cerro que habita.

apuesta *s. f.* **1** (preferentemente con el verbo *hacer*) Acuerdo entre dos o más personas de distinta opinión para pagar una cantidad de dinero u otra cosa convenida a la persona que tenga razón en la cuestión de que se trate: *Hicimos una apuesta sobre el partido del miércoles. Una cena me parece una apuesta muy pobre si estás tan segura de que llevas razón.* **2** (preferentemente con el verbo *hacer*) Empleo de cierta cantidad de dinero en un juego en el que se pueden ganar premios muy superiores a la cantidad que se juega: *Cada semana hago dos únicas apuestas en la quiniela.* **3** Cantidad de dinero u otra cosa que se apuesta en estos juegos: *Te recuerdo que tu apuesta era de dos mil pesetas.* **4** Manifestación de la confianza que una persona tiene en una cosa que comporta cierto riesgo: *La apuesta por la modernización de las estructuras del Estado es decidida.* **5** Manifestación de la confianza que una persona tiene en otra persona para desempeñar un determinado cometido: *Nuestra apuesta por José para ese puesto sigue en pie.*

apuesto, ta *adj.* (antepuesto / pospuesto) Que tiene buena presencia: *Le presentó a un apuesto caballero. Nos visitó una muchacha muy apuesta.*

apunamiento *s. m.* Malestar que experimentan las personas en las alturas montañosas, manifiestado por mareos, trastornos respiratorios y dolores de cabeza.

apunarse *v. prnl.* AMÉR. Padecer ‹una persona› apunamiento.

apuntado, da *adj.* **1** Que termina en punta. || **2 arco* ~. 3 sombrero* ~.**

apuntador, ra *s. m. / f.* TEATRO. Persona que, en las representaciones de teatro, se sitúa cerca de los actores y, en voz baja, les recuerda el texto cuando lo olvidan. FR. Y LOC. **no quedar ni el ~** COLOQUIAL; INTENSIFICADOR. Morir todos los personajes en una película o en una obra de teatro: *En algunas películas del Oeste, al final no queda ni el apuntador.*

apuntalamiento *s. m.* Colocación de puntales para reforzar una estructura: *El apuntalamiento de la casa fue indispensable después del terremoto.*

apuntalar *v. tr.* **1** Poner ‹una persona› puntales a [una cosa] para reforzarla: *Han apuntalado la torre de la iglesia.* **2** Dar ‹una persona o una cosa› firmeza o seguridad a [una cosa]: *Con los datos que aportó apuntaló su propuesta.*

apuntar *v. tr.* **1** Dirigir ‹una persona› [un arma] hacia [otra persona, un animal o una cosa]: *Apuntó **con** un revólver a la ventana. El atracador le apuntó **a** la cabeza. No me apuntes **con** un arma. No se debe apuntar un arma hacia la gente.* **2** Tomar ‹una persona› nota de [una cosa] por escrito: *Apuntaba con detalle todo lo que decía el profesor.* SIN. anotar. **3** Hacer ‹una persona› un esquema de [una cosa]: *La ministra apuntó los rasgos principales del proyecto.* **4** Decir‹una persona› [a otra persona] [lo que tiene que decir o escribir] con disimulo: *Jaime me apuntaba las respuestas en voz baja, sin que el profesor se diera cuenta.* **5** Decir ‹una persona› [una cosa] sin insistir mucho en ella: *Ella misma apuntó la posibilidad de irse de la empresa.* || *v. tr. / prnl.***6** Inscribir ‹una persona› [a otra persona] en la lista o el registro de [una actividad]: *Ayer apunté a doscientas personas **para** la carrera del domingo. **Me** he apuntado **al** próximo cursillo de natación.* || *v. intr.* **7** Empezar a manifestarse ‹una cosa›: *Ya apuntaba el sol cuando nos levantamos de la cama.* **8** Intentar ‹una persona› conseguir [una cosa]: *Antonia apunta **a** la presidencia. Este muchacho apunta demasiado alto; debería ser más modesto.* **9** Estar ‹una cosa› dirigida a [un lugar]: *La proa de la nave apunta **al** norte.* **10** ARG., URUG.; COLOQUIAL. Dirigirse ‹una persona› en una dirección determinada. || *v. prnl.* **11** Obtener o atribuirse ‹una persona› [un éxito o un tanto]: *Ella casi no ha participado en el proyecto, pero luego se ha apuntado el éxito como si sólo fuera cosa de ella.* **12** Participar ‹una persona› en [un plan o una actividad]: *Si salís a cenar, yo me apunto.* **13** ARG.; COLOQUIAL. Conquistar ‹un hombre› [a una mujer]. FR. Y LOC. **abonarse / apuntarse a un bombardeo*. apuntarse un tanto* (a su favor).**

apunte *s. m.* **1** Nota escrita: *tomar apuntes en una conferencia, tomar apuntes de un libro. ¿Me puedes pasar los apuntes de la última clase? Nunca toma apuntes.* **2** Dibujo tomado al natural rápidamente: *Como el aparejador tenía prisa, sólo pudo hacer un apunte de la casa para ver qué te parecía.* **3** Persona que apunta a los actores la letra de sus papeles: *El apunte sigue el texto desde la concha del teatro.* SIN. apuntador. **4** Texto que utiliza el apuntador.

apuntillar *v. tr.* **1** Dar ‹una persona› la puntilla al [toro]: *El diestro no tuvo fortuna con el estoque y tuvieron que apuntillar el toro.* **2** Dar ‹una persona› un golpe definitivo [a otra persona]: *Las últimas noticias la apuntillaron.*

apuñalamiento *s. m.* Agresión a una persona clavándole puñaladas: *Están investigando el apuñalamiento de los dos jóvenes en el parque.*

apuñalar *v. tr.* Dar ‹una persona› puñaladas [a otra persona]: *Los asaltantes apuñalaron a sus tres víctimas sin compasión.*

apuradamente *adv.* Con apuros, con dificultades. Conlleva la idea de 'casi no' o 'estar a punto de': *Apuradamente conseguimos salir vivos de allí.*

apurado, da *adj.* **1** (ser / estar; antepuesto / pospuesto) [Persona] que siente inquietud o angustia: *Cuando la encontramos estaba muy apurada por lo que había hecho. El apurado personaje nos pidió dinero para comer.* **2** (antepuesto / pospuesto) [Situación] que causa angustia por su dificultad: *La apurada situación en la que nos encontrábamos nos hizo pensar en todo lo que habíamos hecho mal.* **3** (estar) Que no tiene dinero o que carece de lo necesario para vivir: *Desde que lo despidieron está muy apurado económicamente.*

apurar *v. tr.* **1** Acabar ‹una persona› [una cosa] totalmente: *Apuró hasta la última gota de licor.* SIN. consumir. || *v. tr. / prnl.* **2** Meter ‹una persona› prisa [a otra persona]: *Apúra**te** o llegaremos tarde.* SIN. apresurar. **3** Causar ‹una cosa› inquietud o angustia [a una persona]: *Me apura el trabajo. No **te** apures, porque ya está hecho y no tiene remedio.* **4** Causar ‹una cosa› vergüenza [a una persona]: *Me apura decírselo.* FR. Y LOC. **~ la copa* del dolor** o **~ la copa de la desgracia.**

apuro *s. m.* **1** Situación difícil: *poner a alguien en un apuro. Estamos en un apuro y no sabemos cómo salir de él.* SIN. aprieto. **2** (no contable) Vergüenza: *Me da apuro saludarle. Sentí apuro al tener que decirle que ya no quería lo que le había pedido.* SIN. corte (COLOQUIAL). **3** (preferentemente en plural) Carencia o necesidad de algo, especialmente de dinero: *pasar apuros. Una quiniela de catorce me sacaría de apuros.* SIN. estrecheces. **4** AMÉR. Prisa.

apurón *s. m.* **1** ARG.; COLOQUIAL. Situación en que algo debe resolverse con gran prisa. **2** ARG., URUG.; COLOQUIAL. Situación difícil de resolver.

apurruñar *v.tr. / prnl.* **1** VEN.; COLOQUIAL. Apretar ‹una persona› [una cosa, como un papel o una tela] entre las manos. **2** VEN. Abrazar ‹una persona› cariñosamente [a otra persona].

aquejar *v. tr.* Afectar ‹un dolor o una enfermedad› [a una persona]: *Le aqueja una extraña dolencia.* ⇒ **9.**

aquel, lla, llo (como pronombre *aquel, aquella* y sus plurales *aquellos* y *aquellas* pueden acentuarse: *aquél, aquélla, aquéllos, aquéllas*; en cambio el pronombre *aquello* nunca se acentúa) *adj. / pron. dem.* **1** Indica que la persona o cosa de la que se habla está lejos física, temporal o mentalmente del que habla y del que escucha: *¿Aquél es tu novio? Me gustan las enredaderas pero aquéllas no.* OBSERVACIONES: ◊ Todas las formas excepto *aquello* son también adjetivos: *Aquella película se rodó en nuestra ciudad. Aquellas palabras suyas levantaron un gran escándalo.* ◊ Nunca lleva acento gráfico cuando es adjetivo; sin embargo, cuando es pronombre puede y a veces debe llevarlo para facilitar la comprensión de lo que se dice. **2** Se usa para referirse a alguien o algo que se ha mencionado previamente: alejado en el tiempo, en un suceso del pasado, conocido por los interlocutores: *El barco zarpó el quince de agosto. Aquélla sería su peor travesía.* **2**1 En oposición a *éste*, se refiere al término que se mencionó en primer lugar: *Primero le llamó su madre y luego el jefe. Éste quería invitarle a cenar y aquélla decirle que no estaría en casa por la noche.* **2**2 **Aquello** Se usa para referirse a algo que es conocido tanto por el hablante como por el que escucha o a algo que el hablante no quiere decir claramente: *¿Has solucionado aquello de tu padre? ¿Cuándo traerán aquello?* || *adj.* **3** Detrás del nombre, indica énfasis en la designación, y a veces incluso rechazo o desprecio: *La criada aquella era muy eficiente. El viaje fue muy aburrido por culpa de los muchachos aquellos.* || *adj. / pron.* **4**1 Como adjetivo, se usa delante del antecedente de una oración de relativo: *Aquellos estudiantes que suspendieron el examen han protestado ante la profesora.* **4**2 Como pronombre, se usa como antecedente de una oración de relativo: *Salieron de la sala aquellos que no estaban a favor del presidente.* **4**3 Como pronombre, y seguido de *de* o de *entre*, se usa para referirse a una selección o subconjunto en contexto de oración de relativo: *Aquellos de ustedes que no tengan invitación no podrán asistir al concierto. Aquellos de entre los nuestros que no quisieron subir, recibieron el castigo.* || *s. m.* **5** Precedido normalmente del posesivo *su*, atractivo o cualquier otra cualidad que resulta difícil de definir con precisión: *Los trajes regionales no eran feos, tenían su aquel.* FR. Y LOC. **por (aquel) entonces*** o **en ~ entonces***.

aquelarre *s. m.* Reunión nocturna de brujos y brujas: *Por esta zona aún se celebran sonados aquelarres.*

aquenio *s. m.* Fruto seco que no se abre de forma espontánea y que contiene en su interior una semilla: *El girasol, la bellota o la castaña son aquenios.*

aqueo, a *adj. / s. m.* y *f.* HIST. De un pueblo de la antigua Grecia: *Los aqueos vencieron a los troyanos.*

aquí *adv. lug.* **1** En este lugar o a este lugar: *Aquí fue donde ocurrió todo. Quiero que vengas aquí y entonces hablaremos.* **~ y allá** En un lugar indeterminado: *Llevo toda la mañana aquí y allá para no solucionar nada.* **de acá / ~ para allá***. || *adv. temp.* **2** Ahora, en este momento: *Hasta aquí nadie ha protestado.* **de ~ a** 1 Dentro de, desde este momento hasta: *De aquí a dos años habré acabado mis estudios.* 2 Hasta dentro de: *No pidas más dinero de aquí a un mes.* **3** Entonces, en ese momento: *Llegamos a la escena quinta, y aquí todo el mundo guardó silencio.* || *interj.* **4** (precedido o seguido del nombre de quien se llama) Se usa para llamar la atención de alguien, pedir ayuda o auxilio: *¡Juan, aquí!* **5** Se usa como respuesta cuando se pasa lista a un grupo de personas: *–«Pilar Blasco.» –«Aquí.»* **6**. COLOQUIAL. Se usa para referirse a una persona que está cerca de quien habla, dando su nombre o no: *Aquí, Jorge, uno de mis mejores amigos. Aquí, mi amiga, desea tomar un café.* **7** VULGAR. Se usa para designar a una persona que está con el que habla: *El que lo sabe es aquí.* FR. Y LOC. **(~) el que no corre* vuela. de ~ en adelante** A partir de ahora o a partir de este lugar: *De aquí en adelante, quiero verte todos los días. De aquí en adelante iremos corriendo.* **de ~ te espero*. ¡largo* (de ahí / aquí)!**

aquiescencia *s. f.* (no contable) ELEVADO. Consentimiento, autorización para hacer algo: *Lo trasladaron a otro hospital con la aquiescencia del médico.*

aquietar *v. tr.* **1** Poner ‹una persona o una cosa› tranquila o quieta [a una persona o una cosa]: *Aquellas palabras aquietaron el ánimo de los allí presentes.* SIN. tranquilizar. || *v. prnl.* **2** Ponerse ‹una persona o una cosa› tranquila o quieta: *Después de la tormenta, el viento se aquietó como por arte de magia.* SIN. tranquilizarse.

aquilatamiento *s. m.* (no contable) Valoración exacta y cuidadosa: *No es necesario que se haga un aquilatamiento de los méritos de esta participante para ver que es la mejor.*

aquilatar *v. tr.* **1** Medir ‹una persona› los quilates de [un objeto precioso]: *El joyero, después de un detenido examen, aquilató el oro de aquel collar.* **2** Hacer ‹una persona› una valoración lo más exacta posible de [una cosa]: *No se puede hablar hasta que aquilatemos todas las consecuencias del accidente.*

ar *interj.* MIL. Se usa para indicar que se debe ejecutar una orden en ese momento: *¡Firmes, ar! A la voz de ¡ar! se agruparán ustedes en pelotones.*

-ar *suf.* **1** Significa 'acción' y forma verbos a partir de sustantivos o de adjetivos: *almacén - almacenar, gordo - engordar.* **2** Significa 'cualidad de' o 'relacionado con' y forma adjetivos a partir de sustantivos: *espectáculo - espectacular, sol - solar, familia - familiar, músculo - muscular.* **3** Significa 'lugar donde se cultiva' o 'lugar donde abunda algo' y que forma sustantivos a partir de sustantivos: *melón - melonar, paja - pajar.*

ara *s. f.* **1** Altar en que se ofrecen sacrificios a los dioses: *Descubrieron que aquella piedra donde solíamos sentarnos a comer en el campo era un ara prerromana.* **2** REL. Piedra consagrada en el centro del altar donde el sacerdote católico celebra la misa: *En el centro del altar el ara guarda un pedacito de una reliquia de un santo.* FR. Y LOC. **en aras de** En honor o por interés de alguna cosa: *Brindemos en aras de nuestra amistad. Dimitió de su puesto en aras de la tranquilidad de todos.*

árabe *adj. / s. m.* y *f.* **1** De los pueblos o de las personas que hablan la lengua árabe, aunque no estén en Arabia: *el mundo árabe, los países árabes.* **2** De Arabia, región asiática: *las instituciones árabes. Tengo dos alumnas árabes. Compró un libro sobre los monumentos árabes.* SIN. arábigo. || *s. m.* **3** LING. Lengua semítica hablada en los países del mundo árabe: *He decidido empezar a estudiar árabe este verano.*

arabesco *s. m.* ARQ. Dibujo en adorno con formas geométricas típicas de la arquitectura árabe: *los arabescos de la mezquita.*

arábigo, ga *adj.* **1** De Arabia, región asiática: *desierto arábigo, costumbre arábiga.* **goma* arábiga. numeración* arábiga. número* ~.** || *s. m.* **2** RESTRINGIDO. Lengua árabe.

arabismo *s. m.* GRAM. Palabra o expresión de origen árabe empleada en otra lengua: *El español tiene muchos arabismos léxicos.*

arabista *s. m. / f.* Persona que estudia la lengua y cultura árabe: *El congreso de arabistas se va a celebrar en Granada.*

arácnido *adj. / s. m.* **1** (macho y hembra) ZOOL. [Animal] artrópodo que tiene cuatro pares de patas y un órgano de defensa y ataque por el que echa el veneno, como la araña o el escorpión. ‖ *s. m.* **2** (en plural) ZOOL. Clase que forman los artrópodos arácnidos.

aracnoides (plural *aracnoides*) *s. f.* ANAT. Meninge intermedia, situada entre la duramadre y la piamadre.

arada *s. f.* **1** (no contable) AGR. Labor de hacer surcos en la tierra para sembrar: *Ya está hecha la arada de los bancales del fondo.* **2** (no contable) AGR. Trabajo del campo: *La yunta de bueyes ya está dispuesta para la arada.* **3** (no contable) AGR. Tierra labrada: *Sobre las aradas planeaban los vencejos.* **4** AGR. Porción de terreno que se puede arar en un día: *Esta finca no tiene más de dos aradas.*

arado *s. m.* AGR. Utensilio agrícola con unas piezas de hierro cortantes para labrar la tierra: *La aparición del arado fue fundamental para el desarrollo humano.*

arador, ra *adj. / s. m.* y *f.* **1** Que ara. ‖ **2 ~ de la sarna** (macho y hembra) *Sarcoptes scabiei.* Animal arácnido del orden de los ácaros, que es parásito del hombre y le produce la enfermedad de la sarna.

aragonés, sa *adj. / s. m.* y *f.* **1** De Aragón, comunidad autónoma española: *folclore aragonés. Los aragoneses son un pueblo muy emprendedor.* **2** Del antiguo Reino de Aragón. ‖ *s. m.* **3** LING. Variedad del dialecto romance procedente del latín que se hablaba y escribía en la Edad Media en el antiguo Reino de Aragón: *El aragonés y el leonés presentan curiosas coincidencias fonéticas.* **4** Variedad del castellano que se habla en Aragón: *Dicen que hablo en aragonés porque tengo una entonación muy marcada.*

aragonesismo *s. m.* GRAM. Palabra o expresión del dialecto aragonés empleada en otra lengua: *En el diccionario de la Academia se encuentran muchos aragonesismos.*

araguato, ta *adj.* **1** VEN. Que es de color leonado oscuro. ‖ *s. m.* **2** (macho y hembra) *Alouatta sp.* El mayor mono de los que habitan en el continente americano.

arameo, a *adj. / s. m.* y *f.* **1** Que era descendiente de Aram, personaje bíblico y antigua ciudad y país del norte de Siria: *el pueblo arameo, tradiciones arameas, historia de los arameos.* ‖ *s. m.* **2** LING. Antigua lengua semítica, hoy ya extinguida. FR. Y LOC. **jurar en ~** EUFEMISMO. Maldecir o decir palabras soeces e insultantes: *Al saber que había estado trabajando en vano, Carlos empezó a jurar en arameo.*

arancel *s. m.* **1** ECON. Impuesto oficial que hay que pagar, especialmente por pasar por una aduana: *La reducción de los aranceles ha favorecido la importación de trigo.* **2** ARG. Honorarios complementarios que se paga al médico o tasa por matrícula universitaria.

arancelario, ria *adj.* ECON. Del arancel o de las aduanas: *derechos arancelarios, reforma arancelaria.*

arándano *s. m.* **1** *Vaccinium myrtillus.* Planta de hojas ovaladas, pequeñas flores y bayas oscuras y dulces que son comestibles. **2** Fruto de los arándanos.

arandela *s. f.* **1** Disco con un agujero en medio que asegura los cierres de una junta: *arandela de hierro, arandela de acero. Mete la arandela antes de enroscar el tornillo.* **2** Disco con un agujero en el centro que rodea la vela y recoge la cera que se derrite y cae.

araña *s. f.* **1** (macho y hembra) Orden *Araneae.* Animal arácnido con ocho patas y dos uñas venenosas en la boca, que produce un líquido con el que, al secarse, va tejiendo una especie de red: *La picadura de algunas especies de araña puede ser muy peligrosa.* **2** Lámpara para el techo, de varios brazos y generalmente con cuentas de cristal: *La araña del salón tiene la mitad de las bombillas fundidas.*

arañar *v. tr. / prnl.* **1** Hacer ‹una persona o un animal› heridas superficiales en la piel de [una persona o un animal]: *Con esas uñas tan largas, en cuanto te toca te araña.* ***Me*** *he arañado el brazo al rozarme con la pared. Temo que me arañe el gato porque se me puede infectar.* ‖ *v. tr.* **2** Hacer ‹una persona o un animal› rayas en la superficie de [una cosa]: *Arañó la sartén con el estropajo.* **3** Ir obteniendo ‹una persona› [una cosa necesaria] poco a poco y de distintas partes: *Arañó el dinero que pudo. El boxeador mexicano arañó puntos en cada asalto, y al final ganó el combate.*

arañazo *s. m.* **1** Herida o señal que se produce al arañar: *El gato le hizo un arañazo.* SIN. rasguño. **2** Raya o raspadura hecha en una superficie: *Es un producto muy útil para tapar los arañazos de los muebles.* SIN. rasguño.

arar *v. tr.* Hacer ‹una persona› surcos en [la tierra] con el arado: *Ya han arado todo el terreno; ahora falta sembrarlo.* FR. Y LOC. **~ con los bueyes que se tiene** Conformarse ‹una persona› con los medios que tiene y aprovecharlos bien: *Hay que arar con los bueyes que se tiene y no pasarse la vida pensando en que sería mejor tener más adelantos técnicos.*

araucano, na *adj. / s. m.* y *f.* **1** De un pueblo amerindio que vivía principalmente en la región de La Araucania, en Chile: *los niños araucanos. Los araucanos se desplazaron a la Pampa argentina.* **2** HIST. De la antigua región de Arauco. ‖ *s. m.* **3** LING. Lengua andina que se habla en zonas de Chile y Argentina.

arbitraje *s. m.* **1** DEP. Control del cumplimiento de las reglas de un juego: *El arbitraje del partido de fútbol fue discutible.* **2** DER. Juicio en que las dos partes de un litigio dejan en manos de un tercero la decisión sobre un pleito comprometiéndose a aceptarla y a no recurrir a los tribunales. **3** DER. Procedimiento para resolver pacíficamente conflictos internacionales, por el que los países litigantes aceptan remitir el problema a una tercera persona o a un tribunal y se comprometen a aceptar su fallo: *Ambas naciones aceptan someterse al arbitraje de la ONU.* SIN. mediación.

arbitral *adj.* Del árbitro: *juicio arbitral, sentencia arbitral.*

arbitrar *v. tr. / intr.* **1** Actuar ‹una persona› como árbitro en [una competición]: *Después de arbitrar el partido, se retiró del campo bajo protección policial.* **2** Actuar ‹una persona› como árbitro en [un litigio o un debate]: *Tu hermana arbitró en la discusión.* SIN. mediar. ‖ *v. tr.* **3** Encontrar o presentar ‹una persona› [medios, recursos o soluciones]: *Arbitró fondos para la construcción de un nuevo edificio.*

arbitrariedad *s. f.* **1** Actuación subjetiva y caprichosa que no se somete a la razón: *La arbitrariedad de los gobernantes llevó al pueblo a la rebelión.* **2** Acuerdo o convención tácito o intencionado para que una cosa sea de una determinada manera: *La arbitrariedad del signo lingüístico es uno de los axiomas de la lingüística contemporánea.*

arbitrario, ria *adj.* **1** Que actúa con arbitrariedad o con capricho, sin responder a la razón: *orden arbitraria. Es una decisión arbitraria e injusta. Es un sistema de selección arbitrario.* **2** Que responde a un acuerdo o convención tomado al margen de la causalidad: *En el signo lingüístico, la relación entre el significante y el significado es arbitraria.*

arbitrio *s. m.* **1** (no contable) Facultad que tiene el hombre de decidir libremente: *Dejo la decisión a tu arbitrio.* SIN. albedrío (RESTRINGIDO). **2** (no contable) Voluntad no regida por la razón, sino por el capricho: *Me molesta profundamente someterme al arbitrio de semejante tirano.* **3** (en plural) Impuestos, generalmente municipales, que pagan los ciudadanos para hacer frente a los gastos públicos: *El ayuntamiento ha aprobado una subida del cinco por ciento en los arbitrios del ejercicio próximo.* SIN. tasas.

arbitrista *s. m./f.* ECON., POLÍT. Persona que idea planes especulativamente para solucionar problemas públicos, sin contar con los agentes sociales, políticos o económicos, etc.: *Ésta es una idea propia de un arbitrista del siglo* XVII.

árbitro, tra *s. m./f.* **1** DEP. Persona que se encarga de que se cumpla el reglamento en las competiciones deportivas: *árbitro de fútbol, árbitro de baloncesto, árbitro de balonmano, el árbitro principal. El árbitro pitó penalty. La árbitra tuvo una actuación impecable.* SIN. colegiado. **2** Persona que decide cuál de las partes tiene razón en un litigio o conflicto: *Lo designaron árbitro por su imparcialidad.* SIN. mediador. **3** Persona que influye o tiene influencia: *el árbitro de la moda. No gobernará, pero se ha convertido en el árbitro de la situación política.*

árbol *s. m.* **1** Planta leñosa de tronco elevado que se ramifica a cierta altura del suelo: *Han plantado muchos árboles. Este árbol da una sombra deliciosa.* **~ del Paraíso** Árbol de tronco gris, hojas blanquecinas, estrechas, y flores pequeñas blancas por fuera y amarillas por dentro. **2** MAR. Palo que sujeta la vela de un barco: *Por no arriar la vela, el viento arrancó el árbol mayor del velero.* **3** MEC. Eje giratorio que sostiene las piezas que giran o que les transmite la fuerza motriz. **~ de levas. 4** Esquema explicativo, consistente en sucesivas ramificaciones, usado en algunas disciplinas: *Analizó la oración mediante un árbol.* **~ genealógico** Cuadro explicativo que representa el parentesco entre los miembros de una familia, y que suele tener forma de árbol. || **5 ~ de Navidad** Abeto u otro árbol, natural o artificial, que se usa adornado, como objeto decorativo en las fiestas de Navidad. REFR. **Quien a buen árbol se arrima, buena sombra le cobija.** Se usa para indicar que suele sacarse provecho de la amistad de personas importantes.

arbolado, da *adj.* **1** (estar) Que está poblado de árboles: *un terreno arbolado. El camino está arbolado.* || **2** *s. m.* (no contable) Conjunto de árboles: *El arbolado de este parque es de lo más variado.* || **3 mar* arbolada.**

arboladura *s. f.* MAR. Conjunto de mástiles y vergas de un barco: *La tormenta destruyó la arboladura del bergantín.*

arbolar *v. tr.* **1** Plantar ‹una persona› árboles en [un terreno]: *El ayuntamiento ha arbolado todo el descampado y ahora tiene un aspecto muy diferente.* SIN. arborizar. **2** MAR. Poner ‹una persona› los palos de [una embarcación].

arboleda *s. f.* Lugar poblado de árboles: *En esta arboleda se dan cita cada tarde numerosas parejas, que graban en los troncos de los árboles sus iniciales.*

arbóreo, a *adj.* Del árbol o parecido a él: *vegetación arbórea. El análisis arbóreo de frases es un método muy extendido en la enseñanza.* **diagrama* ~.**

arborescente *adj.* Que tiene forma de árbol: *Es una escultura con forma arborescente: las piernas juntas parecen el tronco, y los brazos extendidos las ramas.* SIN. arboriforme.

arborícola *adj.* Que vive en los árboles: *un animal arborícola. Las especies arborícolas se suelen camuflar entre el ramaje de los árboles.*

arboricultura *s. f.* (no contable) Técnica de cultivar árboles: *He comprado un libro de arboricultura para aprender el cultivo del bonsái.*

arboriforme *adj.* Que tiene forma de árbol: *un adorno arboriforme.* SIN. arborescente.

arborizar *v. tr.* Plantar ‹una persona› árboles en [un terreno]: *Han arborizado el paseo con palmeras, y ahora es mucho más agradable.* SIN. arbolar. ⇒ **19.**

arbotante *s. m.* ARQ. Arco exterior que descarga la presión de las bóvedas sobre pilares adosados al muro exterior: *los arbotantes de una catedral gótica.*

arbustivo, va *adj.* Que tiene la naturaleza o las propiedades del arbusto: *vegetación arbustiva.* **planta* arbustiva.**

arbusto *s. m.* Planta perenne de tallo leñoso, con ramas desde la base y más pequeña que el árbol.

arca *s. f.* **1** Caja grande de tapa plana y con cerradura que se utiliza para guardar objetos, especialmente ropa: *un arca de madera. Tengo un arca a los pies de la cama.* SIN. arcón. **el ~ de la alianza** REL. Arca bíblica donde se guardaban la tablas de la ley. **2** (en plural) Lugar donde se guarda el dinero que pertenece a una colectividad: *El premio fue a parar a las arcas del Estado. El dinero para las obras ha salido de las arcas del ayuntamiento.* || **3 ~ de agua** Depósito de agua. **4 ~ de Noé** REL. Embarcación que, según la Biblia, construyó Noé para salvar del diluvio a una pareja de cada especie animal.

arcabucero *s. m.* Antiguo soldado armado con un arcabuz.

arcabuz *s. m.* Arma de fuego antigua, parecida a un fusil, con una mecha móvil para prender la pólvora: *Los arcabuces eran muy ruidosos pero poco efectivos.*

arcada *s. f.* **1** Ganas de vomitar: *Le dieron arcadas por el mareo. Cualquier escena en la que aparezca sangre le produce arcadas.* **2** ARQ. Conjunto de arcos en una construcción: *Paseamos cada tarde bajo las arcadas de la plaza.* **3** ARQ. Ojo de un puente: *Se refugiaron bajo las arcadas del puente.*

arcaico, ca *adj.* **1** (antepuesto/pospuesto) Que tiene mucha antigüedad, o que no está en uso desde hace mucho tiempo: *Demostró tener unas ideas arcaicas y desfasadas. Las arcaicas sociedades de cazadores desaparecieron tras la expansión de la agricultura.* **2** GRAM. Del arcaísmo lingüístico: *expresión arcaica. Estrella abusa del lenguaje arcaico.*

arcaísmo *s. m.* **1** GRAM. Elemento lingüístico que por su forma, su significado o por ambas cosas a la vez resulta anticuado: *En el lenguaje de este autor se pueden encontrar multitud de arcaísmos.* **2** (no contable) Carácter arcaico o anticuado de una cosa: *El arcaísmo de las propuestas de su partido lo inhabilita para gobernar.* **3** (no contable) Empleo o imitación de lo antiguo: *Se nota en seguida que el arcaísmo del edificio se basa en la arquitectura neoclásica.*

arcaizar *v. tr.* Dar ‹una persona› carácter de antigua a [una lengua] usando arcaísmos: *Este autor disfruta arcaizando los diálogos de sus personajes rurales.* ⇒ **37.**

arcángel *s. m.* REL. Ser celestial superior a los ángeles.

arcano *s. m.* Cosa que no debe o puede decirse, por ser secreta o difícil de explicar: *Los arcanos de una secta religiosa sólo son conocidos por los iniciados.*

arcén *s. m.* Margen u orilla de una carretera: *Cuando se sufre una avería hay que parar en el arcén para no interrumpir el tráfico.*

archi- *pref.* **1** COLOQUIAL. Significa 'muy', 'demasiado' y forma adjetivos a partir de adjetivos: *famoso - archifamoso.* **2** Significa 'superior en rango a', 'más importante que' y forma sustantivos a partir de sustantivos: *duque - archiduque, diócesis -archidiócesis.* **3** Significa 'abundancia de', 'gran cantidad de' y forma sustantivos a partir de sustantivos: *piélago - archipiélago.*

archidiócesis (plural *archidiócesis*) *s. f.* REL. Diócesis arzobispal.

archiduque (femenino *archiduquesa*) *s. m.* **1** Duque que poseía autoridad sobre los demás duques. **2** Título que se da a los príncipes de la casa de Austria: *el archiduque Francisco José.*

archiduquesa *s. f.* **1** Mujer o hija de un archiduque: *Después de su último matrimonio se convirtió en archiduquesa.* **2** Princesa de la casa de Austria.

archipámpano *s. m.* COLOQUIAL; IRONÍA. Persona que dice tener un alto cargo: *Siempre ha sido un pobre desgraciado, pero hablando con él parece el archipámpano de Brasil.*

archipiélago *s. m.* GEOGR. Conjunto de islas agrupadas: *archipiélago balear, archipiélago canario, archipiélago de las Azores.*

archivador, ra *adj. / s. m.* y *f.* **1** Que archiva. ‖ *s. m.* **2** Mueble de oficina, carpeta u otro objeto que se utiliza para archivar u ordenar documentos: *El documento está en el tercer cajón del archivador de la derecha. Siempre viene a clase con el archivador bajo el brazo.*

archivar *v. tr.* **1** Guardar ‹una persona› [documentos] en un archivo: *Por fin he archivado todas las fotocopias, cada una en su sitio.* **2** Dejar de ocuparse ‹una persona› de [un asunto]: *El expediente de la investigación ha quedado archivado por falta de pruebas.*

archivero, ra *s. m. / f.* Persona que tiene a su cuidado el mantenimiento y la conservación de un archivo: *el archivero de la Corona de Aragón.*

archivo *s. m.* **1** Lugar o mueble donde se guardan documentos: *archivo municipal, archivo episcopal, archivo de Historia Nacional.* **2** Conjunto de documentos clasificados y guardados ordenadamente referidos a una actividad determinada: *los archivos de la policía. No encuentro los archivos del caso de estafa.* **3** INFORM. Conjunto de registros almacenados como una sola unidad: *He borrado sin querer el archivo donde tenía el trabajo de hace un mes.*

archivología *s. f.* (no contable) Ciencia que estudia los archivos.

arcilla *s. f.* (no contable) GEOL. Sustancia mineral compuesta de silicatos hidratados de aluminio, que es plástica e impermeable empapada en agua: *arcilla de alfarero, arcilla de figulina, arcilla refractaria, arcilla cocida.*

arcilloso, sa *adj.* Que tiene arcilla, o que es parecido a la arcilla: *suelo arcilloso, material arcilloso.*

arcipreste *s. m.* **1** REL. Canónigo principal de las catedrales: *arcipreste de Toledo.* **2** REL. Sacerdote que tiene cierta autoridad sobre los párrocos e iglesias de un territorio determinado de una diócesis: *arcipreste de Hita, arcipreste de Talavera.*

arco *s. m.* **1** Arma para arrojar flechas formada por una varilla flexible con una cuerda atada en sus extremos: *Los indios eran diestros en el uso del arco y las flechas.* **2** GEOM. Porción continua de una curva geométrica: *arco de una elipse.* **3** ARQ. Elemento arquitectónico con forma curva que sirve para cubrir un hueco entre dos pilares o puntos fijos. **~ adintelado*. ~ peraltado. ~ apuntado** Arco que termina en punta. **~ de herradura** Arco con forma de herradura. **~ de medio punto** Arco que tiene forma de media circunferencia. **~ ojival** Arco apuntado propio del arte gótico. **~ toral*.** **4** MÚS. Vara delgada a la que se fijan las cerdas que se usan para tocar algunos instrumentos de cuerda: *Los violines se tocan con arco.* **5** AMÉR. Portería o meta en algunos deportes. ‖ **6 ~ de triunfo** ARQ. Monumento con uno o varios arcos levantado en honor de un ejército o su caudillo para recordar un suceso importante: *Los ejércitos romanos acostumbraban a desfilar bajo el arco de triunfo para celebrar las victorias.* **7 ~ iris** Banda de colores en forma de arco que se produce debido a la refracción y reflexión de los rayos de luz en las gotas de agua que hay en la atmósfera: *Cuando llueve con sol, se puede ver el arco iris en el cielo.* **8 ~ voltaico*.**

arcón *s. m.* Arca grande: *Tengo un arcón a los pies de la cama donde guardo los juguetes.*

ARDE (pronunciamos *'arde'*) *s. f.* Sigla de «Alianza Revolucionaria Democrática», Nicaragua.

arder *v. intr.* **1** Estar ‹una cosa› encendida o quemándose: *Este verano han ardido muchas hectáreas de bosque.* **2** Despedir ‹una cosa› mucho calor: *Me bebí la leche aunque estaba ardiendo.* **3** Producir ‹una parte del cuerpo› sensación de ardor [a una persona]: *Me arde la cara. Tiene la frente ardiendo; seguro que tiene calentura.* **4** Sentir ‹una persona› [una cosa] vivamente: *Ardo* ***de*** *cólera.* **~ en deseos*.** **5** Estar ‹un lugar› muy agitado a causa de [las guerras, los conflictos o las fiestas]: *Mi pueblo arde* ***en*** *fiestas.* FR. Y LOC. **~ / bullir / hervir la sangre*. ~ en fiestas*. agarrarse a un clavo* ardiendo. ~ estar que arde** 1 Estar ‹una cosa› quemándose o muy caliente: *Esta sopa está que arde.* 2 Estar ‹una persona› muy enfadada: *Tu amigo está que arde por tu indiferencia.* 3 Estar ‹una reunión› muy agitada a causa de la excitación de los presentes: *La reunión está que arde después de anunciar su dimisión.* **ir* que arde / chuta** o **ir que se mata. no hay más cera* que la que arde.**

ardid *s. m.* Plan trazado con astucia para conseguir una cosa, especialmente para engañar a una persona: *Es capaz de utilizar cualquier ardid con tal de conseguir lo que quiere.*

ardido, da *adj.* AMÉR. Irritado, enojado.

ardiente *adj.* **1** Que arde. **2** Que causa sensación de ardor: *fiebre ardiente.* **3** (antepuesto / pospuesto) Que contiene ardor, fervor o pasión: *temperamento ardiente. En aquella época éramos ardientes seguidores suyos.* ‖ **4 capilla* ~.**

ardientemente *adv. modo* Con ardor: *Defendió ardientemente la postura contraria.*

ardilla *s. f.* (macho y hembra) *Sciurus vulgaris.* Mamífero roedor, de cola larga y muy poblada, que vive en los bosques y se alimenta principalmente de semillas y nueces.

ardite *s. m.* **1** Moneda antigua de Castilla, de poco valor. **2** COLOQUIAL. Cosa insignificante, de poco valor: *Me importa un ardite.*

ardor *s. m.* **1** (no contable) Exaltación de las pasiones: *En el ardor de la disputa, le asestó un golpe mortal. El abogado defendió con ardor al acusado.* **2** (no contable) Sensación de calor en una parte del cuerpo: *En aquel cuarto tan caldeado empezó a sentir ardor en las mejillas.* **~ de estómago** Sensación de quemazón y malestar que tiene una persona en el estómago. **3** (no contable) Calor grande: *el ardor del trópico.* ANT. frío.

ardoroso, sa *adj.* (antepuesto / pospuesto) Que tiene ardor, entusiasmo o intensidad: *Se ganó la admiración del público por su juego ardoroso. Ardorosos y apasionados pensamientos nublaban su mente.*

arduo, dua *adj.* (antepuesto / pospuesto) Que es muy difícil: *una ardua tarea.*

área *s. f.* **1** Espacio de tierra entre ciertos límites: *Un área extensa del campo se dedica al cultivo de hortalizas.* **2** Espacio o zona donde se dan determinados fenómenos o características: *área urbana, área de bajas presiones, área mediterránea.* **~ metropolitana** Espacio urbano constituido por una gran ciudad y un conjunto de municipios a su alrededor. **3** Ámbito de acción o de influencia: *área de ciencias sociales, área lingüística. Su área de actuación son los negocios.* **4** DEP. Zona marcada del terreno de juego, próxima a la portería, en la que el juego tiene unas reglas más estrictas. **~ defensiva. 5** MAT. Unidad de superficie que equivale a cien metros cuadrados. **6** GEOM. Superficie delimitada por un perímetro.

arena *s. f.* **1** (no contable) Conjunto de partículas desprendidas de las rocas que recubren el suelo: *la arena de la playa.* **reloj* de ~. 2** (no contable) Metal o mineral que ha sido dividido en partes muy pequeñas por medios naturales o artificiales: *arena de hierro.* **3** Lugar destinado a realizar algunos tipos de lucha: *Los gladiadores saltaron a la arena.* **4** TAUROM. Ruedo de la plaza de toros: *El torero se encerró en la arena con los seis toros.* **5** (en plural) MED. Cálculos renales y biliares. || **6 arenas movedizas** 1 Arenas que se desplazan debido al viento. 2 Arenas húmedas poco consistentes en las que se hunde cualquier peso que se ponga encima: *El cazador desapareció en las arenas movedizas del pantano.* FR. Y LOC. **echar / dar una de cal* y otra de ~. grano* / granito de ~. hacer una montaña* de un grano de ~.**

arenal *s. m.* **1** (no contable) Terreno extenso y arenoso: *Vimos los arenales almerienses y nos quedamos impresionados por su extensión.* **2** (no contable) Suelo de arena movediza.

arenga *s. f.* Discurso solemne que se pronuncia con el fin de enardecer los ánimos: *arenga política, arenga militar.*

arengar *v. tr.* Dirigir ‹una persona› una arenga [a otra persona]: *El caudillo arengaba a sus tropas antes del combate.* ⇒ **56.**

arenilla *s. f.* **1** (no contable) Arena muy fina: *Me ha entrado arenilla en los ojos.* **2** (no contable) Cálculo de la vejiga de la orina, de la bilis y de los riñones: *En el análisis me han detectado arenilla en el riñón.* **3** (en plural) Salitre reducido que se utiliza en la fabricación de pólvora. **4** (no contable) Arena menuda que se echaba a los escritos para que se secase la tinta y no se borraran.

arenisca *s. f.* GEOL. Roca sedentaria resultado de la unión de arena.

arenisco, ca *adj.* Que tiene mezcla de arena: *terreno arenisco, ladrillo arenisco.*

arenoso, sa *adj.* **1** (antepuesto / pospuesto) Que tiene arena: *El río tiene un fondo arenoso. El arenoso paisaje del desierto parecía un infierno.* **2** Que tiene alguna propiedad de la arena: *Esta pasta arenosa va muy bien para quitar la grasa de las manos.*

arenque *s. m.* (macho y hembra) Género *Clupea.* Pez marino de la misma familia que la sardina, que vive en aguas frías formando grandes bancos y se usa mucho como alimento: *El arenque era un pescado muy consumido por las clases populares.*

areola o **aréola** *s. f.* **1** ANAT. Círculo más oscuro de la piel que rodea el pezón de las mamas. **2** MED. Círculo rojizo que rodea algunas pústulas o heridas.

arepa *s. f.* **1** AMÉR. Torta de harina de maíz hecha sobre una plancha. **2** (no contable) VEN. Alimentación, conjunto de comestibles.

arete *s. m.* **1** Pendiente en forma de aro: *Me regalaron unos aretes de plata.* **2** AMÉR. Cualquier tipo de pendiente.

argamasa *s. f.* (no contable) Mezcla de cal, arena y agua que se utiliza en las obras de albañilería: *Es peón de albañil y se pasa el día preparando la argamasa para los albañiles.*

argelino, na *adj. / s. m.* y *f.* De Argelia, ciudad y país de África: *la costa argelina. He conocido a dos argelinos.*

argénteo, a *adj.* **1** (antepuesto / pospuesto) LITERARIO. De plata o parecido a la plata: *un brillo argénteo, una argéntea mirada.* **2** Que está bañado en plata.

argentífero, ra *adj.* (antepuesto / pospuesto) Que contiene plata: *mineral argentífero, tierras argentíferas. Las argentíferas tierras de la montaña estaban sin explotar por lo abrupto del terreno.*

argentino, na *adj. / s. m.* y *f.* **1** De Argentina, país sudamericano: *Mi cuñada es argentina. Me acompañaron dos argentinos.* || *adj.* **2** Que tiene un sonido parecido al de la plata: *voz argentina, sonrisa argentina.*

argolla *s. f.* **1** Aro de hierro que sirve para sujetar a una persona o una cosa: *El condenado llevaba una argolla en el cuello. Amarra la cadena a la argolla y así no te quitarán la bicicleta.* **2** AMÉR. Alianza, anillo de matrimonio. **3** VEN. Pendiente o zarcillo en forma de aro. **4** AMÉR.; COLOQUIAL. Grupo privilegiado en un trabajo. **5** AMÉR.; COLOQUIAL. Componenda política.

argón *s. m.* (no contable) *Ar.* Gas noble que está en el aire y en los gases volcánicos, utilizado en iluminación.

argot *s. m.* LING. Lenguaje especial y característico de un grupo social o profesional: *el argot médico, el argot juvenil. Cuando mi vecina habla en argot pasota no me entero de nada.* SIN. jerga.

argucia *s. f.* Argumento falso presentado con agudeza para que parezca verdadero: *Siempre viene con argucias para conseguir que aprobemos sus propuestas.*

argüir *v. intr.* **1** Exponer ‹una persona› argumentos a favor o en contra de [una cosa]: *Arguyó* ***a favor de*** *nuestra* *propuesta. Estuvo arguyendo* ***en contra de*** *lo que él mismo defendía hace unos días.* SIN. argumentar. || *v. tr.* **2** Exponer ‹una persona› [argumentos] como excusa o justificación: *No me parece difícil argüir unas cuantas razones contra sus ideas.* SIN. argumentar. **3** Sacar ‹una persona› [una consecuencia] de [una cosa]: *Arguyeron su culpabilidad* ***de*** *sus propias palabras.* ⇒ **46.**

argumentación *s. f.* Razonamiento de una cosa mediante argumentos: *Defendió su postura con una argumentación impecable.*

argumental *adj.* Del argumento: *¿Cuál es el hilo argumental de esta novela?*

argumentar *v. intr.* **1** Exponer ‹una persona› argumentos a favor o en contra de [una cosa]: *Argumentaron* ***a favor de*** *la propuesta.* SIN. argüir. || *v. tr.* **2** Exponer ‹una persona› [argumentos] como excusa o justificación: *Argumentó que si se hacía de esa manera los beneficios serían mayores.* SIN. argüir.

argumento *s. m.* **1** Razonamiento que se utiliza para demostrar una cosa o para convencer a una persona: *Defiende tu postura con argumentos.* **~ ontológico** FILOS. El empleado por San Anselmo para demostrar la existencia de Dios partiendo de la idea que tenemos del ser perfectísimo. **2** Asunto o tema de que trata una obra: *No me cuentes el argumento de la película. No te sabría contar el argumento del libro.*

aria *s. f.* MÚS. Pasaje de una ópera o de un oratorio cantado por una sola voz: *El aria de Mozart es interpretada por la contralto.*

aridez *s. f.* **1** (no contable) Falta de humedad: *La aridez del paisaje hace que el viaje no resulte muy agradable.* SIN. sequedad. **2** (no contable) Falta de amenidad o capacidad para entretener: *La aridez de este tema hace que me aburra.*

árido, da *adj.* **1** (antepuesto / pospuesto) [Terreno, país] que es seco y sin vegetación: *Los países del norte de África son muy áridos. El árido terreno hacía que los animales no pudieran vivir allí.* **2** (antepuesto / pospuesto) [Clima] seco y sin lluvias: *El árido clima del desierto hace que las condiciones de vida sean difíciles.* **3** [Trabajo, lectura, explicación] que resulta pesado y aburrido: *Escogió un tema muy árido para su conferencia.*

aries *s. m.* **1** (con mayúscula) ASTRON. Una de las constelaciones del Zodiaco. **2** (preferentemente con mayúscula) ASTRON. Signo del Zodiaco que el Sol recorre aparentemente entre el 20 de marzo y el 20 de abril. || *adj. / s. m.* y *f.* **3** (invariable) Persona nacida bajo este signo del Zodiaco: *las mujeres aries, los hombres aries.*

ariete *s. m.* **1** MIL. Máquina antigua de guerra formada por una viga, generalmente con una figura de carnero en la punta, para hacer agujeros en los muros. **2** DEP. Delantero centro de un equipo de fútbol: *El equipo ha fichado a un hábil ariete para solucionar sus problemas de ataque.*

ario, ria *adj. / s. m.* y *f.* De un pueblo nórdico que procede del Asia Central: *estirpe aria, tribu aria, invasión aria. Los arios eran en un principio seminómadas.*

-ario, ria *suf.* **1** Significa 'cualidad relacionada con' y forma adjetivos a partir de sustantivos: *secta - sectario, sanidad - sanitario.* **2** Significa 'profesión' y forma sustantivos a partir de sustantivos: *biblioteca - bibliotecario, botica - boticario.* **3** Significa 'persona que recibe algo' o 'persona a la que le corresponde algo' y forma sustantivos a partir de sustantivos: *beca - becario, presidio - presidiario, beneficio - beneficiario.* **4** Significa 'conjunto de' y forma sustantivos a partir de sustantivos: *tema - temario, receta - recetario, poema - poemario.* **5** Significa 'lugar donde se encuentra algo' y forma sustantivos a partir de sustantivos: *escena - escenario, campana - campanario, reliquia - relicario.*

arisco, ca *adj.* Que es antipático y desagradable en el trato: *Tiene un carácter muy arisco. Esa gata es muy arisca.*

arista *s. f.* **1** Línea formada en la unión de dos planos o superficies: *las aristas de un cuadrado. Esta piedra tiene unas aristas cortantes.* **2** Línea que separa dos vertientes de una montaña: *Han subido por la arista de la montaña.* **3** Filamento que sale de la cáscara de los granos de trigo y otras gramíneas. **4** Dificultad en un negocio o en una negociación: *Este asunto tiene todavía muchas aristas y no será fácil solucionarlo. Estamos negociando un acuerdo, pero todavía tenemos que limar muchas aristas.*

aristocracia *s. f.* **1** (no contable) Clase social formada por las personas que tienen un título nobiliario: *Pertenece a la más rancia aristocracia castellana.* SIN. nobleza. **2** (no contable) Grupo de personas que sobresale por alguna circunstancia: *La aristocracia del deporte español asistió a la inauguración del estadio.*

aristócrata *s. m. / f.* [Persona] que pertenece a la aristocracia: *Es un distinguido aristócrata que siempre va con su monóculo y su bastón.*

aristocrático, ca *adj.* **1** (antepuesto / pospuesto) De la aristocracia: *código aristocrático. Tenía acceso a los aristocráticos salones de la capital.* **2** Que tiene distinción y finura: *semblante aristocrático, gesto aristocrático, porte aristocrático.* **ambiente ~.**

aristotelismo *s. m.* (no contable) FILOS. Filosofía de Aristóteles y de sus seguidores.

aritmética *s. f.* (no contable) MAT. Parte de las matemáticas que estudia los números y las operaciones que se hacen con ellos: *La asignatura que mejor se le da es la aritmética.*

aritméticamente *adv. modo* **1** Por o según procedimientos aritméticos: *Resuélvelo aritméticamente.* || *adv. restrictivo* **2** Desde una perspectiva aritmética: *Aritméticamente, esa hipótesis carece de interés.*

aritmético, ca *adj.* **1** De la aritmética: *operación aritmética.* **cálculo ~. media* aritmética. progresión* aritmética. proporción* aritmética.** || *s. m. / f.* **2** Persona que se dedica al estudio de la aritmética: *Es uno de los aritméticos más reconocidos entre los matemáticos.*

arlequín *s. m.* TEATRO. Personaje de la antigua comedia del arte italiana que llevaba máscara negra y traje de rombos de distintos colores y que era objeto de burla.

arma *s. f.* **1** Objeto que sirve para atacar o defenderse: *arma antiaérea, arma nuclear, arma ligera, arma pesada, arma secreta.* **~ táctica. ~ arrojadiza** 1 Objeto que puede ser lanzado con intención de hacer daño: *Una botella puede servir de arma arrojadiza.* 2 Hecho o asunto cuya alusión se emplea en contra de otra persona: *El tema del horario es un arma arrojadiza entre la empresa y los trabajadores. Están utilizando como arma arrojadiza contra el ministro el problema de los incendios.* **2** Medio natural que un animal utiliza para atacar o defenderse: *Los colmillos son las mejores armas de los elefantes.* **3** Cada una de las secciones combatientes de un ejército: *el arma de caballería, el arma de infantería, el arma de artillería, el arma de ingenieros.* **4** (preferentemente en plural) Medio que sirve para conseguir alguna cosa: *Mis armas son la libertad y la justicia. Sin más armas que su buen corazón, se propuso cambiar el mundo.* **5** (preferentemente en plural) Ejército de una nación: *Las armas de toda la nación se enfrentaron al enemigo.* **6** (preferentemente en plural) Blasones del escudo: *Las armas de su familia son un castillo y un halcón.* || **7 ~ blanca** La que tiene hoja de acero: *herida de arma blanca.* **8 ~ de doble filo** o **arma de dos filos** 1 Las armas blancas que tienen filo por las dos partes. 2 Cosa que puede obrar a favor o en contra de lo que se pretende: *Avisarlo de lo que queremos hacer es un arma de doble filo, porque puede que esté de acuerdo, pero puede que no le parezca bien y quiera sabotear nuestra iniciativa. Este argumento es un arma de dos filos y puede volverse en su contra.* **9 ~ de fuego** Arma que se dispara gracias a la pólvora: *La muerte se produjo por una herida de arma de fuego.* FR. Y LOC. **acción* de armas. alzarse en armas** Sublevarse: *Los campesinos se alzaron en armas y asaltaron el castillo.* **escudo* de armas. la carrera* de las armas. pasar por las armas** Fusilar a una persona: *Pasaron por las armas a los jefes de la rebelión.* **patio* de armas. presentar armas** MIL. Poner un soldado el fusil sobre el pecho y con el disparador hacia fuera para rendir los honores militares: *La tropa presentará armas cuando llegue el rey.* **ser de armas tomar** Ser ‹una persona› decidida y enérgica cuando se tiene que hacer alguna cosa: *Es una mujer de armas tomar: todo lo que se propone lo consigue.* **tomar las armas** Armarse para la defensa o el ataque: *La guarnición del fortín tomó las armas cuando empezaron los disturbios.* **velar las armas** Pasar la noche, ‹un hombre que va a ser nombrado caballero›, vigilando las armas: *Don Quijote veló sus armas en el patio de la venta.*

armada *s. f.* **1** Conjunto de las fuerzas navales de un Estado: *Los Estados Unidos han intervenido con su armada en el conflicto.* SIN. marina. **2** Conjunto de barcos de guerra: *Los buques que los británicos enviaron a las maniobras formaban una armada muy poderosa.* SIN. escuadra, flota.

armadillo *s. m.* (macho y hembra). *Dasypus novemcinctus.* Mamífero de Sudamérica que tiene uñas fuertes y cuerpo cubierto de bandas o escamas duras movibles, gracias a las que puede enrollarse en caso de peligro.

armado, da *adj.* **1** (estar) Que tiene algún tipo de arma para atacar o defenderse: *Los atracadores estaban armados. Ese toro va armado **de** grandes astas.* **fuerzas* armadas.** || **2 cemento* ~. 3 hormigón* ~. paz* armada.** FR. Y LOC. **a mano* armada.**

armador, ra *s. m. / f.* **1** Persona que por oficio prepara o equipa cualquier embarcación: *Los armadores de esta zona se preocupan, sobre todo, del transporte de mercancías y no se dedican a la pesca. Han constituido una gran compañía armadora, que tendrá mucha fuerza en el mercado del transporte de crudo.* **2** RESTRINGIDO. Persona que arma o monta alguna cosa como un mueble o una máquina. SIN. montador.

armadura *s. f.* **1** Traje protector que usaban los caballeros en el combate, compuesto por distintas piezas de metal articuladas: *La armadura estaba formada por un conjunto complejo de piezas.* **2** Pieza o conjunto de piezas que sostienen o dan forma a algo: *la armadura de las gafas, la armadura de un tejado, la armadura de un andamio.*

armamentismo *s. m.* (no contable) PEYORATIVO. Ideología y comportamiento de los países partidarios de aumentar su poder militar: *el armamentismo de las grandes potencias.*

armamentista *adj.* **1** Del armamento: *carrera armamentista.* SIN. armamentístico (RESTRINGIDO). || *adj. / s. m. y f.* **2** Que es partidario del armamentismo: *Los países armamentistas suelen potenciar la industria bélica.*

armamentístico, ca *adj.* RESTRINGIDO. Armamentista.

armamento *s. m.* **1** (no contable) Conjunto de armas de un soldado, de un aparato, de un ejército o de un país: *el armamento de un tanque o de un avión. El armamento de la tropa era escaso y viejo.* **2** (no contable) RESTRINGIDO. Acción de armar o armarse para la guerra: *El armamento de las naciones vecinas se realizó con la mayor cautela.*

armar *v. tr.* **1** Proporcionar ‹una persona› armas [a otra persona]: *El Gobierno trata de averiguar quién se encarga de armar a los terroristas.* **armar(se) hasta los dientes** Proporcionar(se) todo el armamento posible. **2** Preparar ‹una persona› [un arma] para disparar: *No pudo disparar porque no le dio tiempo a armar la pistola.* SIN. cargar. **3** Poner y unir ‹una persona› las piezas de [un objeto] para que funcione o sea usado: *El mueble viene desmontado así que hay que armarlo.* SIN. montar. **4** Poner ‹una persona› un armazón u otra cosa a [un objeto] para que se sostenga o adquiera forma: *Armamos la tienda de campaña en tres minutos.* **5** Proporcionar ‹una persona› todo lo necesario a [una embarcación]: *Han decidido armar un barco para buscar un galeón español hundido en el golfo de Cádiz.* **6** Ser ‹una persona› responsable de [un escándalo, un alboroto o una riña]: *Los niños armaron un gran escándalo al ver los juguetes.* || *v. tr. / prnl.* **7** Preparar ‹una persona› [a varias personas] para la guerra: *El país se armó poco a poco.* || *v. prnl.* **8** Prepararse u ocurrir ‹una cosa›: *Se está armando una buena tormenta. Se puede armar una bronca tremenda en el partido de mañana.* **9** Tomar ‹una persona› [una cosa necesaria] para [una actividad]: *Se ha armado **de** unas buenas botas **para** la excursión.* **10** Tomar ‹una persona› [una actitud necesaria]: *Se armó **de** paciencia. Hay que armarse **de** tranquilidad si se viaja en metro. Tengo que armarme **de** valor y decirle lo que pienso.* **11** PERÚ; JERGAL. Drogarse ‹una persona› con cocaína. FR. Y LOC. **~ caballero*. ~ un levante*. armarla** Empezar ‹una persona› una discusión, una pelea o un jaleo: *Acababa de llegar y ya la armó. En cuanto lo dejas solo en un bar, la arma.* **armarse de valor*. armar(se) la de Dios (es Cristo)** COLOQUIAL; INTENSIFICADOR. Organizar(se) un gran lío o jaleo: *Los despidieron y se armó la de Dios es Cristo.* **armar(se) la gorda** COLOQUIAL; INTENSIFICADOR. Organizar(se) un gran lío: *Como no les hagan caso, se va a armar la gorda.*

armario *s. m.* Mueble cerrado por una o varias puertas que sirve para guardar cosas: *el armario de la ropa, los armarios de la cocina.* **~ empotrado** Armario formado por una o varias puertas que cierran un hueco entre paredes.

armatoste *s. m.* Cualquier máquina o mueble grande, mal hecho o inútil: *En el salón tienen un armatoste de mesa que quita mucho espacio. Si quieres escribir, ahí tienes ese armatoste de máquina, yo uso el ordenador.*

armazón *s. m. / f.* **1** Estructura formada por barras, tablas, u otros objetos que sirve para sostener alguna cosa o dar forma a algo: *La estatua estaba rodeada por un armazón de* *madera para su restauración. La tapicería del sillón está rota, pero el armazón está nuevo.* SIN. armadura. **2** ARG., URUG. Armadura de las gafas o anteojos.

armella *s. f.* Anillo de metal con un clavo o tornillo para poder clavarlo en una superficie sólida: *No podremos colgar el cuadro hasta que no nos traigas un par de armellas.*

armenio, nia *adj. / s. m.* y *f.* **1** De Armenia, región asiática al sur del Cáucaso: *la población armenia. Muchos armenios viven en Turquía.* || *s. m.* **2** LING. Grupo de lenguas indoeuropeas que se hablan en el Cáucaso, región del mar Negro y Mesopotamia. || **3 bol* de Armenia.**

armería *s. f.* **1** Establecimiento donde se venden armas. **2** Lugar, generalmente de alguna institución oficial, donde se guardan o exhiben armas: *la armería de un cuartel, la armería del Palacio Real, la armería del Museo del Ejército.*

armero *s. m.* **1** Persona que por oficio fabrica, vende o conoce muy bien las armas: *El armero nos aconsejó una escopeta con mira telescópica.* **2** Soldado que se encarga de vigilar y tener a punto las armas: *armero mayor, armero real, maestro armero.* **3** Mueble especial para colocar las armas: *En el armero tenía una colección de pistolones del siglo XVII.*

armiño *s. m.* (macho y hembra) *Mustela erminea.* Mamífero carnívoro pequeño, de cuerpo alargado y pelo muy apreciado en peletería, blanco en invierno, menos la punta de la cola, que es siempre negra.

armisticio *s. m.* Suspensión de hostilidades acordada entre Estados o ejércitos: *La firma del armisticio entre los dos bandos será el sábado en la sede de las Naciones Unidas.*

armonía o **harmonía** *s. f.* **1** (no contable) Circunstancia de resultar agradable la unión o combinación de varias cosas: *armonía de colores, la armonía de un poema.* **2** (no contable) MÚS. Arte de formar y enlazar los acordes y disciplina que trata de ello: *Sus piezas cortas tienen una magnífica armonía. Estudia armonía y composición.* **3** (no contable) Amistad, paz, buenas relaciones: *Vivir en armonía con los vecinos es fundamental.*

armónica *s. f.* Instrumento musical de viento de forma rectangular, con una serie de orificios con lengüetas, que se toca soplando o aspirando: *Juan se lleva siempre la armónica a las acampadas.*

armónico, ca *adj.* **1** De la armonía: *composición armónica, sonidos armónicos, colores armónicos.* || *s. m.* **2** Sonido que se produce naturalmente junto con otro fundamental por la resonancia de éste: *Los armónicos dependen de los resonadores o cajas de resonancia de los instrumentos que suenan.*

armonio o **armónium** *s. m.* Instrumento de viento parecido a un piano, con lengüetas libres que reciben, por medio de un fuelle, el aire que libera un teclado.

armonioso, sa *adj.* **1** (antepuesto / pospuesto) Que suena agradablemente al oído: *lenguaje armonioso, sonido armonioso. Tiene una armoniosa voz.* **2** (antepuesto / pospuesto) Que tiene armonía o proporción entre sus partes: *movimientos armoniosos. Es una figura de proporciones armoniosas.*

armonización *s. f.* **1** Creación de armonía entre las partes de algo o entre varias cosas que aparecen unidas: *Hay que favorecer la armonización de las opiniones de los miembros de la familia.* **2** MÚS. Acción y resultado de dar a una melodía un determinado conjunto de acordes sucesivos.

armonizador, ra *adj.* Que armoniza: *Una intención armonizadora ha guiado su discurso final. Es necesario un decreto armonizador de los diferentes intereses.*

armonizar o **harmonizar** *v. tr. / intr.* **1** Poner ‹una persona› [varias personas o varias cosas] en armonía: *Estos colores armonizan muy bien. Es necesario armonizar los intereses de las distintas comunidades.* SIN. coordinar, combinar. || *v. tr.* **2** MÚS. Escribir ‹una persona› los acordes de [una melodía dada]: *Está armonizando de nuevo el «Himno de la alegría».* || *v. intr.* **3** Estar ‹varias cosas o personas› en armonía: *La corbata armoniza muy bien **con** esta camisa. A mí me parece que los dos hermanos armonizan muy bien **con** el resto del grupo.* ⇒ **19.**

ARN (pronunciamos *'a-erre-ene'*) *s. m.* QUÍM. Sigla de «ácido ribonucleico» (en inglés *RNA*).

arnés *s. m.* **1** (preferentemente en plural) Conjunto de guarniciones que se ponen a las caballerías: *Como tienes un caballo tan hermoso el día de tu cumpleaños te regalaremos unos arneses nuevos.* **2** Armadura.

árnica *s. f.* **1** *Arnica montana.* Planta compuesta, con hojas ovaladas y flores amarillas, de la que se obtenía antiguamente un aceite utilizado en medicina. **2** Aceite obtenido de las árnicas. FR. Y LOC. **pedir ~** COLOQUIAL, RESTRINGIDO. Pedir ayuda ‹una persona› manifestando que se siente en una situación apurada: *Cuando ya se había gastado todo lo que le dio su padre vino a mí a pedirme árnica. Cuando tu padre se enfade contigo pedirás árnica a tu mamá.*

aro *s. m.* **1** Pieza en forma de circunferencia: *los aros olímpicos, los aros de un tonel.* **2** Juguete que consiste en una anilla grande y delgada que se hace rodar con un palo: *Hace años era normal ver a un niño rodando un aro por la calle.* **3** (preferentemente en plural) AMÉR. Pendiente, zarcillo. **4** PERÚ. Llanta de aleación. FR. Y LOC. **entrar / pasar por el ~** Ceder ‹una persona› ante algo, aunque no quiera: *María no quería ir de vacaciones a la playa, pero al final tuvo que pasar por el aro.*

aroma *s. m.* Olor agradable: *Percibía el aroma del café recién hecho. No me gusta el aroma de las rosas.* SIN. perfume. ANT. hedor.

aromático, ca *adj.* Que despide un aroma o fragancia agradables: *sustancia aromática, planta aromática.*

aromatizante *adj. / s. m.* [Sustancia] que sirve para dar aroma a otra cosa: *Las comidas preparadas llevan algunos aromatizantes.*

aromatizar *v. tr.* RESTRINGIDO. Dar ‹una cosa› aroma a [otra cosa]: *Las bolsitas de lavanda en los cajones de la cómoda aromatizan la ropa de cama.* ⇒ **19.**

arpa o **harpa** *s. f.* Instrumento musical que consta de una serie de cuerdas clavadas a un marco, que se toca pulsándolas con los dedos: *No hay muchos músicos que toquen el arpa. Fuimos a un concierto de arpa.*

arpegio *s. m.* MÚS. Sucesión de los sonidos de un acorde: *Los arpegios se usan mucho en la música moderna.*

arpía *s. f.* **1** MIT. Ser maligno de la mitología griega con rostro de mujer y cuerpo y extremidades de ave de rapiña. **2** INSULTO. Mujer perversa: *Esa mujer es una arpía, siempre está criticando a todo el mundo.*

arpillera *s. f.* (no contable) Tela muy basta, generalmente de estopa, que se utiliza para proteger algunos objetos o para fabricar sacos: *Actualmente muchos sacos se hacen de* *telas plásticas y no de arpillera. Transportamos los muebles embalados **con** arpillera. Nos entregaron las sillas del comedor protegidas **en** arpillera.*

arpón *s. m.* Instrumento formado por una barra de hierro acabada en punta de flecha, unida a un mango de madera que sirve para herir o enganchar: *arpón para cazar ballenas.*

arponear *v. tr.* **1** Herir ‹una persona› [a un animal] con un arpón: *Arponearon a la ballena en cuanto estuvo a tiro.* **2** Lanzar ‹una persona› un arpón [a un animal]: *Se entretenían arponeando conejos en el campo, aunque no cazaban ninguno.*

arponero, ra *s. m. / f.* Persona que pesca o caza con arpón: *el arponero de un ballenero.*

arqueado, da *adj.* (ser / estar) Que tiene forma de arco o curva: *espalda arqueada. Este techo es arqueado. La pared está un poco arqueada.*

arquear *v. tr.* **1** Dar ‹una persona o una cosa› forma de arco a [una cosa]: *El peso de los libros arquea las baldas de la estantería. Cuando oye algo que no le gusta arquea las cejas enseguida.* SIN. curvar. **2** RESTRINGIDO. Medir ‹una persona› la capacidad de [una embarcación]. **3** Hacer ‹una persona› recuento de dinero en [la caja o los libros de contabilidad]: *Están ocupados estos días en arquear las cuentas anuales.* || *v. prnl.* **4** Tomar ‹una cosa› forma de arco: *Las piernas de los jinetes se arquean con el tiempo.* SIN. curvarse.

arqueolítico, ca *adj.* De la edad de piedra.

arqueología *s. f.* (no contable) Ciencia que estudia los monumentos y restos que han perdurado de las civilizaciones antiguas.

arqueológico, ca *adj.* De la arqueología: *excavación arqueológica, museo arqueológico.*

arqueólogo, ga *s. m. / f.* Persona que se dedica por profesión o por afición al estudio de la arqueología.

arquería *s. f.* Serie de arcos: *El claustro tiene dos arquerías góticas y dos románicas.* SIN. arcada.

arquero, ra *s. m.* **1** Soldado que peleaba con arco y flechas: *En la antigüedad eran famosos los arqueros de las islas Baleares.* SIN. saetero. || *s. m. / f.* **2** DEP. Persona que se dedica al tiro con arco: *Los arqueros tiran con unos arcos muy precisos.* **3** Persona que por oficio fabrica arcos o aros para toneles, cubas, etc. **4** AMÉR. Portero de fútbol u otros deportes parecidos.

arqueta *s. f.* **1** Arca pequeña: *Tenían en el pasillo una arqueta de estilo español.* **2** Recipiente para el agua en un sifón de desagüe.

arquetípico, ca *adj.* Del arquetipo o que puede servir de modelo: *Salamanca es una ciudad arquetípica del Renacimiento español.*

arquetipo *s. m.* ELEVADO. Modelo que se utiliza como ejemplo de perfección de algo: *Esa escultura es el arquetipo de la belleza femenina. Antonio es el arquetipo de hombre perfecto. Es un arquetipo de bondad.*

arquitecto, ta *s. m. / f.* **1** Persona que ha estudiado la carrera de arquitectura y por profesión se dedica a proyectar y construir edificios: *el arquitecto Gaudí. El arquitecto nos enseñó los planos de la casa.* || **2 ~ técnico** Aparejador.

arquitectónico, ca *adj.* De la arquitectura: *orden arquitectónico, elementos arquitectónicos.*

arquitectura *s. f.* **1** (no contable) Arte y técnica de proyectar y construir edificios: *Estudia la carrera de arquitectura.* **2** Conjunto de edificios y monumentos de características comunes: *la arquitectura barroca, la arquitectura románica.* **~ civil. ~ militar. ~ religiosa.** **3** RESTRINGIDO, ELEVADO. Diseño, organización: *Hay que tratar de conocer bien la arquitectura del nuevo programa informático.*

arquitrabe *s. m.* ARQ. Parte inferior del entablamento que descansa sobre el capitel de la columna: *El arquitrabe se nota muy bien en la arquitectura griega.*

arquivolta *s. m.* ARQ. Conjunto de molduras que adornan el exterior de un arco a lo largo de toda su curva.

arrabal *s. m.* PEYORATIVO. Barrio o lugar de los alrededores de una población: *Vive en los arrabales. En los arrabales de la ciudad hay muchas chabolas.*

arrabalero, ra *adj. / s. m.* y *f.* **1** COLOQUIAL. Que se comporta con vulgaridad o mala educación: *Tiene unos modales arrabaleros. ¡Pareces un arrabalero!* **2** PEYORATIVO. Que es vulgar o se considera propio de un arrabal: *Es una taberna arrabalera. Tiene un lenguaje arrabalero.* **3** RESTRINGIDO. Que habita en un arrabal.

arracimarse *v. prnl.* **1** Formar ‹varias cosas› un racimo: *Da gusto ver el cerezo, las cerezas se arraciman por todas partes.* **2** Ponerse ‹varias personas› juntas: *Nos arracimamos en el autobús para combatir el frío.* SIN. apiñarse.

arraigar *v. intr. / prnl.* **1** Echar ‹una planta› raíces: *El geranio no ha arraigado en la nueva maceta.* SIN. enraizar(se). **2** Hacerse ‹un sentimiento o una costumbre› firme en [una persona]: *Aún no (**se**) ha arraigado **en** él el hábito del estudio.* || *v. prnl.* **3** Establecerse ‹una persona› en [un lugar]: *Se han arraigado **en** esta tierra hace tiempo.* ⇒ **56.**

arraigo *s. m.* (no contable) Hecho de estar firmemente establecida una cosa en una persona o en un lugar: *Hay costumbres antiguas que tienen mucho arraigo en los pueblos.*

arramblar *v. tr. / intr.* **1** Llevarse ‹una cosa› [todo lo que encuentra a su paso] con violencia: *El vendaval arrambló **con** varios árboles del paseo.* **2** Llevarse ‹una persona› [todo lo que encuentra] con abuso o codicia: *Arrambló **con** todo lo que había en la nevera. Los ladrones arramblaron **con** todos los aparatos que encontraron en la casa.*

arramplar *v. tr.* COLOQUIAL. Arramblar, llevarse una persona todo lo que encuentra con abuso o codicia.

arrancada *s. f.* **1** Acción de echar a andar un vehículo o una caballería, en especial, de manera brusca: *El caballo lo tiró al suelo en una arrancada. Es un truco para facilitar la arrancada del motor. Ten cuidado con este caballo que tiene una arrancada un poco brusca.* SIN. arranque. **2** Respuesta brusca o comienzo repentino de alguna actividad: *Tiene arrancadas sorprendentes aunque enseguida se calma. No te preocupes por sus arrancadas, le gusta provocar, pero no es mala persona.* SIN. pronto. REFR. **Tener arrancadas de caballo y paradas de mula.** Se usa para indicar que una persona suele iniciar las actividades con gran entusiasmo pero se cansa de ellas muy pronto.

arrancamoños (plural *arrancamoños*) *s. m.* BOT. Fruto de ciertas plantas, cuya cáscara está formada por unos pequeños ganchos que se pegan con facilidad al pelo o a la ropa.

arrancar *v. tr.* **1** Separar ‹una persona o una cosa› [una cosa] del [lugar al que está sujeta o del que forma parte] con violencia: *Arrancó el clavo **de** la pared.* **2** Quitar ‹una persona› [una cosa] a [otra persona] con violencia: *El niño apretaba una galleta y no hubo manera de arrancársela.* SIN. arrebatar. **3** Obtener ‹una persona› [una cosa] de [otra persona] con habilidad, esfuerzo o violencia: *Le arrancaron la confesión* ***al*** *delincuente.* **4** Hacer ‹una persona› que [otra persona] abandone [un lugar, una costumbre o una idea]: *No consigo arrancar a mi hermano* ***del*** *tabaco.* || *v. intr.* **5** Tener ‹una cosa› su origen en [otra cosa]: *El problema arranca* ***de*** *hace años. Los celos arrancan* ***de*** *un trauma infantil, según el psiquiatra.* || *v. intr. / tr.* **6** Empezar a moverse o a funcionar ‹una cosa›: *Conseguí arrancar el coche. No hay manera de que el coche arranque a la primera.* **7** Partir ‹una persona› de un lugar: *Cuando ve un escaparate de libros se queda mirando y no es fácil arrancarla de allí.* || *v. intr. / prnl.* **8** Empezar a hacer ‹una persona› [una cosa] inesperadamente: ***Se*** *arrancó por peteneras. Íbamos paseando y* ***se*** *arrancó a recitar unos poemas.* **9** CHILE; COLOQUIAL. Huir, escapar ‹una persona› repentinamente con disimulo y rapidez. FR. Y LOC. **~ el alma*.** ⇒ **71.**

arranque *s. m.* **1** (no contable) Comienzo u origen de una cosa: *Hay que analizar el punto de arranque del problema. El arranque de la aviación moderna puede situarse en el siglo* XVIII. **2** (no contable) Acción y resultado de empezar a moverse o a funcionar una cosa: *El motor tiene algunos problemas de arranque.* **motor de ~. 3** (no contable) Fuerza, energía o decisión para actuar: *Le falta arranque para meterse en los negocios.* **4** Manifestación violenta de un sentimiento o actitud: *Donó parte de sus bienes en un arranque de generosidad. Ten cuidado con sus arranques de ira.* **5** Dispositivo para poner una máquina en marcha: *Tiene arranque electrónico. El arranque nunca me ha dado problemas.* **6** Ocurrencia ingeniosa: *Tiene buenos arranques cuando está de buen humor.* SIN. salida.

arrapiezo *s. m.* COLOQUIAL; AFECTIVO, PEYORATIVO. Niño pobre que va sucio y mal vestido: *Este arrapiezo se va a comer toda la comida. Le dimos una limosna al arrapiezo que iba detrás de nosotros.*

arras (plural) *s. f.* **1** Conjunto de las trece monedas que tradicionalmente el hombre entrega a la mujer en la celebración del matrimonio como símbolo del contrato: *El novio entregó las arras a la novia.* **2** Prenda que se da en un contrato o acuerdo: *Hasta la firma de la escritura, el comprador entrega como arras un millón a la constructora.*

arrasamiento *s. m.* RESTRINGIDO. Destrucción completa o total: *El arrasamiento de la capital era uno de los objetivos del ejército enemigo.*

arrasar *v. tr.* **1** Destruir ‹una persona, un animal o una cosa› [una cosa] completamente: *El fuego arrasó el bosque.* SIN. devastar. **2** RESTRINGIDO. Hacer ‹una cosa› que se llenen [los ojos de una persona] de [lágrimas]: *El dolor le arrasó los ojos* ***de*** *lágrimas.* || *v. intr.* **3** Obtener ‹una persona› un gran triunfo en una competición: *El equipo visitante arrasó.* || *v. prnl.* **4** Llenarse ‹los ojos de una persona› de [lágrimas]: *Al ver esas imágenes se me arrasan los ojos* ***en*** *lágrimas.*

arrascar *v. tr.* COLOQUIAL. Rascar. ⇒ **71.**

arrastrado, da *adj.* **1** Que está lleno de dificultades y penas: *Ahora mismo hago un trabajo bastante arrastrado.* **vida* aperreada / arrastrada** o **vida de perros.** || *adj. / s. m.* y *f.* **2** PERÚ; COLOQUIAL. Que se humilla servilmente.

arrastrar *v. tr.* **1** Llevar ‹una persona o un animal› [a una persona, un animal o una cosa] por el suelo, tirando de ellos: *El caballo arrastró al jinete unos metros después de la caída.* **2** Mover ‹una persona› [una cosa] rozando el suelo: *Levantad la mesa para moverla, no la arrastréis.* **3** Llevarse ‹una persona o una cosa› [a otra persona u otra cosa] consigo al moverse: *Una de las personas que estaban en la cola se cayó al suelo y arrastró a otras dos.* **4** Atraer ‹una persona o una cosa› [a una persona]: *Ese político arrastra a las masas.* **5** Tener ‹una cosa› como consecuencia inevitable [otra cosa]: *Su dimisión arrastró la de todos nosotros. No deberían poner esas imágenes en televisión, porque la violencia arrastra la violencia.* **6** Llevar ‹una persona› [una cosa] penosamente: *Llevo varios años arrastrando una grave enfermedad.* SIN. sufrir, padecer. || *v. intr.* **7** Tocar o rozar ‹una cosa› el suelo: *Las cortinas arrastran, habrá que acortarlas.* **8** Salir ‹una persona› con una carta del palo que pinta, en algunos juegos de cartas: *No hemos ganado la partida porque arrastraste en la última baza.* || *v. prnl.* **9** Moverse ‹una persona› tocando el suelo con el cuerpo: *Niño, no te arrastres por el suelo, que está sucio.* **10** Perder ‹una persona› la dignidad: *Habla con él, pero no te arrastres, que se va a alegrar y no te hará caso.* SIN. rebajarse. FR. Y LOC. **arrastrarse a los pies de** Perder ‹una persona› la dignidad frente a otra persona: *Se arrastró a los pies de su adversario.*

arrastre *s. m.* **1** (no contable) Acción y resultado de arrastrar algo: *Hay embarcaciones que se encargan del arrastre de los barcos en los puertos. Durante el arrastre del último toro lo aplaudieron porque había sido muy bravo. El arrastre de los muebles estropea el suelo, hay que levantarlos para moverlos.* **pesca* de ~. 2** En algunos juegos de cartas, obligación que tienen los jugadores de echar una carta del mismo palo que la del jugador que echa primero. FR. Y LOC. **para el ~** COLOQUIAL. En muy mal estado: *La abuela, la pobre, está ya para el arrastre. El coche tiene un montón de años y está para el arrastre.*

arrastrero, ra *adj. / s. m.* y *f.* Que practica la pesca con grandes redes que arrastran por el fondo del mar: *Los arrastreros anuncian que no aceptarán el monopolio de los pescadores de cerco. Los barcos arrastreros llevan menos tripulación.*

arrayán *s. m.* Mirto, arbusto de hoja perenne, de color verde intenso que se usa para hacer setos.

¡arre! *interj.* Se usa para hacer que las caballerías inicien la marcha o anden más deprisa: *¡Arre, burro!* FR. Y LOC. **dar* lo mismo so que ~.**

¡arrea! *interj.* COLOQUIAL. Se usa para expresar sorpresa, disgusto o enfado ante algo que ocurre: *¡Arrea... pero si no queda nada de comida!*

arreada *s. f.* **1** ARG., URUG.; RESTRINGIDO. Acción de estimular al ganado que pace. **2** ARG., URUG.; RESTRINGIDO en Argentina. Acción de robar ganado.

arreador *s. m.* AMÉR. DEL S. Látigo de mango corto destinado a estimular al ganado.

arrear *v. tr.* **1** Estimular ‹una persona› [a una caballería o a otro animal]: *Arrea un poco a la mula que llegamos tarde. Los pastores arreaban las ovejas.* **2** Dar ‹una persona› [un golpe] a [otra persona]: *Le arreó una buena bofetada.* **3** Poner ‹una persona› arreos [a una caballería]: *Van en caballerías muy arreadas de guirnaldas para la fiesta.* || *v. tr. / intr.*

4 Meter ‹una persona› prisa [a otra persona]: *Arrea o llegaremos los últimos.* || *v. intr.* 5 Llevarse ‹una persona› [una cosa] violentamente: *Arreó **con** el dinero. Lo vimos, pero ya arreaba **con** el bolso que nos había sacado del coche.* FR. Y LOC. **dar / atizar / ~ candela*. dar / repartir / ~ estopa*.**

arrebañar *v. tr.* COLOQUIAL. Rebañar.

arrebatado, da *adj.* 1 (antepuesto / pospuesto) Que es apasionado e irreflexivo: *un sentimiento arrebatado. Un arrebatado amor lo tiene absolutamente sin vivir. Es una persona muy arrebatada, y hay que tener mucha paciencia para tratar con ella.* 2 (estar) Que tiene el color muy intenso, particularmente algún tono de rojo: *labios de un rojo arrebatado. Sus mejillas estaban arrebatadas.*

arrebatador, ra *adj.* (antepuesto / pospuesto) Que arrebata o resulta muy atractivo: *una arrebatadora sonrisa, una personalidad arrebatadora.*

arrebatar *v. tr.* 1 Quitar ‹una persona› [una cosa] a [otra persona] con violencia: *Me arrebató el libro **de** las manos.* SIN. arrancar. 2 Llevarse ‹una cosa que se mueve con violencia› [otra cosa]: *El viento me arrebató el periódico de las manos.* 3 Atraer ‹una persona o una cosa› [a una persona] irresistiblemente: *Este político arrebata a los votantes. La obra de teatro está triunfando y arrebata a todos los espectadores.* 4 RESTRINGIDO. Provocar ‹una persona o una cosa› un ataque de ira o indignación [a una persona]: *Su indiferencia nos arrebató. Su egoísmo arrebata a toda la familia.* SIN. enfurecer. || *v. prnl.* 5 RESTRINGIDO. Hacerse ‹un alimento› antes de tiempo por exceso de fuego: *Creo que el pastel está malo porque se ha arrebatado la masa.* 6 RESTRINGIDO. Sentirse ‹una persona› irritada o indignada: *Estás muy arrebatada, tranquilízate, que te va a dar un ataque. Te arrebatas **con** cualquier tontería.* SIN. enfurecerse.

arrebatiña o **rebatiña** *s. f.* RESTRINGIDO. Acción de apoderarse de una cosa en disputa con otro. FR. Y LOC. **a la ~** Recogiendo una cosa en disputa con otro: *En la fiesta los niños estaban a la arrebatiña por los dulces.*

arrebato *s. m.* 1 Manifestación violenta de un sentimiento o una pasión: *Rompió el jarrón en un arrebato de ira. Le dio un arrebato y lo tiró todo por la ventana.* 2 REL.; RESTRINGIDO. Según algunas creencias, estado en que el alma llega a una unión especial con Dios por medio de la contemplación: *Se cree que Santa Teresa sufrió varios arrebatos en su vida.* SIN. éxtasis.

arrebol *s. m.* 1 (no contable) Color rojo que se ve a veces en las nubes por efecto de los rayos del sol: *Al atardecer aparece en el horizonte un intenso arrebol.* 2 (no contable) ELEVADO. Color parecido de otras cosas: *El arrebol de su cara se debía a la emoción.*

arrebolar *v. tr.* 1 LITERARIO. Poner ‹una cosa› [a una persona o una cosa] del color rojo arrebol: *La poesía amorosa la arrebola.* SIN. ruborizar. || *v. prnl.* 2 LITERARIO. Ponerse ‹una persona o una cosa› del color rojo arrebol: *Es tan púdica que se arrebola en cuanto le hablan de casamiento.* SIN. ruborizarse.

arrebujar *v. tr.* 1 Hacer ‹una persona› un rebujo o envoltorio desordenado con [una cosa]: *Guarda la ropa doblada, no la arrebujes en el armario.* || *v. tr. / prnl.* 2 Cubrir ‹una persona› [a otra persona] con ropa: ***Se** arrebujó **entre** las mantas. **Nos** arrebujamos como pudimos **con** el abrigo y a esperar el tren.* SIN. arropar(se).

arrecharse *v. prnl.* 1 COL., VEN.; VULGAR en Venezuela. Enfurecerse, indignarse ‹una persona›. 2 COL., VEN.; VULGAR. Excitarse sexualmente ‹una persona›.

arrechera *s. f.* 1 MÉX., VEN.; VULGAR en Venezuela. Excitación sexual. 2 COL., VEN.; VULGAR en Venezuela. Cólera, agresividad.

arrecho, cha *adj.* AMÉR.; VULGAR. Que está excitado sexualmente.

arrechucho *s. m.* 1 COLOQUIAL. Malestar físico repentino y pasajero: *Le dio un arrechucho y no pudo ir a trabajar.* 2 COLOQUIAL, RESTRINGIDO. Ataque de mal humor o de otro sentimiento: *¡Vaya arrechucho que tiene la abuela!*

arreciar *v. intr.* Hacerse ‹una cosa› cada vez más fuerte o intensa: *La tempestad arreciaba. Creo que su malhumor va arreciando por momentos, lo mejor es dejarlo tranquilo.*

arrecife *s. m.* Banco de rocas, corales y otros materiales, formado en el mar casi al nivel del agua: *arrecifes de coral. Si vais en el barco tened cuidado con los arrecifes.*

arreconchumarse *v. prnl.* PERÚ; COLOQUIAL. Acomodarse ‹una persona›.

arredrar *v. tr.* 1 ELEVADO. Hacer retroceder ‹una persona o una cosa› [a una persona]: *El perro arredraba a los que querían acercarse.* 2 ELEVADO. Causar ‹una persona o una cosa› temor [a una persona]: *Intentaron meterle miedo pero no pudieron arredrarle.* || *v. prnl.* 3 Volver ‹una persona› atrás: *No se arredra ante nada.* 4 Sentir ‹una persona› temor: *Me arredré con las espantosas historias que me contaron.*

arreglar *v. tr.* 1 Poner ‹una persona› [una cosa] en orden: *Arregló los libros de la estantería. Siempre arreglan la cocina después de comer.* 2 Hacer ‹una persona› que [una cosa rota o estropeada] funcione o quede como antes: *Nos han arreglado la lavadora.* 3 Dar ‹una persona› una solución a [una cosa]: *No tenemos donde quedarnos a dormir pero un amigo nos ha dicho que puede arreglarlo.* 4 COCINA. Condimentar un plato o una ensalada: *¿Has arreglado la lechuga? Las patatas ya están cocidas, pero hay que arreglarlas.* 5 COLOQUIAL. Castigar o corregir ‹una persona› [a otra persona]: *Ya te arreglaré yo, como no hagas bien tus deberes.* 6 Adaptar ‹una persona› [una partitura musical] a algunas voces o instrumentos: *Ha arreglado el himno del club para orquesta.* || *v. tr. / prnl.* 7 Dar ‹una persona› un aspecto agradable [a otra persona o una cosa]: *Arregla un poco al niño para salir de paseo. Procura arreglar tu habitación antes de irte. **Se** arregla mucho siempre para salir a la calle. **Se** ha arreglado con mucho cuidado para la cita.* || *v. prnl.* 8 Tener ‹una persona› lo necesario: *Para comer me arreglo con un bocadillo. Nos arreglamos con poco para pasar el mes.* 9 Llegar ‹varias personas› a un acuerdo: *Se arreglaron en el precio del alquiler. Los novios se habían enfadado, pero ya han vuelto a arreglarse.* FR. Y LOC. **arreglárselas** Saber ‹una persona› organizarse: *No te preocupes por él, sabe cómo arreglárselas cuando se queda solo en casa. Me las arreglo bien con poco dinero.*

arreglista *s. m. / f.* Persona que hace arreglos de composiciones musicales.

arreglo *s. m.* 1 Acción y resultado de arreglar: *Tarda mucho en el arreglo de la casa. Es un establecimiento especializado en arreglo de electrodomésticos. Ya encontraremos un arreglo para ese problema. Hay que cuidar el arreglo personal.* 2 Adaptación de una composición musical: *Han hecho varios arreglos de canciones antiguas.* || 3 **~ de cuentas** Venganza: *Se supone que las dos muertes han sido causadas por un arreglo de cuentas entre dos bandas rivales.* FR. Y LOC. **con ~ a** De conformidad o de acuerdo con una cosa: *Debes hacer el trabajo con arreglo a las normas que te he dado.*

arrejuntarse *v. prnl.* VULGAR. Empezar a vivir ‹una pareja› como si estuviera casada: *En vez de contraer matrimonio decidieron arrejuntarse. Dicen que la pareja del segundo piso está arrejuntada.*

arrellanarse *v. prnl.* Ponerse ‹una persona› cómoda en [un asiento]: *Se arrellanó **en** el sofá para ver el partido de fútbol. No te arrellanes que tienes que poner la mesa.*

arremangar *v. tr.* Remangar. ⇒ **56.**

arremeter *v. intr.* **1** Atacar o acometer ‹una persona› a [otra persona, un animal o una cosa] con ímpetu o violencia: *La infantería arremetió **contra** el enemigo. En su discurso el político arremetió **contra** todos sus rivales.* **2** RESTRINGIDO. Empezar ‹una persona› [una cosa] con decisión: *He arremetido el trabajo lo mejor que he podido.*

arremolinar *v. tr. / prnl.* **1** Reunir ‹personas, animales o cosas› [a personas, animales o cosas] desordenadamente: *La gente **se** arremolinó a la salida para ver a los jugadores. El agua arremolinaba las hojas al lado del puente. El pelo de los niños se arremolinaba con el viento.* || *v. prnl.* **2** Formar ‹el agua› remolinos: *El río se arremolina al lado del puente.*

arrendador, ra *s. m. / f.* **1** Persona que da en arrendamiento alguna cosa: *Mañana vendrá el arrendador a cobrar.* **2** Persona que toma en arriendo una cosa: *El arrendador de la casa es buena persona.* SIN. arrendatario.

arrendajo *s. m.* (macho y hembra) *Garrulus glandarius.* Ave de plumaje pardo rosado, con las alas a rayas azules y negras, y una cresta blanca y negra que se alimenta sobre todo de semillas y de huevos de otras aves cuya voz imita.

arrendamiento *s. m.* Acción y resultado de arrendar: *El arrendamiento caduca dentro de tres meses.* **contrato* de ~.**

arrendar *v. tr.* **1** Dejar ‹una persona› [una cosa] [a otra persona] para que la use temporalmente mediante el pago de una cantidad: *arrendar un piso.* SIN. alquilar. **2** Tomar ‹una persona› [una cosa] de [otra persona] para usarla temporalmente mediante el pago de una cantidad: *Para montar el negocio tuvieron que arrendar un local.* SIN. alquilar. FR. Y LOC. **no ~ la ganancia*.** ⇒ **58.**

arrendatario, ria *adj. / s. m.* y *f.* Que toma o adquiere algo en arrendamiento o alquiler: *Aquí falta la firma del arrendatario. Ha constituido una compañía arrendataria de fincas de caza.*

arreo *s. m.* **1** Acción o resultado de arrear el ganado: *el arreo de las ovejas.* **2** CHILE; RESTRINGIDO. Robo violento o furtivo de alguna cosa.

arreos (plural) *s. m.* **1** Guarniciones de las caballerías. **2** RESTRINGIDO. Cosas pequeñas que pertenecen a una principal o se usan con ella: *Compramos muchas cosas, pero aún nos faltan muchos arreos de casa.* SIN. complementos.

arrepanchigarse *v. prnl.* COLOQUIAL. Ponerse ‹una persona› cómoda en [un asiento]: *En cuanto llegó se arrepanchigó **en** el sillón para ver el partido.* SIN. arrellanarse. ⇒ **56.**

arrepentido, da *adj. / s. m.* y *f.* **1** [Delincuente] que colabora con la justicia delatando a otros delincuentes: *Los arrepentidos han prestado servicios importantes a la justicia.* || *adj.* **2** (estar) Que se arrepiente de algo que ha hecho: *Está muy arrepentido de lo que hizo.*

arrepentimiento *s. m.* Sentimiento de la persona que se arrepiente de algo que ha hecho: *Actuó mal, pero se nota que tiene arrepentimiento.*

arrepentirse *v. prnl.* **1** Sentir ‹una persona› pesar por [haber hecho una cosa o por no haberla hecho]: *Se arrepintió **de** no haber venido.* **2** Dejar de mantener ‹una persona› [una promesa o un compromiso]: *Se arrepentió de haberle hecho los deberes.* ⇒ **75.**

arrestar *v. tr.* Poner ‹una autoridad› presa [a una persona]: *Lo han arrestado en el calabozo tres meses.* SIN. apresar.

arresto *s. m.* **1** Pena pequeña de privación de libertad. **~ domiciliario. ~ mayor** Pena de privación de libertad de un mes y un día a seis meses. **~ menor** Pena de privación de libertad de un día a treinta días. **2** (en plural) Decisión, determinación para hacer algo: *No tiene arrestos para hacer lo que dice. Cuando se pone bruto, tiene arrestos para todo.*

arrianismo *s. m.* (no contable) HIST., REL. Doctrina religiosa considerada herejía en el siglo IV por la iglesia católica, que fue seguida, entre otros, por los visigodos.

arriano, na *adj.* **1** De Arrio o del arrianismo: *doctrina arriana.* || *adj. / s. m.* y *f.* **2** Que es partidario del arrianismo.

arriar *v. tr.* Bajar ‹una persona› [una bandera o una vela izada]: *Antes de entrar en el puerto el velero arrió las velas. La bandera se arría a la puesta del sol.*

arriate *s. m.* Cuadro o rectángulo estrecho que sirve para tener plantas junto a las paredes de patios y jardines: *Los arriates llenos de claveles están hermosos.*

arriba *adv. lug.* **1** En un lugar que está en una posición más alta que aquella en la que se encuentra el hablante o que se toma como referencia: *Tus padres están arriba, en el primer piso. Quédate arriba.* **2** Precedido de una preposición, indica dirección hacia un lugar que está en posición más alta que el que se toma como referencia. También puede indicar procedencia o localización: *Vete arriba. Ha caído esta maceta de arriba. Cuando vuelvas entras por arriba.* RELACIONES Y CONTRASTES: ◊ Admite las preposiciones *de, desde, hacia, hasta, para* y *por.* ◊ No se usa con la preposición *a.* **3** Precedido de nombre común de lugar sin artículo, equivale a 'en dirección a la parte más alta del lugar que se indica': *escaleras arriba, calle arriba.* OBSERVACIONES: El nombre puede llegar a hacerse átono: *cuesta arriba.* **4** Precedido de ciertos nombres de partes del cuerpo, indica, real o figurativamente, 'con esa parte hacia arriba': *boca arriba, panza arriba.* **5** En un nivel político, social o de poder elevado: *Ésa es una decisión que tendrán que tomar los de arriba. Has llegado muy arriba.* **6** Por encima de, más de: *El pastor no tenía arriba de veinte años.* FR. Y LOC. **¡~!** 1 Se usa para animar a alguien a hacer algo: *¡Arriba esos ánimos!* 2 Se usa para pedir o animar a alguien para que se levante o levante algo. **... ~, ... abajo** o **~ o abajo** Aproximadamente lo que se expresa: *Tiene alrededor de treinta años; uno arriba, uno abajo. Mide arriba o abajo un metro de altura.* **boca* ~. de ~ abajo** Completamente, por todas partes, de principio a fin: *He mirado de arriba abajo por toda la casa. He memorizado el documento de arriba abajo.* **de ... para ~** Equivale a 'más de': *Perdió de cinco millones para arriba.* **hacerse cuesta* ~. manos* ~. más ~** En un libro o escrito equivale a 'antes', 'anteriormente': *El problema que se describe más arriba.* **patas* ~. poner las cartas* boca ~.**

arribada *s. f.* Llegada de una embarcación a puerto o a su destino: *La arribada a puerto se desarrolló sin dificultad.*

arribar *v. intr.* Llegar ‹una embarcación› a [puerto] o a [su destino]: *La nave arribó **a** Cádiz.*

arribeño, ña *adj. / s. m.* y *f.* AMÉR. Se aplica por los habitantes de la costa a los que proceden de las tierras altas.

arribismo *s. m.* (no contable) PEYORATIVO. Comportamiento e ideología de las personas que quieren alcanzar una mejor posición social y económica sin tener en cuenta los medios que utilizan, generalmente poco éticos: *El arribismo, aunque poco ético, está bien considerado en ciertos medios sociales.*

arribista *adj. / s. m.* y *f.* Que practica el arribismo o defiende el comportamiento de los arribistas: *una actitud arribista, un político arribista, los intelectuales arribistas.*

arribo *s. m.* RESTRINGIDO. Llegada: *El arribo de la caravana ciclista ha provocado un gran atasco.*

arriendo *s. m.* **1** Acción y resultado de arrendar un bien: *Todos los dueños están de acuerdo en el arriendo del local.* SIN. arrendamiento. **2** Precio que se paga o se cobra al arrendar algo. *Me dan cien mil pesetas por el arriendo del apartamento. Pago noventa mil pesetas por el arriendo del piso* SIN. arrendamiento.

arriero *s. m.* RESTRINGIDO. Persona que por profesión conducía animales de carga o recuas de un lugar a otro: *En el Siglo de Oro los mesones estaban llenos de arrieros.*

arriesgado, da *adj.* **1** (antepuesto / pospuesto) Que es peligroso: *una decisión arriesgada, una arriesgada maniobra.* **2** Que se arriesga mucho: *Para meterse en negocios hay que ser una persona arriesgada.*

arriesgar *v. tr. / prnl.* Poner ‹una persona› [a otra persona o una cosa] en peligro: ***Se** ha arriesgado **en** esta empresa. **Se** arriesgó **a** salir. No puede protestar mucho en el trabajo porque sabe lo que arriesga.* SIN. exponer(se). FR. Y LOC. **arriesgar(se) / jugarse el pellejo*. ⇒ 56.**

arrimadero *s. m.* RESTRINGIDO. Cosa o persona en la que se encuentra ayuda o protección: *Para algunos trabajos se necesita tener algún arrimadero.* SIN. agarradero.

arrimar *v. tr. / prnl.* **1** Poner ‹una persona› [a otra persona o una cosa] cerca de [otra persona u otra cosa]: *Ha arrimado la silla **a** la pared. **Se** ha arrimado **al** árbol.* SIN. aproximar(se). ‖ *v. prnl.* **2** Buscar ‹una persona› la protección o el apoyo de [otra persona]: *A las personas importantes se les arrima mucha gente buscando apoyo.* **3** Unirse ‹una persona› a [un grupo]: *Estaba solo pero no me aburrí porque me arrimé **a** un grupo de paisanos que encontré en el campo de fútbol.* SIN. juntarse. **4** TAUROM. Acercarse ‹un torero› al toro mientras torea: *Este torero no torea muy bien, pero se arrima mucho.* **5** COLOQUIAL, RESTRINGIDO. Vivir ‹dos personas no casadas› como un matrimonio: *Dicen que los vecinos del segundo están arrimados.* FR. Y LOC. **~ el ascua* a su sardina. ~ el hombro*. arrimarse al sol que más calienta** Tratar de estar ‹una persona› cerca de aquella persona de la que puede sacar algún provecho según el momento: *Ahora es su amiga, pero mañana ya veremos, porque ésa se arrima siempre al sol que más calienta.*

arrimo *s. m.* RESTRINGIDO. Cosa o persona en la que se encuentra ayuda o protección. SIN. arrimadero. FR. Y LOC. **al ~ de** Con el apoyo o ayuda de otra persona o cosa: *Permanecí al arrimo de mi familia hasta que pasó todo.*

arrinconar *v. tr.* **1** Poner ‹una persona› [una cosa] en un rincón: *Hemos arrinconado la televisión definitivamente.* **2** Perseguir ‹una persona› [a otra persona] hasta un lugar del que no puede escapar: *El gato se escapaba, pero lo arrinconaron y lo pudieron agarrar.* SIN. acorralar. **3** Dejar ‹una persona› sin respuesta [a su interlocutor] en una discusión: *Llegó un momento en que lo arrinconamos y no sabía qué disculpas poner.* ‖ *v. tr. / prnl.* **4** Dejar ‹una persona› [a otra persona o una cosa] a un lado: ***Se** arrinconó **en** casa. Hemos arrinconado el viejo coche. No debe arrinconar**se** a las personas con problemas.*

arriscadamente *adv. modo.* RESTRINGIDO. Con atrevimiento y osadía. *Arriscadamente, se adentró solo en el bosque.*

arriscar *v. tr.* AMÉR. Levantar, arremangar. **⇒ 71.**

arritmia *s. f.* (no contable) MED. Pérdida del ritmo normal del corazón. **~ cardiaca.**

arroba *s. f.* **1** Unidad de peso que equivale aproximadamente a once kilos y medio. **2** Medida de capacidad que varía según las regiones y los productos o materiales a los que se aplica: *Una arroba tiene un poco más de once litros de vino y doce litros y medio de aceite.* FR. Y LOC. **por arrobas** COLOQUIAL. En gran cantidad: *Tenía dinero por arrobas. Lo pasamos muy bien anoche, José tiene gracia por arrobas.*

arrobador, ra *adj.* RESTRINGIDO. Que causa arrobamiento o cautiva: *una expresión arrobadora, una mirada arrobadora.*

arrobamiento *s. m.* Acción y resultado de arrobar o arrobarse: *El arrobamiento de los místicos es un fenómeno común en todas las religiones.*

arrobar *v. tr.* **1** RESTRINGIDO. Producir ‹una persona o cosa› tanta admiración o placer [a otra persona] que olvida todo lo demás: *La música nos arroba. Esta temporada sale con una chica que lo ha arrobado.* ‖ *v. prnl.* **2** RESTRINGIDO. Perder ‹una persona› la noción de todo a causa de la admiración o el placer que le produce [una cosa]: *Se arroba con sus lecturas. Santa Teresa se arrobaba con el amor divino.*

arrocero, ra *adj.* **1** Del arroz: *producción arrocera, zona arrocera.* ‖ *adj. / s. m.* y *f.* **2** Persona que se dedica por profesión al cultivo y a la industria del arroz: *Los arroceros valencianos han protestado airadamente. Las arroceras exportarán este año más toneladas.*

arrodillarse *v. prnl.* **1** Ponerse ‹una persona› de rodillas: *Se arrodilló delante del altar. Ya no obligan a los niños a arrodillarse como castigo.* **2** Someterse ‹una persona› a otra persona: *Yo no me arrodillo **ante** nadie.*

arrogación *s. f.* DER. Acción de adoptar como hijo a un huérfano o a un emancipado.

arrogancia *s. f.* **1** (no contable) Actitud soberbia u orgullosa de las personas que se creen superiores: *La arrogancia del conferenciante quedó castigada en el coloquio.* **2** (no contable) RESTRINGIDO. Valentía o decisión algo inconsciente: *Los dos jóvenes se lanzaron con arrogancia contra los gamberros, pero recibieron una buena paliza.*

arrogante *adj.* (antepuesto / pospuesto) Que se comporta con altanería o soberbia: *gesto arrogante. Este arrogante joven ha tenido el atrevimiento de dirigirse a mí.*

arrogar *v. tr.* **1** DER. Adoptar ‹una persona› como hijo [a un huérfano o emancipado]: *No es fácil arrogar a un muchacho rápidamente.* ‖ *v. prnl.* **2** Atribuirse ‹una persona› [una facultad o un derecho] sin razón: *Le acusan de haberse arrogado competencias que no le corresponden.* **⇒ 56**

arrojadizo, za *adj.* Que puede ser lanzado: *No está permitido introducir en el campo de fútbol objetos arrojadizos.* **arma* arrojadiza.**

arrojado, da *adj.* (antepuesto / pospuesto) Que es valiente y atrevido: *un arrojado acto de heroísmo. Demostró ser un hombre arrojado.*

arrojar *v. tr. / prnl.* **1** Echar o dejar caer ‹una persona› [a otra persona o una cosa]: *Está prohibido arrojar objetos a la vía del tren.* ***Se*** *arrojó* ***por*** *la ventana.* ***Se*** *arrojó* ***desde*** *el paracaídas.* ***Se*** *arrojó* ***al*** *estanque. Cuando me vio* ***se*** *arrojó* ***en*** *mis brazos.* SIN. tirar(se). ‖ *v. tr.* **2** Echar ‹una persona› [a otra persona] de [un lugar] o de [un cargo]: *Su padre la arrojó* ***de*** *casa.* SIN. expulsar. **3** Echar ‹una persona o una cosa› [una cosa] con fuerza lejos de sí: *El volcán arroja mucha lava. Los niños arrojaban piedras contra los cristales. El pescado arroja un olor insoportable.* **4** Dar ‹una cosa› [un resultado]: *Están analizando el resultado que arrojan las encuestas de empleo.* ‖ *v. tr. / intr.* **5** Echar ‹una persona› [lo contenido en el estómago] por la boca violentamente: *Tómate una manzanilla, que te ayudará a arrojar si lo necesitas.* SIN. vomitar. FR. Y LOC. **~ / echar / tirar por la borda*. ~ el guante*. ~ luz*. tirar / ~ la toalla*.**

arrojo *s. m.* (no contable) Valor, osadía, intrepidez: *Mostró un gran arrojo en la batalla.* SIN. audacia, valentía. ANT. cobardía.

arrollado *s. m.* AMÉR. DEL S. Matambre adobado que se arrolla y ata para luego asarlo o cocerlo.

arrollador, ra *adj.* (antepuesto / pospuesto) Que arrolla o domina a todas las personas: *una simpatía arrolladora. Tiene una arrolladora personalidad. Tiene una capacidad de trabajo arrolladora.*

arrollar *v. tr.* **1** Pasar ‹una cosa que está en movimiento› por encima de [una persona o una cosa]: *Un motorista arrolló a un peatón en un paso de cebra.* SIN. atropellar. **2** Vencer ‹una persona› [a otra persona] o imponerse sobre ella rotundamente: *Tiene una personalidad tan fuerte que arrolla a todo el mundo. El equipo local arrolló al visitante en el partido del domingo.* SIN. dominar. **3** No respetar ‹una persona› los derechos de [otra persona]: *Los comercios grandes no pueden arrollar a los demás, tienen que respetar el horario como todos.* **4** RESTRINGIDO. Formar ‹una persona› un rollo con [una cosa]: *Arrollaron la manga de riego para guardarla.* SIN. enrollar.

arropar *v. tr. / prnl.* **1** Cubrir ‹una persona› [a otra persona o una cosa] con ropa: *Tuvo que levantarse por la noche a arropar al niño.* ***Se*** *arropó porque tenía frío.* ‖ *v. tr.* **2** Servir ‹una persona o una cosa› de protección [a una persona]: *Cuando surgió el problema lo arroparon todos sus compañeros. No tiene ningún problema en su primera actuación, porque está arropado por una buena orquesta.* SIN. amparar, proteger. **3** TAUROM. Rodear ‹los cabestros› [a un toro] para devolverlo al corral.

arrope *s. m.* (no contable) Mosto de uva cocido y reducido hasta obtener consistencia de jarabe: *frutas en arrope.*

arrostrar *v. tr.* ELEVADO. Hacer ‹una persona› frente a [peligros, molestias o penalidades] con decisión: *En el viaje arrostraron muchas penalidades. Estoy dispuesto a arrostrar todas las críticas, pero no me callaré.* SIN. afrontar.

arroyo *s. m.* **1** Corriente de agua de poco caudal y corto recorrido: *Un arroyo corre junto a los árboles.* SIN. riachuelo. **2** Parte de la calle por donde suelen correr las aguas: *Los niños jugaban en la calle, al lado de un arroyo de agua sucia.* **3** (no contable) RESTRINGIDO. Ambiente de miseria y marginación: *salir del arroyo, vivir en el arroyo. Ha nacido en el arroyo, pero ahora tiene una buena posición social.* FR. Y LOC. **plantar en (la) mitad del ~** RESTRINGIDO. Echar ‹una persona› a otra de su trabajo, de su casa o de otro lugar.

arroz *s. m.* **1** Planta herbácea gramínea, de hojas largas y flores blanquecinas en espiga, cuyos granos constituyen un importante alimento: *En Valencia se cultiva mucho arroz.* **2** Grano blanco y alargado de esa planta, que se usa mucho como alimento: *El arroz es el ingrediente básico de la paella.* **morcilla de ~. polvos* de ~.** FR. Y LOC. **punto* de ~. que si quieres ~ Catalina** COLOQUIAL; RESUMIDOR FINAL. Se usa para indicar contrariedad por algo que no se puede conseguir: *Le he pedido varias veces que me ayude, pero que si quieres arroz Catalina.*

arrozal *s. m.* Terreno sembrado de arroz: *En el delta del Ebro hay muchos arrozales.*

arruga *s. f.* **1** Pliegue o doblez irregular que se hace en la piel, en telas o en papel: *La falda le hace muchas arrugas. Mira las arrugas que los años dejaron en su frente. Siempre lleva la camisa llena de arrugas.* **2** PERÚ; COLOQUIAL. Deuda.

arrugar *v. tr.* **1** Hacer ‹una persona o una cosa› arrugas en [una cosa]: *No sé qué haces para arrugar tanto los pantalones. No me arrugues el periódico, por favor.* ‖ *v. prnl.* **2** Llenarse ‹una cosa› de arrugas: *Se te arruga la falda en cuanto te sientas.* **3** Perder ‹una persona› el atrevimiento o la desenvoltura: *Dijo que iba a hacer una protesta en la Oficina del Consumidor, pero luego se arrugó y no lo hizo. En cuanto le dices dos palabras fuertes, se arruga.* SIN. acobardarse, apocarse. ‖ *v. intr.* **4** CHILE; COLOQUIAL. Demostrar ‹una persona› desánimo para continuar una actividad, o abandonarla con desánimo. FR. Y LOC. **~ el entrecejo / ceño** o **~ la frente** Hacer ‹una persona› este gesto en señal de enfado o de preocupación: *Arrugó el entrecejo cuando le dijimos lo que costaba la reparación. No arrugues la frente que no es una situación tan mala.* ⇒ **56.**

arruinar *v. tr.* **1** Causar ‹una persona o una cosa› la ruina de [una persona]: *El hijo se metió en la droga y arruinó a toda la familia.* **2** Estropear o destruir ‹una persona o una cosa› [una cosa]: *Poniéndote de pie encima del sillón lo vas a arruinar.* ‖ *v. prnl.* **3** Quedarse ‹una persona› en la ruina: *Se metió en un negocio arriesgado y se arruinó.* **4** Estropearse o destruirse ‹una cosa›: *Como pongas tantos libros se va arruinar la estantería.*

arrullar *v. tr.* **1** Emitir ‹el palomo› un sonido peculiar para atraer [a la hembra]: *Los palomos arrullan a las palomas al amanecer, pero yo ni los oigo.* SIN. zurear. **2** Hacer ‹una persona› que [un niño] se duerma cantándole suavemente: *Este niño no se duerme si no lo arrullamos.* **3** Hacer ‹el sonido de una cosa› que [una persona] sienta placer o se adormezca: *Tumbado en la arena, le arrullaba el sonido de las olas. Me duermo siempre arrullado por la música de la radio.* ‖ *v. tr. / prnl.* **4** Decir ‹una persona› palabras cariñosas [a otra persona]: *Los enamorados* ***se*** *arrullaban tiernamente.*

arrullo *s. m.* **1** Acción y resultado de arrullar: *El arrullo de las olas es lo mejor para dormir.* **2** Sonido con que el palomo atrae a la hembra: *Suena el arrullo de las palomas en el* *tejado.* **3** Canto, palabras o sonido con que se arrulla: *El niño se durmió con el arrullo de la canción de su madre.* **4** Pieza de tela suave con que se envuelve a los niños recién nacidos para sostenerlos en brazos.

arrumaco *s. m.* (preferentemente en plural) Demostración de cariño hecha con gestos: *Los novios no paraban de hacerse arrumacos en el parque.* SIN. carantoña.

arrumar *v. tr.* AMÉR. Amontonar, apilar ‹una persona› [cosas].

arrumbar *v. tr.* **1** Poner ‹una persona› [una cosa inútil] en un lugar apartado: *Hemos arrumbado la nevera vieja.* **2** Dejar ‹una persona› [una cosa] fuera de uso: *En cuanto tenga dinero arrumbo este coche y me compro uno nuevo.*

¡arsa! *interj.* RESTRINGIDO. Se usa para dar ánimo: *¡Arsa, mi niña, qué gracia tiene bailando!*

arsenal *s. m.* **1** Almacén o depósito de armas y otros materiales de guerra: *Los soldados descubrieron un arsenal del enemigo.* **2** Conjunto abundante de noticias o de datos: *Ese libro es un arsenal de ideas.* **3** RESTRINGIDO. Establecimiento donde se construyen, reparan y conservan las embarcaciones: *El arsenal de Cartagena ha reducido mucho su actividad.* SIN. astillero.

arsénico *s. m.* (no contable) QUÍM. *As.* Elemento químico de color grisáceo, algunos de cuyos compuestos son muy venenosos: *El envenenamiento con arsénico es un tópico de la literatura policíaca.*

arte *s. f.* **1** Facultad y actividad humana mediante la cual el hombre expresa, imita o crea cosas materiales o inmateriales con una finalidad estética: *obras de arte. Es un especialista en historia del arte.* **artes decorativas** Artes que tienen por fin embellecer o colaborar a hermosear espacios arquitectónicos: *La pintura, la escultura y la floristería son artes decorativas.* **artes plásticas** La pintura, escultura y arquitectura. **Bellas Artes** Actividades humanas que buscan la expresión de la belleza; principalmente la pintura, la escultura, la arquitectura y la música. **séptimo ~** Cinematografía. **2** Conjunto de obras, estilos o movimientos artísticos: *arte egipcio, arte griego, arte romántico, arte abstracto.* **3** Conjunto de técnicas propias de una profesión o disciplina: *el arte militar.* **4** (no contable) Disposición y habilidad para hacer una cosa: *Tiene mucho arte para arreglarse. Sabe preparar la mesa con gran arte.* **5** (preferentemente en plural) PEYORATIVO. Astucia o maña: *Empleó todas sus artes para convencerlo.* **malas artes** Medios reprochables de los que se sirve una persona para conseguir una cosa: *Se sirvió de malas artes para lograr una mejora de posición.* **6** (preferentemente en plural) PESCA. Utensilio para pescar: *Prepararé las artes y mañana vamos a pescar. Las artes de pesca las guardo en el garaje.* || **7 ~ cisoria** Arte de trinchar o cortar los alimentos. **8 artes gráficas** Conjunto de técnicas relacionadas con la impresión de impresos o libros. **9 artes liberales** En la Edad Media, conjunto de disciplinas que se estudiaban en el trivium y cuadrivium, no exigían trabajo manual y eran propias de los hombres libres: *La Literatura, la Música o la Aritmética eran artes liberales.* **10 artes marciales** DEP. Técnicas de lucha de Extremo Oriente, que se practican en la actualidad como deporte: *Se pasa todo el día en un gimnasio practicando yudo, kárate y otras artes marciales.* FR. Y LOC. **(como) por ~ de magia / birlibirloque** COLOQUIAL. De forma extraordinaria, inesperada o inexplicable: *Consiguió escapar por arte de magia. Llegó a jefe por arte de birlibirloque, pues no sabe nada.* **no tener ~ ni parte** No intervenir ‹una persona› de ninguna forma en un asunto: *No me des las gracias, que yo no tuve arte ni parte en tu ascenso.* **verso* de ~ mayor. verso* de ~ menor.**

artefacto *s. m.* **1** Cualquier máquina, aparato o dispositivo mecánico. **~ explosivo** Dispositivo con una carga explosiva: *Ha estallado un artefacto explosivo en el aeropuerto de Melilla.* **~ militar** MIL. Instrumento o máquina de guerra. **2** PEYORATIVO. Objeto de gran tamaño o aparato que no funciona bien: *¿Dónde vas con ese artefacto de máquina? Menudo artefacto te has comprado para hacer el café.* SIN. armatoste. **3** ARG. Mueble u objeto del equipamiento del baño o de la cocina. **4** URUG. Lámpara para una o varias luces. || **5 ~ eléctrico** URUG. Electrodoméstico. **6 ~ sanitario** URUG. Aparato fijo del baño.

artejo *s. m.* **1** ZOOL. Cada uno de los segmentos articulados que forman las extremidades de los artrópodos. **2** RESTRINGIDO. Nudillo de los dedos de las personas.

artemisa *s. f.* *Artemisia vulgaris.* Planta compuesta olorosa, de hojas blanquecinas por el envés y flores de color blanco amarillento, que es medicinal.

arteria *s. f.* **1** ANAT. Vaso sanguíneo que lleva la sangre desde el corazón hasta las demás partes del cuerpo. **~ aorta. ~ pulmonar.** **2** Calle o carretera principal de un lugar: *Las grandes arterias de la ciudad están colapsadas por el tráfico.*

arterial *adj.* De las arterias. **presión* ~. sangre ~. tensión* ~.**

arteriosclerosis (plural *arteriosclerosis*) *s. f.* (no contable) MED. Endurecimiento y estrechamiento de las arterias que dificulta la circulación sanguínea.

artero, ra *adj.* (antepuesto / pospuesto) PEYORATIVO. Que tiene habilidad para engañar a los demás y sacar beneficios: *Es una persona artera que siempre consigue lo que quiere. Desconfía siempre de sus arteras proposiciones.*

artesa *s. f.* Cajón de madera rectangular con la boca más ancha que el piso, y las paredes inclinadas, que servía para amasar el pan u otros materiales.

artesanado *s. m.* **1** (no contable) Conjunto de los artesanos de un lugar: *El artesanado era un grupo importante en la Edad Media.* **2** (no contable) RESTRINGIDO. Actividad del artesano: *Vive sólo del artesanado.* SIN. artesanía.

artesanal *adj.* De la artesanía o hecho según sus métodos: *Aquí todavía conservan métodos artesanales en la fabricación del calzado. La fabricación del pan es artesanal.*

artesanía *s. f.* **1** (no contable) Oficio o actividad de fabricar productos según técnicas manuales con ayuda de herramientas o maquinaria sencillas: *Los trabajos de cerámica, orfebrería, guarnicionería, carpintería son ejemplos típicos de la artesanía.* **2** (no contable) Conjunto de obras realizadas según estas técnicas: *la artesanía andaluza.*

artesano, na *adj.* **1** De artesanía: *trabajo artesano, productos artesanos.* || *adj. / s. m.* y *f.* **2** [Persona] que se dedica a la artesanía: *un orfebre artesano. Los artesanos de la zona celebran una feria todos los años. Es un artesano tejedor.*

artesiano, na *adj.* [Pozo] que permite que el agua situada entre dos capas subterráneas impermeables salga al exterior. **agua* artesiana. pozo ~.**

artesón *s. m.* **1** Artesa grande. **2** ARQ. Compartimiento de un artesonado, adorno con molduras y un florón en el centro que se multiplica hasta cubrir un techo o una bóveda.

artesonado, da *adj. / s. m.* (estar) ARQ. [Techo] que está decorado con artesones: *un techo artesonado. El artesonado del claustro de la biblioteca universitaria salmantina es hermosísimo.*

ártico, ca *adj.* Del polo norte: *tierras árticas, círculo polar ártico, paisaje ártico.*

articulación *s. f.* **1** (no contable) Acción y resultado de articular o unir piezas de modo que puedan moverse: *Un hábil ensamblaje garantiza la articulación de las piezas de la máquina. La articulación de esta teoría con el resto de su pensamiento no está clara.* **2** Punto o zona de unión entre dos elementos articulados, en especial, unión de dos o más huesos entre sí: *Tiene intensos dolores en las articulaciones.* **3** BOT. Unión de una parte de una planta con otra de la cual puede desgajarse, como la unión de la rama con el tronco: *Obtendrá un esqueje separando la ramita por la articulación.* **4** BOT. Nudo o soldadura en algunas partes de ciertas plantas, como la caña: *Para la flauta, necesitas un trozo de caña sin ninguna articulación.* **5** FON. Posición que adoptan los órganos fonadores en el momento de la emisión de un sonido: *Voy a explicaros la articulación de la «a».* || **6 modo de ~** FON. Forma en que se produce la salida del aire en el momento de la emisión de un sonido. **7 punto de ~** FON. Zona de la boca en la que un órgano se aproxima a otro en el momento de la emisión de un sonido.

articulado, da *adj.* **1** (ser / estar) Que tiene articulaciones: *La máquina está articulada. Le regalé una muñeca articulada.* **2** ZOOL. [Animal] que tiene un esqueleto externo formado por piezas articuladas: *Los artrópodos son invertebrados y articulados.* || *s. m.* **3** Conjunto de artículos de una ley o de otro texto legal: *El Código Penal no recoge esa conducta en su articulado.*

articular *v. tr.* **1** Unir ‹una persona› [dos cosas] de manera que haya posibilidad de movimiento entre ambas: *Si articulas estas dos piezas de la aspiradora podrás limpiar debajo del sofá sin agacharte.* **2** Unir ‹una persona› las partes o los elementos de [una cosa] de manera organizada: *Articularon un plan para asaltar el banco, pero los detuvo la policía.* **3** Dar ‹una persona› forma orgánica a [una ley, un reglamento o un documento]: *No han sabido articular en la ley las aspiraciones femeninas. En tu exposición tienes que articular bien nuestros puntos de vista.* **4** Emitir ‹una persona› [los sonidos de la lengua]: *Cuando está enfadada no articula palabra.* || *v. tr. / intr.* **5** LING. Pronunciar ‹una persona› [las palabras] con claridad: *Tu hijo articula muy bien. No hablas mal inglés, pero articulas con excesiva dificultad.* || *v. prnl.* **6** Unirse ‹dos cosas› de manera que haya posibilidad de movimiento entre ambas: *Este brazo se articula con el gato y es muy fácil levantar la rueda.*

articular *adj.* De la articulación o de las articulaciones: *una enfermedad articular.*

articulatorio, ria *adj.* De la articulación de los sonidos del lenguaje: *un movimiento articulatorio. Tiene dificultades articulatorias.*

articulista *s. m. / f.* Persona que habitualmente escribe artículos para un periódico o revista: *Sobrevive como articulista veraniego; probablemente cuando llegue el otoño lo despedirán.*

artículo *s. m.* **1** GRAM. Clase de determinante actualizador que acompaña al sustantivo y concuerda con él en género y número: *El artículo determina, señalando de una forma concreta, el objeto del que hablamos.* **~ determinado / definido** Según la gramática tradicional, *el, la, los, las.* **~ indeterminado / indefinido** Según la gramática tradicional, *un, una, unos, unas.* **~ neutro** Según la gramática tradicional, *lo.* **2** Escrito sobre un tema que aparece, junto con otros, en una publicación más general: *La editora me ha dicho que escriba un artículo sobre cocina.* **~ de fondo** 1 Artículo que se inserta en un lugar preferente en un periódico, no lleva firma y refleja la opinión de la dirección sobre un tema de actualidad: *El artículo de fondo de esta semana habla sobre el tráfico de drogas.* 2 Artículo de opinión con o sin firma: *Ese comentarista escribe los domingos un artículo de fondo en el periódico local.* **3** Objeto de comercio, mercancía: *artículos de fumador, artículos de regalo, artículos de limpieza. Hemos rebajado todos los artículos.* **4** Cada una de las divisiones de un diccionario encabezada por una palabra distinta: *Hay que revisar algunos artículos del diccionario.* **5** Cada una de las disposiciones numeradas de un tratado, una ley o un reglamento: *En el artículo diez de la Constitución española se habla de los derechos y los deberes fundamentales.* || **6 ~ de fe** En la Iglesia católica, verdad que se debe creer. FR. Y LOC. **hacer el ~** COLOQUIAL. Alabar ‹una persona› [una cosa] para obtener un beneficio: *Conviene hacer el artículo* ***de*** *la empresa delante de los jefes. Ya sé que tienes un buen coche, pero no me hagas el artículo, que no me interesan los coches de segunda mano.*

artífice *s. m.* **1** Persona que con esfuerzo e ingenio consigue alguna cosa: *Pablo ha sido el artífice de la victoria. Aquí tienes a Pepita, la artífice del proyecto.* SIN. creador, autor. **2** RESTRINGIDO. Artesano que trabaja en alguna de las llamadas artes menores, como el platero o el ceramista.

artificial *adj.* **1** Que está hecho por la mano del hombre y no por la naturaleza: *lago artificial, luz artificial. No me gustan las flores artificiales.* **castillo* de fuegos artificiales** o **castillo de fuegos de artificio. fecundación* ~. inseminación* ~. inteligencia* ~. lana* ~. perla* ~. respiración* ~. seda* ~. selección* ~.** **2** Que no es auténtico o verdadero, o que no tiene naturalidad o espontaneidad: *sonrisa artificial. No te fíes de él, su amabilidad es artificial.*

artificiero, ra *s. m. / f.* Policía o soldado especialista en proyectiles y explosivos: *Los artificieros de la policía desactivaron la bomba a tiempo.*

artificio *s. m.* **1** Cualquier aparato, dispositivo o mecanismo: *Funciona con un artificio que hace girar la rueda.* SIN. artefacto, artilugio. **2** Procedimiento ingenioso para conseguir o simular una cosa: *Ideó un artificio para simular la salida del sol. Emplea muchos artificios para disimular su edad.* **3** (no contable) Falta de naturalidad o de sencillez: *Se comporta con mucho artificio.* **4** (no contable) Arte o habilidad con que está hecha una cosa: *artificio escénico. Esta obra de teatro está hecha con mucho artificio.* || FR. Y LOC. **castillo* de fuegos artificiales** o **castillo de fuegos de ~.**

artificiosidad *s. f.* (no contable) Carácter artificioso o no natural de una cosa: *Ese escritor se expresa con excesiva artificiosidad. Me desagrada la artificiosidad de su cortesía.*

artificioso, sa *adj.* Que está hecho con artificio, o que no tiene naturalidad o espontaneidad: *discurso artificioso. Es una expresión demasiado artificiosa. La cocina de este restaurante no está mal, pero es muy artificiosa.*

artillar *v. tr.* RESTRINGIDO. Proporcionar ‹una persona› artillería a [una nave, una fortaleza o una posición]: *Conviene artillar mejor este barco.*

artillería *s. f.* **1** Disciplina militar relacionada con las máquinas de guerra pesadas: *La artillería tiene larga tradición en los ejércitos.* **2** Conjunto de este tipo de armas que tiene un ejército, un buque o una plaza militar: *fuego de artillería. La batalla se ganó gracias a la artillería.* **3** Cuerpo militar destinado a este servicio: *coronel de artillería.* **4** Esfuerzo, energía: *No consiguió lo que quería, aunque puso en movimiento toda su artillería. No me asusta su artillería, porque son poco inteligentes.* FR. Y LOC. **parque* de ~. pieza* de ~.**

artillero, ra *adj.* **1** De la artillería: *ataque artillero.* || *s. m.* **2** Soldado que pertenece al cuerpo de artillería: *Los artilleros celebran su fiesta el día de santa Bárbara.* **3** Especialista en explosivos y máquinas de guerra. **4** DEP. Jugador, especialmente el de fútbol, que chuta o dispara fuerte a puerta: *Es el mejor artillero de su equipo.*

artilugio *s. m.* **1** Aparato o mecanismo, especialmente el que resulta complicado, poco perfeccionado o tiene un uso provisional: *Ha montado un artilugio en el garaje para abrir la puerta sin salir del coche.* **2** Astucia o engaño para conseguir una cosa: *Se vale de mil artilugios para conseguir todo lo que se propone.* **3** Herramienta de un oficio o de una actividad: *Guarda los artilugios de pesca.*

artimaña *s. f.* **1** COLOQUIAL. Manera astuta de engañar a alguien y conseguir algo: *Se sirvió de tretas y artimañas para lograr que su hijo fuera admitido en ese colegio.* **2** RESTRINGIDO. Trampa para cazar animales.

artiodáctilo *adj. / s. m.* **1** (macho y hembra) ZOOL. [Animal] que es mamífero y tiene patas que acaban en un número par de dedos, como el cerdo, el camello o el toro. || *s. m.* **2** (en plural) ZOOL. Orden formado por los animales artiodáctilos.

artista *s. m. / f.* **1** Persona que practica alguna de las bellas artes: *un artista escultor.* SIN. creador. **2** Persona que tiene las cualidades necesarias para realizar una obra de arte: *la inspiración del artista. Picasso fue un gran artista.* **3** Profesional de los espectáculos, como cine, teatro, circo, etc.: *un artista de cine, una artista de variedades.* **4** COLOQUIAL. Persona que realiza su trabajo muy bien, con mucha habilidad: *Es un artista de la cocina. Yo en el bricolaje soy una artista. Es un artista con la pluma.* SIN. maestro.

artístico, ca *adj.* **1** De las artes: *El panorama artístico del país es desolador. Ayer tuvo una reunión con el director artístico de la compañía.* **patrimonio* histórico-artístico.** **2** Que está hecho con arte: *Es un conjunto muy artístico, con unos medios muy simples ha logrado unas imágenes muy bellas.* **dibujo ~. diseño* ~.** || **3 ficha* artística. 4 gimnasia* artística.**

artrítico, ca *adj.* **1** MED. De la artritis: *afección artrítica.* || *adj. / s. m.* y *f.* **2** Que padece artritis: *Un artrítico tiene muchos dolores normalmente. Estoy un poco artrítica.*

artritis (plural *artritis*) *s. f.* (no contable) MED. Inflamación de las articulaciones de los huesos: *Tiene artritis en los brazos.*

artrópodo *adj. / s. m.* **1** (macho y hembra) ZOOL. [Animal] que tiene el cuerpo dividido en partes colocadas en línea, esqueleto externo duro y patas articuladas, como el cangrejo, la langosta, la araña o los insectos. || *s. m.* **2** (en plural) ZOOL. Tipo que forman los animales artrópodos.

artrosis (plural *artrosis*) *s. f.* (no contable) MED. Desgaste y deformación de las articulaciones de los huesos: *El abuelo tiene ya una artrosis considerable.*

arúspice *s. m.* HIST. Sacerdote de la antigua Roma que adivinaba el futuro examinando las entrañas de los animales.

arveja *s. f.* **1** AMÉR. Guisante. **2** AMÉR. Algarroba.

arzobispado *s. m.* **1** En la Iglesia cristiana, cargo de arzobispo. **2** Territorio que corresponde a la jurisdicción del arzobispo. **3** Edificio o palacio del arzobispo: *Este certificado se consigue en el arzobispado.*

arzobispal *adj.* Del arzobispo: *carta arzobispal.* **palacio ~.**

arzobispo *s. m.* Entre los cristianos, obispo de una archidiócesis: *el arzobispo de Toledo.*

arzón *s. m.* Parte delantera o trasera de la silla de montar, en forma de arco: *El vaquero llevaba el rifle atravesado en el arzón.* SIN. fuste.

as *s. m.* **1** Carta de la baraja o cara del dado que representa el número uno: *as de oros, as de copas, pareja de ases.* **2** Persona que sobresale en una actividad o profesión: *Es un as del deporte. Es un as de la electrónica. Es un as del volante.* **3** HIST. Antigua moneda romana. || **4 ~ de guía** Tipo de nudo que se usa para sujetar y tiene forma de anillo no corredizo en el extremo de una cuerda o cabo. FR. Y LOC. **tener / llevar / guardar un ~ en la manga** Tener reservado ‹una persona› algo que puede ayudarle cuando lo necesite.

asa *s. f.* Parte curva que sobresale de un objeto y que sirve para sujetarlo: *el asa de una olla, el asa de un cesto.*

asadero *s. m.* INTENSIFICADOR. Lugar donde hace demasiado calor: *A mediodía la plaza es un auténtico asadero.* SIN. tostadero, horno.

asado, da *adj.* **1** PERÚ; COLOQUIAL. Que está abochornado o avergonzado. || *s. m.* **2** COCINA. Cualquier alimento, especialmente carne, cocido directamente al fuego o al horno: *asado de cerdo, asado de perdiz. Dale una vuelta al asado, por favor.* **3** ARG. Tira de costillar.

asador *s. m.* **1** Varilla delgada en la que se clavan y ponen al fuego los alimentos que se quieren asar: *Los pollos giran en el asador para que se doren por todos los lados.* SIN. espetón. **2** Aparato que sirve para asar: *Voy a poner la pierna de cordero en el asador.* **3** Establecimiento especializado en asados: *Éste es el mejor asador de Logroño.* FR. Y LOC. **echar / poner toda la carne* en el ~.**

asadura *s. f.* (preferentemente en plural) Conjunto de las vísceras o entrañas comestibles de un animal: *Las asaduras del cerdo se aprovechan todas: el hígado, los riñones y todo lo demás.*

asaetear *v. tr.* **1** Lanzar ‹una persona› saetas contra [otra persona, un animal o una cosa]: *En la Edad Media se cazaba asaeteando ciervos y osos.* **2** Molestar ‹una persona› [a otra persona] con palabras o gestos repetidos: *Los periodistas lo asaetearon a la salida del concierto.*

asalariado, da *adj. / s. m.* y *f.* **1** (ser / estar) [Empleado] que percibe un salario por su trabajo: *Después de diez años como trabajador asalariado, decidió establecerse como autónomo. Es asalariado en una empresa de transporte.* **2** Persona que se comporta según le ordena quien le paga: *No me interesan sus artículos, no es más que la opinión de un asalariado. No tiene pensamiento propio, es un simple asalariado.*

asalariar *v. tr.* RESTRINGIDO. Señalar ‹una persona› el salario de [otra persona].

asalmonado, da *adj.* 1 De color salmón: *Eligió una tela asalmonada.* 2 Que es parecido al salmón en alguna de sus propiedades: *trucha asalmonada.*

asaltante *adj.* / *s. m.* y *f.* [Persona] que asalta a otra persona o algunas cosas: *Se ha confirmado que tres asaltantes cometieron un robo en la sede central de un banco de Valencia. Dos asaltantes, que huyeron al llegar la policía, intentaron robar el bolso de una anciana.*

asaltar *v. tr.* 1 Atacar ‹una persona› [una posición enemiga]: *Los soldados asaltaron la fortaleza.* 2 Atacar ‹una persona› [a otra persona] para robarla: *Lo asaltó un hombre con una navaja para quitarle el dinero.* 3 Entrar ‹una persona› en [un lugar] violentamente para robar: *Está en la cárcel por haber asaltado un banco.* 4 Dirigirse ‹una persona› [a otra persona] brusca o insistentemente para pedirle o preguntarle una cosa: *Los periodistas asaltaron al Presidente para preguntarle si iba a haber un cambio de Gobierno. La actriz dijo que salía poco de casa porque los periodistas la asaltaban con poca educación.* SIN. acosar. 5 Aparecer ‹una cosa› repentinamente en la mente de [una persona]: *Estaba decidido a hacerlo, pero al final le asaltaron las dudas. Al acabar un trabajo nos asalta la manía de que está mal.*

asalto *s. m.* 1 Acción y resultado de asaltar a una persona o un lugar: *Ese delito está tipificado como asalto a mano armada. Parece que los asaltos en las calles han disminuido menos.* **carro* de combate / ~.** 2 DEP. Cada una de las partes de un combate de boxeo: *El aspirante derribó al campeón en el cuarto asalto.* 3 DEP. Ataque que se realiza en esgrima metiendo el pie derecho y la espada a la vez.

asamblea *s. f.* 1 Reunión de personas que pertenecen a un grupo o tienen algo en común: *El presidente de la comunidad de vecinos convocó una asamblea para el lunes. Los empleados decidieron en asamblea secundar la huelga.* 2 RESTRINGIDO. Cuerpo político o deliberante como el Congreso o el Senado. **~ constituyente** La Asamblea convocada y reunida para redactar una Constitución.

asambleísta *s. m. / f.* Persona que participa en una asamblea: *La primera actividad de los asambleístas ha sido elegir presidente.*

asar *v. tr.* 1 Preparar ‹una persona› [un alimento] sometiéndolo directamente al [fuego]: *Asó los pimientos **a** la lumbre. Asó la carne **en** la parrilla.* 2 RESTRINGIDO; INTENSIFICADOR. Causar ‹una persona› molestias [a otra persona] con su insistencia en [una cosa]: *Me asan **a** preguntas. Me asan **con** sus bromas.* ‖ *v. prnl.* 3 Estar sometido ‹un alimento› a la acción del fuego: *El cordero se asa muy bien en este horno.* 4 Sentir ‹una persona› mucho calor: *Te vas a asar con ese jersey. En este cuarto me aso.* **asarse de calor.**

asbesto *s. m.* Conjunto de minerales de aspecto fibroso con aplicaciones industriales en productos ignífugos.

ascendencia *s. f.* ELEVADO. Conjunto de antepasados de una persona: *Entre su ascendencia se encuentra un príncipe italiano.*

ascendente *adj.* 1 RESTRINGIDO. Que asciende: *línea ascendente.* **entonación* ~.** ‖ *s. m.* 2 ASTROL. Astro del Zodiaco que se halla en el horizonte durante el nacimiento de una persona y que sirve de referencia para hacer predicciones: *Su signo del Zodiaco es cáncer, pero su ascendente es piscis.*

ascender *v. intr.* 1 Ir ‹una persona o una cosa› hacia arriba: *Ascendieron **a** la séptima planta. El avión ha comenzado a ascender.* SIN. subir. 2 Aumentar ‹una cosa›: *Las temperaturas ascenderán el fin de semana. Me asciende un ahogo por el pecho.* 3 Llegar el precio o el valor de ‹una cosa› a [una cantidad]: *La factura de la reparación asciende **a** diez mil pesetas.* ‖ *v. intr.* / *tr.* 4 Pasar a ocupar ‹una persona› [un puesto de trabajo o una categoría social superior]: *He ascendido **a** jefe de negociado. Lo ascendieron **a** general. Desde que la han ascendido, gana más dinero. El equipo de fútbol ascendió **a** segunda división.* ⇒ **80.**

ascendiente *s. m. / f.* 1 Antepasado, especialmente el más cercano, como padre o abuelos. 2 (no contable) Influencia, autoridad moral: *Siempre tuvo mucho ascendiente sobre mí. No tiene ningún ascendiente sobre su hermano.*

ascensión *s. f.* 1 Acción y resultado de ascender: *Contemplaba la alegre ascensión de globos de colores. Los ciclistas iniciaron la ascensión a un puerto de primera categoría.* SIN. ascenso. ANT. descenso. 2 REL. En la religión cristiana, subida de Cristo a los cielos: *La Ascensión aparece muchas veces en la pintura y en la escultura.* 3 REL. Festividad con que conmemoran los cristianos la Ascensión de Cristo: *En la homilía de la Ascensión el predicador habló de la esperanza.*

ascensional *adj.* Que sube, impulsa o empuja hacia arriba: *movimiento ascensional, fuerza ascensional.*

ascenso *s. m.* 1 Movimiento de una persona o cosa hacia arriba: *La niebla dificultó el ascenso de los montañeros.* SIN. subida. ANT. descenso. 2 Aumento de una cosa: *Está previsto un ascenso de las temperaturas en las horas centrales del día.* ANT. descenso. 3 Promoción de una persona a un puesto de trabajo o categoría superior: *Se ha ganado con su trabajo el ascenso a jefa de sección. En el último partido de liga, el equipo se juega el ascenso a la primera división.*

ascensor *s. m.* Aparato de movimiento vertical que transporta personas o cosas a los diferentes pisos de un edificio: *subir en el ascensor, llamar al ascensor.*

ascensorista *s. m. / f.* 1 Persona que se ocupa por oficio del manejo de un ascensor: *El ascensorista llevaba un uniforme rojo muy elegante.* 2 Técnico especializado en la reparación e instalación de ascensores.

ascesis (plural *ascesis*) *s. f.* 1 (no contable) ELEVADO. Conjunto de reglas y prácticas propias del asceta. 2 (no contable) COLOQUIAL. Disciplina y sacrificio: *Trabaja mucho porque se somete a una ascesis difícil de seguir.*

asceta *s. m. / f.* 1 Persona que ha renunciado a las cosas materiales y a las pasiones humanas para poder llegar a la perfección moral y espiritual: *Es un perfecto asceta.* 2 COLOQUIAL. Persona que vive de una manera austera y disciplinada: *Es un asceta completo, se levanta muy temprano para entrenarse y ni fuma, ni bebe alcohol, ni sale por la noche.*

ascética *s. f.* (no contable) Conjunto de actitudes, convicciones y prácticas del asceta: *La ascética exige sacrificios.*

ascético, ca *adj.* 1 Que vive como un asceta, con austeridad y sobriedad: *Llevó una vida ascética hasta el día de su muerte.* 2 De los ascetas o de la ascética: *libro ascético, escritor ascético, moral ascética.*

ascetismo *s. m.* (no contable) REL. Doctrina y actitud de la persona que domina sus pasiones y renuncia a los placeres para alcanzar la perfección moral y espiritual: *El ascetismo exige un gran dominio de la propia voluntad.*

-asco, ca *suf.* -sco.

asco *s. m.* **1** (no contable) Sensación de repugnancia que produce una cosa o una persona: *Da asco ver tanta suciedad en el suelo. Las cucarachas le dan mucho asco. Los hipócritas me dan asco.* **2** Sensación de repugnancia en el estómago que provoca vómito: *No puedo oler las sardinas porque me producen asco.* **3** (no contable) COLOQUIAL. Persona o cosa que es mala o resulta desagradable: *Este tiempo es un asco; todos los días llueve. Es un asco de hombre. Este pelo es un asco, enseguida se pone graso. El trabajo que has hecho es un asco. Esta novela es un asco.* SIN. asquerosidad. FR. Y LOC. **hacer ascos** COLOQUIAL. Despreciar ‹una persona› [una cosa] con afectación: *Es una persona escrupulosa que hace ascos a todo.* **hecho un ~** 1 COLOQUIAL. Que está muy sucio: *La casa está hecha un asco. Vino hecho un asco de jugar al fútbol.* 2 COLOQUIAL. Que está flaco o desmejorado: *Estoy hecho un asco, me duele todo el cuerpo.* **no hacer ascos** COLOQUIAL. Aceptar ‹una persona› de buena gana [a otra persona o una cosa]: *Presume de ser sencilla, pero si le regalaran un anillo de brillantes, no le haría ascos.*

ascua *s. f.* Trozo de cualquier material incandescente pero sin llama: *Haz unas tostadas sobre las ascuas de la chimenea.* FR. Y LOC. **arrimar el ~ a su sardina** COLOQUIAL. Intentar aprovechar ‹una persona› una situación en su propio interés: *No seas ingenuo, aquí cada uno arrima el ascua a su sardina. Es difícil ponerse de acuerdo con él, porque siempre quiere arrimar el ascua a su sardina.* **en / sobre ascuas** Que está muy inquieto: *Tanto misterio me tiene sobre ascuas. Hasta que no sepa el resultado del examen, estaré en ascuas.*

aseado, da *adj.* (ser / estar) Limpio y ordenado: *Los niños están ya aseados. Es una persona muy aseada. Presenta siempre unos trabajos muy aseados.*

asear *v. tr. / prnl.* **1** Poner ‹una persona› limpia y arreglada [a otra persona]: *Llegó el niño muy sucio y tuvo que asearlo.* ***Se*** *aseó antes de salir.* ‖ *v. tr.* **2** Poner ‹una persona› limpia y ordenada [una cosa]: *Aseó la casa rápidamente.*

asechanza (diferente de *acechanza*) *s. f.* (preferentemente en plural) Engaño, trampa para causar mal a otro: *Fue víctima de las asechanzas de sus propios compañeros.*

asediar *v. tr.* **1** Rodear ‹un grupo de personas› [una posición enemiga] para incomunicarla: *Las tropas enemigas asediaron la ciudad durante un mes.* **2** Rodear ‹un grupo de personas› [a una persona o una cosa]: *Los niños asediaron a su profesor. El equipo visitante asediaba la portería contraria.* **3** Causar ‹una persona› molestias [a otra persona] con su insistencia: *Los periodistas asediaban a la estrella.*

asedio *s. m.* **1** Cerco a una posición enemiga: *Después de varios meses de asedio, la ciudad estaba completamente desabastecida.* **2** Conjunto de molestias o presiones que sufre una persona por la insistencia de otra: *El ministro consiguió huir del asedio de la prensa.*

asegurador, ra *adj. / s. m.* y *f.* [Persona, empresa] que se dedica profesionalmente a hacer seguros: *La aseguradora abonó los gastos de reparación del vehículo. El asegurador se hace cargo de los gastos del accidente.*

asegurar *v. tr.* **1** Dar ‹una persona o una cosa› firmeza o seguridad a [una cosa]: *Aseguró con cola las patas de la silla. Tiene que estudiar más si quiere asegurar su aprobado en Matemáticas.* **2** Decir ‹una persona› [una cosa] con seguridad: *Te aseguro que lo que te contaron es verdad.* ‖ *v. tr. / prnl.* **3** Hacer ‹una persona› un contrato con una compañía de seguros que se compromete a pagar los daños que puede sufrir [una persona, un animal o una cosa]: *Aseguró el coche a todo riesgo.* ***Se*** *aseguraron en la misma compañía.* **4** Pagar ‹una empresa o una persona› los gastos de la Seguridad Social de un trabajador: *Pusieron una sanción a la empresa por tener a varios empleados sin asegurar.* **5** Evitar ‹una persona› que [otra persona o una cosa] resulte dañada: ***Se*** *aseguró* ***para*** *no caer.* ‖ *v. prnl.* **6** Llegar a tener ‹una persona› seguridad en [una cosa]: *Se aseguraron* ***de*** *que la dirección fuera correcta. Se aseguró* ***de*** *que la puerta estuviera bien cerrada.* SIN. cerciorarse.

asemejar *v. tr.* **1** Hacer ‹una persona o una cosa› semejante [una cosa] [a otra cosa]: *Ese traje lo asemeja a un astronauta. Con esta piel te asemejas a una estrella de cine.* SIN. equiparar. ‖ *v. prnl.* **2** Ser ‹una persona o una cosa› semejante a [otra persona] o a [otra cosa]: *Las dos hermanas se asemejan* ***en*** *la forma de hablar. Se asemeja a su padre* ***por*** *su manera de reír.* SIN. parecerse.

asentaderas (plural) *s. f.* COLOQUIAL, RESTRINGIDO. Nalgas: *Pon tus asentaderas en una silla de una vez, que vamos a comer.* SIN. culo.

asentado, da *adj.* **1** Que actúa con sensatez y prudencia: *Es una persona muy asentada.* SIN. sentado. **2** (estar) Que no se mueve ni cambia: *Esta costumbre está muy asentada. Estas fiestas están muy asentadas en el pueblo.*

asentador, ra *s. m. / f.* RESTRINGIDO. Comerciante que compra al por mayor productos alimenticios y los vende a minoristas: *Es un asentador de frutas.*

asentamiento *s. m.* **1** Acción de asentar o asentarse: *Las autoridades impidieron el asentamiento de ese pueblo en el valle. Mañana acabará el asentamiento de los cimientos del edificio.* **2** Lugar donde se asienta una persona o un pueblo: *asentamientos fenicios, asentamientos griegos.*

asentar *v. tr.* **1** Dejar ‹una persona› [una cosa] bien establecida: *Repasó la lección para asentar lo que había aprendido.* **2** Dejar ‹una persona› [una cosa] anotada en [un lugar]: *Asentó las entradas* ***en*** *el libro.* **3** Dar ‹una cosa› estabilidad a [otra cosa]: *La manzanilla asienta muy bien el estómago.* **4** Poner ‹una persona› firme [una cosa]: *Asienta su teoría en sólidas experiencias.* **5** Dar ‹una persona› [un golpe u otra cosa] [a otra persona]: *Le asentó dos besos en la mejilla. Un desconocido le asentó un puñetazo en la barriga.* ‖ *v. intr. / prnl.* **6** Ponerse ‹una cosa› firme: *Los cimientos* ***(se)*** *han asentado muy bien.* ‖ *v. tr. / prnl.* **7** Poner ‹una persona› a [otra persona] en [un lugar, un cargo o una dignidad]: *Desde que* ***se*** *asentó* ***en*** *el poder no ha perdido ninguna elección.* **8** Establecer ‹una persona› [un campamento] en [un lugar]: *Los suevos* ***se*** *asentaron* ***en*** *Galicia.* ‖ *v. prnl.* **9** Estar ‹una cosa› situada en [un lugar]: *La ciudad se asentaba* ***al*** *pie del monte.* **10** Quedar ‹un líquido o un sólido› depositado en un lugar: *Con la lluvia se asentó el polvo.* ⇒ **58.**

asentimiento *s. m.* Acción o resultado de asentir: *El portavoz del ministerio mostró su asentimiento a la petición de diálogo de algunos periodistas.*

asentir *v. intr.* Mostrarse ‹una persona› de acuerdo con [una cosa dicha o propuesta]: *Todos asintieron* ***a*** *su propuesta. Preguntó al niño si quería un helado y asintió con la cabeza.* ⇒ **75.**

aseo *s. m.* **1** Acción y resultado de asear o asearse: *Para mantener una higiene es necesario el aseo. Luis se ocupa del aseo de sus hermanos pequeños.* **bolsa* de ~. 2** Habitación con lavabo, retrete y otros sanitarios, por lo general más pequeña que el cuarto de baño: *Preguntó a uno de los camareros dónde estaba el aseo. Su casa tiene un cuarto de baño completo y un aseo.* SIN. servicio. **cuarto* de ~.**

asepsia *s. f.* **1** (no contable) Cualidad de no tener infección: *La asepsia es importante en los quirófanos.* **2** Conjunto de procedimientos utilizados para evitar que el organismo sea invadido por gérmenes infecciosos.

aséptico, ca *adj.* **1** MED. De la asepsia: *vendaje aséptico.* **2** Que no contiene afecto o pasión: *mensaje aséptico, discurso aséptico. Son unas relaciones muy asépticas.*

asequible *adj.* **1** Que puede conseguirse o alcanzarse: *Los objetivos de la empresa son asequibles. Podemos comprar el piso, el precio es asequible.* ANT. inasequible. **2** Que puede comprenderse o entenderse con facilidad: *concepto asequible.* ANT. inaccesible. **3** Que tiene un trato sencillo y amable: *Es una mujer asequible.* ANT. inaccesible.

aserción *s. f.* FILOS.; ELEVADO. Acción y efecto de dar por cierto o afirmar una cosa: *La aserción de juicios requiere el modo indicativo.* SIN. aseveración. ANT. negación.

aserradero *s. m.* Taller donde se sierra la madera: *Los pinares se explotan en el aserradero del pueblo.* SIN. serrería.

aserrar *v. tr.* RESTRINGIDO. Serrar. ⇒ **58.**

asesinar *v. tr.* **1** Matar ‹una persona› [a otra persona] intencionadamente: *Lo asesinaron a sangre fría.* **2** COLOQUIAL. Hacer ‹una persona› [una cosa] muy mal: *No es que tocaran mal la partitura, es que la asesinaron.*

asesinato *s. m.* Muerte que se da a una persona intencionadamente: *Este fin de semana se han cometido diez asesinatos.* SIN. crimen.

asesino, na *adj. / s. m.* y *f.* **1** Que asesina: *el arma asesina. El asesino era el mayordomo. El mafioso contrató a unos asesinos a sueldo.* ‖ *adj.* **2** Que expresa enfado fuerte o reproche: *Le dirigió una mirada asesina.*

asesor, ra *adj. / s. m.* y *f.* Que asesora por profesión a una persona o empresa: *asesora de imagen, asesor financiero, asesor científico.* **consejo ~.**

asesoramiento *s. m.* Información o consejo sobre un asunto que una persona da a otra: *Buscó el asesoramiento de un abogado.*

asesorar *v. tr.* **1** Dar ‹una persona› información o consejo [a otra persona] sobre [una cosa]: *Asesoró a su hermano **en** la compra del piso.* ‖ *v. prnl.* **2** Tomar ‹una persona› información o consejo de [otra persona] sobre [una cosa]: *Se asesoró **con** su padre **en** esta materia. Me he asesorado **de** un buen experto.*

asesoría *s. f.* **1** (no contable) Oficio del que asesora profesionalmente: *La asesoría comercial está en manos de un amigo mío.* **2** Oficina donde se da asesoramiento o consejo sobre un determinado asunto: *asesoría comercial, asesoría jurídica.*

asestar *v. tr.* Dar ‹una persona› [un golpe, un tiro o una puñalada] [a otra persona]: *Le asestó una pedrada.*

aseveración *s. f.* ELEVADO. Acción y resultado de aseverar: *Las aseveraciones de los abogados defensores hay que entenderlas en el contexto de su labor profesional.*

aseverar *v. tr.* ELEVADO. Decir ‹una persona› [una cosa] con seguridad: *El responsable del barco ha aseverado que el incendio empezó por un cortocircuito.* SIN. asegurar.

aseverativo, va *adj.* **1** ELEVADO. [Juicio] que asevera o afirma. **2** LING. Enunciativo: *oraciones aseverativas.*

asexuado, da *adj.* Que no tiene sexo: *insecto asexuado.*

asexual *adj.* **1** Que no tiene sexo, o que tiene un sexo ambiguo. ‖ **2 reproducción* ~.**

asfaltadora *s. f.* Máquina para cubrir de asfalto una superficie, especialmente una carretera.

asfaltar *v. tr.* Cubrir ‹una persona o una máquina› de asfalto [una superficie]: *Han asfaltado la carretera. Quieren asfaltar la pista de patinaje infantil.*

asfáltico, ca *adj.* De asfalto: *productos asfálticos.* **tela* asfáltica.**

asfalto *s. m.* **1** (no contable) Mezcla de hidrocarburos y minerales, de color negro y sólido que se emplea para pavimentar carreteras. **2** (no contable) Calle, carretera: *la jungla del asfalto. Durante el fin de semana cinco conductores han perdido la vida en el asfalto.*

asfixia *s. f.* **1** (no contable) MED. Ahogo producido por la falta de oxígeno: *Murió por asfixia al inhalar gas.* **2** (no contable) INTENSIFICADOR. Sensación de agobio que produce el calor u otra circunstancia: *No puedo aguantar en la discoteca porque me da asfixia.* **3** Obstáculo fuerte para el desarrollo de algo: *Las urbanizaciones ilegales producen una asfixia de los planes urbanísticos. Las grandes superficies causan la asfixia de los pequeños comerciantes.*

asfixiante *adj.* Que asfixia o hace difícil la respiración: *olor asfixiante, calor asfixiante, humo asfixiante, aire asfixiante. El humo del salón es asfixiante.*

asfixiar *v. tr.* **1** Producir ‹una cosa› asfixia o agobio [a una persona o un animal]: *El gas tóxico lo asfixió. Anabel cerró el negocio porque las deudas la asfixiaban.* SIN. ahogar. ‖ *v. prnl.* **2** Sentir ‹una persona o un animal› asfixia o agobio: *La mayoría de los fallecidos en el incendio se asfixiaron. Con este calor me asfixio.* SIN. ahogarse.

así *adv. modo* 1_1 De esta, esa o aquella manera: *Hazlo así.* 1_2 De esta, esa o aquella constitución o manera de ser: *Yo soy así; no puedo cambiar.* 1_3 En este, ese o aquel estado o situación: *Así quedó el otro coche. Así me encontraba yo hace poco.* 1_4 Con esta, esa o aquella denominación: *Me llamo así porque así me pusieron. Esa planta no se llama así.* OBSERVACIONES: Con los significados 1_1, 1_2, 1_3 y 1_4 *así* puede aparecer en todo tipo de contextos: reproche (*¿Así me agradeces lo que hice por ti?*), advertencia o recuerdo (*Así pasa la gloria del mundo*), sorpresa, resignación (*¿Así me lo devuelves? Así es la vida*). 1_5 (contexto invariable) Equivale a 'como éste', 'como ésta', 'de estas características': *Con un clima así no es prudente plantar jazmines. Nunca había visto un animal así.* 2_1 Al valor modal se añade el comparativo: 'de esa misma manera', 'de esa misma configuración', 'en ese mismo estado'. OBSERVACIONES: Puede actuar en correlación anafórica con *como, cual, lo mismo que, del mismo modo que, en el mismo estado que...*, de manera enfática y en los registros emotivo, retórico o literario: *Como tú te portes, así me portaré yo. Como es la vida, así es la muerte.* La correlación inversa suele resultar arcaizante: *Así es la vida como es la muerte.* 2_2 (arcaizante) Toma el valor de *tanto* (no intensivo) y se combina con *como* para expresar relación aditiva similar a la copulativa: *La virtud infunde respeto así a los buenos como a los malos.* **2**3 (en estructuras consecutivas; antiguo, dialectal) Toma el valor de *tanto* intensivo ('de tal manera') y se combina con *que: Así (= 'tanto') lo habían desfigurado las penas, que no lo conocí. Porque los hombres de España somos así de (= 'tan') galantes que, aunque nos partan el alma, siempre nos ríe el semblante.* **3** Seguido de *de* + adjetivo o adverbio y referido a modos, cualidades, estados o situaciones: **3**1 Adquiere significado cuantitativo y equivale a 'hasta ese mismo punto', 'en esa misma medida': *Es que yo soy así de galante. Es así de fácil.* OBSERVACIONES: En estructuras no afirmativas el significado de la combinación *así + de* se aproxima al de *tan* comparativo: *Yo no lo hago así de bien.* **3**2 Toma sentido ponderativo e intensivo y la combinación *así + de* equivale a *tan* en su uso ponderativo e intensivo: *Así es de flaca, la pobre. Así de mal la cantaba.* **4** (en diálogo; con inversión verbo-sujeto) Introduce un comentario en el que se indica que el hecho aludido por el interlocutor es la causa que aclara determinado hecho: *–«Ana se pasa el día comiendo pasteles.» –«Así está ella de rolliza.»* OBSERVACIONES: El comentario es a menudo irónico: *–«Los he conseguido por mil pesetas.» –«Así serán ellos de buenos.»* **5** Seguido de *de,* expresa idea de gran cantidad: *Había así de estudiantes. Tuviste así de oportunidades.* OBSERVACIONES: ◊ Suele acompañarse de cierto gesto que se hace juntando las yemas de los dedos. ◊ La especificación con la preposición *de* puede elidirse: *–«¿Tuvieron oportunidades?» –«Así...»* ‖ *adv. causal* **6**1 Equivale a 'en consecuencia' o 'por eso' y apunta a una circunstancia que podría expresarse mediante una cláusula causal explicativa iniciada con *como*: *Se había quedado sin dinero y sin crédito, y así (= 'como se había quedado sin dinero y sin crédito'), no pudo pagar el hotel.* **6**2 Señala un hecho como la causa recién conocida de otro que el hablante aduce a continuación como consabido, aunque sea novedoso para el oyente. Equivale a 'ahora me explico yo por qué...' o 'así se explica...': *Así tenía ella tanta prisa. Así no quiso la propina.* ‖ *conj. conc.* **7** COLOQUIAL. (con subjuntivo) Puede actuar tanto en periodos en que se ejecutan actos lingüísticos como en aquellos en que sólo se describen hechos que conllevan idea de habitualidad y no se refieren al futuro: *La encontraré así tenga que recorrer el mundo entero.* ‖ *interj.* **8** (en oraciones exclamativas de deseo; con subjuntivo) Equivale a 'ojalá'. RELACIONES Y CONTRASTES: Frente a la interjección *ojalá* no admite la presencia de *que* anunciativo (*¡ojalá que ...!*); además *así* prefiere los contextos en que se desea un mal: *Así lo atropelle un coche.* FR. Y LOC. **algo* ~** o **algo ~ como. así ~** Medianamente, regular: *–«¿Cómo estás?» –«Así, así.»* **~ como** 1 (a menudo en correlación con un *así* posterior) Del mismo modo que: *Así como yo siempre te respeto, (así) también tú debes respetarme a mí.* 2 Introduce el reconocimiento o concesión de un dato: *Así como para estudiar nunca ha valido, para llevar un negocio no lo hay mejor.* 3 Tal como: *Así como lo cuentas no parece verdad.* 4.1 Como, algo similar a: *Son así como verdosos.* 4.2 Como, alrededor de, aproximadamente: *Eran así como dos mil.* 5 ELEVADO. Locución conjuntiva coordinativa copulativa que equivale a 'y también': *La policía se encargó de comunicarlo a los padres, hermanos y familiares más próximos, así como a la dirección de la empresa donde trabajaba.* 6 En la estructura *si, así como* + indicativo, + subjuntivo equivale a 'si, en lugar de': *Si, así como es pobre, tuviera mucho dinero, no habría hambre en el mundo.* OBSERVACIONES: Puede suprimirse *así: Si, como le dio en la mejilla, le llega a dar en la sien, allí se queda.* **así como ~** De cualquier manera, sin pensarlo: *No lo decidas así como así. Esta situación no se arregla así como así.* **~ es** Se usa como confirmación: *–«Creo que usted es de Zamora.» –«Así es.»* **~ pues** 1 Locución conjuntiva consecutiva que equivale a 'por consiguiente', 'en consecuencia': *Pepe no estaba allí; así pues, él no puede haberlo hecho.* OBSERVACIONES: ◊ No admite anteposición de *y.*◊ Impone ortográficamente coma posterior. ◊ Rechaza el registro COLOQUIAL. 2 Locución conjuntiva que enlaza con la parte anterior de una narración que ha sido cortada o interrumpida: *Así pues, estábamos cenando en casa de los vecinos...* **~ que** 1 Enlace extraoracional consecutivo que presenta: 1.1 Un hecho narrado: *Habían volado el puente; así que, tuvimos que detenernos.* 1.2 Un acto lingüístico descrito y simultáneamente ejecutado: *Ya es tarde; así que, sugiero que vayáis terminando.* 1.3 Un acto lingüístico ejecutado sin ser descrito: *Tu padre lo sabe; así que pregúntaselo a él.* 1.4 El contenido de una deducción, conclusión o conjetura: *Pedro no estaba allí; así que él no ha sido. Tiene abierta la ventana; así que estará en casa.* 1.5 La expresión de una emoción o deseo: *Él me quiso atropellar; así que, ¡ojalá se muera!* 2 RESTRINGIDO. Locución conjuntiva temporal que equivale a 'en cuanto', 'una vez que', 'tan pronto como': *Así que pasen cinco años, ven a verme.* **~ y todo** Locución adverbial concesiva que equivale a 'sin embargo', 'no obstante', 'con todo', 'aun así'. RELACIONES Y CONTRASTES: Al contrario que *sin embargo, no obstante* o *con todo,* y como *aun así,* precede necesariamente a la proposición a la que presenta: *Eran mucho más fuertes que nosotros; así y todo, les costó mucho vencernos.* **aun* ~. o ~**Aproximadamente, más o menos, por el estilo: *Dos mil pesetas o así.* **tal / ~ como suena*. un tanto* ~. tanto es ~ que** Se usa para intensificar algo y expresar una consecuencia de ello: *La situación está muy difícil; tanto es así que creo que este año no tendremos vacaciones.*

asiático, ca *adj. / s. m.* y *f.* De Asia: *países asiáticos, cultura asiática.* **elefante ~. lujo* ~.**

asidero *s. m.* **1** Parte por donde se agarra o sujeta un objeto: *Ten cuidado con el pote, que quema y no tiene asideros para agarrarlo.* SIN. asa. **2** Apoyo que alguien tiene para conseguir alguna cosa: *Me han instalado unos asideros al lado de las escaleras de la piscina. No le va mal en la vida, tiene buenos asideros.* **3** Pretexto, justificación: *La enfermedad de mi tía me sirve de asidero para no ir a la fiesta.* SIN. excusa.

asiduamente *adv. modo / temp.* Con asiduidad, sin faltar: *¿Asiste asiduamente a clase?*

asiduidad *s. f.* (no contable) Constancia o frecuencia de una persona en una actividad: *Es conocida su asiduidad a los estrenos de teatro. Se esfuerza en mantener la asiduidad al gimnasio.*

asiduo, dua *adj. / s. m.* y *f.* **1** (antepuesto / pospuesto) Que va a un lugar con frecuencia: *Es un asiduo visitante **de** esta exposición. Es un comensal asiduo **del** restaurante del puerto. Es un asiduo **de** nuestras tertulias.* **2** (antepuesto / pospuesto) Que realiza un misma actividad con frecuencia: *Es un asiduo participante **de** los concursos televisivos.*

asiento *s. m.* **1** Cualquier objeto, como una silla o un banco, hecho especialmente para poder sentarse en él: *asiento de jardín, asiento plegable, asiento metálico, asiento reclinable de un automóvil, el respaldo de un asiento, las patas de un asiento, los brazos de un asiento, ceder el asiento, dejar el asiento, reservar un asiento.* **2** Parte de estos objetos donde se apoyan las nalgas: *el asiento de una butaca.* **3** Lugar que tiene una persona en un tribunal o en una junta: *Llegó a tener asiento en el Supremo. Tiene asiento en el Tribunal de Cuentas.* **4** Lugar donde está o estuvo situado un pueblo, un edificio, o cualquier construcción: *El poblado fenicio tuvo su asiento cerca de la playa en una pequeña colina. El museo tiene su asiento en una antigua fábrica.* **5** Poso de un líquido: *Cuidado con la botella de vino, que tiene un asiento muy turbio.* **6** Anotación en una cuenta o libro de contabilidad: *En este libro están los asientos de las últimas compras.* SIN. partida. **7** Base o apoyo de alguna cosa: *Los cimientos son el asiento de la casa.* FR. Y LOC. **culo* de mal ~. tomar ~** Sentarse ‹una persona›: *Pase y tome asiento, por favor.*

asignación *s. f.* **1** Acción y resultado de asignar: *El jefe de obra se encarga de la asignación del trabajo de los obreros.* **2** Dinero que se destina a un determinado fin: *Mi hijo se gasta su asignación semanal en un día. El departamento tiene una asignación de veinte millones.*

asignar *v. tr. / prnl.* **1** Determinar ‹una persona› [lo que corresponde] a [otra persona o una cosa]: *Los diputados **se** han asignado un buen sueldo. Le asignaron un trabajo muy duro.* || *v. tr.* **2** Determinar ‹una persona› que [otra persona o una cosa] ocupe [un lugar]: *Han asignado los nuevos ordenadores **a** una sucursal. Me han asignado **al** departamento de personal.* SIN. adscribir.

asignatura *s. f.* **1** Materia que se enseña en un centro docente: *Suspendí dos asignaturas. Le ha quedado una asignatura.* || **2 ~ pendiente** 1 Asignatura que todavía no ha sido aprobada: *Tiene una asignatura pendiente del año pasado.* 2 Asunto o problema que todavía no se ha resuelto: *La reforma de esa ley es la asignatura pendiente del Gobierno.*

asilar *v. tr.* **1** RESTRINGIDO. Dar ‹una persona› asilo [a otra persona]: *El Gobierno se niega a asilar a más refugiados.* || *v. prnl.* **2** RESTRINGIDO. Tomar ‹una persona› asilo: *Si puedo me asilaré en algún país de Europa Central.*

asilo *s. m.* **1** Establecimiento benéfico que acoge a personas necesitadas: *asilo de ancianos, asilo de huérfanos, asilo de niños pobres.* **2** (no contable) Acogida, alojamiento: *Dieron asilo al forastero.* **3** Refugio, protección: *Las montañas centrales son un buen asilo de zorros y lobos. Los jóvenes cuando tienen dificultades ven su casa como su único asilo.* || **4 ~ político** Protección que un Estado da a una persona que es perseguida por motivos políticos.

asilvestrado, da *adj.* **1** a veces INSULTO. [Persona] que tiene escasa educación y se comporta generalmente con violencia, sin respetar las reglas de convivencia social: *Dicen que en este país abundan los políticos asilvestrados. Los niños tienen que ir a la escuela, porque en la calle crecen asilvestrados.* **2** [Planta] que crece silvestre y procede de una planta cultivada: *Las plantas de este jardín abandonado están asilvestradas.* **3** [Animal] que es doméstico y vive como un animal salvaje: *Los perros asilvestrados son peligrosos.*

asimetría *s. f.* Falta de simetría: *Esta flor se caracteriza por la asimetría de sus pétalos.*

asimétrico, ca *adj.* Que no tiene simetría: *distribución asimétrica. No me gustan estos muebles modernos asimétricos.* ANT. simétrico.

asimilación *s. f.* **1** (no contable) Incorporación de conocimientos o información a lo que una persona sabe: *La asimilación de estas materias es difícil en los de mayor edad. El interés influye en los procesos de asimilación de las asignaturas.* **2** (no contable) BIOL. Anabolismo, conjunto de procesos metabólicos. **3** (no contable) Aceptación de una situación o adaptación a ella: *Los jóvenes buscan la asimilación de los que se incorporan a sus grupos.* **4** FON. Alteración de la articulación o la pronunciación de un sonido, que se acomoda y se asemeja a otro: *la asimilación de una consonante al sonido siguiente.* **5** (no contable) Equiparación entre los miembros de diferentes cuerpos o profesiones: *Los sindicatos han propuesto la asimilación de las dos escalas.*

asimilar *v. tr.* **1** Considerar ‹una persona› [una cosa] semejante a [otra cosa]: *En la educación hay que insistir para que los niños no asimilen el éxito **a** la felicidad.* **2** Aceptar ‹una persona› [una situación]: *Todavía no ha asimilado el fracaso escolar de su hijo.* **3** Incorporar ‹un organismo› [sustancias extrañas] a su propia sustancia: *El bebé no asimila bien la lactosa.* **4** Aprender ‹una persona› [una cosa] comprendiéndola: *Los ejercicios ayudan a los alumnos a asimilar la lección. Tengo problemas para asimilar la lingüística moderna.* **5** LING. Alterar ‹una persona› la articulación o la pronunciación de [un sonido] haciéndolo similar a [otro sonido]: *Asimilan la «n» final **a** la consonante que sigue.* || *v. tr. / prnl.* **6** Considerar ‹una persona› [a otra persona] igual [a otra] para una función: *Asimilaron los profesores **a** los funcionarios generales.* **7** Incluir ‹una persona› [un grupo social] en [otro]: *Los godos **se** asimilaron **a** los romanos. La nobleza y la burguesía del siglo XIX **se** asimilaron mutuamente.* || *v. prnl.* **8** LING. Hacerse la articulación o la pronunciación de ‹un sonido› similar a la de otro: *Las nasales españolas se asimilan con mucha facilidad **al** sonido siguiente.*

asimismo o **así mismo** *adv. modo* De la misma manera, también: *Asimismo se trataron otros asuntos importantes en la reunión.*

asíndeton *s. m.* RET. Figura retórica que consiste en la eliminación de nexos o cópulas entre dos términos o dos proposiciones: *Según algunos autores, el asíndeton produce un estilo muy rápido y vivo.*

asintomático, ca *adj.* (ser / estar) MED. [Enfermedad, enfermo] que no presenta síntomas: *enfermedad asintomática. El tribunal estableció las indemnizaciones para los afectados asintomáticos. El enfermo debe tomar la medicación hasta que esté asintomático.*

asir *v. tr.* **1** ELEVADO. Agarrar o sujetar ‹una persona› [a una persona o una cosa] con la mano: *Asió con fuerza el bolso para que no se lo quitaran. Asió con firmeza el brazo de su padre cuando cruzaban la calle.* || *v. prnl.* **2** ELEVADO. Agarrarse ‹una persona› a [una cosa]: *Se asió **a** las ramas para no caer al río. Asustada se asió **del** brazo del novio.* ⇒ **10.**

asirio, ria *adj. / s. m.* y *f.* **1** De Asiria, antiguo país asiático: *un soldado asirio. Hizo un estudio sobre los asirios.* || *s. m.* **2** LING. Lengua semítica, variedad del arameo, hablada todavía en el Oriente Medio.

asistencia *s. f.* 1 Acción de ir o de estar presente en un sitio: *El ministro confirmó su asistencia a la ceremonia. La asistencia a las clases no es obligatoria.* SIN. presencia. ANT. ausencia. 2 Acción de ayudar o prestar un servicio a alguien: *asistencia en carretera, asistencia médica, asistencia jurídica (de un abogado), asistencia religiosa.* SIN. auxilio. 3 (no contable) Conjunto de personas que están presentes en un acto: *La manifestación contó con menos asistencia de lo que se creía.* SIN. afluencia. 4 DEP. En baloncesto, jugada que consiste en pasar el balón a otro jugador para que enceste: *Hizo treinta y cinco puntos y dio doce asistencias.*

asistencial *adj.* De la asistencia o la ayuda social: *Los programas asistenciales destinados al Tercer Mundo son claramente insuficientes. El niño fue acogido en un centro asistencial.*

asistencialmente *adv. restrictivo* En el aspecto asistencial, en cuanto a la asistencia, sobre todo refiriéndose a enfermos o ancianos: *Asistencialmente, este centro deja mucho que desear.*

asistenta *s. f.* 1 Mujer que realiza, por un salario, las tareas domésticas de una casa sin residir en ella: *Los martes y los viernes viene la asistenta.* || *adj. / s. f.* 2 RESTRINGIDO. Asistente.

asistente *adj. / s. m.* y *f.* 1 Persona que asiste o ayuda a otra: *El presidente dispone de varios asistentes que lo aconsejan cuando es necesario.* **~ social** (el femenino puede ser *asistenta*) Profesional que presta ayuda a personas o grupos en asuntos relacionados con el bienestar social: *La asistente social visitó al preso. La asistenta social ayudó a una familia marginada.* || *s. m.* 2 RESTRINGIDO. Soldado que estaba destinado al servicio personal de un jefe u oficial.

asistido, da *adj.* Que se hace con ayuda de medios mecánicos: *fecundación asistida.* **respiración* asistida. dirección* asistida.**

asistir *v. tr.* 1 Prestar ‹una persona› cuidado, ayuda o un servicio [a otra persona]: *Pertenece a una organización humanitaria que asiste **a** niños necesitados. Los hijos asisten **a** su padre anciano. Un famoso ginecólogo la asistió en el parto.* || *v. tr. / intr.* 2 Servir ‹una persona› [a otra persona] trabajando en su casa: *Su marido se quedó en paro y tuvo que ponerse a asistir.* 3 Estar ‹el derecho› de parte de [una persona]: *En ese pleito la ley nos asiste.* **~ la razón*.** || *v. intr.* 4 Ir ‹una persona› con frecuencia a [un lugar]: *Asisto **a** clase todos los días de nueve a dos.* 5 Estar ‹una persona› presente en [un acto]: *Asistió **a** la conferencia. El alcalde asistió **a** la inauguración del parque.* 6 Ser ‹una persona› testigo de lo que está sucediendo: *Estamos asistiendo **a** una gran revolución tecnológica.* 7 Echar ‹una persona› cartas del mismo palo que la que se echó primero, en juegos de cartas: *Te asisto con el ocho de oros.*

askenazi *s. m. / f.* Judío procedente de las comunidades de Europa Central.

asma *s. f.* (no contable) MED. Enfermedad respiratoria producida por la contracción de los bronquios: *El enfermo padece asma alérgico.*

asmático, ca *adj.* 1 Del asma: *respiración asmática, tos asmática.* || *adj. / s. m.* y *f.* 2 Que padece asma: *Soy asmático, el médico me ha aconsejado no hacer grandes esfuerzos.*

asno, na *s. m. / f.* 1 Género *Equus.* Mamífero de la misma familia que el caballo pero más pequeño, que en la mayoría de las especies es doméstico y se usa como caballería y bestia de carga. SIN. burro, jumento. || *adj. / s. m.* y *f.* 2 COLOQUIAL. [Persona] que es ruda y poco inteligente: *Me había equivocado, tiene usted razón, soy un asno.* SIN. burro, zoquete.

asociación *s. f.* 1 Acción y efecto de asociar o asociarse: *Estableció semejanzas entre los dos casos por medio de una asociación de ideas. Están planeando una asociación entre ambos grupos de empresas.* 2 Conjunto de asociados o entidad o empresa por ellos formadas: *asociación de vecinos, la Asociación de Tenistas Profesionales, la Asociación de Padres de Alumnos.*

asociacionismo *s. m.* (no contable) Ideología o comportamiento que promueve las asociaciones como medio de promoción y defensa del individuo: *El asociacionismo está arraigado en las zonas industriales y urbanas de España.*

asociado, da *adj. / s. m.* y *f.* 1 (estar) [Persona] que colabora con alguien en un proyecto o en un negocio: *Está asociado al negocio de su padre.* 2 [Persona] que forma parte de una asociación: *Los asociados tendrán una rebaja en la cuota al utilizar las instalaciones.*

asocial *adj.* Que evita o rehúye la integración en la sociedad: *grupo asocial, conducta asocial.*

asociar *v. tr. / prnl.* 1 Unir ‹una persona› [varias personas o varias cosas] con [un fin]: ***Se** asociaron para hacer frente a la crisis. **Se** han asociado en un pequeño negocio.* SIN. agrupar(se). 2 Poner ‹una persona› [una persona o una cosa] en relación con [otra persona u otra cosa]: *Asocio el turrón **con** la llegada de la Navidad. Asocio su recuerdo **a** distintos sucesos. El raquitismo se asocia **con** la falta de vitamina D.* SIN. relacionar.

asociativo, va *adj.* Que asocia o resulta de una asociación: *Las virtudes asociativas son muy interesantes para la educación.* **propiedad* asociativa.**

asocio *s. m.* AMÉR. C., ARG., COL., EC.; RESTRINGIDO en Colombia. Asociación. Se usa preferentemente en la LOC. **en ~**.

asolar *v. tr.* Destruir ‹una persona o una cosa› [una cosa] completamente: *El ciclón asoló las tierras de la costa. El bochorno y la sequía han asolado los campos de almendros. Los terroristas bajan de las montañas y asuelan los pueblos.* SIN. devastar. ⇒ **28.** Se usa también la conjugación regular.

asomar *v. intr.* 1 Empezar a aparecer ‹una cosa›: *El Sol asoma por el horizonte. Abróchate la camisa que te asoma la pelambrera entre los botones.* || *v. tr. / prnl.* 2 Sacar ‹una persona› [una parte del cuerpo] por [una abertura]: *Asomó la cabeza **por** la ventanilla. **Se** asomaron **a** la ventana.* FR. Y LOC. **~ las narices*.**

asombrar *v. tr.* 1 Causar ‹una persona o una cosa› asombro [a una persona]: *Juan asombró a todos con sus conocimientos sobre abejas.* SIN. admirar. || *v. prnl.* 2 Sentir ‹una persona› asombro por [una cosa]: *Se asombró **de** lo que ocurría. Me asombré **con** lo que me contaste.* SIN. admirarse.

asombro *s. m.* 1 (no contable) Gran admiración, sorpresa o extrañeza: *El asombro de los invitados fue mayúsculo al ver a su anfitrión disfrazado. Las declaraciones del ministro causaron asombro.* 2 Persona o cosa que causa asombro: *Un asombro de paisaje, siempre verde y lleno de agua.*

asombrosamente *adv. orac.* 1 Resulta asombroso (que), produce asombro (que). OBSERVACIONES: Pero, como con *por asombroso que parezca* o *para mi asombro*, el hecho se anuncia, y no se supone, y el modo verbal no es subjuntivo sino indicativo. *Asombrosamente, no falló ninguna.* (Contrástese con: *Es asombroso que no fallara ninguna.*) || *adv. cant.* **2** En un grado tan alto que resulta asombroso, extraordinariamente. OBSERVACIONES: Se antepone a adjetivos y adverbios calificativos preferentemente de valoración positiva: *Es asombrosamente ágil. Lo ejecuta asombrosamente bien.*

asombroso, sa *adj.* **1** (antepuesto / pospuesto) Que causa asombro o gran admiración: *Su capacidad de recuperación después de un esfuerzo es asombrosa. En ese momento, inició una serie de asombrosos saltos que nos dejaron boquiabiertos. Tiene un asombroso parecido con ese actor.* **2** Que provoca indignación o enfado: *¡Es asombroso!, ¿cómo has podido hacer una cosa así?*

asomo *s. m.* (no contable) Indicio, leve manifestación de una cosa: *Existía un asomo de desconfianza entre ellos.* FR. Y LOC. **ni por ~** De ningún modo: *No sonríe ni por asomo. Ni por asomo voy a aceptar esas condiciones de trabajo.*

asonada *s. f.* RESTRINGIDO. Protesta violenta de un grupo de gente contra las autoridades, generalmente con fines políticos: *Era conocido por haber protagonizado varias asonadas. En ese país hay rumores de que puede producirse una asonada militar.*

asonancia *s. f.* MÉTR. Identidad de vocales en la terminación de dos palabras a partir de la última vocal acentuada.

asonante *adj.* MÉTR. [Rima] en que sólo son iguales las vocales a partir de la última vocal acentuada. **rima* ~.**

asorocharse *v. prnl.* **1** AMÉR. DEL S. Padecer soroche o mal de montaña. **2** AMÉR. DEL S. Ruborizarse.

aspa *s. f.* **1** Objeto en forma de X: *El motor tenía un aspa de hierro muy afilada.* **2** Armazón exterior del molino con forma de X: *Don Quijote quedó enganchado al aspa de un molino.* **3** Cada uno de los brazos de un objeto en forma de X: *un molino de cuatro aspas, las aspas de un ventilador.*

aspar *v. tr.* Clavar ‹una persona› [a otra persona] en un aspa como tortura: *La leyenda cuenta que algunos santos fueros aspados.* FR. Y LOC. **¡que me / te / le ... aspen!** 1 COLOQUIAL, VULGAR. Se usa para reforzar la veracidad de lo que se dice a continuación: *¡Que me aspen si entiendo algo de lo que ha dicho!* 2 COLOQUIAL, VULGAR; INSULTO. Se usa para indicar al interlocutor que no creemos lo que dice: *Déjame tranquilo y que te aspen, que no creo nada de lo que has dicho.*

aspaviento *s. m.* (preferentemente en plural) Gesto exagerado para manifestar asombro, terror u otro sentimiento: *Deja de hacer tantos aspavientos: lo que ha ocurrido no tiene ninguna importancia.*

aspecto *s. m.* **1** (no contable) Conjunto de rasgos externos de una persona o cosa: *Se ha repuesto de su enfermedad: tiene un aspecto saludable. La paella tiene buen aspecto.* **2** Matiz o rasgo de una cosa: *En ese aspecto, te doy completamente la razón. Analizaron los distintos aspectos de la cuestión.* **3** GRAM. Categoría gramatical que en ciertas lenguas distingue en el verbo diferentes clases de acción: *Algunos autores creen que el aspecto del pretérito imperfecto español «cantaba» indica una acción durativa.*

aspereza *s. f.* **1** (no contable) Cualidad de las cosas ásperas, que no son suaves: *la aspereza de la piel, la aspereza de su voz.* ANT. suavidad. **2** (no contable) Desigualdad del terreno que lo hace escabroso y por el que resulta difícil caminar: *La aspereza de la montaña no anima a pasear.* **3** (no contable) Carácter arisco y poco agradable de las personas: *Su aspereza no invita a charlar mucho con ella.* **4** (no contable) Clima desapacible o poco agradable: *Los inviernos castellanos son de gran aspereza.* FR. Y LOC. **limar asperezas** Hacer desaparecer ‹una persona› las cosas que producen enfrentamientos o dificultades con otras personas: *La reunión entre los representantes de ambos países sirvió para limar asperezas. El hablar relajadamente sirve para limar asperezas.*

asperger *v. tr.* Asperjar. ⇒ **23.**

asperjar *v. tr.* RESTRINGIDO. Entre los católicos, echar ‹un sacerdote› agua sobre [una cosa] con el hisopo: *En los funerales el sacerdote asperja el féretro.*

áspero, ra *adj.* **1** (ser / estar) Que no es liso ni agradable al tacto: *La lija es muy áspera. Tiene la piel áspera. La superficie de la mesa está muy áspera.* SIN. rasposo. **2** Que es brusco o antipático: *Su saludo fue muy áspero. Tiene un carácter muy áspero, no hay quien lo aguante.* **3** [Sonido, sabor] que resulta desagradable por estridente o amargo: *una voz áspera, un vino áspero al paladar.* **4** [Terreno] que tiene muchos obstáculos y es difícil de transitar: *Recorrieron unos picos ásperos. Es una llanura extensa y áspera.* SIN. abrupto. **5** [Tiempo] que es desapacible o poco agradable: *tiempo áspero, clima áspero, temperaturas ásperas.*

asperón *s. m.* **1** Arenisca silícea o arcillosa de grano fino que se emplea en la construcción y en piedras de amolar. **2** RESTRINGIDO. Paquete de polvos de esta piedra que se usaba para fregar los cacharros de cocina: *El asperón se usaba hace años para limpiar los cubiertos y las cazuelas.*

aspersión *s. f.* Acción y efecto de asperger o esparcir un líquido en gotas pequeñas: *El oficiante hizo varias aspersiones con el hisopo sobre el ataúd.* FR. Y LOC. **riego* por ~.**

aspersor *s. m.* Mecanismo para esparcir un líquido a presión, especialmente el que se usa para el riego: *El ayuntamiento ha instalado aspersores en los jardines.*

áspid *s. m.* **1** (macho y hembra) *Vipera aspis.* Víbora común europea. **2** (macho y hembra) *Naja haje.* Cobra común propia de África y la península Arábiga. **~ de Cleopatra.**

aspillera *s. f.* Abertura larga y estrecha en un muro que servía para disparar por ella. SIN. saetera.

aspiración *s. f.* **1** Acción y efecto de aspirar o atraer aire a los pulmones: *Realiza con dificultad la aspiración por la nariz.* SIN. inspiración. ANT. espiración. **2** MEC. Acción de absorber un gas u otra sustancia con una máquina: *Está averiada la bomba de aspiración.* **3** LING. Cualidad del sonido que resulta del roce del aire espirado cuando se emite con fuerza, hallándose abierto el canal articulatorio: *En Extremadura es frecuente la aspiración de la «h».* **4** Deseo de una cosa: *Su única aspiración era ser médico.* **5** (en plural) Anhelo de mejorar en cualquier campo de las actividades humanas e iniciativa para hacerlo: *No hará nada, no tiene aspiraciones. Mis aspiraciones son muy limitadas.* SIN. ambiciones.

aspirado, da *adj.* [Sonido] que se articula emitiendo con cierta fuerza el aire que roza la zona velar de la boca: *En algunas zonas españolas se pronuncia la «j» como aspirada.*

aspirador, ra *adj.* **1** Que aspira: *el tubo aspirador.* || *s. m. / f.* **2** Electrodoméstico que sirve para absorber el polvo: *Pasaremos la aspiradora a la alfombra. Compró un aspirador.*

aspirante *adj.* 1 RESTRINGIDO. Que aspira. **bomba ~.** || *adj. / s. m.* y *f.* 2 [Persona] que intenta obtener un empleo, cargo o título: *aspirante al título de los pesos medios, aspirante a la plaza de profesor, aspirante a presidente.* SIN. candidato. 3 Alumno de una academia militar o de policía sin graduación: *los caballeros aspirantes. Los aspirantes pasarán de cien este curso. Este año hay algunas aspirantes, por primera vez.*

aspirar *v. tr.* 1 Absorber ‹una persona› [aire o una mezcla gaseosa]: *Me gusta aspirar el aire puro de la montaña.* 2 Absorber ‹una máquina› [gases, líquidos u otra sustancia]: *El aparato aspira el polvo del suelo. Esta bomba aspira el agua de la bodega.* 3 Pronunciar con aspiración ‹una persona› [un sonido]: *aspirar la «h».* || *v. intr.* 4 Sentir ‹una persona› deseo de [una cosa]: *Aspira **a** mayor categoría. Aspira **a** hacerlo. Aspira **a** ganar el concurso de poesía.*

aspirina (marca registrada) *s. f.* Comprimido para calmar el dolor y bajar la fiebre: *Le dolía la cabeza y se tomó una aspirina.*

asquear *v. tr. / intr.* Dar ‹una persona o una cosa› asco o fastidio [a una persona]: *Esta vida asquea. Me asquean las calles llenas de basura. Le asquea la mentira.* SIN. repugnar.

asqueroso, sa *adj.* 1 (ser / estar; antepuesto / pospuesto) Que causa asco: *La comida de aquí es asquerosa, absolutamente repugnante. Me hicieron beber un asqueroso líquido. Esta habitación está asquerosa, ¿desde cuándo no la limpias?* 2 COLOQUIAL. Que es muy escrupuloso: *No seas tan asqueroso, los ingredientes de la ensalada están bien limpios.* || *adj. / s. m.* y *f.* 3 VULGAR; INSULTO. Que molesta o fastidia por su comportamiento o sus palabras: *Manejaste al pobre chico como te dio la gana, ¡eres un asqueroso!*

asta (diferente de *hasta*) *s. f.* 1 Palo largo al que está sujeto una bandera: *El soldado se acercó al asta y fue izando lentamente la bandera.* **bandera* a media ~.** 2 Cuerno de los animales: *las astas de un ciervo, las astas de un toro.* 3 Palo de un arma blanca como la lanza o la jabalina: *Al clavarle la lanza se rompió el asta.* 4 RESTRINGIDO. Lanza o pica: *El caballero ensartó al animalito en su asta.*

astado, da *adj. / s. m.* [Animal] que tiene astas o cuernos: *En la corrida salieron seis astados de casta.*

ASTANO (pronunciamos *'astano'*) *s. f.* Acrónimo de «Astilleros y Talleres del Noroeste, S. A.», España.

ástato *s. m.* (no contable) *At.* Elemento químico radiactivo soluble en agua que se obtiene al bombardear bismuto con partículas alfa.

astenia *s. f.* (no contable) MED. Sensación de debilidad y cansancio: *Siempre me afecta la astenia primaveral.*

asténico, ca *adj.* 1 De la astenia: *Es una enfermedad asténica. Son influjos asténicos.* || *adj. / s. m.* y *f.* 2 Que padece astenia: *Tengo una tía muy asténica. Somos una familia de asténicos.*

asterisco *s. m.* 1 Signo ortográfico en forma de estrella que indica una nota que el lector debe consultar: *Los asteriscos se explican, generalmente, al pie de página.* 2 Signo en forma de estrella que se utiliza en lingüística para indicar que una forma, una palabra o una construcción es hipotética, incorrecta o agramatical.

asteroide *s. m.* ASTRON. Cada uno de los pequeños cuerpos celestes que giran principalmente entre las órbitas de Marte y Júpiter.

astigmático, ca *adj.* 1 Del astigmatismo: *Tiene visión astigmática.* || *adj. / s. m.* y *f.* 2 Que padece astigmatismo: *Los astigmáticos deben revisarse la vista regularmente.*

astigmatismo *s. m.* 1 (no contable) MED. Defecto de la curvatura del ojo que impide la convergencia en un solo punto de los rayos luminosos: *El astigmatismo se corrige con gafas.* 2 (no contable) Defecto de un sistema óptico que impide la nitidez de la imagen.

astil *s. m.* 1 Mango largo y de madera de algunas herramientas: *el astil de una azada.* 2 ZOOL. Eje córneo de las plumas de las aves. 3 RESTRINGIDO. Barra horizontal en cuyos extremos se colocan los platillos de una balanza.

astilla *s. f.* Fragmento irregular que salta al partirse o romperse una madera u otra materia: *una astilla metálica, las astillas de un mineral. Al cortar la madera se clavó una astilla en el dedo.*

astillar *v. tr. / prnl.* Hacer ‹una persona› astillas [una cosa]: *Al intentar abrir el cajón, lo astilló. Se dio un golpe muy fuerte y **se** astilló uno de los huesos del brazo.*

astillero *s. m.* 1 Fábrica o taller donde se construyen y reparan embarcaciones: *En los astilleros del norte se está construyendo un portaaviones.* 2 Lugar donde se corta y almacena la madera: *Trabaja en el astillero del pueblo, al lado del pinar.*

astracán *s. m.* 1 (no contable) Piel de cordero no nacido o recién nacido, de pelo fino y muy ensortijado, muy apreciado en peletería: *un gorro ruso de astracán.* 2 (no contable) Tejido rizado de lana o de pelo de cabra: *Se ha comprado un chaquetón de astracán.*

astracanada *s. f.* 1 TEATRO. Comedia teatral disparatada y chabacana que se basa en el malentendido, el chiste fácil y los juegos de palabras: *Las astracanadas estuvieron muy de moda en el primer tercio del siglo* XX. 2 PEYORATIVO. Comedia de mala calidad: *Hemos visto una astracanada sin gracia.*

astrágalo *s. m.* 1 ANAT. Hueso corto del tarso que se articula por arriba con la tibia y el peroné y por abajo con el calcáneo. 2 ARQ. Anillo que rodea el fuste de una columna.

astral *adj.* De los astros: *viaje astral. Tus datos astrales son buenos, triunfarás en todo lo que te propongas.* **carta* ~.**

astringente *adj.* [Sustancia, alimento, medicamento] que produce estreñimiento: *El médico le mandó una dieta astringente para controlar la diarrea.*

astro *s. m.* 1 ASTRON. Cualquier cuerpo celeste que puebla el universo: *Por la noche miro los astros.* 2 Persona que destaca en su profesión: *un astro del cine, un astro del deporte.* SIN. estrella. **un ~ de la pantalla** Persona destacada como profesional por apariciones en cine o televisión.

-astro, tra *suf.* Sufijo despectivo que forma sustantivos a partir de sustantivos: *cama - camastro, hijo - hijastro.*

astrocito *s. m.* ANAT. Célula nerviosa del sistema central en forma de estrella: *Los astrocitos sufren numerosas transformaciones.*

astrofísica *s. f.* (no contable) ASTRON. Parte de la astronomía que estudia la constitución física de los astros, su origen y evolución: *La astrofísica es una ciencia que atrae a los jóvenes.*

astrofísico, ca *adj.* 1 De la astrofísica: *instituto astrofísico, centro astrofísico.* || *s. m. / f.* 2 Persona que por profesión se dedica a la astrofísica: *Los astrofísicos trabajan normalmente en centros especializados de investigación.*

astrolabio *s. m.* ASTRON. Antiguo instrumento de navegación usado para calcular la posición de los astros sobre el horizonte.

astrología *s. f.* (no contable) Ciencia que estudia los astros y su influencia en la vida de las personas: *En la Edad Media la astrología era una ciencia muy ligada a la astronomía y a las matemáticas.*

astrólogo, ga *s. m. / f.* Persona que se dedica por profesión a la astrología.

astronauta *s. m. / f.* Persona que es tripulante de una nave espacial: *Un americano fue el astronauta que pisó la Luna por primera vez.*

astronáutica *s. f.* (no contable) Ciencia o técnica de navegar por el espacio.

astronáutico, ca *adj.* De la astronáutica. **sonda* espacial / astronáutica.**

astronave *s. f.* Vehículo acondicionado para navegar por el espacio cósmico. SIN. cosmonave.

astronomía *s. f.* (no contable) Ciencia que estudia todo lo relacionado con los astros.

astronómicamente *adv. modo* **1** Con métodos o procedimientos de la astronomía: *Eso se averigua astronómicamente, no recurriendo a engañabobos.* || *adv. cant.* **2** INTENSIFICADOR. Inmensamente, extraordinariamente: *Las posturas están astronómicamente distanciadas.* || *adv. restrictivo* **3** Desde el punto de vista de la astronomía: *Astronómicamente, ese descubrimiento es crucial.*

astronómico, ca *adj.* **1** De la astronomía: *observación astronómica.* **día* ~.** **2** (antepuesto / pospuesto) COLOQUIAL. [Cantidad] que es excesivamente grande o abundante: *El club contrató al jugador por una cantidad astronómica. Gana al mes la astronómica cifra de diez millones de pesetas.*

astrónomo, ma *s. m. / f.* Persona especializada en astronomía.

astroso, sa *adj.* Que está sucio, harapiento: *Tenía un aspecto astroso.* SIN. desastrado.

astucia *s. f.* **1** (no contable) Cualidad de astuto, habilidad para conseguir un fin utilizando la inteligencia y no la fuerza: *La astucia caracteriza a los zorros. La astucia de algunos vendedores es casi diabólica.* **2** Trampa, engaño para conseguir un fin: *Eso que ha hecho es una simple astucia para que no vayas a la fiesta.*

astur *adj. / s. m.* y *f.* **1** HIST. De una antigua región española, cuya capital era la actual Astorga. **2** ELEVADO. De Asturias, comunidad autónoma española: *caballos astures, los pescadores astures.*

asturiano, na *adj. / s. m.* y *f.* **1** De Asturias, comunidad autónoma española: *costa asturiana, habla asturiana.* · *Los asturianos ganaron el partido.* || *s. m.* **2** Conjunto de variedades lingüísticas del leonés que se habla en Asturias.

astutamente *adv. modo.* Con astucia. OBSERVACIONES: Modifica a veces al predicado entero: *Astutamente, no intervino hasta el final.*

astuto, ta *adj.* **1** (antepuesto / pospuesto) Que consigue lo que quiere con engaño y habilidad: *Aquel astuto animal sabía cuando saldría su presa. Es una persona muy astuta que no se deja engañar.* **2** (antepuesto / pospuesto) Que se hace con astucia o habilidad para conseguir lo que se busca: *una astuta maniobra. Es una decisión muy astuta.*

asueto *s. m.* (no contable) Descanso o vacaciones breves: *Me tomé una tarde de asueto. Está muy estresado; necesita algunos días de asueto.*

asumir *v. tr.* **1** Aceptar ‹una persona› [una responsabilidad o un trabajo]: *Asumió el mando. Asumió la dirección del partido político.* **2** Aceptar ‹una persona› [una cosa]: *Es mejor que asumas tus limitaciones y te dediques a otra cosa. Ya he asumido que hemos roto nuestras relaciones.*

asunción *s. f.* **1** (no contable) ELEVADO. Acción y resultado de asumir: *Nunca rechazó la asunción de los más penosos deberes.* SIN. aceptación. **2** REL. En la religión cristiana, elevación de la Virgen María en cuerpo y alma al cielo: *El quince de agosto la Iglesia conmemora la Asunción de la Virgen.*

asunto *s. m.* **1** Materia o cuestión de que se trata: *Tenemos que hablar de un asunto importante.* **2** Negocio u ocupación de una persona: *No sé qué asunto se trae entre manos. No me gusta que te metas en mis asuntos. Si compro o no compro la casa, no es asunto tuyo.* **3** Tema o argumento de una obra: *Los asuntos amorosos no están presentes en la obra de este autor.* FR. Y LOC. **tomar cartas* en el ~.**

asustadizo, za *adj.* Que se asusta con facilidad: *una niña asustadiza. Es un perro muy asustadizo.*

asustar *v. tr.* **1** Dar ‹una persona› un susto [a otra persona]: *Se escondió para asustarla.* **2** Dar ‹una cosa› miedo [a una persona]: *Las tormentas me asustan.* || *v. prnl.* **3** Darse ‹una persona› un susto con [una cosa]: *Se asustó* ***de*** *un ruido. El niño se asustó* ***por*** *los ladridos. Me asusté* ***con*** *sus gritos.* **4** Volverse ‹una persona› miedosa: *Se ha asustado desde el atraco del otro día y ha cambiado de carácter.*

-ata *suf.* COLOQUIAL. Forma sustantivos a partir de sustantivos: *bocadillo - bocata, drogadicto - drogata.*

atabal *s. m.* Tambor con un solo parche y forma semiesférica: *Los atabales se usan a veces en fiestas militares.*

atacador *s. m.* Pequeño instrumento que se usa para apretar el tabaco de una pipa.

atacar *v. tr.* **1** Lanzarse ‹una persona o un animal› contra [otra persona u otro animal] para causarle daño o para vencerle: *Los soldados atacaron las posiciones enemigas. El entrenador ordenó atacar desde el principio del partido. El perro está entrenado para atacar a los ladrones.* **2** Ponerse ‹una persona› en contra de [otra persona o una cosa]: *Los críticos atacaron su última obra.* **3** Afectar ‹una cosa› [a una persona] repentinamente: *Le atacó una grave enfermedad.* **4** Afectar ‹una persona o una cosa› [los nervios de una persona]: *Los ruidos del vecino de arriba me atacan. Le ataca los nervios la falta de puntualidad.* SIN. irritar, alterar. **5** Causar ‹una cosa› un daño o un perjuicio a [otra persona]: *El tabaco ataca los pulmones.* SIN. perjudicar, dañar. **6** Empezar ‹una persona› [una cosa]: *El pianista atacó el último movimiento con fuerza. El campeón atacó la última curva con mucha decisión.* **7** Ejercer ‹una sustancia› su acción sobre [una cosa]: *La humedad ataca los metales. El vinagre ataca la piedra artificial.* FR. Y LOC. **~ / crispar los nervios* ⇒ 71.**

atadijo *s. m.* Paquete pequeño y mal hecho: *un atadijo de ropa, un atadijo de papeles. El vendedor hizo un atadijo con su mercancía y se fue corriendo al ver a los policías.* SIN. lío.

atado *s. m.* Conjunto de cosas atadas: *He hecho un atado con todas tus cosas para que no te olvides nada de lo que tenemos aquí.* SIN. haz, fajo.

atadura *s. f.* **1** Acción y resultado de atar: *Fíjate en la atadura del paquete, no se vaya a romper.* **2** Cuerda o material con que se ata: *El secuestrado consiguió romper las ataduras de las manos.* **3** Unión, vínculo entre dos o más personas: *Se marchó de casa porque quería vivir libre, sin ataduras familiares.*

atajada *s. f.* AMÉR. Acción de atajar impidiendo la entrada de la pelota en la portería.

atajar *v. intr.* **1** Tomar ‹una persona› un atajo: *Atajaron por el sendero. Creo que por aquí atajaremos.* || *v. tr.* **2** Ir ‹una persona› al encuentro de [una persona o un animal] por un atajo: *La policía atajó a los atracadores cuando intentaban huir.* **3** Interrumpir ‹una persona o una cosa› el desarrollo de [una cosa]: *Los bomberos consiguieron atajar el fuego. Las nuevas medidas del Gobierno intentan atajar el fraude fiscal.* **4** RESTRINGIDO. Interrumpir ‹una persona› [a otra que estaba hablando]: *Por favor, no me atajes cuando tengo la palabra.*

atajo *s. m.* **1** Lugar por donde se hace más corto el camino: *Si tomas este atajo, llegarás antes a casa.* **2** (no contable) PEYORATIVO. Grupo de personas o cosas: *atajo de sinvergüenzas, atajo de bribones, atajo de estúpidos, atajo de embustes, atajo de mentiras, atajo de disparates.* SIN. hatajo.

atalaya *s. f.* **1** Torre construida generalmente en un lugar alto desde donde se puede vigilar una gran extensión de tierra o mar: *Las atalayas se usaban para vigilar a los enemigos.* **2** Todo lugar elevado desde el que se divisa mucho espacio: *Desde esta atalaya se ve muy bien todo el paisaje. Esta colina es una atalaya para dominar la llanura.*

atañer *v. intr.* Tener ‹una cosa› relación con [una persona o una cosa]: *Este asunto atañe* ***a*** *nuestro departamento. Eso* ***a*** *ti no te atañe.* SIN. corresponder, concernir. ⇒ **11.**

ataque *s. m.* **1** Acción ofensiva, generalmente con armas, de una persona o grupo: *Anoche hubo un ataque aéreo con bombas. Aunque se ha firmado la paz, sigue habiendo ataques. Los ataques van destinados contra los hospitales y escuelas.* **2** Crítica o palabras ofensivas contra alguien: *El alcalde tuvo que soportar los ataques ofensivos de los vecinos. La oposición lanzó duros ataques contra el ministro.* **3** Manifestación brusca de una enfermedad, de un sentimiento, o de un comportamiento: *ataque de celos, ataque al corazón, ataque de risa, ataque de rabia, ataque de tos, ataque de locura, ataque de nervios.* SIN. acceso (RESTRINGIDO). **4** DEP. Iniciativa de un jugador o de un equipo contra su adversario para vencerlo: *En uno de los primeros ataques, nuestro equipo metió gol.* **5** (preferentemente en singular) FÍS., QUÍM. Acción agresiva de una sustancia sobre una cosa: *el ataque de un ácido sobre el oro, el ataque del alcohol en el cerebro. Se notan los efectos del ataque de la humedad en la madera.* **6** MÚS. Inicio de la ejecución de una pieza musical, y forma en que se hace: *La orquesta realizó dos veces el ataque de la ópera porque no sonaba muy bien. Este director es conocido porque empieza la sinfonía con un ataque suave.* FR. Y LOC. **¡al ~!** MIL. Grito que se da para iniciar una lucha o un combate: *Cuando el capitán gritó «¡al ataque!» los soldados saltaron de las trincheras y empezaron a disparar.* **seguir un plan* de ~.**

atar *v. tr. / prnl.* **1** Sujetar ‹una persona› [a otra persona, un animal o una cosa] con ligaduras: *Até el caballo* ***a*** *un tronco. Ató a su compañero de juegos* ***de*** *pies y manos.* ***Se*** *ató* ***por*** *la cintura para bajar al pozo.* ***Se*** *ató los cordones de los zapatos.* || *v. tr. / intr.* **2** Quitar ‹una persona o una cosa› la libertad de acción [a una persona]: *Los niños atan mucho. El bar es un negocio que ata.* || *v. prnl.* **3** Crearse ‹una persona› lazos con [otra persona o una cosa]: *Últimamente me he atado mucho. Con este compromiso me he atado totalmente a este grupo de empresas.* FR. Y LOC. **~ cabos*.** **~ corto** Obligar ‹una persona› a otra a hacer lo que debe: *Ató corto a sus hijos hasta que llegaron a la mayoría de edad.* **~ de pies y manos** Impedir ‹una persona o una cosa› que [una persona] obre con libertad: *Tu decisión me ata de pies y manos. Si no le pides disculpas yo no puedo hacer nada, me dejas atada de pies y manos.* **~ las manos** Atar de pies y manos. **~ los perros* con longaniza. atarse / apretarse los machos*.**

atarazana *s. f.* RESTRINGIDO. Astillero: *En Barcelona se conserva el edificio de las viejas atarazanas medievales.*

atardecer *v. impers.* Llegar la última hora de la tarde: *Salieron a dar un paseo cuando ya estaba atardeciendo. En invierno atardece pronto aquí.* ⇒ **5.**

atardecer *s. m.* Último período de la tarde antes de anochecer: *Vendré a verte al atardecer.*

atareado, da *adj.* Que tiene mucho trabajo por hacer: *No puedo irme de vacaciones porque estoy muy atareado.*

atarear *v. tr.* **1** RESTRINGIDO. Hacer trabajar ‹una persona› mucho [a otra persona]: *Estar con mi tío es terrible, me atarea muchísimo.* || *v. prnl.* **2** Trabajar ‹una persona› mucho: *Se atarea mucho con su casa, pero tardará todavía en acabarla.*

-atario, ria *suf.* Significa 'persona que recibe la acción' y forma sustantivos a partir de verbos: *destinar - destinatario, arrendar - arrendatario.*

atascar *v. tr.* **1** Impedir ‹una cosa› el paso por [un conducto]: *Atascó el retrete por echar muchos papeles en él.* || *v. prnl.* **2** Quedar ‹un conducto› obstruido: *Procura que la tubería del desagüe no se atasque.* **3** Quedar ‹una cosa› detenida: *Se ha atascado el cajón y por más que tiro, no lo puedo abrir. El autocar llegará más tarde, porque se ha quedado atascado en la autopista.* **4** Quedarse ‹una persona› sin poder seguir hablando o haciendo lo que hacía: *El niño repite la tabla de multiplicar sin atascarse.* ⇒ **71.**

atasco *s. m.* **1** Obstrucción de un conducto: *Hay un atasco en la tubería.* SIN. obturación (ELEVADO). **2** Congestión de vehículos: *Los fines de semana se producen atascos.* SIN. embotellamiento. **3** COLOQUIAL. Dificultad que frena o paraliza alguna actividad: *Se produjo un atasco en la negociación.*

ataúd *s. m.* Caja, generalmente de madera, donde se pone un cadáver para ser enterrado: *Los tipos de ataúd varían según el gusto de las familias.* SIN. féretro (ELEVADO).

ataurique *s. m.* ARQ. Decoración vegetal de yeso típica del arte islámico: *La decoración de ataurique de algunas paredes es hermosísima.*

ataviar *v. tr. / prnl.* Vestir y adornar ‹una persona› [a otra persona]: ***Se*** *atavió lo mejor que pudo.* ***Se*** *ataviaron* ***con*** *sus trajes más elegantes para celebrar las fiestas del pueblo. He ataviado al nene para la fiesta.* ⇒ **8.**

atávico, ca *adj.* Del atavismo: *costumbre atávica.*

atavío *s. m.* **1** Vestido o atuendo: *Lleva un estrafalario atavío de pieles.* **2** Adorno, compostura: *Se puso los atavíos propios de una novia y esperó la llegada del antiguo marido.*

atavismo *s. m.* **1** (no contable) BIOL. Reaparición en un ser vivo de caracteres hereditarios que se habían manifestado en algún antepasado y habían desaparecido en posteriores generaciones. **2** (no contable) Comportamiento de las personas que mantienen costumbres o formas de vida del pasado: *Esa manía de querer matar a todos los que no le caen simpáticos es un atavismo evidente.*

ateísmo *s. m.* (no contable) Doctrina o actitud de los que niegan la existencia de Dios.

atemorizar *v. tr.* **1** Causar ‹una persona, un animal o una cosa› temor [a una persona]: *Atemorizó a los niños con historias de miedo. Las amenazas de muerte lo atemorizaron.* SIN. asustar. ‖ *v. prnl.* **2** Sentir ‹una persona› temor por [una cosa]: *Se atemoriza **de** todo. Se atemoriza **con** los truenos. Te atemorizas **por** la tormenta.* SIN. asustarse. ⇒ **19.**

atemperar *v. tr.* **1** Disminuir ‹una persona o una cosa› la violencia de [una cosa]: *Atempera tu ira, que no sirve para nada.* ‖ *v. prnl.* **2** Disminuir la violencia de ‹una cosa›: *Parece que la tormenta se va atemperando.*

atenazar *v. tr.* **1** Sujetar ‹una persona› [a otra persona o una cosa] fuertemente: *El portero atenazó con sus manos el balón. El herrero atenazaba la herradura con las tenazas.* **2** Dejar ‹una cosa› inmovilizada [a una persona]: *En aquellos momentos el pánico lo atenazó. Lo atenazan los problemas familiares.* ⇒ **19.**

atención *s. f.* **1** (no contable) Acción de atender: *Si no prestas atención no entenderás lo que estoy explicando. Es incapaz de una atención sostenida.* ANT. distracción. **2** Acto de cortesía con el que se muestra estimación y respeto: *Me colmó de atenciones. Es una atención que le agradezco.* SIN. detalle. ‖ *interj.* **3** Se usa para advertir a los soldados que se les va a dar una orden: *¡Atención! ¡Marchen!* **4** Se usa para advertir a una persona que atienda o que tenga cuidado: *¡Atención! Voy a dictar las preguntas. ¡Atención! El avión va a aterrizar en unos minutos. ¡Atención! Peligro de incendio.* FR. Y LOC. **a la ~ de** Se usa para indicar a quién va dirigido un mensaje: *A la atención del señor presidente.* **en ~ a** Se usa para indicar que se tiene en cuenta una cosa: *En atención a sus méritos se le concede esta condecoración.* **llamada* de ~. llamar la ~** 1 Provocar interés ‹una persona› por una cosa estimable o censurable que se sale de lo común: *La paella estaba tan bien presentada que llamaba la atención. Con ese peinado llamarás la atención.* 2 Reconvenir o reñir ‹una persona› a otra persona: *Continuamente le llamaban la atención por su pereza.* **prestar ~** Atender una persona a alguien o algo: *A los niños hay que prestarles mucha atención. Presta atención a lo que te van a decir porque es muy importante.* **toque* de ~.**

atender *v. tr. / intr.* **1** Dar ‹una persona› una acogida favorable a [una petición]: *Atendió (**a**) nuestras súplicas. Suele atender nuestras indicaciones con cuidado.* ‖ *v. tr.* **2** Proporcionar ‹una persona› atenciones o cuidados [a otra persona]: *En ese establecimiento atienden muy bien a los clientes. La doctora atendió al enfermo.* **3** Ocuparse ‹una persona› de una cosa: *La secretaria atiende todas las llamadas telefónicas.* ‖ *v. intr.* **4** Aplicar ‹una persona› el entendimiento a [una cosa]: *No atendía **a** la exposición. Va mal en los estudios porque no atiende en clase. Cuando se pone nervioso, no atiende **a** razones.* **5** Tomar ‹una persona› [una cosa] en consideración: *Atendiendo **a** las circunstancias, intercederé por usted.* **6** Llamarse ‹un animal› de una determinada manera: *El cachorro perdido atiende **por** «Pipo».* FR. Y LOC. **~ a razones** Actuar ‹una persona› teniendo en cuenta las razones que otra le da: *Esta chica no atiende a razones, hace lo que le da la gana.* ⇒ **80.**

ateneo *s. m.* Asociación científica o literaria: *En muchas ciudades españolas hay ateneos, aunque los más importantes son los de Madrid y Barcelona.*

atenerse *v. prnl.* **1** Aceptar ‹una persona› [normas o consecuencias]: *Los alumnos deberán atenerse **al** reglamento.* **~ a las consecuencias*.** **2** Aceptar ‹una persona› [lo dicho o escrito por otra]: *En ese asunto, me atengo **a** lo que ha dicho Juan.* ⇒ **81.**

ateniense *adj. / s. m.* y *f.* De Atenas, ciudad griega o antigua república del mismo nombre: *las calles atenienses. El barco estaba lleno de atenienses.*

atentado *s. m.* **1** Acción violenta contra la vida o los bienes de una persona: *En el último atentado hubo varios heridos. Los atentados contra las entidades bancarias han costado varios millones.* **2** Acción que va en contra de algo: *Los incendios provocados en los bosques son un grave atentado contra la naturaleza.*

atentamente *adv. modo* **1** Con atención o interés: *Miró atentamente el regalo que había recibido.* **2** Con respeto, educación o cortesía: *Se dirige a mí atentamente.* **3** Se usa como despedida formal en las cartas, con presencia o elipsis del verbo *saludar*: *Atentamente (la saluda) Juan Fernández.*

atentar *v. intr.* **1** Poner ‹una persona o una cosa› [una cosa] en peligro: *Esto atenta **contra** tu salud. El desorden atenta **contra** la empresa.* **2** Cometer ‹una persona› un atentado contra [otra persona]: *El comando terrorista atentó **contra** tres militares.*

atento, ta *adj.* **1** (estar) Que tiene puesta la atención o el interés en alguna cosa: *Está atento **a** su señal. Los alumnos atentos aprenden más.* **2** (ser / estar; antepuesto / pospuesto) Que es amable y servicial: *Le escribió una atenta carta. Es muy atento **con** las personas mayores. Luis ha cambiado mucho; ahora está muy atento con nosotros.* SIN. cortés.

atenuante *adj. / s. f.* DER. [Circunstancia] que disminuye la responsabilidad penal por un delito: *Lo han declarado culpable con la atenuante de demencia transitoria. Han encontrado diversas circunstancias atenuantes.* **circunstancia ~.**

atenuar *v. tr.* **1** Disminuir ‹una persona o una cosa› la fuerza o la intensidad de [una cosa]: *Este refresco atenúa la sed. Tomó un calmante para atenuar el dolor.* ‖ *v. prnl.* **2** Disminuir la fuerza o la intensidad de ‹una cosa›: *Su mal carácter se atenuó con el paso de los años. El calor se atenúa ya en otoño.* ⇒ **3.**

ateo, a *adj. / s. m.* y *f.* Que no cree en la existencia de Dios.

aterciopelado, da *adj.* (antepuesto / pospuesto) Que es fino y suave como el terciopelo: *una aterciopelada piel, un cutis aterciopelado. La piel del melocotón es aterciopelada.*

aterir *v. tr.* **1** Poner ‹el frío excesivo› rígida o paralizada [a una persona]: *Abrígate bien, que ha caído una helada que puede aterir a cualquiera.* **2** Ponerse ‹una persona› rígida o paralizada por el frío excesivo: *Con el frío me quedo aterido. Estaban ateridas de frío las pobres criaturas.* ⇒ **12.**

aterrador, ra *adj.* **1** (antepuesto / pospuesto) Que causa terror: *una película aterradora, una noticia aterradora. Oyó el aterrador sonido de los disparos.* **2** COLOQUIAL. Que es muy malo o desagradable: *Me ha regalado un cuadro aterrador. Tienen una decoración aterradora. Es un local aterrador.*

aterrar *v. tr.* **1** Causar ‹un animal o una cosa› terror [a una persona o un animal]: *Los ratones le aterran. Los cohetes aterran al perro.* SIN. aterrorizar. ‖ *v. prnl.* **2** Sentir ‹una persona o un animal› terror: *El niño se aterra con la oscuridad. Mi perro se aterra con el cartero.* SIN. aterrorizarse.

aterrizaje *s. m.* Acción de aterrizar: *El avión inició el aterrizaje. Se estropeó un motor del avión y tuvieron que hacer un aterrizaje de emergencia.* **pista* de ~. tren*de ~.**

aterrizar *v. intr.* **1** Tomar ‹una aeronave› contacto con el suelo controladamente hasta detenerse en él: *El avión aterrizó a las seis de la tarde.* **2** Caer ‹una persona› al suelo: *He tropezado, pero he aterrizado suavemente en el césped.* **3** COLOQUIAL. Tomar ‹una persona› contacto con una cosa nueva: *Los nuevos empleados están aún aterrizando en la oficina y hay un cierto desorden. No puedo decirle nada de mis intenciones, porque acabo de aterrizar en este departamento.* **4** COLOQUIAL. Aparecer ‹una persona› inesperadamente en un lugar: *Cuando estábamos en mitad de la fiesta aterrizaron mis padres en el piso y se enfadaron bastante. La policía aterrizó en el banco y frustró el atraco.* ⇒ **19.**

aterrorizar *v. tr.* **1** Causar ‹un animal o una cosa› terror [a una persona o un animal]: *Le aterroriza la operación. Al niño le aterroriza la oscuridad.* SIN. aterrar. ‖ *v. prnl.* **2** Sentir ‹una persona o un animal› terror: *El huracán hizo que los habitantes de la aldea se aterrorizaran. Mi gato se aterroriza con las bolsas de plástico.* SIN. aterrarse. ⇒ **19.**

atesorar *v. tr.* **1** Guardar ‹una persona› [cosas de valor]: *Deseaba atesorar riquezas. Tiene la costumbre de atesorar litografías originales.* **2** Tener ‹una persona› [virtudes o buenas cualidades]: *Mi profesor atesora unos conocimientos médicos notables. Mi madrina atesora una bondad sin par.*

atestado *s. m.* Escrito oficial en que una autoridad o sus delegados hacen constar como cierta alguna cosa: *La policía levantó un atestado del accidente de tráfico.*

atestar *v. tr.* **1** Llenar ‹personas o cosas› [una cosa] al máximo o por completo: *Los jóvenes atestaron el local. La discoteca estaba atestada.* **2** DER. Atestiguar, testificar.

atestiguadamente *adv. modo* Con testimonios acreditativos: *una versión atestiguadamente verídica.*

atestiguar *v. tr.* **1** Dar ‹una persona› testimonio de [una cosa]: *Los familiares del acusado atestiguaron en el juicio.* SIN. testificar. **2** Ser ‹una cosa› prueba de [otra cosa]: *Las ruinas atestiguan la presencia romana. Estas huellas atestiguan aquí la presencia de jabalíes.* ⇒ **14.**

atezado, da *adj.* Que está moreno por el sol: *rostro atezado, piel atezada por el sol.*

atezarse *v. prnl.* RESTRINGIDO. Ponerse ‹la piel de una persona› morena: *Se le está atezando mucho la piel desde que sale a navegar todas las semanas.* SIN. broncearse. ⇒ **19.**

atiborrar *v. tr.* **1** Llenar ‹una persona› [una cosa] completamente: *El público atiborraba la sala. Los libros atiborraban las estanterías.* ‖ *v. tr. / prnl.* **2** Llenar ‹una persona› [a otra persona] de comida: *Cuando vamos a casa de tu tía nos atiborran a los dos **de** pasteles. **Se** atiborró **de** dulces. La casa estaba atiborrada **de** libros.*

ático, ca *adj. / s. m.* y *f.* **1** De Ática o de Atenas. ‖ *s. m.* **2** Último piso de un edificio, normalmente con terraza: *Desde el ático se divisa la plaza mayor.*

atigrado, da *adj.* Que tiene manchas como las de la piel del tigre: *un perro atigrado, un gato atigrado.*

atildado, da *adj.* Que se arregla y cuida con exceso: *Es un hombre muy atildado. La familia va siempre muy atildada.*

atildar *v. tr. / prnl.* Arreglar ‹una persona› [a otra persona] excesiva o afectadamente: ***Se** atildaba todos los domingos para ir a la iglesia. Mi tío es un poco presumido y siempre va muy atildado.*

atinadamente *adv. modo / orac.* Con acierto, con tino, acertadamente. OBSERVACIONES: Compárese: *Cuando bebe no dice nada atinadamente* ('Cuando bebe no dice nada con juicio') con: *Atinadamente, no le dijo nada a Pepe* ('Acertadamente, no le dijo nada a Pepe').

atinar *v. intr.* **1** Dar ‹una persona› en [el blanco]: *Señora, disculpe usted, el niño atinó **en** el cristal por casualidad.* **2** Encontrar ‹una persona› [una cosa que buscaba]: *Atiné **con** la casa.* **3** Ser ‹una persona› capaz de [una cosa]: *Atinó **a** explicármelo. No atino **a** meter la llave en la cerradura.*

atingencia *s. f.* PERÚ. Objeción.

atípico, ca *adj.* (antepuesto / pospuesto) Que tiene unas características que no se ajustan o se adaptan a las de los tipos o modelos conocidos: *Es una personalidad atípica, diferente, singular. En algunas situaciones, tiene un comportamiento atípico. Se caracteriza por sus atípicas opiniones.*

atiplado, da *adj.* [Sonido, voz] que es muy agudo: *un sonido atiplado, una voz atiplada.*

atiplar *v. tr.* **1** Hacer ‹una persona› el sonido de [un instrumento] o de [la voz] más agudo: *No me gustan los cantantes modernos que atiplan su voz.* ‖ *v. prnl.* **2** Hacerse el sonido de ‹un instrumento› o de ‹la voz› más agudo: *La voz se le atiplaba por momentos.*

atirantar *v. tr. / prnl.* Poner ‹una persona o una cosa› tirante [una cosa]: *Las relaciones entre los dos países **se** han atirantado con los últimos enfrentamientos.*

atisbar *v. tr.* **1** Mirar ‹una persona› [una cosa] con cuidado y disimulo: *El niño atisbaba por el ojo de la cerradura.* **2** Ver ‹una persona› [una cosa] confusamente: *Atisbaron una figura a lo lejos.* SIN. vislumbrar. **3** Descubrir o notar ‹una persona› un débil indicio o señal de [alguna cosa]: *No atisbamos ninguna esperanza. ¿Atisbas una ligera mejoría en el enfermo?* ‖ *v. prnl.* **4** Ser ‹una cosa› visible con dificultad: *A lo lejos se atisbaban las luces de algunos veleros. Se atisba una leve esperanza en su mirada* SIN. vislumbrarse.

atisbo *s. m.* Sospecha o indicio: *El juez lo ha declarado libre porque no puede proceder sólo por atisbos en un delito tan importante. No veo en él ni un atisbo de arrepentimiento. Intentaba leer en sus ojos algún atisbo de simpatía.*

¡atiza! *interj.* SORPRESA. Se usa para expresar asombro ante algo que se recuerda de repente y se considera un disparate o una cosa inesperada: *¡Atiza, he olvidado el dinero! ¡Atiza, nunca pensé que tuviera una casa tan grande!*

atizador *s. m.* Utensilio que se utiliza para avivar el fuego: *El atizador es útil, sobre todo, para las chimeneas.*

atizar *v. tr.* **1** Mover ‹una persona› el rescoldo para avivar [el fuego] o añadirle alguna cosa que arda: *atizar el fuego,* *atizar la lumbre.* **2** Hacer ‹una cosa› más fuerte [un sentimiento o una discordia]: *Con sus palabras atizó la discusión.* **3** Dar ‹una persona› golpes [a otra persona]: *Le atizaron varias patadas y algunos puñetazos en la pelea.* || *v. prnl.* **4** COLOQUIAL; INTENSIFICADOR. Comer o beber ‹una persona› exageradamente: *Se ha atizado una paella doble y un litro de vino tinto él solo.* FR. Y LOC. **~ / avivar el fuego*. dar / ~ / arrear candela*. ⇒ 19.**

atlante *s. m.* ARQ. Columna con forma de hombre: *En la arquitectura griega abundan los atlantes.*

atlántico, ca *adj.* Del océano Atlántico: *Se prevé mal tiempo en la costa atlántica de la Península.*

atlas (plural *atlas*) *s. m.* **1** Libro que contiene una colección de mapas geográficos: *Busca en el atlas dónde están los Pirineos.* **2** Libro con una colección de láminas de un tema determinado: *atlas de anatomía, atlas de la fauna ibérica.* **3** ANAT. Primera vértebra cervical.

atleta *s. m. / f.* **1** Persona que practica el atletismo y otros deportes: *un cuerpo de atleta, los atletas de los Juegos Olímpicos. Los atletas están en sus puestos.* **2** Persona musculosa y con mucha fuerza: *Pepe está hecho todo un atleta.*

atlético, ca *adj.* Del atleta, o de sus ejercicios o deportes: *pruebas atléticas, competiciones atléticas, ejercicios atléticos. Pepe tiene un cuerpo muy atlético, lleno de músculos.*

atletismo *s. m.* (no contable) Conjunto de prácticas deportivas que comprende las carreras, los saltos y los diferentes lanzamientos.

atmósfera o **atmosfera** *s. f.* **1** ASTRON. Capa gaseosa que rodea la Tierra u otro cuerpo celeste: *los componentes de la atmósfera. La atmósfera está cargada, va a llover.* **2** (no contable) Ambiente que rodea a personas o cosas: *No me gusta la atmósfera que se respira en esta oficina. La novela crea una atmósfera agobiante. El libro recrea muy bien la atmósfera de los primeros años del siglo.* **3** MEC. Unidad de presión: *La presión se mide en atmósferas.*

atmosférico, ca *adj.* De la atmósfera: *condiciones atmosféricas, fenómeno atmosférico.* **depresión atmosférica. perturbación* atmosférica. presión atmosférica.**

-ato, ta *suf.* **1** Significa 'autoridad o título' o 'lugar donde se desempeña' y forma sustantivos masculinos a partir de sustantivos: *decano - decanato, bachiller - bachillerato.* **2** Significa 'acción o efecto' y forma sustantivos masculinos y femeninos a partir de verbos: *asesinar - asesinato, caminar - caminata.* **3** Significa 'cría de animal' y forma sustantivos masculinos a partir de sustantivos: *lobo - lobato.* **4** Significa 'cualidad' y forma adjetivos a partir de adjetivos: *nuevo - novato.*

atocinarse *v. prnl.* COLOQUIAL. Sentirse ‹una persona› aturdida: *No puede pensar con tranquilidad porque se atocina.* SIN. aturdirse, ofuscarse.

atol o **atole** *s. m.* AMÉR. Bebida hecha de harina de maíz disuelta en agua o leche hervida, a la que se le añaden diversos ingredientes.

atolladero *s. m.* **1** Situación difícil o comprometida: *Estaba en un atolladero: no sabía cómo salir de ese problema. Si no conseguimos aclarar las cuentas, vamos a estar en un buen atolladero.* SIN. aprieto. **2** Lugar donde quedan atascadas personas y vehículos: *No se puede ir al pueblo vecino por este camino porque con las lluvias se ha convertido en un auténtico atolladero.*

atollarse *v. prnl.* Quedarse ‹una cosa› atascada: *Las ruedas del coche se atollaron en el barro. Se ha atollado en la traducción de latín y no le sale. Estoy atollado en el primer capítulo y no puedo seguir escribiendo.*

atolón *s. m.* Isla o arrecife de coral en forma de anillo, que suele presentar una laguna interior.

atolondradamente *adv. modo* Con atolondramiento, sin la debida reflexión: *No debiste portarte tan atolondradamente.*

atolondrado, da *adj.* Que actúa sin reflexionar: *Es un chico muy atolondrado: dice las cosas sin pensarlas.*

atolondramiento *s. m.* (no contable) Torpeza, aturdimiento o nerviosismo: *El atolondramiento de tu hijo cuando conduce es peligroso.*

atolondrar *v. tr.* **1** Hacer ‹una persona o una cosa› que [una persona] se sienta aturdida: *El profesor atolondra a los alumnos con sus gritos. Estos problemas me atolondran.* || *v. prnl.* **2** Sentirse ‹una persona› aturdida: *Siempre que se va a examinar está muy atolondrado.*

atómico, ca *adj.* **1** Del átomo: *núcleo atómico, energía atómica.* **masa* atómica. número* ~. peso* ~.** **2** De los usos de la energía atómica o sus efectos: *era atómica, explosión atómica, guerra atómica, arma atómica.* **bomba atómica. pila* atómica. proyectil ~. radiaciones atómicas. refugio* ~ / nuclear. submarino* ~.**

atomismo *s. m.* (no contable) FILOS. Doctrina filosófica griega que afirma que el universo se ha formado por la asociación de unas partículas muy pequeñas llamadas átomos.

atomista *adj.* **1** Del atomismo: *doctrina atomista.* || *s. m. / f.* **2** Persona que es partidaria del atomismo.

atomizador *s. m.* Aparato o dispositivo para pulverizar o esparcir un líquido en gotas muy finas: *Muchos perfumes se venden con atomizador.* SIN. pulverizador.

atomizar *v. tr.* RESTRINGIDO. Dividir ‹una persona› [una cosa] en partes muy pequeñas: *El niño se ha enfadado y ha dejado la galleta absolutamente atomizada. Le gusta atomizar todo lo que pilla en sus manos.* **⇒ 19.**

átomo *s. m.* **1** Partícula más pequeña e indivisible de un elemento químico que conserva todas sus propiedades: *El agua tiene dos átomos de hidrógeno y uno de oxígeno.* **2** Parte diminuta de una cosa: *No tiene un átomo de grasa. Un átomo de cordura siempre viene bien.*

atonal *adj.* MÚS. Que no se atiene a una tonalidad determinada: *música atonal.*

atonía *s. f.* **1** (no contable) ELEVADO. Apatía, falta de voluntad o de interés hacia las personas o las cosas: *En la enfermedad tuvo épocas de profunda atonía: no quería hacer nada ni ver a nadie.* SIN. desánimo, desgana. **2** (no contable) FISIOL. Falta de fuerza o de tono en los músculos: *Después de la operación de la pierna, tuve que hacer ejercicios para superar la atonía de los músculos.*

atónito, ta *adj.* (estar) Que se muestra muy sorprendido por alguna cosa extraña: *una mirada atónita. Estaba atónita y no podía creer lo que estaba oyendo. Se quedó atónito con la noticia.*

átono, na *adj.* [Vocal, sílaba, palabra] que no lleva acento prosódico.

atontado, da *adj.* **1** (ser / estar) Tonto: *Lleva una semana que está algo atontado. No le hagas caso, es atontado.*

2 Aturdido, que no puede pensar con claridad: *El humo del tabaco lo ha dejado atontado. De tanto tomar el sol está atontado.*

atontamiento *s. m.* (no contable) Acción de atontar o atontarse: *Tengo un atontamiento, debe de ser por el calor que hace. Yo creo que la tele te ha producido un atontamiento considerable.*

atontar *v. tr.* **1** Poner ‹una persona o una cosa› tonta o como tonta [a una persona]: *La televisión lo atonta. Tu madre te atonta, hija, y no te deja pensar.* || *v. prnl.* **2** Ponerse ‹una persona› tonta o como tonta: *En cuanto bebe un poco se atonta. Te vas a atontar, todo el día durmiendo.*

atontolinado, da *adj.* (estar) COLOQUIAL. Atontado: *Con la llegada de la primavera está atontolinado.*

atontolinar *v. tr./prnl.* COLOQUIAL. Atontar: *El amor lo ha atontolinado. Está atontolinado con su nueva bicicleta.*

atoramiento *s. m.* Acción y resultado de atorar o atorarse: *El atoramiento de las cañerías es algo frecuente en esta casa. Me pongo nervioso con su atoramiento cuando habla.*

atorar *v. tr.* **1** Impedir ‹una cosa› el paso por [un conducto]: *Los restos de comida han atorado el fregadero.* SIN. atascar. || *v. prnl.* **2** Quedar ‹un conducto› obstruido: *atorarse una cañería, atorarse un desagüe.* SIN. atascarse. **3** Quedarse ‹una persona› sin poder seguir hablando o haciendo lo que hacía: *Se atora cuando habla en público.* SIN. atascarse.

atormentar *v. tr./prnl.* **1** Causar ‹una persona, un animal o una cosa› dolor o molestias [a una persona]: *Lo atormentan los celos. Esta jaqueca me atormenta.* **2** Causar ‹una cosa› pena o angustia [a una persona]: ***Se** atormenta **con** esos negros pensamientos.* || *v. tr.* **3** Dar ‹una persona› tormento [a otra persona]: *Antiguamente atormentaban a los detenidos hasta hacerles confesar.*

atornillar *v. tr.* **1** Introducir ‹una persona› un tornillo en [una cosa]: *Con este destornillador atornillaremos bien todos los tornillos.* **2** Sujetar ‹una persona› [una cosa] con tornillos: *Tienes que atornillar bien el asiento de la silla del despacho que se está moviendo. Tienes que atornillar una percha del perchero.* **3** Hacer ‹una persona› [que otra haga una cosa]: *Lo atornilló para que aceptara el contrato. En esa empresa los jefes atornillan bien a sus empleados para obligarles a trabajar.* SIN. presionar.

atorón *s. m.* MÉX. Atasco, embotellamiento.

atorranta *s. f.* ARG.; COLOQUIAL, PEYORATIVO. Prostituta.

atorrante, ta *adj.* **1** ARG.; COLOQUIAL. Se usa para dirigirse con afecto un adulto a un joven con quien se tiene confianza. || *adj./s. m.* y *f.* **2** ARG., URUG.; PEYORATIVO. Persona que es holgazana y poco trabajadora. **3** ARG., URUG.; PEYORATIVO. Persona que se comporta con poca honestidad.

atosigamiento *s. m.* Acción o resultado de atosigar: *Con tanto atosigamiento no puedo trabajar, déjame un poco tranquilo. No me gusta el atosigamiento cuando me piden algo.*

atosigar *v. tr.* **1** Causar ‹una persona› agobio [a otra persona] con prisas: *No me atosigues más, me peino y ya estoy listo para el cine.* **2** Causar ‹una persona› agobio [a otra persona] con exigencias o preocupaciones: *No la atosigues, déjala en paz, ya cambiará con el tiempo. Creo que atosigas mucho a los alumnos con la disciplina.* || *v. prnl.* **3** Sentirse ‹una persona› agobiada por las prisas, las exigencias o las preocupaciones: *Con tanto trabajo se atosiga.* ⇒ **56.**

atracadero *s. m.* Lugar preparado para que puedan arrimarse a tierra embarcaciones pequeñas: *En el lago había un atracadero para embarcaciones deportivas.*

atracador, ra *s. m./f.* Persona que ha realizado o tiene la costumbre de realizar atracos: *atracador de bancos, atracador de diligencias.*

atracar *v. tr./intr.* **1** Aproximar ‹una persona› [una embarcación] a [la costa] o a [otras embarcaciones]: *La nave atracó **en** el puerto. Las líneas de Mallorca atracan **en** el muelle sur.* || *v. tr.* **2** Detener o asaltar ‹una persona› [a otra persona] o [un establecimiento] para robar: *La atracaron a la salida del cine. Ayer dos niños querían atracar una tienda de juguetes. Han atracado el tren correo.* || *v. tr./prnl.* **3** Hacer comer o beber ‹una persona› [a otra persona] excesivamente: ***Se** atracó **de** dulces. Mi tía nos atracaba **de** jamón cuando la íbamos a ver.* ⇒ **71.**

atracción *s. f.* **1** (no contable) Acción y resultado de atraer: *Le parecía milagrosa la atracción del imán sobre los viejos clavos. Su belleza ejerce una poderosa atracción.* ANT. repulsión. **2** Cosa que atrae: *La nueva vida estaba llena de atracciones.* SIN. atractivo. **3** (preferentemente en plural) Espectáculos o diversiones variadas: *Me gustan las atracciones de circo.* **parque* de atracciones.** **4** (no contable) Persona o hecho más llamativo de una reunión o de un acontecimiento: *Con sus extravagancias fue la atracción de la fiesta.* || **5 ~ universal** Atracción que ejercen unos sobre otros todos los cuerpos que componen el universo y, en especial, la que ejercen de manera recíproca entre sí los astros.

atraco *s. m.* Asalto que se hace a una persona o a un lugar para robar: *El atraco del banco fue a mano armada. Esa señora sufrió un atraco en pleno día.* SIN. robo.

atracón *s. m.* **1** COLOQUIAL. Acción y resultado de atracarse de comida: *Nos compramos un kilo de pasteles y nos dimos un buen atracón.* **2** COLOQUIAL. Hartazgo o cansancio del exceso de alguna actividad: *En la película me di un atracón de llorar. Marisa se dio un atracón de leer en vacaciones. Esta semana me he dado un atracón de silla, vamos a pasear.* SIN. panzada.

atractivo, va *adj.* **1** (ser/estar; antepuesto/pospuesto) Que atrae o tiene interés: *una atractiva sonrisa, un hombre atractivo. Su mujer es muy atractiva. Con ese vestido está muy atractiva.* || *s. m.* **2** Cualidad o conjunto de cualidades que atraen de una persona o cosa: *Es un hombre con muchos atractivos. El viaje que me propones tiene muchos atractivos. La educación es su principal atractivo.*

atraer *v. tr./prnl.* **1** Traer ‹una cosa› [otra cosa] hacia sí: *Los extremos **se** atraen. Los polos opuestos **se** atraen. El imán atrae ciertos metales.* **2** Despertar ‹una persona, un animal o una cosa› afecto, cariño o deseo de posesión en [una persona]: *Ha conseguido atraer**se** al jefe. Me atrae muchísimo la vecina de abajo.* **3** Despertar ‹una persona o una cosa› gran interés en [una persona]: *La pintura de Goya la atrae. Lo atrae el peligro. Los lugares exóticos la atraen.* || *v. tr.* **4** Conseguir ‹una persona› la adhesión de otra a [un plan, una idea o un grupo]: *Atrajo a los compañeros **a** su bando. Consiguió atraer con su programa los votos de los delegados.* ⇒ **83.**

atragantarse *v. prnl.* **1** Quedar la garganta de ‹una persona› obstruida por [una cosa]: *Cuando comía pescado, se* *atragantó* ***con*** *una espina.* **2** COLOQUIAL. Resultar ‹una persona o una cosa› antipática o desagradable [a otra persona]: *Este vecino se me ha atragantado; es un chismoso de mucho cuidado. La Física se le ha atragantado y lo van a volver a suspender.* **3** Quedarse ‹una persona› sin poder seguir hablando: *Cuando tengo que hablar en público me pongo nervioso y me atraganto. No puede hacer exámenes orales porque se atraganta con el nerviosismo.*

atrancar *v. tr.* **1** Cerrar ‹una persona› [una puerta o una ventana] con una tranca, una barra o un cerrojo: *Por las noches atranca la puerta antes de irse a dormir.* || *v. tr. / prnl.* **2** Impedir ‹una cosa› el paso por [un conducto]: *La cañería* ***se*** *ha atrancado.* SIN. atascarse. || *v. prnl.* **3** COLOQUIAL. Quedarse ‹una persona› parada en una actividad, sobre todo cuando habla o lee: *Sabe inglés, pero se atranca al hablar. Se atranca cuando expone una opinión en público. No conduzco mal, pero me atranco* ***con*** *las marchas de vez en cuando.* ⇒ **71.**

atrapar *v. tr.* **1** Sujetar, agarrar ‹una persona o un animal› [a una persona o un animal] con un movimiento rápido o con una trampa: *La policía atrapó al ladrón que intentaba escapar. El gato corría para atrapar al ratón.* **2** Conseguir ‹una persona› [una cosa] por suerte o con habilidad: *Atrapó un premio en la lotería.* **3** Atraer ‹una persona› [a otra persona] con astucia: *Los atraparon con sus promesas.* **4** Contraer ‹una persona› [una enfermedad]: *Ha atrapado unos hongos en la playa y tiene el pie destrozado. Atrapé un catarro muy fuerte.*

atrás *adv. lug.* **1** En o hacia el lugar que está o queda a espaldas de la persona que habla o de la cosa que se toma como referencia. OBSERVACIONES: ◊ No admite segundo término de relación. ◊ Pueden seguirle *hacia* y *para*, que aportan el significado de orientación o dirección: *Mira hacia atrás. Vete para atrás. Échate para atrás.* ANT. adelante. **2** En un edificio o local, equivale a 'en la parte trasera' o 'en la parte más cercana al fondo': *El ladrón salió por la puerta de atrás. No te sientes muy atrás.* **3** En una lista, clasificación o cualquier tipo de ordenación, equivale a 'en los últimos lugares' o 'con retraso respecto de los demás': *El equipo está muy atrás en la clasificación. Nuestro caballo va muy atrás en la carrera.* || *adv. temp.* **4** Indica tiempo pasado y equivale a 'antes', 'hace tiempo': *Los problemas con su madre vienen de atrás.* OBSERVACIONES: ◊ Tiene que ir precedido de *de* o de una expresión de tiempo. ◊ Cuando sigue a un nombre o expresión de tiempo, equivale a 'hace', 'antes': *Había pedido un crédito meses atrás. Cuatro semanas atrás nos habíamos enterado de la noticia de su boda. Tiempo atrás habían sido novios.* **5** En un discurso o escrito, equivale a 'anteriormente': *Como señalé más atrás.* || *interj.* **6** Se usa para ordenar a alguien que retroceda: *¡Atrás, malditos!* FR. Y LOC. **años / días / meses / tiempo ~** Se usa para referir algo a un período de tiempo que se expresa y que pertenece al pasado: *Días atrás ha habido revueltas por algunas zonas del país.* **con una mano detrás* / ~ y otra delante. dar marcha* ~. dejar* ~. echarse* ~. marcha* ~. quedar* ~. salto* ~. un paso* adelante / ~. volver la vista* ~. volverse* ~.**

atrasar *v. tr.* **1** Establecer ‹una persona› una fecha o una hora posterior a la que se había fijado para hacer [una cosa]: *Atrasó la compra del coche.* SIN. retrasar. **2** Ser ‹una cosa› la causa de que [otra cosa] se haga u ocurra más tarde de lo debido: *La lentitud del ordenador atrasó el trabajo.* SIN. retrasar. **3** Hacer retroceder ‹una persona› las manecillas del [reloj]: *Al llegar a Canarias atrasamos el reloj una hora.* || *v. intr. / prnl.* **4** Llevar ‹el reloj› una marcha demasiado lenta: *El reloj de la cocina atrasa. Este reloj* ***se*** *atrasa.* || *v. prnl.* **5** Hacerse u ocurrir ‹una cosa› más tarde de lo debido: *El reparto se ha atrasado hoy por culpa del tráfico.* SIN. retrasarse. **6** Llegar ‹una persona› más tarde de lo debido: *Se atrasó diez minutos.* **7** Quedarse ‹una persona› atrás: *Ha estado enfermo y se ha atrasado en los estudios.*

atraso *s. m.* **1** Situación de atrasado en el tiempo respecto de una referencia: *el atraso del tren, el atraso del reloj, el atraso en la entrega.* SIN. retraso. ANT. adelanto. **2** Tiempo que va atrasada una cosa: *El tren lleva cuatro horas de atraso. La conferencia empezó con un cuarto de hora de atraso.* ANT. adelanto. **3** Situación de un país, pueblo o grupo con un desarrollo escaso desde la perspectiva occidental: *Ciertas comarcas tienen un atraso de años. No eran conscientes del atraso en que vivían.* **4** Cualquier cosa o situación que se considera propia del subdesarrollo: *No tener teléfono en casa es un atraso. Es un atraso tener que aguantar a un jefe en la oficina.* SIN. retraso. ANT. adelanto. **5** (en plural) Conjunto de cantidades que se deben o no han sido pagadas en su tiempo: *Pronto pagarán los atrasos a los empleados. Me han pagado los atrasos del año pasado.*

atravesado, da *adj. / s. m.* y *f.* Que tiene mala intención: *Es una persona muy atravesada, se le ocurren malas ideas. Me parece una idea algo atravesada.*

atravesar *v. tr.* **1** Pasar ‹una persona, un animal o una cosa› de un lado de [una cosa] al opuesto: *Atravesó la tela con un alfiler. La bala ha atravesado el pulmón.* **2** Recorrer ‹una persona› [una cosa] de un lado a otro: *atravesar la región, atravesar un río. Atravesó el puente con resolución.* **3** Poner ‹una persona› [una cosa] delante de manera que impida el paso: *Los huelguistas atravesaron un autobús en la calzada.* || *v. tr. / intr.* **4** Pasar ‹una persona› por [una cosa]: *Atraviesa un buen momento. Atraviesa por dificultades* || *v. prnl.* **5** Ponerse ‹una persona o una cosa› en medio o delante de [una persona o una cosa] de manera que impide el paso: *Un coche se nos atravesó en la calzada.* **6** Ponerse ‹una persona o una cosa› entre otras o en el curso de algo: *La mala suerte se atravesó* ***en*** *su camino.* **7** Hacerse ‹una persona o una cosa› muy antipática [a una persona]: *Ese compañero se me ha atravesado: no lo soporto. Se le han atravesado las matemáticas.* SIN. atragantarse. **8** Aparecer ‹una persona› en la vida o en los asuntos de otra persona: *Se nos ha atravesado una empresa que nos hace una competencia feroz. Le he dicho que como vuelva a atravesarse en mi vida, se acordará de mí.* FR. Y LOC. **tener atravesado en la garganta*.** ⇒ **58.**

atrayente *adj.* (antepuesto / pospuesto) Que atrae: *una persona atrayente, una música atrayente. Tiene una atrayente manera de decir las cosas.*

atreverse *v. prnl.* Ser ‹una persona› capaz de [hacer una cosa arriesgada o difícil]: *Se atrevió* ***a*** *saltar. Se atreve* ***con*** *todos. No se atreverán* ***a*** *echarnos de la fiesta por no llevar corbata.*

atrevido, da *adj.* **1** Que se atreve a alguna cosa o es arriesgado: *Es una persona muy atrevida, le encantan todos los deportes que implican cierto riesgo. Es muy atrevido, es capaz de enfrentarse a un lobo con un simple palo.* **2** Que tiene poca educación o falta al respeto debido: *Es muy* *atrevido, trata de tú a todo el mundo. Es excesivamente atrevida, siempre responde a las observaciones del jefe.* **3** Que falta a las normas que se consideran moral o socialmente aceptables: *Lleva siempre trajes muy atrevidos. Esta película tiene algunas escenas amorosas excesivamente atrevidas.*

atrevimiento *s. m.* **1** Desvergüenza, falta de educación: *Como tenga el atrevimiento de llamarme lo insultaré sin miramientos. La gente tiene mucho atrevimiento, un tipo quería anoche que no tomáramos café después de cenar para que le dejáramos la mesa libre.* **2** Palabra o acción propias de las personas insolentes o descaradas: *Tuvo el atrevimiento de dirigirse al director del colegio hablándole de tú. Tiene el atrevimiento de llegar tarde y no disculparse.*

atrezo *s. m.* Conjunto de objetos necesarios para una representación de teatro o cine: *El atrezo de la película ha sido carísimo. El fuego del teatro empezó en el almacén del atrezo.*

atribución *s. f.* **1** Acción y resultado de atribuir: *Hay que ser muy cuidadosos en la atribución de culpas. La atribución de este libro a Quevedo es muy discutida. La atribución del encargo al secretario del nuevo departamento no ha gustado al resto de la plantilla.* **2** (preferentemente en plural) Facultad o poder que tiene una persona en función de su cargo o posición: *Te tomas demasiadas atribuciones. Tiene atribuciones para hacer la venta.* SIN. potestad.

atribuir *v. tr.* **1** Considerar ‹una persona› [a otra persona] autora o causante de [una cosa]: *Le han atribuido una obra de teatro que no escribió.* **2** Considerar ‹una persona› que [una persona o una cosa] tiene [una característica]: *No le atribuyen una gran capacidad de trabajo. Le han atribuido siempre un malhumor característico.* ‖ *v. tr. / prnl.* **3** Considerar ‹una persona› que [una cosa] corresponde [a otra persona]: ***Se** atribuye el éxito de la expedición. Le atribuyen la responsabilidad del accidente al jefe de estación.* ⇒ **46.**

atribular *v. tr.* **1** ELEVADO. Causar ‹una persona o una cosa› tribulación [a una persona]: *Me atribula la depresión de mis padres.* ‖ *v. prnl.* **2** ELEVADO. Ponerse ‹una persona› triste: *Se atribula **por** el comportamiento de sus niños. Se atribula **con** cualquier cosa.*

atributivo, va *adj.* **1** GRAM. [Verbo] con que se construye el atributo. **2** GRAM. [Función] que es desempeñada por el atributo.

atributo *s. m.* **1** Cualidad o propiedad de un ser: *La prudencia y la experiencia son sus mejores atributos.* **2** Símbolo característico de un personaje o figura: *El tridente es el atributo de Neptuno.* **3** GRAM. Palabra o sintagma que califica al sujeto de una oración y va introducido por los verbos *ser, estar* o cualquier otro verbo copulativo: *En la oración «María es simpática», el atributo es «simpática».* **4** GRAM. Función del adjetivo en posición inmediata al sustantivo que califica: *En «leche agria», «agria» es el atributo.*

atrición *s. f.* (no contable) REL. Entre los católicos, dolor de haber ofendido a Dios, por miedo del infierno o castigo eterno: *El arrepentimiento por contrición es más perfecto que el de atrición.*

atril *s. m.* Pequeño mueble con un plano inclinado para colocar libros o papeles que se usa para poder leer con más comodidad.

atrincherar *v. tr.* **1** Hacer ‹una persona› trincheras en [un lugar] para defenderse: *El batallón empezó a atrincherar la posición en espera de un ataque enemigo.* ‖ *v. prnl.* **2** Ponerse ‹una persona› en una trinchera para defenderse: *Los soldados se atrincheraron para ponerse a salvo del enemigo.* **3** Utilizar ‹una persona› [una cosa] para defenderse: *Se atrincheró **en** sus ideas. Se ha atrincherado **en** sus opiniones y ha dicho que no cambiará. Se atrincheraron **tras** un autobús durante el tiroteo.*

atrio *s. m.* **1** Lugar descubierto rodeado por una galería con arcadas y columnas que hay en el interior de algunos edificios: *el atrio de una casa romana.* **2** Espacio cubierto, limitado por columnas en la parte anterior, de algunos templos y palacios: *En los pueblos los amigos solían encontrarse los domingos antes de misa en el atrio de la iglesia.*

atrocidad *s. f.* **1** (no contable) Cualidad de cruel: *La atrocidad de lo ocurrido debiera ser motivo de reflexión.* SIN. crueldad. **2** Hecho o acción cruel: *En todas las guerras se cometen atrocidades. Las atrocidades del hombre, por desgracia, no tienen límites.* SIN. barbaridad. **3** COLOQUIAL. Dicho o hecho disparatado y arbitrario, fuera de toda medida: *No digas atrocidades. Despedirte de la empresa, con la falta actual de ofertas de trabajo, sería una atrocidad. Es una atrocidad insultar públicamente a los amigos que te han ayudado siempre.* SIN. barbaridad. **4** (preferentemente en plural) Insulto u ofensa: *Cuando pierde la cabeza se dedica a gritar blasfemias y otras atrocidades.*

atrofia *s. f.* **1** MED. Disminución en el desarrollo o volumen de una parte del cuerpo: *atrofia muscular.* **2** Disminución en la capacidad de alguna persona o cosa: *La atrofia industrial del país es peligrosa. El equipo demuestra una atrofia goleadora total.*

atrofiar *v. tr.* **1** Producir ‹una cosa› atrofia en [una persona o en una cosa]: *La falta de actividad física atrofia los músculos. Creo que la televisión le atrofia el cerebro.* ‖ *v. prnl.* **2** Sufrir ‹una parte del cuerpo› atrofia: *Se le ha atrofiado el brazo izquierdo. El órgano que no se usa se atrofia.*

atronador, ra *adj.* Que atruena o ensordece: *una voz atronadora, un ruido atronador.*

atronar *v. tr. / intr.* **1** Producir ‹una cosa› un ruido ensordecedor en [un lugar]: *Los cascos de los caballos atronaban (sobre) el puente. Las motos atruenan (en) la noche.* **2** Causar ‹un ruido ensordecedor› aturdimiento [a una persona]: *Nos atronaban los cohetes de la fiestas.* ⇒ **28.**

atropellado, da *adj.* (antepuesto / pospuesto) Que habla o actúa con precipitación: *un atropellado discurso. Su exposición atropellada aturdió a los oyentes.*

atropellamiento *s. m.* Atropello.

atropellar *v. tr.* **1** Pasar ‹un vehículo› por encima de [una persona o una cosa]: *Un camión lo atropelló. El tren atropelló un tractor en un paso a nivel.* **2** Hacer ‹una persona› fuerza contra [otra persona] para abrirse paso: *Salió corriendo y atropelló a los peatones que pasaban por allí.* **3** Obrar ‹una persona› sin respetar [los derechos de otra persona, las leyes o las normas]: *No se pueden atropellar los derechos de los ciudadanos.* ‖ *v. prnl.* **4** Hablar u obrar ‹una persona› precipitadamente: *Chico, explícate con tranquilidad, no te atropelles.*

atropello *s. m.* Acción y resultado de atropellar o atropellarse: *Ha habido un atropello en la calle: un coche ha pillado a un niño. Con esa injusticia ha cometido un atropello. Habló con tanto atropello que no entendí lo que dijo.*

atroz *adj.* **1** (antepueto / pospuesto) Que es cruel o terrible: *un crimen atroz. La había sometido a torturas atroces. Los atroces tormentos no son, por desgracia, cosas de la Edad Media.* **2** Que es muy grande o mayor de lo habitual: *Tengo un hambre atroz. Pasamos un miedo atroz.*

ATS (pronunciamos *'a-te-ese'*) *s. m. / f.* Sigla de «ayudante técnico sanitario», España.

atuendo *s. m.* Vestido, indumentaria de una persona: *Viste atuendo deportivo. Nunca juega al tenis si no va con el atuendo adecuado.*

atufar *v. tr.* **1** Causar ‹los vapores o los malos olores› aturdimiento [a una persona]: *Los gases atufaron a los manifestantes.* **2** RESTRINGIDO. Hacer ‹una persona o una cosa› que [una persona] se enfade: *Las bromas lo atufan enseguida.* SIN. enojar. || *v. intr.* **3** Despedir ‹una cosa› mal olor: *El pescado atufa: se había podrido.* **4** PEYORATIVO. Poner ‹una cosa› de manifiesto [otra cosa] exageradamente: *Esta historia atufa **a** cuento extraordinariamente. Esta propuesta atufa **a** pura tontería.* || *v. prnl.* **5** Sentirse ‹una persona› aturdida por los vapores o los malos olores: *Me atufé con el brasero.* **6** Enfadarse ‹una persona›: *Se atufó por una broma.*

atún *s. m.* (macho y hembra) *Thunnus thynnus.* Pez marino bastante grande, de color azulado con el lomo gris, que habita en aguas templadas y tiene una carne muy apreciada como alimento.

atunero, ra *adj.* **1** Del atún: *pesca atunera.* || *adj. / s. m.* y *f.* **2** [Barco, persona] que está dedicado profesionalmente a la pesca del atún: *los atuneros, los barcos atuneros.*

aturdimiento *s. m.* **1** Perturbación de los sentidos o de las facultades mentales provocada por un golpe, un ruido, una fuerte impresión o por otras causas: *La explosión les produjo tal aturdimiento que les impedía oír o pensar con claridad.* **2** Falta de serenidad o coordinación al hacer una cosa: *Su aturdimiento ante los invitados hizo que se le cayera la bandeja. El aturdimiento de este camarero cuando hay mucha gente nos va a arruinar el negocio. Ante los problemas hay que actuar con tranquilidad y sin aturdimiento.*

aturdir *v. tr.* **1** Causar ‹una persona o una cosa› aturdimiento [a una persona]: *Me aturdís con vuestros gritos.* **2** Causar ‹una persona› desconcierto [a otra persona]: *Me aturdes con tus mentiras, me aturden tus patrañas.* || *v. prnl.* **3** Experimentar ‹una persona› aturdimiento o desconcierto: *Se aturdió al verla. Me he aturdido al escucharle decir tantas tonterías.*

aturullar o **aturrullar** *v. tr.* **1** Hacer ‹una persona o una cosa› que [una persona] no sepa qué decir o cómo obrar: *Se siente incómodo porque la gente lo aturulla.* || *v. prnl.* **2** Quedarse ‹una persona› sin saber qué decir o cómo obrar: *Se aturulla cuando habla en público.*

atusar *v. tr. / prnl.* **1** Arreglar ‹una persona› el cabello de [otra persona] ligeramente: *La madre atusó al niño el flequillo. **Se** atusó antes de salir de casa.* || *v. prnl.* **2** RESTRINGIDO. Adornarse o arreglarse ‹una persona› excesivamente o con afectación: *Le gusta atusarse mucho para ir a la ópera.*

audacia *s. f.* (no contable) Atrevimiento o decisión para hacer cosas peligrosas o difíciles: *Tiene mucha audacia al emprender esa investigación. Su audacia lo ha llevado por todas las selvas del planeta.*

audaz *adj.* **1** (antepuesto / pospuesto) Que realiza acciones difíciles o peligrosas: *Un audaz piloto logró la victoria. El policía audaz consigue siempre descubrir el delito.* **2** (ser / estar; antepuesto / pospuesto) Que destaca por su originalidad o atrevimiento: *una audaz obra de ingeniería. Planteó una teoría audaz. El opositor estuvo audaz en su exposición.*

audible *adj.* RESTRINGIDO. Que se puede oír: *El sonido era apenas audible, llegaba de muy lejos.*

audición *s. f.* **1** (no contable) Capacidad para oír: *Con los años ha perdido audición.* **2** Concierto, recital o lectura en público: *Asistió a una audición musical. En el colegio hay una audición de poemas.* **3** Prueba de un artista para un espectáculo: *La casa discográfica me ha organizado una audición.*

audiencia *s. f.* **1** Acto de recibir y escuchar una autoridad a quienes acuden a ella: *dar audiencia, conceder audiencia, audiencia papal, audiencia real.* **2** Conjunto de personas que siguen un programa de radio o televisión o asisten a un espectáculo: *Los programas deportivos tienen mucha audiencia. La audiencia de la cadena local está subiendo.* **3** DER. Tribunal colegiado que decide en un determinado territorio sobre ciertos asuntos: *La audiencia provincial se reunirá mañana.* **~ provincial. ~ territorial** Nombre que recibían cada uno de los Tribunales Superiores de Justicia de las Comunidades Autónomas. **4** Edificio o local que es sede de este tribunal: *Trabaja en el archivo de la audiencia. La audiencia es un antiguo palacio renacentista.*

audífono o **audiófono** *s. m.* Aparato o dispositivo que se aplica al oído para mejorar la audición, utilizado por los enfermos de sordera: *Perdió oído y lleva un audífono.*

audímetro o **audiómetro** *s. m.* TECNOL. Instrumento para medir la capacidad auditiva.

audio *adj.* (invariable) [Técnica, dispositivo] que se relaciona con la grabación, transmisión y reproducción del sonido: *El aparato incorpora un sistema audio único. Los sensores audio de esta casa son muy modernos.*

audiófono *s. m.* Audífono.

audiómetro *s. m.* Audímetro.

audiovisual *adj.* Del oído y de la vista cuando se utilizan conjuntamente: *medios audiovisuales. Un método didáctico audiovisual combina sonido e imagen.*

auditar *v. tr.* Realizar ‹una persona› una auditoría de [una empresa o una institución]: *Han auditado la empresa familiar de los acusados. Han auditado las cuentas de la diputación.*

auditivo, va *adj.* Del oído: *capacidad auditiva, sensación auditiva.* **comprensión auditiva. conducto* ~.**

auditor, ra *s. m. / f.* Persona colegiada que se dedica por profesión a revisar las cuentas de una empresa o de una institución: *El auditor informó al consejo que había un agujero de diez millones.*

auditoría *s. f.* **1** (no contable) Oficio de auditor: *No es mal trabajo la auditoría de la diputación.* **2** Despacho o tribunal del auditor: *Encargó a una auditoría las cuentas de la empresa. Han abierto una auditoría en esta calle.* **3** Revisión financiera y administrativa de una institución o empresa, realizada por especialistas ajenos a ellas: *Es economista y lleva la auditoría de algunas empresas.* **~ contable** Auditoría que se realiza sobre temas de contabilidad.

auditorio *s. m.* **1** Local para conciertos, conferencias y otros actos: *En el auditorio ponen hoy música clásica.* SIN. auditórium. **2** Conjunto de oyentes: *Cuando terminó el concierto, el auditorio aplaudió.*

auditórium *s. m.* Auditorio, local para conciertos y otros actos.

auge *s. m.* **1** (no contable) Punto o momento de mayor intensidad: *Este movimiento pictórico todavía está en auge. Su carrera artística está lejos de acabarse, pero ya no tiene el auge de hace unos años.* SIN. apogeo. **2** (no contable) Importancia, incremento: *Esta moda está cobrando auge.*

augur *s. m.* HIST. Sacerdote adivino en el imperio romano: *Los augures interpretaban ciertos signos, como el vuelo de las aves o las entrañas de los animales, para hacer sus predicciones.*

augurar *v. tr.* **1** Hacer ‹una persona› un augurio o predicción acerca de [una cosa]: *Le auguró un feliz matrimonio.* **2** Ser ‹una cosa› augurio de [otra cosa]: *La pitonisa interpretó que el vuelo de los cuervos auguraba una época de prosperidad.* SIN. presagiar.

augurio *s. m.* Presagio, anuncio o señal de una cosa futura: *buen augurio, mal augurio.*

augusto, ta *adj.* (antepuesto) ELEVADO. Que merece mucho respeto y consideración por su nobleza: *El monarca y su augusta esposa han visitado a la reina madre. La augusta señora ha prometido devolverles pronto la visita.*

aula *s. f.* Clase o habitación donde se explica una materia o asignatura: *las aulas de la facultad, un aula de clases prácticas, un aula de estudio. Este colegio tiene cincuenta aulas.*

aulaga *s. f.* Arbusto leñoso de tallo espinoso, hojas simples y flores amarillas en racimo.

aullador, ra *adj.* Que aúlla: *un animal aullador.*

aullar *v. intr.* Emitir ‹el perro o el lobo› un grito quejumbroso: *Los lobos aullaban en la montaña. Al ausentarse el amo, el perro no cesaba de aullar.* ⇒ **13**.

aullido *s. m.* **1** Grito agudo y prolongado que emiten algunos animales, en especial, los lobos y los perros: *Se oían los aullidos de los lobos en las noches de invierno.* **2** Sonido similar proferido por otro animal o por el hombre: *Lanzó un aullido de dolor.*

aumentar *v. intr.* **1** Hacerse ‹una cosa› más grande o más intensa: *Los gastos han aumentado. Las temperaturas han aumentado por el rigor del verano.* || *v. tr.* **2** Hacer ‹una persona o una cosa› que [una cosa] sea más grande o más intensa: *La escuela no puede aumentar su alumnado.*

aumentativo, va *adj.* **1** Que aumenta: *Hay sufijos con valor aumentativo.* || *s. m.* **2** GRAM. Palabra formada con un sufijo aumentativo: *«Casona» y «perrazo» son aumentativos.*

aumento *s. m.* **1** Acción y resultado de aumentar: *el aumento de los precios. Pidió un aumento de sueldo a su jefe.* **2** Potencia o capacidad de un instrumento óptico para agrandar una imagen: *Esta lupa tiene pocos aumentos.*

aun (diferente de *aún*) *adv.* **1** Intensificador usado ante un grupo de palabras que presentan un caso extremo para el que es poco esperable la acción expresada por el verbo: *Aun los más torpes lo acertaron* ('Lo acertaron otros y los más torpes también, aunque en ellos no era esperable que lo hicieran'). A veces tiene un valor concesivo hipotético: *Aun con los ojos vendados te reconocería. Aun conduciendo con prudencia correrías grave peligro. Aun llorando resultaba gracioso.* OBSERVACIONES: Se usa antepuesto al sintagma en que se alude al caso extremo. RELACIONES Y CONTRASTES: ◊ Es más culto y restringido que *hasta.* ◊ No es sustituible por *hasta* en los siguientes casos: detrás de *ni (Ni aun siendo buenos lo conseguirían);* delante de las locuciones *a sabiendas de, a riesgo de, a pesar de (Lo hizo aun a sabiendas del riesgo que corría).* ◊ A diferencia de *hasta* no suele usarse ante nombres o pronombres en posición no temática: *Lo ignoraba hasta Galileo.* SIN. hasta, incluso. **2** Intensificador usado en construcciones de gerundio, participio o adjetivo, o en sintagmas circunstanciales, con valor concesivo por sí mismos: *Aun estando bastante cansados prefirieron seguir hasta el final. (Estando bastantes cansados... Aunque estaban bastante cansados...) Los otros, aun siendo buenos, no lo son tanto como éstos. Aun con las piernas destrozadas seguía avanzando. Aun habituado a andar de noche, sintió miedo. Aun adormilado se enteraba de lo principal.* FR. Y LOC. **~ así** 1 Locución adverbial concesiva hipotética equivalente a 'incluso en ese supuesto', 'aun en ese caso', que supone algo dicho anteriormente. 2 Locución adverbial concesiva no hipotética equivalente a 'a pesar de todo', 'a pesar de eso', 'así y todo'. RELACIONES Y CONTRASTES: Frente a *no obstante, con todo* y *sin embargo,* no puede usarse al inicio ni al final de una proposición. OBSERVACIONES: En las dos acepciones se emplea preferentemente al comienzo de un cambio de turno en una conversación o tras una proposición coordinada con *y* o *pero*: *–«Usaríamos guantes.» –«Aun así os destrozaríais las manos.» Dicen que no seguirá nevando, pero, aun así, el viaje sería arriesgado. –«Es que tengo pocas.» –«Aun así, debes dejarle jugar con una bola.» Estaba enfermo, y, aun así, logró imponerse a todos.* **~ con eso*** + oración negativa. **~ cuando** 1 ELEVADO. Locución conjuntiva concesiva hipotética equivalente a *aunque*: *Aun cuando me lo pida de rodillas, no accederé. Aun cuando fueran hermanos, no se parecerían tanto. Aun cuando algún día lo odiaras, acuérdate de lo que hizo por ti.* OBSERVACIONES: A veces el sentido hipotético es falso y se refiere a acciones o situaciones habituales: *Aun cuando les dieran golpes, ellos siempre se mostraban serenos.* 2 Locución conjuntiva concesiva no hipotética equivalente a *aunque.* OBSERVACIONES: En ocasiones admite la supresión del verbo: *Aun cuando con muchas dificultades, logró salir de allí.* RELACIONES Y CONTRASTES: No confundir la locución conjuntiva *aun cuando* con el intensificador *aun* (equivalente a *hasta* o *incluso*) seguida del adverbio de tiempo *cuando*: *Don Andrés es interesante aun (hasta / incluso) cuando se equivoca. Llévalo al cuello aun (hasta / incluso) cuando te bañes en el mar. Aun (hasta / incluso) cuando les daban golpes, aun (hasta / incluso) entonces se reían.* **ni (~) con eso***.

aún (diferente de *aun*) *adv. temp.* **1** Hasta ahora o hasta el momento que se indica. OBSERVACIONES: En todas las acepciones temporales se presupone que en un momento anterior se da la situación contraria y por eso la negación se hace con *ya no* y *ya* respectivamente: *Aún vive, Aún no tienes canas* frente a *Ya no vive, Ya tienes canas. Aún no ha venido tu padre. Le ofrecieron un nuevo trabajo, pero aún no ha contestado.* SIN. todavía. **2** Ahora o en un futuro inmediato: *No se lo digas aún.* SIN. todavía. **3** Expresa, además de tiempo, un matiz de ponderación o de énfasis: *Aún queda tiempo para que acabe el verano. Son las diez ¿y aún sigues trabajando?* SIN. todavía. **4** En contextos negativos no descarta la posibilidad de que pueda suceder el hecho al que hace referencia: *–«¿Te has casado?» –« Aún no.»* SIN. todavía. **5** 1 Señala un punto temporal presente, pasado o futuro, indicando que continúa la situación o el hecho de que se trata, pero sugiriendo que podría darse el contrario: *¿Llueve aún? ('¿Sigue lloviendo?') Aún tenemos tiempo. Aún no ha venido. Aún eran unos niños. No digáis nada aún.* OBSERVACIONES: Se usa en aserciones, preguntas o prohibiciones. RELACIONES Y CONTRASTES: Se reemplaza por *ya* en la negación pertinente: *–«¿Aún fumas?» –«No, ya no.»* SIN. todavía. **5₂** Acentúa la idea de que en el futuro puede darse la situación o el hecho que no se da en el momento de que se trata y que se tenía previsto: *–«¿Eres catedrático?» –«Aún no.» Aún no ha llegado mi hora. Aún no eres viejo. Aún no has visto lo mejor. No disparéis aún.* OBSERVACIONES: Se usa en negaciones. SIN. todavía. **5₃** Expresa ponderación enfática y extrañeza ante un hecho o situación, dando a entender que era esperable lo contrario: *¿Aún no has terminado? ¿Pero aún estáis aquí?*; o que era esperable sólo para la persona a la que se refiere la frase: *¡Aún no me has ganado!* OBSERVACIONES: Se usa en interrogaciones y exclamaciones. SIN. todavía. **6** Junto al valor temporal tiene un matiz concesivo en contextos que expresan un hecho o situación producido realmente: *Lo hice lo mejor que pude y aún cree que no me esforcé. Y aún dirán que trabajamos poco.* OBSERVACIONES: Se usa en situaciones en que el hablante se extraña de que algo suceda o creía que era esperable lo contrario. SIN. todavía, aún así. || *adv.* **7** (en contextos emotivos de negación, rechazo o renuncia) Indica el límite máximo en que se puede tolerar, admitir o comprender una situación o hecho mencionado antes o conocido: *Aún si fuera dócil ..., pero es que ni siquiera eso. –«¿Y qué pinto yo en esa casa?» –«Tú aún, porque, al fin y al cabo eres de la familia, pero, ¿yo?» ¿Un viaje a la India? Si nos sobrara el dinero, aún, pero, estando como estamos, ni hablar.* RELACIONES Y CONTRASTES: Es menos frecuente que *todavía*. A la frase en que aparece *aún* se puede añadir *pase, quizá fuera admisible, puede pasar, podría pasar, estaría dispuesto, parecería bien, podría admitirse*: *¿Que me ponga el abrigo? Si hiciera frío, aún, pase, pero con este calor.* SIN. todavía. **8** Resalta una cualidad, característica o circunstancia que se supone ya en grado muy elevado, por lo que no parecería esperable que se diera en grado mayor: *González es aún más alto que Sabonis. Yo lo haría con más esmero aún. Tengo aún menos granos que tú. Tiene una hermana aún menor (que él).* OBSERVACIONES: ◊ Se usa en comparaciones de superioridad o inferioridad, antepuesto o pospuesto al sintagma comparativo. ◊ Puede usarse con imperativos: *Cantad con más pasión aún.* RELACIONES Y CONTRASTES: Permite la presencia de la expresión *que ya es decir* como conclusión de algo redundante: *Es aún más listo que Juan, que ya es decir.* **9** En una comparación de superioridad o de inferioridad, resalta una cualidad o una característica que se da por supuesta en la otra persona o en la otra cosa: *Es aún más inteligente que su hermano.* SIN. todavía. FR. Y LOC. **más* ~.**

aunar *v. tr. / prnl.* **1** Poner ‹una persona› [a personas distintas] de acuerdo: *Todos los vecinos **se** aunaron para pedirle al ayuntamiento más vigilancia en el barrio. **Se** aunaron los unos **con** los otros contra la subida de tasas.* **2** Unir ‹una persona› [cosas distintas] para un fin: *Aunaron sus fuerzas para levantar la empresa. Aunaron sus tierras para cultivarlas mejor.* ⇒ **13.**

aunque *conj.* **1** (sin supresión del verbo y en subjuntivo) Introduce una proposición concesiva de carácter hipotético que equivale a 'incluso en el supuesto de que': *Aunque lo hubiera sabido, no te lo habría contado.* OBSERVACIONES: ◊ El presente y el pretérito perfecto de subjuntivo expresan un hecho hipotético sin matices: *Mañana, aunque esté nevando (o haya nevado), saldré.* ◊ El pretérito imperfecto de subjuntivo (*-ra, -se*) expresa un hecho irreal o poco probable: *Aunque fueras más fuerte de lo que eres, no podrías conseguirlo. Aunque nevara, habrá / habría de jugarse el partido.* ◊ También se emplea en el lenguaje jurídico y administrativo: *En tales casos, aunque el reo no fuera reincidente, no se condonará la pena.* **1₁** (preferentemente en refranes y sentencias) Introduce frases que expresan una hipótesis general: *Aunque la mona se vista de seda, mona se queda.* **1₂** En hipótesis que han podido llegar a realizarse al menos una vez: *Aunque le silbaran, él siempre sonreía. Aunque lloviera los jueves, se jugaba al fútbol.* **1₃** (suele reforzarse con *ni* en frases negativas) En hipótesis hiperbólicas: *Aunque nos partan el alma, siempre nos ríe el semblante. Aunque cayeran chuzos de punta, él se presentaba allí a las nueve. No obedecía ni aunque lo molieran a palos.* OBSERVACIONES: ◊ En **1**, **1₁**, **1₂** y **1₃** puede aparecer el verbo *ser* para no repetir el mismo verbo en las dos proposiciones: *Hay que ganar, aunque sea / (haya que ganar) haciendo trampas.* Con el verbo *ser* puede expresar la idea de 'poco' o de 'mínimo exigible': *Tú dile algo, aunque sea simplemente «hola». Aunque sólo sea por taparles la boca, hazlo.* ◊ La forma *aunque sea* puede tener una independencia próxima a la de una locución adverbial: *Tengo que llevarle aunque sea un simple bolígrafo. Llévale aunque sea un bolígrafo.* O constituirse como tal locución: *Ve tú, aunque sea.* **2** (con posible supresión del verbo y en indicativo o subjuntivo) Introduce una proposición concesiva no hipotética: *Aunque ha empezado a nevar, siguen jugando a tope. Aunque (estaba) lesionado de gravedad, siguió jugando. Aunque (era) oriundo de Marruecos, tenía pasaporte italiano. Aunque (estaba) acostumbrado al frío, necesitó abrigarse mucho.* OBSERVACIONES: ◊ Se usa el indicativo cuando la información se presenta como novedosa en el contexto: *Aunque yo jamás he tenido un dolor de muelas, comprendí lo mucho que sufrías. Aunque llegarán tarde, hay que ir preparando las cosas. Aunque sería conveniente decírselo, él permanece callado.* ◊ Se usa el indicativo o el subjuntivo cuando la información es ya sabida: *Aunque soy español, nunca he ido a los toros. Aunque estés tan formalito, no me fío de ti.* ◊ En contextos de réplica emotiva y enfática y de desentendimiento ante un argumento impositivo, suele usarse el subjuntivo: *Aunque sea Nochebuena, tenemos que arrestarlo.* RELACIONES Y CONTRASTES: ◊ Puede reemplazarse por *a pesar de que* o por *pese a que* cuando se presenta un hecho y el verbo no está elidido: *Aunque (a pesar de que / pese a que) ha empezado a llover, iremos al campo.* ◊ En indicativo y sin excluir los casos de supresión del verbo, es reemplazable por *si bien* cuando se trata de reconocer o admitir un hecho: *Aunque (si bien) es pobre, es inteligentísimo.* **3** Presenta un hecho concreto que presupone un obstáculo que hace que lo expresado en la oración principal resulte inesperable: *Aunque no lo mereces, te lo daré. Aunque llovía a cántaros, seguían jugando. Aunque sea usted el juez, me expresaré como me dé la gana. Aunque no estoy autorizado a hacerlo, por amistad le comunico a Vd. que la han nombrado subdirectora. Aunque esté mal el decirlo, los he pintado* *yo mejores.* OBSERVACIONES: El uso del subjuntivo incorpora un matiz de potencialidad en la proposición introducida por *aunque*: *Aunque te parezca increíble* (= 'te parece o puede parecerte increíble'), *no le pasó nada.*

¡aúpa! *interj.* **1** INFANTIL. Se usa para animar a una persona, especialmente a los niños, a levantarse o a levantar algo: *Vamos aúpa, que la caída ha sido pequeñita.* **2** INFANTIL. La usan los niños para pedir que los lleven en brazos: *Mama, aúpa.* FR. Y LOC. **de ~** COLOQUIAL. Enorme, extraordinario: *Le han dado una paliza de aúpa. Tiene un genio de aúpa.* **ser de ~** COLOQUIAL. Ser ‹una persona› de difícil trato: *Tu primo es de aúpa, no hay quien le diga nada.*

aupar *v. tr. / prnl.* **1** Levantar ‹una persona› [a otra persona] con los brazos: ***Se*** *aupó para ver el espectáculo.* **2** Ayudar ‹una persona› [a otra persona] a conseguir una mejor posición social o económica: ***Se*** *aupó en su empresa. Su entrenador lo ha aupado a la fama.* ⇒ **13.**

aura *s. f.* **1** Irradiación luminosa que algunas personas perciben alrededor de los cuerpos. **2** LIT. Prestigio o encanto especial que parece rodear a ciertos autores o a ciertas obras: *El aura del conferenciante atrajo a muchos oyentes que no quedaron defraudados. El aura de ciertas obras sólo funciona en el recuerdo.* **3** AMÉR. Especie de buitre.

áureo, a *adj.* **1** ELEVADO. De oro o parecido al oro: *brillo áureo.* **2** ELEVADO. Que pertenece a un siglo de oro, o período especialmente importante de las artes o de la historia: *la literatura áurea latina, los pintores áureos españoles.*

aurícula *s. f.* ANAT. Cada una de las dos cavidades superiores del corazón por donde entra la sangre de las venas. **~ derecha. ~ izquierda.**

auricular *adj.* **1** Del oído: *lesión auricular.* **2** De las aurículas del corazón: *orificio auricular.* || *s. m.* **3** En un aparato o en un instrumento, pieza que se utiliza para oír: *Si dejas caer el teléfono, puede romperse el auricular.*

auriense *adj. / s. m.* y *f.* **1** HIST. De la antigua Auria o Aregia, hoy Orense. **2** RESTRINGIDO. De Orense, ciudad y provincia españolas. SIN. orensano.

aurífero, ra *adj.* Que contiene oro: *tierras auríferas.*

auriga *s. m.* Conductor de los carros de carreras en la antigua Grecia y Roma.

aurora *s. f.* **1** Claridad que precede a la salida del Sol: *Con la aurora se pusieron en camino.* SIN. amanecer. **2** LITERARIO. Comienzo de alguna cosa: *la aurora de la humanidad, la aurora de la vida.* SIN. albor. ANT. final. || **3 ~ austral** Aurora polar del hemisferio Sur. **4 ~ boreal** Aurora polar del hemisferio norte. **5 ~ polar** Fenómeno luminoso atribuido a descargas eléctricas del Sol, cuya claridad es parecida a la de la aurora y que se produce en las regiones polares. FR. Y LOC. **acabar* como el rosario de la ~.**

auscultación *s. f.* MED. Acción y resultado de auscultar: *La auscultación ha cedido su protagonismo a técnicas médicas más modernas.*

auscultar *v. tr.* Escuchar ‹una persona› los sonidos de [una parte del organismo de otra persona] con los instrumentos adecuados: *El médico auscultó al enfermo.*

ausencia *s. f.* **1** (no contable) Acción o resultado de ausentarse: *Se notó la ausencia de Rosa en la fiesta.* **2** Tiempo en que alguien está ausente: *Se llevó a cabo el proyecto durante su ausencia.* **3** Falta o privación de alguna cosa: *El parte meteorológico anuncia ausencia de chubascos en el sur de la Península.* FR. Y LOC. **brillar por su ~** COLOQUIAL. No estar presente ‹una persona o una cosa› donde debía estar: *La disciplina aquí brilla por su ausencia. En este restaurante la limpieza brilla por su ausencia.*

ausentarse *v. prnl.* Irse ‹una persona› de [un lugar]: *Se ausentó un tiempo* ***de*** *la ciudad.*

ausente *adj.* **1** (estar) Que está separado de alguna persona o lugar y, en concreto, de la población o país donde reside: *Los vecinos ausentes se llevarán una buena sorpresa cuando vuelvan. Estará ausente de la ciudad una semana.* **2** (estar) Que está distraído o no presta atención: *Tenía la mirada ausente. En clase siempre está ausente.*

auspiciar *v. tr.* **1** Promover ‹una persona› [a una persona o una cosa]: *Los empresarios auspician la participación de sus empresas en la feria. Algunos grupos lo auspician como rector.* **2** Predecir ‹una persona› [una cosa]: *Auspician grandes desgracias para el año que viene. El meteorólogo auspiciaba una sequía prolongada.*

auspicio *s. m.* **1** (no contable) Protección o apoyo: *La reunión se ha celebrado bajo el auspicio y protección real.* **2** (en plural) Señales buenas o malas que presagian un determinado resultado o desenlace: *Los auspicios indican que nuestro equipo ganará. He hablado con el jefe y he notado auspicios favorables a nuestra propuesta.*

austero, ra *adj.* **1** Que se limita a lo necesario y prescinde de lo superfluo o decorativo: *estilo austero, edificio austero, ropa austera.* **2** Que actúa con rigor o severidad: *costumbres austeras. Lleva una vida muy austera.*

austral *adj.* **1** Del polo y del hemisferio sur: *África austral, hemisferio austral.* **aurora* ~. corona* ~.** || *s. m.* **2** Unidad monetaria argentina.

australiano, na *adj. / s. m.* y *f.* De Australia: *continente australiano. Estudia la cultura de los australianos.*

australopiteco *s. m.* Antropoide fósil de África, capaz de tallar guijarros, que se considera propio de una etapa intermedia entre el hombre y los monos.

austriaco, ca o **austríaco, ca** *adj. / s. m.* y *f.* De Austria, país europeo: *el equipo austriaco, un grupo de austriacos.*

austrida *adj. / s. m.* y *f.* austriaco, ca.

austro *s. m.* **1** LITERARIO. Viento que sopla del sur. **2** LITERARIO. Sur, punto cardinal.

autarquía *s. f.* **1** (no contable) ECON. Ideología y sistema económico de los países que quieren bastarse con sus propios recursos y evitan las importaciones. **2** (no contable) Situación del Estado que practica la autosuficiencia económica: *La autarquía es imposible en el mundo moderno.*

autárquico, ca *adj.* **1** De la autarquía: *poderes autárquicos, política económica autárquica.* **2** Que practica la autarquía económica: *Los países autárquicos acaban en la pobreza.*

auténticamente *adv. modo* **1** RESTRINGIDO. De manera auténtica, con autenticidad: *Canta auténticamente. Se apasiona auténticamente.* || *adv. orac.* **2** Verdaderamente, en verdad, realmente: *Son, auténticamente, una calamidad. El diseño es auténticamente original.*

autenticidad *s. f.* (no contable) Cualidad de auténtico: *No es segura la autenticidad de ese cuadro. La autenticidad de sus declaraciones está fuera de duda.*

auténtico, ca *adj.* Que es realmente lo que parece ser o lo que indica su nombre: *Mis sentimientos son auténticos. Es una historia auténtica. Es un Rivera auténtico, no temas, te aseguro que no es falso. Son diamantes auténticos.*

autentificar *v. tr.* Dar ‹una persona› autorización o legitimidad a [una cosa]: *Yo no he autentificado con mi presencia en la inauguración de la exposición ningún cuadro, ha sido un simple acto social. Un cuadro sólo se puede autentificar tras un laborioso estudio.* ⇒ **71.**

autillo *s. m.* (macho y hembra) *Otus scopa.* Ave nocturna de la misma familia que el búho pero más pequeña, que tiene color pardo con manchas negras y dos mechones de plumas en la cabeza como si fueran orejas, y vive en el sur de Europa.

autismo *s. m.* (no contable) MED. Enfermedad mental que aparece sobre todo en el infancia en que el individuo se aísla totalmente de su entorno.

autista *adj. / s. m.* y *f.* Que padece autismo: *Se ha hecho de la asociación de padres de niños autistas.*

auto *s. m.* **1** RESTRINGIDO. Automóvil: *Se ha comprado un auto más potente. Ha dejado el auto en el aparcamiento.* **2** DER. Resolución judicial, fundada, que decide sobre cuestiones parciales o secundarias, para las que no se requiere sentencia: *auto de prisión, auto de procesamiento.* **3** (en plural) DER. Conjunto de las partes que comprende una causa criminal o un pleito civil: *En los autos no consta esa declaración.* **4** LIT. Antigua composición dramática breve en la que suelen intervenir personajes bíblicos o alegóricos. **~ sacramental** Auto en alabanza del misterio de la Eucaristía. || **5 ~ de fe** Proclamación solemne y ejecución en público de las sentencias dictadas por el tribunal de la Inquisición. FR. Y LOC. **constar en autos** DER. Estar una cosa probada en las actuaciones o documentos de un juicio. **de autos** DER. Se aplica al momento en que sucedió un hecho. **día* de autos. estar / poner en autos** Estar o poner al corriente.

auto- *pref.* Significa 'a sí mismo', 'por sí mismo' y forma sustantivos a partir de sustantivos y adjetivos a partir de adjetivos y verbos a partir de verbos: *crítica - autocrítica, móvil - automóvil, abastecerse - autoabastecerse.*

autoabastecerse *v. prnl.* Proporcionarse ‹una persona o una cosa› lo necesario: *La ciudad sanitaria puede autoabastecerse de energía. Los campesinos de esta zona se autoabastecen de carne y verdura ellos mismos.* ⇒ **5.**

autobiografía *s. f.* Vida de una persona escrita por ella misma.

autobiográfico, ca *adj.* De la autobiografía: *relato autobiográfico. Es una mera anécdota autobiográfica.*

autobombo *s. m.* Alabanza exagerada y pública que hace uno de sí mismo: *Le gusta darse un autobombo tremendo cuando habla de sus méritos.*

autobús (plural *autobuses*) *s. m.* **1** Vehículo automóvil de transporte público colectivo, que sigue un trayecto fijo dentro del área metropolitana: *ir en autobús, subir del autobús, bajarse del autobús. Voy a trabajar en autobús. Busco una parada de autobús.* SIN. bus. **~ de dos pisos. parada de ~. 2** Vehículo grande para transporte de pasajeros entre ciudades: *Vamos de excursión en dos autobuses alquilados.*

autobusero, ra *adj.* **1** VEN. Del autobús. || *s. m. / f.* **2** VEN. Persona que por oficio conduce un autobús.

autocar *s. m.* Autobús de largo recorrido: *una excursión en autocar.* **~ climatizado. ~ de línea.**

autocine *s. m.* Cine al aire libre en el que se asiste a la proyección sin salir del propio automóvil.

autoclave *s. f.* TECNOL. Aparato de cierre hermético para la esterilización de objetos por medio de vapor a alta presión.

autocontrol *s. m.* **1** Capacidad de regular o controlar la propia conducta: *Demostró tener un gran autocontrol cuando aquel borracho empezó a insultarlo. Es una persona sin autocontrol, que no sabe dominarse.* SIN. autodominio. **2** Autoevaluación.

autocracia *s. f.* POLÍT.; RESTRINGIDO. Sistema político en el que un solo gobernante ejerce el poder, sin limitación de su autoridad.

autócrata *s. m. / f.* ELEVADO. Persona que ejerce por sí sola la autoridad suprema en un Estado: *Los autócratas suelen tener siempre tonos paternalistas en sus discursos.*

autocrático, ca *adj.* Del autócrata o de la autocracia: *gobierno autocrático, régimen autocrático, poder autocrático.*

autocrítica *s. f.* **1** Juicio crítico sobre obras o conductas propias: *Es un hombre con capacidad de autocrítica.* **2** Crítica de una obra hecha por su propio autor: *En el próximo número aparecerá una autocrítica de mi última novela.*

autóctono, na *adj. / s. m.* y *f.* Que ha nacido o se ha originado en el mismo lugar donde vive o se encuentra: *pobladores autóctonos, arquitectura autóctona. Es una planta autóctona de la región. Es un autóctono del país.*

autodeterminación *s. f.* (no contable) Elección de los habitantes de un territorio de su estatuto político: *Algunas regiones de la península ibérica reclaman la autodeterminación. La autodeterminación debería ser un derecho fundamental de cualquier comunidad humana.*

autodidacta *adj. / s. m.* y *f.* Que adquiere conocimientos por sí mismo sin ayuda de un maestro: *Es un pintor autodidacta, nunca ha ido a una escuela.*

autodidacto *adj. / s. m.* ELEVADO. Autodidacta.

autodominio *s. m.* (no contable) Dominio que tiene una persona de sí misma: *Es una persona equilibrada con un completo autodominio.* SIN. autocontrol.

autódromo *s. m.* Pista para ensayos y carreras de automóviles o motos.

autoedición *s. f.* INFORM. Sistema informático que permite editar originales.

autoescuela *s. f.* Establecimiento donde se enseña a conducir automóviles: *Va a una autoescuela porque quiere sacarse el carné de conducir.*

autoestop *s. m.* Autostop.

autoestopista *s. m. / f.* Autostopista.

autoevaluación *s. f.* Acción de valorar uno mismo su propia capacidad así como la calidad del trabajo realizado, en especial, en el campo pedagógico: *La pedagogía actual concede gran importancia a la autoevaluación.*

autofecundación *s. f.* ZOOL. Fecundación de la parte femenina de un individuo hermafrodita por la parte masculina del mismo individuo.

autofinanciación *s. f.* ECON. Financiación realizada por un agente económico de sus inversiones mediante los recursos propios.

autofoco *s. m.* Dispositivo de una cámara que permite el enfoque automático.

autógeno, na *adj.* **1** Que se produce a sí mismo. **2** [Soldadura metálica] que se realiza por fusión de dos piezas del mismo metal a las que se aplica el fuego de un soplete: *En este taller se realizan soldaduras autógenas.* **soldadura* autógena.**

autogestión *s. f.* **1** ECON. Sistema de organización y gestión de una empresa por sus trabajadores: *Muchos sindicatos son partidarios de algún sistema de autogestión en las empresas.* **2** Autogobierno político y económico de una sociedad o comunidad a través de un conjunto de órganos elegidos directamente por sus miembros: *La ideología anarquista propugna la autogestión.*

autogiro *s. m.* Vehículo aéreo con una hélice delantera para despegar y avanzar y otra superior, de grandes palas, que le permite sustentarse y aterrizar verticalmente.

autogobierno *s. m.* **1** Acción de gobernarse o dirigirse a sí mismo. **2** Gobierno autónomo de un pueblo, país o territorio.

autógrafo, fa *adj. / s. m.* **1** Que está escrito por la mano de su autor: *una novela autógrafa, un poema autógrafo.* || *s. m.* **2** Firma de una persona: *Le regaló un autógrafo. Le ha firmado un autógrafo. Colecciona autógrafos de artistas.*

automación *s. f.* RESTRINGIDO. Conjunto de técnicas de sustitución de la mano de obra por máquinas en los procesos industriales o estadísticos: *La automación se nota, sobre todo, en la cantidad de ordenadores y robots de las fábricas.*

autómata *s. m.* **1** TECNOL. Máquina que imita la figura y los movimientos de un ser animado: *En el Renacimiento se pusieron de moda los autómatas.* **2** Aparato provisto de un mecanismo que le permite ejecutar determinados movimientos: *Los coches son pintados por autómatas.* **3** INFORM. Dispositivo informático que procesa una información de entrada para producir otra de salida. **4** COLOQUIAL. Persona que actúa maquinalmente o mecánicamente dirigida por otra: *Me saludó como un autómata. Habla como un autómata. No piensa, es un autómata que repite las consignas del partido.*

automáticamente *adv. modo* **1** De manera automática: *El dispositivo funciona automáticamente.* **2** Sin más, sin necesidad de nuevas acciones o trámites: *Lo pides por escrito y automáticamente lo tienes concedido.*

automático, ca *adj.* **1** [Mecanismo] que está hecho para funcionar, en todo o en parte, solo, sin intervención humana: *lavadora automática. Este coche tiene el cambio de marchas automático.* **balanza automática. báscula automática. cajero ~. contestador* (~). piloto* ~. portero* ~ / electrónico. reloj ~. telar ~. teléfono* ~.** **2** Que se hace sin reflexionar, o que ocurre con independencia de la voluntad: *La escritura automática es propia de los surrealistas. De tanto ensayar, se ha convertido en un movimiento automático, totalmente inconsciente, maquinal. Es un gesto automático, involuntario.* **3** Que se produce o sucede necesaria o inevitablemente cuando se dan determinadas circunstancias: *La derrota ha supuesto el cese automático del entrenador.* || *s. m.* **4** Cierre formado por dos piezas circulares, una de ellas con un saliente que encaja a presión en el entrante de la otra: *Puso un par de automáticos en la falda.* **5** Interruptor en un circuito eléctrico que en determinadas ocasiones corta la corriente como medida de seguridad: *Al tener tantos aparatos eléctricos encendidos, ha saltado el automático.* || **6 traducción* automática.**

automatismo *s. m.* **1** (no contable) Carácter automático de ciertos sistemas: *El automatismo del mercado no es fácil de corregir. El automatismo de ciertas decisiones debe ser, en ocasiones, corregido.* **2** FISIOL. Ejecución de movimientos o actos sin intervención de la voluntad: *El automatismo de ciertos movimientos ahorra mucha energía. Para que funcionen ciertos movimientos bien, hay que crear automatismos.* **3** Mecanismo que realiza ciertas funciones sin la intervención de agentes exteriores: *El automatismo de la fábrica es total. El automatismo de este modelo de automóvil es muy elevado.*

automatización *s. f.* **1** Uso de máquinas en procedimientos industriales: *La automatización de la industria es necesaria para competir.* **2** Conversión de actos o movimientos voluntarios en involuntarios: *Yo no me doy cuenta por donde voy, he conseguido una automatización perfecta cuando paseo.*

automatizar *v. tr.* **1** Hacer ‹una persona› automática [una cosa]: *Para mejorar la carrera es necesario que el atleta automatice los movimientos.* **2** Aplicar ‹una persona› procedimientos automáticos a [la industria]: *Hemos automatizado las principales bibliotecas de la provincia.* ⇒ **19.**

automercado *s. m.* VEN. Supermercado.

automoción *s. f.* **1** Estudio o tratado de las máquinas que se desplazan por un motor: *Tenemos varios especialistas en automoción.* **2** Sector industrial relacionado con los vehículos automóviles: *La industria de la automoción pesada está en crisis.*

automotor, ra *adj.* **1** [Máquina] que realiza movimientos sin la intervención directa de un agente exterior. || *s. m.* **2** Vehículo parecido a un autobús que circula por las vías del tren para transporte de pocos viajeros: *Los automotores ya casi no se ven en las vías españolas.*

automotriz *adj.* Automotora: *una máquina automotriz.* **industria* ~.**

automóvil *adj. / s. m.* **1** [Máquina] que se mueve por sí misma: *un vehículo automóvil, una máquina automóvil.* || *s. m.* **2** Medio de transporte terrestre que se desplaza sobre ruedas neumáticas impulsado por un motor, y, en especial, coche: *ir en automóvil, conducir un automóvil, un automóvil de cuatro ruedas, un automóvil de cuatro puertas.* **salón* del ~. ~ de turismo** Automóvil para el transporte de hasta nueve personas. || **3 ~ club** Asociación y lugar en que se realizan actividades relacionadas con el automovilismo.

automovilismo *s. m.* **1** (no contable) Conjunto de conocimientos relacionados con la construcción, funcionamiento y conducción de los vehículos automóviles: *El automovilismo tiene gran tradición en muchos países.* **2** (no contable) Deporte que consiste en practicar carreras con automóviles: *Participó en el campeonato del mundo de automovilismo.*

automovilista *s. m. / f.* Persona que conduce un automóvil: *Los automovilistas se lanzan a la carretera los fines de semana.*

automovilístico, ca *adj.* Del automovilismo: *industria automovilística, carrera automovilística.* **parque* ~.**

autonomía *s. f.* **1** (no contable) Estado y condición de una persona, pueblo, territorio, que goza de independencia en todos o en algunos aspectos: *La empresa tiene autonomía económica. A los niños hay que educarlos para que sepan desenvolverse y tengan autonomía propia. Tener un coche proporciona mucha autonomía.* **2** División administrativa y territorial española que abarca determinado territorio y posee un gobierno y estatuto propios: *Las comunidades autónomas reciben también el nombre de autonomías. Los estatutos de las autonomías determinan las competencias de cada comunidad autónoma.* **estatuto* de ~.** **3** (no contable) Capacidad máxima de un vehículo para efectuar un recorrido ininterrumpido sin repostar combustible: *autonomía de vuelo de un avión. La autonomía de este coche es de cuatrocientos kilómetros.*

autonómico, ca *adj.* De la autonomía: *administración autonómica, el canal autonómico.* **estado* federal / ~.**

autónomo, ma *adj.* **1** Que tiene independencia o autonomía: *un movimiento autónomo, una región autónoma.* **2** [Trabajador] que no es asalariado y que trabaja por cuenta propia: *Estudió fontanería y ahora es autónomo.* **trabajador ~.** || **comunidad autónoma. escafandra autónoma.**

autopista *s. f.* Carretera que tiene calzadas con varios carriles, separadas para ambos sentidos, sin cruces ni accesos directos desde las propiedades colindantes, carriles de aceleración y desaceleración para entrar y salir, y un radio amplio en las curvas. **~ de peaje** Autopista en la que se paga un peaje para circular por ella.

autoplastia *s. f.* Restauración de partes dañadas de un organismo mediante injertos procedentes del mismo individuo: *Le han restaurado la piel de las manos con una autoplastia.*

autopropulsado, da *adj.* Que se mueve por autopropulsión: *un cohete autopropulsado.*

autopropulsarse *v. prnl.* Moverse ‹una máquina› por su propia fuerza motriz.

autopropulsión *s. f.* Movimiento de una máquina por su propia fuerza motriz: *la autopropulsión de las grandes máquinas segadoras. La autopropulsión de los grandes vehículos militares es normal.*

autopropulsor, ra *adj. / s. m.* Que produce la propulsión de forma automática en una máquina o vehículo: *dispositivo autopropulsor de un cohete.*

autopsia *s. f.* MED. Examen médico anatómico de un cadáver: *La autopsia determinó la causa de su muerte.*

autor, ra *s. m. / f.* **1** Persona que causa o hace alguna cosa: *el autor de la broma, el autor del descubrimiento, el autor de un crimen.* SIN. ejecutor, agente. **2** Persona que ha realizado alguna obra de arte o científica: *el autor del tratado, el autor de la sinfonía. Cervantes es el autor del Quijote.* SIN. artista. **3** Persona que ha inventado algo: *Edison es el autor de la lámpara incandescente.* **4** DER. Sujeto activo que comete un delito, induce a él o coopera en él. || **5 derechos* de ~.**

autoría *s. f.* (no contable) Cualidad o condición de autor: *La policía atribuyó la autoría del incendio a un chico de quince años. No se conoce la autoría de ese libro anónimo.*

autoridad *s. f.* **1** (no contable) Potestad o facultad por la que una persona o una entidad puede gobernar o mandar sobre otras que le están subordinadas: *la autoridad judicial. Intentan socavar la autoridad del Gobierno. Aceptó, sometiéndose a la autoridad del profesor.* SIN. poder. **2** (no contable) Capacidad de mando, aptitud para hacerse obedecer: *No tiene autoridad sobre sus hijos.* SIN. ascendiente. **3** Persona que tiene poder o mando debido al cargo público que ocupa: *Las primeras filas están destinadas a las autoridades.* **4** (no contable) Crédito, influencia y prestigio de que goza una persona por su superioridad intelectual o moral o sus conocimientos de alguna materia: *Nadie discute su autoridad en arte. Es una autoridad en literatura medieval.* **5** (no contable) Capacidad de una persona de controlar o dominar una situación: *Es una profesora joven, pero tiene autoridad en clase. Ganaron el partido con autoridad.* **6** (en plural) Autor o texto que se cita en apoyo de lo que se dice: *diccionario de autoridades.*

autoritario, ria *adj.* **1** Que se funda o apoya únicamente en la autoridad, o abusa de ella: *régimen autoritario, profesor autoritario.* || *adj. / s. m.* y *f.* **2** Que tiende a imponer su voluntad y criterio: *Tengo unos padres muy autoritarios. Eres un autoritario, acabarás quedándote solo.*

autoritarismo *s. m.* (no contable) PEYORATIVO. Ideología y comportamiento de las personas autoritarias: *el autoritarismo de un dictador, el autoritarismo de un padre con sus hijos.*

autorización *s. f.* **1** Acción y resultado de autorizar: *Su padre le ha dado autorización para que se inscriba en la academia.* **2** Documento con que se autoriza una cosa: *Hemos conseguido una autorización del juez para visitarlo en la cárcel.*

autorizadamente *adv. modo* **1** Con autorización: *Se desplazó, sí, pero no autorizadamente.* || *adv. modo / orac.* **2** (admite precisiones) Con autoridad, con solvencia profesional o científica: *Lo que el profesor García tan autorizadamente ha señalado.*

autorizado, da *adj.* **1** Que es digno de respeto por conocer el tema de que se habla o por sus cualidades: *noticia de fuente autorizada. Es una voz autorizada en el deporte.* **2** [Espectáculo] que está permitido a menores: *película autorizada.*

autorizar *v. tr.* **1** Dar ‹una persona› autoridad [a otra persona] para [hacer una cosa]: *Lo autorizó* ***para*** *tomar una decisión.* **2** Permitir ‹una persona› [una cosa]: *La policía no autorizó la manifestación.* **3** Dar ‹un notario› validez a [un documento]: *El notario autorizó la escritura* ***con*** *su firma.* ⇒ **19.**

autorradio *s. m.* TECNOL. Receptor de radio que se instala en un automóvil.

autorregulable *adj.* ELEVADO. Que es capaz de regularse por sí mismo.

autorregulación *s. f.* **1** MEC. Regulación automática de un mecanismo. **2** BIOL., MEC. Capacidad de ciertos sistemas (cibernéticos, biológicos...) para conservar su equilibrio y estabilidad ante las variaciones del medio y continuar funcionando adecuadamente: *proceso de autorregulación.*

autorregulador, ra *adj.* **1** ELEVADO. Que se autorregula: *sistema autorregulador.* **2** ELEVADO. Que produce autorregulación.

autorregularse *v. prnl.* Funcionar ‹un sistema› con autorregulación: *Las lenguas son sistemas que se autorregulan.*

autorretrato *s. m.* Retrato de una persona hecho por ella misma: *Una de mis obras preferidas de Picasso es su autorretrato.*

autoservicio *s. m.* **1** Establecimiento donde el cliente se sirve a sí mismo: *He entrado en un autoservicio para comprar unas latas de anchoas.* **2** (no contable) Sistema de venta en que el cliente se sirve a sí mismo: *En este restaurante el cliente dispone de un sistema de autoservicio.*

autostop o **autoestop** *s. m.* (no contable) Modo de viajar que consiste en pedir transporte gratuito a los automovilistas particulares mediante una señal: *He recorrido en autostop toda la geografía peninsular.*

autostopista o **autoestopista** *s. m./f.* Persona que hace autostop: *Recogimos a dos autostopistas.*

autosuficiencia *s. f.* **1** (no contable) Orgullo y soberbia que tiene una persona ante los demás: *No aceptó ninguna ayuda de sus amigos: su autosuficiencia es insoportable.* SIN. engreimiento. **2** (no contable) Condición del que puede vivir o desarrollarse por sí mismo: *Manuel demostró su autosuficiencia después de estar dos meses solo en el Polo Sur.*

autosuficiente *adj.* **1** Que es orgulloso y soberbio ante los demás: *Se muestra siempre autosuficiente y despectivo.* **2** Que se basta a sí mismo: *Mi abuelo está delicado, pero es autosuficiente, come y pasea él solo.*

autosugestión *s. f.* PSIQUIAT. Sugestión que nace en una persona sin influencia del exterior: *Que veas fantasmas es un fenómeno de autosugestión.*

autosugestionarse *v. prnl.* Sugestionarse ‹una persona› a sí misma: *Siempre te autosugestionas con estas tonterías.*

autótrofo, fa *adj.* [Organismo] que se alimenta de materia orgánica que puede elaborar él mismo a partir de materia inorgánica: *una planta autótrofa.*

autovacuna *s. f.* MED. Vacuna elaborada con gérmenes obtenidos del mismo individuo al que será administrada: *Me están preparando una autovacuna contra la alergia.*

autovía *s. f.* Carretera con calzadas separadas para ambos sentidos, semejante a la autopista, pero sin las entradas ni salidas con carriles de aceleración ni algunas de las características de ésta.

autumnal *adj.* ELEVADO. Otoñal.

auxiliar *v. tr.* **1** Dar ‹una persona› auxilio [a una persona que está en peligro]: *Es una familia que auxilia a todos los vecinos que lo necesitan. Nos auxilió en la carretera.* SIN. ayudar. **2** GRAM. [Verbo] que sirve para formar los tiempos compuestos de otro o para expresar distintos matices del pensamiento.

auxiliar *adj.* **1** Que completa una cosa o ayuda a hacer algo: *un servicio auxiliar, un material auxiliar.* || *adj./s. m. y f.* **2** Que colabora con un superior en su tarea: *una enfermera auxiliar. Contrató a dos auxiliares para su departamento.* || **3 ~ de vuelo** Persona que se dedica por profesión a atender a los pasajeros en los aviones. **4 ~ técnico sanitario** Persona que tiene una diplomatura o título medio de grado superior en medicina.

auxilio *s. m.* **1** Ayuda, asistencia, amparo: *prestar auxilio, correr en auxilio de una persona, pedir auxilio. Nos atendió la agrupación de auxilio en carretera.* SIN. socorro. FR. Y LOC. **denegación* de ~.** **2** Aquello con que se presta ayuda: *botiquín de primeros auxilios.*

auyama *s. f.* **1** COL., C. RICA, CUBA, REP. DOM., VEN. *Cucurbita maxima.* Hierba rastrera cucurbitácea de flores amarillas y frutos grandes. **2** COL., C. RICA, CUBA, REP. DOM., VEN. Calabaza amarilla y grande fruto de esta planta.

Av. *abr.* «Avda.»

aval *s. m.* **1** Documento o compromiso escrito por el que se compromete una persona a responder por una obligación financiera de otra: *Me ha firmado el aval del préstamo mi hermano.* **2** Cualquier cosa o persona que responde o garantiza otra cosa o persona: *Su presencia entre nosotros es un aval para el éxito del concierto. Su experiencia es un aval para su profesión.*

avalancha *s. f.* Alud: *Una avalancha de nieve borró el camino. Recibió una avalancha de protestas y quejas.*

avalar *v. tr.* **1** Dar ‹una persona› garantía de [otra persona] o de [una cosa] por medio de un aval: *Pidió un préstamo y su familia lo avaló.* **2** Dar ‹una persona o una cosa› respaldo o prestigio [a una persona]: *Le avala su larga trayectoria profesional.*

avalista *adj./s. m. y f.* [Persona] que avala: *Mi cuñado es el avalista de la operación financiera.*

avance *s. m.* **1** Acción de ir o avanzar hacia adelante: *El avance del ejército fue duro y difícil.* **2** Resumen breve de noticias de actualidad: *El locutor nos presenta un avance de las noticias que pueden oír a las tres.* **3** Muestra previa de algún espectáculo: *Hemos visto un avance de la película. Nos enseñaron un avance de la exposición.* **4** Progreso, mejora: *Si sigue con estos avances puede ganar el próximo campeonato.* **5** Anticipo de dinero o de alguna otra cosa: *He conseguido un avance de vacaciones y me iré varios días.*

avanzada *s. f.* **1** Grupo de soldados que se separan de los demás para realizar tareas de exploración, observación y evitar ataques por sorpresa. **2** Aquello que va por delante de su tiempo: *Ese tipo de composiciones constituye la avanzada de la poesía contemporánea.*

avanzadilla *s. f.* **1** Pequeño grupo de los miembros de una tropa o ejército que se adelanta para observar al enemigo. **2** Grupo o corriente que se destaca y va por delante de su tiempo: *Ese escritor forma parte de la avanzadilla literaria.* SIN. avanzada, vanguardia.

avanzado, da *adj./s. m. y f.* **1** Que destaca por su novedad: *ideas muy avanzadas. Es un pintor con un estilo muy avanzado.* **2** Que es liberal y democrático: *política avanzada.* **3** Que se adelanta o aparece en primer lugar: *un explorador avanzado.* FR. Y LOC. **de avanzada edad*** o **de edad avanzada.**

avanzar *v. tr.* **1** Poner ‹una persona› [una cosa] más adelante: *El batallón ha avanzado sus líneas. El equipo avanzó la defensa.* || *v. intr.* **2** Ir ‹una persona› hacia adelante: *Avanzaba entre los arbustos. ¿Avanzamos más o retrocedemos?* **3** Pasar ‹un período de tiempo›: *Las horas avanzaban lentamente.* SIN. transcurrir. **4** Hacer ‹una persona› progresos: *Avanzas con rapidez **en** solfeo.* SIN. progresar. ⇒ **19.**

avaricia *s. f.* (no contable) Afán excesivo de poseer y guardar riquezas: *La avaricia es uno de los siete pecados capitales.* SIN. avidez, codicia. FR. Y LOC. **con ~** COLOQUIAL. Mucho: *Es feo con avaricia. Bebe con avaricia.*

avaricioso, sa *adj./s. m. y f.* Que tiene avaricia: *La gente avariciosa como tú acaba perdiéndolo todo. ¡Qué ansia tienes!, eres un avaricioso, todo lo quieres para ti.*

avariento, ta *adj./s. m. y f.* ELEVADO. Que tiene un afán excesivo por acumular riqueza.

avaro, ra *adj. / s. m.* y *f.* Que tiene un afán excesivo por acumular riquezas: *Es muy avaro y disfruta contando todo el dinero que tiene.*

avasallador, ra *adj. / s. m.* y *f.* Que avasalla: *Tiene una personalidad avasalladora. Es un avasallador y siempre intenta imponer sus criterios.*

avasallar *v. tr.* **1** Obligar ‹una persona› [a otra persona] a obedecer o a someterse por la fuerza: *A mí el jefe no me avasalla.* **2** Obrar ‹una persona› sin tener en cuenta los derechos de [los demás]: *No se puede ir corriendo en los pasillos del metro avasallando a los demás. Ponte cómodo, pero no avasalles a tus hermanos.* **3** Mostrar ‹una persona› que es muy superior [a otra persona]: *La selección europea avasalló a la americana.*

avatar *s. m.* (preferentemente en plural) Cambio, transformación, vicisitud: *¿Qué nos deparan los avatares de la vida?*

Avda. o **Av.** *abr.* «Avenida».

ave *s. f.* **1** Animal vertebrado que se reproduce por huevos, tiene pico, alas que generalmente le permiten volar, y el cuerpo cubierto de plumas. **~ de paso** Ave migratoria. **~ rapaz** o **~ de presa / rapiña.** **2** (en plural) ZOOL. Clase formada por estos animales. || **3 ~ del paraíso** Ave exótica que suele tener un plumaje de colores brillantes, cola larga y cresta y habita en las selvas de Nueva Guinea y el norte de Australia. **4 ~ fría** Avefría. FR. Y LOC. **ser ~ de paso** COLOQUIAL. Estar viajando siempre ‹una persona› de un lugar a otro: *Déjala, no te interesa, es un ave de paso.*

AVE (pronunciamos 'ave') *s. m.* Sigla de tren de «Alta Velocidad Española».

avechucho *s. m.* **1** PEYORATIVO. Ave de figura desagradable: *No tiene un pájaro en casa, tiene un avechucho.* **2** PEYORATIVO. Persona de aspecto desagradable: *¿Cómo puedes salir con ese avechucho?*

avecinar *v. tr.* **1** RESTRINGIDO. Aproximar ‹una persona› [una cosa]. SIN. acercar. || *v. prnl.* **2** Aproximarse ‹una fecha o un acontecimiento›: *Se avecinan las fiestas navideñas. Dicen que se avecinan grandes tormentas.*

avecindado, da *adj.* (estar) Que es vecino de un lugar: *Está avecindado en un pueblo de la costa.*

avecindamiento *s. m.* (no contable) Acción y resultado de avecindar o avecindarse: *Es fácil conseguir el avecindamiento en las ciudades españolas.*

avecindar *v. tr.* **1** Inscribir ‹una persona› [a otra persona] como vecina en [una población]: *Avecindará el taller **en** la ciudad más cercana.* || *v. prnl.* **2** Establecerse ‹una persona› en [una población] como vecina: *Se avecindó **en** mi pueblo. Me he avecindado **en** tu barrio.*

avefría o **ave fría** *s. f.* (macho y hembra) *Vanellus vanellus.* Ave de patas largas, plumaje verde, negro en pecho y cabeza, y blanco en el vientre, que tiene un penacho en la cabeza y habita en zonas pantanosas de Europa y norte de Asia.

avejentar *v. tr.* **1** Hacer parecer ‹una cosa› vieja [a una persona]: *Tienes que vestir más deportivo, la corbata te avejenta.* SIN. aviejar. || *v. prnl.* **2** Hacerse ‹una persona› vieja: *Se ha avejentado mucho en los últimos años.* SIN. aviejarse.

avellana *s. f.* Fruto y semilla del avellano, que se consume una vez seca, cruda o tostada: *una bolsita de avellanas, licor de avellanas.*

avellanado, da *adj.* Que está arrugado o tiene la piel arrugada y seca: *Tiene las manos avellanadas. Está avellanado.*

avellanar *s. m.* Avellaneda.

avellanarse *v. prnl.* Arrugarse ‹una persona o una cosa›: *La abuela está bien, pero se ha avellanado mucho.*

avellaneda *s. f.* Lugar poblado de avellanos.

avellano *s. m.* *Corylus avellana.* Arbusto betuláceo, con hojas en forma de corazón y madera dura con la que se fabrican pipas y barriles, cuyo fruto es la avellana.

avemaría *s. m.* Entre los católicos, oración a la Virgen que comienza con las palabras «Dios te salve, María...»: *Reza tres avemarías antes de dormirse.*

avena *s. f.* **1** *Avena sativa.* Planta gramínea de cañas delgadas, hojas estrechas y flores agrupadas en racimos. **2** Semilla comestible de las avenas: *Me gustan los copos de avena.*

avenar *v. tr.* RESTRINGIDO. Dar ‹una persona› salida al agua excesiva de [un terreno].

avenencia *s. f.* (no contable) RESTRINGIDO. Acuerdo entre varias personas o grupos: *Después de tantas discusiones llegaron a una honrosa avenencia.*

avenida *s. f.* **1** Calle ancha, generalmente con árboles: *Le han dedicado una avenida a Antonio Machado. La ciudad tiene anchas avenidas.* **2** Aumento repentino y violento del cauce de un río o corriente de agua: *Las avenidas de otoño son peligrosas en los ríos del Mediterráneo. La avenida del río borró los límites de las fincas.* SIN. crecida.

avenido, da Se usa en la LOC. **bien / mal ~** Que convive en buena o mala armonía: *Es una pareja bien avenida. Aquí todos los jefes están mal avenidos.*

avenir *v. tr. / prnl.* **1** Poner ‹una persona› de acuerdo [a varias personas que discutían o estaban enemistadas]: *Al final, consiguió avenir a los contendientes. No creo que **se** avengan en esas condiciones.* || *v. prnl.* **2** Ponerse ‹una persona› de acuerdo con [otra persona]: *Es un niño tranquilo, se aviene muy bien **con** cualquiera.* **3** Aceptar ‹una persona› [una cosa]: *Se avinieron **a** pactar con la dirección. Los líderes de los dos sindicatos se han avenido **a** entrevistarse para organizar la manifestación de primero de mayo.* ⇒ **86.**

aventador, ra *adj. / s. m.* y *f.* **1** Que avienta: *Los aventadores han desaparecido del paisaje de las eras.* || *s. m.* **2** RESTRINGIDO. Bieldo, herramienta agrícola.

aventadora *s. f.* RESTRINGIDO. Que avienta el grano: *una máquina aventadora.*

aventajado, da *adj.* Que sobresale o destaca en alguna cosa: *un alumno aventajado. Es de estatura aventajada. Es un discípulo aventajado de la escuela.*

aventajar *v. tr.* Ser ‹una persona› superior [a otras personas] en [una cosa]: *Aventaja a sus compañeros **en** Lengua. El vencedor de la etapa aventajó al segundo **en** dos minutos.*

aventar *v. tr.* **1** Echar ‹una persona› [una cosa] al viento: *Ahora no hay que aventar el trigo en las eras, se usa la máquina que lo limpia mejor.* **2** Separar o empujar ‹el viento› [una cosa]: *El viento aventó las hojas de los árboles.* ⇒ **58.**

aventura *s. f.* **1** Suceso extraordinario: *Nos han ocurrido muchas aventuras a lo largo del viaje. Le pasan mil aventuras. ¿Te ha contado la aventura de los cheques de viaje en Roma?* **2** Peligro, empresa o acción arriesgada: *película de aventuras, libro de aventuras, género de aventuras. ¿Te gus-*

ta vivir aventuras? Le atrae la aventura. No quiero más aventuras. **3** Relación amorosa pasajera: *Han tenido una aventura este verano.*

aventurado, da *adj.* Que es arriesgado o atrevido: *Son opiniones aventuradas, sin ningún apoyo real. Es una inversión aventurada. Es muy aventurado decir eso.*

aventurar *v. tr.* **1** Poner ‹una persona› [una cosa] en peligro: *Ha aventurado una fortuna en un nuevo negocio. Aventuro mi fama por defenderte y tú me fallas.* SIN. arriesgar. **2** Exponer ‹una persona› [una opinión o una teoría que tiene poco fundamento]: *Aventuró una hipótesis poco creíble. Es muy listo, nunca aventura una opinión.* || *v. prnl.* **3** Decidirse ‹una persona› a [hacer una cosa arriesgada]: *Nos aventuramos **a** salir. Nos aventuraremos **por** la noche madrileña. Se aventuró **en** la oscuridad.*

aventurero, ra *adj. / s. m.* y *f.* **1** Que busca aventuras: *Es muy aventurero, no le teme a nada. Mi hermano es un aventurero, le encanta correr riesgos.* **2** Que busca riquezas o mejora social de modos pocos claros o lícitos: *Se casó con una hermosa muchacha que resultó una aventurera peligrosa. Le gusta meterse en negocios muy aventureros.*

average (del inglés; pronunciamos *'averás'*) *s. m.* DEP. Promedio, término medio: *Gana el Barcelona por gol average.*

avergonzar *v. tr.* **1** Causar ‹una persona o una cosa› vergüenza [a una persona]: *Le avergüenza lo que ha hecho. Me avergüenzan las cosas que hace este niño.* || *v. prnl.* **2** Sentir ‹una persona› vergüenza de [una cosa]: *Me avergüenzo **de** pedir. Se avergüenza **de** sus acciones. Se avergüenzan **de** no saber leer.* ⇒ **41.**

avería *s. f.* Daño, rotura o fallo sufrido por un mecanismo o por una máquina: *El coche ha tenido una avería. La reparación de la avería no será cara. Sufrió una avería en la autopista.*

averiar *v. tr.* **1** Causar ‹una persona o una cosa› una avería en [una cosa]: *Un error en la cadena de montaje ha averiado la caja de cambios del coche. Has averiado la radio al intentar arreglarla.* || *v. prnl.* **2** Sufrir ‹una cosa› una avería: *Hemos tenido suerte, porque el coche se averió al salir del garaje. Se me ha averiado la plancha de viaje.*

averiguación *s. f.* (frecuentemente en plural) Acción y resultado de averiguar: *Después de muchas averiguaciones he sabido que vive en Salamanca. La averiguación de su domicilio ha sido sencilla.*

averiguar *v. tr.* Hacer ‹una persona› preguntas o gestiones para conseguir información acerca de [una cosa]: *No he podido averiguar dónde vive. Han averiguado que ayer no estábamos en casa. Averigua su número de teléfono, por favor.* SIN. indagar. ⇒ **14.**

averno *s. m.* MIT.; LITERARIO. Infierno, lugar adonde iban las almas de los muertos: *Es un monstruo del averno.*

averroísmo *s. m.* (no contable) FILOS. Doctrina filosófica de Averroes, filósofo cordobés del siglo XII, y de su escuela: *El averroísmo tuvo mucho éxito en la Edad Media.*

averroísta *adj.* **1** FILOS. Del averroísmo: *crítica averroísta.* || *adj. / s. m.* y *f.* **2** Que es partidario del averroísmo: *filósofos averroístas.*

aversión *s. f.* (no contable) Repugnancia hacia personas o cosas: *Le tomó aversión a los viajes. Su casa me inspira aversión.* SIN. repulsión. ANT. atracción.

avesta (con mayúscula) *s. m.* Colección de los libros sagrados de los antiguos persas.

avéstico, ca *adj.* **1** Del Avesta. || *s. m.* **2** Lengua indoeuropea en que está escrito el Avesta.

avestruz *s. m.* **1** (macho y hembra) *Struthio camelus.* Ave corredora africana de gran tamaño, cuello largo, patas largas y fuertes, y plumas suaves, que es incapaz de volar. || **2 política / táctica del ~** COLOQUIAL. Actitud de la persona que trata de ignorar una dificultad: *No estudia y sigue con su táctica del avestruz, creyendo que aprobará fácilmente.*

avetoro *s. m.* (macho y hembra) *Botaurus stellaris.* Ave bastante grande, de plumaje pardo amarillento, y alas anchas y redondeadas en vuelo, que vive en pantanos y marismas, y cuyo canto recuerda el mugido de un toro.

avezado, da *adj.* (antepuesto / pospuesto) ELEVADO. Que está acostumbrado: *un avezado escalador, un piloto avezado. Es un abogado muy avezado a estos pleitos.*

avezar *v. tr. / prnl.* ELEVADO. Acostumbrar ‹una persona› [a otra persona] a [una cosa]: *Hay que avezar a los niños desde pequeños a una alimentación sana. Ya estamos avezados a las heridas de la vida.* ⇒ **19.**

aviación *s. f.* **1** Sistema de navegación aérea y de transporte por medio de aviones: *Murió en un accidente de aviación.* **~ civil** Aviación que no se dedica a fines militares. **~ comercial** Aviación que se dedica al transporte de mercancías. **~ de transporte** Aviación que se dedica al transporte de viajeros y de mercancías. SIN. aeronavegación. **2** Cuerpo militar que utiliza aviones de combate: *Hizo el servicio militar en aviación.*

AVIACO (pronunciamos *'aviaco'*) *s. f.* Acrónimo de la compañía aérea «Aviación y Comercio», España.

aviador, ra *s. m. / f.* Persona que tripula un avión: *aviador de combate, aviador de línea aérea, aviador de hidroplano.* SIN. piloto.

AVIANCA (pronunciamos *'avianca'*) *s. f.* Acrónimo de la compañía aérea «Aerovías Nacionales de Colombia, Sociedad Anónima».

aviar *v. tr.* **1** Poner ‹una persona› limpia y en orden [una cosa]: *Mi madre nos enseñó a aviar la casa los sábados.* **2** Preparar ‹una persona› [una cosa]: *Avía el coche que nos vamos de excursión.* || *v. tr. / prnl.* **3** Vestir o arreglar ‹una persona› [a otra persona]: ***Se** avió para asistir a clase.* || *v. intr.* **4** Darse prisa ‹una persona› al hacer una cosa: *Avía que llegamos tarde. Como no avíes **con** los deberes no salimos de casa.* FR. Y LOC. **estar aviado** COLOQUIAL. Tener ‹una persona› dificultades graves: *Si no encontramos una gasolinera pronto, estamos aviados.* ⇒ **8.**

aviario, ria *adj.* **1** De las aves: *peste aviaria.* || *s. m.* **2** Colección de aves, vivas o disecadas, preparadas para su estudio o exhibición: *En el zoo hay un aviario muy rico.*

avichucho *s. m.* COL. Bicho, bicharraco.

avícola *adj.* De la avicultura o que se dedica a ella: *granja avícola, industria avícola.*

avicultor, ra *adj. / s. m.* y *f.* Persona que se dedica por oficio a la avicultura: *Los avicultores recibirán ayudas.*

avicultura *s. f.* (no contable) Actividad de criar aves domésticas y aprovechar sus productos: *una granja dedicada a la avicultura. La avicultura está muy desarrollada en la provincia de Tarragona.*

avidez *s. f.* (no contable) Ansia, deseo muy fuerte de una cosa: *Siente una avidez exagerada de riquezas. Su avidez de poder le puede conseguir muchos enemigos. Sólo se preocupa de hacer turismo, tiene una avidez de viajar exagerada.*

ávido, da *adj.* **1** (estar; antepuesto / pospuesto) Que muestra avidez: *un gesto ávido, unos ávidos ojos.* **2** (estar; antepuesto / pospuesto) Que desea mucho alguna cosa: *un ávido hombre de negocios. Estaba ávido* ***de*** *dinero.*

aviejar *v. tr.* **1** RESTRINGIDO. Hacer parecer ‹una cosa› vieja [a una persona]: *Tíñete el pelo, porque te aviejan mucho las canas.* SIN. avejentar. || *v. prnl.* **2** RESTRINGIDO. Hacerse ‹una persona› vieja: *Mi abuela se ha aviejado.* SIN. avejentarse.

avieso, sa *adj.* (antepuesto / pospuesto) Que tiene malas intenciones: *una aviesa mirada, un hombre avieso.*

avifauna *s. f.* Conjunto de las aves de una región o país: *la avifauna del parque de Doñana.*

avilés, sa *adj. / s. m.* y *f.* De Ávila, ciudad y provincia españolas. SIN. abulense.

avinagrado, da *adj.* De condición áspera o malhumorada: *Tiene un carácter avinagrado. Tengo una portera muy avinagrada. Escribe siempre unas críticas muy avinagradas.*

avinagrar *v. tr.* **1** Poner ‹una cosa› agria a [otra cosa]: *Si metes y sacas el vino de la nevera lo vas a avinagrar con los cambios de temperatura.* **2** Volver ‹una cosa› arisca [a una persona]: *Las broncas del jefe me avinagran para todo el día.* || *v. prnl.* **3** Ponerse ‹una cosa› agria: *Este vino se ha avinagrado. No comas la ensalada que se ha avinagrado y está como fermentada.* **4** Volverse ‹una persona› arisca: *Desde que se quedó viudo se ha avinagrado mucho.*

avío *s. m.* **1** Acción y efecto de aviar o aviarse: *Yo hago el avío de mi habitación en un momento. No he tardado nada, porque no había nadie y el barbero me hizo el avío en un momento.* **2** Servicio, utilidad: *Ese jarrón me hace un buen avío. A ver si encontramos una cafetera que me haga buen avío para la cocina.* **3** (en plural) Utensilios necesarios para hacer algo: *los avíos de coser. Si tuviera aquí los avíos de fontanería te arreglaba el grifo.* SIN. instrumentos.

avión *s. m.* **1** Medio de transporte aéreo provisto de alas y, generalmente, impulsado por motores: *ir en avión, subir al avión, bajar del avión, viajar en avión, accidente de avión, enviar un paquete por avión. El avión aterriza. El avión despega. El avión vuela.* **~ continental. ~ de bombardeo. ~ a / de reacción. ~ de reconocimiento. ~ supersónico. ~ transcontinental. ~ comercial** Avión destinado al transporte de pasajeros y mercancías. **~ nodriza** Avión que sirve para abastecer a otros de combustible mientras vuelan. **2** (macho y hembra) Familia *Hirundinidae.* Ave pequeña parecida a la golondrina, de plumaje negro y blanco, que suele construir su nido bajo los tejados. **3** ZOOL. *Delichon urbica.* Pájaro de gran tamaño parecido a la golondrina, que anida en pendientes rocosas y se alimenta de insectos. FR. Y LOC. **írsele el ~** MÉX.; COLOQUIAL. Distraerse o descuidarse ‹una persona›.

avioneta *s. f.* Avión de pequeño tamaño y poca potencia.

avisar *v. tr.* **1** Hacer saber ‹una persona› [una cosa] [a otra persona] anticipadamente: *Nos han avisado de que no podemos subir a la azotea. Avisa a tu madre de que llego mañana por la mañana.* SIN. comunicar. **2** Llamar ‹una persona› la atención de [otra persona]: *Nos avisó para que modificáramos nuestra conducta. Si no quitas los pies de la mesa te volverán a avisar.* **3** Llamar ‹una persona› [a otra persona] para que preste un servicio: *Avisaron al ascensorista. Avisé al fontanero. Avisa al médico, me encuentro mal.*

aviso *s. m.* **1** Acción y resultado de avisar: *Ten cuidado, porque el jefe no suele repetir sus avisos con tanta paciencia.* **2** Escrito o comunicado con que se avisa: *Leí el aviso de la huelga en el tablón de avisos.* **3** TAUROM. Advertencia de la presidencia al torero cuando éste prolonga la faena más de lo debido: *El matador escuchó dos avisos.* **4** VEN. Anuncio para hacer propaganda de alguna cosa. FR. Y LOC. **servir de ~** Se usa para indicar que algún mal suceso puede tener consecuencias mucho peores, si no evitamos que se repita: *Esta vez pudiste evitar el choque, pero espero que te sirva de aviso y conduzcas con más cuidado.* **sobre ~** Se usa para recomendar cautela en una situación: *Hay que estar sobre aviso, no nos vayan a encontrar desprevenidos. Íbamos sobre aviso. Vengo a poneros sobre aviso.*

avispa *s. f.* (macho y hembra) *Vespula vulgaris.* Insecto de cuerpo amarillo con rayas negras, parecido a la abeja, que tiene un aguijón con el que produce dolorosas picaduras y suele vivir en comunidades. FR. Y LOC. **cintura* de ~. talle* de ~.**

avispado, da *adj.* (antepuesto / pospuesto) Que entiende las cosas con rapidez y actúa convenientemente: *Es un joven muy avispado. La avispada timadora cayó en manos de la policía.*

avispero *s. m.* **1** Lugar donde las avispas hacen sus panales: *Nos hemos encontrado con varios avisperos en el bosque.* **2** Conjunto de avispas: *Cuidado, que hay un avispero en el jardín.* **3** COLOQUIAL. Asunto complicado o peligroso: *Se ha metido en un buen avispero. No me interesó ese negocio porque me parecía un avispero.*

avistar *v. tr.* Ver ‹una persona› [una cosa] a considerable distancia: *La tripulación confirmó que a la altura de las islas Canarias avistaron un velero a la deriva.* SIN. divisar.

avitaminosis (plural *avitaminosis*) *s. f.* (no contable) MED. Enfermedad producida por la carencia de alguna vitamina.

avituallamiento *s. m.* Acción y efecto de avituallar: *El avituallamiento en estos países no es difícil. No es bueno planear una travesía sin pensar en el avituallamiento.*

avituallar *v. tr.* Proporcionar ‹una persona› víveres [a otra persona]: *Los de intendencia avituallan al resto del ejército. Un grupo de montañeros avituallaba desde el campamento base a los encargados de alcanzar la cumbre.* SIN. aprovisionar.

avivar *v. tr.* **1** Hacer ‹una persona o una cosa› más viva [una cosa]: *Aviva el fuego, que hace frío. Su presencia aviva los recuerdos del verano pasado.* || *v. prnl.* **2** Hacerse ‹una cosa› más viva: *Se ha avivado la antigua enemistad entre las dos familias. La conversación se avivaba con el alcohol.* FR. Y LOC. **atizar / ~ el fuego*.**

avizor *adj.* Se usa en la LOC. **ojo* ~.**

avizorar *v. tr.* ELEVADO. Mirar ‹una persona› [una cosa] con mucha atención: *Por las tardes los habitantes del pueblecito van al puerto y avizoran el horizonte esperando las barcas.*

-avo, va *suf.* Significa 'partes en que se divide algo' y forma adjetivos partitivos a partir de adjetivos numerales: *once - onceavo, quince - quinceavo.*

avoceta *s. f.* (macho y hembra) *Recurvirostra avosetta.* Ave de patas largas, color blanco y negro y pico curvado hacia arriba, que habita en Europa y Asia.

avutarda *s. f.* (macho y hembra) Género *Otis.* Ave de patas largas, cuerpo grande y plumaje gris con rayas o manchas y el vientre blanco, que tiene una carrera rápida y es poco voladora.

axial *adj.* Del eje: *plano axial, simetría axial.*

axila *s. f.* **1** Cavidad que forma el brazo al unirse con el tronco: *Los desodorantes suelen aplicarse a las axilas.* SIN. sobaco (COLOQUIAL). **2** BOT. Ángulo formado por la articulación de cualquiera de las partes de la planta con el tronco o la rama.

axiología *s. f.* (no contable) FILOS. Parte de la filosofía que trata de la teoría de los valores.

axioma *s. m.* FILOS. Afirmación que se considera verdadera, sin necesidad de demostración: *«El hombre es un ser racional» es un axioma.* SIN. teorema.

axiomática *s. f.* FILOS. Conjunto de axiomas de una ciencia o teoría: *Está haciendo una tesis sobre la axiomática de la gramática moderna.*

axiomático, ca *adj.* Que es tan evidente como un axioma y no necesita demostración: *enunciado axiomático, definición axiomática.*

axis (plural *axis*) *s. m.* ANAT. Segunda vértebra del cuello, sobre la que se realiza el movimiento de rotación de la cabeza.

axón *s. m.* ANAT. Prolongación de una neurona encargada de transmitir estímulos. SIN. neurita, cilindroeje.

¡ay! *interj.* **1** Expresa dolor, disgusto, sorpresa o admiración: *¡Ay, mi dedo! ¡Ay, qué terrible noticia! ¡Ay, qué bonito!* **2** Seguida de *de,* expresa queja o amenaza: *¡Ay de mí! ¡Ay de ti como se entere tu madre!* ‖ *s. m.* **3** (plural *ayes*) LITERARIO. Queja, lamento o suspiro: *Salían de la prisión ayes desgarradores.*

ayatolá *s. m.* Dignidad religiosa chiita con magisterio público: *El ayatolá enseña en cuestiones religiosas y morales.*

ayer *s. m.* **1** (precedido del artículo determinado) El tiempo pasado: *recuerdo con nostalgia el ayer. Vivir del ayer no soluciona nada.* ‖ *adv. temp.* **2** En el día inmediatamente anterior a hoy: *ayer por la mañana, ayer a mediodía. Ayer nos vimos. Lo estudié detenidamente ayer.* **3** INTENSIFICADOR. Hace poco tiempo: *Es increíble cómo ayer nadie sabía manejar un ordenador y hoy todo el mundo tiene uno en casa.* FR. Y LOC. **antes de ~** El día anterior a ayer: *Antes de ayer tuvo fiebre, pero ayer y hoy ya no.* **~ noche** Anoche: *Ayer noche estaba muy cansado.* **~ tarde** Ayer por la tarde: *Ayer tarde estuve hablando con ella.*

ayo, ya *s. m./f.* **1** Persona que se encargaba de educar y cuidar a los niños de las casas acomodadas: *La figura del ayo casi ha desaparecido.* ‖ *s. f.* **2** Mujer que era contratada para amamantar y criar a los niños de las casas acomodadas.

Ayto. *abr.* «Ayuntamiento».

ayuda *s. f.* **1** Colaboración, auxilio o socorro: *Fue de gran ayuda para todos en la mudanza. Le prestó ayuda para pasar la calle. No me ha servido de mucha ayuda que estuvieras hoy aquí, porque tenía mucho que estudiar y me has distraído. Acudió en su ayuda cuando lo oyó gritar por la ventana.* **2** Cosa que se da para ayudar: *Salió un barco con ayuda para el Tercer Mundo. La Cruz Roja está canalizando todas las ayudas para la zona del conflicto.* **3** Remuneración suplementaria: *Además del sueldo tiene algunas ayudas.* **4** Lavativa, líquido que se introduce por el recto, generalmente como laxante: *El médico nos ha recetado una ayuda para el abuelo.* **5** (preferentemente en diminutivo) COLOQUIAL. Limosna: *Déme una ayudita.* ‖ **6 ~ de cámara** Criado encargado del servicio personal de una persona: *El actor fue encontrado muerto en el apartamento por su ayuda de cámara.* FR. Y LOC. **costar / necesitar Dios y ~** Costar ‹una cosa› mucho esfuerzo o necesitar ‹una persona› mucho esfuerzo para algo: *Cuesta Dios y ayuda limpiar bien el horno. Vas a necesitar Dios y ayuda para convencerle porque es un cabezota.*

ayudanta *s. f.* **1** Mujer que trabaja bajo la dirección de otra en algunos oficios: *Tenemos una ayudanta en la joyería.* **2** RESTRINGIDO. Ayudante.

ayudante *adj. / s. m.* y *f.* [Persona] que ayuda profesionalmente a otra: *médico ayudante, profesora ayudante. Es ayudante de universidad.*

ayudantía *s. f.* Cargo o función de profesor ayudante de universidad: *Se ha examinado y ha conseguido una ayudantía.*

ayudar *v. tr.* **1** Dar o prestar ‹una persona› [su cooperación o su esfuerzo] de una manera subordinada [a otra persona]: *Ayudó a su hermano* ***en*** *la tienda. Me ayudó* ***a*** *vender la mercancía.* **2** Hacer ‹una persona› lo posible para que [otra persona] supere [una dificultad]: *Me ayudó* ***a*** *salir del pozo. Me ha ayudado mucho* ***en*** *los estudios. Siempre que puede me ayuda* ***con*** *el niño.* ‖ *v. prnl.* **3** Servirse ‹una persona› de [una cosa]: *Se ayudaba* ***de*** *las manos para trepar. Se ayuda* ***de*** *la familia para sacar adelante a los niños.* **4** VEN.; COLOQUIAL. Completar ‹una persona› el sueldo con otros ingresos.

ayunar *v. intr.* Dejar de comer o de beber ‹una persona› total o parcialmente durante un tiempo: *No bebo cerveza, esta temporada ayuno.*

ayuno, na *adj.* **1** RESTRINGIDO. Que no ha tomado alimento. **2** RESTRINGIDO. Que no ha comprendido alguna cosa o no ha disfrutado con ella. **3** (estar) RESTRINGIDO. Que no tiene noticia de alguna cosa: *Estamos todavía ayunos* ***de*** *noticias de la expedición.* ‖ *s. m.* **4** Acción y resultado de ayunar: *Se mortificaba con ayunos y penitencias. El ayuno suave no es malo para la salud.* **día de ~.** FR. Y LOC. **en ayunas** 1 Sin haber tomado alimento: *Tienen que hacerme los análisis en ayunas. Me ha dicho el médico que esté en ayunas cuatro horas antes de ir a la consulta.* 2 Sin haber comprendido o sin haberse enterado: *Estaba en ayunas de lo que pasaba en mi propia casa. Salí de clase en ayunas. Yo creo que con tus explicaciones se queda en ayunas.*

ayuntamiento *s. m.* **1** Corporación que administra y dirige un municipio, formada por un alcalde y varios concejales: *Los ayuntamientos se eligen democráticamente en España cada cuatro años.* **2** Edificio donde tiene su sede esta corporación: *El ayuntamiento de Toledo es un hermoso palacio renacentista.* ‖ **3 ~ carnal** ELEVADO; EUFEMISMO. Acto sexual: *El derecho canónico exige el ayuntamiento carnal para considerar que el matrimonio ha sido consumado.*

azabache *s. m.* (no contable) MIN. Carbón, variedad dura de lignito, de color negro y brillante que es apreciado en joyería: *Me he comprado unos pendientes de plata con dos piedrecitas de azabache.*

azacán, na *adj. / s. m. y f.* **1** RESTRINGIDO. Que trabaja mucho o lo hace en oficios penosos: *Mi madre estaba hecha una azacana toda su vida fregando escaleras.* **2** Que por profesión se dedicaba a transportar agua. SIN. aguador.

azada *s. f.* Instrumento agrícola para cavar y remover la tierra formado por una pieza de hierro cuadrada afilada en uno de sus lados y unida a un mango de madera: *De pequeño cavaba el huerto de mis abuelos con la azada.*

azadón *s. m.* Azada grande: *Salí corriendo porque me amenazaba con un azadón.*

azafata *s. f.* **1** Mujer que se encarga en un avión de prestar diversos servicios para la comodidad o la seguridad de los pasajeros: *La azafata da las instrucciones de seguridad antes de empezar el vuelo.* **2** Mujer que atiende al público en exposiciones y congresos: *azafata de agencia, uniforme de azafata.* **3** Dama que servía a la reina.

azafate *s. m.* COL., EC., PERÚ. Bandeja para servir.

azafrán *s. m.* **1** *Crocus sativus.* Planta de hojas delgadas y flores violetas cuyos estigmas, una vez secos, se utilizan como condimento y colorante en los guisos. **2** Estigma de los azafranes: *El azafrán se utiliza como colorante del arroz de la paella.* FR. Y LOC. **rosa* del ~.**

azafranado, da *adj.* De color de azafrán: *Tiene el pelo azafranado.*

azagaya *s. f.* Lanza o dardo pequeño arrojadizos.

azahar (diferente de *azar*) *s. m.* Flor del naranjo y otros cítricos que es blanca, olorosa y muy apreciada en medicina y perfumería: *ramo de azahar. El azahar es la flor propia de las novias.*

azalea *s. f.* Arbusto con flores de color blanco o rosado que se cultiva como planta de adorno.

azar (diferente de *azahar*) *s. m.* **1** (no contable) Suerte: *juegos **de** azar. Encontrar ese piso fue un azar irrepetible. El azar quiso que nosotros nos conociéramos. Juan consiguió ese trabajo **por** azar. Nos vimos **por** azar, pues no sabíamos que estaba allí.* SIN. fortuna. **2** Suceso o circunstancia, bueno o malo, que ocurre de forma imprevista: *Espero que no haya ningún azar que me impida verte. Los azares de la vida me trajeron hasta aquí.* SIN. casualidad. FR. Y LOC. **al ~** 1 Sin pensarlo antes, sin intención: *Nos lo compramos un poco al azar, pero acertamos. Contestó las preguntas al azar, pero aprobó el examen.* 2 Sin rumbo fijo: *Caminaron al azar entre las callejuelas.* **juego* de ~.**

azaramiento *s. m.* (no contable) Vergüenza y turbación o aturdimiento que sufre una persona: *Creo que es cosa de la edad, pero en cuanto le hablan las chicas experimenta un azaramiento que no puede controlar y se pone colorado.*

azarar *v. tr.* **1** Causar ‹una persona o una cosa› vergüenza o confusión [a una persona]: *La presencia del profesor lo azaraba.* SIN. turbar. || *v. prnl.* **2** Sentirse ‹una persona› avergonzada o confundida: *Se azara con facilidad cuando habla en público. Se azaró cuando le presentamos a la vecina.* SIN. turbarse, avergonzarse.

azaroso, sa *adj.* **1** (antepuesto / pospuesto) Que contiene muchos peligros o percances: *Nuestra estancia allí fue muy azarosa. Tras un azaroso viaje, llegaron sanos y salvos.* **2** Que ofrece inseguridad o incertidumbre: *Tras la caída del muro de Berlín, se entra en un período azaroso de la historia.*

azerbaiyano, na *adj. / s. m. y f.* De Azerbaiyán, antigua república de la URSS y actual estado independiente.

azerí (plural *azeríes*, preferible a *azerís*) *adj. / s. m. y f.* Azerbaiyano.

ázimo o **ácimo** *adj.* [Pan] que no tiene levadura.

azimut *s. m.* Acimut.

-azo, za *suf.* **1** Aumentativo que forma sustantivos a partir de sustantivos y adjetivos a partir de adjetivos: *coche - cochazo, buena - buenaza.* **2** (en masculino) Significa 'golpe' o 'golpe dado con' y forma sustantivos a partir de sustantivos: *porra - porrazo, torta - tortazo, puerta - portazo, botella - botellazo, hacha - hachazo.*

azogadamente *adv. modo* RESTRINGIDO. Con viveza: *El niño se mueve azogadamente.*

azogar *v. tr.* **1** RESTRINGIDO. Cubrir ‹una persona› [una cosa] con azogue: *Azogando un vidrio se obtiene un espejo.* || *v. prnl.* **2** RESTRINGIDO. Intoxicarse ‹una persona› con los vapores de mercurio: *En el siglo XVIII algunos pacientes sifilíticos se azogaban con el tratamiento.* **3** RESTRINGIDO. Ponerse ‹una persona› muy inquieta: *Los niños se azogan en casa sin moverse.* SIN. inquietarse. ⇒ **56.**

azogue *s. m.* (no contable) QUÍM. Mercurio: *El azogue se usa para fabricar espejos.* FR. Y LOC. **ser un ~** RESTRINGIDO. Ser muy inquieto: *Este niño es un azogue, no para de moverse.*

azor *s. m.* (macho y hembra) Ave diurna de rapiña, carnívora, de larga cola, espalda oscura y vientre claro, muy apreciada en cetrería.

azoramiento *s. m.* (no contable) Turbación o inquietud: *Siempre que tiene que hablar con alguien que no conoce siente un azoramiento inexplicable. No conduzco porque el azoramiento me lo hace pasar muy mal.*

azorar *v. tr.* **1** Causar ‹una persona o una cosa› confusión [a una persona]: *La presencia del tribunal lo azoraba.* SIN. turbar. || *v. prnl.* **2** Sentirse ‹una persona› confundida: *Se azora con facilidad en público. Me azoro cuando estoy conduciendo en un atasco. Se azoró cuando le presentamos a esa chica.* SIN. turbarse.

azoro *s. m.* **1** AMÉR. Azoramiento. **2** AMÉR. Duende, aparición, fantasma.

azorrarse *v. prnl.* RESTRINGIDO. Quedarse ‹una persona› adormilada por tener la cabeza cargada o haber bebido más de la cuenta: *Después de las dos cervezas se ha azorrado en el sillón.*

azotaina *s. f.* COLOQUIAL. Conjunto de azotes que se da a un niño: *Si sigues haciendo travesuras, te daré una azotaina.*

azotar *v. tr. / prnl.* **1** Dar ‹una persona› azotes [a otra persona o a un animal]: *Los ermitaños **se** azotaban para hacer penitencia.* || *v. tr. / intr.* **2** Golpear ‹el viento o las olas› [a una persona o una cosa] violentamente: *El viento me azotaba **(en)** la cara.* **3** Causar ‹una cosa› grandes daños a [otra cosa]: *El hambre azota la región sin piedad desde hace años. La sequía azota las tierras del sur.*

azote *s. m.* **1** Golpe dado en las nalgas con la mano abierta: *La madre dio un azote al niño por portarse mal.* **2** Golpe dado en cualquier parte del cuerpo con un látigo u otro instrumento: *El reo fue condenado a recibir cien azotes. Los esclavos recibían azotes si cometían alguna falta.* **3** RESTRINGIDO. Instrumento usado para golpear a los malhechores, sobre todo el formado por cuerdas anudadas: *El azote era un* *instrumento temido.* **4** Golpe repetido del viento o del agua: *Las rocas estaban desgastadas por el azote de las olas.* **5** Calamidad o desgracia: *La región ha sufrido recientemente el azote de un terremoto. El azote de la peste golpea siempre a los más pobres.*

azotea *s. f.* **1** Cubierta llana de un edificio sobre la que se puede andar: *Tiende la ropa en la azotea.* **2** VEN.; COLOQUIAL. Cabeza. FR. Y LOC. **estar mal de la ~** COLOQUIAL. Estar ‹una persona› loca o chiflada: *Tú estás mal de la azotea, ¿cómo quieres ir andando por la noche de Madrid a El Escorial?*

azteca *adj. / s. m.* y *f.* **1** De un pueblo amerindio que dominó México durante el siglo XV y en el primer cuarto del siglo XVI: *la cultura azteca, monumento azteca, sacerdote azteca. Hizo la tesis sobre los aztecas.* **2** Mexicano: *la selección azteca. Los aztecas golearon a la selección española.* ‖ *s. m.* **3** LING. Lengua americana hablada por los aztecas.

azúcar *s. m. / f.* **1** (no contable) Sustancia sólida, cristalizada y muy dulce, que se obtiene principalmente de la molienda de la caña de azúcar y de la remolacha y se emplea en alimentación para endulzar los alimentos: *un terrón de azúcar, una cucharadita de azúcar.* **caña de ~. ~ blanco** Azúcar refinado, en polvo muy fino. **~ blanquilla** Azúcar semirrefinado, modelado en forma de cortadillo. **~ candi** Azúcar obtenido por evaporación lenta en forma de cristales grandes de color transparente, amarillo o pardo. **~ glaseado** Azúcar molido muy fino que se usa en pastelería para espolvorear. **~ moreno** Azúcar de caña, sin refinar, de segunda producción. **2** (no contable) QUÍM. Conjunto de hidratos de carbono soluble en agua: *El cuerpo necesita azúcar cuando hace ciertos esfuerzos.*

azucarado, da *adj.* (estar) Que contiene azúcar: *un yogur azucarado. Está muy azucarado el café.*

azucarar *v. tr.* **1** Poner ‹una persona› azúcar en [una cosa]: *Creo que has azucarado mucho el café.* **2** Cubrir ‹una persona› [una cosa] de azúcar: *Cuando está la tarta a punto, se azucara toda la parte superior. Primero se pone una capa de chocolate, después se azucara otra capa.* **3** Hacer ‹una persona› demasiado sentimental [una cosa]: *No me gusta el final de sus películas, porque azucara mucho los argumentos. Es una historia muy azucarada.*

azucarera *s. f.* Fábrica de azúcar: *La azucarera hará una reducción de personal a principios de año.*

azucarero, ra *adj.* **1** Del azúcar: *industria azucarera, ingenio azucarero, producción azucarera.* ‖ *s. m.* **2** Recipiente para guardar y servir el azúcar: *un azucarero de plata. Tenían un azucarero muy bonito.*

azucarillo *s. m.* **1** Terrón de azúcar: *¿Cuántos azucarillos te pongo en el café?* **2** Pasta esponjosa y dura de almíbar, clara de huevo batida y limón.

azucena *s. f.* Planta herbácea ornamental de hojas largas, tallo alto y grandes flores, olorosas, de color blanco o rosa.

azud *s. m.* **1** Máquina tradicional en forma de rueda grande para sacar agua de los ríos: *En algunos ríos todavía pueden encontrarse los azudes medievales.* **2** Presa que se hace en los ríos para tener agua para riegos u otros usos: *Hemos dado un paseo hasta el azud del molino.*

azuela *s. f.* Hacha pequeña de hoja curva y perpendicular al mango que se emplea para pulir la madera: *la azuela de un carpintero. Si se vacía un tronco de árbol con una azuela se puede construir una canoa.*

azufrar *v. tr.* Echar ‹una persona› azufre sobre [una planta]: *En algunas zonas se azufraban los árboles frutales para protegerlos de las plagas de insectos.*

azufre *s. m.* (no contable) *S.* Elemento químico no metálico de color amarillo que arde con llama azul y un olor muy característico: *El azufre se utiliza industrialmente para fabricar ácido sulfúrico e insecticidas.*

azul *adj. / s. m.* **1** [Color] que es semejante al cielo sin nubes: *ojos azules. El color que más me gusta es el azul. La piscina tiene un agua azul transparente.* **~ celeste** Azul muy claro. **~ cobalto** Sustancia colorante de color azul compuesta de óxido o de sales de cobalto. **~ marino** Azul oscuro. **~ turquesa** Azul claro tirando ligeramente a verde. ‖ **2 cascos* azules. 3 pescado* ~. 4 príncipe* ~. 5 sangre* ~.**

azulado, da *adj.* De color azul o que tira a azul: *Hemos puesto unas cortinas azuladas. Tiene una moto azulada.*

azular *v. tr.* RESTRINGIDO. Dar ‹una persona› color azul a [una cosa]: *En este pueblo existe la costumbre de azular el zócalo de las paredes de las casas.*

azulear *v. intr.* Mostrar ‹una cosa› el color azul: *A lo lejos azulean las montañas en el horizonte. Azulea el pueblo con la luz del amanecer.*

azulejo *s. m.* **1** Pieza plana de cerámica vidriada para revestir paredes o suelos: *los azulejos de la cocina, los azulejos del cuarto de baño, los azulejos del patio, un azulejo levantado, un azulejo suelto, un azulejo roto, alicatar de azulejos una pared.* SIN. baldosín. **2** Abejaruco. **3** Ave americana de plumaje azul de la que existen varias especies.

azulete *s. m.* (no contable) RESTRINGIDO. Polvo azul que se usaba para teñir la ropa blanca.

azulgrana *adj.* **1** DEP. Del club de fútbol Barcelona: *los colores azulgranas, el juego azulgrana, la sección azulgrana de baloncesto.* ‖ *adj. / s. m.* y *f.* **2** DEP. Que son seguidores de los colores azulgranas: *la afición azulgrana, los azulgranas.*

azulón, na *adj. / s. m.* **1** Que es de un color azul muy intenso: *El sofá es azulón. Tienes que elegir entre el azulón o el celeste.* ‖ *s. m.* **2** Especie de pato grande, frecuente en lagos y albuferas.

azuloso, sa *adj.* Azulado.

azumbre *s. m. / f.* RESTRINGIDO. Antigua medida de capacidad equivalente a un poco más de dos litros: *un azumbre de vino, un azumbre de aceite.*

azur *adj. / s. m.* LIT. Que es de color azul oscuro.

azuzar *v. tr.* **1** Incitar ‹una persona› [a los perros] a atacar: *No me gusta pasear por esa parte del pueblo porque hay un viejecito que azuza a los perros* **contra** *nosotros. En cuanto llamas al timbre de tu casa te azuzan a los perros.* **2** Incitar ‹una persona› [a otras personas o a los animales] a luchar entre sí: *Los consejeros están azuzando a ambas partes a luchar y pleitear entre sí. Separa a los perros y no los azuces para que luchen, que es muy desagradable.* ⇒ **19.**

B

b *s. f.* Segunda letra del alfabeto español que representa un sonido de articulación bilabial, oclusiva y sonora o un sonido de articulación bilabial, fricativa y sonora. Su nombre es «be».

baba *s. f.* **1** (no contable) Saliva que cae de la boca: *Limpié la baba al niño con el pañuelo. El perro llenó la alfombra de babas.* **2** (no contable) Líquido viscoso de algunos animales o plantas: *la baba que segrega el caracol.* || **3 mala ~** COLOQUIAL. Mal carácter o mala intención: *Esa chica tiene muy mala baba, parece que disfruta fastidiando a los demás.* FR. Y LOC. **caérsele la ~** COLOQUIAL. Quedarse embobada ‹una persona› con otra a la que quiere mucho: *Cuando hablas de tu nieta, se te cae la baba.*

babear *v. intr.* **1** Producir o echar ‹una persona o un animal› baba: *Al niño le están saliendo los dientes y babea mucho.* **2** COLOQUIAL. Mostrar ‹una persona› gran satisfacción con sus cosas o las de sus seres queridos: *No soporto oírle babear toda la tarde con sus libros. En cuanto le preguntas por su perro empieza a babear.*

babel *s. m. / f.* (no contable) Gran confusión o desorden o lugar donde se produce: *La reunión parecía una babel, nadie se entendía.* FR. Y LOC. **torre* de Babel.**

babeo *s. m.* (no contable) Acción y resultado de babear una persona: *El babeo es normal en los niños cuando les están saliendo los dientes.*

babero *s. m.* Pedazo de tela, generalmente de algodón o rizo, que se ata al cuello de los niños para evitar que se manchen cuando comen.

babi *s. m.* INFANTIL. Bata o guardapolvo que usan los niños pequeños, generalmente encima de la ropa, para no mancharse en la escuela o en casa.

Babia *s. f.* Se usa en la LOC. **estar en ~** Estar ‹una persona› muy distraída o despistada: *Muchachos, atendedme, que esta mañana estáis en Babia.*

babieca *adj. / s. m.* y *f.* COLOQUIAL; PEYORATIVO. [Persona] que está abobada o atontada: *¡Qué babieca es esta niña, nunca hace nada bien!*

babilla *s. f.* **1** Parte de las extremidades posteriores de los cuadrúpedos formada por los músculos y tendones que articulan el fémur con la tibia y la rótula. **2** Muslo de las reses destinadas al consumo: *filetes de babilla.*

babilonio, nia *adj. / s. m.* y *f.* De Babilonia, antigua ciudad, región e imperio asiático: *los esclavos babilonios. Hice un estudio sobre los babilonios.*

bable *s. m.* LING. Variedad del dialecto románico leonés que se habla en Asturias: *El bable está dividido en diferentes variedades.*

babor *s. m.* MAR. Lado izquierdo de una embarcación mirando de popa a proa: *Sentaos ahí, en el banco de babor.*

babosa *s. f.* Molusco terrestre de cuerpo alargado, pegajoso y generalmente negro, que no tiene concha y es muy común en lugares húmedos. SIN. limaco.

babosada *s. f.* **1** COLOQUIAL. Acción propia de un tonto o de una persona inexperta: *No me vengas con babosadas, si nos vamos sin permiso nos descontarán un día de sueldo.* **2** AMÉR. C., MÉX.; COLOQUIAL en México. Persona o cosa despreciable.

babosear *v. tr.* **1** Llenar ‹una persona o un animal› de babas [a una persona o una cosa]: *El abuelo está baboseando toda la camisa.* **2** AMÉR. Mofarse, burlarse ‹una persona› de [otra persona].

baboso, sa *adj. / s. m.* y *f.* **1** Que tiene o echa babas: *Es normal que tu bebé eche babas, todos los bebés son babosos.* **2** COLOQUIAL. Que no tiene edad ni condiciones para lo que hace, dice o intenta: *Anda, cállate, baboso, que no tienes ni idea de lo que dices. ¿Esta babosa quiere ya salir por la noche?* **3** COLOQUIAL. Que tiene poco entendimiento o inteligencia: *Eres un baboso, sí, como lo oyes, un tonto y un simple.* **4** (ser / estar) Que es o se pone pesado cuando quiere agradar: *Estás muy baboso hoy, ¿qué le quieres pedir a mamá? El portero es un baboso, siempre haciendo la pelota al jefe.* **5** AMÉR.; COLOQUIAL. Que es tonto o simple. || *adj. / s. m.* **6** [Hombre] que se muestra exageradamente atento con las mujeres y molesta con sus atenciones a las que lo rechazan: *No quiero ni verlo, ése es muy baboso. No sé cómo puedes salir con ese tío, es un baboso.*

babucha *s. f.* Zapatilla sin talón usada mucho por algunos pueblos musulmanes. FR. Y LOC. **a ~** ARG., URUG. A cuestas.

babuino *s. m.* (macho y hembra) Papión.

baca (diferente de *vaca*) *s. f.* Armazón que se instala en la parte superior de los vehículos para transportar equipajes: *Pondremos los esquís en la baca del coche.*

bacalada *s. f.* (no contable) Bacalao curado: *Las bacaladas enteras están ahora a buen precio.*

bacaladero, ra *adj.* **1** Del bacalao o relacionado con su pesca: *pesca bacaladera, industria bacaladera, industrial bacaladero, flota bacaladera.* || *s. m.* **2** Barco que se dedica a la pesca del bacalao: *Los bacaladeros partirán pronto hacia los caladeros del norte del Atlántico.*

bacaladilla *s. f.* (macho y hembra) *Micromesistius poutassou.* Pez marino de tamaño pequeño y color grisáceo.

bacalao *s. m.* **1** (macho y hembra) *Gadus morhua.* Pez de cuerpo alargado, que vive en el Atlántico Norte y su carne es muy apreciada en alimentación fresca o salada y prensada. SIN. abadejo. **2** (se usa también la forma *bakalao*) COLOQUIAL. Música agresiva de ritmo repetitivo: *Por la noche los chicos van a las discotecas de bakalao. El bakalao puede bailarse, pero es insoportable para oírlo en casa.* ‖ **3 ~ al pil-pil** Guiso de bacalao con ajos y aceite en cazuela de barro, típico del País Vasco español. FR. Y LOC. **cortar el ~** COLOQUIAL. Decidir o dirigir ‹una persona› lo que hay que hacer en una situación o actividad: *En esa familia es el hermano mayor el que corta el bacalao.* **te conozco, ~** COLOQUIAL; IRONÍA, RESUMIDOR FINAL. Se usa para indicar que se conocen las intenciones del que habla: *No me engañes, que te conozco, bacalao.*

bacán, na *adj. / s. m.* y *f.* **1** ARG., URUG. Adinerado, de vida acomodada, de categoría. **2** COL.; COLOQUIAL. Que es muy bueno o excelente.

bacanal *adj. / s. f.* **1** (preferentemente en plural) [Fiesta] que se celebraba en la antigua Roma en honor de Baco, dios del vino. ‖ *s. f.* **2** Orgía, fiesta desenfrenada: *Los han acusado de celebrar bacanales en su piso.*

bacante (diferente de *vacante*) *s. f.* Mujer que celebraba las fiestas bacanales: *cantos y bailes de las bacantes.*

bacará o **bacarrá** *s. m.* Cierto juego de cartas con dos barajas, en que juega la banca contra los puntos: *En los casinos se juega al bacarrá.*

bache *s. m.* **1** Hoyo o desigualdad en una carretera o en un camino: *Las lluvias torrenciales produjeron grandes baches.* **2** Interrupción pasajera de alguna actividad: *En verano siempre hay un bache en las ventas.* **3** Desigualdad de densidad en la atmósfera que provoca un momentáneo descenso del avión: *Había muchos baches y el avión se movía muchísimo.* **4** Dificultad transitoria en la salud, el estado de ánimo o en el curso de un negocio: *Un bache lo tiene cualquiera, no se preocupe y anímese, abuelo.*

bachear *v. tr.* Rellenar ‹una persona› los baches de [una carretera o un camino]: *Están bacheando la calle donde vivimos, pero deberían volver a asfaltarla.*

bachicha *s. m. / f.* **1** CHILE; VULGAR. Bachiche. ‖ *s. f.* **2** MÉX. Colilla de cigarro encendida. **3** (en plural) MÉX. Residuos, sobras de comida o bebida. **4** MÉX. Poso que queda en los vasos.

bachiche *s. m / f.* PERÚ; COLOQUIAL. Inmigrante italiano.

bachiller *s. m. / f.* **1** Estudiante que ha conseguido el grado de enseñanzas medias: *Ahora te piden el título de bachiller para todo.* ‖ *s. m.* **2** (no contable) Bachillerato: *Quise estudiar el bachiller en el instituto.* **3** Título universitario medio de las universidades antiguas, anterior al título de licenciado: *El bachiller Carrasco es un personaje de «El Quijote». Es bachiller en Teología por la Universidad de Salamanca.*

bachillerato *s. m.* (no contable) Estudios secundarios, posteriores a la educación primaria e inferiores a los estudios universitarios: *Sus hijos estudian bachillerato.*

bacía (diferente de *vacía*) *s. f.* Vasija pequeña y poco honda que los barberos utilizan para remojar la barba durante el afeitado.

bacilar (diferente de *vacilar*) *adj.* Que tiene relación con los bacilos: *enfermedad bacilar.*

bacilo *s. m.* Bacteria alargada con forma de bastoncillo: *El bacilo de Koch produce la tuberculosis.*

bacín *s. m.* Orinal alto y cilíndrico que se usaba antiguamente.

back-up (del inglés; pronunciamos *'bacap'*) *s. m.* INFORM. Copia de seguridad que se hace de un archivo o de los archivos de un directorio.

bacon (del inglés; pronunciamos *'bacon'* o *'beicon'*) *s. m.* Beicon.

bacteria *s. f.* Microorganismo formado por una sola célula sin núcleo, que puede causar enfermedades como el cólera, o que interviene en procesos químicos como la fermentación: *Hay bacterias buenas y malas para el hombre.*

bacteriano, na *adj.* De las bacterias: *infección bacteriana, cultivo bacteriano.*

bactericida *adj. / s. m.* Que destruye las bacterias: *El médico le aplicó una sustancia bactericida.*

bacteriología *s. f.* (no contable) BIOL. Parte de la microbiología que estudia las bacterias.

bacteriológico, ca *adj.* De la bacteriología: *análisis bacteriológico, guerra bacteriológica.*

báculo *s. m.* **1** RESTRINGIDO. Bastón con el extremo curvado que se usa como apoyo para caminar. **2** (no contable) Apoyo, consuelo: *Tú, hijo mío, serás el báculo de mi vejez.* ‖ **3 ~ pastoral** Bastón alto que utilizan las autoridades de la Iglesia como símbolo de dignidad.

badajo *s. m.* Pieza de la campana que cuelga de su interior y que la hace sonar cuando golpea sus paredes.

badajocense *adj. / s. m.* y *f.* RESTRINGIDO. De Badajoz, ciudad y provincia española.

badajoceño, ña *adj. / s. m.* y *f.* Badajocense.

badana *s. f.* **1** (no contable) Piel curtida de carnero u oveja: *unas correas de badana fina.* ‖ *s. m. / f.* **2** (puede usarse en plural con el significado de singular) COLOQUIAL; PEYORATIVO. Persona poco activa, perezosa: *Esa niña es una badanas.* FR. Y LOC. **sobar* la ~. zurrar la ~** COLOQUIAL. Dar ‹una persona› una paliza a otra persona o reñirla duramente: *Como llegues tarde a casa te voy a zurrar la badana.*

badén *s. m.* **1** Cauce formado en un terreno por las aguas de la lluvia: *La tormenta hizo un badén en el camino.* **2** Cauce abierto en una carretera para dar paso a un corto caudal de agua: *Ese badén impedirá que se hagan baches cuando llueva.* **3** Parte hundida en una carretera: *No vi la señal de badén.* **4** Rebajamiento en la acera para que puedan pasar los coches: *La inclinación del badén es insuficiente.*

badil *s. m.* Badila.

badila *s. f.* Paleta metálica que sirve para remover y avivar el fuego y recoger las cenizas: *La badila y el fuelle están al lado de la chimenea.*

bádminton *s. m.* (no contable) DEP. Deporte parecido al tenis que se practica con una red situada a una altura más elevada, raquetas más pequeñas y con una especie de pelota semiesférica con plumas.

badulaque *adj. / s. m.* y *f.* COLOQUIAL; PEYORATIVO. Persona necia o tonta e ignorante: *No fui a la fiesta de Juan porque es un badulaque.*

bafle *s. m.* **1** Plancha rígida del altavoz que elimina las interferencias. **2** Altavoz de un equipo de alta fidelidad o caja que lo contiene: *He comprado dos bafles enormes.*

baga *s. f.* RESTRINGIDO. Cápsula que contiene las semillas del lino.

bagaje *s. m.* **1** (no contable) ELEVADO. Conjunto de maletas y otras cosas que se llevan en un viaje: *Siempre viajamos con poco bagaje.* SIN. equipaje. **2** (no contable) Conjunto de conocimientos que tiene una persona: *bagaje artístico. Su abuelo demostró tener un gran bagaje cultural.* **3** Conjunto de equipaje de una tropa militar: *El enemigo huyó y dejó en el campo todo su bagaje.*

bagatela *s. f.* Cosa de poco valor o importancia: *Ese chico gasta todo su dinero en bagatelas. No me interesan las bagatelas que cuentas.*

bagazo *s. m.* **1** RESTRINGIDO. Residuos de las uvas, aceitunas y otros vegetales después de exprimirlos fuertemente. **2** RESTRINGIDO. Cáscara que queda después de deshecha la baga.

bagual *s. m.* **1** ARG., URUG.; RESTRINGIDO. Persona incivilizada o inculta. || *adj. / s. m.* **2** ARG., URUG.; RESTRINGIDO en Uruguay. Potro o caballo que no ha sido domado.

¡bah! *interj.* Expresa incredulidad, indiferencia, desinterés o desprecio hacia algo: *–«Ha estallado una tormenta.» –«¡Bah! No tenía pensado salir de casa.»*

bahamés, sa *adj. / s. m.* y *f.* De Bahamas, archipiélago del Caribe.

bahareque *s. m.* Bajareque.

bahía *s. f.* GEOGR. Extensión de mar que entra en la costa; es ancha, más pequeña que el golfo y en ella pueden resguardarse las embarcaciones.

bailable *adj.* [Música] que está compuesta para bailar: *Me gusta esta música, es muy bailable. Pon música bailable.*

bailaor, ra *adj. / s. m.* y *f.* **1** Que baila. || *s. m. / f.* **2** Persona que se dedica profesionalmente a bailar flamenco: *los bailaores de un tablao flamenco.*

bailar *v. intr. / tr.* **1** Mover ‹una persona› el cuerpo al ritmo de [una música]: *Bailaremos sevillanas. No me gusta mucho bailar.* || *v. tr.* **2** Hacer ‹una persona› que [una cosa dé vueltas sobre sí misma: *El niño bailaba la peonza.* || *v. intr.* **3** Quedar grande una cosa en el lugar en el que debe ir acoplada: *He adelgazado y me baila la falda.* **4** Dar ‹una cosa› vueltas sobre sí misma: *Esa peonza no baila bien.* **5** Cambiar ‹un escaño› de partido antes del final oficial de un recuento de votos: *Hay dos escaños que bailan entre los partidos mayoritarios.* **6** Moverse ‹una cosa› sin desplazarse: *Esa lámpara pesa muy poco y baila en cuanto hay un poco de corriente de aire.* || *v. tr. / intr. / prnl.* **7** Cambiar ‹una persona› por error un número, una letra u otra cosa por otra, o alterar su orden: *Las fechas te bailan porque no las sabes bien.* FR. Y LOC. **andar / ~ / ir de coronilla*. ~ al son que tocan** Adaptarse ‹una persona› a las circunstancias o dejarse llevar por lo que dicen otros: *Merche no tiene opiniones propias, siempre acaba bailando al son que (le) tocan.* **~ como una peonza*. ~ con la más fea** COLOQUIAL. Quedarse ‹una persona› con la obligación más difícil o la parte más desagradable de una cosa: *Nos dividimos el trabajo, y a mí, como siempre, me tocó bailar con la más fea.* **~ el agua*. estar / ~ / andar en la cuerda* floja. otro que tal baila** COLOQUIAL. Se utiliza para aludir a una persona que se parece a otra en algún aspecto negativo: *Tu amigo no es generoso, pero ahí tienes otro que tal baila.* **que me / te / le... quiten* lo bailado. sacar* a ~.**

bailarín, na *adj. / s. m.* y *f.* Que se dedica a bailar por profesión o le gusta bailar: *Jaime es un hombre muy bailarín. Mónica es la primera bailarina de la compañía.*

baile *s. m.* **1** (no contable) Acción de bailar: *Una de sus principales aficiones es el baile.* **cuerpo* de ~. 2** Cada forma o estilo de bailar: *El tango es el baile típico de Argentina.* **~ clásico. ~ de salón** [Baile] por parejas, destinado a ser bailado en un salón: *El vals es un baile de salón.* **~ flamenco. ~ regional. 3** Fiesta o reunión en que se baila: *Las chicas se arreglan para ir al baile.* **~ de disfraces. ~ de máscaras. ~ de sociedad. 4** Error que consiste en el cambio de un número, letra u otra cosa, por otro, o alterar su orden: *Tu amigo ha tenido un baile de cifras y me ha dado mal su teléfono.* **~ de cifras / letras. 5** (no contable) Cambios continuos de personas o cosas: *baile de fronteras, baile de cargos.* **6** Espectáculo teatral con mímica y danza: *el baile de los siete velos.* || **7 ~ de san Vito** 1 COLOQUIAL. Enfermedad nerviosa que provoca convulsiones y alteración en los movimientos de una persona. 2 COLOQUIAL. Movimiento continuo que tiene una persona que parece no poder estarse quieta: *No paras quieta, parece que tienes el baile de san Vito.* **el ~ de la escoba** Juego en el que la persona que no consigue sentarse en una silla cuando para la música tiene que seguir después bailando con una escoba.

bailón, na *adj. / s. m.* y *f.* Que es muy aficionado a bailar: *Amelia es una mujer muy bailona.*

bailongo *s. m.* PEYORATIVO. Baile alegre de poca categoría: *Después de la boda hubo un bailongo improvisado.*

bailotear *v. intr.* Bailar ‹una persona› informalmente o con poca gracia: *A ti te gusta más bailotear que bailar, porque no dejas dar un paso a nadie.*

bailoteo *s. m.* Acción y resultado de bailotear.

baja *s. f.* **1** Hecho de dejar de pertenecer una persona a una asociación o a otro grupo, o de realizar un trabajo u otra actividad: *Estoy de baja por enfermedad. El secretario ha causado baja por jubilación.* **2** Documento que acredita el hecho de dejar una persona un trabajo, actividad o la pertenencia a un grupo: *Tiene usted que presentar la baja en la empresa firmada por el médico.* **3** Soldado muerto, desaparecido o herido, o pérdida de algún avión, carro de combate u otra cosa importante, con motivo de alguna guerra o enfrentamiento: *La batalla causó numerosas bajas.* **4** Persona de un grupo que no puede participar en la actividad a que se dedica: *El equipo visitante cuenta con dos bajas importantes.* **5** RESTRINGIDO. Descenso o disminución de algo: *Se nota cierta baja en el precio del aceite.* SIN. bajada, caída. FR. Y LOC. **estar* en ~. jugar* a la ~.**

bajá *s. m.* Título que se daba a un funcionario turco al obtener algún mando superior. SIN. pachá.

bajada *s. f.* **1** Acción y efecto de bajar: *Siempre la bajada fue más fácil que la subida.* SIN. descenso. ANT. subida. **2** Calle, carretera o camino por donde se baja: *Se va por la bajada de la catedral.* SIN. pendiente. ANT. cuesta. **3** Cañería o sistema de cañerías por donde baja el agua en un edificio o construcción: *bajada de aguas.* SIN. bajante.

bajamar *s. f.* (no contable) Estado del mar en que las aguas están bajas a consecuencia de la marea y momento en que ocurre: *En la playa han anunciado que hoy la bajamar será a las cuatro de la tarde.*

bajamente *adv. modo* RESTRINGIDO. Con bajeza o con abatimiento: *Dos malos compañeros nos han acusado bajamente.*

bajante *s. m./f.* **1** Tubería que lleva las aguas de un edificio hasta la alcantarilla: *Se ha roto una bajante y se han inundado tres pisos.* || *s. f.* **2** AMÉR. Descenso del nivel de un curso de agua.

bajar *v. intr./tr./prnl.* **1** Ir ‹una persona› de [un lugar] a [otro que está más bajo]: *El pastor bajó* ***de*** *la montaña* ***al*** *pueblo. Bajaba las escaleras de dos en dos. Me bajo* ***a*** *la calle.* || *v. intr./prnl.* **2** Dejar ‹una persona› [una caballería o un vehículo]: *Bájate* ***del*** *tren en Zaragoza.* SIN. apearse. **3** Disminuir ‹la intensidad, la violencia o el valor de una cosa›: *El precio del pan ha bajado ligeramente.* || *v. intr.* **4** Viajar ‹una persona› hacia [el sur]: *El año pasado bajé* ***a*** *Sevilla.* || *v. tr.* **5** Poner ‹una persona› [una cosa] en un lugar más bajo del que estaba: *He bajado los libros que más se usan* ***a*** *la primera estantería.* **6** Llevar ‹una persona› [una cosa] de [un lugar] a otro más bajo: *He bajado los juguetes* ***del*** *desván.* **7** Hacer ‹una persona o una cosa› que disminuya [la intensidad, la violencia o el valor de una cosa]: *La empresa de transportes ha bajado el precio de los billetes colectivos.* **8** MÉX.; VULGAR. Robar ‹una persona› [una cosa] FR. Y LOC. **agachar / ~ / doblar la cabeza*. agachar / ~ las orejas*. apearse / bajarse del burro*. bajado / venido / llovido del cielo*. ~ / doblar la cerviz*. ~ / levantar la bandera*. ~ la guardia*. ~ los humos*. bajarse los pantalones*.**

bajareque o **bahareque** *s. m.* AMÉR. C., COL., EC., VEN. Pared de palos entretejidos con cañas y barro.

bajativo *s. m.* AMÉR. Copa que se toma después de una comida como digestivo.

bajel *s. m.* LITERARIO. Barco. SIN. nave.

bajera *s. f.* AMÉR. Persona o cosa de poco valor.

bajero, ra *adj.* Que se usa para ponerlo debajo de otra cosa. **sábana* bajera.**

bajeza *s. f.* **1** (no contable) Característica de lo que es indigno o despreciable: *La bajeza de ese comportamiento no tiene justificación.* **2** Acción que resulta indigna o despreciable: *Pretender engañar a un amigo para conseguir más dinero es una bajeza.*

bajini o **bajinis** *s. m.* Se usa en la LOC. **por lo bajini(s)** COLOQUIAL. En voz baja, con disimulo: *Eduardo me lo dijo por lo bajinis para que no se enterara nadie.*

bajío *s. m.* **1** Elevación del fondo en mares, ríos o lagos, formada generalmente por arena, que resulta peligrosa para las embarcaciones: *El barco quedó encallado en un bajío.* **2** AMÉR. Tierras bajas y anegadizas.

bajo, ja *adj.* **1** (ser / estar) Que tiene poca altura, o está situado a poca distancia del suelo: *marea baja, nivel bajo. Su marido es muy bajo y ella muy alta. Esta casa tiene los techos muy bajos. Vivo en la planta baja. Las nubes están bajas.* ANT. alto. **2** Que está inclinado hacia abajo: *Camina siempre con la cabeza baja. ¿Por qué tienes los ojos bajos?* **3** (ser / estar, antepuesto / pospuesto) [Precio] que es barato: *El precio es bajo, lo compro. Aproveché que estaban liquidando y compré estas alfombras a bajo precio.* ANT. alto. **4** (ser / estar) Que es escaso, tiene poca fuerza o intensidad, o que ocupa una posición inferior en un determinado orden o escala: *sonido bajo. Estoy bajo de moral. Tienes la voz muy baja. Este mes has sacado unas notas muy bajas. Este alimento es bajo en calorías. Le gusta esa bebida por su bajo contenido en alcohol.* **5** (antepuesto / pospuesto) [Magnitudes físicas] que tienen un valor inferior al ordinario: *baja temperatura, baja frecuencia. La presión es baja.* **6** Que actúa con bajeza o mezquindad, desprecio o desdén: *comportamiento bajo. Eres baja y mezquina.* **7** Que contiene vulgaridad, grosería o no tiene delicadeza alguna: *lenguaje bajo, estilo bajo, expresiones bajas.* **8** [Oro, plata] que tienen poca pureza porque están mezclados con otros materiales. **9** (preferentemente con mayúscula) [Etapa] que es la última que forma parte de un periodo histórico: *Baja Edad Media, Bajo Imperio Romano.* **10** [Sonido] que tiene una frecuencia de vibraciones pequeña: *En ese equipo se puede seleccionar el volumen de los sonidos bajos.* SIN. grave. ANT. alto, agudo. || *s. m.* **11** Elevación del fondo en mares, ríos o lagos, peligrosa para las embarcaciones. SIN. bajío. **12** Dobladillo hecho en la parte de abajo de una prenda de vestir: *el bajo de la falda, el bajo de los pantalones.* **13** Persona que tiene un sonido de voz grave: *Mañana hay ensayo sólo para los bajos y contraltos.* || *adv.* **14** Con poca fuerza o intensidad: *Hablas muy bajo, casi no te oigo.* **15** Cerca del suelo, a poca distancia del suelo: *Coloca ese cuadro más bajo, está muy alto. Ese avión vuela muy bajo.* || *prep.* **16** Debajo de: *dormir bajo techo, estar bajo tierra. Los campistas pasaron la noche bajo el puente.* ANT. encima de, sobre. **17** Con nombres de fenómenos o procesos puede añadirse a la idea de situación inferior o una similar: *cantando bajo la lluvia.* RELACIONES Y CONTRASTES: Frente a *sobre*, *encima de* y *acerca de* no admite infinitivos ni oraciones introducidas por *que*. **18** Con nombres de instituciones o personas con alguna autoridad: **18₁** Equivale a 'a las órdenes de' o 'bajo el gobierno de': *bajo el mando de la OTAN.* **18₂** Indica la época o gobierno de éstas: *EE. UU. bajo la era Reagan. Bajo el reinado de Carlos III, Madrid empezó a ser un importante centro cultural.* **19** Introduce la perspectiva u opinión que se considera: *Bajo mi punto de vista tú no deberías invertir más dinero.* SIN. desde. **20** Introduce las circunstancias que afectan o influyen en algo o alguien: *estar bajo juramento, salir de la carcel bajo fianza.* **20₁** Resalta la idea de protección: *El niño está bajo la tutela de su tío. El presunto asesino está bajo la protección de la policía.* **20₂** Introduce el castigo, sanción o amenaza a la que alguien se encuentra sometido: *Viví durante años bajo amenaza de muerte.* **20₃** Introduce el castigo o sanción que se sufrirá si se incumple una norma: *Se prohibió alojar a los fugitivos bajo pena de muerte.* **20₄** Introduce la circunstancia a la que alguien se encuentra sometido: *estar bajo tratamiento médico.* **20₅** Introduce el pretexto o el hecho que provoca una determinada acción: *Lo detuvieron bajo la acusación de que era espía.* **20₆** Seguido de algunas circunstancias, indica si la condición es necesaria o un compromiso. OBSERVACIONES: Este uso se considera un anglicismo: *Bajo ciertas condiciones, ese líquido se convierte en hielo.* **21** Introduce denominaciones o ideas: *Bajo el nombre de Modernismo se incluye a escritores muy diferentes.* **22** Introduce apariencias, aspectos o formas en que aparece una persona o cosa: *Esa idea aparece en el espectáculo bajo todas las formas posibles.* **23** Con verbos como *morir* o *caer*, introduce el instrumento o medio que causa la acción que se indica: *El soldado cayó bajo los disparos enemigos.* || **24 ~ relieve** Bajorrelieve. **25 ~ vientre*. 26 bajos fondos** Ambientes que hay en las grandes ciudades donde abundan la delincuencia y la prostitución. **27 barrio ~. 28 cámara* baja. 29 curso* ~. 30 golpe* ~. 31 horas* bajas. 32 monte* ~. 33 planta* baja. 34 temporada* baja.** FR. Y LOC. **~ cuerda*. ~ el punto* de vista. ~ mano*. ~ ningún concepto*. ~ ningún pretexto*. ~ siete llaves*. caer muy ~** Obrar ‹una persona› de manera indigna: *No sé cómo has podido caer tan bajo y convertirte en un vulgar ladrón.* **estar* en baja. jugar* a la baja. por lo ~** 1 En voz baja, de manera disimulada: *Pedro nos lo dijo por lo bajo, sin que nadie se enterara.* 2 Teniendo en cuenta la mínima cantidad que se considera como probable: *Calculando por lo bajo, ese coche debe de valer dos millones de pesetas.*

bajón *s. m.* **1** COLOQUIAL. Disminución brusca y notable de las condiciones de salud o facultades intelectuales: *Mis padres han dado un bajón.* **2** Disminución brusca y notable de la cantidad e intensidad de algo: *Ha sufrido un bajón la actividad económica. Lidia ha tenido un bajón en los estudios.* **3** Instrumento musical de viento parecido al fagot.

bajonazo *s. m.* TAUROM. Estocada en el cuello del toro que atraviesa los pulmones: *El diestro despachó al toro de un bajonazo.* SIN. golletazo.

bajorrelieve *s. m.* ARTE. Obra de escultura hecha en relieve que sobresale un poco del fondo.

bajura *s. f.* Se usa en la LOC. **pesca* de ~.**

bakalao *s. m.* COLOQUIAL. Bacalao, música.

bala *s. f.* **1** Proyectil que disparan las armas de fuego: *bala explosiva, bala del calibre 38, bala de plata, bala de revólver, disparar una bala, herida de bala.* **~ perdida** Bala que se dirige a una dirección que no es la esperada: *Lo mató una bala perdida.* **2** Paquete compacto y atado de alguna cosa: *bala de paja, bala de algodón.* SIN. fardo. ‖ *s. m.* **3** COLOQUIAL. Persona alocada o inconsciente: *Mi primo es un bala, si no cambia tendrá problemas con la justicia.* FR. Y LOC. **como una ~** A toda velocidad: *Voy a buscarlo como una bala, no tardo ni un segundo.* **ni a ~** AMÉR. De ningún modo. **donde pone el ojo*, pone la ~. ensalada* de tiros/balas. tirar con ~** COLOQUIAL. Tener ‹una persona› mala intención al hablar: *Pedro es de los que tiran con bala, y algunas veces ofende.*

balacear *v. tr.* AMÉR.; COLOQUIAL. Balear.

balacera *s. f.* AMÉR.; COLOQUIAL. Tiroteo.

balada *s. f.* **1** LIT. Composición poética de tema lírico y carácter melancólico que narra hechos legendarios o románticos. **2** MÚS. Composición musical de ritmo suave y carácter romántico: *Le gusta cantar baladas.*

baladí *adj.* Que tiene poco valor, importancia o interés: *una discusión baladí, un asunto baladí, un detalle baladí.*

baladrón, na *adj./s. m.* y *f.* Que presume de valiente y no lo es: *Paco es un baladrón, no creas lo que dice.*

bálago *s. m.* **1** Paja larga de los cereales después de quitarle el grano. **2** Paja trillada.

balalaica *s. f.* Instrumento musical con tres cuerdas y caja de resonancia triangular, típica de la música popular rusa.

balance *s. m.* **1** Acción y efecto de comparar el activo y el pasivo de una sociedad, una empresa o un negocio, para determinar su situación económica: *El balance del año ha sido positivo.* **2** FÍS. Determinación de lo ganado, perdido o utilizado en ciertos procesos físicos: *el balance térmico en el rendimiento de una caldera.* **3** Valoración de un hecho o situación: *el balance de la situación internacional.*

balancear *v. tr.* **1** Mover ‹una persona› [a una persona o una cosa] de un lado a otro: *No balancees tanto al niño, que se va a marear.* **2** RESTRINGIDO. Poner ‹una persona› [una cosa] en equilibrio. ‖ *v. intr./prnl.* **3** Moverse ‹una persona o una cosa› de un lado a otro: *El columpio **se** balanceaba.* SIN. bambolearse.

balanceo *s. m.* Movimiento repetido de una cosa de un lado a otro: *el balanceo de los barcos en el puerto. Al niño le gusta el balanceo del columpio.*

balancín *s. m.* **1** Barra apoyada en su punto medio sobre la cual se balancean dos personas sentadas a cada uno de sus extremos. **2** Asiento colgante para dos o más personas cubierto por un toldo, que suele colocarse en algunos jardines. **3** Mecedora. **4** Palo largo que usan los acróbatas para ayudarse a mantener el equilibrio sobre el alambre. **5** MEC. Barra que puede moverse alrededor de un eje y que en algunas máquinas sirve para transformar un movimiento alternativo rectilíneo en otro circular continuo.

balandra *s. f.* Pequeño barco de vela de un solo palo.

balandrán *s. m.* Vestidura larga que usaban los eclesiásticos sobre la sotana.

balandro *s. m.* Balandra pequeña.

bálano o **balano** *s. m.* ANAT. Glande.

balanza *s. f.* **1** Instrumento para pesar: *Los comercios actuales disponen de modernas balanzas electrónicas. En la oficina de Correos hay una balanza para pesar los paquetes.* **~ automática. ~ de cocina. ~ de precisión. ~ electrónica. ~ de cruz** Instrumento tradicional para pesar, formado por una barra horizontal de cuyos extremos penden dos platillos. ‖ **2 ~ comercial** ECON. Parte de la balanza de pagos que refleja la diferencia entre las importaciones y las exportaciones. **3 ~ de pagos** ECON. Relación de las operaciones económicas de un país con el exterior. FR. Y LOC. **inclinar(se) la ~** Hacer ‹una persona› que un asunto se incline a favor de otra persona: *El árbitro ha inclinado la balanza a favor del equipo visitante.*

balar *v. intr.* Dar ‹el carnero, el cordero, la oveja, la cabra, el gamo y el ciervo› balidos: *Las ovejas estaban nerviosas, porque han balado mucho.*

balarrasa *s. m.* **1** COLOQUIAL, RESTRINGIDO. Persona de poco juicio: *Estos jóvenes son unos balarrasas.* **2** (no contable) RESTRINGIDO. Aguardiente de gran graduación.

balasto o **balastro** *s. m.* **1** (no contable) Capa de piedra sobre la que se colocan las traviesas de las vías del tren. **2** (no contable) Capa de grava que sirve de base al pavimento de una carretera.

balaustrada *s. f.* Barandilla formada por una serie de balaustres: *Los balcones con balaustradas de piedra son muy señoriales.*

balaustrado, da o **abalaustrado, da** *adj.* (ser/estar) Con forma de balaustre o decorado con balaustres: *una escalera balaustrada, un balcón que es abalaustrado, una columna que está abalaustrada.*

balaustre o **balaústre** *s. m.* Pequeña columna donde se apoya la parte superior de una barandilla: *Cuando estén arreglados todos los balaustres de la barandilla, la escalera será muy hermosa.*

balazo *s. m.* **1** Impacto de bala disparada por un arma de fuego: *El balazo le atravesó los pulmones.* SIN. tiro. **2** Herida producida por una bala: *El balazo, ya infectado, supuraba.* FR. Y LOC. **ser un ~** ARG., CHILE. Ser ‹una persona› muy rápida, diestra y eficaz en una práctica.

balboa *s. m.* Unidad monetaria de Panamá.

balbucear *v. intr. / tr.* **1** Hablar ‹una persona› con dificultad: *El niño ya balbucea algunas palabras.* || *v. tr.* **2** Decir o leer ‹una persona› [una cosa] con pronunciación vacilante y entrecortada: *Juan estaba tan asustado que sólo pudo balbucear su nombre.* SIN. balbucir.

balbucir *v. tr./ intr.* Decir o leer ‹una persona› [una cosa] con pronunciación vacilante y entrecortada: *Apenas pude balbucir un adiós antes de partir.* SIN. balbucear. ⇒ **15.**

balcánico, ca *adj.* De los Balcanes, región europea: *península balcánica, guerras balcánicas.*

balcón *s. m.* Abertura en un muro desde el suelo de una habitación, generalmente con una parte saliente provista de una barandilla de protección: *asomarse al balcón, balcón de hierro forjado.* **~ corrido** Balconada.

balconada *s. f.* Serie de balcones, generalmente con una barandilla común: *Los concejales se asomaron a la balconada del Ayuntamiento.*

balconcillo *s. m.* TAUROM. Localidad de la plaza de toros que se encuentra encima de la salida de los toriles.

balda *s. f.* Cada uno de los estantes de un mueble: *las baldas del armario, las baldas de una librería.*

baldado, da *adj.* (estar) Que está muy cansado o sin poder moverse: *He tenido que andar muchísimo y he llegado baldado. Iván está baldado en una silla desde el accidente.*

baldaquino o **baldaquín** *s. m.* Techo de adorno, adosado a la pared o sostenido por columnas, con colgaduras y cubierto por telas que se coloca sobre un altar, una cama u otro lugar parecido: *el baldaquino del altar de la catedral. Ése es un hotel muy lujoso, y las camas tienen un baldaquino de damasco anaranjado.*

baldar *v. tr.* **1** Dejar ‹una persona o una cosa› [a una persona] muy cansada, sin poder andar o moverse: *El abuelo me llevó con él a cazar y me ha dejado baldado.* **2** Causar ‹una persona› un gran perjuicio [a otra persona]: *La tía me ha baldado con su visita, porque no me ha dejado trabajar.*

balde *s. m.* Cubo, recipiente: *Llena un balde de agua.* FR. Y LOC. **de ~** Gratis: *Yo no hago ese trabajo de balde.* **en ~** 1 Inútil: *Todos sus esfuerzos resultaron ser en balde.* 2 En vano, inútilmente: *En balde su madre intentó localizarlo.*

baldear *v. tr.* RESTRINGIDO. Echar ‹una persona› agua con baldes en [la cubierta de una embarcación]: *Antes de guardar la barca la baldearemos y limpiaremos bien.*

baldíamente *adv. modo* Inútilmente, en balde: *Hemos estado trabajando dos horas baldíamente.*

baldío, a *adj.* **1** Que es inútil: *No quiero hacer otra vez esfuerzos baldíos.* || *adj. / s. m.* **2** [Terreno, parcela] que está abandonado o sin cultivar: *Los terrenos baldíos han aumentado estos últimos años.* || *s. m.* **3** ARG., PAR., URUG. Parcela sin edificación.

baldón *s. m.* Deshonra: *La detención de mi padre es un baldón para toda la familia. No es ningún baldón haber estado preso en la dictadura por motivos políticos.*

baldosa *s. f.* Placa delgada de barro cocido que se emplea para recubrir suelos y paredes: *las baldosas de la cocina, las baldosas del baño, baldosa de gres, baldosa de cerámica.*

baldosín *s. m.* Baldosa pequeña para revestir paredes. SIN. azulejo.

baldragas (plural *baldragas*) *s. m.* COLOQUIAL; PEYORATIVO. Hombre débil, poco activo, sin energías y con poco carácter: *Eres un baldragas, no vales ni para llevar la compra.*

balear *v. tr.* Herir o matar a balazos ‹una persona› [a otra persona], o disparar balas contra [una persona o una cosa].

balear *adj. / s. m.* y *f.* **1** De las islas Baleares, islas mediterráneas españolas: *la tradición balear. Los aficionados recibieron al equipo balear.* || *s. m.* **2** LING. Variedad del catalán propia de las islas Baleares.

balero *s. m.* AMÉR. Juego que consiste en ensartar una bola perforada en un palo al que está unida por un hilo.

balido (diferente de *valido*) *s. m.* Sonido que emiten la oveja, la cabra y otros animales: *los balidos de la oveja, los balidos del cordero, los balidos del ciervo.*

balín *s. m.* **1** Bala de pequeño calibre: *Mi hermano practica el tiro con una escopeta de balines.* **2** Proyectil de las armas de aire comprimido.

balística *s. f.* (no contable) Ciencia que estudia la trayectoria, alcance y otras características de los proyectiles: *Han contratado a un experto en balística.*

balístico, ca *adj.* De la balística: *teoría balística, análisis balístico.*

baliza *s. f.* **1** Señal flotante que indica alguna cosa de interés para los navegantes: *Tenemos que virar al llegar a la baliza.* SIN. boya. **2** Señal luminosa que marca las pistas y sus límites en los aeropuertos. **3** (en plural en Argentina) ARG., URUG. Conjunto de los intermitentes de un automóvil.

balizar *v. tr.* Abalizar. ⇒ **19.**

ballena *s. f.* **1** (macho y hembra) Familia *Balaenidae.* Mamífero marino, el mayor de los animales conocidos, que tiene unas láminas duras y elásticas en lugar de dientes y unos orificios respiratorios por los que expulsa un chorro de aire caliente cuando sale a la superficie. **2** Cada una de las láminas córneas que tiene la ballena en lugar de dientes. **3** Tira de esa lámina o de plástico o metal que se usa especialmente para armar corsés u otras prendas: *Los modernos tejidos han permitido fabricar corsés sin ballenas.* FR. Y LOC. **barbas* de ~. esperma* de ~.**

ballenato *s. m.* (macho y hembra) Cría de la ballena.

ballenero, ra *adj.* **1** De la pesca de las ballenas: *arpón ballenero.* || *s. m.* **2** Barco destinado a la pesca de ballenas: *Los modernos balleneros pueden pescar con más facilidad.* **3** Persona que se dedica por oficio a la pesca de ballenas.

ballesta *s. f.* **1** Antigua arma de guerra que servía para tirar piedras o flechas. **2** Arma portátil formada por un arco que se monta sobre un soporte perpendicular y dispara flechas o arpones: *Las ballestas modernas tienen más fuerza y precisión que el arco.* **3** Pieza de la suspensión de los vehículos que consta de láminas elásticas de acero superpuestas sobre las que descansa la caja del coche.

ballestero *s. m.* **1** Persona que tenía por oficio hacer ballestas o utilizarlas: *los ballesteros del ejército del rey.* **2** Persona que cuidaba de las armas del rey y le acompañaba en las cacerías: *el ballestero mayor.*

ballet (plural, *ballets*; del francés; pronunciamos *'balé'*) *s. m.* **1** (no contable) Danza artística de gran expresividad y gracia en los movimientos: *Desde pequeña me ha gustado ir a clases de ballet.* ~ **clásico.** 2 (no contable) Representación teatral que combina esta danza y la música orquestal. 3 Compañía de bailarines que la interpretan: *el ballet de Moscú. Hoy actúa un ballet francés.* 4 Conjunto de piezas de esta clase con alguna característica común: *ballet contemporáneo, ballet francés.*

balneario *s. m.* Establecimiento de baños medicinales, donde suele darse también alojamiento a los clientes: *Se están poniendo otra vez de moda los balnearios.*

balompié *s. m.* (no contable) DEP.; RESTRINGIDO. Fútbol: *Real Betis Balompié.*

balón (diferente de *valón*) *s. m.* 1 Pelota grande hinchada con aire que se usa para practicar varios juegos o deportes: *balón de fútbol, balón de rugby, balón de baloncesto, balón de waterpolo, jugar al balón, pasar el balón, perder el balón, balón alto.* SIN. esférico (RESTRINGIDO). 2 Recipiente que contiene gases: *balón de hidrógeno.* || 3 ~ **de oxígeno** Ayuda que recibe una persona en una situación complicada: *Le han concedido un préstamo y con él la empresa recibe un balón de oxígeno.* FR. Y LOC. **echar balones fuera** COLOQUIAL. Responder ‹una persona› con evasivas: *Siempre que le preguntamos sobre su novio, ella echa balones fuera.*

balonazo *s. m.* Golpe dado con un balón: *Unos niños jugando le han dado un balonazo al coche y han roto un cristal.*

baloncesto *s. m.* (no contable) Deporte entre dos equipos de cinco jugadores que consiste en introducir, usando sólo las manos, una pelota en una canasta defendida por el equipo contrario: *jugar al baloncesto, partido de baloncesto, jugador de baloncesto.*

balonmano *s. m.* (no contable) Deporte entre dos equipos de siete u once jugadores, según la modalidad, que consiste en introducir una pelota en la portería contraria utilizando cualquier parte del cuerpo menos los pies: *jugar al balonmano, partido de balonmano, jugador de balonmano.*

balonvolea *s. m.* (no contable) Voleibol.

balsa *s. f.* 1 Embarcación hecha con maderos unidos formando una superficie plana: *Pasamos el río en una balsa.* 2 Hoyo o hueco del terreno donde se acumula agua. || 3 ~ **de aceite** 1 Masa de agua muy tranquila: *La playa es una balsa de aceite.* 2 Situación muy tranquila: *En la conversación todo marchó como una balsa de aceite. La reunión ha sido una balsa de aceite: no ha habido ninguna discusión.*

balsámico, ca *adj.* Que tiene bálsamo, o que tiene alguna propiedad del bálsamo: *planta balsámica, pomada balsámica. Tómate esta infusión, tiene un efecto balsámico.*

bálsamo *s. m.* 1 (no contable) Sustancia líquida y aromática que segregan algunos árboles. 2 (no contable) Medicamento compuesto de sustancias aromáticas que se pone sobre escoceduras o irritaciones de la piel: *La madre extendió el bálsamo sobre la piel del bebé.* 3 (no contable) Alivio, consuelo: *En esos momentos tan tristes, sus palabras fueron un bálsamo para mí.*

balsear *v. tr.* RESTRINGIDO. Pasar ‹una persona› [un río o una superficie de agua] en balsa.

balsero, ra *s. m./f.* Persona que cruza un río u otra superficie de agua en una balsa: *Los balseros cubanos suelen dirigirse a Miami en balsas muy primitivas.*

báltico, ca *adj.* De los territorios que baña el europeo mar Báltico: *países bálticos, puertos bálticos.*

baluarte *s. m.* 1 MIL. Construcción saliente de forma pentagonal situada en la esquina de una fortaleza. 2 Lugar fortificado: *El ejército atacó uno de los principales baluartes del enemigo.* 3 Persona o cosa que destaca en la defensa o el mantenimiento de algo: *El secretario del partido es uno de los principales baluartes del socialismo en España.*

balumba *s. f.* 1 (no contable) Conjunto desordenado de muchas cosas juntas: *El cuarto de jugar era una balumba. Tengo un despacho que es una auténtica balumba.* 2 AMÉR. Alboroto, asonada.

bamba *s. f.* 1 Composición musical de ritmo muy animado y baile que se ejecuta al ritmo de aquélla: *La bamba es de origen caribeño. Las orquestas sudamericanas tocan muy bien la bamba.* 2 (marca registrada) Zapatilla deportiva de materiales especiales o de lona y piso de goma: *llevar las bambas, ponerse bambas, las bambas de hacer deporte, las bambas de gimnasia.* 3 Bollo dulce redondo con crema o nata en su centro, que suele tomarse para desayunar o merendar con café, leche o chocolate: *Como sigas comiendo bambas, engordarás.*

bambalina *s. f.* Tira de tela o papel pintados que está en la parte superior del decorado del escenario. FR. Y LOC. **entre bambalinas** RESTRINGIDO. En el mundo del espectáculo: *Este periodista sabe todo lo que pasa entre bambalinas.*

bambolearse *v. prnl.* Moverse ‹una persona o una cosa› de un lado a otro sin cambiar de sitio: *Hay oleaje y el barco se bambolea mucho. La lámpara se bambolea con el viento.* SIN. balancearse.

bambolla *s. f.* 1 (no contable) COLOQUIAL. Ostentación excesiva o falsa apariencia de riqueza o importancia: *Toda la boda fue una bambolla que tardarán años en pagar.* SIN. pompa, apariencia, boato. 2 AMÉR. Charlatanería. 3 AMÉR. Fanfarronería.

bambú (plural *bambúes*, preferible a *bambús*) *s. m.* (no contable) *Bambusa.* Planta gramínea, de hojas grandes en forma de lanza, que tiene por tallo una caña ligera y flexible que se emplea en la elaboración de utensilios, muebles, casas y papel: *una choza de bambú.* **caña de ~.**

banal *adj.* Que no tiene importancia o novedad alguna: *idea banal, concepto banal. Teníamos una conversación sobre temas banales.*

banalidad *s. f.* 1 (no contable) Característica de lo que es banal. 2 Idea o hecho banal: *Esa chica no habla más que de banalidades.*

banana *s. f.* Plátano, planta tropical o subtropical y fruto de esta planta. SIN. banano.

bananero, ra *adj.* 1 Del banano: *compañía bananera.* || *s. m.* 2 Género *Musa.* Planta musácea cuyo fruto es la banana o el banano. 3 Terreno poblado de bananos.

banano *s. m.* Banana.

banasta *s. f.* Cesto grande. SIN. canasta.

banasto *s. m.* Banasta de base redonda. SIN. cesto.

banca *s. f.* 1 (no contable) Conjunto formado por los bancos y otras entidades financieras: *La banca española concede anualmente muchos créditos a las empresas.* 2 (no contable) Conjunto de los banqueros: *El presidente de la banca española hizo unas declaraciones para una televisión alemana.* 3 (no contable) Conjunto de actividades económicas que realizan los bancos de un país: *Ese economista es experto en temas de banca.* **4** (no contable) En algunos juegos de azar, conjunto de fichas o dinero que pone cada jugador y de donde se paga al que gana. **5** RESTRINGIDO. Asiento de madera sin respaldo. **6** ARG., COL., PAR., URUG. Puesto parlamentario. FR. Y LOC. **saltar la ~** En algunos juegos de azar, ganar ‹un jugador› todo el dinero o las fichas acumuladas en la banca. **tener ~** ARG., URUG. Tener influencia, poder o dinero.

bancada *s. f.* **1** Banco donde se sientan los remeros de las embarcaciones. **2** Plataforma sobre la que se colocan máquinas, estructuras metálicas u otras cosas, para que no haya vibraciones ni se deformen al trabajar en ellas: *El coche sufrió un golpe tan fuerte que hubo que meterlo en bancada para arreglarlo.* **3** ARG., COL., URUG. Conjunto de parlamentarios de un grupo político.

bancal *s. m.* **1** Terreno llano dispuesto en una pendiente en forma de escalera, aprovechable para el cultivo: *Ante nuestros ojos se extendían los hermosos cultivos de los bancales de la sierra.* **2** Terreno rectangular destinado para el cultivo: *Aquel paisano tenía unos hermosos bancales de cebollas, lechugas, pimientos y tomates.* **3** Arena amontonada a la orilla del mar: *En la desembocadura del río es incómodo remar porque está lleno de bancales.*

bancar *v. tr.* **1** ARG., URUG.; COLOQUIAL. Soportar ‹una persona› [a otra persona o una situación molesta]. **2** ARG., URUG.; COLOQUIAL. Pagar ‹una persona› [los gastos de otra persona] ocasional o regularmente. || *v. prnl.* **3** URUG.; COLOQUIAL. Pagarse ‹una persona› [los gastos de una cosa]. **4** ARG. Sobrellevar una situación. ⇒ **71.**

bancario, ria *adj.* De la banca comercial: *crédito bancario, cheque bancario.* **transferencia* bancaria.**

bancarrota *s. f.* **1** (no contable) Quiebra de una empresa o negocio: *Las deudas llevaron el negocio a la bancarrota.* **2** (no contable) COLOQUIAL; INTENSIFICADOR. Ruina, o mala situación económica: *A final de mes estoy en la bancarrota.*

banco *s. m.* **1** Asiento para varias personas: *En la plaza estuve buscando un banco donde sentarme.* **2** Establecimiento financiero y de crédito, con ánimo de lucro: *Tenemos los ahorros en el banco. El banco le ha concedido un préstamo para comprar un piso. No tengo cuenta corriente en ese banco. Tengo una libreta de ahorros en el banco.* **3** Establecimiento sanitario donde se conservan sangre, órganos y líquidos orgánicos para su posterior empleo. **~ de ojos. ~ de sangre. ~ de semen.** **4** Conjunto numeroso de peces que se desplazan juntos: *En el Atlántico Norte hay bancos de atunes.* **5** Elevación del fondo en mares, ríos o lagos, peligrosa para las embarcaciones: *bancos de arena.* **6** METEOR. Conjunto de nubes o de niebla: *Hay bancos de niebla en el norte peninsular.* **7** Mesa de trabajo de algunos artesanos, especialmente de los carpinteros: *¡Adquiera ahora su propio banco para hacer bricolaje en casa!* || **8 ~ de datos** Conjunto de datos almacenados de donde se saca información en el momento en que se necesita. **9 ~ de hielo** GEOGR. Iceberg. **10 ~ de pruebas** Instalación donde se experimentan y comprueban máquinas, motores, vehículos. FR. Y LOC. **cizalla* de ~.**

banda *s. f.* **1** Cinta ancha que se coloca atravesando el pecho, desde el hombro al costado opuesto, como signo de alguna distinción o cargo: *Él mismo se colocó la banda de alcalde.* **2** Lista, raya ancha: *una camiseta con bandas azules.* **3** Grupo de gente que se une para actividades ilegales: *una banda de ladrones, una banda de criminales.* **4** Grupo de jóvenes que suelen ir juntos: *Las bandas juveniles no siempre son violentas.* **5** Conjunto musical formado por instrumentos de percusión y de viento: *La banda de música del regimiento tocaba mientras desfilaban los soldados.* **6** Lado o zona lateral de una cosa o un lugar: *Ese jugador juega por la banda derecha del campo. El nombre del barco estaba en la banda, a proa.* **7** FÍS. Cualquier intervalo finito de variaciones de una magnitud: *El sonido se mueve en una banda entre los 500 y 600 khz.* || **8 ~ de frecuencia** RADIO, TV. Conjunto de frecuencias comprendidas entre dos puntos que delimitan el margen necesario para transmitir una señal por medio de ondas electromagnéticas. **9 ~ sonora** 1 Franja longitudinal de una película donde está registrado el sonido. 2 Música de un filme: *Me encanta la banda sonora de esa película.* FR. Y LOC. **cerrarse en ~** COLOQUIAL. Mantenerse ‹una persona› firme en sus ideas o propósitos sin atender a ninguna otra razón: *María se cerró en banda y, aunque no tenía razón, no hubo manera de convencerla.* **coger / agarrar / pillar por ~** COLOQUIAL. 1 Hablar ‹una persona› con otra mucho tiempo de una manera inoportuna: *Vámonos, porque como nos agarre por banda el portero no llegamos al cine.* 2 Reñir o exigir cuentas ‹una persona› a otra persona: *Cuando te pille por banda a solas ya me contarás quién me abolló el coche el otro día.* **jugar a dos bandas** Actuar ‹una persona› intentando quedar bien con otras que están enfrentadas o sacar provecho de situaciones opuestas: *Esa chica está jugando a dos bandas, delante de ti dice a todo que sí y después hace lo que quiere.* **saque* de ~.**

bandada *s. f.* **1** Conjunto bastante numeroso de aves que vuelan juntas: *Las golondrinas vuelan en bandadas. En primavera es frecuente ver pasar bandadas de pájaros.* **2** RESTRINGIDO. Conjunto numeroso de peces que van juntos. SIN. banco. **3** Conjunto de personas que van juntas y arman mucho jaleo: *La gente salía del cine en bandadas.* SIN. manada, tropel.

bandazo *s. m.* **1** Inclinación repentina y pronunciada de un barco hacia cualquiera de sus costados: *En un bandazo, la carga del barco se corrió y ocasionó el naufragio.* **2** Movimiento muy pronunciado opuesto a otro dentro de una serie de movimientos alternativos: *El coche iba dando bandazos. El borracho daba bandazos por la calle.* SIN. vaivén. **3** Cambio brusco de rumbo que experimenta una acción: *La investigación policial ha dado un bandazo al interrogar al mayordomo. La política exterior ha dado bandazos estos últimos años, con el apoyo y el rechazo de los árabes.*

bandear *v. tr.* **1** AMÉR. Atravesar ‹una persona› [un curso de agua] de una a otra orilla. || *v. prnl.* **2** Saber obrar ‹una persona› con habilidad en [la vida o en un asunto]: *Luisa se bandea bien* ***en*** *este negocio. No me bandeo mal* ***en*** *el mundo de la música.* **3** AMÉR. Cambiar ‹una persona› de parecer o de partido.

bandeja *s. f.* **1** Pieza plana con bordes que sirve para llevar, poner o servir cosas: *El camarero llevaba los refrescos en una bandeja. La secretaria iba dejando todas las hojas de pedidos en una bandeja encima de la mesa.* **2** Pieza móvil, en forma de caja sin tapa y de poca altura, que divide horizontalmente el interior de una maleta o de una caja: *la bandeja de un baúl, las bandejas de una caja de herramientas.*

3 Cajón de un mueble que no tiene pared delantera o sólo tiene una parte: *Las camisas te las dejo en las bandejas del armario.* **4** Pieza plana de los coches, generalmente movible, entre los asientos y el cristal traseros: *Por supuesto, la bandeja es abatible.* FR. Y LOC. **pasar la ~** Pedir ‹una persona› un donativo: *Tras su actuación, uno de los cantantes pasó la bandeja entre los transeúntes.* **servir/poner en ~ (de plata)** COLOQUIAL. Ayudar ‹una persona› a otra persona de manera que no tenga que esforzarse: *No tuve ni que pensar, me sirvieron la solución del problema en bandeja. Nuestro equipo le ha puesto en bandeja a los contrarios la victoria.*

bandera *s. f.* **1** Rectángulo de tela sujeto a un palo que se emplea como insignia de una nación, cuerpo militar, agrupación deportiva o cualquier otro grupo de personas: *la bandera de las Naciones Unidas, izar la bandera, bajar la bandera, rendir honores a la bandera.* **~ a media asta** Bandera que no está izada del todo en señal de dolor: *Las banderas están a media asta por la muerte del Presidente del Gobierno.* **2** Trozo de tela que se emplea para hacer señales en barcos, aeropuertos, instalaciones militares, competiciones deportivas, o en otros lugares o situaciones: *El juez de pista bajó la bandera para dar la salida a los corredores.* **~ blanca** Bandera que se enarbola como signo de rendición o de paz. **~ negra** Bandera de los buques piratas o de aquéllos en los que se había declarado una epidemia. **3** Nacionalidad de un buque: *un carguero de bandera rusa.* **4** Ideología o causa que defiende una persona: *No abandones nunca la bandera de la libertad de empresa. Siempre defenderé la bandera del socialismo.* **5** Cada una de las compañías de los antiguos tercios y, actualmente, ciertas unidades militares: *una bandera de la Legión, una bandera de paracaidistas.* FR. Y LOC. **a banderas desplegadas** 1 Sin detenerse o sin encontrar impedimentos. 2 Abiertamente. **bajar/levantar la ~** Accionar ‹el taxista› el contador del taxi cuando empieza o cuando termina un viaje. **de ~** 1 COLOQUIAL; INTENSIFICADOR. Muy bueno, impresionante: *Me he comprado un coche de bandera.* 2 COLOQUIAL; INTENSIFICADOR. [Mujer] que tiene gran atractivo: *Su madre es una mujer de bandera.* **enarbolar* la ~. estar lleno hasta la ~** COLOQUIAL. Estar ‹un lugar› muy lleno: *El local estaba lleno hasta la bandera.* **jurar (la) ~** Jurar o prometer fidelidad al país (los miembros del ejército): *Cuando juró bandera mi hermano, fuimos toda la familia a verlo.* **militar* bajo una ~** o **seguir la ~.**

banderilla *s. f.* **1** TAUROM. Palo adornado y con un pequeño arpón al final que el torero clava en la espalda del toro: *poner banderillas, clavar banderillas. El subalterno le plantó dos buenos pares de banderillas al toro.* **2** Tapa de aperitivo pinchada en un palillo: *una banderilla de aceitunas, anchoas y pimiento, una lata de banderillas.* FR. Y LOC. **poner las banderillas** o **poner un par de banderillas** COLOQUIAL. Reprender ‹una persona› duramente a otra o echarle en cara algo: *Como me la encuentre le voy a poner un par de banderillas por ir diciendo esas mentiras por ahí.*

banderillear *v. tr./intr.* TAUROM. Poner ‹un torero› banderillas a [un toro]: *Este torero banderillea muy bien.*

banderillero *s. m.* Subalterno de la cuadrilla de un torero que suele encargarse de poner las banderillas.

banderín *s. m.* **1** Bandera triangular pequeña que se usa como emblema de diversas sociedades: *un banderín del Betis.* **2** Soldado que lleva un banderín en la bayoneta y sirve de guía a los demás: *el banderín de la compañía.* || **3 ~ de enganche** 1 Oficina de alistamiento de reclutas. 2 Idea o consigna que sirve para atraer simpatizantes a una causa: *El mitin sirvió de banderín de enganche para muchos simpatizantes del partido.*

banderita *s. f.* Pequeña insignia adhesiva con la que se obsequia a las personas que hacen un donativo: *Unas niñas me pusieron una banderita y me pidieron un donativo para la Cruz Roja.*

banderola *s. f.* Bandera pequeña que se usa para indicar algo.

bandidaje *s. m.* (no contable) Actuación continuada de bandidos en una zona: *El lugar sufrió varios años un bandidaje que lo dejó casi destruido.*

bandido, da *adj./s. m.* y *f.* **1** Que hace muchas picardías o travesuras: *El muy bandido se comió todo el chocolate. Este perro es un bandido: está siempre durmiendo en los sillones.* SIN. granuja. || *s. m./f.* **2** Persona que engaña o tiene mala intención: *El tendero es un bandido.* **3** Fugitivo de la justicia: *Unos bandidos saquearon el pueblo.* **4** Bandolero.

bando *s. m.* **1** Mandato o aviso que da una autoridad, y que lo comunica por medio de un pregonero o con carteles en lugares públicos: *El alcalde ha dado un bando sobre la recogida de basura.* **2** Grupo de personas que se oponen a otras por sus opiniones o por otra razón: *Los alumnos están divididos en dos bandos y no se ponen de acuerdo sobre dónde ir de excursión. Te has pasado al bando enemigo.*

bandolera *s. f.* **1** Bolso con un asa larga que se lleva colgado del hombro. **2** Correa de ciertos uniformes que cruza por el pecho y la espalda, con un gancho de acero al final del que cuelga el arma. FR. Y LOC. **en ~** Cruzado desde el hombro a la cadera opuesta.

bandolerismo *s. m.* **1** (no contable) Existencia de bandoleros en una región: *En los antiguos caminos, uno de los temores de los viajeros era el bandolerismo.* **2** (no contable) Comportamiento incívico propio de los bandoleros: *No puede aceptarse el bandolerismo de algunos comerciantes.*

bandolero, ra *s. m./f.* Ladrón que asaltaba a sus víctimas en campo abierto: *Son famosos los bandoleros catalanes del Siglo de Oro y los andaluces del siglo* XIX.

bandoneón *s. m.* MÚS. Instrumento musical parecido al acordeón pero más grande y con teclado a ambos lados, muy popular en Argentina: *tocar el bandoneón.*

bandurria *s. f.* MÚS. Instrumento musical de cuerda, muy popular en España, parecido a la guitarra pero más pequeño, con seis pares de cuerdas, que se pulsan con una púa y producen un sonido bastante agudo: *tocar la bandurria.*

bangaña *s. f.* **1** AMÉR. C. Cáscara del fruto de algunas cucurbitáceas, como la calabaza, que se utiliza como recipiente. **2** COL. Vasija tosca.

banjo (pronunciamos *'banyo'*) *s. m.* MÚS. Instrumento musical de cuerda parecido a la guitarra, formado por una caja de resonancia circular cubierta con una piel tensada sobre un aro y un mástil largo con clavijas: *tocar el banjo.*

banquero, ra *s. m./f.* **1** Propietario o alto directivo de un banco comercial. **2** En algunos juegos de azar, el que tiene la banca.

banqueta *s. f.* **1** Asiento bajo y sin respaldo: *sentarse en una banqueta.* SIN. taburete, escabel (ELEVADO). **2** Mueble muy bajo, parecido al anterior, para poner los pies. SIN. escabel (ELEVADO). **3** AMÉR. Acera de la calle.

banquete *s. m.* **1** Comida para celebrar un acontecimiento, a la que asiste un gran número de gente: *el banquete de bodas, el banquete de la comunión, el banquete del bautizo.* **2** Comida abundante y apetitosa: *Nos dimos un banquete de marisco que fue una exquisitez.*

banquillo *s. m.* **1** Asiento que ocupa el procesado durante el juicio. **2** DEP. Asiento fuera del terreno de juego donde permanecen el entrenador y los jugadores de reserva: *El portero suplente estuvo en el banquillo todo el partido.* FR. Y LOC. **chupar ~** DEP.; COLOQUIAL. Estar sin jugar ‹un jugador de un equipo›: *El portero reserva lleva varios meses chupando banquillo.* **sentar en el ~ de los acusados** Acusar formalmente ‹una persona› a otra de algo.

banquina *s. f.* ARG., URUG. Arcén de una carretera o de un camino.

banquisa *s. f.* Bancos de hielo formados por la congelación de agua del mar, situados en las costas de las zonas polares.

bañadera *s. f.* AMÉR. Bañera, baño.

bañado, da *adj.* **1** (estar) Que está mojado: *bañado **en** sudor. Tienes los ojos bañados **en** lágrimas.* || *s. m.* **2** AMÉR. Terreno húmedo y anegadizo.

bañador *s. m.* Prenda de una sola pieza que se usa para bañarse en playas y piscinas.

bañar *v. tr. / prnl.* **1** Introducir ‹una persona› [a otra persona o un animal] completamente en el agua: ***Me** bañé en el Mediterráneo. Al niño lo bañamos a las ocho de la tarde. Hay que bañar al perro.* || *v. tr.* **2** Mojar ‹una persona› [una cosa] completamente con [un líquido]: *Bañé las galletas **en** la leche. Antes de servirlos bañé los bizcochos **con** chocolate.* **3** Cubrir ‹una persona› [una cosa] con [una capa de una sustancia]: *Me compró una sortija bañada **en** oro.* **4** Estar ‹el agua del mar o de un río› en contacto con la tierra en [un lugar]. **5** Dar ‹el sol o la luz› completamente sobre [una cosa]: *El sol bañaba la sala.* || *v. prnl.* **6** COL. Darse una ducha ‹una persona›.

bañera *s. f.* **1** Recipiente grande instalado en el cuarto de baño para bañarse. SIN. baño. **2** Recipiente más pequeño de plástico u otro material: *una bañera para bebés.*

bañista *s. m. / f.* **1** Persona que se baña en un lugar público: *La playa estaba llena de bañistas.* **2** Persona que tiene por oficio atender o socorrer a los que se bañan: *El bañista estaba en la torre de vigilancia.* SIN. socorrista.

baño *s. m.* **1** Acción y resultado de bañar o bañarse: *Me di un baño antes de acostarme. Como hace calor me apetece tomar un baño.* **traje* de ~.** **2** Bañera. **alfombrilla* de ~.** **3** Habitación con baño, retrete y otros sanitarios. SIN. servicio. **báscula de ~. casa* de baños. cuarto* de ~. salida* de ~.** **4** Acción de someter un cuerpo al influjo de un agente físico: *baños de vapor, baños de sol.* **5** Capa fina con que se cubre una cosa: *Esta pulsera lleva un baño de oro.* **6** RESTRINGIDO. Cualidad o conocimiento superficial: *Ese chico posee sólo un baño de cultura: le falta instruirse.* **7** COLOQUIAL. Acción de vencer con gran superioridad al contrario: *El equipo rival nos dio un buen baño.* **8** (en plural) Balneario: *La tía fue a los baños para que mejorase su reúma.* || **9 ~ de sangre** (no contable) INTENSIFICADOR. Matanza de un gran número de personas: *La batalla acabó con un baño de sangre.* **10 ~ (de) María** (no contable) Forma de calentar o cocer el contenido de un recipiente colocándolo dentro de otro recipiente con agua en vez de ponerlo directamente al fuego: *Calentó la comida al baño María.*

baobab *s. m. Adansonia digitata.* Árbol tropical de tronco alto y muy grueso, largas hojas palmeadas y flores blancas.

baptisterio o **bautisterio** *s. m.* **1** ELEVADO. Pila bautismal. **2** Lugar de la iglesia donde se encuentra la pila bautismal. **3** Edificio, generalmente pequeño, construido cerca de una iglesia en el que se bautiza a las personas.

baqueano, na o **baquiano, na** *adj. / s. m.* y *f.* **1** AMÉR. Conocedor de un terreno, de sus caminos o atajos. || *adj.* **2** ARG., COL., URUG.; COLOQUIAL en Colombia. Que es hábil o experto en cualquier cosa.

baquelita (no contable) *s. f.* Resina sintética muy dura que se utiliza en la fabricación de barnices, aislantes y pinturas: *El mango del cazo es de baquelita.*

baqueta (diferente de *vaqueta*) *s. f.* **1** Vara delgada para apretar el taco en un arma de fuego o limpiar el interior del cañón. **2** Pequeña vara que utilizan los picadores para manejar los caballos. **3** (en plural) MÚS. Vara corta, redondeada en su extremo para tocar el tambor.

baquetazo *s. m.* COLOQUIAL. Golpe fuerte y violento: *¡Vaya baquetazo que te has dado contra la mesa!* FR. Y LOC. **a baquetazos** COLOQUIAL. Sin cuidado o sin consideración: *No se puede tratar a los clientes a baquetazos. Si te dejan un coche, trátalo como si fuera tuyo, no a baquetazos.*

baqueteado, da *adj.* **1** (estar) Que tiene mucha experiencia en un trabajo, negocio o asunto: *Mi padre está muy baqueteado **en** los negocios inmobiliarios.* **2** (estar) Que ha sufrido muchas penalidades o trabajos: *Antonio está ya muy baqueteado **por** la mala suerte.*

baquetear *v. tr.* Causar ‹una persona o una cosa› muchas molestias o penalidades [a otra persona]: *Ya me han baqueteado bastante en la otra empresa, tú déjame trabajar tranquilo. La vida lo ha baqueteado mucho.*

baquía *s. f.* **1** AMÉR. Conocimiento práctico de los accidentes geográficos. **2** AMÉR. Habilidad o destreza manual.

baquiano, na *adj. / s. m.* y *f.* Baqueano.

báquico, ca *adj.* **1** Del dios romano Baco, símbolo de la sensualidad y del vino: *furor báquico.* **2** ELEVADO. De la borrachera o del vino: *Esas fiestas tienen un cierto contenido báquico. Le gusta organizar orgías báquicas.*

bar *s. m.* **1** Establecimiento donde se sirven principalmente bebidas que se consumen ante el mostrador. **2** Unidad de presión en el Sistema Internacional. || **3 mueble* ~.**

barahúnda o **baraúnda** *s. f.* Ruido, confusión y desorden: *Se armó una barahúnda tal en la calle, que intervino la policía.* SIN. alboroto.

baraja *s. f.* **1** Conjunto de cartulinas, generalmente 48 ó 52, que sirven para varios juegos de azar o habilidad. **~ española** Baraja que consta de oros, copas, espadas y bastos. **~ francesa** Baraja que consta de picas, tréboles, corazones y diamantes. **2** Conjunto de elementos variados entre los que se puede elegir: *Javier no ha decidido dónde irá de vacaciones, pero tiene una amplia baraja de posibilidades.* FR. Y LOC. **jugar con dos barajas** COLOQUIAL. Aparentar ‹una persona› una cosa cuando en realidad piensa o hace lo contrario: *Ella te ha dicho que no le gusta el jefe, pero creo que juega con dos barajas.* **o jugamos todos o se rompe la ~** COLOQUIAL. Se usa para indicar que si no participan en algo todas las personas que deberían, se deja de hacer lo que se pretendía: *Si él no pone dinero, no compramos el regalo; o jugamos todos o se rompe la baraja.* **romper la ~** COLOQUIAL. Enfadarse ‹una persona› y no querer participar en alguna cosa: *Hasta que no acabemos las negociaciones no merece la pena romper la baraja.*

barajar *v. tr.* **1** Mezclar ‹una persona› [las cartas de una baraja] antes de repartirlas entre los jugadores: *Te toca barajar a ti.* **2** Considerar ‹una persona› [a varias personas o cosas] como posibles para ocupar un puesto o para otra cosa: *En medios políticos se barajan varios nombres para el cargo de ministro de Justicia. Barajo varios lugares para pasar mis vacaciones.* **3** Utilizar ‹una persona› [muchos datos] en una exposición o en una conferencia: *En ese libro el autor baraja tres teorías distintas.* **4** ARG., CHILE, URUG.; VULGAR en Chile. Detener ‹una persona› en la trayectoria que siguen en el aire estocadas, golpes u objetos, no dejándolos pasar. SIN. abarajar. **5** PERÚ; COLOQUIAL. Disimular ‹una persona›. FR. Y LOC. **paciencia* y ~.**

baranda *s. f.* **1** Barandilla. **2** Borde de la mesa de billar: *Deja el yeso en la baranda.* **3** ARG., URUG.; COLOQUIAL. Olor desagradable del sudor de las personas.

barandal *s. m.* **1** Barandilla, valla. **2** Listón que sujeta por arriba o por abajo los balaustres de una escalera o balcón. SIN. barandilla.

barandilla *s. f.* **1** Valla de madera, hierro u otro material, que sirve de protección y apoyo en balcones, escaleras y lugares semejantes: *En el palacio hay escaleras con barandillas de mármol.* **2** Listón o barandal superior: *Agárrate a la barandilla, no vayas a caerte.* SIN. pasamanos.

barata *s. f.* CHILE, PERÚ; VULGAR en Chile. Cucaracha, insecto.

baratija *s. f.* (preferentemente en plural) Cosa pequeña y de poco valor, especialmente las de bisutería que imitan una joya: *Sólo te compras baratijas. Ese chico vende baratijas en el mercadillo.*

baratillo *s. m.* **1** Puesto o tienda donde se venden cosas a bajo precio: *Tengo un baratillo de libros y tebeos al lado del mercado.* **2** (no contable) Conjunto de cosas que se venden a bajo precio en un lugar público: *una blusa de baratillo.* **3** Lugar fijo donde se colocan puestos de cosas a bajo precio: *En la plaza montan un baratillo los jueves por la mañana.* SIN. mercadillo.

barato, ta *adj.* **1** (ser/estar) Que tiene un precio bajo o cuesta poco dinero: *Han sacado una edición barata del «Quijote». Es un buen momento para comprar piso, están más baratos. En las rebajas de enero hay algunos productos que están más baratos que de costumbre. ¿Te gustan mis pendientes? Me han costado muy baratos. Merece la pena, cómpratelo, ese bolso es muy barato.* ‖ *adv.* **2** Por poco precio, a un precio bajo: *Aprovecha este momento y compra barato. En ese restaurante se come bien y barato.* ‖ *s. m.* **3** RESTRINGIDO. Baratillo.

baraúnda *s. f.* Barahúnda.

barba *s. f.* **1** Pelo que crece en el mentón y en las mejillas: *Todas las mañanas se afeita la barba. Javier se ha dejado barba.* **~ cerrada** Barba de hombre muy poblada y fuerte. **~ de chivo** Barba de hombre que es escasa en las mejillas y larga en la barbilla. **2** Barbilla: *Luis tiene una barba muy afilada.* **3** (preferentemente en plural) Cualquier tipo de pelo o filamento parecido al que crece en la cara de las personas: *las barbas de un perro, las barbas de una cabra, las barbas de un mejillón.* **4** Parte roja y carnosa que cuelga de la mandíbula inferior de algunas aves. **5** (preferentemente en plural) Rebordes desiguales del papel después de cortado: *Iguala bien las páginas y córtale las barbas.* **6** (preferentemente en plural) Pelos que salen del cañón central de la pluma de un ave: *No mojes las barbas de la pluma en el tintero, porque se llenará el papel de borrones.* ‖ **7 barbas de ballena** Láminas duras y flexibles de la mandíbula superior de este cetáceo. FR. Y LOC. **con toda la ~** COLOQUIAL. Con todas las exigencias propias de su condición: *Emilio es un hombre ya con toda la barba, estudia en la universidad y hace su vida.* **en las barbas** COLOQUIAL. Delante de una persona: *Ana se burló de él en sus barbas.* **por ~** COLOQUIAL. Por persona: *Tocamos a mil pesetas por barba.* **subirse a las barbas** COLOQUIAL. Perder el respeto ‹una persona› a otra persona: *El profesor impuso una dura disciplina para que los alumnos no se le subieran a las barbas.* REFR. **Cuando las barbas de tu vecino veas pelar/cortar, pon/echa las tuyas a remojar.** Se usa para indicar que una persona debe tomar precauciones para que no le ocurra lo mismo que a otra que estaba en circunstancias parecidas.

barbacana *s. f.* **1** Abertura estrecha y larga hecha en un muro por donde se disparaba. SIN. tronera. **2** Muro bajo que rodea el atrio de algunas iglesias. **3** Fortificación aislada que se construía delante de algunos pueblos y puentes.

barbacoa *s. f.* **1** Utensilio provisto de una parrilla para asar alimentos al aire libre o conjunto de alimentos así preparados: *asar pescado en la barbacoa. Esta noche haremos una barbacoa de carne en el jardín.* **2** AMÉR. Casa pequeña, construida en alto sobre árboles o estacas.

barbadense *adj./s. m.* y *f.* De Barbados, archipiélago del Caribe.

barbado, da *adj./s. m.* y *f.* **1** RESTRINGIDO. Que tiene barba: *un rostro barbado. Su padre es un hombre bien barbado. La cabra es un animal barbado.* ‖ *s. m.* **2** BOT. Árbol o sarmiento plantado con raíces.

barbaridad *s. f.* **1** (no contable) Cualidad de bárbaro o brutal: *La barbaridad del suplicio no consiguió doblegarlo.* **2** COLOQUIAL. Dicho o hecho disparatado o imprudente: *El examen estaba lleno de barbaridades. No hagas la barbaridad de salir con fiebre.* **3** (no contable) COLOQUIAL. Cantidad excesiva: *María se compró una barbaridad de ropa. Bebes una barbaridad.*

barbarie *s. f.* **1** (no contable) Estado de incultura y atraso de una comunidad: *La barbarie de algunos pueblos obedece, generalmente, a siglos de aislamiento.* **2** (no contable) Fiereza o crueldad: *La barbarie de la guerra no tiene explicación. La barbarie de los hinchas de un equipo de fútbol no tiene sentido.*

barbarismo *s. m.* **1** LING. Extranjerismo empleado en una lengua que no está incorporado totalmente a ella: *En español el anglicismo «leasing» es un barbarismo.* **2** LING. Palabra o expresión que se pronuncia, se escribe o se emplea de forma incorrecta o impropia: *Escribir «barbaro» es un barbarismo.*

bárbaro, ra *adj./s. m.* y *f.* **1** Que pertenece a los pueblos que vencieron al Imperio Romano en el siglo V y se extendieron por Europa: *Hice un estudio sobre la invasión bárbara en España.* **2** (antepuesto) Que es grosero o se comporta con poca educación: *Su marido es un bárbaro que no la deja salir de casa los fines de semana.* **3** Que es muy bruto o se comporta imprudentemente: *No seas bárbaro, no puedes comerte un jamón tú solo.* ‖ *adj.* **4** Que es cruel o inhumano: *El pobre chico recibió un bárbaro castigo.* **5** Que es grande o extraordinario: *Hicimos una excursión bárbara.*

barbechar *v. tr.* **1** RESTRINGIDO. Arar ‹una persona› [la tierra] después de recoger la cosecha: *Tenemos que barbechar mañana.* **2** Dejar descansar y airear ‹una persona› [la tierra arada] durante un periodo de tiempo: *Este año nos toca barbechar todas las tierras cercanas al pueblo.*

barbecho *s. m.* **1** Terreno que se deja sin sembrar durante un año o más para que descanse y se recupere: *Esas tierras de la izquierda son barbechos.* **2** Estado del terreno que permanece sin sembrar durante uno o más años: *Esta finca está en barbecho.*

barbería *s. f.* **1** Lugar donde se afeita y se arregla la barba a los hombres. **2** (no contable) Oficio de afeitar y arreglar la barba y el pelo.

barbero *s. m. / f.* Persona que tiene por oficio afeitar, cortar y arreglar la barba y el pelo de los hombres.

barbián, na *adj. / s. m.* y *f.* COLOQUIAL; AFECTIVO. [Persona] que es desenvuelta, un poco fresca y resulta simpática: *¡Ay barbián, que te he pillado rebuscando en mis cajones!*

barbijo *s. m.* ARG., BOL., PAR., URUG. Barboquejo.

barbilampiño *adj.* Que no tiene barba o tiene muy poca: *Su hermano era un joven barbilampiño.*

barbilla *s. f.* **1** Parte de la cara que está debajo de la boca: *Manolo tiene una barbilla que le da un aire muy duro.* SIN. mentón. **2** Prolongación carnosa que tienen algunos peces en la parte inferior de la cabeza.

barbitúrico *adj. / s. m.* [Ácido orgánico cristalino] que tiene derivados usados como sedantes y que, en dosis excesivas, poseen acción tóxica: *ácido barbitúrico. El enfermo tomó una dosis elevada de barbitúricos.*

barbo *s. m.* (macho y hembra) *Barbus barbus.* Pez de río, de color pardo con el vientre blanquecino, y con cuatro barbillas en la mandíbula superior, que vive en aguas de corriente suave.

barboquejo o **barbuquejo** *s. m.* Pieza que se pasa por debajo de la barbilla para sujetar un sombrero: *un barboquejo de piel, un barboquejo de raso.*

barbotar o **barbotear** *v. tr.* **1** RESTRINGIDO. Decir ‹una persona› [una cosa] de manera entrecortada y confusa. ‖ *v. intr.* **2** RESTRINGIDO. Hablar ‹una persona› entre dientes o de manera entrecortada y confusa.

barboteo *s. m.* Acción de barbotear.

barbudo, da *adj. / s. m.* **1** (ser / estar) Que tiene mucha barba: *Miguel tiene que afeitarse dos veces al día porque es muy barbudo. Hoy no me he afeitado y estoy muy barbudo.* **2** PEYORATIVO. Que tiene barba: *Sus amigos son una pandilla de barbudos. El vecino es un tío feo y barbudo.* ‖ *adj. / s. f.* **3** [Mujer] que tiene barba como la que suelen tener los hombres: *Una de las atracciones del circo es la mujer barbuda.*

barbuquejo *s. m.* Barboquejo.

barca *s. f.* Embarcación pequeña, generalmente de madera, para pescar o navegar en sitios tranquilos o poco profundos: *dar un paseo en barca.* **~ de / a motor. ~ de pesca. ~ de remos.** FR. Y LOC. **puente* de barcas.**

barcarola *s. f.* **1** MÚS. Canción popular italiana, especialmente la de los gondoleros venecianos. **2** MÚS. Composición musical de ritmo ternario, que imita el balanceo de la barca en el mar.

barcaza *s. f.* Embarcación parecida a una barca pero de gran tamaño, para la carga y descarga de mercancías o pasajeros.

barcelonés, sa *adj. / s. m.* y *f.* De Barcelona, ciudad y provincia española: *la fiesta barcelonesa. He conocido a dos barceloneses.*

barcino, na *adj.* [Animal] que tiene el pelo blanco y pardo, y a veces rojizo: *un toro barcino.*

barco *s. m.* Vehículo flotante destinado al transporte de personas, animales o cosas, especialmente el que tiene cubierta: *un crucero en barco, una travesía en barco. Los piratas abordaron un barco. Un barco ha atracado en el puerto. Un barco encalló entre las rocas.* SIN. embarcación, buque. **~ cisterna. ~ de carga. ~ de guerra. ~ de pasajeros. ~ de recreo. ~ de vapor. ~ de vela** o **~ velero. ~ mercante. ~ nodriza. ~ patrullero. ~ pesquero.**

barda *s. f.* (preferentemente en plural) Cubierta de pajas, ramas u otros materiales que se ponía sobre las paredes bajas de los corrales para aumentar su altura: *Las tapias con bardas eran una construcción barata que impedía la salida de los animales.*

bardo *s. m.* **1** Poeta épico o lírico de los antiguos celtas: *Los bardos solían cantar los hechos heroicos de los guerreros de su pueblo.* **2** LITERARIO. Poeta. SIN. vate (LITERARIO).

baremo *s. m.* **1** Escala de valores establecidos convencionalmente que sirve de base para evaluar la importancia de unos datos: *El baremo del examen era muy alto. El baremo que exigen para el puesto de trabajo es normal. El baremo para calificar el curriculum de los candidatos es muy extraño.* **2** RESTRINGIDO. Libro de cuentas realizadas. **3** RESTRINGIDO. Lista de tarifas: *el baremo de los servicios que presta nuestra compañía.*

bargueño *s. m.* Mueble con muchos compartimentos y cajones pequeños, adornado con figuras talladas, del estilo de los que se fabrican en Bargas, pueblo de Toledo: *Los bargueños auténticos son muebles típicos castellanos, muy apreciados por los anticuarios.*

baria *s. f.* FÍS. Unidad de presión en el sistema cegesimal.

baricentro *s. m.* **1** (no contable) FÍS. Centro de gravedad de un cuerpo. **2** GEOM. Punto en que se cortan las medianas de un triángulo.

bario *s. m.* (no contable) *Ba.* Elemento químico metálico de color blanco amarillento que se oxida rápidamente: *El bario se aprovecha para la elaboración de pinturas, linóleo y tinta para litografías.*

barisfera *s. f.* (no contable) GEOL. Núcleo interior central de la Tierra.

barita *s. f.* (no contable) Óxido de bario en forma de polvo blanco, que se obtiene en los laboratorios.

baritina *s. f.* (no contable) Sulfato de barita, que se encuentra en la naturaleza.

barítono *s. m.* **1** Voz masculina entre la de tenor y la de bajo: *Ese cantante tiene una hermosa voz de barítono.* **2** Cantante con este registro de voz: *un barítono de zarzuela, un barítono de ópera.*

barlovento *s. m.* (no contable) MAR. Lado o parte de donde viene el viento con respecto a un punto: *Todos miraban a barlovento las negras nubes que se aproximaban rápidamente.*

barman (plural *bármanes,* preferible a *barmans*) *s. m.* AMÉR.; RESTRINGIDO en España. Camarero de un bar, en especial el que está en la barra: *Este barman prepara unos cócteles deliciosos.*

barniz *s. m.* **1** (no contable) Sustancia líquida resinosa que se aplica a la madera y a otras cosas para protegerlas o darles un aspecto brillante: *barniz sintético. Tienes que darle a las puertas dos capas de barniz de color caoba.* **2** (no contable) Sustancia que se aplica a la cerámica antes de la cocción para darle brillantez y dureza: *La cerámica con barniz queda vitrificada.* **3** (no contable) ELEVADO. Cualidad o conocimiento muy superficial que alguien tiene: *Ese periodista no sabe tanto, sólo tiene un barniz de cultura.*

barnizado *s. m.* Acción de barnizar una superficie: *Este suelo necesita un barnizado. El ebanista nos cobra mucho por el barnizado de la cómoda.*

barnizar *v. tr.* Cubrir ‹una persona› [una cosa] con barniz: *Si barnizas la estantería quedará mucho más bonita.* ⇒ **19.**

barométrico, ca *adj.* Del barómetro, o de la presión atmosférica: *escala barométrica.* **columna* barométrica.**

barómetro *s. m.* **1** Instrumento para medir la presión atmosférica. **~ aneroide. ~ de cubeta. ~ de mercurio. ~ de sifón. ~ metálico. ~ registrador. 2** Índice o medida de un proceso o estado: *La prensa es un barómetro que señala el grado de cultura de un país. Los índices de audiencia de un programa aislado de televisión no son un barómetro real de los intereses de la gente.*

barón, nesa *s. m./f.* **1** Título nobiliario que en España es inmediatamente inferior al de vizconde. **2** Persona que ocupa un lugar muy influyente dentro de una organización: *los barones de la prensa. Los barones del partido discuten la elección del próximo candidato. La receta es de una baronesa de la cocina española.*|| *s. f.* **3** Mujer del barón.

barquero, ra *s. m./f.* Persona que tenía por oficio pasar mercancías y personas en una barca de un lado a otro de un río o canal: *Todavía existen barqueros en algunos sitios del río Ebro.*

barquilla *s. f.* **1** Cesto grande de un globo, destinado a los tripulantes o pasajeros. **2** Molde para hacer pasteles, de forma semejante a la de una barca.

barquillera *s. f.* Recipiente metálico para guardar barquillos.

barquillero, ra *s. m./f.* **1** Persona que tiene por oficio hacer o vender barquillos: *Los niños del parque se acercaban corriendo al barquillero en cuanto lo veían aparecer.* || *s. m.* **2** Molde metálico para hacer barquillos.

barquillo *s. m.* Dulce generalmente en forma cónica o cilíndrica formado por láminas finas de harina, azúcar o miel y canela: *Me regalaron una caja de barquillos en Navidad. Me encanta tomar los helados en cucuruchos de barquillo.*

barra *s. f.* **1** Pieza de metal u otro material rígido, larga y delgada, de forma generalmente prismática o circular: *Viajando en autobús hay que sujetarse bien a la barra.* **2** Pieza en forma de prisma rectangular: *barra de turrón, barra de plata.* **3** Pieza de pan de forma alargada: *Fui a la panadería a comprar tres barras de pan.* **4** Mostrador que suelen tener los bares y cafeterías a lo largo del mismo: *Tomamos un bocadillo en la barra. ¿Quieres sentarte o tomamos el café en la barra?* **5** Acumulación de arena que se forma en el fondo a la entrada de algunas rías, en la desembocadura de algunos ríos y en la estrechura de algunos mares o lagos, y que resulta peligrosa para la navegación. **6** DEP. Aparato de gimnasia formado por una pieza horizontal, alargada y estrecha, para realizar ejercicios de equilibrio. **~ fija** Barra horizontal sujeta a un muro que sirve de apoyo en los ejercicios de baile y gimnásticos. **barras paralelas** Aparato de gimnasia formado por dos barras paralelas entre sí. **7** Pieza diagonal del escudo y, por extensión, lista o franja de escudos y banderas: *El escudo tiene cuatro barras.* **8** Signo gráfico, vertical o diagonal, que se utiliza para separar: *Separa los ejemplos con barras.* **9** MÚS. Línea que señala en un pentagrama la división de compases. **10** AMÉR. Conjunto de personas que presencia una sesión pública de algún cuerpo colegiado. **11** AMÉR. Público en un espectáculo al aire libre. **12** ARG., URUG.; COLOQUIAL. Grupo de amigos. **13** ARG., CHILE, COL., PERÚ, URUG.; COLOQUIAL. Conjunto de hinchas de un equipo de fútbol. **14** CHILE; COLOQUIAL. Simpatía o preferencia que se siente espontáneamente por una persona o un grupo. || **15 ~ americana** Local público nocturno donde sirven las bebidas mujeres vestidas provocativamente que dan conversación y entretienen a los clientes para que consuman más y reclamen servicios de prostitución. **16 ~ de labios** Pintalabios. **17 ~ libre** Consumiciones gratis en un bar o local: *La entrada a esa discoteca es cara, pero da derecho a barra libre durante toda la noche.* FR. Y LOC. **código* de barras. sin pararse / reparar en barras** COLOQUIAL. Sin tener en consideración los inconvenientes a la hora de hacer algo: *¡No te fíes de él, que ése no repara en barras!*

barrabás *s. m.* **1** RESTRINGIDO; PEYORATIVO. Persona mala, perversa: *Su marido es un auténtico barrabás, la tiene martirizada.* **2** COLOQUIAL. Niño muy inquieto y travieso: *El niño es un barrabás, siempre está rompiendo cosas.* FR. Y LOC. **ser de la piel* de Barrabás** o **ser de la piel del diablo.**

barrabasada *s. f.* COLOQUIAL. Acción disparatada de la que resulta un perjuicio: *Han hecho una reforma en la catedral que ha sido una verdadera barrabasada. Me han hecho una barrabasada en la empresa y me han cambiado de sección.*

barraca *s. f.* **1** Casa de construcción pobre y tosca: *Esa pobre gente vive en unas barracas inmundas sin agua corriente ni luz eléctrica.* **2** Vivienda rústica tradicional típica de las huertas de Valencia y Murcia: *Ya quedan en la huerta pocas barracas valencianas.* **3** Construcción provisional, desmontable, hecha con materiales ligeros: *barraca de feria.* **4** ARG., URUG. Almacén, depósito de mercancías destinadas a la exportación, como cereales, madera o cueros.

barracón *s. m.* Barraca grande usada para alojar a un grupo de personas: *Los trabajadores que acudieron a la vendimia se alojaron en barracones. Los soldados dormían en los barracones de la base.*

barracuda *s. f.* (macho y hembra) Género *Sphyraena.* Pez marino carnívoro, bastante grande, de cuerpo alargado y mandíbula saliente, que vive en aguas cálidas.

barragana *s. f.* PEYORATIVO. Mujer que vivía con un hombre sin estar casada con él: *A veces la barragana y la esposa vivían en el mismo palacio de un noble o señor.*

barranca *s. f.* RESTRINGIDO. Barranco. FR. Y LOC. **a trancas* y barrancas.**

barranco *s. m.* **1** Corte profundo del terreno: *El coche se salió de la carretera y se cayó por un barranco.* SIN. precipicio, despeñadero. **2** Cauce hondo que hacen en la tierra las corrientes de agua: *En esta zona los ríos han formado profundos barrancos.*

barredera *s. f.* RESTRINGIDO. Vehículo preparado con una máquina para barrer las calles.

barrena *s. f.* **1** Herramienta de acero provista de una espiral para taladrar materiales duros: *Los carpinteros o los albañiles tienen barrenas.* **2** Herramienta de hierro con uno o dos extremos cortantes, para agujerear peñascos o sondar terrenos. FR. Y LOC. **entrar en ~** Empezar a descender ‹un avión› girando sobre sí mismo: *En la película, el avión que es alcanzado por un proyectil enemigo entra en barrena envuelto en llamas.*

barrenar *v. tr.* **1** Hacer ‹una persona› agujeros con una barrena o un barreno: *Los obreros de la carretera han barrenado una peña para dinamitarla y evitar una curva.* **2** RESTRINGIDO. Hacer fracasar ‹una persona› [los planes de otra]: *En cuanto mi compañero se entera de nuestros proyectos intenta barrenarlos; por eso, os pido discreción.*

barrendero, ra *s. m. / f.* Persona que tiene por oficio barrer las calles: *A los barrenderos de la ciudad los contrata el Ayuntamiento. En mi pueblo trabajan varias mujeres de barrenderas municipales.*

barrenero *s. m.* Persona que por oficio trabaja con barrenos en las minas o en las canteras.

barreno *s. m.* **1** Barrena de gran tamaño, para perforar las rocas, que se usa haciéndola girar con una manivela: *Los mineros trabajan en la mina con barrenos.* **2** Agujero en una roca o en otro lugar, que se rellena de materia explosiva para hacerlo volar: *Cuando están preparados los barrenos en la carretera en construcción, suena una sirena.* **3** Cartucho explosivo para volar rocas.

barreño *s. m.* Recipiente de bastante capacidad, más ancho que alto, utilizado en tareas domésticas, como fregar los platos o lavar la ropa: *Pon el jabón de fregar los platos en el barreño. Tráeme un barreño con agua.*

barrer *v. tr.* **1** Limpiar ‹una persona› [la basura del suelo] arrastrándola con una escoba: *Barro la cocina todos los días.* **2** Llevarse ‹una cosa en movimiento› [lo que encuentra a su paso]: *Merche llevaba un vestido tan largo que barría el suelo.* **3** Recorrer ‹una persona o una cosa en movimiento› [una superficie]: *Barrí todas las estanterías buscando el libro.* **4** Acabar ‹una cosa o una persona› con [otra cosa] completamente: *Sus palabras barrieron nuestras esperanzas.* || *v. tr. / intr.* **5** Derrotar ‹una persona› [a otra] completamente en un deporte o ser la mejor en una competición: *Nuestro equipo barrió a todos los demás en las pruebas de atletismo. El ciclista español barrió en las etapas de montaña.* **6** Llevarse ‹una persona› [todo lo que hay en un lugar]: *Mis hijos barrieron* ***con*** *toda la comida. La gente barrió su último libro en dos tardes.* FR. Y LOC. **~ para dentro / casa** COLOQUIAL. Obrar ‹una persona› interesadamente: *Es una egoísta; siempre que puede, barre para casa.*

barrera *s. f.* **1** Obstáculo que sirve para cerrar el paso o cercar un lugar: *La barrera del paso a nivel está bajada.* **2** Valla de las plazas de toros que separa el ruedo del tendido: *El toro ha saltado la barrera.* **3** Localidades de las plazas de toros situadas inmediatamente detrás de esta valla, así como el callejón o espacio que hay entre la valla y las localidades: *He comprado una entrada de barrera. El apoderado ve la corrida desde la barrera.* **4** DEP. Grupo de jugadores que en algunos deportes se colocan unos al lado de otros delante de la portería para protegerla en algunos saques de falta: *La barrera rechazó el disparo.* **5** Dificultad, inconveniente entre dos personas: *la barrera del idioma. Es importante que no existan barreras culturales para poder entenderse.* FR. Y LOC. **ver / mirar los toros* desde la ~.**

barretina *s. f.* Gorro de hombre propio del traje tradicional catalán: *un payés con barretina.*

barriada *s. f.* **1** Barrio de una población, especialmente en la periferia: *Desde el centro salen autobuses para todas las barriadas.* **2** Parte de un barrio: *Vivo en la barriada de las casas blancas.*

barrial *s. m.* **1** AMÉR. Barrizal. || *adj.* **2** ARG., URUG. De un barrio.

barrica *s. f.* Tonel, recipiente de madera abombado parecido al barril, pero más pequeño, para contener líquidos, especialmente vino y licores: *Mete el vino en barricas antes de embotellarlo. Me han regalado una barrica de jerez.*

barricada *s. f.* Parapeto construido con objetos diversos, como muebles, adoquines, vehículos o sacos de tierra, que se usa como defensa o para cortar el paso en algunas manifestaciones o en las luchas callejeras: *Hay barricadas en la calle. Los obreros hicieron barricadas frente a la fábrica.*

barrido *s. m.* **1** Acción de barrer o limpiar con la escoba: *Di un barrido a toda la casa. La escalera necesita un buen barrido.* **2** Repaso, revisión: *Dimos un barrido a las ofertas de empleo del periódico.* **3** FÍS. Exploración de un área o espacio recorriéndolos punto por punto sistemáticamente. **4** CINE. Recorrido de una cámara desde un punto fijo horizontalmente: *En el documental algunos barridos nos muestran la casa miserable.*

barriga *s. f.* **1** COLOQUIAL. Parte del cuerpo comprendida entre el pecho y las ingles o vísceras que están en ella. SIN. abdomen, tripa. **2** COLOQUIAL. Abultamiento de esta parte del cuerpo: *No estás muy gorda, pero tienes un poco de barriga. Merce está embarazada de cinco meses y ya tiene bastante barriga.* SIN. tripa. **3** Parte abultada que sobresale en algunas cosas: *la barriga de una vasija.* SIN. panza. FR. Y LOC. **dar cien patadas* (en el estómago)** o **dar cien patadas (en la ~). rascarse / tocarse la ~** COLOQUIAL. Estar ‹una persona› sin hacer nada de provecho: *Jaime es un vago; se ha pasado el verano tocándose la barriga.*

barrigón, na *s. m.* **1** COLOQUIAL. Barriga muy abultada: *He comido mucho y se me ha puesto un buen barrigón.* SIN. tripón. || *adj. / s. m.* y *f.* **2** COLOQUIAL. Que tiene mucha barriga: *un niño muy barrigón.* SIN. barrigudo.

barrigudo, da *adj. / s. m.* y *f.* (ser / estar) Que tiene mucha barriga: *Desde que Rafael bebe tanta cerveza está muy barrigudo. Siempre has sido muy barrigudo.*

barril *s. m.* **1** Recipiente abombado de base circular formado por listones de madera, que se utiliza para contener productos líquidos o en polvo: *un barril de vino, un barril* *de pólvora.* SIN. tonel. **2** Recipiente parecido al anterior pero metálico para transportar líquidos: *un barril de cerveza.* || **3 ~ de petróleo** Unidad de capacidad que equivale a cerca de 159 litros: *Ha subido el precio del barril de petróleo.* FR. Y LOC. **cerveza* de ~. ser un ~ de pólvora** Ser ‹una situación› tan tensa o complicada que puede provocar conflictos o mucha violencia en cualquier momento: *El movimiento estudiantil es un barril de pólvora, puede estallar en cualquier momento.*

barrilete *s. m.* **1** Barril pequeño. **2** Pieza cilíndrica y giratoria de un revólver, donde se colocan las balas. **3** Instrumento metálico en forma de siete con el que los carpinteros sujetan sobre el banco la pieza que trabajan.

barrillo *s. m.* (preferentemente en plural) Pequeño grano de color rojizo que sale en la cara: *Cuando le empezó a salir la barba, le salieron muchos barrillos.* SIN. barro (RESTRINGIDO).

barrio *s. m.* **1** Cada una de las partes en que se dividen las poblaciones o sus distritos: *Vivo en un barrio de Madrid.* **2** Zona de los alrededores de una población: *En los barrios no hay tanta contaminación como en el centro.* || **3 ~ bajo** (preferentemente en plural) Zona donde viven los grupos más pobres de una ciudad: *Samuel vive en los barrios bajos, pero no es ningún delincuente.* **4 ~ chino** Zona de algunas ciudades donde se encuentran los locales dedicados a la prostitución: *Por las noches no es muy recomendable pasear por el barrio chino.* **5 el otro ~** COLOQUIAL. El otro mundo, la muerte: *Si no te cuidas, te vas a ir al otro barrio.* FR. Y LOC. **de barrio** [Tienda, local] que no es muy grande y suele ser frecuentado por las personas del barrio en que se encuentra: *cine de barrio, supermercado de barrio.*

barriobajero, ra *adj. / s. m.* y *f.* **1** De los barrios bajos: *pandilla barriobajera.* || **2** COLOQUIAL; PEYORATIVO. [Persona, modo de hablar] que manifiesta ordinariez o mala educación: *Pareces un barriobajero. Tenéis un lenguaje muy barriobajero.*

barritar *v. intr.* Emitir ‹el elefante o el rinoceronte› su voz: *El elefante barritó en el zoo y el niño se echó a llorar.*

barrizal *s. m.* Terreno lleno de barro. SIN. lodazal, cenagal.

barro *s. m.* **1** (no contable) Tierra mezclada con agua: *Cuando llueve, el parque se queda lleno de barro.* **2** (no contable) Sustancia moldeable formada por tierra arcillosa y agua que se utiliza en alfarería y cerámica: *un botijo de barro cocido.* **3** (no contable) Vasija hecha de arcilla cocida: *Hay alimentos que se cocinan mejor en barro.* **4** COLOQUIAL, RESTRINGIDO. Jarra de cerveza. **5** (preferentemente en plural) RESTRINGIDO. Barrillo.

barroco, ca *s. m.* **1** (no contable) Movimiento artístico y cultural que se desarrolló en Europa en los siglos XVI y XVII principalmente. || *adj.* [Estilo, obra, autor] que pertenece a ese movimiento. **2** Que está excesivamente recargado o adornado y resulta complicado: *Ese actor viste de forma muy barroca. Este libro tiene un lenguaje muy barroco.*

barroquismo *s. m.* (no contable) PEYORATIVO. Excesivo recargamiento de una cosa: *el barroquismo de la decoración del palacio.*

barrote *s. m.* **1** Barra gruesa. **2** Barra de hierro que se emplea junto con otras para afianzar o asegurar una cosa: *He puesto barrotes en la ventana y en la puerta. Los barrotes de la barandilla deben tener poca separación para que no se caigan cosas.* **3** Palo o listón atravesado sobre otros a los que sostiene o refuerza: *El niño aprendió a ponerse de pie agarrándose a los barrotes de la cuna.* FR. Y LOC. **entre barrotes** COLOQUIAL. En la cárcel: *Su amigo está entre barrotes por el robo a una sucursal bancaria.*

barruntar *v. tr.* Presentir o sospechar ‹una persona› [una cosa] por alguna señal o indicio: *Parece que los caballos barruntaban el peligro. Dicen que los animales barruntan los terremotos. Ya barruntaba yo que nos engañaba el cajero.*

barrunto *s. m.* **1** Presentimiento de que va a suceder una cosa: *Tenía el barrunto de que nos iba a tocar la lotería, pero me equivoqué.* **2** Indicio, señal insegura: *–«¿Hay algún barrunto de que vaya a subir la Bolsa?»– «Hombre, es muy positivo que los grandes financieros estén tranquilos.»*

bartola Se usa en la LOC. **a la ~** COLOQUIAL. Sin tener nada que hacer o sin ninguna preocupación: *Me he pasado la tarde en casa tumbada a la bartola.*

bartolillo *s. m.* Pastel de masa frita relleno de crema.

bártulos (plural) *s. m.* COLOQUIAL. Conjunto de cosas heterogéneas, generalmente objetos o utensilios de uso cotidiano, propios de una actividad o de una persona: *Recoge todos tus bártulos y vámonos. He dejado mis bártulos en la cocina. Prepara tus bártulos de clase.* SIN. trastos. FR. Y LOC. **liar los ~** COLOQUIAL. Preparar ‹una persona› sus cosas para marcharse de un sitio: *Lié mis bártulos y me largué.*

barullo *s. m.* **1** (no contable) COLOQUIAL. Ruido producido por voces y movimientos desordenados de personas o cosas: *El barullo de la fiesta lo alteraba. El barullo de la calle no me dejaba dormir.* **2** (no contable) COLOQUIAL. Desorden y falta de coordinación en un conjunto de cosas: *¡Qué barullo tienes en la cabeza!* SIN. lío, embrollo.

basa *s. f.* ARQ. Base de una columna o de una estatua: *La basa falta en las columnas de algunos estilos arquitectónicos.*

basal *adj.* **1** FISIOL. [Medición de una función orgánica] que se toma durante el reposo o ayuno: *temperatura basal.* **2** BIOL. [Actividad orgánica] que se mantiene en su grado mínimo: *Mientras los osos duermen mantienen un metabolismo basal.*

basáltico, ca *adj.* De basalto: *El pueblo descansa en una formación basáltica impresionante.*

basalto *s. m.* (no contable) Roca volcánica de color gris oscuro o negro, muy dura, resultado del enfriamiento y rotura de la lava.

basamento *s. m.* ARQ. Parte de un elemento arquitectónico que se apoya directamente en el suelo, especialmente la parte inferior de la columna formada por la basa y el plinto o pedestal: *el basamento de un templo.*

basar *v. tr.* **1** Apoyar ‹una persona› [una cosa] en [otra cosa]: *El científico basó su teoría* ***en*** *las últimas investigaciones.* || *v. prnl.* **2** Tener ‹una cosa› su base en [otra cosa]: *La película se basó* ***en*** *los últimos capítulos de tu novela.* **3** Utilizar ‹una persona› [una cosa] como base o como argumento: *El autor se basó* ***en*** *mi relato. ¿****En*** *qué se basan tus planteamientos? No sé* ***en*** *qué te basas para decir eso.*

basca (diferente de *vasca*) *s. f.* **1** (no contable) JERGAL. Grupo de amigos: *Félix se fue con toda la basca a la discoteca.* **2** COLOQUIAL. Ataque repentino de ira o cólera que cambia el comportamiento de una persona: *Cuando le da la basca no saluda a nadie. A esa chica le dan bascas y no se puede contar con ella.* **3** (preferentemente en plural; no contable) RESTRINGIDO. Ganas de vomitar: *Me produce bascas el hígado crudo.* SIN. náusea.

báscula *s. f.* Instrumento formado por una plataforma sobre la que se coloca el cuerpo que se desea pesar: *Me he pesado en la báscula de la farmacia.* **~ automática. ~ de baño. ~ de camiones.** FR. Y LOC. **pasar a la ~** MÉX.; VULGAR; INTENSIFICADOR. Registrar ‹una persona› a otra persona para robarle las cosas personales como el reloj y la cartera.

bascular (diferente de *vascular*) *v. intr.* **1** Moverse ‹una cosa› de un lado a otro girando sobre un eje vertical: *Haz bascular el péndulo para poner en marcha el reloj.* **2** Inclinarse ‹la caja de un vehículo de transporte› de manera que la carga resbale hacia afuera por su propio peso: *Como el camión bascula, entre usted hasta la tapia y allí descargue la arena.* **3** Moverse ‹una cosa› de un lado a otro girando sobre un eje horizontal: *Hay que sujetar bien la carga para que no bascule en las curvas.* **4** Mostrar ‹una persona› preferencia por [una cosa distinta de la que había elegido en un principio]: *Inés estudió el bachillerato de Letras mixtas y al final ha basculado* ***hacia*** *las Letras puras. No sé qué hacer, estoy basculando entre distintas posibilidades.*

base *s. f.* **1** Aquello sobre lo que se apoya alguna cosa: *la base de una columna.* **2** (no contable) Aquello que sirve de fundamento o resulta necesario para otra cosa posterior: *Se le da muy bien el inglés porque tiene una buena base. Se parte de la base de que todos quieren ir al viaje. No tengo ninguna base para pensar tan mal de él.* **3** (en plural) Normas que regulan un concurso, una competición o una subasta: *Se han publicado las bases del concurso de fotografía.* **4** (en plural) Conjunto de personas afiliadas a un partido político u otra asociación, que no ocupan cargos directivos: *El presidente del partido agradeció el apoyo de las bases.* **5** GEOM. Línea o cara de las figuras geométricas sobre la que se supone que se apoyan: *la base de un triángulo.* **6** MAT. Número que hay que multiplicar por sí mismo tantas veces como indique el exponente de la potencia: *En la expresión numérica* 4^2*, la base es cuatro y la potencia es dos.* **7** MAT. Número siguiente al último de aquéllos con los que se opera en un determinado sistema de numeración: *En el sistema binario o de base dos se opera con el cero y el uno.* **8** QUÍM. Cuerpo que combinado con un ácido forma una sal. **9** Instalación militar o científica: *En la Antártida han puesto una base española para diversos estudios biológicos y geográficos.* **~ aérea. ~ naval. 10** DEP. Puntos del campo de béisbol que los jugadores deben ocupar para conseguir una carrera. ‖ *s. m. / f.* **11** DEP. Jugador de baloncesto encargado de dirigir el juego del equipo: *Un equipo de baloncesto se compone de un base, un escolta, dos alas y un pívot.* ‖ **12 ~ de datos** INFORM. Programa informático que se utiliza para almacenar y consultar información de forma estructurada. **13 ~ imponible** Cantidad sobre la que se calcula lo que hay que pagar por un impuesto: *la base imponible del Impuesto sobre la Renta.* FR. Y LOC. **a ~ de** Mediante, por medio de, con: *Conseguimos una buena puntuación a base de esfuerzo. Nos pusieron una comida a base de carne.* **a ~ de bien** COLOQUIAL. Mucho: *Esta noche el niño ha tosido a base de bien.* **comunidad* de ~. salario* / sueldo ~ / mínimo.**

básicamente *adv. orac.* **1** En términos generales, prácticamente, prescindiendo de matices: *Los recursos son, básicamente, los mismos.* **2** Sobre todo, primordialmente: *Lo digo básicamente porque no son de calidad.* ‖ *adv. restrictivo* **3** En cuanto a lo esencial o fundamental, esencialmente: *Su apreciación es básicamente correcta.* OBSERVACIONES: Su uso en todas las acepciones se considera un anglicismo semántico.

básico, ca *adj.* **1** Que es la base o fundamento de algo, o que es indispensable o esencial para algo: *alimentación básica, conocimientos básicos.* SIN. fundamental. **2** QUÍM. [Sal] que tiene la base como sustancia predominante. ‖ *adj. / s. f.* **3** [Ciclo escolar] que comprende los primeros años de enseñanza: *Su hijo ha terminado ya la Básica.*

basílica *s. f.* **1** HIST. Edificio rectangular que en la antigua Roma era destinado a la administración de justicia o al comercio. **2** Cada una de las trece iglesias de Roma consideradas como las primeras de la cristiandad en categoría: *basílicas mayores, basílicas menores.* **3** Iglesia católica de gran importancia por su historia, su gran capacidad o su magnificencia: *la basílica del Pilar de Zaragoza.*

basilisco *s. m.* **1** MIT. Animal fantástico del que se decía que podía matar con la mirada. **2** COLOQUIAL. Persona muy enfadada o furiosa: *Pedro estaba hecho un basilisco porque le habían robado el coche.* SIN. fiera. **3** (macho y hembra) Género *Basiliscus.* Reptil americano de la misma familia que la iguana, de color verde con manchas negras.

basket (del inglés) *s. m.* (no contable) DEP.; AMÉR.; RESTRINGIDO en España. Baloncesto: *jugar al basket.*

basquear *v. intr.* MÉX.; COLOQUIAL. Jugar ‹varias personas› al baloncesto de manera informal.

basquetbol *s. m.* (no contable) AMÉR. Basket.

basset (del inglés) *s. m.* (macho y hembra) Perro de cierta raza.

basta *s. f.* **1** Puntada larga que se da al hilvanar: *Si has acabado la falda, quita las bastas.* **2** Cada una de las puntadas o sujeciones que tiene un colchón para que se mantenga la lana o el relleno repartido.

¡basta! *interj.* Se usa para interrumpir con cierto enfado lo que está haciendo o diciendo alguien y darlo por finalizado: *¡Basta de discusiones! He dicho que no vuelvas a hablar y ¡basta! ¡Basta ya de tonterías, estoy harto!*

bastante *adj.* **1** (preferentemente antepuesto) Que basta o es suficiente: *Tengo bastante dinero, no te preocupes. No tengo bastante paciencia, lo reconozco. Ya tengo bastantes problemas como para que tú me plantees otro. No he traído dinero bastante.* **2** (antepuesto) Que no es ni mucho ni poco, aunque es lo suficientemente grande, intenso o importante para ser apreciado: *Hace bastante calor. Aunque no te lo creas, tengo bastantes preocupaciones.* ‖ *adv.* **3** Suficiente: *Se acabó, ya has hablado bastante.* **4** Ni mucho ni poco, pero lo suficientemente grande, intenso o importante como para tenerlo en cuenta: *El tiempo ha mejorado bastante esta última semana.*

bastar *v. intr. / impers.* **1** Ser ‹una cosa› suficiente: *Nada basta* ***a*** *su ambición. Basta un soldado* ***para*** *contenerlos. Basta* ***con*** *media docena. Basta* ***de*** *bulla.* ‖ *v. prnl.* **2** Tener ‹una persona› capacidad o fuerza suficientes para [hacer ella sola una cosa]: *La madre se basta* ***para*** *cuidar al enfermo.* FR. Y LOC. **para muestra* basta un botón.**

bastardilla *adj. / s. f.* Se usa en la LOC. **letra* ~ / itálica.**

bastardo, da *adj. / s. m.* y *f.* **1** PEYORATIVO. Que ha nacido fuera del matrimonio: *hermano bastardo, hijo bastardo.* ‖ **2** INSULTO. Que tiene malas intenciones o es un indeseable: *ambiciones bastardas. Eres un bastardo.* ‖ **3 acacia* bastarda. 4 letra* bastarda.**

bastedad *s. f.* (no contable) Característica de los objetos que tienen poca calidad o están poco pulidos: *La confección es de una bastedad exagerada, no me gusta nada esta colcha.*

basteza *s. f.* **1** Acción o expresión que resulta muy basta: *Esa palabrota es una basteza.* **2** (no contable) Falta de educación, grosería: *Disimula un poco, porque la basteza te asoma en cuanto te mueves.*

bastidor *s. m.* **1** Soporte o armazón hueco que sirve para sujetar o montar algo: *un bastidor para bordar, el bastidor de una ventana donde se sujeta el cristal.* **2** Armazón de listones en el que se sujeta el decorado de la parte lateral de un escenario. **3** MEC. Armazón metálica que forma la estructura de una máquina o vehículo: *Ese coche tiene muy buen bastidor.* FR. Y LOC. **entre bastidores** 1 COLOQUIAL. Lo que se prepara de forma reservada o en privado: *La decisión se tomó entre bastidores. No sabemos lo que ocurre entre bastidores.* 2 Entre la gente del teatro o en relación con la vida teatral: *Los actores prestan más atención a las críticas que se producen entre bastidores.*

bastimento *s. m.* (en plural) Provisiones para el sustento de un ejército o de una ciudad sitiada.

bastión *s. m.* Baluarte.

basto, ta (diferente de *vasto*) *adj.* **1** Que es grosero y vulgar: *Esa mujer tiene unos modales muy bastos. No me gusta estar con él, porque es muy basto.* SIN. zafio, soez. **2** Que está mal acabado o es de baja calidad: *Los sacos están hechos de tejidos muy bastos.* **3** [Superficie] que está sin pulir: *madera basta.* ‖ *s. m.* **4** (en plural) Uno de los cuatro palos de la baraja española representado por garrotes o palos de madera: *as de bastos.* **5** Carta de la baraja que pertenece al palo de bastos, especialmente el as: *tirar un basto.* FR. Y LOC. **pintar bastos** COLOQUIAL. Ponerse muy tensa la situación: *Vámonos, que aquí pintan bastos.*

bastón *s. m.* **1** Palo de madera o metal con empuñadura, generalmente pulido o trabajado, que se usa para apoyarse al andar: *bastón con empuñadura de plata. Su abuelo necesita el bastón para andar.* **2** Palo usado por algunas autoridades como insignia de mando: *El alcalde iba con el bastón de mando.* **3** ANAT. Prolongación sensible de ciertas células de la retina ocular. SIN. bastoncillo. **4** Franja vertical de un escudo. ‖ **5 ~ de esquí** Cada uno de los dos palos que se usan para apoyarse esquiando. FR. Y LOC. **empuñar el ~** Tomar ‹una persona› el mando.

bastonazo *s. m.* Golpe dado con un bastón.

bastoncillo *s. m.* **1** ANAT. Célula nerviosa de la retina. **2** Palo pequeño y delgado de plástico con algodón en los extremos, que se emplea en la higiene, por ejemplo para limpiarse los oídos.

basura *s. f.* **1** (no contable) Conjunto de desechos, restos de comida, cosas viejas o estropeadas y suciedad: *Había mucha basura en aquel piso. La gente en las ciudades produce mucha basura.* **bolsa de ~. camión de la ~.** **2** (no contable) Lugar donde se tiran los desperdicios: *Tira esta comida a la basura, porque se ha estropeado. La basura está en la terraza de la cocina.* **3** (no contable) COLOQUIAL; INSULTO. Persona o cosa que no vale para nada, que es despreciable: *Este libro es una basura, es malo y aburrido. Ese chico no es más que basura.* SIN. bazofia (COLOQUIAL).

basural *s. m.* **1** ARG., URUG. Basurero, lugar donde se tira la basura. **2** ARG., URUG. Lugar muy sucio.

basurear *v. tr.* ARG., URUG.; COLOQUIAL. Tratar ‹una persona› despectivamente [a otra persona].

basurero, ra *s. m./f.* **1** Persona cuyo trabajo consiste en recoger la basura. ‖ *s. m.* **2** Lugar al que se lleva la basura: *basurero de residuos tóxicos, basurero municipal.* SIN. vertedero. **3** ARG., URUG., VEN. Recipiente donde se echa la basura.

basuto, ta *adj. / s. m.* y *f.* De Lesotho, país de África.

bata *s. f.* **1** Prenda holgada y sencilla que se usa para levantarse de la cama o para estar por casa: *una bata larga de franela, un conjunto de camisón y bata.* **2** Prenda ligera que llevan los médicos, enfermeras, empleados de peluquerías o laboratorios y otras personas, como medida higiénica y para no mancharse: *Los médicos suelen llevar bata blanca.* ‖ **3 ~ de cola** Vestido de volantes, largo y con cola, que usan las bailaoras de flamenco.

batacazo *s. m.* **1** COLOQUIAL. Golpe fuerte y generalmente ruidoso que se da una persona al caer: *Luisa se cayó por las escaleras y se dio un buen batacazo.* SIN. porrazo (COLOQUIAL). **2** COLOQUIAL. Fracaso o decepción brusca en algún asunto: *Con lo atrevido que eres, vas a darte más de un batacazo en la vida.* **3** AMÉR. DEL S. Triunfo inesperado.

batahola o **bataola** *s. f.* COLOQUIAL. Ruido de gritos y golpes: *¡Menuda batahola están formando en su piso!*

batalla *s. f.* **1** Combate entre ejércitos enemigos: *La mala organización de nuestro ejército fue la causa de que se perdiera aquella batalla.* **campo* de ~. frente* de ~.** **2** Cualquier tipo de enfrentamiento o lucha entre dos partes: *Los niños hicieron una batalla de bolas de nieve. El empleado ha empezado una batalla legal para defender sus derechos.* **3** Duda profunda que tiene una persona en su interior entre varias ideas: *La decisión sobre la operación le costó una buena batalla consigo mismo.* ‖ **4 ~ campal** 1 Batalla en campo abierto que se desarrollaba entre dos ejércitos completos. 2 COLOQUIAL. Lucha o enfrentamiento muy violento y generalmente entre muchas personas: *Después del partido hubo una verdadera batalla campal entre los hinchas más violentos.* FR. Y LOC. **caballo* de ~. dar / presentar ~** Enfrentarse ‹una persona› con decisión a un problema: *Pienso presentar batalla para que el Ayuntamiento baje los impuestos. Daremos la batalla por los que no tienen techo.* **de ~** COLOQUIAL. [Prenda de vestir] que es fuerte y resistente y que se usa normalmente para la vida diaria: *Me he comprado unos zapatos de batalla. Éstos son unos pantalones de batalla.*

batallador, ra *adj. / s. m.* y *f.* Que batalla o lucha mucho por lo que quiere o por defender lo que piensa: *Carmen es muy batalladora y siempre está metida en peleas.*

batallar *v. intr.* **1** Luchar ‹una persona› en una batalla: *Nuestro ejército batalló* ***con*** *los enemigos.* **2** Manifestar ‹una persona› su oposición, discutir: *Deja ya el tema, no vas a pasarte la tarde batallando.* **3** Hacer ‹una persona› lo posible para [conseguir una cosa]: *Marta batalló todo lo que pudo* ***para*** *conseguir un empleo.*

batallita *s. f.* COLOQUIAL. Narración del pasado en la que el narrador se atribuye un papel destacado: *Tu abuelo siempre cuenta batallitas.*

batallón *s. m.* **1** Unidad militar compuesta de varias compañías, que está dirigida por un teniente coronel o por un comandante: *un batallón de infantería.* **2** COLOQUIAL; INTENSIFICADOR. Grupo numeroso de personas: *Un batallón de fans esperaba la llegada del cantante.*

batán *s. m.* **1** Máquina textil impulsada por la energía de una corriente de agua, formada por unos gruesos mazos de madera para golpear y desengrasar los paños: *Los batanes se asentaban a las orillas del agua y eran fundamentales para la fabricación de los paños.* **2** AMÉR. Piedra que se usaba para triturar condimentos en la cocina.

batanar o **abatanar** *v. tr.* Trabajar ‹una persona› [los paños] en el batán.

bataola *s. f.* Batahola.

batata *s. f.* **1** *Ipomoea batatas.* Planta de tallo ramoso que se arrastra por el suelo y tiene raíces como las de la patata. **2** Tubérculo comestible de la raíz de las batatas. ‖ *s. m.* **3** ARG.; COLOQUIAL. Desconcierto, incapacidad para hablar.

bate (diferente de *vate*) *s. m.* DEP. Palo que se usa para golpear la pelota en el juego del béisbol.

batea *s. f.* **1** Bandeja, especialmente la de madera pintada o adornada con paja. **2** Cajón en forma de bandeja de algunos muebles. **3** Barco pequeño con forma de cajón y fondo plano que opera en puertos y arsenales. **4** Vagón descubierto con los bordes muy bajos. **5** ARG., COL., URUG., VEN. Recipiente con las funciones de la palangana o con las de la artesa.

batear *v. tr. / intr.* DEP. Golpear ‹una persona› la pelota con el bate de béisbol.

batel *s. m.* LITERARIO. Embarcación pequeña. SIN. bote.

batería *s. f.* **1** Conjunto de piezas de artillería dispuestas en un lugar y unidad de artilleros que las maneja: *Las baterías del regimiento han salido de maniobras.* **2** Conjunto de dos o más pilas o generadores conectados en serie. **3** Aparato que almacena energía eléctrica: *la batería de un coche.* **4** Conjunto de instrumentos de percusión en una banda u orquesta: *La batería suena bien.* **5** Instrumento de percusión formado por varios bombos, tambores y platillos muy usado por los músicos de rock y jazz: *Toco la batería en una banda.* **6** Fila de luces en el proscenio de los teatros, que sustituye a las antiguas candilejas: *El actor principal se acercó a la batería.* **7** Conjunto homogéneo de cosas: *Me he comprado una batería de trajes de invierno y verano.* ‖ *s. m. / f.* **8** Persona de un conjunto musical que toca la batería: *La cantante sale con el batería de su grupo.* ‖ **9 ~ de cocina** Conjunto de utensilios metálicos necesarios para cocinar, como ollas, cazos y cacerolas. FR. Y LOC. **en ~** Modo de colocar varias cosas paralelas unas a otras: *Ahí los coches se aparcan en batería.* **estacionamiento* en ~.**

baterista *adj. / s. m.* y *f.* MÚS.; RESTRINGIDO. [Persona] que toca la batería en un grupo musical.

batial *adj.* [Zona marina] que se sitúa entre los 200 y los 2.000 metros de profundidad oceánica.

batiborrillo o **batiburrillo** *s. m.* COLOQUIAL. Mezcla de cosas revueltas, sin relación entre ellas: *El libro es un batiburrillo de ideas tomadas de aquí y de allá.* SIN. revoltijo.

batida *s. f.* **1** Acción de registrar organizadamente un lugar para buscar a alguien o algo: *La policía realizó ayer la segunda batida para encontrar a los niños perdidos.* SIN. peinado (RESTRINGIDO), barrido. **2** CAZA. Reconocimiento o rastreo de un lugar para hacer salir a los animales: *Los cazadores hicieron otra batida para localizar a los conejos.* SIN. ojeo. **3** ECON. Acuñación o fabricación legal de monedas oficiales: *El Gobierno confirmó que la batida de las nuevas monedas había sido más reducida que las anteriores.*

batido, da *adj.* **1** [Tierra] que se prepara muy fina para las pistas de tenis: *Juego en pistas de tierra batida.* ‖ *s. m.* **2** Bebida elaborada con leche batida junto con helado, frutas u otros ingredientes: *batido de fresa.* ‖ **3 oro* ~.**

batidor, ra *s. m.* **1** Explorador que se adelanta a la tropa para comprobar el camino. **2** Soldado que encabeza la tropa en los desfiles. **3** RESTRINGIDO. Peine de púas largas y gruesas para desenredar el cabello o la lana. **4** Persona que rastrea el terreno para hacer salir a los animales de su madriguera en una cacería. **5** ARG., URUG. Soplón, delator. ‖ *adj.* **6** Que bate. ‖ **7 ~ de oro** Artesano que hace pan de oro.

batidora *s. f.* Electrodoméstico usado para batir o triturar los alimentos: *Tritura la verdura con la batidora.*

batiente *s. m.* **1** Parte del marco donde golpea una puerta o ventana al cerrarla. **2** (preferentemente en plural) Hoja de una puerta o ventana. **3** GEOGR. Parte de la costa donde las olas son muy fuertes. FR. Y LOC. **reír* a mandíbula ~.**

batifondo *s. m.* ARG., URUG. Alboroto, tumulto, griterío, confusión.

batín *s. m.* **1** Bata usada por los hombres para estar por casa: *un batín de seda.* **2** Bata corta y ligera.

batintín *s. m.* MÚS. Instrumento de percusión formado por un disco metálico suspendido de un soporte, que se golpea con una maza. SIN. gong.

batir *v. tr.* **1** Golpear ‹el viento, la lluvia o las olas› contra [una cosa]: *Las olas batían con fuerza en el espigón del puerto.* **2** Golpear y remover ‹una persona› [una cosa] para mezclarla, condensarla o convertirla en líquido: *Bate bien la papilla para que no queden grumos.* **3** Mover ‹una persona o un animal› [una cosa] con fuerza y rapidez: *La golondrina batió las alas.* **4** Golpear ‹una persona› [un trozo de metal] con un martillo hasta convertirlo en chapa. **5** Derrotar ‹una persona› [a otra persona] en una competición. **6** Fabricar ‹una persona› [moneda]. **7** Recorrer ‹una persona› [un terreno] en busca de caza o de gente escondida. **8** ARG., URUG. Delatar, denunciar. ‖ *v. prnl.* **9** Luchar ‹una persona› contra [otra persona]: *Los hermanos se batieron **en** duelo.* FR. Y LOC. **~ / dar palmas*. ~ el récord** Conseguir ‹una persona› la mejor marca en una competición: *El atleta batió el récord de velocidad.* **batir(se) el cobre** COLOQUIAL. Poner ‹una persona› mucho empeño [en una cosa]: *Luis se bate el cobre **en** este proyecto.*

batiscafo *s. m.* Embarcación sumergible, que resiste grandes presiones, usada para explorar el fondo marino.

batista *s. m.* (no contable) Tela fina de algodón: *La abuela le hizo a su nieta una blusa de batista suiza bordada. Las sábanas de los bebés suelen ser de batista.*

bato *s. m.* MÉX.; COLOQUIAL. Muchacho, joven.

batón *s. m.* ARG., URUG.; COLOQUIAL. Vestido femenino holgado y cómodo para la casa, bata.

batracio, cia *adj. / s. m.* **1** (macho y hembra) Anfibio, animal vertebrado. ‖ *s. m.* **2** (en plural) ZOOL. Anfibios, clase formada por esos animales.

Batuecas (plural) *s. f.* Se usa en la LOC. **estar en las ~** COLOQUIAL. Estar ‹una persona› completamente distraída: *¡No te enteras de nada, parece que estás en las Batuecas!*

batuque *s. m.* ARG., PAR., URUG.; COLOQUIAL. Alboroto, confusión, ruido.

baturro, rra *adj. / s. m.* y *f.* De los campesinos aragoneses: *la franqueza baturra, el folclore baturro.*

batuta *s. f.* MÚS. Vara delgada utilizada por el director de una orquesta o de un coro para marcar el compás. FR. Y LOC. **llevar la ~** COLOQUIAL. Mandar ‹una persona› en un grupo, dirigir un asunto: *Le gusta llevar siempre la batuta* ***en*** *todo. En su casa su madre es la que lleva la batuta.*

baudio *s. m.* ELECTRÓN. Unidad usada para medir la velocidad de transmisión de señales telegráficas y telefónicas.

baúl *s. m.* **1** Mueble grande en forma de caja, generalmente con una tapa curvada, que se usa para llevar equipaje y guardar objetos, generalmente ropa: *Cuando termina la temporada de verano guardo la ropa en un baúl.* **2** ARG., COL., URUG. Maletero de un automóvil.

bauprés *s. m.* MAR. Palo grueso, horizontal o ligeramente inclinado, que sobresale de la proa, al que se aseguran los cabos del trinquete o los foques.

bautismal *adj.* Del bautismo. **cirio ~. fuente* ~. pila* ~.**

bautismo *s. m.* **1** (no contable) Rito de purificación que se realiza en diferentes religiones: *En el catolicismo el bautismo es el primer sacramento, que limpia del pecado original e incorpora a quien lo recibe a la Iglesia.* **2** Ceremonia en la que se administra el bautismo. SIN. bautizo. **3** Ceremonia en la que se pone el nombre a una cosa o institución: *El bautismo del nuevo transatlántico fue en Vigo y la alcaldesa actuó de madrina.* ‖ **4 ~ de fuego** 1 Primera acción de fuego en la que interviene un soldado, en una guerra. 2 Primera actuación profesional de una persona o primera vez que hace una cosa: *Ayer fue mi bautismo de fuego como vendedor de enciclopedias y vendí una.*

bautisterio *s. m.* RESTRINGIDO. Baptisterio.

bautizar *v. tr.* **1** REL. Administrar ‹una persona› el sacramento del bautismo [a otra persona]: *Ése es el sacerdote que bautizó a mis hijos.* **2** Poner ‹una persona› [un nombre] [a otra persona, un animal o una cosa]: *Hemos bautizado al perro* ***con*** *un nombre muy divertido. La nueva fragata será bautizada* ***con*** *el nombre de «Ávila».* **3** COLOQUIAL, RESTRINGIDO. Poner ‹una persona› agua en [el vino] o en [la leche]: *Yo creo que los taberneros todavía bautizan el vino.* **~ el vino*.** **4** COLOQUIAL. Echar ‹una persona› agua u otro líquido sobre [otra persona o una cosa]: *Niño, ten cuidado con la pistola de agua, que no me gusta que me bauticen.* ‖ *v. prnl.* **5** Hacerse administrar ‹una persona› el sacramento del bautismo: *Esa mujer se convirtió al catolicismo y quiso bautizarse a sus sesenta años.* ⇒ **19.**

bautizo *s. m.* Ceremonia en la que se bautiza a alguien o fiesta con la que se celebra: *Mañana voy a un bautizo.*

bauxita *s. m.* (no contable) MIN. Roca compuesta de varios minerales de óxido hidratado de aluminio, con color blanquecino, gris o rojizo: *La bauxita es la mena principal del aluminio.*

baya *s. f.* Cualquier fruto carnoso, sin hueso y con semillas en su interior: *bayas de mora, baya de uva. El tomate es una baya.*

bayadera *s. f.* LITERARIO. Bailarina y cantante de La India.

bayeta *s. f.* **1** Paño de tejido absorbente utilizado en las labores de limpieza: *El camarero limpió la mesa con una bayeta.* **2** RESTRINGIDO. Tela de lana poco tupida y floja.

bayetilla *s. f.* **1** COL. Tela de algodón de tejido grueso. **2** COL. Trapo de esta tela para las labores de limpieza.

bayo, ya *adj. / s. m.* y *f.* [Caballería] que es de un color blanco amarillento: *caballo bayo.*

bayonesa *s. f.* Pastel de capas de hojaldre rellenas de cabello de ángel.

bayoneta *s. f.* Arma blanca parecida a un machete o a una espada que se ajustaba al cañón del fusil para el combate cuerpo a cuerpo. FR. Y LOC. **a la ~** o **a ~ calada** MIL. Utilizando el fusil con la bayoneta, sin hacer fuego: *una carga a la bayoneta.* **calar la ~** MIL. Ajustar ‹una persona› a la boca del fusil el mango de la bayoneta.

bayunco, ca *adj.* AMÉR. C. Burdo, rústico.

baza *s. f.* Jugada o número de cartas que recoge el jugador que gana la mano: *He ganado sólo tres bazas. He hecho una buena baza.* FR. Y LOC. **jugar sus bazas** COLOQUIAL. Aprovechar ‹una persona› sus posibilidades: *Napoleón supo jugar sus bazas en muchas batallas.* **meter ~** COLOQUIAL. Intervenir ‹una persona› en una conversación o debate sin que le hubieran invitado a hacerlo: *No es de buena educación meter baza en las conversaciones de los demás. ¿Me dejáis que meta baza en vuestra discusión y os diga lo que pienso?* **sacar ~** COLOQUIAL. Obtener ‹una persona› beneficio de una cosa: *No supimos sacarle baza al negocio.*

bazar *s. m.* **1** Establecimiento grande donde se venden cosas muy diversas: *Los bazares de hace años se han sustituido por los grandes almacenes. Ahora hay muchos bazares en el puerto que venden aparatos y artilugios electrónicos.* **2** Mercado público de las ciudades orientales y árabes: *El bazar de Estambul es muy famoso.*

bazo *s. m.* Órgano abdominal de los vertebrados que forma parte del sistema inmune, produce hematíes y elimina los que son anormales.

bazoca o **bazuca** *s. f.* Lanzagranadas, arma de combate especialmente utilizada contra los tanques, formada por un tubo muy largo que se apoya en el hombro: *Las bazocas son cañones portátiles sin retroceso, muy eficaces contra los tanques.*

bazofia *s. f.* **1** (no contable) PEYORATIVO. Comida muy mala o repugnante: *La comida de este bar es pura bazofia.* **2** Producto cultural o intelectual de calidad ínfima o muy grosera: *Todo lo que escribe ese escritor es pura bazofia. En la tele ponen mucha bazofia. Su pintura es bazofia.*

bazuca *s. f.* Bazoca.

be *s. f.* Nombre de la letra *b*. FR. Y LOC. **ce* por ~. por ce* o por ~. por hache* o por ~.**

beatería *s. f.* **1** (no contable) PEYORATIVO. Devoción religiosa exagerada y falsa: *Algunos dicen que en los pueblos del Sur la religión es más exagerada y tiene algo de beatería.* **2** COLOQUIAL; PEYORATIVO. Conjunto de personas beatas: *Nos hemos encontrado con toda la beatería saliendo de misa.*

beatificación *s. f.* REL. En la Iglesia Católica, ceremonia y declaración solemnes en las que el papa beatifica oficialmente a una persona: *Las beatificaciones se hacen en Roma.*

beatificar *v. tr.* Declarar solemnemente ‹el papa› [que una persona está en el cielo] y que, por tanto, puede servir de modelo a los fieles y recibir su culto: *El Papa ha beatificado a tres religiosas españolas.* ⇒ **71.**

beatífico, ca *adj.* Que tiene o produce placidez o serenidad: *actitud beatífica, aspecto beatífico, carácter beatífico. La niña tiene un gesto beatífico cuando duerme.*

beatitud *s. f.* **1** (no contable) REL.; ELEVADO. Entre los cristianos, disfrute eterno de la visión de Dios en el cielo. **2** (no contable) ELEVADO. Serenidad, sensación de felicidad perfecta: *Sentados en un sillón ante un paisaje mediterráneo, afirman algunos autores que a veces han alcanzado la beatitud.*

beatlemanía (del inglés; pronunciamos *'bitelmanía'*) *s. f.* (no contable) Afición extrema por la música del grupo inglés Los Beatles: *Nos invade una beatlemanía.*

beato, ta *adj. / s. m.* y *f.* **1** PEYORATIVO. [Persona] que muestra una religiosidad exagerada o fingida: *Esa mujer es una beata: se pasa todo el día metida en la iglesia.* **2** REL. En la Iglesia Católica, difunto a quien el Papa ha beatificado solemnemente: *España cuenta desde hace unos años con nuevos beatos mártires.* ‖ *s. m.* **3** LIT. Manuscrito del Apocalipsis con numerosas ilustraciones, de la Alta Edad Media.

bebe, ba *s. m. / f.* ARG., PERÚ, URUG. Bebé recién nacido.

bebé *s. m.* Niño muy pequeño que todavía no sabe andar: *un bebé de tres meses. Mis amigos han tenido un bebé.*

bebedero *s. m.* **1** Recipiente para dar de beber a los animales domésticos, especialmente a las aves: *He comprado un bebedero para el canario.* **2** Paraje donde acuden a beber las aves: *En verano se cazaban las perdices cuando acudían a los bebederos.* **3** Lugar donde bebe el ganado: *El Ayuntamiento ha ordenado mantener limpio el bebedero del ganado.* SIN. abrevadero. **4** METAL. Conducto o canal de salida que se deja en los moldes para vaciar el metal fundido. **5** ARG., URUG. Fuente pública para que beban las personas.

bebedizo *s. m.* **1** LITERARIO. Bebida a la que se atribuyen poderes mágicos, especialmente el de enamorar: *Algunos personajes literarios se enamoraban después de tomar un bebedizo.* **2** LITERARIO. Bebida envenenada, pócima. **3** RESTRINGIDO. Bebida medicinal: *Los médicos medievales y renacentistas preparaban bebedizos con hierbas. Prefiero pastillas o inyecciones a los jarabes y bebedizos.*

bebedor, ra *adj. / s. m.* y *f.* Que es muy aficionado a consumir bebidas alcohólicas o abusa de ellas: *Juan es muy bebedor, pero sabe controlarse. Eres un bebedor empedernido.*

beber *v. tr. / intr. / prnl.* **1** Tomar ‹una persona o un animal› [un líquido]: *Estuve dos días sin beber. Elena* ***se*** *ha bebido dos litros de agua.* ‖ *v. tr. / intr.* **2** Obtener ‹una persona› [información] de [otra persona] o de [una cosa]: *He bebido* ***de*** *los clásicos. Ese escritor ha bebido* ***en*** *las fuentes medievales.* ‖ *v. intr.* **3** Tomar ‹una persona› bebidas alcohólicas: *Me ha costado mucho dejar de beber.* **4** Tomar ‹una persona› un líquido al tiempo que expresa [un deseo]: *Bebamos* ***a*** *la salud de los presentes. Bebimos* ***por*** *el éxito de la empresa.* ‖ *v. tr.* **5** Escuchar ‹una persona› con atención [las palabras de otra persona] para aprender: *Te aseguro que en el colegio Pablo bebe lo que dicen los profesores con avidez. El nuevo aprendiz te está escuchando y está bebiendo tus palabras, es un chico con muchas ganas de formarse.* FR. Y LOC. **~ a morro** COLOQUIAL. Beber ‹una persona› sin vaso, directamente de una bota, botella o recipiente parecido. **~ el juicio*. ~ los vientos*. sin comerlo* ni beberlo.**

bebercio *s. m.* COLOQUIAL; HUMORÍSTICO. Cualquier bebida: *¿Quieres un bebercio? Tú cocinas y yo pongo el bebercio.*

bebestible *adj. / s. m.* COLOQUIAL; HUMORÍSTICO. Que se puede beber: *¿Tú crees que el agua de esta fuente es bebestible? Compra cosas de comer, todavía nos quedan bastantes bebestibles en casa.*

bebible *adj.* COLOQUIAL. Que se puede beber por no ser demasiado desagradable al paladar: *Este cava no es que sea una maravilla, pero es bebible.*

bebida *s. f.* **1** (no contable) Acción habitual de beber, especialmente alcohol: *La terapia le ayudó a dejar la bebida.* **2** Cualquier líquido para beber: *bebidas refrescantes, bebidas alcohólicas, bebidas sin alcohol.*

bebido, da *adj.* (estar) Que está borracho de alcohol: *No le hagas caso, porque él está bebido y no sabe lo que dice.*

bebistrajo *s. m.* (no contable) COLOQUIAL; PEYORATIVO. Bebida de mala calidad o de sabor desagradable: *Le recetaron un jarabe que era un auténtico bebistrajo.*

beca *s. f.* **1** Ayuda económica que recibe una persona por una actividad: *Estudié la carrera de Física con beca. Le concedieron una beca para hacer una tesis doctoral.* **2** Banda o faja que servía de distintivo a los estudiantes de los colegios universitarios, hoy día usada sólo en actos muy solemnes.

becada *s. f.* (macho y hembra) *Scolopax rusticola.* Ave de colores pardos a rayas, pico largo y recto y alas de forma redondeada cuando vuela, que vive en bosques pantanosos y otras zonas húmedas de Europa y es muy apreciada por su carne. SIN. chochaperdiz.

becar *v. tr.* Conceder ‹una persona› una beca [a otra persona]: *Han becado a su hijo para que estudie en la Universidad de Salamanca.* ⇒ **71.**

becario, ria *s. m. / f.* Persona que tiene una beca: *Mi hermano es becario del departamento de Matemáticas Aplicadas. Inés estudió el bachiller como becaria.*

becerrada *s. f.* TAUROM. Corrida de becerros: *En muchos pueblos se celebran becerradas.*

becerro, rra *s. m. / f.* **1** Cría de la vaca desde que deja de mamar hasta los dos años: *He vendido los becerros en la feria.* ‖ *s. m.* **2** Piel de ternero curtida y empleada para distintos usos, como encuadernación de libros o fabricación de calzado: *Me han hecho unos guantes de becerro.*

bechamel *s. f.* Besamel.

becuadro *s. m.* MÚS. Signo gráfico que se coloca en el pentagrama delante de un compás y señala que las notas siguientes no son bemoles ni sostenidas.

bedel, la *s. m. / f.* Empleado de los centros oficiales de enseñanza, que se ocupa de mantener el orden fuera de las aulas, informar, anunciar la hora de entrada y salida y funciones similares: *los bedeles de la facultad, las bedelas del instituto.*

beduino, na *adj. / s. m.* y *f.* De los árabes nómadas del desierto del norte de África: *un campamento beduino, una caravana de beduinos.*

befa *s. f.* (no contable) ELEVADO. Burla humillante o grosera: *No es elegante hacer befa de los defectos de los colegas.*

befar *v. tr. / prnl.* ELEVADO. Hacer ‹una persona› burla cruel de [otra persona]: *No puede aceptarse que unos chiquillos befen a los jubilados del barrio. La nueva profesora ha dicho que sus alumnos* ***se*** *befan continuamente de ella.*

begonia *s. f.* **1** Género *Begonia.* Planta perenne, de grandes hojas en forma de corazón y flores pequeñas de colores vistosos que se utiliza como planta de adorno. **2** Flor de esta planta: *Las begonias no me gustan tanto como a ti.*

behetría *s. f.* HIST. Privilegio medieval de ciertos grupos campesinos castellano-leoneses que les permitía elegir libremente señor a quien encomendarse.

beicon *s. m.* (no contable) Panceta ahumada, que se sirve generalmente frita: *huevos fritos con beicon.*

beige o **beis** (*beis* no varía en plural) *adj. / s. m.* De color marrón muy claro: *El abrigo es beige. Los coches beiges no me gustan mucho. Hemos comprado dos pantalones beis.*

béisbol *s. m.* (no contable) DEP. Juego típico estadounidense entre dos equipos de nueve jugadores, que consiste en lanzar, con un bate, una pelota y correr cuatro puestos o bases mientras la pelota no está en manos de un jugador contrario: *jugar al béisbol, partido de béisbol.*

bejuco *s. m.* Grupo de plantas tropicales que se caracterizan por tener tallos delgados que se extienden por el suelo o se enredan en los árboles, usadas para fabricar cuerdas, muebles y objetos domésticos. SIN. lianas.

bel *s. m.* Belio.

belcebú *s. m.* (preferentemente con mayúscula) RESTRINGIDO. Demonio, diablo: *¡Por Belcebú, tienes razón!*

beldad *s. f.* **1** Mujer de gran belleza o hermosura: *No es una beldad, pero es agradable.* SIN. belleza. **2** (no contable) Belleza o hermosura, particularmente la femenina: *Aprecio en ella su beldad y su inteligencia.*

belén *s. m.* **1** Representación a escala reducida de la escena del nacimiento de Jesús, por medio de figuras, casas y otros elementos del paisaje: *San José, la Virgen y el Niño Jesús son las figuras principales del belén. En Navidad ponemos en casa el belén.* SIN. nacimiento. **2** (preferentemente en plural) COLOQUIAL. Asunto complicado o confuso, que puede traer disgustos: *Siempre te estás metiendo en belenes. Me han organizado los chicos un belén, porque dicen que les damos poca paga los sábados.* SIN. jaleo.

beleño *s. m. Hyoscyamus niger.* Planta solanácea de olor desagradable, con largas hojas anchas y peludas, flores amarillas y fruto en forma de cápsula.

belfo, fa *adj. / s. m.* y *f.* **1** PEYORATIVO. [Persona] que tiene abultado y caído el labio inferior: *Ese chico es un poco belfo.* || *s. m.* **2** Labio del caballo o de otros animales: *Levántale los belfos y mírale la dentadura.* **3** PEYORATIVO. Labio muy abultado de una persona: *Tiene buenos belfos ese chico.*

belga *adj. / s. m.* y *f.* **1** De Bélgica, país europeo: *las costumbres belgas, las fiestas de los belgas.* || **2 pastor* ~.**

belicense o **beliceño, ña** *adj. / s. m.* y *f.* De Belice, país de América Central.

belicismo *s. m.* (no contable) Ideología y comportamiento de los partidarios del uso de las armas para resolver los conflictos: *El belicismo de los dos países impide llegar a una solución pacífica.*

belicista *adj.* **1** Del belicismo: *tendencia belicista.* || *adj. / s. m.* y *f.* **2** Que es partidario del belicismo: *las potencias belicistas, un escritor belicista.*

bélico, ca *adj.* De la guerra: *conflicto bélico.*

belicosidad *s. f.* (no contable) Característica de belicoso: *La belicosidad de algunos delegados es manifiesta. Los machos de la especie tienden a la belicosidad.*

belicoso, sa *adj.* **1** Que tiende a la guerra: *Los hunos eran un pueblo belicoso.* SIN. guerrero. **2** Que tiende a empezar discusiones o peleas: *Mi tía tiene un carácter muy belicoso. Los machos son muy belicosos en esa especie animal.*

beligerancia *s. f.* **1** (no contable) Participación en un conflicto o en una guerra: *La Organización de las Naciones Unidas pidió el fin de la beligerancia a los dos países.* **2** (no contable) Condición de las personas que mantienen una actitud belicosa o combativa: *No me gusta la beligerancia de tus socios.* FR. Y LOC. **no conceder / dar ~** No considerar ‹una persona› a otra persona lo suficientemente importante como para negociar o discutir con ella: *El Presidente no concedió beligerancia a los jefes de los otros partidos y no hubo debate. El ilustre columnista no contesta a los ataques de los novatos porque no les concede beligerancia.*

beligerante *adj. / s. m.* y *f.* **1** [País, nación, potencia] que está en guerra con otro: *Las naciones beligerantes han acordado un alto el fuego.* SIN. contendiente. || *adj.* **2** Que se comporta con hostilidad o muestra su desacuerdo: *El periódico manifiesta una actitud beligerante contra la huelga del sector público.*

belinún, na *adj. / s. m.* y *f.* ARG., URUG.; COLOQUIAL, RESTRINGIDO en Argentina; INSULTO. [Persona] que es poco inteligente, algo simple o poco espabilada.

belio *s. m.* FÍS. Unidad con la que se miden diversas magnitudes relacionadas con la intensidad acústica de los sonidos.

bellaco, ca *adj. / s. m.* y *f.* RESTRINGIDO. Que tiene malas intenciones o tiene un comportamiento despreciable: *No te fíes de él; es un bellaco que sólo piensa en sus intereses.*

belladona *s. f. Atropa belladonna.* Planta solanácea, con flores acampanadas y fruto venenoso en forma de baya, utilizada en farmacia.

bellaquería *s. f.* **1** (no contable) RESTRINGIDO. Calidad de bellaco: *Por suerte, la bellaquería no abunda tanto como parece.* **2** Acción o dicho propio de bellaco: *Dejarte sola en una esquina después de cenar mientras él se iba a casa en el coche fue una bellaquería.*

belleza *s. f.* **1** (no contable) Conjunto de características de la naturaleza o de una obra de arte que nos producen placer espiritual y ganas de apreciarlas o amarlas: *Admirábamos la belleza del paisaje. La belleza de esta escultura es conmovedora.* ANT. fealdad. **2** Persona o animal que llama la atención por su hermosura: *A los veinte años, Pepita era toda una belleza. Tengo un caballo que es una belleza.*

bello, lla (diferente de *vello*) *adj.* **1** (ser / estar, antepuesto / pospuesto) Que tiene belleza o hermosura: *Es muy bello este cuadro. Tiene unas manos muy bellas. Salía con una bella mujer. Estabas muy bella ayer.* **2** (antepuesto) Que produce satisfacción moral o intelectual: *Tuviste un bello gesto. Marga es una bella persona.* || **3 bellas artes*.**

bellota *s. f.* Fruto de la encina, el roble y otros árboles del mismo género, de pequeño tamaño, ovalado, que sirve para fabricar piensos y de alimento para los animales. FR. Y LOC. **animal* de ~.**

beluga *s. f.* (macho y hembra) *Delphinapterus leuca.* Mamífero marino con la piel blanca, parecido al delfín, pero con menos dientes y sin aleta dorsal, que vive en el Ártico.

bemba *s. f.* AMÉR.; COLOQUIAL. Boca de labios gruesos y abultados.

bembo *s. m.* AMÉR. Bezo.

bemol *adj. / s. m.* **1** MÚS. [Nota musical] que se altera en un semitono por debajo de su sonido natural: *Toca un sol bemol.* || *adj. / s. m.* **2** MÚS. Signo que representa en una partitura esta alteración. || **3 doble ~** Nota cuya entonación es de dos semitonos más baja que la de su sonido natural: *un la doble bemol.* FR. Y LOC. **tener bemoles** 1 COLOQUIAL. Ser ‹una cosa› muy difícil: *Este problema tiene bemoles. Darle la noticia del accidente tiene bemoles.* 2 COLOQUIAL; DISGUSTO Y

ENFADO. Se usa para protestar de un abuso o faena: *Tiene bemoles que él se quede con la mejor parte. Tengo que aguantar las impertinencias de tu padre. ¡Tiene bemoles!*

benceno *s. m.* (no contable) QUÍM. Hidrocarburo aromático líquido a temperatura ordinaria, tóxico e inflamable y buen disolvente de sustancias orgánicas.

bencina *s. f.* **1** (no contable) QUÍM. Mezcla de hidrocarburos, incolora e inflamable que se emplea como disolvente y combustible. **2** (no contable) CHILE. Gasolina.

bencinera *s. f.* CHILE. Gasolinera.

bendecir *v. tr.* **1** Desear ‹una persona› bien [a otra persona]: *Hija mía, bendice a tus libertadores.* **2** Manifestar ‹una persona› satisfacción o agradecimiento por [una cosa]: *Bendigo el día en que te conocí.* **3** Conceder ‹la divinidad› [bienes o prosperidad] [a una persona]: *Dios les bendijo **con** un heredero.* **4** Pedir ‹una persona› la protección divina para [otra persona] o para [una cosa]: *Al final de la misa, el sacerdote bendice a los fieles.* **5** Dar ‹una persona› carácter sagrado a [una cosa] con la ceremonia adecuada: *El obispo bendijo la iglesia.* FR. Y LOC. **~ Dios*. que Dios te/le... bendiga** Se usa para desear prosperidad a una persona por su bondad o por algo bueno que ha hecho: *Sois muy buenos conmigo; que Dios os bendiga.* ⇒ **16** y **92.**

bendición *s. f.* **1** Acción y resultado de bendecir: *El obispo impartió la bendición.* **~ episcopal. ~ papal. 2** (en plural) COLOQUIAL. Ceremonias con que se celebra entre los católicos el sacramento del matrimonio: *Un sacerdote, amigo de la infancia, les echará las bendiciones.* FR. Y LOC. **ser una ~ (de Dios)** COLOQUIAL. Se usa para indicar que algo es muy abundante o muy bueno: *Llovía que era una bendición. Es una bendición de Dios la sonrisa de este niño.*

bendito, ta *adj.* **1** Que ha sido bendecido: *agua bendita, pan bendito.* **2** (antepuesto/pospuesto) Que es santo o bienaventurado: *el bendito San Antonio, Santa Bárbara bendita.* **3** (antepuesto) Que produce satisfacción o alegría: *Por fin he recibido mi bendito tabaco. Tengo aquí unas benditas medicinas que me alivian mucho.* **4** (antepuesto) Que molesta o causa desagrado: *Estoy harto de tus benditas manías.* **5** (en frases exclamativas) Se usa para alabar, agradecer o expresar satisfacción: *¡Bendito seas!* ‖ *s. m./f.* **6** COLOQUIAL. Persona demasiado buena y poco inteligente: *Es un bendito, se cree todo lo que le dicen y siempre lo engañan.* SIN. infeliz. **7** COLOQUIAL; AFECTIVO. Persona muy buena: *Mi hijo el pequeño es un bendito, no llora nunca. Mi marido es un bendito, nunca ha hecho daño a nadie.* ‖ *p.* **8** (sólo en construcciones pasivas en subjuntivo) Participio irregular de *bendecir.* ‖ **9 cardo* ~ / santo.** FR. Y LOC. **¡~ sea Dios*!**

benedictino, na *adj./s. m.* y *f.* **1** Que pertenece a la orden de San Benito: *un monje benedictino, un convento benedictino.* ‖ *adj./s. m.* **2** (no contable) [Licor] que lo fabricaban originariamente los monjes benedictinos. **licor ~.**

benefactor, ra *adj./s. m.* y *f.* Que protege o ayuda a otra persona o institución: *La persona benefactora prefiere no dar su nombre. Mi abuelo es el benefactor de esta causa.*

beneficencia *s. f.* **1** (no contable) Organización o conjunto de organizaciones que prestan ayuda a personas necesitadas: *Existen centros de beneficencia que ayudan a pobres, enfermos y ancianos.* **2** (no contable) RESTRINGIDO. Acción de ayudar y hacer el bien: *Ester no trabaja, tiene dinero y se dedica a la beneficencia.*

beneficiar *v. tr.* **1** Ser ‹una cosa› buena para [una persona o una cosa]: *Ese comportamiento tuyo no te va a beneficiar. Tus consejos le han beneficiado.* **2** Sacar ‹una persona› [metales o minerales útiles] de un yacimiento: *Los romanos beneficiaron la plata y el cobre en la península Ibérica.* **3** Someter ‹una persona› [los metales o los minerales] a tratamiento: *Algunos pueblos primitivos benefician la plata con métodos artesanales.* **4** AMÉR. Descuartizar ‹una persona› [una res] y venderla al por menor. ‖ *v. prnl.* **5** Obtener ‹una persona› beneficio de [una cosa]: *Te has beneficiado **de** la subida de los precios. **Con** esa oferta se han beneficiado muchos clientes.* **6** VULGAR. Tener ‹una persona› relaciones sexuales con otra persona: *–«Es muy bocazas, afirma que se ha beneficiado a la jefa de personal.» –«Yo más bien creo que la jefa se está beneficiando a Santiaguito.»*

beneficiario, ria *adj./s. m.* y *f.* Que disfruta de un beneficio o se beneficia de algo: *Yo soy la beneficiaria de esta herencia.*

beneficio *s. m.* **1** Bien que se hace o se recibe: *El rey otorgó muchos beneficios a sus partidarios. El turismo ha producido muchos beneficios a la ciudad.* **2** Mejora que se produce en el estado de una persona o cosa como consecuencia de algo que se le hace o da: *La preparación de los profesores redunda en beneficio de los alumnos. Lo hago en beneficio tuyo.* SIN. provecho. ANT. daño. **3** Dinero u otra cosa que se gana con algo: *El negocio, en poco tiempo, dará beneficios. El margen de beneficio es muy pequeño.* **4** MIN. Extracción de los minerales o materiales útiles de una mina: *El beneficio de la mina ha bajado en los últimos años.* **5** Función de teatro o espectáculo cuyo producto se destina a una persona o institución: *Se celebrará una corrida de toros a beneficio de la prensa.* FR. Y LOC. **a ~ de inventario** 1 DER. Modo de aceptar una herencia con la condición de no obligarse a pagar deudas del difunto por una cuantía superior a la propia herencia. 2 Se usa para indicar que una cosa o acción se toma despreocupadamente o sin darle importancia: *Tomáis mis consejos a beneficio de inventario.* **conceder el ~ de la duda** No sospechar ‹una persona› de otra persona sin tener razones fundamentadas para poder hablar mal de ella: *A él por lo menos, hasta que no sepa cómo es, le concedo el beneficio de la duda.* **sin oficio* ni ~.**

beneficioso, sa *adj.* Que es bueno, provechoso o útil para algo o alguien: *Hazlo, hazme caso, es beneficioso **para** ti. Este clima es beneficioso **para** los enfermos del corazón.*

benéfico, ca *adj.* **1** De la beneficencia: *institución benéfica.* **2** Que es bueno para algo o alguien: *La práctica de un deporte es benéfica **para** tu salud. El clima de esta ciudad tiene una influencia benéfica sobre mí.* SIN. beneficioso. ANT. nocivo. ‖ **3 función* benéfica.**

benemérito, ta *adj.* **1** (antepuesto/pospuesto) Que se merece un gran reconocimiento por los servicios prestados: *una institución benemérita. Una benemérita iniciativa ha llevado a nuestros abuelos a veranear a las Canarias.* ‖ **2 la Benemérita** En España, la Guardia Civil.

beneplácito *s. m.* Aprobación o permiso para hacer una cosa: *Ya cuenta con el beneplácito de sus padres para la boda. El equipo saludó desde el centro del campo con el beneplácito de todos los aficionados.*

benévolamente *adv. modo* **1** Con benevolencia: *Espero que lo trates benévolamente.* **2** Se usa para indicar que cierta acción se ejecuta porque el agente tiene la benevolencia de ejecutarla. OBSERVACIONES: ◊ El verbo va en indicativo, generalmente en tiempo de pasado y, por razones pragmáticas y sociales evidentes, casi siempre referido a una persona distinta de la primera del singular. ◊ Se usa sobre todo en cláusulas de relativo explicativas: *Debo citar también al párroco, quien, benévolamente, nos perdonó la deuda.*

benevolencia *s. f.* (no contable) Cualidad y comportamiento de la persona buena, tolerante o comprensiva: *Aquel hombre era un juez conocido por su benevolencia. No la castigaron por la benevolencia del director.*

benevolente *adj.* (antepuesto / pospuesto) Que tiene benevolencia o indulgencia: *profesor benevolente, juicio benevolente, juez benevolente, sus benevolentes críticas.*

benévolo, la *adj.* (antepuesto / pospuesto) Que es comprensivo o tolerante: *un padre benévolo, un juez benévolo, el benévolo lector, una crítica benévola.*

bengala *s. f.* Fuego artificial sin explosivos, de gran luminosidad y colorido: *Papá le ha regalado una caja de bengalas al niño. En los fuegos artificiales me gustan las bengalas más que los cohetes.*

bengalí *adj.* (plural *bengalíes*, preferible a *bengalís*) **1** De Bengala: *tigre bengalí, pastor bengalí.* ‖ *s. m.* **2** LING. Lengua emparentada con el sánscrito que se habla en Bengala, repartida entre la India y Bangladesh.

benigno, na *adj.* **1** [Enfermedad, tumor] que no es muy grave: *He tenido una gripe benigna.* ANT. maligno. **tumor* ~.** **2** (ser / estar, antepuesto / pospuesto) [Clima, temperatura] que es templado y agradable: *un otoño benigno. Me gustan las benignas tardes de primavera. La noche está muy benigna.* **3** Que es comprensivo, bondadoso o tolerante: *Julián es un profesor benigno **con** los alumnos. Agente, estamos en fiestas, sea benigno **con** los coches mal aparcados.*

benimerín *adj. / s. m.* (preferentemente en plural) De una dinastía beréber de Marruecos, que durante los siglos XIII y XIV creó un poderoso imperio en el norte de África y penetró en la Península Ibérica: *Los benimerines invadieron la península ibérica después de los almohades.*

beninés *adj. / s. m.* y *f.* De la República de Benin, en África.

benjamín, na *adj / s. m.* y *f.* **1** DEP.; COLOQUIAL en femenino. Que pertenece a la categoría más baja en la clasificación de los deportistas: *Hemos quedado campeones en el torneo de benjamines.* ‖ *s. m. / f.* **2** COLOQUIAL en femenino. Hijo o hija menor de una familia: *Pedrito es el benjamín de la familia.* **3** COLOQUIAL en femenino. Miembro más joven de un grupo de personas: *La doctora Ramírez es la benjamina de nuestro equipo de investigación.* ‖ *s. m.* **4** COL. Ladrón, pequeño aparato usado en las redes eléctricas.

benjuí (plural *benjuís*) *s. m.* (no contable) Bálsamo aromático, extraído de la corteza de ciertos árboles, que tiene aplicaciones en medicina y perfumería.

bentónico, ca o **béntico, ca** *adj.* BIOL. [Animal, planta] que vive en contacto con el fondo del mar: *Los animales bentónicos pueden flotar o nadar durante un tiempo separados del fondo.*

bentos (plural *bentos*) *s. m.* (no contable) BIOL. Conjunto de plantas y animales bentónicos.

benzoico, ca *adj.* **1** QUÍM. Del benjuí. ‖ **2 ácido ~.**

benzol *s. m.* (no contable) QUÍM. Benceno.

beodo, da *adj. / s. m.* y *f.* (estar) Que está borracho: *No me gusta ver a mis amigos beodos.*

berberecho *s. m. Cardium edule.* Molusco pequeño con una concha de dos piezas iguales, casi circulares, estriadas y abombadas, que vive en los fondos arenosos de las costas marinas del sur de Europa y es apreciado como alimento.

berberisco, ca *adj. / s. m.* y *f.* De la antigua región norteafricana de Berbería, que comprende hoy día Marruecos, Argelia y Tunicia.

berbiquí (plural *berbiquíes*, preferible a *berbiquís*) *s. m.* Taladro que se hace girar manualmente con una manivela.

beréber o **bereber** *adj. / s. m.* y *f.* **1** De un pueblo del norte de África: *tribu beréber, cultura beréber. Los beréberes eran trashumantes.* ‖ *s. m.* **2** LING. Lengua que pertenece a la familia afroasiática hablada por los beréberes.

berenjena *s. f.* **1** *Solanum melongena.* Planta solánacea, de hojas ovaladas cuyo fruto morado por fuera y blanco por dentro es comestible. **2** Fruto de las berenjenas.

berenjenal *s. m.* **1** Terreno plantado de berenjenas. **2** COLOQUIAL. Asunto lioso y complicado: *Al encargarse de organizar la fiesta, se ha metido en un buen berenjenal. Estoy en un berenjenal del que no sé cómo salir: he quedado con tres chicos a la misma hora y en el mismo sitio.*

bergamota *s. f.* **1** Variedad de pera muy jugosa y aromática. **2** Variedad de lima muy olorosa, utilizada en perfumería.

bergante *s. m.* RESTRINGIDO; PEYORATIVO. Hombre poco honrado que engaña a los demás, sinvergüenza: *Te ha tocado uno malo, pero no son bergantes todos los taxistas.*

bergantín *s. m.* Velero de dos palos y vela generalmente cuadrada, muy ligero: *Los bergantines eran apreciados por su ligereza.*

beriberi *s. m.* (no contable) MED. Enfermedad producida por la falta de vitamina B_1 que causa daños en los nervios periféricos e insuficiencia cardiaca.

berilio *s. m.* (no contable) *Be.* Elemento químico metálico de color blanco que se encuentra principalmente en el berilo.

berilo *s. m.* (no contable) MIN. Silicato natural de aluminio y berilio cristalizado, de color verde, amarillo, blanco, azul o rosa, que cristaliza en el sistema hexagonal: *El berilo perfectamente transparente se considera piedra preciosa.*

berkelio o **berquelio** *s. m.* (no contable) *Bk.* Elemento químico radiactivo artificial perteneciente al grupo de los actinios que posee una media de vida de unas cuatro horas.

berlina *s. f.* **1** Coche de caballos cerrado de cuatro ruedas y, generalmente, de dos asientos. **2** Automóvil de cuatro puertas: *En el salón del automóvil destacaban las últimas berlinas familiares.*

berlinés, sa *adj. / s. m.* y *f.* De Berlín, antigua capital alemana: *el Ayuntamiento berlinés.*

bermejo, ja *adj.* Que es rubio rojizo: *Tengo el pelo y la piel bermejos.*

bermellón *s. m.* **1** (no contable) Cinabrio en polvo, de color rojo vivo, utilizado en pintura. **2** (no contable) Color rojo vivo como el de esa sustancia: *En el fondo del cuadro predomina el rojo bermellón.*

bermudas (plural) *s. m. / f.* Pantalones cortos que llegan más o menos a la altura de la rodilla: *Para irse a la playa Pedro se compró unos bermudas. Las bermudas que llevas te sientan muy mal.* **pantalones ~.**

bernés *adj. / s. m. y f.* De Berna, ciudad y cantón de Suiza.

berquelio *s. m.* Berkelio.

berrear *v. intr.* **1** Emitir ‹el becerro u otros animales› su voz: *Los terneros berrean llamando a su madre.* **2** INTENSIFICADOR. Dar ‹una persona› gritos estridentes: *¿No podríamos hablar sin berrear?* **3** Cantar ‹una persona› muy mal: *Por favor, no berrees y déjanos cantar.* **4** Llorar ‹una persona› dando gritos y alborotando: *El bebé no paró de berrear en toda la noche.*

berrendo, da *adj.* **1** [Toro] que tiene manchas de un color distinto del de la capa de la piel. ‖ *s. m.* **2** (macho y hembra) *Antilocapra americana.* Mamífero rumiante del norte de México y sur de Estados Unidos, con cuernos que muda anualmente y pelo de color castaño en el lomo y blanco en el vientre y la cola.

berreo *s. m.* COLOQUIAL. Acción y efecto de berrear: *No me gustan tus berreos. El berreo del niño nos despertó.*

berreta *adj. / s. m.* y *f.* ARG., URUG.; COLOQUIAL. [Persona] que se comporta con vulgaridad y con poco refinamiento.

berretín *s. m.* **1** ARG., URUG.; COLOQUIAL. Terquedad, obstinación. **2** ARG., URUG.; COLOQUIAL. Cariño fuerte de una persona por otra.

berrido *s. m.* **1** Sonido que emiten el becerro y algunos animales: *los berridos del becerro.* **2** COLOQUIAL; INTENSIFICADOR. Grito fuerte o estridente: *En vez de cantar, Juanita daba berridos.*

berrinche *s. m.* **1** COLOQUIAL. Lloro fuerte y continuado: *El niño lleva toda la tarde con el berrinche.* **2** COLOQUIAL; INTENSIFICADOR. Disgusto o enfado grande: *Pilar tiene un berrinche porque su padre no le permite ir a la discoteca.*

berriondera o **verriondera** *s. f.* COL.; COLOQUIAL. Gran enojo, cólera.

berro *s. m.* Planta herbácea propia de lugares muy húmedos, de tallos pequeños, carnosos y gruesos, flores pequeñas y blancas y hojas de sabor algo picante, que se comen en ensalada: *La ensalada de berros con granada está deliciosa.*

berrocal *s. m.* Terreno lleno de berruecos.

berroqueño, ña *adj. / s. f.* **1** [Piedra] que es granítica o de granito: *El edificio se asienta en piedra berroqueña.* ‖ *adj.* **2** Que es fuerte y resistente: *Tu padre tiene un carácter berroqueño.*

berrueco *s. m.* Roca o peñasco granítico: *En la provincia de Salamanca abundan los berruecos.*

berza *s. f.* **1** Col o variedad basta de col: *Las berzas con patatas están muy ricas.* **2** COLOQUIAL. Borrachera: *Paloma se pescó una buena berza.* ‖ *s. m. / f.* **3** (se usa siempre *berzas* para singular y plural) COLOQUIAL; INSULTO. Persona que tiene escasos conocimientos o poca educación: *Sois unos berzas, no veis que hacéis el ridículo.* FR. Y LOC. **estar con la ~** COLOQUIAL. Estar ‹una persona› distraída o despistada: *No sé qué le pasa esta semana, pero tu padre está con la berza.* **ser la ~** COLOQUIAL. Producir ‹una cosa o una persona› indignación o enfado a otra persona: *Estos fontaneros son la berza, los llamas y tardan una semana en aparecer. El crucigrama de hoy es la berza, no se puede resolver.*

berzotas (plural *berzotas*) *s. m. / f.* COLOQUIAL; INSULTO. Berzas, persona con escasos conocimientos o poca educación: *Eres una berzotas, se ríen de ti sin que te des cuenta.*

besamanos (plural *besamanos*) *s. m.* **1** Recepción oficial o acto público de saludo y adhesión a los reyes o a las autoridades: *Los besamanos suelen tener lugar en el Palacio Real.* **2** Forma de saludar a una persona, besándole la mano o haciendo el gesto de acercarle los labios a la mano: *El besamanos está pasado de moda como forma de saludar a las señoras.* **3** Entre los católicos, acto en que se besa la palma de las manos a un sacerdote tras su primera misa.

besamel, besamela o **bechamel** *s. f.* (no contable) Salsa elaborada con harina, aceite y leche, usada principalmente para pasta de croquetas y para recubrir los platos de pasta italiana: *Preparé una besamel para los canelones.*

besana *s. f.* LITERARIO. Labor de la tierra hecha con el arado en surcos paralelos: *El labrador, que fatigosamente cuida su besana, exige que apreciemos su labor.*

besar *v. tr. / prnl.* **1** Tocar ‹una persona› [a otra persona, un animal o una cosa] con los labios: *Su padre la besó* ***en*** *la frente. Los hermanos* ***se*** *besaron cariñosamente.* **2** Tocar ‹una cosa› [otra cosa]: *El Mediterráneo besa nuestras costas. El aire nos besaba la frente.* ‖ *v. prnl.* **3** COLOQUIAL. Chocar ‹dos personas› con la cara o la cabeza inesperadamente: *No corráis, que así volveréis a besaros y a haceros otro chichón.* FR. Y LOC. **~ el suelo** o **~ la tierra** COLOQUIAL. Caer ‹una persona› de bruces: *Mamá resbaló y besó el suelo.* **~ el suelo* por donde pisa. ~ la lona*. ~ la tierra* que pisa. llegar y ~ el santo*.**

beso *s. m.* **1** Acción de besar o besarse: *Al llegar a casa dio un beso a sus padres.* **2** Expresión simbólica de lo que esa acción representa: *Te mando un beso; hasta pronto.* ‖ **3 ~ de Judas** Manifestación de afecto que esconde una traición: *Ese gesto fue el beso de Judas, porque en cuanto saliste no paraba de criticarte.* FR. Y LOC. **comer(se) a besos** COLOQUIAL; INTENSIFICADOR. Dar muchos besos ‹una persona› a otra persona: *La abuela se comía a besos a su nieto.*

best-séller (plural *best-sellers*; del inglés; pronunciamos *'beséler'* o *'bedséler'*) *s. m.* Libro que tiene un gran éxito de ventas: *Su libro se ha convertido en un best-séller.*

bestia *adj. / s. m.* y *f.* **1** INSULTO. [Persona] que es violenta o poco amable con los demás: *Mi vecina es muy bestia* ***con*** *los niños. Ése es un bestia capaz de dejarte tumbado de un puñetazo.* **2** [Persona] que tiene poca cultura o es poco inteligente: *Concha es muy bestia y no le interesa leer nada. Ése nunca aprenderá nada, es muy bestia.* ‖ *s. f.* **3** Animal cuadrúpedo, especialmente el de carga: *En estas tierras las bestias de carga son apreciadas: nosotros tenemos dos burros y una mula.* ‖ **4 mala ~** INTENSIFICADOR. Persona violenta, de malos sentimientos o sin ningún interés cultural: *Ese tipo es una mala bestia, es capaz de vender a su madre por cuatro perras.* **5 ~ negra** COLOQUIAL. Persona o cosa que provoca el fracaso o el rechazo de un grupo de personas o de una sola: *Las Matemáticas son la bestia negra de toda la clase. El profesor de Filosofía es mi bestia negra.*

bestiada *s. f.* COLOQUIAL. Acción o dicho exagerado y brutal o poco educado: *Niño, romper árboles es una bestiada. No se pueden decir todas las bestiadas que se piensan.* FR. Y LOC. **una ~ (de)** COLOQUIAL. Mucho: *Este gato come una bestiada. Había una bestiada de gente en la plaza.*

bestial *adj.* **1** Que es propio de la bestia, por su brutalidad o irracionalidad: *Ésos son comportamientos bestiales, increíbles en personas. Pegar a una madre me parece una reacción repugnante y bestial.* **2** COLOQUIAL; INTENSIFICADOR. Que es muy grande, muy bueno o extraordinario: *¡Es bestial, no sabes cómo me gusta! Tengo un sueño bestial. Por las mañanas me entra una pereza bestial. Tengo unas ganas bestiales de verte. El haberte conocido es una suerte bestial.*

bestialidad *s. f.* **1** Comportamiento o frase brutales o indignos: *Se cometen muchas bestialidades en las guerras. Pegar al pobre anciano es una bestialidad. Cuando ese hombre está borracho sólo dice bestialidades.* **2** COLOQUIAL; INTENSIFICADOR. Acción poco sensata: *Me parece una bestialidad tener que madrugar tanto. Es una bestialidad pasear en manga corta con el frío que hace.* **3** COLOQUIAL; INTENSIFICADOR. Cantidad excesiva: *Pagué una bestialidad para que nos arreglaran la lavadora. La gasolina ha subido una bestialidad. Tengo una bestialidad de trabajo. Hoy he dormido una bestialidad.*

bestialismo *s. m.* (no contable) Comportamiento de las personas que buscan satisfacción sexual con los animales: *El bestialismo es tratado en la psiquiatría patológica.*

bestiario *s. m.* **1** Luchador de los circos romanos que se enfrentaba a los animales. **2** LIT. Libro que trata sobre animales reales o imaginarios: *Los bestiarios fueron muy populares durante la Edad Media.*

besucón, na *adj. / s. m.* y *f.* COLOQUIAL. Que es muy aficionado a dar besos: *una madre besucona. Sus nietos son muy besucones. Eres un besucón.*

besugo *s. m.* **1** (macho y hembra) Género *Pagellus.* Pez marino de color gris rosado, ojos grandes y hocico pequeño y redondeado, que tiene una carne muy blanca y muy apreciada. **2** COLOQUIAL. Persona de poca inteligencia: *Rafael es un besugo, no se entera nunca de nada.* FR. Y LOC. **diálogo* de besugos. ojos* de ~** u **ojos saltones.**

besuquear *v. tr. / prnl.* COLOQUIAL. Besar ‹una persona› [a otra persona, un animal o una cosa] repetidamente: *Mi madrina empieza a besuquearme y no sabe cuándo acabar.*

beta *s. f.* Segunda letra del alfabeto griego.

bético, ca *adj. / s. m.* y *f.* **1** De la antigua Bética, hoy Andalucía: *cordillera bética.* **2** Del club de fútbol de Sevilla Real Betis Balompié: *jugadores béticos, hinchas béticos.*

betuláceo, a *adj. / s. f.* **1** BOT. [Árbol, arbusto] con hojas dentadas o serradas y flores masculinas y femeninas separadas que producen frutos secos: *El abedul es una betulácea.* || *s. f.* **2** (en plural) BOT. Familia de estas plantas.

betún *s. m.* **1** (no contable) Conjunto de sustancias líquidas o sólidas presentes en la naturaleza que arden con llama, humo espeso y olor peculiar. **2** (no contable) Sustancia con la que se limpia y da brillo a los zapatos: *Pon betún a los zapatos. Limpia los zapatos con betún.* || **3 ~ de Judea** Asfalto. FR. Y LOC. **quedar / dejar a la altura* del ~.**

bezo *s. m.* RESTRINGIDO. Labio grueso: *Mi tío tiene unos bezos tremendos.*

bezudo, da *adj.* RESTRINGIDO; PEYORATIVO. Que tiene los labios gruesos.

bi-, bis- o **biz-** *pref.* Significa 'dos', 'dos veces' y forma sustantivos a partir de sustantivos y adjetivos a partir de adjetivos: *motor - bimotor, campeón - bicampeón, abuelo - bisabuelo, nieto - biznieto, lateral - bilateral, centenario - bicentenario.*

biabia *s. f.* ARG., URUG.; COLOQUIAL. Zurra, conjunto de golpes para castigar.

bianual *adj.* Que sucede o se repite dos veces al año: *congreso bianual.*

biatlón *s. m.* DEP. Competición de esquí de fondo combinada con tiro al blanco.

bibelot (plural *bibelots*) *s. m.* Pequeño objeto decorativo, generalmente de poco valor: *Mi amiga tiene la estantería llena de bibelots de diferentes países.*

biberón *s. m.* **1** Pequeño frasco provisto de una tetina, utilizado para la lactancia artificial de los niños: *Los biberones modernos no estallan con la leche caliente.* **2** Lo que contiene este frasco y toma el bebé cada vez: *Antes de irse le prepara el biberón. Se toma un biberón cada cinco horas.*

biblia *s. f.* **1** (con mayúscula y precedido del artículo *la*) Libro que contiene el conjunto de textos sagrados que constituyen el fundamento de la fe cristiana y judía: *Leía la Biblia para conocer los fundamentos de su religión.* **2** Libro o ejemplar que contiene este texto: *Voy a regalarle a Luis una biblia para su comunión. En esa estantería de la librería hay varias biblias.* || **3 papel* ~.** FR. Y LOC. **ser la ~ en pasta / verso** COLOQUIAL. Ser ‹una cosa o una persona› exagerados en algún aspecto: *Le pasan cosas que son la biblia en pasta. Micaela cuenta unos chistes que son la biblia en verso.*

bíblico, ca *adj.* De la Biblia: *estudios bíblicos.*

bibliobús *s. m.* Autobús acondicionado como biblioteca ambulante: *La Comunidad Autónoma ha montado un bibliobús para las escuelas rurales.*

bibliofilia *s. f.* (no contable) Afición grande a los libros, sobre todo a los raros y curiosos.

bibliófilo, la *s. m. / f.* Persona que tiene gran afición a los libros, especialmente a los que destacan por alguna cualidad especial: *Luis es un bibliófilo: colecciona libros antiguos.*

bibliografía *s. f.* **1** (no contable) Ciencia que trata del estudio de los libros y su historia: *La bibliografía se estudia en las facultades de Letras.* **2** Relación o catálogo de libros o publicaciones, ordenados según diferentes criterios, como autor, materia, lugares de edición u otros: *Las bibliografías son útiles para los investigadores.*

bibliográfico, ca *adj.* De la bibliografía: *trabajo bibliográfico, información bibliográfica.*

bibliomanía *s. f.* (no contable) Pasión exagerada de tener muchos libros.

bibliómano, na *s. m. / f.* Persona que tiene bibliomanía: *Un bibliómano frecuenta las librerías de anticuarios.*

bibliorato *s. m.* ARG., PAR., URUG. Archivador, carpeta en forma de libro que sirve para archivar.

biblioteca *s. f.* **1** Lugar donde se encuentra ordenado un conjunto de libros para su lectura o consulta: *El colegio tiene una biblioteca. Tengo un carné para sacar libros de la biblioteca del barrio.* **2** Mueble donde se colocan los libros. SIN. librería, estantería. **3** (no contable) Conjunto de libros: *Tenemos una estupenda biblioteca. Tenéis una buena biblioteca de arte.* FR. Y LOC. **rata* de ~. ratón* de ~.**

bibliotecario, ria *s. m. / f.* Persona que por profesión tiene a su cargo el cuidado y el servicio de una biblioteca: *Hice unas oposiciones para bibliotecario.*

bibliotecología *s. f.* (no contable) Ciencia que estudia las bibliotecas en todos sus aspectos.

biblioteconomía *s. f.* (no contable) Disciplina encargada de la conservación, organización y administración de las bibliotecas.

bicameral *adj.* [Poder legislativo, organismo] que está formado por dos cámaras de representantes: *sistema político bicameral.*

bicarbonato *s. m.* **1** (no contable) Sal proveniente del ácido carbónico. **2** (no contable) Sal que procede de su combinación con el sodio empleada para neutralizar la acidez de estómago: *Papá tomó una cucharada de bicarbonato para calmar su ardor de estómago.* **~ sódico.**

bicéfalo, la *adj.* **1** Que tiene dos cabezas: *monstruo bicéfalo.* **2** Que tiene dos dirigentes: *empresa bicéfala.*

bíceps (plural *bíceps*) *s. m.* ANAT. Músculo doble, situado en brazos y piernas, que permite su flexión. **~ braquial** Bíceps del brazo. **~ femoral.**

bicha *s. f.* **1** COLOQUIAL. Culebra o serpiente. **2** Figura ornamental característica del arte ibérico, en forma de animal o mixta, con una parte humana y otra animal. FR. Y LOC. **mentar/nombrar la ~** COLOQUIAL. Mencionar ‹una persona› ante otra persona una cosa que le disgusta o molesta: *No le hables de su colega, porque es mentarle la bicha.*

bichar *v. tr. / intr.* **1** ARG., URUG.; COLOQUIAL. Espiar ‹una persona› [a otra persona]. || *v. tr.* **2** VEN. Labrar ‹una persona› [un madero]. **3** VEN. Desorganizar ‹una persona› [una cosa].

bicharraco, ca *s. m.* **1** PEYORATIVO. Bicho muy desagradable: *Ha entrado un bicharraco por la ventana.* || *s. m. / f.* **2** COLOQUIAL. Persona que inspira poca confianza: *Ten cuidado con ella, que es una bicharraca.* **3** COLOQUIAL. Persona de aspecto físico muy desagradable: *¿De dónde has sacado a ese bicharraco?*

bichero *s. m.* MAR. Estaca larga con un gancho de hierro en su punta, utilizado por las pequeñas embarcaciones para atracar o desatracar.

bicho *s. m.* **1** (macho y hembra) Animal pequeño y que resulta desagradable, especialmente un insecto o un reptil: *Le ha picado un bicho. Un bicho verde trepa por la pared.* **2** (macho y hembra) Cualquier animal: *Su gato es un bicho muy simpático.* **3** Persona astuta y con malas intenciones: *Carmen es un bicho, va hablando mal de todo el mundo. Margarita es un mal bicho, no le hagas caso.* **4** ARG., URUG.; COLOQUIAL. Nombre cariñoso que se dan entre sí los componentes de una pareja. || **5 ~ viviente** COLOQUIAL; HUMORÍSTICO. Cualquier ser vivo: *No hay bicho viviente que se crea lo que me has contado.*

bichoco, ca *adj. / s. m.* y *f.* **1** ARG.; COLOQUIAL. [Persona] que es corta de vista. **2** ARG., URUG.; COLOQUIAL. [Persona] que está enferma o inútil para trabajar. || *adj.* **3** URUG.; COLOQUIAL. [Caballo] que es inútil para trabajar por viejo o enfermo.

bicicleta *s. f.* **1** Vehículo de dos ruedas, la trasera motriz y la delantera directriz, que se impulsa por medio de pedales: *ir en bicicleta, montar en bicicleta. He visto una carrera de bicicletas.* **~ de paseo.** **~ estática.** **2** PERÚ; JERGAL. Diarrea.

biciclo *s. m.* Vehículo de dos ruedas impulsado por pedales en el que la rueda delantera, de mayor tamaño, es a la vez directriz y motriz.

bicla *s. f.* MÉX.; COLOQUIAL. Bicicleta.

bicoca *s. f.* COLOQUIAL. Ganga, lo que resulta muy barato o ventajoso: *Pilar se compró una moto porque fue una auténtica bicoca. Es una bicoca trabajar con Pepita, ella hace todo el trabajo.*

bicolor *adj.* Que tiene dos colores: *un lápiz bicolor, una tela bicolor.*

bicóncavo, va *adj.* [Cuerpo, lente] que tiene dos superficies opuestas cóncavas.

biconvexo, xa *adj.* [Cuerpo, lente] que tiene dos superficies opuestas convexas.

bicúspide *s. f.* MED. Que tiene dos cúspides o salientes.

BID (pronunciamos *'bid'*) *s. m.* Sigla de «Banco Internacional de Desarrollo».

bidé *s. m.* Recipiente del cuarto de baño sobre el que una persona se sienta para su higiene personal.

bidón *s. m.* Recipiente, generalmente cilíndrico, con cierre hermético, para el envase y transporte de líquidos: *bidón de gasolina.*

biela *s. f.* MEC. Barra de una máquina que transforma el movimiento de rotación en uno de vaivén o viceversa: *biela de acoplamiento, fundir una biela, romper una biela.*

bieldo *s. m.* AGR. Instrumento agrícola formado por un palo largo y un travesaño con púas: *En el pueblo se servían del bieldo para separar el grano.*

bielorruso, sa *adj. / s. m.* y *f.* De Bielorrusia, república de la antigua URSS, actual Estado centroeuropeo.

bien *s. m.* **1** Aquello que constituye lo bueno o lo correcto según la ética: *hacer el bien, distinguir el bien del mal.* ANT. mal. **2** Utilidad, beneficio, bienestar: *Te lo digo por tu bien. Hago las cosas por tu bien.* **3** Cosa buena, favorable, conveniente: *Si nos pagas ahora, nos harás un bien a todos.* **4** (preferentemente en plural) Aquello que pertenece o puede pertenecer a una persona: *Un amigo administraba sus bienes. La tía no dejó bienes en herencia. Una pequeña casa y una huerta constituían sus únicos bienes.* **alzamiento* de bienes. colación* de bienes. comunidad* de bienes. separación* de bienes. transmisión* de bienes. bienes de producción / equipo** Bienes que sirven para la producción de otros: *Las máquinas y las herramientas son bienes de producción. Le han embargado los bienes de equipo.* **bienes fungibles** Bienes que se consumen con su uso. **bienes gananciales** Bienes adquiridos por el marido o la mujer, o por ambos, durante la sociedad conyugal. **bienes inmuebles / raíces** Fincas o casas, bienes que no pueden trasladarse de un sitio a otro. **bienes mostrencos** Bienes, particularmente bienes muebles, que, por carecer de dueño conocido, se aplican al Estado. **bienes muebles** Bienes que pueden trasladarse de una parte a otra como valores, dinero o joyas || *adv. modo.* **5** Como es debido, acertadamente, adecuadamente: *Marina todo lo hace bien. No obraste bien.* **6** Correctamente: *El secador no funciona bien. Pocos hablan bien dos idiomas.* **7** Conforme a las normas de corrección social o ética: *Habla bien, que no cuesta nada. Pórtate bien.* OBSERVACIONES: Puede usarse con participios adjetivales *(ser bien educado, bien criado),* con verbos intransitivos *(bien nacido)* o con verbos de lengua o de entendimiento *(bien hablado, bien observado).* **8** Aduciendo opiniones positivas o favorables: *Me han hablado bien de ella.* **9** De buena manera, sin dificultades, agradablemente, a gusto:

Aquí se vive bien. Que usted lo pase bien. ¡Qué bien se está aquí! **10** En buen estado o situación: *¿Estáis bien? De salud, estoy bien. No andamos bien económicamente. Tú no estás bien de la cabeza.* OBSERVACIONES: Frecuentemente se usa con limitación del aspecto, circunstancia o parte. **11** Con gusto, de buena gana: *Bien le daría yo veinte mil duros por ella.* **12** Sin inconveniente, con razón, con motivo: *Bien puedes quererlo: te salvó la vida.* **13** Adquiere a veces sentido próximo al de 'cumplidamente' o 'sobradamente': *Andaríamos muy bien cinco leguas. El director ganará bien a gusto los doce millones anuales.* || *adv. cant.* **14** COLOQUIAL. Modificando a un adjetivo o adverbio posterior, intensifica el significado a la manera de *muy* o *bastante: Los pasteles eran bien malos. Bien pronto te has cansado.* OBSERVACIONES: A menudo, aparecerá una forma *que* posterior: *Bien buenas que son esas naranjas. Bien lejos que están mis amigos. Bien mal que lo pasé.* **15** (preferentemente antepuesto) COLOQUIAL. Modificando a un verbo en forma personal, denota a veces intensidad, reiteración o insistencia: *Bien te lo decía yo. Bien se ve que no lo has ganado. Bien suplicó el pobre hombre, pero no le hicieron caso.* OBSERVACIONES: ◊ A veces se combina con una forma posterior: *Bien que te reías cuando metí el pie en el charco.* ◊ Combinando con la partícula partitiva *de,* equivale a *gran cantidad,* trátese de nombres contables *(bien de veces, bien de cosas)* o no contables *(bien de dinero, bien de tiempo).* || adj. **16** (invariable) Que pertenece a una clase social adinerada: *una niña bien. Los niños bien vuelven a casa muy tarde.* **gente* ~.** || *conj. distr.* **17** Relaciona dos posibilidades distintas o que se realizan alternativa o sucesivamente y equivale a *o... o..., ya... ya..., sea... sea..., ora... ora: La niña, bien porque tuviera miedo, bien porque estuviera aburrida, se fue junto a los demás.* OBSERVACIONES: Son posibles otras combinaciones: *bien... o... (bien porque tuviera miedo o porque estuviera aburrida), bien... o bien..., o bien... o bien* (pero no *o bien... bien...), ya... o bien* (pero no *o bien... ya...): Bien salgas, bien te quedes en casa, llámame para decírmelo.* || *interj.* **18** En conversaciones expresa conformidad, acuerdo o asentimiento, aunque sea parcial: *Bien, pero yo busco otra cosa. –«¿Vendrás con nosotros?» –«Bien.»* **19** Suele usarse en contextos de gran emotividad expresando aprobacion y alegría, frecuentemente acompañado de otras interjecciones, algunas vulgares: *¡Bien, coño, bien!* **20** Se usa a veces como llamada de atención al iniciar un turno conversacional tras un periodo de silencio, a menudo para ayudar a romperlo: *Bien; lo mío ya está. Bien, vamos a ver cómo suena este disco.* FR. Y LOC. **a base* de ~. a seguir* ~. de ~** Honrado: *hombre de bien, gente de bien.* **antes* ~** o **antes al contrario** o **antes por el contrario. ~ humorado*. ¡~ por...!** Expresión para vitorear a alguna persona o entidad conocidas, o para expresar aprobación y apoyo hacia algún hecho, fenómeno u objeto definidos: *¡Bien por el chico! ¡Bien por Santiago! ¡Bien por el coche!* **~ que** ELEVADO. Equivale a *si bien,* en sus dos usos, pero se emplea preferentemente en casos de elipsis verbal: *La sala es muy agradable, bien que algo pequeña. Trabajas muchísimo, bien que obligado por las circunstancias.* **~ que mal** o **mal que ~** Regular, a medias: *Consigo ir sobreviviendo, mal que bien. Con este sueldo nos arreglamos mal que bien. Bien que mal, pero por fin hemos llegado.* **estar a ~** Estar en buena armonía: *¿Estás a bien con tu familia?* **estar ~** 1 COLOQUIAL; INTENSIFICADOR. Merecer ‹una persona› un castigo o una desgracia: *Te está bien, por no hacerme caso.* 2 COLOQUIAL. Ser ‹una persona› atractiva físicamente: *Tu hermano está bastante bien. Estás muy bien de tipo.* **¡está ~!** Expresa acuerdo o asentimiento ante una propuesta, de manera neutral o indicando sentimientos como fastidio, condescendencia, resignación, reservas, concesión a regañadientes: *¡Está bien!, pero no vuelvas en una semana.* **gente* de ~. hacer ~** Obrar ‹una persona› de manera adecuada: *Has hecho bien callándote.* **hombría* de ~. más* ~. no ~** ELEVADO. Apenas, tan pronto como: *Saldremos no bien llegue el autocar.* **¡qué ~!** 1 Se usa para expresar aprobación y entusiasmo como reacción ante algo sucedido o anunciado: *–«Ha ganado Manolo.» –«¡Qué bien!»* 2 Se usa, a menudo reforzada por *pues,* para expresar irónicamente disgusto, desaprobación o reproche como reacción ante algo que se acaba de anunciar: *–«Creo que sólo traen cuatro.» –«¡Pues qué bien! Con eso no tenemos ni para empezar.»* **si ~** ELEVADO. Expresa concesión y equivale a *aunque* y *aun cuando,* pero no admite subjuntivo y sólo entra en construcciones en que la admisión de un dato o hecho no impide la formulación, posiblemente inesperada, de otro al que se le concede mayor relieve: *La película nos gustó mucho, si bien era demasiado larga. Si bien la abuela estaba enferma, no estaba tan grave como, por los síntomas, cabía imaginar.* OBSERVACIONES: ◊ Se combina frecuentísimamente con *es verdad que...* y *es cierto que...: Si bien es cierto que tenía derecho a ello (no lo es menos que), no lo ejercitó en el plazo debido.* ◊ Como *aunque* y *aun cuando,* y al contrario que *a pesar de que,* admite elipsis del verbo y, frente a *si,* puede aparecer en el interior de la frase: *El secretario ha cobrado sueldo de director, si bien de forma un tanto irregular. Esas flores son muy bonitas, si bien algo pequeñas.* **tener a ~** ELEVADO. Considerar ‹una persona› digna, justa o conveniente una cosa: *Sus padres tienen a bien que se vaya a vivir con ella. Si usted tiene a bien recibirme, me gustaría visitar su empresa.* **tomar* a ~ / mal. y ~** Se usa para encabezar un turno conversacional y precede a una pregunta relacionada con descripciones, proyectos o consultas formulados con anterioridad: *Y bien, ¿en qué quedó la cosa? Y bien, ¿cómo andas de dinero?* OBSERVACIONES: A veces la pregunta es una invitación a seguir hablando: *–«Ayer vi a Pedro.» –«¿Y bien?»* **¡ya está ~!** COLOQUIAL; INTENSIFICADOR. Se usa para indicar el deseo de que algo supuestamente abusivo, inconveniente o malo que ha venido acaeciendo, termine de una vez. OBSERVACIONES: No es posible el indicativo: *¡Ya está bien de peleas! ¡Ya está bien de hacer el payaso! ¡Ya está bien de que todas las riñas me las lleve yo!* **y ~** Se usa para introducir una pregunta: *Y bien, ¿cómo andas de salud?*

bienal *adj. / s. f.* **1** Que sucede o se repite cada dos años: *He estado en la bienal del calzado de Alicante.* || *adj.* **2** Que dura un bienio: *planta bienal.* || *s. f.* **3** Acontecimiento cultural importante que se organiza cada dos años: *la bienal del libro antiguo de Zamora, la bienal de manuscritos medievales de Salamanca, la bienal de música de órgano de Ciudad Rodrigo.*

bienaventurado, da *adj.* **1** Afortunado, feliz: *¿Tú crees que los animales son bienaventurados porque no se dan cuenta de las cosas?* || *adj. / s. m.* y *f.* **2** REL. Que, según la religión católica, goza de la presencia de Dios en el cielo.

bienaventuranza *s. f.* **1** REL. En el cristianismo, vida eterna y gozo que proporciona Dios a los que gozan de su presencia en el cielo. **2** ELEVADO, RESTRINGIDO. Felicidad, dicha. **3** (en plural) REL. En el cristianismo, bendiciones con las que Jesucristo empezó el Sermón de la Montaña: *En el Sermón de la Montaña Jesucristo expuso a sus discípulos las ocho bienaventuranzas.*

bienestar *s. m.* **1** (no contable) Estado o situación de satisfacción y felicidad: *Deseo asegurarme un bienestar para el futuro. Tus padres sólo buscan tu bienestar.* ANT. malestar. **2** (no contable) Buena posición económica, calidad de vida desahogada: *Se aprovecha del bienestar de su familia.*

bienhablado, da *adj.* Que habla sin emplear palabras groseras: *Cuando vayas a ver a la abuela tienes que ser bienhablado.* ANT. malhablado.

bienhechor, ra *adj. / s. m.* y *f.* Que protege o ayuda a otra persona o institución: *La duquesa es la persona bienhechora del asilo. Le estoy muy agradecido a mi bienhechor.*

bienintencionado, da *adj.* Que tiene buena intención: *Luis es un chico bienintencionado, pero nos pone a veces en compromisos difíciles.* ANT. malintencionado.

bienio *s. m.* **1** Periodo de dos años: *el bienio 1991-1993.* **2** El aumento económico de un sueldo por cada dos años trabajados: *Yo no tengo bienios, sino trienios.*

bienquisto, ta *adj.* ELEVADO. [Persona] que es apreciada y goza de buena reputación: *El director es bienquisto por todos los padres.*

bienvenida *s. f.* Saludo con que se expresa a alguien alegría por su llegada y se le desea feliz estancia: *Sus amigos fueron al aeropuerto a darle la bienvenida. Los nativos nos dieron una calurosa bienvenida.*

bienvenido, da *adj.* Que se recibe con alegría: *Vuestra llegada es bienvenida. Bienvenido a nuestra casa.*

bies *s. m.* Tira de tela cortada oblicuamente respecto al hilo que se pone como remate en los bordes de las prendas de vestir: *El vestido lleva un bies azul alrededor del cuello.* FR. Y LOC. **al ~** Cortado en diagonal a la dirección del hilo: *una falda cortada al bies.*

bifásico, ca *adj.* FÍS. [Sistema eléctrico] que tiene dos corrientes alternas e iguales que provienen del mismo generador: *interruptor bifásico.*

bife (del inglés) *s. m.* **1** ARG., CHILE, URUG.; COLOQUIAL en Chile. Trozo de carne asada a la plancha o a la brasa, filete. **2** ARG., URUG. Bofetada.

bífido, da *adj.* **1** Que está dividido en dos partes que no llegan a separarse: *una lengua bífida.* ‖ **2 espina* bífida.**

bifocal *adj.* ÓPT. Que tiene dos focos: *lentes bifocales.*

bifronte *adj.* Que tiene dos frentes o caras: *una figura bifronte.*

bifurcación *s. f.* **1** Lugar donde un río, camino o carretera se divide en dos partes: *Tome la bifurcación a la derecha.* **2** Acción y resultado de bifurcarse: *La bifurcación del río se produce en terrenos bajos y arenosos.*

bifurcarse *v. prnl.* Dividirse ‹una cosa› en dos ramales, brazos o puntas: *El camino se bifurca en dos. Nuestras vidas se bifurcan, ya volveremos a vernos.* ⇒ **71.**

big-bang *s. m.* FÍS. Explosión inicial que dio origen al Universo, según una teoría científica: *la teoría del big-bang.*

bigamia *s. f.* (no contable) Estado del que ha contraído matrimonio con dos personas a la vez: *La bigamia es un delito en muchos países.*

bígamo, ma *adj. / s. m.* y *f.* Que se casa otra vez sin haber anulado el matrimonio anterior: *Los bígamos no son bien aceptados en nuestra cultura.*

bigardo, da *adj. / s. m.* y *f.* **1** COLOQUIAL; INTENSIFICADOR. Que es muy alto y robusto: *Ese guardaespaldas es un bigardo de cuidado.* **2** HIST. [Monje] que llevaba una vida licenciosa.

bígaro *s. m. Littorina littorea.* Molusco marino pequeño, de concha puntiaguda, que vive pegado a las rocas de las costas y es apreciado como alimento.

bigornia *s. f.* Yunque con dos puntas.

bigote *s. m.* Conjunto de pelos que nacen sobre el labio superior: *dejarse bigote, afeitarse el bigote.* FR. Y LOC. **de bigote(s)** COLOQUIAL. Muy grande, tremendo: *Esta mañana hace un frío de bigotes.* **menear el ~** COLOQUIAL; HUMORÍSTICO. Comer ‹una persona›: *Es hora de menear el bigote.*

bigotera *s. f.* **1** Pequeño compás graduable: *El profesor nos exige en clase un compás y una bigotera.* **2** RESTRINGIDO. Señal que queda en el labio superior al beber.

bigotudo, da *adj.* Que tiene el bigote muy grande.

bigudí (plural *bigudíes*, preferible a *bigudís*) *s. m.* Pequeño cilindro, largo y estrecho, sobre el que se enrolla un mechón de pelo para rizarlo.

bija *s. f.* **1** *Bixa orellana.* Árbol de poca altura cultivado en zonas cálidas de América Central, de hojas ovaladas y flores olorosas. SIN. achiote. **2** Fruto de las bijas.

bijouterie (del francés; pronunciamos *'biyuterí'*) *s. f.* ARG., PAR. Bisutería.

bikini *s. m.* Biquini.

bilabial *adj. / s. f.* FON. [Sonido] que tiene su punto de articulación entre los dos labios: *La «b» es una bilabial. La «p» es una consonante bilabial.*

bilateral *adj.* De los dos lados, partes o aspectos que se tienen en cuenta: *acuerdo bilateral.* **contrato* ~.**

bilbaíno, na *adj. / s. m.* y *f.* De Bilbao, capital de la provincia vasca de Vizcaya: *la industria bilbaína.*

bilbilitano, na *adj. / s. m.* y *f.* **1** De Calatayud, población de Zaragoza: *fiestas bilbilitanas.* **2** De Bílbilis, antigua ciudad romana situada cerca de la actual Calatayud.

biliar *adj.* De la bilis: *conductos biliares.* **vesícula ~.**

biliario, ria *adj.* Biliar.

-bilidad *suf.* -dad.

bilingüe *adj.* **1** Que habla dos lenguas: *una comunidad bilingüe.* **2** Que está escrito en dos lenguas: *una notificación bilingüe, una edición bilingüe.* **diccionario ~.**

bilingüismo *s. m.* (no contable) LING. Uso habitual de dos lenguas en una comunidad de hablantes o por una misma persona: *El bilingüismo es un hecho normal en muchas partes del mundo.*

bilioso, sa *adj.* **1** Que tiene gran cantidad de bilis. **2** Que tiene mal genio: *Este profesor tiene un temperamento bilioso.*

bilis (plural *bilis*) *s. f.* **1** (no contable) Líquido amargo de color amarillo verdoso que produce el hígado y participa en la digestión. **2** (no contable) Mal carácter, tendencia a enfadarse con facilidad: *Lidia desahoga su bilis con los ami-*

gos. FR. Y LOC. **tragar ~** COLOQUIAL. Aguantar ‹una persona› la rabia o el enfado contenido: *Estuve todo el rato tragando bilis oyendo sus excusas.*

billar (diferente de *villar*) *s. m.* **1** Juego de destreza que consiste en impulsar, por medio de un palo o taco, bolas de marfil sobre una mesa rectangular de paño verde: *una partida de billar.* **~ americano. ~ español. juego* de ~. mesa* de ~** **2** (preferentemente en plural) Local con instalaciones para este juego: *Me voy un rato a los billares.*

billetaje *s. m.* (no contable) RESTRINGIDO. Conjunto de billetes de un espectáculo o de un transporte público: *Este teatro ha vendido todo el billetaje de hoy.*

billete *s. m.* **1** Tarjeta o papel impresos que permiten viajar en un medio de transporte: *billete de metro, billete de autobús. Todavía no he comprado los billetes para el viaje.* **2** Dinero, en forma de papel: *Me pagó todo en billetes de 1.000 pesetas. He perdido un billete de 5.000.* **(~) verde*.** **3** Número de lotería que se divide en diez partes llamadas décimos, o en varias participaciones: *La dueña compró un billete de lotería y después hizo participaciones.*

billetero, ra *s. m. / f.* **1** Cartera de bolsillo para llevar billetes, carnets y documentos: *un billetero de piel, una billetera de piel.* **2** MÉX., PAN.; COLOQUIAL en México. Persona que tiene por oficio vender billetes de lotería.

billón *s. m.* **1** Cantidad equivalente a un millón de millones; se representa por la unidad seguida de doce ceros: *un billón de pesetas, un billón doscientas mil pesetas, (un) billón y pico.* OBSERVACIONES: ◊ A veces se usa incorrectamente como equivalente de *mil millones.* ◊ Exige el cuantificador *un* en su uso aislado: *un billón de dólares*, o ante un numeral: *un billón seiscientos mil dólares.* ◊ Puede ir con *un* o sin *un* cuando acompaña a numerales con *y*: *(un) billón y pico, (un) billón y cuarto.* **2** Signo lingüístico o matemático con que se representa esta cantidad.

billonésimo, ma *adj. num. part.* **1** Cada una del billón de partes iguales en que se divide un todo. ‖ *adj. num. ord. / s. m.* y *f.* **2** Que ocupa la posición número un billón.

bimembre *adj.* Que tiene dos miembros o partes: *una estructura bimembre.*

bimensual *adj.* Que sucede o se repite dos veces al mes: *revista bimensual.*

bimestral *adj.* **1** Que sucede o se repite cada dos meses: *sueldo bimestral.* **2** Que dura un bimestre: *curso bimestral.*

bimestre *adj.* **1** Bimestral. ‖ *s. m.* **2** Periodo de dos meses: *Durante el primer bimestre, no obtuvimos beneficios.*

bimetalismo *s. m.* (no contable) ECON. Sistema monetario que admite como patrones el oro y la plata.

bimotor *adj. / s. m.* [Avión] que tiene dos motores: *un avión bimotor. El piloto voló en un bimotor.*

bina *s. f.* (diferente de *vina*) AGR. Acción de binar las tierras o viñas.

binadera *s. f.* AGR. Apero de labranza a modo de azada para binar o para quitar la broza.

binar *v. tr.* **1** RESTRINGIDO. Arar ‹una persona› [la tierra] por segunda vez antes de sembrarla. **2** RESTRINGIDO. Cavar ‹una persona› [las vides] por segunda vez.

binario, ria *adj.* Que tiene dos elementos o unidades: *sistema binario, compás binario.* **numeración* binaria.**

bingo *s. m.* **1** Juego de azar, parecido a la lotería, en el que se han de completar todos los números de un cartón: *jugar al bingo, hacer bingo. Ayer gané al bingo.* **2** Premio que consigue el ganador de este juego: *He ganado un bingo. Has sacado un bingo.* **3** Local donde se lleva a cabo este juego: *Me gusta el juego y frecuento los bingos.* ‖ *interj.* **4** COLOQUIAL. Se usa para indicar que se ha acertado o solucionado algo: *¡Bingo! Éste es el libro que buscábamos.*

binocular *adj. / s. m.* **1** (puede usarse en plural con el significado de singular) [Instrumento óptico] que se utiliza simultáneamente con los dos ojos: *un microscopio binocular.* ‖ *adj.* **2** [Visión] que se realiza simultáneamente con los dos ojos.

binóculo *s. m.* RESTRINGIDO. Anteojo con una lente para cada ojo, parecido a unas gafas sin patillas: *El binóculo es propio del siglo* XIX.

binomio *s. m.* **1** MAT. Expresión algebraica que consta de dos términos. **2** COLOQUIAL. Conjunto de dos personas que se compenetran bien profesionalmente: *El director y el secretario forman un binomio que funciona a la perfección.*

binza *s. f.* RESTRINGIDO. Piel muy fina que rodea algunas cosas: *la binza de la cebolla, la binza del huevo.*

biocenosis (plural *biocenosis*) *s. f.* Conjunto de seres vivos que viven y se reproducen en determinadas condiciones de un medio.

biodegradable *adj.* QUÍM. [Compuesto químico] que puede ser degradado o descompuesto en elementos poco o nada contaminantes por la acción natural biológica: *Muchos envases actuales son biodegradables.*

bioelemento *s. m.* BIOL. Elemento químico indispensable para el desarrollo normal de una especie animal o vegetal.

bioética *s. f.* (no contable) Ciencia que estudia los aspectos éticos de la medicina y de la biología en general.

biofísica *s. f.* (no contable) Parte de la biología que aplica los métodos de la física al estudio de los seres vivos.

biofísico, ca *adj.* **1** De la biofísica: *Los avances biofísicos de estos años son espectaculares.* ‖ *s. m / f.* **2** Persona que se dedica profesionalmente a la biofísica.

biogénesis (plural *biogénesis*) *s. f.* BIOL. Desarrollo de un ser vivo a partir de otro ser vivo similar.

biografía *s. f.* **1** Historia de la vida de una persona: *Aquí nos interesa su biografía.* **2** LIT. Narración escrita de la historia de la vida de una persona: *Me gusta leer biografías.* **3** (no contable) LIT. Género literario al que pertenecen estas narraciones: *Esa escritora domina el arte de la biografía.*

biográfico, ca *adj.* De la biografía: *obra biográfica, novela biográfica, película biográfica.*

biógrafo, fa *s. m. / f.* **1** Autor de biografías. ‖ *s. m.* **2** ARG., CHILE, PAR., URUG.; RESTRINGIDO. Cine, local donde se exhiben películas.

biología *s. f.* (no contable) Ciencia que estudia los seres vivos.

biológico, ca *adj.* De la biología: *estudios biológicos, la ciencia biológica.*

biólogo, ga *s. m. / f.* Persona que se dedica profesionalmente al estudio de los seres vivos y de la vida: *Como bióloga, hizo un estudio sobre las mariposas.*

bioluminiscencia *s. f.* **1** BIOL. Capacidad que tienen algunos seres vivos de emitir luz. **2** BIOL. Emisión de luz visible por parte de algunos seres vivos.

biomasa *s. f.* BIOL. Masa total de los organismos que viven en un ecosistema.

biombo *s. m.* Mueble o pantalla más o menos extensible y portátil, formada por varios paneles unidos con bisagras, que se utiliza para establecer una separación en un espacio: *En la habitación del hospital ponían un biombo para reconocer a los enfermos.*

biometría *s. f.* (no contable) BIOL. Disciplina que estudia estadísticamente los fenómenos o procesos biológicos.

biónica *s. f.* (no contable) Ciencia que estudia el diseño de aparatos o máquinas que funcionan de acuerdo con principios observados en los seres vivos.

biopsia *s. f.* MED. Examen microscópico de una muestra de tejido extraída de un ser vivo: *Le hicieron una biopsia para poder diagnosticar las características del tumor.*

bioquímica *s. f.* (no contable) Parte de la química que estudia la composición y las reacciones químicas de los seres vivos.

bioquímico, ca *adj.* 1 De la bioquímica. || *s. m. / f.* 2 Persona que se dedica profesionalmente a la bioquímica.

biorritmo *s. m.* Ciclo de duración variable al que está sometida la actividad de los seres vivos: *Parece que dormir la siesta está de acuerdo con el biorritmo de algunas personas.*

biosfera *s. f.* 1 Parte de la superficie sólida, líquida y gaseosa de la Tierra en la que se desarrollan los seres vivos. 2 Conjunto que forman los seres vivos en el medio en que se desarrollan.

biosíntesis (plural *biosíntesis*) *s. f.* BIOL. Formación de sustancias en el interior de un ser vivo.

biotipo *s. m.* 1 BIOL. Conjunto de seres que tienen características hereditarias comunes: *Todas las plantas de esta zona del parque pertenecen al mismo biotipo.* 2 BIOL. Forma característica de algunas plantas o animales de una especie: *El león representa el biotipo de los felinos salvajes.*

biotopo o **biótopo** *s. m.* Zona en la que los factores ambientales constituyen una fauna y una flora características.

bióxido *s. m.* QUÍM. Combinación de un radical simple o compuesto con dos átomos de oxígeno.

bipartición *s. f.* División de una cosa en dos partes: *las biparticiones de la célula.*

bipartidismo *s. m.* (no contable) POLÍT. Sistema político en que sólo dos partidos tienen posibilidades de alcanzar el poder: *El bipartidismo es típico de Inglaterra.*

bipartito, ta *adj.* Que está compuesto de dos partes o miembros: *una asamblea bipartita.*

bípedo, da *adj. / s. m.* y *f.* Que tiene dos pies o patas: *La gallina es un bípedo. El hombre es un animal bípedo.*

biplano *s. m.* Avión con cuatro alas colocadas paralelamente de dos en dos a cada lado: *Los biplanos pertenecen ya a la historia de la aviación.*

bipolar *adj.* Que tiene dos polos: *Las pilas eléctricas son bipolares.*

biquini o **bikini** *s. m.* 1 Prenda de baño femenina que consta de dos piezas, un sujetador y una braga: *Alicia lleva un biquini de lunares.* 2 Prenda interior femenina que consiste en una braga pequeña. 3 Emparedado de jamón y queso: *Prepáreme un biquini, por favor.*

birlar *v. tr.* COLOQUIAL. Quitar ‹una persona› [una cosa] [a otra persona] con engaño o habilidad: *En el colegio le han birlado el estuche. Me birlaron la cartera.*

birlibirloque Se usa en la LOC. **por arte* de magia / ~.**

birmano, na *adj. / s. m.* y *f.* 1 De Birmania, país asiático: *población birmana.* || *s. m.* 2 LING. Lengua chino-tibetana hablada en el centro y sur de Birmania.

birolo, la *adj. / s. m.* y *f.* PERÚ; JERGAL. [Persona] que es bizca.

birome *s. f.* ARG., URUG. Bolígrafo.

birra *s. f.* COLOQUIAL. Cerveza: *Nos vemos luego y tomamos unas birras.*

birreta *s. f.* Gorro cuadrangular con una borla en la parte superior que usan los eclesiásticos: *La birreta de los cardenales es roja.*

birrete *s. m.* 1 Gorro en forma de prisma con una borla en la parte superior que usan en los actos solemnes oficiales los doctores universitarios, abogados y jueces. 2 RESTRINGIDO. Bonete eclesiástico.

birria *s. f.* 1 Cosa de mala calidad o mal hecha: *¡Vaya una birria de dibujo! Tus últimos proyectos son auténticas birrias.* 2 Persona de mal aspecto o que se arregla mal: *Pedro va hecho una birria con ese traje verde. No sé cómo tu amiga va tan birria con lo que gasta en salones de belleza.*

birrioso, sa *adj.* (ser / estar) Que tiene mala calidad, poco valor o mal aspecto: *No vuelvo a ese restaurante, cada vez está más birrioso. Me han regalado una bufanda birriosa. Aféitate, estás muy birrioso con esas barbas.*

biruji o **biruje** *s. m.* (no contable) COLOQUIAL. Frío, fresco: *¡Menudo biruji hace hoy! Cierra bien la puerta, que entra un biruji que corta.*

bis *s. m.* 1 Repetición de una obra musical o recitada como respuesta a los aplausos del público: *La gente aplaudía pidiendo un bis del cantante.* || *adv.* 2 Se emplea para indicar que algo debe repetirse o está repetido: *En la partitura se lee con claridad después de estos compases «bis».*

bis- *pref.* Bi-.

bisabuelo, la *s. m. / f.* El padre y la madre de los abuelos de una persona: *De pequeño conocí a uno de mis bisabuelos.*

bisagra *s. f.* 1 Conjunto de dos piezas metálicas articuladas por un eje que permite el giro de apertura y cierre de las puertas, ventanas, tapas y otros objetos parecidos: *Engrasa las bisagras de la puerta del garaje, que chirrían. Se ha roto una bisagra de la ventana.* 2 Punto de unión o articulación entre dos elementos: *Nuestro partido puede ser la bisagra del Parlamento. No me llevo muy bien con mi hermano, pero soy la bisagra entre él y mis hermanas.*

bisbisear o **bisbisar** *v. intr.* COLOQUIAL. Hablar ‹una persona› muy bajo de manera que parece percibirse sólo un sonido como de eses: *No bisbisees, que no te entiendo nada.*

bisbiseo *s. m.* Murmullo, acción de bisbisear: *Hay un bisbiseo en la biblioteca que no me deja concentrarme.*

biscote *s. m.* Rebanada de pan tostado: *Los biscotes de esta marca me gustan mucho.*

biscuit *s. m.* 1 Bizcocho. 2 RESTRINGIDO. Porcelana: *una figura de biscuit.*

bisección *s. f.* GEOM. División de una figura en dos partes iguales.

bisector, triz *adj. / s. m.* y *f.* GEOM. [Plano, recta] que divide en dos partes iguales: *línea bisectriz, plano bisector. Vamos a trazar una bisectriz a un ángulo.*

bisel *s. m.* Corte oblicuo en el borde de una placa como un cristal o espejo: *El bisel del espejo es demasiado estrecho.*

biselar *v. tr.* Hacer ‹una persona› biseles en [una cosa]: *Tienen que biselarnos este espejo.*

bisemanal *adj.* Que sucede o se repite dos veces por semana: *publicación bisemanal.*

bisexual *adj.* 1 [Individuo vegetal o animal] que tiene los dos sexos. SIN. hermafrodita. || *adj. / s. m.* y *f.* 2 Que tiene relaciones sexuales con personas de los dos sexos.

bisiesto *adj. / s. m.* [Año] que tiene 29 días en el mes de febrero en lugar de los 28 habituales: *Este año es bisiesto.*

bisílabo, ba *adj. / s. m.* y *f.* Que tiene dos sílabas: *palabra bisílaba. En español el verso bisílabo es el más corto.*

bismuto *s. m.* (no contable) *Bi.* Elemento químico de carácter metálico, color gris, frágil y fácilmente fusible, que se utiliza en farmacia y para aleaciones de bajo punto de fusión.

bisnes (plural *bisnes*) *s. m.* JERGAL. Negocio, conjunto de asuntos económicos: *Ese tipo ahora tiene dinero, le van muy bien los bisnes. ¿Estás metido en bisnes legales?*

bisnieto, ta o **biznieto, ta** *s. m. / f.* Una persona con respecto a sus bisabuelos: *Tiene treinta bisnietos.*

bisojo, ja *adj. / s. m.* y *f.* PEYORATIVO. Que padece estrabismo.

bisonte *s. m.* Género *Bison.* Mamífero rumiante de gran tamaño, parecido al toro, que tiene un abultamiento en la parte delantera del lomo. **~ europeo.**

bisoñé *s. m.* Peluca que cubre solamente la parte delantera de la cabeza: *Víctor comenzó a tener entradas y se puso un bisoñé. Los hombres con bisoñé están muy ridículos.*

bisoño, ña *adj. / s. m.* y *f.* 1 RESTRINGIDO. [Soldado] que acaba de ingresar en el ejército: *Los bisoños estaban asustados con su bautismo de fuego.* 2 Que es nuevo e inexperto en cualquier actividad: *Mi hijo es un conductor bisoño, pero prudente. La enfermera es competente aunque bisoña.*

bisté o **bistec** (plural *bistés* o *bistecs*) *s. m.* Filete de carne asado, frito o a la parrilla: *bistec de buey, bisté de ternera.*

bisturí (plural *bisturíes*, preferible a *bisturís*) *s. m.* CIR. Instrumento parecido a un cuchillo estrecho usado en cirugía para hacer cortes e incisiones: *En vez de bisturí se usa en ocasiones el láser.*

bisutería *s. f.* 1 (no contable) Conjunto de objetos para el adorno personal que están hechos de materiales no preciosos: *unos pendientes de bisutería, un collar de bisutería.* 2 (no contable) Industria dedicada a la fabricación de estos objetos: *La bisutería cuenta con buenos artesanos en muchas provincias.* 3 Tienda donde se venden estos objetos de adorno personal: *Trabaja en una joyería-bisutería.*

bit *s. m.* INFORM. Unidad mínima de información que expresa la elección entre dos posibilidades o dos estados.

bitácora *s. f.* MAR. Armario junto al timón, generalmente de forma cilíndrica, donde está instalada la brújula. FR. Y LOC. **aguja* de marear / ~. cuaderno* de ~.**

bíter (plural *bíter* o *biters*) *s. m.* 1 (no contable) Bebida de sabor amargo que suele tomarse como aperitivo: *No me gusta el bíter.* 2 Copa o vaso de esta bebida: *Tráiganos dos bíter, por favor.*

bituminoso, sa *adj.* Que contiene betún, o se parece a él: *De las pizarras bituminosas se extraen diferentes sustancias industriales.*

biunívoco, ca *adj.* Se usa en la LOC. **correspondencia* biunívoca.**

bivalente *adj.* 1 QUÍM. Que tiene dos valencias: *No es raro que un elemento sea bivalente y tenga dos posibilidades de combinarse con otros elementos.* 2 COLOQUIAL. Que está compuesto por sensaciones enfrentadas: *Experimenta un sentimiento bivalente de amor y odio hacia su hermana.*

bivalvo, va *adj.* BIOL. Que tiene dos valvas: *molusco bivalvo.*

biz- *pref.* Bi-.

bizantinismo *s. m.* (no contable) PEYORATIVO. Preocupación por aclarar o discutir cuestiones sin interés o importancia, o cualidad bizantina de una discusión: *El bizantinismo de sus preguntas consigue poner histérico a más de un profesor.*

bizantino, na *adj. / s. m.* y *f.* 1 De Bizancio, actual Constantinopla: *el Imperio Bizantino, el arte bizantino.* || *adj.* 2 [Discusión, problema] que es complicado y no tiene sentido por carecer de interés práctico o de importancia teórica: *No nos metamos en discusiones bizantinas que no conducen a nada. No me interesa resolver problemas bizantinos.* **novela* bizantina.**

bizarría *s. f.* (no contable) ELEVADO. Calidad de bizarro: *La bizarría de nuestras tropas en los desfiles es admirable.*

bizarro, rra *adj.* (antepuesto / pospuesto) ELEVADO. Que es valiente y atractivo: *un bizarro soldado, un aspecto bizarro.*

bizco, ca *adj. / s. m.* y *f.* 1 COLOQUIAL; PEYORATIVO. Que padece estrabismo: *El niño es un poco bizco.* 2 COLOQUIAL. [Ojo, mirada] que está desviado de la trayectoria que parece recta: *Los ojos bizcos me impresionan porque no sé si me miran o no.*

bizcocho *s. m.* 1 Dulce esponjoso, elaborado con harina, huevos y azúcar: *Tomaremos café y bizcochos en el desayuno.* **~ borracho** Masa esponjosa de un pastel empapada en licor dulce. 2 RESTRINGIDO. Pan sin levadura cocido dos veces que se conserva largo tiempo: *El bizcocho era esencial en las largas navegaciones marinas.*

bizcochuelo *s. m.* ARG., URUG. Masa de harina, huevos y azúcar que sirve de base para hacer un pastel.

biznieto, ta *s. m. / f.* Bisnieto.

bizquear *v. intr.* COLOQUIAL. Padecer estrabismo ‹una persona› o fingirlo: *Niño, no bizquees, que no me gusta que juegues así.*

bizquera *s. f.* (no contable) COLOQUIAL. Estrabismo.

blanca *s. f.* 1 Moneda antigua española hecha de cobre y plata. 2 MÚS. Nota musical que es la mitad de una redonda y se representa con un círculo vacío con un palo a un lado. FR. Y LOC. **estar sin ~** o **no tener ~** COLOQUIAL. No tener ‹una persona› dinero: *Estoy sin blanca, ¿me invitas a un café?*

blanco, ca *adj. / s. m.* 1 [Color] que es semejante al de la nieve o la leche: *La novia llevaba un vestido blanco. El blanco es un bonito color.* **alubias blancas. azúcar* ~. bandera* blanca. judías blancas. lirio* ~. ropa* blanca.** || *adj.* 2 [Cosa] que es más clara que otra de su misma especie: *pan blanco, aguardiente blanco. Me gusta más la ternera blanca que la roja.* **carne* blanca. metal* ~. oro* ~. pimienta* blanca. sauce* ~. uva* blanca. vino* ~.** 3 Que ha perdido el color de la cara por un susto o sorpresa: *Félix se quedó blanco del susto. Me puse blanca cuando vi a ese hombre.* SIN. pálido. || *adj. / s. m.* y *f.* 4 [Raza humana] que se caracteriza por una piel pálida: *un hombre de raza blanca. Los blancos siempre ganaban a los indios en las películas* *de vaqueros.* || *s. m.* **5** Objeto o parte de un objeto donde se apunta con un arma: *dar en el blanco. No puedes atravesar la plaza ahora, porque serías un blanco perfecto para cualquier francotirador.* **6** Objetivo, finalidad: *Su blanco es aprobarlo todo. Nuestro blanco ahora es mejorar la distribución de nuestros productos.* SIN. meta, fin. **7** Espacio vacío entre dos cosas, especialmente en un escrito: *Debes rellenar los blancos con formas verbales.* || **8 acacia* blanca/falsa. 9 arma* blanca. 10 ~ del ojo** Parte visible de la córnea: *Tienes un derrame en el blanco del ojo.* **11 carta* blanca. 12 continente* ~. 13 espada* blanca. 14 glóbulo* ~. 15 hulla* blanca. 16 magia* blanca/natural. 17 mirlo* ~. 18 salsa* blanca. 19 sustancia* blanca. 20 palo* ~. 21 pescado* ~.** FR. Y LOC. **dar en el ~** COLOQUIAL. Conseguir ‹una persona› acertar plenamente en aquello que se desea obtener o que se pretende: *Has dado en el blanco con todos los regalos.* **dar un cheque* en ~. de punta* en ~. en ~** 1 Que no está escrito: *Entregué el examen en blanco. La jefa tiene mucha confianza en mí, me firma las cosas en blanco.* 2 Que no recuerda nada: *En el examen me quedé en blanco y no pude contestar nada. Me quedé en blanco y no sabía dónde estaba.* **en ~ y negro** [Película, fotografía, aparato] que no reproduce todos los colores: *televisión en blanco y negro.* **firmar* en ~. fotografía en ~ y negro. no distinguir lo ~ de lo negro** COLOQUIAL. Ser ‹una persona› muy ignorante. **parecerse en el ~ de los ojos** COLOQUIAL. No parecerse en nada ‹dos o más personas›: *Los dos hermanos no tienen nada en común; sólo se parecen en el blanco de los ojos.* **pasar la noche* en ~. ser el ~ de todas las miradas** COLOQUIAL. Ser ‹una persona› el centro de atención de todas las otras personas: *A ella le gusta ser el blanco de todas las miradas cuando está en el baile.* **tiro* al ~. trata* de blancas.**

blancor *s. m.* (no contable) RESTRINGIDO. Blancura: *El blancor de esta ropa llama la atención.*

blancura *s. f.* (no contable) Propiedad de las cosas blancas: *la blancura de la nieve.*

blancuzco, ca *adj.* PEYORATIVO. Que tira a blanco o que tiene un blanco sucio: *Hay que pintar esta pared, que se ha puesto blancuzca. Una blusa blancuzca produce mala impresión.*

blandengue *adj.* **1** (ser/estar) COLOQUIAL; PEYORATIVO. Que es desagradablemente blando: *El bizcocho quedó blandengue. El plástico está blandengue por el calor.* || *adj./s. m.* y *f.* **2** COLOQUIAL; PEYORATIVO. Que es débil de carácter o se queja con frecuencia: *Su padre es un hombre muy blandengue. En cuanto andas un poco te quejas enseguida, eres muy blandengue.*

blandir *v. tr.* RESTRINGIDO. Tener ‹una persona› [una cosa] en la mano agitándola o haciéndola vibrar en el aire amenazadoramente: *blandir la espada. El atracador delante de sus ojos blandía amenazadoramente una navaja.* ⇒ **1.**

blando, da *adj.* **1** Que fácilmente se deforma o cede al tacto o a la presión: *El plástico es un material blando. La masa tiene que estar blanda para poder darle forma. No me gustan los colchones blandos, porque te hundes en ellos.* ANT. duro. **2** (ser/estar) Que está suficientemente tierno para poder deshacerlo en la boca o masticarlo: *Como no tengo dientes, tengo que comer las cosas blandas. Estos espaguetis están demasiado blandos.* ANT. duro. **3** GEOL. Que se raya con facilidad: *El yeso es un material blando.* **4** Que no tiene rigidez y tiene poca fuerza o resistencia: *Tengo las piernas blandas por no haber hecho nunca ejercicio.* || *adj./s. m.* y *f.* **5** Que actúa con suavidad, indulgencia, sin severidad y es fácil de conmover: *Eres muy blando con tus hijos y por eso te toman el pelo. Eres una blanda, tus alumnos hacen contigo lo que quieren.* **6** Que no tiene fortaleza para aguantar o soportar el cansancio, las penas o los dolores suyos o ajenos: *Eres muy blanda, tienes que ser fuerte, que la vida es difícil. Eres un blando, apenas hemos andado nada y ya estás agotado.* ANT. duro. **7** Que no tiene mucha voluntad o coraje sino un carácter débil o flojo: *No se puede ser tan blando, hay que tener un poco más de nervio y ganas de hacer las cosas.* || **8 agua* blanda. 9 crédito* ~. 10 droga* blanda.**

blandón, na *adj.* ARG., URUG.; COLOQUIAL. Que tiene un carácter poco resistente o que soporta mal el trabajo.

blanducho, cha *adj.* COLOQUIAL; PEYORATIVO. Que es demasiado blando: *Las galletas estaban blanduchas. No me gusta ese chico, es muy blanducho.*

blandura *s. f.* (no contable) Calidad de blando: *La blandura de su carácter será un obstáculo para que lo nombren director. Me disgusta la blandura de los plátanos.*

blanquear *v. tr.* **1** Poner ‹una persona o una cosa› blanca [una cosa]: *Ahora todos blanqueamos la ropa con lejía. La escarcha blanquea la hierba.* **2** Poner ‹una persona› blanca [una pared] con cal: *Han blanqueado la fachada del edificio. En los pueblos andaluces se blanquean las casas todos los años.* SIN. encalar, enjalbegar. **3** Poner ‹una persona› blanca ‹una cosa› suprimiendo su color o suciedad: *En diversos procesos industriales muchos productos se blanquean, como el papel o el azúcar. Puede usted blanquear los cubiertos con un limpiametales.* **4** Invertir ‹una persona› [un dinero obtenido por medios ilegales] en negocios o valores legales: *Lo denunciaron por un intento de blanquear dinero.* || *v. intr.* **5** Ponerse ‹una cosa› blanca: *Al tío le blanquean las sienes con los años.* **6** Mostrar ‹una cosa› su blancura: *Blanquea la nieve en las cumbres.* **7** Ser ‹una cosa› un poco blanca: *Los pantalones ya blanquean en las rodilleras.*

blanquecer *v. tr.* RESTRINGIDO. Blanquear. ⇒ **5.**

blanquecino, na *adj.* Que tira a blanco: *No me gusta ese líquido blanquecino con sabor a jarabe.*

blanqueo *s. m.* **1** Acción y resultado de blanquear una pared o de limpiar una materia: *el blanqueo de la casa, el blanqueo del papel.* **2** Acción de blanquear el dinero obtenido por medios ilegales: *Un mafioso se ocupaba del blanqueo del dinero de la droga.*

blanquilla *adj.* Se usa en la LOC. **azúcar* ~.**

blanquiñoso, sa *adj.* PERÚ; COLOQUIAL; PEYORATIVO. Que tiene la piel clara.

blasfemar *v. intr.* **1** REL. Decir ‹una persona› una blasfemia contra [Dios] o contra [las cosas sagradas]: *Ese tipo solía blasfemar* ***contra*** *todo lo sagrado.* **2** Hablar ‹una persona› mal de [cosas dignas de respeto y veneración]: *Ese político blasfema* ***contra*** *la democracia.* **3** Rechazar ‹una persona› [una cosa]: *Cuando Pepe se enfada, blasfema* ***de*** *la virtud,* ***del*** *trabajo y* ***de*** *todo lo que más ama.*

blasfemia *s. f.* **1** REL. Expresión injuriosa contra Dios, la Virgen, los santos o lo que se considera sagrado. **2** Expresión ofensiva o injuriosa contra las personas o cosas respetables o consideradas buenas: *Es una blasfemia hablar a los niños con violencia. Me parece una blasfemia decir que no te gusta el queso manchego.*

blasfemo, ma *adj.* 1 Que contiene blasfemia: *expresiones blasfemas.* || *adj. / s. m.* y *f.* 2 Que dice blasfemias.

blasón *s. m.* 1 Conjunto de conocimientos referentes a los escudos de armas: *la ciencia del blasón.* 2 Figura o símbolo de un escudo de armas: *Han esculpido su blasón en la fachada de su nuevo caserón.* 3 Escudo de armas: *el blasón de los Peña.* 4 Honor o gloria: *Participar en las cruzadas era un blasón para los nobles medievales.*

blasonar *v. intr.* RESTRINGIDO. Hacer ‹una persona› ostentación de [una cosa]: *Tu hermano blasona* ***de*** *su posición.*

blazer (del inglés; pronunciamos *'bleiser'* o *'blasier'*) *s. m.* Chaqueta elegante, generalmente azul, a veces con el escudo de un club en el bolsillo superior: *Muchos equipos de fútbol visten fuera del campo un pantalón gris y un blazer azul.*

ble- *suf.* Significa 'posibilidad' o 'capacidad' y forma adjetivos a partir de verbos: *respetar - respetable, desmontar - desmontable, temer - temible, prescindir - prescindible.*

bledo *s. m.* Planta anual rastrera que tiene flores muy pequeñas. FR. Y LOC. **importar un ~** COLOQUIAL. Importar poco ‹una cosa›: *Me importa un bledo lo que pienses de mí.*

blenda *s. f.* (no contable) MINERAL. Sulfuro de cinc, que se halla en formas de cristales de color amarillo, rojizo o marrón del que se extrae el cinc.

blenorragia *s. f.* (no contable) MED. Flujo ocasionado por la inflamación infecciosa de una membrana, principalmente de la uretra.

bleque *s. m.* ARG., URUG. Alquitrán.

blindado, da *adj.* 1 Recubierto de blindaje: *coche blindado, puerta blindada.* 2 [Unidad militar] que está compuesta por carros de combate y vehículos acorazados: *división blindada.* || 3 **contrato* ~.**

blindaje *s. m.* 1 (no contable) Acción de blindar: *El blindaje del coche se hace ya en la fábrica.* 2 Conjunto de materiales que se utilizan para blindar, generalmente planchas de acero o hierro: *Este banco tiene un blindaje moderno.*

blindar *v. tr.* 1 Poner ‹una persona› chapas metálicas u otro material sobre [una cosa] para protegerla: *blindar una puerta, blindar un coche. El banco está blindado con aceros especiales y circuitos electrónicos inviolables.* 2 COLOQUIAL. Proteger ‹una persona› [a otra persona o una cosa] fuertemente: *No me preocupa el frío, hoy voy blindado con dos camisetas y dos jerséis. Tengo la casa blindada con alarma en todas las habitaciones.*

bloc (plural *blocs*) *s. m.* Conjunto de hojas encuadernadas de manera que se pueden separar o desprender con facilidad: *bloc de notas, bloc de apuntes.*

blocao *s. m.* Fortificación de madera que puede desmontarse y transportarse: *El ejército español empleó el blocao en la guerra de Marruecos de principios del siglo* XX.

blocar *v. tr.* 1 DEP. Parar ‹el portero› [el balón] y protegerlo con el cuerpo, en fútbol y en balonmano: *Este portero bloca bien.* 2 DEP. Parar ‹un boxeador› [un golpe del contrario] con los brazos o con los codos. ⇒ **71.**

blonda *s. f.* (no contable) Encaje de seda: *Los vestidos de novia suelen tener mucha blonda.*

blondo, da *adj.* (antepuesto / pospuesto) LITERARIO. Que es rubio: *unas ninfas con sus blondas cabelleras.*

bloque *s. m.* 1 Trozo grande de un material duro y compacto: *bloque de helado, bloque de hormigón, bloque de cemento, bloque de mármol, bloque de granito.* 2 Edificio o conjunto unitario de edificios formado por viviendas similares: *bloque de viviendas, bloque de pisos. Vivo en el tercer bloque.* 3 Conjunto de cosas que forman una unidad compacta: *bloque de noticias, bloque de folios.* 4 Conjunto de partidos o países vinculados por algo: *bloque del Este, bloque oriental, bloque occidental, bloque conservador, bloque de izquierdas, bloque de derechas.* FR. Y LOC. **en ~** En conjunto: *Los estudiantes acudieron en bloque a la reunión.*

bloquear *v. tr.* 1 Cortar ‹una persona› las comunicaciones de [un territorio, un puerto o un ejército]: *El enemigo bloqueó todos los accesos a la ciudad. La flota de pescadores bloquea el puerto para protestar por la ley de pesca.* 2 Impedir ‹una persona o una cosa› el movimiento o funcionamiento de un proceso o de un mecanismo: *La arena ha bloqueado las marchas del motor. Hay algo que bloquea la cerradura. El defensa bloqueó al delantero. Los manifestantes bloqueaban la salida a la calle de los directivos.* 3 Impedir ‹una persona o una cosa› el desarrollo de [una cosa]: *La falta de entendimiento bloqueó las negociaciones.* 4 Inmovilizar ‹una persona autorizada› [los movimientos económicos de algunas cuentas o activos]: *El juez ha bloqueado las cuentas bancarias de los acusados.* || *v. tr. / prnl.* 5 Parar ‹una persona o una cosa› las reacciones de [otra persona]: *Tu presencia me bloquea. Los exámenes me bloquean la mente.* ***Me*** *bloqueo en situaciones comprometidas.* 6 Interrumpir ‹una persona o una cosa› [una prestación o un servicio]: *Un exceso de llamadas bloqueó las líneas telefónicas. Correos* ***se*** *bloquea en Navidades.*

bloqueo *s. m.* 1 Acción y resultado de bloquear o interrumpir el movimiento, el desarrollo o el funcionamiento de una cosa: *el bloqueo del mercado, el bloqueo de las negociaciones, el bloqueo de la carretera, el bloqueo del motor, el bloqueo de la cerradura.* 2 Paralización del funcionamiento de un sistema por sobrecarga: *el bloqueo de las líneas telefónicas.* 3 Paralización de la capacidad de reaccionar de una persona: *Tengo un bloqueo mental y no logro recordar su teléfono.* 4 Inmovilización de los activos de una persona o de una sociedad: *El juez ha decretado el bloqueo de las cuentas de la sociedad.* || 5 **~ económico** ECON., POLÍT. Aislamiento económico y comercial del exterior al que un país es sometido por otro u otros: *Los países occidentales han decidido el bloqueo económico de la nación agresora.*

blues (plural *blues*; del inglés; pronunciamos *'blus'*) *s. m.* Canción o tema instrumental de ritmo lento y tono melancólico que tiene su origen en las canciones populares del pueblo negro estadounidense del siglo XIX: *música de blues, tocar un blues.*

blúmer (plural *blumers, blumes* o *blúmeres*) *s. m.* VEN.; COLOQUIAL. Braga.

blusa *s. f.* 1 Prenda femenina, parecida a una camisa, con o sin mangas, que cubre el tronco: *Ana llevaba una blusa blanca.* 2 RESTRINGIDO. Camisa holgada y con mangas propia de los vestidos tradicionales masculinos: *una blusa de cosaco.*

blusón *s. m.* Blusa femenina o masculina muy larga y suelta: *Le gustan los blusones porque es una ropa muy cómoda. Muchos pintores o escultores usan un blusón para trabajar.*

bluyín *s. m.* COL., VEN. Pantalón vaquero.

boa *s. f.* 1 (macho y hembra) Familia *Boidos.* Serpiente de gran tamaño y cabeza alargada y saliente, que suele matar a sus víctimas estrangulándolas y habita en las selvas de América. || *s. m.* **2** RESTRINGIDO. Prenda de abrigo de mujer hecha de pieles o plumas que se pone alrededor del cuello.

boardilla *s. f.* Buhardilla.

boato *s. m.* (no contable) ELEVADO. Demostración de riqueza y lujo ante los demás: *En la boda de esa famosa artista hubo demasiado boato.*

bobada *s. f.* **1** COLOQUIAL. Comportamiento distraído o desacertado de una persona, o palabra o acción de un bobo: *Hoy no hago más que bobadas. Hijo, ¿no puedes estar sin hacer bobadas un rato?* SIN. tontería. **2** COLOQUIAL. Dicho o hecho que no tiene fundamento: *¿Fea, tú? Bobadas, tú eres preciosa.* SIN. bobería, tontería. **3** Cosa sin importancia: *No pienso cobrarte un café, es una bobada.*

bobalicón, na *adj. / s. m.* y *f.* COLOQUIAL. Que es un poco bobo: *No seas bobalicona y deja de llorar. Jesús es un bobalicón que se admira por todo.*

bobamente *adv. modo* **1** Con bobería, de manera boba: *No debiste comportarte tan bobamente.* **2** Por una tontería, sin motivo suficiente. *Me disgusté bobamente.* **3** Sin esfuerzo, sin trabajo: *Bobamente, el concursante ganó más de un millón de pesetas.*

bobear *v. intr.* RESTRINGIDO. Hacer o decir ‹una persona› bobadas: *A estas edades todos los niños se dedican a bobear.*

bobería *s. f.* COLOQUIAL. Dicho o hecho que demuestran poca inteligencia o que no tienen base lógica: *No le hagas caso, ésa no dice más que boberías.* SIN. bobada, tontería.

bóbilis *adv.* Se usa en LOC. **de bóbilis (~)** COLOQUIAL. Sin esfuerzo, gratuitamente: *Nadie te va a regalar nada de bóbilis. Inés lo ha conseguido con su sacrificio, no de bóbilis bóbilis.*

bobina *s. f.* **1** Pequeño cilindro en el que se recoge enrollado el hilo, la cuerda o cualquier material flexible: *Para el hilo lo mejor es que hagas una bobina o un carrete.* SIN. carrete. **2** Material enrollado en un carrete: *una bobina de alambre, una bobina de hilo.* **3** Dispositivo de un circuito eléctrico formado por un alambre conductor, aislado y enrollado en hélice, destinado a crear un campo magnético al pasar la corriente eléctrica. **4** ART. GRÁF. Rollo de papel continuo que usan las rotativas. || **5 ~ de encendido** MÉC. Pieza del motor de un automóvil que, transformando la corriente, hace saltar la chispa en la bujía.

bobinar *v. tr.* RESTRINGIDO. Poner ‹una persona› [hilo, alambre, papel u otro material] en forma de rollo en una bobina: *Ayúdame a bobinar el hilo.*

bobo, ba *adj. / s. m.* y *f.* **1** INSULTO. Que tiene poca inteligencia o capacidad: *Josefa es una persona muy boba que no entiende nada de lo que le digo.* **2** Que es extremadamente ingenuo: *No seas bobo y no te creas todo lo que te dicen. No te hagas el bobo, que sabes de lo que te estoy hablando.* SIN. simple. || *s. m.* **3** TEATRO. Personaje de las antiguas comedias españolas que resulta gracioso por su simpleza. **4** ARG., PERÚ, URUG.; JERGAL en Perú, HUMORÍSTICO en Argentina y Uruguay. Corazón. **5** ARG., PERÚ, URUG.; JERGAL en Perú, HUMORÍSTICO en Argentina, Uruguay. Reloj. || **6 sopa* boba. 7 pájaro* ~.**

bobtail *s. m.* (macho y hembra) Perro de cierta raza.

boca *s. f.* **1** Abertura y cavidad de la cara por la que se toman los alimentos. **2** Órgano de la palabra: *¡Cierra la boca! Ella me lo contó, pero de mi boca no ha salido una palabra. Desde que llegó no abrió la boca.* **3** Persona o animal a quien se mantiene y da de comer: *Trabajo duro para alimentar a cuatro bocas.* **4** Entrada o salida de algún lugar. **~ de metro. ~ de un canal. ~ de un cañón. ~ de un escenario. ~ de un horno. ~ de un puerto.** **5** (preferentemente en plural) GEOGR. Desembocadura de un río: *las bocas del Danubio.* **6** (no contable) Gusto o sabor del vino: *Ese vino tiene buena boca.* **7** Parte cortante de algunas herramientas: *la boca de las tenazas.* **8** ZOOL. Pinza en que terminan las patas delanteras de los crustáceos. || **9 boca a ~** (no contable) Respiración artificial en la que una persona junta su boca con la de otra para introducirle aire: *Hicieron el boca a boca al ahogado para reanimarle.* **10 ~ de incendios** Dispositivo semejante al de la boca de riego para ser usado en caso de incendio. **11 ~ de riego** Abertura en un conducto de agua en la que se acopla una manga para regar. **12 ~ del estómago** Parte central del epigastrio: *El paciente siente dolor en la boca del estómago.* FR. Y LOC. **a ~ (de) jarro** A bocajarro. **abrir / hacer ~** COLOQUIAL. Tomar ‹una persona› alguna comida o bebida en pequeña cantidad para preparar el estómago: *Tomamos unos canapés para abrir boca.* **abrírsele la ~** Bostezar ‹una persona›: *Se me abría la boca por haber dormido poco.* **andar / correr de boca en ~** Ser ‹un asunto› conocido públicamente: *Ese rumor anda de boca en boca.* **andar en ~ de todos** COLOQUIAL. Ser ‹una persona o cosa› motivo de comentario por parte de otras personas: *Su ascenso anda en boca de todos.* **~ abajo** 1 Tendido con la cara hacia el suelo: *Ponte boca abajo para que te dé el sol en la espalda.* 2. En posición invertida: *El vaso está boca abajo.* **~ arriba** Tendido de espaldas: *Se tumbó boca arriba.* **caballo* de buena ~. de ~ / boquilla** COLOQUIAL. Jactándose de algo que no se es o no se hace realmente: *Éste es muy valiente, pero de boquilla.* **decir con la ~ chica / pequeña** COLOQUIAL. Decir ‹una persona› algo que no va a hacer realmente: *Se ofreció a prestarme dinero, pero lo dijo con la boca chica.* **dejar con la palabra* en la ~. dejar mal sabor* de ~. echar por la ~** COLOQUIAL; DISGUSTO Y ENFADO. Decir ‹una persona› palabras ofensivas contra otra: *Juan estaba irritado y echaba pestes por la boca.* **haberle hecho la ~ un fraile** COLOQUIAL; INTENSIFICADOR. Ser ‹una persona› muy pedigüeña: *A ése parece que le ha hecho la boca un fraile, siempre nos está pidiendo dinero.* **hablar por ~ de otro / ganso** COLOQUIAL. Hablar ‹una persona› de acuerdo con la opinión o voluntad de otra. **hacerse la ~ agua** COLOQUIAL. Relamerse ‹una persona› al pensar en algo muy agradable: *Cuando ve los pasteles, se le hace la boca agua.* **ir / salir a pedir de ~** COLOQUIAL. Resultar ‹una cosa› muy bien: *La fiesta salió a pedir de boca.* **irse / marcharse / salir con el bocado* en la ~. írsele la fuerza* por la ~. meterse en la ~ del lobo** COLOQUIAL. Exponerse ‹una persona› a un peligro seguro: *Andar por ese lugar es meterse en la boca del lobo.* **no decir esta ~ es mía** COLOQUIAL. No decir nada ‹una persona›, mostrarse absolutamente reservada: *Todos le acusaban, pero él no decía esta boca es mía. Le pregunto por su trabajo, pero él no dice esta boca es mía.* **no tener nada que llevarse a la ~** COLOQUIAL. No tener ‹una persona o animal› nada para comer. **partir* la cara / ~ o partir los dientes. pedir por esa ~ / boquita** COLOQUIAL. Pedir ‹una persona› lo que quiera a otra persona: *Pide por esa boquita lo que desees.* **poner las cartas* ~ arriba. punto* en ~. quedarse con la ~ abierta** COLOQUIAL; INTENSIFICADOR. Estar o quedarse ‹una persona› muy admirada de lo que oye o ve: *Al oír la noticia, me quedé con la boca abierta.* **quitar (la palabra) de**

la ~ COLOQUIAL. Anticiparse ‹una persona› a decir algo que iba a decir otra persona: *Se lo iba a contar yo, pero me lo has quitado de la boca.* **romper* la cara / ~** o **romper los dientes. tapar la ~** 1 COLOQUIAL. Hacer callar ‹una persona› [a otra persona] con sobornos, amenazas o con otros medios para que no diga algo comprometido: *Le taparon la boca con dos millones.* 2 COLOQUIAL. Dar ‹una persona› una razón concluyente a otra persona que no sabe cómo contestar: *Con aquel argumento Elena tapó la boca a sus adversarios.* **tener mala ~** COLOQUIAL. Emplear ‹una persona› palabras malsonantes: *Este niño tiene muy mala boca, sólo dice palabrotas.* REFR. **En boca cerrada no entran moscas.** Se usa para indicar que si una persona no habla, evita problemas. **Por la boca muere el pez.** Se usa para indicar que una persona puede delatarse o ponerse en evidencia si habla demasiado. **Quien tiene boca se equivoca.** Se usa para indicar que todos podemos cometer errores.

bocacalle *s. f.* **1** Entrada de una calle: *La bocacalle de abajo está bloqueada.* **2** Calle secundaria que va a salir a otra principal: *Si tomas esa bocacalle, llegarás a una avenida.*

bocadillo *s. m.* **1** Panecillo o trozo de pan cortado longitudinalmente por la mitad y relleno de cualquier alimento, generalmente embutidos, queso o tortilla: *bocadillo de tortilla, bocadillo de jamón, bocadillo de atún.* **2** Texto de un dibujo o de un tebeo, generalmente rodeado de una línea, que indica el pensamiento o las palabras de los personajes: *En los tebeos los bocadillos de los personajes señalan claramente al que habla o piensa.* **3** AMÉR. Dulce de leche con azúcar y, a veces, frutas, como guayaba, coco, etc.

bocado *s. m.* **1** Porción de comida que se toma de una vez: *Masticó lentamente cada bocado.* **2** Un poco de comida: *Sólo tomó un bocado antes de salir.* **3** Mordedura hecha con los dientes: *El perro le dio un bocado al intentar entrar en la finca.* **4** Trozo de una cosa que se arranca violentamente con la boca u otro medio: *A este pan le falta un bocado. He escupido el bocado de tu bollo porque no me gusta.* **5** Parte del freno que entra en la boca de las caballerías: *Ese bocado le hace daño al caballo.* ‖ **6 ~ de Adán** Nuez de la garganta de los hombres. **7 buen ~** COLOQUIAL; INTENSIFICADOR. Cosa muy buena, excelente: *Ese negocio es un buen bocado. Después de tanto lío, ella ha conseguido quedarse con un buen bocado de la herencia.* FR. Y LOC. **irse / marcharse / salir con el ~ en la boca** COLOQUIAL. Salir ‹una persona› inmediatamente después de comer: *Salí de casa con el bocado en la boca.* **no probar ~** COLOQUIAL. No comer nada ‹una persona›: *Llevo todo el día sin probar bocado.*

bocajarro Se usa en la LOC. **a ~** 1 Desde muy cerca, con el cañón casi sobre el blanco: *Si disparas a bocajarro, así cualquiera caza conejos. Le dispararon dos tiros a bocajarro sin abrir la boca y salieron corriendo.* 2 De improviso, bruscamente, sin preparación: *Le dieron la noticia a bocajarro.*

bocamanga *s. f.* Parte de una manga más próxima a la muñeca: *Los oficiales llevan las estrellas en la bocamanga de la guerrera.*

bocamina *s. f.* Entrada de una galería o pozo que conduce a una mina: *Los compañeros de los mineros sepultados esperaban el rescate en la bocamina.*

bocana *s. f.* **1** Canal o paso estrecho marino que sirve de entrada a una bahía o a un puerto: *La bocana del puerto va a ser dragada otra vez.* **2** AMÉR. Desembocadura de un río.

bocanada *s. f.* **1** Cantidad de aire, humo o líquido que se toma o expulsa de una vez por la boca: *Expulsó una bocanada de humo. Aspiré una bocanada de aire fresco.* **2** Salida o entrada realizada de una vez de aire, humo o líquido por una abertura: *Por la ventana entró una bocanada de calor.* FR. Y LOC. **a bocanadas** COLOQUIAL. Se usa para indicar que una cosa sale con violencia y discontinuidad: *El vapor salía a bocanadas. Al herido le salía la sangre a bocanadas.*

bocata (marca registrada) *s. m.* COLOQUIAL. Bocadillo: *Jaime pidió en el bar un bocata de jamón y queso.*

bocazas (plural *bocazas*) *s. m./f.* COLOQUIAL; PEYORATIVO. Persona que es indiscreta o presume de lo que no puede: *No le cuentes nada, porque ése es un bocazas.*

bocel *s. m.* ARQ. Moldura lisa y convexa, de sección elíptica o semicircular.

bocera *s. f.* **1** COLOQUIAL. Resto de comida o bebida que queda en la parte exterior de los labios o por fuera de ellos: *Límpiale las boceras al nene, que se ha puesto perdido.* **2** RESTRINGIDO. Calentura en las comisuras de los labios. ‖ *s. m./f.* **3** (se usa siempre *boceras* para singular y plural) COLOQUIAL; PEYORATIVO. Bocazas: *Manolo es un boceras, nunca ha ido a la montaña, pero presume de esquiar muy bien.*

boceto *s. m.* **1** Dibujo o esquema con los rasgos generales de una obra artística: *Primero el artista hizo un boceto de lo que iba a pintar. He leído el boceto de su próximo libro.* **2** Proyecto en el que sólo se recogen los aspectos principales de una obra: *Mañana traeremos un boceto de nuestras propuestas. Le presenté el boceto del proyecto a mi jefe.*

bocha *s. f.* **1** Bola de madera mediana que se usa en este juego. **2** (en plural) Juego que consiste en tirar a cierta distancia estas bolas y arrimarlas a otra más pequeña.

boche *s. m.* **1** AMÉR. Desplante, desaire. **2** AMÉR. Pelea, follón.

bochín *s. m.* AMÉR. DEL S. La bola más pequeña en el juego de las bochas.

bochinche *s. m.* COLOQUIAL. Alboroto, en especial, de gente que grita o riñe: *Se armó tal bochinche en el bar, que tuvo que venir la policía.*

bocho, cha *adj.* ARG., URUG.; COLOQUIAL. Que es inteligente y estudioso.

bochorno *s. m.* **1** (no contable) Viento caliente y molesto que se levanta en verano: *En verano el bochorno trae consigo tormentas.* **2** (no contable) Calor sofocante y agobiante: *Con este bochorno se suda mucho.* **3** (no contable) Vergüenza y sonrojo: *Luis, hablando de mí delante de todos, me ha hecho pasar bochorno.*

bochornoso, sa *adj.* **1** (antepuesto / pospuesto) Que causa vergüenza o sonrojo: *Esta bochornosa situación es insoportable. Es bochornoso, no sé cómo viniste a la fiesta sin corbata.* **2** Que causa bochorno o calor fuerte: *Hace un día bochornoso. No soporto este tiempo tan bochornoso.*

bocina *s. f.* **1** Antiguo instrumento parecido a una trompeta con una pera de goma que se apretaba con la mano para hacerlo sonar, usado en los automóviles para llamar la atención: *Las bocinas producían un sonido estentóreo y desagradable.* **2** Mecanismo que llevan los vehículos para producir un sonido con el que llamar la atención de los peatones o de los otros conductores: *En pleno atasco muchos coches tocaban la bocina con insistencia.* SIN. claxon.

3 Objeto de forma cónica usado para amplificar un sonido: *Los antiguos gramófonos tenían una bocina grande sobre una caja de madera.* 4 MÚS. Instrumento musical en forma de cuerno de sonido parecido al de la trompeta.

bocinazo *s. m.* 1 Toque fuerte de bocina: *Los bocinazos de los coches hacían insoportable el atasco.* 2 COLOQUIAL. Grito fuerte con que se llama la atención o se riñe a alguien: *El maestro les dio un bocinazo y los alumnos se callaron.*

bocio *s. m.* (no contable) Aumento de tamaño de la glándula tiroides que produce un abultamiento en el cuello: *El bocio puede aparecer por falta de yodo.*

boda *s. f.* 1 Acto de casarse y ceremonia con que se celebra: *ir de boda, asistir a la boda, noche de bodas, los preparativos de la boda, boda civil, boda religiosa. Unos amigos nos han invitado a su boda.* || 2 **bodas de diamante** Sesenta aniversario de una boda o de un acontecimiento importante: *Mis abuelos celebraron sus bodas de diamante.* 3 **bodas de oro** Cincuenta aniversario de una boda o de un acontecimiento importante: *Sus tíos celebran hoy sus bodas de oro.* 4 **bodas de plata** Veinticinco aniversario de una boda o de un acontecimiento importante: *Esta pareja celebra hoy sus bodas de plata. Nuestra promoción de Medicina celebra en verano sus bodas de plata.* FR. Y LOC. **lista* de ~.**

bodega *s. f.* 1 Lugar donde se guarda y cría el vino: *Visité la bodega de la familia.* 2 Establecimiento donde se venden vinos y licores y en el que a veces también se consumen: *Compra vino en la bodega.* 3 Establecimiento, generalmente industrial, donde se elaboran vinos: *Están a la venta algunas bodegas de Jerez.* 4 Piso inferior de algunas casas que se usa para despensa, almacén y trastero: *En la bodega tenemos el vino y las patatas.* 5 (no contable) Producción de vino en algún lugar: *la bodega de La Rioja.* 6 Compartimento de los barcos que va desde la cubierta inferior a la quilla: *Varios polizones han viajado en la bodega.* 7 AMÉR. Tienda o almacén, sobre todo de comestibles.

bodegón *s. m.* 1 PINT. Composición pictórica en que se representan objetos inanimados, principalmente fruta, flores y caza: *Vimos una exposición de bodegones.* 2 RESTRINGIDO. Mesón, taberna.

bodoque *adj. / s. m.* y f. 1 Persona torpe y poco inteligente: *No seas bodoque, eso no se hace así. Eugenia es una bodoque perfecta, no se entera de nada.* || *s. m.* 2 Adorno redondo y en relieve de un bordado: *Le han regalado una blusa llena de bodoques en la pechera.*

bodorrio *s. m.* 1 COLOQUIAL; PEYORATIVO. Boda con pocos invitados y fiesta escasa: *Me dio lástima, porque aquello era un bodorrio, triste y pobretón.* 2 COLOQUIAL. Boda entre dos cónyuges de diferente nivel social.

bodrio *s. m.* COLOQUIAL; PEYORATIVO. Cosa de mala calidad o aburrida: *¡Menudo bodrio de película! Esta novela es un bodrio.*

body *s. m.* 1 Maillot de gimnasia. 2 Prenda interior femenina de una sola pieza que cubre todo el cuerpo excepto las extremidades: *Los bodys le resultan cómodos.*

BOE (pronunciamos *'boe'*) *s. m.* Sigla de «Boletín Oficial del Estado», España.

bóer (plural *bóers*) *adj. / s. m.* y *f.* 1 HIST. [Colono holandés] que se estableció en África del Sur a mediados del siglo XVII. 2 Que tiene relación con los descendientes de los colonizadores holandeses de África del Sur.

bofe *s. m.* Pulmón, sobre todo el de las reses, que se emplea como alimento: *Con los bofes de vaca fabrican alimentos para animales domésticos.* FR. Y LOC. **echar el ~** o **echar los bofes** COLOQUIAL. Esforzarse o cansarse mucho ‹una persona›: *Eché el bofe para llegar el primero a la meta.*

bofetada *s. f.* 1 Golpe que se da en la cara con la palma de la mano abierta: *dar un par de bofetadas.* 2 Golpe fuerte o considerable: *Mis amigos se dieron una bofetada con el coche.* 3 Crítica o desprecio público: *El autor insiste en que la última crítica de nuestro diario es una bofetada a su trayectoria.* FR. Y LOC. **darse* de bofetadas / tortas. no tener ni media ~ / galleta** COLOQUIAL. No constituir ‹una persona› enemigo temible, física o intelectualmente: *Como me haga una crítica mala, ya le contestaré y se asustará, porque no tiene ni media bofetada. Me encaré con aquel tío, y se marchó, porque no tenía ni media bofetada.*

bofetón *s. m.* Bofetada o golpe muy fuertes: *Su padre le dio un bofetón. Marta se dio un bofetón con la moto.*

bofia *s. f.* (no contable) COLOQUIAL. Cualquier cuerpo de policía: *Apareció la bofia y detuvo a varios traficantes.*

boga *s. f.* 1 (macho y hembra) *Boops boops.* Pez marino de la misma familia que el besugo, de color claro con bandas doradas a los lados. 2 (macho y hembra) *Chondrostoma polylepis.* Pez de color pardo, con el hocico puntiagudo, muy frecuente en los ríos de España. FR. Y LOC. **estar en ~** Estar de moda ‹una cosa›: *Le gusta enterarse de la música que está en boga. Están muy en boga otra vez las corbatas.*

bogar *v. intr.* ELEVADO. Mover ‹una persona› los remos de una embarcación para hacerla avanzar por el agua: *Bogar para competir exige un gran esfuerzo.* SIN. remar. ⇒ **56.**

bogavante *s. m.* Género *Homarus.* Crustáceo bastante grande, de color azulado con manchas amarillas, que tiene un par de pinzas delanteras largas y fuertes, vive en fondos rocosos cerca de la costa y su carne es muy apreciada.

bogotano, na *adj. / s. m.* y *f.* De Bogotá, capital de Colombia.

bohardilla *s. f.* Buhardilla.

bohemio, mia *adj.* 1 De Bohemia, región del centro de Europa. || *adj. / s. m.* y *f.* 2 Que es inconformista y poco convencional: *un escritor muy bohemio. Ese artista lleva una vida muy bohemia.*

bohío *s. m.* Cabaña de América hecha de madera, cañas y otros materiales, sin más abertura que la puerta.

boicot (plural *boicots*) *s. m.* Boicoteo.

boicotear *v. tr.* 1 Aplicar ‹una persona› medidas de presión económica contra [otra persona, una nación o una entidad] para perjudicarla u obligarla a ceder: *Boicotearon nuestras exportaciones de calzado. Los bancos han anunciado que boicotearán las operaciones de los narcotraficantes.* 2 Interrumpir ‹una persona› violentamente [un acto] como medida de presión: *Los manifestantes boicotearon la inauguración de la feria.*

boicot o **boicoteo** *s. m.* 1 Conjunto de medidas de presión económicas en contra de una persona, nación o entidad con el fin de perjudicarla y obligarla a ceder en una postura: *La huelga es un boicot económico contra el Gobierno.* 2 Interrupción violenta de un acto como medida de presión: *Los estudiantes anuncian un boicot a todas las clases el próximo lunes, para protestar por la suspensión de los exámenes de febrero.*

boina *s. f.* Gorra sin visera, de una sola pieza, chata, generalmente de color negro y tejido blando: *Al abuelo le gusta ponerse la boina.*

boîte (del francés; pronunciamos *'buat'*) *s. f.* Sala de fiestas o discoteca.

boj *s. m.* **1** *Buxus sempervirens.* Arbusto buxáceo de hojas brillantes en forma de elipse, pequeñas flores blancas y madera amarilla usada en trabajos de carpintería. **2** (no contable) Madera de este arbusto.

bojar o **bojear** *v. tr.* **1** MAR. Medir ‹una persona› el perímetro de [una isla] o de [un cabo]. || *v. intr.* **2** MAR. Medir ‹una isla o un cabo› [un perímetro]. **3** MAR. Rodear ‹una embarcación› [una isla o un cabo]: *El cronista anota todas las costas que van bojando.*

bojete o **bojote** *s. m.* AMÉR. Paquete, bulto.

bol *s. f.* **1** Pequeño recipiente semiesférico, en forma de cuenco: *el bol de la sopa. Pilar se bebe un bol de leche para desayunar.* SIN. tazón. **2** MAR. Red de pesca que se tira desde tierra. SIN. jábega. || **3 ~ de Armenia** Arcilla rojiza procedente de Armenia, usada en medicina, en pintura y como aparejo en el arte de dorar.

bola *s. f.* **1** Cuerpo esférico de cualquier materia: *bola de papel, bola de barro, bola de nieve, bola de billar. He comprado las bolas para adornar el árbol de Navidad.* **2** COLOQUIAL. Embuste, mentira: *¡Sonia le mete cada bola a sus padres...! Dices muchas bolas.* **3** (en plural) VULGAR. Testículos. **4** COLOQUIAL. Bíceps: *Mi hermano saca mucha bola porque hace mucha gimnasia.* || **5 ~ de nieve** Arbusto de jardín cuyas flores blancas se agrupan en forma de bola. **6 ~ del mundo** Globo terrestre. FR. Y LOC. **correr la ~** COLOQUIAL. Difundir ‹una persona› un rumor: *Que corra la bola: pronto se casa Ana.* **dejar que ruede la ~** Dejar ‹una persona› que las cosas sucedan, sin intervenir: *No tenemos más remedio que dejar que ruede la bola.* **en bolas** 1 VULGAR. Desnudo. 2 VULGAR. Sin estar preparado para una situación, desprevenido: *No estoy preparado, me habéis pescado en bolas. El profesor ha puesto un examen y ha pillado a toda la clase en bolas.* 3 VULGAR. Sin recursos: *El incendio de la fábrica lo ha dejado en bolas.* **no dar pie* con ~. pasar la ~** 1 COLOQUIAL. Endosar ‹una persona› una responsabilidad propia a otra persona: *Cuidado con Luis, que si puede te pasa la bola. Ése es un problema tuyo, no me pases la bola.* 2 Decir o hacer ‹una persona› algo como juego a la persona que tiene a su lado para que ella haga lo mismo: *Te voy a decir un nombre y tú pasa la bola.* **queso* de ~.**

bolada *s. f.* **1** AMÉR. Ocasión favorable, ganga, chollo. **2** AMÉR. Mentira, trola, rumor.

bolado *s. m.* AMÉR. Negocio, asunto.

bolazo *s. m.* AMÉR. DEL S. Mentira, engaño, disparate.

bolchevique *adj. / s. m.* y *f.* **1** HIST. Que era partidario del bolchevismo: *la doctrina bolchevique.* **2** Que era miembro de la facción mayoritaria del partido socialdemócrata ruso que dirigía Lenin: *Los bolcheviques se oponían a los mencheviques.* **3** Que era comunista ruso después de 1917: *Los bolcheviques llegaron al poder en 1917.* **4** RESTRINGIDO; PEYORATIVO. Comunista: *Ten cuidado con ese grupo, que hay muchos rojos y bolqueviques.*

bolchevismo o **bolcheviquismo** *s. m.* (no contable) HIST. Ideología y sistema de gobierno establecido en Rusia tras la revolución de 1917.

boleadora *s. f.* (preferentemente en plural) AMÉR. Arma arrojadiza formada por dos o tres bolas unidas por una cuerda trenzada, que se usa en Hispanoamérica para cazar animales corredores o para inmovilizar el ganado vacuno.

bolear (diferente de *volear*) *v. tr.* **1** AMÉR. Detener ‹una persona› la marcha de [un animal] con boleadoras. **2** MÉX.; COLOQUIAL. Limpiar ‹una persona› [el calzado].

bolera *s. f.* Establecimiento o lugar público donde se juega a los bolos.

bolero, ra *adj. / s. m.* y *f.* **1** COLOQUIAL. Que dice muchas mentiras o bolas: *¡Qué bolera eres!, ¿por qué mientes tanto? Eres un bolero, no te creo.* SIN. trolero (COLOQUIAL). || *s. m.* **2** Música, canción y danza españolas de origen andaluz con acompañamiento de guitarra y castañuelas. **3** Canción lenta y melódica de tema sentimental, originaria de las Antillas: *bailar un bolero. Me he comprado un disco de boleros.* **4** Chaquetilla corta de mujer. **5** MÉX.; COLOQUIAL. Limpiabotas.

boleta *s. f.* **1** AMÉR. Cédula que se utiliza en votaciones o sorteos. **2** ARG., CHILE; COLOQUIAL en Chile. Comprobante de una compraventa, factura. **3** VEN. Multa.

boletería *s. f.* AMÉR. Taquilla o despacho de billetes.

boletero, ra *adj.* **1** ARG. [Persona] que dice mentiras. || *adj. / s. m.* y *f.* **2** BOL., PERÚ. Revisor, persona que controla los billetes en un tren.

boletín *s. m.* **1** Publicación periódica informativa: *boletín parroquial, boletín de antiguos alumnos.* **2** Publicación que contiene disposiciones oficiales: *el Boletín Oficial del Estado.* **3** Documento que se rellena para formalizar una suscripción: *boletín de suscripción a un periódico.* || **4 ~ de notas** Impreso en el que los colegios informan a los padres de las calificaciones de los alumnos. **5 ~ informativo** Espacio radiofónico de información de la actualidad.

boleto *s. m.* **1** Papeleta con que se participa en una rifa o sorteo: *El boleto premiado terminaba en 23.* **2** AMÉR. Billete, entrada. FR. Y LOC. **sacar ~** MÉX.; COLOQUIAL. Merecer ‹una persona› una represalia o un castigo.

boliche *s. m.* **1** Bola pequeña para jugar, especialmente al juego de las bochas. **2** Trozo de madera torneado, especialmente el que remata como adorno ciertos muebles: *los boliches de la estantería.* **3** Juguete formado por una bola con un agujero en el que se intenta insertar un punzón al que está ligada con un cordón. **4** ARG., PAR., URUG.; COLOQUIAL. Establecimiento comercial de poca importancia, especialmente bares o restaurantes.

bólido *s. m.* **1** DEP. Automóvil que alcanza gran velocidad, especialmente el de competición: *Los bólidos están calentando motores.* **2** IRONÍA, HUMORÍSTICO. Cualquier automóvil que llama la atención: *¡Vaya bólido, por lo menos va a treinta por hora! Me he comprado un bólido que puede ir a doscientos por hora.* **3** METEOR. Masa de mineral a gran velocidad procedente de la fragmentación de un cuerpo celeste.

bolígrafo *s. m.* Instrumento usado para escribir que tiene en su interior una carga de tinta especial que llega hasta la bolita que hay en la punta, con la que se escribe: *bolígrafo de punta fina, bolígrafo de punta gruesa, escribir con bolígrafo. Lo he escrito a bolígrafo.* **~ de colores.**

bolilla *s. f.* **1** ARG., URUG. Bola que se usa en los sorteos. **2** ARG., URUG. Tema incluido en el programa de una asignatura escolar. FR. Y LOC. **dar ~** ARG.; COLOQUIAL. Prestar ‹una persona› atención a otra persona.

bolillo *s. m.* **1** Pequeño palo torneado donde se enrollan los hilos para hacer encajes y pasamanería: *encaje de bolillos, hacer bolillos.* **2** ZOOL. Hueso al que se une el casco de una caballería. **3** MÉX.; COLOQUIAL. Panecillo de trigo. **4** ARG.; RESTRINGIDO. Rodillo de cocina.

bolinga *adj.* COLOQUIAL. Que está borracho o algo bebido: *Eduardo se puso bolinga en la fiesta.*

bolita *s. f.* AMÉR. Bola pequeña de cristal que utilizan los niños en algunos juegos.

bolívar *s. m.* Unidad monetaria de Venezuela.

boliviano, na *adj. / s. m.* y *f.* De Bolivia, país sudamericano: *geografía boliviana. Los bolivianos ganaron el partido.*

bollería *s. f.* **1** Tienda donde se venden bollos: *Estoy buscando una bollería para comprarme un cruasán.* **2** (no contable) Conjunto de bollos: *Esta panadería tiene una bollería variada. Prefiero la bollería de la pastelería.*

bollero, ra *s. m. / f.* **1** Persona que hace o vende bollos. || *s. f.* **2** COLOQUIAL; PEYORATIVO. Lesbiana: *Esas dos que ves ahí son bolleras.*

bollo *s. m.* **1** Masa de harina cocida al horno, muy esponjosa y generalmente dulce: *bollo de azúcar, café con bollos.* **2** COLOQUIAL. Abolladura: *Menudo bollo le han hecho al coche.* **3** Abultamiento o hinchazón producidos por un golpe: *Mamá, me he caído y me ha salido un bollo en la cabeza.* **4** COLOQUIAL. Confusión, generalmente acompañada de alboroto y desorden: *Ahí hay unos jovencitos organizando un bollo en el bar de la esquina.* FR. Y LOC. **no está el horno* para bollos. perdonar el ~ por el coscorrón** COLOQUIAL. Renunciar ‹una persona› a una cosa útil o agradable por la molestia o esfuerzo que costaría lograrla.

bolo, la *adj. / s. m.* y *f.* **1** AMÉR. C., MÉX.; COLOQUIAL en México. Borracho. || *s. m.* **2** Cilindro que se mantiene derecho sobre una base plana, usado en varios juegos consistentes en derribarlo con una bola desde cierta distancia. **3** (en plural) Juego en el que se intenta derribar los bolos: *jugar a los bolos, una partida de bolos.* **4** Bola que se pone como adorno o remate: *El catre de la cama tiene cuatro bolos, uno en cada esquina.* **5** COLOQUIAL. Mentira: *Esa chica mete cada bolo que no te puedes creer nada.* **6** Conjunto de actuaciones de un artista o de un espectáculo durante pocos días en diferentes sitios a lo largo de un periodo de tiempo: *Este verano no hacemos bolos y la compañía descansará.* || **7 ~ alimenticio** Masa de alimento que se traga de una vez, después de masticada y mezclada con saliva.

bolsa *adj.* **1** MÉX.; COLOQUIAL. [Persona] que es holgazana o floja. **2** VEN.; VULGAR. [Persona] que es tonta o imbécil. || *s. f.* **3** Cavidad de material flexible abierta por el lado superior, que se utiliza para llevar o transportar cosas: *bolsa de plástico, bolsa de lona, meter en la bolsa, llevar en una bolsa, abrir la bolsa, cerrar la bolsa, atar la bolsa, romperse la bolsa. Tráeme la bolsa con las herramientas. Aquí no metas nada más porque la bolsa está llena.* **~ de aire. ~ de basura. ~ de deportes. ~ de playa. ~ de viaje. ~ del pan. ~ de agua caliente** Recipiente flexible en que se puede meter agua caliente, y se emplea para calentar a una persona la cama donde duerme u otro lugar parecido. **~ de aseo** Bolsa pequeña que sirve para guardar los objetos de aseo personal. **4** Saco pequeño, generalmente de cuero, que se usaba antiguamente para llevar el dinero: *Las antiguas monedas eran pesadas y exigían una bolsa resistente.* **5** Arruga o pliegue que se forma en las prendas mal ajustadas: *Ese pantalón te hace bolsas en la rodilla.* **6** Conjunto de pliegues que se forman en la piel debajo de los ojos: *Me están saliendo unas bolsas muy feas debajo de los ojos.* **7** BIOL. Cavidad corporal que contiene algún líquido o en la que se acumula pus o linfa: *Los calamares tienen una bolsa de tinta.* **~ de la orina. ~ lacrimal. ~ sinovial.** **8** (no contable) ECON. Actividad de comprar y vender valores mobiliarios o títulos en un mercado especializado: *bajar la bolsa, subir la bolsa, cotizar en bolsa, operaciones de bolsa. Se dedica a los negocios de la bolsa. El índice de la bolsa ha subido un punto.* **síndico* de la ~. ~ de comercio** Mercado de valores. **9** Edificio donde se realiza esta actividad: *Visitó la Bolsa con unos alumnos.* **10** Gran cantidad de dinero o lugar imaginario donde éste se guarda: *Con este desfalco ese tipo se ha llenado bien la bolsa. El boxeador se ha llevado una bolsa de tres millones.* **11** Concentración de un producto o de un determinado fenómeno: *una bolsa de petróleo, una bolsa de gas, una bolsa de agua.* || **12 ~ de estudios** Beca. **13 ~ de la compra** Conjunto de artículos para comer que suelen comprarse en el mercado para el consumo diario: *Una familia de cuatro miembros necesita tres mil pesetas diarias para la bolsa de la compra.* **14 ~ de pastor** *Capsella bursa-pastoris.* Hierba crucífera de pequeñas flores blancas y fruto triangular. **15 ~ de pobreza** Conjunto de personas, barrios o pueblos con un nivel de vida muy bajo en una sociedad desarrollada: *En las grandes ciudades hay bolsas de pobreza importantes en los barrios periféricos.* **16 ~ de trabajo** Registro de ofertas y peticiones de empleo. **17 ~ marsupial** Marsupio. FR. Y LOC. **aflojar la ~** COLOQUIAL. Pagar ‹una persona› algo o dar dinero a alguien: *Cuando voy, tengo que aflojar la bolsa.* **¡la ~ o la vida!** RESTRINGIDO; AMENAZA. Se usaba para obligar a alguien a entregar el dinero bajo amenaza de muerte.

bolsear *v. tr.* **1** AMÉR. C., MÉX.; COLOQUIAL. Robar ‹una persona› [una cosa] del bolsillo de otra. **2** CHILE; COLOQUIAL. Obtener ‹una persona› gratuitamente de alguien [una cosa].

bolsero, ra *s. m. / f.* **1** AMÉR. C., MÉX.; JERGAL. Ladrón que roba del bolsillo de sus víctimas. **2** CHILE; COLOQUIAL. Gorrón, persona que acostumbra a disfrutar de lo ajeno.

bolsillo *s. m.* **1** Bolsa hecha en la ropa para meter alguna cosa: *Llevo las llaves en el bolsillo del pantalón.* **pañuelo* de ~.** **2** Bolso pequeño de mano o estuche para llevar monedas u otros objetos personales: *Ten cuidado con el bolsillo, no te lo roben.* **3** Dinero de una persona o lugar imaginario donde se guarda: *He pagado el disco de mi bolsillo. Esa tía se está llenando bien los bolsillos.* FR. Y LOC. **de ~** Que se fabrica para poderlo llevar en un bolsillo o que presenta un tamaño menor de lo que es habitual en su clase: *reloj de bolsillo, agenda de bolsillo, paraguas de bolsillo.* **libro de ~. meter(se) / tener en el ~** COLOQUIAL. Caer ‹una persona› muy simpática a otra, de manera que puede conseguir lo que quiera de ella: *Seguro que Luis te lleva al cine, porque te lo has metido en el bolsillo.* **rascarse el ~** COLOQUIAL. Gastarse ‹una persona› dinero de mala gana: *Pedro es muy tacaño, no se rasca el bolsillo ni para tomarse un café.*

bolsín *s. m.* ECON. Bolsa de comercio de menor rango que la Bolsa: *En algunas ciudades que no tienen Bolsa funciona un bolsín.*

bolso *s. m.* **1** Bolsa de mano, con cierre y generalmente usada por las mujeres para llevar objetos personales: *bolso* *de piel, bolso de ante, bolso de tela, guardar en el bolso, llevar en el bolso, sacar del bolso. Llevo el bolso en bandolera. Sujétame el bolso mientras entro al lavabo.* **2** Bolsillo de una prenda: *Métete las llaves en el bolso del abrigo. Esta chaqueta tiene los bolsos muy grandes.*

bolsón, na *adj.* **1** COL., VEN.; PEYORATIVO, COLOQUIAL en Venezuela. Que es tonto. || *s. m.* **2** AMÉR. Cartera de mano que usan las mujeres. **3** AMÉR. Laguna, depresión del terreno.

boludo, da *adj. / s. m.* y *f.* ARG., URUG.; VULGAR; frecuentemente INSULTO. Que es tonto o vago.

bomba *s. f.* **1** Artefacto explosivo: *tirar una bomba, poner una bomba.* **~ atómica. ~ de hidrógeno** o **~ H. ~ de mano. ~ de neutrones. ~ de relojería. ~ termonuclear.** **2** (invariable) Cualquier objeto preparado para explotar: *un paquete bomba, una carta bomba. Han desactivado dos coches bomba.* **coche* ~. paquete* ~.** **3** TECNOL. Máquina o dispositivo empleado para elevar, transportar o comprimir fluidos. **~ aspirante. ~ de aceite. ~ de agua. ~ de aire. ~ de compresión. ~ de émbolo. ~ de incendios. ~ de inyección. ~ impelente. ~ neumática.** **4** Noticia inesperada y sorprendente: *la noticia bomba del año. El divorcio de Luis y Sara ha caído como una bomba entre sus amigos. La dimisión del ministro fue una bomba.* **5** MÉX.; COLOQUIAL. Verso popular humorístico propio del Yucatán. **6** ARG., URUG. Cierta clase de dulce. **7** ARG., URUG. Mujer muy atractiva físicamente. || **8 ~ de cobalto** MED. Aparato usado para el tratamiento de enfermedades tumorales por medio de radiaciones. **9 ~ de humo** Artefacto que suelta humo. **10 ~ de mano** Granada. **11 ~ fétida** Artículo de broma que al romperse produce mal olor: *tirar una bomba fétida.* **12 ~ volcánica** GEOL. Fragmento arrojado por un volcán. FR. Y LOC. **a prueba* de ~. caer como una ~** COLOQUIAL. Sorprender ‹una persona o cosa› muy desagradablemente a una persona: *Tu amigo cayó en la fiesta como una bomba. La cena me ha caído como una bomba.* **estar echando bombas** COLOQUIAL, RESTRINGIDO; INTENSIFICADOR. Estar ‹una persona› muy enfadada. **pasarlo ~** COLOQUIAL; INTENSIFICADOR. Divertirse ‹una persona› mucho: *Lo hemos pasado bomba en su cumpleaños.*

bombacha *s. f.* **1** AMÉR. Pantalón ancho propio de la gente del campo. **2** ARG.; URUG. Bragas, parte inferior de la ropa interior femenina.

bombacho *adj. / s. m.* (puede usarse en plural con el significado de singular) [Pantalón] que es ancho y se ajusta en la pantorrilla: *Me he comprado un pantalón bombacho para ir a la montaña. Le regalaron unos bombachos verdes.*

bombardear *v. tr.* **1** Lanzar ‹una persona› bombas o misiles contra [un objetivo]: *La aviación enemiga bombardeó el puerto. La artillería bombardeó intensamente las líneas enemigas antes del ataque de la infantería.* **2** FÍS. Lanzar ‹una persona› partículas sobre [el átomo]. **3** COLOQUIAL. Dirigir ‹una persona› preguntas o peticiones [a otra persona] insistentemente: *En la rueda de prensa los periodistas bombardearon a la estrella sobre su próxima boda.*

bombardeo *s. m.* Acción y efecto de bombardear: *el bombardeo del átomo. Muchas personas murieron en el último bombardeo. El portavoz estaba molesto por el bombardeo periodístico.* **avión de ~.** FR. Y LOC. **abonarse / apuntarse a un ~** COLOQUIAL. Estar dispuesta ‹una persona› a participar en cualquier actividad: *Seguro que Luis se viene de excursión, ése se apunta a un bombardeo.*

bombardero, ra *adj.* **1** Diseñado y equipado para bombardear. || *s. m.* **2** Avión para bombardear: *Las sirenas anunciaban a la población la llegada de los bombarderos.* **3** Tripulante de un avión encargado de lanzar las bombas: *La dotación de este avión incluye a dos bombarderos.*

bombardino *s. m.* MÚS. Instrumento musical de viento de sonido grave parecido al saxo, formado por un tubo metálico replegado sobre sí mismo con tres pistones: *tocar el bombardino.*

bombazo *s. m.* **1** Explosión o impacto de una bomba al caer: *Los transeúntes corrían aturdidos por los bombazos.* **2** COLOQUIAL. Noticia inesperada y sorprendente: *El anuncio de la boda fue un bombazo.* SIN. campanada (COLOQUIAL).

bombear *v. tr.* **1** Hacer ‹una persona o una cosa› que [un fluido] se mueva: *bombear la sangre.* **2** Lanzar ‹una persona› [un balón] hacia arriba de manera que siga una trayectoria parabólica: *El delantero bombeó el esférico para que su compañero rematara a gol.* **3** ARG., URUG.; COLOQUIAL. Estropear ‹una persona› los planes de [otra persona].

bombeo *s. m.* Acción y efecto de bombear: *El petróleo no se ha vertido al mar y se hace el bombeo directamente de los tanques del petrolero averiado a otros barcos cisterna.*

bombero *s. m.* Persona que tiene por oficio apagar incendios y prestar ayuda a las personas que tienen accidentes: *bombero forestal, escalera de bomberos, coche de bomberos. La niña fue rescatada del fuego por los bomberos.* **cuerpo de bomberos. ideas* de ~. puesto de bomberos.**

bombilla *s. f.* **1** Ampolla de cristal herméticamente cerrada, provista de un filamento que se ilumina al pasar la corriente eléctrica: *bombilla eléctrica, cambiar la bombilla, poner una bombilla. Se ha fundido la bombilla. Se ha roto el casquillo de la bombilla.* **2** ARG., PAR., URUG. Tubo terminado en una semiesfera agujereada para tomar mate.

bombillo *s. m.* AMÉR. Bombilla eléctrica.

bombín *s. m.* **1** Sombrero de ala estrecha, copa baja redondeada y rígida: *el bombín de Charlot.* **2** CHILE; COLOQUIAL. Bomba pequeña de comprimir aire: *el bombín para inflar las cámaras de las ruedas de la bicicleta.*

bombo *s. m.* **1** MÚS. Instrumento musical de percusión, parecido al tambor pero más grande, que, colocado verticalmente, se toca en orquestas y bandas: *tocar el bombo.* **2** Persona que toca este instrumento: *Paco, reclaman al bombo, sube al escenario.* **3** Recipiente esférico y giratorio del que se extraen las bolas en un sorteo: *Un niño sacó del bombo los números premiados.* **4** COLOQUIAL, VULGAR. Vientre de las embarazadas: *Está sólo de tres meses y ya se le nota el bombo.* FR. Y LOC. **a ~ y platillo** COLOQUIAL. Con mucha publicidad o difusión: *El cambio lo han anunciado a bombo y platillo.* **dar(se) ~** COLOQUIAL. 1 Alabar, elogiar exageradamente ‹una persona› [a otra persona]: *Vuestro crítico se dedica a darle bombo al autor teatral de moda.* 2 Presumir, darse ‹una persona› mucha importancia: *Mónica se da mucho bombo con lo de su ascenso, está insoportable.* 3 Hacer ‹una persona› propaganda de una cosa: *Le están dando mucho bombo al nuevo plan de estudios.* **hacer un ~** VULGAR. Dejar ‹un hombre› embarazada a una mujer: *Dicen que él le ha hecho un bombo a su novia y por eso se van a casar.* **poner / tener la cabeza* como un ~.**

bombón *s. m.* **1** Pequeña pieza de chocolate selecto, con frecuencia rellena de licor, frutas, almendras: *Me regalaron* *una caja de bombones.* **2** COLOQUIAL. Persona que tiene mucho atractivo físico: *Marisa es un verdadero bombón. Tienes un niño que es un bombón.*

bombona *s. f.* **1** Recipiente cilíndrico para guardar fluidos, especialmente el metálico de cierre hermético que contiene gases a presión o líquidos volátiles: *bombona de butano, bombona de oxígeno, bombona de gas, bombona de propano.* **2** Recipiente cilíndrico, generalmente metálico de poca altura, que se usa en las clínicas para guardar algodones, gasas y otros objetos esterilizados.

bombonera *s. f.* **1** Recipiente para guardar bombones que suele usarse también como adorno: *bombonera de cristal, bombonera de porcelana.* **2** COLOQUIAL, RESTRINGIDO. Construcción o habitación pequeña, de aspecto recogido y muy agradable: *Su casa es una bombonera. Tu despacho está puesto con mucho gusto, es una auténtica bombonera.*

bombonería *s. f.* Tienda donde se venden bombones o lugar donde se fabrican.

bonachón, na *adj. / s. m.* y *f.* Que es amable y bondadoso: *La portera es muy bonachona, le gusta estar a bien con sus vecinos. Luis es muy bonachón, no desconfía de nadie.*

bonaerense *adj. / s. m.* y *f.* De Buenos Aires, capital y provincia de Argentina: *un coche bonaerense.*

bonancible *adj.* LITERARIO. Que encierra tranquilidad o serenidad: *mar bonancible, viento bonancible, temperamento bonancible.*

bonanza *s. f.* **1** (no contable) Tiempo tranquilo en el mar: *Hacía bonanza y los reyes aprovecharon para dar una vuelta en yate.* **2** (no contable) Prosperidad y progreso: *En los años de bonanza deben prevenirse los años de crisis.*

bonche *s. m.* **1** MÉX.; COLOQUIAL. Racimo, conjunto de cosas. **2** MÉX.; COLOQUIAL. Abundancia.

bondad *s. f.* **1** (no contable) Cualidad de bueno: *No reconocéis la bondad del sistema. La bondad del clima es lo mejor de esta tierra. Mamá es una persona de una gran bondad. Pedro es la bondad personificada.* **2** CORTESÍA en encuentro. Amabilidades o atenciones que una persona tiene con otra: *Le estoy muy agradecido por sus bondades. Tenga la bondad de pasar.*

bondadoso, sa *adj.* Que tiende a la bondad o a ser amable: *Mi abuela es muy bondadosa.*

bonete *s. m.* Gorro, generalmente de cuatro picos, propio de eclesiásticos y seminaristas: *Hace unos años todos los sacerdotes iban por la calle con su bonete negro.*

bongo *s. m.* **1** AMÉR. Embarcación fluvial parecida a una canoa, de fondo plano, hecha de un tronco solo, propia de América Central. **2** BOT. *Cavanillesia platanifolia.* Árbol de Panamá, de madera muy ligera.

bongó *s. m.* MÚS. Instrumento musical de percusión parecido al tambor, formado por un tubo hueco cubierto en un extremo por una piel tensa: *El bongó se toca con las manos.*

boniato *s.m.* Batata, en especial el primer tubérculo de esta planta.

bonificación *s. f.* **1** Rebaja en el precio que se debe pagar en un comercio o por un servicio: *A los clientes les ofrecemos una bonificación del diez por ciento.* **2** DEP. Descuento que se obtiene en el tiempo empleado en algunas pruebas: *Los tres primeros clasificados de algunas carreras ciclistas por etapas obtienen algunos segundos de bonificación.*

bonificar *v. tr.* **1** Conceder ‹una persona› un aumento en lo que tiene que cobrar o una rebaja en lo que tiene que pagar [a otra persona]: *El director me bonificó por haber conseguido muchas ventas.* SIN. gratificar. **2** Dar ‹una persona› más puntos [a otra persona] en una prueba deportiva: *Los atletas que superaron el listón al primer intento son bonificados en caso de empate.* **3** DEP. Descontar ‹una persona› tiempo [a otra persona] en una prueba deportiva: *La organización bonifica a los tres primeros con diez, cinco y tres segundos de bonificación, respectivamente.* ⇒ **71.**

bonitamente *adv. modo* Con tiento, maña o disimulo, o con suerte y sin esfuerzo. OBSERVACIONES: Suele exigir contextos narrativos emotivos: *Bonitamente, las dejó sin un duro. El estafador se embolsó bonitamente cuatrocientas mil pesetas.*

bonito, ta *adj.* **1** (ser / estar, antepuesto / pospuesto) Que produce una sensación agradable por su belleza: *María tiene una bonita cara. Sonaba una bonita música. Nos hizo un día bonito. Tienes una casa muy bonita. En primavera el campo está muy bonito.* ANT. feo. **2** (antepuesto) Bueno o grande: *Mi amiga tiene un bonito problema con su hijo. Tienes un bonito sueldo.* ‖ *adv.* **3** AMÉR. Bien. ‖ *s. m.* **4** (macho y hembra) *Sarda sarda.* Pez marino parecido al atún pero más pequeño, que habita en el Atlántico y el Mediterráneo y es apreciado en alimentación.

bono *s. m.* **1** Papel o tarjeta canjeable por un producto o por dinero: *canjear un bono, cambiar los bonos en el supermercado. Reparten bonos alimentarios para probar un nuevo producto.* SIN. vale. **2** Tarjeta de abono que permite disfrutar de un servicio durante un tiempo o un número de veces determinado: *un bono de transporte.* **3** Título de deuda emitido por una tesorería pública o una empresa: *adquirir bonos del Estado. He invertido en bonos del Tesoro.* **~ / obligación del Tesoro.**

bonobús *s. m.* Billete de abono para varios viajes en autobús: *El bonobús me permite hacer diez viajes. No olvides picar el bonobús, que después los inspectores te multan.*

bonoloto *s. f.* Lotería estatal española de sorteo diario: *Juego a la bonoloto.*

bonsái *s. m.* Árbol en miniatura, obtenido mediante una técnica japonesa de cultivo que detiene su crecimiento natural.

bonzo *s. m.* REL. Sacerdote budista en Asia Oriental. FR. Y LOC. **a lo ~** Rociándose con un líquido inflamable y prendiéndose fuego para suicidarse: *Esa mujer ha amenazado con quemarse a lo bonzo si no le dan trabajo.*

boñiga o **moñiga** *s. f.* Excremento de algunos animales, especialmente el del ganado vacuno: *En el prado había varias boñigas de vaca.*

boñigo o **moñigo** *s. m.* **1** Porción de excremento de algunos animales, especialmente del ganado vacuno: *He pisado un boñigo.* **2** COLOQUIAL. Porción de excremento humano.

boom (del inglés; pronunciamos *'bum'*) *s. m.* Auge, éxito repentino y, a veces, transitorio: *El boom de la temporada fueron las medias de colores. El boom turístico continúa.*

boomerang (del inglés; pronunciamos *'bumerán'*) *s. m.* Bumerán.

boqueada *s. f.* (preferentemente en plural) Acción de abrir repetidamente la boca los que no disponen de oxígeno para respirar, como los agonizantes o los peces fuera del agua: *Las boqueadas del pez me conmovieron y lo devolví al agua.* FR. Y LOC. **dar las últimas boqueadas** o **estar dando las últimas boqueadas** COLOQUIAL. Se usa para indicar que una persona está a punto de morir o una cosa a punto de terminarse: *Todos sabían que el tirano daba las últimas boqueadas. ¡Ay! las vacaciones están dando las últimas boqueadas.*

boquear *v. intr.* **1** Abrir ‹una persona o un animal› la boca repetidamente: *El pez boqueaba en el acuario.* **2** Estar agonizando ‹una persona o un animal›: *El enfermo boqueaba angustiosamente. El pobre bicho boqueaba.* **3** Estar acabándose ‹una cosa›: *El curso está ya boqueando.*

boquera *s. f.* Pequeña herida en las comisuras de los labios: *Esta semana me ha salido una boquera.* SIN. bocera.

boquerón *s. m.* (macho y hembra) *Engraulis encrasicholus.* Pez pequeño, de color azulado con el vientre plateado, y de boca grande, que vive en el Atlántico y el Mediterráneo y es muy usado como alimento.

boquete *s. m.* **1** Abertura irregular hecha en una pared o un muro: *Los ladrones nos hicieron un boquete en la puerta. Los atracadores entraron en el banco por un boquete desde el portal de la casa de al lado.* **2** Entrada estrecha de un lugar: *A la bodega se baja por una escala que sale de un boquete del piso del garaje. El boquete que daba acceso a la mina estaba muy vigilado.*

boquiabierto, ta *adj.* **1** (estar) Que está con la boca abierta: *En la fotografía está boquiabierto.* **2** (estar) Que está absorto mirando algo que le llama mucho la atención: *El padre se quedó boquiabierto mirando al recién nacido. Su nuevo coche nos dejó boquiabiertos.*

boquilla *s. f.* **1** Tubo pequeño, normalmente con un filtro, en el que se mete el cigarro para fumarlo: *Las vampiresas de los años veinte usaban unas boquillas muy largas.* **2** Parte de la pipa que se pone en la boca: *De tanto morderla se me ha roto la boquilla.* **3** Parte del cigarrillo por donde se aspira el humo: *boquilla con filtro, boquilla sin filtro.* **4** MÚS. Pieza pequeña y hueca, generalmente cónica, en el extremo del tubo de algunos instrumentos de viento, que sirve para soplar: *la boquilla de una corneta.* SIN. embocadura. **5** Pieza situada en la boca o abertura de ciertos objetos: *boquilla de un bolso, boquilla de un grifo, boquilla de un mechero, boquilla de un biberón.* FR. Y LOC. **de ~** COLOQUIAL. Sin intención de hacer lo que se dice o promete: *Mi primo nos ha ofrecido su casa de boquilla. Todo lo dijo de boquilla, en realidad no se enfrenta con nadie. Tu ofreces mucho de boquilla, pero das poco.*

bórax (plural *bórax*) *s. m.* (no contable) Sal blanca compuesta de ácido bórico, sosa y agua usada en medicina y en la industria.

borbolla *s. f.* **1** RESTRINGIDO. Burbuja de aire que se forma en el interior del agua: *Yo contemplaba distraídamente las borbollas que hacían los peces.* **2** Borbollón.

borbollar *v. intr.* Hervir o salir ‹un líquido› formando borbollones y haciendo ruido: *Se oía borbollar el agua de las ollas a la lumbre.* SIN. borbotar, borbotear.

borbollón *s. m.* Borbotón: *Un borbollón de agua salió de la cañería.* FR. Y LOC. **a borbollones** A borbotones: *La olla hervía a borbollones.*

borbónico, ca *adj.* De los Borbones, dinastía que reina en España desde el siglo XVIII: *la dinastía borbónica.*

borborigmo *s. m.* (preferentemente en plural; no contable) RESTRINGIDO. Ruido de tripas producido por el movimiento de gases en el tubo digestivo: *No son agradables los borborigmos cuando todo está en silencio.*

borbotar o **borbotear** *v. intr.* Hervir o salir ‹un líquido› formando borbotones y haciendo ruido: *El cocido borbotaba bajo la atenta mirada de los abuelos.* SIN. borbollar.

borboteo *s. m.* Acción de borbotear: *el borboteo del agua en la olla.*

borbotón *s. m.* **1** Erupción o agitación del agua u otro líquido de abajo arriba, como al hervir, o al salir por un orificio: *Los borbotones del café le han salpicado.* SIN. borbollón. **2** Brote violento de sangre por una herida: *Un borbotón de sangre le salía del cuello.* FR. Y LOC. **a borbotones** COLOQUIAL. Con violencia y discontinuidad: *El agua ya hierve a borbotones. La sangre le manaba de la herida a borbotones.* **hablar a borbotones** COLOQUIAL. Hablar ‹una persona› precipitada y entrecortadamente: *Tranquilízate, no hables a borbotones.*

borceguí (plural *borceguíes*, preferible a *borceguís*) *s. m.* Botín antiguo abierto por delante, que llegaba por encima del tobillo y se ajustaba con cordones.

borda *s. f.* **1** MAR. Borde superior del costado de una embarcación: *Tengan cuidado con el niño cuando se asoma por la borda.* **2** MAR. Vela mayor de las galeras. FR. Y LOC. **arrojar / echar / tirar por la ~** 1 Tirar ‹una persona› a una persona o cosa al agua desde una embarcación: *El cocinero arroja por la borda los desperdicios todas las noches.* 2 DISGUSTO Y ENFADO. Echar a perder una cosa: *Maribel echó por la borda los mejores años de su vida. Luis ha tirado por la borda todo el trabajo de estos años dejando los estudios.*

bordada *s. f.* MAR. Distancia que una embarcación recorre sin cambiar la orientación de las velas.

bordado, da *adj.* **1** (estar) COLOQUIAL. Que ha resultado perfecto y sin ningún fallo: *Ese final está bordado. La cena le quedó bordada. La actuación le ha salido bordada.* || *s. m.* **2** Labor de adorno en relieve, hecha con aguja e hilo: *Se hacen bordados de sábanas y manteles.* || **3 tira* bordada.**

bordador, ra *s. m. / f.* Persona que tiene por oficio bordar: *Le encargué una mantelería a una bordadora.*

bordalesa *s. f.* AMÉR. DEL S. Tonel grande de vino.

bordar *v. tr. / intr.* **1** Hacer ‹una persona› [una labor de adorno] sobre [una cosa] con aguja e hilo: *Marina ha bordado una mantelería. Se le da muy bien bordar* ***a*** *mano. Bordé* ***en*** *la tela una cenefa* ***de*** *oro. Bordábamos* ***sobre*** *un cañamazo unas flores* ***con*** *plata.* || *v. tr.* **2** Hacer ‹una persona› [una cosa] con perfección: *Has bordado tu redacción. Nuestros atletas han bordado su actuación en los últimos campeonatos.*

borde *s. m.* **1** Orilla o extremo de una cosa: *al borde del mar, el borde de una tela. Estaba sentado en el borde del asiento. El agua casi se salía, porque el cubo estaba lleno hasta el borde. Limpia el borde de la taza. Aléjate del borde de la terraza.* || *adj. / s. m.* y *f.* **2** (ser / estar) COLOQUIAL. [Persona] que es antipática y malintencionada: *Su compañero le dio una mala contestación, se puso muy borde con ella. Alicia es muy borde y no le cae bien a nadie. No seas borde y vente al cine con nosotros. Toda la mañana ha estado muy borde.* FR. Y LOC. **al ~ de** Muy cerca de: *al borde de la locura. He estado al borde de la muerte.* **al ~ del abismo*.**

bordear *v. tr.* **1** Ir ‹una persona› por el borde o cerca del borde de [una cosa]: *Bordeamos el lago.* **2** Estar ‹una serie de cosas› en el borde de [otra cosa]: *Los árboles bordean la carretera.* **3** Estar ‹una persona› próxima a [una edad]: *Bordea los cincuenta años.* **4** Estar ‹una persona o una cosa› muy cerca de [una cosa]: *Su extravagancia bordea el ridículo.*

bordillo *s. m.* Borde de una acera o de un andén, formado por una hilera de piedras alargadas y estrechas: *No se puede aparcar encima del bordillo. No bajes del bordillo hasta que esté el semáforo verde.* SIN. encintado.

bordo *s. m.* **1** MAR. Lado exterior de un barco. **2** MAR. Bordada de la nave. FR. Y LOC. **a ~** Dentro de la embarcación: *El capitán es el oficial de mayor graduación a bordo. Suban a bordo, por favor.* **diario* de a ~.**

bordón *s. m.* **1** Bastón largo, más alto que una persona: *bordón de peregrino.* **2** MÚS. Cuerda más gruesa de un instrumento que emite los sonidos más graves: *el bordón de la guitarra.* **3** MÉTR. Conjunto de tres versos que se añade a una seguidilla. **4** MÉTR. Verso quebrado que se repite al final de cada copla.

bordona *s. f.* ARG., PAR., URUG. Bordón de la guitarra, la cuerda que emite el sonido más grave.

boreal *adj.* **1** ASTRON., GEOGR. Del norte. SIN. septentrional. **aurora* ~. corona* ~. hemisferio* ~.** **2** LITERARIO. Del bóreas o viento del norte.

bóreas *s. m.* (no contable) LITERARIO. Viento del norte.

borgoña *s. m.* (no contable) Vino de la región francesa de Borgoña, muy apreciado por su calidad.

bórico, ca *adj.* De los compuestos del boro. **ácido ~.**

borla *s. f.* **1** Adorno para la ropa que consiste en un manojo de hilos dispuestos en forma esférica: *El gorro lleva una borla de color rojo.* **2** Objeto con esta forma para ponerse los polvos de maquillaje. **3** Insignia con esta forma que llevan en el centro del birrete los doctores universitarios.

borne *s. m.* Pieza metálica de un aparato eléctrico, generalmente en forma de botón o varilla, en la que se enrolla un hilo conductor para conectarlo a un circuito exterior: *borne positivo, borne negativo, el borne de la batería del coche.*

boro *s. m.* (no contable) *Bo.* Elemento químico metaloide de color oscuro que sólo aparece combinado en el bórax o el ácido bórico.

borona *s. f.* **1** Mijo, planta gramínea. **2** Maíz, planta gramínea. **3** Pan de maíz. **4** AMÉR. Migaja de pan.

borra *s. f.* **1** (no contable) Parte más basta y corta de la lana: *Esas mantas están hechas de borra.* **2** (no contable) Desperdicio de la lana o del algodón usado para rellenar almohadas y colchones: *Tenemos que comprar borra para los cojines.* **3** (no contable) Pelusa o bolita de pelos y polvo que se forma debajo de los muebles y en el fondo de los bolsillos: *Tengo los bolsillos llenos de borra.*

borrachera *s. f.* **1** Efecto de haber tomado bebidas alcohólicas en exceso, manifestado en la disminución de las capacidades físicas, psíquicas y, en los casos graves, en la pérdida del conocimiento o, incluso, la muerte: *Luis se agarró una borrachera de aguardiente. Pillé una borrachera. Aún no se te ha pasado la borrachera.* **2** COLOQUIAL. Exaltación o entusiasmo exagerado de una persona en alguna situación especial de la vida: *Ahora no te hará caso; papá está con la borrachera de las elecciones. Carmen está en plena borrachera de escribir una novela y no habla con nadie.*

borrachín, na *adj. / s. m.* y *f.* COLOQUIAL. Que acostumbra a estar un poco borracho: *Es un poco borrachín.*

borracho, cha *adj. / s. m.* y *f.* **1** (estar) Que tiene alteradas sus facultades físicas y mentales por haber consumido demasiada cantidad de bebida alcohólica: *Al final de la fiesta estaban todos borrachos. Ese mozo está borracho* **de** *tanto beber sidra.* **2** (ser) Que se emborracha con mucha frecuencia: *Su vecino es un borracho. Su mejor amigo era un viejo borracho.* || *adj.* **3** (estar) Que está muy excitado por un sentimiento muy intenso: *Víctor estaba borracho* **de** *ira. Estás borracho* **de** *alegría.* || *adj.* **4** [Dulce] que está empapado en vino o licor: *tarta borracha, pastel borracho.* **bizcocho* ~.** || **5 palo* ~.**

borrador *s. m.* **1** Utensilio para borrar: *¿Dónde está el borrador de la pizarra? Déjame el borrador, que me he equivocado en esta cuenta.* **2** Redacción de un escrito que se revisa antes de su forma definitiva: *He leído el borrador de su próximo libro. Haz un borrador de la carta antes de pasarla a limpio.* **3** Boceto o apunte de una pintura o dibujo.

borraja *s. f. Borrago officinalis.* Planta comestible, de tallo grueso, hojas grandes y flores azules en racimo, cubierta por pelos ásperos y punzantes, que también se toma como infusión. FR. Y LOC. **agua* de borrajas.**

borrajear *v. intr. / tr.* **1** Hacer ‹una persona› rasgos con la pluma o el bolígrafo descuidadamente: *Julia borrajeaba el papel mientras hablaba por teléfono.* SIN. borronear. **2** RESTRINGIDO. Escribir ‹una persona› sin propósito definido: *Pablo borrajeó unas líneas en el nuevo cuaderno.*

borrar *v. tr.* **1** Hacer desaparecer ‹una persona› [una cosa escrita, dibujada o pintada]: *Borra esa línea, porque está repetida.* **2** Hacer desaparecer ‹una persona› [una cosa] de su memoria o de su entorno: *Borra la imagen de Luis de tu cabeza. Lo voy a borrar de mi vida.* **3** Hacer ‹una persona› rayas sobre [una cosa escrita] para que no se pueda leer o para invalidarla: *Borro tu nombre de esta lista.* SIN. tachar. || *v. tr. / prnl.* **4** Dar ‹una persona› de baja [a otra persona] de [una asociación]: ***Me*** *he borrado* **del** *club.* || *v. prnl.* **5** Desaparecer ‹una cosa›: *Se han borrado las huellas con la nevada reciente.* FR. Y LOC. **~ del mapa** COLOQUIAL. Matar a alguien o hacer desaparecer algo: *Los soldados borraron del mapa a los adversarios. Los supermercados están borrando del mapa a los pequeños comerciantes.*

borrasca *s. f.* **1** METEOR. Región atmosférica de bajas presiones: *Han anunciado que entra una borrasca generalizada por el oeste.* **2** Tormenta o tempestad marina: *Los nubarrones anunciaban la borrasca.* **3** INTENSIFICADOR. Discusión acalorada o dificultades en una negociación: *Anoche hubo borrasca en casa. Tenemos borrasca con nuestros amigos.*

borrascoso, sa *adj.* **1** De borrasca: *tiempo borrascoso, viento borrascoso.* **2** COLOQUIAL. Que encierra agitación o violencia, o que contiene muchos incidentes: *vida borrascosa, época borrascosa, negociaciones borrascosas.*

borrego, ga *s. m. / f.* **1** Cordero de uno o dos años. || *adj. / s. m.* y *f.* **2** COLOQUIAL; PEYORATIVO. Persona que no tiene criterios propios y se deja llevar y dominar por otras: *Iván es un borrego que sólo hace lo que le ordenan. Míralos, van todos como borregos detrás de la bandera del club.* || *s. m.*

3 (en plural) Nubes pequeñas, blancas y de forma redondeada. 4 (en plural) Olas pequeñas y espumosas que aparecen en el mar cuando está algo revuelto o hay viento.

borrico, ca *s. m./f.* **1** Asno, animal. || *adj. / s. m.* y *f.* **2** COLOQUIAL; PEYORATIVO. Que es poco inteligente: *No seas borrico: Badajoz termina en «z», no en «d».* **3** (ser / estar) COLOQUIAL. Que es muy terco y no se deja convencer fácilmente: *Eres un poco borrico, cuando se te mete una cosa entre ceja y ceja no hay quien pueda contigo. Últimamente estás muy borrico, no atiendes a razones.* **4** COLOQUIAL. Que trabaja mucho o tiene mucha capacidad de trabajo: *Su novio es un borrico, trabaja por dos o tres a la vez. La muy borrica trabaja mañana y tarde sin parar.* || *s. m.* **5** Borriquete.

borriquero, ra *adj.* **1** RESTRINGIDO. Del borrico. || **2 cardo* ~.**

borriqueta *s. f.* Borriquete.

borriquete *s. m.* Armazón en forma de trípode, utilizado como soporte de las maderas por los carpinteros. SIN. borrico, borriqueta.

borrón *s. m.* **1** Mancha de tinta que cae en el papel o tachadura que se hace en el mismo: *El alumno presentó el ejercicio lleno de borrones.* **2** Imperfección que desluce o afea: *Aquél era el primer borrón en su hoja de servicios.* **3** RESTRINGIDO. Acción deshonrosa: *No sabía cómo limpiar aquel borrón de su honra.* **4** PINT. Esbozo de un cuadro para los efectos de claroscuro. FR. Y LOC. **~ y cuenta nueva** COLOQUIAL. Se usa para manifestar la decisión de olvidar el comportamiento o los errores del pasado y empezar de nuevo como si no hubieran existido: *Empecemos nuestras relaciones otra vez y hagamos borrón y cuenta nueva.*

borronear *v. tr.* Hacer ‹una persona› rasgos descuidados, borrones o garabatos: *El niño borroneaba el papel.*

borroso, sa *adj.* (ser / estar) Que no se ve o no se distingue con claridad o precisión: *Con estas gafas lo veo todo borroso. Pinta paisajes borrosos, desdibujados. Esta escritura está borrosa, tiene los trazos imprecisos y confusos.*

borujo *s. m.* Burujo.

boscaje *s. m.* **1** (no contable) Conjunto de árboles y abundantes plantas: *El animal se escondió en el boscaje.* **2** PINT. Cuadro que representa un paisaje con árboles, plantas y animales: *Ese artista se ha especializado en pintar boscajes.*

boscoso, sa *adj.* Que tiene bosques: *El norte de la Península es una tierra boscosa. Un paisaje boscoso es muy agradable en verano.*

bosniaco, ca *adj. / s. m.* y *f.* Bosnio.

bosnio, nia o **bosniaco, ca** *adj. / s. m.* y *f.* De Bosnia, país de Europa.

bosque *s. m.* Terreno extenso poblado de árboles y matas: *La tala de árboles destruye los bosques.*

bosquejar *v. tr.* **1** Hacer ‹una persona› [una obra artística] provisionalmente, sin acabarla: *Estoy bosquejando una novela interesante. Ese arquitecto ha bosquejado una ciudad-museo increíble.* **2** Elaborar ‹una persona› con vaguedad o sin detalle [un plan o un proyecto]: *Los directivos han bosquejado unos principios de actuación para mejorar el rendimiento de la empresa.*

bosquejo *s. m.* **1** Primera forma o diseño provisional de una obra de creación en la que se apuntan sólo sus rasgos principales: *el bosquejo de un libro. Éste es el bosquejo de su próximo cuadro. Antes de hacer el plano, primero haz un bosquejo.* **2** ELEVADO. Idea o plan no elaborado del todo o que se expone sin detalle: *Hemos hecho un bosquejo de lo que puede ser el viaje de fin de curso. De momento esto sólo es un bosquejo.*

bosquimán, na o **bosquimano, na** *adj. / s. m.* y *f.* De un pueblo de pequeña estatura que vive al sureste de África: *tribu de bosquimanos.*

bosta *s. f.* ARG., URUG.; COLOQUIAL. Trabajo mal hecho o hecho con desgana.

bostezar *v. intr.* Abrir ‹una persona› la boca involuntariamente haciendo una aspiración lenta y profunda seguida de espiración, a causa de [el sueño, el aburrimiento o el hambre]: *A las dos, los alumnos empiezan a bostezar* **de** *hambre. Bostezaba porque tenía mucho sueño. La conferencia era tan mala que no dejé de bostezar.* ⇒ **19.**

bostezo *s. m.* Acción de bostezar: *La conferencia era muy aburrida y se oían muchos bostezos en la sala.*

bota *s. f.* **1** Calzado que cubre el empeine y parte de la pierna: *calzarse las botas, ponerse las botas, botas de piel, botas de ante, botas de tacón.* **~ de agua. ~ de esquiar. ~ de fútbol. ~ campera** Bota de cuero duro y basto utilizada en las labores del campo. **~ de caña alta** Bota que cubre hasta la rodilla. **~ de media caña** Bota que cubre hasta media pantorrilla. **~ de montar** Bota de caña alta para montar a caballo. **~ ortopédica** Bota de suela dura para llevar plantillas correctoras. **2** Calzado propio de algunos deportes que se ata al pie pero no cubre el tobillo: *unas botas de futbolista.* **3** Recipiente de cuero para el vino, con forma de pera provisto, en su parte más estrecha, de un tapón con un agujerito por donde sale un chorro fino: *beber en bota.* **4** AMÉR. Vaina de cuero para cubrir los espolones de los gallos de pelea. FR. Y LOC. **colgar las botas** Abandonar ‹una persona› la práctica del fútbol profesional y, también, retirarse de cualquier actividad: *El portero colgó las botas la temporada pasada.* **morir con las botas puestas** 1 Morir ‹una persona› con honor en el campo de batalla. 2 Terminar derrotada ‹una persona› después de haber puesto todos los medios para evitarlo. **ponerse las botas** 1 COLOQUIAL. Obtener ‹una persona› gran provecho o beneficio: *Con la venta de las parcelas nos pusimos las botas.* 2 COLOQUIAL. Comer ‹una persona› mucho: *Me invitaron a un banquete y me puse las botas. Se puso las botas con la tarta.*

botador *s. m.* **1** Herramienta de hierro, parecida a un cincel pero sin filo, para incrustar o arrancar clavos u otros objetos encajados. **2** Palo con el que los barqueros hacen fuerza en la arena para mover los barcos.

botadura *s. f.* Acción de botar o lanzar un barco al agua por primera vez: *la botadura de la nueva fragata de la marina.*

botafumeiro *s. m.* **1** Incensario gigante que se usa en determinadas ceremonias religiosas solemnes en Santiago de Compostela, capital de Galicia. **2** COLOQUIAL, RESTRINGIDO. Adulación: *Ya estás manejando el botafumeiro con el jefe para no trabajar el viernes.*

botalón *s. m.* **1** MAR. Palo de un barco que puede sacarse hacia fuera. **2** MAR. Palo horizontal de un barco apoyado en el mástil. **3** MAR. Mastelero.

botamanga *s. f.* ARG., URUG. Bocamanga.

botana *s. f.* MÉX.; COLOQUIAL. Tapa, aperitivo.

botánica *s. f.* (no contable) Parte de la biología que estudia los vegetales.

botánico, ca *adj.* **1** De la botánica. **jardín* ~.** || *s. m./f.* **2** Persona que se dedica profesionalmente al estudio de la botánica.

botar (diferente de *votar*) *v. tr.* **1** Hacer saltar ‹una persona› [un balón]: *botar el balón. El niño botaba la pelota.* **2** AMÉR. Echar ‹una persona› [a otra persona] de [un lugar]: *Sus compañeros lo han botado* ***del*** *partido. Lo han botado* ***de*** *la empresa.* **3** Echar ‹una persona› [una embarcación] al agua después de construirla o repararla: *botar una nave. Han botado un nuevo petrolero.* || *v. intr.* **4** Salir despedido ‹un objeto elástico›: *La pelota botó en la mesa y se rompió la jarra.* **5** Dar ‹una cosa› botes o saltos: *El carro botaba por aquel camino de piedras.* **6** Dar ‹una persona o un animal› saltos: *Da gusto ver cómo los niños corren y botan.* **7** COLOQUIAL. Manifestar ‹una persona› su enfado o alegría: *Como la han suspendido, María está que bota.*

botarate *s. m./f.* COLOQUIAL; INSULTO. Persona poco juiciosa y sin formalidad: *No hay quien lo soporte: tu amigo es un botarate.*

botavara *s. f.* MAR. Palo horizontal que se apoya en el mástil y sujeta la vela cangreja.

bote *s. m.* **1** Acción de botar: *La pelota dio varios botes.* **2** Salto que se da al botar: *Di un bote de alegría.* SIN. brinco. **3** Recipiente pequeño y cilíndrico, cerrado por una tapa, para guardar o envasar cosas: *un bote de aceitunas, un bote de café, un bote de tomate frito.* **4** Embarcación pequeña, sin cubierta y con unos bancos para sentarse: *bote de remos, bote neumático.* SIN. barca. **~ salvavidas. 5** Caja, lugar donde se guardan las propinas en los establecimientos: *El camarero puso la propina en el bote.* **6** (no contable) Cantidad de dinero que hay en esa caja: *¿Cuánto hemos hecho hoy de bote?* **7** Cantidad de dinero que se acumula en el premio de algunos juegos de azar cuando no aparece ningún ganador: *Esta semana hay un bote de 300 millones en el sorteo de la loto.* FR. Y LOC. **chupar del ~** COLOQUIAL. Beneficiarse ‹una persona› de una situación sin merecerlo: *En esta empresa hay muchos que chupan del bote.* **dar el ~** COLOQUIAL. Despedir o expulsar ‹una persona› [a otra persona]: *El presidente del equipo decidió dar el bote a algunos jugadores.* **dar/pegar un ~** 1 COLOQUIAL. Sobresaltarse ‹una persona o un animal›: *Al caerse el jarrón, el gato pegó un bote.* 2 COLOQUIAL. Manifestar ‹una persona› su alegría: *Pepe dio un bote al enterarse de que le había tocado la lotería.* **darse el ~** COLOQUIAL. Escaparse ‹una persona›: *Esto se pone feo, será mejor que me dé el bote.* **de bote en ~** COLOQUIAL. Completamente lleno de gente: *La discoteca está de bote en bote.* **tener/meter en el ~** COLOQUIAL. Ganarse ‹una persona› la confianza o la voluntad de otra: *Tengo a esa chica en el bote. Intentaré meterme a mi tía en el bote para que nos dé el dinero.* **tonto* del ~/haba** o **tonto de remate.**

botear *v. intr.* MÉX.; JERGAL. Pedir limosna ‹una persona› poniendo un bote.

botella *s. f.* **1** Recipiente cilíndrico, de cuello estrecho, generalmente de vidrio, que sirve para contener líquidos: *botella de agua, botella de vino, botella de leche, una botella de plástico, abrir una botella, descorchar una botella.* **2** Cantidad de líquido que cabe en las botellas: *Miguel se bebió media botella de agua.* || **3 verde* ~.** FR. Y LOC. **cuello* de ~.**

botellero, ra *s. m./f.* **1** Persona que por oficio fabrica o vende botellas. || *s. m.* **2** Mueble que sirve para colocar las botellas.

botellín *s. m.* Botella pequeña, especialmente de cerveza: *tomarse un botellín.*

botepronto *s. m.* DEP. Acción de dejar caer el balón de las manos y pasarla al primer bote. FR. Y LOC. **a ~** 1 Pasando la pelota al primer bote. 2 Sin pensar, de improviso o inesperadamente: *Así, a botepronto, no recuerdo la fecha de esa batalla. Le contesté a botepronto. María hizo eso a botepronto.*

botica *s. f.* RESTRINGIDO. Farmacia. FR. Y LOC. **haber de todo como en ~** COLOQUIAL. Haber una gran variedad de personas o cosas: *–«¿Tienes un abrelatas?» –«Pues, claro, aquí hay de todo como en botica.» En este colegio hay niños muy listos y otros menos, hay de todo como en botica.*

boticario, ria *s. m./f.* RESTRINGIDO. Farmacéutico.

botija *s. f.* **1** Vasija redondeada de barro, no muy grande, con el cuello corto y estrecho: *una botija de agua fresca, una botija de cerámica.* **2** AMÉR. C. Tesoro oculto. || *s. m./f.* **3** ARG., URUG. Niño muy pequeño.

botijo *s. m.* Vasija redondeada de barro que mantiene fresca el agua, con un asa en su parte superior y un pitorro para poder beber de ella: *beber agua de un botijo. Fui a la fuente a llenar el botijo.*

botillería *s. f.* CHILE, VEN.; COLOQUIAL en Chile. Tienda de bebidas, tanto de licores como de refrescos.

botín *s. m.* **1** Bota que llega a la altura del tobillo: *Merce entró a la zapatería a comprarse unos botines.* **2** Prenda antigua que se llevaba sobre los zapatos y cubría el empeine, los tobillos y parte de la pierna. **3** Conjunto de riquezas que se obtienen por medio de un robo o de una estafa: *El ladrón se llevó un buen botín en joyas.* **4** MIL. Conjunto de armas y demás posesiones que el ejército vencedor quita al enemigo vencido: *Los vencedores no pudieron conseguir ningún botín porque lo habían quemado todo los enemigos.*

botiquín *s. m.* **1** Lugar donde se guardan las medicinas y otros útiles para curar: *Llevo un botiquín en el maletero del coche. Hay un botiquín de primeros auxilios en la fábrica. Saca el agua oxigenada del botiquín.* **2** VEN. Bar, taberna.

boto *s. m.* Bota alta que se usa para montar a caballo: *En Salamanca hacían buenos botos camperos.*

botón *s. m.* **1** Pieza pequeña, generalmente circular, que se cose a la ropa para abrocharla, sujetar algo o como adorno: *Puse los botones a la camisa.* **2** Brote de una planta, antes de que se distingan las hojas, cuando sólo es un pequeño abultamiento: *Los almendros ya tienen botones.* **3** Pieza circular que se pulsa en ciertos instrumentos o aparatos para hacerlos funcionar: *La lavadora se pone en marcha presionando un botón.* **4** Pieza circular y metálica que se oprime con el dedo en los instrumentos musicales de pistones. **5** Pieza saliente, cilíndrica o esférica que, sujeta o atornillada a un objeto, sirve de tirador o de tope. **6** ARG., URUG.; COLOQUIAL. Agente de policía. || **7 ~ de muestra** Elemento o parte de un conjunto que se toma como ejemplo para ilustrar las características del resto: *Este poema es un botón de muestra de la obra poética del autor.* FR. Y LOC. **para muestra* basta un ~.**

botonadura *s. f.* Conjunto o juego de botones de una prenda de vestir: *la botonadura de un abrigo.*

botones (plural *botones*) *s. m.* Muchacho encargado de hacer recados y servicios pequeños en determinados establecimientos: *Entró en el banco de botones y llegó a director.*

botulismo *s. m.* (no contable) MED. Intoxicación producida por una toxina que suele estar contenida en alimentos mal envasados.

bourbon (del inglés; pronunciamos *'burbon'*) *s. m.* **1** (no contable) Güisqui americano de maíz o de maíz y centeno: *una botella de bourbon.* **2** Medida de este líquido contenido en una copa o vaso: *¡Un bourbon, por favor!*

boutique (del francés; pronunciamos *'butic'* o *'butique'*) *s. f.* **1** Tienda donde se vende ropa de moda. **2** RESTRINGIDO. Tienda especializada en un producto: *la boutique del pan.*

bóveda *s. f.* **1** ARQ. Construcción curvada que sirve para cubrir el espacio entre dos paredes o entre varios pilares. **~ de crucería*.** **~ claustral** o **~ de aljibe** Bóveda cuyos dos cañones semicilíndricos se cortan el uno al otro. **~ de/en cañón** Bóveda de superficie generalmente semicilíndrica que cubre el espacio que hay entre dos muros paralelos. **~ de medio punto** Bóveda en forma de medio círculo o media esfera. **~ encamonada** o **~ fingida** Bóveda construida de tabique para imitar una bóveda. **~ tabicada** Bóveda hecha de ladrillos que viene a ser toda como un tabique. **falsa ~** Forma primitiva de bóveda, obtenida por aproximación sucesiva de hiladas. ‖ **2** **~ celeste** ASTRON. Firmamento. **3** **~ craneal** ANAT. Parte superior del cráneo. **4** **~ palatina** ANAT. Paladar.

bóvido, da *adj./s. m.* **1** ZOOL. [Animal] que es mamífero y rumiante y cuyos machos tienen cuernos permanentes, pero no siempre las hembras: *El toro y la cabra son bóvidos.* ‖ *s. m.* **2** (en plural) ZOOL. Familia de estos animales.

bovino, na *adj.* **1** Del toro, la vaca o el buey: *ganadería bovina.* **peste bovina.** ‖ *adj./s. m.* **2** (macho y hembra) ZOOL. [Animal] que es mamífero rumiante de la familia de los bóvidos, tiene gran tamaño, cuernos lisos curvados hacia arriba y rabo largo: *Los bisontes son bovinos.* ‖ *s. m.* **3** (en plural) ZOOL. Grupo formado por estos animales.

box (plural *boxes*) *s. m.* **1** Compartimiento en una cuadra que tiene los servicios necesarios para cada caballo: *Mi caballo favorito está en el box número dos.* **2** Zona de un circuito automovilístico donde se instalan los mecánicos de los coches: *El bólido ha entrado en boxes para cambiar los neumáticos.* **3** AMÉR. Boxeo.

boxcalf *s. m.* (no contable) Piel de becerro tratada para darle resistencia que se emplea en la fabricación de calzado y otros objetos: *Me he comprado unas botas de boxcalf.*

boxeador *s. m.* DEP. Persona que se dedica profesionalmente al boxeo: *Los boxeadores están divididos en categorías.*

boxear *v. intr.* Practicar ‹una persona› el boxeo: *La lesión hizo que dejara de boxear.*

boxeo *s. m.* (no contable) DEP. Deporte de combate sobre un cuadrilátero entre dos contendientes de la misma categoría, que consiste en golpear al contrario por encima de la cintura, con los puños metidos en unos guantes especiales: *practicar el boxeo, asistir a un combate de boxeo.*

bóxer *s. m.* (macho y hembra) Perro de cierta raza.

boy scout (plural *boys scouts*; del inglés; pronunciamos *'boi escaut'*) *s. m.* Miembro de una organización de jóvenes cuya principal actividad es salir al aire libre para practicar ciertos ejercicios que fomentan la amistad y la disciplina.

boya *s. f.* **1** Señal flotante que se coloca en el agua para indicar algún peligro o marcar un límite: *boya luminosa, boya de salvamento, boya salvavidas. Es peligroso nadar más allá de la boya.* SIN. baliza. **2** Corcho que se pone en la red o en el hilo de la caña de pescar para que no se hunda.

boyada *s. f.* Conjunto de bueyes y vacas: *Ya vuelve al pueblo la boyada.*

boyante *adj.* (ser/estar, antepuesto/pospuesto) Que es próspero y feliz o goza de buena salud o situación: *No puedo quejarme, tengo un boyante comercio y unos hijos encantadores. El negocio está muy boyante. Está muy boyante tu abuelo. Raquel tiene una boyante situación.*

boyero, ra *s. m./f.* **1** Persona que por profesión cuida y conduce bueyes: *En los pueblos de Castilla solía haber un boyero comunal que cuidaba del rebaño de vacas y bueyes de los vecinos.* ‖ *s. m.* **2** (macho y hembra) Género *Archiplanus.* Ave de América del Sur, de plumaje negro y pico anaranjado, que suele posarse sobre los lomos del ganado, donde se alimenta de sus parásitos.

bozal *s. m.* Aparato, generalmente de cuero, que se pone alrededor de la boca de los animales para que no muerdan: *Pasea al perro con bozal. Pon el bozal al perro.*

bozo *s. m.* (no contable) Vello fino que les sale a los jóvenes sobre el labio superior antes de que tengan bigote: *Le apuntaba el bozo y pensaba si debía afeitarse o no.*

braceaje o **brazaje** *s. m.* Profundidad del mar en un sitio determinado.

bracear *v. intr.* **1** Mover ‹una persona› los brazos repetidamente: *Para nadar no tienes que bracear tanto.* **2** Hacer ‹una persona› esfuerzos para soltarse de otra persona o una cosa: *El nene braceaba, pero el padrino lo sujetaba por debajo de los sobacos con fuerza.* **3** Nadar ‹una persona› sacando los brazos del agua y ayudando con el movimiento de éstos a la marcha: *Procura bracear rítmicamente.* **4** Doblar ‹un caballo› los brazos airosamente al andar: *Los caballos de la policía municipal bracean en los desfiles.*

braceo *s. m.* Movimiento repetido de los brazos: *Se vio un momento el braceo, pero enseguida el náufrago desapareció debajo del agua.*

bracero *s. m.* Obrero no especializado que trabaja en el campo: *los braceros de la vendimia.* SIN. jornalero.

bráctea *s. f.* BOT. Hoja que nace del pedúnculo de las flores de algunas plantas, que se diferencia de las hojas verdaderas por su forma, color y consistencia.

braga *s. f.* **1** (suele usarse en plural con el significado de singular) Prenda interior femenina que cubre la parte inferior del tronco y tiene dos aberturas para las piernas. **2** COLOQUIAL. Cosa de poca calidad o valor: *Estas poesías son una braga.* FR. Y LOC. **en bragas** COLOQUIAL. Desprevenido, sin preparar: *Mis padres me pescaron en bragas, con toda la casa desordenada.* **hecho una ~** VULGAR. Muy cansado, en mala forma física: *Ayer empecé a caminar y a los diez minutos estaba hecho una braga. Después de la gripe te has quedado hecha una braga, tienes mala cara.*

bragado, da *adj.* **1** [Toro, caballo] que tiene la bragadura o entrepierna de distinto color que el resto del cuerpo. **2** [Persona] que tiene un carácter enérgico y no se asusta con facilidad: *El representante sindical es un tío muy bragado, ha discutido las propuestas de la dirección con tranquilidad, pero con mucha firmeza.*

bragadura *s. f.* **1** Entrepierna del hombre y de los animales. **2** Parte de una prenda correspondiente a la entrepierna.

bragazas (plural *bragazas*) *adj. / s. m.* COLOQUIAL; PEYORATIVO. Hombre de poco carácter que se deja dominar fácilmente, sobre todo por su mujer: *El muy bragazas no vino porque su mujer no lo dejó.* SIN. calzonazos (COLOQUIAL).

braguero *s. m.* Vendaje o aparato usado para contener las hernias: *Usó braguero hasta que se operó.*

bragueta *s. f.* Abertura delantera de los pantalones, que suele cerrarse con botones o con cremallera: *unos pantalones con bragueta de cierre de cremallera.*

braguetero *adj. / s. m.* PERÚ; JERGAL. Hombre que se casa por dinero.

brahmán *s. m. / f.* Persona que pertenece a la casta primera y más elevada de las cuatro en que está dividida la sociedad del brahmanismo.

brahmanismo *s. m.* (no contable) REL. Sistema religioso, filosófico y social tradicional de La India,

braille *s. m.* (no contable) Método de escritura para ciegos que consiste en la representación del alfabeto por combinaciones de puntos en relieve que pueden palparse con los dedos: *Hay muchos libros editados en braille.*

bramante *s. m.* Cordel delgado, hecho de cáñamo, para atar paquetes: *madeja de bramante.*

bramar *v. intr.* **1** Emitir ‹el toro, la vaca o un animal salvaje› su voz: *Los toros bramaban en la vacada.* **2** Emitir ‹una persona› gritos o sonidos muy fuertes que revelan cólera o dolor: *Todos estaban asustados oyendo bramar al profesor, rojo de ira.* **3** Producir ‹el viento o el mar agitados› un ruido muy fuerte: *Es sobrecogedor oír cómo brama el mar.*

bramido *s. m.* **1** Sonido que emiten el toro y otros animales: *los bramidos del toro.* **2** INTENSIFICADOR. Grito fuerte de una persona: *Antonio estaba tan enfadado que daba bramidos.* **3** Ruido muy fuerte de algunos elementos de la naturaleza cuando están agitados: *el bramido del mar, el bramido del viento, el bramido de las olas.*

brandy (del inglés) *s. m.* **1** (no contable) Bebida alcohólica obtenida por destilación del vino por procesos semejantes a los del coñac: *En Jerez se elabora muy buen brandy.* **2** Medida de este líquido contenida en una copa o vaso: *Un brandy después de comer anima la tertulia.*

branquia *s. f.* (preferentemente en plural) Órgano respiratorio de la mayoría de los animales acuáticos formado por láminas o filamentos: *Los peces respiran por branquias.* SIN. agalla.

branquial *adj.* De las branquias: *respiración branquial.*

braquial *adj.* Del brazo: *arteria braquial.* || **bíceps* ~. tríceps* ~.**

braquicefalia *s. f.* (no contable) MED. Característica de braquicéfalo.

braquicéfalo, la *adj. / s. m.* y *f.* MED. [Persona] que tiene el cráneo casi redondo, porque su diámetro mayor excede en muy poco al menor.

brasa *s. f.* Trozo incandescente y rojo de madera, carbón u otro combustible sólido: *Echa otro leño al fuego para que las brasas duren.* FR. Y LOC. **a la ~** Modo de asar los alimentos directamente sobre las brasas y con más frecuencia sobre una parrilla: *carne a la brasa, pescado a la brasa.*

brasear *v. tr.* Asar ‹una persona› [un alimento] a la brasa: *Pedro ha braseado unos tacos de ternera para comer.*

brasero *s. m.* Recipiente de metal, circular, poco hondo, con un foco de calor en su centro, usado para calentarse: *Los braseros de cisco han desaparecido casi totalmente de las casas españolas, sustituidos por los eléctricos o los de gas.*

brasileño, ña o **brasilero, ra** *adj. / s. m.* y *f.* De Brasil, país sudamericano: *los bailes brasileños, la selva brasileña, la forma de vida de los brasileños.*

bravata *s. f.* **1** Amenaza exagerada y arrogante con que se pretende asustar a alguien: *Sus bravatas no inquietan a nadie.* **2** Dicho con el que alguien presume de valiente: *Me tienes harto con tus bravatas.* SIN. fanfarronada.

braveza *s. f.* **1** (no contable) Bravura de las personas. **2** (no contable) Fiereza de los animales. **3** (no contable) Fuerza de los elementos agitados, como el mar: *La braveza del mar asustó a todos los pasajeros.*

bravío, a *adj.* **1** [Animal] que es feroz y salvaje y no está domado: *Este caballo es bravío.* **paloma bravía / silvestre.** **2** [Mar] que está muy alborotado: *Los aventureros navegaron por un mar bravío.* **3** Que es difícil de someter o educar o que no tiene educación: *Vicente es un muchacho muy bravío. Tengo un portero algo borde y bravío, pero me recoge los recados.* **4** [Plantas] que se crían sin cultivar en el campo: *Me ha nacido en el jardín un limonero bravío.*

bravo, va *adj.* **1** [Toro, vaca] que tiende a embestir con los cuernos: *una ganadería de reses bravas.* **ganado* ~. toro* ~.** **2** (antepuesto / pospuesto) Que es muy valiente: *un soldado muy bravo.* **3** Que tiene mucho genio: *una mujer muy brava.* **4** (ser / estar) [Mar, agua] que está muy alborotado: *Hoy está el mar muy bravo. El mar Cantábrico es muy bravo.* **costa brava.** **5** (antepuesto) RESTRINGIDO. Que es muy bueno: *Esa escritora ha escrito una brava novela. El delantero metió un bravo gol. Tienes una brava casa.* || *adj. / s. m.* **6** AMÉR. Que está enfadado, irritado. || *interj.* **7** Se usa para expresar aprobación, satisfacción o entusiasmo: *¡Bravo! Has bailado fenomenal.* FR. Y LOC. **a las bravas** o **por las bravas** COLOQUIAL. De manera violenta, sin miramiento ni consideración: *Ésa quería quitarnos el sitio a las bravas y así no lo consiguió.*

bravucón, na *adj. / s. m.* y *f.* Que presume de valiente y no lo es: *Juan es muy bravucón, no le hagas caso. Sus amigos son unos bravucones.*

bravuconada *s. f.* Dicho o acción propia del bravucón: *No soporto sus bravuconadas.*

bravura *s. f.* **1** (no contable) Fiereza propia de ciertos animales, especialmente la de los toros de lidia: *Los toros de la corrida de ayer exhibieron una gran bravura.* **2** (no contable) Audacia, valentía o coraje de las personas: *La bravura de los soldados nos hizo vencer. La bravura de los expedicionarios los llevó a la cima.*

braza *s. f.* **1** Medida de longitud que equivale a más de metro y medio, usada generalmente en la marina. **2** DEP. Estilo de natación que consiste en nadar boca abajo estirando y encogiendo alternativamente los brazos y las piernas sin sacarlos del agua: *La final de braza del campeonato del mundo fue muy disputada. Nadar a braza es bastante descansado.*

brazada *s. f.* **1** Movimiento enérgico que se hace con los brazos como al nadar o al remar: *Rafa cruzó la piscina a* *enérgicas brazadas.* **2** Cantidad de alguna cosa que se puede abarcar de una vez con los brazos: *una brazada de leña, una brazada de hierba.*

brazaje *s. m.* Braceaje.

brazal *s. m.* **1** Asa por la que se agarra o embraza el escudo. **2** Brazalete.

brazalete *s. m.* **1** Aro de adorno que rodea el brazo, más arriba de la muñeca: *un brazalete de oro en forma de serpiente.* **2** Tira ancha de tela que se lleva alrededor de la manga izquierda, por encima del codo, como distintivo: *brazalete negro en señal de luto, el brazalete de capitán de un equipo de fútbol.* **3** Pieza de las armaduras antiguas que cubría el brazo.

brazo *s. m.* **1** Extremidad superior del cuerpo humano: *La madre subió al niño en brazos. Ester iba paseando del brazo de su marido. Me rompí un brazo jugando al tenis.* **2** Parte de esta extremidad que va desde el hombro hasta el codo: *Luis hace ejercicio para desarrollar los músculos del brazo y del antebrazo.* **3** Pata delantera de los animales cuadrúpedos: *los brazos del caballo.* **4** Cada una de las dos piezas laterales de un sillón o sofá en que se apoyan los brazos: *Ten cuidado, que está roto el brazo derecho del sillón.* **5** Cada una de las partes en que se ramifican algunas cosas: *los brazos de una lámpara, los brazos de un candelabro.* **~ de río** Corriente del río que se separa de la principal y corre independientemente hasta que se reúne otra vez con el cauce principal o desemboca en el mar: *En la desembocadura el Ebro forma varios brazos.* **6** Cada una de las dos mitades de la barra horizontal de la balanza, de cuyos extremos cuelgan los platillos. **7** Pértiga articulada de una grúa u otras máquinas: *Un brazo de una grúa se cayó y rompió el tejado de una casa.* **8** Parte de una colectividad encargada de una función: *el brazo armado de una organización terrorista.* **9** (en plural) Jornaleros, trabajadores: *Necesitan más brazos para la época de la siega.* || **10 ~ de gitano** Pastel formado por una capa delgada de bizcocho sobre la que se unta chocolate, crema o mermelada y que luego se enrolla en forma de cilindro. **11 ~ de mar** 1 Canal ancho y largo del mar, que entra tierra adentro. 2 COLOQUIAL. Persona muy guapa y muy bien vestida: *El niño llegó a la fiesta hecho un brazo de mar.* **12 ~ derecho** COLOQUIAL. Persona de gran confianza de otra: *Silvia es el brazo derecho del director.* FR. Y LOC. **ama* de brazos. cruzarse de brazos** o **estar de brazos cruzados** COLOQUIAL. Estar ‹una persona› sin hacer nada o sin intervenir en algo: *Mientras yo trabajo, él está de brazos cruzados. Verónica se cruzó de brazos y esperó a que los demás dejaran de discutir.* **echarse en brazos** COLOQUIAL. Entregarse ‹una persona› totalmente a la voluntad de otra: *Los sindicatos se echaron en brazos de la patronal.* **esperar / recibir con los brazos abiertos** COLOQUIAL. Esperar o recibir ‹una persona› a otra persona afectuosamente: *Su familia le recibió con los brazos abiertos.* **huelga* de brazos caídos. luchar / pelear a ~ partido** COLOQUIAL; INTENSIFICADOR. Pelear ‹una persona› con gran ahínco para conseguir algo: *El equipo luchó a brazo partido para ganar la copa.* **no dar su ~ a torcer** COLOQUIAL. No ceder ‹una persona›: *El testarudo de Luis no da su brazo a torcer.*

brazuelo *s. m.* Parte de las patas delanteras de los cuadrúpedos comprendida entre el codillo y la rodilla: *el brazuelo de un caballo, el brazuelo de un toro.*

brea *s. f.* **1** (no contable) Sustancia viscosa que se obtiene principalmente de la destilación de la madera de ciertos árboles, del petróleo y del carbón mineral. **2** (no contable) Mezcla de esta sustancia con pez, sebo y aceite, que se usa para tapar las junturas de la madera de los barcos para que no entre el agua.

brear *v. tr.* **1** Causar ‹una persona› molestias [a otra persona]: *Los periodistas nos han breado a preguntas y los hinchas nos han cansado con tantos autógrafos.* **2** Causar ‹una persona› daño [a otra persona]: *Me han breado a puñetazos unos gamberros en la calle.*

brebaje *s. m.* PEYORATIVO. Bebida desagradable al paladar o de mal aspecto: *Me niego a tomar este brebaje de sabor a medicamento. La sopa parece un brebaje asqueroso.*

breca *s. f.* (macho y hembra) *Pagellus erythrinus.* Pez marino parecido al besugo, pero más pequeño y de carne blanca, que habita en las costas de la península ibérica y es apreciado en alimentación. SIN. pagel.

brecha *s. f.* **1** Herida en la cabeza: *Le han hecho jugando una brecha en la frente.* **2** Abertura o rotura irregular que se hace en un muro o pared: *Entraron por la brecha abierta por el cañón.* **3** Resquicio por donde algo empieza a perder su fortaleza: *El ejército logró abrir una brecha en las líneas enemigas. Un amigo logró abrir una brecha en su convencimiento.* FR. Y LOC. **abrir ~** COLOQUIAL. Emprender ‹una persona› el comienzo de una actividad o crear las circunstancias adecuadas para conseguir alguna cosa: *Estamos abriendo brecha en el mercado americano.* **estar en la ~** COLOQUIAL. Estar ‹una persona› preparada y dispuesta para hacer o defender algo: *–«¿Vas a animar al equipo?» –«Claro que sí, yo siempre estoy en la brecha.»*

brécol *s. m.* Variedad de col común con hojas de color verde oscuro.

brega *s. f.* (no contable) Acción y efecto de bregar: *El jefe está metido en la brega diaria y no ha tenido tiempo de hacer tu encargo.* FR. Y LOC. **andar a la ~** Trabajar ‹una persona› afanosamente en algo: *Ando a la brega con los exámenes y no me acuerdo ni de comer.* **peón* de ~.**

bregar *v. intr.* **1** Trabajar ‹una persona› con afán: *No paro de bregar en casa todo el día.* **2** Luchar ‹una persona› contra las dificultades para superarlas: *He bregado con muchos asuntos difíciles, uno más no me asusta.* **3** Reñir ‹una persona› con [otra persona]: *Elena suele bregar* **con** *sus compañeros de trabajo, porque le gustan las cosas bien hechas.* ⇒ **56.**

breña *s. f.* (preferentemente en plural) RESTRINGIDO. Terreno lleno de maleza situado entre peñas: *Siempre andas corriendo por ahí entre las breñas.*

breñal *s. m.* RESTRINGIDO. Lugar poblado de breñas.

brete *s. m.* Se usa en la LOC. **estar / poner en un ~** Estar ‹una persona› o poner a alguien en una situación apurada: *Estoy en un brete, no sé por quién decidirme. Al hacerle esa pregunta, le puse en un brete.*

bretel *s. m.* ARG., URUG. Tirante de una prenda de vestir femenina.

bretón, na *adj.* **1** LIT. Que pertenece al ciclo literario medieval narrativo del rey Arturo y de los Caballeros de la Tabla Redonda: *héroes bretones, ciclo literario bretón.* || **2** *adj. / s. m.* y *f.* De Bretaña, región francesa. || *s. m.* **3** LING. Lengua indoeuropea de la familia céltica de los habitantes de Bretaña.

breva *s. f.* 1 Fruto de la primera de las dos cosechas de la higuera. 2 COLOQUIAL. Ganga, provecho conseguido fácilmente: *¡Vaya breva!, has tenido mucha suerte con los exámenes.* 3 Cigarro puro ligeramente aplastado y poco apretado. 4 AMÉR. Tabaco de mascar. FR. Y LOC. **de higos* a brevas. de uvas* a brevas. ¡no caerá esa ~!** COLOQUIAL. Se usa para indicar desconfianza ante la suerte futura: *–«¿Te darán trabajo?» –«¡No caerá esa breva!» –«¿Vas a salir con Pepita?» –«No creo que caiga esa breva.»*

breve *adj.* 1 (antepuesto / pospuesto) Que dura poco o tiene poca extensión: *Recibí una breve nota. Fuiste breve **en** tu exposición. Aquel discurso breve no convenció a nadie. Una breve visita hubiera sido suficiente para contentar a la abuela.* **sílaba* ~. vocal* ~.** 2 RESTRINGIDO. Pequeño: *Miguelito tiene un pie breve, minúsculo. Sara parece que se parte por su breve cintura.* || *s. m.* 3 Noticia de extensión pequeña publicada en columna o en bloque junto con otras parecidas: *Lo tienen castigado redactando breves.* FR. Y LOC. **en ~** Rápidamente, en poco tiempo: *En breve pasaremos a saludarte.*

brevedad *s. f.* (no contable) Corta extensión o duración de una cosa: *Nos ha sorprendido la brevedad de su carta. El conferenciante expuso con brevedad su tema. La brevedad de nuestro encuentro exige que nos volvamos a ver.*

breviario *s. m.* 1 Entre los católicos, libro que contiene el rezo eclesiástico de todo el año: *Los sacerdotes tienen la obligación de leer el breviario todos los días.* 2 Tratado breve y resumido: *breviario doctrinal, breviario filosófico, breviario de economía doméstica.*

brezal *s. m.* Terreno poblado de brezos.

brezo *s. m.* Arbusto ericáceo, con hojas y flores pequeñas, madera dura y raíces gruesas que se utiliza para fabricar pipas de fumar y hacer carbón.

briago, ga *adj.* (ser / estar) MÉX.; COLOQUIAL. Que está ebrio o borracho.

bribón, na *adj. / s. m.* y *f.* 1 Que se dedica a engañar o estafar: *La secretaria era una bribona: se marchó con la nómina del último mes.* 2 COLOQUIAL; AFECTIVO. Que es muy travieso o mentiroso: *Este niño es un bribón, sólo quiere comer dulces. El muy bribón no es de fiar, estudia poco.*

bricolaje *s. m.* (no contable) Conjunto de trabajos manuales que realiza una persona que no es profesional para arreglar o decorar su casa: *En sus ratos libres Pilar se dedica al bricolaje.*

brida *s. f.* 1 Conjunto para dirigir el caballo formado por el freno, el dogal y las riendas: *No dejes suelto al caballo, llévalo de la brida.* SIN. ronzal. 2 MED. Membrana protectora que se forma alrededor de las heridas y llagas. 3 Borde de los tubos metálicos por donde se acoplan a otros. FR. Y LOC. **a la ~** A caballo, con los estribos largos. **a toda ~** RESTRINGIDO. Rápidamente: *Corríamos por el campo a toda brida, disfrutando del fresco del atardecer.*

bridge (del inglés; pronunciamos *'brich'* o *'briche'*) *s. m.* (no contable) Juego de cartas, con la baraja francesa, que se juega entre cuatro personas, por parejas: *jugar al bridge, una partida de bridge.*

brigada *s. f.* 1 Unidad militar formada por dos o más regimientos de una misma arma: *una brigada de infantería.* 2 Grupo de personas que se reúnen para hacer un mismo trabajo: *Una brigada de salvamento acudió al lugar de la catástrofe.* || *s. m.* 3 MIL. Grado del empleo militar entre sargento primero y subteniente y persona que lo desempeña: *El abuelo se ha jubilado de brigada. Paco es un brigada muy preparado.*

brigadier *s. m.* Antiguo grado del empleo militar que hoy equivale a general de brigada en el ejército y a contraalmirante en la marina.

brillante *adj.* 1 (ser / estar, antepuesto / pospuesto) Que brilla: *un brillante resplandor, una luz brillante. Aquella estrella es muy brillante. La bandeja de plata está muy brillante.* SIN. reluciente. 2 (ser / estar, antepuesto / pospuesto) Que destaca por su riqueza o sus cualidades: *Celebraste una brillante fiesta. Su novio es un violinista brillante. Mi abogada es brillante en sus intervenciones. El diputado estuvo brillante.* || *s. m.* 3 Diamante tallado por sus dos caras: *sortija de brillantes, pendientes de brillantes.*

brillantez *s. f.* 1 (no contable) Brillo o resplandor de una cosa: *la brillantez de su mirada. La brillantez de la nueva sala llama la atención. La brillantez de sus escaparates en Navidad es digna de alabanza.* 2 (no contable) Éxito muy grande o gloria en una actividad: *Realizaste el trabajo con brillantez. Patricia se licenció con brillantez. En nuestra ciudad ese cantante siempre ha actuado con brillantez.*

brillantina *s. f.* (no contable) Producto cosmético para dar brillo al cabello: *Antes de peinarme me echo brillantina en el pelo.*

brillar *v. intr.* 1 Despedir ‹una cosa› luz: *De noche se ven brillar las estrellas. Los espejos brillaban con los cientos de lámparas encendidas.* 2 Sobresalir ‹una persona› por [una cualidad]: *Catalina brilla **por** su belleza. Su inteligencia ha brillado en todos sus libros.* SIN. destacar.

brillo *s. m.* 1 (no contable) Resplandor procedente de un punto luminoso o reflejado por un objeto pulimentado: *el brillo del sol, sacar brillo a la madera, el brillo maligno de sus ojos.* 2 (no contable) Cualidad de una persona que destaca o sobresale en un momento dado: *El político entusiasmaba al auditorio con el brillo de su oratoria. El brillo de su ingenio la hace irresistible.*

brincar *v. intr.* Dar ‹una persona o un animal› saltos: *El niño se puso a brincar loco de contento. Las cabras brincaban de roca en roca.* ⇒ **56.**

brinco *s. m.* Salto muy ligero: *El gato dio un brinco y se subió a la tapia.* FR. Y LOC. **dar / pegar brincos de alegría / contento** COLOQUIAL; INTENSIFICADOR. Mostrarse ‹una persona› muy contenta: *Al recibir la carta di brincos de alegría. Mi padre pegaba brincos de alegría al saber que lo habían contratado.* **dar / pegar un ~** COLOQUIAL. Estremecerse ‹una persona› por un susto o sobresalto: *Al oír golpes en la puerta, pegué un brinco. Su corazón dio un brinco al oír el teléfono por la noche.*

brindar *v. intr.* 1 Expresar ‹una persona› [un deseo] al tiempo que levanta en alto la copa o el vaso: *Brindemos **a** la salud del jefe. Brindemos **por** el amigo ausente.* || *v. tr.* 2 Proporcionar ‹una persona o una cosa› [una oportunidad o una ocasión] a [una persona]: *Su jefa le brindó una magnífica ocasión para conseguir lo que quería. La gripe me ha brindado la oportunidad de descansar un poco.* 3 TAUROM. Dedicar ‹el torero› [la faena que va a realizar] [a una persona]: *El diestro brindó su segundo toro al público.* || *v. prnl.* 4 Ofrecerse ‹una persona› gratuita y voluntariamente para [realizar un servicio o un trabajo]: *Se brindaron **a** acompañarnos. Mi tío se ha brindado **a** llevarnos mañana al aeropuerto.*

brindis (plural *brindis*) *s. m.* **1** Acción de brindar al beber: *Hagamos un brindis a la salud de los presentes. Han hecho un brindis por nuestra felicidad.* **2** Palabras que se dicen al brindar: *El brindis fue: ¡Por la salud de todos los presentes!*

brío *s. m.* **1** (no contable) Energía y decisión con que se hace algo: *Trabaja siempre con mucho brío.* **2** (no contable) Fuerza o empuje de una cosa o persona: *Este niño tiene mucho brío, yo ya no puedo con él. El motor tiene mucho brío. El caballo demostró tener mucho brío.* FR. Y LOC. **¡voto a bríos!** RESTRINGIDO; EUFEMISMO. Juramento que expresa enfado: *¡Voto a bríos que como lo pille pagará sus culpas!*

brioche *s. m.* Suizo.

brioso, sa *adj.* **1** Que tiene brío, energía o decisión: *El nuevo jugador tiene un temperamento brioso. La moto es muy briosa.* **2** Que anda o se mueve con garbo o elegancia: *caballo brioso.*

briqueta *s. f.* Bloque compacto de carbón u otra materia en forma de ladrillo: *Antiguamente se echaban briquetas a la caldera de los trenes de vapor.*

brisa *s. f.* **1** (no contable) Viento suave y agradable: *Llega hasta aquí una brisa muy placentera.* **2** (no contable) Viento que sopla en las costas por el día desde el mar y por la noche desde tierra: *Me gusta sentir la brisa del mar.*

brisca *s. f.* (no contable) Juego de cartas muy popular en España, que consiste en sumar el mayor número de puntos posible sin obligación de seguir un palo ni jugar a triunfo: *Jugamos una partida a la brisca.*

británico, ca *adj. / s. m.* y *f.* Del Reino Unido de la Gran Bretaña e Irlanda del Norte: *El té de las cinco es una costumbre británica.*

brizna *s. f.* **1** Filamento o parte muy fina de alguna cosa, sobre todo de plantas: *una brizna de paja, una brizna de hierba.* **2** Porción o cantidad muy pequeña de alguna cosa: *No nos queda ni brizna de pan.*

broca *s. f.* Barra de hierro con forma de tornillo acabada en punta que se monta en las máquinas de taladrar para hacer agujeros: *un juego de brocas para la taladradora.*

brocado *s. m.* (no contable) Tela de seda con dibujos entretejidos con hilos de plata u oro con la que se confeccionan trajes de fiesta: *Estrella lució una chaqueta de brocado en la boda de Pilar.*

brocal *s. m.* Antepecho o muro que se coloca alrededor de un pozo para evitar que alguien caiga en él: *Ten cuidado que el niño no se asome al brocal del pozo.* SIN. pretil.

brocha *s. f.* **1** Pincel grueso o aplanado: *Pinté las paredes y las puertas con la brocha.* **~ de afeitar** Brocha pequeña para enjabonar la barba antes de afeitarla. **~ de maquillaje** Brocha pequeña para extender los polvos de maquillaje. || **2 pintor* de ~ gorda.**

brochada *s. f.* RESTRINGIDO. Brochazo: *En cinco brochadas terminarás de pintar la pared de la habitación.*

brochazo *s. m.* Acción de pasar la brocha sobre la superficie que se pinta, en una u otra dirección: *Pinta bien el mueble, sin que se noten los brochazos.*

broche *s. m.* **1** Cierre de dos piezas, generalmente metálicas, que llevan los collares y pulseras: *Me gusta este broche porque es de seguridad.* **2** Joya y adorno que se lleva prendido en la ropa: *La reina lleva un broche de diamantes en el vestido.* **3** Cierre o final de una serie de actos: *Como broche de las fiestas actuarán los payasos.* **~ de oro** Actuación final de gran importancia o brillantez: *La aparición del ballet fue el broche de oro del festival.*

brocheta o **broqueta** *s. f.* **1** Varilla estrecha y puntiaguda donde se ensartan pequeños trozos de alimentos para asarlos. **2** Plato elaborado y servido en brochetas: *brocheta de ternera, brocheta de pollo y champiñón.*

bróculi *s. m.* Brécol, variedad de col común de hojas oscuras.

bróker (del inglés) *s. m. / f.* Persona que por profesión es intermediaria financiera en operaciones de compra y venta: *La película es la historia de una bróker de Bolsa.*

broma *s. f.* **1** Dicho o hecho para burlarse de alguien o engañarle, sin intención de molestarle: *Sus amigos le gastaron la broma de que le había tocado un viaje en un sorteo. En esa tienda venden objetos de broma.* **~ pesada** Broma que causa perjuicio o molestia: *Esconderle las llaves para que no pueda entrar en casa es una broma muy pesada.* **2** Actitud poco seria, para divertirse o hacer reír: *Estamos todo el día de broma. Lo que le dijiste se lo ha tomado a broma. No creas que mis tíos se llevan mal: están hablando en broma.* **3** IRONÍA. Cosa cara o molesta: *La broma del regalo de boda les salió por varios miles de pesetas. La broma de la multa nos ha costado diez mil pesetas.*

bromatología *s. f.* (no contable) Ciencia que estudia los alimentos.

bromear *v. intr.* Estar ‹una persona› de broma: *Javier es muy gracioso, le encanta bromear. Creo que no se debe bromear con las cosas sagradas.*

bromeliáceo, a *adj. / s. f.* **1** BOT. [Planta arbustiva] que es monocotiledónea, angiosperma, anual, de raíz fibrosa y hojas en la base rígidas, flores en espiga o racimo y fruto en baya, como el ananás. || *s. f.* **2** (en plural) BOT. Familia de estas plantas.

bromista *adj. / s. m.* y *f.* Que es amigo de hacer o gastar bromas: *Alicia es muy bromista, no puedes creer todo lo que te dice hasta que no la conoces bien.*

bromo *s. m.* (no contable) *Br.* Elemento químico no metálico, tóxico, de color rojo y olor desagradable que puede producir quemaduras en la piel.

bromuro *s. m.* (no contable) QUÍM. Combinación del bromo con un radical simple o compuesto, en ciertos casos usado como medicina.

bronca *s. f.* **1** Riña, disputa muy ruidosa entre dos o más personas: *Los hermanos tuvieron una bronca porque no se ponían de acuerdo sobre las vacaciones. Ana tiene muy mal carácter y está siempre de bronca con la gente.* **2** COLOQUIAL. Reprimenda, expresión muy dura de desaprobación que dirige una persona a otra, sobre la que tiene autoridad: *¡Vaya bronca que me echó María por llegar tarde!* **3** Protesta ruidosa que hace el público en un espectáculo: *El toro se cayó tres veces y se armó tal bronca que el presidente pidió que lo cambiaran. Le dieron una bronca grande al árbitro del partido.* **4** ARG., PAR., URUG.; COLOQUIAL. Enojo, enfado.

bronce *s. m.* **1** (no contable) Metal amarillento resultado de la aleación entre el cobre y el estaño: *un candelabro de bronce.* **2** Objeto hecho con este metal: *los bronces de la ci-*

vilización griega. **3** DEP. Medalla inferior al oro y la plata en las competiciones deportivas: *Nuestro equipo ganó dos bronces.* **medalla de ~.** || **4 edad* del ~.** FR. Y LOC. **escribir en ~** ELEVADO. Ser ‹un acontecimiento› digno de ser recordado: *Esta fecha quedará escrita en bronce en la historia de nuestro país.* **ligar ~** COLOQUIAL. Ponerse ‹una persona› morena: *Nos vamos a la playa a ligar bronce.* **ser de ~** RESTRINGIDO. Ser ‹una persona› dura e inflexible: *Su padre es de bronce, nunca cambia de opinión.*

bronceado, da *adj.* **1** De color de bronce: *piel bronceada.* || *s. m.* **2** Acción de broncear o broncearse: *Me fui a la playa y a la montaña para conseguir un buen bronceado.*

bronceador, ra *adj. / s. m.* [Cosmético] que favorece el bronceado de la piel: *Me compré una crema bronceadora. A la piscina siempre me llevo el bronceador.*

broncear *v. tr.* **1** Poner ‹el sol› morena [la piel de una persona]: *A mí no me broncea el sol por más que lo tomo.* **2** Dar ‹una persona o una cosa› el color del bronce [a una persona o una cosa]: *Esta crema broncea la piel perfectamente.* **3** RESTRINGIDO. Cubrir ‹una persona› [una cosa] de bronce: *Los alumnos broncean las estatuas de escayola.* || *v. prnl.* **4** Ponerse ‹la piel de una persona› morena: *Concha se broncea con el sol.* **5** RESTRINGIDO. Tomar ‹una cosa› el color del bronce: *Este metal se va bronceando con el tiempo.*

broncíneo, a *adj.* ELEVADO. De bronce o parecido a él: *Tienes una piel broncínea después del veraneo.*

bronco, ca *adj.* **1** [Sonido, voz] que es grave y desagradable: *El profesor tenía una voz bronca que nos daba miedo.* **2** Que tiene un carácter poco educado o amable: *El público de esa ciudad es muy bronco.*

bronconeumonía *s. f.* MED. Inflamación del pulmón y los bronquios.

bronquial *adj.* De los bronquios: *afección bronquial.*

bronquio *s. m.* ANAT. Cada una de las ramificaciones de la tráquea que entran en los pulmones.

bronquiolo o **bronquíolo** *s. m.* ANAT. Cada una de las ramificaciones finales de los bronquios dentro de los pulmones.

bronquitis (plural *bronquitis*) *s. f.* MED. Inflamación de los bronquios: *Este invierno ha pasado tres bronquitis.*

brontosaurio *s. m.* (macho y hembra) Orden *Sauropoda.* Dinosaurio herbívoro de gran tamaño, cabeza pequeña, cuello flexible, cola larga y pesada, y cuatro patas cortas y gruesas.

broquel *s. m.* **1** Escudo pequeño y redondo que se llevaba en el brazo: *un broquel de piel, un broquel de bronce. El caballero se defendió con el broquel.* **2** LITERARIO. Defensa, protección: *La joven hizo de su fealdad un broquel contra los extraños.*

broqueta *s. f.* Brocheta.

brotar *v. intr.* **1** Salir ‹una planta› de la tierra: *Están brotando fuerte los tomates.* **2** Echar ‹una planta› tallos o brotes: *Ahora es el tiempo de que broten las rosas.* **3** Salir ‹un líquido› de [un lugar]: *La sangre brotó* **de** *la herida.* **4** Salir ‹una cosa› a la superficie o empezar a manifestarse: *Le brotó el sarampión. Entre estos dos pueblos ha brotado una verdadera amistad.*

brote *s. m.* **1** Acción de brotar o empezar a manifestarse algo: *Los médicos reconocen la existencia de un brote de meningitis. En los últimos meses se han detectado algunos brotes de racismo.* **2** Bulto que producen en una planta los tallos, hojas, flores, etc., cuando van a salir: *Los rosales ya tienen muchos brotes.* **3** Tallo pequeño y nuevo de una planta: *Están saliendo varios brotes en el jardín.*

broza *s. f.* **1** (no contable) RESTRINGIDO. Conjunto de hojas secas, ramas, cortezas y otros desechos de las plantas, y por extensión cualquier otro tipo de suciedad o basura: *Las calles en el otoño se llenan de broza de los árboles. Las tuberías estaban llenas de broza.* **2** (no contable) RESTRINGIDO. Conjunto de plantas bajas que crecen en un terreno no cultivado o descuidado: *Cuando el dueño volvió al año siguiente, la tierra estaba tan descuidada que se había llenado de broza.* **3** (no contable) RESTRINGIDO; PEYORATIVO. Cosas sin interés que se dicen o se escriben: *Si quieres que tus artículos tengan interés, quítales la broza.*

brucelosis (plural *brucelosis*) *s. f.* (no contable) MED. Enfermedad bacteriana que produce fiebre alta y dolores musculares generalizados.

bruces Se usa en las LOC. **darse de ~** Encontrarse ‹una persona› con otra persona o con una cosa: *Iba paseando y sentí una emoción extraña al darme de bruces* **con** *la catedral. Ayer me di de bruces en el mercado* **con** *tu abuela.* **de ~** Boca abajo y de frente: *El niño iba corriendo y se cayó de bruces. Tuvimos que beber de bruces en el río.*

brujería *s. f.* **1** (no contable) Conjunto de prácticas realizadas por personas que, se supone, han hecho un pacto con espíritus malignos o con el demonio y tienen por ello conocimientos o poderes fuera de lo natural: *practicar la brujería, creer en la brujería.* **2** Acto o aplicación de estos poderes: *El libro trata de hechizos y brujerías.*

brujo, ja *adj.* **1** Que cautiva o embruja: *unos ojos brujos, una noche bruja, el amor brujo.* || *s. m. / f.* **2** Persona que practica la brujería: *el aprendiz de brujo, el hechizo de la bruja. A las brujas se las suele representar volando en una escoba.* || *s. f.* **3** Mujer de aspecto sucio y muy desagradable, especialmente si es vieja: *Con estos pelos voy hecha una bruja.* **4** COLOQUIAL. Mujer que no tiene buen carácter ni buenas intenciones: *No te fíes de esa vecina, es una bruja.* || **5 caza de brujas** Persecución de un grupo de personas por sus ideas políticas, religiosas o culturales: *El senador McArthy desató la caza de brujas en el mundo de la cultura de Estados Unidos.* FR. Y LOC. **andar muy ~** MÉX.; COLOQUIAL; INTENSIFICADOR. No tener ‹una persona› dinero o ser muy pobre.

brújula *s. f.* Instrumento para orientarse formado por una aguja imantada que gira libremente sobre un eje y señala el norte magnético. FR. Y LOC. **perder la ~** Comportarse ‹una persona› con desorientación: *El Gobierno ha perdido la brújula en su enfrentamiento con los sindicatos.*

brujulear *v. intr.* RESTRINGIDO. Obrar ‹una persona› con habilidad para conseguir una cosa: *Ángel ha ascendido rápido en la empresa porque brujulea bien. Mi sobrina brujulea estupendamente, pronto será importante en el mundo de la prensa.*

brulote *s. m.* AMÉR. Palabrota ofensiva.

bruma *s. f.* **1** (no contable) Niebla de poca densidad, que se forma principalmente sobre el mar: *La visibilidad era escasa debido a la bruma.* **2** (preferentemente en plural) ELEVADO. Confusión, oscuridad mental: *Es imposible entrar en las brumas de su pensamiento. El alcohol le envuelve la mente en una bruma espesa.*

brumoso, sa *adj.* **1** (ser / estar, antepuesto / pospuesto) Que tiene bruma: *día brumoso, cielo brumoso. Me gustan los brumosos días invernales. Ésta es una zona muy brumosa.* **2** Que es oscuro o difícil de entender: *Cuando quiere, ella da unas explicaciones muy brumosas. Cuando Jaime bebe demasiado tiene la mente brumosa.*

bruñido, da *adj.* **1** Que es reluciente: *Le gusta presumir de su sable bruñido.* || *s. m.* **2** Acción de bruñir: *El bruñido de los metales de una casa es una operación aburrida.*

bruñir *v. tr.* Dar ‹una persona› brillo a [una cosa]: *Le gusta bruñir los metales y los pisos de mármol.* ⇒ **53.**

brusco, ca *adj.* **1** (antepuesto / pospuesto) Que sucede o se hace de una forma rápida o repentina: *una brusca subida de temperatura, un cambio brusco de actitud, un movimiento brusco.* **2** Que es antipático y poco amable: *Tienes un carácter brusco. Rosa le respondió de una forma brusca.*

bruselense *adj. / s. m.* y *f.* De Bruselas, capital de Bélgica: *los museos bruselenses. Él conoció a muchos bruselenses.*

brusquedad *s. f.* **1** (no contable) Acción o manera brusca de comportarse o actuar: *El jefe le habló con tanta brusquedad que la dejó cortada. Luis es poco educado y de gran brusquedad en sus modales.* **2** (no contable) Rapidez o carácter repentino de una cosa: *La brusquedad del frenazo nos lanzó contra el parabrisas. Déjame pensarlo, me ha sorprendido la brusquedad de tu propuesta.*

brut *s. m.* (no contable) Clase de cava o vino espumoso con una elaboración natural: *El brut es el cava que más me gusta, mucho más que el seco o el dulce.*

brutal *adj.* **1** (antepuesto / pospuesto) Que se realiza con violencia o crueldad: *Denunciamos a la policía su brutal comportamiento. El ladrón me dio una paliza brutal que me dejó innumerables lesiones.* **2** (antepuesto / pospuesto) COLOQUIAL; INTENSIFICADOR. Que es muy grande, fuerte o numeroso: *Tengo un brutal dolor de cabeza. Tengo un hambre brutal. Había una cantidad brutal de gente en aquella casa.*

brutalidad *s. f.* **1** (no contable) Cualidad de brutal: *Ha sido denunciada la brutalidad de unas madres que maltrataban a sus hijos. La brutalidad del atentado sorprendió a todos. No comprendo la brutalidad de sus declaraciones.* **2** Acción o palabra exageradas o muy poco educadas: *Juan ha comido una brutalidad. No me gusta que le digas brutalidades a mi hermana, sé amable con ella.*

bruto, ta *adj. / s. m.* y *f.* **1** Que es poco inteligente o muy terco: *Sergio es muy bruto y no entiende nunca nada. Carmen es muy bruta: como se le meta una idea en la cabeza, nadie la hará cambiar de opinión.* **2** Que utiliza su fuerza física con frecuencia: *Ése es muy bruto: ha dado un golpe y ha roto la mesa. Su hijo es un bruto que pega al resto de los niños.* **3** Que es grosero y poco amable: *Tu amigo es un bruto que va pegando empujones para subir al autobús. No seas bruta, no digas ordinarieces.* || *adj.* **4** [Cantidad] que es total, sin descuentos. **peso* ~. sueldo* ~.** || *s. m.* **5** Animal irracional: *No podemos tratar a las personas como a los brutos.* **noble ~** ELEVADO. El caballo. || **6 fuerza* bruta. 7 producto* interior ~. 8 producto* nacional ~.** FR. Y LOC. **en ~** 1 Sin pulir: *Su novio le ha regalado un diamante en bruto. Este chico es un deportista en bruto.* 2 Sin descontar ninguna cantidad: *Gano cuatro millones en bruto, pero hay que descontar los impuestos. El camión arrastra doce toneladas en bruto, pero sin descontar la tara.*

bruza *s. f.* Cepillo de cerdas fuertes y espesas, con una correa para agarrarlo que sirve para limpiar los caballos o los moldes de imprenta.

buba *s. f.* (preferentemente en plural) RESTRINGIDO. Tumor blando, generalmente doloroso y con pus, que suele presentarse en las ingles, las axilas y el cuello como consecuencia de algunas enfermedades venéreas.

bubón *s. m.* RESTRINGIDO. Inflamación de un ganglio linfático, buba.

bubónico, ca *adj.* Del bubón. **peste* bubónica.**

bucal *adj.* De la boca: *higiene bucal, infección bucal.*

bucanero *s. m.* Pirata que asaltaba los barcos o territorios de la Corona española en América durante los siglos XVII y XVIII: *Los bucaneros se refugiaban en algunas islas del mar Caribe.*

búcaro *s. m.* **1** Recipiente para flores de adorno: *Me han regalado un búcaro precioso de cristal.* SIN. florero. **2** RESTRINGIDO. Botijo.

bucear *v. intr.* **1** Nadar o estar ‹una persona› debajo del agua: *Me he comprado un equipo de bucear.* **2** Examinar ‹una persona› [un asunto] a fondo: *No me gusta bucear en mi pasado. El juez está intentando bucear en las cuentas de los acusados.*

buceo *s. m.* (no contable) Acción de bucear: *Le gusta el buceo sin aparatos.*

buche *s. m.* **1** Cavidad del aparato digestivo de las aves en que se acumulan los alimentos de digestión lenta. **2** COLOQUIAL. Estómago: *Entramos en el restaurante para llenar el buche.* **3** COLOQUIAL. Líquido que cabe en la boca, trago: *Después de cenar siempre tomo un trago de coñac, un buche sólo.* FR. Y LOC. **hacer buches** ARG., URUG.; RESTRINGIDO en España. Enjuagarse la boca con algún líquido sin tragarlo: *Es muy bueno para la garganta hacer buches con limón y miel.*

bucle *s. m.* Rizo del pelo muy marcado en forma de onda: *Consuelo tiene el pelo precioso, lleno de bucles.*

bucofaríngeo, a *adj.* MED. De la boca y la faringe: *una afección bucofaríngea.*

bucólica *s. f.* LIT. Composición poética del género bucólico: *Las bucólicas son poemas líricos que idealizan la vida del campo.*

bucólico, ca *adj.* **1** De la vida entre pastores o de la vida en el campo: *Llevas una vida muy bucólica.* **2** LIT. [Poesía, género] que trata de la vida de los pastores o de la vida campestre idealizada: *género bucólico, poeta bucólico.* SIN. pastoril.

bucolismo *s. m.* **1** (no contable) Conjunto de características literarias del género bucólico: *El bucolismo describe paisajes idealizados donde los pastores se preocupan sólo de sus sentimientos amorosos.* **2** (no contable) Ideología o comportamiento de los que idealizan la naturaleza: *A mí tu bucolismo me conmueve, pero ¿cómo aguantas las moscas?*

budín (del inglés) *s. m.* **1** Pudin. **2** ARG., URUG. Mujer muy hermosa y atractiva, bombón.

budismo *s. m.* (no contable) REL. Religión de los seguidores del filósofo hindú Buda y de su doctrina.

budista *adj.* **1** Del budismo. **religión ~.** || *s. m. / f.* **2** Persona que profesa el budismo: *un monje budista. Los budistas predican la paz.*

buen *adj.* (antepuesto a s. m.) **1** Bueno: *un buen hijo, un buen trabajo.* **~/feliz viaje.** ‖ **2 ~ bocado*. 3 ~ humor*. 4 ~ provecho*. 5 un (~) rato*** o **un rato largo.**

buenamente *adv. modo* **1** Precediendo a una forma personal del verbo *poder,* en un contexto de comparación modal, significa unas veces 'mejor' y otras simplemente intensifica el significado del verbo *poder*: *Hazlo como buenamente puedas* (='*hazlo como mejor puedas*' o '*hazlo como puedas, si puedes*'): *Salí de allí como buenamente pude.* **2** Voluntariamente, espontáneamente, por las buenas: *Si buenamente ella te lo da, lo tomas.*

buenaventura *s. f.* **1** (no contable) Adivinación del futuro, normalmente mediante la observación de las rayas de la mano: *Te voy a echar la buenaventura para ver si te vas a casar. Una mujer nos dijo la buenaventura y nos anunció que nos tocaría la lotería.* **2** (no contable) Buena suerte: *Me deseó buenaventura en mi nuevo trabajo.*

buenazo, za *adj. / s. m.* y *f.* Que es muy bueno e ingenuo: *Este niño es un buenazo que se porta muy bien.*

bueno, na (como adjetivo, delante de s. m., se usa *buen*) *adj. / s. m.* y *f.* **1** Que actúa bien según la moral establecida: *Su madre es una mujer muy buena y compasiva. En las películas los buenos ganan siempre a los malos.* **2** (antepuesto / pospuesto) Que es incapaz de hacer mal a nadie: *un buen hombre, una buena persona.* **3** Que no tiene malicia o picardía: *el bueno de Juan.* ‖ *adj.* **4** (antepuesto / pospuesto) Que es como debe ser o como conviene o gusta que sea: *Ésta es una buena ocasión* ***para*** *ir al cine. El tuyo es un buen aparato de música. Traía buenas noticias. Tienes un coche muy bueno. Es bueno que el niño beba mucha agua.* **5** (ser / estar, antepuesto / pospuesto) Que tiene un sabor agradable: *una buena comida. El vino de tu tierra es muy bueno. La cena estaba muy buena.* SIN. rico. **6** (antepuesto / pospuesto) Que resulta agradable: *Hemos pasado un buen fin de semana. Hace una buena noche. Salía un olor muy bueno de la cocina. Tenía una buena vista desde mi ventana.* **7** (antepuesto / pospuesto) Que tiene mucho valor o calidad: *Compré un buen cuadro. Ése fue un buen concierto. Tengo joyas muy buenas.* **8** (estar) Que se ha recuperado de una enfermedad: *Ya estás bueno de la gripe.* SIN. sano. **9** (antepuesto / pospuesto) Que es original o gracioso: *Le hice una buena broma. Sandra contó unos chistes muy buenos.* **10** (antepuesto) INTENSIFICADOR. Que es grande, intenso o muy importante: *Le cayó una buena bronca. Tenía una buena cantidad de dinero en casa.* **11** (estar) COLOQUIAL. Que es muy guapo y atractivo: *Ese chico está muy bueno.* **tío* ~.** **12** [Niño] que no alborota o molesta: *Da gusto estar con él, porque es un niño bueno.* ‖ *adv.* **13** Expresa acuerdo con el interlocutor: *–«¿Quieres sopa?» –«Bueno, si hay para todos, dame un poco.» –«Sube estos libros a la biblioteca.» –«Bueno, está bien, ahora voy.»* ‖ *interj.* **14** Se usa para expresar sorpresa o resignación: *¡Bueno! ¡Ahora llega tu madre! ¡Bueno! ¡Hasta ahí podíamos llegar!* ‖ *s. f.* **15** INTENSIFICADOR. Lío o cosa negativa y de considerable importancia: *Te has metido en una buena.* ‖ **16 buena / mala cara*. 17 buena / mala fe*. 18 buena sombra*. 19 buena voluntad*. 20 buenas noches*. 21 buenas tardes*. 22 buenos días*. 23 buenos / malos sentimientos*. 24 hierba* buena. 25 noche* buena. 26 buenas palabras*. 27 la buena nueva*. 28 la buena vida*.** FR. Y LOC. **¡A buenas horas* (mangas verdes)! a la buena de Dios*. ¡buenas!** SALUDO. Se usa para saludar: *¡Buenas! ¿Cómo estáis? Buenas, ¿tienen en esta tienda pilas de radio?* **dar el visto* ~. de buenas** De buen humor: *Hoy estás de buenas. Papá siempre viene de buenas.* **de buenas a primeras*. en buen(a) hora*. en buenas manos*. en hora* buena. estar ~** COLOQUIAL. Estar ‹una persona› equivocada: *Si pensáis que nos van a subir el sueldo, estáis buenos. Estamos buenos, como tengamos que esperar que nos arregle el coche tu cuñado.* **hacer ~** 1 Ser ‹una persona o una cosa› peor que otra, de manera que ésta parece buena en comparación con la otra: *Esta niña era bastante traviesa, pero su hermana pequeña la ha hecho buena.* 2 Hacer buen tiempo: *Los de la excursión van a tener suerte, porque mañana hará bueno.* **estar de buena / mala leche*** o **tener buena / mala leche. más ~ que el pan*. por las buenas** Por propia voluntad, sin que se utilice la fuerza: *Hicimos el trabajo por las buenas. Si no me obedeces por las buenas, tendrás que hacerlo por las malas.* **saber lo que es ~** AMENAZA. Se usa para advertir a una persona de lo que puede ocurrirle por un hecho que pasa o por algo que realiza: *Como te caigas de ahí y te rompas una pierna vas a saber lo que es bueno.*

buey *s. m.* **1** Toro castrado, que tiene gran fortaleza, empleado hasta hace unos años para las tareas agrícolas más duras, y que se cría sobre todo por su carne. ‖ **2 ~ de mar** *Cancer paqurus.* Crustáceo parecido al cangrejo de mar, bastante grande y con las pinzas negras, que vive en costas rocosas y tiene una carne muy apreciada. **3 ojo* de ~.** FR. Y LOC. **arar* con los bueyes que se tiene.** REF. **¡Habló el buey y dijo mu!** Se usa para ridiculizar a la persona que estaba callada y de pronto dice una cosa de escaso interés.

búfalo *s. m.* **1** (macho y hembra) Familia *Bovidae.* Mamífero rumiante, parecido al toro, con cuernos largos, hacia los lados y curvados hacia arriba, que vive en Asia y África. **2** RESTRINGIDO. Bisonte americano.

bufanda *s. f.* Prenda de vestir estrecha y larga que se lleva alrededor del cuello para abrigarse del frío: *No salgas sin la bufanda, que está helando.*

bufar *v. intr.* **1** Dar ‹un animal› resoplidos con ira: *El toro bufaba. Si el gato te bufa, déjalo tranquilo.* **2** Manifestar ‹una persona› ira con resoplidos, expresiones o gestos: *Sonia no ha parado de bufar en toda la tarde.*

bufé, bufet o **buffet** *s. m.* **1** Comida en la que hay expuestos varios platos fríos y calientes para que los comensales puedan ir sirviéndose libremente: *El bufé de la fiesta era muy variado y estaba bien presentado.* **~ frío** Bufé en el que sólo se sirven platos fríos: *El desayuno del hotel consistía en un bufé frío de embutidos con café.* **~ libre** Bufé en el que, por un precio estipulado previamente, los clientes pueden llenar su plato tantas veces como quieran. **2** Lugar donde se sirve este tipo de comida: *Han abierto un bufé en la zona comercial de la ciudad.* **3** Restaurante o bar de ciertos locales públicos: *el bufé de la estación.*

bufete *s. m.* **1** Despacho de abogado: *Después de terminar la carrera entré a trabajar en un bufete famoso.* **2** RESTRINGIDO. Mesa de escribir con cajones.

buffet *s. m.* Bufé.

bufido *s. m.* **1** Voz del animal que bufa: *el bufido del toro.* **2** COLOQUIAL. Palabra brusca o expresión de enfado: *La profesora estaba de mal humor y nos soltó un bufido.*

bufo, fa *adj.* **1** Que es grotesco y produce risa: *un espectáculo bufo, un actor bufo.* **2** [Género de ópera] que nace en Italia en el siglo XVIII y resalta los aspectos cómicos y burlescos: *la ópera bufa.* || *s. m. / f.* **3** MÚS. Personaje que hace el papel de gracioso en la ópera italiana. || *s. m.* **4** ARG., URUG; COLOQUIAL; PEYORATIVO. Homosexual masculino que en las relaciones sexuales desempeña el papel de varón.

bufón *s. m.* **1** Persona cuyo trabajo consistía en hacer reír a los reyes y cortesanos: *el bufón de la corte.* **2** Persona que hace reír a otras, normalmente por hacerse el torpe: *¡Deja de hacer el bufón y camina bien!*

bufonada *s. f.* Dicho o hecho propio de bufón, tontería: *La oposición ha calificado las propuestas del Gobierno como bufonadas.*

buganvilla *s. f.* Género *Bougainvillea.* Arbusto trepador, procedente de Sudamérica, de hojas perennes ovaladas, flores pequeñas rojas o malvas y brácteas de color vistoso.

bugle *s. m.* MÚS. Instrumento musical de viento, de la familia de la trompa, que consta de embocadura y un tubo en forma de cono con varios pistones: *El bugle forma una familia completa de instrumentos muy empleados en las bandas de música.*

buhardilla, bohardilla o **boardilla** *s. f.* **1** Piso de un edificio situado inmediatamente debajo del tejado y normalmente con el techo inclinado, donde se suelen guardar los trastos viejos y que a veces se usa como vivienda: *Mis amigos tienen un estudio en la buhardilla del chalé.* **2** Ventana encima del tejado de una casa, en forma de caseta, que sirve para dar luz a los desvanes: *Han decidido arreglar las buhardillas, porque entraba agua por ellas.*

búho *s. m.* **1** (macho y hembra) Familia *Strigidae.* Ave nocturna, con plumaje suave, dos mechones de plumas que parecen orejas, grandes ojos con los que sólo puede mirar de frente y pico curvo, que se alimenta sobre todo de roedores. **2** COLOQUIAL. Persona que realiza su actividad principalmente de noche o que es muy amiga de trasnochar: *Carlos es un auténtico búho, sólo estudia por la noche.*

buhonería *s. f.* (preferentemente en plural) RESTRINGIDO. Conjunto de mercancías de poco valor que llevan los buhoneros.

buhonero, ra *s. m. / f.* Vendedor ambulante de mercancías de poco valor: *Los buhoneros solían vender en los pueblos objetos de mercería, como peines o agujas, y algunas prendas de vestir como bufandas o calcetines.*

buitre *s. m.* **1** (macho y hembra) Ave con la cabeza y el cuello generalmente sin plumas, y grandes alas, que vuela durante mucho tiempo a gran altura y se alimenta de animales muertos. **~ común. ~ leonado. ~ negro. 2** COLOQUIAL; PEYORATIVO. Persona egoísta o que se aprovecha de lo ajeno con maña: *¡Qué buitre, Eva está siempre esperando que su hermano deje de usar algo para quedárselo! Ten cuidado con tu colega, que es un buitre.*

buitrear *v. tr. / intr.* **1** COLOQUIAL. Obrar ‹una persona› como un buitre con [las cosas de otras personas]: *Ana le buitrea el tabaco a su padre.* **2** COLOQUIAL. Aprovecharse ‹una persona› de [otra persona]: *Ricardo buitrea a su madre y a quien se deje.* **3** PERÚ; VULGAR. Vomitar ‹una persona›.

buitrera *s. f.* **1** Lugar donde los buitres acuden a comer, porque hay desperdicios o se les pone cebo: *En mi finca tenemos una buitrera en donde echamos todos los desperdicios de la comida.* **2** Lugar donde habitan las colonias de buitres: *En aquella pared de la montaña hay una buitrera importante.*

buitrón *s. m.* Arte de pesca en forma de cono prolongado, en cuya boca hay otro más corto dirigido hacia dentro y abierto por el vértice para que entren los peces.

bujarrón *adj. / s. m.* RESTRINGIDO; PEYORATIVO. Hombre homosexual: *En mi establecimiento no entran bujarrones.*

buje *s. m.* MEC. Pieza cilíndrica que protege el interior del cubo de una rueda u otra pieza que gire alrededor de un eje.

bujía *s. f.* **1** Pieza del motor del automóvil que produce la chispa que inflama la mezcla del combustible: *Tengo que cambiar las bujías del coche.* **2** Vela de cera blanca u otra sustancia: *Tenemos que comprar bujías para la casa de campo.*

bula *s. f.* En la Iglesia Católica, documento pontificio que trata de materias de fe o concede privilegios: *La bula es un documento de la cancillería pontificia que puede tratar de cuaquier asunto de gobierno o de la fe de la Iglesia.* FR. Y LOC. **tener ~** COLOQUIAL. Disfrutar ‹una persona› en una circunstancia de facilidades que se han negado a otras personas: *Por favor, haga cola como todo el mundo, que aquí nadie tiene bula.*

bulbo *s. m.* **1** Tallo subterráneo de algunas plantas que tiene forma globular y hojas carnosas llenas de sustancias de reserva: *La cebolla es un bulbo comestible.* **2** ANAT. Estructura anatómica abultada y blanda. **~ raquídeo** ANAT. Bulbo que forma parte del encéfalo. **~ piloso** ANAT. Abultamiento en que termina la raíz profunda del pelo de los mamíferos.

bulboso, sa *adj.* Que tiene bulbos o forma de bulbo: *Me han detectado unos bultos bulbosos en el cuero cabelludo.*

buldog o **bulldog** (del inglés; pronunciamos 'buldog') *adj. / s. m.* (macho y hembra) Perro de cierta raza.

buldózer o **bulldózer** (del inglés; pronunciamos 'buldócer')*s. m.* Máquina excavadora.

bulerías (plural) *s. f.* Cante y baile popular andaluz, de ritmo vivo que se acompaña con palmas: *cantar por bulerías, bulerías de Cádiz.*

bulevar *s. m.* Calle ancha, con un paseo central, generalmente con árboles.

búlgaro, ra *adj. / s. m.* y *f.* **1** De Bulgaria, país europeo: *geografía búlgara. Los búlgaros ganaron el partido.* || *s. m.* **2** LING. Lengua hablada en Bulgaria.

bulimia *s. f.* (no contable) MED. Enfermedad que se caracteriza por un deseo insaciable de comer: *Algunas personas pasan de la bulimia a la anorexia.*

bulín *s. m.* **1** URUG.; COLOQUIAL. Apartamento o vivienda modestos de un soltero o de una pareja. **2** ARG.; COLOQUIAL. Apartamento o vivienda destinados a citas amorosas.

bulla *s. f.* **1** (no contable) Ruido y confusión de voces, gritos y risas: *No metáis tanta bulla. ¡Que no armen bulla! A ver si con tanta bulla se despierta el niño.* SIN. jaleo. **2** Reunión desordenada de mucha gente: *Había una bulla tremenda en el parque, no sé qué pasaba.* **3** COLOQUIAL. Riña, bronca: *En cuanto llego tarde a casa, me organizan una bulla terrible.*

bullabesa *s. f.* COCINA. Sopa de pescado y marisco, con especias, que se sirve generalmente sobre rebanadas de pan frito.

bullanga *s. f.* COLOQUIAL. Bulla, alboroto: *Con la bullanga de la fiesta no hay quien duerma.* SIN. bullicio.

bullanguero, ra *adj. / s. m.* y *f.* COLOQUIAL. Que es aficionado a bullangas o alborotos: *No seas bullanguera, que es muy tarde. Eres un bullanguero, siempre te gusta estar metido en todo el jaleo y en todas las fiestas.*

bulldog *adj. / s. m.* Buldog.

bulldózer *s. m.* Buldózer.

bullicio *s. m.* **1** (no contable) Ruido producido por las voces y risas de mucha gente: *Hasta la azotea llegaba el bullicio de la multitud.* **2** Gran movimiento y actividad de personas: *Me cansa el bullicio de la ciudad.*

bullicioso, sa *adj.* **1** Que causa bullicio o ruido, o que tiene bullicio: *calle bulliciosa, fiesta bulliciosa.* **2** Que se mueve o alborota mucho, o que es muy inquieto: *Mis sobrinos son unos niños muy bulliciosos.*

bullir *v. intr.* **1** Hervir ‹un líquido›: *El agua bulle en la cazuela.* **2** Tener ‹un líquido› un movimiento semejante al de la ebullición: *Me bulle la sangre cuando veo esas injusticias.* **3** Tener ‹personas, animales o cosas› mucha actividad o agitación: *Los invitados bullían en la sala.* **4** Empezar a mostrar ‹una cosa inmaterial› mucha actividad o agitación: *En cuanto Laura se pone a escribir, le bullen las ideas.* **5** Empezar a moverse ‹una persona o una cosa›: *Como el niño esté dormido, no bulle en toda la noche.* FR. Y LOC. **arder / ~ / hervir la sangre*.** ⇒ **53.**

bulo *s. m.* Noticia falsa, generalmente difundida con afán de perjudicar: *Se cuentan muchos bulos sobre su vida.*

bulto *s. m.* **1** Abultamiento o porción de masa más dura que el resto en el interior de algo: *Tengo un bulto en la muñeca. Me ha salido un bulto en la cabeza.* **2** Volumen, cualidad de lo que ocupa espacio o apariencia de lo que tiene volumen: *Apenas se nota el bulto del bebé bajo las mantas.* **3** (preferentemente en plural) Cada uno de los fardos, paquetes o maletas que forman parte de un equipaje o carga: *Siempre viajamos con muchos bultos.* **4** Objeto cuya forma no se distingue bien por estar lejos, cubierto o falto de luz: *¿No ves dos bultos allá, a la izquierda?* **5** AMÉR. Cartera, portafolios. ‖ **6 ~ redondo** Escultura que puede verse por todo su contorno por estar aislada. FR. Y LOC. **a ~** Aproximadamente, sin contar ni medir las personas o las cosas: *Calculé a bulto, espero que haya para todos. Dime a bulto cuánta gente ha venido a la fiesta.* **de ~** [Error, equivocación, falta] que es muy importante, muy grande: *Una diferencia de millones es un error de bulto.* **error* de ~. escurrir el ~** COLOQUIAL. Esquivar ‹una persona› una dificultad, un trabajo o un compromiso: *No hay forma de que mi hija trabaje, siempre escurre el bulto.* **hacer ~** COLOQUIAL. Asistir ‹una persona› a algo sin participar en ello: *Iré a la fiesta sólo para hacer bulto.*

¡bum! *interj.* Onomatopeya con que se imita el ruido de una explosión o de un golpe fuerte: *La pobre mujer resbaló y... ¡bum!, se pegó un terrible golpe.*

bumerán o **boomerang** *s. m.* Arma arrojadiza propia de los indígenas australianos, formada por una lámina de madera encorvada, que, una vez lanzada, puede volver al punto de partida.

bungaló o **bungalow** (del inglés; pronunciamos *'bungaló' o 'bungalof'*) *s. m.* Casa pequeña de una sola planta situada en lugares de descanso, en el campo o en la playa: *Nos hemos comprado un bungaló muy sencillo para veranear.*

búnker (plural *búnkers*; del alemán) *s. m.* **1** MIL. Construcción fortificada pequeña para hombres y armamento: *La playa estaba defendida por una línea de búnkers con cañones y ametralladoras.* **2** Refugio subterráneo contra bombardeos: *Han construido un búnker antinuclear en Toledo para el Gobierno.* **3** Grupo ideológico, político o económico conservador que se opone a toda evolución: *Dicen que van a elegir secretario general a un representante del búnker sindical y los renovadores amenazan con boicotear la elección.*

bunsen Se usa en la LOC. **mechero* ~.**

buñolería *s. f.* Establecimiento donde se venden o elaboran buñuelos: *Esta churrería también es buñolería.*

buñuelo *s. m.* **1** Masa frita de harina y agua, de formas diversas, generalmente con algún agujero central. **~ de viento** Dulce en forma de bolita, relleno de crema o de otra sustancia, típico de Cuaresma o del día de Todos los Santos en España. **2** COLOQUIAL; RESTRINGIDO. Cualquier cosa mal hecha o hecha sin cuidado: *El último proyecto me ha quedado hecho un buñuelo. No leo las novelas de ese autor, son unos buñuelos.*

BUP (pronunciamos *'bup'*) *s. m.* Sigla de «Bachillerato Unificado Polivalente», España.

buque *s. m.* Embarcación con cubierta, de gran tamaño y solidez, para realizar largas navegaciones. SIN. navío. **~ de guerra. ~ mercante. ~ cisterna** Buque destinado al transporte de fluidos. **~ escuela** Buque de guerra en el que completan su instrucción los cadetes de la escuela naval. **~ factoría** Buque de pesca con instalaciones para la preparación y conservación del pescado. **~ insignia** Buque en el que va el jefe de una escuadra o división naval. **~ nodriza** Buque que aprovisiona a otras embarcaciones.

buqué *s. m.* Aroma de un vino: *No me gusta el buqué de esta marca. Los vinos baratos no tienen buqué.*

burbuja *s. f.* **1** Bolsa de aire u otro gas que se forma en un líquido y que sale a la superficie del mismo: *las burbujas del refresco. Me gustan las burbujas del agua.* **2** Espacio absolutamente aislado y antiséptico: *Algunas personas sin defensas tienen que vivir en una burbuja.* **niño* ~.**

burbujear *v. intr.* Soltar burbujas ‹una cosa o un animal›: *Echa los macarrones en la cazuela cuando el agua burbujee. Los peces burbujean en el agua.*

burbujeo *s. m.* Acción y resultado de burbujear: *Me relaja el burbujeo del acuario.*

burdel *s. m.* Establecimiento público donde se ejerce la prostitución. SIN. prostíbulo.

burdeos (plural *burdeos*) *s. m.* **1** (no contable) Vino tinto, muy apreciado, propio de la región francesa de Burdeos: *una botella de vino de Burdeos.* **2** Medida de este líquido contenida en un vaso o una copa. ‖ *adj.* **3** (invariable; pospuesto) [Color rojo violáceo] que es semejante al de este vino: *un coche burdeos. Me compré dos faldas burdeos.*

burdo, da *adj.* **1** Que está hecho con materiales de poco valor o poco elaborados: *un paño burdo. Me gustan estas alfombras un poco burdas.* **2** (antepuesto / pospuesto) Que es grosero o poco fino: *Me molestaban sus burdos modales y su simpatía tan burda. Su pensamiento es algo burdo.* **3** (antepuesto / pospuesto) Que se hace sin delicadeza o cuidado: *Eso es una burda mentira. No te fíes de este fontanero, hace un trabajo muy burdo.*

bureo *s. m.* (no contable) COLOQUIAL. Juerga, diversión: *No sé cómo Nuria aguanta ese ritmo: todas las noches se va de bureo. No montéis otro bureo por la noche, que se quejan los vecinos.* SIN. juerga.

bureta *s. f.* Tubo de vidrio largo y graduado, abierto por un extremo y con una llave en el otro, utilizado en los laboratorios: *Las buretas se usan para medir volúmenes.*

burgalés, sa *adj. / s. m.* y *f.* De Burgos, ciudad y provincia españolas: *la catedral burgalesa. Los burgaleses ganaron el partido.*

burger (del inglés; pronunciamos *'búrguer'*) *s. m.* COLOQUIAL. Hamburguesería: *Comeremos en un burger.*

burgo *s. m.* **1** HIST. Núcleo de población donde vivían artesanos y comerciantes en la Edad Media: *burgo de San Cernín, burgo de la Navarrería.* **2** HIST. Ciudad pequeña medieval. **3** HIST. Fortaleza propia de la Edad Media, construida por los nobles para vigilar y proteger sus territorios.

burgomaestre *s. m.* Primera autoridad municipal en algunas ciudades de los países germánicos europeos, como Alemania, Suiza o los Países Bajos, entre otros.

burgués, sa *adj. / s. m.* y *f.* **1** De la burguesía como clase social y de sus ideales: *una familia burguesa, costumbres burguesas, la revolución burguesa. El dueño se enorgullece de ser un burgués.* **ambiente ~. 2** PEYORATIVO. Que se preocupa sólo de la comodidad material y tiene ideas muy conservadoras: *¿Dónde has dejado tus ideales juveniles? Eres un perfecto burgués, egoísta y reaccionario. José es muy burgués y la pobreza le molesta.* **3** HIST. De los habitantes de los burgos medievales: *las luchas de burgueses y señores feudales.*

burguesía *s. f.* (no contable) Conjunto de personas que pertenecen a la clase media acomodada: *El concepto de burguesía es muy amplio y complejo.*

buril *s. m.* Punzón de acero usado principalmente por los grabadores para trabajar el metal.

burla *s. f.* **1** Acción o palabra con que se pone en ridículo o se menosprecia a otro: *Su amigo le hace burla imitándolo en su forma de hablar.* **2** Engaño que se hace a una persona abusando de su buena fe: *Sus compañeras le han gastado una burla cruel, porque él es muy ingenuo. Nos prometieron un viaje gratis si participábamos en el sorteo, pero fue una burla.*

burladero *s. m.* TAUROM. Valla situada delante de la barrera de las plazas de toros para que los toreros se refugien detrás de ella: *El banderillero corrió hacia el burladero.*

burlador *s. m.* LITERARIO. Personaje literario que conquista a una mujer, la abandona y presume de ello: *Don Juan ha sido el prototipo de burlador.*

burlar *v. tr.* **1** Evitar ‹una persona› [a otra persona, un animal o una cosa]: *burlar a un perseguidor, burlar a la justicia. El torero burló la embestida del toro. El preso burló la vigilancia.* **2** Engañar ‹una persona› [a otra persona]: *El estafador burló a todo el pueblo y luego escapó con el dinero.* || *v. prnl.* **3** Hacer ‹una persona› burla de [otra persona] o de [una cosa]: *Te burlas **de** todo. Pepa se metió en un negocio y se burló **de** sus socios. Habla en serio, no te burles **de** mí.* FR. Y LOC. **burlarse / reírse en las barbas*.**

burlesco, ca *adj.* Que implica burla o que hace reír: *No pude soportar el tono burlesco en que me hablabas. Me gustan las obras burlescas.*

burlete *s. m.* Tira hecha de algun material esponjoso que se pone en el canto de puertas y ventanas para que no entre el frío: *Tenemos que poner burlete en las ventanas.*

burlón, na *adj. / s. m.* y *f.* **1** Que es amigo de hacer o decir burlas: *Eres una persona muy burlona.* || *adj.* **2** Que se hace o dice en tono de burla: *una risa burlona, una mirada burlona.*

buró (del francés) *s. m.* **1** Mueble escritorio, en particular el que tiene cajones y varios departamentos y se cierra con una persiana de madera. **2** ADMINISTRATIVO, RESTRINGIDO. Grupo de personas que dirigen alguna organización, en especial política: *El buró de comunicación del candidato dará mañana una rueda de prensa. Se ha reunido el buró del partido para discutir los resultados de las elecciones.*

burocracia *s. f.* **1** (no contable) Conjunto de normas, órganos y personal especializado que hacen posible el funcionamiento de una organización compleja, particularmente de la administración de un Estado. **2** (no contable) PEYORATIVO. Lentitud en las gestiones y decisiones propias de este sistema: *Si no fuera por tanta burocracia, los documentos estarían antes.*

burócrata *s. m. / f.* **1** Persona que trabaja en la Administración Pública: *burócrata de Justicia, burócrata de Interior.* SIN. funcionario. **2** PEYORATIVO. Persona que da demasiada importancia a los trámites y a los documentos formales: *Eres un burócrata, te importa la letra, no el espíritu de la ley.*

burocrático, ca *adj.* De la burocracia o de los burócratas: *trabajo burocrático, trámites burocráticos.*

burocratismo *s. m.* (no contable) PEYORATIVO. Influencia excesiva de los órganos administrativos o de los procedimientos formales en una institución o en un Estado: *El burocratismo acabará asfixiando a la empresa.*

burro, rra *s. m. / f.* **1** Asno, animal. SIN. rucio. **~ de carga.** || *adj. / s. m.* y *f.* **2** COLOQUIAL. [Persona] que es poco inteligente: *Ramón es muy burro y no aprenderá nada. Decían que era un burro porque no sabía sumar.* **3** COLOQUIAL. [Persona] que actúa sin delicadeza o empleando demasiado su fuerza: *No seas burro y no tires de la cuerda, que la vas a romper.* **4** (preferentemente en comparaciones) COLOQUIAL. [Persona] que trabaja mucho o hace grandes esfuerzos: *Pilar es una burra, trabaja casi doce horas diarias. Trabajo como un burro desde que me levanto.* **5** COLOQUIAL. [Persona] que es muy terca o cabezota: *Inés se puso muy burra y no quiso ceder en modo alguno.* FR. Y LOC. **apearse / bajarse del ~** COLOQUIAL. Acabar ‹una persona› por convencerse de algo, reconocer un error o ceder en alguna cosa: *Miguel es tan terco que no le harás apearse del burro.* **no ver tres en un ~** COLOQUIAL. Ver muy poco ‹una persona›: *Si no te pones las gafas, no ves tres en un burro.* REFR. **Burro grande, ande o no ande.** Se usa para indicar la preferencia general por las cosas grandes o abundantes, al margen de su calidad.

bursátil *adj.* COMERC. De la Bolsa: *actividad bursátil, información bursátil, valores bursátiles.*

burujo *s. m.* Dureza formada en la masa de cualquier cosa que debe ser esponjosa u homogénea: *La lana de este colchón tiene muchos burujos.*

burundiano, na *adj. / s. m.* y *f.* De Burundi, país de África.

bus *s. m.* **1** COLOQUIAL. Autobús: *Voy al colegio en el bus escolar.* **carril ~. 2** INFORM. Vía de comunicación en la estructura de un microordenador entre la unidad central y los diferentes órganos que se le conectan. **~ de comunicaciones.**

busca *s. f.* **1** (no contable) Acción de buscar: *La niebla dificultó la busca del montañero. Mi abuelo se marchó a la busca de fortuna.* SIN. búsqueda. **2** (no contable) RESTRINGIDO. Recogida de objetos y materiales útiles en la basura o entre los desperdicios. || *s. m.* **3** Aparato portátil electrónico que permite a quien lo lleva ser localizado en casos de emergencia: *Utilizaron el busca para avisar al médico.*

buscapiés (plural *buscapiés*) *s. m.* RESTRINGIDO. Petardo que corre por el suelo, entre los pies de la gente: *Niños, no tiréis buscapiés, que nos rompen las medias.*

buscapleitos (plural *buscapleitos*) *s. m./f.* COLOQUIAL; PEYORATIVO. Persona amiga de problemas o de riñas y discusiones: *Ten cuidado con ese buscapleitos, porque siempre está metido en jaleos.*

buscar *v. tr.* **1** Intentar ‹una persona› encontrar [a otra persona, un animal o una cosa]: *María busca novio. Buscamos piso de alquiler. Busco trabajo. Busca una solución.* **2** Recoger ‹una persona› [a otra persona]: *Mi novia vino a buscarme al trabajo.* **3** (seguido de infinitivo) Intentar, procurar ‹una persona› [una cosa]: *Siempre busco agradar a los demás.* || *v. prnl.* **4** Obtener ‹una persona› lo que se merece: *Si le han regañado, es porque él se lo ha buscado.* FR. Y LOC. **~ las cosquillas*. ~ las vueltas*. ~ / pedir / querer guerra*. ~ tres / cinco pies* al gato. ~ una aguja* en un pajar. buscarse la vida*. buscárselas** COLOQUIAL. Procurar ‹una persona› la manera de salir de cualquier situación: *Si no tienes dinero, búscatelas, no me lo pidas a mí.* ⇒ **71.**

buscavidas (plural *buscavidas*) *s. m./f.* COLOQUIAL. Persona muy diligente para ganarse la vida por cualquier medio lícito: *Éste es un buscavidas, no te preocupes por él, estudia poco, pero ya verás cómo consigue salir adelante.*

buscón, na *adj./s. m.* y *f.* RESTRINGIDO. Que se dedica a hurtar o estafar: *Cuidado con los museos, que están llenos de buscones.*

buscona *s. f.* COLOQUIAL; PEYORATIVO. Prostituta.

buseta *s. f.* COL., EC., VEN. Microbús, autobús pequeño.

busilis (plural *busilis*) *s. m.* COLOQUIAL, RESTRINGIDO. Punto en que radica la dificultad o el interés de un asunto: *Me gustaría saber el busilis que hay detrás de todo este asunto.* SIN. intríngulis.

búsqueda *s. f.* Acción y resultado de buscar: *búsqueda de datos, búsqueda de soluciones. Participaron perros adiestrados en la búsqueda del niño.* SIN. busca.

bustier *s. m.* Prenda femenina ajustada, sin tirantes, que cubre desde el pecho hasta la cintura: *La modelo lleva un bustier debajo de la blusa de gasa.*

busto *s. m.* **1** Parte superior del tórax de una persona: *Mantenga recto el busto mientras trabaja.* **2** Pechos de la mujer: *Ese vestido realza su busto.* SIN. senos. **3** Escultura o pintura que representa la cabeza y la parte superior del tórax de una persona: *un busto esculpido en bronce.*

butaca *s. f.* **1** Asiento individual blando con brazos y respaldo: *Le gusta leer en su butaca.* SIN. sillón. **2** Asiento de un teatro o cine, especialmente el de la planta baja: *Cuando voy al teatro prefiero las butacas centraditas.* **3** Entrada de teatro o cine: *Déme tres butacas para la Sala 2.* FR. Y LOC. **patio* de butacas.**

butanero, ra *s. m./f.* **1** Persona que tiene por oficio repartir las bombonas de butano por las casas: *Los butaneros suelen vestir de color naranja.* || *s. m.* **2** Barco que transporta gas butano.

butanés, sa *adj.* De Bután, país de Asia.

butano *s. m.* **1** (no contable) QUÍM. Hidrocarburo gaseoso, derivado del petróleo y el gas natural, que se guarda en bombonas y es utilizado como combustible. || *adj.* **2** (invariable; pospuesto) [Color anaranjado] que es igual al de las bombonas donde se envasa este gas: *Las cazadoras butano están de moda.*

butaque *s. m.* AMÉR. Butaca, asiento.

buten Se usa en la LOC. **de ~** JERGAL; INTENSIFICADOR. Buenísimo, estupendo, muy bien: *Me he comprado una bicicleta de buten. Mi amigo es un tipo de buten. Estuvimos en una fiesta de buten. Bailas de buten.*

butifarra *s. f.* **1** Embutido propio de Cataluña y Levante, elaborado con carne y tocino de cerdo picados, crudo o cocido. **2** PERÚ. Pan cortado por la mitad con carne de cerdo, lechuga, cebolla y ají.

butrón *s. m.* **1** Agujero abierto por los ladrones en paredes y techos, generalmente desde estancias contiguas a aquéllas en que quieren robar: *Han robado el banco haciendo un butrón desde el portal de la casa de al lado.* **2** Buitrón, utensilio de pesca.

buxáceo, a *adj./s. f.* **1** BOT. [Planta] que es angiosperma, dicotiledónea y tiene el fruto capsular: *El boj es una planta buxácea.* || *s. f.* **2** (en plural) BOT. Familia de estas plantas.

buzo *s. m.* **1** Persona que tiene por oficio sumergirse en el agua: *buzo de salvamento.* **campana*de ~. 2** Prenda de abrigo infantil que cubre prácticamente todo el cuerpo. **3** RESTRINGIDO. Mono, prenda de trabajo. **4** URUG. Jersey.

buzón *s. m.* **1** Caja o lugar donde se echan las cartas u otros papeles de la correspondencia: *buzón de correos, buzón de sugerencias.* **2** COLOQUIAL. Boca muy grande: *Vaya buzón que tiene el chico, no me extraña que coma tanto.*

buzonear *v. intr.* Repartir ‹una persona› propaganda política o publicidad por los buzones de [las casas]: *Cuando llegan las elecciones me contratan para buzonear por el barrio. Buzoneo algunas horas al día y por la tarde estudio.*

buzoneo *s. m.* Acción de buzonear.

bypass (del inglés; pronunciamos *'baipás'*) *s. m.* Prótesis artificial o biológica que comunica dos puntos de una arteria estropeada: *Le han colocado un bypass porque tenía una estrechez en la válvula.*

byte (del inglés; pronunciamos *'bait'*) *s. m.* INFORM. Conjunto de ocho bits, que configura la celda básica de la memoria de un ordenador.

C

c *s. f.* **1** Tercera letra del alfabeto español que, seguida de *e*, *i*, representa un sonido de articulación interdental, fricativa y sorda, o, seguida de *a*, *o*, *u*, un sonido de articulación velar, oclusiva y sorda. Su nombre es *ce*. **2** (en mayúscula) Letra que tiene el valor de cien en la numeración romana.

c/. *abr.* Abreviatura de «calle».

¡ca! *interj.* COLOQUIAL; RESTRINGIDO. Se usa como respuesta para negar o poner en duda lo que dice alguien: *–«Me ha prometido que me pagará.» –«¡Ca!, ¿y te lo has creído?» –«Me iré de viaje durante unos meses.» –«¡Ca, señorito! Usted necesita una buena novia y no tanto viaje.»* SIN. quia.

cabal *adj.* **1** Que se comporta con integridad y rectitud, según la justicia, la moral o la razón: *Tu padre es un hombre cabal, de los pocos que quedan. No podemos fiarnos de las propuestas de esta empresa porque no parece que sea muy cabal.* **2** Que es exacto en peso o medida: *Aquí tiene usted, dos kilos de naranjas, cabales. A mí me gustan las cuentas claras y cabales. He cumplido cuarenta añitos cabales.* FR. Y LOC. **no estar en sus cabales** COLOQUIAL. No tener ‹una persona› completas las facultades metales, no estar ‹una persona› cuerda: *Tú no estás en tus cabales, ¿cómo se te ocurre hacer semejante cosa? A ese chico le gusta correr por el bosque de noche, solo y sin luz; no está en sus cabales.*

cábala *s. f.* **1** Conjunto de doctrinas filosóficas y religiosas que surgieron en el judaísmo para interpretar mística y alegóricamente el Antiguo Testamento: *Algunos intelectuales europeos sentían gran curiosidad por las doctrinas de la cábala.* **2** Conjunto de doctrinas teosóficas o prácticas adivinatorias en las que se mezclaban la superstición con los métodos interpretativos de la Biblia que se transmitían entre los iniciados: *Los libros sobre la cábala del siglo* XVII *estaban condenados por la iglesia católica.* FR. Y LOC. **hacer cábalas** Hacer ‹una persona› suposiciones o conjeturas: *La dueña se puso a hacer cábalas sobre cuánto le costaría la reforma de la vivienda.*

cabalgada *s. f.* **1** RESTRINGIDO. Marcha o paseo largo a caballo: *Te has dado una buena cabalgada, para ser el primer día que sales a caballo por el monte.* **2** HIST. Expedición militar rápida a caballo, que recorría el campo enemigo para castigarlo o ganar un botín: *En la Edad Media española las fronteras estaban muy vigiladas para evitar que las cabalgadas enemigas quemaran las cosechas o robaran el ganado.*

cabalgadura *s. f.* Bestia en la que se cabalga o se puede cabalgar: *Los viajeros ataron las cabalgaduras a un árbol mientras descansaban al lado de la fuente. Íbamos en dos cabalgaduras muy desiguales, uno en un burro y otro en un caballo flaco.* SIN. montura.

cabalgar *v. intr. / tr.* **1** Estar o ir ‹una persona› montada en una caballería: *Cabalgaron todo el día para alejarse del fuego. Aunque era dama, siempre cabalgaba **a** horcajadas o **a** la jineta y no **a** la mujeriega. A nosotros nos gusta cabalgar los caballos difíciles, porque nuestro padre nos enseñó a dominarlos. El jinete cabalgaba **en** un hermoso alazán. Yo sólo cabalgo **en** burro.* SIN. montar. || *v. intr.* **2** Estar o ir ‹una cosa› sobre [otra cosa]: *Las gafas del maestro cabalgan peligrosamente **sobre** la punta de su nariz. Aquellas vigas tienen que cabalgar perfectamente **sobre** los muros.* ⇒ **56.**

cabalgata *s. f.* Desfile de carrozas y jinetes con motivo de una celebración o fiesta: *la cabalgata de los Reyes Magos. En las fiestas del pueblo las diferentes asociaciones de vecinos han organizado una cabalgata con la reina de las fiestas.*

cabalístico, ca *adj.* **1** De la cábala: *libro cabalístico.* **2** Que encierra un enigma o un sentido oculto, misterioso o secreto: *pensamiento cabalístico. Al final del libro el autor escribió unas palabras cabalísticas.*

caballa *s. f.* (macho y hembra) *Scomber scombrus.* Pez marino de la misma familia que el atún, pero más pequeño, de color azulado con rayas, que habita en el Atlántico y en el Mediterráneo y es apreciado como alimento: *Nos gusta mucho la caballa en aceite de oliva.*

caballar *adj.* Del caballo o parecido a él: *ganado caballar. La cabaña caballar ha crecido en nuestro país.*

caballeresco, ca *adj.* **1** (antepuesto / pospuesto) RESTRINGIDO. Que es propio de un caballero: *Ese hombre tiene una actitud muy caballeresca hacia las señoras. Los caballerescos modales de la generación del abuelo están desapareciendo.* **2** HIST., LIT. De la caballería medieval, como grupo social y como conjunto de héroes de muchas narraciones: *las aventuras caballerescas, el mundo caballeresco.*

caballerete *s. m.* RESTRINGIDO; PEYORATIVO. Muchacho joven, a la vez presumido y poco educado: *Este caballerete todavía no sabe portarse bien en sociedad.*

caballería *s. f.* **1** Cualquier animal usado para cabalgar: *Nosotros tenemos caballerías seguras, dos yeguas y un burro; los caballos son más nerviosos y las mulas no inspiran confianza.* **2** (no contable) Cuerpo de ejército motorizado que antiguamente montaba a caballo: *Algunos blindados de la caballería española han participado en misiones de paz* *de la ONU.* ~ **ligera** HIST. Arma del ejército constituida por soldados armados de lanza, sable o carabina y caballos ligeros: *El cine ha elevado a mito las acciones de la caballería ligera colonial de algunos países.* **3** (no contable) Grupo social y ocupación de los caballeros medievales: *Las obligaciones propias de la caballería eran mantener uno o varios caballos y acudir a la lucha, cuando lo solicitaban el rey o un gran señor.* ~ **villana** HIST. Conjunto de pequeños propietarios libres de una villa o ciudad que mantenía un caballo y formaba el último escalón de nobleza: *La caballería villana tuvo mucha importancia en la frontera de la Castilla del siglo XIII.* || **4** ~ **andante** HIST. Institución y actividad del conjunto de caballeros que recorrían el mundo defendiendo la justicia, de acuerdo con unas reglas e ideales, y formaban una orden popularizada por un género literario: *Don Quijote defendía la orden de caballería cien años después de la desaparición de la caballería andante.* FR. Y LOC. **echar la ~** CHILE; COLOQUIAL. Mostrarse ‹una persona› enfadada o agresiva. **libro* de caballerías. novela* de ~.**

caballeriza *s. f.* (preferentemente en plural) Lugar cubierto donde se guardan los caballos y las bestias de carga: *las caballerizas del Palacio Real, las caballerizas del hipódromo. Esa casa de campo tiene caballeriza.* SIN. cuadra.

caballerizo *s. m.* RESTRINGIDO. Persona que tiene por oficio cuidar de las caballerizas: *caballerizo mayor del rey.*

caballero, ra *adj.* **1** ELEVADO. Que está o va a lomos de una cabalgadura: *El joven caballero* ***en*** *un corcel atravesaba la llanura. La infanta, caballera* ***en*** *una jaca blanca, presenció el desfile de la compañía de lanceros reales. El chico no es mal caballero, pero tiene que aprender todavía mucho de caballos.* SIN. jinete. || *s. m.* **2** Hombre que se comporta con educación y elegancia: *Luis es un caballero* ***con*** *todo el mundo.* SIN. señor. **3** Persona adulta de sexo masculino: *servicios de caballeros, peluquería de caballeros, zapatos de caballero.* **4** HIST. En la antigüedad y en la Edad Media, miembro del grupo social que luchaba en la caballería: *los caballeros de la tabla redonda.* **5** Miembro de una orden de caballería: *Lo han nombrado caballero de Calatrava. El conde es caballero de Santiago.* **6** RESTRINGIDO. Forma de tratamiento de cortesía que equivale a señor: *Es normal que en muchas tiendas y bares un empleado nos diga: «¿Qué desea, caballero?»* || **7** ~ **andante** Personaje heroico creado por la literatura medieval, que recorría el mundo a caballo y se encontraba en muchas aventuras por defender la justicia: *Don Quijote se creyó un caballero andante.* FR. Y LOC. **armar ~** Declarar ‹el rey u otra persona con poder› caballero a un hombre, en una ceremonia especial: *El rey armó caballeros a varios jóvenes de la corte.* **de caballero a ~** Como lo haría un hombre educado y elegante. **entre caballeros** Se usa para señalar que es suficiente con la palabra de los que intervienen en un negocio porque todos son de fiar: *Entre caballeros no es necesario que firmemos ningún contrato. El inquilino me dijo que bastaba con su palabra, porque entre caballeros no era necesario más, pero no me ha pagado.* **espuela* de ~. pacto* de / entre caballeros.**

caballerosidad *s. f.* (no contable) Educación, actitud y comportamiento propio del caballero: *Pedro demostró su caballerosidad dejando que María pasara primero.*

caballeroso, sa *adj.* Que es propio de un caballero, por su cortesía, nobleza y generosidad: *comportamiento caballeroso. Ese chico es muy caballeroso con todo el mundo.*

caballete *s. m.* **1** Armazón con tres pies en el que se coloca el lienzo para pintar: *caballete de pintor, caballete de madera, caballete plegable.* **2** Soporte en forma de uve invertida: *Mis hijos se han hecho un escritorio con dos caballetes y un tablero.* **3** Línea horizontal que divide las vertientes de un tejado: *El chico se ha subido al caballete de la casa vieja de los vecinos y puede caerse.* **4** Pequeña elevación curva en la nariz: *Le acompleja el caballete de su nariz.*

caballista *s. m. / f.* Persona que sabe de caballos y monta bien: *Pídele consejo antes de comprarte un potro, porque ella es una gran caballista.*

caballito *s. m.* **1** Caballo pequeño. || **2** ~ **de mar** (macho y hembra) Género *Hippocampus.* Pez marino con la cabeza de forma parecida a la de un caballo, y cola capaz de sujetar, que suele mantenerse y nadar en posición vertical. **3** ~ **del diablo** (macho y hembra) Insecto de colores vivos azulados, y cuerpo estrecho y alargado, que deja las alas plegadas en posición vertical al posarse. **4 los caballitos** INFANTIL. Tiovivo: *Esta tarde vamos a montar en los caballitos.*

caballo *s. m.* **1** (hembra *yegua*) *Equus caballus.* Mamífero doméstico, herbívoro, de cabeza alargada, orejas pequeñas, cerdas fuertes en el cuello y en la cola y patas terminadas en un casco. SIN. corcel (LITERARIO). ~ **andaluz.** ~ **árabe.** ~ **percherón*.** **2** DEP. Aparato de gimnasia, de cuatro patas y forma alargada, con uno de los extremos en pendiente, usado generalmente para saltar. **3** Carta o naipe de la baraja que representa a un caballo: *Tengo escalera: rey, caballo, sota y diez.* **4** Pieza del ajedrez en forma de caballo: *El caballo comió al peón.* **5** (no contable) JERGAL Heroína, droga. || **6** ~ **de batalla** Parte especialmente difícil de un asunto, o dificultad con que alguien se encuentra frecuentemente y que no consigue superar: *Las matemáticas son mi caballo de batalla.* **7** ~ **de buena boca** COLOQUIAL; RESTRINGIDO. Persona de buen carácter, que se conforma con facilidad con cualquier cosa: *No te preocupes por mi primo, que es caballo de buena boca y no le preocupa ni la cama ni la comida y, además, se entretiene solo.* **8** ~ **de Troya** ELEVADO. Dificultad en el interior de un grupo o de una persona: *Tu caballo de Troya es tu propia abulia. El enfrentamiento entre las distintas tendencias puede ser el caballo de Troya que acabe con ese partido.* **9** ~ **de vapor** FÍS. Unidad de potencia equivalente a 735 vatios. **10 coche* de caballos.** FR. Y LOC. **a ~** 1 Montado en un caballo: *Había varios policías a caballo en los alrededores del estadio.* 2 Sentado en un lugar o subido encima de una persona con las piernas abiertas como si fuera en un caballo: *Se sentó a caballo en la silla. El niño se cansó de andar y tuve que llevarlo a caballo.* 3 Participando de dos cosas o dos situaciones: *El estilo de ese escritor está a caballo entre el romanticismo y el realismo.* **a mata ~** o **a matacaballo** COLOQUIAL. Excesivamente deprisa: *Tuvimos que comer a matacaballo porque no nos daba tiempo.* **cola* de ~.** REFR. **A caballo regalado no le mires el diente / dentado.** Se usa para indicar que no hay que ser exigente con lo que se recibe gratis o sin esfuerzo.

caballón *s. m.* AGR. Lomo de tierra que queda entre surco y surco en un campo arado: *El agricultor caminaba por los surcos, evitando los caballones.*

caballuno, na *adj.* PEYORATIVO. De caballo o parecido a él: *Esa mujer tiene una boca caballuna. Tienes unos andares caballunos. No me resulta simpática su risa caballuna.*

cabalmente *adv. modo* 1 De manera cabal: *Se portó muy cabalmente con nosotros.* 2 Completamente, perfectamente: *El reloj funciona cabalmente después del arreglo. Lo arreglaré todo cabalmente.* || *adv. orac.* 3 Precisamente, de esta manera y no de otra: *Cabalmente, eso es lo que yo estaba pensando. Cabalmente, las normas nos exigen hacerlo así.*

cabaña *s. f.* 1 Casa pequeña en el campo, construida generalmente con palos, ramas y cañas: *cabaña de pescadores, cabaña de pastores.* 2 Conjunto de cabezas de ganado: *la cabaña porcina, la cabaña ovina, la cabaña caballar.* 3 ARG., URUG. Finca para la cría de ganado de raza.

cabaré o **cabaret** *s. m.* Local nocturno donde se ofrece un espectáculo de variedades y se pueden tomar consumiciones y bailar: *En París fuimos a un cabaré.*

cabaretera *s. f.* COL.; PEYORATIVO. Prostituta.

cabaretero, ra *adj.* 1 Del cabaré: *La música cabaretera es relajante.* || *s. m./f.* 2 Artista que se dedica profesionalmente a trabajar en un cabaré: *Una buena cabaretera trabaja mucho para triunfar en sus actuaciones.*

cabás *s. m.* Pequeño maletín donde los niños pequeños llevan lo que necesitan a la escuela: *Hace años el cabás era un objeto propio de las niñas.*

cabe *prep.* RESTRINGIDO. Cerca de, junto a: *cabe la lumbre. Cabe el río se alza un molino viejo.* OBSERVACIONES: Preferentemente va seguido de un artículo definido y no admite infinitivos ni oraciones introducidas por *que*.

cabeceador, ra *adj./s. m.* y *f.* DEP. En fútbol, jugador que juega bien de cabeza: *Buscan un cabeceador para delantero. El equipo femenino de fútbol necesita una buena cabeceadora. Ha marcado de cabeza, pero no es cabeceador.*

cabecear *v. intr.* 1 Mover ‹una persona o un animal› la cabeza de un lado a otro o de delante atrás: *Niño, no cabecees, que te vas a marear. ¿Has visto cómo cabecean los osos en el zoo?* 2 Dar ‹una persona› cabezadas por causa del sueño: *Después de comer no puedo evitar el cabecear.* 3 DEP. Dar ‹una persona› al balón con la cabeza en el fútbol: *El delantero centro cabeceó a la red.* 4 Moverse ‹una embarcación› levantando alternativamente la proa y la popa: *Ayer cabeceaba blandamente la barca y me mareé un poco.* 5 Moverse ‹un vehículo› como una embarcación: *Cuando el avión estaba aterrizando, empezó a cabecear y se salió al final de la pista.* 6 Moverse ‹una cosa que debería permanecer inmóvil› a un lado y a otro: *El viento hacía cabecear las farolas del paseo marítimo.* 7 PERÚ; JERGAL. Engañar ‹una persona› [a otra persona].

cabeceo *s. m.* Acción y resultado de cabecear: *el cabeceo de la barca. Con un contundente cabeceo el director negó que estuviera enterado del asunto. Cuando estemos hablando con él, no hagas ni un ligero cabeceo, que se entera de todo. Con un certero cabeceo el delantero marcó un gol.*

cabecera *s. f.* 1 Parte de la cama donde se coloca la cabeza: *En estas camas modernas no se distingue la cabecera de los pies.* ANT. pies. 2 Pieza alta de la cama en la parte donde se coloca la cabeza: *Puse una cabecera de roble a la cama. Me gustaban aquellas camas antiguas con cabecera metálica.* SIN. cabecero. 3 Parte superior de un impreso o escrito donde aparecen el título y otros datos: *cabecera de una carta, cabecera de un periódico.* SIN. encabezamiento. 4 Origen de donde parte algo: *cabecera de una línea de autobuses, cabecera de un río.* SIN. inicio. ANT. final. 5 Parte principal de alguna cosa: *la cabecera de la mesa, la cabecera del reparto de la película.* 6 Parte de alguna cosa que está al principio: *cabecera de un tren, cabecera de una manifestación.* ANT. cola. 7 Población principal de un territorio: *Salamanca es la cabecera de su comarca.* FR. Y LOC. **libro* de ~. médico* de ~.**

cabecero *s. m.* Cabecera independiente de una cama.

cabecilla *s. m./f.* PEYORATIVO. Persona que dirige un movimiento popular: *el cabecilla de los rebeldes, la cabecilla de la sublevación. Han detenido a varios cabecillas del movimiento revolucionario.*

cabellera *s. f.* 1 Conjunto de cabellos, sobre todo cuando son largos y abundantes: *Su hermosa cabellera negra le llega hasta la cintura.* 2 Cola luminosa de un cometa.

cabello *s. m.* 1 (no contable) Conjunto de pelos de la cabeza de una persona: *cabello castaño, cabello rubio. Mi madre usa una loción especial para evitar la caída del cabello. Carlos está pensando en un implante de cabello para disimular la calvicie.* **~ graso. ~ seco. ~ teñido.** 2 Cada uno de los cabellos: *Aunque se me caiga algo el pelo, todavía me quedan muchos cabellos.* || 3 **~ de ángel** (no contable) Dulce hecho con calabaza cortada en hebras finas y almíbar: *un pastel relleno de cabello de ángel.* **fideos* de ~ de ángel.**

cabelludo, da *adj.* Del cabello. **cuero* ~.**

caber *v. intr.* 1 Tener ‹una cosa› suficiente espacio en [un lugar] o en [un recipiente]: *Los libros caben* ***en*** *la estantería del comedor.* 2 Tener ‹una persona o una cosa› suficiente espacio para pasar por [un lugar]: *Este armario no cabe* ***por*** *esa puerta.* 3 Ser ‹una cosa› lo suficientemente grande para contener a [una persona] o a [una cosa]: *Esta falda ya no me cabe.* 4 Corresponder ‹una cosa› [a una persona]: *Me cupo la suerte* ***de*** *entregar un premio.* 5 Ser ‹una cosa› posible: *Esto es más bonito que aquello, si cabe.* FR. Y LOC. **dentro de lo que cabe** Por lo que se podía esperar, en comparación con otros: *El cine, dentro de lo que cabe, es una afición barata.* **meter(se)* por donde quepa. no ~ el corazón* en el pecho. no ~ en el pellejo*. no ~ (ni) un alfiler*. no ~ en la cabeza** No ser ‹una cosa› comprensible para una persona: *No nos cabía en la cabeza que fueses tan mentiroso. No me cabe en la cabeza cómo mi hermana ha podido hacer una cosa tan ridícula.* **no caberle en el pecho*. no ~ en sí de gozo** Estar ‹una persona› llena de gozo, muy contenta: *Mi mujer no cabía en sí de gozo al ver el regalo que nos ofrecieron.* ⇒ **17.**

cabero, ra *adj.* RESTRINGIDO. Que es el último: *el toro cabero.*

cabestrillo *s. m.* Tira de tela o aparato que se cuelga del cuello y sirve para sostener el brazo o la mano de los lesionados: *Mi hijo se rompió el brazo esquiando y lo lleva* ***en*** *cabestrillo. El pobre Juan tiene una mano* ***en*** *cabestrillo.*

cabestro *s. m.* 1 Buey manso que sirve de guía a las reses bravas: *Los cabestros sacaron el toro de la plaza.* 2 RESTRINGIDO; PEYORATIVO. Hombre al que su mujer le es infiel. SIN. cornudo. 3 COLOQUIAL; PEYORATIVO, INSULTO. Persona torpe, algo bruta o con malas intenciones: *Esa chica se ha casado con un cabestro que le da unas palizas tremendas. Pero chico, eres un cabestro; con lo que llueve no puedes salir sin paraguas.* 4 RESTRINGIDO. Cuerda o correa que se ata a la cabeza de una caballería para sujetarla o dirigirla: *No sueltes el cabestro del burro al entrar en el pueblo.* SIN. brida, ronzal.

cabeza *s. f.* **1** Parte del cuerpo del hombre y de muchos animales en la que se encuentran el cerebro y algunos órganos de los sentidos: *la cabeza de una persona, la cabeza de un pez, la cabeza de un toro.* ~ **abajo. 2** Esta parte del cuerpo sin la cara: *El niño se dio un golpe en la cabeza.* **3** Principio, extremo o parte delantera de una cosa: *la cabeza de la manifestación, la cabeza nuclear de un misil.* ANT. cola. **4** Extremo abultado de algunas cosas, opuesto a la punta: *la cabeza de un clavo, la cabeza de un alfiler, la cabeza de un tornillo, la cabeza del fémur.* **5** Animal cuadrúpedo de algunas especies domésticas: *El dueño de la finca tiene cuatro mil cabezas de ganado vacuno.* SIN. res. **6** (no contable) Inteligencia, juicio: *Te metiste en un buen lío por tener poca cabeza.* **7** (no contable) Mente, entendimiento: *La faena que Tere nos hizo no se me va de la cabeza. No me cabe en la cabeza que Mercedes se haya enfadado por esa tontería. ¿Quién le habrá metido esas ideas en la cabeza?* **8** (se usa seguido de algunos calificativos; referido a personas puede ser s. m./f.) Característica de una persona, o persona que la tiene. ~ **cuadrada** 1 COLOQUIAL; PEYORATIVO. Modo de pensar y actuar según unos esquemas muy rígidos, o persona que actúa de ese modo: *Esa señora tiene la cabeza cuadrada, no creo que cambie de opinión. No merece la pena que le digas nada, porque no te hará caso; ese profesor es un cabeza cuadrada.* 2 COLOQUIAL. Persona que tiene muchos conocimientos o sabe muchos datos de memoria: *Esa chica tiene la cabeza cuadrada, se sabe todas las leyes.* ~ **de chorlito** COLOQUIAL; INSULTO. Poco juicio o despiste, o persona que tiene esas características: *¡Vaya cabeza de chorlito tiene este niño, no se le ocurre nada bueno! Hijo mío, eres un cabeza de chorlito. ¡Pero, cabeza de chorlito, cómo has podido olvidarte las llaves!* ~ **dura** 1 COLOQUIAL; INSULTO. Obstinación o persona obstinada: *Te costará convencerlo porque Jesús tiene la cabeza dura. Tu amigo es un cabeza dura, no hay modo de que ceda.* 2 COLOQUIAL; PEYORATIVO. Dificultad para entender las cosas o persona con esa característica: *Leticia no entiende los problemas de matemáticas porque tiene la cabeza muy dura. Este niño es un cabeza dura, cuesta muchísimo explicarle las cosas.* ~ **hueca / loca** COLOQUIAL; INSULTO / AFECTIVO. Poco juicio o irresponsabilidad, o persona con esa cualidad: *Pero, cabeza hueca, párate un momento a pensar lo que vas a hacer. Su hijo es un cabeza loca: sólo piensa en ir a la discoteca, no estudia nada.* ~ **pensante** COLOQUIAL. Persona que planea y dirige las actividades de un grupo: *Lo consideran la cabeza pensante de la organización terrorista.* **9** TECNOL. Pieza de algunos aparatos que sirve para grabar, reproducir o borrar lo grabado en una cinta: *las cabezas magnéticas de una grabadora, las cabezas magnéticas de un ordenador.* || *s. m./f.* **10** Persona más importante en una comunidad o grupo: *el cabeza de familia, el cabeza de serie en un torneo de tenis.* || **11** ~ **de ajos** Bulbo formado por varios ajos unidos entre sí. **12** ~ **de jabalí** (no contable) Fiambre que consiste en un conglomerado de trozos de cerdo o jabalí. **13** ~ **de partido** Ciudad o villa principal de un partido judicial donde tiene su sede el juzgado de primera instancia e instrucción. **14** ~ **de turco** Persona a la que se echa toda la culpa en un asunto: *Buscaron un cabeza de turco para evitar que el escándalo afectara a todo el partido.* **15** ~ **rapada** Miembro de un grupo urbano de jóvenes de ideas radicales que llevan el pelo rapado. FR. Y LOC. **a la** ~ o **en** ~ Delante, en primera posición: *El atleta africano va a la cabeza. Nuestro equipo va en cabeza.* **abrir / romper la** ~ COLOQUIAL; a veces AMENAZA. Herir gravemente ‹una persona› a otra persona en la cabeza: *De una pedrada le abrieron la cabeza. Como les hagas alguna guarrada esos tipos te rompen la cabeza.* **agachar / bajar / doblar la** ~ 1 Inclinar ‹una persona› la cabeza en señal de respeto: *Dobla la cabeza ante el rey.* 2 Inclinar ‹una persona› la cabeza por vergüenza o deshonor: *Cuando descubrimos sus mentiras, él bajó la cabeza.* 3 Inclinar ‹una persona› la cabeza en señal de sumisión: *Bajó la cabeza al salir del despacho del jefe.* 4 Escuchar ‹una persona› sin rechistar las advertencias que le hace otra persona: *Este niño hace lo que quiere, pero es muy educado: cuando le dices algo, agacha la cabeza y no chista.* **apostar / jugarse la** ~ COLOQUIAL. Se usa para indicar que una cosa es cierta o segura: *Me apuesto la cabeza a que se marcha del bar sin pagar.* **calentar la** ~ COLOQUIAL. 1 Cansar o preocupar ‹una persona› a otra persona: *Ya se arreglará todo; no me calientes más la cabeza.* 2 Contar ‹una persona› historias para que otra se enfade con alguien o se haga ilusiones con alguna cosa: *Tu hermana te está calentando la cabeza diciéndote que te vamos a comprar una moto, pero no te lo creas. Su amigo le calienta la cabeza para que se enfrente al jefe.* **calentarse la** ~ Obsesionarse ‹una persona› con un problema o asunto: *Muchacho, no te calientes más la cabeza, el que manda manda.* **darle vueltas* la** ~**. darse con la** ~ **en la pared** o **darse con la** ~ **en las paredes** COLOQUIAL. Desesperarse ‹una persona› por haber actuado torpemente: *Por haber perdido esa oportunidad, ahora se da con la cabeza en las paredes.* **de** ~ 1 Con muchas preocupaciones o agobio: *Con la reforma de la casa andamos de cabeza. Su hijo pequeño les trae de cabeza.* 2 Con esta parte del cuerpo por delante: *Mi hija ha aprendido a tirarse de cabeza a la piscina.* 3 Totalmente, por completo, de lleno: *Su mujer se metió de cabeza en el mundo de los negocios.* **de los pies* a la** ~ o **de pies a** ~**. echarse / tirarse de** ~ **a un pozo** COLOQUIAL. Hacer ‹una persona› una acción insensata: *Porque él se eche de cabeza a un pozo, yo no voy a hacer lo mismo.* **escarmentar en** ~ **ajena** (preferentemente en frases negativas) Aprender ‹una persona› de los errores de otras personas para no correr la misma suerte: *Aunque se lo advertí, nadie escarmienta en cabeza ajena.* **estar mal / tocado de la** ~ COLOQUIAL; a veces INTENSIFICADOR. Estar ‹una persona› loca o trastornada: *El conductor de esa moto debe de estar mal de la cabeza.* **hacer adobes* con la** ~**. ir con la** ~ **muy alta** o **llevar la** ~ **muy alta** COLOQUIAL. No tener ‹una persona› motivo para sentir vergüenza: *A pesar de las habladurías, ella va por la calle con la cabeza muy alta.* **írsele la** ~ COLOQUIAL. Sentir vértigo ‹una persona›: *Mi abuela no puede bajar las escaleras mecánicas porque se le va la cabeza.* **levantar** ~ 1 (preferentemente en frases negativas) COLOQUIAL. Salir ‹una persona› de una mala situación: *Desde que le echaron del trabajo, Juan no levanta cabeza. Hace dos semanas que lo han operado, pero este enfermo todavía no levanta cabeza.* 2 (en frases condicionales) COLOQUIAL. Se usa para expresar el asombro que le produciría a una persona fallecida las cosas del presente: *¡Si el abuelo levantara la cabeza y viera cómo viven sus hijos!* **liarse la manta* a la** ~**. llevar* de** ~**. llevarse las manos* a la** ~**. meter la** ~ COLOQUIAL. Conseguir ser admitida ‹una persona› en un lugar: *Metió la cabeza en el banco y ahora es director de la sucursal.* **metérsele* en la** ~ **/ mollera. no caber* en la** ~**. no de-**

jar títere* con ~. no entrar* (en la ~). no quedar títere* con ~. no tener ni pies* ni ~ o **sin pies ni ~. perder la ~** 1 Actuar ‹una persona› irreflexivamente, sin razonar: *Debemos pensar las cosas con calma y no perder la cabeza.* 2 Enamorarse ‹una persona› de otra de forma irreflexiva: *Luis perdió la cabeza por una chica de veinte años.* **poner/tener la ~ como un bombo** COLOQUIAL. Poner o tener la cabeza mareada: *Eva lleva toda la mañana repitiéndome lo mismo y me ha puesto la cabeza como un bombo. Con tanta llamada telefónica tengo la cabeza como un bombo.* **por ~** A cada persona en un reparto: *Tocamos a mil pesetas por cabeza.* **quebradero* de ~. quitar* de la ~. rodar cabezas** Se usa para indicar que una persona va a ser destituida de su cargo o a sufrir un castigo: *En este departamento van a rodar cabezas.* **romperse/quebrarse la ~** COLOQUIAL. Dar muchas vueltas ‹una persona› a un asunto: *En el examen se rompió la cabeza para intentar resolver los problemas de Física.* **sentar la ~** COLOQUIAL. Hacerse ‹una persona› formal y responsable: *Cuando era joven, me gustaba mucho ir de juerga, pero luego me casé y senté la cabeza.* **subírsele a la ~** 1 COLOQUIAL. Marear a una persona ‹una bebida alcohólica›: *No bebas vino, que se te sube a la cabeza.* 2 COLOQUIAL. Envanecer ‹una cosa› a una persona: *El dinero se le ha subido a la cabeza.* **tener la ~ a pájaros** COLOQUIAL. Ser ‹una persona› poco responsable o estar distraída: *Tienes la cabeza a pájaros y no te enteras de nada.* **tener la ~ en su sitio** o **tener la ~ sobre los hombros** COLOQUIAL. Ser ‹una persona› muy juiciosa y responsable. **tener la ~ llena de pájaros** COLOQUIAL. No ser juiciosa ni realista ‹una persona›: *En la adolescencia, mi hermana tenía la cabeza llena de pájaros.* **tener mala ~** 1 COLOQUIAL. Actuar ‹una persona› de forma poco juiciosa: *Ana tuvo mala cabeza al dejar los estudios sin terminar.* 2 COLOQUIAL. Tener ‹una persona› mala memoria: *Tengo mala cabeza, así que apuntaré el recado en un papel.* **tirarse los trastos* (a la ~). traer* de ~.** REFR. **Más vale ser cabeza de ratón que cola de león.** Se usa para expresar que es mejor mandar en algo poco importante que ser el último en algo de mayor importancia.

cabezada *s. f.* **1** COLOQUIAL. Golpe dado con la cabeza o recibido en ella: *Mi perro me empujaba con suaves cabezadas. El futbolista se dio una gran cabezada contra la valla.* SIN. cabezazo. **2** COLOQUIAL. Movimiento brusco de la cabeza hacia abajo, como el que se hace para saludar, asentir o al empezar a dormir sin estar acostado: *Cabezada y sombrerazo, ése es el saludo correcto. Carlos decía sí, con enérgicas cabezadas. No me acuesto, prefiero dar un par de cabezadas en el sillón.* **3** Balanceo de popa a proa de una embarcación: *Las cabezadas de la barca marean a cualquiera.* **4** Correaje que ciñe y sujeta la cabeza de una caballería. FR. Y LOC. **darse de cabezadas contra la pared** COLOQUIAL. Se usa para expresar indignación o enfado por haber cometido ‹una persona› un error o recibido algún perjuicio: *Me daría de cabezadas contra la pared por tonto. Ese chico ya se puede dar de cabezadas contra la pared; si no se hubiera ido del trabajo, le habrían dado una buena indemnización.*

cabezal *s. m.* **1** Pieza móvil de algunos aparatos situada en uno de sus extremos: *maquinilla de afeitar con cabezal basculante.* **2** Terminal redondo de los aparatos que sirven para grabar o reproducir imágenes o sonidos: *los cabezales del casete, los cabezales del video.* **3** Cabecera de la cama: *Me gusta tener un cabezal sólido en la cama.* **4** Reposacabezas, almohada: *En ese hotel tienen unos cabezales durísimos y no se puede dormir.* **5** AMÉR. Travesaño, tabla que sirve de soporte a un madero, por ejemplo en una mina.

cabezazo *s. m.* Golpe dado con la cabeza: *El delantero marcó un gol de un hermoso cabezazo.*

cabezo *s. m.* RESTRINGIDO. Cerro aislado o cumbre de una montaña: *En la llanura se levantan dos cabezos coronados por sendas ermitas.*

cabezón, na *adj. / s. m.* y *f.* **1** COLOQUIAL; PEYORATIVO. Que tiene muy grande la cabeza: *Estrella es tan cabezona que no sé si le valdrá el sombrero. El bebé es muy cabezón. El padrino le regaló una muñeca cabezona.* **2** Que se mantiene en su idea aunque haya razones para cambiarla: *No consigues nada discutiendo con personas tan cabezonas. Antonio es un cabezón y no va a cambiar de idea.* SIN. terco. || *adj.* **3** [Bebida alcohólica] que produce dolor de cabeza: *Los licores dulces son muy cabezones.* || *s. m.* **4** Cabeza grande: *Ese niño tiene un cabezón tremendo.*

cabezonada *s. f.* COLOQUIAL. Acción propia de una persona terca u obstinada: *Empeñarse en ir no es más que una cabezonada de mi padre. Mi hermana ha tenido la cabezonada de casarse en el pueblo y lo ha conseguido.* SIN. terquedad.

cabezonería *s. f.* Cabezonada.

cabezorro, rra *adj.* RESTRINGIDO, COLOQUIAL. Cabezota: *No puedes imaginarte lo cabezorra que es mi madre.*

cabezota *adj. / s. m.* y *f.* COLOQUIAL. Que se mantiene en su idea aunque haya razones para cambiarla: *Lidia es tan cabezota como su padre. Tu hermano es muy cabezota. María es una cabezota y no cambiará de opinión.* SIN. terco.

cabezudo, da *adj. / s. m.* y *f.* **1** Que tiene la cabeza muy grande: *Mis amigos tienen un chico muy majo, pero muy cabezudo.* **2** Cabezota. || *s. m.* **3** Disfraz de fiesta popular que se caracteriza por una enorme cabeza de cartón. **gigantes* y cabezudos.**

cabezuela *s. f.* **1** Harina más gruesa que se obtiene del trigo después de sacada la flor. **2** BOT. Conjunto de flores juntas en un engrosamiento de la rama llamado receptáculo. **3** Planta de España compuesta de hojas aserradas y flores blancas o purpúreas, con los cálices cubiertos de espinas.

cabida *s. f.* **1** Espacio o capacidad que tiene una cosa para contener a otra: *la cabida de un estadio, la cabida de un cesto. Este cine tiene poca cabida. Esta maleta tiene mucha cabida, aunque no lo parece.* **2** RESTRINGIDO. Superficie de un terreno o finca: *La finca tendrá una cabida de veinte fanegas.* FR. Y LOC. **dar/tener ~** 1 Tener ‹un espacio› la capacidad que se indica: *El colegio daba cabida a 2000 alumnos. El escenario de la nueva sala de conciertos puede dar cabida a dos grandes orquestas y a dos coros a la vez.* 2 Acoger o poder contener lo que se expresa: *En nuestra asociación tienen cabida distintas tendencias.*

cabila *s. f.* Tribu de beduinos o de beréberes.

cabildante *s. m. / f.* AMÉR. DEL S. Regidor o concejal.

cabildear *v. intr.* Intentar ‹una persona› conseguir una cosa en un organismo público o en un grupo de personas con intrigas: *Me gusta trabajar con Santiago porque es poco amigo de cabildear. Luisa se cree que todo se consigue cabildeando en los despachos y en los pasillos.*

cabildeo *s. m.* Acción y resultado de cabildear: *No trabaja nada, pero siempre anda de cabildeo por todas partes.*

cabildo *s. m.* **1** Comunidad de eclesiásticos que tienen algún cargo en una catedral: *el cabildo catedralicio, el cabildo de la catedral de Santiago.* **2** Corporación formada por el alcalde y los concejales de un municipio: *El cabildo salmantino salió en procesión.* SIN. ayuntamiento, concejo. **3** RESTRINGIDO. Junta celebrada por esta corporación: *En el último cabildo solemne de nuestro Ayuntamiento se aprobó nombrar hijo adoptivo al ilustre poeta.* **4** RESTRINGIDO. Lugar donde se celebran las juntas de esta corporación. **5** Reunión de las autoridades de algunas órdenes religiosas para elegir a sus órganos de gobierno o para tratar asuntos relacionados con él: *El próximo cabildo franciscano tiene que nombrar al provincial de la Península.* ǁ **6 Cabildo insular** Corporación que en Canarias representa a los pueblos de cada isla y administra sus intereses: *El Cabildo insular de Lanzarote proyecta un plan turístico muy novedoso.*

cabina *s. f.* **1** Pequeño recinto, generalmente aislado, que se usa para diversas utilidades: *cabina de baño, cabina del vigilante.* **~ de teléfono.** **2** Espacio reservado al conductor o piloto de algunos vehículos: *cabina de un avión, cabina de un camión.* **3** Espacio donde viajan las personas en aparatos como ascensores, teleféricos o similares: *la cabina del ascensor, la cabina del teleférico.* **4** Habitación de pasajero en trenes o barcos: *la cabina de un barco, la cabina de un coche-cama.*

cabinera *s. f.* COL. Azafata.

cabio *s. m.* **1** Madero sobre el cual se asientan otros maderos para formar algunos suelos y techos. **2** Travesaño o pieza horizontal superior o inferior del marco de una puerta o de una ventana. **3** Cabrio de la armadura del tejado.

cabizbajo, ja *adj.* (estar) Que manifiesta su tristeza o preocupación llevando la cabeza inclinada hacia abajo: *Lo vi pasar cabizbajo y meditabundo. No puede ser una chica muy alegre, cuando siempre la vemos cabizbaja.*

cable *s. m.* **1** Cuerda gruesa capaz de soportar grandes tensiones: *cable de un ascensor, cable de un teleférico.* **2** Hilo metálico conductor de electricidad envuelto por una cubierta aislante: *cable eléctrico, cable aéreo, cable submarino, cable telegráfico, cable telefónico.* **3** RESTRINGIDO. Cablegrama. FR. Y LOC. **cruzársele los cables** COLOQUIAL. Hacer ‹una persona› una tontería o quedarse ‹una persona› sin reflejos mentales: *Cuando me insultó se me cruzaron los cables y empecé a pegarle patadas. En el examen se me cruzaron los cables y no contesté bien ni una pregunta. Pepa es una buena chica, pero cuando se le cruzan los cables se pone insoportable.* **echar / lanzar / tender un ~** o **echar / tender una mano** COLOQUIAL. Ayudar ‹una persona› a otra persona: *Si no me echas un cable con las matemáticas, suspenderé. No sé cómo terminar esta traducción de francés, tiéndeme un cable. Te agradezco que me echaras ayer una mano; yo no hubiera podido pintar solo el salón. Cuando Ana se quedó sin trabajo, su antiguo jefe le tendió una mano.*

cableado *s. m.* **1** (no contable) Colocación de los cables de un aparato o de una instalación eléctrica: *Una cuadrilla de electricistas se encarga del cableado de la nueva fábrica.* **2** (no contable) Conjunto de cables de un aparato o de una instalación eléctrica: *Un técnico revisó el cableado del panel de control. Si se te descarga la batería, a lo mejor tiene algún defecto el cableado del coche.*

cablear *v. tr.* Poner ‹una persona› cables en [una instalación eléctrica]: *Tienen que cablear de nuevo el apartamento, porque se me ha quemado la instalación.*

cablegrafiar *v. tr.* RESTRINGIDO. Enviar ‹una persona› [un mensaje] por cable submarino: *Mis amigos han cablegrafiado que llegan el domingo al aeropuerto de Santiago.* ⇒ **8.**

cablegrama *s. m.* Mensaje transmitido por cable submarino: *Ana me ha puesto un cablegrama desde Montevideo.*

cabo *s. m.* **1** Extremo o punta de una cosa: *Hizo un nudo en los dos cabos de la cuerda.* **2** Parte pequeña que queda de una cosa: *Sólo les quedaba un cabo de vela para alumbrarse.* **3** Fibra o hilo: *La lana es bastante gruesa, tiene ocho cabos.* **4** GEOGR. Extensión de terreno destacado de la costa que penetra en el mar: *cabo de Finisterre, cabo de Gata.* **5** Individuo de la clase de tropa con graduación militar superior a la de soldado. **~ primero** Graduación militar entre las de cabo y sargento. **6** MAR. Cuerda que se usa en los barcos y en los arsenales. ǁ **7 ~ suelto** Cosa que queda pendiente, que está sin resolver: *En la investigación quedan muchos cabos sueltos.* FR. Y LOC. **al ~** 1 RESTRINGIDO. Al fin, al final, al término: *Al cabo, el dueño de la plantación murió en su casa de la selva.* 2 RESTRINGIDO. Después de todo: *Al cabo, ella no es tan desagradable como dicen.* **al ~ de** Después de: *Paula me llamó al cabo de una semana. Volvemos a vernos al cabo de tanto tiempo.* **al fin* y al ~** o **al ~ y a la postre. atar cabos** Establecer ‹una persona› relaciones entre datos o informaciones para averiguar algo: *El detective, atando cabos, descubrió al culpable. Atando cabos me he dado cuenta de que ya se conocían. Con la información que recibió, la policía logró atar cabos.* **de ~ a rabo** COLOQUIAL. Del todo, del principio al final: *Leí el libro de cabo a rabo.* **estar al ~ de la calle** Estar ‹una persona› perfectamente enterada de algún asunto: *Cuando Pedro les comunicó que se iba a casar, ya todos estaban al cabo de la calle.* **llevar a ~** Realizar, concluir ‹una persona› una actividad: *Llevaremos a cabo la tarea de organizar el festival.* REFR. **Al cabo de cien años, todos calvos.** Se usa para imponer tranquilidad, al relativizar los problemas de la vida, pues se recuerda que, con el paso del tiempo, la muerte nos igualará a todos.

cabra *s. f.* (macho *cabrón* o *macho cabrío*) *Capra hircus.* Mamífero rumiante de cuerpo ágil, cuernos curvados hacia atrás, pelo fuerte, cola corta y una pequeña barba debajo de la mandíbula. **~ hispánica. ~ montés.** FR. Y LOC. **camino* de cabras. estar como una ~** COLOQUIAL. Estar loca ‹una persona›: *Tu hermano es muy divertido, pero yo creo que está como una cabra. Mi dentista está como una cabra, porque dice unas cosas rarísimas.* REFR. **La cabra (siempre) tira al monte.** Se usa para expresar que aunque una persona disimule su manera de ser, siempre acaba mostrándonos la parte mala de su personalidad.

cabrada *s. f.* RESTRINGIDO. Rebaño de cabras: *Un pastor estaba al cuidado de la cabrada.*

cabrales (plural *cabrales*) *s. m.* (no contable) Queso propio del pueblo asturiano de Cabrales, muy curado y de sabor muy fuerte.

cabrear *v. tr.* **1** COLOQUIAL. Poner ‹una persona o una cosa› de mal humor [a una persona]: *Nos cabrean los atascos.* ǁ *v. prnl.* **2** COLOQUIAL. Ponerse ‹una persona› de mal humor: *Me he cabreado* ***con*** *mi hermano. Me cabreo* ***con*** *tu absurda manía de poner el despertador en vacaciones. Estoy muy cabreada* ***con*** *los albañiles, me han dado plantón.*

cabreo *s. m.* COLOQUIAL. Acción y resultado de cabrear o cabrearse: *Al perder las llaves me pillé un buen cabreo. Pilar tiene un cabreo tremendo* **con** *su hijo porque ha suspendido.*

cabrerizo, za *s. m. / f.* RESTRINGIDO. Pastor o pastora de cabras: *De pequeño, era cabrerizo del rebaño de la familia. En verano, cuando no hay escuela, la mandan de cabreriza.*

cabrero, ra *s. m. / f.* **1** Pastor o pastora de cabras. SIN. cabrerizo. || *adj. / s. m.* y *f.* **2** AMÉR. Persona enojada o propensa a enojarse.

cabrestante *s. m.* MEC. Torno de eje vertical para mover o arrastrar grandes pesos, especialmente en una mina o en barcos y puertos.

cabria *s. f.* Máquina para levantar grandes pesos, que consta de una polea suspendida de un trípode o de un brazo giratorio.

cabrilla *s. f.* **1** (macho y hembra) *Serranus cabrilla.* Pez marino de la misma familia que el mero, pero más pequeño, de color rosado con manchas oscuras, que da muchos saltos en el agua. **2** Conjunto de olas blancas y espumosas que se forma en el mar cuando está agitado. **3** COL. Volante de los automóviles.

cabrillear *v. intr.* **1** Formar cabrillas ‹el mar›: *El mar cabrilleaba al atardecer.* **2** Reflejarse ‹la luz› temblorosamente en el agua: *La luna cabrilleaba en el puerto.*

cabrilleo *s. m.* Acción y resultado de cabrillear: *Observó el cabrilleo de la luz de las farolas en el puerto.*

cabrio *s. m.* **1** Cada una de las vigas de madera del tejado que sostiene las tablas sobre las que se colocan las tejas. **2** Madero de cierta longitud usado en la construcción.

cabrío, a *adj.* De las cabras: *ganado cabrío.* **macho* ~.**

cabriola *s. f.* **1** DANZA. Salto que se da cruzando los pies en el aire. **2** Voltereta en el aire: *El saltimbanqui hizo muchas cabriolas.* SIN. pirueta. **3** Salto que da un caballo dando varias coces en el aire.

cabriolé *s. m.* **1** Coche de caballos descubierto, de dos o cuatro ruedas: **2** Automóvil descapotable: *Se están poniendo de moda los cabriolés en verano.*

cabritilla *s. f.* (no contable) Piel muy fina curtida de cualquier animal pequeño, como el cabrito o el cordero: *unos guantes de cabritilla.*

cabritero, ra *adj.* **1** RESTRINGIDO. De las cabras. **2** [Cuchillo, navaja] que es como el que usaban los cabreros para degollar a los cabritos: *Al conejo lo mataron con una navaja cabritera.*

cabrito, ta *s. m.* **1** (macho y hembra) Cría de la cabra hasta que deja de mamar: *El cabrito asado es la especialidad culinaria de muchos pueblos castellanos.* || *adj. / s. m.* y *f.* **2** VULGAR; INSULTO, EUFEMISMO. [Persona] que tiene mala intención o hace muchas faenas a otras: *No te fíes de la simpatía de tu nuevo profesor porque es un perfecto cabrito.*

cabro, bra *s. m. / f.* **1** BOL., CHILE, EC.; COLOQUIAL en Chile. Persona joven. || *s. m.* **2** PERÚ; JERGAL. Homosexual.

cabrón, na *s. m.* **1** Macho de la cabra. **2** RESTRINGIDO, VULGAR; PEYORATIVO. Hombre al que su mujer le es infiel, generalmente con su consentimiento. || *adj. / s. m.* y *f.* **3** VULGAR; INSULTO. Que hace o dice algo que ofende o molesta a otra persona o que hace muchas faenas a otra: *Ése es muy cabrón, no creo que te ayude a resolver el problema. Esa tía es una cabrona que me las pagará.* SIN. cabrito.

cabronada *s. f.* **1** VULGAR. Acción malintencionada, mala pasada: *Nos ha hecho una cabronada tremenda retrasándonos el envío del pedido.* **2** VULGAR. Incomodidad o inconveniente fuertes que deben aguantarse o soportarse: *Es una cabronada aguantar otra reunión como la de ayer.*

cabronicie *s. f.* VULGAR; HUMORÍSTICO. Cabronada: *Yo no aguanto más cabronicies en esta empresa.*

cabruno, na *adj.* De las cabras o como si fuera de ellas: *El profesor tiene una barba cabruna inconfundible. Chico, tienes un modo de trepar cabruno.*

cábula *s. m. / f.* MÉX; COLOQUIAL. Persona pícara, maliciosa o burlona.

cabulear *v. tr.* MÉX.; COLOQUIAL. Tomar el pelo, ofender ‹una persona› [a otra persona].

caca *s. f.* **1** (no contable) COLOQUIAL; INFANTIL. Excremento humano, especialmente el de los niños: *El bebé se ha hecho caca.* **2** COLOQUIAL. Excremento de algunos animales: *una caca de perro.* **3** (no contable) COLOQUIAL; INFANTIL. Cosa sucia: *No chupes esa piedra; es caca.* **4** (no contable) COLOQUIAL. Cosa mal hecha o de mala calidad: *Vimos una película que era una caca.* SIN. porquería, mierda.

cacahual *s. m.* Terreno plantado de cacaos. SIN. cacaotal.

cacahuate *s. m.* MÉX. Cacahuete.

cacahué *s. m.* Cacahuete.

cacahuete o **cacahué** *s. m.* **1** *Arachis hypogaea.* Planta papilionácea de tallo rastrero, cuyas flores se introducen en el suelo para que el fruto madure. **2** Fruto de esta planta, de cáscara poco dura, semilla comestible y grasa, con la que se elabora aceite y manteca: *una bolsa de cacahuetes.* SIN. maní (AMÉR).

cacalote *s. m.* **1** MÉX. Cuervo. **2** AMÉR. C., MÉX. Granos tostados de maíz.

cacao *s. m.* **1** *Theobroma cacao.* Árbol tropical, originario de América, con hojas alternas duras y brillantes, tronco liso, pequeñas flores amarillas y rojas, y fruto con muchas semillas que son el principal ingrediente del chocolate. **2** Semilla de los cacaos. **3** (no contable) Polvo obtenido al triturar las semillas del cacao que se toma disuelto en agua o leche: *Desayuné un vaso de cacao.* **~ en polvo.** **4** (no contable) Barra de labios hidratante hecha con manteca de cacao. **5** COLOQUIAL. Lío, escándalo, alboroto: *El otro día unos chicos organizaron un cacao tremendo en el metro.* **6** COLOQUIAL. Confusión, desorden en la realización de un trabajo o en las ideas: *Tengo un buen cacao en la cabeza: no sé si salir con Juan o con Carlos. La cajera lleva tres días revisando las cuentas y tiene un buen cacao montado en la mesa.* SIN. lío.

cacaotal *s. m.* Cacahual.

cacaotero, ra *s. m. / f.* Persona que se dedica por oficio a cultivar cacao o a comerciar con él.

cacareado, da *adj.* (antepuesto / pospuesto) Muy comentado, de dominio público: *el tan cacareado romance del príncipe. Es una historia muy cacareada.*

cacarear *v. intr.* **1** Emitir ‹el gallo o la gallina› su voz: *Estas gallinas cacarean siempre a la hora de la siesta.* || *v. tr.* **2** PEYORATIVO. Hablar ‹una persona› mucho de [una cosa]: *Piensa que todo lo que le cuentas a Santiago lo cacareará mañana en la oficina.* **3** PEYORATIVO. Hablar ‹una persona› mucho de [las propias virtudes]: *¿Ya te ha cacareado Mónica sus títulos y lo que gana?*

cacareo *s. m.* Acción de cacarear: *En el campo oímos el cacareo de las gallinas de los vecinos.*

cacaste *s. m.* Cacaxtle.

cacatúa *s. f.* 1 (macho y hembra) Ave originaria de Australia y la región malaya, de vistosos colores, con una cresta de plumas en la parte posterior de la cabeza y pico fuerte y en forma de gancho. 2 COLOQUIAL; PEYORATIVO. Mujer mayor, fea, que viste de manera rara y habla mucho: *–«He subido en el ascensor con una cacatúa muy divertida.» –«Es la madre de Carlos.»*

cacaxtle *s. m.* 1 MÉX; COLOQUIAL. Armazón de madera para llevar una carga a cuestas, especialmente frutas y verduras. 2 MÉX.; COLOQUIAL. Esqueleto de los vertebrados, especialmente del hombre.

cacera *s. f.* AGR. Zanja o canal por donde discurre el agua para regar: *En las caceras brilla el agua que se reparte por toda la vega.*

cacereño, ña *adj. / s. m.* y *f.* De Cáceres, ciudad y provincia españolas: *un baile cacereño. Los cacereños tienen un acento peculiar.*

cacería *s. f.* 1 Expedición o excursión de personas que salen a cazar: *Elena se levantó temprano para ir de cacería. Organizaron una cacería de jabalíes.* 2 (no contable) RESTRINGIDO. Conjunto de animales cobrados en una cacería: *Dejaron la abundante cacería en la cocina.*

cacerola *s. f.* Recipiente de cocina, más ancho que alto, con dos asas, que sirve para guisar: *una cacerola de aluminio, una cacerola de acero inoxidable.*

cacerolada *s. f.* Manifestación de protesta social o política, en la que se hace ruido golpeando cacerolas o cacharros de cocina: *Las caceroladas son una manera de protestar que inventaron algunas amas de casa imaginativas.*

cacha *s. f.* 1 (preferentemente en plural) Cada una de las dos piezas que forman el mango de un cuchillo o de algunas armas de fuego: *las cachas de un revólver. Se me ha caído la navaja que me regaló mi madrina y se le ha roto una cacha.* 2 (preferentemente en plural) VULGAR. Piernas, muslos: *No puedes imaginarte qué cachas se le han puesto al niño desde que hace deporte.* 3 AMÉR. Asta, cuerno. || *adj. / s. m.* y *f.* 4 (en plural; ser / estar) COLOQUIAL. [Persona] que tiene los músculos muy desarrollados o es físicamente muy atractiva: *He conocido a un tío cachas. En ese gimnasio mi hermana se ha puesto cachas. –«¿Es o no es cachas Santiago?» –«Es el perfecto cachas.» Ana está muy cachas.*

cachaco, ca *adj. / s. m.* y *f.* 1 COL., EC., VEN. Que es elegante y presumido. 2 COL., VEN. [Persona] que tiene buenos modales. 3 COL. Que es natural del interior de Colombia. || *s. m.* 4 BOL., PERÚ; JERGAL en Perú. Policía, militar.

cachada *s. f.* 1 AMÉR. Cornada. 2 ARG., PAR., URUG.; COLOQUIAL. Broma.

cachafaz, za *adj. / s. m.* y *f.* AMÉR. Pícaro, desvergonzado.

cachalote *s. m.* (macho y hembra) *Physeter macrocephalus.* Mamífero marino con una gran cabeza en la que tiene una sustancia llamada ámbar gris o esperma de ballena, usada en perfumería, y con una mandíbula inferior mucho más corta que la superior.

cachapa *s. f.* VEN. Dulce hecho con masa de maíz tierno, leche, sal y azúcar.

cachaplincos (plural) *s. m.* JERGAL. Cataplismos.

cachar *v. tr.* 1 AMÉR. Hacer ‹una persona› una broma [a una persona], tomarle el pelo. 2 ARG., CHILE, URUG.; COLOQUIAL. Captar, entender ‹una persona› [una explicación o un concepto]. 3 ARG., URUG., VEN.; COLOQUIAL. Agarrar, sorprender ‹una persona› [a otra persona] en una acción o situación que quería ocultar. 4 PERÚ; VULGAR, RESTRINGIDO. Tener ‹una persona› [relaciones sexuales].

cacharpas (plural) *s. f.* AMÉR. DEL S. Trastos, cosas de poco valor.

cacharrazo *s. m.* COLOQUIAL. Golpe fuerte y ruidoso: *¡Menudo cacharrazo le pegué al coche! ¿Qué ha sido ese cacharrazo? Ayer me caí por las escaleras y me di un cacharrazo tremendo, me han escayolado la pierna.* SIN. trastazo.

cacharrería *s. f.* Establecimiento donde se venden cacharros de barro y objetos de cocina ordinarios: *En la cacharrería del barrio he comprado un juego de café y seis vasos.*

cacharrero, ra *adj. / s. m.* y *f.* Persona que por oficio fabrica o vende cacharros de barro como botijos, pucheros, ollas y barreños: *El comercio moderno y las fábricas han acabado casi por completo con los cacharreros.*

cacharro *s. m.* 1 Recipiente, en especial de cocina: *Voy a lavar los cacharros. Cuando te quedes solo, recoge los cacharros después de comer.* 2 Aparato viejo o que funciona mal: *Este coche es un cacharro. El tocadiscos es un cacharro, pero se oye.* 3 Objeto inútil y sin valor: *Tengo la casa llena de cacharros que voy a tirar, porque mañana pasan los del servicio de recogida de trastos del Ayuntamiento.* || *adj / s. m.* y *f.* 4 Persona que está muy vieja o enferma: *Estoy hecha un cacharro y no puedo andar ni hasta la esquina.* SIN. trasto.

cachava *s. f.* Bastón con el extremo superior curvo, como el que suelen usar los pastores: *Cuando íbamos al pueblo, el tío Santiago nos amenazaba con la cachava si molestábamos a su perro.*

cachaza *s. f.* 1 (no contable) Actitud o manera de ser propia del que no se apresura ni se intranquiliza por nada: *Tu hermana tiene demasiada cachaza. Si te sigues arreglando con esta cachaza, llegaremos tarde al cine.* 2 (no contable) Aguardiente de melaza de caña.

cachazudo, da *adj.* Que se comporta con excesiva calma o tranquilidad en todos los momentos: *Ana es muy cachazuda, todo se lo toma con bastante tranquilidad. Me pones nerviosísima, siempre tan cachazudo, perderás el tren.*

caché o **cachet** *s. m.* 1 Carácter distintivo de refinamiento: *El hotel tiene un caché inconfundible. Esta marca de rioja tiene un caché inigualable.* SIN. distinción, elegancia. 2 Cotización de un artista en el mercado: *Con el éxito aumentará tu caché. No podemos contratar a ese cantante porque tiene un caché muy elevado.*

cachear *v. tr.* Examinar ‹una persona› [a otra persona] palpándola con cuidado y detenimiento para ver si lleva una cosa oculta: *Le cachearon en la frontera.*

cachelos (plural) *s. m.* Trozos de patata cocida tal como se preparan en Galicia: *Los cachelos acompañan dignamente cualquier plato de cocina gallega.*

cachemir *s. m.* (no contable) Tela suave y fina fabricada con el pelo de las cabras de Cachemira, región de Asia, o con lana de ovejas merinas: *una bufanda de cachemir. Me he comprado una chaqueta de cachemir.*

cacheo *s. m.* Acción y resultado de cachear: *El estado de alerta general de estos días ha retrasado los vuelos muchísimo, porque además de los controles electrónicos, los viajeros son sometidos a cacheos severísimos.*

cachería *s. f.* AMÉR. Comercio o tienda pequeña.

cachet *s. m.* Caché.

cachetada *s. f.* RESTRINGIDO. Golpe dado con la palma de la mano en la cara o en la cabeza: *Si no te estás quieta te vas a ganar una cachetada.*

cachete *s. m.* **1** INFANTIL. Golpe dado con la palma de la mano en la cara o en la cabeza: *Le dieron un cachete por haber roto el florero.* **2** (preferentemente en plural) COLOQUIAL. Carrillo o mejilla, especialmente si está abultado: *Tienes unos cachetes muy coloraditos.* **3** COLOQUIAL. Porción de nalga: *El practicante le puso la inyección en el cachete.*

cachetear *v. tr.* RESTRINGIDO. Dar ‹una persona› un cachete [a otra persona]: *Niño, te voy a cachetear si no te estás quieto.*

cachetero *s. m.* **1** RESTRINGIDO. Puñal con que se apuntilla a las reses. **2** Torero que mata al toro con esta clase de puñal.

cachetón, na *adj.* **1** AMÉR. Cachetudo. **2** MÉX.; COLOQUIAL. Que es divertido e interesante. **3** CHILE; VULGAR. Que es vanidoso.

cachetudo, da *adj.* Que tiene los cachetes de la cara muy abultados: *un niño muy cachetudo.* SIN. mofletudo.

cachicamo *s. m.* VEN. Armadillo.

cachicán *s. m.* RESTRINGIDO. Persona encargada del mantenimiento de una finca agrícola. SIN. capataz, mayoral.

cachicuerno, na *adj.* LITERARIO, RESTRINGIDO. [Arma blanca] que tiene las cachas o el mango de cuerno: *Una maldición medieval era desear que una persona fuera matada con cuchillos cachicuernos.*

cachifo, fa *s. m./f.* AMÉR., COL., VEN.; COLOQUIAL; PEYORATIVO. Niño, chico.

cachifollar *v. tr.* COLOQUIAL. Causar un daño o fastidiar ‹una persona› [a otra persona o una cosa]: *Ayer me cachifollaste la fiesta invitando a tus amiguitos a casa. Le he dejado el coche a Pascual y me lo ha devuelto cachifollado.*

cachimba *s. f.* **1** Pipa para fumar tabaco picado: *Es típico de los marineros fumar en cachimba.* **2** COL.; JERGAL. Olor a tabaco. **3** ARG., URUG. Pozo de agua potable.

cachimbo, ba *adj./s. m.* y *f.* **1** PERÚ. Estudiante de primer ciclo en una universidad. || *s. m.* **2** AMÉR. Cachimba, pipa.

cachiporra *adj.* **1** CHILE; COLOQUIAL. [Persona] que es farsante o vanidosa. || *s. f.* **2** Palo acabado en una cabeza abultada o una bola utilizado como arma: *La cachiporra es el arma típica de las marionetas.* SIN. garrote, porra.

cachiporrazo *s. m.* **1** Golpe dado con la cachiporra u otro objeto parecido: *Ayer me dieron un cachiporrazo y me quitaron la cartera.* SIN. garrotazo. **2** Golpe fuerte: *Chocamos con un coche y nos dimos un buen cachiporrazo.* SIN. tortazo.

cachiporrearse *v. prnl.* CHILE; COLOQUIAL. Vanagloriarse, jactarse ‹una persona›.

cachirul *s. m.* MÉX.; COLOQUIAL. Falsedad, engaño, trampa.

cachirulo, la *adj./s. m.* y *f.* **1** ARG.; COLOQUIAL. [Persona] que es tonta o majadera. || *s. m.* **2** Pañuelo del traje regional aragonés que llevan los hombres atado a la cabeza: *En muchos restaurantes típicos de Zaragoza los camareros llevan cachirulo.* **3** COLOQUIAL. Coche muy viejo y destartalado.

cachita *s. f.* PERÚ; COLOQUIAL. Burla.

cachivache *s. m.* **1** Cacharro, objeto inútil y de poco valor: *¿Qué hacen estos cachivaches por el suelo?* **2** COLOQUIAL. Mueble u objeto del ajuar de una casa: *En cuanto embalemos todos los cachivaches nos cambiamos de piso. No creo que roben nada, para cuatro cachivaches que tenemos.*

cachiyuyo *s. m.* CHILE. Nombre de diversos arbustos que crecen en terrenos salobres.

cacho *s. m.* **1** Pedazo o trozo pequeño de alguna cosa: *¿Queréis merendar un cacho de pan con un cacho de queso?* **2** ARG., PAR., URUG. Racimo de plátanos o bananas. **3** AMÉR.; COLOQUIAL. Cuerno. **4** AMÉR. DEL S. Cubilete del juego de los dados. **5** ARG., URUG.; COLOQUIAL. Espacio corto de tiempo. FR. Y LOC. **ser un pedazo / trozo / ~ de pan***.

cachondearse *v. prnl.* COLOQUIAL. Hacer ‹una persona› burla de [otra persona] o de [una cosa]: *Miguel se cachondeaba* ***de*** *todo. Calla, que no le gusta nada a Santiago que nos cachondeemos* ***de*** *su nuevo coche.* SIN. pitorrearse.

cachondeo *s. m.* **1** COLOQUIAL. Acción y efecto de cachondearse o burlarse: *¿Tengo cara de estar de cachondeo?* SIN. guasa. **2** COLOQUIAL. Juerga. *¡Menudo cachondeo montamos!* **3** COLOQUIAL. Desorden, falta de organización en algún asunto o negocio: *He intentado hablar con su oficina, pero es un cachondeo; allí nadie atiende el teléfono o lo dejan descolgado. Yo no voy más a ese restaurante, porque es un cachondeo, tardan en servirte, es caro y cocinan mal.*

cachondez *s. f.* **1** (no contable) COLOQUIAL. Buen humor o comportamiento bromista y distendido de una persona: *Nos divertimos muchísimo con ellos, tus amigos son una pareja de una cachondez relajante.* **2** (no contable) RESTRINGIDO, VULGAR. Excitación sexual.

cachondo, da *adj./s. m.* y *f.* **1** COLOQUIAL. Que es gracioso y bromista: *Nos lo pasamos muy bien, fue una fiesta muy cachonda. Ésa es una tía muy cachonda, se divierte uno con ella.* || *adj.* **2** (estar) VULGAR. Que está excitado o se excita sexualmente: *Mira, ese perro está cachondo y no hace más que molestar a tu perra. Ése cuando ve una película porno, se pone cachondo.*

cachorro, rra *s. m./f.* **1** Perro de poco tiempo: *Me han regalado un cachorro de galgo precioso.* **2** Cría de algunos mamíferos no domésticos: *un cachorro de león, un cachorro de tigre, un cachorro de lobo, un cachorro de oso.*

cachucha *s. f.* COL. Gorra de visera.

cachudo, da *adj.* AMÉR.; COLOQUIAL. [Animal] que tiene los cuernos grandes.

cachuela *s. f.* RESTRINGIDO. Molleja de las aves: *Con las cachuelas se hacen guisos muy sabrosos en algunos pueblos de Castilla.*

cachuelo *s. m.* PERÚ; COLOQUIAL. Trabajo extra.

cachumbo *s. m.* COL. Rizo o tirabuzón del cabello.

cachurear *v. intr.* CHILE; COLOQUIAL. Remover ‹una persona› cosas abandonadas para recuperar aquellas que puedan ser útiles.

cachureo *s. m.* **1** CHILE; COLOQUIAL. Acción de cachurear. **2** CHILE; COLOQUIAL. Cosa o conjunto de cosas abandonadas por inservibles.

cacica *adj./s. f.* RESTRINGIDO. Cacique.

cacicada *s. f.* Acción arbitraria propia de un cacique o del que tiene poder: *No soporto más las cacicadas de estos fun-*

cionarios de las ventanillas. Me han echado injustamente del trabajo; voy a ver al abogado, porque me parece una cacicada del jefe.

cacique *s. m.* **1** Persona que, valiéndose de su dinero o poder, controla los asuntos políticos o administrativos de una comarca: *En el siglo* XIX *los caciques de los pueblos manipulaban los resultados electorales.* **2** Persona que controla abusivamente los asuntos de un grupo o colectividad: *El responsable provincial es el cacique del partido. Aquí el cacique es el jefe de personal, hace lo que quiere.* **3** Jefe o autoridad suprema de algunas tribus indígenas de América Central o del Sur. || *adj./s. m.* y *f.* **4** Persona autoritaria: *Su padre es un cacique, casi no lo deja salir. Chica, eres muy cacique; si no hacemos lo que quieres te enfadas.*

caciquear *v. intr.* Controlar ‹una persona› [a otra persona o una cosa] arbitraria o autoritariamente: *Lo que le gusta es caciquear, ella no cree en la democracia.*

caciquil *adj.* De cacique o del caciquismo: *política caciquil, régimen caciquil, decisiones caciquiles.*

caciquismo *s. m.* **1** (no contable) PEYORATIVO. Influencia excesiva de los caciques en los asuntos políticos o administrativos de una localidad: *El caciquismo era normal en la vida española del siglo* XIX. **2** (no contable) Autoritarismo personal con abuso de poder: *Creo que tenemos que denunciar el caciquismo de nuestro alcalde.*

caco *s. m.* COLOQUIAL. Ladrón hábil: *Ayer un caco entró en su casa y la desvalijó.*

cacofonía *s. f.* Sonido desagradable que resulta de la contigüidad de fonemas cuya combinación es inarmónica: *En la frase «Anda con conciencia o con complejo» hay una cacofonía.*

cacografía *s. f.* GRAM. Escritura de ortografía incorrecta: *Debes corregir las cacografías del texto.*

cacoquimia *s. f.* MED. Caquexia, estado de desnutrición muy avanzada.

cacorro *s. m.* COL. Homosexual, afeminado.

cactáceo, a *adj.* **1** BOT. [Planta] angiosperma dicotiledónea, originaria de América, sin hojas y con tallos carnosos y flores grandes y olorosas, como la chumbera o el cacto. || *s. f.* **2** (en plural) BOT. Familia de las cactáceas: *En las zonas secas crecen muchas cactáceas.*

cacto *s. m.* Cactus.

cactus o **cacto** (plural *cactus*) *s. m.* Planta cactácea, con tallo en forma de globo y provisto de espinas, que almacena agua, propia de las regiones secas: *Son famosos los cactus de algunas regiones mejicanas.*

cacumen *s. m.* COLOQUIAL. Inteligencia, agudeza: *La jefa tiene un cacumen privilegiado, se acuerda de todo. Tiene buen cacumen este chico nuevo que ha venido al departamento.*

cacuy o **cacuí** *s. m.* ARG. Pájaro nocturno de canto triste.

cada *adj. distr.* **1** (invariable) Se usa para referirse uno por uno a los elementos, conjuntos de elementos o divisiones de un grupo o serie: *Cada invitado tiene designado un asiento en la mesa.* OBSERVACIONES: Equivale a 'todos': *Hay un jefe de personal en cada departamento.* **2** (invariable) Establece una correspondencia entre los elementos de un grupo y los de otro: *Cada anciano cobró cien mil pesetas. Le corresponde una botella a cada pareja.* **3** (invariable) Indica la frecuencia regular de tiempo con que se produce o hace algo: *Su novio la llama por teléfono cada tres días. Mi madre tiene que hacerse una revisión cada seis meses.* **4** (invariable) En contextos comparativos de superioridad o inferioridad indica la progresión de algo que se produce en el tiempo y que va aumentando o disminuyendo: *El niño cada día está más gordo. Pablo cada vez se siente peor. Mi hermana estudia cada día más.* **5** (invariable) COLOQUIAL. Se usa para intensificar acompañado a veces de una estructura consecutiva: *Su amigo le daba cada paliza jugando al tenis que la dejaba medio muerta. ¡Esa niña prepara cada lío! ¡Juan hace cada regalo!* || **6 ~ cual / uno** 1 Cada persona, todas las personas: *Cada cual que haga lo que quiera. Cada uno tiene que elegir un premio.* 2 Cada elemento de un grupo o serie: *Cada uno de los coches vale tres millones. A cada uno lo suyo.* **7 ~ quisque** COLOQUIAL. Cada cual, cada uno: *Cada quisque salió por donde pudo.* FR. Y LOC. **(a) ~ instante*. a ~ momento*. a ~ nada*. a ~ rato*. a ~ uno / cual lo suyo** 1 Expresión que cierra o abre un comentario sobre una persona o sobre una cosa, intentando señalar lo justo de lo que se dice: *Pedro es un chico desagradable, pero muy inteligente, a cada cual lo suyo. A cada uno lo suyo: el jefe nos hace trabajar todos los minutos del año, pero nos trata con un respeto que no siempre se ve en otras empresas.* 2 Se usa para indicar que hay que dar a cada uno lo que le corresponde o pertenece: *Hay que dar a cada uno lo suyo, y por tanto, es justo que los que más ganan paguen más impuestos.* **~ dos por tres** COLOQUIAL. Con mucha frecuencia: *Ana me pide dinero cada dos por tres. Nene, tienes que controlarte mejor; no puedes salir de clase a hacer pis cada dos por tres.* **~ quisque*. cada uno / cual es ~ uno** Expresión en que se hace hincapié en los derechos peculiares de cada persona y en la diversidad de ideologías, obligaciones, maneras de ser, invitando a no meterse en la vida de los demás: *A mí no me gusta salir de noche y a él sí, pero cada uno es cada uno.* **~ uno es rey* en su casa. ~ vez* más / menos. ~ vez* que. de ~ día*.**

cadalso *s. m.* RESTRINGIDO. Tablado que se construye para la ejecución de una pena de muerte o un acto solemne: *El condenado fue conducido al cadalso.*

cadáver *s. m.* Cuerpo sin vida: *El forense hizo la autopsia del cadáver. El juez ordenó el levantamiento del cadáver.* **depósito* de cadáveres. levantamiento* del ~.**

cadavérico, ca *adj.* **1** Del cadáver: *rigidez cadavérica.* **2** Que es parecido a un cadáver en la palidez o en el mal aspecto: *rostro cadavérico, semblante cadavérico. Ese hombre tiene un aspecto cadavérico; ¿estará enfermo?*

cadena *s. f.* **1** Conjunto de piezas metálicas enlazadas entre sí: *Llevan al prisionero atado con cadenas. Si vais a esquiar, no olvidéis poner las cadenas al coche. Luisa lleva una cadena de oro. El preso que consiguió escaparse rompió las cadenas de los esclavos.* **2** Conjunto de piezas articuladas que forman una banda sin fin usado para atar o transmitir movimiento: *la cadena de una bicicleta, la cadena de transmisión.* **3** Conjunto de instalaciones de montaje o fabricación de un producto: *cadena de etiquetaje, cadena de embalaje.* **~ de montaje** Conjunto de instalaciones industriales para facilitar y acelerar las operaciones de fabricación de productos industriales: *Las cadenas de montaje en las empresas dividen y especializan el trabajo entre los trabajadores.* **4** Conjunto de establecimientos con una misma función que pertenecen a una sola empresa: *cadena de su-*

permercados. **5** Red de emisoras de radio, de televisión o de periódicos que trabajan en cooperación: *la cadena de Radio Nacional.* **6** Canal de televisión: *cadena pública, cadena privada. ¿Qué ponen hoy en la segunda cadena?* **7** Sucesión, serie de cosas o acontecimientos: *crímenes en cadena.* **8** QUIM. Conjunto de átomos unidos linealmente unos con otros. **9** Fila de presos atados: *Las cadenas de presos condenados a galeras era una estampa típica de la España del siglo XVI.* **10** Atadura moral que de alguna manera condiciona: *Los celos son una cadena en nuestra relación.* || **11 ~ de montañas** o **~ montañosa** Cordillera. **12 ~ de música** Aparato para la reproducción de sonido de alta fidelidad que consta de una radio, un tocadiscos, un reproductor de discos compactos, un amplificador y una pletina. **13 ~ fónica / hablada** Conjunto de enunciados orales de una lengua: *En la cadena fónica española suelen aparecer breves pausas cada ocho sílabas.* **14 ~ humana** Conjunto de personas que se unen dándose las manos: *una cadena humana por la paz, una cadena humana como protesta.* **15 ~ perpetua** Pena máxima de prisión. **16 ~ trófica*.** FR. Y LOC. **en ~** Conjunto de acciones o acontecimientos que se producen por transmisión o sucesión: *accidente en cadena, trabajo en cadena.* **reacción* en ~.**

cadencia *s. f.* **1** (no contable) Repetición regular de sonidos o movimientos: *la cadencia de los brazos en un nadador.* SIN. ritmo. **2** (no contable) RESTRINGIDO. Ritmo y armonía de una pieza poética, musical o de danza: *Este poema tiene una cadencia deliciosa. Han tocado la sinfonía con una cadencia muy rara.* **3** (no contable) ELEVADO. Bajada de la voz al final de las frases: *El profesor habla con una cadencia que obliga a todos a estar muy atentos a lo que dice.*

cadencioso, sa *adj.* Que tiene cadencia o ritmo: *voz cadenciosa, movimiento cadencioso.*

cadeneta *s. f.* **1** (no contable) Labor de ganchillo en forma de cadena. **2** Adorno realizado con tiras de papel de colores formando una cadena: *En las verbenas populares es frecuente que se usen adornos de cadeneta y globos de papel.*

cadera *s. f.* **1** Cada una de las dos partes laterales de la pelvis situadas debajo de la cintura: *Andrea es muy ancha de caderas. Se ha caído mi madre y se ha roto la cadera.* **2** Parte lateral del anca de un cuadrúpedo: *la cadera de un caballo.*

caderamen *s. m.* COLOQUIAL. Conjunto voluminoso de las caderas de una mujer: *Esa señora tiene un caderamen que casi necesita dos asientos de avión.*

cadete *adj. / s. m.* y *f.* **1** [Deportista] que pertenece a la categoría inmediatamente anterior a la juvenil: *En cadetes los resultados de natación han sido malos.* **2** Alumno de una escuela militar: *cadete de marina, cadete de infantería, cadete de artillería. Las cadetes de la academia de policía son este año la principal novedad.* **3** ARG., PAR., URUG. Aprendiz, recadero de un comercio.

cadi *s. m.* DEP. Persona que por profesión se dedica a llevar los palos de un jugador de golf: *Los buenos jugadores consultan a veces con su cadi qué palo deben usar en un momento determinado.*

cadí (plural *cadís* o *cadíes*) *s. m.* Juez o magistrado musulmán que juzga según las normas del derecho islámico.

cadmio *s. m.* (no contable) *Cd.* Elemento químico que aparece en forma de metal maleable, blanco azulado brillante y que se utiliza como antioxidante o en fusibles.

caducar *v. intr.* **1** Perder ‹una ley, un documento o una costumbre› su validez o su efectividad: *Ha caducado el contrato del piso.* SIN. vencer, prescribir. **2** Dejar de ser ‹un producto alimenticio o un medicamento› apto para el consumo: *Ha caducado ya este yogur. Está caducada esta medicina.* **3** Acabarse ‹un plazo temporal›: *Hoy caduca el plazo que nos han dado para las negociaciones. Ha caducado el plazo de inscripción.* ⇒ **71.**

caduceo *s. m.* ELEVADO. Vara delgada rodeada de dos culebras que era el símbolo del dios Mercurio y se suele considerar símbolo del comercio.

caducidad *s. f.* **1** (no contable) Acción y resultado de caducar: *la caducidad de un contrato. Fíjese en la fecha de caducidad del producto.* **2** (no contable) Cualidad de caduco: *la caducidad de la belleza humana.*

caducifolio, lia *adj.* BOT. [Planta] que pierde la hoja todos los años: *Los manzanos son caducifolios.*

caduco, ca *adj.* **1** Que es muy viejo y está perdiendo facultades: *una persona caduca, un viejo caduco.* **2** Que está muy anticuado o pasado de moda: *unas ideas caducas, un vestuario caduco.* **3** [Órgano de la planta] que está destinado a caerse. **hoja caduca.**

caedizo, za *adj.* **1** Que cae con facilidad: *Las hojas de los árboles urbanos son más caedizas que las de los árboles del campo.* || *s. m.* **2** COL. Saledizo de un tejado.

caer *v. intr. / prnl.* **1** Moverse ‹un cuerpo› de arriba abajo por la acción de su propio peso: *La maceta cayó **por** el balcón **a** la calle. **Se** cayó la lámpara del comedor.* **2** Perder ‹una persona› el equilibrio: *Pepa **se** cayó **de** espaldas.* **3** Quedar ‹una cosa› suelta y separada de otra a la que estaba unida: *Ya **se** le han caído a la niña los dientes de leche.* || *v. intr.* **4** Lanzarse ‹una persona› hacia [otra persona o una cosa] con rapidez o violencia: *Amelia cayó **en** brazos de su padre.* **5** Llegar ‹una persona› a [un lugar] inesperadamente: *Esperanza cayó **en** mi casa a las doce de la noche.* **6** Resultar ‹una persona› atrapada o engañada: *Me gastaron una broma y caí. No sé cómo, pero caí cuando me ofrecieron el negocio.* **7** Incurrir ‹una persona› en [una falta] o en [un error]: *Luisa cayó **en** la envidia. He caído **en** el problema cuarto.* **8** Llegar a entender ‹una persona› [una cosa]: *Ahora caigo **en** el significado de sus palabras. Chico, pareces tonto; tienes que caer tú solo **en** la historia.* **9** Dejar de vivir ‹una persona›: *Tu padre cayó como un valiente.* SIN. morir. **10** Dejar de existir ‹una cosa›: *El imperio cayó tras una leve resistencia.* **11** Perder ‹una persona› su posición, su poder o su prestigio: *Este jugador ha caído mucho. Ese comerciante ha caído.* **12** Perder ‹una cosa› valor o intensidad: *Han caído los precios.* SIN. descender, bajar. **13** Llegar a encontrarse ‹una persona› en [una situación] o en [un estado]: *La pobre viuda cayó **en** la desesperación. El abuelo ha caído enfermo.* **14** Estar ‹una cosa› situada en [un lugar]: *Su casa cae **cerca del** instituto.* **15** Coincidir ‹una fiesta o un acontecimiento› con [una fecha]: *Su cumpleaños cae **en** jueves.* **16** Corresponder ‹el premio de un sorteo› [a una persona]: *Me ha caído el gordo.* **17** Corresponder ‹una cosa› [a una persona]: *Me cayó en el examen el tema que no había estudiado.* **18** Ocurrir ‹una cosa› [a una persona] inesperadamente: *Si me cae de nuevo la oportunidad, me apuntaré a esas clases.* **19** Ser ‹una cosa› [bien o mal] digerida por [una persona]: *Los dulces no me caen bien.* SIN.

sentar. **20** Quedar ‹una cosa› [bien o mal] a [una persona]: *Las faldas estrechas me caen bien.* SIN. sentar. **21** Aproximarse ‹un astro› a su ocaso. **22** Aproximarse ‹el día› a su fin: *El día caía lentamente.* **23** Causar ‹una persona o una cosa› [una buena o mala impresión] a [una persona]: *Esa chica me cae bien. Este señor me cae fatal.* FR. Y LOC. **ahora* caigo. ángel* caído / malo / rebelde. ~ a plomo*. ~ como una bomba*. ~ de su peso*** o **~ por su (propio) peso. ~ dentro / en** Estar ‹una cosa› incluida en otra cosa: *Este párrafo cae* ***dentro del*** *primer capítulo. No cae* ***en*** *nuestra zona ese caso.* **~ en desgracia** Perder ‹una persona› la simpatía y la confianza que otra había puesto en ella: *El director ha caído en desgracia y lo han cesado.* **~ en el vacío** No tener acogida ‹una cosa› que se dice o propone: *El cliente hizo una reclamación por escrito, pero su queja cayó en el vacío.* **~ en gracia** Agradar, caer bien ‹una persona›: *Al jefe le caí en gracia desde el primer día.* **~ en (la) cama** Ponerse ‹una persona› enferma: *No pude venir porque caí en cama con mucha fiebre.* **~ en la cuenta** Advertir ‹una persona› una cosa que le había pasado desapercibida: *Cuando él cayó en la cuenta* ***de*** *que lo engañaban se enfadó mucho.* **~ en la red** Caer ‹una persona› en la trampa o en el engaño que se le había preparado: *Caí en la red. Ella cayó en su propia red.* **~ en (las) mientes** Imaginarse ‹una persona› una cosa o acordarse de pronto de algo. **~ en la volteada** AMÉR. Ser capturada ‹una persona› en una redada. **~ fuera** Estar ‹una cosa› excluida de otra cosa: *Ese asunto cae fuera de esta jurisdicción.* **~ gordo** COLOQUIAL. Resultarle ‹una persona› a otra muy antipática y desagradable: *No quiero hablar con él porque me cae gordo.* **~ los chuzos* de punta. ~ / morir como chinches*. ~ (muy) bajo** Perder ‹una persona› la dignidad: *Esa chica ha caído muy bajo desde que empezó a prostituirse. Desde que los negocios le van mal el director ha caído muy bajo.* **~ / nacer de pie*. ~ redondo*. ~ / sentar como una patada* en los cojones / huevos. ~ / tocar en suerte*. ~ una helada*. caerle / tocarle la lotería*. caerse a pedazos*. caerse con todo el equipo** COLOQUIAL. Fracasar o equivocarse ‹una persona› rotundamente: *Ellos no fueron los que rompieron el jarrón, pero les echaron una bronca y se cayeron con todo el equipo. El jefe dijo que él se ocupaba de lo económico, que lo tenía todo previsto, pero se ha caído con todo el equipo porque hay un déficit de cien millones.* **caerse de culo** 1 COLOQUIAL. Caer ‹una persona› apoyando el culo: *Menos mal que el niño se cayó de culo y no se hizo mucho daño.* 2 COLOQUIAL. Quedarse ‹una persona› atónita: *Se le ocurren unas ideas que te caes de culo.* **caerse de espaldas** COLOQUIAL; INTENSIFICADOR. Asombrarse ‹una persona› positiva o negativamente de una cosa: *Para sacar las entradas del concierto hay una cola que te caes de espaldas. El pastel estaba que te caías de espaldas.* **caerse de las manos** COLOQUIAL. Resultar ‹una cosa› muy aburrida o fastidiosa: *Este libro tan enrevesado se me cae de las manos.* **caerse de un guindo** COLOQUIAL. Ser ‹una persona› muy ingenua o estar desorientada: *¿Crees que me he caído de un guindo? Oye, no cuentes tonterías, que no nos hemos caído de un guindo.* **caerse de un nido** Ser ‹una persona› muy ingenua: *¿Te crees que me he caído de un nido?* **caerse de viejo** Ser ‹una persona o una cosa› muy vieja: *Este abrigo se cae de viejo. Este coche se cae de viejo. La abuela se cae de vieja, pero está bien.* **caerse del susto** COLOQUIAL. Llevarse ‹una persona› un susto muy grande: *Esa broma es para caerse del susto.* **caérsele el alma* a los pies. caérsele el pelo*. caérsele la baba*. caérsele la cara* de vergüenza. caérsele la casa* encima. caérsele las paredes* encima. caérsele los anillos. caérsele / venírsele el mundo* encima. dejar ~** Decir ‹una persona› una cosa como sin querer: *El director del departamento dejó caer una propuesta mientras tomábamos café. Ester ha dejado caer que se va de vacaciones al Caribe.* **dejarse ~** Ir ‹una persona› a un lugar ocasionalmente: *El dueño se deja caer por el bar de vez en cuando.* **estar al ~** Estar ‹una cosa› a punto de suceder: *El fin de curso está al caer.* **¡no caerá esa breva*! no tener dónde caerse muerto** COLOQUIAL. Ser ‹una persona› muy pobre: *Algunos de ellos no tienen dónde caerse muertos.* ⇒ **18.**

café *s. m.* **1** Semilla del cafeto, amarga y de propiedades excitantes. **~ torrefacto** Café que se ha tostado añadiéndole azúcar. **2** (no contable) Bebida muy popular y apreciada que se obtiene por infusión de las semillas del cafeto. **~ con leche. ~ americano** Café que contiene más agua de la normal, café aguado. **~ cortado** Café al que se le ha añadido una pequeña cantidad de leche. **~ exprés** RESTRINGIDO. Café elaborado con una cafetera exprés. **~ irlandés** Café que se prepara con nata y güisqui. **~ negro** RESTRINGIDO. Café solo. **~ solo** Café que no lleva leche. **3 ~** Medida de este líquido contenida en una taza: *Tomaremos un café en mi casa.* **4** Establecimiento donde se sirven café y otras bebidas. **~ cantante** Local nocturno donde se sirven bebidas y se interpretan en directo canciones de carácter ligero. **~ concierto** Local nocturno donde se sirven bebidas y se interpreta música en directo. **~ teatro** Local nocturno donde se sirven bebidas y se representa una obra teatral corta. FR. Y LOC. **(de) buen / mal ~** COLOQUIAL. De buen o mal humor: *Pedro se ha levantado esta mañana de mal café. Íñigo tiene esta mañana mal café. Ayer estaba de mal café.*

cafeína *s. f.* (no contable) QUIM. Sustancia que se encuentra en bebidas como el té, el café o la cola, con propiedades estimulantes.

cafetal *s. m.* Terreno plantado de cafetos.

cafetera *s. f.* **1** Máquina para hacer café: *la cafetera del bar, una cafetera de casa.* **2** Recipiente para servir café: *Me han regalado una bonita cafetera de porcelana.* **3** COLOQUIAL. Vehículo viejo que produce mucho ruido y se mueve con dificultad: *Mira qué cafetera de segunda mano me ha regalado mi padre.*

cafetería *s. f.* Establecimiento donde se sirven café, bebidas y también aperitivos y comidas.

cafetero, ra *adj.* **1** Del café: *plantación cafetera, explotación cafetera. Colombia es un productor cafetero importante.* ‖ *adj.* / *s. m.* y *f.* **2** Que es aficionado a tomar café: *En esta casa somos todos muy cafeteros. Soy una cafetera, por lo menos cinco o seis tazas caen todos los días.* **3** Persona que se dedica por oficio a cultivar café o a comerciar con él.

cafetín *s. m.* **1** RESTRINGIDO. Establecimiento donde se sirven café y otras bebidas. SIN. cafetería. **2** COL., P. RICO. Taberna.

cafeto *s. m.* Género *Coffea.* Planta de flores blancas y fruto en baya roja cuya semilla es el café.

caficho, cha *adj.* / *s. m.* y *f.* AMÉR. DEL S.; VULGAR. Alcahuete.

cafiolo *s. m.* ARG., URUG.; COLOQUIAL; PEYORATIVO. Hombre que vive a costa de una prostituta.

caftán *s. m.* Túnica que llega hasta media pierna, sin cuello y con mangas cortas, propia de muchos pueblos árabes.

cafúa *s. f.* ARG., URUG.; COLOQUIAL. Cárcel, lugar donde se encierra a un preso.

cagada *s. f.* **1** VULGAR. Excremento expulsado cada vez que se evacúa el vientre. **2** COLOQUIAL. Acción tonta o desacertada: *Ha sido una cagada no firmar el contrato, porque era ventajoso. Nuestro equipo perdió por la cagada que hizo el portero en el segundo gol.* **3** COLOQUIAL; INSULTO. Cosa mal hecha o de mala calidad: *Esta bicicleta es una cagada, siempre se me estropea. Ese periodista ha escrito un artículo que es una auténtica cagada.* SIN. caca, mierda.

cagadero *s. m.* VULGAR. Lugar donde se defeca.

cagado, da *adj. / s. m.* y *f.* (ser / estar) COLOQUIAL. Que tiene mucho miedo: *Es un cagado. Estoy cagado de miedo.*

cagajón *s. m.* RESTRINGIDO. Porción de excremento, de forma más o menos esférica, de las caballerías.

cagalera *s. f.* COLOQUIAL. Diarrea: *Del miedo que pasó en el atraco le dio cagalera.*

cagaprisas (plural *cagaprisas*) *adj. / s. m.* y *f.* COLOQUIAL; PEYORATIVO. Persona que siempre tiene prisa o mete prisa a los demás: *Eres un cagaprisas, todo el día diciéndonos que llegamos tarde.*

cagar *v. intr. / tr. / prnl.* **1** VULGAR. Expulsar ‹una persona o un animal› los excrementos: *Creo que este niño caga mucho.* ǁ *v. tr.* **2** COLOQUIAL. Estropear ‹una persona› [una cosa]: *He cagado el examen por un despiste.* ǁ *v. prnl.* **3** VULGAR. Maldecir o rechazar ‹una persona› a otra persona o una cosa: *En cuanto nos vio empezó a cagarse* ***en*** *toda nuestra familia. No le podemos hablar de ti, porque empieza a cagarse* ***en*** *todas tus cosas.* FR. Y LOC. **cagarla** COLOQUIAL. Estropear ‹una persona› una cosa: *La has cagado, el jefe no quiere ni oír hablar de tu proyecto. Los ingenieros que hicieron este pantano la cagaron, porque debajo hay una falla en el terreno.* **cagarse de miedo** COLOQUIAL. Tener ‹una persona› mucho miedo: *En cuanto le hablas de salir de noche, se caga de miedo.* **me cago en la leche / mar** VULGAR. Se usa para manifestar enfado o desagrado: *¡Me cago en la leche, así no puedo ir! ¡Me cago en la mar, qué frescura!* **me cago en la puta*. oro* del que cagó el moro. ⇒ 56.**

cagarruta *s. f.* **1** RESTRINGIDO. Porción pequeña de excremento de algunos animales: *las cagarrutas de un conejo, las cagarrutas de una cabra.* **2** VULGAR. Porción pequeña de excremento humano.

cagatinta o **cagatintas** *s. m. / f.* (puede usarse *cagatinta* o *cagatintas* para singular y plural) RESTRINGIDO; PEYORATIVO. Persona que trabaja en una oficina o que se dedica a la burocracia: *Es un cagatintas y presume como si fuera mariscal.*

cagón, na *adj. / s. m.* y *f.* **1** VULGAR. Que defeca con frecuencia. **2** COLOQUIAL. Que es muy cobarde: *Alicia es muy cagona y no se atreverá. A la hora de la verdad, Tomás es un cagón.*

cagueta *adj. / s. m.* y *f.* Que es muy cobarde: *Eva es una persona muy cagueta. Luis es un cagueta y no querrá venir.*

cahíz *s. m.* RESTRINGIDO. Medida de capacidad para áridos.

cahuín *s. m.* CHILE; COLOQUIAL. Chisme intrigante de origen dudoso.

caíd *s. m.* Juez o gobernador en algunos países musulmanes.

caída *s. f.* **1** Acción y resultado de caer al suelo o a otro lugar: *la caída de la hoja en otoño. El esquiador sufrió una caída y se rompió la cadera. La caída de los cuerpos es una ley física.* **2** Pérdida del equilibrio: *Me he dado una caída al bajar del autobús.* **3** Desprendimiento o separación de un sitio: *El viento ha provocado la caída de una estatua de la catedral. La caída del cabello es inevitable.* **4** Pérdida de un cargo o puesto importante: *La caída del jefe no ha gustado a los empleados. La caída del ministro se rumoreaba desde hacía días.* **5** Conquista o fracaso: *la caída de las ventas del último trimestre, la caída de una ciudad.* **6** Acción de dejar de existir o desaparecer: *la caída del Imperio Romano, la caída de los antiguos dioses.* SIN. decadencia. ANT. apogeo. **7** Acción de acercarse a su ocaso o fin el sol, el día o la tarde: *la caída del sol, la caída de la tarde.* **8** Pendiente o declive del terreno: *Por el Oeste la montaña presenta una caída muy brusca.* SIN. descenso. ANT. elevación. **9** Salto de agua: *El agua se precipita formando caídas muy pintorescas.* **10** Pecado, error: *la caída de Lucifer, el ángel malo. Nunca le fue perdonada aquella caída. El pobre chico, en cuanto sale del centro de rehabilitación de alcohólicos, tiene una caída.* **11** Manera de plegarse las telas y ropajes que depende de su peso y calidad: *Ésta es una tela de muy buena caída. No me gusta la caída de estos pliegues.* **12** (preferentemente en plural) Dicho oportuno e ingenioso: *Paloma tiene unas caídas que te mueres de risa.* SIN. salidas. ǁ **13 ~ de la hoja** (no contable) Caída de las hojas de los árboles en el otoño. **14 ~ de ojos** Manera de entornar los ojos una persona, con cierta afectación o coquetería: *Amalia le dedicó una de sus seductoras caídas de ojos.* **15 ~ de potencial** Diferencia de potencial eléctrico. **16 ~ libre 16**1 Descenso vertical uniformemente acelerado que realiza un cuerpo considerando únicamente la fuerza de atracción de la Tierra. **16**2 DEP. Modalidad de salto con paracaídas en la que el paracaidista lo abre después de un pequeño tiempo de caída con él cerrado: *Un buen paracaidista de caída libre puede bajar más de un minuto con el paracaídas cerrado.*

caído, da *adj.* **1** [Parte del cuerpo] que está más baja de lo normal: *Eduardo es un poco caído* ***de*** *hombros. Patricia es algo caída* ***de*** *caderas.* ǁ *adj. / s. m.* **2** (preferentemente en plural) Que ha muerto en defensa de una causa: *los caídos en guerra. Ya hay un centenar de soldados caídos.*

caimán *s. m.* **1** (macho y hembra) Reptil de hocico ancho y aplanado, que cuando cierra la boca deja escondido el cuarto diente inferior, a diferencia del resto de los cocodrilos, aunque es de su mismo orden. **2** COL. Sustituto temporal de una persona en un empleo.

cairel *s. m.* **1** (preferentemente en plural) Fleco de adorno en una tela: *los caireles de una alfombra, los caireles de un chal.* **2** Cada uno de los trozos pequeños de cristal que adornan lámparas o candelabros.

cairota *adj. / s. m.* y *f.* De El Cairo, capital de Egipto: *los museos cairotas, la vida de los cairotas.*

caja *s. f.* **1** Recipiente de diferentes formas o materiales cubierto con una tapa que sirve para guardar cosas: *caja de galletas, caja de zapatos, caja de bombones.* **~ fuerte** o **caja de caudales** Caja metálica para guardar dinero y cosas de valor: *Las cajas fuertes tienen una combinación para abrirlas.* **2** Lugar de un banco o de un comercio donde se realizan los cobros y los pagos: *pagar en caja, horario de caja.* **3** Recipiente de madera donde se introduce un cadáver para ser enterrado o incinerado: *caja de pino, caja almohadillada.* SIN. ataúd, féretro. **4** Tipo de tambor que forma parte de las bandas militares y de la batería usada en música moderna. **5** Parte exterior de madera de algunos instrumentos musicales que sirve para producir resonancia: *caja del piano, caja de la guitarra.* **6** Cubierta que protege algunos mecanismos o encierra un conjunto de órganos: *la caja del reloj, la caja torácica.* **7** ART. GRÁF. Cajón con departamentos para colocar las letras y los signos tipográficos. **8** ART. GRÁF. Espacio de una página ya compuesta y ajustada. **9** Parte de los camiones detrás de la cabina donde se transporta la carga. || **10 ~ de ahorros** Entidad privada de crédito sin finalidad lucrativa, cuyo objetivo es administrar los capitales depositados en ella. **11 ~ de cambios** Mecanismo que permite cambiar de marcha en un coche. **12 ~ de música** Adorno de diferentes formas o tamaños con una cajita en la que un pequeño instrumento toca mecánicamente una melodía cuando se acciona un mecanismo. **13 ~ de reclutamiento** o **caja de recluta** Organismo militar encargado de inscribir, clasificar y destinar a quienes se incorporan al ejército o servicio militar. **14 ~ negra** Aparato que registra las incidencias del vuelo de un avión o de la navegación de un barco y que, en caso de accidente, sirve para determinar sus causas. **15 ~ registradora** Máquina de los comercios para guardar, sumar y apuntar el dinero de las ventas. **16 ~ tonta/boba** COLOQUIAL; PEYORATIVO. Aparato de televisión: *Su padre critica mucho la tele, pero se pasa varias horas delante de la caja tonta.* FR. Y LOC. **despedir/echar con cajas destempladas** Despedir o echar ‹una persona› a otra persona con malos modales: *El presidente le echó del despacho con cajas destempladas.* **entrar en ~** Ser inscrito en la caja de recluta. **hacer ~** 1 Contabilizar ‹una persona› el importe de las ventas de un determinado periodo de tiempo: *Cuando cierra el establecimiento, sus hijas se quedan a hacer caja.* 2 Recaudar dinero ‹una persona o un establecimiento›: *Hoy han hecho buena caja.* **letra* de ~ alta/baja.**

cajá *adj.* Se usa en la LOC. **palo* ~.**

cajero, ra *s. m./f.* **1** Persona que se encarga del manejo de la caja en un establecimiento público: *las cajeras de supermercado, la cajera del banco, la cajera del museo.* || *s. m.* **2** Máquina que permite a los clientes de un banco realizar operaciones sobre sus cuentas mediante una tarjeta o libreta magnéticas: *Saca dinero del cajero. El cajero no acepta mi tarjeta.* **~ automático.**

cajete *s. m.* **1** AMÉR. C., MÉX. Cazuela honda y gruesa sin vidriar. **2** AMÉR. C., MÉX. Hoyo poco profundo para plantar matas que se reproducen por hijos, como el plátano. **3** MÉX. Cráter de ciertos volcanes extinguidos.

cajetilla *s. f.* **1** Paquete de tabaco: *una cajetilla de negro.* || *s. m./f.* **2** AMÉR.; COLOQUIAL; PEYORATIVO. Presumido, preocupado sólo por su manera de vestir.

cajetín *s. m.* **1** Caja pequeña: *cajetín de correos.* **2** Caja de metal en que antiguamente los cobradores de transportes públicos llevaban los billetes. **3** Cajón de madera cubierto con una moldura con dos ranuras que se utiliza para la distribución de la instalación eléctrica en muchas casas. **4** Receptáculo donde se almacenan las monedas en las cabinas de teléfono y otras máquinas. **5** ART. GRÁF. Cada uno de los departamentos de la caja.

cajista *s. m.* Oficial de imprenta que compone los textos que se han de imprimir.

cajón *s. m.* **1** Caja grande. **2** Caja rectangular que se desliza en ciertos huecos de un mueble: *el cajón de los cubiertos, el cajón de la ropa interior, el fondo del cajón, abrir el cajón, cerrar el cajón.* **3** Espacio existente entre dos estantes. **4** TAUROM. Gran caja rectangular, con ruedas y una puerta levadiza, que sirve para transportar los toros. **5** RESTRINGIDO. Cabina de madera usada como tienda o taller artesanal: *Son típicos en París los cajones de las orillas del Sena donde se venden libros. Tiene una relojería en un cajón, al fondo del portal.* **6** AMÉR. Cañada larga y estrecha entre montañas por donde corre un río o un arroyo. **7** ARG., CHILE, URUG., VEN.; COLOQUIAL en Chile y Venezuela. Ataúd, caja. || **8 ~ de sastre** Conjunto de cosas diversas y desordenadas: *Esto no es un archivo, es un cajón de sastre.* FR. Y LOC. **de ~** Evidente, indiscutible: *Que el ministro iba a dimitir era de cajón. Eso es una opinión de cajón, chicos.*

cajonera *s. f.* **1** Especie de cajón que está debajo de las mesas de los escolares para guardar los libros: *Guardad los libros dentro de la cajonera antes de empezar el examen.* **2** Conjunto de cajones de un mueble: *Falta montar la cajonera del armario.* **3** Mueble provisto de cajones: *Tenemos que comprar una cajonera para la habitación del niño.*

cajuela *s. f.* AMÉR. Portaequipajes de un automóvil.

cal *s. f.* **1** (no contable) Sustancia blanca ligera y cáustica, compuesta de óxido de calcio usada en la fabricación de cementos, abonos o material refractario. **~ apagada** Cal mezclada con agua usada en la construcción. **~ viva** Cal que no está mezclada con agua. FR. Y LOC. **cerrar a ~ y canto** Cerrar completamente: *No podremos entrar porque han cerrado la puerta a cal y canto.* **de ~ y canto** Muy fuerte o muy macizo: *Han rodeado el jardín con un muro de cal y canto.* **echar/dar una de ~ y otra de arena** Se usa para indicar que alternan cosas buenas y malas: *El líder de la oposición dio una de cal y otra de arena: atacó al gobierno, pero también reconoció algunos logros. El matador estuvo voluntarioso en su sexto toro, dio una de cal y otra de arena; estuvo mal con la muleta, pero mató muy bien.*

cala *s. f.* **1** GEOGR. Bahía muy pequeña en una costa rocosa: *Las calas de la Costa Brava son hermosísimas.* **2** Acción y resultado de calar una fruta para probarla: *Nuestro frutero hace siempre una cala en las sandías.* **3** Pedazo de fruta que sale en esta acción: *Está rica la cala de la sandía.* **4** Agujero en la pared o en el suelo para descubrir su composición o su grosor: *Van a hacer una cala en la pared para meter la instalación eléctrica.* **5** Examen de algunas breves partes de un trabajo o de un estudio: *Hemos hecho unas calas en el proyecto y creemos que es bueno. Los examinadores sólo harán unas calas en los trabajos presentados. El libro no es malo, aunque no lo he leído todo; sólo he hecho una cala.* **6** Parte más baja del interior del buque: *En la cala del barco están las máquinas.* **7** Planta acuática ornamental y olorosa. **8** Flor de esta planta. **9** COLOQUIAL, RESTRINGIDO. Peseta: *Estas zapatillas me han costado tres mil calas.* SIN. pela.

calabacera *s. f.* Grupo de plantas cucurbitáceas, de tallos peludos que se arrastran por el suelo y hojas anchas: *La calabaza y el calabacín son frutos de dos variedades de calabacera.*

calabacín *s. m.* **1** Variedad de calabaza pequeña, cilíndrica, que se consume principalmente como verdura, como guarnición de carnes, o en tortilla o pisto: *tortilla de cala-*

bacín, crema de calabacín. Todo buen pisto lleva calabacín. **2** COLOQUIAL. Persona poco inteligente y algo torpe: *No te fíes de lo que te diga ése, que es un calabacín.*

calabaza *s. f.* **1** Planta herbácea anual, de tallos rastreros y ásperos, hojas grandes lobuladas, flores amarillas y fruto de buen tamaño con corteza dura y muchas semillas. **2** Fruto de las calabazas generalmente de forma redonda y de gran tamaño, que se emplea como verdura, como alimento del ganado y en repostería: *El cabello de ángel se hace con calabaza.* **3** COLOQUIAL; HUMORÍSTICO. Cabeza. **4** COLOQUIAL; HUMORÍSTICO. Suspenso en un examen o en una prueba: *–«¿Cuántas calabazas has tenido este año?» –«He tenido una en historia.»* FR. Y LOC. **dar calabazas** 1 COLOQUIAL. Dar ‹una persona› una respuesta negativa a una declaración amorosa: *Juanita le ha dado calabazas a Pepe otra vez.* 2 COLOQUIAL. Suspender ‹un profesor› a un alumno: *El profe de mates me ha dado calabazas.*

calabazada *s. f.* COLOQUIAL. Golpe dado con la cabeza o recibido en ella: *Es famosa la calabazada que el ciego dio a Lázaro de Tormes contra el toro de piedra. Se ha caído el nene y se ha dado una calabazada contra la pared, pero no parece que haya pasado nada.*

calabazar *s. m.* Terreno sembrado de calabazas: *En ese calabazar suele haber conejos.*

calabobos (plural *calabobos*) *s. m.* (no contable) COLOQUIAL. Lluvia fina y continua, que moja: *Saca el paraguas porque con este calabobos te mojas sin darte cuenta.*

calabozo *s. m.* **1** RESTRINGIDO. Prisión subterránea: *En muchos castillos se conservan todavía los antiguos calabozos, húmedos y oscuros.* **2** Celda de una cárcel donde el preso está incomunicado: *Los presos reivindican que se suprima la incomunicación en los calabozos.* **3** Lugar de un cuartel o comisaría donde se encierra a los arrestados: *El soldado pasó una noche en el calabozo. Tienen que adecentar los calabozos de la comisaría del centro.*

calaca *s. f.* MÉX.; COLOQUIAL. Esqueleto; nombre con que se designa a la muerte.

calada *s. f.* **1** COLOQUIAL. Chupada a un cigarrillo para inhalar el humo: *Antes los chicos fumaban un cigarrillo entre varios dando caladas por turno. Das unas caladas muy profundas.* **2** Lanzamiento de las artes de pesca al agua: *La calada de las redes exige cierta técnica.*

caladero *s. m.* Lugar apropiado para calar o echar las redes, por la abundancia de pesca: *El acceso de los barcos españoles a los caladeros africanos exige negociaciones periódicas. En el Cantábrico hay buenos caladeros.*

calado *s. m.* **1** Labor en una tela que consiste en sacar hilos y rematarlos con algún punto de adorno: *Su abuela le regaló unas sábanas con calados en forma de abanicos.* **2** (no contable) MAR. Profundidad que alcanza la parte sumergida de una embarcación: *Aquí pueden atracar buques de mucho calado.* **3** (no contable) MAR. Profundidad de las aguas: *un puerto de poco calado. El río tiene poco calado y sólo suben barcos pequeños.* **4** Acción y resultado de pararse el motor de un coche bruscamente: *Estos calados demuestran que eres algo novato en la conducción.*

calador *s. m.* **1** CHILE; JERGAL. Punzón o aguja para abrir los sacos, barriles, etc., y robar el contenido sin que se aprecie. **2** ARG., MÉX., URUG. Especie de barrena acanalada para sacar muestras de los bultos de granos sin abrirlos.

caladura *s. f.* **1** Acción y resultado de calar un líquido: *La caladura que nos llevamos no tuvo más consecuencia que un catarro.* **2** Acción y resultado de calar una fruta: *El frutero hizo una caladura en el melón.* SIN. cala.

calafate *s. m.* **1** Persona que tiene por oficio calafatear embarcaciones: *Estoy de calafate en unos astilleros.* **2** Antiguo carpintero encargado de las embarcaciones.

calafateado *s. m.* (no contable) Acción y resultado de tapar las junturas de las maderas de las embarcaciones con estopa y brea: *Algunos pescadores estaban entretenidos con el calafateado de una barca, tendida allá arriba en la playa.*

calafateador *s. m.* Calafate.

calafatear *v. tr.* Tapar ‹una persona› las junturas de las maderas de [una embarcación] con estopa y brea: *En algunos astilleros artesanales se construyen barcas de pescadores y se calafatean según el método tradicional.*

calagurritano, na *adj. / s. m. y f.* De Calahorra, ciudad de la Rioja, antigua Calagurris: *una fiesta calagurritana. Los calagurritanos celebran sus fiestas el día de su patrón.*

calamaco *s. m.* MÉX. Bebida de mezcal y aguardiente.

calamar *s. m.* (macho y hembra) *Loligo vulgaris.* Molusco marino de cabeza alargada, con una concha rudimentaria y una bolsa de tinta dentro, y diez tentáculos, dos de ellos más largos, que es apreciado como alimento: *Los calamares se comen a la plancha, a la romana o en su tinta.*

calambre *s. m.* **1** Contracción involuntaria y brusca de un músculo que suele ser muy dolorosa: *Le dio un calambre en la pantorrilla mientras estaba bañándose. Tenemos que ir al médico, porque tengo calambres en los brazos.* **2** Espasmo doloroso producido por el paso de corriente eléctrica de poca intensidad al cuerpo: *Cuando fui a enchufar la tele me dio un calambre.*

calambur *s. m.* RET. Juego de palabras que se produce cuando el reagrupamiento y la redistribución de las sílabas de una o más palabras crean un sentido distinto: *Un calambur muy conocido es «Oro parece, plata no es».*

cálami Se usa en la LOC. **lapsus* ~.**

calamidad *s. f.* **1** Suceso desgraciado que alcanza a muchas personas: *Las grandes calamidades como terremotos, inundaciones o guerras despiertan la solidaridad internacional.* SIN. catástrofe. **2** Suceso que hace sufrir a una persona: *Han pasado muchas calamidades en la guerra.* SIN. desgracia. **3** COLOQUIAL; HUMORÍSTICO, AFECTIVO. Persona algo torpe o distraída que se equivoca mucho en cosas de la vida cotidiana: *Marta es una calamidad: el otro día se dejó las gafas en el taxi, olvidó las llaves de casa en la oficina y salió de paseo después de dejar todas las luces encendidas. Estoy hecho una calamidad: he bajado dos veces a comprar el periódico, me he dado una vuelta a la manzana y he subido sin él.* SIN. desastre.

calamina *s. f.* **1** MIN. Silicato de cinc de color blanco, amarillento, o rojizo si tiene hierro, que es mena del cinc. **2** (no contable) Cinc fundido: *una figurita de calamina.*

calamita *s. f.* MIN. Piedra imán, imán natural.

calamite *s. m.* (macho y hembra) Sapo pequeño de color verde con una línea amarilla en el dorso.

calamitoso, sa *adj.* **1** (antepuesto / pospuesto) Que es una calamidad, o que causa desgracias o desdichas: *Éste ha sido un año calamitoso para todos nosotros. Desde que vivo con tu calamitoso hermano tengo una suerte negra.* **2** Que padece desgracias o desdichas o está en una situación desgraciada: *La encontré en un estado calamitoso. María es una secretaria calamitosa. ¿Cómo podemos remediar esta calamitosa situación?*

cálamo *s. m.* **1** Pluma cortada de un ave para escribir. **2** LITERARIO. Pluma de escribir: *Nuestro galardonado paisano ha tomado otra vez el cálamo para cantar las bellezas de la ciudad.* **3** LITERARIO. Caña: *El viento agitaba los cálamos del río.*

calanchín, na *s. m./f.* COL. Hombre de paja, testaferro.

calandraco, ca *adj./s. m.* y *f.* **1** ARG.; COLOQUIAL. Persona que es atolondrada o alocada. **2** URUG.; COLOQUIAL. Persona de edad que molesta.

calandria *s. f.* **1** (macho y hembra) *Melanocorypha calandra.* Ave de la misma familia que la alondra, de color pardo con manchas negras a los lados del cuello, que tiene un canto agradable y anida en el suelo, en el Sur de Europa, Norte de África y Suroeste de Asia. **2** TECNOL. Máquina provista de unos cilindros giratorios para prensar o satinar tela o papel. **3** Torno giratorio de eje horizontal para levantar pesos. **4** TECNOL. Recipiente cerrado provisto de unos tubos que forman canales para permitir la separación entre dos líquidos.

calaña *s. f.* PEYORATIVO. Manera de ser de una persona o cosa, generalmente negativa: *No me gustan los barrios de esta calaña. No te fíes de él, que no es de buena calaña.*

calañés *adj./s. m.* [Sombrero] que es de copa baja y ala estrecha vuelta hacia arriba: *Los calañeses eran propios de algunos campesinos.*

cálao *s. m.* (macho y hembra) Familia *Bucerotidae.* Ave de plumaje oscuro y pico grande, curvo, de vivos colores y, generalmente, con un abultamiento en la parte superior, que vive en regiones tropicales de África y Asia.

calapitrinche *s. m./f.* PERÚ; COLOQUIAL. Persona de poca importancia y ridícula.

calar *v. tr./intr.* **1** Atravesar ‹un líquido› [una cosa permeable]: *El agua ha calado la cubierta del garaje. Se ha roto una botella de vino y ha calado las cajas. Tiene que llover mucho para que el agua cale bien **en** las tierras.* **2** Llegar ‹ideas, palabras o sentimientos› [a una persona]: *Sus versos han calado **en** mí. Las recomendaciones no le calan, le resbalan. El enciclopedismo caló poco el siglo* XVIII *español.* || *v. tr.* **3** Atravesar ‹un objeto punzante› [una cosa]: *El cuchillo caló el pulmón, aunque no afectó el corazón.* SIN. traspasar. **4** Cortar ‹una persona› un trozo de [fruta] para probarla: *Calaremos el melón antes de servirlo.* **5** Poner ‹una persona› [la bayoneta] en el fusil: *No tienen que esperar ninguna orden; antes de la instrucción calan las bayonetas. Cuando oigan ¡ya! calen las bayonetas.* **6** Hacer ‹una persona› labor de calado en [una prenda]: *Mi hermano cala muy bien los bordados a la manera de lagartera.* **7** Llegar a conocer ‹una persona› las intenciones o las cualidades de [otra persona o de una cosa]: *Sus compañeros lo calaron desde el primer día. Él puede hacer lo que quiera, pero lo hemos calado. No consigo calar qué clase de negocio tenía ella entre manos.* **8** Introducir ‹una persona› [un instrumento de pesca] en el agua: *Madrugamos mucho para calar con comodidad los primeros las redes.* **9** Parar ‹una persona› involuntaria y bruscamente [un motor]: *Acelera, que así calas el coche.* **10** AMÉR. Sacar con un calador una muestra de un fardo, por ejemplo, en una aduana. **11** COL.; COLOQUIAL. Cocer un alimento a fuego lento hasta que espese. **12** COL.; COLOQUIAL. Cocer las frutas en almíbar hasta que alcanzan un punto de cristalización. || *v. tr./prnl.* **13** Poner ‹una persona› [un sombrero o una gorra] [a otra persona] haciéndolo entrar mucho en la cabeza: *El niño **se** ha calado la boina hasta las orejas.* || *v. intr.* **14** Dejar pasar ‹una cosa› un líquido: *Se ha roto un huevo y este papel cala, ten cuidado con la bolsa.* **15** Tratar ‹un trabajo› [un tema] en profundidad: *Su estudio cala hondo **en** el asunto. Yo creo que ese enfoque no cala **en** lo principal.* **16** Llegar ‹una embarcación› a una profundidad por la parte más baja de su casco: *Este barco cala cinco o seis metros.* || *v. prnl.* **17** Mojarse ‹una persona o una cosa› completamente: *Me he calado **de** agua **hasta** los huesos.* SIN. empaparse. **18** Pararse ‹un motor› bruscamente: *Este coche se cala con facilidad. Ya se te caló la moto.* FR. Y LOC. **a la bayoneta*** o **a bayoneta calada. calado / empapado hasta los huesos*. ~ la bayoneta*.**

calar *s. m.* Lugar donde abunda la piedra caliza.

calasancio, cia *adj./s. m.* y *f.* Que pertenece a la orden de las Escuelas Pías, orden religiosa fundada a finales del siglo XVI, dedicada a la enseñanza de los jóvenes: *un colegio calasancio. Estudió en los calasancios.*

calato, ta *adj.* PERÚ; COLOQUIAL. Que está desnudo.

calavera *s. f.* **1** Esqueleto de la cabeza despojado de la carne y la piel: *Mirad su noble calavera.* **2** (macho y hembra) *Acherontia atropos.* Mariposa de alas estrechas y cuerpo grueso con unas manchas grises que forman un dibujo parecido a una calavera. **3** MÉX.; COLOQUIAL. Composición poética popular de carácter irónico que se escribe el 2 de noviembre, día de los difuntos. || *s. m.* **4** RESTRINGIDO; PEYORATIVO. Hombre poco formal y libertino: *Esa mujer se ha casado con un calavera que la mata a disgustos.*

calaverada *s. f.* COLOQUIAL, RESTRINGIDO. Acción propia de un calavera o persona desaprensiva y juerguista: *El hijo mayor gastó su herencia en calaveradas.*

calcado, da *adj.* **1** COLOQUIAL. Que es idéntico o se parece mucho: *Ése es un poema calcado al de Lope de Vega.* **2** (estar) COLOQUIAL. Que está copiado: *Este traje está calcado de otro modelo.* || *s. m.* **3** Acción o resultado de calcar un dibujo o una lámina: *Eva emplea el calcado para hacer mapas.*

calcador, ra *adj./s. m.* y *f.* **1** [Persona] que se dedica a calcar. || *s. m.* **2** Instrumento usado para calcar.

calcáneo *s. m.* ANAT. Hueso del tarso que en el ser humano forma el talón.

calcañar *s. m.* Parte posterior de la planta del piel. FR. Y LOC. **pisar los calcañares** RESTRINGIDO. Molestar ‹una persona› a otra persona, sobre todo profesionalmente: *No me gusta que me pisen los calcañares. Mónica se enfada si le preguntas por otros colegas, porque cree que le quieres pisar los calcañares.*

calcar *v. tr.* **1** Hacer ‹una persona› una copia exacta de [otra cosa dibujada o escrita en un papel] usando la técnica de contacto directo entre original y copia: *La niña calcó el dibujo y luego lo pintó.* **2** Hacer ‹una persona› [una cosa] exactamente igual a como la hace [otra persona]: *Ese escritor calcó este pasaje de mi novela. Han calcado nuestros modelos.* SIN. copiar. ⇒ **71.**

calcáreo, a *adj.* Que contiene cal: *agua calcárea, paisaje calcáreo.*

calce *s. m.* **1** Trozo de hierro o acero con que se inmoviliza alguna cosa: *Coloca un calce a una rueda.* SIN. calza, calzo.

2 Cuña que se introduce en un hueco para ensancharlo o rellenarlo. 3 AMÉR. C., MÉX.; JERGAL. Pie de un documento: *firmar al calce.* 4 MÉX.; COLOQUIAL. Calzado, zapato. 5 URUG. Parte de un objeto preparada para que otro encaje en ella. 6 ARG. Ajuste de dos objetos.

calcedonia *s. f.* MIN. Cuarzo translúcido, de color azulado o lechoso, que se utiliza como piedra semipreciosa: *Me han regalado una calcedonia muy bonita.*

calceta *s. f.* (no contable) Tejido de punto. FR. Y LOC. **hacer ~** Tejer ‹una persona› con agujas una labor de punto: *La tía se pasa las tardes del domingo haciendo calceta.*

calcetín *s. m.* Media corta que puede llegar hasta debajo de la rodilla: *Me compré varios pares de calcetines de lana.*

cálcico, ca *adj.* QUÍM. Del calcio: *compuestos cálcicos, carencia cálcica.*

calcificación *s. f.* 1 (no contable) BIOL. Depósito de calcio en un tejido: *Durante el crecimiento se produce la calcificación de los huesos.* ANT. descalcificación. 2 (no contable) MED. Transformación de algunos tejidos por efecto de las sales de calcio depositadas en ellos: *Se le nota la calcificación de algunos vasos.*

calcificar *v. tr.* 1 Dar ‹una cosa› propiedades calcáreas a [un tejido orgánico]: *Los niños deben tomar mucho calcio que sirve para calcificar bien los huesos.* 2 Convertir artificialmente ‹una persona› [varias sustancias] en carbonato cálcico. ‖ *v. prnl.* 3 Transformarse ‹un tejido orgánico› al depositarse en él sales calcáreas: *Algunos tumores se calcifican. Ya se me ha calcificado la rotura.* ⇒ **71.**

calcinación *s. f.* (no contable) Acción y resultado de calcinar: *El incendio causó la calcinación del bosque.*

calcinamiento *s. m.* Calcinación.

calcinar *v. tr.* 1 Quemar por completo ‹el sol o el fuego› [una cosa] de tal manera que quede blancuzca: *A ambos lados de la carretera desfilaban campos secos, calcinados por el sol. Después del accidente aparecieron varios cuerpos calcinados.* 2 Convertir ‹una persona› [un mineral calcáreo] en cal viva. 3 Calentar ‹una persona› [una sustancia] para que desprenda las sustancias volátiles: *El picón y el cisco se obtienen calcinando encinas y otros árboles.* ‖ *v. prnl.* 4 Quemarse ‹una cosa› por completo: *Se calcinó el hotel con el incendio.*

calcio *s. m.* (no contable) *Ca.* Elemento químico blanco y blando del grupo de los alcalinotérreos, alterable por el agua y el aire, abundante en la naturaleza: *El calcio forma parte de huesos, espinas y conchas.*

calcita *s. f.* MIN. Mineral cristalino, compuesto por carbonato de calcio, de color blanco, abundante en la naturaleza.

calco *s. m.* 1 Dibujo hecho calcando: *Este retrato es un calco y no una copia.* 2 Imitación exacta: *La obra no es más que un calco perfecto del original que se conserva en una colección particular.* SIN. copia. 3 LING. Palabra de una lengua que traduce el significado de otra palabra de otra lengua, copiando su estructura formal: *«Balompié» es un calco del inglés «football».* ‖ **4 papel* de ~.**

calcografía *s. f.* 1 (no contable) ARTE. Arte de estampar imágenes mediante planchas metálicas grabadas. 2 Imagen obtenida por esta técnica: *He comprado varias calcografías.* 3 Lugar donde se realizan calcografías: *He visitado la Calcografía Nacional en Madrid.*

calcografiar *v. tr.* Estampar ‹una persona› [una cosa] con láminas metálicas grabadas: *En el siglo XIX se calcografiaban muchas láminas.* ⇒ **8.**

calcolítico, ca *adj. / s. m.* HIST. De las culturas del periodo eneolítico, en la Prehistoria: *cultura calcolítica, yacimiento calcolítico.*

calcomanía *s. f.* 1 Papel preparado con imágenes que pueden fijarse por frotamiento en un objeto o un lugar. 2 Entretenimiento con esta técnica, propio de los niños. 3 Figuras o imágenes que se consiguen con este procedimiento.

calcopirita *s. f.* (no contable) MIN. Mineral compuesto por sulfuro de cobre y hierro de color amarillo brillante, del que se extrae el cobre.

calculador, ra *adj.* Que calcula o hace las cosas pensando en las ventajas materiales: *Estrella es una mujer muy calculadora, lo tiene todo previsto. Luis es un tipo muy calculador; si vende el coche a un amigo es que gana dinero.*

calculadora *s. f.* Aparato que realiza rápida y electrónicamente operaciones matemáticas. **~ solar.**

calcular *v. tr.* 1 Realizar ‹una persona› [una operación matemática]: *Calcularemos la raíz cúbica de este número.* 2 Realizar ‹una persona› operaciones matemáticas para averiguar [una magnitud o una cantidad]: *Hay que calcular la extensión del círculo y la altura de la pirámide.* 3 Realizar ‹una persona› las operaciones matemáticas necesarias para [un proyecto de ingeniería o arquitectura]: *El ingeniero calculó los arcos del puente. Yo aprendí a calcular las bóvedas con mi padre.* 4 Pensar o creer ‹una persona› [una cosa] sin tener suficientes datos: *El niño calculó* ***que*** *el viajero podría tener poco más de veinte años. He calculado* ***que*** *tardaremos tres horas en llegar con este tráfico.*

cálculo *s. m.* 1 Cuenta o cómputo por medio de operaciones matemáticas: *Hice un cálculo para saber cuánto dinero me había gastado.* 2 (no contable) MAT. Parte de las matemáticas que estudia los cálculos. **~ algebraico. ~ aritmético. ~ numérico. ~ diferencial** Parte de las matemáticas que trata de las diferencias infinitamente pequeñas de las cantidades variables. **~ infinitesimal** Conjunto de los cálculos diferencial e integral. **~ integral** Parte de las matemáticas que enseña a determinar las cantidades variables. 3 Juicio probable que una persona se forma de las cosas por indicios y observaciones: *Si mis cálculos no fallan, Eva ya habrá terminado los estudios.* SIN. conjetura. 4 MED. Acumulación de sales cristalizadas en un órgano hueco: *Tengo cálculos en la vesícula.* SIN. piedra (COLOQUIAL). FR. Y LOC. **hoja* de ~.**

caldaico, ca *adj.* Caldeo.

caldeamiento *s. m.* 1 RESTRINGIDO. Calentamiento: *En esta habitación basta con el caldeamiento solar.* 2 Calentamiento o animación de las personas o del ambiente: *El partido empezó frío, pero parece que se nota un cierto caldeamiento en las gradas. Parece que es difícil conseguir el caldeamiento de este público tan exigente.* ANT. enfriamiento.

caldear *v. tr.* 1 Calentar ‹una cosa› [otra cosa o un lugar] moderadamente: *El radiador caldea insuficientemente la habitación.* 2 Provocar ‹una persona o una cosa› excitación en [un ambiente]: *La discusión caldeó los ánimos. Al salir la estrella al escenario se caldeó la sala.* SIN. calentar. ‖ *v. prnl.* 3 Calentarse ‹una cosa, un lugar o una persona› moderadamente: *Me gusta caldearme en la ducha, no abra-*

sarme. **4** Ponerse ‹un ambiente› excitado: *Hay que tener cuidado, porque se está caldeando mucho el público y puede haber consecuencias desagradables a la salida del partido.* SIN. calentarse.

caldeo, a *adj./s. m.* y *f.* **1** De Caldea, región antigua de Asia: *historia caldea. Los caldeos destacaron en astrología.* || *s. m.* **2** Lengua semítica hablada por los caldeos.

caldera *s. f.* **1** Recipiente metálico cerrado en el que se calienta agua para producir energía: *la caldera de la calefacción, la caldera de una locomotora, la caldera de un barco, una caldera de gas, una caldera de carbón, una caldera a presión.* **2** Recipiente de metal grande y redondeado que sirve para calentar o cocer algo: *En las casas tradicionales de los pueblos, una gran caldera con agua colgaba siempre en la chimenea sobre el fuego.* || **3 las calderas de Pedro Botero** COLOQUIAL; HUMORÍSTICO. Entre los católicos, el Infierno: *Nos reímos, pero hay quien dice que los que se portan mal irán a las calderas de Pedro Botero.*

calderada *s. f.* **1** Cantidad que cabe en una caldera: *Carmen puso a hervir una calderada de patatas.* **2** Cantidad exagerada de algo, generalmente de comida: *Nos comimos una calderada de fabada y nos pusimos enfermos.*

calderería *s. f.* **1** RESTRINGIDO. Taller donde se hacen o arreglan calderas y calderos. **2** Sección de los talleres de metalurgia donde se cortan, forjan y unen las barras y planchas de metal: *Ha parado la sección de calderería de la fábrica.* **3** Fábrica de recipientes metálicos industriales: *La calderería de este pueblo es importante: han fabricado varias cisternas para camión y están construyendo un depósito de gas.*

calderero *s. m.* **1** RESTRINGIDO. Persona que hacía o vendía obras de calderería. **2** Empleado que trabaja en la sección de calderería de una fábrica.

caldereta *s. f.* **1** COCINA. Guiso hecho con carne de cordero o cabrito cocido en cazuela: *En varias regiones españolas son típicas las calderetas de cordero.* **2** COCINA. Cualquier guiso de carne o pescado, caldoso y servido en cazuela: *Nos sirvieron una caldereta de pescado y mariscos.*

calderilla *s. f.* **1** (en singular; no contable) Dinero en monedas de poco valor: *No te invito al café porque sólo tengo calderilla. Fui a la tienda a cambiar toda la calderilla que tenía por un billete.* **2** COLOQUIAL. Poca cantidad de dinero: *En esa empresa sólo pagan calderilla por hacer el trabajo.*

caldero *s. m.* **1** Caldera pequeña con fondo redondo o plano con una sola asa que va de lado a lado de la boca: *La imagen típica de los calderos está asociada a los conjuros de las brujas.* **2** Cantidad que cabe en esta caldera: *un caldero de aceite hirviendo. Nos comimos un caldero de fabada.*

calderón *s. m.* **1** (macho y hembra) *Globicephala melaena.* Mamífero marino de la misma familia que los delfines, con la cabeza muy grande y manchas blancas en vientre y cuello, que se alimenta principalmente de calamares y vive en grupos. **2** MÚS. Signo que indica la prolongación facultativa de una nota o de un silencio. **3** MÚS. Prolongación facultativa de una nota o de un silencio. **4** Signo muy empleado antiguamente que marcaba el principio de un párrafo.

caldillo *s. m.* **1** (no contable) Salsa o jugo de los guisos: *Ponme un poco de caldillo de las lentejas.* **2** MÉX. Picadillo de carne con caldo sazonado con orégano y otras especias.

caldo *s. m.* **1** (no contable) Líquido alimenticio que resulta de la cocción de carne, pescado, verduras u otros ingredientes: *una tacita de caldo de gallina, el caldo de las patatas.* **2** Cualquier líquido de un plato, salsa: *No me gusta mojar en el caldo del pollo.* **3** Vino: *Los caldos de Rioja son excelentes.* || **4 ~ de cultivo** 1 QUÍM., FARM. Líquido preparado en laboratorio para favorecer la reproducción de distintos microorganismos. 2 Ambiente o circunstancias propicias para el desarrollo de algo: *La falta de higiene es el caldo de cultivo de muchas enfermedades.* **5 ~ gallego** Guiso típico de Galicia, que se hace cociendo durante mucho tiempo a fuego lento verduras y diferentes carnes. FR. Y LOC. **hacer el ~ gordo** COLOQUIAL, RESTRINGIDO. Favorecer ‹una persona› involuntariamente a otra persona: *Si quieres que el jefe no se fije en el nuevo, no le hagas el caldo gordo y trátalo en público como a otro cualquiera, con indiferencia.* **poner* a ~.**

caldoso, sa *adj.* (ser / estar) Que tiene mucho caldo: *Este plato me gusta caldoso. Estas lentejas están demasiado caldosas para mi gusto. La caldereta es muy caldosa.*

calé *adj./s. m.* y *f.* Gitano: *Los cantaores y bailaores más famosos son calés.*

caledoniano, na *adj.* GEOL. [Movimiento geológico] que tuvo lugar en la era paleozoica y afectó a Escocia e Irlanda.

calefacción *s. f.* Instalación o conjunto de aparatos para calentar un espacio cerrado: *calefacción eléctrica, calefacción de gas, calefacción por aire caliente, calefacción de paneles solares, encender la calefacción, apagar la calefacción, aparato de calefacción, sistema de calefacción, la calefacción del coche, una casa con calefacción.* **~ central** Calefacción que procede de un solo foco calorífico para calentar todo el edificio.

calefactor *s. m.* **1** Aparato provisto de una resistencia que produce calor o aire caliente: *calefactor de aire caliente.* **2** Persona que tiene por oficio instalar o reparar aparatos de calefacción.

calefón *s. m.* ARG., URUG. Calentador de agua.

caleidoscopio *s. m.* Calidoscopio.

calenda *s. f.* **1** (preferentemente en plural) HIST. El primer día del mes para los antiguos romanos. || **2 calendas griegas** ELEVADO. Tiempo que no ha de llegar, nunca: *Te devolveré el dinero en las calendas griegas. Para la reforma administrativa tendremos que esperar a las calendas griegas. Parece que la nueva ley se dejará para las calendas griegas.*

calendario *s. m.* **1** Catálogo en el que se registran los días del año, semanas, meses y otras informaciones: *Mira en el calendario en qué día cae mi cumpleaños. No arranques las hojas del calendario, que quiero guardarlo.* **~ de mesa. ~ de pared. ~ perpetuo** Calendario que por su disposición puede usarse siempre. SIN. almanaque. **2** Sistema de división del tiempo: *calendario solar, calendario lunar.* **3** Programa de actividades: *calendario de trabajo, calendario de las fiestas. ¿Qué calendario nos espera?* **4** División del año que tiene en cuenta las festividades y el periodo de vacaciones de una actividad: *calendario escolar. Los sindicatos y la dirección están discutiendo el calendario laboral.* || **5 ~ zaragozano** Almanaque tradicional con informaciones meteorológicas y consejos para la agricultura, muy estimado entre los hombres del campo.

caléndula *s. f.* Planta compuesta, con flores amarillas o anaranjadas.

calentador *s. m.* **1** Aparato para calentar el agua: *calentador eléctrico, calentador de gas.* **2** DEP. Media sin pie que se usa en gimnasia y atletismo para que no se enfríe la pierna. **3** Resistencia eléctrica o recipiente metálico para calentar la cama. **4** ARG., URUG. Infiernillo para la comida.

calentamiento *s. m.* **1** Acción de calentar o calentarse: *El calentamiento del motor en verano es normal. El calentamiento de la Tierra por las actividades industriales es peligroso.* ANT. enfriamiento. **2** DEP. Conjunto de ejercicios que se realizan antes de empezar a hacer deporte para preparar los músculos: *El futbolista sufrió un tirón muscular durante el calentamiento.*

calentar *v. tr.* **1** Dar ‹una persona› calor a [una cosa] para aumentar su temperatura: *Por favor, calienta la verdura.* **2** Provocar ‹una cosa› excitación en [un ambiente]: *El gol del equipo visitante ha calentado bastante las gradas.* SIN. caldear. **3** VULGAR. Provocar ‹una persona o una cosa› apetito sexual en [una persona]. || *v. intr. / tr.* **4** Dar ‹una cosa› calor: *El sol calentó las piedras. Este abrigo no calienta nada.* || *v. tr. / intr. / prnl.* **5** DEP. Realizar ‹una persona› ejercicios para preparar [los músculos]: *El jugador* ***(se)*** *calentaba en la banda. Calienta bien todos los músculos de las piernas antes de empezar a correr fuerte.* || *v. tr. / prnl.* **6** COLOQUIAL. Golpear ‹una persona› [a otra persona]: *Los boxeadores aficionados* ***se*** *calentaron bien en el combate de apertura. Niño, como no hagas caso te voy a calentar.* || *v. prnl.* **7** Aumentar la temperatura de ‹una persona› o de ‹una cosa›: *Me gusta calentarme al sol en invierno, como los lagartos.* **8** Ponerse ‹un ambiente› excitado: *Señores, les hablo desde el estadio central y el ambiente se está calentando minuto a minuto.* **9** VULGAR. Sentir ‹una persona› apetito sexual: *Hijo, cuando éramos jóvenes nos calentábamos con ver una rodilla y ahora estamos tan tranquilos viendo la televisión.* **10** Ponerse ‹una persona› muy excitada en una discusión: *Tranquilo, que no podremos hablar si te calientas por nada.* **11** AMÉR. Ponerse ‹una persona› airada o colérica. FR. Y LOC. **arrimarse* al sol que más calienta. ~ la cabeza*. ~ las orejas*. calentarse / devanarse los sesos*. calentarse la cabeza*. calentarse / romperse los cascos*. ⇒ 58.**

calentito, ta *adj.* Que está recién hecho o acaba de suceder: *una noticia calentita. Aquí tienes mi trabajo, calentito. ¿Quieres una tortilla calentita?*

calentón, na *adj.* **1** ARG., URUG. [Persona] que se enfada o irrita fácilmente. || **2** *s. m.* Calentamiento rápido o breve: *Dale un calentón a la sopa, que estará fría.* **3** Calentamiento excesivo de una máquina por una avería o por exceso de temperatura: *Con otro calentón como éste me quedo sin motor y sin coche.* **4** VULGAR. Excitación sexual repentina o fuerte, sin satisfacción correspondiente.

calentura *s. f.* **1** (no contable) RESTRINGIDO. Fiebre, aumento anormal de la temperatura: *Me han dado unas calenturas y me he quedado en casa.* **2** Pústula que se forma en los labios por haber tenido fiebre: *Mira qué calenturas me han salido esta noche.* **3** VULGAR. Excitación sexual. **4** ARG., COL., URUG.; COLOQUIAL en Colombia. Rabieta, enfado. **5** CUBA, P. RICO. Descomposición del tabaco por fermentación.

calenturiento, ta *adj.* **1** (estar) Que tiene un poco de fiebre: *Este niño está calenturiento.* **2** Que es muy exaltado o disparatado: *Esa escritora tiene una mente calenturienta.* **3** VULGAR. Que se excita sexualmente con facilidad.

calera *s. f.* **1** Cantera de piedra caliza. **2** Horno donde se calcina la cal.

calesa *s. f.* Coche de caballos de dos o cuatro ruedas con capota abatible y caja abierta por delante: *En los parques de algunas ciudades se puede pasear en calesa.*

calesera *s. f.* **1** Chaqueta adornada que lleva el calesero. **2** MÚS. Cante andaluz, parecido a la seguidilla.

calesero, ra *s. m. / f.* Persona que conduce una calesa.

calesita *s. f.* AMÉR. Tiovivo.

caleta *s. f.* **1** GEOGR. Cala o ensenada pequeña. **2** AMÉR. Barco que hace su trabajo en calas o puertos pequeños. **3** VEN. Gremio de porteadores de mercancías, especialmente en los puertos de mar. **4** COL. Lugar donde se esconde alguna cosa.

caletear *v. intr.* PERÚ. Detenerse ‹un viajero› con frecuencia en distintos lugares cuando viaja.

caletre *s. m.* frecuentemente HUMORÍSTICO. Talento, inteligencia: *Mi amigo es un hombre de gran caletre.*

calibrado *s. m.* **1** Medición del calibre de una cosa: *El calibrado de las piezas se realiza con instrumentos de precisión.* **2** Acción y resultado de dar a una cosa el calibre adecuado. **3** RESTRINGIDO. Estudio y valoración detallada de algo.

calibrador, ra *adj. / s. m.* **1** TECNOL. [Instrumento] que se usa para medir el calibre de un objeto. SIN. calibre. || *s. m.* **2** COL. Instrumento para medir la presión de las ruedas de los vehículos.

calibrar *v. tr.* **1** Medir ‹una persona› el calibre de [una cosa]: *Los peritos calibrarán la bala extraída del cuerpo encontrado en el parque.* **2** Dar ‹una persona› el calibre conveniente a [una cosa]: *Ése es un artesano maravilloso, todas las piezas que calibra encajan perfectamente.* **3** Estudiar ‹una persona› [una cosa] con detalle: *Alberto calibró los efectos de su posición. Tienes que calibrar, sobre todo, qué beneficios se pueden obtener.*

calibre *s. m.* **1** Diámetro interior de un objeto cilíndrico hueco, como el cañón de las armas de fuego o una cañería: *el calibre de una pistola, el calibre de un tubo.* **2** Diámetro de otros objetos que no son huecos, como un proyectil o un alambre: *una bala del calibre 36.* **3** Instrumento usado para medir con mucha precisión, sobre todo diámetros. SIN. calibrador. **4** Tamaño, importancia, categoría: *El senador es un político de gran calibre. Tu primo es un pelmazo de mucho calibre. El banquero no supo medir el calibre de sus declaraciones.*

calicanto *s. m.* Obra de mampostería: *muro de calicanto.*

calicata *s. f.* **1** MIN. Exploración que se hace en un terreno para buscar minerales. **2** Exploración que se hace en alguna construcción para determinar los materiales o su estado: *Los ingenieros han hecho varias calicatas en las viviendas aluminosas para ver el estado de las vigas.*

caliche *s. m.* **1** Costra de cal que se desprende de las paredes encaladas: *Esta pared debería pintarse de nuevo porque ya tiene mucho caliche.* **2** MIN.; AMÉR. DEL S. Mineral del nitrato de sodio. **3** MÉX.; COLOQUIAL. Jerga popular.

caliciforme *adj.* ELEVADO. Que tiene forma de cáliz: *un órgano vegetal caliciforme.*

calidad *s. f.* **1** Cualidad: *«Bondad» puede definirse como «calidad de bueno».* **2** Propiedad o conjunto de propiedades inherentes a una cosa que permiten compararla con otras de su especie: *Sólo se exportaba la fruta de la calidad* *superior. El papel es de pésima calidad. Había sobre el mostrador telas de diversos colores y calidades. Admiraba la calidad aterciopelada de su piel. Este autor es buen novelista, pero lo más importante es que tiene una calidad humana maravillosa.* SIN. clase. **3** Clase excelente: *Le recomiendo la calidad del Rioja. En nuestros hoteles ofrecemos calidad.* **4** Importancia o gravedad de una cosa: *La calidad del problema nos exige ser cautos.* || **5 ~ de vida** Condiciones que rodean una vida: *Algunas enfermedades no se curan, pero se puede mejorar la calidad de vida de quienes las padecen. La calidad de vida de las ciudades no es a veces tan buena como se cree.* FR. Y LOC. **de ~** 1 Se usa para indicar que una cosa es de muy buena clase: *un piso de calidad, una encuadernación de calidad.* 2 RESTRINGIDO. Se usa para indicar que una persona goza de estimación social por su linaje o méritos: *Los asientos están reservados a las personas de calidad. A nuestro establecimiento sólo llegan personas de calidad.* **de primera ~** Que es de la mejor clase: *Confeccionamos los vestidos con telas de primera calidad.* **en ~ de** ADMINISTRATIVO. Se usa para indicar que una persona hace una cosa con una determinada significación, representación o cargo: *Asistió a la boda en calidad de testigo. Inauguró el puente en calidad de representante de alcalde.* **voto* de ~.**

cálido, da *adj.* **1** Que proporciona calor: *En invierno llevo ropa cálida. Los vientos cálidos son desagradables en verano.* **frente ~. 2** [Clima, tiempo, país] que tiene una temperatura templada y agradable: *Los países cálidos siempre son agradables. Me gustan las primaveras cálidas.* **3** Que expresa afecto o cariño: *un cálido recibimiento, una cálida sonrisa.* **4** PINT. [Color] que tiende a tonos rojizos o dorados: *Me gustan los tonos cálidos.*

calidoscopio o **caleidoscopio** *s. m.* Instrumento óptico en forma de tubo con un agujero en un extremo, por donde se mira, y espejos inclinados y fragmentos de vidrios de colores en el fondo cerrado, que forma diferentes figuras geométricas cada vez que se mueve: *mover el calidoscopio. La combinación de imágenes es infinita en el calidoscopio. La vida es como un calidoscopio, repetida y siempre diferente.*

calientaplatos (plural *calientaplatos*) *s. m.* Aparato o dispositivo de restaurantes y cafeterías que mantiene calientes los platos.

caliente *adj.* **1** (ser / estar) Que tiene o produce calor: *Me gusta el puré muy caliente. Este jersey es muy caliente. La arena de la playa está caliente.* ANT. frío. **2** (ser / estar) Que tiene intensidad, apasionamiento o viveza: *discusiones calientes, riñas calientes. Joaquín es de sangre caliente. Con cualquier discusión, César se pone caliente. El ambiente está un poco caliente; así que vamos a tranquilizarnos todos.* **3** (ser / estar) VULGAR. Que está excitado sexualmente: *Esta película me ha puesto caliente. Esta noche estoy caliente. Este tío es muy caliente.* ANT. frío. **4** PINT. [Colorido] que tiene predominio de los matices dorados o rojizos: *Se llevarán los colores calientes en primavera.* SIN. cálido. **5** Que encierra conflictos o dificultades: *otoño caliente. Se anuncian negociaciones calientes entre los patronos y los sindicatos.* **6** Que está recién hecho o preparado: *Mira el número de esta revista, está caliente. Llega a tiempo de comer, la mesa está caliente.* **7** PERÚ; COLOQUIAL. Que es muy molesto. **8** ARG., URUG.; COLOQUIAL. Que está muy enfadado o irritado. || **9 tierra ~.** FR. Y LOC. **animal* de sangre ~. bolsa* de agua ~. ¡~!** Se usa para advertir a una persona que está a punto de encontrar un objeto escondido o adivinar algo: *Cuidado, Pepito; caliente, caliente, que te quemas, ahí está el regalo de cumpleaños.* **chocolate* a la taza** o **chocolate ~. en ~** Al instante, de inmediato: *Es mejor que solucionemos esto en caliente.* **línea* ~. paños* calientes. perrito* ~. tener la sangre* ~.**

califa *s. m.* Título de los príncipes musulmanes sucesores del profeta Mahoma que ejercían la autoridad religiosa del Islam y la política o civil: *el califa de Córdoba.*

califal *adj.* Del califa o de las cosas del califa: *los jardines califales, la familia califal, la sucesión califal.*

califato *s. m.* **1** Cargo de califa: *Al morir un califa había a veces lucha por el califato.* **2** Territorio bajo la jurisdicción del califa: *El califato de Córdoba abarcaba terrenos fuera de la actual Andalucía.* **3** Duración del gobierno de un califa o dinastía de califas: *el califato de los omeyas.* **4** Periodo histórico en que hubo califas: *el califato de Córdoba.*

calificación *s. f.* **1** Acción y resultado de calificar: *El tribunal se reunió para realizar la calificación de los ejercicios.* **2** Nota, puntuación o palabra con que se califica algo: *Esa calificación no es suficiente para el ingreso en la universidad.*

calificado, da *adj.* **1** (antepuesto / pospuesto) Que tiene autoridad, mérito o respeto: *un político calificado, un profesor calificado, una calificada periodista.* **2** Que reúne todos los requisitos necesarios: *Es una prueba muy calificada.* **3** Que está muy especializado en su trabajo, cualificado: *No necesitamos un peón, necesitamos un obrero calificado.*

calificar *v. tr.* **1** Atribuir ‹una persona› [una cualidad] [a una persona o una cosa]: *Los compañeros calificaron **de** excelente su actuación. Todos han calificado muy bien tu comportamiento.* **2** Dar ‹una persona› [una nota] [a otra persona] en un examen o un ejercicio: *El tribunal calificó al alumno **con** un sobresaliente. Algunos te han calificado mal, sinceramente.* **3** Mostrar ‹la actuación de una persona› [su manera de ser]: *Su gesto lo califica **de** honrado. Eso que ha dicho Javier ya lo califica; no necesito saber más para comprender que es un imbécil .* || *v. intr.* **4** GRAM. Ser ‹un adjetivo› aplicable [a un nombre]: *En el sintagma «el niño bueno», «bueno» califica **a** «niño».* || *v. prnl.* **5** Mostrar ‹una persona› [su manera de ser] con su actuación: *Raúl se califica **de** honrado **con** ese gesto. Luisa se califica sola **con** esas tonterías que dice.* ⇒ **71.**

calificativo, va *adj. / s. m.* **1** [Palabra, expresión] que califica: *El abogado utilizó expresiones calificativas muy desagradables para describirlo. No encuentro calificativos para decirte lo que sentí cuando lo vi aparecer borracho.* **2** GRAM. [Adjetivo] que califica al sustantivo al que acompaña.

californiano, na *adj. / s. m.* y *f.* De California, estado de Estados Unidos: *música californiana. Mi profesor de inglés es californiano.*

californio *s. m.* (no contable) *Cf.* Elemento químico radiactivo de la serie de los actinios, obtenido al bombardear el curio con partículas alfa, usado como fuente de neutrones en reacciones nucleares.

cáliga *s. f.* Sandalia que usaban los soldados romanos.

calígine *s. f.* (no contable) LITERARIO. Niebla, bruma, oscuridad.

caliginoso, sa *adj.* (antepuesto / pospuesto) LITERARIO. Que es oscuro y con niebla: *Imaginaos las caliginosas tinieblas del Infierno y su fuego, que abrasa.*

caligrafía *s. f.* **1** (no contable) Conjunto de rasgos que caracterizan la escritura de una persona: *No entiendo esta caligrafía. ¿De quién es esta caligrafía?* **2** (no contable) Habilidad para escribir a mano con letra clara y bien formada: *Roberto tiene muy mala caligrafía. Tendrás que hacer ejercicios de caligrafía.*

caligrafiar *v. tr.* Escribir ‹una persona› [una cosa] con letra bien formada: *En el siglo* XIX *calígrafos y pendolistas caligrafiaban hermosas páginas.* ⇒ **8.**

caligráfico, ca *adj.* De la caligrafía: *estudio caligráfico. Hicieron al acusado una prueba pericial caligráfica.*

calígrafo, fa *s. m. / f.* **1** Persona que escribe con letra clara y bien hecha: *Mi hermano es un buen calígrafo.* **2** Persona que por oficio es especialista en caligrafía: *un calígrafo chino.*

caligrama *s. m.* LIT. Composición poética en la que se representa una idea por medio de recursos tipográficos: *Los caligramas son un género poético muy antiguo.*

calima *s. f.* Calina.

calimocho *s. m.* (no contable) JERGAL. Bebida alcohólica, mezcla de vino y cola.

calimoso, sa *adj.* Calinoso.

calina o **calima** *s. f.* (no contable) Fenómeno atmosférico que consiste en una neblina o bruma que enturbia el aire con vapor de agua o polvo en suspensión: *Los pueblos al lado del mar suelen tener muchas veces calina.* SIN. neblina.

calinoso, sa o **calimoso, sa** *adj.* (ser / estar) Que tiene calina: *El día estaba calinoso. La tarde de hoy es calinosa.*

calipso *s. m.* Canción y baile popular de la isla de Trinidad, en el Caribe.

cáliz *s. m.* **1** REL. En la Iglesia católica, vaso sagrado que utiliza el sacerdote para el vino de la consagración: *El sacerdote bendijo el vino y alzó el cáliz.* **2** RESTRINGIDO, LITERARIO. Vaso o copa. **3** BOT. Cubierta exterior de las flores formada por los sépalos. **4** Sufrimiento intenso o aflicción: *Debe creerme, señor; mi vida es un cáliz, con este hijo que me mata a disgustos.*

calizo, za *adj.* **1** Que contiene cal: *terreno calizo.* SIN. calcáreo. || *adj. / s. f.* **2** GEOL. [Roca, piedra] que es sedimentaria, está formada de calcita y se usa en la construcción: *La piedra caliza se trabaja muy bien, porque es blanda.* || **3 espato* ~.**

callada *s. f.* RESTRINGIDO. Silencio o resultado de callar. FR. Y LOC. **dar la ~ por respuesta** Permanecer ‹una persona› en silencio voluntariamente, sin responder a lo que se pregunta o propone: *No puedes imaginarte cómo es Arturo; cuando algo no le interesa, te da la callada por respuesta.*

callado, da *adj.* **1** (ser / estar) Que habla poco: *Sergio ha sido muy callado desde pequeño. Laura siempre está triste y callada.* **2** (ser / estar; antepuesto / pospuesto) ELEVADO. Que no tiene ruidos: *una plaza callada, una callada noche. Está la calle alborotada, pero es callada normalmente.* SIN. silenciosa.

callampa *s. f.* **1** CHILE; COLOQUIAL. Vivienda o población miserable de los suburbios de una ciudad. **2** CHILE; COLOQUIAL. Cualquier seta. **3** CHILE; RESTRINGIDO. Sombrero de fieltro.

callandito *adv. modo* COLOQUIAL. Con discreción o con disimulo: *El inversor se ha quedado con la mayoría de las acciones, callandito, sin hacer ruido. Callandito, Esteban se ha hecho uno de los mejores pintores.*

callar *v. intr.* **1** No hablar ‹una persona›: *Todos hablaban, excepto Jesús, que callaba.* || *v. intr. / prnl.* **2** Dejar de hablar ‹una persona›: *Luis **se** calló al entrar su padre. Calla, por favor, cuando hable una persona de más edad.* **3** Dejar de sonar ‹una cosa›: *Por fin **se** han callado los cañones. Parece que los revolucionarios van a callar las armas.* || *v. tr. / prnl.* **4** No decir ‹una persona› [una cosa]: *Es mejor que no **nos** callemos toda la información.* FR. Y LOC. **¡calla!** Se usa para indicar sorpresa o extrañeza: *¡Calla, no me digas!, ¿éste es tu primo?* **callarse como un muerto** INTENSIFICADOR. No hablar nada: *Le preguntaron qué opinaba sobre el negocio, pero en lugar de responder se calló como un muerto.* **matarlas* callando.** REFR. **Quien calla, otorga.** Se usa para indicar que una persona que no expresa su opinión está de acuerdo con la de los demás.

calle *s. f.* **1** Vía dentro de una población, generalmente limitada por dos filas de edificios: *Sole vive en una calle céntrica.* **2** (no contable) Conjunto de una población formado por las vías públicas, plazas y otros espacios al aire libre: *Como Javi estaba enfermo, lleva tres días sin salir a la calle. Le gusta estar en la calle viendo tiendas y escaparates.* **3** (no contable) La gente en general: *el lenguaje de la calle.* **4** DEP. Espacio delimitado por el que se desplaza un nadador o un atleta: *El corredor de la calle número cinco lleva ventaja.* **5** Camino entre dos hileras de árboles o plantas: *Ángela siempre pasea en el parque por esta calle.* FR. Y LOC. **echar a la ~** COLOQUIAL. Despedir ‹un empresario› a una persona del trabajo. **echar / tirar por la ~ del medio** o **echar / tirar por la ~ de en medio.** COLOQUIAL. Actuar ‹una persona› sin consideraciones en un asunto o tomar una decisión desesperada para salir de una dificultad: *Piénsalo bien, porque eres capaz de tirar por la calle de en medio y hacer alguna cosa sin meditarla. Javi no sabía cómo resolver el problema y tiró por la calle del medio.* **echarse a la ~** Sublevarse o amotinarse ‹un grupo de personas›: *Los estudiantes se echaron a la calle para protestar por los nuevos precios de la universidad.* **en la ~** COLOQUIAL. En una mala situación, sin empleo, casa o dinero: *Se quemó la vivienda y se han quedado en la calle. El cierre de la empresa dejó en la calle a muchos trabajadores.* **estar al cabo* de la ~. estar en la ~** COLOQUIAL. Estar ‹una persona› en libertad, fuera de la cárcel: *Lo metieron en la cárcel, pero al poco tiempo ya estaba en la calle.* **gente* de la ~. hacer la ~** COLOQUIAL. Dedicarse ‹una mujer› a la prostitución: *Hace la calle en el barrio universitario todas las noches.* **hombre* de la ~. ir a la ~** COLOQUIAL. Estar despedida ‹una persona›: *Después de cinco años trabajando en esta empresa, Estrella ha ido a la calle.* **llevar / traer por la ~ de la amargura** COLOQUIAL. Dar ‹una persona o cosa› disgustos o malos tratos a otra persona: *Las notas de sus hijos lo traen por la calle de la amargura.* **llevarse de ~** COLOQUIAL. Atraer ‹una persona› a otra con facilidad, por alguna cualidad: *Esa chica tan simpática se lleva de calle a todos los chicos de su clase.* **mujer* de la ~. poner (de patitas) en la ~** 1 COLOQUIAL. Echar ‹una persona› a otra persona de casa: *Sus padres lo pusieron de patitas en la calle.* 2 COLOQUIAL. Despedir ‹una persona› a otra persona del trabajo: *Marisa se ha quedado sin trabajo: la han puesto en* *la calle. Pedro no era un buen dependiente y lo pusieron de patitas en la calle.* **poner en la ~** COLOQUIAL. Poner ‹una persona› a otra persona en libertad, fuera de la cárcel. **poner* en la puerta de la ~.**

calleja *s. f.* Calle estrecha y corta: *Paseamos por las viejas callejas del pueblo.*

callejear *v. intr.* Ir ‹una persona› paseando por las calles: *Me gusta callejear* ***por*** *las ciudades costeras. Callejearé un poco* ***por*** *el centro.*

callejero, ra *adj.* **1** De la calle: *Un perro callejero acompañaba al mendigo. Compré un anillo en un puesto callejero.* **puesto (de venta) ~.** **2** Que le gusta callejear: *Ángel es muy callejero, conoce la ciudad de arriba abajo.* || *s. m.* **3** Guía de una localidad con el nombre de sus calles y un plano para buscarlas: *Busca en el callejero el nombre de esta calle.*

callejón *s. m.* **1** Calle o paso estrecho entre paredes o casas: *El turista se metió por varios callejones hasta llegar al hotel.* || **2 ~ sin salida** Situación o asunto de difícil o imposible solución: *Si te encuentras en un callejón sin salida, es mejor que pidas ayuda.*

callicida *s. m.* Sustancia preparada para quitar los callos: *Se untaba todas las noches los pies con un callicida.*

callista *s. m./f.* Persona que tiene por profesión mantener los pies sanos y libres de cualquier molestia, como callos, uñeros, etc. SIN. pedicuro.

callo *s. m.* **1** Engrosamiento y endurecimiento que se forma en una parte de la piel por roce o presión continuada: *De tanto escribir le ha salido un callo en el dedo.* **2** MED. Cicatriz que se forma al soldarse los fragmentos de un hueso fracturado. **3** (en plural) Guiso hecho con trozos de estómago de rumiantes, especias y algún trozo de embutido: *Están muy buenos los callos a la madrileña.* **4** COLOQUIAL; INTENSIFICADOR. Persona muy fea: *Yo no quiero salir con tus amigas, que son unos callos.* FR. Y LOC. **dar el ~** COLOQUIAL; INTENSIFICADOR. Trabajar mucho ‹una persona›: *Sergio estuvo dando el callo toda la tarde para terminar la tarea.*

callosidad *s. f.* Engrosamiento y endurecimiento de la epidermis menos profundo que el callo: *Tengo los talones llenos de callosidades.*

calloso, sa *adj.* Que tiene callos: *mano callosa, pies callosos.*

calma *s. f.* **1** (no contable) Estado de la atmósfera o del mar cuando no hay viento ni oleaje: *mar en calma, atmósfera en calma.* **~ chicha** (no contable) Estado inmóvil del aire, sobre todo en el mar: *Cuando la calma chicha afectaba a un navío de vela, podía pasar muchos días prácticamente sin moverse.* **2** (no contable) Tranquilidad: *Tras las agitaciones estudiantiles, ha sobrevenido un período de calma. Cuando se marcharon todos, llegó la calma a casa. Piénsatelo con calma, no te precipites. No conviene perder la calma. Hay que tomarse las cosas con calma. Debemos tener calma.* **3** (no contable) COLOQUIAL. Lentitud excesiva en el modo de actuar: *¡Qué calma tiene Sonia! Desde que se levanta hasta que desayuna pasa una hora.*

calmante *s. m.* MED. Sustancia que tranquiliza o calma el dolor: *Tras la operación, la enfermera le dio un calmante.*

calmar *v. tr.* **1** Hacer disminuir ‹una persona o una cosa› la fuerza o la intensidad de [una cosa]: *He conseguido calmar las exigencias del vecino. He calmado un poco la tos del nene cantándole una nana.* **2** Hacer disminuir ‹una persona o una cosa› el dolor, la excitación o la ansiedad de [una persona]: *La medicina me ha calmado el dolor de muelas.* || *v. prnl.* **3** Disminuir la fuerza o la intensidad de ‹una cosa›: *El viento se calmó.* SIN. moderarse. **4** Disminuir ‹el dolor, la excitación o la ansiedad de una persona›: *El niño se ha calmado y se ha quedado dormido.* SIN. relajarse.

calmo, ma *adj.* LITERARIO. Que es tranquilo: *La tarde era calma. Los días transcurrían calmos.*

caló *s. m.* Lengua hablada por los gitanos españoles.

calor *s. m.* **1** (no contable) FÍS. Energía que pasa de un cuerpo con mayor temperatura a otro de temperatura más baja cuando ambos se ponen en contacto, hasta que dichas temperaturas se equilibran: *El calor dilata los cuerpos.* **~ negro** (no contable) Calor producido por aparatos o radiadores eléctricos. **2** (no contable) Afecto, cariño: *Abel estaba deprimido y necesitaba el calor de su familia.* **3** (no contable) Apasionamiento, ímpetu: *Los jefes discutían con calor los detalles del proyecto.* || *s. m./f.* **4** (no contable) RESTRINGIDO como s. f. Temperatura elevada del ambiente: *En el mes de agosto es insoportable el calor.* ANT. frío. **5** (no contable) RESTRINGIDO como s. f. Sensación que experimenta un ser animado al entrar en contacto con un cuerpo de temperatura más elevada: *Al lado de la chimenea tengo calor.* ANT. frío. **asarse* de ~.** **6** (no contable) RESTRINGIDO como s. f. Sensación semejante producida por otras causas normales o patológicas: *El niño tiene calor porque le ha subido la fiebre. La chaqueta me da calor.* ANT. frío. || **7 ~ específico** (no contable) FÍS. Cantidad de calor que necesita un kilogramo de una sustancia para que aumente un grado centígrado su temperatura. FR. Y LOC. **al ~ de** 1 Al lado de: *Begoña se sentó con sus hermanos al calor de la lumbre.* 2 RESTRINGIDO. Con la ayuda o la protección de: *Me he criado al calor de mis hermanos mayores.* **entrar en ~** Empezar a sentir calor ‹una persona› que tenía frío: *Ana se arropó bien en la cama y enseguida entró en calor. No consigo entrar en calor.*

caloría *s. f.* FÍS. Unidad de calor y del contenido energético de los alimentos, que equivale a 4,185 julios.

calorífero *s. m.* RESTRINGIDO. Aparato que servía para calentar las habitaciones o la cama.

calorífico, ca *adj.* **1** Del calor: *rayo calorífico.* **2** Que produce o distribuye calor: *energía calorífica.* **foco ~.**

calorífugo, ga *adj.* **1** Que no transmite el calor: *un material calorífugo.* **2** Que no se puede quemar: *Los bomberos usaban impermeables calorífugos.*

calorimetría *s. f.* **1** (no contable) Parte de la física que estudia la cantidad de calor que se absorbe o se cede en los procesos biológicos, físicos o químicos. **2** FÍS. Método para determinar el calor específico de los cuerpos.

calorímetro *s. m.* FÍS. Aparato que mide la cantidad de calor liberada o absorbida por un cuerpo.

calorina *s. f.* Calor sofocante, generalmente a causa de la temperatura ambiental: *Con esta calorina no se puede ni respirar. Me ha entrado una calorina terrible nada más verlo.*

calostro *s. m.* (no contable) Primera leche de la hembra después del parto: *Los calostros son muy buenos para los recién nacidos.*

calote *s. m.* ARG., URUG. Estafa, engaño.

calotear *v. tr.* ARG., URUG. Estafar o engañar ‹una persona› [a otra persona].

caluga *s. f.* **1** CHILE; COLOQUIAL. Caramelo de forma cuadrada, preparado con leche, mantequilla, azúcar y aromas. || *adj. / s. m.* y *f.* **2** CHILE; COLOQUIAL. Persona excesivamente pegajosa, zalamera o fastidiosa.

calumnia *s. f.* Acusación falsa que se hace contra una persona para causarle daño: *levantar calumnias. La calumnia contribuye a la difamación.*

calumniar *v. tr.* Atribuir ‹una persona› una cosa grave y falsa [a otra persona] maliciosamente: *Ese periódico no informa de mis actividades, sencillamente me calumnia.*

caluroso, sa *adj. / s. m.* y *f.* **1** (ser / estar) Que siente o es sensible al calor: *Soy una calurosa; sin embargo; él es más bien friolero. Hoy estoy muy caluroso, y el caso es que no hace calor.* ANT. friolero. || *adj.* **2** (ser / estar; antepuesto / pospuesto) [Tiempo] de una elevada temperatura: *Lo conocí en una calurosa tarde de julio. Hoy la mañana está muy calurosa; así que la tarde será peor.* **3** Que causa calor: *Este traje es muy caluroso; sólo me lo pongo cuando hace mucho frío.* **4** (antepuesto / pospuesto) Que contiene entusiasmo o afecto: *Lo que más recuerdo son los aplausos calurosos que me brindó el público. Nos dieron una calurosa bienvenida.*

calva *s. f.* Parte de la cabeza que ha perdido el pelo. FR. Y LOC. **la ocasión* la pintan ~.**

calvario *s. m.* **1** REL. Representación artística de las escenas de la pasión de Jesucristo en un conjunto de cruces a lo largo de un camino o en las paredes de una iglesia. **2** Serie o sucesión de sufrimientos o adversidades: *Tu hermano ha pasado un calvario con la quiebra del negocio.*

calvero *s. m.* **1** Espacio sin árboles en el interior de un bosque: *En verano no conviene encender fuego ni en los calveros.* **2** Terreno arcilloso con greda, normalmente encharcado, de color blanquecino o azulado.

calvicie *s. f.* (no contable) Alopecia, falta de pelo en la cabeza: *Aunque es joven, ya tiene una incipiente calvicie.*

calvinismo *s. m.* (no contable) REL. Doctrina cristiana del reformador francés Juan Calvino y de sus seguidores: *El calvinismo arraigó con fuerza en algunos cantones suizos.*

calvinista *adj.* **1** Del calvinismo o de Juan Calvino: *doctrina calvinista, moral calvinista.* || *adj. / s. m.* y *f.* **2** Que es partidario del calvinismo: *países calvinistas. Los calvinistas abundan en Holanda y Suiza.*

calvo, va *adj. / s. m.* y *f.* **1** (ser / estar) Que ha perdido el pelo de la cabeza: *Luis está calvo desde que era muy joven. Eva se está quedando calva. Es un calvo bajito y con bigote.* || *adj.* **2** [Terreno] que no tiene vegetación. FR. Y LOC. **ni tanto ni tan ~** Se usa para expresar que conviene un comportamiento equilibrado, sin exagerar en ningún sentido: *–«Como dices que va a bajar la bolsa, mañana vendo todas las acciones» –«Hombre, no exageres; ni tanto ni tan calvo.»*

calza *s. f.* **1** Cuña que se emplea para calzar una rueda o un mueble: *Tenemos que poner una calza en la pata de la cómoda, que cojea un poco. Conviene llevar siempre alguna calza en el maletero del coche.* **2** (en plural) Prenda de vestir masculina antigua, ajustada, que cubría las piernas y llegaba a la cintura: *Las calzas eran una prenda típica de la Edad Media.* **3** (en plural) Prenda de vestir masculina antigua parecida a unos calzones anchos que cubrían todo el muslo o parte de él: *Las calzas se usaban mucho en el Siglo de Oro.* **4** COL. Empaste para las piezas de la boca.

calzada *s. f.* **1** Parte de la carretera por donde circulan los vehículos: *En las calles hay que distinguir las aceras de la calzada.* **2** HIST. Camino ancho allanado y empedrado, construido por los romanos: *calzada romana.*

calzado, da *adj.* **1** [Orden religiosa, fraile] que no estaba reformada y usaba zapatos, por oposición a la descalza: *Pertenecía a las carmelitas calzadas.* **2** [Animal] que tiene el extremo de las patas de color distinto al resto del cuerpo. || *s. m.* **3** (no contable) Prenda usada para proteger, cubrir o vestir los pies: *calzado para la lluvia, calzado de montaña, calzado de verano.*

calzador *s. m.* Pieza de diferentes materiales que se usa para ayudar a entrar el pie en el zapato: *Se puso el zapato con calzador.* FR. Y LOC. **entrar / meter con ~** Entrar ‹una cosa o una persona› con dificultad en un sitio o meter ‹una persona› una cosa con dificultad en un sitio: *Conseguimos entrar en la sala de conferencias con calzador, estaba todo lleno de gente. Voy a tener que meter el coche con calzador en esa plaza de aparcamiento.*

calzar *v. tr. / prnl.* **1** Poner ‹una persona› las prendas adecuadas en [los pies]: *El caminante* ***se*** *calzó unas sandalias.* **2** Proporcionar ‹una persona› calzado [a otra persona]: ***Nos*** *calzamos todos en esta tienda. Nuestra casa calza a toda esa familia.* || *v. tr.* **3** Poner ‹una persona› una cuña entre el suelo y la rueda de [un vehículo] para impedir que se mueva: *Como no calcemos el coche se nos va cuesta abajo.* **4** Poner ‹una persona› una cuña debajo de la pata de [un mueble] para que no cojee: *La mesa se mueve, hay que calzarla.* **5** Poner ‹una persona› una cuña en [una herramienta] o entre [dos piezas]: *A ver si encuentras una cuñita y me calzas el mango del martillo, que se va a salir.* || *v. prnl.* **6** COLOQUIAL. Conseguir ‹una persona› [una cosa]: *Se calzó varios regalos. Se ha calzado unas vacaciones maravillosas.* FR. Y LOC. **~ / calzarse la espuela*. ~ muchos / pocos puntos*. el mismo que viste* y calza. ⇒ 19.**

calzo *s. m.* **1** Cuñas grandes adecuadas para inmovilizar objetos pesados: *los calzos de los vagones del ferrocarril. El coche se sube al vagón y luego se sujeta con varios calzos.* **2** (en plural) Extremidades de un caballo o animal semejante, especialmente si su color es distinto del resto del cuerpo: *una yegua blanca con calzos negros.*

calzón *s. m.* **1** Pantalón estrecho que cubre hasta la rodilla: *calzón de torero.* **2** Pantalón corto de los deportistas: *calzones de boxeo. Hoy el equipo local viste calzón azul.* **3** (en plural) ARG., COL., URUG.; RESTRINGIDO en Argentina.; HUMORÍSTICO en Argentina y Uruguay. Bragas, prenda femenina. FR. Y LOC. **a ~ quitado** COLOQUIAL. Descaradamente, sin miramientos: *Creo que esta temporada están un poco brutos; han dicho que no van a negociar, que van a calzón quitado.*

calzonazos (plural *calzonazos*) *s. m.* COLOQUIAL; PEYORATIVO. Hombre de poco carácter que se deja dominar, especialmente por su mujer: *Pedro es un calzonazos, siempre hace lo que su mujer dice.*

calzoncillo *s. m.* (preferentemente en plural) Prenda interior masculina que cubre la parte inferior del tronco y tiene dos aberturas o dos perneras para introducir las piernas.

calzonudo, da *adj.* **1** PERÚ; COLOQUIAL. Que es tonto o torpe. **2** ARG.; COLOQUIAL; PEYORATIVO. Que se somete fácilmente a la voluntad de las mujeres.

cama *s. f.* **1** Mueble de diferentes formas, tamaños o materiales sobre el que se coloca el colchón y varias prendas de ropa para dormir o descansar. **coche-~.** **~ de matrimonio** Cama grande o muy ancha. **~ mueble** Cama que se puede ocultar en un armario o disimular como sofá, si no se duerme en ella. **~ nido** Conjunto de dos camas, en el que una encaja debajo de la otra. **~ turca** Armazón sencillo para poner un colchón, sin cabecero y sin pies. **2** Plaza en una residencia o en un hospital: *Hay mil camas en el nuevo hospital.* **3** Lugar o alfombra de materia vegetal donde descansan los animales: *la cama del caballo, la cama de las vacas en el establo.* **4** AGR. Parte curva del arado unida por su parte inferior a la reja y por la superior al timón. **5** RESTRINGIDO. Palanca del freno de un carruaje a cuyo extremo se unen las riendas. ‖ **6 ~ elástica** Aparato elástico de gimnasia, sobre el que se hacen saltos: *La cama elástica le gusta mucho a los niños.* FR. Y LOC. **caer* en (la) ~.** **hacer / guardar ~** Estar ‹una persona› enferma en la cama: *Tuve que guardar cama una semana para que se me curase la gripe.* **hacer la ~** Trabajar ‹una persona› en secreto para perjudicar a alguien: *Su tío le está haciendo la cama para quitarle el negocio.* **irse a la ~** Acostarse ‹una persona›: *Vamos a la cama temprano para poder madrugar al día siguiente.* **saltar de la ~** Levantarse ‹una persona› con rapidez: *El estruendo le hizo saltar de la cama medio dormido. En cuanto suena el despertador, mi marido salta de la cama.* **salto* de ~.**

camada *s. f.* Conjunto de animales que han nacido de un mismo parto y se crían juntos: *una camada de gatitos. La loba estaba rodeada de toda su camada. Estos dos perros son de la misma camada.* FR. Y LOC. **ser lobos* de la misma ~.**

camafeo *s. m.* **1** Joya o adorno que lleva una figura tallada en relieve: *La duquesa lleva al cuello un camafeo antiguo.* **2** El ónice o piedra preciosa labrada con este adorno.

camal *s. m.* BOL., EC., PERÚ. Matadero.

camaleón *s. m.* **1** (macho y hembra) *Chamaeleo chamaeleon.* Reptil adaptado a vivir en los árboles, que puede agarrarse con las extremidades y con la cola, atrapa insectos con su lengua larga y pegajosa y su piel se pone del color del entorno en que está. **2** COLOQUIAL. Persona que cambia de modo de pensar y de actuar según le interesa: *Esa mujer es un auténtico camaleón.*

camaleónico, ca *adj.* **1** Del camaleón: *la vida camaleónica.* **2** Que se comporta de una manera cambiante, como un camaleón: *Su comportamiento camaleónico es curioso. Una actividad camaleónica lo domina.*

camándula *s. f.* **1** RESTRINGIDO. Hipocresía, astucia. **2** ARG., URUG.; COLOQUIAL; PEYORATIVO. Grupo cerrado de personas amigas que buscan beneficios comunes, aunque perjudiquen a otros.

camandulear *v. intr.* **1** AMÉR. Mentir, exagerar, generar intrigas. **2** ARG.; COLOQUIAL. Realizar dos o más personas algo que los beneficie excluyendo a los demás.

cámara *s. f.* **1** Habitación con diversos usos, generalmente de tipo privado: *El presidente está en su cámara privada. El papa se retiró a su cámara privada.* **~ nupcial.** **~ papal.** **~ real.** **2** Mueble o recinto provisto de un dispositivo de frío artificial para la conservación de los alimentos, especialmente utilizado en comercios y almacenes: *cámara frigorífica.* **3** Pieza hueca de algunos aparatos o dispositivos: *la cámara de combustión de un motor.* **4** Espacio para la carga en las armas de fuego: *la cámara del fusil.* **5** Rueda de goma provista de una válvula para introducir aire a presión, que forma parte de un neumático: *Han inventado una cámara que rueda con un pinchazo bastantes kilómetros.* **6** Globo de goma con una boquilla por donde se inflan algunos balones deportivos: *No infles tanto el balón que vas a estallar la cámara.* **7** ANAT. Cavidad anatómica: *cámara posterior, cámara anterior del ojo, cámara anterior de la boca.* **8** Órgano político con facultades legislativas y consultivas, propio de los estados democráticos con un sistema representativo: *cámara de diputados, cámara de senadores.* **~ alta** Senado. **~ baja** Congreso. **9** Entidad u organismo que agrupa individuos o entidades de una misma actividad: *Cámara de industria y navegación, Cámara de comercio, Cámara agrícola.* **10** Aparato que registra imágenes fijas o en movimiento: *una cámara de fotos, la cámara de cine, la cámara de vídeo.* **~ de televisión.** ‖ *s. m. / f.* **11** Persona que tiene por profesión el manejo de una cámara que registra imágenes: *los cámaras del programa, el cámara de la película. Pascual es un cámara de gran prestigio.* SIN. operador. ‖ **12 ~ acorazada** Cuarto de seguridad, normalmente blindado, para guardar objetos de valor: *Los ladrones intentaron llegar a la cámara acorazada del banco por la alcantarilla. En el hotel disponemos de una pequeña cámara acorazada para todos los objetos de valor que quieran entregarnos.* **13 ~ de aire** Espacio hueco, utilizado como aislante, en el interior de un muro. **14 ~ de gas** Recinto hermético donde los condenados a la pena capital son ejecutados por una concentración de gases tóxicos. **15 ~ de la propiedad** Asociación de propietarios para fomentar y defender los intereses de la propiedad urbana. **16 ~ de resonancia** Cámara que propaga los ecos. **17 ~ lenta** CINE. Rodaje acelerado de una escena que produce un efecto de lentitud al proyectarlo a velocidad normal: *La primera parte de la película está rodada a cámara lenta.* **18 ~ mortuoria** RESTRINGIDO. **18₁** Capilla ardiente, habitación donde suele ponerse un difunto, preparada para celebrar los primeros actos fúnebres: *La cámara mortuoria se ha instalado en el domicilio del difunto. La cámara mortuoria se instalará en el tanatorio municipal.* **18₂** Lugar de algunas tumbas importantes donde se enterraba el difunto: *Las pirámides tienen muchas cámaras, para que los bandidos no encontraran la cámara mortuoria.* **19 ~ oscura** Aparato óptico que consiste en una caja cerrada con un agujero por donde pasa la luz y produce una imagen invertida dentro de la caja: *Una cámara de fotos es una cámara oscura perfeccionada.* FR. Y LOC. **ayuda* de ~.** **¡ ~ !** *interj.* MÉX.; VULGAR. Se usa para manifestar sorpresa o acuerdo: *–«¿Nos vemos a las cinco?» –«¡Cámara!»* **chupar ~** COLOQUIAL. Tener mucho interés ‹una persona› en aparecer en fotos o en programas de televisión: *Como se acercan las elecciones, quiere chupar cámara y salir siempre que puede en televisión. Aparece en la tele muchas veces, le gusta mucho chupar cámara. No me interesa chupar cámara, que te pongan a ti en la portada del periódico.* **música* de ~.** **orquesta* de ~.**

camarada *s. m. / f.* **1** Persona con la que se comparten las mismas actividades y a la que se trata con confianza: *ser un buen camarada, camarada de juegos, camarada de cuartel, camarada de trabajo, camarada de clase.* **2** En algunos partidos políticos y sindicatos, compañero: *el camarada Lenin.* SIN. correligionario.

camaradería *s. f.* (no contable) Buena relación entre compañeros o amigos: *Los jugadores del equipo se tratan con camaradería.* SIN. compañerismo.

camaranchón *s. m.* PEYORATIVO. Desván, parte más alta de la casa.

camarero, ra *s. m. / f.* **1** Persona que tiene por oficio atender a los clientes en algunos establecimientos públicos: *el camarero de un bar, el camarero de un restaurante, el camarero de un hotel. La camarera limpiará sus habitaciones por la mañana. El camarero ya trae las bebidas. Llama al camarero.* || *s. f.* **2** Dama que estaba al servicio de la reina.

camarilla *s. f.* PEYORATIVO. Conjunto de personas que influyen de manera no oficial en un personaje importante o en una autoridad: *El ministro iba acompañado de su camarilla.*

camarín *s. m.* **1** Capilla donde se venera una imagen, situada detrás del altar. **2** Habitación donde se guardan las ropas y joyas de una imagen: *el camarín de la Virgen.*

camarlengo *s. m.* REL. En la Iglesia católica, cardenal que realiza temporalmente las funciones del papa a la muerte de éste, hasta que se elige uno nuevo.

camarógrafo, fa *s. m. / f.* ARG., COL., URUG. Persona que trabaja profesionalmente como cámara de cine o de televisión.

camarón *s. m.* Crustáceo pequeño con la parte superior de la cabeza en forma de dientes de sierra y antenas muy largas, que vive en costas rocosas y es apreciado como alimento. SIN. quisquilla.

camarote *s. m.* Compartimento con camas de un barco: *camarote individual, camarote del capitán, camarote triple.*

camastro *s. m.* Cama incómoda, en mal estado o sucia: *Hijo, a ver si haces la cama, que parece un camastro.*

camastrón, na *s. m. / f.* COLOQUIAL, RESTRINGIDO; PEYORATIVO. Persona falsa e hipócrita: *¡Qué camastrón! Parecía que era amigo nuestro y nos estaba engañando.*

cambalache *s. m.* **1** COLOQUIAL, RESTRINGIDO. Cambio de objetos de poco valor, a veces realizado con intención de estafar o engañar: *He hecho un cambalache que no sé si ha sido bueno. Me propone un cambalache: me cambia su coche por el mío y la moto.* **2** ARG., URUG.; RESTRINGIDO en Argentina. Tienda de compra-venta de objetos usados.

cambiante *adj.* **1** (ser / estar) Que cambia: *una situación cambiante, un temperamento cambiante. El tiempo ha estado muy cambiante este último otoño.* || *s. m.* **2** (no contable) Variedad de colores o reflejos, como la que se produce en el nácar o en algunas telas: *los cambiantes de su falda de moaré.*

cambiar *v. tr. / intr.* **1** Dar o tomar ‹ una persona › [una cosa por otra]: *He cambiado el traje* ***por*** *un vestido. Tenemos que cambiar* ***de*** *coche. Cambiaremos el coche.* **2** Hacer ‹ una persona › [una cosa distinta de como era]: *Juan cambió sus ideas. Juan cambió* ***de*** *ideas.* **3** Poner ‹ una persona › [otra marcha de un vehículo de motor]: *Debes cambiar* ***de*** *marcha. Cambia la marcha, no ahogues el coche.* || *v. tr.* **4** Poner ‹ una persona › [una cosa] en lugar de otra: *¿Has cambiado el agua de los peces? Tenemos que cambiar la tierra de los tiestos.* SIN. sustituir. **5** Llevar ‹ una persona › [una cosa] de [un lugar a otro]: *Hemos cambiado la cama* ***de*** *habitación.* SIN. trasladar. **6** Convertir ‹ una persona o una cosa › [una cosa] en [otra cosa]: *La niña cambió su risa* ***en*** *llanto. Ya cambiaremos su tristeza* ***en*** *alegría.* **7** Dar o tomar ‹ una persona › [monedas o billetes] [por sus equivalentes más pequeños o de otro país]: *He cambiado diez mil pesetas* ***en*** *francos.* || *v. tr. / prnl.* **8** Realizar ‹ dos personas › [una cosa] en reciprocidad: *Cambiamos una mirada de inteligencia. Lo vi y cambiamos un gesto de saludo, pero no hablé con él. Las dos amigas* ***se*** *han cambiado los cuadernos.* SIN. intercambiar. || *v. intr.* **9** Volverse ‹ una persona o una cosa › distinta: *Tras la separación, mi amigo cambió.* **10** Tomar ‹ el viento o una embarcación › otra dirección: *Ha cambiado el viento esta tarde. Aquí los vientos cambian con facilidad.* || *v. intr. / prnl.* **11** Ir ‹ una persona › de [un lugar a otro]: ***Me*** *he cambiado* ***de*** *habitación porque había mucho ruido en la otra.* || *v. prnl.* **12** Convertirse ‹ una cosa › en [otra cosa]: *Su tranquilidad se cambió* ***en*** *inquietud.* **13** Ponerse ‹ una persona › [otra ropa]: *Se ha cambiado* ***de*** *traje.* SIN. mudarse. FR. Y LOC. **~ de camisa / chaqueta** PEYORATIVO. Adaptarse ‹ una persona › a nuevas ideas políticas o circunstancias por simple interés: *Sólo le interesa el dinero, cambia de camisa sin tener en cuenta sus principios. Con cada cambio de gobierno unos cuantos cambian de chaqueta.* **~ impresiones*. ~ de manos** Cambiar ‹ una cosa › de dueño: *El coche ya ha cambiado dos veces de manos.* **~ la peseta*. larga* cambiada. mudar / ~ de color*.**

cambiario, ria *adj.* De la letra de cambio: *negocio cambiario.*

cambiazo *s. m.* Cambio engañoso. FR. Y LOC. **dar el ~** Cambiar ‹ una persona › engañosa o fraudulentamente una cosa por otra: *Esos timadores; te enseñan la fruta muy bonita, pero luego te dan el cambiazo y te ponen fruta estropeada.*

cambio *s. m.* **1** Acción y resultado de cambiar o cambiarse: *un cambio de planes, un cambio en el peinado, un cambio de imagen, un cambio de actitud, un cambio de horario, un cambio de clima. El entrenador hizo algunos cambios en la alineación del equipo. Se han hecho algunos cambios importantes en la nueva obra. Luisa ha dado un cambio increíble: antes era muy tímida y ahora es muy extrovertida.* **2** Sustitución de una cosa por otra: *Se advierte a los clientes que en las rebajas no se admiten cambios. El cambio de los productos defectuosos sólo se aceptará en las primeras cuarenta y ocho horas siguientes a la compra.* **3** (no contable) Dinero en billetes o monedas pequeños: *Pagué con un billete de cinco mil pesetas porque no tenía cambio. La cajera del establecimiento necesitaba cambio.* **4** Conjunto de monedas que se devuelven al hacer un pago: *Nos han cobrado muy cara la merienda, porque me han devuelto un cambio de doscientas pesetas en calderilla y tres billetes de mil.* **5** (no contable) Valor relativo de las monedas de países diferentes: *¿A cuánto está el cambio del dólar?* **6** COMERC. Cotización de los valores mercantiles: *El índice bursátil se ha mantenido hoy; todos los valores han mantenido el cambio, excepto las eléctricas, que han subido.* || **7 ~ de marchas** Engranaje de los vehículos de motor que permite pasar de una velocidad a otra: *El cambio de marchas de este modelo es muy duro.* **8 ~ de vía** Mecanismo para cambiar de vía una locomotora, un tren o un tranvía. FR. Y LOC. **a ~ (de)** 1 En su lugar, en vez de ello: *Esa mujer ayuda a los pobres sin pedir nada a cambio.* 2 Como contrapartida de, con la condición de: *Te dejo la moto a cambio de que cuides de mi perro.* **a la(s) primera(s) de ~** En cuanto surge alguna dificultad, en cuanto tiene oportunidad: *Su novia lo dejó plantado a las primeras de cambio. No me gusta trabajar con él, porque se cansa a las prime-*

ras de cambio. **caja* de cambios. en ~** Por el contrario: *Tú no estudias; en cambio, tu hermana se ha portado muy bien este curso. Lo siento, yo nunca llego en punto; en cambio, tú eres como un reloj.* **letra* de ~. mercado* de cambios / divisas. palanca* de cambios. tipo* de ~.**

cambista *s. m./f.* **1** Persona que se dedica a cambiar dinero: *Cambia el dinero en un banco, porque los cambistas callejeros están muy vigilados.* **2** ARG. Guardagujas ferroviario.

camboyano, na *adj. / s. m.* y *f.* De Camboya, país asiático: *ejército camboyano. Los camboyanos tienen rasgos orientales.*

cámbrico, ca *adj.* **1** [Periodo geológico] que es el primero de los seis que forman la era paleozoica o primaria: *terreno cámbrico.* **2** De los terrenos o tiempos cámbricos: *fósiles cámbricos.*

cambrón *s. m. Licyum barbarum.* Arbusto de muchas ramas retorcidas con espinas, hojas pequeñas y flores solitarias blancas, que abunda en la península Ibérica.

cambronera *s. f. Licyum halimifolium.* Arbusto de ramas espinosas, hojas lanceoladas, flores lilas o violetas, que abunda en la península Ibérica.

cambucho *s. m.* **1** CHILE; COLOQUIAL. Cucurucho de papel o cartón. **2** CHILE; RESTRINGIDO. Cesto para papeles y ropa sucia. **3** CHILE; COLOQUIAL. Bolsa de cartón o cartulina. **4** PERÚ. Envoltura de paja que se pone a las botellas.

cambujo, ja *adj. / s. m.* y *f.* AMÉR. C., MÉX. [Persona] que tiene el color moreno muy fuerte y rasgos aindiados.

cambullón *s. m.* **1** CHILE, PERÚ; VULGAR en Chile. Enredo, trampa. **2** COL., MÉX. Cambalache, enredo, lío.

cambur *s. m.* VEN. Banana.

camelar *v. tr.* **1** Intentar ‹una persona› conquistar o convencer [a otra persona] adulándola o engañándola: *Mira, hijo, que no me camelas; no te doy dinero para el cine porque tienes que trabajar. Esa chica está intentando camelar al jefe por todos los medios.* **2** COLOQUIAL. Enamorar ‹una persona› [a otra persona]: *Pues nos conocimos, la camelé en una semana y nos casamos enseguida.*

camelia *s. f.* **1** *Camellia japonica.* Arbusto procedente de Oriente, ramificado y leñoso, con hojas brillantes y flores blancas rojas o rosadas sin perfume. **2** Flor de las camelias.

camélido *adj. / s. m.* **1** (macho y hembra) ZOOL. [Animal] mamífero rumiante sin cuernos, de hocico alargado y patas adaptadas para caminar por la arena o la nieve, como el camello, el dromedario y la llama. || *s. m.* **2** (en plural) ZOOL. Familia de estos animales.

camelista *s. m./f.* COLOQUIAL; PEYORATIVO. Persona que practica el camelo o aparenta virtudes o cualidades que no tiene: *No me fío de él, es un camelista tremendo.*

camellero *s. m.* Persona que por oficio cuida o conduce camellos: *El camellero de la expedición dio de beber a los camellos.*

camello, lla *s. m./f.* **1** Género *Camelus.* Mamífero de gran altura, que tiene el cuello largo y una o dos jorobas en el dorso, y puede andar bien por terrenos arenosos. **2** *Camelus bactrianus.* Camello con dos jorobas y abundante pelo, propio de Asia. || *s. m.* **3** JERGAL. Persona que vende droga en pequeñas cantidades.

camellón *s. m.* COL. Vía pública amplia con árboles, avenida.

camelo *s. m.* **1** COLOQUIAL. Cosa engañosa, que parece buena, pero no lo es: *Eso que te han contado es un camelo: yo no me creo que te vayan a regalar un viaje.* **2** COLOQUIAL, RESTRINGIDO. Burla, broma: *No le hagas caso, todo lo que te cuenta Pilar es camelo. No me gustan los camelos, ya sabes, pórtate bien.* **3** COLOQUIAL, RESTRINGIDO. Galanteo. FR. Y LOC. **dar el ~** Engañar ‹una persona› a otra persona en alguna cosa: *A mí no me ha dado el camelo; ese tipo no ha acabado la carrera.*

camerino *s. m.* Habitación individual o colectiva de los teatros donde se visten y maquillan los artistas: *el camerino de la estrella.*

camero, ra *adj.* De la cama más pequeña que la de matrimonio. **sábana camera.**

camerunés, sa *adj. / s. m.* y *f.* De Camerún, país africano.

camicace *s. m.* Kamikaze.

camilla *s. f.* **1** Cama estrecha y portátil sobre varas o ruedas para transportar enfermos o difuntos: *llevar en camilla, sacar en camilla, poner a los heridos en camilla.* || **2 mesa* ~.**

camillero, ra *s. m./f.* Persona que por oficio se dedica a trasladar a enfermos, heridos o difuntos en camilla: *Víctor se ha colocado de camillero en el hospital.*

caminante *s. m./f.* Que camina o se desplaza a pie: *Un grupo de caminantes reivindica la apertura de dos antiguas cañadas. Soy un caminante empedernido. Me gusta ir allí, pero como caminante.*

caminar *v. intr.* **1** Ir ‹una persona o un animal› andando: *Caminábamos* ***por*** *la acera.* **2** Viajar ‹una persona› en una dirección: *El coche va bien, pero llama la atención; nos ha parado un policía a la salida del pueblo y nos ha preguntado que hacia dónde caminábamos.* **3** Seguir ‹una cosa› su curso: *Allí el río camina ya lentamente hacia su desembocadura.* **4** Seguir ‹una cosa› funcionando: *No camina mal el negocio.* SIN. marchar. || *v. tr.* **5** Recorrer ‹una persona› [una distancia] a pie: *Caminamos un gran trecho.* **6** ARG.; COLOQUIAL. Engañar ‹una persona› [a otra persona] para conseguir lo que le interesa. FR. Y LOC. **~ derecho** Caminar ‹una persona› erguida, sin torcerse. **ir / ~ / andar más tieso que un poste*.**

caminata *s. f.* Recorrido a pie o paseo, frecuentemente largo y cansado: *Me di una buena caminata esta mañana. El médico ha dicho que tengo que darme buenas caminatas.*

caminero, ra *adj.* **1** Del camino. **peón* ~.** || *s. m.* **2** URUG. Paño para adornar una mesa.

camino *s. m.* **1** Espacio por donde las personas, animales o vehículos van de un sitio a otro: *Muchos caminos se han convertido en carreteras. Hay un camino para ir a la fuente.* **~ de cabras** Camino estrecho y empinado: *Esta subida con tantas piedras es un camino de cabras.* **~ de hierro** El ferrocarril. **~ vecinal** Camino más estrecho que una carretera, generalmente sin asfaltar y sin señalizar. **2** Trayecto, recorrido: *Si vas en el metro, el camino se te hará más corto. No conozco el camino.* **3** Orientación o dirección que sigue una persona o cosa: *El proyecto que has presentado va por el buen camino. Cada uno sigue un camino distinto en la vida.* SIN. rumbo. **4** Medio para hacer o lograr alguna cosa: *el camino del éxito, el camino del triunfo, el camino de la fama.* **5** ARG., URUG. Alfombra larga y estrecha de pasillo. FR. Y

LOC. **a medio ~** Sin acabar: *Todo lo dejas a medio camino.* **a medio ~ (entre)** Entre: *Está a medio camino entre un cantante de ópera y un cantante de rock.* **abrirse ~** Ir poco a poco prosperando ‹una persona o una cosa›: *El rock and roll se ha abierto camino. Sus padres le ayudaron a abrirse camino en la vida. Luis se colocó de administrativo y se ha abierto camino en esa empresa.* **~ de** Hacia: *Vamos camino de Zamora. Vamos camino de nuestro quinto título.* **~ de mesa** Paño para adorno de una mesa. **coger/pillar de paso*/~. cruzarse* en el ~. llevar ~** 1 Tener ‹una cosa› la apariencia de que va a desarrollarse de determinada manera: *El partido lleva camino de acabar en un empate.* 2 Actuar ‹una persona› de modo que se pueda predecir lo que va a pasar: *Luis lleva camino de conseguir muy buenas notas en todas las asignaturas.* **ponerse en ~** Partir ‹una persona›: *Cuando amaneció, nos pusimos en camino hacia la cumbre.* REFR. **Todos los caminos llevan a Roma.** COLOQUIAL. Se usa para indicar que de maneras muy distintas se puede llegar a una misma cosa o a una misma conclusión.

camión *s. m.* **1** Vehículo automóvil de cuatro o más ruedas, acondicionado para transportar mercancías pesadas o voluminosas: *conducir un camión.* **báscula de camiones. ~ de la basura. ~ frigorífico. ~ cisterna** Camión para transportar líquidos. **~ materialista** MÉX. Camión que transporta materiales de construcción. **2** MÉX.; COLOQUIAL. Autobús. FR. Y LOC. **estar como un ~** COLOQUIAL. Tener ‹una persona› mucho atractivo físico: *Los saltadores de pértiga estaban como un camión. Pepita está como un camión.*

camionero, ra *s. m./f.* Persona que por oficio conduce un camión: *En los bares de camioneros suele comerse bien.*

camioneta *s. f.* **1** Vehículo automóvil de cuatro ruedas parecido al camión pero más pequeño, para transportar mercancías: *Mi vecino conduce una camioneta.* **2** COLOQUIAL, RESTRINGIDO. Autobús de barrio, generalmente gestionado por una empresa particular: *Hace años las camionetas comunicaban el centro madrileño y los barrios periféricos.*

camisa *s. f.* **1** Prenda, generalmente de tela fina, con mangas y cuello, que se abrocha por delante y cubre desde el cuello hasta más abajo de la cintura: *Al trabajo voy con camisa y corbata.* **2** (preferiblemente en diminutivo) Prenda infantil parecida a las camisas pero sin cuello ni puños y con la abertura detrás: *la camisita blanca del bebé.* **3** Revestimiento o protección de algo, como la sobrecubierta de un libro: *Antes de guardar el disco en su funda ponle la camisa.* **4** Epidermis que se desprende periódicamente en los ofidios: *Las serpientes cambian de camisa periódicamente.* **5** Revestimiento interior de un artefacto o de una pieza metálica. || **6 ~ de fuerza** Prenda parecida a una bata ancha con las mangas cerradas en su extremo que se pone a los enfermos mentales para inmovilizarlos. FR. Y LOC. **cambiar* de ~/chaqueta. dejar/perder (hasta) la ~** COLOQUIAL. Perder ‹una persona› todo, quedarse sin nada: *En ese negocio perdí hasta la camisa.* **en mangas* de ~. meterse en ~ de once varas** COLOQUIAL. Preocuparse ‹una persona› por asuntos ajenos o que no le interesan personalmente: *No te preocupes de su matrimonio; no te metas en camisas de once varas.* **no llegar la ~ al cuerpo** COLOQUIAL. Tener miedo ‹una persona›, estar ‹una persona› atemorizada por algo: *Cuando viajo en avión no me llega la camisa al cuerpo.*

camisaco *s. m.* ARG., URUG. Guayabera.

camisería *s. f.* **1** Tienda donde se venden camisas, complementos y ropa interior masculina: *Tienen corbatas y cinturones muy rebajados en esa camisería.* **2** Taller donde se hacen camisas de caballero: *Trabajo en una camisería.*

camisero, ra *adj.* **1** De las camisas, que se parece a las camisas o se lleva como las camisas: *vestido camisero, blusa camisera.* || *s. m./f.* **2** Persona que trabaja o vende camisas.

camiseta *s. f.* Prenda interior o deportiva, sin cuello, con mangas o sin ellas, que cubre directamente el tronco desde el cuello hasta más abajo de la cintura: *camiseta de felpa, camiseta de verano, camiseta de un equipo de fútbol.* FR. Y LOC. **sudar la ~** DEP. Esforzarse ‹una persona› mucho en un partido: *Los jugadores sudaron la camiseta, pero perdieron.*

camisilla *s. f.* ARG., URUG.; RESTRINGIDO. Camiseta.

camisola *s. f.* **1** Camiseta de deportista: *La camisola del equipo es muy hortera.* **2** Camisa más amplia de lo normal, generalmente con cuello camisero y abierta por delante.

camisón *s. f.* Prenda de dormir femenina que cubre el tronco y, total o parcialmente, las piernas: *un camisón de novia, un camisón de encaje blanco.*

camita *adj./s. m.* y *f.* Que desciende de Cam, personaje bíblico hijo de Noé: *el pueblo camita, un estudio sobre los camitas.*

camítico, ca *adj.* De los camitas: *pueblos camíticos, lenguas camíticas.*

camomila *s. f.* Manzanilla, planta.

camorra *s. f.* **1** (no contable) COLOQUIAL. Riña muy ruidosa entre dos o más personas: *Esos chicos son unos maleducados, todo el día están armando camorra. Le gusta buscar camorra.* SIN. bronca. **2** Organización de tipo mafioso que es propia de Nápoles: *Se rumorea que algunos concejales son de la camorra napolitana.*

camorrear *v. intr.* ARG., URUG. Armar ‹una persona› pendencia o camorra.

camorrista *adj./s. m.* y *f.* Que tiende a organizar o participar en peleas: *Esa chica es una camorrista tremenda; ya ha estado dos veces en la comisaría.*

camote *s. m.* **1** AMÉR.; COLOQUIAL. Batata. **2** AMÉR.; COLOQUIAL. Enamoramiento, atracción amorosa. **3** AMÉR. Amante, persona a quien se ama. **4** AMÉR.; COLOQUIAL. Mentira, embuste.

camotudo, da *adj.* PERÚ; COLOQUIAL. Que se enamora con facilidad.

camp *adj.* **1** (invariable) [Estilo, objeto, decoración, moda] que mezcla ostentosa y recargadamente elementos pasados, de gusto dudoso: *una pintura camp, una ropa muy camp, una decoración camp.* **2** (invariable) [Persona] que es muy amante de este estilo: *unas chicas muy camp.*

campal *adj.* **1** RESTRINGIDO. Del campo. || **2 batalla* ~.**

campamento *s. m.* **1** Conjunto de tiendas de campaña, barracones o vehículos donde se instalan temporalmente las personas: *campamento de excursionistas, campamento juvenil, campamento de refugiados, campamento militar.* **2** Conjunto de personas de un campamento: *El campamento decidió cambiar las normas de admisión.* **3** Periodo del servicio militar que se cumple en una instalación de este tipo: *Mi hijo acaba de terminar el campamento. Haré el campamento en Gerona.*

campana *s. f.* **1** Instrumento metálico hueco en forma de tronco de cono o copa invertida, que produce un fuerte sonido al ser golpeado en su interior por una pieza que cuelga o badajo: *A lo lejos se oían las campanas de la iglesia.* **2** Cualquier objeto de forma parecida a las campanas: *Algunos alimentos se tapan con campanas de cristal. En algunos restaurantes se tapa la carne con una campana de cerámica.* **3** (no contable) Forma de los pantalones que tienen mucha amplitud en la parte inferior de la pierna: *Le gustan los pantalones con mucha campana.* || *s. m.* **4** AMÉR. DEL S.; JERGAL. Chivato, vigilante que avisa a los que cometen un delito de la llegada de la policía o de otro peligro. || **5 ~ de buzo** Aparato dentro del cual descienden los buzos para trabajar debajo del agua. **6 ~ extractora** Aparato electrodoméstico que sirve para absorber y extraer el humo de la cocina: *Tenemos que cambiar la campana extractora.* FR. Y LOC. **doblar las campanas** Tocar ‹las campanas› de una manera especial para indicar que ha muerto una persona. **echar las campanas al vuelo** Manifestar ‹una persona› gran alegría por alguna cosa: *No eches las campanas al vuelo; espera a que den los resultados oficiales de las elecciones.* **oír campanas y no saber dónde** COLOQUIAL. Se usa para comentar una información parcial y, frecuentemente, equivocada: *No es verdad lo que ha dicho: ha oído campanas y no sabe dónde. No lo sé exactamente, porque he oído campanas y no sé donde, pero me parece que suben los impuestos del tabaco.* **vuelta* de ~.**

campanada *s. f.* **1** Golpe de campana y sonido que produce: *Al dar las doce campanadas de fin de año comenzaron las felicitaciones. Son las tres, porque han sonado tres campanadas.* **2** COLOQUIAL. Acción inesperada de una persona, que provoca muchos comentarios por ser escandalosa o extravagante: *Lo de Julia fue una campanada de las gordas.* FR. Y LOC. **dar la ~** Provocar ‹una persona› un escándalo o una sorpresa con una cosa: *Pienso dar la campanada con mi nuevo disco. Se ha casado con un chico quince años más joven que ella; siempre le gusta dar la campanada.*

campanario *s. m.* Lugar, en general una torre, donde se ponen las campanas: *campanario románico, campanario gótico.*

campanear *v. intr.* **1** RESTRINGIDO. Tocar ‹las campanas› reiteradamente. SIN. repicar. **2** ARG., URUG.; COLOQUIAL. Vigilar ‹una persona› mientras cometen un delito sus compañeros. || *v. tr.* **3** ARG. Observar ‹una persona› [a otra persona o una cosa] atentamente.

campaneo *s. m.* Toque reiterado de campana y sonido que produce: *A lo lejos se oía el campaneo de la iglesia.*

campanero, ra *s. m./f.* **1** Persona que toca las campanas: *En mi pueblo el campanero es el sacristán.* **2** Persona que por oficio vacía y funde las campanas: *Los campaneros vascos eran famosos en el siglo* XVI.

campaniforme *adj.* Que tiene forma de campana: *un vaso campaniforme.*

campanil *s. m.* RESTRINGIDO. Campanario.

campanilla *s. f.* **1** Campana pequeña con un mango para tocarla agitándola con la mano: *El presidente del tribunal tocó la campanilla para imponer silencio en la sala.* **2** Úvula. **3** Grupo de plantas cuyas flores tiene forma de campana. FR. Y LOC. **de (muchas) campanillas** 1 COLOQUIAL; INTENSIFICADOR, IRONÍA. De mucha importancia o categoría: *Le invitaron a una boda de campanillas.* 2 COLOQUIAL; INTENSIFICADOR, IRONÍA. Muy importante y famoso: *un personaje de campanillas.*

campanillear *v. intr.* Tocar ‹una campanilla› reiteradamente: *Ya se oía cómo campanilleaba el carro, que se acercaba al trote.*

campanillero, ra *s. m./f.* **1** Persona que toca la campanilla. || *s. m.* **2** En pueblos de Andalucía, miembro de un conjunto que canta canciones religiosas al compás de campanillas e instrumentos de cuerda.

campante *adj.* **1** (estar) COLOQUIAL. Que no se perturba o altera, aunque tenga motivos para estar preocupado, sino que está tranquilo e indiferente: *Estás tan campante, como si no hubiera pasado nada. Yo aquí hecho polvo, y él se queda tan campante.* **2** (estar) Que siente satisfacción u orgullo: *Entré tan campante con mi nuevo traje. Está tan campante con su coche recién comprado.*

campanudo, da *adj.* **1** [Estilo, lenguaje] que es hinchado y retumbante: *Ese profesor siempre habla con un tono muy campanudo.* **2** [Persona] que es amiga de hablar hinchadamente o de darse importancia: *Me haces gracia, siempre tan campanudo, tan formal.*

campánula *s. f.* Farolillo, planta.

campanuláceo, a *adj.* **1** BOT. [Planta] que es angiosperma, dicotiledónea, con hojas alternas y flores azules, amarillas o púrpuras y semillas pequeñas como el farolillo. || *s. f.* **2** (preferentemente en plural) BOT. Familia de estas plantas.

campaña *s. f.* **1** Conjunto de actividades que se realizan en un determinado periodo de tiempo para conseguir un fin: *campaña publicitaria, campaña contra el cáncer, campaña electoral.* **2** Expedición o intervención militar y periodo de tiempo que dura: *la campaña de Rusia, la campaña de las Galias.* **3** RESTRINGIDO. Campo llano, sin montes. **4** ARG., URUG. Campo, zona no urbana de un país. FR. Y LOC. **misa* de ~. tienda* de ~.**

campar *v. intr.* Sobresalir ‹una persona› entre las demás: *En ese grupo el jefe campa* ***sobre*** *los otros cómodamente porque los demás no son muy buenos.* FR. Y LOC. **~ por sus respetos** Hacer ‹una persona› lo que le apetece, sin atender a consejos ni a recomendaciones: *Mientras todos intentan ponerse de acuerdo, él campa por sus respetos y asegura que no va a cambiar de idea aunque sea el único que defienda otra cosa.*

campeador, ra *adj.* **1** RESTRINGIDO. Que sobresale sobre los demás. || **2 Cid Campeador** LIT. Nombre del principal héroe de la épica medieval castellana.

campear *v. intr.* **1** Sobresalir ‹una cosa› entre las demás: *En el mástil campea la bandera.* SIN. campar. **2** Salir ‹los animales› por el campo: *En la montaña los osos campean a sus anchas.*

campechanía *s. f.* (no contable) Característica de la persona campechana: *A pesar de ser un hombre famoso, una de sus virtudes es la campechanía.*

campechano, na *adj.* COLOQUIAL. Que se comporta sin formalismos, con cordialidad y simpatía: *Mi profesor es muy campechano. El nuestro es un director muy campechano, pero muy exigente profesionalmente.*

campeón, na *s. m./f.* **1** Persona que consigue la victoria en un campeonato o en una competición deportiva: *campeón de ajedrez, campeón de salto de altura, campeón de la liga.* SIN. vencedor, ganador. **2** Persona que defiende esforzadamente una causa o doctrina: *campeón del catolicismo.*

3 Persona o cosa que destaca por una determinada virtud o defecto: *campeón de la suciedad, campeona de la limpieza.* ‖ *s. m.* **4** HIST. Luchador medieval en un combate judicial o en un desafío: *En el campo de batalla se enfrentaron los campeones de León y de Castilla.*

campeonato *s. m.* **1** Competición oficial de algunos juegos o deportes al final de la cual el ganador obtiene un premio o un título: *campeonato mundial de boxeo, campeonato deportivo, campeonato de fútbol, participar en un campeonato, ganar un campeonato.* **2** Título obtenido en esta competición: *Un brasileño ha ganado el campeonato de Europa.* FR. Y LOC. **de ~** Muy importante, fuera de lo normal: *Le dieron una paliza de campeonato. Hacía un frío de campeonato. Tu marido es un médico de campeonato.*

campera *s. f.* **1** Bota campera. **2** ARG., CHILE, URUG.; RESTRINGIDO en Chile. Cazadora, prenda de vestir.

campero, ra *adj.* **1** Del campo: *fiesta campera, traje campero.* **bota* campera.** ‖ *s. m.* **2** COL. Vehículo automotor que se emplea en las faenas del campo.

campesinado *s. m.* (no contable) Conjunto o clase social de los campesinos: *la situación del campesinado boliviano, el campesinado gallego.*

campesino, na *adj.* **1** Del campo: *la vida campesina, una costumbre campesina.* ‖ *adj. / s. m.* y *f.* **2** Que vive y trabaja en el campo: *Los campesinos han disminuido mucho en la península Ibérica.*

campestre *adj.* **1** Del campo: *una ropa muy campestre.* **rata ~.** **2** Que ocurre o se hace en el campo: *una comida campestre, una excursión campestre.*

campinero, ra *s. m. / f.* ARG. Campista.

camping (plural *campings*; del inglés; pronunciamos *'campin'*) *s. m.* **1** Lugar al aire libre acondicionado para que puedan acampar personas en periodos de vacaciones. **2** (no contable) Actividad de acampar en los campings: *Vamos de camping en verano.*

campiña *s. f.* Llanura extensa poblada de cultivos: *la campiña cordobesa, la campiña leonesa.*

campista *s. m. / f.* Persona que va de camping: *Los campistas tuvieron que aguantar una incómoda tormenta.*

campito *s. m.* ARG., URUG. Terreno baldío en zonas urbanas donde se juega al fútbol.

campo *s. m.* **1** (no contable) Terreno extenso sin edificar, situado fuera de las poblaciones: *Todos los fines de semana salimos al campo para airearnos.* **casa de ~. día* de ~. ratón de ~.** **2** (no contable) Conjunto de pequeñas poblaciones y sus formas de vida: *Me gusta la vida tranquila del campo y no la vida de las grandes ciudades.* **hombre* de ~. mujer* de ~.** **3** Tierra de cultivo: *campo de patatas, campos de trigo.* **4** Espacio destinado a la práctica de deportes o a otras actividades: *campo de deportes, campo de fútbol, campo de tenis, campo de tiro.* **~ de juego** Terreno delimitado en un campo en el que se practica el juego deportivo: *Los aficionados que acudieron al estadio protestaron por el estado del campo de juego.* **5** Parcela de un equipo en un terreno de juego: *campo propio, campo contrario.* **6** (no contable) Espacio que abarca una cosa o en el que actúa un fenómeno: *campo de una cámara de cine, campo magnético, campo gravitatorio.* **~ visual** Espacio que abarca la vista estando el ojo inmóvil. **7** Parte de un saber, ciencia o actividad: *En el campo de la ciencia ha habido importantes descubrimientos. Sergio trabaja en el campo de la industria química.* SIN. ámbito. **campos del saber.** **8** Lugar ocupado por un ejército: *el campo enemigo.* **~ de batalla** Lugar donde combaten dos ejércitos. ‖ **9 ~ de acción** Espacio en el que corresponde actuar a alguien o algo: *Ahora el campo de acción de la campaña electoral son las grandes ciudades.* **10 ~ de concentración** Lugar cercado donde se encierra bajo vigilancia a prisioneros de guerra o a detenidos políticos. **11 ~ santo** Camposanto, cementerio católico. **12 ~ semántico** LING. Conjunto de palabras relacionadas semánticamente por tener una base común de significado. FR. Y LOC. **a ~ traviesa** RESTRINGIDO. Cruzando el campo: *No hemos ido por la carretera, hemos ido a campo traviesa hasta el pueblo de al lado.* **dejar el ~ libre** Retirarse ‹una persona› de un asunto o empresa, de manera que otra persona pueda ocupar su lugar: *El jefe se marchó del negocio dejando el campo libre a sus socios.* **maestre* de ~. mariscal* de ~. profundidad* de ~.**

camposanto o **campo santo** *s. m.* Cementerio católico.

CAMPSA (pronunciamos *'campsa'*) *s. f.* Sigla de «Compañía Arrendataria del Monopolio de Petróleos, Sociedad Anónima», España.

campus (plural *campus*) *s. m.* Ámbito o espacio físico de una universidad: *La universidad de León se trasladará a un nuevo campus. La Facultad de Letras proyecta trasladarse a un nuevo campus. Los campus universitarios españoles suelen disponer de pocos espacios verdes. Esta universidad dispone de un campus solamente urbano.*

camuesa *s. f.* Variedad de manzana, fruto del camueso, aromática y carnosa.

camueso *s. m.* Variedad del manzano que da camuesas.

camuflaje *s. m.* (no contable) Acción y resultado de camuflar: *Gracias al camuflaje los soldados pasaron inadvertidos. Se castigará duramente el camuflaje de las operaciones económicas fraudulentas.*

camuflar *v. tr.* **1** Dar ‹una persona› una falsa apariencia [a las tropas o al material de guerra] para engañar al enemigo: *El ejército camufló la artillería para que fuera difícil bombardearla desde el aire.* ‖ *v. tr. / prnl.* **2** Dar ‹una persona› una falsa apariencia [a otra persona o a una cosa] para que pase inadvertida: *El fugitivo **se** camufló entre las ramas. El periodista pudo conseguir el reportaje camuflado entre otros drogadictos. Han camuflado las operaciones de exportación de capitales.* SIN. ocultar, disimular.

Camuñas *s. m.* COLOQUIAL. Personaje fantástico con el que se asusta a los niños: *Como no te lo comas, llamo al tío Camuñas.* SIN. coco.

can *s. m.* (macho y hembra) ELEVADO. Perro, animal.

cana *s. f.* **1** (preferentemente en plural) Cabello blanco: *María se tiñe para ocultar las canas. Me he visto dos canas en el espejo.* **2** AMÉR. DEL S. Cárcel, prisión. **3** ARG., URUG.; COLOQUIAL. Policía, conjunto organizado de agentes. ‖ *s. m.* **4** ARG., URUG.; COLOQUIAL. Agente de policía. FR. Y LOC. **echar una ~ al aire** COLOQUIAL. Ir ‹una persona› de juerga: *Su tío es un hombre muy formal que de vez en cuando echa una cana al aire.* **peinar canas** COLOQUIAL. Ser vieja o madura ‹una persona›: *Aunque intenta disimular su edad, Jaime ya peina canas. Sonia es una persona muy tranquila, ya peina canas.*

canadiense *adj. / s. m.* y *f.* De Canadá, país americano: *la frontera canadiense. Los canadienses celebraron sus fiestas.*

canal *s. m. / f.* **1** (preferentemente masculino) GEOGR. Paso estrecho natural entre dos mares: *el canal de la Mancha. Entre las dos islas hay un estrecho canal.* **boca de un ~.** **2** (preferentemente masculino) Cauce artificial por donde se conduce el agua para diversos usos: *un canal de navegación, un canal de riego, los canales de Venecia.* **boca de un ~.** **3** (preferentemente masculino) Parte más profunda en la entrada de un puerto: *Han dragado el canal del puerto para que puedan entrar barcos de más calado.* **4** (preferentemente masculino) Conducto formado de tejas combadas en el tejado para recoger el agua: *Un canal en buenas condiciones es fundamental para que con el agua de la lluvia no se hagan goteras.* **5** (preferentemente masculino) Vía en el interior de la Tierra por donde circulan corrientes de agua o de gases: *En la región hay una red muy densa de canales acuáticos subterráneos.* **6** (preferentemente masculino) Estría alargada de algunos cuerpos: *los canales de una columna.* **7** (preferentemente masculino) Res muerta abierta de arriba abajo y limpia de tripas y despojos: *En la nave del matadero estaban embarcando para el mercado las diferentes clases de canales.* **8** (preferentemente masculino) Cualquier conducto interior de los organismos vegetales o animales: *canal torácico, los canales semicirculares del oído.* **9** (preferentemente masculino) Corte acanalado opuesto al lomo de los libros encuadernados: *Ese señor es muy buen encuadernador, mira cómo deja el canal de los libros.* ‖ *s. m.* **10** Banda de frecuencia por donde emite una emisora: *canal por cable, canal privado. Hay ahora bastantes canales de televisión.* **11** GEOGR. Paso estrecho artificial para el agua entre dos mares: *canal de Panamá.* FR. Y LOC. **abrir en ~** Abrir ‹una persona› a otra persona o a un animal, después de muerto, de arriba abajo por la parte delantera: *En esta sección se abren en canal las reses muertas. El asesino abrió en canal sádicamente a sus víctimas.*

canaladura *s. f.* ARQ. Moldura hueca en línea vertical hecha en algún elemento arquitectónico. SIN. acanaladura.

canalé *s. m.* (no contable) Tejido de punto que forma estrías: *Tengo una chaqueta de punto de canalé.*

canalera *s. f.* **1** Canal del tejado. **2** Agua que corre por este canal cuando llueve.

canaleta *s. f.* ARG., URUG. Canalón.

canalete *s. m.* Remo de pala ancha y mango corto.

canalización *s. f.* **1** (no contable) Acción y resultado de canalizar: *Es necesaria la canalización del río a su paso por la ciudad. Ese departamento se encarga de la canalización de los pedidos que recibe la fábrica. Se está estudiando la canalización del gas del nuevo yacimiento.* **2** Canal o conducción de un fluido, especialmente de agua: *Realizan obras en las principales canalizaciones de aguas del centro de la ciudad. Se están sustituyendo las antiguas canalizaciones del gas por otras más modernas.*

canalizar *v. tr.* **1** Hacer ‹una persona› regular [una corriente de agua]: *Han canalizado el tramo inferior del río Ebro.* **2** Dirigir y orientar ‹una persona› [una cosa] eficazmente: *El sindicato canalizó las protestas de los obreros. Se ha abierto una oficina para canalizar las consultas de los alumnos preuniversitarios.* **3** Abrir ‹una persona› canales en [un lugar]: *La huerta ha sido totalmente canalizada.* ⇒ **19.**

canalla *adj. / s. m.* y *f.* **1** COLOQUIAL; PEYORATIVO. [Persona] que es malvada o despreciable: *Ese tipo es un canalla; trata muy mal a su mujer.* ‖ *s. f.* **2** (no contable) COLOQUIAL; PEYORATIVO. Gente de mala condición: *Ese hombre trataba con toda la canalla: los ladrones, los asesinos, los presos peligrosos.*

canallada *s. f.* Acción propia de un canalla: *Timar a ese pobre anciano es una canallada.* SIN. vileza.

canalón *s. m.* Conducto que recibe y vierte el agua de lluvia de los tejados.

canana *s. f.* Cinturón donde se llevan las municiones de las armas de fuego.

cananeo, a *adj. / s. m.* y *f.* De Canaán, antigua región asiática: *las bodas cananeas. Los cananeos aparecen en la Biblia.*

canapé *s. m.* **1** Especie de diván o sofá con el asiento y el respaldo acolchado para sentarse o acostarse. **2** Soporte acolchado sobre el que se pone un colchón: *La última moda es este tipo de canapé tapizado igual que el colchón.* **3** Porción de pan o de hojaldre cubierta con una pequeña cantidad de comida que se suele servir en aperitivos y cócteles: *Sirvieron unos canapés de salmón, de tortilla y de jamón, riquísimos.*

canario, ria *adj. / s. m.* y *f.* **1** De las islas Canarias: *lucha canaria, plátano canario.* **2** RESTRINGIDO. De la isla de Gran Canaria. ‖ *s. m. / f.* **3** *Serinus canarius.* Ave pequeña de color amarillo, blanco o verdoso, que tiene un bonito canto y se suele tener en jaulas como animal doméstico.

canasta *s. f.* **1** Cesto de mimbre, con boca ancha y dos asas: *la canasta de la ropa, la canasta de la fruta.* SIN. banasta, banasto. **2** Aro con una red sin fondo por el que se tiene que introducir el balón en el baloncesto: *tirar a canasta, anotar una canasta. Los visitantes ganaron el partido con una canasta en el último segundo.* **3** Tanto conseguido en un partido de baloncesto al hacer pasar el balón por el aro: *Las canastas de fuera del área valen tres puntos.* **4** Juego de naipes que se juega con dos o más barajas francesas.

canastilla *s. f.* **1** Cestilla de mimbre en la que se guardan objetos pequeños de uso doméstico: *canastilla de la costura.* **2** Ropa que se prepara para el recién nacido: *Los futuros padres preparan la canastilla del bebé.*

canastillo *s. m.* Cesto pequeño, bastante plano y de boca muy ancha: *Marta ha preparado un canastillo de flores.*

canasto *s. m.* **1** Canasta alta y con dos asas: *un canasto de manzanas.* ‖ *interj.* **2** (en plural) Indica sorpresa o disgusto: *¡Canastos! He perdido la cartera. ¿Qué canastos pasa aquí?*

cáncamo *s. m.* Tornillo que tiene una anilla en vez de cabeza.

cancán *s. m.* **1** RESTRINGIDO. Enagua con muchos volantes almidonados que sirve para mantener ahuecada la falda de vuelo: *Con muchos vestidos de novia hay que llevar cancán.* **2** Baile francés del siglo XIX de ritmo muy vivo, típico de algunos cabarés. ‖ *s. f.* **3** (en plural) ARG., URUG. Leotardos.

cancanear *v. intr.* AMÉR. C., COL., MÉX. Tartamudear.

cancel *s. m.* **1** Contrapuerta formada por un techo y tres paredes con puertas en las dos laterales y que sirve para que no pasen ni las corrientes de aire ni los ruidos: *En muchas iglesias hay un cancel en la entrada.* **2** RESTRINGIDO. Especie de valla alta de madera u otro material que divide una habitación.

cancela *s. f.* **1** Verja hasta media altura que se pone en el umbral de algunas casas para impedir el libre acceso al portal. **2** Puerta de verja: *las cancelas de los patios andaluces.*

cancelación *s. f.* 1 Liquidación o pago de una deuda: *El ganador empleó el dinero del premio para la cancelación de sus créditos.* 2 Anulación de una obligación o de un derecho legal: *Ya no es posible la cancelación del contrato. No pueden pedir tranquilamente la cancelación de los derechos adquiridos por los antiguos funcionarios.* 3 Anulación o suspensión de algo que tenía que realizarse: *La huelga de pilotos obligó a la cancelación de varios vuelos. Cancelamos la cena del sábado porque estábamos con gripe.*

cancelar *v. tr.* 1 Dejar ‹una persona› [una obligación o derecho legal] sin validez: *La asociación ha cancelado los privilegios de los antiguos socios.* 2 Dejar ‹una persona› [una cosa] sin efecto: *Cancelaron el vuelo a causa de la niebla. He cancelado varios compromisos. Hemos cancelado la fiesta.* SIN. anular. 3 Pagar ‹una persona› [una deuda] totalmente: *He ahorrado para cancelar el crédito.* SIN. liquidar, saldar.

cáncer *s. m.* 1 Enfermedad caracterizada por un crecimiento anormal de las células que invaden y destruyen un órgano: *cáncer de colon, cáncer de estómago, cáncer de piel.* 2 INTENSIFICADOR. Problema social muy grave: *La corrupción es un cáncer que pone en peligro las instituciones. La soledad de los ancianos es el cáncer de las grandes ciudades.* 3 (con mayúscula) ASTRON. Una de las constelaciones del Zodiaco. 4 (preferentemente con mayúscula) ASTRON. Signo del Zodiaco que el Sol recorre aparentemente entre el 21 de junio y el 22 de julio. || *adj. / s. m.* y *f.* 5 (invariable) Persona nacida bajo este signo del Zodiaco: *las mujeres cáncer, los hombres cáncer.* FR. Y LOC. **trópico* de Cáncer.**

cancerar *v. intr. / prnl.* RESTRINGIDO. Convertirse ‹una cosa› en cáncer: *Hay que vigilar que no* **se** *canceren algunos lunares.*

cancerbero *s. m.* 1 DEP.; COLOQUIAL. Portero en deportes como el fútbol: *El joven cancerbero hizo muy buenas paradas.* SIN. guardameta. 2 COLOQUIAL. Portero o guarda muy duro o de bruscos modales: *Tienen un cancerbero custodiando la puerta de la discoteca.* 3 MIT. Perro mitológico de tres cabezas que guardaba la puerta de los infiernos.

cancerígeno, na *adj. / s. m.* [Sustancia] que puede producir cáncer: *producto cancerígeno, sustancia cancerígena. El tabaco es un cancerígeno muy importante.*

cancerólogo, ga *s. m. / f.* RESTRINGIDO. Médico especialista en las ramas de la medicina que estudian y tratan el cáncer. SIN. oncólogo.

canceroso, sa *adj.* Que tiene las propiedades del cáncer: *tejido canceroso, células cancerosas. Le han descubierto un tumor canceroso.*

cancha *s. f.* 1 Espacio o local preparados para la práctica de diversos deportes: *una cancha de tenis, una cancha de baloncesto, saltar a la cancha, salir a la cancha, abandonar la cancha.* 2 AMÉR. Terreno, espacio, local, llano y despejado. 3 AMÉR. Cercado amplio usado como depósito. 4 ARG., CHILE, PAR., URUG.; COLOQUIAL en Chile. Habilidad adquirida con la experiencia. 5 AMÉR. DEL S.; COLOQUIAL. Conjunto de granos de maíz tostado. FR. Y LOC. **abrir ~** AMÉR. Dejar ‹una persona› campo libre. **dar ~** 1 Dar ‹una persona› una oportunidad a otra persona para que pueda desarrollar sus habilidades o su personalidad: *El profesor nos da cancha para que intervengamos en clase. Me aburro en la oficina; el jefe no me da cancha para que haga algo interesante.* 2 ARG., CHILE, PAR. Dar ventaja ‹una persona› a otra persona.

canchal *s. m.* Lugar poblado de peñas: *Ésta es una zona llena de encinas y canchales.*

canchar *v. tr.* ARG., PAR. Tostar ‹una persona› una cosa.

canchero, ra *adj.* 1 ARG., CHILE, URUG.; COLOQUIAL. Que es espabilado o experto en determinada actividad. 2 COL.; COLOQUIAL. Que utiliza el engaño y el disimulo para conseguir sus objetivos. || *s. m. / f.* 3 AMÉR. [Persona] que tiene o cuida una cancha de juego.

canciller *s. m.* 1 Jefe o presidente del gobierno en algunos estados de Europa: *el canciller alemán.* 2 preferentemente en AMÉR. Ministro de Asuntos Exteriores, en algunos países: *El canciller colombiano fue recibido por su homólogo español en la mañana de ayer.* 3 Persona responsable de la cancillería en embajadas y consulados. 4 HIST. Alto funcionario que tenía a su cargo el sello real con el que se autorizaban los privilegios.

cancilleresco, ca *adj.* 1 De la cancillería o del canciller: *el aburrido trabajo cancilleresco, una reunión cancilleresca.* 2 [Escrito] que tiene un estilo propio de una cancillería: *lengua cancilleresca, retórica cancilleresca.*

cancillería *s. f.* 1 Oficio o cargo del canciller. 2 Oficina especial de las embajadas o de los consulados de algunos países: *Tenemos que pasar por la cancillería del consulado para arreglar unos papeles.* 3 preferentemente en AMÉR. Centro diplomático desde el que se dirige la política exterior de un país: *La cancillería del país vecino ha puntualizado las informaciones de nuestro periódico.* 4 HIST. Conjunto de secretarios que redactaban y controlaban los documentos reales bajo la dirección del canciller: *La cancillería del rey de Castilla estaba dirigida por el arzobispo de Toledo.*

canción *s. f.* 1 LIT. Composición poética que se puede cantar: *Los cancioneros musicales del siglo* XVI *tienen villancicos tradicionales y canciones de los mejores poetas del momento.* **~ de cuna** Composición que se canta para dormir a los niños. 2 Música de esta composición: *Los ciegos cantaban romances y otras canciones tradicionales.* 3 LIT. Composición poética de origen italiano, de tema amoroso y carácter melancólico, dividida en estrofas largas de igual número de versos de siete y once sílabas: *La canción es un género que abunda en el Siglo de Oro español.* 4 Pretexto sin fundamento: *No me vengas con canciones. Con tal de no trabajar te inventas siempre una canción.* 5 Repetición molesta e inoportuna: *¡Siempre con la misma canción! Esa canción ya la he oído más veces.* || 6 **~ de gesta** Poema medieval narrativo de larga extensión que celebraba las hazañas de un guerrero heroico: *El Poema del Cid es la canción de gesta castellana más importante.* FR. Y LOC. **ésa es otra ~** Se usa para indicar una persona que las palabras dichas por otra persona tratan de un asunto distinto: *–«Hablando de economía, ¿me prestas mil duros?» –«Ésa es otra canción.»*

cancionero *s. m.* Libro que contiene una colección de canciones o de poemas: *Me han regalado la edición del cancionero de Palacio, un hermoso facsímil del libro del siglo* XVI. *Han editado el cancionero popular extremeño.*

candado *s. m.* Dispositivo metálico para cerrar o asegurar objetos formado por una cajita metálica con un gancho que se acciona con una llave u otro mecanismo: *abrir un candado, cerrar el candado, poner un candado a la puerta, poner un candado al teléfono, echar el candado.*

candar *v. tr.* RESTRINGIDO. Cerrar ‹una persona› [una cosa] con llave: *Canda la puerta, por favor.*

candeal *adj. / s. m.* **1** [Trigo] que tiene aristas, espiga cuadrada y granos ovales, da harina muy blanca y con mucho gluten. **2** [Pan] que se hace con este trigo.

candela *s. f.* **1** Cilindro de cera que sirve para alumbrar. SIN. cirio, vela. **2** Lumbre, fuego: *¿Me das candela?* **3** FÍS. Unidad de intensidad luminosa. FR. Y LOC. **dar / atizar / arrear ~** Golpear ‹una persona› a otra persona: *El atracador le arreó candela y lo dejó inconsciente en el suelo.*

candelabro *s. m.* Soporte para velas que consta de dos o más brazos unidos a un pie o sujetos a la pared: *un candelabro de plata, el candelabro de los siete brazos.*

candelejón, na *adj.* AMÉR. DEL S.; COLOQUIAL. Que es cándido, inocente o bobo.

candelero *s. m.* Soporte para velas que consta de un cilindro hueco unido a un pie. SIN. candelabro, candil. FR. Y LOC. **en (el) ~** De actualidad, en posición destacada: *Esta película está en candelero. Esa noticia está en el candelero.*

candente *adj.* **1** (estar) [Cuerpo] que se enrojece o blanquea por la acción del calor: *hierro candente. El pico tiene que estar candente para que el herrero pueda arreglarlo.* SIN. incandescente. **2** (ser / estar) Que es polémico y contiene intensidad y apasionamiento, junto a gran actualidad o interés: *problema candente, cuestión candente. El tema del racismo es candente. Está candente la política municipal antes de las elecciones.*

candi *adj.* Se usa en la LOC. **azúcar* ~.**

candidatizar *v. tr.* COL. Proponer o proclamar ‹una persona› [un candidato]. ⇒ **19.**

candidato, ta *s. m. / f.* **1** Persona que pretende algún puesto, cargo o premio: *el candidato a la presidencia, el candidato a la dirección de la empresa.* SIN. aspirante, pretendiente. **2** Persona propuesta para un cargo y honor, aunque no sea a petición suya: *los candidatos al Nobel, los candidatos al Óscar.*

candidatura *s. f.* **1** Papeleta en la que va impreso el nombre de uno o varios aspirantes: *la candidatura de un partido político.* **2** Aspiración o solicitud a un puesto, a un cargo, a un premio o a una distinción: *La candidatura a presidente se ha abierto.* **3** Propuesta o presentación de una persona para alguna dignidad, cargo o premio: *la candidatura de Carlos al cargo de presidente, la candidatura de Santiago a rector, la candidatura al premio Cervantes.* **4** Conjunto de candidatos o aspirantes a un empleo o a un cargo: *Todavía no me han presentado la lista de la candidatura. Ese político ocupa el número tres de la candidatura de su partido a las elecciones municipales.*

candidez *s. f.* (no contable) Carácter cándido de una persona o cosa: *Me sorprende la candidez de vuestras propuestas; no creo que los otros sean tontos para aceptarlas. Estrella habla con mucha candidez.* SIN. inocencia, candor.

cándido, da *adj.* **1** Que no tiene malicia ni malas intenciones: *Teresa es una persona muy cándida, si te ha ofendido ha sido sin querer.* **2** Que es ingenuo o poco experimentado: *Perdió la carrera porque es un atleta un poco cándido y tiene que adquirir más experiencia.*

candil *s. m.* **1** Utensilio para iluminar formado por un recipiente en el que se pone combustible, un gancho para colgarlo y un pico en el borde por donde sale la mecha: *un candil de aceite, un candil de carburo, un candil de petróleo.* **2** Punta de los cuernos de los ciervos. **3** MÉX; COLOQUIAL. Araña, lámpara de techo.

candileja *s. f.* **1** (en plural) Fila de luces situada en la parte más cercana al público de un escenario: *Las candilejas son un elemento fundamental para el espacio escénico.* **2** Vaso pequeño que se llena de aceite u otro material combustible para que arda una o más mechas.

candinga *s. f.* **1** CHILE; VULGAR. Majadería, acción repetida que provoca fastidio. **2** HOND. Enredo, lío. **3** MÉX. Diablo.

candombe *s. m.* **1** AMÉR. Danza de origen africano de la población negra de América del Sur, lugar donde se baila o tambor con que se acompaña. **2** AMÉR. Desorden o confusión.

candombero, ra *adj.* ARG., URUG. [Persona] que es muy aficionada a los bailes.

candor *s. m.* (no contable) Pureza, sinceridad, ingenuidad: *el candor de los niños. El candor de sus opiniones choca a la mayoría de los lectores.* SIN. candidez.

candoroso, sa *adj.* (antepuesto / pospuesto) Que tiene candor o ingenuidad: *los candorosos niños, una familia candorosa.*

canear *v. intr.* RESTRINGIDO. Empezar ‹una persona› a tener canas. SIN. encanecer.

caneco, ca *adj.* **1** BOL., VEN. Borracho. || *s. m.* **2** COL., EC. Bidón para petróleo. **3** COL. Cubo de basura.

canéfora *s. f.* LITERARIO. Doncella que en la antigüedad pagana llevaba en una canastilla flores y otras ofrendas para los sacrificios: *La figura de las canéforas aparece en la poesía modernista.*

canela *s. f.* (no contable) Segunda corteza de las ramas del canelo, muy aromática, que se emplea como condimento, principalmente en repostería. **~ en rama** Canela sin moler. **~ fina** Canela molida muy finamente. FR. Y LOC. **la flor* de la ~. ser ~ (fina)** Ser ‹una persona o una cosa› muy buena y exquisita: *Esta actriz es canela fina. Me he comprado un coche que es canela.*

canelo, la *adj.* **1** (invariable) Que tiene el color de la canela: *un perro canela, dos sillones canela.* || *adj.* **2** [Animal] que es del color de la canela: *perro canelo, un caballo canelo, yegua canela.* || *s. m.* **3** *Cinnamomum zeylanicum.* Árbol originario de Ceilán con hojas en forma de lanza y flores blancas del que se obtiene la canela. FR. Y LOC. **hacer el ~** Hacer ‹una persona› el ridículo, tener ‹una persona› la sensación de que ha hecho el tonto por comportarse de una manera inadecuada: *Hemos hecho el canelo ofreciendo ayuda a gente que la necesita menos que nosotros.*

canelón *s. m.* **1** Plato elaborado con rollos de pasta de harina rellenos de diferentes ingredientes puestos al horno: *Hay canelones de carne, de pescado, de verdura.* **2** RESTRINGIDO. Canalón de los tejados. **3** RESTRINGIDO. Trozo de hielo largo y puntiagudo que cuelga de un canal al helarse el agua de la lluvia o al derretirse la nieve.

canesú (plural *canesúes*, preferible a *canesús*) *s. m.* **1** Cuerpo de vestido de mujer, corto y sin mangas. **2** Pieza superior de los vestidos y camisas que une los hombros con el delantero y sostiene la manga y el cuello.

cangilón *s. m.* Cada uno de los recipientes de la rueda de una noria o de una draga que saca el agua o el fango: *noria de cangilones.*

cangreja *s. f.* MAR. Vela trapezoidal de popa de una embarcación. **vela ~.**

cangrejero, ra *s. m. / f.* **1** Persona que pesca o vende cangrejos. || *s. m.* **2** Ave del orden de las zancudas parecida a la garza, de color rojizo leonado, y pecho y patas blancas.

cangrejo *s. m.* **1** (macho y hembra) Crustáceo marino de zonas rocosas, con el caparazón redondeado y pinzas delanteras, que puede vivir fuera del agua, suele ser corredor y generalmente anda hacia atrás. **~ de mar. 2** (macho y hembra) Crustáceo de agua dulce con el cuerpo alargado y patas delanteras. **~ de río.** || **3 ~ ermitaño** (macho y hembra) Crustáceo marino de cuerpo grande y blando, que para protegerse se mete en conchas de moluscos vacías. FR. Y LOC. **como un ~** COLOQUIAL. Muy colorado: *Has estado al sol demasiado tiempo y te has puesto como un cangrejo. Hija, estás como un cangrejo después del día de playa.*

canguelo o **canguis** *s. m.* COLOQUIAL. Miedo, temor: *Pasamos un canguelo terrible en aquella casa.*

canguro *s. m.* **1** (macho y hembra) Familia *Macropodidae.* Mamífero marsupial típico de Australia, gran saltador, con las patas delanteras muy cortas, las patas y pies traseros largos y rabo fuerte. || *s. m. / f.* **2** COLOQUIAL. Persona, generalmente joven, que cuida niños a domicilio por horas y cobra por ello: *Los padres salieron al teatro y dejaron a las niñas con una canguro. Cristina estudia en la facultad y saca dinero haciendo de canguro.*

caníbal *adj. / s. m.* y *f.* **1** Que come carne humana: *tribu caníbal. Estoy leyendo un libro sobre los caníbales.* SIN. antropófago. **2** COLOQUIAL. Que se comporta con la crueldad y la fiereza que tradicionalmente se ha atribuido a los caníbales: *Pedro tiene costumbres caníbales. Eres un caníbal, un bruto y un salvaje.*

canibalismo *s. m.* (no contable) ANTROP. Costumbre que tienen algunos grupos de personas o animales de comer carne de la propia especie: *Algunas tribus primitivas practican el canibalismo.*

canica *s. f.* **1** Bolita pequeña de vidrio, barro u otro material duro con que juegan los niños: *tirar la canica, canica de metal, canica de china.* **2** Juego infantil en que se utilizan las canicas: *una partida de canicas. ¿Jugamos a las canicas?*

caniche *s. m.* (macho y hembra) Perro pequeño con el pelo rizado y de color uniforme.

canicie *s. f.* (no contable) RESTRINGIDO. Blancura del pelo: *La canicie suele aparecer con la edad.*

canícula *s. f.* LITERARIO. Periodo del año en que el calor es más fuerte: *Ya ha llegado la canícula.*

canicular *adj.* LITERARIO. De la canícula: *tiempo canicular, calores caniculares.*

cánido *adj. / s. m.* **1** (macho y hembra) ZOOL. [Animal] mamífero carnívoro de cuatro patas con garras en los dedos, como el perro, el lobo o el zorro. || *s. m.* **2** (en plural) ZOOL. Familia de estos animales.

canijo, ja *adj. / s. m.* y *f.* **1** Que es muy pequeño o débil: *un niño muy canijo, un perro canijo.* **2** MÉX.; COLOQUIAL. Que es travieso o latoso. **3** MÉX.; COLOQUIAL. Que es malicioso o malintencionado.

canilla *s. f.* **1** Tibia, hueso de la pierna. **2** RESTRINGIDO. Hueso largo de la pierna o del brazo. **3** Parte más delgada de la pierna: *Si jugamos al fútbol, no se puede dar patadas en las canillas.* **4** Carrete en que se devana el hilo en las máquinas de coser y de tejer. **5** Caño pequeño de madera por donde se vacía una cuba, tinaja o barril. **6** ARG., COL.; COLOQUIAL. Pierna, pantorrilla. **7** ARG., COL., URUG.; COLOQUIAL en Colombia. Grifo, llave del agua.

canillita *s. m.* AMÉR. DEL S. Muchacho vendedor ambulante de periódicos.

canino, na *adj.* **1** Del perro: *fábrica de comida canina, peluquería canina, residencia canina.* || *adj. / s. m.* **2** [Diente] que está situado entre los incisivos y los premolares. **diente ~.** || **3 hambre* canina.**

canje *s. m.* Acción y efecto de canjear: *el canje de prisioneros, el canje de regalos.*

canjeable *adj.* Que está destinado a canjearse por alguna cosa: *Estos bonos son canjeables por dinero en efectivo.*

canjear *v. tr.* Cambiar ‹una persona› [a una persona o una cosa] por otra persona u otra cosa con ciertas formalidades: *Puede usted canjear esos bonos por dinero.*

cannabáceo, a *adj.* **1** BOT. Planta herbácea que se caracteriza por tener el tallo de fibras duras, olor intenso, flores unisexuales en cimas y fruto en cápsula. || *s. f.* **2** (en plural) BOT. Familia de estas plantas.

cannabis (plural *cannabis*) *s. m. Cannabis sativa.* Grupo de plantas cannabáceas con flores verdes que contienen sustancias narcóticas.

cano, na *adj.* Que tiene el cabello blanco o con muchas canas: *El abuelo tiene la barba cana.* SIN. canoso.

canoa *s. f.* **1** Embarcación de remos ligera, larga y estrecha: *ir en canoa, una canoa india, una canoa canadiense.* **2** Embarcación deportiva de remo en la que los tripulantes van arrodillados: *canoa con timonel, canoa sin timonel.*

canódromo *s. m.* Pista para carreras de galgos: *No me gustan las carreras de galgos, sino las apuestas que se pueden hacer en el canódromo.*

canon *s. m.* **1** ELEVADO. Regla o norma, generalmente codificada según una costumbre o tradición: *Aquella obra de teatro no se ajustaba a los cánones clásicos. El canon modernista tarda en imponerse.* **2** Modelo de perfección, especialmente de la belleza: *Muchas esculturas griegas clásicas están consideradas como el canon de la belleza. El canon del galgo se puede encontrar en muchos ejemplares castellanos.* **3** DER. Impuesto, cantidad de dinero que se paga periódicamente, en especial al Estado, por el uso de alguna cosa: *Todavía no hemos pagado el canon por el gasto del agua.* **4** MÚS. Tipo de composición musical polifónica en la que se repiten sucesivamente los cantos o melodías: *Su música preferida son los cánones del Barroco.* **5** (en plural; no contable) RESTRINGIDO. Precepto o ley eclesial que forma parte del Código de Derecho canónico: *Elena se especializó en el estudio de cánones.* FR. Y LOC. **como mandan los cánones** ELEVADO. Según las reglas, como tiene que ser: *Este diestro torea como mandan los cánones. Patricia se casó como mandan los cánones, de blanco y por la Iglesia.*

canonicato *s. m.* Canonjía.

canónico, ca *adj.* **1** De los cánones de la iglesia católica o que se atiene a ellos: *libro canónico.* **derecho* ~. horas* canónicas. 2** Que se atiene a las reglas de una corporación o de una actividad: *Ésa es una comedia perfectamente canónica. El arquitecto ha proyectado un edificio muy canónico. Su manera de correr no es muy canónica, pero es eficaz.* **3** Que pertenece a un conjunto de textos cerrado, por oposición a los que no pertenecen a ese grupo: *Dentro de la teoría de este poeta, no podemos contar con las opiniones de estos últimos textos, porque no son canónicos. Solamente se exige aceptar los evangelios canónicos.*

canónigo *s. m.* Sacerdote que pertenece al cabildo o comunidad eclesiástica de una catedral.

canonista *s. m. / f.* **1** Abogado que se dedica profesionalmente al derecho canónico. **2** Especialista en derecho canónico.

canonización *s. f.* En la iglesia católica, declaración solemne por parte del Pontífice de Roma de que una persona es santa y, por consiguiente, de que todos los católicos tienen que creer como dogma de fe que está en el paraíso: *El ministro de justicia asistió en Roma a la ceremonia de canonización de un sacerdote español.*

canonizar *v. tr.* Declarar ‹el papa› santa [a una persona anteriormente beatificada]: *El papa ha canonizado a varios mártires japoneses.* ⇒ **19.**

canonjía *s. f.* **1** Dignidad de canónigo. **2** RESTRINGIDO. Prebenda o beneficio del canónigo. **3** COLOQUIAL; HUMORÍSTICO. Situación laboral que se considera muy beneficiosa: *No has encontrado un puesto de trabajo, has encontrado una canonjía. Los funcionarios no tenéis trabajo, tenéis canonjías.*

canoro, ra *adj.* LITERARIO. Que produce un sonido agradable y armonioso: *un pájaro canoro, voz canora, violín canoro.*

canoso, sa *adj. / s. m.* y *f.* (ser / estar) Que tiene muchas canas: *pelo canoso. Estoy canoso desde muy joven. Roberto es canoso, pero muy guapo.*

canotier (del francés) *s. m.* Sombrero de paja, de copa plana y corta y de ala recta.

cansadamente *adv. modo* Con cansancio o lentitud, mostrando cansancio o lentitud: *Avanzaban cansadamente.*

cansado, da *adj.* **1** [Cosa, persona] que produce cansancio o aburrimiento: *Ha sido un viaje muy cansado. El camino es cansado. La subida es muy cansada. El niño es muy cansado, es difícil aguantarlo toda la tarde. Es muy cansada esta muchacha con tantas exigencias.* **2** (estar) [Persona] que tiene cansancio: *Estoy muy cansado después del viaje. Estoy cansado **de** andar.* || **3 vista* cansada.**

cansador, ra *adj.* **1** ARG., URUG.; COLOQUIAL. [Persona] que cansa o molesta. **2** ARG., URUG.; COLOQUIAL. [Cosa] que cansa o aburre.

cansancio *s. m.* **1** (no contable) Falta de fuerzas o de energías físicas o mentales: *Me voy a dormir, porque con este cansancio no me entero de nada.* **2** (no contable) Hastío, aburrimiento: *El cansancio de esta historia me está invadiendo.*

cansar *v. tr.* **1** Producir ‹una cosa› cansancio [a una persona o un animal]: *Sus impertinencias me cansan.* **2** Quitar ‹una cosa› fertilidad a [la tierra]: *Estos cultivos cansan la tierra, hay que alternarlos con otros.* || *v. prnl.* **3** Experimentar ‹una persona o un animal› antipatía por [una cosa]: *Me canso **con** sus impertinencias. Me cansé **de** llorar.* FR. Y LOC. **no cansarse de** 1 (seguido de infinitivo) Hacer ‹una persona› una cosa una y otra vez por considerar necesaria la insistencia: *Julián no se cansa de llamarme para que nos veamos.* 2 Tener ‹una persona› una simpatía especial por alguna cosa o persona: *No me canso nunca de las naranjas.*

cansino, na *adj.* **1** Que expresa cansancio: *un gesto cansino, un andar cansino.* **2** Que tiene disminuida su capacidad de trabajar: *una mula cansina, unos soldados cansinos.* **3** Que es pesado: *Estudiar sin ganas es cansino.*

cantábile *s. m.* **1** MÚS. Indicación de que un pasaje debe interpretarse con expresión y de manera que destaque la melodía principal. **2** Pasaje que se interpreta de esta manera.

cantable *s. m.* **1** Parte del libreto de una zarzuela escrita en verso para ponerle música. **2** Escena cantada de zarzuela.

cantábrico, ca *adj.* **1** Del mar Cantábrico: *Yo siempre veraneo en algún pueblecito de la costa cantábrica.* **2** De la cordillera Cantábrica.

cántabro, bra *adj. / s. m.* y *f.* **1** De Cantabria, comunidad autónoma española: *el gobierno cántabro. Los cántabros prepararon la reunión.* **2** De un antiguo pueblo prerromano que habitaba en una zona más amplia que la actual provincia de Santander en España: *la resistencia cántabra. Los cántabros se enfrentaron a los romanos.*

cantada *s. f.* COLOQUIAL. Fallo, error, especialmente si es causado por incompetencia: *Jesús es buen chico, pero tiene unas cantadas garrafales. El gol que nos metieron fue una cantada del portero.*

cantado, da *adj.* (estar) Que se sabía anticipadamente o se daba por supuesto: *La venta de esta empresa estaba cantada.* **gol* ~. voto* ~.**

cantador, ra *adj. / s. m.* y *f.* Persona que canta coplas populares por oficio o por afición.

cantaleta *s. f.* AMÉR. DEL S.; COLOQUIAL. Letanía, reiteración insistente, generalmente de una advertencia o de una regañina.

cantamañanas (plural *cantamañanas*) *s. m. / f.* COLOQUIAL; PEYORATIVO. Persona informal o irresponsable: *Ese cantamañanas seguro que se ha olvidado de la reunión.*

cantante *s. m. / f.* **1** Persona que se dedica por oficio a cantar: *un cantante moderno, un cantante de ópera, un cantante de rock.* || **2 café* ~.** FR. Y LOC. **llevar la voz* ~.**

cantaor, ra *s. m. / f.* Persona que canta flamenco: *cantaor de seguidillas, cantaora de sevillanas, cantaor de bulerías.*

cantar *v. intr. / tr.* **1** Producir ‹una persona› sonidos musicales: *Este señor canta muy bien las rancheras.* || *v. intr.* **2** Producir ‹las aves› sonidos armoniosos: *Este canario no canta.* **3** Producir ‹algunos insectos› sonidos: *Los grillos cantan por la noche.* **4** Producir ‹una cosa› un sonido. **5** COLOQUIAL. Despedir ‹una cosa› un olor desagradable: *Niño, ventila las zapatillas, que cantan mucho.* **6** COLOQUIAL. Ser ‹una cosa› muy evidente: *La policía lo pescó, porque cantaba un poco la misma furgoneta todos los días delante del banco.* || *v. tr. / intr.* **7** Decir ‹una persona› [una cosa que antes ocultaba] bajo presión: *Al final el preso cantó todo lo que sabía.* || *v. tr.* **8** Dedicar ‹una persona› alabanzas o poemas [a otra persona o a una cosa]: *El poeta cantó las bellezas del lugar.* **9** Decir ‹una persona› [una cosa] con entonación: *Mañana volverán a cantar la lotería los niños del Colegio de Huérfanos.* **10** Decir ‹una persona› que tiene [una jugada especial de cuarenta o veinte puntos] en algunos juegos de naipes: *No me importa perder, lo que me gusta es cantar las cuarenta. Canto veinte en bastos.* **11** Decir ‹una persona› que tiene [premio] en el bingo: *He cantado una línea.* FR. Y LOC. **~ como los ángeles** Cantar ‹una persona› con una voz muy agradable y fina: *Los niños del* *coro cantaban como los ángeles.* **~ de plano** COLOQUIAL. Decir ‹una persona› todo lo que sabe de una cosa: *El jefe de la mafia cantó de plano.* **~ el alirón*. ~ el kirieleisón*. ~ las cuarenta** COLOQUIAL. Decir ‹una persona› abiertamente a otra persona las quejas que tiene de ella: *Esteban no podía aguantar más su desprecio y le cantó las cuarenta. Ya le cantaré yo las cuarenta a tu hermano cuando llegue a casa.* **~ misa*. ~ victoria*. en menos que canta un gallo** COLOQUIAL. En muy poco tiempo: *Avisé a Eva para que viniera y en menos que canta un gallo estaba llamando a la puerta.* **otro gallo* le cantara. ser coser* y ~.**

cantar *s. m.* **1** LIT. Composición poética destinada a ser cantada. || **2 ~ de gesta** LIT. Poema narrativo que relata hechos históricos o legendarios. FR. Y LOC. **ser otro ~** Ser ‹una cosa› distinta: *Soy tolerante, pero que salgas todos los días por la noche es otro cantar.*

cántara *s. f.* **1** Cántaro. **2** Medida de capacidad que equivale más o menos a dieciséis litros: *Me han regalado una cántara de vino tinto.*

cantarero, ra *s. m./f.* RESTRINGIDO. Persona que se dedica a hacer cántaros y cacharros de barro. SIN. alfarero, cacharrero.

cantárida *s. f.* (macho y hembra) *Lytta vesicatoria.* Insecto de color verde con un par de alas plegadas debajo de otras duras de las que se saca una sustancia usada en farmacia.

cantarín, na *adj.* Que canta o tiende a cantar mucho: *Tengo un vecino muy cantarín. El agua cantarina sonaba en la fuente del parque.*

cántaro *s. m.* **1** Vasija de barro o metal de forma redondeada, boca estrecha y dos asas: *cántaro de agua, llenar el cántaro.* **2** Líquido que contiene esta vasija: *El chico tenía sed y se bebió un cántaro entero.* FR. Y LOC. **a cántaros** Abundantemente: *Está lloviendo a cántaros.* **alma* de ~.**

cantata *s. f.* MÚS. Composición lírica musical para coro y orquesta destinada a música de cámara, música religiosa o concierto, en la que alternan los recitativos con las arias: *las cantatas barrocas. Literalmente, «sonata» significa pieza que se toca en oposición a cantata o pieza que que canta.*

cantautor, ra *s. m./f.* Cantante que escribe las canciones que él mismo interpreta: *Las letras de los cantautores españoles de los años setenta eran de protesta contra el régimen.*

cante *s. m.* **1** Cualquier género de canto popular, en especial el andaluz: *los cantes de mi tierra, cante por soleares.* **2** COLOQUIAL. Algo que desentona por llamativo o desproporcionado: *¡Qué cante de corbata!* **3** COLOQUIAL. Olor desagradable: *El cante de tu aliento es horroroso.* || **4 ~ flamenco** Estilo de canto popular gitano-andaluz, de ritmo ondulante y recargado de inflexiones: *Lo que más me gusta del cante flamenco son las bulerías.* **5 ~ hondo/jondo** Cante andaluz de profundo sentimiento. FR. Y LOC. **dar el ~** 1 COLOQUIAL. Llamar ‹una persona o una cosa› la atención exageradamente: *La policía lo pescó porque empezó a vestir trajes que daban el cante.* 2 COLOQUIAL. Dar un aviso ‹una persona› a otra persona: *El portero le daba el cante cuando todos se iban, encendiendo la luz del pasillo.*

cantear *v. tr.* **1** Trabajar ‹una persona› los bordes de [una piedra o una tabla]. **2** Poner ‹una persona› [los ladrillos] de canto. **3** Pegar ‹una persona› una chapa en el borde de [una tabla de conglomerado].

cantera *s. f.* **1** Lugar de donde se saca piedra, grava y otras sustancias para la construcción: *Han encontrado dinamita en una cantera abandonada.* **2** Lugar o institución de donde proceden personas bien preparadas para una actividad: *El equipo de fútbol se nutre de la cantera local.*

cantería *s. f.* (no contable) Técnica de labrar las piedras que se utilizan en la construcción: *La cantería se conserva muy bien en Galicia.*

cantero *s. m.* **1** Persona que tiene por profesión labrar las piedras: *cantero especializado en losas sepulcrales.* SIN. picapedrero. **2** Persona que tiene por oficio extraer piedras de una cantera. **3** RESTRINGIDO. Punta o extremo de algunas cosas duras que se puede partir con facilidad: *cantero de pan.* **4** AMÉR. Cuadro de tierra en el que se cultivan flores o verduras.

cántico *s. m.* **1** LIT. Composición poética de carácter religioso. **2** LIT. Nombre que se da a algunas poesías profanas.

cantidad *s. f.* **1** Propiedad de lo que se puede medir o contar: *La cantidad es por definición mensurable.* **2** Porción o número indeterminado de una cosa: *poca cantidad de café, mucha cantidad de leche, una cantidad excesiva. ¿Qué cantidad de pintura hará falta?* **3** COLOQUIAL. Porción o número grande de una cosa: *Te harán cantidad de regalos. Tenemos cantidad de cervezas en la nevera.* **4** Suma de dinero: *Hay que dejar una cantidad a cuenta.* **5** Cierto número de unidades: *El resultado ha de ser una cantidad mayor.* SIN. número. **6** LING. Tiempo que se invierte en la pronunciación de una vocal o una sílaba: *El ritmo del verso griego se basa en la cantidad.* || *adv.* **7** COLOQUIAL. Mucho: *Trabajas cantidad.* FR. Y LOC. **en ~** En abundancia: *Compra productos en cantidad.* **en cantidades industriales** COLOQUIAL; INTENSIFICADOR. Mucho: *Comes pasteles en cantidades industriales. Aquí se gasta aceite en cantidades industriales.*

cantiga o **cántiga** *s. f.* LIT. Composición poética medieval destinada a ser cantada: *El rey Alfonso X escribió algunas cantigas hermosas en gallego.*

cantil *s. m.* **1** Sitio que forma escalón en la costa o en el fondo del mar: *el cantil del muelle.* **2** Borde de un precipicio.

cantilena *s. f.* Cantinela.

cantimplora *s. f.* **1** Recipiente individual de diferentes formas o materiales, preparado para transportar agua u otras bebidas en viajes o excursiones: *Ya le he preparado la cantimplora a los niños.* **2** Cantidad de líquido que contiene una cantimplora: *Me he bebido toda la cantimplora.*

cantina *s. f.* **1** Establecimiento de algunos lugares públicos donde se venden y sirven bebidas y alimentos: *la cantina de un cuartel, la cantina de una estación ferroviaria. En la cantina del colegio sirven batidos, refrescos, bollos, bocadillos y caramelos.* **2** ARG., PAR., URUG. Restaurante de estilo italiano. **3** MÉX. Taberna. **4** COL. Vasija de metal en la que se transporta un líquido.

cantinela o **cantilena** *s. f.* **1** LIT. Composición poética breve destinada, generalmente, a ser cantada. **2** Repetición molesta e inoportuna: *Ya está con la misma cantinela de siempre.*

cantinero, ra *s. m./f.* **1** Persona que tiene una cantina o sirve en ella. || *s. f.* **2** RESTRINGIDO. Mujer que por oficio seguía a una tropa para servir bebidas y comidas. SIN. chiribiquera.

canto *s. m.* **1** Conjunto de sonidos emitidos por las personas con intención de formar una melodía: *el canto de los segadores, el canto de los niños. El canto es propio de muchas personas cuando están trabajando.* **~ gregoriano** Canto litúrgico tradicional de la iglesia católica. **2** Arte de cantar: *Doy clases de canto. Estudio canto en el conservatorio.* **3** Conjunto de voces más o menos melodiosas de las aves: *el canto de los canarios. Me gusta el canto de los pájaros.* **4** LIT. Cada una de las divisiones de un poema épico: *El poema está compuesto por cinco cantos.* **5** MÚS. Composición cantada, generalmente lírica: *canto nupcial, canto fúnebre.* **6** Exaltación de alguna cosa o persona: *Su novela es un canto a la vida campesina. Su escultura es un canto a la vitalidad. La película es un canto a la amistad.* **7** Extremo, esquina o borde de una cosa: *Cuidado no te des con el canto de la mesa. Ten cuidado con el canto del aparador.* **8** Ancho o grueso de una cosa: *el canto de una moneda, el canto de un estante.* **9** Corte o parte opuesta al lomo en los libros: *Los libros se colocan en la estantería con el canto hacia dentro para que no se estropeen y llenen de polvo. Se me ha caído este libro de canto y se han doblado muchas hojas.* **10** En los objetos cortantes, parte opuesta al filo: *Le dio un golpe con el canto del sable y lo dejó algo atontado.* **11** Trozo de piedra: *Esta calle tienen que asfaltarla, está llena de cantos.* **~ rodado** Piedra lisa y redondeada que ha sido arrastrada por una corriente de agua: *El lecho de este río está formado por cantos rodados.* || **12 ~ de sirena*.** **13 ~ del cisne** Última obra o actuación notable de una persona: *Nosotros ya no tenemos ganas de viajar; esta vuelta turística por Ecuador y Bolivia será nuestro canto del cisne. Según el afamado escritor, esta novela es su canto del cisne.* FR. Y LOC. **al ~** COLOQUIAL; INTENSIFICADOR Inmediatamente e inevitablemente: *Como sigáis gritando, tendremos discusión al canto. En cuanto ese chico sale, ya está la borrachera al canto.* **al ~ del gallo** Al amanecer: *Siempre se levantan al canto del gallo.* **cerrar a cal* y ~.** **darse con un ~ en los dientes** COLOQUIAL. Conformarse ‹una persona› con una cosa regular porque no es tan mala como se esperaba: *Éste no es un trabajo maravilloso, pero puedo darme con un canto en los dientes por conseguir un trabajo fijo en estos tiempos. Mi hijo no es un chico muy estudioso, pero nos damos con un canto en los dientes porque no ha salido mala persona. Si has conseguido vender tu coche por ese precio puedes darte con un canto en los dientes porque nadie quiere ahora coches de segunda mano.* **de cal* y ~.** **de ~** De lado: *Pon estas carpetas de canto, que ocuparán menos.* **por el ~ de un duro** COLOQUIAL. Por muy poco: *Perdí el tren por el canto de un duro. No tuvimos un accidente por el canto de un duro.* **faltar el ~ de un duro** COLOQUIAL. Faltar muy poco: *Nos faltó el canto de un duro para que nos pusieran una multa.*

cantón *s. m.* **1** División administrativa y territorial con una autonomía política muy elevada dentro de una organización superior: *Los cantones suizos se integran en una confederación.* **2** MÉX.; COLOQUIAL. Casa, domicilio personal.

cantonal *adj.* **1** Del cantón: *administración cantonal, carretera cantonal.* **2** Cantonalista.

cantonalismo *s. m.* (no contable) Ideología y sistema político que propone la división del Estado en cantones federados o confederados: *El cantonalismo tiene tradición indiscutible en Europa.*

cantonalista *adj.* **1** Del cantón o del cantonalismo: *política cantonalista.* SIN. cantonal. || *adj. / s. m.* y *f.* **2** Que es partidario del cantonalismo: *En el siglo* XIX *español convivían los cantonalistas progresistas y los reaccionarios.* SIN. cantonal.

cantonera *s. f.* Pieza que protege las esquinas o puntas de algún objeto: *las cantoneras de un libro, las cantoneras de un mueble, la cantonera de un bastón.*

cantor, ra *adj. / s. m.* y *f.* **1** [Persona] que canta por oficio o por afición: *los niños cantores de la catedral de Sevilla. Jorge es cantor en el coro del Liceo de Barcelona.* || *adj.* **2** [Ave] que tiene un canto armonioso: *un pájaro cantor.* **3** ARG.; COLOQUIAL. [Prenda de vestir] que es sencilla y elegante.

cantoral *s. m.* Libro de gran tamaño, que contiene la letra y la música de los cantos e himnos religiosos que se cantan en el coro de las iglesias: *Los cantorales suelen ser libros de pergamino de gruesas letras.*

cantueso *s. m.* *Lavandula stoechas.* Planta perenne labiada de hojas estrechas y alargadas, y flores moradas olorosas agrupadas en espigas.

canturrear *v. intr. / tr.* Cantar ‹una persona› con poca voz y descuidadamente: *El jardinero canturreaba una vieja melodía.* SIN. tararear.

canturreo *s. m.* Acción y efecto de canturrear: *Escuché a través de la ventana el canturreo de una vecina. El niño se duerme con este canturreo.*

cánula *s. f.* **1** MED. Tubo corto para introducir un líquido o un gas en algún orificio del cuerpo: *la cánula de la lavativa.* **2** Parte de la jeringa donde se coloca la aguja.

canutas *s. f.* Se usa en la LOC. **pasar* las de Caín o pasarlas ~.**

canutillo *s. m.* **1** Moldura, resalte convexo y estrecho de una tela, como los de la pana: *En estos pantalones se está pelando el canutillo.* **2** Hilo rizado de oro o plata para bordar: *bordado de canutillo.* **3** RESTRINGIDO. Tubo muy estrecho y pequeño de vidrio que se usa en bordados y pasamanería. **4** COCINA. Tubo estrecho de pasta o de hojaldre, relleno de una crema.

canuto *s. m.* **1** Tubo no muy grueso, generalmente abierto por ambos extremos. **2** JERGAL. Cigarro de marihuana o hachís u otra hierba, con tabaco: *liar un canuto, pasarse un canuto.* SIN. porro, petardo. **3** ARG., URUG. Mango de la pluma de escribir.

caña *s. f.* **1** Tallo hueco y con nudos de algunas plantas gramíneas: *Al lado de los arroyos crecen muchas cañas.* **~ de bambú.** **2** Parte de la bota, media o calcetín que cubre la pierna. **3** Vaso o copa de cerveza de barril: *Ponga dos cañas, camarero.* **4** Vaso o copa de otras bebidas: *una caña de vino, una caña de sidra.* **5** COCINA. Pastel o dulce alargado y estrecho: *una caña de crema, una caña de chocolate.* **6** RESTRINGIDO. Hueso largo del brazo o de la pierna: *No me gusta que vayas en bermudas, porque se te ven las cañas y te quedan muy feas.* **7** COL. Mentira. **8** ARG., URUG. Aguardiente destilado de la caña de azúcar. || **9 ~ (de azúcar)** Planta gramínea de tallo leñoso, hojas largas y flores purpúreas en panoja, de la que se extrae azúcar. **10 ~ de pescar** Vara flexible de bambú o fibra de vidrio, con sedal y anzuelo en su extremo, usada para pescar. FR. Y LOC. **bota* de ~ alta.** **bota* de media ~.** **dar / meter ~** 1 COLOQUIAL. Golpear o castigar ‹una persona› a otra persona: *Le mete caña con frecuencia a los niños. Hacienda nos está haciendo una inspección y nos quiere meter caña, pero tenemos bien todos* *los libros.* 2 COLOQUIAL. Aumentar ‹una persona› mucho la velocidad o fuerza de algo: *Le gusta meterle mucha caña al coche. El vecino le mete caña al tocadiscos y no hay quien pare en casa.* 3 COLOQUIAL. Presionar ‹una persona› a otra persona: *Mete caña a Luis para que acabe pronto el trabajo.*

cañada *s. f.* 1 Camino para el ganado trashumante: *Se está poniendo de moda hacer turismo caminando por las antiguas cañadas.* 2 Terreno o paso entre dos montañas o alturas cercanas.

cañadilla *s. f.* Molusco gasterópodo muy común en los mares de España.

cañafístula *s. f.* 1 Árbol de la familia de las papilionáceas de tronco ceniciento o ramoso, hojas enteras y puntiagudas, flores amarillas y frutos en vaina con una pulpa negruzca y dulce que se usa en medicina. 2 Fruto de este árbol.

cañaheja *s. f.* Planta umbelífera de tallo hueco, hojas divididas en tiras delgadísimas y flores amarillas, de la que se extrae gomorresina.

cañal *s. m.* Cañaveral.

cañamar *s. m.* Lugar sembrado de cáñamo.

cañamazo *s. m.* 1 (no contable) Tejido de hilos muy separados que sirve de pauta para bordar sobre él en una tela, y labor que se hace sobre él: *El vestido lleva adornos de cañamazo en el bolsillo.* 2 (no contable) Tela tosca de cáñamo: *El cañamazo se usa para sacos o bolsos.* 3 Apunte o bosquejo de algo: *Ya hemos diseñado un cañamazo para la campaña que hemos de llevar a cabo. En ese cañamazo iremos organizando el resto de las ideas.*

cáñamo *s. m.* 1 *Cannabis sativa.* Planta cannabácea, de tallo recto, velloso y flores verdosas, de la que se extrae una fibra utilizada para fabricar tejidos y cuerdas. 2 Fibra de esta planta: *Con el cáñamo se hacen cuerdas y también tejidos.* || **3 ~ índico** Planta de la que se obtiene la marihuana.

cañamón *s. m.* Semilla del cáñamo, cubierta por una corteza de color gris verdoso que sirve de alimento para los pájaros.

cañaveral *s. m.* Lugar poblado o plantado de cañas: *Los cañaverales suelen encontrarse al lado de los ríos.* SIN. cañal.

cañería *s. f.* Tubo o conjunto de tubos para la conducción de un líquido o de un gas: *las cañerías del agua, las cañerías del gas. El fontanero ha puesto nuevas las cañerías.*

cañero, ra *adj.* 1 De la caña de azúcar. || *adj. / s. m.* y *f.* 2 ARG., URUG. Propietario de plantaciones de caña de azúcar. 3 ARG., URUG. Trabajador en la zafra de la caña. || *s. m.* 4 RESTRINGIDO. Bandeja que sirve para sujetar en su base las cañas o vasos de vino.

cañí *adj. / s. m.* y *f.* 1 De raza gitana: *una mujer cañí, un grupo de cañís.* || *adj.* 2 COLOQUIAL. De la España folclórica tradicional, de toros y pandereta: *la imagen cañí española. Asistiremos a una fiesta cañí. La propaganda cañí de la Península está desapareciendo.*

cañinque *adj. / s. m.* y *f.* AMÉR. Enclenque, enfermizo.

cañizal *s. m.* Cañaveral: *Los patos se ocultan en el cañizal.*

cañizo *s. m.* 1 Tejido de cañas que sirve para cubrir techos de casetas y terrazas: *En el jardín vamos a poner un cañizo, que es más fresco en verano que un toldo.* 2 Tejido de cañas que se ponía en las casas como soporte de los techos de yeso: *En las casas modernas ya no se usa el cañizo en los techos.*

caño *s. m.* 1 Tubo por el que cae el agua: *una fuente de cinco caños.* 2 RESTRINGIDO. Chorro de agua que cae por ese tubo: *El caño de esa fuente es muy caudaloso.* 3 Tubo de una tubería: *los caños de las tuberías.* 4 MAR. Canal estrecho, navegable, de un puerto o bahía. 5 ARG., URUG. Cañón de un arma de fuego. 6 VEN. Brazo de un delta. 7 VEN. Arroyo fangoso y poco profundo por donde desaguan las lagunas del llano en temporada de lluvias.

cañón *s. m.* 1 GEOGR. Cauce profundo de paredes abruptas excavado en el terreno por las aguas de un río: *el cañón del Duero.* **boca de un ~.** 2 Arma de artillería formada por un soporte y un tubo que dispara proyectiles pesados: *cañón antiaéreo, cañón antitanque, cañón atómico, el calibre de un cañón, el proyectil o la bala de un cañón, apuntar (con) el cañón, cargar el cañón, disparar un cañón.* **boca de un ~.** 3 Parte cilíndrica y hueca en forma de tubo de un arma de fuego: *cañón de una escopeta, cañón de una pistola, escopeta de dos cañones.* 4 Parte de un objeto en forma de tubo: *el cañón de un anteojo, el cañón de la chimenea.* 5 Parte cilíndrica y hueca de la pluma del ave: *El cañón de las plumas se cortaba antiguamente para poder escribir.* 6 Pluma del ave cuando empieza a nacer: *Hasta que crecen, los pollitos sólo tienen cañones.* 7 RESTRINGIDO. Parte dura del pelo de la barba inmediata a la raíz: *Es difícil afeitarlo porque tiene una barba con unos cañones muy duros.* || *adj.* 8 (invariable; estar / ser) COLOQUIAL. Bueno, estupendo, atractivo: *Esa chica está cañón. Hemos comprado dos coches cañón. Tu casa es cañón.* || *adv. modo* 9 COLOQUIAL. Muy bien: *Nos lo pasamos cañón en la fiesta.* SIN. fenomenal. || **10 ~ de nieve** Aparato que lanza agua para producir nieve artificial: *Acaban de poner en marcha los cañones de nieve de la estación de esquí.* FR. Y LOC. **al pie* del ~. bóveda* de / en ~.**

cañonazo *s. m.* 1 Disparo o impacto de cañón: *Una salva de veintiún cañonazos saludó a los reyes.* 2 Ruido que producen los cañonazos: *Los cañonazos hacen temblar la casa.* 3 DEP. En diferentes juegos, disparo muy fuerte de un jugador: *El delantero ha empalmado un cañonazo que ha dejado sentado al portero.*

cañoncito *s. m.* ARG., URUG. Pastel en forma de canutillo relleno de crema.

cañoneo *s. m.* Disparo repetido de cañones: *Un cañoneo intermitente se oyó durante toda la noche.*

cañonero, ra *adj. / s. m.* y *f.* 1 [Barco, lancha] que tiene uno o varios cañones como armas. **lancha* cañonera.** || *s. m. / f.* DEP. 2 En fútbol, persona que dispara a la portería con mucha potencia: *El equipo busca un buen cañonero para reforzar la delantera.*

cañutillo *s. m.* Canutillo.

cao *s. m.* CUBA. Ave de plumaje negro muy semejante al cuervo.

caoba *s. f.* 1 *Swietenia mahagoni.* Árbol meliáceo americano, de gran altura, tronco grueso y hojas ovaladas cuya madera oscura es muy apreciada para la fabricación de muebles. 2 (no contable) Madera de las caobas: *Tengo una cómoda de caoba que era de mi abuela.* || *adj. / s. m.* 3 (invariable) Que es del color de la madera de las caobas: *pelo caoba, cabellos caoba. Me gustan los muebles caoba.*

caolín *s. m.* (no contable) Arcilla muy pura y blanca que se emplea en la fabricación de porcelana: *Hay un yacimiento de caolín cerca de mi pueblo.*

caos (plural *caos*) *s. m.* 1 (en singular) ELEVADO. Confusión y desorden: *Los médicos estaban en huelga y el hospital era un caos.* 2 (en singular) FILOS. Según algunas teorías, situación de desorden en que estaba el mundo antes de su estado actual: *En muchas religiones, la aparición de Dios es el principio del orden y el final del caos.*

caótico, ca *adj.* (antepuesto / pospuesto) Del caos, la confusión o el desorden: *Superamos una situación caótica. El caótico funcionamiento de las comunicaciones impide conocer con detalle la situación.*

CAP (pronunciamos *'cap'*) *s. m.* Sigla de «Certificado de Aptitud Pedagógica», título que todos los licenciados dedicados a la enseñanza en España deben tener al acabar un curso especial.

capa *s. f.* 1 Lo que recubre a otra cosa: *capa de hielo, capa de azúcar, capa de pintura, capa de esmalte.* 2 Zona superpuesta a otra, que forma parte de un todo: *las capas de bombones de una caja, las capas de la Tierra, las capas de la atmósfera.* **~ de ozono.** 3 Grupo social: *capas marginales, capas altas, las capas medias y bajas de la sociedad.* 4 Prenda de abrigo larga y suelta que se apoya en los hombros, sin mangas y abierta por delante: *una capa de fiesta. Se cubría con una capa de terciopelo negro.* **~ española** Capa usada por los hombres, que es de paño y extendida forma una circunferencia perfecta, a veces con ricos adornos. **~ pluvial** Capa que los sacerdotes católicos usan en ciertas solemnidades litúrgicas. 5 TAUROM. Capote de los toreros: *Con la capa toreó muy bien.* 6 Color de una caballería o de otro animal: *La capa de los gatos persas suele ser de un color único.* FR. Y LOC. **andar / estar de ~ caída** COLOQUIAL. Pasar ‹una persona o una cosa› por dificultades fuertes, al perder fuerza, protagonismo o interés: *Desde que se jubiló, está de capa caída, sale poco de casa. Esa tienda está de capa caída; casi nadie entra a comprar.* **comedia* de ~ y espada. defender* a ~ y espada. hacer de su ~ un sayo** COLOQUIAL. Hacer ‹una persona› lo que quiere en asuntos en los que debería actuar de acuerdo con normas generales: *Nadie sigue el horario establecido: cada uno hace de su capa un sayo.* **so ~ de** RESTRINGIDO. Con la disculpa de, con el pretexto de: *So capa de defender la Naturaleza ha montado un negocio de venta de abono.*

capacete *s. m.* Casco de la armadura, sin cresta ni visera.

capacha *s. f.* ARG., BOL., CHILE; COLOQUIAL. Prisión, cárcel.

capacho *s. m.* 1 Especie de bolsa hecha de algún material resistente para ir a la compra: *capacho de la compra, capacho de mimbre, capacho de paja.* 2 Espuerta, cesta relativamente grande de esparto con dos asas pequeñas: *El albañil llevaba el capacho lleno de escombros con dificultad.* 3 COL. Caparazón de algunos animales.

capacidad *s. f.* 1 Posibilidad de contener una cosa una cierta cantidad de otra cosa: *medidas de capacidad. La capacidad se debe determinar con exactitud en la etiqueta.* 2 Espacio mayor o menor disponible en el interior de una cosa: *la capacidad de un local, la capacidad de un recipiente. La capacidad de este cubo es de doce litros.* SIN. cabida. 3 Conjunto de condiciones que hacen que una cosa sirva para algo: *No tiene capacidad para el trabajo. Descendió la capacidad de producción de la fábrica.* ANT. incapacidad. 4 Inteligencia en general o para una actividad determinada: *capacidad para la lengua, capacidad intelectual. Luis es un hombre de gran capacidad.* SIN. talento. 5 DER. Aptitud legal para tener derechos y obligaciones: *Estamos hablando con médicos y abogados para anular la capacidad de la tía, porque está mal de la cabeza y quiere hacer otro testamento.*

capacitación *s. f.* Acción y resultado de capacitar: *Consiguió la capacitación para el puesto de trabajo realizando unos cursos especiales. La capacitación de piloto de aviones sin motor se consigue tras muchas horas de vuelo y varios exámenes.* SIN. habilitación.

capacitar *v. tr. / prnl.* Hacer ‹una persona o una cosa› apta para [una cosa] [a una persona]: *Estos muchachos **se** capacitan **para** pilotar un avión en tres meses. Este curso te capacita **para** conducir tractores y manejar máquinas segadoras.* SIN. habilitar, facultar.

capador *s. m.* RESTRINGIDO. Hombre que se dedicaba profesionalmente a castrar algunos animales domésticos, especialmente los cerdos.

capadura *s. f.* Acción y resultado de capar.

capar *v. tr.* Quitar o inutilizar ‹una persona› los órganos genitales de [otra persona] o de [un animal]: *Es normal que algunas familias capen a sus gatos domésticos, para que se queden más tranquilos.* SIN. castrar.

caparazón *s. m.* 1 Cubierta dura que protege las partes blandas de algunos animales: *el caparazón de un insecto, el caparazón de una tortuga.* 2 RESTRINGIDO. Cubierta que se pone encima de algo para protegerlo: *Levanta el caparazón del piano.* 3 Defensa psicológica de una persona: *Es difícil hablar con él; siempre está con su caparazón puesto.*

caparrón *s. m.* Tipo de alubia muy apreciada en La Rioja.

caparrosa *s. f.* Nombre de varios sulfatos de cobre, hierro o cinc.

capataz *s. m.* 1 Persona que está a cargo de un grupo de trabajadores: *capataz de una mina, capataz de un taller, capataz de una fábrica.* 2 Persona que se encarga de una explotación agrícola o ganadera: *El capataz ha asegurado que este año las ovejas están más gordas.* SIN. mayoral.

capaz *adj.* 1 Que tiene capacidad o inteligencia para hacer alguna cosa: *El gerente es un directivo muy capaz **para** ocupar ese nuevo cargo. Ese profesor es un científico muy capaz.* 2 Que es lo suficientemente atrevido como para hacer cosas arriesgadas o extraordinarias: *Eres muy capaz **de** colarte en el estreno.* ANT. incapaz. 3 Que puede producir un determinado efecto: *una película capaz **de** enternecer a los menos sensibles.* 4 Que tiene capacidad de contener algo: *Esa botella es capaz de contener dos litros y medio. Ese congelador es capaz de guardar una gran cantidad de carne.* || *adv.* 5 AMÉR. DEL S. Quizás, probablemente.

capazo *s. m.* 1 Capacho, espuerta grande de esparto: *capazo de albañil, capazo de carpintero.* 2 Especie de cesta pequeña de material flexible que se encaja en un armazón con ruedas y se usa como cuna para los bebés.

capciosidad *s. f.* (no contable) RESTRINGIDO. Cualidad de capcioso: *La capciosidad de sus preguntas no te permite ni un minuto de descanso.*

capcioso, sa *adj.* [Pregunta, argumento, razonamiento] que engaña o puede engañar porque está hecho con habilidad para confundir, comprometer o forzar a una persona a decir alguna cosa en contra de su voluntad o interés: *Paco siempre te cuenta lo sucedido de una manera capciosa, no te fíes. Ése es un periodista peligrosísimo; utiliza preguntas y* *respuestas capciosas, y sales de la entrevista con la sensación de que te ha tomado el pelo.* SIN. engañoso.

capea *s. f.* TAUROM. Fiesta con una corrida de toros pequeños para aficionados: *En ese club a veces organizan capeas para turistas. Vamos a una capea.*

capear *v. tr.* **1** TAUROM. Torear ‹una persona› [una res] con la capa: *El maestro capeó el toro regular, en contra de su costumbre habitual.* **2** Evitar ‹una persona› [una cosa] con habilidad: *Hemos capeado lo peor, y ahora va mejor el negocio.* **3** Hacer ‹una embarcación› frente al [mal tiempo] con las maniobras adecuadas: *Los barcos pesqueros volvían a puerto capeando como podían el oleaje de la tormenta.* **4** Hacer ‹una persona› que [otra persona] se olvide una obligación o una promesa con engaños o evasivas: *Mira, yo creo que nos está capeando, pero le vamos a dar un ultimátum para que nos pague.* FR. Y LOC. **~ el temporal** Pasar ‹una persona› una situación difícil lo mejor posible: *Ante la lluvia de reclamaciones, el director capeó el temporal como pudo. No va bien el negocio, pero creo que podemos capear el temporal.*

capelina o **capellina** *s. f.* **1** Pieza de la armadura que cubría la parte superior de la cabeza. **2** RESTRINGIDO. Prenda de vestir antigua que cubría los hombros o la cabeza de los hombres o de las mujeres. **3** AMÉR. Sombrero de mujer de ala muy ancha.

capellán *s. m.* **1** Sacerdote católico que realiza sus funciones en alguna institución oficial o en un establecimiento privado: *capellán militar, capellán castrense, capellán de un hospital, capellán de un colegio.* **2** Sacerdote católico que disfruta de la renta o prebenda de una capellanía.

capellanía *s. f.* Fundación en la que ciertos bienes producen una renta para un eclesiástico que tiene ciertas obligaciones religiosas como decir misa o dedicar cierto tiempo al rezo o a ciertas actividades pías: *La fundación de capellanías era una costumbre muy frecuente hasta el presente siglo.*

capellina *s. f.* Capelina.

capelo *s. m.* **1** Sombrero rojo de los cardenales. **2** Dignidad de cardenal: *El Papa concedió el capelo cardenalicio al arzobispo de Madrid.*

caperuza *s. f.* **1** Gorro terminado en punta hacia atrás: *La caperuza más famosa es la de Caperucita Roja.* **2** Pieza que protege el extremo o punta de algo: *la caperuza del bolígrafo.* SIN. capuchón.

capi *s. m.* AMÉR. Maíz.

capia *s. f.* AMÉR. Clase de maíz, blanco y muy dulce.

capibara *s. f.* (macho y hembra) *Hydrochoerus hydrochaeris.* Mamífero roedor, de mayor tamaño que los demás de su orden, adaptado a la vida acuática y que habita en América del Sur.

capicúa *adj. / s. m.* [Número] que se lee igual de derecha a izquierda que de izquierda a derecha: *La matrícula de ese coche es capicúa. El número 595 es capicúa.*

capilar *adj.* **1** Del cabello: *un tratamiento capilar, un problema capilar.* **2** [Tubo] que es muy estrecho: *Los tubos capilares se usan mucho en los laboratorios.* **3** [Fenómeno] que se produce por capilaridad: *la absorción capilar de un líquido.* || *s. m.* **4** (preferentemente en plural) ANAT. Vasos muy finos en forma de red en que acaban las arterias en contacto con las venas en el sistema circulatorio: *El cuero cabelludo y las mucosas son ricos en capilares.*

capilaridad *s. f.* **1** ELEVADO. Cualidad de lo que es capilar o muy fino: *la capilaridad de los bronquios, la capilaridad de los vasos sanguíneos.* **2** FÍS. Conjunto de las propiedades de los tubos capilares en relación con los líquidos que contienen, como la de ascender o descender debido a la tensión superficial y a las fuerzas de adhesión entre las moléculas del líquido y del sólido: *El ascenso de la savia en los árboles es un fenómeno de capilaridad.*

capilla *s. f.* **1** Edificio contiguo a una iglesia o parte de ésta que contiene un altar: *la capilla del Cristo de la Luz.* **2** Parte de una casa o edificio destinada al culto: *la capilla de un palacio, la capilla de un colegio, la capilla de un hospital.* **3** Grupo cerrado de partidarios de una persona o de una idea: *Ese grupo es una capilla dedicada a la poesía objetiva. Sólo hace caso a los de su capilla.* || **4 ~ ardiente** Lugar donde se vela y se hacen las primeras honras fúnebres a un difunto. FR. Y LOC. **estar en ~** 1 Estar ‹un condenado a muerte› a la espera de que se cumpla la sentencia. 2 Estar ‹una persona› a la espera de pasar una prueba o de que ocurra un acontecimiento: *Marisa está en capilla: se casa el sábado. Estoy en capilla: mañana tengo la oposición.*

capillo *s. m.* **1** Capacete. **2** RESTRINGIDO. Vestidura blanca que se ponía en la cabeza de los niños cuando iban a ser bautizados. **3** AMÉR. DEL S. Tarjeta impresa que se reparte en los bautizos.

capirotada *s. f.* **1** COCINA; AMÉR. Guiso elaborado con carne, maíz tostado y queso **2** MÉX.; COLOQUIAL. Fosa común en el cementerio. **3** MÉX.; COLOQUIAL. Panecillo dulce de frutas y queso.

capirotazo *s. m.* RESTRINGIDO. Golpe ligero dado en la cabeza, en especial el dado con un dedo dejándolo escapar bruscamente después de tenerlo sujeto con la yema del pulgar aplicada sobre su uña: *Al pasar le dio un cariñoso capirotazo.* SIN. papirotazo.

capirote *s. m.* **1** Cucurucho de cartón recubierto de tela que llevan en la cabeza los cofrades en Semana Santa. **2** Caperuza de cuero o de otro material que cubre la cabeza de las aves de cetrería. FR. Y LOC. **ser tonto de ~** COLOQUIAL; PEYORATIVO. Ser ‹una persona› enteramente tonta: *No le hagas caso, ese tipo es tonto de capirote.*

capisayo *s. m.* **1** RESTRINGIDO. Vestidura corta y abierta que servía de capa y de sayo. **2** COLOQUIAL, RESTRINGIDO. Vestido de poca calidad que se usa para diario. **3** COLOQUIAL. Camiseta: *En verano ando en casa con un capisayo corto.*

cápita Se usa en la LOC. **per ~** Por cabeza o por persona, individualmente. **renta* per ~.**

capital *adj.* **1** (antepuesto / pospuesto) Que tiene mucha importancia: *error capital. Este asunto tiene un interés capital para mí. Tu opinión es de capital importancia para todos nosotros.* **pecado* ~. pena* ~.** || *adj. / s. f.* **2** [Letra mayúscula] que tiene un tamaño grande, a veces está adornada, y da inicio a un capítulo. || *s. m.* **3** Conjunto de bienes y riquezas que posee una persona o una sociedad: *Su padre le dejó un gran capital y ahora ella vive sin trabajar. Esa empresa tiene mucho capital invertido en maquinaria, edificios, materiales, etc.* SIN. patrimonio. **evasión* de ~.** **4** ECON. Conjunto organizado de medios de producción diferentes del trabajo: *El capital siempre busca el máximo beneficio. Para que la empresa funcione bien, el capital y los trabajadores deben de ponerse de acuerdo.* || *s. f.* **5** Ciudad principal de una nación, comunidad autónoma, provincia o región: *Madrid es la capital de España. Ese grupo musical actuará en las capitales de las principales provincias.* **6** Ciudad que destaca por una actividad o por una cualidad determinada: *capital cultural. Viena es la capital de la música.*

capitalidad *s. f.* Circunstancia de ser una ciudad la capital de un país, de una región o de un distrito administrativo: *Santiago de Compostela y La Coruña se disputaron la capitalidad de Galicia.*

capitalino, na *adj.* De la capital del Estado: *los problemas capitalinos.*

capitalismo *s. m.* (no contable) ECON. Ideología y sistema socioeconómico basados en la importancia del capital privado para producir riqueza, la libre competencia y la escasa intervención del Estado para regular la economía.

capitalista *adj.* **1** Del capital o del capitalismo: *economía capitalista.* **socio* ~.** || *adj. / s. m.* y *f.* **2** Que es partidario del capitalismo: *Ese tipo es un capitalista y no entiende la política comunista. El consumismo es una característica del mundo capitalista.* || *s. m./f.* Persona que tiene mucho capital o dinero: *Estas islas son el paraíso de los capitalistas.*

capitalización *s. f.* Acción de capitalizar: *La estrategia del partido político se basa en la capitalización de los errores del contrario. Su negocio tiene problemas de capitalización.*

capitalizar *v. tr.* **1** Poner ‹una persona› capital o dinero en una empresa que está prácticamente en quiebra: *Si queremos competir, tenemos primero que capitalizar la empresa; por eso buscamos a un socio.* **2** Sacar ‹una persona› provecho de [una cosa]: *El editor ha capitalizado la polémica entre los dos autores de su colección. Esa profesora está capitalizando el descontento de los alumnos porque quiere ser directora.* ⇒ **19.**

capitán, na *s. m. / f.* **1** Jefe de un grupo, banda o equipo deportivo: *capitán del equipo de fútbol, capitana de la banda.* **2** Oficial del ejército que manda una compañía, escuadrón, batería o unidad similar. **3** Persona que está al mando de un barco mercante: *capitán de la marina mercante.* **4** Oficial de marina: *capitán de corbeta, capitán de navío.* **5** Jefe militar: *los capitanes de la antigüedad. Juan de Austria fue un gran capitán.* || **6 ~ general 6**1 Grado supremo del ejército español: *El rey es el capitán general de las fuerzas armadas.* **6**2 Jefe supremo de una región militar: *capitán general de la sexta región militar.* FR. Y LOC. **Las cuentas* del Gran Capitán.**

capitanear *v. tr.* **1** Mandar ‹una persona› [una tropa] como capitán: *Capitaneaba el destacamento un capitán de la legión.* **2** Mandar ‹una persona› en [un grupo de personas] o en [una cosa]: *El delantero centro capitanea, sin duda, el equipo.*

capitanía *s. f.* **1** Empleo de capitán. || **2 ~ general 2**1 Cargo de capitán general. **2**2 Territorio sobre el que manda un capitán general: *capitanía de marina.* **2**3 Edificio donde tiene sus oficinas el capitán general: *La capitanía está dos calles más abajo.*

capitel *s. m.* **1** ARQ. Parte superior de la columna que está decorada de diferentes maneras según el estilo arquitectónico a que pertenezca: *capitel dórico, capitel jónico, capitel corintio, capitel historiado, capitel románico.* **2** ARQ. Punta en forma de pirámide de algunas torres. SIN. chapitel.

capitolio *s. m.* **1** RESTRINGIDO. Edificio majestuoso y elevado. **2** ARQ. Acrópolis.

capitoné *s. m.* Camión o vagón de tren cerrados, preparados para transportar muebles: *He contratado un capitoné para hacer la mudanza.*

capitoste *s. m.* PEYORATIVO. Persona con influencia y poder: *el capitoste de la oficina, un capitoste de la policía.* SIN. mandamás.

capitulación *s. f.* **1** Tratado en que se establecen las condiciones de una rendición: *El general quería evitar una capitulación deshonrosa.* **2** Concierto o pacto importante entre dos o más personas: *Colón y los Reyes Católicos firmaron las capitulaciones de Santa Fe.* || **3 capitulaciones matrimoniales** DER. Acuerdo ante notario en que los futuros esposos determinan el régimen económico de su matrimonio: *Las capitulaciones matrimoniales sólo son válidas mientras dura el matrimonio.*

capitular *v. intr.* **1** Dejar de oponer ‹un ejército, una nación o una ciudad› resistencia poniendo condiciones: *La ciudad capituló honrosamente tras un largo asedio.* **2** Dejar de oponer ‹una persona› resistencia: *Después de oírle, capitulé; no tengo nada que hacer. No he capitulado todavía; hasta que el chico no ordene su habitación no lo dejaré tranquilo.* SIN. claudicar, transigir. **3** Hacer ‹varias personas› pactos: *Los Reyes Católicos y Colón capitularon largamente en un documento las condiciones que iban a regir los viajes del Almirante.*

capitular *adj.* **1** Del cabildo de los canónigos o del capítulo de una orden religiosa: *sala capitular, constitución capitular.* || *adj. / s. f.* **2** [Letra] que encabeza un capítulo. **3** [Letra] que es mayúscula.

capítulo *s. m.* **1** Cada una de las principales divisiones de un libro, de un tratado, de una ley o de una narración: *Mañana pondrán el último capítulo del culebrón. Esa norma aparece en el capítulo segundo del nuevo reglamento.* **2** Apartado, tema: *Ese asunto es otro capítulo. En los presupuestos se han discutido varios capítulos seriamente.* **3** Reunión de canónigos o de religiosos de una orden. **~ general. ~ provincial. 4** BOT. Inflorescencia, cabezuela. FR. Y LOC. **llamar a ~** Pedir ‹una autoridad› cuentas a un subordinado: *Lo han llamado a capítulo para que controle los gastos de representación.* **ser ~ aparte** Ser ‹una cosa› cuestión diferente a la que se está tratando: *Vamos a discutir la organización del espacio; después hablaremos de la contratación del personal, que es capítulo aparte.*

capo *s. m.* **1** Jefe mafioso: *un capo siciliano.* **2** COLOQUIAL. Patrón, jefe de un sitio: *el capo de la empresa.*

capó *s. m.* Parte de la carrocería de un automóvil que cubre el motor: *abrir el capó, cerrar el capó, levantar el capó. Salía humo por el capó del coche.*

capón *adj. / s. m.* **1** (ser / estar) Que ha sido castrado: *un gato capón. Dicen que su marido está capón por una herida de guerra.* || *s. m.* **2** Pollo castrado que se engorda para comerlo: *En Navidad los capones se ponen de moda.* **3** Golpe dado con los nudillos de la mano en la cabeza: *En el colegio había un profesor que nos daba muchos capones.*

caporal *s. m.* **1** RESTRINGIDO. Persona que está al mando de un grupo de gente: *el caporal de la cuadrilla.* SIN. capataz. **2** RESTRINGIDO. Persona que se ocupa del ganado del campo: *El caporal llevó los toros a beber.* SIN. mayoral.

capota *s. f.* 1 Cubierta plegable de algunos automóviles: *coche con capota, carruaje con capota.* 2 Sombrero femenino muy ceñido a la cabeza y sujeto con cintas por debajo de la barbilla.

capotar *v. intr.* 1 Quedar ‹un vehículo› en posición invertida al volcar. 2 Dar ‹un avión› con la proa en tierra: *La avioneta capotó cerca de la pista y se estrelló con un ruido como de explosión.*

capotazo *s. m.* TAUROM. Suerte del toreo que consiste en el movimiento del capote para atraer o desviar al toro: *Los capotazos del torero no lograban entusiasmar al público.*

capote *s. m.* 1 Prenda de abrigo como una capa, pero con mangas y menos vuelo. 2 Capa de color vivo, generalmente rojo, que usan los toreros para la lidia. 3 COL. Manto vegetal, capa superior de un terreno. FR. Y LOC. **echar un ~** Ayudar ‹una persona› a otra en alguna dificultad: *No sabía qué responder, pero el profesor me echó un capote.*

capotear *v. tr.* 1 TAUROM. Dar ‹una persona› pases [al toro] con el capote: *Ayer capotearon algunos toros en la finca del diestro.* 2 Evitar ‹una persona› [una cosa] con habilidad: *Hasta ahora hemos capoteado las broncas de su padre con cierta suerte.* SIN. capear.

capotera *s. f.* AMÉR.; RESTRINGIDO. Percha para la ropa.

capricho *s. m.* 1 Deseo vivo y pasajero: *A este niño le conceden todos los caprichos.* SIN. antojo. 2 Persona, animal o cosa que es objeto de este deseo y no obedece a una necesidad: *Esa pluma fue un capricho. El novio es un capricho de la niña.* 3 Propósito o modo de proceder sin causa razonable de una persona, o variación en su actitud o en la marcha de las cosas: *Compré el vestido por capricho. Los caprichos de la vida han querido que acabara viviendo en esta ciudad. Los caprichos del clima nos arrojaron a estas tierras.* 4 Obra de arte fantástica e ingeniosa: *los caprichos de Goya.* 5 MÚS. Composición o fragmento musical de forma libre: *los caprichos de Tchaikovski.* FR. Y LOC. **pasárselo por el forro* (de los caprichos / cojones).**

caprichoso, sa *adj. / s. m.* y *f.* 1 (ser / estar) Que obra con capricho, o que cambia con facilidad sus gustos o deseos: *Jaime es un caprichoso; un día quiere una cosa y al día siguiente otra. Cada día estás más caprichosa.* || *adj.* 2 Que se hace por capricho o antojo: *Tu comportamiento de ayer fue muy caprichoso. Ésta ha sido una compra caprichosa, reconozco que no lo necesito.*

capricornio *s. m.* 1 (con mayúscula) ASTRON. Una de las constelaciones del Zodiaco. 2 (en mayúscula) ASTRON. Signo del Zodiaco que el Sol recorre aparentemente entre el 21 de diciembre y el 20 de enero. || *adj. / s. m.* y *f.* 3 (invariable) Persona nacida bajo este signo del Zodiaco: *las mujeres capricornio, los hombres capricornio.* FR. Y LOC. **trópico* de Capricornio.**

caprino, na *adj.* De la cabra o de las cabras: *ganado caprino, la ganadería caprina.*

cápsula *s. f.* 1 Cabina con mandos para los tripulantes que forma parte de una nave o de un satélite espacial. 2 Envoltura soluble de algunos medicamentos para tragarlos con facilidad. 3 Chapa metálica que cierra algunas botellas de bebidas. 4 Vasija de bordes bajos que se usa en los laboratorios. 5 BOT. Fruto seco y dehiscente en cuyo interior se contienen las semillas. 6 ANAT. Envoltura membranosa o fibrosa que rodea ciertos órganos: *cápsulas suprarrenales.*

captación *s. f.* 1 (no contable) Percepción física o mental de una cosa por una persona: *La captación de la realidad no es siempre fácil. La captación de ciertos detalles a esta distancia se me escapa.* 2 Acción y resultado de captar una emisora: *La captación de algunas antenas de televisión es imposible aquí.* 3 Aprovechamiento o conducción de las aguas de un manantial: *El agua de aquí procede de una captación de un pozo subterráneo. El ayuntamiento promoverá la captación de agua del acuífero para el consumo doméstico.* 4 Acción y resultado de captar clientes o partidarios para una organización o para una empresa: *La empresa ha hecho una campaña de captación de clientes. Hay una captación de nuevos militantes en este partido.*

captar *v. tr.* 1 Percibir ‹una persona› [una cosa] con los sentidos o por medio de aparatos adecuados: *Capté una emisión radiofónica.* 2 Darse ‹una persona› cuenta de [una cosa]: *No hables delante de él, que se da cuenta de todo y capta perfectamente nuestras intenciones.* 3 Recoger ‹una persona o una cosa› [las aguas de un manantial]: *Las tuberías de la casa captan el agua de un manantial.* || *v. tr. / prnl.* 4 Atraer ‹una persona› [la atención, las miradas o el interés] de [otra persona]: *No conseguí captar***me** *el interés del auditorio. El artista ha captado la voluntad de los espectadores con toda facilidad.* SIN. granjearse. FR. Y LOC. **~ / coger la onda*.**

captor, ra *adj.* Que capta o captura: *Los captores del rehén huyeron en un coche marrón.*

captura *s. f.* Acción y resultado de capturar: *La captura del animal resultó difícil. La policía logró por fin la captura de los ladrones.*

capturación *s. f.*, RESTRINGIDO. Captura.

capturar *v. tr.* 1 Detener ‹una persona› [a otra perseguida como delincuente]: *Capturaron a los secuestradores.* 2 Apoderarse ‹una persona› de [otra persona o una cosa]: *La policía capturó un camión lleno de tabaco.* 3 Agarrar o apresar ‹una persona› [un animal dañino]: *Hemos capturado un zorro y dos lobos.*

capucha *s. f.* Gorro acabado en punta que llevan algunas prendas de vestir: *la capucha de un impermeable, la capucha del chandal, la capucha de una trenca.*

capuchino, na *adj. / s. m.* y *f.* 1 [Religioso descalzo] que pertenece a una de las ramas de la orden franciscana: *un convento de capuchinos, una monja capuchina.* || *s. m.* 2 (en plural) Orden de los capuchinos. 3 Café exprés con crema de leche espumosa: *Un capuchino, por favor.*

capucho *s. m.* RESTRINGIDO. Pieza del vestido que sirve para cubrir la cabeza.

capuchón *s. m.* Cubierta que protege el extremo de algunas cosas: *el capuchón del bolígrafo, el capuchón de la pluma.*

capul *s. m. / f.* COL. Flequillo del pelo.

capulí (plural *capulíes*, preferible a *capulís*) *s. m.* 1 Árbol rosáceo americano parecido al cerezo. 2 Fruto de los capulíes.

capullo *s. m.* 1 Flor que está a punto de abrirse: *un capullo de rosa.* 2 Envoltura fabricada por algunos insectos, dentro de la cual se transforman en adultos: *el capullo del gusano de seda.* 3 VULGAR. Glande. 4 VULGAR; INSULTO. Persona que se porta mal con otra: *No me fío de ése, que es un capullo.* 5 VULGAR. Persona torpe o tonta: *Eres un capullo; has dejado escapar un negocio estupendo.*

capuz *s. m.* Vestidura larga y ancha con capucha que se ponía sobre las demás y se usaba en los lutos.

caquexia *s. f.* **1** (no contable) MED. Estado de desnutrición y debilitamiento extremo producido por algunas enfermedades en su fase más avanzada. **2** (no contable) BOT. Decoloración de las partes verdes de las plantas por falta de luz.

caqui *s. m.* **1** Palosanto. **2** Tela de lana o algodón empleada en uniformes militares, de color entre ocre y verde. || *adj.* **3** (invariable) Que tiene el color de esta tela: *El caqui es el color típico de los uniformes militares. Las faldas caqui están muy de moda este verano.*

cara *s. f.* **1** Parte delantera de la cabeza en la que se encuentran los ojos, la nariz y la boca. SIN. rostro. **2** Expresión del rostro: *Ana tiene una cara muy dulce. Me gusta su cara porque es muy expresiva.* **~ de risa. ~ de sueño. buena / mala ~** Cara de estar bien o mal de salud: *El niño tiene mala cara.* **~ de acelga** COLOQUIAL. Cara pálida: *Llevo varios días sin salir de casa y tengo cara de acelga.* **~ de ángel** Cara hermosa o agradable. **~ de circunstancias** Cara seria o triste que adopta una persona: *Su amiga le dio la mala noticia con cara de circunstancias.* **~ de perro** COLOQUIAL. Cara de hostilidad o reprobación: *Como llegue tarde a casa me pondrán cara de perro.* **~ de pocos amigos** COLOQUIAL. Cara seria u hostil: *No me apetece hablar con ella; hoy tiene cara de pocos amigos.* **~ de póquer** COLOQUIAL. Cara imperturbable, que no deja adivinar el estado de ánimo de la persona: *Es difícil negociar con ellos, ponen cara de póquer y no sabemos qué piensan.* **~ de vinagre** COLOQUIAL. Cara antipática o de enfado: *¿Qué le pasa a tu portera, que está con esa cara de vinagre?* **~ larga** COLOQUIAL. Cara seria o enfadada: *Después de la derrota, los jugadores volvieron al vestuario con caras largas.* **3** (no contable) Aspecto o apariencia de algo: *El pescado tiene buena cara. Este negocio no tiene buena cara, hay que estudiarlo con tranquilidad.* SIN. pinta. **4** Cada uno de los lados que tiene una cosa: *la cara oculta de la Luna, las caras de una hoja de papel, las caras de un poliedro.* **5** Anverso de una moneda: *Tiré una moneda al aire y salió cara.* ANT. cruz. **6** (no contable) COLOQUIAL. Desvergüenza de una persona: *Eva tuvo la cara de colarse en el metro sin pagar.* || *adj. / s. m. / f.* **7** COLOQUIAL. Persona que actúa con descaro o desvergüenza: *Inés es una cara; vive a costa de los demás. Ésos son unos tíos caras; como entren en tu casa va a ser difícil que los eches.* SIN. jeta. FR. Y LOC. **a ~ descubierta** 1 Sin nada que cubra la cara: *Los ladrones actuaron a cara descubierta.* 2 RESTRINGIDO. Franca y abiertamente: *Yo no me atrevo a hablarle a cara descubierta.* **caérsele la ~ de vergüenza** COLOQUIAL; INTENSIFICADOR. Sentirse muy avergonzada ‹una persona›: *Debería caérsele la cara de vergüenza por haber sido tan grosero.* **cara a ~** Frente a frente, sin testigos: *Los dos vecinos decidieron hablar cara a cara para solucionar sus problemas.* **~ a** o **de ~ a** 1 Pensando en, para: *El partido estudia algunas reformas de cara a las próximas elecciones.* 2 Mirando a, frente a: *La maestra la castigó y la puso de cara a la pared.* **cruzar la ~** AMENAZA. Abofetear ‹una persona› a otra persona: *Si no me dejas en paz, te voy a cruzar la cara.* **dar la ~** Responder ‹una persona› de sus actos y afrontar las consecuencias: *Cometió un grave error, pero dio la cara desde el primer momento.* **de ~** 1 De frente, directamente en el rostro: *El sol y el viento les daba de cara.* 2 A favor: *El atleta tuvo la suerte de cara durante toda la competición.* **decírselo a la ~** Decir ‹una persona› a otra persona una cosa directamente en su presencia: *Lo que pienses de él, díselo a la cara; ni se lo cuentes por escrito ni se lo cuentes por intermediarios.* **echar* a ~ o cruz. echar en ~** Reprochar ‹una persona› una cosa a otra persona: *Durante la discusión, su hermano le echó en cara todos sus defectos.* **hacer ~** Hacer frente ‹una persona› a algo: *Haz cara a las dificultades.* **lavado* de ~. lavar la ~** COLOQUIAL. Limpiar o arreglar ‹una persona› una cosa superficialmente para presentarla con buen aspecto: *La dueña lavó la cara al piso antes de que llegaran los posibles compradores.* **no mirar a la ~** COLOQUIAL. 1 No mirar ‹una persona que se considera ofendida› a otra persona que la ofendió: *Después de la faena que nos has hecho, es para no mirarte a la cara.* 2 No atreverse a mirar ‹una persona que cometió un error› a otra persona ofendida: *No me atrevo a mirarle a la cara después de la faena que le he hecho.* **no tener ojos* en la ~. partir* la ~ / boca** o **partir los dientes. plantar ~** Enfrentarse ‹una persona› a otra persona o a una cosa: *Su secretaria nunca discutía sus órdenes, hasta que un día no pudo más y le plantó cara.* **poner buena / mala ~** COLOQUIAL. Acoger bien o mal ‹una persona› a otra persona o una propuesta: *Un paseante me ayudó a cambiar la rueda del coche, pero puso mala cara.* **por la ~** COLOQUIAL. Gratis o sin haber hecho ningún esfuerzo: *Conseguí el trabajo por la cara.* **por su linda ~** o **por su ~ bonita** COLOQUIAL; IRONÍA. Se usa para expresar que una persona pretende conseguir algo de forma injustificada: *No creas que por tu cara bonita te van a subir el sueldo.* **romper* la ~ / boca** o **romper los dientes. sacar la ~** COLOQUIAL. Salir ‹una persona› en defensa de otra persona: *Inés sacó la cara **por** su hermano.* **tener monos* en la ~. un ojo* de la ~. verse las caras** COLOQUIAL; AMENAZA. Encontrarse ‹dos personas› para resolver alguna cuenta pendiente: *Esta vez has ganado tú, pero ya nos veremos las caras.*

caraba *s. f.* RESTRINGIDO. Conversación. FR. Y LOC. **ser la ~** COLOQUIAL, RESTRINGIDO. Resultar ‹una persona o una cosa› sorprendente, algo extraña o irritable: *Este tío es la caraba; le dices que llegue en punto y se presenta una hora después. Luisa es la caraba; cada dos horas entra en un sitio a comer algo.*

carabao *s. m.* (macho y hembra) *Bubalus bubalis kerabau.* Mamífero rumiante asiático parecido al búfalo.

carabela *s. f.* Antigua embarcación ligera, con tres palos y una sola cubierta: *Las carabelas con las que Colón descubrió América se llamaban la Pinta, la Niña y la Santa María.*

carábido *adj.* **1** [Insecto] que es coleóptero, carnívoro, muy voraz y beneficioso para la agricultura, porque come orugas. || *s. m.* **2** (preferentemente en plural) Familia de estos insectos.

carabina *s. f.* **1** Arma de fuego parecida al fusil, pero más corta. **2** Mujer que acompañaba y vigilaba a una señorita siempre que ésta salía de casa. **3** Persona que se junta a una pareja cuando no debe: *Santiago es muy simpático, pero ayer, que hacía días que no nos veíamos María y yo, lo tuvimos toda la tarde de carabina.* FR. Y LOC. **ser la ~ de Ambrosio** COLOQUIAL. Ser inútil ‹una cosa›, no servir para nada: *Eso es la carabina de Ambrosio.*

carabinero *s. m.* **1** (macho y hembra) Crustáceo marino de la familia de la gamba, pero más grande y de color rojo intenso, muy apreciado en alimentación. **2** Agente de un cuerpo de policía encargado de vigilar las fronteras y perseguir el contrabando: *Los carabineros aprehendieron un alijo de tabaco.* **3** CHILE. Policía uniformado.

cárabo *s. m.* (macho y hembra) *Strix aluco.* Ave nocturna de la misma familia que el búho, con la cabeza sin mechones y el plumaje rojizo o gris con manchas o rayas, que habita en bosques, jardines y ciudades de Europa.

carachoso, sa *adj.* PERÚ; COLOQUIAL. Que es sarnoso.

caracol *s. m.* **1** Molusco de pequeño tamaño, cuerpo alargado y concha en espiral, que habita en la tierra o en el agua: *Algunas especies de caracol son comestibles.* **2** Concha en forma de espiral: *Los niños hacen collares y pulseras de caracol.* **3** ANAT. Parte del oído interno de los animales vertebrados, que en los mamíferos tiene forma de conducto enrollado en espiral. **4** Rizo del pelo no muy largo: *Lidia tiene un hermoso pelo rubio que le cae en caracoles sobre los ojos.* **5** Vuelta que da el caballo porque está inquieto o porque se lo ordena el jinete: *Un caballo bien domado no tiene que hacer caracoles si no se lo mandan.* FR. Y LOC. **¡caracoles!** RESTRINGIDO. Se usa para indicar asombro o disgusto: *¡Caracoles! ¡Qué genio tiene la niña!* **escalera* de ~.**

caracola *s. f.* **1** Caracol marino con la concha grande en espiral y alargada o en forma de cono. **2** Concha de este animal marino. **3** Bollo dulce con forma de espiral plana: *Me gusta desayunar un café con leche y una caracola.*

caracolada *s. f.* COCINA. Guiso de caracoles.

caracolear *v. intr.* Hacer ‹el caballo› caracoles: *Es peligroso que el caballo caracolee tanto entre la gente.*

caracoleo *s. m.* Acción de caracolear el caballo: *el caracoleo de los caballos municipales.*

caracolillo *s. m.* Planta de jardín, originaria de América del Sur, de tallos volubles, hojas romboidales y flores olorosas, grandes, blancas y azules.

carácter (plural *caracteres*) *s. m.* **1** Modo de ser y de comportarse de cada persona o grupo, que los hace distintos de los demás: *tener mal carácter, el carácter latino.* **2** Condición o naturaleza de una persona o cosa: *una reunión de carácter oficial.* SIN. índole. **3** Energía, fuerza, temperamento: *una mujer de carácter.* **4** (preferentemente en plural) Rasgo distintivo, característica: *caracteres biológicos.* **5** (preferentemente en plural) Signo de escritura y su forma: *caracteres árabes, caracteres latinos.* **6** INFORM. Cada una de las letras y signos de imprenta o de las letras, dígitos o símbolos especiales que admite un ordenador: *El ordenador tiene más de diez caracteres distintos.* **7** REL. Entre los católicos, huella que deja en una persona algunos sacramentos: *El sacerdocio o el bautismo imprimen carácter.*

caracteriología *s. f.* Caracterología.

característica *s. f.* **1** MAT. Conjunto de cifras que indica la parte entera de un logaritmo. **2** ARG., URUG. Prefijo telefónico.

característicamente *adv. modo* **1** De manera característica, conforme a lo esperable en los casos considerados característicos: *Esa vez la máquina no se comportó característicamente.* || *adv.* **2** En los casos característicos o más normales. RELACIONES Y CONTRASTES: ◊ Como *típicamente*, se aproxima algo a ciertos adverbios de tiempo como *normalmente* o *corrientemente*, pero no es sustituible por ellos. ◊ Puede modificar a oraciones, a predicados, a verbos e incluso a adjetivos calificativos o relacionales. ◊ Se emplea, especialmente, en contextos de réplica: *La hembra de esta especie pone, característicamente, un solo huevo.*

característico, ca *adj. / s. f.* [Cualidad, rasgo] que caracteriza o sirve para distinguir una persona, un animal o una cosa del resto: *La indecisión es un rasgo característico de las personas inseguras. ¿Qué características debería reunir, según tú, una buena novela?*

caracterización *s. f.* **1** Acción y resultado de caracterizar: *No es fácil la caracterización de esos asesinatos.* **2** Disfraz o maquillaje de un actor: *La caracterización como caballero del siglo* XVI *no está lograda.*

caracterizar *v. tr.* **1** Diferenciar ‹una cosa› por sus rasgos distintivos o características [a una persona, un animal o una cosa]: *El moño caracteriza a las abubillas. El canto caracteriza al cuco.* **2** Representar ‹un actor› [al personaje que interpreta] con fidelidad: *Esta actriz caracteriza muy bien a la madre del protagonista.* SIN. personificar, encarnar. || *v. tr. / prnl.* **3** Vestir o maquillar ‹una persona› [a un actor] conforme al [personaje que va a representar]: Un joven ***se*** *caracterizó* ***de*** *Otelo.* ⇒ **19.**

caracterología o **caracteriología** *s. f.* **1** (no contable) PSICOL. Parte de la psicología que estudia los tipos de caracteres o personalidades: *La caracterología tiene sus partidarios y sus enemigos.* **2** Conjunto de peculiaridades del carácter de una persona: *La caracterología de una persona es muy compleja y no puede conocerse por una simple prueba.*

caracú *s. m.* AMÉR. DEL S. Tuétano de los huesos de vaca que se usa para darle gusto a algunos guisos.

caradura *s. m. / f.* COLOQUIAL; PEYORATIVO / AFECTIVO. Persona desvergonzada o insolente: *¡Qué caradura, quedarte tú con todos los regalos! Joven, es usted un caradura.*

carajear *v. intr.* COL.; COLOQUIAL. Hacer o decir ‹una persona› tonterías.

carajillo *s. m.* COLOQUIAL. Café con licor, generalmente anís o coñac: *un carajillo de anís.*

carajo *s. m.* **1** VULGAR; RESTRINGIDO. Pene. || *interj.* **2** COLOQUIAL. Expresa enfado, fastidio, admiración y asombro: *¡Carajo, qué coche tiene! Esto ha sido una faena, ¡qué carajo! ¡Carajo, casi me rompo una pierna!* FR. Y LOC. **¡al ~!** COLOQUIAL. Se usa para expresar rechazo o desprecio: *¡Al carajo! Ya estoy harto de ti.* **del ~** COLOQUIAL; INTENSIFICADOR. Tremendo, muy intenso: *Hace un frío del carajo.* **ir / mandar al ~** 1 DISGUSTO Y ENFADO. Rechazar ‹una persona› a otra persona: *¡Vete al carajo!* 2 COLOQUIAL. Dejar ‹una persona› una cosa que ocasiona muchas preocupaciones: *Nuria lo mandó todo al carajo y decidió cambiar de vida.* **irse al ~** COLOQUIAL; DISGUSTO Y ENFADO. Fracasar ‹una cosa›: *Todos nuestros planes se fueron al carajo.* **un ~** Muy poco, nada: *No vale un carajo su novela. Me importan un carajo tus cosas.* **y un ~** (frecuentemente en respuestas) COLOQUIAL; INTENSIFICADOR. No: *–«¿Me invitas a un café?» –«Y un carajo.»*

¡caramba! *interj.* Expresa sorpresa, disgusto, enfado, protesta o admiración: *¡Caramba..., no te esperaba tan pronto! Pero, caramba, podías haber llamado a alguien para que te ayudara. Estoy harto de fregar platos, ¡caramba!* OBSERVACIONES: ◊ Puede ir reforzada por la partícula exclamativa *qué*: *Y todos, qué caramba, os coméis la sopa sin rechistar. ¡Qué caramba, yo sólo te esperaba a ti!* ◊ Si le sigue la preposición *con*, ésta introduce aquello por lo que se manifiesta sorpresa, disgusto, protesta o, especialmente, admiración: *¡Caramba con tu mujer, es terrible cuando quiere algo! ¡Caramba con el coche, menudo precio tiene!*

carámbano *s. m.* Pedazo de hielo largo y puntiagudo que se forma al helarse el agua que cae o gotea: *Del alero de la ventana colgaban hermosos carámbanos.*

carambola *s. f.* **1** Jugada de billar que consiste en tocar otras dos bolas con la bola golpeada con el taco: *hacer carambola.* **~ limpia. 2** COLOQUIAL. Casualidad: *Fue una carambola que coincidiéramos.* FR. Y LOC. **de ~** Por casualidad: *Lo supe de carambola. Lo acerté de carambola. Aprobaste de carambola.*

caramelear *v. tr.* COL. Entretener ‹una persona› [a otra persona] sin solucionarle un problema o un negocio.

caramelo *s. m.* **1** (no contable) COCINA. Jarabe de azúcar derretido y espeso que se emplea en repostería: *helado con caramelo.* **2** Pieza pequeña y solidificada de este producto, al que se le ha añadido alguna esencia o saborizante: *una bolsa de caramelos.* **3** (no contable) COLOQUIAL. Algo agradable y difícil de rechazar: *María es un caramelo. Este empleo es un caramelo.* FR. Y LOC. **a punto* de ~.**

caramillo *s. m.* Pequeña flauta de caña con un sonido muy agudo, típica del campo: *el caramillo de los pastores.*

carancho *s. m.* **1** ARG., CHILE, PAR., URUG. Aura, ave de rapiña diurna de la familia de las falcónidas. || *interj.* **2** AMÉR. Indica enfado o asombro.

caranday *s. m.* ARG. Variedad de palmera alta de la cual se extrae cera.

carantoña *s. f.* (preferentemente en plural) COLOQUIAL. Caricia u otra demostración cariñosa: *La niña pequeña se pasa el día haciéndole carantoñas a su madre. Hijo, menos carantoñas y mejor comportamiento.*

carao *s. m.* **1** AMÉR. C. Árbol de copa con flores en racimos y fruto que contiene melaza con cualidades curativas. **2** ARG., URUG. Ave zancuda que habita en zonas de humedales.

carapacho *s. m.* **1** Caparazón de las tortugas, cangrejos y otros animales. SIN. garapacho. **2** VEN.; COLOQUIAL. Esqueleto de animal vertebrado o del hombre.

caraqueño, ña *adj. / s. m.* y *f.* De Caracas, capital venezolana: *una calle caraqueña. Las caraqueñas bailan bien.*

carátula *s. f.* **1** Máscara o maquillaje espeso para ocultar el rostro: *la carátula del payaso.* SIN. careta. **2** Portada de algunas cosas: *la carátula de un disco, la carátula de una casete, la carátula de un libro.* **3** Etiqueta que se pone sobre una carpeta o conjunto de papeles, indicando su contenido. **4** MÉX.; COLOQUIAL. Esfera del reloj. **5** ARG., URUG. Página inicial de un cuaderno escolar en la que se escriben los datos personales del dueño.

carau *s. m.* ARG. Carao, ave.

caravana *s. f.* **1** Grupo de personas que viajan juntas: *las caravanas de África, una caravana de Oriente. El aventurero viajó en una caravana que atravesaba el desierto.* **2** Grupo numeroso de coches que van juntos en fila en la misma dirección con marcha lenta: *En la entrada a Madrid hay una caravana de tres kilómetros.* **3** Remolque que se engancha a un vehículo y que funciona como una pequeña vivienda: *En vacaciones nos gusta recorrer la costa en nuestra caravana.* SIN. roulotte.

¡caray! *interj.* Expresa disgusto, enfado, protesta, sorpresa o admiración: *¡Caray, me has hecho daño! No abras la puerta, ¡caray!, entra mucho frío. ¡Caray, no esperaba tan buenos resultados!* OBSERVACIONES: ◊ Puede ir reforzado por la partícula exclamativa *qué*: *¡Qué caray, debéis pedir permiso para ausentaros de la oficina!* ◊ Si le sigue la preposición *con*, ésta introduce aquello por lo que se manifiesta disgusto, enfado o admiración: *¡Caray con la familia Pérez, no sabía que tuviera tanto dinero!*

carbohidrato *s. m.* QUÍM. Hidrato de carbono.

carbón *s. m.* **1** Combustible sólido y negro que se obtiene por destilación o combustión incompleta de diferentes fuentes como huesos o leña y arde con facilidad. **~ animal. ~ vegetal** o **~ de leña. 2** Combustible mineral fósil y bituminoso de gran poder calorífico. **~ mineral** o **~ de piedra.** || **3 papel* ~.**

carbonada *s. f.* **1** ARG., URUG.; COCINA. Plato de carne, preparada al fuego de carbón. **2** RESTRINGIDO. Cantidad de carbón que se echa de una vez en el horno o en una caldera: *Necesitas más de una carbonada para poner en marcha la caldera.*

carbonara *s. f.* (no contable) COCINA. Salsa elaborada con leche, carne y queso que se emplea principalmente en los platos de pasta italiana: *espaguetis a la carbonara.*

carbonario, ria *adj. / s. m.* y *f.* Relacionado con las sociedades secretas y políticas que tienen afinidad con la masonería y actuaban principalmente en Italia y Francia a principios del siglo XIX, o perteneciente a aquellas sociedades: *publicaciones carbonarias, ideas carbonarias. Los carbonarios también estuvieron presentes en España, aunque en menor proporción.*

carbonatado, da *adj.* QUÍM. [Base] que forma un carbonato combinada con el ácido carbónico: *cal carbonatada.*

carbonatar *v. tr.* **1** Convertir ‹una persona o una cosa› [una sustancia] en carbonato: *Hoy por hoy, está de moda carbonatar las bebidas.* || *v. prnl.* **2** Convertirse ‹una sustancia› en carbonato: *El agua se carbonata al pasar por ciertas tierras.*

carbonato *s. m.* QUÍM. Sal compuesta de ácido carbónico y un radical simple o compuesto: *carbonato cálcico.* **~ de sodio.**

carboncillo *s. f.* **1** Barrita vegetal carbonizada que se usa para escribir o dibujar. **2** Dibujo hecho con esta barrita: *un carboncillo del siglo XIX, un carboncillo de Picasso.*

carbonear *v. tr.* **1** Convertir ‹una persona› [la leña] en carbón. || *v. intr.* **2** Cargar ‹una embarcación› carbón para transportarlo o consumirlo.

carbonera *s. f.* **1** RESTRINGIDO. Pila de leña dispuesta para convertirla en carbón: *En Salamanca o en Navarra se hacían carboneras para obtener carbón vegetal.* **2** Lugar donde se guarda el carbón: *En muchas casas de las grandes ciudades se conservan todavía las carboneras individuales de los vecinos.*

carbonería *s. f.* Establecimiento o almacén donde se vende carbón.

carbonero, ra *adj.* **1** Del carbón: *industria carbonera.* || *s. m. / f.* **2** Persona que tiene por oficio la venta o la elaboración de carbón: *La instalación del gas en las casas ha acabado casi por completo con los carboneros.* **3** (macho y hembra) Género *Parus.* Ave pequeña, de plumaje amarillento y azul con la cabeza negra y blanca, cuerpo grueso y pico corto y duro, que habita en zonas cálidas y templadas. **4** PERÚ; COLOQUIAL. Persona que mete cizaña o dificulta el entendimiento entre dos partes enfrentadas. FR. Y LOC. **fe* del ~.**

carbónico, ca *adj.* QUÍM. [Combinación, mezcla] que contiene carbono: *gas carbónico.*

carbonífero, ra *adj.* **1** Que contiene carbón mineral: *terreno carbonífero, cuenca carbonífera.* || *adj. / s. m.* **2** [Periodo geológico] que es el quinto de los seis que forman la era paleozoica: *fauna carbonífera. En el carbonífero se forman los yacimientos de hulla.*

carbonilla *s. f.* **1** (no contable) Polvo grueso del carbón: *Antiguamente las estaciones de tren estaban llenas de carbonilla.* **2** (no contable) Resto pequeño de carbón imperfectamente quemado: *La carbonilla se filtraba por la parrilla de las antiguas cocinas.* **3** ARG., URUG. Carboncillo.

carbonización *s. f.* (no contable) Acción y resultado de carbonizar o carbonizarse: *La carbonización ha impedido la identificación de las víctimas del accidente.*

carbonizar *v. tr.* **1** Convertir ‹una persona o una cosa› [una sustancia orgánica] en carbón: *Los cocineros han carbonizado hoy el cordero.* **2** Convertir ‹una cosa› [otra cosa] casi en carbón: *El fuego carbonizó por completo la fachada del palacio.* || *v. prnl.* **3** Convertirse ‹una sustancia orgánica› en carbón: *Se han carbonizado todos los animales del bosque.* **4** Convertirse ‹una cosa› casi en carbón: *El coche se carbonizó.* ⇒ **19.**

carbono *s. m.* **1** (no contable) *C* QUÍM. Elemento químico no metálico, muy abundante en la naturaleza, que en estado puro se presenta como diamante o grafito y es, además, elemento constitutivo de las moléculas orgánicas. || **2 ~ catorce** Isótopo radiactivo de este elemento químico que se utiliza para determinar la edad de los fósiles y restos orgánicos. FR. Y LOC. **dióxido* de ~. hidrato* de ~. monóxido* de ~.**

carborundo *s. m.* (no contable) QUÍM. Carburo de silicio, cristalino, de gran dureza y poder abrasivo.

carbunco *s. m.* MED., VETER. Enfermedad infecciosa causada por una bacteria que ataca a algunos animales y es transmisible al hombre.

carburación *s. f.* **1** MEC. Acción y efecto de carburar: *Antes se hacía la carburación por el sistema de contacto, actualmente se hace por aspiración.* **2** QUÍM. Combinación del hierro y el carbono para producir el acero.

carburador *s. m.* MEC. Dispositivo de un motor donde se prepara el carburante líquido para la explosión o la combustión.

carburante *s. m.* Mezcla de hidrocarburos que se emplea en los motores de explosión o de combustión interna: *La gasolina y el gasoil son los carburantes más generalizados.*

carburar *v. tr. / intr.* **1** Mezclar ‹una máquina› el aire atmosférico con [los carburantes gaseosos o con los vapores de los combustibles líquidos] para hacerlos combustibles o detonantes: *Este motor no carbura. La moto carbura mal con esta gasolina.* || *v. intr.* **2** Estar ‹una cosa o una persona› en funcionamiento: *Tu negocio carbura. Yo por las mañanas no carburo. Este ciclista carburaba mal hoy.* SIN. funcionar. **3** ARG.; COLOQUIAL. Molestarse ‹una persona› por una broma.

carburo *s. m.* (no contable) QUÍM. Combinación de carbono con un elemento simple, generalmente de carácter metálico: *Del carburo de calcio se obtiene el acetileno.*

carca *adj. / s. m.* y *f.* **1** [Persona, actitud, idea] que es muy anticuada o conservadora: *Tu padre es un carca. Ésas son dos viejas carcas.* || *s. f.* **2** AMÉR. Olla para cocer la chicha, tipo de bebida. **3** AMÉR. DEL S.; VULGAR. Mugre, suciedad.

carcaj *s. m.* Recipiente largo y estrecho en forma de tubo para llevar las flechas, que se cuelga al hombro: *sacar la flecha del carcaj, llevar el arco y el carcaj.*

carcajada *s. f.* Risa fuerte y ruidosa: *Al decirlo solté una carcajada. Elisa se reía a carcajadas.* FR. Y LOC. **a ~ limpia** Se usa para indicar que una persona se ríe de forma muy estrepitosa y prolongada: *Juana reía mis chistes a carcajada limpia.*

carcajear *v. prnl.* **1** Reír ‹una persona› a carcajadas: *Solíamos carcajearnos siempre* ***con*** *tus chistes.* **2** Hacer ‹una persona› burla de [otra persona] o de [una cosa]: *Héctor se carcajeó* ***de*** *tu vestimenta. Se carcajearon* ***de*** *mi corbata, pero no sé porqué.* SIN. burlarse.

carcamal *adj. / s. m.* y *f.* COLOQUIAL; PEYORATIVO. Persona vieja y enferma: *un viejo carcamal. Estoy hecha una carcamal; todo el día en el médico.* SIN. vejestorio.

carcamán, na *s. m. / f.* ARG., URUG. [Persona] que tiene mucha edad y está siempre de malhumor.

carcancha *s. f.* **1** PERÚ; COLOQUIAL. Muerte. **2** PERÚ; COLOQUIAL. Esqueleto.

carcasa *s. f.* **1** Armazón o estructura de un objeto sobre la que se montan otras piezas: *la carcasa de una moto, la carcasa de un tocadiscos, la carcasa de un ordenador.* **2** RESTRINGIDO. Especie de bomba incendiaria.

cárcava *s. f.* **1** Hoyo o zanja excavado en el terreno por el agua de lluvia: *La erosión había dejado en el camino profundas cárcavas.* SIN. torrentera. **2** Zanja o foso hecho generalmente para fortificar una posición militar: *las cárcavas alrededor de un campamento.*

cárcel *s. f.* Lugar donde cumplen su condena los condenados a penas de privación de libertad o donde se encierra a los presuntos culpables. SIN. prisión, presidio.

carcelario, ria *adj.* De la cárcel: *régimen carcelario, sistema carcelario, permiso carcelario.*

carcelero, ra *s. m. / f.* Persona que por profesión cuida y vigila a los presos de una cárcel: *El carcelero cerró la celda.* SIN. celador.

carcinógeno, na *adj.* Que produce o puede producir cáncer: *una sustancia carcinógena. El tabaco es carcinógeno. El sol es carcinógeno.*

carcinoma *s. m.* MED. Tumor maligno formado por tejido epitelial: *carcinoma de mama.*

carcocha *s. f.* PERÚ; COLOQUIAL. Automóvil viejo.

carcoma *s. f.* **1** (macho y hembra) *Anobium punctatum.* Insecto del orden del escarabajo, que en el estado de larva agujerea la madera convirtiéndola en polvo: *La madera de esta casa está llena de carcoma.* **2** (no contable) Polvo que deja la larva de la carcoma al agujerear la madera. **3** Cosa, acción, actitud que produce la destrucción lenta de algo: *La envidia es la carcoma que acaba con cualquier amistad.*

carcomer *v. tr.* **1** Destruir ‹la carcoma› [la madera]: *La carcoma me ha destruido una puerta del pueblo. Este libro está completamente carcomido.* **2** Destruir ‹una cosa› [la salud o el ánimo de una persona] lentamente: *Nos está carcomiendo el problema del nene, que no estudia nada. El aburrimiento acaba por carcomer cualquier pareja. El alcoholismo lo carcome a ojos vistas. La carcome la envidia.* ||

v. prnl. 3 Destruirse ‹la salud o el ánimo de una persona› lentamente: *Victoria se carcome con los celos. No podemos vivir felices porque nos carcomemos con la envidia.*

carda *s. f.* 1 Acción de cardar las fibras textiles: *La carda de la lana se hacía a mano antiguamente.* SIN. cardado. 2 Máquina para limpiar fibras textiles, como el algodón: *Las nuevas máquinas, como la carda o la hiladora mecánicas, posibilitaron un aumento espectacular de la producción textil.* 3 Cepillo con ganchos de alambre para cardar: *Antiguamente se pasaba repetidamente la carda sobre el paño para quitarle el pelo. Hoy día se pasa la carda a los perros y gatos para quitarles el pelo sobrante.* FR. Y LOC. **dar una ~** Reñir ‹una persona› fuertemente a otra persona: *Le dieron una buena carda por romper el jarrón.*

cardado *s. m.* 1 Acción y resultado de cardar el pelo de una persona o de una fibra textil: *Tras el cardado, la peluquera la peinó y le puso laca.* 2 Limpieza de la materia textil antes de hilarla: *El cardado de la lana es trabajoso.*

cardamomo *s. m.* Arbusto originario de la India, de fruto triangular y semillas olorosas y picantes, que tiene propiedades medicinales.

cardán *s. m.* MEC. Articulación mecánica para transmitir un movimiento de rotación en direcciones distintas.

cardar *v. tr.* 1 Preparar ‹una persona› [una materia textil] con la carda para hilarla: *Se necesitan operarios para cardar lana y algodón.* 2 Quitar ‹una persona› el pelo de [un tejido de lana] con la carda: *En esta sección se cardan los tejidos.* || *v. tr. / prnl.* 3 Dar ‹una persona› volumen al [cabello] con un cepillo o con un peine: *Esta mañana* ***me*** *he cardado el pelo.*

cardenal *s. m.* 1 COLOQUIAL. Mancha morada o amarillenta que aparece en la piel por un derrame interno de sangre: *Pablo se dio un golpe en el brazo y le salió un cardenal.* SIN. moretón, equimosis (ELEVADO). 2 (macho y hembra) Familia *Emberizidae.* Ave americana de plumaje rojo, verde o gris, con un moño en punta, que tiene un canto agradable. 3 En la iglesia católica, prelado miembro del cónclave que elige a los papas y que está encargado de aconsejarlos: *anillo de cardenal, capa de cardenal. Los cardenales eligen al papa reunidos en cónclave.* FR. Y LOC. **bocado* de ~.**

cardenalicio, cia *adj.* Del cardenal de la Iglesia: *la curia cardenalicia, birrete cardenalicio, palacio cardenalicio.*

cardencha *s. f.* Planta herbácea de hojas espinosas y flores purpúreas, con involucros que acaban en cabezas, que usaban los pelaires tradicionalmente para sacar el pelo a los paños.

cardenillo *s. m.* 1 (no contable) QUÍM. Sustancia venenosa de color verdoso o azulado que se forma en los objetos de cobre o en sus aleaciones: *Las antiguas calderas de cobre de los pueblos se fregaban siempre muy bien para eliminar el cardenillo.* SIN. verdín. 2 (no contable) QUÍM. Acetato de cobre usado en pinturas. 3 (no contable) Color verde claro semejante al del acetato de cobre.

cárdeno, na *adj.* 1 De color morado: *Ana tenía una mancha cárdena en la piel. El frío le daba un color cárdeno a sus labios.* 2 [Toro] que tiene el pelo mezclado de los colores blanco y negro.

cardiaco, ca o **cardíaco, ca** *adj.* 1 Del corazón: *válvula cardiaca, especialidad cardiaca.* **insuficiencia cardiaca. arritmia cardiaca. paro ~.** || *adj. / s. m.* y *f.* 2 Que tiene alguna enfermedad de corazón: *Éste es el pabellón de cardiacos.*

cardias (plural *cardias*) *s. m.* ANAT. Orificio de comunicación entre el estómago y el esófago.

cárdigan *s. m.* preferentemente AMÉR. Chaqueta de punto, sin cuello ni solapas.

cardillo *s. m.* Planta herbácea de hojas rizadas y espinosas, de las cuales la penca se consume cocida cuando está tierna.

cardinal *adj.* 1 Que es el fundamento o la base principal de una cosa: *Los principios cardinales de nuestra empresa son la fidelidad a la casa y la entrega al trabajo.* **virtud* ~.** 2 GRAM. [Adjetivo, pronombre numeral] que indica cantidad o número, pero no orden ni sucesión. || *adj. / s. m.* 3 MAT. [Número] natural que se utiliza para contar los elementos de un conjunto: *1, 2, 3 son números cardinales.* **número ~.** || **4 punto* ~.**

cardiografía *s. f.* 1 MED. Parte de la medicina que se dedica al estudio y descripción del corazón: *La sección de cardiografía no está bien organizada en este hospital.* 2 MED. Cardiograma: *Me van a hacer una cardiografía.*

cardiograma *s. m.* MED. Gráfico que representa los movimientos del corazón: *Me han hecho un cardiograma.* SIN. cardiografía.

cardiología *s. f.* (no contable) MED. Parte de la medicina que estudia y trata el corazón.

cardiólogo, ga *s. m. / f.* Médico especialista en cardiología.

cardiópata *adj. / s. m.* y *f.* Que padece alguna enfermedad del corazón: *Mi madre es cardiópata.*

cardiopatía *s. f.* MED. Enfermedad del corazón: *El niño tiene una cardiopatía congénita.*

cardiovascular *adj.* MED. Del corazón o del aparato circulatorio: *cirugía cardiovascular, patología cardiovascular.*

carditis (plural *carditis*) *s. f.* MED. Inflamación del tejido muscular del corazón.

cardo *s. m.* 1 Grupo de plantas de diferentes familias que se caracterizan por tener hojas grandes y espinosas. **~ bendito / santo. ~ borriquero. ~ estrellado.** 2 COLOQUIAL. Persona con la que es difícil tratar o que tiene un carácter desagradable: *No quiero volver a salir con esa chica, porque es un cardo.* **~ borriquero** COLOQUIAL; INTENSIFICADOR. Persona de muy difícil trato: *Es difícil hablar con el jefe, es un perfecto cardo borriquero.* FR. Y LOC. **seta de ~.**

cardumen o **cardume** *s. m.* Banco de peces.

carear *v. tr.* Poner ‹una persona› [a varias personas] frente a frente e interrogarlas juntas para comparar sus versiones y observar sus reacciones: *El juez careó a los acusados.*

carecer *v. intr.* No tener ‹una persona o una cosa› [una cosa]: *Este chico carece* ***de*** *medios. El piso carece* ***de*** *calefacción. El pueblo carece todavía* ***de*** *luz eléctrica.* ⇒ **5.**

carel *s. m.* Borde superior de una embarcación de remos, donde éstos se sujetan.

carenar *v. tr.* Arreglar ‹una persona› el casco de [una embarcación], haciéndolo totalmente estanco: *Los pescadores carenan periódicamente sus barcas.*

carencia *s. f.* 1 Falta o privación de alguna cosa: *El coche es bueno, pero tiene algunas carencias; hoy no puede lanzarse al mercado un coche sin aire acondicionado o sin radio. La máxima preocupación del Gobierno es remediar las caren-*

cias que sufren algunos barrios de la ciudad. 2 MED. Falta de ciertas sustancias en la dieta alimenticia: *La carencia de vitaminas provoca algunas enfermedades.*

carencial *adj.* Que no tiene algunas sustancias necesarias para el organismo: *los estados carenciales. Algunas personas siguen dietas carenciales. Tienes una enfermedad carencial.*

carente *adj.* Que carece de algo o que no lo tiene: *Diste respuestas carentes **de** lógica. Un chico carente **de** vergüenza nos ha hecho unas chapuzas horrorosas en el baño.*

careo *s. m.* DER. Colocación de varias personas frente a frente para interrogarlas juntas y comparar sus versiones: *El abogado solicitó un careo **de** los dos procesados. Ayer tuvo lugar el careo **entre** varios acusados del caso.*

carero, ra *adj. / s. m.* y *f.* Que suele vender caro: *No vengo más a esta tienda, son muy careros. Los del supermercado de enfrente son unos careros.*

carestía *s. f.* **1** (no contable) ELEVADO. Precio elevado de una cosa de primera necesidad: *la carestía de los alimentos, la carestía de la ropa, la carestía de la gasolina.* **2** (no contable) ELEVADO. Escasez, poca abundancia: *Durante la guerra hubo mucha carestía de todo.* ANT. abundancia.

careta *s. f.* **1** Máscara de cartón u otro material para cubrir la cara: *una careta de carnaval.* **2** Máscara protectora de alambre o diversos materiales que usan los apicultores o las personas que practican esgrima: *Sin careta no puede practicarse esgrima, porque sería peligroso.* FR. Y LOC. **quitar la ~** COLOQUIAL. Descubrir ‹una persona› las verdaderas intenciones de otra: *Le hemos quitado la careta y ha confesado que quería quedarse con todas nuestras acciones.*

careto, ta *adj.* **1** [Caballo, vaca] que tiene la cara blanca: *Tiene un caballo careto muy simpático.* ‖ *s. m.* **2** COLOQUIAL. Cara o rostro de mal aspecto o de aspecto chocante: *Cuando me levanto después de trasnochar tengo un careto terrible. ¡Qué careto tienes con ese maquillaje!*

carey (plural *careis* o *careyes*) *s. m.* **1** (macho y hembra) *Eretmochelys imbricata.* Tortuga marina bastante grande, con el caparazón a manchas negras y rojizas, y las patas traseras transformadas en aletas, que no puede esconder la cabeza y habita en mares tropicales. **tortuga ~.** **2** (no contable) Materia dura del caparazón de la tortuga carey, que se emplea para fabricar peines, cajas y otros objetos: *Me han regalado una pluma de capuchón de carey.*

carga *s. f.* **1** Acción y resultado de cargar: *La carga de tanto peso me ha fastidiado la espalda.* **barco de ~. burro de ~. navío de ~.** **2** Cosa transportada, especialmente géneros o mercancías: *la carga de un buque mercante, exceso de carga. Déjeme ayudarle a llevar la carga.* **3** Peso sostenido por un elemento de construcción: *La carga de estas paredes es mucha.* **4** Cantidad de pólvora, con proyectiles o sin ellos, que se echa en el cañón de un arma de fuego: *la carga de un fusil.* **5** Cantidad de sustancia explosiva necesaria para volar una cosa: *El explosivo llevaba una carga de goma dos.* **6** Impuesto, tributo: *una carga del ayuntamiento.* **7** Gravamen, obligación, deuda que pesa sobre una propiedad, generalmente un inmueble: *Este piso tiene una carga de los inquilinos anteriores.* **8** Obligación propia de un estado, oficio u ocupación: *la carga de una madre. Esto está dentro de la carga del secretario.* SIN. deber. **9** Sufrimiento, situación penosa o esfuerzo que recae sobre una persona: *Esa mujer sufrió la carga de malos tratos de su primer marido.* **10** MIL. Ataque contra el enemigo: *carga a la bayoneta, carga de la caballería.* **11** Acometida de las fuerzas de seguridad para dispersar a grupos que alteran el orden público: *Los policías iniciaron la carga contra los manifestantes.* **12** DEP. Choque de cuerpo a cuerpo entre dos jugadores por el que uno queda desplazado: *El defensa le ha hecho una carga legal y no es falta.* **13** Repuesto o recambio de una materia que se gasta con el uso: *una carga de bolígrafo, una carga de tinta, la carga del mechero.* **14** Resistencia que, en un momento dado, debe vencer una máquina o un motor. **15** Cantidad de energía eléctrica acumulada en un cuerpo: *La carga estática del televisor después de haber estado encendido toda la tarde puede ser peligrosa.* ‖ **16 ~ eléctrica** FÍS. Cantidad de electricidad que posee un cuerpo o una partícula cargada: *carga eléctrica de un electrón.* FR. Y LOC. **llevar una ~** COLOQUIAL. Asumir ‹una persona› la responsabilidad de una cosa: *Mamá lleva la carga de la casa.* **ser / constituir una ~** COLOQUIAL. Ser ‹una persona› una complicación, una molestia o un inconveniente para otra persona: *Un niño tan revoltoso era una carga para los abuelos. No quiero ser una carga para la familia.* **volver a la ~** COLOQUIAL. Insistir ‹una persona› en un tema o en una intención: *Al cabo del rato Pilar volvió a la carga con lo de su viaje.*

cargada *s. f.* ARG., URUG. Broma que se gasta a una persona.

cargadero *s. m.* RESTRINGIDO. Lugar para la carga y descarga de mercancías.

cargado, da *adj.* **1** (estar) [Tiempo atmosférico, atmósfera] que está tormentoso y pesado: *El tiempo está muy cargado esta temporada.* **2** (estar) [Aire] que es difícil de respirar: *un ambiente cargado.* **3** (estar) Que está muy concentrado: *un cuba libre muy cargado, un café cargado.* **4** (estar) Que está borracho: *Estás un poco cargado esta noche.* FR. Y LOC. **~ de espaldas*. ~ de hombros*.**

cargador, ra *adj. / s. m.* y *f.* **1** [Instrumento, aparato, máquina] que se usa para cargar. ‖ *s. m. / f.* **2** Persona que, por oficio, carga o embarca mercancías: *los cargadores del puerto.* ‖ *s. m.* **3** Parte de un arma de fuego donde se ponen las balas: *llenar el cargador, vaciar el cargador, tener el cargador vacío.* SIN. peine.

cargamento *s. m.* Conjunto de mercancías que se transportan o que se llevan: *el cargamento de un barco, el cargamento de un camión, un cargamento de naranjas.*

cargante *adj.* COLOQUIAL. Que carga, fastidia, cansa o incomoda: *Ana es un poco cargante, siempre habla de lo mismo.*

cargar *v. intr.* **1** MIL. Atacar ‹una unidad militar› a [otra unidad] con ímpetu: *La tropa cargó **sobre** el enemigo.* **2** Atacar ‹la fuerza pública› a [un grupo de personas que alteran el orden] para dispersarlas: *La policía cargó **contra** los manifestantes.* **3** Apoyarse ‹una cosa› sobre [otra cosa]: *La bóveda carga **sobre** los arbotantes exteriores.* **4** Llevar ‹una persona› [una cosa pesada]: *Carga tú **con** la maleta.* **5** Ser pronunciado ‹el acento› sobre [una sílaba o un fonema]: *El acento carga **sobre** la primera sílaba.* ‖ *v. tr. / intr.* **6** AMÉR. Portar, llevar ‹una persona› consigo alguna cosa. **7** DEP. Mover ‹un jugador› [a otro jugador] del lugar en que estaba con un empujón: *Ese futbolista cargó **contra** otro en el partido del domingo.* **8** Soportar ‹una persona› [una cosa desagradable o un peso]: *Al final tendré que cargar **con** las culpas. Estoy un poco cansado de cargar **con** todo el trabajo. Cargué **con** todo el peso* ‖ *v. tr.* **9** Poner ‹una persona› [un peso] sobre [una persona o un animal]: *Cargué el saco **a** hombros. El padre cargó al niño **en** los hombros.* **10** Poner ‹una persona› [una mercancía] en [un vehículo] para transportarla: *Varios hombres cargaron el té **en** el barco.* **11** Llenar ‹una persona› [un vehículo] con [una mercancía]: *Los mozos cargaron el barco **con** el té. Cargaremos el camión **de** naranjas y nos iremos.* **12** Poner ‹una persona› la carga en [un arma de fuego]: *Carga la escopeta cuando vayamos al monte. No cargo la pistola nunca.* **13** Poner ‹una persona› lo que necesita para funcionar en [un aparato] o en [un utensilio]: *Ya he cargado el lavaplatos. Tenemos que cargar la lavadora.* **14** Poner ‹una persona› [una cosa] en exceso en [otra cosa]: *Has cargado el plato **de** especias. He cargado la ensalada **de** sal.* **15** Aumentar ‹una persona› [el peso de una cosa]: *Creo que los arquitectos han cargado excesivamente estas columnas.* **16** Imponer ‹una persona› [un gravamen, una carga o una obligación] a [otra persona o una cosa]: *El ayuntamiento piensa cargar la contribución de los locales. Hacienda cargará los impuestos de los profesionales.* **17** Poner ‹una persona› [una cantidad] en el debe de [otra persona]: *El banco me ha cargado una factura que no es mía.* **18** Atribuir ‹una persona› [una cosa negativa] a [otra persona]: *Me ha cargado la responsabilidad de la iniciativa, pero no soy yo el responsable. La policía carga los asesinatos a un maniaco maduro.* **19** Hacer ‹una persona o una cosa› que [una persona] se enfade o se moleste: *Me cargan sus bromas. Me carga tener que hacer cola.* **20** Hacer ‹una cosa› que el ambiente de [un local] se vuelva irrespirable: *El humo está cargando excesivamente el aire. El tabaco ha cargado el ambiente, abre las ventanas.* **21** ARG., URUG. Echar ‹una persona› [combustible en un vehículo]. ‖ *v. prnl.* **22** Estar ‹una persona› a punto de enfadarse: *Me estás cargando; como sigas así voy a enfadarme. Creo que los policías ya se están cargando.* **23** Llenarse el aparato respiratorio de ‹una persona› de una cosa que dificulta la respiración. *Se me cargan los pulmones de humo.* **24** Volverse el ambiente de ‹un local› irrespirable: *La habitación se ha cargado. La sala está completamente cargada.* **25** Llegar a tener ‹una persona› [una cosa] en abundancia: *Mis vecinos se han cargado **de** hijos.* **26** Cubrirse ‹el cielo› de nubes: *El cielo se cargará al atardecer.* **27** Experimentar ‹una persona› una sensación de pesadez en una parte del cuerpo: *Se me carga la cabeza **con** este calor. El estómago se carga **con** tanta comida.* **28** COLOQUIAL. Estropear o romper ‹una persona› [una cosa]: *Te has cargado el jarrón. Me he cargado el jersey con un clavo. Ese periodista es muy nervioso y se cargó la entrevista él solo.* FR. Y LOC. **alzarse / cargarse con el santo* y la limosna. ~ con el mochuelo** COLOQUIAL. Atribuir ‹una persona› las culpas de alguna cosa a otra persona: *Tú espabílate, porque algunos quieren que cargues con el mochuelo si no funciona el plan.* **~ con el muerto*. ~ con los tanates*. ~ la mano*. ~ los dados*. ~ / recargar las tintas*. cargarse** 1 COLOQUIAL. Suspender ‹una persona› a otra persona en un examen: *El profe (se) cargó a la mitad de la clase.* 2 COLOQUIAL. Matar ‹una persona› a otra persona: *Se rumorea que se han cargado a un turista.* **cargársela** COLOQUIAL. Recibir ‹una persona› un castigo: *Luis se la cargó sin haber hecho nada. Me la he cargado, después de estropear el ordenador del jefe.* ⇒ **56.**

cargazón *s. f.* **1** (no contable) Pesadez que se siente en alguna parte del cuerpo: *Siento cargazón en los ojos por haber leído mucho. Tengo una cargazón desagradable en el estómago. Tengo una cargazón de brazos después de jugar al frontón.* **2** ARG. Obra mecánica mal acabada.

cargo *s. m.* **1** Empleo o puesto que uno ocupa en un trabajo: *En esta empresa no tendrás un buen cargo al principio, pero podrás mejorar.* **2** Puesto o dignidad que tiene una persona: *Joaquín tiene un buen cargo en el ministerio. No me gustaría un cargo de ministro; es muy complicado.* **alto ~** Puesto muy importante y persona que lo ocupa: *Hubo una reunión de altos cargos de la administración.* **3** Cuidado, custodia o dirección de alguna persona o cosa: *María tiene a su cargo la informática de la empresa. Verónica tiene varios sobrinos que están a su cargo.* **4** (preferentemente en plural) Falta o delito de los que alguien es acusado: *Se han acumulado varios cargos contra él.* **5** Cantidad de dinero que se anota como negativa en una cuenta: *En la libreta me han anotado el cargo de un recibo que no es mío.* **pliego* de cargos. testigo* de ~.** ‖ **6 ~ de conciencia** Motivo o pensamiento que hace culpable a una persona: *Me da cargo de conciencia venderle el coche tan caro a nuestra vecina.* FR. Y LOC. **a ~ de** 1 Al cuidado de: *He dejado al niño a cargo de su tía.* 2 A costa de: *Comimos a cargo de la empresa.* **hacerse ~** 1 Encargarse ‹una persona› de una persona o de una cosa: *Si mis padres se hacen cargo **de** los niños, podremos irnos al cine. La compañía de seguros se hizo cargo **de** la reparación del vehículo.* 2 Enterarse ‹una persona› de [una cosa], comprenderla: *Me gustaría ayudarte, pero en estos momentos estoy muy ocupado; hazte cargo **de** la situación.*

cargosear *v. tr.* ARG., CHILE, PERÚ, URUG.; COLOQUIAL. Molestar, importunar ‹una persona› [a otra persona].

carguero *s. m.* Vehículo, generalmente un tren, un barco o un avión, destinado al transporte de mercancías: *Los cargueros atracarán en los muelles apartados de la ciudad.*

cari *adj.* ARG., CHILE; RESTRINGIDO. De color pardo o plomizo.

cariacontecido, da *adj.* (estar) Que expresa en la cara pena, sorpresa fuerte o preocupación: *Miguel está cariacontecido desde que perdió a su perro.*

cariado, da *adj.* [Diente, hueso] que padece caries: *Tengo una muela cariada.*

cariar *v. tr.* **1** Producir ‹una cosa› caries en [un diente o tejido duro]: *El azúcar puede cariar los dientes.* ‖ *v. prnl.* **2** Ser ‹un diente› atacado por la caries: *Los dientes se carian si no se lavan.*

cariátide *s. f.* Columna con forma de mujer vestida, típica de la arquitectura griega: *Es justamente famoso el templo de las Cariátides.*

caribe *adj. / s. m.* y *f.* **1** De un pueblo amerindio que vivió en las Antillas y se extendió por el norte de Sudamérica: *las costumbres caribes, un poblado caribe, la historia de los caribes.* ‖ *s. m.* **2** Antigua lengua hablada por este pueblo.

caribeño, ña *adj. / s. m.* y *f.* Del Caribe, mar americano, y tierras que baña: *la música caribeña. Los caribeños viven del turismo.*

caribú (plural *caribúes*, preferible a *caribús*) *s. m.* (macho y hembra) *Rangifer tarandus caribou.* Mamífero rumiante parecido al reno europeo, pero de mayor tamaño, que vive en regiones frías de América del Norte.

caricato *s. m.* **1** Artista cómico: *Ése es un caricato estupendo: canta, baila, hace imitaciones.* **2** Cantante de ópera que interpreta al bufo.

caricatura *s. f.* **1** Dibujo, pintura en la que se exageran los rasgos de una persona con intención humorística: *la caricatura de un político, la caricatura de un actor.* **2** Escrito en el que, mediante alusiones indirectas, se ridiculiza a alguna persona o cosa: *La comedia hace una caricatura de la sociedad. El artículo es una caricatura cruel del alcalde.* SIN. parodia. **3** Cosa ridícula, imitación ridícula de algo, aunque no se pretendiera que lo fuera: *una caricatura de concierto, una caricatura de democracia. Su comportamiento es una caricatura de lo que debería ser un hombre de su posición.*

caricaturesco, ca *adj.* **1** De la caricatura o que tiene caricatura: *Ésas son unas palabras caricaturescas estupendas.* **2** PEYORATIVO. Que resulta ridículo: *La tuya es una iniciativa caricaturesca.*

caricaturista *s. m./f.* Persona que por oficio o por afición dibuja caricaturas: *Es una buena caricaturista. Eva destaca como caricaturista político.*

caricaturización *s. f.* Acción y efecto de caricaturizar: *Domino la técnica de la caricaturización de los personajes famosos.*

caricaturizar *v. tr.* **1** Representar ‹una persona› [a otra persona o una cosa] por caricaturas: *Ese humorista caricaturiza muy bien en sus dibujos a los personajes de la vida pública.* **2** Imitar ‹una persona› [las palabras o los gestos] de una persona: *Nos hemos reído mucho porque esa chica caricaturiza muy bien la manera de andar del profesor.* ⇒**19.**

caricia *s. f.* **1** Acción de pasar suavemente la mano sobre una persona o animal en señal de afecto: *Al gato le gustaban las caricias de su amo.* **2** Sensación suave y agradable causada por el roce de una cosa: *la caricia del viento, la caricia de la brisa, la caricia del sol en la piel.* **3** Gesto o demostración amorosa: *Ven acá que no pienso pegarte, sólo te llenaría de caricias. Las caricias de la madre tranquilizan al niño.*

caridad *s. f.* **1** (no contable) Sentimiento de benevolencia hacia el prójimo que impulsa a ayudarlo: *Ten caridad de mí. Esas monjas viven de la caridad pública.* **2** (no contable) En la religión cristiana, una de las virtudes teologales que consiste en amar a Dios y al prójimo como a uno mismo. **3** Limosna o auxilio que se da a una persona: *Una caridad, por el amor de Dios.* FR. Y LOC. **obra* de ~ . ¡por ~!** COLOQUIAL. Se usa para pedir una persona clemencia, comprensión o benevolencia: *¡Una limosna, por caridad!*

caries (plural *caries*) *s. f.* MED. Destrucción localizada de un tejido duro del organismo. **~ (dental)** Infección bacteriana que destruye poco a poco la dentadura: *El dentista me ha dicho que tengo dos caries.*

carilla *s. f.* RESTRINGIDO. Cada una de las dos caras de una hoja de papel. SIN. plana.

carillón *s. m.* **1** Conjunto de campanas que producen un sonido armónico: *el carillón de la catedral.* **2** Reloj con un conjunto de estas campanas: *No le damos cuerda al carillón que nos han regalado, porque no nos deja dormir.* **3** Instrumento de percusión formado por un juego de tubos, campanillas o planchas de acero.

cariñena *s. m.* **1** (no contable) Vino propio de la región aragonesa de Cariñena, de alta graduación alcohólica, tinto y oloroso: *una botella de cariñena.* **2** Medida de este líquido contenida en un vaso o en una botella: *De beber, tráigame un cariñena.*

cariño *s. m.* **1** Inclinación de afecto o amor que se tiene hacia una persona, animal o cosa: *Elisita siente un gran cariño **por** su niñera.* **2** Expresión y señal de esta inclinación: *Pedro besó a su abuela con gran cariño.* **3** Esmero con que se hace una labor o se trata una cosa: *Cuido mi colección de sellos con mucho cariño.* SIN. cuidado.

cariñoso, sa *adj.* (ser / estar; antepuesto / pospuesto) Que siente o muestra afecto o cariño: *En la carta Pepe me envía un saludo cariñoso. Luis es tan cariñoso que empalaga. Nos brindaron un cariñoso recibimiento. ¡Qué raro!, Pedro está muy cariñoso, ¿le pasará algo?*

carioca *adj. / s. m.* y *f.* De Río de Janeiro.

cariópside *s. f.* Fruto seco e indehiscente, como el trigo, a cuya única semilla está pegado el pericarpio.

carisma *s. m.* **1** Capacidad de atracción o de seducción que ejercen algunas personas sobre los demás: *Necesitamos un líder con carisma si queremos ganar las elecciones. El capitán es un jugador mediocre, pero con él el equipo funciona mejor, porque tiene mucho carisma en el campo.* **2** REL. En el cristianismo, don especial que concede Dios a algunas personas para realizar ciertas funciones: *Dios le ha concedido un carisma especial, porque está feliz cuidando a los leprosos.*

carismático, ca *adj.* (antepuesto / pospuesto) Del carisma o que tiene carisma: *Necesitamos tu apoyo carismático. Ese pensador es un carismático defensor de la humanidad.*

caritativo, va *adj.* **1** De la caridad: *obra caritativa, reunión caritativa.* **2** Que practica la caridad: *una dama muy caritativa.*

cariz *s. m.* Aspecto negativo que presenta alguna cosa: *No me gusta el cariz que está tomando este asunto. Nuestras relaciones están tomando mal cariz. La evolución del enfermo muestra mal cariz.* SIN. pinta.

carlanca *s. f.* **1** Collar ancho y con clavos o puntas que tienen los perros pastores para que no los muerdan los lobos: *Los pastores rivalizaban en adornar las carlancas de sus mastines.* **2** AMÉR. Grillete. **3** HOND. Fastidio, molestia.

carlinga *s. f.* Parte del avión donde viaja el piloto y la tripulación: *Los pasajeros no pueden entrar en la carlinga.*

carlismo *s. m.* (no contable) Ideología y movimiento político de tipo tradicional que nace en 1833 para defender los derechos al trono español de Carlos María Isidro, hermano de Fernando VII.

carlista *adj.* **1** Del carlismo: *ideas carlistas.* || *adj. / s. m.* y *f.* **2** Que es partidario del carlismo: *político carlista.*

carmelita *adj. / s. m.* y *f.* Que pertenece a la orden del Carmen o tiene relación con ella: *En el vagón viajaban dos carmelitas. Estudié en un colegio carmelita.*

carmelitano, na *adj. / s. m.* y *f.* Que pertenece a la orden religiosa del Carmen: *un religioso carmelitano, una casa carmelitana.*

carmen *s. m.* **1** En la iglesia católica, orden regular de religiosos mendicantes fundada en el siglo XIII: *La orden del Carmen está en muchas ciudades españolas.* **2** RESTRINGIDO. Casa de campo que tiene huerto o jardín: *La ciudad de Granada está rodeada de hermosos cármenes.* **3** LIT. Composición poética.

carmenar *v. tr.* RESTRINGIDO. Limpiar y desenredar ‹una persona› [el pelo, la lana o una fibra textil]: *Su oficio es carmenar la lana.*

carmesí (plural *carmesíes*, preferible a *carmesís*) *adj. / s. m.* De color granate muy intenso: *Sara se pintó los labios de rojo carmesí. El carmesí es un bonito color.*

carmín *adj. / s. m.* **1** (invariable) [Color] que es rojo intenso: *un pañuelo carmín. Me he comprado dos blusas carmín.* || *s. m.* **2** (no contable) Sustancia de color rojo intenso que se obtiene principalmente de la cochinilla. **3** Producto cosmético para pintarse los labios: *una barra de carmín.* **4** Rosal silvestre de flores muy rojas.

carminativo, va *adj. / s. m.* FARM., MED. [Sustancia, medicamento] que favorece la expulsión de los gases intestinales: *Le recetaron un carminativo. La manzanilla es carminativa.*

carnada *s. f.* **1** (no contable) Cebo de carne para pescar o cazar: *Pon carnada en el cepo.* **2** Persona o cosa usada para atraer o inducir a alguien a actuar, cebo: *Me voy de la empresa porque el jefe me ha usado de carnada en sus maniobras y se han enfadado todos conmigo.*

carnal *adj.* **1** Del cuerpo o del instinto sexual: *unión carnal, deseo carnal, instinto carnal, apetito carnal, amor carnal.* **acto* ~. acceso* ~. ayuntamiento* ~. trato ~.** **2** [Pariente] que tiene el primer grado de consanguinidad: *sobrino carnal, primo carnal, tío carnal.* || *adj. / s. m.* y *f.* **3** MÉX.; COLOQUIAL. Hermano, buen amigo, camarada.

carnalidad *s. f.* (no contable) PEYORATIVO. Carácter carnal o sexual de una cosa: *La censura suprimió algunas escenas de la película por su descarada carnalidad. En sus poemas destaca una obsesiva carnalidad.*

carnaval *s. m.* **1** Tiempo de tres días que precede al miércoles de ceniza. **2** Conjunto de fiestas populares que se celebran en este periodo, en las que la gente se disfraza: *fiesta de carnaval. La semana que viene es carnaval.* SIN. carnestolendas (RESTRINGIDO).

carnaza *s. f.* **1** Carnada. **2** PEYORATIVO. Carne de mala calidad, carroña: *En este restaurante sólo usan carnaza; no sé cómo podéis comer allí.* **3** Escándalo, explotación de un suceso: *Ese político le echa carnaza a la prensa. Muchos quieren carnaza para leer.*

carne *s. f.* **1** (no contable) Parte blanda y muscular del cuerpo del hombre y los animales: *Los bebés tienen la carne rosada. Si no haces deporte se te pondrá la carne floja.* **2** (no contable) Carne de los animales usada como alimento, en oposición al pescado: *Mamá hizo unos filetes rusos con carne picada. Me gusta la carne poco hecha. No me gusta la carne, prefiero el pescado.* **~ blanca** Carne de aves o de reses tiernas. **~ magra** Carne muy limpia sin grasa ni nervios. **3** (no contable) Parte blanda de la fruta que está debajo de la cáscara o del pellejo: *Este melocotón tiene una carne deliciosa.* **4** (no contable) El cuerpo y los instintos sexuales, en oposición al espíritu: *los placeres de la carne.* || **5 ~ de cañón 5**1 (no contable) Tropa expuesta a los mayores riesgos en la guerra: *Los reclutas van como carne de cañón.* **5**2 (no contable) COLOQUIAL. Conjunto de personas o grupo de una sociedad completamente desprotegidos, expuestos a todas las penalidades o manipulaciones: *Los jóvenes de ese barrio degradado son carne de cañón. Los parados son la carne de cañón de la que se nutre el alcoholismo.* **6 ~ / piel de gallina** (no contable) Aspecto que toma la piel de una persona por efecto del frío y de algunas emociones: *Cuando oigo esas barbaridades, se me pone la carne de gallina.* **7 ~ de membrillo** (no contable) Dulce preparado con la pulpa del membrillo. **8 carnes frías** AMÉR. Fiambres. FR. Y LOC. **abrírsele las carnes** COLOQUIAL. Horrorizar o causar pena fuerte ‹una cosa› a una persona: *Se le abren las carnes al recordar aquella injusticia. Se me abrieron las carnes cuando lo vi desnudo en medio de la nieve.* **echar / poner toda la ~ en el asador** COLOQUIAL. Utilizar ‹una persona› todos sus recursos para conseguir algo: *El dueño puso toda la carne en el asador para evitar el cierre del negocio.* **(estar) entrado / metido en carnes** Estar ‹una persona› algo gorda sin llegar a ser obesa: *Eva es una chica joven, pero entrada en carnes.* **los deleites* de la ~. no ser ni ~ ni pescado** COLOQUIAL. Ser ‹una persona o cosa› indefinida: *No me gusta la novela, no es ni carne ni pescado. Con este acuerdo seguimos donde estábamos: ni es carne ni pescado.* **ser de ~ y hueso** 1 COLOQUIAL. Tener ‹una persona› sentimientos y emociones al igual que las demás: *Aunque Sara parece una mujer muy dura, es de carne y hueso.* 2 COLOQUIAL. Ser ‹una persona o personaje› real: *Los héroes mitológicos no son seres de carne y hueso.* **ser uña* y ~. tener en ~ viva** 1 COLOQUIAL. Tener ‹una parte del cuerpo› despojada de la epidermis, generalmente por una herida: *A consecuencia de la caída, tengo la rodilla en carne viva.* 2 Tener ‹una experiencia› desagradable o dolorosa aún muy viva: *No le hables de su mujer, que se han separado hace poco y todavía tiene la separación en carne viva.*

carné o **carnet** *s. m.* Documento que acredita la personalidad de alguien, su pertenencia a una agrupación profesional o de otro tipo, o su capacitación para realizar ciertas actividades. **~ de conducir. ~ de estudiante. ~ de identidad** Documento nacional de identidad.

carneada *s. f.* ARG., URUG. Matanza de un animal para aprovecharlo como alimento.

carnear *v. tr.* **1** ARG., URUG. Matar y descuartizar ‹una persona› las reses. **2** MÉX.; COLOQUIAL. Tomar el pelo, engañar ‹una persona› [a otra persona].

carnero *s. m.* Macho de la oveja, que tiene cuernos estriados y en espiral. FR. Y LOC. **ojos* de ~ / cordero degollado.** REFR. **De la mar, el mero y de la tierra, el carnero.** Se usa para indicar que las personas deben elegir para comer lo mejor que produzca el lugar donde se encuentran.

carnestolendas (plural) *s. f.* RESTRINGIDO. Carnaval.

carnet *s. m.* Carné.

carnicería *s. f.* **1** Tienda donde se vende carne, normalmente de vaca o cordero: *Compré unos filetes de ternera en la carnicería.* **2** INTENSIFICADOR. Gran número de personas muertas, normalmente debido a una guerra o a una acción violenta: *La batalla fue una carnicería: hubo muchos muertos.* **3** INTENSIFICADOR. Destrozo en el cuerpo de una persona que causa la salida o aparición de mucha sangre: *Al rascarme la herida, me hice una carnicería en la pierna. Me han dicho que ese cirujano hace unas carnicerías tremendas.*

carnicero, ra *adj. / s. m.* y *f.* **1** [Animal] que mata a otros para comérselos. **2** Que obra con crueldad o ferocidad: *No hay en la historia de la humanidad mayor carnicero que ése. El protagonista era un dictador carnicero y sanguinario.* || *s. m. / f.* **3** Persona que tiene por oficio vender carne: *El carnicero me guarda siempre lo que necesitamos para el consumo semanal.*

cárnico, ca *adj.* De la carne que se dedica al consumo: *industrias cárnicas, productos cárnicos.*

carnívoro, ra *adj. / s. m.* **1** [Animal] que se alimenta principalmente de carne: *El león es un animal carnívoro. Los carnívoros tienen muy desarrollados los dientes.* || *adj.* **2** [Planta] que se alimenta de insectos. || *s. m.* **3** (en plural) ZOOL. Orden de los mamíferos carnívoros, que tienen una dentadura muy desarrollada.

carnosidad *s. f.* **1** Carne irregular que sobresale en alguna parte del cuerpo: *La carúncula es una carnosidad que tienen los gallos en la cabeza.* **2** (no contable) Característica de una cosa carnosa: *Las picotas son muy carnosas.*

carnoso, sa *adj.* **1** De carne: *En ese instante palpé algo carnoso.* **2** Que tiene mucha carne: *labios carnosos. Tienes unas manos muy carnosas.* **3** [Fruto, fruta] que es tierno y tiene mucha carne: *Me gustan las picotas, que son cerezas muy carnosas.*

caro, ra *adj.* **1** (ser / estar) Que tiene un precio elevado o cuesta mucho: *Está todo muy caro. El bolso me ha salido muy caro. El piso no me ha costado caro. Le gusta la ropa cara. Eso es caro pero de buena calidad y, a la larga, te sale barato. Los pisos aquí están muy caros. Esta tienda tiene los precios más caros del barrio.* **2** (antepuesto) ELEVADO, LITERARIO. Que se quiere, se ama, provoca afecto o cariño: *Mi caro amigo, cuánto tiempo sin vernos. Ésa es una cara ilusión que tengo de hace mucho tiempo.* || *adv.* **3** A un precio muy alto o elevado: *Has vendido caro. Vivir aquí sale muy caro.*

carolingio, gia *adj. / s. m.* y *f.* Que tiene relación con Carlomagno, emperador europeo medieval: *ejército carolingio, imperio carolingio, periodo carolingio. Hizo un trabajo sobre los carolingios.*

carota *adj. / s. m.* y *f.* COLOQUIAL. [Persona] que es caradura: *Elsa es una carota terrible, no te fíes de ella. Son unos carotas estos chicos.*

caroteno *s. m.* (no contable) BIOL. Pigmento de color naranja presente en las células de ciertos vegetales, como la raíz de la zanahoria.

carótida *s. f.* ANAT. Cada una de las dos arterias principales del cuello que llevan la sangre a la cabeza.

carotina *s. f.* (no contable) Caroteno.

carozo *s. m.* **1** Corazón de la mazorca de maíz después de desgranada. **2** AMÉR. Hueso de frutos como la aceituna, el melocotón o la ciruela.

carpa *s. f.* **1** (macho y hembra) *Cyprinus carpio.* Pez de tamaño mediano, con una aleta dorsal larga, barbillas bajo la boca y color verdoso, que habita en ríos y lagos tranquilos, con vegetación y no muy fríos, de Europa y Asia. **2** Toldo que cubre un recinto grande: *la carpa de un circo.* **3** AMÉR. Tienda de campaña. FR. Y LOC. **tela* de ~.**

carpanta *s. f.* **1** (no contable) COLOQUIAL. Hambre muy intensa: *Chico, tienes una carpanta cuando vienes del colegio que es terrible.* || *s. m. / f.* **2** COLOQUIAL. Persona que tiene mucha hambre o que come como si tuviera mucha hambre: *Loli es una carpanta tremenda.*

carpelo *s. m.* BOT. Órgano reproductor femenino de las plantas fanerógamas.

carpeta *s. f.* **1** Cubierta de cartón o plástico para guardar papeles: *carpeta de dibujo, carpeta escolar, carpeta con separadores, carpeta archivadora, sacar los papeles de la carpeta, guardar los apuntes en la carpeta.* **2** Pieza plana que se pone encima de un escritorio para escribir sobre ella y guardar papeles: *carpeta de piel de escritorio.* **3** AMÉR. DEL S. Escritorio, mesa de un alumno. **4** ARG., URUG. Tapete.

carpetano, na *adj. / s. m.* y *f.* De un antiguo pueblo prerromano que vivió en el centro de la meseta central de la península Ibérica: *los carpetanos, restos carpetanos.*

carpetazo *s. m.* RESTRINGIDO. Golpe dado con una carpeta. FR. Y LOC. **dar ~** 1 Interrumpir ‹una persona› la tramitación o solución de un asunto, no dar curso a un expediente o solicitud: *Dieron carpetazo **a** su reclamación.* 2 Dar ‹una persona› por terminado un asunto: *dar carpetazo **a** una discusión. He dado carpetazo **a** mis aspiraciones y no solicitaré más la subvención.*

carpida *s. f.* ARG., URUG. Escarda de un terreno.

carpidor *s. m.* ARG., URUG. Instrumento que se usa para carpir o limpiar la tierra de hierbas inútiles.

carpintería *s. f.* **1** (no contable) Oficio de construir muebles, puertas y ventanas de madera. **2** Taller donde se hacen y trabajan obras de madera. **3** (no contable) Conjunto de muebles y otras obras de madera. || **4 ~ de aluminio** (no contable) Conjunto de marcos de puertas y ventanas, y otras obras que se hacen con aluminio en vez de con madera. **~ metálica** (no contable) Carpintería que en vez de madera emplea metales para la construcción de puertas, ventanas y muebles.

carpintero, ra *s. m. / f.* **1** Persona que se dedica por oficio a hacer obras de carpintería: *Encargamos un mueble al carpintero.* || **2 pájaro* ~.**

carpir *v. tr.* ARG., URUG. Trabajar ‹una persona› [la tierra] con el carpidor para limpiarla de hierbas malas.

carpo *s. m.* ANAT. Conjunto de huesos pequeños que forman la muñeca de las personas o las extremidades anteriores de los vertebrados.

carraca *s. f.* **1** Instrumento provisto de una rueda dentada que va levantando una lengüeta flexible al girar y produce un ruido característico. **2** (macho y hembra) *Coracias garrulus.* Ave de cabeza grande, pico fuerte y curvado en la punta, y plumaje azul y castaño, que vive en Europa y Asia Central y del Sur y emigra a zonas más cálidas en invierno. **3** HIST. Embarcación medieval de hasta dos mil toneladas. **4** Máquina vieja o que funciona mal: *Esta televisión es una carraca. Tu coche está hecho una carraca.* SIN. armatoste, cacharro, trasto. **5** Persona con achaques de salud: *Tu madre está hecha una carraca.* FR. Y LOC. **estar como una ~** COLOQUIAL. Estar ‹una persona› algo loca: *No le hagas caso al profesor, que está como una carraca.*

carrasca *s. f.* **1** RESTRINGIDO. Encina. **2** Mata de encina.

carrasco *s. m.* **1** RESTRINGIDO. Carrasca. || **2 pino* ~.**

carraspear *v. intr.* **1** Tener ‹una persona› carraspera. **2** Hacer ‹una persona› una especie de tosecilla con la garganta para dejarla limpia antes de hablar o por nerviosismo o burla: *El cantante está carraspeando y aclarándose la garganta y ahora va a cantar.*

carraspeo *s. m.* Acción y resultado de toser nerviosamente o carraspear una persona: *Se aclaró la garganta con un ligero carraspeo. Es incómodo oír en el cine los continuos carraspeos.*

carraspera *s. f.* **1** (no contable) COLOQUIAL. Aspereza en la garganta que enronquece la voz y obliga a toser. **2** Carraspeo.

carrera *s. f.* **1** Acción de ir corriendo de un sitio a otro: *En una carrera llego enseguida a la tienda.* **2** Competición de velocidad: *carrera de galgos, carrera de caballos, carrera de coches, carrera de motocicletas, carrera de medio fondo. Julio participó en la carrera y quedó el segundo.* **~ contra reloj** Carrera en la que los participantes toman la salida de uno en uno y tienen que esforzarse por hacer el mejor tiempo individual. **~ de relevos** Carrera por equipos en la que los participantes se relevan. **~ de sacos** Juego en el que los participantes corren metidos en sacos hasta llegar a la meta. **3** Competición entre varias partes o rivales sobre alguna cosa: *Los dos clubes han establecido una carrera de fichajes. Los laboratorios se han embarcado en una carrera por descubrir la vacuna contra el sida.* **4** Recorrido, trayecto: *la carrera de un taxi.* **5** Curso de los astros: *la carrera del Sol.* **6** Conjunto de estudios especializados que permiten el ejercicio de una profesión, especialmente los universitarios: *carrera superior, carrera técnica, carrera militar, carrera de Medicina, carrera de Física, carrera de Química. Sus padres le han dado una carrera.* **premio* extraordinario fin de ~. la ~ de las armas** Carrera militar: *Óscar ha elegido la carrera de las armas.* **7** Actividad profesional: *Esa chica dejó su carrera de actriz para meterse a monja. Has emprendido una carrera política prometedora.* **8** Puntos que se sueltan en una media o prenda de punto: *Me enganché la media y se ha hecho una carrera.* **9** RESTRINGIDO. Camino: *Cualquier camino se llamaba antiguamente carrera.* FR. Y LOC. **a la ~** Rápidamente, sin detenerse: *Me vestí a la carrera.* **de carreras** Destinado a una competición de velocidad: *una bicicleta de carreras, un coche de carreras, una moto de carreras, un piloto de carreras.* **hacer ~** Conseguir ‹una persona› un buen puesto o posición acomodada: *Estudia la manera de hacer carrera en la empresa.* **hacer ~ de** Hacer ‹una persona› que otra aproveche los medios y educación que se le da: *Sus padres por más que se esforzaron no lograron hacer carrera de él.* **hacer la ~** Dedicarse ‹una mujer› a la prostitución.

carrerilla *s. f.* (no contable) Carrera breve para tomar impulso: *Para saltar toma carrerilla.* FR. Y LOC. **de ~** COLOQUIAL. De memoria y todo seguido, sin enterarse bien de lo que se dice: *decir de carrerilla, saberse una lección de carrerilla.*

carrerista *s. m. / f.* **1** Persona preocupada únicamente por su ascenso social o por su promoción personal en el trabajo: *No me gusta trabajar con él, es un carrerista.* **2** RESTRINGIDO. Persona que se dedica por profesión a correr en carreras de bicicletas: *Hace años los niños coleccionaban cromos de carreristas.*

carreta *s. f.* Carro de dos ruedas largo y bajo con un madero largo central en el piso, que sirve de lanza para el yugo de los animales: *montar en carreta, la carreta de los condenados, una carreta del Oeste.* FR. Y LOC. **aguantar carros* y carretas.**

carretada *s. f.* **1** Carga de un carro o de una carreta: *una carretada de heno.* **2** Cantidad grande de alguna cosa: *Me regalaron dulces a carretadas. Jesús es un poco exagerado; le dije que necesitaba un poco de tierra para los tiestos y me ha traído una carretada.*

carrete *s. m.* **1** Cilindro hueco con discos en sus extremos en el que se enrolla hilo o cualquier tira flexible: *un carrete de hilo para costura, un carrete de una máquina de escribir, un carrete de alambre para soldar.* **2** Rueda unida a la caña de pescar en la que está enrollado el sedal: *Suelta el carrete cuando piquen los peces.* **3** Rollo de película para una cámara fotográfica. **4** CHILE; COLOQUIAL. Juerga, parranda. FR. Y LOC. **dar ~** Entretener ‹una persona› a otra persona dándole conversación: *Olga le estuvo dando carrete durante una hora en el bar para que pudiéramos prepararle la sorpresa.* **tener ~** Hablar mucho ‹una persona›: *Juan tiene carrete para rato, mejor es que vayamos de paseo.*

carretel *s. m.* AMÉR. Carrete de hilo de coser o de bordar.

carretera *s. f.* Vía pública pavimentada construida para la circulación de vehículos, fuera de una población. **~ comarcal. ~ general / nacional. ~ provincial. ~ de cuota** AMÉR. Autopista de peaje. FR. Y LOC. **luz* de ~** o **luz larga.**

carretero *s. m.* Persona que tiene por oficio construir o conducir carros: *En muchos pueblos el oficio de carretero se transmite de padres a hijos.* FR. Y LOC. **como un ~** En exceso o con mucha rudeza o grosería: *hablar como un carretero, fumar como un carretero, jugar como un carretero.*

carretilla *s. f.* **1** Carrito con una rueda delante y provisto de dos brazos para empujarlo que sirve para transportar carga a distancias cortas: *carretilla de albañil, carretilla de jardinería.* **2** Vehículo automóvil, generalmente de pequeño tamaño, para el transporte a corta distancia: *La carretilla del aeropuerto lleva los equipajes al avión.* || **3 ~ elevadora** Vehículo dotado de un mecanismo que permite elevar grandes pesos a diferentes alturas: *Para cargar los camiones se usan ahora carretillas elevadoras.* FR. Y LOC. **de ~** COLOQUIAL. De memoria, sin enterarse bien de lo que se dice: *Le preguntaron la lección y se la supo de carretilla.*

carricoche *s. m.* **1** Coche viejo, feo o en mal estado: *El carricoche que conducía su abuelo era, por lo menos, de hace cincuenta años.* **2** RESTRINGIDO. Carro cubierto parecido a un coche.

carriel *s. m.* AMÉR. Maletín o bolsa de viaje de piel.

carril *s. m.* **1** Parte de una vía pública destinada a una sola fila de vehículos: *autopista de tres carriles, cambio de carril. Circulaba por el carril de la derecha. Esta carretera tiene varios carriles.* **~ bus. ~ de aceleración. ~ de deceleración / desaceleración. ~ de taxi.** **2** Cada una de las barras de hierro paralelas por las que circulan los trenes: *Están poniendo los carriles para una nueva línea de ferrocarril.* SIN. raíl, riel. **3** Pieza o estructura alargada sobre la que se desliza otra, como las de algunas puertas y ventanas: *No podemos correr las cortinas porque se ha estropeado el carril. Hemos cambiado la puerta del baño y la hemos puesto sobre carriles.* **4** Huellas que dejan en el suelo las ruedas de un carruaje: *Es difícil montar en bicicleta por el camino, porque el carril que han dejado los carros molesta mucho.*

carrilera *s. f.* COL. Conjunto de las vías por donde circula el tren.

carrillo *s. m.* Parte carnosa de la cara comprendida entre el pómulo y la mandíbula. SIN. moflete. FR. Y LOC. **comer* a dos carrillos.**

carrizal *s. m.* Lugar poblado de carrizos.

carrizo *s. m.* *Phragmites communis.* Planta gramínea de raíz larga y hojas planas en forma de lanza que vive cerca del agua: *Las orillas de los ríos castellanos están llenas de carrizos.*

carro *s. m.* **1** Vehículo de dos o cuatro ruedas tirado por animales, usado para llevar carga: *carro de caballos, carro de bueyes, las ruedas de un carro, la lanza de un carro.* **2** Carga que lleva un carro de una sola vez: *un carro de hierba, un carro de heno.* **3** (muy usado en diminutivo) Armazón con ruedas que se usa para transportar alguna cosa: *carrito de la compra, carro de estación o de aeropuerto.* **4** Parte móvil de algunos aparatos: *carro de la máquina de escribir. Se me ha atascado el carro de la máquina.* **5** AMÉR. Coche, automóvil: *Héctor se ha comprado un carro imponente.* ‖ **6 ~ de combate / asalto** Tanque de guerra. FR. Y LOC. **aguantar carros y carretas** COLOQUIAL. Soportar ‹una persona› pacientemente cosas desagradables: *Tuve que aguantar carros y carretas en el trabajo para no ser despedido.* **parar el ~** COLOQUIAL. Se usa para indicar a una persona que queremos que deje de hacer alguna cosa porque no nos gusta: *¡Eh, para el carro! Lo que estás diciendo no es verdad.* **tirar del ~** COLOQUIAL. Trabajar ‹una persona› mucho o hacer ‹una persona› un esfuerzo especial: *O tiro yo del carro o el trabajo no se termina.*

carrocería *s. f.* Parte cubierta de chapa de los vehículos que reviste el motor y dentro de la cual viajan personas y mercancías: *carrocería aerodinámica. El choque sólo afectó a la carrocería. La carrocería de los autocares se debe reforzar para que los viajeros vayan más seguros.*

carromato *s. m.* **1** Carro grande con dos lanzas, cubierto con un toldo de tela o cañas: *los carromatos de un circo ambulante.* **2** Carruaje grande e incómodo: *Antes que volver en el carromato de tu tío prefiero ir en taxi.*

carroña *s. f.* **1** (no contable) Carne podrida: *Algunos animales se alimentan de carroña.* **2** (no contable, preferentemente sin artículo) Persona o cosa despreciable, de mala condición o calidad: *Algunos programas de televisión son verdadera carroña. Los narcotraficantes son pura carroña. El nuevo director ha dicho que piensa barrer toda la carroña del departamento.*

carroñero, ra *adj.* **1** De la carroña: *No se puede pasar por ese pueblo; tiran las tripas de los cerdos en el campo y hay un olor carroñero insoportable.* ‖ *adj. / s. m.* y *f.* **2** [Animal] que se alimenta de carroña: *ave carroñera.* **3** [Persona] Que se dedica a aprovecharse de los demás, especialmente en los negocios: *Ni se te ocurra pedirle un préstamo a ese tipo, porque se quedará con tu negocio; es un carroñero peligroso. Ese hombre empezó a consolar a la viuda y ha acabado casándose con ella; es un carroñero.*

carroza *adj. / s. m.* y *f.* **1** COLOQUIAL. Que es viejo o anticuado: *unas ideas muy carrozas. Éste es un profesor carroza. Tu padre es un carroza. Han abierto una discoteca para los carrozas del barrio.* ‖ *s. f.* **2** Carro de caballos grande y lujoso: *la carroza de la Cenicienta, la carroza del rey.* **3** Vehículo muy decorado que participa en ciertas celebraciones populares: *la carroza de los Reyes Magos, un desfile de carrozas.* **4** Coche fúnebre: *Disponemos de diferentes tipos de carrozas para tal ocasión.*

carrozar *v. tr.* Poner ‹una persona› carrocería a [un vehículo]: *Están carrozando el autocar de acuerdo con las normas internacionales. En ese taller te carrozan el coche como quieras.* ⇒ **19.**

carruaje *s. m.* Cualquier armazón montado sobre ruedas: *Los carruajes del siglo XIX eran de caballos. Los carruajes del ferrocarril tienen unas ruedas muy pesadas. Algunos carruajes sirven para camiones o para autobuses, según el tipo de carrocería que lleven.*

carrusel *s. m.* **1** Espectáculo o desfile de jinetes: *La policía a caballo del ayuntamiento hizo un vistoso carrusel para los niños.* **2** Tiovivo de feria.

carst *s. m.* Karst.

cárstico, ca *adj.* Kárstico.

carta *s. f.* **1** Escrito, generalmente cerrado dentro de un sobre, que una persona envía a otra para comunicarle algo: *papel de carta, encabezamiento de una carta, pie de una carta, destinatario de una carta, remitente de una carta, carta urgente, carta certificada, carta de presentación, carta de amor, carta de condolencia, carta de recomendación, escribir una carta, leer una carta, enviar una carta, recibir una carta, echar una carta al buzón.* **~ abierta** Artículo de periódico escrito como si fuera una carta que se dirige a una persona o entidad con intención generalmente crítica: *carta abierta al presidente del gobierno.* **2** Naipe, cada una de las cartulinas que forman la baraja: *cartas marcadas, una partida de cartas, jugar a las cartas, robar una carta del montón.* **3** Lista de platos, postres y bebidas que se pueden pedir en un restaurante o bar: *comer a la carta. Tráigame la carta de vinos, por favor.* **4** Mapa geográfico: *carta náutica, carta de navegación.* **5** Constitución escrita de un país: *carta magna.* **6** Documento oficial: *carta de pago, carta de residencia, carta de despido, carta de embargo.* **~ de naturaleza** Carta que concede la nacionalidad a un extranjero. **cartas credenciales** Cartas que se dan a un embajador o ministro para que se le reconozca como tal. ‖ **7 ~ astral** Mapa de la posición de los astros al nacer una persona, a partir del cual los astrólogos interpretan su personalidad. **8 ~ blanca** Autorización que se le da a una persona para hacer lo que crea conveniente: *Los trabajadores le dieron carta blanca al comité para negociar el acuerdo.* **9 ~ de ajuste** Figura que aparece en la pantalla del televisor para ajustar la imagen, antes de que empiece a emitir la programación. **10 ~ pastoral** Carta que dirige un obispo de la iglesia católica a sus fieles sobre algún tema de interés. FR. Y LOC. **a ~ cabal** 1 Intachable, de toda confianza: *Luis es un hombre honrado a carta cabal. Pepe es un trabajador a carta cabal.* 2 Con seguridad, de buena fuente: *Lo sé a carta cabal. Me lo aseguraron a carta cabal.* **echar las cartas** Dedicarse ‹una persona› a adivinar el futuro mediante los naipes: *Una viejecita me echó las cartas en la feria del pueblo.* **enseñar las cartas** Mostrar ‹una persona› sus verdaderas intenciones o los medios de que dispone para hacer alguna cosa: *Si los oponentes no nos enseñan sus cartas romperemos la negociación. Si no firman mañana, nos enseñan sus cartas: simplemente quieren entretenernos.* **jugar bien sus cartas** Utilizar ‹una persona› con habilidad los medios de que dispone: *Si jugamos bien nuestras cartas, podemos ganar mucho dinero.* **jugar la última ~** Utilizar ‹una persona› el último recurso en una situación difícil: *Voy a ver a mi tío a ver si me recomienda; sólo puedo jugar esta última carta.* **jugárselo todo a una ~** Confiar ‹una persona› la solución de un problema a una sola posibilidad: *España se lo juega todo a una carta y tiene que ganar a Suiza si quiere pasar a la siguiente fase del campeonato. Arriesgas mucho al jugártelo todo a una carta.* **no saber a qué ~ quedarse** Estar ‹una persona› indecisa: *No sé a qué carta quedarme con Marta; no sé si quiere salir conmigo o no. Con tantas posibilidades no sabíamos a qué carta quedarnos.* **poner las cartas boca arriba** Aclarar ‹una persona› las intenciones de otra persona: *Ha llegado la hora de po-*

ner las cartas boca arriba: ¿Tú qué buscas exactamente? **tomar cartas en el asunto** Intervenir ‹una persona› en una cosa en la que, en principio, no pensaba intervenir, para cambiar su desarrollo: *El jefe ha dicho que tomará cartas en el asunto si no suben las ventas este trimestre.*

cartabón *s. m.* Instrumento en forma de triángulo rectángulo con los catetos desiguales, que se utiliza para dibujar: *cartabón de madera, cartabón graduado. Trazad una perpendicular con el cartabón y una regla.*

cartagenero, ra *adj. / s. m.* y *f.* **1** De Cartagena, ciudad de la provincia de Murcia. **2** De Cartagena de Indias, ciudad de Colombia.

cartaginense o **cartaginés, sa** *adj. / s. m.* y *f.* De Cartago, antigua ciudad de África fundada por los fenicios: *el ejército cartaginense. Los cartaginenses derrotaron a los romanos.*

cartapacio *s. m.* **1** Cartera escolar para llevar los libros, los cuadernos y el resto de objetos que componen el material escolar: *llevar un cartapacio a la espalda, llevar un cartapacio de la mano, poner o meter el estuche en el cartapacio.* **2** Carpeta para guardar papeles. SIN. portafolios. **3** Pequeño cuaderno para tomar notas: *Se ha encontrado un cartapacio poético desconocido en la biblioteca de la universidad.*

cartearse *v. prnl.* Escribirse ‹dos persona› cartas: *Mis hijos y los tuyos se cartean con frecuencia. Me carteo* ***con*** *un colega de Lima.*

cartel *s. m.* **1** Lámina impresa, generalmente de papel, que se coloca en algún lugar visible para hacer propaganda o difundir avisos o noticias: *cartel de toros, cartel de cine, cartel publicitario, cartel electoral, cartel de las fiestas, pegar carteles, poner un cartel. Prohibido fijar carteles. El tendero colgó el cartel de «Cerrado» en la puerta de su tienda.* **2** Reputación, fama: *un torero de cartel, tener buen cartel, tener mal cartel.* FR. Y LOC. **en ~** [Espectáculo] que se está representando: *comedia en cartel. La película lleva en cartel más de un año. Ya no está en cartel esa obra de teatro.*

cártel *s. m.* **1** ECON. Acuerdo entre empresas con el objeto de limitar los riesgos de la competencia y controlar la producción y los precios de un producto: *Muchos estados no permiten la actividad de los cárteles.* **2** Conjunto de personas que se dedican a actividades ilegales: *el cártel de la droga. Los contrabandistas pertenecen a un cártel extranjero.*

cartela *s. f.* **1** RESTRINGIDO. Tarjeta hecha de cartón, madera u otro material en la que se escribe algo: *En la cartela del cuadro está escrito su autor.* SIN. etiqueta. **2** Pieza triangular de hierro que sirve de soporte: *las cartelas de un balcón, la cartela de una repisa.*

cartelera *s. f.* **1** Sección de un periódico o de otra publicación con anuncios o información de espectáculos: *Queríamos ir al cine y consultamos la cartelera del periódico.* **2** Cartel que anuncia una función teatral u otro espectáculo: *He visto al pasar las carteleras del cine y ya no echan esa película.* **3** Superficie adecuada para fijar carteles o anuncios: *El ayuntamiento quiere que peguemos los carteles en las carteleras que ha puesto para las elecciones.*

cartelista *s. m. / f.* Persona que por oficio se dedica a pintar carteles y carteleras.

carteo *s. m.* Acción de cartearse dos personas: *María mantiene un carteo regular con un estudiante alemán.*

cárter *s. m.* **1** MEC. Pieza del automóvil y de otras máquinas que protege determinados elementos y es el depósito del aceite lubricante. **2** MEC. Pieza protectora de la cadena de la bicicleta.

cartera *s. f.* **1** Objeto rectangular de bolsillo, generalmente de piel, que sirve para guardar dinero, papeles y documentos: *cartera de piel. Me robaron la cartera. Llevo la cartera en el bolsillo trasero del pantalón.* SIN. billetero. **2** Objeto hueco rectangular de mano que se utiliza para transportar libros o paquetes: *la cartera del colegio.* **3** Conjunto de clientes de una empresa o sociedad: *la cartera del partido, cartera de pedidos, tener una buena cartera.* **4** ECON. Valores comerciales que forman el activo de un banco o comerciante: *cartera de valores.* **5** Ministerio: *Ese ministro ocupa en el gabinete la cartera de Defensa. Han renovado la cartera de Hacienda.* **6** AMÉR. Bolso de mujer. **7** URUG. Bragueta de un pantalón. FR. Y LOC. **ministro* sin ~. tener en ~** Tener ‹una persona› una cosa preparada para su próxima realización: *Tengo en cartera un negocio que me va a permitir retirarme.*

cartería *s. f.* **1** Oficina de correos que recibe y despacha la correspondencia: *Eso tiene usted que preguntarlo en cartería.* **2** (no contable) Oficio de cartero.

carterista *s. m. / f.* Ladrón especializado en robar carteras del bolsillo: *Si vas al mercado, ten cuidado con los carteristas.* SIN. ratero.

cartero, ra *s. m. / f.* Persona que tiene por oficio la recogida y reparto de cartas y paquetes de correos: *El cartero ha traído un paquete postal.*

cartesiano, na *adj.* **1** De Descartes o de su sistema filosófico: *el sistema cartesiano, la filosofía cartesiana.* || *adj. / s. m.* y *f.* **2** Que es partidario del cartesianismo: *una ideología cartesiana, un filósofo cartesiano.* **3** Que es excesivamente metódico o racional: *un escrito cartesiano, una persona cartesiana. Esta profesora es muy cartesiana.*

cartilaginoso, sa *adj.* **1** De los cartílagos: *tejido cartilaginoso.* **2** Que es parecido al cartílago o que tiene alguna propiedad suya.

cartílago *s. m.* **1** ANAT. Tejido del cuerpo menos resistente que el hueso, pero más elástico: *el cartílago de la oreja.* **2** Parte del cuerpo formada por este tejido: *Entre las vértebras hay algunos cartílagos.*

cartilla *s. f.* **1** Cuaderno pequeño impreso que contiene las letras del alfabeto y las enseñanzas básicas para aprender a leer. **2** Cuaderno en el que se anotan datos: *cartilla de la seguridad social, cartilla de ahorros.* **~ de racionamiento** Cuaderno personal o familiar con cupones o con espacios para sellos o anotaciones que permite a las autoridades controlar o distribuir en tiempos de escasez o crisis los productos comerciales entre la población: *Después de la guerra española hubo cartillas de racionamiento durante varios años.* **3** Conjunto fundamental de conocimientos de una ciencia, de un oficio o de unas normas de comportamiento: *cartilla del ebanista aficionado, cartilla de literatura española. La cartilla del excursionista es esencial para saber cómo respetar la naturaleza.* FR. Y LOC. **leer la ~** 1 COLOQUIAL. Reñir ‹una persona› a otra persona: *Como no estudies, te vamos a leer la cartilla.* 2 COLOQUIAL. Dar consejos ‹una persona› a otra persona: *Ya sé qué debo hacer, porque ya me han leído la cartilla.* **no saber la ~** COLOQUIAL. No saber ‹una persona› lo fundamental de un arte: *¿Cómo lo va a hacer bien, si no sabe la cartilla?* **saberse la ~** COLOQUIAL. Estar ‹una persona› bien informada de cómo debe portarse en una situación determinada: *No te preocupes, que me sé bien la cartilla y no meteré la pata.*

cartografía *s. f.* **1** (no contable) Técnica de hacer mapas geográficos. **2** (no contable) Ciencia que estudia la confección e interpretación de los mapas: *La moderna cartografía dispone de técnicas que no estaban vigentes en siglos anteriores.*

cartomancia o **cartomancía** *s. f.* (no contable) Adivinación del futuro por medio de la interpretación de los naipes: *La cartomancia, especialmente del tarot, está muy de moda hoy día.*

cartón *s. m.* **1** Lámina gruesa hecha de pasta de papel endurecida o de varias hojas de papel superpuestas: *cartón ondulado, cartón aislante.* **2** Recipiente o envase hecho con cartones: *un cartón de huevos.* **~ de tabaco** Caja que contiene diez paquetes de cigarrillos. **3** Dibujo hecho en papel grueso que sirve como modelo para un tapiz u otra obra artística: *Los cartones de Goya son famosos.* ‖ **4 ~ piedra** Pasta hecha de papel, yeso y aceite secante que se endurece y se utiliza para hacer figuras: *decorado de cartón piedra, figura de cartón piedra, máscara de cartón piedra.*

cartoné *s. m.* (no contable) Encuadernación hecha con tapas de cartón forradas de papel: *Han hecho una edición del libro en cartoné.*

cartuchera *s. f.* **1** Caja donde se guardan los cartuchos. **2** Cinturón especial para llevar los cartuchos: *cartuchera de cazador, cartuchera de un pistolero.* SIN. canana. **3** ARG., PERÚ, URUG.; COLOQUIAL en Perú. Estuche flexible para útiles de escritorio.

cartucho *s. m.* **1** Cilindro de cartón o plástico y una parte metálica que contiene una carga de pólvora o la munición necesaria para disparar un tiro de arma de fuego: *cartucho con bala, cartucho de fogueo, cartucho de caza.* SIN. cápsula, casquillo. **2** Envoltorio cilíndrico de monedas de una misma clase: *un cartucho de duros, un cartucho de monedas de 25 pesetas.* **3** Bolsa de cartón o papel que contiene dulces, frutas y otras cosas. SIN. cucurucho. **4** Carrete cerrado de película fotográfica. **5** Repuesto de material para algunos instrumentos de forma variable: *cartucho de una pluma estilográfica, cartucho de tinta de una impresora.* ‖ **6 ~ de dinamita** Cilindro de dinamita con mecha: *Lanzó un cartucho de dinamita contra la puerta del periódico.* FR. Y LOC. **quemar el último ~** Utilizar ‹una persona› el último recurso ante una situación difícil: *El atleta, que estaba muy cansado, quemó su último cartucho en el sprint.*

cartuja *s. f.* **1** (con mayúscula) Orden religiosa fundada por San Bruno en el siglo XI, caracterizada por llevar una vida austera y silenciosa. **2** Monasterio o convento de esta orden religiosa: *Las cartujas se extienden por toda la geografía española.* **3** COLOQUIAL; HUMORÍSTICO. Institución o empresa de una disciplina exagerada: *La oficina parece ahora una cartuja; el jefe quiere que no hablemos nada.*

cartujo *s. m.* Religioso que ha profesado en alguna cartuja y sigue la regla de San Bruno.

cartulina *s. f.* Cartón delgado y fino usado para tarjetas, diplomas, etc.: *Los niños dibujaban en cartulinas de colores.*

carúncula *s. f.* **1** Cresta que tienen algunas aves en la cabeza: *la carúncula del gallo.* ‖ **2 ~ lagrimal** ANAT. Pequeño abultamiento rosado en el ángulo interno del ojo.

casa *s. f.* **1** Edificio para habitar: *En este barrio han construido casas de ocho plantas.* **~ de campo. ~ de vecindad/ vecinos. ~ solariega** Casa más antigua y noble de una familia. **2** Parte de un edificio donde viven las personas: *Su casa tiene cinco habitaciones y dos terrazas.* SIN. piso. **3** Familia de una persona: *En mi casa comemos temprano. En mi casa todo lo controla mi madre.* **4** Reyes o nobles con un mismo apellido y origen: *la casa de Austria.* SIN. linaje. **5** Establecimiento industrial o mercantil: *Por la compra de este ventilador, la casa le hace un descuento.* SIN. firma. **6** Delegación o sucursal de una empresa: *Esta empresa ha abierto una casa en Lérida.* **7** Edificio donde se reúnen personas unidas por un vínculo: *casa de Galicia, casa del maestro.* **8** DEP. Campo del equipo donde se juega el partido: *Por lo menos este equipo gana en casa.* ‖ **9 ~ consistorial** Edificio del ayuntamiento de una localidad: *En la casa consistorial habrá una recepción para los médicos congresistas.* **10 ~ de baños** Establecimiento de baños de servicio público: *Todavía quedan algunas casas de baños en las grandes ciudades.* **11 ~ de citas** RESTRINGIDO. Casa donde se alquilan habitaciones para tener relaciones sexuales. **12 ~ de Dios** Iglesia: *En la ciudad moderna la casa de Dios es un remanso de tranquilidad.* **13 ~ de empeño** Establecimiento que presta dinero a cambio de un objeto que se deja en prenda o de una fianza: *En esa calle hay varias casas de empeño.* **14 ~ de la moneda** Lugar donde se acuñan o fabrican las piezas de moneda y los billetes de banco de un país. **15 ~ de la villa** Edificio del ayuntamiento de una localidad. **16 ~ de lenocinio** RESTRINGIDO. Prostíbulo. **17 ~ de locos 17**1 COLOQUIAL; INTENSIFICADOR. Lugar donde hay mucho bullicio y agitación: *Esto es una casa de locos: todo el mundo habla a la vez.* **17**2 RESTRINGIDO. Hospital para enfermos mentales: *Las casas de locos se han sustituido por los modernos hospitales psiquiátricos.* **18 ~ de putas 18**1 VULGAR. Casa donde se ejerce la prostitución. **18**2 VULGAR. Lugar donde no hay ningún orden y cada uno hace lo que quiere: *Esta oficina parece una casa de putas.* **19 ~ de salud** Clínica psiquiátrica privada en la que se tratan crisis nerviosas y otras enfermedades mentales transitorias. **20 ~ de socorro** Establecimiento para primeros auxilios y servicios médicos de urgencia. **21 ~ real** Familia real. FR. Y LOC. **ama* de ~. barrer* para dentro/~. cada uno es rey* en su ~. caérsele la ~ encima** 1 COLOQUIAL; INTENSIFICADOR. Hacérsele insoportable a una persona ‹estar dentro de casa›: *Cuando llega el fin de semana, se le cae la casa encima.* 2 COLOQUIAL; INTENSIFICADOR. Sucederle a una persona ‹un contratiempo o una grave contrariedad›: *Cuando tuvo que sacar a su familia adelante, se le cayó la casa encima.* **de la ~** 1 [Comida, bebida] típica de un bar o restaurante: *arroz de la casa, vino de la casa, el plato de la casa.* 2 Pertenencia de una persona a una empresa: *La secretaria es de la casa: lleva veinte años trabajando en esta empresa.* **echar/tirar la ~ por la ventana** COLOQUIAL; INTENSIFICADOR. Gastar ‹una persona› excesivo dinero: *Cuando celebra su cumpleaños, tira la casa por la ventana.* **empezar la ~ por el tejado** COLOQUIAL; INTENSIFICADOR. Empezar ‹una persona› una tarea o asunto por el final: *Haz las cosas con orden: no empieces la casa por el tejado.* **en ~** DEP. En su propio campo de juego: *Nuestro equipo jue-*

ga este domingo en casa. **entrar como Pedro por su ~** COLOQUIAL. Entrar ‹una persona› en casa de otra con excesiva confianza: *Luis entra aquí como Pedro por su casa.* **mujer* de su ~. no parar en ~** COLOQUIAL; INTENSIFICADOR. No estar ‹una persona› nunca en casa: *Desde que Alicia sale con Luis no para en casa.* **para andar por ~** 1 [Ropa] para estar en casa y no salir a la calle: *Tengo este vestido para andar por casa.* 2 [Solución, explicación] que es provisional y no tiene gran validez: *La solución que dieron al problema era para andar por casa.* **quedar todo en ~** COLOQUIAL. Quedar todos los beneficios en una familia: *En ese bar trabaja toda la familia, así queda todo en casa.* **ser (como) de ~** COLOQUIAL. Ser ‹una persona› de mucha confianza: *Pedro es como de casa: es nuestro amigo desde hace muchos años.* **ser muy de su ~** Ser ‹una persona› muy hogareña: *El marido es muy de su casa y no es amigo de salir de noche.* **vino* de la ~** REFR. **Cada uno en su casa y Dios en la de todos.** COLOQUIAL. Se usa para indicar que cada persona debe preocuparse de sus asuntos y no molestar a nadie. **De fuera vendrá quien de casa nos echará.** COLOQUIAL. Aludiendo a yernos, nueras o amigos de la familia, se usa para indicar que será una persona extraña la que venga a mandar a la propia casa de una persona. **En casa del herrero, cuchillo de palo.** COLOQUIAL. Se usa para indicar que en la casa en que hay un profesional no se encuentra nada de lo que de acuerdo con su oficio sería normal que hubiera. **Unos por otros y la casa por barrer.** COLOQUIAL. Se usa para indicar que cuando hay muchas personas para hacer algo, ninguna lo hace.

CASA *s. f.* Sigla de la empresa «Construcciones Aeronáuticas, Sociedad Anónima», España.

casaca *s. f.* Chaqueta ceñida, con faldones hasta la rodilla, propia de algunos uniformes militares: *las casacas rojas del ejército inglés.*

casación *s. f.* Se usa en la LOC. **recurso* de ~.**

casadero, ra *adj.* Que está en edad de casarse: *Paco tiene varias hijas casaderas.*

casal *s. m.* 1 Casa de campo. SIN. caserío. 2 Casa más antigua de una familia: *el casal de los condes.* 3 ARG., URUG. Pareja de animales domésticos de macho y hembra.

casamata *s. f.* Bóveda muy resistente o construcción fortificada donde se colocan piezas de artillería o ametralladoras: *Fortificaron la línea de la playa con casamatas.*

casamentero, ra *adj. / s. m.* y *f.* Que disfruta preocupándose de casar a los demás: *Eres un casamentero, no te metas en sus asuntos; se casarán si ellos quieren.*

casamiento *s. m.* Ceremonia o acto en el que contraen matrimonio dos personas: *Luis y Ana celebraron su casamiento con su familia y sus amigos más íntimos.* SIN. boda. **libreta de ~.**

casanova *s. m.* Hombre seductor: *Según todos los testimonios, Jaime es un casanova incorregible e irresistible.*

casar *v. tr.* 1 Unir ‹una persona con autoridad para ello› [a dos personas] en matrimonio: *Los casó un sacerdote católico. Los casó el alcalde el sábado por la mañana.* 2 Preparar ‹una persona› la boda de [otra persona que depende de ella]: *Doña Pilar casará a su hija el mes próximo. En cuanto pueda, caso al niño, que no quiero que se quede solo cuando yo falte.* 3 Declarar ‹un juez› nula [una sentencia]. SIN. abrogar. || *v. tr. / intr.* 4 Hacer ‹una persona› que [varias cosas] se junten, coincidan o se correspondan: *Casé el debe **con** el haber. Por favor, cuando tiendas los calcetines cásalos, porque luego es muy fácil equivocarse.* 5 Hacer ‹una persona› que [varias cosas] hagan juego o armonicen entre sí: *La camisa no casa **con** el pantalón.* || *v. prnl.* 6 Contraer ‹una persona› matrimonio con [otra persona]: *Julio se ha casado **con** una colombiana.* **casarse de penalti*.** FR. Y LOC. **no casarse con nadie** No dejarse influir ‹una persona› por nadie ni por nada: *Rafael tiene su propio criterio, no se casa con nadie. Si Sara cree que una cosa es justa, no se casa con nadie y no favorecerá a ningún pariente.*

casar *s. m.* RESTRINGIDO. Conjunto de casas que no llegan a formar un pueblo: *Vivimos en un casar que depende de un ayuntamiento a cuatro kilómetros.* SIN. caserío.

cascabel *s. m.* Bola hueca de metal con un trozo de latón o hierro dentro que suena al agitarla: *el cascabel de un gato, el cascabel de un caballo. La abuela tiene un perrito pequeño con un cascabel al cuello.* FR. Y LOC. **poner el ~ al gato** Atreverse ‹una persona› a hacer una acción peligrosa: *¿Quién le pone el cascabel al gato?* **ser un ~** Ser ‹una persona› alegre y vital: *Pepe es un cascabel, siempre tan contento.* **serpiente* de ~.**

cascabeleo *s. m.* Ruido de cascabeles o de voces o risas que lo semejan: *Sabíamos que el gato se acercaba porque oímos su cascabeleo.*

cascada *s. f.* 1 Caída del agua de un río o arroyo desde cierta altura, por un desnivel brusco del terreno. 2 Aquello que recuerda una cascada: *En las fiestas se divisaban cascadas de fuegos artificiales.* 3 Sucesión ininterrumpida y abundante de alguna cosa: *Hoy nos ha llegado una cascada de reclamaciones.* FR. Y LOC. **en ~** Sucesivamente: *No he podido hacer nada; he tenido una serie de llamadas telefónicas en cascada que me han machacado la tarde.*

cascado, da *adj.* 1 (estar) [Voz, sonido] que no tiene la sonoridad que suele tener: *Tengo la voz cascada de tanto fumar.* 2 (estar) Que está muy cansado o gastado: *Ese hombre después de trabajar veinte años en la mina está muy cascado. Este coche ya está muy cascado.*

cascajo *s. m.* 1 Trozos de piedra o de otros materiales parecidos: *Todo el cascajo que salga de la obra lo juntamos en el patio y luego lo lleva un camión.* 2 Conjunto de frutos secos: *De postre puedes sacar algo de cascajo; ya sabes, almendras, avellanas, cacahuetes.* 3 COLOQUIAL. Persona o cosa estropeada o vieja: *Estoy hecho un cascajo de fumar.* 4 COL. Calderilla.

cascanueces (plural *cascanueces*) *s. m.* Utensilio para partir nueces.

cascar *v. tr.* 1 Romper ‹una persona› [una cosa quebradiza]: *Creo que he cascado una taza de café.* 2 COLOQUIAL. Golpear ‹una persona› [a otra persona]: *Unos gamberros la cascaron para quitarle el reloj. Niño, como no te estés quieto, te casco.* || *v. intr.* 3 COLOQUIAL. Hablar ‹una persona› mucho: *No has parado de cascar en toda la tarde.* 4 COLOQUIAL. Dejar de vivir ‹una persona›: *Su tía la cascó hace tiempo.* SIN. palmar. ⇒ **71.**

cáscara *s. f.* Cubierta exterior dura del huevo, de los frutos y de otras cosas: *la cáscara del limón, la cáscara de la naranja, la cáscara del cacahuete, la cáscara de las gambas, las cáscaras de las pipas.* FR. Y LOC. **¡cáscaras!** COLOQUIAL. Se usa para expresar sorpresa o admiración: *¡Cáscaras, vaya casa que tienes!* **no haber más cáscaras** COLOQUIAL. No haber ‹otra posibilidad›: *Las cosas son así y no hay más cáscaras, tenemos que acabarlo mañana. No hay más cáscaras que levantarnos mañana a las cinco para no perder el tren.*

cascarilla *s. f.* **1** Cubierta más fina y quebradiza que la cáscara que envuelve los cereales y algunos frutos: *la cascarilla del arroz, la cascarilla del trigo.* **2** Lámina fina de un material que recubre una cosa, o trozo que se desprende de ella: *las cascarillas de pintura de una pared.*

cascarita *s. f.* MÉX.; COLOQUIAL. Partido informal de fútbol.

cascarón *s. m.* **1** Cáscara de huevo de un ave: *El polluelo estaba a punto de salir del cascarón.* || **2 ~ de nuez** COLOQUIAL. Embarcación pequeña y frágil. FR. Y LOC. **estar recién salido del ~** COLOQUIAL; PEYORATIVO. Ser ‹una persona› joven e inexperta: *Los nuevos profesores estaban recién salidos del cascarón.*

cascarrabias (plural *cascarrabias*) *adj. / s. m.* y *f.* COLOQUIAL; PEYORATIVO. Persona que se enfada con facilidad: *un viejo cascarrabias. Esa señora es una cascarrabias; todo el día enfadada con los nietos.*

cascarria *s. f.* **1** Cazcarria. **2** ARG. Suciedad que se acumula en el talón de las personas.

cascarriento, ta *adj. / s. m.* y *f.* ARG., URUG.; COLOQUIAL; PEYORATIVO. [Persona] que es de apariencia sucia y poco aseada.

casco *s. m.* **1** Pieza dura de metal o plástico que cubre y protege la cabeza: *casco de bombero, casco de motorista. En muchas obras puede leerse: «Prohibido el paso a toda persona sin el casco reglamentario».* **2** Envase de cristal vacío de cualquier bebida: *Los cascos de las botellas de vino se devuelven, porque nos dan un duro por cada uno. Este casco pequeño de cerveza no es recuperable; se puede tirar al contenedor especial del ayuntamiento.* **3** Cuerpo de un barco o fuselaje de un avión, sin sus máquinas y sin sus aparejos: *En esta empresa diseñamos solamente el casco; las máquinas las hacen otras empresas.* **4** Uña de las caballerías: *Los cascos del caballo se protegen con herraduras.* **5** Núcleo urbanizado de las ciudades: *el casco antiguo de Barcelona.* **6** (en plural) Trozos de un vaso o vasija que se ha roto: *los cascos de la taza.* **7** RESTRINGIDO. Cada una de las capas carnosas de la cebolla. **8** RESTRINGIDO. Caja ósea de la cabeza humana. **9** Conjunto de dos auriculares que se sujetan de diferentes maneras a la cabeza, se usan para oír individualmente un aparato de radio o un reproductor de sonido: *Elena siempre va con sus cascos a todas partes. Algunos llevan los cascos tan altos que se puede oír la música que ponen.* || **10 cascos azules** Los soldados de la ONU: *Llegó un batallón de cascos azules a Sarajevo.* FR. Y LOC. **calentarse / romperse los cascos** COLOQUIAL. Pensar o estudiar mucho ‹una persona›, preocuparse: *No te calientes los cascos* ***por*** *esta chica. No me calentaré más los cascos* ***con*** *ese problema; ya se resolverá por sí mismo.* **ser ligero de cascos** COLOQUIAL. Ser ‹una persona› frívola o poco seria: *Manolo es un poco ligero de cascos. –«¿No es algo ligera de cascos?» –«No, simplemente un poco tontita.»*

cascote *s. m.* **1** Cualquier trozo de una construcción que se derriba: *Cuando pasaba por la calle cayeron dos cascotes de una cornisa que casi me dan en la cabeza.* **2** Conjunto de escombros: *Rellenaron el hoyo con los cascotes de la obra.*

caseína *s. f.* (no contable) QUÍM. Proteína de la leche que al solidificarse se emplea para elaborar el queso.

caserío *s. m.* **1** Casa de campo aislada: *En el País Vasco y en Asturias abundan los caseríos.* **2** Conjunto de casas que no llegan a formar un pueblo. SIN. casar (RESTRINGIDO).

casero, ra *adj.* **1** Que se hace en casa: *pan casero, receta casera, comida casera, mermelada casera.* **remedio* ~.** **2** Que es aficionado a estar mucho en casa: *No me gusta salir de noche porque soy muy casero.* **3** Que se hace sin formalidades y con confianza: *Aquí no hacemos ceremonias, todo es muy casero; pase profesor.* || *adj. / s. m.* y *f.* **4** [Árbitro] que favorece al equipo local en una competición deportiva: *Este árbitro es muy casero, es una vergüenza, no disimula nada.* || *s. m. / f.* **5** Persona que es dueña de una casa y la alquila a otra: *Mi casero es muy agradable. Nuestra casera no nos deja hacer ninguna obra.* **6** AMÉR. DEL S.; COLOQUIAL. Parroquiano, cliente asiduo de un establecimiento.

caserón *s. m.* DESPECTIVO. Casa grande y destartalada.

caseta *s. f.* **1** Cuarto pequeño para cambiarse de ropa situado en playas, balnearios e instalaciones deportivas: *caseta de baño.* SIN. cabina. **2** Construcción provisional y desmontable de las ferias: *caseta de feria.* **3** Casa del perro: *Los vecinos han construido una caseta para el perro al lado del chalé.* FR. Y LOC. **enviar / mandar a la ~** Echar ‹un árbitro› fuera del terreno de juego a un jugador: *Tras la última falta, el árbitro envió a la caseta al jugador.*

casete *s. m / f.* **1** Cajita de plástico que contiene una cinta magnética para grabar y reproducir el sonido y la imagen: *casete de música, casete de vídeo, casetes de música clásica.* **2** Cinta en la que se graba el sonido y la imagen: *una casete de 60 minutos, una casete para grabar. Pon la otra cara de la casete.* || *s. m.* **3** Aparato que graba y reproduce el sonido utilizando esas cintas: *Me he comprado un casete de doble platina.*

casetón *s. m.* Adorno, cada uno de los espacios de que consta un techo artesonado. SIN. artesón.

cash-flow (del inglés; pronunciamos *'casflou'*) *s. m.* ECON. Movimiento de tesorería, diferencia entre costos e ingresos.

casi *adv. cant.* **1** Indica que falta poco para que se cumpla o complete la acción, estado, cantidad, cualidad o cualquier otra cosa expresada por la palabra a la que acompaña: *Esto cuesta casi cinco mil pesetas. El trabajo está casi acabado. La tela era casi amarilla. El huevo ya está casi cocido. Casi tropiezo.* || *adv. modo* **2** RESTRINGIDO, COLOQUIAL. (con frecuencia repetido) Expresa indecisión o duda: *Casi casi me quedo con el abrigo verde. Casi me voy de casa. Casi deberías avisar al médico.* FR. Y LOC. **¡~ nada!** Contestación irónica con que se resalta la importancia de lo que ha dicho otra persona: *–«Han venido unos cien coches esta semana.» –«¡Casi nada!»* **~ que** COLOQUIAL. Expresa indecisión e invita a tomar una determinación: *Casi que deberías acostarte.*

casida o **gasida** *s. f.* LIT. Composición poética árabe y persa de una sola rima, número indeterminado de versos y tema amoroso, filosófico o moral.

casilla *s. f.* **1** Cada una de las divisiones de los tableros de algunos juegos: *casillas del parchís, casillas del ajedrez, casillas de las damas.* **2** Cada una de las divisiones de un casillero o de algunos muebles: *la casilla de la correspondencia. En los vestuarios cada uno tiene una casilla para guardar su ropa.* **3** Cada una de las divisiones establecidas en un papel: *Rellena las casillas de la solicitud.* **4** AMÉR. Apartado de correos. FR. Y LOC. **sacar de sus casillas** COLOQUIAL. Enfadar o alterar ‹una persona o una cosa› a otra persona: *Ese asunto le saca de sus casillas. Pedro me saca de mis casillas con su conversación.* **salirse de sus casillas** COLOQUIAL. Enfadarse o alterarse mucho ‹una persona›: *Sandra se sale de sus casillas en cuanto le hablan de ese tema.*

casillero *s. m.* **1** Mueble con varios compartimentos para guardar llaves, o cartas: *el casillero de un hotel, el casillero de una oficina, el casillero de los discos, el casillero de las especias.* SIN. taquilla. **2** Cada uno de los compartimentos de este mueble: *En el casillero número 32 está su correspondencia.* SIN. casilla. **3** Marcador deportivo: *El casillero de los visitantes no se ha movido.*

casino *s. m.* **1** Establecimiento público con juegos de azar y diversiones: *Los sábados va al casino a jugar a la ruleta.* **2** Asociación de carácter recreativo o cultural donde se paga una cuota: *El casino de Salamanca organiza un baile sólo para socios.*

casiterita *s. f.* MIN. Mineral de color marrón y brillante del que se extrae el estaño.

caso *s. m.* **1** Cosa que sucede: *He leído un caso muy curioso. La policía está investigando un caso de homicidio.* **~ de conciencia** Caso que plantea dudas en materia moral. **2** Manifestación de una enfermedad u de otro hecho: *caso de gripe, caso de hepatitis, caso de varicela, caso de despido, caso de intoxicación.* **3** Circunstancia o combinación de circunstancias posibles: *En ese caso, llámame. Cuando llegue el caso, estudiaremos el asunto.* **4** Situación en que se encuentra una persona: *Yo, en su caso, pensaría bien las cosas antes de hacer nada.* **5** GRAM. Relación sintáctica que una palabra mantiene en la oración según la función que desempeña, y que suele ir acompañada de una variación morfológica: *El latín, el griego y el alemán son lenguas en las que los casos desempeñan un importante papel.* **~ ablativo. ~ acusativo. ~ dativo. ~ genitivo. ~ locativo. ~ nominativo. ~ vocativo.** || **6 ~ clínico** **6**1 Cada manifestación de una enfermedad en un sujeto, sobre todo si no es habitual: *En esta sección del hospital tienen archivados los casos clínicos.* **6**2 INTENSIFICADOR. Persona cuyo comportamiento se sale de lo normal: *Esther es un caso clínico: siempre se queda dormida.* **7 ~ perdido** INTENSIFICADOR. **7**1 Persona cuyo comportamiento no tiene solución: *Eres un caso perdido: te dejas el paraguas en cualquier sitio.* **7**2 Situación de difícil solución: *La empresa va a la ruina, es un caso perdido. El pleito no lo ganamos, es un caso perdido. Su matrimonio es un fracaso, es un caso perdido.* FR. Y LOC. **en ~ de (que)** Si sucede tal cosa: *En caso de incendio se puede utilizar la salida de emergencias. En caso de que no pudiera acudir, te avisaría.* **en todo ~** Como quiera que sea: *En todo caso, él no tiene la culpa.* **en último ~** Si no queda otra solución: *En último caso, si no encuentro alojamiento, iré a casa de mis tíos.* **hacer ~** 1 Tener en cuenta: *Haz caso* **del** *consejo que te da tu amigo.* 2 Obedecer: *El niño hizo caso a su profesora.* **hacer ~ omiso** No tener en cuenta ‹una persona› una cosa: *Paula hizo caso omiso* **de** *lo que le dijeron sus compañeros.* **hacer / venir al ~** 1 COLOQUIAL. Venir a propósito ‹una cosa›: *Esos comentarios no vienen al caso.* 2 COLOQUIAL. Ser conveniente o importante ‹una cosa› para un fin: *Si hace al caso, estamos dispuestos a ayudarle.* **ni ~** Sin prestar atención ni tomar en cuenta: *Tú, ni caso, no te preocupes de lo que dicen los demás. No le hicieron ni caso.* **poner por ~** Poner ‹una persona› por ejemplo ‹una cosa›: *Pon por caso que te dejan ir tus padres a Santander, ¿cómo vas a apañártelas para encontrar alojamiento?* **ser un ~** Ser ‹una persona› especial, capaz de llamar la atención de los demás: *Este chico es un caso: ¡qué ocurrencias tiene!*

casona *s. f.* Casa solariega asturiana o santanderina.

casorio *s. m.* **1** COLOQUIAL; PEYORATIVO. Boda: *No te puedes imaginar el bochorno que pasamos; no era una boda, era un casorio, con todos los amigotes del novio borrachos y un aperitivo en un restaurante horroroso.* **2** COLOQUIAL; PEYORATIVO. Casamiento inconveniente: *Ricardo tenía tantas ganas de casarse que ha hecho un casorio con una que le saca más de veinticinco años y no tiene un trabajo fijo.*

caspa *s. f.* (no contable) Conjunto de escamas pequeñas que se forman en el cuero cabelludo: *Usa una loción para la caspa.*

caspiroleta *s. f.* AMÉR. Bebida hecha con leche caliente, huevos, canela, azúcar y aguardiente.

¡cáspita! *interj.* RESTRINGIDO; a veces IRONÍA. Expresa asombro, sorpresa, enfado o admiración: *¡Cáspita, lo encontré! ¡Cáspita, es increíble cómo han dejado la habitación! ¡Cáspita, quién iba a pensar que estaría usted aquí!* SIN. ¡caramba!

casposo, sa *adj. / s. m.* y *f.* **1** COLOQUIAL. Que tiene mucha caspa: *Tienes el pelo casposo. Esa chica es una casposa.* **2** COLOQUIAL; PEYORATIVO. [Persona] que tiene un aspecto desagradable y es tacaña: *He salido con un tío casposo, que ni siquiera fue capaz de invitarme a un café.* **3** JERGAL. Que es descuidado o poco agradable: *Aunque te parezca una moto casposa, ya verás cómo corre. No te fíes de su apariencia casposa, que ahí se comen los mejores cocidos de Madrid. Anoche nos ofrecieron una película casposa.*

casquería *s. f.* Tienda donde se venden, sobre todo, las vísceras de las reses: *Los callos, el hígado, el rabo, las manos, los riñones o las criadillas tienes que comprarlos en la casquería.*

casquete *s. m.* **1** Gorro de tela, cuero o goma que se ajusta a la cabeza. **2** Pieza de la armadura de un guerrero que protegía la cabeza. || **3 ~ esférico** GEOM. Cada una de las dos partes que resultan de cortar una superficie esférica con un plano que no pasa por el centro. **4 ~ glaciar** Masa de hielo o nieve que cubre las cumbres de algunas montañas. **5 ~ polar** Conjunto de territorios cubiertos de hielo en las zonas polares de la Tierra. FR. Y LOC. **echar un ~** RESTRINGIDO, VULGAR. Realizar el coito.

casquijo *s. m.* RESTRINGIDO. Piedra muy pequeña que se utiliza como grava o para hacer hormigón.

casquillo *s. m.* **1** Cartucho metálico vacío: *el casquillo de una bala.* SIN. cápsula. **2** Parte metálica del cartucho de cartón: *Los casquillos de los cartuchos de las escopetas de caza deberían recuperarse.* **3** Pieza metálica de la bombilla que se enrosca a la lámpara: *¿Su bombilla tiene casquillo de rosca o casquillo de bayoneta?* **4** Pieza de metal que refuerza la punta de un objeto de madera: *el casquillo de un bastón.* SIN. contera.

casquivano, na *adj. / s. m.* y *f.* **1** COLOQUIAL; PEYORATIVO. [Persona] que es excesivamente alegre y tiene poca formalidad o juicio: *No es mal chico, pero algo casquivano, siempre preocupado por la moto y la discoteca.* || *adj. / s. f.* **2** RESTRINGIDO; PEYORATIVO. Mujer frívola en sus relaciones con los hombres: *Esa chica es un poco casquivana, cada mes con un hombre distinto.*

casta *s. f.* **1** Variedad de una especie animal formada por la transmisión de algunos caracteres hereditarios: *Este perro es de una casta nueva conseguida en Tarragona.* SIN. raza. **2** Ascendencia y descendencia de una persona o animal: *Esa vaca es de casta asturiana. Este perro tiene casta de pastor alemán.* **3** Grupo social muy cerrado que, por nacimiento, religión o posición económica, forma una clase especial: *La casta nobiliaria era muy cerrada en la Edad Media. Algunos funcionarios se perpetúan con la intención de formar una auténtica casta.* **4** Cada uno de los grupos sociales cerrados de la India: *las castas de la India.* **5** Clase, condición: *un toro de buena casta. No soporto a las personas de tu casta.* REFR. **De casta le viene al galgo (el ser rabilargo).** Se usa para expresar que las cualidades o costumbres que se tienen suelen ser heredadas.

castaña *s. f.* **1** Fruto del castaño que puede comerse crudo o asado, y que se emplea también en repostería: *crema helada de castañas.* **~ pilonga** Castaña que se ha dejado secar para conservarla todo el año. **2** Peinado en forma de moño pequeño y redondo, que recuerda la forma de este fruto: *La niña llevaba una graciosa castaña en lo alto de la cabeza.* **3** COLOQUIAL. Bofetada sonora: *Si no te callas, te voy a dar una castaña.* **4** COLOQUIAL. Castañazo: *Mis amigos se han dado ayer una castaña cuando iban en moto.* **pegarse una ~** COLOQUIAL. Darse ‹una persona› un golpe o choque violento: *Me he pegado una castaña contra la farola.* **5** COLOQUIAL. Borrachera: *¡Vaya castaña que llevas encima!* **6** (en plural) COLOQUIAL; HUMORÍSTICO. Años de edad, cuando se consideran muchos: *Ya tengo cincuenta castañas.* **7** COLOQUIAL. Persona o cosa aburrida: *Estoy leyendo un libro, pero voy a dejarlo porque es una castaña. Anoche me dormía en la cena, tus amigos son una castaña.* **8** COLOQUIAL. Instrumento o aparato de mala calidad: *He comprado un secador de pelo que es una castaña, cualquier día me explota. Este coche es una castaña.* FR. Y LOC. **meter una ~** COLOQUIAL. Hacer pagar ‹una persona› a otra persona una cantidad de dinero que considera exagerada: *Me han metido una castaña de multa por ir un poco rápido. No vayáis a ese restaurante, que el otro día nos metieron una castaña tremenda.* **sacar las castañas del fuego** Tener que solucionar ‹una persona› los problemas de otra persona: *Víctor no va a clase y luego tengo que sacarle las castañas del fuego hablando con el profesor. En cuanto Rosa no tiene dinero acude a mí para que le saque las castañas del fuego.* **¡toma ~!** 1 COLOQUIAL. Se usa para afirmar el hablante ante un interlocutor su enfado por algo que le han hecho o su razón en algo que había dicho: *¡Toma castaña, llego de trabajar y éstos están de vacaciones y encima tengo que hacer la compra!* 2 COLOQUIAL. Se usa para expresar satisfacción o complacencia en el mal ajeno o ante una respuesta ingeniosa dada por alguien: *¡Toma castaña! Mi equipo acaba de marcar gol. Después de lo que le has dicho, ese estúpido no volverá a meterse con nosotros. ¡Toma castaña!*

castañar *s. m.* Lugar poblado de castaños: *En las montañas asturianas abundan los castañares.*

castañazo *s. m.* COLOQUIAL. Golpe, choque violento: *¡Vaya castañazo que me ha dado el tío con el palo! Pedro se pegó un castañazo montando en bicicleta.* SIN. porrazo, tortazo.

castañear *v. intr.* Castañetear.

castañero, ra *s. m./f.* Persona que por oficio se dedica a asar y vender castañas en un puesto callejero: *Las castañeras casi han desaparecido del paisaje invernal español.*

castañeta *s. f.* **1** Chasquido que se produce al juntar la yema del dedo medio con la del pulgar y hacerla resbalar bruscamente para que choque con el pulpejo: *Marcaban el ritmo de la jota haciendo castañetas.* **2** ELEVADO. Castañuela: *Esa bailarina era maestra en el arte de tocar las castañetas.* **3** TAUROM. Especie de moño artificial que corona la coleta de los toreros.

castañetear o **castañear** *v. tr.* **1** Tocar ‹una persona› [las castañuelas]: *¡Qué bien castañeteas!* || *v. intr.* **2** Sonar ‹los dientes de una persona› al chocar los de una mandíbula contra los de la otra por el temblor que produce el miedo o el frío: *Lo siento, pero creo que estoy enfermo, porque me castañetean los dientes.* **3** RESTRINGIDO. Sonar ‹las rótulas de las rodillas de una persona› al moverlas o doblarlas: *Te castañetean mucho las rodillas, tienes que moverte más.*

castañeteo *s. m.* Acción de castañetear: *Acompañaban a los bailarines con el castañeteo de las castañuelas. Con ese frío tan intenso no podía evitar el castañeteo de los dientes.*

castaño, ña *adj.* **1** Marrón, del color de la cáscara de la castaña: *caballo castaño. Eva tiene el pelo y los ojos castaños.* || *s. m.* **2** *Castanea sativa.* Árbol de gran altura, hojas en forma de lanza y fruto espinoso cuya semilla es la castaña. **3** (no contable) Madera de los castaños: *Tengo una mesa de castaño que heredé de mi abuelo.* || **4 ~ de Indias** *Aesculus hippocastanum.* Árbol de madera blanca, hojas palmeadas, muy parecido a los castaños, que se utiliza como adorno. FR. Y LOC. **pasar de ~ oscuro** Ser ‹una cosa› intolerable: *Su desfachatez ya pasa de castaño oscuro.*

castañuela *s. f.* (preferentemente en plural) Instrumento de percusión compuesto de dos piezas cóncavas de madera unidas por un cordón que se sujetan a los dedos y se hacen sonar chocándolas una contra otra: *tocar las castañuelas, el repiqueteo de las castañuelas. La castañuela se asocia al flamenco.* FR. Y LOC. **como unas castañuelas** Muy alegre: *Pablo estaba como unas castañuelas con su juguete nuevo.*

castellanismo *s. m.* **1** (no contable) RESTRINGIDO. Ideología y comportamiento de los partidarios de las peculiaridades del carácter castellano: *El castellanismo es una ideología de escasa implantación.* **2** Palabra o expresión propia de Castilla que se emplea en otras lenguas.

castellanizar *v. tr./prnl.* **1** GRAM. Adaptar ‹una persona› a las normas de la lengua castellana [palabras o frases de otras lenguas]: *Los préstamos necesarios deben usarse después de castellanizarlos.* **2** Dar ‹una persona› carácter castellano a [otra persona o a una cosa]: *John vino de paso, pero* ***se*** *ha castellanizado pronto y no quiere marcharse.* ⇒ **19.**

castellano, na *adj./s. m.* y *f.* **1** De Castilla, reino medieval peninsular: *nobles castellanos, ciudades castellanas, derecho castellano.* **2** De Castilla, región geográfica española que abarca varias comarcas y ocupa las dos mesetas, norte y sur: *comida castellana, paisaje castellano, tradición castellana, folclore castellano. Los castellanos van a veranear masivamente a las costas de Levante o a Cantabria.* **3** HIST. Que tiene la jurisdicción de un castillo: *El castellano los agasajó generosamente.* || *s. m.* **4** Español, lengua hablada en España y en los países de la América hispánica. **5** Dialecto románico de Castilla la Vieja que sirvió de fundamento a la lengua española. **6** Cierta moneda antigua.

castellano-leonés, sa *adj. / s. m.* y *f.* De la Comunidad Autónoma de Castilla y León: *La autonomía castellano-leonesa ha cambiado el carácter de algunas ciudades castellanas.*

castellano-machego, ga *adj. / s. m.* y *f* . De la Comunidad Autónoma de Castilla-La Mancha: *La universidad castellano-manchega está repartida entre las ciudades de Toledo, Cuenca, Ciudad Real, Albacete y Guadalajara.*

castellonense *adj. / s. m.* y *f.* De Castellón de la Plana, ciudad y provincia españolas: *un festival castellonense, un coche castellonense, la costa de los castellonenses.*

casticismo *s. m.* **1** (no contable) Afición a lo castizo en la manera de vivir. **2** (no contable) Comportamiento de la persona que evita los extranjerismos y prefiere emplear palabras y giros de su propia lengua aunque estén desusados: *El casticismo lingüístico exagerado es tan perjudicial como el esnobismo irreflexivo.*

casticista *adj. / s. m.* y *f.* **1** Del casticismo: *política casticista, manías casticistas.* **2** [Persona] que es partidaria del casticismo: *una publicación casticista. Eres un casticista empedernido.*

castidad *s. f.* **1** (no contable) Renuncia a todo placer sexual: *la castidad sacerdotal.* **cinturón* de ~.** **2** (no contable) Moderación en todo lo relativo a la sexualidad, de acuerdo con unos principios morales o religiosos. SIN. pureza.

castigar *v. tr.* **1** Imponer ‹una persona› un castigo [a otra persona] por un delito o una falta: *Castigaron al niño sin recreo. El juez lo castigó con la máxima pena, cadena perpetua.* **2** Hacer sufrir ‹una persona› [a otra persona] aunque no tenga culpa: *El Gobierno quiere castigar a los trabajadores con la contención salarial. Los bancos castigarán a los morosos con un drástico control de futuros créditos.* **3** Estimular ‹una persona› [a una caballería] con el látigo o las espuelas para que vaya más deprisa: *No castigues al caballo, que lo vas a estropear.* **4** Hacer ‹una persona› que [otra persona] se enamore: *Gracia lo está castigando bien, y él va como un corderito.* **5** Estropear ‹un fenómeno natural› [una cosa]: *La tormenta castigó los árboles frutales.* **6** TAUROM. Dar ‹una persona› un castigo [al toro]: *El picador castigó excesivamente al bicho con sus rejones. El toro salió muy castigado de las banderillas. El diestro castigó al toro con la muleta por lo bajo, obligándole a bajar la cabeza.* ⇒ **56.**

castigo *s. m.* **1** Pena o daño que se impone a las personas que cometen una falta o un delito: *Su madre no lo ha dejado ir al cine como castigo por haber suspendido las matemáticas. El pueblo pedía el máximo castigo para el asesinato.* **~ ejemplar** Pena extremadamente dura que se aplica para que los posibles delincuentes se atemoricen y no cometan delitos. **~ máximo** DEP. Penalty en el fútbol o falta semejante en otros deportes. SIN. sanción (ELEVADO). **2** Persona, acción o cosa que es una molestia o que produce sufrimiento: *Este hijo es un castigo, todo el día rompiendo cosas. Aguantar sus tonterías es un auténtico castigo. Algunas personas creen que todas las enfermedades son un castigo divino.* SIN. tormento, cruz (COLOQUIAL). FR. Y LOC. **tiro* de ~.**

castillete *s. m.* Armazón de materiales y formas diversas que sirve como soporte de algo.

castillo *s. m.* **1** Conjunto de edificaciones, fortificado y rodeado de murallas y fosos y baluartes: *castillo medieval, castillo renacentista. Los castillos medievales eran auténticas ciudades, con sus plazas, iglesia, paseos y despensas.* **2** MAR. Parte de la cubierta principal o alta de un barco que está en la zona de proa. **3** MAR. Cubierta parcial a la altura de la borda que tienen algunos barcos en la parte delantera. || **4 ~ de fuegos artificiales** o **~ de fuegos de artificio.** Castillete o armazón revestido de un conjunto de fuegos artificiales y cohetes: *En las fiestas del barrio hubo todos los días castillos de fuegos artificiales.* FR. Y LOC. **hacer castillos en el aire** Hacerse ‹una persona› ilusiones sin ninguna base en la realidad: *No tenemos dinero para viajar, así que no hagas castillos en el aire.* **hacer / levantar castillos de naipes** Proyectar ‹una persona› una cosa sin una base sólida, que puede con facilidad desaparecer o hundirse: *Pedro levantó una empresa, pero era un castillo de naipes y se arruinó de la noche a la mañana.*

casting (del inglés; pronunciamos *'castin'*) *s. m.* CINE. Sesión o sesiones para seleccionar a los actores que intervienen en una producción artística como película, programa de televisión o espot de propaganda: *Algunos castings pueden durar semanas.*

castizo, za *adj.* **1** Que representa lo que se considera más puro o típico de un país, región, raza o grupo: *un barrio castizo, una comida castiza, una costumbre muy castiza, un madrileño muy castizo.* **2** [Lenguaje] que es puro y no tiene mezcla de palabras o construcciones extrañas a la norma: *El estilo castizo es defendido por algunos escritores y profesores tradicionales.* || *adj. / s. m.* y *f.* **3** Que tiene simpatía, gracia y buenas ocurrencias: *Tu jefe es un tipo muy castizo contando chistes. Esa chica dice las mayores barbaridades con mucha gracia; es muy castiza.* **4** Que ha nacido en América, de mestizo y española, o de español y mestiza.

casto, ta *adj.* **1** Que renuncia a la sexualidad o la practica según unos principios morales y religiosos muy estrictos: *una mujer muy casta, un joven casto y puro.* **2** (antepuesto / pospuesto) Que expresa o encierra castidad: *una casta sonrisa, un gesto casto. En muchos colegios sólo te hacían lecturas castas.*

castor *s. m.* **1** (macho y hembra) *Castor fiber.* Mamífero roedor de cuerpo grueso, cubierto de pelo y cola aplanada y escamosa, que está preparado para la vida acuática, realiza construcciones y diques en los ríos y se alimenta de hojas y corteza de árboles. **2** (no contable) Piel de los castores empleada en la fabricación de prendas de abrigo: *Me he comprado un chaquetón de castor.*

castoreño *s. m.* Sombrero de fieltro o de piel de castor, propio de los picadores de toros.

castración *s. f.* Extirpación o inutilización de los órganos genitales de una persona o animal.

castrar *v. tr.* **1** Quitar o inutilizar ‹una persona› los órganos genitales de [otra persona] o de [un animal]: *No hemos castrado al gato y esta temporada nos deja toda la casa con un olor insoportable.* SIN. capar. **2** Quitar ‹una cosa› fuerza o energía [a una persona o una cosa]: *La censura no consiguió castrar las ideas de muchos escritores. Muchas veces nos castran más nuestros propios fantasmas que las amenazas exteriores.* **3** Quitar ‹una persona› panales de miel a [las colmenas]: *De pequeño me gustaba ir con mi tío a castrar las colmenas, aunque me asustaban mucho las abejas.*

castrense *adj.* Del ejército o de la vida militar: *una disciplina castrense, un médico castrense, vida castrense.*

castro *s. m.* HIST. Poblado prerromano fortificado: *Muchos castros occidentales son de origen celta.*

casual *adj.* (antepuesto / pospuesto) Que sucede por casualidad: *Un encuentro casual fue el origen de un gran amor. Se trata de un casual hallazgo, una coincidencia, que puede aportar nuevos datos a la investigación.* FR. Y LOC. **por un ~** Por casualidad: *¿Has encontrado mis gafas, por un casual?*

casualidad *s. f.* Combinación de circunstancias que no se pueden prever ni evitar o suceso imprevisto provocado sin intervención: *Lo vi en el metro por casualidad. La casualidad hizo que aquel día hubiese mucho tráfico. Se dio la casualidad de que había olvidado las llaves. A veces ocurren casualidades como ésta. Es una casualidad que haya ganado. He aprobado por casualidad. Resolví el programa por una casualidad, todavía no sé muy bien qué hice.* SIN. azar. FR. Y LOC. **sonar la flauta* (por ~).**

casualmente *adv. modo* **1** Por casualidad, impensadamente, de forma casual: *Mis amigos se encontraron casualmente.* || *adv. orac.* **2** Equivale a 'da la casualidad de que', a menudo con la función pragmática de introducir observaciones narrativas relacionadas con lo que se acaba de decir o con alguna circunstancia específica del contexto. RELACIONES Y CONTRASTES: Frente a la fórmula argumentativa *no es casual que* + subjuntivo, introductora de un hecho sabido o que señala una relación natural y explicable con otro que se acaba de señalar, *casualmente* se asocia con el modo indicativo: *Casualmente, una de ellas es alumna mía. La dueña, que, casualmente, está casada con mi profesor de gimnasia, nos ayudó en lo que pudo. No es casual que también haya triunfado en Alemania* ('porque ya sabemos todos que también ha triunfado ya en otras partes'). **3** Puede usarse en ciertas respuestas con el sentido de 'da la casualidad de que sí' o 'precisamente'. *–«¿La conoces?» –«Casualmente.»*

casuario *s. m.* (macho y hembra) *Casuarius casuarius.* Ave corredora de Australia de gran tamaño e incapaz de volar, que tiene una cresta ósea y plumas sedosas.

casucha *s. f.* Casa pequeña mal construida: *Juana vivía en un barrio de casuchas.*

casuística *s. f.* **1** (no contable) Conjunto de casos particulares que pueden aparecer en una materia: *Trataron el tema en general, sin entrar en la casuística.* **2** (no contable) REL. Parte de la teología que estudia los casos de conciencia. **3** Conjunto de casos particulares en que se puede desarrollar o explicar una determinada materia, doctrina o regla: *La casuística lo demuestra, es mejor no medicar a los pacientes en estos casos.*

casulla *s. f.* REL. Túnica exterior, con una abertura central por donde se introduce la cabeza, que forma parte de las vestiduras de los sacerdotes católicos que celebran la misa: *Los colores de las casullas varían según las exigencias de la liturgia.*

cata *s. f.* **1** Acción y efecto de catar o de probar una cosa: *Éste es un vaso especial para la cata del vino. En el supermercado de mi barrio organizan catas de productos.* **2** Porción de una cosa que se prueba: *Hemos estado en la feria del vino y hemos probado varias catas de vino y unas catas de queso riquísimo. La cata de la sandía tenía buena pinta.*

catabolismo *s. m.* (no contable) FISIOL. Fase destructiva del metabolismo, en la que las grandes moléculas orgánicas se transforman en moléculas pequeñas, con liberación de energía.

cataclismo *s. m.* **1** Desastre de grandes proporciones producido por un fenómeno natural: *La desaparición de los dinosaurios, según algunas teorías, se produjo por algún cataclismo inimaginable, como el choque de un meteorito gigante con la Tierra o una cadena de erupciones volcánicas. El cataclismo de los terremotos amenaza la costa americana del Pacífico.* **2** Trastorno político o social de grandes proporciones: *La revolución francesa fue un cataclismo que acabó con el antiguo régimen.* **3** Suceso que trastorna gravemente la vida cotidiana de las personas: *Hay un cataclismo en la empresa: ha dimitido el director de personal de siempre. Tenemos un cataclismo en casa: mi hermana se va a vivir sola a un piso y mi madre se ha enfadado muchísimo.*

catacumbas (plural) *s. f.* Subterráneos donde los primitivos cristianos enterraban a sus muertos y se reunían para celebrar los actos de su culto: *Son famosas las catacumbas de Roma.*

catador, ra *adj.* **1** Que cata: *A mi hermana no le gusta el vino, pero es muy buena catadora.* || *s. m. / f.* **2** Persona que por oficio se dedica a catar vinos: *El mejor catador de nuestra bodega dice que este año la cosecha de vino blanco sale mejor que la de tinto.* SIN. catavinos.

catadura *s. f.* (no contable) PEYORATIVO. Aspecto, semblante: *hombre de mala catadura. No me gusta la catadura de esa mujer. Hijo, vas con unos niños de una catadura tan fea.*

catafalco *s. m.* Armazón adornado y cubierto de negro que imita un sepulcro o ataúd y que se coloca en las iglesias para celebrar funerales solemnes. SIN. túmulo.

catáfora *s. f.* LING. Tipo de palabra que se refiere en el discurso a lo que aparece a continuación: *En la frase «Me dijo esto» o «Me dijo lo siguiente», las palabras «esto» o «lo siguiente» funcionan como catáforas, porque anuncian lo que se dice después.*

catafórico, ca adj. De la catáfora. **deixis* catafórica.**

catalán, na *adj. / s. m.* y *f.* **1** De Cataluña, comunidad autónoma española: *industria catalana, empresario catalán. Los catalanes disfrutan de un bonito paisaje.* || *s. m.* **2** Lengua románica que se habla en Cataluña, y en otros territorios de la antigua Corona de Aragón como Valencia, las islas Baleares o el sureste francés.

catalanismo *s. m.* **1** (no contable) Doctrina e ideología política que defiende los valores históricos y culturales de Cataluña, especialmente su lengua, y es partidaria de su autogobierno. **2** Palabra o locución de procedencia catalana que se usa en otra.

catalanista *adj.* **1** Del catalanismo: *ideología catalanista.* || *adj. / s. m.* y *f.* **2** Que es partidario del catalanismo: *partido catalanista, publicaciones catalanistas.*

catalejo *s. m.* Instrumento óptico formado por un tubo con una lente en cada extremo para poder ver a larga distancia: *el catalejo del capitán pirata. El general observaba la batalla desde la colina con su catalejo.*

catalepsia *s. f.* (no contable) MED. Trastorno nervioso repentino que hace que el cuerpo quede totalmente inmóvil y pierda la sensibilidad: *Le dio un ataque de catalepsia y pensaron que estaba muerto.*

cataléptico, ca *adj.* **1** De la catalepsia: *ataque cataléptico. El enfermo está en un estado cataléptico.* || *adj. / s. m.* y *f.* **2** Que padece catalepsia: *Esa pobre chica está cataléptica.*

catalina *s. f.* 1 COLOQUIAL. Excremento de un animal: *Ten cuidado, ya has pisado una catalina de perro.* 2 COLOQUIAL. Excremento de los niños: *¡Qué catalina ha hecho mi niño!*

catálisis (plural *catálisis*) *s. f.* QUÍM. Variación de la velocidad de una reacción química debida a la presencia de un catalizador.

catalizador *s. m.* 1 QUÍM. Sustancia que actúa sobre la velocidad de una reacción química sin participar directamente en ella: *Las enzimas son catalizadores biológicos.* 2 Persona que aviva algo y agrupa fuerzas, sentimientos, ideas: *El portero fue el catalizador del equipo. Santiago es el catalizador de la empresa; sin él no funcionaría nada.* SIN. impulsor.

catalizar *v. tr.* 1 Hacer ‹una sustancia que permanece invariable› más lenta o más rápida la reacción química de [otra sustancia]. 2 Causar ‹una persona› la unión y el buen funcionamiento de [un grupo de personas]: *Jugamos mejor porque el nuevo entrenador ha conseguido catalizar el equipo. Nuestro departamento cataliza las energías de toda la empresa.* ⇒ **19.**

catalogación *s. f.* Acción y resultado de catalogar: *Se terminó la catalogación de los objetos de la herencia del obispo de la ciudad. Se hará la catalogación de acuerdo con las normas de las bibliotecas populares provinciales. No es fácil la catalogación de un grupo de pinturas tan heterogéneas.*

catalogar *v. tr.* 1 Hacer ‹una persona› un catálogo de [varias cosas]: *Están catalogando los manuscritos griegos de la biblioteca.* 2 Poner ‹una persona› [una cosa] en un catálogo: *Nosotros sólo catalogamos libros de viajes relacionados con Latinoamérica.* SIN. clasificar. 3 Suponer ‹una persona› que [otra persona] pertenece a [un grupo de personas determinado o es de una manera]: *Lo catalogaron **como** prudente. Estás catalogado **como** moderado en el departamento. Te catalogan **entre** los impacientes..* ⇒ **56.**

catálogo *s. m.* Lista y breve descripción de personas o de cosas puestas en orden o por clases: *el catálogo de una biblioteca, un catálogo de materiales, un catálogo de muestra, catálogo de venta al público. Tengo un catálogo con todos los modelos y precios.* SIN. inventario.

catamarán *s. m.* Embarcación deportiva que consta de una plataforma sobre dos cascos paralelos unidos por una armadura: *Los catamaranes pueden ir a vela o a motor.*

catana *s. f.* PERÚ; JERGAL. Paliza.

cataplasma *s. f.* 1 Medicamento de consistencia blanda que se aplica externamente en alguna parte del cuerpo: *El deportista se puso una cataplasma en la rodilla para calmar el dolor.* 2 COLOQUIAL; PEYORATIVO. Persona pesada o quejica: *¡Qué cataplasma eres! Tan pronto te quejas de que hace frío como de que hace calor.*

cataplines (plural) *s. m.* EUFEMISMO. Testículos: *Te daré una patada en los cataplines como me sigas molestando.*

cataplismos o **cachaplincos** (plural) *s. m.* JERGAL. Hombreras de una prenda femenina: *Tengo una blusa con unos cataplismos maravillosos.*

catapulta *s. f.* 1 Antigua máquina de guerra que, a modo de palanca, lanzaba piedras o flechas. 2 Mecanismo que ayuda a despegar a los aviones en espacios pequeños: *Gracias a la catapulta se puede despegar en los portaaviones.*

catapultar *v. tr.* 1 Lanzar ‹una persona› [una cosa] con la catapulta: *Para asaltar los castillos catapultaban piedras grandes y teas encendidas **contra** las murallas y **contra** las puertas.* ‖ *v. tr. / prnl.* 2 Hacer ‹una persona o una cosa› que [una persona] se promocione rápidamente: *Ese disco la ha catapultado **a** la fama. La escritora **se** ha catapultado **a** los primeros puestos de venta con su última novela.*

catar *v. tr.* 1 Tomar ‹una persona› una pequeña porción de [una cosa] para juzgar su sabor: *¿Quieres catar la tortilla a ver cómo la encuentras de sal?* 2 Experimentar ‹una persona› la sensación que produce [una cosa] por primera vez: *Toma, pruébalo, tienes que catar el chorizo de mi pueblo. Cató el sabor de la derrota por primera vez.* 3 Quitar ‹una persona› panales de miel a [las colmenas]. SIN. castrar.

catarata *s. f.* 1 Salto grande de agua que cae por un descenso brusco del terreno: *Las cataratas de Iguazú son impresionantes.* 2 MED. Opacidad del cristalino del ojo que impide el paso de la luz y produce ceguera: *Tienen que operarme de cataratas.*

cátaro, ra *adj.* 1 De un movimiento religioso medieval, nacido en el sur de Francia, que defendía el ascetismo y una vida sencilla: *Las doctrinas cátaras fueron muy perseguidas en la Edad Media.* ‖ *adj. / s. m.* y *f.* 2 [Persona] que era partidaria de este movimiento religioso: *Los cátaros propugnaban la vida sencilla y el ascetismo.*

catarral *adj.* Del catarro: *Isabel está en la cama con un proceso catarral.*

catarro *s. m.* Inflamación aguda o crónica de una mucosa, generalmente del aparato respiratorio: *En invierno siempre me pesco varios catarros. Estoy con catarro. Tienes un catarro tremendo.* SIN. constipado.

catarroso, sa *adj. / s. m.* y *f.* (estar) COLOQUIAL. Que padece catarro: *Estoy catarroso y me cuesta trabajo hablar.*

catarsis (plural *catarsis*) *s. f.* 1 LIT. Sentimiento de serenidad, de liberación de las pasiones o de tensiones emocionales que experimenta el espectador de la tragedia: *La capacidad didáctica de la tragedia se basa en la catarsis que experimenta el espectador al final del espectáculo.* 2 COLOQUIAL. Liberación de cualquier sentimiento o recuerdo emocional negativo: *Me ha venido muy bien la excursión, he pensado mucho y he experimentado una catarsis de todas esas historias familiares.* 3 Liberación o purificación emocional experimentadas ante cualquier obra de arte: *Ver estos cuadros de Goya te induce a una auténtica catarsis.*

catastral *adj.* Del catastro: *En el recibo de la contribución figura el valor catastral de la vivienda.*

catastro *s. m.* 1 Censo o padrón estadístico de las fincas rústicas o urbanas de una población o de una provincia: *En la oficina provincial del catastro le certificarán que usted no tiene ninguna finca rústica.* 2 COLOQUIAL. Impuesto que se paga por la posesión de una finca: *Ha llegado el recibo del catastro de este año.*

catástrofe *s. f.* 1 Hecho desastroso de consecuencias muy negativas que altera el orden habitual de las cosas: *El choque de los dos trenes ha sido una catástrofe. Los bomberos han evitado que la catástrofe fuera más grave. Una catástrofe ha ocurrido en el festival de acrobacia aérea de Barcelona.* 2 COLOQUIAL. Cualquier desgracia o cosa mal hecha o que produce mala impresión: *Tenía muchas esperanzas en ese encuentro, pero fue una catástrofe: todo salió mal. Este coche es una catástrofe, siempre está estropeado. Mi hijo es una catástrofe, siempre está metido en líos.* SIN. desastre.

catastrófico, ca *adj.* **1** (antepuesto / pospuesto) De las catástrofes o desastres: *Ha habido unas inundaciones catastróficas. Entonces ocurrió un catastrófico acontecimiento en mi vida. Un catastrófico descarrilamiento provocó muchas víctimas.* **2** Que es muy malo o desastroso: *Este trabajo es catastrófico. Esta impresora es catastrófica. Hace un calor catastrófico.*

catastrofismo *s. m.* (no contable) PEYORATIVO. Ideología y comportamiento de las personas que pronostican sistemáticamente catástrofes o desgracias: *Algunos grupos recurren al catastrofismo para desprestigiar a sus adversarios. El catastrofismo es a veces un refugio para los perezosos.*

catastrofista *adj. / s. m.* y *f.* Que tiende a presagiar o pronosticar catástrofes o desgracias: *No seas tan catastrofista, es muy posible que la empresa salga de la crisis y todos conservemos nuestro trabajo.*

catatonia *s. f.* MED. Estado patológico caracterizado por alteraciones motoras.

catatónico, ca *adj.* MED. Que sufre catatonia o está bajo los efectos de la catatonia: *estado catatónico.*

catavino *s. m.* **1** Copa o vaso, generalmente alto y estrecho, que se usa para probar el vino o el mosto: *Llenaron los catavinos y cada concursante se llevó a la nariz el que tenía su número de inscripción.* **2** Tubo o pipeta acabado en forma de pera en uno de sus extremos para sacar vino de los toneles. ‖ *s. m. / f.* **3** (se usa siempre *catavinos* para singular y plural) Persona que por oficio se dedica a catar los vinos en una bodega: *Tenemos ahora una catavinos excepcional trabajando con nosotros.*

catchup, ketchup o **kechup** (del inglés; pronunciamos *'cachup'*, o *'quechup'*) *s. m.* (no contable) Salsa de tomate elaborada con azúcar y vinagre, que se presenta envasada industrialmente: *patatas fritas con catchup.*

cate *s. m.* **1** COLOQUIAL. Bofetada, puñetazo o golpe: *Varios chicos se estaban dando de cates en el patio.* **2** COLOQUIAL. Suspenso en un examen: *Tuve un cate en filosofía.*

catear *v. tr.* **1** COLOQUIAL. Suspender ‹una persona› [a otra persona] en [un examen] o en [una asignatura]: *Me han cateado en Filosofía.* **2** COLOQUIAL. Sacar ‹una persona› un suspenso en [un examen] o en [una asignatura]: *He cateado el examen de Matemáticas. He cateado la Literatura.* **3** AMÉR. Explorar ‹una persona› [terrenos] en busca de filones de mineral o agua. **4** AMÉR. Allanar o registrar ‹una persona› [un domicilio].

catecismo *s. m.* **1** Libro aprobado por la jerarquía correspondiente que contiene y explica la doctrina de la religión cristiana, frecuentemente en forma dialogada: *leer el catecismo, ir a clase de catecismo, reuniones sobre el catecismo.* **2** Libro que contiene una exposición sucinta de una doctrina o de una disciplina: *La obra de Marx constituye el catecismo del comunismo. Aquí tienes el catecismo del buen excursionista.*

catecumenado *s. m.* **1** REL. Entre los cristianos, conjunto de catecúmenos de una comunidad: *El catecumenado de esta aldea es muy numeroso.* **2** Tiempo durante el cual es instruido un catecúmeno: *El catecumenado tiene una duración prudencial.* **3** Acción de instruir a un catecúmeno: *Le gusta ejercer el catecumenado entre los ancianos.*

catecúmeno, na *s. m. / f.* REL. Persona a la que se enseña la doctrina cristiana para que pueda ser bautizado: *En los países de numerosa población católica los catecúmenos no suelen ser adultos, porque las familias tienen la costumbre de bautizar a los niños pequeños.*

cátedra *s. f.* **1** Oficio y cargo de catedrático: *Su padre ocupa la cátedra de Filosofía. Desempeño la cátedra de Química técnica. El profesor se ha presentado a unas oposiciones de cátedra.* **2** RESTRINGIDO. Asignatura que enseña un catedrático. **3** RESTRINGIDO. Departamento que dependía de un catedrático: *La cátedra de Física tiene buenos laboratorios y quince profesores.* **4** RESTRINGIDO. Asiento elevado desde el que el profesor explicaba la lección a sus alumnos: *Las cátedras medievales se pueden ver en numerosos grabados de la época.* **5** RESTRINGIDO. Aula o despacho de un catedrático: *Al catedrático de Biología lo encontrará usted en su cátedra.* FR. Y LOC. **sentar ~** RESTRINGIDO. 1 Tener ‹una persona› autoridad en una materia: *Sobre esos problemas sientan cátedra las opiniones de nuestro ilustre colega.* 2 PEYORATIVO. Hablar ‹una persona› como si tuviera necesariamente la razón: *Javier siempre habla sentando cátedra, es poco simpático.*

catedral *s. f.* Iglesia, generalmente de valor arquitectónico y de proporciones considerables, que es la sede de una diócesis: *la catedral de Toledo, la catedral de Segovia.* FR. Y LOC. **como una ~** INTENSIFICADOR. Muy grande: *Ana dijo una mentira como una catedral.*

catedralicio, cia *adj.* De la catedral: *El cabildo catedralicio es el conjunto de canónigos que gobiernan, junto con un obispo, una diócesis.*

catedrático, ca *s. m. / f.* Profesor de categoría docente superior en un centro oficial de enseñanza secundaria o en una facultad universitaria: *catedrático de Matemáticas.*

categoría *s. f.* **1** Cada apartado o grupo jerárquicos de una clasificación: *fruta de primera, segunda o tercera categoría, vagón de primera categoría, hotel de segunda categoría.* SIN. clase. **2** Cada uno de los grados o jerarquías de una profesión, de una carrera o de una actividad: *categoría profesional. He ascendido a la categoría de oficial. El luchador es campeón de la categoría de pesos ligeros.* **3** Importancia, valor, prestigio: *Le gustaría tener un trabajo de más categoría. Esa chica no tiene categoría. Éste es un coche de categoría.* **4** Clase, grupo o paradigma que sirve para clasificar los elementos o las unidades de una ciencia. **~ gramatical** GRAM. Parte de la oración que caracteriza a una palabra de una lengua: *La categorías gramaticales de las palabras españolas son tradicionalmente nueve.* **5** FILOS. En ciertos sistemas filosóficos, noción abstracta general o forma del entendimiento, como la cualidad. FR. Y LOC. **de ~** Muy importante, muy valioso: *un médico de categoría, un apartamento de categoría.*

categorial *adj.* De las categorías: *Eso depende de las clasificaciones categoriales.*

categóricamente *adv. modo.* Afirmando o negando claramente: *Lo dije categóricamente: no iré.*

categórico, ca *adj.* (antepuesto / pospuesto) Que afirma o niega una cosa con rotundidad, sin admitir discusión alguna o sin expresar dudas o vacilaciones: *Sus argumentos y juicios son categóricos, tajantes y contundentes. Ramón nos dijo, de manera categórica, que él no tenía nada que ver. Ante su categórica negativa, optamos por marcharnos.*

catenaria *adj. / s. f.* **1** [Curva] que está formada por una cadena suspendida entre dos puntos situados en diferentes verticales. || *s. f.* **2** Tendido eléctrico elevado sobre postes para la toma de corriente eléctrica en las líneas de ferrocarril: *Había una avería en la catenaria.*

cateo *s. m.* AMÉR. Acción y efecto de catear.

catequesis (plural *catequesis*) *s. f.* Enseñanza de la doctrina cristiana, especialmente la que organizan las parroquias para preparar a los que van a recibir un sacramento: *catequesis de la primera comunión, catequesis de confirmación.*

catequista *s. m./f.* Persona que se dedica a formar a los catecúmenos o a los niños cristianos en los principios de la doctrina: *La mayoría de los catequistas suelen ser laicos bajo la supervisión de un clérigo.*

catequizar *v. tr.* **1** Enseñar ‹una persona› el catecismo [a otra persona]: *En muchas parroquias las madres con mejor formación se encargan de catequizar a los niños pequeños.* SIN. adoctrinar. **2** Conseguir ‹una persona› que [otra persona] se convenza de una cosa: *No me gusta que intenten catequizarme con esas ideas.* ⇒ **19.**

catering (del inglés; pronunciamos *'cáterin'*) *s. m.* Servicio de comidas envasadas, listas para comer: *compañía de catering. El catering es indispensable en los aviones y se está poniendo de moda en algunos trenes y cafeterías. Nuestro servicio de catering es francamente bueno.*

caterva *s. f.* PEYORATIVO. Gran cantidad de personas o cosas desordenadas o con poco valor: *Tengo en casa una caterva de novelas policiacas, ¿no te interesa ninguna? Más que un equipo, parece una caterva de colegiales dando patadas a un balón. Discúlpame, pero tengo una caterva de cosas que hacer y no puedo salir contigo.* SIN. montón.

catéter *s. m.* MED. Instrumento quirúrgico en forma de tubo, de dimensiones diferentes, que sirve para destapar o explorar conductos y cavidades del organismo.

cateterismo *s. m.* CIR. Introducción de un catéter en un conducto o cavidad corporales para explorar o curar una dolencia.

cateto, ta *s. m./f.* **1** COLOQUIAL; PEYORATIVO. Persona sin educación ni cultura, generalmente grosera: *Luisín es un poco cateto, pero tiene ganas de aprender. Dorita es una cateta sin remedio, porque además es cabezota.* SIN. paleto. || *s. m.* **2** GEOM. Cada uno de los dos lados que forman el ángulo recto de un triángulo rectángulo: *Los dos catetos y la hipotenusa forman el triángulo rectángulo.*

catilinaria *s. f.* LIT. Escrito o discurso muy duro dirigido contra alguien: *¿Has leído la catilinaria que lanza el alcalde en el periódico contra los que malgastan el agua? Chico, no le has hecho una crítica, has escrito una catilinaria.*

catinga *s. f.* ARG., URUG. Olor fuerte y desagradable que desprenden las personas al sudar.

catión *s. m.* FÍS. Ion con carga positiva.

catire, ra *adj./s. m.* y *f.* COL., CUBA, VEN. [Persona] que es rubia.

catita *s. f.* ARG., BOL. Loro de veinte centímetros de largo que aprende a repetir muchas palabras.

catódico, ca *adj.* Del cátodo. **tubo* de rayos catódicos.**

cátodo *s. m.* ELECTRIC. Electrodo negativo: *En muchos aparatos eléctricos el cátodo está marcado con un signo menos.*

catolicidad *s. f.* (no contable) Entre los católicos, característica de su doctrina que la hace universal: *La Iglesia romana afirma que no se puede dudar de su catolicidad.*

catolicismo *s. m.* (no contable). REL. Religión cristiana de la Iglesia regida por el Papa de Roma, que se considera el representante de Cristo en la Tierra.

católico, ca *adj.* **1** Del catolicismo: *enseñanza católica, iglesia católica.* **religión católica. 2** (estar) COLOQUIAL. Que no está muy bien de salud: *No estoy esta mañana muy católico; creo que me he enfriado. En casa hemos comido algo que nos ha hecho daño, porque no andamos muy católicos.* || *adj./s. m.* y *f.* **3** Que profesa la religión católica: *creyente católico. En mi familia hay muchos católicos.*

catón *s. m.* LIT. Cartilla con ejercicios y lecturas para los que aprendían a leer: *La selección de lecturas de los catones tenía en cuenta también las enseñanzas morales.*

catorce *adj./pron. num. card./s. m.* **1** Cantidad que representa la cifra 14: *Una recopilación de catorce novelas compone su obra en el exilio.* || *adj. num. ord./s. m.* **2** Decimocuarto: *el capítulo catorce, el catorce de mayo.* || *s. m.* **3** Signo lingüístico o matemático con que se representa esta cantidad: *Te falta sumar el catorce. El premio acaba en catorce.* || **4 carbono* ~.**

catorceavo, va o **catorzavo, va** *adj. num. part./s. m.* Cada una de las catorce partes iguales en que se divide un todo. OBSERVACIONES: Se usa en la lectura de números fraccionarios: *tres catorceavos.*

catre *s. m.* Cama individual, en general plegable: *En casa tengo un catre por si vienen huéspedes.* FR. Y LOC. **irse al ~** RESTRINGIDO. Irse ‹una persona› a dormir: *Yo me voy al catre, que me estoy cayendo de sueño.*

catrera *s. f.* ARG., URUG.; COLOQUIAL. Cama pobre, camastro.

catrín *s. m./f.* MÉX.; AFECTADO. Petimetre, vago bien vestido.

caucasiano, na *adj./s. m.* y *f.* Del Cáucaso, cordillera europea: *una mujer caucasiana, un grupo de caucasianos.*

caucásico, ca *adj.* [Raza blanca o indoeuropea] que, según se cree, proviene del Cáucaso.

cauce *s. m.* **1** Terreno o camino por donde corren las aguas: *cauce de un río, cauce de un arroyo, cauce de una acequia.* SIN. lecho, madre (RESTRINGIDO). **2** Procedimiento o camino que siguen las cosas: *La política continúa por los cauces habituales. La reclamación ha de seguir los cauces legales.* FR. Y LOC. **volver las aguas* a su ~.**

caucho *s. m.* (no contable) Sustancia elástica, impermeable y resistente al fuego que se obtiene de ciertas plantas tropicales y se utiliza en la fabricación de neumáticos y numerosos objetos industriales: *caucho vulcanizado, caucho natural, caucho artificial.*

caución *s. f.* ELEVADO. Garantía, fianza u otra medida que asegura el cumplimiento de una obligación, pacto, contrato.

caudal *adj.* **1** De la cola: *regeneración caudal.* **aleta ~.** || *s. m.* **2** Cantidad de agua que lleva un río: *El Amazonas es un río de gran caudal.* **3** Bienes o dinero que tiene una persona: *El abuelo reunió un buen caudal.* SIN. capital. **4** Abundancia o gran cantidad de alguna cosa: *un caudal de datos, un caudal de noticias. Esa señora tiene un caudal de simpatía.*

caudaloso, sa *adj.* (antepuesto/pospuesto) Que tiene mucha agua: *manantial caudaloso, caudaloso río, caudaloso cauce, corriente caudalosa.*

caudillaje *s. m.* (no contable) AMÉR. Caciquismo y, por extensión, tiranía.

caudillismo *s. m.* (no contable) Sistema político basado en el mando o gobierno absoluto de un caudillo: *En los momentos históricos de inmadurez democrática aparece con frecuencia el caudillismo.*

caudillo *s. m.* Persona que manda y guía un ejército o un grupo militar: *En la Edad Media, el caudillo cristiano más famoso fue El Cid. Durante la independencia de Latinoamérica aparecieron muchos caudillos locales.*

causa *s. f.* **1** Aquello que es origen de una cosa o que la produce: *la causa del accidente, causa y efecto. Se desconocen las causas de su muerte.* **2** Motivo, razón para hacer una cosa: *No sé la causa por la que Silvia me ha dejado de hablar.* **3** Empresa, ideal que se toma con interés o por cuya realización una persona se esfuerza: *la causa de los niños pobres. Abracé la causa liberal. Trabajo por una buena causa.* **4** Proceso judicial: *Se revisará la causa antes de que sea vista para sentencia.* SIN. pleito. **5** PERÚ; JERGAL. Amigo íntimo. || **6 ~ perdida** Aquello que no tiene solución: *No intentes reconciliarle con su padre: es una causa perdida.* **7 doctor* honoris ~.** FR. Y LOC. **a ~ de** o **por ~ de** Por: *Pilar se marchó a causa de tus críticas.* **con conocimiento* de ~. hacer ~ común** Unirse ‹una persona› a otra persona para conseguir un fin común: *Los sindicatos hicieron causa común frente a las nuevas medidas económicas del gobierno. Todos los campesinos tenemos que hacer causa común* **con** *los pescadores.*

causal *adj.* **1** De la causa: *elemento causal, factor causal, relación causal.* **2** [Proposición, oración, conjunción] que expresa la causa de lo indicado en otra proposición principal: *En la oración «Voy porque quiero», la proposición «porque quiero» es causal.*

causalidad *s. f.* **1** ELEVADO. Causa o conjunto de causas de una cosa: *la causalidad de las ideas, la causalidad física. Se desconoce la causalidad de los hechos.* **2** FILOS. Relación entre una causa y su efecto: *principio de causalidad. La causalidad por necesidad determina la naturaleza de los fenómenos y la causalidad por libertad constituye la moralidad.*

causante *adj. / s. m.* y *f.* Que causa o provoca algo: *¿Cuál es la enfermedad causante de estas molestias? Eres el causante de lo que me pasa.*

causar *v. tr.* Ser ‹una cosa› causa, origen o motivo de [otra cosa]: *La humedad me causa estas molestias. La niebla causa muchos accidentes.* SIN. ocasionar, motivar. FR. Y LOC. **~ buena / mala impresión*. ~ / hacer furor*. ~ / ser alta*.**

causeo *s. m.* CHILE; RESTRINGIDO. Comida ligera entre horas.

causticidad *s. f.* **1** (no contable) Propiedad de algunas sustancias de quemar los tejidos orgánicos: *La causticidad de este detergente aconseja no utilizarlo sin guantes.* **2** (no contable) Ironía o mordacidad de palabra o por escrito: *La causticidad de sus artículos le granjea muchos enemigos. No es agradable la causticidad de sus palabras.*

cáustico, ca *adj.* **1** Que quema o corroe los tejidos orgánicos: *La lejía es una sustancia cáustica.* **sosa* cáustica. 2** Que contiene ironía agresiva o mordaz: *lenguaje caústico, estilo caústico, humor cáustico.* || *adj. / s. m.* **3** [Medicamento] que quema o destruye tejidos con fines curativos. || **4 potasa* cáustica.**

cautela *s. f.* Precaución, cuidado o reserva con que se actúa para evitar un peligro o no ser notado: *Abrí la puerta con cautela. Ese político siempre habla con cautela.*

cautelar *adj.* **1** DER. [Resolución, medida] que se adopta para asegurar la consecución de un determinado fin o impedir lo que pueda dificultarlo: *Han dictado varias medidas cautelares, como la prisión preventiva.* **2** Que previene: *Se aconseja como medida cautelar que la población se vacune.*

cauteloso, sa *adj.* (antepuesto / pospuesto) Que obra con cautela o precaución: *Irene es una persona cautelosa en sus opiniones. Avanzaban con cautelosos movimientos para no ser detectados por el enemigo.*

cauterio *s. m.* **1** MED. Medio utilizado en cirugía para quemar o destruir tejidos orgánicos con fines curativos: *Le aplicaron un enérgico cauterio a la verruga.* **2** RESTRINGIDO. **3** Remedio enérgico de algún mal: *Una revuelta popular sería el cauterio de tanta injusticia.*

cauterización *s. f.* Método de curación o tratamiento de ciertas dolencias quemando o destruyendo algunos tejidos orgánicos: *Le aconsejaron la cauterización de algunos vasos sanguíneos para evitar que le sangrara la nariz.*

cauterizar *v. tr.* **1** Aplicar ‹una persona› un cauterio para curar [una herida]: *Me han cauterizado una verruga.* **2** RESTRINGIDO. Aplicar ‹una persona› un remedio enérgico para atajar [un mal social]: *Hay que ser tolerante, no se pueden cauterizar las opiniones sociales.* ⇒ **19.**

cautivar *v. tr.* **1** Hacer ‹una persona› cautiva [a otra persona]: *La patrulla cautivó a dos enemigos.* **2** Atraer ‹una persona, un animal o una cosa› la atención, la simpatía o el amor de [una persona]: *Su belleza me cautivó. Os cautivará su música. Nos cautivaron sus narraciones.* SIN. encantar.

cautiverio *s. m.* **1** Estado del que se encuentra privado de libertad: *Un animal en cautiverio cambia sus hábitos. Estar en cautiverio no es agradable. El secuestrado sufrió un duro cautiverio. Lo han tenido dos meses en cautiverio.* SIN. cautividad. **2** Tiempo que dura esta falta de libertad: *Durante su cautiverio el rehén no vio la luz del día.*

cautividad *s. f.* Cautiverio: *El autor escribió el libro durante su cautividad. Los animales no suelen reproducirse en cautividad.*

cautivo, va *adj. / s. m.* y *f.* **1** Que ha sido privado de la libertad: *los cautivos de los infieles, un león cautivo. Los romanos hicieron diez cautivos cristianos.* SIN. prisionero. **2** ELEVADO. (ser / estar) Que está dominado por el atractivo de algo o alguien: *Soy un cautivo de sus encantos. Marta está cautiva de su mirada.* SIN. prisionero, preso.

cauto, ta *adj.* Que se comporta con cautela o prudencia: *No es fácil que consigamos cazarlo en una mentira, Antonio es muy cauto. Lo importante en los negocios es ser cauto, a pesar de lo que digan.*

cava *s. f.* **1** (no contable) Acción y resultado de cavar: *La cava de las viñas es fundamental para obtener una buena cosecha de vino.* **2** Bodega subterránea donde se elabora y guarda el cava: *cava de espumosos.* **3** ANAT. Cada una de las dos grandes venas que recogen la sangre venosa de todo el cuerpo y la conducen a la aurícula derecha del corazón. **vena ~.** || *s. m.* **4** (no contable) Vino espumoso elaborado en las cavas catalanas a la manera del champán: *una botella de cava catalán. Me gusta más un buen cava que un champán.* **5** Medida de este líquido contenida en una copa: *Sírvanos tres cavas, por favor.*

cavar *v. tr. / intr.* **1** Mover ‹una persona› [la tierra] con la azada para cultivarla: *Le gusta cavar el huerto para entrete-*

nerse. || *v. tr.* **2** Hacer ‹una persona› [un hoyo o una zanja]: *He cavado yo mismo las zanjas para instalar el riego automático en el jardín.* SIN. excavar. FR. Y LOC. **~ su propia sepultura / fosa / tumba** INTENSIFICADOR. Perjudicarse mucho ‹una persona› con una acción que ella misma realiza: *Si Raúl sigue en esa postura, va a cavar su propia sepultura.*

caverna *s. f.* **1** Cavidad profunda, subterránea o entre rocas: *En épocas prehistóricas el hombre vivía en cavernas.* **2** MED. Cavidad formada en un órgano por la destrucción del tejido motivada por una enfermedad: *las cavernas de los pulmones de los tuberculosos.*

cavernario, ria *adj.* De las cavernas: *el hombre cavernario, la fauna cavernaria.*

cavernícola *adj. / s. m.* y *f.* **1** Que vive en las cavernas: *un animal cavernícola, los cavernícolas prehistóricos.* **2** PEYORATIVO. [Persona] que tiene una mentalidad retrógrada: *Tu tío es un cavernícola, le parece indecente que las chicas vayamos sin mangas en verano. El jefe es algo cavernícola, cree que los sindicatos deberían ser prohibidos.*

cavernoso, sa *adj.* **1** Que tiene cavernas o es parecido a ellas en alguno de sus rasgos: *ladera cavernosa. Entramos en una sala en la que reinaba una oscuridad cavernosa.* **2** [Sonido, voz] que tiene resonancias que recuerdan a las de las cavernas: *Oí una tos cavernosa, sorda y áspera. Con voz cavernosa el asesino empezó a relatar sus crímenes.*

caviar *s. m.* (no contable) Conjunto de huevas de distintos peces, especialmente del esturión, muy apreciadas en gastronomía.

cavidad *s. f.* Espacio hueco en el interior de un cuerpo o abierto en su superficie: *Hay una cavidad oculta en la pared de la cocina. En la cavidad abdominal se alojan muchos órganos de nuestro cuerpo.*

cavilación *s. f.* Reflexión insistente que hace una persona sobre algo que le preocupa: *Déjate de cavilaciones y pregúntale directamente a él qué le pasa.*

cavilar *v. intr.* Pensar ‹una persona› mucho: *Llevas toda la tarde cavilando sobre esa solución. No caviles más y cómprate el coche.* SIN. meditar.

cavo *adj.* Se usa en la LOC. **pie* ~.**

cayado *s. m.* **1** Bastón de pastor: *Ese cayado que está ahí era de mi abuelo el pastor.* SIN. cachava. **2** RESTRINGIDO. Báculo de los obispos.

cayo *s. m.* Isla lisa y arenosa, propia del mar de las Antillas y del golfo de México.

cayuco *s. m.* AMÉR. Embarcación de fondo plano y sin quilla usada por los aborígenes del Caribe y del norte de América del Sur.

caz *s. m.* RESTRINGIDO. Canal para conducir el agua a un molino o a otro lugar donde se necesite.

caza *s. f.* **1** (no contable) Acción y resultado de cazar: *Su gran pasión es la caza. Mañana iremos de caza.* **2** (no contable) Conjunto de los animales salvajes que pueden convertirse en objetivo de un cazador: *En este coto hay mucha caza.* **~ mayor** Conjunto de animales de tamaño superior al jabalí. **~ menor** Conjunto de animales pequeños, como conejos o aves. **3** (no contable) Carne de un animal cazado: *La especialidad del restaurante es la caza, buen conejo y buena perdiz.* **4** Persecución de una persona: *La caza de los fugados de la cárcel sigue centrando la atención de los periodistas.* **~ de brujas** Persecución por motivos políticos o ideológicos: *Dicen que en el periódico de la capital va a empezar la caza de brujas y van a despedir a los redactores de la oposición.* || *s. m.* **5** Avión de combate de tamaño reducido y gran velocidad: *Dos cazas fueron abatidos.* FR. Y LOC. **a la ~** Se usa para indicar que se ponen todos los medios posibles para alcanzar un fin: *Carla anda a la caza de marido. El director está nervioso, anda a la caza de clientes para su despacho.* **dar ~** Alcanzar ‹una persona› a otra persona que era perseguida: *Al fin dieron caza a los fugitivos.* **espantar la ~** Estropear ‹una persona› un proyecto por actuar con precipitación o con poca inteligencia: *Aún no es el momento de contarle nada, no hay que espantar la caza.* **levantar la ~** 1 Espantar ‹una persona o un animal› a los animales para que salgan al descubierto y puedan ser cazados: *Los ojeadores iban delante para levantar la caza.* 2 Descubrir ‹una persona› antes de tiempo un propósito dando lugar a que surjan obstáculos que lo malogren: *Como esté Pepita con nosotros, nos levantará la caza, porque es incapaz de callarse.*

cazabe *s. m.* AMÉR. Torta hecha con harina de raíz de mandioca.

cazabobos (plural *cazabobos*) *s. m.* ARG., URUG. Explosivo que estalla al manipularse el objeto al que se ha conectado.

cazabombardero *s. m.* Avión de combate que se usa en misiones de ataque con bombas ligeras o como caza.

cazadero *s. m.* Lugar donde abunda la caza o donde se puede cazar: *Este arroyo es un buen cazadero de patos.*

cazador, ra *adj. / s. m.* y *f.* **1** Que caza por instinto: *Los gatos pertenecen a una especie cazadora. Éste es un perro cazador. Las águilas son cazadoras rapidísimas.* **2** [Persona] que practica la caza o disfruta con ella: *A mí no me gusta salir de caza, yo no soy cazador.* **3** RESTRINGIDO. [Soldado] que pertenece a un regimiento especial de infantería: *Yo hice la mili en un batallón de cazadores.*

cazadora *s. f.* Especie de chaqueta de aire deportivo, ablusada, que se ajusta a la cintura o a la cadera: *Muchas cazadoras se cierran con cremallera.*

cazadotes (plural *cazadotes*) *s. m.* RESTRINGIDO. Hombre que busca casarse con una mujer adinerada.

cazalla *s. f.* (no contable) Aguardiente muy fuerte y seco.

cazar *v. tr.* **1** Perseguir ‹una persona o un animal› [a un animal] para apresarlo o matarlo: *Hemos cazado varias perdices y dos conejos.* **2** Conseguir ‹una persona› [una cosa buena]: *He cazado una ganga estupenda en las rebajas. Hemos cazado un contrato estupendo.* **3** Conseguir ‹una persona› sorprender [a otra persona]: *Me cazó el guardia saltándome un semáforo. Cazaron al ladrón con las manos en la masa.* **4** Atraer ‹una persona› [a otra persona] con habilidad o engaño: *Me has cazado, lo reconozco. Su máximo interés es cazar marido.* **5** Entender o captar ‹una persona› [una cosa] rápidamente: *Has cazado perfectamente lo que decíamos.* ⇒ **19.**

cazasubmarino *s. m.* Buque de guerra especialmente preparado para luchar contra los submarinos.

cazatalentos (plural *cazatalentos*) *adj. / s. m.* y *f.* Persona que se dedica a localizar y contratar a profesionales o especialistas valiosos para empresas públicas o privadas: *La descubrió un cazatalentos americano. Lo han encontrado a través de una empresa cazatalentos.*

cazatorpedero *s. m.* Buque de guerra pequeño y rápido especialmente preparado para luchar contra los torpederos.

cazcarria o **cascarria** *s. f.* (preferentemente en plural) RESTRINGIDO. Cualquier salpicadura de barro o lodo en la parte baja de la ropa: *Están arreglando la acera y con la lluvia me he llenado los pantalones de cazcarrias.*

cazo *s. m.* **1** Recipiente de cocina cilíndrico provisto de un mango largo que sirve para guisar: *cazo de porcelana, cazo de acero inoxidable, cazo de aluminio.* **2** Utensilio de cocina como una cuchara grande con forma semiesférica y mango largo acabado en gancho, que sirve para cambiar de recipiente los líquidos o los purés: *un cazo de aluminio. Serví la sopa con el cazo.* **3** Cantidad de líquido que cabe en esta cuchara: *un cazo de sopa, un cazo de sangría.* **4** COLOQUIAL. Persona muy torpe: *Conduciendo Paco es un cazo, siempre roza a algún coche cuando aparca.* **5** COLOQUIAL. Persona fea: *¡Mira qué cazo pasa por delante del quiosco! ¡Chica, tu primo es un cazo horroroso!* SIN. callo. FR. Y LOC. **meter el ~** 1 COLOQUIAL. Cometer ‹una persona› un error: *Hijo, otra vez has vuelto a meter el cazo, tenías que comprar mahonesa y no salsa de tomate.* 2 COLOQUIAL. Intervenir ‹una persona› injustificadamente en los asuntos ajenos: *Ese tipo siempre está metiendo el cazo en lo que no le importa; cualquier día pierdo los nervios y lo insulto delante de todos.*

cazoleta *s. f.* **1** Cazo pequeño. **2** Parte de la espada o del sable con forma semiesférica, entre el filo y la empuñadura, que protege la mano. **3** Recipiente pequeño de algunos objetos: *la cazoleta de la pipa.*

cazón *s. m.* Pez selacio marino, de piel áspera, boca grande y bien armada de dientes, voraz y peligroso.

cazuela *s. f.* Recipiente redondo de cocina con dos asas, más ancho que alto, que se usa para guisar: *cazuela de barro, cazuela de aluminio, poner la cazuela al fuego.* SIN. cacerola, olla. FR. Y LOC. **a la ~** [Guiso] que se hace y se sirve en este recipiente, por oposición al horno o a la sartén: *patatas a la cazuela, pollo a la cazuela, ternera a la cazuela.*

cazurrería *s. f.* (no contable) Característica de la persona cazurra: *No es fácil tratar con algunos campesinos, tienen mucha cazurrería.*

cazurro, rra *adj. / s. m.* y *f.* **1** Persona que es muy reservada, se hace la tonta y se comporta, generalmente, con malicia: *Ése es un cazurro que me ataca los nervios. Es más difícil negociar con un cazurro como él que con todo un gobierno.* **2** Que es torpe o tiene poca educación: *No te esfuerces, es muy cazurro y no entiende nada de lo que le explicas.*

c/c *abr.* **1** «Cuenta corriente». **2** «Con copia a».

CCOO (pronunciamos *'ce-ce-o-o'* o *'co-co'*) *s. f.* Sigla del sindicato «Comisiones Obreras», España.

CD *s. m.* Sigla de «Cuerpo Diplomático».

CDS (pronunciamos *'ce-de-ese'*) *s. m.* Sigla de «Centro Democrático y Social», partido político de España.

ce *s. f.* Nombre de la letra «c». FR. Y LOC. **~ por be** Detalladamente: *Le expliqué cómo tiene que hacerlo ce por be.* **por ~ o por be** COLOQUIAL. Por una razón o por otra: *Por ce o por be, siempre encuentras disculpas para no hacerlo. Por ce o por be, nunca nos ayudáis.*

CE (pronunciamos *'ce-e'*) *s. f.* CEE.

CEA (pronunciamos *'cea'*) *s. f.* **1** Sigla de «Confederación de Estados Centroamericanos». **2** Sigla de «Compañía Ecuatoriana de Aviación».

cebada *s. f.* Planta herbácea anual de la familia de las gramíneas, parecida al trigo y al centeno, aunque más baja, de hojas más anchas y de granos más puntiagudos, utilizada para la alimentación del ganado y para la fabricación de cerveza y otras bebidas alcohólicas.

cebadal *s. m.* Terreno sembrado de cebada.

cebado, da *adj.* **1** AMÉR. Fiera que por haber comido carne humana o de otro animal es más temible. **2** URUG. [Persona] que está acostumbrada a que los demás le resuelvan sus asuntos.

cebador *s. m.* **1** Dispositivo para encender lámparas de neón y otras similares. **2** ARG. Estárter de un automóvil.

cebadura *s. f.* ARG., PAR., URUG. Cantidad de hierba que se pone en el mate para tomar la infusión.

cebar *v. tr.* **1** Dar ‹una persona› comida [a un animal] para que aumente de peso: *Estamos cebando dos cerdos para hacer la matanza en diciembre.* SIN. engordar. **2** Poner ‹una persona› comida en [un anzuelo] o en [una trampa] para atraer a los animales: *Cebé una trampa para ratones.* **3** Poner ‹una persona› combustible en [una máquina] o en [una caldera]: *Hay que cebar la lámpara, que se va a apagar.* **4** Preparar ‹una persona› [una máquina o un utensilio] para que empiece a funcionar: *Hay que cebar la bomba de agua, porque no funciona así simplemente.* **5** Aumentar ‹una persona o una cosa› la intensidad de [un sentimiento]: *Esas palabras no sirven sino para cebar sus celos.* **6** ARG., URUG. Preparar ‹una persona› [el mate]. ‖ *v. tr. / prnl.* **7** Dar ‹una persona› mucha comida [a otra persona]: *Tus hijos **se** cebaron en el banquete.* ‖ *v. prnl.* **8** Ser ‹una persona o un animal› excesivamente cruel con [una persona o un animal] o [en una cosa]: *El profesor se cebó **con** los que faltaron a clase. El líder se cebó **con** el colista y le marcó siete goles. Ya sé que me he equivocado, no hace falta que te cebes más **con**migo.*

cebiche *s. m.* PERÚ. Plato de pescado o marisco crudo, cebolla, limón y ají.

cebo *s. m.* **1** Pedazo de comida o imitación de ésta con la que se atrae a los animales, generalmente para capturarlos: *He comprado un cebo artificial con fama de atraer muy bien a los peces.* **2** (no contable) Truco o señuelo para atraer a alguien: *Este comercio emplea como cebo una propaganda buenísima.* **3** (no contable) RESTRINGIDO. Comida que se da a los animales para que engorden: *El mejor cebo para los cerdos son las bellotas.* **4** Fulminante de las armas de fuego.

cebolla *s. f.* **1** *Allium cepa.* Planta liliácea de huerta con tallos, flores blanco-verdosas y bulbo comestible en forma de globo. **2** Bulbo comestible de esta planta, de sabor y olor fuerte y característico que se puede consumir crudo en ensalada y frito como ingrediente de salsas, o en guarnición: *sopa de cebolla, tortilla de cebolla.* **morcilla de ~.** **3** Bulbo de cualquier planta. ‖ **4 papel* ~.** FR. Y LOC. **contigo pan* y ~.**

cebollar *s. m.* Lugar sembrado de cebollas.

cebollazo *s. m.* Se usa en la LOC. **dar un ~** 1 MÉX.; COLOQUIAL. Adular ‹una persona› a otra persona. 2 MÉX.; COLOQUIAL. Alardear ‹una persona› de alguna cosa.

cebolleta *s. f.* **1** *Allium fistulosum.* Planta liliácea parecida a la cebolla, de bulbo más pequeño. **2** Cebolla replantada que se come tierna, antes de florecer.

cebollino *s. m.* **1** *Allium schoenoprasum.* Planta liliácea parecida a la cebolla, con largas hojas en forma de cilindro y flores rosadas. **2** COLOQUIAL. Persona torpe o ignorante: *Ese chico es tan cebollino que no sabe ni su nombre.* FR. Y LOC. **mandar a escarbar cebollinos** COLOQUIAL. Despedir ‹una persona› a otra persona bruscamente: *Le despidió y le mandó a escarbar cebollinos tan ricamente.*

cebón, na *adj. / s. m.* y *f.* [Animal] que está cebado: *un pavo cebón.*

cebra *s. f.* (macho y hembra) Género *Equus.* Mamífero africano de la misma familia que el caballo, de pelaje con rayas blancas y negras, que vive en manadas. FR. Y LOC. **paso* de ~.**

cebú (plural *cebúes*, preferible a *cebús*) *s. m.* (macho y hembra) *Bos indicus.* Mamífero rumiante parecido al toro, de color grisáceo, con una giba en la espalda y una gran papada, que está muy extendido en India, donde se le considera sagrado.

ceca *s. f.* **1** RESTRINGIDO. Antigua casa o taller donde se acuñaba moneda: *Las cecas ibéricas más activas estaban al lado del Mediterráneo.* **2** ARG. Reverso de la moneda. FR. Y LOC. **de la Ceca a la Meca** COLOQUIAL. De un sitio a otro, de acá para allá: *He estado toda la mañana de la Ceca a la Meca. Mi padre me ha traído toda la mañana de la Ceca a la Meca haciéndole recados.*

CECA *s. f.* Sigla de «Confederación Española de Cajas de Ahorro».

ceceante *adj. / s. m.* y *f.* Que cecea: *Ese presentador tiene un habla ceceante. Soy una persona ceceante.*

cecear *v. intr.* Pronunciar el sonido «s» español de una manera parecida a como pronuncian los castellanos la *c* ante *e, i* o la *z*: *En algunas zonas de Andalucía se cecea.*

ceceo *s. m.* FON. Acción o resultado de cecear: *El ceceo es característico de su forma de hablar.*

cecina *s. f.* (no contable) Carne de res, salada y seca, de aspecto parecido al jamón: *La carne de cecina se endurece con el paso del tiempo, pero se conserva muy bien. La cecina es un bocado exquisito.*

ceda o **zeda** *s. f.* Zeta.

CEDA *s. f.* (pronunciamos *'ceda'*) Sigla del partido «Confederación Española de Derechas Autónomas», importante durante la II República Española.

cedazo *s. m.* **1** Utensilio formado por un aro que abarca una tela central, generalmente metálica y poco tupida, utilizada para separar las partes de una materia según su grosor: *cedazo de arena, cedazo de harina, cedazo de legumbres, pasar por el cedazo.* SIN. criba, cernedor. **2** Red de pesca grande.

ceder *v. tr.* **1** Dejar o dar ‹una persona› [una cosa] a [otra persona] voluntariamente: *Este chico es muy educado, me ha cedido el asiento.* || *v. intr.* **2** Dejar de oponer ‹una persona› resistencia a [una cosa]: *Luis cedió **a** mis súplicas. No estaba dispuesto a ceder **en** mis pretensiones. No aguantó la barrera de la policía y cedió **a** la presión de la multitud.* **3** Disminuir la fuerza o la intensidad de ‹una cosa›: *Por fin cedió la fiebre. Ha cedido la tormenta. Han anunciado que cederá el calor.* SIN. remitir. **4** Ponerse ‹una cosa› menos tensa o perder elasticidad: *Cedieron los muelles del sofá. Los músculos ceden con la edad.* **5** Romperse o someterse ‹una cosa sometida a una gran presión›: *Cedieron varias vigas del techo.* FR. Y LOC. **~ / dejar el paso*.**

cedilla *s. f.* **1** Letra que se escribe como una *c* con una virgulilla, que se usó en español hasta el siglo XVIII. **2** Signo ortográfico semejante a una coma que se pone bajo la *c* para formar la *ç*. SIN. virgulilla.

cedro *s. m.* Género *Cedrus.* Árbol conífero de gran altura, hojas perennes en forma de aguja y madera olorosa, que llega a vivir hasta dos mil años.

cédula *s. f.* **1** Documento, generalmente oficial, en el que se reconoce una obligación. **~ de habitabilidad** Documento que certifica que un local o una vivienda reúnen condiciones para ser habitados. **~ hipotecaria** Documento que certifica la concesión de un crédito garantizado con la hipoteca de una vivienda. **~ personal** preferentemente AMÉR.; RESTRINGIDO en España. Documento que acreditaba la personalidad de una persona. **2** RESTRINGIDO. Papel pequeño escrito o para escribir. SIN. ficha, papeleta.

CEE o **CE** *s. f.* Sigla de «Comunidad (Económica) Europea».

cefalea *s. f.* MED. Dolor de cabeza intenso, a veces intermitente.

cefálico, ca *adj.* De la cabeza: *vena cefálica.*

cefalópodo *adj. / s. m.* **1** (macho y hembra) ZOOL. [Molusco] que tiene la cabeza y los ojos grandes y la boca rodeada de tentáculos con ventosas y que habita en el mar, como el pulpo o el calamar. || *s. m.* **2** (en plural) ZOOL. Clase que forman los moluscos cefalópodos.

cefalorraquídeo, a *adj.* **1** ANAT. [Sistema nervioso] que está relacionado con la cabeza y la columna vertebral. **2** ANAT. [Líquido] que protege los centros nerviosos de la cabeza y la columna vertebral.

cefalotórax (plural *cefalotórax*) *s. m.* ZOOL. Parte del cuerpo de los arácnidos y de algunos crustáceos formada por la unión en una sola pieza de la cabeza y el tórax.

céfiro *s. m.* **1** (no contable) ELEVADO. Viento cálido de poniente. **2** LITERARIO. Viento suave y apacible.

cegador, ra *adj.* Que ciega o deslumbra: *Hace un sol cegador. El conductor se encontró con una luz cegadora al salir del túnel.*

cegar *v. intr. / prnl.* **1** Quedarse ‹una persona› ciega: *El ciclista **se** cegó con el resplandor.* **2** Perder ‹una persona› la capacidad para juzgar o razonar debidamente: *Aquel hombre **se** cegó **de** ira. **Te** ciegas **con** tus manías.* || *v. tr.* **3** Dejar ‹una persona o una cosa› ciega [a una persona]: *El accidente lo cegó.* **4** Impedir ‹una cosa› juzgar o razonar debidamente [a una persona]: *La ira te ciega y no razonas. Te ciegan los celos, hijo.* **5** Tapar u obstruir ‹una persona o una cosa› [un orificio o un conducto]: *Han cegado la puerta trasera del garaje y hay que dar la vuelta completa a la manzana.* || *v. prnl.* **6** Taparse u obstruirse ‹un orificio o un conducto›: *Se ha cegado el baño, hay que desatascarlo.* ⇒ **65.**

cegato, ta *adj. / s. m.* y *f.* (ser / estar) PEYORATIVO. Que ve muy poco por un defecto en la vista: *Ese perro está cegato. Soy muy cegato. La tía lleva esas gafas porque es cegata.*

cegetista *adj.* ARG. De la Confederación General del Trabajo, entidad que agrupa todos los sindicatos obreros.

ceguera *s. f.* **1** (no contable) Pérdida total de la visión. **2** (no contable) Estado de la persona que es incapaz de razonar con claridad y de ver las cosas como son realmente: *Tienes una ceguera y una obcecación completas, no hemos hablado con Pedro, sino con su hermano gemelo.*

CEI (pronunciamos *'cei'*) *s. f.* Sigla de «Confederación de Estados Independientes», antigua Unión de Repúblicas Socialistas Soviéticas.

ceiba *s. f.* Árbol americano, de gran altura, hojas palmeadas, flores rojas y madera muy dura, cuyas semillas están envueltas por una especie de algodón.

ceilandés, sa *adj. / s. m.* y *f.* De Ceilán, isla asiática, actual república de Sri Lanka: *té ceilandés, plantaciones ceilandesas, la historia de los ceilandeses.*

ceja *s. m.* **1** Borde cubierto de pelo, situado en la cara sobre la cuenca del ojo: *Me hice una brecha en la ceja. Luisa se depila las cejas todas las semanas.* **2** Pelo que cubre esta parte de la cara: *Tengo unas cejas muy espesas.* **3** MÚS. Cejilla de la guitarra. **4** MÚS. Pieza de los instrumentos de cuerda, entre el clavijero y el mástil, para apoyo y separación de las cuerdas. **5** Parte que sobresale en algunas cosas: *la ceja de una moldura, la ceja de una encuadernación.* FR. Y LOC. **hasta las cejas** COLOQUIAL; INTENSIFICADOR. Hasta el extremo, en grado máximo: *El niño se llenó de chocolate hasta las cejas. En ese feo asunto está metido hasta las cejas.* **metérsele / ponérsele / tener entre ceja y ~** INTENSIFICADOR. Obstinarse o empeñarse ‹una persona› en una cosa: *Se le ha metido entre ceja y ceja marcharse a trabajar a Inglaterra para aprender inglés.* **tener entre ceja y ~** COLOQUIAL. Tener antipatía ‹una persona› a otra persona o a una cosa: *Manolo dice que su profesor lo tiene entre ceja y ceja. El niño tiene la carne entre ceja y ceja y no la come.*

cejar *v. intr.* Abandonar ‹una persona› [una intención o un proyecto] o disminuir ‹una persona› la presión en un asunto o negocio: *No cejó **en** su propósito. No podemos cejar **en** nuestros intentos de conseguir buenos mercados.* SIN. desistir.

cejijunto, ta *adj.* **1** Que tiene las cejas muy pobladas y juntas: *un rostro cejijunto. Su marido es un hombre maduro, moreno y cejijunto.* **2** (estar) Que arruga el ceño por estar enfadado o por otras causas: *Ese tipo siempre está cejijunto, resulta un poco desagradable. Chico, no estés tan cejijunto.*

cejilla *s. f.* **1** MÚS. Pieza en forma de pinza que se coloca en el palo de la guitarra para acortar la longitud vibrante de las cuerdas y elevar el tono de su sonido: *Voy a poner la cejilla para tocar esta canción.* **2** MÚS. Posición del dedo índice de la mano izquierda cuando aprieta varias cuerdas del mismo traste de la guitarra.

cejudo, da *adj.* Que tiene las cejas muy grandes y espesas.

celada *s. f.* **1** ELEVADO. Engaño o trampa con que se obliga a una persona a aceptar o a decir una cosa que no quería: *El dinero formaba parte de la celada que le habían preparado. El juez no aceptó las pruebas, porque se habían conseguido en una celada ilegal.* SIN. engaño. **2** RESTRINGIDO. Emboscada de gente armada en un lugar oculto: *Caímos en una celada. Los rebeldes prepararon una celada.* SIN. trampa. **3** Pieza de la armadura que servía para cubrir y defender la cabeza: *Don Quijote no quiso poner a prueba su celada.*

celador, ra *adj.* **1** Que cela o vigila. || *s. m. / f.* **2** Persona que por oficio vigila en una institución pública: *Los celadores del museo harán huelga el jueves. Las celadoras de la cárcel de mujeres no quieren encargarse de las zonas de castigo.*

celaje *s. m.* **1** (no contable) LITERARIO. Cielo con nubes poco densas y de varios matices: *Un celaje envolvía al sol que estaba empezando a ponerse.* **2** (no contable) RESTRINGIDO. Conjunto de nubes.

celar *v. tr.* **1** ADMINISTRATIVO. Procurar ‹una persona› con cuidado especial [el cumplimiento de las leyes]: *El secretario celará que todos los asociados paguen su cuota puntualmente. El juez celará que la condena se cumpla en su momento oportuno.* **2** ELEVADO. Mantener ‹una persona› oculta [una cosa]: *Los testigos celaron deliberadamente información al tribunal.* SIN. ocultar.

celda *s. f.* **1** Cuarto pequeño para una sola persona: *celdas de un convento, celda de un colegio.* **2** Cuarto donde se encierra a las personas en un establecimiento penitenciario: *celda de una cárcel, estar recluido en una celda.* **3** Celdilla de un panal de abejas. SIN. alvéolo. **4** BOT. Recinto cerrado en el que guardan las semillas los frutos.

celdilla *s. f.* Cada una de las casillas de un panal de abejas. SIN. celda.

celebración *s. f.* **1** Realización de algún acto: *Pregunté por el lugar de celebración de la reunión.* **2** Fiesta u otra actividad festiva hecha con motivo de un acontecimiento: *El alcalde presidió las celebraciones del centenario de la ciudad. La celebración del campeonato será el domingo próximo en el parque del Sur.* **3** REL. Entre los católicos, acto litúrgico de la misa: *Los domingos de verano se suspende la celebración de la misa de doce y se traslada a las nueve de la noche.* || **4 ~ penitencial** REL. Acto del sacramento de la penitencia.

celebrar *v. tr.* **1** Dar ‹una persona› solemnidad a [una fecha] o a [un acontecimiento]: *Los ganadores celebraron durante varios días el primer puesto del campeonato del mundo.* SIN. festejar. **2** Realizar ‹una persona› [un acto formal]: *Celebramos la sesión de apertura puntualmente.* **3** Sentir ‹una persona› alegría por [una cosa grata o beneficiosa para otra persona]: *Celebro tu éxito. Todos celebramos que hayas vuelto otra vez a trabajar.* **4** RESTRINGIDO. Mostrar ‹una persona› que encuentra gracioso [lo que hace o dice otra]: *No le celebres las gracias al nene, porque acabará tirando toda la comida contra las paredes.* **5** Alabar ‹una persona› [a otra persona o una cosa]: *un poeta muy celebrado. Lo celebran mucho en sus críticas, pero nunca lo invitan a su programa.* || *v. tr. / intr.* **6** Decir ‹un sacerdote› [misa]: *El párroco celebra misa siempre por la tarde. Los días de diario no se celebra en esta parroquia después de las once de la mañana.*

célebre *adj.* (antepuesto / pospuesto) Que es muy conocido o famoso: *El profesor explicó una célebre anécdota. Ésta es una actriz célebre.*

celebridad *s. f.* **1** (no contable) Hecho de ser famoso o célebre una persona o una cosa: *Nunca busqué la celebridad.* SIN. renombre. **2** Persona famosa: *A los ocho años ese chico ya es una celebridad en los medios musicales. Tiene que ser muy aburrida la vida de las celebridades, siempre expuestas a la curiosidad de los demás.*

celemín *s. m.* **1** Medida de capacidad para granos y legumbres. **2** Antigua medida de superficie castellana.

celentéreo *adj. / s. m.* **1** ZOOL. [Animal invertebrado] que es acuático, tiene una boca rodeada de tentáculos y suele pasar en su desarrollo por las fases de pólipo y medusa, como la hidra o el coral. || *s. m.* **2** (en plural) ZOOL. Tipo que forman los animales celentéreos.

celeridad *s. f.* (no contable) Rapidez en el movimiento o en la ejecución de una cosa: *Asombraba a todos la celeridad de su paso. Me preocupa la celeridad con que comes, vas a tener problemas digestivos.* SIN. velocidad. ANT. lentitud.

celesta *s. f.* Instrumento musical de percusión, algo semejante al piano, que consta de unas láminas de acero que suenan al ser golpeadas por unas mazas pequeñas.

celeste *adj.* **1** Del cielo. **bóveda* ~. cuerpo* ~. esfera ~. mapa*~.** || *adj. / s. m.* **2** De color azul muy claro: *Sus ojos son celestes. El celeste es bonito.* **azul* ~.**

celestial *adj.* **1** Del cielo o morada de Dios, los ángeles y los santos: *Todos tenemos deseos de conseguir una morada celestial.* **Padre* ~.** **2** Que causa delicia o placer por su alto grado de perfección: *un paisaje celestial. Tienes una voz celestial. Esa chica tiene un cuerpo celestial.* || **3 música* ~.**

celestinaje *s. m.* **1** Acción y resultado de mediar en los amores de una pareja: *El celestinaje es una de las actividades favoritas de mi abuela.* **2** RESTRINGIDO. Mediación en las relaciones entre dos partes: *Parece que los partidarios de los dos líderes confían en el celestinaje de un hombre bueno para tranquilizar los ánimos.*

celestino, na *s. m. / f.* **1** Persona que dirige una casa de citas o un burdel: *La policía detuvo a una celestina de cincuenta años que era la responsable de la casa de citas.* **2** Persona que se dedica por profesión a facilitar y encubrir relaciones amorosas: *Parece que la patrona se dedicaba hace años a celestina.* SIN. alcahuete. **3** COLOQUIAL; HUMORÍSTICO. Persona que es amiga de mediar en los amores de una pareja: *Tu tía es una celestina, siempre quiere buscarme novio.*

celiaco, ca o **celíaco, ca** *adj.* De los intestinos o del vientre: *arteria celiaca, nervio celiaco.*

celibato *s. m.* Estado del que no se ha casado, especialmente por motivos religiosos: *guardar celibato. El celibato de los religiosos es obligatorio.* SIN. soltería.

célibe *adj. / s. m.* y *f.* (ser / estar) ELEVADO. Que no se ha casado: *Su tío aún está célibe. La congregación está formada por célibes. Soy célibe y pienso seguir siéndolo unos cuantos años.* SIN. soltero.

celidonia *s. f. Chelidonium majus.* Hierba papaverácea de hojas amarillentas por el envés y fruto en vaina delgada.

celinda *s. f.* Arbusto ornamental de flores blancas de cuatro pétalos. SIN. jeringuilla.

celindo *s. m.* Celinda.

cellisca *s. f.* RESTRINGIDO. Temporal de agua y nieve muy menudas, con fuerte viento: *Una cellisca incómoda nos azotaba toda la tarde.*

celo *s. m.* **1** (no contable) Impulso que mueve a una persona a hacer bien las cosas: *Estudio todo con mucho celo. El director examina las propuestas con celo extraordinario.* **2** (no contable) Actitud de quien busca cumplir la voluntad de Dios: *Impulsado por el celo divino el sacerdote se ha ido a las misiones. Sólo le mueve el celo religioso.* **3** (no contable) Periodo durante el cual los animales están preparados para la reproducción: *Los gatos arman mucho ruido por las noches en época de celo. Esos animales tienen un periodo muy corto de celo.* **4** (no contable) Apetito sexual de los animales: *A esta clase de gatos casi no se les nota el celo.* **5** (en plural) Inquietud o temor de que la persona amada prefiera a otra persona: *Julián tiene unos celos terribles de su novia y le arma unos escándalos tremendos. Luis vive angustiado porque tiene celos de su mujer.* **6** (en plural) Envidia de la vida o los afectos de otra persona: *El niño mayor lo está pasando muy mal porque tiene celos del pequeño. No se puede trabajar con él, tiene celos de todo lo que hacen los demás.* **7** (marca registrada) (no contable) Cinta adhesiva transparente: *Ponle un poco de celo a esta hoja del libro, porque está rota.* **papel* (de) ~.** FR. Y LOC. **huelga* de ~.**

celofán (marca registrada) *adj. / s. m.* (no contable) [Papel] que es fino y transparente, está hecho de celulosa solidificada y se utiliza para envolver objetos: *El celofán se utiliza para envolver artículos bonitos.* **papel* (de) ~.**

celoma *s. f.* ZOOL., ANAT. Cavidad que en el hombre y ciertos grupos de animales se desarrolla entre la pared del cuerpo y las vísceras.

celosía *s. f.* **1** Enrejado de madera o hierro que se coloca en las ventanas u otras aberturas: *Las ventanas de los conventos de clausura suelen tener celosías.* SIN. reja. **2** Estructura de barras o listones que se cruzan en diagonal: *Las alacenas tenían las puertas de celosía.*

celoso, sa *adj.* **1** (ser / estar) Que siente celos o envidia: *Eres muy celoso, siempre estás pensando que te soy infiel. El niño está muy celoso **de** su hermanita. Esos chicos están celosas **del** triunfo de sus amigas.* **2** Que hace las cosas con celo o con mucho cuidado: *Eva es muy celosa **en** el cumplimiento de su trabajo. Eres muy celoso **en** todo lo que haces.* **3** Que no es amigo de tratar o hablar de algo: *Mercedes es muy celosa **de** su intimidad. Eres muy celosa **de** tus cosas. Soy muy celosa **de** mi vida privada.* **4** ARG., CHILE, URUG. [Arma, mecanismo] que se dispara con facilidad.

celta *adj. / s. m.* y *f.* **1** De un grupo de pueblos indoeuropeos que invadieron el oeste de Europa en el siglo VI a. C.: *una leyenda celta. Hice un estudio sobre las tradiciones de los celtas.* || *s. m.* **2** Conjunto de lenguas de los celtas, de la familia indoeuropea.

celtíbero, ra o **celtibero, ra** *adj. / s. m.* y *f.* **1** De un antiguo pueblo hispánico prerromano que ocupaba gran parte de las actuales provincias de Zaragoza, Teruel, Cuenca, Guadalajara y Soria: *arte celtíbero, poblado celtíbero, muchacha celtíbera, los celtíberos.* || *s. m.* **2** Lengua hablada por los celtíberos.

céltico, ca *adj.* De los celtas: *arte céltico.*

célula *s. f.* **1** Unidad fundamental de los seres vivos, con cierta autonomía: *El cuerpo humano está formado por células de diferentes tipos.* **2** Unidad o grupo separado y relativamente autónomo dentro de una organización o conjunto más amplio: *Las células de trabajo van muy bien en esta empresa. Ahí están cenando los antiguos compañeros de una célula comunista. Se ha formado una célula de investigación.* || **3 ~ fotoeléctrica** Dispositivo que permite transformar las variaciones de intensidad luminosa en variaciones de intensidad de una corriente eléctrica: *Se ha estropeado la célula fotoeléctrica de la puerta automática del garaje. Una célula fotoeléctrica activa la cámara cuando se acerca alguien.*

celular *adj.* **1** De las células: *un estudio celular, una investigación celular, una muestra celular.* || **2 coche* ~.**

celulitis (plural *celulitis*) *s. f.* **1** (no contable) MED. Inflamación del tejido celular. **2** (no contable) COLOQUIAL. Acumulación de grasa en algunas partes del cuerpo que da a la piel el aspecto de la cáscara de la naranja: *Aunque estoy delgada, tengo celulitis en los muslos.*

celuloide *s. m.* **1** (no contable) Material plástico transparente y elástico utilizado en la industria fotográfica y cinematográfica. **2** (no contable) Cine: *la industria del celuloide, los trabajadores del celuloide, los genios del celuloide. Los artistas del celuloide son muy caprichosos.* FR. Y LOC. **llevar al ~** Convertir en película [una historia o una anécdota]: *La vida de Goya ha sido llevada al celuloide. Piensan llevar al celuloide la última novela de Onetti.*

celulosa *s. f.* (no contable) QUÍM. Hidrato de carbono que constituye la membrana envolvente de las células vegetales y se emplea en la industria del papel, textil y plástica: *pañales de celulosa, pañuelos de celulosa, servilletas de celulosa.*

cementar *v. tr.* RESTRINGIDO. Calentar ‹una persona› [un metal] en contacto con otra materia en polvo o pasta para modificar su composición: *El acero se cementa con el carbono y se endurece.*

cementera *s. f.* Fábrica de cemento: *La cementera ensucia el pueblo.*

cementerio *s. m.* **1** Lugar cercado donde se entierra a las personas muertas: *Marta fue al cementerio a poner flores en la tumba de su abuela.* SIN. camposanto, necrópolis (ELEVADO). **2** Lugar cercado donde se entierran animales: *Han inaugurado un cementerio para pequeños animales cerca de Barcelona.* **3** Lugar donde se deposita cualquier tipo de residuo industrial: *cementerio nuclear, cementerio de residuos sólidos.* || **4 ~ de coches** Lugar donde se acumulan coches inservibles.

cementero, ra *adj.* Del cemento: *industria cementera.*

cemento *s. m.* **1** (no contable) Mezcla hecha con arcilla y materiales calcáreos en forma de polvo que se endurece con el agua y se usa en la construcción: *un muro de cemento, un pilar de cemento.* **~ armado** Hormigón armado, cemento con piedras y tela o barras metálicas. **2** (no contable) GEOL. Masa mineral que une los fragmentos de que se componen algunas rocas: *Los diferentes materiales que componen las rocas conglomeradas están unidos con cemento.* **3** (no contable) ANAT. Tejido óseo que envuelve la raíz de los dientes: *La caries ha afectado al cemento de los dientes.* **4** (no contable) Material que utilizan los dentistas para tapar caries: *Las muelas se empastan con una clase de cemento.* **5** (no contable) Material con que se cementa un metal: *El carbón es el cemento del hierro para convertirlo en acero.* **6** ARG., URUG. Pegamento.

cena *s. f.* **1** Última comida del día, que se hace generalmente por la noche, o al anochecer: *La cena será a las nueve.* **2** Conjunto de alimentos que se consumen en esta comida: *una cena ligera. Preferimos una cena fría.* || **3 última / santa / sagrada ~** 1 REL. Cena que realizó por última vez Jesucristo con sus apóstoles antes de ser crucificado. **2** Representación artística de la última cena: *Preside el salón una última cena del siglo* XVII.

cenáculo *s. m.* **1** ELEVADO. Grupo de personas unidas por intereses o gustos: *un cenáculo de escritores. El cenáculo de periodistas de nuestra ciudad se reunió para homenajear al alcalde en funciones, que pronto abandonará el cargo.* **2** REL. Sala en la que Jesucristo celebró la última cena.

cenador *s. m.* Espacio de un jardín, limitado por una cerca y cubierto de plantas trepadoras sostenidas por un armazón: *Los cenadores son agradables para tomar una copa, pero algo molestos por los numerosos mosquitos.*

cenagal *s. m.* **1** Terreno lleno de cieno: *No se puede casi llegar al pueblo, el camino se ha convertido en un cenagal.* SIN. barrizal, lodazal. **2** RESTRINGIDO. Asunto o situación de difícil salida: *Ese negocio es un cenagal y va a resultar difícil salir de ahí sin problemas. Estoy hasta el cuello metido en este noviazgo y cada vez me parece más un cenagal, no sé cómo salir de él.*

cenagoso, sa *adj.* (antepuesto / pospuesto) ELEVADO. Que está lleno de cieno: *superficie cenagosa. Tuvimos que recorrer cenagosos caminos antes de llegar a nuestro destino.*

cenar *v. intr. / tr.* Tomar ‹una persona› la cena: *Ayer cené verdura. Solemos cenar temprano. Cada uno cena a su aire, nunca cenamos caliente.*

cenceño, ña *adj.* ELEVADO. Que es muy delgado o enjuto: *un chico muy cenceño. Éste es un perro muy cenceño, pero no es un galgo.*

cencerrada *s. f.* RESTRINGIDO. Ruido desagradable que se hace con cencerros o distintos utensilios, como llaves, cazuelas y botellas, para gastar una broma o para burlarse de alguna persona: *Los mozos del pueblo le daban una cencerrada a los viudos que se casaban de nuevo. Le han dado una cencerrada al alcalde y no le han dejado dormir, porque suprimió el festejo taurino en las fiestas de este año.*

cencerrear *v. intr.* **1** RESTRINGIDO. Sonar ‹los cencerros› insistentemente: *Ya vienen las vacas cencerreando.* **2** RESTRINGIDO. Tocar ‹una persona› los cencerros insistentemente: *Los mozos están cencerreando al alcalde.* **3** RESTRINGIDO. Tocar ‹una persona› un instrumento desafinado o tocarlo mal: *Es terrible tener que aguantar cómo cencerrea tu hermano en su clase de guitarra.* **4** RESTRINGIDO. Sonar ‹las piezas metálicas de una cosa› desagradablemente por no estar bien ajustadas: *Hay que llevar el coche al garaje, porque esta puerta está cencerreando desde hace días.*

cencerro *s. m.* Campana pequeña que se ata al cuello de las reses para poder localizarlas mejor: *el cencerro de la vaca, el cencerro de la cabra.* SIN. esquila, esquilón. FR. Y LOC. **estar como un ~** COLOQUIAL. Estar ‹una persona› loca: *Para tirarse de un tercer piso hay que estar como un cencerro. Ése está como un cencerro, ahora se pasa el día dando vueltas por el pasillo hablando consigo mismo.*

cendal *s. m.* **1** (no contable) Tela de seda o lino muy fina y transparente. **2** LITERARIO. Cualquier capa fina de alguna cosa que se asemeje a esta tela: *Un cendal de nubes cubría el cielo.*

cenefa *s. f.* Banda decorada con motivos repetidos que adorna el borde de una tela o un muro: *la cenefa de una cortina, la cenefa de un techo.*

cenestesia *s. f.* (no contable) PSICOL. Sensación general de la existencia del propio cuerpo independientemente de los sentidos.

cenicero *s. m.* Recipiente o platillo donde se echan las cenizas y las colillas de los cigarrillos: *Como sabía que ella fumaba, le he regalado un cenicero.*

cenicienta *s. f.* RESTRINGIDO; PEYORATIVO. Persona o grupo injustamente despreciados, a los que se reservan las peores tareas: *Esta región es la cenicienta del país. Es la cenicienta de la casa, todo lo tiene que hacer ella.*

ceniciento, ta *adj.* Que tiene el color de la ceniza: *unas nubes cenicientas. Donde había bosques verdes, sólo se ve ahora un paisaje ceniciento.*

cenit o **zenit** *s. m.* **1** ASTRON. Punto del cielo superior al horizonte que corresponde a la vertical imaginaria de un observador. **2** Punto culminante de una persona o cosa: *Estás en el cenit de tu carrera. La economía alcanzó este año el cenit en el mes de agosto.*

cenital *adj.* **1** Del cenit: *No me gustan los momentos cenitales, sino los crepusculares.* || **2 luz* ~.**

ceniza *s. f.* **1** (no contable) Polvo de color gris blanquecino que queda después de una combustión completa: *Por favor, recoge la ceniza que se te ha caído del cigarro.* **2** (en plural) Restos mortales de una persona: *Ayer en una sentida ceremonia despidieron las cenizas del ilustre poeta salmantino. Millones de personas dieron el último adiós a las cenizas del esforzado deportista.* FR. Y LOC. **reducir a cenizas** o **convertir en cenizas** Destruir ‹una cosa o una persona› por completo a una persona o una cosa: *El nene ha reducido a cenizas el coche que le regalamos. El fuego redujo a cenizas la fábrica.*

cenizo, za *adj.* **1** Que tiene el color de la ceniza: *Canito es un perro cenizo, muy mono. Tengo una gata persa, ceniza.* SIN. ceniciento. || *s. m.* **2** COLOQUIAL; PEYORATIVO. Persona que tiene o que trae mala suerte o que es pesimista: *Eres un cenizo, siempre que juego contigo a la lotería nunca me toca nada.* SIN. gafe. **3** (no contable) Mala suerte: *Hija, siempre dices que tienes el cenizo, pero te acaban de ascender en la empresa.* **4** Planta herbácea silvestre con hojas dentadas: *El cenizo tiene flores verdes.*

cenobio *s. m.* LITERARIO. Monasterio.

cenobita *s. m./f.* ELEVADO. Persona que hace vida religiosa dentro de una comunidad monástica.

cenotafio *s. m.* LITERARIO. Monumento funerario en el cual no hay ningún cadáver, dedicado a la memoria de una persona: *En algunos edificios monumentales está el cenotafio del fundador.*

cenote *s. m.* AMÉR. C., MÉX.; COLOQUIAL. Depósito de agua de manantial, generalmente a gran profundidad.

cenozoico, ca *adj./s. m.* GEOL. [Cuarta era geológica] que dura desde el final del cretácico hasta la época actual.

censal *adj.* Del censo: *revisión censal, encuestas censales.*

censar *v. tr.* **1** Hacer ‹una persona› [el censo de una ciudad]: *El ayuntamiento ha censado a la población.* **2** Hacer ‹una persona› la lista de [una cosa]: *Están censando las librerías de España. En su trabajo ha censado todos los alfareros del oeste peninsular.* || *v. tr./prnl.* **3** Apuntarse ‹una persona› en el censo: *Tengo que censarme en el nuevo domicilio. Tuvimos que censar a la niña con sus abuelos. Los que han cumplido dieciocho años y no estén en el censo deben censarse en las oficinas centrales del ayuntamiento.*

censitario *adj.* Se usa en la LOC. **sufragio* ~/restringido.**

censo *s. m.* **1** Lista de los habitantes o de la riqueza de un país, de una provincia o de una localidad: *censo agrario, censo de población. No aparezco en el censo municipal. España es el noveno país en el censo de los países europeos.* SIN. padrón, registro. **2** Lista de los ciudadanos con derecho a voto en unas elecciones: *censo electoral. No está inscrito en el censo.* SIN. padrón, registro. **3** Lista de un conjunto más o menos homogéneo de personas o cosas: *el censo de fruterías, el censo de esquiadores, el censo de incunables, el censo de inmuebles en ruina.* **4** RESTRINGIDO. Obligación o carga que pesa sobre un bien inmueble y que debe pagar la persona que disfruta de él. FR. Y LOC. **ser un ~** RESTRINGIDO, COLOQUIAL. Ser ‹una cosa› motivo de continuos gastos: *Es un censo el material escolar de los niños.*

censor, ra *s. m./f.* **1** Persona que, por orden del gobierno, juzga si es conveniente difundir ciertas noticias o ciertas obras artísticas: *censor de cine, censor de prensa, censor de teatro.* **2** Persona que es muy crítica con las costumbres y comportamientos ajenos: *un censor injusto, erigirse en censor.* **3** Persona que se ocupa de que se cumplan las reglas o estatutos en algunas organizaciones o instituciones: *el censor de un partido, el censor de una academia literaria.* **4** HIST. Magistrado romano que estaba encargado de velar por las costumbres y de elaborar los censos de la ciudad. || **5 ~ jurado de cuentas** Profesional independiente con la titulación adecuada que se dedica a examinar la contabilidad de las empresas.

censura *s. f.* **1** Crítica negativa del comportamiento o de la actividad ajena: *Eva es un poco infantil, se enfada con cualquier censura. Las censuras que ha recibido su poesía lo han desanimado. Las constantes censuras lo entristecían.* **2** RESTRINGIDO, ELEVADO. Crítica de una obra artística o literaria: *La censura es necesaria para que un escritor pueda mejorar sus obras.* **3** (no contable) Organismo oficial encargado de censurar obras artísticas o escritos destinados a ser difundidos: *Esta escritora tuvo problemas con la censura. La censura obligó a cortar muchas películas en algunos momentos.* **4** Función de este organismo: *La censura de las obras de teatro era particularmente dura en la España de la posguerra.* FR. Y LOC. **moción* de ~.**

censurable *adj.* Que merece ser censurado o reprobado: *actitud censurable, comportamiento censurable.*

censurar *v. tr.* **1** RESTRINGIDO. Formarse ‹una persona› una opinión sobre [una cosa] después de haberla examinado: *Hasta el siglo* XVIII *había censores oficiales que censuraban o valoraban críticamente las obras que se iban a publicar.* **2** Suprimir ‹una persona› una parte de [una obra destinada al público]: *Censuraron varios pasajes de la obra de teatro. Las películas solían ser censuradas aquí hace años.* **3** Mostrar ‹una persona› su descontento por la manera de actuar de [otra persona] o por [una cosa]: *Censuro la avaricia de tu hermano. Me censuras porque crees que trabajo poco.* SIN. criticar, reprobar.

centauro *s. m.* MIT. Personaje mitológico, mitad hombre, mitad caballo: *Los centauros habitaban en los bosques.*

centavo, va *s. m.* **1** Moneda que vale la centésima parte de la unidad monetaria en varios países de Hispanoamérica y Estados Unidos: *un centavo de dólar, un centavo de peso.* || *adj. num. part./s. m.* **2** Centésima parte de un todo.

centella *s. f.* **1** Descarga eléctrica entre nubes, en especial si es pequeña: *Una centella rasgó la oscuridad.* SIN. rayo. **2** Partícula incandescente que salta del pedernal golpeado o de alguna cosa semejante: *Golpeaba el hierro sobre el yunque haciendo saltar centellas. Veíamos las centellas del farol entre la niebla* SIN. chispa. **3** (preferentemente plural) Conjunto de sentimientos fuertes que se notan en los ojos de una persona: *Sus ojos desprendían centellas de ira. En sus ojos aparecían centellas de amor.* SIN. resplandor. **4** Persona que actúa con rapidez, o cosa muy breve: *Rosa es una centella para el trabajo.* FR. Y LOC. **como una ~** 1 Rápidamente, velozmente: *El avión pasó como una centella.* 2 Rápido, veloz: *Ese atleta es como una centella.* **echar* rayos / centellas / fuego.**

centellear *v. intr.* Despedir ‹una cosa› destellos temblorosos de luz: *A lo lejos descubrieron una luz que centelleaba débilmente.*

centelleo *s. m.* Acción y resultado de centellear: *Observamos el centelleo de las estrellas en el cielo. Se veía el centelleo de las farolas del puerto en el agua.*

centena *s. f.* Conjunto de cien unidades: *Me he comprado una centena de botellas de Rioja.*

centenar *s. m.* **1** Centena. **2** (preferentemente en plural) Muchas personas o cosas: *Los atletas acudieron a centenares para participar en la carrera. En su casa había centenares de libros.*

centenario, ria *adj.* **1** De la centena: *hemos conseguido ganancias centenarias. El abuelo ha formado una empresa centenaria.* **2** Que es muy antiguo: *una fiesta centenaria, una costumbre centenaria.* || *adj. / s. m.* y *f.* **3** Que tiene muchos años o alrededor de cien: *una anciana ya centenaria. Mi abuelo es un centenario que acaba de cumplir ciento dos años.* || *s. m.* **4** Fecha en que se cumplen uno o varios conjuntos de cien años de un suceso: *el centenario de la primera guerra mundial, el centenario de la llegada de Cristóbal Colón a América, el centenario de la fundación de Barcelona.* **5** Fiesta con que se celebra este acontecimiento: *El centenario de la fundación de Salamanca ha sido muy brillante.*

centeno *s. m.* **1** *Secale cereale.* Planta gramínea, parecida al trigo, de hojas planas y estrechas, espiga larga y granos envueltos por una cáscara blanda. **2** Semilla de esta planta que se utiliza en la alimentación del hombre, del ganado y en la elaboración de bebidas alcohólicas.

centesimal *adj.* Del número cien y de cada una de las divisiones entre el número uno y el noventa y nueve: *graduación centesimal, una porción centesimal.*

centésimo, ma *adj. num. ord. / s. m.* y *f.* **1** Que ocupa la posición número cien: *el centésimo puesto en el mundial.* OBSERVACIONES: Los adjetivos y pronombres ordinales a partir de 101 se forman añadiendo a *centésimo* el ordinal correspondiente al número que le sigue: *centésimo octavo.* || *adj. num. part.* **2** Cada una de las cien partes iguales en que se divide un todo: *una centésima parte, una centésima de segundo.*

centiárea *s. f.* Medida de superficie que equivale a una centésima parte de una área: *Una centiárea es igual a un metro cuadrado.*

centígrado, da *adj.* **1** [Escala de temperatura] que está dividida en cien partes y hace corresponder el cero con el punto de fusión del hielo y el cien con el punto de ebullición del agua: *termómetro centígrado, escala centígrada.* || *s. m.* **2** Cada una de las divisiones de esta escala: *Su temperatura es de 37 grados centígrados.* **grado* ~ / Celsius.**

centígramo *s. m.* Medida de masa que equivale a la centésima parte de un gramo.

centilitro *s. m.* Medida de capacidad que equivale a la centésima parte de un litro.

centímetro *s. m.* Medida de superficie que equivale a la centésima parte de un metro.

céntimo, ma *adj. num. part.* **1** RESTRINGIDO. Centésimo. || *s. m.* **2** En algunos sistemas monetarios, centésima parte de la unidad monetaria: *¿A quién le interesan hoy día cinco céntimos? Hace años había monedas de cinco y diez céntimos, llamadas perra chica y perra gorda, respectivamente.*

centinela *s. m.* **1** Soldado que vigila el puesto que se le ha encargado: *estar de centinela, centinela de vista. El centinela nos pidió el santo y seña.* SIN. guardia. **2** Persona que vigila o defiende alguna cosa: *centinela de la moral. Ese filósofo se considera el centinela de Occidente.*

centolla *s. f.* (macho y hembra) Centollo.

centollo *s. m.* (macho y hembra) *Maia squinado.* Crustáceo de caparazón redondeado, peludo y con cinco pares de patas, que vive entre las rocas del fondo de las costas atlánticas y tiene una carne muy apreciada. SIN. centolla.

centón *s. m.* **1** LIT. Obra literaria compuesta de fragmentos de otras obras: *Los centones estuvieron muy de moda en los siglos pasados.* **2** RESTRINGIDO. Manta hecha con piezas de diversos colores.

centrado, da *adj.* **1** (estar) Que tiene su centro colocado en el lugar preciso: *Esta pieza está bien centrada.* **2** (estar) Que ocupa el centro de un lugar: *La mesa no está bien centrada en el comedor.* **3** Que está bien adaptado o se encuentra a gusto en una situación, actividad o lugar: *Desde que encontraste trabajo estás muy centrado. Lidia no está centrada en ese colegio.* SIN. integrado.

central *adj.* **1** Que está en el centro o entre dos extremos: *zona central, punto central, América Central.* **2** Que es el fundamento o lo más importante o esencial de una cosa: *El punto central de la cuestión es el siguiente. No hemos llegado todavía al problema central.* **3** Que controla o sirve al sistema o al conjunto de elementos del que forma parte: *gobierno central, ordenador central, mercado central.* **administración* ~. calefacción* ~.** || *s. f.* **4** Instalación para producir energía eléctrica por diversos medios. **~ eléctrica. ~ eólica** Central que se sirve de la energía del viento. **~ hidráulica** Central que se sirve de la energía del agua. **~ nuclear** Central que se sirve de la energía liberada por la ruptura del núcleo del átomo. **~ solar** Central que se sirve de la energía del Sol. **~ térmica** Central que utiliza la energía calorífica desprendida en la combustión de un material inflamable como carbón o petróleo. **5** Oficina o establecimiento principal del que dependen otros: *La central del banco ha mandado un comunicado a todas las sucursales.* **6** Establecimiento o institución principal donde se reúnen varios servicios de una misma clase: *central de correos, central telefónica, central sindical.* || *s. m.* **7** DEP. Jugador de fútbol que juega como defensa en el centro del campo: *Este equipo juega con un central muy adelantado.*

centralismo *s. m.* **1** (no contable) Sistema político y administrativo en que todas las funciones están controladas por un poder central. **2** (no contable) Ideología y comportamiento de los partidarios de este sistema.

centralista *adj.* **1** Del centralismo: *doctrina centralista.* || *adj. / s. m.* y *f.* **2** Que es partidario del centralismo: *Los políticos centralistas suelen combatir a los federalistas.*

centralita *s. f.* **1** Aparato que conecta una o varias líneas telefónicas con los teléfonos interiores de un mismo edificio: *las clavijas de la centralita, centralita informatizada. En la empresa tenemos una centralita de cien líneas.* **2** Lugar donde está este aparato: *Vengo de la centralita.*

centralización *s. f.* **1** Acción o resultado de centralizar cosas diferentes en un lugar: *centralización de los servicios sanitarios, centralización de información.* **2** Acción y resultado de centralizar los poderes o las funciones: *la centralización administrativa, la centralización de poderes.*

centralizar *v. tr.* **1** Reunir ‹una persona› [varias cosas] en un centro común o bajo una dirección central: *El ayuntamiento ha centralizado todos los servicios en un edificio. Nuestra oficina centralizará todas las ideas novedosas.* **2** Hacer ‹una persona› que [la administración y las atribuciones locales] dependan de un gobierno central: *El Gobierno no centralizará todas las funciones del Estado. El rey absoluto centralizaba todos los poderes.* ⇒ **19.**

centrar *v. tr.* **1** Poner ‹una persona› [una cosa] en el centro de otra o de manera que su centro esté en el lugar adecuado: *Centré la foto en su marco. Me gusta que se centre bien la mesa del tresillo.* **2** Determinar ‹una persona› el centro de [una cosa]: *Centrad la luz sobre aquella pared.* **3** Atraer ‹una persona› [la atención, el interés o las miradas de otras]: *Ahora mismo la bolsa de Madrid centra la atención de los inversores.* SIN. concentrar. **4** Hacer ‹una persona o una cosa› que [una persona] encuentre el equilibrio: *Los paseos por el campo me centran mucho. Me centran los estudios.* || *v. tr. / intr.* **5** DEP. Pasar ‹un jugador› [el balón] [a otro jugador] en el fútbol: *El entrenador va a cambiar al extremo que no centra bien. Eres buen jugador, pero tienes que centrar más.* || *v. prnl.* **6** Encontrar ‹una persona› el equilibrio: *Después de una época un poco alocada, la chica se centró.* **7** Sentirse ‹una persona› cómoda y segura en [un nuevo ambiente]: *Ana se ha centrado **en** su nuevo puesto.* SIN. integrarse. || *v. tr. / prnl.* **8** Dirigir ‹una persona› [una acción] hacia [un objetivo]: *El profesor ha centrado su investigación **en** la reforma escolar. El estudio **se** centró **en** el tema de las mareas marinas.*

céntrico, ca *adj.* (ser / estar; antepuesto / pospuesto) Que está en el centro: *Vivo en un barrio céntrico de la ciudad. Quedamos en una céntrica cafetería. El cine que te digo está muy céntrico. El bar es céntrico.*

centrifugación *s. f.* Centrifugado.

centrifugado *s. m.* Acción y efecto de centrifugar: *el centrifugado de la lavadora.*

centrifugar *v. tr.* Someter ‹una persona› [una cosa] a la acción de la fuerza centrífuga: *En esta sección de la fábrica se centrifuga la leche.* ⇒ **56.**

centrífugo, ga *adj.* Que aleja o se aleja del centro: *la fuerza centrífuga. Las tendencias centrífugas políticas y sociales convierten algunos sistemas centralistas en sistemas federales.*

centrípeto, ta *adj.* Que acerca o se acerca al centro: *fuerza centrípeta.*

centrismo *s. m.* (no contable) Comportamiento o ideología política que se mueve en el centro del espacio ideológico o social de un sistema: *El centrismo es una característica de las sociedades occidentales modernas.*

centrista *adj.* **1** Del centrismo: *la ideología centrista.* || *adj. / s. m.* y *f.* **2** Que es partidario de una política de centro: *partido centrista. Los centristas presentaron varias enmiendas al proyecto de ley.*

centro *s. m.* **1** GEOM. Punto en el interior de una esfera o de una circunferencia del cual equidistan todos los de la superficie: *En el centro de la Tierra la temperatura es muy elevada.* **2** GEOM. En polígonos y poliedros, punto en que todas las diagonales que pasan por él quedan divididas en dos partes iguales. **3** Punto medio o lugar que está a la misma distancia de los que están a su alrededor en cualquier dirección: *centro de una habitación, centro de un mapa, el centro del lago, el centro de un país.* **4** Lugar, cosa, asunto o servicio que ocupa la posición central o de mayor importancia: *La madre era el centro de la familia tradicional. La cocina era el centro de nuestra casa.* **5** Punto de donde parten o donde se reúnen ciertas cosas y actividades: *centro de datos, centro de tráfico, centro de reservas hoteleras, centro de coordinación de actividades.* **6** Lugar en que se concentra una actividad: *centro comercial, centro industrial, centro burocrático.* **7** Zona de una población en la que suele haber más actividad: *centro político, centro administrativo, centro antiguo.* ANT. periferia. **8** Persona, acción u objeto que concentra la atención: *Su primo fue el centro de la fiesta. Luis tenía que ser el centro en cualquier reunión.* **9** Institución o establecimiento donde se reúne gente para diversos fines: *centro asturiano, centro deportivo, centro benéfico, centro cultural.* SIN. asociación, club. **10** (no contable) Ideología que no se considera ni de derechas ni de izquierdas: *El centro ganó las elecciones.* **11** DEP. En algunos deportes, pase de la pelota que hace un jugador a otro: *Un centro desde medio campo propició la jugada del segundo gol.* || **12 ~ de gravedad** Punto de un cuerpo donde puede considerarse que la fuerza de la gravedad ejerce atracción sobre dicho cuerpo. **13 ~ de mesa** Objeto de adorno que se pone en medio de la mesa: *Le hemos regalado un hermoso centro de mesa con flores.* **14 centros nerviosos** FISIOL. Parte del sistema nervioso que recibe las impresiones de la periferia y transmite las excitaciones motrices a los órganos correspondientes. **15 ~ regional** Delegación regional de una cadena comercial o informativa que cubre un ámbito regional dentro del sistema: *Las reclamaciones deben dirigirlas al correspondiente centro regional de nuestra organización. Conectamos con nuestro centro regional en Andalucía.*

centroafricano, na *adj. / s. m.* y *f.* **1** De África Central. **2** De la República Centroafricana.

centroamericano, na *adj. / s. m.* y *f.* De Centroamérica.

centrocampista *s. m. / f.* DEP. Jugador de fútbol y otros deportes similares cuya posición está en el centro del campo y que sirve de enlace entre la defensa y la delantera: *centrocampista derecho. Ése es un buen centrocampista adelantado. Jugaremos con un centrocampista retrasado.*

centroforward (pronunciamos *'sentrofóguar'*) *s. m.* ARG., URUG.; DEP. Delantero centro.

centrohalf (pronunciamos *'sentroháf'*) *s. m.* ARG., URUG.; DEP. Centrocampista.

centuplicar *v. tr.* **1** Hacer ‹una persona o una cosa› cien veces mayor [una cosa]. **2** Hacer ‹una persona o una cosa› mucho mayor [una cosa]: *Pedro ha conseguido centuplicar en poco tiempo el capital que le dejó su padre.* **3** Multiplicar ‹una persona› [una cantidad] por cien: *El dueño dice que si ponemos el dinero en su oficina lo podemos centuplicar.* || *v. prnl.* **4** Hacerse ‹una cosa› cien veces mayor o mucho mayor: *En estos últimos diez años se han centuplicado los precios de los pisos.* ⇒ **71.**

céntuplo, pla *adj. num.* **1** [Número, cantidad] que contiene exactamente cien veces a otro número: *número céntuplo, cantidad céntupla.* || *s. m.* **2** Número que contiene exactamente cien veces a otro: *El céntuplo de tres es trescientos.*

centuria *s. f.* **1** ELEVADO. Periodo de cien años: *Las hostilidades se alargaron más de una centuria.* SIN. siglo. **2** Compañía de cien hombres en los ejércitos romanos.

centurión *s. m.* Oficial romano que mandaba una centuria.

cenutrio, tria *adj. / s. m.* y *f.* COLOQUIAL; PEYORATIVO. Que es torpe y poco inteligente: *No seas cenutrio. Luisa es una cenutria. Es difícil trabajar con cenutrios como tú.*

ceñido, da *adj.* (ser / estar) Que es muy estrecho o ajustado: *El vestido es muy ceñido. Este cinturón está muy ceñido, no sé cómo puedes respirar. Das las curvas muy ceñidas* ***a*** *la derecha.*

ceñidor *s. m.* RESTRINGIDO. Faja, cinta o cinturón con que se rodea la cintura.

ceñir *v. tr. prnl.* **1** Rodear ‹una cosa› [una parte del cuerpo de una persona] apretadamente: *En cuanto vio al niño la madre lo ciñó con sus brazos y lo llenó de besos. Cíñe****te*** *los pantalones.* || *v. tr.* **2** Rodear ‹una cosa› [otra cosa]: *Los suburbios ciñen la ciudad. Un cinturón de autopistas ciñe ahora este hermoso parque.* || *v. prnl.* **3** Mantenerse ‹una persona› dentro de ciertos límites en [una cosa]: *Me ciño* ***a*** *lo pactado. Cíñete bien* ***al*** *presupuesto. Hay que ceñirse* ***al*** *tema en las reuniones. En las curvas es más prudente que te ciñas* ***a*** *tu derecha.* FR. Y LOC. **~ (la) espada*. ⇒ 20.**

ceño *s. m.* **1** Gesto que consiste en arrugar la frente o el entrecejo para demostrar enfado o preocupación: *fruncir el ceño.* **2** Espacio que separa las dos cejas: *Pepe tiene un ceño que parece siempre malhumorado.* FR. Y LOC. **arrugar* el entrecejo / ~** o **arrugar la frente.**

ceñudo, da *adj.* Que expresa su enfado o preocupación arrugando el ceño: *expresión ceñuda de la cara. Ayer estabas muy ceñudo.*

CEOE (pronunciamos *'cé-o-é'*) *s. f.* Sigla de «Confederación Española de Organizaciones Empresariales».

cepa *s. f.* **1** Tronco de la vid: *Las cepas no suelen ser muy altas en España. Las cepas arden muy bien.* **2** Planta de la vid: *Las uvas recogidas procedían de una misma cepa. En la Mancha hay muchas cepas.* **3** Parte del tronco de una planta que está dentro de la tierra y unida a las raíces: *Las cepas de las viejas encinas son muy anchas.* **4** RESTRINGIDO. Tronco de una familia o linaje. FR. Y LOC. **de pura ~** [Persona] que tiene los rasgos característicos del lugar o de la clase a la que pertenece: *Me considero un madrileño de pura cepa. Quique es un corredor de pura cepa.*

cepellón *s. m.* Tierra que se deja pegada a las raíces de una planta para trasplantarla: *Ahora te venden el abeto de Navidad con cepellón.*

cepillar *v. tr. / prnl.* **1** Limpiar ‹una persona› [una cosa] con un cepillo: *Hoy* ***me*** *he cepillado la ropa.* **2** Pasar ‹una persona› un cepillo por [el pelo] para desenredarlo: *Cada noche* ***me*** *cepillo el pelo.* || *v. tr.* **3** Pasar ‹una persona› un cepillo por [la madera] para alisarla: *Tengo que avisar al carpintero para que cepille el balcón, porque cierra mal.* **4** Poner ‹una persona› lisa y suave la superficie de [una cosa] con un cepillo: *¿Has cepillado la figura antes de pintarla?* **5** COLOQUIAL. Robar ‹una persona› [una cosa de otra persona]: *Ayer me cepillaron el abrigo en una cafetería.* || *v. prnl.* **6** COLOQUIAL. Matar ‹una persona› [a otra persona]: *Se lo cepillaron en un arreglo de cuentas.* **7** COLOQUIAL. Consumir ‹una persona› una cantidad grande de [comida o bebida]: *Tu padre y tu tío se cepillaron ayer tarde todas las cervezas. Yo soy capaz de cepillarme medio kilo de jamón yo solo.* **8** COLOQUIAL. Suspender ‹una persona› [a otra persona] en un examen: *El profesor se ha cepillado a media clase.* **9** COLOQUIAL. Acabar ‹una persona› [una cosa] rápidamente: *Esta lectura me la cepillo en media hora y luego nos vamos.* SIN. liquidar. **10** VULGAR. Tener ‹una persona› relaciones sexuales con [otra persona]. **11** DEP.; ARG., URUG.; COLOQUIAL. Derribar ‹un jugador› a [un jugador contrario].

cepillo *s. m.* **1** Instrumento empleado generalmente para limpiar que consta de una pieza plana a la que van sujetas cerdas o púas: *cepillo de dientes, cepillo de la ropa, cepillo del cabello, cepillo de los zapatos, cepillo de las uñas. Pasé el cepillo por los pantalones.* **2** Herramienta de carpintería para alisar la madera formada por un soporte en que está ajustada una cuchilla: *Hay que darle una pasada de cepillo a esta tabla. Pásale el cepillo a la puerta para que ajuste.* **3** Caja con una ranura para echar las limosnas en la iglesia: *el cepillo de los pobres, el cepillo de las misiones.* **4** COL.; COLOQUIAL. Adulación, alabanza. **5** VEN. Llana. FR. Y LOC. **al ~** Corte de pelo en que el cabello se deja corto y en punta, como las púas de un cepillo: *Julio lleva el pelo al cepillo. Me corté el pelo al cepillo.* **pasar el ~** Pedir ‹una persona› limosna: *Pasaron el cepillo para los huérfanos de la institución.*

cepo *s. m.* **1** Trampa para cazar formada por dos piezas dentadas de madera o hierro que al juntarse atrapan al animal: *El conejo cayó en el cepo.* **2** Aparato que sirve para inmovilizar o sujetar algo: *Han puesto el cepo al coche de Luis porque estaba mal aparcado.* **3** Aparato de tortura formado por dos maderos que al unirlos aprisionaban la cabeza o algún otro miembro del condenado.

ceporro, rra *adj. / s. m.* y *f.* (ser / estar) COLOQUIAL. Que es torpe y poco inteligente: *Cada día estás más ceporro. Ana es una ceporra, no le hagas caso.* FR. Y LOC. **dormir* como un ~.**

CEPSA (pronunciamos *'cepsa'*) *s. f.* Sigla de «Compañía Española de Petróleos, Sociedad Anónima».

CEPYME (pronunciamos *'cepime'*) *s. f.* Sigla de «Confederación Española de la Pequeña y Mediana Empresa».

cera *s. f.* **1** (no contable) Sustancia sólida de color amarillo que segregan las abejas para construir las celdillas de los panales o algunos insectos: *cera blanca, cera amarilla, cera refinada, museo de cera, figura de cera.* **2** (no contable) Conjunto de velas y cirios hechas con esta sustancia: *Aquí toda la luz procede de la cera.* **3** Sustancia grasa que producen algunas plantas o animales o que se fabrica artificialmente y se parece a ésa. **4** Sustancia que segregan ciertas glándulas de los oídos. **5** Sustancia que se usa para abrillantar muebles o suelos. || **6 ~ virgen** Cera pura, tal como se saca del panal. FR. Y LOC. **dar ~** COLOQUIAL. Golpear ‹una persona› a otra persona, dar leña: *La defensa contraria dio mucha cera en el partido.* **no hay más ~ que la que arde** COLOQUIAL. Se usa para expresar que la realidad hay que tomarla tal como es: *Bien, decidamos, o pedimos unos bocadillos o no cenamos nada, no hay más cera que la que arde.*

cerámica *s. f.* **1** (no contable) Arte de fabricar vasijas y otros objetos de barro, loza o porcelana. **2** Objeto o conjunto de estos objetos: *una exposición de cerámica toledana, un jarrón de cerámica, un horno de cerámica.*

cerbatana *s. f.* Arma que consta de un tubo o caña huecos y estrechos que dispara pequeños proyectiles soplando por uno de sus extremos: *La cerbatana es una arma ofensiva y de caza en algunas tribus amazónicas.*

cerca *s. f.* Valla o muro que rodea un terreno o una casa para resguardarlos o dividirlos. SIN. cercado, tapia, vallado.

cerca *adv. lug.* **1** A poca distancia, en un lugar próximo: *La estación de autobuses está muy cerca.* OBSERVACIONES: Cuando le sigue un sustantivo, pronombre u oración introducida por *que*, va seguido por la preposición *de*: *No te pongas cerca de la ventana. Estabas cerca de mí.* SIN. próximo (a). ANT. lejos (de). **de ~** 1 A poca distancia: *Lo estudié de cerca.* 2 Desde dentro: *conocer las cosas de cerca, vivir algo de cerca.* || *adv. temp.* **2** Próximo en el tiempo: *Mi cumpleaños está cerca.* OBSERVACIONES: Va seguido por la preposición *de* cuando precede a un sustantivo o pronombre: *Viajaré a Inglaterra cerca de Semana Santa. Llegué al trabajo cerca de las cinco.* SIN. próximo (a). FR. Y LOC. **~ de** 1 Hablando de cantidades, equivale a 'casi', 'aproximadamente' o 'poco menos de': *Los concursantes ganaron cerca de dos millones.* 2 A punto de: *Estuve cerca de conseguir un gol.* **~ si** (es una abreviación de la locución popular *andar cerca*) Equivale a 'es posible que'. Indica probabilidad y posibilidad de que algo haya sucedido como se dice: *Cerca si no ha sido tu madre la que ha llamado. Andará cerca si no salto más que tú* (= 'es posible que salte más que tú'). **tocar* de ~.**

cercanía *s. f.* **1** (no contable) Condición de lo que está cerca, en el espacio o en el tiempo: *Aunque el padre no podía verlo, sentía la cercanía de su hijo. La cercanía del fuego le hizo huir.* SIN. proximidad. ANT. lejanía. **2** (preferentemente en plural; no contable) Alrededores de un lugar: *las cercanías del pueblo, las cercanías de la playa, un paseo por las cercanías.* **tren de cercanías.** SIN. inmediaciones.

cercano, na *adj.* **1** (estar) Que está cerca: *Trabajo en unas oficinas cercanas a correos. El final está cercano.* **2** Que tiene una estrecha relación: *parientes cercanos, colaborador cercano. Somos amigos cercanos.* || **3 Oriente* Próximo** o **Cercano Oriente.**

cercar *v. tr.* **1** Rodear ‹una persona› [una cosa] con una cerca: *Nos han cercado el jardín.* **2** Poner ‹un ejército› cerco a [una plaza]: *Los caballeros leales cercaron el castillo del conde rebelde.* SIN. asediar. **3** Rodear ‹un grupo de personas o una cosa› [a una persona o una cosa]: *La cercaron los fotógrafos. La policía ha cercado el centro de la ciudad. El fuego cercaba la urbanización.* ⇒ **71.**

cercenadura *s. f.* **1** Acción de cercenar. SIN. cercenamiento. **2** Parte que se quita de la cosa cercenada.

cercenamiento *s. m.* Acción de cercenar. SIN. cercenadura.

cercenar *v. tr.* **1** Cortar ‹una persona o una cosa› [las extremidades de una persona, un animal o una cosa]: *La máquina le ha cercenado los dedos.* **2** Dejar ‹una persona o una cosa› incompleta [una cosa]: *Hay un intento de cercenar las libertades democráticas. No admito que me cercenen mis artículos.*

cerceta *s. f.* (macho y hembra) *Anas crecca.* Ave migratoria de pequeño tamaño, con el plumaje pardo o moteado, que habita en zonas acuáticas.

cercha *s. f.* ARQ. Armazón que sostiene una bóveda o un arco mientras se está construyendo. SIN. cimbra.

cerciorar *v. tr.* **1** RESTRINGIDO. Asegurar ‹una persona› la verdad de [una cosa] a [una persona]: *La declaración del detenido cercioró a la policía **de** su culpabilidad.* || *v. prnl.* **2** Adquirir ‹una persona› la certeza [de una cosa]: *Me cercioré **de** que era imposible que el tren llegara a las ocho. Me he cerciorado **de** que ayer no llamaste.*

cerco *s. m.* **1** Aquello que rodea alguna cosa: *un cerco de luz, un cerco de chocolate en la boca.* **2** Marco de una puerta o ventana: *El cerco de la ventana está lleno de polvo.* **3** Acción de rodear una ciudad o posición enemiga para aislarla y tomarla: *El ejército puso cerco a la fortaleza. Los cercos de las ciudades medievales podían durar años.* **4** Valla alrededor de un terreno: *Los propietarios de las casas levantaron un cerco para delimitar el campo de juego de sus niños.* SIN. cerca, tapia. **5** Círculo luminoso alrededor de un astro: *el cerco de la Luna.* SIN. halo, aureola.

cerda *s. f.* **1** Pelo duro y grueso de algunos animales: *las cerdas del caballo, las cerdas del jabalí.* **2** Pelo de cepillo, de cualquier clase.

cerdada *s. f.* **1** COLOQUIAL. Mala jugada que se le hace a una persona: *No prestarme los apuntes fue una cerdada. No puedes fiarte de él porque en cuanto te descuidas te hace una cerdada.* SIN. guarrada. **2** COLOQUIAL. Acción innoble o deshonesta, contraria a la moral establecida: *Se dice que esa mujer oculta sus cerdadas bajo una máscara de virtud. Le gusta ver cerdadas en el cine.* SIN. porquería. **3** COLOQUIAL. Cosa sucia o mal hecha: *¿Tú crees que puedes presentar esta cerdada de trabajo?*

cerdo, da *adj. / s. m.* y *f.* **1** INSULTO. Que es muy sucio: *Ese tipo es un cerdo que huele mal. Tenemos un vecino muy cerdo que tira desperdicios al patio.* ANT. limpio. **2** INSULTO. Que es despreciable por actuar sin escrúpulos o de forma deshonesta: *Jaime es un cerdo que siempre está insultando.* || *s. m.* y *f.* **3** Género *Sus.* Mamífero de cuerpo grueso, patas cortas, cabeza grande y hocico chato, que es muy fecundo y se cría sobre todo para obtener su carne y grasas: *El jamón y el lomo es lo mejor del cerdo. Compré unos filetes de cerdo.* FR. Y LOC. **ganado* de ~** o **ganado porcino.**

cereal *adj. / s. m.* **1** [Planta] que produce granos de los que se extrae harina: *El trigo, el centeno y la cebada son los principales cereales de España.* || *s. m.* **2** (preferentemente en plural) Conjunto de granos de estas plantas: *Los cereales son muy importantes para la alimentación humana. Hay muchas tierras dedicadas al cultivo del cereal.*

cerealista *adj.* De la producción y comercio de cereales: *mercado cerealista. Las regiones cerealistas peninsulares están en Extremadura, en la meseta y en Andalucía.*

cerebelo *s. m.* ANAT. Parte del encéfalo que coordina los movimientos, situada en la región occipital del cráneo.

cerebral *adj.* **1** Del cerebro: *actividad cerebral.* **circunvolución* ~. conmoción* ~. embolia ~. hemorragia ~. infarto ~.** || *adj. / s. m.* y *f.* **2** Que actúa con inteligencia y sentido común, sin tener en cuenta las emociones, afectos o pasiones: *Eres muy cerebral, deberías ser un poco más pasional y afectivo. Es un boxeador muy cerebral, controla el combate hasta que puede meter su gancho.*

cerebro *s. m.* 1 ANAT. Parte más desarrollada del encéfalo de los vertebrados, situada en el interior del cráneo. 2 (no contable) Talento, inteligencia, capacidad para razonar: *Ese chico tiene poco cerebro. Este niño tiene menos cerebro que un mosquito, el otro día prendió fuego a los papeles de la papelera de su cuarto, para no tener que tirarlos.* 3 Persona que organiza y dirige las actividades de un grupo: *La policía busca al cerebro del atraco. Luis es el cerebro del equipo.* **~ gris** Persona que dirige un grupo o una organización con discreción y pasa inadvertida: *El cerebro gris de la organización es un antiguo presidiario que se consideraba desaparecido. Se rumorea que el auténtico cerebro gris de la nueva empresa es un economista que dirigió la recuperación del antiguo banco nacional.* 4 INTENSIFICADOR. Persona que sobresale en el campo cultural o científico: *Al congreso acudieron los grandes cerebros de la física. El Ministerio ha elaborado un plan de la investigación para impedir la fuga de cerebros a otros países.* SIN. eminencia. ‖ **5 ~ electrónico** Ordenador. FR. Y LOC. **fuga* de cerebros. lavado* de ~. lavar el ~** Cambiar ‹una persona› la manera de pensar de otra persona, normalmente mediante técnicas de manipulación psicológica: *Esa chica entró en una secta, le lavaron el cerebro y cambió de carácter. En esa sociedad te lavan el cerebro con tanto sermón.* **secarse el ~** INTENSIFICADOR, a veces HUMORÍSTICO. Quedarse ‹una persona› sin capacidad para discurrir normalmente: *Se te va a secar el cerebro por ver tantas telenovelas.*

cerebroespinal *adj.* Del cerebro y de la espina dorsal o del sistema nervioso superior de los vertebrados: *El cerebro es el centro superior del sistema cerebroespinal. El sistema cerebroespinal es complejo y delicado.*

ceremonia *s. f.* 1 Acto solemne que se celebra con ciertas normas o ritos vigentes por ley o por costumbre: *la ceremonia de la boda, la ceremonia de la coronación del rey, la ceremonia de la toma de posesión ministerial.* SIN. celebración. 2 Conjunto de cosas o acciones elegantes, lujosas y afectadas que rodean ciertas solemnidades: *vestido de ceremonia, música de ceremonia, luces de ceremonia, flores de ceremonia.* **traje* de ~.** 3 (no contable) Trato cortés o atención exagerados y convencionales: *El profesor le habló con gran ceremonia. La anfitriona recibió a los invitados con mucha ceremonia.* FR. Y LOC. **maestro* de ceremonias.**

ceremonial *adj.* 1 De la ceremonia o de los actos de ceremonias: *palabras ceremoniales, traje ceremonial.* ‖ *s. m.* 2 Conjunto de reglas y formalidades establecidas para la celebración de actos públicos, oficiales o solemnes: *el ceremonial de la coronación del rey, el ceremonial de la apertura de Cortes.* 3 Libro con estas reglas: *Se ha publicado el ceremonial de la incorporación solemne de socios.*

ceremonioso, sa *adj.* 1 (antepuesto/pospuesto) Que se atiene o cumple con rigor las ceremonias o formalidades: *Con el acostumbrado protocolo y el ambiente ceremonioso de siempre se ha inaugurado el año judicial. La ceremoniosa apertura de curso se celebró ayer por la mañana.* 2 Que trata o gusta de ser tratado con ceremonias o cumplidos exagerados: *Le gusta el trato ceremonioso. Su padre es muy agradable, aunque algo ceremonioso, ya verás. Han organizado una fiesta rígidamente ceremoniosa. La novia pertenece a una familia muy ceremoniosa.*

céreo, a *adj.* 1 ELEVADO. De cera: *figura cérea.* 2 ELEVADO. Que tiene el color o el brillo de la cera: *Un rostro céreo nos espiaba tras los cristales. ¿Qué te pasa?, tienes un color céreo.*

cerería *s. f.* Establecimiento donde se hacen y venden velas y objetos de cera y, a veces, objetos religiosos.

cerero, ra *s. m./f.* Persona que por oficio fabrica o vende objetos de cera.

cereza *s. f.* 1 Fruto del cerezo, dulce y jugoso, de color rojo y forma esférica. ‖ *adj./ s. m.* 2 (invariable) Color que recuerda al de esta fruta: *El cereza es mi color preferido. Me he comprado dos camisas cereza.*

cerezal *s. m.* Lugar poblado de cerezos: *Detrás de su casa tienen un agradable cerezal.*

cerezo *s. m.* 1 Árbol rosáceo con hojas en forma de lanza, flores blancas y fruto comestible, que es la cereza. 2 (no contable) Madera de los cerezos: *una cómoda de cerezo.*

cerilla *s. f.* 1 Palillo o papel enrollado con fósforo en un extremo que se enciende al ser frotado contra una superficie rugosa: *caja de cerillas, encender una cerilla, rascar una cerilla.* 2 (no contable) Cerumen, cera de los oídos.

cerillero, ra *s. m./f.* RESTRINGIDO. Persona que tiene por oficio la venta de tabaco y cerillas en la calle, en los cines o en los cafés: *Las cerilleras están desapareciendo de los cafés madrileños.*

cerio *s. m.* (no contable) *Ce.* Elemento químico metálico de color grisáceo que se usa en el campo de la óptica, la electrónica y la medicina.

cerner *v. tr.* 1 Separar ‹una persona› la parte más fina de [una cosa] con el cedazo: *Hay que cerner el tomate, y separar la piel y las pepitas. Ciérnase la harina y sepárense todas las impurezas.* ‖ *v. prnl.* 2 Aproximarse ‹una amenaza o un peligro› a [una persona]: *Se cernía **sobre** el país la amenaza de la guerra. La sequía se cierne **sobre** todos los pueblos sureños en verano.* 3 Mantenerse ‹un ave› en el aire moviendo las alas sin avanzar: *El águila se cernía majestuosa **en** el cielo azul. Los aguiluchos se ciernen **en** el aire y luego se dejan caer sobre la presa velozmente.* ⇒ **80.**

cernícalo *s. m.* 1 (macho y hembra) Género *Falco.* Ave de la misma familia que el halcón, que se alimenta de animales pequeños e insectos y vive en terrenos abiertos o en edificios viejos de ciudades pequeñas. 2 RESTRINGIDO. Hombre grosero, ignorante o de poca educación: *No seas cernícalo y quédate en casa si estás enfermo.*

cernido *s. m.* (no contable) Acción de cerner: *El cernido debe ser muy cuidadoso, porque si no queda la harina muy fina, la pasta no saldrá bien.*

cernidor *s. m.* AMÉR. Cernedor, tamiz.

cernir *v. tr.* Cerner. ⇒ **34.**

cero *adj./pron. num. card./s. m.* 1 (antepuesto) Número 0: *A la reunión acudieron cero socios. En caja tenemos cero pesetas.* ‖ *s. m.* 2 Signo que representa el número cero: *El 0 se puede escribir a la izquierda o a la derecha de otros números.* ‖ **3 ~ absoluto** FÍS. Temperatura que corresponde a –273,16° C. FR. Y LOC. **a ~** Sin nada: *El depósito está a cero. La cuenta sigue a cero.* **al ~** [Pelo] cortado al rape: *El peluquero le cortó el pelo al cero.* **de / desde ~** 1 Desde el principio: *He empezado a estudiar inglés desde cero.* 2 Sin recursos ni ayudas: *Hemos levantado el negocio desde cero. Hemos perdido todo con la inundación y tenemos que empe-*

zar otra vez de cero. **ser un ~ a la izquierda** No tener ‹una persona› ninguna importancia: *En casa el hijo pequeño es un cero a la izquierda, nadie cuenta con él para nada. Pascual está muy acomplejado porque dice que es un cero a la izquierda en la pandilla.*

cerote *s. m.* (no contable) Mezcla de pez y cera que usan los zapateros para untar los hilos de coser zapatos.

cerrado, da *adj.* **1** (estar) [Lugar] que se encuentra sin comunicación con el exterior: *La habitación está cerrada.* **terraza cerrada. 2** [Línea, cable, circuito] que encierra completamente un espacio en su interior. **circuito ~. 3** (ser / estar) [Cielo, noche] que está lleno de nubes o muy oscuro: *La noche era cerrada. Está hoy el cielo cerrado, va a haber una buena tormenta.* **noche* cerrada. 4** Que es muy tupido o espeso: *Nos perdimos en un bosque cerrado. Hay una vegetación muy cerrada en esa zona.* **barba* cerrada. 5** Que cambia con dificultad de opinión o actitud o que tiene una mentalidad muy tradicional: *Tienes una mentalidad muy cerrada, eres muy cabezota. Mi padre es muy cerrado, no acepta ninguna de las costumbres nuevas.* **6** Que tiene dificultad para comprender las cosas: *Ignacio es un poco cerrado, pero al final lo entiende.* SIN. torpe. **ser ~ / duro de mollera*. 7** Que es muy introvertido o tímido: *No es fácil intimar con ella porque es muy cerrada.* **8** Que se rige o gobierna por normas muy estrictas: *No es fácil entrar en la biblioteca, tiene unas normas de funcionamiento muy cerradas.* **9** (antepuesto / pospuesto) Que se produce en gran cantidad o con gran intensidad: *una cerrada ovación. Los espectadores reaccionaron con un grito cerrado. Sus compañeros lo recibieron con cerrados aplausos.* **aplauso* ~. 10** Que es difícil de entender: *Este escritor tiene un estilo muy cerrado. Su filosofía es muy cerrada.* **11** Que tiene unas características lingüísticas muy marcadas, distintas de las oficiales: *Tu familia habla con un andaluz muy cerrado. Mi suegra tiene un acento asturiano muy cerrado. Elena habla un extremeño cerrado, no utiliza la variedad estándar.* **12** LING. [Sonido, articulación] que se pronuncia estrechando el paso del aire en la boca: *La «i» y la «u» son vocales cerradas.* **sílaba* cerrada / trabada. 13** [Curva] que tiene una gran curvatura: *Ten cuidado al dar las curvas tan cerradas porque tendrás un accidente si conduces así.* FR. Y LOC. **a ojos* cerrados** o **con los ojos cerrados. a puerta* cerrada.**

cerradura *s. f.* Mecanismo de metal, accionado electrónicamente o por una llave, que sirve para cerrar puertas, ventanas, tapas de cajones y maletas u otros objetos: *cerradura del coche, una cerradura de seguridad, cerradura electrónica, la cerradura de una maleta.* **~ de golpe** Cerradura de las puertas con un pestillo que se puede deslizar hasta una posición de cierre con un golpe desde el exterior: *Las cerraduras de casa y las de los coches suelen ser de golpe.*

cerraja *s. f.* Género *Sonchus.* Hierba compuesta de tallo hueco, hojas lisas y flores amarillas, que sirve de pasto para el ganado.

cerrajería *s. f.* **1** Taller y tienda donde se hacen o venden llaves, cerraduras y objetos o piezas metálicos. **2** (no contable) Oficio de hacer, reparar o poner cerraduras y otras piezas de hierro.

cerrajero, ra *s. m. / f.* Persona que tiene por oficio la fabricación de cerraduras, llaves y otros objetos de metal: *Tuvimos que llamar al cerrajero cuando perdimos las llaves.*

cerramiento *s. m.* **1** RESTRINGIDO. Acción y resultado de cerrar: *Esa empresa trabaja en el cerramiento de terrazas. Tienen que abrirme el brazo porque el cerramiento de la herida se ha hecho en falso.* **2** Cosa que sirve para cerrar o tapar una cosa: *Hemos puesto un cerramiento de aluminio en la terraza de la cocina.*

cerrar *v. tr.* **1** Hacer ‹una persona o una cosa› que no pueda verse o tocarse el interior de [una cosa] porque ha ajustado sus partes: *El viento cerró las ventanas de golpe. He cerrado el cajón. Cierra la puerta con llave cuando salgas.* **2** Impedir ‹una persona o una cosa› entrar, salir o pasar por [un lugar]: *Cierra el grifo para que no salga agua. Cierra la luz y el gas cuando te vayas. Se me ha olvidado cerrar las celosías y entrará luz.* **3** Impedir ‹una persona o una cosa› [una cosa]: *La policía nos cerró el paso. Un precipicio nos cerraba la salida. Las malas notas te cierran el acceso a la facultad de Derecho.* **4** Juntar ‹una persona› [dos cosas que estaban separadas]: *Cierra los ojos que te hará daño la luz. El bebé cerró la boca con fuerza porque no quería comer más.* **5** Asegurar ‹dos cosas› con el dispositivo adecuado: *Luis es el encargado de cerrar la tienda.* **6** Hacer ‹una persona› que se encuentren el principio y el final de [una cosa]: *Para que te quede bien el dibujo debes cerrar la circunferencia.* **7** Dar ‹una persona› por terminada [una cosa]: *La compañía ha cerrado su temporada teatral y no actuará más. El coro del colegio cerrará el acto.* **8** Acabar de hacer ‹una persona› [un trato]: *Hemos cerrado el trato y le compro el coche. Hemos cerrado ya el acuerdo, me quedo con su piso.* **9** Acabar ‹una persona› [la edición de un diario, una revista o un libro]: *El director mandó cerrar la edición de mañana muy pronto.* **10** Ir ‹una persona o una cosa› la última en [una sucesión o una hilera]: *Cierra la marcha la cofradía del Cristo de los desamparados. Cierran la marcha los atletas de España.* **11** Escribir ‹una persona› un signo ortográfico al final de [una palabra o una frase]: *Cierra comillas. Cierra paréntesis. Cierra la interrogación.* **12** Doblar o plegar ‹una persona› [una cosa]: *Cierra el paraguas. Cierra el periódico.* || *v. intr.* **13** Poner ‹un jugador› una ficha que impide colocar otras a los demás jugadores, en el dominó: *Siempre cierras y así no podemos ganar porque yo me quedo con las grandes.* **14** Empezar a luchar ‹una persona› contra [otra persona]: *El ejército cerró **contra** el enemigo. La infantería cerró **contra** la fortaleza.* **15** Hacerse de ‹noche› completamente: *Había cerrado la noche.* **16** Acabar ‹una cosa›: *El servicio de comidas cierra a las cuatro. La feria cierra por la noche.* || *v. intr. / prnl.* **17** Estar ‹una cosa› de manera que no deja ver o tocar su interior: *Este armario no **(se)** cierra bien.* **18** Estar ‹una cosa› de manera que impide el paso: *La puerta **(se)** cierra muy bien.* **19** Encontrarse el principio y el final de ‹una cosa›: *El círculo **se** ha cerrado.* **20** Curarse ‹una llaga o una herida›: *La herida **(se)** ha cerrado por completo.* || *v. prnl.* **21** Juntarse ‹dos cosas que estaban separadas›: *Se han cerrado las contraventanas con el viento.* **22** Juntarse unos con otros ‹los pétalos de una flor›: *Algunas flores se cierran por la noche.* **23** Doblarse o plegarse ‹una cosa›: *Se ha cerrado el paraguas. Se ha cerrado el mapa con el viento.* **24** No poder realizarse ‹una cosa›. **25** Cubrirse ‹el cielo› de nubes: *La tarde se está cerrando. El cielo se cerró de repente.* SIN. nublarse. **26** Aproximarse ‹un corredor, un conductor o un vehículo› mucho a una curva: *No te cierres tanto que nos vamos a dar con la pared.*

27 Negarse ‹una persona› [a una cosa]: *Se cierra **a** cualquier tipo de negociación.* FR. Y LOC. **~ a cal* y canto. ~ filas*. ~ el juego*. ~ el pico*. ~ la noche*. ~ los ojos*. cerrarse el día*. cerrarse en banda*. cerrársele todas las puertas*. en un abrir y ~ de ojos*. ⇒ 58.**

cerrazón *s. m.* **1** (no contable) Obstinación: *Su cerrazón es tal que no admite razonamientos.* SIN. terquedad. **2** (no contable) Falta de inteligencia: *Su cerrazón le impedía entender los conceptos más elementales.* SIN. torpeza. **3** (no contable) Oscuridad grande debida a las nubes que cubren el cielo: *La cerrazón del cielo presagiaba la tormenta.*

cerril *adj.* **1** Que defiende sus opiniones, actitudes o decisiones con obstinación o terquedad, sin admitir razón alguna: *Eres muy cerril; cuando se te mete una cosa en la cabeza no hay quien te la saque.* **2** Que se comporta sin docilidad o es poco obediente o desagradable: *Ramón es un chico muy cerril, no hace caso a nadie.* **3** Que es algo bruto. **4** [Animal] Que no está domado: *mula cerril, caballo cerril.*

cerrilidad *s. f.* (no contable) Cerrilismo.

cerrilismo *s. m.* (no contable) Calidad de cerril: *La cerrilidad de este niño es considerable. La cerrilidad de esta publicación sube de tono cada mes.*

cerro *s. m.* **1** Elevación aislada del terreno de menor altura que una montaña. SIN. altozano, otero. **~ testigo** GEOGR. Cerro que se encuentra frente a una meseta y que ha sido separado de la misma por el fenómeno de la erosión. **2** COLOQUIAL. Montón, acumulación de cosas: *Tengo un cerro de papeles sobre la mesa.* FR. Y LOC. **irse por los cerros de Úbeda** COLOQUIAL. Divagar ‹una persona› o decir cosas que no tienen nada que ver con lo que se está hablando: *No te vayas por los cerros de Úbeda y contéstame a lo que te pregunto.*

cerrojazo *s. m.* **1** Acción de echar el cerrojo o cerrar una puerta recia y bruscamente: *Con un enérgico cerrojazo mi hermano confirmó su decisión de aislarse.* **2** Acción de terminar de manera brusca e inesperada cualquier actividad: *El director dio cerrojazo a la cuestión. El gobierno ha dado cerrojazo al antiguo proyecto de inmigración.* SIN. carpetazo.

cerrojo *s. m.* **1** Mecanismo de diferentes formas que consta fundamentalmente de una barra de hierro que se mueve horizontalmente entre unas anillas y sirve para cerrar puertas y ventanas: *Cuando te quedes solo por la noche echa el cerrojo a la puerta de la calle.* SIN. pestillo. **2** Parte cilíndrica de las armas de fuego donde está el percutor que cierra la recámara: *el cerrojo del fusil. No conviene hacer la guardia con el cerrojo montado.* **3** DEP. Táctica de fútbol extremadamente defensiva: *Los jugadores se concentraban en su área haciendo el cerrojo.*

certamen *s. m.* **1** Concurso abierto que estimula con premios determinadas actividades: *certamen literario, certamen artístico, certamen de dibujo, convocar un certamen, participar en un certamen científico.* **2** Disputa literaria en la que se discute sobre un tema generalmente poético: *certamen poético.*

certero, ra *adj.* **1** (antepuesto / pospuesto) Que tiene buena puntería o da en el blanco: *cazador certero. Ése es un certero tirador. Hice un tiro certero.* **2** Que se atiene a la verdad o a la razón: *El tuyo ha sido un juicio certero, acertado y justo. Tu padre es un hombre de opiniones certeras y bien fundadas.*

certeza *s. f.* **1** (no contable) Conocimiento seguro y claro de alguna cosa: *Tengo la completa certeza de que era él. En estos casos nunca se tiene una certeza absoluta.* SIN. convencimiento. **2** (no contable) Calidad de cierto: *Demostré así la certeza de mis afirmaciones. La certeza matemática no depende de la opinión personal que nos merezca quien la expone.* SIN. verdad.

certidumbre *s. f.* (no contable) Certeza, convencimiento personal.

certificación *s. f.* **1** Acción y resultado de certificar algo: *Un funcionario autorizado realizó la certificación del documento.* **2** Nota o documento oficial con el que se certifica algo: *Con el currículum aporto una certificación académica.* **3** Garantía documental que da el servicio de correos a cambio de una cantidad de dinero de que un envío llegará a su destino: *No me interesa la certificación de unos papeles sin importancia.*

certificado *s. m.* **1** Documento que certifica o acredita algo oficialmente: *certificado de matrimonio, certificado médico.* **~ de residencia. 2** Cualquier envío hecho bajo certificación: *Tiene usted dos certificados, una carta y un paquete.*

certificar *v. tr.* **1** Declarar ‹una persona› cierta [una cosa]: *Señor juez, certifico que es verdad lo que dice el acusado porque yo lo vi todo.* **2** Declarar ‹un funcionario con autoridad› cierta [una cosa] en un documento oficial: *El secretario está de vacaciones y no puede certificar su expediente hasta septiembre. El inspector certificó que los animales tenían la peste. El forense certificó la muerte por envenenamiento.* **3** Enviar ‹una persona› [una carta o un paquete] por correo, obteniendo, mediante pago, un resguardo que acredita el envío: *Te he certificado la documentación del coche.* **correo certificado. ⇒ 71.**

cerúleo, a *adj.* (antepuesto / pospuesto) LITERARIO. De color azul cielo: *túnica cerúlea.*

cerumen *s. m.* (no contable) Cera que segregan los oídos.

cerusita *s. f.* MIN. Mineral blanquecino o grisáceo pesado y fácil de romper del que se obtiene el plomo.

cerval *adj.* [Miedo] que es muy grande o excesivo: *Le tengo un miedo cerval a las arañas. Luis tiene un miedo cerval al agua.*

cervato *s. m.* (macho y hembra) Ciervo menor de seis meses.

cervecería *s. f.* **1** RESTRINGIDO. Establecimiento donde se sirve cerveza. **2** Establecimiento donde se sirve cerveza y todo tipo de bebidas: *Aquí hay una cervecería nueva, pero yo pediré un rioja.* SIN. bar. **3** Fábrica de cerveza.

cervecero, ra *adj.* **1** De la cerveza: *industria cervecera.* **2** [Persona] que por oficio se dedica a fabricar o vender cerveza: *Están apareciendo también aquí muchos maestros cerveceros.* **3** Que bebe mucha cerveza o tiende a beberla en abundancia: *Soy cervecero, el vino no me gusta.*

cerveza *s. f.* **1** (no contable) Bebida alcohólica espumosa obtenida por fermentación de la cebada y aromatizada con lúpulo: *una botella de cerveza.* **~ de barril** Cerveza que se envasa en barriles. **~ negra** Cerveza de color oscuro y sabor fuerte. **~ rubia** Cerveza de color más claro y sabor más suave que la cerveza negra. **2** Medida de este líquido contenida en un vaso o una jarra: *Tráeme dos cervezas bien frías, por favor.*

cervical *adj.* **1** De la cerviz o parte posterior del cuello: *región cervical, vértebra cervical, lesión cervical.* || *adj. / s. f.* **2** (preferentemente en plural) [Vértebra] que está en la cerviz o cuello: *Desde que trabajo con ordenadores me duelen mucho las cervicales.*

cérvido *adj. / s. m.* **1** (macho y hembra) ZOOL. [Mamífero] que es rumiante, con cuernos ramificados que se renuevan anualmente en el macho, como el ciervo, el gamo y el alce. **2** ZOOL. Familia formada por estos animales.

cerviz *s. f.* Parte posterior del cuello del hombre y los animales: *la cerviz del toro.* FR. Y LOC. **bajar / doblar la ~** Humillarse ‹una persona›, dejar ‹una persona› de lado su orgullo: *Pepe es muy cabezota; no es fácil conseguir que baje la cerviz.* **ser duro de ~** RESTRINGIDO. Ser una ‹persona› rebelde: *Es duro de cerviz y no hace caso a nadie.*

cesación *s. f.* RESTRINGIDO. Finalización o interrupción de algo: *La comunidad internacional ha pedido la cesación de la violencia.*

cesante *adj. / s. m.* y *f.* RESTRINGIDO. [Funcionario] que perdía su empleo y su sueldo cuando había un cambio político: *Se ha quedado cesante. Lo dejaron cesante con el cambio ministerial.*

cesantía *s. f.* **1** (no contable) RESTRINGIDO. Situación del empleado que se encontraba cesante: *La cesantía era una situación normal para un funcionario del siglo* XIX. **2** Sueldo que en ocasiones recibía la persona cesante de su empleo: *Le han dejado una pequeña cesantía por sus antiguas fidelidades.*

cesar *v. intr.* **1** Interrumpirse o acabarse ‹una cosa›: *Ha cesado la lluvia. Ha cesado* ***de*** *llover. La temporada de ópera ha cesado definitivamente en nuestra ciudad.* **2** Dejar de hacer ‹una persona› [lo que estaba haciendo]: *Cesó* ***de*** *correr.* **3** Dejar de desempeñar ‹una persona› [un cargo o un empleo]: *Nuestro jefe cesó* ***como*** *director de la compañía. Ese músico cesó* ***de*** *director hace tiempo. La jefa de personal cesó* ***en*** *sus funciones.*

césar *s. m.* **1** Emperador romano: *Calígula y Augusto fueron césares.* **2** Cualquier emperador de un Imperio: *el César Carlos V.*

cesárea *s. f.* Operación quirúrgica que se realiza para extraer al hijo del vientre de la madre: *Tuvieron que hacerle una cesárea. Yo nací por cesárea.*

cesáreo, a *adj.* ELEVADO. Del imperio o de un césar: *majestad cesárea, residencia cesárea.*

cesarismo *s. m.* (no contable) ELEVADO. Sistema de gobierno en el que una sola persona asume todos los poderes: *El cesarismo siempre es peligroso.*

cese *s. m.* **1** Acción y resultado de cesar: *el cese* ***de*** *las hostilidades. Le notificaron el cese* ***en*** *el cargo. Siento tu cese* ***como*** *director.* **liquidación por ~ de negocio. 2** Documento que acredita que alguien cesa en un empleo o función: *Le enviaron el cese por correo certificado.* FR. Y LOC. **dar el ~** Despedir o cesar ‹una persona› a otra persona de un empleo: *Van a dar el cese al entrenador del equipo.*

cesio *s. m.* (no contable) *Cs.* Metal alcalino, blando y de color blanco, que es buen conductor de la electricidad, se funde a bajas temperaturas y se oxida en el campo con el aire y se emplea en la fabricación de células fotoeléctricas.

cesión *s. f.* Renuncia de alguna posesión o derecho que una persona hace en favor de otra: *El dueño consintió en la cesión de sus tierras a los colonos. Ha certificado la cesión de una parte de la herencia a su hermano.*

cesionario, ria *s. m. / f.* DER. Persona que recibe alguna cesión: *la cesionaria de un crédito.*

cesionista *s. m. / f.* DER. Persona que da algo en cesión: *el cesionista de un derecho.*

césped *s. m.* **1** Hierba menuda y fina que cubre un terreno: *Tienes que cortar el césped del jardín.* **2** Terreno cubierto de esta hierba, especialmente un campo deportivo: *Saltan al césped los dos equipos. Un jugador tiene que abandonar el césped por doble amonestación.*

cesta *s. f.* **1** Recipiente, generalmente redondo, de mimbre o de otro material natural flexible, que sirve para contener o transportar objetos: *cesta de Navidad, cesta de uvas.* **2** Recipiente de rejilla de diferentes materiales: *cesta de los cubiertos, cesta del lavavajillas, cesta de la freidora.* **3** DEP. Especie de pala de tiras de madera de castaño para jugar a la pelota vasca. **4** DEP. Canasta de baloncesto. || **5 ~ de la compra** Conjunto cotidiano de productos alimenticios y caseros: *La cesta de la compra ha bajado este mes.*

cestería *s. f.* **1** (no contable) Arte de hacer cestas u objetos de mimbre. **2** RESTRINGIDO. Taller donde se hacen las cestas, cestos u objetos de mimbre. **3** Tienda donde se venden cestas, cestos y objetos de mimbre.

cestero, ra *s. m. / f.* RESTRINGIDO. Persona que hace o vende cestas y cestos.

cesto *s. m.* Cesta grande más alta que ancha: *cesto de los papeles, cesto de la ropa sucia.* FR. Y LOC. **estar / ponerse como un ~** COLOQUIAL. Estar o ponerse ‹una persona› muy gruesa: *Se está poniendo como un cesto.*

cesura *s. f.* **1** MÉTR. Pausa que se hace en el interior de un verso en poesía. **2** MÉTR. Sílaba con la que termina la palabra final de un pie y empieza otro en la poesía clásica griega y latina.

ceta *s. f.* Zeta.

cetáceo *adj. / s. m.* **1** (macho y hembra) ZOOL. [Mamífero] marino con el cuerpo en forma de pez, las extremidades transformadas en aletas y una capa de grasa bajo la piel para defenderse del frío, como la ballena, el cachalote o el delfín. || *s. m.* **2** (en plural) ZOOL. Orden formado por estos mamíferos.

cetme *s. m.* Fusil ligero de asalto que puede disparar tiro a tiro o a ráfagas, dotación del ejército españo.

cetona *s. f.* (no contable) QUÍM. Cualquier compuesto orgánico en cuya molécula aparezca una o más veces el grupo funcional carbonilo -CO-.

cetrería *s. f.* **1** (no contable) Técnica de criar y adiestrar halcones y otras aves para la caza: *La cetrería era una habilidad de los nobles en la Edad Media.* **2** (no contable) Caza que se hace con halcones y otras aves: *En algunos aeropuertos se usa la cetrería para despejar las pistas de pájaros incómodos para la navegación.*

cetrino, na *adj.* **1** Que es de color amarillo verdoso: *piel cetrina.* **2** Que es hosco y serio: *El portero es un tío muy cetrino, desagradable.*

cetro *s. m.* **1** Vara, generalmente de algún metal precioso, símbolo de mando o dignidad de emperadores y reyes: *el cetro de un emperador romano.* **2** ELEVADO. Este mando o dignidad: *bajo el cetro inca.* **3** ELEVADO. Superioridad en alguna cosa: *Esa dama posee el cetro de la elegancia. El anciano profesor tiene el cetro de la sabiduría.*

ceutí (plural *ceutíes*, preferible a *ceutís*) *adj. / s. m.* y *f.* De Ceuta, ciudad española en el continente africano: *el comercio ceutí. Los ceutíes ganaron el partido.*

cha-cha-chá *s. m.* Chachachá.

chabacanada *s. f.* Chabacanería.

chabacanería *s. f.* **1** (no contable) Grosería, mal gusto o mala educación: *Viste con chabacanería.* **2** Gesto o palabra ordinario o grosero: *Sólo sabes contar chabacanerías. Es insoportable tener que aguantar sus gestos y chabacanerías.*

chabacano, na *adj.* **1** Que es grosero o de mal gusto: *un aspecto chabacano, un espectáculo chabacano. Esta revista es una publicación chabacana y sin gracia. Ese tipo tiene modales chabacanos.* || *s. m.* **2** MÉX. Albaricoque.

chabola *s. f.* Construcción pequeña, generalmente irregular, de materiales pobres, a menudo sin servicios, situada normalmente en un suburbio: *A lo lejos había un poblado de chabolas, hechas con latas, cartones, tablas y algunos ladrillos sujetando el techo de uralita.*

chabolismo *s. m.* (no contable) Existencia abundante de chabolas en las ciudades: *El ayuntamiento intenta erradicar el chabolismo.*

chabolista *s. m. / f.* Persona que vive en una chabola: *Los chabolistas se han entrevistado con el alcalde para pedirle que colabore en la construcción de casas baratas.*

chacal *s. m.* (macho y hembra) *Canis aureus.* Mamífero carnívoro de la misma familia que el lobo y el perro, que vive generalmente en manadas y se alimenta sobre todo de animales muertos: *El chacal abunda en África.*

chacanear *v. tr.* **1** CHILE; RESTRINGIDO. Espolear ‹una persona› al caballo o aguijar al buey. **2** ARG., BOL. Hacer ‹una persona› mal uso de una cosa, estropearla.

chácara *s. f.* **1** AMÉR. DEL S.; COLOQUIAL. Chacra, granja. **2** COL. Bolsa, billetero.

chacarera *s. f.* Danza tradicional argentina de parejas sueltas y canción que acompaña a esta danza.

chacarero, ra *adj.* **1** AMÉR. Perteneciente o relativo a la chácara. **2** URUG. Que es hablador. || *s. m. / f.* **3** AMÉR. Granjero, dueño de una chácara o que trabaja en ella. **4** COL. Curandero.

chacha *s. f.* **1** RESTRINGIDO. Sirvienta de una casa: *Nos hemos quedado sin chacha, y tenemos que hacer las cosas nosotros.* SIN. criada. **2** RESTRINGIDO. Empleada de una casa que cuida de los niños: *Pregúntale a la chacha por tus juguetes.*

chachachá o **cha-cha-chá** *s. m.* Baile y música de origen cubano derivado de la rumba y el mambo: *bailar un chachachá, tocar un chachachá.*

chachanear *v. intr.* MÉX. Buscar y comprar ‹una persona› baratijas.

cháchara *s. f.* **1** Conversación superficial: *Se pasa el día de cháchara con las vecinas.* **2** COLOQUIAL. Abundancia de palabras inútiles: *Cuéntalo directamente y no vengas con cháchara confusas. Toda la historia es pura cháchara: lo único claro es que te insultó.*

chachi *adj.* **1** COLOQUIAL. Que es muy bueno, bonito o digno de admiración: *Tienes unos amigos chachis. Éste es un plan chachi.* || *adv.* **2** COLOQUIAL. Muy bien: *Me lo pasé chachi. El vestido va a quedar chachi.*

chacho, cha *s. m. / f.* (no contable) COLOQUIAL; TRATAMIENTO, AFECTIVO. Muchacho: *Chacho, vaya coche que te has comprado.*

chacina *s. f.* **1** (no contable) Carne de cerdo adobada y preparada para hacer embutidos. **2** (no contable) Conjunto de embutidos de cerdo. **3** (no contable) Cecina.

chacinería *s. f.* **1** Tienda en que se venden embutidos y todo tipo de productos derivados del cerdo. **2** (no contable) Conjunto de productos derivados del cerdo: *La chacinería de Salamanca es muy buena.*

chacinero, ra *adj. / s. m.* y *f.* Persona que por oficio prepara o vende productos del cerdo: *En su familia todos son chacineros.*

chaco *s. m.* AMÉR. Terreno bajo y llano con pequeños ríos, lagunas o pantanos.

chacolí (plural *chacolíes*, preferible a *chacolís*) *s. m.* **1** (no contable) Vino ligero y algo ácido, elaborado principalmente en el País Vasco y Cantabria. **2** CHILE. Vino común.

chacona *s. f.* **1** Baile español que estuvo de moda en los siglos XVI y XVII. **2** Música y letra con que se acompañaba este baile.

chacota *s. f.* (no contable) COLOQUIAL, RESTRINGIDO. Risa, broma o burla. FR. Y LOC. **tomárselo a ~** No tomar ‹una persona› a otra persona o cosa en serio: *Me tomé lo que me dijeron a chacota. Patricia se toma a chacota a los profesores y las clases.*

chacra *s. f.* AMÉR. DEL S.; COLOQUIAL. Granja, casa de campo. SIN. chácara.

chadiano, na *adj. / s. m.* y *f.* De Chad, país africano: *las costumbres chadianas, la historia de los chadianos.*

chador *s. m.* Velo con el que las mujeres musulmanas se cubren el rostro: *Una gran parte de las musulmanas usa chador.*

chafalote *adj. / s. m.* y *f.* **1** AMÉR. DEL S. [Persona] que es ordinaria en sus modales. || *s. m.* **2** AMÉR. Navaja. **3** BOL. Caballo pesado.

chafar *v. tr.* **1** Hacer ‹una persona o una cosa› que [una persona o una cosa] se estropee o se deforme aplastándola o pisándola: *Ten cuidado, por favor, le has chafado un cochecito al niño.* SIN. aplastar. **2** Estropear ‹una persona o una cosa› [una cosa]: *Su nerviosismo nos ha chafado el negocio.* **3** Dejar ‹una persona› confusa [a otra persona] *Me has chafado con esas novedades de mi pueblo, no me lo podía imaginar.* **4** Dejar ‹una persona o una cosa› abatida [a una persona]: *Este calor me chafa y no me permite hacer nada.* || *v. prnl.* **5** Estropearse o deformarse ‹una cosa›: *Se han chafado todos los plátanos del fondo de la bolsa.* **6** Quedar ‹una persona› abatida: *El calor me chafa. Estoy chafada con esas noticias.*

chafear *v. intr.* MÉX. Errar, fallar ‹una persona›.

chafirete *s. m.* MÉX.; PEYORATIVO. Chófer.

chaflán *s. m.* **1** Pared estrecha que está en lugar de la esquina de un edificio: *La casa tiene un balcón en el chaflán. Casi todas las manzanas del Ensanche barcelonés tienen chaflanes en vez de esquinas.* **2** GEOM. Cara que resulta en un sólido después de cortar por un plano una de sus esquinas o los dos lados próximos a un ángulo.

chagual *s. m.* ARG., CHILE, PERÚ. Planta bromeliácea, de flores verdosas y tallo áspero, comestible cuando está tierna; las fibras tienen aplicaciones textiles y con su madera seca se suaviza el filo de instrumentos cortantes.

chahuiscle o **chahuistle** *s. m.* **1** MÉX. Roya del maíz. **2** MÉX. Nombre con el que se designa a una persona no grata.

chaira *s. f.* **1** Cuchillo de zapatero para cortar suelas. **2** Cilindro de acero que los carniceros utilizan para afilar los cuchillos. **3** VULGAR. Navaja. SIN. chirla.

chajá *s. m.* **1** (macho y hembra) *Chauna chavaria.* ARG., BOL., PAR., URUG. Ave zancuda de unos 50 cm de altura; tiene el dorso gris oscuro y la zona ventral clara, pico corto y fuerte, un penacho de plumas negras en la cabeza y dos púas recias en la parte anterior de las alas. Se suele domesticar, a modo de guardián, ya que advierte con sus gritos de la presencia de extraños. **2** URUG. Postre muy tradicional.

chajuán *s. m.* **1** COL. Calor sofocante. **2** COL. Fatiga.

chal *s. m.* **1** Prenda femenina rectangular que se lleva sobre los hombros como adorno o abrigo: *Sobre el vestido de noche puedes ponerte un chal de seda negra.* **2** Pañoleta, generalmente de punto, que usaban las mujeres para ponérsela sobre los hombros o para envolver a los bebés: *En invierno la mamá envolvía al nene en un chal antes de sacarlo de casa.*

chala *s. f.* **1** AMÉR. DEL S. Hoja que envuelve la mazorca de maíz y se usa, una vez seca, para liar cigarrillos. **2** ARG., BOL. Dinero. **3** BOL. Envoltura de cualquier cereal.

chalado, da *adj. / s. m.* y *f.* **1** COLOQUIAL. Que está un poco loco: *No le hagas caso, Tomás está absolutamente chalado. Ese pobre hombre está más chalado que una cabra.* **2** Muy enamorado: *Beatriz está muy chalada **por** el vecino de arriba. No se puede hablar con él cuando está la novia al lado, porque está tan chalado **por** ella que sólo se dedica a mirarla.* SIN. chiflado.

chaladura *s. f.* **1** Extravagancia o manía: *Le ha entrado la chaladura de pasear a la luz de la noche* SIN. chifladura. **2** Enamoramiento: *Tienes una chaladura por esa chica que no se puede explicar.*

chalán *s. m.* AMÉR. Domador de caballos.

chalana *s. f.* Embarcación pequeña de fondo plano empleada para el transporte de mercancías en lugares poco profundos: *las chalanas de un río.*

chalanear *v. tr.* **1** COLOQUIAL. Hacer ‹una persona› [un trato o un negocio] con habilidad y astucia: *Mi primo no es muy de fiar, siempre se ha dedicado a chalanear con el ganado.* **2** AMÉR. Domar y adiestrar caballos ‹una persona›.

chalaneo *s. m.* (no contable) Acción y resultado de chalanear: *Me encanta eso del chalaneo: tú me das algo, yo te doy algo, es un arte esta negociación comercial. No creo que sea tan malo el chalaneo político.*

chalanería *s. f.* (no contable) COLOQUIAL; PEYORATIVO. Astucia o engaño en lo que se hace: *No compré la lavadora porque me pareció que el vendedor intentaba alguna chalanería.*

chalar *v. tr. / prnl.* **1** Volver ‹una persona o una cosa› loca [a otra persona]: *Las motos lo han chalado. Esta chica **se** ha chalado **con** las motos. Jaime **se** ha chalado **por** la afición al juego.* **2** Enamorar ‹una persona› [a otra persona]: *La profesora lo ha chalado por completo. Jesús está chalado **por** su novia. Rita se ha chalado **con** ese chico.*

chalchal *s. m.* AMÉR. DEL S. Árbol abietáceo con piñas pequeñas.

chalchalero *s. m.* ARG. Nombre usado para referirse a varias especies de pájaros medianos, especialmente a uno de color pardo oliváceo en el pecho y gris en el vientre.

chalé o **chalet** (plural *chalés* o *chalets*) *s. m.* Vivienda de una familia, de una o varias plantas, normalmente con jardín: *Mi amigo tiene un chalé en la sierra.* **~ adosado.**

chaleco *s. m.* **1** Prenda corta, sin mangas ni cuello, con escote a pico y abrochada por delante, que se suele llevar encima de la camisa: *un traje azul con chaleco. Nunca llevo chaleco.* || **2 ~ antibalas** Chaleco preparado para proteger de las balas a la persona que se lo ponga: *Los policías que hacen guardia a la puerta de algunos edificios oficiales suelen llevar chaleco antibalas.* **3 ~ salvavidas** Chaleco preparado para que quien se lo ponga pueda mantenerse a flote en el agua: *En los aviones debajo de los asientos hay chalecos salvavidas.*

chalet *s. m.* Chalé.

chalina *s. f.* Corbata ancha usada por mujeres u hombres, que se anuda al cuello con una lazada.

chalupa *s. f.* **1** Embarcación pequeña provista de cubierta y dos palos para velas. **2** MÉX. Pequeña torta de maíz. FR. Y LOC. **estar ~** COLOQUIAL. Estar ‹una persona› loca: *Ese hombre está chalupa perdido.*

chamaco, ca *s. m. / f.* AMÉR. C., EC., MÉX.; COLOQUIAL. Niño, muchacho: *He conocido a dos chamacos muy simpáticos.*

chamagoso, sa *adj.* MÉX. Que está sucio o tiene un aspecto lamentable.

chamamé *s. m.* ARG., PAR. Baile popular que tiene su origen en la polca.

chamán *s. m.* Hechicero que se comunica con los espíritus y tiene capacidad de curar enfermos y adivinar el futuro: *Los chamanes son típicos de Asia Central y Septentrional.*

chamanismo *s. m.* (no contable) Conjunto de creencias que se agrupan en torno a los chamanes.

chamarilear *v. tr. / intr.* Comprar y vender ‹una persona› [cosas viejas]: *Me encanta chamarilear, aunque siempre tengo la sensación de que pierdo dinero. He chamarileado con algunos muebles de casa. He chamarileado una cómoda vieja por dos diccionarios y una mesa de despacho.*

chamarileo *s. m.* (no contable) Acción y resultado de chamarilear: *En el rastro lo bonito es asistir al chamarileo de los vendedores y compradores.*

chamarilero, ra *s. m. / f.* Persona que tiene por profesión la compraventa de trastos viejos y usados.

chamarra *s. f.* **1** Zamarra. **2** MÉX. Cazadora. **3** AMÉR. C., VEN. Prenda de lana que sirve como poncho de día y de manta por la noche. **4** AMÉR. C. Engaño, mentira, timo.

chamba *s. f.* **1** (no contable) COLOQUIAL. Suerte, casualidad: *¡Vaya chamba que tienes, una novia así no se encuentra todos los días!* **2** COL., VEN. Cerca que limita los predios o haciendas. **3** MÉX. Trabajo, ocupación, generalmente eventuales y mal pagados. FR. Y LOC. **de ~** Por casualidad: *Aprobé el curso de chamba, porque no estudié casi nada.*

chambelán *s. m.* Noble que acompañaba y servía personalmente al rey: *el lord chambelán.*

chambergo *s. m.* **1** Sombrero de ala ancha levantada por un lado. **2** Cualquier sombrero. **3** Chaquetón tres cuartos.

chamelo *s. m.* (no contable) Variante del juego de dominó: *jugar al chamelo.*

chamiza *s. f.* Hierba gramínea propia de lugares húmedos, de hojas anchas, cortas y de color gris, que se emplea como techo de chozas.

chamizo *s. m.* **1** Choza con techumbre de hierba. **2** Habitación o vivienda pobre o sucia: *Esa mujer vive en un chamizo a las afueras del pueblo.*

champán *s. m.* **1** Embarcación ligera, a remo o vela, usada en Extremo Oriente para la pesca, el transporte y como vivienda. **2** Champaña.

champaña o **champán** *s. m.* **1** (no contable) Vino espumoso propio de la región francesa de Champagne: *una botella de champán francés.* **2** Medida de este líquido contenida en una copa.

champiñón *s. m.* **1** Hongo comestible cultivable de reducido tamaño y carne blanca que se consume fresco o en conserva: *carne con champiñones, tortilla de champiñones, champiñones al ajillo.* **2** COLOQUIAL; HUMORÍSTICO. Persona pequeña, de baja estatura.

champú (plural *champús*, preferible a *champúes*) *s. m.* Jabón líquido para lavarse el cabello: *champú para cabello graso, champú para cabello seco, champú para cabello con caspa.*

chamullar *v. intr. / tr.* COLOQUIAL; HUMORÍSTICO / PEYORATIVO. Hablar ‹una persona› de manera incomprensible: *Conseguí chamullar unas palabras en inglés. Yo no hablo muchas lenguas, pero puedo chamullar prácticamente todas. ¿Qué chamulla ese tío?*

chamuscar *v. tr.* **1** Quemar ‹una persona o una cosa› [a una persona, un animal o una cosa] ligeramente: *Se me ha chamuscado el pescado. Me he chamuscado la chaqueta en la cocina.* ‖ *v. prnl.* **2** Quemarse ‹una persona, un animal o una cosa› ligeramente: *Se chamuscó en la chimenea.* ⇒ **71.**

chamusquina *s. f.* **1** Acción o efecto de chamuscar o chamuscarse. SIN. quemadura. **2** COLOQUIAL. Riña. FR. Y LOC. **oler* a ~.**

chancar *v. tr.* **1** AMÉR. DEL S. Moler o desmenuzar. **2** CHILE, PERÚ; RESTRINGIDO en Chile. Maltratar ‹una persona› a [una persona o a una cosa]. ⇒ **71.**

chance *s. m.* AMÉR. Oportunidad, ocasión, posibilidad.

chancear *v. intr. / prnl.* Hacer ‹una persona› chanzas: ***Se** chancea **de** todo. No chancees ahora, que no estoy de humor.* SIN. bromear.

chanchero, ra *s. m. / f.* **1** AMÉR. DEL S. Persona que cría o vende cerdos. ‖ *adj. / s. m.* y *f.* **2** ARG. [Persona] muy sucia.

chanchi *adj.* Chachi.

chancho, cha *s. m. / f.* AMÉR. DEL S. Cerdo, puerco.

chanchullo *s. m.* COLOQUIAL. Negocio turbio o arreglo ilícito para obtener un provecho: *Los chicos hicieron un chanchullo para no pagar la multa. Esos tipos pactaron un chanchullo con aduanas para pasar material de contrabando.*

chancillería *s. f.* Antiguo tribunal superior de justicia en España.

chancla *s. f.* Chancleta.

chancleta o **chancla** *s. f.* **1** Zapatilla o sandalia sin talón que se utiliza en casa o en playas y piscinas. **2** ARG., CHILE, URUG.; COLOQUIAL en Chile.; AFECTIVO. Mujer o niña recién nacida. ‖ *s. m. / f.* **3** Persona inútil. FR. Y LOC. **en chancletas** Con calzado sin talón: *Le gusta andar por casa en chancletas y estropea todos los zapatos.*

chancletear *v. intr.* **1** ARG., CHILE, MÉX.; VULGAR en Chile. Caminar ‹una persona› arrastrando los talones. **2** RESTRINGIDO. Hacer ‹una persona› ruido al andar con chancletas: *No chancletees, que molestarás a los vecinos.*

chanclo *s. m.* **1** Zapato rústico de madera y suela gruesa que utilizan los campesinos de las zonas lluviosas para preservarse de la humedad o del barro: *Los chanclos son muy usuales en muchas zonas peninsulares.* **2** Funda de caucho, goma u otra sustancia aislante y elástica que se coloca sobre el calzado ordinario para preservarlo del barro o la lluvia: *Ponte los chanclos antes de salir de casa.*

chancro *s. m.* MED. Úlcera contagiosa producida generalmente por la sífilis: *Como no es doloroso, el chancro sifilítico pasa inadvertido para el paciente.*

chándal (plural *chándales* o *chandals*) *s. m.* Prenda deportiva de algodón u otro material compuesta de un jersey o chaqueta más un pantalón, amplios: *un chándal de gimnasia. Algunos porteros de fútbol juegan con chándal en invierno.*

changa *s. f.* **1** AMÉR. DEL S.; COLOQUIAL. Chapuza, trabajo eventual, normalmente en tareas menores. **2** AMÉR. DEL S.; COLOQUIAL. Trabajo y oficio de changador. **3** COLOQUIAL. Burla, broma.

changador *s. m.* AMÉR. DEL S. Mozo de cuerda, porteador, el que carga el equipaje ajeno.

changar *v. tr.* **1** Romper ‹una persona o una cosa› [una cosa]. ‖ *v. prnl.* **2** Romperse ‹una cosa›. ⇒ **56.**

chango, ga *adj.* **1** MÉX. Que es vivo, astuto o listo. **2** P. RICO. Que es bromista. ‖ *adj. / s. m.* **3** ARG. Niño. **4** CUBA, MÉX., P. RICO. Que es afeminado.

changuí *s. m.* **1** AMÉR. Engaño, truco, ventaja. **2** CUBA. Baile popular.

changurro *s. m.* COCINA. Guiso vasco de centollo desmenuzado, servido en su propio caparazón.

chanquete *s. m.* (macho y hembra) *Aphia minuta.* Pez marino muy pequeño, de aspecto parecido a la cría del boquerón, que es muy apreciado como alimento.

chantaje *s. m.* **1** Amenaza de difamación o de daño que se hace a una persona para obtener dinero o algún provecho de ella: *Unos ladrones le estaban haciendo chantaje **con** contarle a su marido su infidelidad si no les daba dinero. Dos fotógrafos le hicieron unas fotos comprometidas y le hacían chantaje con ellas.* **2** Presión que mediante amenazas se hace sobre una persona para que actúe de una manera determinada: *El dueño me ha hecho chantaje: si publico más informaciones sobre su empresa conseguirá que me despidan.* SIN. coacción.

chantajear *v. tr.* Hacer ‹una persona› chantaje [a otra persona]: *La policía detuvo a un hombre que chantajeaba al hijo de un industrial de nuestra ciudad. El diputado declaró que algunos periodistas querían chantajearlo.*

chantajista *s. m. / f.* Persona que hace chantaje a otra: *–«Mamá, eres una chantajista con el estudio.» –«Claro, hijo; pero como no estudies, no hay paga.»*

chantillí o **chantilly** (plural *chantillíes*, preferible a *chantillís*) *s. m.* **1** (no contable) Crema elaborada con nata o clara de huevo batida con azúcar que se emplea en repostería: *Tráigame el flan, pero sin chantillí.* **2** (no contable) Tejido de encaje de bolillos, blanco o negro, de gran minuciosidad y ornamentación.

chantre *s. m.* Antiguo cargo del canónigo de una catedral que se ocupaba de la enseñanza y la dirección del coro y de los oficios divinos.

chanza *s. f.* (preferentemente en plural) Dicho ocurrente y gracioso, broma: *No me gustan nada sus chanzas.*

chañar *s. m.* **1** Árbol papilionáceo espinoso, con hojas en forma de elipse y coraza amarilla, cuyo fruto se utiliza en la fabricación de dulces. **2** Fruto redondo de los chañares.

¡chao! *interj.* COLOQUIAL. Expresión de despedida: *Chao, que me voy.* SIN. ¡adiós!

chapa *s. f.* **1** Lámina de un material duro, en particular madera o metal: *una mesa revestida de chapa de nogal. La chapa de la carrocería del coche es muy mala.* **2** Tapón metálico de ciertas botellas: *Las chapas de este refresco tienen premio.* **3** Pieza pequeña de metal que se emplea como distintivo: *chapa de policía, chapa de un animal de compañía.* SIN. placa. **4** (preferentemente en plural) Mancha roja que aparece en las mejillas: *Cuando llega el frío, me salen chapas en la cara.* SIN. chapeta. **5** (en plural) Juego infantil que consiste en hacer carreras con chapas de botellas: *jugar a las chapas.* FR. Y LOC. **estar sin ~** o **no tener ni ~** 1 COLOQUIAL. No tener ‹una persona› dinero: *Estamos sin chapa esta tarde.* 2 COLOQUIAL. No saber ‹una persona› nada: *No tenía ni chapa, pero no me ha salido mal el ejercicio.* **no pegar ni ~** COLOQUIAL. No trabajar ‹una persona› nada, estar ‹una persona› sin hacer nada: *Pedro no pega ni chapa, seguro que no se cansa.*

chapado, da *adj.* Se usa en la LOC. **~ a la antigua** Que tiene ideas o costumbres anticuadas: *Papá está un poco chapado a la antigua.*

chapar *v. tr.* **1** Cubrir ‹una persona› [una cosa] con chapas o con una capa de un metal precioso: *Me han chapado el reloj en platino y ha quedado muy bonito.* || *v. intr.* **2** COLOQUIAL. Estudiar ‹una persona› mucho: *A ver si duermes, que te pasas la noche chapando y te vas a poner enfermo.* SIN. empollar. **3** COLOQUIAL. Cerrar: *Estuvimos en el bar de la esquina hasta que chaparon.*

chaparral *s. m.* Lugar poblado de chaparros.

chaparro, rra *adj. / s. m.* y *f.* **1** Que es bajo y un poco gordo: *Su hija se ha quedado un poco chaparra. Manolo es un chaparro.* || *s. m.* **2** Mata baja de encina o roble con muchas ramas. SIN. carrasca.

chaparrón *s. m.* **1** Lluvia repentina, abundante y de poca duración: *Esto es sólo un chaparrón, espera a que escampe.* SIN. aguacero. **2** Bronca o reprimenda que hay que aguantar: *Como nos vea el profe fuera de clase ya verás el chaparrón que nos cae. Ayer fui a hablar con el jefe y me echó un chaparrón terrible por algo que tenía que haber hecho.* **3** Gran cantidad repentina de muchas cosas: *un chaparrón de solicitudes, un chaparrón de preguntas y respuestas. No podemos atender el chaparrón de clientes que se nos ha presentado hoy en el restaurante.*

chapear *v. tr.* RESTRINGIDO. Cubrir o adornar ‹una persona› [una cosa] con chapas: *Hemos chapeado la puerta del garaje para que resista mejor las lluvias.*

chapela *s. f.* Boina de mucho vuelo, típica de los vascos.

chapero *s. m.* JERGAL, VULGAR. Homosexual que se dedica a la prostitución.

chapín, na *adj. / s. m.* y *f.* **1** De Guatemala. || *s. m.* **2** Antiguo calzado femenino de suela de corcho forrado de cordobán: *El chapín era un calzado muy apreciado en el Siglo de Oro.*

chapinismo *s. m.* (no contable) AMÉR. C. Manera de hablar propia de los chapines o guatemaltecos.

chapista *s. m.* Persona que tiene por oficio trabajar la chapa metálica, en especial de carrocerías de vehículos: *taller de chapista.*

chapistería *s. f.* **1** Taller donde se trabaja la chapa metálica. **2** (no contable) Oficio de trabajar la chapa: *Llevamos muchos años dedicados a la chapistería metálica.*

chapitel *s. m.* **1** ARQ. Parte superior de una torre en forma de pirámide: *Los chapiteles son frecuentes en las torres de muchos palacetes españoles.* **2** ARQ. Capitel.

chaplinesco, ca *adj.* RESTRINGIDO. Que imita o es parecido al estilo del actor Charles Chaplin: *Este cómico es algo chaplinesco. Ésa es una situación chaplinesca.*

¡chapó! *interj.* Expresa admiración o aprobación: *¡Chapó, es un trabajo interesante! ¡Chapó, me parece muy bien lo que has hecho!*

chapotear *v. intr.* Mover ‹una persona› repetidamente los pies y las manos en el agua o el barro: *No se puede decir que nade, pero chapotea con cierta gracia.*

chapoteo *s. m.* **1** Acción y resultado de chapotear una persona en el agua: *La madre observaba el chapoteo de los niños en la piscina.* **2** Ruido que produce el agua al ser golpeada por manos y pies: *El chapoteo de la piscina no me ha dejado dormir la siesta.*

chapucería *s. f.* **1** Obra descuidada o tosca: *Nos ha hecho el pintor una chapucería grande.* **2** (no contable) Tosquedad o imperfección: *Ese trabajo está lleno de chapucería.*

chapucero, ra *adj. / s. m.* y *f.* **1** Que trabaja con poco cuidado o limpieza: *Eres un chapucero, tendré que volver a pintar yo todas las paredes.* || *adj.* **2** Que está muy mal hecho, o hecho con poco cuidado: *Has realizado un trabajo chapucero e impresentable.*

chapulín *s. m.* **1** (macho y hembra) AMÉR. Langosta, insecto. **2** AMÉR. C. Niño.

chapurrar *v. tr.* Chapurrear.

chapurrear o **chapurrar** *v. tr. / intr.* Hablar ‹una persona› [un idioma extraño] con dificultad e incorrectamente: *Clara chapurrea un poco* ***de*** *inglés. No chapurreo nada el francés. Carlos chapurrea un poco* ***en*** *alemán.*

chapuza *s. f.* **1** COLOQUIAL. Cosa o trabajo mal hecho o mal presentado: *El carpintero te ha hecho una chapuza y ahora no se cierra el armario.* **2** COLOQUIAL. Trabajo de poca importancia, generalmente realizado en casa: *Vino su tío y nos hizo la chapuza de arreglarnos la luz. Dice que está enfermo y está todo el día haciendo chapuzas en algunas casas.* || *s. m. / f.* **3** (preferentemente en plural) Persona que suele hacer mal sus trabajos o sus deberes: *Hija, eres una chapuzas, ¡presentar así los cuadernos!* FR. Y LOC. **hacer chapuzas** Hacer ‹una persona› pequeñas reparaciones domésticas: *El fontanero está parado, pero se dedica a hacer chapuzas.*

chapuzar *v. tr.* **1** RESTRINGIDO. Meter ‹una persona› [una cosa] bruscamente en el agua. SIN. zambullir. || *v. tr. / prnl.* **2** Meter ‹una persona› [a otra persona] de cabeza bruscamente en el agua: *Me meto en la piscina, pero no me chapuces, por favor.* ⇒ **19.**

chapuzón *s. m.* Baño o remojón rápido que se da una persona metiéndose bruscamente en el agua: *Al mediodía bajamos a la piscina a darnos un chapuzón.*

chaqué *s. m.* Chaqueta de etiqueta para hombre que se abre a la altura de la cintura por atrás formando dos faldones largos que caen: *Iré de chaqué. El novio vestía chaqué. El chaqué suele combinarse con un pantalón oscuro a rayas y, a veces, con un sombrero de copa.*

chaqueta *s. f.* Prenda exterior de vestir, con mangas y abierta por delante, que llega hasta la cadera: *una chaqueta de cuadros.* **traje* de ~.** FR. Y LOC. **cambiar* de camisa/~.**

chaqueteo *s. m.* (no contable) Cambio de ideas o de partido por conveniencia personal: *Ese abogado medró en la política por medio del chaqueteo. No me fío de él porque practica el chaqueteo con mucha habilidad.*

chaquetero, ra *adj./s. m.* y *f.* Que cambia de ideas u opiniones, principalmente políticas, en su provecho: *político chaquetero. Ése es un chaquetero, ya ha militado en varios partidos de ideología muy distinta. Juan es muy chaquetero; a ti te dice lo que te gusta y a tu jefe también.*

chaquetilla *s. f.* Chaqueta corta y estrecha, como la de los camareros o la del traje de luces de los toreros: *La chaquetilla de los toreros puede ser de diferentes colores.* SIN. torera.

chaquetón *s. m.* Prenda de abrigo que va encima de la chaqueta, más larga y ancha que ésta: *un chaquetón de piel.* **~ tres cuartos** Prenda más corta que un abrigo y algo más larga que un chaquetón normal.

chaquira *s. f.* **1** Sarta o collar de piedras, conchas o abalorios. **2** Conjunto de cuentas o abalorios que llevaban los españoles para comerciar con los indígenas americanos.

charabón *adj./s. m.* y *f.* **1** ARG., BOL. Pájaro joven sin plumas. **2** BOL. Persona joven. **3** BOL. Extraviado, perdido. || *s. m.* **4** ARG. Pollo del avestruz.

charada *s. f.* Pasatiempo que consiste en adivinar una palabra a partir de pistas sobre su significado o sobre las palabras que pueden formarse con sus sílabas: *Yo sólo buscaba en el periódico el crucigrama y las charadas.*

charanga *s. f.* **1** Banda de música poco importante de instrumentos de viento y percusión: *Han contratado una charanga para las fiestas del pueblo.* **2** Banda musical de carácter jocoso: *Hay un concurso de charangas en las fiestas.*

charango *s. m.* Especie de bandurria pequeña de cinco cuerdas y sonido agudo típica de los Andes centrales.

charapa *s. f.* PERÚ. Tortuga amazónica.

charape *s. m.* MÉX.; JERGAL. Bebida alcohólica elaborada con pulque, panocha, miel y canela.

charca *s. f.* Laguna muy pequeña que suele formarse en alguna depresión de terreno: *En muchos pueblos las charcas se secan en verano.*

charcal *s. m.* Terreno lleno de charcos.

charcheroso, sa *adj.* PERÚ; COLOQUIAL. Que es desarreglado, desaseado, viejo.

charco *s. m.* Agua u otro líquido detenido en los hoyos del terreno o en el suelo: *charcos de agua, charcos de sangre. En la calle se han formado muchos charcos con la lluvia. Ha volcado un camión cisterna y se ha formado un charco de leche en la autopista.* FR. Y LOC. **pasar/cruzar el ~** Cruzar el mar, sobre todo el océano Atlántico: *Para ir a Chile tienes que pasar el charco. Me gustaría cruzar el charco en vacaciones.*

charcutería *s. f.* Tienda donde se venden embutidos y productos de cerdo. SIN. salchichería, tocinería.

charcutero, ra *s. m./f.* Persona que por oficio fabrica o vende productos de charcutería. SIN. salchichero.

charla *s. f.* **1** Acción de charlar: *Los viernes hacen charlas sobre temas de actualidad. ¿Vendrás a la charla? Tuvimos una charla breve sobre los problemas de la escalera. Tendrías que tener una charla un poco seria con tu hijo.* **2** Exposición oral y pública poco solemne: *Dan unas charlas en el casino sobre el afeitado de los toros bravos. En la parroquia hay unas charlas con coloquio sobre la adolescencia.*

charlar *v. intr.* **1** Hablar ‹varias personas› por pasar el tiempo sobre cualquier tema: *Charlar con los amigos es uno de mis grandes placeres. Le gusta charlar mucho en casa.* **2** Hablar ‹una persona› demasiado sobre cualquier cosa: *No para de charlar, ¡qué pesado!*

charlatán, na *adj./s. m.* y *f.* **1** Que habla mucho sobre cosas sin provecho: *Luis es un hombre muy charlatán.* **2** Que cuenta cosas que no debería contar: *No le cuentes tu secreto porque ése es un charlatán.* **3** Que intenta engañar a los demás con las cosas que dice: *No le hagas caso, ese vendedor es un charlatán de feria.* **4** Persona que se dedicaba a la venta ambulante pregonando la mercancía de una manera repetida y haciendo demostraciones de su uso, frecuentemente ante un corro de personas: *Un charlatán a la puerta del mercado ofrece un crecepelo a veinte duros el frasco.*

charlatanería *s. f.* **1** (no contable) Característica de la persona que habla mucho: *No soporto su charlatanería, me marea.* SIN. locuacidad. **2** (no contable) Característica de la persona charlatana que intenta embaucar a otras: *Lo que dice es pura charlatanería, no le hagas caso.*

charlestón *s. m.* Baile de ritmo y movimientos muy rápidos que estuvo de moda en los años veinte: *bailar el charlestón.*

charlotada *s. f.* **1** TAUROM. Corrida cómica de toros. **2** Actuación ridícula o grotesca: *La conferencia demostrativa ha sido una charlotada. La película fue una charlotada.*

charloteo *s. m.* **1** PEYORATIVO. Charla reiterada entre dos o más personas que llega a hacerse molesta a los demás: *El profesor dijo a los alumnos que dejaran el charloteo para después de la clase.* **2** Charla sin objeto preciso: *El charloteo es bueno para la salud.*

charnego, ga *adj./s. m.* y *f.* PEYORATIVO. Inmigrante en Cataluña de cualquier región española.

charnela *s. f.* **1** Bisagra o mecanismo parecido de puertas o ventanas. SIN. gozne. **2** Articulación de las dos piezas de la concha de un molusco.

charol *s. m.* **1** (no contable) Barniz muy brillante que queda perfectamente adherido al cuerpo al que se aplica. **2** Cuerpo preparado con este barniz: *zapatos de charol, bolso de charol.* **3** AMÉR. Bandeja. || **4 papel* ~.**

charola *s. f.* AMÉR. Charol, bandeja.

charolar *v. tr.* Barnizar ‹una persona› [una cosa] con charol: *Los tricornios de la guardia civil estaban charolados.*

charqui *s. m.* **1** AMÉR DEL S. Carne seca y salada. **2** AMÉR DEL S. Que está viejo, roto, sucio y hecho jirones.

charquicán *s. m.* COCINA; AMÉR DEL S. Guiso de charqui molido, ají, patatas, judías y distintas hortalizas.

charranada *s. f.* COLOQUIAL. Acción injusta con que una persona perjudica a otra, generalmente para beneficiarse a sí misma o a un tercero: *¡Ya sabía yo que me harían una charranada!* SIN. jugarreta.

charretera *s. f.* Distintivo militar de hilo de oro o plata en forma de pala y con flecos que se sujeta al hombro con una presilla: *Le gusta vestir chaquetas con charreteras que imitan los uniformes militares.*

charro, rra *adj. / s. m.* **1** MÉX. Jinete que viste un traje tradicional de chaqueta corta con bordados, pantalón ajustado, camisa blanca y sombrero de ala muy ancha y copa cónica. || *adj. / s. m.* y *f.* **2** De Salamanca, ciudad y provincia española: *una campesina charra.* SIN. salmantino. || *adj.* **3** Que está muy recargado de adornos o es de mal gusto: *Carolina tiene un gusto muy charro. Le gustan unos vestidos muy charros. El salón tiene una decoración muy charra.*

charrúa *adj.* **1** ARG., URUG. De las tribus que habitaban al norte del Río de la Plata. || *adj. / s.m.* y *f.* **2** [Persona] que pertenece a una tribu que habitaba al norte del Río de la Plata. **3** De Uruguay: *la selección charrúa. Los charrúas han ganado.*

chárter *adj. / s. m.* [Vuelo] que no es regular y ha sido contratado especialmente para un destino concreto: *Se ha fundado una compañía de vuelos chárter para llevar en verano viajeros a Canarias. Los del gremio de pastelería organizaremos un vuelo chárter para ir de vacaciones a Yucatán.*

chartreuse (del francés; pronunciamos *'chartrés'*) *s. m.* **1** (no contable) Licor aromático que fabrican los cartujos. **2** Medida de este líquido contenida en una copa: *Para mí, un chartreuse.*

chasca *s. f.* **1** (no contable) Leña menuda que procede de la poda de árboles y arbustos. **2** (no contable) ARG., BOL., CHILE, PERÚ, URUG.; VULGAR en Chile. Pelo sin peinar, greña.

chascar *v. intr.* **1** Hacer ‹una cosa› un ruido seco y repentino: *Las castañas chascaban* ***entre*** *las brasas. La leña húmeda chascaba* ***en*** *la chimenea.* SIN. chasquear. || *v. intr. / tr.* **2** Hacer ‹una persona› un ruido especial con la lengua: *Por favor, no chasques la lengua, que me pones nervioso.* SIN. chasquear. **3** Hacer ‹una persona› un ruido seco y repentino: *La amazona chascó el látigo, y el caballo se asustó.* SIN. chasquear. ⇒ **71.**

chascarrillo *s. m.* COLOQUIAL. Cuento breve, gracioso y, frecuentemente, equívoco: *La profesora siempre cuenta algún chascarrillo durante la clase.*

chasco *s. m.* **1** Desilusión o sorpresa que produce un suceso adverso o contrario a lo que se esperaba: *Estaba deseando conocer ese pueblo, pero cuando lo vio, se llevó un gran chasco. Me he llevado un gran chasco con Luis: he perdido su confianza en él.* **2** Burla o engaño que se hace a alguna persona: *Me han dado un chasco grande al llegar a casa: estaba desilusionado porque no veía a nadie, pero se habían escondido todos para darme los regalos.*

chasis (plural *chasis*) *s. m.* **1** MEC. Estructura metálica que sostiene la carrocería de un automóvil: *Mira, ahí está la cabina del camión con el chasis; tenemos que llevarlo al taller donde lo van a carrozar.* **2** Marco donde se colocan los negativos para exponerlos en la cámara oscura. FR. Y LOC. **quedarse en el ~** COLOQUIAL. Quedarse ‹una persona› muy delgada: *Comes muy poco, te vas a quedar en el chasis.*

chasquear *v. intr.* **1** Hacer ‹una cosa› un ruido seco y repentino: *Las castañas chasqueaban en la chimenea.* SIN. chascar. || *v. intr. / tr.* **2** Hacer ‹una persona› un ruido especial con la lengua: *No chasquees la lengua cuando comas.* SIN. chascar. **3** Hacer ‹una persona› un ruido seco y repentino: *El jinete hizo chasquear el látigo.* SIN. chascar. || *v. tr.* **4** Dar ‹una persona› un chasco [a otra persona]: *Ayer no nos chasqueamos: simplemente no nos encontramos, porque tú estuviste en una esquina y yo en otra.*

chasqui *s. m.* AMÉR DEL S. Mensajero, emisario.

chasquido *s. m.* **1** Ruido que se hace con la lengua al separarla rápidamente del paladar: *El anciano acompañaba cada trago con un desagradable chasquido de la lengua.* **2** Ruido seco que se produce al resquebrajarse alguna cosa: *el chasquido de la rama al desgajarse del árbol, el chasquido de la leña húmeda al quemarse, el chasquido de las castañas cuando se asan.* SIN. crujido. **3** Sonido que se hace con un látigo al sacudirlo en el aire: *El domador acompañaba sus juramentos con chasquidos de látigo.* SIN. restallido. **4** Ruido seco y rápido como éstos: *un chasquido de los dedos, el chasquido de una bombilla al fundirse.*

chata *s. f.* ARG. Carro grande de cuatro ruedas sin tablas en los costados.

chatarra *s. f.* **1** (no contable) Escoria del mineral de hierro: *chatarra de fundición.* **2** (no contable) Trozos de hierro o de otro metal de desecho que proceden de utensilios viejos: *almacén de chatarra. Los restos del coche después del accidente los vendieron como chatarra.* **3** COLOQUIAL. Máquina o aparato viejo, inservible: *Esta moto es una chatarra. Tenemos que comprar otra lavadora porque ésta es chatarra inservible.* **4** (no contable) COLOQUIAL. Conjunto de monedas sueltas: *Me he comprado un monedero para llevar la chatarra.* SIN. calderilla. **5** COLOQUIAL. Cosa de poco valor: *Este anillo no es de oro, es de chatarra. No te preocupes por ese reloj, que es pura chatarra.* **6** (no contable) COLOQUIAL. Conjunto de condecoraciones o medallas: *El general sólo se cuelga la chatarra en los desfiles importantes.*

chatarrería *s. f.* Establecimiento donde se recoge o vende chatarra.

chatarrero, ra *s. m. / f.* Persona que recoge, almacena o vende chatarra.

chatasca *s. f.* AMÉR. Charquicán.

chatear *v. intr.* Tomar ‹una persona› chatos de vino: *–«¿Dónde vais a chatear hoy?» –«Hoy chatearemos por la zona vieja.»*

chateaubriand (plural *chateaubriands*) *s. m.* (del francés; pronunciamos *'chatobrian'*) *s. m.* COCINA. Solomillo grueso de ternera o buey, hecho a la parrilla.

chato, ta *adj. / s. m.* y *f.* **1** Que tiene la nariz pequeña, aplastada o con la punta redondeada: *De pequeño era muy chato, pero ahora noto que me ha crecido la nariz.* || *adj.* **2** [Nariz] que es pequeña, aplastada o tiene la punta redondeada: *La nariz chata le hace una cara muy graciosa.* **3** Que tiene una forma más plana o menos afilada que las que suelen tener las cosas de su misma especie, o que no tiene punta: *torre chata, clavo chato.* **4** COLOQUIAL. Apelativo cariñoso dirigido a las personas: *¡Hola, chata!* || *s. m.* **5** Vaso bajo y ancho propio de bares y tabernas: *¡Mozo! Ponme un chato de vino.* **6** Cantidad de líquido que cabe en este vaso: *Nos bebimos unos chatos antes de volver a casa.*

chaucha *s. f.* **1** AMÉR DEL S. Judía verde. **2** ARG., CHILE, EC., PERÚ; RESTRINGIDO en Chile. Papa temprana y menuda. **3** ARG., PERÚ; COLOQUIAL. Conjunto de monedas u objetos de poco valor. || *adj. / s. f.* **4** AMÉR DEL S. Sin gracia, insípido. **5** AMÉR DEL S. De mala calidad.

chaufa *s. f.* PERÚ. Forma de preparar el arroz.

chauvinismo *s. m.* Chovinismo.

chauvinista *adj. / s. m.* y *f.* Chovinista.

chaval, la *s. m. / f.* COLOQUIAL. Muchacho, chico: *Chaval, tú no juegas con nosotros. ¡Qué chavala más guapa!*

chavea *s. m. / f.* COLOQUIAL. Chaval: *No conozco a esos chaveas.* SIN. niño, chico.

chaveta *s. f.* **1** Clavo con la punta dividida en dos mitades que se separan una vez introducido en un agujero. **2** Clavija o pasador que atraviesa una barra para inmovilizarla. **3** CHILE, PERÚ; JERGAL. Navaja. FR. Y LOC. **estar (mal de la) ~** COLOQUIAL. Estar ‹una persona› loca: *Tú estás mal de la chaveta, yo no paso por ahí.* **perder la ~** COLOQUIAL. Volverse ‹una persona› loca: *Tomás ha perdido la chaveta desde el accidente.*

chavo *s. m.* **1** COLOQUIAL, RESTRINGIDO. Antigua moneda de cobre de poco valor. **2** MÉX.; COLOQUIAL. Muchacho, joven. **3** MÉX.; VULGAR. Novio. **4** MÉX.; COLOQUIAL. Medida de superficie equivalente a 350 metros cuadrados. FR. Y LOC. **no tener un ~** COLOQUIAL, RESTRINGIDO. No tener ‹una persona› dinero: *En este momento no tengo un chavo.* **quedarse / estar sin un ~** COLOQUIAL, RESTRINGIDO. Quedarse ‹una persona› sin dinero: *Me he quedado sin un chavo al comprar el coche.*

chayote *s. m.* **1** AMÉR. Fruto de la chayotera, parecido al pepino. **2** Chayotera.

chayotera *s. f. Sechium edule.* Planta cucurbitácea trepadora, con flores amarillas acampanadas, cuyo fruto es el chayote.

che *s. f.* Nombre de la letra combinación de la *c* y la *h* en español.

¡ché! *interj.* **1** VULGAR. En Valencia y algunos países de América del Sur se usa para llamar la atención de una persona durante una conversación o en un encuentro: *¡Ché, tú!, ¿tienes un cigarro?* **2** Se usa como simple muletilla sin significado: *Ché, pues salimos y estaba el semáforo cerrado y ché, llevábamos prisa, vino un guardia y ché, creyó que no habíamos esperado.*

checa *s. f.* **1** Antiguo comité de policía política en la antigua Unión Soviética. **2** Organismo semejante de otros países. **3** Local donde tenían su sede estos organismos.

chécheres (plural) *s. m.* AMÉR. C., COL., PAN.; COLOQUIAL en Colombia. Trastos, utensilios caseros, objetos viejos.

checo, ca *adj.* **1** De la República Checa: *moneda checa, presidente checo.* **2** De la antigua República Checoeslovaca. || *s. m.* **3** LING. Lengua eslava hablada por los checos.

checoeslovaco, ca o **checoslovaco, ca** *adj. / s. m.* y *f.* De la antigua Checoslovaquia, país europeo: *artesanía checoslovaca. El presidente se reunía con antiguos checoslovacos.*

chef *s. m. / f.* Jefe de cocina de un establecimiento público: *la especialidad del chef, un chef francés, el chef del hotel.*

chela *s. f.* PERÚ; JERGAL. Cerveza.

chele *adj. / s. m.* y *f.* **1** AMÉR. C. Se aplica a la persona muy rubia y blanca; extranjero. || *s. m.* **2** AMÉR. C. Legaña.

chelfa *s. f.* PERÚ; JERGAL. Novia, esposa, compañera.

cheli *s. m.* (no contable) Lenguaje madrileño con elementos castizos y marginales.

chelín *s. m.* **1** Moneda inglesa que vale la vigésima parte de la libra esterlina. **2** Unidad monetaria austriaca. **3** Unidad monetaria de diferentes países.

chelo *s. m.* Violonchelo, instrumento musical de cuerda.

chepa *s. f.* **1** COLOQUIAL. Joroba de una persona: *Como andes encorvado te va a salir chepa.* **2** PERÚ; JERGAL. Tregua. || *adj. / s. m.* y *f.* **3** COLOQUIAL. Persona que tiene joroba: *Ése es un chepa desagradable.* FR. Y LOC. **subírsele a la ~** COLOQUIAL. Perder el respeto ‹una persona› a [otra persona]: *El abuelo ha dicho que no puede quedarse con los niños porque ya se le suben a la chepa.*

cheposo, sa *adj. / s. m.* y *f.* COLOQUIAL. Que tiene chepa o joroba: *espalda cheposa. Andas cheposo. Con esas posturas que adoptas al sentarte te vas a quedar cheposo.*

chepudo, da *adj.* COLOQUIAL; PEYORATIVO. Que tiene chepa: *–«Pero si tu novio es chepudo, ¿cómo puede gustarte?» –«Es muy inteligente y cariñoso.»*

cheque *s. m.* Documento financiero por el que una persona puede retirar una cantidad de dinero de la cuenta bancaria o fondos del firmante. **libreta* de cheques.** FR. Y LOC. **cruzar un ~** Trazar ‹una persona› dos rayas paralelas en un cheque para poderlo cobrar únicamente a través de una cuenta corriente. **dar un ~ en blanco** COLOQUIAL. Dar ‹una persona› poder de decisión ilimitado en un asunto a otra persona: *Para la negociación la jefa me ha dado un cheque en blanco.*

chequear *v. tr.* **1** Revisar ‹una persona› [una cosa]: *He chequeado personalmente todas las cuentas y están bien. He chequeado el motor de la moto y va perfectamente.* || *v. tr. / prnl.* **2** Revisar ‹una persona› la salud de [otra persona]: ***Me*** *he chequeado en la nueva clínica.*

chequeo *s. m.* **1** Reconocimiento médico completo y total: *Anuncian unos chequeos muy baratos en estas clínicas.* **2** Comprobación, revisión o cotejo de alguna cosa: *La policía ha concluido el chequeo de las diferentes declaraciones.*

chequera *s. f.* **1** Talonario de cheques. **2** Cartera para guardar los cheques.

chérif *s. m.* Shérif.

cheroque o **cheroqui** *adj. / s. m.* y *f.* De un pueblo amerindio que vivía en el norte de América: *un indio cheroque, una tribu cheroque, la historia de los cheroques.*

chesco *s. m.* MÉX.; COLOQUIAL. Bebida embotellada.

chéster (plural *chéster*) *s. m.* Queso propio de esta región inglesa, semejante al manchego español.

chévere *adj.* **1** AMÉR. C., COL., VEN.; COLOQUIAL. Que es muy bueno. **2** (estar) AMÉR. C., COL., VEN.; COLOQUIAL. Que es estupendo: *Ese vestido está chévere. La fiesta estuvo chévere.*

chevió *s. m.* Cheviot.

cheviot o **chevió** (plural *cheviots*) *s. m.* (no contable) Lana de cordero de Escocia y paño que se hace con esta lana: *una americana de cheviot, un abrigo de cheviot.*

cheyene *adj. / s. m.* y *f.* De una tribu amerindia americana que vivía al lado del lago Superior y se trasladó en el siglo XIX a Montana.

chianti *s. m.* Vino tinto, picante, propio de la región italiana de Chianti.

chibcha *adj.* **1** De un pueblo amerindio que habitaba en los altiplanos colombiano y ecuatoriano: *templo chibcha, rey chibcha.* || *s. m.* **2** Lengua de los indios chibchas.

chibilines (plural) *s. m.* PERÚ; JERGAL. Conjunto de monedas, dinero.

chibolo *s. m.* PERÚ; JERGAL. Niño.

chic *adj.* **1** (invariable) Que es elegante y distinguido: *Llevabas una capa muy chic. El sitio era muy chic.* || *s. m.* **2** (no contable) Elegancia, buen gusto: *Héctor tiene mucho chic vistiendo.* SIN. estilo, distinción.

chicano, na *adj. / s. m.* y *f.* Que es de origen mexicano y vive en Estados Unidos: *un barrio chicano, la minoría chicana, una manifestación de chicanos.*

chicarrón, na *adj. / s. m.* y *f.* [Joven] que está muy desarrollado y fuerte: *Este niño está hecho un chicarrón. Félix es un chicarrón salmantino.*

chicha *s. f.* **1** (no contable) COLOQUIAL; INFANTIL. Carne: *chicha para el nene. A mí me gustà la chicha.* **2** COLOQUIAL. Sustancia, interés: *un libro de poca chicha.* **3** AMÉR. DEL S. Bebida alcohólica que se obtiene por fermentación del maíz. **4** CHILE; COLOQUIAL. Bebida que se obtiene del zumo de la uva o de la manzana. **5** PERÚ. Zapato de varias suelas. **6** PERÚ; COLOQUIAL. Cultura de los inmigrantes campesinos de la montaña en ciudades costeñas. **7** C. RICA. Malhumor. || **8 calma* ~.** FR. Y LOC. **de ~ y nabo** COLOQUIAL. De poca importancia, despreciable: *Ésta es una fiesta de chicha y nabo.* **ni ~ ni limoná** 1 COLOQUIAL. Ni bueno ni malo: –*«¿Qué tal la conferencia?»* –*«Ni chicha ni limoná.»* 2 COLOQUIAL. De poca personalidad: *Antonio es un hombre que ni chicha ni limoná.*

chícharo *s. m.* RESTRINGIDO. Guisante, judía o garbanzo según distintas zonas de España o América.

chicharra *s. f.* **1** (macho y hembra) Cigarra. **2** Timbre de sonido sordo y grave: *Cuando oigas una chicharra es la hora de entrar a clase.* **3** Persona que habla mucho: *Por favor, cállate un poco, eres una chicharra mareante.* **4** PERÚ; JERGAL. Colilla del cigarro de la marihuana.

chicharrero *s. m.* COLOQUIAL; INTENSIFICADOR. Lugar donde hace demasiado calor. SIN. tostadero.

chicharro *s. m.* (macho y hembra) Jurel.

chicharrón *s. m.* **1** Corteza frita de cerdo: *Me gustan los chicharrones muy fritos.* **2** Fiambre de pequeños trozos de carne de distintas partes del cerdo: *Tienen unos deliciosos chicharrones en esta tienda.* **3** Alimento requemado y seco: *No hay quien pueda comer este filete, parece un chicharrón.* **4** Persona muy bronceada por el sol: *María se puso hecha un chicharrón en la playa.*

chiche *adj.* **1** ARG., CHILE; COLOQUIAL. Bonito, elegante. || *s. f.* **2** AMÉR.; VULGAR. Pecho femenino. **3** MÉX. Ama de cría, nodriza. || *s. m.* **4** ARG., BOL., CHILE, PERÚ; COLOQUIAL en Chile. Juguete, objeto pequeño y primoroso. FR. Y LOC. **dar ~** Consentir ‹una persona› una cosa.

chichinabo *s. m.* Se usa en la LOC. **de ~** COLOQUIAL. De poca importancia o calidad: *Me ha presentado un trabajo de chichinabo. La boda fue una ceremonia de chichinabo.*

chicho *s. m.* COLOQUIAL. Rulo para rizar o moldear el cabello: *Me salió a recibir con los chichos.* SIN. bigudí.

chichón *s. m.* Bulto que sale en la cabeza a consecuencia de un golpe: *Me he dado un golpe con la puerta y me ha salido un chichón. El niño se ha hecho un chichón en la frente.*

chichonera *s. f.* **1** Gorro duro que se utilizaba para proteger la cabeza de los niños. **2** COLOQUIAL. Casco con que se protege la cabeza en ciertos deportes: *Muchos ciclistas van ahora con chichonera.*

chicle *s. m.* Goma de mascar aromatizada: *Ahora le gusta mascar chicle sin azúcar.*

chiclé *s. m.* MEC. Pieza que en algunos motores regula el paso de los fluidos, como el de la gasolina al carburador.

chico, ca *adj.* **1** Que es pequeño o tiene poco tamaño: *Vivo en una habitación muy chica. Este espacio es muy chico para mí.* || *s. m. / f.* **2** Persona de poca edad, joven: *En el debate intervinieron chicos y chicas de mi colegio.* || *s. m.* **3** RESTRINGIDO. Muchacho joven cuyo trabajo es hacer recados y ayudar en pequeñas tareas: *Le enviaré su compra con el chico.* SIN. aprendiz, botones, recadero. || *s. f.* **4** Criada: *La chica le arregla toda la casa.* SIN. sirvienta. || **5 género* ~. 6 patria* chica. 7 perra* chica.** FR. Y LOC. **dejar ~** Superar ‹una persona o una cosa› con mucha claridad a otra: *Este saltador deja chico al más pintado. Esta muchacha toca muy bien, deja chica a la mejor violinista.*

chicoco, ca *adj. / s. m.* y *f.* CHILE; COLOQUIAL. Niño pequeño.

chicoleo *s. m.* COLOQUIAL. Piropo.

chicote, ta *s. m. / f.* **1** COLOQUIAL. Chico grande y fuerte: *Su hijo el pequeño es ya un chicote.* || *s. m.* **2** AMÉR. Látigo. **3** COL., VEN.; COLOQUIAL en Colombia. Colilla de cigarrillo.

chicuelina *s. f.* TAUROM. Pase de capa que da el torero con los brazos a la altura del cuerpo, girando sobre sí mismo en dirección contraria a la embestida del toro.

chifa *s. f.* AMÉR. Restaurante especializado en cocina china.

chifla *s. f.* **1** Cuchilla de acero ancha, de forma curva y mango de madera que los peleteros y encuadernadores utilizan para raspar y adelgazar las pieles. **2** Acción y resultado de chiflar o silbar.

chiflado, da *adj. / s. m.* y *f.* **1** (estar) Que está un poco loco: *Tu tío está absolutamente chiflado, no se puede hablar con él.* SIN. chalado. || *adj.* **2** (estar) Que siente una gran atracción por algo o alguien: *Leopoldo está chiflado **por** esa chica rubia. Estoy chiflado **con** mi moto.*

chifladura *s. f.* **1** (no contable) Característica de la persona chiflada: *Esta enferma tiene una chifladura pacífica.* SIN. locura. **2** Acción propia de un chiflado: *Dormir con la luz encendida es otra de sus chifladuras.* **3** (no contable) Afición o afecto exagerado: *Su novia comparte con él su chifladura **por** los coches deportivos.*

chiflar *v. intr.* **1** Dar ‹una persona› silbidos con un silbato o con la boca: *Chifla a ver si nos oyen.* **2** COLOQUIAL. Gustar ‹una persona, un animal o una cosa› mucho [a una persona]: *Me chiflan las películas de acción. Me chiflan las carreras de moto. Me chifla la literatura. Me chiflan esas dos hermanas.* || *v. prnl.* **3** COLOQUIAL. Sentir ‹una persona› mucho interés o atracción por [otra persona] o por [una cosa]: *Javier se chifla **por** las motos. Me chiflo **por** la vecina.* **4** COLOQUIAL. Volverse ‹una persona› loca: *La tía se ha chiflado de repente.* **5** Hacer ‹una persona› burla de [otra persona] o de [una cosa]: *El humorista se chifló **de** los presentes.* **6** Perder ‹una persona› el juicio por algo o alguien: *La abuela se ha chiflado **con** las novelas policiacas. Jorge está chiflado **con** las matemáticas.*

chiflido *s. m.* RESTRINGIDO. Silbido: *Con un chiflido nos avisas.*

chiflo *s. m.* RESTRINGIDO. Silbato.

chiflón *s. m.* PERÚ. Corriente de aire.

chifonier *s. m.* Mueble alto y estrecho con cajones superpuestos: *Tenemos que comprar un chifonier para la habitación de los niños.*

chigre *s. m.* Taberna asturiana donde se consume sidra.

chigua *s. f.* ARG., BOL, CHILE; RESTRINGIDO en Chile. Cesto de soga de forma oval y con la boca enmarcada en madera, utilizado para transportar objetos y también como cuna.

chihuahua *s. m.* (macho y hembra) Perro originario de México, de muy pequeño tamaño, cabeza redonda y orejas grandes.

chií *adj. / s. m.* y *f.* Chiita.

chiismo *s. m.* (no contable) Doctrina islámica de los seguidores de Alí y sus descendientes, que se consideran los herederos legítimos de Mahoma.

chiita o **chií** *adj. / s. m.* y *f.* Que sigue el chiismo, una de las dos grandes corrientes religiosas del mundo islámico: *un creyente chiita. Los chiitas se reunieron en la mezquita. En esta región predomina la comunidad chiita.*

chilaba *s. f.* Túnica con capucha propia de los pueblos árabes.

chilaquil *s. m.* MÉX.; COLOQUIAL. Guiso compuesto de tortillas de maíz cocidas y cortadas en salsa de chile.

chilatole *s. m.* MÉX.; COLOQUIAL. Guiso de maíz entero, chile y carne de cerdo.

chilca *s. m.* CHILE. Nombre común de diversas especies de plantas y arbustos silvestres autóctonos, referido especialmente a la familia de las compuestas.

chile *s. m.* Pimiento pequeño muy picante.

chilena *s. f.* DEP. En fútbol, disparo de espaldas a la portería que obliga al jugador a levantar las piernas por encima de su cabeza.

chilenismo *s. m.* Palabra o expresión propia de la variedad del español de Chile extendida en otras zonas.

chileno, na *adj. / s. m.* y *f.* De Chile, país sudamericano: *Tengo una amiga chilena. Los chilenos llegaron al aeropuerto.*

chilindrón *s. m.* (no contable) Condimento elaborado con pimiento y tomate, al que puede añadírsele otros ingredientes: *pollo al chilindrón, carne al chilindrón.*

chilla *s. f.* MÉX.; COLOQUIAL. Pobreza: *estar en la chilla.*

chillar *v. intr.* **1** Emitir ‹una persona o un animal› sonidos estridentes con la boca: *A ver si puedes tranquilizar al nene, porque chilla como si lo estuviéramos matando.* **2** Hablar ‹una persona› fuerte: *Por favor, no chilles tanto, que te van a oír los vecinos.* SIN. gritar. **3** COL.; COLOQUIAL. Protestar, refunfuñar. || *v. tr.* **4** Hablar ‹una persona› [a otra persona] de manera desconsiderada: *A mí no me chilla nadie, y menos tú. Estoy harto de que el jefe nos chille por cualquier cosa.*

chillido *s. m.* Grito agudo y desagradable: *los chillidos de las ratas. Nos despertaron los chillidos y las voces.* SIN. alarido.

chillón, na *adj. / s. m.* y *f.* **1** Que chilla mucho: *una mujer chillona. Su vecino es muy chillón. Son dos chillones insoportables.* || *adj.* **2** [Sonido] que es agudo y desagradable: *Hay un ruido chillón en cuanto el coche anda un poco.* **3** [Color] que es demasiado vivo o está mal combinado: *Viste con ropa de colores chillones. Decora el salón con tonos demasiado chillones.*

chilmole *s. m.* MÉX.; COLOQUIAL. Salsa o guisado de chile con tomate u otra legumbre.

chilmolero, ra *adj. / s. m.* y *f.* **1** MÉX. Persona que hace o vende chilmoles. || *adj.* **2** MÉX. Que es latoso, fastidioso.

chilpayate, ta *s. m. / f.* MÉX.; COLOQUIAL. Niño pequeño.

chimango *s. m.* AMÉR. DEL S. Ave de rapiña que abunda en las comarcas del Río de la Plata. FR. Y LOC. **gastar pólvora* en ~.**

chimbo *s. m.* COL.; VULGAR. Pene.

chimenea *s. f.* **1** Dispositivo formado por un hogar y una tubería para que salga el humo: *una casa con dos chimeneas.* **2** Parte inferior de este dispositivo donde se encuentra el hogar: *una chimenea de mármol, chimenea de campana, chimenea francesa.* **3** Tubo por donde sale el humo al exterior: *las chimeneas de una fábrica, la chimenea de la caldera.* **4** GEOL. Conducto del volcán por donde expulsa la lava y otros materiales. **5** GEOL. Grieta vertical en un muro o glaciar. **6** Agujero en el centro del paracaídas por el que sale el aire para darle estabilidad. **7** COLOQUIAL, RESTRINGIDO. Cabeza de una persona. FR. Y LOC. **estar mal de la ~** COLOQUIAL. Estar ‹una persona› loca: *No le hagas caso, esa chica está mal de la chimenea.*

chimiscolear *v. intr.* MÉX.; COLOQUIAL. Chismorrear, cotillear.

chimpancé *s. m.* (macho y hembra) *Pan troglodytes.* Mamífero primate africano, de color negro, con la cara sin pelo y la boca grande, que posee gran inteligencia y es fácilmente domesticable.

chimuelo, la *adj. / s. m.* y *f.* MÉX.; COLOQUIAL. Que es desdentado.

china *s. f.* **1** Piedra pequeña generalmente redondeada: *Deja de tirar chinas a los cristales de los vecinos. Espera, que se me ha metido una chinita en el zapato y tengo que quitármela.* **2** JERGAL. Pequeña cantidad de hachís: *fumarse una china.* **3** AMÉR. Mujer india. **4** AMÉR. Sirvienta o criada. || **5 tinta* ~.** FR. Y LOC. **tocar la ~** COLOQUIAL. Tener ‹una persona› mala suerte en un grupo: *Me ha tocado la china: el capitán me ha mandado limpiar nuestro pabellón el sábado por la tarde.*

chinama *s. f.* **1** AMÉR. C. Cobertizo. **2** AMÉR. C., AMÉR. DEL S. Chiringuito.

chinampa *s. f.* MÉX.; COLOQUIAL. Terreno de poca extensión en las lagunas cercanas a la capital de México donde se cultivan flores y verduras.

chinampina *s. f.* **1** MÉX.; COLOQUIAL. Petardo, explosivo. **2** MÉX.; COLOQUIAL. Niño inquieto y travieso.

chinancal *s. f.* MÉX.; JERGAL. Choza.

chinarro *s. m.* RESTRINGIDO. Piedra un poco más grande que la china: *Éste es un camino lleno de chinarros que saltan; ten cuidado, porque pueden romperte un cristal del coche.*

chinchar *v. tr.* **1** Molestar ‹una persona› [a otra persona] con impertinencia: *Deja de chinchar a tu hermana, niño. Te gusta chincharme, pero no lo consigues porque tengo aguante.* SIN. importunar, fastidiar. || *v. prnl.* **2** Sentirse ‹una persona› molesta: *Si no te gusta, te chinchas.* SIN. fastidiarse.

chinchayote *s. m.* MÉX.; JERGAL. Raíz del chayote.

chinche *adj. / s. m.* y *f.* **1** [Persona] que es muy exigente en cosas sin importancia e intransigente o molesta con las pequeñas faltas de los demás: *No seas chinche y no te enfades, sólo he llegado tres minutos tarde. Adela es una chinche, en cuanto nos ve beber una cerveza nos echa un sermón sobre el alcohol.* || *s. f.* **2** (macho y hembra) Insecto parásito del hombre, de color rojizo y cuerpo ovalado y aplastado. FR. Y

LOC. **caer / morir como chinches** COLOQUIAL; INTENSIFICADOR. Haber una gran mortandad en un grupo de personas: *En la batalla, los aliados caían como chinches.*

chincheta *s. f.* Clavo de punta pequeña y cabeza circular y chata: *un póster clavado con chinchetas a la pared.*

chinchilla *s. f.* **1** (macho y hembra) *Chinchilla lanigera.* Mamífero roedor sudamericano de tamaño pequeño, con cabeza corta y cola grande, que vive bajo tierra en grupos y es muy apreciado por su piel. **2** (no contable) Piel de las chinchillas: *Arturo me ha regalado un abrigo de chinchillas.*

chinchín *s. m.* **1** COLOQUIAL. Música de una banda o charanga: *Con tanto chinchín no puedo concentrarme.* **2** COLOQUIAL. Se usa como fórmula de brindis que imita el ruido de los vasos al chocar para brindar: *¡Por todos! ¡Chinchín!* **3** PERÚ; COLOQUIAL. Dinero contante y sonante.

chinchón *s. m.* **1** (no contable) Aguardiente anisado propio de esta localidad castellana. **2** Copa de este aguardiente: *Nos hemos tomado dos chinchones.* **3** (no contable) Juego de cartas consistente en ligar tríos y escaleras, en el que se pueden añadir las cartas no ligadas a las combinaciones de otros jugadores: *jugar al chinchón.*

chinchorrear *v. intr.* **1** RESTRINGIDO. Llevar y traer ‹una persona› chismes: *Cállate ya, cómo te gusta chinchorrear.* SIN. chismorrear. || *v. tr.* **2** RESTRINGIDO. Molestar ‹una persona› [a otra persona] con impertinencia: *Deja tranquila a tu hermana y no la chinchorrees. Fermín se pasa todo el día chinchorreando al gato.*

chinchorrería *s. f.* **1** (no contable) COLOQUIAL; PEYORATIVO. Pesadez o impertinencia de algunas personas: *Cuando Pepe bebe mucho, le entra una chinchorrería inaguantable: todo el rato molestando a las chicas.* **2** COLOQUIAL; PEYORATIVO. Noticia negativa contra alguien que se comenta entre la gente sin que se sepa si es verdadera o falsa: *Joaquín vino de la fiesta contando todas las chinchorrerías que había oído sobre los famosos.* SIN. chisme.

chinchorro *s. m.* **1** Embarcación pequeña de remos utilizada para la navegación entre los barcos en el puerto. SIN. barquilla. **2** Hamaca ligera de cordeles: *Pilar está durmiendo en el jardín en un chinchorro.* **3** Red barredera más pequeña que la jábega.

chinchoso, sa *adj.* Que molesta o fastidia: *Tienes un hermano muy chinchoso.*

chinchulín *s. m.* AMÉR. Intestino delgado de res, asado a la brasa.

chinchurria *s. f.* VEN. Chinchulín.

chincol *s. m.* Chingolo.

chincual *s. m.* MÉX.; COLOQUIAL. Sarampión.

chincuete *s. m.* MÉX.; COLOQUIAL. Tipo de falda indígena amplia, sostenida en la cintura con una faja.

chinear *v. tr.* PERÚ; JERGAL. Mirar ‹una persona› [una cosa].

chinela *s. f.* Zapatilla sin talón para andar por casa: *Le ha regalado unas hermosas chinelas con un pompón rosa.* SIN. pantufla.

chinerío *s. m.* ARG., URUG. Grupo de chinas o mujeres aindiadas.

chinero *s. m.* RESTRINGIDO. Armario para poner la vajilla.

chinesco, ca *adj.* **1** Que pertenece a China o es parecido a las cosas de China: *pintura chinesca, teatro chinesco.* **sombras* chinescas.** || *s. m.* **2** Cimbalero, instrumento musical.

chingada *s. f.* MÉX.; VULGAR. Muerte. FR. Y LOC. **hijo* de la ~. importar una ~** MÉX.; VULGAR. Importar ‹una cosa› muy poco a una persona. **mandar a la ~** MÉX.; VULGAR. Mandar ‹una persona› a otra a la mierda.

chingana *s. f.* AMÉR.; COLOQUIAL. Tienda, por lo general, pequeña y pobre, donde se venden bebidas y otros artículos.

chingar *v. tr.* **1** COLOQUIAL. Molestar ‹una persona› [a otra persona] con impertinencia: *Haz lo que quieras, pero deja de chingarme con tus historias.* SIN. importunar. **2** COLOQUIAL. Beber ‹una persona› [vino o licores] con frecuencia: *Ése si no chinga varias copas de coñac no trabaja bien.* **3** COLOQUIAL. Estropear ‹una persona o una cosa› [una cosa]: *Con tus bromitas delante del jefe me has chingado el permiso.* **4** VULGAR. Hacer ‹una persona› el amor con [otra persona]: *A ése sólo le gusta chingar en verano.* || *v. intr.* **5** ARG., CHILE, COL., PERÚ; RESTRINGIDO en Chile, COLOQUIAL en Colombia. Errar, fallar, fracasar. **6** ARG., URUG. Colgar más de un lado que de otro ‹el dobladillo de un vestido o una falda›. **7** CHILE; RESTRINGIDO. Tener ‹una persona› un decaimiento del ánimo, abatirse antes de actuar. **8** COL.; COLOQUIAL. Apretarse ‹una persona› demasiado el cinturón de la ropa. || *v. prnl.* **9** COLOQUIAL. Sentirse ‹una persona› molesta: *Estoy chingado con el trabajo que tengo.* **10** COLOQUIAL, RESTRINGIDO. Ponerse ‹una persona› borracha: *Esa chica se chinga con mucha facilidad.* SIN. emborracharse. **11** COLOQUIAL. Estropearse ‹una cosa›: *Se me ha chingado el coche y no podemos salir al campo.* ⇒ **56.**

chingolo *s. m.* AMÉR. DEL S. Pájaro común parecido al gorrión europeo.

chino, na *adj. / s. m.* y *f.* **1** De China, país asiático: *la cultura china, la escritura china, la historia de los chinos.* **porcelana china. 2** AMÉR.; COLOQUIAL. Persona descendiente de los indios o con rasgos parecidos a ellos. SIN. mestizo. || *s. m.* **3** Lengua del grupo chino-tibetano hablada en China. **4** (en plural) Juego que consiste en acertar el número total de monedas que guardan varios jugadores en el puño: *Cuando vamos al café nos lo jugamos a los chinos.* || *s. m. / f.* **5** AMÉR. Criado, sirviente. || **6 barrio* ~. 7 cuento* ~.** FR. Y LOC. **engañar como a un ~** COLOQUIAL. Engañar ‹una persona› a otra persona por completo: *Le engañaron como a un chino con el timo de la estampita.* **trabajo* de chinos.**

chinólogo, ga o **sinólogo, ga** *adj. / s. m.* y *f.* Que se dedica profesionalmente a estudiar la lengua, la cultura y los asuntos chinos: *El gobierno ha pedido consejo a varios chinólogos sobre la mejor manera de entrar en contacto con la cultura china.*

chip (plural *chips*) *s. m.* Circuito integrado de un ordenador con forma de pastilla plana: *instalar un chip, acoplar un chip.*

chipá *s. m.* ARG., URUG. Torta de maíz o mandioca.

chipén *adj.* (invariable) COLOQUIAL Muy bueno, excelente: *En este restaurante la cocina es chipén. Las almejas están chipén. Este apartamento me parece chipén.*

chipirón *s. m.* Calamar de pequeño tamaño: *Me encantan los chipirones a la plancha.*

chipocludo, da *adj.* MÉX.; COLOQUIAL. Que es de buena calidad.

chipote *s. m.* AMÉR. C., MÉX.; COLOQUIAL. Chichón.

chipotle *s. m.* MÉX.; COLOQUIAL. Chile muy picante y marrón, secado con humo.

chipriota *adj. / s. m.* y *f.* De Chipre, isla del Mediterráneo: *la vegetación chipriota. Los chipriotas ganaron el partido.*

chiqueadores (plural) *s. m.* **1** MÉX.; COLOQUIAL. Rodajas de carey que se usaron antiguamente en México como adorno femenino. **2** COLOQUIAL. Rodajas de diversos materiales que se pegan en las sienes como remedio casero para el dolor de cabeza.

chiquear *v. tr.* CUBA, MÉX., P. RICO; AFECTADO en México. Mimar, acariciar con exceso.

chiquero *s. m.* **1** Lugar donde están los toros encerrados antes de la corrida: *A los chiqueros de la plaza sólo pueden acceder los veterinarios y los empleados.* SIN. toril. **2** RESTRINGIDO. Pocilga, lugar donde se guardan los cerdos.

chiquilicuatre *s. m. / f.* Chiquilicuatro.

chiquilicuatro o **chiquilicuatre** *s. m. / f.* COLOQUIAL; PEYORATIVO. Persona informal, a la que se le da poca importancia: *El portero resultó ser un chiquilicuatro en el que no se podía confiar.* SIN. mequetrefe.

chiquillada *s. f.* COLOQUIAL. Acción poco sensata o inmadura: *Ahora me doy cuenta de que mis ilusiones eran una chiquillada.* SIN. niñería.

chiquillería *s. f.* **1** (no contable) Conjunto numeroso de chiquillos: *Toda la chiquillería del barrio se reúne en esa plaza.* **2** Comportamiento infantil: *Enfadarse por tan poca cosa es una chiquillería.* SIN. chiquillada.

chiquillo, lla *adj. / s. m.* y *f.* Que es un niño o es muy joven: *¡No seas chiquillo! Con treinta años eres un chiquillo.*

chiquito, ta *s. m.* Vaso de vino pequeño, propio del País Vasco: *Salimos a tomar unos chiquitos.* FR. Y LOC. **no andarse* con chiquitas.**

chiribiquera *s. f.* RESTRINGIDO. Cantinera.

chiribiqui *s. m.* RESTRINGIDO. Bocadillo que vendía una chiribiquera.

chiribita *s. f.* **1** Chispa: *Le tocó una chiribita del soplete.* **2** (preferentemente en plural) Lucecita que durante un tiempo muy corto dificulta la visión: *Los ojos me hacían chiribitas.* FR. Y LOC. **echar chiribitas** Se usa para indicar que alguien está encolerizado: *No me hables hoy; estoy que echo chiribitas.*

chiribitil *s. m.* **1** RESTRINGIDO. Lugar bajo y estrecho donde se pueden guardar los trastos o esconderse. **2** RESTRINGIDO. Cuarto muy pequeño. SIN. cuchitril.

chirigota *s. f.* **1** (no contable) Burla, broma, risa: *Álvaro se lo toma todo a chirigota.* **2** Conjunto que en carnaval canta coplas humorísticas y burlescas: *Son conocidas las chirigotas de los carnavales de Cádiz.*

chirimbolo *s. m.* **1** COLOQUIAL. Objeto o parte de él de aspecto extraño del que no se sabe el nombre: *Este chirimbolo, ¿para qué sirve?* **2** COLOQUIAL. Remate torneado de un mueble: *El catre acaba en dos chirimbolos muy divertidos.*

chirimía *s. f.* Flauta con diez agujeros y lengüeta de caña: *En las fiestas solemnes universitarias salmantinas se tocan las chirimías tradicionales.*

chirimoya *s. f.* Fruto comestible del chirimoyo, de carne blanca muy dulce y aromática.

chirimoyo *s. m. Annona cherimolia.* Árbol tropical, de hojas en forma de elipse y flores olorosas, cuyo fruto es la chirimoya.

chiringuito *s. m.* **1** Bar pequeño, que resulta familiar al hablante: *Vamos a comer a un chiringuito de aquí cerca.* **2** Quiosco más o menos destartalado, normalmente al aire libre: *En la playa comimos en un chiringuito.* FR. Y LOC. **montarse un ~** COLOQUIAL. Organizar ‹una persona› un pequeño negocio: *Elena se ha montado un chiringuito para la orientación de jóvenes y gana bastante.*

chiripa *s. f.* (no contable) COLOQUIAL. Suerte, casualidad, acierto, especialmente en el juego: *El delantero metió el gol **de** chiripa. Acerté las preguntas del concurso **de** chiripa.*

chiripá *s. m.* **1** ARG., PAR., URUG. Prenda de vestir usada por los gauchos. **2** ARG. Pañal para bebés.

chirla *s. f. Venus gallina.* Molusco marino de la familia de la almeja, pero más pequeño, que es apreciado como alimento.

chirle *adj.* ARG., PAR., URUG. Poco denso, claro.

chirlero *s. m.* JERGAL. Delincuente.

chirlito *s. m.* CHILE; COLOQUIAL. Golpe que se da en el trasero con los dedos índices y medio.

chirlo *s. m.* **1** Herida alargada en el rostro. **2** Cicatriz que deja esta herida después de curada. **3** ARG. Azote que se da a un niño. **4** AMÉR. Tordo de plumaje pardo.

chirola *s. f.* **1** AMÉR. DEL S. Moneda de poco valor. **2** C. RICA. Cáscara.

chirona *s. f.* COLOQUIAL. Cárcel, lugar donde se encierra a los presos: *Estuvo en chirona. La han metido en chirona.*

chirriar *v. intr.* **1** Hacer ‹una cosa› un ruido estridente y molesto: *El carro chirría desagradablemente.* **2** Emitir ‹un ave› un sonido inarmónico. **3** RESTRINGIDO. Cantar ‹una persona› mal. ⇒ **8.**

chirrido *s. m.* **1** RESTRINGIDO. Sonido desagradable de algunos animales: *el chirrido de los grillos, el chirrido de las chicharras.* **2** Sonido agudo y desagradable: *Me molesta el chirrido de la puerta.*

chiruca (marca registrada) *s. f.* Bota rústica de lona con suela de goma, ligera y resistente, apropiada para andar por caminos de montaña.

chirusa *s. f.* AMÉR. DEL S. Mujer de origen humilde, generalmente mestiza.

¡chis! *interj.* **1** Se usa para pedir o imponer silencio: *¡Chis, ya viene mamá!* SIN. ¡chitón!, ¡chist!, ¡silencio! **2** VULGAR. Se usa para llamar a alguien: *¡Chis!, camarero, trae la nota, por favor.*

chiscar *v. tr.* Sacar ‹una persona› chispas de [un eslabón] golpeándolo con un pedernal: *Chisca ya el mechero.* ⇒ **71.**

chiscón *s. m.* RESTRINGIDO. Habitación muy pequeña.

chisgarabís *s. m. / f.* COLOQUIAL; PEYORATIVO. Persona poco juiciosa e informal en su comportamiento profesional: *Diego es un chisgarabís, no se fía nadie de él en la oficina. Elvira es una chisgarabís, le hacen poco caso las compañeras.*

chisguete *s. m.* COLOQUIAL. Chorro fino de un líquido: *Echaremos un chisguete de vino.*

chisme *s. m.* **1** Noticia, verdadera o falsa, con la que se pretende desacreditar a una persona, enemistarla con otra o murmurar sobre ella: *No hagas caso de chismes. Estás todo el día contando chismes.* SIN. habladuría. **2** (preferentemente en plural) COLOQUIAL. Objeto inútil o que estorba: *El niño tiene la habitación llena de chismes.* SIN. trasto. **3** COLOQUIAL. Cualquier objeto o utensilio de nombre desconocido o poco familiar: *¿Cómo funciona este chisme? Me han regalado un chisme para tomarme la tensión.* SIN. cacharro.

chismografía *s. f.* 1 (no contable) COLOQUIAL. Ocupación de chismorrear: *Mis vecinos sólo se preocupan de su chismografía. Todo el día estás ocupada con la chismografía.* 2 (no contable) COLOQUIAL. Conjunto de chismes sobre una persona o sobre una cosa: *Te puedo poner al día de la chismografía de ese presentador de televisión.*

chismorrear *v. intr.* Llevar y traer ‹una persona› chismes: *No hacéis más que chismorrear, ¿no tenéis otra cosa más importante que hacer?*

chismoso, sa *adj./s. m.* y *f.* (ser/estar) Que gusta de contar chismes: *Eres un chismoso, todo el día criticando y hablando de los demás. Estás muy chismoso últimamente. Ya tenemos aquí nuestras chismosas oficiales.*

chispa *adj.* 1 (estar) Borracho: *Acabé la fiesta un poco chispa. Chica, estabas chispa ayer.* ‖ *s. f.* 2 Partícula encendida que salta de una materia ardiendo o del roce de dos objetos: *Una chispa de la chimenea quemó la alfombra.* 3 Descarga luminosa entre dos cuerpos cargados eléctricamente con potenciales diferentes: *Una chispa del interruptor prendió las cortinas. El enchufe echa chispas.* 4 Destello: *De la sortija brotaban chispas de luz.* 5 (preferentemente en plural) Gotas pequeñas de lluvia: *Sólo caen unas chispitas.* 6 Porción muy pequeña de algo: *Falta una chispita de sal.* SIN. pizca. 7 (no contable) Ingenio: *una comedia con mucha chispa.* SIN. gracia. FR. Y LOC. **echar chispas** Estar ‹una persona› encolerizada: *La directora echa chispas.* **piedra* de ~.**

chispazo *s. m.* 1 Salto repentino de chispas entre dos conductores eléctricos: *El cordón de la plancha da chispazos.* 2 Suceso aislado que precede o sigue a otros de mayor importancia: *Aquellos sucesos fueron los primeros chispazos de la revolución.* 3 Suceso aislado y breve dentro de un conjunto de otros diferentes: *Ana se caracteriza por estos chispazos de ingenio. La enferma tiene chispazos de lucidez.*

chispeante *adj.* 1 Que chispea: *lluvia chispeante, ojos chispeantes.* 2 Que está lleno de ingenio o agudeza: *frase chispeante, discurso chispeante, humor chispeante.*

chispear *v. intr.* 1 Despedir ‹una cosa› chispas: *Los troncos chispeaban en la chimenea.* SIN. chisporrotear. 2 Despedir ‹una cosa› destellos: *Su ojos chispeaban en la oscuridad. Por la ventana se veía chispear una vela.* SIN. destellar. ‖ *v. impers.* 3 Llover ligeramente: *Esta mañana ha chispeado un poco. Llévate el paraguas, que chispea.* SIN. lloviznar.

chispero *s. m.* Habitante del barrio de Maravillas, de Madrid: *La palabra "chispero" es una voz castiza, que está quedando en desuso.*

chisporrotear *v. intr.* Despedir ‹una cosa› chispas: *La hoguera chisporroteaba en el cruce entre dos calles.* SIN. chispear.

chisporroteo *s. m.* (no contable) COLOQUIAL. Acción de chisporrotear: *Cuando el chisporroteo de la hoguera era flojo los jóvenes empezaron a saltarla.*

chisquero *s. m.* Encendedor de bolsillo de piedra y mecha: *Yo en el campo uso chisquero, porque el aire no lo apaga.*

¡chist! *interj.* Chis.

chistar *v. intr.* 1 Emitir ‹una persona› un sonido para hablar: *No chisté en toda la tarde. Cuando hay gente no se te oye chistar.* SIN. hablar. ‖ *v. tr./intr.* 2 Emitir ‹una persona› un sonido para llamar la atención de [una persona]: *Chisté para que viniera el camarero. Por favor, chista al camarero, a ver si nos atiende. No chistes a las chicas por la calle, que está feo.* 3 Contestar o responder ‹una persona› a las palabras de [otra persona]: *A mí no me chistes mientras te hablo. Haz lo que te mandan sin chistar, es lo mejor.*

chiste *s. m.* 1 Dicho o hecho gracioso: *De todo haces un chiste. Julián cree que la vida es un chiste.* 2 Palabras, cuento breve o dibujo graciosos: *Le gusta mucho contar chistes. Ese chiste no tiene gracia.* 3 PERÚ; COLOQUIAL. Tebeo, cómic. FR. Y LOC. **tener ~** Tener ‹una cosa› gracia o interés: *¡Tiene chiste que ahora reconozcas que te has equivocado!* **ver (el) ~** Encontrar ‹una persona› graciosa una cosa: *No le veo el chiste a tener que aguantar dos horas de cola para un concierto de pueblo.*

chistera *s. f.* Sombrero de ala estrecha y copa alta y cilíndrica más estrecha en la base: *la chistera del ilusionista.*

chistido *s. m.* ARG., BOL., CHILE, PERÚ. Acción de chistar y sonido con que se intenta llamar la atención de una persona.

chistorra *s. f.* Embutido muy delgado y picante que suele comerse frito o asado, típico de algunas zonas peninsulares como Navarra o el País Vasco.

chistoso, sa *adj./s. m.* y *f.* 1 (ser/estar) Que cuenta o hace chistes o bromas: *Pedro es demasiado chistoso. Estás tú muy chistoso hoy.* ‖ *adj.* 2 Que tiene chiste o gracia: *situación chistosa. Tu caída fue muy chistosa.*

chistu *s. m.* Flauta pequeña con tres agujeros y embocadura de pico típica del País Vasco: *El chistu acompaña siempre todas las danzas típicas vascas.*

chistulari *s. m.* Músico que toca el chistu y el tamboril en las danzas populares vascas: *Los chistularis intervienen en muchos actos oficiales del País Vasco.*

chita *s. f.* RESTRINGIDO. Astrágalo, hueso. FR. Y LOC. **a la ~ callando** COLOQUIAL. Con disimulo, sin llamar la atención: *A la chita callando, la abuela se comió todos los pasteles que habíamos traído. A la chita callando, has llegado a directora de una sección.*

chito *s. m.* 1 Cilindro de madera sobre el que se ponen algunas monedas. 2 Juego que consiste en derribar, con tejos o discos de hierro, un cilindro colocado verticalmente: *jugar al chito.*

¡chitón! *interj.* Se usa para pedir a alguien que se calle, especialmente a los niños: *¡Chitón todo el mundo!* SIN. ¡chis!, ¡silencio!

chiva *s. f.* 1 AMÉR. Barba, perilla. 2 AMÉR. Manta.

chivarse *v. tr./prnl.* Dar ‹una persona› un chivatazo [a otra persona]: ***Se** chivó **de** un compañero al profesor. Quique le chivó la novedad a todos sus amigos.* SIN. chivatear.

chivatada *s. f.* Chivatazo.

chivatazo *s. m.* COLOQUIAL. Delación o difusión de una información que puede causar daño o perjuicio a otra persona: *Me gustaría saber quién le fue con el chivatazo al jefe de que yo había llegado tarde el otro día. No te fíes de él; es el que se informa de todo y le da los chivatazos a los jefes.* SIN. soplo.

chivatear *v. tr.* Dar ‹una persona› un chivatazo [a otra persona]: *¿Tú eres el que chivateaste las cosas que pasan en la oficina?* SIN. chivarse.

chivato, ta *adj./s. m.* y *f.* 1 Que delata al autor de una falta o que difunde una información que puede perjudicar a otra persona: *Ese niño es un chivato; le cuenta siempre al maestro* *lo que hacen los compañeros. Ten cuidado, que esos dos son chivatos de la policía. No es una chivata, simplemente habla mucho y le cuenta todo a todo el mundo.* SIN. acusica. || *s. m. / f.* **2** Cría de cabra de entre seis meses y un año de edad. || *s. m.* **3** Dispositivo sonoro o visual que llama la atención sobre algo: *El chivato de la gasolina se ha encendido; tenemos que buscar una gasolinera. No me funciona el chivato del aceite; tengo que llevar el coche al taller. Cuando suena el chivato significa que debes apagar el horno.* SIN. alarma.

chivo, va *s. m. / f.* **1** Cría de la cabra, desde que deja de mamar hasta que llega a la edad de procrear. SIN. cabrito. **2** PERÚ; VULGAR. Homosexual. || **3 ~ expiatorio** Persona a la que se echa la culpa de algo que va mal: *No te preocupes, esta temporada yo siempre soy la que tengo que ser chivo expiatorio.* FR. Y LOC. **barba* de ~. estar como una chiva** COLOQUIAL. Estar ‹una persona› loca, actuar de manera extravagante: *Estás como una chiva, hija; ¿para qué quieres un abrigo de pieles en verano?*

chocante *adj.* **1** Que choca, o causa extrañeza o sorpresa: *dato chocante, respuesta chocante, comportamiento chocante. Lo chocante es que él no me viera, porque estaba a su lado.* || *adj. / s. m.* y *f.* **2** AMÉR. Cargante, antipático. **3** MÉX.; COLOQUIAL. Fastidioso, impertinente.

chocar *v. intr.* **1** Encontrarse ‹un cuerpo› con [otro] de manera brusca y violenta: *Choqué **con** un árbol. Chocamos **contra** una valla.* **2** Empezar a luchar ‹dos fuerzas enemigas›: *Los dos ejércitos chocaron en la playa al lado del mar.* **3** Tener ‹una persona› una discusión o una riña con [otra persona]: *Alexia tiene poca paciencia y choca **con** los vecinos.* **4** Estar ‹varias personas o varias cosas› en desacuerdo: *Las costumbres de cada pueblo chocan **con** las de los demás.* **5** Ser ‹una cosa› extraña o sorprendente para [una persona]: *Al director le chocó tu actitud. Me choca lo que me has dicho.* || *v. tr.* **6** Darse ‹dos personas› [las manos] en señal de saludo: *Chócala, hombre.* **7** Juntar ‹varias personas› [los vasos o las copas] al brindar: *Choquemos nuestros vasos y brindemos por la salud de todos.* FR. Y LOC. **¡choca / dame esos cinco*! chocarlas** MÉX.; COLOQUIAL. Hacer las paces ‹dos personas›. ⇒ **71.**

chocarrería *s. f.* **1** (no contable) Falta de educación y delicadeza espiritual: *En todos los sitios adonde va tiene que dejar patente su chocarrería.* **2** Chiste o broma groseros o de mal gusto o de mala educación: *Es insoportable tener que aguantar sus chocarrerías.*

chocarrero, ra *adj.* **1** Que tiene chocarrería: *dicho chocarrero, lenguaje chocarrero.* || *adj. / s. m.* y *f.* **2** Que suele decir chocarrerías: *Mi primo es muy chocarrero.*

chochaperdiz *s. f.* (macho y hembra) Becada.

chochear *v. intr.* **1** Tener ‹una persona› las facultades mentales disminuidas por la edad: *Yo creo que nuestro profesor chochea, porque de otro modo no se entiende las cosas que dice. El pobre abuelo ya chochea: está empeñado en ir a la guerra todas las tardes.* **2** Sentir ‹una persona› mucho cariño o interés por [otra persona, un animal o una cosa]: *La abuela no tolera que nadie obligue a nada al niño; chochea cuando está a su lado. Chico, atiende un poco, que cuando tienes la novia no haces caso a nadie y sólo chocheas.*

chochera *s. f.* Chochez.

chochez *s. f.* **1** (no contable) Cualidad de la persona que chochea: *Sus olvidos eran indicios de una chochez prematura.* **2** (preferentemente en plural) Dicho o acción de una persona que chochea: *Sus enfados eran chocheces de viejos solitarios.* **3** Cariño exagerado: *El abuelo tiene una chochez exagerada **por** el nieto.*

chocho, cha *adj.* **1** (estar) Que chochea o tiene debilitadas las facultades mentales: *Mira lo que se le ha ocurrido al jefe, yo creo que está chocho. No le hagas caso a la portera, es una vieja chocha de mala uva.* **2** (estar) Que está trastornado por el cariño que tiene a una persona o cosa: *Ángel está chocho **con** su nuevo coche. Eugenio está chochito **con** su novia.* || *s. m.* **3** COLOQUIAL. Semilla del altramuz: *Hacía tiempo que no veía vender chochos por la calle.* **4** VULGAR. Vulva, órgano sexual femenino.

choclo *s. m.* **1** AMÉR. Mazorca de maíz tierno. **2** ARG. Molestia o dificultad.

choclón *s. m.* AMÉR. DEL S. Grupo grande y cohesionado de personas.

choclona *s. f.* PERÚ; VULGAR. Mujer madura.

choco, ca *adj.* **1** AMÉR. [Persona o animal] que carece de un miembro. **2** CHILE, EC. De pelo rizado. || *s. m.* **3** Molusco marino variedad de sepia. **4** AMÉR. Perro de aguas o común.

chocolatada *s. f.* Reunión de amigos para tomar un chocolate líquido, en el campo o en una casa particular: *Haremos una chocolatada para celebrar el cumpleaños. Los amigos del curso van a hacer una chocolatada.*

chocolate *s. m.* **1** (no contable) Alimento preparado con cacao y azúcar, al que puede añadirse leche, canela o vainilla: *una barrita de chocolate.* **pastilla* de ~. tableta de ~.** **2** Bebida preparada con este alimento disuelto en leche o en agua: *chocolate con churros.* **~ a la taza** o **~ caliente** Chocolate líquido, servido generalmente caliente y en taza. **3** (no contable) JERGAL. Hachís: *¿Habéis traído chocolate?* FR. Y LOC. **estar para mojar en ~** COLOQUIAL. Ser ‹una persona› guapa o atractiva: *Antonio está para mojar en chocolate.* **ser el ~ del loro** Suponer ‹una cosa› un ahorro insignificante o sin incidencia en el gasto general: *La tarifa telefónica nocturna es el chocolate del loro.*

chocolatera *s. f.* Recipiente en que se hace y sirve el chocolate a la taza: *una chocolatera de porcelana, una chocolatera decorada. ¿Has puesto la chocolatera al fuego?*

chocolatería *s. f.* **1** Establecimiento donde se fabrica o vende chocolate: *Las antiguas chocolaterías fabricaban artesanalmente un chocolate muy bueno.* **2** Establecimiento donde se sirve y consume chocolate a la taza, bebidas, bollos y dulces: *En una chocolatería tomamos un chocolate con churros y un chocolate con nata.*

chocolatero, ra *adj. / s. m.* y *f.* **1** Que gusta mucho de tomar chocolate: *Soy muy chocolatera, no lo puedo evitar, aunque sé que engorda mucho. Mi marido es un chocolatero terrible, mucho más que yo.* || *s. m. / f.* **2** Persona que por oficio elabora o vende chocolate: *El vecino de al lado es el chocolatero del barrio.*

chocolatín *s. m.* Chocolatina.

chocolatina *s. f.* Tableta pequeña y delgada de chocolate: *una caja de chocolatinas. Le gustan mucho las chocolatinas.*

chófer (en América *chofer*) *s. m.* **1** Persona que tiene por oficio conducir vehículos: *el chófer de un autobús, el chófer de un camión, el chófer de una limusina.* **2** RESTRINGIDO. Persona que conduce un vehículo: *No, yo iba de chófer aquel día. A mí no me gusta ir de chófer con este coche.*

chola *s. f.* **1** COLOQUIAL. Cabeza, parte del cuerpo. SIN. mollera, coco. **2** VULGAR. Pene. FR. Y LOC. **estar mal de la ~** COLOQUIAL. Ser ‹una persona› loca o insensata: *Para cometer esa imprudencia, hay que estar mal de la chola.*

cholgua *s. f.* CHILE. Mejillón.

chollo *s. m.* Cosa provechosa que se consigue con un esfuerzo o un gasto mínimos: *Por ese precio, el piso es un chollo. El chollo de tu vida fue casarte con un hombre rico. Qué chollo de trabajo.*

cholo, la *adj. / s. m.* y *f.* **1** AMÉR. Mestizo de sangre indígena y europea: *Mis amigos son cholos.* || *s. m. / f.* **2** EC., PERÚ, VEN. Tratamiento cariñoso, especialmente en su forma diminutiva.

cholón *s. m.* PERÚ; COLOQUIAL. Canica grande.

chomba o **chompa** *s. f.* **1** AMÉR. Jersey. **2** COL. Cazadora, prenda. **3** PERÚ. Vasija de barro.

chongo *s. m.* **1** MÉX.; COLOQUIAL. Moño de pelo. **2** MÉX.; COLOQUIAL. Rizo. **3** PERÚ; VULGAR. Lío, pelea, embrollo. **4** PERÚ; VULGAR. Burdel.

chonta *s. f.* AMÉR. C., PERÚ. Variedad de palma espinosa de madera muy dura y color oscuro, empleada para hacer bastones y objetos de adorno.

chontaduro *s. m.* COL., EC.; RESTRINGIDO en Colombia. Pequeña palma de fruto comestible, en racimo.

chontal *adj. / s. m.* y *f.* **1** De un grupo de tribus maya-quiché de Oaxaca y Tabasco (México) y de los individuos de este grupo. **2** AMÉR. DEL S. [Persona] que es basta.

chop *s. m.* AMÉR. Jarra para tomar cerveza de algo menos de medio litro.

choped *s. m.* (no contable) Embutido semejante a la mortadela, de menor diámetro: *un bocadillo de choped.*

chopera *s. f.* Terreno poblado de chopos.

chopería *s. f.* ARG., CHILE. Bar.

chopo *s. m.* Variedad de álamo de corteza gris y rugosa y tronco grueso y frondoso.

choque *s. m.* **1** Acción y resultado de chocar o colisionar: *Se produjo un choque frontal entre dos vehículos. Ha habido un choque de trenes.* **2** Lucha, pelea o discusión: *El choque de los dos ejércitos se produjo en una llanura. Los dos directores mantienen frecuentes choques por el control de la empresa.* **3** Shock: *un choque traumático.* **4** Impresión o emoción fuerte: *La muerte de su padre fue un gran choque para ella.* FR. Y LOC. **coches* de ~. fuerza* de ~.**

choquezuela *s. f.* Rótula, hueso de la rodilla.

chorar *v. tr.* COLOQUIAL, RESTRINGIDO. Robar ‹una persona› [una cosa] [a otra persona]. SIN. chorizar.

chorbo, ba *s. m. / f.* **1** COLOQUIAL. Persona desconocida: *Casi me atropella un chorbo que huía de la policía. Ahí hay una chorba que pregunta por ti.* **2** COLOQUIAL. Compañero sentimental: *A ver si un día me presentas a tu chorba.*

chorear *v. intr.* **1** MÉX.; COLOQUIAL. Platicar ‹una persona› con los amigos. **2** Hacer burla ‹una persona› a otra persona.

choricear *v. tr.* Chorizar.

choriceo *s. m.* COLOQUIAL. Robo o hurto: *Tu vecino se dedica sencillamente al choriceo en el metro.*

choricero, ra *adj.* **1** Del chorizo: *industrial choricero. Como hay muchos cerdos, es una zona muy choricera.* || *adj. / s. m.* y *f.* **2** Persona que por profesión fabrica o vende chorizos: *Es una familia de buenos choriceros.*

chorifatear *v. intr.* PERÚ; JERGAL. Robar ‹una persona›.

chorizar *v. tr.* COLOQUIAL. Robar ‹una persona› [una cosa] a [otra persona]: *Me han chorizado la maleta en la estación.* SIN. chorar, choricear. ⇒ **19.**

chorizo, za *s. m.* **1** Embutido de cerdo picado en trozos grandes y adobado con pimentón dulce o picante. **2** AMÉR. Cilindro de barro y paja que se emplea en la construcción. || *adj. / s. m.* y *f.* **3** COLOQUIAL; PEYORATIVO. Ladrón de objetos de poco valor: *Lo han apresado por chorizo.* **4** COLOQUIAL; PEYORATIVO. Profesional o funcionario poco escrupuloso con el dinero de los demás: *Ese constructor es un chorizo y te puede timar con facilidad.*

chorlito *s. m.* (macho y hembra) Familia *Charadriidae.* Ave de patas largas, cuerpo rechoncho, pico corto y recto, y plumaje con manchas negras o pardas sobre blanco, que vive principalmente en las costas. FR. Y LOC. **cabeza* de ~.**

choro *s. m.* **1** CHILE, PERÚ. Mejillón. **2** PERÚ; JERGAL. Ladrón de poca importancia.

chorote *s. m.* MÉX. Bebida elaborada con cacao molido, pinole, azúcar y especias.

chorra *s. f.* **1** (no contable) COLOQUIAL. Suerte, casualidad: *¡Qué chorra tiene mi hermana, se dio la vuelta y se encontró cinco mil pesetas! Nuestro equipo logró ganar el partido de chorra.* SIN. potra. **2** VULGAR. Pene, órgano sexual masculino. || *adj. / s. m.* y *f.* **3** (preferentemente en plural) COLOQUIAL. Que hace o dice muchas tonterías: *Tu hermano es un poco chorra. –«Salvador es una persona muy chorra.» –«Sí es un chorra.» Tu tía es una chorra completa, podía haberte avisado.*

chorrada *s. f.* **1** COLOQUIAL. Dicho o hecho que está fuera de lugar: *¡Deja de hacer chorradas!* SIN. tontería. **2** COLOQUIAL. Cosa inútil o de poco valor: *¡Cuánto dinero gastas en chorradas!* SIN. bobada.

chorreada *s. f.* RESTRINGIDO. Pequeña cantidad de líquido que se echa a chorro: *una chorreada de aceite.*

chorreadura *s. f.* **1** Acción y resultado de chorrear: *Ten cuidado con la chorreadura de la botella.* SIN. chorreo. **2** Mancha que deja un líquido al chorrear sobre algo: *Han quedado todas las chorreaduras de la sartén en el suelo.*

chorrear *v. intr. / tr.* **1** Salir ‹un líquido› a chorros: *La herida chorrea sangre.* **2** Salir ‹un líquido› gota a gota: *La botella chorrea aceite.* || *v. intr.* **3** Estar ‹una persona o una cosa› empapada: *Estamos chorreando, después del chaparrón.* **4** Producirse ‹una cosa› poco a poco e intermitentemente: *El estadio está muy vacío; el público va chorreando, pero hay mucho espacio libre.* || *v. tr.* **5** Reñir ‹una persona› [a otra persona] violentamente: *Nos han chorreado justamente. El jefe puede chorrearnos con gana por esto.*

chorreo *s. m.* **1** (no contable) Acción de chorrear: *El chorreo de la cisterna del wáter no nos dejaba dormir.* **2** (no contable) Gasto continuo, y a la larga abundante, de algo, en especial dinero: *El cine y las diversiones son un buen chorreo de dinero en cualquier casa.* **3** Bronca o reprensión fuerte: *Nos ha echado el jefe un chorreo tremendo por llegar tarde. Les voy a echar un chorreo por mentirosos.*

chorrera *s. f.* **1** Lugar por donde corre una pequeña porción de líquido: *Esta chorrera sale de la fuente.* **2** Marca que deja el agua por donde ha corrido: *Se ven unas chorreras en la pared, producto de la bañera del vecino de arriba.* **3** Adorno de encaje, generalmente en la pechera de una camisa: *La chorrera se superpone a la toga de los magistrados.* **4** Tramo del río en el que, por su pendiente, el agua corre a mayor velocidad: *Este río tiene chorreras muy peligrosas.* SIN. rápido. **5** RESTRINGIDO. Cascada de agua. SIN. salto. FR. Y LOC. **Y un jamón* (con chorreras).**

chorro *s. m.* **1** Líquido o gas que sale por un orificio con más o menos fuerza: *Sale un chorro de agua muy fino de esa fuente. Echa un chorro de lejía.* **2** Pequeño caudal de agua que fluye por un cauce: *Dos chorros de agua corren paralelos al río hasta que se unen los tres.* SIN. reguero, regato. **3** Caída continuada de cosas pequeñas e iguales: *Empezó a caer un chorro de monedas de la máquina tragaperras.* SIN. chorreo. **4** Salida abundante e impetuosa de una cosa: *Tiene un chorro de voz impresionante. Salía por la herida un chorro de sangre.* **5** ARG., URUG. Ladrón, estafador. FR. Y LOC. **a chorros** COLOQUIAL. Con gran abundancia, de manera incontenible: *Gana dinero a chorros. Habla a chorros.* **como los chorros del oro** COLOQUIAL. Muy limpio: *Tiene la casa como los chorros del oro. Tiene los baños como los chorros del oro.* **propulsión* a ~.**

chotacabras (plural *chotacabras*) *s. f.* (macho y hembra) Familia *Caprimulgidae.* Ave nocturna de color generalmente gris pardo con manchas oscuras, pico pequeño y boca grande que le permite tragar insectos en vuelo.

choteado, da *adj.* AMÉR. Que es vulgar, ridículo.

chotear *v. prnl.* **1** Hacer ‹una persona› burla de [otra persona o de una cosa]: *No te chotees* ***de*** *tu vecina.* SIN. cachondearse. ‖ *v. tr. / prnl.* **2** MÉX. Hacer ‹una persona› burla de [otra persona o una cosa]. ‖ *v. tr.* **3** MÉX.; COLOQUIAL. Abaratar ‹una persona› excesivamente [una mercancía]. **4** MÉX. Echar a perder ‹una persona› [un negocio o cosa]. **5** PERÚ; JERGAL. Despreciar ‹una persona› [a una persona o una cosa].

choteo *s. m.* (no contable) COLOQUIAL. Burla, guasa: *¡Basta ya de tanto choteo! No puedes tomarte siempre a choteo lo que te digan en casa.* SIN. pitorreo, cachondeo.

chotis o **chotís** (plural *chotis*) *s. m.* **1** Baile madrileño en pareja, de movimiento lento y compás de cuatro tiempos: *bailar un chotis.* **2** Música y letra con que se acompaña este baile.

choto, ta *s. m./f.* **1** Cría de la vaca mientras mama. SIN. ternero. **2** Cabrito, animal. **3** COLOQUIAL. Toro pequeño. ‖ *adj.* **4** COL.; COLOQUIAL. Que es mimado, engreído. **5** COL.; COLOQUIAL. Que es abundante. **6** ARG.; COLOQUIAL. Que es feo, estropeado. FR. Y LOC. **estar como una chota** COLOQUIAL. Estar ‹una persona› loca, actuar de manera extravagante: *No te sorprendas por lo que haga, que está como una chota.*

chova *s. f.* (macho y hembra) Género *Pyrrhocorax.* Ave de la misma familia que el cuervo, de plumaje negro azulado y patas rojas, que vive en zonas montañosas de la región mediterránea.

chovinismo o **chauvinismo** *s. m.* (no contable) PEYORATIVO. Ideología y comportamiento de la persona que cree que todo lo de su país es mejor y desprecia lo extranjero.

chovinista o **chauvinista** *adj.* **1** Del chovinismo: *ideología chovinista.* ‖ *adj. / s. m.* y *f.* **2** Que es partidario del chovinismo o nacionalismo exagerado.

chow-chow (plural *chow-chow*) *s. m.* (macho y hembra) Perro de cierta raza de origen chino.

choza *s. f.* **1** Cabaña de madera cubierta con pajas o ramas: *Los pastores pasaban la noche en una choza.* **2** Casa muy pobre construida con cualquier material: *Viven en una choza en las afueras de la ciudad.* SIN. chabola.

chozo *s. m.* Choza pequeña.

chubasco *s. m.* Lluvia momentánea, intensa, de poca duración y generalmente acompañada de viento: *En el parte meteorológico han anunciado chubascos para el día de hoy.*

chubasquero *s. m.* Prenda impermeable ligera que sirve para protegerse de la lluvia.

chucaque *s. m.* PERÚ; RESTRINGIDO. Malestar emocional.

chúcaro, ra *adj.* AMÉR. DEL S. Que es bravío, sin domar o arisco.

chucha *s. f.* PERÚ; VULGAR. Órgano sexual femenino.

chuchería *s. f.* **1** Objeto de poco valor, pero que puede ser muy apreciado: *No tiene importancia, es sólo una chuchería que me regaló mi madrina. José tenía el salón lleno de chucherías que había traído en sus numerosos viajes.* SIN. bagatela, fruslería. **2** Alimento de confitería dulce y ligero: *Si comes tantas chucherías, vas a tener caries.* SIN. golosina.

chucho *s. m.* **1** (macho y hembra) COLOQUIAL. Perro que no es de raza: *Me han regalado un chucho precioso.* **2** COLOQUIAL; PEYORATIVO. Se usa para espantar a los perros o como comentario despectivo: *¡Quita, chucho, largo de aquí! No te acerques a ese chucho, que está lleno de pulgas.* **3** AMÉR. DEL S. Escalofrío. **4** (no contable) AMÉR. DEL S. Fiebre producida por el paludismo. **5** ARG., URUG. Miedo. **6** CUBA. Ramal corto de ferrocarril. **7** CHILE. Persona de mal agüero. **8** CHILE. Cárcel.

chuchonal *s. m.* PERÚ; VULGAR. Cantidad grande de personas o cosas.

chuchumeca *s. f.* AMÉR. DEL S.; VULGAR. Prostituta.

chuchurrido, da o **chuchurrío, a** *adj.* (estar) COLOQUIAL. Que está mustio o muy decaído: *Tienes unas plantas muy chuchurridas. La fiebre lo dejó muy chuchurrido.*

chucrut *s. m.* COCINA. Guiso típico alsaciano elaborado con col fermentada y condimentada con especias, que se sirve generalmente con carne o embutido de cerdo.

chueco, ca *adj.* **1** AMÉR. DEL S. Que tiene las piernas torcidas en arco. **2** AMÉR. C., MÉX., PERÚ, VEN.; COLOQUIAL. Que está torcido, desviado. **3** MÉX.; COLOQUIAL. Que es ilegal o deshonesto. **4** MÉX.; COLOQUIAL. Que es zurdo.

chufa *s. f.* **1** Tubérculo lechoso y dulce, que se consume crudo, seco o remojado en agua, y sirve para elaborar la horchata. **2** Planta que produce las chufas. **3** COLOQUIAL; HUMORÍSTICO. Bofetada: *Si no te callas te voy a dar una chufa.*

chufla *s. f.* (no contable) Burla, broma: *Gabriel se toma las clases a chufla. ¿Estás de chufla? ¿Cómo te has pensado que yo iba a gastarme tanto dinero en ese libro?*

chufo *s. m.* **1** COLOQUIAL. Mechón de pelo que se arrolla en un objeto cilíndrico para rizarlo. **2** COLOQUIAL. Rulo o bigudí en que se arrolla el pelo.

chuico *s. m.* CHILE. Damajuana, garrafa.

chulada *s. f.* **1** Objeto que gusta y llama la atención: *¡Vaya una chulada de coche! ¡Qué chulada de encendedor!* **2** Chulería, acción propia de gente mal educada: *hacer chuladas, decir chuladas. Tu hijo me contestó con una chulada.*

chulapo, pa *s. m./f.* Chulo, madrileño castizo: *Los chulapos bailaban el chotis en la verbena.*

chulapón, na *s. m./f.* INTENSIFICADOR. Chulapo, madrileño castizo.

chulear *v. tr.* **1** Vivir ‹un hombre› a costa de [una mujer]: *Ése nunca ha trabajado, siempre se ha dedicado a chulear a las que se han dejado.* **2** MÉX.; COLOQUIAL. Decir piropos ‹una persona› [a otra persona]. ‖ *v. tr./prnl.* **3** Hacer ‹una persona› burla de [otra persona] con gracia: ***Se*** *chulea* ***de*** *todos.* ‖ *v. prnl.* **4** Mostrarse ‹una persona› excesivamente satisfecha de sí misma o de su valía: *Me parece que te chuleas más de lo necesario esta temporada.* SIN. presumir.

chulería *s. f.* (no contable) COLOQUIAL. Actitud, hecho o expresión propia de un chulo o de quien muestra una actitud insolente y altiva: *Ese muchacho me miró con chulería, como si me perdonara la vida. La profesora era muy joven y los estudiantes la trataban con mucha chulería. Le gusta decir siempre unas cuantas chulerías en público.*

chuleta *adj./s. m.* y *f.* **1** COLOQUIAL; PEYORATIVO. Chulo: *Va de chuleta por la vida. Es una tía muy chuleta.* **2** [Persona] que es presumida: *Mira cómo anda ese chuleta. Tenemos una profe muy chuleta.* ‖ *s. f.* **3** Pieza de carne de vacuno, cordero o cerdo que acompaña a la costilla del animal y filete de esta parte del animal: *una chuleta empanada, una chuleta a la brasa. Me gusta mucho el palo de la chuleta. Félix pidió una chuleta de buey a la parrilla.* **4** COLOQUIAL. Papel pequeño oculto que llevan los estudiantes a los exámenes para consultar datos de manera disimulada: *He hecho chuletas de física. Lourdes aprobó gracias a la chuleta que llevaba en la media.* **5** COLOQUIAL. Bofetada: *Su madre, al ver el cristal roto, le pegó una chuleta.* **6** PERÚ; JERGAL. Mujer.

chuli *interj.* COLOQUIAL; INTENSIFICADOR. Bonito, agradable, simpático: *¡Qué chuli!, me gusta tu anillo. Qué chuli es tu coche. Tienes un perro muy chuli.*

chulillo *s. m.* PERÚ. Sirviente.

chulla *adj.* BOL., COL., EC., PERÚ. Que ha perdido la pareja que le corresponde.

chullo *s. m.* ARG., BOL., PERÚ; RESTRINGIDO en Perú. Gorro de lana de colores vivos y dibujos geométricos.

chulo, la *adj./s. m.* y *f.* **1** Que habla o actúa con chulería: *Se ponía muy chulo delante de sus superiores. Es un chulo que se va peleando con todo el mundo.* **2** Que se comporta con orgullo o presunción: *Iba muy chulo en su coche nuevo.* **3** MÉX. Que es guapo o atento. ‖ *s. m./f.* **4** Individuo castizo de ciertos barrios de Madrid. SIN. chulapo. ‖ *adj./s. m.* **5** Hombre que explota a prostitutas y vive a costa de ellas. ‖ *adj.* **6** COLOQUIAL. Que es muy bonito o interesante: *Es muy chulo eso que te has comprado.* FR. Y LOC. **la pata* chula. más ~ que un ocho** INTENSIFICADOR, AFECTIVO. Muy orgulloso o presumiendo de algo: *Mi padre iba más chulo que un ocho con su traje nuevo y su corbata de flores.*

chumacera *s. f.* **1** MEC. Pieza con un hueco sobre la que gira un eje u otra pieza de una máquina. **2** Tablita que se pone en el borde de una barca a remos entre la cual se encajan los toletes.

chumbar *v. tr.* **1** ARG., BOL. Disparar ‹una persona› con balas. ‖ *v. intr.* **2** ARG., URUG. Ladrar. **3** ARG., URUG. Azuzar ‹una persona› [el perro] para que ladre.

chumbera *s. f.* Planta cactácea con tallos formados por palas ovaladas llenas de espinas y flores grandes amarillas o rosas, cuyo fruto es el higo chumbo.

chumbo, ba *s. m.* **1** ARG., PAR., URUG. Bala, proyectil. ‖ **2 higo* ~. 3 higuera* chumba** o **higuera de Indias/pala/tuna.**

chuminada *s. f.* COLOQUIAL. Cosa sin importancia o sin valor, tontería: *No te preocupes por chuminadas y estudia. Le he comprado dos chuminadas para su cumpleaños.*

chuncho, cha *adj.* PERÚ; COLOQUIAL. Que es vergonzoso o tímido.

chunga *s. f.* (no contable) Burla, broma, risa: *Se toman los estudios a chunga. Hoy estás de chunga. Lucía siempre habla en chunga.*

chungo, ga *adj.* **1** (estar) COLOQUIAL. Que está enfermo: *Estuve chungo dos días.* **2** COLOQUIAL. Que no es de fiar: *Es una persona un poco chunga. Ana es muy chunga.* **3** (ser/estar) COLOQUIAL. Que está estropeado o es de mala calidad: *El coche está chungo. Tienes un equipo de música chungo. Este reloj es un poco chungo.* **4** COLOQUIAL. Que es difícil: *El examen fue chungo.* ‖ *adv.* **5** Mal: *Celia lo pasó chungo.*

chungón, na *adj.* Que es amigo de hacer bromas: *Es muy chungón.*

chunguearse *v. prnl.* Burlarse sin malicia ‹una persona› de [otra persona o de una cosa]: *Se chunguean de mi coche viejo, pero a mí me gusta.*

chuña *s. f.* AMÉR. DEL S. Ave del orden de las grullas.

chuño *s. m.* **1** AMÉR. DEL S. Fécula de patata. **2** AMÉR. DEL S. Crema preparada con fécula de patata, leche y azúcar.

chupa *s. f.* **1** COLOQUIAL. Cazadora o chaqueta: *Mi novio tiene una chupa de cuero para montar en moto. Me ha regalado mi chorba una chupa negra.* **2** COLOQUIAL. Chaparrón fuerte: *Nos pescó una chupa que nos dejó calados. Está cayendo una buena chupa.* FR. Y LOC. **poner como ~ de dómine** Echar una fuerte bronca o decir palabras fuertes ‹una persona› a otra persona: *Mi madre nos puso como chupa de dómine por llegar tarde. El director nos ha puesto como chupa de dómine por no incluir esta noticia en primera plana.*

chupa-chups (plural *chupa-chups*) *s. m.* Caramelo redondo provisto de un palito de madera como soporte.

chupada *s. f.* Acción de chupar: *Aida dio una chupada al helado.*

chupado, da *adj.* **1** (estar) COLOQUIAL. Que está muy delgado y con mal aspecto: *La enfermedad lo dejó muy chupado.* **2** (estar) COLOQUIAL. [Examen, pregunta] que es muy fácil: *¡Eso está chupado!* **3** AMÉR. DEL S. Bebido, borracho.

chupar *v. tr.* **1** Sacar ‹una persona o un animal› el jugo o el líquido de [una cosa] con los labios u otro órgano: *No se debe beber del porrón chupándolo.* **2** Ponerse ‹una persona› [una cosa] en la boca para disolverla o humedecerla con la saliva: *Chupa la pastilla, que te sentará bien.* **3** Absorber ‹una cosa esponjosa› [un líquido]: *Esta fregona no chupa nada el agua y friega muy mal.* **4** DEP. No tener ‹una persona› en cuenta [a los demás jugadores del equipo]: *Siempre que jugamos con él se dedica a chupar y no pasa el balón a los demás.* ‖ *v. tr./prnl.* **5** Verse obligada ‹una persona› a soportar [una cosa desagradable]: *El suplente* ***se*** *ha chupado todo el trabajo atrasado.* ‖ *v. tr./intr.* **6** Sacar ‹una persona› provecho de [otra persona] o de [una cosa] sin esfuerzo: *Bernabé ha aprendido a chupar* ***de*** *los demás.* ‖ *v. prnl.* **7** Ponerse ‹una persona› delgada lentamente: *Manolo hace régimen y se va chupando poco a poco.* **8** PERÚ; COLOQUIAL. Avergonzarse ‹una persona›. FR. Y LOC. **~ banquillo*. ~ cámara*. ~ del bote** Sacar ‹una persona› provecho de una cosa: *Éste es de los que siempre chupan del bote. Cuando era gobernador, seguro que chupó del bote.* **~ la sangre*. ~ rueda*. chuparse el dedo*. chuparse los dedos*. ¡chúpate ésa!** COLOQUIAL. Se usa para subrayar una cosa oportuna o ingeniosa que se acaba de decir: *Te devolví la broma, ¡chúpate ésa!*

chupatintas (plural *chupatintas*) *s. m. / f.* COLOQUIAL; PEYORATIVO. Oficinista: *Trabajo de chupatintas en una oficina.*

chupe *s. m.* **1** AMÉR. DEL S. Guiso preparado con papas, queso, ají, carne, pescado, etc. **2** PERÚ. Persona de poca categoría.

chupeta *s. f.* Chupete.

chupete *s. m.* **1** Objeto con una parte de goma o de plástico en forma de pezón que se utiliza para que lo chupen los niños: *Si no le damos el chupete, el niño no se duerme.* **2** Tetina del biberón.

chupetear *v. tr.* Chupar ‹una persona› repetidamente de [una cosa]: *Come el helado, pero no lo chupetees que te manchas. Le gusta chupetear caramelos todo el día.*

chupetín *s. m.* AMÉR. Piruleta.

chupetón *s. m.* COLOQUIAL. Acción y efecto de chupar con fuerza: *¡Mira qué chupetones da al biberón!* SIN. chupada.

chupi *adj.* (invariable) AFECTADO. Que es muy bueno: *Son unas sandalias chupi. Tengo unos libros chupi.*

chupinazo *s. m.* **1** Disparo de un cohete de fuegos artificiales: *Es famoso el chupinazo que inaugura en Pamplona la fiesta de San Fermín.* **2** DEP. Disparo fuerte: *El delantero lanzó un chupinazo al poste. El portero de hockey quedó lesionado porque le dio un chupinazo en la espalda.*

chupito *s. m.* COLOQUIAL. Trago de vino o licor: *Dame un chupito de vino.*

chupón, na *adj. / s. m.* y *f.* **1** Que chupa. **2** COLOQUIAL. Que consigue dinero u otras cosas de los demás mediante engaño: *una persona muy chupona. Eres un chupón.* **3** DEP. Que juega de una manera muy individualista. **4** Que vive como un parásito de los demás: *No lo invito nunca más, es muy chupón.* || *s. m.* **5** Brote de una planta que se desarrolla mucho e impide el crecimiento del fruto.

chupóptero, ra *s. m. / f.* (preferentemente en masculino) COLOQUIAL; HUMORÍSTICO. Persona que vive sin trabajar aprovechándose de los demás: *Jesús es un chupóptero; cobra dos sueldos y no trabaja en ningún sitio.* SIN. aprovechado.

churo, ra *adj. / s. m.* y *f.* **1** ARG., BOL., CHILE, PERÚ. Que es bonito o agraciado. || *s. m.* **2** COL., EC. Pelo crespo, rizado como el de la gente de color.

churrasco *s. m.* Carne de res asada a la brasa: *churrasco de ternera con patatas fritas.*

churrasquear *v. intr.* ARG. Comer churrasco.

churrera *s. f.* Utensilio para hacer churros.

churrería *s. f.* Establecimiento donde se hacen y venden churros.

churrero, ra *s. m. / f.* Persona que tiene por oficio hacer o vender churros: *Pídele al churrero que no ponga demasiado azúcar en los churros.*

churretada *s. f.* **1** Churrete grande: *No pongas las manos sucias en la pared, que vas a marcar una churretada. Mira qué churretada llevas en el jersey.* **2** Conjunto de churretes: *Dejé una churretada de mermelada en el piso de la cocina.*

churrete *s. m.* **1** Mancha en la cara o en una parte visible del cuerpo como la que queda después de comer algo que escurre: *Lleva la cara llena de churretes de chocolate.* **2** ARG., URUG. Burla, broma pesada. FR. Y LOC. **tomar para el ~** ARG., URUG.; COLOQUIAL. Burlarse ‹una persona› de otra persona.

churretón *s. m.* Churrete grande: *Después de comerse el bollo de chocolate Elisa tenía la cara llena de churretones.*

churretoso, sa *adj.* Que está lleno de churretes: *No me toques con esas manos churretosas.*

churrigueresco, ca *adj.* **1** De Churriguera, arquitecto español del siglo XVII, o de su estilo barroco: *una fachada churrigueresca, el arte churrigueresco.* **2** Que está muy recargado o adornado: *Susi se hizo un abrigo muy churrigueresco. Tienen unos adornos muy churriguerescos en el salón.*

churro, rra *adj. / s. f.* **1** [Oveja] que pertenece a una raza con la lana ensortijada y basta: *Las ovejas churras tienen la lana menos apreciada que las merinas.* || *s. m.* **2** Masa de harina en forma de tubo grueso y estriado, frita en aceite y espolvoreada con azúcar: *chocolate con churros.* **3** COLOQUIAL; PEYORATIVO. Algo mal hecho, sin cuidado o chapuceramente: *Este arreglo es un churro.* **4** COLOQUIAL. Casualidad, suerte: *Me salió bien por puro churro.* FR. Y LOC. **de ~** COLOQUIAL. Por casualidad. **mezclar churras con merinas** COLOQUIAL. Mezclar ‹una persona› a personas o cosas que son muy distintas y no deben confundirse: *Hacer ese razonamiento es mezclar churras con merinas.*

churruscar *v. tr.* **1** Quemar o tostar ‹una persona o una cosa› [un alimento] excesivamente: *He churruscado la carne sin querer.* || *v. prnl.* **2** Quemarse o tostarse ‹un alimento› excesivamente: *Se nos ha churruscado la paella.* **⇒ 71.**

churrusco *s. m.* Trozo de pan muy tostado, a punto de quemarse.

churumbel *s. m.* COLOQUIAL. Niño o chico: *Tenían ya tres churumbeles, dos niños y una niña, y ahora van a tener otro. ¿Este churumbel tan guapo qué es, niño o niña?*

chusco, ca *adj.* **1** Que tiene gracia o resulta divertido: *Nos encontramos en una situación muy chusca, las dos parejas en la habitación de hotel equivocada. Nuria cuenta historias chuscas cuando está de buen humor.* **2** EC., PERÚ. [Perro] que es de raza cruzada o desconocida. || *s. m.* **3** Trozo de pan, especialmente el que se reparte como ración a los soldados en el ejército.

chusma *s. f.* (no contable) PEYORATIVO. Gente vulgar o despreciable: *En este bar se reúne toda la chusma del barrio. La chusma empezó a romper escaparates.*

chusmear *v. tr. / intr.* **1** AMÉR. DEL S. Chismorrear, murmurar. **2** P. RICO. Burlar.

chuspa *s. f.* AMÉR. DEL S. Alforja, bolsa.

chusquero *s. m.* RESTRINGIDO. Oficial del ejército que no había hecho cursos regulares en las academias militares y ascendía desde suboficial por antigüedad, después de una serie de cursillos.

chut o **chutazo** *s. m.* DEP. Disparo fuerte hecho con el pie: *El jugador número tres acaba de rematar con un chut. Le ha dado un chutazo a la pelota que la ha colgado del árbol. De un chutazo ha roto un cristal. Le han pegado un chutazo en toda la cara.*

chuta *s. f.* JERGAL. Jeringuilla para inyectarse droga.

chutar *v. intr. / tr.* **1** DEP. Lanzar ‹una persona› el balón con el pie en el fútbol: *Chutó el balón con fuerza.* || *v. prnl.* **2** JERGAL. Administrarse ‹una persona› droga con una jeringuilla: *Se ha chutado hoy varias veces y está muy grave.* FR. Y LOC. **ir* que chuta / arde** o **ir que se mata.**

chutazo *s. m.* DEP. Chut.

chute *s. m.* JERGAL. Inyección de droga: *ponerse un chute, pegarse un chute.*

chuzo *s. m.* **1** Palo acabado en un pincho de hierro, que usaban los serenos. **2** CHILE. Barra de metal acabada en punta para abrir los suelos. FR. Y LOC. **caer los chuzos de punta** INTENSIFICADOR. Llover mucho: *No te olvides el paraguas que hoy caen chuzos de punta. Ayer nos mojamos mucho, porque caían chuzos de punta.*

cía. *abr.* Abreviatura de 'Compañía'.

ciaboga *s. f.* MAR. Maniobra de hacer girar una embarcación moviendo los remos de cada banda en sentido contrario.

cianhídrico *adj.* Se usa en la LOC. **ácido* ~.**

cianosis (plural *cianosis*) *s. f.* (no contable) MED. Coloración azulada de la piel producida generalmente por la falta de oxígeno.

cianuro *s. m.* (no contable) QUÍM. Sal de ácido cianhídrico de olor a almendras amargas que es un poderoso veneno.

ciar *v. intr.* Remar ‹una persona› hacia atrás.

ciática *s. f.* (no contable) MED. Dolor intenso que recorre el nervio ciático.

ciático, ca *adj.* De la cadera: *nervio ciático.*

cibernética *s. f.* (no contable) Ciencia que estudia comparativamente los sistemas de comunicación y control en los seres vivos y en las máquinas.

cibernético, ca *adj.* De la cibernética: *estudios cibernéticos, especialistas cibernéticos.*

cicatería *s. f.* **1** (no contable) Tacañería, falta de generosidad: *Su cicatería es desagradable.* **2** (no contable) Obsesión por las cosas sin importancia: *Su cicatería le impide comprar nada, porque cualquier imperfección del producto lo anima a devolverlo. Su cicatería le amarga la vida, siempre preocupado por los golpes sin importancia del coche.* **3** Acción de un cicatero: *Lucas nos ha deleitado con sus cicaterías hoy; en varias ocasiones se ha negado a pagar la ronda de vino que le tocaba.*

cicatero, ra *adj. / s. m.* y *f.* **1** Que obra con tacañería y mezquindad: *comportamiento cicatero. ¡Qué mujer más cicatera! Mi compañero es un cicatero, un miserable y un ruin.* **2** Que concede importancia excesiva a cosas pequeñas: *No seas tan cicatero y no te enfades por esas tonterías.*

cicatriz *s. f.* **1** Señal que deja en la piel o en un tejido de un ser vivo una herida ya curada: *La operación te ha dejado una pequeña cicatriz.* **2** Marca que deja un sufrimiento intenso: *Todavía no se han cerrado las cicatrices de la guerra.*

cicatrización *s. f.* Acción de cicatrizar o cicatrizarse una herida: *La cicatrización de los tejidos dañados fue lenta. La cicatrización de las heridas de las piernas va muy bien.*

cicatrizar *v. tr.* **1** Cerrar ‹una cosa› [la herida o la lesión de una persona o un animal] completamente: *El alcohol ayudó a cicatrizar la herida.* **2** Hacer desaparecer ‹una cosa› el recuerdo de [una experiencia desagradable de una persona]: *El tiempo cicatrizó su pena.* || *v. intr. / prnl.* **3** Cerrarse ‹una herida o una lesión de una persona o de un animal› completamente: *La herida **se** ha cicatrizado.* **4** Desaparecer el recuerdo de ‹una experiencia desagradable de una persona›: *Se cicatrizó su pena de amor.* ⇒ **19.**

cicerone *s. m. / f.* Persona que enseña y explica las cosas interesantes de un lugar: *Cuando visitamos la ciudad, su primo nos hizo de cicerone.* SIN. guía.

ciclamen *s. m.* Planta herbácea de hojas acorazonadas y flores blancas o rosadas utilizada como planta de adorno.

ciclamor *s. m. Cercis siliquastrum.* Árbol con hojas en forma de corazón y flores agrupadas en racimos, que se cultiva como planta de adorno.

cíclico, ca *adj.* **1** Que se repite cada cierto periodo de tiempo: *Las crisis económicas son fenómenos cíclicos. Esta enfermedad pasa por varias fases cíclicas.* **2** QUÍM. [Estructura molecular] que tiene forma de anillo. **3** [Enseñanza] que se organiza o reparte en ciclos de acuerdo con un esquema siempre repetido: *enseñanza cíclica. Las asignaturas son cíclicas. El programa es cíclico: los mismos temas con diferentes dificultades cada año.*

ciclismo *s. m.* DEP. Deporte que se practica en bicicleta con las modalidades de carrera y pista: *hacer ciclismo, carrera de ciclismo, corredor de ciclismo.*

ciclista *adj.* **1** Del ciclismo: *Corrió la vuelta ciclista a España.* || *s. m. / f.* **2** Persona que va en bicicleta: *Los ciclistas deben tener cuidado con los coches.* **3** Deportista que se dedica por profesión a practicar el ciclismo: *Ahora hay buenos ciclistas en España.*

ciclo *s. m.* **1** Serie de fases, operaciones o periodos que se suceden de forma constante y siempre en el mismo orden en cualquier tipo de fenómenos: *el ciclo de las estaciones del año, el ciclo menstrual de la mujer.* **2** Serie de fases por las que pasa un fenómeno físico periódico, hasta que vuelve a aparecer una fase anterior: *el ciclo de una onda sonora.* **3** Serie de actos de carácter cultural relacionados entre sí: *Esta semana hay un ciclo de conferencias sobre Alberti en la universidad. Están echando un ciclo de cine de terror.* **4** LIT. Conjunto de poemas, especialmente épicos, obras literarias o artísticas con un elemento común: *el ciclo de la novela de caballería del Amadís, el ciclo troyano, el ciclo Bretón.* **5** Cada una de las divisiones de un plan de estudios: *ciclo primario, ciclo secundario.*

ciclocross (del inglés; pronunciamos *'ciclocrós'*) *s. m.* DEP. Modalidad de ciclismo que se practica por campo a través o por circuitos accidentados.

cicloide *s. f.* GEOM. Curva plana engendrada por un punto de la circunferencia cuando ésta rueda sobre una línea recta.

ciclomotor *s. m.* Vehículo de dos ruedas con un motor de pequeña cilindrada: *Tu nieta sabe montar en un ciclomotor.* SIN. velomotor.

ciclón *s. m.* **1** METEOR. Masa atmosférica en que el aire gira alrededor de un centro de bajas presiones: *El ciclón traerá a la Península precipitaciones.* **2** METEOR. Viento muy fuerte que gira a modo de torbellino en grandes círculos y suele originarse en zonas tropicales. SIN. huracán. **~ tropical.** **3** Persona que actúa de manera impulsiva e impetuosa: *Nuestra jefa es un ciclón; nos tiene cansados. Este niño no para; es un ciclón.*

ciclónico, ca *adj.* Del ciclón o de su entorno: *zona ciclónica, tiempo ciclónico.*

cíclope *s. m.* MIT. Entre los griegos, gigante con un solo ojo en la frente.

ciclópeo, a *adj.* **1** [Mitología] de los cíclopes. **2** [Construcción antigua] que está hecha con grandes piedras puestas unas sobre otras sin argamasa: *Las murallas de Tarragona son un buen ejemplo de arquitectura ciclópea.* **3** ELEVADO. Que tiene un gran tamaño: *una escultura ciclópea.* SIN. gigantesco.

ciclostil o **ciclostilo** *s. m.* **1** (no contable) Técnica para reproducir muchas veces un escrito o dibujo mediante clichés perforados por los que pasa la tinta. **2** Aparato que se utiliza para estas reproducciones: *Compraron varios ciclostiles para el colegio.*

ciclotimia *s. f.* (no contable) MED. Alternancia en las fases de euforia y depresión típica de la psicosis maniaco-depresiva.

cicloturismo *s. m.* Viaje o excursión turística que utiliza como medio de locomoción la bicicleta: *El cicloturismo no está desarrollado por igual en todos los países.*

cicloturista *s. m. / f.* Persona que practica el cicloturismo: *Los cicloturistas mezclan los viajes en bicicleta y en el tren.*

-cico, ca *suf.* -ico.

cicuta *s. f.* **1** *Conium maculatum.* Planta umbelífera, de tallo hueco, flores blancas, hojas de color verde oscuro y olor desagradable de la que se obtiene un poderoso veneno. **2** Veneno extraído de las cicutas.

Cid *s. m.* Se usa en la LOC. **~ Campeador*.**

cidra *s. f.* Fruto del cidro, parecido al limón, aunque algo mayor, de olor agradable y sabor agrio, que se utiliza en medicina.

cidro *s. m. Citrus medica.* Árbol de tronco liso, hojas brillantes y flores rojas olorosas cuyo fruto es la cidra.

ciego, ga *adj. / s. m.* y *f.* **1** (ser / estar) Que no puede ver: *Mi compañero es ciego. Estoy ciego desde los ocho años.* SIN. invidente. || *adj.* **2** (estar) Que está dominado por un sentimiento o afición: *Mateo está ciego* ***de*** *ira. Paco está ciego* ***de*** *amor. Ramón está ciego* ***por*** *el teatro.* **3** Que es total o completa: *Siente una confianza ciega en su médico.* **4** (estar) Que no se da cuenta de algo que es patente: *Eva está ciega y no ve cuáles son sus intereses. Clara está ciega* ***para*** *el sufrimiento ajeno.* **5** (estar) [Conducto, agujero] que está lleno de alguna cosa que lo inutiliza: *La tubería está ciega.* **6** JERGAL. Drogado. || **7 fe* ciega. 8 intestino* ~. 9 la gallina* / gallineta ciega. 10 vainica* ciega.** FR. Y LOC. **a ciegas** 1 Sin ver nada: *Blas llegó a ciegas a su habitación porque se fue la luz en toda la casa.* 2 Sin conocer bien el asunto: *Contesté a ciegas el examen.* **dar palos* de ~.**

cielito *s. m.* **1** AFECTADO; TRATAMIENTO. Apelativo cariñoso: *Cielito, ¿dónde estás? Mi mujer y mi hija son mis dos cielitos.* **2** ARG., CHILE, URUG. Danza popular con ritmo de vals, incorporada a la coreografía del pericón.

cielo *s. m.* **1** (no contable) Firmamento, espacio que rodea a la Tierra y en el que se mueven los astros: *Las estrellas y la Luna se ven en el cielo. El cielo está estrellado.* **2** Atmósfera, capa de gases que rodea a la Tierra: *un cielo con nubes, un cielo despejado, un cielo azul. Se cierra el cielo. Se descarga el cielo. El cielo se despeja.* **3** (no contable) REL. Lugar o estado donde se goza de la presencia de Dios. **reino* de los cielos. 4** Dios o su providencia: *Pide al cielo que te cure.* **5** Parte superior que cubre alguna cosa: *cielo del paladar.* **6** (no contable) AFECTADO; AFECTIVO. Forma cariñosa de dirigirse a una persona: *Cielo, ¿puedes venir un momento?* **7** Persona o cosa encantadora: *Sonia es un cielo. Tu perrito es un cielo. ¿No te parece un cielo esta pulsera?* || *interj.* **8** (en plural) Expresa admiración, sorpresa o extrañeza: *¡Cielos, cuánto has crecido! ¡Cielos, nadie te esperaba por aquí! ¡Cielos, qué tarde es!* || **9 ~ raso** Techo plano y liso del interior de los edificios. FR. Y LOC. **a ~ abierto** Al aire libre: *Durmieron en el campo a cielo abierto.* **bajado / venido / llovido del ~** COLOQUIAL. Estupendo, en el mejor momento: *El trabajo que le han ofrecido le ha venido llovido del cielo. Llegas venido del cielo, ahora que estamos celebrando la fiesta.* **clamar* al ~. estar en el séptimo ~** INTENSIFICADOR. Estar ‹una persona› muy a gusto: *Tumbados en esta playa, estamos en el séptimo cielo.* **Dios* es testigo** o **pongo a Dios por testigo** o **pongo al ~ por testigo. ganar el ~** Merecer ‹una persona› algo bueno: *Mi madre se gana el cielo aguantando a los niños todas las tardes.* **írsele* el santo al ~. poner el grito* en el ~. remover ~ y tierra** INTENSIFICADOR. Hacer ‹una persona› todo tipo de esfuerzos por lograr lo que quiere: *Removeré cielo y tierra hasta que me paguen lo que me deben.* **tocar el ~ con las manos** COLOQUIAL; INTENSIFICADOR. Manifestar ‹una persona› un gran enfado o una gran desesperación. **tocino* de ~. ver el ~ abierto** o **ver los cielos abiertos** Ver ‹una persona› el momento adecuado para salir de un apuro o para lograr lo que quería: *Con el coche que le han regalado, ha visto el cielo abierto.* REFR. **Cielo aborregado / empedrado, suelo mojado.** Se usa para indicar que si en el cielo vemos nubes blancas y redondeadas, es muy probable que llueva. **El que al cielo escupe, en la cara le cae.** Se usa para indicar que al que dice palabras ofensivas contra Dios, las personas o cosas superiores, saldrá perjudicado.

ciempiés (plural *ciempiés*) *s. m.* Clase *Chilopoda.* Animal miriápodo con el cuerpo dividido en muchos segmentos con patas, las primeras en forma de pinzas con las que introduce el veneno.

cien *adj. / pron. num. card. / s. m.* **1** (apócope de *ciento*, que se emplea delante de un sustantivo o de un numeral) Cantidad que representa la cifra 100: *cien mujeres, cien mil pesetas. Asistieron alrededor de cien personas.* || *adj. num. ord. / s. m.* **2** Centésimo: *el capítulo cien.* FR. Y LOC. **andar / ir con ojo*** o **andar / ir con ~ ojos. cien por ~** Totalmente, completamente, absolutamente: *Ese aparato es cien por cien japonés.* **poner* a ~.**

ciénaga *s. f.* **1** Terreno pantanoso o lleno de cieno: *En ese lugar no se puede hacer una urbanización, porque es una ciénaga.* **2** Lugar donde las reglas de convivencia o moralidad no se respetan: *Es una auténtica ciénaga esa oficina, se quebrantan sistemáticamente todos los derechos.*

ciencia *s. f.* **1** (no contable) Conjunto de conocimientos obtenidos mediante la aplicación de un método, que pretende ser objetivo: *el avance de la ciencia en el siglo* XX. **2** Cada parte de estos conocimientos que corresponde a una rama del saber: *La astronomía es la ciencia que estudia los astros.* SIN. disciplina. **ciencias aplicadas. ciencias de la información. ciencias experimentales. ciencias humanas. ciencias naturales. ciencias sociales. ciencias exactas** Las matemáticas y la lógica. **ciencias puras** Ciencias por sí mismas, independientemente de su aplicación práctica. **3** (en plural; no contable) Estudios que incluyen las matemáticas, la física, la química y las ciencias naturales, por oposición, a los de letras: *Estudio una carrera universitaria de ciencias.* **4** (no contable) RESTRINGIDO. Habilidad o maestría en algo: *la ciencia de un buen cocinero.* SIN. destreza, aptitud. || **5 ~ ficción** Género literario o cinematográfico que sitúa la acción en un mundo científico y tecnológico más avanzado que el actual. **6 ~ infusa** frecuentemente IRONÍA. Conocimiento espontáneo sobre algo, como si viniera por inspiración: *No me dirás que esto lo has aprendido por ciencia infusa.* **7 ciencias ocultas** Ocultismo. **8 gaya ~** ELEVADO. Arte de la poesía. FR. Y LOC. **a ~ cierta** Con toda seguridad: *No sé a ciencia cierta a qué hora sale el tren.* **no tener ~** o **tener poca ~** Ser ‹una cosa› fácil: *Hacer un huevo frito tiene poca ciencia.* **ser un pozo* de sabiduría / ~ / maldad. hombre* de ~.**

cieno *s. m.* **1** (no contable) Barro blando y sucio que se deposita en las aguas estancadas o en el cauce o desembocadura de un río: *Hundió sus manos en el cieno de la orilla.* SIN. fango. **2** (no contable) Conjunto de materias sólidas sedimentadas en los depósitos en donde van a parar aguas residuales: *un producto para remover el cieno del fondo.*

científicamente *adv. modo* **1** Por procedimientos científicos, con metodología científica o con solvencia científica: *Eso está demostrado científicamente.* || *adv. restrictivo* **2** Desde la perspectiva de la ciencia: *Científicamente, eso es inadmisible.* **3** En los conocimientos científicos: *Científicamente, Ismael se formó en varias universidades.* **4** En cuanto a conocimientos científicos, en la faceta de científico: *Humanamente es un ser adorable, pero científicamente tiene lagunas increíbles.*

cientificismo o **cientifismo** *s. m.* **1** (no contable) Ideología que concede prioridad a la ciencia y al método científico como medio de conocer la realidad y satisfacer las necesidades de la inteligencia humana. **2** (no contable) Ideología según la cual los únicos conocimientos válidos son los que proceden de las ciencias positivas. **3** (no contable) PEYORATIVO. Ideología que extiende el método científico de las ciencias positivas a todos los ámbitos de la vida intelectual y moral de las personas: *El cientificismo exagerado no puede explicar todos los aspectos de la complejidad humana.*

cientificista *adj.* **1** Del cientificismo: *teoría cientificista.* || *adj. / s. m.* y *f.* **2** Que es partidario del cientificismo.

científico, ca *adj.* **1** De la ciencia: *teoría científica, investigación científica.* || *adj. / s. m.* y *f.* **2** Que se dedica al estudio de una o de varias ciencias: *El personal científico del centro está especializado en la observación del espacio. Su padre es un conocido científico que ha obtenido numerosos premios.* || **3 socialismo* ~.**

cientifismo *s. m.* Cientificismo.

ciento *adj. / pron. num. card. / s. m.* **1** Cantidad que representa la cifra 100: *Ciento veinticinco niños han visitado el museo.* OBSERVACIONES: ◊ Se emplea sólo en la formación de cantidades compuestas. ◊ La forma apocopada *cien* se emplea delante de un sustantivo o de un numeral. || *adj. num. ord. / s. m.* **2** Centésimo: *el episodio ciento sesenta y nueve.* OBSERVACIONES: Se emplea en la formación de cantidades compuestas. || *s. m.* **3** Signo lingüístico o matemático con que se representa esta cantidad: *A todo esto debes restarle el ciento cincuenta.* **4** (en plural) Indica, de forma indefinida, una gran cantidad de una cosa: *Tiene cientos de admiradores.* **5** Conjunto formado por cien unidades, de personas o de cosas: *Allí había dos cientos de personas, no más.* SIN. centenar. FR. Y LOC. **a cientos** En gran cantidad: *Los había a cientos por todo el piso.* **ciento por ~** Cien por cien. **~ y la madre** COLOQUIAL; INTENSIFICADOR. Mucha o demasiada gente: *Éramos ciento y la madre en el curso del año pasado. En aquel salón estábamos ciento y la madre.* **cientos y cientos (de)** INTENSIFICADOR. Indica, de forma indefinida, una gran abundancia, muchos centenares: *Corrigió cientos y cientos de exámenes.* **por* ~. tanto por ~** 1 Operación matemática que consiste en averiguar que cantidad resulta de tomar una cierta cantidad cada cien: *En la última clase de matemáticas hemos aprendido a hallar el tanto por ciento.* 2 Una cantidad de cada cien: *Me descuentan un diez por ciento del billete.*

cierne *s. m.* Se usa en la LOC. **en ciernes** Al comienzo, en sus inicios, en preparación: *El plan está en ciernes. Este chico es un jugador en ciernes. La cosecha está en ciernes.*

cierre *s. m.* **1** (no contable) Acción y resultado de cerrar o cerrarse: *la hora del cierre de las tiendas, el cierre de la edición de un periódico, el cierre de una herida.* ANT. apertura. **2** Lo que sirve para cerrar algo o mantenerlo cerrado: *el cierre de un bolso, el cierre de una puerta.* SIN. cerradura. **3** Cualquier cerca, pared y objeto semejante con que se limita un espacio, en especial cualquier tipo de persianas o rejas que protegen las puertas o las ventanas: *A la hora de elegir un cierre dudamos entre un muro o una empalizada.* **4** ADMINISTRATIVO. Decisión de cerrar un local o una empresa por orden judicial o de una autoridad administrativa superior: *El juez decidió el cierre de la discoteca. El ayuntamiento obligó al cierre de varios bares nocturnos.* **5** Final del plazo para admitir originales para imprimir un libro o un periódico: *Éstas fueron las últimas noticias al cierre de la edición.* **6** Finalización o terminación de un plazo temporal: *El cierre de los comercios se ampliará a los domingos y días festivos.* **7** Trabajo u obra concreta que completa y acaba una obra: *Esta representación es el cierre de la temporada. Con estos kilómetros conseguimos el cierre de la carretera de circunvalación. El tejado es el cierre de la obra.* || **8 ~ en fundido** CINE. Desaparición gradual de la imagen cinematográfica, hasta la total oscuridad: *La escena acababa con un cierre en fundido.* **9 ~ metálico** Reja o persiana metálica que protege las entradas, puertas y escaparates de los establecimientos. **10 ~ relámpago** AMÉR. Cremallera. FR. Y LOC. **echar el ~** Cerrar ‹una persona› un establecimiento al terminar la jornada laboral: *Faltaba poco para echar el cierre.*

ciertamente *adv. orac.* **1** Expresa asentimiento, con significado próximo o equivalente a 'así es', 'es cierto', 'cierto', en respuestas: –«*¿Son muchas?*» –«*Ciertamente*». Y, sobre todo, en respuestas a comentarios –«*¡Qué buenas están las nécoras!*» –«*Ciertamente.*» OBSERVACIONES: Tanto en este uso como en el siguiente, puede preceder, como *naturalmente* y frente a *realmente* o *efectivamente*, a frases encabezadas por *que*: *Ciertamente que sí. Ciertamente que lo son.* **2** Expresa el reconocimiento previo ('es verdad que...', 'cierto que...', 'hay que reconocer que...') de un hecho defendido o defendible por otro hablante, anticipando, sin embargo, una discrepancia radical: *Tus cerdos, ciertamente, son muy buenos, pero como los míos no hay.*

OBSERVACIONES: Puede anteponerse a adjetivos y adverbios, con un matiz de intensificación: –«*Son buenas las nécoras gallegas.*» –«*Ciertamente buenas.*» –«*¿Vives lejos?*» –«*Ciertamente bastante lejos.*»

cierto, ta *adj.* **1** Que es verdadero: *El rumor era cierto.* **2** (antepuesto) Que es poco o indeterminado: *Le produjo cierta alegría. Le daba cierta vergüenza. Sara consiguió ciertos folletos de viajes.* **3** (antepuesto) Que es determinado para el que habla, pero desconocido para el que escucha: *Cierto día llamó a su casa un desconocido. Le pusieron de malhumor ciertos problemas.* || *adv.* **4** Sí, ciertamente: –«*Llegaste ayer, ¿verdad?*» –«*Cierto.*» FR. Y LOC. **de ~** Ciertamente: *Lo sé de cierto.* **en cierta medida*. por ~** 1 Se usa para iniciar una frase con algo recordado o sugerido en la conversación: *Por cierto, ayer conseguí hablar con su médico.* 2 Se usa para forzar un nuevo tema de conversación, con una relativa naturalidad, no siempre posible: –«*Bueno, pues hasta mañana.*» –«*Hasta mañana; por cierto, ¿no tendrás el teléfono de Juan?*»

ciervo, va *s. m. / f.* **1** *Cervus elaphus.* Mamífero rumiante, de patas largas y delgadas, con cuernos ramificados, en el macho, que cambian cada año. || **2 ~ volante** (macho y hembra) *Lucanus cervus.* Insecto parecido al escarabajo, bastante grande, cuyo macho tiene unos abultamientos en la mandíbula que parecen cuernos.

cierzo *s. m.* (no contable) Viento frío del Norte: *En Castilla el cierzo es muy frío.*

CIF (pronunciamos *'cif'*) *s. m.* Sigla de «Código de Identificación Fiscal», España.

cifosis (plural *cifosis*) *s. f.* (no contable) MED. Desviación hacia delante de la columna vertebral.

cifra *s. f.* **1** Cada uno de los signos con que se representa un número: *El 3.211 es un número de cuatro cifras.* **2** Número, cantidad: –«*¿Cuánto te ha costado?*» –«*Di una cifra.*» *No conozco la cifra de parados en Holanda.* **3** Conjunto de signos utilizados para escribir un mensaje secreto: *Los nuevos sistemas de seguridad se articulan por un sistema de cifras.* SIN. clave. **4** Compendio, resumen: *La cifra de su máxima aspiración en esta vida es vivir en un barrio tan elegante.* FR. Y LOC. **baile* de cifras / letras. guerra* de cifras.**

cifrar *v. tr.* **1** Escribir ‹una persona› [una cosa] en cifra: *Han cifrado un mensaje absurdo que no tiene sentido.* **2** Basar ‹una persona› [una cosa] en [otra cosa]: *Lucía cifra su ilusión **en** la riqueza. José cifra toda su alegría **en** los éxitos de su hijo. El entrenador cifró las aspiraciones y los deseos **en** conseguir tres medallas.* **3** Calcular ‹una persona› el valor o la cantidad de [una cosa]: *Los técnicos cifran las pérdidas **en** millones de pesetas. La cantidad de bosques quemados se cifra **en** miles de hectáreas.* **4** Resumir ‹una persona› [un discurso] en [unas palabras]: *El portavoz cifró las prioridades del proyecto **en** una sola cosa: la lucha contra el paro.*

cigala *s. f. Nephrops norvegicus.* Crustáceo marino de color claro, parecido en su caparazón al cangrejo de río, pero más grande, y con unas largas pinzas delanteras, que tiene una carne muy apreciada.

cigarra *s. f.* **1** (macho y hembra) Género *Cicada.* Insecto de cabeza ancha, ojos salientes y alas translúcidas, cuyo macho tiene unas membranas con las que produce un sonido monótono y estridente. SIN. chicharra. **2** CUBA. Fábrica de cigarrillos.

cigarral *s. m.* RESTRINGIDO. Casa de recreo con huerto, fuera de la ciudad de Toledo.

cigarrera *s. f.* **1** preferentemente AMÉR. Caja o estuche en la que se guardan los cigarros: *Le ha regalado una cigarrera de plata.* **2** Petaca, pitillera.

cigarrería *s. f.* **1** ARG., URUG. Estanco, expendeduría de tabaco. **2** COL. Despacho de tabaco y bebidas.

cigarrero, ra *s. m. / f.* Persona que tiene por oficio hacer y vender cigarros.

cigarrillo *s. f.* Cilindro pequeño de tabaco picado envuelto en papel de fumar: *encender un cigarrillo, fumar un cigarrillo, apagar un cigarrillo, un cigarrillo negro, un cigarrillo rubio, un cigarrillo light, cigarrillo con filtro, cigarrillo sin filtro, una cajetilla de cigarrillos, paquete de cigarrillos, cartón de cigarrillos.* SIN. pitillo, cigarro.

cigarro *s. m.* **1** Rollo de hojas de tabaco que se puede fumar: *caja de cigarros, humidificador de cigarros, cigarro puro, cigarro habano, cigarro hecho a mano.* SIN. habano. **2** Cigarrillo: *¿Me das un cigarro? ¿Tienes un cigarro?*

cigomático, ca *adj.* De la mejilla o el pómulo: *arco cigomático.*

cigoñal *s. m.* RESTRINGIDO. Mecanismo tradicional para sacar agua de los pozos que consiste en una palanca de madera con un peso en una punta y una cuerda con un recipiente en la otra, apoyada en su centro sobre una horquilla a la que se sujeta con un eje que le permite girar: *En el oeste de la Península Ibérica pueden verse muchos cigoñales.*

cigoñino *s. m.* (macho y hembra) Pollo de la cigüeña: *Las cigüeñas alimentan a los cigoñinos en la torre.*

cigoto *s m.* Zigoto.

cigüeña *s. f.* (macho y hembra) *Ciconia ciconia.* Ave de plumaje blanco y patas muy largas y delgadas que vive en Europa, emigra a zonas más cálidas en invierno y anida frecuentemente en torres y tejados. FR. Y LOC. **venir / traer la ~** COLOQUIAL. Expresiones que se usan en algunas frases que aluden a la tradición de que la cigüeña trae a los niños que nacen: *¿Cuándo viene la cigüeña? Va a traerte un hermanito la cigüeña.*

cigüeñal *s. m.* MEC. Eje de transmisión de ciertas máquinas con varios codos que llevan articuladas bielas, que sirve para transformar un movimiento rectilíneo en movimiento circular: *el cigüeñal del coche.*

cigüeñuela *s. f.* **1** (macho y hembra) *Himantopus himantopus.* Ave de aspecto parecido al de la cigüeña, con patas largas, plumaje negro y blanco, y pico muy largo y delgado, que vive en lagunas y marismas de Europa. **2** MEC. Manivela que tienen ciertas máquinas en la prolongación de su eje para darle movimiento manualmente: *la cigüeñuela de un torno.*

cilantro *s. m.* Hierba de las umbelíferas, aromática, parecida al perejil, que se emplea como condimento en salsas y ensaladas.

ciliado, da *adj. / s. m.* BIOL. [Célula, microorganismo] que tiene cilios: *Los ciliados son abundantes en las aguas de los charcos.*

ciliar *adj.* **1** ANAT. De las cejas: *Los ojos disfrutan de una protección ciliar.* **2** De los cilios: *El movimiento ciliar permite moverse a muchos microorganismos.*

cilicio *s. m.* 1 RESTRINGIDO. Vestidura áspera que se usaba para hacer penitencia. 2 Especie de faja o pulsera con pinchos hacia dentro, que algunos católicos ciñen a la cintura o a la pierna para mortificar el cuerpo y hacer penitencia: *Era frecuente que ciertos religiosos salieran a la calle siempre con el cilicio puesto.*

cilindrada *s. f.* Capacidad de los cilindros de un motor de explosión, expresada en centímetros cúbicos: *una moto de gran cilindrada.*

cilindradora *s. f.* COL. Apisonadora

cilíndrico, ca *adj.* 1 GEOM. Del cilindro: *superficie cilíndrica.* 2 Que tiene forma de cilindro: *cuerpo cilíndrico, objeto cilíndrico.*

cilindro *s. m.* 1 GEOM. Cuerpo geométrico limitado por una superficie curva cerrada y los planos que lo cortan y que constituyen sus bases. 2 Objeto que tiene esta forma: *No rueda la brocha porque se ha desprendido el cilindro interior. Alcánzame aquel cilindro de cartón, que dentro está el tambor de tinta.* 3 MEC. Tubo en que se mueve el émbolo o el pistón de una máquina: *el cilindro de un motor de explosión, un coche de ocho cilindros.* 4 Pieza de esta forma que gira en una máquina y produce la impresión: *el cilindro de una impresora.* 5 Pieza de una máquina en forma cilíndrica: *cilindro compresor de una apisonadora.* 6 AMÉR.; RESTRINGIDO en España. Bombona metálica y hermética que contiene gases y líquidos volátiles.

cilindroeje *s. m.* ANAT. Prolongación de una neurona, axón. SIN. neurita.

cilio *s. m.* BIOL. Filamento corto y delgado que surge del cuerpo de algunos protozoos y de algunas otras células.

-cillo, lla *suf.* -illo.

cima *s. f.* 1 Parte más alta de una montaña o de un monte: *Alcanzaron la cima a primeras horas de la mañana.* SIN. cumbre, cúspide. 2 Parte más alta de un árbol o de otras cosas: *la cima de una ola.* 3 (no contable) Punto más alto, de mayor esplendor o perfección: *Esa pintora está en la cima de su arte. Félix está en la cima de su fama. Se le ve ahora en la cima de su felicidad.* SIN. cumbre. 4 BOT. Inflorescencia en que todos los ejes acaban en flor. FR. Y LOC. **dar ~** Concluir ‹una persona› con éxito una cosa: *El escritor dio cima a su novela el mes pasado. Hemos dado cima felizmente a estos negocios.*

cimacio *s. m.* 1 Moldura en forma de S. 2 ARQ. Elemento que va sobre el capitel de la columna.

cimarrón, na *adj. / s. m.* y *f.* 1 AMÉR. DEL S. [Animal doméstico] que huye al campo y se hace salvaje. 2 AMÉR. [Esclavo] que huía al monte. ‖ *s. m.* 3 ARG. Mate cebado sin azúcar.

címbalo *s. m.* 1 Campana pequeña. 2 Antiguo instrumento musical de percusión, semejante a los platillos que se usaba en las ceremonias religiosas: *golpes de címbalo.*

cimborio *s. m.* Cimborrio.

cimborrio o **cimborio** *s. m.* 1 ARQ. Cuerpo cilíndrico o poligonal que forma la base de la cúpula y descansa sobre los arcos torales. 2 Cúpula de forma redondeada: *Es característico el cimborrio de la catedral vieja de Salamanca.*

cimbra *s. f.* 1 ARQ. Curvatura interior de un arco o bóveda. 2 Cercha, armazón interior que sostiene los arcos en construcción. 3 ARG., URUG.; RESTRINGIDO. Puerta rústica en una valla o cercado, de maderos y alambre.

cimbrar *v. tr.* Cimbrear.

cimbrear *v. tr.* 1 Hacer ‹una persona o una cosa› que se mueva [una cosa larga, delgada y flexible] de un lado a otro o de arriba abajo: *Cimbreaba la vara delante de nuestra cara con aire amenazante.* SIN. cimbrar. ‖ *v. tr. / prnl.* 2 Mover ‹una persona› [el cuerpo o una parte de él] con gracia y soltura: ***Se** cimbrea al andar.* ‖ *v. prnl.* 3 Moverse ‹una cosa larga, delgada y flexible› de un lado a otro o de arriba abajo: *Los álamos se cimbrean con el viento.* SIN. cimbrarse.

cimbrón *s. m.* 1 ARG.; COLOQUIAL. Vibración fuerte de una cosa flexible. 2 ARG.; COLOQUIAL. Estremecimiento repentino. 3 ARG.; COLOQUIAL. Sacudida de la tierra breve y fuerte.

cimbronazo *s. m.* 1 URUG.; COLOQUIAL. Vibración fuerte de una cosa flexible. 2 URUG.; COLOQUIAL. Golpe contrario de la suerte.

cimbronear *v. intr.* 1 ARG.; COLOQUIAL. Cimbrear. 2 Sacudirse ‹la tierra› con un cimbronazo.

cimentación *s. f.* (no contable) Acción y resultado de cimentar: *Aunque es un edificio moderno, tiene algunos problemas de cimentación. La cimentación de los edificios actuales se hace con técnicas que no exigen abrir grandes zanjas. La cimentación de una narrativa suele ser una buena dosis de observación.*

cimentar *v. tr.* 1 Poner ‹una persona› los cimientos de [un edificio]: *Para cimentar el nuevo museo se usarán materiales especiales que absorben cualquier vibración del suelo.* 2 Establecer ‹una persona› las bases de [una cosa]: *Lentamente estamos cimentando una buena amistad.* SIN. fundamentar. 3 RESTRINGIDO. Fundar ‹una persona› [un poblado o una ciudad]: *Cimentaron la capital de la nueva provincia en un paraje entonces desolado. Cimentaron el monasterio en un espeso bosque de las montañas.*

cimera *s. f.* Parte superior de la pieza de la armadura que se ponía en la cabeza, que se solía adornar con plumas.

cimero, ra *adj.* ELEVADO. Que está en la cima o en lo más alto o que es muy perfecto: *El Quijote es una de las obras cimeras de la literatura española. El novelista es uno de nuestros autores cimeros.*

cimiento *s. m.* 1 (preferentemente en plural) Parte del edificio que está debajo de tierra y sostiene la construcción: *Hay que reforzar los cimientos de la catedral.* 2 (preferentemente en plural) Fundamento de una cosa: *los cimientos de una negociación, los cimientos de la sociedad, los cimientos de una amistad.*

cimitarra *s. f.* Sable oriental de filo largo y curvado: *Los danzantes folclóricos de algunos países árabes mueven las cimitarras con mucha elegancia.*

cina-cina *s. f.* ARG., URUG. Arbusto espinoso de hasta siete metros de altura.

cinabrio *s. m.* MIN. Mineral formado por sulfuro de mercurio, pesado y de color rojo oscuro, del que se obtiene el mercurio.

cinamomo *s. m.* BOT. *Melia azedarach.* Árbol meliáceo, de madera dura y olorosa, flores agrupadas en racimo y fruto en cápsula del que se extrae un aceite utilizado en medicina y en la industria.

cinc o **zinc** *s. m.* (no contable) *Zn.* Elemento químico metálico de color blanco azulado y brillante, utilizado en el galvanizado del hierro y en aleaciones: *un tejado de cinc, una lámina de cinc.*

cincel *s. m.* Herramienta consistente en una barra metálica acabada en un filo recto, utilizada para trabajar la piedra, el metal o la madera a golpe de martillo: *el cincel de un escultor, el cincel de un picapedrero, trabajar con el cincel, cortar con el cincel.*

cincelado *s. m.* Obra labrada a cincel: *El cincelado de la medalla era muy superficial porque casi se ha perdido.*

cincelar *v. tr.* Hacer ‹una persona› [una obra] con cincel: *El escultor cinceló con maestría la cabeza del maestro. Le han encargado que cincele una medalla conmemorativa de nuestra sociedad. Se han borrado todas las letras excepto unas que estaban cinceladas en la pared.*

cincha *s. f.* Correa o faja que sujeta la silla o la albarda sobre la cabalgadura: *Aprieta bien la cincha cuando vayas a montar.*

cinchar *v. tr.* **1** Apretar ‹una persona› las cinchas de la silla de [una caballería]: *Cincha bien al caballo si sales de paseo.* **2** Rodear ‹una persona› [una cosa] con cinchos: *Tenemos que cinchar este tonel, porque está a punto de romperse.* || *v. intr.* **3** ARG., URUG. Tirar con fuerza ‹una persona› de una cosa. **4** ARG., URUG. Trabajar esforzadamente ‹una persona›.

cincho *s. m.* **1** RESTRINGIDO. Cinturón: *¡Qué cincho más chachi tienes!* **2** Aro de hierro que sirve de refuerzo, como el de los toneles o las ruedas.

cinco *adj. / pron. num. card. / s. m.* **1** Cantidad que representa la cifra 5: *Andrés me ha llamado cinco veces esta mañana.* || *adj. num. ord. / s. m.* **2** Quinto: *el capítulo cinco, el 5 de mayo.* || *s. m.* **3** Signo lingüístico y matemático con que se representa esta cantidad: *Te falta sumar el cinco.* FR. Y LOC. **¡choca / dame esos ~!** COLOQUIAL. Expresión usada para invitar a alguien a dar la mano. **como tres* y dos son ~. estar sin ~** o **no tener ni ~** COLOQUIAL. Estar ‹una persona› sin dinero: *No puedo ir de vacaciones, no tengo ni cinco.* **las ~** La quinta hora del día o la quinta después del mediodía: *A las cinco todavía no ha amanecido. Vente a merendar a las cinco. En este momento son las cinco.*

cincuenta *adj. / pron. num. card. / s. m.* **1** Cantidad que representa la cifra 50: *¿Me prestas cincuenta pesetas?* OBSERVACIONES: Del número 51 al 59 se escribe con *cincuenta* seguido de *y* más la cifra de la unidad: *cincuenta y tres.* || *adj. num. ord. / s. m.* **2** Quincuagésimo: *el capítulo cincuenta.* || *s. m.* **3** Signo lingüístico o matemático que representa este número: *El número cincuenta se representa con el número cinco y el cero combinados en un orden determinado.* || **4 los (años) ~** Los años 1950-1959: *Los cincuenta fueron años de prosperidad.* **5 los ~** 1 La edad de cincuenta años: *casarse a los cincuenta.* 2 Los años 50-59 de la edad: *No superó la crisis de los cincuenta.*

cincuentavo, va *adj. num. part. / s. m.* Cada una de las cincuenta partes iguales en que se divide un todo. OBSERVACIONES: Los partitivos del 51 al 59 se forman con el número cardinal seguido del sufijo *-avo*: *cincuentaitresavo.* SIN. quincuagésimo.

cincuentón, na *adj. / s. m. y f.* Que tiene entre cincuenta y sesenta años: *una mujer cincuentona. Ese actor ya es cincuentón. Es un cincuentón muy guapo.*

cine *s. m.* **1** (no contable) Técnica, industria y arte de la cinematografía. **~ mudo. ~ sonoro. proyector de ~. 2** Local donde pueden verse películas cinematográficas. **~ de estreno. 3** (no contable) Conjunto de películas: *el cine mexicano, el cine cubano, el cine español.* **~ de terror. ~ negro** Cine sobre crímenes y delitos que se desarrollan en un ambiente sórdido. || **4 ~ forum** Acto en el que primero se exhibe una película y después hay un coloquio sobre ella. FR. Y LOC. **de ~** 1 COLOQUIAL. Magnífico, muy lujoso, muy hermoso: *Tienen un coche de cine. Mi novio tiene un cuerpo de cine. Vive en una casa de cine.* 2 COLOQUIAL. Estupendamente, muy bien: *Esa pareja baila de cine. Tu primo nada de cine. El tío conduce de cine.*

cineasta *s. m. / f.* **1** Persona que se dedica profesionalmente a dirigir, producir o intervenir en películas: *un cineasta consagrado, un cineasta galardonado con un óscar.* **2** Persona que se dedica a estudiar el mundo del cine.

cineclub (plural *cineclubs* o *cineclubes*) *s. m.* **1** Asociación dedicada a la difusión del cine y su mundo: *En nuestra ciudad se han inaugurado varios cineclubs de barrio.* **2** Lugar donde tiene su sede un cineclub en el que se celebran las sesiones de cine: *El cineclub ha estrenado un nuevo local.*

cinéfilo, la *adj. / s. m. y f.* Que es muy aficionado al cine: *Los cinéfilos pueden pasarse encerrados todo un día viendo películas.*

cinegética *s. f.* (no contable) ELEVADO. Arte de la caza: *un manual de cinegética.*

cinegético, ca *adj.* ELEVADO. De la caza: *actividades cinegéticas, legislación cinegética.*

cinema *s. m.* **1** RESTRINGIDO. Cine. **2** RESTRINGIDO. Cinematógrafo.

cinemascope (marca registrada) *s. m.* (no contable) Técnica cinematográfica que comprime las imágenes en el rodaje y permite proyectarlas después sobre pantallas curvas y dar una sensación de profunda perspectiva.

cinemateca *s. f.* **1** Lugar donde se archivan y conservan las películas cinematográficas. **2** Sala donde se proyectan películas de esta colección: *Se han inaugurado las sesiones de la cinemateca nacional.* **3** Colección de películas: *Tengo una pequeña cinemateca de terror.*

cinemática *s. f.* (no contable) FÍS. Parte de la mecánica que estudia el movimiento de los cuerpos, sin relacionarlo con las causas que lo producen o modifican.

cinematografía o **cine** *s. f.* (no contable) Técnica y arte de representar en una pantalla imágenes en movimiento por medio del cinematógrafo: *La cinematografía es una industria floreciente.*

cinematografiar *v. tr.* RESTRINGIDO. Tomar ‹una persona› las imágenes en movimiento de [una cosa] en una película cinematográfica. SIN. filmar.⇒ **8.**

cinematográfico, ca *adj.* Del cine o del cinematógrafo: *la actualidad cinematográfica de la ciudad, la cartelera cinematográfica.* **velada* cinematográfica.**

cinematógrafo *s. m.* **1** Aparato que reproduce una serie de imágenes fijas sucesivas creando la ilusión de movimiento al proyectarlas en una pantalla: *El cinematógrafo fue inventado por los hermanos Lumière.* **2** Cine. SIN. cinema.

cinerario, ria *adj.* ELEVADO. De la ceniza o apropiado para contener la ceniza de los difuntos. **urna* cineraria.**

cinética *s. f.* **1** (no contable) FÍS. Parte de la mecánica que estudia el movimiento. **2** (no contable) QUÍM. Parte de la química que estudia la velocidad de las reacciones.

cinético, ca *adj.* Del movimiento. **energía* cinética.**

cingalés, sa *adj. / s. m.* y *f.* **1** De Ceilán, actual Sri Lanka: *té cingalés, propietaria cingalesa, los cingaleses.* || *s. m.* **2** LING. Lengua índica hablada en Ceilán, actual Sri Lanka.

cíngaro, ra *adj. / s. m.* y *f.* Que pertenece al pueblo gitano establecido principalmente en el centro de Europa: *una mujer cíngara. Los cíngaros cantaban alegres canciones.*

cinglar *v. tr.* **1** Mover ‹una persona› [una embarcación] con un solo remo situado a popa. **2** Trabajar ‹una persona› [el hierro] para limpiarlo de escorias.

cíngulo *s. m.* Cordón con que el sacerdote católico se ciñe el alba.

cínico, ca *adj. / s. m.* y *f.* **1** Que miente con descaro o desfachatez: *¡Anda, no seas cínico! Eres una cínica espantosa.* **2** (ser / estar; antepuesto / pospuesto) Que presume de escepticismo o falta de moral: *Te estás haciendo muy cínico. ¿Por qué no borras esa cínica sonrisa de tu cara? Reconozco que en estos últimos años me he convertido en un cínico. Estás muy cínica esta noche. A mí no me hables en ese tono tan cínico.* **3** FILOS. Que es partidario del cinismo filosófico: *La filosofía cínica dejó una lista larga de discípulos.*

cínife *s. m.* (macho y hembra) ELEVADO. Mosquito.

cinismo *s. m.* **1** (no contable) Actitud de la persona que de forma descarada practica o defiende acciones que son censurables: *Es sorprendente el cinismo que demostró cuando dijo que no sabía nada de lo ocurrido. Con todo su cinismo intentó demostrar los beneficios del robo.* **2** (no contable) FILOS. Doctrina filosófica de una escuela griega que defendía la virtud como único bien y menospreciaba las convenciones sociales.

cinquillo *s. m.* Juego de cartas: *Jugaremos una partida al cinquillo.*

cinta *s. f.* **1** Tira larga y estrecha de tela o de un material flexible: *Necesito una cinta para el pelo. Ahí venden cintas de adorno. El ganador de la maratón rompió la cinta de llegada.* **~ aislante** Cinta adhesiva que se usa para aislar los empalmes de los cables eléctricos. **~ métrica** Cinta que tiene marcada la longitud del metro y sus divisiones, empleada para medir. **2** Tira de tela o de material flexible impregnada de tinta que se usa en impresoras o en máquinas de escribir: *Tengo que comprar una cinta de impresora.* **3** ARQ. Adorno o relieve arquitectónico en forma de banda. **4** Carne larga y ovalada que se obtiene del lomo del cerdo: *Tenemos hoy una cinta adobada muy rica.* **~ de lomo.** || **5 ~ magnética** Tira plástica que se usa para grabar y reproducir sonidos e imágenes. **6 ~ perforada** Cinta de papel con agujeros que se usaba para almacenar información. **7 ~ transportadora** Dispositivo mecánico de piezas metálicas articuladas en dos tiras plásticas resistentes que sirve para transportar bultos o mercancías: *la cinta transportadora de los equipajes en los aeropuertos. Un pasillo rodante o una escalera mecánica son dos ejemplos de cintas transportadoras para pasajeros.*

cintex *s. m.* ARG. Celo.

cinto *s. m.* Cinturón.

cintra *s. f.* ARQ. Curvatura de un arco o de una bóveda. SIN. cimbra.

cintura *s. f.* **1** Parte del cuerpo humano más estrecha situada por encima de las caderas. SIN. talle. **~ de avispa** Cintura muy estrecha: *En algunos momentos la moda exigía a las damas esfuerzos grandes para poder conseguir la ansiada cintura de avispa.* **2** Parte de un vestido que queda a la altura de esta parte del cuerpo: *No me gusta la cintura de este vestido, es muy ancha.* FR. Y LOC. **meter en ~** COLOQUIAL. Obligar ‹una persona› a otra persona a comportarse de una manera determinada: *Si el chico sigue portándose mal, habrá que meterlo en cintura.*

cinturilla *s. f.* Tira fuerte de tela que se pone en la cintura de un vestido o de un pantalón, que sirve para ajustar la prenda: *He tenido que acortar un poco la cinturilla de la falda porque me iba un poco grande.*

cinturón *s. m.* **1** Correa o tira de tela o cuero que ciñe la cintura y se emplea para ajustar una prenda al cuerpo o para sujetar algo: *Me gusta ir sin tirantes y sin cinturón.* **2** Correa o tira de tela o cuero que sirve para colgar la espada o un arma blanca: *El sable le colgaba del cinturón.* **3** Cinta que ciñe el traje de las artes marciales e indica, según su color, la categoría del deportista: *cinturón negro de kárate.* **4** Conjunto de cosas o personas que rodean algo: *Un cinturón de seguidores impedía el acceso a la estrella. Un cinturón de montañas rodea la ciudad.* || **5 ~ de castidad** Cinturón de hierro o cuero con cerradura que se colocaba en la Edad Media a algunas mujeres para impedirles tener relaciones amorosas. **6 ~ de seguridad** Cinturón que llevan los vehículos para sujetar los ocupantes a sus asientos: *Abróchense los cinturones de seguridad, que vamos a aterrizar.* **7 ~ industrial** Zona de fábricas e industrias que rodea los grandes núcleos de población: *el cinturón industrial de Barcelona.* FR. Y LOC. **apretarse el ~** COLOQUIAL. Gastar ‹una persona› lo menos posible: *La crisis económica nos obliga a apretarnos el cinturón. A final de mes hay que apretarse el cinturón.*

-ción *suf.* Significa 'acción y resultado de' y forma sustantivos a partir de verbos: *reparar - reparación, prohibir - prohibición, producir - producción.*

cipayo, ya *adj. / s. m.* y *f.* **1** ARG., URUG.; PEYORATIVO. [Persona] que sirve a los intereses extranjeros en contra de su propio país. || *s. m.* **2** HIST. Soldado hindú al servicio de un país europeo durante los siglos XVIII y XIX: *la revuelta de los cipayos.*

ciperáceo, a *adj.* **1** BOT. [Planta] que es angiosperma monocotiledónea, herbácea, tiene flores en espiga solitarias o aglomeradas en cabezuela y fruto en cariópside, como la juncia. || *s. f.* **2** (en plural) BOT. Familia de estas plantas.

cipote *s. m.* **1** VULGAR. Pene. **2** AMÉR. C. Chico, golfillo.

ciprés *s. m.* **1** Género *Cupressus.* Árbol cupresáceo de regular altura, tronco estrecho, copa en forma de cono y pequeñas hojas de color verde oscuro, típico de parques y cementerios: *ciprés común o mediterráneo.* **2** (no contable) Madera de los cipreses.

cipresal *s. m.* Lugar poblado de cipreses.

ciprio, pria o **cipriota** *adj. / s. m.* y *f.* RESTRINGIDO. Chipriota.

circense *adj.* **1** Del circo: *espectáculo circense.* **2** Del circo de los romanos: *la gloria circense.*

circo *s. m.* **1** Lugar que tenían los antiguos romanos para algunos espectáculos: *Eran famosas las carreras de carros de los circos romanos.* **2** Recinto circular con gradas y normalmente cubierto con una carpa donde se ofrece un espectáculo de diversión con números variados: *Los payasos y* *trapecistas trabajan en los circos.* **3** (no contable) Espectáculo de los circos: *La primera función de circo comienza a las cuatro. Disfruto viendo el número de circo de los malabaristas.* **4** Conjunto de miembros que intervienen en los circos: *El circo viaja en camiones y carromatos.* **5** Desorden en una actividad o situación llamativa de algo: *No voy a clase, porque es un circo, es un follón. No se puede ir a la oficina ésa porque es un circo; todos hablan y nadie te atiende.* || **6 ~ glaciar** GEOGR. Depresión cóncava en una montaña, con grandes paredes, producida por un glaciar.

circón o **zircón** *s. m.* Mineral transparente, blanco o amarillento formado por silicato de circonio, del que se extrae el circonio.

circonio o **zirconio** *s. m. Zr.* (no contable) Elemento químico metálico de color negro, radiactivo, que arde sin llama y es resistente a la acción de los ácidos.

circonita *s. f.* MIN. Variedad del circón de color gris o marrón que se utiliza en joyería.

circuir *v. tr.* **1** ELEVADO. Estar ‹una cosa› alrededor de [otra cosa]. SIN. circundar, rodear. **2** ELEVADO. Poner ‹una persona› [una cosa] alrededor de [otra cosa]. SIN. circundar. ⇒ **46.**

circuito *s. m.* **1** Camino que vuelve al punto de partida: *circuito de bicicletas, circuito de carreras.* **2** Recorrido turístico por diversos lugares: *un circuito por Italia, un circuito por Andalucía.* **3** Perímetro, contorno alrededor de algo: *el circuito de la ciudad, el circuito de las murallas.* || **4 ~ cerrado 4₁** Circuito por donde pasa la corriente eléctrica. **4₂** Cámara de televisión conectada directamente a una pantalla en un local: *En la discoteca un circuito cerrado permite a los bailarines verse en una pantalla gigante. En los bancos, circuitos cerrados de televisión se encargan de la seguridad.* **5 ~ integrado** FÍS. Conjunto de conductores unidos en un soporte: *Los ordenadores han podido evolucionar por el avance de los circuitos integrados.*

circulación *s. f.* **1** (no contable) Acción de circular: *La circulación de aire era mínima y el ambiente agobiante.* **2** (no contable) Movimiento de personas y vehículos por las vías públicas: *Es una calle con mucha circulación.* SIN. tránsito. **código de la ~. señal* de tráfico / ~.** **3** (no contable) ANAT. Recorrido que hace la sangre por el cuerpo: *Estar de pie es malo para la circulación.* **4** (no contable) Movimiento de moneda, valores bancarios y artículos de comercio: *Hay poca circulación en el mercado.* **dinero* en ~.** FR. Y LOC. **poner en ~** Hacer ‹una persona› que una cosa empiece a circular: *Se pondrán en circulación nuevos billetes de dos mil pesetas.* **retirar de la ~** Recoger ‹la autoridad competente› alguna cosa, como una moneda, para que no circule, o un libro o un periódico, para que no sea leído: *Ese billete se ha retirado de la circulación.*

circular *v. intr.* **1** Moverse ‹una cosa o una persona› por un circuito o camino: *El metro circula hoy con normalidad. El agua ya circula por las cañerías. En el parque circulan muchos niños y viejos.* **2** Moverse ‹una persona› en una dirección: *¡Circulen, por favor!* **3** Pasar ‹una cosa› de una persona a otra: *Las nuevas monedas circulan poco, según parece. La nueva literatura tiene que circular más en la universidad. La noticia circuló rápidamente.* SIN. difundirse. || *v. tr.* **4** Enviar ‹una persona› [órdenes, instrucciones o normas] mediante circulares [a varias personas]: *Haz circular la orden de que mañana hay clase.*

circular *adj.* **1** Que pertenece al círculo o que tiene su forma: *una figura circular, un espacio circular.* **sierra* ~.** || *s. f.* **2** Orden que una autoridad superior dirige a sus subordinados: *Una circular del gobernador exige a los policías uniformados que no se desabrochen el cuello en verano.* **3** Carta o aviso dirigido a varias personas para comunicarles algo: *El club de fútbol envió a sus socios una circular para informarles de la subida de los abonos.*

circulatorio, ria *adj.* **1** De la circulación de la sangre: *problemas circulatorios.* **2** Del tráfico o de la circulación: *Los problemas circulatorios no se solucionarán hasta que mejore la coordinación de los semáforos.*

círculo *s. m.* **1** GEOM. Superficie plana contenida dentro de una circunferencia. *Pinta el círculo de azul. Veía círculos al cerrar los ojos.* **2** Circunferencia: *Rodea las respuestas correctas del test con un círculo.* **3** Corro de personas: *La gente se puso en círculo alrededor de un mimo.* **4** Asociación de personas que desarrollan una actividad: *el círculo mercantil, el círculo de bellas artes, un círculo de escritores, un círculo de diseñadores.* SIN. club. **5** Grupo de amigos de una persona: *A la fiesta acudió su círculo de amistades. Tiene un círculo muy pequeño, pero selecto, según él.* **6** (preferentemente en plural) Sector o ambiente social: *círculos políticos. En círculos financieros se rumorea que se producirá una recesión.* **7** Edificio o lugar en el que se reúne un grupo de personas para conversar o desarrollar una actividad. || **8 ~ acimutal** MAR. Instrumento portátil de navegación que, combinado con las indicaciones de la brújula, se usa para conocer en qué rumbo se encuentra un objeto. **9 ~ polar** GEOGR. Cada uno de los círculos menores, paralelos al ecuador, que pasan por los polos, en la esfera terrestre: *círculo polar ártico, círculo polar antártico.* **10 ~ vicioso 10₁** Defecto que se comete cuando dos cosas se explican una por otra recíprocamente y ambas quedan sin explicación: *En el diccionario encontré varios círculos viciosos.* **10₂** Situación o problema sin salida ni solución, por existir dos circunstancias en que una es causa y efecto de la otra.

circuncidar *v. tr.* Cortar ‹una persona› una porción del prepucio de [un hombre] circularmente: *Es normal circuncidar a los niños en ciertas religiones.*

circuncisión *s. f.* Acción y resultado de circuncidar: *A los niños judíos se les practica la circuncisión.*

circundante *adj.* Que circunda o rodea: *El espacio circundante de nuestra casa es agradable. Están ordenando urbanísticamente el parque y su zona circundante.*

circundar *v. tr.* **1** Estar ‹una cosa› alrededor de [otra cosa]: *Las montañas circundan la ciudad.* SIN. circuir, cercar. **2** Poner ‹una persona› [una cosa] alrededor de [otra cosa]: *Ha circundado el jardín con una valla de madera muy bonita.* SIN. circuir, cercar.

circunferencia *s. f.* **1** GEOM. Línea curva cerrada en la que todos sus puntos equidistan de uno interior llamado centro: *Dibuja una circunferencia con el compás.* **2** Contorno de una superficie: *La circunferencia de esta camilla es más pequeña que la de la mesa.* SIN. círculo.

circunferir *v. tr.* RESTRINGIDO. Circunscribir, limitar: *Cada vez circunfiere más sus lecturas a sus intereses.* ⇒ **75.**

circunflejo *adj. / s. m.* Se usa en la LOC. **acento* ~.**

circunloquio *s. m.* Expresión en la que se dan rodeos o explicaciones excesivas: *No te andes con circunloquios y explícame directamente qué quieres.*

circunnavegación *s. f.* ELEVADO. Acción y efecto de circunnavegar: *La circunnavegación de Juan Sebastián Elcano fue una hazaña increíble.* SIN. periplo.

circunnavegar *v. tr.* Navegar ‹una embarcación› alrededor de [una cosa]. ⇒ **56.**

circunscribir *v. tr.* **1** Mantener ‹una persona› [una cosa] dentro de [unos límites]: *Circunscribió su exposición* ***a*** *los temas clave.* SIN. ceñir. **2** Dibujar ‹una persona› [una figura regular] alrededor de [otra figura] de manera que ésta última sea tocada en el mayor número posible de puntos: *Circunscribe una circunferencia* ***a*** *un pentágono.* || *v. prnl.* **3** Mantenerse ‹una persona o una cosa› dentro de [unos límites]: *El temporal se circunscribe* ***a*** *la costa.* ⇒ **91.**

circunscripción *s. f.* **1** División administrativa, eclesiástica, electoral o militar de un territorio: *Se presenta como candidato por la circunscripción de Ávila. Es el pueblo más importante de esta circunscripción.* SIN. distrito. **2** (no contable) ELEVADO. Acción y resultado de circunscribir: *Me aconsejó la circunscripción de mis acciones a un ámbito muy reducido.* SIN. limitación.

circunscrito, ta *p.* Participio irregular de *circunscribir.*

circunspección *s. f.* (no contable) ELEVADO. Seriedad y prudencia de palabra o de obra: *Ese niño mostraba una circunspección impropia de su extrema juventud.* SIN. gravedad.

circunspecto, ta *adj.* (ser / estar) Que es muy serio, prudente y reservado: *Alba es muy circunspecta. Ramón estuvo muy circunspecto toda la noche.*

circunstancia *s. f.* **1** Situación, condición o accidente que rodea a alguna persona o cosa o influye sobre ellas: *No parece que las circunstancias sean favorables para viajar. Se daban todas las circunstancias para la victoria, pero perdieron el partido. Si no se dan ciertas circunstancias no iré. ¿En qué circunstancias te encuentras?* **2** DER. Motivo legal que modifica la responsabilidad de una persona en un delito. **~ agravante*. ~ atenuante*. ~ eximente*.** FR. Y LOC. **a la altura* de las circunstancias. adaptarse* a las circunstancias. cara* de circunstancias. de circunstancias** 1 Ocasional, poco sincero: *Leyó unas palabras de bienvenida de circunstancias.* 2 Preparado para una ocasión, provisional: *Han levantado unas barracas de circunstancias, hasta que el barrio afectado por el ciclón sea arreglado. Mientras se acaba la terminal, los trámites del aeropuerto se efectúan en unas oficinas de circunstancias.*

circunstancial *adj.* **1** Que depende de alguna circunstancia: *ayuda circunstancial. Fue una decisión circunstancial.* || **2 complemento* ~.**

circunstancialmente *adv. modo* **1** De manera no permanente o por una circunstancia particular: *El pequeño, circunstancialmente en Francia, no pudo asistir. La carretera está circunstancialmente cortada.* || *adv. orac.* **2** Introduce, en una narración, un inciso descriptivo en que se presenta un hecho novedoso, conectado con lo que se acaba de nombrar, que el hablante considera pertinente, a menudo dentro de una estrategia argumentativa: *Circunstancialmente, la víctima cumplía hoy veintidós años.* RELACIONES Y CONTRASTES: Es más corriente la construcción *Se da la circunstancia de que*: *Se da la circunstancia de que hace un mes perdió la otra mano.*

circunstante *adj. / s. m.* y *f.* (preferentemente en plural) [Personas] que están presentes en un sitio o que presencian un acontecimiento: *Todos los vecinos circunstantes aplaudieron la intervención de la policía. Los circunstantes salieron corriendo cuando vieron el toro desbocado.*

circunvalación *s. f.* Acción y efecto de circunvalar: *Hicimos la circunvalación de la ciudad siguiendo la muralla.* FR. Y LOC. **de ~** [Línea de transporte, vía] que circunvala una población: *No atravesaremos la ciudad; pasaremos por la carretera de circunvalación.*

circunvalar *v. tr.* Rodear ‹una persona› [un lugar]: *No atravesaremos la ciudad; la circunvalaremos.*

circunvolución *s. f.* **1** RESTRINGIDO. Rodeo o vuelta: *No sé qué pretende ese joven con esas circunvoluciones en la playa; se le va a estropear la moto. Nos deleitamos con las circunvoluciones de la caballería de la guardia urbana.* || **2 ~ cerebral** Cada uno de los pliegues externos de la corteza cerebral en formaciones circulares, separados por depresiones.

cirial *s. m.* En las iglesias católicas, candelero alto que lleva el monaguillo en algunas ceremonias religiosas.

ciriar *v. tr. / prnl.* AMÉR.; COLOQUIAL. Enamorar ‹una persona› [a otra persona].

cirílico, ca *adj.* [Alfabeto] que se utiliza en ruso y otras lenguas eslavas y que se cree fue inventado por Cirilo en el siglo IX: *carácter cirílico, escritura cirílica.*

cirio *s. m.* **1** Vela de cera, larga y gruesa utilizada en el culto católico: *encender un cirio. Llevamos un cirio a un santo para pedir su curación. Pusimos un cirio a la Virgen para agradecerle el aprobado.* **~ bautismal** Entre los católicos, cirio que lleva el padrino en un bautizo. **~ pascual** En la Iglesia católica, cirio que se bendice el Sábado Santo y se enciende en misas y otras solemnidades hasta el día de la Ascensión. **2** (no contable) COLOQUIAL. Jaleo, alboroto: *Se ha organizado un buen cirio con este asunto. Se ha armado un cirio en la escalera. Por favor, bajad en silencio; no me gustan los cirios fuera de casa.* SIN. follón, lío. **3** AMÉR.; COLOQUIAL. Enamorado, pretendiente.

cirquero, ra *s. m. / f.* **1** MÉX.; COLOQUIAL. Acróbata, volatinero. **2** COLOQUIAL. Empresario o trabajador de un circo. **3** COLOQUIAL. Persona que finge dolor. **4** ARG.; COLOQUIAL; PEYORATIVO. Persona que se comporta de una determinada manera para llamar la atención.

cirrípedo *adj. / s. m.* **1** ZOOL. [Animal crustáceo] que vive en el mar fijo en rocas o en objetos sumergidos, como el percebe. SIN. cirrópodo. || *s. m.* **2** (en plural) Grupo que forman los crustáceos cirrípedos.

cirro *s. m.* Nube blanca en forma de filamentos, que se presenta en las capas altas de la atmósfera.

cirrópodo *adj. / s. m.* Cirrípedo.

cirrosis (plural *cirrosis*) *s. f.* (no contable) MED. Enfermedad del hígado en que se produce una destrucción de sus células.

cirrótico, ca *adj.* **1** De la cirrosis: *ataque cirrótico.* || *adj. / s. m.* y *f.* **2** (ser / estar) Que padece cirrosis: *Todos sus amigos son cirróticos. Con lo que bebes, tienes que estar cirrótico perdido.*

ciruela *s. f.* Fruto del ciruelo, carnoso y con un hueso en el centro, de forma y color variado. **~ claudia** Ciruela redonda, de color verde claro y muy jugosa y dulce.

ciruelo *s. m.* **1** *Prunus domestica.* Árbol rosáceo con hojas en forma de lanza y flor blanca cuyo fruto es la ciruela. **2** VULGAR. Testículo.

cirugía *s. f.* (no contable) MED. Parte de la medicina que estudia y trata de curar las enfermedades o lesiones mediante operaciones. **~ estética** Cirugía plástica que estudia y trata de embellecer una parte del cuerpo: *Me voy a hacer la cirugía estética y a cambiar un poquito la nariz.* **~ plástica** Cirugía que estudia y trata la restauración de una parte del cuerpo: *Se ha sometido a una operación de cirugía plástica para quitarse la celulitis.*

ciruja *s. m. / f.* **1** ARG.; COLOQUIAL. Persona que rebusca cosas en las basuras. **2** ARG.; COLOQUIAL. Persona que pide limosna sin domicilio fijo. || *adj.* **3** ARG.; COLOQUIAL. [Perro] que no es de raza.

cirujano, na *s. m. / f.* Médico especialista en cirugía: *cirujano plástico, cirujano cardiovascular.* SIN. operador.

ciscar *v. tr.* **1** RESTRINGIDO. Poner ‹una persona o una cosa› sucia [una cosa]: *Ten cuidado, que estás ciscando la pared.* SIN. ensuciar. **2** RESTRINGIDO. Causar ‹una persona› molestias [a otra persona]: *Estoy harto; lleva toda la tarde ciscándonos con sus tontadas.* SIN. fastidiar. || *v. prnl.* **3** COLOQUIAL; EUFEMISMO. Expulsar ‹una persona o un animal› los excrementos: *No me hagas reír, que me cisco en los pantalones. El perro se ha ciscado **en** la alfombra.* ⇒ **71.**

cisco *s. m.* **1** Carbón vegetal menudo. **2** Alboroto: *Se armó un cisco tremendo.* SIN. bullicio. FR. Y LOC. **hacer ~** Causar ‹una persona o una cosa› un daño físico o moral a otra persona o a una cosa: *Cuando la dejó su novio quedó hecha cisco. Ha hecho cisco el jarrón.*

-císimo, ma *suf.* -ísimo.

cisma *s. m.* **1** Separación de un grupo de personas con relación a la doctrina de una iglesia o religión a la que pertenecían: *cisma religioso entre oriente y occidente.* **2** Doctrina o conjunto de ideas defendidas por los que se separan: *cisma arriano.* **3** División entre los individuos de un cuerpo o de una comunidad: *un cisma en el partido político. Sus ideas han creado un cisma en el seno dirigente.* SIN. escisión.

cismático, ca *adj. / s. m.* y *f.* Que implica, promueve o acepta un cisma: *movimientos cismáticos, libros cismáticos, doctrinas cismáticas. Los cismáticos han estado perseguidos en muchos momentos.*

cisne *s. m.* (macho y hembra) *Cygnus olor.* Ave acuática de cuello muy largo, plumaje generalmente blanco y pico anaranjado, que vive en grupos. FR. Y LOC. **canto* del ~. cuello* ~.**

cisoria *adj.* LITERARIO. Se usa en la LOC. **arte* ~.**

císter *s. m.* Orden religiosa católica fundada en el siglo XI para recobrar la austeridad de los primeros benedictinos: *El Císter está extendido por muchos países.*

cisterciense *adj. / s. m.* Que pertenece a la orden del Císter: *un hábito cisterciense, una abadía cisterciense.*

cisterna *s. f.* **1** Depósito de agua para un retrete o de un urinario. **2** Depósito, generalmente subterráneo, donde se almacena el agua de lluvia o de manantial: *Muchos castillos medievales contaban con cisternas para guardar una buena provisión de agua.* || *adj. / s. f.* **3** Camión dedicado al transporte de líquidos: *Ha volcado una cisterna de leche en la autopista A-7.* || *adj.* **4** (invariable) Que tiene un depósito para el transporte de líquidos. **barco ~. buque ~. camión ~.**

cistitis (plural *cistitis*) *s. f.* MED. Inflamación de la vejiga urinaria.

cisura *s. f.* Hendidura o grieta muy fina: *Una cisura imperceptible de la bañera era la causa de la humedad de la pared.* SIN. raja.

cita *s. f.* **1** Acuerdo entre dos o más personas para encontrarse en un lugar a una hora convenida: *Acordamos una cita para el lunes por la tarde.* **2** Encuentro previamente establecido entre dos o más personas: *Me voy, que tengo ahora una cita. Seguiremos esperando un poco, porque nuestros amigos suelen acudir a las citas y no dan plantones.* **3** Mención de un autor, texto o dato en un discurso o trabajo: *Las citas científicas tienen que ser exactas. Este autor tiene un estilo exageradamente recargado, con muchas citas.* FR. Y LOC. **casa* de citas.**

citación *s. f.* **1** (no contable) Acción de citar. **2** DER. Documento en el que se cita a alguien: *Recibió una citación del juzgado.*

citar *v. tr. / prnl.* **1** Decir ‹una persona› [a otra persona] que acuda a una entrevista o a una reunión en [un lugar]: ***Nos** citamos **en** el zoo.* || *v. tr.* **2** Nombrar ‹una persona› [a un autor] o repetir las palabras de [un texto]: *Siempre cita las obras de Ortega para justificarse.* SIN. aludir. **3** DER. Llamar ‹el juez› [a una persona]: *El tribunal ha citado al alcalde de la ciudad. Ha sido citado a declarar un vecino de la víctima.* **4** TAUROM. Llamar ‹el torero› la atención del [toro]: *El diestro citó al bicho desde el centro de la plaza.*

cítara *s. f.* Antiguo instrumento musical de cuerda con una caja de resonancia plana que se tocaba con una púa: *Tocas muy bien la cítara. Hay diferentes clases de cítaras.*

citerior *adj.* Que está situado en la parte más cercana de Italia: *La España citerior para los romanos era la Tarraconense.*

-cito, ta *suf.* -ito.

citófono *s. m.* COL. Interfono.

citología *s. f.* **1** MED. Examen o análisis de las células con fines de diagnóstico: *Me van a hacer una citología.* **2** BIOL. Estudio de la anatomía, fisiología y bioquímica de las células. **3** Resultado de un análisis citológico: *La citología última es normal.*

citoplasma *s. m.* BIOL. Parte de la célula que rodea al núcleo.

cítrico *adj.* **1** Del limón o de los agrios. **ácido ~.** || *s. m.* **2** (preferentemente en plural) Árbol que produce frutas agrias o agridulces: *Los naranjos y los limoneros son cítricos.* **3** (preferentemente en plural) Fruta que es agria o agridulce, como el limón, la naranja, el pomelo o la mandarina.

citricultura *s. f.* (no contable) Actividad de cultivar cítricos.

citrus (plural *citrus*) *s. m.* ARG., URUG. Cítrico, árbol y fruto.

CIU (pronunciamos '*ciu*') *s. f.* Sigla de «Convergència i Unió» (expresión catalana que significa 'Convergencia y Unión'), coalición de dos partidos políticos catalanes, España.

ciudad *s. f.* **1** Espacio geográfico con muchos habitantes, los cuales se dedican por lo general a actividades no agrícolas: *Las ciudades disponen de grandes avenidas. En las grandes ciudades hay mucho tráfico.* **2** Población no rural, por oposición al campo: *La gente de las ciudades lleva una vida muy diferente a la del campo.* **3** Conjunto de las calles de este espacio: *Sólo conozco la parte antigua de la ciudad.* 4 Conjunto de instalaciones o edificios destinados a una actividad. ~ **deportiva.** ~ **sanitaria.** ~ **universitaria.** || 5 ~ **dormitorio** Barrio de una gran ciudad, con escasez de equipamientos sociales, cuya población se suele desplazar para trabajar a un núcleo urbano mayor. 6 ~ **jardín** Núcleo residencial formado por viviendas unifamiliares provistas de jardines. 7 ~ **satélite** Población próxima a una gran ciudad, con administración propia, pero vinculada a aquélla por una serie de intereses. 8 **gas* ~.**

ciudadanía *s. f.* 1 (no contable) DER. Derecho y condición de ser ciudadano de un país: *El violinista pidió la ciudadanía británica. Evité la cárcel por tener ciudadanía española. En ejercicio de su ciudadanía, el detenido exigió que la policía lo llevara a casa.* SIN. nacionalidad. 2 (no contable) POLÍT. Conjunto de los ciudadanos de un país: *El alcalde dirigió un mensaje de paz a toda la ciudadanía. La ciudadanía no aceptó los nuevos impuestos.* 3 (no contable) Comportamiento que se supone debe corresponder a un buen ciudadano: *He votado por ciudadanía. Es un acto de ciudadanía mantener limpia la ciudad.*

ciudadano, na *adj.* 1 De la ciudad o de los que viven en ella: *un deber ciudadano, la población ciudadana, la seguridad ciudadana, el tráfico ciudadano.* || *adj. / s. m.* y *f.* 2 Persona que ha nacido o vive en una ciudad: *un ciudadano de Zaragoza, un ciudadano de Lima, una ciudadana de Buenos Aires.* 3 Persona que tiene una nacionalidad y un conjunto de derechos y deberes políticos y civiles: *Los ciudadanos tienen derecho a ser informados. Los ciudadanos tienen derecho a elegir y ser elegidos para ciertos cargos públicos.*

ciudadela *s. f.* Fortificación en el interior de una ciudad o de un castillo que sirve para controlarlos y como refugio último: *No hay ninguna ciudadela inexpugnable.* SIN. alcázar.

ciudadrealeño, ña *adj. / s. m.* y *f.* De Ciudad Real, ciudad y provincia española: *el alcalde ciudadrealeño. Los ciudadrealeños celebraban sus fiestas.*

civeta *s. f.* (macho y hembra) Mamífero carnívoro que segrega un ungüento llamado algalia usado para hacer perfumes, y vive en Asia y África.

cívico, ca *adj.* 1 De la ciudad o de los ciudadanos: *centro cívico.* 2 Del civismo o educación de los ciudadanos: *conducta cívica.* 3 Que se comporta con educación de ciudadano: *Son personas cívicas, ya verás.* ANT. incivil.

civil *adj.* 1 De la ciudad o de los ciudadanos, especialmente en oposición a lo oficial: *sociedad civil, derechos civiles, obligaciones civiles.* **protección* ~.** 2 DER. De las relaciones entre personas privadas: *contrato civil, legislación civil.* **derecho ~.** 3 Que no es militar o eclesiástico: *aviación civil, organismo civil, autoridad civil.* **arquitectura ~. gobernador ~.** || **4 acción* ~. 5 código* ~. 6 día* ~. 7 estado* ~. 8 guardia* ~. 9 guerra* ~. 10 matrimonio* ~. 11 registro* ~.**

civilidad *s. f.* (no contable) RESTRINGIDO. Sociabilidad, urbanidad: *Lo menos que se le puede exigir es civilidad.*

civilista *adj. / s. m.* y *f.* Especialista en derecho civil.

civilización *s. f.* 1 Conjunto de ideas, costumbres y organización propias de un determinado grupo humano: *Estudia la civilización griega.* 2 Acción y resultado de civilizar: *La civilización de los romanos se impuso a los pobladores de la península Ibérica tras numerosas guerras y batallas.*

civilizar *v. tr.* 1 Introducir ‹un grupo de personas› los conocimientos y las formas de vida de otros países más desarrollados en [un país]: *Los romanos civilizaron la península ibérica. A lo largo de la historia se puede comprobar cómo el control de las artes militares ayuda a civilizar a otros pueblos.* 2 Convertir ‹una persona o una cosa› [a una persona tosca o insociable] en educada o sociable: *No es fácil civilizar a estos niños, que no están acostumbrados a tratar con nadie.* || *v. prnl.* 3 Convertirse ‹una persona tosca o insociable› en educada o sociable: *Fidel se ha civilizado mucho con esos amigos tan finos que tiene.* ⇒ **19.**

civilmente *adv. modo* 1 De forma civil, por lo civil: *Allí sólo se casan civilmente.* || *adv. restrictivo* 2 En lo civil, en la vida civil, en cuanto a lo civil: *Militarmente serás mucho, pero civilmente no eres nadie.* || *adv. orac. restrictivo* 3 Con arreglo al derecho civil, de acuerdo con la legislación civil: *Civilmente, no existe impedimento alguno para ello.*

civismo *s. m.* (no contable) Comportamiento de las personas que en su comunidad o grupo social se comportan de forma correcta y educada: *El tirar papeles al suelo demuestra su escaso civismo.*

cizalla *s. f.* 1 (puede usarse en plural con el significado de singular) Tijeras grandes y fuertes para cortar en frío metales y otros materiales duros: *cizalla de chapista. Esta chapa se puede cortar con la cizalla.* ~ **de banco** Cizalla montada sobre un soporte. 2 Aparato con esta misma función. 3 Guillotina manual para cortar papel y cartón.

cizaña *s. f. Lolium temulentum.* Planta gramínea venenosa de hojas estrechas que es perjudicial para los sembrados. FR. Y LOC. **meter / sembrar ~** Crear ‹una persona› un clima para el enfrentamiento y el enfado entre las personas: *En cuanto puede, el portero le habla a uno mal del otro para meterles cizaña. No hables mal de la gente, no siembres cizaña.*

cizañero, ra *adj. / s. m.* y *f.* Que gusta de encizañar o sembrar discordia: *Es un cizañero; le gusta sembrar cizaña entre la gente que le rodea.*

clac o **claque** *s. f.* 1 (no contable) Conjunto de personas que asiste de forma gratuita o a cambio de dinero a un espectáculo para aplaudir: *Hicieron una señal a la clac para que aplaudiera a los concursantes del programa.* 2 Conjunto de personas que son partidarias de otra y la defienden o aplauden siempre en sus intervenciones públicas: *No puedes decir nada en el coloquio, porque siempre se trae a su claque y no te dejan hablar.*

clamar *v. intr. / tr.* 1 Pedir ‹una persona› [una cosa] a gritos: *El agredido clamaba **por** justicia. El padre de la víctima clama venganza.* || *v. intr.* 2 Pedir ‹una cosa› [otra cosa]: *Mi bolsillo clama **por** dinero.* FR. Y LOC. ~ **al cielo** Ser ‹una cosa› muy injusta, muy cruel o muy disparatada: *La decisión del jurado clama al cielo. Clama al cielo tu manía de llegar cantando a casa a las cuatro de la mañana.* **predicar / ~ en el desierto** Intentar ‹una persona› convencer a otra persona inútilmente: *Nos vamos solos al cine. He buscado chicas, pero he clamado en el desierto, ninguna ha querido venir. Estamos pidiendo cuidado a los jóvenes que conducen de noche, pero clamamos en el desierto: cada vez hay más accidentes por exceso de alcohol.*

clámide *s. f.* Capa corta y ligera que usaban los griegos y que adoptaron los romanos.

clamor *s. m.* 1 Conjunto de voces vehementes de una multitud: *Un clamor entusiasta llenó la plaza.* SIN. griterío. 2 ELEVADO. Grito de dolor, queja, súplica o protesta: *Oye tú, Señor, mi clamor.* 3 RESTRINGIDO. Toque de campanas por los difuntos: *Se oye un clamor de campanas.*

clamoroso, sa *adj.* 1 (antepuesto / pospuesto) Que contiene clamor: *Su discurso provocó una clamorosa ovación del público. Una protesta clamorosa se oía en toda la plaza. El orador oyó un griterío clamoroso y ensordecedor.* 2 Que es extraordinario o mayor de lo acostumbrado: *éxito clamoroso, recibimiento clamoroso, un fracaso clamoroso. Se ha dado un golpe clamoroso,*

clan *s. m.* 1 Grupo de personas que se consideran unidas por lazos de parentesco, solidaridad y obediencia a una misma jerarquía familiar: *Los clanes familiares organizan la vida en muchos pueblos.* 2 Grupo de personas unidas por un interés o actividad común: *La lucha entre diferentes clanes puede arruinar la vida de una empresa. Ha entrado en el ayuntamiento un clan moderado del partido en el poder.*

clandestinidad *s. f.* (no contable) Cualidad o situación de clandestino: *Mis abuelos se mantuvieron unidos en los duros tiempos de la clandestinidad. El grupo actuaba en la clandestinidad.*

clandestino, na *adj.* 1 Que se hace o dice en secreto para burlar la ley: *una asociación clandestina, una publicación clandestina. Las actividades clandestinas suelen ser propias de los miembros ilegales de una oposición a un dictador.* || *s. m.* 2 ARG.; COLOQUIAL. Prostíbulo.

claque *s. f.* (no contable) Clac.

claqué *s. m.* Baile en el que se ejecuta un zapateado rítmico con unos zapatos especiales: *El claqué es típico de los bailarines americanos. Bailas muy bien claqué.*

claqueta *s. f.* Pizarra con una pieza móvil que al hacerla sonar indica el comienzo del rodaje de una toma cinematográfica: *En la claqueta se anota el número de la toma y otros datos técnicos. «¡Claqueta!», gritó el director.*

clara *s. f.* 1 Materia transparente que rodea la yema del huevo, formada especialmente por albúmina: *clara de huevo, clara batida.* 2 COLOQUIAL. Bebida refrescante de cerveza con gaseosa: *Nos pone dos claras, por favor.*

claraboya *s. f.* Ventana en el techo o en la parte alta de una pared: *Me gustan las habitaciones con claraboya.* SIN. tragaluz.

claramente *adv. modo* 1 Con claridad: *Entonces no hablabas tan claramente.* || *adv. orac.* 2 Con toda claridad, está claro (que), es evidente (que): *Claramente, lo que pretende es ganar tiempo. Esas restricciones son claramente semánticas.*

clarear *v. impers. / intr.* 1 Empezar a amanecer: *Ya clarea el día. En verano nos levantamos cuando empieza a clarear.* SIN. alborear. 2 Empezar a desaparecer las nubes del cielo: *El cielo clarea. Parece que la tarde está clareando.* SIN. despejarse. || *v. prnl. / intr.* 3 Empezar a ser ‹una cosa› transparente: *Esta tela clarea. El pelo ya clarea un poco en tu cabeza.* 4 RESTRINGIDO. Empezar a ser ‹las intenciones de una persona› evidentes: *Cuando juguemos a la brisca, sobre todo, muy serio, no **te** clarees nada.*

clarete *adj. / s. m.* [Vino] que es una variedad del tinto y tiene un color más claro: *Le gustaba más el clarete que el tinto. Hay muy buenos claretes.* **vino ~.**

claretiano, na *adj. / s. m.* Que pertenece a la congregación fundada por San Antonio María Claret: *un religioso claretiano, un convento de claretianos.*

claridad *s. f.* 1 (no contable) Cualidad de claro: *la claridad de su actuación, la claridad de sus explicaciones. Se expresa con claridad.* 2 (no contable) Distinción con que por medio de los sentidos percibimos las sensaciones y por medio de la inteligencia las ideas: *la claridad de su inteligencia, su claridad de vista. Asombró a todos su claridad de juicio.* SIN. perspicacia. 3 (no contable) Efecto que causa la luz iluminando un espacio y permitiendo distinguir lo que hay en él: *En la habitación había poca claridad.* SIN. luminosidad. ANT. oscuridad. 4 (no contable) Transparencia de un fluido: *la claridad del aire, la claridad del agua.* 5 (no contable) Pureza y nitidez de un sonido: *la claridad de su voz, la claridad de un equipo de fidelidad.*

clarificación *s. f.* (no contable) Acción de clarificar una cosa: *La clarificación del asunto era necesaria, puesto que había dado lugar a tensiones innecesarias. Se exige una clarificación de los gastos en el Congreso.*

clarificar *v. tr.* 1 Poner ‹una persona o una cosa› [una cosa] en claro: *La explicación del delegado clarificó perfectamente el destino de los presupuestos.* SIN. explicar. 2 Poner ‹una persona o una cosa› transparente [un líquido]: *En este tanque se clarifica el agua, porque se depositan en el fondo los residuos. Clarifica un poco la salsa.* || *v. prnl.* 3 Hacerse ‹una cosa› más clara: *Se clarifica todo con estas explicaciones.* ⇒ **71.**

clarín *s. m.* 1 MÚS. Instrumento musical de viento, metálico, más pequeño que la trompeta y de sonido más agudo. 2 Persona que toca este instrumento: *los clarines de la banda, los clarines del regimiento.*

clarinete *s. m.* MÚS. Instrumento musical de viento formado por un tubo con agujeros, algunos de los cuales se cierran con llaves, y acabado en un pabellón poco abierto: *concierto para clarinete y orquesta, el pico de un clarinete.*

clarinetista *s. m. / f.* Músico que se dedica por profesión a tocar el clarinete: *Buscan dos clarinetistas para la orquesta de Castilla-La Mancha.*

clarisa *adj. / s. f.* Que pertenece a la orden fundada por Santa Clara: *una monja clarisa. Las clarisas hacen dulces muy buenos.*

claritos (plural) *s. m.* ARG., URUG. En el pelo, mechas.

clarividencia *s. f.* 1 (no contable) Capacidad de prever y comprender las cosas de manera excepcional: *La clarividencia de Juan fue increíble: sabía exactamente cómo iban a reaccionar los demás. Fue maravillosa la clarividencia con la que nos explicaste el asunto.* 2 (no contable) Facultad sobrenatural de percibir lo que no ha sucedido o no se ha visto: *La clarividencia de algunas personas les permite percibir el futuro.*

clarividente *adj. / s. m.* y *f.* Que tiene clarividencia: *mente clarividente. No soy un clarividente, me pides mucho: no puedo saber lo que va a pasar mañana.*

claro, ra *adj.* 1 Que tiene luz o mucha luz: *Es un día muy claro.* SIN. luminoso. 2 [Color] que está mezclado con mucho blanco: *un verde claro.* 3 (antepuesto / pospuesto) Que se entiende o percibe fácilmente: *Tenía un claro parecido a su padre. Habló con una voz clara y contundente. El resultado del partido fue claro.* 4 [Persona] que se explica con facilidad: *un profesor muy claro. Es un conferenciante muy claro.* **5** [Persona, publicación] que habla directamente de las cosas o de los problemas: *Es un artículo claro; llama a las cosas por su nombre.* **6** (estar) [Líquido] que no está sucio o revuelto: *El agua estaba clara.* **7** Que no es espeso o consistente: *chocolate claro. Deja la pasta clara.* **8** [Tiempo o cielo] que está despejado o sin nubes: *día claro, noche clara.* **9** Poco tupido, ralo: *un bosque claro.* **10** [Sonido] de timbre agudo y dulce: *Tiene un son muy claro esta flauta.* **11** Que se hace sin trampas, limpio, puro: *Es un negocio claro.* || *s. m.* **12** Espacio entre dos palabras. **13** Espacio vacío en un conjunto de cosas: *Descansaron en un claro del bosque. Edificarán en un claro que hay en el extremo del barrio.* **14** Porción de cielo despejado: *El cielo se llenará esta tarde de nubes y claros.* **15** Tiempo durante el cual está interrumpida una actividad o un acto: *En cuanto tenga un claro iré a verte.* || *adv.* **16** A VECES IRONÍA. Se usa para afirmar: *–«¿Te gusta esta chica?» –«Claro.» –«¿Me prestas el coche?» –«Sí, claro, en eso estaba yo pensando.»* **17** Se usa para indicar que una persona se ha dado cuenta de una cosa: *¡Claro! Por eso no nos llamó.* **18** Con claridad: *Dilo claro, no tengas miedo.* FR. Y LOC. **a las claras** Abiertamente, sin rodeos: *Si tienes alguna queja de mí, dímelo a las claras.* **dejar ~** Decir ‹una persona› algo con claridad: *Ella ha dejado claro que no piensa participar en ese negocio.* **más ~ que el agua*. poner en ~** Aclarar ‹una persona› una cosa: *Están intentando poner en claro las circunstancias en que ocurrió el accidente.* **sacar* en ~ / limpio.**

claroscuro *s. m.* Contraste de luces y sombras para destacar o dar mayor expresividad a la imagen representada: *el claroscuro de un cuadro, claroscuro de una fotografía.*

clase *s. f.* **1** Habitación donde se imparte una materia o asignatura: *En la clase hay cincuenta pupitres.* SIN. aula. **2** Enseñanza de una materia o asignatura: *clases de conducir, clases de baile, clases de inglés, clases de matemáticas, clases de literatura.* **3** Conjunto de estudiantes del mismo aula: *La clase ha elegido un nuevo delegado.* **4** Cada una de las divisiones de personas, animales o cosas que resulta al agruparlas según unas mismas características: *Estudió esa clase de rocas. No entiendo a esa clase de personas.* SIN. tipo. **5** (no contable) Distinción, personalidad: *Esa chica tiene clase.* **6** Categoría: *viajar en primera clase.* || **7 ~ magistral** PEDAG. Método pedagógico según el cual el profesor se limita a dictar la clase mientras los alumnos toman apuntes: *Las clases magistrales fueron durante años el único método didáctico empleado por los maestros.* **8 ~ media** Clase social más o menos acomodada formada por personas que viven fundamentalmente de su trabajo. **9 ~ (social)** Grupo social: *En ese barrio viven las clases sociales más desfavorecidas.* **10 clases pasivas** Conjunto de personas que disfrutan de una pensión del Estado y no realizan ningún trabajo. **11 ~ turista*.** FR. Y LOC. **lucha* de clases.**

clasicismo *s. m.* **1** (no contable) Estilo artístico y literario que busca el equilibrio y la armonía de las formas a semejanza de los antiguos griegos y latinos: *el clasicismo de los poetas renacentistas.* **2** (no contable) Equilibrio, respeto a lo que se considera establecido: *el clasicismo en la moda.*

clasicista *adj.* **1** Del clasicismo: *teoría clasicista.* || *adj. / s. m.* y *f.* **2** Que es partidario del clasicismo: *obra clasicista.*

clásico, ca *adj. / s. m.* y *f.* **1** De la literatura o el arte de los antiguos griegos o romanos y de sus imitadores: *La literatura clásica europea me interesa más que el romanticismo. Conozco en profundidad el arte clásico. ¿Has leído el teatro de los clásicos griegos?* **2** Que se comporta o se adapta a las normas estéticas tradicionales: *Es muy clásico vistiendo. Tiene unos gustos muy clásicos.* || *adj. / s. m.* **3** [Autor, obra] que se tiene por modelo en cualquier manifestación artística o literaria: *Esta película es un clásico del cine de terror.* **4** [Lengua, estilo, obra artística] que pertenece a un periodo de esplendor en literatura o arte: *Acaban de publicar una nueva colección de clásicos españoles.* || *adj.* **5** [Música, danza] que forma parte de la tradición culta: *Me gusta la música clásica: Bach, Mozart, Falla.* **baile ~. ballet* ~. danza clásica. música* clásica.** **6** (antepuesto / pospuesto) Que es propio o típico de una persona o de una cosa: *Es muy clásico en él hacer ese tipo de preguntas. Me hizo las clásicas preguntas que se hacen en estos casos.* || **7 latín* ~.**

clasificación *s. f.* **1** Ordenación de un conjunto de cosas por clases: *Es necesaria la clasificación de los libros antes de colocarlos.* **2** Lista que refleja el orden que siguen un conjunto de personas o cosas: *Ese ciclista encabeza la clasificación de la montaña.* **3** Resultado en una competición que permite el paso a otra fase: *El equipo tiene que ganar este partido para conseguir la clasificación para el mundial.*

clasificado, da *adj.* RESTRINGIDO. [Información, documento] que es secreto y reservado: *Los documentos de ciertos departamentos gubernamentales son clasificados.*

clasificador, ra *adj. / s. m.* y *f.* **1** Que clasifica: *un programa clasificador, una carpeta clasificadora.* || *s. m.* **2** Mueble para guardar y clasificar papeles y documentos. SIN. archivador.

clasificar *v. tr.* **1** Dividir ‹una persona› [un conjunto de cosas] en clases: *Voy a clasificar esta tarde todos los apuntes de estos días.* **2** Asignar ‹una persona› [a otra persona, un animal o una cosa] a un grupo: *Me han clasificado **para** el grupo tres de gimnasia. Me han clasificado **entre** el grupo de alto riesgo de cardiacos.* || *v. prnl.* **3** Conseguir ‹una persona› [un puesto] en una competición: *César se clasificó cuarto.* **4** Conseguir ‹una persona› un puesto que le permite permanecer en una competición o en un torneo: *Sara se ha clasificado **para** la siguiente ronda. Nos clasificaremos con un poco de suerte **para** las semifinales.* ⇒ **71.**

clasismo *s. m.* (no contable) PEYORATIVO. Ideología y actitud de la persona que valora o discrimina a otras según la clase social a la que pertenecen: *Que sólo quiera relacionarse con gente de buena posición social es una muestra de su clasismo.*

clasista *adj. / s. m.* y *f.* Que es partidario de mantener las diferencias de clase social y desprecia a las menos favorecidas: *Es un clasista cuando habla con los camareros. Tienes unas ideas muy clasistas.*

claudia *adj. / s. f.* Se usa en la LOC. **ciruela* ~.**

claudicación *s. f.* Acción de claudicar: *Después del empeño que puso en ese proyecto, sorprendió su claudicación.* SIN. rendición, renuncia.

claudicar *v. intr.* **1** Dejar de mantener ‹una persona› [una convicción o una actitud]: *Laura claudicó **de** sus principios.* **2** Dejar de luchar ‹una persona› por conseguir sus objetivos: *Nunca pensé que íbamos a claudicar tan pronto ante la primera dificultad que surgiera.* SIN. ceder. ⇒ **71.**

claustral *adj.* **1** Del claustro de un monasterio: *La entrada al monasterio también incluye la visita claustral.* || *adj. / s. m.* y *f.* **2** Del claustro universitario o que pertenece a él: *Los claustrales elegirán rector la próxima semana. La elección claustral ha interesado este año bastante a los estudiantes.* || **3 bóveda* ~** o **bóveda de aljibe.**

claustro *s. m.* **1** Pasillo que rodea el patio interior de edificios religiosos: *claustro de un convento.* **2** Junta de profesores de un centro de enseñanza y el conjunto de profesores que lo forman: *En el instituto hoy los profesores tienen claustro.* **3** Junta que interviene en el gobierno de las universidades y centros que dependen del rectorado: *claustro universitario.* || **4 ~ materno** Matriz donde se desarrolla el feto.

claustrofobia *s. f.* (no contable) MED. Fobia a los lugares cerrados o temor angustioso o anormal a los lugares cerrados: *No puedo entrar en el ascensor porque tengo claustrofobia.*

cláusula *s. f.* **1** DER. Cada una de las disposiciones de un documento público o privado: *Una de las condiciones de la cláusula primera del contrato de alquiler es que no puedo hacer obras en el piso.* **2** GRAM. Construcción oracional o inferior a la oración que depende de una oración compuesta: *cláusula de relativo.*

clausura *s. f.* **1** Acción y resultado de clausurar: *La clausura del local fue ordenada por la autoridad gubernativa.* **2** Acto oficial y solemne con el que se finaliza una determinada actividad: *la clausura de las clases, sesión de clausura de las Cortes.* **3** Parte de un convento donde sólo pueden entrar los religiosos: *En la clausura no pueden entrar los legos.* **4** Vida religiosa sin salir del convento: *monja de clausura, convento de clausura.*

clausurar *v. tr.* **1** Poner ‹una persona› fin a [las actividades de organismos públicos o instituciones docentes o científicas]: *Se ha clausurado el congreso científico con notable éxito.* SIN. concluir. **2** Cerrar ‹la autoridad competente› [un edificio o un negocio]: *Han clausurado un bar de alterne.* **3** Cerrar ‹una persona› [una cosa] materialmente: *He decidido clausurar la puerta de detrás para que no entren los perros ni los gatos en el corral.*

clavada *s. f.* COLOQUIAL. Precio muy alto pagado por una cosa: *Me han dado una clavada en ese bar por un café; no pienso volver. En ese pueblo de vacaciones pegan unas clavadas espantosas; te cobran por respirar.*

clavado, da *adj.* **1** Que se parece mucho a alguien o a algo: *Es clavado **al** otro jarrón. Es clavado **a** su padre.* **2** COLOQUIAL. Puntual o exacto: *Llegó clavado a la hora.* **3** (estar) Que está sin moverse: *Permanecí dos horas clavado esperándola, pero no vino.* || *s. m.* **4** AMÉR. Salto de trampolín. **5** MÉX. Hombre que salta al mar desde un acantilado muy elevado. FR. Y LOC. **andar ~** MÉX.; COLOQUIAL. Estar ‹una persona› enamorada. **dejar ~** COLOQUIAL. Quedarse ‹una persona› confusa o desconcertada: *Cuando me dijo lo que había pagado por la moto me dejó clavado.* **echarse un ~** MÉX.; VULGAR. Tener ‹una persona› una relación sexual.

clavar *v. tr.* **1** Introducir ‹una persona› [una cosa puntiaguda] en [otra cosa]: *Clavó un clavo **en** la pared. A Jesucristo lo clavaron **en** la cruz.* **2** Sujetar ‹una persona› [una cosa] con clavos: *Clavó la suela del zapato.* **3** Fijar ‹una persona› [la mirada o los ojos] en [otra persona] o en [una cosa]: *Clavó su mirada **en** la mía.* **4** Cobrar ‹una persona› demasiado [a otra persona]: *Me han clavado en la tienda trescientas pesetas por una docena de huevos.* **5** URUG.; COLOQUIAL. No pagar ‹una persona› una deuda [a otra persona]. || *v. prnl.* **6** Introducirse ‹una cosa puntiaguda› en [otra cosa]: *Me he clavado una espina **en** el dedo.*

clave *s. f.* **1** Conjunto de signos utilizados para escribir un mensaje secreto: *clave numérica, clave cifrada, escribir en clave. He recibido un mensaje en clave.* **2** Conjunto de reglas que permiten leer y escribir un mensaje secreto: *clave secreta, cifrar un mensaje en clave. Desconozco la clave.* **3** Combinación de signos, cifras o letras que regulan un mecanismo o una caja fuerte: *Si no tienes la clave no puedes acceder al sistema informático de la empresa. La clave de la caja fuerte sólo la saben el director y el administrador.* **4** Noticia o información necesaria para entender una cosa: *La clave de todo este asunto está en el afán de esconder los nuevos planes de la empresa. La clave del partido estuvo en el penalti.* **5** ARQ. Piedra central que cierra un arco o una bóveda: *La clave del arco central de la puerta se está reparando.* **6** MÚS. Signo que se pone al comienzo del pentagrama en una línea para determinar la situación de las notas en la escala general de los sonidos: *clave de fa. Es una partitura en clave de sol.* || *s. m.* **7** MÚS. Antiguo nombre del clavicémbalo o clavecín. || *adj.* **8** Que es fundamental o esencial para alguna cosa: *El puesto clave en esta empresa es el de Pilar. Las acciones claves que deben emprenderse se relacionan con los cimientos de la catedral. Cervantes es clave en nuestra literatura.* FR. Y LOC. **en ~ de** Con el tono de, con las características de: *No se entiende nada si no se interpreta en clave de humor. La novela está escrita en clave de comedia.*

clavecín *s. m.* MÚS. Instrumento musical de cuerda que suena cuando son arañadas las cuerdas desde abajo por unos picos de pluma dirigidos mediante un teclado.

clavecinista *s. m. / f.* Músico que por oficio toca el clavecín.

clavel *s. m.* **1** *Dianthus caryophillus.* Planta con tallos delgados, hojas largas y estrechas y flores olorosas con dientes en el borde utilizada como planta de adorno. **2** Flor de los claveles. **~ reventón** Clavel de color rojo oscuro, muy oloroso y con muchos pétalos.

clavellina *s. f.* **1** *Dianthus s. p.* Planta parecida al clavel, pero de tallos, hojas y flores más pequeñas. **2** Flor de las clavellinas.

clavero *s. m.* Árbol mirtáceo tropical, con copa en forma de pirámide y flores rosas de cuyos capullos secos se obtienen los clavos de especia.

clavetear *v. tr.* **1** Adornar ‹una persona› [una cosa] con clavos: *Has claveteado los pantalones de una manera algo hortera.* **2** Poner ‹una persona› clavos en [una cosa] con poca habilidad: *Claveteó el cajón como pudo.*

clavicémbalo *s. m.* Clavecín.

clavicordio *s. m.* MÚS. Instrumento musical, antecedente del piano, formado por un sistema de cuerdas que se golpean mediante un teclado.

clavícula *s. f.* ANAT. Cada uno de los dos huesos transversales, situados en la parte superior y delantera del pecho, que van del esternón a los omóplatos: *fractura de clavícula.*

clavicular *adj.* De la clavícula: *Tiene una fractura clavicular. La lesión clavicular no es importante.*

clavija *s. f.* **1** Pieza que se encaja en un agujero para sujetar, ensamblar o conectar alguna cosa: *las clavijas de un enchufe, las clavijas de una centralita telefónica.* **2** MÚS. Pieza de algunos instrumentos musicales en la que se enrolla la cuerda para tensarla: *clavija de madera, clavija de metal, las clavijas de una guitarra, las clavijas de un violín.* FR. Y LOC. **apretar* las clavijas** o **apretar los tornillos.**

clavijero *s. m.* Pieza en que están insertadas las clavijas de algunos instrumentos musicales: *el clavijero de la guitarra.*

clavillo *s. m.* Clavo pequeño que sujeta las varillas de un abanico o las dos hojas de unas tijeras: *clavillo metálico, clavillo con cabeza redonda, clavillo de cabeza plana.*

clavo *s. m.* **1** Pieza metálica delgada y puntiaguda en un extremo y con una cabeza en el otro que se usa para clavar o para asegurar una cosa con otra: *Las formas de los clavos son muy variadas y dependen de los diferentes usos: hay clavos de tapiceros, clavos de zapateros, de carpinteros, de albañiles.* SIN. punta. **2** Pieza metálica para fijar fragmentos de huesos: *Ha sido necesario ponerle dos clavos en la pierna.* **3** Capullo seco de la flor del clavero, muy oloroso, que se usa como especia en cocina: *El clavo se utiliza mucho en algunos guisos.* **4** Callo duro de forma piramidal que sale en los dedos de los pies: *No puede andar porque tiene un clavo en el dedo pequeño.* **5** RESTRINGIDO. Dolor agudo o pena que pesa sobre el corazón: *Este hijo mío me va a matar a disgustos; me ha clavado un clavo en el corazón al irse de casa.* **6** preferentemente en URUG.; COLOQUIAL. Deuda impagada. FR. Y LOC. **agarrarse a un ~ ardiendo** COLOQUIAL. Hacer ‹una persona› cualquier cosa para conseguir un determinado fin: *Quiero trabajar, y no me importa que sea en turno de noche; con tal de trabajar, me agarro a un clavo ardiendo. No me importa casarme con alguien mayor que yo; con tal de casarme, me agarro a un clavo ardiendo.* **como un ~** COLOQUIAL. Puntual: *Ahí está Pepe, como un clavo, ni un minuto tarde. –«¿Siempre llega tan en punto?» –«Como un clavo.»* **dar en el ~** Acertar ‹una persona› plenamente una respuesta o una solución: *La solución del enigma era difícil, pero él dio en el clavo. Creo que los resultados de las ventas demuestran que hemos dado en el clavo de lo que pedía el público.* **no dar / pegar ni ~** COLOQUIAL. Ser ‹una persona› muy vaga: *Este curso no ha dado ni clavo. Estoy muy bien en esta oficina, no damos ni clavo.* **¡por los clavos de Cristo!** INTENSIFICADOR. Se usa como expresión de súplica: *¡Por los clavos de Cristo! Deja de molestarme.* **remachar el ~** 1 Cometer ‹una persona› un error queriendo remediar uno ya hecho: *Llegó tarde al teatro y remachó el clavo con esa excusa tan pobre.* 2 Añadir ‹una persona› argumentos a una verdad ya probada: *Con el testimonio del camarero, el abogado remachó el clavo de la defensa.* **un clavo saca otro ~** Se usa para indicar que una nueva situación o una nueva persona hacen olvidar a otras anteriores: *–«No tiene ganas de salir con chicos desde que la dejó el novio.» –«Pues que salga a divertirse, que un clavo saca otro clavo.»*

claxon (marca registrada) *s. m.* Bocina eléctrica potente, especialmente la que llevan los automóviles: *El conductor se puso a tocar el claxon. Cuando suene el claxon, montamos en la noria.*

clemencia *s. f.* (no contable) Cualidad de quien tiene la virtud de suavizar la dureza de cualquier ley o castigo: *La clemencia del entrenador hizo que pudiera jugar el partido pese al castigo. El legislador ha previsto estos casos para que los jueces se guíen de su clemencia. La justicia no está reñida con la clemencia.* SIN. indulgencia.

clemente *adj.* (antepuesto / pospuesto) Que tiene clemencia o juzga sin rigor: *juez clemente, actitud clemente, clemente tribunal.*

clementina *s. f.* Variedad de mandarina, de piel más roja, más dulce y sin pepitas.

clepsidra *s. m.* Mecanismo que mide el tiempo por medio del agua que va cayendo de un vaso a otro; reloj de agua.

cleptomanía *s. f.* (no contable) Alteración patológica que impulsa a robar cualquier cosa, independientemente de su valor: *La cleptomanía es una enfermedad propia de las sociedades de consumo.*

cleptómano, na *adj. / s. m.* y *f.* Que padece cleptomanía: *Los cleptómanos acostumbran a robar en grandes almacenes o en tiendas muy concurridas.*

clerecía *s. f.* **1** (no contable) RESTRINGIDO. Conjunto de personas eclesiásticas que componen el clero. **2** (no contable) RESTRINGIDO. Oficio u ocupación del clérigo. FR. Y LOC. **mester* de ~.**

clerical *adj.* **1** Del clero o del clérigo: *estado clerical.* ‖ *adj. / s. m.* y *f.* **2** Que es partidario entusiasta del clero: *Sus ideas son muy clericales. Es un clerical de toda la vida.*

clericalismo *s. m.* **1** (no contable) REL. Intervención del clero en la vida política cotidiana de una sociedad: *El clericalismo estaba muy de moda en el siglo* XIX. **2** (no contable) Ideología y comportamiento de los partidarios de esta influencia: *El clericalismo no distingue entre la vida política y la vida religiosa de los ciudadanos.*

clericó *s. m.* ARG., URUG. Bebida preparada con alcohol y frutas cortadas.

clérigo *s. m.* **1** REL. Persona que ha recibido las órdenes sagradas: *la sotana del clérigo.* **2** HIST. En la Edad Media, hombre docto y letrado.

clero *s. m.* (no contable) Conjunto de clérigos: *el clero español, el clero latinoamericano.* **~ regular** (no contable) REL. Conjunto de sacerdotes que pertenecen a una regla u orden religiosa y han hecho los votos de pobreza, castidad y obediencia. **~ secular** (no contable) Conjunto de sacerdotes que no pertenecen a una orden religiosa.

cliché *s. m.* **1** Plancha o grabado para imprimir varias copias: *cliché de plomo, cliché de cinc, cliché de caucho, cliché de fotograbados.* SIN. clisé. **2** Negativo de una fotografía: *sacar copias de un cliché. Guardo los clichés; así que podremos tener las copias que queramos.* **3** Palabra, expresión o idea que se repite mucho: *La España del toro y la pandereta es un cliché que se ha pasado de moda. Es un cliché hablar de la suavidad del clima del Caribe, pero es cierto.* SIN. tópico.

cliente, ta *s. m. / f.* **1** (la forma *cliente* se usa para masculino y femenino) Persona que utiliza los servicios de un profesional o de una empresa: *los clientes de un abogado, los clientes de una empresa de publicidad, los clientes de un hotel.* **2** (la forma *cliente* se usa para masculino y femenino) Persona que compra o consume con frecuencia en un establecimiento: *perder un cliente, ganar un cliente. Es una clienta habitual. Mi hermana es cliente de este restaurante. El cliente siempre tiene razón.*

clientela *s. f.* 1 (no contable) Conjunto de clientes habituales de un profesional o de un establecimiento: *La clientela del dentista aumenta cada año. Esa tienda de ultramarinos tiene mucha clientela.* 2 (no contable) POLIT. Conjunto de personas que están bajo la protección o amparo de otra persona con poder: *Lo importante para algunos políticos es tener contenta a su clientela.*

clientelismo *s. m.* (no contable) PEYORATIVO. Comportamiento e ideología de los partidarios de mantener sistemas de clientela en la política, en la Administración o en las empresas: *El clientelismo es el responsable del mal funcionamiento de muchos centros, porque los jefes prefieren personas fieles a personas preparadas.*

clima *s. m.* 1 METEOR. Conjunto de condiciones atmosféricas que caracterizan a una región o lugar. **~ continental. ~ desértico. ~ ecuatorial. ~ húmedo. ~ seco. ~ templado. ~ tropical.** 2 (no contable) Conjunto de condiciones o circunstancias que caracterizan una situación o rodean a una persona: *Se percibe un clima de mucha tensión en el consejo de dirección. Hay un clima agradable en este bar juvenil. Se ha desatado un clima de violencia en los campos de fútbol.* FR. Y LOC. **al ~** COL. [Bebida] del tiempo.

climaterio *s. m.* (no contable) FISIOL. Periodo de la vida en que disminuye la actividad de las glándulas sexuales.

climático, ca *adj.* Del clima: *cambio climático, características climáticas.* SIN. climatológico.

climatización *s. f.* Acción y resultado de climatizar: *la climatización de un local, la climatización de una piscina, la climatización del zoo.*

climatizado, da *adj.* Que tiene una temperatura regulada artificialmente: *El hotel tiene todas las habitaciones climatizadas. Venga usted al ambiente climatizado de nuestro hotel.* **autocar ~. piscina climatizada.**

climatizar *v. tr.* Proporcionar ‹una persona› condiciones climáticas adecuadas a [un recinto]: *Usted puede ahora climatizar su casa con un pequeño presupuesto mensual.* **⇒ 19.**

climatología *s. f.* 1 (no contable) Ciencia que estudia los climas. 2 (no contable) Conjunto de características de un clima: *La destrucción de la capa de ozono puede provocar cambios en la climatología.*

climatológicamente *adv. restrictivo* 1 En cuanto al clima, desde el punto de vista climático: *Son dos zonas climatológicamente muy parecidas.* 2 Desde la perspectiva de la ciencia climatológica: *Climatológicamente, ese hallazgo fue crucial.*

climatológico, ca *adj.* De la climatología: *previsiones climatológicas, condiciones climatológicas.* SIN. climático.

clímax (plural *clímax*) *s. m.* 1 RET. Figura retórica que consiste en la gradación ascendente de las ideas: *En este poema se utiliza a menudo el clímax.* 2 RET. Punto máximo de la gradación ascendente: *El clímax de este poema está en la estrofa tercera.* 3 Punto más alto o momento culminante de un proceso: *El proceso de reunificación ha alcanzado su clímax.* 4 CINE, LIT., TEATRO. Momento culminante de un poema, de un drama o de una película: *La película falla porque alcanza muy pronto el clímax y los espectadores se aburren después.*

clínica *s. f.* 1 Establecimiento sanitario, normalmente privado, donde se da atención médica u hospitalaria: *Ha sido operado en una clínica especializada en quemados.* 2 (no contable) Parte práctica de la enseñanza de la medicina: *Me han suspendido en la primera parte de la clínica.*

clínico, ca *adj.* 1 De la clínica o enseñanza práctica de la medicina: *No tiene ninguna experiencia clínica.* **caso* ~. cuadro* ~. historia* clínica. hospital* ~. ojo* ~. termómetro* ~.** ‖ *s. m./f.* 2 Persona que se dedica al ejercicio práctico de la medicina: el *personal clínico del hospital. Es auxiliar clínico.*

clip *s. m.* 1 Pequeña pinza de acero o plástico para sujetar papeles: *Voy a poner un clip para que no se pierdan las dos partes del documento.* 2 Mecanismo de cierre a modo de pinza de algunos pendientes o broches: *Llevo pendientes de clip porque se me taparon los agujeros.* 3 Fragmento breve de película o vídeo, especialmente el musical: *Hoy empieza un nuevo programa de clips musicales.* SIN. videoclip.

clíper *s. m.* 1 Embarcación a vela ligera y resistente. 2 Avión grande de pasajeros para viajes de largo recorrido: *Antes de la segunda guerra mundial, el clíper era un avión muy popular.*

clisar *v. tr.* Reproducir ‹una persona› en planchas metálicas [una composición de imprenta o unos grabados].

clisé *s. m.* Cliché.

clítoris (plural *clítoris*) *s. m.* ANAT. Órgano eréctil, pequeño y carnoso, que sobresale en la vulva.

cloaca *s. f.* 1 Conducto por donde van las aguas sucias o residuales: *Las ratas de las cloacas son asquerosas, pero ayudan a desatascarlas.* SIN. alcantarilla. 2 Lugar sucio y repugnante: *Los sótanos de la casa eran una cloaca.* 3 ZOOL. Parte final del intestino de las aves y otros animales.

clocar *v. intr.* Cloquear. **⇒ 71.**

cloch *s. m.* COL. Cloche.

cloche *s. m.* P. RICO, REP. DOM., VEN. Embrague.

clon *s. m.* Clown.

clonar *v. tr.* BIOL. Obtener ‹una persona› [un conjunto de organismos o células idénticos] a partir de un solo progenitor: *La carrera de los biólogos por clonar seres no ha hecho más que empezar.*

cloquear *v. intr.* Emitir ‹la gallina clueca› su voz. SIN. clocar.

clorar *v. tr.* Añadir ‹una persona› cloro [a un compuesto, especialmente al agua]: *Una nueva depuradora clorará el agua de la ciudad por medio de un ordenador.*

clorhídrico *adj.* Se usa en la LOC. **ácido* ~.**

cloro *s. m.* (no contable) *Cl.* Elemento químico metaloide en forma de gas amarillo verdoso, olor fuerte e irritante, muy oxidante y tóxico: *el cloro de las piscinas. Con el cloro se fabrica lejía para limpiar y blanquear los baños y la ropa.*

clorofila *s. f.* (no contable) BIOL. Pigmento de color verde responsable de la fotosíntesis de los vegetales que tiene propiedades aromáticas y desodorantes: *Algunos compuestos de clorofila se usan en cosmética.*

cloroformizar *v. tr.* Dar cloroformo ‹una persona› [a una persona o un animal]: *En los laboratorios se cloroformizan los animales antes de trabajar con ellos. Me cloroformizaron con un pañuelo para robarme en el pasillo del tren.* **⇒ 19.**

cloroformo *s. m.* (no contable) Líquido incoloro que se utiliza en medicina como anestésico: *El cloroformo se sustituye actualmente por otras sustancias anestésicas.*

cloroplasto *s. m.* BOT. Pequeño órgano de las plantas que contiene clorofila y tiene como función realizar la fotosíntesis.

cloruro *s. m.* QUÍM. Sal resultante de la combinación del cloro con un metal. **~ sódico** o **~ de sodio** Sal común.

clóset o closet *s. m.* ARG., COL. Armario empotrado para la ropa.

clown (del inglés; pronunciamos *'claun'* o *'cloun'*) *s. m./f.* Payaso, persona que por oficio hace reír a la gente: *Los clowns del circo divertían a los niños.*

club (plural *clubs* o *clubes*) *s. m.* **1** Asociación con fines recreativos, sociales, deportivos: *Pertenece a un club de natación desde hace años.* **automóvil* ~.** **2** Lugar en que se realizan estas actividades: *Los socios acudieron al club para elegir un nuevo presidente.* **3** Local de diversión donde se puede beber y bailar: *club nocturno.* **4** Zona de un cine o teatro que corresponde a las filas delanteras del primer piso: *Compró dos entradas de club.*

clueco, ca *adj.* **1** ARG., URUG. Que está enfermo o no puede trabajar. || *adj./s. f.* [Ave] que está empollando sus huevos: *una gallina clueca.*

cluniacense *adj./s. m.* HIST. Que pertenece a la orden benedictina que tenía su cabeza en Cluny, abadía francesa: *una abadía cluniacense, la historia de los cluniacenses.*

clutch (del inglés; pronunciamos *'cloch'*) ARG., BOL., CHILE, EC., PERÚ, URUG. Embrague del coche.

CNT (pronunciamos *'ce-ene-te'*) *s. f.* **1** Sigla del sindicato anarquista «Confederación Nacional del Trabajo», España. **2** Sigla de «Confederación Nacional de Trabajadores», Colombia y otros países de América.

co- *pref.* con-.

coacción *s. f.* **1** Violencia física o moral que se hace a una persona para obligarla a decir o hacer alguna cosa: *Actuó bajo coacción.* SIN. intimidación. **2** DER. Poder legítimo del derecho para hacer cumplir sus obligaciones y preceptos: *Nos obliga a todos la coacción de la ley.*

coaccionar *v. tr.* Ejercer ‹una persona› coacción sobre [otra persona]: *La Administración coacciona a los contribuyentes para que paguen tributos. Se ha probado en el juicio que el delincuente coaccionó al joyero.*

coactivo, va *adj.* Que coacciona u obliga: *procedimiento coactivo. Toda ley es coactiva.*

coadjutor, ra *s. m./f.* **1** En la iglesia católica, persona que por oficio ayuda y acompaña a otra: *el coadjutor del obispo, la coadjutora de la abadesa.* || *s. m.* **2** En la iglesia católica, sacerdote ayudante del párroco.

coadyuvante *adj.* Que coadyuva o contribuye a conseguir u obtener algo: *El nuevo jugador no ha sido decisivo, pero sí uno de los factores coadyuvantes de la victoria.*

coadyuvar *v. intr.* ELEVADO. Contribuir ‹una cosa› a la realización o consecuencia de [otra cosa]: *La suerte coadyuvó al triunfo del equipo.*

COAG (pronunciamos *'coag'*) *s. f.* Sigla de «Coordinadora de Organizaciones de Agricultores y Ganaderos», España.

coagulación *s. f.* (no contable) Transformación de algunas sustancias líquidas en sólidas: *La coagulación de la sangre evita que las hemorragias sean graves.*

coagular *v. tr.* **1** Volver ‹una cosa› sólido [un líquido]: *El calor coagula el huevo.* || *v. prnl.* **2** Volverse ‹un líquido› sólido: *El huevo se coagula con el calor. La sangre se coagula con el aire.*

coágulo *s. m.* Masa que resulta al volverse sólida una sustancia orgánica líquida: *un coágulo de sangre.*

coala *s. m.* Koala.

coalescencia *s. f.* (no contable) BIOL. Proceso de adherencia de dos tejidos o dos partes de algo que pueden llegar a convertirse en una sola: *la coalescencia de los tejidos musculares.*

coalición *s. f.* Unión de varias personas o cosas con un fin determinado: *Se formó una coalición de partidos para presentarse a las elecciones.*

coaligar o **coligar** *v. tr.* **1** Unir ‹una persona› [a varias personas] con un objetivo común›: *Atenas consiguió coaligar a todos los griegos contra los persas.* || *v. prnl.* **2** Unirse ‹varias personas› con un objetivo común: *Se han coaligado todos los países de la zona para boicotear la resolución de la comisión ecológica internacional.* ⇒ **56.**

coartada *s. f.* **1** Prueba con que un acusado demuestra que no ha estado presente en el lugar del delito: *El acusado tenía una coartada.* **2** Pretexto, excusa: *Tenía una coartada para librarse de esta pesada cena: se casaba su hermana.*

coartar *v. tr.* Poner ‹una persona o una cosa› límites a la libertad de [una persona o un animal]: *No se puede coartar el derecho a la libre circulación de las personas. Coartar la libertad de los pájaros metiéndolos en jaulas me indigna.*

coatí (plural *coatíes,* preferible a *coatís*) *s. m.* (macho y hembra) Género *Nasua.* Mamífero americano de hocico alargado y estrecho y cola larga, que vive en zonas de bosques.

coautor, ra *s. m./f.* Autor o autora que colabora con otro o con otros: *Los hermanos Machado fueron coautores de varias obras teatrales.*

coaxial *adj.* [Figura, cuerpo] que tiene diferentes partes cilíndricas con un mismo eje de simetría.

coba *s. f.* (no contable) Halago exagerado o conjunto de muestras de admiración insinceras que se hacen para conseguir una cosa de alguna persona: *Le da coba al portero todos los días para que le suba el correo. Niño, no me des coba, que hoy no te voy a dar nada de dinero. Desde que ha llegado un nuevo jefe, mi compañero le da muchísima coba a ver si puede conseguir un ascenso.*

cobalto *s. m.* (no contable) *Co.* Elemento químico de color blanco rojizo, difícil de fundir, que se emplea en la elaboración de pinturas y esmalte: *Los colores azules de las pinturas se consiguen con compuestos de cobalto.* **azul* ~. bomba* de ~.**

cobarde *adj.* **1** (antepuesto/pospuesto) Que contiene o encierra cobardía: *decisión cobarde, cobarde comportamiento, actitud cobarde.* ANT. valiente. || *adj./s. m.* y *f.* **2** (ser/estar) Que tiene cobardía, mucho miedo, no tiene ánimo o valor para enfrentarse a un peligro, una dificultad o un problema: *No seas cobarde y habla con ella. Eres un cobarde, un gallina. Sólo los cobardes huyen. Has estado muy cobarde; no me esperaba eso de ti.* ANT. valiente. **3** INSULTO. Que hace daño o ataca a otros ocultándose, sin que lo vean, no atreviéndose a dar la cara: *¡Qué cobarde ha sido! ¡No seas cobarde, da la cara! Son unos cobardes; siempre atacan cuando van en grupo, pero solos no son nadie.*

cobardía *s. f.* 1 (no contable) Falta de valor o de espíritu animoso para enfrentarse a un peligro o a un trabajo: *Demostró su cobardía al no hacer frente a las dificultades. Acusaron al capitán de cobardía por abandonar el barco antes que la tripulación.* ANT. valentía. 2 Acción o comportamiento cobarde: *Es una cobardía hacer daño a una persona más débil. Su huída es una cobardía. Tu novio ha ido cometiendo cobardía tras cobardía.*

cobaya *s. m. / f.* 1 (macho y hembra) *Cavia cutleri.* Mamífero roedor, parecido al conejo, pero más pequeño y con orejas cortas, que vive en estepas y zonas desérticas y se utiliza en experimentos de medicina. SIN. conejillo de indias. 2 COLOQUIAL. Persona o cosa con la que se hace alguna prueba o experimento: *Para probar la nueva vacuna se necesita alguien que sirva de cobaya.*

cobertera *s. f.* 1 RESTRINGIDO. Tapa circular de ollas y cacerolas. 2 Pluma que cubre la base de la cola de las aves.

cobertizo *s. m.* 1 Tejado que sobresale de una pared y sirve para proteger de la lluvia: *No nos hemos mojado, porque nos guarecimos en el cobertizo de la catedral.* 2 Construcción provisional o rústica con un techado para resguardar cosas, animales o personas: *Los animales están en el cobertizo. La leña está apilada en el cobertizo.*

cobertor *s. m.* 1 RESTRINGIDO. Colcha de una cama. 2 Manta de abrigo de una cama: *Te traeré el cobertor y no pasarás frío.*

cobertura *s. f.* 1 Todo aquello que sirve para cubrir: *cobertura de plástico, cobertura impermeable de un tejado, la cobertura de un refugio, la cobertura del caballo, pastel con cobertura de chocolate.* SIN. revestimiento. 2 ECON. Dinero o conjunto de valores que sirven de garantía en una operación financiera: *cobertura para un crédito, cobertura en bolsa. Tienen que comprobar si tengo cobertura para la hipoteca.* SIN. aval. 3 Protección, en especial militar: *ataque con cobertura aérea, tropas de cobertura.* 4 Aquello que sirve para esconder una acción criticable: *Una cadena de lavanderías era la cobertura legal de la organización mafiosa.* SIN. tapadera (COLOQUIAL). 5 Conjunto de medio técnicos y de profesionales que hacen posible una información: *El viaje del presidente argentino ha tenido una cobertura muy elevada. La cobertura informativa del viaje del Papa ha sido total.* || 6 **~ de una antena** Zona en la que se puede recibir la señal de una antena. 7 **~ social** ELEVADO. Conjunto de beneficios de que disfruta un asegurado social.

cobija *s. f.* 1 Teja que se pone con la parte cóncava hacia abajo. 2 Cubierta, tapa. 3 AMÉR. Manta o ropa de cama.

cobijar *v. tr.* 1 Dar ‹una persona› albergue o amparo [a otra persona]: *No le molesta cobijar en su pajar a los mendigos.* SIN. guarecer. 2 Servir ‹una cosa› de refugio [a una persona]: *Una cueva me cobijó durante la tormenta.* 3 Ayudar o proteger ‹una persona› [a otra persona]: *Lo quieren procesar por cobijar a su hermano después de atracar el banco.* SIN. amparar. || *v. prnl.* 4 Encontrar ‹una persona› refugio: *Me he cobijado en una cueva durante la tormenta.* SIN. guarecerse. 5 Encontrar ‹una persona› la ayuda o la protección de [otra persona]: *Se cobijó **en** su hermano. Siempre se cobija **en** la familia cuando tiene problemas.*

cobijo *s. m.* 1 (no contable) Acción y resultado de cobijar o cobijarse: *Sus parientes le dieron cobijo en su casa. Se metieron debajo de unos soportales para estar al cobijo de la lluvia.* 2 Lugar donde cobijarse o resguardarse: *Encontré un cobijo donde refugiarme de la tormenta. Pedro buscó un cobijo en la ciudad.* 3 Persona que da protección a otra: *Su madre era su cobijo en los momentos de desconsuelo.* SIN. refugio.

cobista *s. m. / f.* PEYORATIVO. Persona que da coba, que elogia a alguien de manera falsa: *¡Vaya cobista que eres, todo el día diciéndome lo bien que trabajo! Al jefe no le gustan los cobistas.*

cobla *s. f.* 1 LIT. Composición poética trovadoresca. 2 RESTRINGIDO. Conjunto de músicos que tocan sardanas: *Hoy toca en la plaza de la catedral la cobla de Badalona.*

cobra *s. f.* (macho y hembra) Familia *Elapidae.* Serpiente muy venenosa bastante larga que puede ensanchar las zonas laterales del cuello cuando se pone nerviosa, y habita en zonas cálidas de África, Asia y Oceanía.

cobrador, ra *s. m. / f.* Persona que se dedica por profesión a cobrar recibos en las casas particulares o billetes en los transportes públicos: *Al final de mes viene el cobrador con el recibo del agua.*

cobranza *s. f.* RESTRINGIDO. Acción de cobrar una cosa: *La cobranza de recibos se realiza en los primeros días de cada mes.* SIN. cobro.

cobrar *v. tr.* 1 Recibir ‹una persona› [una cantidad como pago de una cosa]: *Ya he cobrado mi primer mes en la empresa. Tengo que cobrar un premio de lotería.* 2 Empezar a tener o tener ‹una persona› [una cosa]: *Le ha cobrado mucho cariño. No puedo tirarme del trampolín porque le he cobrado miedo.* 3 Conseguir ‹una persona› [una cosa]: *Ha cobrado mucha fama con su disco.* SIN. adquirir. 4 Cazar ‹una persona› [una pieza] en una cacería: *Estuvimos todo el domingo corriendo, pero sólo cobré dos conejos.* 5 Arrebatar ‹una persona› [una cosa] [al enemigo]: *Aquella primavera cobraron una plaza fuerte importante.* 6 Recoger ‹una persona› [una cuerda o una soga] tirando de ella: *Me ha costado trabajo cobrar la cuerda después de subir, pero aquí está. Si escalas tienes que intentar cobrar siempre la cuerda.* || *v. intr.* 7 Recibir ‹una persona› una paliza: *Este niño ha cobrado por desobediente. Como te portes mal, vas a cobrar.* || *v. prnl.* 8 Quedarse ‹una persona› con [una cosa] como compensación: *Se cobró una comisión por el tiempo que le hicimos perder. Se ha cobrado lo que le hicimos con esta faena.* 9 Causar ‹una persona o una cosa› la muerte [a una víctima]: *Los tres locos se cobraron en dos minutos varias víctimas. El terremoto se ha cobrado muchas vidas.*

cobre *s. m.* 1 (no contable) MIN. *Cu.* Metal de color rojizo, brillante, buen conductor de calor y electricidad que forma parte de aleaciones como el bronce o el latón. **edad* del ~.** 2 (en plural) Conjunto de instrumentos metálicos de viento de una orquesta: *No sonaba ayer mal el cobre.* FR. Y LOC. **batir(se) el ~** Esforzarse ‹una persona› mucho por conseguir una cosa: *Ayer se batió nuestro equipo el cobre, aunque sólo consiguió el empate. Se ha batido el cobre por la empresa todos los años que ha estado trabajando en ella.*

cobrizo, za *adj.* Que tiene el color del cobre: *piel cobriza, unos cacharros de cocina cobrizos.*

cobro *s. m.* Acción de cobrar: *Se encarga del cobro de los recibos.*

coca *s. f.* **1** Cada una de las dos porciones de pelo que se recogen a cada lado de la cabeza en forma de rulo o castaña. **2** *Erithroxylon coca.* Arbusto de flores blancas, de cuyas hojas se obtiene la cocaína. **3** Hoja de las cocas. **4** (no contable) JERGAL. Cocaína, droga. **5** RESTRINGIDO. Torta o masa de harina con azúcar y otros ingredientes que la cubren: *Hay cocas dulces y saladas.*

cocacho *s. m.* AMÉR. DEL S. Golpe, coscorrón.

cocada *s. f.* **1** Dulce elaborado principalmente con coco rallado. **2** BOL., COL. Especie de turrón. **3** BOL., COL., PERÚ. Provisión de hojas de coca.

cocaína *s. f.* (no contable) Sustancia alcaloide que se obtiene de las hojas de la coca y se utiliza como droga. SIN. coca.

cocainómano, na *adj. / s. m.* y *f.* Que es adicto a la cocaína: *Trabaja en un centro de desintoxicación de cocainómanos.*

cocal *s. m.* **1** AMÉR. Cocotal. **2** AMÉR. Lugar donde se cultiva coca.

cocazo *s. m.* ARG., PAR., URUG. Cabezazo.

cocción *s. f.* (no contable) Acción de cocer una cosa: *la cocción de un ladrillo, la cocción del cordero en un horno. El arroz de la paella no se debe remover durante la cocción.*

cóccix (plural *cóccix*) *s. m.* ANAT. Coxis.

cocear *v. intr.* Dar ‹una caballería› coces: *Ten cuidado con este caballo, que cocea un poco.*

cocedero *s. m.* Establecimiento público que se dedica a vender cosas cocidas: *Compró los langostinos en un cocedero de marisco.*

cocer *v. tr.* **1** Hacer ‹una persona› [un alimento crudo] comestible sometiéndolo a la acción del fuego después de introducirlo en un líquido: *Has cocido las patatas mucho tiempo.* **2** Hacer hervir ‹una persona› [un líquido]: *Tienes que cocer la leche.* **3** Someter ‹una persona› [una cosa] a la acción del calor de un horno: *Hasta mañana no cocemos los cacharros en el horno. Ya no cocemos ladrillos; sólo botijos, platos y algún otro cacharro.* || *v. intr.* **4** Hervir ‹un líquido›: *El café está cociendo. Ya cuece el agua.* || *v. prnl.* **5** Prepararse ‹una cosa› sin manifestarse externamente: *No sabemos lo que se está cociendo en esa junta. ¿Sabes tú lo que puede cocerse en esa cabeza?* **6** Pasar ‹una persona› mucho calor: *No vuelvo más a la playa; casi me he cocido.* **7** COLOQUIAL. Ponerse ‹una persona› borracha: *Se ha cocido totalmente con dos tragos.* FR. Y LOC. **huevo* cocido.** ⇒ **21.**

cocha *s. f.* PERÚ; RESTRINGIDO. Laguna.

cochambre *s. f.* Suciedad, cosa de mala calidad y mal funcionamiento: *Tienen la casa llena de cochambre. Ya puedes tirar esta moto; es una cochambre.*

cochambroso, sa *adj. / s. m.* y *f.* (ser / estar; antepuesto / pospuesto) Que está lleno de cochambre o suciedad: *Nos invitó a su casa, un lugar cochambroso y sucio. Su coche está cochambroso. Nos tuvimos que cambiar en unos cochambrosos vestuarios. Es un cochambroso; no sé cómo no le da vergüenza ir así de sucio.* SIN. costroso.

cochayuyo *s. m.* CHILE; COLOQUIAL. Alga marina comestible en forma de cinta, de color pardo.

coche *s. m.* **1** Vehículo con motor y de cuatro ruedas para transportar personas: *coche de carreras, coche deportivo, coche utilitario, coche descapotable, conducir un coche, montar en un coche.* SIN. auto, turismo. **cementerio* de coches.** **2** Automóvil con una función determinada: *coche de bomberos, coche de correos, coche patrulla.* **~ bomba** Coche al que se le ha colocado un artefacto explosivo para hacerlo estallar en un momento determinado, y suele emplearse en acciones terroristas. **~ celular** Coche que traslada a personas arrestadas o a presos. **3** Autobús o autocar: *El coche número cuatro va a Castellón.* **~ de línea** Autobús que hace un recorrido regular entre poblaciones: *Se me ha escapado el coche de línea* **para** *Alicante. ¿De dónde salen los coches de línea* **de** *Cuenca?* **4** Vagón de ferrocarril. **coche-cama. ~ correo. ~ / vagón restaurante*.** **5** (preferentemente en diminutivo) Carrito usado para pasear a los bebés: *cochecito plegable, coche para gemelos.* || **6 ~ de caballos** Vehículo con ruedas tirado por caballos, usado para transportar personas. **7 ~ escoba** Coche que recoge a los deportistas que abandonan en una carrera ciclista. **8 ~ fúnebre** Coche que se usa para transportar a los difuntos: *La familia del difunto iba detrás del coche fúnebre.* **9 ~ patrulla** Coche de policía en el que se patrulla por las calles. **10 ~ pullman** ARG., URUG. Vagón de tren o autocar cómodo y confortable. **11 coches de choque** Atracción de feria consistente en una pista por la que varios coches pequeños se pueden deslizar y chocar.

cochera *s. f.* **1** Lugar donde se encierran los autobuses y otros vehículos públicos: *la cochera de los autobuses, la cochera del metro.* **2** AMÉR.; RESTRINGIDO en España. Garaje particular: *Han hecho una cochera donde antes estaba el pajar.* **3** COL. Pocilga.

cochero *s. m.* **1** RESTRINGIDO. Persona que tiene por oficio conducir un coche de caballos: *el cochero de una carroza, el cochero de una calesa.* SIN. conductor. **2** RESTRINGIDO. Persona sin educación: *Te has comportado como un cochero.*

cochifrito *s. m.* Guiso de cabrito y cordero que se fríe y condimenta una vez preparado.

cochiguagua *s. f.* CHILE; COLOQUIAL. Se usa en la LOC. **a la ~** Con la voluntad de esforzarse al mínimo, sin ganas de trabajar.

cochinada *s. f.* **1** Cosa sucia o mal hecha: *Esta comida es una cochinada. Este trabajo es una cochinada.* **2** Acción o expresión que se consideran ofensivas para la moral generalmente aceptada: *No se puede tolerar que a las chicas se le digan cochinadas en la calle. Se dedica a escribir cochinadas en los periódicos.* **3** Acción malintencionada para perjudicar a alguien: *Es una cochinada cambiarle los datos para que no resuelva el problema. Me parece una cochinada gorda no informarme de las intenciones de la jefa de personal.*

cochinear *v. tr.* PERÚ; COLOQUIAL. Molestar ‹una persona› [a otra persona], burlarse de ella sin mala intención.

cochinería *s. f.* COLOQUIAL; PEYORATIVO. Cochinada, acción o cosa sucia y desagradable: *Suele comer en su despacho, y no sé cómo puede soportar tanta cochinería.*

cochinilla *s. f.* **1** (macho y hembra) Insecto con el cuerpo arrugado, antenas cortas y una trompa, que segrega una sustancia como cera o laca y a veces es dañino para la agricultura. SIN. grana. **2** Crustáceo muy pequeño de color negro, que al tocarlo se enrolla en forma de bola, y habita en zonas húmedas bajo piedra u hojas. **~ de la humedad.**

cochinillo *s. m.* Cría de cerdo que todavía mama: *El cochinillo asado es un plato típico castellano.* SIN. lechón.

cochino, na *adj.* **1** (ser/estar) Que está sucio o no tiene limpieza: *Es un hotel muy cochino. Es una niña algo cochina. El baño está bastante cochino.* **2** Que se comporta con mala intención o de una manera muy egoísta: *Es un perfecto cochino: me dejó tirado en la carretera porque llegué cinco minutos tarde a una esquina.* || *s. m./f.* **3** Cerdo, animal para engordar.

cochiquera *s. f.* RESTRINGIDO. Pocilga, lugar donde se guardan los cerdos.

cocho, cha *s. m./f.* PERÚ; COLOQUIAL. Viejo, abuelo.

cochura *s. f.* **1** Cocción en horno: *La cochura del barro se hace en hornos especiales. Este pan está falto de cochura.* SIN. cocimiento. **2** Cantidad o conjunto de elementos que se cuecen de una vez: *La panadería hace tres cochuras diarias.* SIN. hornada.

cocido *s. m.* COCINA. Guiso de garbanzos, carne, verdura y tocino, que se sirve, después de hervido, escurrido y con el caldo aparte: *Es famoso el cocido madrileño.*

cociente *s. m.* **1** MAT. Resultado que se obtiene al dividir una cantidad por otra. || **2 ~ intelectual** Relación entre la edad mental de una persona y sus años: *No tiene un cociente intelectual muy alto.*

cocimiento *s. m.* **1** Líquido que se obtiene cociendo hierbas u otras sustancias medicinales: *Preparó un cocimiento para el catarro.* **2** RESTRINGIDO. Baño al que se somete la lana para que absorba mejor el tinte.

cocina *s. f.* **1** Habitación para cocinar los alimentos: *muebles de cocina, utensilios de cocina.* **2** Aparato donde se cocinan los alimentos: *cocina eléctrica, cocina de gas.* **3** (no contable) Arte de cocinar los alimentos: *Ha hecho un cursillo de cocina.* **balanza de ~. batería* de ~. paño de ~. robot* de ~.** **4** (no contable) Conjunto de guisos o platos típicos de un lugar: *cocina española, cocina mexicana, cocina argentina.* **5** COL.; JERGAL. Laboratorio clandestino de droga.

cocinar *v. tr./intr.* **1** Hacer ‹una persona› [un alimento crudo] comestible sometiéndolo a la acción del fuego: *Hoy cocino yo. Voy a cocinar un besugo riquísimo.* SIN. guisar. || *v. tr.* **2** Preparar ‹una persona› [una cosa] en secreto: *No sé qué están cocinando los jefes en esa reunión. Están cocinando algo, pero no lo dicen.* SIN. tramar. **3** AMÉR. Cocer.

cocinero, ra *adj./s. m.* y *f.* **1** Persona que por profesión se dedica a cocinar en un establecimiento público o en una casa privada: *Hemos contratado una cocinera para la fiesta del domingo. Tienen un buen cocinero en este restaurante.* **2** Persona que cocina: *Hoy seré yo el cocinero.*

cocinilla *s. m.* **1** COLOQUIAL, RESTRINGIDO; PEYORATIVO. Hombre que interviene mucho en las tareas del hogar, en desacuerdo con lo que tradicionalmente se pensaba que debía hacer: *Mi marido es un cocinilla; siempre tengo que echarlo de la cocina.* **2** Hornillo o cocina portátil: *cocinilla de alcohol, cocinilla de petróleo. Se ha comprado una cocinilla para ir al campo.* SIN. infiernillo.

cocker *s. m.* (macho y hembra) Perro de cierta raza, de patas cortas y orejas largas.

coco *s. m.* **1** Cocotero. **2** Fruto del cocotero, del que se come la pulpa, bañada por un líquido lechoso muy dulce: *coco rallado, batido de coco.* **agua*/leche de ~.** **3** COLOQUIAL. Cabeza humana, mente: *Éste tiene el coco muy duro.* **4** COLOQUIAL. Persona muy fea: *¡Vaya coco de tía!* **5** COLOQUIAL. Fantasma con el que se amenaza a los niños para que obedezcan: *¡Pórtate bien, que viene el coco!* FR. Y LOC. **comer el ~** COLOQUIAL. Embaucar ‹una persona› a otra persona, convencer por medio de manipulación e insistencia: *No me comas el coco, déjame tranquilo. Los de esta secta se dedican a comer el coco a los jóvenes.* **comerse el ~** COLOQUIAL. Dar muchas vueltas ‹una persona› a un asunto o problema: *No te comas el coco con las vacaciones y vete donde quieras.* **estar hasta el ~** COLOQUIAL. Estar ‹una persona› harta, no poder más: *Estoy hasta el coco de tus caprichos.* **lavado* de ~.**

cococha *s. f.* Abultamiento carnoso de la parte inferior de la cabeza de la merluza y el bacalao, muy apreciado en alimentación por su fino sabor: *Las cocochas en salsa verde están muy buenas.*

cocodrilo *s. m.* (macho y hembra) Género *Crocodylus.* Reptil anfibio de gran tamaño, piel escamosa y muy dura, cola fuerte con dos crestas y boca grande con muchos dientes afilados, que vive en los grandes ríos tropicales. FR. Y LOC. **lágrima* de ~.**

cocoliche *s. m.* **1** ARG. Castellano con interferencias italianas hablado por los italianos. || *s. m./f.* **2** ARG. Persona que utiliza esta variedad lingüística.

cocoroco, ca *adj.* CHILE; COLOQUIAL. Que está satisfecho y contento, especialmente en compañía de una persona del sexo opuesto.

cocorota *s. f.* COLOQUIAL. Cabeza de una persona, sobre todo la parte superior: *Me he dado un golpe en la cocorota.*

cocotal *s. m.* Lugar poblado de cocoteros.

cocotero *s. m.* *Cocos nucifera.* Árbol de la familia de las palmas, de gran altura, tronco recto acabado en un penacho de hojas grandes y flores en racimo. SIN. coco.

cóctel *s. m.* **1** Bebida que combina diversos licores y otros ingredientes no alcohólicos, mezclados y agitados convenientemente: *cóctel de champán, cóctel de ron y frutas.* **2** Reunión festiva, celebrada generalmente entre las horas de las comidas, en la que se sirven bebidas y aperitivos: *cóctel de bienvenida.* **3** Conjunto mezclado de diferentes cosas: *Su armario parece un cóctel de vestidos. Tengo un cóctel de papeles encima de la mesa y no encuentro nada.* || **4 ~ de mariscos/gambas** Plato frío en el que se sirven estos alimentos troceados y mezclados con lechuga u otros ingredientes y salsa rosa. **5 ~ molotov** Bomba incendiaria fabricada con una botella de líquido inflamable, generalmente gasolina, provista de una mecha.

coctelera *s. f.* Recipiente en que se mezclan los licores de un cóctel: *En la coctelera se suelen agitar los ingredientes de los cócteles.*

coctelería *s. f.* Bar especializado en servir cócteles y otras bebidas, preferentemente alcohólicas.

cocuy o **cocuyo** *s. m.* AMÉR. Luciérnaga, coleóptero.

coda *s. f.* **1** FON. Margen final de una sílaba. **2** Pieza de madera triangular que asegura la unión de dos tablas en ángulo: *las codas de una estantería.*

codal *s. m.* Pieza de la armadura que cubre el codo.

codazo *s. m.* Golpe dado con el codo: *Tiene la costumbre de dar codazos cuando habla para llamar la atención.*

codear *v. intr.* **1** Mover ‹una persona› los codos a un lado y a otro: *Corre codeando mucho.* || *v. prnl.* **2** Tener ‹una persona› trato o relación con [otra persona]: *Julia se codea **con** los famosos. Le gusta codearse **con** la gente importante.* SIN. relacionarse.

CODECA (pronunciamos *'codeca'*) *s. f.* Sigla de «Corporación de Desarrollo Económico del Caribe».

codeína *s. f.* (no contable) Alcaloide derivado del opio con propiedades calmantes que no produce hábito.

codera *s. f.* **1** Remiendo, refuerzo o adorno, que se pega a la manga a la altura del codo: *una chaqueta de pana con coderas de ante.* **2** Desgaste o deformación producidos por el uso en el codo de las mangas de las prendas de vestir: *Las coderas de su jersey transparentan la camisa. Tu jefe lleva una chaqueta con coderas.* **3** Tira o venda elástica que se usa para ceñir o apretar el codo: *He jugado con una codera en el brazo derecho.*

códice *s. m.* Libro manuscrito antiguo de importancia histórica o literaria, normalmente anterior a la invención de la imprenta, a mediados del siglo XV: *La biblioteca del Escorial es rica en códices.*

codicia *s. f.* Deseo intenso de riqueza u otras cosas: *codicia de poder, codicia de riquezas, codicia de tierras.*

codiciar *v. tr.* Desear ‹una persona› [una cosa] intensamente: *Codicia quedarse con casi todas las tierras de su pueblo.* SIN. ambicionar.

codicilo *s. m.* DER.; RESTRINGIDO. Escrito de última voluntad que sirve de testamento o complementa o modifica un testamento anterior: *Los codicilos de los nobles solían ser muy extensos.*

codicioso, sa *adj. / s. m.* y *f.* **1** (antepuesto / pospuesto) Que tiene o tiende a sentir codicia: *negociante codicioso. Los codiciosos especuladores se aprovecharon de la situación.* || *adj.* **2** Que encierra codicia: *mirada codiciosa.*

codificación *s. f.* **1** Organización de un material legal en un código: *Algunos defienden la codificación de las normas administrativas.* **2** INFORM. Expresión de la información en el lenguaje simbólico del ordenador. **3** Cambio del código de un mensaje, sin cambiar el contenido: *La codificación de los mensajes diplomáticos exige especialistas.*

codificar *v. tr.* **1** Reunir ‹una persona› [un conjunto de leyes] en un código: *Carlos III codificó una serie de leyes importantes anteriores. La revolución liberal codificó lo esencial de la revolución industrial.* **2** Expresar ‹una persona› [un mensaje] utilizando las reglas de un código: *He codificado el mensaje con ayuda de los nuevos manuales de codificación.* SIN. cifrar. **3** INFORM. Expresar ‹una persona› [la información] en el lenguaje simbólico del ordenador. ⇒ **71.**

código *s. m.* **1** Recopilación sistemática de leyes o de normas: *el código de Justiniano.* **~ civil. ~ de la circulación. ~ penal.** **2** COMUNIC. Sistema de señales, signos y reglas que permiten formular e interpretar un mensaje: *código de claves secretas.* **~ de señales** MAR. Código formado por banderas, faroles o destellos luminosos, que se utiliza como forma de comunicación de los barcos. **~ morse** Morse. **~ lingüístico** Lengua o idioma. **3** Signo o signos que expresan una información dentro de este sistema. **~ de barras** Serie de líneas y números que aparece en los productos de consumo para la gestión informática de las existencias. **~ postal** Cifras que funcionan como clave de zonas, poblaciones y distritos para la clasificación y distribución del correo. **4** Libro o texto que sistematiza las leyes o equivalencias de un sistema de signos.

codillo *s. m.* **1** Unión de la pata delantera con el pecho y parte comprendida entre esta unión y la rodilla en un animal cuadrúpedo: *El codillo de cerdo bien preparado es muy rico.* **2** Codo, tubo delgado doblado en ángulo: *Tengo que comprar un codillo para el calentador de gas.* **3** Hueso del jamón. **4** Parte de la rama que queda unida al tronco al ser cortada.

codo *s. m.* **1** Parte posterior y saliente de la articulación del brazo con el antebrazo. **2** Codillo de los cuadrúpedos. **3** Trozo de un tubo doblado en ángulo: *Necesitamos un codo para la estufa del pueblo.* **4** Medida de longitud de unos 42 cm, aproximadamente la distancia desde el codo hasta el extremo de los dedos. **5** Parte de una prenda de vestir que cubre los codos: *El codo de la chaqueta se me ha roto.* FR. Y LOC. **codo con ~** Uno junto a otro, conjuntamente: *Lo han hecho codo con codo.* **empinar el ~** Beber ‹una persona› mucho alcohol: *Ayer estuve con tus amigos y observé que bebían mucho vino, les gusta empinar el codo.* **hablar* por los codos. hincar los codos** Estudiar ‹una persona› mucho: *Chico, tienes que hincar los codos.*

codorniz *s. f.* (macho y hembra) *Coturnix coturnix.* Ave de pequeño tamaño, de color pardo con rayas en los lados y el pecho rojizo, que es muy apreciada como pieza de caza y como alimento.

COE (pronunciamos *'coe'*) *s. f.* Sigla de «Comité Olímpico Español».

coeficiente *s. m.* **1** MAT. Factor constante en un producto. **2** FÍS., QUÍM. Factor que mide el grado o la intensidad de una propiedad o de un fenómeno bajo determinadas condiciones. **3** MAT. Factor que multiplica a una expresión algebraica o a algunos de sus términos. || **4 ~ intelectual** Cociente intelectual.

coercer *v. tr.* ELEVADO. Poner ‹una persona o una cosa› límites a la libertad de [una persona]: *No se debe coercer la libertad de la gente.* SIN. coartar. ⇒ **22.**

coercitivo, va *adj.* ELEVADO. Que coerce o refrena: *orden coercitiva, métodos coercitivos, educación coercitiva.*

coetáneo, a *adj. / s. m.* y *f.* Que coincide en edad o tiempo con otro: *Es un coetáneo **de** Velázquez. Ese político fue coetáneo **de** la revolución.*

coexistencia *s. f.* (no contable) Existencia simultánea: *la coexistencia de animales de varias especies.* **~ pacífica** Convivencia en paz de naciones o países con diferentes regímenes políticos: *La coexistencia pacífica era la doctrina política dominante cuando el capitalismo estaba presente en una parte del mundo y el comunismo en otra.*

coexistir *v. intr.* Existir ‹varias personas o varias cosas› al mismo tiempo: *No es fácil que coexistan estos dos hombres en el mismo gabinete.*

cofa *s. f.* Plataforma redonda colocada en el palo de un barco: *cofa mayor.*

cofia *s. f.* **1** Gorro femenino pequeño y ajustado a la cabeza por atrás que se emplea especialmente para recoger el pelo: *una cofia de enfermera.* **2** Extremo duro o casquete que protege la punta de la raíz. **3** Cubierta membranosa de algunas semillas.

cofrade *s. m. / f.* Persona que pertenece a una cofradía: *Los cofrades salen en Semana Santa con los pasos.*

cofradía *s. f.* **1** Asociación de personas de carácter religioso o piadoso: *cofradía del Santísimo.* **2** Gremio, asociación de carácter profesional: *cofradía de pescadores.*

cofre *s. m.* Arca con cerradura y tapa curvada: *un cofre de madera, el cofre del tesoro, el cofre de las joyas, el cofre de los juguetes.* SIN. baúl, arcón.

cogedor *s. m.* Utensilio en forma de pala unida a un mango para recoger la basura que se barre: *Por favor, trae el cogedor.* SIN. recogedor.

coger *v. tr.* **1** Recoger ‹una persona› [una cosa]: *Coge el papel que has tirado, por favor.* **2** Atraer ‹una cosa› [otra cosa]: *Aquí cogen los muebles mucho polvo.* **3** Quitar ‹una persona› [una cosa] a [otra persona]: *No me cojas el dinero, que lo necesito para hacer la compra.* **4** Conseguir ‹una persona› capturar [a otra persona o a un animal]: *Hemos cogido dos conejos esta mañana.* **5** Ponerse ‹una persona› a la altura de [otra que iba delante]: *Te doy ventaja, pero te aviso que voy a cogerte antes de llegar a la esquina.* **6** Pasar ‹un vehículo› por encima de [una persona o un animal]: *Un motorista ha cogido a una viejecita en el paso de cebra.* **7** Herir o enganchar ‹un toro› [a una persona o a un animal]: *El segundo toro cogió al diestro, que fue atendido en la enfermería de la plaza de una puntada menos grave.* **8** Percibir ‹una persona› [una cosa]: *No le cuentes chistes, que no los coge.* **9** Encontrar ‹una persona› [a otra persona] en [una situación o en una actitud]: *Lo cogí **de** buen humor.* **10** Descubrir ‹una persona› [una cosa] de [otra persona]: *La cogí **en** una mentira.* **11** Aceptar ‹una persona› [una cosa]: *Cojo tu regalo para que no te enfades, pero no vuelvas a traerme nada.* **12** Ocurrir ‹una cosa› cuando [una persona] está en [un lugar] o en [una situación]: *Me cogió el atasco **en** plena autopista.* **13** Contratar ‹una persona› el alquiler de [una cosa] o el trabajo de [una persona]: *Hemos cogido a una señora para que limpie la casa tres veces por semana.* **14** Conseguir ‹una persona› [una cosa]: *Cuando fui al mercado ya no había naranjas, no pude cogerlas. No he podido coger hoy pan.* **15** Llegar ‹una persona› cuando [una cosa] ya ha empezado: *He cogido la película empezada. Esta mañana cogimos la clase ya empezada.* **16** Empezar o retomar ‹una persona› [una cosa]. **17** Tomar ‹una persona› [un vehículo]: *He cogido el autobús esta mañana porque no funcionaba el metro.* **18** Tener ‹una cosa› la misma extensión o la misma capacidad que [otra cosa]: *La alfombra coge toda la habitación.* || *v. tr./prnl.* **19** Poner ‹una persona› las manos sobre [otra persona o una cosa] y retenerla en ellas: ***Se** cogieron **de** las manos. **Se** cogieron **por** la cintura.* **20** Llegar a tener o sentir ‹una persona› [una cosa]: ***Se** cogió una borrachera.* || *v. intr.* **21** Tener ‹una persona o una cosa› suficiente espacio en [un lugar]: ***En** mi casa cogen todos.* **22** COLOQUIAL. Estar ‹una cosa› situada en [un lugar]: *Ese bar coge al otro extremo de la ciudad.* **23** Echar ‹una planta› raíces: *En esta tierra no cogen bien estas plantas.* || *v. tr./intr.* **24** AMÉR.; VULGAR. Tener ‹una persona› relaciones sexuales con [otra persona]. FR. Y LOC. **agarrar/~/tomar el portante*. captar/~ la onda*. ~/agarrar con pinzas*. ~/agarrar/pillar por banda*. ~/agarrar al toro* por los cuernos. ~ el día*. ~ el tranquillo*. ~ frío*. ~ in fraganti*. ~ la horizontal*. ~ y** Hacer ‹una persona› una cosa resueltamente: *Cogió y se fue sin decir nada.* **~/pillar desprevenido*** o **~/pillar de nuevas. ~/pillar de paso*/camino. ~/pillar in fraganti*. ~/tener /tomar rabia*. ~/tomar el gusto*.~/tomar el tole*. ~/tomar la puerta*. ~/tomar una curva*. cogerla** Ponerse ‹una persona› borracha: *Bebió mucho licor y al final la cogió.* **cogerla con** Empezar a tener ‹una persona› manía a otra persona: *La cogí con mis compañeros de clase.* **cogerle idea*. cogerse/pillarse los dedos*. Dios* me/te/le... coja confesado. no haber/tener por donde cogerlo/agarrarlo** 1 Ser ‹una persona o una cosa› muy mala: *Esta película no hay por donde cogerla.* 2 No tener ningún defecto: *Es tan bondadosa que no hay por donde cogerla.* **no poder/~/agarrar ni con tenazas*. tomar/~ la palabra*. ⇒ 23.**

cogestión *s. f.* (no contable) Gestión en común de todas las personas implicadas en una actividad: *La fábrica funcionaba en régimen de cogestión.*

cogida *s. f.* Acción y resultado de coger o enganchar el toro al torero: *Este torero ha tenido una cogida grave.*

cognación *s. f.* DER. Relación familiar por línea femenina.

cognición *s. f.* PSICOL.; ELEVADO. Acción y efecto de conocer mediante la inteligencia: *Consideremos los condicionantes que actúan sobre la cognición.* SIN. conocimiento.

cognitivo, va *adj.* ELEVADO. Del conocimiento: *teoría cognitiva, los mecanismos cognitivos infantiles.*

cognoscible *adj.* FILOS. Que se puede conocer: *En principio ciertos aspectos del universo no son cognoscibles hoy por hoy.* ANT. incognoscible.

cognoscitivo, va *adj.* ELEVADO. Que conoce o puede conocer: *la capacidad cognoscitiva de la especie humana.*

cogollo *s. m.* **1** Parte interior y más tierna de algunas hortalizas: *el cogollo de la lechuga, el cogollo del repollo.* **2** RESTRINGIDO. Lo mejor y más escogido de algo: *En la recepción estaba el cogollo de la alta sociedad.* **3** RESTRINGIDO. Brote de una planta. **4** COLOQUIAL. Núcleo, zona principal o parte importante de un asunto: *Éste es el cogollo del problema.*

cogorza *s. f.* COLOQUIAL. Borrachera: *Ana agarró una cogorza de cava horrorosa. Las cogorzas de cerveza son las peores.*

cogote *s. m.* COLOQUIAL. Parte posterior y superior del cuello. SIN. nuca, cerviz. FR. Y LOC. **estar hasta el ~** COLOQUIAL. Estar ‹una persona› harta: *Estoy hasta el cogote de tener que comer fuera de casa. Estoy hasta el cogote de sus insinuaciones.*

cogotera *s. f.* RESTRINGIDO. Prenda que se engancha a los gorros y protege del sol el cogote: *En las películas las gorras de los soldados del desierto llevaban cogoteras.*

cogotudo *s. m./f.* AMÉR. DEL S.; PEYORATIVO. Nuevo rico.

cogujada *s. f.* (macho y hembra) ZOOL. Pájaro parecido a la alondra, con un moño puntiagudo en la cabeza.

cohabitación *s. f.* **1** (no contable) Hecho de hacer vida de esposos un hombre y una mujer: *La falta de cohabitación durante cinco años es motivo de divorcio.* **2** (no contable) Hecho de convivir varias personas: *No es fácil la cohabitación de muchas personas en un espacio físico restringido.* **3** POLÍT. Colaboración institucional en diferentes funciones o magistraturas del Estado de personas afiliadas a partidos políticos diferentes: *La cohabitación de un presidente socialista y un primer ministro liberal o conservador es una experiencia típica de Francia o Portugal.*

cohabitar *v. intr.* **1** Vivir ‹varias personas› juntas: *Cohabitan doce o trece personas en sesenta metros cuadrados.* SIN. convivir. **2** Vivir ‹dos personas› como marido y mujer: *Durante muchos años estuvieron cohabitando sin estar casados.* **3** EUFEMISMO. Realizar ‹dos personas› el acto sexual: *Acusaban a un ministro de haber cohabitado en diferentes* *ocasiones con una modelo de mala fama.* **4** POLÍT. Coincidir en altos puestos ‹personas de partidos políticos diferentes›: *En Francia, el presidente y el primer ministro cohabitan sin las dificultades que se esperaban.*

cohecho *s. m.* (no contable) DER. Soborno a un juez o a un funcionario público: *Fui acusado de cohecho. El cohecho es un delito muy castigado en una sociedad.*

coherencia *s. f.* **1** (no contable) Relación lógica entre dos cosas sin que se opongan ni se nieguen una a la otra: *No hay coherencia entre lo que mi hija dijo ayer y lo que nos ha contado hoy.* ANT. incoherencia. **2** (no contable) FÍS. Atracción mutua entre moléculas de un cuerpo: *Los cuerpos sólidos tienen una coherencia más fuerte que los cuerpos líquidos y gaseosos.* SIN. cohesión.

coherente *adj.* Que tiene coherencia: *pensamiento coherente, argumento coherente. No eres muy coherente, dices una cosa y haces otra.*

coherentemente *adv. modo* **1** Con coherencia, de manera coherente: *Actuaste coherentemente.* **2** En coherencia (con), actuando en coherencia (con): *Coherentemente **con** sus propuestas, abandonó la sala.*

cohesión *s. f.* **1** Unión o relación estrecha entre personas o cosas: *Es una familia con mucha cohesión. La cohesión de la nueva dirección está asegurada. Es dudosa la cohesión de sus decisiones.* **2** FÍS. Unión recíproca de las moléculas de un cuerpo homogéneo: *La cohesión de los líquidos es muy superior a la de los gases.*

cohesivo, va *adj.* RESTRINGIDO. Que cohesiona o une: *material cohesivo. Propuso unas iniciativas cohesivas.*

cohete *s. m.* **1** Fuego de artificio que consta de un cartucho lleno de pólvora unido a una varilla ligera, con una mecha que se enciende para elevarlo y hacerlo estallar en el aire: *cohete tronador, cohete de varilla, cohete corredor, lanzar cohetes, tirar un cohete, explotar un cohete.* **2** Vehículo espacial propulsado a chorro: *Los misiles son un tipo de cohetes. Los cohetes espaciales pueden ser militares o científicos.*

cohetería *s. f.* **1** (no contable) Conjunto de cohetes: *Están preparando en la plaza una cohetería imponente para las fiestas.* **2** RESTRINGIDO. Taller o fábrica donde se hacen cohetes: *Trabajo en una cohetería.* **3** RESTRINGIDO. Tienda en la que se venden cohetes: *Las coheterías tienen que respetar ciertas normas de seguridad.*

cohibir *v. tr.* **1** Hacer ‹una persona o una cosa› que [una persona] no actúe con libertad: *Su presencia nos cohíbe y nos impide hablar. Ustedes son los que deben mantener el orden en la fiesta, y no los pueden cohibir ni los gestos amenazadores ni las burlas del público.* ‖ *v. prnl.* **2** Sentirse ‹una persona› sin libertad para actuar: *Me cohíbo cuando tengo que hablar en público. Estoy cohibido, no me encuentro bien cuando tengo al jefe delante.* ⇒ **62.**

cohombro *s. m.* **1** RESTRINGIDO. Variedad de pepino, de fruto largo y torcido. **2** Fruto de los cohombros. ‖ **3 ~ de mar** Equinodermo de cuerpo alargado, piel coriácea y tentáculos alrededor de la boca.

cohonestar *v. tr.* ELEVADO. Dar ‹una persona› apariencia de justa o de buena a [una cosa]: *Con la aprobación de la ley quieren cohonestar las estafas cometidas. El régimen militar cohonestó con la amnistía las prácticas represivas de los antiguos colaboradores.*

cohorte *s. f.* **1** HIST., MIL. División de la antigua legión romana formada por varias centurias. **2** ELEVADO. Grupo, conjunto: *Una cohorte de seguidores esperaba la salida de su ídolo. Son una cohorte de peligrosos provocadores.*

COI (pronunciamos *'coi'*) *s. m.* Sigla de «Comité Olímpico Internacional» (en inglés IOC).

coihué *s. m.* **1** ARG., CHILE, PERÚ. Árbol de la familia de las fagáceas, muy elevado y de madera parecida a la del roble. **2** ARG., CHILE, PERÚ. (no contable) Madera de este árbol. **3** ARG. Variedad de jara que abunda en los Andes.

coima *s. f.* **1** RESTRINGIDO. Comisión que recibía el encargado de una casa de juego. **2** LIT. Concubina. **3** AMÉR. DEL S. Dinero con que se soborna a un funcionario público.

coincidencia *s. f.* **1** Circunstancia de coincidir dos o más personas o cosas en el tiempo o en el espacio: *¡Qué coincidencia encontrarnos en el cine! Tenemos que aprovechar la coincidencia de nuestros días de descanso y vernos más a menudo.* **2** Parecido o semejanza entre varias personas o cosas: *La coincidencia de sus coches despistó a la policía. La coincidencia de opiniones no es suficiente para asegurar un matrimonio feliz.*

coincidir *v. intr.* **1** Estar ‹varias personas o varias cosas› de acuerdo en [una cosa]: *Coinciden **en** todo. Hemos coincidido **en** lo fundamental.* SIN. concordar. **2** Cubrir ‹una cosa superpuesta› a [otra cosa] exactamente: *Este papel coincide **con** el patrón.* **3** Ocurrir ‹varias cosas› al mismo tiempo: *Han coincidido varios conciertos **en** la misma ciudad. En esta semana han coincidido varios incendios importantes.* **4** Encontrarse ‹varias personas› en [el mismo lugar]: *Coincidieron **en** el cine. Coincidimos todos los días **en** el trabajo.*

coiné *s. f.* Koiné.

coipo *s. m.* ARG., CHILE, URUG. Mamífero roedor semejante al castor, que habita en ríos y lagunas del sur del continente sudamericano.

coito *s. m.* Unión sexual del macho y la hembra, especialmente del hombre y la mujer: *El derecho canónico no acepta el matrimonio de una pareja cuando no pueden realizar el coito.* SIN. cópula.

cojear *v. intr.* **1** Andar ‹una persona o un animal› inclinando el cuerpo más a un lado que a otro a causa de una lesión física o una enfermedad: *Tu amigo cojea **del** pie derecho. El caballo cojea **de** una pata.* **2** Moverse ‹un mueble› a causa de la desigualdad de sus patas o la irregularidad del suelo: *Hay que calzar la mesa que cojea.* **3** COLOQUIAL. Tener ‹una persona o una cosa› un defecto o una dificultad: *Este modelo de coche no está mal, pero cojea un poco en el cambio de marchas. Tu redacción está bien, pero cojea un poco su puntuación. Ana va bien, aunque cojea algo en Lengua.* FR. Y LOC. **~ del mismo pie*. saber de qué pie* cojea.**

cojera *s. f.* (no contable) Configuración física o dolencia que impide andar con normalidad: *Un golpe en la rodilla le produjo una leve cojera. Según me contó, su cojera es el resultado de una polio infantil.*

cojín *s. m.* Almohada cuadrada rellena de plumas u otro material blando para sentarse o apoyarse en ella: *cojín mullido, los cojines de un sofá, los cojines de una butaca.*

cojinete *s. m.* **1** MEC. Pieza o mecanismo que sirve de apoyo al eje de una máquina: *cojinete de bolas, cojinete de rodillos, cojinete de rodamientos.* **2** Pieza de hierro que sujeta los carriles a las traviesas del ferrocarril. **3** Almohadilla.

cojitranco, ca *adj.* (ser / estar) PEYORATIVO. Que cojea mucho o anda con mucha dificultad: *Mi abuelo ha sido siempre cojitranco. La consulta estaba llena de cojitrancos. Ahora estoy cojitranco hasta que me quiten la escayola.*

cojo, ja *adj. / s. m.* y *f.* **1** (ser / estar) [Persona o animal] que anda con dificultad o cojea: *Es cojo de nacimiento. Está coja desde el accidente.* **2** (ser / estar) [Persona o animal] que está privado de alguna pierna: *Mi abuelo es el típico mutilado de guerra, está cojo porque le tuvieron que cortar la pierna.* ‖ *adj.* **3** [Pierna, pie] que tiene una dolencia o una lesión que impide andar correctamente: *Le duele mucho la pierna coja.* **4** (ser / estar) [Razonamiento, argumento] que resulta incompleto o imperfecto: *Me parece que está un poco cojo tu silogismo.* **5** (estar) [Mueble, objeto] que no se apoya bien sobre sus patas y se balancea: *La mesa estaba coja. Pásame otra silla, por favor, que ésta está coja.* FR. Y LOC. **a la pata* coja.**

cojón *s. m.* **1** (preferentemente en plural) VULGAR. Testículo. **2** (en plural) VULGAR. Valor, coraje: *Para superar las dificultades tuvo que echarle cojones.* ‖ *interj.* **3** VULGAR. Expresa enfado, fastidio, negación o admiración: *Que no quiero ir, cojones. Cojones, vaya coche.* FR. Y LOC. **caer / sentar como una patada* en los cojones / huevos. de cojones** 1 VULGAR. Muy mal o muy intenso: *Me sienta de cojones tener que ir el sábado por la tarde a la oficina. Hace un frío de cojones.* 2 VULGAR. Muy bien: *Oye, la corbata te cae de cojones, ¿dónde la has comprado?* **de los cojones** VULGAR. Insoportable, desagradable, que produce enfado o cansancio, muy malo: *Hemos visto una película de los cojones. Ahí está el amigo tuyo ese de los cojones. Ya está otra vez fallando este coche de los cojones.* **estar hasta los (mismísimos) cojones** VULGAR. Estar ‹una persona› muy harta de otra persona o de una cosa: *Estoy hasta los mismísimos cojones de tener que lavarme las camisas.* **importar un ~** o **importar tres cojones** VULGAR. No interesar nada ‹una persona o una cosa› a otra persona: *Me importa la opinión de mi padre tres cojones. Me importa un cojón esa chica.* **no tener más cojones** VULGAR. Tener ‹una persona› la obligación fuerte de hacer una cosa: *No tiene más cojones que ir a trabajar.* **pasárselo por el forro* (de los caprichos / cojones). ponérsele los cojones de corbata** VULGAR. Asustarse ‹una persona› mucho: *Anoche se nos pusieron los cojones de corbata; íbamos paseando, y apareció un tío con una navaja y nos quitó la cartera. Se me han puesto los cojones de corbata, el médico me ha dicho que tiene que operarme.* **por cojones** VULGAR. A la fuerza: *El tío se ha empeñado en aparcar en este sitio por cojones, pero no se lo voy a permitir.* **salirle de los cojones** VULGAR. Hacer ‹una persona› lo que quiere: *Ya estoy harto de que haga lo que le sale de los cojones.* **tener (un par de) cojones.** VULGAR. Ser ‹una persona› muy valiente o temeraria: *La tía tiene cojones, ¿eh? Ha ido a hablar con el jefe y le ha dicho que como no respete la ley que organizará un lío con el sindicato.* **tener los (cojones) cuadrados** o **tener los (cojones) bien puestos** Tener un par de cojones: *El tío los tiene cuadrados, se tira de los puentes a lo bestia.* **tocar los cojones** VULGAR. Molestar mucho ‹una persona o una situación› a otra persona: *No me toques más los cojones y déjame tranquilo.* **tocarse los cojones** VULGAR. No trabajar ‹una persona› nada: *No te toques más los cojones y estudia algo.*

cojonudo, da *adj.* **1** VULGAR. Que es digno de admiración: *Tu amigo es cojonudo. Su música es cojonuda.* ‖ *adv.* **2** VULGAR. Muy bien: *Cenamos cojonudo en ese restaurante nuevo. Bailan cojonudo.*

cojudo, da *adj.* ARG., URUG. Que es muy valiente.

col *s. f. Brassica oleracea.* Planta crucífera comestible, de tallo grueso, hojas anchas, flores pequeñas, blancas o amarillas que se cultiva en los huertos: *Prepara las coles con patatas muy bien.* **~ de Bruselas** Variedad de esta planta formada por muchas coles pequeñitas. REFR. **Entre col y col, lechuga.** Se usa para expresar que conviene mezclar las actividades para evitar la monotonía.

cola *s. f.* **1** Extremidad posterior de muchos animales, que prolonga a veces la columna vertebral: *la cola de un mono, la cola de un gato.* **2** Conjunto de plumas fuertes de las aves al final de la rabadilla: *la cola del pavo real.* **3** Extremo o parte final de algo: *la cola de un avión, la cola de una manifestación. El equipo local ocupa la cola de la clasificación.* **furgón* de ~.** ANT. cabeza. **4** Prolongación posterior de algunas cosas: *la cola de un vestido de novia, la cola de un cometa.* **bata* de ~. piano de ~. piano de media ~. 5** Hilera de personas o vehículos que esperan turno para algo: *hacer cola, guardar cola. Se forman grandes colas para visitar la exposición. La cola del cine llega hasta la otra calle.* **6** COLOQUIAL; EUFEMISMO. Pene. **7** Sustancia o pasta usada para pegar: *Utilizó cola para empapelar la habitación. Puedes pegar la pata de la silla con cola.* **8** (no contable) Sustancia excitante que se extrae de las semillas de un árbol tropical: *La cola no me deja dormir.* **9** COLOQUIAL. Bebida refrescante que contiene esta sustancia: *Tomamos unos bocadillos y unas colas.* **10** COL.; COLOQUIAL. Trasero de las personas. ‖ **11 ~ de caballo 11**1 Peinado en forma de coleta en la parte posterior de la cabeza. **11**2 Cascada de agua que tiene una forma parecida a las colas de los caballos. **12 ~ de pescado** (no contable) Gelatina hecha con la vejiga de los esturiones. FR. Y LOC. **no pegar ni con ~** 1 COLOQUIAL; INTENSIFICADOR. No combinar bien ‹una cosa› con otra: *Ese cuadro no pega ni con cola en esta habitación.* 2 COLOQUIAL; INTENSIFICADOR. Se usa para indicar que unas palabras o una explicación son poco creíbles o son incongruentes con algo que se ha dicho antes: *¡Qué tontería! Lo que dices no pega ni con cola.* **ponerse* a la ~. ser la pescadilla* que se muerde la ~. traer / tener ~** COLOQUIAL. Tener consecuencias ‹un asunto›: *Las declaraciones del ministro traerán cola.*

colaboración *s. f.* **1** Acción de realizar un trabajo o tarea en común varias personas: *La colaboración de todos es muy necesaria en los trabajos de equipo.* **2** Ayuda de una persona o cosa para conseguir algo: *Necesito tu colaboración para convencer a tu hermano. El trabajo es más sencillo con la colaboración de los ordenadores.* **3** Contribución con un donativo para algún fin: *El museo se construyó gracias a la colaboración de todos los vecinos.* **4** Escrito que realiza una persona para un periódico, revista u otra obra, sin que trabaje de manera fija en la empresa que los edita: *El editor tiene que revisar las colaboraciones que se reciben.*

colaboracionismo *s. m.* (no contable) PEYORATIVO. Ideología y comportamiento de las personas que colaboran con los enemigos: *El colaboracionismo aparece con claridad siempre que se produce una ocupación de un territorio por un enemigo.*

colaboracionista *adj. / s. m.* y *f.* **1** Que colabora con el enemigo: *revista colaboracionista.* **2** PEYORATIVO. Que colabora con un gobierno o régimen político rechazado por la mayoría de una población: *Los intelectuales pueden parecer colaboracionistas, porque en ciertos momentos deben manifestar públicamente algunas opiniones.*

colaborador, ra *adj. / s. m.* y *f.* **1** [Persona] que interviene con otra en la ejecución de una obra: *Aquí te presento a mi principal colaborador. Es una secretaria colaboradora* ***del*** *proyecto.* **2** [Persona] que trabaja habitualmente para una empresa sin formar parte de su plantilla: *Tenemos varios correctores colaboradores.*

colaborar *v. intr.* **1** Trabajar ‹una persona› con [otra persona] en [una empresa común]: *Colaboró* ***conmigo en*** *la organización del festival. Los dos ayuntamientos han colaborado* ***en*** *la urbanización del polígono.* **2** Escribir ‹una persona que no es de la plantilla› en [un periódico] o en [una revista] habitualmente: *Colabora de vez en cuando* ***en*** *esta revista. Me gusta colaborar* ***en*** *los diarios independientes.* **3** Contribuir ‹una persona› a la financiación de [una organización o un proyecto] con [un donativo]: *Colabora* ***con*** *esta asociación benéfica* ***con*** *donativos. Colabora* ***en*** *la campaña contra el sida.* **4** Ayudar ‹una cosa› a la consecución o ejecución de [otra cosa]: *Su proyecto colabora* ***a*** *fomentar el interés por el arte. Tus aportaciones colaboran* ***en*** *el mantenimiento del orfanato.*

colación *s. f.* **1** ELEVADO. Comida ligera: *Yo no suelo cenar, me conformo con una colación o un refrigerio ligero.* **2** REL.; RESTRINGIDO. Comida ligera que los católicos solían tomar por la noche los días de ayuno: *La costumbre de la colación ha ido desapareciendo a la vez que la del ayuno.* **3** Acto de otorgar un título universitario: *La colación de grados era una ceremonia solemne que tenía lugar antiguamente en las universidades.* || **4 ~ de bienes** DER. Declaración que hace un heredero forzoso en el momento de repartir la herencia, de los bienes que recibió del causante cuando vivía, para que sean contados en la computación de las legítimas y mejoras. FR. Y LOC. **sacar / traer a ~** Mencionar, hacer referencia ‹una persona› a otra persona o a una cosa: *No saques a colación el tema económico en mi casa. No se te ocurra sacar a colación el asunto de mi caída. Me gustaría aprovechar el momento y sacar a colación lo que hicisteis ayer.* **venir a ~** ELEVADO. Estar relacionada ‹una cosa› con lo que se está hablando: *Aunque no venga a colación, quisiera preguntar por el nuevo sistema educativo. Lo que usted dice no viene a colación con lo que estamos hablando.*

colada *s. f.* **1** RESTRINGIDO. Acción y resultado de colar: *La colada del vino sólo es aconsejable en algunas ocasiones.* **2** Lavado de la ropa sucia: *hacer la colada. Tenemos una gran colada.* **3** Ropa lavada: *tender la colada. Se ha secado la colada. No ha quedado limpia la colada.* **4** METAL. Operación de sacar el hierro fundido en los altos hornos: *La colada es una operación que la hacen ahora varios robots.* **5** Masa de lava que arroja un volcán y fluye por las laderas: *La colada arrasa todo lo que encuentra a su paso.* **6** ARG., URUG. Acción de entrar en un sitio sin entrada o sin permiso.

coladero *s. m.* **1** Lugar por donde es muy fácil pasar a un recinto guardado: *Por un lateral de la pista de circo se puede entrar sin entrada, es un coladero.* **2** DEP. Espacio entre los defensas por donde se llega con facilidad a la meta o a la portería contraria: *La defensa contraria fue un coladero durante todo el partido. La esquina izquierda era un coladero.* **3** COLOQUIAL. Centro de enseñanza o profesor que da muchas facilidades para aprobar: *Este instituto es un coladero. El profesor de literatura es un coladero, a nadie le ha quedado su asignatura para septiembre.* **4** COLOQUIAL. Asignatura y examen fácil de aprobar: *Las matemáticas son un coladero.* **5** RESTRINGIDO. Colador.

colado, da *adj.* **1** (estar) COLOQUIAL. Que está muy enamorado: *Está colada por Luis.* **2** METAL. [Hierro] que está fundido y no ha sido refinado: *La placa es de hierro colado.*

colador *s. m.* Utensilio de cocina para colar líquidos compuesto por una tela fina o por una tela metálica unida a un mango: *colador de té, colador de acero inoxidable, pasar la salsa por el colador.* SIN. tamiz (ELEVADO), coladero. FR. Y LOC. **como un ~** COLOQUIAL. Con muchos agujeros: *Al pobre infeliz lo cosieron a navajazos, lo dejaron como un colador, casi no se le podía reconocer. No podemos ir al campo con esta tienda de campaña, tiene el techo como un colador.*

coladura *s. f.* Error, desacierto o indiscreción: *Un par de coladuras en el examen y ya no apruebas. ¡Menuda coladura!, ¿por qué le dijiste que salíamos por la noche?*

colage *s. m.* Collage.

colágeno, na *adj.* **1** (no contable) BIOL. De la proteína del mismo nombre: *fibras colágenas.* || *s. m.* **2** (no contable) Sustancia proteínica de ciertos tejidos orgánicos, huesos y cartílagos: *crema con colágeno.*

colapsar *v. tr.* **1** Producir ‹una persona o una cosa› un colapso o bloqueo en [una cosa]: *El accidente colapsó totalmente la circulación de la autopista. El trombo le colapsa una arteria. El estrechamiento de las arterias puede llegar a colapsar todo el sistema circulatorio de la persona. La avalancha de solicitudes ha colapsado la capacidad de los secretarios.* || *v. prnl.* **2** Sufrir ‹una persona o una cosa› un colapso o bloqueo: *La centralita se colapsó por la gran cantidad de llamadas.*

colapso *s. m.* **1** MED. Descenso brusco y grave de la tensión arterial que provoca una falta de riego sanguíneo en los órganos vitales: *Sufrió un colapso al final del partido.* **2** Paralización o disminución importante de una actividad: *Las numerosas deudas provocaron el colapso del negocio.*

colar *v. tr.* **1** Hacer pasar ‹una persona› [un líquido] por un utensilio adecuado para separar las partículas sólidas o las impurezas: *Cuela la leche antes de echarla en la jarra.* **2** Pasar ‹una persona› [una cosa falsa o sin validez] [a otra persona] con engaño: *Coló una entrada del día anterior. No es fácil colar tantos billetes falsos.* **3** Hacer creer ‹una persona› [una cosa falsa] [a otra persona]: *Le han colado una historia increíble.* **4** Hacer pasar ‹una persona› [una cosa] al interior de [otra cosa] o a través de [otra cosa]: *Coló el balón* ***en*** *la portería.* || *v. intr.* **5** Ser creída ‹una cosa falsa›: *Esas mentiras ya no cuelan. Te aseguro que cuanto más grandes son las mentiras mejor cuelan.* || *v. prnl.* **6** Pasar ‹una cosa› al interior de [otra cosa] o a través de [otra cosa]: *El balón se coló ante los ojos atónitos del portero. La moneda se coló en la cloaca.* **7** Pasar ‹una persona› al interior de [un local] o por [un lugar] con disimulo: *Se coló* ***en*** *el cine. Se coló* ***por*** *la puerta de servicio.* **8** Pasar ‹una persona› delante de otras que hacen cola: *Por favor, no se cuele usted, haga cola.* **9** Cometer ‹una persona› un error: *Se* *coló en el examen. No te cueles* ***conmigo****, no soy un ángel.* **10** Estar ‹una persona› muy enamorada de [otra persona]: *Se coló* ***por*** *tu prima.* ⇒ **28.**

colateral *adj.* **1** Que está a uno u otro lado de lo que se considera principal o que se deriva de lo principal: *calle colateral, vía colateral, cuestiones colaterales, problemas colaterales.* **línea* transversal/~.** ‖ *adj./s. m.* y *f.* **2** [Pariente] que no lo es por vía directa: *Los parientes colaterales tienen pocos derechos en estas ocasiones.*

colcha *s. f.* Tela de adorno o de abrigo que cubre la cama y, generalmente, la almohada: *una colcha de volantes. Son muy apreciadas las colchas de ganchillo.* SIN. cubrecama.

colchón *s. m.* **1** Especie de saco blando rectangular que sirve para dormir sobre él: *colchón de lana, colchón de paja, colchón de goma-espuma, guardar el dinero bajo el colchón.* **~ de agua. ~ neumático. ~ de muelles** Colchón moderno fabricado con muchos muelles entrelazados en el interior, recubiertos de tejidos blandos: *Los colchones de muelles son mejores para la espalda.* **2** Capa blanda de alguna sustancia que cubre una superficie: *Cayó sobre un colchón de hojas. Le ha preparado un colchón de corcho a su gato.* ‖ **3 ~ de aire** Capa de aire sobre la que se apoyan ciertos vehículos, como el aerodeslizador, al desplazarse.

colchonería *s. f.* Establecimiento donde se hacen o venden colchones, almohadas, cojines y otros objetos relacionados con la cama: *Hemos comprado un somier de tablas en la sección de colchonería de unos grandes almacenes.*

colchonero, ra *adj./s. m.* y *f.* **1** Persona que se dedica por oficio a vender, fabricar o hacer colchones: *Esta tarde vendrá el colchonero para varear la lana, y mañana lo cose.* ‖ **2 aguja* ~.**

colchoneta *s. f.* **1** Colchón delgado: *En los campamentos se duerme en colchoneta.* **2** Colchón impermeable que se usa en el agua: *Me he comprado una colchoneta para la playa.* **~ neumática. 3** Colchón delgado y normalmente largo, que se usa para bancos: *una colchoneta para el balancín.* **4** DEP. Colchón sobre el que se realizan ejercicios gimnásticos: *colchoneta de gimnasia, colchoneta de judo.*

cole *s. m.* COLOQUIAL; INFANTIL. Colegio: *¿Hoy no vas al cole? ¿No tienes cole todavía?*

colear *v. tr.* **1** TAUROM. Tirar ‹una persona› de [un toro] por la cola con fuerza. **2** AMÉR. Derribar el jinete una res tirándola de la cola. ‖ *v. intr.* **3** Mover ‹un animal› la cola con frecuencia: *En cuanto me acerco a casa, el perro empieza a colear.* **4** Durar las consecuencias de ‹una cosa›: *Este asunto aún colea. Ya me encuentro mejor, aunque todavía colean los follones del reparto de la herencia.* FR. Y LOC. **vivito* y coleando.**

colección *s. f.* **1** Conjunto de cosas pertenecientes a una misma clase y generalmente ordenadas: *una colección de sellos, una colección de monedas, una colección de llaveros.* **2** Gran cantidad o número de personas o cosas: *Una colección de errores hizo que perdiéramos el partido. Tiene una colección de parientes. Ahí llega tu tía con tu colección de primos.* **3** Conjunto de modelos de una temporada que exhibe una fábrica o un gran diseñador: *Ya nos ha llegado la colección de zapatos de la nueva temporada. Nuestra colección de primavera ha tenido mucho éxito entre la juventud.*

coleccionar *v. tr.* Hacer ‹una persona› una colección de [varias cosas]: *Andrés colecciona minerales. No he coleccionado nunca sellos.*

coleccionismo *s. m.* **1** (no contable) Afición a coleccionar algo: *Desde pequeño tuve la manía del coleccionismo.* **2** (no contable) Arte y técnica de organizar una colección: *No se puede organizar un museo sin conocer las modernas técnicas del coleccionismo.*

coleccionista *s. m./f.* Persona que por oficio o por afición colecciona una cosa: *un coleccionista de monedas y sellos antiguos, un coleccionista de muebles antiguos.*

colecta *s. f.* Recaudación benéfica: *La parroquia no puede vivir sólo de las colectas dominicales. Han organizado una colecta para las víctimas de los terremotos.*

colectivamente *adv. modo* **1** En conjunto, en bloque, no por separado: *Os conviene presentar la protesta colectivamente. Actuaremos colectivamente. La huerta la poseen sus herederos colectivamente. ¿Cómo prefieren ustedes hacerlo, individual o colectivamente?* ‖ *adv. restrictivo* **2** Tomados como colectivo, como grupo, o en la dimensión colectiva. RELACIONES Y CONTRASTES: En las acepciones **1** y **2**, se contrapone a *individualmente*, con el que a menudo formará secuencia coordinativa, aditiva o disyuntiva: *Tanto individual como colectivamente son magníficos. Individualmente no son gran cosa, pero colectivamente sí.*

colectivero *s. m.* AMÉR. Conductor de colectivo o autobús pequeño.

colectividad *s. f.* Conjunto de personas que tienen alguna relación entre sí: *Aprobaron algunas medidas urgentes en beneficio de la colectividad.*

colectivismo *s. m.* (no contable) POLÍT. Ideología y sistema político y económico que defiende la propiedad colectiva de los medios de producción: *El colectivismo es un rasgo característico de la economía del Este europeo después de la Segunda Guerra Mundial.*

colectivista *adj.* **1** Del colectivismo: *doctrina colectivista.* ‖ *adj./s. m.* y *f.* **2** Que es partidario del colectivismo.

colectivización *s. f.* Transformación en colectiva de una cosa que era privada: *la colectivización de los medios de producción.*

colectivizar *v. tr.* Convertir ‹una persona› [una cosa individual] en colectiva: *Las revoluciones socialistas colectivizaron las fábricas privadas.* ⇒**19.**

colectivo, va *adj.* **1** De un gran número de personas o cosas: *transporte colectivo, iniciativa colectiva.* **antena* colectiva. nombre* ~.** ‖ *s. m.* **2** Grupo de personas con una característica común: *el colectivo de mujeres separadas, el colectivo de jardineros de la ciudad, el colectivo de atletas retirados.* **3** AMÉR. Microbús, autobús o autocar.

colector, ra *adj.* **1** ELEVADO. Que colecta o recoge: *un tubo colector.* ‖ *s. m.* **2** Canal o conducto que recoge las aguas y materiales procedentes de otros: *Las aguas de las alcantarillas van a parar a colectores.*

colega *s. m./f.* **1** Persona que tiene el mismo trabajo que otra: *colega de departamento. Ésta es una colega de la oficina.* **2** COLOQUIAL. Amigo, compañero: *¿Cómo va todo, colega? Esta noche vamos todos los colegas a jugar al billar.* FR. Y LOC. **¿Qué pasa* contigo tío/~/tronco?**

colegiación *s. f.* Afiliación de un profesional a su colegio: *Es obligatoria la colegiación de los licenciados para poder dar clase en los centros de enseñanza privada.*

colegiado, da *adj.* **1** Que está inscrito en el correspondiente colegio profesional: *un corredor de fincas colegiado, un arquitecto colegiado.* || *s. m.* **2** DEP. Árbitro de un partido, especialmente de fútbol: *Los colegiados tendrán que mantener una forma física aceptable.*

colegial, la *adj.* **1** De un colegio de enseñanza: *Todas las niñas van vestidas con el uniforme colegial. La disciplina colegial es necesaria.* **2** De un colegio profesional o de un grupo de profesionales: *El gobierno ha tomado el acuerdo colegial de difundir este proyecto.* || *s. m. / f.* **3** [Niño, joven] que estudia en un colegio: *Los colegiales juegan en el patio durante el recreo. Las colegialas no suelen ir ya con uniforme.*

colegiar *v. tr. / prnl.* **1** Inscribirse ‹una persona› en un colegio profesional: ***Me*** *he colegiado para poder trabajar como profesora. Carlos* ***se*** *va a colegiar en el colegio de ATS.* || *v. prnl.* **2** Reunirse ‹varias personas de la misma profesión› en un colegio profesional: *Se han colegiado los corredores de fincas. Hace tiempo decidieron colegiarse los aparejadores.*

colegiata *s. f.* En la organización de la iglesia católica, iglesia que se compone de abad y cabildo de canónigos seculares, y donde se celebran los oficios divinos como en las catedrales: *En cada diócesis hay una catedral y varias colegiatas.*

colegio *s. m.* **1** Establecimiento de enseñanza de niños y jóvenes: *colegio subvencionado, colegio nacional, colegio estatal, colegio privado.* **2** (no contable) Clase o enseñanza de una materia: *Este viernes no hay colegio.* **3** Agrupación de personas de una misma profesión: *colegio de médicos, colegio de arquitectos, colegio de abogados.* || **4 ~ electoral** **4**1 RESTRINGIDO. Conjunto de electores de un distrito: *El colegio electoral ha aumentado este año.* **4**2 Lugar preparado en una elección adonde los electores van a votar: *Los colegios electorales suelen situarse en los edificios públicos, como escuelas y hogares del jubilado.* **5 ~ mayor** Residencia de estudiantes universitarios: *Vivió en un colegio mayor mientras estudió en la Universidad.*

colegir *v. tr.* ELEVADO. Deducir ‹una persona› [una cosa] de [otra cosa]: *Colegí su recuperación* ***del*** *informe. Por la cara que puso, colegí que mis palabras no le habían gustado nada.* SIN. inferir. ⇒ **66.**

colegui *s. m. / f.* JERGAL. Colega, amigo o compañero: *Los coleguis vamos esta noche al futbolín.*

cóleo *s. m.* Grupo de plantas herbáceas que se caracteriza por tener hojas dentadas y pequeñas flores agrupadas en racimos utilizadas como plantas de adorno.

coleóptero *adj. / s. m.* **1** (macho y hembra) ZOOL. [Insecto] que tiene una boca preparada para masticar, un par de alas duras y debajo otras plegadas en forma de abanico que le sirven para volar, como el escarabajo o la mariquita. || *s. m.* **2** (en plural) ZOOL. Orden que forman los insectos coleópteros.

cólera *s. f.* **1** (no contable) Enfado grande y violento: *El director descargó su cólera en sus subordinados. La cólera no es buena consejera para relacionarse con los amigos.* || *s. m.* **2** (no contable) MED. Enfermedad epidémica transmitida al beber aguas contaminadas, que produce vómitos y diarrea: *El cólera es una enfermedad peligrosa si no se trata adecuadamente.* FR. Y LOC. **montar en ~** Enfadarse mucho y de forma violenta ‹una persona›: *Montó en cólera cuando se enteró de que lo habían engañado.*

colérico, ca *adj.* **1** (antepuesto / pospuesto) De la cólera: *Con gesto colérico se marchó. Oímos un colérico grito.* **2** (ser / estar) Que tiende a mostrar cólera o ira: *Tiene un carácter colérico. Es una persona colérica. Está colérico, muy furioso, y yo no le he hecho nada.* **3** Del cólera, enfermedad: *síntoma colérico.*

colesterol *s. m.* (no contable) BIOL. Sustancia de origen graso que forma parte de muchos tejidos orgánicos corporales, que puede producir alteraciones cardiovasculares en las personas, si se ingiere un exceso de alimentos que tengan mucho: *Ahora se vende pan sin colesterol, margarina sin colesterol, pero también es necesario el colesterol en el cuerpo.*

coleta *s. f.* Peinado en que se recoge el pelo con una cinta o goma y se deja caer suelto: *Una niña con dos coletas jugaba en los columpios.* FR. Y LOC. **cortarse la ~** 1 TAUROM. Abandonar ‹el torero› su oficio: *El número uno anuncia que se cortará la coleta después de la feria de San Isidro de Madrid.* 2 COLOQUIAL; HUMORÍSTICO. Apartarse ‹una persona› de una afición o actividad: *Después de la paliza de anoche ha decidido cortarse la coleta y no jugar más a las cartas.*

coletazo *s. m.* **1** Golpe dado con la cola: *Un coletazo de tiburón podría hundir la barca.* **2** (preferentemente en plural) Última manifestación de algo próximo a terminarse: *Posiblemente estemos viviendo los últimos coletazos de una cultura. La manifestación ha discurrido con tranquilidad, pero al final se han producido algunos coletazos violentos protagonizados por jóvenes cabezas rapadas.*

coletilla *s. f.* **1** Texto breve añadido al final de un escrito o de un discurso: *Añadí una coletilla con la conclusión.* **2** Palabra o expresión que se repite durante la conversación: *En el norte de la Península utilizan mucho la coletilla «pues» al final de cada frase.* SIN. muletilla.

coleto *s. m.* COLOQUIAL, RESTRINGIDO. Interior de una persona. FR. Y LOC. **echarse al ~** 1 COLOQUIAL. Tomar ‹una persona› una comida o bebida: *Se echó al coleto una copa de anís.* 2 COLOQUIAL. Acabar ‹una persona› una cosa rápidamente: *Se echó al coleto una novela de cuatrocientas páginas en dos días.* **para mi / tu / su... ~** COLOQUIAL. Para uno mismo: *Pensé para mi coleto que nunca cometería el mismo error.*

colgada *s. f.* COL.; COLOQUIAL. Incumplimiento de una obligación o compromiso.

colgadero *s. m.* ARG., URUG. Lugar destinado en las casas a tender la ropa, tendedero.

colgado, da *adj.* **1** (estar) [Persona] que se siente burlada o frustrada en sus deseos o esperanzas: *Está colgado desde que decidiste marcharte. La carta le dejó bastante colgado. Se quedó todo el fin de semana colgado sin tu llamada.* **2** (estar) Que está muy pendiente de algo o alguien: *Está colgado* ***de*** *sus gestos.* || *adj. / s. m.* y *f.* **3** [Persona] que es adicta a una droga: *Esa plaza está llena de colgados.* FR. Y LOC. **estar / quedarse ~** 1 Estar o quedarse ‹una persona› sin dinero o sin amigos: *Se quedó colgado al marcharnos todos.* 2 Estar o quedarse ‹una persona› sola o aislada: *Se marcharon todos de excursión y me he quedado colgado.* 3 Depender ‹una persona› de la droga: *Está colgado de lo que pesca, no discrimina nada, todo se lo mete.*

colgador *s. m.* Utensilio para colgar la ropa u otros objetos: *He puesto la chaqueta en el colgador.* SIN. percha.

colgadura *s. f.* (preferentemente en plural) Conjunto de telas que cubren y adornan las paredes o balcones de un edificio: *El presidente aconsejó a los vecinos que durante las fiestas pusieran colgaduras en los balcones. El museo está lleno de colgaduras, especialmente de tapices flamencos.*

colgajo *s. m.* **1** Objeto con mal aspecto, generalmente un trozo de tela, que cuelga: *Aquel pañuelo era un colgajo.* **2** Racimo de frutas que se cuelga para secar: *un colgajo de uvas.*

colgante *adj.* **1** Que cuelga: *Ten cuidado con ese cable colgante, que puede darte un calambrazo.* **puente* ~.** || *s. m.* **2** Joya de adorno que pende de una cadena o cinta: *un colgante de oro en forma de corazón.*

colgar *v. tr.* **1** Sujetar ‹una persona› [una cosa] con [otra cosa] de manera que no toque el suelo: *Colgé el cuadro **de** un clavo. Cuelga el sombrero **en** una percha.* **2** Atribuir ‹una persona› [una cosa] a [otra persona]: *Le querían colgar el asesinato del vigilante.* **3** Abandonar ‹una persona› [una actividad o un objeto que la caracteriza]: *Colgó los libros. Jesús colgó los hábitos de fraile y se dedicó a los negocios.* **4** Interrumpir ‹una persona› la comunicación telefónica con [otra persona]: *Me colgó Inés el teléfono.* **5** Suspender ‹una persona› [un examen]: *He colgado las matemáticas para septiembre.* SIN. catear. || *v. tr. / prnl.* **6** Matar ‹una persona› [a otra persona] suspendiéndola de una cuerda que se ha pasado alrededor de su cuello: ***Se** colgó **de** un árbol.* || *v. intr.* **7** Estar ‹una cosa› sujeta de [otra cosa] sin llegar al suelo: *La lámpara cuelga **del** techo.* SIN. pender. **8** Estar una parte del borde de [una tela o un vestido] más baja que otra: *No te sienta bien el abrigo, cuelga un poco de atrás.* **9** Estar ‹una persona› subordinada psicológicamente a [otra persona]: *Esa chica cuelga todo el día **de** su hermano.* || *v. prnl.* **10** Depender ‹una persona› de la droga: *Hace tiempo ya que se ha colgado, no es de ahora la historia. Tu amigo está colgado, no puede dejar la heroína.* **11** Depender ‹una persona› de [una cosa]: *Cuelgas **de** tu trabajo.* **12** INFORM. Quedarse ‹un ordenador› bloqueado: *Está colgado el ordenador, debes de haber tocado varias teclas a la vez. El ordenador se me cuelga con este programa.* FR. Y LOC. **ahorcar / ~ los hábitos*. pender / ~ de un hilo*. ~ las botas*. ~ los guantes*. ⇒ 24.**

colibrí (plural *colibríes*, preferible a *colibrís*) *s. m.* (macho y hembra) Familia *Trochilidae*. Ave americana de pequeño tamaño, pico largo y fino, lengua extensible y plumaje de vistosos colores, que es muy veloz moviendo las alas, puede detenerse en vuelo y se alimenta del néctar de las flores. SIN. pájaro mosca.

cólico *s. m.* Dolor abdominal agudo e intermitente en un órgano hueco. **~ hepático. ~ intestinal. ~ nefrítico. ~ miserere** Obstrucción intestinal aguda y muy grave.

coliflor *s. f.* BOT. Variedad de col que desarrolla una masa blanca compuesta de diversas cabezas pequeñas y se come cocida o rebozada.

coligar *v. tr. / prnl.* Coaligar. **⇒ 56.**

coligüe *s. m.* **1** ARG., CHILE. Planta gramínea trepadora, de madera dura. **2** CHILE; VULGAR; EUFEMISMO. Afeminado.

colilla *s. f.* **1** Punta de cigarro que no se fuma: *Apaga la colilla de tu cigarrillo antes de tirarla al suelo.* **2** ARG. Tráiler.

colimba *s. f.* **1** ARG.; COLOQUIAL. Servicio militar obligatorio. || *s. m.* **2** ARG.; COLOQUIAL. Joven que cumple el servicio militar.

colimbo *s. m.* (macho y hembra) Género *Gavia*. Ave acuática de pico puntiagudo y pies palmeados para nadar, que vive en zonas frías, en verano en agua dulce y en invierno en la costa, y se alimenta de peces que captura buceando.

colín *s. m.* Barrita de pan del grosor de un dedo, larga y sin miga: *Sólo come colines para no engordar.*

colina *s. f.* Elevación del terreno, menor que la de un monte, de forma suave y ondulada: *En la cima de la colina se levanta un castillo.* SIN. loma.

colindante *adj.* [Campo, edificio, municipio] que está contiguo o linda con otro: *Las casas colindantes ya están pintadas y ahora nos toca el turno a nosotros.*

colindar *v. intr.* RESTRINGIDO. Tener ‹un lugar› un límite común con [otro]: *Tu país colinda **con** el mío. España colinda **con** Portugal.*

colirio *s. m.* FARM. Medicamento líquido que se aplica sobre la conjuntiva del ojo: *Muchos colirios suelen usarse para aliviar la molestia de los ojos.*

coliseo *s. m.* HIST.; RESTRINGIDO. Sala construida para espectáculos públicos: *el coliseo romano. Han levantado un hermoso coliseo para las representaciones al aire libre.*

colisión *s. f.* **1** COLOQUIAL. Choque de dos cuerpos: *El choque entre los dos vehículos fue violento.* **2** Encuentro violento entre dos grupos de personas: *Se produjo una colisión entre la policía y los manifestantes.* **3** Contraposición de ideas, actitudes o intereses: *La colisión con intereses particulares retrasó la construcción de la carretera.*

colisionar *v. tr.* **1** Chocar ‹un vehículo› con otro o con un cuerpo: *El autocar colisionó **con** un turismo. El camión perdió los frenos y colisionó **contra** una farola.* **2** Enfrentarse ‹dos cosas o dos personas que están en desacuerdo›: *No pueden vivir juntos sin colisionar por cualquier cosa. Tarde o temprano colisionarán tu jefe y el mío. Sus ideas son tan diferentes, que tienen que colisionar alguna vez.*

colitis (plural *colitis*) *s. f.* **1** MED. Inflamación del colon. **2** COLOQUIAL. Diarrea causada por la inflamación del colon: *Me he agarrado una colitis este verano.*

collado *s. m.* **1** Pequeña elevación de terreno: *Es un paisaje de collados que se encadenan.* SIN. colina. **2** GEOGR. Depresión suave que existe entre montañas por donde se puede pasar fácilmente de un lado a otro.

collage (del francés; pronunciamos *'colás'*) *s. m.* **1** (no contable) Técnica que consiste en pegar sobre un lienzo o tabla diversos materiales para formar una composición artística. **2** Composición hecha con esta técnica: *Hizo un collage con recortes de papel de periódico y granos de arroz.*

collar *s. m.* **1** Adorno o joya que rodea el cuello sin ceñirlo: *un collar de perlas.* **2** Especie de cinturón pequeño que rodea el cuello de ciertos animales domésticos: *Puso un collar antiparasitario al gato.* **3** Insignia de ciertas magistraturas, órdenes o dignidades: *el collar de la Orden de Isabel la Católica.* **4** Pieza que rodea cualquier objeto circular.

collarín *s. m.* **1** Aparato ortopédico circular que se ajusta al cuello para mantenerlo erguido e inmovilizar las vértebras cervicales: *Después del accidente voy con un collarín.* **2** Etiqueta que se pone en el cuello de algunas botellas.

collarino *s. m.* ARQ. Pequeña moldura curvada que rodea la parte superior del fuste de una columna, de un pedestal, o de otras construcciones parecidas.

collera *s. f.* **1** Collar de cuero o lona relleno que se pone alrededor del cuello de las caballerías y bueyes para que no les hagan daño los arreos. **2** ARG., CHILE; COLOQUIAL. Gemelos para los puños de las camisas. **3** AMÉR.; RESTRINGIDO. Pareja de ciertos animales o personas que actúan juntas.

collerón *s. m.* Collera lujosa y adornada de las carrozas.

collie (del inglés; pronunciamos *'coli'*) *s. m.* (macho y hembra) Perro de cierta raza de origen escocés.

colmado *s. m.* **1** RESTRINGIDO. Tienda de comestibles: *Tienen buenas aceitunas en el colmado del barrio.* **2** RESTRINGIDO. Establecimiento popular donde se sirven comidas: *Comemos en el colmado al lado de casa, que es muy barato.*

colmar *v. tr.* **1** Llenar ‹una persona› [un recipiente] hasta los bordes: *No se puede colmar la cazuela para ponerla al fuego.* **2** Llenar ‹una cosa› [un recipiente] hasta los bordes: *Las lluvias están colmando peligrosamente los pantanos.* **3** Dar ‹una persona› [una cosa] [a otra persona] en abundancia: *Me colmaron **de** honores. Que Dios te colme **de** felicidades.* **4** Dar ‹una cosa› plena satisfacción [a una persona]: *El nombramiento me ha colmado por completo.* FR. Y LOC. **colmar(se) la medida*.**

colmena *s. f.* **1** Lugar o recipiente donde viven las abejas: *En esa zona hay numerosas colmenas.* **2** Conjunto de abejas que forman las colmenas. **3** Edificio con muchas viviendas: *Ese bloque de pisos es una colmena.*

colmenar *s. m.* Lugar donde hay colmenas: *En este pueblo se explotan varios colmenares.*

colmillo *s. m.* **1** Diente puntiagudo de los mamíferos, situado delante de cada fila de muelas. **2** Cada uno de los grandes dientes, en forma de cuerno, que tienen los elefantes a cada lado de la boca. FR. Y LOC. **enseñar los colmillos** Amenazar ‹una persona› a otra persona: *Es agradable, pero cuando está de mal humor enseña los colmillos.* **tener el ~ retorcido** o **tener los colmillos retorcidos** COLOQUIAL. Ser ‹una persona› astuta y difícil de engañar por la edad o la experiencia: *No es fácil hacer tratos con él, tiene el colmillo retorcido.*

colmo *s. m.* **1** Porción de una cosa que desborda el recipiente en el que está contenida: *Me ha puesto una cucharilla de azúcar hasta el colmo. Tomó una copa de helado con colmo.* **2** Grado más alto a que se puede llegar en una cosa: *Lo que has dicho es el colmo de la estupidez. Es el colmo de la gordura.* **3** Complemento, añadido: *Para colmo (de desgracias) se nos estropeó el coche en el camino.* SIN. remate. FR. Y LOC. **ser el ~** 1 Ser ‹una cosa› intolerable o sorprendente: *El colmo es que encima de que pagas te tratan como a un ladrón. Esto es el colmo.* 2 Ser extraordinaria ‹una persona› para bien o para mal: *Cuando empieza a hablar Paco es el colmo, no se calla.*

colobo *s. m.* AMÉR. Mono negro delgado de cola muy larga y crin espesa.

colocación *s. f.* **1** (no contable) Acción o efecto de colocar o colocarse: *La colocación de la primera piedra tuvo lugar en 1473.* **2** Situación de personas o cosas: *Cambié la colocación de los muebles.* SIN. posición. **3** Empleo: *María perdió una colocación pero encontró otra mejor. Tienes una colocación fija.*

colocado, da *adj.* (estar) JERGAL. Que está bajo los efectos de una droga: *Vas colocado. Alfredo está completamente colocado.*

colocar *v. tr. / prnl.* **1** Poner ‹una persona› [a otra persona o una cosa] en [un lugar]: ***Me** coloqué **en** la fila.* **2** Proporcionar ‹una persona› [un empleo o un puesto] [a otra persona]: *Lo coloqué **de** guarda **en** una fábrica. **Me** he colocado **de** cartero.* SIN. emplear. ‖ *v. tr.* **3** Dedicar ‹una persona› [el dinero] [a una cosa] para obtener un beneficio: *Colocó su dinero **en** acciones.* **4** Hacer ‹una persona› que [otra persona] acepte, compre o escuche [una cosa que no desea]: *Nos han colocado una plancha de viaje que no funciona. No sé cómo colocar estas enciclopedias.* ‖ *v. prnl.* **5** Ponerse ‹una persona› a tono con la bebida o con la droga: *Si no se coloca Mario no sabe divertirse.* FR. Y LOC. **~ / poner sobre el tapete*. ⇒ 71.**

colocolo *s. m.* **1** CHILE. Mamífero parecido al gato montés. **2** CHILE; RESTRINGIDO. Monstruo fabuloso sobre el que corren muchas supersticiones.

colocón *s. m.* **1** COLOQUIAL. Borrachera: *¡Vaya colocón que he pillado!* **2** COLOQUIAL. Estado del que se encuentra bajo los efectos de la droga: *Llevas encima un buen colocón.*

colodrillo *s. m.* RESTRINGIDO. Parte posterior e inferior de la cabeza: *Ana le dio una palmada en el colodrillo.* SIN. nuca.

colofón *s. m.* **1** ART. GRÁF. Texto que aparece al final de un libro e indica el nombre del impresor y la fecha y el lugar de impresión. **2** Final o conclusión de un discurso o un acto: *Como colofón a la fiesta de cumpleaños actuó un grupo de payasos. Como colofón a la reunión sirvieron una copa. Como colofón a sus palabras deseó a todos los licenciados mucho éxito.*

colofonia o **colofonía** *s. f.* Resina sólida, translúcida e inflamable de color amarillo que se obtiene al destilar la trementina y se utiliza en farmacia o para frotar las cerdas de los arcos, y tiene también otros usos.

coloidal *adj.* QUÍM. De los coloides: *estado coloidal. El medicamento es una solución coloidal, agítese bien antes de usarla.*

coloide *s. m.* Estado físico-químico de la materia en el que una sustancia sólida o líquida se encuentra dispersa en el seno de otra: *Este antibiótico viene en forma de coloide.*

colombiano, na *adj. / s. m.* y *f.* De Colombia, país sudamericano: *la literatura colombiana. Los colombianos cultivan y exportan un café de gran calidad.*

colombicultura *s. f.* (no contable) Actividad de criar palomas y fomentar su reproducción: *La colombofilia y la colombicultura están muy arraigadas en la zona del levante español.*

colombofilia *s. f.* (no contable) Afición a criar y adiestrar palomas.

colon *s. m.* ANAT. Parte media del intestino grueso que termina en el recto.

colón *s. m.* Unidad monetaria de Costa Rica y El Salvador.

colonato *s. m.* (no contable) HIST. Sistema de explotación o cultivo de las tierras por medio de colonos, muy típico del Bajo Imperio Romano.

colonia *s. f.* **1** Territorio ocupado y administrado por un gobierno extranjero que está situado fuera de sus fronteras: *Río Muni ha sido una colonia española.* **2** Grupo de personas que se establecen en un país o territorio, distinto del suyo propio, para conquistarlo, poblarlo o colonizarlo: *Las numerosas colonias de la Corona de Castilla establecidas en*

América se independizaron en el siglo XIX. *La colonia española de México fue a saludar al rey.* **3** Lugar donde se establecen las colonias: *las colonias fenicias del sur de España, las colonias españolas de América.* **4** Grupo de viviendas construido con alguna idea urbanística de conjunto: *colonia de chalés. Los pisos de esa colonia son muy lujosos.* **5** MÉX.; COLOQUIAL. Barrio. **6** (en plural) Grupo de niños que veranean bajo el cuidado de monitores: *Todos los veranos su hijo va a las colonias.* **colonias infantiles. 7** Grupo de animales o de organismos de la misma especie que viven juntos, a veces unidos entre sí: *una colonia de corales, una colonia de bacterias. Las colonias de garzas están disminuyendo.* **8** Líquido compuesto de agua, alcohol y sustancias aromáticas: *Se echó un poco de colonia para oler bien.* **agua* de ~.**

coloniaje *s. m.* AMÉR.; HIST. Época de la dominación colonial española en Hispanoamérica.

colonial *adj.* **1** De la época de las colonias: *administración colonial, periodo colonial.* **2** Que se produce en las colonias o que imita las costumbres o productos coloniales: *arquitectura colonial, ciencia colonial, productos coloniales.* ‖ *s. m.* **3** (en plural) Productos alimenticios que llegaban de las colonias: *almacén de coloniales.*

colonialismo *s. m.* (no contable) POLÍT. Ideología y comportamiento de los países que mantienen colonias fuera de sus fronteras. ANT. anticolonialismo.

colonialista *adj.* **1** Del colonialismo: *tendencia colonialista.* ‖ *adj. / s. m.* y *f.* **2** Que es partidario del colonialismo.

colonización *s. f.* Acción y efecto de colonizar un territorio: *la colonización de la Península por los romanos.* ANT. descolonización.

colonizar *v. tr.* **1** Convertir ‹varias personas o un país› [un territorio] en una colonia: *Los romanos colonizaron la península Ibérica.* **2** Establecer ‹varias personas o un país› colonias en [un lugar]: *Los españoles colonizaron muchas zonas del Nuevo Mundo.* ⇒ **19.**

colono *s. m.* **1** Persona que se establece en un territorio de una colonia: *los colonos españoles de los distintos virreinatos americanos, los colonos ingleses en la India, los colonos franceses en Argelia.* **2** Labrador que cultiva unas tierras ajenas por contrato de arrendamiento o aparcería y que suele vivir en ellas: *Tenemos una finca grande con varios colonos.* SIN. aparcero.

coloquial *adj.* **1** Del coloquio, en cuanto conversación carente de solemnidad: *Es una reunión muy coloquial.* **2** [Lenguaje, expresión] que se utiliza normalmente en la conversación pero que también puede emplearse por escrito o en la literatura: *frase coloquial, giro coloquial. Elvira nos explicó sus ideas en un lenguaje coloquial. Este autor inserta expresiones coloquiales en un lenguaje culto.*

coloquio *s. m.* **1** Conversación relajada entre dos o más personas: *Hemos tenido un coloquio interesante durante la comida. Hemos mantenido un coloquio sobre los nuevos planes de la empresa.* **2** Reunión en la que intervienen una serie de personas que discuten un tema: *intervenir en un coloquio, participar en un coloquio. El coloquio de hoy tiene por tema la comunicación entre las personas.*

color *s. m.* **1** Impresión o sensación que producen por medio de la retina los rayos de luz reflejados en los cuerpos: *colores vivos, colores intensos, colores pálidos, colores fríos, colores calientes. El arco iris es un fenómeno luminoso en el que aparecen todos los colores del espectro.* **2** Sustancia preparada para pintar o teñir: *He comprado varios colores.* **3** Colorido de una pintura: *En esta exposición el visitante debe observar el color de los cuadros.* **4** Tonalidad del rostro humano: *Tiene un color muy oscuro.* **5** Carácter peculiar o aspecto de una cosa: *El escritor teñía la novela de sombríos colores.* **6** Ideología o partido: *Participaron en el acto diversos políticos, sin distinción de color.* **7** (no contable) Animación: *una celebración con mucho color, fiesta con mucho color.* **8** Timbre o calidad de un sonido. FR. Y LOC. **a todo ~** Con diferentes colores que no sean blanco y negro: *una foto a todo color.* **bolígrafo* de colores. de ~** 1 [Ropa, tela] ni blanca ni negra: *un vestido de color.* 2 [Persona] negra o mulata: *gente de color.* **de ~ de rosa** Muy optimista: *Él nos lo pintó todo de color de rosa. Alicia lo ve todo de color de rosa.* **escalera* de ~. fotografía en ~. mudar / cambiar de ~** Alterarse mucho ‹una persona› y por ello ponerse pálida: *Cuando se enteró de la noticia cambió de color.* **no haber ~** Ser ‹una persona o una cosa› tan diferente a otras, que no pueden compararse: *–«¿Quién crees que ganará el partido?» –«Pero hombre, si no hay color, el equipo local».* **pez* de colores. ponerse de mil colores** COLOQUIAL; INTENSIFICADOR. Ruborizarse ‹una persona› por vergüenza o enfado: *Esos comentarios le hicieron ponerse de mil colores.* **reírse de los peces* de colores. sacar los colores** COLOQUIAL. Poner ‹una persona› colorada [a otra persona] de vergüenza: *Se pusieron a decirle piropos y le sacaron los colores.* **so ~** RESTRINGIDO. Con el pretexto de hacer una cosa.

coloración *s. f.* **1** Acción y resultado de colorear: *La coloración de las telas debe ser sólida.* **2** Conjunto y tonalidad de uno o varios colores: *La coloración de la tapicería es muy viva. La coloración de los muebles no debe ser fuerte.*

colorado, da *adj.* De color rojo: *Tiene una mancha colorada en el pantalón.* FR. Y LOC. **colorín* ~, este cuento se ha acabado. ponerse ~** Ponerse ‹la cara de una persona› roja, generalmente a causa de la vergüenza: *En cuanto hablas con él se pone colorado porque es muy tímido. Se puso colorada de vergüenza.*

colorante *adj. / s. m.* [Sustancia] que da color o tiñe: *sustancia colorante. No soy partidario del uso de colorantes en la alimentación.*

colorar *v. tr.* Colorear.

colorear *v. tr.* **1** Dar ‹una persona› color a [una cosa]: *Niño, tienes que colorear este dibujo.* SIN. colorar. ‖ *v. prnl.* **2** Tomar ‹una cosa› [un color]: *El agua se coloreó* **de** *rojo. Las cerezas ya se van coloreando.* SIN. colorarse.

colorete *s. m.* Cosmético, generalmente en forma de polvos rojizos, que se aplica sobre las mejillas para darles color: *Se echó un poco de colorete en los pómulos.*

colorido *s. m.* **1** Disposición y grado de intensidad de los diversos colores de una pintura: *El colorido de los impresionistas es muy destacable.* **2** Carácter propio de alguna cosa, color: *el colorido de los bailes populares, el colorido de las fiestas tradicionales.* **3** RESTRINGIDO. Colorete de las mujeres: *Voy a ponerme un poco de colorido en la mejilla.*

colorín *s. m.* **1** (preferentemente en plural) Color fuerte y vivo: *Los niños suelen hacer dibujos con muchos colorines.* **2** RESTRINGIDO. Jilguero. FR. Y LOC. **~ colorado, este cuento se ha acabado** Fórmula que aparece en los finales de los cuentos: *...Y vivieron felices. Y colorín colorado, este cuento se ha acabado.*

colorinche *s. m.* ARG., URUG. Combinación de colores fuertes o chillones que no armonizan.

colorismo *s. m.* **1** (no contable) generalmente PEYORATIVO. Estilo de los pintores que dan una importancia exagerada al color: *Destaca en su obra el colorismo sobre la composición.* **2** (no contable) generalmente PEYORATIVO. Tendencia de algunos escritores a recargar el estilo con calificativos muy sonoros: *el colorismo de su estilo, el colorismo de sus descripciones.*

colorista *adj. / s. m.* y *f.* **1** [Pintor, estilo] que utiliza con acierto y abundancia los colores: *Los pintores contemporáneos son muy coloristas. Es una pintora colorista que domina perfectamente la técnica del dibujo.* ‖ *adj.* **2** Que tiene un colorido abundante y acertado: *una obra colorista, un cuadro colorista.* **3** Que utiliza muchas expresiones calificativas: *estilo colorista, escritor colorista.*

colosal *adj.* **1** Que tiene una estatura o tamaño mayor que el normal: *edificio colosal, escultura colosal.* **2** (ser / estar; antepuesto / pospuesto) Que es mucho mejor o mayor que lo normal: *una colección colosal de música clásica. Estuviste colosal en tu discurso de ayer. Posee una colosal inteligencia.* SIN. magnífico, extraordinario.

coloso, sa *s. m.* **1** Estatua de tamaño mucho mayor que el natural: *el coloso de Rodas.* SIN. gigante. ‖ *s. m. / f.* **2** Persona o cosa que por sus cualidades destaca mucho: *Miguel Ángel fue un coloso de la pintura. Gabriela Mistral es una colosa de la poesía.*

colt *s. m.* Revólver con un cilindro giratorio perforado para poner las balas: *El colt es famoso por las películas del oeste.*

columbario *s. m.* Conjunto de nichos de los cementerios romanos donde se colocaban las urnas cinerarias.

columbia *s. f.* ARG. Columpio.

columbino, na *adj.* ELEVADO. De la paloma o parecido a ella: *sencillez columbina, concurso columbino.*

columbrar *v. tr.* **1** ELEVADO. Ver ‹una persona› [una cosa] desde lejos sin distinguirla bien: *A lo lejos columbraba a varios caballeros.* SIN. vislumbrar. **2** ELEVADO. Empezar a saber ‹una persona› [una cosa]: *Columbro que no te ha dicho la verdad. Columbramos fácilmente la contestación que nos iban a dar.*

columna *s. f.* **1** Elemento arquitectónico, generalmente cilíndrico, que sirve como pieza de adorno y de apoyo: *Todavía se ven algunas columnas del templo romano.* **~ corintia. ~ dórica. ~ jónica. ~ salomónica. 2** Cada parte de una página dividida verticalmente: *la columna de un periódico, una larga columna de números. Dispuso el texto a dos columnas.* **3** Forma más o menos alargada que toman algunos fluidos en su subida: *columna de humo.* **4** Porción de fluido en un recipiente vertical: *columna de mercurio, columna de alcohol.* **~ barométrica. 5** Conjunto de unas cosas dispuestas sobre otras: *columna de altavoces, columna de cajones.* **6** Conjunto de soldados con poco frente y mucho fondo: *Los soldados iban en columna de a dos.* **7** Formación de soldados o de vehículos o barcos de guerra: *una columna de tanques, una columna de barcos.* **8** Protección o apoyo espiritual o material: *Mi tío es la columna de la familia.* ‖ **9 ~ vertebral 9₁** Conjunto de huesos encajados o vértebras que se extiende a lo largo del cuerpo de los vertebrados, les sirve de sostén y les protege la médula: *Se produjo una lesión en la columna vertebral en un accidente de moto.* **9₂** Persona o cosa fundamental en una organización: *La informática es la columna vertebral de nuestra empresa. El nuevo economista es la columna vertebral del departamento.* **10 quinta ~** Conjunto de personas que combaten al enemigo infiltradas en las propias filas de éste: *La quinta columna es fundamental para derrotar a los invasores.*

columnata *s. f.* Serie de columnas dispuestas geométricamente, que se sitúan delante o alrededor de un edificio: *la columnata de la Plaza de San Pedro, la columnata de un pórtico, la columnata de una plaza mayor.*

columnista *s. m. / f.* Persona que colabora profesionalmente en un periódico escribiendo en una sección habitual: *Las opiniones de esta columnista influyen en la gente.*

columpiar *v. tr. / prnl.* **1** Mover ‹una persona› [a otra sentada en un columpio]: *La niña* ***se*** *estaba columpiando toda la tarde. Papá, colúmpiame un poco, por favor.* ‖ *v. prnl.* **2** RESTRINGIDO. Cometer ‹una persona› un error: *Ha hablado con buena retórica, pero yo creo que se ha columpiado en varias ocasiones.* SIN. colarse.

columpio *s. m.* **1** Asiento colgado de dos cuerdas o cadenas, atadas a una barra fija o rama de árbol que sirve para balancearse: *subirse a un columpio, empujar un columpio.* **2** (preferentemente en plural) Conjunto de aparatos de los parques para que los niños se diviertan: *Vamos a montar a los columpios.*

colutorio *s. m.* FARM. Medicamento líquido para enjuagarse la boca: *Además de la pasta de dientes, conviene usar regularmente un colutorio.*

colza *s. f. Brassica napus oleifera.* Variedad de nabo con hojas inferiores ásperas y rizadas, y con semillas de las que se obtiene un aceite usado como lubricante y como condimento de los alimentos.

com- *pref.* Con-.

coma *s. m.* **1** (no contable) Pérdida de conciencia prolongada en que permanecen algunos enfermos graves: *El accidentado estuvo un mes en estado de coma.* ‖ *s. f.* **2** Signo ortográfico de puntuación que indica una separación o una breve pausa entre dos periodos o entre dos oraciones: *Los elementos de una enumeración van separados por comas.* **3** MAT. Signo utilizado en los números para separar la parte entera de la parte decimal: *Si multiplicas 10 por 0,002 tienes que correr un lugar la coma a la derecha.* FR. Y LOC. **con puntos* y comas. punto* y ~. sin faltar una ~** Exactamente, de manera minuciosa: *Cuéntame lo que te dijo sin faltar una coma.*

comadre *s. f.* **1** La madrina de una persona con respecto a los padres o padrino de ésta: *Voy a visitar a mi comadre este fin de semana.* **2** La madre de un bautizado respecto de los padrinos. **3** RESTRINGIDO. Vecina, especialmente con la que se tiene un trato más directo y se chismorrea: *¿Eh, comadre, tiene usted un poco de perejil?* **4** COLOQUIAL, RESTRINGIDO; PEYORATIVO. Mujer chismosa, murmuradora: *No hay que hacer caso de las historias de las comadres.* **5** ARG., URUG.; RESTRINGIDO. Curandera.

comadrear *v. intr.* Llevar y traer ‹una persona› chismes: *Sólo piensa en comadrear.*

comadreja *s. f.* (macho y hembra) *Mustela nivalis.* Mamífero carnívoro pequeño, de cuerpo alargado, con una mancha amarillenta en el vientre, y que es conocido en los pueblos por sus ataques nocturnos a los gallineros.

comadreo *s. m.* (no contable) Intercambio de chismes sobre otras personas: *Se pasa el día de comadreo con sus amigas. Lo mejor de la tertulia literaria son los chismes y el comadreo.* SIN. chismorreo.

comadrona *s. f.* Mujer que por profesión se dedica a ayudar en el parto a las parturientas: *¡Traiga agua caliente!, dijo la comadrona.*

comal *s. m.* AMÉR. C., MÉX. Disco bajo y delgado de barro o metal que se coloca sobre la lumbre para cocer las tortillas de maíz o calentar bebidas y alimentos.

comanche *adj. / s. m.* y *f.* **1** De un pueblo amerindio que vivía al este de las Montañas Rocosas y que actualmente vive en reservas: *un indio comanche.* ‖ *s. m.* **2** Lengua americana de este pueblo, emparentada con el azteca.

comandancia *s. f.* **1** Grado y cargo de comandante en el ejército, entre el de capitán y el de teniente coronel. **2** Territorio que corresponde a la jurisdicción del comandante. **3** Edificio o cuartel donde están las oficinas del comandante: *la comandancia de la guardia civil, la comandancia de marina.*

comandante *s. m.* **1** Militar de rango inmediatamente inferior al de teniente coronel: *comandante de aviación, comandante de infantería, comandante de provincia marítima.* **2** Jefe de un puesto militar o buque de guerra: *comandante de una fragata, comandante de un navío, comandante de un fuerte.* **3** Piloto que tiene el mando de un avión: *comandante de un Jumbo, comandante del Concorde.* ‖ **4 ~ en jefe** Oficial al mando de todas las fuerzas armadas de un país o de una operación militar: *El comandante en jefe de las tropas aliadas en la II Guerra Mundial fue Eisenhower.*

comandar *v. tr.* Mandar ‹una persona› [un ejército, una flota o un destacamento]: *Un coronel comanda las tropas destacadas en la isla.*

comandita *s. f.* Se usa en la LOC. **en ~** COLOQUIAL. En grupo, conjuntamente: *Los alumnos se han responsabilizado en comandita. Siempre van en comandita.*

comando *s. m.* **1** Pequeño y escogido grupo de una fuerza armada que realiza una misión especial: *Se ha enrolado en los comandos especiales. Quiere ingresar en un comando de paracaidistas.* **2** Cada uno de los hombres que forman este grupo: *Es el uniforme de un comando de la policía nacional.* **3** Grupo de una organización terrorista encargado de realizar acciones violentas: *La policía ha desarticulado dos comandos en la región.* **4** INFORM. Instrucción que se da a un ordenador: *Los comandos para grabar empiezan en este programa siempre con K.*

comarca *s. f.* División territorial más o menos homogénea geográfica, comercial y culturalmente, compuesta de varias poblaciones: *En esta comarca siempre ha habido industria textil. Esta comarca ha pertenecido a diferentes entidades políticas a lo largo de su historia. Es indiscutible el carácter propio de nuestra comarca.*

comarcal *adj.* De la comarca: *división comarcal, administración comarcal. La red de carreteras comarcales está en mal estado.* **carretera ~.**

comarcano, na *adj.* RESTRINGIDO. Que está próximo o cercano en el espacio: *un campo comarcano, una población comarcana.*

comatoso, sa *adj.* **1** (estar) MED. Del coma: *estado comatoso.* **2** (estar) Que está en estado de coma: *La niña está comatosa desde ayer.*

comba *s. f.* **1** Juego infantil que consiste en saltar repetidamente sobre una cuerda haciéndola pasar por debajo de los pies y sobre la cabeza: *María estaba saltando a la comba. Jugábamos a la comba de pequeños.* **2** Cuerda empleada en este juego infantil. **3** Curvatura que toman algunos cuerpos sólidos, como la madera: *la comba de la madera, la comba de la barra.* FR. Y LOC. **dar* a la ~. no perder ~** COLOQUIAL. No perder ‹una persona› una oportunidad: *No pierde comba para decirte lo que piensa. No pierde comba para hacer lo que quiere.*

combadura *s. f.* Forma curvada o arqueada que adquiere un cuerpo que era recto: *La combadura de la madera se debe al exceso de peso o a la humedad.*

combar *v. tr. / prnl.* Doblar ‹una cosa, generalmente el exceso de peso› [otra cosa]: *Las tablas* ***se*** *comban con la humedad. Los libros acabarán combando el estante.*

combate *s. m.* **1** Pelea entre personas o animales: *Algunos animales machos libran combates muy duros para conseguir a la hembra.* **2** MIL. Acción de guerra en la que se enfrentan dos fuerzas: *El combate se produjo por la noche y todavía no se sabe cuántos soldados murieron.* SIN. batalla. **3** Conflicto, lucha entre ideas o sentimientos: *No sabe qué hacer: está librando un combate entre su deseo y su obligación.* **4** Lucha o enfrentamiento entre dos partes de acuerdo con unas reglas: *un combate de boxeo, un combate de yudo.* FR. Y LOC. **carro* de ~ / asalto. deporte* de ~. fuera de ~** 1 Totalmente vencido: *Le dio tal paliza que lo dejó fuera de combate y se acabó la pelea.* 2 Inservible, estropeado: *Después de tanto limpiar, la bayeta está fuera de combate. Este coche está ya fuera de combate.* **zafarrancho* de ~.**

combatiente *adj. / s. m.* y *f.* [Persona] que combate o lucha en una batalla: *ejército combatiente, soldados combatientes. Muchos combatientes de esta guerra han muerto o están gravemente heridos.*

combatir *v. intr.* **1** Luchar ‹una persona› contra [otra persona] con fuerza: *Combatieron* ***contra*** *el enemigo. Combatieron duramente* ***con*** *el enemigo.* SIN. contender. **2** Luchar ‹una persona› por [una cosa]: *Combatieron* ***por*** *un ideal.* ‖ *v. tr.* **3** Atacar ‹una persona› [a otra persona] con fuerza: *Combatieron al enemigo por todos los medios posibles. Combatieron a los rebeldes por tierra, mar y aire.* **4** Intentar ‹una persona› suprimir [una cosa que considera perjudicial]: *Combatieron la plaga de mosquitos con insecticidas. Hemos combatido el contrabando con sacrificio y esfuerzo.* **5** Manifestar ‹una persona› su oposición [a otra persona o a una cosa]: *Siempre hemos combatido las opiniones de ese grupo. No podemos estar tranquilos sin combatir los errores que causan tantos males.*

combatividad *s. f.* **1** (no contable) Tendencia a la lucha o a la polémica: *Es un periodista con mucha combatividad. Hay que formar un soldado con fuerte combatividad. Es una sociedad con escasa combatividad.* **2** (no contable) Carácter esforzado y fuerte de una persona: *El equipo mereció la victoria por su combatividad durante todo el partido. A mí no me asusta su combatividad, porque tampoco me rindo yo fácilmente.*

combativo, va *adj.* **1** Que tiende a la lucha o que lucha bien: *Este pequeño animal es muy combativo. Tenemos que formar un ejército combativo. Los equipos combativos no se rinden hasta que no acaba el partido.* **2** Que no se desanima o se deprime con facilidad: *Tiene un carácter combativo, nunca da nada por perdido. Mi madre era una mujer combativa, nunca se desanimaba a pesar de las dificultades.*

combi *s. f.* ARG., URUG. Furgoneta.

combinación *s. f.* **1** Acción y resultado de combinar: *En ella se da la poco frecuente combinación entre inteligencia y belleza. Admiraba la armoniosa combinación de colores del bordado. La combinación de humos de coches, humedad atmosférica y gases industriales hace irrespirable la atmósfera.* **2** Plan para conseguir algo: *Ya idearé alguna combinación para escaparme. He pensado la perfecta combinación para hacer dinero.* **3** Conjunto de signos cuya ordenación conocen sólo determinadas personas y que sirve para abrir o hacer funcionar algunos mecanismos, como una caja fuerte: *Sólo él conocía la combinación.* SIN. clave. **4** Medio de transporte o enlace entre varios de ellos para llegar a un lugar: *Los domingos no tengo combinación para ir. Está lejos, pero hay buena combinación desde las seis de la mañana hasta las diez de la noche. Desde aquí las combinaciones para llegar ahí son malas: tren o autobús hasta la capital y luego un taxi, o esperar el tren del día siguiente.* **5** Prenda de vestir femenina que se lleva por debajo del vestido sobre la ropa interior: *Se compró una combinación de raso.* **6** DEP. Pase de pelota entre dos o más jugadores del mismo equipo: *Una acertada combinación entre la defensa y la delantera consiguió el gol.*

combinado, da *s. m.* **1** Mezcla de bebidas, generalmente una de ellas alcohólica: *El combinado lo animó. Quiero un combinado tropical.* SIN. cóctel. **2** DEP. Equipo formado para una ocasión concreta por jugadores procedentes de diferentes conjuntos o clubes: *En el homenaje al capitán que se retira jugará un combinado local contra un combinado andaluz.* **3** AMÉR. Aparato compuesto de radio y tocadiscos. || *s. f.* **4** DEP. Competición deportiva que consta de pruebas de distinta naturaleza: *Mañana empezará a disputarse la combinada alpina.* || **5 plato* ~.**

combinar *v. tr. / prnl.* **1** Unir ‹una persona› [varias cosas] para que formen un conjunto armónico: *Sabe combinar muy bien los colores en la decoración. Allí cada uno* ***se*** *combina el tiempo como quiere o como puede.* **2** DEP. Pasarse ‹varios jugadores del mismo equipo› [la pelota]: ***Se*** *combinan muy mal el esférico los jugadores de este equipo. Combina el balón con gracia.* **3** ARG., URUG. Concertar una cita o una reunión. || *v. prnl.* **4** Ponerse ‹varias personas› de acuerdo para [hacer una cosa]: *Se combinaron* ***para*** *montar guardia todo el día. Nos hemos combinado las vacaciones.*

combinatorio, ria *adj.* De la combinación de posibilidades: *fórmula combinatoria, cálculo combinatorio.*

combo *s. m.* **1** PERÚ; JERGAL. Golpe dado con el puño o la cabeza. **2** ARG. Mazo de hierro con mango largo usado para partir piedras o romper tabiques.

comburente *adj. / s. m.* FÍS. Que provoca o acelera la combustión: *cuerpo comburente.*

combustibilidad *s. f.* (no contable) Capacidad para arder de una cosa o de una sustancia: *La combustibilidad de los bosques en verano es tan elevada, que con una simple chispa arden muchísimos árboles.*

combustible *adj.* **1** Que puede arder o que arde con facilidad: *sustancia combustible. ¡Peligro!, material combustible. Éste es un gas combustible.* || *s. m.* **2** Producto que se quema para producir energía o calor: *combustible para el coche, combustible para la calefacción.* **~ gaseoso. ~ líquido. ~ sólido. filtro de ~.**

combustión *s. f.* **1** ELEVADO. Acción y resultado de quemarse o arder un cuerpo: *La combustión de la madera del almacén no permitió a los bomberos apagar el fuego. La combustión del carbón de la bodega llenó en seguida la casa de humo y hubo dificultad para rescatar a sus moradores.* **2** QUÍM. Reacción del oxígeno con una sustancia combustible, con desprendimiento de calor, dióxido de carbono y agua en forma de vapor: *la combustión del motor del coche. En la combustión de la gasolina se desprende gran cantidad de gases nocivos.*

comecocos (plural *comecocos*) *s. m.* **1** COLOQUIAL. Persona o cosa que enajena haciendo perder las propias ideas, la identidad o la forma de ser o de comportarse: *Una secta es un comecocos muy peligroso. Ese profesor es un comecocos, pero si analizas lo que dice, no tiene tanto interés.* **2** COLOQUIAL. Cualquier cosa que absorbe o distrae en exceso a una persona: *La televisión es un comecocos.* **3** Videojuego en el que gana el jugador que por medio del muñeco que dirige coma más figuras en un laberinto: *Hace unos años les gustaba mucho el comecocos a los niños.*

comecome *s. m.* **1** COLOQUIAL. Sensación de picor: *La playa me ha dejado un comecome tremendo, quizá me ha picado algún bicho.* SIN. picazón, comezón. **2** Inquietud, preocupación: *Cuando el chico está fuera de casa, no puedo dormir, porque estoy toda la noche con el comecome.*

comedero *s. m.* **1** Recipiente en el que se echa la comida a los animales: *el comedero de los cerdos, el comedero de los bueyes.* **2** Sitio donde come el ganado: *Lleva la mula al comedero.* **3** COLOQUIAL; HUMORÍSTICO. Comedor público de una institución o de un establecimiento: *Han dicho que van a arreglar los comederos antes del verano. Te espero en el comedero del Gran Hotel.*

comedia *s. f.* **1** LIT. Obra dramática en cuya acción predominan los aspectos amables o humorísticos y que tiene un final feliz: *Prefiero las comedias a las tragedias.* **2** LIT. Género de teatro compuesto por las obras dramáticas que son comedias: *La comedia abundaba en la España del siglo de Oro.* **~ de capa y espada.** LIT. Obra dramática de costumbres caballerescas del teatro español del siglo XVII. **~ de costumbres.** **3** LIT. Obra dramática de cualquier género: *Las compañías de comedias eran ambulantes en el siglo de Oro.* **4** CINE. Película en cuya acción predominan los aspectos amables o humorísticos con un final feliz. **5** Situación cómica y ridícula: *El acto se convirtió en una comedia: mientras el orador disertaba con seriedad, el público se reía de los dos gatos que corrían por la sala.* **6** Engaño o fingimiento: *Tu mareo fue una comedia. Todo lo que me has dicho esta temporada ha sido una comedia para poderme engañar con Pepita.* FR. Y LOC. **hacer la ~** Fingir ‹una persona› una cosa: *No (me) hagas la comedia, ya sé que no nos entendemos.* **venir con comedias** Fingir ‹una persona› una cosa: *No consentiré que (me) vengan con comedias: si quieren faltar a clase, que falten, pero que no pongan disculpas absurdas.*

comediante, ta *s. m. / f.* **1** RESTRINGIDO. [Persona] que por profesión trabaja representando un papel en un escenario o delante de una cámara: *una compañía ambulante de comediantes.* **2** Persona que finge lo que no siente o lo que no es: *No creas que el niño se ha hecho daño, es un come-*

diante. Señora, su hija es una perfecta comedianta, nos ha hecho creer a todos que era huérfana.

comedido, da *adj.* **1** (ser/estar) Que es educado, prudente o moderado: *Estuvo muy comedido en la fiesta. Sus palabras fueron muy comedidas.* **2** ARG., URUG. [Persona] que ofrece espontáneamente su ayuda.

comedieta *s. f.* Comedia intrascendente, sin valor literario: *Es una comedieta entretenida.*

comedimiento *s. m.* (no contable) Actitud y comportamiento comedidos: *Actué con comedimiento para no irritar a ninguna de las partes enfrentadas. Tu mejor cualidad es el comedimiento que muestras con todos y con todo.*

comediógrafo, fa *s. m./f.* Persona que por profesión escribe comedias: *Miguel Mihura, comediógrafo español del siglo XX.* SIN. dramaturgo.

comedirse *v. prnl.* **1** Obrar ‹una persona› con moderación: *Tienes que comedirte **en** lo que digas. Por favor, a ver si te comides **con** la cena.* SIN. moderarse, contenerse. **2** ARG., COL., URUG. Ofrecerse ‹una persona› a ayudar a los demás espontáneamente. ⇒ **57.**

comedor, ra *s. m.* **1** Habitación para comer: *Pasemos al comedor.* **2** Conjunto de muebles de esta habitación: *un comedor de nogal.* **3** Lugar público que en algunos centros o establecimientos está destinado para comer: *el comedor municipal, el comedor universitario. Hoy comemos en el comedor de la empresa.* || *adj.* **4** Que come mucho o disfruta haciéndolo: *Es muy comedor y bebedor. Es un gran comedor. Da gusto invitarla, porque es muy buena comedora.*

comején *s. m.* (macho y hembra) Termita.

comendador, ra *s. m./f.* **1** Persona que está al frente de un convento de una orden militar: *la comendadora del convento de Santiago.* || *s. m.* **2** HIST. Caballero que tenía una encomienda en una orden militar. **3** HIST. Cargo inferior al maestre en una orden militar: *el comendador de Santiago, el comendador de Calatrava.*

comensal *s. m./f.* **1** Cada una de las personas que comen en la misma mesa: *una cena con doce comensales, los comensales de la boda.* **2** BIOL. Persona o animal que vive a expensas de otro sin causarle perjuicio: *Los peces que limpian los dientes de los tiburones se llaman rémoras y son comensales.*

comensalismo *s. m.* (no contable) BIOL. Asociación biológica de dos seres vivos en que uno de ellos recibe todos los beneficios y el otro no resulta perjudicado: *Las rémoras y los tiburones son el perfecto ejemplo de comensalismo.*

comentar *v. tr.* **1** Hacer ‹una persona› comentarios sobre [una cosa]: *Después de cenar estuvieron comentando la boda del príncipe.* **2** Hacer ‹una persona› un comentario de [un texto escrito]: *Ayer comentamos un poema de Garcilaso. Hemos comentado el editorial del periódico de hoy.*

comentario *s. m.* **1** Manifestación oral o escrita de una opinión: *Es sólo un comentario personal, no te lo tomes a mal. Me gustaría hacerte un comentario. El comentario sobre el trabajo y la nota estaban en la última página.* **2** Escrito que contiene explicaciones u observaciones. **~ de texto.** FR. Y LOC. **sin (más) comentarios** Sin decir nada más: *Se marchó sin más comentarios. Ante lo que le decían, se calló sin comentarios.*

comentarista *s. m./f.* Persona que hace o escribe por profesión comentarios dirigidos a un público: *El comentarista deportivo habló de las jugadas más polémicas del partido. Trabaja en televisión como comentarista político.*

comenzar *v. tr.* **1** Empezar ‹una persona› [una cosa]: *Ya hemos comenzado la casa. Mañana comenzamos las vacaciones.* **2** Empezar ‹una persona› a [hacer una cosa]: *Comenzó **a** hablar. Comenzó **por** reñirla severamente.* || *v. intr.* **3** Empezar ‹una cosa›: *Han comenzado las fiestas de Gracia. Mañana comienza el periodo oficial de declaración de la renta.* ⇒ **25.**

comer *v. tr./intr./prnl.* **1** Tomar ‹una persona› [alimentos]: *No se puede vivir sin comer. **Se** ha comido una chuleta.* || *v. tr./intr.* **2** Tomar ‹una persona› la comida del mediodía: *En casa comemos a las dos.* **3** Tomar ‹una persona› alimentos sólidos: *No puedo comer hasta mañana, sólo beber leche, yogures y batidos.* || *v. tr./prnl.* **4** Destruir ‹un agente físico o químico› [una materia] poco a poco: *El sol **se** come los colores.* **5** Producir ‹una cosa› inquietud [a una persona]: ***Se** la comen los celos. **Se** come **de** los celos. **Se** come **con** la envidia.* **6** Hacer ‹una cosa› que [otra cosa] parezca más pequeña de lo que es: *La barba le come la cara. El armario **se** come la habitación.* **7** Hacer retirar ‹un jugador› [una pieza] [al contrario], en el ajedrez, las damas o el parchís: ***Me** he comido la reina al principio de la partida.* || *v. prnl.* **8** Gastar ‹una persona› [una cosa] completamente: *Se ha comido la herencia de su padre.* **9** Dejar de pronunciar o escribir ‹una persona› [una palabra o un sonido]: *No te comas las preposiciones en los nombres de las calles, por favor: calle de la Rosa, calle de Alcalá.* **10** Hacer ‹una cosa› que [otra cosa] pierda valor: *La inflación se come las ganancias que hemos tenido.* **11** Arrugar ‹una cosa› [otra cosa]: *Los zapatos se comen los calcetines.* FR. Y LOC. **~ a dos carrillos** COLOQUIAL; INTENSIFICADOR. Comer ‹una persona› con voracidad. **~ en un mismo plato*. ~ como una lima** o **~ más que una lima** COLOQUIAL; INTENSIFICADOR. Comer mucho ‹una persona›: *Este niño come como una lima.* **~ con la vista** o **~ con los ojos** Mirar ‹una persona› con mucho interés o curiosidad a otra persona o una cosa: *El niño se comía con la vista el pastel. Se comían con la vista ayer a la nueva secretaria.* **~ el coco*. ~ el tarro*. ~ lengua*. comer(se) a besos*. comerse con los ojos*. comerse el coco*. comerse el tarro*. comerse los puños*. comer(se) los santos*. comerse un pollito*. comer(se) vivo** Manifestar ‹una persona› su ira a otra persona: *Se comió vivos a sus adversarios. Cuando vea este trabajo nos va a comer vivos.* **echar de ~ aparte** generalmente PEYORATIVO. Se usa para comentar que debe darse un trato diferenciado a una persona que tiene un carácter o comportamiento diferente de otras de la misma clase: *Estoy contento con los profesores, excepto con el de latín, porque a ése hay que echarle de comer aparte por lo raro que es. Tiene unos niños encantadores, menos el pequeño, hay que echarle de comer aparte.* **El pez* grande se come al chico. el que se pica, ajos* come. juntarse el hambre* con la(s) gana(s) de ~. no comer ni dejar ~** No sacar ni dejar ‹una persona› que otra saque provecho de una cosa: *No permite que aprovechemos la ocasión, ni come ni deja comer.* **no comerse un rosco*. no comerse una rosca*. no comerse una rosquilla*. para comérselo/comerlo** Muy agradable, muy guapo: *La tarta está para comérsela. La nena está para comérsela.* **sin comerlo ni beberlo** Sin haber hecho ‹una persona› nada para que ocurra una cosa: *Sin comerlo ni beberlo comenzó a gritarme. Se ha encontrado con un dinero de una herencia sin comerlo ni beberlo.*

comercial *adj.* **1** Del comercio: *establecimiento comercial, horario comercial.* **agente* ~. agregado* ~. aviación* ~. avión* ~. balanza* ~. departamento* ~. galería* ~.** **2** Que tiene fácil venta o aceptación en el mercado: *literatura comercial, cine comercial.* || *s. m.* **3** COL. Anuncio en la radio o en la tele.

comercialización *s. f.* **1** Puesta a la venta de algún producto: *El Ministerio de Sanidad tiene que autorizar la comercialización de los medicamentos.* **2** (no contable) Conjunto de actividades necesarias para vender un producto: *Hay un responsable para cada una de las fases de comercialización de los productos de la empresa.*

comercializar *v. tr.* Dar ‹una persona› condición y organización comercial a [un producto]: *Para comercializar un producto, hay que estudiar el mercado y después ponerle precio.* **2** Poner a la venta o vender ‹una persona› [un producto]: *Vamos a comercializar pronto la nueva bicicleta. ¿Qué casa comercializa este producto?* ⇒ **19.**

comerciante *adj. / s. m.* y *f.* [Persona] que se dedica por oficio al comercio, normalmente como propietario: *Los pequeños comerciantes han protestado por los nuevos horarios.*

comerciar *v. intr.* **1** Comprar, vender o cambiar ‹una persona› [productos] para obtener beneficios: *Comerciamos **en** muebles. Comercio **con** antigüedades.* **2** Tener ‹una persona› trato con [otra persona]: *La empresa comercia **con** personas de diferentes ámbitos. Yo comercio **con** todo los que paguen.* **3** Hacer ‹una persona› negocios ilícitos: *Dicen que ese político comercia **con** armas. Ese marino comercia **con** tabaco de contrabando.*

comercio *s. m.* **1** Actividad de comprar y vender para obtener beneficios: *el comercio de petróleo.* **2** Establecimiento donde se venden artículos al público: *Tiene un pequeño comercio en ese mercado.* SIN. tienda. **3** (no contable) Conjunto de establecimientos que venden artículos al público: *Cerró el comercio de la ciudad.* **4** COLOQUIAL. Comida: *Hacemos la fiesta en casa, pero yo sólo pongo el comercio, y otros que pongan la bebida y la música.* || **5 ~ carnal** (no contable) RESTRINGIDO. Relación sexual, generalmente ilícita. FR. Y LOC. **bolsa* de ~.**

comestible *adj.* **1** Que se puede utilizar como alimento: *setas comestibles, raíces comestibles.* || *s. m.* **2** (preferentemente en plural) Alimento, cosas de comer: *tienda de comestibles. Lo que necesitan los países subdesarrollados son comestibles.* **tienda* de ultramarinos / comestibles.** SIN. víveres, provisiones.

cometa *s. m.* **1** ASTRON. Astro que realiza una órbita muy excéntrica, formado por un núcleo poco denso, rodeado de una esfera gaseosa o cabellera, y por una larga prolongación llamada cola: *el cometa Halley, la órbita de un cometa, la cola de un cometa. Los cometas describen alrededor del Sol órbitas elípticas muy excéntricas.* **2** ARG., URUG.; COLOQUIAL. Soborno, compensación ilícita con intención de sobornar. || *s. f.* **3** Armazón plano y ligero, de caña, papel o tela sujeto a un cordel, que se eleva aprovechando la fuerza del viento: *lanzar una cometa, hacer volar una cometa.*

cometer *v. tr.* Hacer ‹una persona› [una cosa que constituye una falta, un error o un delito]: *Cometes muchas faltas de ortografía. He cometido un error tonto. Lo acusan de haber cometido el asesinato del portero.*

cometido *s. m.* **1** Encargo, acción que una persona pide a otra que haga: *Le han dado un difícil cometido.* **2** Trabajo u obligación que corresponde a alguien: *Ese departamento tiene como cometido vender el producto.* SIN. tarea.

comezón *s. f.* **1** Picazón en todo el cuerpo o parte de él: *Las picaduras de los insectos le produjeron una comezón insoportable.* **2** Inquietud producida por el deseo de algo: *La comezón de figurar no lo dejaba vivir.* SIN. desazón.

comible *adj.* (ser / estar) COLOQUIAL. Que se puede comer por no ser muy desagradable al paladar o por no estar mal cocinado: *Esta paella está comible. No se pueden poner estas chuletas quemadas, no son comibles.* SIN. comestible.

cómic (plural *cómics*) *s. m.* **1** Narración ilustrada cuya acción se desarrolla en varias escenas o viñetas: *Es dibujante de cómics.* **2** Libro o revista que contiene estas escenas o viñetas: *Me compré un par de cómics para leer en el viaje.*

comicastro *s. m.* PEYORATIVO. Cómico o actor malo.

comicidad *s. f.* (no contable) Carácter cómico: *La comicidad de algunas escenas de la película provocaba la risa de los espectadores.*

comicios (plural) *s. m.* ELEVADO. Elecciones: *Nuestro candidato fue elegido diputado en los últimos comicios. ¿Cuándo serán los próximos comicios?*

cómico, ca *adj.* **1** De la comedia: *obra cómica, actor cómico, cine cómico, teatro cómico.* **2** (antepuesto / pospuesto) Que divierte o produce risa: *escena cómica, cara cómica, situación cómica. Tras realizar unos cómicos movimientos, se quedó muy serio.* || *adj. / s. m.* y *f.* **3** [Actor, actriz] que representa comedias o papeles divertidos: *Es un cómico estupendo. Las cómicas españolas están de moda en Europa.*

comida *s. f.* **1** Alimento, conjunto de cosas que se comen: *Estoy preparando la comida.* **2** Acción de tomar alimentos a una hora determinada del día: *En España hacemos tres comidas diarias.* **3** Alimento principal del día, que se toma al mediodía: *La comida es a las tres.* **4** COL. Cena. FR. Y LOC. **reposar la ~** Descansar ‹una persona› después de comer para hacer mejor la digestión: *Antes de trabajar, conviene reposar la comida.*

comidilla *s. f.* COLOQUIAL. Tema o motivo de murmuración de la gente: *Todo el mundo comenta lo mismo, es la comidilla del barrio.*

comido, da *adj.* [Persona] que ya ha comido: *Estoy bien comido, gracias, no quiero más. Ya estamos comidos.* FR. Y LOC. **lo ~ por lo servido** 1 Se emplea para comentar que en una relación o actividad los intereses están equilibrados: *Mira, yo he trabajado, pero él también me ha hecho favores, lo comido por lo servido.* 2 Se usa para indicar que no merece la pena un negocio porque no se gana nada, aunque no se pierda dinero: *Mira, no es rentable, porque después de tanto ir y venir, lo comido por lo servido.* **ser pan* ~.**

comienzo *s. m.* Principio, origen o raíz de una cosa: *el comienzo del curso, el comienzo de una obra, el comienzo de un trabajo, el comienzo de un profesional.* FR. Y LOC. **a comienzos de** A principio de: *A comienzos de mes iremos a la costa.*

comillas (plural) *s. f.* Signo ortográfico que se pone al principio y al final de una cita o de una palabra o una expresión poco usual o que se quiere destacar: *Las citas del trabajo deben ir sangradas y con comillas.* FR. Y LOC. **entre ~** a veces IRONÍA. Se usa en el lenguaje oral para advertir al oyente de la inexactitud de lo que se dice: *Eso de que es un buen hijo, entre comillas.*

comilón, na *adj. / s. m.* y *f.* **1** Que come mucho: *Niño, no seas tan comilón.* || *adj.* **2** DEP.; ARG., URUG. Que colabora poco con los otros compañeros en un juego de equipo. || *s. m.* **3** ARG.; COLOQUIAL. Hombre homosexual.

comilona *s. f.* COLOQUIAL. Comida muy abundante: *Esta noche nos daremos una comilona todos los amigos.*

cominería *s. f.* (preferentemente en plural; no contable) RESTRINGIDO. Cosa sin importancia, asunto insignificante: *Es muy pesada: le gusta protestar sobre cominerías y bobadas sin sentido.* SIN. menudencia.

comino *s. m.* **1** *Cuminum cyminum.* Hierba umbelífera de tallo ramoso, flores blancas o rojas y semillas olorosas que se usan en medicina y como condimento. **2** Semilla de los cominos: *Me gusta el gazpacho con cominos.* **3** (en singular, precedido de *un*) COLOQUIAL. Cosa que no tiene ningún valor o importancia: *Me importa un comino tu opinión. No vale un comino.* SIN. pito, pepino, bledo. **4** HUMORÍSTICO, para los niños AFECTIVO. Persona de baja estatura: *¡Mira cómo anda mi comino! ¡Ven aquí, comino!*

comisaría *s. f.* **1** Oficina de la policía, de carácter público y permanente: *Acudió a la comisaría a denunciar el robo.* **2** Oficina de un comisario: *La comisaría de la feria está en el primer piso.* **3** Oficio y cargo de comisario: *Lo han nombrado para la comisaría de protección de la naturaleza.* **4** COL. Circunscripción administrativa inferior al departamento e intendencia.

comisariado *s. m.* Organismo dependiente de una institución nacional o internacional que se ocupa de un problema o aspecto concreto.

comisario, ria *s. m. / f.* **1** Persona que ha recibido el encargo y la autoridad de una institución o de una empresa para organizar o realizar un trabajo o una actividad con total responsabilidad: *el comisario de una exposición, el comisario de una carrera deportiva, el comisario de una feria comercial, el comisario de una empresa estatal, el comisario de un organismo internacional.* **2** Policía responsable del orden público de un distrito o de un ámbito: *comisario homicidios, comisario de narcóticos.* || **3 ~ político** Delegado del poder civil o de un partido político que colabora con los mandos militare para intervenir en sus decisiones, en especial en tiempo de guerra.

comiscar *v. tr.* Comer ‹una persona› pequeñas cantidades de [una cosa] a menudo. SIN. comisquear. ⇒ **71.**

comisión *s. f.* **1** Porcentaje que cobra un vendedor en función de sus ventas: *Trabajo con una comisión del cinco por ciento.* **2** Grupo de personas que tienen el encargo de hacer algo: *una comisión de festejos, una comisión parlamentaria para investigar casos de corrupción.* SIN. comité. **3** Encargo que se hace a una persona: *Le encomendé una difícil comisión.* **4** RESTRINGIDO. Acción y resultado de cometer: *la comisión de un delito.* || **5 ~ de servicios** Situación de un funcionario público que presta sus servicios transitoriamente fuera de su puesto habitual de trabajo. FR. Y LOC. **en ~** Se usa para indicar que un vendedor no paga a su proveedor hasta que haya vendido el género que éste le ha suministrado: *Las editoriales dejan los libros en comisión.*

comisionado, da *adj. / s. m.* y *f.* [Persona] que está encargada de una comisión: *Llegó a la zona de conflicto un comisionado para supervisar el alto el fuego entre los dos países. Las diferencias entre las dos empresas las discutirán dos comisionados.*

comisionar *v. tr.* Mandar ‹una persona› que [otra persona] se encargue de [hacer una gestión] o de [realizar una tarea]: *Lo comisionaron para organizar la fiesta. Me han comisionado que estudie las propuestas de las dos partes.*

comisionista *s. m. / f.* Persona que vende, a cambio de una comisión, en nombre de otro: *comisionista importador, comisionista exportador.*

comiso *s. m.* DER. Decomiso.

comisquear *v. tr.* Comiscar.

comistrajo *s. m.* COLOQUIAL; PEYORATIVO. Comida de mala calidad o mezcla rara de alimentos: *Preparó un comistrajo de su invención. Come en casa, que sólo te gustan los comistrajos de por ahí afuera.*

comisura *s. f.* ANAT. Punto de unión de dos partes del cuerpo: *las comisuras de los labios, las comisuras de los párpados.*

comité *s. m.* Grupo de personas que tienen el encargo de hacer algo: *El comité de disciplina decidió no sancionar al jugador. El comité de empresa convocó una asamblea para informar a los trabajadores.* SIN. comisión.

comitiva *s. f.* Cortejo, acompañamiento: *La comitiva real llegó al palacio.*

cómitre *s. m.* **1** HIST. Hombre encargado de mandar y castigar a los remeros de las galeras. **2** RESTRINGIDO. Persona que se sobrepasa en el ejercicio de la autoridad sobre los trabajadores: *El capataz parece un cómitre.*

como *adv. rel.* **1** (precedido de los antecedentes *el modo, la manera* y *la forma*) Encabeza cláusulas de relativo con el significado de 'en que': *Por la manera como la miraba deduje que eran más que amigos. Se desconoce el modo como lo logró.* **2₁** (puede ir precedido de preposiciones) Encabeza cláusulas equivalentes a nombres con el significado de 'la manera como', 'el estado en que', 'la configuración de la que', 'el nombre con el que': *Vuela de manera muy parecida a como lo hacen los pájaros. Les molestó como iba vestida.* OBSERVACIONES: ◊ Puede intervenir en función de aposición introduciendo informaciones sobre lo que se acaba de nombrar: *Lloviendo a cántaros, como llovía, era mejor no salir. Angustiadas como estaban, se refugiaron en un portal. Teniendo como tienes un buen coche, no deberías renunciar a este viaje. Llamándose Pedrucho, como se llama, difícilmente triunfará en el fútbol.* ◊ Tiene un valor causal-explicativo después de una cláusula encabezada por un gerundio o participio (*Cansados como estaban, decidieron retirarse a dormir*), o un valor concesivo, a menudo en correlación con un adverbio o locución adverbial concesivos (*Lloviendo a cántaros como llovía, siguieron, no obstante, jugando*). **2₂** Actúa como adverbio relativo de modo, con matices diferentes, en las perífrasis de relativo: *Es así como tú debes ponerlo. Nadando es como se aprende. Como se corta bien es con la sierra eléctrica. Así es como quedó el coche. Así es como lo llamaban.* OBSERVACIONES: En la estructura condicional se usa *como* cuando la hipótesis es modal: *Como lo harás mal es si no te fijas.* **3** Equivale a 'de la manera (en) que', 'en el estado (en) que', 'de la configuración (de la) que', 'con el nombre que'. **3₁** (ante verbos de relato, opinión, creencia... *–decir, opinar, creer, parecer...–*, capacidad, obligación, deseo, conveniencia... *–saber, poder, deber, querer, convenir...–*, mandato *–ordenar, mandar, sugerir, decir...–* y ante formas subjuntivas del verbo ser) Suele preferir la elipsis de la estructura oracional que sigue al verbo de que se trate: *Luchó como tú dices (que luchó). No están como tú crees (que están). No son como aparentan (ser).* OBSERVACIONES: ◊ Con el verbo en subjuntivo puede señalar la indiferencia por el enfado o desacuerdo del hablante con su interlocutor y equivale a 'de cualquier manera que': *Hazlo como te dé la gana.* ◊ Refleja la inseguridad del hablante sobre lo que dice: *Los referendos, o como se diga...* 3₂ Se usa a veces en construcciones en las que no está implicada una proposición completiva: *Como tú lo pronuncias, no lo pronuncia nadie. Estando como están las cosas, es mejor no arriesgarse.* **4** (seguido y precedido de una misma forma de subjuntivo) Equivale a 'de la manera que', 'en el estado que', 'de la configuración que': *Cante como cante, la contrataré. Cantara como cantara, los invitados aplaudían siempre. Lo hagas como lo hagas, no te saldrá bien. Estén como estén, hay que comerlos. Se llame como se llame, yo no me reiré. Sean como sean, contrátalas.* **5** (referido a acciones) Equivale a 'de una manera de la que', 'en un estado en el que', 'de una configuración que', 'con un nombre que' y alude sólo a la manera de actuar: *Cantó como ya nadie canta. Saludó como antes no saludaba. Me encuentro como hace tiempo no me encontraba.* OBSERVACIONES: La cláusula modal admite la pronominalización (*lo*) seguida obligatoriamente de los verbos *hacer* o *estar: Cantó como ya nadie canta. Saludó como antes no lo hubiera hecho.* **6** (en contacto con expresiones negativas, *nadie, ninguno, nada...*) INTENSIFICADOR. Equivale a 'con una intensidad (con la) que', 'en una medida (en la) que', 'en un grado (en el) que', 'con la calidad que', 'con la intensidad que' y alude a la cualificación o a la intensidad. OBSERVACIONES: Puede suprimirse el verbo que le sigue: *Canta como nadie (canta). Llovió como nunca.* **7** Forma parte de estructuras comparativas: **7₁** Equivale a 'de la misma manera que', 'con la misma calidad que', 'en el mismo estado que', 'de las mismas características que', 'igual que': *Nadie canta como él (canta). Escribe como habla. Es como su padre.* OBSERVACIONES: ◊ Salvo en la variante denominativa (*Se llama como tú*) acepta especificaciones que delimitan la zona de alcance de la comparación: *¿Lo harás como yo de rápido? Hazlo como él de bien. Está como tú de gordo.* ◊ La idea comparativa puede aparecer debilitada a favor de la de modo y de la aparición de un matiz de identificación: *¿Qué hace una chica como tú* (='de tus características', 'de tu condición') *en un lugar como éste?* ◊ Admite la correlación con *así*; de uso literario o emotivo y con valor intensificador: *Como cantan los ruiseñores, así cantaba la doncella.* El orden *así ... como*, se considera arcaizante y poco usado: *Así cantaba como los ruiseñores cantan.* ◊ Participa en muchas comparaciones estereotipadas: *borracho como una cuba, borrachos como cubas, loco como una cabra, locos como cabras.* En algunos casos asume la propia comparación, por sí sola, la referencia al estado o cualidad aludido: *Está como una cabra* (= 'completamente loco'). **7₂** Incorpora un matiz ejemplificativo, a menudo reforzado por la presencia de *por ejemplo: Hay ocasiones en que es difícil mostrarse gracioso, como, por ejemplo, cuando le reprenden a uno. Los metales nobles, como el oro, el platino y el iridio, suelen ser muy caros.* **7₃** Equivale a 'tal como'. RELACIONES Y CONTRASTES: Frente a *según,* su presencia supone que el hablante asume el contenido de la proposición de que se trata o incluso contiene una valoración expresa: *Como dice Manolo, la vida es una tómbola. Como vulgarmente se dice, que se vayan a la mierda.* **7₄** Equivale a 'al igual que' e incorpora la idea de adición: *Toca el piano, como su madre, pero, al contrario que ella, lo hace de oído. Jugó mal, como de costumbre, y, como de costumbre, le echó la culpa a otro.* **7₅** (suele aparecer precediendo a *tampoco* o, más raramente, a *también*) ELEVADO. Incorpora también idea de adición y equivale a 'así como': *No le satisfizo la función, como tampoco a su acompañante. Era amigo de viajar y de disfrutar de la vida, como también de trabajar cuando era menester.* **7₆** (se antepone a expresiones de cantidad, a adjetivos calificativos y a locuciones adverbiales) Adquiere valor aproximativo y equivale a 'aproximadamente', 'del orden de', 'algo así como', 'más o menos': *Eran como cincuenta. Llegaron como a las diez.* OBSERVACIONES: Coloquialmente se usa también ante *un poco, poco, mucho, demasiado...*: *Es como muy seco, ¿no? Es como demasiado formal.* Usado ante sustantivos parece literario y arcaizante: *Se encontró con dos como clérigos.* **8** (en correlación con *tan, tanto*) Forma parte de estructuras comparativas de igualdad en las que se establece una equiparación relativa a cualidades, estados, hechos o circunstancias: *Es tan alto como su padre. Tiene tantos méritos como tú.* OBSERVACIONES: ◊ Puede adquirir un matiz aditivo: *Sus palabras fueron tan certeras como inoportunas.* ◊ En contextos de emotividad pierde a veces todo carácter comparativo en favor del intensivo: *¡Mira que pegarme a mí, tanto como yo te quiero!* RELACIONES Y CONTRASTES: Hay hablantes que usan *como* en lugar de *que* en comparaciones de igualdad iniciadas con *igual, al igual* o *lo mismo*; pero este uso no es recomendable: *Es pianista, al igual como su padre. Lo mismo sonríe si lo atienden como si no lo atienden.* ‖ *conj. cond.* **9** (con verbo en subjuntivo) preferentemente COLOQUIAL. Introduce una proposición en la que se aduce como hipotético un hecho incierto de cuya realización se garantiza enfáticamente que se deriva cierto otro: *Como lo haya roto, no irá de vacaciones. Como hayas sido tú, prepárate.* OBSERVACIONES: Aparece en diversos contextos: – amenaza: *Como te equivoques, despídete de la bici. ¡Ay como vaya!, ¡qué paliza te vas a llevar!* – advertencia: *Como lo hagas mal, te suspenderán.* – vaticinios de hechos desfavorables o favorables: *Como siga lloviendo, nos quedamos sin playa. Como no lo estropeen a última hora, será un verdadero éxito. No te preocupes que, como estudies, aprobarás.* – afirmaciones genéricas: *Como le falte a uno la salud, le falta casi todo.* – descripciones de hechos con matiz de habitualidad: *Como lo hiciéramos mal, nos castigaban. Como no cuidáramos los tiestos constantemente, se ponían mustios en seguida.* RELACIONES Y CONTRASTES: ◊ Frente a *siempre que, siempre y cuando, con tal que* y *a condición de que*, no resulta normal el uso de *como* para marcar un hecho eventual como requisito. ◊ Frente a *si* o *en el caso de que*, *como* no suele participar en contextos en que se sugiere la idea de identidad entre el caso hipotético aducido y el conjunto de casos pertinentes aducibles (*Ganará... si yo lo consiento*). ◊ Frente a *si, como* suele rechazar las cláusulas hipotéticas con relieve y el verse afectado por presencia de partículas y locuciones que lo imponen (*no, también, salvo, a excepción de...*). ◊ Frente a *con tal que*, no es posible el uso de *como* en periodos que expresan compromiso: *Puedes salir, con tal que no vuelvas tarde.* ◊ Frente a *si, como* rehúye contextos de cortesía o petición (*Si tuviera la amabilidad de invitarme...*) ◊ En muchos hablantes, *como* rechaza el contexto de hipótesis irreal (*Si estuviera aquí mi amigo, lo ibais a pasar mal*). ◊ *Como* es semánticamente similar a *si*, pero hay casos en que *como* no es reemplazable por *si:* – idea de excepción *(como no...)* – suspensión en amenaza (*¡Como suba...!*) – réplicas que avanzan una hipótesis como única posible, aunque improbable (*–«Vengo a saludar a Pepe.» –«Pues como no vayas a saludarlo a América...»*) – ocurrencia repentina *(¡Como no las dejaras puestas!)* – respuestas en que avanza una hipótesis (*–«¿Dónde habré metido yo las llaves?» –«Como no las dejaras puestas...»*). Se usa *como* casi en exclusiva cuando, en contextos de amenaza disuasoria y encabezando una hipótesis afirmativa, aparecen en la expresión de la hipótesis elementos de negación: *Como le cuentes nada a Juan, se acabó el trato.* || *conj. causal* **10** Introduce cláusulas de carácter causal en que se aduce un hecho como la razón que explica la presencia de otro hecho. OBSERVACIONES: ◊ El hecho explicativo puede aparecer como una causa externa al agente o experimentador: *Como le habían quitado el apoyo, se cayó. Como era de noche, no se veían bien las pisadas.* ◊ El hecho explicativo puede también aparecer como una causa que lleva asociada una decisión: *Como no le hacían caso, se calló. Como tardabais tanto en llegar, nos fuimos.* ◊ Acepta las descripciones de hechos futuros y las que estrictamente no admiten discusión: *Tú, como tienes tantos padrinos, pasarás con facilidad. Como él no había nacido aún, tiene que tratarse de otra persona.* RELACIONES Y CONTRASTES: ◊ Frente a *ya que, puesto que,* acepta mal la presentación de justificaciones de dichos impositivos (mandatos, sugerencias, preguntas): *Ya que tienes tanto interés en ella, ¿por qué no le propones algo?* ◊ Se prefiere *como* a *ya que* o *en vista de que* en los casos en que un hecho sospechable o admisible, pero todavía no evidente en el contexto, se presente como justificación del acto impositivo posterior: *Como seguramente yo no podré llegar antes de las nueve y cinco, te ruego que me disculpes ante los invitados.* ◊ Frente a *ya que, puesto que* o *cuando, como* introduce sólo explicaciones que preceden al hecho explicado: *A mí, como ya soy viejo, esas diversiones no me entusiasman.* ◊ Frente a *porque* en su misma posición, no puede llevar relieve y, por tanto, tampoco admitirá fenómenos que lo exigen (el rechazo, la interrogación, la intensificación...), pero, sobre todo, presenta necesariamente un hecho como una verdadera explicación de que suceda otro hecho. *Como* marca siempre una presuposición favorable esperable de un hecho con respecto a otro. *Porque* puede intervenir en contextos en que incluso se sugiera la idea de que el efecto es desproporcionado y completamente inesperable: *Porque tiene dinero, se cree un ser superior.* || *conj. temp.* **11** Equivale a 'en cuanto', 'tan pronto como', 'así como' y expresa posterioridad inmediata de un hecho respecto de otro: *Llevaba días esperando su llegada y, como los vio entrar por la puerta, de repente se puso a dar saltos de alegría.* OBSERVACIONES: Este uso temporal choca con el causal. || *conj.* **12** (con subjuntivo en *-se*; con hechos del pasado; en contextos de descripciones) Introduce una circunstancia novedosa referida preferentemente a acciones y equivale a 'habiéndose producido la circunstancia de que': *Como el juez le preguntase cuántos hijos tenía, contestó que...* || *conj. compl.* **13** Introduce cláusulas sustantivas: **13**1 (con verbos de percepción: *darse cuenta (de), ver, mirar, fijarse*) Presenta un contenido presupuesto como si su evidencia confirmara la verdad de una afirmación o bien indica que la predicción tiene lugar simultáneamente con el acto de hablar: *Verás como mañana nieva. Si tuvieran que sudar para ganarlo, verías como no lo gastaban así. Fíjate como era de noche.* OBSERVACIONES: Como *que* no exige la posposición del sujeto y permite la presencia de la negación, del corroborativo *sí* y de cualificaciones adverbiales o adjetivales: *¿Ves como vienen agotados? Verás como Paco sí viene. Mira como ella no dice nada. Veréis como canta mal. ¿No ves como es ciega?* **13**2 (con verbos y agrupaciones que conllevan la idea de 'ver') Expresa contemplación descriptiva: *Vio como su mejor amigo le daba la espalda. Es curioso como no se quejó ni una sola vez.* **13**3 (con verbos de relato, principalmente *contar*; evita preceder a una proposición simple) LITERARIO. Expresa descripción contemplativa: *Le contó como su primo se había casado y no era el calavera de antes.* OBSERVACIONES: En fórmulas epistolares suele aparecer el verbo *saber* en su forma *sabrás*: *Sabrás como llegamos todos sin novedad y encontramos la casa menos fría de lo que temíamos.* || *prep.* **14**1 (precede a nombres que suelen designar profesión u oficio; sigue frecuentemente a verbos de acción o proceso o a nombres de acción, proceso, periodo o estado) Equivale a 'en calidad de', 'en concepto de', 'con carácter de', 'en funciones de', 'en el papel de', 'en el puesto de': *Vengo como embajador. Trabaja como soldador. Acéptalo como anticipo. Como recompensa, le dio un reloj. Su trabajo como actor. Su estancia como embajador en Chile.* RELACIONES Y CONTRASTES: *Como* aparece muchas veces en los mismos contextos que *de*; pero debe advertirse que, frente a *de, como* no puede preceder a infinitivos: *de desayunar, de desayuno, como desayuno.* Semánticamente también hay diferencias, por ejemplo: *Estoy aquí de médico* supone hallarse en la profesión de médico, mientras que *Estoy aquí como médico* hace referencia a la calidad en que el individuo se encuentra allí y posiblemente también a la causa, 'por mi condición de médico'. **14**2 (antepuesto a nombres o grupos nominales sin artículo que aluden a una profesión o adscripción geográfica, social, moral o ideológica) Equivale a 'en su calidad o condición de', 'por su condición de', 'en tanto que', 'en cuanto' y da por supuesta la idea de que la pertenencia a la profesión o clase implicadas es un dato favorable para que tenga lugar el hecho que se describe: *Como médico, estoy obligado a mantenerlo con vida. Como padre de la niña, le ruego que no vuelva a castigarla así. Como buen andaluz, gesticulaba mucho.* **14**3 (antepuesto a nombres o grupos nominales sin artículo) Equivale a 'en tanto que', 'en cuanto' y sirve para limitar la faceta o función de un objeto a la que se circunscribe la predicación: *Como poeta, es bastante mediocre. Como libro de texto, es aceptable.* **14**4 (antepuesto a un infinitivo, participio o adjetivo calificativo) Equivale a 'en cuanto a' y desempeña la función de presentador del tema de la frase: *Como saber, sabe muchísimo, pero no se le entiende nada. Como honrado, lo es y mucho. Como limpia, es muy limpia.* **14**5 (antepuesto a adjetivos, locuciones adjetivales o grupos nominales) Equivale a 'bajo el rótulo de', 'con la calificación de...' y aparece en frases que aluden a clasificaciones, catalogaciones, calificaciones y actividades similares: *Sus decla-*

raciones han sido consideradas como inoportunas. Está clasificado como confidencial. Aquí figura como republicano. FR. Y LOC. **así* ~. así* ~ así. ~ máximo*. ~ mínimo*. ~ mucho*. ~ que** 1 (como reacción del hablante ante un comentario del interlocutor) Aporta la idea de que es natural o lógico que suceda lo dicho por el interlocutor teniendo en cuenta el nuevo dato que aporta el hablante y equivale a 'es natural, pues...': *–«No me arranca.» –«Como que está sin gasolina.»* 2 (como reacción del hablante en la conversación) Presenta una consecuencia con significado próximo al de 'hasta el punto de que' o 'hasta tal punto que': *¡Toma, no, como que hubo que llevarlo al hospital!* 3 (catalanismo) Se usa como locución causal. OBSERVACIONES: Su uso como locución causal es un catalanismo, en vez de *como que* debe decirse *como.* Debe decirse *Como eran muy simpáticos, todos deseábamos conversar con ellos,* en lugar de *Como que eran muy simpáticos, todos deseábamos...* 4 (con el verbo *hacer* y seguido de indicativo) Introduce un dato opuesto a los hechos reales: *Tú haz como que no me conoces.* OBSERVACIONES: Por influjo de los verbos *fingir* y *simular*, coloquialmente se usa *que: Hizo que estaba dormido* (='Fingió que estaba dormido'). 5 (con indicativo) IRONÍA. Implica lo contrario de lo que formalmente expresa la proposición que introduce: *¡Como que te lo van a dar a ti por tu cara bonita!* 6 Forma parte de la estructura *como + que +* oración sustantiva; *como* funciona como ejemplificativo o comparativo: *Tiene ventajas, como que no necesitas el pie izquierdo para nada. –«¿Es eso cierto?» –«Como que estamos aquí tú y yo.»* **~ quiera* que. ~ si tal cosa*. ~ si nada*. tal* ~. tan*... ~... tanto* ~. tanto si*... ~ si.**

cómo *adv. int.* **1** Se usa para preguntar por el modo o manera: *¿Cómo has hecho ese dibujo? ¿Cómo te peinas?* OBSERVACIONES: ◊ Puede aparecer también en oraciones interrogativas indirectas: *Dime cómo se arregla el enchufe.* ◊ En una oración compuesta de una principal y una subordinada, *cómo* ocupa la primera posición de la frase a pesar de ser complemento de la subordinada: *¿Cómo dices que se llama esa película?* **2** Se usa para preguntar por el motivo o la razón de algo: *¿Cómo no lo compras? ¿Cómo has permitido que te insulte?* OBSERVACIONES: ◊ Puede aparecer también en oraciones interrogativas indirectas: *No sé cómo me aguanto.* ◊ Se usa en preguntas retóricas en las que el hablante no espera la respuesta del interlocutor; por lo general este tipo de oraciones pierden el carácter interrogativo y adquieren un valor exclamativo: *¿Cómo tienes tanta paciencia? Pero ¡cómo no lo has dicho antes!* || *adv. excl.* **3** Pondera el modo o manera: *¡Cómo recita este niño! ¡Cómo te ha crecido el pelo!* OBSERVACIONES: Puede aparecer también en oraciones exclamativas indirectas: *Hay que ver cómo canta esta niña.* || *s. m.* **4** (precedido del artículo *el)* Modo o manera: *el cómo.* FR. Y LOC. **¿~ está*? o ¿qué tal está? ¿a ~?** Se usa para preguntar por el precio de una cosa: *¿A cómo está la lechuga?* **~ no*.** CORTESÍA. Equivale a 'por supuesto' o 'con mucho gusto': *–«¿Podría abrirme la puerta?» –«¡Cómo no!»* **¡cómo!** Indica extrañeza o enfado: *–«No he recibido ninguna carta tuya.» –«¡Cómo! Si yo ya te he escrito tres veces.» –«Le tenías que haber explicado por qué te habías enfadado.» –«¡Cómo! Si estoy harta de repetírselo una y otra vez.»* **según* y ~.**

cómoda *s. f.* Mueble para guardar la ropa provisto de cajones que ocupan todo el frente: *cómoda de roble.*

comodidad *s. f.* **1** Aquello que permite encontrarse a gusto y bien, con descanso y facilita la vida cotidiana: *Tener un lavavajillas es una comodidad. Le gustaría comprarse una casa con todas las comodidades. Este coche tiene muchas comodidades. Esa letra la puedes pagar con comodidad.* **2** (no contable) Situación de la persona que se encuentra bien y a gusto: *Vivo con comodidad en este pueblo. Creo que tenemos la comodidad que necesitamos en esta residencia.* **3** (no contable) Interés propio: *Lo único que le importa es su comodidad.* **4** (no contable) Resistencia a hacer esfuerzos o molestarse: *No va a visitarte por comodidad.*

comodín *s. m.* **1** Cara del dado o carta que toma el valor que desea el jugador: *Con el comodín hago trío de ases.* **2** Persona o cosa que, según las circunstancias, sirve o se utiliza para distintos fines: *Mi madre es el comodín de casa, porque hace de todo.* **3** Pretexto habitual y poco justificado: *Siempre utiliza el comodín del tráfico para justificar que llega tarde.*

cómodo, da *adj.* **1** Que facilita la comodidad de las personas: *una vida cómoda, un sillón cómodo.* SIN. confortable. **2** Que es fácil y se hace sin esfuerzo: *una conducción cómoda.* **3** (estar) Que está a gusto en un lugar o situación: *Estoy muy cómodo aquí. Estamos cómodos con vosotros, pero tenemos que irnos.* **4** (estar) Que se siente a gusto en un lugar o situación: *Cámbiate de ropa, estarás más cómodo.* || *adj. / s. m.* y *f.* **5** Que no le gusta moverse o hacer cosas: *Es una persona muy cómoda. Es un cómodo que siempre se lo encuentra todo hecho.* SIN. comodón.

comodón, na *adj. / s. m.* y *f.* Que le gusta la comodidad y no hacer grandes esfuerzos: *Eres muy comodón. Quique es una persona muy comodona.*

comodoro *s. m.* **1** ARG. Oficial de la fuerza aérea cuyo grado equivale al de coronel. **2** Capitán de navío que manda una división naval: *comodoro inglés, comodoro holandés.*

compact disc *s. m.* Disco compacto.

compactación *s. f.* Acción y resultado de poner algo compacto: *Después de echar el cemento hay que esperar un poco para su compactación.*

compactar *v. tr.* Hacer ‹una persona o una cosa› compacta [una cosa]: *Es más fácil enviar los archivos después de compactarlos.*

compacto, ta *adj.* **1** [Cuerpo] que tiene la estructura apretada y poco porosa: *una madera compacta. La masa te ha quedado muy compacta.* **2** Que está formado por personas, animales o cosas muy juntas o apiñadas: *un grupo compacto de personas, una muchedumbre compacta, un equipo de música compacto.* || *adj. / s. m.* **3** [Disco digital] que se reproduce por rayo láser. **disco* ~.**

compadecer *v. tr. / prnl.* Sentir ‹una persona› pena por la desgracia de [otra persona]: ***Se** compadeció **del** infeliz.* ⇒ **5.**

compadrazgo *s. m.* Parentesco o relación existente entre los padres de una persona con el padrino de ésta.

compadre *s. m.* **1** El padrino de una persona con respecto a los padres y a la madrina de ésta. **2** El padre de una persona con relación al padrino o la madrina de ésta. **3** AMÉR.; COLOQUIAL, RESTRINGIDO en España. Tratamiento entre hombres, amigos o compañeros: *¿Cómo va eso, compadre?* || *adj.* **4** ARG., URUG. Que compadrea.

compadrear *v. intr.* ARG., PAR., URUG.; COLOQUIAL. Envanecerse, comportarse ‹una persona› con arrogancia.

compadrito *adj. / s. m.* ARG., URUG.; PEYORATIVO. Que es fanfarrón, amigo de provocar y buscar pelea.

compaginación *s. f.* **1** Compatibilidad entre dos o más cosas: *Es difícil la compaginación de esos dos trabajos.* **2** Correspondencia entre dos o más cosas: *No existe compaginación entre la amistad que tiene con él y la envidia que demuestra.*

compaginar *v. tr.* **1** Hacer ‹una persona› compatibles [varias cosas]: *He conseguido compaginar mis dos trabajos. No es fácil compaginar el horario de la oficina* ***con*** *el de los comercios.* SIN. compatibilizar. **2** ART. GRÁF. Distribuir ‹una persona› las galeradas para formar las páginas de [una publicación]: *Hemos enviado las galeradas para que nos las compaginen en el departamento de al lado.* **3** Poner ‹una persona› [varias cosas] en relación: *Es listo, es capaz de compaginar noticias diferentes y reconstruir una historia.* || *v. prnl.* **4** Estar ‹varias cosas› relacionadas: *Su comportamiento se compagina perfectamente con sus palabras.* **5** Hacerse ‹varias cosas› compatibles: *No siempre se pueden compaginar el amor y el trabajo.*

compaña *s. f.* (no contable) COLOQUIAL, RESTRINGIDO. Persona o conjunto de personas que acompañan a otra: *Saludó a Pedro y a toda la compaña.* SIN. compañía.

compañerismo *s. m.* (no contable) Buena relación entre compañeros: *Ayudándose unos a otros los jóvenes dieron ejemplo de compañerismo.*

compañero, ra *s. m. / f.* **1** Persona con la que se comparte alguna experiencia: *compañero de fatigas, compañero de colegio, compañero de oficina, compañero de armas, compañero en la desgracia.* SIN. camarada. **2** Cada uno de los miembros de una pareja sentimental no casada: *Tengo que cenar con mi compañero esta noche.* **3** Persona que comparte las ideas políticas o sindicales de otra: *los compañeros del sindicato, los compañeros del partido.* **4** Persona con la que se forma equipo en los juegos por parejas: *compañero de tenis.* **5** Uno de los elementos que forman un par: *Tengo un pendiente y un gemelo, me faltan sus compañeros.*

compañía *s. f.* **1** Hecho de estar o de ir acompañado: *Se fue a Soria en compañía de su abuelo. Pone la televisión para que le haga compañía.* **2** Persona, animal o cosa que acompaña a otra u otras: *Los perros son animales de compañía. Tienes compañía: luego te veo.* **dama* / señora de ~.** **3** Asociación de personas físicas o jurídicas que ponen en común unos medios para obtener beneficios: *compañía de seguros, compañía eléctrica, compañía telefónica, la compañía del agua, la compañía del gas.* SIN. sociedad mercantil. **4** Conjunto de actores y director formado para representar obras de teatro: *una compañía de teatro.* **5** MIL. Pequeña unidad militar bajo el mando de un capitán. || **6 Compañía de Jesús** REL. Orden religiosa de los jesuitas fundada por San Ignacio de Loyola. FR. Y LOC. **en ~ de** Junto con: *Inés asistió al acto en compañía de sus hijos.*

comparable *adj.* Que puede compararse con otra persona o cosa: *Tu situación es comparable a la mía. A pesar de todo, no es comparable con lo que yo he pasado.* SIN. equiparable. ANT. incomparable.

comparación *s. f.* **1** Acción y efecto de comparar: *Son situaciones tan distintas que no admiten comparación. La comparación entre los dos cuadros revela grandes diferencias.* SIN. parangón. **2** RET. Símil: *En el primer verso hay una comparación.*

comparar *v. tr.* Examinar ‹una persona› [varias personas o varias cosas] alternativamente para apreciar sus semejanzas y diferencias. SIN. cotejar. FR. Y LOC. **gramática* comparada.**

comparativamente *adv. restrictivo* En comparación con cierta cosa consabida, considerado en términos comparativos: *Comparativamente, son más rentables nuestras acciones.*

comparativo, va *adj.* Que compara o sirve para hacer una comparación: *juicio comparativo.* **locución comparativa, oración comparativa. agravio* ~.**

comparecencia *s. f.* (no contable) Acción de comparecer, sobre todo ante una autoridad: *El juez exigió la comparecencia del testigo de la acusación.*

comparecer *v. intr.* **1** Presentarse ‹una persona› en un lugar al que ha sido llamado para realizar un acto legal: *El testigo compareció* ***ante*** *el juez.* **2** Presentarse ‹una persona› en un lugar tarde, inesperada o inoportunamente. ⇒ **5.**

comparsa *s. m. / f.* **1** Actor que hace papeles poco importantes en el teatro: *Tengo un papel de comparsa.* SIN. figurante. **2** Persona o entidad subordinada a otra y que carece de protagonismo: *En ese negocio no pinta nada, no es más que un comparsa.* || *s. f.* **3** Conjunto de personas que hacen papeles poco importantes en el teatro. SIN. acompañamiento. **4** Grupo de personas disfrazadas del mismo modo que participan en algunas fiestas: *una comparsa de carnaval. Las diferentes comparsas del barrio animaban la fiesta.*

compartimentación *s. f.* División de algo en compartimientos o en partes: *En la empresa es necesaria una buena compartimentación del trabajo. La compartimentación de las ciencias es bastante artificial.*

compartimiento o **compartimento** *s. m.* **1** Acción y efecto de compartir. **2** Cada una de las partes que resultan de dividir un espacio para poder colocar separadas personas o cosas: *el compartimiento de un tren, el compartimiento de un armario, los tres compartimientos de mi nevera, compartimiento de primera clase.*

compartir *v. tr.* **1** Distribuir ‹una persona› [una cosa] entre [varias personas]: *Compartieron la comida* ***entre*** *los amigos.* SIN. repartir. **2** Tener, utilizar o consumir ‹varias personas› [la misma cosa]: *Todos compartimos la terraza para tender la ropa.* **3** Tener ‹varias personas› [el mismo sentimiento o la misma opinión]: *Estamos totalmente de acuerdo y compartimos los mismos puntos de vista sobre este problema. No comparto su pesimismo sobre la muerte del Mediterráneo.*

compás *s. m.* **1** Instrumento de dibujo formado por dos brazos unidos y articulados en su extremo que se emplea para trazar curvas y medir distancias: *un compás de dibujo. Mide el diámetro de la circunferencia con el compás.* **2** Resorte de metal que se articula para subir o bajar la capota de un coche. **3** MÚS. Cada uno de los periodos o intervalos regulares de tiempo en que se marca el ritmo de una frase musical: *compás binario, compás menor, compás compuesto. El vals es una música de compás ternario. El director indicó al coro que repitiera los primeros veinticinco compases.* **~ terciario*.** **4** MÚS. Movimiento, golpe u otra señal, con la mano o con la batuta, con que se señalan estos intervalos: *El director de la orquesta marca el compás con la batuta.* **5** MÚS. Espacio o división del pentagrama en que se escriben las notas correspondientes a cada uno de estos intervalos: *En la partitura,* *los compases se separan por líneas verticales.* **6** Ritmo o cadencia de una pieza musical: *bailar al compás de la música. El cantante no llevaba bien el compás. Sigue el compás de la canción con los pies. Uno de los bailarines perdió el compás.* **7** Ritmo seguido en un asunto o en una actividad: *Trabajan los dos frenéticamente al mismo compás.* **8** Instrumento de navegación que se emplea para trazar el rumbo. || **9 ~ de espera** Interrupción temporal de un proceso o actividad en espera de algo: *El gobierno se encuentra en un compás de espera hasta que el resto de países haya tomado una decisión. Seguimos en un compás de espera a ver si se deciden a comprar la empresa.* FR. Y LOC. **a(l) ~** Al mismo ritmo o al ritmo: *Los soldados iban andando al compás de la música. Uno pone el tornillo y el otro pone la tuerca al compás.* **llevar el ~** 1 Dirigir una orquesta o coro: *El director llevaba el compás con la batuta.* 2 Dominar una situación o negocio: *El secretario de la comisión era quien llevaba el compás en las negociaciones.*

compasión *s. f.* (no contable) Sentimiento de lástima que se tiene hacia quienes sufren penalidades y desgracias: *Me inspira compasión. No tiene compasión de nadie.*

compasivo, va *adj.* Que siente compasión o se compadece fácilmente: *una actitud muy compasiva **hacia** los niños enfermos.*

compatibilidad *s. f.* **1** (no contable) Característica de compatible: *No se llevan bien porque no hay entre ellos compatibilidad de caracteres.* **2** (no contable) INFORM. Característica de un equipo informático que puede funcionar junto con otro: *La compatibilidad de todos los ordenadores personales está asegurada.*

compatibilizar *v. tr.* Hacer compatible ‹una persona› [una cosa] con [otra cosa]: *No logro compatibilizar mis horarios de casa con los del trabajo y tengo todo desordenado. He compatibilizado mi antiguo ordenador con la impresora nueva. Compatibilizo mi trabajo con los estudios.* ⇒ **19.**

compatible *adj.* Que puede coexistir o armonizar con otra cosa u otra persona: *Son muy compatibles el uno **con** el otro. Mi trabajo no es compatible **con** mis aficiones porque no me deja tiempo libre. Tenemos que hacer compatibles nuestros horarios.* ANT. incompatible.

compatriota *s. m./f.* Persona que tiene la misma patria que otra: *El presidente rindió homenaje a los compatriotas caídos en combate.* SIN. conciudadanos.

compeler *v. tr.* Obligar ‹una persona› [a otra persona] a [hacer una cosa] utilizando la fuerza o la autoridad: *Me compelió **al** pago. Le compelieron **a** vender el coche.* SIN. forzar, conminar.

compendiar *v. tr.* **1** Reducir ‹una persona› [un escrito o un discurso] a lo más esencial: *No puedo compendiar más el discurso, porque quedaría ridículo.* **2** Expresar ‹una cosa› [otra cosa] brevemente: *Esa frase compendia su pensamiento.* SIN. condensar, resumir.

compendio *s. m.* **1** Tratado breve y resumido: *compendio de astronomía, compendio de física, compendio de literatura.* **2** Persona o cosa que reúne lo esencial: *Era un compendio de honestidad. Su vida es un compendio de aventuras.*

compenetración *s. f.* Entendimiento o coincidencia de ideas, gustos o sentimientos entre dos o más personas: *Entre sus padres siempre ha existido una buena compenetración. Trabajamos bien, aunque nuestra compenetración no es perfecta, pero así discutimos las cosas.*

compenetrarse *v. prnl.* **1** Llegar a estar ‹varias personas› muy de acuerdo: *Creo que los dos hermanos se compenetran bien. Es una pareja muy compenetrada.* **2** Introducirse las partículas de ‹una materia› entre las de [otra materia].

compensación *s. f.* **1** Acción y resultado de compensar: *Se dará una compensación entre los impuestos y el gasto público.* SIN. equilibrio. ANT. descompensación. **2** Acción o cosa que tiene la finalidad de recompensar por algo o reparar algún mal: *No espero ninguna compensación por mis desvelos.* SIN. recompensa. **3** DER. Acción por la que cada una de dos personas que tienen deudas recíprocas se considera pagada por el equivalente de lo que debe a la otra: *Tenemos un cierto lío en las cuentas, hemos supuesto una compensación entre cobros y deudas y partimos de cero.* **4** COMERC. Entre bancos u otras entidades financieras, intercambio de cheques, letras de cambio u otros instrumentos de crédito y liquidación periódica de los créditos y débitos recíprocos.

compensar *v. tr.* **1** Hacer desaparecer ‹una cosa› el efecto negativo de [otra cosa]: *Las lluvias de otoño han compensado la sequía del verano.* **2** Hacer o dar ‹una persona› una cosa para reparar el daño causado a [otra persona]: *Los terroristas compensarán a sus víctimas con lo que los tribunales sentencien.* **3** Tener ‹una cosa› valor o utilidad para [una persona]: *Le compensa madrugar. A nosotros no nos compensan esas ventas.*

competencia *s. f.* **1** (no contable) Lucha que existe entre personas o grupos de personas o animales que quieren conseguir el mismo objetivo: *Hay mucha competencia para conseguir ese puesto de trabajo.* **~ desleal** La que se hace de forma deshonesta y con métodos poco limpios. **2** (no contable) Grupo de personas o empresas que se dedican a la misma actividad que otra: *Aunque la competencia abra los domingos, yo no abriré mi tienda. La competencia sabe que yo tengo los precios más bajos.* **3** (no contable) Circunstancia de corresponderle a alguien un trabajo o una actividad: *La seguridad del palacio es competencia de la policía. Ese asunto no es de mi competencia.* **4** Capacidad legal o técnica que alguien tiene para hacer algo: *Todo el mundo conoce la excelente competencia de ese médico. El gobierno central ha concedido todas las competencias de educación a los gobiernos regionales. Tengo competencia para presentar esta demanda en nombre de mi cliente.* **5** ARG., URUG. Competición o confrontación, generalmente deportiva, entre varios rivales.

competente *adj.* **1** Que está obligado por su cargo a hacer u ocuparse de algo: *organismo competente, tribunal competente. Dejamos el asunto en manos de las autoridades competentes.* **2** Que conoce bien o es experto en una técnica o disciplina, o tiene aptitud o habilidades para algo: *Eres un trabajador competente. Lucía es muy competente **en** su especialidad.*

competer *v. intr.* Ser ‹una cosa› competencia de [una persona] o de [un organismo]: *Esto compete **a** nuestra oficina. Eso compete **al** departamento de industria.* SIN. atañer.

competición *s. f.* **1** Prueba deportiva: *La competición de tiro al arco se celebrará en el campo habitual.* **deporte* de ~.** **2** Lucha, enfrentamiento entre dos partes por conseguir una misma cosa: *La competición por los mercados exige mucho esfuerzo. La competición por los puestos de trabajo es muy dura. Ha dicho que no entrará en la competición electoral.*

competidor, ra *adj. / s. m.* y *f.* [Persona] que compite con otra: *No estaba seguro de ganar porque el nivel de sus competidores era muy alto.* SIN. rival, adversario.

competir *v. intr.* **1** Desear ‹varias personas› [la misma cosa] y luchar o esforzarse por conseguirla: *Los novelistas competían* ***por*** *el premio.* **2** Estar ‹varias cosas› en igualdad de condiciones: *Este vino puede competir* ***con*** *cualquier otro. Estas novelas compiten* ***en*** *calidad.* ⇒ **57.**

competitividad *s. f.* **1** (no contable) Capacidad de competir con otros, en especial, en economía y deportes: *Logró mejorar la competitividad de la empresa en los mercados internacionales.* **2** (no contable) Competencia: *Es malo fomentar la competitividad exagerada entre los niños.* SIN. rivalidad.

competitivo, va *adj.* **1** De la competición: *Los planteamientos competitivos deben ser claros.* **2** Que compite o puede competir: *un atleta muy competitivo, mercado competitivo. Tienes un carácter competitivo.*

compilación *s. f.* **1** LIT. Acción y resultado de compilar: *Reunidos los libros, se pasaba a la compilación de datos.* **2** LIT. Obra formada por partes o textos de otros libros o documentos: *La Compilación de Huesca es una colección de leyes del siglo* XII.

compilar *v. tr.* **1** Reunir ‹una persona› [varias obras o partes de una obra] en una sola: *Ha compilado una serie de textos económicos del siglo* XVIII. SIN. recopilar. **2** INFORM. Pasar ‹una persona› [un programa fuente en lenguaje de alto nivel] a código máquina o binario.

compincharse *v. prnl.* Ponerse ‹dos o más personas› de acuerdo para una cosa mala: *Esas estafadoras se han compinchado para engañar a los pequeños comerciantes. Los dos caraduras se compincharon para timar a los viejecitos.*

compinche *s. m. / f.* Compañero de diversiones o delitos: *Detuvieron a su compinche en la aduana. Los dos hermanos son compinches de correrías nocturnas.* SIN. amigote.

complacencia *s. f.* **1** (no contable) Satisfacción producida por algún hecho positivo o por una situación agradable: *Observaste con complacencia tu nueva fábrica. Ramón nos enseñaba las fotos de sus hijos con mucha complacencia.* **2** (no contable) Actitud de permitir algo aunque no sea totalmente correcto: *María tiene demasiadas complacencias con sus compañeros de oficina. Las abuelas suelen tratar con mucha complacencia a los nietos.* SIN. permisividad.

complacer *v. tr.* **1** Proporcionar ‹una persona o una cosa› satisfacción [a una persona]: *Me complace mucho tomar un poco el sol en verano. Me han complacido mucho tus regalos, gracias.* SIN. satisfacer. || *v. prnl.* **2** Tener o encontrar ‹una persona› satisfacción en [una cosa]: *Me complazco* ***en*** *fumar un cigarrito de vez en cuando. Me complazco* ***en*** *cocinar para los amigos algún sábado por la tarde.* ⇒ **5.**

complaciente *adj.* Que tiende a complacer o agradar a los demás: *Siempre has sido muy complaciente* ***con*** *todos.*

complejidad *s. f.* (no contable) Característica de complejo: *Dada la complejidad del problema, habrá que examinarlo detenidamente.*

complejo *adj.* **1** Que está formado por elementos diversos: *una estructura compleja.* **número* ~.** **2** Que es complicado o difícil: *Se le planteó un problema complejo que no supo resolver. La situación política es muy compleja.* || *s. m.* **3** Conjunto de establecimientos o instalaciones situados en un mismo sitio: *un complejo industrial, un complejo hotelero, un complejo turístico.* **4** PSICOL. Conjunto de ideas, imaginaciones y tendencias inconscientes que configuran la personalidad de una persona: *Entre los complejos más famosos en psiquiatría está el de Edipo.* **5** Trauma o impresión emocional fuerte que tiene una persona ante otra persona o ante una cosa: *Me da complejo ir con pantalones vaqueros. Tengo complejo de gordo. Carlos no quiere salir con nosotros porque le da complejo bailar mal en la discoteca.* **6** Preparado, compuesto de varias cosas: *un complejo de vitaminas. Mi madre me prepara unos complejos de frutas estupendos para merendar.*

complementariedad *s. f.* (no contable) Carácter complementario de una cosa.

complementario, ria *adj.* Que sirve de complemento a alguna cosa: *Gracias, esta bibliografía nos servirá de ayuda complementaria.* **ángulo* ~.**

complemento *s. m.* **1** Cosa, cualidad o circunstancia que se añade a una persona o a una cosa para hacerla mejor: *Una dieta equilibrada es el complemento ideal del deportista. Yo creo que Pepita es tu complemento ideal. Al salón le faltan unas cortinas y otros complementos. Han inaugurado un comercio de complementos de caballero y tienen unos cinturones preciosos.* **2** GRAM. Función que desempeña un término con respecto a otro que se considera nuclear. **~ agente** En español, complemento de las oraciones pasivas precedido de la preposición *por*, que funciona como sujeto en las oraciones activas. **~ circunstancial** Complemento verbal que completa el sentido del verbo indicando una circunstancia. **~ directo** Complemento verbal que completa el significado del verbo indicando el objeto de la acción verbal. SIN. objeto directo. **~ indirecto** Complemento verbal que completa el significado del verbo indicando quién o qué es el beneficiario de la acción verbal. SIN. objeto indirecto. **3** URUG. Segundo tiempo de un partido de fútbol.

completamente *adv. cant.* Totalmente, absolutamente, del todo: *completamente borracho, completamente lleno. Estoy completamente seguro.*

completar *v. tr.* Hacer ‹una persona o una cosa› completa [una cosa]: *Después de muchos años ha completado la novela prometida. Ya he completado mi colección de fotos de coches antiguos.* SIN. acabar.

completiva *adj. / s. f.* **1** GRAM. [Oración, proposición] que cumple la función de un sustantivo. || *adj.* **2** GRAM. [Conjunción] que introduce una oración o proposición completiva.

completo, ta *adj.* **1** (estar) Que tiene todas las partes que lo componen: *La colección está completa.* **2** (antepuesto / pospuesto) Que es total en todos sus aspectos: *La fiesta ha sido un completo fracaso. La victoria ha sido completa.* SIN. rotundo. **3** (antepuesto / pospuesto) Que tiene todos los requisitos necesarios para ser perfecto: *Eres un completo caballero. Es un cantante muy completo.* **4** (estar) Que está lleno: *El autobús está completo.* || *s. m.* **5** CHILE; COLOQUIAL. Perrito caliente. **6** COL., P. RICO; COLOQUIAL. Resto de una deuda. **7** COL.; COLOQUIAL. Parte de un todo. **8 pensión* completa.** FR. Y LOC. **al ~** 1 Con todas sus partes o elementos: *Viene toda la familia al completo.* 2 Lleno: *El hotel estaba al completo.* **por ~** Completamente, totalmente: *Llegó manchado por completo.*

complexión *s. f.* FISIOL. Constitución física de una persona o animal: *un hombre de complexión fuerte, complexión débil, complexión atlética, complexión fina, complexión gruesa.*

complicación *s. f.* **1** Cualidad de lo que es difícil de comprender o resolver, generalmente por tener elementos o aspectos diversos: *Hay que ordenar los ejercicios de menor a mayor complicación.* SIN. complejidad. **2** Circunstancia que hace más difícil una cosa o estorba en una situación o en la realización de algo: *La llegada del hijo suponía una complicación.* SIN. contratiempo. **3** MED. Fenómeno patológico que sobreviene inesperadamente en una enfermedad y la agrava o alarga: *Podrían presentarse complicaciones.*

complicado, da *adj.* **1** (antepuesto / pospuesto) Que es difícil de entender o de tratar: *Es un problema muy complicado. Marta tiene un carácter complicado. Hablaron sobre la complicada situación que atravesaba la empresa.* **2** (antepuesto / pospuesto) Compuesto de muchas piezas: *Es un mecanismo complicado. El complicado dispositivo se averió.*

complicar *v. tr.* **1** Hacer ‹una persona o una cosa› más difícil [una cosa]: *Tus lágrimas complican la despedida. Su tozudez complica una solución simple.* SIN. dificultar. || *v. tr. / prnl.* **2** Mezclar ‹una persona› [a otra persona] en [un asunto]: *Me han complicado **en** el asunto. **Se** complicó **en** la estafa.* || *v. prnl.* **3** Hacerse ‹una cosa› más difícil: *En esta vida todo se complica.* FR. Y LOC. **~ la vida*.** ⇒ **71.**

cómplice *s. m. / f.* **1** Persona que participa indirectamente en un delito cometido por otra persona: *ser cómplice de robo, ser cómplice de un asesinato.* **2** Persona que, junto con otras, comete un delito: *El atracador y sus cómplices escaparon en un coche robado.* SIN. partícipe, coautor. || *adj.* **3** Que tiene o encierra complicidad: *sonrisa cómplice. Los silencios cómplices son también culpables.*

complicidad *s. f.* (no contable) Colaboración o participación para cometer un delito en unión de otras personas: *Aunque él no había robado nada, lo acusaron de complicidad.*

complot *s. m.* Conspiración secreta contra alguna cosa o personas: *Han detenido a los del complot contra el presidente.*

componenda *s. f.* Arreglo o pacto inmoral o injusto: *Se han organizado todo tipo de componendas en ese sitio. Negociaremos públicamente, no admitiremos las componendas.*

componente *adj. / s. m.* y *f.* Que forma parte de la composición de alguna cosa: *La pólvora es el componente de los cohetes. Saludé a los componentes del equipo.*

componer *v. tr.* **1** Formar ‹una persona› [una cosa] juntando varias cosas: *Me gusta componer muñecos con palillos.* **2** Formar ‹varias personas o varias cosas› [una cosa]: *Componen un buen equipo.* **3** Añadir ‹una persona› ciertas sustancias a [la comida] o a [la bebida] para darle mejor sabor: *¿Has compuesto ya la ensalada?* **4** Poner ‹una cosa› [otra cosa] en buen estado: *Esta crema sirve para componer los baños.* **5** Preparar ‹una persona› [un texto] para que pueda imprimirse: *Me dicen que ya han compuesto tu trabajo.* **6** Arreglar ‹una persona› [una cosa desordenada, rota o estropeada]: *El zapatero te compondrá mañana los zapatos.* || *v. tr. / intr.* **7** Producir ‹una persona› [una obra literaria o musical]: *Mi profesor compone.* || *v. tr. / prnl.* **8** Arreglar ‹una persona› [a otra persona o una cosa]: *Paco **se** compuso para ir al baile.* || *v. prnl.* **9** Estar ‹una cosa› formada por [otras cosas]: *Se compone **de** bueno y malo.* FR. Y LOC. **componérselas** Obrar ‹una persona› hábilmente: *No te preocupes por él, sabe componérselas.* ⇒ **60.**

comportamiento *s. m.* Manera de actuar o portarse una persona: *Le redujeron la condena por buen comportamiento.* SIN. conducta.

comportar *v. tr.* **1** Llevar ‹una cosa› [otra cosa] consigo: *Estos rumores comportan que ha comprado algo más.* SIN. implicar. || *v. prnl.* **2** Obrar ‹una persona›: *Carmen suele comportarse bien. Nosotros nos comportaremos como si no supiéramos nada.*

composición *s. f.* **1** Acción o efecto de componer: *la composición de una frase, la composición de un ramo.* **2** Obra literaria, científica o musical: *Escucha esta composición de Mozart.* **3** Escrito en el que el alumno desarrolla un tema: *Escribe una composición sobre la contaminación.* **4** MÚS. Arte y técnica de la creación de obras musicales: *Estoy trabajando en una composición para piano.* **5** ARTE. Arte de agrupar los elementos de una obra escultórica, fotográfica o pictórica. **6** GRAM. Procedimiento de formación de nuevas palabras a partir de la unión de dos o más elementos léxicos capaces de funcionar autónomamente en la lengua: *«Guardiacivil» es una palabra creada por composición.* **7** Conjunto de elementos que forman una sustancia: *la composición de un medicamento.* **8** ART. GRÁF. Texto dispuesto para la impresión: *Imprime la composición de la primera página.* || **9 ~ de lugar** Examen detenido de todas las circunstancias de un asunto: *La policía está haciendo una composición de lugar para intentar recomponer los hechos.*

compositor, ra *s. m. / f.* **1** Persona que compone obras musicales. **2** ARG., URUG.; RESTRINGIDO en Argentina. Persona que prepara un caballo para la carrera o un gallo para la pelea. **3** ARG., CHILE; RESTRINGIDO. Persona que compone huesos dislocados y cura fracturas. || *s. m.* **4** CUBA. Bordillo de la acera. **5** CHILE, PERÚ. Serie de cerros. **6** CUBA. Aguardiente.

compostelano, na *adj. / s. m.* y *f.* De Santiago de Compostela, ciudad gallega.

compostura *s. f.* **1** Acción y resultado de componer, reparar, ordenar o adornar: *la compostura de una falda descosida.* **taller* de ~.** **2** Arreglo del aspecto de una persona o de una cosa: *Mi vecina es una viejecita que cuida mucho su compostura.* **3** Comedimiento, buenos modales en la manera de comportarse: *guardar la compostura.*

compota *s. f.* Puré espeso de frutas cocidas con azúcar y otros ingredientes dulces: *Me gusta mucho de postre la compota de manzana.*

compra *s. f.* **1** Acción y resultado de comprar: *La compra de esta casa fue un buen negocio. Le gusta ir de compras.* ANT. venta. **2** Cualquier objeto comprado: *Ven a ver las compras que he hecho.* **3** Acción de comprar alimentos y demás cosas para el consumo de la casa y esas mismas cosas compradas: *el carrito de la compra, hacer la compra, ir a la compra.* **bolsa* de la ~. cesta* de la ~.**

comprador, ra *adj. / s. m.* y *f.* **1** [Persona] que compra alguna cosa: *Los compradores son cada vez más exigentes.* **parte* compradora.** || *adj.* **2** ARG., URUG.; COLOQUIAL. Que es simpático y amable.

comprar *v. tr.* **1** Adquirir ‹una persona› [una cosa] con dinero: *Hemos comprado un coche nuevo.* **2** Dar ‹una persona› dinero o regalos [a una persona] para que obre indebidamente: *Se rumorea que han comprado a los funcionarios de aduanas.* SIN. sobornar. ‖ *v. prnl.* **3** ARG., URUG.; COLOQUIAL. Ganarse ‹una persona› con su simpatía a otras personas. FR. Y LOC. **el que no te conozca* que te compre.**

compraventa *s. f.* **1** (no contable) Acción y resultado de comprar y vender: *Clara se dedica a la compraventa de pisos. La compraventa de coches ha bajado este año. La compraventa de antigüedades es un negocio consolidado.* **contrato* de ~. 2** COL. Casa de empeños.

comprender *v. tr.* **1** Tener ‹una cosa› [otra cosa] en su interior o formando parte de ella: *Nuestro grupo comprende diferentes empresas. El departamento comprende dos agrupaciones autónomas.* SIN. abarcar. **2** Llegar ‹una persona› al conocimiento de [una cosa]: *No me resulta difícil comprender lo que han explicado hoy.* SIN. entender. **3** Entender ‹una persona› [los actos, los sentimientos o las opiniones de otra]: *Te comprendo. Comprendo tus preocupaciones.* ‖ *v. prnl.* **4** Llevarse ‹varias personas› bien: *Nos comprendemos perfectamente.* SIN. avenirse.

comprensible *adj.* (antepuesto / pospuesto) Que se puede comprender o explicar: *Nos dio, por fin, una explicación comprensible de lo sucedido. Este concepto no es comprensible para mí. Yo creo que se trata de un comprensible enfado, dada la situación.* ANT. incomprensible.

comprensión (diferente de *compresión*) *s. f.* **1** (no contable) Acción de comprender: *La comprensión de este fenómeno es reciente.* **2** (no contable) Capacidad para entender las cosas: *Tengo algunos problemas de comprensión para entender bien las matemáticas.* SIN. entendimiento. **~ auditiva. ~ de lectura. 3** (no contable) Actitud comprensiva o tolerante: *El sargento mostró mucha comprensión con el problema del soldado.* ANT. incomprensión. **4** (no contable) LÓG. Conjunto de cualidades que constituyen un concepto: *«Ser vivo» contiene el concepto «hombre» por comprensión.*

comprensivo, va *adj.* Que comprende o puede comprender: *una actitud comprensiva, una persona comprensiva. Hay que ser más comprensivo con las amistades.*

compresa *s. f.* **1** Gasa o tela esterilizadas que se usa en cirugía para cortar hemorragias. **2** Tira de celulosa o de otra materia similar que usan las mujeres para absorber el flujo mensual.

compresible *adj.* Que se puede comprimir o reducir a menor volumen.

compresión (diferente de *comprensión*) *s. f.* **1** Acción y resultado de comprimir: *Son unas medidas de compresión decreciente.* SIN. presión. **2** FÍS. Acción mecánica que reduce un cuerpo a un volumen menor y estado resultante de esa acción. FR. Y LOC. **bomba* de ~.**

compresor, ra *adj. / s. m.* **1** Que comprime o sirve para comprimir: *un vendaje compresor, una máquina compresora.* ‖ *s. m.* **2** FÍS. Aparato para comprimir líquidos y gases. ‖ **3 turbina* ~.**

comprimido *s. m.* FARM. Medicamento en forma de pastilla o píldora: *El médico le recetó un antibiótico en comprimidos.*

comprimir *v. tr.* **1** Reducir ‹una persona o una cosa› el volumen de [una cosa]: *El saco de dormir se puede doblar mejor si lo comprimes extendido en el suelo.* ‖ *v. prnl.* **2** Reducirse el volumen de ‹una cosa›. **3** Pasar ‹varias personas o varias cosas› a ocupar menos espacio: *Las tres personas que estaban en el banco se comprimieron para que pudiera sentarse otra señora.*

comprobación *s. f.* Acción y resultado de comprobar algo: *Realizó una comprobación de los frenos antes de salir de viaje. Hechas las comprobaciones necesarias le autorizaron a empezar las obras.*

comprobante *s. m.* Recibo que se entrega al hacer un pago, cobro, compra: *Guarde el comprobante de compra por si tiene que hacer alguna reclamación. Con este comprobante viene a recoger el traje de la tintorería. Este recibo le sirve de comprobante del certificado.*

comprobar *v. tr.* **1** Buscar ‹una persona› la veracidad o la exactitud de [una cosa]: *Tengo que comprobar los frenos antes del viaje, porque me los arreglaron ayer. He comprobado las operaciones y están correctas. ¿Puedes llamarme para comprobar que va bien el teléfono?* **2** Buscar u obtener ‹una persona› la confirmación de [una cosa]: *He comprobado que ayer no estaba en casa. No he comprobado todavía el horario de los trenes.* **3** Dar ‹una cosa› certeza a [un conocimiento anterior o a una suposición]: *Esta mentira comprueba que era cierto lo que yo decía.* ⇒ **28.**

comprobatorio, ria *adj.* Que comprueba o sirve para comprobar: *documento comprobatorio, investigaciones comprobatorias.*

comprometedor, ra *adj.* Que compromete: *Son pruebas comprometedoras. Es una situación comprometedora.*

comprometer *v. tr. / prnl.* **1** Descubrir ‹una persona› la responsabilidad de [otra persona] en un asunto perjudicial: ***Me*** *comprometí al declarar.* **2** Obligar ‹una persona o una cosa› [a una persona] a [hacer una cosa]: ***Me*** *comprometo* ***a*** *pagar.* ‖ *v. tr.* **3** Llegar ‹una persona› a un acuerdo [con otra persona] para la compra, venta o arrendamiento de [una cosa]: *Comprometí* ***con*** *él la compra del apartamento.* **4** Poner ‹una persona o una cosa› [a otra persona] en peligro. ‖ *v. prnl.* **5** Dar ‹una persona› palabra de matrimonio a [otra persona]: *Pedro se ha comprometido* ***con*** *Eva. Se han comprometido para el verano.* SIN. prometerse. **6** Tomar ‹una persona› partido por [una cosa] y actuar consecuentemente: *comprometerse* ***en*** *la defensa de la infancia. Estás comprometido* ***en*** *la lucha por la igualdad racial.*

comprometido, da *adj.* (antepuesto / pospuesto) Que es peligroso, difícil, o delicado: Esa es *una respuesta comprometida. Hizo una pregunta comprometida. Vivieron una comprometida situación.*

compromisario, ria *adj. / s. m.* y *f.* **1** [Persona] que ha sido elegida como representante para que resuelva algunos asuntos: *Los compromisarios de los países en conflicto se reunirán en Ginebra.* **2** Representante de los electores en elecciones primarias: *Los socios eligieron a los compromisarios para la elección de presidente del club. Los compromisarios del sindicato se reunirán el próximo domingo para elegir a los vocales de la presidencia nacional.*

compromiso *s. m.* **1** Acuerdo, promesa que obliga a una persona a realizar una cosa: *Tiene que cumplir su compromiso. Tengo el compromiso de terminar este trabajo antes del lunes. Si no tienes ningún compromiso podemos vernos el martes.* **2** Dificultad, apuro: *Si me preguntas esas cosas en público me pones en un compromiso. Me vi en el compromiso de decir que no quería verlos más en mi casa.* **3** Acto por el que los novios se prometen en matrimonio: *Inés y Lucas han anunciado su compromiso (matrimonial). Regalé a mi novia un anillo de compromiso.* **4** Decisión por la que una persona toma partido en una situación política o ideológica: *Sé coherente con tu compromiso político o social.* **5** PERÚ; EUFEMISMO. Concubinato.

comprueba *s. f.* Prueba de imprenta ya corregida para verificar si se han hecho las correcciones indicadas.

compuerta *s. f.* **1** Plancha fuerte que se desliza verticalmente para cortar o graduar el paso del agua: *las compuertas de presas y canales, subir las compuertas, bajar las compuertas.* **2** RESTRINGIDO. Media puerta que cierra sólo la parte inferior de la entrada principal de algunas casas.

compuesto, ta *adj.* **1** Que está formado por varias partes. **cuerpo* ~. número* ~. ojo* ~. palabra* compuesta.** **2** [Tiempo del verbo] que se conjuga con el participio pasado precedido de un auxiliar: *«He comido» es un tiempo compuesto del verbo «comer».* **3** [Oración] que tiene más de un predicado. **4** BOT. [Planta] que se caracteriza por tener sus flores reunidas en un tronco común de tal manera que parece una única flor más grande. || *s. f.* **5** (en plural) BOT. Familia de estas plantas. || *s. m.* **6** Mezcla de varias cosas que componen un todo: *compuesto orgánico. Esta crema es un compuesto de aceites y otras sustancias naturales.* **7** Material estructural formado de combinaciones de aleaciones metálicas o plásticas, normalmente con la adición de agentes que aumentan su resistencia mecánica. **8** QUÍM. Sustancia cuyas moléculas constan de átomos diferentes y cuyos constituyentes no pueden separarse por medios físicos. *Los compuestos son frecuentes en la naturaleza.* || *p.* **9** Participio irregular de *componer.* FR. Y LOC. **quedarse ~ y sin novia** o **quedarse compuesta y sin novio** 1 COLOQUIAL. Perder ‹una persona› al novio cuando ya estaba lista para el matrimonio. 2 COLOQUIAL. No lograr ‹una persona› una cosa después de haber hecho todos los preparativos para ello.

compulsa *s. f.* **1** Acción y resultado de compulsar: *Exigen la compulsa del certificado de estudios.* SIN. compulsación. **2** Documento oficial que acredita que otro documento ha sido compulsado: *He grapado el certificado con la compulsa que me han hecho en secretaría.*

compulsación *s. f.* (no contable) Acción y resultado de compulsar un documento: *Un empleado de secretaría se encarga de la compulsación de documentos.*

compulsar *v. tr.* Certificar ‹una persona oficial› que [una copia de un documento] coincide con el original: *Tenemos que compulsar todas las fotocopias que presentemos.*

compulsión *s. f.* **1** PSICOL. Tendencia obsesiva a la repetición de determinadas acciones: *Este chico está muy mal, se porta según la compulsión que lo domine.* **2** DER. Obligación de hacer algo, por mandato de una autoridad legal.

compulsivo, va *adj.* Que obliga o puede obligar: *un gesto compulsivo. Su actividad deportiva es compulsiva, no disfruta con ella.*

compunción *s. f.* **1** RESTRINGIDO. Dolor por haber cometido un pecado: *Mi tía es muy beata y siempre está llena de compunción por sus pecados.* **2** RESTRINGIDO. Sentimiento producido por el dolor ajeno: *La compunción por lo que pasa en el mundo nos debería alcanzar a todos.*

compungido, da *adj.* (estar) Que está muy triste: *Tu hijo estaba muy compungido cuando lo castigaste.*

compungir *v. tr. / prnl.* Entristecer mucho ‹una persona o una cosa› [a una persona] por [un pecado propio o un dolor ajeno]: ***Se** han compungido mucho con la noticia del accidente ferroviario. El dolor de los niños sin hogar nos compunge a todos.*

computación *s. f.* Cómputo.

computador *s. m.* INFORM. Ordenador, máquina que trata la información o que realiza procesos lógicos y matemáticos con gran rapidez: *memoria de un computador, teclado del computador.* **~ analógico. ~ digital. ~ electrónico.**

computadora *s. f.* Computador.

computadorización *s. f.* Computerización.

computadorizar *v. tr.* Computerizar. ⇒ **19.**

computar *v. tr.* **1** Medir o calcular ‹una persona› [una magnitud] con [ciertas unidades o medidas]: *Computamos el tiempo **en** años, meses, días. Todavía no hemos computado el coste de la operación **en** pesetas actuales.* **2** Considerar ‹una persona› [una cosa] equivalente a [otra cosa]: *Computaron cada acierto **por** diez puntos. Me han computado todos los años de servicio para la jubilación. Me computan los meses en el extranjero **como** meses de servicio.* **3** PERÚ; JERGAL. Comprender ‹una persona› [una cosa].

computarización *s. f.* Computerización.

computarizar *v. tr.* Computerizar. ⇒ **19.**

computerización *s. f.* Tratamiento de un conjunto de datos por un ordenador: *Para una gran masa de datos hay que acudir a la computerización.*

computerizar o **computarizar** *v. tr.* Tratar ‹una persona› [una información] con una computadora: *Hasta que no computericemos todos los datos no podemos sacar conclusiones estadísticas fiables. De momento estamos reuniendo los datos en una base, después los pensamos computerizar.* SIN. computadorizar. ⇒ **19.**

cómputo *s. m.* **1** ELEVADO. Cuenta o cálculo: *el cómputo silábico, el cómputo del tiempo, el cómputo de votos en una elección.* || **2 ~ eclesiástico** Cálculo con el que la Iglesia católica determina la fecha de las fiestas movibles, como la Pascua de Resurrección.

comulgar *v. intr.* **1** REL. Tomar ‹una persona cristiana› la comunión: *Ana comulga los domingos.* **2** Tener ‹varias personas› [las mismas ideas]: *Comulgamos todos **con** los mismos principios. No puedo comulgar **con** todo lo que dices, lo siento.* FR. Y LOC. **~ con ruedas* de molino.** ⇒ **56.**

comulgatorio *s. m.* En las iglesias católicas, barandilla delante de la cual se arrodillan o se ponen de pie los que van a comulgar.

común *adj.* **1** Que pertenece a varios: *Es una zona de juegos común. La piscina es común **a** toda la urbanización. El terreno es común **de** todos los vecinos.* **fosa* ~.** **2** Que pertenece a todas las personas o cosas de la misma clase: *Es una característica común **a** todos los pájaros.* **3** Que es abundante o sucede con frecuencia: *Las peleas son comunes en este local. La gripe es una enfermedad muy común.* **4** Que no tiene ninguna característica especial, ordinario: *un vino común.* || *s. m.* **5** Población de una provincia, ciudad y, particularmente, de un municipio: *bienes del común.* **6** Generalidad de las personas: *Para el común de las gentes la medida fue positiva.* || **7 buitre* ~. 8 ~ divisor*. 9 denominador* ~. 10 lugar* ~. 11 máximo ~ divisor*. 12 mínimo**

~ múltiplo*. 13 nombre* ~. 14 pino* ~ / silvestre. 15 sal* ~. 16 sentido* ~. FR. Y LOC. **en ~** 1 Juntamente con otros: *Tienen una piscina en común. Hemos puesto dinero para hacer un regalo en común.* 2 Que es una cualidad o característica compartida por varios: *Tienen en común su interés por el deporte. Son dos formas de pensar totalmente diferentes: no tienen nada en común.* **de sentido* ~. hacer causa* ~. por lo ~** Corrientemente, frecuentemente: *Las gentes del norte son, por lo común, resistentes al frío.*

comuna *s. f.* **1** Conjunto de personas que viven en comunidad económica, a veces sexual, al margen de la sociedad: *Son muy conocidas las comunas hippies.* **2** Unidad de organización económica y administrativa en la propiedad colectiva. **3** AMÉR. Municipio, ayuntamiento. **4** AMÉR. Sede donde tiene su asiento el gobierno de una comuna.

comunal *adj.* Del municipio: *tierras comunales.*

comunero, ra *adj. / s. m.* y *f.* **1** HIST. De las comunidades de Castilla, movimiento de protesta contra el rey Carlos I: *movimiento comunero, rebelión comunera.* **2** PERÚ. Miembro de una comunidad campesina.

comunicación *s. f.* **1** Acción y resultado de comunicar o comunicarse. **2** Aviso o escrito en que se comunica alguna cosa: *Recibió una comunicación del ayuntamiento.* SIN. notificación. **3** Escrito sobre un tema concreto que el autor presenta a un congreso o reunión de especialistas para su conocimiento y discusión: *El director del hospital presentó una comunicación sobre cardiopatías.* **4** Cada uno de los medios de unión entre ciertas cosas, como mares, territorios o habitaciones: *Hay una comunicación entre los dos lagos.* **5** (en plural) Medios gracias a los que pueden comunicarse las personas, como el correo, las carreteras o los transportes: *La nieve cortó las comunicaciones.* **palacio* de comunicaciones. vías de ~.** || **6 bus* de comunicaciones. 7 ~ de masas** Comunicación que se realiza por los medios que transmiten información a grupos sociales muy numerosos y diversos. **8 medios* de difusión / ~.**

comunicado, da *adj.* **1** [Zona, lugar] que tiene medios de comunicación que le facilitan el contacto con otros sitios: *Ese barrio está bien comunicado.* **bien / mal ~.** || *s. m.* **2** Nota o escrito que se publica o difunde para conocimiento público: *En un comunicado hecho público esta mañana se anuncia la bajada de los tipos de interés hipotecario.*

comunicador, ra *adj. / s. m.* y *f.* [Persona] que tiene capacidad de establecer un contacto con los receptores de los medios de comunicación: *Es buena comunicadora. Escribe bien, pero es mal comunicador. Es un político mediano, pero buen comunicador.*

comunicante *adj.* **1** Que comunica alguna información. **2** [Lugares, cosas] que están comunicados. **vasos* comunicantes.**

comunicar *v. tr.* **1** Hacer saber ‹una persona› [una cosa] a [otra persona]: *El municipio nos ha comunicado la subida de impuestos. Me comunicaron la noticia de la muerte de mi padre.* **2** Unir ‹una persona o una cosa› [un lugar o un recinto] con [otro]: *Comunicó la sala **con** el dormitorio.* **3** Transmitir ‹una cosa› [fuerza o movimiento] a [otra cosa]: *La turbina comunica fuerza suficiente al barco para moverse, le comunica un impulso tremendo.* || *v. tr. / prnl.* **4** Transmitir ‹una persona› información por códigos: *El radiotelegrafista pudo comunicar en morse las coordenadas donde se encontraban antes de abandonar el barco. **Se** comunican muy bien por señas.* || *v. tr. / intr.* **5** Transmitir ‹una persona› [un sentimiento, una costumbre o una enfermedad] a [otra persona]: *Sabe comunicar **con** la gente.* || *v. intr.* **6** Dar ‹un teléfono› la señal de línea ocupada, al marcar un número: *Te he llamado varias veces estos días, pero siempre comunicaba tu teléfono.* || *v. intr. / prnl.* **7** Estar ‹un lugar o un recinto› unido a [otro]: *Esta casa (**se**) comunica **con** la tuya.* **8** Tomar ‹una persona› contacto con [otra persona]: ***Me** he comunicado **con** la familia. Como no me escriba voy a tener que comunicar**me con** él por satélite.* || *v. prnl.* **9** Pasar ‹una cosa› de una persona o una cosa [a otra persona o cosa]: *El incendio de la fábrica de tejidos se comunicó **a** las demás naves del complejo industrial.* ⇒ **71.**

comunicativo, va *adj.* (ser / estar) Que expresa sus sentimientos y pensamientos con facilidad: *Hoy está más comunicativo de lo normal. Es muy comunicativo y encuentra amigos en seguida.* SIN. abierto.

comunicología *s. f.* Ciencia que trata del conjunto de artes y técnicas relacionadas con la transmisión de información y la comunicación entre personas y grupos humanos.

comunicólogo, ga *s. m. / f.* Estudioso de los medios de comunicación y de su influencia sobre la sociedad: *Un grupo de comunicólogos ha publicado un estudio sobre la influencia de la televisión en los niños.*

comunidad *s. f.* **1** Agrupación de personas con intereses o fines comunes: *comunidad de vecinos, comunidad de propietarios, comunidades religiosas.* **~ de base** Comunidad de católicos que tratan de llevar una vida de acuerdo con el modelo de los primeros cristianos y que a veces mantienen una cierta independencia de la jerarquía eclesiástica oficial. **2** Forma de vida en común: *Esos chicos optaron por vivir en comunidad.* **~ de bienes** Régimen económico de ciertas instituciones en el que cada miembro aporta a la misma lo que posee y obtiene de su trabajo. **3** División administrativa o territorial con instituciones comunes. **~ autónoma** Autonomía: *Castilla-La Mancha, Castilla y León, Cataluña y Aragón son algunas de las comunidades autónomas españolas.* **4** Asociación u organismo internacional: *Comunidad Económica Europea.* **5** Cualidad de común o compartida por varios: *Hay una comunidad de intereses en los países de la zona.*

comunión *s. f.* **1** Unión o contacto: *la comunión de los seres vivos con la Naturaleza.* **2** Participación en lo común: *comunión de ideales, comunión espiritual, comunión de bienes económicos.* **~ de la Iglesia** o **~ de los Santos** REL. Entre los cristianos, la participación de los fieles en los bienes espirituales como miembros de un mismo cuerpo. **3** Entre los cristianos, sacramento de la Eucaristía y acto en el que se da o recibe este sacramento: *El sacerdote dio la comunión a los fieles.* **primera ~. 4** ELEVADO. Conjunto de personas que comparten las mismas ideas religiosas o políticas.

comunismo *s. m.* (no contable) Ideología y sistema político y económico inspirados en el marxismo, que propone la organización social basada en la abolición de la propiedad privada, y en la que los medios de producción son propiedad común.

comunista *adj.* **1** Del comunismo: *teoría comunista.* || *adj. / s. m.* y *f.* **2** Persona que es partidaria del comunismo: *emisoras comunistas, publicaciones comunistas.*

comunitariamente *adv. modo* De forma comunitaria.

comunitario, ria *adj.* De la comunidad: *relaciones comunitarias, trabajo comunitario.*

comúnmente *adv. tiempo* La mayoría de las veces, corrientemente: *Comúnmente, conduce ella.* OBSERVACIONES: La generalización puede indirectamente aludir a la gente en general, al pueblo: *Estos productos no son nocivos, como comúnmente se cree, sino muy beneficiosos.*

con *prep.* **1** Introduce el objeto, instrumento, material o cualquier otra cosa que se emplea para hacer algo: *Rompí el cristal con una piedra. Rocía la carne con sal.* **2** Indica la relación entre distintas personas o grupos. **2₁** De compañía: Que dos o más personas están juntas o hacen algo juntas: *Pasé las vacaciones con mi familia.* OBSERVACIONES: A la idea de compañía puede superponerse la de dirección: *Ve con tu padre.* **2₂** De acuerdo, colaboración o participación: *Nuestro país tiene un tratado de colaboración con Hispanoamérica. Nunca me casaría con un hombre como tú.* **2₃** De lucha, enfrentamiento o competencia entre ellos: *Siento haber discutido con tu hermano.* OBSERVACIONES: Hablando de competiciones: A diferencia de *con, contra* resalta el carácter de enfrentamiento y oposición: *jugar con tu equipo, jugar contra tu equipo.* **2₄** Con verbos de pensamiento, indica coincidencia u opinión común: *Opino con tus amigos que debemos regresar antes que sea de noche.* **3** Indica unión o adición: *Suma la primera cantidad con la segunda. No juntes la ropa blanca con la de color.* SIN. a. **4** Indica el modo o manera de realizar una acción o de producirse un hecho: *Leías con voz tranquila. Llovía con fuerza.* **4₁** Indica el estado o situación en que alguien o algo se encuentra: *Escuché las noticias con resignación. El coche apareció con los cristales pintados.* **4₂** Introduce el medio de transporte: *Vine con coche.* SIN. en. **5** Indica una característica: *un hombre con barba, una jarra con dos asas, una mujer con muy mal humor.* **6** Indica lo que tiene o lleva una persona: *Regresaste de América con mucho dinero.* ANT. sin. **7** Indica el contenido de una cosa: *un estuche con todo tipo de maquillaje, una tarta con fresas.* ANT. sin. **8** Con verbos como *chocar, golpear, rozar,* etc., indica contacto más o menos violento: *chocar con un árbol.* **9** Indica la causa por la que se produce algo: *La madera se contrae con el calor. Eva se apenó con las noticias. Carlos se despertó con el ruido de la calle.* **9₁** En oraciones pasivas, introduce aquello que actúa como agente o causa: *Estaba cansado con todos los problemas de la última semana. Estoy preocupado con la familia.* SIN. por, de. **10₁** Con verbos que significan 'estar o ponerse de acuerdo o en desacuerdo', introduce la persona con la que se está de acuerdo o en desacuerdo: *Estoy de acuerdo con vosotros en que es mejor así.* **10₂** Con ciertas expresiones de conformidad o disconformidad, puede indicar la materia o idea en que se está de acuerdo o en desacuerdo, siempre que ésta se concrete en una propuesta de acción y no en un mero juicio: *No están conformes con actuar tan pronto.* **10₃** Con verbos como *contentarse* o *conformarse* y con amalgamas equivalentes, como *darse por satisfecho,* introduce una circunstancia, no necesariamente hipotética, para que se dé la conformidad: *Con que estudies un poco más me conformo. Me contentaré con que me respeten. Con eso no me conformaría. Me doy por satisfecho con que hayan venido a verme. Me conformo con haber podido verlo al fin.* OBSERVACIONES: Va seguido de infinitivo o subjuntivo dependiendo de los sujetos de los verbos. **11₁** Indica el asunto con el que está relacionado algo: *Empezaron la reunión con el balance de cuentas. Estuvimos muy afortunados con el tiempo. No tiene suerte con los coches que compra.* **11₂** Con algunos verbos intransitivos, como *ayudar,* introduce el objeto o actividad a la que se refiere la acción: *Ayúdame con las maletas. ¿Me ayudarás con la redacción?* OBSERVACIONES: Es un anglicismo. **12** Indica el intermediario o persona a través de la que se realiza una acción: *Enviaron el paquete con un mensajero.* **13** Equivalente a 'junto con': *El señor López con sus acompañantes se alojará en la tercera planta.* **14** Indica simultaneidad: *Iba con la policía pisándome los talones.* **15** Con verbos que indican comienzo o final. **15₁** Introduce el hecho con el que se inicia o acaba algo: *El congreso comenzó con un vino de honor.* **15₂** Indica simultaneidad temporal: *Con la caída del imperio se acabaron los privilegios de la nobleza.* **16** Resalta la importancia y la relación de favorabilidad que algo tiene para con lo que se está diciendo: *Tú, con tu juventud, puedes llegar lejos.* **17** Indica el resultado o consecuencia: *La crisis terminó con su dimisión. La película se proyectó con gran éxito.* **18** Como empleado o cliente de: *Trabajo con una empresa de alimentación desde hace dos meses.* **19** Referido a impuestos o tasas, equivale a «incluido»: *El total de la factura con el IVA es de 12.550 pesetas.* **20** A pesar de, aunque: *Con lo guapo que es, mi hermano no consigue encontrar novia. No conseguí aprobar, con todo lo que había estudiado.* OBSERVACIONES: Tiene valor concesivo. **21₁** *con* + infinitivo, *con (solo) que* + verbo: Indica el medio o condición suficientes para que se realice algo: *Con que hagas un poco de deporte te sentirás mejor. Con que le des un par de golpes bastará.* OBSERVACIONES: La adición de *sólo* intercalado destaca que el medio es único y da a entender que es un medio poco difícil de aplicar o que es poca cosa comparado con el resultado derivado de su aplicación. **21₂** El medio suficiente puede aparecer desechado: *Con rezar no conseguirás nada.* **22** Introduce una queja que presenta como injusto o lamentable cierto hecho que se ha mencionado antes o que se da por conocido: *¡Con lo que yo te he ayudado, y ahora me traicionas!* **23** Introduce los nombres de las personas que intervienen en una película o programa: *A continuación les ofrecemos las noticias, con Cristina Piqueras y Pedro Campo.* **24** Con verbos que comparan o relacionan dos elementos, introduce el segundo término de la comparación o relación: *Compararemos con los precios de la otra tienda. No confundas tu ropa con la mía.* **25** Seguida de sustantivos como *propósito, objetivo,* etc., introduce la finalidad de la acción: *Vinimos con la intención de verte.* **26** Con adjetivos calificativos que significan un estado de ánimo o una actitud, introduce a la persona o cosa a la que se dirige dicho sentimiento o actitud: *cariñoso con los animales, enfadado con los amigos.* **27** Ante expresiones definidas asociables a la idea de tiempo, indica el momento de la acción verbal descrita: *Nos iremos con el alba. La fiesta acabó con la puesta del sol.* **28** Se combina con *para* (*para con*) ante nombres, pronombres o grupos nominales definidos: *Es bueno para con los amigos.* **29** Ante pronombres personales: la 1.ª y 2.ª personas del singular son *conmigo* y *contigo*; la 3.ª persona del singular y plural es *consigo.* FR. Y LOC. **~ tal* de. ~ tal* que.**

con- *pref.* Significa 'con', 'en asociación con', 'al mismo tiempo que' y forma verbos a partir de verbos y sustantivos a partir de sustantivos: *llevar - conllevar, ciudadano - conciudadano.* OBSERVACIONES: ◊ En ocasiones adquiere la forma *co-*: *cooperar, comadre.* ◊ Delante de *-b* y *-p* se usa *com-*: *combinar, compartir, compadre.*

conato *s. m.* Acción o suceso que no llega a realizarse por completo: *un conato de incendio, un conato de huelga, un conato de homicidio.*

concatenación *s. f.* **1** (no contable) Relación o unión entre hechos, ideas o expresiones: *Una concatenación de hechos desagradables nos ha llevado a la situación actual. La concatenación de errores ha conducido al fracaso del festival.* **2** RET. Figura retórica que se produce cuando al principio de la cláusula de un periodo se utiliza la última palabra de la cláusula anterior.

concatenar *v. tr.* **1** ELEVADO, RESTRINGIDO. Unir o relacionar ‹una persona o una cosa› [una cosa] con [otra cosa]: *Para salir de la crisis hay que concatenar diferentes acciones administrativas y políticas. Cuando empieza a hablar, concatena refranes de una manera ridícula.* || *v. prnl.* **2** Unirse o relacionarse ‹una cosa› con [otra cosa]: *Se han concatenado varias causas desgraciadas que han producido los incendios veraniegos.*

concavidad *s. f.* **1** Lugar o parte cóncava o hundida: *una concavidad en el terreno. Las peñas estaban cubiertas de concavidades llenas de agua.* **2** (no contable) Característica de cóncavo: *La concavidad de la mesa se debe al desgaste.*

cóncavo, va *adj.* [Línea curva, superficie curva] que tiene su parte más hundida en el centro, en relación al que mira: *lente cóncava. Las naves son cóncavas.* **espejo* ~.**

concebible *adj.* Que puede concebirse o comprenderse: *En una situación así es perfectamente concebible lo que has hecho. Entra dentro de lo concebible que se vaya de vacaciones a Ecuador.* ANT. inconcebible.

concebir *v. tr.* **1** Crear ‹una persona› [una idea o un proyecto] en su mente: *He concebido un negocio seguro. Ése es el que ha concebido la casa perfectamente aislada. Yo eso lo concibo de otra manera.* SIN. pensar. **2** Creer ‹una persona› posible [una cosa]: *No concibo que no quieras venir. Concibo perfectamente que estés angustiado con estas entrevistas. No concibo que la situación pueda evolucionar así.* SIN. imaginar. **3** Empezar a experimentar ‹una persona› [un sentimiento o un afecto]: *Paco concibió esperanzas tras nuestra visita. Todas las madres conciben un cariño sin límite por sus hijos.* SIN. albergar. || *v. intr. / tr.* **4** Quedar ‹una hembra› fecundada: *Inés concibió un hijo.* SIN. engendrar. **⇒ 57.**

conceder *v. tr.* **1** Dar ‹una persona que tiene autoridad o poder› [una cosa] a [otra persona]: *No le concedieron permiso para ausentarse. ¿Me concede usted dos minutos? Me han concedido un aumento salarial.* **2** Dar ‹una persona› por bueno [lo que dice otra persona]: *Concedo que tienes razón. Concedo que es necesario actuar como ustedes proponen.* SIN. admitir. **3** Atribuir ‹una persona› [una cualidad o una condición] a [otra persona]: *No le concediste la importancia que tiene. Los socios han perdido mucho dinero porque no le concedieron importancia al proyecto.* FR. Y LOC. **~ el beneficio* de la duda. no ~ / dar beligerancia*. ~ la mano*.**

concejal, la *s. m. / f.* Persona que ha sido elegida en unas elecciones municipales para formar parte del gobierno de un ayuntamiento o concejo: *el concejal de economía, el concejal de cultura, el concejal de sanidad, la concejala de urbanismo. Los nuevos concejales electos tomarán posesión el próximo domingo en el ayuntamiento de la ciudad.*

concejalía *s. f.* (no contable) Oficio o cargo de concejal: *Las concejalías se repartirán proporcionalmente a los votos de los partidos vencedores. La concejalía de la juventud escribió a todos los jóvenes entre catorce y dieciséis años.*

concejo *s. m.* **1** Ayuntamiento, conjunto de concejales presididos por un alcalde que gobierna una ciudad: *El concejo elegido está compuesto de concejales de diferentes partidos.* **2** Sesión del ayuntamiento: *El concejo se celebró a las seis.* **3** Casa donde tiene su sede el ayuntamiento: *El edificio del concejo es un hermoso palacete del siglo* XVIII.

concelebrar *v. tr.* En la iglesia católica, celebrar ‹varios sacerdotes› [la misa] conjuntamente: *En la fiesta del aniversario de la fundación de la ciudad han concelebrado tres obispos una misa solemne en la catedral.* **misa* concelebrada.**

concentración *s. f.* **1** Acción y resultado de concentrar: *La concentración de capital es necesaria para organizar algunas empresas grandes. La concentración de la población en las ciudades ha generado enormes problemas.* **2** PSICOL. Propiedad de la mente que permite centrar la atención en un objeto y mantenerla en él: *Le falta concentración. No tengo la suficiente concentración esta temporada para estudiar mucho.* SIN. atención. **3** En una disolución, relación que existe entre la cantidad de sustancia disuelta y la de disolvente: *No es bueno usar lejía de alta concentración.* **4** DEP. Encierro de deportistas y técnicos de un equipo antes de una competición: *La concentración del equipo se hará en un hotel de montaña. El ciclista tiene su concentración a ochocientos metros de la pista de atletismo.* || **5 ~ parcelaria** Agrupación de diversas fincas rústicas de reducida extensión en varias unidades más grandes para facilitar el cultivo. FR. Y LOC. **campo* de ~.**

concentrado, da *adj.* **1** (estar) Que tiene fija la atención en algo: *Estabas muy concentrado en la lectura.* || *adj. / s. m.* **2** [Producto] que contiene menos líquido del que es habitual: *café concentrado, un concentrado de carne.*

concentrar *v. tr.* **1** Reunir ‹una persona o una cosa› [varias personas o varias cosas dispersas] en un lugar: *He concentrado todos los libros en una habitación. Hemos conseguido concentrar todas las enseñanzas en tres años.* **2** Atraer ‹una persona o una cosa› [la atención, el interés o la mirada de varias personas]: *La flamante moto concentró todas las miradas. Pepita concentraba todas las miradas de la gente.* **3** Aumentar ‹una persona o una cosa› la proporción de la materia disuelta en [una solución] disminuyendo la cantidad de líquido: *Hemos concentrado la pintura, porque estaba muy diluida.* || *v. prnl.* **4** Reunirse ‹varias personas o varias cosas dispersas› en un lugar: *Se concentró un grupo importante de estudiantes delante de la catedral.* **5** Aumentar la proporción de la materia disuelta en ‹una solución›: *Se ha concentrado mucho este caldo, hay que añadirle algo de agua.* **6** Fijar ‹una persona› el pensamiento en [una cosa]: *Se concentró **en** el trabajo. Yo me concentro con facilidad **en** la lectura.*

concéntrico, ca *adj.* [Figuras geométricas] que tienen un mismo centro: *círculos concéntricos.*

concepción *s. f.* **1** Acción de concebir o quedar fecundada una hembra: *Un ángel anunció a la Virgen la concepción de un hijo.* **2** Acción de comprender o formar opinión sobre una cosa: *Tenía una concepción personal de la historia. Su concepción de la vida es muy nueva y particular.* SIN. visión. **3** Actividad de la mente y de la fantasía para crear algo: *La concepción de una novela nueva es trabajosa.*

conceptismo *s. m.* (no contable) LIT. Estilo de la literatura barroca que se caracteriza por una extremada concisión y por la asociación ingeniosa de ideas y palabras: *Quevedo es un autor representante del conceptismo en España. Gracián fue el máximo teórico del conceptismo español.*

conceptista *adj.* **1** Del conceptismo: *el estilo conceptista, literatura conceptista.* || *adj. / s. m.* y *f.* **2** Seguidor o partidario del conceptismo: *Los conceptistas tenían un pensamiento claramente moralizador.*

concepto *s. m.* **1** Representación mental o abstracta de un objeto o de una realidad: *Cada persona tiene su propio concepto de «justicia». No confundas los conceptos. Defíneme el concepto «equidad».* SIN. idea. **2** Conocimiento de una cosa: *Tiene un concepto erróneo de las cosas.* SIN. noción. **3** Opinión acerca de una persona o de una cosa: *Te tiene en muy buen concepto. No te tiene en tan mal concepto.* **4** Calidad, título: *Me dieron este libro en concepto de regalo por mi esfuerzo. Voy allí en concepto de invitado. Estoy aquí en concepto de mero observador.* FR. Y LOC. **bajo ningún ~** De ninguna manera: *Bajo ningún concepto me dejarían volver a verlo. No te lo autorizo bajo ningún concepto.*

conceptual *adj.* Del concepto: *pensamiento conceptual, análisis conceptual, arte conceptual.*

conceptualismo *s. m.* (no contable) FILOS. Sistema filosófico, entre el realismo y el nominalismo, que defiende la realidad de las nociones universales y abstractas en cuanto conceptos abstractos, aunque sin existencia fuera de aquélla.

conceptualización *s. f.* Elaboración organizada de un concepto a partir de una o varias realidades: *La conceptualización de las geometrías no tridimensionales es difícil para un alumno de bachillerato.*

conceptualizar *v. tr.* **1** Formar ‹una persona› un concepto sobre [una cosa]: *Yo he conceptualizado el asunto a mi manera.* **2** Organizar ‹una persona› [una materia] en conceptos: *Has conceptualizado mal la situación histórica del país.* ⇒ **19.**

conceptuar *v. tr.* RESTRINGIDO. Formar ‹una persona› un concepto, una opinión o un juicio sobre [una persona] o sobre [una cosa]: *No te conceptúo a ti de esta manera. Conceptúo bien a tu hermano.* SIN. juzgar. ⇒ **3.**

conceptuosidad *s. f.* (no contable) Cualidad de conceptuoso: *La conceptuosidad del escrito resulta agradable.*

conceptuoso, sa *adj.* Que está lleno de conceptos o de sentencias: *un escrito conceptuoso. Es un conferenciante muy conceptuoso,*

concernir *v. intr.* **1** Corresponder ‹una cosa› [a una persona]: *Este trabajo te concierne a ti. No digo nada, porque no me concierne hablar a mí.* **2** Tener ‹una cosa› interés para [una persona]: *Tú preocúpate de lo que te concierne y olvídate de lo demás.* ⇒ **26.**

concertación *s. f.* Acuerdo entre varias personas sobre algún tema: *La patronal espera llegar a una concertación salarial con los sindicatos. El conflicto entre los vecinos se va a resolver con una concertación entre todas las partes en el ayuntamiento.* SIN. pacto, convenio.

concertado, da *adj.* **1** [Centro de enseñanza] que es de propiedad privada y recibe una subvención de la administración por sus servicios: *El niño va a un colegio concertado porque es muy barato.* **2** [Hospital, clínica] que presta sus servicios por un convenio con la Seguridad Social: *La diálisis me la hacen en una clínica privada, pero no pago nada porque es un centro concertado con la Seguridad Social.*

concertar *v. tr.* **1** Decidir ‹una persona› [una cosa] de común acuerdo: *Los concejales han concertado una nueva entrevista para la próxima semana.* **2** Poner ‹una persona› acordes [voces o instrumentos musicales]: *La melodía ha sido concertada por el maestro de la banda municipal.* || *v. tr. / prnl.* **3** Poner ‹una persona› [varias personas o varias cosas] de acuerdo: ***Se** han concertado todos para lograr sus objetivos. Los dos ayuntamientos **se** concertarán para aprovechar el agua de los pozos.* || *v. intr.* **4** Estar ‹una cosa› de acuerdo con [otra cosa]: *Tus noticias conciertan **con** las mías. Sus notas no conciertan **con** las oficiales.* **5** Tener ‹dos palabras› sus accidentes gramaticales iguales: *Estas dos palabras conciertan **en** género y número.* SIN. concordar.

concertina *s. f.* MÚS. Acordeón de fuelle muy largo, de forma hexagonal o heptagonal, y teclado en ambas caras: *La concertina suele usarse en algunas orquestas de jazz.*

concertino *s. m.* MÚS. Primer violinista de una orquesta que toca los solos de violín: *El concertino de la orquesta brilló a una altura excepcional.*

concertista *s. m. / f.* Músico que actúa como solista en un concierto: *un concertista de piano, un concertista de arpa, un concertista de guitarra, un concertista de clarinete.*

concesión *s. f.* **1** Acción y resultado de conceder: *Para la concesión de un préstamo se exigen garantías. La concesión de la medalla al mérito laboral me ha hecho ilusión.* **2** Contrato que realiza la administración o una institución con un particular o una empresa para construir o explotar un bien público: *El gobierno firmó la concesión de obras a un consorcio de empresas.* SIN. adjudicación. **3** Explotación o servicio concedido por la administración o una institución a un particular: *La concesión de la autopista acaba este año. La concesión de la explotación del bar del aeropuerto es un buen negocio. Este año se renueva la concesión del comedor universitario.* SIN. cesión. **4** Derecho que una empresa concede a otra, o a un particular para vender o administrar sus productos en una zona determinada: *Nuestros productos no están en todas las tiendas, se distribuyen por concesión exclusiva. Este comercio es una concesión de la famosa marca de deportes.* **5** Acción y resultado de ceder en una opinión o creencia: *Eres incapaz de hacer concesiones en las disputas familiares. En toda negociación todas las partes deben hacer concesiones.*

concesionario, ria *adj. / s. m.* y *f.* Que tiene la concesión o la exclusiva de un servicio o de la distribución de un producto: *entidad concesionaria, empresa concesionaria. Tiene que acudir al concesionario de su marca de coche. Es un concesionario en exclusiva de sistemas limpiadores de aparatos de refrigeración.*

concesivo, va *adj. / s. f.* GRAM. [Expresión, oración, conjunción] que indica una dificultad o un obstáculo, a pesar del cual se realiza o tiene lugar lo que expresa la oración principal: *En la frase «A pesar de tus amenazas, lo haré», la proposición «a pesar de tus amenazas» es concesiva.*

concha *s. f.* **1** Cubierta que protege el cuerpo de los moluscos y que generalmente consta de una o dos valvas: *la concha de la almeja.* **2** Caparazón de las tortugas y de algunos pequeños crustáceos: *Tengo una pobre tortuga en el jardín con la concha algo rota.* **3** (no contable) Carey, material que se obtiene de la tortuga del mismo nombre: *un peine de concha.* **4** Mueble que se coloca en la parte delantera del escenario de los teatros para ocultar al apuntador: *La función del otro día resultó algo ridícula, porque se veían las manos del apuntador gesticulando dentro de la concha.* **5** Ensenada o golfo muy cerrado y poco profundo: *la playa de la Concha de San Sebastián.* **6** ARG., CHILE, MÉX., PERÚ, URUG.; VULGAR. Órgano sexual femenino. **7** COL., MÉX., PERÚ; VULGAR en Perú, COLOQUIAL en Méx. Desvergüenza, cinismo. **8** MÉX.; COLOQUIAL. Pieza de pan dulce. **9** MÉX.; COLOQUIAL. Apatía, lentitud, flojera. FR. Y LOC. **meterse en su ~** COLOQUIAL, RESTRINGIDO. Retraerse ‹una persona›, apartarse del trato con la gente: *Ángel se ha metido en su concha y hace meses que no viene por casa.* **tener muchas conchas** o **tener más conchas que un galápago** COLOQUIAL. Ser ‹una persona› muy astuta o hipócrita: *Parece un hombre sincero, pero tiene más conchas que un galápago. No te fíes, porque tiene muchas conchas.*

conchabar *v. tr. / prnl.* **1** Poner ‹una persona› [a varias personas] de acuerdo para [hacer una cosa ilícita] o para [ir contra otra persona]: *Mis rivales* ***se*** *conchabaron* ***para*** *evitar que ganara. Estás conchabado con nuestros rivales* ***para*** *poder arrebatarnos la clientela.* **2** AMÉR. Contratar ‹una persona› [a otra persona] como criada o para un trabajo subalterno. ‖ *v. tr.* EC. Vender y comprar ‹una persona› [cosas de poco valor].

conchabo *s. m.* AMÉR. DEL S. Contrato de trabajo, por lo general de poca paga.

conchavear *v. tr.* CHILE; RESTRINGIDO. Vender y comprar ‹una persona› [cosas de poco valor].

concho *s. m.* **1** CHILE, PERÚ. Poso, sedimento de un líquido. **2** CHILE; COLOQUIAL. El último hijo de una familia.

¡concho! *interj.* EUFEMISMO. Expresa enfado, reproche o sorpresa: *¡Concho, déjame en paz! ¡Concho con el viejo... y decía que no le gustaba beber vino! ¡Concho! Has ganado dinero, ¿eh?*

conchudo, da *adj.* **1** ARG.; VULGAR. Que tiene mucha suerte. **2** COL., EC., MÉX., PERÚ; COLOQUIAL en México; VULGAR en Perú. Que es desvergonzado. **3** MÉX.; COLOQUIAL. Que es lento o flojo.

conciencia *s. f.* **1** Conocimiento que tienen las personas de sí mismas, de su propia existencia y del mundo que las rodea: *Perdí la conciencia en el accidente y no me acuerdo de nada. Me mareo, pero no llego a perder la conciencia. Yo tenía la conciencia de que estaba allí. Tengo clara conciencia del momento en que perdí la cartera.* **2** Capacidad de las personas para distinguir el bien del mal y juzgar las acciones desde una perspectiva moral: *La conciencia bien formada nos permite distinguir el bien del mal.* FR. Y LOC. **a ~** Con rigor, con empeño, sin ahorrar esfuerzos: *Has trabajado a conciencia. Estudié toda la semana a conciencia.* **cargo* de ~. caso* de ~. el gusanillo* de la ~. en ~** Con sinceridad, con honradez: *En conciencia, no puedo concederte lo que me pides. Debemos obrar en conciencia.* **objeción* de ~.**

concienciar *v. tr.* **1** Hacer ‹una persona o una cosa› que [una persona] sea consciente de [una cosa]: *Lo concienciaron* ***del*** *problema. La pobreza de los campos de refugiados está concienciando a los jóvenes de todo el mundo.* ‖ *v. prnl.* **2** Hacerse ‹una persona› consciente de [una cosa]: *El jefe se concienció* ***de*** *nuestras dificultades. Tienes que concienciarte* ***de*** *la vida que llevan estas gentes.*

concienzudo, da *adj.* **1** (antepuesto / pospuesto) Que hace las cosas con mucho cuidado: *Eres un trabajador concienzudo. Es una concienzuda planchadora.* **2** (antepuesto / pospuesto) Que está hecho con mucho cuidado: *El médico le ha hecho una revisión concienzuda. Le daré un concienzudo repaso a la moto, si la quieres para un viaje largo.*

concierto *s. m.* **1** MÚS. Función pública donde se ejecutan obras musicales: *concierto de rock, concierto de música clásica, entrar al concierto, asistir a un concierto, ir al concierto, concierto al aire libre, sala de conciertos.* **2** MÚS. Composición musical para uno o varios instrumentos solistas con acompañamiento de orquesta: *concierto para piano, concierto para flauta.* **3** Acuerdo sobre algo: *Se ha producido un concierto de naciones en política internacional.* **4** Buen orden y adecuada disposición de las cosas: *El director puso un poco de concierto en la empresa. El nuevo delegado ha dicho que la zona necesita un nuevo concierto rápidamente. Me gusta hacer las cosas con orden y concierto.* **5** Trato o acuerdo entre dos o más partes: *Están estudiando un concierto entre ambas provincias. Tenemos un concierto sólido con esta otra empresa.* ‖ **6 café* ~.** FR. Y LOC. **sin orden* ni ~.**

conciliábulo *s. m.* **1** Concilio convocado por una autoridad no competente o ilegítima: *El decano ha declarado que la asamblea del otro día era un simple conciliábulo y que sólo reconocía valor a los acuerdos de junta.* **2** Reunión para tratar un asunto que se quiere mantener en secreto, normalmente por ser ilegal o perjudicial para alguien: *Los agentes reales descubrieron un conciliábulo de conspiradores afrancesados.* **3** COLOQUIAL; HUMORÍSTICO. Pequeña reunión de personas o de amigos: *Bien, ¿qué conspiración tiene entre manos este conciliábulo? Puedes venir, la tertulia es un conciliábulo poco peligroso.*

conciliación *s. f.* Acción y resultado de conciliar o ponerse de acuerdo: *Habrá que conseguir la conciliación de los intereses opuestos que están presentes en estos enfrentamientos. Hay que buscar la conciliación entre profesores y alumnos.* SIN. armonización. FR. Y LOC. **acto* de ~.**

conciliar *v. tr.* **1** Poner ‹una persona o una cosa› [a varias personas que estaban en desacuerdo] de acuerdo: *Hemos conciliado a los vecinos, que ya están más calmados. Hemos conciliado a los representantes sindicales y patronales.* **2** Hacer ‹una persona› compatibles [varias cosas]: *No me es difícil conciliar los estudios* ***con*** *el deporte. Conciliaré, aunque sea con esfuerzo, los intereses del trabajo* ***con*** *las exigencias familiares.* ‖ *v. prnl.* **3** Ponerse ‹varias personas que estaban en desacuerdo› de acuerdo: *Se han conciliado los trabajadores despedidos y la empresa.* **4** Hacerse ‹varias cosas› compatibles: *Aquí puedes ver cómo se concilian muy bien varios estilos diferentes. Yo creo que se concilian bien los conciertos y la excursiones.* FR. Y LOC. **~ el sueño*.**

conciliar *adj.* De los concilios o que intervienen en los concilios: *decisión conciliar.*

concilio *s. m.* 1 Reunión eclesiástica, especialmente la organizada oficialmente por alguna iglesia cristiana: *concilio provincial, concilio de obispos europeos, concilio nacional.* **~ universal/ecuménico** Concilio bajo la autoridad del pontífice de la iglesia católica en el que participan obispos de toda la cristiandad. **~ toledano** HIST. Cada uno de los concilios que celebró la iglesia visigoda hispánica en Toledo entre los siglos VI y VII: *En los concilios toledanos eran importantes las intervenciones de San Isidoro y San Leandro.* 2 Congreso o asamblea oficial de religiosos católicos para tratar cuestiones de dogma o liturgia: *las decisiones de un concilio, los actos de un concilio.*

concisión *s. f.* (no contable) Brevedad y precisión al expresar algo de manera oral o escrita: *El profesor valoró positivamente la concisión en los exámenes.*

conciso, sa *adj.* Que se expresa con brevedad o concisión: *un discurso conciso. Lo explicaste de forma concisa.*

concitar *v. tr.* 1 ELEVADO. Atraer ‹una persona o una cosa› [un sentimiento o una actitud adversa] hacia [sí misma] o hacia [otra persona]: *El alcalde concitó **contra** sí la indignación del pueblo. El político concitó **contra** el gobierno la indignación de los ciudadanos.* || *v. prnl.* 2 ELEVADO. Atraer ‹una persona› [un sentimiento o una actitud adversa] hacia [sí misma]: *Laura se ha concitado la antipatía de todos.*

conciudadano, na *s. m./f.* 1 ADMINISTRATIVO. Cada una de las personas que viven en una misma ciudad, con respecto de las demás: *Todos los conciudadanos hemos de mantener una actitud cívica con nuestra ciudad. Queridos conciudadanos, vuestro alcalde os desea felices fiestas.* 2 RESTRINGIDO. Persona que tiene la misma nacionalidad que otra: *Somos conciudadanos, los dos somos españoles.* SIN. compatriota.

cónclave o **conclave** *s. m.* 1 En la iglesia católica, reunión o junta de cardenales para elegir a un nuevo papa y lugar donde se juntan: *El cónclave no acabará antes de que sea elegido un nuevo papa.* 2 COLOQUIAL. Reunión de personas para tratar algo: *Se ha reunido un importante cónclave de todos los líderes sindicales en la capital. Todos los años por estas fechas tenemos un cónclave familiar.*

concluir *v. tr.* 1 Acabar ‹una persona› [una cosa]: *Por fin he concluido la novela. Ya hemos concluido el arreglo del salón.* SIN. finalizar. 2 Llegar ‹una persona› a [una consecuencia] o a [una conclusión] después de examinar un asunto: *He concluido que me sienta mal comer mantequilla. No puedes concluir de sus palabras que nos tenga antipatía. De su experiencia concluyes el radical escepticismo de todas las personas.* || *v. intr.* 3 Acabar ‹una cosa›: *Las clases concluirán en el mes de junio.* SIN. terminar. ⇒ **46.**

conclusión *s. f.* 1 Acción y resultado de concluir o concluirse: *La conclusión de la autopista facilita la comunicación entre las dos ciudades. La conclusión del presupuesto obliga a dejar las obras inacabadas.* 2 Resolución o consecuencia a la que se llega después de haber examinado o discutido un asunto: *La asamblea llegó a la conclusión de que se necesitaban más maestros en el barrio. El juez ha publicado un texto analizando las conclusiones más famosas de algunos tribunales. Las conclusiones de su libro parecen poco interesantes.* 3 LÓG. Proposición que se deduce de las premisas. FR. Y LOC. **en ~** En resumen, para acabar: *En conclusión, es un imbécil.* **sacar en ~** Deducir, sacar en consecuencia ‹una persona› una cosa de otra cosa: *Hemos sacado en conclusión de todo lo que nos has contado que la película es aburrida.*

concluyente *adj.* Que concluye, convence, no deja lugar a dudas, o es tan evidente que no admite réplica u oposición: *La auditoría es concluyente, la empresa está en suspensión de pagos.*

concoide *adj.* ELEVADO. Concoideo.

concoideo, a *adj.* ELEVADO. Que tiene forma de concha: *El pedernal sufre fracturas concoideas.*

concomerse *v. prnl.* COLOQUIAL. Sentirse ‹una persona› muy intranquila por [una cosa]: *Te concomes **por** los celos. Sara se concome **de** envidia.* SIN. reconcomerse.

concomitancia *s. f.* ELEVADO. Circunstancia de coincidir dos o más cosas en el mismo lugar o situación: *La concomitancia de la alta fiebre y la ausencia de medicación han agravado su estado. La policía descubrió concomitancias **en** las acciones de los dos hombres. No veo concomitancias **entre** tus planteamientos y los míos.*

concomitante *adj.* ELEVADO. Que acompaña a una cosa, coincide o actúa juntamente con ella: *Los síntomas concomitantes de algunas enfermedades pueden engañar al profano. Las palabras que hemos dicho varios responsables han sido simplemente concomitantes.*

concordancia *s. f.* 1 Conformidad y correspondencia de dos o más cosas: *No hay mucha concordancia entre tus palabras y las de Luis: alguno no dice la verdad. Entre todos había cierta concordancia de pareceres. Se supone que entre las ideas y los actos de las personas debe haber algunas concordancias.* 2 GRAM. Correspondencia gramatical entre las terminaciones de las palabras que se usan para indicar género, número o cualquier otro accidente: *Entre «las» y «puertas» hay concordancias de género (femenino) y número (plural).*

concordar *v. intr.* 1 Estar ‹una cosa› de acuerdo con [otra persona]: *Tus noticias concuerdan **con** las mías.* 2 Tener ‹dos palabras› sus accidentes gramaticales iguales: *El sustantivo y sus adjetivos concuerdan en género y número. El sujeto y el verbo concuerdan en número y persona.* SIN. concertar. || *v. tr.* 3 Poner ‹una persona› [varias cosas] de acuerdo: *Concordó la copia **con** el original. Hemos concordado los métodos de trabajo de todos.* ⇒ **28.**

concordato *s. m.* Tratado o convenio sobre asuntos eclesiásticos llevado a cabo entre un Estado y el Estado de la Iglesia romana, la Santa Sede.

concorde *adj.* Que está de acuerdo con otro: *Estamos todos concordes **en** comprar un coche nuevo. No estamos concordes **en** el asunto de las vacaciones.*

concordia *s. f.* 1 Acuerdo, armonía entre personas: *En esa familia reina la concordia. Hay muy buen ambiente y concordia en nuestro grupo de trabajo.* 2 Avenencia o convenio entre las partes de un litigio y documento en que consta: *Ayer firmaron la concordia, y se dio el asunto por zanjado.*

concreción *s. f.* 1 Acción y resultado de concretar: *la concreción de un tema, la concreción de un pensamiento. Le falta concreción en las ideas.* SIN. precisión. 2 GEOL. Masa, especialmente de un mineral, formada por depósito o desecación y hecha compacta por cualquier causa: *La roca* *presentaba concreciones ramificadas.* **3** Masa compacta de materia inorgánica formada en una cavidad del cuerpo o en un tejido: *Las piedras del riñón son concreciones.*

concretamente *adv. modo* **1** De una manera concreta, con concreción: *Dilo más concretamente.* **2** En concreto: *Me refiero concretamente a Paco y a Manuel.* **3** Diciéndolo con concreción, diciéndolo más exactamente: *Fallaron muchos; concretamente, veintidós. Sucedió en Cantabria y, más concretamente, en Reinosa.*

concretar *v. tr.* **1** Hacer ‹una persona o una cosa› concreta [una cosa]: *Concreta tu propuesta, porque no entendemos lo que quieres. Tienes que concretar tus ideas y tus proyectos.* SIN. precisar. **2** Reducir ‹una persona› [una cosa] a lo esencial: *Usted ha hablado mucho, concrete exactamente sus deseos.* || *v. prnl.* **3** Mantenerse ‹una persona› dentro de los límites de [una cosa]: *Se concretó **al** tema pedido. Todos debemos concretarnos **al** tiempo que se nos ha concedido.* SIN. ceñirse.

concreto, ta *adj.* **1** Que es algo determinado, no uno cualquiera de su clase: *Busco un título concreto, no cualquier libro.* **2** Que es exacto y no aproximado: *Necesito datos concretos para encontrar la solución.* **3** Que es individual o particular, considerado en sí mismo sin relación a otro: *Esto que os cuento es un caso muy concreto. Estoy pensando en un ejemplo concreto.* || *s. m.* **4** AMÉR. Hormigón. || **5 nombre* ~.** FR. Y LOC. **en ~** 1 Exacto, seguro: *No tengo nada en concreto que decirte sobre la reunión.* 2 En resumen, en suma: *En concreto, nada que decir. En concreto, después de tanto hablar, nada seguro todavía.*

concubina *s. f.* Mujer que convive como esposa con un hombre sin haberse casado con él: *En la Edad Media muchos eclesiásticos tenían una concubina.*

concubinato *s. m.* (no contable) PEYORATIVO. Relación de un hombre y una mujer que viven como esposos, sin estar casados: *El concubinato no está tan mal visto ahora socialmente.*

conculcación *s. f.* ELEVADO. Acción y resultado de conculcar una ley, una obligación o algo semejante: *Aún se producen casos de conculcación de derechos fundamentales.* SIN. violación.

conculcar *v. tr.* **1** ELEVADO, ADMINISTRATIVO. Obrar ‹una persona› en contra de [una ley]: *No debe permitirse que un funcionario conculque una ley.* SIN. infringir. **2** ELEVADO, ADMINISTRATIVO. Pisar o violar ‹una persona› [una cosa] repetidamente: *Conculcar un derecho de otra persona no es justo.* SIN. pisotear. ⇒ **71.**

concuñado, da *s. m./f.* **1** RESTRINGIDO. El hermano de un cónyuge en relación con los hermanos del otro. **2** RESTRINGIDO. El cónyuge de una persona con relación al cuñado o cuñada de éste: *Hoy cena con nosotros mi concuñado.*

concupiscencia *s. f.* (no contable) En la moral católica, deseo exagerado de tener bienes materiales o de conseguir cualquier clase de placeres sensuales y sexuales: *No podía soportar sus miradas llenas de concupiscencia.*

concurrencia *s. f.* **1** (no contable) Conjunto de personas que acuden a un espectáculo o reunión: *La concurrencia se puso en pie para aplaudir a los actores. Una variopinta concurrencia llenaba la plaza al mediodía.* SIN. público. **2** (no contable) Hecho de darse al mismo tiempo dos circunstancias: *La concurrencia de varios factores positivos hizo posible la solución del conflicto. La concurrencia de un fuerte viento y una lluvia torrencial ha provocado varios accidentes.* **3** (no contable) ECON. Competencia, rivalidad: *La libre concurrencia es un principio fundamental de la economía de mercado.*

concurrido, da *adj.* (estar) [Lugar, espectáculo] que está lleno de gente: *La sala estaba muy concurrida.* **lugar ~.**

concurrir *v. intr.* **1** Reunirse ‹varias cosas› en [un lugar]: *Los tres caminos concurren **en** ese campo. **En** la novela concurren varios géneros.* **2** Ir ‹varias personas› a [un lugar]: *Concurrieron **a** la fiesta muchos invitados. Todos hemos concurrido **a** la plaza mayor. El pueblo concurrió **a** la procesión como siempre.* **3** Darse ‹varias circunstancias› en [una persona] o en [una cosa]: *Concurren **en** ella todas las cualidades. **En** este día concurren muchas cosas que hay que celebrar.* **4** Influir ‹varias cosas› en la realización o consecución de [otra cosa]: *Concurrieron varios factores **al** éxito del espectáculo.* **5** Tomar ‹una persona o una cosa› parte en [un concurso]: *Concurrí **a** varios premios. Todas las empresas concurren **a** este certamen.* SIN. concursar. **6** GEOM. Pasar ‹varias líneas› por un mismo punto.

concursante *s. m./f.* Persona que toma parte en un concurso: *Fui concursante en varios programas de televisión.*

concursar *v. intr.* Tomar ‹una persona o una cosa› parte en [un concurso]: *Mi padre concursó **a** varias plazas de profesor. Concursaré **al** premio internacional de piano. Vas a concursar **al** premio de baile del colegio.* SIN. concurrir.

concurso *s. m.* **1** Competición, generalmente de destreza física o intelectual, en la que se disputa un premio: *concurso de caza, concurso de belleza, concurso televisivo, concurso hípico, ganar el concurso.* **2** Procedimiento para cubrir un puesto de trabajo en el que los aspirantes deben realizar unas pruebas: *entrar a concurso, un concurso para una plaza de médico. Han convocado un concurso para una plaza de profesor universitario.* **~ oposición*.** **3** Competencia entre las condiciones que ofrecen empresas privadas que aspiran a ejecutar una misma obra pública: *un concurso público de obras de regadío. El concurso para la construcción del nuevo pabellón de deportes se ha adjudicado al grupo de empresas locales.* **4** Reunión numerosa de personas en un lugar: *concurso de espectadores. Había un gran concurso de manifestantes.* **5** Reunión de circunstancias que contribuyen a la realización de un suceso: *Acerté por un concurso de casualidades. Si no me ayuda un concurso de circunstancias no lo conseguiremos.* **6** Ayuda que se presta para un fin: *Con el concurso de los amigos salí del apuro. El concurso de la familia es fundamental para la rehabilitación de los drogadictos.*

condado *s. m.* **1** Título de conde: *Tiene varios condados y algunos ducados.* **2** Territorio que correspondía a la jurisdicción del conde: *Los condes administraban la justicia en el condado bajo el antiguo régimen.* **3** División territorial administrativa de algunos países: *En Estados Unidos el condado es una pequeña división administrativa.*

condal *adj.* Del conde: *castillo condal, ciudad condal.*

conde, desa *s. m./f.* **1** Título nobiliario intermedio entre vizconde y marqués: *los condes de Peñaranda.* **2** HIST. Persona que durante la Edad Media estaba al cargo de un territorio: *el conde de Castilla* || *s. f.* **3** Mujer del conde.

condecoración *s. f.* 1 Honor o distinción que se concede a alguien: *El pleno del ayuntamiento aprobó la condecoración del cronista de la ciudad. La federación ha concedido una condecoración al campeón europeo.* 2 Insignia que se le impone a una persona como señal de distinción: *El general lucía varias condecoraciones en su uniforme.*

condecorar *v. tr.* 1 Conceder ‹una persona› un honor o una distinción [a otra persona]: *La federación ha condecorado al campeón europeo de maratón. El ayuntamiento condecorará al campeón del mundo de ciclismo.* 2 Poner ‹una persona› una insignia [a otra persona]: *El ministro lo ha condecorado con la cruz del mérito militar. El rey lo condecorará con la cruz de Alfonso X el Sabio.* SIN. imponer.

condena *s. f.* 1 Castigo que se impone a alguien que ha cometido una falta o delito: *Está cumpliendo su condena en la cárcel de mujeres. Le han reducido la condena por buen comportamiento.* 2 DER. Sentencia de un juez que reconoce a una persona culpable: *El juez ha dictado hoy tres condenas. Escuchó su condena en silencio y tranquilo.* **~ a muerte.** 3 Rechazo de palabra o por escrito de un comportamiento o de una acción: *La condena del atentado ha sido general entre los partidos políticos.*

condenable *adj.* Que merece ser condenado o censurado: *actitud condenable, comportamiento condenable.*

condenación *s. f.* (no contable) Entre los católicos, castigo de las penas del infierno: *Los pecadores que no se arrepienten tendrán la condenación eterna.* ANT. salvación.

condenado, da *adj.* 1 (antepuesto) Que causa enfado o molestia: *No puedo seguir andando con estos condenados zapatos.* || *adj. / s. m.* y *f.* 2 Entre los católicos, [persona] que está en el infierno: *Los condenados se representan en las pinturas medievales envueltos en abundantes llamas.*

condenar *v. tr.* 1 Declarar ‹el juez› culpable [a una persona] e imponerle [una pena]: *Le condenaron **a** prisión. Lo ha condenado **a** una multa de cien mil pesetas.* 2 Considerar ‹una persona› reprobable la conducta de [otra persona o una cosa]: *No puedes condenar sencillamente a los que no piensan como tú. Hay que condenar los comportamientos poco democráticos.* SIN. desaprobar. 3 Cerrar o tapiar ‹una persona› [una puerta o una ventana]: *Hemos condenado la puerta trasera para tener más espacio en la cocina. En el hotel están condenando varias puertas que comunicaban unas habitaciones con otras.* 4 Obligar ‹una persona o una cosa› [a hacer una cosa desagradable] [a una persona]: *No me condenes a estar toda la tarde al sol en la playa. No me condenes al humo de tu tabaco otra vez.* || *v. prnl.* 5 Entre los católicos, ir ‹una persona› al infierno: *Si no cumples los mandamientos te condenarás.* 6 Sentirse ‹una persona› obligada [a hacer una cosa desagradable]: *Se condenó **a** pagar mis deudas.* FR. Y LOC. **estar condenado a la piqueta*.**

condensación *s. f.* 1 FÍS. Fenómeno físico por el que un gas pasa a estado líquido o sólido: *El cristal se empaña por la condensación del vapor de agua.* 2 Reducción del volumen o la extensión de una cosa: *la condensación de la leche, la condensación de un discurso. A mí no me cuentes todo, sólo me interesa que me cuentes la condensación de lo que pasó.*

condensador *s. m.* 1 ELECTRIC. Dispositivo formado por dos conductores separados por una lámina aislante que sirve para almacenar electricidad. 2 Aparato que sirve para condensar gases por acción del agua o aire frío utilizado en laboratorios y en los frigoríficos. 3 ÓPT. Dispositivo óptico que concentra sobre un objeto los rayos luminosos procedentes de una fuente de luz.

condensar *v. tr. / prnl.* 1 Convertir ‹una persona o una cosa› [un vapor] en líquido: *El aire **se** condensa en vapor de agua por la mañana en los cristales de la ventana.* 2 Hacer ‹una persona o una cosa› más densa [una cosa]: *En esta fábrica condensan la leche.* **leche condensada.** || *v. tr.* 3 Resumir ‹una persona› [un texto o una exposición]: *La revista me obliga a condensar el trabajo en poco espacio. Me proponen condensar la conferencia en media hora.* SIN. sintetizar, compendiar.

condescendencia *s. f.* (no contable) Acción de condescender: *Tu jefa actuó con sus subordinados con condescendencia. Eva tiene mucha condescendencia con sus sobrinos.*

condescender *v. intr.* Adaptarse ‹una persona› al gusto o a los deseos de [otra persona] por amabilidad: *Condescendí **a** tus ruegos. Condescenderé **con** los amigos. Pedro condescendió **en** bailar conmigo.* ⇒ **80.**

condescendiente *adj.* (ser / estar) Que tiende a condescender o a acomodarse a los gustos o deseos de los demás: *Tengo un carácter condescendiente. Has estado muy condescendiente **con** él, yo no hubiera cedido.*

condestable *s. m.* HIST., MIL. Hombre que estaba al mando de la milicia en la Edad Media: *los condestables de Castilla.*

condición *s. f.* 1 Modo de ser naturalmente las cosas: *Parecía haber perdido la condición humana.* SIN. naturaleza. 2 Modo de ser las personas especialmente desde el punto de vista moral: *Diste muestras de ser de condición perversa.* SIN. índole. 3 Situación especial en que se halla una persona en el conjunto de la sociedad: *Mi condición de soltero me permite viajar.* SIN. estado. 4 Categoría social: *Se relaciona con personas de distinta condición social. José no hacía distingos entre los clientes de condición humilde y los de condición elevada.* SIN. clase. 5 Cosa necesaria para que otra sea u ocurra: *No estás en situación de poner condiciones. Te lo dejaré con la condición de que me lo devuelvas pronto.* SIN. requisito. 6 Cada una de las cosas que se establecen en un contrato: *Entre las condiciones del contrato figura la prohibición de hacer reformas.* 7 (en plural) Aptitud para alguna actividad o fin: *La casa no reúne condiciones. Es un muchacho de excelentes condiciones. Tienes condiciones para la música.* SIN. cualidades. 8 (en plural) Modo de estar alguna cosa: *El pescado llegaba, frecuentemente, en malas condiciones. Sus condiciones de salud son buenas.* FR. Y LOC. **en condiciones** A punto, preparado, dispuesto: *No está en condiciones para trabajar. No podemos ir a vivir al piso porque no está en condiciones.* **pliego* de condiciones. sin condiciones** Sin exigir ninguna condición: *Se rindieron sin condiciones.*

condicional *adj.* 1 Que contiene una condición o requisito: *libertad condicional. No olvides que mi ayuda es condicional, debes cumplir lo que acordamos.* 2 [Proposición, oración, conjunción] que expresa una condición para que se cumpla lo indicado en la proposición principal: *En la oración «Si quieres, te invito», la conjunción «si» es condicional.* || *s. m.* 3 GRAM. Tiempo verbal que indica una acción futura respecto a una acción pasada: *La hipótesis se expresa con el condicional.* || 4 **libertad* ~.**

condicionamiento *s. m.* Circunstancia que influye en una persona o un proceso, restringiendo sus posibilidades: *los condicionamientos que pesan sobre la economía. La edad puede ser un condicionamiento al buscar empleo.*

condicionante *adj. / s. m.* y *f.* [Cosa] que condiciona o determina: *Los condicionantes le impedían actuar libremente.*

condicionar *v. tr.* **1** Hacer depender ‹una persona› [una cosa] de [otra cosa]: *Condiciona el regalo **a** tu conducta.* SIN. supeditar. **2** Influir ‹una cosa› en [otra cosa]: *El clima condiciona las formas de vida de la población.*

cóndilo *s. m.* ANAT. Extremo redondeado de un hueso que se articula encajando en el hueco de otro.

condimentación *s. f.* (no contable) Acción y efecto de condimentar la comida: *La sal es imprescindible en la condimentación.*

condimentar *v. tr.* Poner ‹una persona› condimentos en [la comida]: *Le gusta condimentar poco las comidas.* SIN. aderezar.

condimento *s. m.* Sustancia que se añade a la comida para hacerla más sabrosa o digestiva, como la sal o la pimienta.

condiscípulo, la *s. m. / f.* Persona que ha tenido el mismo maestro que otra: *Ellas fueron condiscípulas en la escuela de enfermería.*

condolencia *s. f.* (no contable) Expresión con la que una persona manifiesta a otra que comparte su dolor por la muerte de un ser querido: *Al enterarse del fallecimiento del padre de su amigo, le envió un mensaje de condolencia.*

condolerse *v. prnl.* Sentir ‹una persona› dolor por [el sufrimiento de otra]: *Se conduele **de** los sufrimientos ajenos.* SIN. compadecer(se). ⇒ **52.**

condominio *s. m.* **1** Posesión de una cosa por dos o más personas, especialmente un territorio por varios países: *Un ejemplo de condominio es el de Francia y Gran Bretaña en el continente africano.* **2** Cosa o territorio así compartido: *El jardín es condominio de la comunidad de vecinos.* **3** AMÉR. Edificio de apartamentos.

condón *s. m.* COLOQUIAL. Preservativo.

condonación *s. f.* (no contable) ADMINISTRATIVO. Perdón de una pena o de una deuda: *Con su insistencia consiguió la condonación de parte de sus deudas.*

condonar *v. tr.* ADMINISTRATIVO. Perdonar ‹una persona› [una pena o una deuda] [a otra persona]: *Ha conseguido que su tío le condonara el alquiler de este año. España anuncia que condonará las deudas que le debe el pequeño país.* SIN. indultar.

cóndor *s. m.* *Cathartes aura.* Ave americana típica de los Andes, de gran tamaño, con el plumaje de color negro excepto las alas y un collar que son blancos, que se alimenta de animales muertos.

condotiero *s. m.* HIST., MIL. Jefe de los soldados mercenarios italianos entre los siglos XIII y XVI.

conducción *s. f.* **1** (no contable) Acción y resultado de conducir: *No se recomienda la conducción de vehículos durante el tratamiento. Le multaron por conducción temeraria.* **2** Conjunto de conductos, tuberías o cables que dan paso a un fluido: *La tormenta inutilizó la conducción de agua y la conducción eléctrica.*

conducir *v. tr.* **1** Llevar ‹una persona› [a otra persona] de [un lugar a otro]: *El botones nos condujo **a** la habitación.* **2** Llevar ‹un vehículo› [personas, animales o cosas] de [un lugar a otro]: *El autobús nos condujo **hasta** el aeropuerto.* **3** Dejar pasar ‹una cosa› [otra cosa]: *La tubería conduce el agua. El cable conduce la electricidad.* **4** Dirigir o mandar ‹una persona› [a otras personas]: *El guía los condujo a su hotel. El capitán condujo a los soldados a la victoria.* || *v. tr. / intr.* **5** Llevar ‹una persona› [un vehículo]: *Me gusta conducir.* **carné de ~. licencia* de ~. registro* de ~.** **6** Producir ‹una cosa› un resultado que afecta [a una persona o a una cosa]: *Esto conduce **a** la catástrofe.* || *v. prnl.* **7** Obrar ‹una persona› de [cierta manera]: *Jesús se conduce **como** un colegial. Rita se condujo **con** educación.* FR. Y LOC. **llevar / ~ al altar*. no ~ a nada** Ser ‹una cosa› inútil o inoportuna: *Tu rabieta no conduce a ninguna parte.* **no llevar / ~ a ninguna parte*.** ⇒ **27.**

conducta *s. f.* Forma de comportarse una persona o, en general, de reaccionar un ser vivo ante el medio que lo rodea: *Su conducta en la cena fue imperdonable.* SIN. comportamiento, proceder, actuación.

conductibilidad *s. f.* Conductividad.

conductismo *s. m.* (no contable) PSICOL. Doctrina psicológica que sostiene que la conducta de los individuos debe ser considerada como una respuesta o reacción a los estímulos del ambiente.

conductista *adj.* **1** Del conductismo: *congreso conductista.* || *adj. / s. m.* y *f.* **2** Que sigue teoría conductista: *psicólogo conductista, revista conductista.*

conductividad o **conductibilidad** *s. f.* (no contable) ELEVADO. Cualidad de ser conductor del calor o de la electricidad: *Su alto grado de conductividad lo hace muy adecuado.*

conductivismo *s. m.* (no contable) Doctrina y método psicológico basados exclusivamente en la observación de la conducta.

conducto *s. m.* **1** Cualquier cosa con forma de tubo por donde circula un fluido: *conducto del agua, conducto de gas.* **~ deferente*. ~ auditivo** Tubo que forma parte del órgano de audición de los mamíferos. **~ raquídeo** Conducto formado por la reunión de las vértebras en el que se aloja la médula espinal. **2** Medio o procedimiento: *Me ha llegado la noticia por distinto conducto que a ti. Inés se enteró de la vacante por conducto de su hermano. Presente la solicitud por conducto oficial.*

conductor, ra *adj.* **1** Que conduce o guía: *la idea conductora de la obra.* || *s. m. / f.* **2** Persona que conduce un vehículo: *el conductor del coche, el conductor del tren.* || *s. m.* **3** [Cuerpo] que transmite el calor o la electricidad: *Los metales son buenos conductores. La madera es una mala conductora de la electricidad.*

condumio *s. m.* COLOQUIAL. Comida, alimento: *Tenemos que traer condumio del mercado.*

conectar *v. tr.* **1** Poner ‹una persona› una parte de [un mecanismo] en contacto con [otra parte o aparato]: *Conecté el aspirador **a** la red. He conectado mi monitor **al** aspirador.* **2** Poner ‹una cosa› en comunicación con [otra cosa]: *La autopista conectará dos modernos núcleos hasta ahora aislados.* || *v. tr. / intr.* **3** Establecer ‹una persona› comunicación entre [varias personas o varias cosas]: *Conec-*

taremos ***con*** *nuestro enviado.* || *v. prnl.* Ponerse ‹varias personas o varias cosas› en comunicación: *La calefacción se conecta sola.* SIN. enlazar.

conectivo, va *adj.* Que une o liga partes de un sistema o aparato: *tejido conectivo.*

conector, ra *adj.* **1** Que conecta o comunica: *los tubos conectores de un aparato.* || *s. m.* **2** GRAM. Palabra que sirve para conectar las diversas partes de un texto o de un discurso, como ciertos adverbios, conjunciones o ciertas construcciones: *El estudio de los conectores es algo que preocupa actualmente mucho a los especialistas.*

conejera *s. f.* **1** Madriguera de los conejos: *Las conejeras suelen ser subterráneas.* **2** COLOQUIAL. Lugar pequeño y en malas condiciones donde viven muchas personas juntas: *Aquella chabola era una conejera.*

conejero, ra *adj.* Que caza conejos: *perro conejero.*

conejillo *s. m.* Se usa en la LOC. **~ de Indias** 1 (macho y hembra) Mamífero roedor, más pequeño que el conejo que se usa como animal de experimentación en los laboratorios. 2 Persona o animal que se utiliza en un experimento: *Somos los primeros alumnos de este plan experimental y me parece que estamos haciendo de conejillos de Indias.*

conejo, ja *s. m./f.* **1** Mamífero de orejas largas, cola corta, patas posteriores muy desarrolladas y pelo espeso, que vive en madrigueras, es muy fecundo y se cría también en granjas para obtener su carne y su piel: *En muchos restaurantes se ofrece conejo a la parrilla.* || *s. f.* **2** VULGAR; PEYORATIVO. Mujer que pare con frecuencia y tiene muchos hijos: *Tu cuñada es una auténtica coneja.*

conexión *s. f.* **1** Enlace entre cosas, ideas o personas: *Hay una íntima conexión entre ambos fenómenos.* SIN. relación. **2** ELECTRIC. Acción y resultado de conectar piezas de una máquina, o un aparato, a la red eléctrica: *Lee las instrucciones para la conexión del televisor.* **3** ELECTRIC. Punto donde se realiza el enlace entre aparatos o sistemas: *Se han estropeado las conexiones.*

conexo, xa *adj.* Que está relacionado con otro: *ideas conexas, sucesos conexos. Estos dos problemas son conexos.*

confabulación *s. f.* Acuerdo secreto entre dos o más personas para perjudicar a alguien: *El presidente del partido denunció la existencia de una confabulación contra él.*

confabularse *v. prnl.* Ponerse ‹varias personas› de acuerdo en secreto: *Se confabuló* ***con*** *tus enemigos para causarte daño. Se han confabulado para cambiar al director.*

confección *s. f.* **1** (no contable) Acción y resultado de confeccionar: *Paula se encargó de la confección de la lista de invitados. Es un plato de confección laboriosa.* SIN. realización. **2** Hechura de prendas de vestir: *Luis trabaja en un taller de confección.* **3** Fabricación de ropa en serie a diferencia de la que se hace a medida: *el ramo de la confección.* FR. Y LOC. **de ~** Se usa para referirse a prendas de vestir hechas en serie: *Vestía siempre trajes de confección.*

confeccionar *v. tr.* **1** Hacer ‹una persona› [una cosa material]: *He confeccionado una tarta. Confecciona las cortinas para el salón. Confecciono yo la lista. En los laboratorios se confeccionan las medicinas.* **2** Hacer ‹una persona› [una cosa intelectual]: *Has confeccionado un programa de música. El coordinador ha confeccionado el orden de intervención.*

confederación *s. f.* **1** Unión o asociación entre personas, grupos o naciones: *Las confederaciones son útiles instrumentos comerciales y de cooperación asociativa.* **2** Cada uno de los organismos resultantes de esta unión o asociación: *Confederación de Cajas de Ahorro, Confederación de Estados Independientes, confederación de sindicatos.*

confederado, da *adj./s. m. y f.* **1** (ser/estar) Que pertenece a una confederación: *policía confederada, estados confederados.* **2** HIST. Partidario de la Confederación o Unión de Estados del Sur en la guerra de secesión norteamericana: *Un grupo de confederados cayó en una emboscada.*

confederarse *v. prnl.* **1** Unirse ‹personas, grupos o empresas›: *Se han confederado varias ramas sindicales en un único sindicato.* **2** Unirse ‹varios estados› adoptando organismos políticos comunes sin renunciar a su soberanía ni a su gobierno: *Se han confederado en una comunidad supranacional.*

conferencia *s. f.* **1** Exposición en público de un tema cultural o científico: *Asistí a una conferencia sobre el cáncer.* **2** Comunicación telefónica entre dos ciudades: *Merche puso una conferencia a Barcelona para hablar con su padre.* **3** Reunión entre los representantes de dos o más países para tratar un asunto: *Las grandes potencias proponen una nueva conferencia sobre desarme.* || **4 ~ de prensa** Reunión de una persona importante con los periodistas para informar sobre algo y contestar sus preguntas: *El entrenador convocó una conferencia de prensa después del partido.*

conferenciante *s. m./f.* **1** Persona que da una conferencia: *El conferenciante se ajustó perfectamente al horario establecido.* **2** Persona que participa en una reunión o conferencia: *Los conferenciantes internacionales se retiraron pronto a su hotel.*

conferir *v. tr.* **1** Conceder ‹una persona› [una dignidad, un empleo, una facultad o un derecho] [a otra persona]: *El director me ha conferido su representación en este acto.* **2** Proporcionar ‹una cosa› [una cualidad] [a una persona o una cosa]: *Los años me confieren el privilegio de hablar el primero.* ⇒ **75.**

confesar *v. tr.* **1** Decir ‹una persona› [una cosa que hasta entonces había mantenido oculta] a [otra persona]: *Antes de morir Sara me confesó todo lo que sabía.* **2** Declararse ‹ una persona› culpable de [un delito]: *El acusado no confesó su delito.* **3** Manifestar ‹una persona› [una cosa]: *Te confieso que nunca te he engañado. Confesemos que sabemos poco del origen de la materia.* **4** Escuchar ‹el confesor› [a una persona]. || *v. tr./prnl.* **5** Decir ‹una persona› [los pecados] al [confesor]: *confesar los pecados. Félix* ***se*** *confesó* ***con*** *un sacerdote de su parroquia. Yo sólo* ***me*** *confieso a Dios. ¿Niño,* ***te*** *confesaste* ***de*** *todas tus culpas?* FR. Y LOC. **~ de plano/pleno** Declarar ‹una persona› todo lo que sabe: *El delincuente confesó de plano.* ⇒ **58.**

confesión *s. f.* **1** Declaración que alguien hace de lo que sabe: *la confesión del acusado, la confesión del reo.* **2** REL. Entre los católicos, declaración de los pecados que se han cometido ante el confesor: *oír en confesión.* **secreto* de ~.** **3** REL. Creencia religiosa: *confesión protestante, confesión ortodoxa, confesión católica.* **4** Conjunto de personas que profesan esta creencia. **5** (en plural) Relato que una persona hace de su vida para darla a conocer a otros: *Ese cantante ha declarado que está escribiendo sus confesiones.*

confesional *adj.* 1 De la confesión: *secreto confesional.* 2 [Institución, grupo social] que profesa oficialmente una religión: *partido confesional, estado confesional, sociedad confesional.*

confesionalidad *s. f.* (no contable) Pertenencia a una determinada confesión religiosa: *la confesionalidad de algunos centros docentes, la confesionalidad de algunos Estados.*

confesionario *s. m.* Confesonario.

confeso, sa *adj./s. m.* y *f.* Que ha confesado su delito o culpa: *un delincuente confeso, un reo confeso.*

confesonario o **confesionario** *s. m.* En una iglesia, especie de cabina cerrada, normalmente de madera, donde el sacerdote se coloca para oír las confesiones.

confesor *s. m.* 1 En la iglesia católica, sacerdote que confiesa a los penitentes y perdona sus pecados: *el confesor de la reina. Los confesores están todos los días de seis a siete de la tarde en la iglesia.* 2 REL., HIST. Cristiano que declaraba su fe públicamente en tiempos de persecución: *Muchos santos son confesores, en primer lugar y, después, mártires.*

confeti *s. m.* (no contable) Conjunto de pequeños trocitos de papel cortados que se arrojan en fiestas y bailes: *baile de confeti, lanzar confeti a alguien. Llenaron la calle de confeti en la verbena.*

confiado, da *adj.* 1 Que tiende a confiar en los demás: *Carlos es muy confiado y un día se lo robaron todo.* 2 Que siente seguridad en sí mismo: *Mostrabas una actitud confiada.* 3 (estar) Que muestra confianza o esperanza en alguien o algo: *Estábamos confiados* ***en*** *que llegaríamos a tiempo. Jorge está confiado* ***en*** *el trabajo que ha hecho.*

confianza *s. f.* 1 Seguridad que tiene una persona de que otra persona o cosa va a portarse o a funcionar bien, o de que algo va a ocurrir tal como se pensaba: *Pon tu confianza en mí. Tengo confianza en que todo se solucione.* 2 Seguridad que una persona tiene en sí misma o en sus cualidades: *Resolviste las pruebas con gran confianza.* 3 Ánimo o decisión para obrar: *Inicié la escalada con confianza.* 4 Modo natural, familiar o sincero de tratarse las personas: *Entre amigos hay confianza.* 5 (preferentemente en plural) Familiaridad o libertad excesiva y molesta de una persona con otra u otras: *Se toma demasiadas confianzas con la gente.* FR. Y LOC. **abuso* de ~. voto* de ~. de (toda) ~** 1 [Persona] en la que se puede confiar: *Habla tranquilo; estos chicos son de confianza.* 2 [Persona] con quien se tiene trato familiar. 3 [Cosa] que posee las cualidades recomendables para el fin que se destina: *Te aconsejo que compres este coche porque es de confianza.* **en ~** 1 En secreto, reservadamente: *Te cuento esto en confianza, no lo digas por ahí.* 2 Sin ceremonias: *Trátame de tú, estamos en confianza.*

confiar *v. intr.* 1 Tener ‹una persona› confianza en [otra persona] o en [una cosa]: *Confiaba* ***en*** *ti. Confiaba* ***en*** *que algo bueno sucedería.* || *v. tr.* 2 Decir ‹una persona› [una cosa] a [otra persona] en confianza: *Le confió su secreto.* || *v. tr./prnl.* 3 Dejar ‹una persona› [a otra persona o una cosa] al cuidado de [una persona o una cosa]: *Confió a su hija* ***a*** *un buen maestro.* ***Me*** *confié* ***a*** *su buena fe. Confíe usted sus ahorros* ***a*** *una entidad sólida.* || *v. prnl.* 4 Hacer ‹una persona› confidencias [a otra persona]: *Paco se ha confiado completamente a su hermano y le ha contado todo.* 5 Tener ‹una persona› excesiva confianza: *Se confió y perdió el partido. Como se confíe Inés tendrá un accidente.* ⇒ **8.**

confidencia *s. f.* Comunicación de una noticia secreta y reservada: *hacer una confidencia. Me llegó la confidencia de que te has casado en Montecarlo. No la conozco tanto como para contarle mis confidencias.*

confidencial *adj.* Que se hace o se dice en confianza, o para que no sea revelado o descubierto: *mensaje confidencial, materia confidencial, información confidencial.*

confidente *s. m./f.* 1 Persona de confianza a la que otra confía sus secretos: *Su madre es su única confidente. Un buen amigo suele ser también un buen confidente.* 2 Persona que obtiene o proporciona información secreta a otra por dinero u otro beneficio: *Un confidente dijo a la policía dónde estaba la pistola. La red de confidentes es fundamental para la policía.*

configuración *s. f.* 1 Acción y resultado de configurar o configurarse: *La configuración del carácter tiene lugar en la adolescencia.* SIN. conformación. 2 Aspecto exterior de una cosa: *La abrupta configuración del terreno dificulta las comunicaciones.* SIN. forma. 3 ELECTRÓN. Unión de varios aparatos para conseguir un equipo de música o informático determinado: *La configuración que aconsejan para profesionales es una impresora láser y una unidad central de 16 megas de ram.*

configurar *v. tr.* 1 Dar ‹una persona o una cosa› forma a [una cosa]: *Por fin has configurado el comité de la nueva asociación. Están discutiendo para configurar una nueva seguridad social.* SIN. conformar. || *v. prnl.* 2 Tomar ‹una cosa› forma: *Se ha configurado una costa característica por la erosión marina.* 3 Presentarse ‹una persona o una cosa› de [cierta manera]: *El presidente se configura* ***como*** *vencedor en las elecciones.* 4 INFORM. Organizar ‹una persona› los programas de un ordenador con unos fines determinados: *A los profesionales de la arquitectura les ofrecemos configurar su ordenador con programas del diseño muy potentes.*

confín *s. m.* 1 Punto más lejano que se alcanza con la vista: *¿No lo ves allí en los confines del horizonte?* 2 El espacio más alejado del lugar que se toma como referencia: *Vivo en una isla en el confín del océano. Viajaré por todos los confines del mundo.* 3 (preferentemente en plural) Frontera o límite que separa dos territorios, lugares o zonas: *El estrecho de Gibraltar en los confines de Europa y África... Los confines del municipio llegan hasta aquel río.*

confinación *s. f.* Confinamiento.

confinamiento *s. m.* 1 Encierro, acción y resultado de confinar a una persona o animal en un lugar: *Soportó el confinamiento que le impusieron los celos de su mujer. Tendrá que aceptar el confinamiento en el hospital. El confinamiento en reservas de algunos animales se hace para evitar su exterminio.* 2 DER. Pena que obliga a un condenado a vivir desterrado en determinado lugar, en libertad, pero bajo la vigilancia de las autoridades: *el confinamiento de Napoleón en la isla de Elba.*

confinar *v. tr.* 1 Expulsar ‹una autoridad › [a una persona] de su residencia habitual y meterla en [un lugar que no puede ser abandonado]: *Lo confinaron* ***en*** *una isla. Lo han confinado* ***en*** *una región apartada de la capital.* 2 Dejar ‹una persona› [a otra persona] encerrada en [un lugar] y no dejarla salir: *La han confinado* ***en*** *una celda de castigo. Lo han confinado* ***en*** *un psiquiátrico.* || *v. prnl.* 3 Apartarse ‹una persona› de otras personas en [un lugar]: *Hace años* *que Sofía se ha confinado en su casa a escribir.* || *v. intr.* **4** Estar ‹un territorio› al lado de [otro]: *España confina* ***con*** *Francia y* ***con*** *Portugal.* SIN. limitar. **5** RESTRINGIDO. Estar ‹una cosa› muy próxima a [otra cosa]: *Su frescura confina* ***con*** *la desvergüenza. Su simpatía confina, a veces,* ***con*** *la tontería.*

confirmación *s. f.* **1** Acción de confirmar: *En la tarjeta de boda los novios pedían la confirmación de los asistentes.* **2** Aquello que afirma la verdad y la certeza de algo: *Tuvo confirmación de sus sospechas. El médico esperaba el resultado de los análisis para la confirmación de su diagnóstico.* **3** REL. Sacramento de varias iglesias cristianas que confirma la gracia del bautismo.

confirmando, da *s. m. / f.* REL. Persona que va a recibir el sacramento de la confirmación.

confirmar *v. tr.* **1** Volver a afirmar ‹una persona› [una cosa]: *La radio ha confirmado el viaje del presidente. Los periódicos confirman las últimas noticias.* SIN. corroborar. **2** Dar ‹una persona› validez a [una cosa provisional]: *Lo confirmaron* ***en*** *el cargo. Tengo que confirmar la cita del médico.* SIN. ratificar. **3** Dar ‹una persona o una cosa› mayor firmeza o seguridad [a una persona o una cosa]: *La confirmó* ***en*** *la fe la visión de toda aquella pobre gente. Lo que dices confirma mis dudas.* **4** Administrar ‹una persona› el sacramento de la confirmación [a otra persona]: *El obispo confirmará el próximo domingo a los niños de Tarragona.* || *v. prnl.* **5** Adquirir ‹una persona o una cosa› mayor firmeza o seguridad: *Se confirmó* ***en*** *su opinión. Me confirmo en mis sospechas después de lo que me dices.* **6** Recibir ‹una persona› el sacramento de la confirmación: *Me confirmé cuando era muy pequeñito.*

confiscación *s. f.* Privación de los bienes de una persona hecha por el Estado o la autoridad competente: *La policía realizó la confiscación de la mercancía de contrabando.*

confiscar *v. tr.* **1** Quedarse ‹el Tesoro público› con [los bienes de una persona]: *Cuando confiscan los bienes de una gran empresa se organiza un escándalo.* **2** Quedarse ‹las autoridades o los agentes del gobierno› con [las cosas implicadas en un delito]: *Han confiscado un camión de contrabando de tabaco. Quedó confiscado un barco de licor.* ⇒ **71.**

confitar *v. tr.* **1** Cubrir ‹una persona› [frutas, almendras o piñones] con azúcar para hacer confites: *Las almendras se confitan de diferentes maneras.* **2** Cocer ‹una persona› [frutas en almíbar]: *Mi abuela confitaba ciruelas y melocotones maravillosamente.*

confite *s. m.* Dulce en forma de bolita elaborado con pasta de azúcar aromatizada que contiene en su interior algún ingrediente, como un grano de anís o un piñón: *Regalé confites a los niños. Los confites son dulces típicos de los bautizos y de otras fiestas infantiles.*

confitería *s. f.* **1** Establecimiento donde se hacen o venden dulces y pasteles: *Un letrero normal en muchos comercios es «pastelería, confitería».* **2** ARG., BOL., URUG. Café o cafetería.

confitero, ra *s. m. / f.* Persona que se dedica por profesión a hacer o vender dulces y confituras: *En mi pueblo hay un confitero estupendo.* SIN. pastelero.

confitura *s. f.* Dulce de fruta confitada, en compota o en mermelada: *confitura de melocotón, confitura de naranja.*

conflagración *s. f.* ELEVADO. Conflicto armado, violento y repentino entre dos o más naciones: *La mortandad causada por la conflagración asoló Europa. Hay peligro de una conflagración armada en la zona.*

conflagrar *v. tr. / prnl.* RESTRINGIDO. Inflamar ‹una cosa›: *El polvorín* ***se*** *conflagró anoche.*

conflictividad *s. f.* **1** (no contable) Capacidad de crear conflictos: *Carmen es una persona que tiene una conflictividad muy fuerte.* **2** (no contable) Situación conflictiva o de enfrentamiento: *la conflictividad social. La conflictividad sindical puede crecer en otoño.*

conflictivo, va *adj.* **1** (antepuesto / pospuesto) Que provoca un conflicto: *Sus opiniones son siempre conflictivas. No hagas caso de sus conflictivas palabras. Le gusta provocar con actitudes conflictivas. Es una persona muy conflictiva en el trabajo.* **2** Que sufre la existencia de conflictos: *un encuentro conflictivo, una época conflictiva.*

conflicto *s. m.* **1** Lucha o desacuerdo entre personas o cosas: *conflicto armado, conflicto de intereses, conflicto de sentimientos, conflicto entre dos países, conflicto generacional.* **2** Situación difícil o desgraciada que no tiene solución o salida sencillas: *Tengo un pequeño conflicto hoy, porque me han invitado a cenar a dos sitios. Tenemos un conflicto laboral en el trabajo, a ver cómo lo solucionamos.*

confluencia *s. f.* **1** Acción y resultado de confluir: *La confluencia de las dos autopistas es la causa de que se produzcan ciertos atascos. La confluencia de los arroyos varía según las estaciones.* **2** Lugar donde confluyen dos cosas: *confluencia de ríos, confluencia de calles, confluencia de caminos, confluencia de carreteras. La carrera sale de la confluencia de la calle Mayor con la calle Antigua.* SIN. cruce.

confluir *v. intr.* **1** Unirse ‹varios caminos o varias corrientes de agua› en [un lugar]: *Varias carreteras confluyen* ***en*** *Madrid. A la salida del pueblo confluyen dos arroyos.* **2** Reunirse ‹varias personas que proceden de diferentes lugares› en [un lugar]: *Los peregrinos confluyen* ***en*** *Santiago. Confluiremos los diferentes autocares* ***en*** *la plaza Mayor.* **3** Estar ‹las opiniones o actitudes de diferentes personas› de acuerdo en [una cosa]: *Las críticas confluyen* ***en*** *alabar la película. Es raro que hayan confluido todas las opiniones* ***en*** *su rechazo a la propuesta del alcalde.* ⇒ **46.**

conformación *s. f.* Forma de una cosa, en especial del cuerpo o una parte de él: *Necesita calzado especial por la conformación de sus pies. La conformación de sus hombros es un poco rara.* SIN. configuración.

conformar *v. tr.* **1** Dar ‹una persona o una cosa› forma a [una cosa]: *La junta saliente ha presentado a la asamblea los nuevos equipos que conforman la red informática de la sociedad. Nos han presentado a las personas que conforman la nueva secretaría. Hemos conformado un nuevo proyecto para la academia.* SIN. configurar. **2** Poner ‹una persona› [varias cosas] de acuerdo: *Conformé los gastos y los ingresos. El mercado conforma la oferta y la demanda.* **3** Poner ‹una persona› el conforme en [un escrito o un documento]: *He tenido que conformar un cheque.* || *v. prnl.* **4** Aceptar ‹una persona› [una cosa] resignadamente: *Se conforma* ***con*** *lo que hay. Yo me conformo* ***con*** *cualquier cosa para cenar.* SIN. resignarse. **5** RESTRINGIDO. Estar ‹varias personas› de acuerdo: *Todos nos conformamos* ***en*** *ir esta noche a cenar.*

conforme *adj.* **1** Que corresponde o está de acuerdo con alguna cosa: *La dosis del medicamento es conforme **a** su edad. La decisión es conforme **a** la ley.* **2** (estar) Que está de acuerdo con la idea o decisión de otro: *Estamos conformes **con** el plan establecido. Estoy conforme **en** el color del vestido.* || *s. m.* **3** Aprobación, conformidad: *No podemos irnos, porque el jefe no da su conforme. Para poder salir de la empresa a estas horas necesitamos la firma del conforme del delegado.* || *adv.* **4** Según, de acuerdo con, a medida que: *Iban entrando a la sala conforme iban llegando. Lo haremos conforme lo habíamos decidido.* FR. Y LOC. **~ a** De acuerdo con: *Conforme a lo convenido, le envío los pedidos.* **según* y ~.**

conformemente *adv. modo* RESTRINGIDO. Con unión y conformidad: *Es preferible que actuéis conformemente.*

conformidad *s. f.* **1** Relación de concordia o correspondencia entre personas o cosas así como entre las partes de un todo: *No hubo conformidad entre los asistentes en torno al tema. La belleza radica en la conformidad de las partes.* SIN. armonía. ANT. disconformidad. **2** Aceptación o consentimiento de una idea o proyecto y manifestación de ello: *Dio su conformidad al proyecto.* SIN. aquiescencia (ELEVADO). **3** Aceptación resignada de los sufrimientos o adversidades: *Muestra conformidad ante su desgracia. María lleva su desgracia con conformidad.* FR. Y LOC. **en / de ~** Según: *De conformidad con lo que habíamos acordado.*

conformismo *s. m.* (no contable) Actitud de la persona que se conforma con las circunstancias que vive y no lucha para cambiarlas: *El conformismo de la juventud es un tópico.* ANT. inconformismo.

conformista *adj. / s. m.* y *f.* **1** Que se adapta con facilidad a cualquier circunstancia o idea: *Pepe es muy conformista, come cualquier cosa. No te preocupes por nosotros, dormimos en cualquier sitio, somos bastante conformistas.* **2** Que acepta con poco sentido crítico las situaciones políticas, sociales o laborales: *Felipe es muy conformista, va a quedarse siempre sin ascender. Rosa es muy conformista, le parece siempre bien la política del gobierno.*

confort (del inglés; pronunciamos *'confor'*) *s. m.* (no contable) Bienestar, comodidad: *un piso de gran confort, la sociedad del confort, el confort de una casa. Le gusta el lujo y el confort.*

confortable *adj.* (antepuesto / pospuesto) Que produce comodidad o agrado: *asientos confortables. La cama y la habitación son muy confortables. Goza de una confortable posición económica. Estoy deseando comenzar el crucero para tomar el sol en una confortable tumbona.*

confortar *v. tr.* **1** Dar ‹una cosa› fuerza o vigor [a una persona]: *Creo que un café me confortará bastante. Me confortaría mucho poder tomar un bocata y una cerveza. La siesta siempre me conforta.* **2** Dar ‹una persona o una cosa› ánimo o consuelo [a una persona]: *Tus palabras me confortan. La entrevista del director me ha confortado.* SIN. alentar.

confraternidad *s. f.* (no contable) Relación de amistad que se establece entre personas, grupos o países: *la confraternidad entre España e Hispanoamérica. La cena de confraternidad entre los dos equipos será la próxima semana.*

confraternización *s. f.* Confraternidad: *cena de confraternización. La confraternización entre estos cursos es necesaria.*

confraternizar *v. intr.* Tratarse ‹varias personas› con amistad y compañerismo: *Estuvimos confraternizando ayer **con** los amigos en una cena agradable. Están confraternizando todos los vecinos.* SIN. congeniar. ⇒ **19.**

confrontación *s. f.* **1** Comparación de una cosa con otra: *En la confrontación **de** la copia **con** el original se notan las correcciones. Es necesaria la confrontación **entre** las dos versiones para llegar a una conclusión.* SIN. cotejo. **2** Enfrentamiento de dos o más personas: *Uno de los dos equipos saldrá vencedor tras la confrontación. La obra de teatro demuestra que la confrontación **entre** dos grandes actores no es perjudicial para el arte. La confrontación **de** los dos campeones dará lugar a un gran espectáculo deportivo.*

confrontar *v. tr.* **1** Examinar ‹una persona› [varias cosas] para apreciar sus semejanzas y sus diferencias: *Confronta un texto **con** otro. He confrontado los dos expedientes y me parece que es difícil decidir cuál es mejor.* SIN. cotejar. **2** Poner ‹una persona› [dos personas] frente a frente para que sostengan sus afirmaciones: *Han confrontado a los dos acusados. Tenemos que confrontar a los dos chicos a ver qué dicen.* SIN. carear. **3** Hacer ‹una persona› frente [a un enemigo], a [un peligro] o a [una dificultad]: *No quiero confrontarme más contigo, vivamos tranquilos.*

confucianismo o **confucionismo** *s. m.* (no contable) Ideología y creencias de los seguidores del filósofo chino Confucio y de su doctrina.

confuciano, na *adj.* **1** De Confucio o del confucianismo: *filosofía confuciana.* || *adj. / s. m.* y *f.* **2** [Persona] que es partidaria del confucianismo.

confucionismo *s. m.* (no contable) Confucianismo.

confucionista *adj.* **1** Del confucianismo o de Confucio. || *adj. / s. m.* y *f.* **2** [Persona] que es partidaria del confucianismo.

confundir *v. tr.* **1** Tomar ‹una persona› [una cosa] por [otra cosa]: *Confundí una persona **con** otra. He hecho un mal examen: he confundido un mineral **con** otro.* **2** Mezclar ‹una persona o una cosa› [varias cosas] de manera que no se entiendan o no se vean con claridad: *Has confundido todos los nombres. El hombre de la agencia ha confundido las maletas. Creo que he confundido los billetes.* **3** Dejar ‹una persona o una cosa› confusa [a una persona]: *Las noticias que llegan confunden a cualquiera. Me confunden tus piropos.* || *v. prnl.* **4** No dar ‹una persona› con [la persona] o con [la cosa adecuada]: *Me confundí **de** piso. Me confundí **en** el piso.* **5** Mezclarse ‹varias cosas› de manera que no se entiendan o no se vean con claridad: *Se han confundido las madejas y será difícil desenredarlas. Se han confundido los diferentes grupos de visitantes, no es fácil volverlos a organizar. Se confunden nuestros alumnos entre los demás. Creo que sus argumentos se confunden en esta situación.* **6** Quedar ‹una persona› confusa: *Me he confundido con sus alabanzas. Estoy confundido con sus muestras de cariño.* FR. Y LOC. **~ el culo* con las témporas.**

confusión *s. f.* **1** Error o equivocación: *Esta carta no es para mí, debe de haber sido una confusión.* **2** Mezcla de personas o cosas que hace difícil distinguir unas de otras: *Tiene tal confusión de ideas que no sabe qué decir. Tenemos que organizar los libros, porque con esta confusión no encontramos ninguno.* **3** Situación de desconcierto, inseguridad o duda: *El terremoto produjo gran confusión en las calles. Me ha llenado de confusión la noticia que me acabas de dar.*

confusionismo *s. m.* (no contable) PEYORATIVO. Situación de confusión creada deliberadamente por alguien: *Las declaraciones del presidente provocaron el confusionismo.*

confuso, sa *adj.* **1** (antepuesto / pospuesto) Que se percibe, entiende o distingue con dificultad: *una imagen confusa, una música confusa, una idea confusa, una confusa melodía, unas confusas palabras.* **2** Que está desconcertado y con muchas dudas: *Tiene la mente confusa. Tiene un comportamiento confuso. Tiene un proyecto bastante confuso.*

conga *s. f.* **1** Composición musical cubana de origen africano: *La conga tiene un ritmo vivo.* **2** Baile al compás de este ritmo, en el que los bailarines se colocan en fila agarrados por la cintura: *Nos divierte bailar la conga.*

congelación *s. f.* **1** Transformación de un líquido en sólido por efecto del frío: *La congelación del agua de las tuberías las ha reventado.* **2** Acción y resultado de someter una sustancia a temperaturas tan bajas que la parte líquida quede helada: *La congelación de los alimentos debe hacerse con limpieza.* **3** Lesión producida en tejidos del cuerpo por efecto del frío: *Cuando rescataron al montañero ya tenía síntomas de congelación.* **4** Acción y resultado de impedir la modificación de algo: *El juez ordenó la congelación de sus cuentas. Se ha realizado la congelación de las subvenciones a las pequeñas empresas.* **5** Acción y efecto de detenerse el desarrollo de algo: *El gobierno anunció la congelación de las negociaciones con los sindicatos. Han decidido negociar la congelación del nuevo proyecto.*

congelador *s. m.* **1** Parte del frigorífico que está a más baja temperatura donde se congelan y conservan los alimentos: *Es un frigorífico con congelador de tres estrellas.* **2** Electrodoméstico para congelar y conservar alimentos: *guardar en el congelador, sacar del congelador. Tengo que poner la carne en el congelador.*

congelamiento *s. m.* Acción y resultado de congelar o congelarse una sustancia, alimento o tejido del cuerpo: *morir por congelamiento.* SIN. congelación.

congelar *v. tr.* **1** Convertir ‹una persona o una cosa› [un líquido] en hielo: *Las bajas temperaturas han congelado el agua en las tuberías, y éstas han reventado. No sabía que querías congelar el zumo de naranja.* **2** Mantener ‹ una persona o una cosa› fría [una cosa sólida] hasta que se hiela su parte líquida: *Es mejor congelar el pescado para mantener todas sus propiedades.* **3** Producir ‹el frío› lesiones en los tejidos orgánicos de [un ser vivo]: *El frío le congeló los dedos de los pies y se le gangrenaron.* **4** Decidir ‹una autoridad› que queden inmovilizados [los bienes de una persona]: *Temo que me congelen la cuenta corriente si no pago las multas dentro del plazo.* **5** Impedir ‹una autoridad› que [los salarios o los precios] sufran modificaciones: *Congelaron los salarios. El gobierno ha decidido congelar el precio del pan.* **6** Impedir ‹una persona› [las relaciones] entre [otras]: *El director ha congelado las visitas* ***entre*** *colegas. Hace tiempo que no hablamos, el director ha congelado nuestras entrevistas.* ‖ *v. prnl.* **7** Convertirse ‹un líquido› en hielo: *Se ha congelado el agua del radiador del coche.* **8** Quedar helada la parte líquida de ‹una cosa sólida›: *Este congelador es muy potente; apenas hace una hora que he metido los filetes y ya se han congelado.* **9** Sufrir lesiones los tejidos orgánicos de ‹una persona o un animal›: *Al herido se le congelaron las piernas* ***con*** *el intenso frío y la falta de movimiento. Se me congelaron las manos* ***por*** *el frío.* **10** Tener ‹una persona› mucho frío: *No pienso ir más a esa casa, porque cada vez que voy me congelo.*

congénere *adj. / s. m.* y *f.* **1** Que tiene el mismo origen o pertenece a la misma clase: *El gato y el tigre son congéneres, aunque presentan diferencias evidentes.* ‖ *s. m. / f.* **2** PEYORATIVO. Persona que se comporta de la misma forma que otra o que pertenece a su mismo grupo: *Este individuo y sus congéneres se dedican a romper escaparates por las noches.*

congeniar *v. intr.* Llevarse bien ‹varias personas› por tener ideas o caracteres parecidos: *No te extrañe que le dé su apoyo, porque ellos siempre congeniaron. Nunca he congeniado* ***con*** *él, aunque reconozco que no es mala persona.*

congénito, ta *adj.* MED. Que se produce en la fase embrionaria y fetal del desarrollo de un ser vivo: *un defecto congénito.* **enfermedad congénita.**

congestión *s. f.* **1** MED. Acumulación excesiva de sangre u otro líquido en alguna parte del cuerpo: *El esfuerzo le produjo la congestión del rostro. La congestión nasal que tengo no me deja respirar.* **2** Aglomeración de vehículos o personas en un lugar, de manera que impidan la normal circulación: *Había tal congestión que tardamos dos horas en cruzar la ciudad. La congestión de tráfico es normal al mediodía. Es difícil moverse por la biblioteca, porque ya tiene una congestión fuerte a las diez de la mañana.* SIN. atasco.

congestionar *v. tr. / prnl.* **1** Acumular ‹una cosa› [una cantidad excesiva de sangre u otro líquido] en [una parte del cuerpo]: *La excesiva grasa había congestionado sus arterias. La ira le congestionaba el rostro.* ***Se*** *congestionó su cara con el enfado. El calor le congestionaba las piernas.* **2** Obstruir ‹las personas o los vehículos› la circulación o el movimiento en [una zona de paso]: *La manifestación congestionaba las principales vías de la ciudad. La autopista* ***se*** *congestiona siempre* ***con*** *los domingueros.*

conglomeración *s. f.* (no contable) Unión de fragmentos de una sustancia mediante conglomerante para formar un cuerpo compacto: *La conglomeración de la arena y la grava utilizadas en la construcción se produce gracias al cemento.*

conglomerado *s. m.* **1** (no contable) GEOL. Roca sedimentaria formada por fragmentos de diversas rocas o por sustancias minerales unidas por un cemento. **2** (no contable) Masa compacta que resulta de unir artificialmente algunos materiales: *conglomerado asfáltico. Este armario está fabricado con conglomerado forrado de formica roja.* **3** Acumulación o unión de cosas inmateriales más o menos diversas: *conglomerado de problemas. El conglomerado de circunstancias que nos han traído hasta aquí es indescriptible. Este país está formado por un conglomerado de pueblos y culturas de lo más variado.*

conglomerante *s. m.* (no contable) Material capaz de unir fragmentos de una o varias sustancias y dar cohesión al conjunto: *El yeso, el cemento y la cal son conglomerantes muy usados en la construcción.*

conglomerar *v. tr.* **1** Unir ‹una persona› fragmentos de [una o varias sustancias] con un conglomerante: *Para formar el mortero de albañil hay que conglomerar el cemento, la arena y la cal.* **2** Cohesionar ‹una persona o cosa› [un conjunto diverso]: *El líder ha conglomerado las diferentes* *corrientes de opinión con su propuesta.* || *v. prnl.* **3** Unirse los fragmentos de ‹una o varias sustancias›: *En el alquitrán se conglomeran sustancias como la pez, la resina o el aceite.* SIN. aglomerarse. **4** RESTRINGIDO. Agruparse ‹un conjunto diverso› por [una determinada razón]: *Todos los miembros de la asamblea se conglomeraron para responder a las críticas de división interna que se habían hecho.*

congoja *s. f.* (no contable) Pena o angustia muy intensa: *La familia pasó horas de congoja tras la desaparición del niño.* SIN. aflicción, pesar.

congoleño, ña o **congolés, sa** *adj. / s. m.* y *f.* De la República Popular del Congo, país africano: *las costumbres congoleñas, la vida de los congoleños.*

congraciar *v. tr. / prnl.* Ganar ‹una persona o una cosa› la simpatía, el afecto o el apoyo de [otra persona]: ***Se*** *ha congraciado* ***con*** *su jefe. No pienso hacer ningún esfuerzo por congraciar****me con*** *ese individuo, porque no lo soporto. Su simpatía lo ha congraciado* ***con*** *todos.*

congratulación *s. f.* (no contable) Acción y resultado de congratular o congratularse: *Le hemos enviado nuestras congratulaciones por el nombramiento. Le manifestamos nuestra más sincera congratulación por la boda.*

congratular *v. tr. / prnl.* Manifestar ‹una persona› alegría o satisfacción [a otra persona a la que ha sucedido una cosa agradable]: ***Me*** *congratulo* ***por*** *el éxito de tu novela. Todos* ***se*** *congratularon* ***por*** *la buena clasificación del equipo al final de la competición. Que triunfes en otras ciudades nos congratula sinceramente.*

congregación *s. f.* **1** Acción de congregar o congregarse: *La congregación de los fieles se produjo en el lugar convenido. Nunca había visto una congregación semejante de montañeros.* **2** REL. En la iglesia católica, conjunto de personas que viven en comunidad religiosa, obedientes a una regla y bajo una autoridad común: *Algunas congregaciones están extendidas por todo el mundo.* **3** REL. Grupo de laicos con objetivos religiosos comunes: *congregación mariana, congregación del Cristo de la Salud.* **4** En el Estado del Vaticano, sección o conjunto de cardenales y prelados encargados de resolver algunos asuntos determinados: *la congregación de Ritos, la congregación de Propaganda.*

congregante, ta *s. m. / f.* Laico que pertenece a una congregación: *los congregantes del Sagrado Corazón, los congregantes de la Congregación Mariana.*

congregar *v. tr. / prnl.* Reunir ‹una persona o una cosa› [a otras personas] en [un lugar]: *El concierto congregó a miles de personas en el estadio.* ***Se*** *congregó una multitud* ***en*** *las puertas del santuario.* ⇒ **56.**

congresista *s. m. / f.* **1** Persona que asiste a un congreso científico: *Los congresistas fueron recibidos por el alcalde de la ciudad.* **2** Persona que pertenece a un congreso o cámara de diputados: *La congresista mantuvo su postura contra todas las presiones.*

congreso *s. m.* **1** Conjunto de personas que se reúnen para tratar cuestiones o temas previamente fijados: *Asistió al último congreso de medicina que se celebró en Madrid.* **Palacio de Congresos.** **2** Asamblea legislativa nacional de algunos países: *congreso de los diputados.* **3** Edificio donde se reúne esta asamblea: *Los políticos están reunidos en el Congreso.*

congrio *s. m.* (macho y hembra) *Conger conger.* Pez marino de forma parecida a la anguila, de color grisáceo y sin escamas, que habita en la desembocadura de los ríos y es apreciado por su carne.

congruencia *s. f.* Relación de coherencia entre dos cosas: *Sus actos no guardan congruencia* ***con*** *sus palabras. No existe congruencia entre esa política exterior y los intereses nacionales.*

congruente *adj.* Que conviene, se acomoda o concuerda con algo: *respuesta congruente, explicación congruente. Su comportamiento es congruente* ***con*** *su manera de pensar.*

cónico, ca *adj.* **1** GEOM. Del cono: *sección cónica, superficie cónica.* **2** Que tiene forma de cono: *figura cónica, techo cónico.*

conífero, ra *adj. / s. f.* **1** BOT. [Árbol, arbusto] que tiene hojas perennes o agujas en forma de escamas y ramas y frutos cónicos: *El pino y el abeto son coníferas. El ciprés es una conífera.* || *s. f.* **2** (en plural) BOT. Familia de estas plantas.

conjetura *s. f.* Juicio u opinión de algo formado por indicios o datos inseguros: *Todo eso no son más que conjeturas, es mejor que esperes a ver qué pasa. No se puede acusar a nadie por simples conjeturas.*

conjeturar *v. tr.* Formar ‹una persona› un juicio o una opinión acerca de [una cosa] por [indicios o señales]: *Conjeturó el futuro inmediato* ***por*** *los indicios que tenía. No soy profeta, pero puedo conjeturar que como sigamos así nos van a cerrar la empresa.*

conjugación *s. f.* **1** Combinación de cosas diversas: *La conjugación de los diferentes aspectos dará una idea más global.* **2** LING. Conjunto ordenado de formas verbales determinadas por la combinación de un morfema léxico con una serie de morfemas gramaticales: *«Cantar» es un verbo de la primera conjugación.* **~ defectiva. ~ irregular. ~ regular.**

conjugar *v. tr.* **1** LING. Poner ‹una persona› [un verbo] en las distintas formas que adopta para expresar los accidentes de modo, tiempo, número y persona: *En el examen se pedía que conjugáramos el pretérito imperfecto de indicativo del verbo «haber».* **2** Poner ‹una persona› [varias cosas] de acuerdo: *El secreto está en conjugar todos los intereses sin despreciar ninguno. En esta pintura se conjugan los diferentes estilos del arte contemporáneo.* ⇒ **56.**

conjunción *s. f.* **1** GRAM. Parte invariable de la oración que sirve de enlace entre distintos elementos oracionales, entre oraciones o entre oraciones y cláusulas. **~ adversativa. ~ causal. ~ completiva. ~ concesiva. ~ condicional. ~ consecutiva. ~ coordinante. ~ copulativa. ~ distributiva. ~ disyuntiva. ~ final. ~ ilativa. ~ subordinante. ~ temporal.** **2** Unión coincidente: *La conjunción de varias causas desgraciadas ha provocado el accidente.* **3** ASTRON. Situación relativa de dos cuerpos celestes cuando tienen la misma longitud: *Según algunos astrólogos, la conjunción de Venus y Mercurio provocará beneficios incalculables.*

conjuntamente *adv.* **1** De forma conjunta, no separadamente: *Actuaremos conjuntamente. Todos los documentos les serán entregados conjuntamente.* **2** Juntamente: *Viajó conjuntamente* ***con*** *sus padres y hermanos.*

conjuntar *v. tr.* 1 RESTRINGIDO. Formar ‹una persona› un conjunto con [varias cosas]: *El club ha sabido conjuntar un buen equipo* ***con*** *jugadores mediocres. Ha conjuntado varias pinturas importantes en su casa a lo largo de su vida.* || *v. prnl.* 2 Formar ‹varias personas o varias cosas› un conjunto: *El grupo no suena bien porque no se ha conjuntado todavía perfectamente. Las diferentes actuaciones municipales tienen que conjuntarse si queremos que la parte antigua de la ciudad mejore.*

conjuntiva *s. f.* ANAT. Membrana mucosa que recubre la parte interior del párpado y la parte delantera del globo del ojo, protegiéndolo y manteniéndolo húmedo: *La exploración de la conjuntiva permite detectar estados anémicos.*

conjuntivitis (plural *conjuntivitis*) *s. f.* MED. Inflamación de la conjuntiva del ojo: *Me he quitado las lentillas porque creo que tengo conjuntivitis.*

conjuntivo, va *adj.* 1 Que une una cosa a otra. **tejido* ~.** 2 De la conjunción. 3 [Locución] que funciona como una conjunción.

conjunto, ta *adj.* 1 Que está unido, se da al mismo tiempo o tiende al mismo fin que otra cosa: *una visión conjunta de los problemas urbanos, un esfuerzo conjunto. La actuación conjunta de las fuerzas de orden público abortó la acción terrorista.* || *s. m.* 2 Reunión de personas, animales o cosas: *Un conjunto de ovejas constituye un rebaño. El conjunto de personas que acudió a la conferencia estaba formado por los mismos de siempre.* SIN. agrupación. 3 MAT. Grupo de entes matemáticos que tiene una determinada propiedad: *un conjunto de números primos, el conjunto de los números naturales, el conjunto de los números enteros, un conjunto vacío.* 4 Juego de vestir compuesto de dos o más prendas combinadas: *un conjunto de chaqueta y falda.* 5 Grupo reducido de intérpretes musicales: *un conjunto de rock famoso en los setenta. Con la marcha de uno de los miembros, el conjunto quedó reducido a cuatro intérpretes.* FR. Y LOC. **en ~** En su totalidad y sin entrar en detalles: *La casa, en conjunto, no está mal. Si se valora en conjunto, estoy de acuerdo en que su actuación ha sido aceptable.*

conjura *s. f.* Unión de varias personas mediante un compromiso para actuar contra una persona, generalmente una autoridad, contra el Estado o contra alguna de sus instituciones: *Julio César fue víctima de una conjura.*

conjuración *s. f.* 1 Acción y resultado de conjurar: *Detuvieron a los miembros de la conjuración contra el primer ministro.* SIN. conjura. 2 Evitación de un daño o peligro: *La conjuración de los accidentes de tráfico no depende de las autoridades sino de la voluntad decidida de los conductores.*

conjurar *v. tr.* 1 Evitar ‹una persona› [un daño o un peligro]: *El guardameta paró el balón, y conjuró así la derrota que se cernía sobre su portería. Los bomberos conjuraron una catástrofe al apagar el fuego que se acercaba a los núcleos habitados.* 2 REL. Utilizar ‹una persona con poder› exorcismos para librar a una persona o un lugar de [un espíritu maligno]: *El sacerdote conjuró al espíritu maligno para que saliera del cuerpo de aquella pobre mujer.* 3 Invocar ‹una persona› [la presencia de un espíritu]: *No me gusta ir a sus fiestas, porque conjuran por la noche a los difuntos y a los diablos.* || *v. prnl.* 4 Unirse ‹varias personas› para [actuar contra otra persona o contra una cosa]: *Se conjuraron* ***para*** *derrocar al dictador. Adela está un poco paranoica, cree que todos en la oficina se conjuran* ***contra*** *ella. Yo creo que se han conjurado* ***para*** *controlar la empresa.* 5 Unirse ‹varias personas› con un juramento para [conseguir alguna cosa].

conjuro *s. m.* Palabra o fórmula mágica de hechicería o de exorcismo: *La bruja pronunció un conjuro que convirtió al príncipe en rana. El hechicero hizo un conjuro extraño, pero a mí me quitó la verruga.* FR. Y LOC. **al ~ de** Al recuerdo de, con la fuerza de: *Al conjuro del nombre mágico los espíritus le obedecieron. Al conjuro de sus palabras, cayó en sus brazos.*

conllevar *v. tr.* 1 Implicar ‹una cosa› [otra cosa como consecuencia]: *Buscar el apoyo de Roberto conlleva perder la simpatía de mucha gente. Actuar así conlleva crearse muchos enemigos.* 2 Soportar ‹una persona› [una cosa] con paciencia: *Mi hermano conlleva su separación como buenamente puede. Conllevas tu enfermedad con optimismo.*

conmemoración *s. f.* Recuerdo de una persona o acontecimiento, especialmente si se celebra con una ceremonia o acto: *la conmemoración del descubrimiento, la conmemoración del aniversario, la conmemoración de una fiesta nacional, la conmemoración de una batalla. Te traigo un regalo en conmemoración de nuestro aniversario.*

conmemorar *v. tr.* 1 Servir ‹una cosa› para recordar [un acontecimiento]: *La exposición de fotografías conmemora la llegada del hombre a la Luna. La estatua conmemora la llegada de los romanos a estas playas.* 2 Celebrar ‹una persona› una fiesta o una ceremonia para recordar [un acontecimiento]: *Con su visita conmemoraremos el centenario de la fundación de nuestra asociación. La ciudad conmemora su liberación con una gran fiesta todos los años.*

conmemorativo, va *adj.* Que conmemora o recuerda a alguien o a alguna cosa: *acto conmemorativo. Es una medalla conmemorativa.* **monumento ~. placa conmemorativa.**

conmensurable *adj.* Que puede ser medido: *La capacidad de sufrimiento de las personas en momentos difíciles no es conmensurable.*

conmensurar *v. tr.* Medir ‹una persona› [una cosa] proporcionalmente: *No sé si alguien puede conmensurar la solidaridad entre las personas.*

conmigo *pron. pers.* Con la persona que habla o escribe *(yo)*. OBSERVACIONES: Toma algunos de los valores de la preposición *con*: 'en mi compañía' (*Ven conmigo*), 'incluido yo' (*Somos quince, conmigo*).

conminación *s. f.* (no contable) RESTRINGIDO. Acción y resultado de conminar: *La conminación era tan seria que todos obedecieron al instante.* SIN. amenaza.

conminar *v. tr.* 1 DER. Exigir ‹una autoridad› [una cosa] [a una persona] bajo amenaza: *La policía conminó a los malhechores a tirar las armas mientras les apuntaban con sus pistolas. El tribunal conminó al acusado a presentarse en la sala al día siguiente.* 2 RESTRINGIDO. Amenazar ‹una persona› [a otra persona] con [un castigo]: *Conminaron* ***con*** *una sanción a los trabajadores en huelga.*

conmiseración *s. f.* (no contable) ELEVADO. Compasión o dolor por la desgracia ajena: *Acariciaban su cabeza con fingida conmiseración. La conmiseración es un afecto de las almas nobles.* SIN. lástima.

conmoción *s. f.* **1** Perturbación intensa del cuerpo o del ánimo por causas violentas: *La tremenda sorpresa causó conmoción a la familia, que no se recuperó en bastante tiempo.* || **2 ~ cerebral** MED. Pérdida de conocimiento transitoria a consecuencia de un golpe en la cabeza: *El accidente le produjo una conmoción cerebral. El boxeador permanece en observación después de la conmoción cerebral que sufrió.*

conmocionar *v. tr.* **1** Producir ‹una persona o cosa› perturbación intensa [a una persona] por [causas violentas]: *La noticia conmocionó a los que estaban allí en aquel momento. El golpe conmocionó al ciclista, que estuvo inconsciente más de un minuto. La muerte del famoso corredor conmocionó a todas las personas, jóvenes y niños.* || *v. prnl.* **2** Experimentar ‹una persona› perturbación intensa del cuerpo o del ánimo por [causas violentas]: *Ellos se han conmocionado al saber que habían perdido todo el dinero. El albañil se conmocionó* ***con*** *el golpe que recibió al caerse del andamio. El padre se conmocionó* ***por*** *la desgraciada noticia.*

conmover *v. tr.* **1** Causar ‹una persona o una cosa› emoción [a una persona]: *Su relato nos conmovía porque no imaginábamos que su situación personal fuera tan mala. Las acciones de los héroes siempre han conmovido a los niños.* **2** Hacer ‹una cosa› que [otra cosa] se mueva repetidamente: *El golpe de la puerta conmovió las paredes de la casa. La explosión conmovió hasta los cimientos del edificio.* SIN. estremecer. || *v. prnl.* **3** Sentir ‹una persona› emoción: *Siempre me conmuevo con sus historias.* **4** Moverse ‹una cosa› repetidamente: *Hasta los cimientos de la ciudad se conmovieron por la sacudida del terremoto.* ⇒ **52.**

conmutación *s. f.* Acción y resultado de conmutar: *No fue posible la conmutación de la pena. Están ensayando la conmutación de las multas de los gamberros por un castigo de trabajos públicos.*

conmutador *s. m.* **1** Pieza de un circuito eléctrico que interrumpe la corriente o cambia su dirección: *el conmutador de la luz.* **2** AMÉR. Aparato para conectar líneas de teléfonos.

conmutar *v. tr.* **1** Cambiar ‹una persona› [una cosa] por [otra cosa]: *Le conmutaron la sanción de medio millón* ***por*** *otra de doscientas mil pesetas. Por fin Álvaro consiguió conmutar su puesto* ***con*** *el de otro compañero.* SIN. permutar. **2** DER. Cambiar ‹una autoridad competente› [una pena] por [otra pena más leve]: *Le han conmutado los meses de cárcel por una multa.*

conmutativo, va *adj.* **1** Que conmuta o puede conmutar. **2** MAT. [Operación, propiedad] que no varía el resultado del cálculo al cambiar el orden de los elementos: *La suma y la multiplicación son operaciones conmutativas.* **propiedad conmutativa.**

connatural *adj.* (antepuesto/pospuesto) Que es propio de la naturaleza de cada ser: *Su mal carácter es connatural en él. La connatural lentitud de las tortugas es una cualidad bien conocida. Callarse en los momentos importantes es un rasgo connatural de su carácter.* SIN. consustancial.

connivencia *s. f.* **1** (no contable) ELEVADO. Acuerdo entre varias personas para realizar una acción ilícita o prohibida: *El asesino trabajaba en connivencia con el conductor del coche blanco. El tribunal acusaba a los detenidos de propaganda ilegal y de estar en connivencia con los redactores del periódico local.* SIN. complicidad. **2** (no contable) ELEVADO. Tolerancia de una persona con los errores y faltas de otras personas que dependen de ella: *El fraude que se ha producido en la sección se ha hecho con la connivencia de los jefes.* SIN. permisividad.

connotación *s. f.* LING. Significado asociativo que puede adquirir una palabra individual o socialmente: *La palabra «bastardo» tiene connotaciones despectivas para los hablantes del español. La palabra «estor» tiene connotaciones familiares para mí, ya que la asocio a la casa de mis abuelos.*

connotado, da *adj* COL. Que es digno de tenerse en cuenta, notable.

connotar *v. tr.* LING. Adquirir ‹una palabra› [un significado subjetivo o asociativo]: *La palabra «buey» connota valores como la resistencia, la mansedumbre, la lentitud, el conformismo.*

connotativo, va *adj.* LING. Que connota: *el sentido connotativo del texto, un significado connotativo.*

connubio *s. m.* LIT. Matrimonio, casamiento.

cono *s. m.* **1** GEOM. Cuerpo geométrico limitado por una base circular y una superficie formada por rectas que parten de esta circunferencia y convergen en un mismo punto. **2** Objeto que tiene esta forma: *un sombrero de papel con forma de cono.* **3** Instrumento de material flexible y blando en forma de cono utilizado para regular el tráfico señalando carriles y direcciones: *Han señalizado con conos un carril de salida adicional. Respeten la dirección que marcan los conos.* **4** ANAT. Célula de la retina del ojo que recibe las impresiones de color: *En la retina predominan los conos y los bastoncillos.* || **5 ~ sur** GEOGR. Zona geográfica del sur del continente americano formada por Chile, Argentina, Uruguay: *Los países del cono sur han decidido impulsar una política exterior común.*

conocedor, ra *adj.* / *s. m.* y *f.* Que es especialista o muy entendido en algún tema: *Eres muy buena conocedora de los problemas de esa gente. Pedro es un buen conocedor de vinos. ¿Quién es el mejor conocedor de la historia latinoamericana?*

conocer *v. tr.* **1** Tener ‹una persona› idea o noción de [una cosa]: *Lo siento, pero no conozco nada de ese tema.* **2** Saber ‹una persona› [una cosa] por medio del estudio o de la experiencia: *He podido conocer, tras muchos años de estudio, los secretos de la economía. En mis viajes pude conocer las necesidades de los pueblos más pobres del planeta. Quien no conoce la soledad no es capaz de valorar la amistad.* **3** Tener ‹una persona› noticia de [una cosa]: *Ya conocía la fecha de vuestra boda, porque el otro día alguien me la comentó.* **4** Saber diferenciar ‹una persona› [una cosa] de otra cosa: *No conoce a su mujer desde que sufrió el accidente. No conozco los vinos, por eso prefiero que elijas tú.* **5** Darse ‹una persona› cuenta de [una cosa]: *No conoce la gravedad de su enfermedad.* **6** RESTRINGIDO. Tener ‹una persona› relaciones sexuales con [otra persona]: *Que se sepa, no ha conocido mujer alguna hasta la fecha.* || *v. tr.* / *intr.* **7** DER. Tener ‹una persona› capacidad o autoridad para intervenir en [un asunto]: *El juez que conoce* ***de*** *delitos monetarios ha dictado sentencia contra un alto funcionario. El juez que conoce el caso ha decretado la prisión del detenido.* || *v. tr.* / *prnl.* **8** Saber ‹una persona› cómo es [otra persona, un animal o una cosa]: *La conozco bien, después de tantos años de aguantarla. Él* ***se*** *conoce mejor que nadie. Los* *dos hermanos **se** conocen muy bien.* **9** Tener ‹una persona› trato y relación con [otra persona]: *Los conozco porque trabajan conmigo. **Se** conocen desde hace mucho tiempo.* || *v. prnl.* **10** Ser ‹una cosa› perceptible o probable: *Se te conoce la satisfacción en la cara. Se conoce **que** va a llover.* FR. Y LOC. **~ como la palma* de la mano. ~ el paño*. ~ el percal*. conocer(se) de vista** Saber ‹una persona› cómo es otra persona por haberla visto en alguna ocasión, sin haber tenido trato con ella: *Sólo la conozco de vista, ni siquiera nos saludamos.* **dar a ~** Hacer ‹una persona› pública una cosa: *He dado a conocer mi nuevo libro.* **darse a ~** 1 Decir ‹una persona› quién es: *Se dio a conocer a los primos que estaban en casa.* 2 Empezar ‹una persona› a tener un nombre en un ambiente artístico o profesional: *El joven investigador se ha dado a conocer en un congreso internacional. Yo me di a conocer en un concurso de cuentos de mi pueblo.* **el que no te conozca que te compre** RESTRINGIDO. Se usa para indicar que el hablante sabe muy bien cómo es una persona y que por este motivo no puede fiarse de ella. **te conozco, bacalao*. ⇒ 5.**

conocido, da *adj.* **1** (antepuesto) Que es famoso o acreditado: *Un conocido cirujano me operó de la rodilla. Es una conocida jurista.* || *s. m./f.* **2** Persona con la que existe trato, pero no amistad: *Tengo un conocido que resulta que te conoce. Antonia no es amiga mía, es conocida.*

conocimiento *s. m.* **1** (no contable) Capacidad de entender y juzgar adecuadamente: *¡Qué poco conocimiento tienes! A ver si te comportas con un poco más de conocimiento y no haces esas niñerías.* SIN. juicio. **2** (no contable) Percepción del mundo exterior mediante las capacidades sensoriales: *La niña estaba en el suelo, sin conocimiento. Recobré el conocimiento unos minutos después del accidente.* SIN. conciencia. **3** (no contable) Saber alcanzado mediante el estudio intelectual: *Sólo se llega al conocimiento de una ciencia tras largos años de estudio y esfuerzo.* **4** (no contable) Saber alcanzado mediante la experiencia: *El conocimiento del amor lo hizo convertirse en una persona diferente.* **5** (en plural; no contable) Conjunto de nociones o ideas sobre alguna materia: *Tengo algunos conocimientos de matemáticas.* **6** Relación con las personas: *Está muy interesado en el conocimiento de nueva gente.* **7** COLOQUIAL; HUMORÍSTICO. Persona con la que existe trato, pero no amistad: *Este que se ha ido es un conocimiento mío de hace muchos años.* **8** COLOQUIAL; HUMORÍSTICO. Persona con la que se mantiene una relación sentimental: *No fue mal hombre, repartió su dinero entre sus conocimientos. Me ha presentado a un conocimiento suyo y es una tía estupenda.* SIN. conocido. FR. Y LOC. **con ~ de causa** Se usa para indicar que se conocen bien los motivos que justifican una acción: *Hablo con conocimiento de causa.* **perder el ~** Desmayarse ‹una persona›: *Al oír la noticia perdí el conocimiento*

conoide *s. m.* GEOM. Figura semejante a un cono.

conopial *adj.* ARQ. [Arco] que es apuntado y muy rebajado, y tiene un entrante en el centro de la clave.

conque *conj.* **1** COLOQUIAL. Introduce proposiciones que expresan diferentes matices, siempre como consecuencia natural y esperable de un hecho concreto mencionado antes o de un hecho general que suele darse por supuesto. Así, la proposición que introduce expresa: **1**1 Una conclusión enfática como réplica o deducción de lo dicho anteriormente: *Ella no ha estado en Madrid, conque no puede haber tocado la puerta de Alcalá. Tiene la ventana abierta, conque no andará él muy lejos.* **1**2 Una propuesta de actuación, generalmente realizada de manera enérgica: *Ese sitio es el mío, conque ya te estás levantando. La sala está hecha una pocilga, conque a ver si la limpian. Tú no eres socio, conque ¡fuera de aquí! La idea es buena y factible; conque ¡adelante con ella!* **1**3 Una disuasión para el interlocutor: *Tú no me caes muy bien; conque ni se te ocurra presentarte allí. Estaré vigilando, conque ¡ojo con destrozar nada! Entonces no me ayudaste; conque no esperes que ahora yo te ayude a ti.* **1**4 Una pregunta hecha para motivar al interlocutor a tomar un decisión: *Se está haciendo ya muy tarde y yo no puedo esperar; conque ¿lo tomas o lo dejas?* **1**5 Una advertencia o amenaza hecha en forma de propuesta de acción: *Hay muchos dispuestos a trabajar por la mitad; conque o abandonáis la huelga o quedáis despedidos.* **1**6 Un deseo: *Tampoco él me ayudó a mí; conque ¡ojalá fracase!* **1**7 (tras una pausa) Una acción decidida como reacción a hechos antes expuestos y seguidos de pausa: *Era casi de noche y comenzaba el trayecto de montaña, había empezado a nevar y no teníamos donde protegernos, conque decidimos desandar el camino y esperar mejor suerte al día siguiente.* RELACIONES Y CONTRASTES: Frente a locuciones consecutivas o adverbios como *por consiguiente, por tanto, por ende, en consecuencia, consiguientemente, consecuentemente*: ◊ No puede aparecer entre paréntesis. ◊ Es conjunción coordinativa y, por tanto, no puede ir precedida de otra partícula coordinativa, y sólo aparece entre dos proposiciones. ◊ Presenta como consecuencias dichos o deseos, pero no otros hechos. ◊ Sólo une proposiciones verbales o una proposición verbal con otra expresión equivalente: *No podéis estar aquí; conque ¡a la calle!* ◊ Exige un contexto emotivo. **2** Sin perder el carácter de enlace consecutivo: **2**1 Introduce proposiciones aparentemente aisladas, en las que se indica una confirmación de un rumor o evidencia: *–«¡Conque nos abandonas!» –«Bueno, simplemente me cambio de barrio.»* **2**2 Se recogen como réplica palabras dichas antes por el interlocutor: *Te pusiste morado de vino, conque sólo un poquitín, ¿eh?* **2**3 Se presenta una predicción o promesa hecha anteriormente y no cumplida: *¡Conque me lo terminabas ayer! ¡Conque nunca más me pedirías dinero!* OBSERVACIONES: Se usa en estos contextos frecuentemente con ironía. FR. Y LOC. **(~) ¿esas tenemos*?**

conque *s. m.* RESTRINGIDO. Condición que representa una limitación a lo que se accede o promete: *Ha dicho que lo hará, pero con unos cuantos conques.*

conquense *adj./s. m.* y *f.* De Cuenca, ciudad y provincia española: *ciudad conquense. Esa cantante es conquense.*

conquista *s. f.* **1** Dominación de un territorio por las armas: *La conquista de aquella playa fue dura. La conquista del castillo costó la vida a dos buenos caballeros.* **2** Territorio dominado por las armas: *Sus conquistas militares le dieron fama.* **3** Logro de una cosa con esfuerzo y superando las dificultades: *Al deportista le resultó difícil la conquista del primer puesto.* **4** Cosa lograda mediante esfuerzo y habilidad: *El aumento lineal del sueldo fue una de las conquistas del sindicato. La democracia ha sido una conquista larga y dolorosa.* **5** Logro del amor de una persona: *Se propuso la conquista de Amalia desde la primera vez que la vio.* **6** Persona a la que se conquista sentimentalmente o se enamora: *Su última conquista fue una rubia muy atractiva.*

conquistador, ra *adj. / s. m.* y *f.* **1** [Persona] que conquista alguna cosa: *El ejército conquistador actuó despiadadamente. Los conquistadores se adentraron en la selva para dominar aquellos territorios. El tenor fue el conquistador del corazón de todos los asistentes.* **2** [Persona] que enamora a muchas personas del otro sexo: *Carlos es un conquistador: todas las chicas van detrás de él.*

conquistar *v. tr.* **1** Tomar ‹una persona› [un territorio] por las armas: *Conquistar nuevos territorios era el primer objetivo de los ejércitos.* **2** Conseguir ‹una persona› [una cosa] con esfuerzo o habilidad: *Por más que lo intenté, no pude conquistar el puesto que pretendía. El equipo conquistó el título de liga después de una campaña magnífica.* SIN. lograr. **3** Conseguir ‹una persona› el amor de [otra persona]: *Hay que ver lo que te costó conquistar a tu mujer.* SIN. seducir. **4** Conseguir ‹una persona› la simpatía, el afecto o la voluntad de [otra persona]: *Ha conquistado a todos sus compañeros, y están dispuestos a obedecerlo ciegamente. Esta niña conquista en seguida a todos los profesores.*

consabido, da *adj.* **1** (antepuesto / pospuesto) Que es conocido por todos: *Hablé del consabido problema, que aún no hemos podido solucionar. El baile consabido abrió la fiesta del pueblo.* **2** (antepuesto / pospuesto) Que es conocido por repetirse mucho: *Irene nos hizo la consabida pregunta de siempre. El jefe siempre dice las palabras consabidas, es un pesado.* **3** (antepuesto) Que se ha nombrado con anterioridad: *El consabido señor Pérez acudió, como hemos dicho, a su trabajo diario.*

consagración *s. f.* **1** (no contable) Dedicación exclusiva a una determinada actividad: *Su consagración a la poesía se produjo después de su último desengaño. Es proverbial tu consagración a los niños.* **2** Conquista de fama y prestigio en una determinada actividad: *En el último congreso del partido se produjo la consagración del líder. La consagración le llegó al jugador en la final, el día que marcó el gol del triunfo.* **3** REL. Ofrecimiento o dedicación a Dios de una cosa o una persona: *Ayer se produjo la solemne consagración de la nueva catedral. Cuando nacieron los gemelos los padres decidieron su consagración a Dios.* **4** REL. Entre los católicos, la conversión del pan y el vino en cuerpo y sangre de Cristo que hace el sacerdote con los gestos y las palabras adecuados: *La consagración es el momento culminante de la misa.*

consagrar *v. tr.* **1** Dar ‹una cosa› fama y prestigio [a una persona]: *Su último disco lo consagra* ***como*** *uno de los mejores cantantes. Sus victorias lo han consagrado* ***como*** *el mejor deportista de todos los tiempos.* **2** REL. Hacer ‹el sacerdote› sagrados [el pan y el vino]: *Ante la mirada respetuosa de los fieles, el sacerdote consagró el pan y el vino.* **3** Dedicar ‹una persona› [un monumento u otro recuerdo] a [otra persona o un acontecimiento]: *Consagraron un monumento* ***al*** *poeta.* || *v. tr. / prnl.* **4** Dedicar ‹una persona› [a otra persona o una cosa] a [una cosa]: *El muchacho consagró su juventud* ***al*** *estudio de la filosofía oriental.* ***Se*** *consagró* ***a*** *la ciencia y se olvidó de todo lo demás.* **5** REL. Ofrecer ‹una persona› [una persona o un sacrificio] a [Dios]: *El obispo consagró a los nuevos sacerdotes.* ***Se*** *ha consagrado* ***a*** *Dios ingresando en la orden de los franciscanos.* || *v. prnl.* **6** Conseguir ‹una persona› fama y prestigio: *Se ha consagrado* ***como*** *escritor con la publicación de su última obra.*

consanguíneo, a *adj. / s. m.* y *f.* [Persona] que tiene relación de consanguinidad con otra persona: *parientes consanguíneos.*

consanguinidad *s. f.* (no contable) Relación natural de las personas que tienen los mismos orígenes familiares: *Generalmente los reyes de un país son descendientes por consanguinidad.*

consciencia *s. f.* (no contable) Conciencia: *Perdí la consciencia y no sabía dónde estaba.* ANT. inconsciencia.

consciente *adj.* **1** Que tiene conciencia o conocimiento de sus sentimientos, pensamientos o actos y de sus consecuencias, o se comporta con sensatez y sentido de responsabilidad: *Es una persona consciente* ***de*** *lo que hace, no te preocupes. Soy consciente* ***de*** *mi situación. No soy consciente* ***de*** *haber dicho eso. Tienes que ser más consciente, que ya eres mayorcito.* ANT. inconsciente. **2** Que se hace con plena conciencia: *No lo culpes por lo que ha hecho, porque no fue un acto consciente.* ANT. inconsciente. **3** (estar) Que no ha perdido el conocimiento o tiene sus facultades y sentidos intactos: *Hallándome consciente, lego toda mi fortuna a mi único nieto. El enfermo estuvo consciente todo el tiempo a pesar de su gravedad.* ANT. inconsciente.

conscripción *s. f.* AMÉR. Servicio militar obligatorio, reclutamiento.

conscripto *s. m.* AMÉR. Recluta.

consecución *s. f.* (no contable) Acción y resultado de conseguir o lograr algo: *Lo primero para él es la consecución de sus deseos. La consecución de ese trabajo es lo único que le interesa.* SIN. logro.

consecuencia *s. f.* **1** Cosa que se deriva o es el resultado de otra cosa: *El mal tiempo es consecuencia de la borrasca. Las consecuencias de tu comportamiento pasado son las que te ocasionan los problemas que ahora tienes.* **2** Correspondencia lógica entre dos cosas: *Lo que ha dicho hoy no guarda consecuencia con lo que nos decía ayer.* FR. Y LOC. **a ~ de** Como resultado de, por: *A consecuencia de la enfermedad tuve que dejar el trabajo.* **atenerse a las consecuencias** frecuentemente AMENAZA. Responsabilizarse ‹una persona› de las cosas que puedan derivarse de su comportamiento: *Si no me haces caso, tendrás que atenerte a las consecuencias. Tú haz lo que quieras, pero atente a las consecuencias.* **en ~** Por tanto: *No quiero hablar con él, en consecuencia, no voy a llamarlo.* **tener / traer consecuencias** Derivarse ‹una cosa mala› de otra: *La disputa que hemos tenido con el jefe traerá consecuencias, ya lo veréis. Con el tiempo se podrá ver que el uso indiscriminado de insecticidas en la agricultura tendrá consecuencias imprevisibles.*

consecuente *adj.* Que se comporta o actúa sin contradecir sus propias ideas, opiniones o principios: *comportamiento consecuente, actitud consecuente. Yo siempre he sido consecuente conmigo mismo.* ANT. inconsecuente.

consecuentemente *adv. modo* **1** De manera consecuente, con consecuencia, de acuerdo con la actuación o postulados: *Obraré consecuentemente. Consecuentemente* ***con*** *mi propuesta, me abstengo.* || *adv. orac.* **2** Por consiguiente, por tanto. Puede actuar como enlace interoracional. **2.1** Señala un hecho consabido previamente descrito y presenta explícitamente, como consecuencia de aquél, otro hecho externo: *Llovía a cántaros y, consecuentemente, tuvimos que resguardarnos.* **2.2** O bien una inferencia, un mandato, un deseo o una toma de decisión: *Tiene treinta años; consecuentemente, no es un anciano. Tuyos son los gatos; consecuentemente, cuídalos tú. Ya no hago falta; consecuentemente, me voy.* OBSERVACIONES: Siempre va seguido y precedido de pausa y frente a *pues, entonces* o *por tanto*, no se usa en posición final.

consecutivamente *adv. modo* **1** Uno tras otro, de forma consecutiva, sin huecos intermedios: *Gané consecutivamente la copa tres veces.* || *adv. temp.* **2** RESTRINGIDO. Inmediatamente después, a continuación: *Consecutivamente a los barones de Sotomayor, llegaron los marqueses.*

consecutivo, va *adj.* **1** (preferentemente en plural) Que van seguidos y sin interrupción: *días consecutivos. El nueve y el diez son dos números consecutivos.* **2** GRAM. [Proposición, oración, conjunción] que expresa consecuencia: *En la oración «Hace tanto calor que no se puede dormir» la proposición «que no se puede dormir» es consecutiva.*

conseguido, da *adj.* (estar) Que está bien hecho o produce un buen efecto: *La ambientación está muy conseguida en la película.* SIN. logrado.

conseguir *v. tr.* Llegar a tener ‹una persona› [una cosa que desea]: *Conseguí el permiso **del** director. He conseguido ocultar mis propósitos.* SIN. obtener. ⇒ **74.**

conseja *s. f.* **1** LIT.; RESTRINGIDO. Narración antigua, fábula de carácter fantástico. **2** RESTRINGIDO. Disculpas con poco fundamento, historias increíbles: *Mira, no nos cuentes consejas, que ya te conocemos.*

consejería (diferente de *conserjería*) *s. f.* **1** Organismo de consulta, administrativo o de gobierno, especialmente de una comunidad autónoma: *consejería de turismo, consejería de economía, consejería de educación.* **2** Lugar u oficina donde funciona este organismo: *He estado en la Consejería de Urbanismo, en la Plaza Mayor.* **3** Cargo de consejero: *Ocupa ahora la consejería de cultura.*

consejero, ra *s. m./f.* **1** Persona que aconseja o que tiene como profesión dar consejo: *consejero real, consejero de la empresa, consejero fiscal.* SIN. asesor. **2** Miembro de un consejo: *los consejeros de dirección, los consejeros administrativos. A Luis lo han nombrado consejero del banco.* **3** Persona que dirige una consejería o miembro de algunos organismos administrativos o de gobierno: *consejero de agricultura, consejero de una comunidad autónoma.* **4** Guía o ayuda para la conducta: *El alcohol no es buen consejero cuando se conduce. No es buena consejera la ira para negociar un asunto.*

consejo *s. m.* **1** Opinión que una persona da a otra sobre cómo debe actuar: *Mi consejo es que guardes reposo.* **2** Organismo de consulta, administración o gobierno, formado por varias personas que toman decisiones conjuntas: *El consejo del banco se reúne esta tarde. El consejo escolar ha pedido a los profesores que no hagan fiesta el próximo puente.* **~ asesor. ~ consultivo. ~ rector. 3** Reunión de los miembros de este organismo: *En el consejo del jueves se aprobaron algunas medidas urgentes.* **4** Lugar donde habitualmente se reúne un consejo: *Nos vemos a la puerta del consejo.* || **5 ~ de guerra** 1 Tribunal militar formado por jefes u oficiales del ejército, con asistencia de un asesor jurídico. 2 Causa que se le sigue a una persona ante ese tribunal: *Le formaron un consejo de guerra.* **6 ~ de ministros** Reunión de los ministros presidida por el jefe del Gobierno o por su sustituto para tratar asuntos de Estado.

consenso *s. m.* (no contable) Acuerdo entre las personas que componen un grupo: *El Gobierno busca el consenso para su política exterior.* SIN. conformidad.

consensuar *v. tr.* Adoptar ‹un grupo de personas› [una decisión] de común acuerdo: *Todos los partidos del parlamento consensuaron la ley del servicio militar. Los diferentes grupos de poder de nuestra asociación han consensuado los nuevos estatutos.*

consentido, da *adj./s. m.* y *f.* (ser/estar) Que recibe demasiados mimos: *Su hermana es una consentida; todo lo que quiere se lo compran. Tu hija está demasiado consentida; sólo quiere estar en brazos.*

consentimiento *s. m.* Permiso para realizar una cosa: *¿Cómo ha entrado en mi despacho sin mi consentimiento?*

consentir *v. tr./intr.* **1** Permitir ‹una persona› [una cosa]: *Mis padres consienten que el vecino tenga la música alta hasta la hora que quiera. Consiente **en** la venta del apartamento. Este árbitro consiente muchas entradas sucias. No consiento que digan tonterías en mi presencia.* || *v. tr.* **2** Ser ‹una persona› excesivamente tolerante con [otra persona]: *Han consentido tanto a su hijo que ahora no admite el más mínimo reproche. A ti te consienten todo en casa.* ⇒ **75.**

conserje *s. m./f.* **1** Persona que tiene por oficio la vigilancia y cuidado de un edificio: *El conserje barre y riega las plantas del bloque cada mañana. La conserje me avisó esta mañana de que habías llamado.* **2** Persona que tiene por oficio vigilar la entrada de un edificio oficial y hacer labores de información: *El conserje le dirá a usted dónde está la oficina que busca.*

conserjería *s. f.* **1** Habitación que ocupa el conserje: *La conserjería está cerrada de dos a cuatro.* **2** (no contable) Oficio de conserje: *El lunes se convocan oficialmente varias conserjerías.*

conserva *s. f.* **1** Alimento preparado y envasado para permitir que dure mucho tiempo: *conservas de pescado, setas en conserva, latas de conserva. El médico le prohibió las conservas.* **2** Operación de hacer conservas: *El pueblo vive de la conserva de espárragos.*

conservación *s. f.* (no contable) Acción y resultado de conservar o conservarse: *la conservación de obras artísticas, la buena conservación de un edificio, el proceso de conservación de los alimentos, la conservación del medio ambiente.*

conservador, ra *adj./s. m.* y *f.* **1** Que conserva: *una sustancia conservadora, un proceso conservador.* **2** Que mantiene lo establecido e impide todo cambio o reforma: *una política conservadora, un régimen conservador, un arquitecto conservador. Los conservadores votaron negativamente.* **3** DEP. Que tiene tendencia a competir de una manera defensiva o a defender una ventaja mínima: *Es un entrenador conservador, en cuanto marca su equipo manda que se cierre atrás. Es un ciclista muy conservador.* || *s. m./f.* **4** Persona que por profesión está encargada de conservar o cuidar un patrimonio: *el conservador de la biblioteca, el conservador de un museo, el conservador del patrimonio urbanístico.*

conservadurismo *s. m.* (no contable) POLÍT. Ideología y comportamiento de las personas y los partidos conservadores: *En las últimas elecciones se registró un avance del conservadurismo. Este arquitecto sigue con el conservadurismo de sus actuaciones en los monumentos.*

conservante *adj. / s. m.* **1** Que conserva: *sustancia conservante.* || *s. m.* **2** Sustancia química que se añade a un alimento para evitar que se estropee y alargar su duración: *Los conservantes pueden ser perjudiciales para la salud. No están autorizados todos los conservantes.*

conservar *v. tr.* **1** Mantener ‹una persona o una cosa› igual [a una persona o una cosa] a lo largo del tiempo: *Ha conservado la habitación igual que estaba cuando murió. Este frigorífico es capaz de conservar cualquier sustancia orgánica indefinidamente sin que pierda ninguna de sus propiedades.* **2** Guardar ‹una cosa› [otra cosa]: *Este armario conserva todos mis libros. La casa conservaba todos los objetos que habíamos ido comprando.* **3** Tener ‹una persona› todavía [una cosa]: *¿Aún conservas aquella fotografía que nos hicimos juntos? Conserva el primer automóvil que tuvo, aunque ya no lo usa. Conserva la misma vitalidad que a los quince años.* **4** Tener ‹una persona› todavía [una costumbre]: *Mientras pudo andar, conservó sus habituales paseos por el campo. Su siesta es sagrada, todavía la conserva todos los días.* **5** Hacer ‹una persona› conservas de [una cosa]: *A mi padre le gusta conservar el tomate y el pimiento en botes de cristal.* || *v. prnl.* **6** Mantenerse ‹una persona o una cosa› igual a lo largo del tiempo: *Juana se conserva tan bella como siempre. El color de la pintura se conserva inalterable durante años.*

conservatorio *s. m.* MÚS. Establecimiento oficial donde se enseñan estudios musicales: *Estudió solfeo en el conservatorio municipal de música.*

conservero, ra *adj. / s. f.* **1** De las conservas: *industria conservera. Trabajo en una conservera.* || *s. m. / f.* **2** Persona que se dedica por oficio a hacer conservas: *En mi pueblo casi todos somos conserveros de la industria del pescado.* **3** Propietario de una industria de conservas: *El dueño es uno de los conserveros más importantes de Galicia.*

considerable *adj.* (antepuesto / pospuesto) Que es grande o cuantioso: *Hay diferencias considerables en los planteamientos de uno y otro. Finalizó la prueba con una considerable ventaja sobre sus más inmediatos perseguidores. Me hizo una oferta económica considerable.*

considerablemente *adv. cant.* (preferentemente en contextos directa o indirectamente comparativos) Mucho, grandemente, notablemente: *Estas telas son considerablemente más caras. Has mejorado considerablemente.*

consideración *s. f.* **1** Reflexión acerca de una cosa para valorarla, o manifestación verbal de esa valoración: *Sus consideraciones eran oportunas. No atiendes a consideraciones. Cualquier consideración que quieran hacer, háganla ahora.* **2** (no contable) Respeto y estima a los demás: *Lo tengo en gran consideración. No tienes consideración con nadie. Silvia goza de gran consideración entre sus colegas. Carlos no tenía ninguna consideración con sus hermanos.* **3** (no contable) Cuidado con las cosas: *Trataban los muebles sin consideración. Su consideración hacia los libros y el mundo de la cultura era escasa.* **4** (preferentemente en plural) Manifestación de respeto y cortesía: *Los profesores tuvieron conmigo muchas consideraciones. Siempre que me ven, me saludan con extraordinaria consideración.* SIN. atención. FR. Y LOC. **de ~** Importante, grande: *La herida no es de consideración. Hemos tenido un premio de consideración.* **en ~ a** En atención a, por: *Se le concedió un aumento de sueldo en consideración a sus méritos.* **tener / tomar en ~** Considerar ‹una persona› digna de atención alguna cosa: *No tendré en consideración tus palabras. Tomaré en consideración tus deseos.*

considerado, da *adj.* **1** Que respeta los derechos o deseos de los demás: *Ismael es muy considerado con los vecinos, nunca los molesta.* **2** (estar) Que es respetado y estimado por los demás: *Rafael está muy bien considerado en su trabajo por su completa dedicación a la empresa. Según la policía, el chico está bien considerado en el vecindario.*

considerando *s. m.* DER. Motivo que precede o sirve de fundamento a un fallo o dictamen: *Los considerandos del juez han molestado a la acusación particular, que recurrirá la sentencia.*

considerar *v. tr.* **1** Pensar ‹una persona› en [una cosa] para conocer todos sus aspectos o para valorarla: *Consideré la cuestión* ***en*** *todos sus aspectos. Consideramos el problema* ***bajo*** *todos los puntos de vista. He considerado la posibilidad de ir mañana a Oviedo, pero no creo que sea buena idea.* **2** Tener ‹una persona› [una cosa] en cuenta: *Hay que considerar* ***que*** *todavía eres muy joven.* **3** Tener ‹una persona› aprecio o estima [a otra persona]: *Los jefes consideran mucho a Pepe porque les resuelve siempre los problemas.* **4** Tratar ‹una persona› [a otra persona] con educación y respeto: *Siempre ha considerado bastante a sus subordinados. José tiene mucho trabajo, pero no se olvida de sus padres, los considera, sí señor.* || *v. tr. / prnl.* **5** Atribuir ‹una persona› [una cualidad o una circunstancia] [a otra persona] o a [una cosa]: *Considero difícil que el avión aterrice con esta niebla. Siempre he considerado innecesario a Roberto.* ***Me*** *considero muy capaz de cumplir esa función.*

consigna *s. f.* **1** Orden dada en la milicia al jefe de un puesto o a un centinela: *El vigía tenía la consigna de dar el alto a quien se acercara.* **2** Instrucción u orden que una persona u organismo da a sus subordinados o afiliados: *Se dio la consigna de ir a la huelga. Los jugadores no obedecieron las consignas del entrenador, y perdieron.* **3** Frases o palabras que se escriben, gritan o corean los miembros de un grupo o de una manifestación: *Los manifestantes gritaban consignas contra el gobierno. En las paredes han aparecido consignas antirracistas.* **4** Lugar de las estaciones o aeropuertos donde se dejan depositados los equipajes: *La consigna de la estación de autobuses se cierra pronto.*

consignación *s. f.* **1** Acción y resultado de consignar: *La consignación de los datos de todos los afiliados es el primer objetivo para poder enviarles cartas y comunicaciones. En ese papel está la consignación de todos los actos que se hicieron el mes pasado. El presidente de la mesa electoral se encargó de la consignación de los votos emitidos para mandarla a la junta electoral.* **2** Cantidad destinada a atender determinados gastos o servicios: *En el presupuesto existe una consignación para viajes.* **3** COL. Ingreso de una cantidad de dinero en una cuenta bancaria.

consignar *v. tr.* **1** Señalar ‹una persona› [una cantidad destinada a un fin] en un presupuesto: *En los presupuestos del próximo ejercicio se han consignado importantes cantidades para la repoblación forestal.* **2** Señalar ‹una persona› [el lugar al que se ha de enviar una cosa]: *Me olvidé de consignar la localidad a la que iba el paquete postal, y me lo han devuelto.* **3** Hacer constar ‹una persona› [una opinión, un dato o un voto] por escrito: *Hay que consignar los datos personales en la solicitud para obtener la subvención.* **4** Dejar ‹una persona› [una cosa] en depósito: *He consignado el equipaje en la estación para recogerlo luego.* **5** Enviar ‹una persona› [una mercancía] [a un destinatario]: *El sobre está consignado a nombre de la empresa.*

consignatario, ria *s. m. / f.* **1** Persona o entidad a quien va dirigida una mercancía o recibe algo en depósito: *El nombre del consignatario está escrito en el paquete.* SIN. destinatario. **2** Representante del armador de un buque que trata en el puerto los asuntos relacionados con la carga y el pasaje: *El asunto del cargamento debe tratarlo con el señor Pérez, que es el consignatario de la compañía naviera.*

consigo *pron. pers.* **1** Equivale a 'con él / ella / ellos / ellas / usted / ustedes' y a 'con uno': *Llevaba la maleta consigo.* OBSERVACIONES: ◊ Se usa en aquellos casos en que debería usarse *si* cuando aparece una preposición distinta de *con.* ◊ En el lenguaje coloquial, a menudo se prefiere el uso de 'con él, con ella': *La llevó con él* (frente a *La llevó consigo*) **2** Tiene valor reflexivo: *En lucha consigo mismo. Está contenta consigo misma.* FR. Y LOC. **dar* ~ en el suelo. no tenerlas todas ~** No estar ‹una persona› segura de sus posibilidades o no confiar en ellas: *–«¡Qué fácil le ha resultado!» –«Pues al comienzo no las tenía todas consigo.»*

consiguiente *adj.* Que depende o se deduce de otra cosa: *Existe el peligro de que se produzca una crisis económica con el consiguiente aumento del paro.* FR. Y LOC. **por ~** Equivale a 'por tanto': *Hemos perdido dos días de clase, por consiguiente, deberemos recuperarlos a lo largo de este mes.*

consiguientemente *adv. orac.* Consecuentemente. OBSERVACIONES: Puede funcionar como enlace interoracional: *Soy hijo suyo; consiguientemente, tengo que ser más joven.* RELACIONES Y CONTRASTES: Frente a *pues, entonces* o *por tanto,* no se usa en posición final.

consiliario, ria *s. m. / f.* **1** RESTRINGIDO. Persona que da consejos o aconseja. **2** Persona que ocupa un puesto directivo de consejero en algunas asociaciones, generalmente piadosas: *Es consiliario de Acción Católica.*

consistencia *s. f.* **1** (no contable) Coherencia o solidez no material de una cosa: *Desde el principio se vio que este equipo no tenía ninguna consistencia, cada uno iba por su lado. La tesis presentada no tenía consistencia, porque carecía de unos fundamentos definidos.* **2** (no contable) Solidez o cohesión material de una cosa: *La consistencia de la masa es fundamental para que el pastel salga en su punto. Si la mahonesa no alcanza consistencia pierde su gracia. El grado de consistencia del acero está fuera de toda duda.*

consistente *adj.* **1** Que consiste en algo o equivale a algo determinado: *Se ha pactado una reforma consistente* ***en*** *las siguientes medidas. Hace una política consistente* ***en*** *rebajar la tasa de paro a cualquier precio.* **2** Que tiene consistencia o solidez: *razonamiento consistente, argumentación consistente. Esta madera es muy consistente y aguantará bien la presión.* ANT. inconsistente.

consistir *v. intr.* **1** Estar ‹una cosa› formada por [otra cosa]: *El regalo consiste* ***en*** *una serie de cajitas de muchos colores. El espectáculo ha consistido* ***en*** *un recital de viejas canciones interpretadas con gusto.* **2** Estar ‹una cosa› basada en [otra cosa]: *Su atractivo consiste* ***en*** *su elegancia. El éxito de la reunión consistió* ***en*** *la voluntad de entendimiento de todas las partes.* SIN. basarse.

consistorial *adj.* Del consistorio: *acuerdo consistorial. Hay junta consistorial.* **casa* ~.**

consistorio *s. m.* **1** Ayuntamiento o cabildo: *El alcalde y los concejales entraron en el consistorio. El consistorio decidió que para el próximo año no habría aumento de los impuestos municipales.* **2** REL. En la iglesia católica, asamblea de cardenales presidida por el papa.

consocio, cia *s. m. / f.* RESTRINGIDO Persona que pertenece a la misma sociedad que otra persona: *Todos los hermanos son consocios de la empresa.*

consola *s. f.* **1** Mesa que se apoya a la pared: *consola barroca, consola modernista, consola de caoba.* **2** Panel de mandos e indicadores, en particular el conjunto de teclado y pantalla de un ordenador: *consola de un ordenador, consola de videojuegos.* **3** Parte del órgano donde se encuentran los pedales, los registros y los teclados.

consolación *s. f.* (no contable) Acción y resultado de consolar o consolarse: *Para los que perdieron hubo un premio de consolación. La final de consolación fue disputada por los equipos eliminados en las semifinales.*

consolar *v. tr. / prnl.* Ayudar ‹una persona› [a otra persona] a soportar [una pena o un disgusto]: *Venimos de consolar a Pepe* ***por*** *la muerte de su hijo. Inés me consoló* ***en*** *mi desgracia. Cada uno* ***se*** *consuela como puede.* ⇒ **28.**

consolidación *s. f.* Acción y resultado de consolidar o consolidarse: *la consolidación del proyecto, la consolidación de una amistad. La consolidación de Isabel en la presidencia es el primer objetivo que debemos marcarnos.*

consolidar *v. tr.* **1** Dar ‹una persona o una cosa› solidez a [una cosa]: *La decisión del consejo consolida nuestras posiciones. Consolidar la democracia es tarea de todos. Hemos consolidado el edificio reforzando la estructura.* SIN. afianzar. **2** ECON. Convertir ‹una persona› [una deuda flotante] en fija: *El consejo ha consolidado la deuda que arrastraba nuestra sociedad.* || *v. prnl.* **3** Adquirir ‹una persona o una cosa› solidez: *Con su último pacto, Rafael se consolida* ***en*** *su puesto. La empresa se consolida cada vez más.*

consomé *s. m.* COCINA. Caldo hecho de la sustancia de la carne de ternera, de pollo o de otras carnes: *consomé al jerez, consomé con yema.*

consonancia *s. f.* **1** (no contable) Igualdad o concordancia que tienen algunas cosas o acciones entre sí: *Sus actos están en consonancia con los de su padre. Sus palabras guardan consonancia con sus acciones.* **2** (no contable) LIT. Igualdad de los sonidos finales de un verso desde la última vocal acentuada.

consonante *adj.* **1** RESTRINGIDO. Que tiene relación de conformidad con otra cosa relacionada: *La calidad del restaurante no es consonante con el precio.* || *adj. / s. f.* **2** [Sonido] que se produce sin la vibración fundamental de las cuerdas vocales y con un cierre o estrechamiento del paso del aire en la boca: *La «p», «t», «f», o la «s», son consonantes.* || *s. f.* **3** LING. Fonema caracterizado por la ausencia del rasgo vocálico y la presencia del rasgo consonántico: *Una consonante no puede formar sílaba.* **4** Letra que representa este fonema: *las consonantes del abecedario.* || **5 rima* ~.**

consonántico, ca *adj.* LING. De la consonante o del sonido consonante: *grupo consonántico, rasgo consonántico.*

consorcio *s. m.* 1 Gran empresa formada por otras entidades de menor tamaño: *consorcio de transportes. Se ha constituido el consorcio de empresas vinícolas para proteger mejor sus intereses.* 2 Unión de personas que tienen intereses comunes: *El objetivo de la reunión era crear un consorcio entre los perjudicados por la constructora.*

consorte *s. m./f.* El marido con respecto a su esposa y viceversa: *reina consorte. Vinieron los empleados y sus consortes. Ésa es Carmen, la consorte del embajador.* **príncipe* ~.** SIN. cónyuge.

conspicuo, cua *adj.* (antepuesto/pospuesto) ELEVADO. Que goza de prestigio en su campo: *Tengo el caso en manos de un conspicuo legalista. María es una conspicua editora.*

conspiración *s. f.* Acción y resultado de conspirar o unirse en contra de una persona: *una conspiración contra el jefe del Estado. La conspiración fue denunciada por uno de los conspiradores.*

conspirar *v. intr.* 1 Ponerse ‹varias personas› de acuerdo para actuar contra [otra persona, generalmente una autoridad]: *Conspiramos **contra** el jefe. Ellos conspiraban **para** alcanzar el poder.* 2 Contribuir ‹varias cosas› [al mismo fin]: *Todo conspiraba **al** fracaso de nuestra empresa. El tiempo y las circunstancias conspiraban **a** que nuestro propósito no se realizara.* SIN. concurrir.

constancia *s. f.* 1 (no contable) Persistencia y firmeza de una persona en su carácter, sus acciones o sus ideas: *Carlos mantiene siempre el mismo ritmo y no desiste hasta acabar; su constancia está fuera de toda duda. Es un trabajo difícil y necesitamos a una persona con constancia. Isabel persigue con constancia un puesto en el ayuntamiento.* 2 (no contable) Regularidad o frecuencia en una acción: *La constancia de la lluvia hizo que se anulara nuestra excursión. La constancia de sus dolores cervicales la tienen amargada.* 3 Prueba o certeza de que algo se ha producido: *Tenemos constancia de que estuvo allí el viernes, porque hay testigos que lo vieron.* 4 (no contable) Manifestación escrita de una cosa: *Quiero dejar constancia en el acta de la reunión de mi protesta por el procedimiento seguido.*

constante *adj.* 1 Que tiene constancia, o que no cambia con frecuencia o facilidad su carácter o sus ideas: *Eres un chico muy constante **en** tus estudios. Rosa es constante **en** sus sentimientos.* 2 (antepuesto/pospuesto) Que dura mucho, no cambia o no se interrumpe: *lluvia constante, viento constante, temperatura constante. Es un martilleo constante, ¡no lo soporto! Esta actividad requiere un esfuerzo constante. Su mal humor es constante.* 3 (antepuesto/pospuesto) Que sucede con mucha frecuencia, repetidamente, sin apenas interrupción: *Las lluvias constantes han provocado inundaciones en la región. Sus constantes quejas me tenían aburrido. Sufro constantes dolores de cabeza.* || *s. f.* 4 Cualquier acontecimiento o acción que se repite con frecuencia o sin cambios o interrupciones: *Su imbecilidad es una constante que no tiene remedio. Los continuos desengaños han sido una constante a lo largo de su vida.* 5 MAT. [Variable] que tiene un valor fijo en un determinado cálculo o proceso: *Nos falta aplicar la constante para terminar la fórmula.*

constar *v. intr.* 1 Ser ‹una cosa› cierta para [una persona]: *Me consta que tiene dinero. Me consta su honradez. No nos consta que ella quiera trabajar con nosotras.* 2 Estar ‹una persona o una cosa› registrada en [un lugar]: *Su teléfono no consta **en** la ficha. **En** la lista constan todos los alumnos aprobados.* SIN. figurar. 3 Estar ‹una cosa› formada por [otras cosas]: *El curso consta **de** dos cuatrimestres. En baloncesto, el equipo consta **de** cinco jugadores.* FR. Y LOC. **~ en autos*. que conste** Expresión fija, que algunos hablantes suelen repetir con frecuencia, con la que se reafirma alguna cosa que se va a decir o que se ha dicho: *Te digo que yo no he sido, que conste. Que conste que lo sabemos todos. Que conste, yo no tengo nada contra la huelga.*

constatación *s. f.* (no contable) Acción y resultado de constatar: *El juez se personó en el lugar para la constatación de los hechos. Antes de firmar el contrato necesito la constatación de que recoge todos los puntos que habíamos acordado.* SIN. comprobación, verificación.

constatar *v. tr.* 1 Examinar ‹una persona› [una cosa] para comprobar si es cierta o exacta: *Viajaré hasta allí para constatar que lo que he oído es cierto.* 2 Dar ‹una persona o una cosa› constancia de [una cosa] a [otra persona]: *Nos han constatado documentalmente lo que nosotros sospechábamos. Puedo constatarles mis afirmaciones por escrito.*

constelación *s. f.* 1 ASTRON. Conjunto de estrellas que representan una figura determinada: *La Osa Mayor y la Osa Menor son dos constelaciones muy conocidas.* 2 Conjunto de personas o cosas con algún rasgo en común: *una constelación de luces, una constelación de artistas.*

consternación *s. f.* Acción y resultado de consternar o consternarse: *Su muerte causó consternación a todos los que lo conocíamos. La consternación era visible en los rostros.*

consternar *v. tr.* 1 Causar ‹una persona o una cosa› pena o disgusto [a una persona]: *El robo en el museo ha consternado a las autoridades. La noticia ha consternado a toda la sociedad.* SIN. abatir, apenar. || *v. prnl.* 2 Sentir ‹una persona› pena o disgusto: *Nos consternamos al enterarnos del incendio de la catedral. Se consternó al observar que todo su esfuerzo no había servido para nada.* SIN. abatirse, apenarse.

constipado *s. m.* Infección de las vías respiratorias superiores que produce tos, estornudos y a veces fiebre: *El médico me ha recetado un jarabe y unas pastillas para el constipado. Los constipados veraniegos son muy traicioneros.* SIN. catarro, resfriado.

constiparse *v. prnl.* Sufrir ‹una persona› un constipado: *Me he constipado de tantos cambios de temperatura. Nos constipamos por bañarnos en aquel río tan frío.*

constitución *s. f.* 1 Reunión de varias personas para formar un organismo colegiado: *A las ocho se procederá a la constitución de la mesa electoral. La constitución del claustro se realizó con las tres cuartas partes de sus miembros.* 2 Manera de estar constituida alguna cosa, entidad u organismo: *La constitución de la sociedad actual se caracteriza por su inestabilidad. La constitución del nuevo gobierno revela un avance de las posiciones radicales en el partido.* 3 ANAT. Manera de estar constituido un individuo, que condiciona su grado de fuerza y vitalidad: *La constitución de los individuos asténicos se caracteriza por el poco desarrollo muscular. Eres de constitución enfermiza.* SIN. complexión. 4 (preferentemente con mayúscula) POLÍT. Ley fundamental de la organización de un Estado: *La primera constitución española es la de 1812. La Constitución garantiza los derechos de los ciudadanos.* 5 Forma de gobierno que adopta la organización de un Estado: *La Constitución de México es* *de república federal. La Constitución de España es de monarquía parlamentaria.* **6** (preferentemente en plural) Conjunto de normas que rigen una orden religiosa: *las constituciones de la Compañía de Jesús.*

constitucional *adj.* **1** De la Constitución de un Estado: *mandato constitucional, texto constitucional.* **derecho* ~. 2** Que se atiene a la Constitución del Estado: *rey constitucional, régimen constitucional, gobierno constitucional, ley constitucional.* ANT. inconstitucional. **monarquía ~. 3** De la constitución orgánica de una persona: *Su mal carácter es constitucional, no hay que hacerle caso. Su fuerza es constitucional.* || **4 Tribunal* Constitucional.**

constitucionalidad *s. f.* (no contable) Carácter constitucional de una acción o de un texto legal: *El tribunal discute la constitucionalidad de la ley. No puede dudarse de la constitucionalidad de los actuales procedimientos policiales. El Tribunal Constitucional ha fallado la constitucionalidad de la coincidencia de varias convocatorias electorales.* ANT. inconstitucionalidad.

constitucionalmente *adv. modo* **1** De manera acorde con la Constitución: *Obré constitucionalmente, no anticonstitucionalmente, como su señoría pretende.* **2** Por vía constitucional, en el marco de la Constitución: *Es un derecho constitucionalmente reconocido.* || *adv. orac.* **3** Ateniéndose a la Constitución, juzgando de acuerdo con la Constitución: *Constitucionalmente, él es sólo un ciudadano más.* **4** En el aspecto de la constitución física: *Constitucionalmente, no era un jugador bien dotado. Él es constitucionalmente así: no es que haga culturismo.*

constituir *v. tr.* **1** Formar ‹varias cosas› [otra cosa]: *Los planetas que giran alrededor del sol constituyen la Vía Láctea. Las personas en edad laboral constituyen la población activa de un país.* **2** Ser ‹una cosa› [otra cosa]: *Este dinero constituye toda su fortuna. Su nariz aguileña constituye una característica inconfundible. Su bondad constituye su mayor atractivo.* **3** Fundar u organizar ‹una persona› [una sociedad o una asociación]: *Han constituido un club de ajedrez.* || *v. tr./prnl.* **4** Nombrar legalmente ‹una persona› [a otra persona o una cosa] [una cosa]: *Constituyó a su hijo (**en**) su heredero. Esa religiosa constituyó su casa **en** un refugio para indigentes.* **5** Convertirse ‹una persona› en [una cosa]: ***Se** constituyó **en** defensor de los agraviados.* || *v. prnl.* **6** Ir ‹una persona› al [lugar en el que tiene que realizar una función]: *El juez se constituyó **en** el lugar del accidente.* **7** Reunirse ‹las personas que forman un tribunal, la presidencia de un acto o la mesa de una votación›: *La mesa de la asamblea se constituyó como está previsto.* FR. Y LOC. **ser / ~ una carga*. ⇒ 46.**

constitutivo, va *adj. / s. m.* Que constituye una parte o elemento de una cosa: *La estreptomicina es uno de los constitutivos del medicamento. La envidia es constitutiva de la atmósfera de la oficina.*

constituyente *adj. / s. m.* y *f.* **1** Que constituye o establece algo: *Los elementos constituyentes del bronce son el cobre y el estaño. Estamos estudiando los constituyentes del sintagma nominal.* || *adj. / s. f.* **2** [Reunión] que se convoca para elaborar las normas o reglamentos que han de regir un organismo o entidad jurídica: *El claustro constituyente se disolverá cuando se hayan aprobado los estatutos.* **3** Que se convoca para elaborar o reformar la Constitución del Estado: *cortes constituyentes, convención constituyente, congreso constituyente.* **asamblea* ~.**

constreñimiento *s. m.* (no contable) RESTRINGIDO. Acción y resultado de constreñir. *El constreñimiento de las vías respiratorias le causó la asfixia. Lo hago voluntariamente sin ningún constreñimiento de nadie.*

constreñir *v. tr.* **1** Obligar ‹una persona o una cosa› [a otra persona] a [hacer una cosa]: *La mala salud lo constriñó **a** abandonar su trabajo.* SIN. forzar. **2** Poner ‹una persona o una cosa› límites [a una persona] o a [una cosa]: *El autoritarismo del gobierno constreñía la libertad de los ciudadanos.* SIN. limitar. **3** MED. Oprimir ‹una persona o una cosa› [una parte del cuerpo]: *El doctor constreñía la pierna mediante un torniquete para detener la hemorragia. Hay que extirpar el tumor porque le constriñe el cerebro.* **⇒ 20.**

constricción *s. f.* (no contable) Acción y resultado de constreñir: *La constricción de los vasos le causó la muerte. Nos dejan libres en nuestro experimento, no nos obligan ni límites ni constricciones.*

constrictivo, va *adj.* Que constriñe o puede constreñir: *una reglamentación constrictiva, una venda constrictiva.*

construcción *s. f.* **1** (no contable) Realización de una cosa con los elementos necesarios y siguiendo un plan: *La construcción de una novela tan compleja le habrá llevado mucho tiempo. Para llegar a la construcción de una hipótesis tan bien fundada es necesario dominar mucho estos aspectos.* **2** (no contable) Realización de una obra de albañilería: *Gastó sus ahorros en la construcción de una casa. La construcción del puente ha sido muy costosa.* SIN. edificación. **3** (no contable) Técnica y arte de construir: *Los trabajadores de la construcción sufren los efectos de la crisis. Ha creado una nueva empresa de construcción.* **4** Obra construida: *Las construcciones egipcias eran monumentales. Las construcciones de los años sesenta están siendo restauradas para evitar derrumbamientos. Tu casa es una magnífica construcción.* **5** GRAM. Conjunto de unidades gramaticales jerárquicamente estructuradas: *construcción de régimen. Primero le enseño la construcción de frases sencillas.* **figura* de ~.**

constructivo, va *adj.* (antepuesto / pospuesto) Que construye o ayuda a construir: *una constructiva actividad infantil, una crítica constructiva. Es una persona muy constructiva, colabora en el grupo perfectamente.*

constructor, ra *adj.* **1** Que construye: *empresa constructora. La patronal constructora ha decidido no aceptar las propuestas de los sindicatos.* || *s. m. / f.* **2** Persona que se dedica por profesión a la construcción: *Los constructores han decidido cambiar sus normas de actuación.*

constructora *s. f.* Empresa encargada de obras de construcción: *Le compró un piso a una constructora de confianza. Varias constructoras están planeando urbanizar una amplia zona alrededor de la ciudad.*

construir *v. tr.* **1** Hacer ‹una persona› [una cosa] con los elementos necesarios y siguiendo un plan: *Mi madre construyó una bicicleta con piezas que había ido recogiendo. Construiremos la maqueta siguiendo las instrucciones.* **2** Hacer ‹una persona› [una obra de albañilería]: *Quiso que le construyeran una casa en la playa. Había construido ya el almacén cuando se le incendió la tienda.* SIN. edificar. **3** Crear ‹una persona› [una cosa] mentalmente: *Construyó una historia sorprendente a medida que iba hablando.* **4** Unir y ordenar ‹una persona› las palabras de [una oración] según las reglas gramaticales: *Para construir una oración es necesario tener en cuenta las concordancias.* **⇒ 46.**

consubstancial *adj.* Consustancial.

consuegro, gra *s. m./f.* El padre y la madre de uno de los cónyuges en relación al padre y la madre del otro: *Las dos consuegras viajan juntas en el coche. Los dos consuegros van a diario a ver al nieto.*

consuelo *s. m.* Alivio de una pena, dolor o disgusto: *dar consuelo a un amigo. Es un consuelo pensar que mi error le servirá a alguien para evitar caer en lo mismo. Es un consuelo ver que los hijos están tan sanos y son tan buenos* ANT. desconsuelo.

consuetudinario, ria *adj.* DER. Que está determinado por la costumbre: *derecho consuetudinario.*

cónsul *s. m./f.* **1** Diplomático al servicio de un país que protege a las personas y los intereses de los ciudadanos que viven en una población extranjera: *la cónsul honoraria de España en Santa Fe. Hemos visitado al cónsul de Venezuela en Barcelona.* || *s. m.* **2** HIST. Cada uno de los dos magistrados que tenían la autoridad máxima en la República de Roma.

consulado *s. m.* **1** Cargo de cónsul: *Julia empezó ocupando un consulado en un país de Oriente Medio.* **2** Territorio que corresponde a la jurisdicción del cónsul: *El consulado de esa zona no es muy extenso.* **3** Oficina del cónsul: *Hubo una amenaza de bomba en el consulado.* **4** HIST. Tiempo durante el cual un cónsul romano ejercía su cargo o magistratura: *En la antigua Roma los consulados se sucedieron hasta la llegada de los emperadores.*

consular *adj.* Del cónsul o del consulado: *una recepción consular, un nombramiento consular. Las delegaciones consulares de la ciudad visitaron el ayuntamiento.*

consulta *s. f.* **1** Petición de consejo u opinión en relación a un asunto: *Déjeme que haga una consulta a mi asesor para ver qué solución damos a esto.* **2** Búsqueda de información sobre un asunto: *Después de la consulta de diversos tratados, llegamos a la conclusión de que hay tres teorías diferentes sobre la cuestión.* **3** MED. Examen de un médico a sus pacientes: *El doctor pasa consulta diaria.* **4** MED. Clínica o despacho donde atiende un médico a sus pacientes: *Venga a la consulta a las cuatro. La consulta del ambulatorio está siempre muy llena.* **5** Reunión de profesionales para resolver alguna cosa, en especial, de médicos para discutir el diagnóstico y el tratamiento de alguna enfermedad: *En la consulta se decidirá el tratamiento oportuno.* FR. Y LOC. **llamar a consultas** Retirar ‹un gobierno› provisionalmente a un representante diplomático de su destino como medida de presión contra el país donde estaba destinado.

consultar *v. tr.* **1** Pedir ‹una persona› parecer, dictamen o consejo [a otra persona]: *Quiero consultar a un especialista antes de decidirme. Lo consultaré* ***con*** *mi abogado.* **2** Buscar o investigar ‹una persona› [un dato] en [un lugar]: *Consultaré esta palabra* ***en*** *el diccionario. Estuve consultando los ficheros de la biblioteca pero no encontré lo que buscaba.* FR. Y LOC. **~ con la almohada** COLOQUIAL. Reflexionar ‹una persona› sobre un asunto antes de tomar una decisión: *Tengo que consultarlo con la almohada antes de contestar. Respecto a si me deja ir, me ha dicho que lo consultará con la almohada.*

consulting (del inglés; pronunciamos *'consultin'*) *s. m.* Consultoría.

consultivo, va *adj.* **1** [Organismo] que se crea para ser consultado: *El ministerio ha creado un organismo consultivo.* **consejo* ~.** **2** Que no tiene capacidad de decidir, sino simplemente de aconsejar: *Esta coordinadora es simplemente consultiva, no tiene capacidad decisoria.*

consultor, ra *adj./s. m.* y *f.* **1** Que se dedica a contestar consultas o dar consejos: *El consultor del campesino estará con ustedes todas las tardes en este programa.* **2** Que por profesión da su opinión sobre alguna materia cuando es consultado: *órgano consultor. Los consultores del presidente de la corporación le aconsejaron que no realizara la operación de compra.*

consultoría *s. f.* **1** Entidad dedicada a asesorar a empresas: *La consultoría le informó de sus obligaciones fiscales. Busco una consultoría de prestigio que esté especializada en legislación comunitaria.* SIN. consulting. **2** (no contable) Actividad que realizan las consultorías: *Después de estudiar para graduado social se dedicó a la consultoría.* SIN. consulting.

consultorio *s. m.* **1** Establecimiento sanitario pequeño donde los médicos pasan consulta: *Tengo que ir al consultorio para que me vea el médico, aunque me temo que me va a mandar al hospital.* **2** Establecimiento donde se realizan consultas sobre distintas materias: *consultorio comercial, consultorio jurídico, consultorio fiscal.* **3** Sección de periódicos, revistas o emisoras de radio donde se contesta a las consultas del público: *consultorio sentimental, consultorio sexológico, consultorio de belleza.*

consumación *s. f.* (no contable) Acción y resultado de consumar: *la consumación de un delito, la consumación del matrimonio.*

consumado, da *adj.* (antepuesto / pospuesto) Que tiene o ha conseguido un alto grado de perfección: *un consumado pianista, una consumada obra de arte. Después de varios años de ejercicio, se ha convertido en un jurista consumado.*

consumar *v. tr.* **1** Llevar ‹una persona› [una cosa] a su fin: *El delincuente ha consumado por fin su venganza.* SIN. terminar. **2** Dar ‹una persona› cumplimiento a [un acto jurídico]: *El ministro ha consumado el traspaso de competencias a las comunidades autónomas, cumpliendo así el mandato de la Constitución.* || *v. prnl.* **3** Llegar ‹una cosa› a su fin: *Se ha consumado el desastre.* **4** Cumplirse ‹un acto jurídico›: *Se consumará la orden del juez cuando el prófugo se entregue y sea encarcelado.* FR. Y LOC. **~ el matrimonio*. hecho* consumado.**

consumición *s. f.* **1** (no contable) Acción y resultado de consumir o consumirse: *Contemplaba la consumición de la vela. La consumición del aire en aquel espacio cerrado hizo que empezáramos a respirar con dificultad.* **2** Cosa que se consume en un restaurante, bar o establecimiento público similar: *Pagaré yo la consumición. La entrada incluye una consumición.*

consumido, da *adj.* (estar) COLOQUIAL. Que está muy cansado, delgado y con mal color: *Carlota estaba consumida por la pena. Tanta actividad sin descanso lo tiene consumido.*

consumidor, ra *s. m./f.* Persona que adquiere y consume productos elaborados: *Las asociaciones de consumidores tienen cada vez más fuerza. Es una consumidora empedernida de café.*

consumir *v. tr.* **1** Tomar ‹una persona› [un alimento o una bebida]: *Consumir bebidas refrescantes es un buen remedio para el calor. En esta casa no se consume carne.* **2** Comprar o utilizar ‹una persona› [las cosas que ofrece el mercado]: *La sociedad española consume cada año más ordenadores.* **3** Gastar ‹una máquina, un aparato o un vehículo› [una cosa] para funcionar: *Este automóvil consume ocho litros cada cien kilómetros. Me deshice del calefactor porque consumía demasiada electricidad.* **4** Hacer ‹una cosa› que disminuya el volumen o la cantidad de [otra cosa]: *El rozamiento consumió los neumáticos.* SIN. gastar. **5** Poner ‹una cosa› débil o delgada [a una persona]: *No puede soportar los veranos; el calor la consume.* **6** Causar ‹una persona o una cosa› ansiedad [a una persona]: *El juego lo consume, porque no puede pensar en otra cosa.* **7** COL. Meter ‹una persona› [a otra persona o una cosa] debajo del agua. || *v. prnl.* **8** Disminuir el volumen o la cantidad de ‹una cosa›: *Se ha consumido casi todo el combustible y no parece haber ninguna gasolinera cerca.* **9** Ponerse ‹una persona› débil o delgada: *Se consume **de** fiebre. Se consume **con** ese trabajo.* **10** Sentir ‹una persona› ansiedad: *Se consume **de** envidia. Nos consumíamos **con** la visión de aquellos actos despiadados.*

consumismo *s. m.* (no contable) PEYORATIVO. Consumo exagerado de bienes sin que se tenga una necesidad real de ellos: *El consumismo es un fenómeno social típico de los países desarrollados.*

consumista *adj.* **1** Del consumismo: *tendencia consumista.* || *adj. / s. m.* y *f.* **2** Que practica el consumismo: *Paco es un consumista que compra por comprar. Es una sociedad consumista, en la que lo importante no es ser, sino tener.*

consumo *s. m.* (no contable) Acción y resultado de consumir o gastar: *bienes de consumo, consumo de energía. España es uno de los países con mayor consumo de pescado.* **sociedad* de ~.**

consunción *s. f.* **1** (no contable) ELEVADO. Acción y resultado de consumir o consumirse: *Miraba absorto la lenta consunción de la vela.* **2** (no contable) ELEVADO. Abatimiento físico extremo: *Mi tatarabuelo era tan viejo que murió por consunción. La situación de consunción en la que Isabel se encontraba le impedía incluso hablar.* SIN. agotamiento.

consustancial o **consubstancial** *adj.* Que es propio o inherente a la naturaleza de cada ser: *La razón es consustancial **al** ser humano. Ese carácter irascible es consustancial **a** toda su familia.* SIN. connatural.

contabilidad *s. f.* **1** (no contable) ECON. Disciplina y actividad encargada de llevar las cuentas de un negocio, sociedad, empresa: *Adela estudia contabilidad. Gracias a la contabilidad se pueden controlar los gastos.* **2** ECON. Conjunto de cuentas de una empresa: *libros de contabilidad. Por las tardes llevo la contabilidad de esa sociedad.*

contabilista *s. m. / f.* COL. Contador, contable.

contabilizar *v. tr.* **1** Llevar ‹una persona› la cuenta de [una cosa]: *Hemos contabilizado treinta personas en la sala de espera. Ayer contabilicé doscientas solicitudes de matrícula.* **2** Considerar ‹una persona› [una cosa] de [cierta manera]: *Rita contabiliza los méritos ajenos **como** propios. Debes contabilizar los impagados **como** dinero efectivo.* **3** ECON. Anotar ‹una persona› [una cantidad] en un libro de contabilidad: *Ya he contabilizado los gastos de hoy en el libro diario.* ⇒ **19.**

contable *adj.* **1** Que puede ser contado. **nombre* ~.** ANT. incontable. **2** De la contabilidad: *análisis contable, despacho contable.* **auditoría* ~.** || *s. m. / f.* **3** Persona que tiene por profesión llevar la contabilidad de una empresa: *Hay una plaza de contable vacante en la empresa.*

contactar *v. intr.* Establecer ‹una persona› contacto o comunicación con [otra persona]: *Por fin contacté **con** mi editor. Ya he contactado **con** el director.* SIN. comunicarse.

contacto *s. m.* **1** Situación de proximidad de dos o más personas o cosas de manera que lleguen a tocarse: *El contacto **con** los gatos me produce alergia. El hierro se enfrió en contacto **con** el agua helada. El contacto del avión **con** la pista de aterrizaje fue lo que originó el accidente.* **2** Relación entre personas, organismos o instituciones: *Nos pondremos en contacto telefónico. Estaremos en contacto. Seguiremos en contacto. He entrado en contacto **con** importantes miembros de las finanzas. Después de tantos años hemos perdido el contacto. Mantenemos el contacto. Ponte en contacto **con** mi agencia de seguros.* **3** Persona que sirve de enlace o de relación entre personas, grupos o instituciones: *El contacto no acudió a la cita. Tenemos un contacto en la empresa.* **4** (preferentemente en plural) COLOQUIAL. Amistades que sirven de ayuda o apoyo: *Tiene algunos contactos en el ministerio que la podrán ayudar. Ha conseguido un buen puesto, porque él tiene sus contactos.* **5** ELEC. Conexión entre dos partes de un circuito eléctrico: *La luz se ha ido por un mal contacto que ha producido un cortocircuito. Estos cables no hacen contacto.* **6** FOT. Copia del mismo tamaño que se saca de un cliché fotográfico obtenida al colocar ésta encima del papel. FR. Y LOC. **lente* de ~. llave* de ~.**

contado, da *adj.* (preferentemente en plural; antepuesto / pospuesto) Que es poco o raro: *El enfermo tiene las horas contadas. Nos llegan contadas aportaciones.* FR. Y LOC. **al ~** Que se paga inmediatamente: *Lo he pagado al contado, en el momento de recoger el aparato.* **dinero* al ~** o **dinero contante y sonante. ser habas* contadas. tener los días* contados. tener las horas* contadas.**

contador *s. m.* **1** Aparato que mide el consumo de luz, gas, agua, etc.: *Han pasado los del gas a mirar el contador. Tengo que instalar los contadores de la luz y el agua en el piso nuevo.* **2** Aparato utilizado para detectar las radiaciones y contabilizar partículas radiactivas: *El contador señalaba un índice de radiación superior al permitido.*

contaduría *s. f.* **1** (no contable) ECON. Oficio y cargo de contable: *Sofía se encarga de la contaduría del comercio de su padre.* SIN. teneduría. **2** ECON. Establecimiento u oficina que se dedica a llevar contabilidades: *He puesto una contaduría hace poco y ya llevo la contabilidad de varias empresas.* SIN. teneduría. **3** RESTRINGIDO. Despacho de un espectáculo donde se adquieren entradas con anticipación y a veces a mayor precio.

contagiar *v. tr.* **1** MED. Transmitir ‹una persona o un animal› [una enfermedad] a [otra persona o a otro animal]: *Tu perro le ha contagiado el moquillo al mío. A Cristina le contagiaron el sarampión en el colegio.* **2** Hacer adquirir ‹una persona› [una costumbre, un gusto o una habilidad que tiene] a [otra persona]: *Me has contagiado la afición por la pesca. Es tan vitalista que con sólo oírlo hablar te contagia las ganas de vivir.* || *v. prnl.* **3** Sufrir ‹una persona› [una enfermedad] por contagio: *Me he contagiado **de** gri-*

pe. Te contagiaste ***de*** *tu hermano. Se contagió* ***por*** *el roce.* **4** Adquirir ‹una persona› [una costumbre, un gusto o una habilidad que tiene otra]: *Me he contagiado* ***de*** *su aversión al tabaco. No creí que te contagiaras* ***de*** *su pesimismo.*

contagio *s. m.* **1** MED. Transmisión de una enfermedad infecciosa por contacto directo o indirecto: *Aislaron al enfermo para prevenir el contagio. Es necesaria una mayor divulgación sobre los medios de evitar el contagio.* **2** Comunicación de actitudes, sentimientos o costumbres, a consecuencia de influencias de distinta clase: *El contagio de mi hábito por la lectura se lo debo a ella.*

contagioso, sa *adj.* **1** (antepuesto/pospuesto) MED. [Enfermedad] que se transmite o se puede transmitir por contagio o por contacto: *La gripe es contagiosa.* **enfermedad contagiosa.** **2** (antepuesto/pospuesto) [Costumbre, actitud, expresión] que se contagia o comunica con facilidad: *Yo creo que la pereza es contagiosa. Nos benefició su contagiosa alegría.* **risa contagiosa.**

container (plural *containers*) *s. m.* Contenedor.

contaminación *s. f.* (no contable) Acción y resultado de contaminar o contaminarse: *La contaminación es un gran problema de las ciudades. La contaminación de los alimentos debe ser muy vigilada por las autoridades sanitarias.*

contaminante *adj./s. m.* Que contamina: *industria contaminante, atmósfera contaminante, gases contaminantes. El mercurio es uno de los contaminantes más peligrosos.*

contaminar *v. tr.* **1** Alterar ‹una persona› las condiciones y características de [un medio natural] con sustancias o formas de energía perjudiciales: *Contaminaron el aire* ***con*** *gases. Contaminar las aguas puede tener consecuencias insospechadas.* **2** Alterar ‹una persona o una cosa› la pureza de [un alimento]: *Ya han juzgado a los que contaminaron el aceite de colza con agentes industriales.* **3** Alterar ‹una persona› la forma o el significado de [una palabra] o de [un texto] por la influencia de otros: *Escribes unas redacciones muy contaminadas por el francés.* **4** Convertir ‹una persona› [una cosa] en impura o despreciable: *Me ha contado tantas historias que ahora tengo una imagen tuya muy contaminada.* **5** Transmitir ‹una persona› [una cosa negativa] a [un ambiente]: *Contaminó a los presentes* ***con*** *su pesimismo.* **6** INFORM. Transmitir ‹un programa informático› un virus [a un ordenador]:*Tu disquete ha contaminado mi ordenador con el virus Viernes 13.* ‖ *v. prnl.* **7** Alterarse las condiciones y características de ‹un medio natural› a causa de las sustancias o de las formas de energía perjudiciales: *La región se contaminó a causa de la radiación.* **8** Alterarse la pureza de ‹un alimento›: *Esos productos lácteos se contaminaron por no estar guardados en frigoríficos.* **9** Convertirse ‹una cosa› en impura o despreciable: *Las costumbres se contaminan por influencias de otras culturas.*

contante *adj.* Se usa en la LOC. **dinero* al contado** o **dinero ~ y sonante.**

contar *v. tr.* **1** Calcular ‹una persona› [el número de unidades] de [una cosa]: *Ellos contaban las motos que había aparcadas en la acera. Contamos más de trescientos asistentes a la conferencia del viernes.* **2** Añadir ‹una persona› [una cosa] en [una cuenta]: *Después de contar lo que hemos gastado en el material, el resultado es de doce mil quinientas pesetas.* **3** Relatar ‹una persona› [un suceso]: *Nos contó el partido con todo detalle. ¿Queréis que os cuente la película que vi ayer en el cine?* SIN. narrar, referir. **4** COLOQUIAL; CORTESÍA en ENCUENTRO. Se usa para iniciar una conversación con alguien a quien hace tiempo que no se ve: *¿Qué cuentan ustedes? ¡Hombre, Santiago! Cuéntame cómo te va la vida.* **5** Considerar ‹una persona› dentro de un grupo [a otra persona o una cosa]: *Nosotros siempre te hemos contado* ***como*** *una más. Ellas contaron los siete días de la semana* ***como*** *laborables. Lo he contado* ***entre*** *las personas serias, no en el otro grupo.* **6** Tener en cuenta ‹una persona o una cosa› [a otra persona u otra cosa]: *Esta previsión no cuenta que las personas pueden fallar algún día. Cuenta que la segunda semana yo estoy de vacaciones.* ANT. olvidar, prescindir. **7** Tener ‹una persona› [una edad]: *Mi abuela cuenta ya ochenta años.* **8** Tener ‹una persona o una cosa› [una cosa que se puede contar]: *Nuestro equipo cuenta ya cuarenta y dos puntos. La pulsera cuenta veinte eslabones. El puente cuenta diez arcos.* ‖ *v. intr.* **9** Enunciar ‹una persona› los números de forma ordenada: *Mi hija ya cuenta hasta el diez. Cuenta hasta cien y luego empieza a correr.* **10** Hacer cuentas ‹una persona› siguiendo las reglas aritméticas: *He hecho la suma y la división y he contado cinco mil pesetas por persona.* SIN. calcular. **11** Tener importancia ‹una persona o una cosa›: *Lo que cuenta es que tú te mejores. Lo que cuenta en este caso es la felicidad de la pareja.* SIN. importar. **12** Equivaler ‹una persona o una cosa› por [un número diferente al que es en realidad]: *Éste tiene tanta fuerza que cuenta* ***por*** *diez. Tenemos dos juegos y medio de cartas, porque este juego no está completo y cuenta* ***por*** *medio.* **13** Entrar ‹una persona o una cosa› en la cuenta: *Alfredo no cuenta para el viaje, porque seguro que no va a querer venir. Ese aparato no cuenta porque no funciona.* FR. Y LOC. **~ con** 1 Tener presente ‹una persona o una cosa› una cosa: *Cuenta* ***con*** *que puede ser que ese día llueva. No cuentes* ***con*** *que todo salga tal como has previsto.* 2 Confiar ‹una persona› en otra persona o una cosa para un fin: *Contamos* ***con****tigo para la fiesta del sábado. Siempre contaba* ***con*** *el apoyo de su mujer para conseguir lo que quería. Él cuenta* ***con*** *sus fuerzas para que le den la victoria.* 3 Tener una cosa otra cosa que se puede contar: *La casa cuenta con quince cuartos de baño. La finca cuenta con dos ríos.* **~ con pelos* y señales. ~/hablar maravillas*. contarse con los dedos de la mano** Ser muy pocos: *Entre los alumnos se pueden contar con los dedos de la mano los que estudian desde el principio de curso.* **cuéntaselo a tu/la abuela*** o **que se lo cuente a su/tu abuela. cuéntaselo a tu tía*. ⇒ 28.**

contemplación *s. f.* **1** (no contable) Acción y resultado de contemplar: *Ángel estaba absorto en la contemplación de tanta maravilla. La contemplación del mar al atardecer me relaja.* **2** (no contable) REL. Meditación profunda de carácter religioso: *El cuadro representa a un místico sumido en la contemplación divina.* **3** (en plural) Cortesía o miramiento excesivo con que se trata a alguien: *Lo tratáis con demasiadas contemplaciones. Mario vino enfadado, y nos dijo lo que pensaba sin andarse con contemplaciones.* SIN. remilgo.

contemplar *v. tr.* **1** Mirar ‹una persona› [una cosa] con atención y tranquilidad: *Siempre le ha gustado contemplar la ciudad desde el aire. El testigo había contemplado el suceso desde su ventana.* **2** Tener ‹una persona o una cosa› [a otra persona u otra cosa] en cuenta: *En tu proyecto no contemplas la posibilidad de aumentar el número de colaboradores. Las cuentas no contemplan los últimos gastos realiza-*

dos. No te han contemplado a la hora de dar la lista definitiva. 3 Ser ‹una persona› demasiado condescendiente con [otra persona]: *Contemplas demasiado a tu marido, y luego ya no lo podrás acostumbrar a que te ayude.* SIN. consentir, mimar.

contemplativo, va *adj.* 1 De la contemplación: *Miras el horizonte con actitud contemplativa.* 2 Que se dedica a la contemplación o meditación: *vida contemplativa.* 3 Que contempla: *Lo encontré absorto, mirando contemplativo al horizonte.* || *adj. / s. m.* y *f.* 4 Que se dedica a la contemplación religiosa: *religiosos contemplativos.*

contemporaneidad *s. f.* (no contable) Característica de contemporáneo: *Se está estudiando la posible contemporaneidad de estos manuscritos.*

contemporáneo, a *adj. / s. m.* y *f.* 1 Que existe en la misma época que otra persona o cosa: *Fue contemporáneo* ***de*** *Cervantes. No creo que los contemporáneos* ***de*** *Fernando VII tuvieran la misma consideración de su rey que tenemos ahora.* SIN. coetáneo. || *adj.* 2 De la época actual: *la historia contemporánea. El arte contemporáneo está buscando estilos totalmente nuevos.* **edad* contemporánea.**

contemporización *s. f.* (no contable) Acción y resultado de contemporizar: *Las contemporizaciones frente a las posturas radicales sólo nos pueden llevar a situaciones indeseables.*

contemporizador, ra *adj. / s. m.* y *f.* (ser / estar) Que contemporiza: *Lola se mostró contemporizadora en la junta del otro día. No quieres nunca enfrentarte con nadie; eres un contemporizador. Hoy se ve que el jefe está contemporizador, porque ha admitido que quizá pueda estar equivocado y que la razón la tengan los otros.*

contemporizar *v. intr.* Intentar ‹una persona› acomodarse a los gustos, las ideas o la manera de ser de [otra persona] para evitar enfrentamientos: *Contemporiza* ***con*** *sus compañeros de trabajo. Eva ha intentado contemporizar durante toda la mañana, pero al final se ha plantado y ha dicho que no estaba dispuesta a ceder más.* ⇒ **19.**

contención *s. f.* 1 Acción y resultado de contener, sujetar o frenar una cosa: *La contención del gasto público es necesaria. El muro de contención cedió a causa de las lluvias. La contención de la hemorragia fue posible gracias a la aplicación de un torniquete.* 2 Acción de reprimir una tendencia natural, como una pasión o un deseo: *La contención de los impulsos es difícil en la adolescencia. Existen muchas represiones basadas en la contención del deseo.* SIN. moderación. ANT. desenfreno.

contencioso, sa *adj.* 1 DER. [Materia] que se discute en un juicio: *Ana tiene un proceso contencioso con la empresa porque no le paga lo acordado.* || *adj. / s. m.* 2 DER. [Asunto] que se somete al fallo o sentencia de los tribunales, en contraposición a los actos gubernativos o a los que dependen de una autoridad: *El contencioso que mantienen los pequeños comerciantes frente a las grandes superficies comerciales perjudica al consumidor.* || **3 recurso* ~ administrativo.**

contender *v. intr.* 1 Luchar ‹varias personas› con las armas: *Contendía* ***con*** *un peligroso enemigo. Los dos países contendían* ***en*** *una guerra despiadada.* 2 RESTRINGIDO. Manifestar ‹varias personas› sus distintas opiniones sobre [una cosa]: *En la reunión estaba prohibido contender sobre los puntos ya acordados. No se puede contender sobre todo continuamente.* SIN. discutir. 3 Luchar o esforzarse ‹varias personas› para conseguir o mantener [una misma cosa]: *Contendieron* ***por*** *la propiedad de la casa. Contendían* ***en*** *esplendidez. Los dos parlamentarios contendían* ***en*** *elocuencia. Contenderán más partidos en estas elecciones.* SIN. rivalizar, competir. ⇒ **80.**

contendiente *adj. / s. m.* y *f.* Que contiende o lucha: *partes contendientes, países contendientes. Derrotaré con la fuerza de los argumentos a mis contendientes en esta discusión.*

contenedor *s. m.* 1 Cajón grande, generalmente metálico, para llevar mercancías, especialmente diseñado para ser transportado en un vehículo: *Los contenedores del puerto están en el muelle de poniente. Las grúas cargan los contenedores en los camiones.* 2 Recipiente grande que hay en las calles para tirar la basura o los escombros: *contenedor de vidrio, contenedor de papel, contenedor de escombros. El camión de la basura dejó un contenedor por vaciar.*

contener *v. tr.* 1 Tener ‹una cosa› [otra cosa] en su interior: *La caja contenía dos preciosos gatitos que maullaban sin parar. Su frase contenía mucha ironía.* 2 Impedir ‹una persona o una cosa› el movimiento, la salida o la aparición de [una persona o una cosa]: *Ángela contenía las lágrimas para que no la vieran llorar. El muro contiene la tierra para que no haya desprendimientos. Hemos contenido a Carlos para que no se lanzase contra ti.* || *v. tr. / prnl.* 3 Impedir ‹una persona› que se manifieste [un impulso, un sentimiento o un deseo]: ***Se*** *contuvo* ***en*** *sus deseos de abofetear a su compañero.* ***Me*** *contengo* ***de*** *beber porque tenemos que racionar el agua. Como siga provocándome, un día no voy a contener****me*** *y le atizaré fuerte. Contente y no bebas.* ⇒ **81.**

contenido *s. m.* 1 Lo que se contiene dentro de una cosa: *el contenido de una película, el contenido de un libro. ¿Cuál es el contenido de la caja? Vacía el contenido de la bolsa y verás lo que he comprado.* 2 LING. Significado de un signo lingüístico o de un enunciado: *No entendí el contenido de sus palabras. Hay que analizar el plano de la expresión y el plano del contenido.*

contentamiento *s. m.* (no contable) RESTRINGIDO. Contento, alegría: *La boda de su hijo es un motivo de contentamiento para la familia.*

contentar *v. tr.* 1 Hacer ‹una cosa› que [una persona] se sienta satisfecha: *Este coche contentará a toda la familia.* 2 Hacer ‹una persona› lo necesario para que [otra persona] esté contenta o no se disguste: *Tu comportamiento no sólo no me contenta, sino que me disgusta. Hago esto sólo para contentarte.* || *v. prnl.* 3 Sentirse ‹una persona› satisfecha con [una cosa]: *Me contento* ***con*** *mi suerte. Me contento* ***con*** *ser el tercero en el podio.* 4 AMÉR.; RESTRINGIDO en España. Reconciliarse.

contento, ta *adj.* 1 (estar) Que se siente alegre y feliz: *Da gusto verte tan contento desde que estás casado.* 2 (estar) Que está satisfecho con algo o alguien: *Está contenta* ***con*** *el nuevo empleado. Está muy contento* ***con*** *su nuevo coche.* 3 (estar) COLOQUIAL. Que está influido ligeramente por los efectos del alcohol: *Ya salían contentos de casa con las copas que habían tomado. Este chico se ha tomado un pacharán y está muy contento.* || *s. m.* 4 (no contable) Alegría, satisfacción: *Gema no pudo disimular su contento.* SIN. alborozo, júbilo, dicha, gozo. ANT. tristeza, aflicción. FR. Y LOC. **dar / pegar brincos* de alegría / ~.**

conteo *s. m.* ARG.; RESTRINGIDO en España. Cálculo, recuento: *conteo de votos, conteo de puntos.*

contera *s. f.* Pieza, generalmente de metal, que se pone como protección en la punta del bastón, del paraguas o de otros objetos semejantes.

contertulio, lia *s. m./f.* Persona que va a la misma tertulia que otra: *contertulios radiofónicos. Uno de los contertulios abandonó la reunión disgustado.*

contesta *s. f.* **1** AMÉR. Contestación, respuesta. **2** MÉX., PERÚ. Charla, conversación.

contestación *s. f.* **1** Acción y resultado de contestar: *Le he mandado un telegrama y estoy esperando su contestación. Las nuevas medidas adoptadas por el gobierno tuvieron como contestación una sucesión de manifestaciones. No me gusta que en cuanto te digo que hagas algo tengas una contestación preparada.* **2** RESTRINGIDO. Protesta o muestra de descontento: *la contestación estudiantil, la contestación sindical.*

contestador *s. m.* Se usa en la LOC. **~ (automático)** ELECTRÓN. Aparato que se conecta al teléfono para grabar los mensajes que se reciben: *Cuando me responde un contestador automático no sé qué decir y cuelgo el teléfono. Voy a instalar un contestador para que puedan llamarme cuando no esté en casa.*

contestar *v. tr./intr.* **1** Decir ‹una persona› [una cosa] como respuesta [a la pregunta de otra persona]: *Le contesté* ***que*** *sí,* ***que*** *lo haría. Contestó* ***a*** *mi pregunta* ***con*** *un monosílabo. He contestado no* ***a*** *su oferta de trabajo.* SIN. responder. **2** Hacer ‹una persona› [una cosa] como respuesta [a otra cosa]: *Contestó* ***a*** *mi carta. Contesta* ***a*** *mi cortesía* ***con*** *descortesía. Contestó* ***a*** *sus exigencias* ***con*** *una fuerte negativa.* **3** RESTRINGIDO. Tener ‹una persona› una actitud de oposición hacia lo establecido: *Es normal que los jóvenes contesten las medidas ministeriales.* || *v. intr.* **4** Poner ‹una persona› inconvenientes: *Obedece y no contestes. No me contestes; primero escucha lo que te digo.*

contestatario, ria *adj./s. m.* y *f.* Que es contrario a lo establecido o tiende a protestar o actuar contra ello: *Participé en el movimiento contestatario de los años sesenta. Eres un contestatario, siempre estás creando polémica.*

contestón, na *adj./s. m.* y *f.* (ser/estar) COLOQUIAL. [Persona] que replica con malos modos a quien le riñe o le manda hacer una cosa: *La niña es una contestona que no sabe callarse cuando le dicen algo. Es de mala educación ser contestón. Estás muy contestona esta temporada.*

contexto *s. m.* **1** LING. Conjunto de elementos lingüísticos, pragmáticos o sociales que rodean un elemento lingüístico o un enunciado: *Puedes adivinar el significado de la palabra por el contexto. El contexto ayuda a determinar la función de una palabra en un enunciado mayor.* **2** Conjunto de hechos o de circunstancias que rodean a una persona o a una cosa: *Si sacas a los animales de su contexto se desorientan. Es necesario conocer el contexto histórico para entender el completo significado de una obra literaria.*

contextura *s. f.* **1** RESTRINGIDO. Configuración corporal de una persona: *fuerte contextura. Mi abuelo tenía la contextura ósea de un atleta.* SIN. constitución, complexión. **2** RESTRINGIDO. Manera de estar dispuestos los elementos de un todo: *la contextura de un paño. La contextura de las tapas del libro delata la poca calidad de la encuadernación.*

contienda *s. f.* **1** ELEVADO. Guerra, enfrentamiento generalmente armado entre personas: *La dureza de la contienda hizo que se produjeran miles de muertos.* SIN. batalla, lucha. **2** Disputa entre varias personas: *La contienda entre los dos conductores por ver quién había sido el responsable del choque fue muy violenta. La contienda entre nuestras familias es antigua.*

contigo *pron. pers.* Con la persona a la que se habla o escribe (*tú*). OBSERVACIONES: Toma algunos de los valores de la preposición *con,* 'en tu compañía' (*Los niños se quedarán contigo*), 'con tu ayuda' (*Lo conseguiré contigo*). FR. Y LOC. **~ pan* y cebolla.**

contigüidad *s. f.* (no contable) Circunstancia de estar una cosa muy próxima o cercana a otra: *La contigüidad de nuestros intereses y de nuestras ideas nos anima a presentar una misma propuesta. Nos gusta la contigüidad de nuestras habitaciones en los hoteles. La contigüidad de los amigos es siempre agradable.*

contiguo, gua *adj.* (ser/estar) Que está junto a otro: *dos mesas contiguas, la ventana contigua a la tuya. Mi casa está contigua a la tuya. Las dos habitaciones que le he dado son contiguas. Mi casa y la suya son contiguas.*

continencia *s. f.* (no contable) ELEVADO. Moderación en las pasiones y en los deseos, y especialmente en la actividad sexual: *El médico le recomendó continencia absoluta hasta que estuviera mejor del corazón. La continencia verbal no es una de sus virtudes. Este régimen me obliga a una continencia absoluta en el beber.* SIN. abstinencia.

continental *adj.* De un continente o de los países que lo forman: *territorio continental, guerra continental, título continental.* **ablación* ~. avión* ~. deriva* ~. plataforma* ~. talud* ~.**

continente *s. m.* **1** GEOGR. Cada una de las seis grandes extensiones de tierra separadas por océanos: Europa, Asia, África, América, Oceanía y la Antártida. **antiguo ~** GEOGR. Europa, África y Asia. **~ blanco** GEOGR. La Antártida. **~ negro** África. **nuevo ~** América. **viejo ~** Europa. **2** DER. Conjunto de un edificio formado por cimientos, muros, paredes y techos: *He asegurado la vivienda: en siete millones el continente y en dos millones el contenido.* **3** ELEVADO. Aspecto de una persona: *un joven de sereno continente.*

contingencia *s. f.* **1** (no contable) ELEVADO. Posibilidad o riesgo de que ocurra una cosa: *Ante la contingencia de que pueda venir Pedro, es mejor que estemos preparados. Ante la contingencia de perder, no se presentó al concurso.* SIN. eventualidad. ANT. seguridad. **2** ELEVADO. Hecho ocurrido con ciertas consecuencias, generalmente negativas: *Hay que estar atentos a cualquier contingencia. La contingencia lo obligó a salir urgentemente.* SIN. evento, suceso.

contingente *adj.* **1** RESTRINGIDO. Que puede suceder: *Hay una circunstancia contingente que debemos tener en cuenta, como es que encontremos un atasco a la salida de la ciudad.* || *s. m.* **2** (no contable) RESTRINGIDO. Contingencia, cosa que puede suceder: *Hay que prever todos los contingentes para estar preparados si surgen.* **3** ECON. Cantidad a la que se limita la producción, importación o exportación de una mercancía: *El contingente de producción vinícola de España está siendo discutido en Bruselas.* **4** MIL. Fuerzas militares: *el contingente de cascos azules en Bosnia. Un contingente de paracaidistas participará en las maniobras.* **5** Conjunto de personas o cosas: *Este verano ha llegado un contingente importante de turistas a nuestro país. Si le interesa, disponemos de un pequeño contingente de modelos antiguos de coches, algo rebajados.*

continuación *s. f.* (no contable) Acción y resultado de continuar: *Para la continuación de la obra se necesitan más materiales. La continuación del camino requiere que primero descansemos para reponer fuerzas.*

continuador, ra *adj. / s. m.* y *f.* [Persona] que continúa una cosa empezada por otra persona: *Los continuadores de la obra de Gaudí no han sido tan brillantes como su maestro.*

continuamente *adv. modo* **1** Sin interrupción: *Allí el agua fluye continuamente. En el festival de cine estuvieron proyectando películas continuamente durante veinticuatro horas.* || *adv. temp.* **2** Cada poco tiempo, frecuente y repetidamente: *Continuamente me está pidiendo favores. Nos visitaba continuamente.*

continuar *v. tr.* **1** Seguir ‹una persona› [haciendo una cosa que había empezado]: *Continúo trabajando. Julia continúa sus estudios. Agustín ha dicho que continuará la novela que empezó a escribir hace dos meses.* || *v. intr.* **2** Seguir ‹una persona o una cosa› [estando en un lugar]: *Juan continúa **en** la editorial. Continuamos trabajando **en** la misma fábrica.* **3** Seguir ‹una cosa› [realizándose, ocurriendo o existiendo]: *Continúa lloviendo. La película continuará después del descanso* || *v. intr. / prnl.* **4** Llegar ‹una cosa› hasta [un lugar]: *La propiedad continúa **hasta** el río. Esta carretera **se** continúa **con** la autopista.* ⇒ **3.**

continuidad *s. f.* **1** (no contable) Unión que tienen entre sí las partes de un todo continuo: *Ni una digresión rompe la continuidad del relato. La continuidad de la película no me parece muy conseguida.* **2** (no contable) Continuación o realización de una cosa: *El ayuntamiento ha confirmado la continuidad de las obras. No peligra la continuidad del festival de cine.* **3** Permanencia, duración: *Quisiera tener una continuidad en el trabajo. Se está discutiendo la continuidad del director en el cargo. Los sindicatos quieren conseguir una continuidad en los contratos.* || **4 solución* de ~.**

continuismo *s. m.* (no contable) Situación en que un estado de cosas se prolonga indefinidamente sin cambios significativos: *El director ha asegurado que es partidario del continuismo en la organización de la empresa.*

continuista *adj. / s. m.* y *f.* [Persona] que es partidaria del continuismo: *El sector continuista parece favorito para el próximo congreso del partido. Es difícil proponer novedades en nuestra empresa, dominan los continuistas.*

continuo, nua *adj.* **1** (antepuesto / pospuesto) Que dura, se hace o se extiende sin interrupción: *un ruido continuo, un desfile continuo de coches, un continuo movimiento, un llanto continuo, un continuo ir y venir. El continuo zumbido de las abejas alrededor de mi cabeza me ponía muy nerviosa.* **corriente continua. sesión* continua. 2** Que está unido a otra cosa de iguales características: *En el aeropuerto han instalado varias cintas continuas para transportar las maletas a lo largo del pasillo.* **papel* ~. sierra continua. 3** (antepuesto / pospuesto) Que ocurre con frecuencia: *No soporto sus continuas quejas. Sus atenciones son continuas. Continuos trenes llegaban a la estación; uno cada dos minutos.* || *s. m.* **4** (no contable) Todo compuesto de partes unidas entre sí: *Su mosaico era un continuo compuesto de miles de piezas diminutas.* FR. Y LOC. **de ~** Sin interrupción o frecuentemente: *Los niños se enfadan de continuo. Carlos escribe a su madre de continuo.*

contonearse *v. prnl.* Mover ‹una persona› los hombros y las caderas exageradamente al andar: *Mariana se contoneaba al pasar, sabiendo que todos la estábamos mirando.*

contoneo *s. m.* (no contable) Acción y resultado de contonearse: *El contoneo elegante de la modelo al desfilar sobre la pasarela nos dejó a todos boquiabiertos.*

contornear *v. tr.* Seguir o dibujar ‹una persona› el contorno de [una cosa]: *El niño está adquiriendo la habilidad para escribir, y de momento contornea siluetas que están punteadas en su cuaderno.*

contorno *s. m.* **1** Línea formada por el borde de una superficie o dibujo: *perfilar los contornos. Trazo el contorno del edificio. El contorno de la torre de la catedral se difuminaba con la niebla.* **2** (preferentemente en plural; no contable) Zona alrededor de un lugar: *La gente de los contornos acudió a la fiesta. En el contorno de las grandes ciudades suele haber enormes bolsas de pobreza.*

contorsión *s. f.* **1** Movimiento o torsión bruscos del cuerpo o una de sus partes: *El dolor la obligaba a hacer extrañas contorsiones.* **2** Gesto cómico o ridículo: *Las contorsiones y visajes del payaso hacían reír al público.*

contorsionarse *v. prnl.* Hacer ‹una persona› contorsiones: *Tras la patada, el jugador se contorsionaba aparatosamente. El artista se contorsionaba como si fuera de goma.*

contorsionista *s. m. / f.* Artista de circo u otro espectáculo que realiza contorsiones difíciles con su cuerpo: *El contorsionista fumaba un cigarro sujetándolo con los dedos de los pies.*

contra *prep.* **1** Denota oposición, lucha o enfrentamiento: *una campaña contra el cáncer.* OBSERVACIONES: Se utiliza frecuentemente precedida de la preposición *en*: *Tuvo varios votos en contra.* **2** A cambio de: *Recibió un regalo contra entrega del bono.* **3** Indica la posición de una cosa apoyada en otra vertical: *Dejó la escalera contra la pared.* **4** VULGAR. Cuanto: *Contra más tiene, más quiere.* || *s. m.* **5** Dificultad, inconveniente: *los pros y los contras de un asunto.* **6** Persona que hace la contrarrevolución: *Los contras atacaron un poblado.* || *s. f.* **7** Contrarrevolución, oposición a algo establecido: *un jefe de la contra.* **8** Contraataque: *El boxeador peleaba a la contra.* **9** COL. Medicamento contra el veneno. || *interj.* **10** Expresa enfado, disgusto o sorpresa: *Que no me gusta, ¡contra!* FR. Y LOC. **~ reloj*. ir* ~** o **ir en ~ de. hacer / llevar la ~** COLOQUIAL. Oponerse ‹una persona› a lo que dice, quiere o intenta otra persona: *Siempre nos lleva la contra. Le gusta hacer la contra al jefe.* **los pros* y los contras.**

contra- *pref.* **1** Significa 'lo opuesto' y forma verbos a partir de verbos: *decir - contradecir, venir - contravenir.* **2** Significa 'enfrente de', 'al otro lado de' y forma sustantivos a partir de sustantivos: *barrera - contrabarrera, luz - contraluz.* **3** Significa 'reacción a', 'respuesta a' y forma sustantivos a partir de sustantivos: *aviso - contraaviso, ataque - contraataque.* **4** Significa 'que está por detrás en importancia' y forma sustantivos a partir de sustantivos: *almirante - contralmirante, maestre - contramaestre.*

contraalisio *adj. / s. m.* (preferentemente en plural) METEOR. [Viento] que se forma en el ecuador y circula por las capas altas de la atmósfera: *Los contraalisios son grandes masas de aire cálido ecuatorial que se desvían después a zonas más frías.*

contraalmirante *s. m.* MIL. Contralmirante.

contraatacar *v. tr. / intr.* Responder ‹una persona o un grupo de personas› con un ataque al [ataque del enemigo o rival]: *El ejército enemigo contraatacó a nuestros soldados cuando ya parecía que estaba derrotado. Dejarse dominar y contraatacar es la manera de derrotar al equipo contrario.*

contraataque *s. m.* Ataque que se hace como respuesta a otro del enemigo o parte contraria: *El contraataque fue mucho más duro que el ataque. Volvió a hablar en televisión y lanzó un duro contraataque contra sus rivales. Para jugar al contraataque hace falta rapidez.* SIN. contraofensiva.

contraaviso *s. m.* Aviso que contradice otro anterior: *Si no hay contraaviso, la junta se celebrará el próximo lunes.*

contrabajo *s. m.* **1** MÚS. Instrumento musical de cuerda y arco, el de sonido más grave de la familia de los violines: *El contrabajo es un instrumento que se apoya en el suelo y se toca de pie.* **2** MÚS. Voz masculina más grave que la del bajo u hombre que tiene esta voz: *Pepe canta de contrabajo en el coro. Si sigue así, va a convertirse en un contrabajo de gran fama.* ‖ *s. m. / f.* **3** MÚS. Persona que toca el contrabajo: *La contrabajo se puso enferma y se suspendió el concierto.*

contrabalancear *v. tr.* **1** Hacer ‹una persona› [una cosa] para atenuar o anular [otra cosa]: *Sabe muy bien pactar con unos y otros para contrabalancear la influencia de la oposición en el ayuntamiento.* SIN. contrarrestar. **2** RESTRINGIDO. Poner ‹una persona› [los platillos de una balanza] en equilibrio: *El frutero intentó contrabalancear los platillos de su balanza, pero estaba muy desequilibrada y tuvo que llamar al técnico.* SIN. nivelar.

contrabandista *adj. / s. m.* y *f.* [Persona] que se dedica al contrabando: *Los contrabandistas consiguen pasar productos a bajo precio evitando los impuestos aduaneros. Dicen que es un contrabandista de tabaco. Han detenido a un contrabandista de órganos infantiles.*

contrabando *s. m.* **1** (no contable) Acción de introducir en un país, o sacar de él, mercancías prohibidas o sin pagar los derechos de aduana: *contrabando de armas, contrabando de tabaco, contrabando de alcohol.* **2** (no contable) Mercancía u otros géneros prohibidos que se introducen ilegalmente: *La policía encontró contrabando en el sótano. El contrabando fue requisado por la policía y quemado en la comisaría.* FR. Y LOC. **de ~** Ilegalmente: *Vendemos géneros de contrabando. Lo han metido de contrabando. Lo ha conseguido de contrabando.*

contrabarrera *s. f.* TAUROM. Segunda fila de asientos en las gradas de las plazas de toros: *He sacado dos entradas de contrabarrera para la corrida de mañana.*

contracción *s. f.* **1** Acción y resultado de contraer: *La contracción del cuerpo del animal nos mostró que estaba asustado. El otro día, corriendo, sufrí una contracción muscular que me ha dejado medio cojo. La contracción de la enfermedad le ocasionó graves problemas de salud.* **2** LING. Reducción de dos palabras contiguas en una sola al fusionarse las respectivas vocales finales e iniciales en una sola: *La contracción de la preposición «a» y del artículo «el» produce el artículo contracto «al».* **3** ARG.; URUG. Aplicación, empeño con que se hace o emprende una cosa.

contrachapado, da o **contrachapeado, da** *adj. / s. m.* **1** [Tablero] que está formado por varias capas de madera encoladas entre sí: *He comprado dos tableros contrachapados para hacer el armario. El contrachapado es una madera suficientemente fuerte para lo que yo quiero.* ‖ *s. m.* **2** (no contable) Operación de encolar láminas de madera para obtener tableros de contrachapados: *El contrachapado es una técnica que se enseña en la escuela industrial.*

contrachapar *v. tr.* Aplicar ‹una persona› [una pieza de madera] sobre otra de manera que las fibras estén cruzadas: *Contrachapar la madera ayuda a aprovechar mejor los productos vegetales.* SIN. contrachapear.

contrachapeado, da *adj. / s. m.* Contrachapado.

contraconcepción *s. f.* Anticoncepción.

contraconceptivo, va *adj. / s. m.* Anticonceptivo.

contracorriente *s. f.* METEOR. Corriente de sentido contrario a la que procede. FR. Y LOC. **a ~** En contra de la opinión o tendencia general: *Tu hermano siempre tiene que hacer lo contrario de lo que hacen los demás, a contracorriente. Ha declarado el poeta que él escribe a contracorriente. Los jóvenes disfrutan comportándose a contracorriente.*

contráctil *adj.* FISIOL. Que puede contraerse con facilidad: *órgano contráctil, músculo contráctil. Los tentáculos de los caracoles son contráctiles.*

contractual *adj.* ECON. Del contrato: *compromiso contractual, cláusula contractual.*

contractura *s. f.* **1** MED. Calambre muscular duradero: *El jugador sufrió una contractura muscular debido a un mal calentamiento.* **2** ARQ. Disminución del diámetro del fuste de una columna en su parte superior.

contracubierta *s. f.* **1** ART. GRÁF. Parte interior de la cubierta de un libro: *El libro que encontré tenía una extraña inscripción en la contracubierta, y una dedicatoria en la portada.* **2** Parte trasera de un libro o revista: *En la contracubierta de un libro suele haber una nota biográfica del autor.*

contracultura *s. f.* (no contable) Conjunto de valores que caracteriza a algunos movimientos que rechazan los valores culturales establecidos: *Este poeta encabeza uno de los movimientos de contracultura más importantes de los últimos años.*

contradanza *s. f.* DANZA. Baile que ejecutan varias parejas a la vez combinando figuras: *Los miembros del ballet ejecutaron una contradanza preciosa.*

contradecir *v. tr.* **1** Decir ‹una persona› que [una cosa dicha por otra persona] no es verdad: *El presidente contradijo las afirmaciones del ministro.* SIN. rebatir. **2** Decir ‹una persona› lo contrario de lo que dice [otra persona]: *El testigo contradijo al acusado en su declaración ante el juez.* SIN. contraponerse. ‖ *v. tr. / prnl.* **3** Decir ‹una persona› lo contrario de lo que había afirmado antes: *Tu hermano, que está muy nervioso,* ***se*** *contradecía al explicar lo que había pasado. Tu hermano contradecía anoche lo que había contado por la mañana.* **4** Estar ‹una cosa› en desacuerdo con [otra cosa]: *Tu teoría* ***se*** *contradice* ***con*** *la de él. Sus hechos* ***se*** *contradicen* ***con*** *lo que predica. Los hechos contradicen tus planteamientos.* ⇒ **31.**

contradicción *s. f.* Hecho de contradecirse u oponerse dos cosas: *Existe una contradicción entre lo que dice Luis y lo que dice Sonia. Este artículo está lleno de contradicciones. Su afán por el dinero está en contradicción con sus ideas religiosas.* FR. Y LOC. **espíritu* de ~.**

contradicho, cha *p.* Participio irregular de *contradecir.*

contradictorio, ria *adj.* (antepuesto / pospuesto) Que se contradice: *Las propuestas de estos dos libros para conseguir el relanzamiento económico son contradictorias. Su carácter contradictorio hace que sea muy difícil saber lo que piensa en cada momento. Lo que has escrito resulta contradictorio* ***con*** *lo que habías mantenido hasta ahora. Es una contradictoria situación, ni avanzamos ni retrocedemos.*

contraer *v. tr.* **1** Hacer ‹una cosa› más pequeña [otra cosa]: *Las bajas temperaturas contraen los raíles del tren pudiendo llegar a producir descarrilamientos.* **2** Llegar a tener ‹una persona› [una deuda, una amistad, un compromiso o una enfermedad]: *Contraje la malaria en un viaje al Amazonas. En unos meses Jesús contrajo tantas deudas que tuvo que cerrar el negocio. En el verano han contraído tanta amistad que parece que se conocen de toda la vida. Mis padres contrajeron matrimonio en la iglesia de San Antonio.* **3** LING. Reducir ‹una persona› [un discurso, un tratado o un relato] a un solo punto: *Contrajo su estudio para poder publicar los resultados en un folleto.* ‖ *v. prnl.* **4** Hacerse ‹una cosa› más pequeña: *La pupila se contrae ante el aumento de luz.* **5** Quedar encogido ‹un músculo o un nervio›: *Se me contrajo un nervio del cuello.* **6** LING. Quedar reducido ‹un discurso, un tratado o un relato› a un solo punto: *El texto se ha contraído tras pasar las revisiones de los expertos.* **7** LING. Contraerse ‹dos o más sonidos› en uno solo: *En «al» se han contraído «a» y «el».* **8** ARG. URUG. Concentrarse, dedicarse ‹una persona› exclusivamente a algo. ⇒ **83.**

contraespionaje *s. m.* (no contable) Servicio de seguridad de un país contra el espionaje extranjero: *La red de contraespionaje británica es famosa por su efectividad.*

contrafilo *s. m.* Filo de algunas armas blancas en el lado opuesto al corte y cerca de la punta: *El contrafilo del sable rasgó la piel de su oponente en el duelo.*

contrafuerte *s. m.* **1** Pilar o arco que se apoya en el muro y le sirve de refuerzo: *los contrafuertes de una catedral.* **2** Refuerzo del calzado en el talón: *Me hace daño el contrafuerte del zapato derecho nuevo.* **3** GEOL. Cadena secundaria de montañas: *Ahí empieza esta sierra, que es un contrafuerte de los Pirineos.*

contragolpe *s. m.* **1** Golpe real o figurado que se da en respuesta a otro: *El atentado contra el militar fue el contragolpe de los terroristas a las últimas acciones de la policía. Este equipo juega muy bien al contragolpe, dejándose dominar y contraatacando con rapidez.* **2** MED. Efecto producido por un golpe en una zona del cuerpo diferente de donde se recibe: *Aunque el golpe fue en el pecho, siente el contragolpe en la espada.*

contrahecho, cha *adj. / s. m.* y *f.* **1** (ser / estar) PEYORATIVO. Que tiene alguna deformación en el cuerpo: *una mujer contrahecha. Había un contrahecho pidiendo en la puerta, mostrando su pierna deformada a todo el que pasaba. El hombre estaba contrahecho de las torturas físicas y trabajos forzados que había realizado durante años.* **2** COL.; COLOQUIAL. Tullido, lisiado.

contrahuella *s. f.* RESTRINGIDO. Parte vertical de un escalón: *Se cayó al metérsele el pie entre los escalones sin contrahuella.*

contraindicación *s. f.* MED. Circunstancia en que un medicamento o tratamiento resulta perjudicial: *Una contraindicación para tomar aspirinas es tener úlcera de estómago. Siempre que se tome un medicamento es bueno leer las contraindicaciones.*

contraindicado, da *adj.* (estar) MED. Que tiene contraindicación: *Estas cápsulas están contraindicadas durante el embarazo.*

contraindicar *v. tr.* MED. Señalar ‹una persona› que [una cosa] es perjudicial para la salud: *El médico me ha contraindicado el tratamiento que había empezado a hacer.* ⇒ **71.**

contralmirante o **contraalmirante** *s. m.* MIL. Oficial general de la armada, de grado inferior al vicealmirante: *El contralmirante inspeccionó las naves.*

contralor *s. m.* AMÉR. Funcionario encargado de examinar los gastos públicos.

contralto *s. m.* **1** MÚS. Voz entre la de tiple y la de tenor: *Tienes voz de contralto.* ‖ *s. m. / f.* **2** MÚS. Persona que tiene esta voz: *Es una de las contraltos mejores del panorama operístico actual.*

contraluz *s. m. / f.* **1** Vista o aspecto de las cosas por el lado contrario a aquel por el que les da la luz: *una montaña a contraluz, ver un objeto a contraluz. Sólo pude distinguir una figura a contraluz. El contraluz no me dejó ver más que la silueta.* **2** ARTE. Fotografía o pintura de una cosa o persona vistas por el lado contrario del que reciben la luz: *Es muy aficionado a la fotografía y muestra preferencia por los contraluces. El artista pintó un contraluz de gran expresividad.*

contramaestre *s. m.* **1** MIL. Suboficial de marina que está a cargo de los marineros: *El alférez ordenó al contramaestre que se limpiara la cubierta.* **2** Encargado de los obreros en algunos talleres y fábricas: *contramaestre de una fábrica textil, un contramaestre de segunda.* SIN. capataz.

contramano Se usa en la LOC. **a ~** En dirección contraria a la establecida: *Subí al autobús a contramano. Julio no quiere hacer lo que los demás; él tiene que ir a contramano.*

contraofensiva *s. f.* MIL. Ofensiva que se emprende como respuesta a la del enemigo: *Después del ataque del enemigo, los soldados iniciaron la contraofensiva.* SIN. contraataque.

contraorden *s. f.* Orden o disposición que anula otra anterior: *Hay contraorden, por tanto, no vale nada de lo que te había dicho.*

contrapartida *s. f.* **1** Cosa que tiene un efecto contrario o que compensa de otra cosa: *La contrapartida de un año de tanto trabajo fueron unas vacaciones relajadísimas.* **2** COMERC. En una transacción, ventaja que la parte más beneficiada concede a la otra parte: *No está claro que las contrapartidas por reducir la producción de leche hayan sido suficientes.*

contrapear *v. tr.* **1** Aplicar ‹una persona› [una pieza de madera] sobre otra de manera que las fibras estén cruzadas: *Ayer contrapeamos todos los tableros que nos encargaste.* SIN. contrachapar. **2** Cubrir ‹una persona› [un objeto construido con madera corriente] con chapas de madera noble: *Estas puertas no son de roble, pero las he contrapeado con chapas de roble.* **3** RESTRINGIDO. Poner ‹una persona› [cosas] en posición alternada: *Contrapearon los libros en una pila.*

contrapelo Se usa en la LOC. **a ~ 1** Contra la dirección del pelo: *Luis se afeita a contrapelo para que le dure más el afeitado.* **2** Contra el propio deseo o el sentir general: *Está en una edad difícil y ahora todo lo hace a contrapelo. Es un poco loca, en cuanto le recomiendas algo, hace lo contrario a contrapelo. Le gusta ir a contrapelo de la opinión general.*

contrapeso *s. m.* **1** Peso que sirve para equilibrar otro: *el contrapeso de un ascensor, el contrapeso de un reloj, hacer (de) contrapeso.* **2** Aquello que compensa o equilibra una cosa: *La prudencia de su amigo sirve de contrapeso a su insensatez. Su habilidad desde el fondo de la pista y el saque son el contrapeso a su débil revés.* **3** Balancín de los trapecistas.

contraponer *v. tr.* **1** Poner ‹una persona› [a otra persona o una cosa] en oposición [a otra persona] para compensarla: *Contrapusieron un muro* ***a*** *la fuerza del agua. Han contrapuesto sus acciones en la empresa* ***a*** *las deudas contraídas. Pretenden contraponer la defensa más dura* ***a*** *la delantera más habilidosa.* **2** Poner ‹una persona› [varias cosas] juntas para apreciar sus diferencias o descubrir el efecto de contraste: *Contrapuse un estilo* ***con*** *otro. El artista contrapuso un color* ***a*** *otro. No se pueden contraponer dos escritores tan diferentes.* ⇒ **60.**

contraportada *s. f.* ART. GRÁF. Página que sigue a la cubierta de un libro: *En la contraportada del libro estaba escrito el título, el autor, la editorial y el año de edición.*

contraposición *s. f.* **1** Oposición de una persona o cosa a otra: *Ella viste muy mal, pero, en contraposición, su marido va elegantísimo. Esas ideas están en contraposición con las que ha expresado otras veces.* **2** Comparación entre dos o más cosas distintas u opuestas: *La contraposición de opiniones es muy enriquecedora. No me parece oportuna la contraposición de las aptitudes de dos personas tan diferentes.*

contraprestación *s. f.* DER. Prestación que debe una parte contratante como compensación de la que ha recibido o debe recibir: *Las contraprestaciones por desempleo son un logro social al que no se puede renunciar.*

contraproducente *adj.* Que produce efectos contrarios a los que se pretenden o convienen, o que puede ser perjudicial: *solución contraproducente, decisión contraproducente, castigo contraproducente. Tomar una medida tan radical puede ser contraproducente, porque puede producir la reacción contraria a la que buscamos.*

contrapuerta *s. f.* **1** Puerta situada inmediatamente detrás de otra: *Es un mecanismo de seguridad que no permite abrir la contrapuerta si primero no cierras la puerta de entrada.* **2** Puerta que separa el portal del resto de la casa: *Cierra la contrapuerta y deja abierto el portal.*

contrapuesto, ta *p.* Participio irregular de *contraponer.*

contrapuntear *v. tr.* **1** MÚS. Cantar o tocar ‹una persona› [una melodía] de contrapunto: *El tenor contrapunteó una bonita composición para despedir el concierto del sábado.* || *v. tr./intr.* **2** MÚS.; AMÉR. En la canción popular, competir entre sí dos o más guitarristas y copleros improvisando versos: *Los payadores se contrapuntearon delante de todos.*

contrapuntista *s. m./f.* MÚS. Compositor de música que practica el contrapunto con preferencia o habilidad: *Su mejor faceta es la de contrapuntista.*

contrapunto *s. m.* **1** MÚS. Técnica de composición musical que consiste en superponer varias voces o varias melodías: *Ha compuesto una melodía de contrapunto maravillosa, pero muy difícil de interpretar.* **2** Contraste entre dos o más cosas: *El contrapunto de cualquier droga son sus efectos perjudiciales para el organismo. Con sus pantalones vaqueros y su camisa abierta fue el contrapunto de la recepción ofrecida por el embajador.* **3** ARG., URUG. Desafío o competición poética y musical entre dos o más payadores.

contrariado, da *adj.* (estar) Que tiene contrariedad o disgusto: *Está muy contrariado desde que lo dejó su novia.*

contrariamente *adv. modo* **1** (generalmente precediendo a cláusulas modales comparativas) De forma contraria: *Actúa contrariamente* ***a*** *como predica.* || *adv.* **2** Al contrario (que), al revés (que): *Contrariamente* ***a*** *Juan, yo creo en los milagros.* RELACIONES Y CONTRASTES: Compárense los diferentes pronombres exigidos por «*Contrariamente* ***a*** *ti y a mí*» con «*Al contrario que tú y que yo*» y con «*Al revés que tú y que yo*». **3** Al contrario (de), en contra (de). Precede a sintagmas nominales definidos que se refieren a suposiciones, expectativas, opiniones o informaciones previas y típicamente encabezados por la forma neutra *lo* (*lo que se esperaba, lo esperado, lo previsto, lo que tú decías, lo anunciado*, etc.): *Contrariamente* ***a*** *lo que tú imaginas, es un hombre muy honrado. Contrariamente* ***a*** *lo que sucede entre nosotros, ellos no usan tenedores. Contrariamente* ***a*** *lo esperado, ganó el español.*

contrariar *v. tr.* **1** Poner ‹una persona› obstáculos o dificultades [a otra persona] o a [una cosa]: *Eva no hace más que contrariar los planes que hemos hecho.* **2** Provocar ‹una cosa› disgusto [a una persona]: *Me contrarió enormemente que dijeras que no querías ir.* SIN. disgustar. ⇒ **8.**

contrariedad *s. f.* **1** Contratiempo imprevisto que retrasa la ejecución o el logro de una cosa: *La avería del ordenador fue otra contrariedad. Estoy harto de tantas contrariedades que no hacen más que retrasar la marcha del proyecto.* SIN. trastorno. **2** Disgusto sin importancia: *Al oírlo no pudo disimular su contrariedad. La contrariedad de las presentes aumentó al conocer el retraso del avión.* SIN. desagrado. **3** ELEVADO. Relación entre cosas contrarias: *A nadie puede escapársele la contrariedad entre ambas acciones.*

contrario, ria *adj.* **1** Que perjudica o causa daño: *Piensa bien cuál es tu decisión, porque puede ser contraria a nuestros intereses.* || *adj./s. m.* y *f.* **2** Que se opone: *Nos enfadábamos porque siempre defendíamos posturas contrarias. Ella es contraria* ***a*** *ese plan.* || *s. m./f.* **3** Enemigo o rival en una empresa o en una competición deportiva: *La táctica de los contrarios no nos dejó jugar a nuestra manera.* FR. Y LOC. **al ~** o **por el ~** Al revés, de un modo opuesto: *Siempre tiene que hacerlo al contrario de como le han dicho.* **antes* bien** o **antes al ~** o **antes por el ~. de lo ~** En caso contrario: *Espero que aceptes mi oferta, de lo contrario no te volveré a llamar más.* **llevar la contraria** Oponerse ‹una persona› sistemáticamente a lo que otra persona hace o dice: *Diga lo que diga, ella siempre me lleva la contraria.*

contrarreforma *s. f.* (preferentemente con mayúscula; no contable) HIST. Movimiento de reforma que tuvo lugar en la iglesia católica en el siglo XVI destinado a combatir los efectos de la reforma de Lutero: *La contrarreforma triunfó plenamente en países como Italia o España.*

contrarreloj *adj./s. f.* DEP. [Prueba ciclista] que se corre individualmente o en equipo y cronometrando el tiempo invertido: *Las etapas contrarreloj tienen hoy día más importancia que las de montaña. La contrarreloj del domingo será decisiva para la clasificación general. Las contrarrelojes de esta vuelta ciclista son muy duras.*

contrarrelojista *s. m./f.* DEP. [Ciclista] que está especializado en las pruebas contrarreloj: *Ricardo es un buen contrarrelojista, pero no destaca como escalador. La contrarrelojista dejó impresionados a los entendidos por el buen tiempo que había hecho.*

contrarréplica *s. f.* **1** Contestación que se da a una réplica: *Se ha hecho pública la contrarréplica de la oposición.* **2** DER. Escrito en el que el demandado contesta a la réplica del demandante: *Mi abogado ha enviado ya la contrarréplica al juzgado.*

contrarrestar *v. tr.* **1** Hacer ‹una persona› frente [a otra persona] o a [una cosa]: *Me gustó el equipo porque supo contrarrestar los ataques de sus adversarios. Ella contrarrestó las adversidades con ánimo y decisión.* **2** Hacer ‹una persona› [una cosa] para atenuar o anular [otra cosa]: *Con este medicamento contrarrestaremos los efectos de la inflamación. He contrarrestado su propuesta consiguiendo que se aceptaran algunas modificaciones.*

contrarrevolución *s. f.* HIST. Revolución en sentido contrario a otra revolución inmediatamente anterior: *La contrarrevolución recibía ayuda del exterior. La contrarrevolución tenía como finalidad volver al régimen anterior.*

contrasentido *s. m.* Acción, actitud, pensamiento que carece de sentido o lógica, que incluye una contradicción: *Lo que acabas de decir es un contrasentido, porque las consideraciones no se corresponden con lo que dices después. El contrasentido aparece en cuanto le preguntas para qué hace todo eso.*

contraseña *s. f.* Señal que se dan unas personas a otras para reconocerse, identificarse o entenderse: *decir la contraseña, dar la contraseña. Hay que pensar en una contraseña que sólo conozcamos nosotros.*

contrastar *v. tr.* **1** Comprobar ‹una persona› la autenticidad, la pureza o la validez de [una cosa]: *Es necesario contrastar la información antes de publicarla. Hemos contrastado los productos de esta empresa antes de hacer el pedido.* **2** Comprobar ‹una persona› la exactitud de [las pesas o las medidas] oficialmente: *Solicité que contrastaran las pesas antes de realizar el pesaje.* **3** Comprobar ‹una persona› la ley del [oro], de [la plata] o de [las monedas]: *El joyero contrastó la plata antes de determinar su valor en metálico.* || *v. intr.* **4** Ser ‹una cosa› muy distinta de [otra con la que se compara]: *Su altura contrastaba* ***con*** *la de los invitados. La astucia del perseguido contrastaba* ***con*** *la de sus perseguidores, que se veían impotentes para atraparlo. Contrasta la cara de la novia* ***con*** *la tristeza del novio.*

contraste *s. m.* **1** Acción y resultado de contrastar: *El contraste de la información sobre este asunto nos tiene que aclarar qué ocurrió realmente. Después de realizar el contraste del oro, se vio que era de gran pureza.* **2** Oposición entre personas o cosas: *el contraste entre los países del norte y los del sur. En la reunión hubo un contraste de opiniones muy enriquecedor, porque cada uno expuso lo que pensaba.* **3** Marca que se graba en objetos de metal noble como garantía: *Tenías que haberte fijado en que el anillo no llevaba el contraste.* **4** MED. Sustancia que se introduce en el organismo para poder explorar clínicamente órganos que no serían observables sin ella: *radiografía de contraste.*

contrata *s. f.* **1** COMERC. Contrato que se hace con un organismo público o con un particular para prestar un servicio o ejecutar una obra por un precio determinado: *Nuestra empresa ha conseguido una contrata del ayuntamiento para construir un centro de salud. Va a salir a subasta la contrata de la limpieza de las estaciones de la ciudad.* **2** Contrato de actuación: *Tiene varias contratas para actuar en Europa.*

contratación *s. f.* COMERC. Realización de un contrato con una persona para que haga algo a cambio de dinero u otra contraprestación: *El gobierno ha ampliado los modos de contratación. La contratación de mano de obra barata favorece la exportación de los países en vías de desarrollo.*

contratante *adj. / s. m.* y *f.* [Parte] que paga un contrato: *empresa contratante. El contratante demandó a la empresa de seguridad por dejadez de sus obligaciones.* **parte ~.**

contratar *v. tr.* **1** COMERC. Llegar ‹una persona› a un acuerdo con otra persona para recibir [un servicio] a cambio de dinero o de una compensación: *Hemos contratado a una empresa de jardinería para que nos arregle el jardín. Ellos contrataron el viaje a México por mucho menos de lo que pensaban.* **2** Tomar ‹una persona› [a otra persona] para un trabajo determinando el precio y las condiciones: *He contratado los servicios de un guardaespaldas porque he recibido ya varias amenazas. He contratado un fontanero para la casa vieja.*

contratiempo *s. m.* Imprevisto que origina un trastorno a una persona o dificulta una acción: *Me ha surgido un contratiempo y por eso no he podido ni venir ni avisarte. Tuvieron contratiempos en los negocios y se vieron obligados a vender la casa.* SIN. complicación. FR. Y LOC. **a ~** MÚS. [Nota, melodía] que modifica el orden normal de tiempos débiles y fuertes.

contratista *s. m. / f.* Persona o empresa que trabaja por contrata o ejecuta contratas: *un contratista de obras públicas, un contratista de transporte.*

contrato *s. m.* **1** Convenio o acuerdo entre dos o más personas o entidades por el que se obligan a cumplir lo convenido: *El contrato de trabajo que me han ofrecido no es el que yo esperaba. La empresa ha rescindido el contrato al futbolista por incumplimiento de sus obligaciones.* **2** Documento que acredita un contrato o acuerdo: *Esta mañana se ha firmado el contrato entre las partes. Ya están de acuerdo, sólo queda redactar el contrato.* || **3 ~ bilateral** Contrato en el que se establecen obligaciones recíprocas para las dos partes. **4 ~ blindado** Indemnización muy elevada que un alto dirigente de una empresa se autoconcede por contrato cuando tiene capacidad de decidir, por si alguna vez la empresa quiere prescindir de sus servicios: **5 ~ de arrendamiento** DER. Contrato en el que el dueño de un bien cede a otra persona el disfrute de aquél por un tiempo determinado, a cambio de una renta: *Acabamos de firmar el contrato de arrendamiento del piso por dos años.* **6 ~ de compraventa** DER. Contrato por el que el vendedor se obliga a entregar la cosa que vende y el comprador a pagar el precio convenido: *Venimos de firmar el contrato de compraventa del coche en la gestoría.* **7 ~ leonino** Contrato en el que se establecen unas condiciones muy duras para una de las partes. **8 ~ unilateral** Contrato en el que sólo se establecen obligaciones para una de las partes.

contratuerca *s. f.* MEC. Tuerca superpuesta a otra para que no pueda aflojarse: *¿Has asegurado el tornillo con la contratuerca?*

contravención *s. f.* RESTRINGIDO. Actuación de una persona en contra de lo mandado o establecido: *No puede consentir la continua contravención de sus órdenes.*

contraveneno *s. m.* MED. Antídoto, medicamento.

contravenir *v. tr./intr.* Obrar ‹una persona› en contra de lo dispuesto por [una ley o una orden]: *Contravinimos las órdenes desde el momento en que salimos del cuartel sin permiso del sargento. Han contravenido el código de la circulación al exceder el límite de velocidad marcado.* SIN. infringir. ⇒ **86.**

contraventana *s. f.* Puerta que se pone en la parte de dentro o de fuera de las ventanas o balcones para que no entre la luz y para proteger del frío: *Abre las contraventanas. Cierra la contraventana de la habitación, que esta noche va a hacer mucho frío.* SIN. postigo.

contrayente *s. m./f.* Persona que contrae matrimonio: *Los contrayentes firmaron el acta de casamiento ante el juez. El padrino de la boda era el hermano de la contrayente.*

contribución *s. f.* **1** Participación en una labor realizada por varias personas: *Para que una casa funcione es necesaria la contribución de todos. La contribución de Andrés en el descubrimiento de la gruta ha sido esencial.* SIN. cooperación. **2** Pago que tienen que hacer los ciudadanos para sostener los gastos del Estado, de la comunidad o del municipio: *Este año ha subido mucho la contribución urbana. Se me ha pasado el plazo para pagar la contribución del vado del coche.* SIN. impuesto. **3** Aportación que se da para contribuir a algo: *La contribución de los ciudadanos para la lucha contra el cáncer fue generosa. He calculado que mi contribución a los gastos de la asociación ha sido de unas ochenta mil pesetas.* SIN. ayuda.

contribuidor, ra *adj./s. m.* y *f.* Que contribuye: *la institución contribuidora, los contribuidores de la campaña de ayuda. Es uno de los mayores contribuidores a la hora de financiar los gastos del congreso.*

contribuir *v. intr./tr.* **1** ECON. Pagar ‹una persona› impuestos: *Ha contribuido quinientas mil pesetas* ***por*** *el Impuesto de las Personas Físicas.* SIN. cotizar. || *v. intr.* **2** Dar ‹una persona› una cantidad de dinero voluntariamente para [un fin]: *Contribuyó* ***a*** *la campaña de Navidad. Contribuyo* ***para*** *la construcción de un monumento. He contribuido* ***con*** *diez mil pesetas en el homenaje.* **3** Tener ‹una persona o una cosa› un papel importante en la realización o el desarrollo de [una cosa]: *Estas medidas contribuirán* ***a*** *la recuperación económica. Ella ha contribuido* ***en*** *la recuperación de las libertades en el país.* ⇒ **46.**

contribuyente *adj./s. m.* y *f.* ECON. Que paga contribución o tributo, especialmente al Estado: *Señores contribuyentes, necesitamos más dinero. Los contribuyentes tienen un plazo de dos meses para ingresar el dinero.*

contrición *s. f.* REL. Entre los católicos, dolor causado por haber ofendido a Dios: *Antes de morir hizo un acto de contrición. Dios lo habrá perdonado.*

contrincante *s. m./f.* Persona que compite con otras, en especial en los enfrentamientos deportivos: *Esa empresa no es contrincante para nosotros. Es un duro contrincante. Fuiste un buen contrincante. Esta chica eliminó a todos sus contrincantes. Carlos venció a su contrincante en un partido muy disputado. Tu hermana es una contrincante temible en la pista de tenis.* SIN. competidor, rival.

contristar *v. tr.* **1** RESTRINGIDO. Poner ‹una persona o una cosa› triste [a una persona]: *Tu marcha contristó mucho a Julia.* SIN. entristecer. || *v. prnl.* **2** RESTRINGIDO. Ponerse ‹una persona› triste: *Me contristé al pensar que quizá no te vería más.* SIN. entristecerse.

contrito, ta *adj.* **1** (estar) REL. Que siente contrición o está dolido por haber ofendido a Dios: *El joven se humilló contrito ante la cruz.* **2** RESTRINGIDO. (estar) Que está arrepentido de haber cometido un error: *María, discúlpame, estoy contrito por lo de anoche, no volverá a suceder.*

control *s. m.* **1** Examen o comprobación de personas o cosas cuyo conocimiento interesa: *Realicé un control de matemáticas. La directora lleva el control de los alumnos que faltan a clase.* **2** Vigilancia: *Ese preso está sometido a fuerte control. Se hace necesario el control de los visitantes del museo para que no toquen las obras expuestas.* **3** Limitación o verificación de una cosa: *control de velocidad, control de calidad. La comisión de control parlamentario ha iniciado una investigación. El control del gasto público es necesario para el relanzamiento de la economía.* **4** Dominio o dirección de una persona o de una cosa: *José tiene un gran control sobre sí mismo. Ese delegado sabe llevar el control de la clase. Su empresa tiene el control de la importación de gas. El piloto perdió el control del avión cuando iba a aterrizar.* **5** Regulación de un fenómeno o de un sistema: *control del tráfico, control de la imagen, control del sonido.* **6** Lugar donde se controla: *El control está en la entrada de la fábrica.* || **7 ~ remoto** 7_1 Utilización de dispositivos de mando a distancia para accionar o modificar el funcionamiento de motores y otros aparatos: *Es un coche de juguete que se dirige por control remoto. El explosivo fue accionado por control remoto.* 7_2 Aparato o dispositivo que se utiliza en este control. FR. Y LOC. **panel* de ~. perder el ~** 1 Perder ‹una persona› el control de un aparato o de una máquina: *Perdí el control de la moto y me estrellé.* 2 Enfadarse ‹una persona› dando fuertes muestras de histerismo: *Víctor perdió el control y empezó a insultar y a zarandear al camarero.* **puesto* de ~. sin ~** 1 Sin que nadie pueda controlarlo: *El satélite vaga sin control. El coche, se estrelló sin control contra un árbol.* 2 Mucho: *hablar sin control. Víctor fuma sin control. Sara bebe sin control.* **torre* de ~.**

controlador, ra *s. m./f.* **1** Persona que controla: *controlador del tráfico, controlador de la calidad de un producto.* || **2 ~ aéreo** AER. Persona especializada que se dedica profesionalmente a controlar el tráfico de los aviones en el aire, así como su despegue y aterrizaje en los aeropuertos: *Se espera una huelga de controladores aéreos para el sábado.*

controlar *v. tr.* **1** Llevar ‹una persona› el control de [una cosa]: *Ya me encargo yo de controlar la puerta de entrada. Controla la pérdida de líquidos para no deshidratarte. El ayuntamiento controlará rígidamente los aparcamientos céntricos.* **2** Tener ‹una persona› vigilada [a otra persona]: *Estamos controlando a los alumnos para que no se peleen.* **3** Tener ‹una persona o una cosa› el control del funcionamiento o de la evolución de [una cosa]: *Tengo que controlar el coche, porque pierde aceite. El termostato controla que la temperatura no suba por encima de los límites permitidos.* || *v. prnl.* **4** Tener ‹una persona› el control de sus impulsos o arrebatos: *En cuanto bebe dos copas ya no se controla.*

controversia *s. f.* ELEVADO. Discusión larga y continuada entre personas con diferentes opiniones: *En estas semanas estamos asistiendo a la dura controversia sobre la legalización de las drogas.* SIN. polémica, debate.

controvertido, da *adj.* (ser / estar; antepuesto / pospuesto) Que crea controversia: *Las opiniones sobre este tema son controvertidas. El programa está controvertido, porque los contertulios no dejan de discutir. Es una solución muy controvertida. Su nombramiento ha estado muy controvertido. La controvertida delegada apareció tarde en la reunión, pero apareció.*

controvertir *v. tr. / intr.* RESTRINGIDO. Discutir ‹varias personas› sobre [un tema] extensamente: *Los participantes en la mesa redonda han prometido que no piensan controvertir innecesariamente las decisiones oficiales.* SIN. debatir. ⇒ **75.**

contubernio *s. m.* **1** ELEVADO; PEYORATIVO. Confabulación de personas o grupos con intereses de carácter ilícito, secreto o reprochable: *Estaban organizando un contubernio para derribar a la junta actual, aprovechando que el presidente se encontraba fuera. El dictador manifestó que la oposición preparaba un contubernio para desprestigiar a la patria y echarlo del poder.* **2** ELEVADO; PEYORATIVO, a veces HUMORÍSTICO. Convivencia de un hombre y una mujer como esposos sin estar casados: *Lo nuestro no es un matrimonio, es un contubernio.*

contumacia *s. f.* (no contable) ELEVADO. Actitud de la persona que se mantiene obstinada en un error: *Defendía su postura con contumacia.*

contumaz *adj.* (antepuesto / pospuesto) ELEVADO. Que se mantiene en una idea o actitud equivocada o censurable: *Mi contumaz interlocutor no quería atender mis razones, y perseveraba en sus argumentos. Respecto a ese tema no hay nada que hacer, porque Diego mantiene una actitud contumaz y no admite que pueda ser de otra manera.*

contundencia *s. f.* (no contable) Carácter contundente de una persona o cosa: *Perdió el conocimiento por la contundencia del golpe. Se defendió con contundencia de las acusaciones.*

contundente *adj.* **1** (ser / estar; antepuesto / pospuesto) Que convence, concluye, o es tan evidente que no deja lugar a dudas ni admite discusión: *tono contundente, argumento contundente, razón contundente, prueba contundente. El presidente estuvo contundente en sus afirmaciones. Las contundentes palabras del abogado nos dejaron a todos sin habla.* SIN. concluyente. **2** (antepuesto / pospuesto) Que produce contusión: *Me golpeó con un objeto contundente. El contundente puñetazo se estrelló contra mi cara, dejándome sin conocimiento.*

conturbar *v. tr.* **1** RESTRINGIDO. Causar ‹un suceso o un acontecimiento desgraciado› una gran impresión [a una persona]: *El accidente me conturbó, y no me recuperé de la impresión en varios días.* SIN. conmover. **2** RESTRINGIDO. Hacer perder ‹una cosa› la serenidad [a una persona]: *Los impresos oficiales conturban a Elisa, porque es incapaz de rellenarlos sin equivocarse varias veces.* SIN. turbar. ‖ *v. prnl.* **3** RESTRINGIDO. Experimentar ‹una persona› una gran impresión: *Carlos se ha desmayado, y es que se conturba en cuanto ve la sangre.* SIN. conmoverse. **4** RESTRINGIDO. Perder ‹una persona› la serenidad: *Jesús se conturba cuando tiene que tomar la palabra, porque es tímido.* SIN. turbarse.

contusa *adj.* Se usa en la LOC. **herida* ~.**

contusión *s. f.* MED. Lesión producida por un golpe que no causa herida exterior: *El accidentado tenía diversas contusiones por todo el cuerpo.*

contusionar *v. tr. / prnl.* Producir ‹una persona o una cosa› una contusión a [una persona o una parte del cuerpo]: *María le contusionó la cara al darle un golpe involuntario con la puerta, y ella no lo ha perdonado. Pablo **se** ha contusionado el brazo al tropezar y caerse.*

conurbación *s. f.* URB. Área formada por varios núcleos urbanos que en principio eran independientes y con el crecimiento se han unido: *La conurbación de Barcelona ha racionalizado los servicios que presta a los ciudadanos. En España las grandes ciudades forman conurbaciones con los núcleos de alrededor.*

convalecencia *s. f.* **1** MED. Estado en que se encuentra una persona que se recupera de una enfermedad o lesión: *Ya ha salido de la unidad de vigilancia intensiva y ahora se encuentra en un periodo de convalecencia.* **2** MED. Tiempo que tarda una persona en recuperarse totalmente de una enfermedad o lesión: *Después de la operación, tuvo una larga convalecencia.*

convalecer *v. intr.* **1** MED. Recuperarse ‹una persona› tras [una enfermedad]: *Luis convalece **de** una grave enfermedad. Aún convaleces **de** aquel aparatoso accidente.* **2** RESTRINGIDO. Recuperarse ‹una persona› tras [una desgracia]: *La ciudad todavía convalece **de** la catástrofe. Miguel aún convalece **de** la pérdida de sus padres.* ⇒ **5.**

convaleciente *adj. / s. m.* y *f.* (estar) Que convalece o recobra la salud después de una enfermedad: *enfermo convaleciente. Todavía estás convaleciente, no hagas esfuerzos. Tu padre, aún convaleciente de la peligrosa operación, pidió el alta al médico para volver al trabajo.*

convalecimiento *s. m.* Convalecencia.

convalidación *s. f.* **1** Reconocimiento en un país o institución de los estudios realizados en otro lugar: *He solicitado la convalidación de algunas asignaturas. La convalidación del título de licenciada le llegó a Paola el viernes.* **2** Confirmación de alguna cosa: *Los profesores propusieron a la asamblea la convalidación de la decisión del director.* SIN. ratificación.

convalidar *v. tr.* **1** Dar ‹una persona o una institución› validez a [los estudios realizados en otro país o en otra institución]: *El ministerio me ha convalidado los estudios que hice en Puerto Rico. La universidad me convalidó los créditos que había hecho en los cursos de verano.* **2** Dar ‹una persona› validez a [una cosa]: *El juez convalidó la decisión del fiscal de pedir un suplicatorio.* SIN. confirmar.

convección *s. f.* FÍS. Propagación del calor por masas móviles de fluidos, como gases o líquidos, producidas por las diferencias de densidad.

convecino, na *adj. / s. m.* y *f.* Que es vecino de otra persona o personas: *la familia convecina. Ese señor es mi convecino. He visto a tus convecinos paseando por el parque.*

convector *s. m.* TECNOL. Aparato de calefacción por convección: *He comprado un convector para este invierno, porque la estufa que tenía se ha estropeado.*

convencer *v. tr.* **1** Conseguir ‹una persona› que [otra persona haga una cosa]: *Lo convencí **para que** estudiara. Entre todos la convencimos **para que** viniera a la fiesta.* **2** Conseguir ‹una persona› que [otra persona] crea o acepte [una cosa]: *Me convenció **de** sus buenas intenciones **con** pruebas indudables. ¿Convencisteis a Juan **de** que la decisión era la más oportuna?* **3** Gustar o satisfacer ‹una persona o una cosa› [a una persona]: *Este cuadro no me convence. La obra de teatro no la convenció en absoluto, y es que ella es muy crítica. Me convence este coche, deberíamos comprarlo.* || *v. prnl.* 4 Llegar a creer o a aceptar ‹una persona› [una cosa]: *Me convencí **de** la necesidad de apretarme el cinturón. Mi abuelo nunca se convenció **de** la utilidad de los ordenadores, y siguió fiel a la máquina de escribir.* 5 Llegar a estar ‹una persona› segura [de una cosa]: *Me convencí **de** que no lo sabía. Después de oír el discurso nos hemos convencido **de** que piensa retirarse.* ⇒ **29.**

convencimiento *s. m.* Hecho de estar una persona convencida de una cosa: *Tengo el convencimiento de que serás un buen pintor. Lo he hecho por propio convencimiento, y no por vuestras súplicas.* SIN. convicción.

convención *s. f.* 1 Acuerdo o convenio entre dos o más partes: *convención diplomática, convención comercial. En Ginebra se han firmado diversas convenciones internacionales.* 2 Asamblea o reunión, especialmente de representantes de un grupo de personas con alguna característica común: *una convención de trabajadores, una convención de filólogos.* 3 Norma o práctica admitida por todos: *Las señales de tráfico son una convención. Es importante conocer las convenciones sociales de una determinada cultura.*

convencional *adj.* 1 Del convenio o acuerdo. 2 Que tiene un valor o significado aceptado o establecido por costumbre o convenio: *signo convencional, lenguaje convencional. Conducir por la derecha es algo convencional.* 3 (antepuesto/pospuesto) Que tiene gustos, ideas, costumbres o características tradicionales: *Viste de forma convencional. He comprado un automóvil convencional, no uno de esos coches híbridos y pequeños con nombre juvenil.* 4 MIL.; RESTRINGIDO. [Armamento] que no es nuclear: *La unidad está dotada de armas convencionales.*

convencionalismo *s. m.* Norma o comportamiento que se acepta por tradición, costumbre o conveniencia social: *Vive apegada a los convencionalismos sociales. Las normas de cortesía masculina hacia la mujer son un puro convencionalismo.*

conveniencia *s. f.* (no contable) Cualidad de lo que es conveniente, y produce un beneficio general o particular: *El médico me explicó la conveniencia de pasear todos los días. José me ayudó por propia conveniencia. Estudie la conveniencia de pedir el préstamo.* FR. Y LOC. **matrimonio* de ~.**

conveniente *adj.* 1 Que puede convenir, ser de utilidad o de provecho: *Me parece una medida conveniente. Es conveniente que hables primero con él.* 2 Que conviene, es adecuado o apropiado para una cosa o una persona: *No es un lugar conveniente **para** ti. Es un jugador muy conveniente **para** el equipo.*

convenio *s. m.* 1 Acuerdo o pacto hecho entre personas o instituciones: *El convenio de colaboración firmado entre las dos universidades hará posible el intercambio de profesores y alumnos.* || 2 **~ colectivo** Pacto global entre los trabajadores o sindicatos de una empresa o de un sector laboral y los patronos correspondientes para regular las condiciones salariales y de trabajo: *El presente año ya se ha firmado el convenio colectivo de la construcción y se está discutiendo el convenio colectivo de la banca.*

convenir *v. intr./tr.* 1 Ponerse ‹varias personas› de acuerdo en [una cosa]: *Convinimos **en** cenar juntos. Convinieron un aumento salarial por encima de las recomendaciones del gobierno. Convinieron **en** el precio después de discutir un rato.* || *v. intr./prnl.* 2 Ser ‹una persona o una cosa› adecuada o beneficiosa para [una persona o una cosa]: *Esta mujer no te conviene. No sé si nos conviene firmar el contrato que nos han presentado. Nos separamos porque no **nos** convenimos.* ⇒ **86.**

conventillero, ra *adj./s. m.* y *f.* ARG., URUG. [Persona] que es aficionada a los chismes y murmuraciones.

conventillo *s. m.* ARG., URUG.; RESTRINGIDO. Casa grande de vecindad, de pisos pequeños y humildes, corrala.

convento *s. m.* Casa donde viven religiosos o religiosas de una misma orden: *convento de clausura. Su hermana ha ingresado en un convento.*

convergencia *s. f.* (no contable) Unión de dos o más cosas en un punto físico o en un aspecto: *convergencia de carreteras, convergencia de ideas, la convergencia de dos fuerzas en un punto del espacio. Por fin se ha logrado la convergencia de las dos líneas del partido.* SIN. coincidencia, confluencia. ANT. divergencia.

convergente *adj.* 1 Que converge: *trayectorias, caminos convergentes.* SIN. coincidente. ANT. divergente. || 2 *adj./s. m.* y *f.* POLÍT. De Convergencia y Unión, partido político catalán: *la política convergente. Los convergentes han conseguido introducir una enmienda en el proyecto de ley.*

converger *v. intr.* 1 Unirse ‹varias líneas› en [un punto]: *Todas las líneas que traces han de converger **en** este punto.* SIN. convergir, confluir. 2 Unirse ‹varios caminos› en [un lugar]: ***En** la plaza Mayor del pueblo convergen las cinco calles principales.* SIN. convergir. 3 Tener ‹varias ideas, varias acciones o varios propósitos› [el mismo fin]: *Todos los esfuerzos convergen **al** bien común. Las orientaciones que existen en la asamblea convergen **en** dos únicas posturas.* SIN. convergir. ⇒ **23.**

convergir *v. intr.* Converger. ⇒ **78.**

conversación *s. f.* 1 Acción o resultado de conversar: *conversación telefónica. Los jefes de Estado han mantenido una conversación sobre el desarme. La conversación ha girado en torno a los nuevos planes de estudio. Hemos tenido una larga conversación.* 2 Manera de conversar: *Tiene una conversación muy interesante. Su conversación es amena y entretenida.* FR. Y LOC. **dar ~** Hacer pasar ‹una persona› el tiempo a otra persona hablando con ella: *Laura me dio conversación hasta la hora de irme.* **sacar la ~** Mencionar ‹una persona› un tema para que se hable de él: *Yo no quería hablar de eso, pero fue él el que sacó la conversación.*

conversacional *adj.* De la conversación: *análisis conversacional. Su estilo conversacional no es muy cuidado.*

conversada *s. f.* ARG., CHILE, COL., PAR., URUG.; COLOQUIAL en Chile y Colombia. Conversación o charla extensa.

conversar *v. intr.* Hablar ‹una persona› con [otra persona]: *Siempre que salimos a cenar conversamos **de** estos temas. Me gusta conversar **con** Juan porque aprendo cosas interesantes. Hemos conversado **de** cosas sin importancia.*

conversión *s. f.* 1 Cambio de una cosa, acción o situación en otra: *No es posible la conversión de esos vales en dinero. La conversión industrial era necesaria para modernizar el aparato productivo del país.* SIN. transformación. 2 Adquisición de una religión o ideología: *la conversión de San Pablo **al** cristianismo. No me explico tu conversión repentina **al** progresismo, conociendo tu carácter moderado.*

converso, sa *adj. / s. m.* y *f.* **1** Que se ha convertido al cristianismo: *un judío converso. Los conversos no siempre eran mirados con simpatía.* **2** PEYORATIVO. Que ha aceptado una ideología diferente a la que mantenía hasta ese momento: *Es un converso, porque ha entrado en el partido sólo para estar más cerca del poder.*

conversor *s. m.* INFORM. Dispositivo que adapta los ficheros codificados en un determinado programa o sistema a otro: *Déjame tu trabajo, que yo te lo pasaré al otro programa con el conversor que tengo en mi ordenador.*

convertibilidad *s. f.* **1** (no contable) Carácter convertible de una cosa. **2** (no contable) ECON. Capacidad de ser cambiada una moneda por otra o un efecto financiero por otro: *la convertibilidad de las monedas. No dudo de la convertibilidad de estos bonos en acciones, pero no sé si esa conversión es positiva.*

convertible *adj.* **1** Que puede ser convertido o cambiado: *moneda convertible, bono convertible.* || *adj. / s. m.* **2** AMÉR. Coche descapotable.

convertir *v. tr.* **1** Hacer ‹una persona o una cosa› de [una cosa] [otra cosa distinta]: *Convierten el trigo **en** harina. Este aparato convierte el aire caliente **en** aire frío para refrigerar el ambiente. Estos molinos convierten el aire **en** energía eléctrica. Con su locuacidad, convierte lo que digas **en** lo que no has dicho.* **2** Hacer ‹una cosa› que [una persona] llegue a ser [otra persona diferente]: *El trabajo no te convertirá **en** millonario. Después de tantos años, he descubierto que el dinero no te convierte **en** un ser feliz. El poder lo ha convertido **en** un déspota.* **3** Hacer ‹una persona o una cosa› que [una persona] adquiera [una costumbre o una creencia]: *Me convirtieron **al** catolicismo. Mi novia me propuso convertirme **al** budismo.* || *v. prnl.* **4** Hacerse ‹una cosa› [otra distinta]: *La Tierra se convertirá **en** un infierno si continúa la degradación ambiental. La obra se convirtió **en** un modelo digno de imitación.* **5** Llegar a ser ‹una persona› [una cosa]: *Mi tío empezó de limpiabotas y se convirtió **en** presidente. Con su última victoria se ha convertido **en** el tenista más cotizado de todos los tiempos.* **6** Adquirir ‹una persona› [una costumbre o una creencia]: *Se ha convertido **al** budismo. Se convirtió **al** ecologismo cuando vio cómo ardía el monte.* FR. Y LOC. **reducir a cenizas*** o **~ en cenizas.** ⇒ **75.**

convexo, xa *adj.* [Línea o superficie] que es curva y tiene su parte más prominente hacia el lado de la persona que mira: *eángulo convexo, lente convexa.* **espejo ~.**

convicción *s. f.* **1** (no contable) Convencimiento: *Hablaba sin convicción. No tenía la más mínima convicción de que podía aprobar el examen.* **2** (preferentemente en plural) Idea religiosa, ética o política a la que se está fuertemente adherido: *No puedo ir en contra de mis convicciones. Es hombre de convicciones profundas. Algunos olvidan las convicciones cuando se trata de negocios.* SIN. creencia.

convicto, ta *adj.* DER. [Acusado] que tiene probada su culpabilidad: *un reo convicto de asesinato. El acusado no ha confesado su participación en la estafa, pero lo han declarado convicto de malversación de caudales públicos.*

convidada *s. f.* COLOQUIAL, RESTRINGIDO. Invitación, especialmente a beber: *Ahora, una convidada por mi cuenta. Me debes una convidada.* SIN. ronda.

convidado, da *s. m. / f.* **1** Persona que ha sido invitada: *los convidados de la boda, los convidados del bautizo. Había unos treinta convidados a la fiesta. Le dices a tu hermana que está convidada a la comida.* SIN. invitado. || **2 ~ de piedra** Persona que, en una reunión, no dice nada: *Los sindicatos han declarado que si se sientan a negociar con el gobierno y con la patronal, no serán los convidados de piedra. Asistió a la reunión como convidado de piedra, porque no dijo ni una palabra. Está de convidado de piedra en la fiesta: ahí sentado, ni come, ni bebe, ni baila, ni nada.*

convidar *v. tr.* **1** Comunicar ‹una persona› a [otra persona] el deseo de que asista a [una celebración, una comida o un espectáculo]: *He convidado a Pedro **a** la tertulia el próximo lunes. Te convidaría **al** teatro, pero es que sólo tengo una entrada.* SIN. invitar. **2** Ofrecer ‹una persona› [una cosa que considera agradable] a [otra persona]: *Me convidó **a** vino. Me convidó **a** dar un paseo en su coche.* SIN. invitar. **3** Despertar ‹una cosa› el deseo de hacer [otra cosa]: *Este mar tan tranquilo convida **a** darse un baño. La solitaria y recta carretera convidaba **a** correr para sentir el placer de la velocidad.* SIN. invitar. || *v. prnl.* **4** Presentarse ‹una persona› en [un lugar] sin haber sido invitada: *Se convidó **a** comer en casa de su tía. Como nadie le decía nada, se convidó él solo **a** la excursión.*

convincente *adj.* (ser / estar; antepuesto / pospuesto) Que convence: *argumento convincente. Me has dado una convincente explicación y te lo agradezco, me has tranquilizado. Has estado convincente, tu exposición les ha gustado a todos. Ella es muy convincente cuando quiere.*

convite *s. m.* **1** Comida a la que una persona es invitada: *ir a un convite, rehusar un convite. Haremos un convite para celebrarlo. El convite empieza a las ocho.* **2** AMÉR. C., MÉX. Conjunto de danzantes que recorren las calles anunciando fiesta. **3** COL., VEN.; RESTRINGIDO en Colombia. Grupo de trabajadores que prestan sus servicios a cambio de comida y bebida.

convivencia *s. f.* Acción y resultado de convivir: *Se separaron después de diez años de convivencia. La convivencia dentro del equipo es aceptable.*

convivir *v. intr.* **1** Vivir ‹una persona o un animal› en compañía de [otra persona o animal]: *Luis convive **con** su hija. He convivido **con** todo tipo de personas. Convive **con** dos gatos preciosos.* **2** Vivir ‹varias personas o animales› en armonía: *En el colegio aprendí a convivir. Mi perro y mi gato conviven como grandes amigos.*

convocar *v. tr.* **1** Llamar ‹una persona› [a otra persona] para que acuda a [un lugar o un acto]: *Convoqué a los socios **a** la junta. El gobierno convocó a los ciudadanos **a** las urnas. Nos habían convocado **a** una manifestación contra el racismo.* **2** Hacer ‹una persona› público [un concurso o una competición] para que los interesados acudan a participar: *Ya han convocado las oposiciones a notarías. Se convocó el examen de acceso a la universidad.* ⇒ **71.**

convocatoria *s. f.* **1** Acción y resultado de convocar: *Acudí a la convocatoria, pero ya sabía que iba a ser un fracaso. Aunque he suspendido en junio, aún me queda la convocatoria de septiembre.* **2** Escrito con el que se convoca: *He leído la convocatoria en el Boletín Oficial del Estado.*

convoy (plural *convoyes*) *s. m.* **1** Escolta que acompaña a una expedición de barcos o vehículos para protegerlos: *Un convoy de la marina escoltaba a los barcos de pasajeros.* **2** Conjunto de barcos o vehículos escoltados: *un convoy de las Naciones Unidas. Los convoyes comunitarios tienen difi-*

cultades para entrar en las zonas de conflicto. **3** Tren, serie de vagones enlazados y arrastrados por una máquina: *un convoy de mercancías. El convoy descarriló por un sabotaje de las vías.* **4** Vinagreras para el servicio de la mesa.

convoyar *v. tr.* **1** RESTRINGIDO. Dar ‹una persona› protección a [un convoy]: *Los soldados convoyaban los camiones de ayuda humanitaria.* **2** P. RICO. Intentar conseguir ‹una persona› [una cosa] de una persona con falsos halagos. ‖ *v. prnl.* **3** P. RICO, VEN. Confabularse, conchabarse.

convulsión *s. f.* **1** MED. Sacudida brusca e involuntaria de los músculos por causas patológicas: *Cuando se pone muy nervioso pierde el conocimiento y le dan convulsiones.* **2** Agitación violenta en la vida colectiva: *una época de grandes convulsiones sociales. Las declaraciones del ministro de Economía produjeron fuertes convulsiones en la bolsa.* **3** GEOL. Sacudida de la tierra o del mar por efecto de los terremotos: *Las convulsiones provocaron derrumbamientos y cientos de muertos y desaparecidos entre los escombros.*

convulsionar *v. tr.* **1** MED. Producir ‹una enfermedad› convulsiones [a una persona]: *Los ataques epilépticos convulsionan periódicamente a quienes los sufren.* **2** Agitar ‹una persona o una cosa› el ritmo normal de [una colectividad]: *El asesinato del jefe del Estado convulsionó el país. Ese decreto ha convulsionado los cimientos de la democracia.* **3** GEOL. Sacudir ‹un movimiento sísmico› [el mar o la tierra]: *El terremoto convulsionó la región durante varios segundos.*

convulsivo, va *adj.* Que se produce con convulsiones: *movimiento convulsivo, ataque convulsivo.* **tos convulsiva.**

conyugal *adj.* De los cónyuges o del matrimonio: *vida conyugal, domicilio conyugal, lecho conyugal.* **débito* ~.**

cónyuge *s. m./f.* Marido respecto a la mujer y mujer respecto al marido: *Ambos cónyuges son grandes artistas. Ella hizo un testamento en el que cedía sus bienes a su cónyuge. La cónyuge protestó nada más entrar en el juzgado.*

coña *s. f.* **1** COLOQUIAL. Guasa, burla disimulada: *Se nota que Elena está de coña. Se lo toma todo a coña: no deja de gastar bromas. Supongo que lo que me dices va de coña, porque no se puede tomar en serio. Eso no lo digas ni de coña.* **2** COLOQUIAL; INTENSIFICADOR. Cosa pesada y molesta: *Este libro es una coña: no hay quien lo lea. Es una coña tener que ponerse a estudiar cuando todo el mundo anda divirtiéndose.* SIN. coñazo (VULGAR). FR. Y LOC. **dar la ~** COLOQUIAL. Ser ‹una persona› muy pesada o muy insistente con algo: *No vengas otra vez a darme la coña con el tema del regalo.* **de ~** COLOQUIAL. En broma: *No hagas caso de lo que dice porque lleva toda la tarde de coña. ¿Estás de coña? Ya vale de risitas. Lo que dijo iba de coña.* **ni de ~** COLOQUIAL; INTENSIFICADOR. De ningún modo: *Pedro no viene a la fiesta ni de coña. No te dejo el dinero que me pides ni de coña.*

coñac o **coñá** (plural *coñacs*) *s. m.* **1** (no contable) Aguardiente obtenido por destilación de vinos de baja graduación y envejecido en toneles de roble para aromatizarlo: *El coñac español se llama oficialmente brandy por problemas legales. El coñac es un licor con una graduación alcohólica muy elevada.* **2** Medida de este líquido contenida en una copa: *¡Camarero, un coñac! Se bebe dos coñacs y se pone ya insoportable.*

coñazo *s. m.* VULGAR; INTENSIFICADOR. Persona o cosa molesta o aburrida: *¡Qué coñazo de conferencia! Esta película es un coñazo. Tu amigo es muy coñazo. ¡Llévate al niño coñazo éste de aquí!* FR. Y LOC. **dar el ~** VULGAR; DISGUSTO Y ENFADO. Molestar ‹una persona› mucho: *No me des más el coñazo con el rollo ese. Estoy harto de que me den el coñazo con la historia esa de lo perjudicial que resulta el tabaco.*

coñete *adj.* ARG., CHILE, PERÚ; RESTRINGIDO en Argentina, JERGAL en Perú. Que es tacaño.

coño *s. m.* **1** VULGAR. Vulva. ‖ *interj.* **2** COLOQUIAL, VULGAR. Se usa para indicar asombro o enfado: *¡Coño, qué pronto has llegado! Cuando vio que veníamos a buscarlo, dijo: –¡coño!– y salió corriendo. ¿Qué coño quieres ahora que no me dejas en paz?* FR. Y LOC. **ser (como) el ~ de la Bernarda** o **parecer el ~ de la Bernarda** VULGAR; PEYORATIVO. Estar ‹una cosa› desordenada o confusa: *Esta casa es como el coño de la Bernarda, todo el día entrando y saliendo gente. Tu mesa parece el coño de la Bernarda, llena de papeles desordenados y sin posibilidad de encontrar nada.* **estar hasta el ~** (preferentemente usado por mujeres) VULGAR; DISGUSTO Y ENFADO. Estar ‹una persona› harta de aguantar a una persona o una cosa: *Estoy hasta el coño **de** tanto trabajar.* **tener hasta el ~** (preferentemente usado por mujeres) VULGAR; DISGUSTO Y ENFADO. Estar hasta el coño: *Me tenéis hasta el coño **con** vuestras peleas.* **tocarse el ~** VULGAR. No hacer nada ‹una persona›: *¡Ya está bien de tocarte el coño! Ponte a hacer algo.*

cooperación *s. f.* Actuación de varias personas unidas para lograr un determinado fin: *Es necesaria la cooperación internacional **en** la lucha contra el hambre. La cooperación **entre** diversas instituciones ha hecho posible este acto.* SIN. colaboración.

cooperar *v. intr.* **1** Hacer ‹varias personas› [una cosa] conjuntamente: *Cooperó **con** los bomberos **en** la extinción del incendio. Las diferentes policías del Estado cooperarán **en** las operaciones de rescate. Alumnos y profesores cooperarán **para** conseguir una mayor calidad de enseñanza.* **2** Influir ‹varias cosas› en [otra cosa]: *Varios factores cooperaron **a** vuestro fracaso. Las condiciones climatológicas cooperaron **a** la buena cosecha de este año.* SIN. contribuir.

cooperativa *s. f.* **1** ECON. Sociedad formada por productores, vendedores o consumidores para conseguir fines que benefician a todos los socios: *cooperativa agropecuaria, cooperativa vinícola, cooperativa de viviendas. La cooperativa aceitera se constituyó para poder competir con los grandes productores.* **2** ECON. Establecimiento donde se producen, se transforman o se venden los artículos de esta sociedad: *Ya he llevado la cosecha de aceituna a la cooperativa. He comprado en la cooperativa unas cosas que necesitaba.* **sociedad* ~.**

cooperativismo *s. m.* **1** (no contable) ECON. Ideología y sistema socioeconómico que defienden la asociación de productores y consumidores en cooperativas: *El cooperativismo obtuvo grandes logros en las zonas rurales españolas durante la República. Los intereses de los pequeños productores se protegen mejor con el cooperativismo.* **2** (no contable) Régimen y sistema socioeconómico de las cooperativas: *El cooperativismo de algunas zonas vascas es muy importante.*

cooperativista *adj.* **1** ECON. Del cooperativismo o de la cooperativa: *economía cooperativista.* ‖ *adj./s. m.* y *f.* **2** ECON. Que es partidario del cooperativismo: *Mi mujer es una cooperativista de la empresa donde trabaja.*

cooperativo, va *adj.* Que coopera o puede cooperar: *Tiene un espíritu muy cooperativo. La actitud cooperativa de todos es importante para sacar esto adelante. Me gusta porque es un hombre muy cooperativo; en cuanto ve que necesitas algo te ayuda.*

coordenado, da *adj. / s. f.* (preferentemente en plural) MAT. [Líneas, planos] que sirven para determinar un punto: *Hay que situar la posición del barco en el plano coordenado. ¿Cuáles son las coordenadas de ese lugar?* **eje* de coordenadas. sistema* de coordenadas.**

coordinación *s. f.* **1** Acción o resultado de coordinar: *Lo mejor es trabajar en coordinación con los diferentes departamentos de la empresa. La coordinación de los esfuerzos es indispensable para conseguir hacerlo en el mínimo tiempo posible. La coordinación del programa corre a cargo de Pepe.* **2** Control ordenado de los movimientos del propio cuerpo que hace una persona: *La coordinación de movimientos es importante en el deporte.* **3** GRAM. Relación entre elementos sintácticamente equivalentes e independientes por medio de una conjunción, explícita o no, que les sirve de nexo: *La coordinación de elementos en un texto literario produce una sensación de rapidez.*

coordinado, da *adj.* **1** [Personas o cosas] que están organizadas para colaborar en algo: *Se necesita el trabajo coordinado de todos vosotros.* **2** GRAM. [Oración, sintagmas] que mantienen una relación de coordinación.

coordinante *adj.* Que coordina: *En el sintagma «el gato y el perro», la conjunción «y» es coordinante.*

coordinar *v. tr.* **1** Hacer ‹una persona› compatibles [varias cosas]: *Coordinaremos los distintos departamentos de la empresa. Quieren coordinar las diferentes administraciones públicas para dar mejor atención al ciudadano. No se trata de que cada uno vaya por su lado, sino de que coordinemos los esfuerzos.* **2** Disponer ‹una persona› del control ordenado de los movimientos de [su cuerpo]: *Tienes que coordinar los brazos y las piernas en el salto.* ‖ *v. intr.* **3** COLOQUIAL. Disponer ‹una persona› del control de su mente: *Tranquilo, que cuando te pones nervioso no coordinas nada y nos vamos a estrellar. El abuelo todavía coordina muy bien.*

copa *s. f.* **1** Vaso acampanado y con pie que sirve para beber: *copa de cristal, copa alta, copa de plata. Se ha roto una copa.* **2** Líquido que cabe en este vaso: *Tomamos unas copas de vino. Me bebí dos copas de cava.* **3** DEP. Trofeo que reciben los ganadores de ciertas competiciones deportivas: *la Copa del Rey, la copa de Europa, la Copa Davis. El jugador recibió la copa de manos del presidente de la federación.* **4** DEP. Competición deportiva: *Han perdido en la Copa de Europa. El año pasado fuimos semifinalistas de la copa.* **5** BOT. Parte del árbol formada por las ramas y las hojas: *la copa de las encinas. Hay un nido en la copa del árbol. Este pino tiene la copa demasiado baja.* **6** Parte hueca de un sombrero: *un sombrero bajo de copa. Me he comprado un sombrero de copa alta que me hace juego con el frac.* **7** (en plural) JUEGOS. Uno de los cuatro palos de la baraja española: *Oros, bastos, copas y espadas son los palos de la baraja.* **8** JUEGOS. Carta de la baraja del palo de copas: *Los triunfos son las copas. Tiré una copa. ¡Voy a copas!* **9** COL. Tapacubos de la rueda de un automóvil. FR. Y LOC. **apurar la ~ del dolor** o **apurar la ~ de la desgracia** ELEVADO, LITERARIO. Llegar ‹una persona› al extremo del dolor o la desgracia. **como la ~ de un pino** COLOQUIAL; INTENSIFICADOR. Se usa para comentar la calidad o importancia de lo que se compara: *Una verdad como la copa de un pino. Es un jugador como la copa de un pino.* **~ de vino español** RESTRINGIDO. Cóctel, pequeña recepción: *Al final de la exposición se servirá una copa de vino español.* **ir de copas** COLOQUIAL. Salir ‹una persona› para pasar un rato con los amigos, visitando bares y bebiendo en cada uno de ellos: *Nos vamos de copas, ¿de acuerdo?* **sombrero* de ~. tener / llevar una ~ de más** Estar ‹una persona› un poco borracha: *Será mejor que conduzca yo, porque tú ya llevas una copa de más.*

copado, da *adj.* (estar) ARG., URUG.; JERGAL. Que está muy satisfecho o contento con una cosa.

copamiento *s. m.* ARG., URUG. Ocupación como protesta de un local público.

copar *v. tr.* **1** Conseguir ‹un partido o un grupo› [los mejores puestos] en unas elecciones: *El sector conservador ha copado las listas del partido para las próximas elecciones. Los progresistas han copado la mesa del Congreso.* **2** Ganar ‹una persona› [todos los premios] en una competición: *Los atletas cubanos coparon las medallas en las pruebas de atletismo.* **3** Acaparar ‹una persona o una cosa› por completo la atención o el interés de [otra persona]: *La retransmisión copó la atención del país durante dos horas. La modelo copó el interés de los periodistas y del público en general.* **4** Impedir ‹una persona› que [otra persona] huya: *Los soldados coparon a sus enemigos cortándoles la retirada.* **5** JUEGOS. Ganar ‹una persona› una apuesta equivalente a todo el dinero que posee [la banca]: *Esta dama ha copado la banca.*

copartícipe *s. m. / f.* Persona que participa con otra en alguna cosa: *copartícipe del negocio. El fiscal mantiene que el acusado fue copartícipe del robo.*

copazo *s. m.* COLOQUIAL. Una copa o vaso de una bebida alcohólica que se toma, generalmente, de un solo trago: *Se mete dos copazos y se queda tan fresco.* SIN. lingotazo.

cope *s. m.* ARG.; JERGAL. Entusiasmo exagerado por alguna cosa.

COPE *s. f.* RADIO. Sigla de «Cadena de Ondas Populares Españolas», emisora de radio, España.

copear *v. intr.* COLOQUIAL. Tomar ‹una persona› copas de vino o de licor: *Ya sé yo que a ti te gusta mucho copear.*

cópec, kópec o **kópek** (plural *cópecs, kópecs* o *kópeks*) *s. m.* Moneda rusa, centésima parte de un rublo: *De mi viaje a Rusia sólo me quedaron algunos cópecs.*

copeo *s. m.* (no contable) COLOQUIAL. Acción y resultado de copear: *Le gusta salir con sus amigos de copeo. Al anochecer, con la fresca, apatece ir de copeo por el puerto.*

copera *s. f.* **1** COL.; PEYORATIVO. Mujer que atiende en una cantina o café. **2** ARG., URUG. Camarera de alterne.

copero, ra *adj.* **1** DEP. De la copa, trofeo, o de la competición para ganar la copa: *trofeo copero, competición copera, final copera.* **2** DEP. [Jugador o equipo] que se distingue por ganar copas: *Éste es un equipo copero al que le van las eliminatorias a doble partido.*

copete *s. m.* **1** Mechón de pelo levantado sobre la frente: *En cuanto se mueve un poco se le viene el copete a la frente.* SIN. tupé. **2** ZOOL. Penacho de algunas aves: *Ese pavo real tiene el copete de colores muy vivos.* **3** Parte de helado o de bebida que sobresale del borde de un recipiente: *el copete* *de un helado de limón. Se le derritió el cucurucho y se le cayó el copete al suelo.* FR. Y LOC. **de alto ~** PEYORATIVO. [Persona] que presume de pertenecer a la nobleza o a la alta sociedad: *En la fiesta del embajador había muchas damas de alto copete.*

copetín *s. m.* **1** AMÉR. Copa de licor. **2** AMÉR. Cóctel, aperitivo.

copia *s. f.* **1** Reproducción exacta de alguna cosa y ejemplar que resulta: *la copia de una obra de arte, la copia de una fotografía. Hazme la copia de estos planos para entregar al Colegio de Arquitectos.* SIN. duplicado. **2** Imitación: *Su arte es una copia de la realidad. Éste no es un Velázquez original, es una copia.* SIN. remedo (RESTRINGIDO). **3** ELEVADO; LITERARIO. Cantidad: *El orador proporcionó a sus señorías gran copia de datos.* SIN. abundancia.

copiadora *s. f.* ELECTRÓN. Fotocopiadora.

copiar *v. tr.* **1** Escribir ‹una persona› [una cosa que está escrita en otro lugar o que otra dicta]: *La secretaria copió la carta a máquina. Tenéis que copiar el texto de las inscripciones que hay en estas lápidas romanas.* **2** Tomar ‹una persona› [una cosa] como modelo y reproducirla exactamente: *Esta escultura copia otra que está en el museo. Mi hermano copió mi dibujo y lo entregó con su firma.* **3** Hacer ‹una persona› [una cosa] igual que [otra persona]: *Copiabas su forma de vestir, su peinado y hasta sus gestos.*

copihue *s. m.* **1** CHILE. Arbusto trepador de la familia de las liliáceas, con vistosas flores rojas o blancas. **2** CHILE; COLOQUIAL. Flor de este arbusto, emblemática de Chile.

copiloto *s. m./f.* **1** Persona que por profesión trabaja como piloto auxiliar: *la copiloto de un avión, el copiloto de un conductor de rallys. La copiloto iba indicando al piloto las incidencias del recorrido.* **2** COLOQUIAL. Persona que viaja en un vehículo al lado del conductor: *El niño viene hoy de copiloto conmigo.*

copión, na *adj./s. m.* y *f.* COLOQUIAL; PEYORATIVO. [Escolar] que copia los exámenes o los trabajos de otros compañeros: *Eres un copión, y no te voy a dejar ver más mis ejercicios. Es una copiona y el maestro no se ha dado cuenta.*

copiosamente *adv. cant.* (con ciertos verbos de acción intransitivos) Mucho, con abundancia: *Llovió copiosamente. Los jugadores sudaban copiosamente.*

copiosidad *s. f.* (no contable) RESTRINGIDO. Abundancia: *La copiosidad de la nieve este invierno ha sido extraordinaria.*

copioso, sa *adj.* (antepuesto/pospuesto) Que es abundante: *La copiosa nevada dejó incomunicados varios pueblos. Nos obsequiaron con una comida copiosa. Ha conseguido copiosas ganancias. Tienen en La Rioja una copiosa cosecha de vino.*

copista *s. m./f.* **1** Persona que por oficio se dedicaba a copiar escritos: *Entré de copista en una oficina de una empresa.* SIN. escribiente. **2** Persona que copiaba una o varias veces el original de un libro, antes de que se inventara la imprenta: *el copista del Cid. Los copistas medievales tuvieron un papel fundamental en la transmisión de las obras de la antigüedad clásica.*

copistería *s. f.* ART. GRÁF. Establecimiento donde se hacen fotocopias y encuadernaciones sencillas: *En la copistería que está en la calle de abajo hacen las fotocopias más baratas que en la de aquí enfrente.*

copla *s. f.* **1** RET. Composición poética generalmente de cuatro versos que suele ser letra de canciones populares: *Estas coplas llegaron hasta nosotros en forma de canciones populares, no por escrito.* **2** RET. Estrofa o combinación métrica: *En ese libro de retórica tienes la medida y la rima de los diferentes tipos de coplas.* **3** MÚS. Canción folclórica española de origen andaluz: *Parece que la copla está resurgiendo con nuevos cantantes y con el patrocinio de alguna cadena de televisión.* **4** COLOQUIAL. Cosa que se repite con insistencia y pesadez: *Estoy harto de que me vengas siempre con la misma copla. No me vengas con más coplas, que no tengo más dinero.* **5** (en plural) COLOQUIAL. Habladurías, rumores o evasivas: *Esta mujer anda en coplas por todo el pueblo. Dime ya lo que piensas de verdad y déjate de coplas.*

coplero, ra *s. m./f.* **1** MÚS.; COLOQUIAL. Intérprete de la copla o canción española: *Esta mujer es una de las copleras más cotizadas del panorama actual de la copla.* **2** RESTRINGIDO. Persona que tiene por profesión la composición y venta de coplas o romances: *Hoy ya no existen los copleros tal como se entendían antiguamente.* **3** RESTRINGIDO; PEYORATIVO. Poeta malo: *A mí ya sabes que no me gusta su poesía; creo que no pasa de ser un coplero.*

copo *s. m.* **1** Cada una de las porciones de nieve que cae cuando nieva: *copos de nieve. Hay que ver cómo nieva; caen unos copos gordísimos.* **2** Porción de otras cosas parecidas a la nieve cuando cae: *De un tiempo a esta parte se ha extendido en España el consumo de los copos de maíz para desayunar.* **3** Porción de algodón, lana u otra materia similar dispuesta para ser hilada: *Una vez recogidos, los copos de algodón se ponen a secar al sol para separar el algodón de la borra, y se prensan en balas para el proceso industrial.* **4** Acción y resultado de copar: *Nuestra candidatura tiene que ir al copo de las concejalías en las elecciones municipales.*

copón *s. m.* REL. Entre los católicos, copa grande, generalmente de un metal precioso, donde se depositan las hostias consagradas para guardarlas en el sagrario: *Los ladrones robaron la iglesia y se llevaron hasta el copón del sagrario.*

copra *s. f.* (no contable) Médula de coco desecada de la que se obtiene el aceite de coco: *En el siglo* XIX *se desencadenaron varias guerras por el control mundial de la copra.*

coproducción *s. f.* Producción de un espectáculo o de una obra artística entre varios productores: *Esa película es una coproducción hispano-argentina. Las coproducciones cinematográficas entre distintos países permiten a los actores ser conocidos internacionalmente. El disco es una coproducción hispano-mexicana.*

coprofagia *s. f.* (no contable) ELEVADO. Ingestión de excrementos: *La coprofagia se da en algunos enfermos psíquicos.*

coprófago, ga *adj.* ELEVADO. Que se alimenta de excrementos: *El escarabajo pelotero es un animal coprófago.*

copropiedad *s. f.* Propiedad en común de una cosa: *Los dos hermanos tienen la copropiedad de la empresa. La copropiedad de la marca creó conflictos entre los fabricantes.*

copropietario, ria *adj./s. m.* y *f.* Que comparte la propiedad de una cosa con otra u otras personas: *empresa copropietaria, comunidad copropietaria. Yo soy uno de los copropietarios, junto con otras tres personas.*

coprotagonista *s. m. / f.* CINE. Actor o actriz que comparte el protagonismo de una película o una obra teatral con otro: *Es el coprotagonista junto con su mujer. Entre los coprotagonistas parece que hubo algunos problemas durante el rodaje.*

copto, ta *adj.* **1** REL. De los coptos: *liturgia copta, rito copto, sacerdote copto.* ‖ *adj. / s. m.* y *f.* **2** REL. [Cristiano] que sigue la liturgia copta de Egipto o de Etiopía: *Los coptos admiten los siete sacramentos y mantienen un rito de origen griego.* ‖ *s. m.* **3** Lengua evolucionada del antiguo Egipto, que hoy sólo se utiliza en la liturgia copta.

copucha *s. f.* **1** CHILE; COLOQUIAL. Rumor o noticia que corre de boca en boca. **2** CHILE; RESTRINGIDO. Vejiga de animal para usos domésticos.

cópula *s. f.* **1** Unión de una cosa con otra: *De la cópula de los dos gametos se origina la célula huevo.* **2** Unión sexual del macho y la hembra: *Antes de la cópula en muchas especies animales el macho realiza un largo galanteo a la hembra.* SIN. apareamiento. **3** GRAM. Palabra que sirve de unión entre dos oraciones o sintagmas, como las conjunciones y los verbos copulativos.

copulación *s. f.* Cópula, apareamiento.

copular *v. intr.* Hacer ‹una persona o un animal› el acto sexual con [otra persona u otro animal]: *Los animales copulan solamente con fines reproductores.*

copulativo, va *adj.* **1** De la cópula sexual: *Durante la actividad copulativa se producen fuertes transformaciones fisiológicas.* **2** GRAM. [Conjunción, nexo] que une una palabra o una oración con otra y expresa la idea de adición: *La conjunción copulativa más frecuente en español es «y».* **3** GRAM. [Oración] que está unida a otra oración mediante una conjunción copulativa: *La oración «Me cambié de ropa y salí a la calle» es copulativa.* **4** GRAM. [Verbo] que une el sujeto con su atributo: *Los verbos copulativos más importantes del español son «ser» y «estar».*

copyright (plural *copyrights;* del inglés; pronunciamos *'copirráit'*) *s. m.* Propiedad intelectual o literaria de una obra: *La ley prohíbe cualquier reproducción de un libro sin autorización escrita del titular del copyright. Esta edición es pirata, porque no tiene copyright.*

coque *s. m.* Combustible sólido que se obtiene del carbón mineral sometido a altas temperaturas: *El coque tiene numerosas aplicaciones en la industria siderúrgica.*

coquero, ra *adj.* **1** ARG., COL., PERÚ, URUG.; COLOQUIAL; JERGAL en Perú. Cocainómano. **2** COL. Que se dedica a cultivar plantas de coca.

coqueta *s. f.* Mueble con un espejo y varios cajones que sirve para maquillarse y peinarse: *Mi madre guarda el maquillaje en la coqueta de su habitación.*

coquetear *v. intr.* **1** Intentar ‹una persona› atraer sentimentalmente [a otra persona] con actitudes estudiadas: *Ya he visto cómo coqueteabais delante de todos. Coquetear **con** el primero que llega te puede traer problemas.* **2** Tener ‹una persona› una relación superficial con [una cosa]: *Coqueteé un tiempo **con** la pintura. Inés estuvo coqueteando un tiempo **con** esta empresa, pero al final decidió rechazar la propuesta y quedarse donde estaba.*

coqueteo *s. m.* **1** (no contable) Acción o gesto con que se intenta atraer o gustar a una persona: *Luis ya ha iniciado el coqueteo; veremos cuánto tarda en caer en sus brazos. Te gusta mucho el coqueteo con los hombres casados.* **2** (no contable) Contacto superficial de una persona con una actividad o ideología: *Mis coqueteos con el partido moderado empezaron hace varios años. Tus coqueteos con la delincuencia acabarán mal.*

coquetería *s. f.* (no contable) Actitud y comportamiento de la persona coqueta: *La coquetería es una cualidad presente, en mayor o menor grado, en todas las personas. Prefiero la coquetería a la dejadez.*

coqueto, ta *adj.* **1** (ser / estar) Que es bonito y agradable: *una habitación coqueta, un detalle coqueto en el sombrero. Ese adorno es muy coqueto y quedará bien encima del mueble. El apartamento está muy coqueto tras haberlo pintado.* ‖ *adj. / s. m.* y *f.* **2** Que intenta agradar o atraer a alguien con actitudes estudiadas: *Jesús es un hombre muy coqueto. Ana es una coqueta, que hace lo que sea por sentirse admirada por los demás.* **3** Que cuida excesivamente su aspecto personal: *una persona muy coqueta. Es un hombre coqueto, siempre tan elegante y siempre mirándose al espejo.*

coquetón, na *adj.* (ser / estar) AFECTIVO. Que es bonito y agradable: *un detalle coquetón. Me ha regalado una cajita de música muy coquetona. Está muy coquetona la calle, tan blanca y con las ventanas adornadas con geranios.*

coquina *s. f.* ZOOL. Molusco pequeño con una concha de dos piezas ovaladas y muy aplastadas, que abunda en el litoral del suroeste de la península ibérica y es apreciado como alimento: *Mi madre compró medio quilo de coquinas para la paella.*

coracero *s. m.* MIL. Soldado de caballería, en un tiempo armado con coraza: *Un regimiento de coraceros avanzaba por la ladera a enfrentarse con los enemigos.*

coraje *s. m.* **1** Ánimo o valor para hacer una cosa: *Tiene coraje para cambiar de trabajo. No le queda coraje para enfrentarse con las dificultades.* SIN. valentía. **2** COLOQUIAL. Sentimiento de rabia o enfado: *Le dio coraje llegar tarde. Le da mucho coraje quedarse siempre el último.* ANT. satisfacción.

corajina *s. f.* Ataque repentino de ira: *Le dio una corajina al niño cuando no le compraron el balón.* SIN. rabieta.

corajudo, da *adj.* **1** RESTRINGIDO. Que se enfada con facilidad: *Paco es muy corajudo, no le puedes llevar la contraria porque se enfada.* **2** ARG.; RESTRINGIDO en España. Que es muy valiente: *Es un soldado muy corajudo.*

coral *adj.* **1** MÚS. De la música de coro: *Los cantos corales encierran cierta solemnidad.* ‖ *s. m.* **2** *Corallium rubrum.* Animal celentéreo que tiene un esqueleto externo de color rojo o rosado y vive en colonias en mares tropicales: *Los bancos de coral abundan en los mares cálidos.* **3** (no contable) Sustancia dura que forma el esqueleto de los corales y se usa en joyería: *He comprado un collar de coral para regalárselo a mi novia.* **4** Color rojo o rosado como el de los corales: *Ha tapizado el salón en un coral pálido precioso. Tiene unas mejillas de coral hermosísimas.* **5** MÚS. Composición musical vocal o instrumental de ritmo lento y carácter religioso: *Son justamente famosos los corales de Bach.* ‖ *s. f.* **6** Coro, agrupación de cantantes: *Me he apuntado en una coral porque soy aficionado al canto.* SIN. orfeón.

coralífero, ra *adj.* Que tiene corales: *isla coralífera, aguas coralíferas.*

coralino, na *adj.* De coral o que se parece al coral: *Los arrecifes coralinos se reconocen por su color rojo intenso.*

corán *s. m.* (con mayúscula) REL. Libro sagrado del Islam: *El Corán contiene lo que Mahoma, inspirado por Alá, predicó a sus fieles.*

coraza *s. f.* **1** Armadura de hierro y acero utilizada antiguamente para proteger el pecho y la espalda de los soldados: *Una lanza atravesó la coraza del soldado.* **2** Revestimiento o protección de una embarcación de guerra o de los carros de combate: *La metralla se estrellaba en la coraza del tanque sin dañarlo.* **3** Caparazón de algunos animales, como el de las tortugas y los galápagos: *Mi tortuga se pasa largas temporadas sin salir de su coraza.* **4** Cualquier cosa inmaterial que sirve de protección o aislamiento: *Su sordera le sirve de coraza. La coraza del poder le hace soportar todas las críticas sin inmutarse.*

corazón *s. m.* **1** Órgano central del aparato circulatorio, que está encargado de recoger la sangre e impulsarla hacia todas las redes capilares del organismo: *latir el corazón, palpitar el corazón, un trasplante de corazón. El corazón bombea la sangre hasta el último rincón del cuerpo.* **2** Figura con que se representa convencionalmente este órgano: *Isa dibujó un corazón en la pared con el nombre de su amor. El amor se suele representar con un corazón atravesado por una flecha.* **3** (no contable) Órgano en el que popularmente se localizan la afectividad y las emociones: *Sus reproches le llegaron al corazón. Una gran tristeza invade su corazón. Actuó dejándose llevar por el corazón. Marta es un poco maniática, pero tiene buen corazón. Eres un hombre sin corazón.* **4** (no contable) AFECTIVO. Forma cariñosa de dirigirse a una persona: *Ven a mis brazos, corazón mío.* **5** (no contable) Parte central o más importante de algo: *el corazón de una manzana, el corazón de la alcachofa. Vive en pleno corazón de la ciudad. Este jugador es el corazón del equipo.* **6** (en plural) JUEGOS. Uno de los cuatro palos de la baraja francesa: *el as de corazones, el cuatro de corazones, póquer de corazones.* || **7 ~ de piedra** Carácter o conjunto de sentimientos duros: *Juan tiene un corazón de piedra.* **8 dedo* ~.** FR. Y LOC. **a ~ abierto** CIR. Operación quirúrgica en la que se desvía la circulación por medio de un corazón artificial, antes de abrir las cavidades cardiacas. **abrir su ~** Confiar ‹una persona› sus sentimientos a otra persona: *No pude guardar más tiempo el secreto y al final le abrí mi corazón.* **anunciar/dar/decir el ~** Presentir ‹una persona› una cosa: *Me daba el corazón que nos iba a engañar. ¡Mira que me decía el corazón que no era buena persona! Me anuncia el corazón que esta vez nos va a tocar el premio.* **con la mano* en el ~. con todo mi/tu/su ... ~** INTENSIFICADOR. Con todo el afecto que puede dar una persona: *La ama con todo su corazón. Lo hemos hecho con todo nuestro corazón. Sé que lo habéis intentado con todo vuestro corazón y eso me basta.* **darle un vuelco* el ~. de (todo) ~** INTENSIFICADOR. De forma sincera y afectuosa: *Se lo agradezco de todo corazón. Te ofrezco mi casa de corazón.* **decir/hablar con el ~ en la mano** INTENSIFICADOR. Hablar ‹una persona› con total sinceridad: *Estoy seguro de que hablaba con el corazón en la mano, pero no creo nada de lo que me ha dicho.* **decir/hablar con la mano* en el ~. dolor* de ~. encogérsele el ~.** INTENSIFICADOR. Sentirse una persona asustada, acobardada o angustiada: *Oí por la radio la noticia del accidente y se me encogió el corazón.* **estar* con el alma/~ en vilo** o **estar con el alma/~ en un hilo. estar con el ~ en un puño** o **tener el ~ en un puño** INTENSIFICADOR. Estar ‹una persona› con mucha angustia o preocupación: *Félix estuvo con el corazón en un puño hasta que le dijeron que su padre estaba bien. Los aficionados tuvieron el corazón en un puño durante todo el partido.* **hacer de tripas* ~. no caber el ~ en el pecho** INTENSIFICADOR. Estar ‹una persona› muy inquieta o excitada por una cosa: *Rosa sentía una emoción tan grande que no le cabía el corazón en el pecho.* **partir/romper corazones** COLOQUIAL; INTENSIFICADOR. Enamorar o seducir con facilidad ‹una persona› a otras personas: *Se puso sus mejores galas, dispuesta a romper corazones. Va por ahí con esa mirada que parte corazones.* **partir*/romper el alma/~. prensa* del ~. revista* del ~. tener un ~ de oro** INTENSIFICADOR. Tener ‹una persona› buenos sentimientos: *Da todo lo que puede y más, y es que tiene un corazón de oro.*

corazonada *s. f.* **1** Presentimiento de que una cosa va a ocurrir: *Tengo la corazonada de que esta vez vamos a ganar. Me ha dado la corazonada de que hoy me lo voy a encontrar.* **2** Impulso espontáneo que incita a hacer algo con urgencia: *Le dio la corazonada, guardó lo indispensable, llamó a un taxi y se fue en dirección al aeropuerto para presentarse allí aquella misma tarde.*

corbata *s. f.* **1** Tira de tela que se anuda al cuello de la camisa y cae por delante a lo largo de la pechera: *Por fin he aprendido a hacer el nudo de la corbata. Esta corbata no hace juego con la camisa. Me han regalado una corbata de seda.* **2** Banda que se pone en las astas de las banderas o estandartes: *La corbata del estandarte se desprendió a mitad del desfile.* **3** COL.; COLOQUIAL. Puesto de trabajo bueno obtenido por enchufe o recomendación. FR. Y LOC. **ponérsele los cojones* de ~.**

corbatín *s. m.* Corbata de lazo sin caídas, especialmente la que se abrocha por detrás: *Prefiere ponerse corbatín porque dice que queda más fino.*

corbeta (diferente de *corveta*) *s. f.* MIL. Barco de guerra, más pequeño y ligero que la fragata que suele usarse para escoltar mercantes: *capitán de corbeta. Los astilleros han entregado ya la última corbeta a la marina. Serví en una corbeta durante la mili.*

corcel *s. m.* LITERARIO. Caballo, especialmente el ligero, alto y de bella estampa: *El príncipe llegó hasta el palacio a lomos de su blanco corcel.*

corchar *v. tr.* COL.; JERGAL. Suspender ‹un profesor› [a un alumno].

corchea *s. f.* MÚS. Nota o figura musical cuya duración equivale a la mitad de una negra: *Cuando llego a la segunda corchea de este fragmento me atasco y no puedo seguir.*

corchera *s. f.* DEP. Cable con flotadores que delimita una calle de la piscina: *La nadadora, contenta por su victoria, saltó por encima de la corchera.*

corchero, ra *adj.* **1** Del corcho: *industria corchera, actividad corchera.* **2** RESTRINGIDO. [Persona] que tiene por oficio descorchar alcornoques.

corcheta *s. f.* Pieza del corchete en forma de asa: *Se ha descosido la corcheta del sujetador.*

corchete *s. m.* **1** Especie de broche compuesto por dos partes, una con un asa y otra con un gancho que se introduce en aquélla: *el corchete de una falda. Se ha soltado el corchete de la blusa.* **2** Pieza en forma de gancho de este tipo de broche: *Se ha caído el corchete al suelo y no lo encuentro. Encima de la mesa está el corchete.* **3** LING., MAT. Signo gráfico en forma de paréntesis cuadrado: *La transcripción fonética se representa entre corchetes. En matemáticas hay que resolver primero lo que hay entre los corchetes.* 4 AMÉR. Grapa.

corcho *s. m.* 1 INDUS. Tejido vegetal que aparece en la corteza de ciertos árboles, en especial el alcornoque, en forma de láminas delgadas que pueden llegar a tener cierto espesor: *En esta región es muy importante la explotación del corcho.* 2 Tapón hecho con este tejido vegetal: *Pon el corcho en la botella. He comprado una bolsa de corchos de distintos tamaños para cuando haya que tapar las garrafas.* 3 Lámina de este tejido que tiene variados usos: *He puesto un revestimiento de corcho en la pared de la habitación para insonorizarla.* || *interj.* 4 AFECTADO; EUFEMISMO. Se usa para expresar asombro o enfado: *¡Corcho!, quién te ha dicho que íbamos a estar aquí.*

¡córcholis! *interj.* AFECTADO; EUFEMISMO. Expresa enfado, sorpresa, extrañeza o admiración: *¡Córcholis, qué daño me he hecho!*

corcova *s. f.* RESTRINGIDO. Curvatura anómala de la columna vertebral, del pecho o de ambos a la vez: *Cada vez tiene más corcova; será de estar tanto tiempo sentado.*

corcovado, da *adj. / s. m.* y *f.* RESTRINGIDO. Que tiene corcova: *El vecino del quinto es muy alto, pero anda corcovado.*

corcovo *s. m.* RESTRINGIDO. Salto que dan algunos animales encorvando el lomo.

cordada *s. f.* DEP. Grupo de alpinistas sujetos por una misma cuerda: *Sólo los dos primeros de la cordada llegaron a la cumbre. Están preparando varias cordadas para ir al Aconcagua.*

cordado *adj. / s. m.* 1 (macho y hembra) ZOOL. [Animal] que tiene un cordón nervioso dorsal que da rigidez al cuerpo, soporta los músculos y es un eje en torno al que en algunos casos se forma la columna vertebral: *La mayor parte de los cordados tienen esqueleto.* || *s. m.* 2 (en plural) ZOOL. Tipo que forman los animales cordados.

cordaje *s. m.* (no contable) Conjunto de cuerdas, especialmente de un barco o de un instrumento musical: *Tengo que arreglar el cordaje de la guitarra. Habría que cambiar el cordaje de la embarcación, porque ya está muy estropeado. En esta tienda te cambian el cordaje de las raquetas.*

cordal *s. m.* MÚS. Pieza de madera donde se sujetan las cuerdas de un instrumento musical: *el cordal de una guitarra, el cordal de un violín.*

cordel *s. m.* Cuerda delgada: *Toma ese cordel y ata estos cartones. Me ataré un cordel en el dedo para acordarme de lo que tengo que hacer.* FR. Y LOC. **a ~** En línea recta: *La calle se trazó a cordel. El muro no dirás que está torcido, porque está tirado a cordel.*

cordelería *s. f.* 1 Lugar donde se fabrican o se venden cuerdas y otros productos semejantes: *Mi padre es empleado de una cordelería desde los catorce años. Las cordelerías ya no trabajan sólo con cáñamo, sino que utilizan el plástico y otros materiales modernos.* 2 (no contable) Oficio de cordelero: *El sector de cordelería del sindicato ha firmado su convenio colectivo.*

cordelero, ra *adj.* 1 Del cordel y de los productos semejantes o de su fabricación: *La industria cordelera es muy importante en esta comarca.* || *s. m.* y *f.* 2 Persona que trabaja en una cordelería o es propietaria de ella: *En nuestra familia somos cordeleros desde 1893, cuando mi bisabuelo fundó la cordelería.*

cordero, ra *s. m. / f.* 1 Cría de la oveja que todavía no ha cumplido un año, de piel y carne muy apreciada: *El rebaño tiene varios corderos que ya han sido apartados de sus madres. Esta cazadora es de piel de cordero.* || *s. m.* 2 (no contable) Carne de la cría de la oveja: *He comprado medio quilo de cordero para cenar esta noche. Tengo ganas de comerme unas chuletas de cordero asadas, acompañadas con un buen vino.* **~ lechal. ~ pascual.** 3 COLOQUIAL. Persona que hace todo lo que le mandan sin protestar o que actúa igual que la mayoría: *En el trabajo manda mucho, pero en su casa es un manso corderito.* FR. Y LOC. **la madre* del ~. ojos* de carnero / ~ degollado.**

corderoy *s. m.* ARG., URUG. Pana.

cordial *adj.* 1 (ser / estar; antepuesto / pospuesto) Que es afectuoso o amable: *Reciba usted un cordial saludo. Estuviste muy cordial toda la tarde. La reunión fue muy cordial.* || *s. m.* 2 Bebida que se da a los enfermos para reconfortarlos: *Le dieron un cordial para que se reanimara.*

cordialidad *s. f.* 1 (no contable) Franqueza y sinceridad: *La entrevista entre los dos presidentes se desarrolló con cordialidad. La cordialidad fue lo más significativo de la sesión.* 2 (no contable) Característica de una persona o cosa cordial: *Es una persona de una cordialidad tremenda. El ambiente de la oficina es de gran cordialidad.*

cordialmente *adv. modo* Con cordialidad, con afecto. OBSERVACIONES: Se usa sobre todo como despedida afectiva, pero acompañada de cierto tono formal, en las cartas (normalmente sin presencia expresa del verbo): *Cordialmente, Antonio. Cordialmente, Inés García.*

cordillera *s. f.* GEOGR. Conjunto de montañas unidas entre sí: *La cordillera andina es una de las cadenas montañosas más largas del mundo. Sobrevolamos en avión la cordillera pirenaica.* SIN. cadena.

córdoba *s. m.* Unidad monetaria de Nicaragua.

cordobán *s. m.* (no contable) Piel curtida de macho cabrío o de cabra: *A mi vuelta de Andalucía le he traído a mi cuñada un bolso de cordobán.*

cordobense *adj. / s. m.* y *f.* De Córdoba, departamento de Colombia.

cordobés, sa *adj. / s. m.* y *f.* 1 De Córdoba, ciudad y provincia española: *Los cordobeses ganaron el partido.* **sombrero* ~.** 2 De Córdoba, ciudad y provincia argentinas. 3 De Córdoba, departamento de Colombia.

cordón *s. m.* 1 Cuerda cilíndrica o aplastada hecha con material más fino que el esparto: *Pon los cordones a las zapatillas. He atado las llaves con un cordón que he encontrado por ahí.* 2 Cable conductor de algunos aparatos eléctricos: *Desenchufa el cordón de la lámpara. Hay que cambiar el cordón del teléfono.* 3 Conjunto de personas colocadas a cierta distancia una al lado de otra de manera que impiden el paso a una zona: *La policía formó un cordón que evitó que se aproximaran los curiosos.* 4 ARG., CUBA, URUG. Bordillo de la acera. 5 CHILE, PERÚ; COLOQUIAL en Chile. Serie de cerros o montañas. 6 CUBA. Aguardiente. || 7 **~ sanitario** Conjunto de medidas que se toman para controlar la propagación de una enfermedad: *Un cordón sanitario se estableció en la provincia donde estaba la epidemia.* 8 **~ umbilical** ANAT. Conjunto de vasos que unen el feto con la placenta de la madre durante el embarazo: *Yo vi cómo le cortaban el cordón umbilical al poco tiempo de nacer.*

cordonería *s. f.* **1** RESTRINGIDO. Conjunto de objetos formados por cordones. **2** RESTRINGIDO. Oficio del cordonero. **3** RESTRINGIDO. Tienda donde se venden cordones.

cordonero, ra *s. m. / f.* Persona que por oficio fabrica o vende cordones.

cordubense *adj.* Cordobés.

cordura *s. f.* (no contable) Cualidad de cuerdo: *Aunque su vida fue muy desgraciada, siempre mantuvo la cordura. En aquel momento de angustia ella tuvo la cordura de apagar el gas y hacernos salir del edificio sin atropellarnos.*

coreano, na *adj. / s. m.* y *f.* **1** De Corea, península asiática o de uno de los dos países que la componen, Corea del Sur y Corea del Norte: *península coreana, atleta coreano. El restaurante es de un coreano.* || *s. m.* **2** LING. Lengua asiática que hablan los coreanos.

corear *v. tr.* **1** Repetir ‹varias personas› en alta voz [algunas palabras] al mismo tiempo: *El público coreaba el nombre de los jugadores cuando daban la alineación por los altavoces. Todos los allí presentes coreaban el himno del club.* **2** Repetir ‹una persona› [lo que dice otra persona] mecánica o servilmente: *El ayudante coreaba como un papagayo lo que iba diciendo el peluquero. Los niños coreaban la tabla de multiplicación.*

coreografía *s. f.* **1** (no contable) Arte de componer bailes: *Quiero ir a la escuela de arte a estudiar coreografía. La coreografía ha sido mi pasión desde que empecé en esto de la danza.* **2** Conjunto de movimientos y pasos que ejecuta un grupo de baile: *Lo mejor del espectáculo fue la coreografía. Tengo que hacer una coreografía para bailar a final de curso.*

coreógrafo, fa *s. m. / f.* Creador de la coreografía de un espectáculo: *La coreógrafa ha dicho que necesita un escenario más grande para el espectáculo. Necesitamos un coreógrafo para que nos dé unas cuantas ideas sobre cómo puede ser el baile.*

coriáceo, a *adj.* **1** De cuero o parecido a él: *piel coriácea.* **2** BOT. [Planta] que es angiosperma, dicotiledónea, leñosa, herbácea, solitaria o en racimo. || *s. f.* **3** (preferentemente en plural) Plantas coriáceas.

corifeo *s. m.* **1** LIT.; ELEVADO. Director del coro en las antiguas tragedias griegas y romanas. **2** RESTRINGIDO; PEYORATIVO. Persona que es seguida por otras o habla en nombre de ellas: *Es el corifeo de los huelguistas. No le hagas caso, es un corifeo de la dirección.* SIN. portavoz.

corimbo *s. m.* BOT. Grupo de flores que están a la misma altura y sus pedúnculos nacen en distintos puntos de un mismo eje: *El peral tiene las flores en corimbo.*

corindón *s. m.* (no contable) Óxido de aluminio cristalizado, de gran dureza y color variable: *El rubí, el zafiro y la esmeralda son tres variedades de corindón.*

corintio, tia *adj. / s. m.* **1** [Estilo arquitectónico de la Grecia clásica] que se caracteriza por tener el capitel adornado con hojas de acanto. **columna corintia. orden ~.** *adj. / s. m.* y *f.* De Corinto, ciudad de la antigua y actual Grecia: *las calles corintias. Los corintios eran uno de los pueblos más florecientes de la antigua Grecia.*

corinto *adj. / s. m.* (invariable como *adj.*) De color marrón rojizo cercano al violáceo: *He escogido una tapicería corinto.*

corista *s. m. / f.* **1** MÚS. Persona que forma parte del coro de una ópera o zarzuela: *Mi hermano participó como corista en una zarzuela que se representó en el pueblo.* || *s. f.* **2** Mujer que canta y baila en el coro de un espectáculo: *María empezó como corista de revista y ahora ya es primera vedette.*

cormorán *s. m.* (macho y hembra) Género *Phalacrocorax.* Ave palmípeda acuática de pelaje oscuro, cuello largo y pico ganchudo, que habita en costas marinas y lagos, y pesca buceando: *A los cormoranes se les llama también cuervos marinos.*

cornada *s. f.* **1** Embestida de un animal con los cuernos: *De una cornada lanzó al perro por los aires. Los dos machos se enfrentaron a cornadas por la supremacía en la manada.* **2** Herida penetrante causada por una res vacuna al cornear: *En los Sanfermines recibí una cornada en el muslo izquierdo.*

cornadura *s. f.* Cornamenta.

cornamenta *s. f.* Conjunto de los cuernos de ciertos animales: *la cornamenta de un ciervo. El toro lucía una hermosa cornamenta.* SIN. cuerna.

cornamusa *s. f.* **1** MÚS. Instrumento musical de viento en forma de trompeta larga con una vuelta en el centro del tubo y una boca muy ancha: *La cornamusa es un instrumento muy usado en las bandas populares.* **2** MÚS. Gaita gallega o escocesa.

córnea *s. f.* ANAT. Membrana dura y transparente del ojo, encajada en la esclerótica, a través de la cual se ve el iris: *Vengo asustado del oculista, porque me ha dicho que tengo una lesión en la córnea.*

cornear *v. tr.* **1** Dar ‹un animal› cornadas [a una persona, un animal o una cosa]: *Fue un toro muy bravo, corneó un burladero, el caballo del picador y a un banderillero.* **2** ARG., URUG.; COLOQUIAL. Ser infiel ‹una parte de una pareja amorosa› [a la otra parte].

corneja *s. f.* (macho y hembra) *Corvus corone.* Ave parecida al cuervo pero más pequeña, de plumaje negro o gris con manchas negras, que habita en Europa: *Son célebres las fábulas en las que aparecen las cornejas.*

córneo, a *adj.* De cuerno o parecido a él en su dureza: *un objeto córneo. El rinoceronte se caracteriza popularmente por su apéndice córneo.*

córner (plural *córners*) *s. m.* DEP. Falta que comete un jugador de fútbol al enviar el balón fuera de la línea de fondo de su propio campo y que supone un saque del contrario: *tirar un córner. Después del rechace del defensa, el balón salió a córner. Este jugador tiene mucho peligro sacando córners.*

corneta *s. f.* **1** MÚS. Instrumento musical de viento parecido a una trompeta sin pistones con el que se dan los avisos militares: *corneta de llaves, corneta de monte, corneta acústica, toque de corneta, ataque de corneta.* || *s. m. / f.* **2** Persona que toca la corneta: *El corneta tocó fajina y todos los soldados nos dirigimos al comedor.*

cornete *s. m.* ANAT. Lámina ósea de forma arqueada situada en cada una de las fosas nasales: *Hace unos años me operaron de los cornetes porque no respiraba bien.*

cornetín *s. m.* **1** MÚS. Instrumento musical de viento con tres pistones, de la familia de la trompeta pero más pequeño que ésta: *En la banda municipal faltan un par de cornetines.* **2** MÚS. Corneta de pequeño tamaño que se utiliza en el ejército para dar órdenes a los soldados: *Todo el regimien-*

to obedecía, como un solo hombre, las órdenes del cornetín. **3** Persona que toca el cornetín: *Carlos está muy bien en el cuartel, porque le han dado el puesto de cornetín y no toca un arma.*

cornisa *s. f.* **1** ARQ. Moldura o saliente que remata la parte superior de un cuerpo, especialmente una construcción: *Hay que hacer ya las obras de rehabilitación del edificio, porque cualquier día se desprende la cornisa y tenemos una desgracia. Sólo me queda barnizar la cornisa del armario.* **2** GEOGR. Saliente rocoso y estrecho de una meseta, montaña o acantilado: *El camino ofrece paisajes muy bonitos, porque discurre por la cornisa de la montaña.*

cornisamento *s. m.* ARQ. Conjunto de molduras, generalmente compuesto de arquitrabe, friso y cornisa, que constituye la parte alta de un edificio o de un orden arquitectónico.

corno *s. m.* MÚS. Instrumento musical de viento, más grande y de sonido más grave que el oboe: *El corno viene a ser como el oboe, un poco más grande, y con la lengüeta ensartada en un tubo curvado.* **~ inglés.**

cornucopia *s. f.* **1** Vaso en forma de cuerno del que salían frutas y flores, símbolo de la abundancia en la antigüedad clásica: *La cornucopia es un motivo bastante frecuente en el arte clásico.* **2** Espejo adornado con uno o más brazos para poner velas: *He heredado esta cornucopia de marco dorado de mi bisabuela.*

cornudo, da *adj.* **1** Que tiene cuernos: *El toro es un animal cornudo.* || *adj. / s. m.* y *f.* **2** COLOQUIAL, RESTRINGIDO en femenino; INSULTO. [Persona] que tiene un cónyuge infiel: *Este hombre es un cornudo, te lo digo yo que conozco bien a la mujer. La pobre no se imagina que es una cornuda.*

coro *s. m.* **1** MÚS. Agrupación de personas que cantan, sobre todo si lo hacen de manera habitual o profesional: *Al finalizar la misa, el coro entonó la salve. Canta desde pequeña en el coro de la iglesia.* SIN. coral. **2** MÚS. Pieza musical que es cantada por un conjunto de personas: *Lo que más me gusta de las óperas son los coros.* **3** LIT. Composición poética que sirve para ser cantada por un conjunto de personas. **4** LIT. Conjunto de actores de las tragedias griegas y romanas que durante la representación permanecían en silencio, pero en los intervalos tenían una participación colectiva: *El coro tenía un papel fundamental en las tragedias griegas.* **5** REL. Lugar del templo donde se reúnen los religiosos o eclesiásticos para cantar o rezar los oficios divinos: *El coro de la catedral tiene gran belleza artística. Están restaurando el coro de la iglesia mayor, porque estaba muy deteriorado.* **6** REL. Conjunto de eclesiásticos que cantan o rezan los oficios divinos: *El coro de los monjes de Silos se ha hecho muy popular con sus grabaciones de cantos gregorianos.* **7** REL. En la iglesia cristiana, cada uno de los nueve grupos de ángeles o espíritus celestiales. **8** Conjunto de personas que dicen lo mismo a la vez: *El coro de los opositores no dejaba de protestar.* FR. Y LOC. **a ~** Al mismo tiempo, simultáneamente: *Los soldados entonaron a coro el himno militar. Los alumnos contestaron a coro que no querían el examen.* **hacer ~** COLOQUIAL. Apoyar ‹una persona› las acciones o las opiniones de otra persona: *Se puso a protestar y sus compañeros le hicieron coro. Como no tiene opinión propia, siempre le hace coro a su amigo.*

coroides (plural *coroides*) *s. f.* ANAT. Membrana del ojo situada entre la esclerótica y la retina: *La coroides es una membrana muy fina que cubre casi toda la parte posterior del ojo.*

corola *s. f.* BOT. Parte de la flor formada por el conjunto de sus pétalos: *En las flores que se polinizan por el viento la corola puede ser muy reducida.*

corolario *s. m.* **1** Afirmación que se deduce fácilmente de lo demostrado antes: *Sólo queda decir, como corolario, que la propuesta es rechazada.* **2** Consecuencia o resultado de un hecho anterior: *La medida del gobierno tuvo como corolario la destrucción del tejido industrial del país.*

corona *s. f.* **1** Aro de ramas, flores o metal que se ciñe a la cabeza como adorno o como símbolo honorífico o de dignidad: *Los emperadores romanos se ceñían la corona de laurel como símbolo de triunfo. Este boxeador posee la corona europea de los pesos pesados. La reina sólo se ciñe la corona en los actos solemnes.* **~ ducal** En los escudos, corona de oro, sin diademas y con el círculo engastado de pedrería y perlas, y realzado con ocho florones semejantes a las hojas de apio. **2** (con mayúscula) POLÍT. Estado que tiene como forma de gobierno la monarquía: *La Corona española no va a permitir que se la ignore en los foros europeos.* **3** (con mayúscula) POLÍT. Dignidad o soberanía real: *La Corona no debe intervenir en los asuntos internos de los partidos políticos. La Corona suele estar por encima de las críticas periodísticas.* **4** Conjunto de flores y hojas en forma circular: *Mandaron dos coronas de flores de los compañeros de trabajo del fallecido.* **5** Aureola de las imágenes de los santos: *La diferencia entre el cuadro original y la copia está en la corona de San Juan Bautista, que en uno es más difusa que en otro.* SIN. halo. **6** ASTRON. Fenómeno atmosférico en forma de aureola que aparece rodeando un cuerpo celeste: *Esta noche la luna tiene una corona muy grande. Fue muy bonito ver la corona solar durante el eclipse.* SIN. halo. **7** MEC. Rueda dentada pequeña que en los relojes sirve para dar cuerda o mover las agujas: *Los relojes digitales no necesitan corona porque no tienen agujas.* **8** ANAT. Parte descubierta del diente: *No me pudieron sacar la muela porque se rompió la corona en varios trozos y sólo quedó la raíz.* **9** Moneda de diversos países: *corona danesa, corona checa, corona islandesa, corona sueca, corona noruega.* **10** Coronilla, punto más alto de la cabeza: *Se te está quedando la corona muy al aire y con poco pelo.* **11** MEC. Rueda dentada pequeña en la rueda posterior de una bicicleta donde se mete la cadena: *Quiero ponerle a la rueda una corona con más dientes para las subidas.* SIN. piñón. **12** Pieza para evitar el roce entre dos partes de una máquina. SIN. arandela. || **13 ~ austral** Constelación del hemisferio sur en la Vía Láctea. **14 ~ boreal** Constelación del hemisferio norte.

coronación *s. f.* **1** Colocación de una corona a una persona como signo de honor o distinción: *La reina de las fiestas del año pasado se encargará de la coronación de la de este año.* **2** Ceremonia en que se le coloca a una persona una corona como signo de honor o distinción: *Las principales autoridades asistieron a la coronación del rey.* **3** Llegada a la parte superior de un lugar: *Los alpinistas consiguieron la coronación de la montaña en menos tiempo del previsto. La coronación del puerto de montaña la hicieron los ciclistas en un grupo compacto.* **4** Remate perfecto de una cosa: *La coronación de toda una trayectoria de trabajo y dedicación llegó con el premio conseguido.* SIN. culminación.

coronamiento *s. m.* **1** (no contable) Fin o remate de una obra: *El obispado sería el coronamiento de su carrera.* **2** ARQ. Adorno que se pone en la parte superior de un edificio: *Hay una grieta en la guirnalda del coronamiento del palacio.* **3** MAR. La parte de la borda que corresponde a la popa del buque: *Queda por pintar el coronamiento del barco.*

coronar *v. tr. / prnl.* **1** Poner ‹una persona› una corona [a otra persona] como distinción: *Coronaron al ciclista como rey de la montaña. Lo coronaron* ***con*** *flores. Lo coronaron* ***de*** *flores. El rey de España Carlos* ***se*** *coronó también emperador de Alemania con el nombre de Carlos V.* || *v. tr.* **2** Poner ‹una persona› [una cosa] en la parte superior de [otra cosa]: *El cocinero coronó el pastel con los muñequitos que representaban a los novios.* **3** Estar ‹una cosa› en la parte superior de [otra cosa]: *Una esbelta chimenea corona el tejado. Un viejo nido de cigüeñas corona el campanario.* **4** Ser ‹una cosa› premio o recompensa al [mérito de una persona]: *Aquella mención coronaba todos sus desvelos por la empresa.* **5** Llegar ‹una persona› al final o a la culminación de [una cosa]: *Ha coronado su trayectoria deportiva con un contrato millonario en un equipo italiano.* **6** Llegar ‹una persona› a lo más alto de [un monte]: *Coronamos la sierra de Guadarrama a las nueve de la noche.* **7** JUEGOS. Llegar ‹una persona› a la octava fila del tablero de ajedrez con [un peón] y poder así cambiarlo por cualquier otra pieza del mismo color: *Coronar en aquel movimiento me supuso recuperar la reina.* **8** JUEGOS. Llegar ‹una persona› a la línea de fondo del tablero de damas con un peón que se convierte en [dama] y poner otro peón encima para distinguirla: *Después de coronar por segunda vez, ya con dos damas, la partida estaba ganada.* || *v. prnl.* **9** MED. Sacar ‹el feto› la cabeza un poco por el canal del parto: *La madre estaba exhausta, y aunque el bebé se coronaba ya, no parecía que pudiera nacer por sus medios.* FR. Y LOC. **~ la fiesta*. ~ una posición*. para coronarlo** INTENSIFICADOR. Se usa para indicar que lo que sigue es una cosa que resulta excesiva: *Nos explicó sus hazañas y para coronarlo nos contó una historia fantástica.* **testa* coronada.**

coronario, ria *adj. / s. f.* **1** De la corona. **2** BOT. Que tiene figura de corona: *flores coronarias.* **3** ANAT. [Arteria] que riega el corazón: *arteria coronaria derecha, arteria coronaria izquierda, enfermedad coronaria.*

corondel *s. m.* ART. GRÁF. Listón o regleta para dividir en el molde la página en columnas.

coronel *s. m.* MIL. Militar cuyo grado es inmediatamente inferior al de un general de brigada: *Un coronel manda un regimiento. El coronel ordenó que se diera un día de descanso a los soldados por su buen comportamiento en las maniobras.* **teniente* ~.**

coronilla *s. f.* **1** Parte superior y posterior de la cabeza: *Su hermano se empezó a quedar calvo por la coronilla.* **2** REL. Corte de pelo en forma de pequeño redondel que se hace a los clérigos en esta parte de la cabeza: *Antiguamente a los clérigos se los conocía por la coronilla.* FR. Y LOC. **andar / bailar / ir de ~** COLOQUIAL. Hacer ‹una persona› una cosa con mucho esfuerzo y diligencia: *Ando de coronilla con los preparativos del viaje. Voy de coronilla atendiendo a tanta gente.* **hasta la ~** COLOQUIAL; INTENSIFICADOR. Muy harto o muy cansado: *Estoy hasta la coronilla de aguantar sus bromas. Me tenéis hasta la coronilla con vuestras peleas continuas.*

coronta *s. f.* ARG., PERÚ; RESTRINGIDO. Mazorca de maíz desgranado.

corotos (plural) *s. m.* AMÉR. Trastos, bártulos.

corozo *s. m.* AMÉR C., COL., VEN.; RESTRINGIDO. Palmera de poco tamaño, cuyo fruto, parecido al coco, contiene un hueso duro que constituye el marfil vegetal, y una grasa para elaborar jabón.

corpachón *s. m.* (aumentativo de *cuerpo*) COLOQUIAL. Cuerpo ancho y fuerte de una persona: *Con ese corpachón que ha echado se podría dedicar al rugby.*

corpiño *s. m.* **1** Prenda femenina escotada y sin mangas que se ajusta al cuerpo y llega hasta la cintura: *un vestido de falda y corpiño. Se aflojó el corpiño porque le apretaba demasiado.* **2** ARG., URUG. Sostén o sujetador.

corporación *s. f.* **1** Organismo oficial, independiente de la administración del Estado, con fines de utilidad pública y carácter diverso: *la Corporación Autónoma de Servicios de Tributos. La Corporación Metropolitana del Transporte se ocupa de la gestión de los servicios públicos de transporte de las ciudades que la forman.* **2** Organización que agrupa a los miembros de una misma profesión: *Los colegios de médicos o abogados constituyen corporaciones.* **3** ECON. Empresa o sociedad grande en los países anglosajones: *La corporación industrial creada por el banco ocasionó grandes pérdidas a los accionistas.*

corporal *adj.* **1** Del cuerpo: *salud corporal, castigo corporal, higiene corporal. Voy a clases de expresión corporal todos los miércoles.* || *s. m.* **2** (preferentemente en plural) REL. En las iglesias católicas, lienzo blanco cuadrado sobre el que se ponen el cáliz y la hostia en la misa.

corporalmente *adv. modo* **1** Con el cuerpo: *Trabajo mucho corporalmente.* || **2** *adv. restrictivo* En el plano o aspecto corporal, por oposición al considerado espiritual o al propiamente intelectual: *Corporalmente, habías mejorado mucho.*

corporativismo *s. m.* **1** (no contable) ECON. Ideología y sistema económico y social de los partidarios de organizar la sociedad en corporaciones que agrupen a patronos, técnicos y obreros por profesiones y no por clases sociales: *El corporativismo tiene su origen en la Edad Media, cuando los gremios o corporaciones tenían un peso fundamental en la organización del Estado.* **2** (no contable) PEYORATIVO. Comportamiento de un grupo o sector profesional que defiende sus intereses, aunque perjudiquen a otros: *La prensa criticó el corporativismo de la huelga de pilotos. El corporativismo de los maquinistas amenaza el transporte ferroviario.*

corporativista *adj.* **1** Del corporativismo: *Las ideas corporativistas resurgen modernamente en algunos países como respuesta a la crisis económica.* || *adj. / s. m.* y *f.* **2** Que es partidario del corporativismo: *Los corporativistas estaban en contra de admitir la sanción al compañero expedientado.*

corporativo, va *adj.* De la corporación: *La defensa de los intereses corporativos es el objetivo de los sindicatos profesionales.*

corporeidad *s. f.* (no contable) Carácter de lo que tiene cuerpo o consistencia: *Los fantasmas no se ven porque no tienen corporeidad. Se discute la posible corporeidad de los visitantes de otras galaxias.*

corpóreo, a *adj.* 1 Del cuerpo: *sensación corpórea.* SIN. corporal. 2 Que tiene cuerpo o consistencia: *una aparición corpórea, un ser corpóreo.* SIN. material.

corps (plural *corps*) *s. m.* Cargo al servicio de la persona del rey. FR. Y LOC. **guardia* de ~.**

corpulencia *s. f.* (no contable) Característica de lo que es corpulento: *Los jugadores de rugby tienen una gran corpulencia. La corpulencia de este muchacho le augura un gran futuro como jugador de baloncesto.*

corpulento, ta *adj.* Que es alto y fuerte: *una persona corpulenta, un animal corpulento, un árbol corpulento. Es una tenista corpulenta con una gran resistencia física.*

corpus (plural *corpus*, preferible a *corpora*) *s. m.* 1 ELEVADO. Conjunto de datos ordenados o de textos sobre una determinada materia, que pueden servir de base a una investigación: *El corpus de la tesis doctoral se encuentra en el apéndice. Los corpus recogidos deben ser estudiados con profundidad.* 2 (con mayúscula) REL. Día en el que la iglesia católica celebra la institución de la Eucaristía: *Para el Corpus me voy con mi familia a Toledo.*

Corpus Christi (del latín; pronunciamos *'Corpus Cristi'*) *s. m.* REL. Corpus.

corpúsculo *s. m.* 1 ELEVADO. Cuerpo muy pequeño, partícula de materia: *Algunos filósofos antiguos hablaban ya de la materia como compuesto de corpúsculos.* 2 BIOL. Célula orgánica o elemento interno de la célula con una función específica: *Los corpúsculos sensitivos son los encargados de recoger la información sobre las sensaciones.*

corral *s. m.* 1 Lugar cerrado y descubierto donde se guardan gallinas y otros animales: *Me he dejado el corral abierto y se han escapado las gallinas. Una comadreja ha entrado en el corral y ha hecho un destrozo.* 2 Patio descubierto donde se daban representaciones teatrales: *El corral de comedias de Almagro, en Ciudad Real, se conserva como estaba en el Siglo de Oro.* FR. Y LOC. **como gallina* en ~ ajeno.**

corralito *s. m.* 1 PERÚ; COLOQUIAL. Cerco figurado que se hace a una persona para que se enamore de otra. 2 Parque para los niños en casa.

corralón *s. m.* 1 ARG.; RESTRINGIDO. Corral donde se guardan carruajes o animales. 2 ARG., PERÚ, URUG. Depósito de maderas o materiales de construcción, almacén. 3 Terreno cercado donde viven precariamente varias familias.

correa *s. f.* 1 Tira de cuero o de otro material resistente que sirve para atar o ceñir: *La correa del pantalón se me ha quedado pequeña. He perdido la correa del reloj.* 2 MEC. Banda de transmisión que conecta dos ejes de rotación por medio de poleas: *He cambiado la correa del ventilador antes de que se rompa. Siempre llevo una correa de recambio en el maletero del coche.* FR. Y LOC. **tener ~** COLOQUIAL. Tener ‹una persona› aguante o paciencia: *Siempre se enfada con las bromas, tiene muy poca correa. Lo están fastidiando en el trabajo, pero lo soporta bien, tiene correa.*

correaje *s. m.* (no contable) RESTRINGIDO. Conjunto de correas, especialmente las del uniforme de los militares: *Hay que quitar los correajes de los trajes antes de limpiarlos. Ponte ya los correajes, que tenemos que presentarnos en el cuerpo de guardia para el relevo.*

correazo *s. m.* Golpe dado con una correa: *Estábamos jugando, pero me dio un correazo que me hizo enfadar. Mi padre explicaba que antes los consejos se daban a correazos.*

corrección *s. f.* 1 Acción y resultado de corregir: *La corrección de los ejercicios la haremos mañana La corrección de la miopía se puede hacer mediante gafas o mediante lentes de contacto.* 2 Cambio que se hace para eliminar los errores o defectos: *Sólo hay que hacer dos o tres correcciones, lo demás me parece bien.* 3 (no contable) Cumplimiento de las normas de trato social: *La corrección en el comportamiento es un rasgo de educación. Aunque se veía que no le apetecía nuestra visita, nos ha tratado con corrección.*

correccional *adj.* 1 Que sirve o se emplea para corregir: *pena correccional, castigo correccional.* || *s. m.* 2 Lugar donde se recluye a los menores de edad que han cometido algún delito: *Por un delito reiterado de robo y agresión el tribunal de menores lo ha mandado tres meses a un correccional. En los correccionales raramente se consigue la rehabilitación de los menores recluidos.* SIN. reformatorio.

correctivo, va *adj.* 1 Que corrige o arregla: *unos zapatos correctivos de los pies planos.* || *s. m.* 2 DER. Castigo que se impone para corregir una falta o un delito: *Se dedicaba a romper cristales y el juez le impuso un correctivo.* 3 DEP. Derrota abultada: *El equipo visitante sufrió un severo correctivo al encajar seis goles y no meter ninguno.*

correcto, ta *adj.* 1 (ser / estar; antepuesto / pospuesto) Que no tiene defectos o equivocaciones: *La respuesta que diste al ejercicio es correcta. El cálculo está correcto, ya que si comprobamos el resultado vemos que es exacto. Tiene todas las piezas dentales correctas. Su visión es correcta. Habla en un correcto castellano, con una pronunciación correcta.* 2 Que respeta las normas de cortesía o educación o se comporta de forma irreprochable: *Eres muy correcto en la mesa. Isabel siempre es muy correcta con las personas que la visitan. Tengo un trato correcto.* SIN. educado.

corrector, ra *adj.* 1 Que corrige: *gimnasia correctora, una cinta correctora.* || *s. m. / f.* 2 Persona que revisa y corrige los escritos que han de imprimirse: *corrector de un periódico, corrector de una editorial, corrector de una imprenta.*

corredera *s. f.* 1 MEC. Ranura o carril por donde resbala una pieza en ciertas máquinas: *La pieza se desliza por la corredera hasta el tope.* SIN. raíl, riel. 2 MEC. La pieza que resbala o corre: *La corredera se ha atascado en el carril.* 3 Cucaracha, insecto. 4 ARG.; COLOQUIAL. Diarrea.

corredero, ra *adj.* Que corre o se desliza por un carril: *Voy a poner las puertas correderas para que no estorben cuando están abiertas. En la oficina hemos instalado una mampara corredera que se puede poner cuando queremos recibir visitas.* **puerta ~. ventana ~.**

corredizo, za *adj.* Que se desplaza con facilidad: *una puerta corrediza, un nudo corredizo.*

corredor, ra *adj. / s. m.* y *f.* 1 Que corre mucho: *un niño muy corredor. Paco es un corredor empedernido. Don Quijote tenía un galgo corredor.* || *adj. / s. f.* 2 ZOOL. [Ave] que tiene las alas atrofiadas y fuertes patas que le permiten correr a gran velocidad: *Las avestruces son aves corredoras. Las corredoras pueden alcanzar velocidades de hasta 60 km / h.* || *s. f.* 3 (en plural) ZOOL. Grupo de las aves corredoras: *Dentro de las corredoras se incluyen la avestruz y el ñandú.* || *s. m. / f.* 4 DEP. Persona que participa en una carrera: *corredor de fondo, corredor de los 100 m lisos. La corredora llegó exhausta a la meta.* 5 COMERC. Persona que tiene por oficio intervenir en operaciones comerciales o de compraventa: *un corredor de bolsa, una corredora de seguros.* SIN. intermediario. ‖ *s. m.* **6** Parte de un edificio que sirve para dar paso a las salas o habitaciones: *Donde realmente se entera uno de cosas es en el corredor, y no encerrado en el despacho.* SIN. pasillo. **7** Galería abierta o con vidrieras que rodea un patio: *Paseábamos juntos por el corredor cuando una de las vidrieras se rompió por el viento.* SIN. claustro.

correduría *s. f.* **1** (no contable) COMERC. Oficio de corredor comercial: *Se especializó en correduría.* **2** COMERC. Corretaje o comisión del corredor: *Por una operación rutinaria de venta de acciones me cobraron una correduría altísima.*

corregente *adj. / s. m.* y *f.* POLÍT. Que tiene o ejerce la regencia con otro: *príncipe corregente.*

corregidor *s. m.* **1** HIST. Magistrado que ejercía la autoridad real en un territorio. **2** HIST. Antiguo alcalde de algunas poblaciones que nombraba el rey.

corregidora *s. f.* Esposa del corregidor.

corregir *v. tr. / prnl.* **1** Hacer desaparecer o disminuir ‹una persona› los errores o las imperfecciones de [una persona] o de [una cosa]: *Antonio ha corregido el informe y ya está a punto para ser entregado. Yo le intento corregir el vicio de morderse las uñas, pero no hace caso. Le hemos corregido el problema de los pies planos mediante unas plantillas.* ***Se** ha corregido mucho **de** su terquedad.* SIN. enmendar(se). ‖ *v. tr.* **2** Decir ‹una persona› a [otra persona] que ha obrado mal: *La secretaria corrigió al jefe sus modales ante el asombro de los empleados.* **3** Señalar ‹un profesor› los errores en [los ejercicios de sus alumnos]: *El profesor ha corregido las faltas y nos ha devuelto las redacciones llenas de tachaduras.* FR. Y LOC. **~ / afinar la puntería*. ~ / enmendar la plana*. ⇒ 66.**

correhuela *s. f.* Planta herbácea con hojas en forma de corazón y flores blancas o rosadas acampanadas que se emplea como purgante.

correlación *s. f.* **1** Relación mutua entre dos o más cosas: *No hay correlación entre los impuestos que pagamos y las prestaciones sociales que recibimos.* **2** RET. Correspondencia entre los elementos de dos series de un discurso: *Las correlaciones bimembres son frecuentes en la poesía.*

correlativo, va *adj.* **1** Que está en correlación: *Este dato es correlativo con el otro. Estas dos series son correlativas.* **2** Que sigue a otro o van seguidos sin interrupción: *Sucedió en días correlativos.*

correligionario, ria *adj. / s. m.* y *f.* **1** POLÍT. Que es partidario de las mismas ideas políticas que otro, o que milita o pertenece al mismo partido: *He tenido una reunión con mis correligionarios. Tus correligionarios nos están subiendo los impuestos.* **2** RESTRINGIDO. Que profesa la misma religión que otro.

correlón, na *adj.* **1** AMÉR. Que corre mucho. **2** MÉX., VEN.; COLOQUIAL. Que es cobarde.

correntada *s. f.* AMÉR. Corriente muy fuerte de agua.

correntoso, sa *adj.* AMÉR. Torrencial.

correo *s. m.* **1** (en plural) Servicio público que se ocupa del transporte y reparto de la correspondencia: *Correos funciona con más agilidad desde que ha estrenado el nuevo edificio. He recibido un aviso de correos para recoger un certificado.* **2** (en plural) Edificio donde se organiza el transporte y reparto de la correspondencia: *Fue a correos a enviar un paquete. La cola en correos era enorme.* **3** Buzón, lugar donde se depositan las cartas: *tirar al correo. No me pidas las cartas porque las acabo de echar al correo.* **4** (no contable) Conjunto de cartas que se mandan o se reciben: *El portero de la finca se encarga de recoger el correo. Hace dos semanas que no recibo correo.* **~ certificado. ~ urgente.** **5** Medio de transporte que lleva correspondencia: *Te enviaré las fotos por correo. El correo llegó a la estación a la hora prevista.* **coche ~. tren* ~.** **6** Persona encargada de llevar mensajes de un sitio a otro: *el correo del zar. Los antiguos correos tenían el riesgo de ser asaltados por los bandoleros. Un correo real cambiaba de caballo muchas veces.* SIN. mensajero. FR. Y LOC. **a vuelta* de ~. apartado* de correos. lista* de correos. saca* de correos.**

correoso, sa *adj.* **1** Que se estira y se dobla fácilmente sin romperse: *El cuero es un material correoso.* **2** [Alimento] que está blando por la humedad o el calor, pero que es difícil de partir: *Nos dio una carne correosa que no se podía comer. Las patatas fritas estaban correosas porque eran del día anterior. Nos hizo unos bocadillos en un pan correoso que parecía goma.* **3** Que tiene mucha resistencia física o mucha combatividad: *Es un jugador muy correoso, muy útil para descargar trabajo a jugadores más técnicos. Es un negociador paciente y correoso, hay que tener mucha paciencia con él.*

correr *v. intr.* **1** Ir ‹una persona o un animal› de un lugar a otro rápidamente, de forma que entre un paso y otro quedan por un instante los dos pies en el aire: *No corras tanto, porque con esa zancada no puedo seguirte. Cuando vio que llegaba tarde, se puso a correr por el andén para alcanzar el tren que se ponía en marcha. Los perros corrían tras la presa herida.* **2** Ir ‹una persona› de prisa a [un lugar o situación]: *Ve a casa, corre, y busca el monedero. María fue corriendo **al** teléfono a ver quién la llamaba. Vamos a ver esa tienda que dices, pero paseando, nada de correr. Corría **hacia** su ruina sin saberlo.* **3** Ir ‹una persona› de prisa [en una actividad]: *Corro mucho **en** mi trabajo. Corres demasiado cuando lees, y no sé si comprendes el texto.* **4** Moverse ‹el aire o un líquido›: *Esta mañana no corre nada de aire. El agua corría **por** la acera abajo a causa de la rotura de la tubería. La sangre corre **por** las venas.* **5** Pasar ‹el tiempo›: *Cuando estoy contigo el tiempo corre deprisa.* **6** Pasar ‹una noticia o un rumor› de unas personas a otras: *El rumor de su compromiso corrió entre la gente con gran rapidez, y a la media hora ya lo sabía toda la fábrica.* **7** Tener ‹una persona› [una cosa] a su cargo: *Yo correré **con** los preparativos. **Con** la organización ya corremos nosotros. Las cartas que hay que escribir corren de nuestra cuenta.* **8** Tener que ser pagada ‹una retribución, un alquiler o un interés›: *El alquiler corre desde el día uno de cada mes. Los intereses corren a partir del día quince.* **9** Estar ‹una cosa› en [un lugar o dirección]: *La carretera corre **junto** al río. El camino corre **por** valles y montañas. El sendero corre **hasta** el lago.* **10** Ser admitida ‹una cosa› como válida: *La moneda que corre ahora como más segura es el marco alemán.* ‖ *v. tr.* **11** DEP. Participar ‹una persona› en una carrera: *El atleta corrió los 1.500 metros y quedó segundo. Este año el ciclista ha corrido la Vuelta a Colombia y la Vuelta a España.* **12** CAZA. Hacer ir ‹una persona› de prisa [a un animal]: *Corrimos el ciervo hasta una pared rocosa donde lo atrapamos.* **13** HÍPICA. Hacer ‹una persona› que [un caballo] se ejercite montando sobre él: *El jinete ha corrido el caballo durante dos horas* *y cree que estará a punto para la exhibición.* **14** TAUROM. Provocar, esperar y esquivar ‹una persona› la acometida de [un toro] con arte: *En las fiestas del pueblo los mozos corren un novillo con valentía.* SIN. torear. **15** Echar ‹una persona› [un cerrojo o un pestillo]: *Nunca salgo de casa sin correr el cerrojo. Corre el pestillo, que no quiero que entre nadie.* **16** Mover ‹una persona› [una cortina, un visillo o un toldo] a un lado o a otro para cubrir o descubrir una ventana o una puerta: *Corre la cortina, que entre más claridad.* **17** Mover ‹una persona› [una cosa] arrastrándola: *Corrimos la mesa y la pusimos en el rincón, porque en el centro estorbaba mucho.* **18** Mover ‹una persona› [una cosa] un poco: *Corre la mano que no veo lo que has escrito.* **19** Ir ‹una persona› de un lugar a otro para conocer [nuevos lugares]: *El abuelo corrió mucho mundo. El verano pasado corrí media Europa.* **20** Pasar o vivir ‹una persona› [una aventura o un peligro]: *No sabíamos que podíamos correr un riesgo tan grande. Corrimos grandes aventuras en nuestro viaje al Amazonas.* **21** Hacer ‹una persona› que [otra persona] se sienta avergonzada o confusa: *Corrí a tu hermano delante de todos porque lo que él ha hecho no tiene perdón.* **22** Hacer ‹una persona o una cosa› que se mezclen [los colores de una tela] o que se extienda [la tinta de un escrito o la pintura de un maquillaje]: *El agua corrió los colores de la acuarela que estaba pintando. De tanto llorar, las lágrimas le corrieron la pintura de los ojos. Has pasado la mano antes de que se secara la tinta y la has corrido.* || *v. prnl.* **23** Moverse ‹una cosa› un poco: *La estantería se ha corrido, porque ha dejado en el suelo la marca anterior.* **24** Moverse ‹una persona› un poco del lugar en que estaba: *Córrete para allá, que no me dejas ver.* **25** RESTRINGIDO. Sentirse ‹una persona› avergonzada o confusa: *Se corrió cuando lo reprendimos, y nos dio pena del mal rato que estaba pasando.* **26** Mezclarse ‹los colores de una tela›: *Se han corrido los colores del cuadro porque la pintura era demasiado blanda.* **27** Extenderse ‹la tinta de un escrito o la pintura de un maquillaje›: *Se ha corrido la tinta por tu impaciencia en borrar el lápiz que había debajo. Se le corrió todo el maquillaje por el sudor.* **28** VULGAR. Llegar ‹una persona› al orgasmo. FR. Y LOC. **a ~** COLOQUIAL. Se usa para indicar que se da por acabada una actividad o unas palabras: *Venga niños, ya habéis merendado, a correr. No tengo que decirte más, a correr.* **andar / ~ de boca* en boca. apretar* a ~. (aquí) el que no corre, vuela** Se usa para indicar que una persona saca provecho de una situación en cuanto tiene oportunidad: *Yo tampoco dejaré pasar la ocasión, porque aquí el que no corre, vuela.* **~ con los gastos*. ~ / echar un tupido velo*. ~ la bola*. ~ la liebre*. ~ la suerte*. ~ malos vientos*. ~ prisa*. ~ (un / el) riesgo*. ~ sangre*. ~ tinta*** o **correr ríos de tinta. ~ / ver mundo*. correrla** Ir ‹una persona› de juerga: *La corremos todos los fines de semana.* **dejar ~** No intervenir ‹una persona› en una cosa: *Dejó correr la preparación de la fiesta. Este asunto más vale dejarlo correr porque no está nada claro.* **echar(se) a ~** Irse ‹una persona› rápidamente de un lugar: *(Se) echó a correr cuando vio a los ladrones.* **fíate de la Virgen* y no corras. ir a todo ~** Ir ‹una persona› lo más rápido posible: *El niño iba a todo correr para alcanzarlos.*

correría *s. f.* **1** (en plural; no contable) Aventuras, travesuras de una persona: *Sus correrías en los burdeles eran conocidas en la ciudad. Las correrías de este niño por el barrio son terroríficas; ya se me han quejado los dueños de dos comercios.* **2** MIL. Ataque o entrada en un territorio enemigo, normalmente acompañada de muertes y destrozos: *En sus frecuentes correrías por ese país, los soldados mataron a muchas mujeres y quemaron las casas de la ciudad.* SIN. incursión.

correspondencia *s. f.* **1** Relación existente entre dos o más personas o cosas que se parecen o se aproximan: *No hay correspondencia entre esta etiqueta y el contenido. Le invité a cenar en correspondencia a su regalo.* **2** Relación de dos personas por correo, por fax u otro medio electrónico que permita la transmisión de textos: *Nuestro departamento mantiene correspondencia con las más importantes universidades americanas. Ahora ya podemos mantener correspondencia electrónica porque he instalado un módem en mi ordenador.* SIN. comunicación. **3** (no contable) Conjunto de cartas que llegan o se envían: *Sólo hay correspondencia para tu hermano. Hoy hay mucha correspondencia en el buzón.* SIN. correo. **4** (no contable) Comunicación entre diferentes medios de transporte o líneas del mismo medio: *Hay correspondencia con el tren de las 6 horas. Este autobús tiene correspondencia con la línea 4 de metro.* SIN. enlace, combinación. **5** MAT. Relación que existe entre los elementos de dos conjuntos distintos. **~ unívoca. ~ biunívoca.**

corresponder *v. intr. / prnl.* **1** Ser ‹una cosa› adecuada a [otra cosa]: *Es la respuesta que* ***(se)*** *corresponde* ***a*** *su traición.* ***A*** *su poca dedicación le corresponde una pérdida de los clientes.* **2** Dar ‹una persona› [una cosa] a [otra persona de la que ha recibido una cosa antes]: *Yo le regalé una corbata y él me correspondió* ***con*** *un collar.* **3** Tener ‹una persona› [un sentimiento o una actitud] hacia [otra persona] en respuesta al sentimiento que inspira: *Ella lo admira y él le corresponde* ***con*** *desprecio. Esta pareja* ***se*** *corresponde. El suyo es un amor no correspondido.* || *v. intr.* **4** Ser ‹una cosa› la que recibe o debe recibir [una persona] en un reparto: *Me correspondió la peor parte. A mí me ha correspondido ir de vacaciones en septiembre.*

correspondiente *adj.* **1** (antepuesto / pospuesto) Que corresponde o tiene relación con una persona o una cosa: *Ya puedes hacer tu parte correspondiente. Cada esquema lleva su correspondiente explicación.* **2** (antepuesto / pospuesto) Que se hace o dispone con la debida proporción: *Yo ya he apartado la pesca correspondiente. Todos cobramos la correspondiente parte del premio.* **3** (antepuesto) Que es normal, natural o lógico, o que se supone o espera que sea así: *Se negó a escucharnos con el correspondiente disgusto nuestro. No nos impresionó la correspondiente pataleta, porque ya lo conocemos cuando le negamos algo.*

correspondientemente *adv. orac.* En correspondencia con cierto hecho consabido. Suele acercarse a un significado consecutivo: *Tú renunciaste y, correspondientemente, no tienes derecho a protestar.*

corresponsal *s. m. / f.* **1** PERIOD. Periodista que está destacado en una zona geográfica determinada desde la que informa de la actualidad a su medio de comunicación: *La corresponsal de la televisión venezolana nos informó de la noticia.* **2** Representante de una empresa que mantiene relaciones con otras en una determinada zona: *Nuestro corresponsal en Venezuela ha conseguido el contrato para la exportación de juguetes.*

corresponsalía *s. f.* Cargo de corresponsal de un medio informativo: *Durante su carrera periodística Andrés ocupó las corresponsalías de Buenos Aires, México D. F., La Habana y Santiago de Chile.*

corretaje *s. m.* ECON. Dinero que recibe un corredor de comercio por su trabajo: *El corretaje por esta operación aún tengo que calcularlo. En la factura final se especificarán los diferentes corretajes de cada operación.*

corretear *v. intr.* **1** Correr ‹un niño› de un lado a otro: *Los niños correteaban por el parque felices de no tener que ir a la escuela.* **2** Ir ‹una persona› de un lado a otro sin rumbo fijo: *Estuvimos correteando por el barrio hasta que encontramos el restaurante que nos recomendaste.* || *v. tr.* **3** PERÚ. Perseguir ‹una persona› [a otra persona].

correveidile o **correvedile** *s. m./f.* COLOQUIAL; PEYORATIVO. Persona que cuenta cosas privadas de unas personas a otras: *Parece un correveidile, todo el día contando chis-mes a los demás. Si quieres que algo se sepa, cuéntaselo a Carmen, porque es una correveidile de cuidado.*

corrida *s. f.* **1** Acción y resultado de correr: *Me he pegado una corrida porque creía que no llegaba. La corrida que me he dado para alcanzar el autobús me ha dejado agotado.* **2** TAUROM. Espectáculo del toreo que consiste en la lidia de un número de toros en una plaza adecuada para ello: *corrida de toros, ver una corrida. Los protectores de animales están en contra de las corridas. Muchos intelectuales defienden las corridas.* **3** (preferentemente en plural) FOLC.; RESTRINGIDO. Canto popular andaluz: *Después de cenar en la playa, cantamos unas corridas al lado del mar.* **4** ARG., URUG. Carrera de una media. **5** ARG., URUG. Persecución de un animal o de una persona.

corrido, da *adj.* **1** (estar) RESTRINGIDO. Que siente vergüenza o se encuentra confundido: *Luis estaba muy corrido porque se dio cuenta de que todo el mundo se reía de él.* **2** [Persona] que tiene experiencia en las cosas de la vida: *Pablo es un hombre muy corrido al que no puedes engañar fácilmente.* **3** [Parte de un edificio o mueble] que va de un extremo a otro sin interrupción: *Había un banco corrido y una mesa de madera en la cocina.* **balcón* ~.** **4** ARG., URUG. [Periodo de tiempo] que transcurre sin interrupción. || *s. m.* **5** FOLC. Romance interpretado a dos voces con acompañamiento musical, propio de algunos países hispanoamericanos: *corrido mexicano, corrido venezolano.* FR. Y LOC. **de ~** 1 Rápido y sin interrupción: *La niña lee de corrido. Él lo ha repetido tantas veces que ya lo hace de corrido.* 2 De memoria o de carrerilla: *Rafa se lo sabe de corrido. Dije la lección de corrido.*

corriente *adj.* **1** Que corre: *Estos pisos no tienen agua corriente.* **2** [Año, mes, semana] que es el actual, el que transcurre en el momento en que se habla: *La reunión se celebrará a finales del mes corriente. El cinco de diciembre del corriente se producirá el próximo eclipse.* **3** [Documento, recibo, número de publicación] que acaba de aparecer o que es el último o el más reciente: *Los recibos corrientes de gas, agua y luz ya están pagados. En el número corriente de la revista hay un artículo muy bueno sobre la evolución del hombre.* **4** Que se utiliza en el momento en que se habla o en cualquier otro momento al que se hace alusión: *Es un procedimiento corriente para obligar al pago de los impuestos. Es el método corriente hoy día para tratar esta enfermedad.* **5** Que es normal, o que no tiene nada de extraordinario, de especial o singular: *Es una persona corriente, muy normalita, sin nada especial. Es una planta muy corriente en estas regiones. Es un coche corriente, nada del otro mundo.* **6** Que se admite o autoriza porque es la manera habitual de hacerse o de comportarse, o que ocurre con frecuencia: *Son actitudes corrientes, propias de la gente de aquí. No te extrañes, es un acontecimiento corriente aquí. Es corriente que la gente quiera saber qué ha pasado. No sé de qué te extrañas, es muy corriente que llueva en abril.* || *s. f.* **7** Movimiento de líquidos o gases en una dirección: *una corriente de agua, una corriente de aire.* SIN. curso. **8** Tendencia u orientación de los sentimientos o de las ideas: *Las corrientes marxistas derivaron en Europa hacia la socialdemocracia. Rubén Darío se considera como el principal representante de la corriente modernista.* **9** (no contable) Fluido eléctrico: *Ha habido una avería y han cortado la corriente.* **~ alterna. ~ continua.** || **10 cuenta* ~ . 11 moneda* ~.** FR. Y LOC. **~ y moliente** COLOQUIAL. Normal, sin nada extraordinario: *Tiene una casa corriente y moliente. Soy una persona corriente y moliente.* **dejarse llevar por la ~** Opinar o hacer ‹una persona› lo mismo que la mayoría, aunque pudiera no estar de acuerdo: *Yo le he dicho que, aunque no le guste, se deje llevar por la corriente y haga lo mismo que todos.* **estar/poner/tener al ~** 1 Hacer saber ‹una persona› a otra persona una cosa: *Su amigo le puso al corriente de lo que había sucedido en la oficina. Le dije que te tuviera al corriente de todo lo que pasaba. Pensaba que me tenías al corriente de tus problemas, pero veo que no.* 2 Poner ‹una persona› al día una cosa: *Lola puso al corriente sus apuntes. Estoy al corriente de los recibos de la luz, pero aún debo dos del agua.* **ir/navegar contra ~** Ir en contra de la opinión de la mayoría: *Le gusta ir contra corriente, y decir blanco cuando todos dicen negro.* **llevar/seguir la ~** COLOQUIAL. Mostrarse de acuerdo ‹con una persona› sin oponerse aun cuando se piense que no tiene razón: *Para no discutir con él, prefiere llevarle la corriente. Es mejor seguirle la corriente y hacer luego lo que a ti te parezca.*

corrientemente *adv. temp.* **1** Habitualmente, comúnmente, por lo general: *Corrientemente, el pensamiento es más rápido que la realidad.* || **2** *adv. modo* Con normalidad, sin defecto o virtud reseñable: *Comer, se comía corrientemente; pero el precio era muy razonable. Se comportaban corrientemente.*

corrillo *s. m.* Grupo reducido de personas que hablan apartadas de las demás: *Los alumnos comentaban el examen en corrillos. No me gusta que se hagan corrillos; si hay algo que decir que se diga en voz alta y que lo sepamos todos.*

corrimiento *s. m.* **1** Acción y resultado de correr o de correrse: *El corrimiento del mueble descubrió grandes manchas de humedad en la pared. El corrimiento de la carga en la bodega principal hizo zozobrar la nave.* **2** Deslizamiento de una gran extensión de terreno: *Un corrimiento de tierras cortó la carretera durante horas.*

corro *s. m.* **1** Grupo de personas que se disponen en forma circular: *Alrededor del herido se formó un corro. Cuando se puso a bailar, la gente le hizo corro. Las vecinas hablaban en corro en la escalera. El corro de jugadores se deshizo en cuanto el entrenador acabó de dar las instrucciones.* **2** Juego de niños que forman un círculo agarrados de la mano: *Los niños jugaban al corro en el patio del colegio.*

corroboración *s. f.* Confirmación de una teoría, opinión u otra cosa, con nuevos datos o argumentos: *Esa teoría necesita la corroboración de alguna otra prueba. Su victoria era la corroboración del buen momento por el que estaba atravesando.* SIN. ratificación. ANT. refutación.

corroborar *v. tr.* **1** Dar ‹una cosa› fuerza o seguridad a [una teoría, un argumento o una opinión]: *Las pruebas que presentó corroboraban la teoría que ya había sido aceptada por la mayoría.* || *v. prnl.* **2** Adquirir ‹una teoría, un argumento o una opinión› fuerza o seguridad: *Mi opinión sobre cómo fue el asesinato se corrobora con las declaraciones de los testigos.*

corroer *v. tr.* **1** Destruir la acción de ‹un agente físico› [una cosa] gradualmente: *La sal del mar corroe las rejas de la casa de la playa.* **2** Causar ‹un sentimiento› angustia o malestar a [una persona]: *La envidia corroe a tu hermana, que no soporta la buena suerte de nadie.* || *v. prnl.* **3** Destruirse ‹una cosa› gradualmente: *La madera se corroe por efecto de la humedad.* **4** Experimentar ‹una persona› angustia o malestar a causa de [un sentimiento]: *Él se corroe* ***de*** *celos. Se corroe* ***de*** *rabia al ver que tiene que renunciar a aquello por lo que tanto ha luchado.* ⇒ **69.**

corromper *v. tr.* **1** Volver ‹una cosa› mala [otra cosa]: *El calor ha corrompido la leche por no ponerla en la nevera.* SIN. pudrir. **2** Volver ‹una persona o una cosa› mala [a una persona]: *El dinero no tiene por qué corromper a las personas íntegras. Los amigotes corrompieron a Pepe, que hasta entonces era una persona ingenua.* **3** Estropear ‹una persona o una cosa› [una cosa no material]: *Los desengaños han corrompido la inocencia de Luis. Algunos hablantes corrompen el lenguaje introduciendo extranjerismos innecesarios.* **4** Hacer ‹una persona› con dones o regalos que [otra persona] obre indebidamente: *La acusada quiso corromper al magistrado.* SIN. sobornar. || *v. prnl.* **5** Volverse ‹una cosa› mala: *El agua se corrompió por estar estancada.* SIN. pudrirse. **6** Volverse ‹una persona› mala: *Tu hermano se ha corrompido desde que tiene poder en el ayuntamiento.*

corrongo, ga *adj.* C. RICA, CUBA. Bonito, simpático.

corrosión *s. f.* (no contable) Acción y resultado de corroer: *La corrosión ha afectado la carrocería del coche. Hemos pintado las puertas metálicas con un producto que evita la corrosión.*

corrosivo, va *adj. / s. m.* **1** Que corroe o puede corroer: *Le cayó encima un corrosivo y se estropeó. Ponte los guantes e intenta que no te toque la piel, porque es un líquido muy corrosivo.* || *adj.* **2** [Lenguaje, estilo, persona] que es agresivo, irónico y ofensivo: *Es muy corrosivo, y en sus artículos siempre ironiza cruelmente sobre los temas de actualidad.*

corrupción *s. f.* **1** Acción y efecto de corromper o corromperse: *Hay que atajar la corrupción política. La corrupción de la materia orgánica fertiliza la tierra. La corrupción de menores debe ser un delito muy castigado.* **2** Alteración en la copia o en la edición de un texto o de un escrito: *La corrupción de este manuscrito es considerable.*

corrupia *adj.* Se usa en la LOC. **fiera* ~.**

corruptela *s. f.* **1** Muestra o ejemplo de corrupción pequeña: *Las corruptelas descubiertas en el seno de la empresa no han asombrado a la opinión pública.* **2** Mala costumbre, abuso en el ejercicio de cualquier función que va en contra de la ley: *En las elecciones hubo muchas corruptelas. Aunque parezcan normales, las corruptelas de la policía en países dictatoriales son difícilmente justificables.*

corrupto, ta *adj.* **1** (estar) Que está podrido: *Un cuerpo ya corrupto se encontró ayer entre unos matorrales.* || *adj. / s. m.* y *f.* **2** (ser / estar) Que está viciado o pervertido: *un político corrupto, un funcionario corrupto. El corrupto dice que está arrepentido e implora perdón.*

corruptor, ra *adj. / s. m.* y *f.* Que corrompe: *Desde luego, hay que castigar al corrupto, pero también al corruptor. Ha sido detenido bajo la acusación de corruptor de menores.*

corrusco *s. m.* COLOQUIAL. Pedazo duro o corteza de pan: *Mi madre guarda los corruscos para hacer sopa de pan. Dame un corrusco de pan.*

corsario, ria *adj. / s. m.* y *f.* **1** [Nave, navegante] que tenía autorización del gobierno de su país para perseguir y saquear las embarcaciones enemigas: *buque corsario. Los navegantes españoles que venían de América cargados de oro tuvieron muchos problemas con los corsarios.* || *s. m.* **2** Pirata, navegante sin licencia que asalta barcos: *Son célebres en las películas las juergas que se corrían los corsarios en la isla de la Tortuga, refugio de los más temibles.*

corsé *s. m.* **1** Prenda interior que usan algunas mujeres para ajustarse el cuerpo: *He engordado algo, porque me aprieta demasiado el corsé.* || **2 ~ortopédico** MED. Corsé que se emplea para corregir las desviaciones o defectos de la espalda y de la columna vertebral: *Le han hecho un corsé ortopédico para su problema de columna.*

corsetería *s. f.* Establecimiento donde se fabrican o se venden corsés y ropa interior femenina: *Al lado de casa han abierto una corsetería, y tienen unas cosas monísimas. He pasado por la corsetería y me he comprado unas medias.*

corso, sa *adj. / s. m.* y *f.* **1** De Córcega, isla del Mediterráneo: *pirata corso. Napoleón era corso. Conozco bien la forma de vida de los corsos porque he vivido entre ellos varios años.* || *s. m.* **2** Variedad lingüística del italiano hablado en Córcega. **3** MAR. Guerra marítima que hacían los barcos con licencia de un gobierno a los barcos piratas o enemigos: *Los barcos destinados a hacer los corsos parecían barcos de comerciantes para evitar las sospechas.* **4** Persecución del comercio marítimo enemigo según las leyes de guerra. **5** AMÉR. DEL S. Desfile de carruajes en carnaval. FR. Y LOC. **patente* de ~.**

cortacésped (plural *cortacésped*) *s. m. / f.* (preferentemente en masculino) Máquina para cortar el césped: *He sacado el cortacésped porque voy a arreglar el jardín y a segar la hierba, que está muy alta.*

cortacigarros (plural *cortacigarros*) *s. m.* Cortapuros.

cortacircuitos (plural *cortacircuitos*) *s. m.* ELECTRIC. Aparato que interrumpe automáticamente la corriente eléctrica cuando es excesiva o peligrosa: *Saltó el cortacircuitos porque estaban funcionando a la vez todos los electrodomésticos de casa.* SIN. plomo, fusible.

cortacorriente *s. m.* ELECTRIC. Aparato que corta o abre el paso de la corriente eléctrica: *La normativa de seguridad obligaba a instalar un cortacorriente que cerrara a la vez todos los equipos informáticos.*

cortada *s. f.* ARG., URUG. Atajo.

cortadera *s. f.* **1** AMÉR. Planta ciperácea que crece en terrenos pantanosos. **2** ARG. Mata gramínea de hojas angostas y flores grisáceas.

cortadillo *s. m.* **1** Vaso pequeño, en especial de vino: *¡Anda, ponme un cortadillo de ese vino que tú tienes!* **2** Azúcar prensado, cortado en pequeños trozos o terrones: *He comprado un paquete de cortadillo porque hace dos días que estamos sin azúcar. Échame dos cortadillos en el café.*

cortado, da *adj. / s. m.* y *f.* **1** (ser / estar) Que es muy tímido y vergonzoso: *Tomás es algo cortado y no se atreve a cantar en público. Con tanta gente que no conoces estás muy cortado. Habla poco porque es muy cortado, no porque esté enfadado.* || *adj. / s. m.* **2** [Café] que se toma con unas gotas de leche: *Quiero un cortado.* **café ~.**

cortador, ra *adj.* **1** Que corta: *máquina cortadora de césped.* || *s. m. / f.* **2** Persona que tiene por oficio cortar piezas en sastrerías o zapaterías: *una oficiala cortadora, un buen cortador. Tendremos que contratar a otro cortador porque han aumentado los pedidos de trajes y no podemos servirlos.*

cortadura *s. f.* **1** División o separación de un objeto continuo por un instrumento cortante: *El gamberro hizo con su navaja una cortadura en la mesa. Tienes una cortadura en la cara, te has cortado al afeitarte.* SIN. corte. **2** Herida producida por un instrumento cortante: *Me hice una cortadura en un dedo.* SIN. corte. **3** Raja profunda en el terreno o paso entre montañas: *Un pequeño balcón natural se abre sobre la profunda cortadura.* SIN. garganta. **4** Recortes o sobrantes de alguna cosa: *Las cortaduras del queso y el cuchillo sucio quedaron sobre la mesa.*

cortafierro *s. m.* AMÉR. Cortafrío.

cortafrío *s. m.* METAL. Cincel para cortar el hierro frío a golpes de martillo: *Se oía el estridente golpe metálico que producía el martillo al golpear el cortafrío.*

cortafuego *s. m.* **1** Zanja o camino que se hace en sembrados y bosques para que no se propague el fuego en caso de incendio: *Los vecinos prestaron su colaboración para hacer cortafuegos. Si durante el invierno se limpiaran los bosques y se hicieran cortafuegos se evitarían muchos incendios forestales.* **2** Pared que tiene la finalidad de impedir que el fuego se propague de un edificio a otro: *El cortafuego cumple las normas de seguridad establecidas.*

cortante *adj.* **1** [Aire, viento, frío] que penetra en el cuerpo, o se siente con tanta intensidad que parece que corta: *De aquella noche recuerdo sobre todo el frío cortante, que dejaba hasta las facciones agarrotadas.* **2** (ser / estar) COLOQUIAL. Que sorprende, aturde o desconcierta a una persona y la deja sin capacidad de actuar o reaccionar: *Fue una situación cortante, no supe qué decir ni qué hacer. Tu amigo me parece muy cortante. No sé qué le pasa pero está muy cortante conmigo.*

cortapapeles (plural *cortapapeles*) *s. m.* Instrumento para cortar papeles semejante a un cuchillo, plegadera: *Con el cortapapeles podrás despegar las páginas del libro.*

cortapatillas (plural *cortapatillas*) *s. m.* Dispositivo de una máquina de afeitar eléctrica para recortar las patillas: *Hoy día casi todas las máquinas de afeitar llevan el cortapatillas incorporado.*

cortapelo *s. m.* PERÚ; RESTRINGIDO. Fiesta rural familiar que celebra el primer corte de pelo de los niños varones.

cortapisa *s. f.* (preferentemente en plural) Condición o dificultad para hacer una cosa: *No me pusieron cortapisas para hacer lo que me pareciera. Quiero poder modificar lo que crea oportuno, sin cortapisas de ningún tipo.*

cortaplumas (plural *cortaplumas*) *s. m.* **1** Antigua navaja pequeña para cortar las plumas de ave con las que se escribía. **2** Navaja pequeña de múltiples usos: *Siempre llevo un cortaplumas en el bolso, porque no estorba y en algún momento te puede sacar de un apuro.*

cortapuros (plural *cortapuros*) *s. m.* Instrumento para cortar la punta de los cigarros puros. SIN. cortacigarros.

cortar *v. tr.* **1** Separar ‹una persona› las partes de [una cosa] con un objeto afilado: *Corta el pastel en seis trozos. ¿Has cortado ya el queso en tacos? Corta la madera por donde está marcada.* **2** Separar ‹una cosa› [otra cosa] en dos partes: *La línea corta el círculo en dos semicírculos. El camino corta la ladera por la zona más bonita.* **3** JUEGOS. Separar ‹una persona› el mazo de [cartas] en dos partes: *Yo ya he barajado; ahora corta tú.* **4** Pasar ‹una persona o una cosa› a través de [un gas o un líquido]: *La flecha cortaba el viento buscando el blanco. La lancha pasaba cortando el mar a toda velocidad. Mi voz cortaba el viento para tocar su oído.* **5** Impedir ‹una persona o una cosa› el paso de [una persona o una cosa]: *Deberías aparcar en otro sitio, porque ahí cortas el paso y estás provocando un atasco. Han cortado la calle por obras. Han cortado la luz.* **6** Impedir ‹una persona› que [otra persona] obre incorrectamente: *Me parecía que se estaba pasando y lo he cortado, aunque con buenas maneras.* **7** Quitar ‹una persona› parte de [un texto] o de [una película]: *He cortado este fragmento porque me parece que aquí se hacía un poco pesada la narración. Antes siempre cortaban la escena del beso en las películas.* **8** Abrir ‹el aire o el frío intenso› grietas en [la piel de una persona]: *El viento tan seco de la otra tarde me cortó los labios. Para que el frío no te corte las manos, échate crema.* **9** Dar ‹una persona› la forma necesaria a las piezas con las que hará [una prenda de vestir]: *He cortado la tela para la falda que me quiero hacer.* **10** Mezclar ‹una persona› [un líquido] con [otro líquido] para modificar su fuerza o su sabor: *Me gusta cortar el café **con** leche.* **11** PERÚ; COLOQUIAL. Beber ‹una persona› alcohol para disminuir el efecto de [una borrachera]. || *v. intr.* **12** Tomar ‹una persona› [el camino más corto] para ir de un lugar a otro: *Cortó **por** el atajo. Siempre que voy a casa a estas horas corto **por** el parque, que es más recto.* || *v. prnl.* **13** Separarse las partes de ‹una cosa›: *El pelotón de ciclistas se cortó en dos grupos.* **14** Interrumpirse ‹una cosa›: *Se ha cortado el agua y no he cogido ni una gota. Estábamos escuchando la radio y de pronto se ha cortado la voz.* **15** Abrirse grietas en ‹la piel de una persona›: *Se me ha cortado la cara de tanto frío que paso.* **16** Hacerse ‹una persona› un corte o herida: *Me corté en la fábrica **con** la cuchilla.* **17** Separarse los elementos que debían formar un todo en ‹la leche›, en ‹una salsa› o en ‹la crema›: *Se ha cortado la mayonesa. Hierve la leche; si se corta es que está mala.* **18** Quedarse ‹una persona› sin saber qué hacer o qué decir: *En cuanto vio que estaba allí su familia se cortó y no fue capaz de articular palabra. Tú no te cortes y come lo que quieras.* FR. Y LOC. **cortado por el mismo patrón*. ~ el bacalao*. ~ las alas*. ~ los vuelos*. ~ por lo sano** Poner ‹una persona› fin a una situación de manera expeditiva: *Cortó por lo sano las protestas de los alumnos. La única manera de solucionar esto es cortar por lo sano, y evitar que los rumores se extiendan.* **cortarse la coleta*. haber paño* que ~. haber tela* que ~. ni pinchar* ni ~.**

cortaúñas (plural *cortaúñas*) *s. m.* Utensilio parecido a unas tenacillas para cortar las uñas de manos y pies: *He de comprar otro cortaúñas porque éste ya no corta.*

corte *s. m.* **1** Filo de un instrumento cortante: *Esta navaja es peligrosa porque tiene el corte oxidado.* **2** Herida producida por un instrumento cortante: *Me he hecho un corte con un cuchillo y me han dado que dar cuatro puntos de sutura en la mano.* **3** Técnica y acción de cortar las piezas que formarán una prenda de vestir: *Su hermana está estudiando corte y confección para poner un taller.* **4** Cantidad de tela o material para confeccionar una prenda o unos zapatos: *He comprado un corte de tela para hacerme el vestido.* **5** Sección de una pieza cortada: *Este jamón tiene un buen corte; póngame doscientos gramos.* **6** Estilo: *Este mueble es de corte modernista. Es un edificio de corte clásico.* **7** Interrupción o suspensión de una cosa: *Los cortes de fluido eléctrico se deben a una avería en el transformador.* **8** JUEGOS. Separación de la baraja en dos partes antes de repartir: *Si haces el corte por la mitad, las cartas quedarán mejor barajadas.* **9** Trozo de helado servido entre dos galletas: *Yo quiero un corte de chocolate y nata.* **10** COLOQUIAL. Réplica ingeniosa que produce desconcierto: *¡Vaya corte que te ha dado la muchacha esa! Yo a éste no le digo nada, porque cuando menos te lo esperas te da un corte y te deja en ridículo.* **11** COLOQUIAL. Turbación, vergüenza: *Me da corte pedírselo. Qué corte entrar ahora.* || *s. f.* **12** Población donde reside el rey: *Barcelona era la corte de los reyes de Aragón.* **13** Conjunto de personas compuesto por el rey, su familia y las personas que lo rodean habitualmente: *Valladolid y Madrid se disputaban la corte durante el reinado de Felipe.* **14** Conjunto de personas que acompañan a una persona importante: *El conferenciante entraba en el aula seguido de toda su corte de alumnos.* **15** (en plural; con mayúscula) Cámaras legislativas compuestas en España por el Congreso y el Senado: *Las Cortes constituyen el órgano legislativo dentro de un Estado de derecho.* **16** AMÉR. Tribunal de justicia. FR. Y LOC. **dar/hacer un ~ de mangas** COLOQUIAL. Hacer ‹una persona› un gesto ofensivo tocándose el brazo con la mano hacia otra persona: *No hagas caso, si te sigue fastidiando, le haces un corte de mangas y ya está.* **hacer la ~** Cortejar.

cortedad *s. f.* **1** (no contable) Falta o escasez de talento: *Desde niño dio muestras de cortedad en los estudios. Su cortedad le impide llegar más alto.* SIN. torpeza. **2** (no contable) Timidez y falta de ánimo: *Su cortedad hace que no tenga amigos.* SIN. pusilanimidad (ELEVADO).

cortejar *v. tr.* **1** Intentar ‹una persona› agradar y atraer [a otra persona]: *Llevo meses cortejando a esta chica y no cesaré hasta que me acepte.* SIN. galantear. **2** ZOOL. Intentar ‹un animal› atraer [otro animal] con el fin de aparearse.

cortejo *s. m.* **1** Conjunto de personas que forman el acompañamiento en una ceremonia: *cortejo fúnebre. El cortejo seguía majestuoso a los monarcas.* SIN. comitiva. **2** ZOOL. Acción de cortejar un animal a otro: *El zoólogo estudió el cortejo de los ciervos.*

cortés *adj.* Que se comporta o se realiza según las normas del trato social: *Es muy cortés con la gente que no conoce. Le dirigió un saludo cortés. Hizo un gesto cortés para ceder su asiento.* REFR. **Lo cortés no quita lo valiente.** Se usa para indicar que se puede defender con energía un derecho u opinión sin perder por ello la educación o la amabilidad.

cortesana *s. f.* Prostituta refinada y culta: *una cortesana romana. Todos los nobles la criticaban en público porque era una cortesana, pero buscaban sus favores en privado.*

cortesano, na *adj.* **1** De la corte: *costumbres cortesanas, vida cortesana.* || *s. m./f.* **2** HIST. Persona que vivía en la corte sirviendo al rey: *un cortesano poderoso, un cortesano influyente. Los cortesanos traidores quisieron derrocar al rey para darle el trono a un extranjero.*

cortesía *s. f.* **1** (no contable) Educación, respeto y amabilidad hacia una persona: *Nos dijo, con mucha cortesía, que no podíamos seguir allí. No llegó a tiempo y le esperamos los diez minutos* ***de*** *cortesía. Su decisión fue una solución* ***de*** *cortesía.* SIN. corrección, delicadeza. ANT. descortesía. **2** (no contable) Regalo o préstamo de una empresa o fundación: *El chupito de licor es cortesía* ***d****el restaurante. Las imágenes son cortesía* ***de*** *la productora.* **3** ART. GRÁF. Espacio en blanco que se deja en los libros al principio y al final o entre dos capítulos: *Hay que ampliar las cortesías porque el libro queda demasiado denso.*

corteza *s. f.* **1** Parte que recubre el tronco y las ramas de los árboles: *Los amantes grabaron sus nombres en la corteza del árbol.* **2** Parte exterior más dura de una cosa: *la corteza del melón, la corteza del pan, la corteza del queso. Siempre raya corteza de limón para echársela a algunas comidas.* SIN. cáscara. **3** ANAT. Parte externa de los órganos del hombre y los animales. **~ cerebral** Parte más superficial del cerebro, constituida por sustancia gris. **4** (no contable) RESTRINGIDO. Exterioridad de una persona o cosa: *Tiene una corteza rústica, pero es una persona educada.* **5** Piel de cerdo frita que se suele tomar como aperitivo: *He comprado un paquete de cortezas y otro de patatas para tomar con el vino antes de comer.* || **6 ~ terrestre** Capa más externa de la Tierra: *La corteza terrestre se está deteriorando por las continuas agresiones al medio ambiente.*

cortical *adj.* De la corteza: *La parte cortical del cerebro ha sido la más afectada por el golpe.*

corticoesteroide *s. m.* Corticoide.

corticoide o **corticoesteroide** *s. m.* (no contable) Compuesto químico natural o sintético, que actúa como las hormonas producidas en la corteza de las cápsulas suprarrenales.

cortijo *s. m.* **1** Finca grande de campo típica de Andalucía y Extremadura con edificaciones para labor y vivienda: *Mi abuelo vendió el cortijo cuando vio que ninguno de los hijos se quedó a trabajar con él.* **2** Conjunto de edificaciones que hay en los cortijos: *Pedro vive en el cortijo de la derecha.*

cortina *s. f.* **1** Pieza de tela que cuelga de ventanas o balcones como adorno o protección y que se emplea también para dividir o cerrar espacios: *Hemos puesto en el comedor unas cortinas de raso preciosas. Cierra las cortinas, que entra mucha luz.* **2** Cualquier cosa que sirve para cubrir u ocultar lo que está detrás: *una cortina de humo. Una cortina de lluvia caía sin cesar desde las cuatro.* **3** Lienzo de la muralla que está entre dos baluartes: *Hay que restaurar primero esa cortina de la muralla porque es la más deteriorada.* || **4 ~ de humo** Acción o situación destinada a encubrir una cosa o desviar la atención: *El asunto del dinero falso es una cortina de humo para despistar a la policía. Los delincuentes tendieron una cortina de humo con el robo del banco, y así pudieron realizar el secuestro impunemente.*

cortinaje *s. m.* Conjunto de cortinas: *Los cortinajes de las ventanas fue lo primero que ardió cuando se produjo el incendio de la mansión.*

cortisona *s. f.* (no contable) MED. Corticoide, natural o sintético, de gran acción antiinflamatoria, que se utiliza en medicina.

corto, ta *adj.* **1** (ser / estar) Que tiene poca longitud o tamaño, o menos que las cosas de su misma especie: *Ha vuelto la moda de las faldas cortas. Tienes las piernas cortas en comparación con el cuerpo. ¿Cuál es el camino más corto para ir a tu casa? Clara tiene el paso más bien corto, pero anda muy deprisa. Estos pantalones te están cortos, han encogido. Me has dejado las mangas cortas. César es de corta estatura. Este palo es corto y no llega al árbol. La chaqueta me viene corta.* **onda corta. pantalón* ~.** ANT. largo. **2** Que dura poco o parece que dura poco: *En invierno, los días son cortos. Se me ha hecho muy corta la película.* SIN. breve. ANT. largo. **3** Que actúa con timidez o vergüenza, no tiene facilidad para hablar, expresarse o explicar algo: *Tu amigo parece simpático pero ¡qué corto es! Es muy corta, casi no ha abierto la boca en toda la velada.* **4** Que tiene poco talento o pocos conocimientos: *Ten paciencia con él, es un poco corto. ¡Qué corto es, se lo he explicado mil veces y todavía no lo ha entendido!* **5** Que es escaso o defectuoso: *Soy corto de vista. Dan unas raciones cortas en este restaurante.* **6** (estar) Que tiene poca cantidad de una cosa o es insuficiente: *Estoy corto de dinero. La empresa está corta de espacio, pero no puede extenderse. Comeremos una paella, pero andamos cortos de arroz.* **7** Que tiene poco alcance: *Ha sido un lanzamiento corto, esperemos que mejore en los próximos intentos. Haces saltos cortos.* || *adj. / s. f.* **8** (preferentemente en plural) [Luces del coche] que alcanzan poco: *Enciende las cortas para ir por la ciudad. Yo siempre voy con las luces cortas, no me gusta ir con las largas.* || *s. m.* **9** Ración de ciertas bebidas más pequeña de lo normal: *Antonio, ponme un corto de cerveza. Sírveme un corto de vino. Un corto de café, por favor.* **10** CINE. Cortometraje: *Antes de la película nos pasaron un corto muy interesante.* || **11 ~ de vista** Miope. **12 traje* ~.** FR. Y LOC. **a la corta o a la larga** Más tarde o más temprano: *A la corta o a la larga tendrán que enfadarse. A la corta o a la larga te exigirán el certificado.* **atar* ~. ni ~ ni perezoso** Sin reflexionar mucho, con decisión: *Ni corto ni perezoso fui y se lo dije, pero me tenía que haber callado. Eva fue a su despacho y, ni corta ni perezosa, empezó a insultarlo.* **luz* de cruce** o **luz corta. quedarse ~** 1 No llegar ‹una cosa› hasta su objetivo: *Los disparos se quedaban cortos antes de dar en el blanco. El presupuesto se ha quedado corto para el mes.* 2 Calcular ‹una persona› una cantidad por debajo de lo necesario: *Me he quedado corto en los gastos del proyecto. Nos hemos quedado cortos en el número de invitados.*

cortocircuito *s. m.* ELECTRIC. Fenómeno eléctrico que se produce accidentalmente por contacto entre dos conductores y que origina una corriente muy intensa: *Se ha ido la luz por un cortocircuito.*

cortometraje *s. m.* CINE. Película cinematográfica de corta duración: *Este director ganó varios premios con sus cortometrajes.* SIN. corto.

coruñés, sa *adj. / s. m.* y *f.* De La Coruña, ciudad y provincia española: *la costa coruñesa. Los coruñeses ganaron la copa.*

corva *s. f.* Parte de la pierna opuesta a la rodilla, por donde se dobla: *Me salió un grano en la corva que me molestaba al caminar.*

corvejón *s. m.* Articulación de los cuadrúpedos situada entre el muslo y la caña: *El caballo tenía una herida en el corvejón.*

corveta (diferente de *corbeta*) *s. f.* Movimiento del caballo que consiste en caminar sobre las patas traseras y con las delanteras en alto: *La yegua de mi abuelo hacía corvetas.*

corvo, va *adj.* Que tiene forma de arco o comba: *Estos pájaros tienen el pico corvo.*

corzo, za *s. m. / f.* *Capreolus capreolus.* Mamífero rumiante de la misma familia que el ciervo, con rabo muy corto y cuernos pequeños y ramificados en el macho: *Aún quedan algunos corzos en Europa, pero viven en reservas protegidas.*

cosa *s. f.* **1** Todo aquello que tiene entidad, ya sea real o imaginario, concreto o abstracto: *Es una cosa inmaterial que no puedes ver ni tocar. La libertad es una cosa que no se aprecia cuando se posee. La muerte es una cosa en la que más vale no pensar.* **2** Objeto inanimado: *personas, animales y cosas. Las plantas no son cosas, sino que tienen vida.* **3** Aquello de lo que se trata: *La cosa es complicada. La cosa es que él no quiere venir ni aunque le paguen.* SIN. cuestión. **4** (en oraciones negativas) Nada: *No hay cosa peor que el hambre. No hay cosa que odie más que verte perder el tiempo mientras los demás trabajan.* **5** (preferentemente en plural) Ocupación, quehacer: *Tengo muchas cosas que hacer. Ahora tengo muchas cosas entre manos.* SIN. tarea. **6** DER. Objeto de las relaciones jurídicas, en contraposición a persona o sujeto: *En el feudalismo los siervos eran cosas que el señor poseía y de las que disponía a su antojo.* **7** DER. El objeto material, en oposición a los derechos creados sobre él y las prestaciones personales: *Lo que puedo vender es la cosa, pero no el antiguo derecho de paso de los vecinos.* **8** (en plural) Sucesos, acciones que afectan a alguien: *Las cosas iban bien. ¿Qué, cómo van las cosas?* SIN. acontecimientos, negocios. **9** (en plural) Útiles, instrumentos: *las cosas de afeitarse. Tráete las cosas de escribir, que vamos a hacer los deberes.* **10** (en plural) Objetos que pertenecen a alguien: *Empaqueté sus cosas. Las cosas las tengo ahí.* SIN. pertenencias. **11** (en plural) Dichos o acciones propios de alguien: *cosas del abuelo, cosas de jóvenes. A las cosas de los niños, ya se sabe, no hay que darles importancia.* **12** (en plural) Invenciones, ocurrencias: *¡Qué cosas tienes! Se le ocurren unas cosas graciosísimas.* SIN. salidas. **13** RESTRINGIDO; INSULTO. Se usa para indicar que una persona no merece ser considerada como tal: *Yo ni le hablo; no es más que una cosa con patas. Calla, cosa con ojos. Eres una cosa andante, que no hace más que comer y dormir.* || **14 cosas de críos*. 15 ~ perdida** PEYORATIVO. Persona descuidada en sus obligaciones o de la que no se puede esperar nada: *Su primo es una cosa perdida, nunca será un hombre de provecho. Esta muchacha es una cosa perdida, con lo que le he insistido para que estudie.* **16 poquita ~ 16**1 De poca presencia física o de poco ánimo: *Su hijo es muy poquita cosa, pero buena persona. Tiene una novia muy mona, pero muy poquita cosa, levanta dos palmos.* **16**2 Poco importante: *Tengo una tienda, pero es muy poquita cosa. Tenemos una casita de campo, pero pequeña, muy poquita cosa.* FR. Y LOC. **a ~ hecha** 1 Expresamente, sabiendo lo que se quiere: *Fuimos a comprar el coche a cosa hecha.* 2 Con éxito seguro: *Con el nombre que* *tiene, no se arriesga, sólo se presenta a un concurso literario a cosa hecha.* **(como) ~ de** Aproximadamente, poco más o menos: *Este trabajo es cosa de un minuto. Tardé como cosa de media hora.* **como quien no quiere la ~** 1 Con disimulo: *Miraba a la chica como quien no quiere la cosa.* 2 Sin darle la importancia que la cosa tiene: *Como quien no quiere la cosa, se levantó de su asiento, subió al escenario y se puso a bailar con maestría.* **como si tal ~** 1 Como si no hubiera pasado nada: *Me devolvió la pluma rota como si tal cosa.* 2 Sin darle importancia: *Nos propuso hacer un viaje aquella misma semana al Japón, como si tal cosa.* **decir cuatro cosas** DISGUSTO Y ENFADO. Decir ‹una persona› a otra persona algunas verdades: *Tengo ganas de encontrármelo para decirle cuatro cosas y quedarme tranquilo.* **¡habrá ~ igual/parecida!** o **¡habráse visto ~ (igual/parecida)!** SORPRESA, DISGUSTO Y ENFADO. Se usa para expresar asombro o disgusto: *¡Casado! ¡Habrá cosa igual! ¡Se ha ido de viaje precisamente ahora! ¡Habrá cosa parecida! ¡Habráse visto cosa igual, ducharse a las tres de la mañana organizando un escándalo!* **lo que son las cosas** LLAMADA DE ATENCIÓN. Se usa para anticipar que en lo que se va a decir hay algo extraño: *Lo que son las cosas, ahora va a irse a Australia. Tanto luchar por la fábrica y, lo que son las cosas, ahora lo deja todo y se va a vivir al campo.* **no haber tal ~** No ser así, ser falso lo que se dice: *De lo que os ha contado el encargado, no hay tal cosa, se lo acaba de inventar todo.* **no sea ~ que** Se usa para indicar precaución: *Saca el paraguas, no sea cosa que llueva. No corras tanto, no sea cosa que te tropieces y te caigas.* **no ser (la ~) para menos** Ser una cosa importante y merecer la reacción que se menciona: *Está muy enfadado, pero es que no es la cosa para menos.* **por una(s) cosa(s) o por otra(s)** Siempre: *Por una cosa o por otra, siempre te libras de fregar. Por una cosa o por otra, siempre acaba teniendo razón Sara.* **ser ~ de** 1 Consistir ‹una cosa o su solución› en lo que se dice: *Eso es cosa de tener paciencia. Sólo era cosa de ponerse de acuerdo todos.* 2 Corresponder ‹una cosa› a una persona, o tener mucha relación con ella: *Esto es cosa mía, no te metas. La organización es cosa de Ana, por tanto, ve a verla a ella.* 3 Ser necesario ‹hacer una cosa›: *Hace frío, será cosa de ponerse el abrigo. Ya es tarde, será cosa de acostarse.* **tener huevos* la ~.**

cosaco, ca *adj./s. m.* y *f.* **1** De un antiguo pueblo que se estableció en las estepas del sur de Rusia: *Los cosacos eran un pueblo seminómada.* || *s. m.* **2** Soldado ruso de tropa ligera: *Los cosacos fueron integrados en el ejército ruso como fuerza de choque por su valentía.*

coscoja *s. f.* **1** Árbol bajo, parecido a la encina, de hojas pequeñas y espinosas, que tiene como fruto una bellota. **2** Hoja seca de la carrasca o encina.

coscojal *s. m.* Lugar poblado de coscojas: *En el oeste de la península Ibérica hay extensos coscojales.*

coscojo *s. m.* Excrecencia o agalla producida en la coscoja por insectos.

coscorrón *s. m.* **1** Golpe doloroso dado en la cabeza: *Isa se dio un coscorrón contra la puerta y empezó a quejarse de dolor.* **2** Golpe dado en la cabeza con los nudillos de la mano cerrada: *Su madre le dio un coscorrón porque se estaba portando mal.* **3** COLOQUIAL. Contratiempo debido a la inexperiencia o tozudez: *Vas a llevar muchos coscorrones en la vida como sigas así.* FR. Y LOC. **perdonar el bollo* por el ~.**

coscurro *s. m.* Cuscurro.

cosecante *s. f.* MAT. Secante del complemento de un ángulo o de un arco: *El seno y la cosecante dependen sólo de la ordenada del extremo del arco, luego tendrán el mismo signo que ella.*

cosecha *s. f.* **1** AGR. Conjunto de productos agrícolas que se recogen cuando ya están maduros: *Este año hemos tenido una de las mejores cosechas de trigo de los últimos años.* **2** AGR. Producto que se obtiene después de transformar lo cosechado: *La abundante cosecha de aceite hará que el precio baje en el mercado. La cosecha de vino va a ser limitada por la Unión Europea.* **3** AGR. Ocupación de recoger los productos agrícolas: *La cosecha de trigo antes se hacía a mano, y los segadores recorrían el campo con sus hoces.* **4** AGR. Época en que se recogen los productos agrícolas: *Muchas personas, a lo largo del año, tenían trabajo sólo durante las cosechas.* FR. Y LOC. **ser de mi/tu/su... (propia) ~** Ser ‹una cosa o una acción› ocurrencia de una persona: *Si el jefe nos ha dicho que van a suprimir algunos puestos, no es de su cosecha, eso viene de más arriba. Este chiste no es de mi cosecha, me lo han contado.*

cosechadora *adj./s. f.* AGR. [Máquina] que sirve para recoger la cosecha, en especial la de cereales: *La aparición de las cosechadoras ha hecho más rentable el campo, pero ha reducido muchísimo la mano de obra.*

cosechar *v. tr./intr.* **1** AGR. Recoger ‹una persona› la cosecha: *Hemos cosechado ya la cebada, pero aún nos queda por cosechar el centeno. Aún no hemos empezado a cosechar, porque este año la cosecha viene con retraso.* || *v. tr.* **2** Conseguir ‹una persona› [un resultado]: *Cosechó grandes éxitos en su trabajo. Después de su mala gestión no podía cosechar más que críticas despiadadas.*

cosechero, ra *adj.* **1** AGR. De la cosecha: *La campaña cosechera de este año no tiene precedentes.* || *s. m./f.* **2** AGR. Persona que es propietaria de un determinado tipo de plantas que cultiva profesionalmente para conseguir una cosecha de un determinado producto: *cosechero de vino, cosechero de aceite, cosechero de trigo.*

cosedor, ra *adj./s. f.* **1** ART. GRÁF. [Máquina] que cose los pliegos de los libros o las revistas: *Han traído una cosedora nueva a la encuadernación que es mucho más rápida que la que teníamos.* || *s. m./f.* **2** Persona que cose: *cosedora de sábanas, cosedora de toallas. Trabaja como cosedor en el taller de confección que hay debajo de casa.*

coseno *s. m.* MAT. Seno del complemento de un ángulo o de un arco: *El coseno y la secante dependen de la abscisa del extremo del arco.*

coser *v. tr.* **1** Pasar ‹una persona› un hilo enhebrado en una aguja a través de [la tela, o el cuero] para juntar dos trozos o tapar un agujero: *Fui al zapatero a que me cosiera las botas. Se me cayó el botón, pero ya me lo cosió mi madre.* **2** Hacer ‹una persona› labores de aguja en [una tela]: *Me tengo que coser unas cortinas para el comedor de casa.* **3** MED. Poner puntos de sutura ‹una persona› en [una herida]: *Le cosieron la brecha que se había abierto en la ceja. Después del accidente la cosieron, y le dieron dieciséis puntos de sutura.* **4** Sujetar ‹una persona› [una cosa] con grapas: *Cose esas hojas con la grapadora.* SIN. grapar. **5** Causar ‹una persona› [muchas heridas] [a otra persona]: *Yo vi el cadáver en el depósito, y lo habían cosido **a** balazos.* **~ a puñaladas*.** FR. Y LOC. **máquina* de ~. ser ~ y cantar** Ser ‹una cosa› muy fácil: *Este trabajo es coser y cantar. Cuando creíamos que todo iba a ser coser y cantar, empezaron a surgir problemas.*

cosí cosá *adv.* ARG., URUG.; COLOQUIAL. Regular.

cosiaca *s. f.* COL.; COLOQUIAL. Cosa menuda y sin importancia o chisme del que no se recuerda el nombre.

cosido *s. m.* **1** (no contable) Acción y resultado de coser: *El cosido a máquina abarató la confección. El médico dijo que el cosido había sido muy difícil por la zona donde se había producido la herida.* **2** Costura: *El cosido de la manga está demasiado apretado. Le hicieron un cosido en el hospital que casi no le va a dejar señal.*

cosificación *s. f.* FILOS. Acción y resultado de cosificar: *Según la teoría marxista la cosificación es propia de la economía capitalista en la que el proletario se identifica con los productos por él producidos.*

cosificar *v. tr. / prnl.* Considerar ‹una persona› [a otra persona] como una cosa: *La economía nos obliga a cosificar a nuestros semejantes a través de sus valores de producción.* ⇒ **71.**

cosijo *s. m.* AMÉR. Disgusto, desazón.

cosita *s. f.* ARG., URUG.; COLOQUIAL. Se usa para piropear a una mujer guapa.

cosmética *s. f.* (no contable) Técnica de preparar y emplear los productos cosméticos: *Es especialista en cosmética. La cosmética ha avanzado mucho en los últimos años.*

cosmético, ca *adj. / s. m.* [Sustancia] que se utiliza para la higiene corporal o para embellecer la piel o el pelo: *productos cosméticos. Todos los cosméticos que no son naturales me producen alergia.*

cósmico, ca *adj.* **1** ASTRON. Del cosmos o Universo: *El origen cósmico es algo que está por determinar. Los viajes cósmicos son ya una realidad.* **espacio ~. 2** Muy grande, muy importante: *Tienes un miedo cósmico. Es un espectáculo cósmico.*

cosmogonía *s. f.* **1** (no contable) ASTRON. Ciencia que trata del origen y la formación del Universo: *La cosmogonía actual estima que la edad del sistema solar es de unos cinco mil millones de años.* **2** Teoría filosófica, mítica o religiosa sobre el origen y la organización del Universo: *Sin conocimientos científicos profundos, los antiguos crearon sus propias cosmogonías basadas en leyendas y relatos.*

cosmografía *s. f.* (no contable) ASTRON. Parte de la astronomía dedicada a la descripción del Universo: *Los conocimientos de la cosmografía son aún muy pobres y relativos a una porción muy limitada del Universo.*

cosmógrafo, fa *s. m. / f.* ASTRON. Persona que se dedica por profesión a estudiar la cosmografía: *Los cosmógrafos intentan describir el Universo a través de potentes telescopios y de sondas espaciales.*

cosmología *s. f.* (no contable) ASTRON. Parte de la astronomía dedicada al estudio del origen y evolución del Universo: *La cosmología busca el modelo matemático de la evolución del Universo.*

cosmonauta *s. m. / f.* ASTRONÁUT. Astronauta, persona que viaja en una astronave: *Durante muchos años los cosmonautas soviéticos y los americanos han mantenido una cerrada competencia.*

cosmonáutica *s. f.* (no contable) ASTRONÁUT. Astronáutica, navegación por el espacio exterior mediante una astronave: *La cosmonáutica de la antigua Unión Soviética consiguió importantes avances tecnológicos.*

cosmonáutico, ca *adj.* ASTRONÁUT. De la cosmonáutica: *Los viajes cosmonáuticos siguen siendo de gran interés científico.*

cosmonave *s. f.* ASTRONÁUT. Astronave.

cosmopolita *adj.* **1** Que es común a todos los países o a la mayoría de ellos: *Ésa es una costumbre muy cosmopolita que he podido ver en muchos países de diferentes culturas.* **2** [Lugar] que reúne a gente de numerosos países y costumbres: *Buenos Aires es una ciudad muy cosmopolita, donde puedes ver gentes de los más variados orígenes.* ‖ *adj. / s. m.* y *f.* **3** [Persona] que considera todo el mundo como patria suya o que conoce lugares, gentes y costumbres muy diversos porque ha viajado mucho: *Es una mujer muy cosmopolita, que se considera ciudadana del mundo. Tu amigo es un cosmopolita que ha viajado por todos los países.*

cosmopolitismo *s. m.* **1** (no contable) Actitud de la persona que ha viajado mucho y conoce lugares y culturas muy diferentes: *Roberto tiene un cosmopolitismo militante, se considera ciudadano del mundo.* **2** (no contable) Característica de los lugares en que hay personas de muchos países: *El cosmopolitismo de San Francisco no está al alcance de cualquier ciudad.*

cosmos *s. m.* **1** ASTRON. Universo, conjunto ordenado de todo lo que existe: *Entender la razón que mueve el cosmos ha preocupado a los pensadores desde la antigüedad clásica.* **2** Espacio exterior a la Tierra: *La nave despegó y se adentró en el cosmos en dirección a Marte.*

cosmovisión *s. f.* FILOS. Forma de concebir e interpretar el mundo propia de una persona o una época: *El subjetivismo es la clave de la cosmovisión romántica. La cosmovisión medieval gira alrededor del concepto de Dios.*

coso *s. m.* **1** Plaza de toros: *El coso de la Maestranza de Sevilla se considera la catedral del toreo.* **2** ARG., URUG.; RESTRINGIDO en España. Cosa de nombre desconocido, chisme, trasto. **3** COL. Corral municipal donde se encierra el ganado que anda perdido o suelto.

cospel *s. m.* ARG. Ficha que hace funcionar un aparato público, como una barrera de un aparcamiento o un teléfono.

cosque o **cosqui** *s. m.* COLOQUIAL. Coscorrón.

cosquillas (plural) *s. f.* (no contable) Sensación algo desagradable de risa involuntaria que experimenta una persona cuando se roza o acaricia repetidamente alguna parte de su cuerpo: *Estáte quieto y no me hagas cosquillas. En la planta de los pies tiene muchas cosquillas. Apenas lo tocas y ya siente cosquillas.* FR. Y LOC. **buscar las ~** COLOQUIAL. Hacer ‹una persona› todo lo posible para enfadar o molestar mucho a otra persona: *Como sigas buscándome las cosquillas, vas a llevarte una desagradable sorpresa. Deja tranquilo al gato y no le busques las cosquillas, que te puede arañar.*

cosquilleo *s. m.* **1** (no contable) Sensación producida por las cosquillas u otra cosa semejante a ellas: *Sentí un cosquilleo en la palma de la mano. El cosquilleo en la nariz acababa siempre en un estornudo.* **2** (no contable) Inquietud o nerviosismo que produce el miedo a una cosa: *Antes del examen siento un extraño cosquilleo. Sentía un cosquilleo en el estómago sólo de pensar que al día siguiente tenía que hablar en público.*

cosquilloso, sa *adj.* **1** Que tiene muchas cosquillas: *Soy muy cosquilloso, donde más cosquillas tengo es en los pies. La niña es muy cosquillosa, en cuanto la rozan siente cosquillas.* **2** Que tiene poco aguante y en seguida se ofende: *Eres muy cosquilloso, no aguantas que te hagan una broma.*

costa *s. f.* **1** GEOGR. Extensión de tierra que está en contacto con el mar o cerca de él: *La costa mediterránea tiene grandes atractivos turísticos. Los pueblos de la costa tienen un clima suave por el efecto del mar.* SIN. litoral. **~ brava** Costa rocosa, sin playas o con playas pequeñas de gran profundidad en la orilla. **2** (en plural; no contable) Cantidad de dinero que se paga por algo: *El seguro se encargó de pagar las costas del accidente.* SIN. coste, gastos. **3** (en plural; no contable) DER. Gastos de un juicio: *El juez lo condenó a pagar las costas.* FR. Y LOC. **a ~ de** Por medio de o teniendo que servirse de una persona o cosa: *Pedro ha conseguido aprobar a costa de quedarse todo el verano estudiando. Sara se divierte a costa de los amigos. Me pides doscientas mil pesetas, ¿es que piensas irte de vacaciones a costa mía?* **a toda ~** INTENSIFICADOR. Sin detenerse ante nada: *A toda costa quiere ganar el premio.*

costado *s. m.* **1** Cada uno de los dos lados del cuerpo que están debajo de los brazos, entre el pecho y la espalda: *Cayó de costado y se rompió el brazo. Tiene una cicatriz en el costado derecho.* **2** Parte lateral de algunas cosas: *los costados de un barco, los costados de un ejército. Me han dado un golpe en el costado izquierdo del coche.* FR. Y LOC. **por los cuatro costados** COLOQUIAL; INTENSIFICADOR. Por todas partes: *Es una persona honrada por los cuatro costados. La casa se derrumbó por los cuatro costados.*

costal *adj.* **1** De las costillas: *región costal, pleura costal.* ‖ *s. m.* **2** Saco grande de tela fuerte y ordinaria: *Los campesinos cargaron los costales de trigo en el tractor.* FR. Y LOC. **ser harina* de otro ~.**

costalada *s. f.* COLOQUIAL. Golpe que una persona recibe al caerse de costado o de espaldas: *Me pegué una costalada y estoy derrengado. Carlos se dio una costalada al caerse por las escaleras.*

costalazo *s. m.* Costalada.

costalero, ra *s. m./f.* Persona que lleva a hombros un paso de una procesión: *Luis es costalero en la procesión de Sevilla. Los costaleros tienen que agacharse para que el paso no dé en la puerta de la catedral al salir.*

costanera *s. f.* AMÉR. Paseo marítimo.

costanilla *s. f.* Calle estrecha y en cuesta: *En la costanilla que va a parar al ayuntamiento encontrará usted el consultorio del médico.*

costar *v. tr.* **1** Tener ‹una cosa› [un precio]: *Este traje me costó sólo diez mil pesetas. No sé lo que debe costar ese coche, pero calcula sobre los dos millones.* **2** Causar ‹una cosa› molestias o perjuicios a [una persona]: *Ya que estás con el trabajo, no te cuesta tanto cuidar los detalles y presentarlo adecuadamente. Las discusiones que le costó haber vendido la casa no las sabe nadie.* **3** Llevar ‹un trabajo o una ocupación› [un tiempo] a [una persona]: *Me costó muchos años olvidarlo. Le ha costado dos años conseguir que lo hagan fijo en la empresa. Hacer eso no te cuesta ni cinco minutos.* FR. Y LOC. **~ caro** Causar ‹una cosa› muchas molestias o perjuicios a [una persona]: *Este tipo de trabajo le va a costar caro a mi salud. Te va a costar muy caro haber tomado esa decisión.* **~ la torta* un pan. ~ la vida*. ~ trabajo*. ~ / necesitar Dios* y ayuda. ~ un triunfo*. ~ / valer un riñón*. cueste lo que cueste** A toda costa: *Llegaré a la cima cueste lo que cueste. El jefe ha amenazado con echarnos cueste lo que cueste.* ⇒ **28.**

costarricense o **costarriqueño, ña** *adj. / s. m.* y *f.* De Costa Rica, país americano: *el folclore costarricense, la política costarricense, las fiestas de los costarricenses.*

coste *s. m.* Dinero que cuesta hacer o comprar algo: *No lo compramos porque el coste era muy elevado. Llevan la comida a casa sin coste adicional.* SIN. costo. **a precio* de ~.**

costear *v. tr. / prnl.* **1** Pagar ‹una persona› [los gastos] de [otra persona o de una cosa]: *La asociación de vecinos costea las fiestas del barrio. Mi hijo **se** costea los estudios.* ‖ *v. tr.* **2** Esquivar o evitar ‹una persona› [una dificultad o un peligro]: *Aquella familia supo costear todos los problemas que se le iban planteando y seguir unida.* ‖ *v. intr.* **3** Ir ‹una embarcación› bordeando la costa: *Como era un barco pequeño, iba costeando todo el tiempo. Debido a la avería, el barco no podía hacer otra cosa que costear hasta llegar al puerto.*

costeño, ña *adj.* **1** Costero. ‖ *adj. / s. m.* y *f.* **2** De la costa de un país: *las gentes costeñas, el carácter costeño. Los costeños vencieron a los del interior en un duro encuentro.*

costera *s. f.* Temporada en la que se puede pescar una especie que pasa cerca de la costa: *costera de la sardina. Ahora no estamos en la costera del bonito y por eso es más caro.*

costero, ra *adj.* De la costa: *relieve costero, ciudad costera. El litoral costero atrae la mayoría del turismo veraniego.*

costilla *s. f.* **1** ANAT. Cada uno de los huesos largos y arqueados que salen de las vértebras dorsales y delimitan el tórax: *En la caída se ha roto dos costillas y un brazo. A mí me encantan las costillas de cordero, porque aunque no tienen mucha carne están muy sabrosas.* **~ falsa** ANAT. Costilla que no está apoyada en el esternón. **~ flotante** ANAT. Costilla que tiene su extremo libre y está situada entre los músculos del abdomen. **2** Cosa de forma similar a la de estos huesos, que forma la estructura o armazón de algo: *las costillas de un barco.* **3** (en plural) COLOQUIAL. Espalda: *Llevé el saco de patatas a las costillas.* **4** COLOQUIAL, RESTRINGIDO; HUMORÍSTICO. Esposa: *No tomaré ninguna decisión sin contar con mi costilla.* FR. Y LOC. **medir las costillas** COLOQUIAL. Pegar ‹una persona› [a otra persona]: *Le midió las costillas por haberle insultado. A éste, como siga provocándome, lo voy a esperar un día en la calle y le voy a medir las costillas.*

costillar *s. m.* Conjunto de costillas: *Tiene el costillar maltrecho de los golpes recibidos. El costillar del cerdo es una de las partes más suculentas.*

costo *s. m.* **1** Coste: *El costo de esta operación es superior a lo que habíamos previsto.* SIN. importe, valor. **2** (no contable) JERGAL. Hachís: *En algunas zonas de la ciudad los niños te ofrecen costo por la calle de la forma más natural.*

costoso, sa *adj.* **1** (antepuesto / pospuesto) Que cuesta mucho dinero: *La educación de mis hijos es muy costosa. Andrés se embarcó en un costoso proyecto que fracasó y casi lo arruina.* **2** (antepuesto / pospuesto) Que cuesta o implica mucho trabajo, esfuerzo, daño o dolor: *La lucha fue muy costosa, muchos hombres murieron. Los escaladores llegaron a la cima tras una costosa subida.*

costra *s. f.* **1** Capa dura que se forma sobre las heridas cuando se secan: *Al rascarse se levantó la costra de la herida. Ha dicho el médico que no te puedes mojar la herida hasta que no se caiga la costra.* SIN. postilla. **2** Capa exterior que se forma al endurecerse alguna cosa húmeda o blanda: *Sobre la cocina se formó una costra de suciedad. La costra de la pintura se formó por no estar el bote bien cerrado.*

costroso, sa *adj.* **1** (antepuesto / pospuesto) Que tiene costras: *manos costrosas, cicatriz costrosa. Su costrosa piel era testimonio de los largos años trabajando a la intemperie, soportando el frío y el calor sin protección alguna.* **2** (antepuesto / pospuesto) Que está lleno de suciedad o cochambre: *edificio costroso. Venía en su costroso coche, comprado en el desguace a precio de saldo.* SIN. cochambroso.

costumbre *s. f.* **1** Forma de conducta que se hace estable por repetición de los mismos actos o por tradición: *conservar una costumbre de antaño, tener la costumbre de comer siempre a la misma hora, seguir la costumbre. No es mi costumbre. Es una costumbre muy antigua.* **2** (en plural; no contable) Conjunto de inclinaciones y usos característicos de un pueblo o de una persona: *Las costumbres de nuestros antepasados eran muy diferentes a las nuestras. Me gusta conocer las costumbres de los pueblos orientales.* FR. Y LOC. **de ~** 1 Usual, ordinario: *Te espera a la hora de costumbre. Luis trajo el pastel de costumbre, como siempre que lo invitas a comer.* 2 Normalmente: *Ven como de costumbre. Cuando le dijeron que no contaban con ella, se echó a llorar como de costumbre.*

costumbrismo *s. m.* (no contable) Atención especial a la descripción de las costumbres de un lugar en una obra literaria o pictórica: *El costumbrismo de algunos autores del siglo* XIX *nos sirve para tener una idea de la forma de vida de aquella sociedad.*

costumbrista *adj.* **1** Del costumbrismo: *imagen costumbrista, escena costumbrista, novela costumbrista.* || *s. m. / f.* **2** Autor que practica el costumbrismo: *Es un autor costumbrista porque refleja los ambientes típicos de la sociedad de su tiempo.*

costura *s. f.* **1** (no contable) Acción y resultado de coser: *Me está costando mucho la costura de la cortina porque el dobladillo no me queda derecho.* **alta ~** Confección escogida y de prestigio. **2** Labor que se está cosiendo: *No terminé la costura. Félix dejó la costura a medias porque se cansó.* **3** Serie de puntadas que unen dos telas o dos piezas de la misma tela: *Se han descosido varias costuras del pantalón. Tienes que deshacer las costuras de la falda, cortar un poco por cada lado, y volver a coserla.* **4** MED. Cicatriz de una operación quirúrgica: *Llevas una buena costura en el pecho.*

costurar *v. tr.* AMÉR. Coser.

costurera *s. f.* **1** Mujer que tiene como oficio la costura en un taller de confección: *Se buscan costureras para una sastrería de prestigio.* **2** Mujer que tiene por oficio todo tipo de arreglos en la ropa: *Me está acortando las mangas una costurera. Una buena costurera me está cosiendo el roto del bolsillo.* REFR. **Costurera sin dedal cose poco y cose mal.** Se usa para indicar la conveniencia de utilizar el dedal cuando se cose a mano.

costurero *s. m.* **1** Mueble, cesta o caja donde se guardan los útiles de costura: *costurero de roble, costurero antiguo, costurero de tela, costurero de mimbre. Me compré un costurero con muchos cajoncitos. Pon esos carretes en el costurero.* **2** RESTRINGIDO. Cuarto de las casas adineradas donde las mujeres hacían todo lo relacionado con la costura: *Tu madre está en el costurero hablando con la doncella.*

costurón *s. m.* MED.; INTENSIFICADOR. Cicatriz muy visible: *Hace años, cuando la cirugía no estaba tan adelantada, por cualquier operación te quedaban unos costurones feísimos. Estaba en bañador en la piscina y se le veían varios costurones en el muslo.*

cota *s. f.* **1** Armadura antigua para proteger el cuerpo hecha de malla de hierro o de cuero guarnecido con clavos: *La cota de malla se ponía debajo del peto de la armadura.* **2** GEOGR. Número que indica en los mapas la altura de un punto sobre el nivel del mar o sobre otro plano de nivel: *la cota 104 del mapa.* **3** GEOGR. Altura sobre el nivel del mar: *Rebasamos la cota de los 2.500 metros a las tres de la tarde, y seguimos la ascensión.* **4** Importancia, valor: *Ha llegado a la cota más alta en su profesión. El programa ha alcanzado las cotas más bajas de audiencia en este trimestre.*

cotangente *s. f.* MAT. Tangente del complemento de un ángulo o de un arco: *La tangente y la cotangente dependen a la vez de la ordenada y de la abscisa del extremo del arco.*

cotarro *s. m.* **1** (no contable) COLOQUIAL. Asunto o actividad: *Aquí el que maneja el cotarro es el presidente.* **dirigir el ~** Ser ‹una persona› la que manda en una actividad. **2** (no contable) COLOQUIAL. Grupo o reunión de personas: *El anfitrión puso música para animar el cotarro.*

cotejar *v. tr.* Comparar ‹una persona› [una cosa] con [otra cosa]: *cotejar la copia* ***con*** *el original. Tenemos que cotejar tus datos y los míos a ver si coinciden.* SIN. confrontar.

cotejo *s. m.* Acción y resultado de cotejar: *Se ocupa del cotejo de las pruebas con los originales. El cotejo de los resultados fue muy interesante porque permitió determinar dónde estaban las variaciones.* SIN. comprobación.

cotelé *s. m.* CHILE, URUG.; COLOQUIAL en Chile. Pana.

cotidianidad *s. f.* (no contable) Carácter cotidiano de una cosa: *La cotidianidad de la guerra hacía que los ataques se vivieran como algo normal.*

cotidiano, na *adj.* **1** Que ocurre todos los días: *el trabajo cotidiano, los quehaceres cotidianos.* SIN. diario. **2** Que ocurre con mucha frecuencia: *Es un problema cotidiano. Los cotidianos incendios veraniegos asaltan cada pocos días las páginas de los periódicos.* SIN. habitual.

cotiledón *s. m.* BOT. Primera hoja o cada una de las primeras hojas que nacen en el embrión de una planta fanerógama y le suministran alimento: *Los cotiledones almacenan sustancias de reserva para que la planta pueda nutrirse hasta que sea capaz de hacerlo mediante la fotosíntesis.*

cotiledóneo, a *adj.* **1** BOT. Del cotiledón. || *adj. / s. f.* **2** BOT. [Planta] que tiene uno o más cotiledones: *La judía es una planta cotiledónea. Las cotiledóneas es un grupo de la antigua clasificación botánica que comprendía las plantas fanerógamas.*

cotilla *s. m. / f.* COLOQUIAL; PEYORATIVO. Persona que cotillea: *Benito es un cotilla, se entera de todo. Todos somos un poco cotillas, aunque nos cueste reconocerlo.* SIN. chismoso.

cotillear *v. intr.* **1** COLOQUIAL. Traer y llevar ‹una persona› chismes y cuentos: *A Ana le gusta cotillear, así que no le cuentes nada que no quieras que se sepa.* SIN. chismorrear. **2** COLOQUIAL. Intentar ‹una persona› enterarse de ‹un asunto ajeno›: *No cotillees* ***en*** *mis cajones.* SIN. curiosear.

cotilleo *s. m.* **1** COLOQUIAL. Habladuría: *Me molestan los programas de cotilleo televisivo. Para provocar el cotilleo sólo tienes que vestirte de esa forma.* **2** (no contable) COLOQUIAL. Intercambio de chismes entre varias personas: *Ana se pasa el día de cotilleo con sus amigas. El cotilleo es su deporte favorito.* SIN. chismorreo. **3** COLOQUIAL. Comentario con que se cotillea: *Me contó un cotilleo. Me he enterado de un cotilleo que os va a dejar de piedra.* SIN. chisme.

cotillo *s. m.* **1** Parte del martillo u otra herramienta con la que se golpea: *Para que el clavo entre derecho en la madera tienes que golpear de lleno con el cotillo. El cotillo de esta maza está mellado.* **2** Parte opuesta al filo en algunos instrumentos cortantes: *el cotillo de un hacha. El cotillo del azadón se utiliza para deshacer los terrones que salen al cavar.*

cotillón *s. m.* **1** Fiesta con la que se celebra un día señalado: *el cotillón de fin de año, el cotillón de Reyes. En la verbena de San Juan hicimos un cotillón en mi casa.* **2** Bolsa de adornos y objetos de broma que se da para una fiesta señalada: *Al sombrero de papel se le rompió la goma, el matasuegras no se desenrollaba, y la nariz se me perdió, así que del cotillón sólo aproveché las serpentinas.*

cotización *s. f.* **1** ECON. Cuota que hay que pagar para beneficiarse de las prestaciones de una institución: *Las empresas deben estar al día en sus cotizaciones a la Seguridad Social.* **2** (no contable) ECON. Participación de las acciones u otros valores en la bolsa para la publicación de su precio: *Las acciones de esa empresa no están sometidas a cotización.* **3** ECON. Precio que alcanzan en la bolsa las acciones u otros valores: *Sus acciones tienen una cotización superior a las mil pesetas.* **4** Valoración o estima de una persona o cosa: *La cotización de ese cantante ha subido mucho después de sus últimos éxitos.*

cotizar *v. tr.* **1** Pagar ‹una persona› [una cuota o una contribución]: *Como no has cotizado más que tres meses, no tienes derecho al subsidio por desempleo. Según nuestros archivos, usted sólo ha cotizado quince mil pesetas en tres años.* **2** ECON. Hacer ‹una persona› público el precio de [una acción] o de [un valor] en la bolsa: *Después de la sesión de hoy, los bancos cotizan varios enteros más que ayer.* **3** Dar ‹una persona› valor a [una cosa]: *Este director cotiza mucho el currículo que puedas tener.* || *v. intr.* **4** ECON. Tener ‹una acción o un valor› [un precio]: *Sus acciones cotizaron* ***a*** *mil enteros.* || *v. prnl.* **5** Tener ‹una cosa› [un precio]: *Esta colección de arte se cotiza sobre los dos mil millones de pesetas. Los coches de segunda mano no se cotizan nada.* **6** Tener ‹una cosa› valor: *La experiencia se cotiza mucho en esta empresa, porque todos son muy jóvenes.* ⇒ **19.**

coto *s. m.* **1** Terreno reservado para un uso especial o para la protección de ecosistemas y especies animales o vegetales: *coto de caza, coto de pesca.* **2** (no contable) AMÉR. DEL S. Bocio. FR. Y LOC. **poner ~** Impedir ‹una persona o una cosa› que continúe o siga igual una situación: *Todos estaban de acuerdo en que había que poner coto a la violencia. La mayor vigilancia en las calles puso coto a los asaltos callejeros.*

cotolengo *s. m.* **1** URUG. Asilo de ancianos. **2** ARG. Internado para enfermos mentales o niños deficientes.

cotona *s. f.* **1** AMÉR. Camiseta gruesa de algodón. **2** AMÉR. Chaqueta de gamuza o de otros tejidos.

cotorra *s. f.* **1** (macho y hembra) ZOOL. Ave de América tropical, de pico fuerte y ganchudo, con alas y cola largas, y plumaje de diversos colores entre los que suele dominar el verde: *Mi tío trajo una cotorra de su viaje de América.* **2** COLOQUIAL; INSULTO. Persona muy habladora: *¡Cállate un poco, cotorra, que no dejas hablar a los demás! ¡El tío cotorra éste, que no deja de hablar!* SIN. parlanchín.

cotorrear *v. tr.* COLOQUIAL. Hablar en exceso: *Aquellas mujeres cotorreaban sin parar, y yo ya no podía aguantar más el ruido estridente de sus voces.*

cotorro *s. m.* ARG., URUG. Apartamento modesto de un soltero o de una pareja sin hijos.

cototo, ta *adj.* **1** CHILE; JERGAL. Que es bueno o extraordinario. || *s. m.* **2** CHILE; COLOQUIAL. Chichón, contusión.

cotudo, da *adj.* ARG., COL., VEN.; RESTRINGIDO en Argentina. Que padece bocio.

cotufa *s. f.* **1** RESTRINGIDO. Chufa. **2** RESTRINGIDO. Palomita de maíz.

coturno *s. m.* **1** Calzado que cubría el pie y la pierna hasta la pantorrilla, usado por griegos y romanos: *Los coturnos era un calzado de origen griego adoptado por los romanos y considerado como de lujo.* **2** Calzado de suela muy gruesa que usaban los actores del teatro grecorromano para elevar su estatura: *Los actores griegos utilizaban trajes hasta los pies para disimular la elevada suela de corcho de los coturnos.* FR. Y LOC. **de alto ~** De categoría o clase elevada.

COU *s. m.* Sigla de «Curso de Orientación Universitaria», España: *Tengo que acabar el COU para poder hacer la selectividad y matricularme en la universidad.*

country (del inglés; pronunciamos *'cauntri'*) *s. m.* Música popular, especialmente la tradicional de los Estados Unidos de América: *A mi hermano le gusta el country. Me han regalado dos discos de música country.*

coupé (pronunciamos *'cupé'*) *s. m.* ARG., URUG.; RESTRINGIDO en España. Automóvil deportivo de dos puertas.

covacha *s. f.* **1** PEYORATIVO. Cueva pequeña: *El gato se me escapó y se metió en una covacha.* **2** PEYORATIVO. Casa o habitación pobre y pequeña: *Me impresionó ver que vivías en aquella covacha, en una situación tan mísera y deplorable.*

cowboy (plural *cowboys*; del inglés; pronunciamos *'cauboy'*) *s. m.* Vaquero del oeste de los Estados Unidos de América: *El cowboy marcó con el hierro al novillo. Los cowboys y los indios son los principales protagonistas de las películas del oeste americano.*

coxa *s. f.* ZOOL. Primera pieza de la pata de un insecto: *La coxa es el segmento superior de la pata del insecto, por donde se une a la zona ventral del tórax.*

coxal *adj.* ANAT. De la cadera: *Los huesos coxales delimitan la cavidad pélvica.*

coxis o **cóccix** (plural *coxis*) *s. m.* ANAT. Última sección de la columna vertebral que se articula con el sacro: *El coxis es propio de los vertebrados que carecen de cola.*

coyote *s. m.* **1** (macho y hembra) *Canis latrans.* Mamífero americano parecido al lobo pero más pequeño y muy veloz, que se alimenta de roedores y de animales muertos: *El coyote suele habitar en cuevas aislado, por parejas o en manadas.* **2** MÉX.; COLOQUIAL. Persona que guía a los inmigrantes clandestinos. **3** MÉX.; COLOQUIAL. Individuo que se dedica a coyotear.

coyotear *v. intr.* **1** MÉX.; COLOQUIAL. Hacer ‹una persona› operaciones de compra y venta, actuar como agente intermediario en negocios administrativos o judiciales. **2** MÉX., COLOQUIAL. Aparentar ‹una persona› que no sabe jugar a un juego para ganar más y mejor.

coyunda *s. f.* **1** RESTRINGIDO. Correa grande y fuerte para atar los bueyes al yugo. **2** RESTRINGIDO. Matrimonio: *Ahora que estáis unidos por la dulce coyunda del matrimonio debéis amaros siempre.*

coyuntura *s. f.* **1** Conjunto de elementos y circunstancias que constituyen una situación determinada: *La coyuntura económica favorable hace prever un aumento del empleo en los próximos meses. La coyuntura internacional desaconseja las políticas agresivas.* **2** Ocasión favorable: *Se acababa de conocer el aumento de beneficios de la empresa, y él aprovechó la coyuntura para pedir el ascenso que tanto ansiaba.* SIN. oportunidad. **3** FIS. Unión móvil de un hueso con otro: *Como producto de la caída Ana se dislocó la coyuntura del hombro.* SIN. articulación.

coyuntural *adj.* Que depende de la coyuntura o circunstancia: *La medida es coyuntural, y sólo durará mientras se mantengan las actuales condiciones. El acercamiento de los dos partidos es únicamente coyuntural, debido al resultado de las últimas elecciones.*

coyuyo *s. m.* ARG. Cigarra grande.

coz *s. m.* **1** Movimiento violento hacia atrás de una caballería con cualquiera de las patas: *El perro ladraba al caballo, y éste se defendía a coces. La mula de mi abuelo da coces cuando no quiere andar y la obligan.* **2** Golpe que da una caballería con ese movimiento: *El borrico le dio una coz al muro e hizo un boquete.* **3** Patada hacia atrás que da una persona: *Tu hijo me ha dado una coz porque lo he sujetado por la espalda para que no se fuera corriendo.* **4** INTENSIFICADOR. Dicho o hecho ofensivo o grosero: *No sé cómo has sido capaz de soltar esa coz, cuando él no te lo ha dicho con mala intención.* FR. Y LOC. **de hoz* y ~.**

CP *abrev.* «Código Postal», España.

crac o **crack** (plural *cracs* o *cracks*) *s. m.* **1** Desastre económico: *El crac de la bolsa de Nueva York anunciaba el fin de una época.* **2** Caída brusca de la actividad o vitalidad de una persona: *Jesús trabajaba tanto que de pronto tuvo un crac: se puso enfermo y tuvo que dejarlo todo para recuperarse.* **3** Onomatopeya con que se imita el sonido de algo que se rompe: *Se oyó un crac terrible y la mesa cayó al suelo.* **4** (no contable) Droga compuesta principalmente por cocaína: *Eres adicto al crack. En los últimos años se ha extendido el consumo del crack y otras drogas baratas muy tóxicas.* **5** DEP. Jugador de extraordinaria calidad: *El equipo fichó a un auténtico crack. Los cracks no están al alcance de la economía de cualquier equipo.*

crampón *s. m.* **1** DEP. Clavo grande utilizado en alpinismo: *Clavé los crampones a la roca.* **2** Pieza de metal con pinchos que se ajusta al calzado para evitar resbalar sobre superficies heladas: *botas de crampones, botas con crampones.*

craneal *adj.* ANAT. Del cráneo: *fractura craneal, región craneal.* **bóveda* ~.**

craneano, na *adj.* ANAT. Craneal: *rotura craneana, capacidad craneana.*

cranear *v. tr.* PERÚ; COLOQUIAL. Organizar ‹una persona› [un proyecto].

cráneo *s. m.* **1** ANAT. Caja ósea en que está contenido el encéfalo: *El cráneo envuelve y protege el encéfalo y sostiene los órganos sensoriales y la boca.* **2** ARG., PERÚ, URUG.; COLOQUIAL. Persona muy inteligente. FR. Y LOC. **ir de ~** 1 COLOQUIAL; INTENSIFICADOR. Tener ‹una persona› dificultades en una cosa: *Este año vas de cráneo en los estudios.* 2 COLOQUIAL; INTENSIFICADOR. Ir ‹una persona› mal encaminada: *Si piensas que van a venir a buscarte a casa para trabajar, vas de cráneo.*

crápula *s. m.* **1** ELEVADO; PEYORATIVO. Hombre que lleva una vida dedicada al alcohol y al sexo: *Mis amigos son todos unos crápulas. El crápula de tu vecino llega todas las noches de madrugada, y no quiero decirte con qué compañías.* ‖ *s. f.* **2** Borrachera o libertinaje: *Llevo una vida de crápula.*

craqueo *s. m.* Proceso químico industrial mediante el cual los productos de moléculas largas derivados del petróleo se transforman por rompimiento en otros más ligeros que se pueden mezclar con gasolinas: *El craqueo se realiza por elevación de la temperatura y el uso de catalizadores.*

crash (del inglés; pronunciamos *'cras'*) *s. m.* ECON. Crac, desastre económico.

craso, sa *adj.* (antepuesto) ELEVADO. [Error, ignorancia, disparate] que es grande y no tiene disculpa: *Ha cometido un craso error, creyendo que podía confiar en él.*

cráter *s. m.* **1** GEOL. Depresión de los volcanes por la que éstos expulsan lava y gases al exterior: *Nos enseñaron el cráter de un volcán extinguido hace miles de años.* **2** Hundimiento que aparece en la superficie de la Tierra o de otros planetas por el impacto de algún meteorito: *Los cráteres son las formaciones más frecuentes de la Luna.*

crátera o **cratera** *s. f.* ARQUEOL. Antigua vasija grande y de boca ancha que servía para mezclar el agua y el vino: *El equipo de arqueología de la universidad ha encontrado varias cráteras en un yacimiento romano del siglo I.*

creación *s. f.* **1** Conjunto de todas las cosas existentes o creadas: *Cada cultura tiene una explicación propia para la creación.* **2** Acción y resultado de crear: *creaciones artísticas, creaciones literarias. Tiene cualidades para el diseño y la creación. Este vestido es una creación de un diseñador gallego. La creación de la Inquisición tenía como objetivo combatir la Reforma protestante.*

crear *v. tr.* **1** Hacer ‹Dios› [una cosa] de la nada. **2** Hacer ‹una persona› que empiece a existir [una cosa]: *Este hombre creó un imperio financiero. Los países del mundo crearon la ONU para evitar las confrontaciones bélicas. Aceptarlo en nuestro grupo sólo nos creó problemas.* **3** Hacer ‹una persona› [una obra artística o científica]: *Cervantes creó el Quijote para caricaturizar las novelas de caballerías. Isaac Peral creó el autogiro o helicóptero.* **4** Establecer ‹una persona› [un empleo o una dignidad]: *El presidente ha creado un nuevo ministerio para ocuparse del medio ambiente.* **5** Hacer ‹una persona› una representación magistral de [un personaje] en el teatro: *Este actor ha creado un Don Juan no visto hasta ahora.* ‖ *v. prnl.* **6** Formarse ‹una persona› [una cosa] en la mente: *Esta mujer se crea sus propios enemigos. Tu hermano se crea ilusiones sin fundamento.*

creatividad *s. f.* (no contable) Capacidad e imaginación que tiene una persona para crear cosas: *La creatividad del niño debe ser potenciada por la educación. Este pintor demuestra una enorme creatividad en sus cuadros.*

creativo, va *adj.* **1** (ser/estar; antepuesto/pospuesto) Que tiene capacidad para crear o inventar: *Es un niño muy creativo. Déjalo a ver si se le ocurre algo, que hoy está creativo. El creativo autor colombiano ofreció una rueda de prensa después de recibir el premio.* **2** (antepuesto/pospuesto) Que desarrolla o implica la capacidad de creación: *Es una actividad muy creativa. La creativa labor de buscar un final a una historia estimula la imaginación del niño.*

crecepelo *s. m.* Producto que se usa para estimular el crecimiento del cabello: *He comprado un crecepelo en la farmacia porque me estoy quedando calvo.*

crecer *v. intr.* **1** Aumentar ‹un ser vivo› de tamaño o de estatura: *El niño crece cada vez que se pone enfermo. El cachorro que me diste ha crecido una barbaridad en dos meses. Estas plantas no crecen porque no las riegas.* **2** Aumentar ‹una cosa› de tamaño, de intensidad o de importancia: *La tasa de paro creció en medio punto en los últimos dos meses. La angustia de los que estábamos allí crecía por momentos.* **3** ASTRON. Aumentar la parte visible de ‹la Luna›: *La Luna crece hasta llegar a la fase de luna llena, a partir de la cual empieza a menguar.* || *v. tr.* **4** Aumentar ‹una persona› el número de [puntos] en una labor de punto de media o de ganchillo: *Ahora voy a crecer las vueltas de las mangas, antes de hacer el cuello.* || *v. prnl.* **5** Adquirir ‹una persona› mayor seguridad en sí misma: *Tú no la conoces, pero es una chica que cuando tiene problemas se crece.* FR. Y LOC. **~ como la espuma*. ver/sentir ~ la hierba*. ⇒ 5.**

creces (plural) *s. f.* Se usa en la LOC. **con ~** Con más de lo suficiente o lo que se espera: *Es cierto que se equivocó, pero ha pagado con creces su error.*

crecida *s. f.* Aumento del caudal de una corriente de agua: *La crecida del río desbordó el cauce e inundó los pueblos de la desembocadura.* SIN. avenida, riada.

crecido, da *adj.* **1** (estar) Que es grande: *Tengo un hijo ya crecido. Nuestra hija está ya crecida. Tienes unas sandías crecidas.* **2** (antepuesto) Que es abundante: *Un crecido número de clientes exige secador de pelo en las habitaciones. La crecida demanda de plazas hoteleras desbordó las previsiones. La crecida afluencia de coches organizará un atasco.*

creciente *adj.* **1** (antepuesto/pospuesto) Que crece: *Hay un malestar creciente entre los empleados. Hay una creciente preocupación por ese tema. La creciente despoblación de los núcleos rurales es alarmante.* || *adj./s. f.* **2** Fase de la Luna intermedia entre la luna nueva y la luna llena: *la creciente de la Luna. La Luna estaba en cuarto creciente.* **cuarto* ~. luna* ~.** || *s. f.* **3** Subida del agua del mar por efecto de la marea: *La creciente del mar se puede aprovechar para la producción de energía.* **4** RESTRINGIDO. Crecida o aumento del caudal de una corriente de agua: *La creciente del río obligó a abrir las compuertas de la presa.* || **5 diptongo* ~.**

crecimiento *s. m.* **1** (no contable) Acción y resultado de crecer: *Ahora el crecimiento de los niños es más rápido. La contaminación afecta al crecimiento de las plantas. El crecimiento del caudal de agua consumido hace prever que habrá restricciones en un tiempo no muy lejano.* ANT. disminución. || **2 ~ natural/vegetativo** GEOGR. Diferencia entre el número de nacidos y fallecidos en una zona determinada durante un periodo de tiempo: *En algunos países occidentales el crecimiento vegetativo es negativo.*

credencial *adj.* **1** Que acredita. || *s. f.* **2** Documento en que consta la identidad y función para la que está autorizada una persona: *Presentó la credencial ante el secretario del presidente antes de tomar posesión de su cargo. No dejé pasar al cobrador porque no tenía la credencial de la compañía del gas.* SIN. acreditación. **cartas* credenciales.**

credibilidad *s. f.* (no contable) Posibilidad de ser creída una persona o cosa: *Los escándalos de corrupción dañan la credibilidad de los políticos. La película carecía de credibilidad por la cantidad de despropósitos que acumulaba.*

crédito *s. m.* **1** Dinero que se pide prestado a un banco o a entidades financieras: *Hemos pedido un crédito para poder comprar el piso. Están esperando a ver si les conceden o no el crédito.* SIN. préstamo. **2** (preferentemente en singular; no contable) Posibilidad que una persona tiene de que le presten dinero o de comprar sin dinero: *Es un señor muy respetable, tiene crédito en casi todos los bancos. Ya no le dan crédito en las tiendas, porque lleva muchos meses sin pagar.* **tarjeta* de ~.** **3** (no contable) ELEVADO. Aceptación de una persona o una cosa como verdadera o muy buena: *Ese político tiene mucho crédito entre los ciudadanos y siempre gana las elecciones. Esta empresa goza de mucho crédito entre los consumidores.* SIN. credibilidad. ANT. descrédito. **4** Unidad de medida de las horas lectivas de una asignatura universitaria: *una asignatura de seis créditos. Este curso sólo me matricularé en cuarenta y cinco créditos.* **5** ARG., URUG. Persona o animal que satisface mucho a sus responsables. || **6 ~ blando** Crédito que se concede en condiciones muy favorables para el que lo solicita. FR. Y LOC. **a ~** A plazos, sin pagar todo de una vez: *Compramos el coche a crédito.* **dar ~** Creer o dar por cierto ‹una persona› una cosa: *¡No podía dar crédito a mis ojos, el presidente en mi casa!*

credo *s. m.* **1** REL. Oración que incluye los contenidos esenciales de la fe cristiana: *rezar el credo. Aprendí el credo cuando hice la comunión.* **2** Conjunto de creencias: *El marxismo era su credo. Su credo le prohíbe las transfusiones de sangre y la donación de órganos.*

credulidad *s. f.* (no contable) Característica de la persona crédula: *Intentaron tomarle el pelo aprovechándose de su credulidad.* ANT. incredulidad.

crédulo, la *adj./s. m.* y *f.* Que cree todo lo que le dicen: *una persona muy crédula, un joven crédulo. Eres muy crédula para la edad que tienes, nadie paga los duros a peseta.*

creencia *s. f.* **1** Acción y resultado de creer: *El médico está en la creencia de que va a salir bien de la operación. Tengo la creencia de que los gatos son muy inteligentes. La creencia de que ella es una buena persona tiene que constatarla él sólo.* **2** Conjunto de ideas en las que alguien cree, especialmente políticas o religiosas: *Es un hombre con unas creencias religiosas muy fuertes. Sus creencias políticas son muy distintas a las de su hermano. No he visto nunca a nadie con unas creencias tan sólidas.* SIN. credo.

creer *v. tr.* **1** Considerar ‹una persona› cierta [una cosa]: *Él ha creído siempre que la encontraría. ¿Tu hijo ya no cree en los reyes magos?* **2** Considerar ‹una persona› que [otra persona] dice la verdad: *A pesar de lo que tú dices, yo creo a Antonio. Tenemos que creer a Margarita aunque no pueda demostrar lo que dice.* **3** Considerar ‹una persona› probable [una cosa]: *¿Tú crees que podremos conseguirlo? Yo no* *creo que nos dé tiempo a hacer todo eso.* || *v. tr./prnl.* **4** Considerar ‹una persona› que [otra persona] es de [cierta manera]: *Yo creo sincera a Antonia, aunque sé que tú tienes dudas. Jorge **se** cree competente.* || *v. intr.* **5** Tener confianza ‹una persona› en [otra persona]: *Creo **en** ella como directora de esta sección. El entrenador creyó desde el principio **en** este jugador.* **6** Considerar ‹una persona› que [una cosa] es buena o eficaz: *Creo **en** la justicia. Siempre hemos creído **en** las leyes del mercado.* **7** Tener ‹una persona› fe religiosa: *Creo **en** Dios.* FR. Y LOC. **creerse alguien/algo** Creer ‹una persona› que es importante, sobre todo socialmente: *Desde que lo han nombrado presidente de la comunidad de vecinos se cree algo.* **no (te) creas** INTENSIFICADOR. Se usa para enfatizar una afirmación que no es evidente: *No te creas, no veo tan claro este asunto como parece.* **¡que te crees tú eso!** NEGACIÓN, INTENSIFICADOR. Se usa para desmentir, negar o rechazar una cosa: *¡Que te crees tú eso, no pienso ir a pie al trabajo!* **¡ya lo creo!** 1 AFIRMACIÓN, INTENSIFICADOR. Se usa para afirmar enérgicamente una cosa: *¡Ya lo creo, has sido tú quien ha cogido el libro!* 2 NEGACIÓN, INTENSIFICADOR. Se usa para negar una cosa con rotundidad: *¡Ya lo creo, voy a ir yo en tu moto sin casco!* ⇒ **49.**

creíble *adj.* Que se puede creer con facilidad: *Lo que tú estás explicando no es creíble, así que dinos qué has hecho con el dinero.* ANT. increíble.

creído, da *adj./s. m.* y *f.* COLOQUIAL; PEYORATIVO. Que está muy orgulloso de sí mismo: *Con eso que dice demuestra que es muy creído. Paco es un creído que siempre presume de sus triunfos. Lola es una creída que piensa que todos los hombres están enamorados de ella.* SIN. vanidoso.

crema *s. f.* **1** Pasta elaborada con leche, huevos y azúcar, de consistencia espesa, que se usa principalmente como relleno en pastelería o sola, como postre: *bollo de crema. Si no pones las pastas en la nevera se estropeará la crema.* **2** Nata de la leche: *café con crema. No me gusta la crema que queda después de hervir la leche. Esta leche es desnatada, le han quitado la crema.* **3** Puré poco espeso de ciertos alimentos, al que se le ha añadido generalmente leche: *crema de espárragos, crema de cangrejo.* **4** Licor espeso con crema de leche: *crema de whisky, crema de cacao. A mí ponme un poco de crema de café.* **5** FARM. Medicamento o producto cosmético untuoso, de consistencia espesa: *crema hidratante.* **6** Pasta elaborada con ceras para la conservación y lustre del cuero, particularmente el de los zapatos: *crema del calzado. He limpiado los zapatos con la crema que has traído y me han quedado como nuevos.* **7** Lo más selecto de un grupo o sociedad: *la crema de los abogados limeños. La crema de la nobleza estaba en aquella recepción.* **8** Signo ortográfico que se coloca encima de la *u* de las sílabas *gue* y *gui* cuando se pronuncia. SIN. diéresis. || *adj./s. f.* (invariable) **9** Color blanco amarillento, semejante al del postre de este nombre: *una americana crema. He comprado un traje color crema.* || **10 ~ de leche 10₁** Leche evaporada. **10₂** ARG., COL., URUG. Nata de la leche.

cremación *s. f.* Acción y resultado de quemar, en especial, un cadáver: *En Europa es más frecuente la inhumación de los cadáveres que la cremación.*

cremallera *s. f.* **1** Cierre metálico o de plástico provisto de dos filas de dientes por los que se desliza una corredera que los encaja: *la cremallera del bolso. Llevas abierta la cremallera del pantalón.* **2** MEC. Barra dentada para engranar con un piñón y convertir un movimiento circular en rectilíneo y viceversa: *Algunos coches llevan aún dirección de cremallera, pero la mayoría salen ya con dirección asistida.* **3** Raíl dentado de algunas vías férreas en el que engrana una rueda dentada de la locomotora: *La cremallera permite al tren salvar grandes desniveles.* || *s. m.* **4** Tren que utiliza el raíl dentado: *El cremallera que sube a la montaña de Nuria ha sido renovado completamente.*

cremar *v. tr.* ARG., URUG. Incinerar ‹una persona› [un cadáver].

crematística *s. f.* **1** (no contable) ECON. Economía política, conjunto de conocimientos sobre la producción y distribución de la riqueza: *Unos conocimientos sobre crematística son necesarios para cualquier político actual.* **2** (no contable) ECON. Cuestiones relacionadas con el dinero: *Dedicaremos unos minutos, a continuación, a la crematística de este proyecto.*

crematístico, ca *adj.* De la crematística o el dinero: *No tenemos un interés crematístico en este tema, sólo queremos ayudar.*

crematorio, ria *adj.* **1** De la cremación de cadáveres. **horno* ~.** || *s. m.* **2** Lugar donde se queman los cadáveres: *Todos los familiares nos dirigimos al crematorio para cumplir su última voluntad.*

cremería *s. f.* ARG. Lugar donde se preparan productos lácteos.

cremoso, sa *adj.* (ser/estar) Que tiene mucha crema o es parecido a la crema: *Este pastel es demasiado cremoso. Esta mezcla está muy cremosa. Cómprame ese queso tan cremoso que me diste el otro día.*

crencha *s. f.* **1** Raya que divide el cabello en dos partes: *Él siempre se peina con la crencha a la izquierda.* **2** Cada una de las partes en que queda dividido el cabello por la raya: *En la crencha de la derecha tienes varios remolinos.*

crepar *v. intr.* ARG., URUG.; COLOQUIAL; HUMORÍSTICO. Morir ‹una persona›.

crepé *s. m.* **1** (no contable) INDUS. Caucho sintético que se emplea en industria: *una suela de crepé. El crepé se obtiene por el secado del caucho con aire caliente.* **2** (no contable) Tejido con relieves parecido al crespón: *El crepé suele ser de lino o de algodón.* **3** Postizo o relleno para dar más volumen al pelo: *Hoy día ya no se usa el crepé, porque los postizos han evolucionado mucho.*

crepe (del francés) *s. f.* Torta muy delgada de harina, azúcar y leche o agua que se prepara a la plancha y se sirve enrollada y generalmente con un relleno dulce o salado: *Quiero una crepe con fresa y otra con chocolate.*

crepería *s. f.* Establecimiento dedicado a la elaboración y venta de crepes: *Vamos a ir a tomar unas crepes a la crepería que han abierto aquí al lado.*

crepitación *s. f.* Acción y resultado de crepitar: *La crepitación de las palomitas en la sartén asustó a mi abuela, que creía que algo se quemaba. La crepitación de los troncos en la chimenea daba una sensación de bienestar inigualable.*

crepitar *v. intr.* Hacer ‹una cosa› un ruido parecido al que hace la leña al arder: *La leña crepitaba en la cocina, mientras esperábamos a que se consumiera para asar las chuletas.*

crepuscular *adj.* ELEVADO. Del crepúsculo: *luz crepuscular.*

crepúsculo *s. m.* 1 ELEVADO. Claridad que hay momentos antes de salir el Sol y desde que se pone hasta que es de noche: *El crepúsculo de la tarde hacía más romántica nuestra cita. El crepúsculo de la mañana anunciaba un nuevo día.* 2 (no contable) LITERARIO. Decadencia de una persona o cosa: *Estaba en el crepúsculo de su existencia. En el crepúsculo de su vida le dio por pensar en las veces en que debería haber hecho lo que realmente deseaba.*

crescendo (del italiano; pronunciamos *'crechendo'*) *s. m.* 1 MÚS. Término musical con el que se indica en el pentagrama que hay que ir aumentando gradualmente la intensidad de los sonidos: *Creo que no interpretas bien el crescendo que tienes en la partitura.* 2 MÚS. Pasaje de una composición musical en que se ejecuta el aumento gradual de los sonidos: *El crescendo del final me ha sobrecogido.* FR. Y LOC. **in ~** ELEVADO, COLOQUIAL. Con un aumento progresivo: *La tensión fue in crescendo hasta que acabamos todos gritando.*

creso *s. m.* ELEVADO. Hombre muy rico: *Tomás hizo buenos negocios y ahora es todo un creso.*

crespo, pa *adj.* [Cabello] que es rizado y áspero: *Tengo un pelo muy crespo, difícil de peinar.*

crespón *s. m.* 1 Tira negra de tela que se emplea como señal de luto: *En las banderas y en los balcones se colgaron crespones negros y morados como muestra de dolor.* 2 Tela de seda ondulada.

cresta *s. f.* 1 ZOOL. Parte carnosa que tienen sobre la cabeza algunas aves: *El gallo se distingue de la gallina por su mayor cresta, sus barbas y su cola más desarrollada.* 2 ZOOL. Penacho de plumas levantadas que tienen algunas aves en la cabeza: *La cacatúa es un ave trepadora de pico robusto, muy encorvado, plumaje blanco y cresta plumosa.* 3 Peinado que consiste en llevar un mechón de pelos levantados sobre la cabeza a semejanza de las crestas o penachos de las aves: *Isa vino con una cresta de punki que no iba con su estilo.* 4 Cumbre de una montaña formada por peñascos terminados en punta: *Vamos a escalar la cresta de la cordillera.* 5 Parte más alta de una ola, normalmente coronada de espuma: *El surf consiste en deslizarse sobre una tabla en la cresta de la ola.* 6 ECON. Punto más alto alcanzado por la línea de un gráfico: *La cresta que alcanzamos hace dos meses, indica un índice del ochenta por ciento de ventas, pero en la actualidad estamos al sesenta y cinco.* FR. Y LOC. **dar en la ~** COLOQUIAL. Humillar ‹una persona› a otra persona, bajarle los humos: *A ese fanfarrón lo que le hace falta es que alguien le dé en la cresta.* **estar en la ~ de la ola** Estar ‹una persona› en su apogeo: *Ese grupo musical está en la cresta de la ola.*

crestería *s. f.* 1 ARQ. Adorno calado que se coloca en las partes altas de los edificios, típico del estilo gótico y renacentista: *Este templo gótico tiene unas cresterías magníficas que desde aquí no se aprecian bien.* 2 ARQ. Conjunto de las almenas de una fortificación: *La crestería de este castillo está muy castigada y habrá que restaurarla toda.*

creta *s. f.* GEOL. Roca caliza sedimentaria de color blanco: *Los mayores depósitos de creta se originaron durante el periodo cretácico.*

cretáceo, a *adj. / s. m.* GEOL. Cretácico.

cretácico, ca o **cretáceo, a** *adj.* 1 GEOL. Del tercer y último periodo en que está dividida la era mesozoica: *Entre los mamíferos cretácicos destacan los marsupiales.* || *adj. / s. m.* 2 GEOL. [Periodo] que es el tercero y último de la era mesozoica, el primero en el que se producen los movimientos del plegamiento alpino, aparecen las plantas con flores, se forman yacimientos de carbón y desaparecen los dinosaurios: *El cretácico tuvo una duración de unos setenta millones de años.*

cretense *adj. / s. m.* y *f.* De Creta, isla del Mediterráneo: *la leyenda cretense, la historia de los cretenses. La cultura cretense se desarrolló del 4000 al 1200 antes de Cristo.*

cretinismo *s. m.* 1 (no contable) MED. Enfermedad que produce retraso físico y mental por la falta o mal funcionamiento de la glándula tiroides durante la infancia: *El cretinismo es más frecuente en las zonas montañosas, en las que puede revestir carácter endémico.* 2 (no contable) PEYORATIVO. Estupidez, falta de inteligencia: *El cretinismo de este tío puede llegar a límites insospechados.* SIN. imbecilidad.

cretino, na *adj. / s. m.* y *f.* 1 MED. Que padece cretinismo. 2 INSULTO. Que es necio y estúpido: *una mujer muy cretina. Es un cretino que no se da cuenta de nada y siempre acaba metiendo la pata.* 3 ARG., URUG.; INSULTO. [Persona] que actúa con mala intención.

cretona *s. f.* (no contable) Tela de algodón resistente generalmente estampada: *Me he hecho unas cortinas de cretona para la salita.*

creyente *adj. / s. m.* y *f.* Que cree o tiene fe religiosa: *comunidad creyente. En mi familia son todos creyentes. No todos los creyentes cumplen con los ritos de su religión.*

cría *s. f.* 1 Acción y resultado de criar: *La cría de vacas es la principal actividad de algunas regiones del norte. La cría de champiñones exige altos grados de humedad. La cría de sus cachorros es la prioridad de las hembras de los mamíferos.* **ama* de ~.** 2 Animal recién nacido, o que aún está bajo el cuidado de sus padres: *Es una cría de gorrión que se ha caído del nido. La cobaya ha tenido crías.* 3 Conjunto de animales nacidos de una vez: *La cría de la coneja ha sido muy numerosa.*

criadero *s. m.* Lugar donde se crían algunos animales: *criadero de chinchillas. En esta casa parece que tengamos un criadero de hormigas.*

criadilla *s. f.* Testículo de algunos animales de matadero que se consume como alimento: *criadillas de cordero.*

criado, da *s. m. / f.* Persona que realiza las tareas domésticas de una casa a cambio de un sueldo: *el cuarto de la criada, la cofia de la criada. Han contratado a un criado con muy buenas referencias.* SIN. sirviente.

criador, ra *s. m. / f.* 1 Persona que se dedica a la cría de animales: *criador de perros, criador de caballos, criador de canarios. Le he preguntado al criador si ya puedo bañar al cachorro.* 2 Persona que se dedica a la elaboración y crianza de vinos: *En mi familia somos criadores por tradición, y en cada cosecha intentamos mejorar nuestros vinos.* SIN. vinicultor. || *s. m.* 3 (preferentemente con mayúscula) REL. Nombre que suele darse a Dios: *Demos gracias al Criador que nos ha traído sanos y salvos de este viaje.*

criajo *s. m.* COLOQUIAL; PEYORATIVO. Niño, criatura: *Tú no puedes entrar, eres aún un criajo. Este criajo no hace más que provocarme.*

criandera *s. f.* AMÉR. Nodriza, ama de cría.

crianza *s. f.* **1** Acción y resultado de criar: *La coreógrafa ocupada en la crianza de sus hijos olvidó los bailes. Éste es un vino de muy buena crianza.* **2** Educación: *Es de buena crianza saludar con una inclinación de cabeza.*

criar *v. tr. / prnl.* **1** Alimentar ‹las hembras de los mamíferos› con leche [a sus crías]: *Hay que alimentar bien a la gata porque está criando. Cuando la perra criaba a sus cachorros no permitía que nadie se acercara. Este cordero* ***se*** *ha criado con biberón.* **2** Proporcionar ‹una persona› [alimento] a [su hijo]: *Mi abuela criaba a sus hijos* ***con*** *leche de cabra. Yo* ***me*** *crié* ***a base de*** *leche y papillas.* **3** Cuidar y educar ‹una persona› [a su hijo o a otro niño]: *Su padre lo ha criado* ***en*** *una disciplina férrea. Yo* ***me*** *crié* ***en*** *un ambiente permisivo pero respetuoso.* **4** Cuidar ‹una persona› [el vino ya fermentado] para mejorar su calidad: *Este vinicultor cría los mejores vinos de la comarca. Estos vinos* ***se*** *crían con métodos tradicionales.* **5** Producir ‹una cosa› [otra cosa]: *Esta pared ha criado mucho musgo. La barandilla cría óxido debido a la humedad. El agua ha criado muchos bichos por estar tanto tiempo estancada. Esta hierba* ***se*** *cría sólo en la montaña. La carcoma* ***se*** *cría sola.* || *v. intr.* **6** Tener ‹un animal› crías: *Esta yegua ha criado ya tres veces desde que está con nosotros.* || *v. prnl.* **7** Hacerse ‹un hijo o una cría› mayor: *Tu hijo siempre se ha criado más fuerte que el mío. Hoy los niños se crían mejor alimentados.* FR. Y LOC. **bien / mal criado** Que ha recibido buena o mala educación: *Paco es un niño mal criado. Este muchacho está muy mal criado, y hace lo que le apetece.* **~ en estufa** COLOQUIAL. Criar ‹una persona› a otra persona con excesivo cuidado, dándole muchos mimos. **~ malvas*. cuando las ranas* críen pelo.** ⇒ **8.**

criatura *s. f.* **1** Niño o niña pequeños: *Has tenido una criatura preciosa.* SIN. nene, chiquillo. **2** Niño antes de nacer: *Es posible que tenga dos criaturas. El médico le ha dicho que la criatura es una niña.* SIN. feto. **3** REL. Cualquier ser creado, especialmente el hombre: *Todos los animales son criaturas de Dios. El hombre es superior a todas las criaturas.* **4** Ser fantástico producto de la imaginación: *Las extrañas criaturas que aparecían en la película daban terror.*

criba *s. f.* **1** Instrumento formado por una rejilla metálica sujeta a un aro de madera que sirve para separar partes de distinto grosor: *Los campesinos utilizan la criba para separar el grano de la paja. Los mineros lavan y separan los minerales en la criba. Pasaron por la criba la tierra para separar la arena de la grava.* SIN. cedazo. **2** Aparato agrícola para cribar. FR. Y LOC. **hacer una ~** Seleccionar ‹una persona› lo mejor de entre una serie de cosas: *Se hizo una criba de los candidatos. Hicimos una criba entre los aparatos de las mismas características y el que resultó seleccionado fue éste.*

cribar *v. tr.* **1** Separar ‹una persona› las partículas grandes o las impurezas de [una cosa] con una criba: *El peón cribó toda la arena antes de hacer el cemento.* **2** Hacer ‹una persona› una selección entre [varias personas o varias cosas]: *Se han cribado las diferentes solicitudes presentadas y sólo cuatro han pasado.* SIN. seleccionar.

cricket (del inglés; pronunciamos *'críquet'*) *s. m.* Críquet.

crimen *s. m.* **1** Delito grave que consiste en matar, herir o hacer daño a una persona o a una cosa: *Hoy han detenido al presunto asesino, autor del crimen del mes pasado. Han aumentado en los últimos años los crímenes de violación. El atentado de ayer fue un crimen contra la democracia. Los crímenes de guerra son juzgados por un tribunal especial.* **lugar del ~.** **2** Cosa mal hecha o que es perjudicial: *Es un crimen robarles la comida a los niños. Ese cuadro es un crimen contra la estética.* SIN. atentado.

criminal *adj.* **1** Del crimen, o cualquier delito o acción reprobable aunque no esté castigada por las leyes: *conducta criminal. El bombardeo de objetivos civiles es un acto criminal.* **2** [Ley, organismo, acción] que está destinado a perseguir y castigar los crímenes o delitos: *causa criminal, derecho criminal, querella criminal.* **3** INTENSIFICADOR. Que es muy malo en su clase o que puede resultar perjudicial: *Esa curva es criminal, porque como vayas un poco fuerte te sales de la carretera. Este café es criminal, sabe a agua sucia. Hace un calor criminal.* || *adj. / s. m.* y *f.* **4** Que comete o intenta cometer un crimen: *Este hombre es un criminal, porque ha intentado matar a su mujer y a sus hijos. El criminal que buscaban el otro día está ya en prisión.*

criminalidad *s. f.* **1** (no contable) Cualidad o circunstancia que hace que una acción sea criminal: *Queda por determinar la criminalidad de los hechos.* **2** (no contable) Existencia de crímenes: *Combatir la criminalidad es el objetivo fundamental del nuevo jefe de policía.* **3** (no contable) SOCIOL. Número proporcional de crímenes en un territorio y tiempo determinados: *A todos nos preocupa el aumento de la criminalidad.*

criminalista *adj. / s. m.* y *f.* **1** DER. [Abogado] que está especializado en derecho penal: *Es el más prestigioso criminalista de la ciudad.* **abogado ~.** **2** [Persona, estudio] que está especializado en el crimen: *Es el mejor criminalista del departamento de policía. Es un estudio criminalista hecho por el mejor especialista en el tema.*

criminología *s. f.* (no contable) Ciencia que estudia el delito y los delincuentes: *La criminología tiene un gran peso en los métodos actuales de investigación de delitos.*

crin *s. f.* **1** (preferentemente en plural) Conjunto de pelos duros que tienen algunos animales en la parte superior del cuello y la cola: *Ella cabalgaba cogida a las crines del caballo.* **2** Filamento flexible y elástico que se obtiene del esparto: *Me gusta la sensación que me da frotarme con el guante de crin en la espalda.*

crío, a *s. m. / f.* **1** COLOQUIAL. Niño o niña que se está criando: *Julia acaba de tener una cría preciosa. Tengo dos críos gemelos que aún no andan.* **2** COLOQUIAL. Niño antes de nacer: *Laura está embarazada de una cría. Esperamos el crío para mayo.* **3** COLOQUIAL. Niño pequeño: *Tienen dos críos, un niño y una niña. Estos críos son muy cariñosos. He visto a tus crías en el parque.* SIN. nene, chiquillo. FR. Y LOC. **cosas de críos** Cosas sin importancia: *Se han enfadado por cosas de críos.* **estar hecho un ~** COLOQUIAL, HUMORÍSTICO. Conservarse ‹una persona adulta› muy bien físicamente: *Pablo tiene cincuenta años pero, si lo vieras, está hecho un crío.* **ser (un) ~** COLOQUIAL. Tener ‹una persona adulta› poca madurez o actuar irreflexivamente: *No seas crío, siempre estás haciendo el tonto. Eres una cría a pesar de tu edad.*

criollismo *s. m.* **1** (no contable) Carácter criollo de una persona o cosa: *El criollismo de algunos pobladores de la isla se nota aún en su físico y en sus costumbres.* **2** (no contable) Actitud de las personas y característica de las cosas que exaltan lo criollo: *Este grupo defiende el criollismo con sus canciones de la realidad americana.*

criollo, lla *adj.* 1 Que es propio de los países iberoamericanos: *una costumbre criolla, la realidad criolla, la política criolla.* || *adj./s. m.* y *f.* 2 Que desciende de europeos y ha nacido en Iberoamérica: *una mujer criolla, los criollos argentinos.* || *s. m.* 3 ARG. Caballo.

cripta *s. f.* 1 Planta subterránea de una iglesia dedicada al culto: *En la cripta de la catedral se estaba celebrando una misa.* 2 Lugar subterráneo donde se enterraba a los muertos: *Me dio impresión bajar a la cripta y ver todos los féretros.*

críptico, ca *adj.* Que encierra un enigma, o que es difícil de entender: *lenguaje críptico. Pronunciaste un discurso en un estilo críptico que no sé si alguien llegó a entender.*

criptógamo, ma *adj./s. m.* y *f.* 1 BOT. [Planta] que carece de flores. || *s. f.* 2 (en plural) BOT. Grupo de estas plantas.

criptografía *s. f.* (no contable) Arte de escribir en clave: *La criptografía ha sido especialmente utilizada en operaciones militares.*

criptograma *s. m.* Texto escrito en clave: *Estamos descifrando un criptograma.*

criptón o **kriptón** *s. m.* (no contable) *Kr.* Gas noble que se emplea como relleno en tubos de luz fluorescente y en los flashes fotográficos.

críquet o **cricket** (del inglés) *s. m.* 1 DEP. Juego inglés de pelota por equipos, que se practica con mazos de madera en un campo de hierba con dos porterías: *jugar al críquet. El críquet se juega al aire libre.* 2 ARG., URUG. Gato para levantar pesos.

crisálida *s. f.* ZOOL. Etapa del desarrollo de determinados insectos en la que la larva se va convirtiendo en adulto: *En una de las fases de la metamorfosis la mariposa queda encerrada en un ligamento duro y se convierte en una crisálida.*

crisantemo *s. m.* 1 Planta compuesta, de hojas ovaladas, blancas por el envés y flores abundantes de colores variados, que se cultiva en los jardines: *Los crisantemos son de origen chino.* 2 Flor de los crisantemos.

crisis (plural *crisis*) *s. f.* 1 Cambio decisivo y brusco en el desarrollo de un proceso: *El paciente ha entrado en una crisis irreversible. Tu hija ha tenido una crisis de crecimiento, de ahí la fiebre. La crisis religiosa del s.* XVI *da lugar a la Reforma de Lutero. La crisis en las relaciones entre los dos países hace esperar una confrontación bélica inminente.* 2 Situación de un asunto o un proceso cuando se duda de su continuidad, modificación: *La crisis de gobierno acabó con el cese de tres ministros y una remodelación de los ministerios. Las sucesivas crisis de la moneda hacen pensar en una nueva devaluación.* **expediente* de ~.** 3 Dificultad o problema que se plantea en un proceso: *Esa familia está pasando por una profunda crisis a causa de la muerte del hijo mayor.* 4 ECON. Descenso de la actividad económica: *Estamos en una de las peores crisis económicas de los últimos años.* 5 Escasez o carestía de una cosa: *La crisis del petróleo llevó a un aumento de los precios. La crisis de obreros cualificados hace que las empresas tengan que importar técnicos extranjeros.*

crisma *s. m./f.* 1 REL. Mezcla de aceite y bálsamo consagrados, empleada para las unciones en algunas ceremonias de algunos sacramentos católicos. || *s. m.* 2 (puede usarse en plural con el significado de singular) Tarjeta usada para felicitar en Navidad: *Por Navidad suelo mandar crismas a todos mis amigos.* || *s. f.* 3 COLOQUIAL. Cabeza: *Me caí y por poco me rompo la crisma.* FR. Y LOC. **partir/romper la ~** preferentemente AMENAZA. Herir ‹una persona› en la cabeza a otra persona: *¡Tú repíteme eso, si te atreves, que te voy a romper la crisma!*

crismón *s. m.* REL. Entre los cristianos, monograma del nombre de Cristo, formado por letras griegas.

crisol *s. m.* 1 METAL. Recipiente donde se funden los metales utilizado en la industria metalúrgica y química: *crisol de porcelana, crisol de platino, crisol de grafito. Los crisoles deben resistir temperaturas elevadísimas.* 2 METAL. Parte inferior de un horno donde se recoge el material fundido: *Los hornos de crisol pueden ser fijos o basculantes.*

crispación *s. f.* 1 (no contable) Irritación, nerviosismo o enfado: *El jefe estaba muy enfadado y contestó a todo con crispación. Se le notaba cierta crispación cuando miraba a los niños.* 2 (no contable) Contracción repentina y pasajera de algún músculo del cuerpo: *la crispación de su boca, la crispación de la frente, la crispación de los puños. Todo denotaba una crispación terrible, aunque contenida.*

crispamiento *s. m.* (no contable) Crispación: *En un momento de crispamiento, dio un puñetazo en la mesa.*

crispar *v. tr.* 1 Poner ‹una persona› tenso o rígido [un músculo, un nervio o un miembro] repentinamente: *Rafael crispa el cuello cuando se enfada. Se sabía que estaba nerviosa porque crispaba la frente.* 2 Poner ‹una persona o una cosa› nerviosa [a una persona]: *Este muchacho me crispa. Es que rellenar estos impresos crispa a cualquiera.* SIN. exasperar. || *v. prnl.* 3 Ponerse ‹un músculo, un nervio o un miembro de una persona› tenso o rígido repentinamente: *Cuando estoy nervioso el ojo se me crispa.* 4 Ponerse ‹una persona› nerviosa: *No puedo evitar crisparme* ***con*** *estas cosas. Tomás se crispa* ***con*** *cualquier cosa que no haya previsto.* FR. Y LOC. **atacar/~ los nervios*.**

cristal *s. m.* 1 Vidrio incoloro y transparente producto de la fusión de sílice, óxido de plomo y potasa: *vaso de cristal, cristal de Bohemia, cristal de Venecia. He comprado unas figuritas de cristal para llevarlas de recuerdo.* 2 Lámina de vidrio con la que se cubre un hueco, especialmente en ventanas o puertas: *el cristal de un reloj, el cristal de una vitrina. Di un portazo y rompí el cristal de la puerta.* 3 MIN. Mineral de estructura molecular ordenada, limitado por caras planas y formas geométricas definidas: *Los cristales están formados por caras planas que se cortan formando aristas. La sal común y el cuarzo son cristales.* || 4 **~ de roca** MIN. Cuarzo cristalizado incoloro y transparente muy apreciado en joyería y óptica. 5 **~ líquido** ELECTRÓN. Sustancia líquida con estructura cristalina utilizada en la elaboración de pantallas de aparatos electrónicos y digitales: *Este ordenador portátil tiene la pantalla de cristal líquido.*

cristalera *s. f.* 1 Techo, ventana o puerta de cristales: *Limpia las cristaleras, que con la lluvia del otro día se han ensuciado todas.* SIN. vidriera. 2 Armario con cristales: *Tengo el juego de café que me regalaste en la cristalera, sin estrenar.* SIN. vitrina. 3 Fábrica de cristales.

cristalería *s. f.* 1 Establecimiento donde se fabrican o venden objetos de cristal: *Estuve en la cristalería para encargar un cristal para el cuadro.* 2 (no contable) Conjunto de objetos de cristal: *La cristalería que tienen en la joyería del centro está compuesta por piezas únicas en su diseño.* 3 Juego de vasos, copas y jarras de cristal: *Llevaban una cristalería preciosa y muy completa cuando se casaron.*

cristalero, ra *s. m./f.* **1** Persona que tiene por oficio la venta y fabricación de cristales. **2** Persona que coloca cristales: *Mañana vendrá el cristalero a ponernos el cristal.*

cristalino, na *adj.* **1** De cristal o que tiene la transparencia del cristal: *un agua cristalina, una figura cristalina.* || *s. m.* **2** ANAT. Órgano transparente del ojo situado detrás de la pupila: *La falta de uniformidad en la curvatura del cristalino produce astigmatismo.*

cristalización *s. f.* **1** GEOL. Transformación de una sustancia en cristal: *En las salinas se produce la cristalización de la sal.* **2** Concreción de las ideas, sentimientos o deseos de una persona o grupo: *Aquel acuerdo supuso la cristalización de muchas horas de negociaciones. Esta película es la cristalización de muchos esfuerzos durante varios años.*

cristalizar *v. intr./prnl.* **1** GEOL. Tomar ‹una sustancia› forma y estructura de cristal: *Algunos minerales cristalizan en el sistema rómbico.* || *v. intr.* **2** Tomar ‹una cosa› forma definida: *Las conversaciones han cristalizado* ***en*** *un acuerdo.* || *v. tr.* **3** QUÍM. Dar ‹una persona o una cosa› forma cristalina a [una sustancia]: *Los procesos de sublimación, de evaporación de las disoluciones o de solidificación son agentes que cristalizan las sustancias.* ⇒ **19.**

cristalografía *s. f.* (no contable) GEOL. Parte de la mineralogía que estudia los cristales y sus propiedades: *La cristalografía se ocupa de la estructura interna, el crecimiento y las formas externas de los cristales, así como de sus propiedades físicas y químicas.*

cristalográfico, ca *adj.* GEOL. De la cristalografía: *un estudio cristalográfico, el eje cristalográfico de un sistema de cristalización.*

cristiandad *s. f.* **1** (no contable) REL. Conjunto de fieles cristianos: *El papa ha lanzado un mensaje a toda la cristiandad.* **2** (no contable) REL. Conjunto de países de religión cristiana: *En la Edad Media la cristiandad se unía para combatir en las cruzadas.*

cristianismo *s. m.* (no contable) REL. Religión de los seguidores de Cristo y de su doctrina: *El cristianismo considera a Jesucristo como el Mesías que anunciaron los profetas bíblicos.*

cristianización *s. f.* REL. Acción y resultado de cristianizar: *La colonización de América estuvo muy unida a la idea de cristianización.*

cristianizar *v. tr.* **1** REL. Convertir ‹una persona› [a otra persona, a un grupo o a un país] al cristianismo: *Los misioneros tenían como primer objetivo cristianizar a las poblaciones indígenas.* **2** REL. Hacer ‹una persona› que [una cosa] esté de acuerdo con la doctrina o con la moral cristiana: *La Iglesia cristianizó las fiestas paganas para que estuvieran de acuerdo con la religión imperante.* ⇒ **19.**

cristiano, na *adj.* **1** REL. Del cristianismo: *tradición cristiana.* **mundo ~. religión cristiana.** || *s. m./f.* **2** REL. Que es partidario del cristianismo: *un buen cristiano, una persona muy cristiana. Los cristianos se han separado en diferentes Iglesias, como la católica, la protestante, la anglicana o la ortodoxa.* **~ nuevo** HIST. Cristiano que se convierte a la religión cristiana y se bautiza siendo adulto. **~ viejo** HIST. Cristiano que desciende de cristianos, sin mezcla de moro, judío o gentil. **3** COLOQUIAL. Persona o individuo humano: *Esto no hay cristiano que lo soporte. Con el calor que hace, no hay cristiano que salga de su casa antes de las ocho de la noche.* FR. Y LOC. **hablar en ~** COLOQUIAL. Hablar de manera que se entienda o en la lengua que habla la mayoría, generalmente en español: *¿Cómo que no me entiendes? ¿Es que no hablo en cristiano? Dile que si no habla en cristiano no lo van a entender.*

cristo *s. m.* **1** (con mayúscula) REL. En las religiones cristianas, el Hijo de Dios, hecho hombre: *Cristo vino para salvar a los hombres.* SIN. Jesucristo. **2** REL. Crucifijo: *En la cabecera de la cama tengo colocado un cristo de plata.* || **3 Cristo en majestad** ARTE. Representación de Jesús en una cruz con una túnica y, a veces, coronado. FR. Y LOC. **armar(se)* la de Dios (es Cristo). ir / sentar como a un ~ un par de pistolas** o **ir / sentar como a un ~ dos pistolas** COLOQUIAL; INTENSIFICADOR. Se usa para indicar que una cosa no es adecuada para una persona o para otra cosa: *El sombrero le sienta como a un cristo dos pistolas. El marco que le has puesto al cuadro le sienta como a un cristo dos pistolas.* **donde Cristo dio las tres voces** o **donde Cristo perdió el gorro** COLOQUIAL; INTENSIFICADOR. En un lugar muy alejado: *Su casa está donde Cristo dio las tres voces. Nos llevó donde Cristo perdió el gorro, y luego no sabíamos volver.* **hecho un ~** 1 COLOQUIAL; INTENSIFICADOR. Herido o en mal estado: *Se ha rascado los granos y tiene la cara hecha un cristo. Tu hijo venía hecho un cristo después de haberse caído de la bicicleta.* 2 COLOQUIAL; INTENSIFICADOR. Muy sucio: *El niño se cayó en el barro y se puso hecho un cristo.* **ni ~** COLOQUIAL; INTENSIFICADOR. Nadie: *Estuve toda la mañana esperando, y por allí no apareció ni cristo.* **ni ~ que lo fundó** COLOQUIAL; INTENSIFICADOR. Se usa para negar rotundamente: *Eso no lo conoce ni cristo que lo fundó.* **todo ~** COLOQUIAL; INTENSIFICADOR. Todo el mundo, mucha gente: *Todo cristo se ha presentado a la fiesta. Antes nadie quería venir, y ahora se apunta todo cristo.* **¡por los clavos de Cristo!** COLOQUIAL. Se usa para expresar gran admiración por algo: *¡Por los clavos de Cristo! ¿Qué ha pasado en esta casa?* **vicario* de Cristo.**

cristobalita *s. f.* GEOL. Variante del cuarzo de origen volcánico.

criterio *s. m.* **1** Regla o norma que se usa para clasificar o distinguir las cosas: *Siguen el criterio de la experiencia para seleccionar a los candidatos. El criterio de distinción de estos animales es el color de las patas.* **2** (no contable) Capacidad para pensar y juzgar que tiene una persona: *Me gustan sus consejos porque es una mujer de mucho criterio.* SIN. juicio, sensatez. **3** Opinión, idea que una persona tiene sobre otra persona o una cosa: *Según su criterio, yo sería un ladrón. En nuestro criterio, ésta no es una buena forma de hacerlo. La maestra los juzga a todos con criterios muy estrictos.*

critérium *s. m.* **1** DEP. Prueba o conjunto de pruebas con carácter no oficial para clasificar a los participantes, o en la que compiten deportistas de elite: *Se celebró un critérium la semana pasada en el Estadio Olímpico. En el critérium pudimos ver a los mejores corredores del momento en la distancia de los 1.500 metros.* **2** DEP. Carrera de caballos de una misma generación para clasificarlos o establecer el mejor de la misma: *Vamos al hipódromo, que hoy hay un critérium interesante.*

crítica *s. f.* **1** Juicio que se da sobre una obra artística o un hecho político, deportivo o de cualquier otro tipo: *No he leído la crítica de esta película. Las críticas de este libro son excelentes. María se ha especializado en crítica deportiva.* **2** (no contable) Conjunto de personas que se dedican, de manera profesional, a comentar las obras artísticas o hechos públicos: *Toda la crítica europea lo considera el mejor disco del año. Se ha puesto en contra de toda la crítica. Quería tener contenta a la crítica. La crítica taurina lo ha encumbrado como torero.* **3** Censura, comentario negativo general que hace una persona sobre una persona o sobre una cosa: *Mario se casó con una chica mucho más joven y le han llovido muchas críticas.*

criticable *adj.* Que se puede criticar: *comportamiento criticable. Algunos puntos del informe son criticables.*

criticar *v. tr. / prnl.* Hacer ‹una persona› un juicio desfavorable acerca de [otra persona] o acerca de [una cosa]: *Todo el mundo ha criticado su comportamiento. El portavoz del gobierno ha criticado al líder de la oposición por su actitud ante el problema.* ***Se*** *critica constantemente a sí mismo. Criticaste mucho el montaje de la obra de teatro.* ⇒ **71.**

crítico, ca *adj.* **1** De la crítica: *Sus observaciones críticas son oportunas. Es bueno mantener una actitud crítica ante la vida. El juicio crítico corre a cargo de nuestro compañero.* **2** Que critica o que encierra una crítica: *Estás muy crítico esta temporada* ***con*** *la familia. Es un trabajo muy crítico* ***con*** *la organización oficial.* **3** (antepuesto / pospuesto) De la crisis, cambio o dificultad: *El enfermo está en estado crítico. Está en una edad crítica, hay que tener paciencia. La crítica situación de los refugiados es realmente lamentable.* **edad* crítica. punto* ~. 4** (antepuesto / pospuesto) [Momento] que puede tener consecuencias muy importantes, o que puede decidir el éxito o fracaso de una cosa o de una persona: *Las conversaciones se encuentran en un punto crítico. Mañana puede ser un día crítico. Las críticas declaraciones del fiscal han creado malestar entre los jueces. Apareció en el momento crítico, cuando más la necesitaba.* ‖ *s. m. / f.* **5** Persona que se dedica profesionalmente a la crítica: *crítico deportivo, crítico literario.* ‖ **6 aparato* ~.**

criticón, na *adj. / s. m.* y *f.* COLOQUIAL; PEYORATIVO. Que critica mucho: *Es una persona muy criticona. Es un criticón, que no sabe ver las faltas propias y critica las de los demás.*

croar *v. intr.* Emitir ‹la rana› su voz: *Las ranas croaban sobre todo por la noche.*

croata *adj. / s. m.* y *f.* **1** De Croacia, país europeo: *una mujer croata, el conflicto croata. Los croatas recibieron a la comisión.* ‖ *s. m.* **2** Variedad de la lengua eslava servio-croata hablada en Croacia.

crocante *s. m.* Crocanti.

crocanti o **crocante** *s. m.* **1** Helado de vainilla y chocolate con una capa de almendras tostadas y picadas: *He pedido un crocanti porque me encantan las almendras y el chocolate.* **2** Guirlache.

croché o **crochet** *s. m.* **1** Labor de ganchillo: *un tapete de croché.* **2** DEP. Golpe que se da, en boxeo, con el brazo doblado en forma de gancho: *El boxeador puertorriqueño soltó un croché que hizo tambalear a su contrincante.*

croissant (plural *croissants*; del francés; pronunciamos *'cruasán'*) *s. m.* Cruasán.

croissantería (del francés; pronunciamos *'cruasantería'*) *s. f.* Establecimiento donde se hacen o venden cruasanes: *Han puesto una croissantería aquí abajo que hace unos cruasanes estupendos.*

crol *s. m.* (no contable) DEP. Forma de nadar que consiste en el movimiento alternativo y circular de los brazos y en el impulso de las piernas que se mueven de arriba abajo también alternativamente: *nadar a crol. Es el campeón de crol de los 100 metros.*

crolo, la *adj.* PERÚ; JERGAL. Que es negro.

cromado, da *adj. / s. m.* (ser / estar) Que está recubierto de cromo: *El parachoques es cromado. La barra está cromada. Es una estructura cromada. Los cromados del coche hay que limpiarlos con un producto abrillantador.*

cromar *v. tr.* Aplicar ‹una persona› un baño de cromo a [un objeto metálico] para que adquiera mayor belleza y resistencia a la oxidación: *He pedido que cromaran la barra de la cortina para que no se estropee con el tiempo.*

cromático, ca *adj.* **1** De los colores: *Esta pintura tiene una gran riqueza cromática.* **2** MÚS. [Género] que junto al diatónico y al enarmónico forman el sistema musical, y que procede por intervalos de semitonos: *escala cromática.* **3** ÓPT. [Cristal, instrumento óptico] que presenta los objetos contorneados por las tonalidades y colores del arco iris: *pantalla cromática, cristal cromático.*

cromatismo *s. m.* MÚS., ÓPT. Cualidad de cromático: *Me gusta mucho el cromatismo de la paleta de este pintor.*

crómico, ca *adj.* Que contiene cromo entre sus componentes fundamentales. **ácido* ~.**

crómlech *s. m.* Crónlech.

cromo *s. m.* **1** *Cr.* Elemento químico metálico de color blanco usado para recubrir superficies metálicas y en aleaciones con otros elementos como el níquel: *Los principales yacimientos de cromo se encuentran en Rusia y en la República Sudafricana.* **2** Estampa con una figura grabada: *Tengo un libro de oraciones con cromos de santos.* **3** Estampa pequeña con dibujos o fotografías que los niños suelen coleccionar: *Tengo tres cromos repetidos. Me falta un cromo para acabar el álbum. Te cambio este cromo por ése.* **4** Dibujo o pintura de colores chillones y de escasa calidad: *En la pared colgaban varios cromos descoloridos.* FR. Y LOC. **hecho un ~** 1 IRONÍA. Vestido y arreglado con exageración: *Carlos vino hecho un cromo, toda la gente lo miraba.* 2 Con muchas heridas o muy sucio: *Ángel se peleó en clase y vino hecho un cromo. Se ha caído en el barro y viene hecho un cromo.*

cromolitografía *s. f.* **1** (no contable) Procedimiento de hacer litografías en varios colores, obtenidos por impresiones sucesivas. **2** Litografía en varios colores: *En la exposición del otro día había varias cromolitografías.*

cromosfera *s. f.* ASTRON. Capa de la envoltura gaseosa del Sol, situada encima de la fotosfera: *La cromosfera está compuesta por gases a baja presión.*

cromosoma *s. m.* BIOL. Cada una de las partes del núcleo de la célula que contiene los genes: *Cada especie posee en sus células un número determinado de cromosomas que es fijo para todos sus individuos.*

cromosómico, ca *adj.* BIOL. Del cromosoma: *Las características cromosómicas definen a los individuos.* **dotación* cromosómica.**

cromotipografía *s. f.* **1** (no contable) ART. GRÁF. Procedimiento de imprimir en colores. **2** ART. GRÁF. Impresión obtenida por este procedimiento.

crónica *s. f.* 1 PERIOD. Información periodística, radiofónica o televisiva sobre temas de actualidad: *El corresponsal envió una crónica telefónica desde el frente. He oído una crónica radiofónica en la que el cronista hacía comentarios espeluznantes.* 2 LIT. Narración cronológica: *Las crónicas medievales son una fuente de documentación histórica.*

crónico, ca *adj.* 1 [Enfermedad] que es larga o se convierte en habitual: *Padezco un estreñimiento crónico. No quiero ser agorero, pero, si sigues fumando tanto, puedes llegar a padecer bronquitis crónica.* 2 (antepuesto / pospuesto) Que ocurre o se repite desde hace tiempo y no es nuevo: *Pedro siente una debilidad crónica por las morenas. Algunos males de esta sociedad son crónicos. Su afición al juego es crónica. Su crónica antipatía por el campo nos obligó a pasar todas las vacaciones en la ciudad.*

cronicón *s. m.* LIT. Breve narración histórica cronológica: *Entré en una vieja librería y compré la edición de estos cronicones medievales.*

cronista *s. m. / f.* 1 PERIOD. Persona que escribe una crónica en un medio de comunicación: *cronista de radio, cronista de televisión, cronista de un periódico, cronista deportivo, cronista económico.* 2 LIT. Escritor de una crónica histórica: *los cronistas de Alfonso X el Sabio. Ramón Muntaner fue cronista de los reyes de la corona catalano-aragonesa.*

cronístico, ca *adj.* De la crónica o del cronista: *El estilo cronístico de la novela la hace ágil y muy fácil de leer. Es un relato cronístico muy atractivo.*

crónlech o **crómlech** *s. m.* Monumento megalítico formado por un círculo o elipse de menhires.

crono *s. m.* 1 DEP. Tiempo medido con cronómetro en una prueba de velocidad: *El corredor ha mejorado su crono en tres centésimas. El ganador ha hecho un crono de ocho segundos, quince centésimas.* 2 Cronómetro: *Tienes que parar el crono cada vez que haya una interrupción del juego.*

cronoescalada *s. f.* DEP. Prueba ciclista de contrarreloj en el ascenso a una montaña: *El ganador de la cronoescalada se ha puesto líder en la clasificación general.*

cronología *s. f.* 1 Ordenación de sucesos según sus fechas: *Estableció la cronología de los hechos tal como ella los recordaba. Al final del libro hay una cronología de los autores y obras más importantes.* 2 (no contable) Ciencia que estudia el orden y las fechas de los sucesos históricos: *La cronología se puede aplicar a cualquier rama de la historia.*

cronológicamente *adv. modo* 1 Por orden cronológico. OBSERVACIONES: Suele colocarse con verbos como *clasificar* y *ordenar*, sobre todo con sus participios: *He aquí los principales acontecimientos cronológicamente ordenados.* 2 Ordenando la cita por orden cronológico: *Los hechos son, cronológicamente, los siguientes: la invasión musulmana, la expulsión de los judíos y el Concilio de Trento.* 3 Desde el punto de vista cronológico, visto desde una consideración cronológica: *Cronológicamente, tiene mucho interés.* 4 Desde el punto de vista cronológico, en el aspecto cronológico, en cuanto a la fecha: *Dos acontecimientos similares, pero cronológicamente muy distanciados.*

cronológico, ca *adj.* De la cronología: *criterio cronológico. El orden cronológico de los acontecimientos es confuso.*

cronometrador, ra *s. m. / f.* DEP. Persona que tiene por cometido cronometrar la duración de una prueba: *El cronometrador paró el crono antes de que el corredor llegara a la meta. Ana se ha sacado la licencia de cronometradora de baloncesto.*

cronometraje *s. m.* Medición del tiempo con un cronómetro: *El cronometraje oficial da dos décimas menos al corredor costarricense.*

cronometrar *v. tr. / prnl.* Medir ‹una persona› el tiempo de [una actividad] con un cronómetro: *Estuve cronometrándo***me** *lo que tardaba en subir y bajar las escaleras.*

cronómetro *s. m.* Reloj de precisión que mide espacios de tiempo muy pequeños con gran exactitud: *cronómetro digital. Marca diez segundos tres décimas en el cronómetro.*

croquet (plural *croquets*) *s. m.* (no contable) Juego que consiste en hacer pasar, con un mazo, una bola por una serie de arcos, siguiendo un recorrido: *jugar al croquet, partida de croquet.*

croqueta *s. f.* COCINA. Pasta de harina, leche y picadillo de carne o de otros alimentos que se fríe rebozada en forma de pequeños cilindros o bolas: *croquetas de atún, croquetas de pollo. He comido unas croquetas de bacalao que estaban buenísimas.*

croquis (plural *croquis*) *s. m.* Dibujo rápido o esquemático: *Le hizo un croquis del camino que debería seguir para llegar a su casa. El croquis que me diste estaba muy confuso y me he perdido.*

cross (plural *cross*; del inglés; pronunciamos *'cros'*) *s. m.* DEP. Carrera de resistencia en un circuito a través del campo: *campeón de cross. He participado en un cross popular y he llegado agotado a la meta.*

crótalo *s. m.* 1 (macho y hembra) Género *Crótalos.* Serpiente americana de la familia de las víboras, muy venenosa y con unos anillos duros al final de la cola que hace vibrar al moverse. SIN. serpiente de cascabel. 2 (preferentemente en plural) MÚS. Instrumento musical de la antigua Grecia parecido a las castañuelas. 3 (preferentemente en plural) MÚS. Castañuela.

crotorar *v. intr.* ZOOL. Hacer ‹la cigüeña› un ruido peculiar con el pico: *Las cigüeñas crotoraban en sus nidos.*

croutón (pronunciamos *'crutón'*) *s. m.* ARG., URUG. Pedazo pequeño de pan tostado para sopas o salsas.

cruasán o **croissant** *s. m.* Bollo de hojaldre en forma de media luna: *café con leche y cruasán. He comprado dos cruasanes para el desayuno.*

cruce *s. m.* 1 Lugar o punto en donde se cruzan dos o más calles, carreteras, caminos: *En el cruce de la carretera nacional con la comarcal ha habido un accidente. La gasolinera está en el tercer cruce siguiendo por esta calle.* 2 Paso señalado para peatones en una calle: *Aunque pases por el cruce, mira a ambos lados, por si viene un coche. Están pintando las rayas del cruce.* 3 Interferencia en una conversación telefónica o en una emisión de radio: *Cuando hablaba contigo no sé qué ha pasado que había un cruce, y se oía otra conversación.* 4 Mezcla de dos especies de plantas o de animales para obtener una nueva variedad: *El cruce de tu gato y mi gata seguro que nos da unos gatitos preciosos, con el pelo del tuyo y los colores de la mía. Del cruce de una yegua y un asno nace el mulo. El cruce de algunos árboles frutales da lugar a nuevas frutas, más carnosas y de mejor calidad y sabor.* SIN. cruzamiento. 5 Animal o planta nacido de la mezcla de dos especies: *Este gato es un cruce de persa y europeo.* FR. Y LOC. **luz* de ~** o **luz corta.**

cruceiro *s. m.* Unidad monetaria de Brasil: *Quiero cambiar pesetas por cruceiros antes de llegar a Brasil.* SIN. cruzado.

crucería *s. f.* ARQ. Sistema de construcción, típica del gótico, que consiste en cruzar los arcos diagonalmente en la bóveda. **bóveda de ~.**

crucero *s. m.* **1** Viaje de recreo en barco con escalas turísticas en distintos puertos: *hacer un crucero por el Caribe. En el crucero por el Mediterráneo atracamos en Tarragona, Barcelona, Valencia, y desde allí nos dirigimos a las islas Baleares.* **2** ARQ. Espacio donde su cruzan las naves mayor y transversal de una iglesia: *En el crucero de la catedral se encuentra el altar mayor.* **3** MAR. Buque de guerra, veloz y provisto de importante armamento, con fines de vigilancia: *El crucero tiene un gran radio de acción debido a su velocidad.* **4** Cruz de piedra en un atrio o en un cruce de caminos: *Al llegar al crucero tuvimos que decidir por qué camino seguíamos.* FR. Y LOC. **velocidad* de ~.**

cruceta *s. f.* **1** Cruz que se forma al cortarse dos series de líneas paralelas, especialmente en labores de punto o enrejados: *Te ha quedado muy bien este suéter de punto de cruceta que has hecho.* **2** MEC. Pieza de una máquina que sirve de articulación entre el vástago del émbolo y la biela: *La cruceta del coche se ha fundido por la falta de aceite.* **3** Lugar donde se unen dos maderos perpendiculares: *El balón se estrelló en la cruceta del poste.* **4** COL. Llave de cruz para las ruedas de los automóviles.

crucial *adj.* (antepuesto / pospuesto) [Momento] que es difícil o crítico y que puede decidir el éxito o el fracaso de una cosa o de una persona: *El dinero llegó en un momento crucial. Ése fue un instante crucial en mi vida. Era una situación crucial en la que debía tomar una determinación que afectaría a toda mi vida. La crucial partida fue ganada por el ajedrecista cubano.*

crucífero, ra *adj. / s. f.* **1** BOT. [Planta] cuyas flores, agrupadas en racimos, tienen cuatro pétalos en forma de cruz: *El alhelí, la col y el nabo son plantas crucíferas.* ‖ *s. f.* **2** (en plural) BOT. Familia de estas plantas.

crucificar *v. tr.* **1** Clavar ‹una persona› [a otra persona] en la cruz para torturarla y matarla: *Algunos pueblos crucificaban públicamente a los malhechores.* **2** COLOQUIAL; INTENSIFICADOR. Causar ‹una persona, un animal o una cosa› un sufrimiento físico o moral a [una persona]: *Esta mujer me crucifica porque cada vez que la veo me cuenta su vida. Me gusta el ciclismo, pero subir las cuestas me crucifica.* ⇒ **71.**

crucifijo *s. m.* Imagen de Jesucristo clavado en la cruz: *En la cabecera de la cama Adela ha puesto un crucifijo. Llevas una cadena con un crucifijo.* SIN. cristo.

crucifixión *s. f.* **1** ELEVADO. Acción y resultado de crucificar: *El castigo de la crucifixión no se podía aplicar a ciudadanos romanos.* **2** REL. Entre los cristianos, la crucifixión de Cristo: *La crucifixión redimió al mundo.* **3** ARTE. Cuadro o imagen que representa la crucifixión de Cristo: *En las procesiones nunca falta el paso de la crucifixión.*

cruciforme *adj.* RESTRINGIDO. Que tiene forma de cruz: *una iglesia cruciforme, un adorno cruciforme.*

crucigrama *s. m.* Pasatiempo que consiste en rellenar unas casillas con las letras de unas palabras a partir de su definición: *hacer crucigramas, resolver un crucigrama. Pareces muy aficionado a los crucigramas.*

cruda *s. f.* GUAT., MÉX.; COLOQUIAL Borrachera y resaca.

crudelísimo, ma *adj.* (superlativo irregular) Muy cruel.

crudeza *s. f.* **1** (no contable) Cualidad del clima extremoso y desagradable: *La crudeza del invierno hizo intransitables los caminos. El anciano no pudo aguantar la crudeza del mes de febrero y murió.* SIN. rigor. **2** (no contable) Cualidad de los hechos y situaciones violentos y desagradables, así como la representación de ellos hecha con realismo exagerado: *La televisión no ocultó la crudeza de los hechos. La crudeza de algunos capítulos impidió la publicación de la novela. Me fui del cine porque no podía aguantar la crudeza de algunas escenas.*

crudillo *s. m.* (no contable) Tela fuerte y áspera utilizada especialmente para forros: *Le he puesto un forro de crudillo a la gabardina, a ver si así te abriga más.*

crudo, da *adj.* **1** (estar) [Alimento] que no está cocinado o lo está insuficientemente: *un filete crudo. La carne cruda tiene más proteínas. Tuve que pedir al camarero que me hiciera un poco más el solomillo porque estaba crudo. En muchos lugares prefieren el pescado crudo.* **2** [Color] que es parecido al de la arena: *Se ha comprado un traje de color crudo muy fino.* **3** [Producto] que es natural y sin elaborar: *Venden unas chaquetas de seda cruda preciosas. Sólo usamos algodón crudo o lana cruda.* **4** (antepuesto / pospuesto) [Época, estación] que es muy fría: *Este invierno ha sido muy crudo. El crudo invierno castellano nos sorprendió por su dureza.* **5** (antepuesto / pospuesto) Que describe la realidad sin suavizar los detalles más desagradables o negativos: *la cruda realidad, unas imágenes de la guerra muy crudas.* **6** ARG.; COLOQUIAL. [Persona] que tiene poca experiencia o conocimientos en una profesión. ‖ *s. m.* **7** Petróleo sin refinar: *El barril de crudo ha subido casi un dólar esta semana.* FR. Y LOC. **tenerlo / estar ~** COLOQUIAL. Ser ‹una cosa› difícil de conseguir: *Está cruda la situación, así que pórtate bien en casa. El ascenso en la oficina lo tengo crudo. Si piensa Rosa que la voy a ir a buscar, lo tiene crudo. Está crudo aprobar aquí en septiembre.*

cruel *adj.* **1** (ser / estar; antepuesto / pospuesto) [Persona, animal] que produce sufrimientos a otros seres o contempla los sufrimientos ajenos sin conmoverse: *El hombre es muy cruel* ***con*** *los animales. El tigre fue muy cruel* ***con*** *su presa. Estuviste cruel cuando sacaste el tema de su anterior novia. La cruel actitud del público hizo que continuara la pelea hasta que uno de los dos cayera en la lona.* **2** (antepuesto / pospuesto) Que produce un dolor, pena o sufrimiento que es muy intenso y no se puede soportar: *un cruel comportamiento, una burla cruel. Nunca he visto escenas más crueles que las de la población africana muriéndose de hambre y sed.*

crueldad *s. f.* **1** (no contable) Carácter cruel de una persona o acción: *Se rebelaron contra la crueldad del tirano. La crueldad del enemigo obligó a matar a todos los habitantes de aquel pueblo.* **2** Acción cruel: *Es una crueldad abandonar a ese perrito. El hombre es capaz de las crueldades más terribles. Dejar al niño sin vacaciones porque ha suspendido una asignatura me parece una crueldad.*

cruento, ta *adj.* Que se produce con derramamiento de sangre: *un enfrentamiento cruento.* SIN. sangriento.

crujía *s. f.* **1** ARQ. Espacio que hay entre dos muros de carga. **2** ARQ. Corredor cerrado de verjas entre el coro y el presbiterio en algunas catedrales. **3** MAR. Espacio de proa a popa en medio de la cubierta del buque.

crujido *s. m.* Acción y resultado de crujir: *el crujido de la madera. El crujido de las contraventanas con el viento daba miedo. La puerta dio un crujido seco al ser golpeada.*

crujiente *adj.* (ser / estar) Que cruje: *madera crujiente, suelo crujiente. Este pan está crujiente, ¡qué rico!*

crujir *v. intr.* Hacer ‹una cosa› un ruido al partirse, doblarse o rozar con otra: *El motor crujió y preferí parar en el arcén de la carretera. Como el suelo crujía porque estaba recién encerado y yo llevaba zapatos de suela, no pude evitar despertarlos.*

crupier *s. m.* JUEGOS. Persona que dirige las partidas, recoge y paga las apuestas en los casinos o casas de juego: *El crupier barajó las cartas con gran habilidad.*

crustáceo *adj. / s. m.* **1** (macho y hembra) ZOOL. [Animal] artrópodo, que tiene dos pares de antenas en la cabeza y generalmente un par de apéndices o patas en cada uno de los segmentos del cuerpo, como el cangrejo o la gamba: *La mayoría de los crustáceos son de vida acuática y respiran por branquias.* || *s. m.* **2** (en plural) ZOOL. Clase que forman los animales crustáceos.

cruz *s. f.* **1** Figura formada por dos líneas que se cruzan perpendicularmente: *En el test tuvo que señalar con una cruz la respuesta correcta.* **~ griega** Cruz con los cuatro brazos iguales. **~ latina** Cruz cuyo palo horizontal es más pequeño y corta al vertical cerca de su extremo superior. **2** Antiguo utensilio de tormento formado por dos maderos cruzados perpendicularmente en los que se clavaban o sujetaban las manos y los pies de los condenados: *Los romanos tenían costumbre de clavar en la cruz a los que cometían algún delito.* **3** REL. Insignia del cristianismo, con la forma de este instrumento de tortura, como recuerdo de la muerte de Jesucristo: *Los fieles se acercaron a besar la cruz. El altar está presidido por una gran cruz de madera suspendida en el aire.* **4** INTENSIFICADOR. Sufrimiento o penalidad que no cesa: *Esa enfermedad es una cruz para ella. Se me hace una cruz tener que venir cada día a trabajar a las cinco de la mañana.* **5** MIL. Distintivo de órdenes o agrupaciones militares, religiosas o civiles. **~ de Calatrava** Cruz de brazos iguales, terminados en flores de lis. **~ de Santiago** Cruz en forma de espada. **~ gamada** Cruz con cuatro brazos iguales y en el extremo de cada brazo un tramo en ángulo recto con él: *La cruz gamada se llama también esvástica y fue adaptada como símbolo nazi.* **6** Reverso de las monedas: *Las monedas tienen dos lados: la cara y la cruz. Si sale cara gano yo, si sale cruz ganas tú.* **7** Parte más alta del lomo de algunos animales cuadrúpedos donde se cruzan los huesos de las extremidades anteriores con el espinazo: *Este caballo es muy alto de cruz.* **8** Parte de un árbol donde termina el tronco y empiezan las ramas: *Me subí al peral, puse el pie en la cruz y desde allí pude alcanzar las peras ya maduras.* FR. Y LOC. **balanza* de ~. ~ y raya** COLOQUIAL. Se usa para expresar la decisión de no volver a tratar jamás con una persona o de no volver a preocuparse de un asunto: *Cruz y raya: no quiero volver a saber más de ti. Para mí este tema ya está zanjado, por tanto, cruz y raya.* **echar* a cara o ~. en ~** Con los brazos extendidos horizontalmente: *Se puso en cruz como señal de su desesperación.* **hacerse cruces** Mostrar ‹una persona› extrañeza o admiración: *No daba crédito a lo que oía, no paraba de hacerme cruces.* **punto* de ~. señal* de la ~.**

cruzada *s. f.* **1** ELEVADO. Lucha o serie de esfuerzos hechos con un fin elevado: *cruzada contra la corrupción, cruzada contra la discriminación sexual, cruzada contra la inmoralidad pública.* SIN. campaña. **2** REL., HIST. Cada expedición militar organizada por los cristianos entre los siglos XI y XIV para recuperar los territorios de Tierra Santa del poder de los musulmanes: *Los soldados de las cruzadas se llamaban cruzados porque llevaban una cruz muy grande en su uniforme. No sólo factores religiosos, sino también económicos y sociales influyeron en el éxito de las cruzadas.*

cruzado, da *adj.* **1** [Prenda] que se usa con un delantero sobre otro: *una bata cruzada, una chaqueta cruzada, un abrigo cruzado.* **2** ARG., URUG.; COLOQUIAL. Que está enfadado. || *adj. / s. m.* **3** HIST. [Soldado] que había participado en una cruzada: *Los cruzados realizaban largas expediciones a Tierra Santa.* **4** [Animal] que nace del cruce de distintas castas: *Es un perro cruzado entre pastor alemán y mastín.* || *s. m.* **5** Cruceiro, unidad monetaria del Brasil.

cruzamiento *s. m.* **1** (no contable) Acción y resultado de cruzar: *Parecía sospechoso tanto cruzamiento de brazos. Un cruzamiento de cables produjo el cortocircuito.* SIN. cruce. **2** Fecundación entre animales o plantas de distintas razas o tipos: *Los cruzamientos entre distintas razas de animales ayuda a mejorar las especies.* SIN. cruce.

cruzar *v. tr.* **1** Poner ‹una persona› [una cosa] sobre otra cosa en forma de cruz: *Ella cruzó los dedos en señal de suerte. Crucé dos rayas de esquina a esquina de la hoja, para señalar que aquello no valía. Un conductor cruzó el coche en la carretera de manera que no podía pasar nadie. Alguien cruzó un palo en la vía.* **2** Estar ‹una cosa› puesta oblicuamente sobre [otra cosa] formando una cruz con ella: *El camino por el que vas cruza la carretera.* **3** Ir ‹una persona, un animal o una cosa› de un lado a otro de [una cosa]: *Cruzó la ciudad de una punta a otra. Esta línea de ferrocarril cruza el país.* **4** Juntar ‹una persona› [un macho y una hembra de la misma especie pero de distinta raza] para que procreen: *Los criadores cruzan diferentes razas para conseguir nuevas variedades más perfectas.* **5** Juntar ‹una persona› [plantas de distintas variedades] para obtener una variedad nueva: *Los botánicos cruzan diferentes tipos de plantas para hacer experimentos genéticos.* || *v. tr. / prnl.* **6** Dar, hacer o decir ‹una persona› [una cosa] y recibir la misma de [otra persona]: *Hace tiempo que no he cruzado una palabra con ella. Hemos cruzado correspondencia.* ***Se*** *cruzaron una sonrisa.* **7** MAR. Ir ‹una embarcación› en todas las direcciones en [una extensión del mar] para proteger el comercio o para vigilar: *La nave* ***se*** *cruza toda la costa.* || *v. prnl.* **8** Ponerse ‹una cosa› en el camino de [otra cosa]: *El carro se cruzó* ***en*** *la vía. El autobús se había cruzado* ***en*** *la autopista, con el consiguiente peligro para los demás conductores.* **9** Encontrarse ‹una persona› con [otra persona que va por el mismo camino en distinta dirección]: *Me crucé* ***con*** *tu novia por la calle. Nos cruzamos* ***con*** *los excursionistas cuando subían a la montaña.* **10** Encontrarse ‹dos cosas que llevan distinta dirección› en [un punto]: *Las dos carreteras se cruzan* ***en*** *la plaza. El río y su afluente se cruzan* ***en*** *el pueblo siguiente.* FR. Y LOC. **~ la cara*. ~ las piernas*. ~ un cheque*. cruzarse de brazos*** o **estar de brazos cruzados. cruzarse en el camino** Conocer una persona a otra que influirá luego en su vida: *Desde que se cruzó en mi camino esa chica, mi vida cambió totalmente.* **cruzársele los cables*. pasar / ~ el charco*. ⇒ 19.**

CSIC (pronunciamos *'cesic'*) *s. m.* Sigla de «Consejo Superior de Investigaciones Científicas», España.

cta. *abr.* «Cuenta bancaria».

CTNE *s. m.* Sigla de «Compañía Telefónica Nacional de España».

ctra. *abr.* «Carretera».

cu *s. f.* Nombre de la letra «q».

cuaco *s. m.* MÉX.; COLOQUIAL. Caballo.

cuaderna *s. f.* **1** MAR. Pieza del esqueleto de un barco que arranca de la quilla a derecha e izquierda en dos ramas simétricas: *La embarcación estaba muy estropeada, y hubo que empezar por reforzar las cuadernas.* **2** MAR. Conjunto de las piezas del esqueleto de un barco: *La cuaderna de la antigua carabela estaba carcomida.* || **3 ~ vía** RET. Estrofa de cuatro versos de catorce sílabas con una sola rima consonante: *La cuaderna vía es la estrofa característica del mester de clerecía.*

cuadernillo *s. m.* **1** (diminutivo de *cuaderno*) Cuaderno pequeño: *He comprado un cuadernillo para llevarlo siempre encima y apuntar las cosas que se me ocurren.* **2** ART. GRÁF. Grupo de cinco pliegos de papel.

cuaderno *s. m.* Grupo de hojas de papel unidas en forma de libro: *cuaderno de notas, cuaderno de música, cuaderno de 100 hojas, cuaderno de espiral, cuaderno cuadriculado, cuaderno liso, cuaderno escolar. He perdido el cuaderno de matemáticas.* **~ de bitácora** MAR. Cuaderno para escribir las incidencias de la navegación: *El cuaderno de bitácora era responsabilidad del capitán.*

cuadra *s. f.* **1** Lugar cubierto donde se guardan caballos y otros animales de carga: *Éstas eran las cuadras del castillo. Hemos visitado con los niños las cuadras del ayuntamiento.* SIN. caballeriza. **2** Conjunto de caballos de un mismo propietario: *Compré caballos para mi cuadra. Eres propietario de una de las cuadras más prestigiosas.* **3** PEYORATIVO. Lugar cubierto, muy sucio: *Este cuarto es una cuadra: deberías arregrarlo.* **4** AMÉR. Manzana de casas: *Vive a dos cuadras de aquí.* **5** AMÉR. Lado de dicha manzana.

cuadrada *s. f.* MÚS. Antigua figura o nota musical de la notación del canto llano, que vale dos redondas en la notación proporcional.

cuadrado, da *adj.* **1** Que tiene cuatro lados iguales y sus cuatro ángulos rectos: *una mesa cuadrada. Compré un terreno cuadrado para edificar una casa. Te digo que la habitación no es alargada, sino cuadrada.* **2** (estar) COLOQUIAL. Que tiene los músculos muy desarrollados: *Tu hermana está cuadrada porque hace mucho deporte. Era un tío muy cuadrado y no me atreví a decirle nada.* **3** METROL. [Unidad de superficie] que equivale a un cuadrado con lados de la misma longitud que la unidad expresada: *un kilómetro cuadrado. Este piso no llega a los cien metros cuadrados.* **metro* ~.** || *s. m.* **4** GEOM. Figura geométrica que tiene sus cuatro lados iguales y sus cuatro ángulos rectos: *Dibuja un cuadrado. Hoy he aprendido qué es un cuadrado. La superficie del cuadrado se obtiene multiplicando el lado por sí mismo.* **5** MAT. Resultado de multiplicar una cantidad por sí misma: *elevar un número al cuadrado. Siete al cuadrado es cuarenta y nueve. El cuadrado de tres es nueve.* || **6 cabeza* cuadrada. 7 raíz* cuadrada. 8 vela* cuadrada.**

cuadrafonía *s. f.* TECNOL. Sistema de reproducción de sonido a través de cuatro canales, cuatro altavoces y cuatro micrófonos.

cuadragésimo, ma *adj. num. ord. / s. m.* **1** Que ocupa la posición número cuarenta: *el capítulo cuadragésimo.* OBSERVACIONES: Es más frecuente que se indique con la expresión *'la posición número cuarenta'*. || *adj. num. part.* **2** Cada una de las cuarenta partes iguales en que se divide un todo: *la cuadragésima parte.* SIN. cuarentavo.

cuadrangular *adj.* Que tiene cuatro ángulos: *una mesa cuadrangular, un tablero cuadrangular. He cortado las maderas de forma cuadrangular.*

cuadrante *s. m.* **1** GEOM. Cuarta parte de un círculo o de una circunferencia limitada por dos radios perpendiculares, o de una superficie sobre la que se trace una circunferencia imaginaria: *Dibuja un círculo y pinta un cuadrante de cada color. Los incendios están azotando el cuadrante sureste de la Península.* **2** ASTRON. Instrumento para medir ángulos: *Los cuadrantes los utilizaban los astrónomos antiguos y también los navegantes.*

cuadrar *v. intr.* **1** Estar ‹una cosa› de acuerdo con [otra cosa]: *Lo que tú dices no cuadra* **con** *lo que yo digo. A esta habitación no le cuadran esas cortinas.* **2** Ser ‹una cosa› adecuada o cómoda para [una persona]: *Este trabajo no te cuadra. Yo no sé si realmente ha dicho eso, pero lo cierto es que no le cuadra. Esa camisa no me cuadra nada.* || *v. tr. / intr.* **3** Hacer ‹una persona› que coincidan los totales del debe y el haber de [una cuenta]: *No consigo cuadrar los presupuestos. Las cuentas no cuadran.* || *v. tr. / intr. / prnl.* **4** TAUROM. Poner ‹una persona› al [toro] con las cuatro patas en firme, sin adelantar ni atrasar ninguna: *El torero cuadró al toro antes de entrar a matar. El toro* **se** *cuadró en el centro del ruedo.* || *v. prnl.* **5** Ponerse ‹una persona› en posición erguida y con los pies formando escuadra: *El soldado se cuadró ante la presencia del sargento.* **6** Ponerse ‹una persona› seria y firme: *Me cuadré y dije que por ahí no pasaba. Se cuadró y dijo que ya estaba harto de que se le ignorara, y que a partir de ese momento tendrían que contar con él.* **7** CHILE. Estar preparada ‹una persona› para hacer una colaboración. || *v. tr.* **8** AMÉR. Estacionar un vehículo: *He cuadrado el carro en la calle.* **9** PERÚ; COLOQUIAL. Amenazar, asaltar ‹una persona› [a otra persona].

cuadratura *s. f.* Se usa en la LOC. **la ~ del círculo** Expresa la imposibilidad de hacer una cosa: *Tu idea de convencerlo para que venga es la cuadratura del círculo.*

cuádriceps (plural *cuádriceps*) *s. m.* ANAT. Músculo formado por cuatro haces musculares, que está situado en la cara anterior del muslo: *El toro causó una herida al torero en el cuádriceps derecho, pero sin excesiva gravedad.*

cuadrícula *s. f.* Conjunto de cuadros que resultan de cortarse perpendicularmente dos series de rectas paralelas: *Ya he situado la gráfica sobre la cuadrícula. Esta cuadrícula es demasiado grande; yo quiero un cuaderno con la cuadrícula más pequeña.*

cuadriculado, da *adj.* **1** Que tiene cuadrícula: *Voy a comprar un recambio de hojas cuadriculadas. Para la estadística es mejor usar papel cuadriculado.* **2** Que está sometido a reglas muy estrictas: *Tiene la cabeza muy cuadriculada y todo lo que tenga que ver con las ciencias se le da bien.* **3** (antepuesto / pospuesto) COLOQUIAL; PEYORATIVO. Que cambia con dificultad de ideas o costumbres: *una cuadriculada visión de las cosas. Tiene una mente cuadriculada y no hay manera de hacerle entender que puede haber otras opiniones diferentes a la suya.*

cuadriga *s. f.* Carro de la antigua Roma tirado por cuatro caballos: *En el circo se celebraban carreras de cuadrigas.*

cuadrigentésimo, ma *adj. num. ord.* / *s. m.* **1** Que ocupa la posición número cuatrocientos. OBSERVACIONES: Es más frecuente que se indique con la expresión *'la posición número cuatrocientos'.* || *adj. num. part.* **2** Cada una de las cuatrocientas partes iguales en que se divide un todo.

cuadrilátero, ra *adj.* / *s. m.* **1** GEOM. [Polígono] que tiene cuatro lados: *El cuadrado, el rectángulo, el rombo y el trapecio son cuadriláteros.* || *s. m.* **2** DEP. Ring, lugar donde se boxea o se lucha: *Durante la pelea, en el cuadrilátero están sólo los púgiles y el árbitro. Antes de cada asalto una señorita subía al cuadrilátero para anunciar con un cartel el número del asalto siguiente.*

cuadrilla *s. f.* **1** Conjunto de personas que intervienen juntas en la realización de una cosa: *una cuadrilla de albañiles, una cuadrilla de malhechores. Hemos contratado a una cuadrilla de pintores para que pinten el edificio.* **2** TAUROM. Conjunto de toreros subalternos que actúan bajo las órdenes de un matador: *El torero y su cuadrilla desfilaron.*

cuadrimotor *s. m.* AER. Avión que tiene cuatro motores: *En los vuelos interiores la compañía suele utilizar cuadrimotores.*

cuadrivio *s. m.* HIST. En la Edad Media, conjunto de estudios que abarcaba la aritmética, geometría, música y astrología o astronomía: *La universidad medieval enseñaba el trivio y el cuadrivio.*

cuadro *s. m.* **1** Figura plana formada por cuatro líneas iguales que se cortan perpendicularmente y cosa que tiene esta figura: *un traje de cuadros azules. Ha puesto una cortina de cuadros en la cocina. Los cuadros del crucigrama son tan pequeños que no caben las letras. Es un examen tipo test, y debes señalar el cuadro correspondiente.* **2** PINT. Cualquier clase de obra pictórica: *un cuadro de Picasso, pintar un cuadro, cuadros abstractos. Se subastó un cuadro de Velázquez por una cifra astronómica.* **3** Escena, situación que impresiona por alguna razón: *Después del accidente, el cuadro era terrible. Vaya un cuadro, todos en la playa, sudados, rojos, despeinados.* **4** Descripción por escrito de un hecho: *un cuadro de costumbres, un cuadro vivo.* **5** Conjunto de nombres o datos representados de manera que sea fácil ver la relación entre ellos: *cuadro de la producción anual de un país. Representé los resultados de la empresa en un cuadro.* SIN. esquema. **6** Conjunto de personas que componen un organismo: *cuadro de oficiales, cuadros técnicos de la empresa, cuadros facultativos. Los cuadros dirigentes de un país deben ser personas bien preparadas y con espíritu de servicio.* **7** Conjunto de tubos que componen la estructura de una moto o bicicleta: *Con la caída se le rompió el cuadro de aluminio. Las bicicletas de carrera llevan un cuadro más ligero que las de paseo.* **8** TEATRO. Parte en que se divide un acto en algunas obras teatrales: *En este cuadro es en el que se juntan los doce actores en escena.* || **9 ~ clínico** MED. Conjunto de síntomas de un enfermo o de una enfermedad: *El enfermo presenta un cuadro clínico muy grave.* **10 ~ de distribución** Conjunto de aparatos que establece la conexión entre los generadores y los receptores en una central eléctrica. **11 ~ de mandos** Tablero donde están los instrumentos y mandos que controlan un aparato o una instalación: *cuadro de mandos de un avión, cuadro de mandos de una central eléctrica, cuadro de mandos de una central nuclear.* **12 ~ flamenco** Conjunto de personas que cantan y bailan flamenco. FR. Y LOC. **estar / quedarse en ~** Quedarse ‹un establecimiento, una empresa o un equipo de personas› con muy pocos de sus miembros: *La empresa está en cuadro. El equipo se quedó en cuadro con tantas lesiones.*

cuadrumano, na o **cuadrúmano, na** *adj.* / *s. m.* y *f.* ZOOL. [Animal] que tiene manos en las cuatro extremidades: *Los monos son cuadrumanos porque pueden oponer el dedo pulgar a los demás dedos en sus cuatro extremidades.*

cuadrúpedo, da *adj.* / *s. m.* ZOOL. [Animal] que tiene cuatro patas: *El caballo es un cuadrúpedo.*

cuádruple *s. m.* **1** Cantidad que equivale a cuatro veces otra cantidad, sea numérica, de tamaño, de masa, de materia o cualitativa: *el cuádruple de grande, el cuádruple de veces, el cuádruple de caro.* OBSERVACIONES: Se usa precedido del artículo *el* y en contexto de comparación admite complementos con *de* en los que se precisa el objeto, circunstancia o cualidad respecto de la cual se formula esta comparación: *12 es el cuádruple de 3. Fumo el cuádruple de cigarrillos que tú, pero espero dejarlo pronto.* || *adj. num.* **2** RESTRINGIDO. Que equivale a cuatro veces una cantidad, sea numérica, de tamaño, de masa, de materia o cualitativa: *Poseo cuádruple extensión de tierras que tu familia. Este verano hemos gastado una cantidad cuádruple de dinero.*

cuadruplicar *v. tr.* Multiplicar ‹una persona› por cuatro [una cantidad o una cosa]: *Quiero que cuadrupliques el presupuesto para gastos de representación. En sólo un año hemos cuadruplicado el número de afiliados.* ⇒ **71.**

cuádruplo, pla *adj.* **1** Cuádruple. || *adj. num.* **2** [Número] que contiene exactamente cuatro veces otro número: *número cuádruplo. Veinte es cuádruplo de cinco.* || *s. m.* **3** Número que contiene exactamente cuatro veces a otro número: *El cuádruplo de diez es cuarenta. Su cuádruplo es cuarenta.* OBSERVACIONES: Coloquialmente es preferible la expresión *'cuatro veces': Tienes cuatro veces más dinero* frente a *Tienes el cuádruplo de dinero.*

cuajada *s. f.* Parte grasa de la leche separada del suero por la acción del calor, del cuajo o de los ácidos, que se consume como alimento: *He comido una cuajada de postre. La cuajada se suele comer con miel.*

cuajar *v. tr.* **1** Convertir ‹una persona o una cosa› [un líquido que contiene materia grasa] en sólido: *El calor cuajó la leche.* **2** Llenar ‹una persona› [una cosa] excesivamente con otra cosa: *Los vecinos cuajaron la fachada de guirnaldas. Me cuajaron la habitación de regalos el día de mi santo.* SIN. recargar. || *v. intr.* **3** Adquirir ‹una cosa› la consistencia sólida que debe tener: *La mahonesa no cuajaba; tuvimos que tirarla y hacerla de nuevo.* **4** Llegar ‹una persona o una cosa› a realizarse o a estabilizarse: *Este jugador iba para estrella, pero no ha cuajado. Este año se han helado y no han cuajado los guisantes.* **5** Tener ‹una cosa› una buena acogida o un resultado favorable: *Las propuestas que hice a la asamblea no cuajaron, ninguna salió aprobada.* || *v. intr.* / *prnl.* **6** Convertirse ‹un líquido que contiene materia grasa› en sólido: *La leche **se** cuajó. La sangre del conejo ya **se** ha cuajado en la bandeja.* **7** Formar ‹la nieve› una capa compacta sobre una superficie: *La nieve **se** ha cuajado. Ha nevado un poco, pero al caer los copos en el suelo se deshacían y no cuajaban.* || *v. prnl.* **8** Poblarse o llenarse ‹una cosa› de [otra cosa]: *Los ojos se le cuajaron **de** lágrimas. La habitación del hotel tiene la cama cuajada **de** chinches.*

cuajar *s. m.* VETER. Cuarta cavidad del estómago de los rumiantes: *El cuajar es el primer estómago que se desarrolla en los terneros.*

cuajarón *s. m.* Coágulo de sangre o de otro líquido: *un cuajarón de sangre, un cuajarón de leche.*

cuajo *s. m.* **1** (no contable) Fermento animal que sirve para coagular un líquido, en particular la leche: *El cuajo se encuentra en la mucosa del estómago de los mamíferos en periodo de lactancia.* **2** (no contable) COLOQUIAL. Calma o lentitud a la hora de hacer una cosa: *Esta chica tiene un cuajo que me desespera.* **3** MÉX. Conversación sin importancia. **4** PERÚ; JERGAL. Desfachatez. FR. Y LOC. **de ~** De raíz, completamente: *Tu intervención cortó la discusión de cuajo. Arranqué el pomo de la puerta de cuajo.*

cuákero, ra *s. m. / f.* Cuáquero.

cual *pron. rel.* **1** Introduce cláusulas de relativo, y va siempre precedido de artículo determinado, que especifica el género o la carencia de él: *Vi a su padre, el cual estaba sentado en el suelo. Se retrasa el examen, lo cual a mí me beneficia.* RELACIONES Y CONTRASTES: ◊ Introduce cláusulas de relativo, salvo: Oraciones especificativas en función de sujeto o de complemento sin preposición: *El niño que vino ayer. El libro que leí anoche.* En cambio, puede aparecer *cual* cuando el complemento lleva preposición: *La empresa para la que (o para la cual) trabajo. El hombre al que (o al cual) me refiero.* Oraciones explicativas de identificación: *Allí viene Pedro, el que es paisano tuyo.* Oraciones sin antecedente específico o con antecedente elidido: *«Quien bien te quiere te hará llorar». De esos tres libros, me gusta el que citaste en segundo lugar.* Perífrasis de relativo: *Fue ella quien (o la que) empezó la pelea. Quien (o el que) lo sabe es Antonio.* ◊ Es obligatorio el uso de *el cual, la cual...*, en detrimento de *el que, la que* y *quien* en: Oraciones explicativas que siguen inmediatamente a preposiciones o locuciones prepositivas: *Según el cual, son falsas..., En vista de lo cual, decidimos...* Oraciones explicativas en que el sintagma al que pertenece *cual* lleva matización cuantitativa (*todos, algunos de, pocos de...*): *Por todo lo cual, considero... A muchos de los cuales los conocéis vosotros.* Construcciones absolutas: *Tendrá que superar una última prueba, superada la cual, el premio estará asegurado. Dicho lo cual, el orador se levantó y se fue.* ◊ En oraciones relativas en las que *el que, la que* concurre con *el cual, la cual*, la elección de la forma *el que, la que* es de carácter retórico, estilístico o similar: *Tu plan salió mal, de lo cual (o de lo que) me alegro mucho.* **2** Funciona como pronombre correlativo, que se corresponde con *tal: Tales cuales tú los querías.* OBSERVACIONES: A veces resume en sí mismo la correlación y adquiere el significado de 'tal cual', por lo que se usa en lenguaje culto para la comparación ejemplificativa: *Hombres egregios cuales fueron ellos no aprobarían nuestro proceder.* ‖ *adj. rel.* **3** RESTRINGIDO. Forma parte de cláusulas de relativo en narraciones: *Y entonces llegó Ramírez; el cual Ramírez era el mismo que...* ‖ *adv. rel.* **4** LITERARIO, RESTRINGIDO. Con valor modal o comparativo, equivale a 'como', 'igual que', 'del mismo modo que': *Corría cual gacela delante de un galgo. Cual las estrellas del cielo, así brillaban sus ojos. Lo hizo cual ella quería.* FR. Y LOC. **a ~** + expresión comparativa de superioridad. 1 Hace referencia a un conjunto de objetos y califica a todos y cada uno de ellos señalando la dificultad de discernir cuál posee la cualidad en grado más alto: *Tienes tres casas a cuál más lujosa. Tomás me contó dos mentiras a cuál mayor.* 2 Señala una circunstancia en lugar de una cualidad o propiedad: *Venían a cuál más deprisa.* **a cada* uno / ~ lo suyo. cada* ~ / uno. ~ si** (con subjuntivo) LITERARIO. Como si, de la misma manera que si, como sucedería o hubiera sucedido: *Cual si de pronto hubiera visto al diablo, se puso a temblar.* **lo ~ que** COLOQUIAL. Equivale a 'por cierto que' e introduce una novedad curiosa que se estima de interés para el que escucha: *Pasó por allí un afilador; lo cual que me preguntó si tenía fuego y tuve que decirle que no.* **tal ~** Tal como se es o se está, sin cambios ni reacciones: *Me dijo que iba a marcharse a Filipinas y me quedé tal cual.* **tal* y ~ / tal. tal* para ~. cada* uno / ~ es cada uno.**

cuál *pron. int.* **1** Alude a elementos seleccionados de un conjunto: *¿Cuál prefieres? No sé con cuál quedarme.* OBSERVACIONES: Su uso como adjetivo interrogativo es poco frecuente: *¿Cuál color prefieres?* RELACIONES Y CONTRASTES: Frente a *que* o *quien*, no impone restricciones sobre los rasgos del objeto: *¿Cuál de estas dos pulseras te gusta más?* o *¿Cuál de estas dos personas te gusta más?* **2** INTENSIFICADOR. Equivale a 'de qué calibre', 'de qué tamaño', 'cómo de enorme' y se usa en una narración en que se destaca la sorpresa, el asombro o la extrañeza que produce un hecho: *Cuál no sería mi sorpresa, cuando vi la carta abierta encima de la mesa.*

cualesquier (plural de *cualquier*) *adj. indef.* ELEVADO. Apócope de *cualesquiera.* OBSERVACIONES: Se usa delante de sustantivo, tanto masculino como femenino.

cualesquiera *adj. / pron. indef.* (invariable en género) ELEVADO. Plural de *cualquiera.*

cualidad *s. f.* **1** Propiedad característica o manera de ser que distingue a una persona o cosa de otra persona o cosa: *Su cualidad más destacada es la sensatez. La cualidad que lo diferencia de los demás es su tesón en el trabajo. La cualidad fundamental de este material es su dureza y su resistencia al agua.* **2** Atributo positivo de una persona: *Carmen tiene muchas cualidades. Tus cualidades te hacen merecer el cargo. Sus grandes cualidades atléticas lo hacen casi invencible.*

cualificado, da *adj.* **1** (ser / estar) Que está especializado en la realización de un trabajo: *mecánico cualificado. Considero que estás cualificado para hacer ese encargo. Es un trabajador muy cualificado. Es una de las ejecutivas más cualificadas de la empresa.* **2** (antepuesto / pospuesto) Que tiene autoridad y prestigio: *Es un escritor cualificado. Escuchemos una cualificada opinión.*

cualificar *v. tr.* Dar ‹una persona o una cosa› la especialización necesaria a ‹una persona›: *Los estudios que ha hecho Félix lo han cualificado como abogado laboralista.* **⇒ 71.**

cualitativo, va *adj.* De la calidad: *un cambio cualitativo en la comida. Es necesario un análisis cualitativo de los productos fabricados.*

cualquier (plural *cualesquier*; apócope de *cualquiera*) *adj. indef.* Se emplea delante de sustantivo, tanto masculino como femenino: *cualquier hombre, cualquier mujer.* FR. Y LOC. **a ~ precio*. ~ día*. de ~ forma*** o **de todas formas. de todas maneras*** o **de ~ manera.**

cualquiera (plural *cualesquiera*) *adj./pron. indef.* **1** Indica indeterminación al referirse a una persona, animal o cosa, pues no precisa ni señala concretamente cuál es: *cualquiera de tus amigos, un hombre cualquiera, una mesa cualquiera. Cualquiera puede hacerlo.* OBSERVACIONES: ◊ Se usa el apócope *cualquier* cuando va delante del sustantivo: *cualquier deseo, cualquier libro.* ◊ No admite artículo. **2** a veces IRONÍA. Puede implicar la idea cercana a la de *nadie*: *Cualquiera le dice a Pedro que le han suspendido.* || *adj./pron. indef./s. m.* **3** Que es vulgar, corriente, de poca importancia: *Este arquitecto no es un cualquiera dentro de su profesión. No me he comprado una camisa cualquiera. No eres un hombre cualquiera.* || *s. f.* **4** Prostituta, mujer de mala reputación. OBSERVACIONES: Exige y sólo admite artículo indefinido: *Se comporta como una cualquiera.* FR. Y LOC. **así ~** Se usa para indicar que usando tales medios el logro carece de todo mérito especial: *Fíjate lo que he saltado; así cualquiera.*

cuan *adv.* (preferentemente en correlación con *tan*) Se usa en comparaciones de igualdad o equivalencia: *Las inundaciones fueron tan abundantes, cuan fuertes habían sido las lluvias.*

cuán *adv. cant.* (ante adjetivos y adverbios) RESTRINGIDO; INTENSIFICADOR. Se usa en exclamaciones para reforzar el significado: *¡Cuán listo es este niño! ¡Cuán cerca está tu casa de aquí!* OBSERVACIONES: Puede aparecer también en oraciones exclamativas indirectas: *No sabes cuán fácil me resultó el examen.*

cuando *adv. rel.* **1** Con antecedente: **1**1 Se usa en proposiciones relativas especificativas con un antecedente que indique tiempo, como *momento, hora, día* o *tiempo*, precedido de artículo definido o pronombre demostrativo: *Recuerdo ahora aquellos momentos cuando todo parecía difícil.* OBSERVACIONES: Equivale a *en el que, en la que, en los que, en las que.* Es preferible usar estas expresiones en lugar de *cuando.* **1**2 Se usa en proposiciones explicativas con antecedente nominal o adverbial, y expresa tiempo: *El campo es más espectacular en primavera, cuando las plantas se ponen tan bonitas. Precisamente Carlos se ausentó entonces, cuando más lo necesitábamos. El hecho sucedió al anochecer, cuando a un soldado se le disparó involuntariamente el fusil.* OBSERVACIONES: ◊ Equivale a *en que* o *que.* ◊ Si el hecho se refiere al futuro y el hablante desea presentarlo como novedoso, puede aparecer el verbo en tiempo futuro o condicional: *Los problemas surgirán el sábado, cuando ya tendrá que actuar él solo.* **2** Sin antecedente: **2**1 Introduce proposiciones circunstanciales temporales y expresa simultaneidad o coincidencia: *Llegaste cuando yo salía. Cuando tú vayas, iré yo.* Puede expresar también una idea genérica o habitual: *Cuando un proyecto es irrealizable, lo mejor es suspenderlo. Cuando lo hacíamos mal nos castigaban.* OBSERVACIONES: ◊ A veces la idea de simultaneidad se hace menos clara e indica una posterioridad inmediata ('inmediatamente que', 'tan pronto como', 'en cuanto'): *Cuando vio que nos aplaudían, el otro equipo se enfadó muchísimo.* En estos casos, si se hace referencia al futuro, el verbo tiene que ir en modo subjuntivo: *Cuando llegue el verano, disfrutaremos del mar. La nieta dijo que, cuando llegara el verano, vendría a vernos a menudo.* ◊ *Cuando* puede aparecer en correlación con *entonces* (*cuando* A, *entonces* B): *Cuando tengas mi edad, entonces (y no antes) podrás comprender lo que se siente.* Este uso se considera conjuncional y la relación temporal establecida por *cuando* puede ser negada, interrogada o impuesta: *Salvo cuando tengo miedo, no suele importarme estar sola. No lo hagas cuando yo esté aquí. No salió cuando tú entraste, sino luego.* ◊ La proposición temporal introducida por *cuando*, suele presentar cierto contenido como presupuesto: *Cuando volvieron ya no había nadie* ('en algún momento volvieron'). *Cuando Andrés aún era rico, fue dos veces a la ópera* (' en algún momento fue rico y ahora ya no'). En las referencias al futuro, lo expresado en la proposición temporal es revisable con la expresión *si es que: Cuando vuelvas* ('en algún momento volverás'), *si es que vuelves, jugaremos al mus.* ◊ La proposición temporal introducida por *cuando,* puede expresar retóricamente algo novedoso para el oyente: *Cuando son exactamente las veintidós horas tres minutos, nos despedimos de ustedes hasta mañana.* ◊ Cuando un suceso aparece enmarcado en un tiempo que se considera adecuado para que suceda, puede elidirse la proposición completiva que seguiría: *Mi hijo nació cuando yo digo (que nació). Saldré cuando quieras (que salga).* **2**2 Junto a la idea de tiempo, añade la de comparación, y equivale a 'en el mismo momento que', 'en las mismas ocasiones que'. OBSERVACIONES: Suele dar lugar a elipsis propias de las comparaciones: *Llegué cuando tú (llegaste). Siempre vienes cuando yo (vengo).* **2**3 En ocasiones la proposición introducida por *cuando* pierde algo el valor temporal, no expresa en qué momento se produce algo y se emplea sólo para designar ese momento. Equivale a 'el momento en que', 'las ocasiones en que': *¿Recuerdas cuando nos encontramos un erizo en la playa?* OBSERVACIONES: *Cuando* puede ir precedido de preposiciones: *La habitación varía mucho de cuando tiene buena luz a cuando no la tiene. Lo sé desde cuando tú supones.* **2**4 Con la misma idea de nombrar el tiempo, añade la de comparación y equivale a 'el mismo momento que'. OBSERVACIONES: Son normales las elipsis propias de las comparaciones: *Quédate hasta cuando yo (me quede). Lo sé desde cuando tú (lo sabes).* **2**5 Sin la función de circunstancial de tiempo, *cuando* interviene en estructuras con el verbo *ser* en las que se destaca un sintagma que proporciona una información nueva. La proposición de relativo que encabeza *cuando* expresa la información presupuesta: *Fue entonces cuando gané la copa. Cuando me canso es ahora.* OBSERVACIONES: Admite el tiempo verbal en futuro o en condicional: *Será entonces cuando tendrás que medirte con los mejores.* Esos tiempos verbales se encuentran impuestos cuando la información presupuesta se refiere al futuro: *Cuando lo comprenderás bien será cuando te quedes solo.* RELACIONES Y CONTRASTES: En oraciones con *si* circunstancial hipotético, se usa *cuando* en los casos en que el contexto es asociable con una situación y se usa *como* si es asociable con el modo o medio: *Cuando me enfadaré será si lo haces mal. Como lo conseguirás es si te empeñas en mantenerte aislado.* **3** *Cuando* toma un sentido amplio, con cierto matiz de señalamiento deíctico, y equivale a 'en una situación (como la del caso) en la que', 'en un contexto (como este) en el que', 'en unas circunstancias (así) en las que'. OBSERVACIONES: La proposición encabezada por *cuando* puede aportar ciertos matices de explicatividad o concesividad: *Cuando ya no quedan alternativas diplomáticas, no parece descabellado pensar que el alto mando americano no esté* *pensando en un ataque masivo. Sigues haciendo las cosas mal cuando el negocio se encuentra en grave peligro.* **4** Se emplea para resaltar un suceso presentándolo como nuevo y poco esperable. OBSERVACIONES: La proposición de *cuando* se encuentra enmarcada en otra que expresa generalmente duración: *Estábamos cenando tranquilamente, cuando, de pronto, sonó un disparo. Aún no habíamos terminado el primer plato, cuando, de repente, Isabel se levantó y se fue.* Puede estar también enmarcada en una oración que exprese inmediatez. En este caso *cuando* aparece en correlación con el adverbio *apenas* o con la expresión adverbial *no bien: Apenas había comenzado la charla cuando comenzaron a silbarme.* ‖ *conj. causal* **5** Exige un contexto emotivo, pero no sirve para justificar mandatos ni tomas de decisiones. Presenta el contenido de la proposición que introduce como consabido o imaginable: *No serán ellas muy buenas cuando se han roto. No estará él muy enfermo cuando, hace un par de minutos, estaba ahí mismo dando saltos.* **5_1** Introduce la explicación de algo que se supone aunque sin mucha certeza, y equivale a 'desde el momento (en) que': *Cuando Jesús no ha venido, algo le habrá pasado. Cuando he renunciado, será porque no me interesa. Algo habrás hecho cuando te han castigado.* OBSERVACIONES: ◊ A veces en contexto de énfasis y emotividad marcada, introduce una conjetura tajante: *Muy pocas ganas de juerga tienes tú hoy cuando ni te has inmutado.* ◊ También introduce la explicación justificativa de una conjetura segura: *Muy valiosas no pueden ser cuando las dejas a la vista en el coche.* **5_2** Introduce la explicación, como indicio, de una conjetura tajante: *Cuando no han llamado, es que no hay novedad* (o *señal de que no hay novedad*). OBSERVACIONES: Este uso se emplea también cuando se expresa una conjetura más suave: *Cuando Elisa se los tapa, es que no querrá que se los vean* (o *será que no quiere que se los vean*). **5_3** Introduce la explicación posterior de una valoración negativa, y equivale a 'desde el momento (en) que', 'teniendo en cuenta que': *Tú no tienes derecho a protestar, cuando tuviste más oportunidades que nadie.* **5_4** Introduce una razón definitiva de la valoración expresada antes. OBSERVACIONES: Se usa tras pausa marcada y precedido de *máxime* o de otra expresión adverbial: *Yo creo que nos conviene hacerlo ahora, máxime cuando mañana y pasado son festivos.* ‖ *conj. cond.* **6** RESTRINGIDO. Expresa una condición hipotética. **6_1** En contextos que indican una situación irreal: *Cuando ella no lo hubiera hecho bien, todavía se comprendería, pero habiéndolo hecho como lo hizo, no.* **6_2** En contextos que expresan una eventualidad, encabeza una restricción y precede a la negación *no: Les ha robado ya seguros treinta, cuando no hayan sido más.* ‖ *conj. conc.* **7_1** RESTRINGIDO. En contextos de irrealidad equivale a *aun en el caso de que, aunque* o *aun cuando: No faltaría a la verdad cuando le fuera en ello la vida.* **7_2** Introduce una proposición no hipotética. Marca el contraste entre un hecho negativo referente a otra persona y lo que a ella le resultaría esperable. OBSERVACIONES: La proposición que *cuando* introduce suele ir encabezada por expresiones como *en realidad* o *la realidad es que: Se cree un genio cuando, en realidad, es un vulgar empollón.* ‖ *prep.* **8_1** Ante expresiones que designan un acontecimiento, hecho u objeto conocido, tiene valor cercano al de preposición y equivale a 'en la época de', 'en el tiempo de'. OBSERVACIONES: Exige la presencia de artículo definido: *Cuando la guerra, todos me parecían sospechosos. No fue cuando los moros, sino mucho antes, cuando los romanos. Esas son costumbres de cuando los moros.* **8_2** RESTRINGIDO, COLOQUIAL; AFECTIVO. Ante algunos adjetivos relacionados con la edad de las personas, equivale a *de: Cuando niño, yo solía cazar mariposas y saltamontes.* OBSERVACIONES: Es preferible usar *de* para estos casos. FR. Y LOC. **aún* ~. ~ mucho / más** RESTRINGIDO. A lo más, como mucho, como máximo: *Cuando mucho, podría cargar con las dos pequeñas. Cuando más, te ayudaré a corregirla.* **~ menos** Por lo menos, como mínimo: *Necesitas cuando menos cincuenta.* **~ no** 1 Tiene valor de locución adverbial hipotética. Equivale a 'si es que no' *Éste arruinará a sus padres, cuando no a toda la familia.* También 'en caso contrario, si no': *Debería ocuparse más de sus hijos, y cuando no, que no los hubiera tenido.* 2 Tiene valor temporal y equivale a 'en el momento en que no'. OBSERVACIONES: La proposición que introduce aparece elidida: *Cuando llueve jugamos dentro y, cuando no (llueve), fuera.* **de ~ en ~** o **de vez en ~** o **de vez en vez** Algunas veces, cada cierto tiempo: *Viene a vernos de cuando en cuando. De vez en cuando no está mal salir a cenar fuera.* **siempre* y ~.**

cuándo *adv. int.* **1** (con indicativo) Se usa para preguntar por el momento en que sucede algo: *¿Cuándo vas a venir?* OBSERVACIONES: ◊ Se usa también en oraciones interrogativas indirectas: *Todavía no sé cuándo voy a marcharme.* ◊ A veces pierde el valor de interrogación y se usa en preguntas retóricas en las que el hablante no espera respuesta: *¿Cuándo aprenderás a ordenar tus cosas, hija mía? ¿Cuándo?* ◊ En proposiciones subordinadas de otra principal, *cuándo* aparece antepuesto a ambas: *¿Cuándo has dicho que vendrás?* ‖ *adv. excl.* **2** (con indicativo) Pondera el tiempo: *¡Cuándo iba yo a pensar que podía pasarnos algo así!* OBSERVACIONES: ◊ Se usa también en exclamaciones indirectas: *No sé hasta cuándo pensarán estar dando golpes los vecinos.* ◊ En las dos acepciones puede aparecer precedido de preposiciones como *hasta, desde* o *para: ¿Hasta cuándo te vas a quedar aquí? ¿Desde cuándo estás aquí? ¿Para cuándo tendréis terminado esto? Pero bueno. ¡Desde cuándo hay que pedir permiso para entrar en casa!* ‖ *s. m.* **3** (precedido del artículo *el*) Tiempo o momento en que: *el cuándo.*

cuantía *s. f.* **1** (no contable) Cantidad, preferentemente de dinero: *Se desconoce la cuantía de las pérdidas de la empresa. Es una cuantía muy elevada la que nos piden por el piso. La cuantía de los desperfectos aún no se ha calculado.* SIN. importe. **2** (no contable) ELEVADO. Importancia de algún hecho: *Estuvimos tratando en la reunión unos temas de gran cuantía. Hablamos de un tema de poca cuantía.*

cuántico, ca *adj.* FÍS. De los cuantos de energía: *La teoría cuántica, que ha revolucionado la física moderna, fue formulada por Max Planck.* **física* cuántica.**

cuantificación *s. f.* Expresión en números de una cantidad de alguna cosa: *Será difícil la cuantificación de los daños producidos por el terremoto.*

cuantificador *s. m.* GRAM. Palabra que se refiere a otra y significa una cantidad, como los numerales o algunos indefinidos: *Todas las lenguas tienen cuantificadores.*

cuantificar *v. tr.* Expresar ‹una persona› [una cantidad] numéricamente: *Tenemos que cuantificar las bajas que hemos tenido en la matrícula en los últimos meses. He cuantificado las horas que hemos dedicado a este proyecto y superan las cuatro mil.* ⇒ **71.**

cuantioso, sa *adj.* (antepuesto / pospuesto) Que es grande o abundante: *Este año las investigaciones han sido cuantiosas, estamos satisfechos. La explosión ha provocado cuantiosas pérdidas materiales. Ya veremos quién nos financia los gastos cuantiosos que hemos tenido.*

cuantitativo, va *adj.* De la cantidad: *un aumento cuantitativo y no cualitativo. Se ha producido un cambio cuantitativo en la producción vinícola, pero se ha ganado en calidad.*

cuanto *s. m.* FÍS. Cantidad mínima de energía emitida o absorbida por la materia.

cuanto, ta *adj. / pron.* **1**1 Referido a un sustantivo presente o elidido expresa la idea de 'todo el... que', 'toda la... que', 'todos los... que' o 'todas las... que', generalmente en correlación con el cuantificador *tanto: Tantas cuantas veces quieras. Tantas veces cuantas quieras.* OBSERVACIONES: Si falta el término *tanto, cuanto* asume el significado de la correlación enteramente: *Cuantas pruebas hicieron resultaron negativas.* **1**2 Tras el cuantificador *todo*, equivale a *(el)* ... *que, (la)* ... *que, (lo)* ... *que, (los)* ... *que, (las)* ... *que*: *Todas cuantas pruebas se le hicieron dieron el mismo resultado. Leía todo cuanto libro caía en mis manos. Todo cuanto le decían le molestaba.* **1**3 Tiene valor cuantitativo ante una estructura comparativa de desigualdad que está en correlación con otra, y refuerza esa misma idea de correlación: *Cuantas más tiene, más quieren tener. Cuantas menos películas de esas veas, mejor.* OBSERVACIONES: La segunda estructura comparativa de la correlación puede ir precedida de *tanto: Cuantas más consigas, (tanto) mejor.* || *pron.* **2**1 Detrás de *todo, todos* o *todas*, equivale a *lo que, los que* o *las que: Todo cuanto quieras. Todas cuantas quisieran llevarse.* OBSERVACIONES: La forma *cuanto* admite complementos partitivos con *de* + adjetivo: *Todo cuanto de bueno tenías.* **2**2 Equivale a *todo lo que* o *todas las personas que*: *Cuantos lo conocieron lo admiraron. Yo hice cuanto pude.* OBSERVACIONES: La forma singular neutra *cuanto* admite complementos partitivos con *de* + adjetivo: *Cuanto de aprovechable quedaba.* || *adv.* **3** Ante una estructura comparativa de desigualdad que está en correlación con otra, tiene valor cuantitativo y de refuerzo de la correlación: *Cuanto menos hables, mejor. Cuanto antes empieces a estudiar, mejor. Cuanto mayor es el riesgo, menor es la demanda. Cuanto más me devuelvas, menos me deberás.* OBSERVACIONES: La estructura comparativa con que está en correlación *cuanto* puede ir precedida por *tanto: Cuanto más lo pienso, (tanto) menos lo entiendo. Tanto más estimadas cuanto más sencillas.* FR. Y LOC. **~ antes** Locución adverbial de tiempo que equivale a 'lo antes posible' o 'tan pronto como sea o fuera posible': *Hazlo cuanto antes.* **~ más* / menos ...más / menos... en ~** 1 ELEVADO. Locución preposicional que introduce una expresión en que se alude a la clase a que pertenece aquello de lo que se habla y con la que se relaciona la característica que se indica: *En cuanto espectáculo, me parece superior la ópera; en cuanto manifestación artística, no.* SIN. en tanto que, como. 2 Locución preposicional que introduce un sintagma en el que se expresa la faceta de una persona o cosa a la que afecta lo que se dice: *Lo admiro en cuanto profesional, no en cuanto hombre.* SIN. en tanto que, como. 3 Locución preposicional que introduce un sintagma en que se expresa el hecho o situación que motiva o justifica lo que se dice; equivale a 'por el hecho de ser': *En cuanto profesional publicitario, me interesa que la credibilidad se recupere. Debe firmarlo él, en cuanto dueño legal que es.* SIN. en tanto que, como. 4 Locución preposicional que equivale a 'por la función de' o 'con la significación de': *Lo digo en cuanto periodista, no en cuanto embajador.* 5 Locución conjuntiva temporal que expresa un tiempo posterior inmediato: *En cuanto los vio Julio se puso a gritar. Llámanos en cuanto llegues a casa.* SIN. tan pronto como, inmediatamente que. OBSERVACIONES: No puede usarse con el verbo en futuro. 6 Locución conjuntiva que introduce proposiciones con cierto matiz causal: *Le corresponde a él en cuanto dueño legal que es.* **en ~ a** 1 Introduce un sintagma en el que se indica el aspecto o parte de algo, del que se habla: *Paula era superior en cuanto preparación física, pero inferior en cuanto a técnica y preparación psicológica.* SIN. en el aspecto de, en lo concerniente a, en. 2 Introduce un sintagma que expresa el tema del que trata lo que se dice después: *En cuanto a tu propuesta, (te comunico que) la estudiaremos mañana. En cuanto a María, (te digo que) dicen que la encontraron llorando. En cuanto a que saldría más caro el viaje en tren, estás muy equivocada.* SIN. respecto a, en relación con, referente a. **en ~ que** 1 Introduce una expresión que indica el límite o la medida en que se produce un hecho o situación: *Estos relojes son más aconsejables en cuanto que ofrecen garantía más larga, pero no son mejores.* SIN. en la medida en que, en tanto en cuanto. OBSERVACIONES: ◊ A la vez que indica el límite en que se produce algo, tiene también cierto matiz causal: *Me interesa en cuanto que puede resolverme el futuro. Le corresponde a él en cuanto que es el dueño legal.* 2 Indica un tiempo posterior inmediato: *En cuanto que nos vio la perra se puso a dar saltos.* SIN. en cuanto, tan pronto como, inmediatamente que. RELACIONES Y CONTRASTES: Es preferible usar *en cuanto: En cuanto nos vio la perra se puso a dar saltos.* **no tanto ... ~ ...** ELEVADO. Expresa la no equiparación de una cosa con otra, resaltando que tiene mayor importancia la segunda: *Me conocen no tanto por mis méritos personales cuanto por los de mi maestro.* SIN. mas... que..., no tanto... como..., sobre todo, pero sobre todo. **por ~** ELEVADO, ADMINISTRATIVO. Introduce una explicación que expresa la causa de aquello de lo que se habla, y equivale a *puesto que*: *Por cuanto supiste ser un ejemplo para todos, quedas nombrado hijo predilecto de la ciudad.*

cuánto, ta *adj. / pron. / adv. int.* **1** (con indicativo) Se usa para preguntar por una cantidad: *¿Cuánto tiempo has empleado en estudiar? ¿Cuántos han venido a tu cumpleaños? ¿Cuánto ganaste?* OBSERVACIONES: ◊ Puede aparecer también en oraciones interrogativas indirectas: *Dime cuántos han aprobado el examen.* ◊ En una oración compuesta de una principal y una subordinada, *cuánto* ocupa la primera posición de la frase a pesar de ser complemento de la subordinada: *¿Cuánto dinero has dicho que cuesta este traje?* **2** (con indicativo) Se usa en preguntas retóricas en las que el hablante no espera la respuesta del interlocutor: *Pero ¿cuánto cuestan hoy los pisos?* OBSERVACIONES: Este tipo de oraciones pierden el carácter interrogativo y adquieren un valor exclamativo: *Pero ¡cuántos disgustos nos da la vida!* **3** Se usa precedido de preposiciones con los significados de 'qué precio', 'qué dinero' o 'qué número': *¿A cuánto está el kilo de patatas? ¿Por cuánto me sale esta pieza de tela? ¿Con cuántas personas contamos para la fiesta?* || *adj. / pron. / adv. excl.*

4 (con indicativo) Pondera la cantidad de lo que se expresa: *¡Cuánto tiempo hace que no te veo! ¡Cuántos habrá que no se han enterado! ¡Cuánto te quiero!* OBSERVACIONES: ◊ Puede aparecer en oraciones exclamativas indirectas: *No sabes cuánto lo lamento.* FR. Y LOC. **¿~ es?** Se usa para preguntar por el precio de algo: *–«Aquí tiene el libro que ha pedido.» –«¿Cuánto es?»*

cuáquero, ra o **cuákero, ra** *adj.* **1** REL. De los cuáqueros: *Más de la mitad de la comunidad cuáquera se encuentra en los Estados Unidos.* || *s. m. / f.* **2** REL. Miembro de una comunidad religiosa protestante nacida en Inglaterra en el siglo XVII, y caracterizada por la falta de clero y de ritos externos y por la importancia otorgada a la moral y a la caridad: *Los cuáqueros son pacifistas, rechazan el servicio militar y el juramento.*

cuarcita *s. f.* MIN. Roca de cuarzo muy dura, de color blanquecino o gris, utilizada en la industria de la construcción y la cerámica: *La cuarcita es una roca de origen sedimentario.*

cuarenta *adj. / pron. num. card. / s. m.* **1** Cantidad que representa la cifra 40: *Hemos conseguido cuarenta puntos. Me sobran cuarenta. Sólo tengo cuarenta duros. A los cuarenta años decidió dejar la fábrica y establecerse por su cuenta. Es su cuarenta cumpleaños. Es la conmemoración del cuarenta aniversario de su muerte.* OBSERVACIONES: Del número 41 al 49 se escribe con *cuarenta* seguido de *y* más la cifra de la unidad: *cuarenta y dos.* || *s. m.* **2** Conjunto de signos que representan este número. || *adj. num. ord. / s. m.* **3** Cuadragésimo: *el capítulo cuarenta.* || **4 las ~** JUEGOS. En el juego del tute, número de puntos que gana el jugador que reúne el rey y el caballo del palo que es triunfo. **5 los (años) ~** Los años 1940 a 1949: *Los cuarenta fueron años difíciles.* **6 los ~** 1 La edad de cuarenta años: *Hice los cuarenta pero no pasé ninguna crisis ni nada por el estilo.* 2 Los años 40 a 49 de la edad: *Aún estoy en los cuarenta, cuando llegue a los cincuenta ya veremos.* FR. Y LOC. **cantar las ~** COLOQUIAL; AMENAZA Decir ‹una persona› con claridad las quejas que tiene contra otra persona: *Ya no me aguantaré más, la próxima vez le canto las cuarenta a este tipo.* REFRANES: **De los cuarenta para arriba no te mojes la barriga.** IRONÍA. Se usa para indicar que a partir de esta edad hay que tener prudencia con los ejercicios físicos.

cuarentavo, va *adj. num. part. / s. m.* y *f.* Cada una de las cuarenta partes iguales en que se divide un todo. OBSERVACIONES: Los partitivos del 41 al 49 se forman con el número cardinal seguido del sufijo *-avo: cuarentaitresavo.* SIN. cuadragésimo.

cuarentena *s. f.* **1** Aislamiento preventivo de personas o animales enfermos durante un periodo de tiempo para evitar contagios: *Esta región ya es la segunda cuarentena que soporta para evitar que se extienda la peste equina.* **2** (no contable) Periodo de observación al que se somete algo para asegurarse de su certidumbre: *Puso la noticia en cuarentena hasta que hubiera una versión oficial de los hechos.* **3** Conjunto de cuarenta unidades: *La recibió un hombre que pasaba la cuarentena. Una cuarentena de espectadores presenció el espectáculo.*

cuarentón, na *adj. / s. m.* y *f.* COLOQUIAL; PEYORATIVO. Que tiene entre cuarenta y cincuenta años: *una mujer cuarentona. Es un cuarentón muy elegante.*

cuaresma *s. f.* REL. En el cristianismo, tiempo consagrado a la penitencia y el ayuno, que comprende desde el miércoles de ceniza hasta la Pascua de Resurrección: *Cuando acaba el carnaval empieza la cuaresma.*

cuarta *s. f.* **1** MÉX.; COLOQUIAL. Látigo corto para la caballería. **2** AMÉR. Bestia que se agrega de refuerzo para arrastrar un vehículo. **3** P. RICO. Juego que consiste en tirar una moneda contra la pared. **4** ARG., URUG. Soga o cadena para remolcar un vehículo.

cuarta *s. f.* **1** RESTRINGIDO. Palmo, medida de longitud: *He comprado un terreno que mide ochenta cuartas de ancho por ciento sesenta de largo.* **2** MÚS. Intervalo entre dos notas compuesto por dos tonos y un semitono. **3** AUTOMOV.; COLOQUIAL. Marcha de un automóvil que desarrolla más potencia pero menos velocidad que la quinta: *Mete la cuarta porque la quinta no tiene bastante fuerza para subir esta cuesta.*

cuartear *v. tr.* **1** Dividir ‹una persona› el cuerpo de [una res] en cuartos: *Cuartean las terneras mecánicamente en los mataderos.* **2** Dividir ‹una persona› [una cosa] en cuatro partes iguales: *Paco ha cuarteado la tortilla.* || *v. prnl. / tr.* **3** Abrirse grietas en ‹una superfi-cie›: ***Se*** *le cuartean las manos porque está todo el día trabajando sin guantes con la cal y el cemento.* ***Se*** *me han cuarteado los labios por culpa de este viento.* ***Se*** *ha cuarteado la pared de la biblioteca nueva y han tenido que trasladar los libros y cerrarla. El bombardeo cuarteó casi todos los edificios del barrio.* || *v. prnl.* **4** MÉX.; COLOQUIAL. Acobardarse, echarse atrás ‹una persona›.

cuartel *s. m.* **1** MIL. Lugar donde se aloja una tropa: *Estuve haciendo el servicio militar en un cuartel de artillería. Hay un cuartel de la guardia civil en la calle.* **2** MIL. Lugar donde acampa o descansa el ejército en campaña: *Las tropas se retiraron a sus cuarteles de invierno.* **3** División o subdivisión de un escudo heráldico: *El escudo de mi familia está partido en dos cuarteles.* **4** Tregua o consideración con el enemigo: *guerra sin cuartel, lucha sin cuartel. Ya estoy harto de perder contigo, y es que no me das cuartel.* || **5 ~ general** 1 MIL. Lugar donde se encuentra el estado mayor de un ejército: *Estoy destinado en el cuartel general, con todos los mandos.* 2 Lugar donde se encuentran las personas que dirigen o desarrollan una determinada actividad: *La selección boliviana tiene su cuartel general en ese hotel. El ministerio del Interior ha instalado su cuartel general en el Palacio de Congresos para seguir el escrutinio de votos.* FR. Y LOC. **(no) dar ~** No dejar ‹una persona› que otra descanse en una batalla: *Los dos púgiles luchaban y no se daban cuartel.*

cuartelazo *s. m.* MIL.; PEYORATIVO. Pronunciamiento o sublevación de una guarnición militar contra el poder establecido: *En la historia del XIX abundan los cuartelazos. El cuartelazo fracasó porque socialmente no tenía ningún respaldo.*

cuartelero, ra *adj.* **1** Del cuartel: *vida cuartelera, comida cuartelera.* **2** [Lenguaje] que está lleno de palabras vulgares y malsonantes: *Esta muchacha utiliza un lenguaje cuartelero aprendido no sé sabe dónde.* || *s. m. / f.* **3** MIL. Soldado que tiene como servicio cuidar los locales y dormitorios de una compañía: *El cuartelero se pasa el día en la puerta controlando quién entra y quién sale de la compañía.*

cuartelillo *s. m.* Instalaciones de un puesto de policía u otro cuerpo de seguridad, o lugar donde se alojan sus miembros: *Voy al cuartelillo de la guardia civil a denunciar el robo. El cuartelillo de los bomberos se ha visto desbordado en las últimas inundaciones.*

cuarteo *s. m.* Acción de cuartear o cuartearse una cosa: *el cuarteo de una piel mal curtida. El cuarteo de las manos es culpa del agua caliza.*

cuarterón, na *adj.* 1 AMÉR. Que es hijo de mestizo y española o de mestiza y español. || *s. m.* 2 RESTRINGIDO. Cuarta parte de una libra de peso: *De ese queso, póngame un cuarterón, porque una libra es demasiado.*

cuarteta *s. f.* MÉTR. Estrofa de cuatro versos de arte menor con rima consonante en el segundo y en el cuarto.

cuarteto *s. m.* 1 MÚS. Conjunto musical de cuatro instrumentos o de cuatro voces: *un cuarteto de cuerda, un cuarteto de viento, un cuarteto musical.* 2 MÚS. Composición musical para un conjunto de cuatro voces o de cuatro músicos: *Después tocarán un cuarteto de Chopin.* 3 LIT. Estrofa de cuatro versos de arte mayor, generalmente con rima consonante.

cuartilla *s. f.* Hoja de papel para escribir del tamaño de una cuarta parte del pliego, o la mitad de un folio: *papel de cuartillas, escribir en una cuartilla. Me basta con una cuartilla, un folio es demasiado grande.*

cuartillo *s. m.* 1 RESTRINGIDO. Antigua medida de capacidad para granos y legumbres que equivalía a un poco más de un litro. 2 RESTRINGIDO. Antigua medida de capacidad para líquidos que equivalía a medio litro poco más o menos.

cuarto, ta *adj. num. ord. / s. m.* y *f.* 1 Que ocupa la posición número cuatro: *Eres la cuarta persona que me pregunta esta mañana qué me pasa. El cuarto va a entrar en la meta. Ella es la cuarta de la lista.* || *adj. num. part. / s. m.* y *f.* 2 Cada una de las cuatro partes iguales en que se divide un todo: *Una cuarta parte de la población ha votado en contra y las otras tres han votado en blanco. Falta un cuarto de hora para que acabe el partido.* || *s. m.* 3 Habitación de una casa: *Lucas está metido en su cuarto. Ese cuarto habrá que pintarlo.* **~ de aseo** Habitación parecida al cuarto de baño pero por lo general más pequeña. **~ de baño** Habitación con baño, retrete y otros sanitarios. **~ de estar** Sala de estar. 4 Cada una de las cuatro partes en que se considera dividido el cuerpo de los cuadrúpedos y las aves. **~ trasero.** 5 (preferentemente en plural) COLOQUIAL. Dinero: *Este viejo está forrado de cuartos. Me he quedado sin cuartos.* || **6 cuarta dimensión*. 7 ~ creciente** Posición de la Luna cuando las rectas trazadas desde la Tierra a ella y al Sol forman un ángulo de 90º. 8 **~ menguante** Posición de la Luna cuando las rectas trazadas desde la Tierra a ella y al Sol forman un ángulo de 270º. 9 **~ de luna** ASTRON. Cada una de las cuatro fases por las que pasa la Luna desde una conjunción a otra con el Sol. **10 cuatro cuartos** Poco dinero: *Con cuatro cuartos que ganas no tienes ni para comer.* **11 chaquetón* tres cuartos. 11 cuartos de final** DEP. Fase de la competición en la que se enfrentan ocho participantes, de los que saldrán los semifinalistas. FR. Y LOC. **de tres* al ~. poner las peras* al ~. tres cuartos de lo mismo** Se usa para indicar que lo que ha dicho una persona es válido también para otra: *Él es malo, y su hermano, tres cuartos de lo mismo.*

cuarzo *s. m.* MIN. Mineral compuesto por sílice, vidrioso y muy duro, que forma parte de muchas rocas: *El cuarzo es el mineral más abundante y frecuente en la corteza terrestre.*

cuásar o **quásar** *s. m.* ASTRON. Cuerpo celeste que constituye una poderosa fuente de radiación: *Los cuásares presentan un espectro con líneas desplazadas hacia el rojo.*

cuatacho, cha *adj / s. m.* y *f.* MÉX.; COLOQUIAL. Amigo íntimo, compañero.

cuate, ta *adj. / s. m.* y *f.* 1 AMÉR. C., EC., MÉX. Mellizo, gemelo. 2 AMÉR. C., EC., MÉX. Camarada, compinche, amigo. || *adj.* 3 AMÉR. C., EC., MÉX. [Personas] que son muy parecidas o semejantes.

cuaternario, ria *adj. / s. m.* 1 Que tiene cuatro unidades, números o elementos: *compuesto cuaternario.* 2 GEOL. [Periodo geológico] que es el más reciente de la era cenozoica y que se divide en pleistoceno y holoceno o época actual: *En la era cuaternaria se produjeron grandes cambios climáticos. En el cuaternario se desarrolla una fauna muy semejante a la actual.* 3 GEOL. Del periodo cuaternario: *fauna cuaternaria, glaciaciones cuaternarias.* || **4 sector* ~.**

cuatezón, na *adj.* 1 MÉX. [Animal] que debiendo tener cuernos carece de ellos. 2 MÉX. Cobarde. || *adj. / s. m.* y *f.* 3 MÉX. Amigo íntimo, compañero.

cuatrero, ra *adj.* 1 Que roba caballos: *En muchas películas del Oeste aparecen los cuatreros.* 2 AMÉR. C. Traidor, bribón.

cuatrienal *adj.* 1 Que sucede o se repite cada cuatro años: *competición cuatrienal. Nuestra asociación celebra un congreso cuatrienal.* 2 Que dura un cuatrienio: *El proyecto de creación de empleo es un plan cuatrienal.*

cuatrienio *s. m.* Periodo de tiempo de cuatro años: *El cuatrienio 1988-1992 fue un buen periodo.*

cuatrillizo, za *adj. / s. m.* y *f.* Que es uno de los cuatro niños nacidos en el mismo parto: *Esta foto es de Javier, uno de los cuatrillizos, ahora enfermo de sarampión.*

cuatrimestral *adj.* 1 Que sucede o se repite cada cuatro meses: *revisión cuatrimestral, pago cuatrimestral.* 2 Que dura un cuatrimestre: *curso cuatrimestral. Me he matriculado de dos asignaturas cuatrimestrales.*

cuatrimestre *adj.* 1 Que dura cuatro meses: *asignatura cuatrimestre.* || *s. m.* 2 Espacio de tiempo que dura cuatro meses: *En el último cuatrimestre asistió más gente a la exposición. Este cuatrimestre me han ido las cosas muy mal.*

cuatrimotor *s. m.* AER. Avión que funciona con cuatro motores: *Viajamos en un cuatrimotor entre Madrid y Valencia.*

cuatro *adj. / pron. num. card. / s. m.* 1 Cantidad que representa la cifra 4: *Veo cuatro películas al día. Hace cuatro años que no la he visto.* || *s. m.* 2 Signo lingüístico o matemático con que se representa esta cantidad: *Te falta sumar el cuatro. Tienes que escribir un cuatro al lado del ocho.* || *adj. num. ord. / s. m.* 3 Cuarto: *el episodio cuatro, el cuatro de julio. El día tres del mes cuatro salió publicado el nombramiento en el Boletín Oficial del Estado.* || *adj. indef.* 4 Indica, de forma indefinida, una cantidad pequeña de una cosa: *Eva escribió cuatro letras a su madre. Total, para cuatro días que vivimos. Ya sólo quedan cuatro cosas por recoger. Le tengo que decir cuatro cosas yo a éste.* **~ cuartos*. ~ gatos** COLOQUIAL. Pocas personas: *Tanto organizar la función y al final han venido cuatro gatos.* FR. Y LOC. **a ~ patas*. gritar* a los ~ vientos. como dos* y dos son ~. ~ ojos*. decir ~ cosas*. las ~** La cuarta hora del día o la cuarta después del mediodía: *Llegaré a las cuatro. La misa es a las cuatro.* **las ~ reglas*. más de ~** COLOQUIAL. Gran número de personas: *Más de cuatro querrían vivir como tú.* **por ~ reales*.**

cuatrocientos, tas *adj. / pron. num. card. / s. m.* **1** Cantidad que representa la cifra 400: *Son cursos de cuatrocientas horas. Sólo me ha costado cuatrocientas pesetas. Los cuatrocientos invitados acabaron con todo.* || *adj. num. ord. / s. m.* **2** Que ocupa la posición número 400: *el artículo cuatrocientos. Vive en el 400 de la Gran Vía.* || *s. m.* **3** Signo lingüístico o matemático con que se representa esta cantidad: *Ahora le restas el cuatrocientos.*

cuatrolatas (plural *cuatrolatas*) *s. m.* COLOQUIAL, RESTRINGIDO. Coche utilitario, pequeño y económico: *Mi madre tenía un cuatrolatas de los años sesenta. Recuerdo que los cuatrolatas aquellos tenían muy poca estabilidad.*

cuba *s. f.* **1** Recipiente grande de madera para contener líquidos, con forma cilíndrica y vientre algo abultado: *cuba de fermentación. La cuba da muy buen sabor al vino.* SIN. barril, tonel. **2** Depósito instalado sobre un vehículo para transportar líquidos: *El camión de la cuba ha hecho cinco viajes trayendo agua para la piscina.* **3** Vehículo que lleva instalado un depósito: *Hemos contratado una cuba para que nos llene los depósitos de agua potable.* **4** Cantidad de líquido que puede contener: *Entre todos se han bebido una cuba de vino. Tengo en el pueblo dos cubas de aceite. No sé si una cuba de agua es suficiente para llenar el pilón.* FR. Y LOC. **estar como una ~** Estar ‹una persona› muy borracha: *Isabel estaba como una cuba, no podía ni tenerse en pie.*

cubalibre o **cuba-libre** (plural *cubalibres*) *s. m.* **1** (no contable) Mezcla de refresco de cola y bebida alcohólica, generalmente ron o ginebra: *A mí lo que más me gusta es el cubalibre de ron.* **2** Medida de este líquido contenida en un vaso: *Para nosotros, dos cubalibres.* SIN. cubata (COLOQUIAL).

cubanismo *s. m.* Palabra o expresión propia de los cubanos.

cubano, na *adj. / s. m.* y *f.* De Cuba, país americano: *tabaco cubano, ron cubano. Hoy actúan dos cubanos en el teatro de variedades de la Rambla.*

cubata *s. m.* COLOQUIAL. Cubalibre: *Ponme otro cubata.*

cubero *s. m.* Se usa en la LOC. **a ojo* (buen ~).**

cubertería *s. f.* Conjunto de cucharas, tenedores, cuchillos y utensilios semejantes de mesa: *la cubertería de plata, la cubertería de alpaca. Le gusta limpiar la cubertería.*

cubeta *s. f.* **1** Recipiente parecido a un cubo: *Tráeme mortero en la cubeta y súbeme unos ladrillos.* SIN. balde. **2** Recipiente rectangular muy utilizado en los laboratorios químicos y fotográficos: *He comprado unas cubetas para montarme un laboratorio casero y revelarme mis propias fotos.* **3** Depósito del mercurio en los termómetros: *Se ha caído el termómetro, se ha roto la cubeta y se ha desparramado el mercurio por el suelo.* **4** Recipiente que se llena de agua y se pone al frigorífico para obtener hielo: *¿Has llenado las cubetas para que tengamos hielo?* FR. Y LOC. **barómetro* de ~.**

cubicaje *s. m.* Potencia en centímetros cúbicos de un vehículo a motor: *Este coche tiene más cubicaje que el que has vendido. Yo no quiero una moto con tanto cubicaje.*

cúbico, ca *adj.* **1** Del cubo: *área cúbica.* **raíz* cúbica.** **2** GEOM. Que tiene figura de cubo, o que es parecido a un cubo: *figura cúbica.* **3** MAT. Que transforma una unidad de longitud en una unidad de capacidad equivalente a un cubo que tiene como lado la unidad de longitud de que se trate: *centímetro cúbico, decímetro cúbico* **metro* ~.**

cubículo *s. m.* Habitación pequeña: *los cubículos de los monjes. El secuestrado estaba recluido en un cubículo en el que casi no podía moverse.* SIN. cuartucho.

cubierta *s. f.* **1** Aquello que cubre una cosa para taparlo o resguardarlo: *cubierta impermeable, cubierta de la choza, cubierta de plástico. Hemos puesto una cubierta a la mesa para que no se estropee.* **2** Tapa de un libro: *la cubierta de una novela. Este libro tiene las cubiertas muy estropeadas.* **3** Portada de una revista: *Esta semana tu cantante favorito aparece en la cubierta de todas las revistas.* **4** Parte exterior del techo de un edificio: *Estamos reparando la cubierta de la casa porque teníamos goteras.* **5** Banda que protege exteriormente la cámara de los neumáticos de los vehículos: *Tengo que cambiar las cubiertas del coche porque están muy gastadas.* **6** Suelo que cubre o divide horizontalmente una embarcación, en particular la superior o principal: *la cubierta de popa, la cubierta de proa. ¡Todos a cubierta!*

cubierto, ta *s. m.* **1** Conjunto de cuchillo, tenedor y cuchara, y cada uno de estos instrumentos: *¿Has puesto ya los cubiertos para el pescado? Se me ha caído un cubierto al suelo.* **2** Servicio de mesa que se pone a cada comensal, compuesto de cuchillo, tenedor, cuchara, plato, vaso y servilleta: *Hay que poner otro cubierto porque somos cuatro para comer y sólo hay tres en la mesa.* **3** Comida que se sirve en un restaurante o casa de comidas con unos platos fijos y un precio determinado: *En este bar el cubierto es muy económico, porque incluye pan, vino, postre y café.* || *p.* **4** Participio irregular de *cubrir.* || **5 piscina* cubierta.** FR. Y LOC. **a / bajo ~** En un lugar resguardado de las inclemencias del tiempo o de otras agresiones: *Me puse a cubierto en un portal porque llovía mucho. ¡Todos a cubierto, a los refugios, que se acercan los bombarderos enemigos!* **tener bien ~ el riñón*. tener las espaldas* cubiertas / guardadas.**

cubil *s. m.* **1** Refugio donde se recogen animales, sobre todo los salvajes: *Los jóvenes encontraron el cubil donde se había refugiado el lobo herido y se lo llevaron para curarlo.* **2** Lugar donde se esconden los delincuentes: *Los ladrones tenían su cubil en un sótano.* SIN. guarida. **3** COLOQUIAL. Habitación en que se refugia una persona para poder estar sola: *Se ha metido en su cubil a leer.*

cubilete *s. m.* **1** Vaso de boca ancha para tirar los dados o hacer juegos de manos: *Mueve el cubilete y tira sobre el tablero, a ver si te sale el seis.* **2** Molde de cocina circular con la boca más ancha que la base: *Mi madre utiliza estos cubiletes para hacer flanes.* **3** COL. Sombrero de copa alta.

cúbilo *s. m.* COL; RESTRINGIDO. Sombrero de copa.

cubismo *s. m.* (no contable) ARTE. Movimiento artístico nacido a principios del siglo XX en Francia que se caracteriza por el predominio de las formas geométricas: *El cubismo de Picasso impuso este estilo en el arte contemporáneo.*

cubista *adj.* **1** ARTE. Del cubismo: *arte cubista.* || *adj. / s. m.* y *f.* **2** ARTE. Que practica el cubismo: *pintor cubista. Los cubistas tenían su centro en París.*

cubital *adj.* **1** ANAT. Del codo: *arteria cubital.* **2** ANAT. Del cúbito: *fractura cubital.*

cubitera *s. f.* **1** Recipiente para hacer cubitos en el frigorífico: *Llena la cubitera para que se vayan haciendo los cubitos.* **2** Recipiente para servir los cubitos en la mesa: *Trae la cubitera que nos sirvamos hielo en las bebidas.*

cubito *s. m.* Porción pequeña de hielo que se sirve en las bebidas: *No me pongas cubitos, que tengo mal la garganta. Mira en el congelador, a ver si ya se han hecho los cubitos.*

cúbito *s. m.* ANAT. Hueso más largo y grueso de los dos que forman el antebrazo: *Se ha fracturado el cúbito.*

cubo *s. m.* **1** GEOM. Cuerpo geométrico formado por seis caras que son cuadrados iguales: *Tú dibuja un cubo en perspectiva. Es un cubo de arcilla que utilizo como pisapapeles.* **2** MAT. Resultado de multiplicar una cantidad dos veces por sí misma: *¿Cuál es el cubo de tres? Ahora, si elevas el 5 al cubo te dará 125.* **3** Recipiente cilíndrico con un asa en el borde superior muy usado en las tareas domésticas: *cubo de la basura, cubo de fregar, cubo de playa, cubo de metal, cubo de plástico, cubo de madera. Tengo que comprar un cubo, un escurridor y una fregona.* **4** RESTRINGIDO. Pieza central de una rueda donde se encajan los radios: *Los radios de las ruedas de los carros encajan en el cubo.*

cubrecama (plural *cubrecamas*) *s. m.* Pieza de tela rectangular que se pone encima de la cama como abrigo o como decoración: *Ese cubrecama tan floreado no hace juego con la decoración de la alcoba.* SIN. colcha.

cubreobjetos (plural *cubreobjetos*) *s. f.* Lámina delgada de cristal que protege las muestras que van a ser examinadas en el microscopio.

cubrimiento *s. m.* **1** Acción y resultado de cubrir: *El cubrimiento de la fachada mediante una lona es obligatorio para evitar que caigan escombros a la calle.* **2** Cosa que sirve para cubrir: *Hay que poner un cubrimiento de tela asfáltica al techo para evitar las goteras.*

cubrir *v. tr. / prnl.* **1** Poner ‹una persona› una cosa encima de [otra persona] o encima de [una cosa] para protegerla u ocultarla: *Siempre cubrimos el coche* ***con*** *una funda para protegerlo del polvo. En la película, el protagonista cubría los hombros de la chica* ***con*** *su americana. La anciana* ***se*** *cubrió* ***con*** *una manta para protegerse del frío.* || *v. tr.* **2** Proteger ‹una persona› a [otra persona o una cosa] con su cuerpo o con una acción: *Sólo se me ocurrió cubrir a Pablo poniéndome delante para que no le pegaran. La madre cubrió al niño* ***con*** *su cuerpo tirándose encima de él para que no le cayeran escombros. Los soldados cubrieron a su compañero* ***con*** *unas ráfagas de ametralladora. El vigilante se puso delante del cuadro para cubrirlo de los desaprensivos que pretendían estropearlo.* **3** Poner ‹una persona› una cosa sobre la superficie de [otra cosa]: *Cubrimos la pared* ***con*** *una mano de pintura.* **4** Llenar ‹una persona› [una cosa] de [muchas otras cosas]: *Han cubierto el suelo* ***de*** *papeles. Los aficionados cubrieron el terreno de juego* ***de*** *almohadillas.* **5** Llenar ‹un grupo de personas› [una cosa] por completo: *Los turistas han cubierto la totalidad de las plazas hoteleras de la costa. Los médicos no pueden cubrir todo el servicio.* **6** Ocupar ‹una persona› un puesto de trabajo: *Los cien opositores aprobados han cubierto todas las plazas vacantes de correos.* **7** Dar ‹una persona› [una cantidad grande de una cosa] a [otra persona]: *Sus padres la han cubierto* ***de*** *atenciones. Siempre que hablas de él lo cubres* ***de*** *elogios.* **8** PERIOD. Seguir ‹un periodista› el desarrollo de [una cosa] e informar sobre ella: *Recibimos una crónica del periodista que cubre los acontecimientos de Colombia.* **9** Recorrer ‹una persona o un vehículo› [una distancia]: *El atleta cubrió los cinco mil metros de la prueba en dos segundos menos de los que marcaba el récord del mundo. Los pilotos cubrieron las ocho primeras vueltas con relativa calma.* **10** Ser ‹una cosa› suficiente para [otra cosa]: *El dinero que cobro no cubre los gastos que tengo. Estas provisiones cubrirán nuestras necesidades durante la travesía.* **11** Utilizar ‹una persona› [una cosa] para ocultar [otra cosa]: *cubrir las apariencias. Pedro cubre* ***con*** *una aparente cortesía su falta de educación. Pensaba que* ***con*** *sus donativos cubría su insensibilidad ante la injusticia.* **12** Poner ‹el techo› a [un edificio]: *Ya han cubierto aguas, pero todavía falta acabar los interiores.* **13** DEP. Seguir ‹un jugador› los movimientos de [otro jugador] para que no pueda jugar cómodamente: *El alero cubría a la estrella del equipo. No pudo pasarle el balón porque lo cubrían muy bien.* **14** DEP. Defender ‹un jugador› [una parte del terreno de juego]: *El lateral derecho cubre la zona derecha de la defensa.* **15** RESTRINGIDO. Juntarse ‹un macho› con [una hembra] para fecundarla: *El otro día el toro cubrió a la vaca y nos hace ilusión pensar que tendremos un ternero.* || *v. prnl.* **16** Recibir ‹una persona› [una gran cantidad de una cosa]: *El equipo se ha cubierto* ***de*** *gloria. Con este premio Tere se ha cubierto* ***de*** *millones.* **17** Ponerse ‹una persona› un sombrero o una gorra: *Me cubrí para evitar la insolación.* **18** Ponerse ‹una persona› [una cosa que le sirve de vestido]: *Ana se cubre* ***de*** *harapos. Rafa siempre se cubre* ***de*** *las mejores galas.* **19** Ponerse ‹el cielo› nublado: *Hacía muy buen día, pero de pronto se ha cubierto y seguro que acaba lloviendo.* **20** Ocuparse ‹un puesto de trabajo›: *Se han cubierto las plazas con opositores jóvenes.* FR. Y LOC. **~ el expediente*. ~ gastos*. cubrirse / guardarse las espaldas*.** ⇒ **91.**

cuca *s. f.* **1** COLOQUIAL. Peseta: *Anda, dame mil cucas. Este collar me ha costado dos mil cucas.* **2** PERÚ; VULGAR. Vagina.

cucamonas (plural) *s. f.* COLOQUIAL. Caricias y demostraciones de cariño más o menos interesadas: *Le estuve haciendo cucamonas a ver si le sacaba dinero para la excursión. No me hagas cucamonas, que ya te conozco.*

cucaña *s. f.* Palo untado de una sustancia resbaladiza por el que se ha de andar o trepar para alcanzar un premio situado en su extremo: *Este año no participo porque ya estoy cansado de no conseguir nunca llegar a lo alto de la cucaña.*

cucaracha *s. f.* **1** (macho y hembra) Insecto de color negro o pardo, con el cuerpo protegido por una coraza y con alas, que generalmente no vuela y que suele tener costumbres nocturnas: *Ayer por la noche vi una cucaracha en el portal. ¡Qué asco me dan las cucarachas!* SIN. corredera. **2** ARG., MÉX.; COLOQUIAL. Coche feo y destartalado. **3** MÉX. Coche de tranvía remolcado por otro.

cuchara *s. f.* **1** Utensilio de cocina formado por una paleta cóncava y un mango que sirve para llevarse a la boca líquidos o cosas blandas: *cuchara de palo, cuchara de plata, cuchara de café, cuchara sopera,* **2** Cantidad que cabe en este instrumento: *una cuchara de sopa. ¿Pero te vas a dejar eso en el plato, para una cuchara que te queda?* SIN. cucharada. **3** Caja metálica articulada de ciertas máquinas para extraer y transportar materiales: *cuchara de una pala mecánica, cuchara de una draga, cuchara de una grúa. Vino la excavadora, le dio un golpe con la cuchara a la casa y ésta se vino abajo.* **4** AMÉR. Paleta de albañil. FR. Y LOC. **meter con ~ (de palo)** COLOQUIAL, RESTRINGIDO. Explicar ‹una persona› una cosa muy detalladamente para que pueda entenderse: *Le metí con cuchara toda la teoría de la relatividad.* **meter la ~** Participar ‹una persona› en una conversación o en un asunto que no le afecta directamente: *Si no metes la cuchara en todo, no estás contento.*

cucharada *s. f.* Cantidad de cualquier cosa que cabe en una cuchara: *una cucharada de aceite, una cucharada de azúcar. Añadió una cucharada sopera de vinagre a la salsa.*

cucharadita *s. f.* Cantidad de cualquier cosa que cabe en una cucharilla: *A mí ya sabes que el café me gusta con dos cucharaditas de azúcar.*

cucharear *v. intr. / tr.* PERÚ; JERGAL. Conseguir ‹una persona› [información] con preguntas insistentes.

cucharilla *s. f.* **1** Cuchara pequeña: *cucharilla de postres, cucharilla de café. Pásame una cucharilla para el pastel.* **2** Cantidad que cabe en esta cuchara: *Sólo quiero una cucharilla de azúcar.* **3** Útil de pesca compuesto por varios anzuelos y una placa brillante para atraer a los peces: *La cucharilla atrae a los peces con sus destellos.*

cucharón *s. m.* **1** Cuchara grande y honda con mango largo para repartir la comida en los platos: *servir la sopa con el cucharón. El cucharón se ha caído dentro de la sopera.* **2** Cantidad de comida que cabe en esta cuchara: *Ponme un cucharón de cocido. No me pongas más que dos cucharones, que este cucharón es muy grande.*

cuché *adj.* Se usa en la LOC. **papel* ~.**

cuchichear *v. intr.* Hablar ‹una persona› en voz baja para que otras no se enteren de lo que dice: *No sé qué decían, pero cuchicheaban* **de** *lo de ayer. Es de muy mala educación cuchichear cuando hay más gente.* SIN. murmurar.

cuchicheo *s. m.* Acción y resultado de cuchichear: *Durante el examen, el profesor escuchó el cuchicheo de dos alumnos que intentaban copiarse. Me molesta vuestro cuchicheo; si queréis decir algo, decidlo en voz alta, que nos enteremos todos.*

cuchichí *s. m.* Canto de la perdiz: *Oíamos el cuchichí cerca de nosotros, pero no veíamos a la perdiz.*

cuchilla *s. f.* **1** Instrumento de acero con un filo para cortar: *cuchilla de curtidor, cuchilla de encuadernador, cuchilla de guillotina. La cuchilla está mellada y no hace el corte limpio.* **2** Cuchillo grande y pesado: *El carnicero partía las chuletas con la cuchilla.* **3** Hoja de afeitar: *Me he quedado sin cuchillas y necesito afeitarme. Esta cuchilla ya no apura.* **4** Parte cortante de un arma blanca: *la cuchilla de una navaja, la cuchilla de una espada.* SIN. filo. **5** AMÉR. Parte superior de la sierra o monte. **6** URUG. Continuidad o sucesión de lomas. **7** MÉX.; COLOQUIAL. Faja de terreno más angosta por uno de los extremos.

cuchillada *s. f.* Corte o herida hecho con un cuchillo o con otra arma de corte: *Se pelearon y acabaron a cuchilladas.*

cuchillazo *s. m.* RESTRINGIDO. Cuchillada: *Recibió un cuchillazo en el estómago y estuvo a punto de desangrarse.*

cuchillería *s. f.* **1** RESTRINGIDO. Tienda donde se venden cuchillos y otros instrumentos utilizados para cortar: *Fui a la cuchillería y compré media docena de cuchillos de carne, unas tijeras y una navaja.* **2** RESTRINGIDO. Taller donde se hacen cuchillos: *En la cuchillería me están haciendo un cuchillo para cortar jamón.*

cuchillero, ra *s. m. / f.* **1** Persona que tiene por oficio la fabricación y venta de cuchillos y otros instrumentos utilizados para cortar: *El cuchillero me ha dicho que no es bueno secar la hoja de esta navaja, que es mejor dejarla escurrir.* **2** AMÉR. Camorrista, pendenciero.

cuchillo *s. m.* **1** Instrumento cortante compuesto por un mango y una hoja con filo: *cuchillo afilado, la hoja del cuchillo, el mango del cuchillo, la punta del cuchillo, cuchillo de monte, cuchillo de trinchar, cuchillo de cocina, cuchillo de postre, cuchillo de carne, cuchillo de pescado, cuchillo de pan. He llevado a afilar estos cuchillos porque ya no cortaban.* **2** (preferentemente en plural) Pieza triangular que se pone en una prenda de vestir para ensancharla o como remiendo: *Hay que coser unos cuchillos al pantalón.* **3** ARQ. Estructura en forma de triángulo que se emplea como soporte: *el cuchillo de un puente.* FR. Y LOC. **pasar a ~** Matar ‹una o más personas› a un grupo de personas: *Los soldados pasaron a cuchillo a los prisioneros. Como venganza, pasaron a cuchillo a todos los habitantes del pueblo.* **vela* de ~.**

cuchipanda *s. f.* COLOQUIAL. Reunión para comer y divertirse: *Hoy vamos de cuchipanda.*

cuchitril *s. m.* Casa o habitación pequeña y de mal aspecto: *Su familia vive en un cuchitril. Su habitación es un cuchitril, con todo desordenado y casi sin espacio.*

cucho, cha *adj.* **1** AMÉR. C. Jorobado. **2** MÉX.; COLOQUIAL. Desnarigado, que tiene labio leporino. || *s. m.* **3** COL.; PEYORATIVO. Cuarto pequeño. **4** COL., EC., PERÚ. Rincón. **5** COL.; PEYORATIVO. Anciano, profesor o maestro.

cuchufleta *s. f.* COLOQUIAL. Broma o burla: *Ángel es un guasón, siempre está de cuchufleta. Eva te hace enfadar, luego te hace dos cuchufletas y ya cree que está todo arreglado.*

cuclillas Se usa en la LOC. **en ~** Con el cuerpo agachado de forma que las nalgas toquen los talones: *El jugador posaba en cuclillas para los fotógrafos. Estaba mirando el suelo en cuclillas a ver si encontraba la rosca del pendiente que se le había caído.*

cuclillo *s. m.* (macho y hembra) *Cuculus canorus.* Ave de plumaje generalmente grisáceo y blanco, y pico grueso algo curvado, que suele permanecer escondida en los árboles y emite un sonido característico imitado por un tipo de relojes: *El cuclillo deposita sus huevos en nidos de otras especies.* SIN. cuco.

cuco, ca *adj.* **1** (ser / estar) AFECTADO. Que es bonito o agradable: *Ese vestido es muy cuco. Sergio lleva al niño muy cuco a la guardería. Tu hija está muy cuca en la foto.* || **2** *adj. / s. m.* y *f.* COLOQUIAL. Que hace las cosas pensando únicamente en su conveniencia: *una persona muy cuca. No te fíes de él, que es un cuco y siempre espera sacar provecho de todo.* || *s. m.* **3** ZOOL. Cuclillo. FR. Y LOC. **reloj* de ~.**

cucú *s. m.* **1** Canto del cuco o cuclillo: *En aquel bosque resultaba gracioso oír el cucú de los cuclillos.* **2** Reloj de cuco: *Me regalaron un cucú y lo puse en la pared del comedor.*

cucufato, ta *adj. / s. m.* y *f.* PERÚ; COLOQUIAL. Que es un beato hipócrita.

cucurbitáceo, a *adj. / s. f.* **1** BOT. [Planta] de pelo áspero, flores con cinco pétalos y fruto carnoso, como la sandía: *Las plantas cucurbitáceas suelen ser trepadoras y tener un desarrollo rápido.* || *s. f.* **2** (en plural) BOT. Familia de estas plantas.

cucurucho *s. m.* **1** Bolsa de papel o cartón en forma de cono: *un cucurucho de caramelos. Me voy a comprar un cucurucho de castañas. En este cine tienen unos magníficos cucuruchos de palomitas.* **2** REL. Gorro en forma de cono que cubre la cabeza y la cara, llevado por algunos penitentes en las procesiones de Semana Santa. SIN. capirote. **3** Objeto en forma de cono: *cucurucho de un helado.*

cucuyo *s. m.* AMÉR. Cocuyo.

cueca *s. f.* AMÉR. DEL S. Baile de pareja suelta, de ritmo vivo, que se baila en muchos países sudamericanos y es característico de las regiones andinas de Chile y Argentina.

cuelga *s. f.* MÉX., VEN.; COLOQUIAL. Regalo de cumpleaños.

cuello *s. m.* **1** ANAT. Parte del cuerpo que une la cabeza al tronco: *Puse en su cuello un bonito collar de perlas. Me duele el cuello, he dormido en mala posición.* SIN. pescuezo (COLOQUIAL). **2** Pieza de algunas prendas de vestir que cubre esta parte del cuerpo: *cuello almidonado, el cuello de una camisa, el cuello del abrigo.* **~ alto** Cuello de los jerséis que cubre la garganta y se dobla sobre sí mismo: *Los jerséis de cuello alto me producen agobio.* **~ de cisne** Cuello alto. **~ de marinero** Cuello cuadrado por detrás, a semejanza del cuello de los uniformes marineros. **3** Parte superior y más estrecha de algunas cosas: *el cuello de una botella, el cuello de una bombilla, el cuello de una jarra, el cuello del útero.* || **4 ~ de botella 4₁** Estrechamiento que se produce en un lugar con mucha circulación, y que la entorpece: *Al acabar la autopista y empalmar con la carretera se produce un cuello de botella que provoca enormes atascos.* **4₂** Atasco que se produce en una actividad o trabajo más o menos en cadena: *No avanzamos porque Juan forma un cuello de botella y no podemos hacer nada los otros.* FR. Y LOC. **con el agua* al ~. con la soga* al ~. estar con el dogal* al ~.**

cuenca *s. f.* **1** ANAT. Cada una de las dos cavidades en que están situados los ojos: *El pirata se arrancó el parche y descubrió la cuenca vacía de su ojo izquierdo.* SIN. órbita. **2** GEOGR. Terreno extenso atravesado por cauces de aguas que van a parar a un mismo río, lago o mar: *El Ebro es el río más caudaloso de la cuenca mediterránea. La cuenca del Duero está orientada al Atlántico.* **3** MIN. Región donde abunda un determinado mineral: *La cuenca asturiana es una de las zonas mineras más ricas de la Península.* **~ minera.**

cuencano, na *adj. / s. m.* y *f.* De Cuenca, ciudad de la república del Ecuador.

cuenco *s. m.* **1** Recipiente de barro hondo con boca ancha: *Beber el agua helada en un cuenco es una sensación que no olvidaré. El cuenco se cayó al suelo y se rompió.* SIN. escudilla (RESTRINGIDO). **2** Sitio cóncavo: *Silvia ponía el cuenco de la mano para que se lo llenara de golosinas.*

cuenta *s. f.* **1** Acción y resultado de contar o numerar: *No llevo la cuenta de las copas que te has bebido hoy, pero son muchas.* **2** MAT. Operación aritmética que consiste en sumar, restar, multiplicar o dividir: *El niño tiene que hacer unas cuentas para el colegio. Ajusta esa cuenta y dime cuánto sale.* **3** COMERC. Factura o nota que tiene que pagar una persona por una cosa: *¡Camarero, por favor, tráigame la cuenta! ¿Me da la cuenta, por favor?* **4** (preferentemente en plural) ECON. Conjunto de anotaciones de gastos e ingresos de una actividad comercial o empresarial: *Las cuentas de la empresa no están muy claras. Mi hijo se cuida de llevar las cuentas del negocio.* **5** ECON. Depósito de dinero que una persona tiene en un banco u otra institución financiera: *He abierto una cuenta en la Caja de Ahorros para que me ingresen la nómina. Es una cuenta que da un alto interés.* **~ corriente** Cuenta que permite hacer cargos en ella y disponer del dinero depositado de manera inmediata: *Prefiero una cuenta corriente, porque con el talonario no necesito llevar dinero encima.* **6** Justificación de los actos de una persona: *El ministro rindió cuentas* **de** *su actuación ante el Congreso. El empleado dio cuenta* **de** *sus gestiones ante el director.* **7** Bola pequeña perforada que se usa para hacer collares o rosarios: *Se rompió el collar y todas las cuentas cayeron por el suelo.* **8** Consideración que se da a una persona o una cosa: *Hay que tomar en cuenta a María, porque puede ser que tenga razón en lo que dice. Ten en cuenta que no te voy a ofrecer dos veces este negocio.* **9** Cuidado u obligación que asume una persona: *Esa parte corre de mi cuenta. Gestionar los permisos ante el ayuntamiento es cuenta mía.* **10** Beneficio o provecho que se obtiene de una cosa: *Trae cuenta comprar en este supermercado. Tiene cuenta sacar el billete de ida y vuelta.* **11** Plan o proyecto que se hace una persona: *No entraba en sus cuentas que ese día hubiera huelga de controladores aéreos. Él ya se había hecho la cuenta de que veníais los cuatro al viaje.* || **12 censor* jurado de cuentas. 13 la ~ de la vieja** COLOQUIAL. Cuenta que se hace con los dedos o por procedimientos simples: *No hace falta calculadora; por la cuenta de la vieja salen 3.250.* **14 las cuentas del Gran Capitán** RESTRINGIDO. Cuentas exageradas y sin justificación: *Este hombre ha hecho las cuentas del Gran Capitán, pero yo no creo que vayan a pagarle tanto.* FR. Y LOC. **a ~** Como anticipo: *He dado un dinero a cuenta de la nevera; el resto lo pagaré cuando me la traigan.* **a fin* de cuentas. ajustar las cuentas** AMENAZA. Tomar medidas ‹una persona› contra otra persona: *Si nos ha hecho una faena, ya le ajustaremos las cuentas. Como vuelva a servirnos mal, le ajustaremos las cuentas y no volveremos a comer aquí.* **arreglo* de cuentas. borrón* y ~ nueva. caer* en la ~. dar ~** Acabar o consumir ‹una persona› con rapidez una cosa: *Diste cuenta* **del** *filete en un momento.* **darse ~** Advertir ‹una persona› una cosa: *No te enfades con ella, que lo ha hecho sin darse cuenta. ¿No te das cuenta* **de** *que me estás pisando?* **en resumidas cuentas** En conclusión: *De todo lo dicho, en resumidas cuentas, lo importante es que no hay acuerdo.* **estar fuera de cuentas** Salir ‹una mujer› de cuentas. **no querer cuentas** Negarse ‹una persona› a tratar con otra persona: *A mí ya me ha engañado Carlos una vez, no quiero cuentas con él.* **pájaro* de ~. perder la ~** No llevar ‹una persona› la cuenta de una cosa por ser muy numerosa o por haber pasado mucho tiempo: *He perdido la cuenta de las veces que me has preguntado lo mismo. Deben de haber perdido la cuenta de los invitados que fueron a su boda, porque hace ya más de veinte años.* **por ~ (y riesgo) de** Bajo la responsabilidad de una persona: *Nuestra socia firmó el talón por su cuenta y riesgo, sin consultarnos.* **por la ~ que le trae** Por la conveniencia de la persona de que se trate: *Déjale, no le llames. Ya procurará él llegar pronto por la cuenta que le trae.* **salir de cuentas** Cumplir ‹una mujer embarazada› el periodo de gestación calculado por el médico: *Adela sale de cuentas dentro de tres días.* **tener* en ~. tomar* en ~. traer* ~. Tribunal* de Cuentas.**

cuentachiles (plural *cuentachiles*) *s. m.* **1** MÉX.; COLOQUIAL. Chismoso. **2** MÉX.; COLOQUIAL. Tacaño.

cuentagotas (plural *cuentagotas*) *s. m.* Instrumento compuesto por un tubito de vidrio y una pieza de goma en su parte superior que permite verter un líquido gota a gota:

Se ha perdido el cuentagotas del laboratorio y ahora no puedo acabar este preparado. FR. Y LOC. **con / a ~** Poco a poco: *Nos daba el dinero con cuentagotas. Las personas iban entrando en la sala con cuentagotas.*

cuentahílos (plural *cuentahílos*) *s. m.* Instrumento óptico, parecido a una lupa, que sirve para ver los hilos y el dibujo de un tejido: *Este cuentahílos es de poco aumento; necesito otro más potente para examinar este tejido.*

cuentakilómetros (plural *cuentakilómetros*) *s. m.* **1** MEC. Aparato que indica los kilómetros que ha recorrido un vehículo: *Puso el cuentakilómetros a cero.* **2** Aparato que indica la velocidad a la que circula un vehículo: *El cuentakilómetros marca 120 km por hora. Mi coche tiene un cuentakilómetros digital.* SIN. velocímetro.

cuentarrevoluciones (plural *cuentarrevoluciones*) *s. m.* MEC. Aparato que indica las revoluciones de un motor: *El cuentarrevoluciones del coche sirve para no forzar el motor.*

cuentavueltas (plural *cuentavueltas*) *s. m.* ARG., URUG. Cuentarrevoluciones.

cuentista *adj. / s. m.* y *f.* **1** COLOQUIAL; PEYORATIVO. [Persona] que tiende a decir mentiras o exagerar: *La niña es una cuentista, llora para no ir al colegio. Es un cuentista, apenas lo he tocado y fíjate cómo se queja.* **2** COLOQUIAL; PEYORATIVO. Persona que cuenta chismes: *Félix me contó las vidas de todos, es un cuentista.* SIN. chismoso. || *s. m. / f.* **3** LIT. Persona que escribe o cuenta cuentos: *He ganado el primer premio de cuentistas jóvenes.*

cuentitis (plural *cuentitis*) *s. f.* (no contable) COLOQUIAL; INFANTIL. Enfermedad fingida para evitar hacer una cosa que debe hacerse: *Levántate, que tú no estás mala; lo que te pasa es que tienes cuentitis y no quieres ir a la escuela.*

cuento *s. m.* **1** LIT. Breve narración de hechos fantásticos o ficticios y de carácter sencillo con intenciones moralizadoras y de divertir: *El cuento de Pulgarcito es realmente cruel. Los cuentos de hadas gustan mucho a los niños.* **2** Pretexto sin fundamento o engaño con el que se trata de ocultar una cosa o de presentarla distinta: *Su enfermedad es un cuento. No le hagas caso, porque ya sabes que tiene mucho cuento.* **3** Chisme que se cuenta a una persona para enemistarla con otra: *Este chico siempre anda con cuentos sobre ella. No sé cómo te crees eso, porque seguro que son cuentos.* || **4 ~ chino** COLOQUIAL; PEYORATIVO. Mentira o invención: *El conserje me contó un cuento chino sobre cómo había conseguido el empleo.* **5 el ~ de la lechera** Pensamiento o propósito ambicioso que no tiene fundamento: *Éste es el cuento de la lechera; yo creo que hay que empezar por plantearse cosas modestas.* **6 el ~ de nunca acabar** COLOQUIAL. Asunto que se prolonga y complica: *Cada vez que vengo a entregar la solicitud me dice que me falta un nuevo documento; éste es el cuento de nunca acabar.* FR. Y LOC. **colorín* colorado, este ~ se ha acabado. traer* a colación / ~. venir a ~** Estar ‹una cosa› en relación con lo que se trata: *Me gustaría saber a cuento de qué viene ahora hablar de eso.*

cuera *s. f.* **1** AMÉR. Azotaina, zurra. **2** AMÉR. C. Polaina basta de cuero.

cuerazo *s. m.* **1** AMÉR. Latigazo. **2** AMÉR. Golpe, caída.

cuerda *s. f.* **1** Conjunto de hilos de cáñamo, esparto u otro material que retorcidos forman uno solo, grueso y flexible, que sirve generalmente para atar: *atar el paquete con cuerdas, tirar de la cuerda, trozo de cuerda. Los secuestradores la ataron con cuerdas. Cortaron las cuerdas para soltarle las manos atadas.* **2** MÚS. Hilo que se emplea en instrumentos musicales: *cuerda de tripa, una guitarra de seis cuerdas. Las cuerdas del violín son más cortas y finas que las de la guitarra.* **3** (no contable) MÚS. Grupo de instrumentos musicales que tienen cuerdas: *la sección de cuerda de una orquesta. La cuerda no suena mal. Es un quinteto de cuerda que está de gira por España.* **instrumento* de ~.** **4** MEC. Muelle o mecanismo que hace funcionar ciertos objetos: *juguete de cuerda. Se ha pasado la cuerda del cochecito.* **reloj de ~.** **5** MÚS. Cada una de las cuatro voces fundamentales de un coro: bajo, tenor, contralto y tiple. **6** GEOM. Recta que une dos puntos de una curva: *la cuerda de un arco de circunferencia.* **7** AMÉR. Pandilla, grupo de amigos. || **8 ~ floja** Alambre poco tenso en el cual hacen sus ejercicios los acróbatas: *Los ejercicios en la cuerda floja es lo que más me gusta del circo.* **9 cuerdas vocales** ANAT. Membranas en la parte inferior de la laringe que vibran al expulsar el aire de los pulmones: *El médico me ha dicho que fuerzo demasiado las cuerdas vocales.* FR. Y LOC. **bajo ~** A escondidas, sin que nadie lo sepa, de manera cubierta: *Le han dado dinero bajo cuerda. El pago del rescate se realizó bajo cuerda. Ese pacto se firmó bajo cuerda.* **dar ~** 1 MEC. Tensar ‹una persona› el muelle que hace funcionar un mecanismo: *dar cuerda a un reloj, dar cuerda a un juguete, dar cuerda al despertador. Tienes que darle cuerda a la caja de música si quieres oírla sonar.* 2 COLOQUIAL. Animar ‹una persona› a otra persona a hacer una cosa: *No le des cuerda, que después no para de hablar.* **estar / bailar / andar en la ~ floja** COLOQUIAL. Encontrarse ‹una persona› en una situación complicada o en dificultades: *Tras los últimos acontecimientos, el ministro está en la cuerda floja, y se espera su cese en las próximas horas. Con este negocio estoy bailando en la cuerda floja.* **ser de la misma ~** COLOQUIAL. Tener ‹una persona› la misma opinión política o ideológica que otra persona: *Los dos dirigentes regionales son de la misma cuerda.* **tener ~ para rato** 1 COLOQUIAL. Durar ‹una persona o una cosa› aún mucho tiempo en una actividad: *El gobierno tiene cuerda para rato.* 2 COLOQUIAL. Hablar mucho ‹una persona›: *Hablando de toros, Pedro tiene cuerda para rato.* **tirar* de la ~.**

cuerdo, da *adj. / s. m.* y *f.* **1** (estar) Que está en su sano juicio: *Tú dices que está loco, pero yo creo que está muy cuerdo. La conducta de un cuerdo también puede revelar rasgos de locura.* ANT. loco. **2** Que se comporta con prudencia y reflexiona antes de hacer una cosa: *Lo hemos escogido para este empleo porque ha demostrado ser una persona cuerda y madura.* SIN. cabal (RESTRINGIDO). **3** [Dicho o hecho] que es producto de la prudencia y de la reflexión: *Es una propuesta muy cuerda, que vamos a tener en cuenta.*

cuereada *s. f.* **1** AMÉR. Acción de cuerear. **2** AMÉR DEL S. Temporada en que se obtienen los cueros secos. **3** AMÉR. DEL S. Zurra, azotaina.

cuerear *v. tr.* **1** AMÉR. Desollar ‹una persona› [un animal] para obtener su piel. **2** AMÉR. Ocuparse en las faenas de secar los cueros. **3** AMÉR. Azotar, zurrar. **4** ARG., CUBA, PAR., URUG. Criticar, hablar mal ‹una persona› de [otra persona que está ausente].

cueriza *s. f.* AMÉR. Paliza, zurra, azotaina.

cuerna *s. f.* **1** RESTRINGIDO. Cuerno macizo que algunos animales mudan cada año: *la cuerna del ciervo.* **2** RESTRINGIDO. Cornamenta: *Ese toro tiene la cuerna hacia arriba.*

cuernear *v. tr.* ARG., URUG.; COLOQUIAL. Coronar en una relación amorosa.

cuerno *s. m.* **1** ZOOL. Apéndice óseo que tienen algunos animales en la cabeza: *los cuernos del toro, los cuernos del carnero, los cuernos del ciervo. El novillo embistió con los cuernos a un aficionado que había saltado a la arena.* **2** Apéndice óseo que tienen algunos animales como el rinoceronte en la cara: *Los cuernos tienen una función defensiva en los mamíferos.* **3** Cosa de forma semejante a esos apéndices: *los cuernos de la luna. Yo sólo me voy a comer un cuerno del cruasán.* **4** Antena de algunos animales: *Los cuernos del caracol son retráctiles.* **5** RESTRINGIDO. Instrumento de viento de forma parecida a un cuerno de toro, que tiene un sonido como el de la trompa: *Los pueblos primitivos utilizaban el cuerno para comunicarse a distancia.* **6** (en plural) COLOQUIAL. Símbolo de la infidelidad de la pareja: *Dicen que su mujer le pone los cuernos. Ella no lo sabe, pero lleva unos buenos cuernos.* **7** COLOQUIAL. Se usa para expresar negación: *¡Y un cuerno; no conseguirá salirse con la suya!* ‖ **8 ~ de la abundancia** Representación de la fortuna en forma de cuerno rebosante de frutas y flores: *El cuerno de la abundancia es un tema pictórico muy frecuente en la pintura clásica.* FR. Y LOC. **al ~** 1 COLOQUIAL; DISGUSTO Y ENFADO. Se usa para indicar rechazo o desprecio: *Al cuerno, ya no soporto más esta situación. Se puso tan pesado que tuve que mandarlo al cuerno.* 2 COLOQUIAL; DISGUSTO Y ENFADO. Se usa para indicar que una cosa ha fracasado: *Todos sus planes se fueron al cuerno.* **coger / agarrar al toro* por los cuernos. importar un ~** COLOQUIAL; PEYORATIVO. No importar nada ‹una cosa› a una persona: *Sus opiniones le importan un cuerno. Me importa un cuerno lo que diga o haga.* **oler a ~ quemado** COLOQUIAL. Sospechar ‹una persona› que la están traicionando en un negocio o en un asunto: *Cuando me dijo que no quería más entregas porque iban a variar sus diseños, me olió a cuerno quemado, porque nunca había dicho nada nuevo.* **poner en los cuernos de la Luna** RESTRINGIDO. Alabar mucho ‹una persona› a otra persona o una cosa: *No sé qué le ha dado el autor, pero siempre que estrena algo, los críticos lo ponen en los cuernos de la Luna.* **poner los cuernos** COLOQUIAL. Ser ‹una persona› de una pareja infiel a la otra: *Dicen que le pone los cuernos siempre que puede.* **romperse los cuernos** COLOQUIAL; INTENSIFICADOR. Esforzarse mucho ‹una persona›: *Se rompe los cuernos en la fábrica para mantener a su familia.* **saber a* ~ quemado.**

cuero *s. m.* **1** (no contable) Piel de los animales: *Los elefantes tienen un cuero muy resistente.* **~ cabelludo** ANAT. Piel de la cabeza en donde nace el cabello: *Necesitas revitalizar el cuero cabelludo, si no te quedarás calvo.* **2** (no contable) Piel de los animales curtida mediante un proceso industrial: *Me he comprado una cazadora de cuero. Le he regalado una cartera de cuero.* **3** Recipiente para contener líquidos hecho con la piel entera de algunos animales: *un cuero de vino.* SIN. odre. **4** DEP. Balón de fútbol: *El delantero golpeó el cuero con fuerza.* **5** AMÉR. Látigo, correa. **6** AMÉR.; PEYORATIVO. Mujer vieja o solterona. **7** AMÉR.; PEYORATIVO. Prostituta. FR. Y LOC. **en cueros (vivos)** 1 COLOQUIAL. Desnudo, sin ropa alguna: *Le gusta bañarse en la playa en cueros.* 2 COLOQUIAL. Sin dinero: *Salí del casino en cueros vivos.*

cuerpear *v. tr.* **1** DEP.; ARG. Arrollar ‹una persona› [a otra persona] con el cuerpo. **2** ARG., URUG.; COLOQUIAL. Esquivar ‹una persona› [una dificultad o un golpe].

cuerpo *s. m.* **1** Cualquier objeto material que tiene propiedades físicas: *el color de un cuerpo, la masa de un cuerpo, la temperatura de un cuerpo, el volumen de un cuerpo.* **~ celeste. ~ compuesto** QUÍM. Cuerpo que puede descomponerse en otros de naturaleza diferente. **~ geométrico** GEOM. Objeto geométrico de tres dimensiones. **~ simple** QUÍM. Cuerpo compuesto por átomos que tienen el mismo número de protones nucleares, cualquiera que sea el número de neutrones. **2** Organismo de una persona o un animal: *El herido tiene contusiones por todo el cuerpo. Hay que mantener el cuerpo sano porque no hay nada más importante que la salud.* **3** Tronco humano o animal: *Le has pintado los brazos, las piernas, la cabeza, pero te falta el cuerpo. La foto había quedado cortada, y sólo salía el cuerpo y la cabeza, las piernas no se veían.* **4** Figura de una persona: *Marta tiene un cuerpo estupendo. Mantener un buen cuerpo es esencial para una modelo.* **espejo de vestir o espejo de ~ entero.** **5** Cadáver: *Llevaron a hombros el cuerpo de su compañero. Nunca llegó a encontrarse el cuerpo de la víctima.* **6** Parte superior del vestido que cubre hasta la cintura: *El vestido de novia tiene el cuerpo de encaje.* **7** Conjunto de personas que forman una corporación o desempeñan una misma profesión. **~ de baile. ~ de bomberos. ~ de guardia. ~ diplomático. ~ superior de policía.** **8** Parte de un edificio o mueble que puede ser considerada independientemente: *En la habitación va un armario de tres cuerpos.* **9** Parte principal de un libro o escrito prescindiendo de los índices y preliminares: *El cuerpo de la obra está dividido en diez capítulos.* **10** (no contable) Grueso de un material: *La tela del vestido tiene mucho cuerpo.* **11** (no contable) Densidad y consistencia de un líquido: *Tomamos un vino con mucho cuerpo. Batí las claras de huevo para darles cuerpo.* **12** ART. GRÁF. Tamaño del tipo de letra: *Imprimieron el libro en letra del cuerpo diez.* **13** Conjunto de la obra o de la doctrina de un autor: *El cuerpo de su obra filosófica es relativamente breve.* **~ de doctrina** Conjunto organizado de ideas o principios: *el cuerpo de doctrina de un pensador.* ‖ **14 ~ de ejército** MIL. Unidad militar integrada por dos o más divisiones: *Un cuerpo de ejército se dirigía hacia las colinas, donde lo esperaba el enemigo.* **15 ~ del delito** DER. Cosa en que se comete un delito o que se utiliza para ello y que contiene evidencias del mismo: *La policía todavía no ha encontrado el cuerpo del delito.* FR. Y LOC. **a ~ de rey** INTENSIFICADOR. Con mucha comodidad o agasajo: *En su casa le tratan a cuerpo de rey.* **a ~ descubierto / limpio** Sin protección, sin armas o sin valerse de ayuda: *Me enfrenté a él a cuerpo descubierto.* **a ~ (gentil)** COLOQUIAL. Sin ninguna prenda de abrigo: *He salido a cuerpo porque hace muy buen día. Tú vas a cuerpo gentil, pero verás el frío que vas a pasar.* **cuerpo a ~** Forma de pelear o discutir los contendientes mediante el contacto directo: *Los dos candidatos a la presidencia mantuvieron un debate cuerpo a cuerpo ante las cámaras. Los soldados peleaban cuerpo a cuerpo frente a las trincheras.* **de ~ entero** Se usa para referirse al retrato que reproduce todo el cuerpo de una persona: *Yo prefiero las fotos de cuerpo entero, porque son más naturales.* **de ~ presente** Se usa para indicar que un cadáver está dispuesto para ser conducido al cementerio: *misa de cuerpo presente. Aún se encontraba de cuerpo presente y los hijos ya discutían por la herencia.* **de medio ~** Se usa para referirse al retrato que sólo reproduce la mitad superior del cuerpo: *Se* *ha hecho una foto de medio cuerpo en la que queda muy favorecido.* **en ~ y alma** COLOQUIAL; INTENSIFICADOR. Totalmente o por entero: *Ana se entregó a su profesión en cuerpo y alma. Paco se dedicaba en cuerpo y alma a complacer a su mujer.* **hacer de/del ~** RESTRINGIDO, COLOQUIAL; EUFEMISMO. Evacuar el vientre: *Voy a tomar un laxante porque llevo tres días sin hacer de cuerpo.* **no llegar la camisa* al ~. no tener ~** COLOQUIAL. No tener ánimo ‹una persona› para una cosa: *Después de la noticia que me han dado, no tengo cuerpo para trabajar.* **mal ~** COLOQUIAL. Malestar que siente una persona en su organismo: *La película de terror le ha puesto mal cuerpo. Esta comida me ha puesto mal cuerpo. Tengo un poco de mal cuerpo, creo que me estoy constipando.* **pedir el ~** COLOQUIAL. Tener ganas ‹una persona› de una cosa: *Lo que me pide el cuerpo es ir a bailar.* **quedarse* en el ~. tener el demonio* en el ~** o **tener los demonios en el ~. tener el diablo* en el ~** o **tener los diablos en el ~. tomar ~** 1 Espesar ‹una persona› un líquido: *Moví la crema hasta que fue tomando cuerpo.* 2 Empezar a realizarse o tomar importancia ‹una cosa›: *Esos rumores van tomando cuerpo. El proyecto va tomando cuerpo a medida que avanzan los días.*

cuervo *s. m.* (macho y hembra) ZOOL. *Corvus corax.* Ave bastante grande, de plumaje negro brillante, patas y pico fuertes y también negros, que se alimenta de animales enfermos o muertos y de vegetales: *El cuervo vive en regiones boscosas o de difícil acceso.* REFR. **Cría cuervos y te sacarán los ojos.** Se usa para indicar que quien no merece el bien que se le hace, lo devuelve con malas acciones o con ingratitud.

cuesco *s. m.* **1** COLOQUIAL. Pedo ruidoso: *¡Mira que tirarte un cuesco delante de todos!* **2** RESTRINGIDO. Hueso de algunos frutos: *Me he tragado el cuesco de la ciruela.*

cuesta *s. f.* **1** Terreno en pendiente: *calle en cuesta, carretera en cuesta, camino en cuesta. Cuando llego a la cuesta tengo que bajarme de la bicicleta.* **~ abajo. ~ arriba.** || **2 ~ de enero** COLOQUIAL. Periodo de dificultades económicas familiares por los gastos hechos en Navidad: *En la cuesta de enero la gente apenas hace compras.* FR. Y LOC. **a cuestas** 1 Sobre los hombros y las espaldas: *El padre llevó a su hijo a cuestas.* 2 Se usa para indicar que una persona carga con un problema o con una enfermedad: *Yo sigo con mis males a cuestas. Llevo a cuestas todos mis conflictos familiares.* **hacerse ~ arriba** Costar ‹una cosa› mucho esfuerzo a una persona: *Tener que levantarse temprano se le hace cuesta arriba. Se me hace muy cuesta arriba tener que vivir sin ella.*

cuestación *s. f.* Recogida de donativos con un fin benéfico: *Hace poco se realizó una cuestación para la Cruz Roja.*

cuestión *s. f.* **1** Asunto o tema, generalmente conflictivo, que hay que tratar: *Estuvieron discutiendo las cuestiones de la limpieza. La cuestión del dinero es uno de los temas de los que tenemos que hablar. Eso es otra cuestión.* **2** Pregunta, duda o, problema que se plantea: *El examen tiene cinco cuestiones. Planteé una cuestión sobre el nuevo horario de trabajo. Las cuestiones políticas son las más difíciles de solucionar.* **3** Riña o disputa: *He tenido unas cuestiones con él y prefiero no volver a verlo.* FR. Y LOC. **en ~** COLOQUIAL. Se usa para referirse a una persona o a una cosa citada previamente: *El chico en cuestión estudia medicina y tiene 23 años. La película en cuestión es muy mala.* **(en) ~ de** COLOQUIAL. 1 Dentro del tiempo citado: *La enferma saldrá del hospital en cuestión de días. En cuestión de semanas funcionará la nueva planta embotelladora.* 2 En cuanto a, en materia de: *Esta ciudad es muy agradable, pero en cuestión de pisos es carísima.* **poner en ~** Poner en duda ‹una persona› a una persona o una cosa: *Aquí se está poniendo en cuestión mi honradez, y eso no lo admito.* **ser ~ de** COLOQUIAL. 1 Ser necesario o aconsejable ‹hacer una cosa›: *Si no nos pagas, es cuestión de llamar a la policía. Si quieres aprobar, es cuestión de estudiar más.* 2 Ser ‹una cosa› dentro del tiempo citado: *Es cuestión de horas que se produzca la declaración del presidente. Será cuestión de poco tiempo que gane el equipo local tal como está jugando.*

cuestionable *adj.* (antepuesto/pospuesto) Que se puede cuestionar o discutir por no ser muy claro o evidente: *Tus puntos de vista son cuestionables. Esa es una afirmación muy cuestionable. Tu cuestionable actitud nos ha puesto a todos en evidencia.*

cuestionar *v. tr.* Poner ‹una persona› [una cosa] en duda: *Yo lo que cuestiono no es el fin, sino los medios. Ellos cuestionaban nuestra capacidad para realizar una obra de tanta envergadura.*

cuestionario *s. m.* **1** Conjunto de preguntas sobre un tema o lección: *No contesté la mitad del cuestionario porque no me dio tiempo.* SIN. formulario. **2** Conjunto de temas que forman el programa de un curso o de un examen: *El cuestionario de las oposiciones tenía 100 temas. Es muy difícil acabar el cuestionario de este curso, porque es demasiado amplio.* SIN. temario.

cuestor *s. m.* **1** HIST. Magistrado de la antigua Roma que tenía funciones administrativas y fiscales: *cuestor provincial, cuestor militar.* **2** Persona que pide dinero para un fin benéfico: *Los cuestores de la Cruz Roja van con su tradicional hucha recaudando dinero para la institución.*

cueva *s. f.* **1** Cavidad subterránea natural, o construida artificialmente: *Los espeleólogos son expertos en cuevas. Encontramos la cueva de un oso pero no nos atrevimos a entrar.* **2** RESTRINGIDO. Sótano: *El tendero bajó a la cueva por más botes de tomate.* || **3 ~ de ladrones** RESTRINGIDO. Lugar donde se encuentran los delincuentes: *Este piso era una cueva de ladrones hasta que lo descubrió la policía.*

cuévano *s. m.* Cesto grande, hondo y de boca ancha utilizado principalmente para poner la uva en la vendimia: *He llenado muchos cuévanos en esta vendimia.* SIN. canasto, cesta.

cuezo Se usa en la LOC. **meter el ~** COLOQUIAL. Cometer ‹una persona› un error o una indiscreción: *Metiste ayer el cuezo al decirle a mi madre que no me viste en el colegio. Si estás con él, no lo pierdas de vista, porque mete el cuezo con facilidad y te pondrá en un compromiso.*

cuico, ca *adj./s. m.* y *f.* **1** AMÉR. Nombre que se da a los extranjeros en algunos países hispanoamericanos. **2** AMÉR. Indio o mestizo de indio y europeo. **3** CHILE; COLOQUIAL. Que posee modales propios de la clase acomodada, engreído y refinado. || *s. m./f.* **4** MÉX.; VULGAR; PEYORATIVO. Agente de policía.

cuidado *s. m.* **1** Atención que se pone en hacer bien una cosa, en evitar un daño o peligro: *Empaquetaré el jarrón con cuidado. Conduce con cuidado, que hay mucho tráfico.* SIN. esmero (ELEVADO). **2** Intranquilidad, temor de que ocurra o haya ocurrido algo malo: *Si no la aviso, mi madre está con cuidado. No pases cuidado, que ya cuido yo de que no le* *pase nada.* SIN. preocupación. **3** Cosa de la que una persona tiene que ocuparse: *Esos trámites están bajo mi cuidado.* **4** Acción de cuidar: *El cuidado del enfermo es lo principal en esta enfermedad.* || *interj.* **5** LLAMADA DE ATENCIÓN. Se usa para avisar de un peligro o para amenazar: *¡Cuidado con el perro!* **6** INTENSIFICADOR. Se usa para ponderar algo: *¡Cuidado que es listo este chico!* FR. Y LOC. **¡allá* cuidados / películas! ¡ ~ no!** COL.; COLOQUIAL. Expresión para afirmar enfáticamente. **de ~** Peligroso o que hay que ser prudente con ello: *Este niño es de cuidado, como te descuides te da una patada en la espinilla. En este banco son de cuidado; por cualquier operación te cobran comisión.* **traer* sin ~.**

cuidadoso, sa *adj.* **1** (ser / estar; antepuesto / pospuesto) Que hace las cosas con cuidado y atención: *Es muy cuidadoso, no te preocupes, que te hará bien el trabajo. Has estado muy cuidadoso* ***con*** *tus palabras, te lo agradezco. Este producto se elabora tras un cuidadoso proceso de selección de sus ingredientes.* **2** Que trata las cosas con cuidado: *Es muy cuidadoso* ***con*** *sus cosas. Sé cuidadoso* ***con*** *el coche.*

cuidar *v. tr. / intr.* **1** Dedicar ‹una persona› su atención y su interés a [otra persona, un animal o una cosa] para que esté bien y no le ocurra nada malo: *La niña ha cuidado al gatito para que se curara. Cuida* ***de*** *tu hermano para que no se caiga.* || *v. intr.* **2** Dedicar ‹una persona› su atención o su interés a [una cosa] para facilitarla o evitarla: *Cuida* ***de que*** *el niño coma. Tú cuídate* ***de*** *la comida, que no se queme.* || *v. prnl.* **3** Dedicar ‹una persona› su atención y su interés a [su propia salud] o a [su aspecto]: *Él se cuida mucho físicamente. Si no te cuidas no vas a llegar a viejo.* **4** Dedicarse ‹una persona› a [una cosa]: *Dile que se cuide* ***de*** *solucionar sus problemas y que deje en paz a los demás.*

cuiría *s. f.* MÉX.; COLOQUIAL. Canica.

cuita *s. f.* **1** ELEVADO, LITERARIO. Pena, tristeza: *cuita de amor.* **2** ELEVADO, LITERARIO. Cosa o hecho que produce pena o tristeza, desventura: *El poeta daba al aire sus cuitas y los motivos de su tristeza.*

culantrillo *s. m. Adiantum capillus-veneris.* Hierba parecida al helecho que se cría en lugares húmedos.

cular *adj.* **1** RESTRINGIDO. Del culo. **2** [Embutido] que está hecho con la tripa más gruesa del cerdo: *chorizo cular, morcilla cular.*

culata *s. f.* **1** Parte posterior de las armas de fuego por donde se sujetan o se apoyan en el hombro: *la culata de un fusil. El soldado empezó a dar golpes de culata cuando se le acabó la munición.* **2** MEC. Parte de los coches que cierra el cilindro y se ajusta al bloque del motor: *En la culata se encuentran los agujeros donde se enroscan las bujías.* FR. Y LOC. **salir el tiro* por la ~.**

culé *s. m. / f.* DEP.; COLOQUIAL. Socio del club de fútbol Barcelona: *Soy culé. Los culés vitoreaban a su equipo.*

culear *v. intr.* **1** COLOQUIAL. Mover ‹una persona› el culo: *Para nadar mejor tienes que culear menos.* **2** COL., PERÚ; VULGAR. Tener ‹dos personas› una relación sexual.

culebra *s. f.* **1** (macho y hembra) Familia *Colubridae.* Serpiente, generalmente no venenosa, que vive en la tierra, en el agua o en los árboles, y de la que existen muchas especies: *Las culebras son beneficiosas para el campo porque se comen los roedores.* **2** AMÉR. Deuda que está por cobrar. FR. Y LOC. **sapos* y culebras.**

culebrear *v. intr.* Hacer ‹una persona, un animal o una cosa› eses como la culebra: *Estaba tan borracho que iba culebreando camino de su casa. El coche culebreaba ocasionando el sobresalto de los automovilistas que circulaban en dirección contraria.* SIN. serpentear.

culebrina *s. f.* **1** Relámpago en forma de línea ondulada: *Las culebrinas y los truenos asustaron a los niños.* **2** MIL. Pieza de artillería antigua, de pequeño calibre y largo alcance: *Las culebrinas empezaron a utilizarse en la Edad Media.*

culebrón *s. m.* COLOQUIAL; PEYORATIVO. Serie televisiva de muchos capítulos, argumento sentimental y escasa calidad: *Yo no me pierdo el culebrón de mediodía.* SIN. telenovela.

culera *s. f.* **1** Remiendo o refuerzo en la parte de los pantalones que cubre las nalgas: *He tenido que poner una culera a los tejanos porque se me había hecho un agujero.* **2** Deformación, mancha o desgaste de la tela en esta zona de las prendas de vestir: *Tienes que comprarte unos pantalones nuevos, porque éstos están muy viejos y tienen culeras.*

culero, ra *adj.* **1** MÉX.; VULGAR. Que es desleal o que no cumple sus promesas. **2** MÉX.; VULGAR. Que no tiene valor o que es cobarde.

culi *s. m.* Criado o trabajador indígena en los países de Oriente.

culillo *s. m.* **1** COL.; COLOQUIAL. Miedo, susto. **2** ARG.; RESTRINGIDO. Niño pequeño.

culinario, ria *adj.* De la cocina o del arte de cocinar: *arte culinario, habilidad culinaria, recetas culinarias. Este hombre tiene unas aptitudes culinarias fuera de lo habitual.*

culmen *s. m.* Punto más alto de una trayectoria: *Llegar a la Selección marcó el culmen de su carrera deportiva.*

culminación *s. f.* Acción y resultado de culminar: *Ese premio supuso la culminación de su carrera de actor. Aquel concierto era la culminación de la gira del grupo musical.*

culminante *adj.* Que alcanza su apogeo, su esplendor o su máximo interés: *Esta novela es su obra culminante. El momento culminante de su carrera política llegó cuando fue nombrado ministro.*

culminar *v. intr.* **1** Llegar ‹una cosa› a su punto más alto: *La empresa culminó aquel año con unos beneficios que no se han vuelto a repetir.* || *v. tr.* **2** Poner ‹una persona o una cosa› fin a [una cosa]: *Andrés culminaba con su jubilación cuarenta años de dedicación a la medicina.* SIN. acabar.

culo *s. m.* **1** COLOQUIAL. Nalgas de las personas y de algunos animales: *Me caí y me di un golpe en el culo que aún me está doliendo.* SIN. trasero (EUFEMISMO). **2** COLOQUIAL, VULGAR. Ano: *En septiembre me operan de una fisura en el culo.* **3** Extremo de algunas cosas: *el culo de un pepino, el culo de un vaso, el culo de una botella. Para partir un melón, lo primero es quitarle los culos.* **4** COLOQUIAL. Pequeña porción de líquido que queda en el fondo de un recipiente: *Siempre te tienes que dejar un culo de leche en el vaso.* || **5 ~ de mal asiento** COLOQUIAL. Persona inquieta que no está a gusto en ninguna parte: *Este chico es un culo de mal asiento; hace media hora que llegamos y ya quiere marcharse.* **6 ~ de pollo** COLOQUIAL. Cosido o zurcido mal hecho que sobresale y abulta: *Me has hecho un culo de pollo en el calcetín que me molesta al caminar.* **7 ~ de vaso** COLOQUIAL. Lente graduada de mucho espesor: *Águeda lleva unas gafas de culo de vaso porque es muy miope.* FR. Y LOC. **caerse de* ~. con el ~ al aire** COLOQUIAL; INTENSIFICADOR. En una situación económica muy apurada: *El compinche se marchó con todo el dinero y los dejó con el culo al aire.* **con el ~ a rastras** COLOQUIAL; INTENSIFICADOR. En una situación apurada: *Tenemos tanto trabajo que no podemos con todo, y llevamos unos días con el culo a rastras.* **confundir el ~ con las témporas** COLOQUIAL. Confundir dos cosas que son muy distintas. **dar por (el) ~** 1 VULGAR. Hacer ‹una persona› el acto sexual con penetración anal. 2 VULGAR; DISGUSTO Y ENFADO. Molestar: *Vete a dar por culo a otra parte, guapa.* **ir/mandar/enviar a tomar por (el) ~** 1 VULGAR; DISGUSTO Y ENFADO, INSULTO. Echar ‹una persona› a otra persona de un sitio: *¿Sabes qué te digo?, que te vayas a tomar por culo y me olvides. Yo si fuera tú lo mandaba a tomar por el culo, y si se enfada, que se enfade. ¡Mira que enviarme a tomar por culo, con lo bien que me he portado con él!* 2 VULGAR; DISGUSTO Y ENFADO. Estropearse o rechazar ‹una persona› una cosa: *Tanto preparar su visita y ahora se va todo a tomar por el culo. Como me canse, envío el trabajo a tomar por culo y me voy a mi casa.* **ir con la hora* pegada al ~. ir de ~** 1 COLOQUIAL; INTENSIFICADOR. Marchar mal ‹una persona o cosa›: *Este año nuestro equipo va de culo. Voy de culo por esa rubia.* 2 COLOQUIAL; INTENSIFICADOR. Tener ‹una persona› mucha prisa: *Os dejo, que hoy voy todo el día de culo de tanto trabajo que tengo.* **lamer el ~** VULGAR; PEYORATIVO. Adular servilmente ‹una persona› a otra persona: *Rita se pasa el día lamiendo el culo a su jefe.* **mojarse el ~** VULGAR. Arriesgarse o tomar partido ‹una persona›: *Si quieres conseguir algo, tendrás que mojarte el culo. Éste nunca habla, nunca se moja el culo, y luego siempre sale beneficiado.* **ojo* del ~. perder el ~** 1 COLOQUIAL; INTENSIFICADOR. Ir ‹una persona› muy deprisa: *Jorge pierde el culo para intentar coger el autobús.* 2 COLOQUIAL; PEYORATIVO. Esforzarse o desvivirse ‹una persona› por [otra persona o cosa] generalmente de forma servil: *Pierde el culo por complacer a sus superiores.*

culombio *s. m.* FÍS. Unidad de carga eléctrica que equivale a la carga que un amperio transporta en un segundo.

culón, na *adj.* **1** (ser/estar) COLOQUIAL; PEYORATIVO. Que tiene mucho culo: *una mujer culona. Pues es verdad que está más culón; será de la buena vida que se ha pasado este verano.* **2** ARG., URUG.; COLOQUIAL. Que tiene buena suerte.

culote *s. f.* **1** Prenda interior femenina semejante a un pantalón corto. **2** Pantalón corto de los ciclistas: *El ciclista se rasgó el culote al caerse de la bicicleta.* **3** Restos de fundición que quedan en el fondo del crisol.

culpa *s. f.* **1** Responsabilidad que tiene una persona al ser causante de algo malo: *No se supo quién tuvo la culpa. Fue culpa de él, aunque lo hiciera sin querer.* **2** Causa de cualquier daño o perjuicio: *El suelo húmedo tuvo la culpa de su resbalón. La sequía tiene la culpa de los muchos incendios que nos azotan.* **3** DER. Falta de diligencia o cuidado que determina el cumplimiento de una obligación o la realización de un hecho penado por la ley: *El acusado confesó sus culpas.* SIN. culpabilidad. FR. Y LOC. **entonar* el mea ~.**

culpabilidad *s. f.* (no contable) Hecho de ser culpable una persona: *Para que la condenen tiene que demostrarse su culpabilidad.* ANT. inocencia.

culpabilizar *v. tr./prnl.* Culpar: *Todos lo culpabilizaron por lo que había ocurrido.* ⇒ **19.**

culpable *adj./s. m.* y *f.* **1** Que ha cometido un delito o falta: *Ayer fueron declarados culpables varios políticos acusados de fraude. Es culpable* ***de*** *varios asesinatos. Es uno de los culpables* ***del*** *atraco al banco.* **2** Que causa daño o que perjudica voluntaria o involuntariamente: *Me siento culpable de su situación. Soy el único culpable, pero no lo hice a propósito. El atasco ha sido el culpable de nuestro retraso.* || *adj.* **3** Que constituye delito: *Es un acto culpable falsificar documentos públicos.*

culpar *v. tr./prnl.* Atribuir ‹una persona› la culpa de [una cosa] a [otra persona]: *La culparon* ***de*** *lo sucedido. Los han culpado* ***por*** *todo lo que ha pasado.* ***Se*** *culpa* ***del*** *accidente porque conducía ella.* SIN. culpabilizar.

culteranismo *s. m.* (no contable) LIT. Estilo de gran complejidad formal de algunos poetas barrocos en España: *Góngora es el máximo exponente del culteranismo.*

culterano, na *adj.* **1** Del culteranismo: *literatura culterana. Algunos poemas culteranos son muy difíciles de seguir.* || *s. m./f.* **2** Escritor que practica el culteranismo: *La crítica considera a este poeta como un culterano actual.*

cultismo *s. m.* LING. Palabra que ha penetrado en el español desde las lenguas clásicas o que se deriva del latín sin sufrir la evolución normal de la lengua: *La palabra «cátedra» es un cultismo cuya forma vulgar es «cadera».*

cultivable *adj.* Que se puede cultivar: *tierra cultivable. El país posee una enorme superficie cultivable.*

cultivador, ra *adj./s. m.* y *f.* **1** Que cultiva la tierra: *Este granjero es cultivador de maíz.* **2** Que cultiva o practica una actividad con dedicación: *un cultivador de las relaciones sociales, un cultivador de las buenas letras.*

cultivadora *s. f.* AGR. Instrumento agrícola, parecido a un arado, para sembrar la tierra: *Ten cuidado con la cultivadora, remueve la tierra pero no vayas a estropear lo que ya está plantado.*

cultivar *v. tr.* **1** AGR. Preparar y cuidar ‹una persona› [la tierra] para que produzca sus frutos: *Aquí cultivamos trigo, cebada y centeno.* **2** BIOL. Preparar y criar ‹una persona› [microorganismos] en los medios adecuados: *Si cultivamos esta bacteria podremos experimentar su efecto en los animales.* **3** Criar ‹una persona› [seres vivos] para venderlos y obtener beneficios: *Tiene una modesta explotación donde cultiva caracoles, y le va bastante bien.* **perla* cultivada. 4** Cuidar ‹una persona› [una inclinación, una aptitud o una amistad] para que se mantenga y desarrolle: *Me gusta cultivar la amistad porque creo que es una de las cosas más bonitas.* **5** Dedicarse ‹una persona› a [una disciplina artística o científica]: *Cultivo la poesía en mis ratos libres. Cultivas la medicina como una pasión.*

cultivo *s. m.* Acción y resultado de cultivar: *el cultivo de la vid, el cultivo del arroz, el cultivo de la amistad, el cultivo de microorganismos. El cultivo de la pintura es su mayor afición.* FR. Y LOC. **caldo* de ~. rotación* de cultivos.**

culto, ta *adj.* **1** Que tiene cultura o conocimientos generales en muchos campos: *María es una persona muy culta y podrá responderte. La lectura y los viajes lo han convertido en un joven muy culto. Argentina tiene fama de ser un país muy culto.* **2** [Palabra, expresión] que es propia de una persona instruida: *Utiliza siempre palabras tan cultas que la mayoría de la gente no la entiende.* || *s. m.* **3** REL. Homenaje religioso hacia lo que se considera divino o sagrado: *el culto a los dioses, el culto a los antepasados, el culto a la Virgen, el culto al Sol, ministro de culto. Los adventistas no rinden cul-*

to a las imágenes. **4** REL. Conjunto de prácticas y manifestaciones con que se expresa este homenaje: *El culto católico adquiere su máxima expresión en las procesiones de Semana Santa.* **5** Estima o admiración intensa hacia alguien o algo: *culto a la belleza, culto a la juventud, culto al dinero, culto a la sabiduría. El culto al cuerpo es una tendencia muy actual.*

cultrún *s. m.* CHILE; RESTRINGIDO. Tipo de tambor que se toca con uno o dos palos y se usa en danzas rituales.

cultura *s. f.* **1** (no contable) Conjunto de conocimientos que posee una persona como consecuencia de ejercitar sus facultades intelectuales: *Sus estudios universitarios le dieron una gran cultura. Adquirí cultura en mis viajes.* **2** Modos de vida, conocimientos y desarrollo artístico, científico o económico de un pueblo o de una época: *cultura europea, cultura árabe. Sara vivió mucho tiempo en Japón y le costó acostumbrarse a una nueva cultura. Siento un gran interés por las culturas primitivas. Eres un especialista en la cultura maya.* SIN. civilización. || **3 ~ física** DEP. Desarrollo y mantenimiento del cuerpo por medio de ejercicios físicos: *La cultura física es un índice del nivel social de un país.*

cultural *adj.* De la cultura: *política cultural, ámbito cultural, capital cultural.* **agregado* ~. visita ~.**

culturismo *s. m.* (no contable) DEP. Práctica sistemática de ejercicios físicos, generalmente levantando pesos, para desarrollar los músculos del cuerpo humano: *Desde que haces culturismo, tienes una gran musculatura.*

culturista *adj.* **1** Del culturismo: *ejercicio culturista.* || *s. m. / f.* **2** Persona que practica el culturismo: *Eres el culturista con más volumen del gimnasio.*

culturización *s. f.* (no contable) Acción y resultado de culturizar: *La culturización de la población aumenta la calidad de vida de un país.*

culturizar *v. tr. / prnl.* Proporcionar ‹una persona o un país› cultura a [otra persona u otro país]: *Los países occidentales quieren culturizar a los países pobres sin tener en cuenta la cultura autóctona. Me parece que quieren culturizar**se**.* ⇒ **19.**

cumbia *s. f.* MÚS. Baile y canción colombianas de ritmo vivo y compás de dos por cuatro: *bailar la cumbia. La orquesta tocó una cumbia que nos hizo bailar a todos.*

cumbre *s. f.* **1** Parte más alta de una montaña: *Es la segunda vez que este grupo alcanza la cumbre del Everest por esa cara.* SIN. cima. **2** (no contable) Punto más elevado, de mayor esplendor o perfección: *El bailarín llegó a la cumbre de su carrera artística.* SIN. apogeo. **3** Reunión de gobernantes u otros mandatarios políticos para tratar asuntos de mucha importancia: *En la cumbre europea de Estrasburgo no se llegó a ningún acuerdo.*

cumpleaños (plural *cumpleaños*) *s. m.* Aniversario del nacimiento de una persona: *fiesta de cumpleaños, tarta de cumpleaños, pastel de cumpleaños, regalo de cumpleaños. ¡Feliz cumpleaños! Hoy es mi cumpleaños.*

cumplidamente *adv. modo / cant.* Cabalmente, ampliamente, enteramente, sin que falte nada: *Con esta acción me has pagado ya cumplidamente.*

cumplido, da *adj.* **1** (antepuesto / pospuesto) Que es grande o abundante: *Sonia se compró un vestido muy cumplido. Recibí una cumplida cesta de Navidad.* **2** [Persona] que es muy educada: *Él es siempre muy cumplido con las señoras.* SIN. correcto. || *s. m.* **3** Atención, muestra de cortesía: *Nos recibieron con muchos cumplidos. Yo no sé si tomarlo como un cumplido o como un insulto. No sé si le gustó mi vestido; él dijo que sí, pero yo creo que fue un cumplido.* SIN. cortesía. ANT. grosería.

cumplimentar *v. tr.* **1** Llevar ‹una persona› a cabo un acto de cortesía con [un superior] al recibirlo, visitarlo o saludarlo: *El embajador cumplimentó al rey haciéndole una visita.* **2** Llevar ‹una persona› a cabo las órdenes de [un superior]: *El empleado cumplimentó inmediatamente lo que le había mandado el jefe.* **3** Llevar ‹una persona› a cabo [un trámite o una diligencia]: *Ya he cumplimentado las diligencias necesarias para la matrícula.* **4** Rellenar ‹una persona› [un impreso]: *Ayer cumplimenté la solicitud para participar en la convocatoria de oposiciones.*

cumplimiento *s. m.* **1** (no contable) Acción y resultado de cumplir: *Fui a la romería en cumplimiento de una promesa. Llevar cinturón es una disposición de obligado cumplimiento para todos los conductores y acompañantes de un vehículo. El cumplimiento del plazo para pagar la multa es mañana.* SIN. realización. **2** Acto de cortesía afectado o fingido: *Me molesta tanto cumplimiento. No me vengas con cumplimientos.* SIN. cumplido. ANT. descortesía.

cumplir *v. tr.* **1** Llegar a tener ‹una persona› [un número determinado de años] de edad: *Mi abuelo ha cumplido los sesenta y ocho, pero parece un chaval. Cuando cumpla los dieciocho podré votar.* **hacer / ~ años*.** || *v. tr. / intr.* **2** Llevar ‹una persona› a cabo [una cosa obligada]: *Siempre cumplo las órdenes al pie de la letra. Cumple **con** tu compromiso.* || *v. intr.* **3** Quedar ‹una persona› bien con [otra persona]: *Asistí a la fiesta por cumplir **con** tu yerno. **Con**migo no tienes que cumplir.* **4** Ser ‹una cosa› adecuada o conveniente: *Tienes una mansión estupenda, como cumple **a** un alto ejecutivo. Esa manera de actuar no cumple **a** su forma de ser.* **5** Acabar ‹una persona› el servicio militar: *Me queda un mes para cumplir.* || *v. intr. / prnl.* **6** Acabar ‹el plazo de una cosa›: *Quiero saber cuándo cumple la fecha del contrato. Mañana **se** cumple el plazo de entrega.* || *v. prnl.* **7** Hacerse ‹una cosa› realidad: *Yo creo que tus previsiones no se van a cumplir.*

cúmulo *s. m.* **1** Conjunto de cosas que están amontonadas: *Su mesa era un cúmulo de papeles desordenados.* **2** Conjunto de cosas no materiales: *Tengo un cúmulo de problemas que no quiero ni contarte. Esta observación nos ha dado un cúmulo de datos que hay que analizar.* **3** METEOR. Nube de desarrollo vertical que no suele dar lugar a precipitaciones: *Los cúmulos están constituidos por gotas de agua en estado líquido, aunque pueden tener también cristales de hielo.*

cuna *s. f.* **1** Cama para bebés o niños muy pequeños: *cuna colgante, cuna con barrotes, canción de cuna, mecer al niño en la cuna. La cuna se le ha quedado pequeña y habrá que enseñar a la niña a dormir en la cama.* **2** ELEVADO. Patria o lugar de nacimiento de una persona: *Córdoba, cuna de Góngora. Extremadura fue cuna de grandes navegantes.* **3** ELEVADO. Clase social de una persona: *hombre de ilustre cuna. La noble cuna de este escritor le dio posibilidades que otros no tuvieron. Él es un hombre de baja cuna.* SIN. linaje. **4** Inicio de la vida de una persona: *Ya desde la cuna Paula demostró sus habilidades como pianista.* **5** Lugar donde empieza una cosa: *el Mediterráneo, cuna de la cultura. Roma es la cuna del cristianismo.* || **6 hogar* ~.** FR. Y LOC. **canción* de ~.**

cundeamor *s. m.* AMÉR. C., CUBA, VEN. Planta trepadora con flores en forma de jazmines y frutos amarillos cuya semilla es muy roja.

cundir *v. intr.* **1** Hacerse ‹una cosa› mayor o más extensa: *Entre los que estaban allí cundió la opinión de que se había vuelto loco. El incendio hizo que cundiera el pánico.* SIN. difundirse. **2** Dar ‹una cosa› mucho de sí: *Este aceite cunde mucho. Me ha cundido mucho la pintura, porque con este bote he pintado toda la habitación.* **3** Dar ‹un esfuerzo› resultado a [una persona]: *Hoy me ha cundido mucho el trabajo y he escrito diez páginas de mi novela.* SIN. rendir.

cuneiforme *adj.* Que tiene forma de cuña: *hoja cuneiforme,* **escritura ~.**

cuneta *s. f.* Zanja que hay en el borde de los caminos y carreteras para recoger las aguas de la lluvia: *El coche cayó en la cuneta. Paré en la cuneta para arreglar el pinchazo.*

cunicultura *s. f.* (no contable) GAN. Actividad de criar conejos: *Mi abuelo tiene una granja dedicada a la cunicultura.*

cuña *s. f.* **1** Pieza de madera que se introduce entre dos cosas o en una ranura para nivelar, inmovilizar, partir o sujetar: *poner una cuña en un banco para que no baile, poner cuñas bajo las ruedas de un camión para que no se mueva. El camarero puso una cuña a la pata de la mesa para que no cojeara.* SIN. calce. **2** Objeto que se utiliza para nivelar, inmovilizar o partir: *Esta piedra nos servirá de cuña para que el coche no se vaya. Pon este papel doblado como cuña para que la puerta no se cierre.* **3** Recipiente bajo y plano para recoger la orina y los excrementos de los enfermos: *La anciana no puede moverse ni para hacer sus necesidades, y la enfermera tiene que ponerle la cuña.* **4** Persona o cosa que se mete entre otras a la fuerza: *Esta mujer es una cuña que se ha metido en el grupo para hacer que nos peleemos y nos separemos. Mete ese hierro y haz cuña, a ver si abrimos la puerta.* **5** PERIOD. Noticia breve que se inserta en una página para ajustarla: *Había una cuña al final de la columna en la que se hablaba de una boda de sociedad.* **6** AMÉR. Recomendación para un trabajo o cargo. || **7 ~ anticiclónica** METEOR. Banda de aire de altas presiones que se introduce en un área de baja presión: *La cuña anticiclónica hará que el tiempo mejore en las próximas horas.* **8 ~ publicitaria** RADIO, TV. Espacio de tiempo muy breve dedicado a anuncios: *Una cuña publicitaria y volvemos enseguida.* FR. Y LOC. **meter ~** Provocar enemistad entre personas: *¡No metas cuña entre tus hermanos!* **ser buena ~** COLOQUIAL; IRONÍA. Meterse ‹una persona gruesa› entre otras a la fuerza: *Tu prima es buena cuña, casi me tira cuando ha pasado por aquí.*

cuñado, da *s. m./f.* **1** Hermano o hermana del marido respecto de la mujer, y hermano o hermana de la mujer respecto del marido: *Los cuñados de Teresa son tan altos como su marido. La hermana de mi mujer, mi cuñada, es diputada.* **2** PERÚ; JERGAL. Tratamiento afectuoso para llamar a un amigo.

cuño *s. m.* **1** Troquel o sello de acero con el que se graban monedas y medallas: *En la fábrica de moneda cambiaron el cuño para hacer las nuevas monedas conmemorativas de la Expo de Sevilla.* **2** Señal que deja este sello: *El cuño de esta moneda es de diseño.* FR. Y LOC. **de nuevo ~** ELEVADO. De reciente creación: *un cargo de nuevo cuño, un centro de investigación de nuevo cuño, una marca de nuevo cuño.*

cuota *s. f.* **1** ECON. Cantidad fija o proporcional de dinero que hay que pagar por una cosa: *La cuota del Impuesto de la Renta se ha mantenido este año sin cambios. No me voy a hacer socio porque la cuota es muy elevada.* **carretera* de ~.** **2** Parte proporcional de una cosa: *La cuota de ventas de la empresa ha mejorado este año. La Unión Europea ha aumentado la cuota de producción de leche para España.*

cupé *s. m.* **1** AUTOMOV. Coche de dos puertas, generalmente con dos asientos: *Se ha comprado un cupé de último modelo.* **2** RESTRINGIDO. Compartimiento de la diligencia situado delante de la baca.

cupido *s. m.* Representación del amor en forma de niño desnudo y alado con arco y flechas: *Los cupidos siempre se representan con los ojos vendados.*

cuplé *s. m.* Canción corta, generalmente picaresca, de moda a comienzos del siglo XX: *cantante de cuplés. Las letras de los cuplés son muy divertidas.*

cupletista *s. f.* Cantante de cuplés: *Es una cupletista de renombre.*

cupo *s. m.* **1** AMÉR. Cabida, capacidad. **2** AMÉR. Plaza en un vehículo. **3** Cantidad que se asigna a una persona o entidad de alguna cosa racionada: *el cupo de pesca. El cupo de personas que pueden acceder al museo se ha reducido por cuestiones de seguridad.* SIN. contingente. **4** Parte de una cosa que una persona está obligada a aportar para mantenerla o realizarla: *Yo ya he cubierto el cupo de días que tenía que quedarme en la secretaría por este mes. Tú no has cumplido el cupo de páginas corregidas de esta semana.* **5** Parte de una cosa no material que corresponde o pertenece a una persona o a una cosa: *Su cupo de responsabilidad en el éxito fue muy grande.* **6** Número de reclutas que pueden entrar en filas. **excedente* de ~.**

cupón *s. m.* Parte que se corta de un documento, anuncio, envase o de un conjunto de trozos iguales, a la que se asigna un valor determinado: *Envié el cupón que venía junto a los yogures para participar en un sorteo. He comprado un cupón para la rifa.*

cupresáceo, a *adj./s. f.* **1** BOT. [Planta] que tiene ramas verticales, hojas perennes en forma de aguja, y piñas como fruto: *Los cipreses y los enebros son árboles cupresáceos.* || *s. f.* **2** (en plural) BOT. Familia de estas plantas.

cúprico, ca *adj.* QUÍM. [Compuesto] que contiene cobre: *óxido cúprico, sales cúpricas.*

cuprífero, ra *adj.* GEOL. Que contiene cobre: *terreno cuprífero, mineral cuprífero.*

cuproníquel *s. m.* **1** QUÍM. Aleación de cobre y níquel de gran dureza y resistencia a la corrosión: *El cuproníquel se utiliza para hacer monedas, vainas de proyectiles y construcciones navales.* **2** RESTRINGIDO. Moneda española antigua hecha con aleación de cobre y níquel.

cúpula *s. f.* **1** ARQ. Cubierta de un edificio en forma de media esfera o similar: *La cúpula de la catedral está siendo restaurada.* **2** Conjunto de dirigentes. *Se ha reunido la cúpula de la empresa. La cúpula del partido ha confeccionado la lista electoral.* **3** BOT. Cubierta rígida que envuelve la base del fruto de las fagáceas.

cuquera *s. f.* COL; COLOQUIAL. Cosa que es delicada y bonita.

cuquería *s. f.* AFECTADO. Cosa cuca, bonita o agradable: *Me han regalado una cajita de música que es una cuquería.*

cura *s. f.* **1** Acción de curar, limpiar una herida para desinfectarla y que sane: *El médico le hizo varias curas en la pierna. Hay que hacerle una cura diaria.* **2** Tratamiento, método curativo: *cura de sueño, cura de reposo, cura de adelgazamiento. He estado en un balneario haciendo una cura de salud.* **3** Curación: *Esa enfermedad no tiene cura.* || *s. m.* **4** Sacerdote católico: *cura de almas, cura de misa, cura párroco. Hoy día los curas no suelen llevar sotana.* FR. Y LOC. **no tener ~** COLOQUIAL; INTENSIFICADOR. Ser incorregible ‹una persona›: *Su tacañería no tiene cura. Este muchacho no tiene cura, siempre será igual de inocente.*

curaca *s. m.* PERÚ. Jefe de una comunidad.

curación *s. f.* **1** (no contable) Recuperación de la salud de una persona: *Te deseo una rápida curación. La curación de su enfermedad ya está próxima.* **2** Acción y resultado de poner los remedios necesarios para que desaparezca una enfermedad: *Últimamente se ha avanzado mucho en la curación del cáncer. La curación del sida aún se ve lejana.* **3** Preparación de la carne o el pescado para conservarlos: *La curación de estos jamones se realiza en la sierra de Gredos.*

curado *s. m.* Procedimiento para preparar un alimento u otra cosa que se quiere conservar mucho tiempo: *Este jamón ha tenido un curado natural. El curado de la piel es muy importante para que sea de buena calidad.*

curanderismo *s. m.* (no contable) Oficio del curandero: *El avance de la ciencia médica está lejos de acabar con el curanderismo.*

curandero *s. m. / f.* Persona sin estudios de medicina, que cura a la gente mediante remedios naturales o mágicos: *El curandero del pueblo es muy bueno arreglando torceduras de tobillo.*

curar *v. tr.* **1** Hacer ‹una persona o una cosa› que [una persona o un animal] recobre la salud: *Esas pastillas me han curado el catarro. El veterinario curó el moquillo del perro.* **2** Hacer ‹una cosa› que una persona deje de sentir [una cosa]: *Ese viaje lo ha curado de las depresiones que padecía. Aquel fracaso curó su ambición de poder.* **3** Aplicar ‹una persona› una cura a [una herida] o a [una cicatriz]: *El doctor le curaba la herida dos veces al día. La enfermera le curó la brecha que se había hecho en la ceja.* **4** Preparar ‹una persona› [la carne o el pescado] con sal o humo para conservarlos: *Mis abuelos curan cada año parte de la carne de la matanza. Antes en las zonas del interior sólo se podía consumir el pescado que se había curado en los puertos.* **5** Preparar ‹una persona› [la piel] para usarla: *Su tío tiene un taller donde curan la piel para hacer abrigos y otros objetos.* SIN. curtir. **6** Tener ‹una persona› [la madera] cortada un tiempo antes de utilizarla: *En el patio de la maderera dejan curar la madera antes de trabajarla.* || *v. intr. / prnl.* **7** Recobrar ‹una persona o un animal› la salud: *Antonio ya curó* ***de*** *la herida que se hizo. Ya* ***me*** *he curado* ***de*** *la gripe.* || *v. prnl.* **8** Dejar de sentir ‹una persona› [una cosa]: *Ya se ha curado* ***de*** *sus celos.* FR. Y LOC. **curado de espanto** COLOQUIAL; INTENSIFICADOR. Acostumbrado, con experiencia en una cosa generalmente negativa: *Con tu hermana está curado de espanto y no le sorprende lo que le diga. Ella me dijo que no la asustaba el trabajo, que estaba curada de espanto.* **curarse en salud** Tomar ‹una persona› precauciones para evitar un daño: *Yo me curo en salud y le digo lo que ha pasado para que no crea que le oculto nada.*

curare *s. m.* (no contable) Veneno negro y resinoso de origen vegetal con que ciertas tribus amazónicas impregnaban sus flechas: *El curare tiene la propiedad de paralizar rápidamente el sistema muscular de las personas y los animales.*

curasao *s. m.* **1** (no contable) Licor fabricado con corteza de naranja, azúcar y aguardiente: *El curasao es una bebida originaria de la isla del mismo nombre, en el Caribe.* **2** Medida de este líquido contenida en una copa: *Voy a pedir dos curasaos, uno para ti y otro para mí.*

curativo, va *adj.* Que cura o sirve para curar: *una sustancia curativa. Es una técnica curativa muy antigua.*

curato *s. m.* **1** Entre los católicos, cargo del cura párroco. **2** Entre los católicos, territorio que corresponde a la jurisdicción espiritual del párroco. SIN. parroquia.

curco, ca *adj.* CHILE, EC.; VULGAR. Jorobado.

curcuncho *s. m.* **1** CHILE, EC., PERÚ; VULGAR en Chile; PEYORATIVO en Chile. Jorobado. **2** PERÚ; COLOQUIAL. Joroba.

curda *s. f.* COLOQUIAL. Borrachera: *Carmen bebió demasiado y se cogió una buena curda.* SIN. trompa.

curdo, da *adj. / s. m.* y *f.* Kurdo.

cureña *s. f.* MIL. Armazón colocado sobre ruedas en el que se monta el cañón de artillería.

curia *s. f.* **1** (no contable) DER. Conjunto de abogados, procuradores y funcionarios de la administración de justicia: *La curia ve su labor cuestionada por el mal funcionamiento de la Justicia.* || **2 ~ diocesana** REL. Conjunto de personas que ayudan al obispo en la administración de la diócesis: *Al cura de la parroquia lo han trasladado a la curia diocesana.* **3 ~ romana** REL. Conjunto de congregaciones y tribunales que en el Vaticano ayudan al papa en el gobierno de la iglesia católica: *El papa es el jefe de la curia romana.*

curio *s. m.* **1** QUÍM. *Cm.* Elemento químico radiactivo que se obtiene artificialmente al bombardear el plutonio con partículas alfa: *El curio fue obtenido artificialmente en 1944.* **2** QUÍM. Unidad para la medida de la radiactividad.

curiosamente *adv. modo* **1** Con curiosidad: *Los observé curiosamente.* **2** Con aseo o limpieza, aseadamente: *La niña realizó su tarea curiosamente.* || *adv. orac.* **3** Con resultado curioso o chocante, es curioso (que), es curioso (como). OBSERVACIONES: ◊ El hecho se anuncia como novedoso y el modo es el indicativo, mientras que con *es curioso que* y *es curioso como* el hecho se da por consabido o se presenta retóricamente como tal (si la cláusula factiva va encabezada por *que*, a menudo con presencia del modo subjuntivo): *Curiosamente, la jueza era su madre. Curiosamente, no dijo una palabra.* ◊ Contrástese con *Es curioso que no dijera una palabra* (o, con intención rememorativa o similar, *que no dijo una palabra* y *Es curioso como no dijo una palabra*).

curiosear *v. tr. / intr.* **1** Mirar ‹una persona› [una cosa] sin mucho interés: *A Luis le gusta curiosear los libros, pero no lee ninguno. Curioseé por la tienda y luego me fui.* || *v. intr.* **2** PEYORATIVO. Intentar ‹una persona› enterarse de [un asunto ajeno]: *Pedro se pasa el día curioseando por los pasillos a ver de qué se puede enterar.*

curiosidad *s. f.* **1** (no contable) Deseo de saber y averiguar alguna cosa: *La curiosidad por conocerlo no me dejaba vivir. La curiosidad científica es algo que hay que potenciar en los estudiantes.* **2** Deseo de enterarse de lo que a uno no debiera importarle: *Por satisfacer su curiosidad Elena sería* *capaz de todo. Su curiosidad es insaciable; le gustaría conocer la vida de todos para poderla explicar a los demás. Tengo dos curiosidades y no puedo evitar preguntártelas.* **3** (preferentemente en plural) Cosa curiosa, rara o interesante: *Me mostró un pebetero y otras curiosidades traídas de sus viajes.* **4** (no contable) Esmero y cuidado en la manera de hacer las cosas: *Me maravilló la curiosidad con que limpiabas y ordenabas mi ropa.* SIN. pulcritud. ANT. descuido.

curioso, sa *adj.* **1** Que tiene interés o deseo de saber o aprender cosas nuevas: *Los niños, por lo general, son muy curiosos. Soy muy curiosa, todo me interesa. Es muy curioso, no puede ver un papel sin pararse a leerlo.* **2** (antepuesto / pospuesto) Que provoca curiosidad o llama la atención por su rareza o interés: *Es un cuadro curioso, me gustaría examinarlo a fondo. ¡Qué curioso este libro! Es un curioso fenómeno, ¿por qué se producirá?* **3** (estar) Que está muy limpio o aseado: *Nicolás va siempre muy curioso, muy bien arregladito. Tienes la habitación muy curiosa, da gusto. Toda la casa está muy curiosa.* **4** Que hace las cosas con mucho cuidado: *Félix es muy curioso en su trabajo. Hay que ser un poco más curioso, hijo, mira cómo has puesto el libro que te di.* || *adj. / s. m.* y *f.* **5** PEYORATIVO. Que tiene curiosidad o que le gusta enterarse de los asuntos de los demás: *Reconozco que soy muy curioso y me gusta meter la nariz en todas partes. Es un curioso, siempre está pendiente de lo que no le importa.* || *s. m. / f.* **6** AMÉR. Curandero.

curita (marca registrada) *s. f.* ARG., URUG. Tirita.

currante *adj. / s. m.* y *f.* (ser / estar) COLOQUIAL. Que trabaja: *Eres un currante. Juana está hoy muy currante.*

currar *v. intr.* **1** COLOQUIAL. Hacer ‹una persona› un trabajo: *Hoy curro hasta las nueve. Llevo nueve semanas currando sin parar.* SIN. trabajar. **2** JERGAL. Ganar ‹una persona› [a otra persona] con mucha ventaja: *Hemos jugado al fútbol contra ellos y les hemos currado.* **3** JERGAL. Pegar ‹una persona› a [otra persona]: *Me cogieron entre cuatro y me curraron de lo lindo. A este hijo mío le curra todo el mundo.*

curre *s. m.* **1** JERGAL. Curro, trabajo: *A ver si esta semana encuentras un curre.* **2** JERGAL. Curro, lugar donde se trabaja: *Tengo que desayunar deprisa para irme al curre.*

currelar *v. intr.* JERGAL. Hacer ‹una persona› un trabajo: *Ya estoy harto de tanto currelar. Currelar de esta manera va a acabar con mi vida.* SIN. currar (COLOQUIAL).

currelo *s. m.* **1** JERGAL. Curro, trabajo: *Tengo tanto currelo que no doy abasto.* **2** JERGAL. Curro, lugar donde se trabaja: *En este currelo he hecho buenos colegas.*

curricán *s. m.* Aparejo de pesca de un solo anzuelo que se remolca con una embarcación.

curricular *adj.* Del currículo: *El diseño curricular del ministerio orienta a los profesores en el proceso educativo.*

currículo *s. m.* **1** Currículum vitae. **2** PEDAG. Plan de estudios, conjunto de materias y contenidos que se programan para un curso o un ciclo: *El currículo escolar debe estar adaptado a la realidad social a la que se aplica.* **3** PEDAG. Organización sistemática de actividades encaminadas a favorecer la adquisición de conocimientos y habilidades: *El currículo de la asignatura de Lengua española da más protagonismo a la lengua oral que los programas anteriores.*

currículum o **currículum vitae** (plural *currículos* o, para la locución latina, la forma *currícula vitae* o la invariable *currículum vitae*) *s. m.* Relación de datos biográficos, estudios realizados y trabajos desempeñados que se presenta cuando una persona aspira a un puesto determinado: *Hay que presentar los currículos siguiendo el modelo oficial. Mi curriculum vitae es muy escueto porque casi no he tenido oportunidad de trabajar de nada.* SIN. currículo.

currinche *s. m. / f.* COLOQUIAL; PEYORATIVO. Persona insignificante, de poca categoría intelectual, profesional, económica o de otro tipo: *Estoy rodeado de currinches que no saben nada.* SIN. pelagatos.

currito *s. m.* **1** COLOQUIAL; AFECTIVO. Curro, trabajo: *Voy a mirar los anuncios a ver si me sale un currito guay.* **2** COLOQUIAL. Trabajador por cuenta ajena: *Yo no soy más que un currito; si quiere quejarse, vaya al jefe.* **3** COLOQUIAL. Golpe dado con los nudillos en la cabeza de una persona: *Como no te estés quieto te voy a dar un currito.*

curro *s. m.* **1** COLOQUIAL. Trabajo: *Esta semana tengo mucho curro. A ver si encuentro un curro.* **2** COLOQUIAL. Lugar donde se desarrolla el trabajo: *Tengo que entrar en el curro a las seis de la mañana.*

currusco *s. m.* Cuscurro, extremo de la barra de pan: *A mí me gusta el currusco.*

curry (del inglés; pronunciamos *'curri'*) *s. m.* (no contable) Condimento procedente de la India, mezcla de clavo, jengibre y otros elementos, con el que se sazonan algunos guisos, principalmente de pollo y arroz: *pollo al curry, arroz al curry.*

cursado, da *adj.* (estar) RESTRINGIDO. Que está acostumbrado a una cosa o se considera experto en ella: *Es un abogado muy cursado* ***en*** *divorcios. Ese tipo está muy cursado* ***en*** *estafar a la gente.*

cursar *v. tr.* **1** Seguir ‹una persona› [un curso] en un centro docente: *He cursado dos carreras y ahora voy a cursar el doctorado.* **2** Dar ‹una persona› curso a [una orden], a [una comunicación] o a [un documento]: *La diligencia para el desahucio ya ha sido cursada. Ya he cursado las instrucciones pertinentes para que todo se realice como estaba previsto.*

cursera *s. f.* COL.; COLOQUIAL. Diarrea.

cursi *adj. / s. m.* y *f.* (ser / estar) COLOQUIAL; PEYORATIVO. Que es afectado o ridículo al querer aparentar elegancia o distinción: *Tomás se compró un sombrero muy cursi. Tienes unos amigos muy cursis. Hoy no hay quien lo aguante porque está muy cursi. Eres una cursi insoportable.*

cursilada *s. f.* Acción o cosa cursi: *Ese vestido rosa es una cursilada. Hacer una reverencia cuando pasa el profesor es una cursilada.*

cursilería *s. f.* **1** (no contable) Característica de una persona o cosa cursi: *Mi vecino decoró la casa con una cursilería detestable.* **2** Cursilada: *Este adorno para el pelo es una cursilería.*

cursillo *s. m.* **1** Curso de poca duración: *He hecho un cursillo de informática. Voy a un cursillo de natación.* **2** Serie breve de conferencias sobre una materia: *En el Ateneo hacen un cursillo de cinco días, en el que vienen cinco conferenciantes a hablar sobre el hambre en el Tercer Mundo.*

cursivo, va *adj. / s. f.* ART. GRÁF. [Letra] que está inclinada hacia la derecha: *Me gustan más las cursivas que las redondas. En este diccionario los ejemplos se escriben en cursiva. Mi impresora no hace letra cursiva.* **letra cursiva.**

curso *s. m.* 1 (no contable) Evolución de una cosa: *Habrá que esperar al curso de los acontecimientos. La enfermedad sigue su curso normal.* SIN. marcha. 2 GEOG. Movimiento del agua que discurre por un cauce: *El curso del agua era tranquilo y sereno. Se ha encontrado un curso de agua subterránea.* **~ de agua.** 3 GEOG. Recorrido que hace un río desde su nacimiento hasta su desembocadura: *El curso del Tajo va desde las altas montañas de Teruel hasta Lisboa, donde el río desemboca.* SIN. corriente. **~ alto. ~ medio. ~ bajo.** 4 ASTRON. Recorrido de un astro: *el curso de la Luna alrededor de la Tierra.* 5 (no contable) Transcurso de un espacio de tiempo: *Se advierten muchos cambios en el curso de su obra artística. Ha aprendido muchas cosas en el curso de su vida. La situación mejorará en el curso de un año.* 6 Periodo completo de clases determinado por un centro de enseñanza o por la administración educativa: *El curso empieza en septiembre y termina en junio. Este curso mi hija ha estudiado en Londres.* 7 Conjunto de enseñanzas recibidas sobre una materia: *un curso de inglés, un curso de informática, un curso de español para extranjeros. Está haciendo un curso de contabilidad en una academia privada.* 8 Cada nivel de un ciclo de enseñanza: *Está haciendo el primer curso de Primaria. Ese alumno es de tercer curso.* 9 Conjunto de alumnos que forman un nivel de enseñanza: *Este curso es muy bueno y muy responsable. El maestro dice que es un curso muy brillante.* 10 (no contable) RESTRINGIDO. Uso o circulación de algo: *Esta moneda es **de** curso legal.* FR. Y LOC. **dar ~** Hacer ‹una persona› los trámites necesarios para que un documento cumpla su función: *Ya he dado curso **a** la instancia que presentaste. Quiero que se dé curso **a** este expediente inmediatamente.* **dar ~ libre** ELEVADO. Dejar ‹una persona› que una cosa se desarrolle sin restricciones: *Al escribir el poema dio curso libre **a** la fantasía.* **en el ~ de** Durante: *El tema surgió en el curso de una interesante conversación.* **seguir su ~** Marchar ‹una cosa› normalmente: *Deja que los acontecimientos sigan su curso y ya veremos.*

cursor *s. m.* 1 INFORM. Señal luminosa que sirve de indicador en la pantalla de los ordenadores: *El cursor debes llevarlo siempre donde vayas a empezar a escribir.* 2 Pieza pequeña que se desliza a lo largo de otra mayor graduada en algunos aparatos: *el cursor de una balanza.*

curtido, da *adj.* 1 (estar) [Cara o piel] que está tostada o endurecida por el sol, el aire o el trabajo: *Tienes la cara morena, curtida por el sol. Sus manos estaban curtidas por el duro trabajo de labrador.* 2 (estar) [Persona] que está experimentada en una cosa: *Después de tantos años en ese trabajo, está ya muy curtido.* 3 PERÚ; COLOQUIAL. Persona testaruda a quien los castigos no surten efectos. || *s. m.* 4 (no contable) Acción y resultado de curtir: *Se dedica al curtido de las pieles.* 5 (preferentemente en plural) Piel o cuero curtido: *fábrica de curtidos. Los curtidos nunca han estado al alcance de mi economía.*

curtidor, ra *s. m./f.* Persona que curte las pieles: *Soy curtidor porque aprendí el oficio de mi padre. Estuve de curtidor en una fábrica de pieles pero no podía soportar el olor.*

curtiembre *s. f.* AMÉR. Lugar donde se curten y trabajan las pieles.

curtir *v. tr.* 1 Someter ‹una persona› [la piel] a un tratamiento que la hace flexible y apta para fabricar objetos: *Aquí curtimos todo tipo de pieles.* SIN. curar. 2 Poner ‹el sol, el aire o una actividad› morena y fuerte [la piel de una persona]: *El sol y el aire curten las manos de los campesinos que están todo el día labrando.* SIN. encallecer. 3 Hacer ‹una cosa› que [una persona] se acostumbre al trabajo o al sufrimiento: *La muerte de sus padres curtió su carácter. La guerra había curtido a Pedro, y ya no sentía el sufrimiento.* SIN. endurecer || *v. prnl.* 4 Ponerse ‹la piel de una persona› morena y fuerte: *Cada verano se le curtía la piel por pasar tanto tiempo en la playa.* 5 Estar ‹una persona› acostumbrada al trabajo y al sufrimiento: *Amalia se curtió en sus años de soledad y ahora no necesitaba tener a nadie a su lado.*

curubito *s. m.* COLOQUIAL. Posición en la que se goza de gran influencia social y política.

cururo *s. m.* CHILE. Mamífero roedor de pequeño tamaño, de color castaño oscuro o negro, que excava pequeñas galerías bajo la nieve.

curva *s. f.* 1 GEOM. Línea que se aparta de la dirección recta sin formar ángulos: *Dibuja una curva que rodee todos estos objetos que había dibujado antes.* 2 Tramo curvo: *curva cerrada, curva abierta, las curvas de un camino. Esta carretera no me gusta porque tiene muchas curvas.* 3 Representación gráfica de un fenómeno por medio de una línea cuyos puntos indican valores variables: *una curva de temperatura, una curva de producción. La curva muestra el aumento de las ventas en los dos últimos meses.* 4 (en plural) COLOQUIAL. Formas del cuerpo femenino: *Esta chica tiene unas curvas que marean.* || 5 **~ de nivel** Curva de un plano o mapa que une puntos de igual altitud: *Según la curva de nivel, estas dos montañas tienen la misma altitud.* FR. Y LOC. **coger / tomar una ~** Pasar ‹un conductor› de un tramo recto a un tramo curvo: *Tienes que tomar la curva a poca velocidad. El conductor cogió la curva muy abierta y se salió de la carretera.*

curvado, da *adj.* (ser / estar) Que tiene forma de curva: *La pared te está saliendo curvada. La trayectoria del proyectil es curvada. El árbol está curvado.*

curvar *v. tr.* 1 Dar ‹una persona o una cosa› forma curva a [una cosa]: *Tenemos que curvar el listón para que quepa por la puerta.* SIN. arquear. || *v. prnl.* 2 Tomar ‹una cosa› forma curva: *El tablón que dejamos sosteniendo el techo se ha curvado por el peso.* SIN. arquearse.

curvatura *s. f.* GEOM. Desviación de la línea recta: *la curvatura de una circunferencia. La curvatura de la trayectoria del cohete es mayor de lo previsto.*

curvilíneo, a *adj.* GEOM. Que tiene forma de línea curva: *trazo curvilíneo. Hizo un dibujo curvilíneo.*

curvo, va *adj.* GEOM. Que constantemente, desde el principio hasta el final, se va apartando de la dirección recta sin llegar a formar ángulos: *línea curva. El circuito tiene un trazado curvo.* ANT. recto.

cuscurro *s. m.* 1 Extremo de la barra de pan: *Los cuscurros son la parte más sabrosa de la barra.* 2 Dado pequeño de pan frito que acompaña a sopas, cremas y otros guisos: *En este restaurante siempre te ponen los cuscurros aparte, y así te echas en la sopa la cantidad que quieres.*

cuscús o **cuzcuz** *s. m.* COCINA. Guiso árabe de sémola de trigo, verduras y trozos de pollo y cordero: *Siempre que quiero cuscús vengo a este restaurante marroquí.*

cúspide *s. f.* **1** Cumbre de una montaña: *Los alpinistas no alcanzaron la cúspide de la montaña porque empezó a nevar y tuvieron que abandonar la escalada.* SIN. cima. **2** Momento de mayor perfección o esplendor: *En su carrera deportiva la tenista consiguió llegar a la cúspide.* SIN. cima. **3** GEOM. Vértice de un cono o de una pirámide: *De la base a la cúspide del cono hay quince centímetros.* **4** Remate superior de una cosa: *En la cúspide del campanario se puede ver la veleta.*

cusqui *s. f.* Se usa en la LOC. **hacer la ~** COLOQUIAL. Molestar o fastidiar ‹una persona o una cosa› a otra persona: *Me está haciendo la cusqui ya tu hermano, tanto hacerme ir y venir para nada.*

custodia *s. f.* **1** (no contable) Acción y resultado de custodiar: *Dos guardias se encargan de su custodia. La custodia del dinero es función del secretario. Todo está bajo su custodia.* SIN. protección. **2** REL. Pieza, generalmente de oro y plata en que se expone el Santísimo Sacramento en los actos litúrgicos solemnes de las iglesias católicas: *Esta custodia es la que sacan en la procesión del Corpus.* SIN. ostensorio (ELEVADO).

custodiar *v. tr.* Guardar ‹una persona› [una cosa] cuidadosamente: *Tú te encargas de custodiar los documentos hasta el día de la reunión.*

custodio *adj.* Se usa en la LOC. **ángel* ~** o **ángel de la guarda.**

cutáneo, a *adj.* De la piel o el cutis: *lesión cutánea. Tengo una alergia que me produce unos picores cutáneos desesperantes.* **erupción cutánea.**

cutato, ta *adj.* PERÚ; COLOQUIAL. [Persona] de raza negra.

cúter *s. m.* MAR. Embarcación ligera de vela con un solo palo.

cutícula *s. f.* **1** ANAT. Epidermis: *La cutícula tiene una función protectora y transpirante.* **2** Piel delgada y delicada: *La cutícula que rodea la base de las uñas se suele cortar.*

cutis (plural *cutis*) *s. m.* Piel del cuerpo humano, sobre todo la de la cara: *Tiene un cutis muy fino. Yo uso esta pomada para eliminar las impurezas del cutis.* **~ graso. ~ seco.**

cuto, ta *adj.* **1** AMÉR. C., BOL. Mellado, desdentado. **2** AMÉR. C., BOL. Viejo, estropeado. || *adj. / s. m.* y *f.* **3** AMÉR. C., BOL. Cojo o manco.

cutra *s. f.* PERÚ; COLOQUIAL. Soborno.

cutre *adj.* **1** COLOQUIAL; PEYORATIVO. Que es feo o de poca calidad: *Usas siempre una ropa muy cutre. La decoración es muy cutre. Era un sitio cutre pero tenía cierto encanto.* || *adj. / s. m.* y *f.* **2** COLOQUIAL; PEYORATIVO. Que es muy tacaño: *Joaquín es un cutre. Eres una persona muy cutre. Esta tía es una cutre que no quiere gastarse un duro.*

cutrez *s. f.* (no contable) COLOQUIAL; PEYORATIVO. Cualidad de cutre: *La cutrez del sitio era tal que no aguantamos ni cinco minutos. Hasta dónde llegaría su cutrez que no nos sacó ni una cerveza.*

cuy *s. m.* Cuye.

cuye o **cuy** *s. m.* CHILE, PERÚ; VULGAR en Chile. Cobaya, conejillo de Indias.

cuyo, ya *adj. rel.* Tiene un contenido semántico de pronombre relativo y adjetivo posesivo, y equivale a *del que* + artículo definido o *de la / los / las que* + artículo definido. OBSERVACIONES: Como adjetivo concuerda con el nombre al que precede y al que modifica. Ese nombre forma parte de una proposición relativa: *La chica aquella cuyo padre nos invitó a una cerveza, se sienta a mi lado en clase. El autor de cuya obra os voy a hablar es Antonio Machado.*

cuzcuz *s. m.* Cuscús.

D

d *s. f.* **1** Cuarta letra del alfabeto español que representa una consonante de articulación dental, oclusiva o fricativa y sonora. Su nombre es *de*. **2** (en mayúscula) Letra que tiene el valor de 'quinientos' en la numeración romana.

d. C. *abr.* «Después de Cristo».

D., Dª. *abr.* «Don, Doña».

D. m. *abr.* «Dios mediante».

-da *suf.* **1** Significa 'conjunto' y forma sustantivos a partir de sustantivos: *vaca - vacada.* **2** Significa 'cantidad contenida en' y forma sustantivos a partir de sustantivos: *cuchara - cucharada, pala - palada, carreta - carretada.* **3** Significa 'acción despectiva' y forma sustantivos a partir de sustantivos: *payaso - payasada, alcalde - alcaldada.* **4** Significa 'golpe o herida' y forma sustantivos a partir de sustantivos: *palma - palmada, cuchillo - cuchillada.* **5** Significa 'abundancia' y forma sustantivos a partir de sustantivos: *río - riada.* **6** Significa 'acción y resultado' y forma sustantivos a partir de verbos: *llamar - llamada, escapar - escapada, perder - pérdida, venir - venida.*

dabuten o **dabuti** *adj.* (ser / estar) JERGAL. Muy bueno o muy bonito: *Esta música es dabuten. Lleva una cazadora dabuten. La película estuvo dabuten. Esa chica es dabuti. El helado está dabuti.*

daca Se usa en la LOC. **toma* y ~.**

dacha (del ruso) *s. f.* Casa de campo rusa.

dactilar *adj.* Del dedo o de los dedos. SIN. digital. **huella* ~ / digital.**

dactílico, ca *adj.* MÉTR. Del dáctilo o que está compuesto de dáctilos: *pie dactílico, metro dactílico, verso dactílico.*

dáctilo *s. m.* MÉTR. Pie métrico de la poesía griega y latina de tres sílabas, una larga y dos breves.

dactilografía *s. f.* (no contable) RESTRINGIDO. Mecanografía.

dactilología *s. f.* (no contable) RESTRINGIDO. Sistema de comunicación valiéndose de los dedos y distintas posiciones de las manos, comúnmente utilizado por los sordomudos.

dactiloscopia *s. f.* (no contable) Estudio de las huellas dactilares para identificar a las personas.

-dad *suf.* Significa 'cualidad relacionada con' y forma sustantivos a partir de adjetivos: *malo - maldad, ruin - ruindad, solo - soledad, moderno - modernidad, necio - necedad.* OBSERVACIONES: ◊ Forma sustantivos en *-bilidad* a partir de adjetivos en *-ble: amable - amabilidad.*

dadá *adj.* (invariable) Dadaísta: *movimiento dadá, poemas dadá.*

dadaísmo *s. m.* (no contable) Movimiento artístico y literario vanguardista que surge en la I Guerra Mundial y se caracteriza por su inconformismo y por la defensa de la libertad y la irracionalidad del artista.

dadaísta *adj.* **1** Del dadaísmo: *tendencia dadaísta, manifiesto dadaísta, reunión dadaísta.* || *adj. / s. m.* y *f.* **2** Que es partidario del dadaísmo: *escritor dadaísta, arte dadaísta. Era un dadaísta convencido.*

dádiva *s. f.* ELEVADO. Cosa que se da como regalo o se concede graciosamente sin esperar nada a cambio: *El Señor te colme de dádivas. En agradecimiento a nuestra ciudad el rey otorgó diversas dádivas y privilegios, entre otros, que los vecinos puedan disfrutar siempre de estos montes.*

dadivoso, sa *adj. / s. m.* y *f.* ELEVADO. Que tiende a dar lo que tiene a los demás: *acción dadivosa, gesto dadivoso. Pedro es muy dadivoso, siempre está obsequiando a sus amigos.* SIN. generoso.

dado, da *adj.* **1** Especial, determinado: *En momentos dados, se prefiere la soledad.* **2** ARG., URUG.; COLOQUIAL. [Persona] que tiene facilidad para relacionarse con las demás. || *s. m.* **3** Pequeño cubo cuyas caras tienen marcadas de uno a seis puntos o figuras distintas: *jugar a los dados, lanzar los dados, dados falsos, dados de la suerte.* **4** Pieza metálica en forma de cubo utilizada como apoyo de tornillos y ejes. **5** ARQ. Parte inferior de la columna. SIN. pedestal. FR. Y LOC. **cargar los dados** Cambiar el peso de las caras de los dados para hacer trampas. **~ que** 1 Ya que, porque: *No nos esperes, dado que llegaremos tarde.* 2 (con subjuntivo) Si, en caso de que: *Dado que sea cierto lo que cuentas, te ayudaremos.* **ser ~ a** Sentir ‹una persona› inclinación o afición por algo: *Es muy dado a regalar cosas. En aquel tiempo era dado a los paseos solitarios.*

dador, ra *adj. / s. m.* y *f.* RESTRINGIDO. Que da: *el dador de esta carta.*

daga *s. f.* **1** Antigua espada corta de dos filos: *Lo asesinaron con una daga veneciana.* **2** AMÉR. DEL S. Cuchillo, puñal.

daguerrotipia *s. f.* Daguerrotipo, técnica fotográfica.

daguerrotipo *s. m.* **1** Técnica fotográfica en que las imágenes se fijaban en una placa de metal. SIN. daguerrotipia. **2** Imagen obtenida por esta técnica: *Los daguerrotipos del siglo XIX son hermosos.* **3** Aparato que se utilizaba para obtener estas imágenes.

dalia *s. f.* **1** Género *Dhalia.* Planta compuesta, de hojas ovaladas dentadas, grandes flores de diversos colores con muchos pétalos, que se cultiva como planta de adorno. **2** Flor de las dalias.

dálmata *adj. / s. m.* y *f.* **1** De Dalmacia, región europea: *campesino dálmata. Los dálmatas pertenecían a la antigua Yugoslavia.* || *s. m.* **2** (macho y hembra) Perro de mediano tamaño, con el pelo corto y blanco, y manchas negras. **3** LING. Lengua románica que se habló en Dalmacia.

dalmática *s. f.* **1** REL. En la iglesia católica, vestidura eclesiástica parecida a una casulla con mangas anchas y abiertas que se pone encima del alba. **2** Túnica abierta que usan en las ceremonias solemnes los maceros: *El rector entró precedido por una banda de chirimías y maceros que vestían dalmática con el escudo de la universidad.*

daltónico, ca *adj. / s. m.* y *f.* Que padece daltonismo: *Los daltónicos tienen dificultades para distinguir el rojo y el verde. Tenía varios alumnos daltónicos.*

daltonismo *s. m.* (no contable) MED. Defecto de la visión que impide distinguir algunos colores.

dama *s. f.* **1** Mujer distinguida, de clase social alta: *las damas de la nobleza.* **2** LITERARIO. Mujer amada, que es cortejada y pretendida por un hombre: *Su dama se comporta con indiferencia ante sus requerimientos.* **3** Señora que está al servicio de una princesa o una reina: *las damas de la reina, las damas de la corte.* **4** TEATRO. Actriz de teatro que interpreta los papeles principales: *Ahora ya no hace papeles de dama.* **5** En el ajedrez, la reina: *En el movimiento doce intercambiaron los jugadores sus damas.* **6** (preferentemente en plural) Juego en el que participan dos personas, tienen doce piezas en forma de disco cada uno y se desarrolla en un tablero cuadriculado: *jugar a las damas, ganar una partida de damas.* **juego de damas. 7** Pieza del juego de damas a la que se le pone otra encima por haber llegado a la primera línea del contrario: *Rafael logró hacer dos damas. Consiguió meterle una dama.* || **8 ~ de honor** Muchacha que forma parte del acompañamiento de otra en determinados actos: *dama de honor de la novia. Ayer eligieron a la reina de la fiesta y dos damas de honor.* **9 ~ de noche** Planta solanácea de unos dos metros de altura y flores blancas muy olorosas durante la noche. **10 ~ gris** COL.; JERGAL. Coche patrulla de la policía. **11 primera ~** Esposa del jefe del Estado o del jefe del Gobierno: *Mientras los presidentes negociaban, las primeras damas visitaron un orfelinato.* **12 ~ / señora de compañía** Mujer que trabaja atendiendo a otra, especialmente si es de avanzada edad, para que no esté sola.

damaceno, na *adj. / s. m.* y *f.* Damasceno.

damajuana *s. f.* RESTRINGIDO. Vasija grande de vidrio o barro cocido, de forma redondeada y boca estrecha, a veces protegida por una funda de mimbre o paja: *una damajuana de vino, una damajuana de aceite.*

damán *s. m.* (macho y hembra) *Procavia Capensis.* Mamífero herbívoro parecido al conejo, con hocico corto, orejas pequeñas, patas cortas y regordetas y dedos como pezuñas con garras, que habita en África y Asia occidental.

damasceno, na o **damaceno, na** *adj. / s. m.* y *f.* Damasquino.

damasco *s. m.* **1** (no contable) Tela fuerte de seda o lana, adornada con relieves del mismo color formados por hilos gruesos. **2** ARG., URUG. Albaricoquero o albaricoque.

damasquinado *s. m.* (no contable) Trabajo de artesanía que consiste en incrustar oro u otro material fino en hierro o acero: *Es famoso el damasquinado toledano.*

damasquinar *v. tr.* Hacer ‹una persona› labor de damasquino en [un objeto]: *En Toledo damasquinan armas y objetos cotidianos, como tijeras y ceniceros.*

damasquino, na *adj. / s. m.* y *f.* De Damasco, ciudad de Asia. SIN. damasceno, damaceno.

damero *s. m.* **1** Tablero para jugar a las damas. **2** Damerograma: *Siempre resuelve los dameros del periódico.*

damerograma *s. m.* Pasatiempo parecido a un crucigrama que, una vez resuelto, compone una cita o un texto.

damisela *s. f.* RESTRINGIDO. Muchacha joven que presume de dama delicada: *La muchacha es toda una damisela.*

damnificado, da *adj. / s. m.* y *f.* Que ha sufrido un gran daño en una desgracia colectiva: *los países damnificados del Tercer Mundo. Les proporcionaron una ayuda a los damnificados del terremoto.*

damnificar *v. tr.* Causar ‹una persona o una cosa› un daño importante [a una persona]. ⇒ **71.**

dandi (del inglés) *s. m.* PEYORATIVO. Hombre muy elegante y de comportamiento refinado: *Te estás haciendo un dandi con esta afición a la ropa cara y a los restaurantes lujosos.*

dandismo *s. m.* (no contable) PEYORATIVO. Comportamiento elegante y refinado del dandi: *El dandismo es una manera de vivir que está desapareciendo.*

danés, sa *adj. / s. m.* y *f.* **1** De Dinamarca, país europeo: *el clima danés, queso danés. Los daneses ganaron la copa.* || *s. m.* **2** LING. Lengua indoeuropea del grupo germánico hablada en Dinamarca y Groenlandia. || **3 gran ~** Dogo, perro de cierta raza, caracterizado por su gran tamaño.

danta *s. f.* AMÉR. C., COL., MÉX., VEN. Tapir.

dantesco, ca *adj.* (antepuesto / pospuesto) Que causa horror o espanto: *una escena dantesca. Aquellas dantescas imágenes ponían los pelos de punta.*

danza *s. f.* **1** (no contable) Acción y arte de danzar: *estudiar danza, hacer danza, profesora de danza, clases de danza, pasos de danza, compañía de danza.* SIN. baile. **2** Forma o estilo de danzar. SIN. baile. **~ ancestral. ~ clásica. ~ regional. ~ ritual. ~ del vientre. 3** COLOQUIAL. Asunto o enredo: *Todavía no sabe de qué va la danza. ¿Por qué te has metido en esta danza?* || **4 ~ de la muerte** LIT. Composición poética medieval en la que la muerte llama a representantes de todas las capas sociales, examina su conducta en este mundo y les advierte de que ella trata a todos por igual y no respeta privilegios. FR. Y LOC. **en ~** 1 COLOQUIAL. En movimiento, de un lado para otro: *Llevo en danza toda la mañana para preparar el viaje. Estamos en danza desde las seis. Me tiene en danza desde que ha recibido la noticia.* 2 COLOQUIAL. De actualidad: *Otra vez está en danza el tema de los impuestos. Me han dicho que anda en danza el tema de su divorcio.*

danzar *v. tr. / intr.* **1** Bailar ‹una persona› [un baile, generalmente artístico o tradicional]: *Los bailarines danzaban al compás de la música una danza ritual.* || *v. intr.* **2** COLOQUIAL. Ir ‹una persona› de un lado a otro sin hacer nada de utilidad: *No resolvió el asunto y estuvo todo el día danzando de acá para allá.* **3** RESTRINGIDO. Moverse ‹una cosa› de un lado a otro: *Las botellas danzaron un momento con el terremoto.* ⇒ **19.**

danzarín, na *adj.* Que danza con habilidad.

dañar *v. tr.* **1** Causar ‹una persona o una cosa› un daño [a una persona, un animal o una cosa]: *Las fuertes tormentas dañaron la cosecha. La enfermedad le ha dañado el cerebro. No pretendía dañar a nadie.* || *v. prnl.* **2** Sufrir ‹una persona, un animal o una cosa› un daño: *Este año se ha dañado toda la cereza.*

dañino, na *adj.* Que causa o puede causar algún daño: *un animal dañino. No comas la fruta verde que es dañina. El alcohol es dañino para la salud.*

daño *s. m.* **1** Dolor físico o moral causado por alguna persona o cosa: *El dentista me ha hecho mucho daño. No me hacen daño sus golpes sino sus palabras.* **2** Mal o perjuicio causado por una persona o por una cosa: *los daños de la tormenta. La guerra producirá muchos daños.* **3** AMÉR. DEL S.; COLOQUIAL. Maleficio. **4** COL. Avería de un automóvil.

dar *v. tr. / prnl.* **1** Hacer ‹una persona› que [una cosa] pase a poder de [otra persona]: *Se dieron los regalos. Mi tío me dio mil pesetas. Dio un caramelo a cada niño.* **2** Considerar ‹una persona› [una cosa] de [cierta manera]: *Doy este asunto* ***por*** *terminado.* ***Me*** *doy* ***por*** *satisfecho.* || *v. tr.* **3** Hacer llegar ‹una persona› [una cosa] a [otra persona]: *Le di instrucciones exactas. Le he dado recuerdos para su padre.* **4** Pasar ‹una persona› [una cosa] a [otra persona]: *Dame la sal. Dale aquella bolsa a tu madre, por favor.* **5** Proporcionar ‹una persona› [una cosa] a [otra persona]: *Le di estudios. Ya le he dado la medicina al abuelo.* **6** Conceder ‹una persona con autoridad› [una cosa] a [otra persona]: *Por ese ensayo le dieron el premio. Le han dado una beca.* **7** Producir ‹un animal o una cosa› [una cosa]: *Esta tierra da buenos frutos. Las ovejas merinas dan mucha lana.* **8** Despedir ‹una cosa› [otra cosa]: *Estas flores dan buen olor.* **9** Causar ‹una cosa› [otra cosa]: *Me ha dado mucha alegría saber que estáis bien. Me da pena veros tristes.* **10** Comunicar ‹una persona› [una cosa]: *Dieron la noticia por la mañana. Han dado un aviso a todos los consumidores de tabaco.* **11** Atribuir ‹una persona› [un significado o una cualidad] a [una cosa]: *No sé qué significado darle a tus palabras.* **12** Presentar o exponer ‹una persona› [una cosa]: *Dio toda clase de explicaciones. Me dio sus disculpas para ti.* **13** Explicar ‹una persona› [una cosa]: *Dio la clase como cada día. Lleva dando sus lecciones desde hace treinta años.* **14** Recibir ‹una persona› [una clase o una lección]: *Ya he dado mi lección de inglés. Hoy no doy música.* **15** Hacer ‹una persona o una cosa› desagradable [un período de tiempo] a [una persona]: *Me ha dado la tarde contándome esas historias. Hasta que se acostumbre a los horarios nos da las noches, no para de llorar.* **16** Aplicar ‹una persona› [una cosa] a [otra cosa]: *Di una mano de pintura a toda la casa. Le hemos dado una capa de barniz a la puerta.* **17** Abrir ‹una persona› [el conducto de un fluido]: *Di la luz. Da el agua. No des el gas.* **18** Celebrar ‹una persona› [una fiesta]: *Por su cumpleaños dieron una fiesta. Han dado una recepción en la embajada.* **19** Poner ‹una persona› [una obra] en escena: *Esta noche dan el Tenorio en el teatro principal de la ciudad.* **20** Echar [una cosa] por televisión, radio o cine: *¿Qué programa dan hoy? Hoy dan un reportaje.* **21** Provocar ‹una cosa› un presentimiento [a una persona]: *Me da que vendrá.* **22** Realizar ‹una persona› [una acción]: *dar un paseo, dar saltos, dar gritos.* || *v. tr. / intr.* **23** Hacer sonar ‹el reloj› las campanadas de [la hora correspondiente]: *Han dado las tres. El reloj daba los cuartos.* || *v. tr. / intr. / prnl.* **24** Golpear ‹una persona› [a otra persona]: ***Se*** *dieron* ***de*** *puñetazos a la puerta del cole. Empezamos a discutir y al final* ***nos*** *dimos* ***de*** *bofetadas. Le dio una torta.* || *v. intr.* **25** Utilizar ‹una persona› [una cosa]: *Le di* ***a*** *la llave. Le he dado* ***al*** *mando del televisor.* **26** Empezar ‹una cosa› a afectar a [una persona]: *Me ha dado un dolor.* **27** Conseguir ‹una persona› acertar en [una cosa]: *Diste* ***en*** *el blanco.* **28** Estar ‹una cosa› orientada o ir a parar ‹una cosa› a un lugar: *Esta ventana da* ***a*** *la calle.* **29** Caer ‹una persona› en [una cosa]: *Pedro ha dado* ***en*** *el error.* || *v. prnl.* **30** Producirse ‹una planta› en un lugar: *Aquí se da bien el trigo.* **31** Dedicarse ‹una persona› a [una persona o una cosa]: *Se ha dado* ***a*** *la vagancia. Se ha dado completamente* ***a*** *cuidar niños huérfanos.* **32** Ocurrir ‹una cosa›: *Se dio un curioso fenómeno.* **33** Resultar ‹una cosa› a [una persona] de una manera determinada: *Al niño se le da muy mal el dibujo. Se te da fenomenal jugar al tenis.* OBSERVACIONES: Si no se especifica el modo significa 'resultar fácil'. *A Marta se le da la lingüística.* **34** Golpearse ‹una persona›: *Enciende la luz no te des* ***con*** *la cómoda. Ya me he dado* ***en*** *la cabeza.* FR. Y LOC. **a como dé lugar*. ¡ahí* me las den todas! anunciar / ~ / decir el corazón*. batir / ~ palmas*. ¡choca / dame esos cinco*! ¡dale!** o **¡dale que dale !** o **¡ dale que te pego!** DISGUSTO Y ENFADO, INTENSIFICADOR. Se usa para indicar fastidio ante la insistencia o la pesadez de una persona o la pesadez de una cosa: *¡Y dale con el ruidito! Ella, ¡dale que dale!, pedía una cosa tras otra. Te estoy diciendo que te calles y tú siempre estás dale que te pego.* OBSERVACIONES: En muchos casos sustituye al verbo, que queda sobrentendido, y se refuerza el matiz de insistencia, perseverancia o repetición: *Lleva toda la mañana dale que dale con la fregona.* **dame pan* y llámame tonto / perro. ~ a** 1 Hacer funcionar ‹una persona› una cosa: *Dale a la manivela. Dale al botón de la calefacción al entrar en casa.* 2 (seguido de infinitivo) Encargar ‹una persona› que haga algo con una cosa que se le da: *Mi madre ha dado a bordar un juego de sábanas.* **~ a conocer*. ~ a la comba** Mover rítmicamente ‹una o dos personas› una cuerda para que otra salte por encima de ella. **~ a la prensa*. ~ a luz*. ~ aguamanos*. ~ al traste*. ~ alas*. ~ alcance*. ~ almidón*. ~ ánimos*. ~ / atizar / arrear candela*. ~ bolilla*. ~ calabazas*. ~ cancha*. ~ carpetazo*. ~ carrete*. ~ caza*. ~ cera*. ~ chiche*. ~ cien patadas* en el estómago** o **~ cien patadas en la barriga. ~ cima*. ~ con** Encontrar ‹una persona› una cosa: *Por fin he dado con el pendiente.* **~ con la horma* de su zapato** o **encontrar la horma de su zapato. ~ con la puerta* en las narices. ~ con los huesos en el suelo** Caerse ‹una persona›: *El camarero tropezó y dio con sus huesos en el suelo.* **~ consigo en el suelo** Dar con los huesos en el suelo. **~ conversación*. ~ crédito*. ~ vueltas*. ~ cuenta*. ~ cuerda*. ~ curso*. ~ curso* libre. ~ de** 1 COLOQUIAL. Dar ‹una persona› repetidamente a otra los golpes que se expresan: *Unos gamberros le dieron de palos y le dejaron tendido en el suelo.* 2 COLOQUIAL. Pegar ‹una persona› con lo que se expresa al caer o al tropezar: *Resbaló y dio de culo en el suelo.* 3 COLOQUIAL. Proporcionar ‹una persona› a otra lo necesario para que coma o beba: *Sus amigos se presentaron a las nueve en casa y tuvo que darles de cenar.* 4 COLOQUIAL. Aplicar ‹una persona› abundantemente la sustancia que se expresa sobre algo: *Le has dado bien de betún a los zapatos.* **~ de la-**

do COLOQUIAL. Ignorar ‹una persona› a otra persona o una cosa o no importarle nada ‹alguien› a una persona: *Le caía mal el novio de su hermana y procuró darle de lado.* **~ de sí** 1 Hacerse ‹una cosa› más ancha: *Este gorro no da de sí.* 2 Rendir, producir ‹una cosa›: *Este negocio da de sí. Siempre consigue que su sueldo dé mucho de sí. Su inteligencia da poco de sí.* **~ diente* con diente. ~ ejemplo*. ~ el bote*. ~ el callo*. ~ el cambiazo*. ~ el camelo*. ~ el cante*. ~ el cese*. ~ el coñazo*. ~ el día*. ~ el golpe*. ~ (el) pasaporte*. ~ el pase*. ~ el paseo*. ~ el pecho*. ~ el pego*. ~ el pie* y tomarse la mano. ~ el primer paso*. ~ los primeros pasos. ~ el visto* bueno. ~ en** 1 Llegar a entender ‹una persona› una cosa: *Dio en la explicación del problema.* 2 ELEVADO. Adquirir ‹una persona› la manía de alguna cosa u obstinarse en hacer lo que se expresa: *Ha dado en pasear durante la noche. Don Quijote dio en creerse un caballero andante.* **~ en el blanco*. ~ en el clavo*. ~ en el suelo* con. ~ en la nariz*. ~ en las narices*. ~ en tierra** Caer ‹una persona o una cosa›: *El caballo hizo un extraño y el jinete dio en tierra.* **~ / entrar en vena*. ~ / entregar el alma* a Dios. ~ esperanza*. ~ esquinazo*. ~ / estrechar la mano*. ~ / exhalar el último suspiro*. ~ fe*. ~ forma*. ~ gato* por liebre. ~ golletazo*. ~ guerra*. ~ / hacer un corte* de mangas. ~ hora*. ~ humazo*. ~ igual ocho* que ochenta. ~ jabón*. ~ juego*. ~ la alerta*. ~ la callada* por respuesta. ~ la campanada*. ~ la cara*. ~ la coña*. ~ la espalda*. ~ la hora*. ~ la lata*. ~ la lección*. ~ la nota*. ~ la paliza** COLOQUIAL. Aburrir ‹una persona› a otra con sus propuestas o peticiones repetidas: *No para de dar la paliza a sus padres para que le compren una moto.* **~ la patada*. ~ la plasta*. ~ la puntilla*. ~ la razón*. ~ la (real) gana*. ~ la sangre*. ~ la serenata*. ~ la tabarra*. ~ la talla*. ~ la vida*. ~ la voz* de alarma. ~ la vuelta* a la tortilla. ~ largas*. ~ las últimas boqueadas*** o **estar dando las últimas boqueadas. ~ la(s) última(s) pincelada(s)*. ~ leña*. ~ / llevar / recibir / sacudir más palos que (a) una estera* (vieja). ~ / llevar(se) un alegrón*. ~ lo mismo so que arre** COLOQUIAL. No haber mucha diferencia entre dos hechos o dichos. **~ lugar* a. ~ mala espina*. ~ marcha* atrás. ~ / meter caña*. ~ muerte*. ~ origen* a. ~ pábulo* a** o **ser pábulo de. ~ palo*. ~ palos* de ciego. ~ para** Ser ‹una cosa› suficiente para varias personas o para varias cosas: *Este pastel da* ***para*** *muchos comensales.* **~ para el pelo*. ~ parte*. ~ paso*. ~ / pegar brincos* de alegría / contento. ~ / pegar un bote*. ~ / pegar un brinco*. ~ / pegar un frenazo*. ~ / pegar un garrotazo*. ~ / pegar un levante*. ~ picones*. ~ pie*. ~ / pinchar en hueso*. ~ por** Adquirir ‹una persona› la costumbre o manía de una cosa: *A la abuela le dio por llorar toda la noche.* **~ por ahí** COLOQUIAL. Tener ‹una persona› la costumbre o manía que se ha mencionado anteriormente o se menciona después: *Rosa no suele salir, pero si le da por ahí igual se va al cine. Le ha dado por ahí y ahora todos los días compra tres periódicos. –«Marta se ha cortado el pelo.» –«¿Sí? ¿Y cómo es que le ha dado por ahí?»* **~ por bien empleado*. ~ por (el) culo*. ~ por supuesto*. ~ / presentar batalla*. ~ / prestar oído(s)*. ~ que decir** Hacer ‹una persona› que otras tengan motivos para murmurar: *Su forma de vida da que decir a los vecinos.* **~ que hablar** 1 Dar ‹un hecho› motivo para que la gente hable de ello: *La noticia que publican hoy los periódicos va a dar mucho que hablar todavía.* 2 Dar ‹una persona› motivos para que otras murmuren: *Prefiero pasar desapercibida, no me gusta dar que hablar.* **~ que hacer** Hacer ‹una persona› que otra trabaje o se preocupe: *La abuela da que hacer a todos sus nietos.* **~ que pensar** Hacer ‹una persona o una cosa› que una persona se preocupe: *Este tipo de enfermedades me da que pensar.* **~ rabia*. ~ razón*. ~ relieve*. ~ / repartir / arrear estopa*. ~ rienda* suelta** o **soltar las riendas. ~ / ser lo mismo*. ~ sepultura*. ~ sopas* con honda. ~ / tener cabida*. ~ tiempo*. ~ tierra*. ~ un aire*. ~ un cebollazo*. ~ un cheque* en blanco. ~ un estampido*. ~ un palo*. ~ un recital*. ~ un repaso*. ~ un sosegate*. ~ un tiento*. ~ un toque*. ~ una carda*. ~ una lección*. ~ una pataleta*. dármela / dártela / dársela... con queso*. ~ vela* en un entierro. ~ vueltas*. darle a la lengua*. darle al pico*. darle algo*. darle un vuelco* el corazón. darle vueltas* la cabeza. darse a conocer*. darse aires*. dar(se) bombo*. darse con un canto* en los dientes. darse cuenta** Percibir ‹una persona› una cosa: *Me he dado cuenta de lo que quiere decir. Se dio cuenta de tu tristeza nada más llegar.* **darse de** Golpearse ‹una persona› en una parte del cuerpo al caer o chocarse con algo: *Se dio de narices contra la farola.* **dar(se) de alta** Hacer ‹una persona› lo necesario para que otra o ella misma pase a formar parte de los que ejercen una profesión o un oficio reglamentados o tienen un derecho establecido: *Mi padre se ha dado de alta como industrial. Cuando me contrataron me dieron de alta en la Seguridad Social.* **dar(se) de bofetadas / tortas** COLOQUIAL. 1 Arrepentirse ‹una persona› de alguna cosa: *Cuando me acuerdo de la oportunidad que perdí, me doy de tortas.* 2 COLOQUIAL. Pelearse ‹dos personas›: *¿Hijos, siempre tenéis que daros de bofetadas?* 3 COLOQUIAL. No casar bien ‹dos cosas›: *La camisa y la chaqueta que llevas hoy se dan de bofetadas.* **darse de cabezadas* contra la pared. dar(se) de narices / morros** COLOQUIAL. Chocar ‹una persona› con otra persona o con una cosa: *No quería verla pero me di de narices con ella al salir del portal.* **darse de bruces*. darse el bote*. darse el pico*. darse con la cabeza* en la pared** o **darse con la cabeza en las paredes. darse importancia*. darse la paliza** COLOQUIAL. 1 Trabajar ‹una persona› intensamente: *Se da la paliza* ***a*** *planchar todos los días, no lo comprendo.* 2 COLOQUIAL. Esforzarse o sufrir ‹una persona› mucho en una actividad: *Me doy la paliza para llegar en punto a clase todos los días, porque vivo fuera de Madrid.* **darse / pegarse el lote*. darse pisto*. darse por aludido** Sentirse ‹una persona› aludida: *Se dio por aludida cuando empezaron a hablar de la gente que no pagaba.* **darse postín*. darse pote*. darse prisa*. darse puñetazos*. darse tono*. darse un panzón*. dar(se) una vuelta*. darse una zurra*. dárselas de** PEYORATIVO. Presumir ‹una persona› de una cosa que no es verdad: *Se las daba de millonaria y no tenía un duro.* **donde Cristo* dio las tres voces** o **donde Cristo perdió el gorro. donde las dan las toman** COLOQUIAL. Se usa para indicar que una persona recibe o recibirá lo que se merece por algo malo que ha hecho: *Se ha pasado la vida criticando a los demás y ahora no tiene amigos, porque donde las dan las toman.* **echar / ~ una de cal* y otra de arena. hacer diana*** o **~ en la diana. ir* dado. menos da un piedra*. no conceder / ~ beligerancia*. (no) ~ abasto*. no ~ cuartel*. no ~ ni la hora** COLOQUIAL; INTENSIFICADOR, HUMORÍSTICO. Ser ‹una persona› muy tacaña: *Ese tipo es que no da ni la hora.* **no ~ ni una** Cometer ‹una persona› equivocaciones constantemente: *Este concursante no ha dado ni una en las respuestas.* **no ~ / pegar ni clavo*. no ~ / pegar (ni) golpe*. no ~ pie* con bola. no ~ su brazo* a torcer. no ~ un palo* al agua. para ~ y tomar** Indica que una cosa existe en abundancia: *Hay comida para dar y tomar.* **que le den dos duros*. ¡que le den morcilla*! tanto da** COLOQUIAL. Se usa para mostrar indiferencia ante un hecho o ante dos alternativas: *Eso no me gusta mucho, pero bueno, tanto da.* **tener / darse ínfulas*. ⇒ 30.**

dardo *s. m.* **1** Flecha pequeña y ligera que se tira con la mano: *jugar a los dardos, lanzar los dardos.* **2** RESTRINGIDO. Lanza pequeña que se arrojaba con la mano: *Lo hirió un dardo enemigo en una pierna.* || **3 ~ envenenado** Comentario irónico y con mala intención: *Sus palabras fueron dardos envenenados. Su comentario es un dardo envenenado.*

dársena *s. f.* Zona de un puerto resguardada y preparada para la carga y descarga de las embarcaciones o para su reparación o desguace: *Van a ampliar la dársena del puerto de Barcelona.*

darviniano, na *adj.* Del darvinismo: *teoría darviniana, seguidores darvinianos.*

darvinismo o **darwinismo** *s. m.* (no contable) Teoría biológica formulada por Charles Darwin, científico británico del siglo XIX, según la cual la evolución de las especies se produce por una selección natural de los individuos en la lucha de la existencia y por la transmisión de sus caracteres hereditarios.

data *s. f.* **1** ELEVADO. Tiempo en que se hace o sucede una cosa. **2** ELEVADO. Indicación, al principio o final de un escrito, del lugar y tiempo en que se hace o sucede una cosa: *La comunicación nos ha llegado sin data.*

datación *s. f.* **1** (no contable) Acción de datar: *Los expertos se ocupan de la datación de los restos arqueológicos encontrados en las excavaciones.* **2** Fecha que se atribuye a una obra artística o literaria: *No conocemos el autor, pero el manuscrito es del siglo VI después de Cristo, según las dataciones coincidentes de los diferentes paleógrafos.*

datar *v. tr.* **1** Poner ‹una persona› la fecha en [una cosa]: *Data todas las cartas que escribas. Datamos las entradas y salidas de la documentación en la oficina.* SIN. fechar. **2** Determinar ‹una persona› la fecha de [una cosa]: *Los arqueólogos dataron el yacimiento **en** el Paleolítico Superior.* SIN. fechar. || *v. intr.* **3** Tener ‹una cosa› su comienzo o su origen en [una fecha o un tiempo]: *Nuestra relación data **de** los años setenta. Las ruinas datan **del** siglo VI.*

datero, ra *adj. / s. m.* y *f.* AMÉR DEL S. Informante.

dátil *s. m.* **1** Fruto de la palmera datilera, dulce y fibroso, con un hueso central alargado, que se consume crudo o molido en harina. || **2 ~ de mar** *Lithodomus lithophagus.* Molusco de la familia del mejillón, con la concha del color y la forma del fruto de la palmera, que habita en agujeros hechos por él mismo en las rocas y es comestible.

datilera *adj. / s. f.* [Palmera] que da dátiles. **palmera ~.**

dativo *s. m.* **1** GRAM. Caso gramatical de la declinación de algunas lenguas que indica la función de complemento indirecto. **caso ~.** || **2 tutor* ~.**

dato *s. m.* **1** Hecho o detalle previo que facilita el conocimiento de una cosa: *Dame tus datos personales para rellenar la ficha.* **2** Magnitudes de un problema matemático o de cualquier otro tipo: *Con estos datos debes resolver la ecuación matemática.* **3** Documento, prueba: *No pudieron aportar ningún dato que le incriminara.* **4** INFORM. Información codificada para que pueda ser tratada por un ordenador. **base* de datos. procesador* de datos.** FR. Y LOC. **banco* de datos.**

DBE (pronunciamos '*de-be-e*') *s. m.* Sigla de «Diploma Básico de Español», España.

dcha. *abr.* «Derecha».

de *s. f.* Nombre de la letra *d*.

de *prep.* **1** Indica posesión o pertenencia: *el dinero de tu madre. La fiesta es en casa de la familia del gobernador.* **2** Indica la manera de hacer algo o cómo sucede una cosa: *permanecer de pie, entrar de lado, actuar de mala fe. El accidente pasó de repente.* **3** Indica el lugar de origen o procedencia, o punto de partida de una cosa: *Ese vino es de Andalucía. Mis amigos vienen de Madrid. Sacó un bolígrafo de su bolsillo.* RELACIONES Y CONTRASTES: Con verbos de movimiento y nombres de lugar, *de* indica alejamiento y *desde* marca el proceso de ese alejamiento: *Vienen de Madrid. Vienen desde Madrid.* **3₁** Indica el origen familiar o la genealogía: *Ese muchacho procede de una antigua familia castellana. La novia viene de los Castro. Mi tía desciende de la Casa de los Santos.* **3₂** (con verbos que significan 'donación' o 'pago') Señala la procedencia de lo que se da o paga: *El camarero me ofreció un pastel de la bandeja. La jefa pagó la cena de su bolsillo.* **3₃** (con verbos como *deducir, inducir*) Señala el punto de partida de ese razonamiento: *De su silencio se deduce que no vendrá.* **3₄** En *a... de...* indica el lugar o el acontecimiento a partir del cual se mide la distancia o el tiempo: *Estamos a cuatro kilómetros de Segovia. Estamos a tres minutos del final del partido.* **4** Indica la materia de la que está hecha alguna cosa: *una puerta de madera, una copa de cristal.* **5₁** Indica el contenido de una cosa: *una sopa de marisco, una jarra de cerveza.* **5₂** Se usa con verbos que indican la ocupación o el vacío de las cosas: *llenar de agua, limpiar de polvo, hartarse de comida, cubrirse de gloria, colmar de elogios.* **6₁** Indica el asunto o materia de la que trata alguna cosa, o el contenido nocional: *un programa de cultura, un libro de ecología, un estudio de música, una novela de aventuras, hablar de cine. Mi madre sabe poco de cocina.* **6₂** LIT. Equivale a 'sobre', 'acerca de' en los títulos: *Del amor y otros fenómenos humanos.* **7** Indica una característica o la condición de alguna persona o cosa: *un hombre de pro, una chica de confianza, ropa de buena calidad, una máquina de vapor, una cocina de gas, una estufa de carbón.* **8** Indica la finalidad o utilidad que se da a algo: *una máquina de coser, un coche de paseo, una hora de ocio.* **9** Relaciona un nombre o grupo nominal general con otro específico: *el barrio de Lavapiés, la ciudad de Barcelona, el hecho de que hayas venido, la condición de que lo hiciera rápido. Le pusieron el nombre de Juan.* **10** Indica la causa material o emocional de una cosa: *El pobre animal temblaba de miedo. Marta lloraba de risa. Su madre murió de un infarto.* **11** Indica el medio con que se realiza algo: *El jugador derribó a su contrincante de una bofetada y lo expulsaron. Rompieron el cristal de una pedrada.* RELACIONES Y CONTRASTES: El medio o instrumento con que se realiza algo se construye con la preposición *a* en vez de la preposición *de*, si va seguido de un nombre de acción en plural: *Lo echaron a patadas. Lo echaron a golpes. Lo mataron a balazos.* **12** (con verbos como *usar, servirse* o *valerse*) Introduce el medio o instrumento: *Usa ese cuarto de trastero. La cocinera se sirvió del cuchillo para cortar la carne. Pedro se valió de los amigos para conseguir un buen puesto de trabajo.* **13** (con expresiones de tiempo) Indica el momento en que ocurre algo: *María nunca sale de noche. Llegaron de madrugada. Ya es de día.* **14** (precedido de pronombres numerales o indefinidos) Indica el todo del que se toma una parte o cantidad: *cuatro de vosotros, algunos de ellos, nada de eso, un poco de todo. Rescataron a muchos de los supervivientes.* **15** Introduce un complemento agente: *Iba seguido de sus hijos. La pobre mujer, abandonada de sus amigos, huyó al extranjero.* **16** En *de* + infinitivo indica una hipótesis o condición: *De haberte conocido antes, todo habría sido diferente. De cenar, que sea pronto. De haber querido ir al cine, te lo habría dicho.* OBSERVACIONES: El verbo de la segunda proposición se construye, normalmente, en subjuntivo, condicional o imperativo: *De llover, que lo haga hoy. De ir a verte, sería este domingo. De no poder hacerlo tú, dile a Paco que lo haga.* **17** Admite infinitivo y oraciones con *que*: *Tengo ganas de llorar. Es hora de cerrar. Tenemos grandes deseos de que llegue la primavera.* **18**1 (con adjetivos precedidos por *más* o *menos*, adjetivos como *peor, mejor* y adverbios comparativos y expresiones adverbiales comparativas de desigualdad) Introduce, en ciertos contextos sintácticos, el segundo término de la comparación: *Era más listo de lo que yo pensaba. Esta película es menos interesante de lo que los periódicos dicen. Pedro bebió más de la cuenta. Vino antes de lo que quería. Esa ciudad está más lejos de lo que parece. El examen era más difícil de lo que pensaba. Jorge es el mejor de todos. Alicia contó el peor de sus chistes.* **18**2 Forma el superlativo al introducir el sustantivo o conjunto entre los cuales destaca una persona o una cosa: *el más rico de la ciudad, el peor programa de la semana.* **19** En *de... a...* indica distancia en el tiempo o en el espacio, o diferencia de estado, entre lo introducido por *de* y lo indicado por *a*: *de la cuna a la sepultura. El niño no ha comido nada de ayer a hoy. Viajaron en tren de Madrid a Barcelona. Ese escritor vivió aquí de 1923 a 1927.* OBSERVACIONES: Cuando a ambas preposiciones les sigue el mismo sustantivo, indica igualdad: *de mujer a mujer. De profesional a profesional le indico a usted que se ha equivocado radicalmente en el diagnóstico de este enfermo.* **20** En *de... para / hacia...* la segunda preposición no indica el lugar de llegada, sino la dirección que toma el movimiento: *Siempre anda de acá para allá. El tren partió de Málaga hacia Madrid.* **21** En *de... en...* indica paso o transcurso reiterado por distintos lugares o momentos: *de puerta en puerta, de año en año.* OBSERVACIONES: Seguidas ambas preposiciones del mismo numeral, tienen sentido distributivo e indican grupos iguales de aquello sobre lo que se habla: *Entraron de tres en tres en el museo. Comeremos las uvas de cinco en cinco.* **22** (con verbos que indican separación o extracción) Indica el punto o lugar a partir del cual se produce dicha separación o extracción: *Aléjate de él. Sacaron el dinero del banco.* **23** (con sentido nocional) Indica la persona, cosa o lugar de que se separa: *liberarse de la familia, deshacerse de la maleta.* **24** (con verbos que indican fijación a un punto) Indica el punto o lugar al que se encuentra algo o alguien sujeto: *Al salir a la calle se agarró al brazo de su marido. Su vida pendía de un hilo.* **25** (preferentemente con verbos de permanencia) Indica situación: *El bosque se encuentra del otro lado del río. Acuéstate del lado derecho.* **26** Indica el nombre de la persona o cosa de la que se espera o quiere una cosa: *No recibieron respuesta de su familia. ¿Qué quieres de mí?* **27** (con verbos como *terminar, acabar, dejar*) Indica aquello que se termina o deja de hacer: *acabar de comer, dejar de estudiar, terminar de fregar.* **28** (con verbos como *apropiarse, adueñarse, apoderarse*) Indica el nombre de aquello que se tiene o toma como posesión: *Se adueñó de las tierras de los campesinos.* **29** (con verbos como *proteger, defender, resguardar*) Se superpone a la idea de procedencia la idea de protección: *Nunca necesitó a nadie para defenderse de sus enemigos. Protégete de la lluvia.* RELACIONES Y CONTRASTES: La preposición *de* indica la idea de protección, la preposición *contra,* idea de oposición: *protegerse de la gripe, protegerse contra la gripe.* **30** (con verbos que implican un juicio) Indica la valoración que se hace de alguien o algo: *Los periódicos calificaron el suceso de lamentable. La tachaban de pedante.* **31** Se emplea en expresiones de lástima, envidia, amenaza: *¡Ay de mí! ¡Dichosos los que pueden irse de vacaciones!* OBSERVACIONES: ◊ Va precedido normalmente de una cualidad y *de* indica el nombre de la persona a la que se le atribuye: *¡Pobre de mí!* ◊ Se interpone entre el adjetivo valorativo, generalmente negativo o emotivo, y siempre precedido de determinante definido *(el, la, este)*, y el nombre de la persona o animal al que expresamente se aplica la valoración: *el imbécil de Pedro, el pobre del cartero, la buena de Miriam.* ◊ Se interpone entre una denominación valorativa *(maravilla, encanto, asco, mierda)* y el nombre del elemento valorado: *¡Qué maravilla de persona! Es un encanto de niño. ¡Qué asco de tiempo! Es una mierda de película.* **32** Combinado con ciertos adverbios, forma expresiones prepositivas: *Saldremos antes de tu llegada. Después de comenzar la función nadie puede entrar. Pon el libro encima de la mesa.* **33** Se emplea en la conjugación perifrástica de obligación con *haber*: *He de levantarme temprano.* **34** En *de* + infinitivo o nombre de acción, indica el adjetivo con la misma raíz acabado en *-ble*: *Eres de temer. Son flores de siembra.* **35** (con nombres como *ventaja, diferencia, premio, multa*) Indica el número de unidades en que consiste la diferencia, ventaja, etc.: *una ventaja de diez puntos, una diferencia de seis golpes, un premio de diez mil pesetas.* RELACIONES Y CONTRASTES: No debe confundirse este uso, correcto, con el incorrecto de *ganar de seis, perder de tres goles.* **36** Enlaza complementos que son régimen de verbos o adjetivos: *Me alegro de que hayas venido. Estoy seguro de que son de Pablo. Me arrepiento de habértelo dicho. Estoy seguro de mi respuesta.* OBSERVACIONES: En el lenguaje informal o coloquial muchos hablantes suprimen la preposición: *Me alegro (de) que lo hayas hecho. Estoy seguro (de) que lo ha hecho bien.* **37** (con denominaciones referidas a la edad o asimilables) Indica la época en que algo sucede: *De niño era muy rebelde. De mayor, te vuelves muy maniático. Este perro morirá de viejo. De soltero, bailaba poco. Se lo advertí ya de casado.* **38** (con infinitivo precedido de intensificaciones o con verbo en forma personal precedido de *lo mucho que*, etc.) Expresa relación causal: *De tanto caminar, tenía los pies destrozados. Se quedó ronco de lo mucho que gritó.* **39** A veces, equivale a 'en lugar de': *Yo de ti no lo haría. Yo de Pedro, me iba.* OBSERVACIONES: Es más universal el uso de *que*: *Yo que tú no lo haría.*

de- *pref.* **1** Significa 'dirección de arriba abajo': *decaer, depender, delimitar.* **2** Significa 'separación o procedencia': *deducir, decapitar, derivar, definir.* **3** A veces refuerza el significado de la palabra simple: *declarar, demostrar, denominar.* **4** Significa 'privación' o 'lo contrario' de la palabra simple: *decolorar, decrecer.*

deambular *v. intr.* ELEVADO. Ir ‹una persona› de un lugar a otro sin rumbo fijo: *La pobre mujer deambulaba por las calles de la ciudad, perdida entre las gentes.* SIN. vagar.

deán *s. m.* REL. Dignidad eclesiástica que, después del obispo, tiene la máxima autoridad dentro de la comunidad de una catedral: *El deán preside el cabildo catedralicio.*

debacle (del francés) *s. f.* Desastre, destrucción, derrota: *El partido fue la debacle, perdimos por seis a cero. La crisis es cada día más grave y esto se aproxima a una debacle.*

debajo *adv.* **1** En un lugar que está más bajo que otro que se toma como referencia, en la misma vertical, en contacto o a cierta distancia: *Como yo era el que estaba debajo tenía que aguantar más peso.* OBSERVACIONES: ◊ Seguido de *de*, indica la situación respecto a un segundo término: *El perro se escondió debajo de la mesa.* ◊ Es frecuente que el lugar que se encuentra más bajo se sobrentienda por lo dicho anteriormente o por el contexto: *Tus padres viven en el quinto piso y yo justo debajo.* ◊ Puede seguir a *de*, que aporta el significado de 'origen' o 'procedencia': *Sacó la maleta de debajo de la cama.* ◊ Puede seguir a *por*, que aporta el significado de 'a través de': *Pásale el dinero por debajo de la puerta.* RELACIONES Y CONTRASTES: *Debajo* puede usarse como adverbio y como preposición; *abajo*, sólo como adverbio. ANT. encima, arriba. **2** Cubierto o tapado por una cosa: *¿Qué escondes debajo del abrigo?* **3** Indica inferioridad o dependencia respecto de alguien con más autoridad o de algo más importante: *¿No tienes a nadie por debajo de ti?* ANT. por encima de, sobre.

debate *s. m.* Diferencia de opinión sobre una cosa que mantienen varias personas: *En la televisión hay un debate sobre las pensiones. El gobierno no ha decidido nada, el asunto está sometido a debate todavía.*

debatir *v. tr. / intr.* **1** Hablar ‹varias personas› sosteniendo opiniones distintas sobre [una cosa]: *Hoy se debate en el Congreso una nueva ley. Los consejeros han debatido hoy sobre el asunto pero no han llegado a un acuerdo.* || *v. prnl.* **2** Luchar ‹una persona›: *El enfermo se debate entre la vida y la muerte.*

debe *s. m.* **1** Una de las dos partes de las cuentas corrientes en que aparecen las cantidades que el titular ha de pagar. **2** COLOQUIAL. Conjunto de los fallos o errores de una persona o institución: *En el debe del director está su política de personal. Anótate en tu debe la cantidad de tonterías que dices al cabo del día.*

deber *v. tr.* **1** Tener ‹una persona› la obligación de [hacer una cosa]: *Debes cumplir lo prometido.* **2** Tener ‹una persona› la obligación de dar [una cosa]: *Me debes mucho dinero.* SIN. adeudar. || *v. intr.* **3** Tener ‹una persona› la sospecha de que ha sucedido, sucede o sucederá [una cosa]: *Debe **de** hacer frío.* || *v. prnl.* **4** Tener ‹una persona› [una cosa] como obligación que ha de anteponer a otras cosas: *Me debo **a** mi trabajo.* **5** Tener ‹una cosa› su origen en [otra cosa]: *Todo se debió **a** un malentendido. El mal estado del alimento se debe **al** calor.*

deber *s. m.* **1** Obligación de una persona por las leyes o normas sociales, religiosas, éticas o políticas: *los derechos y los deberes de los trabajadores. Era mi deber ayudarle.* **sentimiento* del ~.** **2** (en plural) Trabajo escolar para hacer en casa: *El profesor hoy no nos ha mandado deberes. Tengo que hacer los deberes.* SIN. tarea.

debidamente *adv. modo.* De manera correcta, como debe ser o hacerse: *El documento está debidamente cumplimentado. Se comportó debidamente.*

debido, da *adj.* (antepuesto / pospuesto) ELEVADO. Que es necesario o conveniente: *Se dirigió con la diligencia debida a su trabajo. Con el debido respeto, voy a exponerle mi opinión sobre su trabajo.* FR. Y LOC. **como es ~** Como debe ser o hacerse: *Le recibió como es debido.* **~ a** Por, a consecuencia: *No vino debido a su reunión. La carretera está cortada debido a las lluvias de los últimos días. Debido al mal tiempo no se ha podido establecer la comunicación.*

débil *adj.* **1** (antepuesto / pospuesto) Que tiene poca fuerza o intensidad: *un sonido débil, una planta débil. Encendió una débil luz. Es un chico débil y enfermizo.* **punto* ~ / flaco. sexo* ~.** **2** (estar) Que tiene poca salud: *Está muy débil desde la operación.* **3** [Sílaba] que no está acentuada: *Debes diferenciar las sílabas débiles de las fuertes en este verso.* || *adj. / s. m.* y *f.* **4** Que cede fácilmente a las órdenes o deseos de los demás: *Tiene un carácter muy débil. Los débiles son personas fácilmente manejables.*

debilidad *s. f.* **1** (no contable) Falta de energía o resistencia física: *Tengo tanta debilidad en las piernas que no puedo moverme.* ANT. fortaleza. **2** (no contable) Falta de energía o claridad mental que impide tomar decisiones: *La debilidad de su carácter es peligrosa, porque puede contestarnos cualquier cosa.* **3** (no contable) Falta de acuerdo entre los miembros de una institución o falta de apoyo externo, que le impide tomar decisiones: *Las diferencias en el gabinete están produciendo la debilidad del gobierno. Un gobierno minoritario tiene suma debilidad, si le fallan los aliados.* **4** Rasgo de carácter o inclinación muy fuerte de una persona: *Su debilidad **por** las mujeres es bien conocida. Miguel engorda porque tiene debilidad **por** los dulces.* **5** Error o fallo en el comportamiento de acuerdo con las normas de una persona o de una sociedad: *Reconozco que fue una debilidad salir con tu prima. Todos tenemos nuestras debilidades.* **6** (no contable) COLOQUIAL. Hambre: *A las dos ya siento debilidad.*

debilitamiento *s. m.* (no contable) Acción y efecto de debilitar o debilitarse: *El debilitamiento de la democracia tiene la culpa de todo. El debilitamiento de su cerebro se debe a la enfermedad.*

debilitar *v. tr.* **1** Hacer ‹una cosa› débil o más débil [a una persona, un animal, o una cosa]: *La fiebre lo ha debilitado.* || *v. prnl.* **2** Hacerse ‹una persona, un animal o una cosa› débil o más débil: *En las últimas elecciones el gobierno se ha debilitado.*

debitar *v. tr.* Poner ‹una persona› una cantidad en el debe de [una cuenta]. SIN. adeudar.

débito *s. m.* **1** ELEVADO. Deuda: *Murió feliz después de saldar su débito con la ciudad que lo vio nacer.* || **2 ~ conyugal** DER. Obligación que tiene un cónyuge de aceptar una relación sexual en el matrimonio católico.

debrecina *s. f.* ARG. Embutido de carne de cerdo que se come asado.

debut (plural *debuts;* del francés) *s. m.* **1** Primera actuación o exhibición pública de un artista o de una compañía teatral o artística: *Su debut cinematográfico ha sido muy bien acogido. Hoy hace su debut en televisión la Joven Orquesta de la Comunidad Valenciana.* **2** Primera actuación de una persona en una actividad: *Sergio ha hecho su debut como empresario con un céntrico restaurante.*

debutante *adj. / s. m.* y *f.* Que debuta: *Un joven debutante fue el primero en salir a escena. Nunca olvidaré mi actuación en el cine como debutante.*

debutar *v. intr.* Realizar ‹una persona› su primera actuación en [una cosa]: *Hoy he debutado **como** conferenciante. Hoy debuta la selección española **en** el mundial.*

década *s. f.* Periodo de tiempo que dura diez años: *la década de los cuarenta. En la última década ha subido el precio de las viviendas.* SIN. decenio.

decadencia *s. f.* (no contable) Pérdida de fuerza o de importancia de alguien o de algo: *Se ve que el abuelo está en plena decadencia. La sociedad atraviesa momentos de decadencia.* ANT. auge. **2** Tiempo en el que un movimiento artístico pierde importancia o fuerza: *El monumento se construyó durante la decadencia del arte neoclásico.* SIN. declive.

decadente *adj.* **1**(ser / estar) Que decae o está en decadencia: *Esta ciudad está en una situación decadente y no tiene remedio. La economía de nuestro país es decadente. Nuestras costumbres son moralmente decadentes.* **2** ELEVADO. Que gusta de una estética, un ambiente o un estilo de cosas pasadas de moda o sin porvenir aparente: *Han inaugurado un café muy decadente. Esa chica tiene gustos muy decadentes en la decoración.* **3** ELEVADO. Que es partidario del refinamiento literario y estético del decadentismo: *Me gusta su escultura decadente. Presume de ser autor decadente. A Paula le gusta la literatura decadente.* SIN. decadentista.

decadentismo *s. m.* (no contable) ELEVADO. Movimiento literario europeo de finales del siglo XIX caracterizado por el refinamiento, el escepticismo y la exaltación de los ambientes de decadencia y crisis.

decadentista *adj. / s. m.* y *f.* ELEVADO. Del decadentismo: *los epígonos decadentistas.*

decaedro *s. m.* GEOM. Cuerpo geométrico que tiene diez caras.

decaer *v. intr.* **1** Perder ‹una cosa› fuerza o intensidad: *La fiesta comenzó a decaer alrededor de las doce de la noche. ¡Que no decaigan los ánimos!* **2** Perder ‹una persona› energía o importancia: *En los últimos años el abuelo ha decaído bastante a causa de la enfermedad.* ⇒ **18.**

decágono *s. m.* GEOM. Polígono que tiene diez lados.

decagramo *s. m.* Unidad de masa que equivale a diez gramos.

decaído, da *adj.* (estar) Que está triste y sin ganas de hacer nada: *Ha suspendido las oposiciones y está muy decaída.* SIN. abatido.

decaimiento *s. m.* **1** (no contable) Estado de la persona o animal que ha perdido las fuerzas: *La enfermedad le produjo un gran decaimiento.* **2** (no contable) Abatimiento, desánimo: *Su silencio mostraba el decaimiento en que estaba sumido. Mi amiga está con mucho decaimiento por los ataques injustos que ha sufrido.* **3** (no contable) Pérdida progresiva de las buenas cualidades: *El decaimiento del museo provincial.*

decalcificación *s. f.* MED. Descalcificación.

decalcificar *v. tr. / prnl.* Descalcificar. ⇒ **71.**

decalitro *s. m.* Unidad de capacidad que equivale a diez litros.

decálogo *s. m.* **1** REL. Entre los cristianos y judíos, los diez mandamientos de la ley de Dios. **2** Conjunto de diez leyes o normas: *El decálogo del buen médico es sencillo. Todo alumno debe recordar nuestro decálogo.*

decámetro *s. m.* Unidad de longitud que equivale a diez metros.

decanato *s. m.* **1** Oficio y cargo de decano: *El decanato de la Facultad exige dedicación y paciencia.* **2** Despacho donde el decano desempeña su cargo. **3** Tiempo que dura el cargo de decano: *El decanato dura normalmente tres años.*

decano, na *adj. / s. m.* y *f.* **1** Miembro más antiguo de una organización, comunidad: *la bibliotecaria decana, la decana de las enfermeras del hospital.* || *s. m. / f.* **2** Persona que dirige una facultad universitaria o un colegio profesional: *el decano de Filosofía, el decano del Colegio de Abogados.*

decantación *s. f.* **1** Acción y resultado de decantarse: *El voto del presidente motivó la decantación de la junta por la ampliación del edificio.* **2** FÍS. Procedimiento de limpieza.

decantar *v. prnl.* **1** Tomar ‹una persona› partido por [otra persona o por una cosa]: *La novia se decantó **por** un vestido más sencillo. Los socios se decantaron **por** la continuidad de la junta.* SIN. optar. || *v. tr.* **2** Dejar caer ‹una persona› [el líquido] de un recipiente inclinándolo suavemente para que no caigan las sustancias depositadas en el fondo.

decapante *adj. / s. m.* [Sustancia] que se usa para quitar la capa de pintura o de óxido que cubre una cosa: *El acuchillador le dio al suelo de parqué con un líquido decapante. El restaurador quitó el viejo barniz con un decapante.*

decapar *v. tr.* Quitar ‹una persona› la capa de pintura o de óxido que cubre [una cosa] con las sustancias apropiadas: *Ha comprado un producto para decapar las puertas.*

decapitación *s. f.* Acción de decapitar: *La Biblia relata la decapitación de Juan el Bautista.*

decapitar *v. tr.* **1** Cortar ‹una persona o una cosa› la cabeza de [una persona]: *En ciertas culturas los condenados a muerte eran decapitados.* SIN. degollar. **2** Dejar ‹una persona o una cosa› sin líder a [un movimiento]: *Las detenciones han decapitado el movimiento de resistencia.*

decápodo, da *adj. / s. m.* y *f.* **1**(macho y hembra) ZOOL. [Animal crustáceo] que tiene cinco pares de patas: *El cangrejo es un decápodo.* || *s. m.* **2** (en plural) ZOOL. Orden que forman los crustáceos decápodos: *En el colegio estamos estudiando los decápodos.*

decasílabo, ba *adj. / s. m.* Que tiene diez sílabas: *un verso decasílabo.*

decatlón *s. m.* DEP. Competición masculina de atletismo formada por diez pruebas que realizan todos los atletas en dos días.

deceleración o **desaceleración** *s. f.* MEC.; RESTRINGIDO. Aceleración de signo negativo, reducción de la velocidad de un móvil: *Está comprobado que la deceleración del autobús no provocó el accidente. El coche entró a gran velocidad en el carril de deceleración de la autopista.* **carril de ~ / desaceleración.**

decena *s. f.* Conjunto de diez unidades: *una decena de ciclistas, una decena de cuadros.*

decenal *adj.* **1** Que sucede o se repite cada diez años: *premio decenal.* **2** Que dura un decenio: *plan decenal.*

decencia *s. f.* (no contable) **1** Cualidad de las personas decentes: *Ese empleado es honrado y se comporta con decencia.* ANT. indecencia. **2** (no contable) Honestidad o decoro de acuerdo con la moralidad sexual vigente: *La diversión no está reñida con la decencia.* ANT. indecencia. **3** (no contable) Cualidad o limpieza aceptables, aunque no muy sobresalientes, de las personas o cosas: *Su poesía es de una decencia indiscutible. El fontanero no es extraordinario, pero hace los arreglos con decencia.* ANT. indecencia.

decenio *s. m.* Periodo de tiempo que dura diez años: *Pusieron en la televisión un documental de los sucesos transcurridos en el último decenio.* SIN. década.

decente *adj.* **1** (antepuesto / pospuesto) Que actúa con honestidad, honradez o justicia: *Me he criado en una familia pobre, pero decente. No tolero su acusación, yo soy una persona decente. ¡Soy un decente ciudadano que cumple con su deber! No ha podido robar el dinero porque es una persona muy decente.* **2** Que no admite reproche desde el punto de vista de la moral y las buenas costumbres vigentes: *un espectáculo decente, un atuendo decente. Las personas decentes no llegan a casa a estas horas. La educaron para que fuera una mujer decente.* ANT. indecente. **3** Que tiene bastante calidad o cantidad, o satisface por la que tiene: *Me paga un sueldo decente, no es un lujo pero me llega para vivir sin apuros. En ese bar ponen unas raciones bastante decentes. Déjale una propina decente al acomodador. Es una novela bastante decente.* **4** (estar) Limpio y ordenado, sin lujo: *Viste siempre muy decente. Está la casa bastante decente, se nota la limpieza y el orden.*

decepción *s. f.* Sentimiento de pesar debido al fracaso de las esperanzas puestas en una persona o una cosa: *Me he llevado una decepción con Luis, creí que podía confiar en él, pero me ha engañado. La decepción entre el público asistente fue general.*

decepcionar *v. tr.* **1** Desilusionar ‹una persona o una cosa› [a otra persona]: *Este trabajo la ha decepcionado. Su mejor amigo lo ha decepcionado. Sus resultados decepcionaron a sus padres.* ‖ *v. prnl.* **2** Llevarse ‹una persona› una desilusión con una persona o cosa: *Me he decepcionado, no volveré a comprar esta marca.*

deceso *s. m.* ELEVADO. Muerte natural de una persona: *La familia estaba informada de la posibilidad de deceso del paciente.*

dechado *s. m.* ELEVADO. Modelo, ejemplo que hay que imitar: *Sus hijos son un dechado de virtudes y siempre nos dicen que los imitemos.*

decibel o **decibelio** *s. m.* FÍS. Unidad que se utiliza para medir la intensidad de un sonido.

decididamente *adv. modo.* **1** Con decisión, resueltamente: *Se dirigió decididamente a la puerta.* ‖ *adv. orac.* **2** Definitivamente: *Decididamente, ganó el mejor. Decididamente, no es bueno ser demasiado ambicioso.*

decidido, da *adj.* **1** Que actúa con decisión: *Se mostró muy decidido delante de su jefe. Es una chica muy decidida.* **2** Que expresa decisión: *un paso decidido, un gesto decidido, una mirada decidida.*

decidir *v. tr.* **1** Tomar ‹una persona› una determinación acerca de [una cosa]: *Paloma ha decidido estudiar una carrera.* **2** Ser ‹una cosa› determinante para [otra cosa]: *El estado del campo decidió el partido.* **3** Hacer ‹una cosa› que [una persona] tome la determinación de [hacer una cosa]: *La edad le decidió **a** casarse. Su amor a la naturaleza le ha decidido **a** estudiar Biológicas.* ‖ *v. prnl.* **4** Tomar ‹una persona› la determinación de [hacer una cosa] después de pensarlo mucho: *Por fin se ha decidido **a** terminar la tesis.*

decidor, ra *adj.* COL. Que da a entender una cosa con claridad.

decigramo *s. m.* Unidad de masa que equivale a la décima parte de un gramo.

decilitro *s. m.* Unidad de capacidad que equivale a la décima parte de un litro.

décima *s. f.* **1** Cada una de las diez partes iguales en que se divide un todo: *Para aprobar me faltan tres décimas de punto.* **2** Cada una de las diez partes de un grado del termómetro clínico. FR. Y LOC. **tener (unas) décimas** o **estar con décimas** Tener ‹una persona› la temperatura ligeramente más elevada en unas décimas a lo que se considera normal: *Estoy con décimas y no me encuentro muy bien. Le pusimos el termómetro y sólo tenía unas décimas.*

decimal *adj.* **1** [Sistema de numeración] que se basa en el 10. **numeración ~.** **2** [Sistema métrico de pesos y medidas] que tiene como unidades múltiplos o divisores de diez con respecto a una cantidad que se toma como base. **sistema* métrico ~.** ‖ *adj. / s. m.* **3** [Número] que está compuesto por una parte entera y otra inferior separada por una coma: *Le pidieron que sumara los decimales 3,5674 más 57,9983. Sé multiplicar números decimales.* ‖ *s. m.* **4** Parte de un número decimal que está a la derecha de la coma.

decímetro *s. m.* Unidad de longitud que equivale a la décima parte de un metro.

décimo, ma *adj. num. ord. / s. m.* y *f.* **1** Que ocupa la posición número diez: *el décimo corredor.* ‖ *adj. num. part. / s. m.* **2** Cada una de las diez partes iguales en que se divide un todo: *un décimo del total.* ‖ *s. m.* **3** Cada una de las diez participaciones en que se divide un billete o número de lotería: *Tengo un décimo para el sorteo del sábado.*

decimoctavo, va *adj. num. ord. / s. m.* y *f.* **1** Que ocupa la posición número dieciocho: *la decimoctava partida. Mi primo vive en el decimoctavo.* ‖ *adj. num. part.* **2** Cada una de las dieciocho partes iguales en que se divide un todo: *la decimoctava parte.*

decimocuarto, ta *adj. num. ord. / s. m.* y *f.* **1** Que ocupa la posición número catorce: *el corredor decimocuarto.* ‖ *adj. num. part.* **2** Cada una de las catorce partes iguales en que se divide un todo: *la decimocuarta parte.* SIN. catorceavo.

decimonónico, ca *adj.* **1** Del siglo XIX: *novela decimonónica, realismo decimonónico.* **2** PEYORATIVO. Que está pasado de moda, o que no está en uso desde hace mucho tiempo: *Su abuela tiene costumbres decimonónicas.*

decimonono, na *adj. num. ord. / s. m.* y *f.* RESTRINGIDO. Decimonoveno.

decimonoveno, na *adj. num. ord. / s. m.* y *f.* **1** Que ocupa la posición número diecinueve: *la sinfonía decimonovena.* SIN. decimonono. (RESTRINGIDO.) ‖ *adj. num. part.* **2** Cada una de las diecinueve partes iguales en que se divide un todo: *la decimonovena parte.*

decimoquinto, ta *adj. num. ord. / s. m.* y *f.* **1** Que ocupa la posición número quince: *el decimoquinto capítulo.* || *adj. num. part.* **2** Cada una de las quince partes iguales en que se divide un todo: *la decimoquinta parte.* SIN. quinceavo.

decimoséptimo, ma *adj. num. ord. / s. m.* y *f.* **1** Que ocupa la posición número diecisiete: *la fotografía decimoséptima. Vive en el decimoséptimo.* || *adj. num. part.* **2** Cada una de las diecisiete partes iguales en que se divide un todo: *la decimoséptima parte.*

decimosexto, ta *adj. num. ord. / s. m.* y *f.* **1** Que ocupa la posición número dieciséis: *la decimosexta edición.* || *adj. num. part.* **2** Cada una de las dieciséis partes iguales en que se divide un todo: *la decimosexta parte.* SIN. dieciseisavo.

decimotercer *adj. num. ord. / s. m.* y *f.* (antepuesto a s. m.) Forma abreviada de *decimotercero*: *Es el decimotercer vecino que viene a quejarse.*

decimotercero, ra (ante s. m. se usa *decimotercer*) *adj. num. ord. / s. m.* y *f.* **1** Que ocupa la posición número trece: *el decimotercer libro más leído, la decimotercera solicitud. Yo soy el decimotercero.* || *adj. num. part.* **2** Cada una de las trece partes iguales en que se divide un todo: *Una decimotercera parte del país padece sequía.* SIN. treceavo.

decir *v. tr.* **1** Expresar o afirmar ‹una persona› [una cosa] con palabras: *Alicia nos ha dicho que está contenta con su nuevo trabajo. Nosotros decimos que la culpa no es de nadie. Dijeron la verdad a la policía.* **2** Expresar ‹una cosa› [otra cosa]: *Su forma de escribir dice mucho de su personalidad.* **3** RESTRINGIDO. Dar ‹una persona› [un nombre] [a una persona o una cosa]: *Me dicen el patillas.* || *v. intr.* **4** (con los adverbios *bien* o *mal*) Estar ‹una cosa› en armonía o desarmonía con [otra cosa]: *Este cuadro moderno dice bien* ***con*** *la decoración de la habitación. Esta corbata dice mal* ***con*** *la chaqueta que llevas.* || *v. prnl.* **5** Hablar ‹una persona› consigo misma: *Viendo aquello yo me dije que el mundo está mal hecho.* FR. Y LOC. **a ~ verdad*. anunciar / dar / ~ el corazón*. como quien dice** o **como si dijéramos** Se usa para introducir una aclaración o corregir lo que se ha dicho antes: *Él es el director de una oficina secundaria, como quien dice, un empleado de segunda fila. Es la mayor empresa de autocares de la región, como si dijéramos, una renfe de carreteras de la zona.* **como vulgarmente* se dice. dar* que ~. ~ adiós*. ~ bien** Hablar ‹una persona› certeramente: *Juan dijo ayer que no debíamos actuar así y dijo bien.* **~ con la boca* chica / pequeña. ~ cuatro cosas*. ~ / hablar con el corazón* en la mano. ~ / hablar con la mano* en el corazón. decir por ~** Hacer ‹una persona› referencia a una cosa sin haberla pensado o sentido: *Lo que ha dicho lo ha dicho por decir, porque no tiene ni idea de lo que ha ocurrido. Dijo que la quería, pero lo dijo por decir.* **~ y hacer** Realizar una cosa con mucha ligereza y prontitud: *Pedimos una pizza y, decir y hacer, nos la trajeron al minuto.* **decírselo a la cara*. diga / dígame** Se usa para contestar a una llamada telefónica: *Aquí Conservas Nacional, dígame.* **echar / hablar / ~ pestes*. en un ~ amén*. mañana Dios* dirá. ni que ~ tiene** Se usa para señalar la evidencia de lo que se cuenta a continuación, o como respuesta a una pregunta: *–«¿Venís a cenar mañana?» –«Ni que decir tiene.» Ni que decir tiene que después de lo que hizo no le hemos vuelto a hablar.* **no ~ esta boca* es mía. no ~ ni mu*. no ~ ni pío*. que diga misa*** o **como si dice misa. querer ~** Significar ‹una cosa› algo: *Me ha dicho que está ocupado, y eso quiere decir que no piensa verme.* **sin ~ oxte ni moxte** COLOQUIAL. Sin hablar o sin decir nada. **tragarse* lo dicho** o **tragarse las palabras. y que lo digas** COLOQUIAL; RESUMIDOR FINAL. Se usa para indicar asentimiento: *–«Esta chica es muy cotilla.» –«Y que lo digas.»* **ya es ~** Se usa para indicar lo exagerada que es una cosa en comparación con otra: *Tu coche corre más que el mío y ya es decir.* ⇒ **31.**

decir *s. m.* Palabra o frase de carácter ingenioso o sentencioso: *Cuando el abuelo está de buen humor recuerda unos decires muy ingeniosos. Está recogiendo refranes y decires populares para un diccionario.*

decisión *s. f.* **1** Determinación que se toma, especialmente, cuando existen varias posibilidades: *Tomó la decisión de retirarse de los negocios.* **2** Firmeza de carácter: *Siempre tuvo muy poca decisión.* SIN. iniciativa. ANT. inseguridad. **3** Sentencia o fallo de un juez o tribunal: *El reo espera la decisión del tribunal.*

decisivo, va *adj.* **1** Que decide o expresa una decisión: *una respuesta decisiva.* **2** Que es muy importante en el transcurso de un acontecimiento: *Fue un resultado decisivo en la competición.*

decisorio, ria *adj.* Que decide o puede decidir.

declamación *s. f.* **1** TEATRO. Acción de declamar: *Cuando terminó la declamación del poema, bajó los ojos afectadamente.* **2** (no contable) TEATRO. Arte de declamar: *Toma lecciones de declamación.*

declamar *v. intr. / tr.* **1** Decir ‹una persona› [una composición literaria] artísticamente: *Tu hijo ha declamado un poema precioso. Recita bien, domina el arte de declamar.* || *v. intr.* **2** Hablar ‹una persona› con demasiada vehemencia: *El político declamaba su discurso con potente voz.*

declamatorio, ria *adj.* [Estilo, tono] que es ampuloso y solemne: *Habla con un tono declamatorio exagerado.*

declaración *s. f.* **1** Manifestación o relato de una persona ante una autoridad: *El juez oyó las declaraciones de los testigos. Los acusados han hecho varias declaraciones a la policía.* **~ jurada** Declaración que se hace bajo juramento. **prestar ~** Declarar ‹una persona› ante la policía o ante un juez: *Prestó declaración antes que nosotros.* **tomar ~** Interrogar ‹un juez o la policía› a un acusado o testigo sobre el asunto que se trata de aclarar: *Le dijo que era necesario tomarle declaración.* **2** Manifestación o explicación de una persona ante los medios de comunicación: *El novio no ha querido hacer ninguna declaración a nuestra revista.* **3** Manifestación o comunicado oficial: *la declaración de un asunto como secreto oficial, la declaración del estado de emergencia. El gobierno está preparando una declaración sobre el caso.* **~ de guerra** Comunicado en el que un país proclama su intención o voluntad de luchar contra otro. **4** Manifestación de amor de una persona a otra persona: *María soñaba con la declaración de su compañero de colegio.* **5** Aparición o manifestación rápida de una cosa oculta: *la declaración de un incendio, la declaración de una epidemia, la declaración de una grave enfermedad en una persona.* || **6 ~ de la renta** Comunicación que una persona hace a Hacienda de sus ingresos con fines fiscales: *La declaración de la renta le ha salido positiva, tiene que pagar medio millón de pesetas.* **7 ~ del patrimonio** Comunicación que una persona hace a Hacienda del patrimonio que tiene.

declaradamente *adv.* (suele preceder a ciertos adjetivos aplicables típicamente a personas) Abiertamente, manifiestamente, con confesión o manifestación previa: *un reo declaradamente culpable, un amigo declaradamente liberal, una mujer declaradamente enemiga de la injusticia.*

declarado, da *adj.* (antepuesto / pospuesto) Que es muy claro o conocido por todo el mundo: *Es un enemigo declarado de la democracia. Es un partidario declarado de los impuestos indirectos. Una declarada feminista dirigirá la comisión de cultura.*

declarante *s. m.* y *f.* Persona que declara: *En la declaración de la renta debe firmar el declarante.*

declarar *v. tr.* **1** Comunicar, dar a conocer ‹una persona› [una cosa]: *Declaró* ***a*** *los periodistas lo tratado en el consejo de ministros.* **2** Decir ‹una persona› [una cosa] ante un juez o ante un tribunal de justicia: *Los testigos declararon* ***ante*** *el juez lo que habían visto.* **3** Decidir ‹un juez o tribunal› [una cosa]: *El juez lo declaró culpable.* **4** Comunicar ‹una persona› [la cantidad y la naturaleza de sus ingresos o de las mercancías que transporta] a la Administración: *Declaró la renta. En la aduana declaró todas sus compras.* || *v. prnl.* **5** Decir ‹una persona› que se considera [una cosa]: *Se declaraba culpable de lo ocurrido.* **6** Manifestarse ‹una cosa› claramente: *Se declaró una epidemia.* **7** Manifestar ‹una persona› su amor a [otra persona]: *Estaba locamente enamorada de él y se le declaró.* FR. Y LOC. **~ la guerra*.**

declinación *s. f.* **1** Acción y efecto de declinar: *la declinación de la tarde, la declinación de una enfermedad. La declinación del imperio romano condujo a su caída.* **2** GRAM. Conjunto ordenado de las posibles variaciones morfológicas de los sustantivos y los adjetivos en virtud de sus diferencias casuales: *Es un sustantivo de la primera declinación. Le gusta mucho el latín y domina bien sus declinaciones.* **3** GEOGR. Ángulo que forma el meridiano magnético con el meridiano geográfico.

declinar *v. intr.* **1** Perder ‹una cosa› fuerza o intensidad: *La fiebre declinó al tercer día.* **2** Perder ‹una persona› energía o importancia: *A los cincuenta años comenzó a declinar.* SIN. decaer. **3** ELEVADO. Aproximarse ‹una cosa› a su fin: *Se encontraron al declinar la tarde.* **4** Inclinarse ‹una cosa› hacia abajo o a un lado. || *v. tr.* **5** No aceptar ‹una persona› [una cosa que se le ofrece]: *declinar una invitación, declinar un ofrecimiento.* SIN. rechazar, rehusar. **6** GRAM. Poner ‹una persona› [una palabra flexiva] en los diferentes casos: *Declina este sustantivo y este adjetivo en todos los casos.*

declive *s. m.* **1** Cuesta o inclinación de una superficie: *el declive de un tejado, el declive de un terreno.* SIN. pendiente. **2** Pérdida de fuerza o importancia: *el declive del imperio.* SIN. decadencia, caída.

decodificador, ra *adj. / s. m.* Descodificador.

decodificar *v. tr.* Descodificar. ⇒ **71.**

decolaje *s. m.* ARG., CHILE, COL., EC., URUG. Despegue de una aeronave.

decolar *v. intr.* ARG., CHILE, COL., EC., URUG. Despegar ‹una aeronave›.

decoloración *s. f.* (no contable) Acción y resultado de decolorar: *La lluvia ha causado la decoloración de las paredes. La decoloración de la ciudad es evidente, necesita una mano de pintura.*

decolorar o **descolorar** *v. tr.* **1** Quitar o rebajar ‹una persona o una cosa› el color de [una cosa]: *Decoloró sus cabellos negros.* || *v. prnl.* **2** Perder ‹una cosa› color: *Este tejido rojo se ha decolorado.*

decomisar *v. tr.* Quedarse ‹el Estado› con [las mercancías de contrabando]: *La policía ha decomisado varios camiones de tabaco.*

decomiso *s. m.* **1** Acción y efecto de decomisar: *La policía procedió al decomiso del alijo.* **2** Objeto decomisado: *El decomiso quedó bajo custodia del juez.*

decoración *s. f.* **1** (no contable) Acción y resultado de decorar: *Trabaja en la decoración de habitaciones. Está estudiando la decoración de los escaparates navideños.* **2** Conjunto de telones, bambalinas, muebles y objetos que componen el ambiente de una escena teatral: *Están cargando la decoración en los camiones para iniciar una gira teatral.* **3** Objeto o conjunto de objetos que sirven de adorno en un lugar: *Han modernizado la decoración de la oficina. Me gusta la decoración de su casa. Los libros me gustan como lectura, no como decoración.* **4** (no contable) Arte y técnica de decorar: *Estudia decoración en la Escuela de Bellas Artes.*

decorado *s. m.* Decoración de una representación teatral o de una escena cinematográfica: *Una empresa valenciana se ha encargado del decorado de la obra.*

decorador, ra *s. m. / f.* Persona que tiene por oficio la decoración: *decorador de interiores, decorador teatral.* SIN. interiorista.

decorar *v. tr.* **1** Adornar ‹una persona› [una cosa]: *Decoró su carpeta con fotos de artistas. Decoró el pastel con caramelos.* **2** Adornar ‹una persona› [una casa o una habitación]: *Ha comprado unos cuadros para decorar el salón. Decoró toda la casa con muebles antiguos.* **3** Servir ‹una cosa› de adorno: *Los muñecos decoran la habitación del niño. Las flores decoran la estantería.*

decorativo, va *adj.* **1** Que decora o sirve para decorar: *un jarrón muy decorativo, elementos decorativos.* **artes* decorativas. 2 figura* decorativa.**

decoro *s. m.* **1** (no contable) Honor y respeto que se debe a una persona, situación o cargo: *Se comportó con el decoro que exigía su cargo. El decoro de la situación no permitía mayores alegrías.* **2** (no contable) Recato y pudor en el lenguaje y en el vestir: *Viste con decoro.* SIN. decencia, honestidad. ANT. indecencia. **3** (no contable) Cualidad de lo moderado, sin lujo, pero de acuerdo con la propia categoría: *Vive con decoro.*

decoroso, sa *adj.* Que tiene o encierra decoro: *conducta decorosa, lenguaje decoroso, traje decoroso, empleo decoroso, sueldo decoroso.*

decrecer *v. intr.* Hacerse ‹una cosa› menor en tamaño, cantidad, intensidad o importancia: *La población decrece en la actualidad. El índice de paro ha decrecido por tercer mes consecutivo.* ⇒ **5.**

decreciente *adj.* Que decrece: *orden decreciente, índice de natalidad decreciente.*

decrecimiento *s. m.* RESTRINGIDO. Acción o resultado de decrecer: *El decrecimiento de las exportaciones ha continuado este trimestre.*

decrépito, ta *adj.* **1** (estar, antepuesto / pospuesto) ELEVADO. Que tiene las facultades muy disminuidas por la edad: *un decrépito anciano. Es un viejo decrépito. Mi abuelo está* *decrépito.* **2** (antepuesto / pospuesto) ELEVADO. Que ha entrado en un proceso de decadencia: *una decrépita cultura, una civilización decrépita.*

decrepitud *s. f.* (no contable) Importante pérdida de las facultades de una persona muy vieja: *La decrepitud de su madre es alarmante.*

decrescendo (del italiano; pronunciamos '*decreschendo*') *adv. modo* **1** RESTRINGIDO. Disminuyendo gradualmente la intensidad del sonido. ‖ *s. m.* **2** RESTRINGIDO. Pasaje de una composición musical que se ejecuta de este modo: *La orquesta inició el decrescendo.*

decretar *v. tr.* **1** Mandar ‹una persona o una institución con autoridad› [una cosa]: *El Ministerio decretó el cierre del colegio.* **2** Determinar ‹el juez› [las medidas que se deben tomar como resultado de un juicio]: *El juez decretó la libertad del detenido.* SIN. dictar. **3** RESTRINGIDO. Escribir ‹una persona con autoridad› [la resolución correspondiente] en el margen de un documento.

decreto *s. m.* **1** Decisión o mandato del que tiene autoridad: *Ha sido publicado el decreto que regula el mercado laboral. En el consejo de ministros se han aprobado varios decretos sobre horarios comerciales, vendedores ambulantes y cierre de locales nocturnos.* ‖ **2 ~ ley** Disposición del Gobierno que no ha sido discutida en las Cortes y tiene fuerza de ley: *Antes de las vacaciones el Gobierno firmará un decreto ley provisional y, después, enviará un proyecto de ley al Parlamento.* **3 real ~** Disposición del consejo de ministros, que aparece firmada por el rey en el *BOE*. FR. Y LOC. **por real ~** COLOQUIAL; PEYORATIVO. Obligatoriamente, pero sin una explicación razonable: *En casa todos tenemos que cenar a las ocho por real decreto, porque lo quiere mi padre.*

decúbito *s. m.* (no contable) RESTRINGIDO. Posición que toman las personas o los animales cuando están tumbados. **~ lateral** Tendido horizontalmente sobre un lado. **~ prono** Echado sobre el pecho y el vientre. **~ supino** Tendido sobre la espalda: *El entrenador les hizo tumbarse decúbito supino.*

decuplicar *v. tr.* RESTRINGIDO. Hacer ‹una persona o una cosa› diez veces mayor [una cosa]. ⇒ **71.**

décuplo, pla *adj. num. / s. m.* RESTRINGIDO. [Número] que contiene exactamente diez veces a otro número: *Cien es décuplo de diez. El décuplo de cinco es cincuenta.*

decurso *s. m.* Sucesión o continuación del tiempo: *en el decurso de los años.* SIN. transcurso, discurrir.

dedal *s. m.* **1** Utensilio pequeño de metal o plástico que se ajusta a la yema del dedo para empujar la aguja al coser: *coser con dedal. Se puso el dedal para coser la falda.* **2** RESTRINGIDO. Dedil. **3** Cantidad muy pequeña de algo: *Sólo quiero un dedal de licor.*

dedalera *s. f.* Digital, planta.

dédalo *s. m.* LITERARIO. Laberinto, lugar o situación confusos y enmarañados.

dedazo *s. m.* MEX.; COLOQUIAL. Designación hecha por una persona con autoridad para que un individuo pueda ocupar un puesto teóricamente de elección popular.

dedicación *s. f.* **1** Entrega intensa a una actividad: *Pone todo su empeño en la dedicación a sus hijos. La dedicación al deporte ha sido su único consuelo. La dedicación a la empresa le deja sin tiempo para otras cosas.* **~ exclusiva** Situación laboral del funcionario que se compromete a trabajar todo su tiempo para la Administración: *Es profesor con dedicación exclusiva. Los funcionarios del Ayuntamiento tenemos dedicación exclusiva.* **2** Finalidad de una cosa: *La dedicación de dinero a las obras sociales se ha paralizado. El Ayuntamiento no permite la dedicación del nuevo palacio a actividades culturales, quiere convertirlo en escuela.* **3** Ofrecimiento o consagración de una cosa: *La dedicación de esta calle a nuestro antiguo alcalde es muy justa.*

dedicar *v. tr.* **1** Dar ‹una persona› [un uso o un fin] a [una cosa]: *Dedica la hora de la comida **a** jugar al tenis.* SIN. emplear. **2** Ofrecer ‹una persona› [un templo o una cosa] para [el culto]: *Los griegos dedicaron templos a Zeus.* **3** Ofrecer ‹una persona› [una cosa] a [otra persona] como prueba de cariño, agradecimiento o admiración: *Dedicó la canción al público.* **4** Escribir ‹una persona› unas palabras afectuosas para [otra persona] en [una cosa]: *El autor dedicó más de cien ejemplares de su novela. Me ha dedicado el dibujo que le he comprado.* ‖ *v. prnl.* **5** Tener ‹una persona› [una ocupación o una profesión]: *Se dedica **a** la enseñanza.* ⇒ **71.**

dedicatoria *s. f.* Escrito que se pone en algo para ofrecerlo a alguien: *una dedicatoria en una fotografía. El escritor le firmó el libro y le puso una dedicatoria.*

dedil *s. m.* Funda que se coloca en los dedos para protegerlos o cubrir una herida.

dedillo *s. m.* Se usa en la LOC. **saber* al ~**.

dedo *s. m.* **1** Cada una de las partes en que se dividen en su extremo la mano y el pie. **~ anular** El dedo cuarto de la mano, contando a partir del pulgar. **~ corazón** El dedo del centro de la mano, el más largo de los cinco. **~ gordo** COLOQUIAL. Dedo primero y más grueso de la mano, también este mismo dedo del pie. **~ grande** COL. Dedo gordo. **~ índice** El dedo segundo de la mano, con el que se suele señalar. **~ mayor** URUG. Dedo del corazón. **~ meñique** El dedo quinto de la mano o del pie, más delgado y corto, que está en el extremo opuesto al pulgar. **~ pulgar** Dedo primero y más grueso de la mano. **2** Ancho de un dedo tomado como medida de longitud: *A esa cortina le sobran tres dedos de tela. Le cortaron cuatro dedos de la melena para sanearle las puntas.* **3** Medida de longitud que equivale aproximadamente a 18 mm. FR. Y LOC. **chuparse el ~** (preferentemente en frases negativas) COLOQUIAL. Ser ‹una persona› ingenua o tonta: *Aquí pasa algo raro, no creas que me chupo el dedo.* **chuparse los dedos** COLOQUIAL; INTENSIFICADOR. Sentir ‹una persona› un gran placer con algo, sobre todo tomando una buena comida: *La paella estaba para chuparse los dedos.* **cogerse / pillarse los dedos** COLOQUIAL. Salir ‹una persona› perjudicada en un negocio o empresa por equivocación o inexperiencia: *Se pilló los dedos al hacer ese trato y al final ganó mucho menos dinero del que tenía previsto.* **contarse* con los dedos de la mano. elegir / nombrar a ~** COLOQUIAL. Elegir o nombrar ‹una persona› a otra persona por influencia o enchufe, sin considerar los méritos de las demás: *La nueva secretaria fue elegida a dedo.* **no mover un ~** COLOQUIAL. No tomarse ‹una persona› ninguna molestia por otra persona o cosa: *No voy a mover un dedo por ayudar a ese vago.* **no tener dos dedos de frente** COLOQUIAL; INTENSIFICADOR. Tener ‹una persona› poca inteligencia o sensatez: *Si hace esa locura, es que no tiene dos dedos de frente.* **poner el ~ en la llaga** COLOQUIAL. Aludir ‹una persona› a aquello que más afecta o preocupa a otra: *Al hacer esa pregunta, el periodista puso el dedo en la llaga.* **señalar con el ~** COLOQUIAL. Criticar ‹una persona› a otra persona: *Todo el vecindario lo señala con el dedo por su mala reputación.* **venir* como anillo al ~.**

dedocracia *s. f.* (no contable) COLOQUIAL. Práctica de nombrar personas a dedo, por influencia o enchufe: *Ese nombramiento se lo han dado por dedocracia.*

deducción *s. f.* **1** Acción y efecto de deducir, sacar consecuencias de un principio, proposición o supuesto: *El detective examinó las pruebas y llegó a la deducción de que se trataba de un suicidio.* **2** Descuento de una parte de una cantidad total: *Del importe del alquiler hay que hacer la deducción de la contribución.* **3** LÓG. Método de investigación por el cual se procede lógicamente de lo universal a lo particular: *Las ciencias usan la inducción, pero se basan, en gran medida, en la deducción.*

deducible *adj.* Que puede deducirse: *El crédito es deducible en la declaración de la renta.*

deducir *v. tr.* **1** Sacar ‹una persona› [una consecuencia] a partir de [un principio, una suposición o una situación anterior]: *Deducirás una falsa consecuencia* ***de*** *este falso principio.* **2** Descontar ‹una persona› [una parte de una cantidad]: *En la declaración de la renta te puedes deducir un porcentaje de los gastos por enfermedad.* ⇒ **27**

deductivo, va *adj.* Que actúa por deducción: *proceso deductivo, método deductivo.*

defecación *s. f.* RESTRINGIDO. Acción y resultado de defecar.

defecar *v. intr.* RESTRINGIDO. Expulsar ‹una persona› los excrementos: *Le dije al médico que no defecaba con normalidad.* SIN. deponer (ELEVADO.) ⇒ **71.**

defección *s. f.* ELEVADO. Acción de separarse con deslealtad una o más personas de la causa, partido político o grupo en que estaban integrados: *La defección de un sector del partido perjudicó los resultados electorales.* SIN. deserción.

defectivo, va *adj.* GRAM. [Verbo, conjugación] que no se usa en todos los tiempos, modos o personas.

defecto *s. m.* Falta o imperfección que tiene una persona, animal o cosa: *Es buen chico, aunque tiene sus defectos. La poca luminosidad es el único defecto que le veo al cuadro. La tela viene con un defecto de fábrica.* FR. Y LOC. **en su ~** ADMINISTRATIVO. A falta de alguna persona o cosa, en su ausencia: *Deben presentarse con el carné de identidad o, en su defecto, con el pasaporte. Los niños vendrán con los padres o, en su defecto, con un familiar autorizado.* **por ~** 1 Con menos de lo debido o esperado: *un error por defecto. Siempre te equivocas en el número por defecto.* 2 Automáticamente, si una persona no elige otra cosa: *El programa elige páginas de sesenta líneas por defecto.*

defectuoso, sa *adj.* (ser/estar) Que tiene algún defecto o imperfección: *producto defectuoso. Este aparato está defectuoso. Todas estas figuras son defectuosas.*

defender *v. tr./prnl.* **1** Proporcionar ‹una persona o una cosa› protección [a una persona], [a un animal] o a [una cosa] frente a [una cosa peligrosa o perjudicial]: *Hay que defender la naturaleza* ***de*** *las agresiones humanas.* ***Se*** *defienden* ***del*** *frío con ropas de lana.* ***Me*** *defendí como pude* ***de*** *sus críticas.* **2** Luchar ‹una persona› contra [otra que la ataca o ataca una cosa]: *Los soldados* ***se*** *defendieron valerosamente. Hemos defendido el puerto hasta la llegada de nuestras tropas.* **3** Luchar ‹una persona› judicialmente por [otra persona]: *Lo defiende un eminente abogado. Sólo quiere que lo defienda el abogado de oficio.* || *v. tr.* **4** Luchar ‹una persona› por mantener [una opinión o una propuesta] frente a otras: *Defiende sus ideas con apasionamiento. Defiendo la igualdad de todas las razas. Defenderé esta teoría, si no se aportan nuevas pruebas en contra.* || *v. prnl.* **5** Tener ‹una persona› capacidad económica: *Mis padres están jubilados, pero no se defienden mal, tienen dinero.* **6** Tener ‹una persona› habilidad en una situación o con una cosa: *Te defiendes bien* ***con*** *el español. No me defiendo mal* ***con*** *el tenis. ¿Qué tal te defiendes* ***en*** *tu trabajo? Ya verás cómo nos defendemos bien* ***en*** *la selva, no tengas miedo.* SIN. desenvolverse. FR. Y LOC. **~ a capa y espada** Defender ‹una persona› a otra persona o una cosa con mucha fuerza: *Defendió a capa y espada sus ideas.* **~/luchar con uñas* y dientes.** ⇒ **80.**

defendido, da *adj./s. m.* y *f.* [Persona] a quien defiende un abogado: *Nuestro defendido firmó su declaración.*

defenestración *s. f.* (no contable) ELEVADO. Acción y efecto de defenestrar: *No se ha demostrado la defenestración del acusado.*

defenestrar *v. tr.* **1** ELEVADO. Lanzar ‹una persona› [a otra persona] por la ventana: *Acusan a la policía de la dictadura de defenestrar a tres importantes disidentes.* **2** RESTRINGIDO. Quitar ‹una persona› [a otra persona] de su puesto o de su cargo inesperadamente: *El nuevo director ha defenestrado a varios consejeros.* SIN. destituir.

defensa *s. f.* **1** (no contable) Acción y resultado de defender o defenderse: *Dedicó su vida a la defensa de los derechos de los oprimidos. En la discusión Rosa salió en defensa de su amiga.* ANT. ataque. **2** Medio, instrumento o cualquier otra cosa que sirve para defender algo: *El pelo de los animales es una buena defensa contra el frío.* **3** Argumento con que se defiende a alguien o algo, en especial en un juicio: *Basaremos la defensa en ese hecho.* ANT. acusación. **4** DER. Abogado defensor: *La defensa tiene la palabra.* **5** (en plural) MED. Agente o mecanismo gracias al cual los seres vivos se oponen a los agentes que causan las enfermedades: *Está muy bajo de defensas.* **6** DEP. En el fútbol y otros deportes, línea de jugadores que tratan de evitar que el equipo contrario consiga un tanto: *La defensa pudo impedir el gol.* **7** Parachoques de un vehículo. || *s. m./f.* **8** DEP. Cada uno de los jugadores que forman la línea que defiende la portería: *Fue el mejor defensa del equipo.* FR. Y LOC. **mecanismo* de ~.**

defensiva *s. f.* Situación o estado del que sólo trata de defenderse: *Estuvo a la defensiva durante todo el debate.*

defensivo, va *adj.* Que sirve para defender o defenderse: *un arma defensiva, un movimiento defensivo.* **área defensiva.**

defensor, ra *adj./s. m.* y *f.* Que defiende o protege: *Es un gran defensor de la naturaleza.* **abogado ~. ~ del pueblo** Persona nombrada por el Parlamento para presidir la institución que se encarga de la defensa de los ciudadanos frente a los poderes públicos.

deferencia *s. f.* ELEVADO. Amabilidad o cortesía hacia alguien, aunque no siempre sea sincera: *Tuvo la deferencia de acompañarle aunque no le sentó muy bien.*

deferente *adj.* 1 (ser / estar) Que se comporta con deferencia, respeto o cortesía: *actitud deferente, comportamiento deferente. Estuviste muy deferente con ellos, te lo agradezco.* || 2 **conducto ~** Conducto que comunica cada uno de los testículos con el exterior.

deficiencia *s. f.* 1 Defecto o imperfección: *Se han observado algunas deficiencias en las prestaciones hoteleras.* 2 Característica de las personas que son deficientes: *Las deficiencias pueden ser tratadas eficazmente si son comprendidas y aceptadas por la familia.*

deficiente *adj.* 1 (antepuesto / pospuesto) Que tiene defectos o imperfecciones, está incompleto o es insuficiente: *Una ventilación deficiente de la mina provocó el accidente. La estructura del edificio es deficiente. Los deficientes sistemas de seguridad en el banco han hecho posible el robo.* 2 (antepuesto / pospuesto) Que no alcanza el nivel o grado que conviene: *El examen es muy deficiente. No puede aceptarse aquí un trabajo deficiente. Su deficiente salud le impedirá ir al ejército. La deficiente iluminación estropeará la vista de los alumnos.* || *adj. / s. m.* y *f.* 3 [Persona] que tiene alguna capacidad disminuida, generalmente psíquica: *Los niños deficientes dispondrán de una atención especial. Los deficientes psíquicos tienen también derecho a una buena práctica deportiva.*

déficit *s. m.* 1 (plural *déficit* o *déficits*) ECON. Situación que se produce cuando los gastos son mayores que los ingresos: *Esa empresa tiene un fuerte déficit desde que empezó la crisis.* 2 Falta de cualquier cosa que se considera necesaria: *Tiene un déficit de vitaminas que le produce la enfermedad. Ese país está sufriendo un gran déficit de agua.*

deficitario, ria *adj.* Que tiene déficit: *cuenta deficitaria, situación deficitaria, saldo deficitario, balance deficitario.*

definición *s. f.* 1 Acción y efecto de definir: *Estuve dándole vueltas a la definición de esa palabra.* 2 Explicación del significado de una palabra: *Busca en el diccionario las definiciones de las palabras cuyo significado desconoces.* 3 ELEVADO. Decisión que toma una autoridad competente, sobre un asunto o doctrina dudosos o un pleito: *Participó en la redacción de las definiciones del concilio.* 4 (no contable) COMUNIC. Número de puntos de la imagen en una pantalla de televisión o informática que determina la nitidez de la imagen: *televisión de alta definición. El precio guarda relación con la definición de la imagen. La pantalla de tu ordenador tiene buena definición.* 5 Nitidez o precisión de una imagen que se observa con un instrumento óptico o en un soporte fotográfico: *La definición de estas fotos es muy mala porque están algo desenfocadas.*

definir *v. tr.* 1 Explicar ‹una persona› el significado de [una palabra] o de [un concepto]: *Para definir palabras hay que tener conocimientos de lexicografía y semántica.* 2 RESTRINGIDO. Determinar o señalar ‹una persona› [las características o los límites de un conjunto de cosas o personas] *Nuestro reglamento define claramente quiénes son socios transeúntes. No está bien definido en este pacto cuántos productos podemos comprar a otra empresa.* || *v. tr. / prnl.* 3 Explicar ‹una persona› [su opinión o su actitud] claramente: *Conseguimos que **se** definiera políticamente. No nos gusta definirnos sobre cosas que no conocemos bien. Defíne**te**, ¿quién crees que ganará?* FR. Y LOC. **artículo* determinado / definido.**

definitivamente *adv. modo* 1 De forma definitiva: *Han cerrado definitivamente el establecimiento. Se alejó definitivamente.* 2 (en contextos con verbos de 'voluntad', 'mandato', 'deseo', 'ruego' que aluden a actos o intentos previos) De una vez por todas: *Aclárate definitivamente. A ver si definitivamente os ponéis de acuerdo. ¡Ojalá acabéis con ella definitivamente!* || *adv. orac.* 3 Por fin, en definitiva, después de todo un proceso de acciones o dudas: *Definitivamente, ¿vienes o te quedas?* 4 (como reacción o respuesta de asentimiento) En efecto, sin lugar a dudas, en conclusión: *Definitivamente, lo son. Definitivamente, creo que tienes razón.*

definitivo, va *adj.* 1 Que no admite cambios: *la corrección definitiva, una sentencia definitiva.* 2 Que decide o resuelve: *Su actitud fue definitiva para solucionar el problema.* FR. Y LOC. **en definitiva** En conclusión, en resumen: *En definitiva, estáis de acuerdo con nosotros. Mis padres prometen mucho pero, en definitiva, siempre me regalan lo mismo.*

definitorio, ria *adj.* Que sirve para definir, diferenciar: *Una cualidad definitoria del nuevo consejero es su tesón. La rudeza del público con los visitantes es típica y definitoria de este campo de fútbol.*

deflación *s. f.* (no contable) Situación económica en la que se produce una disminución generalizada de los precios: *Las autoridades económicas no consiguen impulsar la deseada deflación.*

deflagración *s. f.* Acción y resultado de deflagrar: *La deflagración de un contenedor pequeño sembró la alarma entre los trabajadores portuarios.*

deflagrar *v. intr.* Quemarse ‹una cosa› bruscamente con llama y sin hacer explosión: *Se está investigando quién almacenó el contenedor que deflagró ayer en un tinglado del puerto.*

defoliación *s. f.* Pérdida de las hojas de una planta causada por un agente exterior: *Ciertas industrias químicas contribuyen a la defoliación de los bosques.*

deforestación o **desforestación** *s. f.* Degradación o pérdida de la masa forestal de un terreno: *la desforestación de la Amazonia, la deforestación de la ribera mediterránea.*

deforestar o **desforestar** *v. tr.* Destruir ‹una persona o una cosa› la vegetación de [un bosque o de una zona de la tierra]: *Deforestar los montes es una acción irresponsable.*

deformación *s. f.* 1 Acción y efecto de deformar o deformarse: *La deformación del zapato se debía a su pie contrahecho.* 2 Alteración de las características anatómicas o morfológicas de un organismo: *Unos guantes disimulaban la deformación de sus manos artríticas.* SIN. deformidad. || 3 **~ profesional** Hábitos adquiridos por el ejercicio de una profesión: *Está siempre hablando de informática por deformación profesional.*

deformar *v. tr.* 1 Cambiar ‹una persona o una cosa› la forma de [una cosa]: *El reúma le ha deformado la mano.* 2 Cambiar ‹una persona o una cosa› [la forma de ser de una persona o de una cosa]: *El juego le ha deformado la mente.* || *v. prnl.* 3 Cambiar la forma de ‹una cosa›: *Las botas se han deformado.* 4 Cambiar la forma de ser de ‹una persona o una cosa›: *Se ha deformado su carácter con el alcohol.*

deforme *adj.* (ser / estar) Que tiene una forma poco habitual o defectuosa: *La enfermedad le puso la cara deforme. Esta pieza está deforme.* SIN. disforme (RESTRINGIDO).

deformidad *s. f.* **1** Calidad de deforme: *Algunas deformidades congénitas se corregirán con los avances de la genética.* **2** Cosa deforme: *No me gustan las deformidades de sus dibujos.*

defraudador, ra *adj. / s. m.* y *f.* Que defrauda: *Hacienda persigue a los defraudadores.*

defraudar *v. tr. / intr.* **1** Resultar ‹una persona o una cosa› menos buena o menos importante de lo que esperaba [una persona]: *Esta película defrauda. Nos ha defraudado el dentista que nos recomendaste.* SIN. decepcionar. ‖ *v. tr.* **2** No pagar ‹una persona› un impuesto [a la Administración]: *Por defraudar a Hacienda ha tenido que pagar cien mil pesetas.*

defunción *s. f.* Muerte de una persona: *El número de defunciones infantiles ha disminuido gracias a los avances de la medicina. En algunas tiendas se puede leer el letrero: «Cerrado por defunción».* **acta* de ~.**

degeneración *s. f.* (no contable) Acción y efecto de degenerar o degenerarse: *la degeneración de los tejidos, la degeneración de las costumbres.*

degenerado, da *adj. / s. m.* y *f.* Que se comporta de una forma despreciable y depravada: *Está pensando pedir el divorcio porque su marido es un degenerado.*

degenerar *v. intr.* **1** Perder ‹una persona o una cosa› sus cualidades primitivas: *Madrid no es lo que era, ha degenerado mucho. Esta tierra ha degenerado.* **2** Perder ‹una especie› las cualidades y las características de sus antepasados: *La raza ha degenerado.* **3** Convertirse ‹una cosa› en [otra peor]: *La protesta degeneró **en** bronca. Hay que controlar el resfriado para que no degenere **en** bronquitis.*

degenerativo, va *adj.* ELEVADO. Que causa o produce degeneración: *una enfermedad degenerativa del tejido óseo. Las sociedades se desintegran por procesos degenerativos del comportamiento colectivo.*

deglución *s. f.* Acción y resultado de deglutir: *En la última fase de la enfermedad, la deglución se hace difícil.* SIN. ingestión.

deglutir *v. tr.* Hacer pasar ‹una persona o un animal› [un alimento] de la boca al estómago: *Ahora sólo puede deglutir líquidos, no puede tomar nada sólido.* SIN. ingerir.

degolladero *s. m.* **1** RESTRINGIDO. Lugar donde se degollaba a los animales. **2** Tablado donde se degollaba a los delincuentes. FR. Y LOC. **llevar al ~** COLOQUIAL. Poner ‹una persona› a otra persona en una grave dificultad: *Si le cuentas eso a mi jefe me llevas al degolladero. En aquellas acciones bélicas los soldados eran llevados al degolladero.*

degolladura *s. f.* RESTRINGIDO. Herida o cortadura que se hace en la garganta o el cuello.

degollar *v. tr.* **1** Matar ‹una persona o una cosa› cortando la garganta [a una persona o a un animal]: *La pieza de la máquina le aplastó la cabeza y lo degolló con una de las cuchillas. Antaño degollaban a los delincuentes en la plaza pública.* SIN. decapitar. **2** TAUROM. Matar ‹el torero› [al toro] clavándole la espada defectuosamente en el cuello. **3** COLOQUIAL; HUMORÍSTICO. Interpretar ‹una persona› mal [una obra teatral, una pieza musical o un discurso]: *Ayer el coro degolló el canto inicial. El protagonista degolló la escena.* ⇒ **28.**

degollina *s. f.* **1** COLOQUIAL. Matanza, gran número de muertes ocasionadas de forma violenta: *La batalla fue una auténtica degollina.* SIN. carnicería. **2** COLOQUIAL. Gran cantidad de suspensos en un examen: *Ha habido una degollina muy grande en matemáticas.* **3** Gran destrozo: *Se ha hecho una degollina al afeitarse.* SIN. carnicería.

degradación *s. f.* **1** Privación de la dignidad, empleo o derecho de una persona: *La degradación es un castigo tradicional de los códigos militares.* **2** Humillación o bajeza: *Por culpa de la droga ha llegado a unos extremos de degradación increíbles. El paro prolongado conduce fácilmente a una dolorosa degradación social.* **3** Pérdida o deterioro de las cualidades primitivas o propias de una persona o cosa: *La degradación del hotel es hoy evidente. La degradación del litoral y de las playas alejará al turismo. Con la demencia senil la degradación de las personas avanza rápidamente.*

degradante *adj.* (antepuesto / pospuesto) Que degrada o humilla: *trato degradante, palabras degradantes. No hubiera sospechado nunca tan degradante comportamiento en mi propia hermana.*

degradar *v. tr.* **1** Hacer pasar ‹una persona› [a otra persona] a un cargo o a una categoría inferior: *Han degradado a varios jefes de artillería después de un largo juicio.* **2** Hacer perder ‹una cosa› sus cualidades [a una persona o una cosa]: *La abundancia de visitantes y la contaminación urbana están degradando el recinto del museo.* **3** Hacer perder ‹una cosa› su dignidad [a una persona]: *El alcohol y otras drogas degradan a sus consumidores.* **4** PINT. Disminuir ‹una persona› la intensidad del color y el tamaño de [las figuras] gradualmente para lograr el efecto de perspectiva. ‖ *v. prnl.* **5** Perder ‹una persona o una cosa› sus cualidades: *La naturaleza se va degradando por momentos.* **6** Perder ‹una persona› su dignidad: *Se ha degradado hasta unos extremos que no te puedes imaginar.*

degüello *s. m.* **1** Acción de degollar: *Se disponía al degüello del pobre animal.* **2** COLOQUIAL. Destrozo o trastorno: *Ha estado la abuela en la cocina y ha organizado un degüello terrible, sigue todavía discutiendo con mamá.* FR. Y LOC. **a ~** Se usa para indicar que se realiza una acción de forma violenta o causando el mayor daño posible, sin ninguna consideración: *El inspector entró en la oficina a degüello.*

degustación *s. f.* **1** Acción de degustar una cosa: *Laura asistió a una degustación de productos de la tierra.* **2** Cantidad que se prueba de alguna cosa: *Hemos estado en la feria de la cocina, y algunos restaurantes ofrecían buenas degustaciones.* FR. Y LOC. **menú* de ~.**

degustar *v. tr.* Probar ‹una persona› [un alimento o una bebida] para valorar su sabor: *Nos han invitado en el mercado a degustar un nuevo queso y un nuevo vino.*

dehesa *s. f.* Extensión de terreno delimitado donde pasta el ganado: *dehesa de toros bravos.*

dehiscencia *s. f.* BOT. Acción de abrirse naturalmente un fruto para que salga la semilla, o el estambre para que salga el polen.

dehiscente *adj.* BOT. [Fruto] que tiene el pericarpio preparado para abrirse natural o espontáneamente y que pueda salir la semilla.

deícticamente *adv. modo.* LING. De forma deíctica, señalando o apuntado directamente a algo referido o no en otro lugar del texto: *El adverbio «entonces» se refiere deícticamente a una época pasada o futura. «Éste», «aquél» y «eso» siempre se usan deícticamente.*

deíctico, ca *adj.* **1** LING. De la deixis: *«Esto», «eso», «aquí» y «allá» son elementos deícticos.* || **2** *adj./s.m.* LING. Elemento gramatical que tiene capacidad deíctica: *Los pronombres demostrativos son deícticos.*

deidad *s. f.* **1** ELEVADO. Ser divino o esencia divina: *La deidad de Jesucristo para los católicos está fuera de discusión.* **2** ELEVADO. Dios o diosa de algunas religiones: *Algunos relatos antiguos narran cómo las deidades protegían a los héroes.*

deificar *v. tr.* **1** ELEVADO. Considerar ‹una persona› divina o como dios [a otra persona o una cosa]: *En ciertas culturas se deifica **al** rey o **al** emperador. En algunos pueblos se deifican ciertos animales.* SIN. divinizar. ⇒ **71.**

deísmo *s. m.* FILOS. Doctrina filosófica que reconoce un Dios como autor de la naturaleza, pero no acepta ninguna revelación ni cultos externos: *El deísmo conoció cierto auge en el siglo* XVIII.

deixis (plural *deixis*) *s. f.* LING. Función de determinados elementos lingüísticos que consiste en señalar un lugar, una persona o un tiempo en el enunciado o en la situación. **~ anafórica** Señalamiento hacia atrás: *En la frase «Como hemos dicho más arriba», «arriba» es una deixis anafórica.* **~ catafórica** Señalamiento hacia adelante: *En la frase «Me dijo lo siguiente», «siguiente» es una deixis catafórica.*

dejación *s. f.* DER. Abandono de bienes y derechos: *Después de hacer dejación de todos sus derechos a la herencia se retiró a un monasterio.* SIN. renuncia.

dejadez *s. f.* (no contable) Falta de energía o interés para cuidar de uno mismo o de sus cosas: *¡Qué desorden! Tu dejadez me preocupa. Trabaja bien, pero pierde clientes por su dejadez, nunca cumple los plazos.*

dejado, da *adj. / s. m.* y *f.* Que no tiene cuidado de su aspecto o de sus cosas: *Alberto no encuentra nunca nada porque es muy dejado. Arregla la habitación, no seas dejada. No te fíes de él, es muy dejado y tienes que insistir mucho si quieres que te haga algo.*

dejar *v. tr.* **1** Poner ‹una persona› [una cosa que sostiene o guarda] en [un lugar]: *Deja los documentos **en** el cajón.* **2** No tocar ‹una persona› [una cosa]: *Deja la figurita, que la puedes tirar.* **3** Hacer ‹una persona o una cosa› que [una persona o una cosa] quede de [cierta manera]: *La noticia dejó muy triste a los aficionados. Me han dejado el traje **como** nuevo.* **4** No cambiar ‹una persona› [una cosa]: *Dejaremos el jardín así. Han decidido dejar el proyecto como estaba.* **5** No causar ‹una persona› molestias [a otra persona]: *Deja tranquilo al abuelo. Te dejo en paz. Déjame, por favor.* **6** Irse ‹una persona› de [un lugar]: *Ayer dejé la oficina a las diez de la noche. Dejaré Madrid en primavera.* **7** Poner ‹una persona› fin a su relación afectiva con [otra persona]: *Andrés está triste porque lo ha dejado la novia. Ha dejado a su mujer para irse con una jovencita.* **8** Poner ‹una persona› [una cosa que posee] en manos de [otra persona]: *Podemos ir de excursión porque mi hermano nos deja el coche.* **9** Dar ‹una persona› [una cosa o una persona] a [otra persona] para que la guarde: *El chico me deja el dinero. Déjame al niño si quieres ir de compras.* **10** Dar ‹una persona› [una cosa] en herencia: *Mi abuelo me ha prometido que me dejará su reloj. No me preocupo por lo que puedan dejarme cuando se mueran.* **11** Dar ‹una persona› [una cosa] a [otra persona] con la condición de que la devuelva. **12** Dar ‹una persona› [una cosa que ya no piensa usar] a [otra persona]. **13** Dar ‹una persona› permiso a [otra persona] para [hacer una cosa]: *Le dejó ver la televisión.* **14** Proporcionar ‹una cosa› [un beneficio] a [una persona]: *Esa inversión me deja un ocho por ciento al año.* **15** DEP. Lanzar ‹una persona› [la pelota] suavemente para que el contrario no pueda alcanzarla: *Dejó la pelota cerca de la red con tanta maestría que, por más que corrí, no pude llegar y me ganó el punto y el partido.* || *v. tr. / intr. / prnl.* **16** No hacer ‹una persona› [una cosa] más: *Ha dejado **de** estudiar. Déja**te de** bromas.* || *v. prnl.* **17** Abandonar ‹una persona› el cuidado de su aspecto o de su salud: *Conozco bastantes hombres que al casarse se han dejado mucho.* **18** No coger ‹una persona› [una cosa que debería haber cogido] por olvido: *Se dejó el pasaporte y no pudimos entrar en el país.* **19** En *dejarse* + infinitivo indica que se produce la cosa expresada por el infinitivo: *Se deja sentir el calor.* FR. Y LOC. **ceder/~ el paso*. ¡deja!** Se usa para evitar que una persona siga haciendo o diciendo una cosa: *¡Deja, no te molestes, yo acabo el trabajo!* **dejado de la mano* de Dios. ~ a un lado*** o **~ de lado. ~ alto el pabellón*. ~ atrás** 1 Adelantar o superar ‹una persona› a otra en una carrera o en otra situación: *El corredor número cinco dejó atrás a todos sus compañeros en la penúltima vuelta. Luis ha dejado atrás a su hermano en los estudios.* 2 Superar ‹una cosa› a otra cosa: *Este nuevo modelo de coche ha dejado atrás a todos sus competidores.* **~ caer*. ~ chico*. ~ claro*. ~ clavado*. ~ con la palabra* en la boca. ~ con un palmo* de narices. ~ correr*. ~ correr la pluma*. ~ el campo* libre. ~ empantanado*. ~ en el sitio*. ~ en la estacada*. ~ en paz*. ~ en pelotas*. ~ frío*. ~ frito*. ~ fuera** No tener en cuenta a una persona o cosa: *Dejemos fuera nuestras diferencias de opinión y tratemos el asunto que nos interesa.* **~ K*. O. ~ mal sabor* de boca. ~ mucho/bastante que desear** Estar ‹una persona› lejos de ser buena o de estar ‹una cosa› bien hecha: *Su aspecto deja mucho que desear. Su trabajo deja bastante que desear.* **~/perder (hasta) la camisa*. ~/poner como un trapo*. ~ que ruede la bola*. ~/quedarse de piedra*. ~/quedarse con la miel* en los labios. ~ temblando*. ~ tieso*. ~ vía* libre. dejarse caer*. dejarse en el tintero*. dejarse ir*. dejarse la piel*. dejarse la vida*. dejarse las uñas*. dejarse llevar por la corriente*. dejarse querer** Aceptar ‹una persona› las atenciones y cuidados de otra: *Su hermano le hace todos los días la cama y a cambio se deja querer.* **dejarse sentir*. dejarse ver** Ir ‹una persona› a un lugar donde hay otras personas: *No te dejas ver nunca **por** el club. Se deja ver todas las tardes **por** la tertulia. ¡Últimamente no te dejas ver mucho!* **no ~ lugar a dudas** No permitir que pueda haber alguna duda: *Lo que dijo no deja lugar a dudas.* **no ~ ni a sol ni a sombra** Acompañar o perseguir continuamente ‹una persona› a otra: *Siempre está pegado a ti, no te deja ni a sol ni a sombra.* **no ~ piedra* sobre piedra. no ~ respirar*. no ~ títere* con cabeza. no ~ vivir*. quedar/~ a la altura* del betún.**

deje *s. m.* **1** Acento, pronunciación y entonación particular en el modo de hablar de cada región: *Tiene un deje andaluz encantador.* **2** Manera de pronunciar o de hablar que revela un sentimiento particular: *El inmigrante hablaba con un deje de amargura que lo delataba. En las palabras del encargado se notaba un deje de cólera.*

dejo *s. m.* **1** Deje: *Aunque lleva muchos años fuera de su tierra, aún conserva el dejo gallego.* SIN. acento. **2** Gusto o sabor que queda de una comida o bebida: *El guiso tiene un dejo picante.* **3** Impresión agradable o desagradable que queda después de una acción: *un dejo de amargura. Las visitas nos han proporcionado un dejo de satisfacción.*

del Contracción de la preposición *de* y el artículo *el: la orilla del río, el color del traje, la vida del ciudadano.* OBSERVACIONES: No se produce la contracción cuando el artículo forma parte de un nombre o apodo de persona, de una población o de un título de una obra: *Asistimos a una corrida de El Cordobés, famoso torero. Tiene un chalé cerca de El Álamo. Quevedo es el autor de «El Buscón».* Sin embargo, en los casos anteriores, sí suele producirse la contracción en el lenguaje oral.

delación *s. f.* ELEVADO. Acción y efecto de delatar: *La recompensa ofrecida hacía temer una delación. No se espera que los miembros de la banda efectúen ninguna delación.* SIN. denuncia.

delantal *s. m.* Prenda exterior atada a la cintura o a la cintura y al cuello que cubre la parte delantera del cuerpo para proteger los vestidos: *un delantal de cocina. A los soldadores nos obligan a trabajar con máscara y un delantal no inflamable.*

delante *adv. lug.* **1** Indica el lugar anterior a alguien o algo, o que está más próximo al observador o a otro punto que se toma como referencia: *El hombre que tenía delante no me dejaba ver. Se colocó delante para impedir que me golpearan. No te pongas delante del coche.* OBSERVACIONES: ◊ Seguido de *de*, indica la situación respecto a un segundo término: *Estoy delante de vosotros en la cola.* En otros casos, no se introduce segundo término porque se indica la situación en función de la del hablante: *Pase delante, por favor.* Es vulgar el uso de expresiones como *delante tuyo, delante nuestro.* ◊ Pueden precederle las preposiciones *de, desde, hacia* y *por,* que aportan la idea de origen, procedencia o dirección: *Varias personas se cruzaron por delante de la cámara. Se inclinó hacia delante. Han vendido las casas de delante.* ANT. detrás. **2** Indica el lado que se considera la parte exterior principal: *No lleva encendidas las luces de delante. Entra más luz por la parte de delante.* **2**I En una persona o animal, parte en la que se encuentra la cara: *Visto por delante no parecía demasiado gordo.* **3** Indica el lugar que está frente a la que se considera parte o fachada principal de un edificio: *Deja el coche delante de la fábrica. Delante de la casa había un jardincito.* SIN. enfrente. OBSERVACIONES: Seguido de *de* cuando se indica el lugar o personas que se toma como referencia. **4** Indica que algo o alguien está de cara o de frente a lo que se indica: *Tienes el libro delante de ti. No te quiero ver delante de mí.* **5** En una serie, orden o jerarquía, indica una posición anterior o más importante a la que se toma como referencia: *Nuestro país va por delante en las votaciones del concurso.* || *adv. modo.* **6** En presencia de: *Lo tienes que firmar delante de un notario. Prefiere decirte las cosas delante.* FR. Y LOC. **con una mano* detrás / atrás y otra ~. quitar(se)* de ~ / encima.**

delantera *s. f.* **1** Parte anterior de una cosa: *delantera de un coche, delantera de una casa.* ANT. trasera. **2** Primera fila de ciertas localidades en algunos espectáculos públicos: *la delantera del teatro, la delantera de la ópera.* **3** Distancia con que uno se adelanta a otro en el camino: *Lleva una buena delantera a sus perseguidores.* SIN. ventaja. **4** DEP. Línea de ataque: *La delantera es buena, pero la defensa es muy floja.* ANT. zaga. **5** VULGAR. Pecho femenino: *¡Vaya delantera! No tiene mala delantera.* FR. Y LOC. **llevar la ~** Ocupar la primera posición ‹una persona› en una carrera o en una competición: *El laboratorio de biología de la Universidad central lleva la delantera a otros en la preparación de estas técnicas. El jugador andaluz lleva la delantera en el campeonato de ajedrez.* **tomar la ~** Pasar ‹una persona› delante de otra al hacer o conseguir una cosa: *Marta tomó la delantera a Sonia en su afán por lograr un cargo.*

delantero, ra *adj.* **1** Que está o va delante: *ruedas delanteras. Los asientos delanteros están todos ocupados. El choque frontal destrozó la parte delantera del coche.* ANT. trasero. || *s. m.* **2** Parte anterior de una prenda de vestir: *Tiene un vestido con el delantero bordado.* || *s. m./f.* **3** DEP. Jugador que está delante o es uno de los encargados de atacar: *Este equipo tiene un delantero demoledor.* ANT. defensa.

delatar *v. tr.* **1** Descubrir ‹una persona› [a otra que ha cometido una falta] ante [una persona con autoridad]: *El testigo fue a la comisaría y delató al delincuente. Sus compañeros le delataron* ***ante*** *la dirección.* **2** Descubrir ‹una cosa› [una cosa que una persona quería mantener oculta]: *La cicatriz que llevas en la cara te delatará. Tu forma de hablar te delatará* ***ante*** *los demás.* || *v. prnl.* **3** Descubrir ‹una persona› sus intenciones involuntariamente: *Me delata siempre el tono de cólera que no puedo controlar.*

delator, ra *adj./s. m.* y *f.* [Persona] que delata o denuncia secretamente a otra: *La policía necesita a los delatores, pero no les tiene simpatía.*

delco (marca registrada) *s. m.* MEC. Aparato de los motores de explosión que distribuye la corriente a las bujías: *Se me mojó el delco del coche y no pude ponerlo en marcha.*

DELE (pronunciamos *'dele'*) *s. m.* Sigla de «Diploma de Español como Lengua Extranjera».

delectación *s. f.* (no contable) ELEVADO. Deleite: *la delectación de los placeres prohibidos. Da gusto ver cómo chupa el helado con esta delectación.* SIN. gusto.

delegación *s. f.* **1** Representación o capacidad de obrar que tiene una persona en nombre de otra: *Le han confiado la delegación del curso.* **2** Cada oficina que depende de una empresa o de un organismo oficial: *Llevó su declaración de la renta a una delegación de Hacienda. Esta empresa textil tiene delegaciones en diversos puntos de España.* **3** Cargo o empleo de la persona que rige una oficina de este tipo: *La delegación de Barcelona será para un primo mío.* **4** Conjunto de delegados o representantes: *La delegación de nuestro país en la Conferencia no es muy grande.* **5** MÉX.; COLOQUIAL. Comisaría, oficina de policía. **6** MÉX.; COLOQUIAL. Ayuntamiento, término municipal.

delegado, da *adj./s. m.* y *f.* Que tiene la representación de otra persona o de una organización: *El delegado del Presidente ha llegado a la zona del conflicto. Los delegados sindicales de León se retiraron indignados de la asamblea. La persona delegada es necesario que se presente al director.* **~ del Gobierno** Persona que ostenta el cargo de máxima representación del gobierno central en una comunidad autónoma española.

delegar *v. tr.* Dar ‹una persona› su autorización a [otra persona] para que ejercite unos derechos en su lugar o actúe de una manera determinada en su lugar: *Miguel delegó en su cuñado la decisión del asunto.* ⇒ **56.**

deleitar *v. tr.* **1** ELEVADO. Producir ‹una persona o una cosa› deleite [a una persona]: *Lo que más nos deleita es la música. Los suaves paseos al atardecer me deleitan.* || *v. prnl.* **2** ELEVADO. Experimentar ‹una persona› deleite con [una cosa]: *Me deleito **en** la contemplación de paisaje. Se deleita **con** la contemplación de los pájaros.*

deleite *s. m.* Placer sensual o del espíritu: *Fue un deleite poder ver esa ópera en directo.* SIN. satisfacción. **los deleites de la carne** RESTRINGIDO. Los placeres sexuales.

deletrear *v. tr.* **1** Decir ‹una persona› las letras de [una palabra] con sus nombres: - *«Deletreeme el nombre de la calle, por favor.»* - *« Erre, e, ce, o, ele, e, te, o, ese.»* **2** Decir ‹una persona› [las letras de cada sílaba, las sílabas de cada palabra y la palabra completa] separadamente cuando aprende a leer: *El nene ya deletrea algunas palabras.*

deleznable *adj.* **1** Que merece desprecio: *Tiene un comportamiento deleznable. Nos hace propuestas deleznables, parece que quiere tomarnos el pelo.* **2** Que se rompe o se deshace fácilmente: *material deleznable.* **3** Que tiene poca duración, o que no tiene solidez o consistencia: *argumento deleznable. Los pisos tienen una construcción deleznable.*

delfín *s. m.* **1** (macho y hembra) *Delphinus delphis.* Mamífero marino, gran nadador, que tiene una boca grande en forma de pico, una aleta dorsal, vive en grupos y se comunica por medio de agudos gritos. **2** Título que se daba al primogénito y heredero del rey de Francia: *el Delfín de Luis XIV.* **3** Persona elegida o apoyada por otra para que se convierta en su sucesora en el desempeño de un cargo importante de una organización: *el delfín del presidente de un partido político. El director del banco ha presentado a Juan como su delfín.*

delfinario *s. m.* Instalación destinada a la exhibición de delfines en un zoo o parque acuático: *Una de las atracciones más visitadas del zoo es el delfinario.*

delgadez *s. f.* Flaqueza, cualidad de delgado de las personas o animales: *La delgadez de este gato da pena. Me preocupa la delgadez de tu padre.*

delgado, da *adj.* **1** (ser / estar) Que tiene pocas carnes o pesa poco para su edad o estatura: *Ahora está muy delgado. Siempre ha sido muy delgado. Tiene unas piernas muy delgadas. Este perro sigue muy delgado.* ANT. gordo. **2** Que tiene poco grosor o espesor: *un cable muy delgado, una tela muy delgada, una pared muy delgada.* **intestino* ~.** FR. Y LOC. **estar / verse en las delgaditas** COL.; COLOQUIAL. Estar ‹una persona› en apuros o en aprietos. **hilar* fino / ~.**

delgaducho, cha *adj.* (estar) AFECTIVO. Que está demasiado delgado: *Este niño no come bien y está delgaducho.*

deliberación *s. f.* Acción de deliberar: *Las deliberaciones del consejo de administración se reflejan en las actas correspondientes. La deliberación del jurado duró varios días.*

deliberado, da *adj.* Que se ha hecho o dicho voluntariamente o con una intención determinada: *una mentira deliberada. Las palabras del líder de la oposición son provocaciones deliberadas. No ha sido un pisotón deliberado.*

deliberante *adj.* [Reunión de personas] que se gobierna por votaciones mayoritarias y tiene capacidad ejecutiva para los afectados: *Ayer la junta deliberante de vecinos aprobó suprimir los vigilantes nocturnos. La asamblea deliberante de barrio ha decidido exigir un parque al Ayuntamiento en los terrenos de la antigua fábrica.*

deliberar *v. intr.* Pensar o tratar ‹una persona› [una cosa] detenidamente antes de tomar una decisión: *Tengo que deliberar **sobre** este asunto. El tribunal estuvo deliberando mucho tiempo antes de dictar la sentencia.* SIN. meditar.

delicadeza *s. f.* **1** (no contable) Finura, cualidad de delicado: *La delicadeza del dibujo es extraordinaria. Ten cuidado con estas copas que tienen una delicadeza exagerada y se rompen con la mirada. Me parece de una delicadeza excesiva esta tela.* **2** Acto o palabra con los que se manifiesta respeto, atención y afecto hacia las personas y las cosas: *Nunca podré olvidar tantas delicadezas. Tuvo la delicadeza de disimular. Trata todos los libros que le dejo con la misma delicadeza que yo.* **3** (no contable) Ternura o afecto: *Tiene un temperamento brusco, pero trata a sus padres con mucha delicadeza. Los animales también agradecen cierta delicadeza.*

delicado, da *adj.* **1** (antepuesto / pospuesto) Que se rompe o estropea con facilidad: *Es una delicada vajilla de porcelana. Se le ha estropeado una pieza muy delicada que lleva en el motor.* **2** Que es débil o propenso a sufrir enfermedades: *un niño delicado. Su salud es delicada.* **3** (estar) Que está enfermo: *Su padre está muy delicado. Se cuida mucho porque está delicado del corazón.* **4** IRONÍA. Que se molesta o se siente incómodo con facilidad: *Es demasiado delicado para dormir en una tienda de campaña.* **5** Que es difícil de tratar o resolver: *Es un asunto muy delicado.* **6** (antepuesto / pospuesto) Que resulta agradable por su suavidad o belleza: *un gusto delicado, un delicado rostro.* **7** (antepuesto) Que está hecho cuidando los detalles: *una delicada filigrana, un delicado trabajo de joyería.* **8** (antepuesto / pospuesto) Que es educado y cuida sus modales: *Se acercaba con movimientos lentos y delicados. Le dirigió unas delicadas palabras.*

delicia *s. f.* **1** Placer o agrado de los sentidos o de la mente: *Me causa una delicia profunda leer a San Juan de la Cruz. Me gusta sentir la delicia del agua del mar en la piel.* **2** Cualquier cosa que produce este placer: *La música de Falla es una delicia. Estos pasteles son una delicia.* **3** (preferentemente en plural) Plato hecho con pescado cocido, desmenuzado y rebozado: *Nos han dado unas delicias de merluza.*

delicioso, sa *adj.* (antepuesto / pospuesto) Muy agradable o que causa mucho placer: *Es una pradera deliciosa. La música es deliciosa. Es una persona deliciosa, con un trato exquisito. Tenía una deliciosa sonrisa. Contó una deliciosa historia infantil.*

delictivo, va *adj.* Que constituye delito: *un comportamiento delictivo. Las conductas delictivas deben castigarse.* SIN. criminal.

delicuescencia *s. f.* **1** (no contable) RESTRINGIDO. Estado de las costumbres o estilos artísticos que pierden aceptación entre la gente y dejan de ser admitidos: *La delicuescencia de todos los estilos artísticos es una fase normal de su evolución.* SIN. crisis. **2** QUÍM. Propiedad de ciertos cuerpos de disolverse en el vapor del agua que absorben del aire: *La sosa cáustica o hidróxido de sodio tiene la propiedad de la delicuescencia.*

delimitación *s. f.* Acción y resultado de delimitar: *La delimitación de tareas sirve para que funcione todo mejor.*

delimitar *v. tr.* Señalar con precisión ‹una persona› los límites de [una cosa]: *El jefe de recursos prometió en su discurso delimitar con claridad las responsabilidades y la tareas* *de todos los miembros de departamento. Han aceptado volver a delimitar las zonas de actuación municipal preferente.* SIN. demarcar.

delincuencia *s. f.* **1** (no contable) Conjunto de delitos que se cometen en un tiempo o en un lugar determinados: *Ha disminuido la delincuencia de la ciudad. La delincuencia nocturna es más abundante que la diurna.* **2** (no contable) Actividad de cometer delitos: *Cuando perdió todo el dinero, se dedicó a la delincuencia y robaba en la estación.* **3** (no contable) Cualidad de delincuente: *No es cierto que la delincuencia sea debida a la herencia genética.*

delincuente *adj. / s. m.* y *f.* Que delinque: *Un famoso delincuente ha sido detenido. ¡Sois una banda de pequeñas delincuentes!*

delineante *s. m. / f.* Persona que tiene por oficio delinear planos: *El delineante me prometió tener hechos los planos para la semana que viene.*

delinear *v. tr.* **1** Trazar ‹una persona› las líneas de [un plano] o de [un proyecto]: *Los planos los delineamos nosotros en el taller y el jefe los corrige.* ‖ *v. prnl.* **2** Aparecer el perfil de ‹una cosa› bien diferenciado: *A lo lejos se delineaban las torres del castillo.* SIN. perfilarse.

delinquir *v. intr.* Cometer ‹una persona› un delito: *Los que vuelven a delinquir son condenados a penas mayores. Estos chicos empiezan a delinquir muy jóvenes.* ⇒ **32.**

delirar *v. intr.* **1** Decir ‹una persona› cosas incoherentes por efecto de una enfermedad o de una pasión fuerte: *Tenía mucha fiebre y estuvo delirando varios días seguidos.* **2** Decir o hacer ‹una persona› disparates: *Chico, tú deliras si piensas ir en la barca con esta tormenta.* SIN. desvariar.

delirio *s. m.* **1** Alteración psíquica en que se sufren alucinaciones: *Al subirle la fiebre, comenzó el delirio. En la psicosis se padecen delirios.* **2** (no contable) Pasión o entusiasmo exagerados: *Cuando marcaron el segundo gol, el estadio era el delirio. Quiere a sus hijos con delirio.* **3** Despropósito, disparate: *Todas esas cosas que cuenta son puros delirios, no le hagas caso.* ‖ **4 delirio(s) de grandeza** Actitud de la persona que se cree superior a las demás y sueña con una situación o con lujos que no están a su alcance: *Desprecia los barrios humildes porque tiene delirios de grandeza. No sé quién se piensa que es con esos delirios de grandeza.*

delírium tremens *s. m.* MED. Delirio con gran agitación y temblor causado por el alcoholismo: *Entró en una fase de delírium tremens y daba pena verlo luchando contra sus fantasmas.*

delito *s. m.* **1** DER. Acción u omisión voluntaria castigada por la ley con pena grave: *No declarar a Hacienda ciertas cantidades puede ser un delito. Un asesinato es un delito grave.* **~ de prevaricación. cuerpo* del ~. lugar del ~. ~ de sangre** Delito que tiene como resultado muerte o lesiones graves. **2** COLOQUIAL; INTENSIFICADOR. Culpa, acción deplorable: *Es un delito obligar a los niños a hacer tantos deberes. Lo que te han hecho en el pelo es un delito.*

delta *s. m.* **1** GEOGR. Terreno triangular formado en la desembocadura de un río por la acumulación de materiales arrastrados por sus aguas: *el delta del Ebro, el delta del Nilo.* ‖ *s. f.* **2** Cuarta letra del alfabeto griego que corresponde a nuestra letra *d.* ‖ **3 ala* ~.**

deltoides (plural *deltoides*) *s. m.* ANAT. Músculo triangular situado en el hombro que permite elevar el brazo.

demacrado, da *adj.* Que está muy delgado por enfermedades físicas o psíquicas: *Lleva una temporada muy demacrado. Cada día tiene un rostro más demacrado. Tenía un aspecto demacrado.*

demacrarse *v. prnl.* Adelgazar ‹una persona› por enfermedades físicas o psíquicas: *Se ha demacrado mucho desde la operación. Se está demacrando desde la enfermedad de su madre y el paro del marido.*

demagogia *s. f.* **1** (no contable) Actitud o actuación de un gobernante o político que trata de halagar al pueblo por cualquier medio con el fin de obtener su apoyo: *Su programa es pura demagogia.* **2** (no contable) Forma de ganarse a la gente en cualquier campo con halagos, falsas promesas o manipulación de sus sentimientos: *Te ofrece siempre ayuda por demagogia, pero luego no da nada. La demagogia del jefe no consigue engañarnos.* **3** (no contable) En la antigua Grecia, gobierno dictatorial ejercido con el apoyo del pueblo.

demagógico, ca *adj.* De la demagogia o que la practica: *campaña demagógica, discurso demagógico.*

demagogo, ga *adj./s. m.* y *f.* [Persona] que practica la demagogia o que es amigo de practicarla en sus relaciones con las personas: *Nuestro jefe es un demagogo, hace muchas promesas que sabe que no puede cumplir. Los políticos demagogos no se preocupan de las consecuencias que pueden tener sus halagos a las masas.*

demanda *s. f.* **1** Petición o solicitud: *Mis amigos han atendido mi demanda de dinero. Han crecido últimamente mucho las demandas de trabajo en este sector. Han salido en demanda de ayuda.* **2** Cantidad de una mercancía o un servicio que los consumidores piden o están dispuestos a pagar: *La demanda de coches ha bajado. La demanda de apartamentos en las playas ha crecido. No hay casi demanda de libros en este pueblo. El mercado se regula por la ley de la oferta y la demanda.* **3** DER. Acción y documento por el que se inicia un proceso contra alguien: *Han presentado una demanda contra el propietario. Tienen varias demandas contra mí por conducción temeraria.* **4** DER. Petición o escrito de un juez o de un tribunal: *El juez ha tramitado una demanda contra el famoso cantante.*

demandante *adj. / s. m.* y *f.* **1** Que demanda: *Los demandantes de empleo acérquense a la ventanilla número cuatro. Han aumentado los demandantes de mayor agilidad en la burocracia pública.* **2** Que demanda judicialmente: *La parte demandante está pensando en retirar la denuncia. El demandante pide una indemnización por daños y perjuicios.*

demandar *v. tr.* **1** Pedir ‹una persona› [una cosa] a [otra persona]: *Nuestros oyentes demandan más música clásica. Los telespectadores no demandan basura, como creen algunos.* **2** Presentar ‹una persona› una demanda judicial contra [otra persona]: *Lo demandé **por** calumnias **ante** el juez. Me demandó **en** juicio. Lo demandaremos **por** incumplimiento de contrato.*

demarcación *s. f.* **1** Acción y resultado de demarcar: *Se ha llevado a cabo la demarcación de la frontera pactada entre los dos países. Los contendientes respetarán la demarcación de una zona de alto el fuego propuesta por la comisión internacional.* **2** Terreno demarcado o parcela: *La demarcación de la central nuclear se mantendrá durante varios años.* **3** Territorio o división administrativa sobre los que ejerce una autoridad su jurisdicción: *demarcación territorial, demarcación judicial, demarcación militar. La policía ha dejado el caso en manos de los colegas de la demarcación vecina.* **4** DEP. Zona teórica que debe controlar un jugador en un campo: *Le gusta jugar en una demarcación muy atrasada. Están entrando todos los ataques por la demarcación del defensa derecho.*

demarcar *v. tr.* Señalar ‹una persona› los límites de [un territorio]: *Hemos conseguido que demarquen con claridad nuestros dos municipios. Han propuesto demarcar una zona de alerta alrededor de las centrales nucleares.* SIN. delimitar. ⇒ **71.**

demás *adj. / pron. indef.* Indica a los individuos de un conjunto o la parte de un todo que no han sido mencionados: *Después saludó a las demás amigas. Los demás del equipo saldrán ahora. No quería hablar de lo demás.* OBSERVACIONES: ◊ Suele ir precedido del artículo determinado, preferentemente el plural o el neutro. ◊ Con nombres en singular suele emplearse *el resto de*: *el resto del vino.* ◊ Se utiliza sin artículo cuando termina una enumeración: *Estaba harto de su trabajo, su familia y demás circunstancias de su vida.* **los ~** El resto de las personas que forma parte de una misma comunidad: *Debería comportarse mejor con los demás. Los demás no tienen por qué conocer tus deseos.* FR. Y LOC. **por ~** 1 Demasiado, excesivamente: *Come por demás.* 2 Inútilmente: *Intentó por demás abrirse paso entre la gente.* **por lo ~** 1 (precedida de varias oraciones o de una más bien larga) Aparte de lo dicho, dejando aparte lo dicho: *Por lo demás, es bien sabido que las ayudas nunca vienen mal.* 2 Por lo que se refiere a otras cosas, al margen de eso: *Será antipático, pero, por lo demás, es un excelente trabajador.*

demasía *s. f.* Exceso, mayor cantidad de lo necesario o conveniente: *El maquillaje, en demasía, resulta poco natural. Hablas en demasía. Ninguna demasía es buena.*

demasiado, da *adj. / pron.* **1** (antepuesto) Que se da en cantidad, número o intensidad excesivas, o mayor de lo considerado normal o conveniente: *Demasiada gente se quedó sin poder entrar. Siempre hubo demasiado ruido en la vecindad. Tiene demasiados juguetes. Demasiados viven sin trabajar. Cuesta demasiado dinero.* ‖ *adj.* **2** JERGAL. Muy bueno, estupendo: *Este equipo de música es demasiado.* SIN. demasié, guay, dabuten. ‖ *adv.* **3** Excesivamente: *Te preocupas demasiado. Gasta demasiado. Es demasiado grande.*

demasié *adj.* JERGAL. Estupendo, muy bien: *¡Tío, esta moto es demasié!*

demediar *v. intr.* RESTRINGIDO. Estar ‹una persona o una cosa› en la mitad de [un trayecto o de una actividad]: *Demediaba el siglo cuando estalló la guerra.*

demencia *s. f.* **1** (no contable) MED. Enfermedad neurológica degenerativa que se caracteriza por la pérdida de memoria y el deterioro de otras funciones cognitivas. **~ senil.** **2** (no contable) Locura, pérdida de la razón: *Yo creo que su demencia no tiene cura fácil.* **3** RESTRINGIDO. Acción o palabra disparatada o poco razonable: *Salir ahora por la noche es una demencia.*

demencial *adj.* **1** De la demencia: *síntomas demenciales.* **2** COLOQUIAL. Que es contrario a la razón o que no tiene lógica, proporción o mesura: *¡Es demencial!, ¿cómo es posible que sea tan caro? Se te ocurren cosas demenciales. Es un congreso demencial, muy mal organizado.* SIN. disparatado.

demente *adj. / s. m.* y *f.* (ser / estar) Que padece demencia o ha perdido la razón: *Tiene una conducta demente. Pareces un demente, tranquilízate. Está demente, hace y dice unas cosas extrañísimas.*

dementizado, da *adj.* COL. Que está loco o demente.

demérito *s. m.* RESTRINGIDO. Acción o circunstancia que rebaja la calidad o el valor de una persona o cosa: *Su implicación con la estafa fue el principal demérito de su carrera. La terraza del piso nuevo es demasiado grande, más que un mérito es un demérito.* ANT. mérito.

democracia *s. f.* **1** (no contable) Forma de gobierno en que los ciudadanos eligen a sus gobernantes por medio de votaciones y éstos deben gobernar cumpliendo las leyes: *En la democracia el poder reside en el pueblo, que lo ejerce mediante las votaciones periódicas en las elecciones.* **2** (no contable) Doctrina política que defiende este sistema: *Los teóricos actuales de la democracia son muchos. Las formas concretas de la democracia pueden ser diferentes.* **3** País gobernado de esta forma: *Las democracias occidentales enviaron ayuda humanitaria a la zona del conflicto.* **4** (no contable) Participación de todos los miembros de una comunidad o grupo en la toma de decisiones: *En nuestra asociación hay democracia interna.*

demócrata *adj.* **1** De la democracia: *sistema demócrata.* ‖ *adj. / s. m.* y *f.* **2** Que es partidario de la democracia: *un país demócrata. Los demócratas deben defender sus instituciones.*

democrático, ca *adj.* De la democracia o que encierra democracia: *decisiones democráticas, elecciones democráticas. Tiene un carácter muy democrático. Se van imponiendo las ideas democráticas.*

democratización *s. f.* **1** Conversión de una persona en demócrata: *La democratización auténtica de las personas es una necesidad para que funcione una democracia joven.* **2** Cambio de una institución para funcionar de acuerdo con reglas democráticas: *La democratización del ejército y del poder judicial son condiciones necesarias para abandonar una dictadura.*

democratizar *v. tr. / prnl.* Hacer ‹una persona o una cosa› que otra se adapte a las reglas de funcionamiento de la democracia: *El nuevo presidente ha prometido democratizar todas las instituciones. El director de la cooperativa democratizará totalmente los mecanismos de toma de decisiones. Las nuevas condiciones internacionales ayudarán a democratizar a los políticos del joven país. Un grupo de poder no* ***se*** *democratiza voluntariamente.* ⇒ **19.**

demografía *s. f.* (no contable) Estudio estadístico-cuantitativo de la población humana según diferentes aspectos como composición, distribución o evolución: *La demografía nos demuestra que la población está descendiendo en Europa occidental.*

demoledor, ra *adj. / s. m.* y *f.* Que demuele o echa por tierra: *una fuerza demoledora. Sus argumentos son demoledores. Es aburridísimo, tiene una pesadez demoledora.*

demoler *v. tr.* **1** Echar ‹una persona› [una construcción] abajo: *Han demolido los viejos muelles. Van a demoler los chiringuitos de la playa.* SIN. derruir. **2** Destruir ‹una persona o una cosa› [una cosa]: *Sus palabras han demolido todas las fantasías del contrincante. Los comportamientos irresponsables pueden demoler la familia tradicional.* ⇒ **52.**

demoniaco, ca o **demoníaco, ca** *adj.* Del demonio o que está influido por él: *una influencia demoniaca, una imagen demoniaca. Es una persona demoniaca. Tiene un comportamiento demoniaco, disfruta torturando a los animalitos y a sus compañeros.* **posesión diabólica / demoniaca.**

demonio *s. m.* **1** REL. En la Biblia, ángel que se rebeló contra Dios, especialmente Lucifer, príncipe de todos ellos: *Los demonios fueron arrojados al infierno.* SIN. diablo. **2** Niño travieso: *Este chico es un demonio, cuando menos te lo esperas hace una trastada.* SIN. diablo, trasto, bicho. **3** INTENSIFICADOR. Persona muy mala o de muy mal humor: *No te fíes de él, que es un demonio. No sé que le pasa, está hecho un demonio y no quiere ver a nadie.* **4** Persona muy astuta o hábil en lo que se propone: *Es un demonio **para** los negocios. Es un demonio **con** los coches, nadie hace lo que él. Es un demonio **en** el juego, siempre gana.* || *interj.* **5** (preferentemente en plural) Expresa enfado o sorpresa: *¿Quién demonios ha estropeado la radio? ¿Qué demonios quieres? ¡Demonios, qué elegante vienes hoy! ¡Demonio de teléfono, no para de sonar!* FR. Y LOC. **de mil demonios** COLOQUIAL; INTENSIFICADOR. Muy grande: *Se cogió un catarro de mil demonios. Tiene un genio de mil demonios. Hace un viento de mil demonios.* **llevársele los demonios** COLOQUIAL; DISGUSTO Y ENFADO. Causar ‹una cosa› a una persona una gran irritación: *Cuando veo la casa así de sucia, se me llevan los demonios.* **oler / saber / sonar a demonios** COLOQUIAL; INTENSIFICADOR. Oler, saber, sonar ‹una cosa› muy mal: *La basura huele a demonios. Esta sopa sabe a demonios. La televisión sonaba a demonios.* **tener el ~ en el cuerpo** o **tener los demonios en el cuerpo** COLOQUIAL; INTENSIFICADOR. Ser ‹una persona› muy traviesa o inquieta: *Ese niño tiene el demonio en el cuerpo, no para de revolver.*

¡demontre! *interj.* RESTRINGIDO. Expresa enfado o sorpresa. OBSERVACIONES: Puede ir reforzado por las partículas exclamativas *qué* o *cómo*: *¿Qué demontres quieres hacer ahora? ¡Cómo demontres quieres que arranque el coche si no tiene gasolina! ¡Cállate, demontre! ¡Demontres **con** el abuelo! ¡Demontre **de** niños, no pueden callarse!*

demora *s. f.* **1** Tardanza o retraso: *El vuelo tiene treinta minutos de demora. La correspondencia se suele repartir por la mañana, aunque estos días hay que contar con una pequeña demora.* **2** DER. Tardanza en el cumplimiento de una obligación desde que es exigible: *La demora en el pago del préstamo tiene una penalización fuerte.*

demorar *v. tr.* **1** Hacer ‹una persona o una cosa› que [una cosa] ocurra o se haga más tarde: *La compañía de teatro demoró el estreno. Se va a demorar la discusión de los presupuestos.* SIN. retrasar. **2** Hacer ‹una persona o una cosa› que [una persona] llegue más tarde: *Los atascos del tráfico me han demorado, lo siento. La tormenta ha demorado varios vuelos.* SIN. retrasar. **3** ARG., URUG. Retener ‹la policía› [a una persona] mientras la identifica. || *v. prnl.* **4** Ocurrir o hacerse ‹una cosa› más tarde: *Se ha demorado la apertura del curso hasta que acabe la matriculación de los alumnos.* SIN. retrasarse. **5** Llegar ‹una persona› más tarde: *Me demoraré un poco mañana, porque tengo que pasar primero por el dentista.* SIN. retrasarse. **6** Pararse o entretenerse ‹una persona› en [un lugar]: *Me demoré **en** una reunión, perdona.*

demorón, na *adj. / s. m.* y *f.* ARG., URUG.; RESTRINGIDO en Argentina, COLOQUIAL en Uruguay. [Persona] que es muy lenta haciendo las cosas.

demoscopia *s. f.* Parte de la Sociología que estudia las ideas y el comportamiento de las personas mediante encuestas de opinión.

demostración *s. f.* **1** Manifestación externa de emociones o sentimientos: *Cuando el perro nos vio empezó a hacer muchas demostraciones de cariño.* **2** Ostentación o manifestación pública de algo: *Ayer los alumnos hicieron una demostración de sus habilidades con el balón. La policía hizo una demostración de fuerza ante los asustados vendedores callejeros, para convencerles de que debían levantar sus puestos.* **3** Comprobación práctica de una teoría o del funcionamiento de una cosa: *Ayer se hizo una demostración en el puerto del nuevo submarino de bolsillo.* **4** LÓG. Resultado final de un proceso deductivo bien construido: *la demostración del teorema, la demostración de una ley física.*

demostrar *v. tr.* **1** Hacer ‹una persona o una cosa› patente la verdad de [una cosa]: *La autopsia ha demostrado la muerte por envenenamiento. Su presencia ha demostrado que la declaración del vagabundo era cierta.* **2** Hacer ‹una persona› un razonamiento que prueba la verdad de [una afirmación]: *Ha demostrado con brillantez la dependencia de las dos teorías.* **3** Proporcionar ‹una cosa› indicios de la verdad de [otra cosa]: *Su huida demuestra su culpabilidad. Su sistemático silencio demuestra que nos considera poco inteligentes. Sus constantes insultos demuestran poco cariño por la chica.* **4** Mostrar ‹una persona› cómo es o cómo se hace [una cosa] a [otra persona]: *Me demostró cómo se puede impedir que se corte la mahonesa. Me ha demostrado cómo aparcar en un sitio estrecho.* ⇒ **28.**

demostrativo, va *adj.* **1** Que demuestra o sirve para demostrar: *un hecho demostrativo.* || *adj. / s. m.* **2** GRAM. [Pronombre, adjetivo] que sirve para señalar personas, animales o cosas.

demudar *v. tr.* **1** Cambiar ‹una cosa› [el color o la expresión de la cara de una persona] repentinamente: *La escena del accidente nos demudó el rostro a todos.* || *v. prnl.* **2** Cambiar ‹el color o la expresión de la cara de una persona›: *Cuando ve sangre se le demuda el rostro. A mí se me demuda el color al tener que escuchar sus tonterías.*

denario *s. m.* **1** Antigua moneda romana de oro que equivalía a cien sestercios. **2** Antigua moneda romana de plata que equivalía a cuatro sestercios.

dendrita *s. f.* ANAT. Prolongación de una neurona encargada de la recepción de estímulos.

denegación *s. f.* Acción y resultado de denegar: *Lo normal ahora en la empresa es la denegación sistemática de los aumentos de sueldo.* **~ de auxilio** DER. Delito que se comete negándose voluntariamente a obedecer o a colaborar con la autoridad sin motivo justificado: *Está acusado de denegación de auxilio por haber abandonado al guardia herido en la cuneta.*

denegar *v. tr.* No conceder ‹una persona› [una cosa que ha pedido otra]: *Nos han denegado el crédito para la ampliación del garaje. El jefe de personal denegará a partir de ahora todos los permisos extraordinarios.* SIN. negar. ⇒ **58.**

dengoso, sa *adj.* COL.; COLOQUIAL. Que mueve las caderas mucho cuando anda.

dengue *s. m.* **1** Remilgo, delicadeza exagerada o repugnancia fingida hacia algo que se desea: *Me molesta salir de casa con este niño, siempre con dengues para tomar algo. Hija, no le hagas dengues a este chico, que es muy majo. Me gusta este trabajo, yo no le hago dengues a nada.* **2** COL.; COLOQUIAL. Movimiento de caderas de una persona al andar, contoneo. **3** Afección aguda febril, tropical, de origen vírico, análoga a la gripe.

denigrante *adj.* Que denigra: *Me dieron un trato denigrante, no quiero volver a ese país. En aquella empresa teníamos unas condiciones de trabajo denigrantes. La tortura es denigrante* ***para*** *los verdugos. Es un artículo denigrante. Escribe libros denigrantes* ***para*** *la mujer.*

denigrar *v. tr.* **1** Hablar ‹una persona› mal de [otra persona] o de [una cosa]. SIN. desprestigiar. **2** Dirigir ‹una persona› ofensas graves o insultos [a otra persona]: *No se puede denigrar a los recolectores de la fruta alojándolos en barracones sucios. La violencia gratuita contra los animales denigra a toda la especie humana.* SIN. afrentar.

denodado, da *adj.* **1** (antepuesto / pospuesto) Que implica gran energía o esfuerzo: *un trabajo denodado de salvamento, un denodado esfuerzo. Tras una denodada lucha, consiguió que no le robaran el bolso.* **2** (antepuesto) Que es valeroso o esforzado: *un denodado combatiente, una denodada luchadora. Es una denodada feminista.*

denominación *s. f.* ELEVADO. Nombre con que se distinguen las personas y las cosas: *La ciudad debe su denominación a su emplazamiento. Los vecinos han propuesto la denominación de la nueva avenida. Pedro I de Castilla recibe la denominación de El Cruel.* **~ de origen** Garantía que acompaña a determinados productos certificando su calidad y lugar de procedencia: *Los productos destinados al mercado exterior han de tener denominación de origen.*

denominador, ra *adj. / s. m.* y *f.* **1** Que denomina: *Su canto es la característica denominadora de este pájaro. «Rioja» es el denominador de origen de este vino.* || *s. m.* **2** MAT. Número que expresa las partes iguales en las que la unidad se considera dividida en los quebrados y en las fracciones: *En tres octavos (3/8) el denominador es el ocho.* **~ común** 1 MAT. En varias fracciones, número que es múltiplo de sus denominadores: *En muchas operaciones con fracciones es necesario hallar su denominador común. Nos pidió que calculáramos el común denominador de las cuatro fracciones.* 2 Característica que comparten varias cosas o personas: *El denominador común de estas personas es la falta de una casa cómoda. El denominador común de todos los aficionados es la pasión por su equipo. El común denominador de todos estos casos es su fiebre elevada.*

denominar *v. tr.* **1** Dar ‹una persona› [un nombre] a [una persona o una cosa]: *Han denominado a esta sociedad fernandina en honor de su fundador, «Fernando»* . SIN. nombrar. || *v. prnl.* **2** Tener ‹una persona o una cosa› [un nombre]: *Los miembros de esa asociación se denominan a sí mismos pacifistas.*

denominativo, va *adj.* Que denomina o implica denominación: *La actividad denominativa en la ciencia actual es muy importante.*

denostar *v. tr.* ELEVADO. Dirigir ‹una persona› insultos o injurias [a otra persona]: *Los cabecillas del altercado denostaban a los antiguos dirigentes.* SIN. insultar. ⇒ **28.**

denotación *s. f.* LING. Significado objetivo de las palabras: *En los términos científicos suele predominar la denotación. En las palabras familiares o insultos no interesa la denotación, sino la carga emocional.*

denotar *v. tr.* **1** Dar a conocer ‹una cosa› la existencia de [otra cosa]: *Su parpadeo denota nerviosismo. El médico al verle le dijo que su coloración amarilla denotaba un posible problema de hígado.* **2** LING. Tener ‹una palabra o una expresión› [un significado objetivo]: *La palabra «mesa» denota una variedad de objetos cotidianos de formas diferentes, pero de función parecida.*

densidad *s. f.* **1** (no contable) Calidad de denso: *Escribe unos artículos de mucha densidad. La densidad de tráfico en las horas punta es grande. La densidad de suciedad en el centro de la ciudad es alarmante.* **2** FÍS. Relación entre la masa de un cuerpo y el volumen del mismo: *El mercurio es más denso que el agua.* || **3 ~ de población** Relación entre el número de habitantes y la superficie de un territorio: *La densidad de población de Soria es muy baja.*

densificar *v. tr.* **1** RESTRINGIDO. Hacer ‹una persona o una cosa› densa o más densa [una cosa]: *Los técnicos densifican adecuadamente las pinturas que se utilizan en la fabricación del producto.* || *v. prnl.* **2** RESTRINGIDO. Hacerse ‹una cosa› densa o más densa: *Esta salsa se densifica a medida que pasa el tiempo.* ⇒ **71.**

densímetro *s. m.* Aparato que sirve para medir la densidad de un líquido: *Introdujo el densímetro en la cubeta.*

denso, sa *adj.* **1** (ser / estar; antepuesto / pospuesto) Que tiene mucha masa en relación a su volumen: *una densa nube de gas, una masa densa de harina. La miel es muy densa. La pasta está muy densa. La chimenea despedía un humo denso.* **2** (antepuesto / pospuesto) Que tiene los elementos que lo forman muy juntos: *Una niebla densa nos impedía ver con claridad. La densa circulación de las horas punta es desesperante. La vegetación es muy densa.* **3** (antepuesto / pospuesto) Que es difícil de entender: *La densa explicación del profesor nos dejó a todos medio dormidos. La lección fue muy densa. Escribe unos discursos densos y algo ininteligibles.* **4** ARG., URUG.; COLOQUIAL; PEYORATIVO. Que molesta o aburre por pesado.

dentado, da *adj.* Que tiene dientes o puntas: *un borde dentado. Estos cuchillos tienen el filo dentado.* **rueda dentada.**

dentadura *s. f.* Conjunto de dientes, colmillos y muelas que tiene en la boca una persona o animal: *Fue al dentista para arreglarse la dentadura.* **~ postiza.**

dental *adj.* **1** De los dientes: *higiene dental, clínica dental.* **alveolo ~. caries* (~). placa* ~.** || *adj. / s. f.* **2** FON. [Consonante] que se articula con el ápice de la lengua tocando la cara interior de los incisivos superiores: *consonante dental. La «t» es una dental.* || *s. m.* **3** Palo donde se encaja la reja del arado. **4** Piedra o hierro del trillo para cortar la paja.

dentario, ria *adj.* De los dientes. **pulpa* dentaria.**

dentellada *s. f.* **1** Acción de clavar los dientes en una cosa: *Rompió a dentelladas las ligaduras.* SIN. mordisco. **2** Señal o herida que queda de clavar los dientes: *La dentellada en el cuello es un mal recuerdo del perro del vecino.* SIN. mordisco.

dentera *s. f.* (no contable) Sensación desagradable que se experimenta en los dientes cuando se oyen ciertos ruidos chirriantes, se comen algunos alimentos ácidos o se tocan determinados objetos o materiales: *Perdón por el ruido de la tiza, ya sé que da dentera. Arañar la carrocería del coche con la uña me da mucha dentera.*

dentición *s. f.* **1** FISIOL. Proceso de formación de los dientes: *Este medicamento alivia las molestias de la dentición.* **2** Duración de este proceso: *Muchos niños pierden el apetito durante la dentición.* **3** Clase y número de dientes que caracterizan a un mamífero según su especie: *La dentición completa del perro consta de 42 piezas.*

dentículo *s. m.* ARQ. Cada uno de los adornos en forma de rectángulo que adorna la parte superior de algunos frisos.

dentífrico, ca *adj. / s. m.* [Sustancia] que sirve para limpiar y mantener sana la dentadura: *pasta dentífrica. Mi dentista me ha aconsejado un nuevo dentífrico.*

dentina *s. f.* (no contable) ANAT. Marfil de los dientes.

dentista *s. m. / f.* Médico especialista en el cuidado y arreglo de la dentadura: *Tengo que ir al dentista para que me saque la muela del juicio.*

dentistería *s. f.* **1** AMÉR. Clínica dental. **2** AMÉR. DEL S. Odontología.

dentón *adj. / s. m.* y *f.* **1** [Persona o animal] que tiene los dientes demasiado grandes: *Este niño nuestro es muy dentón.* || *s. m.* **2** (macho y hembra) *Dentex dentex.* Pez marino de cuerpo ovalado, con algunos dientes muy salientes, que vive en el Mediterráneo y su carne es comestible.

dentro *adv. lug.* **1** En el interior de un lugar o espacio: *El dinero está dentro de la caja. He visto el coche dentro. Guardaba mucho rencor dentro de sí.* ANT. fuera. OBSERVACIONES: ◊ Cuando precede a un sustantivo o pronombre, va seguido de la preposición *de*: *Entraré dentro de la casa. Siento al bebé dentro de mí.* ◊ Pueden precederle las preposiciones *de, desde, hacia, hasta, para* y *por* con las que indica dirección, origen o procedencia: *Sacaron sillas de dentro. La llamaban desde dentro. Empuja hacia dentro. Metió el tornillo hasta dentro. Vete para dentro. El coche está nuevo por dentro.* RELACIONES Y CONTRASTES: Cuando va precedido de la preposición *a* se escribe *adentro.* **2** En el interior de un grupo o institución, entre una serie de personas: *No conozco a nadie dentro de la Universidad que sepa tanto como tú. Dentro de este grupo te divertirás porque organiza muchas actividades.* **3** Hablando de sentimientos, sensaciones o pensamientos, en el interior de la persona: *El grito de rabia me salió de dentro. Se sentía muy mal por dentro desde que se peleó con sus padres.* FR. Y LOC. **barrer* para ~ / casa. ~ de** 1 En la época o periodo de tiempo que se indica: *Dentro del Barroco destacan numerosos autores de teatro.* 2 En el preciso momento en que se cumple el periodo que se indica: *Volveré dentro de un mes.* **~ de lo posible*. ~ de lo que cabe*. ~ de mis / tus / sus... posibilidades*. ~ de nada** Pronto: *Te lo diremos dentro de nada. El concierto acabará dentro de nada.* **~ de poco** En un tiempo muy breve: *Mis vacaciones terminan dentro de poco.*

dentudo *s. m.* **1** CUBA. Pez seláceo muy temido por la distribución de sus dientes. || *adj. / s. m.* y *f.* **2** COLOQUIAL; PEYORATIVO. Que tiene los dientes muy grandes: *Es un dentudo muy divertido. ¿Recuerdas aquel muñeco dentudo que te regalaron por tu cumpleaños?*

denuedo *s. m.* ELEVADO. Valor, esfuerzo: *Trabajó* ***con*** *denuedo. Luchaba* ***con*** *denuedo para salvar el negocio.*

denuesto *s. m.* (preferentemente en plural) ELEVADO. Insulto grave: *Lleno de ira, lanzaba denuestos contra los presentes. No me preocupan tus denuestos, no pienso variar por ellos mis decisiones. No tiene sentido escribir esas cuartillas que escribes, llenas de denuestos.*

denuncia *s. f.* Acción y resultado de denunciar: *Han aumentado las denuncias de robos a la policía. Los periódicos han hecho la denuncia de los negocios sucios de un candidato a alcalde. El secretario redactó la denuncia que hace este país porque quiere cambiar el convenio.*

denunciar *v. tr.* **1** Comunicar ‹una persona› [un delito] a [la autoridad]: *Han denunciado el robo de un coche. Denunciaron una estafa. Esta noche se han denunciado dos violaciones.* **2** Hablar ‹una persona› de [una cosa irregular o abusiva] en un medio de comunicación para que la conozcan las autoridades: *El presidente de la asociación de vecinos denunció que el Ayuntamiento ha abandonado la limpieza del distrito. Los estudiantes han denunciado la subida de las tasas de matrícula.* **3** Dar a conocer ‹una cosa› la presencia de [otra cosa]: *Las grietas denuncian la presencia de cemento aluminoso en las pilastras del edificio. La densa nube oscura denuncia con claridad los días de contaminación elevada.* **4** Comunicar ‹una persona› que quiere dejar sin efecto [un contrato]: *El inquilino ha denunciado el contrato de arrendamiento, porque lo considera caro. El contrato bilateral entre los dos países será denunciado mañana en la cumbre mixta en la que participan ambos jefes de gobierno.*

denuncio *s. m.* COL. Denuncia.

deontología *s. f.* (no contable) Parte de la moral que estudia los deberes de cada profesión: *la deontología médica. La deontología de los abogados será discutida en el próximo congreso profesional.*

deparar *v. tr.* Proporcionar ‹una cosa› [otra cosa] a [una persona]: *El viaje nos deparó muchas sorpresas. La fiesta me ha deparado la oportunidad de conocer a mucha gente. El nuevo trabajo me depara la posibilidad de trabajar de una manera más libre.*

departamental *adj.* Del departamento: *autoridades departamentales, elecciones departamentales.*

departamento *s. m.* **1** Cada una de las partes de un edificio, vehículo, mueble: *Los cajones de la mesa de despacho tienen varios departamentos. Seis personas ocupaban un departamento del tren.* SIN. compartimento. **2** Sección de un organismo, comercio o empresa: *departamento financiero, departamento de ventas, departamento de recursos humanos, departamento de juguetes, departamento de caballeros.* **3** División dentro de las universidades integrada por una o varias cátedras de materias similares, con fines de enseñanza e investigación: *departamento de lingüística aplicada.* **4** División administrativa de muchos países: *Francia está dividida en departamentos.* **5** AMER. Apartamento. **6** COL. Territorio con autonomía administrativa bajo la jurisdicción de un gobernador.

departir *v. intr.* ELEVADO. Hablar ‹varias personas› amistosamente: *En el balneario departíamos apaciblemente a la caída de la tarde.* SIN. conversar.

depauperación *s. f.* **1** (no contable) ELEVADO. Empobrecimiento: *La depauperación de muchas capas sociales se debe a la crisis económica. Hay que frenar la depauperación de los barrios urbanos extremos.* **2** (no contable) MED. Debilitamiento del organismo: *Ha sufrido una depauperación general de su estado físico.*

depauperar *v. tr.* 1 ELEVADO. Hacer ‹una cosa› pobre o más pobre [a una persona]: *La guerra ha depauperado a muchos campesinos.* SIN. empobrecer. 2 ELEVADO. Hacer ‹una cosa› débil o más débil el organismo de [una persona]: *La alimentación escasa depaupera a muchos niños de países en desarrollo. Las enfermedades endémicas depauperan sus organismos hambrientos.* || *v. prnl.* 3 ELEVADO. Hacerse ‹una persona› pobre o más pobre: *Como sigamos así vamos a depauperarnos todos.* SIN. empobrecerse. 4 ELEVADO. Hacerse el organismo de ‹una persona› débil o más débil: *Una pequeña infección acaba por depauperar totalmente los castigados cuerpos desnutridos. Los sindicalistas que estaban en huelga de hambre se depauperaban lentamente.*

dependencia *s. f.* 1 Oficina que depende de otra superior: *las dependencias de un ministerio. Nuestra casa central tiene algunas dependencias en las diferentes capitales de provincia.* SIN. sección, departamento. 2 (preferentemente en plural) Cada habitación de un gran edificio: *las dependencias de un palacio. Ahora tenemos el despacho en otras dependencias de la Facultad.* 3 RESTRINGIDO. Conjunto de dependientes de un comercio: *El dueño dio el día libre a toda la dependencia.* 4 (no contable) Hábito de tomar algún tipo de droga: *dependencia del tabaco, dependencia de los somníferos, dependencia del alcohol, dependencia de la cocaína.* SIN. adicción. 5 (no contable) Estado o situación del que depende de alguien o de algo: *La dependencia de una máquina es la solución para algunos enfermos. La dependencia de los hijos hacia los padres dura ahora muchos años.* 6 Relación, conexión: *No está todavía clara la dependencia entres los dos clanes. Los científicos afirman que existen ciertas dependencias entre ambos fenómenos.*

depender *v. intr.* 1 Estar ‹una persona› subordinada a [otra persona o una cosa]: *Dependo **de** ti y **de** tu coche para el viaje.* 2 Estar ‹una cosa› determinada por [otra cosa]: *La fecha del viaje depende **de** sus días de vacaciones. La cosecha dependerá **de** las lluvias de primavera.*

dependiente, ta *s. m. / f.* Persona que por oficio atiende al público en un comercio: *dependiente de una perfumería, dependienta de unos grandes almacenes.*

depilación *s. f.* Acción y resultado de depilar: *María ha ido a hacerse la depilación. Necesitas una depilación de las cejas.*

depilar *v. tr. / prnl.* Quitar ‹una persona› el vello de una parte del cuerpo de [otra persona]: *Ayer **me** depilé las piernas. En ese local de belleza te depilan con una nueva cera muy eficaz.*

depilatorio, ria *adj. / s. m.* Que depila o sirve para depilar: *una crema depilatoria. Se ha comprado un depilatorio.*

deplorable *adj.* Que merece ser deplorado o lamentado, o que causa muy mala impresión: *El jardín está en un estado deplorable de abandono. El espectáculo fue deplorable, no paraban de insultarse. Tienes un aspecto deplorable, estás sucísimo. Su situación económica es deplorable, necesita ayuda.* SIN. lamentable.

deplorar *v. tr.* ELEVADO. Sentir ‹una persona› pena o disgusto por [una cosa]: *No merece la pena deplorar lo que no tiene remedio. Toda la ciudad deplora el hundimiento del puente. Deploro tu forma de llevar el negocio.* SIN. lamentar.

deponente *adj.* GRAM. [Verbo] que en latín se conjugaba en voz pasiva aunque tenía significado activo.

deponer *v. tr.* 1 Quitar ‹una persona› [a otra persona] de [un cargo]: *Depusieron al ministro **de** su cargo.* SIN. destituir. 2 RESTRINGIDO. Dejar ‹una persona› [una cosa]: *Los enemigos, después de la derrota, depusieron las armas. Depón tu actitud, será mejor para todos.* || *v. tr. / intr.* 3 DER. Declarar ‹una persona› contra [otra persona] ante la autoridad judicial: *El nuevo director de la empresa depuso **ante** la comisión que los antiguos administradores manipularon los balances.* SIN. testificar. 4 AMÉR. C., MÉX.; COLOQUIAL. Vomitar. ⇒ **60.**

deportación *s. f.* Acción y resultado de deportar: *La deportación de los presos políticos a las islas es una crueldad. El Gobierno ha negado que practique la deportación sistemática de los que se oponen a su política.*

deportar *v. tr.* Enviar ‹una persona con autoridad› [a otra persona] [a un lugar lejano del que no puede salir] como castigo: *El juez ha decidido deportar a los que han entrado de una manera ilegal. La asociación de defensa del emigrante ha exigido que no se pueda deportar a ningún trabajador extranjero.* SIN. desterrar.

deporte *s. m.* 1 Actividad física sujeta a unas reglas, cuya práctica supone un entretenimiento o una competición: *Hacer deporte es bueno para la salud. El médico me ha recomendado la práctica de un deporte.* **bolsa de deportes. Palacio* de deportes.** 2 Cada una de las modalidades o formas particulares y reglamentadas de esta actividad. **~ de combate. ~ de competición. ~ de invierno. ~ por equipos. ~ por parejas.** FR. Y LOC. **por ~** Por gusto, por placer: *Yo no soy profesional, juego al ajedrez por deporte. Aunque me han propuesto que me profesionalice, yo seguiré jugando al tenis por deporte.*

deportista *adj. / s. m.* y *f.* Persona que practica el deporte y gusta de él: *una persona deportista, un buen deportista, un deportista muy completo. Los deportistas profesionales trabajan muy duro. Es una deportista nata.*

deportividad *s. f.* 1 Comportamiento ajustado a las reglas en un deporte: *Hay que destacar la deportividad de los vencidos, que en ningún momento se mostraron violentos.* 2 Comportamiento leal y no agresivo en un deporte o en cualquier enfrentamiento de la vida: *El perdedor del campeonato felicitó con deportividad al vencedor.*

deportivo, va *adj.* 1 Del deporte o de los deportistas: *competición deportiva, carrera deportiva, un estilo muy deportivo.* **ciudad deportiva. medicina deportiva. puerto ~. relator ~.** 2 Que respeta las normas de cortesía que deben existir en la práctica de un deporte: *Los dos jugadores tuvieron un gesto muy deportivo.*

deposición *s. f.* 1 ELEVADO. Privación o degradación de un cargo o dignidad: *Ordenó la deposición de los altos cargos que lo habían traicionado.* SIN. destitución. 2 DER. Declaración hecha verbalmente ante un juez o tribunal: *La deposición del testigo sorprendió incluso al juez.* 3 Evacuación de vientre: *Las deposiciones frecuentes y líquidas pueden ser causa de deshidratación.* SIN. defecación. (ELEVADO.)

depositar *v. tr.* 1 Poner ‹una persona› [una cantidad de dinero o una cosa de valor] en [un lugar en el que queda guardada]: *Depositó su dinero **en** el banco.* 2 Poner ‹una persona› [a otra persona o una cosa] cuidadosamente [en un lugar]: *Depositaron al herido **en** la camilla. Depositó a la niña **en** el suelo.* **3** Poner ‹una persona› [un sentimiento] en [otra persona]: *Depositó toda su confianza **en** mí.* || *v. prnl.* **4** Ponerse ‹una cosa› lentamente o suavemente sobre [otra cosa]: *Las partículas se depositan en este paño.*

depositario, ria *adj. / s. m.* y *f.* Que custodia o guarda con cuidado bienes u objetos de valor que son confiados o depositados por otras personas: *entidad depositaria, oficina depositaria. El banco es nuestro depositario.*

depósito *s. m.* **1** Acción y resultado de depositar un bien o un capital en una entidad financiera: *Tenemos que hacer un depósito en la Cámara de la Propiedad para poder alquilar la casa. Nos exigen un depósito antes de firmar el contrato.* **2** Cosa depositada: *un depósito de armas. Han encontrado un depósito de libros prohibidos.* **3** Lugar donde se guarda o encierra algo: *el depósito de gasolina de un automóvil, el depósito del gas de la ciudad.* **4** GEOL. Sedimento de las partículas en suspensión en un fluido: *El río va cerrando el puerto de su desembocadura con los depósitos que arrastra hasta allí. El depósito de polvo sobre los muebles indicaba que la casa había estado abandonada mucho tiempo.* || **5 ~ de cadáveres** Lugar refrigerado donde se guardan los cadáveres para su examen judicial o científico antes de ser enterrados: *Han tenido que ir hasta el depósito de cadáveres para identificar a los familiares.* **6 ~ legal** Entrega al organismo competente de tres ejemplares de cualquier obra literaria o musical que se publica en España: *Esta obra parece clandestina, porque no tiene depósito legal.*

depravación *s. f.* (no contable) Calidad de la persona depravada o de lo que conduce al vicio o a la corrupción: *la depravación de las sociedades adineradas, la depravación de las costumbres, la depravación de la literatura.*

depravado, da *adj. / s. m.* y *f.* Que está completamente dedicado al vicio y a la corrupción: *unas costumbres depravadas. Es un depravado y no te puedes fiar de él.*

depravar *v. tr.* **1** RESTRINGIDO. Volver ‹una cosa› mala [a una persona]: *El ambiente nocturno lo deprava.* SIN. corromper, pervertir. || *v. prnl.* **2** RESTRINGIDO. Volverse ‹una persona› mala: *Se ha depravado completamente desde que sale con ese grupo.* SIN. corromperse, pervertirse.

depre *adj. / s. m.* y *f.* **1** (ser / estar) COLOQUIAL. Que está deprimido: *Es una chica muy depre. Estoy depre. Es un depre.* || *s. f.* **2** COLOQUIAL. Estado de tristeza y decaimiento: *Esta mañana me he levantado con la depre. Lleva una temporada con la depre. Los lunes me entra una depre tremenda.*

deprecación *s. m.* Figura retórica que consiste en dirigir un ruego o una súplica a una persona fervientemente: *Quiero acabar mi discurso con una deprecación: rogad también vosotros que liberen a todos los presos de opinión.*

deprecar *v. tr.* ELEVADO. Pedir ‹una persona› [una cosa] a [otra persona] humildemente: *Señoría, deprecamos humildemente que considere los atenuantes del delito.* SIN. suplicar. ⇒ **71.**

depreciación *s. f.* Disminución del precio o del peso de una cosa: *Todas las máquinas viejas experimentan una depreciación ante la aparición de las nuevas.*

depreciar *v. tr.* **1** Disminuir ‹una persona o una cosa› el precio o el valor de [otra cosa]: *La inseguridad nocturna deprecia este barrio.* SIN. devaluar. || *v. prnl.* **2** Disminuir el precio o el valor de ‹una cosa›: *Se está depreciando la moneda rápidamente. Se han depreciado los locales comerciales ante la instalación de grandes almacenes.* SIN. devaluarse.

depredación *s. f.* **1** ELEVADO. Robo con violencia, en especial, en acciones guerreras: *Los pueblos costeros temían las depredaciones de los piratas.* **2** HIST. Abuso de autoridad o de confianza del gobernante que impone tributos injustos a sus súbditos: *Las depredaciones que el pueblo sufría originaron la rebelión.*

depredador, ra *adj. / s. m.* y *f.* Que depreda o caza otros animales: *un animal depredador. El hombre es el mayor depredador de la naturaleza.*

depredar *v. tr.* **1** ELEVADO. Robar ‹una persona› [una cosa] a [otra persona] con violencia: *Los invasores se han dedicado a depredar los bienes de la población civil.* **2** ELEVADO. Cazar ‹un animal› [a otro animal] para subsistir: *El hombre depreda todos los animales y plantas de su entorno.*

depredatorio, ria *adj.* **1** ARG., URUG. [Animal, persona] que provoca grandes daños. || *adj. / s. m.* y *f.* **2** ARG. [Animal] que se dedica a cazar otros animales para alimentarse.

depresión *s. f.* **1** MED. Trastorno psíquico en que el individuo siente una gran tristeza y pierde el interés por todo: *Está en tratamiento porque sufre depresiones.* **2** Hundimiento u hondonada en una superficie: *la depresión de un terreno.* **3** Periodo de crisis económica general o de un sector concreto: *En las épocas de depresión económica aumenta el desempleo. La depresión del sector del calzado tardará en recuperarse.* || **4 ~ atmosférica** METEOR. Baja presión atmosférica que suele manifestarse con nubes y precipitaciones.

depresivo, va *adj.* **1** Que se deprime con facilidad: *Es un tipo muy depresivo. Tiene un ánimo muy depresivo.* **2** Que deprime el estado de ánimo: *Una película depresiva. Lees novelas muy depresivas y luego te quejas de angustia.* || **3 psicosis* maniaco-depresiva.**

depresor, ra *adj. / s. m.* [Medicamento] que disminuye la actividad de algunos centros nerviosos: *Los depresores se utilizan para regular la actividad del cerebro en algunas enfermedades mentales.*

deprimente *adj.* (antepuesto / pospuesto) Que deprime: *imágenes deprimentes. Sus palabras tuvieron un efecto deprimente en todos nosotros. Tuvimos una deprimente conversación que acabó de hundirme por completo.*

deprimido, da *adj.* (estar) Que sufre depresión: *Es un tipo muy deprimido. Estoy muy deprimido. Suele estar deprimida en primavera.*

deprimir *v. tr.* **1** Quitar ‹una persona o una cosa› los ánimos [a una persona]: *Me deprime la enfermedad de mi padre.* SIN. abatir. **2** Hacer ‹una cosa› más pobre [otra cosa]: *La falta de comunicaciones ha deprimido esta zona.* SIN. empobrecer. **3** RESTRINGIDO. Disminuir ‹una persona o una cosa› el volumen de [una cosa] presionándola: *Tienes que deprimir mucho la ropa para poderla meter en la maleta.* || *v. prnl.* **4** Quedarse ‹una persona› sin ánimos: *Me deprimo con facilidad esta temporada.* SIN. abatirse.

deprisa o **de prisa** *adv. modo.* Con rapidez, rápidamente: *Hazlo deprisa, que tenemos poco tiempo. Caminaban deprisa por el parque.*

depuesto, ta *p.* Participio irregular de *deponer.*

depurador, ra *adj. / s. m.* y *f.* **1** Que depura o sirve para depurar: *una central depuradora.* || *s. f.* **2** Aparato que elimina las impurezas de un líquido o un gas: *una depuradora de agua, una depuradora de oxígeno.*

depurar *v. tr.* **1** Limpiar ‹una persona o una cosa› [una cosa] de impurezas: *La nueva planta depura el agua para toda la provincia. Los riñones depuran la sangre.* SIN. limpiar, purificar. **2** Hacer ‹una persona› más pura [una cosa]: *Quiere depurar la poesía hasta el límite de lo imaginable. Está empeñado en depurar la vida pública con sus denuncias.* **3** Expulsar ‹una persona› [a los miembros peligrosos o disconformes de un partido político, de una organización o de la administración pública]: *El director ha advertido que depurará a todos los que intenten sabotear las nuevas orientaciones de la empresa.* || *v. prnl.* **4** Limpiarse ‹una cosa› de impurezas: *El agua se depura con el cloro.* **5** Hacerse ‹una cosa› más pura: *La poesía se depura con el trabajo de los autores. La democracia se depura con los años.*

dequeísmo *s. m.* GRAM. Uso incorrecto de la preposición *de* delante de una proposición subordinada introducida por *que*: *En la frase «piensa de que no le suspenderán» hay un caso de dequeísmo, porque lo correcto sería «piensa que no le suspenderán».*

derbi (del inglés) *s. m.* DEP. Encuentro deportivo, generalmente de fútbol, entre rivales de la misma localidad o región: *el derbi de los equipos madrileños. El derbi sevillano entre el Betis y el Sevilla empezará a las ocho de la tarde.*

derby (del inglés) *s. m.* **1** Carrera anual de caballos que se celebra en Inglaterra. **2** DEP. Derbi.

derecha *s. f.* **1** Mano o pierna del cuerpo humano del lado opuesto al corazón: *Le estrechó la derecha efusivamente. Agitaba la derecha en señal de saludo.* **2** Conjunto de organizaciones de ideología política conservadora: *La derecha no votará los presupuestos. La derecha parlamentaria ha protestado.* || **3** *interj.* Voz con la que se manda efectuar en el ejército un movimiento hacia el lado derecho: *¡Derecha, ya!* FR. Y LOC. **a derechas** (frecuentemente en contextos negativos) Bien, como se debe: *No da una a derechas. No hace nada a derechas. Me gustaría que hicieras algo a derechas.* **a la ~** Hacia el lado derecho: *Al llegar al semáforo tuerce a la derecha.*

derechamente *adv. modo.* Directamente, sin torcerse, sin paso previo por otro lugar o asunto: *Se fue derechamente hacia él. Fue derechamente a dar contra la farola. Vayamos derechamente al tema que nos interesa.*

derechazo *s. m.* **1** DEP. Golpe de boxeo dado con la mano derecha. **2** TAUROM. Pase de muleta ejecutado con la mano derecha.

derechista *adj.* **1** De la derecha: *ideas derechistas.* || *adj. / s. m.* y *f.* **2** Que es partidario de las ideas políticas o sociales conservadoras: *Es un partido muy derechista. Dirige una publicación derechista.*

derecho, cha *adj.* **1** (estar) Que es recto, no se desvía o no se tuerce ni a un lado ni a otro: *Haciendo gimnasia he conseguido tener la espalda derecha. Ese cuadro no está derecho. ¿Tan difícil es hacer una línea más o menos derecha?* ANT. torcido. **2** Que se hace sin rodeos, escogiendo el camino más corto o rápido, sin detenerse: *Cuando algo me interesa, voy derecho a ello. Sus palabras me fueron derechas al corazón. Fui derecho a tu casa.* **3** (estar) Que está en posición vertical, erguido, y no encogido o encorvado: *Anda más derecho que un palo. Recogió la silla del suelo y la puso derecha.* **caminar* ~.** **4** Que está situado del lado opuesto al corazón del que observa: *pie derecho. La parte derecha de su cuerpo estaba paralizada. No sé escribir con la mano derecha. Me gusta recorrer la margen derecha del río y llegar hasta su desembocadura. ¿Ves esas dos puertas?, pues tienes que entrar por la derecha.* **aurícula derecha. ventrículo ~.** **5** AMÉR. Feliz, afortunado. || *adv.* **6** Directo, sin dar rodeos: *¿Para qué tantas vueltas?, es mejor ir derecho al grano.* || *s. m.* **7** (no contable) Conjunto de leyes, reglas y normas que rigen las relaciones entre los hombres de una comunidad: *El Derecho regula la vida de todas las sociedades humanas.* **~ canónico. ~ civil. ~ penal. ~ administrativo** Derecho que concierne a los órganos e institutos de la Administración pública. **~ foral** Derecho que tienen algunas regiones españolas, con una legislación civil especial. **~ internacional** Derecho que regula las relaciones internacionales. **~ laboral** Derecho que regula las relaciones en el mundo del trabajo. **~ mercantil** Sistema de normas para las relaciones comerciales. **~ natural** Derecho basado en lo que la razón considera justo e injusto. **~ positivo** Derecho que establecen las leyes, por oposición al derecho natural. **~ procesal** Derecho que rige los procesos judiciales. **~ romano** Derecho elaborado en Roma y compilado por Justiniano. **8** (no contable) Ciencia que estudia este conjunto: *Los estudiantes de Derecho son muy numerosos.* **9** Facultad universitaria donde se estudia esta ciencia. **10** Facultad de hacer legítimamente lo que es necesario para el desarrollo de la persona: *el derecho a la educación, el derecho a la libertad individual.* **11** Facultad de hacer o exigir legítimamente lo que la ley o la autoridad establece en favor de una persona: *Hay que respetar los derechos de todas las personas. Debemos exigir nuestros derechos como consumidores.* **~ constitucional** Derecho que deriva de la Constitución. **~ de gracia** Derecho que tiene el Rey o el Jefe del Estado para perdonar a los condenados. **12** (en plural) Cantidad que se paga como impuesto oficial en ciertos sitios: *derechos de matrícula, derechos de aduana.* **13** (en plural) Cantidad que se paga a ciertos profesionales: *derechos de notaría.* **14** Lado de una tela, papel o labor que presenta mejor aspecto: *Tienes que dar la vuelta a la mantelería y ponerla por el derecho. No has visto el derecho de la tela.* || **15 brazo* ~.** **16 ~ al pataleo** Última actitud de protesta que puede adoptar la persona que se siente defraudada en sus derechos. **17 ~ de pernada** HIST. Derecho feudal que obligaba a las doncellas de clase servil a pasar la noche de boda con su señor; era ejercido generalmente de manera simbólica. **18 derechos pasivos*.** **19 ~ real** DER. Derecho que tienen las personas sobre las cosas. **20 derechos de autor** 1 DER. Derecho que la ley reconoce al autor de una obra para que reciba parte de los beneficios que ésta produzca. 2 Dinero que el autor cobra por este motivo. **21 mano* derecha. 22 población* de ~.** FR. Y LOC. **a mano* derecha. andar* ~. como una vela* o más ~ / tieso que una vela*. con el pie* ~ / izquierdo. hecho* y ~. ser el ojo* / ojito ~.**

derechura *s. f.* AMÉR. C., PERÚ. Buena suerte.

deriva *s. f.* **1** Desvío del rumbo de alguna cosa, particularmente de un barco o de un avión. || **2 ~ continental** GEOL. Desplazamiento lento y continuo de las masas continentales, que flotan sobre la capa fluida de la tierra. FR. Y LOC.

a la ~ 1 Referido a un barco u objeto que flota, a merced de las olas y del viento, sin gobierno: *El velero iba a la deriva en medio de la tormenta.* 2 Sin dirección, sin objetivos: *Este negocio va a la deriva; se necesita alguien muy cualificado que se haga cargo de él.*

derivación *s. f.* **1** Acción de derivar o proceder una cosa de otra: *La decisión puede tener múltiples derivaciones.* **2** Acción de separar una parte de un todo, como una corriente de agua o fluido eléctrico, para llevarla en otra dirección: *Hicieron una derivación del agua del río mediante una acequia.* **3** ELECTRIC. Pérdida de fluido eléctrico por varias causas y, en especial, por la acción de la humedad. **4** ELECTRIC. Conexión por medio de un conductor entre dos puntos de un circuito eléctrico cerrado. **5** LING. Procedimiento para formar palabras nuevas mediante afijos: *Se forman muchas más palabras por derivación que por composición.* **6** MAT. Operación de hallar la derivada.

derivada *s. f.* MAT. Magnitud que expresa la variación de una función respecto a su variable: *hallar la derivada.*

derivado, da *adj. / s. m.* **1** LING. [Palabra] que se forma por derivación: *«Panadería» es una palabra derivada de «pan». «Casero» y «casilla» son dos derivados de «casa».* || *s. m.* **2** QUIM. Sustancia que se obtiene de otra mediante una serie de transformaciones: *La gasolina es un derivado del petróleo.*

derivar *v. intr. / prnl.* **1** Ser ‹una cosa› consecuencia de [otra cosa]: *Adoptó una actitud que derivaba* ***de*** *su desconfianza.* ***De*** *lo expuesto* ***se*** *deriva mi indignación.* **2** LING. Formarse ‹una palabra› a partir de [otra palabra] por derivación: *«Panadero»* ***se*** *deriva* ***de*** *«pan».* || *v. intr.* **3** Cambiar ‹una embarcación› de rumbo: *El barco deriva hacia el sur.* || *v. tr. / intr.* **4** Cambiar ‹una persona› la dirección de [una cosa]: *Derivé la conversación* ***a*** *otras cuestiones. El asuntó derivó* ***hacia*** *donde ella quería.* || *v. tr.* **5** LING. Formar ‹una persona› [una palabra] a partir de [otra palabra] por derivación: *Le mandaron derivar una lista enorme de palabras.* **6** Cambiar ‹una persona› la dirección de una parte de [una corriente] o de [un conducto]: *Están pensando en derivar el río para evitar desbordamientos.* **7** MAT. Obtener ‹una persona› [la función derivada de otra].

dermatitis (plural *dermatitis*) *s. f.* MED. Inflamación de la piel: *Me ha salido una dermatitis en el brazo.*

dermatología *s. f.* (no contable) MED. Parte de la medicina que estudia y trata la piel: *Su padre era especialista en dermatología.*

dermatólogo, ga *s. m. / f.* Médico especialista en las enfermedades de la piel: *Quiere ser dermatólogo.*

dermatosis (plural *dermatosis*) *s. f.* Enfermedad de la piel que se manifiesta por erupciones diferentes: *Las dermatosis tienen causas muy diferentes.*

dérmico, ca *adj.* De la dermis: *tejido dérmico.*

dermis (plural *dermis*) *s. f.* ANAT. Capa intermedia y más gruesa de la piel.

dermohidratante *adj.* [Sustancia] que proporciona el grado de humedad que necesita la piel: *jabón dermohidratante, crema dermohidratante.*

dermoprotector, ra *adj.* [Sustancia] que protege o cuida la piel: *crema dermoprotectora, jabón dermoprotector.*

-dero, ra *suf.* **1** Significa 'lugar donde se realiza la acción' y forma sustantivos a partir de verbos: *fregar - fregadero, matar - matadero, parar - paradero, tender - tendedero, verter - vertedero.* **2** Significa 'objeto que sirve para realizar la acción' y forma sustantivos a partir de verbos: *tapar - tapadera, regar - regadera, asir - asidero.* **3** Significa 'posibilidad de realizar la acción' y forma adjetivos a partir de verbos: *llevar - llevadero, casar - casadero, hacer - hacedero.* **4** (femenino; plural) Significa 'capacidad para realizar la acción' y forma sustantivos a partir de verbos: *tragar - tragaderas, entender - entendederas, agarrar - agarraderas.*

derogación *s. f.* Acción y resultado de derogar: *La derogación de las leyes de la dictadura es normal en una democracia.*

derogar *v. tr.* Dejar ‹una persona con autoridad› sin validez [una ley o una disposición]: *El gobierno ha derogado esa ley.* SIN. abolir. ⇒ **56.**

derogatorio, ria *adj.* Que deroga: *una medida degoratoria, cláusula derogatoria.*

derrama *s. f.* DER. Reparto de gastos extraordinarios entre los vecinos de una casa, de una comunidad o de una población: *El puente nuevo se pagó mediante una derrama.*

derramamiento *s. m.* Acción y resultado de derramar o derramarse: *El derramamiento del líquido de un camión cisterna ha interrumpido el tráfico en la autopista. El derramamiento de sangre en el partido del domingo debe hacer reflexionar sobre la violencia en el deporte.*

derramar *v. tr.* **1** Dejar caer ‹una persona, un animal o una cosa› [un líquido o una sustancia disgregada] de [un recipiente]: *Derramé la tinta del tintero* ***sobre*** *el mantel. Derramé la leche* ***por*** *el suelo.* **2** Distribuir ‹una persona con autoridad› [un impuesto o un gasto] entre los vecinos de un pueblo o de una casa: *Ha derramado el gasto de comunidad entre los vecinos.* **3** Distribuir ‹una persona› [una cosa] en abundancia: *Mientras vivió entre nosotros, derramó su simpatía sin tasa.* || *v. prnl.* **4** Caer ‹un líquido o una materia disgregada› de un recipiente: *Se ha derramado la leche.* **5** Extenderse ‹una cosa› desordenadamente: *La sal se ha derramado por la cocina.*

derrame *s. m.* **1** MED. Hemorragia o acumulación de líquido dentro de un órgano: *derrame cerebral, derrame pleural.* **2** RESTRINGIDO. Acción y resultado de derramar algo.

derrapaje *s. m.* Derrape.

derrapar *v. intr.* **1** Moverse ‹un vehículo› desviándose lateralmente de su dirección y sin control: *Para participar en una carrera de coches hay que saber derrapar bien.* || *v. prnl.* **2** VEN.; COLOQUIAL. Comportarse ‹una persona› sin respetar las normas tradicionales.

derrape *s. m.* Acción y resultado de derrapar: *Sobre el asfalto han quedado las marcas del frenazo y del derrape antes de chocar con el árbol.*

derredor *s. m.* Espacio que rodea a una cosa. FR. Y LOC. **al/en ~** RESTRINGIDO. Alrededor: *Todos los jugadores se sentaron en derredor del entrenador para escuchar sus consejos. Las fans del cantante se situaron al derredor de su limusina.*

derrengado, da *adj.* (estar) COLOQUIAL. Que está muy cansado: *Llegó a casa derrengado. Estoy francamente derrengado. El nuevo trabajo lo deja derrengado.*

derrengar *v. tr.* **1** Causar ‹una cosa› mucho daño [a una persona] en la columna vertebral o [a un animal] en el espinazo: *Tantos años cargando sacos han acabado derrengando al abuelo.* **2** Causar ‹una cosa o una persona› un gran cansancio [a una persona]: *Este niño puede derrengar a cualquiera.* SIN. fatigar. || *v. prnl.* **3** Recibir ‹una persona o un animal› mucho daño en la columna vertebral o en el espinazo: *Con el golpe el perro se derrengó en el centro de la calzada.* **4** Sentirse ‹una persona› muy cansada: *Cuando llega por las noches a casa se derrenga en el sillón y no tiene ganas de hacer nada.* SIN. fatigarse. ⇒ **56.**

derretimiento *s. m.* Acción y resultado de derretir o derretirse: *el derretimiento del metal en un horno, el derretimiento de un enamorado.*

derretir *v. tr.* **1** Hacer ‹una persona o una cosa› líquida [una cosa sólida] por medio del calor: *Hemos derretido plomo para hacer algunos juguetes. El calor derrite el helado.* SIN. fundir. || *v. prnl.* **2** Hacerse ‹una cosa sólida› líquida: *El hierro se derrite en los altos hornos.* SIN. fundirse. **3** COLOQUIAL. Estar ‹una persona› muy enamorada de [otra persona]: *En cuanto te habla Luisa te derrites.* ⇒ **57.**

derribar *v. tr.* **1** Echar ‹una persona, un animal o una cosa› al suelo [a una persona, un animal o una cosa]: *Me derribó sin dificultad. El niño derribó* **por** *tierra toda la torre de madera.* **2** Echar ‹una persona› [una construcción] abajo, a tierra: *Han derribado un puente medieval para ensanchar la carretera.* SIN. destruir, derruir. **3** Echar ‹una persona› [a otra persona] de su cargo de una forma brusca: *En la última votación las delegaciones locales votaron contra el secretario general y lo derribaron. La oposición ha presentado una moción de censura y ha derribado al presidente del Gobierno.* **4** Echar ‹una persona› [a un toro o a una vaca] al suelo con algún instrumento: *Derriba muy bien a los toros con la garrocha. Puede derribar a cualquier vaca con las boleadoras.*

derribo *s. m.* **1** Acción y efecto de derribar: *El alcalde ordenó el derribo de los edificios ilegales.* **2** Conjunto de materiales que se obtiene al derribar un edificio: *Vende materiales de derribo.* **3** Lugar donde se derriba algo: *Cerca de mi casa hay un derribo.* **4** DEP. Caída provocada: *El árbitro sancionó con un penalti un derribo dentro del área.*

derrocar *v. tr.* **1** Echar ‹una persona› [a otra persona] de un cargo violentamente: *Los revolucionarios derrocaron al dictador.* **2** Echar ‹una persona o una cosa› [una construcción] abajo, a tierra: *Han derrocado varias casas antiguas en el centro de la ciudad. El terremoto, aunque de escasa intensidad, derrocó varios postes eléctricos de alta tensión.* ⇒ **71.**

derrochador, ra *adj. / s. m.* y *f.* Que derrocha o malgasta el dinero: *Una persona derrochadora no puede administrar bien el dinero. Es un derrochador que está todo el día comprando.*

derrochar *v. tr.* **1** Gastar ‹una persona› [una cosa] con insensatez o en exceso: *Le gusta derrochar el dinero con los amigos. Debido a la sequía, no podemos derrochar el agua.* **2** COLOQUIAL. Tener ‹una persona› [una cosa] en abundancia: *Tu amigo derrocha generosidad. Me gusta tu amiga, derrocha buen humor y alegría.*

derroche *s. m.* Gasto exagerado e innecesario de alguna cosa: *No podemos pagar tanto, esto es un derroche de teléfono. No es necesario tal derroche de luz.*

derrota *s. f.* **1** Acción de derrotar o hecho de ser derrotado: *Sufrió una dura derrota.* **2** MAR. Rumbo o dirección de un barco y línea que lo marca en el mapa: *La derrota del navío era un secreto bien guardado.* SIN. derrotero.

derrotado, da *adj.* Que está muy cansado o deprimido: *Estoy derrotado después de estar toda la tarde luchando con los niños. Ha perdido bastante en la bolsa y está totalmente derrotado, no quiere hablar con nadie.*

derrotar *v. tr.* **1** Vencer ‹una persona› [a un enemigo o a un rival]: *El equipo local ha derrotado a los forasteros. El ejército constitucional ha derrotado completamente a los rebeldes.* **2** Vencer ‹las contrariedades› [a una persona]: *Tantos ataques de la prensa han derrotado al presidente. La mala suerte y el mal tiempo derrotaron a los expedicionarios.* || *v. intr.* **3** TAUROM. Dar ‹el toro› derrotes: *Este toro es muy peligroso, derrota mucho.*

derrote *s. m.* TAUROM. Cornada que da el toro levantando la cabeza y cambiando bruscamente la dirección de la embestida: *Los derrotes de un toro preocupan a los toreros.*

derrotero *s. m.* **1** (preferentemente en plural; no contable) Camino o dirección que uno emplea para alcanzar algo: *Después de trabajar seis años en Madrid, Carlos tomó otros derroteros y se marchó a Panamá. La situación tomaba unos derroteros que no me gustaban.* **2** MAR. Rumbo de un barco siguiendo una línea señalada en los mapas o cartas de marear, y esta línea: *El buque llevaba un derrotero equivocado y se perdió. Aunque la tormenta fue muy fuerte el capitán siguió bien el derrotero y llegó a puerto.* SIN. derrota. **3** MAR. Libro que contiene las líneas de navegación que sigue un barco: *Este derrotero es muy antiguo y no tiene las nuevas rutas de navegación.* **4** MIN.; ARG., CHILE. Conjunto de datos que indican el lugar para llegar a una mina: *Seguimos el derrotero y llegamos fácilmente a la mina.*

derrotismo *s. m.* (no contable) PEYORATIVO. Pesimismo de la persona que piensa de antemano que va a fracasar en sus proyectos o va a ser derrotada en una confrontación: *El director animó a los estudiantes para que no cayeran en el derrotismo. Me desesperas con tu habitual derrotismo.* ANT. triunfalismo.

derrotista *adj. / s. m.* y *f.* Que se comporta con derrotismo o tiende al derrotismo: *Con ideas derrotistas como esas nunca conseguirás nada. Los derrotistas suelen tener un egoísmo feroz.*

derrubio *s. m.* **1** GEOL. Depósito de piedras y tierra que se acumula al pie de las montañas procedente de la erosión de las partes más altas. **2** GEOL. Erosión que causa una corriente de agua en sus orillas.

derruir *v. tr.* Echar ‹una persona› [una construcción] abajo, a tierra: *Han derruido una manzana de casas en el barrio viejo.* SIN. demoler, derribar, derrumbar. ⇒ **46.**

derrumbadero *s. m.* RESTRINGIDO. Despeñadero: *El autocar volcó y cayó por un derrumbadero.* SIN. precipicio.

derrumbamiento *s. m.* (no contable) Acción y efecto de derrumbar o derrumbarse: *el derrumbamiento de los ideales de la Ilustración. El derrumbamiento de la galería de la mina pudo evitarse. El derrumbamiento del detenido lo llevó a delatar a sus compinches.* SIN. hundimiento.

derrumbar *v. tr.* **1** Echar ‹una persona o una cosa› [una construcción] abajo: *Han derrumbado la vieja fábrica para construir viviendas económicas.* SIN. derribar, demoler, derruir. **2** Echar ‹una cosa› [a una persona, un animal o una cosa] al suelo de golpe: *El viento ha derrumbado un poste de alta tensión.* **3** Echar ‹una persona› [una cosa] por una pendiente: *Conduce despacio, que nos vas a derrumbar a to-*

dos ***por*** *el terraplén.* **4** Quitar ‹una cosa› los ánimos [a una persona]: *La enfermedad lo ha derrumbado. La traición de su secretario lo derrumbará.* SIN. abatir. ‖ *v. prnl.* **5** Caer ‹una persona, un animal o una cosa› de golpe: *La torre se derrumbó con el terremoto. El atleta se derrumbó al llegar a la meta.* **6** Caer ‹una cosa› por una pendiente: *Se ha derrumbado un camión cisterna* ***por*** *un precipicio de la sierra.* **7** Quedarse ‹una persona› sin ánimos: *El detenido se derrumbó en el interrogatorio de la policía. Fernando se ha derrumbado después de la operación y no tiene ganas de hacer nada.* SIN. abatirse.

derrumbe *s. m.* Derrumbamiento: *el derrumbe de un edificio. El derrumbe físico del abuelo se veía venir.*

des- *pref.* **1** Significa 'privación' o 'lo contrario' de la palabra simple: *hacer - deshacer, armar - desarmar, alojar - desalojar; piojo - despiojar, broza - desbrozar; orden - desorden, proporción - desproporción; honesto - deshonesto.* **2** Significa 'fuera de': *peña - despeñar, tierra - desterrar, vía - desviar, proporción - desproporción, mesura - desmesura.* **3** Expresa intensificación en algunas palabras, generalmente verbos: *gastar - desgastar.*

desabastecer *v. tr.* **1** Dejar de proporcionar ‹una persona› [a otra persona] los productos que necesita: *Los campesinos han amenazado con desabastecer la ciudad* ***de*** *hortalizas si no se controlan las importaciones ilegales.* SIN. desproveer. ‖ *v. prnl.* **2** Quedarse ‹una persona› sin los productos que necesita: *Estamos desabastecidos* ***de*** *bebidas.* **⇒ 5.**

desabollar *v. tr.* Quitar ‹una persona› las abolladuras de [una cosa]: *A ver si llevas el coche al chapista para que te desabolle la aleta.*

desaborido, da *adj.* **1** Que no tiene sabor o lo tiene muy escaso: *Es un plato desaborido, no me gusta.* **2** Que no tiene gracia o atractivo: *Es una persona muy desaborida. No me gusta esta novela, es algo desaborida. La fiesta me ha parecido un poco desaborida. Es un chico bastante desaborido.*

desabotonar *v. tr./prnl.* Sacar ‹una persona› un botón que cierra [una prenda] de un ojal: *Desabotónale el abrigo al niño.* ***Me*** *desabotoné la chaqueta. No* ***te*** *desabotones la gabardina, que hace frío.* SIN. desabrochar(se).

desabrido, da *adj.* **1** (ser/estar) [Persona] que se comporta con brusquedad y poca amabilidad: *Es un tipo desabrido, siempre de mal humor. Tiene un humor desabrido. Tu amigo trabaja bien, pero es de carácter desabrido. Será muy agradable, pero conmigo siempre está desabrido.* **2** (ser/estar) [Tiempo] que es desapacible: *El mes de enero aquí suele ser desabrido. La tarde está desabrida.* **3** (ser/estar) [Alimento] que no es agradable por falta de sabor: *Las primeras cerezas son desabridas. Me gustan los melones, pero éste está desabrido.*

desabrigar *v. tr./prnl.* Quitar ‹una persona› la ropa de abrigo [a otra persona]: *El niño* ***se*** *ha desabrigado mientras dormía. No* ***te*** *desabrigues en la calle, que hace frío. Desabrígalo un poquito, que en esta casa hace mucho calor.* **⇒ 56.**

desabrimiento *s. m.* **1** (no contable) Falta de sabor en los alimentos: *El desabrimiento de la fruta se debe a la falta de sol de este año.* SIN. insipidez. **2** (no contable) Falta de amabilidad: *El desabrimiento de sus palabras nos sorprendió.* **3** (no contable) Inestabilidad incómoda del tiempo: *El desabrimiento del tiempo en enero es normal.*

desabrochar *v. tr./prnl.* Separar o abrir ‹una persona› un broche o un botón que cierra [una prenda]: *Desabróchale el cuello de la camisa.* ***Se*** *te desabrochó el vestido.* SIN. Desabotonar(se).

desacato *s. m.* **1** Falta de respeto a los mayores o superiores, a las cosas sagradas o dignas de consideración: *El desacato a la bandera es un delito grave en un ejército.* **2** DER. Delito previsto en el Código Penal español que se produce al injuriar, insultar o amenazar de hecho o de palabra a una autoridad o funcionario público cuando se halla en el ejercicio de sus funciones: *Lo han condenado por desacato al juez. Me acusan de desacato a la autoridad.*

desaceleración *s. f.* Deceleración. **carril de deceleración/~.**

desacelerar *v. tr.* **1** Quitar ‹una persona› aceleración a [una cosa]: *Desacelera un poco el coche, que entramos en una zona de curvas.* ‖ *v. tr./prnl.* **2** Quitar ‹una persona o una cosa› velocidad o rapidez a [una cosa]: *Se ha desacelerado el aumento del paro. Chico, tranquilo y desacelérate****te,*** *que todavía te quedan muchos exámenes.*

desacierto *s. m.* Dicho o hecho equivocado o inadecuado: *Ahora me doy cuenta de que discutir con el médico fue un desacierto. Los ganaderos han calificado de desacierto las palabras del ministro.* SIN. error, equivocación. ANT. acierto.

desacomedido, da *adj.* AMÉR. Se dice de la persona descortés o poco servicial.

desacomodar *v. tr.* ARG., URUG. Desordenar ‹una persona› [una cosa que estaba ordenada].

desacondicionar *v. tr.* AMÉR. Quitar a una cosa la capacidad de adaptarse a otra.

desaconsejar *v. tr.* Decir ‹una persona› [a otra persona] que no haga [lo que piensa hacer]: *Le hemos desaconsejado que vaya en verano al trópico. Me desaconsejan que vaya en coche a trabajar.* SIN. disuadir.

desacoplar *v. tr.* **1** Separar ‹una persona› [varias cosas acopladas]: *No han podido desacoplar el vehículo espacial de la nave, y tendrán que volver los astronautas sin hacer los experimentos programados.* SIN. desmontar. **2** RESTRINGIDO. Separar ‹una persona› [dos circuitos eléctricos]. SIN. desenchufar.

desacorde *adj.* **1** Que no es igual o no coincide: *Expresaron opiniones desacordes. Sus puntos de vista eran desacordes.* **2** (ser/estar) Que no hay proporción o armonía: *Las notas de la guitarra eran desacordes. Los colores de la habitación son desacordes. Su indumentaria está desacorde con la situación.*

desacostumbrar *v. tr.* **1** Hacer ‹una persona› que [otra persona] pierda una costumbre: *No es fácil desacostumbrar a un niño* ***a*** *no dormir siesta.* ‖ *v. prnl.* **2** Perder ‹una persona› la costumbre de [una cosa]: *Me he desacostumbrado* ***al*** *tabaco y no lo aguanto.* **3** Perder ‹una persona› la tolerancia o la resistencia [a una cosa]: *Me he desacostumbrado* ***al*** *frío.*

desacreditar *v. tr.* **1** Hacer ‹una persona o una cosa› que [una persona] pierda su buen crédito: *El diario local está empeñado en desacreditar al alcalde.* SIN. desprestigiar. ‖ *v. prnl.* **2** Perder ‹una persona› su buen crédito: *Él solo se desacredita con esas declaraciones tan absurdas que le gusta hacer.* SIN. desprestigiarse.

desactivar *v. tr.* **1** Dejar ‹una persona› inservible el dispositivo que haría estallar [un explosivo]: *Han desactivado dos bombas ayer por la tarde.* **2** Dejar ‹una persona o una cosa› [una máquina o un proceso fisicoquímico] sin actividad: *La nueva sustancia desactiva el mecanismo reproductor del virus. Antes de salir desactivó el motor.* **3** Impedir ‹una persona o una cosa› el funcionamiento de [una organización] o de [un plan]: *El gobernador ha desactivado el plan de emergencia contra la contaminación.*

desacuerdo *s. m.* (no contable) Falta de acuerdo o de concordancia entre personas, ideas o cosas: *No aceptaron la decisión porque estaban en desacuerdo. Hay cierto desacuerdo entre esas dos leyes. Han manifestado su desacuerdo con la norma oficial.* SIN. discordancia, discrepancia.

desafección *s. f.* ELEVADO. Mala voluntad: *Adivinaba la desafección tras los gestos más corteses.* ANT. afección (ELEVADO).

desafecto *s. m.* **1** Falta de afecto: *Siente desafecto por toda su familia.* **2** Mala voluntad: *Tiene un desafecto claro por todo lo que se relacione con la poesía.*

desafiante *adj.* (antepuesto / pospuesto) Que desafía o provoca: *tono desafiante, palabras desafiantes. Me lanzó una desafiante mirada que no supe responder.*

desafiar *v. tr. / prnl.* **1** Incitar ‹una persona› [a otra persona] a luchar o a competir: ***Se** desafiaron a muerte. Te desafío a una carrera.* || *v. tr.* **2** Hacer ‹una persona› frente [a otra persona]: *Nuestra pandilla desafía a la de vuestra calle. Le gusta desafiar a su padre y llega tarde a cenar todas las noches.* **3** Hacer ‹una persona› frente a [un peligro] o a [una dificultad]: *Es muy valiente, desafía cualquier peligro sin miedo. No desafiemos a la suerte, que es muy peligroso.* **4** Ser ‹una cosa› opuesta a [otra cosa]: *Estas torres parecen desafiar la ley de la gravedad. El autor desafía en su último poema todas las leyes de la composición.* ⇒ **8.**

desafinar *v. intr. / prnl.* **1** Producir ‹la voz de una persona o un instrumento musical› un sonido desagradable por apartarse del tono debido: *No cantes, por favor, que desafinas bastante. En el concierto de ayer los violines desafinaban a veces. Este piano **se** desafina cada poco tiempo.* || *v. intr.* **2** Hablar ‹una persona› indiscretamente o a destiempo: *Convendría que tu amigo hablara menos en las reuniones, porque desafina bastante. Ya sé que mis opiniones desafinan en estos momentos, pero el tiempo me dará la razón.*

desafío *s. m.* **1** Acción y resultado de desafiar: *No podemos ignorar su desafío, tenemos que buscar una fecha para el partido.* **2** Objetivo difícil con el que una persona se encuentra: *No tenemos miedo al desafío de la tecnología. Los modernos desafíos exigen mucho esfuerzo y trabajo. La vacuna contra el sida es un desafío para muchos científicos.* **3** Oposición, contradicción: *Sus teorías son un desafío a lo sabido hasta ahora. Ese proyecto es un desafío a la arquitectura que se hace ahora.*

desaforado, da *adj* **1** (antepuesto / pospuesto) Que no tiene medida o sale de lo común: *Daba gritos desaforados. Su desaforado deseo de poder lo ha llevado a la cárcel. Es un loco, sólo tiene ocurrencias desaforadas.* **2** Que ya no tiene los fueros que poseía.

desaforar *v. tr.* **1** Quitar ‹una persona› [a otra persona] los fueros que poseía. || *v. prnl.* **2** Perder ‹una persona o una cosa› la moderación: *Se han desaforado los ánimos y así no se puede discutir.* SIN. descomponerse.

desafortunadamente *adv. orac.* RESTRINGIDO. Desgraciadamente: *Desafortunadamente, no me tocó a mí.*

desafortunado, da *adj.* **1** Que no tiene fortuna o suerte: *No juego a la lotería porque soy un tipo desafortunado.* **2** Que no es oportuno: *Fue un comentario desafortunado.*

desafuero *s. m.* DER. Acto que se realiza en contra de la ley, de las normas de convivencia o de la justicia: *Los funcionarios no pueden cometer desafueros, porque ellos deben hacer respetar la ley.*

desagradable *adj.* (ser / estar) Que desagrada, disgusta o molesta: *Este bollo tiene un aspecto desagradable pero sabe bien, pruébalo. Estás muy desagradable conmigo, ¿te he hecho algo? Es una persona muy desagradable. ¡Qué olor más desagradable! Me ha causado una impresión desagradable.*

desagradar *v. intr.* Provocar ‹una persona o una cosa› disgusto o rechazo: *Me desagradan las manzanas asadas. A Luis le desagradaba mi vecina. A nadie le desagrada que lo alaben en público.*

desagradecer *v. tr.* No sentir ‹una persona› agradecimiento por [un favor o un beneficio que ha recibido]. ⇒ **5.**

desagradecido, da *adj. / s. m.* y *f.* [Persona] que no agradece los favores o beneficios recibidos: *No seas tan desagradecida, ella te ha ayudado mucho. Ha sido un auténtico desagradecido con sus padres que tanto se han sacrificado por él.* || *adj.* [Trabajo, tarea] que desmerece en relación con el esfuerzo puesto en ellos: *Limpiar los muebles es una tarea muy desagradecida, porque al poco de quitarles el polvo vuelven a tener.* REFR. **De desagradecidos está el mundo lleno.** Se usa para indicar que hay mucha gente que se olvida de los favores que le hacen otros.

desagrado *s. m.* Disgusto: *Me produce desagrado tener que hablar con él.*

desagraviar *v. tr.* Dar ‹una persona› una reparación [a otra que se siente agraviada]: *Señor, para desagraviarte por todos nuestros pecados, te prometemos cumplir fielmente esta penitencia. Desagraviaré a mis hermanos con una parte proporcional de la herencia.*

desagravio *s. m.* Acción y resultado de desagraviar: *Tengo que pagar una pequeña cantidad de dinero en desagravio de los daños cometidos. El próximo sábado en la plaza mayor se hará un desagravio público al alcalde insultado.*

desaguar *v. tr.* **1** Hacer salir ‹una persona› el agua de [un lugar]: *Han desaguado la bodega del barco con una bomba.* || *v. intr.* **2** Ir a parar ‹un río› a [un lugar]: *El Ebro desagua **en** el Mediterráneo.* || *v. intr. / prnl.* **3** Salir ‹un líquido› de un lugar [por un orificio o por un conducto]: *El agua sobrante **(se)** desagua **por** un sobradero.* ⇒ **14.**

desagüe *s. m.* **1** Conducto o lugar por donde sale el agua de un lugar: *el desagüe del fregadero, el desagüe del pozo.* **2** Acción y resultado de desaguar: *El desagüe de la piscina es muy lento.*

desaguisado *s. m.* **1** Delito, acto en contra de la ley o de la razón: *Quemar esos bosques fue un desaguisado.* SIN. injusticia, atropello. **2** COLOQUIAL. Destrozo o fechoría: *Sus hijos siempre están haciendo algún desaguisado en casa.*

desahogado, da *adj.* **1** Que es grande o tiene mucho espacio libre: *La habitación quedó muy desahogada.* **2** (estar) Que tiene más dinero del necesario para vivir: *Este mes vamos muy desahogados. Llevan una vida muy desahogada. Últimamente está más desahogada.*

desahogar *v. tr.* 1 Dejar ‹una persona› [un espacio] más libre o más despejado: *He desahogado la estantería, por si queréis poner vuestros libros. Tenemos que desahogar esa mesa porque va a venir otra persona a trabajar.* || *v. tr. / prnl.* 2 Manifestar ‹una persona› [un sentimiento o un estado de ánimo] violentamente: ***Se** desahogó **de** su pena. Ella **se** desahoga mucho con su hermana. Desahoga las penas en sus reuniones semanales.* SIN. desfogar(se). || *v. prnl.* 3 Hacer ‹una persona› confidencias o reproches a [otra persona] para serenarse: *Debes desahogarte **con** tu marido, cuéntale todo. Me desahogo **con** Santiago cuando tengo un problema.* 4 Salir ‹una persona› de apuros económicos: *Con el nuevo trabajo nos desahogaremos un poquito.* ⇒ **56.**

desahogo *s. m.* 1 Acción y efecto de desahogar: *Hablar te servirá de desahogo.* 2 Amplitud, desenvoltura, comodidad: *desahogo económico. El desahogo del espacio ayuda mucho a vivir bien cuando se tiene una familia grande.* SIN. holgura.

desahuciar *v. tr.* 1 Declarar ‹el médico› incurable y sin esperanzas de vida [a un enfermo]: *El médico nos ha dicho que mi padre está desahuciado. No la han desahuciado los médicos, pero está muy grave.* 2 RESTRINGIDO. Quitar ‹una persona› todas las esperanzas [a otra persona]: *El director me ha desahuciado, me ha dicho que me busque otro trabajo, que aquí me quedan tres meses.* 3 Obligar ‹una persona› [a un inquilino o a un arrendatario] a abandonar la finca o la casa que tiene arrendada: *El propietario nos ha desahuciado, pero tiene que intervenir todavía el juez.*

desahucio *s. m.* Acción y resultado de deshauciar: *El propietario nos ha anunciado que el desahucio judicial nos llegará de un momento a otro si no pagamos el alquiler.*

desahuevar *v. tr.* AMER. DEL S.; VULGAR. Despabilar ‹una persona› [a otra persona].

desairado, da *adj.* (antepuesto / pospuesto) Que es poco brillante o poco conveniente: *El portero tuvo una desairada actuación. Tu conversación con el jefe me ha dejado en una posición bastante desairada.* 2 Que es humillado y menospreciado: *Se sintió desairado por tu falta de educación.*

desairar *v. tr.* Hacer ‹una persona› un desprecio [a otra persona]: *Tenemos que ir a la fiesta del jefe, no podemos desairarlo.* SIN. menospreciar.

desaire *s. m.* Acción y resultado de desairar: *No soporto más desaires de esa chica. No considero un desaire que no vengas a la fiesta, ya sé que tienes que cuidar a tu padre.*

desajustar *v. tr.* 1 Alterar ‹una persona o una cosa› el funcionamiento de [un aparato] o el desarrollo de [un plan]: *Alguien ha estado tocando la moto y está desajustada.* 2 Separar ‹una persona› [varias cosas que estaban ajustadas]: *No toques las cosas, has desajustado las patas de la mesa, y ya estaban casi montadas.* || *v. prnl.* 3 Separarse ‹varias cosas que estaban ajustadas›: *Esta estantería se está desajustando con el peso.*

desalar *v. tr.* Quitar ‹una persona› la sal a [una cosa]: *Tienes que desalar el bacalao durante veinticuatro horas para que te quede bien.*

desalentador, ra *adj.* Que causa desaliento: *una imagen desalentadora. Oírle tocar el piano es desalentador. Es desalentador tener un hijo tan irresponsable.*

desalentar *v. tr.* 1 Quitar ‹una persona o una cosa› el ánimo o el entusiasmo [a una persona]: *Quiere ser médico, pero la desalienta la oposición de su familia.* SIN. desanimar. || *v. prnl.* 2 Perder ‹una persona› el ánimo o el entusiasmo: *Es un chico muy fuerte, no se desalienta con facilidad.* SIN. desanimarse. ⇒ **58.**

desalinizar *v. tr.* Hacer ‹una persona› potable [el agua del mar] quitando las sales disueltas en ella: *Han inaugurado una planta para desalinizar el agua del mar en las Canarias.* ⇒ **19.**

desaliño *s. m.* Falta de aseo y cuidado en el arreglo personal: *Vistiendo con desaliño no conseguirás trabajo.*

desalmado, da *adj. / s. m. y f.* Que se comporta con crueldad o causa daño grave intencionadamente: *Es una persona muy desalmada, los niños pasan hambre y él siempre de taberna en taberna. Unos desalmados lo dejaron medio muerto a la puerta de su casa.*

desalojar *v. tr.* 1 Dejar ‹una persona› vacío [un lugar] marchándose de él: *La próxima semana nos vamos al piso nuevo y desalojaremos éste. Están desalojando el comercio que hay al lado de casa.* SIN. desocupar. 2 Dejar ‹una persona› vacío [un lugar] haciendo salir [a otra persona]: *La policía ha desalojado a los estudiantes del rectorado. El Ayuntamiento piensa desalojar a los vecinos expropiados la próxima semana.* 3 FÍS. Desplazar ‹un cuerpo› [un fluido]: *Un cuerpo en el agua desaloja una cantidad de líquido igual a su volumen.*

desalojo *s. m.* Acción y resultado de desalojar: *El juez dictó el desalojo de las viviendas ocupadas por los estudiantes. La policía procedió al desalojo de los huelguistas.*

desalquilar *v. tr.* 1 Dejar ‹una persona› libre [una cosa que tenía alquilada]: *En cuanto podamos desalquilamos el garaje, porque es muy caro.* || *v. prnl.* 2 Quedar ‹una vivienda o un local› sin inquilinos: *En mi casa ha quedado un piso desalquilado.*

desamarrar *v. tr.* 1 Soltar ‹una persona› las amarras de [una embarcación]: *Desamarra, que pongo el motor de la barca en marcha.* 2 COL. Desatar ‹una persona› [una cosa]. || *v. prnl.* 3 Soltarse las amarras de ‹una embarcación›: *Varias embarcaciones se han desamarrado del muelle.*

desambientar *v. tr.* RESTRINGIDO. Dejar ‹una persona o una cosa› [a una persona] fuera de su ambiente: *Los cambios en la decoración han desambientado a la clientela.*

desamoblar *v. tr.* Desamueblar. ⇒ **28.**

desamor *s. m.* 1 ELEVADO. Falta de amor o cariño: *Murió de desamor. El desamor puede nacer de una prolongada convivencia desagradable.*

desamortización *s. f.* Acción y resultado de desamortizar: *En el siglo* XIX*, en España, tuvo lugar la desamortización de los bienes eclesiásticos.*

desamortizar *v. tr.* Dejar ‹una persona con autoridad› libres [los bienes amortizados] de manera que puedan ser vendidos o enajenados: *Los liberales desamortizaron los bienes eclesiásticos en el siglo* XIX. ⇒ **19.**

desamparar *v. tr.* 1 Dejar ‹una persona› sin protección o amparo [a otra persona]: *No se entiende cómo alguien puede desamparar a sus padres cuando más lo necesitan.* 2 RESTRINGIDO. Abandonar o dejar sin protección ‹una persona› [una cosa]: *Los defensores desampararon la fortaleza ante el ataque enemigo. Los ladrones suelen visitar las casas de campo desamparadas por sus propietarios en invierno.* 3 DER. Dejar ‹una persona› abandonada [una cosa] con renuncia de todo derecho a ella: *Los ocupantes de las tierras se defienden diciendo que los descendientes del antiguo conde las desampararon hace más de un siglo.*

desamueblar *v. tr.* Quitar ‹una persona› los muebles de [una casa] o de [una habitación]: *Se van a vivir al campo, pero no piensan desamueblar el piso de la ciudad.* SIN. desamoblar.

desandar *v. tr.* **1** Volver a recorrer ‹una persona› [el camino que ha recorrido antes] en dirección contraria: *Perdona, he llegado tarde, porque me he dejado las llaves de la oficina en casa y he tenido que desandar el camino. La policía dice que el asesino desanduvo el camino, porque hasta el río las pisadas van en dos direcciones diferentes.* **2** Volver a hacer ‹una persona› [una cosa que ha hecho antes] de manera completamente distinta: *Nos hemos equivocado en los cálculos, tenemos que rehacer el presupuesto y desandar lo hecho.* ⇒ **7.**

desangelado, da *adj.* **1** Que no tiene gracia o encanto especial: *unos movimientos desangelados. Es una novela correcta, pero desangelada. Parece que su novio es buen chico, pero muy desangelado.* **2** Que no es agradable o acogedor: *una habitación desangelada. Es un hotel limpio, pero desangelado.*

desangrar *v. tr.* **1** Sacar ‹una persona o una cosa› mucha sangre [a una persona o a un animal]: *Hay que desangrar bien el animal para que la carne esté buena.* **2** RESTRINGIDO. Hacer perder ‹una persona o una cosa› dinero [a una persona] continuamente: *Los sobrinos están desangrando todo lo que pueden al pobre tío.* || *v. prnl.* **3** Perder ‹una persona o un animal› mucha sangre o toda su sangre: *Yo estaba asustado, porque veía que me desangraba y no llegaba la ambulancia.* **4** RESTRINGIDO. Perder ‹una persona› dinero continuamente: *Nos estamos desangrando con este negocio y no sabemos cuándo vamos a empezar a ganar algo.* SIN. arruinarse.

desangre *s. m.* COL. Acción de desangrar o desangrarse.

desanidar *v. intr.* Dejar ‹un ave› el nido: *Las aves sólo desanidan si se ven en un peligro extremo.*

desanimar *v. tr.* **1** Quitar ‹una persona o una cosa› el ánimo o el entusiasmo [a una persona]: *Las críticas no me desaniman. No me desaniman las dificultades, emprenderemos el viaje.* SIN. desalentar. **2** Hacer cambiar ‹una persona o una cosa› [a una persona] de actitud o de propósito: *Me desaniman para que no estudie Medicina, porque dicen que es muy difícil. Iba a comprar un coche, pero me han desanimado.* SIN. disuadir. || *v. prnl.* **3** Perder ‹una persona› el ánimo o el entusiasmo: *Me he desanimado con este frío, no quiero ir de excursión. Mi padre está deprimido, se desanima con cualquier contratiempo.* SIN. desalentarse.

desanudar *v. tr.* Deshacer ‹una persona› un nudo para soltar [una cosa]: *Desanúdate los cordones de los zapatos.*

desapacible *adj.* **1** (ser / estar) [Tiempo] que desagrada o disgusta a causa de la lluvia o el viento: *Aquí el tiempo siempre es muy desapacible. El día está muy desapacible.* SIN. desagradable. **2** Que tiene mal carácter, o que tiende a enfadarse o irritarse: *Tiene un carácter muy desapacible, siempre está de muy mal humor.* ANT. apacible. **3** [Sonido] que no tiene armonía y es desagradable al oído.

desaparcar *v. tr.* Quitar ‹una persona› [un vehículo que estaba aparcado]: *Dice el guardia que desaparquemos, que nos pone una multa si dejamos el coche aquí.* ⇒ **71.**

desaparecer *v. intr.* **1** (en México se usa también como v. tr.) Dejar de ser visible o localizable ‹una persona o cosa›: *No me explico cómo ha desaparecido el jerez, si en casa nadie bebe. Me ha desaparecido la cartera. Ha desaparecido el marido de la vecina.* **2** (en México se usa también como v. tr.) Dejar de existir ‹una persona o una cosa›: *Los pequeños comercios desaparecerán porque no pueden competir con los grandes almacenes. El barrio antiguo desapareció durante los bombardeos de la guerra. Han desaparecido muchas personas en el naufragio.* FR. Y LOC. **~ de escena** COLOQUIAL. Marcharse, irse ‹una persona› de un lugar. ⇒ **5.**

desaparición *s. f.* **1** Acción y resultado de desaparecer: *La desaparición del empresario está siendo investigada por la policía. La desaparición de una gran suma de dinero de la caja fuerte está sin explicar todavía.* **2** EUFEMISMO. Muerte: *La desaparición de la cantante ha conmovido al mundo del espectáculo. La desaparición de los padres en el trágico accidente ha dejado huérfanos a los famosos trillizos.*

desapasionado, da *adj.* Que actúa sin pasión o con imparcialidad: *El árbitro se mostró desapasionado ante la situación. Hay que reconocer que escribe críticas desapasionadas.*

desapego o **despego** *s. m.* Falta de apego o interés hacia alguien o algo: *El desapego por su tierra le llevó a emigrar.*

desapercibido, da *adj.* Que no se percibe o no se advierte: *Su sonrisa pasó desapercibida. Trabaja muy bien y tiene la virtud de pasar desapercibida.* **2** Desprevenido, no preparado: *Su llegada nos cogió desapercibidos.*

desaprensivo, va *adj. / s. m.* y *f.* Que actúa sin escrúpulos ni responsabilidad: *Unos desaprensivos le robaron por la noche. Un conductor desaprensivo la atropelló y se fugó.*

desapretar *v. tr.* **1** Poner ‹una persona› más floja [una cosa apretada]: *Quiero desapretarme el pantalón.* SIN. aflojar. || *v. prnl.* **2** Ponerse ‹una cosa apretada› más floja: *Se me desaprietan los zapatos.* SIN. aflojarse. ⇒ **58.**

desaprobar *v. tr.* **1** Considerar ‹una persona› que [una cosa] está mal hecha: *El director ha desaprobado el funcionamiento del departamento comercial. Ya sé que desapruebas mi conducta, pero no hay nada malo en ella.* SIN. reprobar. **2** RESTRINGIDO. Considerar ‹una persona› que [otra persona] ha obrado mal: *El director ha desaprobado públicamente a su secretario.* SIN. censurar. **3** ARG. Suspender ‹un profesor› [a un alumno]. ⇒ **28.**

desaprovechar *v. tr.* No sacar ‹una persona› el provecho que podría sacar de [una cosa]: *Has desaprovechado la ocasión de viajar gratis a Perú. No desaproveches el tiempo, estudia ahora. Si lo cortas así desaprovechas mucha tela.*

desarbolar *v. tr.* **1** Deshacer ‹una persona o una cosa› [una cosa]: *Sus argumentos desarbolaron las propuestas del director. El equipo local desarboló la defensa visitante en el primer tiempo.* **2** MAR. Dejar ‹una persona o una cosa› [una embarcación] sin palos: *La tempestad ha desarbolado el yate que encabezaba la regata.*

desarmadero *s. m.* ARG., URUG. Lugar donde se desguazan máquinas o coches.

desarmador *s. m.* MÉX.; COLOQUIAL. Destornillador.

desarmar *v. tr. / prnl.* **1** Quitar ‹una persona› las armas [a otra persona]: *Los soldados **se** desarmaron. El policía desarmó a los atracadores.* || *v. tr.* **2** Quitar ‹una persona o una cosa› el enfado [a una persona]: *Con tus mimos me desarmas siempre.* **3** Dejar ‹una persona o una cosa› [a una persona] sin argumentos: *Con esa explicación me desarmas.*

No conseguiremos desarmarlos si no les exponemos claramente la situación. **4** Separar ‹una persona› las piezas de [una cosa]: *El niño ha desarmado la bicicleta.* **5** TAUROM. Quitar ‹el toro› la muleta [al torero] violentamente: *El toro embestía bien y desarmó al torero.* **6** ARG., URUG. Deshacer ‹una persona› [una maleta o un bolso]. || *v. prnl.* **7** Separarse las piezas de ‹una cosa›: *Se me ha desarmado la plancha al cogerla. No te sientes en esa silla que se desarma.*

desarme *s. m.* Acción de desarmar o desarmarse: *Las conferencias de desarme se multiplican, pero también el tráfico de armamento.*

desarraigar *v. tr.* **1** Separar ‹una persona› [una planta con su raíz] de la tierra: *No es bueno desarraigar las plantas varias veces.* **2** Separar ‹una persona o una cosa› [a una persona] del lugar en que vive o de su ambiente: *Las guerras y la pobreza desarraigan a mucha gente de sus casas.* **3** Hacer desaparecer ‹una persona o una cosa› [una costumbre o un sentimiento] completamente: *La nueva legislación intenta desarraigar las fiestas tradicionales del calendario. No es fácil desarraigar el alcoholismo.* || *v. prnl.* **4** Separarse ‹una planta con su raíz› de la tierra: *Con el temporal se desarraigaron todos los plantones que trajimos ayer.* **5** Separarse ‹una persona› del lugar en que vive o de su ambiente: *Se ha desarraigado hace tiempo de su ciudad natal.* **6** Desaparecer ‹una costumbre o un sentimiento› completamente: *Algunas bromas populares se han desarraigado con el cambio social.* ⇒ **56.**

desarraigo *s. m.* Acción y resultado de desarraigar o desarraigarse: *El desarraigo de los emigrantes es un problema mundial. Los niños abandonados sufren un desarraigo muy lamentable.*

desarrapado, da *adj. / s. m.* y *f.* Desharrapado.

desarreglar *v. tr.* **1** RESTRINGIDO. Deshacer ‹una persona o una cosa› el arreglo o la organización de [una cosa]: *No digas nada en casa, deja las cosas como están, que vas a desarreglarlo todo.* || *v. prnl.* **2** RESTRINGIDO. Deshacerse el arreglo o la organización de ‹una cosa›: *Se te ha desarreglado el pelo con el viento.*

desarreglo *s. m.* **1** Trastorno, alteración de lo que se considera normal en la naturaleza: *El médico le ha dicho que sufre un desarreglo del sistema nervioso. Los científicos aseguran que no existen desarreglos climáticos serios.* **2** Desorden o falta de organización: *Siempre hemos tenido que tapar nosotros los desarreglos de su gestión.*

desarrendar *v. tr.* Dejar ‹una persona› libre [una cosa que tenía alquilada]: *Pienso desarrendar pronto el local.* SIN. desalquilar. ⇒ **58.**

desarrollado, da *adj.* Que ha alcanzado desarrollo. **mundo ~. país ~.**

desarrollar *v. tr.* **1** Hacer crecer ‹una cosa› [un ser vivo]: *La leche materna contribuye a desarrollar equilibradamente a los niños.* **2** Hacer ‹una cosa› mayor o mejor [otra cosa]: *Nuestra presencia en el mercado chino ha desarrollado las exportaciones.* **3** Hacer ‹una persona› realidad [una idea o un proyecto]: *Ha desarrollado un prototipo de coche sin volante que funciona con la voz del conductor.* **4** Exponer ‹una persona› [una cosa] detalladamente: *Desarrolló su ciclo de conferencias con un éxito infrecuente.* **5** Obtener ‹una persona› la figura plana que corresponde a la superficie de [un cuerpo geométrico]. **6** Revelar ‹una persona› [una placa o película fotográfica]. || *v. prnl.* **7** Hacerse ‹un ser vivo› mayor: *Los perros se han desarrollado completamente. Los niños se desarrollan bien en el campo.* **8** Hacerse ‹una cosa› mayor o mejor: *La industria corchera se ha desarrollado fuertemente estos años en esta zona.* **9** Ocurrir ‹una cosa›: *Se ha desarrollado una epidemia de cólera en la costa. El curso se desarrolla con normalidad.*

desarrollo *s. m.* **1** Crecimiento físico o intelectual: *La gimnasia favorece el desarrollo muscular. La alimentación influye en el desarrollo de la inteligencia.* **2** Proceso de crecimiento o extensión de una cosa: *el desarrollo económico, el desarrollo cultural, el desarrollo de las industrias del ocio.* **país en vías de ~. plan* de ~.** **3** Exposición ordenada de un tema: *El tema de la conferencia es interesante, pero el desarrollo que hace el profesor es soporífero.* **4** Realización o puesta en práctica de una cosa: *El guión es bueno, pero el desarrollo ha sido malísimo. El desarrollo de las negociaciones no va por buen camino. El planteamiento del problema es correcto, pero te has equivocado en el desarrollo.* || **5 polo* de ~** o **polo industrial.**

desarropar *v. tr. / prnl.* Quitar ‹una persona› la ropa [a otra persona que estaba arropada]: *El niño* ***se*** *desarropa por las noches, hay que taparlo bien.*

desarrugar *v. tr.* **1** Hacer desaparecer ‹una persona o una cosa› las arrugas de [una cosa]: *No hace falta plancharlo, se estira un poco para desarrugarlo. No se hace nunca la cama, se limita a desarrugar un poco las sabanas y ya está.* || *v. prnl.* **2** Desaparecer las arrugas de ‹una cosa›: *Con el nuevo producto las prendas se desarrugan solas.* ⇒ **56.**

desarticular *v. tr.* **1** Deshacer ‹una persona› [un plan o una organización]: *La policía ha desarticulado una banda de contrabandistas. Han desarticulado un plan terrorista para volar el Parlamento.* **2** Separar ‹una persona› [varias cosas articuladas]: *Desarticuló el reloj y luego no sabía montarlo.* || *v. prnl.* **3** Separarse ‹varias cosas articuladas›: *Se le ha desarticulado la mandíbula.*

desaseado, da *adj. / s. m.* y *f.* ELEVADO. [Persona] que está sucia o se lava poco: *Se presentó en el colegio con un niño desaseado y llorón. Era un individuo desaseado y poco agradable.*

desasirse *v. prnl.* Quedar ‹una persona› libre [de una cosa]: *Logró desasirse* ***de*** *las ligaduras. No es fácil desasirse* ***de*** *los antiguos afectos.* ⇒ **10.**

desasistido, da *adj.* (estar) Que está abandonado o sin atención: *Los ancianos estaban desasistidos en aquella residencia.*

desasistir *v. tr.* No ayudar ‹una persona› [a otra persona]: *Los enfermeros afirman que no han desasistido a ningún paciente durante su guardia.*

desasnar *v. tr. / prnl.* RESTRINGIDO. Hacer ‹una persona› menos tosca o menos ignorante [a otra persona].

desasosegar *v. tr.* **1** Quitar la tranquilidad o el sosiego ‹una persona o una cosa› [a otra persona]: *Las vacaciones me desasosiegan. Lo desasosegaban los exámenes.* || *v. prnl.* **2** Sentir ‹una persona› intranquilidad o desasosiego: *Me desasosiega el porvenir de la empresa. Cuando algo altera su ritmo cotidiano, se desasosiega mucho.* ⇒ **56.**

desasosiego *s. m.* Falta de tranquilidad o de sosiego: *No quiero beber alcohol, que luego noto un desasosiego que no me deja dormir. En la empresa reina un gran desasosiego, todos estamos esperando el final de las negociaciones para saber si la venden.*

desastrado, da *adj. / s. m.* y *f.* Que no tiene cuidado con su aspecto ni con sus cosas: *Si vais tan desastrados no os dejarán entrar en ningún sitio. Ordena un poco tu habitación, que eres una desastrada.*

desastre *s. m.* **1** Desgracia grande, hecho lamentable: *los desastres de la guerra. La casa quedó destrozada por el desastre del incendio. La inundación fue un desastre.* **2** COLOQUIAL. Cosa de mala calidad, mal resultado o mal organizada: *La boda resultó un desastre. El partido de fútbol fue un desastre.* **3** Persona llena de pequeñas faltas, mal organizada o con mala suerte: *Luis es un desastre con las comidas, casi no le gusta nada. José es un desastre para vestirse bien. María es un desastre, llega tarde a todos los sitios.*

desastroso, sa *adj.* Que es un desastre o que causa desastre: *Ha sido un año desastroso para la economía mundial. El resultado ha sido desastroso. He hecho un examen desastroso. Me produjo una impresión desastrosa, malísima.*

desatado, da *adj.* (estar) Que actúa sin controlarse y desordenadamente: *Desde que le dieron la noticia de su nuevo destino está desatada.*

desatar *v. tr. / prnl.* **1** Soltar ‹una persona› [a una persona o una cosa que estaba atada]: *Desata el caballo, que nos vamos. El preso* ***se*** *desató.* || *v. tr.* **2** Hacer ‹una persona o una cosa› que [una cosa] se manifieste bruscamente: *Sus palabras desataron en nosotros una oleada de emociones. El vino le desata la lengua. El viento desató una tormenta de arena.* || *v. prnl.* **3** Soltarse ‹una cosa que estaba atada›: *Se me han desatado los cordones de los zapatos.* **4** Manifestarse ‹una cosa› bruscamente: *Se desató una tormenta terrible. Se desataron sus sentimientos paternales con una vehemencia impensable.* **5** Perder ‹una persona› la contención [en el lenguaje o en la conducta]: *Se desató* ***en*** *improperios.* **6** Perder ‹una persona› la timidez o el temor: *Parece que anoche tu amigo se desató en la discoteca.*

desatascador *adj. / s. m.* **1** [Objeto, sustancia] que sirve para desatascar los desagües: *Necesito un producto desatascador. Quiero un desatascador en polvo.* || *s. m.* **2** Utensilio casero que consta de un mango y una ventosa flexible de goma, usado para desatascar los desagües: *Necesito un desatascador para la bañera.*

desatascar *v. tr.* **1** Quitar ‹una persona› [una cosa] del lugar donde se encuentra atascada: *Pidió ayuda a varios vecinos para desatascar el carro, hundido en el barro del camino.* **2** Dejar ‹una persona› libre [un conducto obstruido]: *Consiguió desatascar la tubería.* **3** Dar ‹una persona o una cosa› impulso a [una cosa que estaba paralizada]: *Los representantes de las compañías intentaban desatascar las negociaciones.* || *v. prnl.* **4** Quedar ‹un conducto obstruido› libre: *Ya se ha desatascado el baño.* ⇒ **71.**

desatención *s. f.* **1** (no contable) RESTRINGIDO. Falta de atención: *La desatención es normal a estas edades, no se preocupe usted por el chico.* **2** RESTRINGIDO. Descortesía: *Sería una desatención no visitarlo.*

desatender *v. tr.* **1** Dejar de atender ‹una persona› [a otra persona, a un animal o una cosa]: *Es normal que venda poco, no se puede desatender una tienda. Lo van a sancionar por desatender la conserjería. Nunca había desatendido tanto al perro.* **2** No hacer ‹una persona› caso de las palabras, de los consejos o de las advertencias de [otra persona]: *Eso te pasa por desatender los consejos de tu padre, que ya te advirtió que no fuerais por esos barrios.* ⇒ **80.**

desatento, ta *adj.* **1** (ser / estar) Que es poco amable o cortés: *Es una persona muy desatenta. Ha estado muy desatento con nosotras.* **2** (estar) Que está distraído y no presta atención a lo que debe: *Estaba desatento en clase. Suele estar desatento* ***a*** *las explicaciones.*

desatinar *v. intr.* **1** ELEVADO. Cometer ‹una persona› desatinos: *¿Cómo se te ocurre decir que no quieres a tu madre? No desatines.* || *v. tr.* **2** MÉX.; COLOQUIAL. Hacer enojar ‹una persona o una cosa› [a una persona].

desatino *s. m.* ELEVADO. Falta de tino o acierto de palabra o de obra: *Casarse con Juan fue el mayor desatino de su vida. No dice más que desatinos y bobadas.*

desatornillador *s. m.* RESTRINGIDO. Destornillador.

desatornillar *v. tr.* Sacar ‹una persona›, dándole vueltas, un tornillo de [una cosa]: *Tienes que desatornillar la bisagra para poder quitar la puerta. Desatornilla las patas de la mesa que vamos a desmontarla. Si no desatornillas la cerradura, no podrás arreglarla.* SIN. destornillar.

desatracar *v. tr. / intr.* Separar ‹una persona› [un barco] de otro barco o del sitio en el que esté atracado: *Los ladrones desatracaron una lancha y huyeron por el río. El barco desatracó a las nueve en punto.* ⇒ **71.**

desatrancar *v. tr.* **1** Quitar ‹una persona› la tranca que mantiene cerrada [una puerta]: *Desatranca la puerta por el día, sólo la atranca por la noche.* **2** Quitar ‹una persona› una cosa que obstruye [un conducto]: *Consiguió desatrancar el desagüe.* SIN. desatascar, desobstruir. ⇒ **71.**

desautorizar *v. tr.* **1** No dar ‹una persona› permiso [a otra persona] para hacer [una cosa]: *El Gobierno ha desautorizado las gestiones del embajador extraordinario, por considerar que ha cometido errores graves.* **2** No dar ‹una persona› autoridad, crédito o estimación [a otra persona o una cosa]: *El presidente de la sala desautorizó las palabras del portavoz.* SIN. descalificar. || *v. prnl.* **3** Perder ‹una persona o una cosa› autoridad, crédito o estimación: *El ministerio se ha desautorizado con estas tonterías.* SIN. descalificarse. ⇒ **19.**

desavenencia *s. f.* Falta de acuerdo o de armonía entre las personas o grupos: *desavenencias matrimoniales, desavenencias entre compañeros.*

desavenido, da *adj.* (estar) Que está enemistado o enfadado con otra persona o personas: *Nuestras dos familias siempre han estado desavenidas.*

desavenir *v. tr. / prnl.* RESTRINGIDO. Hacer ‹una persona o una cosa› que [varias personas] dejen de estar en buena avenencia: *Tú* ***te*** *desaviniste* ***con*** *él antes que nosotros. Las tensiones internas han desavenido a los participantes.* SIN. enemistar(se). ⇒ **86.**

desavío *s. m.* RESTRINGIDO. Trastorno, incomodidad: *¿Te causa desavío dejarme el coche?*

desayunar *v. intr. / tr. / prnl.* **1** Tomar ‹una persona› el desayuno: *Normalmente no desayuno. Desayuno un tazón de leche todos los días. ¿Ya* ***te*** *has desayunado?* ***Se*** *desayuna con un café.* || *v. prnl.* **2** COLOQUIAL. Tener ‹una persona› la primera noticia de [una cosa] cuando ya hace mucho que otras la saben: *¿Ahora te desayunas? Pero si es algo antiguo.*

desayuno *s. m.* **1** Primer alimento que se toma por la mañana, al empezar la jornada: *Procuro que mi desayuno sea abundante y nutritivo.* **2** Acción de desayunar o tomar el desayuno: *Siempre nos reunimos para el desayuno en la cocina. El desayuno lo hacen en verano al aire libre. El desayuno es a las ocho.*

desazón *s. f.* **1** (no contable) Desasosiego, inquietud: *Tengo una desazón que no me deja vivir.* SIN. nerviosismo. **2** (preferentemente en plural) Disgusto: *¡Cuántas desazones han pasado por tu culpa!* SIN. pesadumbre. **3** Malestar físico impreciso que produce desasosiego: *Se queja de una continua desazón en el estómago.* **4** Molestia que causa un picor: *Siento desazón en todo el cuerpo.* SIN. comezón.

desazonado, da *adj.* (estar) Que se siente inquieto por alguna pequeña preocupación: *Parecía muy desazonado por la multa que le pusieron por aparcar mal. Está muy desazonado con las notas del chico.*

desbajerar *v. tr.* COL. Quitar ‹una persona› [las hojas bajas de la planta del tabaco].

desbancar *v. tr.* **1** Quitar ‹una persona› un puesto o una posición privilegiada [a otra persona]: *Están enfadados desde que Enrique lo desbancó en la nueva empresa. Me parece que Alicia está desbancando a la antigua secretaria.* **2** Ganar ‹una persona› en el juego todo el dinero que tiene [la banca]: *Creo que es prácticamente imposible desbancar un casino.* ⇒ **71.**

desbandada *s. f.* Separación desordenada y apresurada de un conjunto de personas o animales: *Los tiros provocaron la desbandada de los tordos.* FR. Y LOC. **a la ~** o **en ~** En desorden y rápidamente: *Ante el ataque enemigo los soldados novatos huyeron a la desbandada.*

desbandarse *v. prnl.* Separarse ‹varias personas que iban juntas› en desorden y en distintas direcciones: *Cuando llegó la policía los manifestantes se desbandaron.* SIN. dispersarse.

desbarajustar *v. tr. / prnl.* Producir ‹una persona› desorden o caos en [una cosa]: *Has desbarajustado la habitación con tus prisas. Al tirar del mantel las cartas **se** han desbarajustado.*

desbarajuste *s. m.* Desorden o confusión grande: *El abogado intentó poner orden en el desbarajuste de nuestras cuentas.*

desbaratar *v. tr.* **1** Deshacer o estropear ‹una persona o una cosa› [una cosa]: *Has desbaratado completamente la radio y no hay quien la arregle.* **2** Impedir ‹una persona o una cosa› que [una cosa] se lleve a cabo: *El comando desbarató el ataque del enemigo. Llegaron tan tarde que me desbarataron todos mis planes.* **3** Gastar ‹una persona› [sus bienes] insensatamente: *Ha desbaratado una fortuna jugando al póquer. Es capaz de desbaratar la herencia consultando el futuro a todos los adivinos del mundo.*

desbarbar *v. tr.* **1** RESTRINGIDO. Quitar ‹una persona› las barbas o rebordes de [una cosa, especialmente del papel]: *Tienes que desbarbar bien las hojas antes de encuadernarlas.* **2** RESTRINGIDO. Quitar ‹una persona› las raicillas delgadas de [una planta].

desbarrancar *v. tr.* **1** ARG., COL., MÉX.; COLOQUIAL en Colombia y México. Hacer perder a alguien una posición importante. || *v. tr. / prnl.* **2** ARG., CHILE, COL., PERÚ, URUG., VEN. Despeñar(se) ‹una persona o un animal› por un barranco. ⇒ **71.**

desbarrar *v. intr.* Decir o hacer ‹una persona› disparates: *Cuando está enfadado desbarra bastante, pero yo no le hago caso.* SIN. desatinar, desvariar.

desbastar *v. tr.* **1** Quitar ‹una persona› las partes más bastas de [una cosa]: *La escultura de nuestro paisano utiliza bloques de cemento, casi sin desbastar, para expresar la dureza, el ascetismo y la naturalidad de nuestra tierra.* || *v. tr. / prnl.* **2** RESTRINGIDO. Quitar ‹una persona› [a otra persona] su tosquedad: *Su profesor consiguió desbastarlo mucho y que pareciera un chico amable y delicado. Este muchacho **se** ha desbastado bastante en la capital.* SIN. refinar(se).

desbeber *v. intr.* COLOQUIAL, RESTRINGIDO; EUFEMISMO. Orinar ‹una persona›.

desbloquear *v. tr.* **1** Quitar ‹una persona› un obstáculo que impedía el paso por [una cosa] o el desarrollo de [una cosa]: *Los intensos trabajos de las brigadas de voluntarios han conseguido desbloquear la carretera. Los sindicatos y el Ministerio de Trabajo han decidido desbloquear las conversaciones.* **2** Levantar ‹una persona› el bloqueo de [valores] o de [dinero]: *El juez ha mandado desbloquear las cuentas de la compañía.* || *v. prnl.* **3** Quedarse ‹una cosa› sin los obstáculos que impedían su desarrollo o el paso por ella: *Tras las intensas nevadas se ha desbloqueado la carretera después de dos días de sol. Nuestras relaciones se han desbloqueado hace tiempo.*

desbocarse *v. prnl.* **1** Abrirse la abertura de [una cosa] más de lo debido: *Ten cuidado con el jersey, porque si te lo pones así se desbocará el cuello.* **2** Dejar de obedecer ‹una caballería› al freno y echarse a galopar alocadamente: *El caballo se desbocó con el ruido del disparo y salió corriendo.* **3** RESTRINGIDO. Perder ‹una persona› la contención en la conducta o en el lenguaje: *Este niño está en la edad del pavo y se desboca enseguida, hablando de esa manera tan grosera. Está totalmente desbocado, no hay quien lo haga venir a casa antes de las cinco de la madrugada.* ⇒ **71.**

desbolado, da *adj. / s. m.* y *f.* ARG., URUG; COLOQUIAL. [Persona] que se comporta de manera desordenada y caótica.

desbordamiento *s. m.* Acción y resultado de desbordar: *el desbordamiento del río, el desbordamiento de un conflicto, el desbordamiento de una pasión. El desbordamiento de los gastos del club es peligroso.*

desbordante *adj.* (antepuesto / pospuesto) Que desborda o se manifiesta con exaltación: *sentimiento desbordante, entusiasmo desbordante y contagioso, alegría desbordante, imaginación desbordante. Ana lleva una desbordante actividad.*

desbordar *v. intr. / tr. / prnl.* **1** Salir ‹una cosa› de los bordes de un cauce o de un recipiente: *Los papeles desbordan la papelera. El río **se** desbordó. Cierra el grifo, que va a desbordar**se** el lavabo.* **2** Manifestar ‹una persona› vivamente [un sentimiento que la llena por completo]: *Pilar desborda entusiasmo siempre que va al teatro. **Se** desborda la alegría de su corazón.* || *v. tr.* **3** Pasar ‹una persona o una cosa› los límites de [una cosa]: *Los aficionados desbordaron el cordón policial. El turismo ha desbordado todas las previsiones del aeropuerto. Mira, ya estás desbordando mi capacidad de aguante.* SIN. sobrepasar, superar.

desborde *s. m.* ARG., URUG. Desbordamiento.

desbravar *v. tr.* **1** Hacer ‹una persona› manso [a un animal]: *Hace años, en los pueblos desbravaban a las vacas que embestían en la calle dándoles palos entre los cuernos.* || *v. prnl.* **2** COLOQUIAL. Perder ‹una persona› energía, tensión o agresividad: *Los chicos necesitan hacer deporte para desbravarse. Yo me desbravo corriendo en bici. Mejor que se desbraven en el fútbol que no metiéndose con la gente.* **3** Perder ‹una cosa› su fuerza: *Esta salsa ya se ha desbravado, no pica como antes.*

desbrozar *v. tr.* **1** Quitar ‹una persona› la broza de [una cosa]: *Los técnicos aconsejan desbrozar los cauces de las torrenteras y los caminos para impedir la propagación del fuego.* **2** Quitar ‹una persona› [una cosa innecesaria o perjudicial] para facilitar una acción: *El enviado especial del presidente intenta desbrozar las dificultades de las negociaciones. Desbrozó el escrito de frases inútiles.* ⇒ **19.**

descabalar *v. tr.* **1** Dejar ‹una persona o una cosa› incompleta [una cosa]: *Nos ha descabalado la cristalería y la vajilla; en cuanto se pone a fregar, parece que los cacharros se le escapan de las manos.* **2** Desorganizar ‹una persona› [un plan o una cosa]: *Tu forma de trabajar descabala todo el despacho. Has descabalado todas las posibilidades de acuerdo con tu oposición frontal al proyecto.* ‖ *v. prnl.* **3** Quedar ‹una cosa› incompleta: *He perdido un pendiente y se ha descabalado el juego de anillo y pendientes que me regalaste.* **4** Desorganizarse ‹una cosa›: *Parece que en este despacho las cosas se descabalan solas.*

descabalgar *v. intr.* Bajar ‹una persona› de una caballería: *Los jinetes descabalgaron delante de la puerta.* SIN. desmontar. ⇒ **56.**

descabellado, da *adj.* Que no tiene lógica ni razón: Es *una idea descabellada viajar de noche con esta niebla. Puedes hacer lo que quieras, pero me parece descabellado ir a trabajar con fiebre.* SIN. disparatado.

descabellar *v. tr.* **1** TAUROM. Matar ‹el torero› [al toro] clavándole la espada de cruceta entre las últimas cervicales: *El torero descabelló al toro al tercer intento.* **2** COLOQUIAL. Hacer un trabajo deprisa o mal para cumplir un compromiso: *Aquí estamos descabellando un trabajo para el profesor de química.*

descabello *s. m.* **1** TAUROM. Acción de descabellar: *El diestro despachó a su segundo toro de tres estocadas y descabello. Tuvo que hacer varios intentos antes del descabello.* **2** COLOQUIAL. Trabajo acabado deprisa o mal para salir del paso: *He acabado el libro, pero el capítulo final es un descabello. Se nota que en la última parte de su conferencia iba al descabello, porque tenía prisa.*

descabezar *v. tr.* **1** Quitar o cortar ‹una persona› la cabeza [a una persona o a un animal]: *En algunos países se descabezaba a los delincuentes. Mandó descabezar a sus enemigos y colgó sus cabezas a la entrada del pueblo. Compra siempre las sardinas descabezadas.* **2** Quitar ‹una persona› la punta o la parte superior de [una cosa]: *No me gusta tener lapiceros mordidos y descabezados.* **3** Quitar ‹una persona› [a otra persona] del puesto destacado que ocupa en [una organización]: *Descabezaron el grupo terrorista. Se rumorea que van a descabezar el departamento y nos vamos a quedar sin director.* **4** COL.; COLOQUIAL. Hacer fracasar ‹una persona› [a otra persona] en sus aspiraciones o destituir [a una persona] de un cargo o empleo. FR. Y LOC. **~ un sueño*.** ⇒ **19.**

descabuyarse *v. prnl.* COL.; COLOQUIAL. Escabullirse ‹una persona o una cosa›.

descachalandrado, da *adj.* COL., PERÚ, VEN.; COLOQUIAL. Que es descuidado en el vestir.

descachar *v. tr.* AMÉR. Cortar ‹una persona› [los cachos o cuernos] a un animal.

descacharrar *v. tr. / prnl.* Escacharrar.

descafeinado, da *adj.* **1** COLOQUIAL. Que ha perdido su autenticidad o su fuerza: *Estos toros de ahora son descafeinados, ya no hay toros bravos. Escribe unos artículos sosos y descafeinados.* ‖ *adj. / s. m.* **2** [Café] al que se le ha extraído la cafeína: *Me pone un descafeinado, por favor. El médico me ha aconsejado que tome café descafeinado.*

descafeinar *v. tr.* **1** Quitar ‹una persona› la cafeína [del café]: *Me gustaría conocer como descafeínan el café.* **2** Reducir ‹una persona› lo que considera violento o peligroso de [una cosa]: *Hay que navegar en veleros antiguos, sin descafeinar la aventura ni los peligros.*

descalabradura *s. f.* Herida en la cabeza: *Se cayó de la bicicleta y apareció en casa con una descalabradura.*

descalabrar *v. tr.* **1** Causar ‹una persona o una cosa› una herida en la cabeza de [una persona]: *Un trozo de teja me ha descalabrado.* **2** Causar ‹una persona o una cosa› una herida [a una persona]: *La abuela tiene mucho miedo a que las motos la descalabren.* **3** Causar ‹una persona o una cosa› un perjuicio [a una persona]: *Los gastos de la boda nos han descalabrado un poco.* ‖ *v. prnl.* **4** Recibir ‹una persona› una herida en la cabeza: *Me he descalabrado contra una farola.*

descalabro *s. m.* Daño o pérdida muy grave: *Las ventas de este año han producido unos descalabros impresionantes para nuestra economía. La huida del presidente fue un descalabro para el país. Temen que puedan tener un descalabro en las elecciones.*

descalcificación o **decalcificación** *s. f.* (no contable) MED. Disminución del calcio contenido en los huesos: *Contra la descalcificación los médicos recetan compuestos de calcio y tomar alimentos ricos en calcio, como la leche o el queso.*

descalcificar o **decalcificar** *v. tr.* **1** Eliminar o disminuir ‹una cosa› el calcio de [un tejido orgánico]: *El alcohol y el tabaco descalcifican los huesos, según he oído.* **2** Eliminar ‹el agua› la caliza de [una roca, el suelo o un mineral]: *Las abundantes lluvias de los últimos meses están descalcificando el suelo.* ‖ *v. prnl.* **3** Perder ‹un tejido orgánico› calcio: *Los huesos se descalcifican al llegar a una cierta edad.* **4** Perder ‹una roca, el suelo o un mineral› la caliza: *La tierra se descalcifica con la erosión.* ⇒ **71.**

descalificación *s. f.* Acción y resultado de descalificar: *Se determinó la descalificación de los participantes que no reunían los requisitos para la competición. Las descalificaciones que lanza contra su adversario el alcalde en la prensa local están consiguiendo un efecto contrario al deseado. Sólo se preocupan de la descalificación de los rivales y no de relacionarse con sus electores.*

descalificar *v. tr.* **1** Quitar ‹una persona o una cosa› crédito, autoridad o validez [a una persona o una cosa]: *Está empeñado en descalificarme con esos artículos, pero no consigue nada. No se puede descalificar su pintura de una manera tan simple.* SIN. desacreditar, desprestigiar. **2** Eliminar ‹una persona› [a otra persona] de una competición: *Lo descalificaron por empujar a otros corredores en la curva. Han descalificado a los equipos que no presentaron las cuentas a tiempo.* ⇒ **71.**

descalzar *v. tr. / prnl.* **1** Quitar ‹una persona› el calzado [a otra persona]: *Le descalzaron para poder mirarle el tobillo.* ***Me** descalcé al entrar en la mezquita.* ‖ *v. tr.* **2** Quitar ‹una persona› una calza de [una cosa]: *Si arrancas, acuérdate primero de descalzar el coche.* ⇒ **19.**

descalzo, za *adj.* 1 (estar) Que no lleva puestos zapatos o algo que le cubra los pies: *Vas a coger un resfriado si vas descalza. Se quita los zapatos él solo y siempre está descalzo.* 2 (estar) COLOQUIAL; IRONÍA. Que es muy pobre o tiene poco dinero: *Celia no está tan descalza, ¡menudo coche se ha comprado!* ‖ *adj. / s. m.* y *f.* 3 Que pertenece a una comunidad religiosa que no usaba calzado: *las carmelitas descalzas. Fue al colegio de las Descalzas.*

descamar *v. tr.* 1 Quitar ‹una persona› las escamas de [un pez]: *Estoy en la cocina descamando un pescado.* ‖ *v. prnl.* 2 Caer la piel de ‹una persona› en escamillas: *Se me está descamando la piel.* 3 Deshacerse ‹una roca› en trozos semejantes a las escamas: *Cierto tipo de rocas se descaman.*

descambiar *v. tr.* 1 Deshacer ‹una persona› [un cambio]: *Hemos vuelto a descambiar las chaquetas, cada uno se queda con la suya y en paz.* 2 Deshacer ‹una persona› [una compra] recuperando el importe o cambiándola por otro producto: *Buenos días, vengo a descambiar este bolso que no cierra bien.* 3 COL. Convertir ‹una persona› billetes o monedas grandes en la misma cantidad de dinero en piezas más pequeñas.

descamburar *v. tr. / prnl.* VEN.; COLOQUIAL. Despedir ‹una persona› [a otra persona] de un cargo público.

descaminado, da *adj.* 1 Que ha perdido la orientación: *Anduvimos mucho tiempo descaminados hasta que encontramos el sendero que nos llevó a la carretera.* 2 Que mantiene una idea equivocada sobre las cosas: *Estáis descaminadas si pensáis que así conseguiréis vuestros propósitos. Creo que están descaminados en el planteamiento de sus investigaciones. No andan descaminados del todo.*

descaminar *v. tr. / prnl.* Desencaminar.

descamisado, da *adj.* 1 Que está sin camisa o la lleva con varios botones desabrochados: *Niño, no vayas descamisado a ver a tu tío. No puedes andar descamisado en la cocina, ponte una camisa.* ‖ *adj. / s. m.* y *f.* PEYORATIVO. Que es o parece muy pobre: *Se presentó en casa con un descamisado con una pinta que daba miedo.*

descamisar *v. tr.* AMÉR. Arruinar a una persona.

descampado, da *adj. / s. m.* Que no tiene vegetación ni está habitado: *Plantó la tienda en un terreno descampado. Lo abandonó en un descampado.*

descansada *s. f.* COL.; COLOQUIAL. Pausa o descanso en una actividad.

descansado, da *adj.* Que exige poco trabajo o esfuerzo: *Lleva una vida muy descansada. Está contenta porque es un trabajo muy descansado.*

descansar *v. intr.* 1 Hacer ‹una persona› una pausa en un trabajo o en una actividad para reponer fuerzas: *Descansaremos **de** la carrera al llegar a casa. Yo siempre descanso de cuatro a cinco. Para descansar **de** la temporada me retiraré al pueblo.* 2 Dormir ‹una persona›: *Se ha retirado ya a descansar. No he descansado bien estas noches.* 3 Estar ‹un campo› sin cultivo un tiempo: *Las fincas descansan cada tres años, después se vuelven a sembrar.* 4 Estar ‹una persona› enterrada [en un lugar]: *Aquí descansan todos los antiguos compañeros de mi regimiento. Descanse **en** paz. Sus restos descansan **en** el cementerio.* 5 Estar ‹una cosa› apoyada [sobre otra]: *La cúpula descansa **sobre** columnas.* 6 Estar ‹una persona› tranquila después de un dolor o una inquietud: *Ahora que todo ha pasado, ya puedo descansar. Podré descansar cuando haya hecho el examen.* 7 Estar ‹una persona o una cosa› basada [en otra]: *Todo su proyecto descansa en la idea de que es necesario contar con los pequeños comerciantes. La campaña contra los incendios descansa en la imagen de los voluntarios apagando el fuego.* 8 Poner ‹una persona› su confianza en [otra persona]: *El padre descansa **en** sus hijos.* ‖ *v. tr.* 9 Poner ‹una persona› [una cosa] sobre [otra cosa]: *Descansó la cabeza sobre el respaldo.* 10 Hacer ‹una persona› parte del trabajo de [otra persona]. 11 Hacer desaparecer ‹una cosa› la fatiga de [una persona]: *El colirio descansa los ojos. Este campo descansa el alma de cualquiera. La música me descansa la mente.* FR. Y LOC. **~ en paz*. que en paz* descanse.**

descansillo *s. m.* Plataforma que se encuentra al final de un tramo de escaleras: *Los vecinos siempre se reúnen en el descansillo delante de mi puerta.* SIN. rellano, descanso.

descanso *s. m.* 1 Acción y resultado de descansar: *Necesitas un descanso. Cuando acabe esta memoria me tomaré un descanso. Es un descanso para su madre saber que su hija no está sola.* 2 Intermedio de un espectáculo: *En el descanso tomaremos un refresco.* SIN. entreacto. 3 Descansillo: *Nos cruzamos en el descanso de la escalera.* SIN. rellano. 4 Lo que sirve de descanso: *Mira, esta piedra es un buen descanso. Los amigos son el mejor descanso que hay.* 5 CHILE. Retrete.

descapitalizar *v. tr.* 1 Hacer perder ‹una persona o una cosa› el capital o parte de él a [una empresa]: *Los antiguos gestores han descapitalizado la fábrica.* 2 Hacer perder ‹una persona o una cosa› los bienes históricos o culturales de [un país o una sociedad]: *Con sus actuaciones han descapitalizado los museos del país.* ‖ *v. prnl.* 3 Perder ‹una empresa› su capital o parte de él: *La empresa se ha descapitalizado en estos últimos años.* 4 Perder ‹un país o una sociedad› sus bienes históricos o culturales: *Con la guerra se descapitalizó el patrimonio artístico del país.* ⇒ **19.**

descapotable *adj. / s. m.* [Coche] que tiene capota o techo que se puede plegar o retirar: *Siempre había soñado con tener un coche descapotable. Me he comprado un descapotable último modelo.*

descarachar *v. tr. / prnl.* COL.; COLOQUIAL. Desportillar ‹una persona› [la superficie de un objeto].

descarado, da *adj. / s. m.* y *f.* Que actúa con descaro: *Esa chica es una descarada, trata a los clientes con poca educación. Es un niño muy descarado con los adultos.*

descararse *v. prnl.* RESTRINGIDO. Hablar o comportarse ‹una persona› sin vergüenza y sin respeto hacia otra persona: *Se ha descarado con su tío y le estuvo haciendo burla. Ahora que tiene confianza se ha descarado y le dijo todo lo que se le ocurrió.*

descarga *s. f.* 1 Acción y resultado de descargar: *En el puerto hay una zona de carga y descarga. El llanto es una descarga emocional.* 2 Conjunto de disparos de un arma hechos de una vez: *Se oyeron varias descargas de ametralladora.* 3 Paso brusco de la corriente eléctrica de un cuerpo a otro de potencial diferente: *Mientras arreglaba la lámpara me dio una descarga que me tiró de la escalera.*

descargar *v. tr.* 1 Quitar o disminuir ‹una persona› la carga de [una cosa]:*Tenemos que descargar los barcos hoy.* 2 Quitar ‹una persona› [una obligación o una responsabilidad] [a otra persona]: *Me descargó **de** responsabilidades porque me vio muy ocupado.* 3 Quitar ‹una persona› [una cosa superficial] [de otra]. **4** Quitar ‹una persona› la carga de [un arma de fuego o un barreno]: *Descarga la pistola, no vayamos a tener un disgusto.* **5** Declarar ‹una persona› inocente [de un delito] [a otra persona]: *El tribunal lo ha descargado de toda responsabilidad o culpa.* SIN. absolver. **6** Dar ‹una persona› [un golpe] contra [una persona o una cosa] con violencia: *Descargó un golpe* ***contra*** *la puerta. Le descargó un golpe con un palo y le rompió tres costillas.* **7** Hacer ‹una persona› disparos con [un arma de fuego]: *Descargó el fusil contra las dos sombras.* **8** Hacer ‹una persona› víctima [de su malhumor] a [otra persona]: *Descargó su ira* ***contra*** *mí. Descargó el malhumor* ***en*** *los pequeños.* **9** Quitar ‹una persona o una cosa› la carga eléctrica de [una cosa]: *La humedad descargó la batería del coche. No sé qué has hecho pero has descargado la pila.* || *v. intr.* **10** Ir a parar el agua de ‹un río› al [mar o a un lago]. **11** Deshacerse una nube en ‹lluvia o granizo›: *La nube descargó en Jaén. La tormenta descargó con fuerza.* || *v. prnl.* **12** No aceptar ‹una persona› [los cargos o las acusaciones que se le hacen]: *Se descargó* ***de*** *las acusaciones.* **13** Perder ‹una cosa› la carga eléctrica: *La batería se descarga si no la desconectas. Las pilas se descargan si no se usa la radio.* ⇒ **56.**

descargo *s. m.* **1** Salida que en las cuentas se contrapone al cargo o entrada. **2** Excusa, satisfacción que se da a alguien, particularmente a la autoridad judicial: *Expuso en su descargo que no tenía intención de causarle daño. En descargo de Luis debemos decir que no estaba solo.* || **3 pliego* de descargos. 4 testigo* de ~.**

descarnador *s. m.* MED. Instrumento de dentista para despegar la encía de un diente.

descarnar *v. tr./prnl.* **1** Quitar ‹una persona› la carne de [un hueso]: *En esta sección del matadero descarnan los jamones. Se me han descarnado mucho las encías.* **2** Quitar ‹una persona› una parte de [una cosa] desmoronándola: *descarnar un muro. La pared* ***se*** *está descarnando.*

descarne *s. m.* **1** ARG. Parte inferior de la piel del animal vacuno que por ser de baja calidad se usa para trabajos menores. **2** ARG. Carne vacuna que se saca de la piel o del hueso del animal.

descaro *s. m.* (no contable) Falta de respeto, desvergüenza: *Tiene la mala costumbre de contestar con descaro.*

descarriar *v. tr.* **1** Separar ‹una persona o una cosa› [a una persona] de su camino: *Sufrió una mala influencia que le descarrió de su camino y no consiguió acabar la carrera.* SIN. desviar. **2** Separar ‹una persona› una res del rebaño. || *v. prnl.* **3** Separarse ‹una persona› de su camino: *En ciertos ambientes es fácil que los jóvenes se descarríen.* SIN. desviarse. **4** Separarse ‹una res› del rebaño: *Las ovejas que no están bien guardadas se descarrían con facilidad.* FR. Y LOC. **oveja* negra/descarriada.** ⇒ **8.**

descarrilar *v. intr.* Salir ‹un tren o un tranvía› de los carriles por los que circula: *El mal estado de la vía tras las lluvias ha sido la causa de que descarrilara el tren.*

descartable *adj.* ARG., PERÚ, URUG. [Envase] que se fabrica para ser usado una vez y tirarlo después.

descartar *v. tr.* **1** Dejar ‹una persona› [una cosa] aparte: *Descartan una solución violenta. El médico descarta la operación quirúrgica.* SIN. excluir. || *v. prnl.* **2** Dejar ‹un jugador› las cartas que considera inútiles, en algunos juegos de naipes: *Me descarto de estas tres y pido otras.*

descarte *s. m.* ARG., URUG. Mercancía que se vende a precio bajo por tener alguna tara.

descasar *v. tr./prnl.* **1** COLOQUIAL. Deshacer ‹una persona› el casamiento de [otras personas]: *Me casé y, a los tres meses,* ***me*** *descasé. Los casé hace año y medio y ahora tengo que descasarlos.* **2** Deshacer ‹una persona› la disposición de [cosas que casaban bien]: *Con el traslado de habitación* ***se*** *me han descasado todos los calcetines.*

descascarillar *v. tr./prnl.* **1** Quitar ‹una persona o una cosa› la cascarilla o la cáscara de [una cosa]: *El jilguero descascarilla el alpiste. No descascarilles los cacahuetes en la alfombra.* **2** Quitar ‹una persona› el recubrimiento o la pintura de ‹una cosa›: *El mueble* ***se*** *está descascarillando con el calor. Con tanto golpe has descascarillado la puerta del balcón.*

descastado, da *adj./s. m.* y *f.* Que no corresponde al cariño que le han demostrado parientes o amigos: *Es un descastado, nunca llama por teléfono cuando está fuera. Es un descastado, nunca escribe, sólo se acuerda de nosotros para pedirnos dinero.*

descendencia *s. f.* **1** (no contable) Conjunto de personas que provienen o descienden de una misma: *La descendencia de Abraham pobló la tierra. Carlos e Inés se han casado, pero todavía no tienen descendencia.* **2** (no contable) Casta, linaje: *Lo maldijo a él y a su descendencia.*

descendente *adj.* Que desciende o va de arriba abajo: *trayectoria descendente, movimiento descendente, línea descendente.* **entonación* ~.**

descender *v. intr./tr.* **1** Pasar ‹una persona, un animal o una cosa› [de un lugar a otro más bajo]: *Descendió* ***al*** *valle. Descendieron al herido* ***de*** *la ambulancia.* SIN. bajar. || *v. intr.* **2** Pasar ‹una persona› a ocupar [una posición más baja]: *Descendió* ***de*** *categoría.* **3** MÚS. Pasar ‹una persona› del tono agudo al grave: *Desciende un poco, que esta nota no es tan alta.* **4** Disminuir el nivel de ‹un líquido›: *El pantano ha descendido a sus niveles habituales por estas fechas.* **5** Disminuir el nivel, la intensidad o el valor de ‹una cosa›: *Ha descendido el precio del trigo. La temperatura desciende bastante por la noche.* **6** Tener ‹una persona› su origen por generaciones sucesivas, en [un antepasado, un linaje o un país]: *Desciende* ***de*** *una familia noble.* **7** Tener ‹una cosa› su origen en [otra cosa]: *Estos aviones descienden, en realidad, de los transportes usados en la II Guerra Mundial.* ⇒ **80.**

descendiente *s. m./f.* Hijo, nieto o persona que desciende de otra: *Presume de tener muchos descendientes.*

descendimiento *s. m.* **1** RESTRINGIDO. Acción de descender o bajar a una persona. **2** (a veces con mayúscula) Entre los cristianos, bajada del cuerpo de Cristo de la cruz: *Este cuadro representa el Descendimiento.*

descenso *s. m.* **1** Acción y resultado de descender: *El descenso de la montaña ha resultado duro.* SIN. bajada. ANT. ascenso. **2** Acción y resultado de disminuir el nivel, la intensidad o el valor de algo: *el descenso de los precios, el descenso de la temperatura.* **3** DEP. En algunos deportes, como el esquí o el piragüismo, bajada por una pendiente o un torrente: *Su hermano participaba en el descenso del río Sella. Los esquiadores que participan en el descenso son muy valientes.* **4** Pendiente: *El descenso de esta colina es suave.* **5** Camino de bajada: *El descenso no es peligroso, porque está muy bien arreglado. Es un descenso estrecho, pero bien asfaltado.*

descentrado, da *adj.* (estar) Que no está completamente adaptado a un nuevo lugar o ambiente: *Todavía está un poco descentrado en su nuevo hogar.*

descentralización *s. f.* Acción y resultado de descentralizar: *La descentralización administrativa está produciendo resultados palpables.*

descentralizar *v. tr.* **1** Hacer ‹una persona› que [una cosa] dependa menos del poder central: *Han descentralizado todos los ministerios.* **2** Hacer ‹una persona› que [una organización o un servicio] deje de depender de un centro único: *Nuestra empresa descentralizará sus servicios.* ⇒ **19.**

descentrar *v. tr.* **1** Sacar ‹una persona› [una cosa] de su centro: *Si arrastras así la bicicleta la descentrarás.* **2** Sacar ‹una persona› [a otra persona] de su ambiente: *No quiere ir a la ciudad porque dice que tanta gente lo descentra y no puede dormir.* **3** Hacer perder ‹una persona o una cosa› la concentración [a una persona]: *El dolor de muelas me descentra y no puedo trabajar.* ‖ *v. prnl.* **4** Salir ‹una cosa› de su centro: *Se ha descentrado la rueda de la bicicleta.* **5** Salir ‹una persona› de su ambiente: *Mónica se ha descentrado **con** el cambio de colegio.* **6** Perder ‹una persona› la concentración: *Eduardo se descentró a causa de los nervios.*

desceñir *v. tr./prnl.* RESTRINGIDO. Quitar ‹una persona› [una cosa que ciñe otra cosa]: *El hombre le desciñó el cinturón. Estarás más cómodo si **te** desciñes el cinturón.* ⇒ **20.**

descepar *v. tr.* Arrancar ‹una persona› [un árbol o una planta que tiene cepas] de raíz: *Conviene cortar los troncos o podar el árbol, pero no es necesario desceparlo.*

descercar *v. tr.* Quitar ‹una persona› la muralla de [una ciudad] o la cerca de [un campo]: *El Ayuntamiento ha obligado a los propietarios a descercar los caminos que conducían a las playas.* ⇒ **71.**

descerebrar *v. tr.* **1** Causar ‹una persona o una cosa› la pérdida de la actividad funcional del cerebro de [una persona]: *El golpe descerebró al conductor.* **2** Sacar ‹una persona› el cerebro de [un animal] con fines experimentales: *Están descerebrando a diferentes animales para sus experimentos.*

descerezar *v. tr.* COL. Quitar ‹una persona› la cáscara y la pulpa a [las bayas maduras del café]. ⇒ **19.**

descerrajar *v. tr.* **1** Arrancar ‹una persona› la cerradura de [una cosa] violentamente: *Para entrar en casa tuvieron que descerrajar la puerta.* **2** Hacer ‹una persona› [disparos] con un arma de fuego contra [otra persona], contra [un animal] o contra [una cosa]: *Descerrajó dos tiros al pobre bicho. Le han descerrajado varios disparos al alcalde.*

deschapar *v. tr.* PERÚ. Quitar ‹una persona› [la cerradura de una puerta].

deschavar *v. tr./prnl.* **1** (en Argentina su uso es sólo pronominal) ARG., URUG. Descubrir ‹una persona› [una cosa] que se mantenía oculta. ‖ *v. prnl.* **2** PERÚ. Desinhibirse ‹una persona›.

deschavetado, da *adj.* AMÉR. [Persona] que no tiene juicio ni fundamento.

descifrar *v. tr.* **1** Leer ‹una persona› [un escrito cifrado] mediante una clave: *Hemos conseguido descifrar el mensaje después de un trabajo prolongado.* SIN. descodificar. **2** Llegar a conocer ‹una persona› el significado oculto de [una cosa]: *Los arqueólogos no han conseguido descifrar todos los enigmas de las pirámides.* SIN. desentrañar.

descinchar *v. tr.* Quitar o aflojar ‹una persona› la cincha a [una caballería]: *Por favor, descincha el caballo y dale de beber.*

desclasado, da *adj./s. m.* y *f.* **1** SOCIOL. [Persona] que ha perdido la conciencia de la clase social a la que pertenece: *Los obreros desclasados apoyan las reivindicaciones de los pequeños burgueses.* **2** RESTRINGIDO. [Persona] que está integrada en un grupo social que no le corresponde: *Es un pequeño burgués desclasado.*

desclasarse *v. prnl.* RESTRINGIDO. Perder o abandonar ‹una persona› la posición que ocupa en el sistema de clases sociales: *Es verdad que ha hecho dinero, pero se ha desclasado y no vive feliz. Cuando los proletarios se desclasan, suelen ser los más feroces adversarios de sus antiguos compañeros.*

desclavar *v. tr.* **1** Sacar ‹una persona› [un clavo] del lugar en que está clavado: *Estoy desclavando una punta de esta silla que me ha roto los pantalones.* ‖ *v. prnl.* **2** Salir ‹un clavo› del lugar en que está clavado: *No se desclava tan fácilmente esta punta.*

descoagular *v. tr./prnl.* Hacer ‹una cosa› líquida [una sustancia coagulada]: *En agosto se descoagula la sangre de san Pantaleón.*

descocado, da *adj./s. m.* y *f.* Que es muy atrevido o muy desenvuelto: *Lleva siempre unos vestidos muy descocados. Su comportamiento es algo descocado.*

descoco *s. m.* Descaro, atrevimiento: *Para la edad que tiene actúa con un descoco poco apropiado. El descoco suele ser típico de los más jóvenes.*

descodificador, ra o **decodificador, ra** *adj./s. m.* [Aparato] que descodifica las señales codificadas de radio o televisión: *Ha alquilado el descodificador para ver el partido. Con un descodificador escucha lo que habla la policía.*

descodificar o **decodificar** *v. tr.* **1** Aplicar ‹una persona› las normas de un código a [un mensaje codificado o cifrado] para interpretarlo y entenderlo: *Hasta que no llegue el otro compañero no puedo descodificar el mensaje, porque él tiene el libro de códigos en la caja fuerte. Las células son capaces de descodificar los mensajes que les transmiten otras células.* SIN. descifrar. **2** Hacer ‹un aparato› que [las señales sonoras o visuales] codificadas sean accesibles para una persona: *Para poder ver el canal de pago debes alquilar un aparato que descodifica las señales.* ⇒ **71.**

descojonarse *v. prnl.* VULGAR. Reírse mucho ‹una persona› de [una cosa o de otra persona]: *Contaba unos chistes que eran para descojonarse. Nos descojonábamos todos con la caída del camarero.*

descolgar *v. tr.* **1** Quitar ‹una persona› [una cosa] del lugar en que está colgada: *Descuelga el abrigo de ahí y colócalo en su sitio.* **2** Levantar ‹una persona› el auricular del [teléfono] para establecer comunicación: *Descuelga el teléfono, que suena.* **3** Dejar ‹un deportista› [a sus competidores] atrás: *En la tercera vuelta consiguió descolgar a sus perseguidores. El líder ha descolgado a los demás equipos cuando faltan todavía muchas jornadas de liga.* ‖ *v. tr./prnl.* **4** Dejar caer ‹una persona› [a otra persona o una cosa que cuelga de una cuerda] poco a poco: *Descuélgame las llaves en una cesta, que no tengo ganas de subir. Los vecinos **se** descolgaron **por** el balcón antes de la llegada de los bomberos. Los montañeros **se** descolgaron **por** la ladera.* ‖ *v. prnl.* **5** Caer ‹una cosa› del lugar en el que está colgada: *Se ha* *descolgado un calcetín y ha caído al patio.* 6 Quedar ‹un deportista› atrás de sus competidores: *En la segunda vuelta me descolgué y no pude hacer nada.* 7 Ir bajando ‹una persona, un animal o una cosa› de un lugar alto o por una pendiente: *La cordada se está descolgando lentamente a causa de la tormenta.* 8 COLOQUIAL. Aparecer ‹una persona› en [un lugar] inesperadamente o por casualidad: *Se descolgó en la fiesta sin avisar.* 9 COLOQUIAL. Decir ‹una persona› [una cosa inoportuna o inesperada]: *Se descolgó* ***con*** *una noticia absurda e inoportuna. Ahora se descuelga* ***con*** *que no quiere estudiar.* 10 Dejar de tomar ‹una persona› [una droga]: *Se ha descolgado* ***de*** *la cocaína.* 11 PERÚ. Insinuarse ‹una persona› a [otra persona]. ⇒ **24.**

descollar *v. intr.* 1 Ser ‹una cosa o una persona› más alta o más gruesa que [otras de alrededor]: *El campanario descuella* ***sobre*** *las casas del pueblo. Descuella* ***entre*** *sus compañeros por su gordura.* 2 Ser ‹una persona o una cosa› muy distinta de [otras entre las que está]: *Descuella* ***entre*** *los demás por su rapidez mental. Descollaba* ***sobre*** *sus hermanos por su color de piel. Este cañón descuella por la precisión de su puntería.* ⇒ **28.**

descolocar *v. tr.* 1 Dejar ‹una persona› [una cosa] en un lugar distinto del que estaba: *Por favor, cuando cojas un disco, no lo descoloques.* 2 DEP. Dejar ‹un jugador› mal situado [a otro jugador]: *El regate del extremo descolocó al defensa y pudo pasar la pelota con facilidad.* ‖ *v. prnl.* 3 DEP. Quedar ‹un jugador› mal situado: *Nos han ganado porque nuestro equipo se descolocaba con facilidad.* ⇒ **71.**

descolonización *s. f.* (no contable) Proceso que conduce a la independencia política de una colonia: *La descolonización de algunas colonias africanas ha sido muy compleja.* ANT. colonización.

descolorar *v. tr. / prnl.* Decolorar.

descolorido, da *adj.* Que ha perdido color o está más pálido de lo habitual: *una tapicería descolorida por el sol. Tienes la cara descolorida después de la gripe.*

descolorir *v. tr.* Quitar ‹una cosa› el color de [otra cosa]: *Los focos han descolorido el telón de fondo. La enfermedad ya le había descolorido la cara cuando lo conocí.*

descombrar *v. tr.* RESTRINGIDO. Desescombrar.

descomedido, da *adj.* 1 Que es muy grande o se sale de lo normal: *Tiene un amor descomedido por el hijo mayor. Roberto tiene una tendencia descomedida a hablar mal de los demás.* 2 Que es descortés o desconsiderado: *Ayer estuviste muy descomedido en tu intervención en la conferencia. No le hagas caso, es siempre igual de descomedido.* 3 COL. Que está poco dispuesto a ayudar a alguien.

descomer *v. intr.* COLOQUIAL, RESTRINGIDO; EUFEMISMO. Cagar: *Podemos ir tranquilos de paseo que el niño ya ha descomido. Ahora estoy muy bien, no tengo problemas para descomer.*

descompaginar *v. tr.* Alterar ‹una persona o una cosa› el orden de [una cosa]: *Hemos descompaginado los días y ya no coincidimos.*

descompasado, da *adj.* Que no sigue un ritmo o compás: *Unos aplausos descompasados sonaron al final del acto. Bailaban descompasadas varias parejas en la pista.* ANT. acompasado.

descompasar *v. tr. / prnl.* Hacer ‹una persona o una cosa› que [otra persona] pierda el ritmo o el compás: *Con los nervios los jóvenes cantores* ***se*** *descompasaron. Los vítores y los aplausos descompasaron a los reclutas que desfilaban.*

descompensar *v. tr.* 1 Hacer perder ‹una persona o una cosa› la compensación o el equilibrio a [una cosa]: *Tu propuesta descompensa la equidad del acuerdo.* SIN. desequilibrar. ‖ *v. prnl.* 2 Perder ‹una cosa› la compensación: *Se ha descompensado la balanza y pesa mal. Se ha descompensado el reloj de péndulo. Con estas facturas se descompensa el presupuesto del mes.* 3 Perder ‹el corazón› su capacidad de compensación para las alteraciones valvulares: *El médico me ha dicho que se me ha descompensado el corazón.*

descomponer *v. tr.* 1 Separar ‹una persona o una cosa› los componentes de [una sustancia]: *Descomponemos el agua en oxígeno e hidrógeno.* 2 Separar ‹una persona o una cosa› las partes o los elementos de [una cosa]: *Se han empeñado en descomponer la vieja bicicleta y no pueden quitarle ni el timbre. Si queréis descomponer la mesa, lo primero es quitar los tornillos de las patas. Podemos descomponer una sílaba en sonidos.* 3 Hacer ‹una cosa› que [una sustancia orgánica] se altere y se pudra: *El calor descompone los alimentos.* 4 Hacer ‹una persona o una cosa› que [una cosa] deje de funcionar bien: *De tanto jugar con el reloj has descompuesto el mecanismo.* 5 Hacer desaparecer ‹una persona o una cosa› el arreglo o la buena disposición de [una cosa]: *El viento le descompuso el pelo. La multitud de gente que la empujaba le descomponía el disfraz.* 6 Hacer perder ‹una persona o una cosa› la serenidad [a una persona]: *Sus palabras me descompusieron.* 7 Hacer perder ‹una cosa› la salud [a una persona]: *La cerveza me ha descompuesto el estómago.* ‖ *v. prnl.* 8 Separarse los componentes de ‹una sustancia›. 9 Separarse las partes o los elementos de ‹una cosa›: *Se han descompuesto las patas de la mesa.* 10 Alterarse y pudrirse ‹una sustancia orgánica›: *La carne se descompone con el calor.* 11 Dejar de funcionar bien ‹una cosa›: *Se ha descompuesto la lavadora y tenemos que lavar a mano.* 12 Desaparecer el arreglo o la buena disposición de ‹una cosa›: *Se le descomponía el escote con el más mínimo gesto.* 13 Alterarse ‹el rostro› de una persona: *Se le descomponía el rostro cada vez que sentía sus pasos. Se le descomponía la cara cada vez que lo veía.* 14 Perder ‹una persona› la serenidad: *Me descompongo con sus payasadas.* 15 Perder ‹una persona› la salud: *Me descompongo con la fruta agria.* ⇒ **60.**

descomposición *s. f.* 1 (no contable) Acción y resultado de descomponer o separar las partes de algo: *la descomposición de la luz en los colores del arco iris. La descomposición del agua origina oxígeno e hidrógeno. Parece que la descomposición del régimen político es irreversible.* 2 (no contable) Corrupción de la materia orgánica: *Encontraron en el bosque un cadáver en avanzado estado de descomposición. La carne se hallaba en estado de descomposición.* SIN. putrefacción. 3 COLOQUIAL. Diarrea: *Las ciruelas verdes le produjeron descomposición. Voy al médico porque tengo descomposición.* **~ intestinal.**

descompostura *s. f.* ARG., URUG. Descomposición intestinal.

descompresión *s. f.* FÍS. Eliminación o disminución de la presión que actúa sobre algo: *Los que descienden a cierta profundidad en el mar deben acostumbrarse lentamente a la presión de la superficie para evitar que la descompresión brusca dañe su organismo.* ANT. compresión.

descompresor *s. m.* **1** Aparato que disminuye la presión de un líquido o un gas contenido en algún lugar cerrado. **2** MEC. Válvula que suprime por un momento la compresión de los cilindros de un motor.

descompuesto, ta *adj.* **1** AMÉR. Que está borracho. || *p.* **2** Participio irregular de *descomponer.*

descomulgar *v. tr.* Excomulgar. ⇒ **56.**

descomunal *adj.* Que es o sucede fuera de lo normal o de lo que es costumbre: *Tiene una fuerza descomunal, nunca vista. Me echó una bronca descomunal. Nos hizo una tarta descomunal.* SIN. extraordinario.

desconcertante *adj.* (antepuesto / pospuesto) Que desconcierta o sorprende: *Es una respuesta desconcertante. Adopta una desconcertante actitud.*

desconcertar *v. tr.* **1** Alterar ‹una persona o una cosa› el ánimo de [una persona]: *Los insultos públicos siempre me desconciertan y no reacciono. Has desconcertado a todos con tus palabras, no sabía que eras tan buen orador.* **2** RESTRINGIDO. Alterar ‹una persona o una cosa› el orden o la buena armonía de [personas o cosas]: *El bebé ha desconcertado todas las costumbres de la casa.* || *v. prnl.* **3** Alterarse el ánimo de ‹una persona›: *Me he desconcertado* ***con*** *sus propuestas. Se desconcertó* ***ante*** *la falta de delicadeza de sus palabras.* **4** Alterarse el orden o la buena armonía de ‹personas o cosas›: *Es ridículo que nuestra amistad se desconcierte por una pequeña discusión.* ⇒ **58.**

desconchabar *v. tr.* **1** ARG., CHILE, MÉX. Deshacer ‹una persona› [un trato]. **2** ARG., CHILE, MÉX. Despedir ‹una persona› [a un trabajador]. **3** CHILE, MÉX. Sacar ‹una persona o una cosa› [un hueso o una articulación de su lugar].

desconchado *s. m.* Desconchón.

desconchar *v. tr.* **1** Hacer caer ‹una persona o una cosa› parte de la superficie o del revestimiento de [una cosa]: *Has desconchado la jarra con el golpe. La gotera que ha aparecido en el techo ha desconchado éste y parte de la pared.* || *v. prnl.* **2** Caer parte de la superficie o del revestimiento de ‹una cosa›: *Se ha desconchado toda la fachada y habrá que volver a pintar.*

desconche *s. m.* ARG., URUG.; COLOQUIAL. Situación llena de confusión y desorden.

desconchinflar *v. tr.* MÉX.; COLOQUIAL. Descomponer ‹una persona› [una cosa].

desconchón *s. m.* Falta o ausencia pequeña de pintura o del revestimiento de una superficie: *No saques el azucarero que está lleno de desconchones. La pared del portal está llena de desconchones.* SIN. desconchado.

desconcierto *s. m.* **1** Desorden, falta de organización: *El desconcierto ha dominado la lucha contra el fuego en algunos incendios forestales. El desconcierto reina en nuestro departamento, ahora mismo no encontramos ni un papel.* **2** Confusión mental o sorpresa fuerte de una persona que ignora qué sucede o cómo actuar: *Las críticas que ha recibido por su libro lo han sumido en un desconcierto total. El desconcierto de los pasajeros era palpable cuando un soleado día de primavera el capitán anunció que debían abandonar el avión porque el mal tiempo les impedía despegar.*

desconectar *v. tr.* **1** Interrumpir ‹una persona o una cosa› el enlace o la conexión de [personas o cosas]: *La compañía de gas anuncia que desconectará del servicio el distrito cinco durante dos horas. La vida te desconecta de los amigos de la infancia.* **2** Interrumpir ‹una persona o una cosa› la conexión eléctrica entre [varios aparatos] o entre [un aparato y la red general]: *Desconecta el televisor. Desconecta la lavadora que se ha ido la luz.* || *v. prnl.* **3** Interrumpirse el enlace o la conexión de ‹personas o cosas›: *Nos hemos desconectado desde hace tiempo, no nos vemos. Me he desconectado de ese grupo.* **4** Interrumpirse la conexión eléctrica entre ‹varios aparatos› o entre ‹un aparato y la red general›: *Estábamos viendo el partido y, de repente, se desconectó la televisión. Se ha desconectado la aspiradora al estirar mucho del cable.*

desconfiado, da *adj.* / *s. m.* y *f.* Que desconfía: *Su padre es muy desconfiado y nunca le deja salir por la noche. No me gusta tu amiga porque es una desconfiada. Mostraba una actitud desconfiada ante los socios allí reunidos.*

desconfianza *s. f.* (no contable) Falta de confianza: *Si usted viene con desconfianza al médico podemos hacer poco.*

desconfiar *v. intr.* No tener ‹una persona› confianza en [otra persona] o en [una cosa]: *Desconfío* ***de*** *ti. Desconfíe* ***de*** *las imitaciones, busque el sello de autenticidad del producto.* ⇒ **8.**

descongelar *v. tr.* **1** Hacer ‹una persona o una cosa› que [una cosa] deje de estar congelada: *Tenemos que descongelar el lenguado y las judías para la comida.* **2** Hacer ‹una persona› que [una cosa que se había interrumpido] vuelva a emprenderse: *Han decidido los dos líderes descongelar las negociaciones de sus partidos.* SIN. reanudar. **3** Dejar ‹una persona› libre [una cuenta corriente, un sueldo o un alquiler que estaba inmovilizado]: *El juez ha descongelado las cuentas del gran financiero al acabar el sumario.* || *v. prnl.* **4** Dejar de estar congelada ‹una cosa›: *Es mejor que el pescado se descongele lentamente.* **5** Volver a emprenderse ‹una cosa que se había interrumpido›: *Se han descongelado las negociaciones de alto el fuego.* **6** Quedar ‹una cuenta corriente, un sueldo o un alquiler que estaba inmovilizado› libre: *He oído en el informativo que se están descongelando los alquileres.*

descongestión *s. f.* Acción y resultado de descongestionar: *El alcalde ha prometido la descongestión del tráfico en el centro.*

descongestionar *v. tr.* **1** Quitar o disminuir ‹una persona o una cosa› la congestión de [una cosa]: *Han conseguido descongestionar el tráfico del centro de la ciudad. Los vahos me descongestionan el pecho.* || *v. prnl.* **2** Desaparecer o disminuir la congestión de ‹una cosa›: *El tráfico se descongestionó a las nueve. El pecho se me descongestiona con los vahos de eucalipto.*

desconocedor, ra *adj.* Que desconoce: *Reconoció que era desconocedor del problema.*

desconocer *v. tr.* **1** No saber ‹una persona› quién es [una persona] o las circunstancias de [una cosa]: *Desconozco quién es ese señor. Desconozco dónde vive. Desconozco cómo suele vestir. Desconozco sus costumbres. Desconozco para qué sirve esto.* **2** No saber ‹una persona› qué es [una cosa]: *Desconozco qué es este paquete. Desconozco esta novela. Dice que desconoce cuál es su misión.* || *v. tr.* / *prnl.* **3** Negar ‹una persona› su relación con [otra persona] o con [una cosa]: *Desconoce a su hija. ¿****Se*** *desconoce usted en esta foto? Desconozco mi firma* ***en*** *este certificado. Desconozco mi poesía* ***en*** *esta versión.* ⇒ **5.**

desconocido, da *adj. / s. m.* y *f.* 1 Que no es conocido: *No me gusta que hables con desconocidos. Una persona desconocida me ha dicho que le gustaba mucho mi coche.* 2 Que no es famoso: *El cuadro era de un pintor desconocido.* 3 (estar) Que ha cambiado mucho: *Está desconocido, antes nunca hubiera dicho eso. La ciudad está ahora desconocida.*

desconocimiento *s. m.* (no contable) Ignorancia o falta de conocimiento: *No sé qué pasa en la delegación de la empresa, tengo un desconocimiento total.*

desconsideración *s. f.* Falta de consideración o respeto: *No lo tomes como una desconsideración, pero tengo que decirte que tu trabajo está por debajo de tus posibilidades. Tuvo la desconsideración de no invitarme, cuando fueron todos los compañeros de la oficina. Es una desconsideración tener a la gente esperando en la calle.* SIN. descortesía.

desconsiderado, da *adj. / s. m.* y *f.* Que no tiene consideración: *Es un desconsiderado con sus compañeros. El no quererte hacer este favor me parece muy desconsiderado por su parte.*

desconsolado, da *adj.* (antepuesto / pospuesto) Que se siente muy triste o que no tiene consuelo: *un llanto desconsolado. Tenía una desconsolada mirada. Escribe una poesía desconsolada.*

desconsolar *v. tr.* 1 Causar ‹una persona o una cosa› desconsuelo [a una persona]: *La muerte del perro lo ha desconsolado profundamente.* ‖ *v. prnl.* 2 Sentir ‹una persona› desconsuelo: *Se desconsuela por poca cosa. Me desconsuelo viendo cómo sufre mi madre.* ⇒ **28.**

desconsuelo *s. m.* Angustia grande o pena profunda: *Tiene un desconsuelo enorme desde que murió su mujer. Le han robado la cartera con documentación de la empresa y varios cheques y no puede controlar el desconsuelo.*

descontado Se usa en la LOC. **por ~** Con toda seguridad, por supuesto: *Doy por descontado que nos vemos mañana. Por descontado que vamos. Cuenta con nosotros, por descontado. –«¿Vienes a cenar?» –«Por descontado.»*

descontaminar *v. tr.* 1 Hacer desaparecer o disminuir ‹una persona o una cosa› la contaminación de [un lugar] o de [una cosa]: *El Ayuntamiento ha elaborado un plan para descontaminar el río.* ‖ *v. prnl.* 2 Desaparecer o disminuir la contaminación de ‹un lugar› o de ‹una cosa›: *Se ha descontaminado el barrio desde que se cerró la fábrica química.*

descontar *v. tr.* 1 Quitar ‹una persona› [una parte de una cosa]: *Le descontaron parte de su sueldo. Me han descontado un poco del precio, porque la jarra tenía un pequeño defecto.* 2 Quitar ‹una persona o una cosa› parte del mérito o de las virtudes que se atribuyen [a una persona]: *De toda su historia hay que descontar la ayuda que le presta su mujer. Tiene dinero, pero descuenta el patrimonio de sus hijastros.* 3 ECON. Pagar ‹una persona› [una letra o un documento no vencido] al contado cobrando un interés: *Según me dice, gana mucho descontando letras.* 4 DEP. Considerar ‹el árbitro› [el tiempo en que el partido ha estado interrumpido] como no jugado, para añadirlo al final del periodo reglamentario: *Los del equipo local ganaron porque el árbitro había descontado tres minutos y marcaron cuando ya había pasado el tiempo reglamentario.* ⇒ **28.**

descontentar *v. tr.* Causar ‹una persona o una cosa› descontento o disgusto [a una persona]: *Hablar con la jefe de personal me descontenta siempre. Los nuevos horarios van a descontentar a todos.*

descontento, ta *adj.* 1(estar) Que no está alegre o satisfecho: *Está descontento* ***con*** *los resultados de los exámenes.* ‖ *s. m.* 2 Desagrado o disgusto: *El descontento es visible entre los alumnos de la clase. El descontento de los sindicatos es peligroso. Sus resultados causaron gran descontento entre los asistentes.*

descontextualizar *v. tr.* Interpretar ‹una persona› [una expresión] fuera de su contexto adecuado: *No me parece ético que descontextualicen las declaraciones que he hecho sobre el problema de la enseñanza.* ⇒ **19.**

descontrol *s. m.* 1 Pérdida de control o dominio sobre algo: *El descontrol del automóvil fue la causa del accidente.* 2 Desorden, desorganización: *La fiesta fue un total descontrol.*

descontrolarse *v. prnl.* 1 Perder ‹una persona› el dominio de sí misma: *En cuanto bebe dos gotas se descontrola. Procura responder ordenadamente, no te descontroles, porque se te irá el tiempo y no contestarás nada.* 2 Perder ‹un aparato› su ritmo regular de funcionamiento: *El ascensor está algo descontrolado, aprietas el segundo y te lleva al cuarto piso.*

desconvocar *v. tr.* Dejar ‹una persona› [una convocatoria] sin efecto: *Se dice que los líderes estudiantiles desconvocarán la huelga de mañana. Los sindicatos han desconvocado la manifestación del sábado. La dirección avisa que se desconvoca la reunión anunciada a las cuatro.* ⇒ **71.**

desconvocatoria *s. f.* Acción y resultado de desconvocar: *la desconvocatoria de la huelga de pilotos, la desconvocatoria de una manifestación, la desconvocatoria de una asamblea. El director ha prometido negociar, si los trabajadores aseguran la desconvocatoria de la próxima huelga.*

descorazonador, ra *adj.* Que descorazona o desanima: *un resultado descorazonador. Hemos conseguido unas ventas descorazonadoras.*

descorazonar *v. tr.* 1 Quitar ‹una persona o una cosa› el ánimo o la esperanza [a una persona]: *Las palabras del médico la han descorazonado. El precio de los pisos descorazona a los posibles compradores.* SIN. desanimar. ‖ *v. prnl.* 2 Perder ‹una persona› el ánimo o la esperanza: *Se ha descorazonado al ver el trabajo que le espera. Me descorazono con el egoísmo de los países más ricos.* SIN. desanimarse.

descorchador *s. m.* Sacacorchos.

descorchar *v. tr.* 1 Quitar ‹una persona› el tapón de [una botella]: *Descorcharon una botella del mejor cava.* 2 Quitar ‹una persona› el corcho de [un alcornoque]: *No se pueden descorchar los alcornoques de cualquier manera.*

descorche *s. m.* 1 RESTRINGIDO. Dinero extra o comisión que recibe en un bar de alterne un empleado o empleada por las consumiciones que hace el cliente al que acompañan: *Gana más con el descorche que con el sueldo.* 2 Acción de descorchar una botella o de quitar el corcho a un alcornoque: *Es un experto en el descorche de botellas. Ya ha llegado la época del descorche de los alcornoques.* 3 COL. Dinero que se paga en bares y otros establecimientos parecidos para poder traer uno mismo las bebidas alcohólicas.

descornar *v. tr.* 1 RESTRINGIDO. Quitar ‹una persona› los cuernos [a un animal]: *Ahora no se suele descornar a ningún animal.* ‖ *v. prnl.* 2 COLOQUIAL. Trabajar o dedicarse a una actividad ‹una persona› con mucha entrega: *Como no te descuernes estudiando no sacarás buenas notas, porque la competencia es dura.* 3 COLOQUIAL. Darse ‹una persona› un golpe muy fuerte: *Casi me descuerno anoche con la puerta del pasillo. Niño, no corras que te vas a descornar.* ⇒ **28.**

descorrer *v. tr.* **1** Mover ‹una persona› [una cosa] para dejar al descubierto lo que cubría o lo que cerraba: *El alcalde descorrió la cortina que cubría la placa conmemorativa del poeta en su casa natal. No te olvides de descorrer el cerrojo de la puerta del garaje.* || *v. prnl.* **2** Moverse ‹una cosa› dejando al descubierto lo que cubría o lo que cerraba: *Cuando se descorrió la cortina pudimos ver cómo la crisis ha afectado también a los presupuestos del teatro.*

descortés *adj.* (ser / estar) Que es grosero o no es cortés: *Ha sido un detalle muy descortés quedarse sentado mientras hablaba con nosotras. Ha estado muy descortés con nosotras, debía haber dejado que hablásemos. Siempre ha sido muy descortés con sus vecinos. Hoy ha estado muy descortés con los compañeros.*

descortesía *s. f.* Falta de cortesía o de amabilidad: *No soporto la descortesía de alguien que me ofrece su casa sin darme su dirección. Es famoso por su descortesía, nunca cede ni el paso ni el asiento.*

descortezar *v. tr.* Quitar ‹una persona› la corteza de [una cosa]: *Descortezar el pan en la mesa es una costumbre muy fea. Lleva toda la mañana entretenido en el jardín, intentando descortezar un tronco viejo.* ⇒ **19.**

descoser *v. tr.* **1** Deshacer ‹una persona o una cosa› la costura de [una prenda]: *Tengo que descoser estas cortinas que están mal hechas.* || *v. prnl.* **2** Deshacerse la costura de ‹una prenda›: *Se me ha descosido el bajo de la gabardina.*

descosido *s. m.* Parte de una prenda de vestir o de otro uso que se ha abierto por donde estaba cosida: *Tengo un descosido en el bolsillo de la chaqueta. Hay un descosido en la cortina del salón.* FR. Y LOC. **como un ~** COLOQUIAL. Muchísimo: *Ricardo come como un descosido. Enrique habla como un descosido. Rosa trabaja como una descosida.* **haber un roto* para un ~. servir / valer igual para un roto* que para un ~.**

descoyuntar *v. tr.* **1** Sacar ‹una persona o una cosa› [un hueso] de su articulación: *Ten cuidado, que me descoyuntas el brazo.* **2** COLOQUIAL. Producir ‹una cosa› mucho cansancio [a una persona]: *Tanto viaje me descoyunta.* SIN. agotar. || *v. prnl.* **3** Salir ‹un hueso› de su articulación: *Se me ha descoyuntado la clavícula. Anda derecho, que te vas a descoyuntar.* **4** COLOQUIAL. Experimentar ‹una persona› mucho cansancio: *Se descoyunta en cuanto anda un poco más de la cuenta.*

descrédito *s. m.* Disminución o pérdida de la buena fama o estima de las personas o cosas: *Desde que la prensa ha publicado sus chapuzas financieras ha caído en un descrédito considerable.*

descreído, da *adj. / s. m.* y *f.* [Persona] que ha dejado de tener una fe o una creencia: *No hablemos de religión, soy una descreída. Este país está lleno de políticos descreídos. En cuestiones amorosas es un perfecto descreído.*

descreimiento *s. m.* Abandono de la fe religiosa o de una creencia: *El descreimiento ha aumentado entre las poblaciones de las zonas de influencia de las diferentes religiones.*

descremado, da *adj.* **1** [Producto lácteo] que se fabrica con leche a la que se le ha extraído la grasa total o parcialmente: *yogur descremado, queso descremado, leche descremada.* || *s. m.* **2** Acción de descremar: *El descremado se obtiene por diferentes procedimientos.*

descrestar *v. tr.* **1** COL.; COLOQUIAL. Engañar o timar ‹una persona› [a otra persona]. **2** COL.; COLOQUIAL. Hacer ‹una persona› que [otra persona] se impresione con falsas apariencias.

describir *v. tr.* **1** Explicar ‹una persona› cómo es [otra persona, un animal o una cosa]: *En tu discurso describirás cuidadosamente todo el ambiente familiar. Descríbame usted qué ve en esta pantalla.* **2** Trazar ‹una cosa› [una figura o una trayectoria] al moverse: *El avión describió una espiral y cayó al mar. La bala no pudo describir una trayectoria curva.* ⇒ **91.**

descripción *s. f.* Representación de una persona, un animal o una cosa por medio del lenguaje: *Escriban una descripción de su pueblo. Un vecino nos ha dado una descripción del sospechoso. Utilizó las manos para hacernos una descripción preciosa de sus sentimientos.*

descriptivo, va *adj.* **1** Que describe o sirve para describir: *un texto descriptivo. Sus palabras tienen una fuerza descriptiva impresionante.* || **2 geometría* descriptiva.**

descrito, ta *p.* Participio irregular de *describir.*

descruzar *v. tr.* **1.** Separar ‹una persona o una cosa› [dos cosas que formaban una cruz]: *No descruces los dedos hasta que yo te lo diga.* || *v. prnl.* **2.** Separarse ‹dos cosas que formaban una cruz›. ⇒ **19.**

descuadrarse *v. prnl.* COL.; COLOQUIAL. No cuadrar ‹un balance comercial o unas cuentas›.

descuajaringar *v. tr.* Descuajeringar. ⇒ **56.**

descuajeringado, da *adj.* PERÚ; COLOQUIAL. Que es desgarbado o desarreglado.

descuajeringar o **descuajaringar** *v. tr.* **1** COLOQUIAL. Romper o estropear ‹una persona o una cosa› [una cosa] o separar sus partes: *Como te sientes en la caja la descuajeringarás, porque es de cartón. El nene ha descuajeringado la radio.* || *v. prnl.* **2** COLOQUIAL. Romperse o estropearse ‹una cosa› o separarse las partes que la forman: *Ya se ha descuajeringado la lavadora. Estoy harto de este sillón, se descuajeringa cuando quiere. Se me acaba de descuajeringar la moto.* **3** COLOQUIAL. Experimentar ‹una persona› mucho cansancio: *Estoy descuajeringado, llevo toda la mañana limpiando los cristales.* **4** COLOQUIAL. Reír ‹una persona› mucho, de tal manera que parezca que se descompone: *No te rías tanto que te vas a descuajeringar. Nos descuajeringábamos de risa con los chistes de Jaimito.* ⇒ **56.**

descuartizar *v. tr.* Dividir ‹una persona› el cuerpo de [otra persona] o de [un animal] en cuartos o en trozos: *El asesino descuartizaba a las víctimas con un machete de cortar caña. Después de matar las reses las descuartizan en la otra nave.* SIN. despedazar. ⇒ **19.**

descubierta *s. f.* MIL. Reconocimiento o examen del terreno más próximo que se hace desde una base militar: *Las descubiertas se hacen a primeras horas de la mañana.*

descubierto, ta *adj.* **1** (estar) Que está abierto o sin cubrir: *una galería descubierta, patio descubierto, coche descubierto.* **terraza descubierta.** **2** (estar) Que no lleva nada que cubra una parte del cuerpo determinada, especialmente la cabeza: *Andaba con la cabeza descubierta. No estaba descubierto cuando entró en la sala. Le gustaba estar en el jardín con el pecho descubierto.* **3** [Lugar] que es abierto y espacioso: *una zona descubierta del bosque.* || *s. m.* **4** Falta de fondos o de dinero en una cuenta bancaria: *Tenía un* *descubierto y el banco le prestó dinero. Tengo la cuenta del banco* ***en*** *descubierto.* || *p.* **5** Participio irregular de *descubrir*. FR. Y LOC. **al ~** 1 Claramente, sin engaños ni falsedades: *Lo hablaremos todo al descubierto, sin trucos. Yo lo cuento al descubierto, no tengo motivos para callarme.* 2 Al aire libre, sin estar protegido por un techo: *Me gusta dormir en el campo al descubierto.* **quedar al ~** 1 Conocerse ‹una cosa›: *La estafa quedó al descubierto.* 2 Quedar claras las intenciones de ‹una persona›: *Quedó al descubierto su bondad. Han quedado al descubierto Pedro y sus planes absurdos.*

descubridor, ra *adj. / s. m.* y *f.* [Persona] que descubre o encuentra una cosa oculta: *la francesa descubridora del radio, el descubridor de una isla perdida en el Pacífico. En España y Portugal, los descubridores por excelencia son los navegantes y conquistadores del siglo* XVI.

descubrimiento *s. m.* **1** Encuentro o manifestación de lo que estaba oculto: *El descubrimiento de América tuvo una importancia capital en Europa. El detective buscaba el descubrimiento de una prueba definitiva de culpabilidad.* **2** Novedad científica o técnica: *Un descubrimiento que pueda llevar a una patente nueva crea muchas tensiones.*

descubrir *v. tr. / prnl.* **1** Quitar ‹una persona› lo que cubre [a otra persona o una cosa]: *Se descubrió el brazo para el análisis. Descubrió la placa conmemorativa.* ***Se*** *descubrió el monumento en la plaza del pueblo.* **2** Dejar ‹una persona› de ocultar [a otra persona o una cosa]: ***Se*** *descubrió él solo con sus contradicciones. No tuvo remordimiento para descubrir a sus cómplices.* || *v. tr.* **3** Dejar ver ‹una cosa› [otra cosa]: *La puerta descubre una vivienda lujosa. El coche descubre la presencia del presidente.* **4** Dejar conocer ‹una cosa› la naturaleza o la existencia de [otra cosa]: *Su fría mirada descubre su fuerte carácter.* **5** Llegar a ver ‹una persona› [una cosa]: *Después de muchos días de navegación, descubrimos la isla en un bonito amanecer.* **6** Llegar a saber ‹una persona› [una cosa que ignoraba]: *He descubierto que me sientan muy mal los higos. Ya he descubierto qué quiere para su cumpleaños.* **7** Encontrar ‹una persona› [una cosa oculta o desconocida]: *Ha descubierto una mina de oro.* **8** Encontrar ‹una persona› [una nueva ley de la naturaleza, una nueva explicación científica de un fenómeno, una máquina o un artefacto cualquiera]: *Dice que ha descubierto el mecanismo del suicidio celular. No recordaba el nombre de la persona que había descubierto la penicilina. Franklin descubrió el pararrayos.* || *v. prnl.* **9** Quitarse ‹una persona› el sombrero o la gorra de [la cabeza]: *Las normas ordenan que nos descubramos en su presencia.* **10** Mostrarse ‹una persona› sorprendida o admirada: *Se descubrió* ***ante*** *la magnitud del trabajo realizado por sus amigos. Se descubrió* ***ante*** *la clara victoria de su contrincante.* **11** DEP. En el boxeo, abrir ‹una persona› la guardia: *El aspirante se descubrió excesivamente y el campeón lo ha dejado K.O.* FR. Y LOC. **~ el pastel*. enseñar / ~ / vérsele la oreja*. ⇒ 91.**

descuelgue *s. m.* ARG.; COLOQUIAL. Acción o comportamiento inconveniente o muy informal.

descuento *s. m.* **1** Rebaja que se hace sobre el precio de algo: *Me hicieron un descuento del 20 % en este pantalón. En esa tienda nunca hacen descuentos.* **2** DEP. Tiempo que se añade al final de un partido para compensar el tiempo perdido: *Marcó el gol en el tiempo de descuento del partido. Este árbitro suele abreviar el tiempo de descuento.*

descuerada *s. f.* COL.; COLOQUIAL. Crítica o murmuración que se hace a espaldas de una persona.

descuerar *v. tr.* **1** AMÉR.; COLOQUIAL. Criticar ‹una persona› [a otra persona]. **2** Quitar ‹una persona› la piel [a un animal]. SIN. pelar.

descuidado, da *adj. / s. m.* y *f.* **1** Que no tiene cuidado con las cosas: *No me gusta dejarle mis cosas porque es muy descuidado.* **2** Que no cuida el aspecto de su ropa: *Laura viste fatal, es muy descuidada. Fernando tiene un aspecto descuidado.* **3** (estar) Que no ha tomado precauciones contra una cosa que le está sucediendo o que puede sucederle: *Miguel estaba descuidado cuando lo empujaron.* SIN. desprevenido.

descuidar *v. tr.* **1** No dar ‹una persona› la atención o cuidado debidos [a otra persona o una cosa]: *No descuides a tus hermanos en el parque. Descuidas mucho tu limpieza personal.* || *v. prnl.* **2** No tomar ‹una persona› precauciones: *Como te descuides, te vas a quedar sin negocio. No nos descuidemos, que vamos a perder el tren. Si me descuido, se deja el abrigo.* FR. Y LOC. **descuida** Se usa para indicar a otra persona que se quede tranquila por algo que le interesa: *Descuida, cuando me vaya de casa cierro con llave. Descuida, te envío el paquete mañana.*

descuido *s. m.* **1** Falta de cuidado o atención: *No puedes tener más descuidos, y debes atender a lo que te manda el jefe.* **2** Abandono del aseo o higiene de la propia persona o de las propias cosas: *Siempre viste con mucho descuido. El descuido reina en su biblioteca.*

desde *prep.* **1** Indica el lugar del que alguien o algo procede, o alejamiento a partir de dicho lugar. OBSERVACIONES: Con verbos de movimiento, indica el lugar de origen o punto de arranque: *Bajaron desde las montañas para visitar a sus familias. Vinieron desde Bolivia para asistir a mi boda.* **2** Indica el lugar donde se encuentra alguien cuando realiza una determinada acción. OBSERVACIONES: Con verbos de lengua como *hablar, gritar,* o de sentido como *ver, oír*: *Desde la torre de la catedral se puede ver toda la ciudad. Habló a los senadores desde la tribuna.* **3** Indica el momento en que comienza un determinado hecho o acción: *No duermo desde que te vi por primera vez. Vivo en esta ciudad desde hace diez años.* OBSERVACIONES: ◊ Seguida de una expresión de tiempo. ◊ Admite que le siga *que* + verbo con los mismos usos que *cuando*: *Desde que te vi con aquella chica, no he vuelto a saber de ti.* **4** En correlación con *a* o *hasta,* indica, respectivamente, el punto en que comienza y el punto en que acaba un espacio o un periodo de tiempo, y la distancia que hay entre ambos puntos: *Soy dueño de todas las tierras que hay desde la montaña al valle. Estudiaré desde las cinco hasta las diez.* RELACIONES Y CONTRASTES: En *de... a...* resalta los puntos inicial y final y no el transcurso entre ambos. **4**1 En su sentido nocional, indica adición: *Hace todo, desde recoger el trigo hasta preparar los caballos, pasando por hacer la comida.* OBSERVACIONES: Admite infinitivo y la secuencia *que* + verbo: *Sabe de todo, desde hacer cestos hasta arreglar televisores. Le dije de todo, desde que era un holgazán hasta que no merecía seguir en la casa. Le molesta todo, desde escuchar música hasta que alguien fume a su lado.* **5** Antecede a la expresión de la perspectiva, el enfoque o el aspecto con la que se limita una opinión, pregunta, deseo o mandato: *Desde el punto de vista profesio-*

nal, Luis es un médico excelente. FR. Y LOC. **~ luego** Se usa para afirmar con el significado de 'es sabido que sí', 'por supuesto': *–«¿Venís a comer?» –«Desde luego.» Desde luego que iremos. Desde luego (que) no iremos.* **~ que** COL.; COLOQUIAL. 1 Tiene valor condicional y equivale a 'siempre que'. 2 Tiene valor causal y equivale a 'ya que'. **~ siempre*.** **~ ya** ARG., URUG. Por supuesto, desde luego.

desdecir *v. intr.* **1** Tener ‹una persona› menos o peores cualidades de las que le corresponden por su [origen, clase o educación]: *Este trabajo que nos han hecho desdice **de** la buena reputación de su gabinete.* **2** No estar ‹una cosa› en armonía con [otra cosa]: *Los zapatos sucios desdicen **con** un vestido tan cuidado. Pienso que la iluminación desdice **en** esta decoración tan tradicional.* || *v. prnl.* **3** Negar ‹una persona› [una cosa que ha dicho antes]: *El acusado se desdijo **de** su primera declaración. Nuestro colega se desdice hoy en su primera página **de** las acusaciones del otro día.* ⇒ **31.**

desdén *s. m.* Indiferencia para indicar desprecio: *Desde que riñeron lo trata con un desdén exagerado, poco natural. El niño mira los juguetes con mucho desdén.*

desdentado, da *adj.* **1** (estar) [Persona, animal] que no tiene dientes o ha perdido algunos de ellos: *Las personas mayores suelen estar desdentadas. Trajo a casa un pobre perro desdentado.* || *adj. / s. m.* **2** (macho y hembra) ZOOL. [Animal mamífero] que carece de los dientes delanteros o de todos ellos, tiene el cuerpo recubierto de pelo o escamas córneas y está dotado de fuertes garras, como el perezoso, el oso hormiguero y el armadillo. || *s. m.* **3** (en plural) ZOOL. Orden formado por estos animales.

desdeñable *adj.* Que merece ser desdeñado o despreciado: *Es una sugerencia no desdeñable. Es un error desdeñable, no tiene importancia.*

desdeñar *v. tr.* **1** Mostrar ‹una persona› falta de aprecio o de interés hacia [otra persona] o hacia [una cosa]: *Sonia desdeñó a todos sus pretendientes.* **2** No aceptar ‹una persona› [una cosa] por orgullo: *¿Desdeñas nuestros regalos porque te parecen pequeños?* **3** No tomar ‹una persona› [una cosa] en consideración: *Han desdeñado nuestras propuestas y se alían con otra sociedad.*

desdeñoso, sa *adj. / s. m.* y *f.* (ser / estar) Que tiene o encierra desdén o desprecio: *Eres muy desdeñoso con la gente que no piensa como tú. Estás muy desdeñoso conmigo últimamente.*

desdibujar *v. tr.* **1** Hacer ‹una cosa› confusa o borrosa [otra cosa]: *La penumbra de la sala desdibujaba los contornos de los clientes. La niebla desdibuja las farolas.* **2** Hacer ‹una persona› que [una cosa] parezca distinta: *Con su narración desdibuja toda la declaración anterior. Sus planteamientos desdibujan todo el problema.* || *v. prnl.* **3** Hacerse ‹una cosa› confusa o borrosa: *La ciudad se desdibuja con la niebla. Las paredes del salón se desdibujan con el espeso humo. La historia se ha desdibujado con el paso del tiempo.*

desdicha *s. f.* **1** Desgracia, mala suerte: *José ha llevado una vida llena de desdichas. Parece que la desdicha se ha ensañado con esta familia. ¡Qué desdicha!* He perdido todo el *dinero jugando al bingo.* **2** COLOQUIAL. Persona inútil, torpe o que atrae la mala suerte: *Mi marido es una desdicha, siempre lo despiden del trabajo. Este camarero es una desdicha, en cuanto te descuidas te echa una cerveza en el traje.* FR. Y LOC. **ser el rigor* de las desdichas.**

desdichado, da *adj. / s. m.* y *f.* **1** Que sufre una desdicha o desgracia: *Es un desdichado en amores. Es un hombre muy desdichado. Los pobres desdichados no pudieron regresar a sus casas.* SIN. desgraciado. **2** Que tiene poco carácter: *¿No creerá ese desdichado que lo van a dejar tranquilo? Es un desdichado que soporta todo lo que quieren sus colegas.* || *adj.* **3** (antepuesto / pospuesto) Que causa desdichas o va acompañado de ellas: *unas desdichadas vacaciones, un día desdichado. ¡Maldigo el desdichado momento en que te conocí!*

desdicho, cha *p.* Participio irregular de *desdecir.*

desdoblar *v. tr.* **1** Extender ‹una persona› [una cosa que estaba doblada]: *Desdoblaremos el mantel para que no esté arrugado al ponerlo en la mesa. Desdobla el mapa.* **2** Convertir ‹una persona o una cosa› [una cosa] en dos o más iguales: *El ministro prometió desdoblar pronto la carretera que une el barrio con la capital. Han desdoblado el servicio de información para hacerlo más eficaz.* || *v. prnl.* **3** Extenderse ‹una cosa que estaba doblada›: *Búscame algo con que pisar este pliego que se me desdobla.* **4** Convertirse ‹una persona o una cosa› en dos o más iguales: *El río se desdobla en dos después de aquella curva. No es infrecuente que una persona se desdoble en dos personalidades.*

desdorar *v. tr.* **1** RESTRINGIDO. Quitar ‹una persona› el oro o el esmalte dorado que cubre [una cosa]: *Lleva toda la mañana desdorando los candelabros.* **2** RESTRINGIDO. Quitar ‹una persona o una cosa› el prestigio o la buena fama de [una persona] o de [una cosa]: *Sus continuas broncas están desdorando su reputación deportiva.* SIN. desprestigiar. || *v. prnl.* **3** RESTRINGIDO. Desaparecer el oro o el esmalte dorado que cubre ‹una cosa›: *Con el paso del tiempo la cubertería se desdora.* **4** RESTRINGIDO. Desaparecer el prestigio o la buena fama de ‹una persona› o de ‹una cosa›: *No se da cuenta de que con esa actitud se desdora todo el prestigio conseguido.* SIN. desprestigiarse.

desdoro *s. m.* ELEVADO. Mancha en el prestigio, la reputación o la fama: *No es ningún desdoro pedir consejo a quien sabe más. Es un desdoro para la tradición de nuestro restaurante que tengamos que poner un menú barato.*

desdramatizar *v. tr.* Quitar ‹una persona o una cosa› dramatismo o importancia a [una cosa]: *Hay que desdramatizar el amor. Un poco de humor te vendrá bien y te ayudará a desdramatizar la situación.* ⇒ **19.**

deseable *adj.* **1** Que es conveniente o adecuado: *Es deseable que hagáis las paces si queréis seguir juntos.* **2** Que provoca deseo sexual: *un cuerpo deseable.*

desear *v. tr.* **1** Querer ‹una persona› intensamente [una cosa]: *Siempre he deseado hacer un viaje al trópico. Deseo salir a pasear bajo la lluvia. No deseo nada.* **2** Sentir ‹una persona› [atracción sexual] por [otra persona]: *Desde que lo he visto lo deseo.* FR. Y LOC. **dejar* mucho / bastante que ~. vérselas* y deseárselas.**

desecar *v. tr.* **1** Quitar ‹una persona o una cosa› la humedad de [una cosa]: *Deseca ella misma el pescado.* **2** Quitar ‹una persona› el agua que cubre [un terreno]: *El Ayuntamiento piensa desecar las marismas del pueblo.* SIN. desaguar. || *v. prnl.* **3** Desaparecer la humedad de ‹una cosa›: *Con el calor la pintura de la casa ya se ha desecado.* **4** Desaparecer el agua que cubre ‹un terreno›: *La laguna se ha desecado con el calor, y las caballerías tienen que bajar a beber al río.* ⇒ **71.**

desechable *adj.* 1 Que se puede o se debe desechar o rechazar: *pensamiento desechable.* 2 [Objeto] que está fabricado para ser usado sólo una vez: *jeringuilla desechable, pañal desechable.*

desechar *v. tr.* 1 Dejar ‹una persona› [una cosa] aparte al elegir otras de un conjunto: *Yo hace tiempo que he desechado los tirantes y me he decidido por el cinturón.* 2 Dejar ‹una persona› [una cosa que considera inútil] aparte: *Desecharemos pronto este cacharro y compraremos un coche nuevo.* SIN. arrinconar. 3 Dejar de pensar o sentir ‹una persona› [una cosa]: *Desecha esos pensamientos negros.*

desecho *s. m.* 1 Conjunto de residuos o cosas que se tiran por ser consideradas inútiles: *material de desecho, desechos industriales, desechos urbanos. No sé qué hacer con todos los desechos de la oficina vieja.* 2 COLOQUIAL; PEYORATIVO. Persona o grupo de personas despreciables o inútiles y llenas de defectos: *Esos delincuentes son el desecho de la sociedad.*

desembalar *v. tr.* Deshacer ‹una persona› el embalaje de [una caja] o de [un paquete]: *Por favor, desembala el paquete que han traído.* SIN. desempaquetar.

desembalsar *v. tr.* 1 Dar ‹una persona› salida al agua de [un embalse]: *Las lluvias continuadas han obligado a abrir las compuertas de los pantanos para desembalsar una buena cantidad de agua.* 2 PERÚ. Dejar ‹una persona con autoridad› que funcionen [los precios] libremente en el mercado.

desembarazar *v. tr.* 1 RESTRINGIDO. Dejar ‹una persona› [una cosa] libre [de obstáculos o de cosas que estorban]: *Desembarazó la buhardilla **de** trastos. Desembarazaba a paletadas el camino de nieve.* 2 AMÉR. Dar a luz ‹la mujer›. || *v. prnl.* 3 Librarse ‹una persona› [de otra persona o de una cosa que le estorba]: *Se desembarazó **de** los periodistas con amabilidad.* SIN. deshacerse. ⇒ **19.**

desembarazo *s. m.* 1 (no contable) RESTRINGIDO. Falta de vergüenza o timidez: *Afectando gran desembarazo miró a todos y salió de la sala. Siempre actúa en público con aplomo y desembarazo.* SIN. desenvoltura. 2 AMÉR. Parto.

desembarcar *v. tr.* 1 Bajar ‹una persona› [a una persona o una cosa] de [una embarcación]: *Desembarcaron la mercancía **del** barco.* || *v. intr.* 2 Bajar ‹una persona› de una embarcación: *Los pasajeros desembarcaron **en** el puerto.* 3 COLOQUIAL. Llegar ‹una persona› a un lugar para organizar algo: *Dicen que han desembarcado los tecnócratas en el ministerio. Las empresas japonesas han desembarcado en la Península. Están preparando un plan para desembarcar en el consejo de administración del banco.* ⇒ **71.**

desembarco *s. m.* 1 Descarga de mercancías o salida de una persona de una embarcación: *El desembarco de los pasajeros duró mucho tiempo. El desembarco de la carga se hace por la noche.* 2 Aparición más o menos repentina de unas personas para organizar algo: *el desembarco de los conservadores en lo medios de comunicación.* 3 MIL. Operación de bajar una tropa de un barco y entrar en contacto con tierra: *el desembarco de Normandía.*

desembargar *v. tr.* Quitar ‹una persona› el embargo de [una cosa]: *He pagado y me han desembargado el piso.* ⇒ **56.**

desembarque *s. m.* Desembarco.

desembocadura *s. f.* Lugar en donde desemboca una cosa: *la desembocadura de una calle, la desembocadura de un río.*

desembocar *v. intr.* 1 Acabar ‹un río o un canal› en [un mar o lago]: *Este río desemboca **en** el mar Mediterráneo.* 2 Acabar ‹una cosa› en [un lugar]: *La escalera desemboca **en** el sótano.* 3 Acabar ‹una cosa› en [otra cosa]: *Los accidentes desembocaron **en** un enfrentamiento entre los conductores.* ⇒ **71.**

desembolsar *v. tr.* Pagar ‹una persona› [una cantidad de dinero]: *Ahora tenemos problemas de liquidez, porque hemos desembolsado mucho dinero para comprar la gasolinera.*

desembolso *s. m.* Acción de desembolsar una cantidad de dinero apreciable, pago que se hace: *Ir de vacaciones supone el desembolso de una cantidad que no tenemos. Hemos hecho varios desembolsos extraordinarios este mes.*

desembragar *v. tr.* Quitar ‹una persona› el embrague de [una máquina]: *Para acelerar tienes que desembragar primero.* ⇒ **56.**

desembrollar *v. tr.* 1 COLOQUIAL. Deshacer ‹una persona o una cosa› el embrollo o la confusión de [una cosa]: *Tú has preparado el lío de la fiesta y tú lo desembrollarás.* || *v. prnl.* 2 COLOQUIAL. Deshacerse el embrollo de ‹una cosa›: *Estaba todo confuso, pero se han desembrollado las circunstancias en las que se produjo el accidente.*

desembuchar *v. tr.* 1 COLOQUIAL. Decir ‹una persona› todo lo que sabe sobre [una cosa]: *En cuanto estuvo delante del juez desembuchó los detalles del robo. Venga, desembucha: ¿dónde estuvisteis anoche?* 2 RESTRINGIDO. Echar ‹un ave› [todo lo que tiene en el buche].

desempacar *v. tr.* 1 Sacar ‹una persona› [la mercancía] del embalaje en que se transporta: *Diles a los chicos que esta mañana hay que desempacar todo lo que está en estas cajas.* 2 ARG., URUG.; RESTRINGIDO en España. (en Uruguay se usa como verbo intransitivo) Deshacer ‹una persona› [la maleta o el equipaje]. ⇒ **71.**

desempañar *v. tr.* 1 Hacer ‹una persona› que [una cosa] deje de estar empañada: *Enciende la resistencia para desempañar el cristal de atrás.* || *v. prnl.* 2 Dejar de estar ‹una cosa› empañada: *El cristal se desempaña si abres la puerta.*

desempaquetar *v. tr.* Sacar ‹una persona› [una cosa] de un paquete: *Cuando vuelva desempaquetaré los bultos.*

desemparejar *v. tr.* 1 Hacer ‹una persona o una cosa› que [dos cosas emparejadas] dejen de estarlo: *Ya has vuelto a desemparejarme los calcetines.* || *v. prnl.* 2 Dejar de estar ‹dos cosas› emparejadas: *Mis calcetines parece que tienen duende, siempre se me desemparejan.*

desempatar *v. tr.* 1 Deshacer ‹una persona o una cosa› un empate entre varias personas en [una competición] o en [una votación]: *Se jugará una prórroga para ver si desempatan. Si después de dos vueltas no han desempatado, se sorteará la secretaría entre los dos candidatos.* 2 COL., CUBA, P. RICO. Desamarrar ‹una persona› [una embarcación].

desempate *s. m.* Acción y resultado de desempatar: *una votación de desempate. El desempate ha sido favorable al equipo local.* **partido de ~.**

desempedrar *v. tr.* Quitar ‹una persona› las piedras de [una cosa empedrada]: *Han decidido desempedrar las calles antiguas y asfaltarlas.* ⇒ **58.**

desempeñar *v. tr.* 1 Recuperar ‹una persona› [una cosa que había empeñado]: *Vengo de desempeñar el reloj del abuelo.* 2 Realizar ‹una persona› [un papel, un trabajo o una función]: *Ha desempeñado el cargo de gobernador con dignidad. Desempeña muy bien el papel de caballero en la obra de Lope.* || *v. tr. / prnl.* **3** Dejar ‹una persona› [a otra persona] sin deudas: *Ha logrado desempeñar**se** después de una crisis de varios años. Hace tiempo que hemos desempeñado la empresa y ahora tiene una economía saneada.*

desempeño *s. m.* Acción y resultado de desempeñar un cargo o empleo: *El desempeño de ciertos cargos exige mucho temple moral.*

desempleado, da *adj. / s. m. y f.* [Persona] que está sin trabajo porque no lo encuentra en el mercado laboral: *Los jóvenes desempleados son muchos.*

desempleo *s. m.* (no contable) Falta de puestos de trabajo en el mercado laboral: *El Gobierno dice que se ha reducido la tasa de desempleo. Luchar contra el desempleo es nuestro interés principal.* SIN. paro.

desempolvar *v. tr.* **1** Quitar ‹una persona› el polvo de [una cosa]: *Tenemos que dempolvar bien el salón, que vienen amigos esta noche.* **2** Volver a utilizar o a recordar ‹una persona› [una cosa que había arrinconado u olvidado]: *He desempolvado la antigua máquina de escribir y va bien. La oposición amenaza con desempolvar el tema de los presupuestos. Estuvimos desempolvando viejos recuerdos.*

desencadenamiento *s. m.* Acción y resultado de desencadenar: *El desencadenamiento de la tragedia se debió a un fallo humano.*

desencadenar *v. tr. / prnl.* **1** Soltar ‹una persona› [a una persona o a un animal sujetos con cadenas]: *El prisionero consiguió desencadenar**se**. Desencadenaron al perro.* || *v. tr.* **2** Producir ‹una cosa› [otra que se manifiesta con violencia]: *La tormenta desencadenó una cascada de aludes. La negativa de la novia desencadenó la locura de su antiguo prometido.* || *v. prnl.* **3** Producirse ‹una cosa que se manifiesta con violencia›: *Se desencadenó un huracán. No sabemos qué se desencadenó en el cerebro del asesino.*

desencajado, da *adj.* (estar) Que expresa terror o un sufrimiento muy intenso: *Tenía la cara desencajada por el miedo. Llegó con el rostro desencajado.*

desencajar *v. tr.* **1** Sacar ‹una persona o una cosa› [una cosa] del lugar en el que está encajada: *No tienes que desencajar la puerta para limpiarla.* || *v. prnl.* **2** Salir ‹una cosa› del lugar en el que estaba encajada: *Se le ha desencajado la mandíbula. Las patas de este sillón se desencajan enseguida.* **3** Alterarse ‹el rostro de una persona› a causa de una enfermedad o de una fuerte impresión: *Le pasa algo, porque en cuanto lo oye nombrar se desencaja. En cuanto vea la sangre se le desencajará el rostro.* SIN. demudarse.

desencajonar *v. tr.* **1** RESTRINGIDO. Sacar ‹una persona› [una cosa] de un cajón. **2** Sacar ‹una persona› [a los toros] del cajón utilizado para ser transportados al lugar en el que van a ser lidiados: *Desencajonan a los toros varios días antes de la corrida.*

desencallar *v. tr.* **1** Poner ‹una persona› [una embarcación encallada] a flote: *Hemos utilizado un remolcador para desencallar el yate.* SIN. desembarrancar. || *v. intr. / prnl.* **2** Ponerse ‹una embarcación encallada› a flote: *La nave se desencalló en cuanto subió la marea.*

desencaminar o **descaminar** *v. tr.* **1** Hacer ‹una persona o una cosa› que [una persona] no siga el camino correcto: *Tus explicaciones lo han desencaminado por completo.* || *v. prnl.* **2** No seguir ‹una persona› el camino correcto: *Creo que te desencaminas con esas teorías, así no resolverás el problema. Con esas compañías no es difícil desencaminarse.*

desencantar *v. tr.* **1** Hacer perder ‹una persona o una cosa› la ilusión [a una persona]: *Su falta de interés me ha desencantado. Nos ha desencantado su carácter intratable.* SIN. desilusionar. **2** RESTRINGIDO. Deshacer ‹una persona o una cosa› el encantamiento de [una persona] o de [una cosa]: *Probablemente la edad desencanta todo lo que hacemos. Conocer personalmente a sus ídolos la desencanta.* || *v. prnl.* **3** Perder ‹una persona› la ilusión: *Me he desencantado ya contigo, no me inspiras confianza. Se desencantó **con** el regalo.* **4** RESTRINGIDO. Deshacerse el encantamiento de ‹una persona› o de ‹una cosa›: *El matrimonio se desencanta con los años.*

desencanto *s. m.* Desilusión, decepción: *El desencanto aparece en la sociedad en época de crisis. Los malos resultados han traído cierto desencanto a la afición.*

desencapotarse *v. prnl.* Quedar ‹el cielo› sin nubes: *Se ha desencapotado el cielo al caer la tarde.* SIN. despejarse.

desenchufar *v. tr.* **1** Hacer ‹una persona o una cosa› que [una cosa que estaba enchufada] deje de estarlo: *Desenchufa la lavadora.* || *v. prnl.* **2** Dejar de estar ‹una cosa› enchufada: *Se ha desenchufado la radio.*

desencolar *v. tr.* **1** Separar ‹una persona o una cosa› [una cosa pegada con cola]: *Tenemos que desencolar la cómoda para poderla arreglarla bien.* || *v. prnl.* **2** Separarse ‹una cosa pegada con cola›: *Se ha desencolado la mesa. Estas sillas se desencolan fácilmente.*

desencontrarse *v. prnl.* ARG. No encontrarse ‹una persona› con otra como estaba previsto.

desencorvarse *v. prnl.* RESTRINGIDO. Ponerse ‹una persona que estaba encorvada› recta: *Si no te desencorvas, te vas a fastidiar la espalda.*

desencuadernar *v. tr.* **1** Deshacer ‹una persona o una cosa› la encuadernación de [un cuaderno] o de [un libro]: *Me han desencuadernado el libro para hacer fotocopias.* || *v. prnl.* **2** Deshacerse la encuadernación de ‹un cuaderno› o de ‹un libro›: *Los libros baratos se desencuadernan enseguida.*

desencuentro *s. m.* **1** Encuentro fracasado o falta de acuerdo: *La novela es una historia de desencuentros. Nuestras relaciones históricas son una larga lista de desencuentros.* **2** ARG. Falta de encuentro en el lugar y tiempo convenido.

desenfadado, da *adj.* **1** Que expresa desenfado o desenvoltura, sin atender a las normas convencionales: *una actitud desenfadada, una ropa desenfadada y deportiva. Ha sido una reunión desenfadada, pero muy útil.*

desenfadar *v. tr.* **1** RESTRINGIDO. Quitar ‹una persona o una cosa› el enfado [a una persona]: *Una invitación a comer lo desenfadará.* || *v. prnl.* **2** RESTRINGIDO. Dejar de estar ‹una persona› enfadada: *Ya me he desenfadado, no te preocupes.*

desenfado *s. m.* Desenvoltura, sentido del humor: *Es una chica que siempre se comporta con gran desenfado. El desenfado de sus declaraciones ha molestado a los sesudos dirigentes de su partido.*

desenfocar *v. tr.* **1** Perder ‹una persona› el enfoque de [una cosa]: *Has desenfocado la catedral en tu foto.* **2** Cambiar ‹una persona o una cosa› el verdadero sentido de [una cosa]: *Has desenfocado el problema y así no llegaremos a ninguna solución* || *v. prnl.* **3** Perderse el enfoque de ‹una cosa›: *Es fácil que se desenfoquen los problemas en el calor de una disputa. La imagen de la película se ha desenfocado.* ⇒ **71.**

desenfrenado, da *adj.* (antepuesto / pospuesto) Que actúa o se desarrolla sin prudencia, control ni orden: *Un grupo de hinchas desenfrenados atacó a los jóvenes del club rival. Ha sido una noche de juerga desenfrenada. Una desenfrenada carrera condujo al mortal accidente.*

desenfrenar *v. tr.* **1** Quitar ‹una persona› el freno [a una caballería]: *Desenfrena el caballo y mételo en la cuadra.* || *v. prnl.* **2** Caer ‹una persona› en el desenfreno: *Desde que sale con esos amigos se ha desenfrenado los fines de semana.* **3** Producirse ‹una cosa› sin freno ni medida: *La subida de precios se ha desenfrenado.*

desenfreno *s. m.* Falta de prudencia o de límite en los sentimientos o en el comportamiento de las personas: *el desenfreno de los grupos radicales, el desenfreno de los ejércitos ocupantes, el desenfreno de los hinchas.*

desenfundar *v. tr.* **1** Sacar ‹una persona› [una cosa] de su funda: *En las películas del oeste el bueno desenfunda rápidamente el revólver.* **2** Quitar ‹una persona› la funda de [una cosa]: *He desenfundado los sillones del salón, porque las fundas estaban muy viejas.*

desenganchar *v. tr.* **1** Soltar ‹una persona o una cosa› [una cosa que está enganchada]: *Santiago desenganchó las cortinas que se habían quedado enganchadas en la barra.* **2** Quitar ‹una persona› [las caballerías de tiro] de un carruaje: *El mozo desenganchaba los caballos mientras nosotros bajábamos del carro.* || *v. prnl.* **3** Soltarse ‹una cosa que estaba enganchada›: *No se desengancha la cremallera. El accidente ferroviario lo provocó un vagón que se desenganchó en una curva.* **4** Perder ‹una persona› el hábito [de una cosa]: *Se ha desenganchado **de** la droga.*

desengañado, da *adj.* (estar) Que está desilusionado: *Ya está desengañado de todo, no se fía de nadie.*

desengañar *v. tr.* **1** Hacer saber ‹una persona o una cosa› [a una persona] que se engaña: *Las encuestas me han desengañado **sobre** mis posibilidades reales de ganar las elecciones. Lo hemos intentado desengañar, y le hemos contado que Pepa quiere a otro, pero no ha hecho caso.* **2** Quitar ‹una persona o una cosa› [a una persona] la ilusión que sentía por [una persona] o por [una cosa]: *Este accidente me ha desengañado, es una tontería correr. María me ha desengañado saliendo con Ignacio, ¡nunca lo hubiera esperado de ella!* SIN. desilusionar, desencantar. || *v. prnl.* **3** Darse ‹una persona› cuenta de que se engañaba: *Me he desengañado, estaba totalmente equivocado con respecto a ti.* **4** Perder ‹una persona› la ilusión que sentía por [una cosa]: *Después del fracaso de su matrimonio, Pablo se desengañó **del** amor. Ya se ha desengañado **de** las amistades.* SIN. desilusionarse, desencantarse.

desengaño *s. m.* Pérdida de la ilusión o de la confianza en una cosa o en una persona: *Nos hemos llevado un gran desengaño con este coche. Me he llevado un gran desengaño con los que se decían amigos míos.*

desengarzar *v. tr.* Deshacer ‹una persona› el engarce de [una cosa]: *El joyero ha prometido que desengarzará las dos piedras de la sortija.* ⇒ **19.**

desengrasar *v. tr.* **1** Quitar ‹una persona› la grasa de [una cosa]: *Este detergente desengrasa muy bien la vajilla.* || *v. intr.* **2** COLOQUIAL. Ser ‹una cosa› buena para ayudar a digerir la grasa: *Tómate una copita, que ayuda a desengrasar.* **3** COLOQUIAL. Servir ‹una cosa› para distraer a una persona: *No estudies tanto, un poco de diversión desengrasa y luego trabajas mejor.* || *v. prnl.* **4** COLOQUIAL. Distraerse ‹una persona› con una cosa: *Yo me desengraso con un paseo.*

desenlace *s. m.* **1** Acción y efecto de desenlazar: *La boda era el desenlace normal de su noviazgo.* **2** Final de una acción o de la trama de una novela, película, obra de teatro: *El drama tiene un feliz desenlace.*

desenlazar *v. tr.* **1** Soltar ‹una persona o una cosa› [una cosa que está enlazada o sujeta con lazos]: *No consigo desenlazar la cinta de las trenzas.* || *v. prnl.* **2** Soltarse ‹una cosa que estaba enlazada o sujeta con lazos›: *Se ha desenlazado el nudo de los zapatos.* ⇒ **19.**

desenmarañar *v. tr.* Deshacer ‹una persona› [la maraña de una cosa]: *No consigo desenmarañar el lío que me ha organizado con las cuentas de este mes. La policía no ha desenmarañado todavía la trama del contrabando de tabaco.*

desenmascarar *v. tr. / prnl.* **1** Quitar ‹una persona› la máscara [a otra persona]: *El desconocido **se** desenmascaró al terminar la representación. El anfitrión de la fiesta desenmascaró a todos los invitados.* || *v. tr.* **2** Mostrar ‹una persona o una cosa› los propósitos o los sentimientos ocultos de [una persona]: *Sus intentos de fuga lo han desenmascarado. Han desenmascarado la falsa sociedad benéfica.*

desenmochilar *v. tr.* COL. Desembuchar ‹una persona› [lo que sabe sobre una cosa].

desenmohecer *v. tr.* **1** RESTRINGIDO. Quitar ‹una persona› el moho de [una cosa]: *Tienes que desenmohecer la bicicleta.* **2** Hacer ‹una persona o una cosa› que [una persona o una cosa] recupere su buen estado después de un tiempo de inactividad: *El trabajo de contable me desenmohecerá las matemáticas. Tengo que desenmohecer mi alemán, porque hace tiempo que no lo hablo.* || *v. prnl.* **3** Desaparecer el moho de ‹una cosa›: *Con este líquido se desenmohecen todos los metales.* **4** Recuperar ‹una persona o una cosa› su buen estado después de un tiempo de inactividad: *Voy a empezar a hacer gimnasia para desenmohecerme.* ⇒ **5.**

desenraizar *v. tr.* COL. Arrancar ‹una persona› [una planta] de raíz.

desenredar *v. tr.* **1** Deshacer ‹una persona o una cosa› [una cosa que está enredada]: *Mamá, desenrédame el pelo para peinarme.* **2** Poner ‹una persona› orden en [una situación confusa]: *Tengo un lío en la oficina que no consigo desenredar.* || *v. prnl.* **3** Deshacerse ‹una cosa enredada›: *El pelo se me desenreda con ese champú nuevo.* **4** Salir ‹una persona› [de una dificultad o de una situación confusa]: *No consigo desenredarme de ese asunto que me han encargado.*

desenrollar *v. tr.* **1** Extender ‹una persona o una cosa› [una cosa que está enrollada]: *Desenrolla el cable del alargador.* || *v. prnl.* **2** Extenderse ‹una cosa que estaba enrollada›: *Cuando la serpiente se desenrolla puede medir hasta los tres metros.*

desenroscar *v. tr.* **1** Extender ‹una persona o una cosa› [una cosa enroscada]: *No hace falta que desenrosques todo el cable.* **2** Sacar ‹una persona› [una cosa introducida a vuelta de rosca]: *¿Puedes desenroscar el tapón?* || *v. prnl.* **3** Extenderse ‹una persona, un animal o una cosa enroscada›: *Mira cómo se desenrosca el gato antes de levantarse.* **4** Salir ‹una cosa› de la rosca: *Se ha desenroscado la llave del grifo.* ⇒ **71.**

desensillar *v. tr.* Quitar ‹una persona› la silla [a una caballería]: *Desensilla el caballo y mételo en la cuadra.*

desentenderse *v. prnl.* **1** Dejar de ocuparse ‹una persona› de [una persona o cosa]: *Se ha desentendido **de** su familia.* SIN. despreocuparse. **2** Hacer ver ‹una persona› que no entiende o que no va con ella [una cosa]: *Si se trata de asuntos que no le interesan, se desentiende por completo. No me desentiendo, sencillamente, no me interesan esos chismorreos.* ⇒ **80.**

desenterrar *v. tr.* **1** Sacar ‹una persona o un animal› [a una persona, a un animal o una cosa] de debajo de la tierra: *El juez ha mandado desenterrar a la víctima para practicarle otra autopsia. El perro desenterró el hueso rápidamente.* **2** Volver a recordar o a tratar ‹una persona› [una cosa ya olvidada]: *No me gusta desenterrar historias pasadas.* FR. Y LOC. **~ el hacha* de guerra.** ⇒ **58.**

desentonar *v. intr.* **1** MUS. Dar ‹una persona› una nota más alta o más baja de lo que corresponde: *Aquel violín está desentonado.* **2** Estar ‹una persona o una cosa› en contraste desagradable [con lo que la rodea]: *Este traje desentona **con** los zapatos. Tu enfado desentona con la alegría de tus amigos.* || *v. tr.* **3** Quitar ‹una cosa› el tono o el vigor [a un organismo]: *Me desentona el frío. A mí el alcohol me desentona.* || *v. prnl.* **4** Sufrir ‹una persona› [un daño o un perjuicio físico o psíquico]: *Me desentono con la llegada de la primavera. Me desentono con la alegría superficial.*

desentornillador *s. m.* PERÚ. Destornillador.

desentorpecer *v. tr. / prnl.* Hacer ‹una persona o una cosa› que [una cosa que se mueve con dificultad] lo haga con facilidad y soltura: *La construcción del nuevo carril desentorpeció el tráfico. El tobillo **se** desentorpece y pierde su rigidez gracias al fisioterapeuta.* ⇒ **5.**

desentrampar *v. tr.* **1** RESTRINGIDO. Librar ‹una persona› [a otra persona o cosa] de trampas o de deudas: *Mi buen amigo me desentrampa siempre que puede. No puedo en estos tiempos desentrampar el negocio.* || *v. prnl.* **2** Librarse ‹una persona› de trampas o de deudas: *La vida está mal, no consigo desentramparme.*

desentrañar *v. tr.* Descubrir ‹una persona› el significado profundo de [una cosa]: *El crimen ha sido desentrañado por la policía local. No es fácil desentrañar los problemas que plantea el origen del universo.* SIN. descifrar.

desentrenado, da *adj.* (estar) Que no tiene entrenamiento o que lo tiene escaso: *Estoy desentrenado y no haré buen papel. Está desentrenado y tiene ahora marcas bajas.*

desentumecer *v. tr.* **1** Hacer recuperar ‹una persona o una cosa› su agilidad y su soltura a [un miembro entumecido]: *La gimnasia desentumece los músculos.* || *v. prnl.* **2** Recuperar ‹un miembro entumecido› su agilidad y su soltura: *Por la tarde corro un poco para desentumecerme.* ⇒ **5.**

desenvainar *v. tr.* **1** Sacar ‹una persona› [un arma blanca] de su vaina: *Los testigos aseguran que el acusado desenvainó el sable sin decir palabra.*

desenvoltura *s. f.* **1** (no contable) Agilidad en los movimientos: *Para su edad tiene mucha desenvoltura.* **2** (no contable) Facilidad para manejarse en un ambiente: *Aunque era nuevo en la empresa, se movía con desenvoltura.* **3** (no contable) Falta de timidez: *Habla en público con gran desenvoltura.*

desenvolver *v. tr.* **1** Sacar ‹una persona› [una cosa] de su envoltura: *Está desenvolviendo los regalos de cumpleaños.* || *v. prnl.* **2** Deshacerse la envoltura de ‹una cosa›: *Has hecho tan mal el paquete que ya se ha desenvuelto.* **3** Producirse ‹una cosa› gradualmente: *Las conversaciones se van desenvolviendo como estaba previsto. El partido se desenvuelve hasta ahora con deportividad.* **4** Saber obrar ‹una persona› hábilmente: *Se desenvuelve muy bien con su nuevo trabajo. No tengas miedo por ella, que sabe desenvolverse.* ⇒ **88.**

desenvuelto, ta *adj.* **1** Que tiene facilidad para actuar o para hablar: *Es una persona muy desenvuelta.* || *p.* **2** Participio irregular de *desenvolver.*

desenzarzar *v. tr. / prnl.* Soltar ‹una persona› [a otra persona], a [un animal] o a [una cosa] que está enredado en zarzas: *El excursionista desenzarzó al pobre perro. El niño se desenzarzó antes de que llegaran a ayudarle.* ⇒ **19.**

deseo *s. m.* **1** Acción y efecto de desear: *el deseo de triunfo.* **2** Aquello que se desea: *Siento deseos de comer. Siempre tiene grandes deseos de bailar. Al soplar las velas del pastel debes pedir un deseo. El hada le concedió tres deseos.* **3** Movimiento fuerte de la voluntad hacia el conocimiento o la posesión de una cosa: *En algunas personas los deseos anulan la inteligencia.* **4** Apetito sexual. FR. Y LOC. **a medida* del ~. arder en deseos** Desear ‹una persona› ardientemente o con intensidad una cosa: *Ardo en deseos de que llegue el día de mi cumpleaños.*

deseoso, sa *adj.* (estar) Que desea algo con intensidad: *Está deseoso de ayudaros.*

desequilibrado, da *adj. / s. m.* y *f.* (estar) Que tiene desequilibrio mental o poca sensatez: *Está desequilibrado desde que lo despidieron de la empresa. La película estaba protagonizada por una desequilibrada muy peligrosa.*

desequilibrar *v. tr.* **1** Hacer perder ‹una persona o una cosa› el equilibrio [a una persona] o a [una cosa]: *Un empujón lo desequilibró en la curva y perdió la carrera.* **2** Hacer perder ‹una persona o una cosa› la estabilidad mental [a una persona]: *Me desequilibra el ambiente urbano y me voy a vivir al campo.* || *v. prnl.* **3** Perder ‹una persona o una cosa› el equilibrio: *No cargues tantos paquetes que te desequilibrarás y puedes caerte.* **4** Perder ‹una persona› la estabilidad mental: *Desde que lo dejó la novia se ha desequilibrado por completo.*

desequilibrio *s. m.* **1** Falta de equilibrio: *Parece que un desequilibrio en la carga ha sido la causa del naufragio del mercante.* **2** Trastorno de la conducta o de la personalidad de una persona: *No te puedes fiar de él, sufre un serio desequilibrio.* **3** Falta de ajuste entre magnitudes diferentes: *los desequilibrios entre la oferta y la demanda, los desequilibrios del régimen climático.*

deserción *s. f.* Acción y resultado de desertar: *Las deserciones masivas están poniendo en peligro la defensa de la frontera sur. Tengo que ir a su fiesta, porque si no aparezco lo considerará una deserción. Yo sigo con el proyecto hasta el final, no me gustan las deserciones.*

desertar *v. intr.* **1** Abandonar ‹un soldado› sus obligaciones militares: *Desertó* ***de*** *su puesto de guardia. La radio habla de numerosas deserciones en el campo enemigo.* **2** Abandonar ‹una persona› sus obligaciones: *Desertó* ***del*** *partido. Yo no desertaré, cuando sea necesario, trabajaré como todos.* **3** Dejar de ir ‹una persona› a un lugar que solía frecuentar: *La televisión es la causa de que muchos espectadores maduros deserten* ***del*** *teatro. No vienes ya por el club, ¿has desertado?*

desértico, ca *adj.* **1** Que es propio del desierto, o que se parece a él: *paisaje desértico. Era un terreno casi desértico, apenas había rastro de vegetación.* **clima ~. 2** (ser / estar) [Lugar] que está despoblado o deshabitado: *Este barrio está desértico, parece que hubieran salido todos corriendo. No sé cómo le gusta ese bar, es desagradable y desértico, sin gente y casi sin mobiliario.* **lugar ~.**

desertización *s. f.* Transformación de una tierra en desierto: *La cuenca mediterránea sufre un proceso de desertización continuo. El fuego de los bosques produce la desertización de las tierras.*

desertizar *v. tr. / prnl.* Convertir ‹una cosa› [una tierra] en desierto: *Las provincias meridionales* ***se*** *desertizan con el fuego. Las lluvias torrenciales arrastran el manto vegetal y desertizan la cuenca del Mediterráneo.* ⇒ **19.**

desertor, ra *adj. / s. m.* y *f.* [Persona] que deserta: *Los desertores serán sometidos a Consejo de guerra. En nuestra organización no nos gustan los miembros desertores.*

desescombrar o **escombrar** *v. tr.* Quitar ‹una persona› los escombros de [un lugar]: *Están desescombrando el solar de al lado de casa porque van a construir pisos nuevos.*

desesperación *s. f.* **1** Pérdida total de la esperanza: *Ten tranquilidad, que la desesperación no soluciona nada.* **2** Alteración del ánimo de una persona por la cólera o un enfado fuerte: *Cuando hablo con él, que es tan cabezota, siento una desesperación que me dan ganas de no volver a verlo en la vida.* **3** Lo que provoca estas emociones: *Es una desesperación ver cómo se queman los bosques. La destrucción de las costas es una desesperación.*

desesperado, da *adj.* **1** Que ha perdido la esperanza: *Una madre desesperada hace cualquier cosa por sus hijos.* **2** Que se utiliza como última solución, aunque se supone que no servirá para nada: *Se ha captado una señal de socorro desesperada de unos náufragos. Le hizo un ruego desesperado, pero su padre no cedió.* FR. Y LOC. **a la desesperada** Como última solución, como último intento: *Atacaron a la desesperada y murieron como valientes. Yo creo que los médicos le están poniendo ahora tratamientos a la desesperada.*

desesperante *adj.* Que desespera o impacienta: *Este retraso es desesperante, se me está haciendo la tarde larguísima. Estoy viviendo unos momentos desesperantes.*

desesperanza *s. f.* Estado de ánimo en que se ha perdido totalmente la esperanza: *Lo invade a veces una desesperanza profunda y no quiere volver a estudiar. Lo han despedido del trabajo y se ha hundido en la desesperanza.*

desesperanzar *v. tr.* **1** Quitar ‹una persona o una cosa› la esperanza [a una persona]: *Las contestaciones de los patrones desesperanzan a cualquiera que busque trabajo. Tantos fracasos seguidos lo han desesperanzado.* || *v. prnl.* **2** Perder ‹una persona› la esperanza: *Se han desesperanzado, porque llevan dos meses buscando piso y no pueden casarse si no lo encuentran.* ⇒ **19.**

desesperar *v. tr.* **1** Hacer perder ‹una persona o una cosa› la tranquilidad o la paciencia [a una persona]: *Hijo mío, come, que me desesperas. Me desespera tu grosería.* || *v. intr. / prnl.* **2** Perder ‹una persona› la esperanza: *Desespero* ***de*** *conseguir lo que me propongo. Nunca debemos desesperar****nos****, hay que luchar hasta el final. Yo no* ***me*** *desespero, creo que tengo posibilidades de ganar.* SIN. desesperanzarse. || *v. prnl.* **3** Perder ‹una persona› la tranquilidad o la paciencia: *Me desespero viéndolo todo el día encerrado en casa.* **4** Sentir y mostrar ‹una persona› disgusto por un contratiempo: *Se desespera enseguida, tiene un carácter débil.*

desespero *s. m.* **1** CHILE, COL., URUG.; COLOQUIAL. Falta o pérdida total de la esperanza, desesperación. **2** VEN. Impaciencia, inquietud grande.

desestabilizar *v. tr.* **1** Hacer perder ‹una persona o una cosa› la estabilidad [a una persona] o a [una cosa]: *La crisis política está desestabilizando los mercados de valores del país. La oposición quiere desestabilizar al partido gobernante y forzar la convocatoria de elecciones anticipadas. La ruptura con la novia lo ha desestabilizado totalmente.* SIN. desequilibrar. || *v. prnl.* **2** Perder ‹una persona o una cosa› la estabilidad: *La avioneta se desestabilizó al aterrizar y se estrelló contra la pista. Este niño se desestabiliza con la excesiva presión escolar.* SIN. desequilibrarse. ⇒ **19.**

desestimar *v. tr.* **1** Dar ‹una persona con autoridad› una respuesta negativa a [una petición]: *El tribunal de apelación ha desestimado reabrir el sumario. El Supremo desestimó el recurso. La Administración ha desestimado nuestras reclamaciones.* SIN. rechazar. **2** Tener ‹una persona› poco aprecio por [una persona] o por [una cosa]: *No desestimes nunca la mano que te tiendan. Un error muy común es creer que si desestiman las posibilidades del enemigo éste desaparece, pero no es así.* SIN. desdeñar.

desfachatez *s. f.* COLOQUIAL. Desvergüenza, descaro: *La desfachatez de los vecinos es preocupante, todas las noches suben el volumen de la música. Su desfachatez es conocida de todos los profesores, de todos se burla.*

desfalcar *v. tr.* Quedarse ‹una persona› con [el dinero o los bienes que tiene bajo su custodia]: *Desfalcó la sucursal donde trabajaba y huyó a Brasil.* ⇒ **71.**

desfalco *s. m.* DER. Delito que comete la persona que roba dinero que está bajo su protección: *El cajero del banco cometió un desfalco. El administrador hizo un desfalco a la empresa de diez millones.* SIN. estafa, robo.

desfallecer *v. intr.* **1** Perder ‹una persona› las fuerzas o el conocimiento: *Desfalleció antes de llegar a la meta y no pudo ganar la carrera. A ver si encontramos un bar, porque desfallezco* ***de*** *sed.* **2** Perder ‹una persona› el ánimo: *No desfallezcas y vuelve a intentarlo.* ⇒ **5.**

desfallecimiento *s. m.* **1** Gran disminución del ánimo o de las fuerzas: *Tenemos que seguir sin desfallecimientos hasta el final de las negociaciones. Un desfallecimiento le impidió ganar la carrera. Cuando la veo, me entra un desfallecimiento en todo el cuerpo.* **2** Pérdida total del conocimiento: *Debemos ir al médico, porque ha tenido varios desfallecimientos esta semana.* SIN. desmayo.

desfasado, da *adj.* **1** (estar) Que tiene un desajuste o desfase: *El sonido y la imagen están desfasados en este vídeo.* **2** (ser / estar) Que no se adapta a las circunstancias del momento: *Tiene un discurso desfasado que no interesa a na-*

die. Sus modelos son desfasados y no se venden. Yo creo que sus trajes están absolutamente desfasados.

desfasaje *s. m.* ARG., URUG. Desfase.

desfasarse *v. prnl.* No adaptarse ‹una persona o una cosa› a las circunstancias de su tiempo: *Los modelos teóricos de muchas ciencias se desfasan ahora con relativa rapidez.*

desfase *s. m.* **1** Falta de acuerdo o de adaptación entre personas o cosas y las circunstancias o modas de su tiempo: *Hay un desfase entre esas normas y los problemas de ahora. Han aumentado los precios de los pisos porque había cierto desfase entre la oferta y la demanda. Entre su madre y él hay mucho desfase.* **2** FÍS. Diferencia de fase entre dos mecanismos o de dos magnitudes en un movimiento periódico: *El retraso de la máquina se producía por el desfase entre el mecanismo central y el de salida.*

desfavorable *adj.* Que perjudica o puede perjudicar o que es contrario a lo que conviene o se desea: *El cambio podría ser desfavorable para nosotros. Las circunstancias son desfavorables, espero que mejoren. Navegamos con viento desfavorable.* ANT. favorable.

desfavorecer *v. tr.* **1** RESTRINGIDO. No ser ‹una cosa› adecuada para el aspecto de [una persona]: *Ese color te desfavorece. Este vestido te desfavorece.* **2** RESTRINGIDO. Ser ‹una persona› contraria a [una persona o cosa] favoreciendo a otra: *El Gobierno está desfavoreciendo con estas medidas a los pequeños agricultores y protegiendo a los grandes exportadores. El Ayuntamiento desfavorece la creación de calles peatonales.* **3** RESTRINGIDO. No ayudar ‹una cosa› [a una persona]: *Me parece que la suerte nos desfavorece.* ⇒ **5.**

desfigurar *v. tr.* **1** Cambiar ‹una persona o una cosa› el aspecto de [una persona] o de [una cosa]: *El accidente le ha desfigurado la cara. Le han rapado la cabeza y está totalmente desfigurada. Una mueca sádica desfiguró su rostro.* **2** Cambiar ‹una persona› [una cosa] al explicarla: *No desfigures la verdad de lo que ocurrió. No le hagáis caso, desfigura las cosas que cuenta como le conviene.* **3** Hacer parecer ‹una persona› distinta [una cosa]: *Los ladrones desfiguraron el coche del atraco pintándolo, cambiando las matrículas y los embellecedores.* **4** Hacer ‹una cosa› borrosa la forma de [otra cosa]: *La niebla desfiguraba los contornos de los árboles.* ‖ *v. prnl.* **5** Parecer ‹una cosa› distinta: *El antiguo barrio se ha desfigurado con las nuevas avenidas.* **6** Cambiar el rostro o la expresión de ‹una persona› por una emoción o un susto: *Se desfiguró su rostro por el terror. Su bonita sonrisa se desfiguraba cuando le venía de nuevo el dolor.*

desfiguro *s. m.* **1** ARG., CHILE, PERÚ. Desfiguración. **2** MÉX., PERÚ; COLOQUIAL en México. Cosa excéntrica, ridícula.

desfiladero *s. m.* Paso estrecho entre montañas: *El ferrocarril sigue el curso de un estrecho desfiladero para superar el obstáculo de las montañas.*

desfilar *v. intr.* **1** Ir ‹varias personas› en fila o en formación: *Los niños de todas las ciudades desfilaron en el estadio.* **2** Irse ‹la gente› de una reunión o de un espectáculo: *Cuando el partido todavía no había acabado la gente empezó a desfilar.* **3** Pasar ‹las tropas en formación› por delante de un superior, una autoridad o un monumento: *Mañana desfilará en la plaza la policía municipal a caballo. Desfilarán el día de las Fuerzas Armadas varias compañías de la legión, una de paracaidistas y algunos grupos de artilleros.* **4** Pasar ‹un grupo de personas o cosas› por un lugar: *Ante la capilla ardiente desfilaron muchas personalidades. Ayer desfilaron las carrozas del carnaval.* **5** Pasar ‹un modelo› por la pasarela: *Mañana desfila por primera vez con otros modelos profesionales.*

desfile *s. m.* **1** Conjunto de personas, animales o cosas que desfila: *un desfile de carrozas, el desfile de sindicalistas, un desfile estudiantil.* **2** Pase o exhibición de moda en una pasarela: *el desfile de primavera, el desfile de moda infantil.* **3** Acción de desfilar: *el desfile del ejército, el desfile para despedir al difunto.*

desflecar *v. tr.* **1** Hacer ‹una persona› flecos sacando hilos de los bordes de [una tela]: *Estoy desflecando esta tela para hacer una mantelería de calados.* ‖ *v. prnl.* **2** Hacerse flecos en los bordes de ‹una tela›: *Esta tela se desfleca con mucha facilidad, no tiréis de los hilos sueltos.* ⇒ **71.**

desflorar *v. tr.* **1** Quitar ‹una persona› la virginidad [a una mujer]: *En algunas culturas los sacerdotes desfloran a las futuras desposadas.* **2** RESTRINGIDO. Tratar ‹una persona› [un asunto] superficialmente: *El conferenciante desfloró el tema, pero no entró en ninguna cuestión de fondo.*

desfogar *v. tr.* **1** Manifestar ‹una persona› [un estado de ánimo] violentamente: *Ha desfogado su ira* ***con*** *el muchacho, como siempre. No puedes desfogar tus frustraciones rompiendo los libros.* ‖ *v. prnl.* **2** Manifestarse el estado de ánimo de ‹una persona› violentamente: *Este chico necesita hacer deporte y desfogarse, porque está muy nervioso.* ⇒ **56.**

desfogue *s. m.* MÉX.; JERGAL. Agujero por el que desagua un conducto cubierto.

desfondar *v. tr.* **1** Quitar o romper ‹una persona› el fondo de [una cosa]: *Has desfondado el cajón con el peso de tanto libro. Al sentarte de golpe has desfondado la silla y se ha roto el asiento.* **2** Quitar ‹una cosa› la fuerza o la energía física o psíquica [a una persona]: *La subida del puerto desfondó al ciclista. Atender a niños tan pequeños desfondó a la maestra.* **3** Romper ‹una cosa› el fondo de [una embarcación]: *Un golpe contra las rocas desfondó la barca.* ‖ *v. prnl.* **4** Perder ‹una persona› la fuerza o la energía física o psíquica: *Todos los jugadores lucharon hasta desfondarse, pero no ganaron. No puedes criticarlo, porque se desfonda en seguida y se hunde.* **5** Romperse el fondo de ‹una cosa›: *La silla se ha desfondado con el peso de Santiago, tenemos que ponerle un asiento nuevo.* **6** Romperse el fondo de ‹una embarcación›: *El barco se desfondó en los arrecifes.*

desforestación *s. f.* Deforestación.

desforestar *v. tr.* Deforestar.

desgaire *s. m.* Falta de cuidado, a veces buscado, en la manera de vestir, de moverse o de hacer alguna cosa: *Se viste con un desgaire aparente, porque la ropa que lleva es carísima.* FR. Y LOC. **al ~** Descuidadamente, afectando desinterés: *Dijo como al desgaire que lo han nombrado director de una sucursal. Trabaja como al desgaire, pero es un profesional excelente.*

desgajadura *s. f.* RESTRINGIDO. Rotura de la rama de un árbol cuando lleva consigo parte del tronco: *El fuerte viento ocasionó desgajaduras en los árboles.*

desgajar *v. tr.* **1** Separar ‹una persona o una cosa› [una rama de un árbol] violentamente: *El viento ha desgajado algunas ramas del cerezo del jardín.* **2** Separar ‹una persona› [una parte de una cosa] dejándola incompleta: *Han desgajado varios cuadernillos del primer tomo de la enciclopedia,* *pero sigue siendo un libro antiguo importante.* 3 Separar ‹una persona o una cosa› [a una persona] del [lugar en que vive]: *La guerra la desgajó* ***de*** *su país. La miseria desgaja a muchos hombres* ***de*** *su ambiente conocido.* || *v. prnl.* 4 Separarse ‹una rama de un árbol› violentamente: *Se ha desgajado media copa del álamo con un rayo.* 5 Separarse ‹una parte de una cosa› dejándola incompleta: *No se sabe cuándo se desgajaron las dos partes del manuscrito.* 6 Separarse ‹una persona› del [lugar en que vive] contra su voluntad: *Se desgajó* ***de*** *su ciudad natal con mucho dolor.*

desgalichado, da *adj.* Que tiene un aspecto descuidado y desgarbado: *Es un tipo muy desgalichado, pero no es mala persona.*

desgalillarse *v. prnl.* CUBA, MÉX., P. RICO. Desgañitarse.

desgana *s. f.* 1 Falta de apetito: *Come con desgana.* ANT. gana. 2 Falta de interés o de entusiasmo: *Trabaja con una desgana que te hace pensar en dejarlo todo. Hace las cosas con desgana.* SIN. apatía.

desganar *v. tr.* 1 Quitar ‹una cosa› el apetito a [una persona]: *El aperitivo me ha desganado.* 2 Quitar ‹una cosa› el interés por algo [a una persona]: *La bronca del jefe me ha desganado, así no hay quien trabaje.*

desgano *s. m.* ARG., COL., URUG. Desgana.

desgañitarse *v. prnl.* COLOQUIAL. Dar ‹una persona› gritos o voces haciendo un gran esfuerzo: *Era una vergüenza ver cómo los espectadores se desgañitaban insultando al árbitro.*

desgarbado, da *adj.* Que no tiene garbo o gracia al moverse: *Tiene una forma de andar muy desgarbada.*

desgarrado, da *adj.* Que causa mucha pena o impresiona por la desesperanza o la crudeza: *Escribe una poesía ácida y desgarrada. Presume de una biografía desgarrada.*

desgarrador, ra *adj.* Que causa mucha pena: *un llanto desgarrador, un grito desgarrador, una noticia desgarradora.*

desgarrar *v. tr.* 1 Romper ‹una persona o una cosa› [una cosa poco consistente]: *El picaporte me ha desgarrado la bocamanga de la chaqueta.* SIN. rasgar. 2 Causar ‹una persona o una cosa› mucha pena [a una persona]: *Me has desgarrado con tus historias. Su vida desgarra el corazón.* || *v. prnl.* 3 Romperse ‹una cosa poco consistente›: *Se ha desgarrado la tapicería del tresillo.* 4 Sentir ‹una persona› mucha pena: *Me desgarro cuando lo veo trabajar tanto para sacar adelante a la familia. Nos desgarramos todos al verlo en la cama paralítico.* || *v. intr.* 5 COL. Arrojar ‹una persona› flemas por la boca, carraspear mucho.

desgarre *s. m.* ARG., CHILE, COL.; COLOQUIAL en Colombia. Flema, esputo.

desgarriate *s. m.* MÉX.; COLOQUIAL. Destrozo, desastre, estropicio.

desgarro *s. m.* 1 Rotura irregular producida por estiramiento: *Realizó algunos ejercicios de calentamiento para evitar los desgarros musculares.* 2 Sentimiento dramático de dolor: *Interpretó la canción con desgarro. La separación le produjo un desgarro en el corazón.* 3 (no contable) RESTRINGIDO. Desvergüenza, descaro, a veces con cierta gracia: *Cuenta chistes con cierto desgarro.* 4 Crueldad vital: *el desgarro de su literatura.* 5 AMÉR. Flema, esputo.

desgarrón *s. m.* 1 Rotura grande que se hace en una cosa al rasgarse: *una sábana vieja con algunos desgarrones.* 2 Trozo desgarrado de una tela. SIN. jirón.

desgastar *v. tr.* 1 Gastar el uso o el roce de ‹una cosa› [otra cosa] poco a poco: *La conducción en ciudad desgasta las pastillas de freno. Mi hijo desgasta los zapatos muy deprisa.* || *v. prnl.* 2 Gastarse ‹una cosa› poco a poco por el uso o el roce: *Las piedras del río se desgastan por la acción de la corriente del agua.* 3 Perder ‹una persona› fuerza o entusiasmo: *Mi interés se ha desgastado con los años. Creo que el ingenio se le ha desgastado ya.*

desgaste *s. m.* Acción y resultado de desgastar o desgastarse: *el desgaste de los neumáticos de un coche, el desgaste de un partido, el desgaste de un pensador, el desgaste de los tacones de los zapatos.*

desglosar *v. tr.* 1 Separar ‹una persona› [las partes de un conjunto] para considerarlas aisladamente: *Ya he desglosado las distintas cantidades que hemos gastado. Hemos desglosado las cuentas de todos los excursionistas.* 2 RESTRINGIDO. Separar ‹una persona› [un impreso] de otros con los que está encuadernado.

desglose *s. m.* Acción y resultado de desglosar: *el desglose de una cuenta, el desglose de una factura, el desglose de un programa de actividades, el desglose de las partes de una lección.*

desgobernar *v. tr.* 1 PEYORATIVO. Dirigir ‹una persona› muy mal [un país]. 2 RESTRINGIDO. Alterar ‹una persona o una cosa› el orden o la dirección de [una cosa]: *La junta directiva está desgobernando la empresa.* 3 RESTRINGIDO. Abandonar o descuidar ‹el timonel› el gobierno de [una embarcación]: *Está acusado de desgobernar el barco en una situación peligrosa.* || *v. prnl.* 4 RESTRINGIDO. Alterarse el orden o la dirección de [una cosa]: *En cuanto falto una semana de la oficina se desgobierna peligrosamente.* ⇒ **58.**

desgobierno *s. m.* Desorden o falta de gobierno o dirección: *el desgobierno de una nación, el desgobierno de una casa. El desgobierno de la empresa es evidente.*

desgracia *s. f.* 1 (no contable) Suerte mala o adversa: *La desgracia me persigue desde hace años.* 2 Suceso malo o daño grave o doloroso: *Ha tenido la desgracia de perder a su hijo en un accidente de coche. Últimamente me persiguen las desgracias.* FR. Y LOC. **apurar la copa* del dolor** o **apurar la copa de la ~. caer* en ~. por ~** Por mala suerte, desventuradamente: *Por desgracia, no puedo ayudarte.*

desgraciadamente *adv. orac.* Por desgracia. OBSERVACIONES: ◊ No suele usarse como respuesta, pero sí como réplica o comentario equiparable: –*«No hizo copia.»* –*«Desgraciadamente.»* ◊ La valoración se matiza con un complemento seguido de *para*: *Desgraciadamente para nosotros, no vendrá.* ◊ Si no hay especificación expresa, el hablante se incluye como destinatario, directo o indirecto, principal o secundario, del mal que supone el hecho a que se alude: *Desgraciadamente, no vendrá. Desgraciadamente, no ha tocado la lotería.* RELACIONES Y CONTRASTES: Al contrario que la expresión *Es una desgracia (que)*, el adverbio *desgraciadamente* no precede a formas de subjuntivo y exige, para el pasado y el presente, hechos anunciados y no supuestos, además de poseer libertad relativa de posición: *Desgraciadamente, no hizo copia. No hizo, desgraciadamente, copia. No hizo copia, desgraciadamente.* Confróntese con *Es una desgracia que no hiciera copia.*

desgraciado, da *adj.* 1 (antepuesto / pospuesto) Que anuncia desgracias o va acompañado de ellas: *un día desgraciado, una desgraciada casualidad.* 2 (antepuesto / pospuesto) Que padece o causa desgracias: *un desgraciado accidente, una casualidad desgraciada.* **3** (antepuesto/pospuesto) Desacertado: *una elección desgraciada, una desgraciada intervención.* **4** Que carece de atractivo o belleza: *un físico desgraciado.* || *adj./s. m.* y *f.* **5** (antepuesto/pospuesto) Que inspira compasión o menosprecio: *Es un pobre desgraciado, que se ha quedado viudo y sin trabajo. Este niño es un huérfano desgraciado. Vive con un desgraciado que le hace la vida imposible. ¿Qué se ha creído ese desgraciado?*

desgraciar *v. tr.* **1** Estropear ‹una persona o una cosa› [una cosa]: *Has desgraciado la máquina de escribir.* **2** RESTRINGIDO. Quitar o dañar ‹un hombre› la honra de [una mujer]: *El que desgracie a mi hija lo pagará caro.* **3** COLOQUIAL. Herir ‹una persona› [a otra persona] gravemente: *Ten cuidado con la escopeta, apunta para otro lado, no nos desgracies a alguno.* || *v. prnl.* **4** Estropearse ‹una cosa›: *Creo que se ha desgraciado la lavadora.* **5** Causarse heridas graves ‹una persona›: *Se ha desgraciado mientras podaba los árboles y está en el hospital.*

desgranar *v. tr.* **1** Separar ‹una persona› los granos de [una cosa]: *Quiere que desgranemos todo este saco de guisantes.* **2** Decir ‹una persona› [varias cosas] una después de la otra: *Le oía desgranar sus excusas mientras lloraba desconsoladamente.* || *v. prnl.* **3** Separarse los granos de ‹una cosa›: *El maíz se desgranaba muy rápidamente, gracias a la nueva maquinaria.* **4** Soltarse ‹las piezas ensartadas›: *El collar de perlas se iba desgranando mientras ella caía al suelo.* **5** ARG., CHILE. Disgregarse, separarse.

desgravar *v. tr.* **1** Hacer ‹una cosa› menor la cantidad que debe pagar una persona por [un impuesto]: *Las aportaciones a instituciones benéficas desgravan en el impuesto un diez por ciento de lo pagado.* SIN. deducir. || *v. prnl.* **2** Deducirse ‹una persona› una cantidad del impuesto que debe pagar: *Yo me desgravo los gastos médicos.*

desgreñar *v. tr./prnl.* RESTRINGIDO. Desarreglar ‹una persona o una cosa› el peinado de [una persona]: ***Me*** *he desgreñado con el viento. Deja al chico, no lo desgreñes.*

desguace *s. m.* **1** Acción y resultado de desguazar: *el desguace de un automóvil, el desguace de un barco.* **2** Conjunto de materiales que resultan de desguazar una cosa: *El desguace de este barco es muy valioso.* **3** Lugar donde se desguaza una cosa: *Compró la rueda en un desguace.*

desguanzar *v. tr.* **1** MEX. Desvencijar, descuajaringar, desencuadernar. || *v. prnl.* **2** AMÉR. C., MÉX. Cansarse, desfallecer.

desguañangar *v. tr.* **1** AMÉR. Desbaratar, deshacer. **2** AMÉR. Causar daño o perjuicio. || *v. prnl.* **3** P. RICO, VEN.; COLOQUIAL en Venezuela. Desfallecer, desanimarse ‹una persona›.

desguarambilarse *v. prnl.* COL.; COLOQUIAL. Desarmarse o descomponerse ‹un objeto› en sus diferentes partes.

desguarnecer *v. tr.* **1** Quitar ‹una persona› los adornos de [una cosa]: *Las paredes quedaron desguarnecidas.* **2** Quitar ‹una persona› la guarnición de [una caballería]: *El mozo ya ha desguarnecido al caballo.* **3** Quitar ‹una persona› las fuerzas que protegen [una ciudad o una fortaleza]: *El mando ha desguarnecido las ciudades orientales.* **4** Quitar ‹una persona› piezas esenciales de [una cosa]: *desguarnecer de velas un barco.* **5** ELEVADO. Dejar ‹una persona› indefensa [a una persona] o a [una cosa]: *No quiero que los niños queden desguarnecidos.* ⇒ **5.**

desguazadero *s. m.* URUG. Lugar donde se desguazan máquinas o coches.

desguazar *v. tr.* **1** Deshacer ‹una persona› [una embarcación] total o parcialmente: *Han llevado el barco a desguazar.* **2** Deshacer ‹una persona› [un vehículo o un aparato] total o parcialmente: *Hemos desguazado el coche viejo. Se dedica a desguazar electrodomésticos.* **3** VEN.; COLOQUIAL. Destrozar o deshacer ‹una persona› [una cosa cualquiera]. ⇒ **19.**

deshabillé [del francés] *s. m.* Salto de cama, bata femenina de estar en casa: *Por la mañana siempre está en deshabillé.*

deshabitado, da *adj.* Que ha dejado de estar habitado: *una casa deshabitada, un pueblo deshabitado.*

deshabitar *v. tr.* **1** Dejar de vivir ‹una persona› en [un lugar] o en [una casa]: *El Ayuntamiento ordenó que deshabitaran el grupo de chabolas de la carretera.* **2** Dejar ‹una cosa› [un lugar] sin habitantes: *La peste deshabitó muchas ciudades medievales.* SIN. despoblar.

deshabituar *v. tr.* **1** Hacer perder ‹una persona o una cosa› un hábito [a una persona]: *La estancia en el centro deshabituó a Luis* ***de*** *la heroína.* SIN. desacostumbrar. || *v. prnl.* **2** Perder ‹una persona› [un hábito]: *Se deshabituó* ***del*** *tabaco.* SIN. desacostumbrarse. ⇒ **3.**

deshacer *v. tr.* **1** Separar ‹una persona o una cosa› las partes de [una cosa]: *deshacer un rompecabezas.* **2** Hacer desaparecer ‹una persona o una cosa› el arreglo o la buena disposición de [una cosa]: *deshacer la maleta, deshacer la cama, deshacer el equipaje, deshacer un nudo.* **3** Hacer ‹una persona› que [una cosa] deje de existir: *Los dos amigos deshicieron el trato.* **4** Convertir ‹una persona o una cosa› [una cosa] en fragmentos muy pequeños: *Nos mandaron deshacer el fragmento de roca con un pequeño martillo.* **5** Convertir ‹una persona o una cosa› [una cosa sólida] en líquida: *El calor deshacía rápidamente el hielo en las bebidas. Los niños deshacían la nieve con las manos.* **6** Destruir ‹una persona o una cosa› [una cosa] completamente: *El vendaval deshizo el techo de la casa.* **7** Recorrer ‹una persona› [el mismo camino recorrido antes] en sentido contrario: *Tengo que deshacer todo el camino porque me he dejado en mi casa la agenda de trabajo.* **8** Derrotar ‹una persona› [a otra persona]: *La fuerza de nuestro equipo deshizo al equipo contrario.* **9** Disolver ‹una persona o una cosa› [una sustancia] en [un líquido]: *Deshizo la pastilla* ***en*** *agua.* **10** Disolver ‹una persona o una cosa› [una manifestación o un partido]: *Las discusiones deshicieron la asamblea.* **11** Causar ‹una persona o una cosa› un grave trastorno [a una persona]: *Su larga enfermedad ha deshecho a la familia. La decisión que ha tomado su hija le ha dejado deshecho. Luis le ha deshecho los esquemas.* **12** Causar ‹una persona o una cosa› un grave daño a [una cosa]: *Se empeñó en abrir el juguete y ha desecho la maquinaria. Te vas a deshacer la vista leyendo con esa luz tan pobre. El mal tiempo nos deshizo los planes.* || *v. prnl.* **13** Separarse las partes de ‹una cosa›: *Los libros baratos se deshacen cuando los abres un par de veces.* **14** Desaparecer el arreglo o la buena disposición de ‹una cosa›: *El compromiso se ha desecho. Ven aquí que se te ha deshecho el nudo.* **15** Convertirse ‹una cosa› en fragmentos muy pequeños: *El vaso se deshizo al caer al suelo.* **16** Convertirse ‹una cosa sólida› en líquida: *El caramelo se deshacía en mi boca.* **17** Destruirse ‹una cosa›: *Me olvidé la comida en el fuego y se deshizo todo el fondo de la cazuela.* **18** Disolverse ‹una sustancia› [en un líquido]: *El azúcar se deshace **en** el café.* **19** Disolverse ‹una manifestación o un partido›: *La manifestación de estudiantes se deshizo al aparecer la policía.* **20** Sufrir ‹una cosa› un grave daño: *Las rodillas se deshacen después de todo un día esquiando.* **21** Estar ‹una persona› impaciente: *Llevo dos horas esperando los resultados y estoy deshecho.* **22** Desaparecer ‹una cosa›: *La niebla se deshizo. Cuando vio al niño, se deshizo su mal humor.* **23** Trabajar ‹una persona› con mucho interés y voluntad: *Es tonto, se deshace **por** su empresa y luego nadie se lo tendrá en cuenta.* **24** Decir ‹una persona› [muchas alabanzas o muchos insultos]: *Elisa se deshizo **en** elogios. Mientras se iba se deshacía **en** insultos. Mientras estuvo enferma, su marido se deshizo **en** atenciones hacia ella.* **25** Hacer ‹una persona› que [otra persona] se vaya: *Deshazte **de** algunos de tus colaboradores. Como no te deshagas pronto **de** tus amigos, me va a dar algo.* **26** Dar o vender ‹una persona› [una cosa]: *Se deshizo **de** algunos muebles antiguos. No pudo evitar deshacerse **de** algunas joyas.* FR. Y LOC. **hacer* y ~. ~ un entuerto* ⇒ 44.**

desharrapado, da o **desarrapado, da** *adj./s. m.* y *f.* Que viste con harapos. SIN. andrajoso.

deshecho, cha *adj.* **1** (estar) Que está desordenado o descompuesto: *Lleva el peinado deshecho. La cama está deshecha.* **2** (estar) Que está muy apenado: *Está deshecho por la noticia.* **3** (estar) Que está muy cansado: *Lleva andando cuatro horas y está deshecha.* **4** (estar) Que está roto e inservible: *El aparato está deshecho.* || *s. m.* **5** COL. Atajo de un camino. || *p.* **6** Participio irregular de *deshacer.*

deshelar *v. tr.* **1** Convertir ‹una persona o una cosa› [una cosa helada] en líquido: *El agua caliente desheló rápidamente el parabrisas.* || *v. prnl.* **2** Convertirse ‹una cosa helada› en líquido: *Es una pena ver como la nieve se deshiela tan pronto esta temporada.* **⇒ 58.**

desheredado, da *adj./s. m.* y *f.* Que no tiene dinero o medios para vivir: *Son los desheredados de esta sociedad.*

desheredar *v. tr.* Dejar ‹una persona› [a otra] sin herencia: *¡Si te casas con ese chico te deshereo!*

deshidratación *s. f.* Pérdida de agua de una sustancia u organismo: *El corredor bebió mucho líquido para evitar la deshidratación.* ANT. hidratación.

deshidratar *v. tr.* **1** Quitar ‹una persona o una cosa› a [un cuerpo] o a [un organismo] el agua que contiene. || *v. prnl.* **2** Perder ‹un cuerpo o un organismo› el agua que contiene: *Los bebés se deshidratan muy rápidamente.*

deshielo *s. m.* **1** Acción y efecto de deshelar o deshelarse, en especial, fusión de la nieve y el hielo en primavera como consecuencia de la elevación de la temperatura: *Los ríos habían crecido a causa del deshielo.* **2** Época en que la nieve y el hielo de los ríos se funde: *En el deshielo la zona se llenaba de cazadores.* **3** Distensión en las relaciones entre personas, naciones o grupos sociales: *Hay signos de deshielo entre ambos bandos.* ANT. tensión.

deshilachado, da *adj.* (estar) [Tela] que tiene los bordes desgastados: *Tiene los pantalones deshilachados. Me vendieron una falda que estaba deshilachada.*

deshilachar *v. tr.* **1** Sacar ‹una persona o una cosa› hilos de [una tela]. SIN. desflecar. || *v. prnl.* **2** Salir hilos de ‹una tela›: *Me regalaron una tela que se deshilachó enseguida.*

deshilar *v. tr.* Sacar ‹una persona› hilos de [una tela]. SIN. deshilachar.

deshilvanado, da *adj.* (ser/estar) Que no tiene conexión ni enlace entre sus partes: *Es un mensaje deshilvanado. Sus ideas estaban deshilvanadas. Hizo un discurso deshilvanado.* SIN. deslavazado.

deshilvanar *v. tr.* **1** Quitar ‹una persona› los hilvanes de [una tela]: *Ya he acabado el vestido, sólo queda deshilvanarlo.* || *v. prnl.* **2** Deshacerse los hilvanes de ‹una tela›.

deshinchar *v. tr.* **1** Sacar ‹una persona o una cosa› el aire o el contenido de [una cosa hinchada]: *He deshinchado la pelota porque ya nos vamos.* **2** Quitar ‹una cosa› la hinchazón de [una parte del cuerpo de una persona o de un animal]: *Esta pastilla te deshinchará un poco la cara.* **3** Reducir ‹una persona› la importancia o la extensión de [una información]: *Siempre deshincha sus triunfos.* || *v. prnl.* **4** Salir el aire o el contenido de ‹una cosa hinchada›: *No cojas la bici porque se le han deshinchado las ruedas.* **5** Desaparecer la hinchazón de ‹una parte del cuerpo de una persona o de un animal›: *Estoy mejor porque se me ha deshinchado un poco la pierna.* **6** Perder ‹una persona› su vanidad o su orgullo. **7** Perder ‹una persona› los ánimos o las fuerzas: *El equipo se deshinchó con ese gol tan temprano.*

deshipotecar *v. tr.* Pagar ‹una persona› la hipoteca que pesa sobre [una cosa]: *Ya hemos conseguido deshipotecar el garaje.* **⇒71.**

deshojar *v. tr.* **1** Quitar ‹una persona o una cosa› las hojas de [una planta] o los pétalos de [una flor]: *Conviene deshojar esa planta que tiene muchas hojas secas.* **2** Quitar ‹una persona o una cosa› las hojas a [una cosa]: *Ten cuidado y no deshojes el cuaderno.* || *v. prnl.* **3** Caer las hojas de ‹una planta› o los pétalos de ‹una flor›: *Se han deshojado ya los árboles del parque. No deshojes las pobres rosas.* **4** Caer las hojas de ‹una cosa›: *Como no guardes bien los libros se te van a deshojar.* FR. Y LOC. **~ la margarita*.**

deshoje *s. m.* RESTRINGIDO. Caída de las hojas de las plantas: *El deshoje del geranio es raro, debe necesitar algún abono.*

deshollinador, ra *s. m.* **1** Utensilio para deshollinar chimeneas. **2** Escoba o cepillo de mango largo para limpiar paredes y techos. || *adj./s. m.* y *f.* **3** [Persona] que por oficio deshollina las chimeneas: *El protagonista de la película era un deshollinador.*

deshollinar *v. tr.* **1** Quitar ‹una persona› el hollín de [una chimenea]: *Hasta que no deshollinemos la chimenea del chalé no podemos encenderla.* **2** Limpiar ‹una persona› [los techos y las paredes] con el deshollinador: *En esta ciudad se ensucian mucho las paredes, tenemos que deshollinarlas un día.*

deshonesto, ta *adj.* **1** Que va contra el deber o la honradez: *Su forma de actuar cuando era concejal fue muy deshonesta.* **2** Que va contra la moral sexual establecida: *Lleva una vida manifiestamente deshonesta.* **abuso ~. proposición* deshonesta.**

deshonor *s. m.* **1** (no contable) Pérdida del honor: *El deshonor no depende de las convenciones sociales, sino de la justicia y la recta conciencia.* **2** Cosa que produce esta pérdida: *Fue un gran deshonor para toda la familia la traición que hizo el hijo mayor. La mentira pública es un grave deshonor.* SIN. deshonra.

deshonra *s. f.* **1** Pérdida de la honra: *Cada uno es responsable de su propia honra y deshonra.* **2** Cosa deshonrosa: *Su comportamiento es una deshonra para la familia. Decir la verdad nunca puede ser una deshonra.*

deshonrar *v. tr.* **1** Quitar ‹una persona o una cosa› la honra de [una persona]: *Las declaraciones del antiguo consejero deshonran a todos los trabajadores de la empresa. No creo que mi hijo deshonre a la familia con su conducta.* **2** RESTRINGIDO. Hacer ‹un hombre› que [una mujer] pierda la virginidad fuera del matrimonio: *Como un hombre deshonre a mi hija, tendrá que casarse con ella.* || *v. prnl.* **3** Perder ‹una persona› la honra: *Con tales palabras se deshonra a sí mismo.*

deshonroso, sa *adj.* (antepuesto/pospuesto) Que no tiene decoro o decencia: *conducta deshonrosa. Sus deshonrosas declaraciones deben olvidarse.*

deshora *s. f.* Se usa en la LOC. **a ~** A destiempo, inoportunamente: *No puedes llegar siempre a deshora, cuando todos están durmiendo. Es muy peligroso en las asambleas, porque dice lo que se le ocurre a deshora.*

deshuesar *v. tr.* Quitar ‹una persona› los huesos a [la carne] o a [la fruta]: *En esa tienda deshuesan bien el jamón.*

deshumanizar *v. tr.* **1** Quitar ‹una persona o una cosa› los caracteres humanos [a una persona o a una cosa]: *Las grandes ciudades deshumanizan las relaciones entre vecinos. Las riquezas excesivas deshumanizan a los que las poseen.* || *v. prnl.* **2** Perder ‹una persona o una cosa› humanidad: *La Medicina en los grandes hospitales corre el peligro de deshumanizarse. La Universidad se ha deshumanizado con la masificación estudiantil.* **⇒19.**

desiderativo, va *adj.* GRAM. Que expresa o indica un deseo: *«Ojalá encuentre pronto trabajo» o «Dios quiera que vengan pronto las nieves» son frases desiderativas.*

desidia *s. f.* Falta de cuidado, interés, energía o actividad: *En invierno me entra una desidia terrible y no me dan ganas de hacer nada.*

desierto, ta *s. m.* **1** GEOGR. Terreno extenso y seco, con escasez de vegetación o sin ella por la falta de lluvias: *desierto arenoso, desierto pedregoso.* **2** Lugar de escasa población humana: *Piensan venir a la ciudad, porque su pueblo ya es un desierto.* || *adj.* **1** (estar; antepuesto/pospuesto) Que está sin habitantes humanos o sin personas visibles: *El lugar estaba desierto. Recorrió las desiertas habitaciones antes de convencerse de que la casa había sido abandonada.* **2** (estar) INTENSIFICADOR. [Lugar público] que es frecuentado por poca gente o que está muy vacío: *Por la noche los restaurantes están desiertos. Cuando llegué a la sala de teatro estaba desierta.* **3** [Premio, trofeo] que no es adjudicado a ningún ganador: *El premio de lotería se acumula al de la próxima semana porque ha quedado desierto. El concurso de teatro ha sido declarado desierto. La subasta quedó desierta.* FR. Y LOC. **predicar/clamar en el ~** Intentar convencer ‹una persona› de una cosa a quien no está dispuesto a escuchar: *Aconsejarle que estudie es predicar en el desierto.*

designación *s. f.* **1** Nombramiento de una persona o una cosa para un fin: *La designación de tu hermano para director nos ha alegrado.* **2** LING. Capacidad de referirse a objetos, ideas y realidades exteriores que tienen todas las lenguas: *La designación es algo sustancial a la manera de significar de las lenguas. Los sustantivos de una lengua tienen capacidad de designación.*

designado *s. m.* COL. Sustituto del Presidente de la República en caso de necesidad manifiesta.

designar *v. tr.* **1** Destinar ‹una persona› [a otra persona o una cosa] para un fin: *Me han designado para la expedición a la Antártida. Designaron ayer la fecha de la reunión para el próximo enero.* **2** Nombrar ‹una persona› [a otra persona o cosa]: *A ese actor lo designan con el nombre artístico. Los del pueblo nunca designan las calles con sus nombres oficiales.* **3** Conceder ‹una persona› [un título o nombramiento] a [otra persona o cosa]: *Lo han designado el hombre más elegante del año. Han designado a Salamanca ciudad del Patrimonio de la Humanidad.* **4** Representar o indicar ‹un objeto o sonido sensible› [un significado]: *La letra «h» designa la altura del triángulo. La palabra española «pan» designa un alimento. La cruz designa el cristianismo.*

designio *s. m.* Propósito o proyecto que alguien tiene de hacer determinada cosa: *Se desconocen los designios de Dios.*

desigual *adj.* **1** Que es distinto o que no es igual: *Estas raciones que has hecho son muy desiguales.* **2** (ser/estar; antepuesto/pospuesto) [Tiempo, suerte] que cambia con facilidad: *Las temperaturas son muy desiguales en esta época del año. El tiempo está muy desigual desde hace unos años. He trabajado estos años con desigual fortuna. Estudia con resultados desiguales.* **3** (ser/estar) Que tiene irregularidades de nivel, que no es liso: *El terreno es muy desigual, pero sólo lo queremos para plantar árboles. El terreno de juego está muy desigual y se controla mal el balón.* **4** (antepuesto) ELEVADO. Que es grande, arduo o difícil: *Perdió, pero era un desigual combate. Venció en una desigual lid. El motor es estupendo, desarrolla una desigual potencia.* **5** Que no está equilibrado: *La competición fue desigual, se veía claramente quién iba a ganar. Luchaban con armas y fuerzas desiguales.*

desigualar *v. tr.* **1** Deshacer ‹una persona o una cosa› la igualdad de [varias personas] o de [varias cosas]: *El último tanto desigualó el marcador.* || *v. prnl.* **2** RESTRINGIDO. Deshacerse la igualdad de ‹varias personas› o de ‹varias cosas›: *Los dos equipos se desigualaron en el último momento.*

desigualdad *s. f.* **1** Falta de igualdad: *Las desigualdades de educación, edad y posición social no son fundamentales en un matrimonio.* SIN. diferencia. **2** (preferentemente en plural) Cada una de las elevaciones o depresiones de un terreno o superficie: *El carro daba tumbos a causa de las desigualdades del camino.* SIN. irregularidad. **3** Falta de equidad o justicia: *Las desigualdades sociales generan resentimiento.* **4** MAT. Expresión que indica la falta de igualdad que existe entre dos cantidades: *Sea la desigualdad a4 ≠ b4.*

desilusión *s. f.* **1** Impresión que una persona siente cuando una cosa no es como esperaba: *sufrir una desilusión. Me he llevado una desilusión al ver que no venían. La desilusión de su vida fue no tener hijos. Me llevé una desilusión con la novela.* SIN. decepción. **2** Estado del que ha perdido las ilusiones: *Está pasando una etapa de desilusiones. Yo sólo tengo desilusión y desencanto.* ANT. ilusión.

desilusionar *v. tr.* **1** Hacer perder ‹una persona o una cosa› la ilusión [a una persona]: *Me han desilusionado tus palabras.* ‖ *v. prnl.* **2** Perder ‹una persona› la ilusión: *Me he desilusionado con su poca formalidad. Ya me he desilusionado con Araceli.*

desincrustante *adj.* Que desincrusta: *Compré un producto desincrustante para quitar la grasa del horno.*

desincrustar *v. tr.* **1** Quitar ‹una persona› las costras que se forman en [una cañería] o en [una caldera]: *No es fácil desincrustar los sedimentos calizos de las cañerías.* **2** Quitar ‹una persona› la incrustación de [una cosa].

desinencia *s. f.* GRAM. Morfema que aparece al final de un nombre o de un verbo y expresa diversas informaciones sobre las categorías gramaticales: *la desinencia de género del nombre, la desinencia de tiempo en el verbo.*

desinfección *s. f.* Acción y resultado de desinfectar: *Una buena desinfección evitaría muchas enfermedades.*

desinfectante *adj. / s. m.* y *f.* Que desinfecta o sirve para desinfectar: *jabón desinfectante. Esa herida necesita un desinfectante. El alcohol es un desinfectante.*

desinfectar *v. tr.* **1** Hacer desaparecer ‹una persona o una cosa› los gérmenes nocivos de [una cosa]: *Hay que desinfectar el lavabo. El Ayuntamiento desinfecta periódicamente los autobuses.* ‖ *v. prnl.* **2** Desaparecer los gérmenes nocivos de ‹una cosa›: *Debes desinfectarte la herida.*

desinflada *s. f.* COL.; COLOQUIAL. Desencanto, desilusión.

desinflamar *v. tr.* **1** Hacer desaparecer ‹una persona o una cosa› la inflamación de [una herida] o de [una contusión]: *Esta pomada me ha desinflamado el tobillo.* ‖ *v. prnl.* **2** Desaparecer la inflamación de ‹una herida› o de ‹una contusión›: *Esa rodilla se desinflama sola, con reposo.*

desinflar *v. tr.* **1** Sacar ‹una persona o una cosa› el aire o el gas de [una cosa inflada]: *No desinfles el globo, que el niño va a llorar.* **2** Hacer perder ‹una persona o una cosa› la ilusión [a una persona] rápidamente: *Los resultados electorales lo han desinflado.* ‖ *v. prnl.* **3** Salir el aire o el gas de ‹una cosa inflada›: *El balón se desinfla después de varios partidos.* **4** Perder ‹una persona› la ilusión rápidamente: *Eva se desinfla en los estudios con cualquier dificultad.* **5** Perder ‹una cosa› importancia: *Parece que se está desinflando el impulso exportador. La inflación no se desinfla.*

desinformación *s. f.* Falta de información u ocultación de la información: *Dicen que algunos líderes practican sistemáticamente la desinformación de sus seguidores. No sé nada de eso, mi desinformación en este caso es total.*

desinformar *v. tr.* Dar ‹una persona› una información manipulada [a otra persona]: *Alguna cadena de televisión y algunos periódicos se dedican a desinformar a la población.*

desinhibirse *v. prnl.* Obrar ‹una persona› espontáneamente o perder ‹una persona› sus inhibiciones: *Se ha desinhibido en cuanto se han ido sus padres. Cambia en cuanto pisa un escenario, se desinhibe y se transforma.*

desinsectar *v. tr.* RESTRINGIDO. Hacer desaparecer ‹una persona› los insectos nocivos de [un lugar]: *Este vagón está desinfectado y desinsectado.*

desintegración *s. f.* **1** Acción y efecto de desintegrar o desintegrarse: *Hoy se habla mucho de la desintegración de la familia.* SIN. descomposición. ‖ **2 ~ nuclear** Partición espontánea o provocada de un núcleo atómico con absorción o producción de energía.

desintegrador, ra *adj.* Que desintegra: *Tu primo es la fuerza desintegradora del grupo.*

desintegrar *v. tr.* **1** Separar ‹una persona o una cosa› los elementos que constituyen [una cosa]: *El tiempo ha desintegrado nuestra pandilla. La explosión desintegró la avioneta y los restos se buscan en un radio de un kilómetro.* ‖ *v. prnl.* **2** Separarse los elementos que constituyen ‹una cosa›: *La orquesta se desintegró al morir el fundador. Se ha desintegrado el grupo con la marcha del director.*

desinteligencia *s. f.* ARG., URUG. Falta de entendimiento entre las personas.

desinterés *s. m.* **1** (no contable) Falta de interés, cuidado o entusiasmo: *Siente desinterés por todo lo que no es él mismo. Estudia con desinterés. Muestra un gran desinterés* ***por*** *las clases.* **2** (no contable) Desprendimiento o generosidad de una persona: *Lo hace por obligación, pero también con un desinterés admirable. Me ha ayudado con desinterés.*

desinteresado, da *adj.* Que se comporta sin interés o egoísmo personal: *Es una persona muy desinteresada, no te resultará costosa su ayuda.*

desinteresarse *v. prnl.* Dejar de tener ‹una persona› interés por [una persona] o por [una cosa]: *Se ha desinteresado* ***de*** *la política. Yo ya me he desinteresado* ***de*** *la pedagogía.*

desintoxicar *v. tr.* **1** Hacer desaparecer ‹una persona o una cosa› la intoxicación y sus efectos en [una persona]: *Ante un envenenamiento lo primero es llevar al enfermo a una unidad para desintoxicarlo.* **2** Hacer desaparecer ‹una persona› los efectos que produce en [otra persona] una información negativa: *No es fácil desintoxicar a los lectores de las patrañas que les cuentan.* ‖ *v. prnl.* **3** Desaparecer la intoxicación y sus efectos en ‹una persona›: *Me he desintoxicado y no fumo ni bebo.* **4** Desaparecer los efectos que produce en ‹una persona› una información negativa. ⇒ **71.**

desistir *v. intr.* **1** Dejar ‹una persona› un proyecto: *He desistido* ***de*** *comprar un piso, porque son muy caros. Hemos desistido* ***de*** *ir de vacaciones, porque no tenemos dinero.* **2** DER. Dejar ‹una persona› un derecho: *Ha desistido* ***de*** *sus reclamaciones. Creo que desistiremos* ***de*** *la demanda.*

desjarretar *v. tr.* LITERARIO. Cortar ‹una persona› las piernas a [una res] por el jarrete: *Saber desjarretar un toro es un arte que se aprendía en el campo.*

deslavazado, da *adj.* (ser / estar) Que no tiene orden ni unión entre sus partes: *Sus argumentos están deslavazados. Escribes de una manera deslavazada. Sus explicaciones deslavazadas no han convencido a nadie.*

desleal *adj. / s. m.* y *f.* Que obra sin lealtad: *Eres desleal* ***con*** *tus amigos. Ha sido desleal* ***a*** *sus ideas.* ANT. leal. **competencia* ~.**

deslealtad *s. f.* Falta de lealtad: *Pilar nunca le pudo perdonar su deslealtad. La deslealtad es un delito grave en cualquier profesión, pero sobre todo entre los militares.*

desleír *v. tr.* **1** Mezclar ‹una persona› [una cosa sólida o pastosa] con un líquido formando una masa pastosa homogénea: *Tienes que desleír una cucharada de azúcar en un vaso de leche.* ‖ *v. prnl.* **2** Mezclarse ‹una cosa sólida o pastosa› con un líquido formándose una masa pastosa homogénea: *No se deslíe bien esta pasta en leche fría.* ⇒ **67.**

deslenguado, da *adj. / s. m.* y *f.* Que habla con mucho descaro y sin vergüenza: *Tienes un hijo muy deslenguado, me ha estado insultando. Todas las niñas de esta edad son algo deslenguadas.*

desliar *v. tr.* **1** Deshacer ‹una persona› [una cosa liada o atada]: *Deslía el paquete, que ahora voy. No sé si voy a poder desliar el follón que has organizado en el despacho.* || *v. prnl.* **2** Deshacerse ‹una cosa liada›: *Este follón no se deslía fácilmente.* ⇒ **8.**

desligar *v. tr.* **1** Separar ‹una persona o una cosa› [una cosa] de [otra a la que está ligada]: *No pudo desligar a su compañero de la viga a la que lo habían atado.* **2** Separar ‹una persona› [una cosa] de [otra a la que está naturalmente unida]: *Desligaron el aspecto económico* ***del*** *aspecto político de la cuestión. No puedes desligar una cosa* ***de*** *otra.* **3** Librar ‹una persona› [a otra persona] de [una obligación o de un compromiso]: *Me desligó* ***de*** *la promesa de matrimonio.* || *v. prnl.* **4** Separarse ‹una cosa› de [otra a la que está ligada]: *El asunto se desligó* ***de*** *una serie de condicionantes.* **5** Librarse ‹una persona› de [una obligación o de un compromiso]: *Se desligó* ***de*** *nuestro proyecto común.* **6** Hacerse ‹una persona› independiente de [una persona o de una cosa]: *Se desligó* ***de*** *sus padres.* ⇒ **56.**

deslindar *v. tr.* **1** Señalar ‹una persona› los límites de [una cosa] o entre [dos cosas]: *Tengo que ir al pueblo a deslindar las fincas que he recibido de mi difunto tío.* **2** Señalar ‹una persona› [los aspectos o los detalles de una cosa] para evitar la confusión: *Deslindó las atribuciones del cargo. Conviene que deslindemos con claridad las responsabilidades de cada uno desde el primer día.*

deslinde *s. m.* Acción y resultado de deslindar: *el deslinde de una finca. El deslinde de los puntos fundamentales de su pensamiento es complicado.*

desliz *s. m.* **1** Equivocación o indiscreción que alguien comete por falta de reflexión: *No te preocupes, es un desliz sin importancia, pero no volveré a comentarlo con nadie.* **2** COLOQUIAL; EUFEMISMO. Desacierto o fallo en relación con el sexo o el dinero: *Han tenido un desliz y se van a casar. Además de estos dos hijos tiene otro, fruto de un desliz de juventud. Lo han echado de cajero, porque parece que tuvo un desliz con las nóminas.*

deslizador *s. m.* COL. Motora fuera borda.

deslizamiento *s. m.* Acción y resultado de deslizar o deslizarse: *Un deslizamiento de tierras amenaza con sepultar dos pueblos en Almería.*

deslizar *v. tr.* **1** Pasar ‹una persona› [una cosa] sobre [otra cosa] suavemente: *Deslizó el paño* ***sobre*** *la mesa. Deslizó la mano* ***por*** *su brazo.* **2** Poner ‹una persona› [una cosa] en [un lugar] disimuladamente: *Deslizó un sobre* ***en*** *su bolsillo.* **3** Introducir ‹una persona› [una palabra o una frase intencionada] en [una conversación, en un discurso o en un escrito]: *Deslizó algunos tacos* ***en*** *la conversación.* || *v. intr. / prnl.* **4** Pasar ‹una persona o una cosa› [sobre una cosa] suavemente: *El patinador* ***se*** *deslizaba* ***sobre*** *el hielo. Los esquiadores* ***se*** *deslizaban vertiginosamente.* || *v. prnl.* **5** Entrar o salir ‹una persona› de un lugar disimuladamente: *Se deslizó entre las sombras del portal.* **6** Cometer ‹una persona› una equivocación o una indiscreción: *En la fiesta, se deslizó* ***con*** *aquella pregunta tan indiscreta.* ⇒ **19.**

deslomar *v. tr.* **1** Herir ‹una persona o una cosa› [a una persona o a un animal] en el lomo: *Vas a deslomar al pobre bicho, tienes que tener más paciencia con el perro, porque aprende lentamente.* **2** Dejar ‹un trabajo o un esfuerzo› muy cansada [a una persona]: *Las clases me desloman. Me ha deslomado la jornada de hoy. Estar todo el día inclinada sobre la máquina desloma a la pobre chica.* **3** Pegar ‹una persona› una paliza [a otra]: *Como no me obedezca, lo deslomo.* || *v. prnl.* **4** Trabajar o esforzarse ‹una persona› mucho: *Los lunes me deslomo con tanto ajetreo en la fábrica.*

deslucir *v. tr.* **1** Quitar ‹una cosa› la gracia, el atractivo o el brillo a [otra cosa]: *El tiempo lluvioso ha deslucido la fiesta.* **2** Quitar ‹una persona o una cosa› el prestigio [a una persona]. || *v. prnl.* **3** Perder ‹una cosa› la gracia, el atractivo o el brillo: *El traje se deslució con el paso del tiempo.* **4** Perder ‹una persona› el prestigio: *Se ha deslucido él solo con las tonterías que escribe.* ⇒ **50.**

deslumbrador, ra *adj.* Que deslumbra: *una luz deslumbradora, un aspecto deslumbrador.*

deslumbramiento *s. m.* **1** Pérdida de la vista por un exceso de luz directa: *El deslumbramiento nocturno de los conductores es una causa frecuente de accidentes.* **2** Ofuscación del entendimiento por una pasión fuerte: *Sufre un deslumbramiento tan fuerte con ese hombre que no puede ser objetiva con las cosas que dice. El conocimiento de la cultura azteca produjo tal deslumbramiento en ella que abandonó todo y se dedicó a su estudio.*

deslumbrante *adj.* (ser / estar; antepuesto / pospuesto) Que deslumbra o asombra: *Una luz deslumbrante me cegó. Es un joven de deslumbrante belleza. Estás deslumbrante.*

deslumbrar *v. tr.* **1** Quitar ‹el exceso de luz› la visión de [una persona] momentáneamente: *El conductor se salió de la carretera porque los faros del camión lo deslumbraron. Apaga esa luz, que me deslumbra.* **2** Causar ‹una persona o una cosa› mucha impresión [a una persona]: *La última exposición del pintor manchego ha deslumbrado a todos los críticos de la capital. Te dejas deslumbrar por cualquier cosa, la conferencia que hemos oído no era tan interesante.* SIN. asombrar. || *v. prnl.* **3** Dejar de ver bien ‹una persona› momentáneamente por el exceso de luz: *Te deslumbrarás si miras al sol fijamente.* **4** Experimentar ‹una persona› una gran impresión: *Me deslumbras con tus proyectos.*

deslustrar *v. tr.* **1** ELEVADO. Quitar ‹una cosa› el lustre a [otra cosa]: *El mármol está deslustrado por las repetidas pisadas.* **2** Quitar ‹una persona o una cosa› valor o mérito [a otra persona]: *Una crítica razonada no nos deslustra y nos ayuda a mejorar.*

desmadejado, da *adj.* Que se siente flojo y débil: *Estoy desmadejado, me voy a la cama. Llegó y se tumbó desmadejada en el sillón y ahí sigue.*

desmadrarse *v. prnl.* COLOQUIAL. Obrar ‹una persona› incontroladamente, sin moderación o sin respeto a las normas establecidas: *Desde hace unos días está desmadrada, no respeta horario, no va a trabajar, pasa varios días fuera de casa. Se desmadró en la fiesta y montó tal follón que nos echaron de la casa. Tu hijo se ha desmadrado, empezó volviendo a las doce y ahora ya lo hace de madrugada.*

desmadre *s. m.* **1** COLOQUIAL. Confusión grande de aquello que empieza siendo ordenado y termina desordenadamente: *La reunión fue un desmadre. La manifestación se convirtió en un desmadre. La clase era un desmadre.* SIN. desorden, jaleo. **2** COLOQUIAL. Juerga, fiesta muy animada y fuera de control: *Celebrábamos la fiesta de fin de curso y tuvo que ir la policía porque aquello se convirtió en un desmadre.* **3** COLOQUIAL. Pérdida del control o de la medida en el comportamiento o en las palabras: *Se puede criticar sin caer en el desmadre. Está bien descansar y salir de vacaciones, pero eso no tendría que significar el desmadre.*

desmalezadora *s. f.* ARG., URUG.; RESTRINGIDO. Máquina que se engancha a un tractor para quitar la maleza de los cultivos.

desmán *s. m.* **1** Acción desordenada y fuera de control: *Durante la guerra se cometieron muchos desmanes.* SIN. exceso. **2** Acción cometida con abuso de autoridad: *Los campesinos denunciaron los desmanes de los caciques. Parece que el profesor es culpable de ciertos desmanes que se han producido en su clase.* **3** Mamífero insectívoro, con el hocico en forma de trompa, pies palmeados y cola larga, que es un buen nadador y habita en ríos europeos.

desmanchar *v. tr.* **1** AMÉR. Quitar las manchas. ‖ *v. prnl.* **2** AMÉR. DEL S. Apartarse de un grupo.

desmandarse *v. prnl.* **1** Dejar ‹un animal› la manada: *Tengan cuidado, se ha desmandado un toro y salió en esta dirección.* **2** Obrar ‹una persona› incontroladamente: *Son buenos chicos, pero en cuanto se quedan solos se desmandan. Un agente de la autoridad nunca debe desmandarse.*

desmano *s. m.* Se usa en la LOC. **a ~** Apartado, mal comunicado, fuera del camino que se sigue: *No te llevo a casa porque voy a una reunión y tu barrio me queda muy a desmano.*

desmantelamiento *s. m.* Acción y resultado de desmantelar: *El desmantelamiento de las bases se llevará a cabo el próximo año.*

desmantelar *v. tr.* **1** Destruir ‹una persona› [una fortificación]: *No van a desmantelar todas las fortificaciones de la última guerra, algunas quedarán como museo. Pronto se desmantelarán las bases militares.* **2** Dejar ‹una persona› [un edificio o un establecimiento] sin muebles o sin los complementos necesarios: *El edificio está vacío, los pisos han sido desmantelados hace tiempo.* **3** Dejar ‹una persona o una cosa› [una embarcación] sin palos: *La tormenta había desmantelado el barco y no queda ningún superviviente.* **4** Dejar ‹una persona o una cosa› [una cosa] sin defensas, sin fuerzas o sin recursos: *La junta directiva piensa desmantelar la sección de baloncesto. La policía ha desmantelado toda la infraestructura del comando.* **5** Separar ‹una persona› los elementos que forman [una estructura]: *En la nueva fábrica se desmantelarán los misiles nucleares.*

desmañado, da *adj.* Que tiene poca habilidad o es torpe: *Es muy desmañado vistiendo.*

desmaquillador, ra *adj.* Que sirve para desmaquillar: *una crema desmaquilladora, algodones desmaquilladores.*

desmaquillar *v. tr./prnl.* Quitar ‹una persona› el maquillaje del rostro de [otra persona]: ***Se** desmaquilla cuidadosamente todas las noches. Mientras la desmaquilla, siempre procura que se relaje.*

desmarcar *v. tr.* **1** Quitar ‹una persona› una marca de [una cosa]: *Tenemos que desmarcar lo que está en el escaparate.* ‖ *v. prnl.* **2** DEP. Moverse ‹un jugador› para escapar del contrario que lo marca: *Es muy buen delantero, se desmarca muy bien.* **3** Evitar ‹una persona› un trabajo o una responsabilidad: *Es muy listo, en los últimos discursos se ha desmarcado de las posiciones oficiales del partido. Creemos que se ha desmarcado de sus antiguos socios, pero no sabemos qué pretende.* ⇒ **71.**

desmayado, da *adj.* **1** Que está decaído o sin fuerzas: *Tiene una voz desmayada.* **2** Que es muy pálido o desvaído: *Pinta con colores desmayados. Me gustan los tonos desmayados. Viste siempre de azul desmayado y rosa pálido.*

desmayar *v. intr.* **1** Perder ‹una persona› los ánimos o las fuerzas: *Ahora que estamos a punto de conseguirlo no vamos a desmayar.* ‖ *v. prnl.* **2** Perder ‹una persona› el conocimiento y la sensibilidad accidentalmente: *Cuando salía del portal se desmayó y cayó contra un señor que pasaba. Se desmaya a veces, pero los médicos no saben de qué es.*

desmayo *s. m.* **1** Pérdida momentánea del conocimiento: *Auxilió a una mujer que había sufrido un desmayo.* **2** Falta de fuerzas o de entusiasmo: *Los científicos continúan sin desmayo buscando la causa de esa enfermedad.*

desmechar o **desmechonar** *v. tr./prnl.* **1** COL., MÉX.; COLOQUIAL. Mesar, arrancar o despeinar ‹una persona› el cabello [a otra persona]. **2** VEN.; COLOQUIAL. Despeinar ‹una persona o una cosa› [a otra persona].

desmedido, da *adj.* Que no tiene moderación o medida: *Es un hombre desmedido **en** todo. Se te nota una ambición desmedida.*

desmedrado, da *adj.* [Persona] que no tiene un desarrollo normal: *Allí pasan hambre y viven seres desmedrados.*

desmedrarse *v. prnl.* RESTRINGIDO. Ponerse ‹un ser vivo› muy enfermo o débil: *El anciano se ha desmedrado mucho.*

desmejorar *v. tr.* **1** Hacer perder ‹una cosa› la perfección a [otra cosa]: *La iluminación desmejoró el espectáculo, pero el concierto fue un éxito. Un despiste desmejoró su actuación, pero consiguió el primer puesto.* ‖ *v. intr./prnl.* **2** Ponerse ‹una persona› enferma: *Esta chica **se** ha desmejorado mucho últimamente. Estás muy desmejorado.* ‖ *v. prnl.* **3** Perder ‹una cosa› la perfección. *Las fiestas del pueblo se han desmejorado con los años.*

desmelenamiento *s. m.* Comportamiento excesivamente libre o desordenado: *En la fiesta había un desmelenamiento general.*

desmelenar *v. tr.* **1**. Deshacer ‹una persona o una cosa› el peinado de [una persona]: *El viento desmelenaba a todos los invitados.* SIN. despeinar. ‖ *v. prnl.* **2** RESTRINGIDO. Deshacerse el peinado de ‹una persona›. SIN. despeinarse. **3** COLOQUIAL. Obrar ‹una persona› con excesiva libertad: *Ya no es el mismo, en cuanto ha salido del pueblo se ha desmelenado.* **4** COLOQUIAL. Hacer ‹una persona› muchos esfuerzos: *No te desmelenes que no vas a resolver el problema. Me da pena verlo cómo se desmelena para no conseguir nada.* **5** COLOQUIAL. Mostrarse ‹una persona› muy enfadada y furiosa: *Es tranquilo, pero en casa se desmelena por cualquier cosa y grita a todo el mundo.*

desmembración *s. f.* Acción y resultado de desmembrar o desmembrarse: *La desmembración del Califato de Córdoba produjo los reinos de taifas.*

desmembrar *v. tr.* **1** Separar ‹una persona o una cosa› los miembros del cuerpo de [una persona] o de [un animal]: *Antiguamente desmembraban a los presos para torturarlos. Para desmembrar bien a un animal hay que conocer su anatomía.* **2** Separar ‹una persona o una cosa› una parte o las partes de [un todo]: *Los enfrentamientos entre los líderes desmiembran el movimiento sindical. Los herederos desmembraron la empresa en tres meses.* || *v. prnl.* **3** Separarse una parte o las partes de ‹un todo›: *La empresa se desmembrará con las luchas de los herederos.* ⇒ **58.**

desmemoriado, da *adj. / s. m.* y *f.* Que tiene poca memoria o que recuerda las cosas parcialmente: *Eres un desmemoriado, hoy es nuestro aniversario de bodas.*

desmentido *s. m.* **1** Comunicado público en el que se desmiente algo: *La familia ha dado a conocer un desmentido en el que se afirma que el lugar de la boda está sin decidir.* **2** Acción y resultado de negar la verdad de algo que se ha afirmado: *El secretario ha afirmado en un desmentido que no había hecho las declaraciones que se le atribuyen.*

desmentir *v. tr.* **1** Decir ‹una persona› que [una cosa] no es cierta: *La radio ha desmentido los rumores de un choque de barcos en el estrecho de Gibraltar. Tenemos que desmentir rotundamente las opiniones aparecidas en los periódicos.* **2** Decir ‹un persona› que no es cierto lo que dice [otra persona]: *El ministro desmintió a su portavoz y declaró que había habido una confusión. A mí nadie me desmiente con esa ligereza.* **3** Demostrar ‹una cosa› que [otra cosa] no es cierta: *Las copias de las facturas falsas desmienten su afirmación de que no sabía nada. La autopsia desmiente la hipótesis de la policía.* **4** Ser ‹una cosa› peor de lo que le corresponde por [su origen o circunstancias]: *Esta botella desmiente la fama del borgoña. La música del hijo desmiente el apellido familiar.* || *v. prnl.* **5** Decir ‹una persona› lo contrario de lo que ha dicho antes: *El presidente se ha desmentido y ha matizado sus declaraciones.* ⇒ **75.**

desmenuzar *v. tr.* **1** Deshacer ‹una persona o una cosa› [una cosa] en fragmentos muy pequeños: *Es una falta de educación desmenuzar el pan en la sopa.* **2** Examinar ‹una persona› [una cosa] detenidamente: *El profesor desmenuzó en su conferencia la aparición del nacionalismo moderno.* SIN. desglosar. || *v. prnl.* **3** Deshacerse ‹una cosa› en fragmentos muy pequeños: *El pescado se ha desmenuzado por estar tanto tiempo al fuego.* ⇒ **19.**

desmerecer *v. tr.* **1** Hacerse ‹una persona› indigna de [una cosa]: *Esa persona desmerece el ascenso.* || *v. intr.* **2** Perder ‹una cosa› parte de su valor: *Este vino no desmerece con el paso de los años. Debes vender la finca, porque desmerecerá con el tiempo.* **3** Ser ‹una persona o una cosa› inferior [a otra persona u otra cosa con la que se la compara]: *El portero no desmerece* ***del*** *resto del equipo.* ⇒ **5.**

desmesura *s. f.* Falta de mesura, exageración: *Todas las cosas las hace con la misma desmesura. No puedes hablar de ella con tal desmesura.*

desmesurar *v. tr.* **1** RESTRINGIDO. Dar ‹una persona o una cosa› proporciones excesivas a [una cosa]: *Has desmesurado la importancia de tu participación.* SIN. exagerar. || *v. prnl.* **2** Adquirir ‹una cosa› proporciones excesivas: *Se está desmesurando la responsabilidad del empleado que equivocó los números.* SIN. desmedirse, descomedirse. **3** RESTRINGIDO. Obrar ‹una persona› sin moderación: *No te desmesures en tus juicios, intenta ser algo objetivo.*

desmigajar *v. tr.* Deshacer ‹una persona› [una cosa blanda] en fragmentos pequeños: *Mira, desmigaja esos trozos de pan y échalos a las palomas.*

desmigar *v. tr.* Hacer ‹una persona› migas un trozo de [pan]: *No desmigues el pan en la mesa.* SIN. desmigajar. ⇒ **56.**

desmilitarizar *v. tr.* **1** Quitar ‹una persona› el carácter militar [a otra persona] o a [una cosa]. **2** Quitar ‹una persona› las tropas o las instalaciones militares de [un territorio]: *Han decidido desmilitarizar las provincias fronterizas de los dos países.* ⇒ **19.**

desmirriado, da *adj.* COLOQUIAL. Esmirriado.

desmitificar *v. tr.* Quitar ‹una persona› el carácter mítico [a una persona] o a [una cosa]: *Los actores son personas como las demás, tienes que desmitificarlos.* ⇒ **71.**

desmochar *v. tr.* **1** RESTRINGIDO. Quitar ‹una persona› la parte superior de [una cosa]: *Han desmochado una encina. Le han cortado los cuernos al carnero y lo han desmochado.* **2** Dejar ‹una persona› incompleta [una cosa]: *La torre nunca se concluyó, siempre ha estado desmochada.*

desmontable *adj.* Que se puede desmontar o desarmar con facilidad: *juguete desmontable, pieza desmontable.*

desmontar *v. tr.* **1** Separar ‹una persona› las piezas que componen [una cosa]: *Tenemos que desmontar la tienda de campaña. Ha desmontado el motor de la moto. Han desmontado los andamios de la casa de al lado. La exposición de muebles se desmonta el próximo lunes.* **2** Separar ‹una persona› la llave de [un arma de fuego] del disparador: *Desmonta la escopeta aquí.* **3** Exponer ‹una persona› razones que contradicen [la argumentación de otra]: *El conferenciante desmontó todas las objeciones.* **4** Cortar ‹una persona› [árboles o matas] en un monte para cultivarlo: *Necesitan desmontar toda esta zona para introducir ese nuevo cultivo.* || *v. tr. / intr. / prnl.* **5** Bajar ‹una persona› [de una caballería o de un vehículo]: *Juan desmontó al niño* ***del*** *caballito del tiovivo. El jinete desmontó* ***del*** *caballo. Al llegar frente a su puerta el jinete desmontó. El niño* ***se*** *desmontó* ***del*** *triciclo cuando vio la merienda.*

desmonte *s. m.* **1** Acción y resultado de talar o allanar un terreno. **2** (preferentemente en plural) Terreno talado o allanado. **3** (en plural) MIN.; BOL., CHILE, HOND. Ganga, mineral de desecho. **4** PERÚ. Material de desecho en las construcciones. **5** COL. Acción de desmontar una cosa. **6** COL. Supresión o cambio de una norma jurídica.

desmoralización *s. f.* Acción y resultado de desmoralizar o desmoralizarse: *la desmoralización de los enemigos, la desmoralización de un equipo, la desmoralización de una tropa, la desmoralización de una persona.*

desmoralizador, ra *adj.* Que desmoraliza o desanima: *una imagen desmoralizadora. El final fue desmoralizador.*

desmoralizante *adj.* (antepuesto / pospuesto) Que desmoraliza: *Es desmoralizante, trabajas como un burro y todo por cuatro pesetas. Fue una desmoralizante conversación.*

desmoralizar *v. tr.* **1** Hacer perder ‹una persona o una cosa› el valor, el ánimo o la decisión [a una persona]: *Las derrotas desmoralizan a cualquiera. Tus broncas lo desmoralizan.* || *v. prnl.* **2** Perder ‹una persona› el valor, el ánimo o la decisión: *Luis no se desmoraliza con facilidad.* ⇒ **19.**

desmoronamiento *s. m.* **1** Caída o destrucción de una cosa: *el desmoronamiento de una torre, el desmoronamiento de un imperio económico, el desmoronamiento de la Bolsa de Nueva York.* **2** Depresión o hundimiento de una persona: *el desmoronamiento de un escritor, el desmoronamiento de un deportista.*

desmoronar *v. tr.* **1** Deshacer ‹una cosa› [una cosa sólida] poco a poco: *El aburrimiento acaba desmoronando a las parejas. La erosión ha desmoronado los antiguos muros.* || *v. prnl.* **2** Deshacerse ‹una cosa sólida› poco a poco: *La fortaleza se ha desmoronado con el paso del tiempo, pero conserva todavía dos torres.* **3** Perder ‹una persona o una cosa› fuerza poco a poco: *Se ha cansado de luchar contra la enfermedad y se ha desmoronado completamente.*

desmotivar *v. tr. / prnl.* Quitar el ánimo o el aliento ‹una persona o una cosa› [a otra persona]: *Los suspensos lo han desmotivado y no quiere estudiar. Como se caiga* ***se*** *desmotivará y no querrá esquiar.*

desmovilizar *v. tr.* **1** Dejar ‹una persona con autoridad› libre del servicio activo [a un soldado]. **2** Detener ‹una persona con autoridad› la movilización social de [otras personas]. ⇒ **19.**

desmultiplicar *v. tr.* MEC. Reducir ‹una persona› la velocidad del movimiento de [un mecanismo] mediante la combinación de diversos engranajes. ⇒ **71.**

desnacionalizar *v. tr.* Hacer ‹una persona con autoridad› que [una industria o un servicio de interés público] pase a manos privadas y deje de pertenecer a la Administración: *Se está elaborando un proyecto para desnacionalizar las compañías aéreas y el servicio de correos.* SIN. privatizar. ⇒ **19.**

desnarigar *v. tr.* RESTRINGIDO. Quitar ‹una persona› la nariz [a otra persona]: *Está acusado de desnarigar a un guardia urbano con una navaja.* ⇒ **56.**

desnatado, da *adj.* [Producto lácteo] que está sin su nata natural: *yogur desnatado, leche desnatada.*

desnatar *v. tr.* Quitar ‹una persona› la nata de [un producto lácteo]: *En esta fábrica desnatamos la leche para elaborar quesos y yogures desnatados.*

desnaturalizado, da *adj.* **1** Que no cumple con los deberes que exige la naturaleza hacia padres, hermanos y familiares más cercanos: *un hijo desnaturalizado. Quien golpea a sus hijos sin piedad es un padre desnaturalizado.* || **2 alcohol* ~.**

desnaturalizar *v. tr.* **1** RESTRINGIDO. Quitar ‹una persona con autoridad› la nacionalidad [a otra persona]: *No se puede desnaturalizar a nadie por sus ideas políticas.* **2** Hacer perder ‹una persona› las propiedades naturales a [una cosa] para que no sea apta para el consumo: *El alcohol etílico se desnaturaliza con metílico para fabricar perfumes. El aceite desnaturalizado se utiliza en perfumería.* || *v. prnl.* **3** RESTRINGIDO. Perder ‹una persona› la nacionalidad: *Se desnaturalizó cuando era joven y no volvió a su país.* **4** RESTRINGIDO. Perder ‹una cosa› las propiedades naturales: *Los carretes de fotos se desnaturalizan con la luz.* ⇒ **19.**

desnivel *s. m.* **1** Diferencia de altura entre dos o más puntos: *el desnivel de los platillos de una balanza. Ten cuidado con los desniveles del terreno.* **2** (no contable) Diferencia de cualidad entre personas o cosas: *El desnivel entre los países pobres y ricos crece de año en año. El desnivel entre los concursantes es muy escaso.*

desnivelar *v. tr.* **1** Hacer ‹una persona o una cosa› que [una cosa] deje de estar nivelada: *La calidad del nuevo delantero desnivela la igualdad de los que encabezaban la liga. El nuevo avión invisible desnivela claramente las fuerzas a favor de los aliados.* || *v. prnl.* **2** Dejar de estar ‹una cosa› nivelada: *La contienda se ha desnivelado con la entrada de nuevas potencias en el conflicto.*

desnucar *v. tr.* **1** Romper ‹una persona o una cosa› los huesos de la nuca de [una persona o un animal]: *Una rama lo desnucó mientras corría a caballo en el bosque.* **2** Matar ‹una persona› [a otra persona o a un animal] con un golpe en la nuca. || *v. prnl.* **3** Romperse los huesos de la nuca de ‹una persona o un animal›: *Tuvo mala suerte al caer y se ha desnucado.* **4** Morir ‹una persona o un animal› a consecuencia de un golpe en la nuca: *Se desnucó contra el borde de la piscina al tirarse del trampolín.* ⇒ **71.**

desnuclearización *s. f.* Reducción o eliminación de armas o instalaciones nucleares: *Están estudiando la desnuclearización de la zona del conflicto. Miles de firmas han pedido la desnuclearización del país.*

desnudar *v. tr. / prnl.* **1** Quitar ‹una persona› toda la ropa o parte de ella [a otra persona]: ***Se*** *desnudó rápidamente. Desnuda al nene que vamos a bañarlo.* || *v. tr.* **2** Quitar ‹una persona› [a otra persona] todo lo que tiene: *Me han desnudado hoy los amigos en la partida.* **3** Quitar ‹una persona› los adornos o lo que recubre [una cosa]: *Ha desnudado la mesa camilla para lavar las faldillas. Quiere desnudar todas las habitaciones para cambiar las cortinas.* **4** Mostrar ‹una persona› [un pensamiento íntimo] claramente: *Cariño, desnuda tu corazón con confianza. Lo sé porque suele desnudar sus sentimientos conmigo y me lo ha confesado.* **5** ELEVADO. Sacar ‹una persona› [un arma] de su vaina. || *v. prnl.* **6** Perder ‹una cosa› [otra cosa que tenía]: *Los árboles se desnudan* ***de*** *hojas.* FR. Y LOC. **~ / quitar un santo* para vestir a otro.**

desnudez *s. f.* Cualidad de desnudo: *Me gusta la desnudez de mi habitación. La desnudez se considera normal en un campo de nudistas. Es triste la desnudez de la naturaleza en otoño.*

desnudismo *s. m.* (no contable) RESTRINGIDO. Nudismo.

desnudista *adj. / s. m.* y *f.* Nudista.

desnudo, da *adj.* **1** (estar) Que no lleva puesta ropa o lleva muy poca: *Han detenido a un hombre desnudo a la puerta del colegio. El niño está desnudo esperando que le vista.* **2** (estar) Que no tiene lo que suele cubrirlo o adornarlo otras veces: *un árbol desnudo, sin hojas. Las paredes están desnudas.* **3** (estar) Que está escaso de alguna cosa no material: *Lleva una temporada desnudo* ***de*** *ideas.* **4** (estar) Que está escaso de recursos económicos: *No creo que se haya quedado desnudo* ***de*** *dinero. Sus hermanos tienen dinero, pero ella está desnuda.* **5** Que es patente y claro: *Nos gusta la verdad desnuda. Cuéntanos sus ideas desnudas, tal como las explicaba.* || *s. m.* **6** ESC., PINT. Figura humana, o parte de ella, desnuda: *Tiene una colección de desnudos dieciochescos muy hermosa.* FR. Y LOC. **al ~** Al descubierto, a la vista de todos: *la verdad al desnudo.*

desnutrición *s. f.* (no contable) Estado de debilidad del organismo debido a una alimentación deficiente: *La desnutrición de estos niños se nota a simple vista.*

desobedecer *v. tr.* No hacer ‹una persona› lo que manda [otra persona]: *Lo echarán por desobedecer repetidamente las órdenes del jefe.* ⇒ **5.**

desobediente *adj. / s. m.* y *f.* (ser / estar) Que desobedece o tiende a desobedecer: *Es un desobediente. Siempre ha sido muy desobediente. Hoy estás muy desobediente, no me obligues a castigarte.* ANT. obediente.

desocupado, da *adj.* **1** (estar) Que está vacío: *La silla está desocupada. Las localidades están desocupadas.* || *adj. / s. m.* y *f.* **2** (estar / ser) Que no tiene nada que hacer o que no tiene trabajo: *Pedro estará toda la tarde desocupado. Había un grupo de desocupados mirando las obras. Somos desocupados y buscamos trabajo.*

desocupar *v. tr.* **1** Dejar ‹una persona› libre [un lugar]: *Han desocupado dos plantas del hotel principal para el séquito del Presidente. Tienen que desocupar la biblioteca porque hay una amenaza de bomba.* **2** Sacar ‹una persona› lo que hay dentro de [una cosa]: *Ya he desocupado mi armario para que lo uses mientras estés en casa. Desocupa esos cajones y mira a ver si hay algo interesante o tira todo.* || *v. prnl.* **3** Quedar ‹un lugar› libre: *Se ha desocupado un piso en mi casa, si quieres pregunto al dueño.* **4** RESTRINGIDO. Quedar ‹una persona› libre de trabajo: *Tardaremos en desocuparnos, porque esta temporada hay mucho trabajo. ¿Te desocuparás pronto?* || *v. intr. / prnl.* **5** AMÉR. DEL S. Dar a luz ‹una mujer›.

desodorante *adj. / s. m.* Que sirve para destruir o eliminar los olores molestos o nocivos: *producto desodorante. Te huele muy fuerte el sudor, deberías usar otro desodorante.*

desoír *v. tr.* No hacer ‹una persona› caso de [las advertencias] o de [los consejos] [de otra persona]: *Desoyó mis consejos y ahora está con un brazo escayolado.* ⇒ **54.**

desojarse *v. prnl.* Estropearse ‹una persona› la vista por forzarla demasiado: *Vas a desojarte si sigues leyendo con tan poca luz.*

desolación *s. f.* **1** Gran angustia y tristeza: *La tragedia ha sembrado la desolación en el pueblo. La desolación se ha apoderado de la familia de los desaparecidos.* **2** Destrucción muy fuerte: *El terremoto ha llevado la desolación a la zona.* **3** Soledad, falta de seres vivos: *La desolación del paisaje después de la explosión nuclear será total. Son capaces de vivir en unas tierras de una desolación sobrecogedora.*

desolado, da *adj.* (antepuesto / pospuesto) [Lugar] que está vacío y parece no tener vida: *En aquella desolada llanura sólo crecían algunos cactus. Los domingos de verano producen una rara sensación las calles solitarias y desoladas.*

desolador, ra *adj.* **1** (antepuesto / pospuesto) Que causa mucha angustia o pena: *unas imágenes desoladoras, una desoladora noticia.* **2** Que está totalmente destruido o sin vida: *un paisaje desolador.*

desolar *v. tr.* **1** Destruir ‹una cosa› [otra cosa] completamente: *El terremoto ha desolado una provincia castigada hace poco por grandes inundaciones.* SIN. arrasar. **2** Causar ‹una cosa› una gran pena [a una persona]: La *muerte de tu hermano nos ha desolado a todos.* || *v. prnl.* **3** Sentir ‹una persona› una gran pena: *Todos nos hemos desolado por lo que te ha pasado.* ⇒ **28.**

desolladero *s. m.* Lugar donde se desuellan las reses: *Aquí está el matadero; el desolladero está en la otra nave.*

desolladura *s. f.* Herida superficial con levantamiento de la piel: *Esta correa le ha hecho una desolladura al caballo. El zapato me ha rozado y tengo una desolladura en el talón.*

desollar *v. tr.* **1** Quitar ‹una persona o una cosa› la piel o parte de ella [a otra persona o a un animal]: *Mi abuelo desollaba muy bien los corderos. Estos zapatos me desuellan los pies.* SIN. despellejar. **2** Criticar ‹una persona› [a otra persona] con crueldad: *Lo desollaron vivo en la tertulia.* SIN. despellejar. || *v. prnl.* **3** Sufrir ‹una persona› una desolladura: *Me he desollado las manos con la soga.* SIN. despellejarse. ⇒ **28.**

desorbitar *v. tr.* **1** Sacar ‹una cosa› [otra cosa] de su órbita o campo habitual: *La derrota del último domingo ha desorbitado las protestas de los aficionados contra los árbitros. La boda de la hija ha desorbitado los gastos familiares.* **2** Dar ‹una persona› más importancia de la que tiene a [una cosa]: *Has desorbitado la importancia del catarro. No desorbitemos las cosas, la situación no es tan mala.* SIN. exagerar. || *v. prnl.* **3** Salir ‹una cosa› de su órbita o campo habitual: *Las críticas de la oposición se han desorbitado. La economía ha mejorado, pero se han desorbitado las cifras.*

desorden *s. m.* **1** Falta de orden: *Toda la casa estaba en desorden. Allí reinaba el más absoluto de los desórdenes.* ANT. orden. **2** (preferentemente en plural.) Confusión y alteración del orden: *Después del multitudinario concierto se produjeron desórdenes muy graves por toda la ciudad.* **3** (preferentemente en plural; no contable) Abusos o excesos cometidos en alguna situación o actividad: *Ha cometido tantos desórdenes que su enfermedad ya no tiene curación. Los desórdenes de la juventud conducen a este final.* **4** (preferentemente en plural) Alteración de alguna función física o psíquica: *Tiene desórdenes nerviosos. Tengo desórdenes estomacales.*

desordenado, da *adj.* **1** (estar) Que no tiene orden: *un cajón desordenado, un trabajo desordenado. No miréis mucho que está todo muy desordenado.* **2** Que no sabe mantener el orden en su vida o en sus cosas: *Es una estudiante muy desordenada.* **3** Que no respeta las normas morales o sociales: *Llevaban una vida desordenada. Es un grupo libertino y desordenado.*

desordenar *v. tr.* **1** Alterar ‹una persona o una cosa› el orden de [una cosa]: *Has desordenado mi cajón. No me desordenes el armario.* || *v. prnl.* **2** Alterarse el orden de ‹una cosa›: *Se me han caído las fotocopias y se han desordenado.*

desorejado, da *adj. / s. m.* y *f.* ARG., URUG.; RESTRINGIDO en España; COLOQUIAL; PEYORATIVO. [Joven] que es irresponsable o desvergonzado.

desorejar *v. tr.* RESTRINGIDO. Cortar ‹una persona› las orejas [a otra persona o a un animal]: *En algunos pueblos desorejaban a los bueyes.*

desorganización *s. f.* Desorden total de una cosa: *La desorganización de esta empresa crece cada semana que pasa. La desorganización del congreso ha sido total, un auténtico caos. ¿Cómo soportas esta desorganización en tu despacho?*

desorganizar *v. tr.* **1** Alterar ‹una persona o una cosa› la organización de [una cosa]: *La nueva secretaria ha desorganizado los papeles. Las nuevas normas han desorganizado todo el tráfico urbano. Metió las manos donde no debía y desorganizó los documentos.* SIN. desordenar. || *v. prnl.* **2** Alterarse la organización de ‹una cosa›: *Se han desorganizado los libros con el cambio de edificio.* SIN. desordenarse. ⇒ **19.**

desorientar *v. tr.* **1** Hacer perder ‹una persona o una cosa› la orientación [a una persona]: *Tu dibujo me ha desorientado.* **2** Hacer ‹una persona o una cosa› que [una persona] no sepa qué pensar o cómo obrar: *La verdad, ahora no sé qué pensar, me desorientan tus disculpas, te había juzgado mal.* SIN. confundir. ‖ *v. prnl.* **3** Perder ‹una persona› la orientación: *Me desorienté al salir de metro.* **4** Quedarse ‹una persona› sin saber qué pensar o cómo obrar: *La nueva situación laboral me ha desorientado. Ahora estoy desorientado, no sé si debo proponerlo o no.*

desovar *v. intr.* Poner ‹la hembra de los insectos, de los peces o de anfibios› sus huevos: *Algunos peces viven en el mar y desovan en los ríos.*

desove *s. m.* Puesta de huevos por parte de las hembras: *Durante el desove no se puede pescar.*

desoxirribonucleico *adj.* Se usa en la LOC. **ácido* ~.**

despabilado, da *adj.* Espabilado.

despabilar *v. tr.* Espabilar.

despachante *s. m./f.* Se usa en la LOC. **~ de aduana** ARG., URUG. Agente de aduanas.

despachar *v. tr.* **1** Acabar ‹una persona› [una cosa] con diligencia y prontitud: *He despachado el trabajo de hoy en dos horas. Esto lo despacho en un momento. Despacharon las dos botellas de vino en un momento. Esa paella nos la despachamos en media hora.* **2** Atender ‹una persona› [al público] en un comercio: *Inés, despacha a este caballero. Señora, ¿la despachan ya a usted?* **3** Enviar ‹una persona› [un mensaje o una cosa] o [a un mensajero] con un mensaje: *Te he despachado un paquete por la agencia. Esta tarde le despachamos sus compras. El rey despachó un correo a su adelantado.* **4** Vender ‹una persona› [un producto] en un comercio: *Se despacha pan. Despachamos todo género de mercería. No despachamos a los menores de edad.* **5** COLOQUIAL. Echar ‹una persona› [a otra persona] [del trabajo o del trato habitual]: *María me ha dicho que ha despachado a Arturo, porque ya estaba harta de sus tonterías. No creo que puedan despachar a tanta gente de la oficina.* **6** COLOQUIAL. Matar ‹una persona› [a otra persona o un animal]: *En ese barrio ya han despachado a dos mendigos en este mes.* ‖ *v. tr./intr.* **7** Tratar ‹una persona› [un asunto] con [otra persona]: *El Presidente despachó los asuntos pendientes **con** sus ministros. El director despacha los viernes.* ‖ *v. intr.* **8** Darse ‹una persona› prisa: *Despacha pronto, porque no llegamos al cine.* ‖ *v. prnl.* **9** Hablar ‹una persona› sin rodeos con [otra persona]: *Me despaché a gusto **con** él.* **10** RESTRINGIDO. Quedar ‹una persona› libre [de una cosa]: *Cuando me despache **del** trabajo me iré de vacaciones.*

despacho *s. m.* **1** Habitación o local destinado para atender negocios o trabajar: *muebles de despacho, mesa de despacho, el despacho de un abogado, el despacho de un notario. Su madre estaba trabajando en su despacho.* **2** Conjunto de muebles de esta habitación o local: *Se vende despacho de segunda mano en buen estado.* **3** RESTRINGIDO. Tienda o parte del establecimiento donde se venden determinados productos: *despacho de pan, despacho de lotería.* **4** Venta de un producto: *Mañana no hay despacho de pan.* **5** Comunicación oficial: *Un despacho del ministerio ha confirmado que los terroristas murieron en una emboscada.* **6** Noticia muy reciente: *un despacho de nuestro corresponsal en la zona del conflicto, un despacho de la agencia de noticias, un despacho de última hora.*

despachurrar *v. tr./prnl.* Espachurrar.

despacio *adv. modo.* **1** Con poca velocidad, con tranquilidad: *Por favor, ¿puede hablar un poco más despacio?* **2** AMÉR. DEL S.; RESTRINGIDO. En voz baja: *Habla despacio, que están durmiendo.* ‖ *interj.* **3** Se usa para pedir tranquilidad o prudencia: *¡Despacio!, hay entradas para todos. ¡Despacio!, que no tenemos prisa.*

despacioso, sa *adj.* RESTRINGIDO. Que se mueve o hace las cosas despacio o sin prisa: *Es despacioso hablando. Anda despacioso, muy poco a poco.*

despalomado, da *adj./s. m.* y *f.* **1** COL.; COLOQUIAL. Que es despistado o está ensimismado. **2** VEN.; COLOQUIAL. Que es desmemoriado o está decaído.

despampanante *adj.* (antepuesto/pospuesto) Que causa asombro, deslumbra o llama la atención por su aspecto: *Se presentó en la fiesta acompañado por un chico despampanante. Se ha comprado un coche despampanante.*

despanzurrar *v. tr.* **1** Abrir ‹una persona o una cosa› la panza de [una persona] o de [un animal]: *El perro agarró el otro día un conejo y lo despanzurró contra una peña.* **2** Abrir ‹una persona o una cosa› [una cosa blanda o hinchada]: *He pisado el tubo de la pasta de dientes y lo he despanzurrado.* ‖ *v. prnl.* **3** Abrirse la panza de ‹una persona› o de ‹un animal›. **4** Abrirse ‹una cosa blanda o hinchada›: *Se me han despanzurrado las naranjas al caerse al suelo.*

desparejar *v. tr.* **1** Separar ‹una persona o una cosa› [dos cosas que forman una pareja]: *Me has desparejado todos los calcetines.* ‖ *v. prnl.* **2** Separarse ‹dos cosas› que formaban una pareja: *Siempre se desparejan los guantes.*

desparpajo *s. m.* **1** Desenvoltura y desenfado al obrar o al hablar: *Cuenta las cosas con mucho desparpajo. Hace todas las cosas con gran desparpajo.* **2** AMÉR. Desorden, desbarajuste.

desparramar *v. tr./prnl.* **1** Separar ‹una persona o una cosa› [personas, animales o cosas que están juntas]: *La multitud **se** desparramó **por** el campo. Se me han caído las lentejas y **se** han desparramado **por** la cocina. No me desparrames los papeles.* SIN. esparcir. **2** RESTRINGIDO. Poner ‹una persona› [su atención] en demasiadas cosas a la vez: ***Se** desparramó **en** un montón de actividades. Tienes que estudiar y no desparramarte **en** tantos deportes. Desparramó su atención **con** tanta chica bonita.* **3** Extender ‹una persona o una cosa› [un fluido]: *El viento desparrama el petróleo vertido. La leche de un camión cisterna que ha volcado **se** desparrama **por** la autopista peligrosamente.* **4** RESTRINGIDO. Gastar ‹una persona› [su capital] alocadamente: *Ha desparramado la herencia en dos años de juergas. Desparramó el premio de la lotería en poco tiempo en los casinos de todo el mundo.* **5** ARG., URUG.; COLOQUIAL. Divulgar ‹una persona› [una información].

desparramo *s. m.* **1** ARG., CHILE, CUBA; COLOQUIAL en Chile. Acción y efecto de desparramar un conjunto de cosas o un líquido. **2** ARG., CHILE, URUG.; COLOQUIAL. Desconcierto, desorden de un ambiente o un espacio.

despatarrar *v. tr./prnl.* COLOQUIAL, a veces VULGAR. Separar ‹una persona› mucho [las piernas de otra persona]: *Por más que le digo que se siente con elegancia, **se** despatarra cada vez que lo hace. Al subir al autobús caí despatarrado y la gente aguantaba la risa. Despatarra las piernas todo lo que puede pero no consigue llegar al suelo.*

despaturrar *v. tr./prnl.* 1 AMÉR. C., CHILE, COL., VEN.; COLOQUIAL, VULGAR en Chile. Despatarrar. || *v. tr.* 2 AMÉR. DEL S. Despachurrar.

despavorido, da *adj.* (antepuesto/pospuesto) Que siente mucho miedo: *Huyó despavorido. La población civil, despavorida, pedía clemencia. Los despavoridos campesinos salían de sus refugios poco a poco.*

despechado, da *adj.* (estar) Que siente despecho o indignación hacia una persona: *Está despechado **con** la novia porque lo ha dejado.*

despecharse *v. prnl.* RESTRINGIDO. Sentir ‹una persona› despecho: *Se despecharon porque no los invitamos a la fiesta. No debes despecharte porque un chico te dé calabazas.*

despecho *s. m.* Enfado o resentimiento que se siente ante un desengaño o ante un menosprecio: *No felicitó al ganador por despecho.* FR. Y LOC. **a ~ de** A pesar de, contra su voluntad: *Ha venido a despecho de la opinión de sus padres. A despecho de lo que vosotros penséis, estudiaré Medicina.*

despechugar *v. tr.* 1 Quitar ‹una persona› la pechuga [a un ave]: *Le puedo despechugar dos pollos, si sólo quiere llevar las pechugas.* || *v. prnl.* 2 COLOQUIAL. Llevar ‹una persona› mucho escote: *Ponte corbata, porque si te despechugas no te van a dejar pasar. Es una chica que siempre va despechugada.*

despectivo, va *adj.* 1 Que desprecia o expresa desprecio: *un gesto despectivo, una mirada despectiva.* 2 GRAM. [Palabra, sufijo] que expresa desprecio: *«Casucha» es una palabra despectiva.*

despedazar *v. tr.* 1 Hacer ‹una persona, un animal o una cosa› pedazos [a una persona, un animal o una cosa]: *El asesino había despedazado a su víctima. La fiera había despedazado dos corderos cuando llegamos. El golpe despedazó varios vasos y dos tazas.* 2 Causar ‹una cosa› mucha pena [a una persona]: *Me ha despedazado el corazón la muerte de su hermana.* 3 Hacer ‹una persona› una crítica o un comentario muy negativo de [una persona o de una cosa]: *La crítica ha despedazado la nueva obra de teatro. Me ha despedazado un conocido periodista en la tertulia.* || *v. prnl.* 4 Hacerse ‹una cosa› pedazos: *Se ha caído el azucarero y se ha despedazado.* 5 Sentir ‹una persona› mucha pena: *El corazón se le ha despedazado al oír la noticia.* **⇒ 19.**

despedida *s. f.* 1 Acción y efecto de despedirse: *Las despedidas son siempre tristes.* 2 Frase utilizada para despedirse: *La despedida de la carta es muy cariñosa.* 3 Fiesta en honor de una persona que se va o cambia de estado: *Le organizaron una despedida antes de que se fuera de la oficina.* **~ de soltero** Fiesta que se hace a un soltero que está a punto de casarse.

despedir *v. tr.* 1 Ir ‹una persona› con [otra que se marcha] hasta [un lugar]: *Iremos a despedirte al aeropuerto. Lo hemos despedido en la estación.* 2 Echar ‹una persona› [a otra persona] de un trabajo: *Han despedido a media plantilla de la fábrica.* 3 Echar ‹una cosa› [otra cosa] con fuerza: *Ayer seguía el volcán despidiendo lava y gases.* 4 Dejar de utilizar ‹una persona› los servicios de [otra persona]: *Despide al taxi, que no lo necesitamos.* 5 Dejar ‹una persona› [a una persona molesta o negativa]: *Pepita ha despedido enseguida a esa vecina tan pesada. Si son vendedores, déjamelos, que yo enseguida los despido.* 6 Producir ‹una cosa› [otra que sale de su interior]: *Este queso despide mal olor. La cocina despide un tufo horroroso. El sol despide luz y calor.* || *v. prnl.* 7 Decir ‹una persona› adiós a [otra persona]: *Se ha despedido **de** mí.* 8 Decirse ‹varias personas› adiós: *Se despidieron afectuosamente.* 9 Dejar ‹una persona› un trabajo: *Me he despedido **de** la empresa.* 10 Perder ‹una persona› la esperanza de conseguir [una cosa]: *Despídete **de** ese dinero.* FR. Y LOC. **~ / echar con cajas* destempladas. despedirse / marcharse a la francesa*. ⇒ 57.**

despegado, da *adj.* Que es poco afectuoso: *Es muy despegado **con** su familia.*

despegar *v. tr.* 1 Separar ‹una persona o una cosa› [una cosa que está pegada a otra]: *Despégame estas hojas del libro nuevo.* || *v. intr.* 2 Separarse ‹una aeronave› de la superficie sobre la que estaba posada: *El avión despegará a las siete en punto.* 3 Afianzarse o mostrar progreso ‹una persona o una cosa› en [una actividad]: *El niño no acaba de despegar **en** los estudios. La empresa va muy bien, ya ha despegado.* || *v. prnl.* 4 Separarse ‹una cosa que estaba pegada a otra›: *Se han despegado las tapas del libro.* 5 Separarse ‹una persona› del conjunto de participantes en una carrera: *Los dos primeros no consiguen despegarse **de** sus perseguidores.* 6 Perder ‹una persona o un animal› interés por [otra persona] o por [una cosa]: *No tenemos miedo, éste no se despega de casa. Se ha despegado mucho de sus antiguas amistades. El perro no se despega de ella.* FR. Y LOC. **no ~ los labios*. ⇒ 56.**

despego *s. m.* Desapego: *Siente mucho despego **por** su familia.*

despegue *s. m.* 1 Acción y efecto de despegar un avión o cohete: *la pista de despegue. Minutos después del despegue se oyó la explosión.* ANT. aterrizaje. 2 Fase en la que se inicia un crecimiento o desarrollo de un proceso: *En los años 60 hubo un despegue económico. El despegue del juego del equipo es algo muy reciente.*

despeinar *v. tr.* 1 Deshacer ‹una persona o una cosa› el peinado de [una persona o una cosa]: *No despeines el muñeco. El viento le despeinó.* || *v. prnl.* 2 Deshacerse el peinado de ‹una persona›: *Te has despeinado.*

despejado, da *adj.* 1 (estar) [Lugar] que no tiene muchos objetos u obstáculos: *Ya ha quedado la habitación despejada. Se veía un horizonte despejado.* 2 (estar) [Cielo, tiempo] que no tiene nubes: *Ha amanecido un día despejado. El cielo está muy despejado.* 3 [Frente] que es muy ancha: *Tiene una frente despejada.* 4 (estar) Que no tiene sueño: *Me encuentro muy despejado.* 5 Que entiende las cosas con rapidez: *Tiene una mente despejada.*

despejar *v. tr.* 1 Dejar ‹una persona o una cosa› libre [un lugar]: *La policía despejó la plaza en poco tiempo. Ya he despejado mi habitación para que venga el primo.* 2 MAT. Dejar ‹una persona› sola [la incógnita] en uno de los miembros de la ecuación: *Me ha salido mal el problema porque me equivoqué al despejar la incógnita.* 3 Hacer desaparecer ‹una persona o una cosa› la confusión de [una cosa]: *Todos los parlamentarios están empeñados en despejar las dudas que rodean el episodio financiero. La subida de la bolsa despeja el panorama de los inversores.* || *v. tr./intr.* 4 DEP. Enviar ‹una persona› [la pelota] lejos de la propia área o meta: *El portero despejó con el puño. Un defensa despejó la pelota a córner.* || *v. prnl.* 5 Desaparecer la confusión de ‹una cosa›: *El asunto se va despejando con las nuevas inves-*

tigaciones. **6** Desaparecer las nubes del ‹cielo›: *El día se despeja. El cielo se despejará.* **despejarse el día*.** **7** Desaparecer el embotamiento de la cabeza de ‹una persona›: *Ya me he despejado con una ducha y un café. Despéjate, que salimos de casa.*

despeje *s. m.* DEP. Envío o lanzamiento del balón o de la pelota lejos: *El despeje del defensa fue forzado y acabó a los pies de un contrario.*

despellejar *v. tr.* **1** Quitar ‹una persona o una cosa› la piel o parte de ella [a una persona o a un animal]: *Hay que despellejar el cordero para descuartizarlo.* SIN. desollar. **2** Criticar ‹una persona› [a otra persona] con crueldad: *Los críticos han despellejado al joven autor.* SIN. desollar. || *v. prnl.* **3** Perder ‹una persona› parte de su piel: *Me he despellejado un dedo con la puerta.* SIN. desollarse.

despelotarse *v. prnl.* **1** VULGAR. Quitarse ‹una persona› toda la ropa: *Querían ir por la noche a la playa y despelotarse.* **2** VULGAR. Perder ‹una persona› la timidez o la formalidad: *Es serio, pero cuando está en un grupo de amigos se despelota con facilidad.* **3** ARG. Desordenarse, desorganizarse.

despelote *s. m.* **1** VULGAR. Falta de formalidad, juerga exagerada: *La fiesta acabó en un despelote general, nos echaron a todos del hotel.* **2** VULGAR. Acción y resultado de quitarse la ropa: *En la costa está de moda el despelote nocturno este verano.* **3** ARG., URUG., VEN.; COLOQUIAL. Desorden, confusión.

despelucado, da *adj.* COL. Que tiene el pelo desordenado.

despeluchar *v. tr.* **1** Quitar ‹una persona o un animal› [el pelo de una cosa]: *Si lo arrastras así vas a despeluchar el muñeco. El gato despelucha los sillones.* || *v. prnl.* **2** Caer parte del pelo de ‹una cosa›: *El sillón se despelucha de viejo.* || *v. intr.* **3** Cambiar ‹un animal› el pelaje: *Este gato está despeluchando.*

despenalización *s. f.* Acción y resultado de despenalizar: *la despenalización de las drogas, la despenalización del aborto.*

despenalizar *v. tr.* Hacer ‹una persona con autoridad› que [una cosa] deje de ser delito: *Quieren despenalizar el aborto en una ley futura.* ⇒ **19.**

despendolarse *v. prnl.* COLOQUIAL. Comportarse ‹una persona› alocadamente: *En cuanto se van sus padres, se despendolan todos en casa.*

despendole *s. m.* COLOQUIAL. Falta de orden y de control, forma alocada de comportarse: *En la víspera de las vacaciones de Navidad se armó el despendole en el instituto.*

despensa *s. f.* **1** Parte de la casa destinada a guardar los comestibles: *Tiene una gran despensa en la cocina.* **2** (no contable) Provisión de alimentos: *Tiene despensa para tres meses.* **3** ARG., URUG. Comercio de ultramarinos.

despeñadero *s. m.* **1** Lugar alto con muchos peñascos y con gran pendiente: *El excursionista cayó por un despeñadero.* SIN. derrumbadero, precipicio. **2** Peligro grande: *La droga es un despeñadero para los jóvenes marginados.*

despeñar *v. tr.* **1** Hacer caer ‹una persona› [a una persona, a un animal o una cosa] desde un lugar alto: *En la Edad Media algunos traidores eran condenados y despeñados. El asesino despeñó a varios socios para controlar el negocio.* || *v. prnl.* **2** Caer ‹una persona, un animal o una cosa› desde un lugar alto: *El camión se despeñó* ***al*** *mar. Se despeñó* ***por*** *el acantilado.*

despepitar *v. tr.* **1** RESTRINGIDO. Quitar ‹una persona› las pepitas de [un fruto]: *Para servir bien un zumo debes despepitar la naranja.* || *v. prnl.* **2** RESTRINGIDO. Hablar ‹una persona› con vehemencia o dando gritos: *El locutor se despepita cuando radia un partido de baloncesto.* **3** RESTRINGIDO. Sentir ‹una persona› un gran interés o una gran afición por [una cosa]: *Se despepita* ***por*** *figurar en la junta directiva. Se despepita* ***por*** *los dulces.* **4** RESTRINGIDO. Reírse ‹una persona› mucho: *Ayer nos despepitamos en la película. Cuando estoy con tu tío me despepito, es muy simpático.*

desperdiciar *v. tr.* Gastar o emplear ‹una persona› [una cosa] indebidamente: *No desperdicies el tiempo y estudia. Hemos desperdiciado muchas oportunidades, pero a partir de ahora estaremos atentos a las subastas.* SIN. malgastar.

desperdicio *s. m.* **1** (preferentemente en plural) Basura, conjunto de desechos, restos o sobras de algo: *Tira los desperdicios que han quedado de la comida. No sé qué hacer con todos estos desperdicios de papel.* **2** (no contable) Acción y resultado de desperdiciar, de usar mal algo: *desperdicio* ***de*** *tiempo, desperdicio* ***de*** *trabajo. Esa compra ha sido un desperdicio* ***de*** *dinero.* FR. Y LOC. **no tener ~** 1 Ser totalmente aprovechable ‹una persona, un animal o una cosa›: *Este chico no tiene desperdicio, es inteligente, guapo, con dinero. El cerdo no tiene desperdicio, todas sus partes se pueden comer.* 2 PEYORATIVO. Se usa para señalar que una persona o una cosa no pueden ser peores: *Su novio no tiene desperdicio, es chulo, vago e inculto. La reunión no ha tenido desperdicio, nos hemos insultado, no hemos llegado a ningún acuerdo y no sabemos si nos volveremos a reunir.*

desperdigar *v. tr./prnl.* **1** Separar ‹una persona› [a personas, animales o cosas] en distintas direcciones: *Sus hijos* ***se*** *desperdigaron por el mundo. El pastor desperdiga las ovejas por el valle.* SIN. dispersar(se). **2** Poner ‹una persona› [su atención o su interés] [en cosas distintas]: *Se desperdiga demasiado en muchas cosas. Tenemos que concentrarnos en unos cuantos objetivos y no desperdigarnos.* || *v. prnl.* **3** VEN.; COLOQUIAL. Extraviarse, perder la orientación ‹una persona›. ⇒ **56.**

desperezarse *v. prnl.* Mover ‹una persona› los miembros manteniendo tensos los músculos para desentumecerse o quitarse la pereza: Se *despereza en la biblioteca sin ninguna vergüenza.* ⇒ **19.**

desperfecto *s. m.* **1** Defecto que tiene una cosa: *La chaqueta es más barata porque tiene un pequeño desperfecto.* **2** Daño que sufre una cosa: *La tormenta ha producido serios desperfectos en los tejados.* SIN. deterioro.

desperolar *v. tr.* **1** VEN.; COLOQUIAL. Estropear o romper ‹una persona› [una cosa]. || *v. prnl.* **2** VEN. COLOQUIAL. Morirse ‹una persona›.

despersonalizar *v. tr.* **1** Quitar ‹una cosa› la personalidad [a una persona]: *El afeitado te despersonaliza, déjate la barba.* **2** Quitar ‹una persona› el carácter personal a [una cosa]: *Despersonalizó el informe, para que no lo acusaran de parcial.* || *v. prnl.* **3** Perder ‹una persona› la personalidad: *Nos despersonalizamos todos en la grandes ciudades.* ⇒ **19.**

despertador *adj.* **1** Que despierta: *un reloj despertador, una radio despertador.* || *s. m.* **2** Reloj que a una hora fijada previamente produce un sonido fuerte: *Pon el despertador a las ocho y media. No ha sonado el despertador.* **reloj ~.**

despertar *s. m.* **1** Momento en que una persona despierta o modo como lo hace: *Tiene un buen despertar.* **2** Inicio de una actividad o de una idea: *El despertar de la industria turística se remonta en España a 1960. El despertar de los nacionalismos se relaciona con el Romanticismo.*

despertar *v. tr.* **1** Impedir ‹una persona, un animal o una cosa› que [una persona o un animal] siga durmiendo: *Despiérteme mañana a las siete, por favor.* **2** Hacer volver ‹una cosa› [el recuerdo de otra] a la mente de [una persona]: *Aquel lugar despertó **en** mí viejos recuerdos.* **3** Hacer experimentar ‹una cosa› [a una persona] [una sensación o un deseo]: *Mira, este sol y la brisa me están despertando las ganas de nadar. El jerez me despierta el apetito.* || *v. intr.* **4** Hacerse ‹una persona› más lista y avispada: *Como no despiertes, no conseguirás el premio.* || *v. intr./prnl.* **5** Dejar de dormir ‹una persona o un animal›: *Yo **me** despierto todos los días a las ocho. Despertó sobresaltado.* || *v. prnl.* **6** Volver ‹el recuerdo de una cosa› a la mente de [una persona]: *Se han despertado todos mis recuerdos infantiles con este viaje.* ⇒ **58.**

despiadado, da *adj.* Que no siente compasión, es cruel y violento: *una crítica despiadada, una persona despiadada.*

despido *s. m.* **1** Acción y resultado de despedir a una persona de un empleo: *La empresa anuncia el despido de trescientos obreros.* **2** Indemnización que se paga a un trabajador al despedirlo: *Consiguió un despido de diez millones.*

despiece *s. m.* División en partes de un todo: *el despiece de la res. En esta nave se lleva a cabo el despiece de los coches antiguos.*

despierto, ta *adj.* **1** Que está sin dormir: *Cuando le llamé, estaba despierto; acababa de levantarse.* **2** Que es más listo o expresivo de lo normal: *Es una niña muy despierta. Tiene una mirada muy despierta.* FR. Y LOC. **soñar* ~.**

despiezar *v. tr.* Separar ‹una persona› [una cosa o un animal] en piezas: *Ha despiezado la oveja muy bien. Despieza los motores con mucha habilidad.* ⇒ **19.**

despilfarrador, ra *adj./s. m.* y *f.* Que despilfarra o malgasta el dinero: *Es un despilfarrador que ha gastado el premio en muchos caprichos. Tener al lado una persona despilfarradora es desesperante si quieres ahorrar.*

despilfarrar *v. tr.* Gastar ‹una persona› [una cosa] excesiva o indebidamente: *Es una pena, despilfarra en tonterías todo lo que gana .* SIN. dilapidar.

despintar *v. tr.* **1** Quitar ‹una persona› la pintura de [una cosa]: *Tened cuidado, que me despintáis el coche con ese hierro. El tiempo había despintado las contraventanas.* || *v. prnl.* **2** Perder ‹una cosa› su pintura o su color: *Se despintan las paredes con el paso del tiempo.* FR. Y LOC. **no despintarse** Recordar ‹una persona› perfectamente a otra persona o una cosa: *Su cara no se me despinta con facilidad. Su faena no se nos despintará mientras vivamos.*

despiojar *v. tr./prnl.* Quitar ‹una persona› los piojos [a otra persona o a un animal]: *El vagabundo **se** despiojaba todas las mañanas. Los gorilas **se** despiojan mutuamente. Todos los meses despiojan al gato.*

despiole *s. m.* ARG., URUG.; COLOQUIAL. Lío, jaleo.

despiporre *s. m.* COLOQUIAL. Juerga exagerada y escandalosa: *Para celebrar el final de curso organizamos una fiesta que fue el despiporre. Armamos un despiporre tremendo, llegó la policía y nos amenazó con llevarnos a comisaría.* FR. Y LOC. **ser el ~** 1 Ser ‹una persona o una cosa› muy divertida: *La película es el despiporre.* 2 Funcionar ‹una cosa› muy mal y desordenadamente: *La oficina es el despiporre, no hay quien trabaje.*

despistado, da *adj./s. m.* y *f.* (ser/estar) Que no se da cuenta de lo que pasa a su alrededor: *Los niños estaban despistados y no entendieron nada. Es un despistado y nunca recuerda lo que le digo.*

despistar *v. tr.* **1** Hacer perder ‹una persona o una cosa› la pista [a una persona o a un animal]: *Los delincuentes despistaron a la policía en la parte vieja de la ciudad.* **2** Hacer ‹una persona o una cosa› que [una persona] se equivoque: *Me has despistado con tus explicaciones.* || *v. prnl.* **3** Perder ‹una persona o un animal› la pista: *El perro se ha despistado, ya ha perdido la liebre.* **4** Equivocarse ‹una persona›: *Me he despistado, creí que la cita era mañana.* **5** COL.; COLOQUIAL. Volverse ‹una persona› loca.

despiste *s. m.* **1** (no contable) Cualidad de despistado: *Su despiste es increíble.* **2** Fallo que tiene como causa una distracción: *Por varios despistes suspendió el examen.*

desplante *s. m.* **1** Acto o dicho orgulloso o descarado que se hace a alguien: *Me ha hecho el desplante de rechazarme una invitación.* **2** TAUROM. Gesto altivo que hace el torero como remate a una serie de pases o a la faena de muleta.

desplatear *v. tr.* **1** MÉX. Sacarle dinero a alguien. **2** Quitar ‹una persona› la plata que cubre [un objeto].

desplayado *s. m.* **1** ARG., PAR., URUG. Playa que aparece al bajar la marea. **2** ARG., PAR., URUG. Descampado urbano o claro en un bosque.

desplazado, da *adj.* (estar) Que no está adaptado al lugar o ambiente donde se encuentra: *Se siente desplazado entre la gente más joven.*

desplazamiento *s. m.* **1** Cambio de personas o costumbres: *el desplazamiento de los hábitos tradicionales de trabajo, el desplazamiento de una generación, el desplazamiento de un sistema de vida.* **2** Acción y resultado de mover o moverse de lugar: *el desplazamiento de vehículos, el desplazamiento de tropas. El desplazamiento de los turistas en el verano produce atascos en las carreteras.*

desplazar *v. tr./prnl.* **1** Mover ‹una persona o una cosa› [a una persona, a un animal o una cosa] del lugar en que está: *Desplazó el mueble **hacia** la ventana. Antonio **se** desplazó unos metros para atrapar la pelota.* || *v. tr.* **2** Quitar ‹una persona› [a otra persona] del puesto que ocupa: *Los jóvenes desplazarán a los más veteranos.* **3** FÍS. Hacer salir ‹un cuerpo al sumergirse o flotar› [un volumen de líquido]: *El barco desplaza unas cuatro mil toneladas.* || *v. prnl.* **4** Moverse ‹una cosa› del lugar en que está: *Los continentes se desplazan muy lentamente.* **5** Ir ‹una persona› de un lugar a otro: *Yo no me desplazaré de aquí hasta el verano.* ⇒ **19.**

desplegar *v. tr.* **1** Extender ‹una persona› [una cosa que está plegada]: *Los manifestantes desplegaron sus banderas ante el Ayuntamiento. Despliega todos los días su maletita y monta un puesto de ajos y cebollas a la puerta del mercado.* SIN. desdoblar. **2** Utilizar ‹una persona› [una cualidad o una aptitud]: *Desplegaron su ironía para ponerlo en ridículo. Despliegan todos sus conocimientos para aumentar las ventas.* || *v. tr./prnl.* **3** Hacer pasar ‹una persona con autoridad› [a las tropas] de una formación compacta a otra más abierta y extendida: *Desplegaron la compañía en el monte. Los guerrilleros **se** despliegan por toda la sierra norte.* ⇒ **58.**

despliegue *s. m.* **1** Acción y resultado de desplegar o desplegarse: *el despliegue de las tropas, el despliegue de una actividad.* **2** Acción y resultado de desarrollar o mostrar una cualidad: *un despliegue de ingenio, un despliegue de astucia.* **3** Acción de mostrar una cosa para que sea vista y admirada: *El congreso se llevó a cabo con gran despliegue de medios. El concurso se organizó con un despliegue de bellezas inimaginable.* SIN. alarde.

desplomar *v. tr.* **1** Hacer caer ‹una persona› [una cosa vertical]: *Han desplomado la chimenea de la vieja fábrica.* ‖ *v. prnl.* **2** Caer ‹una cosa vertical›: *Se desplomó la pared. Se ha desplomado una casa.* **3** Caer ‹una cosa› a plomo: *La pared norte de la montaña se desploma sobre un precipicio impresionante.* **4** Caer ‹una persona sin conocimiento o sin vida›: *Se desplomó de repente en plena calle.* **5** Desaparecer ‹una cosa› bruscamente: *Se desplomó todo su poder. Se han desplomado todas sus empresas.*

desplome *s. m.* Acción y resultado de desplomar o desplomarse: *el desplome de un edificio, el desplome de una empresa.*

desplumar *v. tr.* **1** Quitar ‹una persona› las plumas [a un ave]: *La abuela desplumа muy bien los tordos.* **2** Dejar ‹una persona› [a otra persona] sin dinero: *Lo han desplumado en el póquer.* **3.** ARG., URUG. Criticar ‹una persona› [a otra persona ausente]. ‖ *v. prnl.* **4** Caerse las plumas de ‹un ave›: *El pobre pájaro se ha desplumado esta temporada y está muy feo.*

despoblado *s. m.* Lugar sin habitantes que en tiempos estuvo habitado: *En las tierras poco fértiles abundan los despoblados que fueron abandonados por sus habitantes.*

despoblar *v. tr.* **1** Dejar ‹una cosa› [un lugar] sin habitantes o con pocos habitantes: *La peste y las guerras han despoblado muchos lugares.* **2** Dejar ‹una cosa› [un terreno] yermo: *El incendio ha despoblado esta comarca.* ‖ *v. prnl.* **3** Quedarse ‹un lugar› sin habitantes o con pocos habitantes: *Muchos pueblos de montaña se están despoblando.* **4** Quedarse ‹un lugar› sin gente momentáneamente: *Las calles se despoblaron mientras se transmitía el partido de la selección por la tele.* ⇒ **28.**

despojar *v. tr.* **1** Quitar ‹una persona› [una cosa] [a otra persona] con violencia: *Le despojaron **de** todos sus bienes.* SIN. desposeer. **2** Quitar ‹una persona› [una cosa que completa, adorna o enriquece otra]: *Despojaron la mansión **de** sus muebles.* ‖ *v. prnl.* **3** Quitarse ‹una persona› [parte de la ropa]: *Se despojó **de** la chaqueta.* **4** Quedarse ‹una persona› sin [una cosa de valor] voluntariamente: *Se despojó **de** sus joyas.* SIN. desprenderse.

despojo *s. m.* **1** Acción y resultado de despojar, de quitar algo a alguien: *La policía detuvo a los ladrones y evitó el despojo de la casa.* SIN. saqueo. **2** (en plural) Restos, lo que sobra de una cosa: *despojos de comida.* SIN. residuos, sobras. **3** (en plural) Vísceras y partes que tienen menos carne de las reses y las aves muertas: *Mataron un cordero para asarlo y tiraron los despojos.* **4** (en plural) Cadáver, restos mortales: *Sus despojos fueron llevados al lugar donde había nacido.* **5** (no contable) LITERARIO. Lo que el tiempo o la muerte destruyen: *La vida es despojo de la muerte. La belleza y la juventud son despojos del tiempo.*

despolitizar *v. tr.* **1** Quitar ‹una persona› el carácter político [a una persona] o a [una cosa]: *Éste es un acto de homenaje a un hombre ejemplar y debemos despolitizar su figura.* ‖ *v. prnl.* **2** Perder ‹una persona o una cosa› el carácter político: *La fiesta es de todos los ciudadanos y hay que despolitizarla.* ⇒ **19.**

despopularizar *v. tr.* **1** Quitar ‹una persona o una cosa› la popularidad a [una persona] o a [una cosa]: *Los frecuentes atentados despopularizaron las playas.* ‖ *v. prnl.* **2.** Perder ‹una persona o una cosa› la popularidad: *Las nuevas ofertas de televisión se despopularizaron rápidamente.* ⇒ **19.**

desporrondingarse *v. prnl.* **1** AMÉR. Arrellanarse, despatarrarse ‹una persona›. **2** COL., C. RICA; COLOQUIAL. Extenderse ‹una persona› mucho al hablar o hablar con verborrea exaltada. **3** COL., GUAT.; COLOQUIAL. Despilfarrar ‹una persona› [una cosa]. **4** PAN. Aplastarse ‹una persona›. ⇒ **56.**

desportilladura *s. f.* **1** RESTRINGIDO. Pequeña rotura en el canto o borde de un objeto: *Los platos tenían desportilladuras.* **2** RESTRINGIDO. Fragmento desprendido del borde o canto de un objeto: *Recogió del suelo las desportilladuras del jarrón.*

desportillar *v. tr.* **1** RESTRINGIDO. Romper ‹una persona o una cosa› parte del canto o del filo de [una cosa]: *Desportilló la sopera al golpearla contra el fregadero.* ‖ *v. prnl.* **2** RESTRINGIDO. Romperse parte del canto o del filo de ‹una cosa›: *Se ha desportillado la tetera.*

desposar *v. tr.* **1** ELEVADO. Unir ‹una persona con autoridad› [a dos personas] en matrimonio: *El cura párroco desposará a la simpática pareja.* SIN. casar. ‖ *v. prnl.* **2** ELEVADO. Unirse ‹dos personas› en matrimonio: *Se desposarán el domingo.* SIN. casarse. **3** RESTRINGIDO. Hacerse ‹dos personas› promesa pública de matrimonio. SIN. prometerse.

desposeer *v. tr.* **1** Quitar ‹una persona› [a otra persona] [una cosa que poseía]: *¿Por qué te han desposeído **del** cargo? Con la nueva ley nos pueden desposeer **de** algunos pisos si no los alquilamos.* SIN. despojar. ‖ *v. prnl.* **2** Quedarse ‹una persona› voluntariamente sin [una cosa que poseía]: *Se desposeyó **de** sus bienes. He decidido desposeerme **de** todo y entrar en una cartuja.* SIN. desprenderse.

desposeído, da *adj. / s. m.* y *f.* (preferentemente en plural) Que pertenece a la clase de los que no tienen nada, pobre: *Cristo dijo que los desposeídos poseerán la tierra.*

despostar *v. tr.* AMÉR. Descuartizar ‹una persona› [a un animal] para poderlo aprovechar como comida.

despotismo *s. m.* **1** (no contable) POLÍT., HIST. Ideología y comportamiento de los gobernantes autoritarios que no están sometidos a ningún control constitucional: *La mayoría de las monarquías tradicionales participaban del régimen del despotismo.* **~ ilustrado** Despotismo de algunos monarcas absolutos del siglo XVIII, moderado por las ideas de la Ilustración. **2** (no contable) PEYORATIVO. Comportamiento de las personas que son autoritarias o desconsideradas con los demás: *el despotismo de un jefe con sus empleados, el despotismo de un padre con los hijos. Algunos hijos imponen cierto despotismo en sus relaciones en casa.*

despotricar *v. intr.* Decir ‹una persona› barbaridades contra [una persona o una cosa]: *Despotrica **contra** todo y **de** todo. Es un autor que se dedica a despotricar frecuentemente **de** sus colegas.* ⇒ **71.**

despreciable *adj.* Que merece desprecio: *No hay nada más despreciable que eso que me propones. Tu actitud es despreciable, parece mentira que te hayas comportado de esa manera.*

despreciar *v. tr.* **1** Considerar ‹una persona› indigna de aprecio o estima [a otra persona] o a [una cosa]: *Desprecia profundamente la literatura rosa. El abuelo sólo bebe vino, desprecia la cerveza.* SIN. menospreciar. **2** Rechazar ‹una persona› [una cosa que se le ofrece] por considerarla de poco valor: *Me he enfadado con él, porque ha despreciado el nombramiento honorífico de miembro de la cofradía.* SIN. desdeñar. **3** No detenerse ‹una persona› ante [un obstáculo], ante [un peligro] o ante [una crítica]: *Se ha ido, despreciando la niebla y la nieve, esperemos que no tenga dificultades en la carretera. Desprecia todos los peligros, se ha ido a navegar a pesar de todo.*

despreciativo, va *adj.* Que expresa desprecio: *tono despreciativo. Me lanzó una mirada despreciativa. Me hizo un gesto despreciativo.*

desprecio *s. m.* **1** Acción y resultado de despreciar: *Siente un desprecio especial por las playas llenas de gente. No oculta su desprecio por la mala literatura.* **2** Conjunto de palabras o acciones que muestran el desamor o el desinterés por alguna persona o cosa: *Me hizo un desprecio en público. No creo que haya necesidad de insistir en los desprecios a la gente. No te acepto el desprecio, tienes que probar mi aguardiente.*

desprender *v. tr.* **1** Separar ‹una persona o una cosa› [una cosa que está unida a otra]: *Los bomberos han desprendido la cornisa de una casa en ruinas. No desprendas los grabados del libro.* **2** Despedir ‹una cosa› [otra cosa]: *El restaurante desprende unos olores insoportables. El motor desprende mucho humo.* SIN. soltar. **3** ARG., P. RICO, URUG. Desabotonar, desabrochar. || *v. prnl.* **4** Separarse ‹una cosa que estaba unida› a [otra cosa]: *Esta pieza se ha desprendido* ***de*** *la máquina de escribir. Se desprenden trozos de pintura del techo.* **5** Salir ‹una cosa› [de otra cosa]: *Se desprende humedad* ***de*** *la pared. Se desprende un olor terrible de la basura.* **6** Dar ‹una persona› [una cosa que le pertenece] voluntariamente o por necesidad: *Luisa se marchó del pueblo y se desprendió* ***de*** *sus propiedades. Según los budistas, para aspirar a la perfección hay que desprenderse* ***de*** *las cosas materiales.* SIN. despojarse. **7** Deducirse ‹una cosa› de [otra cosa]: *La política de austeridad se desprende* ***de*** *las palabras del ministro. Se desprende una conclusión evidente* ***de*** *su discurso.* SIN. inferirse.

desprendible *s. m.* COL. Resguardo de un impreso que está preparado para ser desprendido o cortado.

desprendido, da *adj.* Que es muy generoso o desinteresado: *Es una persona muy desprendida. Los niños son desprendidos.*

desprendimiento *s. m.* **1** Separación de diferentes cosas: *En la alta montaña hay que tener cuidado con los desprendimientos de hielo. En la mina hubo un desprendimiento de tierra. Las lluvias han provocado un desprendimiento en la carretera y está cortada.* **2** Actitud desinteresada y generosa de una persona. **3** MED. Separación de un órgano de su posición normal: *un desprendimiento de retina, un desprendimiento de riñón.*

despreocupación *s. f.* **1** (no contable) Estado de ánimo del que carece de preocupaciones: *Disfrutaba de la despreocupación propia de unas vacaciones.* SIN. tranquilidad. ANT. preocupación. **2** (no contable) Falta de cuidado o de atención: *Su despreocupación roza ya la desconsideración. Fíjate un poco, no puedes hacer las cosas con tanta despreocupación.* SIN. dejadez. ANT. esmero.

despreocupado, da *adj.* Que no tiene cuidado con su aspecto o su forma de actuar: *Es muy despreocupado en el vestir. Cierra bien la puerta cuando salgas, que eres muy despreocupado.*

despreocuparse *v. prnl.* **1** Dejar de estar ‹una persona› preocupada: *Despreocúpate, ya han llegado los niños a casa. No me puedo despreocupar hasta que el médico me diga algo.* **2** Dejar de atender ‹una persona› [a otra persona o una cosa]: *Se despreocupó* ***de*** *su familia. Yo ya me he despreocupado* ***del*** *coche. Las cosas de Hacienda me las lleva el gestor, y yo me despreocupo de ello.* SIN. desentenderse.

desprestigiar *v. tr.* **1** Quitar ‹una persona o una cosa› el prestigio [a una persona]: *Se dedica a desprestigiar a sus contrincantes desde la columna del periódico. Tus meteduras de pata desprestigian a toda la profesión.* SIN. desacreditar. || *v. prnl.* **2** Perder ‹una persona› el prestigio: *Este cantante se está desprestigiando él solo con sus últimas actuaciones.* SIN. desacreditarse.

desprestigio *s. m.* Acción y resultado de desprestigiar o desprestigiarse: *Este autor está envuelto en un desprestigio imparable. El desprestigio de esta marca no tiene ya remedio. Es un desprestigio tener que reconocer tales errores.*

desprevenido, da *adj.* (estar) Que no está prevenido o preparado: *Ahora Ana está totalmente desprevenida y podemos hacerle la broma. No se puede conducir desprevenido, hay que estar atento.* FR. Y LOC. **coger / pillar ~** o **coger / pillar de nuevas** Llegar ‹una cosa› a una persona sin haber tenido noticia de ella anteriormente: *La llegada de sus padres lo ha pillado desprevenido, jugando y sin estudiar. Su regalo me cogió desprevenida.*

desproporción *s. f.* Falta de proporción: *Hay una desproporción entre el esfuerzo que he hecho y las calificaciones que he obtenido. La desproporción entre la calidad de los dos equipos va a dar un partido aburrido. Nunca puede haber desproporción entre un delito y su castigo.*

desproporcionar *v. tr.* Quitar ‹una persona› la proporción de [una cosa]: *Has desproporcionado la situación, pero no creo que sea tan grave vuestro enfrentamiento. La mesa del salón está desproporcionada en relación con el resto de la decoración.*

despropósito *s. m.* Conjunto de acciones o de palabras sin razón, sin sentido o sin conveniencia: *Es un despropósito ir a navegar con este temporal. Protestar sin motivo ante el jefe es un despropósito. No digas despropósitos cuando te pregunten, procura estar callado, por favor.*

desproteger *v. tr.* **1** Dejar ‹una persona› [a otra persona] o a [una cosa] sin protección: *La defensa dejó desprotegida su meta y el delantero contrario le metió un bonito gol. Cuando se va de vacaciones no conviene desproteger la casa.* SIN. desasistir. || *v. prnl.* **2** Quedarse ‹una persona o una cosa› sin protección: *Se ha quedado totalmente desprotegida desde que murió su padre.* ⇒ **23.**

desproveer *v. tr.* Quitar ‹una persona› [las provisiones o lo necesario para su conservación] [a otra persona]: *Los desproveyeron* ***de*** *los víveres mientras dormían.* ⇒ **33.**

desprovisto, ta *adj.* **1** Que no tiene lo que necesita: *Estamos desprovistos* ***de*** *fruta y leche. Ese colegio está desprovisto* ***de*** *material moderno.* || *p.* **2** Participio irregular de *desproveer.*

después *adv. temp.* **1** Indica un tiempo posterior al momento del que se habla o al momento en que se habla y equivale a 'más tarde': *Primero salieron los actores secundarios y después la actriz principal.* OBSERVACIONES: ◊ Se usa seguido de *de* cuando introduce una palabra o un infinitivo y seguido de *(de) que* cuando introduce una oración: *Saldrá después de cenar. Vendrá después de clase. Les vimos después de que llegaron con sus familias. Después que le tocó la lotería, nadie lo volvió a ver.* ◊ Admite grados con *mucho, poco* o *bastante,* pero no con *muy*: *Llegó mucho después. Poco después le dieron la noticia.* ◊ Cuando no hay verbo o éste se sobrentiende puede usarse indistintamente *después de,* que equivale a 'a continuación de' o *después que,* que equivale a 'más tarde que': *Los corredores africanos llegaron dos segundos después de los chinos. Anoche regresó después que su padre.* ◊ Con expresiones que indican el tiempo transcurrido, éstas pueden ir antepuestas: *Llamaron dos días después. Tres semanas después de la desaparición encontraron el cadáver.* **2** Dentro de un rato, dentro de un corto periodo de tiempo: *Se verán después en la fiesta.* **3** Con respecto al momento presente, equivale a 'más adelante' o 'en el futuro': *Ahora todo el día está de juerga, después vendrán los problemas.* SIN. luego. || *adv. lug.* **4** Más allá, o a la distancia que se indica: *Encontrarás el pueblo dos kilómetros después.* OBSERVACIONES: Se usa normalmente seguido de *de,* que introduce el punto que se toma como referencia: *Su despacho está después de la cafetería.* || *adv. orden.* **5** Indica posterioridad en orden, jerarquía o importancia: *Entrarás después de mí. Las novelas más leídas, después de las policíacas, son las sentimentales.* || *adj.* **6** Precedido de nombres de tiempo y espacio equivale a 'posterior, siguiente': *el día después.* FR. Y LOC. **~ de** Tiene sentidos temporales y concesivos con un significado parecido a 'a pesar de': *¡Mira que perder el partido después de lo bien que jugaron! Después de lo que hice por ti ¿te atreves a hablarme así?* **~ de todo** Se usa para atenuar la importancia de un hecho ya mencionado o lo justifica: *Debes pagar tú, después de todo eres el que te casas.*

despulgar *v. tr.* **1** ARG., CHILE; COLOQUIAL en Chile. Espulgar. **2** AMÉR. C., MÉX. Quitar a la semilla del café la carne de la baya en que está contenida. ⇒ **56.**

despuntador *s. m.* **1** MÉX. Máquina para separar minerales. **2** MÉX. Martillo que rompe minerales al separarlos.

despuntar *v. tr.* **1** Romper ‹una persona o una cosa› la punta de [una cosa]: *Has despuntado la pluma al tirarla al suelo. Así despuntarás el bolígrafo.* SIN. descabezar. || *v. intr.* **2** Empezar a aparecer los brotes en ‹una planta›: *En febrero despuntan ya los almendros.* **3** Empezar a manifestarse ‹una cosa›: *Apenas despuntaban las primeras luces salimos de excursión. Despuntaba la luna en el cielo y la noche era agradable.* SIN. asomar. **~ el día*.** **4** Ser ‹una persona› mejor que otras en [una cosa]: *Despunta **en** matemáticas. Este chico va a despuntar como gimnasta. Desde niño despuntó por su capacidad de imitación.* SIN. descollar. || *v. prnl.* **5** Romperse la punta de ‹una cosa›: *Se han despuntado las tijeras al caerse.*

desquiciamiento *s. m.* Acción y resultado de desquiciar: *Esta temporada está con un desquiciamiento tremendo y no se puede hablar con él.*

desquiciar *v. tr.* **1** Alterar ‹una persona, un animal o una cosa› [a una persona, un animal o una cosa]: *Me desquicia el ruido de los coches. Lo desquiciaban los perros del vecino. Los malos tratos han desquiciado al pobre animal.* **2** Sacar ‹una persona› [una cosa] de quicio: *Estás desquiciando la situación, no es una empresa tan mala. No desquicies el problema, no nos llevamos tan mal.* **3** Sacar ‹una persona› [una puerta o una ventana] de su quicio: *Es un poco bruto, cerró la ventana de golpe y la ha desquiciado. Los ladrones nos desquiciaron la puerta con una palanca.* || *v. prnl.* **4** Alterarse ‹una persona, un animal o una cosa›: *Me desquicia el calor. Me desquiciaba el ruido en la biblioteca. En las perreras los perros se desquician.* **5** Salir ‹una puerta o una ventana› de su quicio: *La ventana se ha desquiciado con la tormenta.*

desquicio *s. m.* ARG., GUAT., PAR., URUG. Desorden, trastorno, anarquía.

desquitar *v. tr.* **1** Proporcionar ‹una cosa› una compensación [a una persona] por [un perjuicio] o por [una pérdida]: *La subvención del seguro me ha desquitado **del** disgusto del accidente. El premio nos ha desquitado **del** esfuerzo y penalidades del rodaje.* **2** RESTRINGIDO. Quitar ‹una persona› [una cantidad de otra]: *La cajera me ha desquitado las horas que he llegado tarde.* || *v. prnl.* **3** Proporcionarse o recibir ‹una persona› una compensación por [un perjuicio] o por [una pérdida]: *Se desquitó **de** lo perdido. Me he desquitado **de** la derrota del otro día con la paliza que le he dado hoy jugando al tenis.* SIN. resarcirse.

desquite *s. m.* **1** Acción y resultado de desquitar o desquitarse en el juego: *Mañana jugamos el desquite, a ver si puedo ganar. No cantéis victoria, en el desquite os meteré una paliza.* SIN. revancha. **2** Venganza de un daño recibido: *Ya llegará la hora de nuestro desquite.*

desratización *s. f.* Acción y resultado de desratizar: *La comunidad ha organizado una campaña de desratización.*

desratizar *v. tr.* Acabar ‹una persona› con las ratas y los ratones de [un lugar]: *El Ayuntamiento desratiza todos los años las alcantarillas.* ⇒ **19.**

desrielar *v. intr. / prnl.* BOL., CHILE; RESTRINGIDO en Chile. Descarrilar.

desriñonar *v. tr.* **1** Hacer ‹el exceso de carga o de trabajo› daño [a una persona] en los riñones: *La maleta te va a desriñonar, busca un carro.* SIN. deslomar. **2** Cansar ‹una cosa› mucho [a una persona]: *El cortar madera desriñona a cualquiera.* SIN. deslomar. || *v. prnl.* **3** Hacerse ‹una persona› daño en los riñones: *Me he desriñonado pintando la casa.* SIN. deslomarse. **4** Cansarse ‹una persona› mucho: *Me desriñoné con la mudanza.* SIN. deslomarse.

destacamento *s. m.* Grupo de soldados enviados para una misión determinada: *Un destacamento de cascos azules reparte alimentos en la ciudad bombardeada.*

destacar *v. tr.* **1** Poner ‹una persona› de relieve la importancia o las cualidades de [una cosa]: *El vendedor destacó las ventajas de las nuevas lavadoras. Hay que destacar el argumento de la nueva novela.* SIN. distinguir. **2** Enviar ‹una persona› [a otra persona] a realizar una misión: *El comandante destacó a varios miembros para investigar qué pasaba en el pueblo.* || *v. intr. / prnl.* **3** Ponerse de relieve la importancia o las cualidades de ‹una cosa›: *En el lienzo **se** destaca la figura del rey. Destaca en la catedral el cimborrio de origen bizantino.* SIN. distinguir(se). || *v. prnl.* **4** Ir ‹una persona› a realizar una misión: *Me destaqué hasta su casa para convencerlo de que viniera a cenar. Tengo que destacarme a México para dar algunas conferencias.* ⇒ **71.**

destajo *s. m.* Se usa en la LOC. **a ~** 1 Sin descanso: *Trabajamos a destajo, pero acabamos la obra cuando lo habíamos prometido.* 2 Cobrando o pagando el trabajo que se hace: *Aquí cobramos a destajo, según las unidades que fabricamos. Aquí nos pagan a destajo por cada bolso que hacemos.*

destanteo *s. m.* MÉX.; COLOQUIAL. Confusión, desconcierto.

destapador *s. m.* ARG., COL., URUG., VEN. Abrebotellas, instrumento para quitar las chapas de las botellas.

destapar *v. tr.* **1** Quitar ‹una persona o una cosa› la tapa de [un recipiente]: *He destapado varias botellas de cerveza.* **2** Descubrir ‹una persona o una cosa› [una cosa oculta]: *He destapado un lío en la administración.* **3** ARG., URUG. Desatascar ‹una persona› [un conducto o una tubería] ‖ *v. tr. / prnl.* **4** Quitar ‹una persona o una cosa› la ropa que cubre [a una persona] o a [una cosa]: *No destapes al bebé que hace frío.* ***Me*** *destapé porque tenía calor.* ‖ *v. prnl.* **5** Hacer o decir ‹una persona› una cosa sorprendente o impropia: *A sus años se ha destapado criticando a su jefe de toda la vida. Se ha destapado hace poco y viste con unas minis y con unos escotes terribles.*

destape *s. m.* **1** Acción y efecto de dejar ver en películas o en espectáculos las partes del cuerpo femenino que normalmente suelen estar ocultas: *Hacia 1976 empezó la moda del destape.* **2** MÉX.; COLOQUIAL. Acto de descubrir a un candidato para un puesto de elección popular. **3** COL.; RESTRINGIDO. Descorche.

destaponar *v. tr.* Quitar ‹una persona› el tapón de [una cosa]: *Destapona la pila que se sale el agua.*

destartalado, da *adj.* (ser / estar) Que está medio roto, mal cuidado o no tiene orden o proporción: *Protestamos porque nos dieron una habitación destartalada en el entresuelo del hotel. Tengo un coche destartalado, pero funciona y no pienso comprar otro. Disculpa, porque el piso está un poco destartalado. Es una casa muy destartalada.*

destartalar *v. tr.* **1** AMÉR. DEL S. Dejar un lugar o una casa desprovistos de los objetos que son de uso habitual. ‖ *v. tr. / prnl.* **2** RESTRINGIDO. Estropear ‹una persona› [una cosa]: *Si no tienes cuidado vas a destartalar la silla con esos golpes. Se ha destartalado la mesa de la cocina, necesito un tornillo.*

destejer *v. tr.* Deshacer lo que se ha tejido. FR. Y LOC. **tejer* y ~.**

destellar *v. intr.* Despedir ‹un cuerpo› [destellos]: *A lo lejos vieron una luz destellando. Veían cómo destellaba el faro de la entrada del puerto.*

destello *s. m.* **1** Resplandor momentáneo u oscilante: *los destellos de un brillante. Los destellos del faro iluminaban intermitentemente la habitación.* **2** Muestra muy pequeña de alguna cualidad, en especial, la que aparece inesperada o momentáneamente: *un destello de bondad. Brilló en sus ojos un destello de lucidez.*

destemplado, da *adj.* **1** (estar) [Voz, instrumento] que no está afinado: *Suena algo destemplado este violín. A ver si afinas el piano, porque algunas notas están destempladas.* **2** Que expresa irritación o enfado: *Sonaban voces destempladas en el pasillo.* **3** (estar) Que padece una fiebre ligera: *Estoy algo destemplado.*

destemplanza *s. f.* **1** (no contable) Malestar físico en que se tiene sensación de frío: *Después de comer me entró algo de destemplanza.* **2** (no contable) Característica del tiempo desapacible: *La destemplanza de este mes ha sido especial.* **3** (no contable) Falta de moderación de una persona: *Estaba irritado y contestó con destemplanza.*

destemplar *v. tr. /prnl.* **1** Producir ‹una cosa› malestar físico [a una persona]: ***Me*** *destemplo enseguida con el frío. Me ha destemplado la comida, que me ha sentado mal.* **2** Hacer ‹una persona o una cosa› que [un instrumento de cuerda] deje de estar afinado: *La guitarra* ***se*** *ha destemplado con esos golpes.* **3** Quitar ‹una persona o una cosa› el temple a [un metal]: *Si metes el cuchillo en el fuego* ***se*** *destemplará y ya no volverá a ser como antes.*

destensar *v. tr.* **1** Poner ‹una persona o una cosa› floja [una cosa tensa]: *Al acabar la sesión de tiro tienes que destensar el arco y guardarlo en su estuche.* ‖ *v. prnl.* **2** Ponerse ‹una cosa tensa› floja: *La guitarra está desafinada porque con este calor se han destensado las cuerdas.*

desteñido, da *adj.* **1** Que se ha quitado el tinte o ha perdido color: *Estos pantalones están desteñidos.* **2** COL.; PEYORATIVO. Que es poco firme en sus ideas o convicciones.

desteñir *v. tr.* **1** Quitar ‹una persona o una cosa› el tinte a [una cosa]: *Creo que no existe ningún producto que pueda desteñirte el pelo.* ‖ *v. tr. / intr.* **2** Manchar ‹una cosa teñida› a [otra con la que está en contacto]: *Esta camisa destiñe. No metas esta camiseta en la lavadora que destiñe. El agua caliente puede desteñir la ropa.* ‖ *v. prnl.* **3** Perder ‹una cosa› el tinte: *Se ha desteñido la chaqueta.* ⇒ **20.**

desternillarse *v. prnl.* Reír ‹una persona› mucho: *Se desternillaba* ***de*** *risa. Cuenta unos chistes que todo el mundo se desternilla.* SIN. destornillarse.

desterrar *v. tr.* **1** Echar ‹una persona con autoridad› [a otra persona] de su país: *Lo desterraron* ***a*** *una isla. La desterraron* ***de*** *su patria.* SIN. deportar. **2** Dejar ‹una persona› fuera de su mente [un pensamiento o un sentimiento]: *Destierra esas ideas* ***de*** *tu mente, porque no te voy a dejar salir esta noche. Destierra las ideas tristes.* SIN. desechar. **3** Dejar ‹una persona› [un uso o una costumbre]: *No es fácil desterrar la manía de echar papeles al suelo. Hay que desterrar la costumbre de fumar en los ascensores.* ‖ *v. prnl.* **4** Marchar ‹una persona› de [un país] por razones políticas o ideológicas: *Algunos políticos se desterraban en el siglo* XIX *cuando ganaban los contrarios. Se desterraron varios autores ante la llegada de la dictadura.* ⇒ **58.**

destetar *v. tr.* **1** Dejar de dar de mamar ‹una madre› [a sus crías]: *Las madres no deben destetar enseguida a sus hijos.* **2** COLOQUIAL; HUMORÍSTICO. Dejar ‹una persona› que [un hijo] se valga por sí mismo: *Ya es hora de que destetes al nene, que pronto va a ir a la mili.* ‖ *v. prnl.* **3** Dejar de mamar ‹las crías de los mamíferos›: *Los gatos se destetan pronto.* **4** HUMORÍSTICO. Empezar ‹un hijo› a valerse por sí mismo: *Nuestros hijos se destetaron enseguida, a los quince años ya iban a trabajar.*

destete *s. m.* Momento en que se le suprime a un mamífero el pecho materno: *el destete de los niños, el destete de los terneros.*

destiempo *s. m.* Se usa en la LOC. **a ~** Fuera de tiempo o inoportunamente: *Saltó a destiempo el obstáculo y perdió el campeonato. Procura no hablar a destiempo.*

destierro *s. m.* **1** Acción y resultado de desterrar: *Fueron condenados al destierro. Marcharon al destierro.* **2** Lugar donde se cumple o vive esta pena o situación: *Estuvo en el destierro en Filipinas.* **3** Tiempo que dura esta situación:

Cumplió un destierro de tres años. **4** Abandono de una costumbre o uso: *El destierro total de las armas no será fácil en esta sociedad.*

destilación *s. f.* Acción y resultado de destilar: *la destilación del alcohol, la destilación del aguardiente.*

destiladera *s. f.* Aparato para destilar.

destilar *v. tr.* **1** Separar ‹una persona› [una sustancia volátil] de otras que lo son menos por medio del calor y enfriar luego su vapor para convertirla nuevamente en líquida: *Se dedica ahora a destilar orujo en el viejo pajar. Me gustaría aprender a destilar un buen licor.* **2** Soltar ‹una cosa› [una sustancia] gota a gota: *La cueva destila un agua verdosa. El recipiente de cerámica está destilando un líquido rojo.* SIN. rezumar. **3** Mostrar ‹una persona o una cosa› [un sentimiento o una cualidad] muy expresivamente: *Esa novela destila sensibilidad.*

destilería *s. f.* Lugar donde se fabrican licores o bebidas por destilación.

destinar *v. tr.* **1** Decidir utilizar ‹una persona› [una cosa] para [otra] o para [hacer otra]: *Destinó esta habitación* ***a*** *comedor. Destinó un trozo de tela* ***para*** *hacer un traje. Destinaron una partida del presupuesto* ***a*** *la compra de libros.* **2** Decidir dar ‹una persona con autoridad› [un destino, una ocupación o un puesto] [a una persona]: *Me destinaron* ***a*** *trabajar. La destinaron* ***a*** *la sucursal de Tarragona.* **3** Enviar ‹una persona› [una cosa] a [otra persona o a un lugar]: *Hemos destinado varias toneladas de ropa al campo de refugiados. El paquete estaba destinado a ti. Han dicho varios piropos destinados a mi padre.*

destinatario, ria *s. m./f.* Persona a quien va dirigida una cosa: *el destinatario de una carta, el destinatario de un cheque, el destinatario de un regalo.*

destino *s. m.* **1** Supuesta fuerza a la que se atribuye la inevitable sucesión de los hechos: *Tú no eliges tu destino. Ha tenido un destino trágico. El destino quiso que nos conociéramos.* SIN. sino. **2** Situación a la que alguien llega como resultado de sus actos: *Mi destino ha sido la enseñanza. Tu destino es la música. Tienes entre las manos tu destino. El destino de tu hija no es ése.* **3** Uso o empleo que se hace de una cosa: *Carne con destino a la alimentación. El destino de este dinero es la compra de un nuevo televisor.* **4** Lugar al que se dirige una persona o una cosa: *paquete con destino a Zaragoza, estación o lugar de destino, llegar al destino. Viajo en el tren con destino a París. Alicia parte a un destino lejano.* **5** Empleo para el que ha sido designada una persona: *Tengo un destino militar. Tengo un destino como empleado de correos.* **6** Lugar en el que una persona realiza su trabajo: *Busco un destino en Barcelona. Tengo un destino en Madrid.* FR. Y LOC. **unir sus destinos** Casarse ‹dos personas›: *Piensan unir sus destinos en otoño próximo.*

destitución *s. f.* Acción y resultado de destituir: *la destitución de un ministro, la destitución de un entrenador, la destitución de un cargo público.*

destituir *v. tr.* Quitar ‹una persona› [a otra persona] de [un empleo o de un cargo]: *Lo destituyeron* ***del*** *cargo de subsecretario. Me han destituido* ***de*** *mi puesto.* ⇒ **46.**

destorcerse *v. prnl.* MAR. Perder la ‹embarcación› el rumbo que llevaba. ⇒ **21.**

destorlongado, da *adj./s. m.* y *f.* MÉX. Desordenado, inútil, manirroto.

destornillador *s. m.* Herramienta manual o máquina para desatornillar y atornillar tornillos: *destornillador eléctrico, destornillador automático.* SIN. desatornillador. **2** COLOQUIAL. Combinado alcohólico de vodka y naranjada: *En este bar hacen muy buenos destornilladores.*

destornillar *v. tr.* **1** Desatornillar. || *v. prnl.* **2** COLOQUIAL. Desternillarse.

destratar *v. tr.* COL., VEN.; COLOQUIAL. Deshacer un trato o negocio.

destreza *s. f.* Habilidad para hacer bien alguna cosa: *Tiene mucha destreza* ***con*** *la brocha. Su destreza* ***en*** *las chapuzas de casa está bien. Tiene mucha destreza* ***con*** *el arco. Nos demostró su destreza* ***en*** *la cocina.*

destripador, ra *adj./s. m.* y *f.* Que destripa o degüella: *El protagonista era un destripador de mujeres.*

destripar *v. tr.* **1** Sacar ‹una persona› las tripas [a otra persona o a un animal], degollar ‹una persona› [a una persona o un animal]: *Los enemigos destripaban a todos los que encontraban en el camino. No sabe matar bien los corderos, los destripa.* **2** Sacar ‹una persona› el interior de [una cosa]: *Tu niña acaba de destripar la muñeca que le hemos regalado. Es curioso, destripa enseguida todos los juguetes.* **3** Estropear o destruir ‹una persona o una cosa› [una cosa] aplastándola: *El autobús destripó la bicicleta y el ciclista se salvó al salir despedido en la caída.* **4** Estropear o destruir ‹una persona› el efecto de [un relato] o de [un chiste] anticipando su final: *Es un tipo desagradable, en cuanto puede te destripa un chiste.* || *v. intr.* **5** MÉX.; JERGAL. Abandonar ‹una persona› los estudios.

destripaterrones (plural *destripaterrones*) *s. m.* **1** COLOQUIAL, PEYORATIVO. Campesino. || *adj./s. m.* y *f.* **2** COLOQUIAL, PEYORATIVO. Persona poco educada e inculta: *Eres una destripaterrones que no tiene ni idea de cine.*

destrísimo, ma *adj.* Superlativo irregular de *diestro.*

destronar *v. tr.* **1** Quitar ‹una persona› [a un rey] del trono: *Los reyes godos accedían al trono destronando a los anteriores. Fernando VII fue destronado por los liberales.* **2** Quitar ‹una persona o cosa› la posición o el cargo [a otra persona o cosa]: *No es fácil destronar a un escritor de tanta fama. Los nuevos modelos de coches destronarán, sin duda, a los tradicionales.*

destrozar *v. tr.* **1** Dejar ‹una persona o una cosa› inservible [una cosa]: *Los jóvenes hinchas han destrozado la parte sur del estadio.* **2** Dejar ‹una persona› [a otra persona] completamente derrotada y sin poder rehacerse, en una batalla o en una discusión: *Me han destrozado sus insultos, no sus argumentos. Nuestro equipo destrozó a los contrarios.* **3** Causar ‹una cosa› un gran dolor [a una persona]: *Me ha destrozado el accidente de mi hermano.* **4** Causar ‹una cosa› un gran perjuicio [a una persona] o a [otra cosa]: *La riada ha destrozado varios puentes y la cosecha de la huerta.* SIN. dañar. || *v. prnl.* **5** Quedar ‹una cosa› inservible: *Se ha destrozado el coche.* **6** Sufrir ‹una persona o una cosa› un gran perjuicio: *Te destrozas* ***con*** *el tabaco.* ⇒ **19.**

destrozo *s. m.* Desperfecto o daño grande: *El caballo se escapó y produjo muchos destrozos en el jardín. La bomba ha causado enormes destrozos.*

destrozón, na *adj./s. m.* y *f.* Que rompe o tiende a romper las cosas: *Es un perro muy destrozón. Es una destrozona a la que no le duran nada los juguetes.*

destrozona *s. f.* COLOQUIAL. En Carnaval, disfraz de mujer con harapos.

destrucción *s. f.* **1** Daño o desperfecto muy grande: *El fuego ha causado la destrucción del bosque.* **2** Acción y resultado de destruir: *Han comprado una máquina para la destrucción de los documentos. Piden la destrucción de los pisos ilegales. Con ese comportamiento persigue la destrucción psicológica de su amiga.*

destructible *adj.* RESTRINGIDO. Que puede ser destruido*: Es un aparato fácilmente destructible.*

destructivo, va *adj.* Que destruye o puede destruir: *Su efecto es destructivo. Este niño tiene tendencias destructivas. El explosivo es muy destructivo.*

destructor, ra *adj.* **1** Que destruye: *La acción destructora del viento.* ‖ *s. m.* **2** Barco de guerra rápido que se usa en acciones de escolta y ofensivas: *La Armada ha encargado dos destructores a los astilleros de Cartagena.*

destruir *v. tr.* **1** Hacer desaparecer ‹una persona o una cosa› [una cosa] violentamente: *Los gamberros destruyeron varios bancos del parque. La tormenta ha destruido una central eléctrica.* ‖ *v. prnl.* **2** Desaparecer ‹una cosa o una persona›:*Te estás destruyendo* ***con*** *el alcohol y el tabaco. La catedral se destruye* ***con*** *la contaminación.* ⇒ **46.**

desubicarse *v. prnl.* **1** ARG., URUG. Perder ‹una persona› [la orientación]. **2** ARG., URUG.; COLOQUIAL. Comportarse ‹una persona› de una manera inconveniente. ⇒ **71.**

desuncir *v. tr.* RESTRINGIDO. Quitar ‹una persona› el yugo [a un animal]: *He desuncido los bueyes y he guardado el carro en el corral.* ⇒ **90.**

desunión *s. f.* Separación o enemistad entre dos personas: *En su trabajo reinaba la desunión entre departamentos. En su casa había una absoluta desunión familiar.*

desunir *v. tr.* **1** Separar ‹una persona o una cosa› [cosas que están unidas]: *Tenemos que desunir la caravana* ***del*** *coche.* **2** Introducir ‹una persona o una cosa› la discordia entre [personas que están unidas]: *Su cuñada se dedica a desunir a la familia.* SIN. enemistar. ‖ *v. prnl.* **3** Separarse ‹cosas que estaban unidas›: *No se han desunido todavía las asas de las tazas que pegamos.* **4** Introducirse la discordia entre ‹personas que estaban unidas›: *Se han desunido las dos empresas, por problemas de gestión.*

desurtido, da *adj.* AMÉR. [Comercio] que está desprovisto o desabastecido de mercancías o tiene pocas.

desusado, da *adj.* **1** (ser / estar) Que no se usa por ser anticuado: *Es una palabra desusada. La expresión está ya completamente desusada. ¿Es desusada esta frase?* SIN. obsoleto. **2** (antepuesto / pospuesto) Que no es normal: *Siente una alegría desusada. Siente una desusada excitación desde que ha llegado la primavera.*

desuso *s. m.* **1** Falta de uso en alguna cosa: *El desuso de la maquinaria ha producido su deterioro.* ANT. uso. **2** Falta de aplicación de una ley en vigor: *Invocó una ley en desuso y perdió el pleito.*

desustanciar *v. tr.* **1** RESTRINGIDO. Quitar ‹una persona o una cosa› la sustancia a [una cosa]: *Con este arreglo la obra de teatro queda desustanciada.* ‖ *v. prnl.* **2** RESTRINGIDO. Perder ‹una cosa› la sustancia: *Los jamones no se desustancian con el tiempo.*

desvaído, da *adj.* **1** [Color] que es poco intenso: *Le gustan los colores desvaídos.* **2** Que no tiene la forma bien definida: *Vi su figura desvaída a través de la niebla.* **3** Que no es claro o preciso: *un discurso desvaído. Ha escrito un artículo desvaído sobre la pesca del atún.*

desvaír *v. tr. / prnl.* Hacer perder ‹una cosa› el color a [otra cosa]: *El sol ha desvaído las cortinas. La tapicería* ***se*** *ha desvaído por completo con tanto uso.* ⇒ **1.** Las formas con los diptongos *-ió, -ie-* o *-ié-* cambian la *-i-* por *-y-* como en el tipo **46.**

desvalido, da *adj. / s. m.* y *f.* (estar) Que no se vale por sí mismo o que no tiene ayuda o protección: *Pertenece a una asociación de ayuda a los desvalidos. Su familia está absolutamente desvalida y vive de lo que él le da.*

desvalijamiento *s. m.* Acción y resultado de desvalijar: *El desvalijamiento del piso nos ha dejado casi en la ruina.*

desvalijar *v. tr.* **1** Robar ‹una persona› [a otra persona] todo lo que lleva encima: *Me desvalijaron anoche en el parque.* **2** Robar ‹una persona› todas las cosas de valor de [un lugar]: *Han desvalijado la joyería de la esquina. Nos desvalijaron la casa este verano.*

desvalimiento *s. m.* Desamparo, falta de ayuda: *La pareja de ancianos vive con gran desvalimiento. El desvalimiento de los niños es su mayor fortaleza.*

desvalorizar *v. tr.* **1** Hacer perder ‹una persona o una cosa› valor [a una persona] o a [una cosa]: *Los talleres de chatarra desvalorizan los pisos del barrio.* ‖ *v. prnl.* **2** Perder ‹una persona o una cosa› valor: *Estas acciones se han desvalorizado este año. Las tierras pueden desvalorizarse en cualquier momento.* ⇒ **19.**

desván *s. m.* Parte más alta de la casa, bajo el tejado, donde se guardan los objetos que no se usan: *Los muebles viejos los tenemos en el desván.* SIN. trastero.

desvanecer *v. tr.* **1** Hacer ‹una cosa› menos densa o menos intensa [otra cosa] gradualmente hasta que desaparece: *El sol ha salido y ha desvanecido la niebla.* **2** Hacer ‹una cosa› imprecisos [los contornos de otra]*: La oscuridad desvanecía los muebles de la habitación.* **3** Hacer ‹una cosa› menos intensos [los colores de otra] gradualmente: *La lejanía desvanece los letreros de neón.* **4** Hacer desaparecer ‹una persona o una cosa› [una idea o un sentimiento] de la mente de [una persona]: *La fuga de su esposa ha desvanecido sus ilusiones.* ‖ *v. prnl.* **5** Hacerse ‹una cosa› menos densa o menos intensa gradualmente hasta que desaparece: *La niebla se ha desvanecido con el sol. El humo se desvanece en el cielo.* **6** Hacerse ‹los contornos de una cosa› imprecisos: *Los peatones se desvanecen en la oscuridad de la calle.* **7** Hacerse ‹los colores de una cosa› menos intensos gradualmente: *El brillo de los letreros se desvanece con la lluvia.* **8** Desaparecer ‹una idea o un sentimiento› de la mente de [una persona]: *Todo mi amor por ella se desvaneció cuando la vi con ese imbécil.* **9** Perder ‹una cosa› su aroma, su sabor o su fuerza: *Con el tiempo se ha desvanecido el aroma de su colonia.* **10** Perder ‹una persona› el conocimiento momentáneamente: *Me desvanecí al salir del metro.* ⇒ **5.**

desvanecimiento *s. m.* **1** Pérdida momentánea del conocimiento: *Después de comer tuvo un desvanecimiento.* **2** Acción y resultado de desvanecer o desvanecerse: *El desvanecimiento de sus ilusiones lo ha dejado muy deprimido.*

desvarada *s. f.* COL. Reparación provisional de la avería de un vehículo.

desvaradero *s. m.* COL.; COLOQUIAL. Lugar donde se consigue con facilidad trabajo o dinero.

desvarar *v. tr.* 1 COL. Arreglar ‹una persona› provisionalmente [un vehículo]. ‖ *v. prnl.* 2 COL.; COLOQUIAL. Resolver ‹una persona› [una situación difícil o sin dinero].

desvariar *v. intr.* Decir ‹una persona› cosas incoherentes o disparates: *Me parece que desvarías cuando hablas de él. No es necesario desvariar para demostrar que la situación está muy mal.* SIN. delirar. ⇒ **8.**

desvarío *s. m.* 1 Acción o dicho disparatado o irracional: *Es un desvarío querer salir al campo con esta tormenta. No digas desvaríos y no insultes al pobre guardia.* 2 Pérdida de la razón pasajera por una enfermedad: *Estaba bien, pero de repente tuvo un desvarío y no nos conocía a ninguno.*

desvelada *s. f.* COL. Imposibilidad de conciliar el sueño por la noche.

desvelar *v. tr.* 1 Impedir ‹una persona o una cosa› dormir [a una persona]: *Las preocupaciones me desvelan.* 2 Dar a conocer ‹una persona› [una cosa oculta]: *Por fin, anoche el marido de la gran estrella desveló el secreto.* SIN. revelar. ‖ *v. prnl.* 3 No poder dormir ‹una persona›: *Me desvelo con el ruido de la ciudad, necesito el campo.* 4 Poner ‹una persona› mucha atención o mucho interés en [el bienestar de otra persona] o en [el funcionamiento de una cosa]: *Se desvela **por** su familia.*

desvelo *s. m.* 1 (frecuentemente en plural) Preocupación y cuidado que se pone en algo: *A pesar de sus desvelos, no consiguió que su hijo terminara los estudios.* 2 (no contable) RESTRINGIDO. Insomnio: *El desvelo de anoche sólo lo pude solucionar con una pastilla para dormir.*

desvencijar *v. tr.* 1 RESTRINGIDO. Separar ‹una persona o una cosa› las partes de [una cosa] de manera que ésta pierde su firmeza o su cohesión: *Has conseguido desvencijar el armario con tu manía de cambiarlo continuamente de sitio.* ‖ *v. prnl.* 2 Separarse las partes de ‹una cosa› de manera que ésta pierde su firmeza o su cohesión: *Las sillas y la mesa se han desvencijado con el peso de los libros. Aquí están todas las puertas desvencijadas.*

desventaja *s. f.* Circunstancia que hace que una persona o cosa sea peor o esté en peor situación que otras: *Esta casa tiene la desventaja de ser muy pequeña. El coche es barato, pero tiene varias desventajas, gasta mucha gasolina y no tiene aire acondicionado.* SIN. inconveniente. ANT. ventaja.

desventura *s. f.* 1 (no contable) Mala suerte: *Por su desventura, la mujer que conoció estaba casada.* 2 Desgracia: *Así aprendí definitivamente que las desventuras nunca llegan solas.*

desvergonzado, da *adj./s. m.* y *f.* (antepuesto/pospuesto) Que se comporta y habla con desvergüenza: *una desvergonzada sonrisa, una actitud desvergonzada. Es un desvergonzado que no sabe comportarse.*

desvergüenza *s. f.* 1 (no contable) Atrevimiento, falta de vergüenza: *Habla con mucha desvergüenza. Ha tenido la desvergüenza de pedirme más dinero.* SIN. descaro. 2 Dicho o hecho que va contra lo que se considera moral y justo: *Lo que ha hecho es una desvergüenza. La culpa es de los amigos que le ríen las desvergüenzas que cuenta.*

desvestir *v. tr./prnl.* 1 Quitar ‹una persona› la ropa [a otra persona]: *El médico le pidió que desvistiera al bebé. **Se** desvistió para meterse en la cama.* SIN. desnudar(se). ‖ *v. tr.* 2 Quitar ‹una persona› la ropa que cubre [una cosa]: *Han desvestido los sofás y están feos.* ⇒ **57.**

desviación *s. f.* 1 Acción y resultado de desviar o desviarse: *Nadie espera ni la más pequeña desviación de sus propósitos.* 2 Separación lateral de un cuerpo de su posición media: *Advirtió una ligera desviación del péndulo.* 3 Tramo de una carretera que se separa de la general: *Tomaron una desviación para evitar el atasco.* SIN. desvío. 4 Comportamiento que se sale de lo que se considera normal: *Tales desviaciones de conducta tienen su origen en traumas infantiles.* SIN. aberración. 5 MAT. Diferencia entre un valor estadístico y la normalidad o valor medio. 6 MED. Cambio de la posición natural de los órganos, en especial, de los huesos: *Las desviaciones de columna son muy frecuentes.*

desviacionismo *s. m.* (no contable) SOCIOL.; RESTRINGIDO. Ideología y comportamiento de las personas que se apartan de una ortodoxia determinada, pero sin romper abiertamente con ella.

desviar *v. tr.* 1 Apartar ‹una persona o una cosa› [a otra persona o una cosa] de su camino: *Los controladores desviaron el avión a otro aeropuerto.* 2 Apartar ‹una persona o una cosa› [a una persona] de su intención: *Hemos conseguido desviarlo **de** sus ideas de venganza.* ‖ *v. prnl.* 3 Apartarse ‹una persona o una cosa› de su camino: *Nos desviamos **de** la carretera y nos acercamos a un restaurante muy bueno, aquí cerca.* 4 Apartarse ‹una persona› de [su intención]: *Se desvió **de** su propósito. Me he desviado **de** mis planes primitivos y voy a Perú de vacaciones.* ⇒ **8.**

desvincular *v. tr.* 1 Deshacer ‹una persona o una cosa› el vínculo entre [personas o cosas]: *Trata de desvincular este problema de este otro, no guardan relación entre sí.* SIN. desunir. ‖ *v. prnl.* 2 Deshacerse el vínculo entre ‹personas o cosas›: *Los amigos se desvincularon al salir del colegio. Yo ya me he desvinculado de esa pandilla.* SIN. desunirse.

desvío *s. m.* 1 Acción y resultado de desviar: *Ha aprobado el desvío del río para evitar las riadas.* 2 Vía o camino que se aparta de otro más importante: *Tomamos el desvío con dirección a Zaragoza.* SIN. desviación.

desvirgar *v. tr.* 1 Quitar ‹una persona› la virginidad [a una mujer]. 2 VULGAR. Utilizar ‹una persona› [una cosa] por primera vez: *¿Me dejas desvirgar tu coche? Esta máquina tan buena la desvirgo yo en primer lugar. Lo más bonito de los libros es dervirgarlos antes de leerlos.* ⇒ **56.**

desvirolado, da *adj.* COL.; COLOQUIAL. Que está chalado o chiflado.

desvirtuar *v. tr.* 1 ELEVADO. Quitar ‹una persona o una cosa› su valor, su virtud o sus características [a una cosa]: *Sus propuestas han desvirtuado el acuerdo conseguido.* ‖ *v. prnl.* 2 ELEVADO. Perder ‹una cosa› su valor, su virtud o sus características: *Este perfume se ha desvirtuado con el tiempo.* ⇒ **3.**

desvitalizar *v. tr.* MED. Matar ‹una persona› la sensibilidad de [un nervio]: *Mi dentista no quiso desvitalizarme ningún nervio y me hizo ver las estrellas con un empaste.*

desvivirse *v. prnl.* Mostrar ‹una persona› mucho afecto o mucho interés por [otra persona] o por [una cosa]: *Carlos se desvive **por** los suyos. Elvira se desvive **por** los animales.*

detallar *v. tr.* Explicar ‹una persona› [una cosa] detalladamente: *No nos perderemos porque nos ha detallado el camino. Te envío una lista detallada de las ventas de ayer. El testigo explicó lo sucedido detallando con cuidado todas las palabras y los gestos de los atracadores.*

detalle *s. m.* 1 Parte pequeña que completa el aspecto de otra mayor: *La modista puso especial atención en los detalles del vestido. Había decorado la habitación cuidando los más mínimos detalles.* 2 Fragmento de una obra artística: *un detalle de Las Meninas.* 3 Dato que aclara o completa un suceso: *Explicó lo ocurrido dando todo tipo de detalles.* SIN. pormenor. 4 Amabilidad o delicadeza que una persona muestra con otra: *Has tenido un detalle al llamarme por teléfono el día de mi cumpleaños. Tuvo con ella el detalle de regalarle ese perfume.* FR. Y LOC. **al ~** Al por menor, en pequeña cantidad cada vez: *Lo siento, aquí no vendemos al detalle, sólo al por mayor.* **con ~** INTENSIFICADOR. En profundidad, minuciosamente: *Era muy observador y le gustaba examinar con detalle las ciudades que visitaba.*

detallista *adj. / s. m.* y *f.* 1 Que es muy minucioso y cuida mucho los detalles: *Es muy detallista y nunca falta de nada en la mesa.* 2 Que se comporta con amabilidad y cortesía: *Es un chico muy detallista y nunca se marcha sin despedirse de todo el mundo.* || *s. m. / f.* 3 RESTRINGIDO. Comerciante al por menor: *Es un detallista del calzado. Los detallistas de la alimentación se quejan de los impuestos.*

detalloso, sa *adj.* PERÚ. Que es presumido.

detección *s. m.* Acción y resultado de detectar: *La detección del submarino es muy fácil con el sonar. La detección de problemas cardiacos se ha facilitado con los electrocardiogramas.*

detectar *v. tr.* 1 Descubrir ‹una persona› [una cosa] con un aparato o mediante métodos físicos o químicos: *Ha detectado indicios de calcificaciones en las radiografías del paciente. Detectaron células sanguíneas en su orina.* 2 Descubrir ‹un aparato› [una cosa]: *El sonar detectó un submarino.* 3 Percibir ‹una persona o un animal› [una cosa]: *He detectado en él un aire de superioridad. Hemos detectado en la familia del niño síntomas evidentes de alcoholismo.*

detective *s. m. / f.* 1 Persona que realiza como profesional investigaciones por encargo de clientes: *detective privado, agencia de detectives. Es un detective especializado en asuntos familiares.* SIN. investigador. 2 Funcionario del cuerpo de policía encargado de las investigaciones de los delitos en algunos países: *Los detectives intervienen a veces en los juicios.*

detectivismo *s. m.* COL. Profesión propia de los detectives.

detector *s. m.* Aparato que sirve para detectar o descubrir alguna cosa: *Recorrían con un detector la playa buscando monedas, joyas y relojes entre la arena.*

detención *s. f.* 1 Apresamiento, privación de libertad: *El juez ha ordenado la detención de toda la banda.* 2 Suspensión o parada del movimiento de un vehículo: *La detención del autobús durará tres minutos.* 3 Parada o suspensión del desarrollo o de las tendencias de una cosa: *la detención del crecimiento económico, la detención de las cifras del paro, la detención de la epidemia.*

detener *v. tr.* 1 Impedir ‹una persona o una cosa› que [una persona o una cosa] siga moviéndose: *Los bandidos detuvieron el tren. La policía detuvo el coche.* 2 Impedir ‹una persona o una cosa› que [una persona] siga realizando una acción: *La policía detuvo la manifestación. La nueva vacuna detendrá la epidemia. Los bomberos consiguieron detener el fuego. He detenido, por fin, la fuga de agua.* 3 Apresar ‹una persona› [a otra que ha cometido un delito] para encarcelarla: *Detuvieron a toda la banda de ladrones. Han detenido a los chantajistas.* || *v. prnl.* 4 Dejar de moverse ‹una persona o una cosa›: *Cuando nos dieron el alto nos detuvimos en seco.* 5 Dejar de realizar ‹una persona› una acción: *Me detuve en la quinta página porque ya no podía entretenerme más.* 6 Pasar ‹una persona› un tiempo haciendo [una cosa] antes de hacer otra: *Me detuve **con** un amigo. Víctor se detuvo **a** comer. Me detuve **a** comprar un bocata.* 7 Pasar ‹una persona› un tiempo considerando [una cosa]: *Me estoy deteniendo mucho en el planteamiento de esta cuestión. Me he detenido mucho con el problema. Me detuve a pensar en su propuesta.* 8 Pasar ‹una persona› mucho tiempo haciendo [una cosa]: *Se detiene mucho **en** la limpieza de la casa.* ⇒ **81.**

detenimiento *s. m.* Detención. FR. Y LOC. **con ~** Con mucha atención: *Lee el contrato con detenimiento, por favor.*

detentar *v. tr.* Atribuirse ‹una persona› [una cosa] indebidamente o ilegítimamente: *Los dictadores detentan el poder ilegítimamente. Creemos que detenta la presidencia de la comunidad de vecinos, porque nadie lo ha elegido para el cargo.*

detergente *adj.* 1 Que limpia algo sin corroerlo o desgastarlo: *sustancia detergente.* || *s. m.* 2 Sustancia o producto que limpia: *detergente concentrado, detergente para la ropa, detergente para el lavavajillas.*

deteriorar *v. tr.* 1 Estropear ‹una persona o una cosa› [una cosa] gradualmente: *Los chiquillos están deteriorando innecesariamente el jardín.* || *v. prnl.* 2 Estropearse ‹una cosa› gradualmente: *Nuestras relaciones se han deteriorado. Los coches se deterioran mucho al lado del mar.*

deterioro *s. m.* Degeneración, desgaste o empeoramiento de una persona, cosa o situación: *el deterioro de las relaciones entre los dos países, el deterioro de las calles del barrio. El deterioro de los enfermos del sida se acelera a partir de un momento determinado.*

determinación *s. f.* 1 Acción de determinar: *Queda pendiente la determinación de la fecha.* 2 Cosa que alguien decide hacer ante una situación cualquiera: *Es preciso que tome una determinación sobre su futuro.* SIN. decisión. 3 Cualidad o actitud del que no se detiene ante la dificultad o el peligro: *Hay que actuar con determinación.* 4 Establecimiento de los límites o características de una cosa: *Los médicos están todavía esperando que el laboratorio consiga la determinación del agente patógeno.*

determinado, da *adj.* 1 Concreto, preciso: *Cuando estés ante un problema determinado, ya lo solucionarás.* 2 Que se ha tomado una decisión: *Estamos determinados a acabar con esta estafa.* || **3 artículo* ~ / definido.**

determinante *adj.* 1 Que determina: *Esta es la causa determinante.* || *s. m.* 2 GRAM. Constituyente del sintagma nominal que actualiza al nombre: *El artículo, el adjetivo posesivo, el numeral y el demostrativo son determinantes.*

determinar *v. tr.* 1 Establecer ‹una persona o una cosa› los términos de [una cosa]: *Han determinado, por fin, los límites del aparcamiento. Han determinado la capacidad potencial de la depuradora. Mañana determinarán las competencias de su cargo.* 2 Establecer ‹una persona› [una cosa] con precisión: *Determinamos ayer las condiciones del contrato. Determinaremos mañana la fecha de la boda. Han de-*

terminado que la estación se hará en el barrio norte. **3** Llegar a saber ‹una persona› [una cosa] partiendo de unos datos conocidos: *Después de la autopsia el forense determinó la hora de la muerte. Después del análisis técnico, se determinó que el accidente fue debido a la rotura de la dirección del coche.* **4** Provocar ‹una cosa› [otra cosa]: *La oferta de frutas ha determinado una bajada espectacular de los plátanos. La facilidad de algunas carreras determina que muchos estudiantes las elijan.* **5** Hacer tomar ‹una persona o una cosa› una decisión [a una persona]: *El mal tiempo le determinó a salir antes.* **6** DER. Tomar ‹una persona con autoridad› [una decisión judicial]. **7** COL. Comportarse ‹una persona› con educación con [otra persona] || *v. tr./prnl.* **8** Tomar ‹una persona› una decisión acerca de [una cosa]: *Mi padre **se** ha determinado **a** dejar de fumar. Eva determinó hacer ese viaje y no ha parado hasta que lo ha logrado.*

determinismo *s. m.* **1** FILOS. Concepción según la cual todo lo que sucede en el universo está sometido a las leyes naturales. **2** FILOS. Concepción según la cual todas las decisiones humanas están sometidas a la voluntad divina.

detestable *adj.* Que merece ser aborrecido o detestado, o que produce una pésima impresión: *Tiene un gusto detestable para la ropa. Ahí la comida es detestable. Inés tiene un carácter detestable. Tu actitud me parece detestable.*

detestar *v. tr.* Sentir ‹una persona› odio, aversión o repugnancia por [otra persona] o por [una cosa]: *Detesto sus palabras hipócritas. Detesto las chuletas.* SIN. aborrecer.

detonación *s. f.* **1** Explosión violenta y ruidosa: *Se oyó una detonación y luego se vio un autobús que saltaba por los aires.* **2** Explosión brusca que puede iniciar la de un explosivo estable: *Si la detonación es muy débil, la bomba no puede estallar.*

detonador, ra *adj.* **1** Que causa la detonación de una sustancia explosiva: *Encendió la chispa detonadora.* || *s. m.* **2** Dispositivo para hacer estallar un explosivo: *detonador a distancia. El detonador se activaba al tocar el paquete.*

detonante *adj.* **1** Que detona o explota: *sustancia detonante.* **2** Que desentona, no armoniza o contrasta violentamente con algo: *Siempre le gusta ir con atuendos y colores detonantes.* || *s. m.* **3** Cosa o causa que puede provocar una explosión o detonación: *El detonante de la huelga salvaje fueron los nuevos horarios. El detonante de la bomba estaba defectuoso y ésta no explotó.* || **4 mezcla* ~ / explosiva.**

detonar *v. intr.* **1** Hacer ‹una cosa› un ruido fuerte y seco o estallar ‹una cosa›: *Parece ser que ayer detonó una bomba en el centro de la ciudad.* || *v. tr.* **2** RESTRINGIDO. Causar ‹una persona o una cosa› asombro o admiración [a una persona]: *Siempre le gusta detonar a la concurrencia con sus modelos.* **3** Hacer explotar ‹una persona› [una cosa]: *Los artificieros hicieron detonar el artefacto explosivo.*

detractor, ra *adj. / s. m.* y *f.* Que critica o habla mal de alguien o algo: *un comentario detractor de la operación, los detractores del proyecto.*

detraer *v. tr.* ELEVADO. Separar o quitar ‹una persona o una cosa› [una parte de una cosa]: *Lo acusan de haber detraído una partida importante de capital de los inversores.* ⇒ **83.**

detrás *adv. lug.* **1** Indica que la persona o cosa de la que se habla está a la espalda o a continuación de otra que se toma como referencia: *Los más altos tienen que colocarse detrás.* OBSERVACIONES: Seguido de la preposición *de*, indica situación posterior respecto a un segundo término que se toma como referencia: *Escriban el nombre detrás de los apellidos. El séquito marchaba detrás del coche fúnebre.* ANT. delante (de). **2** En la parte posterior o trasera de una cosa: *Llevo el equipaje detrás. Detrás del chalé tienen un huerto pequeño.* OBSERVACIONES: ◊ Pueden seguirle las preposiciones *de* y *por*: *Lleva el precio detrás de la etiqueta. Entraron por detrás para que nadie los viera.* ◊ Precedido de la preposición *de*, indica situación posterior respecto a un segundo término que se toma como referencia: *¿Podrías cortar el cable que sale de detrás de la lámpara?* ◊ Cuando no se menciona el elemento que se toma como referencia, equivale a 'lugar o parte posterior o trasera': *Sal de ahí detrás.* **3** Con *andar* y verbos similares, *detrás de* puede indicar 'búsqueda o afán por conseguir algo o a alguien': *Anda detrás de la hija del cartero. Ando detrás de una impresora que no sea muy cara y tenga calidad.* || *adv. temp.* **4** Después de: *Entraré a ver al director detrás de ustedes.* ANT. delante, antes. FR. Y LOC. **con una mano* ~ / atrás y otra delante. ir* ~ de. por ~** Cuando el interesado está ausente: *Sonia tiene el defecto de decir las cosas por detrás, cuando la gente no está presente.*

detrimento *s. m.* (no contable) Perjuicio o daño material o moral contra alguien: *Estas plantas se hacen más fuertes en detrimento de esas otras, más débiles. La vida sedentaria va en detrimento de la salud.*

detrito o **detritus** (no contable) *s. m.* **1** GEOL. Fragmento pequeño producto de la desintegración de las rocas: *La desembocadura está llena de todos los detritos que ha ido arrastrando el río.* **2** Residuo que resulta de la descomposición de ciertos cuerpos: *La isla se formó con los detritos de los animales marinos muertos.* **3** Restos y materiales que no sirven: *los detritos de una fábrica.*

deuda *s. f.* **1** Obligación que tiene una persona de pagar o devolver una cantidad de dinero: *Es una persona llena de deudas. Las deudas no le dejan dormir tranquilo.* **2** Cantidad de dinero que se debe: *He pagado la deuda que tenía con el banco. La deuda es de 100.000 pesetas.* **3** Obligación moral con alguien: *Tengo una deuda de gratitud con él que no olvidaré nunca. Estoy en deuda contigo por salvar a mi hijo.* || **4 ~ pública** ECON. Conjunto de préstamos concedidos al Estado para hacer frente a los gastos públicos: *Este país tiene una deuda pública de mil millones de dólares.*

deudo *s. m.* ADMINISTRATIVO. Pariente, familiar: *Se reunió con todos sus deudos ante el notario. Los deudos del difunto no han querido hacer declaraciones.*

deudor, ra *adj. / s. m.* y *f.* [Persona] que está obligada a devolver algo que debe: *un socio deudor de la cuota. Los deudores le hicieron perder mucho dinero.*

devaluación *s. f.* Disminución del valor de una cosa: *la devaluación de la peseta, la devaluación de unos terrenos.*

devaluar *v. tr.* **1** Hacer perder ‹una persona o una cosa› valor a [una moneda] con respecto a la de otros países: *El Banco Central ha devaluado un cinco por ciento la moneda nacional.* **2** Hacer perder ‹una cosa› valor a [otra cosa]: *El vertedero ha devaluado las viviendas de esta zona.* SIN. desvalorizar. || *v. prnl.* **3** Perder ‹una moneda› valor con respecto a la de otros países: *La peseta se ha devaluado el último año.* **4** Perder ‹una cosa› valor: *Los coches de segunda mano se devalúan muy rápidamente ahora.* ⇒ **3.**

devanadera *s. f.* **1** Instrumento para devanar madejas. **2** Soporte para enrollar la madeja en esta máquina. **3** Pieza de la máquina de coser donde se devana el hilo. **4** TEATRO. Instrumento sobre el que se mueve el bastidor pintado por ambos lados para los cambios rápidos de escena.

devanador, ra *adj. / s. m.* y *f.* **1** Que devana o sirve para devanar: *una máquina devanadora.* || *s. m.* **2** Pieza de cartón, madera, etc., sobre la que se va enrollando el hilo.

devanar *v. tr.* RESTRINGIDO. Enrollar ‹una persona› [un hilo o una cuerda] alrededor de un eje: *Ayúdame a devanar la madeja. Si no devanamos este lío de alambres no podremos usarlo más.* FR. Y LOC. **calentarse / devanarse los sesos*.**

devaneo *s. m.* **1** Relación profesional o amorosa superficial, que no llega a concretarse: *He tenido mis devaneos con otras empresas, pero me quedo en ésta. Está en la edad de los devaneos, pero no tiene novia formal. El portavoz sindical ha asegurado que no hay ningún acuerdo escrito, que todo son devaneos gubernamentales.* **2** Acción con la que se pierde el tiempo: *Déjate de devaneos y empieza a trabajar en serio. Todos esos estudios son puro devaneo, tienes que plantearte una carrera en serio.*

devastación *s. f.* Destrucción total de un territorio por un gran accidente natural o por la guerra: *La devastación de la comarca tras los incendios da pena. La devastación de la guerra tardará años en desaparecer de la ciudad.*

devastador, ra *adj.* **1** (antepuesto / pospuesto) Que devasta: *un devastador incendio, una plaga devastadora.* **2** Que sigue una marcha imparable: *Sus discos tienen un éxito devastador. La influencia de sus ideas en la juventud es devastadora. La cadena de sus productos alcanza un desarrollo devastador.*

devastar *v. tr.* Destruir ‹una persona o una cosa› [una cosa] completamente: *La guerra y los bandidos han devastado completamente la región. El fuego devastó el barrio antiguo de la ciudad. Las fuertes tormentas han devastado las tierras y han dejado las laderas peladas.* SIN. asolar.

develar *v. tr.* VEN. Descubrir ‹una persona› [un monumento o una obra de arte] en el momento de inaugurarlos.

devengar *v. tr.* Adquirir ‹una persona o una institución› el derecho a percibir [una cantidad de dinero] como retribución por un trabajo o por un servicio: *Estas acciones me devengan una buena renta anual.* ⇒ **56.**

devengo *s. m.* DER. Cantidad de dinero que una persona tiene derecho a cobrar por un trabajo: *A este señor le corresponde un devengo de 50.000 pesetas por hacer ese trabajo.*

devenir *v. intr.* **1** ELEVADO. Convertirse ‹una persona o una cosa› en [una cosa]: *Pedro devendrá, probablemente,* ***en*** *un gran pianista, pero ahora es pronto para decirlo.* **2** ELEVADO. Ocurrir ‹una cosa›: *No sabemos qué puede devenir en esta coyuntura económica.* SIN. acaecer. ⇒ **86.**

devenir *s. m.* (no contable) FILOS. La realidad como proceso o el proceso o cambio mediante el cual cambia una realidad: *No sabemos qué nos depara el devenir. El devenir de la Historia demuestra que ninguna sociedad es eternamente estable.*

devoción *s. f.* **1** (no contable) Veneración y fervor religioso: *Oraba con devoción.* **2** Práctica religiosa: *A mí la única devoción que me gusta es la misa.* **3** Sentimiento de admiración, amor y fidelidad a alguien o a algo: *Tenía auténtica devoción* ***por*** *su madre. Nos sostiene la devoción* ***a*** *una noble causa.* FR. Y LOC. **no ser santo* de mi / tu / su... ~.**

devocionario *s. m.* Libro que contiene oraciones: *Mi tía lee todas las tardes su devocionario.*

devolución *s. f.* **1** Entrega a su dueño de una cosa que había prestado o dejado: *La devolución de tu dinero te la haré el lunes. Nos ha comunicado la biblioteca que se acaba el plazo de devolución. Hacienda amplía el plazo de devolución de las declaraciones negativas.* **2** Acción con la que se corresponde a otra: *Ya pensaremos en la devolución de la visita.* **3** Entrega por un cliente insatisfecho de una mercancía comprada para que el comercio le reembolse el dinero: *Las devoluciones se hacen en la planta baja. En este establecimiento las devoluciones sólo se admiten durante los primeros siete días después de la compra.* **4.** DEP. Entrega de la pelota por un jugador a otro que se la había pasado antes: *El equipo falla continuamente en las entregas y en las devoluciones.*

devolver *v. tr.* **1** Dar ‹una persona› [una cosa] a [la persona o institución que la tenía antes]: *Me devolvió el paraguas. Devolvieron los libros* ***a*** *la bibliotecaria.* **2** Dar o hacer ‹una persona› [una cosa] a cambio de [otra que se ha recibido]: *Devolvió la visita. Devolveremos bien* ***por*** *mal. Le han devuelto los insultos.* **3** Dar ‹una persona› a [otra persona] [una cantidad de dinero que le ha sobrado al pagar]: *Me devolvieron el cambio en calderilla. Me han devuelto dos billetes de mil y varias monedas.* **4** Dar ‹una persona o una cosa› a [otra persona o a una cosa] [lo que tenía antes]: *La conversación con el director le ha devuelto la tranquilidad.* **5** Dejar ‹una persona› [una cosa] otra vez en [la tienda] en que la ha comprado recuperando su importe: *Devolvió el vestido* ***a*** *la tienda, porque no le estaba bien.* **6** Rechazar ‹una persona› [una cosa] por considerarla inadecuada: *Nos han devuelto la mercancía porque la entregamos fuera del plazo fijado. Han devuelto el proyecto, porque no les interesa.* **7** DEP. Enviar ‹una persona› [al contrario] [la pelota que éste ha lanzado antes]: *El portero devolvió la pelota al defensa y éste la perdió.* || *v. tr. / intr.* **8** Expulsar ‹una persona› [el contenido de su estómago] violentamente: *Ha devuelto todo el desayuno. Devolvió sobre la moqueta.* SIN. vomitar. || *v. prnl.* **9** AMÉR. Regresar ‹una persona›, volverse desde un sitio. FR. Y LOC. **~ la pelota** Hacer o decir ‹una persona› una cosa como respuesta a lo que ha hecho o ha dicho [otra persona]: *Le devolvió la pelota al contestarle enérgicamente.* ⇒ **88.**

devónico, ca *adj. / s. m.* **1** [Periodo geológico] que es el cuarto de los seis en que se divide la era primaria o paleozoica y que se caracteriza por la formación de los mares interiores y de los bosques, y por la aparición de los anfibios: *etapa devónica.* **2** De este periodo: *materiales devónicos.*

devorador, ra *adj. / s. m.* y *f.* Que devora: *Tenía un hambre devoradora.*

devorar *v. tr.* **1** Comer ‹una persona o un animal› [un alimento] con ansia y apresuradamente: *Come despacio, porque te sentará mal la comida si la devoras. No te preocupes por mí, con las ganas que tengo devoraré cualquier cosa.* **2** Comer ‹un animal› [a otro]: *Los pastores aseguran que los animales que devoran por la noche algunas ovejas son lobos y no perros salvajes.* **3** Destruir ‹una cosa› [otra cosa]: *El fuego devoró el bosque. La fábrica fue devorada por las llamas en menos de dos horas.* **4** Producir ‹un sentimiento› inquietud y trastorno [a una persona]: *A tu amigo lo devora la pasión. Un ansia de perfección la está devorando.* **5** Dedicar ‹una persona› una gran atención a [una cosa]: *Devora los culebrones. Si ve una novela por casa la devora.*

devoto, ta *adj. / s. m.* y *f.* **1** (ser / estar; antepuesto / pospuesto) Que siente afición por la práctica religiosa o piadosa: *Sus devotos pensamientos lo llevaron a la santidad. Es una familia muy devota. Estás muy devoto últimamente.* **2** Que siente devoción por un santo u objeto religioso determinado: *Es un devoto **del** agua de Lourdes.* || *adj.* **3** [Templo, imagen, lugar] que causa devoción: *La imagen de la Virgen de nuestra parroquia es muy devota.*

devuelta *s. f.* COL., P. RICO, REP. DOM.; COLOQUIAL en Colombia. Dinero que se devuelve del total pagado, cambio.

devuelto, ta *p.* Participio irregular de *devolver.*

deyección *s. f.* **1** ELEVADO. Expulsión de los excrementos del organismo. **2** (preferentemente en plural) ELEVADO. Los excrementos mismos: *Enviaremos una muestra de las deyecciones para que la analicen en el laboratorio.* SIN. heces. **3** GEOL. Conjunto de materiales expulsados en las erupciones volcánicas o desprendidas de una montaña.

DF. *abr.* «Distrito Federal», México.

di- *pref.* **1** Significa 'dos' y forma adjetivos a partir de adjetivos y sustantivos a partir de sustantivos: *silábico - disilábico, óxido - dióxido.* **2** Significa 'extender, separar, oponer' y forma verbos a partir de verbos: *vagar - divagar, manar - dimanar.*

día *s. m.* **1** Tiempo que tarda la tierra en dar una vuelta sobre su eje, y cada uno de estos espacios de tiempo con número y nombre: *el día doce de abril, un mes de 31 días.* **2** Tiempo que brilla el sol sobre el horizonte: *día nublado, día lluvioso. Ya es de día.* **3** Momento, ocasión: *El día que te vea robándome las manzanas, te acordarás. El día que le pierdan el respeto, se acabó todo.* **4** Fecha en que se celebra un acontecimiento: *día de huelga, día de los difuntos, día de los Inocentes, día de Reyes, día festivo, día laborable, día de descanso.* **5** (preferentemente en plural) Vida: *el fin de sus días.* || **6 ~ astronómico** Tiempo que hay entre dos pasos consecutivos del Sol por el meridiano superior. **7~ civil** Tiempo que existe entre dos medias noches consecutivas. **8 ~ de Año Nuevo** El 1 de enero. **9 ~ de autos** DER. Día en que sucedió un hecho ya mencionado y conocido por los oyentes: *El día de autos el acusado se dirigió a su oficina como siempre.* **10 ~ de ayuno** Día en el que la iglesia católica manda ayunar. **11 ~ de campo** Día en que se va al campo a divertirse. **12 ~ de indulto** Día en que la autoridad acostumbra a indultar a los presos. **13 ~ de los tribunales** Día en que se celebraban los juicios. **14 día(s) de pago** Día o días fijados por una empresa para pagar las facturas. **15 ~ del Juicio Final** Según la doctrina cristiana, último día de la existencia en que Dios juzgará a los vivos y a los muertos. **16 ~ festivo** Día de fiesta en el que no se trabaja. **17 ~ / fiesta de precepto / guardar** Día en que la iglesia católica manda oír misa y no trabajar. **18 ~ hábil** DER. Día en que se pueden realizar actuaciones judiciales. **19 ~ lectivo** Día en que hay clase en un centro de enseñanza. **20 ~ natural** Tiempo en que dura la luz del día. **21 ~ nefasto** En el Imperio romano, día en que no se podía hacer negocios ni celebrar juicios. **22 ~ pesado** Día con la atmósfera cargada. **23 ~ puente*. 24 ~ sidéreo / sideral** ASTRON. Tiempo que tarda la Tierra en dar una vuelta entera alrededor de su eje polar, y durante el cual se produce una revolución aparente completa de las estrellas fijas. **25 ~ solar** ASTRON. Tiempo que el Sol emplea en dar aparentemente una vuelta alrededor de la Tierra. FR. Y LOC. **a días** No siempre, a veces sí, a veces no: *Este chico es simpático a días.* **a ... días fecha / vista** En letras y pagarés, indica que serán pagados al cumplirse el periodo de tiempo que se expresa a contar desde la fecha: *a pagar a cinco días vista.* **abrir el ~** 1 Amanecer: *Ahora el día abre tarde.* 2 Despejarse el cielo: *Está abriendo el día y podremos ir de campo.* **al ~** 1 Al corriente, sin retraso: *Estoy al día en los pagos.* 2 En conocimiento de los últimos adelantos, tendencias o descubrimientos sobre un asunto o materia: *En este hospital están al día en medicina nuclear. Conviene que te pongas al día en informática.* 3 Sin ahorrar o hacer previsiones para el futuro: *La mayoría de las parejas que conocemos viven al día. Vivimos al día, tanto ganamos tanto gastamos.* **(al) otro ~** Al día siguiente: *Y cuando al otro día me lo encontré, no me dijo nada.* **antes del ~** Al amanecer: *Partieron antes del día.* **años / días / meses / tiempo atrás*. buenos días** Saludo que se da por la mañana: *La portera me ha dado los buenos días.* **cerrarse el ~** Ir oscureciendo: *El accidente se produjo al cerrarse el día.* **coger el ~** Amanecer ‹una persona› en un lugar: *Nos cogió el día entre Castellón y Valencia.* **cualquier ~** IRONIA. Indica que no se está dispuesto a hacer aquello de que se habla: *Cualquier día de estos te voy a comprar una casa.* **dar el ~** Provocar a una persona molestia o inquietud: *Me está dando el día **con** sus quejas.* **de cada ~** De todos los días: *Se ocupa de las tareas de cada día.* **de ~** Mientras dura la luz del sol: *Juego al tenis mientras es de día.* **de día en ~** Indica que una cosa se va agrandando más de lo que se pensaba con el tiempo: *Su odio va creciendo de día en día.* **de día(s)** Tiempo atrás: *El pastel es de días.* **de mañana* en ... días. de un ~ a otro** Indica que se espera que pase alguna cosa en poco tiempo: *Tendrá el niño de un día a otro.* **del ~** Fresco, reciente: *pescado del día, pan del día.* **despejarse el ~** Despejarse el cielo: *Parece que podremos ir a la playa porque está despejando el día.* **despuntar el ~** Amanecer: *Nos levantamos al despuntar el día.* **día a ~** o **día por ~** Diariamente: *el seguimiento de la noticia día a día.* **~ y noche** A todas horas, constantemente: *Este niño llora día y noche.* **el ~ de mañana** En el futuro: *Aún eres joven, pero tienes que pensar en el día de mañana.* **el ~ menos pensado** Cuando menos se espere: *El día menos pensado llamará.* **el otro ~** Uno de los días cercanos y anteriores al de hoy: *El otro día estuvimos paseando por el centro de la ciudad.* **en el ~** Durante ese día, a lo largo de él: *Quiero que le llegue la carta en el día.* **en su ~** En el momento oportuno, cuando corresponda: *Yo se lo comunicaré en su día.* **estar a la orden* del ~. galán* de ~ / noche. hoy* (en) ~. llevarse el ~** Tardar ‹una persona› todo un día en hacer una cosa: *Hacer la limpieza me ha llevado todo el día.* **mañana* será otro ~. menú* del ~. noche* y ~. orden* del ~. plato* del ~. romper el ~** Amanecer: *Saldremos a la montaña al romper el día.* **ser (como) la noche* y el ~** o **parecerse como el ~ a la noche. ser el ~** (se usa más en frases negativas) COLOQUIAL. Ser un día en el que todo le sale bien a una persona: *Desgraciadamente, hoy no es tu día.* **ser el pan* nuestro de cada ~. ser flor* de un ~. tal ~ hará / hace / hizo un año*. tener los días contados** 1 Estar ‹una persona› próxima a la muerte. 2 Estar a punto de terminar una situación para una persona: *En esa empresa tiene los días contados.* **(todo) el santo ~** DISGUSTO Y ENFADO. Indica que una cosa, generalmente molesta, se produce durante todo el día: *Lleva todo* *el santo día tocando el piano.* **un día es un ~** COLOQUIAL. No hacer una persona lo que tiene por costumbre por algún motivo especial: *No suelo fumar, pero un día es un día, y en tu boda me fumaré un puro.* **un ~ sí y otro no** En días alternos: *Voy al gimnasio un día sí y otro no.* **vivir al ~** Gastar ‹una persona› todo lo que tiene sin ahorrar: *Rosa vive al día, todo su sueldo se lo gasta y no le queda nada.*

diabetes (plural *diabetes;* en Venezuela, *diábetes*) *s. f.* (no contable) MED. Enfermedad que se caracteriza por una concentración elevada de glucosa en la sangre.

diabético, ca *adj.* **1** MED. De la diabetes: *coma diabético.* || *adj. / s. m.* y *f.* **2** MED. Que padece diabetes: *enfermo diabético. Está siguiendo un régimen para diabéticos.*

diabla *s. f.* **1** COLOQUIAL. Diablo femenino. SIN. diablesa. **2** TEATRO. Batería de luces de un escenario de teatro, situada entre bambalinas.

diablesa *s. f.* COLOQUIAL. Diablo femenino. SIN. diabla.

diablillo *s. m.* COLOQUIAL; AFECTIVO. Niño revoltoso, travieso: *Esta niña es un diablillo, siempre está rompiendo algo.* SIN. trasto.

diablo *s. m.* **1** Demonio: *Le tentó el diablo.* **2** Persona traviesa y revoltosa, especialmente un niño: *Es un auténtico diablo este chico, es incapaz de estarse quieto.* **3** Persona astuta y hábil en sus actividades: *Ten cuidado, que es un diablo y en cuanto pueda te engaña. Los delanteros del equipo rival son auténticos diablos.* **4** Persona muy malvada: *El criminal es de los peores diablos de nuestra historia.* **5** Persona de muy mal genio: *El profesor es un diablo, pero así están más tranquilos los chicos, le tienen mucho miedo.* FR. Y LOC. **abogado* del ~. andar / estar el ~ suelto** COLOQUIAL. Haber grandes disturbios o desórdenes: *Debe de andar el diablo suelto porque han ocurrido muchas catástrofes.* **caballito* del ~. como el / un ~** COLOQUIAL; INTENSIFICADOR. Mucho, demasiado: *Este pimiento pica como un diablo.* **de mil diablos** Mucho: *Tiene un genio de mil diablos.* **ir / salir como alma* que lleva el ~. llevarse el ~** COLOQUIAL. Desaparecer ‹una cosa› sin provecho de nadie: *La herencia se la llevó el diablo.* **llevar los diablos** COLOQUIAL; DISGUSTO Y ENFADO. Causar ‹una cosa› a una persona una gran irritación: *Cuando ve esas injusticias, se lo llevan los diablos.* **mandar al ~** Desear apartar lejos de sí ‹una persona› a otra persona o a una cosa: *Lo mandé al diablo y le dije que me dejara tranquilo.* **oler / saber / sonar a diablos** COLOQUIAL. Oler, saber o sonar ‹una cosa› muy mal: *Esta música suena a diablos. Este jarabe sabe a diablos. Esta carne huele a diablos.* **poner una vela* a Dios y otra al ~** o **poner una vela a San Miguel y otra al ~. ser un pobre ~** COLOQUIAL. Ser ‹una persona› de poca valía, una persona sin importancia: *Es un pobre diablo que vive de su pequeño negocio.* **ser de la piel* de Barrabás** o **ser de la piel del ~. tener el ~ en el cuerpo** o **tener los diablos en el cuerpo** COLOQUIAL; INTENSIFICADOR. Ser ‹una persona› muy traviesa o inquieta: *Este niño tiene el diablo en el cuerpo, nunca se está quieto.* REFR. **Cuando el diablo no tiene que hacer, mata moscas con el rabo.** Se usa para indicar que las personas que están desocupadas se entretienen en hacer algo malo o poco provechoso. **Más sabe el diablo por viejo que por diablo.** Se usa para indicar que la experiencia es la que verdaderamente enseña.

diabólico, ca *adj.* **1** Del diablo: *rito diabólico, palabras diabólicas.* **posesión diabólica / demoniaca. 2** COLOQUIAL. Que es muy malo: *Hace un tiempo diabólico. Tiene unas ideas diabólicas.* **3** Que es muy difícil o complicado: *escritura diabólica, problema diabólico.*

diábolo o **diávolo** (del italiano) *s. m.* Juguete en forma de dos conos unidos por sus vértices, que se baila con una cuerda sujeta a dos varillas: *El diábolo es un juguete ameno.*

diaconado *s. m.* REL. Entre los católicos, orden inmediatamente inferior a la del sacerdocio.

diácono *s. m.* REL. Eclesiástico católico de grado inmediatamente inferior al de sacerdote.

diacrítico, ca *adj.* GRAM. [Signo ortográfico] que sirve para dar a una letra un valor especial: *El acento es un signo diacrítico que impide la confusión entre palabras homónimas.*

diacronía *s. f.* **1** Desarrollo y sucesión de hechos a través del tiempo: *la diacronía de su ascenso al poder, la diacronía del vocalismo castellano.* **2** Estudio de una ciencia, como la Lengua o la Historia, desde el punto de vista de la evolución y transformaciones de los fenómenos a lo largo del tiempo: *La diacronía lingüística tiene muchos cultivadores.* ANT. sincronía.

diacrónico, ca *adj.* **1** Que ocurre a lo largo del tiempo: *perspectiva diacrónica, fenómeno diacrónico.* **2** Que se preocupa de estudiar la diacronía: *lingüística diacrónica.*

diadema *s. f.* **1** Tocado femenino en forma de media corona abierta por detrás: *Llevaba una diadema de reina.* **2** Corona, aureola: *El rey lucía una sencilla diadema por corona.* **3** Cinta o adorno semicircular que ciñe la cabeza o la frente: *Esta niña está muy guapa con su diadema.*

diáfano, na *adj.* **1** ELEVADO. [Cuerpo] que deja pasar la luz casi totalmente: *cristal diáfano.* **2** ELEVADO. Que no tiene manchas o suciedad que impidan el paso de la luz: *una superficie diáfana.* **3** ELEVADO. Que está claro y no oculta nada: *una respuesta diáfana.*

diafragma *s. m.* **1** ANAT. Músculo que separa la cavidad torácica de la abdominal, en los mamíferos: *Hay que aprender a usar bien el diafragma en la respiración.* **2** FOT. Disco con una abertura que regula la cantidad de luz en un aparato fotográfico. **3** Disco de los teléfonos y otros aparatos acústicos que recoge las vibraciones del sonido para transformarlas en impulsos eléctricos o viceversa. **4** Medio anticonceptivo femenino que consiste en una membrana de caucho que se coloca en el cuello del útero.

diagnosis (plural *diagnosis*) *s. f.* MED. Identificación de una enfermedad por los síntomas y signos que le son propios: *Hacer una diagnosis es uno de los ejercicios prácticos de patología.* SIN. diagnóstico.

diagnosticar *v. tr.* Hacer ‹un médico› el diagnóstico de [una enfermedad] a [un paciente]: *Le diagnosticaron apendicitis.* ⇒ **71.**

diagnóstico, ca *adj.* **1** MED. De la diagnosis: *signos diagnósticos, síntomas diagnósticos.* || *s. m.* **2** MED. Identificación de una enfermedad por los síntomas y signos que le son propios: *El diagnóstico de la meningitis puede confundirse con una infección leve.* SIN. diagnosis. **3** Conclusión del médico después de examinar los síntomas y signos de una enfermedad: *El médico emitió su diagnóstico.* **4** Conclusión o resultado del examen de una cosa: *El economista hizo un diagnóstico de la situación de la empresa.*

diagonal *adj. / s. f.* **1** GEOM. [Línea recta] que une dos vértices no inmediatos de un polígono, o dos vértices cualesquiera que no sean de la misma cara en un poliedro: *Traza una diagonal.* **2** [Línea] que corta oblicuamente a otras paralelas entre sí: *Hoy hemos aprendido a trazar la diagonal sobre unas líneas paralelas.*

diagrama *s. m.* Representación mediante un dibujo geométrico de un fenómeno o de un proceso natural o artificial: *diagrama floral, diagrama circular.* **~ arbóreo** Representación gráfica esquemática con sucesivas ramificaciones.

dial *s. m.* Placa graduada sobre la que se mueve un indicador, como una aguja o punto luminoso, que sirve para seleccionar el número o emisora en teléfonos y radios.

dialectal *adj.* Del dialecto: *variantes dialectales.*

dialectalismo *s.* m. **1** Expresión o construcción lingüísticas propias de un dialecto. **2** Carácter dialectal: *El dialectalismo de su estilo es evidente.*

dialéctica *s. f.* **1** FILOS. Parte de la filosofía que trata del razonamiento y sus reglas: *En todos sus escritos demuestra que domina muy bien la dialéctica.* **2** ELEVADO. Sucesión ordenada de verdades o proposiciones en el desarrollo de la ciencia o en el encadenamiento de los hechos: *Se sirvió de la dialéctica en la exposición de sus argumentos.* **3** Arte y técnica de discutir y argumentar: *Tiene una buena dialéctica y cosecha muchos aplausos en los mítines.*

dialéctico, ca *adj.* De la dialéctica*: Me ha presentado varios libros dialécticos.* **materialismo* histórico / ~.**

dialecto *s. m.* **1** LING. Variante regional de una lengua: *el dialecto andaluz. Un dialecto tiene rasgos que le son propios.* **2** LING. Cualquier lengua en relación a otra de la que se derive: *El castellano, el catalán y el gallego son tres dialectos peninsulares del latín.*

dialectología *s. f.* (no contable) LING. Ciencia que estudia lingüísticamente los dialectos.

diálisis *s. f.* **1** Método de separación de sustancias existentes en una disolución mediante membranas adecuadas que permiten el paso de unos cuerpos y evitan el de otros. **2** MED. Hemodiálisis, eliminación mediante el riñón artificial de las sustancias desechables que transporta la sangre: *La diálisis permite vivir a muchos enfermos de riñón.*

dialogar *v. intr.* **1** Conversar ‹dos personas› alternativamente: *Me gusta dialogar con los amigos a la hora del café.* **2** Discutir ‹varias personas› para llegar a un acuerdo: *Los dos países han prometido que dialogarán para buscar una solución a los conflictos. Se niegan a dialogar sin un calendario concreto. Dialogarán* ***sobre*** *los temas más urgentes.*

diálogo *s. m.* **1** Conversación entre personas que exponen alternativamente sus ideas u opiniones: *seguir un diálogo televisivo. Con él es imposible tener un diálogo, no deja hablar a nadie.* **~ de besugos** Conversación sin sentido o descontrolada: *Siempre que intento hablar con él en serio, acabamos manteniendo un diálogo de besugos.* **2** Conversación entre personas o grupos que tienen ideas u opiniones distintas y que intentan llegar a un acuerdo o a un acercamiento: *Ha habido un intento de diálogo entre las partes. Antes de la ruptura deberían intentar tener un diálogo.* **~ de sordos** Conversación o negociación en la que ningún interlocutor parece escuchar las razones del otro. **3** Parte de una obra literaria o cinematográfica en la que la acción se desarrolla por medio de una conversación entre los personajes: *Es una obra narrativa, sin diálogos.* **4** LIT. Género literario en el que se finge una conversación entre dos personajes que exponen ideas u opiniones opuestas: *el diálogo del agua y el vino.*

diamante *s. m.* **1** Piedra preciosa compuesta de carbono puro cristalizado que se caracteriza por el brillo y la dureza, muy apreciada en joyería: *diamante brillante, diamante en bruto, diamante rosa, diamante tabla.* **punta* de ~.** **2** Uno de los cuatro palos de la baraja francesa: *Tengo escalera de diamante. No he visto los diamantes en toda la noche.* FR. Y LOC. **bodas* de ~.**

diametralmente *adv. modo* **1** En línea recta de un extremo al opuesto: *Imaginad una línea que atravesara diametralmente esta figura.* || *adv. cant.* **2** (exige un contexto de oposición) Completamente, totalmente: *Su proyecto es diametralmente opuesto al mío. Tengo una idea diametralmente diferente a la tuya.*

diámetro *s. m.* GEOM. Línea recta que, pasando por el centro, une dos puntos opuestos de una circunferencia, de una curva o de la superficie de una esfera: *hallar el diámetro de una circunferencia. Quiero que averigüéis el diámetro de la plaza de toros.*

diana *s. f.* **1** Centro de un blanco de tiro: *Las dianas de estos blancos son muy pequeñas.* **2** Blanco de tiro circular formado por círculos blancos y negros concéntricos: *En las ferias suelen usarse para los perdigones o balines las típicas dianas.* **3** Toque militar para que se levanten los soldados: *La diana es el toque más molesto de todo el día.* **toque* de ~.** **tocar ~** Sonar el toque de corneta para que se levanten los soldados: *Cuando yo hacía la mili tocaban diana a las seis.* FR. Y LOC. **hacer ~** o **dar en la ~** 1 Dar en el centro de un blanco, acertar: *Es capaz de dar en la diana a doscientos metros.* 2 Acertar en una suposición o en la solución de un problema*: Has dado en la diana, estaba muy enfadado con nosotros y por eso no quería venir.*

diantre *interj.* COLOQUIAL. Expresa enfado o asombro: *¡Diantre! ¿cómo no me has avisado antes?* SIN. diablo.

diapasón *s. m.* **1** MÚS. Frecuencia asignada a un sonido que regula y condiciona a los restantes de un sistema musical: *Durante siglos el diapasón del «la» era distinto según los países.* **2.** MÚS. Instrumento, tradicionalmente en forma de horquilla que al ser golpeado vibra y produce ese sonido: *Los directores de coro suelen hacer sonar su diapasón antes de comenzar a dirigir.* **3** MÚS. Escala musical que abarca una voz o un instrumento: *El diapasón de algunas voces es muy extenso.* **4** MÚS. Trozo de madera que cubre el mástil de los instrumentos musicales de arco.

diapositiva *s. f.* Fotografía copiada en película transparente y en positivo para proyectarla en una pantalla: *pasar diapositivas, proyectar diapositivas, pantalla de diapositivas, diapositiva en color, diapositiva en blanco y negro.* SIN. filmina. **proyector de diapositivas.**

diarero, ra *adj. / s. m.* y *f.* AMÉR. Vendedor o repartidor de diarios.

diariamente *adv. temp.* Todos los días, a diario: *Nos visitaba diariamente.*

diariero, ra *s. m. / f.* AMÉR. Vendedor de diarios.

diario, ria *adj.* **1** Que es propio de todos los días o que se repite con mucha frecuencia, habitual: *Mi vida diaria es muy tranquila. En esa casa tienen broncas diarias. Mi entretenimiento diario es la partida con los amigos.* || *s. m.* **2** Periódico que se publica todos los días: *Leo el diario mientras desayuno.* **3** Libro o cuaderno en el que una persona escribe los hechos y los pensamientos de cada día: *diario personal. Hago un diario de lo que pasa en el trabajo.* **4** Gasto que se produce cada día en una casa: *Reservo un dinero fijo todos los meses para el diario de la casa.* || **5 ~ de a bordo** Libro o cuaderno en el que el capitán de un barco refleja las incidencias de un viaje. **6 ~ hablado** Conjunto de noticias agrupadas de una emisora de radio que se emite a una hora determinada: *Pueden seguir los diarios hablados de nuestra emisora a las ocho de la mañana, a las dos, y a las nueve de la noche.* FR. Y LOC. **a ~** Todos los días: *Nos vemos a diario.* **de ~** [Cosa] que se usa habitualmente: *la vajilla de diario, la cubertería de diario. Tengo la ropa de diario y la de los domingos. Estos son los zapatos de diario.*

diarismo *s. m.* (no contable) AMÉR. Periodismo.

diarrea *s. f.* **1** Evacuación repetida de excrementos líquidos o semilíquidos: *Comí algo que me produjo diarrea. Tengo una diarrea muy fuerte.* ANT. estreñimiento. || **2 ~ mental** COLOQUIAL. Gran confusión de ideas: *No merece la pena discutir con ella, tiene una diarrea mental exagerada.*

diáspora *s. f.* **1** ELEVADO. Dispersión del pueblo por diversos lugares del mundo: *La diáspora es un tema repetido de algunos escritores judíos.* **2** ELEVADO. Dispersión de un conjunto numeroso de personas: *En septiembre comienza la diáspora de veraneantes.*

diástole *s. f.* FISIOL. Fase de dilatación de los ventrículos del corazón.

diatomea *s. f.* BIOL. Organismo unicelular de agua salada o dulce que tiene un caparazón silíceo y vive agrupado en colonias.

diatónico, ca *adj.* [Género] que junto al cromático y al enarmónico forman el sistema musical, y que procede por intervalos de dos tonos y un semitono: *escala diatónica.*

diatriba *s. f.* ELEVADO. Discurso o escrito ofensivo y violento contra personas o cosas: *Varios periódicos han lanzado estos últimos días diatribas contra el gobierno.*

diávolo *s. m.* Diábolo.

dibujante *adj. / s. m.* y *f.* Persona que se dedica por profesión a dibujar: *Es una buena dibujante. Trabaja como dibujante en un gabinete técnico.*

dibujar *v. tr.* **1** Trazar ‹una persona› la figura de [una cosa] en una superficie: *Ha dibujado un hermoso animal en la lámina. Picasso dibujaba con una facilidad pasmosa.* **2** Hacer ‹una persona› una descripción detallada de [una cosa]: *Sus artículos dibujan la vida miserable de los suburbios.* SIN. describir. **3** Preparar ‹una persona› [un plan o un proyecto]: *Estoy dibujando una salida para nuestros compromisos. Dibujas un plan muy de color de rosa.* || *v. prnl.* **4** Ser ‹una cosa› vagamente perceptible: *En el horizonte se dibuja, según algunos, la recuperación económica. En su cara se dibuja el desengaño de vez en cuando.*

dibujo *s. m.* **1** (no contable) Arte y técnica de dibujar: *academia de dibujo. Aprenda dibujo en sólo tres semanas.* **~ artístico. ~ técnico. ~ lineal** Dibujo que representa líneas geométricas y círculos, hecho con la ayuda de reglas y compás. **2** Representación gráfica de una imagen en una superficie mediante líneas y sombras: *un dibujo a lápiz, hacer un dibujo, la perspectiva de un dibujo, el sombreado de un dibujo, un dibujo a mano alzada, un dibujo a pluma, un dibujo al natural.* **dibujos animados** Dibujos que se mueven en una pantalla gracias a la técnica cinematográfica: *una película de dibujos animados.* **3** Motivo decorativo: *el dibujo de un azulejo, el dibujo de una tela.*

dicción *s. f.* **1** (no contable) Manera de pronunciar: *Leyó el documento con dicción clara.* SIN. pronunciación. **2** ELEVADO. Manera de hablar o escribir que se valora sólo por su corrección y belleza: *Quedó fascinado por los profundos conceptos y la elegante dicción.* SIN. expresión. **3** RESTRINGIDO. Palabra: *Conoce muchas dicciones de nuestra lengua.* FR. Y LOC. **figura* de ~. vicio* de ~.**

diccionario *s. m.* Libro en el que por lo general se ordenan alfabéticamente las palabras de una lengua o de una disciplina y se suelen definir o traducir a otra lengua: *Busca una palabra en el diccionario. Míralo en el diccionario.* **~ bilingüe. ~ de sinónimos. ~ enciclopédico. ~ monolingüe. ~ técnico.**

dicha *s. f.* **1** Felicidad, satisfacción: *sentir dicha, la dicha de vivir. Qué dicha tenerte aquí.* **2**. Suerte favorable: *Jaime es un hombre de dicha. Que tengas mucha dicha en tu nueva vida.* FR. Y LOC. **por ~** Por suerte: *Por dicha para todos, estábamos fuera de la isla cuando comenzó el terremoto.*

dicharachero, ra *adj. / s. m.* y *f.* (ser / estar) Que conversa con mucha animación y alegría, o tiende a emplear expresiones o dichos graciosos o ingeniosos: *Antonio es un dicharachero muy divertido. Esta noche ha estado muy dicharachero. Lo pasaremos bien porque los dos son personas muy dicharacheras.*

dicho, cha *s. m.* **1** Expresión de una máxima o de un consejo popular: *la sabiduría de los dichos populares. Como dice el dicho: «quién algo quiere, algo le cuesta.»* **2** Expresión de un concepto determinado: *un dicho ingenioso, dichos agudos, dicho malicioso. Siempre nos sorprende con sus dichos inoportunos.* || *p.* **3** Participio irregular de *decir*. FR. Y LOC. **~ y hecho** COLOQUIAL; RESUMIDOR FINAL. Se usa para expresar la rapidez con que se lleva a cabo una cosa: *Le pidió que la ayudara, y dicho y hecho, al día siguiente se presentó en su casa.* **mejor ~** Se usa para corregir o aclarar una cosa que se acaba de decir: *Le pedí, mejor dicho, le ordené que lo hiciera. Ayer fui al cine, o mejor dicho, me llevaron.* REFR. **Del dicho al hecho hay gran trecho.** Se usa para indicar que no se debe confiar excesivamente en las promesas fáciles.

dichosamente *adv. modo* **1** De un modo feliz, con dicha, con felicidad, felizmente: *Allí viven dichosamente.* || *adv. orac.* **2** RESTRINGIDO. Afortunadamente: *No son, dichosamente, muchas.*

dichoso, sa *adj.* **1** Que disfruta de dicha ocasionalmente por algún suceso, o que es feliz: *Nos sentimos dichosos* **de** *poder ayudarte. Me haces muy dichoso* **con** *tu amistad. ¡Dichosos los ojos que te ven! Soy dichoso porque estás aquí.* SIN. feliz. **2** Que contiene o produce dicha: *Será un momento muy dichoso el día de la graduación. Todo acabó en un encuentro dichoso.* **3** Que es acertado o está bien conseguido: *Esta parte de la novela es la más dichosa. La actuación no ha sido dichosa. El proyecto del centro comercial está muy lejos de ser dichoso.* **4** (antepuesto) COLOQUIAL. Que molesta o fastidia: *A ver si acabo de una vez con este dichoso trabajo. ¡Dichoso niño!, a ver si se está quieto de una vez.* FR. Y LOC. **¡dichosos los ojos* (que te ven)!**

diciembre *s. m.* Duodécimo mes del año, que tiene 31 días: *El 25 de diciembre es Navidad.*

dicotiledóneo, nea *adj.* 1 BOT. [Planta] que tiene dos cotiledones en el embrión. || *s. f.* 2 (en plural) BOT. Familia de estas plantas: *Tuvimos que hacer un trabajo sobre las dicotiledóneas.*

dicotomía *s. f.* División en dos partes de una cosa o asunto: *la dicotomía entre el bien y el mal. No se puede analizar una sociedad con dicotomías sencillas.*

dicromático, ca *adj.* ELEVADO. Que tiene dos colores.

dictado *s. m.* 1 Lectura lenta en alta voz de un texto para que otra persona pueda copiarlo: *Eligieron un texto muy difícil para el dictado.* 2 Texto que se dicta o que se escribe al dictado: *No tuve faltas en el dictado.* 3 (plural) ELEVADO. Inspiraciones o mandatos de una facultad o sentimiento: *los dictados de la conciencia. No puede desoír los dictados del corazón.* SIN. imperativos. FR. Y LOC. **escribir al ~** Escribir ‹una persona› lo que otra persona dicta: *Tomar apuntes no es escribir al dictado.* **al ~** Se usa para indicar que se realiza una acción por inspiración o mandato de otro: *El gobierno actúa al dictado del ejército. Los sindicatos se mueven al dictado de algunos partidos de izquierda.*

dictador, ra *s. m. / f.* 1 Gobernante que asume todos los poderes políticos y los ejerce al margen de la Constitución o de las leyes del país: *El dictador subió al poder con un golpe de Estado.* || *adj. / s. m.* y *f.* 2 Persona autoritaria: *Mi jefa es una dictadora. Eva tenía un padre muy dictador.*

dictadura *s. f.* 1 POLÍT. Gobierno de un dictador: *dictadura militar.* 2 Cargo de dictador: *El general asumió la dictadura de la nación después de eliminar a sus rivales.* 3 Tiempo que dura esta forma de gobierno: *Las dictaduras pueden durar años. Durante una dictadura se deshace gran parte del tejido social.* 4 País con esta forma de gobierno: *Las dictaduras no están admitidas en muchas sociedades internacionales.* 5 Fuerza o poder dominante: *la dictadura del deporte. En los últimos años impera la dictadura de la moda.*

dictáfono (marca registrada) *s. m.* Aparato, típico de los despachos, para grabar o reproducir conversaciones, cartas o mensajes: *El jefe me deja grabadas las cartas en el dictáfono.*

dictamen *s. m.* ELEVADO. Opinión y juicio que se forma y emite sobre alguna cosa, especialmente por la autoridad o por profesionales: *La Comisión emitió un dictamen positivo. Estamos esperando el dictamen del médico. El juez de menores dio a conocer su dictamen sobre el caso.*

dictaminar *v. intr.* Dar ‹una persona› un dictamen sobre [una cosa]: *El forense ha dictaminado que la hora de la muerte fue muy temprana. Los técnicos de la compañía dictaminarán detalladamente las causas de la explosión de gas.*

dictar *v. tr.* 1 Leer o decir lentamente ‹una persona› [una cosa] para que [otra persona] la escriba: *El maestro nos dictaba todos los días una poesía.* 2 Pronunciar ‹una persona› [un fallo, una ley o una norma]: *El juez dictó auto de procesamiento para los detenidos. El Ayuntamiento ha dictado unas nuevas ordenanzas sobre limpieza.* 3 Pronunciar ‹una persona› [una conferencia]: *Ha dictado varias conferencias sobre el medio ambiente.* 4 Señalar ‹una persona o una cosa› [lo que debe hacer una persona]: *Los grandes modistos suelen dictar la moda. Es una pena, porque, a pesar de ser madurito, todo lo que hace o dice se lo dicta su mamá.*

dictatorial *adj.* 1 Del dictador o de la dictadura: *poderes dictatoriales, gobierno dictatorial, carácter dictatorial.* 2 Que se comporta como si fuera un dictador: *Este profesor es un poco dictatorial.*

dicterio *s. m.* (preferentemente en plural) ELEVADO, RESTRINGIDO. Insulto u ofensa contra alguien: *El acusado fue expulsado de la sala por los dicterios que lanzó contra el tribunal.*

didáctica *s. f.* Parte de la pedagogía que trata de las técnicas y métodos de enseñanza: *Asistió a un curso sobre didáctica de la lengua.*

didacticismo *s. m.* Didactismo.

didáctico, ca *adj.* 1 De la didáctica o de la enseñanza: *congreso didáctico, revistas didácticas.* 2 Que sirve para enseñar: *obra didáctica, método didáctico, género didáctico, juego didáctico. Hacen clases muy didácticas. Son explicaciones poco didácticas. Es un profesor muy didáctico.*

didáctilo, la *adj.* Que tiene dos dedos: *un pie didáctilo.*

didactismo o **didacticismo** *s. m.* (no contable) Carácter didáctico o propósito didáctico: *El didactismo de un libro destinado a los niños es fundamental. El didactismo de las explicaciones se agradece en clase.*

diecinueve *adj. / pron. num. card. / s. m.* 1 Cantidad que representa la cifra 19: *Lleva diecinueve horas sin dormir.* || *adj. num. ord. / s. m.* y *f.* 2 Decimonoveno: *El capítulo diecinueve.* || *s. m.* 3 Signo lingüístico o matemático con que se representa esta cantidad: *El premio gordo acaba en diecinueve.*

diecinueveavo, va *adj. num. part. / s. m.* (se usa en la lectura de números fraccionarios) Cada una de las diecinueve partes iguales en que se divide un todo: *El número fraccionario 3/19 se lee «tres diecinueveavos».*

dieciochavo, a *adj. num. part. / s. m.* y *f.* RESTRINGIDO. Dieciochoavo.

dieciochesco, ca *adj.* Del siglo XVIII: *el mobiliario dieciochesco, los palacios dieciochescos.*

dieciocho *adj. / pron. num. card. / s. m.* 1 Cantidad que representa la cifra 18: *Se va a Australia dentro de dieciocho días.* || *adj. num. ord. / s. m.* y *f.* 2 Decimoctavo: *el capítulo dieciocho.* || *s. m.* 3 Signo lingüístico o matemático con que se representa esta cantidad: *Mi número es el dieciocho.*

dieciochoavo, va *adj. num. part. / s. m.* (se usa en la lectura de números fraccionarios) Cada una de las dieciocho partes iguales en que se divide un todo: *El número fraccionario 3/18 se lee «tres dieciochoavos».* SIN. dieciochavo (RESTRINGIDO).

dieciséis *adj. / pron. num. card. / s. m.* 1 Cantidad que representa la cifra 16: *Son dieciséis alumnos en clase.* || *adj. num. ord. / s. m.* y *f.* 2 Decimosexto: *el dieciséis de enero.* || *s. m.* 3 Signo lingüístico o matemático con que se representa esta cantidad: *Te falta sumar el dieciséis.*

dieciseisavo, va *adj. num. part. / s. m.* (se usa en la lectura de números fraccionarios) Cada una de las dieciséis partes iguales en que se divide un todo: *El número fraccionario 3/16 se lee «tres dieciseisavos».*

diecisiete *adj. / pron. num. card. / s. m.* 1 Cantidad que representa la cifra 17: *El seleccionador convocó a diecisiete jugadores.* || *adj. num. ord. / s. m.* y *f.* 2 Decimoséptimo: *el capítulo diecisiete, el diecisiete de julio.* || *s. m.* 3 Signo lingüístico o matemático con que se representa esta cantidad: *El premio gordo acaba en diecisiete. El diecisiete es mi número favorito.*

diecisieteavo, va *adj. num. part. / s. m.* (se usa en la lectura de números fraccionarios) Cada una de las diecisiete partes iguales en que se divide un todo: *El número fraccionario 3/17 se lee «tres diecisieteavos».*

diedro *adj. / s. m.* GEOM. [Cada ángulo] que se forma por dos planos que se cortan.

dieléctrico, ca *adj.* FÍS. [Cuerpo] que es mal conductor de la electricidad.

diencéfalo *s. m.* ANAT. Parte del encéfalo que constituye la zona del cerebro de más avanzado desarrollo en la escala evolutiva de los animales.

diente *s. m.* **1** Cada una de las piezas encajadas en la mandíbula que sirven para triturar los alimentos: *Cuando se le cayeron todos los dientes, se puso una dentadura postiza. El niño tiene algunos dientes, pero todavía no le han salido las muelas.* **~ canino*. ~ incisivo*. palillo* de dientes. pasta* de dientes. ~ de leche** Cada uno de los primeros dientes que se mudan al cumplir cierta edad. **~ molar** Muela de los mamíferos. **2** Cada uno de los salientes o puntas que presentan algunas cosas: *los dientes de un sello de correos, los dientes de un peine, los dientes de una sierra mecánica.* ‖ **3 ~ de ajo** Cada uno de los ajos en que se divide el bulbo o la cabeza de esta planta. **4 ~ de león** Planta herbácea con hojas dentadas y cabezuelas de flores amarillas. FR. Y LOC. **afilarse* las uñas** o **afilarse los dientes. armar(se)* hasta los dientes. dar diente con ~** COLOQUIAL; INTENSIFICADOR. Tener mucho frío o miedo ‹una persona›: *Anoche estaba dando diente con diente mientras te esperaba en la esquina.* **darse con un canto* en los dientes. defender/luchar con uñas* y dientes. enseñar/mostrar los dientes** COLOQUIAL. Demostrar ‹una persona o un animal› que está dispuesto a atacar o defenderse: *No me fío de ese perro que me ha enseñado los dientes.* **estar que echa los dientes** COLOQUIAL. Estar ‹una persona› muy enfadada: *Está que echa los dientes con el fontanero. Estoy que echo los dientes con el nuevo portero, porque nunca lo encuentro. Estamos que echamos los dientes con los niños, porque no estudian nada.* **hablar entre dientes** Hablar bajo ‹una persona›, sin que se le entienda bien, en señal de enfado o desagrado: *Discutió con su hermano y se marchó hablando entre dientes.* **hincar/meter el ~** 1 COLOQUIAL. Empezar a comer ‹una persona› un alimento difícil de partir o de masticar: *En cuanto le sirvieron el pollo, se puso a hincarle el diente.* 2 COLOQUIAL. Enfrentarse ‹una persona› a una cosa que tiene alguna dificultad: *Esta tarde hincaré el diente al trabajo que me han encargado.* **3** COLOQUIAL. Criticar, combatir ‹una persona› a otra persona: *Trabaja poco, pero la jefa de personal le tiene miedo, no se atreve a hincarle el diente.* **no tener/llegar (ni) para un ~** COLOQUIAL; INTENSIFICADOR. Ser ‹una comida› insuficiente: *Con este trocito de tortilla, no tengo ni para un diente.* **partir* la cara/boca** o **partir los dientes. pelar el ~** 1 AMÉR. C., COL.; COLOQUIAL. Sonreír mucho ‹una persona› por coquetería. 2 MÉX., P. RICO, VEN. Halagar o adular ‹una persona› a otra persona. **poner los dientes largos** COLOQUIAL. Provocar ‹una persona o cosa› a otra persona mucho deseo o envidia: *Cuando me habla de sus viajes, me pone los dientes largos.* **romper* la cara/boca** o **romper los dientes. tener buen ~** COLOQUIAL. Ser ‹una persona› comilona o ser poco exigente con la comida.

dientudo, da *adj.* AMÉR. Que tiene los dientes muy grandes y desproporcionados. SIN. dentudo.

diéresis (plural *diéresis*) *s. f.* **1** FON. Pronunciación en dos sílabas distintas de vocales que normalmente forman diptongo: *El poeta fuerza una diéresis por problemas de rima.* **2** Signo ortográfico que se coloca encima de la *u* de las sílabas *gui* y *gue* cuando se pronuncia: *«Cigüeña» es una palabra con diéresis.* SIN. crema.

diesel *s. m.* **1** Motor de explosión que no necesita bujías debido a la elevada temperatura que alcanza el aire comprimido a alta presión en los cilindros: *Un motor diesel gasta menos que uno de gasolina.* **2** Coche con este motor: *Me he comprado un diesel.*

diestra *s. f.* RESTRINGIDO. Mano derecha: *Ese boxeador tiene buena diestra.*

diestro, tra *adj. / s. m. y f.* **1** Que utiliza preferentemente las extremidades derechas: *Es diestro porque escribe con la mano derecha. Casi todos los jugadores del equipo son diestros.* ‖ *adj.* **2** ELEVADO. Que está situado o mira hacia el lado derecho: *el ala diestra, la puerta diestra.* **3** (antepuesto/pospuesto) Que tiene habilidad o experiencia para hacer alguna cosa: *un diestro electricista. Es muy diestro arreglando cosas en la casa. Es diestro* **con** *las armas.* ‖ *s. m.* **4** TAUROM. Matador de toros: *El diestro salió a hombros por la puerta grande.* FR. Y LOC. **a ~ y siniestro** A todas partes, indiscriminadamente: *Empezó a insultar a la gente a diestro y siniestro. Disparaban a diestro y siniestro.*

dieta *s. f.* **1** Régimen de comidas que se ha de guardar por causa de enfermedad, por gusto o por exigencias del trabajo: *una dieta baja en calorías, dieta para diabéticos, dieta para deportistas.* **2** Conjunto de comidas y bebidas de este régimen: *Tengo una dieta agradable. Me han puesto una dieta muy estricta.* **3** Alimentación habitual: *Nosotros tenemos una dieta muy variada. En la dieta de casa siempre aparece el pescado.* **~ mediterránea** Tipo de alimentación que se sigue en los países mediterráneos. **4** (preferentemente en plural) Dinero extra que se paga por los gastos de viaje a aquellas personas que tienen que realizar algunos trabajos fuera del lugar donde residen: *Viaja mucho por su trabajo, pero le pagan buenas dietas.* **5** (preferentemente en plural) Dinero que recibe un funcionario mientras se ocupa de una función fuera de su residencia oficial: *Los profesores que van a tribunales fuera de su domicilio reciben unas dietas modestas.* **6** HIST. Asamblea o Congreso de representantes de algunos Estados: *Carlos V convocó algunas dietas en Alemania para tratar con los reformistas de la Iglesia.*

dietario *s. m.* RESTRINGIDO. Libro en el que se anotan las cuentas de una casa o de un comercio diariamente: *Apunto todos los gastos en el dietario.*

dietética *s. f.* (no contable) MED. Ciencia que trata de la influencia del tipo de alimentación en la salud: *La dietética es una disciplina médica con antecedentes muy antiguos.*

dietético, ca *adj.* De la dieta alimenticia o de la dietética: *régimen dietético, alimento dietético.*

dietista *s. m. / f.* MED. Médico especialista en dietética.

diez *adj. / pron. num. card. / s. m.* **1** (antepuesto) Cantidad que representa la cifra 10: *Lo intenté diez veces.* ‖ *adj. num. ord. / s. m. y f.* **2** Décimo: *el capítulo diez, el diez de noviembre.* ‖ *s. m.* **3** Signo lingüístico o matemático con que se representa esta cantidad: *Te falta sumar el diez.* **4** MÉX.; COLOQUIAL. Moneda de diez centavos. FR. Y LOC. **las ~** La décima hora del día o la décima hora después del mediodía: *A las* *diez de la mañana es buena hora para empezar. Llegaré a las diez.* **~ de últimas** En algunos juegos de cartas, diez puntos que consigue el jugador o pareja que hace la última baza. REFR. **A las diez en la cama estés, si puede ser antes, mejor que después.** Se usa a veces humorísticamente para aconsejar a alguien que se vaya pronto a la cama, sobre todo si muestra intenciones de acostarse tarde.

diezmar *v. tr.* **1** Causar ‹una epidemia o una calamidad› una gran mortalidad o una gran destrucción entre [las personas, los animales o las plantas de un país o de un territorio]: *La sequía ha diezmado los naranjos. La guerra ha diezmado a la población.* **2** Hacer ‹una persona o una cosa› que disminuya [el número de otras personas o cosas]: *La tormenta ha diezmado a los bañistas, que se han quedado en casa. La dureza de la montaña ha diezmado a los que se atreven a llegar a la cumbre.* **3** RESTRINGIDO. Sacar o señalar ‹una persona› una de cada diez [cosas]: *Los cristianos medievales diezmaban la cosecha o los rebaños para entregar sus tributos a la Iglesia.*

diezmilésimo, ma *adj. num. ord. / s. m.* y *f.* **1** Que ocupa el lugar número diez mil: *el solicitante diezmilésimo, el envase diezmilésimo.* || *adj. num. part. / s. f.* **2** Cada una de las diez mil partes en que se divide un todo.

diezmo *s. m.* HIST. Antiguo impuesto, normalmente la décima parte de la cosecha y de los rebaños, que se pagaba a la Iglesia.

difamación *s. f.* Acción o resultado de difamar a una persona: *Lo que has dicho de él es una difamación.*

difamador, ra *adj. / s. m.* y *f.* Que difama: *una declaración difamadora. Le llevaron a los tribunales por difamador.*

difamar *v. tr.* Decir ‹una persona› cosas que perjudican la buena fama de [otra persona] públicamente: *Escribe artículos difamando a personas importantes de una manera imprudente. Difamar a la gente es una forma de satisfacer algunas envidias personales.*

diferencia *s. f.* **1** (no contable) Circunstancia o cualidad que distingue a una persona o cosa de otra: *diferencia de edad, diferencia de color, diferencia de ideas. La diferencia está en que tú eres más rico que yo.* **2** (preferentemente en plural) Discusión o desavenencia: *En la reunión los sindicatos tuvieron sus diferencias.* **3** MAT. Resultado que se obtiene de restar dos cantidades: *La diferencia entre lo que te di y lo que te debo es de diez mil pesetas.* FR. Y LOC. **a ~ de** Se usa para señalar las desigualdades que existen entre dos cosas que se comparan: *A diferencia de Madrid, Salamanca no tiene grandes atascos de tráfico.* **partir la(s) diferencia(s)** Ceder ‹dos personas› una parte para ajustarse a la mitad en una situación de desacuerdo: *No nos salían las cuentas, yo creía que me debía todavía dos mil pesetas y el creía que sólo quinientas, hemos partido las diferencias y me ha dado mil.*

diferenciación *s. f.* Acción y resultado de diferenciar o diferenciarse: *Hay que hacer una diferenciación clara de las dos propuestas. La diferenciación entre los programas de los candidatos no parece muy grande. La diferenciación entre mi postura y la suya no existe.*

diferencial *adj.* **1** Que diferencia o distingue entre personas o cosas: *caracteres diferenciales, rasgos diferenciales.* **2** MAT. [Cantidad] que es infinitamente pequeña. **cálculo* ~.** || *s. m.* **3** MEC. Mecanismo de los automóviles que permite el movimiento independiente de las dos ruedas del eje sobre el que actúa el motor. || *s. f.* **4** MAT. Derivada de una función: *Hazme el gráfico de esta diferencial.*

diferenciar *v. tr.* **1** Considerar ‹una persona› distintas [varias personas o varias cosas]: *Es fácil diferenciar la música barroca de la romántica. Yo no diferencio entre los mastines y los pastores de Los Pirineos.* **2** Hacer ‹una persona o una cosa› distintas entre sí [varias personas o varias cosas]: *El pelo los diferencia con claridad.* || *v. prnl.* **3** Ser ‹varias personas o varias cosas› distintas entre sí: *Los hermanos se diferencian bastante entre sí.* SIN. diferir.

diferendo *s. m.* ARG., COL., PERÚ, URUG. Desavenencia, litigio o desacuerdo entre países, instituciones o personas.

diferente *adj.* **1** (ser / estar; antepuesto / pospuesto) Que no tiene la misma naturaleza, cantidad o calidad que otra persona, animal o cosa: *Es una sensación diferente, nunca había experimentado nada igual. Son cuatro hermanos completamente diferentes. Aunque se parezcan mucho, su vestido es diferente* ***del*** *mío. Se puede abordar el tema desde diferentes puntos de vista. No sé, está diferente, ¿has hecho algún cambio?* SIN. distinto. ANT. igual. || *adv.* **2** De manera distinta: *Su estilo ya no es el mismo, ahora pinta diferente, con más realismo.* ANT. igual.

diferido, da *adj.* Que se retarda o aplaza. FR. Y LOC. **en ~** [Programa] que se emite después de haber sido grabado y no simultáneamente a su realización: *Casi todos los programas de televisión y muchos de radio son en diferido. Es más fácil hacer un programa en diferido que en directo.*

diferir *v. tr.* **1** Dejar ‹una persona› [una cosa] para más tarde: *Hemos diferido la entrevista para mañana. Las vacaciones las he diferido hasta el mes de octubre. La celebración del aniversario se diferirá hasta el próximo domingo.* || *v. intr.* **2** Ser ‹varias personas o varias cosas› distintas entre sí: *Tú y yo diferimos* ***en*** *oportunidades. No difieren tanto los dos modelos de coche.* SIN. diferenciarse. **3** No estar ‹una persona› de acuerdo con [otra persona]: *Difiero* ***de*** *Pedro. Nosotros diferimos mucho* ***de*** *sus planteamientos.* ⇒ **75.**

difícil *adj.* **1** (ser / estar; antepuesto / pospuesto) Que cuesta trabajo hacerse o exige inteligencia, habilidad o esfuerzo para ser hecho o entendido: *Estamos viviendo una difícil y complicada situación. Pues a mí no me parece tan difícil. Es un problema difícil, pero lo resolveré. Es difícil, pero no imposible. Está difícil encontrar trabajo.* ANT. fácil. **2** Que no puede ocurrir con mucha facilidad o probabilidad: *Es difícil que eso ocurra, al menos eso creo yo. Es difícil que nos toque la lotería.* ANT. fácil. **3** Que no se deja dirigir, manejar o educar con facilidad, o que es insociable o tiene mal carácter: *Es un niño muy difícil, está muy mimado. Tiene un carácter muy difícil, nunca está contento con nada. Es una persona muy difícil para tratar con ella.* ANT. fácil.

difícilmente *adv. modo* **1** Con dificultad, de forma difícil. OBSERVACIONES: Se antepone típicamente a ciertos adjetivos pasivos de posibilidad: *una actuación difícilmente superable, una fortaleza difícilmente atacable.* RELACIONES Y CONTRASTES: Se pospone a numerosos verbos de acción pero en ese caso se prefiere el uso de *con dificultad: Eran gemelas y se las distinguía difícilmente.* || *adv. orac.* **2** Con dificultad o con poca probabilidad. OBSERVACIONES: ◊ No admite modo subjuntivo y precede obligatoriamente al verbo: *De ese modo, difícilmente lo conseguirás.* ◊ En contexto afectivo de conjetura o afirmación fuerte, en especial en respuestas, puede aproximarse a la idea de negación (como *mal* o *malamente*), muchas veces teñida de tono hiriente con el uso de una frase causal-explicativa típicamente encabezada por *cuando*: *Difícilmente pudo ser él cuando en esa fecha ni siquiera había nacido.*

dificultad *s. f.* **1** Cualidad de difícil: *La dificultad del trabajo no lo asustó. La dificultad del examen es la causa de tantos suspensos.* ANT. facilidad. **2** Situación o cosa difícil que se tiene que superar o resolver: *No te pondrán dificultades. Hay que superar las dificultades. Nos encontraremos con dificultades en la expedición.* SIN. obstáculo.

dificultar *v. tr.* Hacer ‹una persona o una cosa› difícil o más difícil [una cosa]: *El fuerte viento dificultaba la extinción del incendio del bosque. La huelga de celo del personal de tierra nos ha dificultado la salida del aeropuerto. Hemos tardado más, porque el tráfico intenso dificultaba la marcha de nuestro coche.* SIN. entorpecer.

dificultoso, sa *adj.* (antepuesto/pospuesto) Que está lleno de dificultades o de impedimentos: *Se encuentra en una situación dificultosa. Nos esperaba un dificultoso diálogo con el delegado de la compañía de seguros.* SIN. difícil.

difracción *s. f.* ÓPT. Desviación de una onda o de un rayo de luz al ser interceptado por un obstáculo o cuerpo opaco a la onda: *En un vaso se puede ver la difracción de la luz del sol.*

difteria *s. f.* MED. Enfermedad infecciosa que forma unas membranas en la garganta que impiden la respiración.

difuminar *v. tr.* **1** Extender ‹una persona› los trazos o los colores de [un dibujo] con el dedo o con el difumino: *Ese niño se entretiene en difuminar los dibujos.* **2** Hacer desaparecer ‹una cosa› la nitidez o la concreción de [otra cosa] progresivamente: *La lluvia difumina los contornos de la ciudad. El crepúsculo empezaba a difuminar a los paseantes.* ‖ *v. prnl.* **3** Desaparecer la nitidez o la concreción de ‹una cosa› progresivamente: *Con la llegada del otoño se ha ido difuminando poco a poco la presencia de los visitantes. Las embarcaciones se difuminaban con la llegada de la noche.*

difumino *s. m.* Rollito de papel acabado en punta que sirve para difuminar un dibujo. SIN. esfumino.

difundir *v. tr.* **1** Hacer ‹una persona o una cosa› que [una cosa] se extienda por todas partes: *El viento difunde por toda la casa el olor del jazmín. Se ha difundido por la ciudad un olor a cloro procedente del puerto.* **2** Hacer ‹una persona› que [una noticia o una doctrina] sea conocida o aceptada por [otras personas]: *Los mercaderes difundieron la letra de cambio por toda Europa. La televisión difunde imágenes sobrecogedoras.* ⇒ **92.**

difunto, ta *adj./s. m. y f.* (antepuesto/pospuesto) Que ha muerto: *el día de los difuntos, su difunta esposa. Hablábamos del vecino difunto. Recordemos a todos nuestros difuntos.* **misa* de difuntos/réquiem. oficio* de difuntos. toque* de difuntos.**

difusión *s. f.* **1** Acción y resultado de difundir o difundirse: *La rápida difusión de la noticia nos sorprendió. La difusión del sonido en el agua es más rápida que en el aire.* SIN. propagación. ‖ **2 medios* de ~/comunicación.**

difuso, sa *adj.* **1** Que está poco claro o delimitado: *una imagen difusa, un color difuso, un mensaje difuso.* **2** Que es extenso y poco preciso: *un estilo difuso, escritor difuso, una narración difusa.* ‖ *p.* **3** Participio irregular de *difundir.*

difusor, ra *adj./s. m.* Que extiende o difunde: *La alcachofa de la ducha lleva incorporado un difusor pequeñito que produce este efecto. La asociación cumple una labor de propaganda y es buena difusora de nuestros ideales. El organismo difusor de esta campaña es el Ayuntamiento.*

digerir *v. tr.* **1** Hacer el organismo de ‹una persona› o de ‹un animal› asimilable [el alimento ingerido]: *No digiero bien las comidas grasientas.* **2** Conseguir aceptar ‹una persona› [una ofensa, un disgusto o una desgracia]: *No es fácil digerir que te echen de la empresa. No te preocupes por él, tiene paciencia y digiere fácilmente que lo insulten en público.* **3** COLOQUIAL. Conseguir entender ‹una persona› [una cosa]: *Lo siento, pero no digiero la Física. No lo sientas, sus ideas no son fáciles de digerir.* SIN. asimilar. ⇒ **75.**

digestible *adj.* Que se digiere con facilidad: *Este grupo de alimentos es muy digestible.*

digestión *s. f.* Conjunto de procesos fisiológicos que convierten los alimentos en sustancias más sencillas que pueden ser asimiladas por el organismo: *La digestión es un proceso complejo.*

digestivo, va *adj.* **1** ANAT. De la digestión o que participa en la digestión: *tubo digestivo, aparato digestivo.* **hemorragia digestiva. trastorno ~.** ‖ *adj./s. m.* **2** Que facilita la digestión: *La menta es muy digestiva. El té caliente es digestivo. Algunos alimentos son más digestivos que otros.*

digitación *s. f.* **1** MÚS. Indicación del número y de la posición de los dedos que deben emplearse para cada nota en los diferentes instrumentos de viento y de cuerda. **2** Adiestramiento de los dedos para tocar un instrumento, especialmente de teclado: *Los pianistas tienen que hacer digitación todos los días.*

digitado, da *adj.* **1** BOT. [Hoja] que tiene forma de dedos. **2** ZOOL. Que tiene dedos en los pies: *El mono es un animal digitado.*

digital *adj.* **1** De los dedos: *impresión digital.* **huella* dactilar/~.** **2** [Aparato, instrumento] que mide las cantidades con números dígitos. **computador ~. reloj* ~.** ‖ *s. f.* **3** Planta de tallo sencillo, hojas alternas y vellosas y flores en racimo, usada en medicina.

digitalizar *v. tr.* INFORM. Expresar ‹una máquina› [una información] en dígitos: *El aparato digitaliza las imágenes y almacena la información.* ⇒ **19.**

digitalmente *adv. modo* **1** Con los dedos, mediante los dedos, usando los dedos: *Esta auscultación es más fiable si se efectúa también digitalmente.* **2** Mediante procedimientos informáticos digitales: *Sus últimos discos han sido grabados digitalmente.*

digitígrado, da *adj.* ZOOL. [Animal] que sólo apoya los dedos al andar: *El gato es un animal digitígrado.*

dígito *s. m.* **1** Cada una de las cifras que se emplea para escribir un número: *Es un número de cuatro dígitos.* **2** ASTRON. Cada una de las doce partes en las que se divide el diámetro aparente del Sol y de la Luna en el cálculo de los eclipses.

diglosia *s. f.* LING. Forma de contacto entre lenguas en la que dos o más lenguas tienen un rango de uso distinto en el seno de una comunidad: *zona de diglosia. En la situación de diglosia cada lengua está especializada en situaciones o ámbitos sociales bien definidos.*

dignarse *v. prnl.* **1** Tener ‹una persona importante› la amabilidad de [hacer una cosa]: *El vicepresidente se dignó concedernos una entrevista. El ilustre escritor se ha dignado visitar la escuela.* **2** IRONÍA. Hacer ‹una persona› [una cosa que debía o que le correspondía hacer]: *El señor se ha dignado, por fin, quitar la mesa. El jefe nos dijo enfadado: «Les doy las gracias, porque se han dignado acudir a su puesto de trabajo puntualmente». No está enfadado conmigo, ya se digna saludarme.*

dignatario, ria *s. m./f.* ADMINISTRATIVO. Persona que ocupa un cargo o dignidad elevado: *reunión de altos dignatarios de la Comunidad Europea. A la cena acudieron los dignatarios de todas la embajadas.* SIN. mandatario.

dignidad *s. f.* **1** Cualidad de las personas que se comportan con decoro y se hacen respetar: *Obra con dignidad. Heriría su dignidad si le diera limosna. No es orgullo, es dignidad.* **2** (no contable) ELEVADO. Excelencia: *la dignidad de la ocasión. La dignidad del lugar exige respeto. Ha conseguido un trabajo de mucha dignidad.* **3** Cargo honorífico o de autoridad: *Alcanzó la dignidad de obispo.* **4** Persona que posee un cargo elevado: *Iban primero las altas dignidades eclesiásticas y después las civiles.*

dignificar *v. tr.* **1** Dar ‹una cosa› dignidad [a una persona] o a [una cosa]: *La música que se estrenó dignificó la sesión. El conjunto de cuadros dignifica los salones. Su dimisión ha dignificado a toda la familia. La ayuda del país es un gesto que dignifica a todos los habitantes.* || *v. prnl.* **2** Adquirir ‹una persona o una cosa› dignidad: *Se dignifica el trabajo con la honradez. Mi hermano es algo brusco, pero se dignifica con su sinceridad. El hotel se ha dignificado con la última reforma.* ⇒ **71.**

digno, na *adj.* **1** (ser/estar; antepuesto/pospuesto) Que merece respeto y estima: *Abandonó la sala con una expresión muy digna. Es una persona muy digna que no admitirá sus insultos. A pesar de las dificultades, estuvo muy digno. Es una digna conclusión.* **2** Que es suficiente y no pretende lujos o excesos: *una casa digna, un sueldo digno. Sólo quiero una vida digna.* **3** (antepuesto/pospuesto) Que corresponde al mérito o condición de una persona o cosa: *Es un digno hijo* ***de*** *su padre. Es un digno colaborador* ***de*** *esta empresa. Hizo un trabajo digno* ***de*** *un profesional.* **4** Que merece el trato que recibe: *Es digna* ***de*** *admiración. Es digno* ***de*** *ese premio. Es digno* ***de*** *un castigo ejemplar. Es digna* ***de*** *la cárcel.* FR. Y LOC. **ser ~ de mención*.**

dígrafo *s. m.* Signo ortográfico compuesto de dos letras para representar un sonido como *ll* o *rr* en castellano.

digresión *s. f.* Comentario que se aparta del tema principal de un escrito o de un discurso: *No entremos en digresiones porque nos apartaremos del tema. Le gusta salpicar sus conferencias de digresiones curiosas.*

dije *s. m.* **1** Joya o adorno que se lleva colgado de una cadena o de una pulsera. || *adj.* **2** CHILE; COLOQUIAL. Que agrada por su belleza, bondad o simpatía.

dilacerar *v. tr.* **1** ELEVADO. Herir ‹una persona, un animal o una cosa› [a una persona o a un animal] desgarrándole la carne: *Las alambradas le dilaceraron la espalda.* SIN. lacerar. **2** ELEVADO. Herir ‹una cosa› el orgullo de [una persona]: *Siente su corazón dilacerado con el comportamiento de los sobrinos. Su falta de tacto dilacera la sensibilidad de la abuela.* SIN. lacerar.

dilación *s. f.* Retraso de una cosa por algún tiempo: *Las lluvias ocasionaron varias dilaciones de las obras. Contestó a la llamada sin dilación.*

dilapidación *s. f.* Acción y resultado de dilapidar: *La dilapidación de su capital lo ha dejado arruinado. La dilapidación de su crédito lo está dejando sin amigos.*

dilapidador, ra *adj./s. m. y f.* Que dilapida o malgasta el dinero o los bienes: *Pedro es muy dilapidador y pronto perderá toda su fortuna. Rosa es una dilapidadora y siempre está mal de dinero.*

dilapidar *v. tr.* Gastar ‹una persona› [sus bienes] sin prudencia o sin medida: *Ha dilapidado su fortuna en poco tiempo. Dilapida su tiempo, que es su única fortuna.*

dilatación *s. f.* **1** Acción y resultado de dilatar o dilatarse: *la dilatación de los pulmones, la dilatación de la pupila, la dilatación de los gases, la dilatación de las vacaciones.* **2** MED. Procedimiento de cirugía que ensancha un conducto o un orificio: *En algunas operaciones se utiliza la dilatación de las válvulas cardiacas con una sonda arterial.* **3** FÍS. Aumento de volumen de un cuerpo por separación de sus moléculas: *La dilatación de las vigas agrietó el puente.* **junta* de ~.**

dilatar *v. tr.* **1** Hacer aumentar ‹una persona o una cosa› el tamaño de [una cosa]: *El calor dilata los metales. La oscuridad dilata la pupila de los gatos.* **2** Hacer ‹una persona o una cosa› [una cosa] más larga de lo previsto: *El conferenciante dilató la exposición hasta la hora de comer. La densidad de tráfico dilató el viaje más de lo previsto.* **3** RESTRINGIDO. Hacer llegar ‹una persona o una cosa› la alegría al [ánimo de una persona]: *Tu felicitación me dilata el espíritu. Tu visita me dilata el corazón.* **4** RESTRINGIDO. Dejar ‹una persona› [una cosa] para más tarde de lo previsto: *Han dilatado la boda hasta el próximo verano. La falta de hoteles dilata el simposio hasta dentro de dos meses.* SIN. retrasar. || *v. prnl.* **5** Aumentar el tamaño de ‹una cosa›: *Los metales se dilatan con el calor.* **6** RESTRINGIDO. Llegar ‹una cosa› más tarde de lo previsto: *El ascenso se ha dilatado un poco. El avión se ha dilatado, pero al fin ha llegado.* **7** RESTRINGIDO. Llegar la alegría al ‹ánimo de una persona›: *Se me dilata el ánimo con la fiesta. Se me dilata el corazón con tanta alegría.* **8** Llegar ‹una cosa› hasta [un lugar]: *La llanura se dilata* ***hasta*** *el horizonte.* || *v. intr./prnl.* **9** VEN. Tardar ‹una persona o una cosa›.

dilema *s. m.* **1** Elección entre dos posibilidades: *Tengo un buen dilema, no sé si ir con Juan o quedarme en casa.* **2** FILOS. Argumento formado de dos proposiciones contrarias, de tal manera que negada o afirmada una de ellas, se demuestra lo que se quiere probar: *En un dilema, si una proposición es verdadera, la otra necesariamente es falsa.*

diletante *adj./s. m. y f.* PEYORATIVO. Que presume excesivamente de una especialidad a la que no se dedica profesionalmente: *Sabe de cine, pero es un diletante, no es un crítico serio. Es una diletante de la música, pero es incapaz de leer una partitura.*

diletantismo *s. m.* (no contable) PEYORATIVO. Comportamiento ostentoso de la persona aficionada a alguna especialidad que no es propia de su profesión: *El diletantismo se ha introducido en muchas profesiones jóvenes y poco estructuradas, como el diseño, la decoración, la crítica deportiva o la organización de espectáculos públicos.*

diligencia *s. f.* **1** ADMINISTRATIVO. Acción o conjunto de acciones dirigidas a conseguir o solucionar algo: *diligencias policiales, diligencias judiciales. Tengo que ir a la secretaría para hacer unas diligencias.* **2** ADMINISTRATIVO. Documento oficial que modifica o confirma algún escrito: *Hizo una diligencia para cambiar los datos de su solicitud.* **3** (no contable) Rapidez y eficiencia en lo que se hace: *Solucionó el problema con una diligencia envidiable.* **4** Coche grande de caballos, normalmente cerrado, que se destinaba al transporte de viajeros: *El viaje en diligencia era normal hasta la aparición del ferrocarril.*

diligenciar *v. tr.* RESTRINGIDO. Hacer ‹una persona› lo necesario para resolver o conseguir [una cosa]: *Ya hemos diligenciado todos los papeles para poder abrir la tienda.* SIN. gestionar.

diligente *adj.* Que hace las cosas con cuidado, atención o interés, u obra con rapidez o prontitud: *empleado diligente, trabajadora diligente, alumno diligente.*

dilucidación *s. f.* RESTRINGIDO. Aclaración o explicación de algún hecho: *La policía ha hecho la dilucidación del crimen con rapidez.*

dilucidar *v. tr.* Poner ‹una persona› [una cosa] en claro: *No es fácil dilucidar qué pasó por su cabeza en aquellos momentos. No hemos dilucidado todavía las circunstancias del crimen.* SIN. esclarecer.

dilución *s. f.* RESTRINGIDO. Acción y resultado de diluir o diluirse un sólido en un líquido: *Eche una pastilla en un vaso de agua y espere a su dilución antes de beber.*

diluir *v. tr.* **1** Deshacer ‹una persona› [una sustancia] en [un líquido]: *He diluido unos polvitos* ***en*** *la pintura para darle un tono tostado. Hay que diluir la pastilla* ***en*** *agua para tomarla.* SIN. disolver. **2** Hacer disminuir ‹una persona› la concentración de [una cosa]: *Debemos diluir una parte de zumo* ***en*** *dos de agua, según dice el paquete.* **3** Distribuir ‹una persona› [una responsabilidad o una atribución] entre [varias personas]: *Se diluyen las responsabilidades entre el grupo de operarios que estaba en la empresa en aquel momento. La investigación sólo ha servido para diluir las responsabilidades entre todos.* **4** Hacer ‹una persona o una cosa› menos nítida [una cosa]: *La lluvia diluye las pinturas de las aceras.* || *v. prnl.* **5** Deshacerse ‹una sustancia› en [un líquido]: *Estas pastillas se diluyen muy bien* ***en*** *agua. El pigmento se diluye muy bien* ***en*** *el disolvente.* SIN. disolverse. **6** Disminuir la concentración de ‹una cosa›: *El concentrado de carne ya se ha diluido* ***en*** *el caldo, ahora hay que echar la verdura.* **7** Distribuirse ‹una responsabilidad o una atribución› entre varias personas: *Las obligaciones se diluyen entre todos los de la cooperativa.* **8** Hacerse ‹una cosa› menos nítida: *Se están diluyendo los colores de la fachada con la lluvia.* ⇒ **46.**

diluvial *adj.* **1** Del diluvio: *la época diluvial.* **2** GEOL. [Terreno] que está formado por enormes depósitos de materias arenosas que fueron arrastradas por corrientes de agua.

diluviar *v. impers.* Llover intensamente: *En el Mediterráneo diluvia en otoño. Ha estado diluviando toda la noche.*

diluvio *s. m.* **1** Lluvia abundante y fuerte: *Nos cayó encima un diluvio y nos hemos calado. ¡Qué manera de llover, parece el diluvio!* **Diluvio Universal** REL. Diluvio con el que, según la Biblia, Dios castigó a los hombres en tiempos de Noé. **2** Abundancia de persona o de alguna cosa: *Hemos recibido un diluvio de cartas. Un diluvio de solicitantes ha pasado por la oficina. Un diluvio de visitantes ha colapsado la exposición.*

diluyente *adj. / s. m.* [Sustancia] que diluye o disuelve: *Quita las manchas de pintura con un diluyente. El agua no es mal diluyente. Limpia las brochas con otras sustancias diluyentes, porque con agua no quedan bien.* SIN. disolvente.

dimanación *s. f.* RESTRINGIDO. Acción y resultado de dimanar.

dimanar *v. intr.* **1** ELEVADO. Salir ‹el agua› de [un lugar]: *El agua dimana* ***de*** *este manantial.* SIN. manar. **2** ELEVADO. Tener ‹una cosa› su origen en [una persona] o en [una cosa]: *La conflictiva situación dimana* ***de*** *una organización social muy injusta. La soberanía dimana* ***del*** *pueblo.* SIN. provenir.

dimensión *s. f.* **1** FÍS. Cada una de las magnitudes de un conjunto que sirve para definir un fenómeno físico: *El espacio tiene cuatro dimensiones en la teoría de la relatividad. Nuestras dimensiones espaciales son la altura, la anchura y la longitud.* **2** GEOM. Extensión de un objeto en una o varias magnitudes: *Es un estadio de grandes dimensiones. –«Dime las dimensiones del cuadro.» –«50 cm de ancho y 80 de largo.»* **3** Importancia de una cosa no física: *La dimensión de la protesta está alarmando al gobierno. La dimensión del descubrimiento tiene muy interesada a la comunidad científica internacional.* **4** Aspecto de alguna cosa: *la dimensión moral de la estafa, la dimensión humana de la hazaña, la dimensión familiar del problema.* || **5 cuarta ~** El tiempo, en la teoría de la relatividad.

dimensional *adj.* De la dimensión. **análisis* ~.**

dimensionar *v. tr.* ARG., URUG.; AFECTADO, ADMINISTRATIVO en España. Establecer ‹una persona› las dimensiones exactas o el valor preciso de [una cosa]: *El director ha señalado que están dimensionando el coste del nuevo horario. Es difícil dimensionar el valor del contrabando de los cigarrillos. No se puede exagerar el problema, hay que dimensionarlo dentro de sus límites.*

dimes *s. m.* Se usa en la LOC. **~ y diretes** Comentarios o cotilleos particulares entre varias personas: *La nueva reforma ha producido muchos dimes y diretes. La boda de la estrella está en todos los dimes y diretes de estos días. No hay sobre el asunto noticias concretas, sólo dimes y diretes.*

diminutivo, va *adj. / s. m.* GRAM. [Forma lingüística] que está sufijada y que indica pequeñez, en cantidad, tamaño o afectividad: *Se forman nuevas palabras por derivación añadiendo un diminutivo a la palabra, por ejemplo, de «golpe - golpecito» y de «tonto - tontín».*

diminuto, ta *adj.* (ser / estar; antepuesto / pospuesto) Que es muy pequeño: *una diminuta nariz, una puerta diminuta. La herida es diminuta. La planta está diminuta.*

dimisión *s. f.* Renuncia al cargo que se ocupa: *El Primer Ministro presentó la dimisión.*

dimisionario, ria *adj. / s. m. y f.* Que presenta o ha presentado la dimisión: *el ministro dimisionario. Esa es la directora dimisionaria.*

dimitir *v. intr.* Renunciar ‹una persona› al [cargo que desempeña]: *Ha dimitido* ***del*** *cargo de subsecretario.*

dimorfismo *s. m.* MINERAL., BIOL. Cualidad de dimorfo.

dimorfo, fa *adj.* **1** MINERAL. [Sustancia] que puede cristalizar en dos sistemas cristalográficos diferentes. **2** BIOL. [Animal, planta] que presenta de modo normal dos formas diferentes en sus individuos.

dina *s. f.* FÍS. Unidad de fuerza que equivale a 10^{-5} newtons.

dinamarqués, sa *adj. / s. m.* y *f.* RESTRINGIDO. De Dinamarca, país de Europa. SIN. danés.

dinámica *s. f.* **1** (no contable) FÍS. Parte de la mecánica que estudia las relaciones entre el movimiento de los cuerpos y las causas que lo producen. **2** Manera de suceder una cosa, fuera del control de sus protagonistas: *La dinámica de la política exige mucho sacrificio. Los negocios tienen su dinámica. Todas las actividades tienen su propia dinámica.*

dinámico, ca *adj.* **1** Del movimiento o de la dinámica: *la geología dinámica.* **2** Que tiene tendencia a hacer o empezar cosas: *Es muy dinámico, me dan envidia su energía y vitalidad.* SIN. emprendedor.

dinamismo *s. m.* **1** (no contable) Energía, empuje y rapidez: *Admiro a este autor por el gran dinamismo de su prosa. El dinamismo del comercio exterior se contrapone a la apatía del mercado interior.* **2** (no contable) Capacidad de hacer muchas cosas y con rapidez: *Posee un gran dinamismo que le permite realizar muchas actividades.*

dinamita *s. f.* **1** Explosivo compuesto por nitroglicerina y un cuerpo poroso, como pasta de madera: *una carga de dinamita, volar un puente con dinamita.* **cartucho* de ~.** **2** COLOQUIAL. Lo que tiene facilidad para crear alboroto: *Esa actriz es pura dinamita. La novela tiene dinamita.*

dinamitar *v. tr.* **1** Destruir ‹una persona› [una cosa] con dinamita: *Los zapadores dinamitaron el puente sobre el río. Han dinamitado controladamente el mercado viejo.* **2** Entorpecer o destruir ‹una persona› el funcionamiento o la organización de [una institución o un plan]: *Han dinamitado nuestros planes. El crítico te ha dinamitado la obra de teatro.*

dinamitero *s. m.* Persona que tiene por oficio provocar explosiones con dinamita: *los dinamiteros de una mina, los dinamiteros de una cantera, los dinamiteros de la policía.*

dinamización *s. f.* Acción y resultado de dinamizar: *la dinamización de la economía española, la dinamización de la cultura.*

dinamizar *v. tr.* **1** Dar ‹una persona o una cosa› dinamismo a [una actividad]: *El Ayuntamiento ha dinamizado el teatro de la ciudad. La sociedad filarmónica piensa dinamizar la enseñanza de la música en estos barrios.* SIN. activar. ‖ *v. prnl.* **2** Adquirir ‹una actividad› dinamismo: *Se está dinamizando el deporte de vela con los últimos triunfos de los deportistas peninsulares. La construcción de la nueva universidad se dinamiza con las reuniones de los colegios profesionales.* SIN. activarse. ⇒ **19.**

dinamo o **dínamo** *s. f.* Generador de energía eléctrica a partir de energía mecánica, y viceversa: *dinamo de corriente alterna, la dinamo de un coche.*

dinamómetro *s. m.* FÍS. Instrumento para medir la intensidad de las fuerzas motrices.

dinar *s. m.* **1** Moneda árabe de oro. **2** Unidad monetaria de varios estados actuales.

dinastía *s. f.* **1** Serie de reyes sucesivos pertenecientes a la misma familia: *La dinastía de los Austrias gobernó España.* **2** Familia entre cuyos miembros se transmite una actividad, el poder o la influencia económica y cultural: *Pertenece a una gran dinastía de artistas circenses. Es de una dinastía de músicos.*

dinástico, ca *adj.* **1** De una dinastía: *sucesión dinástica, partidarios dinásticos, aspirantes dinásticos.*

dineral *s. m.* (no contable) Cantidad grande de dinero: *Ese abrigo costó un dineral. Ha ganado un dineral con ese negocio.* SIN. fortuna.

dinerario, ria *adj.* Del dinero como instrumento de cambio: *un intercambio dinerario, los activos dinerarios.*

dinero *s. m.* **1** Medio de pago aceptado por los miembros de una comunidad: *dinero acuñado, dinero de curso legal.* **~ a la vista** Préstamo realizado a un banco o a un intermediario financiero en términos que permiten su cancelación en cualquier momento de un día laborable. **~ al contado** o **~ contante y sonante** Dinero efectivo, corriente. **~ en circulación** Componente de la masa de dinero de un país que pasa de mano en mano. **~ en efectivo / metálico** o **~ líquido** Conjunto de las monedas, los billetes y los depósitos bancarios a la vista. **2** Conjunto de monedas y billetes que se utilizan como medio de pago aceptado: *Ando escaso de dinero. Tengo sólo dinero para gastos menudos. No tengo dinero suelto.* **~ negro** Dinero que se oculta a Hacienda para no contribuir. **~ sucio** Dinero que se consigue de forma ilegal. **3** Riqueza: *Tiene mucho dinero en cuadros.* SIN. fortuna. **4** Moneda antigua de varios valores. FR. Y LOC. **acometer* con ~. alzarse / levantarse con el ~** En el juego, ganar ‹un jugador›: *Se alzó con el dinero de la partida de póquer.* **de ~** Que es muy rico: *gente de dinero. Es una persona de dinero. Se ha casado con una chica de dinero. Es una casa de dinero.* **echar ~** Invertir ‹una persona› dinero: *Ha echado mucho dinero en ese proyecto.* **estrujar el ~** Ser ‹una persona› poco generosa: *¡Toda su vida estrujando el dinero para morirse así!* **hacer ~** Adquirir ‹una persona› un buen caudal o una fortuna: *Ha hecho mucho dinero jugando en la bolsa.* **pasar el ~** Volver a contar ‹una persona› el dinero, para comprobar que está la cantidad que se entrega o recibe: *Vendrá cuando haya pasado el dinero.*

dingo *s. m.* (macho y hembra) *Canis dingo.* Mamífero australiano, parecido a un perro salvaje, de mediano tamaño, pelo corto de color amarillento o rojizo, con las partes inferiores blancas y cola poblada.

dinosaurio *s. m.* **1** (macho y hembra) Reptil que vivió en la Era Secundaria, con el cuello largo y la cabeza pequeña, y del que existían especies adaptadas al medio terrestre, acuático o aéreo y de distintos tamaños. **2** (en plural) ZOOL. Grupo formado por estos reptiles.

dintel *s. m.* Parte horizontal superior de las puertas y ventanas, sostenida por las dos jambas: *Es tan alto que se dio un golpe en la cabeza con el dintel de la puerta.*

diñar *v. tr.* Se usa en la LOC. **diñarla** COLOQUIAL. Morir ‹una persona o un animal›: *El perro la diñó hace un rato. Como sigas bebiendo así vas a diñarla pronto.*

diocesano, na *adj.* **1** De la diócesis: *la administración diocesana, un edificio diocesano.* **curia* diocesana.** ‖ *adj. / s. m.* **2** [Obispo] que tiene diócesis.

diócesis (plural *diócesis*) *s. f.* **1** Territorio que corresponde a la jurisdicción de un prelado: *la diócesis de un arzobispo, la diócesis de un obispo.* **2** División administrativa del bajo imperio romano.

diodo *s. m.* Válvula electrónica en la que hay un ánodo frío y un cátodo caliente, utilizado como rectificador.

dioico, ca *adj.* BOT. [Planta] que tiene las flores de cada sexo en pies separados: *flor dioica.*

dionisiaco, ca o **dionisíaco, ca** *adj.* 1 ELEVADO. De Dionisos, dios griego del vino y del entusiasmo y la sensualidad, o que posee alguna de sus características: *fiestas dionisiacas, culto dionisiaco.* 2 ELEVADO. [Pasión, deseo] que se siente por consumir bebidas alcohólicas: *Murió consumido por la pasión dionisiaca.* 3 ELEVADO. Del entusiasmo o de la embriaguez: *Los poetas dionisiacos se oponen a los apolíneos.*

dioptría *s. f.* 1 ÓPT. Unidad de potencia de una lente que equivale al poder de una lente a una distancia focal de un metro: *Necesito gafas de dos dioptrías.* 2 MED. Unidad que expresa el grado de defecto visual de un ojo: *Tengo dos dioptrías en cada ojo.*

diorama *s. m.* Lámina transparente pintada que al ser iluminada da sensación de movimiento o tridimensionalidad.

dios, sa *s. m./f.* 1 REL. Ser sobrenatural de las religiones politeístas: *dioses romanos, dioses griegos. Ra es el dios del sol. Poseidón es el dios del mar. Venus es la diosa del amor y de la belleza.* SIN. deidad. **manjar* de dioses.** || *s. m.* 2 (con mayúscula) Ser Supremo y sobrenatural en las religiones monoteístas: *Las religiones monoteístas consideran a Dios como el Ser Supremo, el Todopoderoso.* **casa* de Dios. Dios Padre, Dios Hijo, Dios Espíritu Santo. ministro* de Dios** o **ministro del Señor. siervo* de Dios.** || *interj.* 3 COLOQUIAL. Expresa asombro u horror: *¡Dios! ¡cuánta gente está sin trabajo! ¡Dios! ¿cómo te has atrevido a decirle esa barbaridad?* FR. Y LOC. **a la buena de Dios** COLOQUIAL. Sin preparación, de cualquier manera: *Como no sabía coser, hizo el vestido a la buena de Dios.* **alma* de Dios. ande/vaya con Dios** COLOQUIAL; DESPEDIDA. Forma de despedirse ‹una persona› de otra persona: *Vaya usted con Dios, doña Carmen.* **armar(se) la de Dios (es Cristo)** COLOQUIAL; INTENSIFICADOR. Organizarse ‹un jaleo o discusión›: *Con la subida de los precios se ha armado la de Dios es Cristo.* **bendecir Dios** COLOQUIAL; AFECTIVO. Hacer ‹Dios› feliz y dichosa a una persona: *Ha sido muy bueno con ella, Dios le bendiga.* **¡bendito sea Dios!** COLOQUIAL; SORPRESA. Exclamación de asombro por algo: *¡Bendito sea Dios! ¿Cómo ha podido abandonar a su familia?* **como Dios le da a entender** COLOQUIAL. Como una persona pensó sin excesiva reflexión o sin medios: *Rellenó la solicitud como Dios le dio a entender.* **costar/necesitar Dios y ayuda** COLOQUIAL; INTENSIFICADOR. Costar o necesitar mucho esfuerzo: *Se necesita Dios y ayuda para salir de la crisis económica. Terminar esta obra nos va a costar Dios y ayuda.* **dar/entregar el alma* a Dios. dejado de la mano* de Dios. Dios es testigo** o **pongo a Dios por testigo** o **pongo al cielo por testigo** Se invoca a Dios para que dé fe de algo que se afirma. **Dios me perdone, pero ...** COLOQUIAL. Se usa al emitir un juicio desfavorable o imprudente: *Dios me perdone, pero es un sinvergüenza.* **Dios mediante** Si Dios quiere, si es esa su voluntad: *Mañana, Dios mediante, la radio y la televisión transmitirán el partido de fútbol.* **¡Dios mío!** COLOQUIAL. Expresa asombro o disgusto: *¡Dios mío! ¿cómo puede haber gente tan cruel?* **Dios me/te/le... coja confesado** COLOQUIAL. Forma de pedir la protección de Dios para que no nos suceda nada malo: *Dios nos coja confesados como se desborde el río.* **Dios proveerá** COLOQUIAL. Expresa la necesidad de confiar en que los males actuales tendrán solución en el futuro. **¡Dios Santo!** o **¡Santo Dios!** Se usa para expresar sorpresa, asombro, incredulidad o espanto: *¡Santo Dios! Esto no puede ser verdad.* **Dios te oiga** COLOQUIAL. Expresa el deseo de que salga bien lo que se quiere lograr o tener: *–«¡Ojalá, te acepten en ese trabajo!» –«Dios te oiga.»* **Dios te/se... lo pague** COLOQUIAL. Forma de agradecer una persona a otra un bien que le ha hecho, deseándole que Dios le recompense: *Gracias por la limosna, Dios se lo pague.* **estar* de Dios. gracias* a Dios. hablar con Dios** Rezar ‹una persona›: *Acude diariamente a la capilla para hablar con Dios.* **hacer como Dios manda** COLOQUIAL. Hacer ‹una persona› una cosa como es debido, de la forma más apropiada: *No dejes la casa a medio limpiar, haz las cosas como Dios manda.* **ir en paz*** o **ir con la paz de Dios. llamar* a Dios de tú. mañana Dios dirá** COLOQUIAL. Se usa para indicar que se deja para el día siguiente o para mejor momento algo que ahora no se resuelve. **ni ~/Dios** COLOQUIAL; INTENSIFICADOR. Nadie: *Si se cae el avión, no se salva ni Dios. No se ha enterado ni dios de que hoy es su cumpleaños.* **no haber Dios que** COLOQUIAL; INTENSIFICADOR. No haber nadie que: *Este documento no hay Dios que lo entienda.* **poner una vela* a Dios y otra al diablo** o **poner una vela a San Miguel y otra al diablo. por (el) amor* de Dios. que Dios te/le... bendiga*. quiera Dios** o **Dios lo quiera** COLOQUIAL. Se expresa el deseo de que salga bien aquello que parece imposible que así suceda: *–«Dicen que el paro va a disminuir.» –«Dios lo quiera.» Quiera Dios que se acabe el hambre en el mundo.* **ser una bendición* (de Dios). temor* de Dios. todo ~/Dios** COLOQUIAL; INTENSIFICADOR. Todo el mundo, mucha gente: *Todo dios ha acudido al banquete.* **¡válgame Dios!** COLOQUIAL. Expresa sorpresa o indignación: *¡Válgame Dios! Las cosas que hay que oír.* **¡vaya por Dios!** COLOQUIAL; DISGUSTO Y ENFADO. Forma de lamentarse una persona: *¡Vaya por Dios! Ahora que se iba de vacaciones, se ha roto la pierna.* **venir Dios a ver** COLOQUIAL. Suceder inesperadamente a una persona algo bueno: *Con ese premio le ha venido Dios a ver.* **vivir como Dios** COLOQUIAL; INTENSIFICADOR. Vivir muy bien, con muchas comodidades: *En esa empresa se vive como Dios.* REFR. **A Dios rogando y con el mazo dando.** Se usa para indicar que para conseguir una cosa no basta con pedírsela a Dios, sino que es necesario esforzarse. **A quien Dios se la dé, San Pedro se la bendiga.** Se usa para indicar que es necesario conformarse con la propia suerte. **A quien madruga Dios le ayuda.** Se usa para indicar que es conveniente levantarse temprano. **Dios aprieta, pero no ahoga.** Se usa para indicar que en la vida se pasan situaciones difíciles, pero se termina saliendo de ellas. **Dios da pañuelo a quien no tiene narices/mocos.** Se usa para indicar que las cosas que la mayoría de la gente desea las suelen tener personas que no las merecen o no las saben apreciar. **Dios los cría y ellos se juntan.** PEYORATIVO. Se usa para indicar, cuando se ven juntas dos personas que no agradan, que las personas suelen unirse a otras que son parecidas a ellas.

dióxido *s. m.* QUIM. Compuesto químico en cuya molécula existen dos átomos de oxígeno y uno de otro elemento. **~ de carbono** Gas que tiene en su molécula un átomo de carbono y dos de oxígeno: *El dióxido de carbono es muy importante para la fotosíntesis.*

dipétalo, la *adj.* BOT. [Flor] que tiene dos pétalos.

diplodoco *s. m.* Diplodocus.

diplodocus o **diplodoco** *s. m.* Reptil del grupo de los dinosaurios, de gran tamaño, cabeza pequeña, cola y cuello largos: *El diplodoco tenía una mandíbula muy blanda.*

diploma *s. m.* **1** Documento oficial que acredita la obtención de un título, un premio o una condecoración: *Ya le han dado el diploma de peluquero. Tiene el diploma del segundo premio de cuentos de una ciudad manchega.* **2** Documento medieval emitido por un soberano*: los diplomas pontificios, diplomas reales.*

diplomacia *s. f.* **1** (no contable) Ciencia que se dedica al estudio y práctica de las relaciones internacionales de los Estados. **2** Conjunto de personas e instituciones que intervienen en las relaciones internacionales: *El Ministro de Asuntos Exteriores es el jefe de la Diplomacia española.* **3** (no contable) Habilidad de una persona para tratar con otras: *Actuó con diplomacia para que nadie se ofendiera. La cortesía y la diplomacia no son malas consejeras.*

diplomado, da *adj. / s. m. y f.* Persona que tiene un diploma o una diplomatura: *diplomada en informática, técnico diplomado en electricidad, diplomado en enfermería.*

diplomar *v. tr.* **1** Dar ‹una persona› un diploma [a otra persona]: *La Escuela ya ha diplomado la primera promoción de enfermería.* || *v. prnl.* **2** Obtener ‹una persona› un diploma: *Me diplomé* ***en*** *Óptica el año pasado.*

diplomática *s. f.* **1** Ciencia que estudia los diplomas o documentos antiguos. **2** RESTRINGIDO. Estudio de los intereses y relaciones de unas naciones con otras. SIN. diplomacia.

diplomático, ca *adj.* **1** De la Diplomacia: *relaciones diplomáticas, carrera diplomática.* **cuerpo ~. pasaporte ~.** **2** COLOQUIAL. Que es hábil o sagaz en el trato con las personas, para conseguir de ellas lo que desea o para dejarlas contentas: *Sus maneras son muy diplomáticas.* || *s. m. / f.* **3** Funcionario especializado en relaciones internacionales, que representa a su país en el extranjero: *un diplomático de carrera. En este salón se reunieron todos los diplomáticos.*

diplomatura *s. f.* Grado universitario que se obtiene después de tres años en una Facultad o en una Escuela Universitaria: *Ha obtenido la diplomatura en la Escuela de Profesores de Educación General Básica.*

dípneo, a *adj. / s. m. y f.* ZOOL. [Animal] que está dotado de respiración branquial y pulmonar.

dipsomanía *s. f.* (no contable) MED. Alcoholismo.

dipsomaníaco, ca o **dipsómano, na** *adj.* ELEVADO. Que abusa del alcohol: *Es un poeta dipsomaníaco.*

díptero *adj. / s. m.* **1** (macho y hembra) ZOOL. [Insecto] que tiene un par de alas y se alimenta aspirando líquidos por una trompa, como la mosca o el mosquito. || *s. m.* **2** (en plural) ZOOL. Orden que forman los insectos dípteros. || *adj.* **3** ESC. [Estatua] que tiene dos alas. **4** ARQ. [Edificio clásico] que tiene dos costados salientes.

díptico *s. m.* Cuadro o bajorrelieve formado por dos partes que se cierran a modo de libro: *díptico renacentista, díptico de la Anunciación.*

diptongación *s. f.* **1** Transformación de una vocal en diptongo: *La «o» latina a veces se convierte en español en «ue» por una diptongación.* **2** Pronunciación de dos vocales como diptongo: *En las dos últimas sílabas de la palabra «anunciación» hay diptongación.*

diptongar *v. tr.* **1** Pronunciar ‹una persona› [una o más vocales] como diptongo: *La última sílaba de «pronunciación» la diptongamos.* || *v. prnl. / intr.* **2** Pronunciarse ‹dos vocales› como diptongo: *Si lees bien 'maíz', verás que no* ***se*** *diptonga la última sílaba, es un hiato.* ⇒ **56.**

diptongo *s. m.* Conjunto formado por dos vocales que se pronuncian en la misma sílaba: *Un diptongo se forma por la unión de una vocal abierta y otra cerrada.* **~ creciente** Diptongo en el que la segunda vocal tiene mayor abertura. **~ decreciente** Diptongo en el que la primera vocal es la que tiene mayor abertura.

diputación *s. f.* **1** Conjunto de diputados de un organismo o institución: *La diputación general de todas las delegaciones empresariales y el director se han reunido.* **2** Ejercicio y duración del cargo de diputado: *La diputación dura varios años.* || **3 ~ provincial** **1** Corporación que dirige y administra los intereses de una provincia: *Se ha reunido por primera vez la nueva Diputación Provincial.* **2** Edificio donde se reúnen los diputados provinciales.

diputado, da *s. m. / f.* **1** Persona elegida por votación para formar parte de la cámara legislativa: *diputado socialista, diputado nacionalista.* **acta de ~.** **2** Persona nombrada por un cuerpo para representarlo: *Los diputados de las distintas delegaciones se reunirán en Santander.*

diputar *v. tr.* **1** RESTRINGIDO. Designar ‹una persona› [a otra persona] para una comisión: *Me diputaron para una delicada misión.* **2** RESTRINGIDO. Designar ‹un grupo de personas› [a otra persona] para que lo represente: *Han diputado al secretario de la asociación para que negocie con otras asociaciones.* SIN. delegar. **3** RESTRINGIDO. Juzgar ‹una persona› [a otra persona o a una cosa] de una manera determinada: *Lo han diputado como el mejor presidente de estos últimos años. Han diputado que el jarrón no era tan antiguo.*

dique *s. m.* **1** Muro construido para contener la fuerza de las aguas: *El Ayuntamiento construirá un dique para que el río no se desborde.* **2** Cosa o persona que sirve para contener a otra persona o cosa: *Su padre es el único dique para que no haga lo que quiere. El trabajo es un dique contra la depresión.* **3** ARG., URUG.; COLOQUIAL. Categoría, importancia. || **4 ~ flotante** Construcción grande en un puerto con unos depósitos que al llenarse de agua se sumergen para que entren los barcos y después se vacían de modo que la embarcación al flotar quede en seco y pueda ser reparada o limpiada. **5 ~ seco** Recinto en una dársena, que queda en seco al descender la marea o se cierra con compuertas para luego achicar el agua por medio de bombas, donde se limpian o carenan barcos. FR. Y LOC. **en el ~ seco** Sin realizar la actividad que normalmente se desempeña: *Por una lesión el ciclista estuvo un mes en el dique seco. Permaneció en dique seco toda la temporada. No le vemos desde hace meses, la oposición le tiene en dique seco. Su enfermedad le hizo entrar en dique seco.* **poner un ~** Impedir que avance algo que es considerado perjudicial: *poner dique a la política imperialista de un país, poner un dique a la desertización.*

diquelar *v. tr.* JERGAL. Darse ‹una persona› cuenta de [una cosa] o de las intenciones de [una persona]: *No diquela nada de nada.*

dirección *s. f.* **1** (no contable) Acción y efecto de dirigir: *Dedica a la dirección del taller sus horas libres.* SIN. gobierno. **2** Camino que un cuerpo sigue en su movimiento: *Subió a un tren con dirección a París. Las nubes se desplazan en la dirección del viento.* SIN. rumbo. **3** Orientación que se da a algo inmaterial como la conducta: *No me gusta la dirección que ha tomado su vida.* SIN. curso. **4** Persona o conjunto de personas encargadas de dirigir una sociedad, empresa o compañía: *Se abrió un diálogo entre la dirección y los obreros.* SIN. directiva. ~ **general** Cualquiera de las oficinas que dirigen los diferentes ramos en que se divide la Administración Pública, como la Dirección General de Correos. **5** Cargo de director: *Le ofrecieron la dirección de la empresa.* **6** Oficina o despacho del director: *Lleva este telegrama a la dirección.* **7** Conjunto de datos que permiten localizar el domicilio de una persona: *Te mando sobres con la dirección del colegio. Dame tu dirección para escribirte en verano.* SIN. señas. **8** MEC. Mecanismo, gobernado por el volante, que sirve para dirigir un vehículo: *Al romperse la dirección no pudo dominar el vehículo.* ~ **asistida** Mecanismo que facilita el movimiento del volante. ‖ **9 indicador* de ~.**

direccional *s. m.* MÉX.; COLOQUIAL. Intermitente de un automóvil.

directa *s. f.* Marcha más rápida de un automóvil: *poner la directa, meter la directa.*

directiva *s. f.* **1** Junta de gobierno de una corporación, sociedad, organismo: *la directiva del club.* **2** (preferentemente en plural) RESTRINGIDO. Instrucción, norma: *Siguen las directivas marcadas.* SIN. directriz. **3** Leyes o normas comunitarias: *La directiva de la comunidad para residuos entrará en vigor pronto.*

directivo, va *adj.* **1** Que dirige o puede dirigir: *un cargo directivo.* ‖ *s. m. / f.* **2** Persona que pertenece a una junta o equipo de dirección: *directivo de una empresa, directivo de un club, los servicios de los directivos.*

directo, ta *adj.* **1** Que se mueve en línea recta: *Voy directo al trabajo.* **2** Que se realiza sin pasos intermedios: *El tren no hacía paradas, era directo.* **tren* ~. 3** Que se dirige a un fin sin dar rodeos y sin intermediarios: *Se dedicaba a la venta directa. La noticia nos llegó por vía directa desde México.* **4** [Pregunta, propuesta] que se hace sin disimulos, delicadeza ni diplomacia: *Le hizo una pregunta muy directa y no supo qué responder.* ‖ *s. m.* **5** DEP. Golpe de boxeo estirando hacia delante el brazo: *pegar un directo, dar un directo.* ‖ **6 acción* directa. 7 complemento* ~. 8 estilo* ~. 9 objeto* ~. 10 traducción* directa.** FR. Y LOC. **en ~** Que se retransmite por radio o televisión al mismo tiempo que está ocurriendo: *un programa en directo.*

director, ra *adj. / s. m. y f.* Persona que dirige profesionalmente una cosa: *Hoy se incorpora el nuevo director.*

directorio, ria *adj.* **1** Que sirve para dirigir: *normas directorias.* ‖ *s. m.* **2** Conjunto de normas sobre una materia: *directorio de navegación.* **3** Lista de nombres y direcciones de determinada clase de personas, comercios o instituciones: *Hemos conseguido el directorio de sus empleados.* **4** Tablero o cuadro informativo de ciertos establecimientos públicos: *Busca la planta de caballeros en el directorio.* **5** Junta directiva: *El directorio de la compañía ha decidido lanzar una emisión de bonos.* **6** COL. Grupo dirigente de un partido político. **7** COL. Guía telefónica.

directriz *s. f.* (preferentemente en plural) Instrucción, norma: *Los empleados siguen las directrices marcadas.* SIN. orden, orientación.

diretes *s. m.* Se usa en la LOC. **dimes* y ~.**

dirham o **dirhem** *s. m.* **1** Unidad monetaria de Marruecos y de los Emiratos Árabes Unidos. **2** Antigua moneda de plata árabe.

dirigencia *s. f.* ARG., PERÚ, URUG., VEN.; ADMINISTRATIVO en Perú. Cúpula dirigente de un organismo, partido político o sindicato.

dirigente *adj. / s. m.* y *f.* Que dirige: *clase dirigente, organismo dirigente.*

dirigible *adj.* **1** Que puede ser dirigido: *Me han regalado un coche dirigible por control remoto.* ‖ *s. m.* **2** Aeronave autopropulsada llena de un gas menos pesado que el aire, hidrógeno o helio, que le permite elevarse y con una barquilla cerrada para los pasajeros: *Los dirigibles tuvieron su época dorada antes de la II Guerra Mundial.*

dirigir *v. tr. / prnl.* **1** Hacer ir ‹una persona› [a otra persona o una cosa] por [un lugar] o hacia [un lugar]: ***Se** dirigió **a** su casa **por** un atajo. Dirigió el coche **hacia** el centro de la ciudad.* **2** Decir ‹una persona› [una cosa] a [otra persona] de palabra o por escrito: ***Se** dirigió al director. Dirigió unas palabras al público.* ‖ *v. tr.* **3** Hacer llegar ‹una persona› [una cosa] a [otra persona]: *Le he dirigido una súplica al director. Nos dirigía miradas de lástima.* **4** Dedicar ‹una persona› [sus esfuerzos o su interés] a [una cosa]: *Dirige sus esfuerzos **a** conseguir trabajo.* **5** Dedicar ‹una persona› [una obra] [a otra persona]: *Dirijo mis poemas a todos mis paisanos.* **6** Estar ‹una persona› al frente de [una cosa]: *Esta joven química dirigirá la nueva planta.* **7** Estar ‹una persona› al frente de [una empresa cultural]: *Me gustaría dirigir una película.* **8** Dar ‹una persona› consejos o indicaciones [a otra persona] sobre lo que tiene que hacer o sobre cómo debe hacerlo: *Un nuevo entrenador dirigirá al campeón de tenis.* **9** Poner ‹una persona› la dirección en [un envío postal]: *Dirígeme la correspondencia a la casa del pueblo.* **10** Guiar ‹una persona› [a otra persona] en un camino o en una dirección: *Yo conduzco, dirígeme.* FR. Y LOC. **~ el cotarro** COLOQUIAL. Mandar ‹una persona› en un asunto: *Mi jefe es quien dirige el cotarro.* **~ la palabra*. ⇒ 78.**

dirigismo *s. m.* (no contable) PEYORATIVO. Comportamiento de un gobierno o de otra autoridad que controla por completo una actividad: *Algunos partidos se oponen al dirigismo económico que practica el Estado.* ANT. liberalismo.

dirimir *v. tr.* Poner ‹una persona› fin a [un desacuerdo]: *Debemos dirimir nuestras diferencias ante los jueces.*

dis- *pref.* **1** Significa 'negación' o 'lo opuesto de' y forma verbos a partir de verbos, sustantivos a partir de sustantivos y adjetivos a partir de adjetivos: *gustar - disgustar, tensión - distensión, continuo - discontinuo.* **2** Significa 'separación' o 'distinción': *distraer, discernir.* **3** Significa 'falta o ausencia de' y forma sustantivos a partir de sustantivos: *función - disfunción, capacidad - discapacidad.*

disarmónico, ca *adj.* MÚS. Que no posee armonía: *Me disgusta la música disarmónica.*

disc-jockey (del inglés; pronunciamos '*disyoquey*') *s. m.* Persona que se encarga de escoger y poner la música en la radio o en una discoteca: *disc-jockey de rap, el mejor disc-jockey del dial.* SIN. pinchadiscos.

discal *adj.* MED. Del disco de las vértebras: *hernia discal.*

discante *s. m.* PERÚ. Disparate, cosa absurda, errónea o irreflexiva.

discapacidad *s. f.* EUFEMISMO. Limitación para una actividad causada por una deficiencia psíquica y física: *discapacidades motoras, discapacidades auditivas.*

discapacitado, da *adj. s. m./f.* Que tiene disminuida alguna de sus capacidades físicas o psíquicas: *Los discapacitados exigen puestos de trabajo para poderse integrar en una vida normal.*

discar *v. tr.* ARG., COL., PERÚ, URUG. Marcar ‹una persona› un número de teléfono. ⇒ **71.**

discernimiento *s. m.* Acción y resultado de discernir: *Es muy pequeño y no puede tener todavía discernimiento.*

discernir *v. tr.* **1** Considerar ‹una persona› [una cosa] distinta [de otra]: *Es capaz de discernir lo verdadero **de** lo falso y lo justo **de** lo injusto. A mi edad ya sé discernir a los amigos **de** los enemigos.* **2** Designar ‹un juez› [a una persona] para que se encargue de la tutela de un menor o para otro cargo. ⇒ **34.**

disciplina *s. f.* **1** Normas de conducta que rigen una actividad: *la disciplina colegial, la disciplina militar. La disciplina profesional es esencial en el hospital.* **2** Actitud de la persona que se somete a estas normas: *Es un estudiante con mucha disciplina.* **3** Asignatura de un plan de estudios: *la disciplina de Historia.* SIN. materia. **4** Modalidad de un deporte: *Nuestro esquiador ganó en la disciplina de descenso.* SIN. especialidad. **5** Látigo corto: *Lo amenazó con darle buenos azotes con las disciplinas si no se portaba bien.*

disciplinado, da *adj.* Que respeta la disciplina: *Es muy disciplinado **en** el colegio. Es muy disciplinada **con** el coche.*

disciplinar *v. tr.* **1** RESTRINGIDO. Hacer ‹una persona› que [otra] obre con disciplina: *En ese colegio disciplinan a los alumnos.* || *v. tr./prnl.* **2** Dar ‹una persona› golpes [a otra] con una disciplina: *El viejo fraile **se** disciplinaba cada noche.* SIN. flagelar(se). || *v. prnl.* **3** Empezar a obrar ‹una persona› con disciplina: *Se ha disciplinado mucho con la edad.*

disciplinario, ria *adj.* **1** De la disciplina: *medidas disciplinarias.* **2** Que sirve para mantener la disciplina o para imponer castigos: *batallón disciplinario. Ese colegio somete a los alumnos a un fuerte régimen disciplinario.*

discípulo, la *s. m./f.* **1** ELEVADO. Alumno: *buen discípulo, un discípulo ejemplar.* **2** Persona que sigue la opinión de una Escuela o maestro: *discípulo de Aristóteles. Es un discípulo de Ortega y Gasset.*

discman (del inglés) *s. m.* Aparato portátil usado para reproducir discos compactos.

disco *adj.* **1** COLOQUIAL. [Música] especialmente indicada para las discotecas y locales de baile de la juventud: *Suena toda la noche música disco en la calle.* || *s. m.* **2** Cuerpo cilíndrico de muy poca altura. **3** Lámina circular, usada para reproducir el sonido en un tocadiscos. **~ de larga duración. ~ compacto** Disco de metal de pequeño tamaño y larga duración, grabado y reproducido por láser. **lector* de discos compactos. ~ sencillo** Disco de corta duración, con una o dos canciones o piezas en cada cara. **4** Prueba atlética en que se debe lanzar lo más lejos posible una pieza metálica circular: *Ganó el oro en disco.* **5** Esta pieza circular. **6** Semáforo: *Ese coche se ha saltado el disco.* **7** Cualquier objeto circular y plano: *disco volador, un disco de prohibido aparcar, el disco de una máquina.* **8** Figura que presentan el Sol, la Luna y los planetas a nuestra vista: *el disco solar.* **9** COLOQUIAL. Conversación o historia repetida o pesada: *Otra vez nos colocó el disco de siempre.* SIN. rollo. **10** ANAT. Almohadilla cartilaginosa que separa entre sí las vértebras. **11** BOT. Parte interior de la hoja de una planta. || **12 ~ de platino** Premio musical que se concede a un autor que ha conseguido un alto número de ventas de su disco. **13 ~ del teléfono** Pieza giratoria del teléfono donde se marca el número de quien se va a llamar. **14 ~ duro/rígido** INFORM. Disco de gran capacidad que almacena la información en el interior de los ordenadores. **15 ~ flexible** INFORM. Disco portátil de capacidad relativamente pequeña. **16 ~ magnético** INFORM. Conjunto de una o varias placas de material metálico, dispuestas alrededor de un eje común, en las que se puede grabar información, magnetizando adecuadamente su superficie. **17 ~ óptico** INFORM. Placa circular de material plástico donde se graba y se lee la información por medio de rayo láser. FR. Y LOC. **frenos* de ~. parecer un ~ rayado** COLOQUIAL. Repetirse ‹una persona› mucho al hablar: *Pareces un disco rayado, ya conocemos todos tu historia.*

discobar *s. m.* Discopub.

discóbolo *s. m.* Atleta que lanzaba el disco en los juegos de la Antigua Grecia.

discografía *s. f.* **1** (no contable) Técnica de grabación de discos musicales: *La discografía está muy adelantada en Inglaterra.* **2** Conjunto de discos con alguna característica común, autor, tema, país o tipo de música: *la discografía flamenca, la discografía mexicana, la discografía de Ana Belén. Tiene en casa toda la discografía de Jorge Negrete.*

discográfico, ca *adj.* De los discos o de la discografía: *casas discográficas, acontecimiento discográfico.*

díscolo, la *adj./s. m.* y *f.* Que es poco obediente o dócil y no colabora con sus educadores: *Los chicos de esta clase son bastante díscolos. En este grupo no hay alumnos díscolos. Los adolescentes suelen ser más díscolos.*

disconforme *adj./s. m.* y *f.* (estar) Que no está conforme con alguna cosa: *Los sindicatos están disconformes **con** el plan de trabajo.*

discontinuo, nua *adj.* Que no es continuo o que se interrumpe para luego continuar: *Sólo puedes adelantar cuando la raya central sea discontinua. Un pitido discontinuo anuncia a los invidentes que el semáforo está verde.*

discopub o **disco-pub** (del inglés; pronunciamos *'discopab'*) *s. m.* Establecimiento público nocturno en el que se sirven bebidas, se escucha música y se puede bailar: *Los discopubs suelen ser más pequeños que las discotecas.*

discordancia *s. f.* ELEVADO. Falta de armonía, acuerdo o coherencia entre cosas o personas: *Entre ellos todavía hay muchas discordancias. El libro tiene discordancias entre los capítulos. En la música actual se buscan discordancias sonoras. Hay discordancias entre los diferentes actos de la obra.*

discordante *adj.* Que desentona, no armoniza o discrepa: *opinión discordante, voz discordante. Tu voto ha sido el único discordante en la junta de vecinos.* **nota* ~.**

discordar *v. intr.* **1** RESTRINGIDO. Ser ‹una cosa› muy distinta de [otra cosa]: *Vuestros planteamientos discordaban **del** mío.* **2** RESTRINGIDO. Estar ‹una persona› en desacuerdo con [otra persona]: Siempre *discordaba **del** maestro. Siempre discordaban **en** las pequeñas cosas.* **3** RESTRINGIDO. Producir ‹la voz de una persona o un instrumento musical› un sonido desagradable por apartarse del tono debido: *Los tenores están discordando.* SIN. desafinar. ⇒ **28.**

discorde *adj.* 1 RESTRINGIDO. Que no tiene armonía o son muy diferentes: *Las dos colecciones son bastante discordes. No puedes juntar los dos muebles, son muy discordes.* 2 RESTRINGIDO. Que no tienen la misma idea u opinión: *Tienen opiniones muy discordes, no es fácil conseguir un acuerdo.* 3 RESTRINGIDO. Que no armonizan bien: *Las voces discordes y los instrumentos discordes producen un resultado horrible.*

discordia *s. f.* Falta de acuerdo o de entendimiento entre personas: *En la reunión hubo demasiada discordia y no pudimos firmar el documento. Hay muchas discordias entre los hermanos.* **manzana* de la ~.**

discoteca *s. f.* 1 Establecimiento público nocturno donde se escucha música, se baila y se consumen bebidas: *La discoteca cierra tarde.* 2 Conjunto o colección de discos: *La discoteca de música clásica de esta emisora es muy buena. El centro andaluz tiene una buena discoteca flamenca.*

discotequero, ra *adj.* 1 COLOQUIAL. Propio de la música y el ambiente de las discotecas: *Es un grupo muy discotequero.* || *adj. / s. m.* y *f.* 2 Que es muy amigo de ir a las discotecas: *Es un tipo muy discotequero. Es una chica discotequera.*

discreción *s. f.* 1 Prudencia y reserva en la forma de actuar o hablar: *El asunto es delicado, hay que tener discreción. Confío en tu discreción, no digas nada.* 2 Sensatez para formar juicio y tacto para hablar u obrar: *Sus palabras revelaban una discreción impropia de sus pocos años.* SIN. prudencia. FR. Y LOC. **a ~** Según el juicio de cada uno, sin limitación: *Sírvanse a discreción. ¡Fuego a discreción!*

discrecional *adj.* Que se deja a la prudencia, discreción o criterio de la persona o autoridad que tiene facultades para aplicar o utilizar algo que no está regulado con precisión: *facultades discrecionales, poderes discrecionales. La asistencia es discrecional.* **parada* ~. servicio* ~.**

discrepancia *s. f.* Diferencia de opinión o de actuación entre varias personas: *Los dirigentes de los diferentes partidos tienen discrepancias en la política internacional. Hay que limar las discrepancias entre los diferentes delegados para emprender una campaña común. Los dos amigos tienen discrepancias religiosas, pero se llevan muy bien.*

discrepar *v. intr.* 1 Estar ‹una persona› en desacuerdo con [otra persona]: *Discrepo **de** Antonio **en** la manera de pasar las vacaciones.* SIN. disentir. 2 Ser ‹una cosa› muy distinta de [otra cosa]: *Tu opinión discrepa totalmente **de** la suya. Tu forma de divertirte y la mía discrepan bastante, pero no me preocupa.*

discretear *v. intr. / tr.* RESTRINGIDO. Hablar ‹varias personas› en voz baja o al oído para que otras no se enteren: *Es de mala educación discretear en presencia de otras personas.*

discreto, ta *adj.* 1 Que se comporta con discreción: *Es un chico muy discreto, no te dejará nunca en ridículo.* 2 (antepuesto / pospuesto) Que muestra o implica discreción: *una discreta sonrisa, una respuesta discreta.* 3 (antepuesto / pospuesto) Que no destaca por nada en especial: *una discreta exposición, unos resultados discretos.*

discriminación *s. f.* 1 Ideología o comportamiento de la persona que considera que otra es inferior por motivos raciales, religiosos, sociales o ideológicos: *Nuestra asociación no admite ningún tipo de discriminación.* || **2 ~ positiva** Protección específica que se da a algún grupo minoritario para asegurar su desarrollo o supervivencia: *Algunos decretos suponen una discriminación positiva de ciertos artesanos o de algunas culturas.*

discriminar *v. tr.* 1 Dar ‹una persona› trato ofensivo o diferente [a otra persona] por motivos étnicos, sociales, políticos o religiosos: *Los gitanos protestan porque en algunas escuelas los discriminan.* 2 Considerar ‹una persona› distinta [una cosa] de [otra cosa]: *Discrimina muy bien los sonidos. No es capaz de discriminar bien los colores.*

discriminatorio, ria *adj.* Que discrimina: *Algunas mujeres sufren un trato discriminatorio al no poder acceder a los mismos cargos de dirección que los hombres.*

disculpa *s. f.* 1 Razón que se da para disculparse o excusarse de algo: *Le presento mis disculpas. No admito disculpas.* SIN. excusa. 2 Razón poco convincente que se alega para no cumplir algo a lo que se estaría obligado: *A la hora de trabajar, siempre viene con disculpas.* SIN. pretexto. FR. Y LOC. **pedir disculpas** Disculparse ‹una persona›: *Pido disculpas por llegar tarde. Pídele disculpas a María.*

disculpable *adj.* Que merece disculpa o perdón: *¿Crees tú que cualquier error es disculpable?*

disculpar *v. tr.* 1 Encontrar o presentar ‹una persona› una explicación que libre de una culpa o una obligación a [otra persona] o [una cosa]: *El calor disculpa todo en estas fechas. Debemos disculparle, porque es despistado. Siempre se disculpan los errores de los amigos.* SIN. excusar. || *v. prnl.* 2 Dar ‹una persona› explicaciones [a otra persona] para librarse de una culpa o de una obligación: *Me disculpo, porque he perdido el autobús y he llegado tarde.* SIN. excusarse.

discurrir *v. intr.* 1 Pasar ‹una persona, un animal o una cosa› continuamente por [un lugar]: *El río discurre **por** el valle. Los rebaños discurren **por** las cañadas. La manifestación discurre **por** las calles de costumbre.* 2 Pasar ‹un periodo de tiempo›: *La tarde discurría tranquila. La noche discurrió muy ruidosa.* 3 Pensar ‹una persona› mucho: *Le gusta discurrir en silencio. No discurras tanto, que te vas a volver loca.* || *v. tr.* 4 Pensar ‹una persona› [cosas nuevas]: *Se han pasado la tarde discurriendo nuevas fechorías. Es una guionista que discurre siempre nuevas historias.*

discursivo, va *adj.* 1 Del discurso o del razonamiento: *proceso discursivo.* 2 Que tiende a reflexionar o encierra reflexiones: *Tiene pasajes muy discursivos en su novela. Es un escritor muy discursivo. El segundo acto es aburrido, lleno de monólogos excesivamente discursivos.*

discurso *s. m.* 1 Exposición oral en público: *discurso de bienvenida, discurso político. Pronunció un discurso de agradecimiento. No me pegues un discurso. Me siento cansada y no estoy para discursos.* 2 LING. Serie de palabras y frases significativas enlazadas coherentemente: *el análisis del discurso.* 3 Conjunto de ideas y manera de razonar: *el discurso positivista.* 4 Escrito científico de extensión variable: *Escribió un discurso sobre la filosofía del lenguaje.* 5 Espacio de tiempo: *En el discurso de tres horas nadie habló. En el discurso de su vida siempre sirvió a su patria y a sus amigos.*

discusión *s. f.* 1 Conversación o escrito en el que se defienden opiniones contrarias: *Se enzarzaron en una discusión sobre temas religiosos.* 2 Análisis de una cuestión desde diferentes puntos de vista: *la discusión de los presupuestos generales del Estado.* 3 Oposición a lo que alguien dice: *La orden no admite discusión. Tenemos que hacerlo como quiere el jefe, sin discusión posible.*

discutible *adj.* Que se puede o se debe discutir: *Tu explicación es discutible, habrá que considerarla despacio. Esa solución es muy discutible, ofrece muchas dudas.*

discutir *v. tr. / intr.* **1** Examinar ‹varias personas› los distintos aspectos de [una cosa] exponiendo y defendiendo cada una su punto de vista: *Esta mañana los diputados discutirán los presupuestos. Tienen que discutir el plan de jardines. Llevan discutiendo toda la tarde* ***de*** *política. Creo que discuten* ***sobre*** *la calidad del cine actual.* || *v. tr.* **2** Manifestar ‹una persona› su oposición [a otra persona] o a [una cosa]: *Los alumnos discutieron la orden.* || *v. intr.* **3** Regañar: *No se han vuelto a ver desde que discutieron la otra tarde.*

disecar *v. tr.* **1** Preparar ‹una persona› [a un animal muerto] para que tenga la apariencia de vivo: *Hemos disecado una serpiente.* **2** Preparar ‹una persona› [una planta] secándola para que se conserve: *De pequeño metía una rosa entre las hojas de un libro y la disecaba.* ⇒ **71.**

disección *s. f.* **1** Acción y resultado de dividir en partes un cadáver animal o humano para su estudio: *Los futuros médicos entraban en la sala de disección.* **2** Análisis o examen pormenorizado de una cosa: *La novelista somete a disección en su última obra a toda la sociedad de nuestra ciudad.*

diseccionar *v. tr.* **1** Cortar ‹una persona› [un ser orgánico] en partes para estudiar sus órganos: *Por las tardes tienen que diseccionar cadáveres.* **2** Hacer ‹una persona› el análisis o la disección de [otra persona o de una cosa]: *En su novela ha diseccionado toda la ciudad de arriba abajo.*

diseminación *s. f.* Acción y resultado de diseminar: *La diseminación de las semillas se hace en las siembras.*

diseminar *v. tr.* **1** Separar y alejar ‹una persona o una cosa› [cosas que están juntas] en distintas direcciones: *Los enemigos han diseminado minas por todo el valle que rodea a la ciudad.* SIN. esparcir. || *v. prnl.* **2** Separarse y alejarse ‹cosas que estaban juntas› en distintas direcciones: *Las ovejas se diseminaron por el valle. La familia se ha diseminado por todo el país.* SIN. esparcirse.

disensión *s. f.* **1** Oposición o desacuerdo de varias personas sobre algo: *Las disensiones por la herencia fueron muy grandes. Tienen disensiones sobre la existencia divina.* **2** Disputa o riña entre personas: *Las disensiones en la dirección se oyen en todos los pisos.*

disentería *s. f.* MED. Enfermedad infecciosa que produce inflamación del intestino y diarrea: *epidemia de disentería.*

disentir *v. intr.* Estar ‹una persona› en desacuerdo con las ideas o actuaciones de [otra persona]: *Disiento* ***de*** *sus análisis.* ⇒ **75.**

diseñador, ra *adj. / s. m.* y *f.* Persona que se dedica por profesión a diseñar objetos o vestidos: *Es un diseñador de moda famoso.*

diseñar *v. tr.* **1** Crear ‹una persona› [una cosa útil y atractiva a la vez]: *Ha diseñado una lámpara para leer en la cama. Diseñó una plancha portátil. Ha diseñado un capote contra la lluvia.* **2** Trazar ‹una persona› las líneas de un edificio: *Diseñó en un momento una ciudad y una estación.*

diseño *s. m.* **1** Dibujo o conjunto de líneas principales de una cosa: *diseño de objetos por ordenador, el diseño de un edificio, el diseño de un vestido, el diseño de un aparato.* **2** Actividad y técnica propia de los que conciben la forma original de un objeto. **~ artístico. ~ de modas. ~ gráfico** Arte y técnica de traducir ideas en imágenes y formas visuales. **~ industrial** Actividad y técnica propia de los que conciben la forma original de un objeto, con fines de producción en serie. **3** Forma de cada uno de los objetos: *Lleva un traje de diseño exclusivo. Ese automóvil tiene un diseño muy original.* **4** Descripción o explicación breve de alguna cosa: *¿Queréis que os haga un diseño de la casa?* FR. Y LOC. **droga* de ~.**

disépalo, la *adj.* BOT. [Flor, cáliz] que tiene dos sépalos.

disertación *s. f.* Escrito o discurso, generalmente de tipo académico: *Tengo que escribir una disertación sobre la incidencia de los cambios climáticos.*

disertar *v. intr.* Hablar ‹una persona› de [un tema] con autoridad en público: *Disertó* ***de*** *antropología. Todos los domingos diserta en el periódico* ***sobre*** *la industria local.*

disfasia *s. f.* Grado moderado de afasia.

disfavor *s. m.* **1** ELEVADO. Acción o dicho desfavorable que ocasiona algún daño o malestar: *Obligarme a cenar con Andrés fue un disfavor.* **2** (en singular) ELEVADO. Pérdida del afecto, el respeto o la consideración de los demás: *Sus últimas declaraciones sobre el racismo han hecho que se haya ganado el disfavor de la comunidad.* **3** ELEVADO. Descortesía, desatención hacia alguien: *Cuando bebe, sólo hace disfavores a los invitados. Sus disfavores hacia mis amigos son insoportables.*

disforme *adj.* RESTRINGIDO. Deforme.

disforzar *v. intr.* PERÚ. Hacer ‹una persona› melindres o remilgos.

disfraz *s. m.* **1** Vestidura propia de fiestas o carnavales que cambia el aspecto de la persona para que no sea reconocida: *un disfraz de Drácula.* **baile de disfraces.** **2** Engaño o disimulo: *Lleva siempre el disfraz de la modestia.*

disfrazar *v. tr. / prnl.* **1** Cambiar ‹una persona› el aspecto de [otra persona] o de [una cosa] para que no sea reconocida: ***Se*** *disfrazó para salir del país.* **2** Poner ‹una persona› [a otra persona] un disfraz: ***Se*** *disfrazó* ***de*** *pirata.* ***Me*** *disfrazaré* ***con*** *un traje de hombre primitivo. Disfrazó a todos los niños* ***de*** *caramelos.* || *v. tr.* **3** Hacer parecer ‹una persona› distintos de lo que son realmente [sus sentimientos, sus deseos o sus ideas]: *Es capaz de disfrazar perfectamente sus intenciones.* ⇒ **19.**

disfrutar *v. intr. / tr.* **1** Sentir ‹una persona› placer o alegría en [un lugar] o con [una cosa]: *Mi hija disfruta mucho* ***en*** *la piscina. Los niños disfrutan* ***con*** *la televisión. Me gustó vuestra cena, la disfruté con mucho placer.* || *v. intr.* **2** Tener ‹una persona› las ventajas que le proporciona [una cosa]: *Disfruta* ***de*** *buena salud.* SIN. gozar. **3** Tener ‹una persona› [el apoyo o la ayuda] de otra persona: *Disfruta de buenos amigos en el ministerio.*

disfrute *s. m.* (no contable) Acción y resultado de disfrutar: *Ahora se dedica al disfrute de su herencia. Para mí la playa no es ningún disfrute.*

disfunción *s. f.* **1** FISIOL. Alteración de una función orgánica: *disfunción intestinal.* **2** Desarreglo en el funcionamiento de una cosa: *Tus intervenciones producen disfunción en el grupo de trabajo.*

disgregación *s. f.* Acción y resultado de disgregar o disgregarse: *La disgregación de la pandilla se produjo al salir del colegio. La arena procede de la disgregación de las rocas.*

disgregador, ra *adj.* Que disgrega o separa: *la fuerza disgregadora del hielo. El odio es un disgregador familiar.*

disgregar *v. tr.* **1** Separar ‹una persona o una cosa› los elementos de [una cosa que forma un todo] en partes: *La erosión acabará disgregando toda la colina.* **2** Separar ‹una persona o una cosa› [personas, animales o cosas que forman un grupo]: *Las tormentas han disgregado la cubierta vegetal de la zona. La ideología del consumismo tiende a disgregar las familias.* SIN. dispersar. || *v. prnl.* **3** Separarse las partes de ‹una cosa que formaba un todo›: *Se están disgregando las piedras del muro que rodea el parque.* **4** Separarse ‹personas, animales o cosas que formaban un grupo›: *Hace tiempo que se han disgregado los componentes del conjunto musical.* SIN. dispersarse. ⇒ **56.**

disgregativo, va *adj.* Que disgrega o puede disgregar: *una sustancia disgregativa.*

disgustar *v. tr.* **1** Causar ‹una persona o una cosa› una impresión desagradable [a una persona]: *Me disgusta el tabaco. Me disgustan las palabras soeces.* SIN. desagradar. **2** Causar ‹una cosa› tristeza [a una persona]: *Me ha disgustado su falta de sensibilidad. Me disgusta que ya no se acuerde de su madre.* || *v. prnl.* **3** Sentirse ‹una persona› muy molesta o enfadada con [otra persona]: *Se ha disgustado* ***con*** *su hermano. Se disgustaron* ***por*** *una tontería.* **4** Sentir ‹una persona› tristeza por [una cosa]: *Se disgustó* ***por*** *el desprecio de su compañero. Estoy disgustado* ***con*** *los insultos del periódico.*

disgusto *s. m.* **1** Tristeza o preocupación: *Mi hijo me ha dado un gran disgusto con las notas.* **2** Desgracia: *Si sigues bebiendo así vas a tener un disgusto.* **3** Enfado: *He tenido un disgusto con mi madre.* FR. Y LOC. **a ~** Incómodo, de mala gana: *Para venir a disgusto, mejor es que te quedes. Siempre que voy a su casa me encuentro a disgusto.*

disidencia *s. f.* **1** Acción y resultado de disidir: *En las dictaduras no se admite la disidencia.* **2** Desacuerdo importante de opiniones: *Las disidencias en el partido son ahora mismo importantes.*

disidente *adj. / s. m.* y *f.* Que diside, no está de acuerdo o tiene opiniones o posiciones que son contrarias o se apartan de las de la comunidad, colectivo, grupo o partido político al que pertenece: *escritor disidente, literatura disidente.*

disidir *v. intr.* RESTRINGIDO. Dejar de estar ‹una persona› de acuerdo con las ideas de [un grupo] o de [un partido]: *Yo decidí disidir hace muchos años.*

disimilitud *s. f.* ELEVADO. Falta de similitud o semejanza: *La disimilitud entre los dos comportamientos era evidente.*

disimulado, da *adj. / s. m.* y *f.* Que tiene tendencia a disimular: *Es muy disimulada y no sabes qué creer.* FR. Y LOC. **hacerse el ~** Fingir ‹una persona› que no se entera de algo: *Niño, no te hagas el disimulado y pon la mesa, que ya me has oído.*

disimular *v. tr.* **1** Ocultar ‹una persona› [una cosa] para que no se note o no se vea: *Disimulaban las sillas apilándolas detrás de un biombo del salón de baile. Disimulaba la risa tosiendo escandalosamente.* SIN. esconder. **2** Ocultar ‹una persona› [una falta de otra persona]: *No conviene disimular los errores de los demás, porque nos afectan a todos.* || *v. tr. / intr.* **3** Ocultar ‹una persona› que conoce o se entera de [una cosa]: *Disimula, como si no lo vieras.*

disimulo *s. m.* Actitud o comportamiento con el que se oculta lo que se hace, lo que se piensa o lo que se proyecta: *Me admira la capacidad de disimulo que tiene, tan sonriente con sus enemigos. Es un genio del disimulo, no te fíes.*

disipación *s. f.* (no contable) ELEVADO. Conducta de una persona entregada en exceso a las diversiones y placeres: *La disipación de su vida lo alejó de cargos y honores.*

disipado, da *adj. / s. m.* y *f.* [Persona] que se dedica solamente a divertirse y es irresponsable en el trabajo y en sus deberes sociales: *Es un disipado, en tres años se ha comido la herencia en juergas. No seas tan disipado y estudia algo.*

disipar *v. tr.* **1** Hacer desaparecer ‹una cosa› [otra cosa] gradualmente: *El viento va disipando la contaminación de la ciudad. Para disipar la desconfianza lo mejor es la verdad por delante.* **2** Gastar ‹una persona› [su dinero o sus bienes] imprudentemente: *Ha disipado toda su fortuna y ahora está en la miseria.* SIN. despilfarrar. || *v. prnl.* **3** Desaparecer ‹una cosa› gradualmente: *La niebla se disipa con el sol.*

diskette *s. m.* Disquete.

dislalia *s. f.* (no contable) MED. Dificultad en la pronunciación de las palabras.

dislate *s. m.* ELEVADO. Disparate, error: *Escribió un texto cargado de dislates.*

dislexia *s. f.* (no contable) MED. Dificultad para reproducir o reconocer el lenguaje escrito.

disléxico, ca *adj.* **1** De la dislexia: *síntoma disléxico.* || *adj. / s. m.* y *f.* **2** Que padece dislexia: *Tengo un hijo disléxico.*

dislocación *s. f.* MED. Desplazamiento anormal de un órgano, especialmente de un hueso.

dislocar *v. tr.* **1** Sacar ‹una persona o una cosa› [un hueso o una articulación del cuerpo de una persona o de un animal] de su lugar: *El defensa dislocó sin querer la clavícula de un contrario.* **2** RESTRINGIDO. Introducir ‹una persona› cambios al explicar [una cosa que ha sucedido o se ha dicho]: *Cuéntalo bien, no disloques lo que pasó.* || *v. prnl.* **3** Salirse ‹un hueso o una articulación del cuerpo de una persona o de un animal› de su lugar: *Se me ha dislocado la muñeca.* ⇒ **71.**

dismenorrea *s. f.* (no contable) MED. Menstruación dolorosa.

disminución *s. f.* Acción y resultado de disminuir: *La disminución de alumnos en la escuela se relaciona con la baja tasa de natalidad. La disminución del consumo de tabaco mejoraría la salud de la población. No es fácil convencer a los sindicatos para que acepten una disminución salarial.*

disminuido, da *adj. / s. m.* y *f.* Que tiene mermada alguna capacidad física o psíquica: *Quiere dedicarse a los disminuidos físicos. Tiene dos alumnos disminuidos en su clase.*

disminuir *v. tr.* **1** Hacer ‹una persona o una cosa› más pequeña, menos intensa, menos numerosa o menos importante [una cosa]: *He disminuido el ritmo de trabajo estos años. En este restaurante el nuevo cocinero ha disminuido las raciones.* SIN. reducir. || *v. intr.* **2** Hacerse ‹una cosa› más pequeña, menos intensa, menos numerosa o menos importante: *Ha disminuido la inflación este año.* ⇒ **46.**

disnea *s. f.* (no contable) MED. Sensación de ahogo, dificultad al respirar.

disociar *v. tr.* **1** Separar ‹una persona o una cosa› los componentes de [una cosa]: *Hay que disociar el amor y los negocios. Disociemos la realidad de nuestros deseos.* ||

v. prnl. **2** Separarse los componentes de ‹una cosa›: *La sal se disocia en cloro y sodio.*

disolubilidad *s. f.* **1** Facilidad para disolverse una cosa: *La disolubilidad de la sal o del azúcar aumenta en los líquidos calientes.* **2** Capacidad o posibilidad de disolverse o romperse una unión: *La Iglesia no admite la disolubilidad del matrimonio.*

disoluble *adj.* Que se puede disolver. SIN. soluble.

disolución *s. f.* **1** Acción y resultado de disolver o disolverse: *Agite el frasco hasta la completa disolución del preparado.* **2** Mezcla homogénea y generalmente líquida de dos sustancias: *Agitaba un frasco que contenía una disolución roja.* SIN. solución. **~ acuosa** Disolución en la que la sustancia disolvente es agua. **3** Relajación de vida y costumbres: *Su austeridad contrastaba con la disolución de la vida cortesana.* **4** Anulación de los vínculos personales, profesionales o empresariales: *Están planeando la disolución de la sociedad. Han hablado de la disolución del gabinete donde trabajan. Con estas deudas lo más probable es la disolución del equipo.*

disoluto, ta *adj. / s. m.* y *f.* Que va contra la moral establecida: *Lleva una vida disoluta. Tiene unas costumbres disolutas.*

disolvente *adj. / s. m.* Que disuelve: *líquido disolvente, sustancia disolvente. Necesito un disolvente para hacer la mezcla.*

disolver *v. tr.* **1** Deshacer ‹una persona› [una sustancia] [en un líquido] hasta conseguir una mezcla homogénea: *Disuelva el paquete de polvos en agua.* SIN. diluir. **2** Deshacer ‹una persona› [un contrato que liga a varias personas]: *Los tribunales han disuelto la compañía.* **3** Deshacer ‹una persona› [un grupo de personas]: *La policía disolvió la manifestación. Sus críticas acabaron disolviendo el grupo de trabajo.* **4** Hacer desaparecer ‹una cosa› [otra cosa]: *El tiempo disuelve todos los afectos y recuerdos. La ira disuelve las amistades.* || *v. prnl.* **5** Deshacerse ‹una sustancia› [en un líquido]: *La pintura se disuelve* ***con*** *aguarrás. La harina se disuelve muy bien en leche fría.* SIN. diluirse. **6** Deshacerse ‹una reunión de personas›: *Se ha disuelto el Club de Amigos del Parchís. Los manifestantes se disolvieron pacíficamente.* **7** Desaparecer ‹una cosa›: *Su crítica se disuelve en detalles sin interés. La venganza se disuelve con el paso del tiempo.* ⇒ **88.**

disonancia *s. f.* **1** Conjunto de sonidos no acordes: *Consigue unas disonancias llamativas con su piano. Las disonancias de su música tienen fuerza.* **2** Sonido desagradable: *Toca algo en serio, no me gustan las disonancias de tu guitarra.* **3** Falta de proporción o de armonía entre las cosas que naturalmente deberían tenerla: *Está un poco chiflado, hay una disonancia total entre lo que dice y lo que hace. Entre su teoría y su arte la disonancia es total.*

disonante *adj.* **1** Que disuena: *ritmo disonante, voces disonantes.* **2** Que no armoniza, desentona y se diferencia mucho de lo que le rodea: *estilo disonante, belleza disonante.*

disonar *v. intr.* **1** Sonar ‹una cosa› de manera inarmónica: *Ayer disonaban un poco los violines.* **2** No estar ‹una cosa› en armonía o en correspondencia con otras, como debería suceder: *Esas cortinas disuenan en este salón.* SIN. discordar. ⇒ **28.**

dispar *adj.* Que no es igual: *dos opiniones dispares. Son dos hermanos muy dispares.*

disparada *s. f.* ARG., MÉX., NIC., URUG.; COLOQUIAL en Argentina y Uruguay. Fuga precipitada y sin orden. FR. Y LOC. **a la ~** ARG., CHILE, PERÚ, URUG. A todo correr.

disparadero *s. m.* Disparador de un arma. FR. Y LOC. **poner* en el ~.**

disparado, da *adj.* **1** Que actúa con mucha prisa: *Cuando le dijeron que le había tocado la lotería salió disparado. Es difícil hablar con el jefe, siempre anda disparado y no sé cómo acercarme a él.* || *adv. modo* MÉX. Precipitadamente, rápidamente.

disparador *s. m.* **1** Mecanismo de un arma de fuego que mueve la palanca de disparo: *Ten cuidado con esta escopeta, que salta el disparador con facilidad.* **2** Mecanismo de las máquinas fotográficas que abre el obturador: *Aprieta el disparador sin mover la máquina.*

disparar *v. tr. / intr.* **1** Hacer ‹una persona› que [un arma] lance un proyectil: *No dispares al aire. Dispara el arco con tranquilidad. Le gusta mucho disparar cohetes en las fiestas.* **2** Poner ‹una persona› en funcionamiento [una máquina de fotos]: *Venga Luis, dispara de una vez.* **3** Lanzar ‹una persona› [una cosa] con fuerza: *El delantero disparó* ***a*** *puerta.* **4** COLOQUIAL. Lanzar ‹una persona› preguntas brusca y rápidamente a otra persona: *En la rueda de prensa los periodistas dispararon sin misericordia sobre el portavoz gubernamental.* || *v. prnl.* **5** Lanzar ‹un arma› un proyectil: *Con el seguro puesto el fusil no se dispara.* **6** RESTRINGIDO. Dirigirse ‹una persona› a [un lugar] precipitadamente: *Se disparó* ***hacia*** *la escuela.* **7** Aumentar ‹una cosa› excesivamente: *Los precios se han disparado en Navidad. Se dispararán las compras de paquetes de vacaciones, según los expertos.* **8** Mostrar ‹una persona› su irritación o su cólera con palabras o gestos violentos: *En cuanto le dices algo de su trabajo se dispara y empieza a gritar.* **9** Ponerse en marcha ‹un mecanismo›: *El flash se dispara automáticamente cuando hay poca luz. La alarma se dispara cuando hace mucho calor.* || *v. intr. / prnl.* **10** MÉX.; COLOQUIAL. Pagar ‹una persona› [el consumo de los amigos].

disparatar *v. intr.* Hablar o actuar ‹una persona› de manera contraria a la razón y sin sentido: *No le hagas caso, está muy deprimido y a veces disparata.*

disparate *s. m.* **1** Cosa absurda, equivocada o irreflexiva: *No decía más que disparates. Dejar al niño solo ha sido un disparate. ¡Cómo lo vea por la calle, soy capaz de hacer un disparate!* **2** (no contable) COLOQUIAL. Exceso, cantidad exagerada, muy por encima de lo normal: *Trajo un disparate de bebidas y sólo estábamos tres. Esa casa habrá costado un disparate. Tiene un disparate de zapatos y ya no sabe dónde guardarlos.*

disparo *s. m.* **1** Lanzamiento con fuerza y violencia: *el disparo del delantero.* **2** Acción y resultado de disparar un arma: *el disparo de un cañón, el disparo de un revólver.* **3** Dispositivo que pone en marcha un mecanismo: *el disparo de la alarma.* **4** COLOQUIAL. Pregunta brusca y rápida: *El portavoz aguantó tranquilo los disparos de la prensa.*

dispendio *s. m.* ELEVADO. Gasto grande e innecesario de tiempo o dinero: *El dispendio del tiempo ya lo pagarás más adelante. Tus vecinos han hecho un dispendio absurdo en la boda de su hijo mayor.*

dispendioso, sa *adj.* (antepuesto / pospuesto) Que produce gastos considerables: *Han organizado unas vacaciones* *muy dispendiosas. Quieren suprimir las dispendiosas recepciones de la Fundación.*

dispensa *s. f.* Privilegio por el que una persona está dispensada de hacer una cosa o cumplir una ley: *Necesitaron una dispensa de Roma para casarse, porque eran primos. El rector me ha concedido dispensa para examinarme en la convocatoria extraordinaria de febrero.*

dispensador, ra *adj. / s. m.* y *f.* RESTRINGIDO. Que dispensa o proporciona favores: *Para los católicos, la Virgen María es la dispensadora de todas las gracias.*

dispensar *v. tr.* **1** Conceder ‹una persona› [una cosa] a [otra persona]: *Le dispensaron una buena acogida.* **2** Librar ‹una persona o una cosa› [a una persona] de [una obligación]: *Me dispensaron **del** primer ejercicio. La lesión en la rodilla me ha dispensado **del** servicio militar.* SIN. eximir. **3** No tener ‹una persona› en cuenta [una falta cometida por otra]: *Dispénseme **por** haberle molestado.* SIN. disculpar.

dispensario *s. m.* RESTRINGIDO. Ambulatorio, establecimiento sanitario donde se da asistencia médica y farmacéutica a enfermos externos.

dispepsia *s. f.* (no contable) MED. Mala digestión de los alimentos.

dispersar *v. tr.* **1** Separar y alejar ‹una persona o una cosa› [personas, animales o cosas que forman grupo]: *Los perros dispersaron a los lobos. Los vaqueros dispersaron la manada. La aviación dispersó las tropas enemigas.* **2** Hacer desaparecer ‹una cosa› [otra cosa]: *El detergente dispersa la grasa. El viento dispersó el polvo del camino.* || *v. tr. / prnl.* **3** Dedicar ‹una persona› [su atención o su actividad] a [cosas muy distintas]: ***Se** dispersó **en** diferentes estudios y no tiene ningún título. Tienes que concentrarte en un deporte, si no quieres dispersar**te**. No puedes dispersar la atención en tantas tonterías.* || *v. prnl.* **4** Separarse y alejarse ‹personas, animales o cosas que formaban grupo›: *Los alumnos se dispersaron bajo los árboles con la lluvia.* **5** Desaparecer ‹una cosa›: *Se ha dispersado la ceniza del cigarro en el suelo.* ⇒ **92.**

dispersión *s. f.* Acción y resultado de dispersar o dispersarse: *La dispersión de los efectivos policiales obligó a los gamberros a no actuar. La dispersión de las empresas dificulta el control de los vertidos ilegales.*

dispersivo, va *adj.* RESTRINGIDO. Que dispersa o puede dispersar: *Tiene un carácter muy dispersivo. La contaminación disminuirá si aparecen vientos del oeste, que son dispersivos en nuestra ciudad.*

disperso, sa *adj.* **1** Que está repartido en diferentes espacios o direcciones: *objetivos dispersos, ropas dispersas **en** la habitación, propiedades dispersas **por** el mundo. Mis hijos viven dispersos por provincias distintas.* **2** Que se concentra con dificultad: *Tiene una mente muy dispersa. Tiene un temperamento disperso.* || *p.* **3** Participio irregular de *dispersar.*

displasia *s. f.* MED. Malformación congénita.

display (del inglés; pronunciamos *'displey'*) *s m.* **1** INFORM. Pantalla terminal de ordenador donde sale la información deseada. **2** Pantalla de una calculadora digital. **3** Folleto desplegable.

displicencia *s. f.* (no contable) Indiferencia, desgana con la que se hace algo: *Trata a sus invitados con mucha displicencia, como si quisiera que se fueran.*

displicente *adj.* **1** (ser / estar; antepuesto / pospuesto) Que desagrada o disgusta como señal de indiferencia o malhumor: *displicente mirada, trato displicente, gesto displicente. Siempre ha sido muy displicente. Hoy está muy displicente.* || *adj. / s. m.* y *f.* **2** Que se comporta con indiferencia hacia los demás o se disgusta con facilidad: *Eres un displicente, ¡menudo carácter! Me molestan mucho las personas displicentes.*

disponer *v. tr.* **1** Poner en orden ‹una persona› [una cosa] convenientemente: *He dispuesto las botellas en la bodega. El general dispuso sus baterías en torno a la ciudad.* **2** Preparar ‹una persona› [una cosa] para [otra persona o cosa]: *Dispuso la casa **para** la fiesta. Dispondré la habitación **para** María. Mi madre es la que dispone todo lo necesario **para** la cena.* **3** Mandar ‹una persona con autoridad o una institución› [una cosa]: *El Ayuntamiento ha dispuesto que no se circule por el centro de la ciudad. El juez ha dispuesto que los encarcelen.* SIN. establecer. || *v. intr.* **4** Tener ‹una persona› [una cosa]: *Dispongo **de** todo el tiempo del mundo.* **5** Tener ‹una persona› libertad para utilizar [una cosa]: *Dispón **de** todos mis bienes.* **6** Utilizar ‹una persona› los servicios o la ayuda [de otra persona]: *Dispón **de** mí. Si lo necesitas, puedes disponer **de** todos nosotros.* || *v. prnl.* **7** Prepararse ‹una persona› para [hacer una cosa]: *Se dispuso **para** estudiar la primera lección.* **8** Estar ‹una persona› a punto de [hacer una cosa]: *Se disponía **a** salir. Nos disponemos **a** escribir las felicitaciones navideñas.* ⇒ **60.**

disponibilidad *s. f.* **1** (no contable) Calidad o situación de disponible: *Te agradezco tu disponibilidad para ayudarnos. Pertenezco a un grupo de funcionarios al que se le exige disponibilidad total las veinticuatro horas del día.* **2** (en plural) Cantidad de dinero, bienes o medios de que se dispone: *Nuestras disponibilidades no nos permiten servir ese pedido.*

disponible *adj.* **1** Que puede ser utilizado, o que está a disposición de una persona o cosa: *Aquí hay dos plazas disponibles, pueden ocuparlas ustedes. Siempre estoy disponible para ti. Por las tardes estoy disponible por si me necesitas.* **2** [Militar, funcionario] que puede ser destinado a un servicio en cualquier momento: *Estamos disponibles todos los días a todas horas.*

disposición *s. f.* **1** Acción y efecto de disponer, colocar o distribuir: *El nuevo arquitecto cambió la disposición de las habitaciones. En un momento cambió la disposición del cuarto.* SIN. distribución. **2** Acción de valerse de una persona o cosa como de algo propio: *Todos los libros de la casa estaban a mi disposición. Estoy a su disposición.* SIN. servicio. **3** Orden, decreto o ley: *una disposición ministerial.* SIN. resolución. **4** Estado físico o anímico de alguien: *No estoy en disposición de viajar.* **5** Aptitud para algún fin: *Tiene mucha disposición para la mecánica.* SIN. facilidad. **6** Medios legales o sociales que se usan para un fin: *Hemos tomado las oportunas disposiciones para que nadie entre en la fiesta sin invitación. La policía ultima las disposiciones para evitar los secuestros de ciudadanos.* || **7 última ~** Testamento. FR. Y LOC. **estar* a ~ de.**

dispositivo *s. m.* **1** Conjunto de elementos combinados entre sí para realizar una función determinada: *La puerta se abre gracias a un dispositivo electrónico.* **2** Conjunto organizado de personas con un fin determinado: *Se desplegó un impresionante dispositivo de seguridad durante el concierto. La policía atrapó a los ladrones tras preparar un dispositivo especial de seguimiento.* SIN. plan. || **3 ~ intrauterino** DIU.

disprosio *s. m. Dy.* Elemento químico metálico y sólido del grupo de los lantánidos, que posee propiedades magnéticas.

dispuesto, ta *adj.* **1** (estar) Que está listo para ser utilizado: *La mesa está dispuesta.* **2** (estar) Que está listo para hacer una cosa o decidido a hacerla: *Está dispuesto **a** hacer la comida. Está dispuesta **para** salir.* **3** Que hace las cosas con habilidad y ganas: *Quiero contratarla porque es una persona muy dispuesta.* || *p.* **4** Participio irregular de *disponer.* FR. Y LOC. **bien / mal ~** Que tiene una actitud favorable o desfavorable para hacer alguna cosa: *Está bien dispuesto **para** el trabajo. Está mal dispuesto **para** conocer a tus amigos.*

disputa *s. f.* **1** Riña, pelea entre dos o más personas: *En el restaurante se produjo una disputa porque la comida era mucho más cara de lo que señalaba el menú.* SIN. discusión. **2** Competición para conseguir un premio o un objetivo cualquiera: *Todos observamos que en la empresa hay mucha disputa por llegar al puesto de director general. Los perros tienen frecuentemente disputas **por** el cariño del dueño.*

disputar *v. tr. / intr.* **1** Tener ‹varias personas› una discusión violenta sobre [una cosa]: *Disputaban **sobre** la política económica del gobierno. Disputábamos **acerca de** la necesidad de poner la parabólica.* SIN. discutir. || *v. tr. / intr. / prnl.* **2** Tener ‹varias personas› el deseo de conseguir [la misma cosa] y luchar por ella: *Disputan **por** la herencia desde hace años. **Se** disputaban el primer premio varios violinistas internacionales. Veinte niños seleccionados disputarán este año la final del torneo de redacción fantástica.* SIN. competir.

disquería *s. f.* ARG., URUG. Tienda de discos.

disquete o **diskette** *s. m.* INFORM. Disco magnético flexible y portátil para almacenar información: *disquete de doble densidad, disquete de alta densidad, disquete de 5 1/4, disquete de 3 1/2.*

disquetera *s. f.* Dispositivo de un ordenador usado para leer y grabar la información de los disquetes o discos flexibles: *Mi ordenador tiene dos disqueteras para los dos tamaños de disquetes.*

disquisición *s. f.* **1** (preferentemente en plural) Comentario que se aparta del tema principal de un escrito o de un discurso: *El conferenciante se perdió en disquisiciones. Lo mejor de sus clases son las disquisiciones esporádicas que hace.* SIN. digresión. **2** Examen profundo y detallado: *Me gustaría hacer una disquisición del tema. Se han escrito muchas disquisiciones sobre el tema.*

distancia *s. f.* **1** Espacio o tiempo que separa dos personas o cosas: *Una distancia de varios siglos separa a Miguel Ángel de Rodin. Madrid y Buenos Aires están a muchos kilómetros de distancia. Es el mejor atleta en esta distancia. Estas industrias están colocadas a una distancia de seguridad de cualquier población.* **2** Diferencia entre unas cosas y otras: *Entre la calidad de estos dos libros media una gran distancia.* **3** Enfriamiento de los sentimientos de amistad o afecto entre personas: *Se ahondó la distancia entre los antiguos amigos.* SIN. alejamiento. **4** MAT. Longitud del segmento de recta comprendido entre dos puntos del espacio: *La distancia más corta entre dos puntos es una recta.* FR. Y LOC. **a (respetuosa) ~** Lejos o de lejos, ya sea por respeto o por antipatía: *Los dos contrincantes se miraban a respetuosa distancia.* **acortar las distancias** Ceder ‹una persona› en alguna cosa para llegar a un acuerdo: *Los sindicatos y el Gobierno acortaron distancias para negociar el futuro salario mínimo.* **guardar las distancias** No permitir ‹una persona› la confianza de otra persona en el trato: *El profesor guardaba las distancias con sus alumnos.* **mando* a ~.**

distanciamiento *s. m.* **1** Alejamiento en el tiempo o en el espacio: *El distanciamiento entre el barco y la costa va aumentando imperceptiblemente.* **2** Alejamiento psicológico o afectivo de dos personas: *Su distanciamiento es cada día mayor, no creo que vuelvan a vivir juntos. El distanciamiento entre nuestras creencias y las tuyas es considerable.*

distanciar *v. tr.* **1** Poner ‹una persona o una cosa› [una cosa] lejos [de otra]: *Distanciaron un compromiso **del** otro para poder descansar un poco. Ha distanciado los dos exámenes para poderlos hacer más cómodo. Cada vez distancia más sus salidas nocturnas.* || *v. tr. / prnl.* **2** Dejar ‹una persona› atrás [a otras personas, animales o cosas]: ***Se** distanció **de** sus perseguidores.* || *v. prnl.* **3** Quedar ‹una cosa› lejos [de otra cosa]: *El globo se distanció **del** punto de partida.* **4** Dejar de tener ‹una persona› amistad o relación con [otra persona]: *Se distanció **de** sus amigos.* **5** Dejar de tener ‹una persona› relación con [una cosa]: *Se distanció **del** asunto.*

distante *adj.* **1** Que dista o está lejos en el tiempo o en el espacio: *Esta novela habla de lugares y épocas distantes. Vivo en un barrio un poco distante del centro de la ciudad.* **2** (ser / estar) Que rehuye o evita la relación o trato íntimo con otras personas: *actitud distante, comportamiento distante. Está muy distante conmigo últimamente, ¿estará enfadado por algo?* **3** (estar) Que dista o está alejado: *una playa distante.* **4** Que se comporta con orgullo y soberbia: *Es una persona muy distante, que no tiene muchos amigos. Se mantiene siempre distante.* SIN. altivo.

distar *v. intr.* **1** Estar ‹una cosa› separada de [otra cosa] en [el espacio o en el tiempo]: *Este pueblo dista 20 kilómetros **del** más próximo.* **2** Ser ‹una cosa› muy diferente de [otra cosa]: *Esto dista mucho **de** la verdad. La prosperidad de sus negocios dista **de** ser auténtica.*

distender *v. tr. / prnl.* **1** Poner ‹una persona o una cosa› floja [una cosa tensa o tirante]: *En primer lugar te enseñan a distender el arco.* SIN. destensar. **2** Hacer desaparecer ‹una persona o una cosa› el nerviosismo de [una persona] o de [un grupo de personas]: *Me he distendido con sus gracias, porque estaba muy tenso. La comida distendió el ambiente.* **3** Producir ‹una cosa› una distensión en [un tendón de una articulación]: *Una mala pisada le ha distendido los ligamentos de la pierna derecha.* ⇒ **80.**

distensión *s. f.* **1** (no contable) Disminución de la tensión de algo: *Después de una hora de enfrentamiento, hubo un momento de distensión. Un chiste puede servir a veces como distensión.* **2** MED. Separación de las fibras de un tejido: *El atleta sufrió una distensión muscular. Tiene una distensión de ligamentos.*

dístico *s. m.* MÉTR. Estrofa de dos versos: *En la poesía griega o latina el dístico constaba de un hexámetro y un pentámetro.*

disticoso, sa *adj.* PERÚ. Que es melindroso para comer.

distinción *s. f.* **1** (no contable) Acción de distinguir o distinguirse: *Hay que hacer distinción entre las dos actitudes. Se parecen tanto que la distinción entre ellos se hace difícil. Entre estos dos modelos la distinción es mínima.* SIN. diferenciación. **2** Elevación sobre lo común, en especial, en elegancia y buenas maneras: *Gustó a todos la distinción con que vestía y sus modales.* SIN. refinamiento. **3** Prerrogativa o privilegio especial con que se distingue a una persona: *No dudó en renunciar a distinciones y honores.* SIN. dignidad. **4** Atención y cuidado hacia una persona: *Trata a todos sus invitados con mucha distinción. Siempre tiene distinciones exquisitas hacia nosotros, no podemos quejarnos.* FR. Y LOC. **sin ~** Sin hacer diferencias: *Obsequió a todos sin distinción.*

distingo *s. m.* ELEVADO. Reparo, distinción sutil: *No me gustan esos distingos que hacen. No me vengas ahora con distingos, no tienes razón.*

distinguido, da *adj.* **1** (antepuesto / pospuesto) Que destaca sobre los demás por alguna cualidad: *Es un distinguido científico. Su hermano era un artista distinguido en todo el país.* **2** Que es elegante: *Tiene una forma de andar muy distinguida. Lleva un abrigo distinguido. Tus padres forman una pareja distinguida.*

distinguir *v. tr.* **1** Conocer ‹una persona› como distintas [varias personas o varias cosas]: *Distingo perfectamente los sonidos del violín de los de la viola. Los daltónicos no distinguen bien todos los colores. Nunca he distinguido los diferentes estilos arquitectónicos. Me cuesta trabajo distinguir las modas. ¿Tú distingues las diferentes formas musicales?* **2** Considerar ‹una persona› [varias cosas] separadamente: *Hay que distinguir* ***entre*** *la poesía romántica y la poesía realista. Si te los cocinan bien no distingues* ***entre*** *un pollo y una gallina.* **3** Oír o ver ‹una persona› [una cosa] perfectamente: *No distingo bien los contornos, porque tengo algo de astigmatismo y me he dejado las gafas en casa. Distingue perfectamente la voz de su madre entre las otras.* **4** Mostrar ‹una persona› preferencia por [otra persona]: *El director distingue a su secretario claramente. No nos trata a todos igual, distingue a su alumno predilecto.* **5** Conceder ‹una persona› [una distinción] a [otra persona]: *La distinguieron* ***con*** *una medalla de honor. Lo distinguieron* ***con*** *el doctorado honoris causa de la Universidad de Salamanca.* **6** Hacer ‹una cosa› distintas [varias cosas]: *La potencia es lo que distingue esencialmente a ambos modelos. El tipo de letra y la encuadernación distinguen ambas ediciones.* **7** Hacer ‹una cosa› [a una persona o una cosa] distinta o superior [a otras]: *Su inteligencia la distingue* ***de*** *los demás.* ‖ *v. intr.* **8** Proporcionar ‹una cosa› distinción: *Vestir con corbata distingue mucho.* ‖ *v. prnl.* **9** Ser o parecer ‹varias personas o varias cosas› distintas: *Se distinguen perfectamente las dos gemelas.* **10** Oírse o verse ‹una cosa› perfectamente: *Al atardecer no se distinguen bien las cumbres de las montañas.* **11** Hacerse ‹una persona o una cosa› distinta o superior a [otras personas] por [una cosa]: *Se distingue* ***por*** *su belleza. Esta edición se distingue* ***por*** *su cuidado y lujo.* FR. Y LOC. **no ~ lo blanco* de lo negro.** ⇒ **35.**

distintivo, va *adj.* **1** Que distingue o caracteriza algo: *Su fuerte carácter es un rasgo distintivo de su personalidad. El consumismo es una característica distintiva de nuestra sociedad.* ‖ *s. m.* **2** Señal que sirve para diferenciar: *Cada grado militar tiene sus distintivos.* **3** Característica que diferencia o distingue una cosa: *El distintivo de nuestra empresa es la calidad y el servicio personalizado.*

distinto, ta *adj.* **1** Que no es igual: *Esta planta es distinta* ***a*** *esta otra. Este coche es distinto* ***de*** *ése. Son dos situaciones distintas.* SIN. diferente. **2** Que se distingue con facilidad de otra cosa: *Es muy distinto lo que ella dice y lo que tú dices.* **3** (en plural; antepuesto) Varios: *Existen distintas maneras de organizar la clase. Hay distintas posibilidades entre las que elegir.*

distorsión *s. f.* **1** Acción de deformar o tergiversar: *Esquiva su responsabilidad con la distorsión de los hechos.* SIN. alteración. **2** MED. Fuerte estiramiento o desgarro de los ligamentos. SIN. esguince. **3** FÍS. Deformación de imágenes, sonidos o señales producida en su transmisión o reproducción: *La distorsión de las imágenes de este televisor es muy molesta.*

distorsionar *v. tr. / prnl.* **1** Hacer ‹una cosa› deforme [una imagen o un sonido]: *Este aparato distorsiona mucho el sonido. Sigue tocando la antena, porque la imagen todavía* ***se*** *distorsiona.* ‖ *v. tr.* **2** Cambiar ‹una persona› los significados de [un discurso oral o escrito]: *No se puede leer este periódico, distorsiona todas las entrevistas. No te fíes de lo que te cuente, tiende a distorsionar inconscientemente lo que oye.*

distracción *s. f.* **1** Entretenimiento, diversión: *Hemos pensado varias distracciones para los niños. Aquí no faltan distracciones.* **2** Falta de atención: *Tiene frecuentes distracciones, deberíamos llevarlo al médico. La distracción del conductor provocó el accidente.* **3** Cualquier cosa que atrae la atención y la aparta de algo, o que entretiene: *Usted necesita alguna distracción, vaya al cine, pasee. Jugar a las cartas es una distracción sana.*

distraer *v. tr. / prnl.* **1** Proporcionar ‹una persona o una cosa› distracción [a una persona]: ***Se*** *distrae hablando con los vecinos. Me distraen los nietos, los paseos, la tele.* SIN. entretener. ‖ *v. tr.* **2** Hacer ‹una persona o una cosa› que [una persona] deje de prestar atención a [una cosa]: *Estudia, que te distraen las moscas. No estaba escuchando, me distrajo el tipo aquel que pasa por allí.* **3** COLOQUIAL. Robar ‹una persona› [una cosa]: *Están acusados de distraer el bolso de esta señora.* ‖ *v. prnl.* **4** Dejar ‹una persona› de prestar atención a [una cosa]: *Se distrajo* ***del*** *trabajo. Me he distraído con el periódico y no he acabado el trabajo.* ⇒ **83.**

distraído, da *adj.* **1** (estar) Que está entretenido con alguna cosa: *Está distraído con la televisión.* **2** Que divierte: *Es un juego muy distraído.* **3** (ser/ estar) Que no se da cuenta de lo que pasa a su alrededor: *Pedro siempre va distraído pensando en sus cosas. Lucía es una persona muy distraída. Ahora estabas distraído.* **4** (ser/ estar) Que no pone atención en lo que hace o escucha: *Amparo es muy distraída y se olvidará de lo que le digas. José siempre está distraído en clase.*

distribución *s. f.* **1** Acción y resultado de distribuir: *distribución de víveres, distribución de medicamentos, distribución del trabajo. La distribución de mercancías empieza a las ocho de la mañana. La distribución del cine hispano debe reforzarse.* SIN. reparto. **2** Reparto o relación de las partes de un todo en relación al conjunto global: *La distribución de los colores no está conseguida en este cuadro. La distribución de los muebles afea el salón. La distribución de los pabellones del hospital es poco funcional.* **3** MEC. Conjunto de piezas de una máquina que trasladan la fuerza de los cilindros del motor a otros lugares. FR. Y LOC. **cuadro* de ~.**

distribuidor, ra *adj. / s. m.* y *f.* **1** [Persona o empresa] que profesionalmente se dedica a la distribución de productos: *Hemos cambiado de distribuidor de productos de limpieza. Ha montado una distribuidora cinematográfica. No tenemos contacto con los fabricantes, una empresa distribuidora nos proporciona los juguetes.* || *s. m.* **2** Pequeña habitación desde la que se accede a otras varias en una casa: *Al final del pasillo un distribuidor lleva a los dormitorios. Desde este distribuidor se puede ir a todos los despachos.*

distribuir *v. tr.* **1** Dar ‹una persona› a [varias personas] [lo que les corresponde de una cosa]: *Distribuye comida **a** los necesitados. Distribuyó sus bienes **entre** los pobres.* **2** Poner ‹una persona› [un producto] al alcance del [consumidor]: *Últimamente no me distribuyen esa revista. Ahora se dedica a distribuir calzado deportivo.* || *v. tr. / prnl.* **3** Poner ‹una persona› [a varias personas, a varios animales o varias cosas] en [el lugar que les corresponde]: *Distribuyó los libros **en** las estanterías. Los soldados **se** distribuyeron **por** los barracones. Tienes que distribuir bien tu tiempo a lo largo del día.* || *v. prnl.* **4** Estar ‹varias cosas› puestas en [el lugar que les corresponde]: *Las prendas de abrigo se distribuyen **en** armarios.* ⇒ **46.**

distributivo, va *adj.* **1** De la distribución o que expresa distribución: *La justicia distributiva se preocupa de dar a cada uno lo suyo.* **propiedad* distributiva.** **2** GRAM. [Conjunción] que sirve de nexo en las oraciones coordinadas distributivas. **3** GRAM. [Oración] compuesta formada por dos o más proposiciones coordinadas yuxtapuestas en las que se contraponen acciones distribuidas entre varias personas o cosas: *"No sé qué haremos: unos quieren salir y otros no», es una oración distributiva.*

distrito *s. m.* **1** Subdivisión administrativa o jurídica de un territorio o de una población: *distrito municipal, distrito policial.* **~ postal.** || **2 ~ federal** Territorio de la capital en algunas repúblicas federales: *En México la capital está en un distrito federal.*

distrofia *s. f.* MED. Degeneración o desarrollo defectuoso de un órgano o tejido. **~muscular.**

disturbio *s. m.* (preferentemente en plural) Revuelta, alteración del orden público: *La policía tuvo que pedir refuerzos para enfrentarse a los disturbios de ayer en muchas calles de la ciudad. Un atracador solo ha provocado esta mañana disturbios en el centro de la capital. Varios agentes controlarán el campo de fútbol para que no haya disturbios al acabar.* SIN. desorden.

disuadir *v. tr.* Hacer cambiar o abandonar ‹una persona o una cosa› [a una persona] la idea o el propósito de [hacer una cosa]: *Lo disuadí **de** estudiar Filología. No podemos disuadirla **de** salir con quien quiera ella. Cuando nos veamos intentaremos disuadirlo **de** que vaya de vacaciones a la selva.*

disuasión *s. f.* Acción y resultado de disuadir: *No tenemos capacidad de disuasión sobre su familia y no me extrañaría que lo echaran de casa.*

disuasivo, va o **disuasorio, ria** *adj.* Que disuade o puede disuadir: *Ha sido una entrevista disuasiva, pero no creo que me haga caso. Sus consejos pretendían ser disuasorios, pero no hubo manera de que le hiciera caso.*

disuelto, ta *p.* Participio irregular de *disolver.*

disuria *s. f.* MED. Expulsión dolorosa, difícil e incompleta de la orina.

disyunción *s. f.* Relación entre dos o más cosas, cada una de las cuales excluye a las demás: *Entre la distribución y la disyunción existe una gama de matices intermedios.*

disyuntiva *s. f.* Situación en la que sólo existen dos posibilidades entre las que hay que elegir: *Está ante la disyuntiva de irse o quedarse. Me ha puesto ante una disyuntiva, o vengo a vivir con él o rompemos el compromiso.*

disyuntivo, va *adj.* **1** Que implica una elección o relación excluyente entre dos términos o dos cosas. **2** GRAM. [Conjunción] que sirve de nexo en oraciones coordinadas disyuntivas: *La 'o' es la conjunción disyuntiva más frecuente.* **3** GRAM. [Proposiciones] que son coordinadas y que expresan una elección entre dos posibilidades: *La oración «¿Vas o vienes?» contiene dos proposiciones coordinadas disyuntivas.*

ditirambo *s. m.* **1** LIT. Composición poética en honor de Dionisos en la literatura griega. **2** LIT. Composición lírica que expresa un gran entusiasmo por una persona o por una cosa: *Los ditirambos en honor de personajes importantes abundan en el Siglo de Oro.* **3** ELEVADO. Alabanza exagerada: *Este crítico no escribe críticas, escribe ditirambos.*

DIU *s. m.* Sigla de «dispositivo intrauterino», España. Consiste en un aparato anticonceptivo para la mujer que se pone en el cuello de la matriz.

diuca *s. f.* **1** CHILE. (macho y hembra) *Diuca diuca.* Ave paseriforme de color gris con el vientre blanco con una mancha rojiza, que canta al amanecer. || *s. m. / f.* **2** ARG.; COLOQUIAL. Alumno favorito de un profesor.

diuresis (plural *diuresis*) *s. f.* Secreción de la orina: *La diuresis del enfermo es normal.*

diurético, ca *adj. / s. m.* MED. [Sustancia] que sirve para aumentar la secreción y excreción de orina: *Estoy tomando un diurético que me ha recetado el médico. Los diuréticos suelen recetarse a los hipertensos.*

diurno, na *adj.* **1** Que pertenece al día y no a la noche: *una actividad diurna.* **2** [Animal, planta] que realiza sus actividades principales de día: *Los animales diurnos cazan de día. Estas aves rapaces son diurnas. Algunas flores diurnas se cierran durante la noche.* **rapaz diurna.**

divagación *s. f.* Acción y resultado de divagar: *Escribo ahora unas divagaciones semanales en el periódico local. Me molestan las divagaciones del profesor en las clases.*

divagar *v. intr.* **1** Hablar o escribir ‹una persona› sin ajustarse a un plan fijo o no respetando las ideas fundamentales de un esquema: *Es buen profesor, pero en clase le gusta divagar. El testigo debe responder a lo que le preguntan y no divagar. ¿No puedes contar la historia sin divagar?* **2** RESTRINGIDO. Andar ‹una persona› sin rumbo fijo: *Estuvimos divagando por el barrio antiguo de la ciudad y acabamos en la Plaza Mayor. Me gusta divagar cuando paseo.* ⇒ **56.**

diván *s. m.* **1** Asiento para varias personas, largo, almohadillado, sin respaldo ni brazos: *El psicoanalista le pidió que se tendiera en el diván.* **2** (del persa) Antiguo órgano de gobierno de algunos países orientales. **3** LIT. Colección de poesía en árabe, turco o persa.

divergencia *s. f.* **1** Discrepancia o desacuerdo entre dos personas: *Siempre había divergencias en sus puntos de vista sobre el Gobierno. Nuestras divergencias nunca han sido muy graves, nos entendemos bastante bien.* ANT. coincidencia. **2** RESTRINGIDO. Separación progresiva de dos o más líneas, superficies o cosas: la *divergencia de los rayos de luz a través de un prisma. Desde este cruce se acentúa la divergencia entre las dos carreteras, no os equivoquéis.* ANT. convergencia.

divergente *adj.* Que diverge o discrepa: *Mantendremos posturas divergentes. Tenemos opiniones divergentes sobre muchas cosas, pero no nos importa.*

divergir *v. intr.* **1** Separarse ‹varias cosas› progresivamente: *Las carreteras van paralelas hasta el cruce que te he dicho y luego divergen. Nuestras vidas han divergido desde la infancia.* **2** Ser ‹varias personas o varias cosas› distintas u opuestas: *Nuestras opiniones divergen, pero somos flexibles. Mi padre y yo divergimos* ***en*** *muchas cosas.*

diversidad *s. f.* **1** Circunstancia de ser distintas las personas o las cosas: *La diversidad de sus caracteres los hacía incompatibles. La diversidad de muebles en una casa no me disgusta.* SIN. diferencia. **2** Circunstancia de ser múltiples las personas o las cosas: *Hay en el país diversidad de climas. La diversidad de productos que ofrecen los grandes almacenes es inimaginable.* SIN. multiplicidad.

diversificación *s. f.* Acción y resultado de diversificar: *La diversificación de actividades en la vejez ayuda a conservar la salud. La diversificación de lecturas evita el aburrimiento.*

diversificar *v. tr.* **1** Hacer ‹una persona o una cosa› más variada [una cosa]: *Diversificaron los cultivos de mi pueblo. Hemos diversificado las comidas, porque eran algo monótonas.* || *v. prnl.* **2** Hacerse ‹una cosa› más variada: *El paisaje se diversifica a medida que se entra en el interior.* ⇒ **71.**

diversión *s. f.* **1** Acción y resultado de divertir o divertirse: *Me gusta un rato de diversión los sábados por la tarde.* **2** Actividad o cosa que sirve de pasatiempo: *Su diversión favorita es el deporte. La música es una buena diversión. Es una ciudad llena de diversiones.* **3** MIL. Acción destinada a distraer o despistar al enemigo.

diverso, sa *adj.* **1** (antepuesto / pospuesto) Que es diferente: *Expresaron opiniones diversas. Hay diversas ensaladas entre las que elegir. Podemos elegir entre diversos programas.* **2** (en plural) Que son varios o más de uno: *Diversas personalidades asistieron al acto de clausura. Lo asaltaban dudas diversas. No puedes ayudarme porque mis deudas son diversas.*

divertículo *s. m.* ANAT. Bolsa normal o patológica que hay en un conducto o en un órgano hueco.

divertido, da *adj.* **1** (antepuesto / pospuesto) Que divierte o entretiene: *Es un espectáculo divertido. Vimos una divertida comedia. Es una novela divertida.* **2** (antepuesto/ pospuesto) Que es alegre o gracioso y tiene buen humor: *una persona divertida, un divertido grupo de amigos.* **3** GUAT. Que está achispado.

divertimento *s. m.* **1** Composición musical breve y alegre, de estructura relativamente libre, para varios instrumentos: *Los divertimentos eran muy abundantes en el siglo* XVIII. **2** Divertimiento.

divertimiento *s. m.* **1** Cualquier persona o cosa que sirve de diversión: *Este niño es todo un divertimiento. El baile nos sirve de divertimiento.* **2** Distracción, acción y resultado de divertirse: *Estudia por divertimiento.*

divertir *v. tr. / prnl.* **1** Proporcionar ‹una persona o una cosa› diversión [a una persona]: *Tú* ***te*** *diviertes mucho. Me divierte el cine.* SIN. entretener(se). || *v. tr.* **2** Hacer ‹una persona› que [el enemigo] dedique su atención a objetivos poco importantes para debilitarlo: *Con las marchas nocturnas querían divertir al enemigo, pero éste no caía en la trampa.* SIN. despistar. || *v. prnl.* **3** Obtener ‹una persona› diversión con [una cosa]: *Jesús se divierte* ***con*** *una película. Nos divertimos* ***con*** *el deporte. Se divierte* ***con****tigo mucho.* ⇒ **75.**

dividendo *s. m.* **1** MAT. Cantidad que se divide por otra: *En la operación veinte entre cinco, veinte es el dividendo.* **2** ECON. Parte de los beneficios de una empresa que corresponde a cada accionista según el número de acciones que posee: *repartir dividendos, cobrar los dividendos. Este año el dividendo que reparten es muy pequeño.*

dividir *v. tr. / prnl.* **1** Separar ‹una persona o una cosa› las partes de [una cosa]: *El muro dividía la ciudad en dos zonas. Ha dividido la tarta con mucha perfección.* **2** Introducir ‹una persona o una cosa› la discordia en [un grupo de personas]: *La herencia ha dividido a todos los hermanos. La distribución del trabajo divide a los sindicatos. Los diferentes colectivos* ***se*** *han dividido ante la propuesta.* **3** Dar ‹una persona› una parte de [una cosa] a [otras personas]: *Dividió sus ahorros* ***entre*** *los tres.* ***Se*** *dividieron el trabajo.* || *v. tr. / intr.* **4** MAT. Hacer ‹una persona› una división con [números]: *Todavía no sabe dividir.*

divieso *s. m.* RESTRINGIDO. Forúnculo: *Le ha salido un divieso en el cuello.*

divinidad *s. f.* **1** Naturaleza divina o esencia de Dios: *Las características de la divinidad se estudian en la Teología.* **2** Ser divino, Dios: *En muchas religiones se cree en varias divinidades. El Islam sólo acepta una divinidad.*

divinizar *v. tr.* **1** Atribuir ‹una persona› características divinas [a una persona o una cosa]: *Ha divinizado a su padre.* **2** Alabar ‹una persona› [a otra persona] exageradamente: *No hace falta divinizar a los actores de cine, aunque sean muy buenos.* ⇒ **19.**

divino, na *adj.* **1** De Dios o de los dioses: *el culto divino, una ofrenda divina.* **inspiración* divina. 2** Que es muy bueno o bonito: *Tiene una sonrisa divina. Es un vestido divino. Ha sido un festival divino.* **|| 3 oficio* ~.**

divisa *s. f.* **1** Señal para que se reconozcan personas o cosas: *«Despertaferro» era la divisa de los almogávares.* **2** (preferentemente en plural) ECON. Dinero de cualquier país extranjero: *El turismo deja muchas divisas en nuestro país.* **mercado* de cambios / divisas. revalorización* de divisas. 3** Lema o mote de un escudo que se expresa con palabras o figuras. **4** Lazo con cintas de colores que distingue los toros de cada ganadería: *El toro llevaba la divisa de su ganadería.* **5** COL. Panorama desde una posición elevada.

divisar *v. tr.* Ver ‹una persona› [a otra persona o una cosa] a lo lejos: *Se divisaban ya las murallas de la ciudad. Se divisaba en el horizonte una avioneta. Divisamos a varios niños jugando con los toros.* SIN. vislumbrar.

divisibilidad *s. f.* **1** MAT. Propiedad de un número entero de poder dividirse por algún otro número entero y dar cociente entero: *La divisibilidad de los números pares entre dos es evidente.* **2** Posibilidad de ser dividido: *la divisibilidad de las palabras compuestas, la divisibilidad del átomo, la divisibilidad del gas.*

divisible *adj.* 1 MAT. [Número entero] que puede dividirse por otro entero y da un cociente entero: *Los números pares son divisibles por dos.* ANT. indivisible. 2 Que puede dividirse o compartirse: *Los premios de la lotería nacional no son divisibles en varias partes. La herencia es perfectamente divisible, según la ley.*

división *s. f.* 1 Acción o resultado de dividir o dividirse: *la división de las ganancias, la división en grupos, la división de una ciudad en barrios.* 2 Diversidad: *En la concesión de las becas hubo división de opiniones.* 3 MIL. Unidad formada por dos o más brigadas o regimientos de un ejército: *división militar, división estratégica.* ~ **acorazada** División del ejército que posee carros de combate. 4 Departamento de algunos organismos: *Trabaja en la división de comercio exterior del banco.* 5 MAT. Operación aritmética de dividir: *hacer una división, resolver una división.* 6 DEP. Grupo en el que compite un equipo o un jugador: *equipo de primera división. Participa en la liga de segunda división.* 7 Enfrentamiento entre personas: *En clase hay mucha división entre los compañeros.* || 8 ~ **de honor** DEP. Máxima categoría deportiva.

divisionario, ria *adj.* De la división militar: *cuerpo divisionario.*

divisionismo *s. m.* ARTE. Puntillismo.

divismo *s. m.* (no contable) PEYORATIVO. Actitud del artista o de cualquier persona demasiado vanidosa y satisfecha de sí misma: *Un cierto grado de divismo es inevitable en la ópera o en otras manifestaciones culturales, pero, si se exagera, puede aburrir al público.*

divisor, ra *adj.* 1 Que divide: *Colocaron un panel divisor en la sala.* || *adj. / s. m.* 2 Que divide a otro número exactamente: *el 2 es divisor de 10.* || *s. m.* 3 MAT. Cantidad por la cual se divide otra. **común ~** Número que divide de forma exacta a varios números: *Tres es común divisor de nueve, quince y veintisiete.* **máximo común ~** El mayor de todos los divisores comunes de varios números.

divisorio, ria *adj.* 1 Que sirve para dividir o separar: *Por allí pasa la línea divisoria entre las dos provincias.* || **2 moneda* divisoria / fraccionaria.**

divo, va *adj.* 1 Que es arrogante y engreído: *Es muy diva y resulta insoportable.* || *adj. / s. m.* y *f.* 2 Artista de gran categoría, en especial cantante de ópera: *los divos de la música.*

divorciar *v. tr.* 1 Deshacer ‹el juez› el matrimonio de [dos personas]: *Acudieron al juez para que los divorciara.* || *v. prnl.* 2 Deshacerse el matrimonio de ‹dos personas›: *Se ha divorciado* **de** *su mujer hace poco tiempo. Se van a divorciar.* 3 Separarse ‹una persona› de una organización: *Los dirigentes sindicales se han divorciado de sus bases.*

divorcio *s. m.* 1 Disolución legal de un matrimonio: *pedir el divorcio. Están tramitando el divorcio.* 2 Falta de acuerdo, separación: *El divorcio entre los dos grupos fue total. Hay un divorcio entre la teoría y la práctica. Me preocupa el divorcio entre las intenciones del proyecto y los resultados.*

divulgación *s. f.* Acción y resultado de divulgar o divulgarse: *Inmediatamente, el libro alcanzó una gran divulgación. Intentó evitar la divulgación del suceso.* FR. Y LOC. **de ~** Se usa para indicar que una publicación o un programa de un medio de comunicación pone al alcance del público general temas especializados: *un programa de divulgación médica. Es una revista de divulgación científica.*

divulgador, ra *adj. / s. m.* y *f.* Que divulga: *la capacidad divulgadora de la radio. Es un divulgador de noticias bélicas.*

divulgar *v. tr.* 1 Hacer llegar ‹una persona› [una información que antes solo conocía una minoría] a mucha gente: *Ha sido acusado de divulgar secretos oficiales.* SIN. difundir. || *v. prnl.* 2 Llegar ‹una información que antes sólo conocía una minoría› a mucha gente: *La muerte del dictador se divulgó con rapidez.* SIN. difundirse. ⇒ **56.**

dizque *adv. modo* AMÉR. Según parece, por lo visto.

DNI (pronunciamos *'de-ene-i'*) *s. m.* Sigla de 'Documento Nacional de Identidad', España.

do (plural *does*) *s. m.* 1 MÚS. Nombre de la primera nota o sonido de la escala musical: *do sostenido, concierto en do mayor, concierto en do menor.* || *adv. lug.* 2 RESTRINGIDO. Dónde, de dónde: *¿Do vas tan deprisa?* || 3 ~ **de pecho** 1 MÚS. Una de las notas más agudas que alcanza la voz del tenor. 2 RESTRINGIDO. Máximo esfuerzo por conseguir una cosa: *Tienes que dar el do de pecho en tu examen. Creo que daré el do de pecho en la competición.*

-do, da *suf.* 1 Significa 'acción y resultado' y forma sustantivos a partir de verbos: *peinar - peinado, coser - cosido, zurcir - zurcido.* 2 Significa 'conjunto' y forma sustantivos a partir de sustantivos: *campesino - campesinado, alumno - alumnado.* 3 Significa 'sonido' y forma sustantivos a partir de verbos: *silbar - silbido, graznar - graznido, crujir - crujido.*

dobermann (plural *dobermann;* del alemán) *s. m.* (macho y hembra) Perro de cierta raza, de origen alemán, usado como guardián: *Los dobermann son bastante fieros.*

dobla *s. f.* Moneda medieval castellana.

dobladamente *adv. modo / cant.* 1 RESTRINGIDO. Al doble, en cantidad doble: *Te pagaré lo que me prestas dobladamente.* || *adv. modo* 2 RESTRINGIDO. Con doblez, malicia y engaño: *No te fíes, actúa dobladamente.*

dobladillo *s. m.* Pliegue y costura que se hace en el borde de una tela para evitar que se deshilache: *Se descosió el dobladillo del vestido.*

doblaje *s. m.* CINE. Acción y resultado de doblar una película: *El doblaje de la película tiene acento extranjero. La industria del doblaje es importante en España.*

doblar *v. tr.* 1 Hacer ‹una persona o una cosa› [una cosa] dos veces mayor: *Ha doblado las apuestas que habíamos hecho.* SIN. duplicar. 2 Tener ‹una persona› dos veces [la edad de otra persona]: *Mi padre me dobla la edad.* 3 Poner ‹una persona› una parte de [una cosa] sobre otra: *Dobla el mantel después de comer.* 4 Poner ‹una persona o una cosa› curvada o formando ángulo [una cosa]: *Tienes que doblar la goma de la cocina, porque yo no puedo.* 5 CINE. Poner ‹un actor› su voz en lugar de la de [otro] en una película: *Se dedica a doblar a algunos actores con voz desagradable.* 6 CINE. Hacer ‹un extra› algunas escenas de una película en lugar del [actor]: *En los equilibrios en el ala del avión lo dobla un especialista.* 7 CINE. Traducir ‹una persona› los diálogos de [una película] a la lengua del país en el que se proyecta: *Las películas en lengua extranjera se doblan sistemáticamente en España.* 8 Cambiar ‹una persona o una cosa› la dirección de [una persona] o de [una cosa]: *El sospechoso dobló la esquina y empezó a correr.* 9 Alcanzar ‹un corredor› en una pista o en un circuito [a otro corredor] y sacarle una vuelta de ventaja: *En estos momentos el líder de la carrera dobla con su moto a los últimos.* 10 RES-

RESTRINGIDO. Dejar ‹una persona o una cosa› [a otra persona] muy mal física o psíquicamente: *La muerte de su padre lo ha doblado. La quiebra de la empresa los ha doblado a todos.* **11** MÉX. Derribar a uno de un disparo. **12** CUBA. Avergonzar. || *v. intr.* **13** Cambiar ‹una persona o una cosa› de dirección: *Tu hermano salió corriendo y dobló a la izquierda.* **14** TAUROM. Caer ‹el toro› herido de muerte: *El toro se refugió en las tablas para doblar.* || *v. prnl.* **15** Ponerse ‹una cosa› curvada o formando ángulo: *Se ha doblado la estantería. Se han doblado las páginas del libro.* **16** Someterse ‹una persona› [a otra persona o a una cosa]: *Mi padre no se doblaba ante nada ni ante nadie.* FR. Y LOC. **agachar / bajar / ~ la cabeza*. agachar / ~ el lomo*. bajar / ~ la cerviz*. ~ el espinazo*. ~ / hincar la rodilla*. ~ las campanas*.**

doble *adj.* **1** (antepuesto / pospuesto) Que es dos veces el tamaño o el número de alguna cosa: *Dejó doble número de cajas. Necesita una cantidad doble de tela.* **2** (antepuesto / pospuesto) Que está formado por dos cosas semejantes y que juntas sirven para el mismo fin: *ventana doble, doble vidriera, pared doble.* **3** [Flor] que tiene más hojas que las sencillas de la misma especie: *geranio doble.* **4** JUEGOS. [Ficha de dominó] que en los dos cuadrados de su anverso lleva igual número de puntos o no lleva ninguno: *el tres doble, la blanca doble.* **5** (antepuesto) DEP. [Falta] que un jugador de tenis comete al sacar dos veces mal: *Perdió el partido con una doble falta.* || *adj. / s. m.* **6** (antepuesto / pospuesto) Que contiene dos veces las cantidad normal: *una doble ración de calamares, un café doble, un güisqui doble, un doble de cerveza.* || *s. m.* **7** Cantidad que equivale a dos veces otra cantidad, sea numérica, de tamaño, de masa, de materia o cualitativa: *4 es el doble de 2.* OBSERVACIONES: ◊ Se usa precedido del artículo *el* y en contexto de comparación: *He ganado el doble que tú. Come el doble que yo.* ◊ Admite complementos con *de* en los que se precisa el objeto, circunstancia o cualidad respecto de la cual se formula esta comparación: *Has pagado el doble de lo que vale. Es el doble de eficaz que el primero. Hoy he leído el doble de páginas que ayer. Esta habitación es el doble de grande que la mía. Su primo es el doble de alto que él.* **8** Acción de doblar las campanas por la muerte de alguien: *Ese es el doble por mi vecina.* **9** Persona de gran parecido con otra: *Es el doble de Robert Redford. Me han dicho que tengo un doble.* **10** Especialista de cine que sustituye a un actor en determinadas escenas: *No ha querido ningún doble para las escenas peligrosas.* **11** Copia o repetición de un objeto: *Hazme un doble de esta llave. Me pidió un doble del acta.* **12** (preferentemente en plural) DEP. Falta cometida en baloncesto al volver a botar la pelota después de haber parado: *hacer dobles.* **13** (preferentemente en plural) DEP. En competiciones individuales, modalidad por parejas: *Hoy se juegan los dobles femeninos de tenis.* **14** (preferentemente en plural) DEP. Cada una de estas parejas. || **15 ~ bemol*. 16 ~ refracción*. 17 ~ / segunda intención*. 18 ~ sentido*. 19 ~ sostenido*. 20 espía* ~. 21 letra* ~.** FR. Y LOC. **escalera* de tijera** o **escalera ~. por partida* ~.**

doblegar *v. tr. / prnl.* **1** Doblar ‹una persona o una cosa› [una cosa que ofrece resistencia]: *El peso dobló la barra del armario. Es un forzudo capaz de doblegar una moneda con los dientes.* ***Se*** *doblegó la rama con el viento.* **2** Obligar ‹una persona› [a otra persona] a someterse o a abandonar sus ideas o sus propósitos: *No es fácil doblegarlo, es muy cabezota. No* ***se*** *doblega con facilidad la voluntad de mi abuelo. La resistencia todavía no ha sido doblegada, a pesar de que han aumentado las unidades militares que están luchando contra ella. Nuestro país nunca* ***se*** *doblegará ante los enemigos.* **3** Derrotar ‹una persona› [a otra persona]: *El equipo local logró doblegar a su eterno rival.* ⇒ **56.**

doblemente *adv. modo* **1** Con doblez, con hipocresía: *Arancha se comportó doblemente.* || *adv. cant.* **2** Por doble motivo, por dos conceptos, en dos aspectos, con dos alcances: *Su opinión es, para mí, doblemente interesante, por venir de él y por producirse en este momento. Estoy doblemente dolido.* **3** Mucho más, con mayor motivo: *–«¿Sigues enfadado después de lo que te he dicho?» –«Doblemente.»*

doblete *s. m.* **1** En una obra de teatro, dos personajes interpretados por el mismo actor: *Hará doblete en la próxima obra de teatro.* **2** DEP. Serie de dos victorias consecutivas: *Este año el equipo consiguió el doblete en la liga y en la copa.* **3** LING. Par de palabras con el mismo origen pero que han evolucionado de forma diferente: *Según algunos autores, solitario y soltero forman un doblete.* **4** Piedra falsa formada por dos cristales superpuestos y pegados.

dobletroque *s. m.* COL.; COLOQUIAL. Camión de gran capacidad y potencia.

doblez *s. m.* **1** Parte que se dobla o pliega en una cosa: *Ten cuidado, que me has dejado la hoja del libro llena de dobleces.* **2** Señal que queda en el lugar donde se ha hecho este pliegue: *Aunque alises el billete te quedará el doblez.* || *s. m. / f.* **3** (preferentemente en femenino) Hipocresía, astucia de una persona: *No te puedes fiar de él porque actúa con doblez. Las dobleces de ese grupo me repugnan.*

doblón *s. m.* Antigua moneda castellana.

doce *adj. / pron. num. card. / s. m.* **1** (antepuesto) Cantidad que representa la cifra 12: *las doce uvas. Somos doce a cenar.* || *adj. num. ord. / s. m.* y *f.* **2** Duodécimo: *el capítulo doce, el doce de abril.* || *s. m.* **3** Signo lingüístico o matemático con que se representa esta cantidad. FR. Y LOC. **las ~** La hora que corresponde al mediodía o a la medianoche: *Los niños salen a las doce al recreo. Se acostó a las doce.*

doceavo, va *adj. num. part. / s. m.* (se usa en la lectura de números fraccionarios) Cada una de las doce partes iguales en que se divide un todo: *El número fraccionario 3/12 se lee «tres doceavos».* SIN. dozavo.

docena *s. f.* **1** Conjunto de doce unidades: *una docena de huevos.* || **2 la ~ del fraile** RESTRINGIDO. Conjunto de trece unidades.

docencia *s. f.* (no contable) Actividad de las personas que se dedican a la enseñanza: *Ignacio estuvo dedicado a la docencia durante cuarenta años. Carmen reparte su tiempo entre la docencia y la investigación.*

docente *adj.* **1** De la enseñanza: *actividad docente, carrera docente.* || *adj. / s. m.* y *f.* **2** Que se dedica por profesión a la enseñanza: *personal docente. Hay una huelga de docentes de enseñanza secundaria.*

dócil *adj.* **1** (ser / estar) Que tiene un carácter suave, apacible y obediente: *Es un perro muy dócil y manso. De niño era muy desobediente y nervioso, pero ahora está dócil y tranquilo.* **2** RESTRINGIDO. [Metal, piedra] que se labra o moldea con facilidad.

docilidad *s. f.* Cualidad de dócil: *La docilidad de tu hermano facilita mucho la clase. Este perro tiene mucha docilidad.*

dock (del inglés; pronunciamos *'doc'*) *s. m.* **1** Muelle rodeado de almacenes para guardar las mercancías: *Se ha declarado un incendio en los docks del puerto.* **2** Depósito comercial de mercancías: *Hay muchos docks libres en la antigua zona industrial.*

docto, ta *adj. / s. m.* y *f.* **1** ELEVADO. Que tiene muchos conocimientos, porque ha estudiado mucho: *Me gusta oírle porque es una persona muy docta.* || *adj.* **2** (antepuesto / pospuesto) Que tiene sabiduría: *una docta publicación, una docta conferencia, una clase muy docta.*

doctor, ra *s. m. / f.* **1** Persona que ha recibido el más alto grado universitario: *doctor en Derecho, doctora en Física.* **2** COLOQUIAL. Médico: *Doctor, ¿qué me pasa?* **3** COL. Fórmula de respeto que se da a una persona, aunque no tenga título académico. || **4 ~ de la Iglesia** Título que la iglesia católica da a los santos que destacaron por la defensa y propagación de la fe: *La Iglesia ha nombrado doctora a Santa Teresa de Jesús.* **5 ~ honoris causa** Título honorífico de doctor que las universidades conceden a ciertas personalidades de reconocido prestigio.

doctorado *s. m.* **1** Título de doctor que se obtiene después de realizar una serie de estudios y la presentación de una tesis: *Ha obtenido el doctorado por la Universidad de Salamanca.* **2** Estudios necesarios para obtener este título: *clases de doctorado, programas de doctorado. Mi hermano está haciendo el doctorado.*

doctoral *adj.* **1** Del doctor o del doctorado: *tesis doctoral, conferencia doctoral.* **2** Que habla o actúa como si fuera un doctor: *Sonia habla siempre con un tono doctoral algo impertinente.*

doctorando, da *s. m. / f.* ELEVADO. Estudiante de doctorado que está haciendo la tesis doctoral.

doctorar *v. tr.* **1** RESTRINGIDO. Conceder ‹una universidad› el título de doctor [a una persona]: *La Universidad de Salamanca lo doctoró honoríficamente hace varios años. El tribunal lo ha doctorado con la máxima calificación.* **2** TAUROM. Dar ‹un torero› la alternativa [a otro torero]: *El maestro doctoró al aspirante en una corrida memorable.* || *v. prnl.* **3** Obtener ‹una persona› el título de doctor: *Se ha doctorado en la Universidad Complutense.* **4** TAUROM. Tomar ‹un torero› la alternativa: *El joven torero se doctorará en la próxima corrida de la plaza sevillana.*

doctrina *s. f.* Conjunto de ideas estructuradas de un autor, corriente de pensamiento, religión o grupo: *doctrina filosófica de Platón, doctrina cristiana, doctrina islámica, doctrina socialista, doctrina liberal.* **cuerpo* de ~.**

doctrinario, ria *adj. / s. m.* y *f.* Que es partidario, inflexible y entusiasta de una doctrina política, social o filosófica: *Escribe unos libros muy doctrinarios. No deben aparecer en la discusión insultos doctrinarios. Cristóbal es un doctrinario, no puedes hablar con él.*

doctrinarismo *s. m.* (no contable) PEYORATIVO. Comportamiento de la persona que defiende rígidamente una doctrina: *El doctrinarismo no ayuda a solucionar ningún problema.*

docudrama *s. m.* Programa de radio, cine o televisión que recrea con técnicas dramáticas situaciones o historias reales: *Los docudramas tienen mucho éxito de público.*

documentación *s. f.* **1** Conjunto de la información, noticias o conocimientos que se tienen sobre una persona o cosa: *Tenemos bastante documentación sobre los poetas modernistas. La documentación sobre el trazado de la autopista se está recogiendo ahora.* **2** Conjunto de documentación sobre un tema: *La documentación necesaria para escribir el libro fue enorme.* **3** Cualquier documento que identifica a alguien o algo: *documentación del coche, documentación laboral. Me pidieron la documentación en la aduana. «Documentación, por favor» –dijo el policía.*

documentado, da *adj.* (estar) Que tiene documentos que lo identifican: *Es necesario ir siempre documentado. No puedes viajar en coche no documentado. Dejaron entrar sólo a las personas que estaban documentadas.*

documental *adj.* **1** Que tiene su origen en un documento o que tiene las propiedades de un documento: *prueba documental.* || *adj. / s. m.* **2** [Película cinematográfica] que tiene un argumento informativo o pedagógico: *El lunes que viene ponen en la televisión un documental sobre la India.*

documentalista *s. m. / f.* **1** Persona que tiene por oficio la recopilación de datos bibliográficos sobre una determinada materia: *el documentalista de un periódico, la documentalista de una agencia.* **2** Persona que se dedica a realizar películas documentales: *Es un documentalista que vende sus reportajes a televisión.*

documentalmente *adv. modo* **1** Mediante uso y aportación de documentos: *Lo ha probado documentalmente.* || *adv. restrictivo* **2** En el aspecto documental, desde un punto de vista documental: *Documentalmente, el reportaje deja mucho que desear, aunque, eso sí, es muy ameno.*

documentar *v. tr.* **1** Presentar ‹una persona› documentos para justificar o demostrar [una cosa]: *El autor ha documentado sus acusaciones detalladamente.* SIN. probar. || *v. tr. / prnl.* **2** Proporcionar ‹una persona› información [sobre una cosa] [a otra]: ***Se** documentó antes de escribir el libro.* SIN. informar(se).

documento *s. m.* **1** Escrito que prueba o acredita alguna cosa: *copia de un documento original, documento de venta, documento de traspaso de poderes, documento justificativo, clasificar un documento, archivar un documento.* **~ nacional de identidad** (abreviado D.N.I.) Tarjeta oficial que sirve de identificación a los españoles. **~ privado** Documento redactado sin la intervención de un funcionario. **~ público** Documento redactado con la intervención de un funcionario autorizado que lo acredite. **2** Cualquier cosa que informa, ilustra o sirve como prueba de alguna cosa: *documento gráfico, documento científico. La película es un documento vivo sobre la vida de la época. Me gusta guardar los sellos, porque son un documento inestimable.*

dodecaedro *s. m.* GEOM. Cuerpo geométrico que tiene doce caras.

dodecafonía *s. f.* Dodecafonismo.

dodecafonismo *s. m.* MÚS. Sistema atonal de composición musical que emplea indistintamente los doce sonidos de la escala cromática.

dodecágono *adj. / s. m.* GEOM. [Polígono] que tiene doce lados y doce ángulos.

dodecasílabo, ba *adj. / s. m.* [Verso] que está formado por doce sílabas.

dodo *s. m.* (macho y hembra) Ave de gran tamaño, actualmente extinguida, que tenía el pico fuerte y ganchudo, era incapaz de volar y vivía en algunas islas del océano Pacífico e Índico.

dogal *s. m.* 1 RESTRINGIDO. Cuerda o soga con la que se hace un lazo para atar el cuello de las caballerías: *Quítale el dogal al caballo.* 2 RESTRINGIDO. Cuerda o soga para ahorcar a una persona. 3 RESTRINGIDO. Lazada escurridiza que se usa para atar maderos. FR. Y LOC. **estar con el ~ al cuello** RESTRINGIDO. Estar ‹una persona› en graves apuros: *Con la bajada de las ventas estamos en el comercio con el dogal al cuello.*

dogma *s. f.* 1 Proposición que se considera firme o cierta en una ciencia: *Es un dogma de la crítica textual que un copista no puede mejorar los pasajes difíciles de entender. Es un dogma de la Medicina el principio de la semejanza y las inferencias estadísticas.* 2 REL. Entre los católicos, verdad revelada por Dios y declarada por la iglesia católica cierta e indudable: *el dogma de la Santísima Trinidad. Todo católico tiene la obligación de creer los dogmas de la Iglesia.* **~ de fe.** 3 Punto fundamental de cualquier ciencia o doctrina: *Los dogmas de la filosofía existencialista son muy sencillos.*

dogmática *s. f.* (no contable) Conjunto de dogmas de una doctrina: *En el estudio comparado de las religiones hay que estudiar también la dogmática.*

dogmático, ca *adj.* 1 De los dogmas: *verdad dogmática, teología dogmática.* || *adj. / s. m.* y *f.* 2 Que no admite contradicción en sus opiniones, o que expresa sus ideas como si fueran dogmas: *Eres un dogmático, no me gusta la gente tan categórica e inflexible en sus opiniones. Escribe artículos muy dogmáticos.*

dogmatismo *s. m.* 1 (no contable) Actitud de las personas y característica de las obras que siguen los dogmas de una religión, doctrina o ciencia: *Es natural el dogmatismo de los Santos Padres.* 2 (no contable) PEYORATIVO. Actitud de la persona que cree que sus opiniones son dogmas y no admiten discusión: *El dogmatismo de Luisa no favorece la convivencia.* 3 (no contable) Conjunto de dogmas de una religión o doctrina.

dogmatizar *v. intr.* Exponer ‹una persona› sus opiniones de manera dogmática: *Dogmatiza en sus escritos.* ⇒ **19.**

dogo *s. m.* 1 (macho y hembra) Perro de gran tamaño y fortaleza, cráneo voluminoso, hocico pequeño y pelo corto. 2 Dux.

dólar *s. m.* Unidad monetaria de los Estados Unidos, Canadá, Liberia, Australia y otros países. FR. Y LOC. **estar montado en el ~** COLOQUIAL. Ser ‹una persona› muy rica: *Ana ha conseguido un empleo magnífico y está montada en el dólar.*

dolby (marca registrada) (del inglés) *s. m.* (no contable) Sistema que elimina los ruidos de fondo de los aparatos electroacústicos: *Este cine está equipado con dolby estéreo.*

dolencia *s. f.* Enfermedad, alteración en la salud: *Ramón todavía no se ha restablecido de su dolencia. Mi padre ahora cree que tiene todas las dolencias del mundo. María padece una dolencia crónica.*

doler *v. intr.* 1 Hacer sentir ‹una parte del cuerpo› dolor [a una persona]: *Me duele la cabeza.* 2 Causar ‹una cosa› dolor: El golpe *que más me duele es el de la rodilla. No me duele la herida.* 3 Causar ‹una cosa› tristeza o pena [a una persona]: *No me duele su traición sino su desagradecimiento. La muerte de su hermano le ha dolido mucho.* || *v. prnl.* 4 Sentir ‹una persona› dolor en [una parte del cuerpo]: *Se duele **de** la cabeza.* 5 Sentir ‹una persona› tristeza o pena por [una cosa]: *Se duele **de** lo sucedido. No te duelas **de** lo que pasó, que la culpa ha sido tuya.* 6 Mostrar ‹una persona› su disgusto por [una cosa]: *Se duele **de** su comportamiento.* FR. Y LOC. **ahí* le duele. no dolerle prendas*.** ⇒ **52.**

dolicocefalia *s. f.* (no contable) Calidad del dolicocéfalo.

dolicocéfalo, la *adj.* [Cráneo] que tiene forma oval.

doliente *adj.* 1 Que padece enfermedad o dolor, o se lamenta de ello: *cuerpo doliente, gesto doliente.* 2 Que encierra pena o aflicción: *expresión doliente. Con voz doliente nos relató su desgracia.*

dolmen *s. m.* Monumento megalítico funerario formado por una piedra horizontal sostenida por grandes piedras verticales: *Los dólmenes son propios del Neolítico y de la Edad de Bronce.*

dolo *s. m.* DER. Intención de realizar un hecho injusto, dañino o contrario a la ley: *Me han acusado de haber actuado con dolo.*

dolomita *s. f.* GEOL. Roca parecida a la caliza, más común que ésta, formada por carbonato doble de cal y magnesia.

dolomítico, ca *adj.* GEOL. Que contiene dolomita, o que se parece a ella: *roca dolomítica, formación dolomítica.*

dolor *s. m.* 1 Sensación de malestar localizada en una parte del cuerpo: *Me ha dado un dolor en el costado. Tengo dolor de cabeza.* **parto sin ~. ~ sordo** Dolor que molesta sin interrupción, pero no es agudo. 2 Pena, sufrimiento: *Le causó mucho dolor la muerte de su amigo.* **~ de corazón** Pena por haber actuado mal. FR. Y LOC. **apurar la copa* del ~** o **apurar la copa de la desgracia.**

dolorido, da *adj.* Que siente dolor: *Le quedó la pierna dolorida después del accidente.*

dolorosa *s. f.* (no contable) HUMORÍSTICO, IRÓNICO. Factura o cuenta que hay que pagar: *Camarero, traiga la dolorosa.*

doloroso, sa *adj.* 1 Que causa dolor físico: *sensación dolorosa. Fue un parto muy doloroso.* 2 (antepuesto / pospuesto) Que causa pena o dolor moral: *Ella se ha convertido en un doloroso recuerdo. Fue una separación muy dolorosa para los dos. Su muerte es una noticia dolorosa para nosotros.*

doma *s. f.* 1 Acción y resultado de domar a un animal: *la doma de caballos.* 2 COLOQUIAL. Control o represión de un comportamiento o de un conjunto de acciones: *La doma de la clase exige tiempo y paciencia.*

domador, ra *s. m.* y *f.* Persona que por oficio se dedica a domar animales: *Es un domador de leones. Todos los de la familia trabajan en el circo como domadores.*

domar *v. tr.* 1 Hacer ‹una persona› dócil [un animal salvaje]: *Se dedica a domar leones en un circo.* SIN. amaestrar. 2 Hacer ‹una persona› dócil [a otra]: *Le costó domar al más pequeño de sus hijos, pero al final lo consiguió.* 3 Hacer ‹una persona› flexible o adaptable [una cosa]: *Conseguí domar la goma y ahora me resulta más fácil trabajar con ella.*

doméstica *s. f.* ARG., URUG.; RESTRINGIDO. Empleada del hogar.

domesticar *v. tr.* 1 Hacer ‹una persona› doméstico [a un animal salvaje]: *Ha conseguido domesticar un tigre.* 2 Suavizar ‹una persona› el carácter de [otra persona]: *En cuanto se case, lo domesticará su mujer.* ⇒ **71.**

doméstico, ca *adj.* 1 De la casa o del hogar: *tareas domésticas.* **economía doméstica. servicio ~.** 2 [Animal] que se cría y vive en compañía del hombre: *El perro y el gato son animales domésticos.* **paloma doméstica.**

domiciliación *s. f.* Acción y resultado de domiciliar: *Me exigen del club la domiciliación de los recibos.*

domiciliar *v. tr.* **1** Indicar ‹una persona› la cuenta bancaria que ha elegido para que se realice [un ingreso o un pago] a su nombre: *Domicilié el recibo del agua. Por domiciliar la nómina en este banco me han hecho un regalo.* || *v. prnl.* **2** Establecer ‹una persona› su domicilio en [un lugar]: *Se ha domiciliado* ***en*** *el sur de Madrid.*

domiciliario, ria *adj.* **1** Que se hace o sucede en el domicilio: *asistencia domiciliaria, registro domiciliario.* **arresto ~. visita* domiciliaria. 2** Del domicilio: *situación domiciliaria, datos domiciliarios.*

domicilio *s. m.* **1** Lugar donde vive legalmente una persona: *Para inscribirle en el viaje necesito saber su domicilio. Elena tiene una agenda con los domicilios de sus amigos. Enviaré una carta a tu domicilio.* SIN. casa. **2** Lugar donde se encuentra establecida una empresa o un establecimiento: *Dime el domicilio de la empresa en que trabajas.* SIN. dirección. LOC. **a ~** 1 Al lugar donde vive o se ha establecido el interesado: *En este comercio llevan las compras a domicilio.* 2 En el terreno de juego del contrario: *El próximo domingo nuestro equipo viaja a Oviedo, a jugar a domicilio.*

dominación *s. f.* **1** Acción y resultado de dominar: *Tu padre tiene que esforzarse en la dominación de sus propios nervios.* **2** Poder o control sobre un pueblo o territorio: *España estuvo bajo la dominación árabe.* SIN. dominio.

dominancia *s. f.* **1** (no contable) BIOL. Superioridad de un carácter hereditario o de un gen sobre otro: *Parece que en esos niños hay dominancia de los genes de la madre.* SIN. predominio. **2** (no contable) ECOL. Influencia que una especie animal o vegetal produce en un sistema ecológico: *La dominancia de ese tipo de árbol fue la causa de la desaparición de otros.*

dominante *s. f.* MÚS. Quinta nota de la escala diatónica.

dominar *v. tr.* **1** Tener ‹una persona o una cosa› poder sobre [una persona o una cosa]: *Los equipos del sur dominan la liga. Es incapaz de dominar el balón. Cuidado con ese caballo, que no lo dominas. Creo que dominamos la situación.* **2** Saber ‹una persona› [una materia o una técnica] perfectamente: *Domina la gramática española.* **3** Saber utilizar ‹una persona› [una cosa]: *El pequeño domina muy bien los patines.* **4** Impedir ‹una persona› que [una cosa] se manifieste o se extienda: *Ya se ha dominado la epidemia de cólera.* **5** Ver ‹una persona› una gran extensión de [terreno] desde una altura: *Desde mi casa se domina un trozo de mar.* SIN. abarcar. **6** Ser ‹una cosa› más alta o más visible que [las que están a su alrededor]: *El hotel domina la plaza principal.* SIN. destacar. || *v. intr.* **7** Ser ‹una cosa› más frecuente que otras: *En esa comarca dominan las casas solariegas del siglo* XVI. || *v. prnl.* **8** No hablar ni obrar ‹una persona› impulsivamente: *Es una persona que se domina muy bien.*

dómine *s. m.* **1** Antiguo profesor de gramática latina. **2** RESTRINGIDO. Persona que, sin serlo, se las da de maestro. FR. Y LOC. **poner como chupa* de ~.**

dominga *s. f.* (preferentemente en plural) VULGAR. Pecho femenino.

domingo *s. m.* Día de la semana, entre el sábado y el lunes: *Los domingos me gusta irme de excursión a la sierra.* **~ de Ramos** Festividad católica que se corresponde con el último domingo de la Cuaresma y que da comienzo a la Semana Santa. **~ de Resurrección** Festividad católica en la que se celebra la Resurrección del Señor.

dominguero, ra *adj.* **1** COLOQUIAL. Que se suele usar sólo en domingo: *ropa dominguera.* || *adj. / s. m.* y *f.* **2** COLOQUIAL; PEYORATIVO. Que suele salir, arreglarse o divertirse sólo los domingos o días de fiesta: *No me gusta ir a ese cine, tiene un ambiente muy dominguero. En el campo no había más que domingueros.* **3** COLOQUIAL; PEYORATIVO. Que suele utilizar el coche sólo los domingos y días de fiesta: *¡Dominguero!, ¡cómo se nota que nunca sacas el coche!*

dominical *adj.* **1** Del domingo: *descanso dominical, misa dominical.* || *adj. / s. m.* **2** [Publicación] que se vende los domingos junto con el periódico: *Escribe artículos en el dominical.* **suplemento ~.**

dominicano, na *adj. / s. m.* y *f.* De Santo Domingo o de la República Dominicana, capital y país americano: *el folclore dominicano. Conocí a dos dominicanos.*

dominico, ca *adj. / s. m.* y *f.* De la orden de Santo Domingo: *orden dominica, las madres dominicas. Este religioso es un dominico.*

dominio *s. m.* **1** Poder o superioridad que se tiene sobre personas o cosas: *España tuvo bajo su dominio un gran imperio.* SIN. dominación. **2** Derecho de propiedad: *el dominio de una finca.* **3** Conocimiento profundo de algo: *dominio del piano, dominio del inglés.* **4** (preferentemente en plural) Territorio gobernado o administrado por otro o sometido a la soberanía de otro: *los antiguos dominios británicos.* SIN. colonia, posesión. **5** Ámbito de una ciencia o actividad artística o intelectual: *el dominio de la Física.* SIN. terreno, campo. FR. Y LOC. **ser de ~ público** Ser ‹una cosa› conocida por todo el mundo: *Su divorcio es ya del dominio público.*

dominó (plural *dominós*) *s. m.* **1** Conjunto formado por veintiocho fichas rectangulares divididas en dos partes, en las que aparecen de cero a seis puntos. **2** Juego de mesa que se juega con estas fichas: *jugar al dominó, partida de dominó.* **3** Disfraz formado por una larga túnica hasta los pies y una capucha: *llevar un dominó, vestir un dominó.*

domótica *s. f.* INFORM. Disciplina que se ocupa de la aplicación de la informática a las viviendas.

don *s. m.* **1** Tratamiento de respeto que se antepone al nombre masculino de pila: *He ido a visitar a Don Elías.* **2** Se usa para realzar, irónicamente, el sentido de algunos sustantivos y adjetivos: *Eduardo, como se cree don perfecto, piensa que todo lo hace bien. Ese es don tacaño.* **3** ELEVADO. Regalo: *Fueron entregando sus dones al príncipe recién nacido.* SIN. presente, obsequio. **4** Gracia o habilidad especial que posee una persona: *Margarita tiene el don de imitar otras voces. Tiene don con los niños.* SIN. destreza. **5** ARG., COL., URUG. Fórmula para dirigirse a un hombre, señor. || **6 ~ de gentes** Facilidad que tiene una persona para el trato o las relaciones con las personas: *Celia es muy simpática y tiene un gran don de gentes.* **7 ~ Juan** Donjuán. **8 ~ nadie** Persona de poca valía o influencia: *Quiere impresionar hablando de su trabajo, pero en su oficina es un don nadie.*

donación *s. f.* Entrega voluntaria de un bien personal a otra persona: *Hizo una importante donación a la Fundación.*

donaire *s. m.* 1 ELEVADO. Gracia que tiene una persona: *Habla con mucho donarie. Se mueve con gran donaire.* 2 RESTRINGIDO. Dicho gracioso y ocurrente: *Me cansa tener que aguantarle todas las tardes sus chistes y donaires.* SIN. ocurrencia, agudeza.

donante *adj. / s. m.* y *f.* 1 Que ha donado algo: *institución donante. Es un donante espléndido, ha cedido al museo toda su colección de pintura.* 2 Que cede o da voluntariamente su sangre, uno o varios órganos con fines terapéuticos como el trasplante o la investigación: *Soy donante de ojos y riñones. Los donantes de sangre tienen que someterse a unos análisis previos.*

donar *v. tr.* Dar ‹una persona› [una cosa que posee]: *Donó su colección al museo local. Han donado todas sus fincas a la parroquia del pueblo. Me gusta donar sangre.*

donatario, ria *s. m.* y *f.* Persona que recibe una donación: *La asociación de protección de menores ha sido donataria de una fuerte suma de dinero.*

donativo *s. m.* Entrega voluntaria de un bien personal, limosna: *¡Hermano, un donativo!*

doncel *s. m.* 1 En los siglos XIV y XV, joven noble que todavía no había sido nombrado caballero: *El doncel se preparaba para llegar a ser un día caballero del rey.* 2 LITERARIO. Joven: *Un doncel tímido lo miraba con atención.*

doncella *adj. / s. f.* 1 LITERARIO. Chica joven, especialmente si es virgen: *Quiere casarse con una chica que sea doncella. Se encontró con un grupo de doncellas que cantaban al lado del arroyo.* || *s. f.* 2 Mujer del servicio de una casa que no es responsable de la cocina: *Están buscando una nueva doncella.*

doncellez *s. f.* LITERARIO. Virginidad: *Hijas mías, vuestra doncellez es el más precioso don de la vida.*

donde *adv. rel.* Se refiere a un lugar ya mencionado en el que se sucede una acción: *Allí es donde vivo. Ese es el pueblo donde comimos el otro día.* FR. Y LOC. **allí* ~. ~ las dan* las toman. ~ los/las haya*** o **si los/las hay. mira*/mire por ~. no haber/tener por ~ cogerlo*. no tener ~ caerse* muerto. tomar* por ~ quema.**

dónde *adv. int.* 1 (se escribe con tilde) *No sabe dónde estuvieron. ¿Dónde los viste? ¿De dónde lo has sacado?* || *adv. excl.* 2 (se escribe con tilde) Indica extrañeza o enfado: *¡Pero dónde se ha visto algo así! ¡Dónde puede llegarse!* FR. Y LOC. **no saber* ~ meterse. no saber* por ~ se anda/pesca. saber ~ aprieta el zapato*.**

dondequiera *adv. lug.* 1 RESTRINGIDO. En cualquier parte: *–«¿Dónde compras?» –«Dondequiera.»* OBSERVACIONES: Admite la combinación con *que* relativo, equivale a 'en cualquier parte donde o que': *Los servicios de inteligencia te encontrarán dondequiera que estés.* 2 RESTRINGIDO. A cualquier parte, adondequiera: *–«¿Dónde irás?» –«Dondequiera.»* OBSERVACIONES: Admite combinación con *que* relativo: *Dondequiera que tú vayas iré yo.*

donjuán o **don Juan** *s. m.* (tomado del protagonista de la obra de teatro *Don Juan Tenorio*) LITERARIO, HUMORÍSTICO. Hombre con una intensa vida amorosa, conquistador: *Ha tenido hasta tres novias a la vez, es un verdadero donjuán.* SIN. seductor.

donjuanismo *s. m.* Conjunto de rasgos que caracterizan la figura de don Juan Tenorio: *El donjuanismo es un tema muy analizado en la literatura hispánica.*

donoso, sa *adj.* LITERARIO, si va antepuesto / pospuesto; IRÓNICO, si va antepuesto. Que tiene donaire o gracia: *¡donosa ocurrencia!, figura donosa, escrito donoso.*

donostiarra *adj. / s. m.* y *f.* De San Sebastián, capital de la provincia guipuzcoana: *las costumbres donostiarras, una plaza donostiarra. Los donostiarras celebraron su fiesta.*

donut (plural *donuts*; del inglés; pronunciamos '*donus*') *s. m.* Dulce esponjoso en forma de rosquilla recubierta de azúcar o chocolate: *Desayunó un café con leche y un donut.*

doña *s. f.* 1 Tratamiento de respeto, generalmente a mujeres casadas o viudas, que se antepone al nombre de pila: *Doña Clara es una amiga de mi abuela.* 2 Se usa para realzar, irónicamente, el sentido de algunos sustantivos y adjetivos: *Ella se cree doña perfecta. Aquí está doña sabelotodo.* 3 ARG., COL., URUG. Fórmula de tratamiento para dirigirse a una mujer, señora.

dopar *v. tr. / prnl.* 1 Administrar ‹una persona› drogas o estimulantes [a un deportista] para que obtenga mejores resultados: *Muchos atletas* **se** *dopan. Han acusado al preparador de dopar a sus pupilos.* 2 ARG., URUG. Dar ‹una persona› un calmante o un somnífero [a otra persona].

doping (del inglés; pronunciamos '*dopin*') *s. m.* Empleo o ingestión de sustancias estimulantes para conseguir un mayor rendimiento deportivo: *El doping está prohibido. Lo eliminaron de la competición por doping.*

doquier, ra *adv. lug.* Dondequiera. FR. Y LOC. **por ~** RESTRINGIDO. Por cualquier sitio, por todas partes: *Las sirenas de las ambulancias sonaban por doquier. Por doquier que pasaba todo el mundo lo reconocía.*

-dor, ra *suf.* 1 Significa 'que realiza la acción' o 'calidad de ese agente' y forma sustantivos o adjetivos a partir de verbos: *visitar - visitador, jugar - jugador.* 2 Significa 'aparato u objeto que sirve para realizar la acción' y forma sustantivos y adjetivos a partir de verbos: *lavar - lavadora, calcular - calculadora, exprimir - exprimidor, contestar - contestador.* 3 Significa 'profesión' y forma sustantivos a partir de verbos: *diseñar - diseñador, regir - regidor.* 4 Significa 'lugar donde se realiza la acción' y forma sustantivos a partir de verbos: *comer - comedor, cambiar - cambiador.*

dorada *s. f.* (macho y hembra) *Sparus auratus.* Pez marino de color azulado, con el vientre blanco y una mancha dorada en la cabeza, que habita en las costas españolas y es muy apreciado en alimentación.

dorado, da *adj.* 1 Del color de oro o parecido a él: *una cubertería dorada.* 2 Que es feliz y esplendoroso: *época dorada, siglo dorado.* **edad* de oro** o **edad* dorada.** || *s. m.* 3 (macho y hembra) ARG., PAR., URUG. Pez de río parecido al salmón, de carne comestible y apreciado en el deporte de la pesca. 4 (plural) Conjunto de los objetos de metal o adornos de color de oro: *Sacó brillo a los dorados de la escalera.* || 5 **sueño* ~.**

dorar *v. tr.* 1 Cubrir ‹una persona› [una cosa] con una fina capa de oro: *En el siglo XVI se doraban muchas estatuas de madera.* 2 Asar o freír ‹una persona› [un alimento] hasta que tome un color dorado: *Primero doramos unos ajitos en la sartén.* || *v. prnl.* 3 Asarse o freírse ‹una cosa› hasta que toma un color dorado: *La cebolla ya se ha dorado.* 4 Tomar ‹una cosa› un color dorado: *La piedra salmantina se ha dorado con el sol.* FR. Y LOC. **~ la píldora*.**

dórico, ca *adj. / s. m.* **1** [Estilo arquitectónico de la Grecia Clásica] que se caracterizaba por una columna estriada y el capitel sin molduras. **columna dórica. orden ~.** || *adj.* **2** De los dorios, que se instalaron en el sur del Peloponeso desde finales del II milenio a. C.: *guerrero dórico, estilo dórico, literatura dórica.* || *s. m.* **3** Dialecto del antiguo griego hablado por los dorios.

dorio, ria *adj.* De la Dóride, país de la antigua Grecia: *un templo dorio. Está haciendo la tesis sobre los dorios.*

dormida *s. f.* **1** Acción y efecto de dormir: *Con tanta gente en casa, es difícil organizar las dormidas.* **2** ZOOL. Cada una de las cuatro fases por las que pasa el gusano de seda desde su nacimiento hasta que se encierra en el capullo. **3** AMÉR. Lugar donde se pasa la noche.

dormido, da *adj.* [Persona] que está alelada: *¿Estás dormido o qué?* SIN. atontado.

dormilón, na *adj. / s. m. y f.* Que tiende a dormir mucho o duerme con facilidad: *Es muy dormilón y no se levanta hasta las once. Llega tarde por las mañanas porque es una dormilona.*

dormilona *s. f.* **1** VEN. Camisón femenino de dormir. **2** PERÚ. Arete grande que cuelga.

dormir *v. intr. / tr. / prnl.* **1** Estar ‹una persona o un animal› en un estado de reposo en el que se pierde la consciencia: *Duermo la siesta todos los días.* ***Se*** *duerme en cualquier parte. Tú duermes hoy en el sofá del salón.* || *v. intr.* **2** Pasar ‹una persona› la noche [en un lugar fuera de casa]: *Dormiremos* ***en*** *el tren. Esta noche no ha dormido* ***en*** *casa.* **3** COLOQUIAL; EUFEMÍSTICO. Tener ‹una persona› relaciones sexuales: *No duermen juntos desde hace tiempo, según la mujer.* **4** Estar ‹una cosa› olvidada en [un lugar]: *Tu tesis duerme* ***en*** *un cajón de mi despacho. Descubrí que mi solicitud dormía* ***en*** *el fondo de un armario.* || *v. tr.* **5** Hacer ‹una persona› que [otra persona] concilie el sueño: *La madre duerme al niño todas las noches en brazos.* **6** Hacer ‹una cosa› que [otra persona] se aburra: *La conferencia nos ha dormido a todos. Los culebrones me duermen.* **7** Hacer ‹una persona› que [otra persona] pierda la consciencia por medios artificiales: *Lo han dormido mal y dice que le ha dolido la operación.* || *v. prnl.* **8** Aburrirse ‹una persona›: *No tengo la culpa si me duermo con la película que están poniendo.* **9** Quedarse sin sensibilidad ‹un miembro del cuerpo de una persona› por un tiempo: *Se me ha dormido la pierna. Se me duerme con facilidad el brazo izquierdo.* **10** Quedar ‹una cosa que estaba agitada› en calma: *Ya se ha dormido el viento. Se ha dormido la tempestad.* FR. Y LOC. **~ a pierna* suelta / tendida. ~ como un ceporro** COLOQUIAL; INTENSIFICADOR. Dormir ‹una persona› muy bien, profundamente: *He dormido como un ceporro en el campo.* **~ como un leño** COLOQUIAL; INTENSIFICADOR. Dormir ‹una persona› profundamente: *Yo me voy a la cama y duermo como un leño.* **~ / estar como un tronco*. ~ la mona*. dormirse en los laureles** COLOQUIAL. Dejar de esforzarse ‹una persona› después de haber conseguido un triunfo: *En cuanto consiguió el premio de interpretación, se durmió en los laureles. Como te duermas en los laureles no superarás la segunda fase.* **echarse* a ~. saco* de ~.** ⇒ **36.**

dormitar *v. tr.* Estar ‹una persona› medio dormida o dormida superficialmente: *Mis padres dormitan delante de la televisión. Estuve dormitando en el cine y no me enteré de nada.* SIN. adormecerse.

dormitorio *s. m.* **1** Habitación para dormir: *La casa tiene un salón y tres dormitorios.* SIN. alcoba. **2** Conjunto de muebles de esta habitación: *un dormitorio de nogal, un dormitorio moderno.* || **3 ciudad* ~.**

dorsal *adj.* **1** Del dorso, espalda o lomo: *región dorsal, músculo dorsal, vértebra dorsal.* **aleta ~. espina* ~.** || *adj. / s. f.* **2** FON. [Consonante] que se articula con el dorso de la lengua: *consonante dorsal. La «k» es una dorsal.* || *s. m.* **3** DEP. Trozo de tela con un número que llevan en la espalda los participantes de algunos deportes: *Corría con el dorsal número doce.* || *s. f.* **4** GEOL. Cordillera tanto terrestre como marina. **~ oceánica.**

dorso *s. m.* **1** Revés de una cosa, parte opuesta a la que se considera principal: *el dorso de la mano, el dorso de un sobre. Te escribo mi dirección en el dorso de tu tarjeta.* **2** Espalda del hombre y lomo del animal: *El caballo tiene una mancha en el dorso. Es un lanzador de peso con un dorso extraordinario.*

dos *adj. / pron. num. card. / s. m.* **1** Cantidad que representa la cifra 2: *Será suficiente con llevar dos coches.* || *adj. num. ord. / s. m. y f.* **2** Segundo: *el capítulo dos, el dos de enero.* **3** Referido a los años de un siglo, el año siguiente al segundo del siglo en cuestión: *el año dos del siglo XX.* || *s. m.* **4** Signo lingüístico o matemático con que se representa esta cantidad: *Te falta sumar el dos.* FR. Y LOC. **las ~** Dos horas después de medianoche o dos horas después de mediodía: *Esta noche me he despertado a las dos. Comeremos a las dos. Son las dos en punto.* **ambos* a ~. cada* ~ por tres. como dos y ~ son cuatro** AFIRMACIÓN. Indiscutiblemente, tan seguro que no admite discusión: *Tu madre me pagará lo que me debe como dos y dos son cuatro.* **como tres* y ~ son cinco. en ~ zancadas*. en un ~ por tres** COLOQUIAL. En muy poco tiempo, rápidamente: *Preparo la comida en un dos por tres.*

dosaje *s. m.* ARG., PERÚ. Prueba que mide la presencia de drogas o alcohol en el organismo.

doscientos, tas *adj. / pron. num. card. / s. m.* **1** Cantidad que representa la cifra 200: *Una moneda de doscientas pesetas.* || *adj. num. ord. / s. m. y f.* **2** Que ocupa la posición número 200: *Ocupa el lugar doscientos de la clasificación.* SIN. ducentésimo. || *s. m.* **3** Signo lingüístico o matemático con que se representa esta cantidad: *Te has olvidado de sumar el doscientos.*

dosel *s. m.* Cubierta de adorno que se coloca como techo sobre un altar, trono, cama o lugares parecidos: *El dosel de la tribuna de autoridades ha sido derribado por el viento. No me gustan las camas con dosel.*

dosificación *s. f.* Acción y resultado de dosificar o dosificarse: *La dosificación del esfuerzo es esencial en el deporte. La dosificación de las medicinas la establece el médico.*

dosificar *v. tr.* **1** Establecer ‹una persona› la dosis que se ha de tomar de [un medicamento]: *El médico no me ha dosificado las pastillas, me ha dicho que lea el prospecto.* **2** Establecer ‹una persona› la cantidad de [una cosa]: *Dosificó sus fuerzas. Tenemos que dosificar las provisiones, porque nos quedan todavía tres días en la montaña.* ⇒ **71.**

dosis (plural *dosis*) *s. f.* **1** Cantidad de medicamento que debe administrarse a un enfermo cada vez: *Se inyectó la dosis de insulina indicada por el médico.* **2** Cantidad o porción de una cosa: *El drogadicto consiguió una dosis de heroína. Los niños difíciles necesitan una buena dosis de comprensión. Tienes una dosis de cinismo muy superior a lo que me imaginaba.*

dossier (plural *dossiers* o *dossieres*; del francés) *s. m.* Conjunto de documentos sobre una persona o asunto: *Por favor, prepárame el dossier de los que han solicitado el puesto. Dicen que ha reunido dossieres muy importantes sobre toda la gente que ha conocido.* SIN. informe.

dotación *s. f.* **1** Acción y resultado de dotar: *Este departamento necesita dotación de material.* **2** Aquello con que se dota: *La dotación del premio era de seis millones de pesetas.* **3** Tripulación de un barco: *la dotación de un submarino.* **4** Conjunto de personas dedicadas a un servicio: *la dotación de un hotel.* || **5 ~ cromosómica** BIOL. Conjunto de cromosomas de una célula.

dotar *v. tr.* **1** Dar ‹Dios o la naturaleza› [una cualidad] [a una persona o a un animal]: *Dios ha dotado a los humanos **de** la palabra. Sus padres le han dotado **de** libertad para que sea dueño de sus actos.* **2** Dar ‹una persona› una dote [a una mujer]: *Sus padrinos la dotaron **con** varias fincas importantes.* **3** Dar ‹una persona› [parte de sus bienes] a [una institución]: *Ha dotado la casa donde vive **a** la comunidad.* **4** Proporcionar ‹una persona o una entidad› [dinero, personal o material] [a un establecimiento o a un organismo]: *Han dotado la oficina **de** un detector de humos. Nuestro departamento está dotado **con** varios ordenadores muy modernos.* **5** Asignar ‹una persona› [un sueldo] a [un empleo] o a [un cargo]: *La dirección ha dotado **con** tres millones el puesto de secretaria especial. Si usted se organiza bien, dotaremos su puesto **con** esplendidez.* **6** Asignar ‹una persona› [una cantidad de dinero] a [un premio]: *Dotaron el premio **con** 60 millones.*

dote *s. f.* **1** Conjunto de bienes o riquezas que aporta la mujer al matrimonio o al convento en el que ingresa: *Antiguamente era necesario que la mujer llevara una dote al matrimonio.* **2** (preferentemente en plural) Cualidad de una persona o un animal: *Ese chico tiene unas dotes especiales para las matemáticas. Necesito un perro que tenga buenas dotes de cazador. Tiene unas dotes de mando indudables.* SIN. capacidad, don.

dovela *s. f.* ARQ. Piedra tallada en forma de cuña para formar un arco o una bóveda.

dovelaje *s. m.* (no contable) ARQ. Conjunto de dovelas: *El arco tiene ahora nuevo todo el dovelaje.*

dozavo, va *adj. num. part. / s. m.* Doceavo.

dpto. *abr.* «Departamento».

Dr., Dra. *abr.* «Doctor, Doctora».

dracma *s. m.* **1** Unidad monetaria actual de Grecia. **2** Moneda de plata usada por los antiguos griegos y romanos.

draconiano, na *adj.* (antepuesto / pospuesto) Que es muy cruel y severo: *una justicia draconiana, una draconiana sentencia. La prohibición del juez ha sido excesivamente draconiana.*

DRAE (pronunciamos *'drae'*) *s. m.* Sigla de 'Diccionario de la Real Academia Española'.

draga *s. f.* **1** Máquina que limpia y extrae arena, piedras, etc. del fondo de los ríos y el mar: *Dos barcos pequeños con una draga limpian la zona costera de la playa.* **2** Barco equipado con esta máquina: *Una draga asegura la limpieza del puerto continuamente. El puerto autónomo ha adquirido dos modernas dragas.*

dragado *s. m.* Acción y resultado de dragar: *El dragado del canal es necesario, porque se va llenando de todo tipo de porquerías. Con el dragado del puerto se ensanchará el canal de navegación.*

dragaminas *s. m.* Barco usado para limpiar el mar de minas: *Tres dragaminas patrullan continuamente el canal entre las dos islas.*

dragar *v. tr.* **1** Limpiar ‹una persona› [el fondo de un puerto, un lago o un río] con la draga: *Están dragando el puerto, porque está lleno de basura. Es urgente dragar este canal, porque los barcos pasan ya con dificultades. Dragaron el río buscando el cadáver del hombre.* **2** Buscar ‹una persona› las minas que se colocan en [aguas navegables] en tiempo de guerra: *La marina dragará el canal del puerto para asegurar que no hay atentados.* ⇒ **56.**

drago *s. m.* *Dracaena draco.* Árbol liliáceo originario de las islas Canarias, de hoja perenne, copa ancha y espesa, y tronco grueso.

dragón *s. m.* **1** LITERARIO. Animal fantástico que tiene cuerpo de serpiente, alas de águila y garras de león, y que echa fuego por la boca: *El príncipe salvó a la princesa del dragón de las siete cabezas.* **2** (macho y hembra) ZOOL. Reptil del mismo grupo que los lagartos, del que existen varias especies. **~ volador** (macho y hembra) *Draco volans.* Reptil que tiene las extremidades delanteras y las traseras unidas por un pliegue que abre para realizar grandes saltos. **3** Soldado que alternativamente servía a pie o a caballo: *En el Museo del Ejército se conservan algunos uniformes de dragones.* **4** DEP. Tipo de barco de vela que se usa en algunos deportes: *Ganó la competición de la clase «dragón» una tripulación española.*

dragonear *v. intr.* **1** AMÉR. Alardear o presumir de algo. **2** AMÉR. Ejercer un oficio o cargo sin tener título para ello. || *v. tr.* **3** URUG. Entablar relaciones amorosas superficiales ‹una persona› con [otra persona].

dragontea *s. f.* Planta herbácea vivaz ornamental: *Las dragonteas se encuentran en los jardines.*

drama *s. m.* **1** LIT. Obra literaria, en verso o en prosa, compuesta para ser representada, que se desarrolla a través del diálogo directo de los personajes: *El drama siempre ha interesado al público.* **~ litúrgico** Texto dialogado medieval que dramatizaba pasajes de los Evangelios. **2** LIT. Género literario que comprende las obras escritas de estas características: *El drama del Siglo de Oro es muy importante. El drama resucita en el siglo* XIX. **3** Obra de teatro o de cine que trata acciones tristes o desgraciadas, a veces con elementos cómicos aislados, que nunca alcanza la intensidad o el dolor de la tragedia: *Los dramas familiares americanos o los dramas de guerra están de moda en la televisión.* **4** Hecho real capaz de interesar y conmover: *Su vida es un drama. El drama de las zonas de guerra nos afecta a todos.* FR. Y LOC. **hacer un ~** Considerar ‹una persona› muy grave o dramática una cosa que no lo es: *Hizo un drama de su pelea con el novio. No hagas un drama de un granito en la nariz.* **hacerle un ~** Comportarse ‹una persona› con histerismo delante de otras personas: *No me hagas un drama delante de los invitados. A este niño le gusta hacer un drama delante de sus abuelos para sacarles dinero.*

dramática *s. f.* Dramaturgia.

dramático, ca *adj.* 1 Del drama: *intensidad dramática, género dramático, autor dramático, actor dramático, espectáculo dramático, relato dramático, desenlace dramático. Estoy estudiando arte dramático.* **poema ~.** 2 (antepuesto/pospuesto) Que encierra gravedad o peligro: *El país se enfrenta a una dramática situación económica. Fueron unos minutos dramáticos.*

dramatismo *s. m.* (no contable) Carácter dramático: *Vio una obra de teatro de intenso dramatismo. Lo relata todo con gran dramatismo.*

dramatizar *v. tr.* 1 Dar ‹una persona› carácter dramático a [una cosa]: *Dramatizaron una novela famosa. En la reunión se les propone dramatizar sus experiencias cotidianas.* || *v. tr./intr.* 2 Presentar ‹una persona› [una cosa] exagerándola con el fin de conmover o aumentar el interés: *Suele dramatizar sus dificultades para que le hagamos caso. No dramatices, que tu problema no es tan grande.* ⇒ **19.**

dramaturgia *s. f.* 1 (no contable) Arte de componer obras de teatro. SIN. dramática. 2 Conjunto de obras teatrales: *la dramaturgia de Calderón de la Barca.* SIN. dramática.

dramaturgo, ga *s. m.* y *f.* Persona que escribe obras de teatro: *Un afamado dramaturgo será propuesto para el premio Nobel. Una nueva dramaturga estrena en el teatro Principal.*

dramón *s. m.* 1 TEATRO. Obra dramática en la que se exageran los efectos emocionales o de baja calidad: *Nuestro ilustre autor ha escrito en esta ocasión un dramón insoportable.* 2 Suceso de la vida cotidiana, triste y sentimental, normalmente con un final poco feliz: *Las noticias de la radio no hacen nada más que contarnos dramones. Ahora mismo, mi vida es un dramón.*

drapeado, da *adj.* Que tiene muchos pliegues: *Las faldas drapeadas estarán de moda la temporada próxima.*

drapear *v. tr.* RESTRINGIDO. Hacer ‹una persona› pliegues en [una prenda]: *Pienso drapear esta falda del año pasado.*

draque *s. m.* AMÉR. Bebida de aguardiente, agua y nuez moscada.

drástico, ca *adj.* (antepuesto/pospuesto) Que tiene energía, o que es radical o rotundo: *Hay que tomar medidas drásticas, tajantes, para acabar con esta situación. La drástica intervención de la autoridad posibilitó el desalojo.*

drenaje *s. m.* 1 Eliminación del agua de un terreno por medio de los canales o conductos adecuados: *El campo de golf está lleno de agua, porque el drenaje del terreno no es adecuado. Han preparado un drenaje para el terreno, porque está muy blando y no pueden entrar las máquinas.* 2 MED. Vaciado del líquido que se encuentra anormalmente en una cavidad del cuerpo: *Le hicieron un drenaje en la rodilla para que saliera el pus.* 3 MED. Tubos, gasas y otros procedimientos empleados en los drenajes: *Tengo que ir al hospital para que me cambien el drenaje de la herida.*

drenar *v. tr.* 1 Preparar ‹una persona› [un lugar] para que salga el agua de él: *Han drenado otra vez el campo de fútbol.* 2 MED. Preparar ‹una persona› [una herida] para que salgan de ella los líquidos que se han acumulado: *Los médicos dicen que drenarán la herida para evitar una infección.*

driblar *v. tr./intr.* DEP. Esquivar ‹un jugador› que tiene el balón [a un contrario]: *Dribla muy bien este chico. Ha driblado a tres defensas, ha chutado y ha marcado gol.*

dribling (del inglés; pronunciamos *'driblin'*) *s. m.* DEP. Regate, jugada de avanzar con el balón esquivando al contrario: *El dribling de este jugador es muy bueno.*

dril *s. m.* (no contable) Tela fuerte de hilo o de algodón crudos: *Estaba acostumbrado a estar en la casa con un pantalón de dril de rayas blancas y azules.*

drive (del inglés; pronunciamos *'draif'*) *s. m.* 1 DEP. Golpe de raqueta, de abajo a arriba, que el jugador de tenis ejecuta por el mismo lado en que sostiene la raqueta. 2 DEP. Golpe largo en las salidas de golf. 3 Palo con que se ejecuta este golpe.

driza *s. f.* Cuerda o cabo con que se suben y bajan las velas de un barco o las banderas.

droga *s. f.* 1 Sustancia que tiene efectos estimulantes, narcóticos o alucinógenos sobre el sistema nervioso y puede crear dependencia. **~ blanda** Droga que no crea adicción o dependencia, o la crea en bajo grado: *Las hierbas como el hachís y la marihuana se consideran drogas blandas.* **~ dura** Droga que crea una fuerte adicción o dependencia y es muy perjudicial: *La heroína o la cocaína se consideran drogas duras.* **~ de diseño** Sustancia alucinógena elaborada en laboratorio a partir de productos químicos: *Las drogas de diseño se reparten mucho en las discotecas juveniles.* 2 Aquello que produce algún tipo de hábito o dependencia: *El cine es mi droga. El café es su droga.* 3 MED. Medicamento: *Se está ensayando una nueva droga para tratar el sida.*

drogadicción *s. f.* (no contable) Adicción a una droga: *La drogadicción empieza en muchos casos en el periodo de la adolescencia o, incluso, de la niñez.*

drogadicto, ta *adj./s. m.* y *f.* [Persona] que tiene una dependencia física o psíquica de una droga: *Los jóvenes drogadictos cometen a veces atracos para conseguir su dosis. Los drogadictos deberían recibir tratamiento médico. Muchos drogadictos no saben cómo desengancharse de la droga.*

drogado, da *adj./s. m.* y *f.* 1 Que está bajo los efectos de la droga: *Dormían en los bancos tres drogados. Pedían con niños drogados para dar más pena.* || *s. m.* 2 RESTRINGIDO. Acción y resultado de drogar o drogarse.

drogar *v. tr./prnl.* Administrar ‹una persona› una droga [a otra persona]: *Lo drogaron y lo metieron en un avión con rumbo desconocido. Tiene tantos dolores que tienen que drogarlo para que pueda dormir. Estos muchachos* ***se*** *drogan con pegamento.* ⇒ **56.**

drogata *s. m./f.* COLOQUIAL. Drogadicto.

drogodependencia *s. f.* MED. Dependencia física o psíquica de una droga: *La drogodependencia es uno de los problemas más importantes de la sociedad actual.*

drogodependiente *adj./s. m.* y *f.* ELEVADO. Drogadicto.

drogota *s. m/f.* COLOQUIAL. Drogadicto: *Tiene una hija que es drogota. En esta plaza se juntan los drogotas del pueblo.*

droguería *s. f.* 1 Tienda donde se venden pinturas, productos de limpieza y de aseo. 2 COL. Farmacia. **~ de turno** Farmacia de guardia. 3 ARG., URUG. Almacén de farmacia.

droguero, ra *adj./s. m.* y *f.* Persona que es propietaria de una droguería o trabaja en ella como dependiente: *La droguera me ha regalado esta muestra de crema de afeitar.*

dromedario *s. m.* (macho y hembra) *Camelus dromedarius.* Camello africano que tiene sólo una joroba, muy usado por los habitantes del desierto: *En los oasis pueden verse rebaños de dromedarios y de cabras.*

drosófila *s. f.* (macho y hembra) Género *Drosophila.* Tipo de mosca que se usa mucho en investigaciones genéticas. SIN. mosca de la fruta.

druida *s. m.* Sacerdote de los antiguos galos o celtas: *Los druidas tenían una importancia considerable entre los habitantes galos.*

druidismo *s. m.* Religión de los druidas, que creían en varias divinidades y tenían sus principales santuarios en los bosques.

drupa *s. f.* BOT. Fruto carnoso que contiene una sola semilla rodeada de una envoltura leñosa, como el melocotón o la ciruela.

drupáceo, a *adj.* 1 BOT. Que es parecido a la drupa. 2 BOT. [Planta] que tiene una drupa por fruto: *El melocotonero es una planta drupácea.*

drusa *s. f.* MINERAL. Grupo de cristales que cubre la superficie de una roca.

druso, sa *adj.* 1 De los drusos: *religión drusa, pueblo druso.* || *adj. / s. m.* y *f.* 2 [Persona] que vive en Siria o Líbano y tiene una religión en la que mezcla distintos elementos de las religiones musulmana, cristiana y judía: *Los drusos han intervenido en las luchas del Líbano.*

DSE (pronunciamos '*de-ese-e*') *s. m.* Sigla de «Diploma Superior de Español».

dto. *abr.* «Descuento».

Dtor., Dtora. *abr.* «Director, Directora».

dual *adj.* Que tiene dos aspectos distintos o que está formado por dos elementos o partes: *expresión dual. Tiene un carácter dual, alegre y triste a la vez.*

dualidad *s. f.* Dualismo.

dualismo *s. m.* 1 (no contable) Coexistencia de dos elementos o caracteres distintos: *el dualismo del bien y del mal en el maniqueísmo.* 2 (no contable) FILOS. Doctrina filosófica que explica la realidad por la acción de dos principios opuestos y diferentes.

dualista *adj.* 1 Del dualismo: *creencia dualista.* || *adj. / s. m.* y *f.* 2 Persona partidaria del dualismo.

dubitación *s. f.* 1 ELEVADO. Duda. 2 RET. Figura retórica que consiste en la vacilación o la duda del escritor o del orador acerca de lo que debe decir o hacer.

dubitativo, va *adj.* Que expresa duda: *un gesto dubitativo, una mirada dubitativa.*

ducado *s. m.* 1 Título de duque: *Está pleiteando por el ducado de su tío.* 2 Territorio que corresponde a la jurisdicción de un duque: *Algunos ducados eran muy extensos.* 3 Antigua moneda de oro española.

ducal *adj.* 1 Del duque o la duquesa. **palacio ~.** || **2 corona* ~.**

duce (del italiano; pronunciamos '*duche*') *s. m.* Título adoptado por Mussolini, jefe de la Italia fascista.

ducentésimo, ma *adj. num. ord. / s. m.* y *f.* 1 RESTRINGIDO. Que ocupa la posición número 200. || *adj. num. part.* 2 RESTRINGIDO. Cada una de las doscientas partes iguales en que se divide un todo.

ducha *s. f.* 1 Conjunto de chorros finos de agua que se aplica sobre el cuerpo para limpiarlo: *tomar una ducha, darse una ducha.* 2 Aparato que produce estos chorros finos de agua: *Tenemos que cambiar la ducha, que se ha estropeado.* 3 Recipiente donde se recoge el agua que cae de la ducha: *Tenemos que comprar una alfombrilla para que la ducha no resbale.* 4 Habitación donde están instalados este recipiente y aquel aparato: *En nuestra casa tenemos un baño completo y una ducha.* || **5 ~ de agua fría** INTENSIFICADOR. Noticia o suceso que causa una gran impresión o desilusiona: *Estaba animado, pero la bronca del jefe ha sido una ducha de agua fría para él.*

duchador *s. m.* ARG. Alcachofa de ducha.

duchar *v. tr. / prnl.* 1 Dar ‹una persona› una ducha [a otra persona]: *Antes de llevarlos a la cama duchamos a los niños. Prefiere duchar**se** por la noche.* 2 Mojar mucho ‹una persona› [a una persona o una cosa] con cualquier líquido: *Nena, ten cuidado, me has duchado **con** la leche. Nos ha duchado **con** su manía de jugar con los vasos de cerveza.*

duchero *s. m.* URUG. Alcachofa de ducha.

ducho, cha *adj.* (ser / estar) Que tiene experiencia o conocimientos sobre un tema determinado: *No sé nada de escalada, pero tu hermano es muy ducho en la materia. Estás muy ducho en cuestiones de urbanismo. No andamos muy duchos en cocina, todo lo hace mi padre.*

dúctil *adj.* 1 Que es fácil de doblar, moldear o cambiar de forma: *La plastilina se usa en la escuela porque es un material dúctil.* 2 [Metal] que puede ser transformado en alambre o puede ser deformado en frío: *Hay varios metales dúctiles, como la plata, el cobre o el plomo.* 3 ELEVADO. Que es fácil de convencer o educar, o que se acomoda o amolda con facilidad a los gustos o deseos de los otros: *Es un chico muy dúctil, no tendrás problemas con él.*

ductilidad *s. f.* 1 Cualidad propia de los metales dúctiles: *La ductilidad de los metales se está aprovechando en mil usos de la vida cotidiana.* 2 Cualidad propia de las personas que tienen un carácter dúctil: *La ductilidad de las personas es un rasgo de su inteligencia.*

duda *s. f.* 1 Falta de seguridad en lo que se hace o en lo que se dice: *Tengo una duda, no sé si he apagado la luz. Le surgió la duda de si le había pagado o no. Lo hizo sin la menor duda.* 2 Cuestión o problema que se plantea para ser resuelto: *Confesó sus dudas sobre la segunda parte del problema.* 3 Falta de seguridad en lo que se cree o en lo que se piensa: *Tengo enormes dudas religiosas. Desde luego, me asaltan dudas teóricas claras.* FR. Y LOC. **conceder el beneficio* de la ~. no dejar* lugar a dudas. poner* en ~. salir de dudas** Solucionar ‹una persona› aquello de lo que no tiene una certeza o seguridad: *Se lo pregunté directamente para salir de dudas.* **sin lugar* a dudas.**

dudar *v. intr.* 1 No estar ‹una persona› segura de [otra persona o de una cosa]: *Dudo **de** su cariño. Dudo **de** Carlos, no me gusta nada su manía de criticar a la gente.* || *v. intr. / tr.* 2 Estar ‹una persona› indecisa respecto a [una cosa]: *Dudo **en** salir. Dudo **entre** el sí y el no. Dudo **entre** el traje gris y el azul. Lo dudé mucho y al final decidí comprar el coche.* || *v. tr.* 3 No dar ‹una persona› crédito a [una noticia]: *Nos ha comentado que no estaba en casa, pero lo dudo.*

dudoso, sa *adj.* 1 (ser) Que contiene o encierra duda o que es poco probable: *Su origen es dudoso, incierto. Eso que me dices es dudoso, yo no lo veo claro. Es dudoso que venga.* 2 (estar) Que tiene dudas: *Estoy dudoso, no sé qué hacer.* 3 (antepuesto / pospuesto) Que tiene escasas cualidades: *Es un individuo de dudosa reputación. El interés de este libro es dudoso, yo creo que no tiene ninguno.*

duela *s. f.* **1** Tabla curva que forma parte de la pared de un tonel o de una cuba. **2** Gusano de cuerpo aplanado, que es parásito de los mamíferos y transmite enfermedades.

duelista *s. m.* Persona que participa en un duelo o que desafía con facilidad a otros: *Ninguno de los duelistas resultó herido.*

duelo *s. m.* **1** Combate o pelea entre dos personas, con desafío previo o sin él: *batirse en duelo. Desde hace muchos años los duelos están prohibidos en España. Los duelos se hacían por asuntos de honor.* **2** Cualquier enfrentamiento entre dos personas o grupos: *un duelo futbolístico, un duelo de coplas. El duelo por el liderato de la clasificación será duro. El duelo por alcanzar la presidencia del partido se verá en el próximo congreso.* SIN. pugna, lucha. **3** Demostraciones de tristeza por la muerte de una persona: *Lleva una corbata negra en señal de duelo por la muerte de su socio.* **4** Grupo de personas que asisten al entierro o a los funerales de una persona: *La comitiva del duelo se dirige al cementerio. El duelo se despidió a la puerta de la iglesia.* **5** Pena, dolor o aflicción: *El duelo lo llevo en el corazón.*

duende *s. m.* **1** Espíritu fantástico, en figura de niño o viejo, que se supone habita en ciertos lugares y provoca trastornos y líos: *El protagonista del cuento era un duende que habitaba en un bosque.* **2** Encanto o atractivo difícil de describir: *Es una chica con mucho duende. Este espectáculo tiene mucho duende.*

dueña *s. f.* **1** Mujer viuda que vivía en las casas principales como supervisora de las criadas y como guarda de las jóvenes. **2** Mujer principal que vivía en un convento.

dueño, ña *s. m. / f.* Persona que tiene una cosa en propiedad: *el dueño de un local, el dueño de un perro, el dueño de la casa. Quiero hablar con la dueña del piso. La tienda ha cambiado de dueño.* SIN. propietario. FR. Y LOC. **~ y señor** Expresión para indicar que una persona es la dueña absoluta de una cosa: *Es el dueño y señor de la empresa.* **hacerse ~** Imponerse o apropiarse ‹una persona› del dominio de una cosa: *Se ha hecho el dueño de la situación. Se ha hecho la dueña de la empresa.* **ser ~ de sí mismo** Saber dominarse ‹una persona› o controlar sus impulsos: *Aunque sea difícil tienes que aprender a ser dueño de ti mismo.* **ser (muy) ~** COLOQUIAL. Tener ‹una persona› derecho o libertad para hacer una cosa: *Eres muy dueña de irte si quieres. Jorge se ha enfadado y si no quiere hablarme más, es muy dueño. Sois muy dueños de hacer lo que os apetezca.*

duermevela *s. m. / f.* (indistintamente) **1** Sueño fatigoso e interrumpido con frecuencia: *Toda la noche he estado en una duermevela cansadísima.* **2** Sueño ligero del que está dormitando: *Después de comer me quedé sumido en un extraño duermevela.*

dueto *s. m.* Dúo musical.

dulce *adj.* **1** (ser / estar; antepuesto / pospuesto) Que tiene un sabor parecido al de la miel o el azúcar: *No me gustan los sabores demasiado dulces. Esta tarta está demasiado dulce para mi gusto. Esta infusión tiene un dulce sabor a miel.* **anís ~. vino* ~.** **2** Que, comparado con otras cosas de la misma especie, no es agrio o amargo o no contiene sal: *Me gusta más bañarme en agua dulce.* **agua* ~. pimentón ~.** **3** (antepuesto / pospuesto) Que agrada o causa placer: *Tiene una voz muy dulce. Qué mirada más dulce tiene. ¡Cómo olvidar su dulce sonrisa! A través de la ventana llegaba el murmullo de un dulce violín.* **4** Que es tierno, amable con los demás, tiende a sentir cariño o afecto, a complacer o agradar: *Tiene un carácter muy dulce. Es una niña muy dulce, cariñosa y obediente.* || *s. m.* **5** Alimento elaborado, de sabor dulce, compuesto generalmente con azúcar o miel, que se toma principalmente como desayuno o postre: *dulces de repostería.* **6** Fruta cocida con azúcar y solidificada: *dulce de membrillo.* || **7 algodón* ~. 8 almendra* ~. 9 ~ de guayaba** Conserva que se elabora con esta fruta. **10 ~ de leche** ARG., URUG. Dulce que se hace con leche condensada cocida con azúcar hasta que adquiere una consistencia cremosa y un color acaramelado. **11 flauta* ~** o **flauta de pico**. **12 hierro* ~. 13 muerte* ~. 14 palo* ~.** FR. Y LOC. **de ~** Muy bien, extremadamente agradable: *Este chico está de dulce.* **en ~** [Alimento] cocido en azúcar y bañado con este producto: *peras en dulce.* **jamón* en ~. ser una pera* / perita en ~.** REFR. **A nadie le amarga un dulce.** Se usa para indicar que nadie es capaz de rechazar una cosa que le resulta beneficiosa o placentera.

dulcería *s. f.* RESTRINGIDO. Confitería.

dulcero, ra *adj.* **1** Que es muy aficionado al dulce: *Mi abuela es muy dulcera.* || *adj. / s.* y *f.* **2** Que se dedica por oficio a fabricar o vender dulces: *Mis tíos eran los dulceros del pueblo.*

dulcificación *s. f.* Acción y resultado de dulcificar: *En este siglo la dulcificación de los castigos carcelarios ha sido un avance. La dulcificación del servicio militar la exigen los jóvenes. La dulcificación de la crítica es necesaria para conseguir su objetivo.*

dulcificar *v. tr.* **1** RESTRINGIDO. Poner ‹una persona o una cosa› dulce [una cosa]: *Tienes que dulcificar el café más.* SIN. endulzar. **2** Hacer ‹una persona o una cosa› más agradable, más tranquila o más suave [una cosa]: *Dulcifica un poco tus broncas que son exageradas. La corriente del golfo dulcifica el clima español.* SIN. suavizar. || *v. prnl.* **3** Hacerse ‹una cosa› más agradable, más tranquila o más suave: *Se ha dulcificado su carácter con los años.* ⇒ **71.**

dulzaina *s. f.* Instrumento de música popular de viento y madera, con doble lengüeta y sonido agudo: *En las fiestas populares tradicionales la música era de dulzaina y tamboril.*

dulzón, na *adj.* **1** Que es demasiado dulce: *un líquido dulzón.* **2** Que es demasiado sentimental: *No me gustó el final de la película, es muy dulzón. Escribe cosas muy dulzonas.*

dulzor *s. m.* Dulzura.

dulzura *s. f.* **1** Sabor dulce como el de la miel o el azúcar: *No me gusta tanta dulzura en el café, me empalaga.* **2** Suavidad o apacibilidad de un clima: *La dulzura de la tarde invita al paseo. La dulzura de Canarias en enero es maravillosa.* **3** Bondad y afabilidad o docilidad de carácter: *Me gusta la dulzura de su mirada. Trata a los enfermos con dulzura.*

duma *s. f.* Asamblea legislativa de la Rusia zarista.

dumping (del inglés; pronunciamos '*dumpin*' o '*dampin*') *s. m.* ECON. Venta de un producto en el mercado exterior de un país a menor precio de su coste real, normalmente porque recibe subvenciones ocultas: *La minería asturiana ha sido acusada a veces de dumping. El dumping está penado por los convenios internacionales.*

duna *s. f.* Montículo de arena movediza empujado por el viento en playas y desiertos: *las dunas del desierto, las dunas del delta del Ebro.*

dúo *s. m.* **1** MÚS. Composición musical para dos voces o dos instrumentos: *A continuación interpretarán un dúo para piano y violín.* SIN. dueto. **2** MÚS. Conjunto musical que interpreta esta pieza: *La interpretación corre a cargo de un dúo de violinistas.* **3** Conjunto de dos personas: *un dúo de humoristas. El grupo está formado por un dúo de arquitectos de Zaragoza. Nuestros dos analistas forman un buen dúo.* FR. Y LOC. **a ~** Entre dos personas: *cantar a dúo, responder a dúo. Las cosas las hacemos muy bien a dúo.*

duodécimo, ma *adj. num. ord. / s. m.* y *f.* **1** Que ocupa la posición número doce: *el artículo duodécimo. Diciembre es el duodécimo mes el año.* || *adj. num. part.* **2** Cada una de las doce partes iguales en que se divide un todo: *la duodécima parte del terreno.* SIN. doceavo.

duodenal *adj.* Del duodeno: *Lo han operado de una úlcera duodenal.*

duodenitis *s. f.* MED. Inflamación del duodeno.

duodeno *s. m.* ANAT. Parte inicial del intestino delgado que comunica directamente con el estómago.

dúplex (plural *dúplex*) *s. m.* **1** Vivienda de dos pisos comunicados por una escalera interior, en un edificio de viviendas de varias plantas: *Los dúplex son un poco cansados, con tanta escalera. Se ha comprado un dúplex precioso.* || *adj.* **2** RESTRINGIDO. Doble, que tiene dos veces sus componentes: *Es un circuito dúplex. Ha instalado varios circuitos dúplex.*

dúplica *s. f.* DER. Escrito en que el demandado responde a la réplica del demandante.

duplicación *s. f.* Acción y resultado de duplicar: *No se ha confirmado la duplicación de los presupuestos municipales. La duplicación de los documentos de las oficinas debe estar perfectamente controlada.*

duplicado *s. m.* **1** Copia de un documento de idénticas características al original, expedida por si se pierde éste: *Le he pedido al notario un duplicado de la escritura del piso. Como he perdido el carné me harán un duplicado hasta la renovación del siguiente.* **2** Ejemplar repetido de una obra: *Llévate el libro, tengo un duplicado.*

duplicar *v. tr.* **1** Multiplicar ‹una persona o una cosa› [una cosa] por dos: *Hemos duplicado el capital con esta inversión. El alcalde ha prometido que duplicará las inversiones para obras sociales.* SIN. doblar. **2** Sacar ‹una persona› el duplicado de [una cosa] o hacer ‹una persona o una cosa› [una cosa] dos veces exactamente igual: *Tenemos una persona que duplica todos los documentos. El programa duplica los ficheros automáticamente. He duplicado la llave para que no estés pendiente de mí.* || *v. prnl.* **3** Multiplicarse ‹una cosa› por dos: *Se han duplicado las tasas aduaneras este año.* ⇒ **71.**

duplicidad *s. f.* **1** Calidad de doble: *duplicidad de opiniones. La duplicidad de significado no crea confusión.* **2** Calidad de la persona que finge o engaña: *La duplicidad de sus palabras conseguía engañar a todos. Hay que ir a las negociaciones con sinceridad y sin duplicidad.* SIN. hipocresía. ANT. sinceridad.

duplo, pla *adj.* / *s. m.* [Número] que contiene exactamente dos veces a otro número: *número duplo. Diez es número duplo de cinco. Esa es una cantidad dupla de la que te he pedido. El duplo de cinco es diez. Diez es su duplo.* OBSERVACIONES: Es más frecuente, en el uso no matemático o técnico, la expresión *dos veces*: *Tiene dos veces más dinero que nosotros.*

duque, duquesa *s. m. / f.* **1** Título nobiliario inferior a príncipe y superior a marqués y conde: *El título de duque es el más importante entre los nobles.* SIN. ducado. **2** Persona que tiene este título: *el duque del Infantado.* **3** Soberano de ciertos Estados: *el duque de Luxemburgo.* || *s. m. / f.* **4** Esposo o esposa de una persona con título de duque: *La señora duquesa no asistirá a la cena. El señor duque lo recibirá.*

-dura *suf.* **1** Significa 'acción y resultado de' y forma sustantivos a partir de verbos: *meter - metedura, dictar - dictadura, hendir - hendidura.* **2** Significa ' objeto o sustancia que sirve para realizar la acción' y forma sustantivos a partir de verbos: *cerrar - cerradura.*

duración *s. f.* **1** (no contable) Acción y resultado de durar: *La garantía tiene una duración de un año. No sabemos la duración de la enfermedad.* **disco de larga ~.** **2** Tiempo que está entre el principio y el fin de una cosa: *La duración del proceso es de 24 horas. La duración del viaje es de tres horas. La duración del examen será de dos horas. La duración de la llamada fue mínima.*

duradero, ra *adj.* (antepuesto / pospuesto) Que dura o puede durar mucho: *Le aseguro que éste es un arreglo duradero. Es un enfado duradero, Sara y María llevan sin hablarse un año. Los duraderos efectos de nuestras operaciones de trasplante le sorprenderán.*

duralex (marca registrada) (plural *duralex*) *s. m.* Material transparente, parecido al vidrio, que se emplea para fabricar vajillas: *La ventaja del duralex es que se rompe con dificultad, aunque pierde transparencia con el tiempo.*

duraluminio *s. m.* Aleación de aluminio, cobre, manganeso, magnesio y hierro, dura como el acero pero más ligera, utilizada en la industria.

duramadre o **duramáter** *s. f.* ANAT. Meninge más externa y resistente de las tres que rodean el encéfalo y la médula espinal.

duramen *s. m.* (no contable) BOT. Parte central, más seca y compacta del tronco y de las ramas gruesas de los árboles.

durante *prep.* **1** Indica el período de tiempo a lo largo del cual se lleva a cabo algo de manera continuada: *He conducido este coche durante los últimos diez años. Ha estado comiendo durante dos horas.* SIN. a lo largo de. **2** Indica el período de tiempo a lo largo de cuyo desarrollo se produce un hecho o acción: *El teléfono sonó varias veces durante la cena. El autocar realiza una parada durante el trayecto de Madrid a Valencia. La policía nos avisó durante la noche.* OBSERVACIONES: No admite infinitivo, ni va seguido de *que* + verbo.

durar *v. intr.* **1** Tener ‹una cosa› lugar durante [un período de tiempo]: *La película ha durado dos horas. La conferencia ha durado más de una hora.* **2** Seguir ‹una cosa› existiendo con sus cualidades: *La leche es fresca y dura sólo dos días. El coche me ha durado mucho tiempo. Este tipo de encuadernación se rompe enseguida, dura poco.*

duraznero *s. m.* URUG. Durazno.

duraznillo *s. m.* Planta de hojas en forma de lanza con una mancha negra y flores rosadas o blancas.

durazno *s. m.* **1** Variedad de melocotonero. **2** Fruto de este árbol.

dureza *s. f.* **1** MINERAL. Resistencia que ofrece un cuerpo a ser rayado por otro: *Es tradicional la dureza del diamante.* **2** Ausencia o falta de blandura: *la dureza de la carne, la dureza de un sillón, la dureza de una cama.* **3** Falta de sensibilidad: *la dureza de sus críticas.* **4** Sordera: *Tiene cierta dureza de oído.* **5** Severidad de carácter: *Tiene mucha dureza con los niños. Se porta con mucha dureza con los empleados.* **6** Capa de piel dura que se forma en algunas partes del cuerpo: *Tiene varias durezas en sus manos.* **7** Falta de delicadeza en una obra artística: *la dureza de sus acordes, la dureza de sus dibujos.*

durmiente *adj.* **1** Que duerme: *animal durmiente. ¿Conoces el cuento de la Bella Durmiente del bosque?* || *s. m.* **2** Madero horizontal sobre el que se apoyan otros horizontales o verticales. **3** COL. Traviesa del ferrocarril.

duro, ra *adj.* **1** (ser / estar) Que es difícil de trabajar, modelar, cortar, comprimir o deformar: *El cristal y las piedras preciosas son materiales duros. El hierro es un material duro. Esta piedra es demasiado dura para tallar. Hay que aflojar un poco el grifo, está muy duro.* **2** (ser / estar) Que no es suficientemente blando, mullido o flexible: *Este sofá es muy duro. El colchón está duro.* **3** (ser / estar) Que no está suficientemente blando o tierno para poder deshacerlo en la boca o masticarlo: *Este pan está muy duro. No puedo comer ese turrón, es demasiado duro y casi no tengo muelas. Este filete está duro como una piedra.* **4** Que es resistente al uso, no se estropea con facilidad o soporta bien el paso del tiempo: *Estas botas son muy duras. Estos materiales son duros, te servirán durante muchos años.* **5** [Rasgo, contorno] que no tiene suavidad, está muy marcado o señalado: *Tiene las facciones muy duras. Dicen que el pelo muy oscuro hace más duros los rasgos de la cara.* **6** Que tiene rigidez, fuerza y resistencia: *Tengo las piernas y el cuerpo duro porque he hecho mucho deporte.* **7** Que es obstinado, terco o difícil de convencer con razones: *Qué cabeza más dura tienes.* **cabeza* dura.** **8** Que tiene poca facilidad para comprender algo: *Es duro de mollera, se lo he explicado ya mil veces.* **9** (antepuesto / pospuesto) Que contiene severidad o aspereza, no tiene suavidad alguna: *voz dura. ¿A qué viene esa dura mirada? Me ha parecido una crítica demasiado dura.* **10** (ser / estar) Que actúa con mucha severidad o insensibilidad, o es difícil de conmover: *Tiene un corazón muy duro. No seas tan duro con él. El castigo ha sido excesivamente duro. El juez ha estado demasiado duro con ella.* ANT. blando. **11** Que es difícil de soportar o tolerar por su intensidad, dureza o violencia: *Ha sido un invierno muy duro. El delantero hizo una entrada muy dura al defensa.* **12** Que exige mucho esfuerzo: *El ciclismo es un deporte duro. Este asunto es duro de pelar, nos va a costar solucionarlo.* **13** Que puede aguantar o soportar el cansancio, las penas o sufrimientos, los dolores o fatigas suyos o ajenos sin quejas, con fortaleza: *No te preocupes por mí, soy dura y lo aguantaré. Es un tipo duro, está ya muy curtido. Los boxeadores son muy duros.* ANT. blando. **14** (antepuesto / pospuesto) Que causa dolor, ofende o se tolera o soporta física o psíquicamente mal: *Me haces la vida muy dura. Es una película muy dura. La muerte de su esposa ha sido un duro golpe para él.* **15** PERÚ; COLOQUIAL. Que es tacaño. **16** PERÚ; JERGAL. Que está drogado con cocaína. || *adv. modo* **17** Con fuerza, con intensidad, con mucho esfuerzo: *Ese boxeador pega muy duro. Hay que estudiar duro.* || *s. m.* **18** Moneda española que vale cinco pesetas. || **19 agua* dura. 20 disco* ~ / rígido. 21 ~ de oído** [Persona] que oye poco: *No se ha enterado de nada porque es algo duro de oído.* **22 ~ de pelar** [Persona o cosa] difícil de convencer: *Mi jefe es duro de pelar.* **23 mano* dura. 24 droga* dura.** FR. Y LOC. **estar* a las duras y a las maduras. faltar el canto de un ~. hueso* ~ de roer. lo que faltaba para el ~** Indica que ha venido una desgracia que no se esperaba después de haber tenido otras: *Y ahora se estropea el coche, ¡lo que faltaba para el duro!* **por el canto* de un ~** o **que le den dos duros** COLOQUIAL; PEYORATIVO. Se usa para mostrar una persona que no le interesa otra persona o una cosa: *–«¿Vienes al cine esta noche?» –« Que os den dos duros a ti y al cine.»* **ser cerrado / ~ de mollera*. ser ~ de cerviz*.**

dux (plural *dux*) *s. m.* HIST. Título del magistrado supremo de algunas repúblicas antiguas italianas como Venecia o Génova. SIN. dogo.

DYA (pronunciamos '*día*') *s. m.* Sigla de la asociación de auxilio en carretera 'Detente y Ayuda', España.

E

e *s. f.* Quinta letra del abecedario español que representa una vocal menos abierta que la *a* y más que la *i.*

e *conj.* Y. OBSERVACIONES: Se usa ante palabras que comienzan por *i-* o *hi-: María e Isabel, padre e hijo.* No sustituye a la conjunción *y* al comienzo de una interrogación o admiración (*¿Y Isaac?)* ni ante diptongo (*limón y hielo).*

E *abr.* «Este», punto cardinal.

e- *pref.* Significa 'fuera de', 'origen o procedencia' y 'extensión', y forma sustantivos y verbos: *efusión, emigrar.*

-e *suf.* Significa 'acción y resultado de' y forma sustantivos a partir de verbos: *cortar - corte, debatir - debate.*

¡ea! *interj.* **1** COLOQUIAL. Se usa para dar ánimo o incitar a alguien a hacer algo: *¡Ea, que ya queda poco!* **2** COLOQUIAL. Se usa para dar énfasis a lo que se acaba de decir: *Nos veremos mañana, ea.* **3** INFANTIL. Se usa repetido para acunar a los niños pequeños: *¡Ea, ea, mi niña! No llores más.*

-ear *suf.* **1** Significa 'hacer algo' y forma verbos a partir de sustantivos: *voz - vocear, trozo - trocear.* **2** Significa 'dar o adquirir un color' y forma verbos a partir de adjetivos: *azul - azulear, verde - verdear.* **3** Significa 'acción repetitiva', a veces despectiva, y forma verbos a partir de sustantivos o de adjetivos: *tiroteo - tirotear, llorica - lloriquear.*

easonense *adj. / s. m.* y *f.* RESTRINGIDO. De San Sebastián, ciudad del norte de España. SIN. donostiarra.

ebanista *s. m. / f.* Carpintero que se dedica por oficio a hacer muebles o que trabaja con maderas finas como el ébano.

ebanistería *s. f.* **1** (no contable) Arte y oficio de hacer muebles o de trabajar con ébano y otras maderas de buena calidad. **2** Taller donde se hacen estos muebles.

ébano *s. m.* **1** *Dyospiros ebenum.* Árbol con hojas de color verde oscuro, fruto en baya amarilla, muy apreciado por su madera de color negro para la fabricación de muebles. **2** (no contable) Madera de los ébanos.

ebonita *s. f.* (no contable) Mezcla de caucho y azufre de color negro que fue muy utilizada en la fabricación de peines, aisladores de aparatos eléctricos.

ebrio, bria *adj.* **1** (estar) ELEVADO. Que tiene sus facultades alteradas por haber tomado bebidas alcohólicas en exceso: *El accidente fue provocado por un motorista que conducía ebrio.* SIN. bebido. **2** (estar) ELEVADO. Que experimenta un sentimiento o pasión grandes: *Se marchó ebrio* ***de*** *venganza. El equipo ganador estaba ebrio* ***de*** *triunfo.*

ebullición *s. f.* **1** (no contable) Acción de hervir un líquido, que se manifiesta por la formación de burbujas de vapor en su interior: *Calentó el agua hasta que llegó al punto de ebullición.* **2** (no contable) Estado de agitación de una persona o de una colectividad: *En aquellos momentos el radicalismo estaba en plena ebullición.*

ebullómetro *s. m.* FÍS. Ebulloscopio.

ebulloscopio *s. m.* FÍS. Aparato que mide la temperatura de ebullición de un cuerpo.

ebúrneo, a *adj.* LIT. De marfil o parecido a él: *mesa con incrustaciones ebúrneas, una piel ebúrnea.*

eccehomo *s. m.* **1** Entre los cristianos, representación de Jesucristo coronado de espinas, al ser presentado por Pilatos al pueblo: *En el retablo de muchas iglesias hay un eccehomo pintado o esculpido.* **2** ELEVADO. Persona de aspecto muy lastimoso, con heridas y contusiones: *Lo encontraron hecho un eccehomo.*

eccema o **eczema** *s. m.* MED. Enfermedad de la piel que se caracteriza por la aparición de enrojecimientos, ampollas o escamas: *Me ha salido un eccema en el cuello.*

eccematoso, sa *adj.* MED. Del eccema, que produce o tiene eccema: *enfermedad eccematosa, erupción eccematosa.*

ecco (del italiano). *interj.* ARG., URUG.; COLOQUIAL. ¡Eso!, ¡exacto!

echar *v. tr. / prnl.* **1** Arrojar ‹una persona› [a otra persona o una cosa] a [un lugar] dándole impulso: *Echa la pelota* ***a*** *la calle. Se echaron* ***al*** *agua.* **2** Mover ‹una persona› [el cuerpo o una parte de él] hacia [un lugar] o en [una dirección]: *Echó los brazos atrás. Se echó hacia adelante.* **3** Beber ‹una persona› [una cosa]: *(Se) echó un trago de agua.* **4** Dejar caer o poner ‹una persona› [un líquido u otra sustancia] sobre [otra persona o una cosa]: *Echó agua* ***a*** *las plantas. Echaré un poco de sal* ***al*** *guiso. Se echó laca* ***en*** *el pelo.* **5** Poner ‹una persona› [una prenda] por encima de [otra persona o una cosa]: *Se echó el abrigo* ***por*** *los hombros. Si tienes frío, échate una manta en la cama.* || *v. tr.* **6** Introducir ‹una persona› [una cosa] en [un lugar]: *Echa la carta* ***al*** *buzón.* **7** COLOQUIAL. Presentar ‹una persona› [un documento] ante una institución u organismo: *Ya he echado la instancia para las oposiciones.* **8** Despedir ‹una cosa› de sí [humo, olor u otra cosa]: *El motor echaba humo.* **9** Empezar a desarrollar ‹un ser vivo› [un órgano o una parte del cuerpo]: *El niño ya ha echado algunos dientes.* **10** Experimentar ‹una persona› un aumento de [una parte del cuerpo]: *Con esta vida sedentaria, estoy echando barriga.* **11** Experimentar ‹una persona› una intensificación de [un rasgo de su carácter]: *¡Vaya genio que ha echado!* **12** Expulsar ‹una persona› [a otra persona] de [un lugar]: *La echaron **de** clase por su mal comportamiento.* **13** Imponer ‹una autoridad› [una pena] a [una persona]: *Al estafador le echaron diez años de cárcel.* **14** Decir o pronunciar ‹una persona› [palabras dirigidas a otra persona]: *Echó un discurso y se fue. ¡Vaya bronca que le ha echado el profesor!* **15** Pasar ‹una sala de cine o teatro o una cadena de radio o de televisión› [un programa, una película o un espectáculo]: *Hoy echan una película de terror.* **16** Dar ‹una persona› [una cosa] [a otra persona o a un animal]: *Eché comida a los animales. Su compañero le echó **de** beber.* **17** Calcular ‹una persona› [una cosa] por su aspecto o por aproximación: *¿Qué edad le echas?* **18** Hacer ‹una persona› [cuentas o cálculos]: *Echó sus cuentas en un segundo.* **19** Gastar o invertir ‹una persona› [un determinado tiempo] en [una cosa]: *Echa muchas horas **en** el trabajo.* **20** Poner ‹una persona› [una pieza o un remiendo] a [una cosa]: *Echó medias suelas **a** los zapatos.* **21** Tomar ‹una persona› [una cosa] de [cierta manera]: *Todo lo echa **a** broma.* **22** (seguido de sustantivos como *mirada, vistazo*) Hacer ‹una persona› una determinada acción: *Echa un vistazo a la comida para que no se queme. Le echó una mirada de odio. No me eches la culpa de todo lo que ha pasado.* **23** Cerrar ‹una persona› una cosa con [otra cosa]: *Ha echado el pestillo de la puerta.* **24** Juntar ‹una persona› [un animal macho con la hembra] para que se reproduzcan: *Le he echado un perro a la perra.* || *v. tr. / intr.* **25** Jugar ‹una o varias personas› a [un juego]: *¿Echamos una partida? Ayer eché **a** la lotería.* || *v. intr. / prnl.* **26** Ir ‹una persona› hacia [un lugar]: *Los bomberos echaron calle arriba. Para que no les sorprendiesen se echaron **por** el atajo. El vehículo se echó **a** la derecha.* **27** Empezar ‹una persona, un animal o una máquina› [a hacer una cosa]: *Echó **a** correr tras el autobús. El niño se echó **a** llorar. El coche que estaba parado echó **a** andar.* || *v. prnl.* **28** Lanzarse ‹una persona, un animal o una cosa› [sobre una persona, un animal o una cosa]: *Se echó **sobre** ellos como una fiera.* **29** Tenderse ‹una persona› en la cama: *Me echaré un rato después de comer. En verano siempre me echo la siesta después de comer.* **30** Empezar a tener ‹una persona› relaciones sentimentales con [otra persona]: *Estoy deseando que te eches novia.* **31** Adquirir ‹una persona› [una costumbre]: *Se echó **a** la bebida.* **32** Ponerse ‹un ave› [sobre los huevos] para incubarlos: *La gallina se echó **sobre** los huevos.* **33** RESTRINGIDO. Calmarse ‹el viento›. FR. Y LOC. **a toda leche*** o **echando leches*. añadir / ~ leña* al fuego. arrojar / ~ / tirar por la borda*. correr / ~ un tupido velo*. despedir / ~ con cajas* destempladas. ¡échale un galgo*! echando hostias*. ~ a cara o cruz** 1 Decidir ‹una persona› entre dos posibilidades tirando una moneda al aire: *Echaron a cara o cruz quién empezaba el juego.* 2 Decidir ‹una persona› al azar entre varias posibilidades, y no racionalmente: *No sé dónde iré de vacaciones, lo echaré a cara o cruz.* **~ a escobazos*. ~ a la calle*. ~ a palos*. ~ a rodar** Hacer fracasar ‹una persona o una cosa› [una cosa]: *Echó a rodar todos nuestros planes con su negativa.* **(echar) a suerte(s)*. ~ balones* fuera. ~ chiribitas*. ~ chispas*. ~ / dar una de cal* y otra de arena. ~ de comer* aparte. ~ de menos** Notar ‹una persona› la falta de [una persona o una cosa]: *Echo de menos a mi hermana en las reuniones familiares.* **~ de ver** Darse cuenta ‹una persona› de [una cosa]: *Eché de ver enseguida que pensaba irse.* **~ dinero*. ~ el bofe*** o **~ los bofes. ~ el cierre*. ~ el freno*. ~ el gancho*. ~ el guante*. ~ el ojo*. ~ el resto*. ~ en cara*. ~ en falta*. ~ fuego* por los ojos. ~ / hablar / decir pestes*. ~ humo*. ~ la caballería*. ~ la vista* a. ~ la vista* (encima). ~ la zarpa*. ~ / lanzar / tender un cable*** o **~ / tender una mano. ~ las campanas* al vuelo. ~ las cartas*. ~ (hasta) las entrañas*. ~ las tripas*. ~ los hígados*. ~ mano* a. ~ mano* de. ~ margaritas* a los puercos. ~ / meter la tijera*. (echar) pelillos* a la mar. ~ / poner toda la carne* en el asador. ~ por la boca*. ~ por tierra*. ~ raíces*. ~ rayos / centellas / fuego** Estar ‹una persona› muy enfadada: *Tras la discusión, echaba rayos.* **~ saetas*. ~ / sudar la hiel*. ~ tierra*. ~ / tirar la casa* por la ventana. ~ / tirar por la calle* del medio** o **~ / tirar por la calle de en medio. ~ / tirar por la ventana*. ~ / tirar / tumbar de espaldas*. ~ / traer al mundo*. ~ un capote*. ~ un casquete*. ~ un jarro* de agua fría. ~ un ojo*. ~ un polvo*. ~ un pulso*. ~ un volado*. ~ una cana* al aire. ~ vainas*. ~ venablos*. echarle el muerto*. echarle morro*. echar(se) a correr*. echarse a dormir** COLOQUIAL. No prestar ‹una persona› la atención debida a una cosa: *No te eches a dormir y arregla pronto este asunto.* **echarse a la calle*. echarse a la vida*. echarse a la(s) espalda(s)*. ~ a perder** Estropearse ‹una cosa›: *Si no metes la fruta en el frigorífico, se va a echar a perder. Todos mis planes se han echado a perder.* **echarse al coleto*. echarse atrás** Negar ‹una persona› una cosa que había dicho o abandonar ‹una persona› un proyecto que tenía: *Estuvo a punto de comprarse un piso pero al final se echó atrás.* **echarse en brazos*. echarse encima** COLOQUIAL. Estar ‹una cosa› muy próxima: *Se echan encima las vacaciones y aún no hemos terminado el trabajo.* **echarse / hacerse a un lado*. echarse / meterse entre pecho* y espalda. echarse / tirarse al monte*. echarse / tirarse de cabeza* a un pozo. echarse todo encima** ARG., URUG.; COLOQUIAL. Gastar ‹una persona› todo el dinero que gana en ropa. **echar(se) tras** Salir ‹una persona› en persecución de [otra persona]: *Los vigilantes se echaron tras él.* **echarse un clavado*. echárselas / dárselas de** COLOQUIAL. Presumir ‹una persona› [de una cosa]: *Mi vecino se las echa de valiente.* **estar echando bombas*. estar que echa los dientes*. ir / mandar / ~ / enviar a paseo*. no ~ en saco* roto. tener / ~ tripa*. tirar / echar las patas* por alto.**

echarpe *s. m.* Prenda femenina ancha y larga que puede cubrir los hombros y la espalda. SIN. chal.

echón, na *adj.* **1** MÉX., VEN.; COLOQUIAL en Venezuela. Que hace ostentación de cualidades o riquezas. **2** MÉX., VEN.; COLOQUIAL en Venezuela. Que es pedante o hace ostentación de conocimientos.

echona *s. f.* ARG., BOL., CHILE, PERÚ. Hoz para segar.

-ecico, ca *suf.* -ico.

-ecillo, lla *suf.* -illo.

-ecito, ta *suf.* -ito.

eclecticismo *s. m.* **1** (no contable) Característica de las obras o del pensamiento que intentan conciliar elementos de diversas doctrinas para aprovechar lo más positivo de cada una: *el eclecticismo filosófico.* **2** (no contable) Actitud de la persona que adopta una posición intermedia entre ideas o posturas opuestas: *No sé si es por la edad, pero me gusta el eclecticismo.*

ecléctico, ca *adj.* **1** Del eclecticismo: *doctrina ecléctica, teoría ecléctica.* || *adj. / s. m.* y *f.* **2** Que profesa las doctrinas del eclecticismo: *arquitecto ecléctico. Es un ecléctico.* **3** Que tiene opiniones o criterios muy variados que son resultado de una tendencia a seleccionar y conciliar ideas o estilos de orígenes diversos y, a veces, opuestos: *escrito ecléctico, pensamiento ecléctico, corriente política ecléctica. Mantiene una postura ecléctica en la disputa sobre la filosofía de Ortega. Tenemos gustos artísticos muy eclécticos.*

eclesial *adj.* De la Iglesia o relacionado con ella: *los poderes eclesiales, la organización eclesial.*

eclesiástico, ca *adj.* **1** De la Iglesia o de los clérigos: *vida eclesiástica, jerarquía eclesiástica, tribunal eclesiástico, recomendaciones eclesiásticas.* ANT. laico. || *s. m. / f.* **2** Persona que ha recibido una de las órdenes de la religión cristiana: *Se va a celebrar un concilio de eclesiásticos en noviembre.* || **3 año* ~ / litúrgico. 4 cómputo* ~.**

eclesiología *s. f.* (no contable) Parte de la teología que estudia el origen, la esencia y el desarrollo histórico de la Iglesia.

eclipsar *v. tr.* **1** Causar ‹un astro› el eclipse de [otro]: *La luna eclipsó al sol.* **2** Hacer ‹una persona o una cosa› que disminuyan los méritos o las cualidades de [otra persona o cosa]: *La fama de ese pintor eclipsó a otros de su época. Es tan inteligente que eclipsa a todas sus compañeras.* || *v. prnl.* **3** Sufrir ‹un astro› un eclipse: *La luna se eclipsará a medianoche.* **4** Perder ‹una persona o una cosa› su importancia o su valor gradualmente: *Se ha eclipsado después de su primera novela.* SIN. decaer. **5** RESTRINGIDO. Desaparecer ‹una persona› [de un lugar]: *Se eclipsó* ***de*** *la fiesta.*

eclipse *s. m.* **1** ASTRON. Ocultación parcial o total de un astro al interponerse otro entre él y un tercero. **~ lunar** o **~ de luna. ~ parcial. ~ solar** o **~ de sol. ~ total. 2** Pérdida gradual de importancia o de éxito: *el eclipse de su carrera artística.* **3** RESTRINGIDO. Desaparición de una persona o cosa: *Nadie lo ha visto hace días, se ha eclipsado.*

eclíptica *s. f.* ASTRON. Trayectoria que describe la Tierra en su movimiento de traslación alrededor del Sol: *la eclíptica de la Tierra, la eclíptica terrestre.*

eclosión *s. f.* **1** Acción de nacer o brotar un ser vivo tras romper la envoltura que lo contiene, como una crisálida o una flor: *La eclosión de la crisálida impedirá el aprovechamiento de la seda del capullo.* **2** Manifestación de un fenómeno social, político o cultural que alcanza en poco tiempo gran importancia: *La eclosión del Modernismo en América fue temprana.*

eco *s. m.* **1** Sonido que se percibe como efecto de la reflexión de las ondas sonoras cuando éstas chocan contra un obstáculo: *En esta revuelta del camino hay eco. Al gritar los alpinistas desde la montaña se oyó el eco.* **2** FÍS. Reflexión de ondas eléctricas o electromagnéticas cuando provocan la repetición de la señal transmitida. **3** Sonido que se percibe o se recuerda de forma débil o confusa: *Hasta ellos llegaban los ecos de la música. El eco de sus palabras aún está impreso en mi memoria.* **4** Noticia imprecisa que llega indirectamente a través de varias fuentes: *Hasta aquí llegó el eco de lo ocurrido.* SIN. rumor. **5** Resonancia o difusión que alcanza una noticia o un suceso: *La boda tuvo mucho eco en la prensa del corazón. Cuando todavía no se habían apagado los ecos del último escándalo político, surgió un nuevo caso de corrupción.* **6** Persona que repite constantemente lo que otra dice y esa misma repetición: *Es el eco del presidente.* **7** Influencia de algo o de alguien: *En la novela aún se perciben ecos del Naturalismo.* || **8 ecos de sociedad** Sección de un periódico o de una revista que divulga noticias sobre bodas, fiestas o acontecimientos similares de personas famosas: *Buscó la reseña de la boda en los ecos de sociedad.* FR. Y LOC. **hacerse ~ de** Aceptar ‹una persona o un medio de comunicación› una noticia como verdadera y difundirla: *La prensa se hizo eco del suceso.*

ecografía *s. f.* MED. Exploración de los órganos internos del cuerpo mediante ultrasonidos cuyo eco se recoge en una pantalla.

ecolalia *s. f.* (no contable) PSIQUIAT. Repetición constante de sonidos o palabras que se oyen y que se produce en ciertos trastornos mentales y en niños muy pequeños.

ecología *s. f.* **1** (no contable) Ciencia que estudia los ecosistemas: *Los especialistas en ecología llaman la atención sobre la degradación de la naturaleza.* **2** (no contable) Estudio de las perturbaciones provocadas por el hombre en el medio ambiente: *La ecología es una preocupación de todos los ciudadanos.*

ecológico, ca *adj.* **1** De la ecología: *deterioro ecológico, equilibrio ecológico. La marea negra provocó un desastre ecológico.* **2** Que cuida o protege el medio ambiente: *Ahora se usan hasta detergentes ecológicos.*

ecologismo *s. m.* (no contable) Ideología y comportamiento de las personas que defienden la conservación del medio ambiente.

ecologista *adj.* **1** Del ecologismo: *defensa ecologista.* || *adj. / s. m.* y *f.* **2** Que es partidario del ecologismo: *movimiento ecologista. La instalación de la central nuclear provocó las protestas de los ecologistas.*

ecónoma *s. f.* ARG., URUG. Mujer que se encarga de aconsejar sobre economía doméstica.

economato *s. m.* Establecimiento destinado a ciertos grupos de personas donde se pueden comprar artículos a un precio más económico del habitual: *economato militar, economato sindical.*

econometría *s. f.* (no contable) ECON. Aplicación de la estadística y las matemáticas a las teorías económicas.

economía *s. f.* **1** (no contable) Ciencia que estudia la producción y distribución de los bienes para lograr el máximo rendimiento. **2** (no contable) Sistema productivo de un país o región: *la economía capitalista de los países occidentales.* **~ de subsistencia. ~ de mercado** (no contable) Economía en que los precios se fijan según la oferta y la demanda. **3** (no contable) Estado de riqueza de un país, empresa o una persona: *El Gobierno aprobó una serie de medidas para reactivar la economía.* **~ doméstica. 4** (plural) Reducción de gastos: *A finales de mes tiene que hacer economías.* **5** (no contable) Ahorro de otras cosas que no son dinero: *economía de fuerzas, economía de tiempo, economía de papel.* **6** (plural) RESTRINGIDO. Dinero ahorrado: *Se compró unos zapatos con sus economías.* SIN. ahorros. || **7 ~ sumergida** (no contable) Conjunto de actividades económicas que se realizan al margen del Ministerio de Hacienda: *La economía sumergida de esta comarca tiene mucha importancia.*

económico, ca *adj.* 1 De la economía: *historia económica. No tengo una buena posición económica. La reforma económica es urgente.* **ajuste* ~. bloqueo* ~. geografía económica. planificación* económica.** 2 Que gasta poco: *Este sistema de refrigeración es muy económico.* 3 (ser / estar) Que cuesta poco dinero: *Este modo de vida resulta muy económico. Comemos al lado de casa, es un restaurante económico.* SIN. barato.

economista *s. m.* y *f.* Persona licenciada en Ciencias Económicas o experta en economía.

economizar *v. tr. / intr.* Gastar ‹una persona› lo menos posible de [una cosa]: *Es necesario que economicemos agua en verano.* SIN. ahorrar. ⇒ **19.**

ecónomo *adj. / s. m.* 1 RESTRINGIDO. [Sacerdote católico] que sustituye al titular de una parroquia. ‖ *s. m.* 2 RESTRINGIDO. Administrador de los bienes eclesiásticos, de los bienes de una persona demente o de aquélla que no puede disponer de los mismos por sentencia legal.

ecosistema *s. m.* Conjunto formado por los seres vivos, el ámbito territorial en el que viven y las relaciones que establecen entre ellos: *El desierto es un ecosistema. Los ecosistemas tienen un equilibrio ideal que no conviene romper.*

ecosonda *s. f.* Aparato para estudiar las profundidades marinas y detectar bancos de peces.

ectoparásito, ta *adj. / s. m.* BIOL. [Parásito] que vive en la parte externa de un organismo: *la pulga es un ectoparásito.*

ectoplasma *s. m.* 1 BIOL. Parte exterior del citoplasma de la célula. 2 Sustancia que se supone que emite el médium cuando está en trance y con la que se forman rostros u otras imágenes.

ecu *s. m.* (del inglés) Sigla de «European Currency Unit», unidad monetaria de la Unión Europea.

ecuación *s. f.* MAT. Igualdad entre dos o más expresiones matemáticas que contienen una o más incógnitas: *ecuación de primer grado, ecuación de segundo grado.*

ecuador *s. m.* 1 Círculo imaginario formado por todos los puntos de la Tierra situados a la misma distancia del Polo Norte y del Polo Sur. 2 Punto medio en la duración de algo: *el ecuador de un curso escolar, el ecuador de una carrera, el ecuador de las vacaciones.* FR. Y LOC. **paso* del Ecuador.**

ecualizador *s. m.* Circuito electrónico que iguala las frecuencias de una televisión, radio o tocadiscos.

ecuanimidad *s. f.* 1 (no contable) ELEVADO. Cualidad de la persona que es equilibrada y serena en cualquier circunstancia: *En aquellas circunstancias, su ecuanimidad nos confortaba.* 2 (no contable) Cualidad de la persona que juzga con imparcialidad: *Confío en la ecuanimidad del tribunal.* SIN. equidad.

ecuatorial *adj.* Del Ecuador: *zona ecuatorial, expedición ecuatorial, países ecuatoriales.* **clima ~.**

ecuatorianismo *s. m.* Palabra o expresión propias de la variedad ecuatoriana del español.

ecuatoriano, na *adj. / s. m.* y *f.* De Ecuador, país sudamericano: *música ecuatoriana. Su familia es ecuatoriana. En el equipo hay dos ecuatorianos.*

ecuestre *adj.* 1 Del caballo: *una exhibición ecuestre, un ejercicio ecuestre.* 2 Que representa a un jinete montado a caballo: *una escultura ecuestre, una pintura ecuestre.*

ecuménico, ca *adj.* 1 ELEVADO. Que abarca o pretende abarcar el mundo entero: *acción ecuménica, pensamiento ecuménico.* SIN. universal. ‖ **2 concilio* universal / ~.**

ecumenismo *s. m.* (no contable) REL. Movimiento religioso a favor de la unificación de las Iglesias cristianas.

eczema *s. m.* (no contable) MED. Eccema.

edad *s. f.* 1 (no contable) Tiempo que lleva existiendo una persona u otro ser vivo: *A su edad debería cuidarse más. Murió a la edad de ochenta años. Tiene cincuenta años, pero no aparenta esa edad.* 2 (no contable) Duración de una cosa desde su comienzo: *la edad del planeta Tierra.* 3 Periodo de la vida humana. **~ adulta** (no contable) Edad que se alcanza cuando se llega a la madurez. **~ crítica** Edad propia de un periodo inestable de la vida humana con cambios importantes: *Tu hijo tiene catorce años y está en una edad crítica.* **~ de merecer** (no contable) Edad apropiada para buscar pareja. **~ del pavo** (no contable) COLOQUIAL. Edad propia de los adolescentes: *Desde que está en la edad del pavo, no se centra en sus estudios.* **~ escolar** (no contable) Edad comprendida entre el principio y el final de aquélla en que estudiar es obligatorio. **~ madura** (no contable) Edad comprendida entre el final de la juventud y el principio de la vejez. **mayor* de ~. mayoría* de ~. menor* de ~. minoría* de ~. tercera ~** (no contable) EUFEMISMO. Edad de la vejez: *residencias de la tercera edad, viajes para la tercera edad.* 4 Periodo de la Historia o de la Prehistoria. **~ antigua** (no contable) Periodo de la Historia que comprende desde el inicio de la Historia hasta el fin del Imperio Romano. **~ contemporánea** (no contable) Edad histórica más reciente que se inicia a finales del siglo XVIII o principios del XIX. **~ de los metales** (no contable) Periodo de la Prehistoria posterior a la Edad de Piedra durante la cual el hombre empezó a usar utensilios y armas de metal. **~ de piedra** (no contable) Periodo de la Prehistoria en que el hombre usaba utensilios y armas de piedra. **~ del bronce** (no contable) Segundo periodo de la Edad de los Metales. **~ del cobre** (no contable) Primer periodo de la Edad de los Metales. **~ del hierro** (no contable) Último periodo de la Edad de los Metales. **~ media** (no contable) Periodo de la Historia comprendido entre el siglo V y finales del XV. **~ moderna** (no contable) Periodo comprendido entre la Edad Media y la Edad Contemporánea. ‖ **5 ~ de oro** o **~ dorada** (no contable) Época de esplendor y felicidad: *la edad de oro de la literatura española.* FR. Y LOC. **de cierta ~** [Persona] madura, que ya no es joven. **de corta ~** [Persona] de pocos años: *un niño de corta edad.* **de avanzada ~** o **de ~ avanzada** [Persona] anciana: *Una mujer de avanzada edad fue testigo del accidente.* **estar en ~ de** Tener ‹una persona› la edad apropiada para una cosa: *Sus hijos ya están en edad de trabajar.*

-edad *suf.* -dad.

edáfico, ca *adj.* ELEVADO. Del suelo, en relación sobre todo con la vida de las plantas: *los estudios edáficos.*

edafología *s. f.* (no contable) Ciencia que estudia el suelo en relación con los seres vivos.

edecán *s. m.* 1 Ayudante de campo u oficial al servicio de un superior, en el ejército. 2 RESTRINGIDO. Entre un grupo de empleados, el colaborador muy leal a sus superiores: *Vendrá el director acompañado de sus edecanes.* 3 ARG., URUG. Oficial al servicio del Presidente de la República que se encarga de aspectos protocolarios.

edelweiss (del alemán; pronunciamos *'edelbáis'*) *s. m. Lentopodium alpinum.* Planta compuesta, propia de zonas montañosas, con hojas lanosas y flores blancas.

edema *s. m.* MED. Hinchazón de una parte del cuerpo debida a la acumulación de líquido: *Tiene un edema pulmonar.*

edén *s. m.* **1** Paraíso terrenal donde según la Biblia vivieron Adán y Eva antes de su desobediencia. **2** ELEVADO; INTENSIFICADOR. Lugar muy agradable: *Este campo es un edén.* SIN. paraíso.

-edero, ra *suf.* -dero.

edición *s. f.* **1** Acción de editar: *la edición de un periódico, la edición de un libro.* **2** Conjunto de ejemplares de la misma obra realizados de una sola vez sobre los mismos moldes o planchas: *edición limitada, edición de mil ejemplares. Es la sexta edición del libro.* **~ príncipe** Primera edición de un libro. **3** Texto de una obra preparado con criterios filológicos: *Estoy preparando una edición del «Quijote».* **4** Cada celebración de un certamen, exposición, torneo o concurso que se repite periódicamente: *Este año se celebra una nueva edición de los Juegos Olímpicos.* FR. Y LOC. **ser la segunda ~** RESTRINGIDO. Ser ‹una persona o una cosa› muy semejante a otra persona o cosa: *Tu hijo es tu segunda edición.*

edicto *s. m.* **1** Mandato o decreto dado por una autoridad: *Hay un edicto en el que el juez anuncia una subasta.* **2** Aviso colocado en un sitio público o impreso en los periódicos para el conocimiento de los ciudadanos.

edificabilidad *s. f.* **1** (no contable) ADMINISTRATIVO. Cualidad de edificable de un terreno: *La edificabilidad de esta manzana será discutida esta tarde en el pleno del Ayuntamiento.* **2** (no contable) Volumen de edificación que admite legalmente un terreno: *La edificabilidad de este solar es solamente de dos plantas.*

edificable *adj.* [Terreno] en el que se pueden legalmente construir edificios: *solar edificable, suelo edificable.*

edificación *s. f.* **1** (no contable) Acción y resultado de edificar: *El terreno es adecuado para la edificación de apartamentos.* SIN. construcción. **2** Edificio o conjunto de edificios: *Detrás de esas edificaciones hay un polideportivo.*

edificante *adj.* (antepuesto / pospuesto) Que edifica o estimula a alguien a obrar bien: *Ha tenido sobre mí una influencia edificante.*

edificar *v. tr. / intr.* **1** Construir ‹una persona› [edificios]: *Consiguieron la licencia para edificar viviendas.* ‖ *v. tr.* **2** Crear ‹una persona o un organismo› [una entidad o una sociedad]: *Consiguieron edificar una empresa importante con mucha dedicación y sacrificio.* SIN. erigir. **3** Dar ‹una persona› buen ejemplo con su comportamiento [a otra persona]: *Con vuestra conducta edificáis a los más pequeños del colegio.* ⇒ **71.**

edificio *s. m.* Construcción destinada a viviendas, usos administrativos, culturales, recreativos y similares: *edificio monumental, edificio civil, edificio público. Vivo en un edificio de ocho plantas.* SIN. casa.

edil, la *s. m. / f.* **1** Miembro de un ayuntamiento: *Se han reunido todos los ediles en un pleno del Ayuntamiento.* SIN. concejal. ‖ *s. m.* **2** HIST. Magistrado de la antigua Roma encargado de las obras públicas.

edilicio, cia *adj.* ARG., URUG. De los edificios o de su construcción.

editar *v. tr.* **1** Publicar y lanzar ‹una persona o una empresa› al mercado [un libro, periódico, disco o vídeo]: *Edita sus discos en Barcelona.* **2** Preparar ‹una persona› [un texto] para su publicación: *He editado las comedias pastoriles de Lope de Vega.* **3** INFORM. Presentar ‹una persona› [los resultados de una operación realizada con el ordenador] en pantalla: *Señale el archivo que quiere editar.*

editor, ra *s. m. / f.* **1** Persona que dirige el proceso de publicación de una obra. **2** Persona que, siguiendo criterios filológicos, prepara un texto para su publicación: *Es la editora de un libro de poemas de Neruda.* ‖ *s. m.* **3** INFORM. Programa informático que permite la modificación de otro programa. **~ de textos.** ‖ **4 ~ responsable** Director de un periódico.

editorial *adj.* **1** De los editores o de las ediciones: *proyecto editorial, negocio editorial, empresa editorial.* ‖ *s. f.* **2** Empresa que se dedica a editar textos: *La editorial ha lanzado una nueva colección de libros de bolsillo.* ‖ *s. m.* **3** Artículo de fondo de un periódico o de una revista que no lleva firma y refleja la opinión de la dirección: *El editorial del periódico trata sobre la huelga general.*

editorializar *v. intr.* COL. Escribir ‹una persona› editoriales en una publicación. ⇒ **19.**

-edo, da *suf.* Significa 'lugar en el que abundan árboles o arbustos' y forma sustantivos a partir de sustantivos: *árbol - arboleda, álamo - alameda, haya - hayedo, rosal - rosaleda.*

-edor, ra *suf.* -dor.

edredón *s. m.* Cubrecama acolchado relleno con plumas, guata u otro material de abrigo.

educación *s. f.* **1** (no contable) Formación dirigida a la adquisición de conocimientos o al desarrollo intelectual, social o moral de las personas: *La educación de sus hijos es su principal preocupación.* **2** (no contable) Comportamiento correcto según unas normas de trato social: *Al contestar de forma grosera demostró que no tenía educación.* **~ especial** (no contable) Educación dirigida a personas que por causas físicas o emocionales no se adaptan a una enseñanza normal: *educación especial para niños con síndrome de Down.* **~ física** (no contable) Actividad encaminada al desarrollo corporal mediante la gimnasia y el deporte.

educacional *adj.* De la educación: *sistema educacional.*

educado, da *adj.* Que tiene educación: *Es una niña muy educada.* **bien ~. mal ~.**

educar *v. tr. / prnl.* **1** Dirigir ‹una persona› el proceso de aprendizaje y desarrollo de las facultades físicas, intelectuales o morales de [una persona]: *Los padres y los profesores tienen la obligación de educar a los niños.* ***Se*** *educó en Inglaterra.* SIN. formar(se). ‖ *v. tr.* **2** Enseñar ‹una persona› las normas de cortesía necesarias para la vida en sociedad [a otra persona]: *Nos educaron* ***en*** *los buenos principios.* **3** Preparar ‹una persona› [a otra persona] para desempeñar [una función] o comportarse de [cierta manera]: *Lo educaron* ***como*** *futuro rey.* **4** Acostumbrar ‹una persona› a ciertos hábitos de higiene y obediencia [a un animal]: *Ha educado muy bien a su perro.* SIN. adiestrar. **5** Desarrollar ‹una persona› las facultades de [un miembro o un órgano] o la percepción de [un sentido]: *Educar el oído.* ⇒ **71.**

educativo, va *adj.* **1** De la educación: *sistema educativo.* **2** Que educa o sirve para educar: *juego educativo.*

edulcorar *v. tr.* **1** ELEVADO. Poner ‹una persona o una cosa› dulce [una cosa]: *El azúcar edulcora el café.* SIN. endulzar. || *v. prnl.* **2** ELEVADO. Hacerse ‹una cosa› dulce: *El bizcocho se ha edulcorado excesivamente.* SIN. endulzarse.

-edura *suf.* -dura.

EE. UU. *abr.* Abreviatura de los Estados Unidos de Norteamérica (en inglés USA).

efe *s. f.* Nombre de la letra *f.*

efebo *s. m.* ELEVADO. Chico joven, adolescente: *Ese señor siempre está rodeado de efebos.* SIN. muchacho.

efectismo *s. m.* (no contable) Excesiva abundancia de recursos y detalles para producir un fuerte efecto en el ánimo de los demás: *Toda su obra se caracteriza por el efectismo.*

efectista *adj.* [Recurso, procedimiento] que pretende causar una fuerte impresión en los demás: *Utilizó una imagen efectista. Su película está llena de recursos efectistas.*

efectivo, va *adj.* **1** (antepuesto / pospuesto) Que produce el efecto que se esperaba: *una efectiva reprimenda, un tratamiento efectivo.* **2** Que es real o auténtico: *El cheque será efectivo dentro de tres días.* || *s. m.* **3** (no contable) Dinero en moneda o dinero del que se dispone en un momento determinado: *No pudo comprar el cuadro porque no tenía efectivo en el banco.* **4** (preferentemente en plural) Fuerzas militares o policiales o conjunto de personas de un determinado grupo: *Acudieron los efectivos disponibles para colaborar en la extinción del incendio.* || **5 dinero* en ~ / metálico** o **~ líquido.** FR. Y LOC. **en ~** Con dinero, en monedas o billetes: *un pago en efectivo.* **hacer ~** Pagar o cobrar ‹una persona› una cantidad de dinero: *El pago de la factura se puede hacer efectivo en cualquier sucursal bancaria.*

efecto *s. m.* **1** Lo que es producido por la acción de algo: *La dilatación de la puerta fue efecto del calor. Ese medicamento me ha hecho efecto y ya me estoy recuperando.* **2** Fin o propósito: *A tal efecto se levantó temprano.* **3** Impresión: *El suceso no le causó ningún efecto.* **4** DEP. Movimiento dado a la bola, golpeándola lateralmente, para que se desvíe de su trayectoria normal: *La tenista sacaba con efecto.* **5** Título o documento de crédito o mercantil, como un talón o un cheque. **6** Fenómeno físico o químico que lleva el nombre de su descubridor: *el efecto Edison.* **7** (plural) Objetos que pertenecen a una persona: *No olviden en el avión sus efectos personales.* **8** (plural) Mercancías o artículos de comercio: *Traspasan la tienda con efectos.* SIN. género, existencias. || **9 efectos especiales** En cine, teatro y otros espectáculos, trucos que se utilizan para provocar en el espectador una ilusión de realidad. FR. Y LOC. **en ~** Efectivamente, confirmando algo que se ha dicho o supuesto anteriormente: *Eran ocho personas, en efecto.* **golpe* de ~. hacer el ~** Dar ‹una cosa› una impresión a una persona: *Esto no me hace buen efecto.* **llevar a ~** Realizar ‹una persona› una cosa: Han llevado a efecto las amenazas y nos han denunciado por escándalo nocturno. **surtir ~** Producir el resultado deseado: *El consejo surtió efecto.*

efectuar *v. tr.* Realizar ‹una persona o una cosa› [una cosa]: *El tren con destino a Valencia efectuará su salida a las nueve horas. El delantero efectuó un potente disparo desde el centro del área.* ⇒ **3.**

efeméride *s. m.* **1** Acontecimiento importante que se recuerda en su aniversario: *Hoy es una efeméride muy importante: el final de la guerra.* **2** Celebración de este acontecimiento o aniversario: *Hoy se celebra la efeméride de la firma del Tratado de Tordesillas.* **3** (plural) Acontecimientos importantes ocurridos en el mismo día pero en diferentes épocas: *Las efemérides de hoy pueden buscarse en la hemeroteca.* **4** Libro en que se recogen los hechos de cada día: *Han publicado las efemérides de estos dos últimos años.*

eferente *adj.* ANAT., FISIOL. [Formación anatómica] que transmite sustancias o impulsos desde una parte central del organismo a otra periférica: *sustancia eferente, vaso eferente, nervio eferente.*

efervescencia *s. f.* **1** (no contable) Ambiente de especial animación o agitación que se produce en un grupo de personas: *La mala noticia llegó cuando las fiestas estaban en plena efervescencia.* **2** (no contable) FÍS. Liberación de burbujas gaseosas en un líquido: *Esa pastilla contra el catarro produce mucha efervescencia en el agua.* SIN. burbujeo.

efervescente *adj.* Que está o puede estar en efervescencia: *bebida efervescente, pastilla efervescente.*

eficacia *s. f.* (no contable) Característica de eficaz: *la eficacia de un medicamento, eficacia de una persona, la eficacia de una sanción.*

eficaz *adj.* **1** (antepuesto / pospuesto) Que produce el efecto que se buscaba: *Es un remedio eficaz* ***contra*** *los dolores de muelas. Su compañero es un eficaz colaborador.* **2** (antepuesto / pospuesto) [Persona] que realiza bien su trabajo: *El proyecto se llevó a cabo con un eficaz equipo.*

eficiencia *s. f.* (no contable) Característica de eficiente: *La eficiencia de su secretario está fuera de duda.*

eficiente *adj.* (ser / estar; antepuesto / pospuesto) Que realiza bien su trabajo o la función para la que está destinado: *Es una secretaria muy eficiente. Estoy vivo gracias a un eficiente sistema de seguridad.*

efigie *s. f.* **1** Representación o imagen reproducida de una persona: *la efigie del rey en una moneda.* **2** (no contable) LITERARIO, ELEVADO. Personificación de una cosa ideal o abstracta: *la efigie de la bondad, la efigie del dolor.*

efímero, ra *adj.* (antepuesto / pospuesto) ELEVADO. Que tiene una corta duración, o que pasa pronto: *una efímera sonrisa, una juventud efímera. Tras un efímero reinado abdicó.*

efluvio *s. m.* **1** ELEVADO. Emanación de olor o vapor que se desprende de un cuerpo y se mantiene en el ambiente: *Aspiraba el efluvio de la primavera.* **2** ELEVADO. Cualidad inmaterial que se considera como si se desprendiese de una persona o de una cosa: *De su actitud emana un efluvio de simpatía y serenidad.* SIN. halo.

efusión *s. f.* **1** Manifestación muy viva de sentimientos afectuosos o alegres: *Nos recibió con efusión.* **2** ELEVADO. Derramamiento de un líquido, en especial de sangre: *Intentaron cortar la efusión de sangre del herido.* SIN. flujo. **3** FÍS. Paso de un gas a través de una pequeña abertura debido a la presión del mismo: *La velocidad de efusión depende de la densidad.* **4** GEOL. Emisión de lava volcánica sobre la superficie de la tierra.

efusivo, va *adj.* (ser / estar; antepuesto / pospuesto) Que expresa con vivacidad sus sentimientos y afectos: *un recibimiento efusivo, un efusivo abrazo. Está hoy muy efusiva. Luis es muy efusivo.*

EGB (pronunciamos *'e-ge-be'*) *s. f.* Sigla de los estudios primarios llamados «Educación General Básica», España.

egipcio, cia *adj. / s. m.* y *f.* **1** De Egipto, país africano. || *s. m.* **2** LING. Dialecto del árabe, hablado en Egipto y Sudán.

egiptología *s. f.* (no contable) ARQUEOL. Parte de la Arqueología que estudia la antigua civilización egipcia.

égloga *s. f.* LIT. Composición poética de tema campestre y amoroso, en la que suelen dialogar de amores dos o más pastores: *Son famosas las églogas de Garcilaso.*

ego *s. m.* **1** PSICOL. Parte consciente de la personalidad: *Nos encontramos con un claro enfrentamiento entre el ego y el superyo.* **2** (no contable) Soberbia, valoración excesiva que una persona tiene de sí misma: *¡Vaya ego que tiene, se cree el más listo de todos!*

-ego, ga *suf.* -iego.

egocéntrico, ca *adj. / s. m.* y *f.* Que se comporta con egocentrismo: *personalidad egocéntrica.*

egocentrismo *s. m.* (no contable) PEYORATIVO. Actitud de la persona que se considera a sí misma el centro de todo y no se preocupa de lo que afecta a los demás: *El egocentrismo es normal en los adolescentes.*

egoísmo *s. m.* (no contable) Actitud de la persona que atiende exageradamente a su propio interés, sin preocuparse del de los demás.

egoísta *adj. / s. m.* y *f.* Que se comporta con egoísmo o muestra egoísmo. *No seas tan egoísta y piensa un poco en los demás. Tiene una actitud muy egoísta con nosotros.*

ególatra *adj. / s. m.* y *f.* Que tiene egolatría.

egolatría *s. f.* (no contable) ELEVADO. Estimación o admiración excesiva hacia uno mismo: *No soporto su egolatría.*

egregio, gia *adj.* (antepuesto / pospuesto) ELEVADO. Que destaca por su categoría o méritos: *un egregio personaje, una visita egregia.*

egresado, da *adj. / s. m.* y *f.* ARG., COL., VEN., URUG. Que tiene el título de un centro docente.

egresar *v. intr.* **1** AMÉR. Dejar un centro docente, colegio o universidad, después de terminar los estudios en él. **2** COL. Salir ‹dinero› de una cuenta.

egreso *s. m.* AMÉR. Acción y efecto de egresar.

¡eh! *interj.* **1** Se usa para llamar la atención de alguien o advertirle de algo. OBSERVACIONES: Normalmente se usa repetido y seguido de vocativo: *¡Eh, camarero!* **2** En tono interrogativo: **2₁** Se usa para preguntar algo que no se ha escuchado o entendido: *¿Eh?, ¿qué dices?* **2₂** Se usa para intensificar una advertencia o para buscar confirmación de lo que se dice, en el que escucha: *No quiero volverte a ver por aquí, ¿eh? Hoy cenaremos en casa, ¿eh?*

einstenio *s. m. Es.* Elemento químico radiactivo que se encontró en los residuos de la primera explosión de una bomba de hidrógeno.

eje *s. m.* **1** Barra que atraviesa y sostiene un cuerpo que gira: *El horno tiene un eje para poner los pollos y asarlos.* **2** MEC. Barra horizontal de un vehículo, a cuyos extremos van unidas las ruedas: *Se ha partido el eje del coche.* **3** Pieza mecánica que transmite el movimiento de rotación. **4** Persona o cosa que resulta esencial: *Ella es el eje de la compañía. El eje de la reunión fue la construcción del nuevo parque.* **5** GEOM. Línea que pasa por el centro geométrico de un cuerpo. **6** Línea imaginaria alrededor de la cual gira un cuerpo: *el eje de la Tierra.* || **7 ~ de coordenadas** GEOM. Cada una de las dos rectas perpendiculares que sirven para determinar la situación de un punto cualquiera del plano constituido por ellas. **8 ~ de rotación** GEOM. Recta alrededor de la cual se considera que gira una línea para formar una superficie o una superficie para formar un cuerpo. **9 ~ de simetría** Recta respecto a la cual una figura coincide con ella misma al efectuar un giro alrededor de dicha recta. FR. Y LOC. **partir* por el ~** o **partir por la mitad.**

ejecución *s. f.* **1** Acción de ejecutar o realizar algo: *Los aficionados aplaudieron tras la ejecución del gol del equipo.* **2** Interpretación de una obra musical: *La ejecución de la joven pianista fue perfecta.* **3** Ajusticiamiento de una persona que ha sido condenada a muerte: *La ejecución tendrá lugar en una cárcel de Virginia.* **4** DER. Cumplimiento de lo que dispone una sentencia o resolución administrativa: *la ejecución de un desahucio.* **5** DER. Acción de reclamar una deuda por vía ejecutiva: *la ejecución de una hipoteca.*

ejecutar *v. tr.* **1** Realizar ‹una persona› [una cosa]: *Ejecutamos varias acciones antes de tomar una decisión.* SIN. efectuar. **2** Interpretar ‹una persona› [una obra musical]: *Ejecutaron la pieza con gran maestría.* **3** DER. Cumplir ‹una persona› [lo que dispone una sentencia o una resolución administrativa]: *Ejecutaron el cierre del local.* **4** Matar ‹una persona› [a una persona condenada] en cumplimiento de la sentencia de muerte: *Lo ejecutarán dentro de una semana.* SIN. ajusticiar. **5** DER. Reclamar ‹una persona o un organismo› [una deuda] por vía ejecutiva: *Si no paga el crédito, el banco ejecutará la hipoteca.*

ejecutiva *s. f.* Junta directiva de una asociación: *la ejecutiva de un partido político.*

ejecutivo, va *adj.* **1** Que ejecuta las leyes y acuerdos: *el brazo ejecutivo de la ley.* **2 poder* ~. 3 procedimiento* ~. 4 vía* ejecutiva.** || *s. m.* y *f.* **5** Persona que ocupa un cargo directivo en una empresa: *un máster para ejecutivos. En nuestra empresa hay muchas jóvenes ejecutivas.*

ejecutoria *s. f.* **1** DER. Sentencia que ha adquirido el carácter de firme, contra la que no existe posibilidad de recurso: *El juez ha dictado una ejecutoria contra el director de la empresa.* **2** DER. Documento público en que consta esa sentencia. **3** Título o diploma de nobleza.

ejemplar *adj.* **1** (antepuesto / pospuesto) Que sirve o puede servir como ejemplo o modelo: *una conducta ejemplar. Todos elogiaron su ejemplar comportamiento.* **2** Que sirve como lección o escarmiento. **castigo* ~.** || *s. m.* **3** Copia de un libro, un escrito, un periódico o un dibujo: *una tirada de dos mil ejemplares. Se han agotado todos los ejemplares de la novela. El autor firmó ejemplares de su última obra.* **4** Individuo de una raza o de una especie: *En el jardín hay diversos ejemplares de gardenia. Tiene un magnífico ejemplar de perro mastín.* **5** Pieza de una colección: *Sólo me faltan dos ejemplares para completar mi colección de minerales.*

ejemplaridad *s. f.* (no contable) Carácter ejemplar de una persona o acción: *la ejemplaridad de un comportamiento, la ejemplaridad de un castigo.*

ejemplarizar *v. tr.* RESTRINGIDO. Dar ‹una persona› buen ejemplo con su comportamiento [a otra persona]: *Comportamientos como el suyo contribuyen a ejemplarizar la vida social.* ⇒ **19.**

ejemplificar *v. tr.* Demostrar o aclarar ‹una persona› [una cosa] con ejemplos: *Ejemplifique usted la teoría expuesta.* SIN. ilustrar. ⇒ **71.**

ejemplo *s. m.* **1** Modelo de acciones o actitudes que se deben o no imitar: *Hay que dar buen ejemplo a los hijos.* **2** Modelo de persona que tiene una cualidad o defecto en grado máximo y que por tanto se debe o no imitar: *Sus padres eran un ejemplo de honradez para todos. Manolo es un claro ejemplo de egoísmo.* **vivo ~** INTENSIFICADOR. Persona que es ejemplo de alguna cualidad o defecto. **3** Frase o texto que sirve como muestra, como aclaración de una explicación: *El profesor siempre pone ejemplos de lo que dice.* FR. Y LOC. **dar ~** Comportarse ‹una persona› de tal manera que anima a ser imitado: *El alcalde da ejemplo y siempre viaja en metro, no usa el coche.* **por ~** Se usa para introducir un ejemplo: *Nos habló de algunas ciudades del norte, por ejemplo, de Oviedo y de Santander.*

ejercer *v. tr. / intr.* **1** Practicar ‹una persona› [una profesión o un oficio]: *Ejerce **como** abogada. Estudió la carrera de periodismo, pero no ejerce.* || *v. tr.* **2** Actuar ‹una persona o una cosa› [sobre otra] mediante [su acción, su influencia o su poder]: *Ejercía un gran influjo **sobre** sus alumnos.* **3** Hacer ‹una persona› uso de [una facultad o virtud]: *ejercer la caridad. Los ciudadanos ejercieron su derecho al voto.* ⇒ **29.**

ejercicio *s. m.* **1** Acción y efecto de ejercer o ejercitar: *el ejercicio de una materia. Viaja mucho en el ejercicio de su profesión.* **2** Conjunto de movimientos corporales que se realizan para estar en forma o como entrenamiento: *ejercicio de respiración, ejercicio de relajación. Es bueno para la salud hacer ejercicio.* **3** Tarea práctica con la que aprender o perfeccionar una disciplina teórica: *libro de ejercicios, ejercicio de baile, ejercicio de canto, ejercicio de redacción. Hay que hacer los ejercicios de la lección siete. Ha mandado nuevos ejercicios para la semana que viene.* **4** Cada una de las pruebas en que se divide un examen: *El examen se compone de tres ejercicios.* **5** Examen: *Aprobó el ejercicio oral, pero suspendió el ejercicio escrito.* **6** Tiempo durante el cual rige o tiene vigencia una ley. **7** Periodo de tiempo en que una empresa u organismo divide su actividad: *El ejercicio del año pasado fue muy positivo. En el pasado ejercicio se obtuvieron importantes beneficios. En el ejercicio fiscal del pasado año tuvo que pagar cien mil pesetas a Hacienda.* **8** (plural) Prácticas militares de adiestramiento: *La próxima semana habrá ejercicios navales.* || **9 ejercicios espirituales** Ejercicios de oración generalmente bajo la dirección de un sacerdote: *Los ejercicios espirituales más famosos son los de San Ignacio de Loyola.* FR. Y LOC. **(estar) en ~** Estar en activo, ejerciendo o practicando su profesión ‹una persona›: *un abogado en ejercicio.*

ejercitación *s. f.* (no contable) Acción y resultado de ejercitar: *la ejercitación de la paciencia.*

ejercitar *v. tr.* **1** Hacer ‹una persona› uso de [una facultad o virtud]: *Ejercitó sus cualidades de orador.* SIN. ejercer. **2** Practicar ‹una persona› [una profesión o un oficio]: *Ejercita la medicina.* SIN. ejercer. **3** Poner ‹una persona› en práctica [una virtud]: *Ejercita la caridad.* SIN. practicar. || *v. tr. / prnl.* **4** Hacer ‹una persona› que [otra] adquiera destreza en [una cosa] mediante la práctica: *El entrenador ejercitó a los jugadores **en** el lanzamiento de faltas.*

ejército *s. m.* **1** Conjunto de las fuerzas armadas de un país: *ejército de tierra, ejército del aire, ingresar en el ejército, entrar en el ejército.* **cuerpo* de ~. ~ regular** Ejército estable y oficial de un país: *Unidades del ejército regular se han enfrentado a la guerrilla.* **2** Grupo de soldados que forma un cuerpo y está bajo las órdenes de un mando superior: *el ejército de Napoleón.* **3** INTENSIFICADOR. Grupo numeroso: *un ejército de insectos.*

ejidatario, ria *s. m. / f.* MÉX. Campesino miembro de un ejido.

ejido *s. m.* **1** Campo comunal de un pueblo, situado a las afueras. **2** MÉX. Finca colectiva. **3** ARG., URUG. Territorio de un municipio.

-ejo, ja *suf.* Añade un significado despectivo y forma sustantivos a partir de sustantivos, y adjetivos a partir de adjetivos: *caballo - caballejo, peseta - peseteja, malo - malejo.*

ejote *s. m.* AMÉR. C., MÉX. Judía verde.

el *art. det. m. sing.* **1** Acompaña al sustantivo masculino singular: *el libro, el suelo.* **1₁** Su uso supone que la persona o cosa aludida es consabida para el hablante y el oyente, bien porque ha sido aludida en el contexto, bien porque es un elemento presupuesto o que se puede presuponer o bien porque se hace algún tipo de referencia a ella: *Tuvieron un niño y una niña: el niño era rubio y la niña muy morena. El cartero y el hijo del médico se pelearon. El próximo domingo iremos a la piscina. El sol es más grande que la luna. El niño, la mujer y el anciano reciben especial atención en este programa político. El pan, la leche y el arroz son alimentos.* OBSERVACIONES: En enumeraciones de elementos definidos puede suprimirse el artículo, pero afectando al registro (retórico, literario, estilístico, preferentemente escrito): *Padre e hijo salieron raudos de aquel lugar. Tanto caballo como caballero estaban sedientos. Es un problema que afecta a marroquíes y argelinos.* **1₂** (ante nombres propios de persona, hipocorísticos o apellidos) COLOQUIAL. Connota familiaridad, emotividad y tono muy coloquial: *el José, el Pepe, el Ramírez.* RELACIONES Y CONTRASTES: Estas restricciones no se dan si el nombre aparece modificado por un adjetivo o por una amalgama especificativa o por un sustantivo especificador de una faceta: *Éste es el mejor Quevedo, aunque no el (Quevedo) más conocido. Éste es el Cervantes que me gusta. El Picasso pintor y el (Picasso) escultor merecen valoración distinta. El imprevisible Jorge. Ya no es el Carlos del bigote grande y el pantalón vaquero.* **2** Precede a sustantivos femeninos que comienzan por *a* o *ha* tónicas, lleven o no acentuación gráfica: *el agua, el águila, el hacha, el habla, el alza.* OBSERVACIONES: ◊ Excepto si el nombre es un especificador de género o clase, como los nombres de las letras *–la (letra) a, la (letra) hache–*, o en el caso de los especificadores ideológicos y políticos *–la ácrata aquella–*, geográfico-religiosos *–la árabe insumisa–* o en el uso coloquial ante nombres propios de persona, hipocorísticos, motes y apellidos: *la Ángela, la Ana, la Álvarez...* ◊ Si lo que sigue directamente al artículo es un adjetivo entonces *el* sólo puede usarse como masculino: *el alto consumo, el amplio margen...* **3** Se funde con las preposiciones *a* y *de* dando lugar a las contracciones *al* y *del.*

él (plural *ellos;* de tercera persona; singular; masculino; sujeto: *él,* complemento directo: *lo, a él, se, a sí mismo,* complemento indirecto: *le, a él, se, a sí mismo,* complemento circunstancial: *consigo, sí*) *pron. pers.* Pronombre con que se designa a la persona, animal o cosa personificada, de género masculino, de que se habla: *Él no conoció a sus abue-*

los. –*«¿Quiénes sois vosotros?»* –*«Él es Javier y yo Simón.»* –*«Me ha mordido el perro.»* –*«Claro, él no te conocía.» A lo lejos se veía el volcán, él vigilaba cada rincón de la isla.* OBSERVACIONES: ◊ Funciona como sujeto (*Él puede venir esta noche. ¿Es él tu marido?*) o como término de preposición (*a él, de él, con él, hacia él, para él, por él,* etc.) ◊ Admite oraciones con *que: Él, que siempre llega tarde, que coma en la cocina.* FR. Y LOC. **para ~ mismo** (con verbos como *decir, pensar*) Indica que se hace algo sin mostrarlo o exteriorizarlo: *Lo pensó para él mismo y decidió no comentar nada de lo ocurrido.* **por ~** Se usa para indicar que la persona de la que se habla no se opone a lo que se dice: *Por él podéis iros sin esperarle.* **por ~ mismo** Se usa para indicar que una persona hace algo sin necesitar ayuda de otras: *Todo lo que tiene lo ha conseguido por él mismo.* **ser más ~ (mismo)** Mostrarse ‹una persona› como es en realidad, ser más auténtica: *Cuando hay alguna fiesta tu padre es más él mismo: abandona su seriedad y se convierte en el rey de la juerga.*

elaboración *s. f.* **1** Preparación de un producto con los ingredientes o materias primas necesarios: *La elaboración de este postre es muy sencilla.* **2** Acción de producir un órgano u organismo una sustancia: *La elaboración de la insulina se produce en el páncreas.* **3** Acción de elaborar un proyecto o una teoría: *El Ayuntamiento estudia la elaboración de un nuevo plan de urbanismo.*

elaborado, da *adj.* **1** (estar) Que se hace con mucho cuidado o trabajo: *El discurso está muy elaborado.* **2** (ser / estar) Que se produce industrialmente: *un producto elaborado.*

elaborar *v. tr.* **1** Preparar ‹una persona› [un producto] con los ingredientes o materias primas necesarias: *Elaboraron un buen guiso.* SIN. confeccionar, hacer. **2** Producir ‹un órgano o un organismo› [una sustancia]: *Las arañas elaboran sus telas.* **3** Formar ‹una persona› [un proyecto o una teoría]: *Elaborarán nuevos planes de enseñanza.*

elasmobranquio *adj. / s. m.* **1** (macho y hembra) ZOOL. [Pez] que tiene de cinco a siete pares de branquias, muchos dientes y mandíbula superior no sujeta al cráneo, y que no tiene vejiga natatoria. || *s. m.* ZOOL. **2** (en plural) Subclase que forman los peces elasmobranquios. SIN. seláceos.

elástica *s. f.* **1** Camiseta interior o de deporte. **2** (preferentemente en plural) VEN.; RESTRINGIDO. Tirantes del pantalón.

elasticidad *s. f.* **1** (no contable) Cualidad de elástico: *Salta con la elasticidad de una pantera. De tanto lavar el pantalón ha perdido elasticidad. Las gimnastas tienen mucha elasticidad.* SIN. flexibilidad. **2** (no contable) Conjunto de ejercicios destinados a conseguir flexibilidad en los músculos y articulaciones: *En el gimnasio hicimos elasticidad.*

elástico, ca *adj.* **1** [Cuerpo] que puede recuperar su forma primitiva cuando cesa la fuerza que lo comprimía o estiraba: *tejido elástico, resorte elástico, fibra elástica. La goma es un material elástico.* **2** Que se ajusta, se adapta o permite acomodarse a distintas circunstancias: *horario elástico, teoría elástica.* **3** Que es relativo o discutible: *Eso de que la responsabilidad de sus actos la tengan los padres es muy elástico.* || *s. m.* **4** Tira o cinta de goma, especialmente la que ajusta los bajos, puños o cintura de las prendas de vestir. **5** Borde de algunas prendas de punto más ajustable que el resto de la prenda: *Ya he terminado el elástico del jersey.* **6** (plural) Tirantes de pantalón flexibles. **7** ARG., URUG. Somier. || **8 cama* elástica. 9 goma* elástica.**

elastina (no contable) *s. f.* BIOL. Proteína que compone las fibras elásticas del tejido conjuntivo y permite que los tendones vuelvan a su tamaño normal después del esfuerzo.

¡ele! *interj.* **1** Se usa para animar a alguien que canta, baila, participa en una competición, etc. y que normalmente va acompañada de palmadas, gritos, etc. OBSERVACIONES: Suele ir reforzada por otra palabra: *¡Ele tu padre!* **2** Se usa para expresar aprobación o asentimiento: *¡Ele, así me gusta!*

elección *s. f.* **1** Acción y efecto de elegir: *la elección del color, la elección del mejor candidato, la elección para el cargo.* **2** (preferentemente en plural) Votación para elegir un representante político: *elecciones generales, elecciones por sufragio universal. Se presenta a las próximas elecciones municipales. Se celebran elecciones en mayo.*

eleccionario, ria *adj.* AMÉR. Electoral.

electivo, va *adj.* [Cargo, empleo] que se ocupa por elección: *El rectorado es electivo en las universidades españolas.*

electo, ta *adj.* Que ha sido elegido para un cargo pero todavía no lo desempeña: *el presidente electo.*

elector, ra *adj. / s. m.* y *f.* Que vota o tiene derecho a hacerlo: *el público elector, un grupo de electores.*

electorado *s. m.* Conjunto de electores: *Una parte del electorado del partido piensa abstenerse en las elecciones.*

electoral *adj.* De las elecciones o de los electores: *campaña electoral, ley electoral, censo electoral, distrito electoral, propaganda electoral.* **colegio* ~.**

electoralismo *s. m.* (no contable) POLIT.; PEYORATIVO. Estrategia política que tiene como objetivo principal la obtención de votos.

electoralista *adj.* PEYORATIVO. Que sólo busca la obtención de votos: *noticia electoralista, política electoralista.*

electricidad *s. f.* **1** (no contable) Energía que resulta de la existencia en la materia de cargas eléctricas positivas y negativas. **~ estática** (no contable) Electricidad que aparece en un cuerpo cuando existen en él cargas eléctricas en reposo. **2** (no contable) Parte de la Física que estudia estos fenómenos. **3** (no contable) Corriente eléctrica: *Cortaron la electricidad.* **4** Tensión nerviosa: *En el campo se notaba la electricidad, y los jugadores cometían muchas faltas.*

electricista *s. m.* y *f.* **1** Persona que se dedica por oficio a colocar y reparar instalaciones eléctricas. || *adj.* **2** [Persona] experta en aplicaciones técnicas y mecánicas de la electricidad: *ingeniero electricista.*

eléctrico, ca *adj.* **1** De la electricidad: *descarga eléctrica, energía eléctrica.* **carga* eléctrica. central eléctrica. fluido ~.** **2** Que tiene o comunica electricidad, o que funciona con electricidad: *luz eléctrica, batería eléctrica, cocina eléctrica, motor eléctrico.* **artefacto* ~. fogón ~. guitarra eléctrica. horno ~. manta* eléctrica. máquina* eléctrica. pesacartas ~. radiador* ~. silla* eléctrica.**

electrificar *v. tr.* **1** Dotar ‹una persona› [una cosa] de electricidad o equipo eléctrico: *electrificar una cocina.* **2** Transformar ‹una persona› [una máquina o una instalación] para que funcione mediante energía eléctrica: *Han electrificado la línea de tren de cercanías.* ⇒ **71.**

electrizable *adj.* Que puede adquirir las propiedades eléctricas: *cuerpo electrizable.*

electrizar *v. tr.* **1** Producir ‹una cosa› electricidad en [un cuerpo]: *El frotamiento electriza el bolígrafo.* **2** Comunicar ‹una persona o una cosa› gran entusiasmo o emoción [a una persona]: *Su discurso electrizó a la multitud.* ‖ *v. prnl.* **3** Sentir ‹una persona› gran entusiasmo o emoción: *Me electrizo cuando lo veo bailar.* **4** Adquirir ‹una cosa› electricidad: *Las pantallas se electrizan con estos paños.* ⇒ **19.**

electroacústica *s. f.* (no contable) Parte de la electrónica que estudia la producción y reproducción del sonido por procedimientos eléctricos.

electrocardiografía *s. f.* MED. Estudio de la actividad eléctrica del corazón a través de la lectura e interpretación de los electrocardiogramas.

electrocardiógrafo *s. m.* MED. Aparato que registra las corrientes eléctricas del corazón.

electrocardiograma *s. m.* MED. Gráfico obtenido con el electrocardiógrafo.

electrochoque o **electroshock** *s. m.* MED. Aplicación de una descarga eléctrica en el cerebro para tratar algunas enfermedades psíquicas.

electrocutar *v. tr. / prnl.* Matar ‹una persona› [a otra] mediante una descarga eléctrica: *Intentó pelar un cable con las manos húmedas y se electrocutó.*

electrodinámica *s. f.* (no contable) FÍS. Parte de la Física que estudia la electricidad en movimiento.

electrodo o **eléctrodo** *s. m.* ELECTRIC. Cada uno de los extremos de un conductor que recibe o comunica una corriente eléctrica.

electrodoméstico *adj. / s. m.* Aparato eléctrico que se utiliza en el hogar: *sección de electrodomésticos. La radio, el frigorífico o el microondas son electrodomésticos.*

electroencefalógrafo *s. m.* MED. Aparato que registra las corrientes eléctricas de la actividad cerebral.

electroencefalograma *s. m.* Gráfico obtenido por el electroencefalógrafo.

electrógeno *adj.* **1** Que genera electricidad. **grupo* ~.** ‖ *s. m.* **2** Generador eléctrico.

electroimán *s. m.* Pieza de hierro imantada artificialmente por una corriente eléctrica.

electrolisis o **electrólisis** (plural *electrolisis* o *electrólisis*) *s. f.* QUÍM. Descomposición de un cuerpo producida por la electricidad.

electrolítico, ca *adj.* De la electrolisis.

electrólito o **electrolito** *s. m.* QUÍM. Sustancia que, disuelta en agua, es conductora de la corriente eléctrica.

electrolizar *v. tr.* QUÍM. Descomponer ‹una persona› [un cuerpo] mediante la electrólisis. ⇒ **19.**

electromagnético, ca *adj.* Del electromagnetismo: *onda electromagnética.* **inducción* electromagnética.**

electromagnetismo *s. m.* (no contable) FÍS. Parte de la Física que estudia las interacciones entre las corrientes eléctricas y los campos magnéticos.

electromecánica *s. f.* (no contable) Conjunto de aplicaciones de la electricidad a la mecánica.

electrometalurgia *s. f.* (no contable) Conjunto de procedimientos eléctricos que se emplean para obtener y refinar metales.

electrómetro *s. m.* Aparato que mide la electricidad de un cuerpo.

electromotor, ra (su femenino es también *'electromotriz'*) *adj. / s. m.* Que transforma la energía eléctrica en mecánica.

electromotriz *adj.* Electromotora.

electrón *s. m.* FÍS. Partícula elemental de un átomo cargada negativamente.

electrónica *s. f.* **1** (no contable) FÍS. Parte de la Física que estudia los fenómenos relacionados con señales eléctricas de baja potencia. **2** (no contable) FÍS. Técnica derivada de esta ciencia.

electrónico, ca *adj.* De los electrones o de la electrónica: *tubo electrónico, componente electrónico.* **balanza electrónica. cerebro* ~. computador ~. microfotografía electrónica. microscopio* ~. órgano ~. piano ~. portero* automático / ~. tarjeta* magnética / electrónica.**

electroquímica *s. f.* (no contable) QUÍM. Parte de la química que estudia la relación entre los procesos químicos y los eléctricos.

electroscopio *s. m.* FÍS. Aparato que detecta la existencia de cargas eléctricas en un cuerpo y determina su signo.

electroshock (del inglés; pronunciamos *'electrosoc'* o *'electrochoc'*) *s. m.* MED. Electrochoque.

electrostática *s. f.* (no contable) Parte de la física que estudia la electricidad estática.

electrostático, ca *adj.* De la electrostática: *la electricidad electrostática, los fenómenos electrostáticos.*

electrotecnia *s. f.* (no contable) Estudio de las aplicaciones técnicas de la electricidad.

electroterapia *s. f.* (no contable) MED. Utilización de corrientes eléctricas en el tratamiento de algunas enfermedades: *Recibió varias sesiones de electroterapia.*

electrotermia *s. f.* (no contable) TECNOL. Técnica de la transformación de la energía eléctrica en calor.

electrotipia *s. f.* (no contable) ART. GRÁF. Empleo de técnicas electrolíticas en la composición de planchas o clichés para la imprenta.

electrotipo *s. m.* **1** ART. GRÁF. Aparato empleado en la electrotipia. **2** ART. GRÁF. Plancha o cliché tipográfico que se obtiene mediante este aparato.

electrovalencia *s. f.* FÍS. Número de electrones que gana o pierde un átomo al unirse con otro átomo.

electrovoltio *s. m.* FÍS. Unidad de energía utilizada en física atómica.

elefante, ta *s. m. / f.* ZOOL. Familia *Elephantidae.* Mamífero de gran tamaño, con enormes orejas, una larga trompa y un par de dientes largos y curvados muy desarrollados, llamados colmillos: *La caza de los elefantes puede acabar con ellos en pocos años.* **~ africano. ~ asiático.** ‖ **2 ~ marino** (macho y hembra) ZOOL. Género *Mirounga.* Mamífero marino de gran tamaño con las extremidades transformadas en aletas, el cuerpo cubierto de pelo y un hocico que, en los machos, forma una pequeña trompa. FR. Y LOC. **memoria* de ~.**

elefantiasis (plural *elefantiasis*) *s. f.* (no contable) MED. Edema muy intenso de algunas partes del cuerpo, especialmente de las extremidades inferiores y de los genitales.

elegancia *s. f.* (no contable) Cualidad de elegante: *La elegancia de los movimientos de esta actriz es muy natural. Te has vestido con mucha elegancia. La elegancia del piso está* *en la sencillez de la decoración. Es un hombre con elegancia, nunca se altera y siempre tiene la respuesta justa. El estilo de este autor ha adquirido elegancia con los años.*

elegante *adj.* **1** (ser / estar; antepuesto / pospuesto) Que se arregla con cuidado o lujo: *Este hombre es muy elegante. Hoy estás muy elegante. No hace falta que te pongas tan elegante. En la ópera se ve un elegante público.* **2** (antepuesto / pospuesto) Que es lujoso y de buen gusto: *Vivía en el barrio más elegante de la ciudad. Llevaba un elegante vestido.* **3** (ser / estar; antepuesto / pospuesto) Que tiene gracia y distinción en su movimiento o forma de estar: *Es una mujer elegante* ***en*** *su forma de andar y moverse. Su elegante actuación deslumbró a todos. No estuvo muy elegante al chuparse los dedos en la mesa.* **4** (ser / estar; antepuesto / pospuesto) Que demuestra corrección y serenidad: *Cuando lo insultaron supo dar una respuesta elegante. Te felicito, has tenido un elegante comportamiento. Hay que reconocer que estuvo elegante en aquella situación comprometida.* **5** [Estilo, movimiento] que es sencillo y armonioso: *Sus comedias son elegantes y divertidas.*

elegantoso, sa *adj.* COL.; COLOQUIAL. Que viste con elegancia.

elegía *s. f.* LIT. Composición poética en la que predomina la tristeza o la melancolía, especialmente por la muerte de una persona: *Miguel Hernández escribió una desgarradora elegía a la muerte de su amigo, Ramón Sijé.*

elegiaco, ca o **elegíaco, ca** *adj.* **1** LIT. De la elegía: *poema elegíaco, estilo elegíaco.* **2** Que es triste o produce lástima: *Habla siempre con un tono elegiaco muy desagradable.*

elegir *v. tr.* **1** Tomar ‹una persona› [a una persona o una cosa] entre varias personas para un fin determinado: *Aún no ha elegido el traje. Eligieron al delegado* ***por*** *votación.* **2** Nombrar ‹una persona› [a otra persona] para [un cargo o un premio]: *Esta autora ha sido elegida mejor novelista del año.* FR. Y LOC. **~ / nombrar a dedo*.** ⇒ **66.**

elemental *adj.* **1** Del elemento: *análisis elemental.* **2** Que es fundamento de alguna cosa, o que es muy importante o necesario: *Es una norma elemental de cortesía que hay que respetar. El estudiante es la pieza elemental del proceso educativo.* **3** Que es sencillo o fácil de comprender: *Es un problema elemental. Lo más elemental se puede complicar hasta extremos insospechados.* || **4 partícula* ~.**

elemento *s. m.* **1** Cada uno de los objetos o entidades individuales que componen una cosa o un conjunto: *los elementos de un motor. Los elementos básicos de un ordenador son la unidad central, el monitor y el teclado.* **2** QUÍM. Cuerpo simple formado por átomos iguales y que, por tanto, no puede descomponerse por medios químicos en otros más simples: *El hidrógeno es un elemento que se combina con el oxígeno y produce agua.* **3** Factor, dato o aspecto que contribuye a una cosa: *Los viajes han sido un elemento fundamental en su formación.* **4** Medio natural: *Los animales deben desarrollarse en su elemento.* SIN. hábitat, ambiente. **5** Situación o actividad en la que una persona se encuentra a gusto: *Cuando viaja está en su elemento.* **6** (en plural) Nociones básicas o fundamentales de una teoría, técnica o arte: *elementos de física.* **7** (en plural) Medios, cosas necesarias para que una cosa se realice: *El sargento de los bomberos dijo que carecía de elementos para enfrentarse al fuego.* **8** (en plural) RESTRINGIDO. Fuerzas de la naturaleza, como los vientos o el mar: *Con los elementos en contra es mejor quedarse en casa.* || **9** *s. m. / f.* COLOQUIAL; INTENSIFICADOR. Persona valorada positiva o negativamente: *¡Vaya un elemento que está hecho, se pasa todo el día en el bar sin trabajar! Es una buena elementa, es la que más trabaja de la oficina.* || **10 el líquido* ~. 11 elementos de juicio** Datos sobre una persona o una cosa a partir de los cuales se forma una opinión: *Tengo elementos de juicio para hablar así.*

elenco *s. m.* **1** TEATRO; ELEVADO. Conjunto de actores que forman una compañía: *Tenemos esta noche con nosotros un gran elenco de artistas.* **2** ELEVADO. Conjunto de personas destacadas que actúan o trabajan en una cosa: *un elenco de figuras ilustres de las Letras. El elenco de asistentes famosos sería largo de enumerar.* **3** RESTRINGIDO. Índice o catálogo: *un elenco de libros.*

elepé *s. m.* Disco de larga duración, grabado a treinta y tres revoluciones.

elevación *s. f.* **1** Acción y resultado de elevar o elevarse: *La elevación del muro impidió que la tierra siguiera cayendo. La elevación de los precios es constante. La elevación de un número al cuadrado equivale a multiplicarlo por sí mismo.* **2** ELEVADO. Circunstancia de ascender a un cargo o dignidad importante: *Ni la elevación a los más altos puestos modificó su actitud. La crítica es la responsable de la elevación de este torero a lo más alto.* **3** GEOGR. Parte de una cosa que está más alta que el resto: *El Mulhacén es una gran elevación. En esta zona hay una pequeña elevación del terreno.* ANT. depresión. **4** ELEVADO. Superioridad en cualidades espirituales: *Esta religión se caracteriza por la elevación de sus principios morales.* **5** REL. En la liturgia cristiana, momento de la misa en que el sacerdote alza la hostia y el cáliz: *Los fieles se arrodillaban durante la elevación.*

elevado, da *adj.* **1** (ser / estar; antepuesto / pospuesto) Que tiene mucha altura o elevación: *torres elevadas. Los elevados montes pirenaicos constituyen una frontera natural entre Francia y España. Ese pico está muy elevado para nuestras posibilidades.* **paso ~. 2** Que es de gran belleza o valor moral: *tono elevado, pensamiento elevado.* **3** [Estilo de lengua] que emplea el grupo de hablantes que tiene una educación superior y desempeña puestos importantes en la vida social en situaciones públicas no coloquiales.

elevador, ra *adj. / s. m.* **1** Que eleva: *Éste es, en realidad, un medicamento elevador de la presión sanguínea.* **2** ANAT. [Músculo] que sirve para elevar la parte del cuerpo donde se encuentre: *los músculos elevadores de los párpados.* **3** AMÉR. Ascensor, montacargas. || *adj. / s. m.* y *f.* **4** [Aparato] que sirve para subir o bajar personas o mercancías: *una plataforma elevadora. En la obra montaron un elevador. Los elevadores de este edificio están todos estropeados.* || **5 carretilla* elevadora.**

elevadorista *s. m. / f.* AMÉR. Ascensorista.

elevalunas (plural *elevalunas*) *s. m.* AUTOMOV. Dispositivo o mecanismo que sirve para subir y bajar los cristales de las ventanillas de un coche: *El elevalunas eléctrico viene de serie en este modelo.*

elevar *v. tr.* **1** Levantar ‹una persona o una cosa› [otra cosa]: *Elevaron la mercancía* ***con*** *la grúa.* **2** Hacer ‹una persona o una cosa› que aumente el valor, la cantidad, la fuerza o la intensidad de [una cosa]: *El buen momento económico ha elevado el nivel de vida. Las nevadas elevan el riesgo de* *aludes en las montañas. El Banco de España ha elevado el tipo de interés en medio punto.* **3** Situar ‹una persona› [a otra persona o una cosa] en un lugar más destacado: *La prensa eleva a los deportistas a los lugares de máxima popularidad.* **4** Hacer ‹una persona o una cosa› más noble [a otra persona u otra cosa]: *El poeta elevaba su lirismo a medida que ganaba los premios. La dimisión elevará tu reputación política.* **5** Dirigir ‹una persona› [un escrito o una petición] a [una persona con autoridad o a un organismo]: *Elevó una instancia* ***al*** *ministerio. Hemos elevado un escrito* ***al*** *alcalde para ver si pone más árboles en las calles.* **6** MAT. Multiplicar ‹una persona› [una cantidad] [una serie de veces por sí misma]: *Eleva esta cantidad* ***al*** *cuadrado.* || *v. prnl.* **7** Levantarse ‹una persona o una cosa› en o desde [un lugar]: ***A*** *la entrada de la ciudad se eleva una torre. El pico se eleva* ***al*** *cielo. El avión se elevó* ***desde*** *la pista central. La cometa se elevó* ***por*** *los aires.* **8** Aumentar ‹una cosa› su valor, su cantidad, su fuerza o su intensidad: *La peseta se eleva* ***en*** *cincuenta céntimos respecto al dólar. El número de accidentes ocurridos este fin de semana se eleva* ***a*** *treinta y ocho.* **9** Situarse ‹una persona o una cosa› en un lugar más destacado que [otra persona u otra cosa]: *Se elevó* ***por encima de*** *sus contemporáneos. Se eleva con facilidad* ***sobre*** *sus competidores.* **10** Hacerse ‹una persona o una cosa› más noble: *El tono de la obra se eleva en los últimos capítulos.* FR. Y LOC. **~ a los altares*.**

elfo *s. m.* MIT. Espíritu benéfico que, según la mitología escandinava, habita en los bosques.

elidir *v. tr.* **1** GRAM. Suprimir ‹una persona› [la vocal final de una palabra] cuando la siguiente comienza por vocal: *En español se elide la vocal del artículo «el» tras la preposición «a»: «a» + «el»= «al».* **2** Dejar de decir o escribir ‹una persona› [una palabra] cuyo significado se sobreentiende: *Los buenos escritores no repiten una misma palabra muchas veces seguidas, prefieren elidirla si pueden.*

eliminación *s. f.* **1** Acción y resultado de eliminar: *Su eliminación del concurso no le sentó bien. La eliminación de las fronteras avivará el comercio.* **2** MED. Expulsión de una substancia por un ser vivo: *la eliminación de toxinas.* **3** MAT. Supresión de una incógnita de un conjunto de ecuaciones por medio del cálculo: *El primer paso es la eliminación de una de las dos incógnitas y sustituirla por su valor.*

eliminar *v. tr.* **1** Dejar ‹una persona› [a otra persona o una cosa] fuera: *Eliminaron a muchos concursantes. Han eliminado nuestra propuesta sin llegar a votarla.* **2** Quitar ‹una persona o una cosa› [una cosa]: *Este producto elimina la grasa.* **3** MED. Expulsar ‹un organismo› [una sustancia]: *Eliminaba la grasa mediante el deporte.* **4** EUFEMISMO. Matar ‹una persona› [a otra persona o un animal]: *Han eliminado a casi todos los lobos de nuestros montes. Los mafiosos eliminaban a sus rivales.* **5** MAT. Hacer desaparecer ‹una persona› [una incógnita] de una ecuación: *He eliminado la 'x' y ahora debo operar sólo con la 'y'.* || *v. prnl.* **6** Desaparecer ‹una cosa›: *La mancha de humedad que había en la pared se ha eliminado.*

eliminatoria *s. f.* Prueba de clasificación de una competición o concurso: *pasar la eliminatoria.*

eliminatorio, ria *adj.* Que elimina o puede eliminar: *un examen eliminatorio. Las pruebas eran eliminatorias.*

elipse *s. f.* GEOM. Curva cerrada y plana resultante de cortar oblicuamente un cono con un plano que afecte a todas sus generatrices.

elipsis (plural *elipsis*) *s. f.* **1** GRAM. Omisión de uno o más elementos oracionales sin alterar el sentido del enunciado: *la elipsis del pronombre sujeto es usual en castellano. La elipsis del segundo verbo convierte a la oración en una subordinada.* **2** CINE, LIT. Salto temporal con el que el autor corta el desarrollo de la acción y la reanuda después prescindiendo de lo sucedido en ese intervalo.

elipsoidal *adj.* GEOM. Que tiene figura de elipsoide, o que es parecido a él: *superficie elipsoidal.*

elipsoide *s. m.* GEOM. Cuerpo geométrico limitado en todos los sentidos, cuyas secciones planas son todas elipses o círculos.

elíptico, ca *adj.* **1** GEOM. De la elipse: *trayectoria elíptica.* **2** GRAM. De la elipsis: *construcción elíptica, verso elíptico.*

elisión *s. f.* GRAM. Eliminación de una vocal cuando está a final de palabra y la siguiente empieza por vocal: *La elisión de vocales se produce mucho en el nivel oral.*

élite (del francés) *s. f.* Grupo minoritario y selecto: *Forma parte de la élite intelectual.*

elitismo *s. m.* **1** (no contable) Actitud de la persona que forma parte de una elite y tiene gustos y preferencias propios de ella: *El elitismo de este hombre se ve, por ejemplo, en los restaurantes que frecuenta.* **2** (no contable) Actitud de los partidarios de que existan élites: *El elitismo de este partido no puede ganar muchos votantes.*

elitista *adj.* **1** De la élite o el elitismo: *comportamiento elitista.* || *adj. / s. m.* y *f.* **2** Que es partidario del elitismo: *una sociedad elitista. Los elitistas consideran que una sociedad ha de tener una minoría preparada que la dirija.* **3** (ser / estar) Que se comporta con elitismo: *actitud elitista. Ya sabes que ella es muy elitista, y que no está dispuesta a ir con todo el mundo.*

élitro *s. m.* ZOOL. Cada una de las alas duras, que no sirven para volar, que tienen algunos insectos encima de las alas verdaderas.

elixir o **elíxir** *s. m.* **1** Medicamento líquido compuesto de sustancias que suelen ir disueltas en alcohol: *un elixir para enjuagarse la boca.* **2** RESTRINGIDO. Remedio al que se atribuían propiedades maravillosas: *el elixir de la eterna juventud. El elixir de la vida era uno de los secretos más buscados por los alquimistas.* **3** RESTRINGIDO. Esencia de un cuerpo.

ella (plural *ellas;* de tercera persona; singular; femenino; sujeto: *ella,* complemento directo: *la, a ella, se, a sí misma,* complemento indirecto: *le, a ella, se, a sí misma,* complemento circunstancial: *consigo, sí*) *pron. pers.* Pronombre con que se designa a la persona, animal o cosa, de género femenino, de que se habla: *Ella deseaba darte una sorpresa. Cuando la gata tuvo crías nadie se pudo acercar a ella durante varios días.* OBSERVACIONES: ◊ Funciona como sujeto (*Ella prefería las rosas*), o como término de preposición (*a ella, de ella, con ella, hacia ella, para ella, por ella,* etc.) ◊ Admite oraciones con *que*: *Ella que es tan lista, que se las arregle sola.* FR. Y LOC. **para ~ misma** (con verbos como *decir, pensar)* Indica que se hace algo sin mostrarlo o exteriorizarlo: *Lo pensó para ella misma, pero no se atrevió a decirlo.* **por ~** Indica que la persona, de género femenino, de la que se habla, no se opone a lo que se dice: *La casa, por ella, se* *quedará así hasta que se caiga de vieja.* **por ~ misma** Se usa para indicar que una persona hace algo sin necesitar ayuda de otra: *Todo lo que tiene lo ha conseguido por ella misma.* **ser más ~ (misma)** Mostrarse ‹una persona› como es en realidad, ser más auténtica: *En su casa, con su familia, Rita es más ella misma.*

elle *s. f.* Nombre de la letra *ll*: *La elle, aunque sea una grafía doble, corresponde a un solo sonido. En algunos diccionarios la elle está separada de la ele.*

ello (neutro; carece de plural) *pron. pers.* **1** Pronombre con que se designa una cosa, acción, estado, que, normalmente, ya ha sido mencionado, o no se puede o no quiere nombrar: *¿Ello no comportará ningún riesgo? No debería irse sin ello.* OBSERVACIONES: Aparece principalmente después de preposición: *Viajaron sin ello y no sucedió nada. Para ello tiene que dirigirse a la ventanilla número cinco. Tendrá que dedicarse a ello pronto.* **2** Representa a una oración que se ha dicho anteriormente como sujeto de otra y equivale a 'eso': *Las televisiones reconocen que hay demasiada publicidad; ello no quiere decir que vayan a cambiar de sistema.*

ellos, llas (masculino y femenino; plural; tercera persona; sujeto: *ellos, ellas*, complemento directo: *los / las, a ellos / ellas, se, a sí mismos / mismas,* complemento indirecto: *les, a ellos / ellas, se, a sí mismos / mismas,* complemento circunstancial: *sí*) *pron. pers.* Pronombre con el que se designa al grupo de personas del que se habla. OBSERVACIONES: ◊ Funciona como sujeto (*Ellos no conocen la noticia*) o como complemento cuando es término de preposición *(a ellos, de ellas, con ellos, hacia ellas, para ellos, por ellas, etc.)* ◊ Cuando funciona como complemento directo y complemento indirecto se anteponen al verbo las formas *los / las* y *les*, respectivamente: *Ellos no vienen solos, tu padre los recogerá a ellos. Nosotros las hemos visto primero a ellas. ¿Les has comunicado a ellos la noticia?* FR. Y LOC. **entre* nosotros / vosotros / ~. para ellos / ellas mismos / mismas** (con verbos como *decir, pensar*) Indica que se hace algo sin mostrarlo o exteriorizarlo: *Todos lo pensaron para ellos mismos, pero ninguno se atrevió a decirlo.* **por ellos / ellas** Indica que el grupo de personas del que se habla, no se opone a lo que se dice ni trata de hacer nada: *Por ellas, no hay ningún problema para que vengáis a la fiesta.* **por ellos / ellas mismos / mismas** 1 Se usa para indicar que un grupo de personas hace algo sin necesitar ayuda de otras personas: *Le regalaron un dibujo hecho por ellas mismas.* 2 Para su propio beneficio o placer: *Por ellos mismos es mejor que no vendan la casa.* **ser más ellos / ellas (mismos / mismas)** Mostrarse ‹un grupo de personas› como son en realidad, ser más auténticos: *En clase, con sus compañeros, Marisa y Sonia son más ellas mismas.*

elocución *s. f.* **1** Manera de utilizar las palabras para expresar conceptos: *Tiene una elocución clara y precisa. Su elocución es muy confusa, enreda todo lo que dice.* **2** (no contable) Parte de la retórica que se ocupa de la selección de las palabras y de la manera de distribuirlas en el discurso: *He hecho un curso de técnicas de comunicación oral en el que la elocución era una parte fundamental.*

elocuencia *s. f.* **1** (no contable) RET. Capacidad de utilizar las palabras de forma que gusten, convenzan o conmuevan: *Su elocuencia hace que sea una vendedora excelente. Hay pocos políticos que tengan esta elocuencia.* **2** (no contable) Eficacia que tienen algunas acciones, imágenes o palabras para comunicar una cosa: *la elocuencia de una sonrisa. La elocuencia de sus palabras convenció a todos.*

elocuente *adj.* (ser / estar; antepuesto / pospuesto) Que tiene elocuencia: *gesto elocuente, orador elocuente. Su elocuente mirada decía lo que no se atrevía a expresar con palabras.*

elogiable *adj.* (antepuesto / pospuesto) Que merece elogio o alabanza: *sentimiento elogiable, esfuerzo elogiable. Es una persona elogiable por su total dedicación al trabajo.*

elogiar *v. tr.* Alabar ‹una persona› [a otra persona o una cosa]: *Elogió la decoración de la casa.*

elogio *s. m.* **1** Alabanza que se hace de las cualidades y méritos de una persona o cosa: *Su última obra ha recibido muchos elogios.* **2** LIT. Discurso o composición con que se alaba o ensalza a una persona o cosa.

elogioso, sa *adj.* (antepuesto / pospuesto) Que contiene elogio: *Su escrito es muy elogioso.*

elongación *s. f.* **1** MED. Alargamiento accidental o terapéutico de un miembro o de un nervio: *Operaron a la niña para hacerle una elongación del brazo.* **2** FÍS. Alargamiento de una pieza sometida a tracción antes de romperse. **3** ASTRON. Distancia angular existente entre un planeta y el Sol. **4** FÍS. Distancia que existe entre el centro de oscilación y la posición de un cuerpo móvil: *La elongación máxima es la amplitud de la oscilación.*

elote *s. m.* AMÉR. Mazorca tierna de maíz que se suele comer cocida o asada.

elucidación *s. f.* ELEVADO. Acción y resultado de elucidar: *Estamos esperando la elucidación de lo que ha sucedido.*

elucidar *v. tr.* ELEVADO. Explicar o poner en claro ‹una persona› [una cosa]: *Intentaron elucidar la cuestión infructuosamente.* SIN. dilucidar.

elucidario *s. m.* LITERARIO. Libro que aclara cosas difíciles de comprender.

elucubración o **lucubración** *s. f.* ELEVADO. Acción y resultado de elucubrar: *Tus elucubraciones sobre qué pensarán los demás no llevan a ningún sitio.*

elucubrar o **lucubrar** *v. tr. / intr.* **1** Pensar ‹una persona› mucho y con agudeza sobre [una cosa]: *El consejo de administración ha elucubrado* ***sobre*** *las diferentes soluciones, pero no ha decidido nada. En su texto elucubra* ***sobre*** *cómo será el futuro gobierno.* || *v. tr.* **2** Apartarse mentalmente ‹una persona› de [un asunto concreto]: *Elucubraba cosas fantásticas que no tenían nada que ver con lo que tratábamos.* SIN. divagar.

eludir *v. tr.* **1** Evitar ‹una persona› [una dificultad o una obligación]: *Eludió los peligros. Eludía siempre hablar* ***sobre*** *aquel tema tan molesto.* **2** Evitar ‹una persona› el encuentro con [una persona o una cosa]: *Eludió a la policía.* SIN. esquivar. **3** No aceptar ‹una persona› [una cosa]: *Eludirá tu oferta.* SIN. rehusar.

elusivo, va *adj.* Que elude o esquiva alguna cosa: *Siempre que no está de acuerdo nos da una respuesta elusiva.*

eluvión *s. m.* GEOL. Depósito de detritos situado al pie de la roca de donde procede, a diferencia del aluvión, que ha sufrido arrastre o transporte: *Los eluviones permanecen en su mismo lugar de formación.*

em- *pref.* En.

emanación *s. f.* **1** Desprendimiento o emisión de una cosa, especialmente un gas: *El tubo de escape producía una* *emanación de dióxido de carbono tan grande que casi nos asfixiamos dentro del garaje.* **2** Procedencia de una cosa de otra cosa con la que está relacionada: *la emanación del régimen político de la soberanía popular.*

emanantismo *s. m.* (no contable) FILOS. Doctrina filosófica panteísta según la cual el mundo procede por emanación de un dios o ser superior.

emanar *v. intr.* **1** Proceder ‹una cosa› de [otra cosa con la que estaba relacionada]: *Sus problemas emanan* ***de*** *su falta de confianza en sí misma.* **2** Salir ‹un olor o un gas› de [un cuerpo]: *El gas emana* ***de*** *esa junta de la conducción.*

emancipación *s. f.* Acción y resultado de emancipar: *Hasta después de la Segunda Guerra Mundial no se produjo la emancipación de la mayoría de los países africanos.*

emancipar *v. tr. / prnl.* Liberar ‹una persona› [a otra persona] de la patria potestad, de la tutela o de la servidumbre: *Las guerras del siglo* XIX *emanciparon a los países hispanoamericanos* ***de*** *España. Es lógico que los hijos* ***se*** *emancipen* ***de*** *los padres.*

emasculación *s. f.* Acción y resultado de emascular: *El veterinario procedió a la emasculación de los toros.*

emascular *v. tr.* Extirpar ‹una persona› [los órganos sexuales del macho]: *A los machos de algunos animales domésticos se los emascula para que engorden.* SIN. castrar.

embadurnar *v. tr. / prnl.* **1** Manchar ‹una persona› [a otra persona o una cosa] con [una sustancia pegajosa o que ensucia fácilmente]: *Embadurnó* ***de*** *betún el armario de los zapatos. Ya* ***te*** *has embadurnado* ***de*** *pintura.* || *v. tr.* **2** Cubrir ‹una persona› [una superficie] de forma irregular con [una cosa grasienta o untuosa]: *Embadurnen con aceite de oliva una fuente de cerámica y métanla en un horno caliente.* SIN. untar. **3** PEYORATIVO. Pintar o dibujar ‹una persona› [una cosa] descuidadamente: *Lo único que hace es embadurnar cuadros.*

embajada *s. f.* **1** Oficina de la representación diplomática de un Estado en otro: *embajada boliviana. Fuimos a la embajada para solicitar el visado.* **2** Cargo de embajador: *A lo largo de su carrera ha desempeñado tres consulados y dos embajadas.* **3** Residencia del embajador: *Al nuevo embajador no le gusta la embajada.* **4** Conjunto de diplomáticos y empleados a las órdenes del embajador: *La embajada fue reducida a lo indispensable ante la amenaza de guerra en el país.* **5** Mensaje de gran importancia, sobre todo la que se envían los gobiernos de dos Estados por medio de sus embajadores: *Recibió una embajada que proponía un acuerdo amistoso.* **6** COLOQUIAL. Proposición o encargo impertinente: *Cuando estaba todo decidido han venido con esta embajada: que no vienen a casa, que vayamos nosotros a la suya.*

embajador, a *s. m. / f.* **1** Diplomático que representa a un país en un estado extranjero: *La embajadora de Colombia fue recibida por el Rey.* **2** Persona que tiene el encargo de hacer llegar un mensaje importante o una embajada: *Es un embajador especial del Presidente para comunicar a los demás mandatarios la resolución tomada.* **3** Representante en un ámbito determinado no oficial: *Este deportista es el mejor embajador del deporte brasileño en el mundo.* || *s. f.* **4** COLOQUIAL. Mujer del embajador.

embaladura *s. f.* CHILE, PERÚ. Embalaje.

embalaje *s. m.* **1** Acción y resultado de embalar o empaquetar: *papel de embalaje. El embalaje de los paquetes postales debe estar bien hecho.* **2** Envoltura que protege los objetos que se van a transportar: *Las cajas, los cartones o los cofres son buenos embalajes.*

embalar *v. tr.* **1** Colocar ‹una persona› [una cosa que ha de ser transportada] en cajas o cajones para que no se estropee: *Embalaron los paquetes en Correos.* SIN. empaquetar. **papel de ~.** || *v. tr. / prnl.* **2** Hacer ‹una persona o una cosa› que [una máquina] aumente considerablemente su velocidad: *Se ha embalado conduciendo y lo han multado por exceso de velocidad.* || *v. prnl.* **3** Aumentar ‹una máquina› su velocidad considerablemente: *No dejes que la moto se embale.* SIN. acelerarse. **4** Hacer ‹una persona› una cosa muy deprisa: *Se embala hablando. Se embaló respondiendo el cuestionario y lo hizo todo mal.* SIN. apresurarse.

embaldosado *s. m.* **1** Suelo cubierto de baldosas: *Lo que más me gusta es el embaldosado del patio.* **2** Operación de embaldosar.

embaldosar *v. tr.* Cubrir ‹una persona› [el suelo] con baldosas: *Han embaldosado el paseo y ha quedado bonito.*

embale *s. m.* **1** ARG., URUG.; COLOQUIAL. Gran velocidad que adquiere una persona o un vehículo. **2** ARG., URUG.; COLOQUIAL. Energía o entusiasmo grande para hacer alguna cosa.

embalsadero *s. m.* Lugar hondo y pantanoso donde se recogen las aguas de lluvias o las de los ríos que se han desbordado: *No vayáis al embalsadero porque es peligroso.*

embalsamar *v. tr.* **1** Preparar ‹una persona› [un cadáver] mediante determinadas sustancias y operaciones para evitar su descomposición: *En algunas culturas es tradición embalsamar a los muertos.* **2** Comunicar ‹una cosa› su olor agradable a [un lugar]: *Las rosas embalsamaban el ambiente.*

embalsar *v. tr.* **1** Hacer ‹una persona o una cosa› que [un líquido] se detenga y quede retenido: *La acumulación de troncos y hojas embalsó el agua del riachuelo.* || *v. prnl.* **2** Quedar ‹un líquido› retenido: *El agua de las lluvias se embalsa en los sótanos de la zona baja de la ciudad en cuanto llueve.* || *v. intr.* **3** COL.; RESTRINGIDO. Atravesar ‹una persona› un río o laguna en cualquier tipo de embarcación.

embalse *s. m.* **1** Acción y resultado de embalsar o embalsarse: *El embalse del agua en los cimientos pone en peligro el edificio.* **2** Gran depósito artificial de agua: *Los embalses están al 40 % de su capacidad.* SIN. pantano.

embalurdar *v. tr.* ARG.; COLOQUIAL. Timar ‹una persona› a [otra persona].

embanastar *v. tr.* **1** RESTRINGIDO. Poner ‹una persona› [una cosa] en banastas o cestas: *En el cobertizo embanastaban los tomates que llegaban de la finca.* || *v. tr. / prnl.* **2** COLOQUIAL; RESTRINGIDO. Meter ‹una persona› [a muchas personas] en un lugar reducido: ***Nos*** *embanastamos todos los días en el tren.*

embancarse *v. prnl.* **1** MAR. Quedar ‹una embarcación› detenida en un banco de arena: *El yate se embancó y tuvimos que llamar a un remolcador.* SIN. encallar, embarrancarse. **2** CHILE, EC.; RESTRINGIDO en Chile. Cegarse o disminuir su calado un río o un lago. **3** MÉX. Pegarse la escoria a las paredes del horno en las fundiciones. ⇒ **71.**

embanderarse *v. prnl.* ARG., URUG. Adherirse ‹una persona› a [algún partido o idea en general].

embanquetar *v. tr.* MÉX. Poner banquetas o aceras a las calles.

embarazada *adj. / s. f.* (estar) [Mujer] que lleva un hijo en su vientre: *Creo que está embarazada de cinco meses.*

embarazar *v. tr.* **1** Hacer concebir ‹un hombre› [a una mujer]: *Él la embarazó y luego no quiso saber nada de ella.* SIN. fecundar. **2** RESTRINGIDO. Poner ‹una persona o una cosa› dificultades a los movimientos o a la actividad de [una persona o una cosa]: *Estos faldones embarazan los movimientos del bebé.* || *v. prnl.* **3** Concebir ‹una mujer›: *Se embaraza con mucha facilidad, en tres años ha tenido tres niños.* **4** Sentir ‹una persona› vergüenza o confusión: *Me embarazo en su presencia y no digo nada.* ⇒ **19.**

embarazo *s. m.* **1** Estado de la mujer que va a tener un hijo: *Isabel lleva muy bien el embarazo.* **2** Situación de la persona que se siente cohibida: *Sentía tanto embarazo ante las miradas de todos.* **3** Dificultad, estorbo: *Este problema es un embarazo para nuestros propósitos.*

embarazoso, sa *adj.* (antepuesto / pospuesto) Que embaraza, molesta o incomoda: *Se hizo un embarazoso silencio. Es una pregunta embarazosa. Esta situación es tremendamente embarazosa.*

embarcación *s. f.* **1** Medio de transporte para navegar por el agua: *embarcación menor, embarcación auxiliar, embarcación pesquera, embarcación deportiva, embarcación fluvial, embarcación marítima.* **2** Acción de embarcar personas o embarcarse.

embarcadero *s. m.* **1** Lugar cercano a la orilla del agua destinado al embarque y desembarque de personas o mercancías: *Los turistas esperaban en el embarcadero a que llegara el barco.* **2** MAR. Lugar acondicionado en las estaciones para embarcar mercancías: *Llevan las ovejas al embarcadero dos de la estación.*

embarcar *v. tr. / prnl.* **1** Introducir ‹una persona› [a una persona, un animal o una cosa] en una embarcación, un tren o un avión: *La pareja embarcó a sus hijos en el avión* ***para*** *América. ¿Por qué no* ***te*** *embarcas de nuevo y vas a pescar perlas?* ***Se*** *embarcó* ***de*** *polizón* ***en*** *aquel barco.* **2** Hacer ‹una persona› que [otra persona] intervenga en [un asunto o una empresa difícil o arriesgada]: *Él la ha embarcado en esa situación tan complicada.* ***Se*** *embarcó* ***en*** *un asunto muy arriesgado.* SIN. comprometer(se). || *v. tr.* **3** VEN.; COLOQUIAL. Engañar ‹una persona› [a otra persona]. **4** VEN.; COLOQUIAL. Dejar ‹una persona› esperando [a otra persona]. ⇒ **71.**

embargable *adj.* DER. Que puede ser embargado: *bienes embargables.*

embargar *v. tr.* **1** DER. Retener ‹una autoridad› [los bienes de una persona] en virtud de un mandato judicial: *Le embargaron la casa por no pagar la hipoteca.* **2** Llenar ‹una sensación o un sentimiento› [a una persona]: *La emoción me embargaba. Nos embarga ahora una tristeza muy honda.* **3** Producir ‹una persona o una cosa› un placer o una satisfacción extraordinarios a [una persona]: *Los aplausos la embargaron.* **4** Ocupar ‹una cosa› todo el tiempo o la atención de [una persona]: *La gestión de la empresa embarga todo su tiempo.* SIN. absorber. **5** RESTRINGIDO. Ser ‹una persona o una cosa› un obstáculo para la realización de [una cosa]: *Esta enfermedad embarga todos nuestros planes de vacaciones.* SIN. estorbar, dificultar. ⇒ **56.**

embargo *s. m.* **1** DER. Retención que se hace de los bienes de una persona por mandato judicial: *Tiene un embargo sobre su casa hasta que pague lo que debe. El embargo de su cuenta se debe a una orden del juez.* **2** POLÍT. Prohibición ordenada por un gobierno de comerciar con un determinado país o de transportar alguna cosa: *Ese país está sufriendo las consecuencias del embargo económico.* FR. Y LOC. **sin ~** 1 Enlaza una proposición con otra que indica una objeción o dificultad que no impide el cumplimiento de algo: *Estaba muy cansada; sin embargo, vino.* SIN. no obstante, con todo, a pesar de todo, aun así. OBSERVACIONES: ◊ Puede preceder a toda la proposición: *Estaba nevando intensamente; sin embargo, no se protegió.* ◊ Puede ir entre comas, metido en la proposición: *Son, sin embargo, baratas.* ◊ Puede ir al final, si la proposición es corta: *Pueden vencer, sin embargo.* 2 preferentemente COLOQUIAL. Contrapone dos hechos o conceptos: *En Oriente se respeta mucho a los ancianos; en Occidente, sin embargo, generalmente no. Pepe es rubio; sin embargo su amigo es muy moreno.*

embarque *s. m.* **1** Acción y resultado de embarcarse personas o embarcar mercancías: *tarjeta de embarque, lista de embarque. Se procedió al embarque del cargamento de medicinas y alimentos para los refugiados.* SIN. embarco. **2** VEN.; COLOQUIAL. Plantón, chasco.

embarrada *s. f.* COL., PERÚ; COLOQUIAL en Colombia, VULGAR en Perú. Desacierto.

embarrancar *v. intr. / prnl.* **1** Quedar ‹una embarcación› detenida al chocar con arena o rocas: *El barco* ***(se)*** *embarrancó en la escollera.* **2** Quedar ‹una cosa› retenida [en un lugar estrecho o que dificulta su paso]: *Los troncos que bajaban por el río* ***se*** *embarrancaban al llegar a la garganta.* || *v. prnl.* **3** No saber salir ‹una persona› de un problema o una dificultad: *Me he embarrancado en las matemáticas.* ⇒ **71.**

embarrar *v. tr.* **1** Cubrir o manchar ‹una persona o una cosa› [a una persona o una cosa] con barro: *Tu amigo me embarró la camisa al salpicarme con el coche.* SIN. enlodar. || *v. tr. / prnl.* **2** AMÉR. Mezclar ‹una persona› [a otra persona] en un mal negocio. || *v. prnl.* **3** Quedar ‹una persona o una cosa› cubierta o manchada de barro: *Las calles quedaron embarradas después de la riada.* **4** MÉX.; COLOQUIAL. Chocar ‹dos vehículos›.

embarrialarse *v. prnl.* **1** AMÉR. C., VEN. Enlodarse. **2** AMÉR. C. Quedarse atascado.

embarullar *v. tr.* **1** Mezclar ‹una persona› [cosas o ideas] desordenadamente: *Has embarullado todo el relato al final y no se ha entendido nada.* **2** Hacer ‹una persona o una cosa› que [una persona] se confunda o se enrede: *Cuando me mandas tantas cosas a la vez me embarullas y ya no sé qué hacer.* || *v. tr. / prnl.* **3** Hacer ‹una persona› [una cosa] precipitadamente: *No tenía tiempo y embarulló el examen. Cuando habla en público se pone nerviosa y* ***se*** *embarulla.* || *v. prnl.* **4** Quedarse ‹una persona› confusa: *Me lo ha explicado tan mal que en vez de aclararme aún me he embarullado más.*

embastar *v. tr.* **1** Coser ‹una persona› [una cosa] con puntadas largas: *Embasta los bajos para coserlos a máquina.* SIN. hilvanar. **2** ELEVADO. Preparar ‹una persona› [una cosa provisionalmente]: *Aseguran que ya tienen embastado el proyecto.*

embastecer *v. tr.* **1** RESTRINGIDO. Hacer ‹una persona o una cosa› basta u ordinaria [a otra persona o cosa]: *Su estancia en la cárcel embasteció mucho sus modales.* || *v. prnl.*

2 RESTRINGIDO. Hacerse ‹una persona o una cosa› basta u ordinaria: *La madera se ha embastecido de estar a la intemperie.* ⇒ **5.**

embate *s. m.* **1** Golpe o acometida fuerte y violento, especialmente del mar o del viento: *El embate de las olas sobre las rocas daba miedo.* **2** Manifestación exaltada de un sentimiento o pasión: *No sabe resistirse cuando le llega un embate de celos.*

embaucar *v. tr.* Engañar ‹una persona› [a otra persona] aprovechando su ingenuidad o su confianza: *Logró embaucar a esa pobre gente con sus falsas promesas.* ⇒ **71.**

embaular *v. tr.* **1** RESTRINGIDO. Meter o guardar ‹una persona› [una cosa] en un baúl: *Como tú no vas a usar ese baúl, voy a embaular yo ahí los libros que me sobran.* **2** RESTRINGIDO. Meter ‹una persona› [a muchas personas o muchas cosas] en un lugar reducido: *Embaularon a diez en el mismo apartamento.* || *v. tr./prnl.* **3** HUMORÍSTICO. Comer ‹una persona› [muchas cosas] o con mucha ansia: *Es un glotón que (se) embaula lo que le echen.* ⇒ **13** (Se usa también la conjugación regular).

embebecerse *v. prnl.* ELEVADO. Quedarse ‹una persona› admirada o sorprendida: *Se embebece escuchándola. Me embebecí de ver tanta belleza.* SIN. maravillarse. ⇒ **5.**

embeber *v. tr.* **1** Absorber ‹un cuerpo sólido› [un líquido]: *La esponja embebe el agua.* **2** Hacer ‹una persona› que [un líquido] penetre los poros o los huecos de [un cuerpo]: *Embebieron el pan **en** leche.* **3** RESTRINGIDO. Hacer ‹una persona› [una cosa] más corta al recogerla sobre sí misma: *Embebió el vuelo de la falda.* **4** RESTRINGIDO. Meter ‹una persona› [una cosa] dentro de [otra cosa]: *Embebieron la persiana dentro del muro.* SIN. encajar. **5** Tomar ‹una cosa› [una cantidad de otra cosa] para hacerse: *El guiso embebe toda el agua.* SIN. consumir. || *v. intr./prnl.* **6** Hacerse ‹un tejido› más tupido: *La lana (se) embebe al lavarse.* SIN. encogerse. || *v. prnl.* **7** RESTRINGIDO. Fijar ‹una persona› la atención en [una cosa]: *Javier se embebió **en** la lectura de Platón. Ella se ha embebido **en** la composición de esa novela.*

embejucar *v. tr.* **1** VEN. Cubrir con bejucos. **2** COL. Desorientar.

embelecamiento *s. m.* Acción y resultado de embelecar: *Siempre cae en los embelecamientos de su hija.*

embelecar *v. tr.* Engañar ‹una persona› [a otra persona] por medio de halagos: *La hija ha embelecado al padre siempre que ha querido.* ⇒ **71.**

embeleco *s. m.* Halago o zalamería que se hace a una persona para engañarla: *Su intención era ganar su simpatía con embelecos.*

embelesar *v. tr.* **1** Atraer ‹una persona o una cosa› [a una persona] por su encanto o su belleza: *La lectura embelesaba a Mario.* SIN. cautivar || *v. prnl.* **2** Sentirse ‹una persona› atraída por el encanto o la belleza de [otra persona] o de [una cosa]: *Se embelesa viéndola reír. Se quedó embelesado contemplando aquel cuadro.*

embeleso *s. m.* **1** (no contable) Acción y resultado de embelesar: *El embeleso que le produce la televisión me preocupa.* **2** Persona o cosa que embelesa: *Esa muchacha es un embeleso.*

embellecedor, ra *adj.* **1** Que embellece: *un tratamiento embellecedor.* || *s. m.* **2** Pieza que cubre o adorna algunas partes del automóvil: *Quiero limpiar bien los embellecedores del coche para que no se oxiden.* **3** Moldura para adorno de un mueble, de una puerta, o de otra cosa: *Ya tengo el mueble acabado, sólo me falta poner los embellecedores.*

embellecer *v. tr.* **1** Hacer ‹una persona o una cosa› más bella [a una persona o una cosa]: *Aquella luz embellecía la ciudad. Este peinado la embellece.* || *v. prnl.* **2** Hacerse ‹una persona o una cosa› más bella: *Vuestra calle se ha embellecido **con** los árboles que habéis plantado. Esta mujer parece que se embellece **con** el paso de los años.* ⇒ **5.**

embellecimiento *s. m.* Acción y resultado de embellecer o embellecerse: *El embellecimiento de la fachada no entraba en el presupuesto.*

embero *s. m.* *Pterocarpus soyansii.* Árbol meliáceo, propio del África ecuatorial, apreciado por su madera, que se utiliza en ebanistería: *Los muebles de embero son muy caros.*

emberrenchinarse *v. prnl.* **1** COLOQUIAL; INTENSIFICADOR. Enfadarse ‹una persona› mucho: *Se emberrenchinó porque no la dejaron ir al cine.* SIN. emberrincharse. **2** VEN.; COLOQUIAL. Ensuciarse ‹una persona› con alguna sustancia de olor fuerte o malo.

emberretinarse *v. prnl.* ARG., URUG.; COLOQUIAL. Encapricharse ‹una persona› en hacer [una cosa].

emberrincharse *v. prnl.* Emberrenchinarse.

embestida *s. f.* Acción y resultado de embestir: *Este toro no tiene embestida. Aquel hombre venía a por mí, pero cuando le paré la primera embestida ya se calmó.*

embestir *v. tr./intr.* **1** Lanzarse ‹una persona, un animal o una cosa› sobre [una persona, un animal o una cosa] con violencia o ímpetu: *El toro embestía con fuerza. El barco embistió la lancha a toda máquina.* **2** RESTRINGIDO. Acometer ‹una persona› [a otra persona] para inducirla a hacer [una cosa]: *Me ha embestido en mitad del pasillo para pedirme que lo votara.* ⇒ **57.**

embetunar *v. tr.* Cubrir ‹una persona› [una cosa] con betún: *Embetunó los zapatos antes de sacarles brillo.*

embicar *v. tr.* CUBA. Embocar en un hoyo. ⇒ **71.**

embicharse *v. prnl.* AMÉR. DEL S.; RESTRINGIDO. Infectarse ‹una herida› de parásitos externos.

embijar *v. tr.* AMÉR. Manchar, pintarrajear ‹una cosa›.

emblandecer *v. tr.* **1** RESTRINGIDO. Hacer ‹una persona o una cosa› [una cosa] más blanda: *La humedad ha emblandecido los frutos secos.* || *v. prnl.* **2** RESTRINGIDO. Hacerse ‹una cosa› más blanda: *Las galletas se emblandecieron por estar mal cerrado el paquete.* **3** RESTRINGIDO. Sentir ‹una persona› compasión: *Esta muchacha se emblandece **con** nada.* SIN. conmoverse. ⇒ **5.**

emblanquecer *v. tr.* **1** Poner ‹una persona o una cosa› blanca [una cosa]: *Tenemos que emblanquecer la fachada con una pintura de exteriores. La nieve ha emblanquecido la montaña.* || *v. prnl.* **2** Ponerse ‹una cosa› blanca: *Su cabello se ha emblanquecido en poco tiempo.* ⇒ **5.**

emblema *s. m.* **1** Imagen, generalmente acompañada por una frase, que sirve de identificación a una familia o a una institución: *El emblema de la Universidad de Salamanca se remonta a la época medieval.* **2** Símbolo o figura representativa de alguna idea o cosa: *La paloma es el emblema de la paz. La calavera es el emblema de la muerte.*

emblemático, ca *adj.* **1** Que encierra o contiene un emblema: *Una paloma blanca es la figura emblemática de la paz.* SIN. simbólico. **2** (antepuesto / pospuesto) Que es muy representativo: *La emblemática ciudad de París sigue siendo un foco de atracción cultural.*

embobamiento *s. m.* Admiración o asombro extraordinario del ánimo provocado por una persona o una cosa: *El culpable de su embobamiento es ese chico uruguayo que le gusta tanto.*

embobar *v. tr.* **1** Causar ‹una persona o una cosa› asombro o admiración exagerados a [una persona]: *Embobaban a los compañeros explicándoles sus aventuras.* || *v. prnl.* **2** Quedarse ‹una persona› muy asombrada o admirada: *Se emboba* ***con*** *los dibujos animados.*

embocado, da *adj.* (ser / estar) [Vino] que tiene mezcla de dulce y seco: *Es un vino embocado y muy agradable al paladar. Este vino está algo embocado.* SIN. abocado.

embocadura *s. m.* **1** GEOGR. Boca de un río, puerto o canal: *La embocadura del puerto estaba bloqueada por un mercante que se hundía.* **2** GEOGR. Lugar por donde los barcos pueden entrar en los ríos que desembocan en el mar: *El barco se dirigió a la embocadura para remontar el río.* **3** Entrada de una cosa por un lugar estrecho: *La embocadura de la bola en el hoyo catorce fue producto de un toque magistral del jugador de golf.* **4** MÚS. Boquilla de un instrumento musical de viento: *Cuando se acerca la embocadura del clarinete a los labios todos esperan deleitarse con su música.* **5** Gusto o sabor que tiene un vino: *Me gusta este Rioja porque tiene una buena embocadura.* **6** HÍPICA. Bocado del freno de una caballería: *Le he cambiado la embocadura al caballo porque la otra le producía heridas en la boca.*

embocar *v. tr.* **1** Entrar ‹una persona o una cosa› por [un lugar estrecho]: *El tren embocaba el túnel a toda velocidad en el momento del accidente.* **2** Hacer ‹una persona o una cosa› que [una cosa] entre por un lugar estrecho: *El jugador embocó la bola en el hoyo.* **3** Poner ‹una persona› los labios en la boquilla de [un instrumento musical de viento]: *Embocó la trompeta y se dispuso a tocar la melodía que le habían pedido.* **4** ARG., URUG.; COLOQUIAL. Hacer ‹una persona› [una cosa que es acertada]. ⇒ **71.**

embochinchar *v. tr.* AMÉR. Armar ‹una persona› un bochinche o alboroto.

embojotar *v. tr.* **1** VEN.; COLOQUIAL. Hacer ‹una persona› un bojote o paquete. || *v. prnl.* **2** VEN.; COLOQUIAL. Envolverse ‹una persona› con una manta o alguna cosa parecida.

embolada *s. f.* **1** MEC. Cada movimiento de vaivén del émbolo entre dos puntos que limitan su desplazamiento: *Como el cilindro es bastante pequeño, las emboladas son muy cortas.* **2** MEC. Cantidad de fluido desplazado en cada uno de los movimientos del émbolo. **3** COL. Acción de abrillantar el calzado.

embolado, da *adj.* **1** [Toro] que tiene las puntas de los cuernos cubiertas *con dos bolas: Los mozos torearon dos vaquillas emboladas.* **2** ARG., URUG.; COLOQUIAL. Que es aburrido o molesto. || *s. m.* **3** COLOQUIAL. Problema o situación difícil: *Metiéndose en ese negocio, se ha buscado un buen embolado.* **4** COLOQUIAL. Engaño o mentira que se cuenta a una persona: *Me ha metido un embolado que no se lo cree ni un niño.* **5** Papel de teatro o cine corto y poco lucido: *En esta obra tengo un embolado poco interesante.*

embolador *s. m.* COL. Limpiabotas.

embolar *v. tr.* **1** Poner ‹una persona› bolas en [la punta de los cuernos de un toro o una vaquilla] para que no dañe con ellos: *En la corrida de las fiestas embolaron la vaquilla para que nadie se hiciera daño.* **2** AMÉR. C., MÉX. Emborrachar. **3** COL. Dar ‹una persona› bola o betún al [calzado].

embolia *s. f.* MED. Obstrucción de una arteria por un coágulo u otro cuerpo que se ha desplazado hasta ella: *Mi abuelo murió de una embolia. Le dio una embolia y se quedó paralizado de medio cuerpo.* **~ cerebral. ~ pulmonar.**

émbolo *s. m.* **1** MEC. Pieza móvil que se ajusta en el interior de un tubo para empujar un líquido o un gas en una dirección determinada: *el movimiento de un émbolo, el émbolo de una jeringa, el émbolo de una máquina de vapor. El émbolo de un motor transmite el movimiento a la biela.* **2** MED. Cuerpo extraño que produce la embolia al introducirse en la circulación de la sangre.

embolsar *v. tr.* **1** RESTRINGIDO. Cobrar o recibir ‹una persona› [una cantidad de dinero]: *Embolsó varios millones de la venta de un solar.* **2** RESTRINGIDO. Guardar ‹una persona› [una cosa] en una bolsa: *Embolsó la ropa de invierno, le puso bolas antipolilla y la guardó en el armario.* || *v. prnl.* **3** Ganar ‹una persona› dinero [en un trabajo o en un juego]: *Se ha embolsado una fortuna* ***en*** *aquel negocio que nos propuso y no quisimos aceptar.*

emboquillar *v. tr.* Poner ‹una persona› una boquilla o un filtro a [un cigarrillo]: *Prefiero emboquillar los cigarrillos porque hacen menos daño.*

emborrachar *v. tr.* **1** Poner ‹una persona o una cosa› borracha [a una persona]: *Este vino que entra tan bien emborracha a cualquiera.* **2** Hacer ‹una persona› que [un pastel o un bizcocho] absorba [un líquido]: *Emborracha las rosquillas* ***en*** *vino.* **3** MEC. Dejar pasar ‹una persona› demasiado combustible a [un motor]: *Vas a emborrachar el carburador si aceleras tanto y no podrás arrancar el coche.* SIN. ahogar. **4** Hacer perder ‹un sentimiento o un suceso› el dominio de sí misma a [una persona]: *La emborrachan tantos éxitos. Los aplausos emborracharon al artista, que no sabía cómo dejar el escenario.* **5** Causar ‹una persona o una cosa› aturdimiento a [una persona]: *Mi madre dice que esas pastillas la emborrachan.* || *v. prnl.* **6** Ponerse ‹una persona› borracha: *Se emborrachó* ***con*** *aquel vino que trajiste. Cuando se emborracha* ***de*** *aguardiente se pone fatal.* **7** MEC. Recibir ‹un motor› demasiado combustible: *Si pisas tanto el acelerador, el motor se emborracha.* SIN. ahogarse. **8** Experimentar ‹una persona› aturdimiento: *Se emborrachó* ***de*** *tanto conducir y decidió parar un rato.*

emborrascarse *v. prnl.* METEOR.; RESTRINGIDO. Ponerse ‹el tiempo› borrascoso: *Amaneció el día soleado, pero a media mañana el tiempo se emborrascó.* ⇒ **71.**

emborronar *v. tr.* **1** Llenar ‹una persona› [un papel] de borrones o garabatos: *Como no quería que nadie leyera lo que había escrito, emborronó el papel.* **2** Escribir ‹una persona› [un texto destinado al público] descuidadamente: *Emborrona muchas cuartillas, pero no trabaja en serio.* SIN. garrapatear.

emboscada *s. f.* **1** MIL. Acción de ocultarse una persona o grupo para atacar por sorpresa: *Les tendieron una emboscada de la que pocos escaparon con vida.* **2** Trampa preparada contra una persona: *Le prepararon una emboscada que acabó con su carrera política.*

emboscar *v. tr./prnl.* **1** Hacer ‹una persona› que [varias personas] se oculten en [un lugar] para atacar a otra persona por sorpresa: *Se emboscaron* ***en*** *la casa para sorprender a los ladrones.* || *v. prnl.* **2** RESTRINGIDO. Ocultarse ‹una persona› entre los árboles o la maleza: *Los bandoleros se emboscaron en una intrincada sierra.* **3** Introducirse ‹una persona› [en una asociación] para perjudicarla o para ocultarse: *En nuestra empresa se han emboscado saboteadores que nos están perjudicando a todos.* ⇒ **71.**

embotamiento *s. m.* Pérdida total o parcial de la energía o la eficacia de un miembro o una facultad: *Con los años que tiene es normal el embotamiento de su memoria.*

embotar *v. tr.* **1** Quitar ‹una persona o una cosa› energía o eficacia a [una cosa]: *La enfermedad embotó su olfato. El cansancio había embotado ya su cabeza y no podía ni pensar.* || *v. prnl.* **2** Perder ‹una cosa› energía o eficacia: *Se ha embotado la máquina y no hay manera de volverla a hacer funcionar.* **3** No poder pensar ‹una persona› con claridad: *Se ha embotado y no es capaz de discurrir.* SIN. aturdirse. **4** Experimentar ‹una parte del cuerpo› una hinchazón: *Se le embotan los pies en cuanto llega el calor.*

embotellado *s. m.* Acción y resultado de embotellar: *El embotellado de esta gaseosa se realiza en una planta automatizada.* SIN. embotellamiento.

embotellamiento *s. m.* **1** Acción y resultado de embotellar: *Trabaja en la sección de embotellamiento de los jarabes.* SIN. embotellado. **2** Atasco de vehículos: *Los embotellamientos son normales en esta ciudad.*

embotellar *v. tr.* **1** Meter ‹una persona› [un líquido] en una botella: *Esta empresa embotella el agua del manantial.* SIN. envasar. **2** Producir ‹los vehículos› un atasco en [una vía de circulación]: *Los coches embotellaron las salidas de la ciudad.* SIN. atascar. **3** COLOQUIAL. Meter ‹una persona› [a muchas personas] en un lugar reducido: *Embotellaron a ocho personas en un coche por no pedir un taxi.* **4** COLOQUIAL. Perseguir, cercar ‹una persona› [a otra persona] hasta un lugar del que no pueda salir: *El equipo visitante embotelló a los locales* ***en*** *su campo y nunca llegaron a la meta contraria.* SIN. cercar. || *prnl.* **5** Atascarse ‹una vía de comunicación› por la aglomeración de vehículos: *La carretera se había embotellado a causa de un accidente.*

embotijarse *v. prnl.* COLOQUIAL. Experimentar ‹una parte del cuerpo› una hinchazón: *Se le embotijan las piernas porque no tiene buena circulación.* SIN. embotarse.

embozar *v. tr./prnl.* **1** Cubrir ‹una persona› la parte inferior del rostro con [una prenda de vestir]: *Venía embozado en su abrigo para protegerse del frío. Los caballeros se embozaron bien* ***en*** *sus capas.* **2** RESTRINGIDO. Obstruir ‹una persona› [un conducto]: *La tubería se ha embozado con restos de comida.* || *v. tr.* **3** RESTRINGIDO. Ocultar ‹una persona› [una cosa] con palabras o actos: *Emboza sus intenciones con bonitos discursos.* ⇒ **19.**

embozo *s. m.* **1** Parte doblada de la sábana superior que toca el rostro: *Su madre le ha hecho unos bordados en el embozo de la sábana.* **2** Parte de la capa que sirve para cubrir el rostro o prenda que lo tapa: *Tiene una capa con embozos de terciopelo rojo. Se protegía el rostro con una bufanda como embozo.* **3** Disimulo con que se dice o hace una cosa: *Háblame sin embozos.*

embragar *v. tr.* MEC. Poner ‹una persona› [dos ejes que giran] en contacto para transmitir el movimiento del uno al otro. ⇒ **56.**

embrague *s. m.* **1** MEC. Acción y resultado de embragar: *El embrague del motor es necesario para que tenga tracción.* **2** MEC. Mecanismo para embragar: *He tenido que reparar el embrague porque las marchas no entraban bien.* **3** MEC. Pedal del automóvil con que se acciona este mecanismo.

embraguetarse *v. prnl.* VEN.; VULGAR. Enfrentarse ‹una persona› a personas o situaciones peligrosas.

embravecer *v. tr.* **1** Poner ‹una persona o una cosa› furioso [a una persona o a un animal]: *Estas discusiones tan tontas lo embravecen. Con sus gestos embraveció al toro que se le acercaba.* || *v. prnl.* **2** Agitarse ‹el mar›: *El mar se ha embravecido.* **3** Ponerse ‹una persona o un animal› furioso: *Tú te embraveces en cuanto se habla de cuestiones amorosas.* ⇒ **5.**

embrazar *v. tr.* RESTRINGIDO. Meter ‹una persona› el brazo por el asa de [un escudo o un arma semejante]: *Embrazó el escudo antes de dirigirse al campo de batalla.* ⇒ **19.**

embrear *v. tr.* RESTRINGIDO. Cubrir ‹una persona› [una cosa] con brea: *Embrearon los costados de la barca.*

embretar *v. tr.* **1** AMÉR. DEL S.; RESTRINGIDO. Meter ‹una persona› en el brete o corral los animales. **2** URUG.; COLOQUIAL. Meter ‹una persona› [a otra persona] en una dificultad. || *v. prnl.* **3** ARG.; RESTRINGIDO. Meterse ‹una persona› en un problema. **4** VEN. Afanarse, acongojarse ‹una persona›.

embriagar *v. tr.* **1** Poner ‹una persona o una cosa› borracha [a una persona]: *Esta sidra te embriaga sin darte cuenta.* **2** ELEVADO. Causar ‹una persona o una cosa› mucho placer o satisfacción a [otra persona]: *La velocidad la embriagaba.* **3** ELEVADO. Hacer perder ‹un sentimiento o un suceso› el dominio de sí misma [a una persona]: *Tanto poder lo ha embriagado. Lo embriagó la rabia por no haber conseguido lo que pretendía.* || *v. prnl.* **4** Ponerse ‹una persona› borracha: *Se embriagó* ***con*** *aquel vino que le llevaste.* **5** ELEVADO. Sentir ‹una persona› mucho placer o satisfacción: *Le gusta embriagarse* ***con*** *los aplausos.* ⇒ **56.**

embriague *s. m.* ARG., URUG. Embrague de un automóvil.

embriaguez *s. f.* **1** (no contable) Trastorno pasajero del comportamiento de una persona por haber tomado licor o bebidas alcohólicas en exceso: *Lo detuvieron por conducir en estado de embriaguez.* **2** (no contable) Alteración del ánimo producida por una emoción o satisfacción fuerte: *La embriaguez que le produjo recibir el premio lo tuvo varios días sin reaccionar.*

embridar *v. tr.* **1** HÍPICA. Poner ‹una persona› las bridas a [una caballería]: *Embridó y ensilló para dar un paseo.* **2** HÍPICA. Hacer ‹una persona› que [un caballo] lleve y mueva bien la cabeza: *El jinete embridaba el caballo con maestría.* **3** Poner ‹una persona› bridas a los tubos: *Tenemos que embridar de nuevo la cañería de la terraza.*

embriogénesis (plural *embriogénesis*) *s. f.* BIOL Conjunto de transformaciones sucesivas por las que pasa el huevo o embrión hasta su nacimiento.

embriología *s. f.* (no contable) BIOL. Parte de la Biología que estudia los embriones.

embrión *s. m.* **1** BIOL. Primera etapa del desarrollo de un ser vivo, desde el comienzo de la evolución del huevo hasta la diferenciación de los órganos principales: *Se prohíbe* *el comercio con los embriones humanos.* **2** BOT. Primera fase de desarrollo de una planta superior en que se alimenta de las sustancias almacenadas en los cotiledones. **3** Cosa que está empezando y aún no ha madurado: *Aquel borrador fue el embrión de una estupenda novela.* SIN. principio.

embrionario, ria *adj.* **1** Del embrión: *desarrollo embrionario, fase embrionaria.* **2** Que está en una etapa o fase inicial del desarrollo: *Es una novela embrionaria.*

embrocar *v. tr.* **1** AMÉR. DEL S., MÉX. Vestirse poniéndose las prendas por la cabeza. **2** RESTRINGIDO. Echar ‹una persona› el contenido de [una vasija] en [otra vasija]. ⇒ **71.**

embrollar *v. tr.* **1** COLOQUIAL. Mezclar ‹una persona› [cosas o ideas] desordenadamente: *Como estaba nerviosa, embrollaba lo que decía y no se podía entender nada.* **2** COLOQUIAL. Hacer ‹una persona o una cosa› que [una persona] se confunda o se enrede: *Yo no sabía ir, pero aquel plano que me hizo me embrolló aún más.* ‖ *v. prnl.* **3** COLOQUIAL. Confundirse ‹una persona›: *Aquel hombre se embrolló contando lo que había pasado.* **4** COLOQUIAL. Mezclarse ‹varias cosas o ideas›: *Esa historia cada vez se embrolla más.*

embrollo *s. m.* **1** COLOQUIAL. Enredo, situación confusa, creada de forma voluntaria o accidental, que es difícil resolver con claridad: *Está en un embrollo de un negocio un poco raro. Hay un buen embrollo con todos los cables.* SIN. lío. **2** COLOQUIAL. Mentira que se cuenta sobre una persona: *Ya no nos creemos los embrollos que cuenta de la gente.* SIN. embuste.

embromado, da *adj.* **1** AMÉR. DEL S. Que está pasando por una situación difícil. **2** AMÉR.; COLOQUIAL. Que es molesto, difícil.

embromar *v. tr.* **1** Hacer ‹una persona› una broma a [otra persona]: *Es una bromista, siempre va embromando a todo el mundo.* **2** Engañar ‹una persona› [a otra persona] por diversión, sin intención de ofenderla: *Le gustaba embromar a la gente **con** sus mentiras.* **3** AMÉR. DEL S.; COLOQUIAL. Causar ‹una persona› [a otra persona] molestias o fastidio. **4** AMÉR. DEL S.; COLOQUIAL. Perjudicar, causar daño ‹una persona› [a otra persona].

embroncarse *v. prnl.* AMÉR. DEL S.; COLOQUIAL. Enfadarse, enojarse ‹una persona›. ⇒ **71.**

embrujamiento *s. m.* Acción y resultado de embrujar.

embrujar *v. tr.* **1** Ejercer ‹una persona› influencia sobre [una persona o una cosa] por medio de la brujería o de la magia: *Habían embrujado al príncipe y lo habían convertido en rana.* SIN. hechizar. **2** INTENSIFICADOR. Atraer ‹una persona o una cosa› [a una persona] de forma irresistible: *Sus ojos embrujaban a todos. Me embruja con su sonrisa.*

embrujo *s. m.* Acción y resultado de embrujar: *Los embrujos son prácticas muy vivas en algunas culturas. El embrujo de sus palabras hizo que todos saliéramos convencidos.* SIN. hechizo.

embrutecer *v. tr.* **1** Convertir ‹una persona o una cosa› [a una persona] en basta u ordinaria: *La miseria embrutece a las personas.* ‖ *v. prnl.* **2** Hacerse ‹una persona› basta u ordinaria: *Se embruteció en la guerra, y al volver era casi un desconocido.* ⇒ **5.**

embuchado *s. m.* **1** Tripa de cerdo rellena de carne troceada, en especial lomo de cerdo: *Hemos comprado un embuchado de lomo riquísimo.* **lomo* ~.** **2** RESTRINGIDO. Cosa que se pasa disimulada entre otras cosas: *Cuidado con la reunión de hoy, porque nos quieren pasar el embuchado del reajuste de sueldos.* **3** ART. GRÁF. Inserción de hojas o cuadernillos en un libro o revista: *El embuchado es un trabajo muy pesado si se hace manualmente.* **4** Parlamento que introduce por su cuenta un actor en su papel: *Esta actriz, cuando le parece, mete un embuchado.* **5** COLOQUIAL, RESTRINGIDO. Enfado o molestia que no se exterioriza.

embuchar *v. tr.* **1** INDUS. Llenar ‹una persona› [la tripa de un animal] con carne picada y otros condimentos para hacer embutidos: *En la fábrica embuchamos la tripa para hacer el salchichón, el chorizo y la longaniza.* **2** Meter ‹una persona› [carne] en una tripa: *En este matadero no embuchan lomo.* SIN. embutir. **3** Meter ‹una persona› comida en el buche de [un ave] para cebarla: *Quiero embuchar este pavo a ver si está a punto para Navidad.* **4** Comer ‹una persona› [una cosa] deprisa y casi sin masticar: *Este muchacho embucha la comida sin masticarla siquiera.* SIN. engullir. **5** ART. GRÁF. Meter ‹una persona› [hojas o cuadernillos impresos] dentro de otros: *Hoy hemos embuchado tres mil ejemplares.* ‖ *v. prnl.* **6** AMÉR. Enfadarse sin motivo, teniendo que disimular.

embudo *s. m.* **1** Pequeño instrumento de forma cónica acabado en un tubo para pasar líquidos de un recipiente a otro: *Utilizó el embudo para poner la leche en la botella.* **2** Situación en la que una actividad se hace lenta por dificultades que impiden un desarrollo más rápido: *En la puerta de la fábrica se forma un embudo a la hora de salir porque es muy estrecha. En esta sección se produce un embudo que paraliza la actividad de la empresa.* **3** Agujero o hundimiento en forma de embudo: *Aquel meteorito produjo un embudo en el lugar donde cayó.* FR. Y LOC. **la ley* del ~.**

emburujarse *v. prnl.* COL. MÉX.; COLOQUIAL en Colombia. Arrebujarse ‹una persona›, arroparse ‹una persona›.

embuste *s. m.* Mentira, especialmente si es grande o exagerada: *Di la verdad: deja ya de contar embustes.*

embustero, ra *adj. / s. m.* y *f.* (ser / estar) INSULTO. Que dice embustes o mentiras: *Es la persona más embustera que he conocido. Eres una embustera, eso no es verdad.*

embutido *s. m.* **1** Tripa natural o artificial rellena de picadillo de carne, tocino y condimentos, curado y salado, que se consume generalmente crudo acompañado de pan: *A mí los embutidos que más me gustan son el salchichón y el chorizo.* **2** Introducción de una cosa en otra presionándola o apretándola: *el embutido de la gomaespuma en un cojín.* **3** Taracea, técnica de incrustación de diversos materiales en madera. **4** AMÉR. Tira bordada o de encaje.

embutir *v. tr.* **1** Llenar ‹una persona› [la tripa de un animal] con carne picada y otros condimentos para hacer embutidos: *Estos operarios embuten la carne ya condimentada.* SIN. embuchar. **2** Meter ‹una persona› [una cosa] en [otra cosa o en un lugar] apretándola: *Embutió la gomaespuma **en** el cojín. Ha embutido **de** lana el colchón.* **3** Introducir ‹una persona› [una pieza] en [un material] de forma que quede encajada: *Ahora falta embutir los trocitos de nácar **en** la madera y tendremos la taracea hecha.* **4** METAL. Dar ‹una persona› forma cóncava o hueca a [un metal] con un molde o matriz: *En esta sección, los trabajadores embuten las piezas que les llegan de la sección anterior.* ‖ *v. tr. / prnl.* **5** COLOQUIAL. Comer ‹una persona› [gran cantidad de comida]: ***Se** embutió medio pollo en un santiamén.* SIN. tragar(se).

eme *s. f.* **1** Nombre de la letra *m*: *Delante de b y p se escribe eme.* FR. Y LOC. **irse a la ~** AFECTADO; EUFEMISMO. Irse a la mierda: *Le dije que se fuera a la eme y que me dejara en paz.*

emenagogo *adj. / s. m.* FARM. [Medicamento] que provoca o favorece la menstruación.

emental o **enmenthal** *adj. / s. m.* Queso suizo parecido al gruyer: *El emental tiene un sabor muy fino.*

emergencia *s. f.* **1** Suceso o accidente que ocurre de forma imprevista: *Si ocurre alguna emergencia me llama rápidamente.* **2** Asunto urgente que exige una rápida atención o solución: *Esto es una emergencia, moviliza a todo el personal.* **3** Acción y resultado de emerger: *La emergencia de los cuerpos de los ahogados se produce a las pocas horas. La emergencia de un nuevo brote de cólera hace extremar las precauciones a la población.* || **4 escalera* de ~. 5 salida de ~.**

emergente *adj.* Que emerge: *Este partido es una fuerza emergente en el país.*

emerger *v. intr.* **1** Salir ‹una cosa que estaba sumergida en un líquido›: *El casco del galeón emergió **a** la superficie. Las ballenas emergen para respirar.* **2** Aparecer ‹una cosa›: *Emergió una nueva moda. Ha emergido una nueva figura de la canción.* **3** ASTRON. Salir ‹un astro› de detrás de otro que lo ocultaba. ⇒ **23.**

emérito, ta *adj.* **1** Que se ha retirado de su profesión y recibe algún premio o privilegio por sus buenos servicios: *el director emérito. Es académico emérito.* || *adj. / s. m.* y *f.* **2** [Profesor universitario] que puede seguir dando clase después de jubilarse, por su reconocida valía: *La han nombrado profesora emérita de nuestra universidad.*

emético, ca *adj. / s. m.* FARM. [Medicamento] que provoca el vómito: *El médico me ha recetado un emético. He ido a recoger el preparado emético a la farmacia.* SIN. vomitivo.

emetropía *s. f.* (no contable) MED. Estado normal del ojo en cuanto a la visión.

emidosaurio *adj. / s. m.* **1** ZOOL. [Reptil] que tiene el dorso cubierto de fuertes escamas y los dedos unidos entre sí por una membrana: *Los cocodrilos son emidosaurios.* || *s. m.* **2** (preferentemente en plural) ZOOL. Orden de estos reptiles: *Los emidosaurios viven en zonas cálidas.*

emigración *s. f.* **1** Acción y resultado de emigrar: *Las principales causas de la emigración son económicas y políticas. La emigración deja algunos pueblos deshabitados.* **2** Conjunto de personas que trasladan su domicilio a otro país o región: *Argentina fue la meta principal de la emigración gallega. La emigración andaluza se asentó fundamentalmente en Cataluña.* **3** Situación o condición del emigrado: *Millones de personas soportan la emigración. La emigración no es una situación deseada por nadie.*

emigrante *s. m. / f.* Persona que emigra: *Es una emigrante magrebí. Muchos emigrantes españoles iban a trabajar a Alemania durante los años sesenta.*

emigrar *v. intr.* **1** Dejar ‹una persona, una familia o un pueblo› su lugar de origen para establecerse en otro país u otra región: *Mi familia emigró a finales de los cincuenta para ir al norte.* **2** Dejar ‹una persona› el país o la región de origen temporalmente para desempeñar en [otro lugar] [un trabajo]: *Emigraron **a** Francia **para** la vendimia.* SIN. desplazarse. **3** Ir ‹una especie animal› temporalmente a [un lugar] por exigencias climáticas, alimentarias o reproductivas: *Las golondrinas emigran hacia las zonas cálidas. Las glaciaciones hicieron que muchas especies animales emigraran buscando zonas más templadas.* SIN. migrar. **4** COLOQUIAL. Irse ‹una persona› de un lugar: *Bueno, yo emigro que me esperan a las cinco en mi casa.*

emigratorio, ria *adj.* De la emigración: *Las tendencias emigratorias han variado en los últimos años debido a la recesión económica.*

eminencia *s. f.* **1** (no contable) Cualidad de eminente: *La eminencia de sus palabras. Sus escritos destacaban por su eminencia.* **2** Persona que sobresale o destaca en una actividad: *Esta profesora es una eminencia en matemáticas.* **3** (con mayúscula; precedido del posesivo) REL.; TRATAMIENTO. Título o tratamiento que en la Iglesia católica se da a los cardenales y otras jerarquías eclesiásticas: *Su Eminencia, Vuestra Eminencia.* **4** (con mayúscula; precedido del posesivo) REL.; TRATAMIENTO. Persona que tiene este título: *Su Eminencia está a punto de llegar.* **5** RESTRINGIDO. Elevación del terreno: *Desde esta eminencia podremos verlo mejor.* SIN. prominencia. **6** ANAT. Saliente o elevación de un órgano: *eminencia occipital.* || **7 ~ gris** Persona que, sin aparecer públicamente, inspira las decisiones de otra persona: *Este hombre, desconocido para la mayoría, es la eminencia gris de la organización.*

eminente *adj.* (antepuesto / pospuesto) Que sobresale, destaca o se distingue por sus cualidades o méritos en una actividad o profesión: *hombre eminente, escritora eminente.*

emir *s. m.* Príncipe o jefe de una comunidad árabe.

emirato *s. m.* **1** (no contable) Cargo de emir: *El príncipe asumió el emirato hace cuatro años.* **2** Territorio bajo la jurisdicción del emir: *He viajado por el emirato durante dos semanas.* **3** Duración del gobierno de un emir: *El de este emir fue uno de los emiratos más cortos de la Historia.*

emisario, ria *s. m. / f.* **1** Persona a la que se envía a un lugar para llevar un mensaje o tratar de un asunto: *Mandaron a unos emisarios a Bruselas con plenas competencias para tomar decisiones.* || *s. m.* **2** Conducto o canal que vierte las aguas residuales de una ciudad en una estación depuradora, en el río o en el mar: *La ciudad ha recuperado las playas después de instalar varios emisarios marinos.*

emisión *s. f.* **1** Acción y resultado de emitir: *La emisión de humo de esta fábrica está causando una grave contaminación.* **2** Transmisión de programas o mensajes por ondas hertzianas: *Han interrumpido la emisión para dar una noticia de última hora.* **3** Conjunto de títulos o valores públicos que se ponen en circulación: *El Tesoro ha lanzado una nueva emisión de Bonos con un alto interés.*

emisor, ra *adj. / s. m. / f.* **1** Que emite: *centro emisor, estación emisora, la organización emisora del mensaje, el emisor de la calumnia. Los coches son fuentes emisoras de contaminación y ruido.* || *s. m. / f.* **2** LING. Persona que en el acto de la comunicación emite el mensaje: *En toda comunicación hay un emisor y un receptor.* || *s. m.* **3** ELECTRIC. Aparato que emite ondas electromagnéticas: *un emisor de televisión, un emisor de frecuencia modulada.* SIN. transmisor.

emisora *s. f.* **1** RADIO. Estación desde donde se emiten las ondas electromagnéticas y se realizan y se transmiten programas radiofónicos: *Es locutora en una emisora de radio. Cambia de emisora, que la música no me gusta.* **2** RADIO. Lugar donde se hace un programa de radio: *Nos encontraremos delante de la emisora.* **~ pirata** Emisora que emite sin los permisos oficiales: *Tengo un amigo que ha montado una emisora pirata.*

emitir *v. tr.* **1** Despedir ‹una cosa› [otra cosa que sale de ella]: *Los astros emiten luz y calor. Aquel foco emitía una luz cegadora.* **2** Producir ‹una persona o un animal› [un sonido]: *Las fieras emitían fuertes rugidos.* **3** RADIO, TV. Transmitir ‹una estación de radio o de televisión› [un programa]: *La emisora municipal emite buenos programas.* **4** ECON. Crear y poner en circulación ‹una persona o una entidad› [valores, monedas o billetes de banco]: *El banco emitió nuevas acciones. El Banco de España va a emitir nuevos billetes.* **5** Manifestar ‹una persona› [una opinión o un juicio]: *El juez ha emitido ya su veredicto. En estas elecciones pueden emitir su voto diez millones de personas.*

emmenthal *adj. / s. m.* Emental, queso suizo.

emoción *s. f.* Estado afectivo intenso y breve: *Experimentó una indescriptible emoción. Fue una emoción pasajera.*

emocional *adj.* **1** De la emoción: *estado emocional, reacción emocional.* **2** Que no controla las emociones: *Es muy emocional y enseguida se le saltan las lágrimas.*

emocionante *adj.* (ser / estar; antepuesto / pospuesto) Que causa emoción: *Fueron momentos emocionantes. Ha sido un emocionante reencuentro.*

emocionar *v. tr.* **1** Causar ‹una persona o una cosa› emoción a [una persona]: *Recibir aquel premio nos emocionó mucho a todos.* SIN. conmover. || *v. prnl.* **2** Experimentar ‹una persona› una emoción: *Recuerdo cómo se emocionaba al oír hablar a su nieta.* SIN. conmoverse.

emoliente *adj.* FARM. [Medicamento] que sirve para ablandar un tumor o hinchazón.

emolumento *s. m.* (preferentemente en plural) ELEVADO. Dinero que recibe un profesional o un operario por el trabajo o cargo que desempeña o realiza: *Tiene unos emolumentos altísimos. Pidió sus emolumentos por adelantado.*

emotividad *s. f.* **1** (no contable) Capacidad de emocionar: *Aquella película tenía una gran emotividad.* **2** Sensibilidad hacia las emociones: *Desde que sufre hemiplejía tiene la emotividad a flor de piel.*

emotivo, va *adj.* **1** De la emoción: *estado emotivo.* **2** (ser / estar) Que se emociona con facilidad: *Desde que murió su madre está muy emotivo. Siempre ha sido muy emotiva.* **3** (antepuesto / pospuesto) Que emociona: *un emotivo descubrimiento, un encuentro emotivo.*

empacar *v. tr.* **1** RESTRINGIDO. Hacer ‹una persona› una paca o un fardo con [una cosa]: *Han estado empacando la paja toda la semana. Empacan el algodón con máquinas para llevarlo a la fábrica textil.* || *v. tr. / intr.* **2** AMÉR. DEL S. Hacer ‹una persona› [la maleta] || *v. prnl.* **3** AMÉR. Resistirse a avanzar ‹un animal de carga›. ⇒ **71.**

empachar *v. tr. / intr.* **1** Causar ‹un alimento› indigestión a [una persona]: *Los dulces empachan.* || *v. tr.* **2** Causar ‹una persona o una cosa› aburrimiento o cansancio a [una persona]: *Sus bromas me empachan.* **3** RESTRINGIDO. Causar ‹una cosa› vergüenza a [una persona]: *Le empacha hablar con el jefe.* || *v. prnl.* **4** Sufrir ‹una persona› una indigestión: *Me empaché **con** aquellas comilonas. Se empachó **de** pasteles.* SIN. indigestarse. **5** RESTRINGIDO. Sentir ‹una persona› vergüenza: *Me empacho de tener que ir a decirle que me suba el sueldo.*

empacho *s. m.* **1** Indigestión: *Sufrió un empacho por comer demasiados dulces.* **2** (no contable) Vergüenza al hacer o decir algo: *Expuso sus quejas sin ningún empacho. No tuvo empacho **en** decir lo que pensaba.*

empadrar *v. tr.* MÉX. Aparear animales, hacer que la hembra sea cubierta por el macho.

empadronamiento *s. m.* Acción y resultado de empadronar o empadronarse: *Voy a la oficina de empadronamiento a buscar un certificado de que resido en esta ciudad.*

empadronar *v. tr. / prnl.* Inscribir ‹una persona› [a otra persona] en el padrón o el registro de los habitantes de [un lugar]: *Se empadronó **en** Barcelona.* SIN. censar(se).

empajar *v. tr.* **1** ARG., CHILE, COL., URUG.; RESTRINGIDO. Techar con paja. || *v. prnl.* **2** CHILE; RESTRINGIDO. Producir los cereales poco fruto y mucha paja.

empalagar *v. tr. / intr.* **1** Causar ‹un alimento demasiado dulce o pesado› cansancio o disgusto a [una persona]: *Esta tarta de chocolate empalaga.* **2** PEYORATIVO. Causar ‹una persona demasiado amable o cariñosa› aburrimiento o disgusto [a otra persona]: *Empalaga con su forma de hablar.* || *v. prnl.* **3** Sentir ‹una persona› cansancio o disgusto por la pesadez de un alimento: *Te vas a empalagar con tanto caramelo.* SIN. empacharse. **4** PEYORATIVO. Sentir ‹una persona› aburrimiento o disgusto: *Me empalago escuchándola.* ⇒ **56.**

empalagoso, sa *adj.* **1** (ser / estar) [Alimento] que empalaga por ser excesivamente dulce: *Este pastel es un poco empalagoso. Los dulces no te han salido como siempre, están empalagosos.* || *adj. / s. m.* y *f.* **2** (ser / estar; antepuesto / pospuesto) PEYORATIVO. Que empalaga, molesta o fastidia por ser excesivamente cariñoso o amable: *Eres una empalagosa, aburres a la gente. Hijo, te quiero mucho pero estás muy empalagoso últimamente. Espero que no vuelvas a traer a tu empalagosa amiga.*

empalar *v. tr.* **1** RESTRINGIDO. Atravesar ‹una persona› [a otra persona] con un palo, introduciéndoselo por el ano, como tormento: *En la Edad Media empalaban a los condenados.* || *v. prnl.* **2** CHILE; VULGAR. Paralizarse, entumecerse ‹una persona›.

empalidecer *v. intr.* Ponerse ‹una persona› pálida: *Empalideció al ver que el profesor la había sorprendido copiando.* SIN. palidecer. ⇒ **5.**

empalizada *s. f.* Valla hecha con estacas o palos enlazados y clavados en el suelo: *Las ovejas están encerradas en una empalizada.*

empalmar *v. tr. / intr.* **1** Unir ‹una persona o una cosa› [los dos extremos de una cosa]: *Cuando empalmemos los dos cables ya habrá luz. El camino empalma **con** la carretera principal.* SIN. conectar. **2** Unir ‹una persona› [ideas, planes o periodos de tiempo]: *Esto empalma **con** lo que dije antes. Voy a empalmar las vacaciones **con** el primer fin de semana de septiembre.* || *v. tr.* **3** DEP. Rematar ‹un jugador› [el balón] tras el pase de un compañero: *Se tiró en plancha y empalmó de cabeza el saque de córner.* || *v. intr.* **4** Suceder ‹una cosa› a continuación de [otra cosa]: *Aquí en verano una boda empalma **con** otra.* **5** Combinarse los horarios de ‹los medios de transporte› de modo que se pueda dejar uno y tomar otro a continuación: *Ese tren empalma **con** el que viene de Irún.* SIN. enlazar. || *v. prnl.* **6** VULGAR. Estar ‹un macho› sexualmente excitado, con erección del pene: *El caballo se empalma en cuanto huele a yegua.*

empalme *s. m.* **1** Acción y resultado de empalmar: *Haremos un empalme para alargar la cuerda. Si no vienes al pueblo en tu coche tienes que hacer dos empalmes, uno de tren y otro de autobús.* **2** Punto donde se empalman dos cosas: *empalme de ferrocarril, empalme de unos tubos.* SIN. unión. **3** Cosa que une o empalma con otra: *Trae el empalme, que ya está seca la cola que he puesto.* **4** ELECTRIC. Conexión eléctrica, en especial de dos cables conductores.

empamparse *v. prnl.* AMÉR. DEL S. Perderse.

empanada *s. f.* **1** Especie de tarta salada de pan o de hojaldre rellena de distintos ingredientes y cocida al horno: *empanada gallega, empanada de atún.* **2** COLOQUIAL. Lío, embrollo en el que se quiere ocultar una cosa: *Debajo de toda la empanada estaba el desfalco que querían disimular.* || **3 ~ mental** COLOQUIAL. Confusión de ideas: *Tienes una empanada mental que no te aclaras.*

empanadilla *s. f.* Pastelillo frito en forma de media luna y relleno de carne picada, atún o de otros alimentos: *empanadillas de bonito, empanadillas de jamón.*

empanar *v. tr.* **1** Cubrir ‹una persona› [un alimento] con huevo batido y pan rallado para después freírlo: *Empanó el filete. He empanado la berenjena, ¿querrás freírla?* **2** Cubrir ‹una persona› [un alimento] con masa o pan para cocerlo en el horno: *He empanado un redondo de ternera.*

empantanado, da *adj.* (estar) COLOQUIAL. Que está sin acabar: *Con la huelga, el trabajo quedó empantanado.* FR. Y LOC. **dejar empantanado** COLOQUIAL. Abandonar ‹una persona› una actividad que realizaba sola o con otra persona: *No puedo irme ahora de vacaciones porque dejaría a Juan empantanado en la oficina.*

empantanar *v. tr.* **1** Llenar ‹una persona› [un terreno] de agua: *Ha empantanado el jardín porque dice que al césped le falta riego.* SIN. inundar. **2** COLOQUIAL. Parar ‹una persona› el curso de [un asunto]: *El jefe ha conseguido empantanar el trabajo y vamos muy atrasados.* SIN. estancar, paralizar. || *v. prnl.* **3** Llenarse ‹un terreno› de agua: *Los campos se empantanaron de tanta lluvia.* SIN. inundarse. **4** Pararse ‹un asunto› que estaba en trámite: *El expediente se ha empantanado porque la jefe del negociado está enferma.*

empañar *v. tr.* **1** Quitar ‹una persona o una cosa› el brillo o la transparencia a [una cosa]: *Estás empañando los cristales.* **2** Causar ‹una persona o una cosa› que [una persona o una cosa] pierda su valor o su buena fama: *Las murmuraciones no empañaron su prestigio.* SIN. manchar. **3** Cubrir ‹las lágrimas› [los ojos de una persona]: *El llanto empañó los ojos del niño.* || *v. prnl.* **4** Perder ‹una cosa› el brillo o la transparencia: *Con el vapor, el cristal se empañó.* **5** Perder ‹una persona o una cosa› su valor o su buena fama: *Su reputación no puede empañarse por murmuraciones sin importancia.* **6** Quedar ‹los ojos de una persona› cubiertos por las lágrimas: *Sus ojos se empañaron por la emoción.* **7** Perder ‹la voz de una persona› su claridad a causa de la emoción: *Los aplausos hicieron que se le empañara la voz.*

empañetar *v. tr.* **1** AMÉR. Blanquear, enlucir ‹una persona› [una pared]. **2** AMÉR. C., EC., P. RICO, VEN. Cubrir ‹una persona› [una pared] con una mezcla de barro y paja.

empapar *v. tr.* **1** Mojar mucho ‹un líquido› [a una persona o una cosa]: *La lluvia empapó su cara. El sudor empapaba su frente.* **2** Penetrar ‹un líquido› los poros o los huecos de [un cuerpo]: *La humedad ha empapado las tablas que dejaste en la terraza.* **3** Absorber ‹una cosa› [un líquido]: *El bizcocho empapa el almíbar.* SIN. embeber. **4** Hacer ‹una persona› que [una cosa] absorba [un líquido]: *Empapa **en** agua este paño. Empapa **con** la esponja el vino que se ha caído en la mesa.* || *v. prnl.* **5** Quedar ‹una persona o una cosa› muy mojada: *La ropa tendida se ha empapado. Si sales con esta lluvia y sin paraguas te vas a empapar.* **6** COLOQUIAL. Enterarse ‹una persona› bien [de una cosa]: *He asistido a la reunión para empaparme **de** lo que pasaba. Me he empapado bien **de** la lección de hoy.* **7** Adquirir ‹una persona› [una idea o un afecto]: *Se empapó **de** cine de aventuras en su infancia.* FR. Y LOC. **calado / empapado hasta los huesos***.

empapelar *v. tr.* **1** Cubrir ‹una persona› [una superficie] con papel: *Quiero empapelar la habitación antes de la primavera.* **2** COLOQUIAL. Formar ‹una persona› un expediente o un proceso criminal contra [una persona]: *Han empapelado a varios directivos.*

empapuciar *v. tr.* Empapuzar.

empapujar *v. tr.* Empapuzar.

empapuzar *v. tr.* **1** COLOQUIAL. Hacer ‹una persona› que [una persona o un animal] coma mucho: *Empapuzas mucho a los niños.* || *v. prnl.* **2** COLOQUIAL. Comer ‹una persona o un animal› hasta no poder más: *Me empapucé de patatas y no pude comerme la carne.* ⇒ **19.**

empaque *s. m.* **1** Aspecto exterior, generalmente distinguido, de una persona: *Tiene mucho empaque, se nota que estudió en una universidad suiza.* **2** Seriedad, a veces artificiosa y estudiada, de una persona: *Actúa con un empaque que llega al ridículo.* **3** Acción y resultado de empacar: *Ya hemos acabado el empaque del algodón.* SIN. empaquetado. **4** AMÉR. Acción de empacarse un animal. **5** AMÉR. Insolencia, descaro. **6** COL. Junta de una tubería o de un grifo.

empaquetado, da *adj.* **1** Que está hecho un paquete. **2** COL. Que está bien trajeado. || *s. m.* **3** Acción y resultado de empaquetar: *En los almacenes han puesto unos sitios especiales para el empaquetado de regalos.*

empaquetar *v. tr.* **1** Hacer ‹una persona› un paquete con [una o varias cosas]: *Empaquetó la vajilla para transportarla con seguridad. Ya ha empaquetado su ropa y otros enseres que quedaban por la casa.* **2** COLOQUIAL. Meter ‹una persona› [a varias personas] en [un lugar reducido]: *Nos empaquetaron a los seis **en** un vagón.* **3** COLOQUIAL. Imponer ‹una persona› un castigo a [otra persona]: *Lo van a empaquetar por haberse dormido en el puesto de guardia.* SIN. castigar. **4** ARG., URUG.; COLOQUIAL. Engañar ‹una persona› [a otra persona] con trucos o artimañas.

emparar *v. tr.* PERÚ. Recibir ‹una persona› [una cosa] en el aire.

empardar *v. tr. / prnl.* ARG., PAR., URUG.; COLOQUIAL. Empatar. FR. Y LOC. **ser de lo que no se emparda** AMÉR. DEL S.; COLOQUIAL. Ser ‹una persona o cosa› única por sus cualidades.

emparedado, da *adj. / s. m.* y *f.* **1** (estar) RESTRINGIDO. Que está encerrado por propia voluntad o por castigo en un lugar estrecho: *Las emparedadas por motivos religiosos abundaban en la Edad Media.* || *s. m.* **2** Bocadillo preparado con pan de molde: *He pedido un emparedado de queso.*

emparedar *v. tr.* **1** Encerrar ‹una persona› [a otra persona] en un lugar sin comunicación con el exterior: *En el cuento, el padre quería emparedar al hijo hasta que fuera mayor, para asegurarse de que no le pasaría nada.* **2** Ocultar ‹una persona› [una cosa] en el grueso de una pared o entre paredes: *Aquel hombre había emparedado el arca con el dinero en uno de los muros.*

emparejamiento *s. m.* Acción y resultado de emparejar o emparejarse: *El sorteo de los emparejamientos no favorece a nuestros tenistas en esta primera ronda. El emparejamiento de tu prima y mi primo no me disgusta.*

emparejar *v. tr. / prnl.* **1** Unir ‹una persona› [personas, animales o cosas] de modo que formen pareja: *Ha emparejado las fichas. Ana y Miguel **se** emparejaron para el baile.* || *v. tr.* **2** Poner ‹una persona› [una cosa] a nivel con [otra cosa]: *Tienen que emparejar los coches antes de empezar la carrera.* || *v. intr.* **3** Hacer ‹una cosa› pareja [con otra cosa]: *Búscame unos calcetines que emparejen, porque están todos revueltos en el cajón.* || *v. intr. / prnl.* **4** Ponerse ‹una persona› al lado de [otra persona que va delante]: *Apreté el paso para emparejar(me) **con** él. Se emparejaron **con** nosotros hace un momento.* SIN. alcanzar. **5** RESTRINGIDO. Ponerse ‹una persona› al mismo nivel que [otra persona] [en el estudio o en el trabajo]: *Ya (se) ha emparejado **con** su hermano mayor **en** los estudios.* || *v. prnl.* **6** MÉX. Hacerse ‹una persona› con lo necesario para un fin.

emparentar *v. intr.* **1** Contraer ‹una persona› parentesco [con otra persona] al casarse: *He emparentado **con** Pepita, porque su hermano se ha casado con mi madre.* **2** Tener ‹una cosa› relación o semejanza [con otra cosa]: *Esta lengua emparenta **con** el árabe.* || *v. tr.* **3** Descubrir ‹una persona› relaciones de parentesco o semejanza entre [dos personas o cosas]: *Un ilustre historiador emparenta todas las catedrales de esta zona con los bizantinos.* SIN. relacionar.

emparrado *s. m.* **1** Conjunto de hojas y tallos de una parra que forma una cubierta, sostenido por un armazón. **2** Armazón que sostiene una parra u otra planta trepadora: *Hay que construir un emparrado para la enredadera.*

emparrillado *s. m.* Enrejado de hierro con que se aseguran los cimientos de una construcción.

empastador, ra *adj.* **1** Que empasta. || *s. m. / f.* **2** AMÉR. Encuadernador.

empastar *v. tr.* **1** Cubrir ‹una persona› [una cosa] con pasta: *Hay que empastar la grieta y dejarla secar antes de pintar.* **2** MED. Rellenar ‹un dentista› con una pasta especial el hueco producido por una caries en [un diente o una muela]: *Me han empastado dos muelas.* **3** COL., CHILE; COLOQUIAL. Encuadernar ‹una persona› [un libro] con tapas duras. **4** CHILE; COLOQUIAL. Alisar ‹una persona› [los muros] antes de pintarlos. || *v. tr. / prnl.* **5** AMÉR. DEL S. Convertir ‹una persona› [un terreno] en prado o tierra para pasto del ganado. || *v. intr.* **6** MÚS. Sonar ‹las voces de un coro o los instrumentos de una orquesta› de modo uniforme: *Los solistas empastan muy bien la voz.* **7** CHILE. Plantar ‹una persona› césped en un terreno.

empaste *s. m.* **1** Acción y resultado de empastar: *Los albañiles han acabado de hacer el empaste en la pared. La dentista me ha hecho un empaste.* **2** MED. Pasta con que el dentista llena el hueco producido por una caries: *Me parece que se me ha caído el empaste.* **3** PINT. Unión acertada de colores en una pintura. **4** COL. Encuadernación.

empatar *v. tr. / intr.* **1** Obtener ‹dos jugadores o dos equipos› igual puntuación en [una competición deportiva]: *Los dos equipos empataron **a** cero.* **2** Obtener ‹dos o más candidatos o partidos› el mismo número de votos en [una votación]: *Empataron **a** votos **en** la moción de confianza.* || *v. tr.* **3** COL., PERÚ, VEN. Unir, empalmar ‹una persona› [dos cosas]. || *v. prnl.* **4** VEN.; JERGAL. Establecer ‹una persona› una relación amorosa.

empate *s. m.* Acción y resultado de empatar: *El empate favorecía a ambos contendientes. Buscaban el empate.*

empatía *s. f.* PSICOL. Estado mental en el que una persona experimenta los sentimientos de otra persona: *Se puso a llorar por empatía con aquel grupo de personas.*

empatucar *v. tr. / prnl.* **1** VEN.; COLOQUIAL. Ensuciar ‹una persona o una cosa› [a otra persona o cosa]. **2** VEN.; COLOQUIAL. Perjudicar ‹una persona› la reputación de [otra persona].

empavar *v. tr. / prnl.* VEN.; COLOQUIAL. Causar ‹una persona› mala suerte [a otra persona].

empavesada *s. f.* MAR. Banda de tela, generalmente azul o roja con bandas blancas, con que se adornan las bordas o cofas de una embarcación en días señalados.

empavesado *s. m.* MAR. Conjunto de banderas y gallardetes con que se adorna un barco.

empavesar *v. tr.* **1** MAR. Adornar ‹una persona› [una embarcación] con banderas y gallardetes: *Empavesaremos el barco para celebrar el aniversario.* SIN. engalanar. **2** RESTRINGIDO. Cubrir ‹una persona› [una construcción pública] con tela o plástico hasta su inauguración: *Han empavesado el monumento a Colón para restaurarlo.*

empavonar *v. tr.* **1** Cubrir ‹una persona› [un objeto de hierro o acero] con pavón: *Si empavonamos las rejas no se oxidarán.* SIN. pavonar. **2** AMÉR. Untar con algo pegajoso. || *v. prnl.* **3** AMÉR. C. Emperejilarse, acicalarse mucho ‹una persona›.

empecer *v. intr.* (en frases negativas) ELEVADO. Impedir ‹una cosa› el desarrollo de [otra cosa]: *Eso **no** empece **para** que le saludemos.* SIN. obstar. ⇒ **5.**

empecinado, da *adj.* (estar) Que se empeña en hacer o conseguir alguna cosa: *Sigue empecinada **con** ir al pueblo. Está empecinado **en** ir al cine.*

empecinamiento *s. m.* Acción y resultado de empecinarse: *Yo no me explico por qué tiene ese empecinamiento **por** cambiarse de casa.*

empecinarse *v. prnl.* Mostrarse ‹una persona› obstinada en [hacer una cosa]: *Se empecinó **en** comprar un coche.*

empedarse *v. prnl.* ARG., MÉX., URUG.; COLOQUIAL en Argentina y Uruguay, VULGAR en México. Emborracharse ‹una persona›.

empedernido, da *adj.* Que es muy tenaz o persistente en un vicio, una manía o una costumbre: *Tu novia es una lectora empedernida de novelas.*

empedrado, da *adj.* **1** (estar) COLOQUIAL. [Cielo] que está completamente cubierto de nubes muy pequeñas: *Aunque el cielo está empedrado no parece que vaya a llover.* || *s. m.* **2** Pavimento hecho con piedras: *Este empedrado es muy viejo. Aún se ven los raíles de los tranvías en el empedrado.* **3** Operación de empedrar el suelo: *El empedrado de la calle duró una semana, porque estábamos pocos trabajando.*

empedrar *v. tr.* **1** Cubrir ‹una persona› [un suelo] con piedras ajustadas entre sí: *Mira cómo empiedran el paseo. El año pasado empedraron la plaza.* SIN. adoquinar. **2** RESTRINGIDO. Llenar ‹una persona› [una cosa] con [otra cosa]: *Empedró su poesía **de** citas clásicas.* SIN. plagar. ⇒ **58.**

empeine *s. m.* **1** Parte superior del pie, desde su unión con la pierna hasta el principio de los dedos: *Tengo un dolor en el empeine del pie. Es muy hábil botando la pelota con el empeine.* **2** Parte superior del zapato que cubre esta parte del pie: *Me aprieta el empeine del zapato.*

empellón *s. m.* Empujón fuerte que se da para desplazar de un lugar a una persona o una cosa: *De un empellón lo obligó a levantarse. Dio un empellón a la puerta para abrirla.* FR. Y LOC. **a empellones** 1 Empujando con violencia: *Lo echó del bar a empellones.* 2 Con brusquedad: *Lo expulsaron de la reunión a empellones.*

empelotarse *v. prnl.* **1** VULGAR; RESTRINGIDO. Quitarse ‹una persona› la ropa: *Se empelotó y se tiró a la piscina ante la sorpresa de todos.* SIN. desnudarse. **2** CUBA, MÉX.; COLOQUIAL. Enamorarse perdidamente ‹una persona› de [otra persona]. **3** MÉX.; COLOQUIAL. Confundirse ‹una persona›.

empenachado, da *adj.* **1** (estar) Que está adornado con penachos: *El caballo estaba empenachado.*

empenachar *v. tr.* Adornar ‹una persona› [una cosa] con penachos: *Vamos a empenachar los caballos de la carroza.*

empeñar *v. tr.* **1** Dar ‹una persona› [una cosa] como garantía de un préstamo: *Empeñó todas sus joyas.* **2** Dar ‹una persona› [su palabra] al prometer una cosa: *Empeñó su palabra en aquel proyecto tan poco realista.* SIN. comprometer. **3** Dedicar ‹una persona› [una cosa] a hacer o conseguir [otra cosa]: ***En** ese proyecto empeñó toda su vida.* || *v. tr. / prnl.* **4** Comenzar ‹una persona› [una lucha o una discusión] con otras personas: ***Se** empeñaron **en** una disputa sobre política.* || *v. prnl.* **5** Contraer ‹una persona› muchas deudas: *Nos empeñamos hasta los dientes para poner este negocio.* SIN. endeudarse. **6** Insistir ‹una persona› en [hacer o decir una cosa] firmemente: *El maestro se empeñó **en** enseñarnos a escribir.* SIN. obstinarse.

empeño *s. m.* **1** Deseo intenso o afán: *Tiene mucho empeño **por** aprender. Se necesita mucho empeño para salir adelante sola y con tantos hijos. Todo su empeño es casarse.* **2** Esfuerzo, constancia o interés en una cosa: *Tienes que poner más empeño **en** pasar de curso.* **3** Entrega de una cosa o del propio honor como garantía de un préstamo o de una cosa: *El empeño de sus mejores joyas les hizo salir del apuro económico.* **casa* de ~.** **4** Intento: *Perderá la salud en el empeño.* **5** MÉX.; RESTRINGIDO. Casa de empeños.

empeñoso, sa *adj.* AMÉR. Que pone constancia y tesón en conseguir su objetivo.

empeoramiento *s. m.* Acción y resultado de empeorar o empeorarse: *El enfermo ha sufrido un empeoramiento en las últimas horas. El empeoramiento del tiempo puede aislar varios pueblos.*

empeorar *v. tr.* **1** Poner ‹una persona o una cosa› peor [a otra persona o cosa]: *Cállate, con tus palabras estás empeorando la situación.* || *v. intr.* **2** Ponerse ‹una persona o una cosa› peor: *La economía empeoró en el último año.*

empepado, da COL.; JERGAL. Que está drogado.

empequeñecer *v. tr.* **1** Hacer ‹una persona o una cosa› más pequeña [una cosa]: *El descenso de la demanda ha empequeñecido el mercado de capas.* **2** Hacer ‹una persona o una cosa› que disminuya la importancia o la gravedad de [una cosa]: *Su inconstancia empequeñece su valía. La forma de triunfar no ha empequeñecido su victoria.* || *v. intr. / prnl.* **3** Hacerse ‹una cosa› más pequeña. || *v. prnl.* **4** Sentirse ‹una persona› inferior o insignificante en [cierta situación]: *Siempre se ha empequeñecido **ante** un público exigente.* **5** Perder ‹una cosa› importancia o gravedad: *Su mérito se empequeñece si se compara con el de su hermana.* ⇒ **5.**

emperador *s. m.* **1** Jefe supremo o soberano de un imperio: *el emperador de la China. Carlos V fue rey de España y emperador de Alemania.* **2** (macho y hembra) *Luvarus imperialis.* Pez marino de cuerpo ovalado, vientre plateado y dorso rojizo. **3** (macho y hembra) Pez espada.

emperadora *s. f.* COLOQUIAL, RESTRINGIDO. **1** Mujer que destaca en una profesión, generalmente artística: *la emperadora del cante.* **2** COLOQUIAL, RESTRINGIDO. Apelativo cariñoso dirigido a una mujer: *Emperadora, te voy a invitar a un restaurante maravilloso.*

emperatriz *s. f.* **1** Soberana de un imperio: *la emperatriz de Austria.* **2** Mujer del emperador.

empercharse *v. prnl.* COL.; COLOQUIAL. Emperejilarse.

emperejilar *v. tr. / prnl.* COLOQUIAL. Adornar ‹una persona› [a otra persona o una cosa] en exceso: *Ella se divertía emperejilando a sus amigas. Le gustaba emperejilarse para ir a cualquier sitio.* SIN. emperifollar(se).

empericarse *v. prnl.* **1** COL., EC.; RESTRINGIDO en Colombia, COLOQUIAL en Ecuador. Emborracharse ‹una persona›. **2** CUBA, MÉX.; COLOQUIAL. Subirse, encaramarse ‹una persona› a un sitio. ⇒ **71.**

emperifollar *v. tr. / prnl.* COLOQUIAL. Adornar ‹una persona› [a una persona o una cosa] en exceso: *Seguro que se emperifolla para ir a la discoteca.* SIN. emperejilar(se).

empero *adv.* ELEVADO. Adverbio de enlace entre proposiciones que tiene un carácter concesivo no hipotético. SIN. sin embargo, no obstante, con todo. RELACIONES Y CONTRASTES: No equivale a la conjunción *pero*: *Bella, pero lejana. Paseaban, pero muy lentos.* OBSERVACIONES: Es elevado, pero no arcaizante, cuando se emplea como inciso dentro de la proposición a la que modifica: *La operación es menos eficaz; tiene, empero, la ventaja de no ser irreversible. Son, empero, insustanciales.* Su uso al final de la frase es RESTRINGIDO: *Sonreía, empero. Tiene algunas ventajas, empero.* Es arcaizante cuando precede a la proposición modificada: *Todas esas obras son pecado; empero, no son pecado grave.*

emperrarse *v. prnl.* COLOQUIAL. Mostrarse ‹una persona› obstinada en [hacer una cosa]: *Se emperró **en** cantar una ópera.* SIN. obstinarse.

emperrechinarse *v. prnl.* PERÚ; COLOQUIAL. Encapricharse, obstinarse ‹una persona› [con una cosa].

empezar *v. tr.* **1** Dar ‹una persona› principio a [una cosa]: *Pedro empezó el cuadro. ¿Has empezado el curso?* SIN. iniciar. **2** Comenzar a utilizar ‹una persona› [una cosa]: *Luis empezó la bolsa de los caramelos. He empezado el bote de café.* || *v. intr. / prnl.* **3** Tener ‹una cosa› su principio: *La clase ha empezado diez minutos más tarde. La reunión (se) empezó a las diez.* SIN. iniciarse. || *v. intr.* **4** Dar ‹una persona› comienzo a [una acción]: *Empezó **a** hablar con los asistentes. Empezó **a** estudiar a los cuarenta años.* **5** Comenzar a dar ‹una persona› [golpes o tiros] a [otra persona]: *Empezó **a** empujones **con** todos.* FR. Y LOC. **~ la casa* por el tejado. ya empezamos** Se usa para indicar fastidio ante la insistencia de una persona o la reiteración de una cosa: *Ya empezamos **con** las preguntas de siempre. Ya empezamos **con** los ruidos de las motos.* ⇒ **25.**

empiece *s. m.* COLOQUIAL. Comienzo: *Nos hemos perdido el empiece de la película por llegar tarde.*

empiezo *s. m.* **1** ARG., COL., EC., GUAT.; RESTRINGIDO en Argentina y Colombia. Comienzo.

empilchar *v. tr. / prnl.* ARG., URUG.; COLOQUIAL. Vestir ‹una persona› ropa de buena calidad.

empilonar *v. tr.* P. RICO, COL., CUBA; RESTRINGIDO. Apilar ‹una persona› [una cosa].

empinado, da *adj.* **1** (ser / estar) [Camino, cuesta] que tiene mucha pendiente: *Aparcó el coche en una calle muy empinada. Este camino está muy empinado, yo me vuelvo. Esta escalera es bastante empinada.*

empinar *v. tr.* **1** Poner ‹una persona› vertical [una cosa que estaba tumbada o inclinada]: *Empina la escalera, que vas a rayar la pared.* **2** Levantar y sostener ‹una persona› [a otra persona o una cosa] en alto: *Ha empinado al niño para que viera la cabalgata. Empíname un momento el cubo de pintura, que desde la escalera no llego.* **3** Sostener ‹una persona› [una vasija] en alto e inclinarla para beber: *Empinó el botijo.* || *v. tr. / intr.* **4** COLOQUIAL. Tomar ‹una persona› [bebidas alcohólicas] en exceso: *Deja ya de empinar.* SIN. soplar. || *v. prnl.* **5** Levantarse ‹una persona› sobre las puntas de los pies: *Niña, no te empines para asomarte a la ventana.* **6** Ponerse ‹un animal cuadrúpedo› sobre los dos pies con las manos levantadas: *El caballo se empinó y tiró al jinete.* **7** ELEVADO. Tener ‹una planta, un edificio o una montaña› mucha altura: *La catedral se empinaba, destacando sobre las casas vecinas.* **8** Levantarse ‹una cosa› por un lado: *No te apoyes en la mesa, que se empina.* **9** VULGAR. Estar ‹el pene› en erección. FR. Y LOC. **~ el codo*.**

empingorotado, da *adj.* COLOQUIAL; PEYORATIVO, HUMORÍSTICO. Que tiene una elevada posición social y presume de ello: *Es una señora muy empingorotada, siempre con su abrigo de pieles y su chófer. No me gusta ir a ese restaurante, con tanta gente empingorotada.*

empiñonado *s. m.* Dulce recubierto de piñones o con piñones incrustados: *Los empiñonados me encantan.*

empiparse *v. prnl.* CHILE, EC.; VULGAR en Chile, COLOQUIAL en Ecuador y en España. Hartarse ‹una persona› de comida o bebida.

empírico, ca *adj.* **1** Que se funda en la experiencia y en la observación de los hechos: *dato empírico, método empírico, conocimientos empíricos. La medicina es una ciencia empírica.* **2** FILOS. Del empirismo filosófico: *teoría empírica.* || *adj. / s. m.* y *f.* **3** FILOS. Que profesa el empirismo filosófico: *Los empíricos propugnaban la experiencia como origen exclusivo del conocimiento humano.*

empirismo *s. m.* (no contable) FILOS. Doctrina filosófica que afirma que el único conocimiento válido es el que proporciona la experiencia.

empirista *adj.* **1** FILOS. Del empirismo: *filosofía empirista.* || *adj. / s. m.* y *f.* **2** FILOS. Que es partidario del empirismo: *Los empiristas más estrictos consideraban sólo la experiencia adquirida a través de los sentidos.* SIN. empírico.

empitonar *v. tr.* TAUROM. Enganchar ‹un toro› [a una persona o un animal] con la punta del cuerno: *El toro empitonó a un aficionado en los encierros.*

empizarrado, da *s. m.* **1** Techo de un edificio hecho con pizarra: *Los empizarrados dan una imagen singular de pueblo de montaña.* **2** Operación de empizarrar: *Mañana empiezan el empizarrado del tejado.*

empizarrar *v. tr.* Cubrir ‹una persona› [una superficie] con pizarras: *Empizarraré el tejado.*

emplastador, ra *s. m.* **1** PINT. Pincel para empastar. || *s. m. / f.* **2** AMÉR. Encuadernador.

emplaste *s. m.* Pasta de yeso que se endurece muy rápido y se utiliza para igualar una superficie antes de pintarla: *Prepara el emplaste para tapar las grietas de la pared.*

emplastecer *v. tr.* Igualar ‹una persona› [la superficie que va a pintar] con emplaste: *Nos llevó horas emplastecer aquella pared.* ⇒ **5.**

emplasto *s. m.* **1** MED. Preparado medicinal, sólido y adhesivo, que se reblandece con el calor y se aplica en el exterior del cuerpo: *Los emplastos son remedios caseros pero efectivos.* **2** COLOQUIAL; PEYORATIVO. Cosa blanda, apelmazada y de mal aspecto: *¡Qué emplasto de sopa!* **3** COLOQUIAL; PEYORATIVO. Reparación o añadido mal hecho: *Lo contraté para que me dejara el cuarto de baño arreglado y me ha hecho un emplasto que da vergüenza verlo.* FR. Y LOC. **estar hecho un ~** COLOQUIAL. Tener ‹una persona› la salud delicada: *Parece muy sana, pero está hecha un emplasto.*

emplazamiento *s. m.* **1** Situación o lugar donde debe emplazarse una cosa: *Este es el emplazamiento de la nueva biblioteca municipal.* **2** Fijación de un plazo para hacer una cosa: *El emplazamiento queda para dentro de dos días, a ver si podemos acabar el trabajo.* **3** DER. Citación a una persona para que dé razón de una cosa o se presente ante un juez: *El emplazamiento es en el juzgado número tres a las cinco de la tarde del miércoles doce.*

emplazar *v. tr.* **1** Poner ‹una persona› [una cosa] en [un lugar]: *Han emplazado las oficinas al lado de la estación.* **2** Señalar ‹una persona› la situación o la localización de [una cosa] en [un lugar]: *Los científicos emplazaron en el valle una antigua civilización.* SIN. localizar. **3** Citar ‹una persona› [a otra persona] en [un lugar o un tiempo determinados]: *Quedáis emplazados* ***para*** *cenar en casa el próximo viernes.* SIN. convocar. **4** DER. Citar ‹un juez› [a una persona] para que se presente ante un tribunal en un día y hora determinados: *El juez me ha emplazado para el próximo día 15 a las doce en el juzgado.* ⇒ **19.**

empleado, da *s. m. / f.* **1** Persona que trabaja a cambio de un sueldo o paga: *empleado bancario, empleado de banco, empleada de correos. Es una empresa con pocos empleados. Está de empleada en una cadena. Es empleado en una fábrica.* SIN. trabajador. || **2 ~ de hogar** Empleado/a que realiza los trabajos domésticos: *Tengo que buscar una empleada de hogar porque la que tenía se ha ido.* FR. Y LOC. **dar por bien ~** Estar ‹una persona› satisfecha de haber hecho una cosa, a la vista de sus buenos resultados: *Doy por bien empleada esta inversión. Si consigo que se arrepienta, doy por bien empleado el esfuerzo.* **estar bien ~** COLOQUIAL. Merecer ‹una persona› las consecuencias negativas de una acción realizada: *Le está bien empleado el suspenso, a ver si así la próxima vez estudia.*

emplear *v. tr.* **1** Utilizar ‹una persona› [una cosa] [para un cierto fin]: *Empleó un cuchillo* ***para*** *cortar el salchichón. Emplea sus influencias* ***para*** *ganar dinero.* SIN. usar. **2** Gastar ‹una persona› [una cosa] para hacer o conseguir [otra cosa]: *Empleó mucho tiempo* ***en*** *hacerlo. He empleado la mitad del sueldo* ***en*** *regalos.* **3** Dar ‹una persona› un trabajo o un empleo a [otra persona]: *Me ha empleado en su em-*

presa. Lo emplearon como obrero en la fábrica. SIN. colocar. **4** Hacer ‹una persona› que [otra persona] se ocupe de [una actividad]: *Emplea a su hijo para atender las llamadas.*

empleo *s. m.* **1** Trabajo que se realiza a cambio de un sueldo: *Tiene un empleo de técnico de ordenadores. La han despedido del trabajo y está otra vez sin empleo. Los empleos que ha tenido han sido bastante malos.* SIN. puesto. **regulación* de ~. 2** (no contable) Utilización de una cosa para un determinado fin o propósito: *Han prohibido el empleo de armas químicas.* SIN. uso. **3** Gasto de dinero o de esfuerzos que se hace para conseguir una cosa: *El empleo racional de los recursos nos permitirá salir de la crisis.* **4** MIL. Categoría profesional: *Me presenté a los exámenes para alcanzar el empleo de sargento.*

emplomado *s. m.* Conjunto de tiras de plomo que sujetan los cristales de las vidrieras: *Hay que cambiar el emplomado de las cristaleras.*

emplomadura *s. f.* **1** Acción y resultado de emplomar: *La emplomadura de la tubería ha quedado perfecta.* **2** Porción de plomo con que se emploma alguna cosa: *Prepara la emplomadura para sellar el contador del gas.* **3** AMÉR. Empaste de un diente o muela.

emplomar *v. tr.* **1** Cubrir o soldar ‹una persona› [una cosa] con plomo: *Emplomamos la tubería principal.* **2** Sujetar ‹una persona› [los cristales de una vidriera] con plomo: *Tenemos que volver a emplomar la vidriera porque no quedó bien.* **3** Poner ‹una persona› sellos de plomo para precintar [una cosa]: *Han emplomado la llave de paso del contador del gas por falta de pago.* **4** AMÉR. DEL S. Empastar un diente o una muela.

emplumar *v. tr.* **1** Poner ‹una persona› plumas a [una cosa]: *Emplumó el sombrero.* **2** COLOQUIAL Formar ‹una persona› un expediente o un proceso criminal contra [otra persona]: *Han emplumado a su hermana. Lo emplumaron por un atraco a mano armada.* **3** AMÉR. C., CUBA. Timar a alguien. ‖ *v. intr.* **4** Echar ‹un ave› plumas: *El polluelo debe estar emplumando ya.* SIN. emplumecer. **5** AMÉR. Huir.

emplumecer *v. intr.* RESTRINGIDO. Echar ‹un ave› plumas: *Las aves emplumecen al poco de nacer.* SIN. emplumar. ⇒ **5.**

empobrecer *v. tr.* **1** Hacer ‹una persona o una cosa› que [una persona] sea pobre o más pobre: *Los pleitos lo han empobrecido. Los impuestos han empobrecido a la clase media.* **2** Hacer ‹una persona o una cosa› que [una cosa] pierda importancia o valor: *La falta de libertad empobrece la cultura de un país.* SIN. decaer. ‖ *v. intr. / prnl.* **3** Hacerse ‹una persona› pobre o más pobre: *Su familia (se) ha empobrecido por los gastos judiciales que ha soportado.* ‖ *v. prnl.* **4** Perder ‹una cosa› importancia o valor: *Nuestra cultura se ha empobrecido en este siglo.* ⇒ **5.**

empobrecimiento *s. m.* Acción y resultado de empobrecer o empobrecerse: *El empobrecimiento de este país se debe a los tres años de guerra que ha sufrido.*

empollar *v. tr.* **1** ZOOL. Calentar ‹un ave› [los huevos] para que nazcan los pollos: SIN. incubar. ‖ *v. tr. / intr. / prnl.* **2** COLOQUIAL. Estudiar ‹una persona› [una materia] mucho: *Se nota que ha empollado, se lo ha sabido todo de carrerilla.* ‖ *v. intr.* **3** ZOOL. Producir ‹una abeja› sus crías.

empollón, na *adj. / s. m.* y *f.* COLOQUIAL; PEYORATIVO. Que estudia mucho, usando más la memoria que la inteligencia: *Sólo han aprobado el examen los cuatro empollones.*

empolvar *v. tr. / prnl.* **1** Poner ‹una persona› polvos cosméticos en [la cara de otra persona]: *Se empolvó mucho la cara para ocultar las pecas.* ‖ *v. prnl.* **2** Cubrirse ‹una persona o una cosa› de polvo: *Con las obras, se han empolvado todos los muebles de la casa.*

emponchado, da *adj. / s. m.* y *f.* ARG., PAR., PERÚ, URUG. [Persona] que es hipócrita.

emponcharse *v. prnl.* AMÉR. DEL S. Arrebujarse ‹una persona› en un poncho, ponerse ‹una persona› un poncho.

emponzoñar *v. tr. / prnl.* **1** ELEVADO. Matar o hacer enfermar ‹una persona› [a otra persona] con veneno: *La bruja del cuento emponzoña a la princesa haciéndole comer una manzana. Sócrates se emponzoñó con cicuta.* ‖ *v. tr.* **2** ELEVADO. Echar ‹una persona› veneno en [una cosa] para perjudicar a [otra persona]: *Esas chimeneas emponzoñan el aire con sus humos pestilentes.* **3** ELEVADO. Causar ‹una persona o una cosa› daño [a otra persona]: *La envidia emponzoñó su amistad. Aquella discusión ha emponzoñado su relación.* ‖ *v. prnl.* **4** RESTRINGIDO. Dañarse ‹una persona o una cosa›: *Se ha emponzoñado con su propio rencor.*

empopar *v. intr.* **1** MAR. Alcanzar ‹una embarcación› mucha profundidad de popa: *El barco empopa porque lleva la carga mal repartida.* ‖ *v. intr. / prnl.* **2** MAR. Dirigir ‹una embarcación› la popa hacia [el viento, la marea u otra cosa]: *El velero **se** empopó **a** la corriente.*

emporcar *v. tr.* **1** COLOQUIAL. Llenar ‹una persona o una cosa› [a otra persona u otra cosa] de porquería: *Emporcó toda la cocina.* SIN. ensuciar. ‖ *v. prnl.* **2** COLOQUIAL. Llenarse ‹una persona o una cosa› de porquería: *Te has empuercado la camisa nueva.* SIN. mancharse. ⇒ **84.**

emporio *s. m.* **1** Ciudad o centro de gran importancia comercial: *Sevilla era el emporio de la España de Felipe II.* **2** Lugar de mucha riqueza o de gran desarrollo cultural, científico o artístico: *Buenos Aires es el emporio cultural de Sudamérica.* **3** Lugar comercial donde acude gente de distintas nacionalidades: *Nueva York es el emporio donde se mueven los negocios más importantes del mundo.* **4** AMÉR. Almacén grande y elegante donde se vende de todo.

emporrado, da *adj.* **1** (estar) JERGAL, PEYORATIVO. Que está bajo los efectos del porro: *Se pasa la noche emporrado.* **2** (estar) VULGAR; PEYORATIVO. *Que tiene una erección.*

emporrarse *v. prnl.* **1** JERGAL. Estar o ponerse ‹una persona› bajo los efectos de un porro: *No puede pasar sin emporrarse. Si te emporras me voy y te dejo sola.* **2** VULGAR. Ponerse ‹un macho› en estado de excitación con el pene erecto.

empotrar *v. tr.* **1** Meter ‹una persona› [una cosa] [en la pared o en el suelo], asegurándola con obra de albañilería: *Empotraron el armario **en** la pared. Quiero que empotren la bañera en aquel rincón.* ‖ *v. tr. / prnl.* **2** INTENSIFICADOR. Meterse ‹una cosa› [en otra cosa], generalmente al chocar: *El conductor empotró el coche **contra** la valla de protección de la autopista. El camión se empotró **en** la pared.* FR. Y LOC. **armario* empotrado.**

empozarse *v. prnl.* COL., VEN. Quedar ‹el agua› detenida en un terreno formando charcas. ⇒ **19.**

emprendedor, ra *adj.* (ser / estar; antepuesto / pospuesto) Que tiene iniciativa para realizar una cosa arriesgada o que presenta dificultades: *Olga es muy emprendedora. Hoy está emprendedor, mañana ya veremos. Un emprendedor hombre de negocios ha decidido montar allí su empresa.*

emprender *v. tr.* Empezar ‹una persona› [una cosa que implica trabajo o presenta dificultades]: *Emprendió un estudio completo de aquella especie. Mañana emprenderemos viaje a Quito.* FR. Y LOC. **emprenderla a** COLOQUIAL. Empezar ‹una persona› a dar tiros o golpes bruscamente: *No le dije nada y la emprendió* ***a*** *tortas conmigo.* **emprenderla con** COLOQUIAL. Mostrar ‹una persona› una actitud desfavorable hacia otra persona o una cosa: *La profesora la ha emprendido* ***con*** *migo este año y me pregunta todos los días. Mi madre la emprende ahora* ***con*** *el orden y todo el día estoy recogiendo cosas.* **levantar / alzar / ~ el vuelo*.**

empresa *s. f.* **1** ECON. Organización en la que interviene el capital y el trabajo, que realiza una actividad para obtener un beneficio: *una empresa constructora, una empresa de transportes. Hemos constituido una empresa de servicios en el ramo de la hostelería.* **2** ECON. Conjunto de estas organizaciones con alguna característica común: *La empresa textil está atravesando un mal momento. Algunos partidos son favorables a la privatización de la empresa pública.* **~ privada. ~ pública. ~ transnacional** COL. Empresa multinacional. **gran ~. mediana ~. pequeña ~. 3** Acción o tarea que una persona lleva a cabo o se propone hacer: *La gran empresa de su vida es hacer un viaje alrededor del mundo. Acabar con el paro no es empresa fácil. Construir un túnel de diez kilómetros no es una empresa sencilla.* || **4 ~ de pompas fúnebres** ARG., URUG. Funeraria.

empresariado *s. m.* (no contable) ECON. Conjunto de empresarios: *El empresariado de aquí tiene iniciativa.*

empresarial *adj.* ECON. De las empresas o de los empresarios: *crisis empresarial, estructura empresarial. Éste es el líder empresarial que debe reunirse con los sindicatos.*

empresario, ria *s. m. / f.* **1** ECON. Propietario de una empresa: *Mañana tengo una entrevista con la empresaria para hablar del proyecto. El pequeño empresario tiene que pagar muchos impuestos y es fácil que quiebre.* **2** ECON. Responsable de la gestión de una empresa: *El empresario de las pequeñas empresas de construcción contrata él mismo las obras y las dirige en muchos casos.* **3** Responsable de un espectáculo: *La empresaria del teatro ha suspendido la función de hoy. El empresario de la plaza de toros de México ha contratado a los mejores matadores para la feria.*

empujada *s. f.* Empujón que se da con fuerza.

empujar *v. tr.* **1** Hacer ‹una persona o una cosa› fuerza contra [una persona o una cosa]: *Tuvimos que empujar el coche.* **2** Hacer ‹una persona o una cosa› que [una persona] haga [una cosa]: *El niño nos empujó* ***a*** *comprar el coche. Aquella desgracia lo empujaba* ***a*** *la reflexión.* || *v. intr.* **3** Hacer ‹una persona o una cosa› progresos: *Este disco empuja con fuerza en la lista de éxitos. Los jóvenes vienen empujando en la selección de baloncesto.*

empuje *s. m.* **1** Acción y resultado de empujar: *Los guardias cedieron ante el empuje de la multitud.* **2** Energía y decisión de una persona para desenvolverse en la vida o para emprender alguna acción: *Es una persona de mucho empuje.* **3** ARQ. Carga o fuerza que ejerce el peso de un elemento de construcción sobre otro: *Los gruesos pilares románicos soportaban el empuje de las bóvedas.* **4** FÍS. Fuerza ascendente que, según Arquímedes, recibe todo cuerpo sumergido en un fluido y que es igual al volumen de la masa fluida que desplaza: *empuje hidrostático.*

empujón *s. m.* **1** Golpe brusco dado a una persona o una cosa para moverla: *Le di un empujón porque no me dejaba bajar del autobús. Si le das un empujón a la puerta la podrás cerrar.* **2** Adelanto considerable en un trabajo que se está realizando por dedicarle mucho tiempo o esfuerzo: *Le ha dado un buen empujón a las memorias, porque ha estado todo el verano trabajando en ellas.* FR. Y LOC. **a empujones** 1 Empujando: *Entró en el cine a empujones.* 2 COLOQUIAL. Con interrupciones periódicas: *Se está haciendo la casa a empujones; ahora hace dos meses que no pone un ladrillo.*

empuntar *v. tr.* **1** Encarrilar, encaminar ‹una persona› [a otra persona]: *Me acerco a empuntarla a casa.* || *v. prnl.* **2** VEN. Empeñarse, obstinarse en algo. FR. Y LOC. **empuntarlas** COL., EC. Huir, desaparecer.

empuñadura *s. f.* Parte de un objeto por donde se empuña o agarra: *la empuñadura de una espada. La empuñadura del paraguas era de nácar.* SIN. puño.

empuñar *v. tr.* **1** Sujetar ‹una persona› [una cosa] por el puño: *La domadora empuñó el látigo.* SIN. sujetar. **2** Agarrar ‹una persona› [una cosa] fuertemente con la mano cerrada: *Empuñó el tenedor de una manera poco educada.* **3** Sostener ‹una persona› [un arma] en actitud amenazadora o defensiva: *Empuñó la espada y luchó con bravura contra sus enemigos.* FR. Y LOC. **~ el bastón*.**

emputecer *v. tr.* **1** VULGAR; INTENSIFICADOR. Fastidiar ‹una persona o una cosa› [a otra persona o cosa]: *El profesor lleva todo el año emputeciéndonos.* || *v. prnl.* **2** VULGAR, INTENSIFICADOR. Degradarse ‹una persona o una situación›: *El mercado laboral se ha emputecido.* ⇒ **5.**

emulación *s. f.* ELEVADO. Acción y resultado de emular: *La emulación de mi hermana me obliga a trabajar fuerte y bien.*

emular *v. tr.* **1** ELEVADO. Imitar ‹una persona› [a otra persona] intentando igualar o superar sus acciones o sus méritos: *Ensayan mucho porque quieren emular la actuación de un coro profesional.* **2** ELEVADO. Tener ‹una persona o una cosa› una cualidad en el mismo grado que [otra persona o cosa]: *Emula siempre la conducta de su hermana mayor.*

émulo, la *adj. / s. m.* y *f.* LITERARIO; RESTRINGIDO. Que rivaliza con una persona o cosa: *Nuestro joven poeta, émulo de las tradiciones familiares, dará un recital el próximo sábado.*

emulsión *s. f.* **1** QUÍM. Líquido que tiene en suspensión partículas diminutas de otra sustancia, sin llegar a formar una disolución: *Este salchichón no está hecho con carne picada, sino con emulsión.* **2** FOT. Suspensión de sales de plata en gelatina que forma la capa de las películas y otro material fotográfico por su sensibilidad a la luz.

emulsionar *v. tr.* Hacer ‹una persona o una cosa› que [una sustancia] adquiera el estado de emulsión.

en *prep.* **1** Indica el lugar donde está alguien o algo o donde sucede alguna cosa. **1₁** Indica el lugar dentro del cual está o entra una persona o cosa: *Está en el hotel. El llavero está en el primer cajón.* **1₂** Indica el lugar sobre el que está o se coloca una persona o cosa: *Siéntate en el sofá. Deja el libro en la mesa.* **2** Indica el momento concreto en que sucede algo. **2₁** Dentro de: *Lo haré en esta semana. Estudiaré en los próximos días.* **2₂** Indica el período de tiempo o la duración de un acontecimiento: *Acabaron en unos minutos.*

en- (se usa *em-* ante *-b* o *-p*) *pref.* **1** Significa 'meter en' y forma verbos a partir de sustantivos: *camino - encaminar, cajón - encajonar, marco - enmarcar, pan - empanar, barco -*

embarcar, paquete - empaquetar. **2** Significa 'convertir en' y forma verbos a partir de adjetivos o de sustantivos: *bruto - embrutecer, loco - enloquecer, viejo - envejecer, duro - endurecer, blando - emblandecer, callo - encallecer.* **3** Significa 'llenar de' y forma verbos a partir de sustantivos: *cana - encanecer, betún - embetunar, barro - embarrar.* **4** Significa 'parecer (a)' y forma verbos a partir de adjetivos o de sustantivos: *negro - ennegrecer, blanco - emblanquecer, pantano - empantanar.* **5** Refuerza la acción expresada por el verbo y forma verbos a partir de verbos: *cubrir - encubrir, cerrar - encerrar, palidecer - empalidecer.*

enagua *s. f.* (preferentemente en plural) Prenda interior femenina que se lleva debajo de la falda o de los vestidos y cubre desde la cintura o desde los hombros: *Siempre llevo enaguas con los vestidos de seda. Las enaguas bien blancas y almidonadas forman parte de algunos trajes populares femeninos.*

enagüillas *s. f.* (en plural) Falda corta masculina, como la de algunos trajes regionales escoceses o griegos o de ciertas imágenes religiosas.

enajenación *s. f.* **1** DER. Transmisión de la propiedad o el derecho que se tiene sobre una cosa: *La enajenación del inmueble sólo se puede realizar con el acuerdo de todos los propietarios.* **2** (no contable) PSICOL. Trastorno de la razón o de los sentidos: *Esa conducta fue fruto de la enajenación producida por el alcohol.* **~ mental** Locura, pérdida de la razón: *Sufre enajenación mental y por eso está aquí recluido.* **3** (no contable) ELEVADO. Turbación de la razón o de los sentidos producida por una persona o una cosa que asombra o embelesa: *Verla me produce tal enajenación que no puedo pensar en nada.*

enajenado, da *adj. / s. m.* y *f.* (estar) PSICOL. Que ha perdido la razón: *Está enajenado desde que se enteró de la muerte de su hija.*

enajenamiento *s. m.* PSICOL. Enajenación.

enajenar *v. tr.* **1** DER. Vender o traspasar ‹una persona› la propiedad de [una cosa] o un derecho sobre ella: *No pensamos que para enajenar los terrenos íbamos a necesitar tantos trámites. Quiere enajenar rápidamente la herencia de sus abuelos.* **2** PSICOL.; ELEVADO; INTENSIFICADOR. Hacer perder ‹una persona o una cosa› la razón a [una persona]: *Su presencia la enajena. Ver tanto desorden enajena a mi madre.* **3** ELEVADO; INTENSIFICADOR. Causar ‹una cosa› gran admiración o deleite [a una persona]: *La música los enajena.* **4** ELEVADO. Ser ‹una cosa› motivo de que [una persona] pierda la admiración o el cariño de otras personas: *Su mal carácter le enajena la amistad de la gente. Sus errores continuados le están enajenando los votos de las clases medias.* || *v. prnl.* **5** PSICOL.; ELEVADO; INTENSIFICADOR. Perder ‹una persona› la razón: *Se enajenó cuando murió su mujer.* SIN. enloquecerse. **6** ELEVADO; INTENSIFICADOR. Experimentar ‹una persona› gran admiración o deleite por una cosa: *Nuria se enajena con la música y el teatro.* SIN. embelesarse. **7** RESTRINGIDO. Perder ‹una persona› la admiración o el cariño de otras: *Fue él quien se enajenó la amistad de la gente.*

enaltecer *v. tr.* **1** Dar ‹una persona o una cosa› mayor estimación o grandeza a [una persona o una cosa]: *Sus años dedicados a ayudar a los demás enaltecen su figura.* SIN. engrandecer. **2** Alabar ‹una persona› [a otra persona o una cosa]: *Enaltece a sus profesores en todas las ocasiones que puede.* **3** Exaltar ‹una persona› [una pasión o sentimiento] en [otra persona]: *Tus ironías enaltecen mi espíritu de lucha. No es necesario que los periódicos enaltezcan a los aficionados en este partido.* || *v. prnl.* **4** Recibir ‹una persona o una cosa› mayor estimación o grandeza: *Su figura se ha enaltecido en estos años de silencio.* SIN. engrandecerse. **5** Exaltarse ‹una persona, un sentimiento o una pasión›: *Se enaltecieron las pasiones cuando se supo el resultado de la votación.* ⇒ **5.**

enaltecimiento *s. m.* Acción y resultado de enaltecer o enaltecerse: *Es un misterio cómo consigue el enaltecimiento de sus seguidores en un momento.*

enamoradizo, za *adj.* (ser / estar; antepuesto / pospuesto) Que se enamora con facilidad: *Este muchacho es muy enamoradizo. No sé qué te pasa, pero estás muy enamoradiza últimamente. El enamoradizo actor ha declarado que está ante el amor de su vida.*

enamorado, da *adj. / s. m.* y *f.* **1** (estar) Que siente una gran atracción amorosa hacia otra persona: *Está muy enamorada de su marido. Las personas enamoradas hacen cosas imprevisibles. Los enamorados creen que su pasión no la ha experimentado nadie nunca.* || *adj. / s. m.* y *f.* **2** (ser / estar) Que siente un gran entusiasmo por alguna cosa: *Es un enamorado de los perros. Está enamorada de su trabajo.*

enamoramiento *s. m.* Acción y resultado de enamorarse: *No sé cómo te entran esos enamoramientos tan fuertes.*

enamorar *v. tr.* **1** Despertar ‹una persona› el amor de [otra persona]: *Con esa simpatía enamora a cualquiera.* **2** Gustar ‹una cosa› mucho a [una persona]: *La enamoró el paisaje. Esta novela enamora a quien la lee.* SIN. cautivar. || *v. prnl.* **3** Sentir ‹una persona› atracción por [otra persona]: *A los quince años se enamoró **de** su vecino. Me he enamorado **de** ti.* **4** Sentir ‹una persona› entusiasmo por [una cosa]: *Se enamoró **de** aquellos muebles. Se había enamorado **de** la playa aquella.* SIN. prendarse.

enamoricarse o **enamoriscarse** *v. prnl.* **1** COLOQUIAL; frecuentemente PEYORATIVO. Sentir ‹una persona› una ligera atracción o una atracción poco seria por [otra persona]: *Se enamoriscó **de** casi todas sus compañeras. No eran novios, estaban enamoriscados, pero nada más.* **2** COLOQUIAL. Empezar a enamorarse ‹una persona› [de otra persona]: *Creo que está enamoriscada **de** ese chico.* ⇒ **71.**

enancarse *v. prnl.* **1** AMÉR. Montar ‹una persona› a las ancas. **2** AMÉR. Meterse ‹una persona› donde no la llaman. ⇒ **71.**

enanismo *s. m.* (no contable) MED. Trastorno del crecimiento en que el individuo tiene una estatura muy inferior a la normal.

enano, na *adj.* **1** Que es mucho más pequeño de lo normal: *un caballo enano, un pino enano, una puerta enana.* **2** COLOQUIAL; PEYORATIVO. Que es muy pequeño: *Se ha comprado un coche enano, en el que hay que ir como en lata. Tiene una letra enana que hay que mirar con lupa.* || *s. m. / f.* **3** MED. Persona que padece enanismo: *Mi prima es enana por la falta congénita del tiroides.* **4** COLOQUIAL; INSULTO. Persona de poca estatura: *Es un enano que no llega al metro sesenta. ¡Cállate, enano!* **5** COLOQUIAL; AFECTIVO. Niño pequeño: *Tengo dos enanos, uno de tres años y otro de uno.* **6** Personaje fantástico de figura humana muy pequeña que suele aparecer en los cuentos infantiles: *el enano saltarín. Los* *enanos cuidaron de Blancanieves hasta que se curó.* FR. Y LOC. **como un ~** COLOQUIAL. Mucho o muy bien: *Me reí como un enano. He trabajado como un enano. En la excursión nos lo pasamos como enanos.*

enarbolado, da *s. m.* ARQ. Conjunto de maderas ensambladas que forman la armadura de la linterna de una torre o bóveda.

enarbolar *v. tr.* **1** Levantar ‹una persona› [una bandera o un estandarte] en alto: *Enarbolaba el estandarte de la compañía.* SIN. alzar. **2** ELEVADO. Sostener ‹una persona› [un arma] en alto en actitud amenazadora o defensiva: *Enarboló un bastón contra los asaltantes.* **3** ELEVADO. Utilizar ‹una persona› [una cosa] como amenaza: *Enarboló varias pruebas contra ella.* FR. Y LOC. **~ la bandera** ELEVADO. Declararse ‹una persona› partidaria de una cosa: *Enarboló la bandera de la revolución.*

enarcar *v. tr.* **1** RESTRINGIDO. Dar ‹una persona› forma de arco a [una cosa]: *Enarcaba las cejas con gran rapidez.* SIN. arquear. || *v. prnl.* **2** Tomar ‹una cosa› forma de arco: *Las estanterías se enarcaron con el peso.* ⇒ **71.**

enardecer *v. tr.* **1** Hacer ‹una persona o una cosa› que [una lucha o una discusión] se haga más violenta o intensa: *Aquellas declaraciones enardecieron el ambiente electoral.* **2** Provocar ‹una persona o una cosa› el entusiasmo de [una persona]: *Su emoción enardeció al público.* **3** Excitar ‹una persona o una cosa› el apetito sexual de [una persona]: *Me enardecen esas imágenes eróticas.* || *v. prnl.* **4** Hacerse ‹una lucha o una discusión› más violenta o intensa: *Los ánimos se enardecieron cuando empezaron a insultarse.* **5** Sentir ‹una persona› entusiasmo: *Se enardeció cuando marcó su equipo.* **6** Sentir ‹una persona› apetito sexual: *Se enardecía **con** sólo pensar en la noche que vivió con ella.* ⇒ **5.**

enarenar *v. tr.* Cubrir ‹una persona› [una superficie] con arena: *Enarenaron la plaza para celebrar la corrida de toros.*

enarmónico, ca *adj.* Uno de los tres géneros del sistema musical.

enastado, da *adj.* ZOOL. [Animal] que tiene astas o cuernos.

enastar *v. tr.* RESTRINGIDO. Poner ‹una persona› un mango o un asta a [un arma o una herramienta]: *El leñador enastaba el hacha, que se le había roto.*

encabalgamiento *s. m.* **1** Estructura de madera para apoyar o sostener una cosa: *encabalgamiento de un cañón.* **2** LIT. Separación de una palabra o frase que forma una unidad en versos o hemistiquios distintos: *Los encabalgamientos pueden detener o acelerar el ritmo poético.*

encabalgar *v. tr.* **1** LIT. Producir ‹una persona› un encabalgamiento entre [dos versos]: *Aleixandre encabalga mucho los versos en algunos poemas.* || *v. prnl.* **2** LIT. Producirse entre ‹dos versos› un encabalgamiento: *Esos versos se encabalgan con elegancia.* ⇒ **56.**

encabezamiento *s. m.* **1** Expresión o fórmula que se pone al principio de un escrito: *En el encabezamiento debes poner el destinatario.* **2** Principio: *el encabezamiento de una manifestación.*

encabezar *v. tr.* **1** Estar ‹una persona› la primera en [una lista]: *Este ciclista encabeza la clasificación general.* **2** Poner ‹una persona› el encabezamiento de [una carta o un escrito]: *Tú encabeza la carta que yo ahora te dicto lo que sigue.* **3** Dirigir ‹una persona› [una manifestación o un motín]: *La protesta estaba encabezada por las organizaciones no gubernamentales.* SIN. acaudillar. **4** RESTRINGIDO. Echar ‹una persona› alcohol o licor a [un vino] para aumentar su graduación: *Voy a mezclar este vino con ese otro más fuerte para encabezarlo.* ⇒ **19.**

encabritarse *v. prnl.* **1** Ponerse ‹un caballo› con las manos levantadas y apoyándose sobre las patas traseras: *El caballo se encabritó y tiró al jinete.* **2** COLOQUIAL. Levantarse ‹la parte delantera de un vehículo›: *La moto se encabritó porque solté el embrague demasiado rápido.* **3** COLOQUIAL Mostrarse ‹una persona› muy enfadada: *Se encabritó con la noticia.*

encabronar *v. tr.* **1** VULGAR. Causar ‹una persona o una cosa› enojo o enfado a [una persona]: *Esas noticias me encabronan siempre, lo siento.* || *v. prnl.* **2** VULGAR. Ponerse ‹una persona› muy enojada o enfadada: *Se encabronó **por** el exceso de trabajo. Se ha encabronado **con** nosotros porque no quiere salir esta noche.* SIN. encabritarse (COLOQUIAL).

encachado, da *adj.* **1** CHILE; COLOQUIAL. Que es digno de admiración. || *s. m.* **2** Pavimento de hormigón que sirve para reforzar el cauce de una corriente de agua: *Van a hacer un encachado en el río.* **3** Caja de cimentación en el pavimento de una carretera: *La carretera aún no está abierta, están haciendo el encachado.* **4** Conjunto de piedras machacadas entre las vías del tren: *El encachado da consistencia a las vías del tren.* **5** Enlosado irregular de piedras con juntas de tierra en las que crece la hierba: *Ha hecho un encachado en el jardín desde la escalera a la casa.*

encachar *v. tr.* **1** Poner ‹una persona› un pavimento de piedra u hormigón en [el cauce de una corriente de agua] para reforzarlo: *Han encachado la acequia para que no se pierda agua.* **2** RESTRINGIDO. Poner ‹una persona› las cachas a [un revólver o un cuchillo]: *Voy a llevar la navaja al cuchillero para que la encache de nuevo.* || *v. prnl.* **3** CHILE. Vestirse, arreglarse bien ‹una persona› para un compromiso.

encachilarse *v. prnl.* **1** ARG.; RESTRINGIDO. Enfurecerse, enojarse mucho ‹una persona›. **2** URUG.; COLOQUIAL. Sentir ‹una persona› un entusiasmo o afición grande por alguna persona o cosa.

encachorrarse *v. prnl.* COL.; COLOQUIAL. Ponerse ‹una persona› de mal humor.

encadenado, da *adj.* **1** MÉTR. [Estrofa] que comienza con la última o últimas palabras de la anterior. **terceto ~.** || *s. m.* **2** CINE. Fundido.

encadenamiento *s. m.* **1** Sujeción con cadenas: *El oficial ordenó el encadenamiento de todos los presos durante el viaje.* **2** Trabazón o sucesión de varias cosas: *Un encadenamiento desdichado de circunstancias es el responsable de tantos incendios forestales.*

encadenar *v. tr./prnl.* **1** Sujetar ‹una persona› [a otra persona o una cosa] con cadenas: *Ha encadenado al perro para que no se escape. Encadenó el baúl para que nadie lo abriera. Se encadenó **a** la verja del consulado.* SIN. atar(se). || *v. tr.* **2** Quitar ‹una persona o una cosa› libertad a [una persona] para moverse o actuar: *Este trabajo lo encadena a la ciudad.* **3** Unir ‹una persona› [una cosa] a [otra cosa]: *Ha encadenado las respuestas de manera que ya tiene la solución. Si encadenas esas palabras correctamente obtendrás una frase célebre.* **4** Tratar ‹una persona› [a otra persona] tiránicamente: *El dictador encadenó a los ciudadanos.* SIN. esclavizar. || *v. prnl.* **5** Unirse ‹dos cosas›: *Las desgracias se encadenan entre sí.*

encajamiento *s. m.* MED. Fase del parto en que la cabeza del feto desciende y penetra en la pelvis.

encajar *v. tr.* **1** Meter ‹una persona› [una cosa] [en otra cosa] de forma que quede bien ajustada: *Encajó la llave* ***en*** *la cerradura. Cuando encajó la última pieza del rompecabezas dio un salto de alegría.* **2** Recibir ‹una persona› [una noticia o un suceso] de [una cierta forma]: *La población encajó mal la noticia de la subida del pan.* **3** COLOQUIAL. Dar ‹una persona› [un golpe] a [otra persona]: *Le encajó un puñetazo y lo dejó inconsciente.* SIN. propinar. **4** COLOQUIAL. Recibir ‹una persona› [un golpe] de [otra persona]: *El boxeador encajaba los golpes sin inmutarse.* **5** COLOQUIAL. Hacer oír ‹una persona› [una cosa pesada o fastidiosa] a [otra persona]: *Le encajó un sermón de una hora.* SIN. soltar. **6** COLOQUIAL. Dar ‹una persona› [una cosa molesta o perjudicial] a [otra persona]: *Me ha encajado sus dos gatos porque se iba de vacaciones.* **7** DEP. Recibir ‹un jugador o un equipo› [una derrota] del contrario: *El equipo encajó una amplia derrota.* ‖ *v. intr.* **8** Estar de acuerdo ‹una cosa› con [otra cosa]: *Lo que nos has dicho no encaja* ***con*** *lo que nos contó tu amiga.* **9** Adaptarse ‹una persona o una cosa› a [un lugar o una actividad]: *El nuevo alumno encajó bien* ***en*** *la clase. Ese cuadro no encaja* ***con*** *el resto de la decoración.* **10** Quedar ‹una cosa› ajustada dentro de [otra cosa]: *La ventana no encaja bien* ***en*** *su marco.* ‖ *v. prnl.* **11** Ponerse ‹una persona› [una prenda de vestir]: *Se encajó el abrigo y cerró la puerta.* **12** Quedarse ‹una persona o un animal› atascado en un sitio estrecho: *Una oveja se ha encajado en el cercado de la finca.* **13** AMÉR. DEL S. Atascarse un vehículo.

encaje *s. m.* **1** (no contable) Tejido que forma dibujos con el calado: *Se ha comprado una blusa de encaje.* **2** Introducción de una cosa en otra de manera que quede bien ajustada: *El encaje del marco en el hueco de la puerta nos costó mucho trabajo.*

encajetar *v. tr.* **1** CHILE; COLOQUIAL. Encajar, obligar ‹una persona› a [otra persona] a recibir o hacerse cargo de [una cosa] causándole molestias o desagrado. ‖ *v. prnl.* **2** ARG., URUG.; COLOQUIAL. Enamorarse, ‹una persona› fuertemente de otra persona.

encajonar *v. tr./prnl.* **1** INTENSIFICADOR. Meter ‹una persona› [a otra persona o una cosa] en [un lugar muy reducido]: *He logrado encajonar el coche en un aparcamiento pequeñísimo. Ayer el niño se encajonó debajo de la cama y no podía salir. En el hotel nos encajonaron* ***en*** *una habitación minúscula.* ‖ *v. tr.* **2** Meter ‹una persona› [una cosa] dentro de un cajón: *Todavía tenemos que encajonar los cuadros para hacer el traslado.* **3** TAUROM. Meter ‹una persona› [los toros] en un cajón para transportarlos a la plaza: *Te invito mañana a ver cómo encajonamos en la finca los toros de la corrida.* ‖ *v. prnl.* **4** Correr ‹un río› por un lugar estrecho: *El río se encajona entre escarpadas montañas.* SIN. encañonarse.

encalabrinar *v. tr.* **1** COLOQUIAL. Causar ‹una persona o una cosa› enfado o irritación a [una persona]: *La presencia de los periodistas encalabrinó al actor.* **2** COLOQUIAL. Hacer concebir ‹una persona› ilusiones o deseos sin fundamento a [otra persona]: *Su tío es tonto, encalabrina a los niños con promesas y luego nunca las cumple.* ‖ *v. prnl.* **3** COLOQUIAL. Mostrarse ‹una persona› enfadada o irritada: *Se ha encalabrinado porque no le sale lo que está haciendo.* **4** COLOQUIAL. Querer hacer o conseguir ‹una persona› [una cosa] por capricho: *Se ha encalabrinado* ***con*** *este viaje.* **5** COLOQUIAL. Enamorarse ‹una persona› de [otra persona] locamente: *Se encalabrinó* ***de*** *su vecina el verano pasado.*

encalado *s. m.* Acción y resultado de encalar: *El encalado de las casas es característico de los pueblos del sur.*

encalambrarse *v. prnl.* AMÉR. Entumecerse, agarrotarse ‹los músculos› por el frío.

encalar *v. tr.* **1** Dar ‹una persona› cal a [una cosa]: *Encaló las paredes de la habitación.*

encallar *v. intr./prnl.* **1** MAR. Quedar ‹una embarcación› detenida al chocar con la arena o con las rocas: *La canoa (se) encalló en los bajos de arena.* **2** COLOQUIAL. Quedar ‹un negocio o una empresa› detenido por dificultades o problemas: *El proyecto (se) encalló debido a la crisis económica.* SIN. paralizarse.

encallecer *v. intr./tr.* **1** Salir callos en ‹la piel de una persona›: *El arado había encallecido las manos del campesino.* ‖ *v. prnl.* **2** Hacerse ‹una persona› resistente a la dureza del clima o del trabajo: *Aquella mujer se había encallecido después de tantos años de trabajar en el campo.* **3** Hacerse ‹una persona› insensible a los sufrimientos o a las emociones: *Tiene la sensibilidad encallecida después de tantos sufrimientos.* ⇒ **5.**

encamar *v. tr./prnl.* **1** Meter ‹una persona› [a otra persona] en la cama: *La ha encamado porque se encuentra fatal.* ‖ *v. prnl.* **2** Quedarse ‹una pieza de caza› agazapada para no ser vista: *Las liebres suelen encamarse entre los sembrados.*

encamburarse *v. prnl.* VEN.; COLOQUIAL. Conseguir ‹una persona› un cargo público o cambur.

encaminar *v. tr.* **1** Indicar ‹una persona› el camino que debe seguir a [otra persona]: *Pregunté a un señor y él me encaminó hasta aquí.* SIN. orientar. **2** Dirigir ‹una persona› la educación o la conducta de [otra persona]: *Encaminó a sus hijos hacia la pintura. Tenemos nuestro futuro bien encaminado.* **3** Dirigir ‹una persona› [una cosa] a [otra persona]: *Encaminan la nueva publicación a los jóvenes.* ‖ *v. prnl.* **4** Dirigirse ‹una persona› a [un lugar]: *Se encaminó corriendo hacia la estación de la ciudad.*

encamisonado *s. m.* VEN., COLOQUIAL. Travestido.

encamonado, da *adj.* Se usa en la LOC. **bóveda* encamonada** o **bóveda fingida.**

encamotarse *v. prnl.* AMÉR.; COLOQUIAL. Enamorarse ‹una persona›.

encampanar *v. tr.* **1** MÉX., P. RICO, PERÚ; COLOQUIAL en México. Dejar ‹una persona› [a otra persona] en la estacada. ‖ *v. prnl.* **2** TAUROM. Levantar ‹un toro parado› la cabeza en actitud desafiante: *El toro se encampanaba en el centro del ruedo.* **3** COL.; COLOQUIAL. Enamorarse ‹una persona›. **4** MÉX. Meterse ‹una persona› en una situación difícil. **5** P. RICO, VEN. Elevarse, encumbrarse ‹una persona› socialmente.

encanallar *v. tr.* **1** Hacer ‹una persona o una cosa› que [otra persona] se vuelva vil y despreciable: *El trato con delincuentes te ha encanallado.* ‖ *v. prnl.* **2** Hacerse ‹una persona o una cosa› vil y despreciable: *Cuando estás en la cárcel tienes la sensación de encanallarte sólo por estar allí.*

encanar *v. tr.* **1** ARG., COL., URUG.; COLOQUIAL en Argentina y Uruguay. Meter ‹una persona› [a otra persona] en la cárcel.

encandelillar *v. tr.* **1** AMÉR. Deslumbrar. **2** AMÉR. Coser ligeramente el borde de una tela para que no se deshilache.

encandilamiento *s. m.* **1** Admiración por una persona o cosa: *Tiene un encandilamiento exagerado con el toreo.* **2** RESTRINGIDO. Deslumbramiento, especialmente el producido por los faros de los coches durante la conducción: *Un encandilamiento fue la causa del accidente.*

encandilar *v. tr.* **1** Causar ‹una persona o una cosa› gran admiración a [una persona]: *Encandiló a los niños con aquel número de magia. Dejó a los espectadores encandilados con su magnífica actuación.* **2** Hacer ‹una persona o una cosa› que [una persona] tenga deseos o ilusiones sin fundamento: *Al final logrará encandilarla* ***con*** *sus cuentos.* **3** Despertar o excitar ‹una persona› el amor de [otra persona]: *Esa mujer me tiene encandilado.* **4** Hacer ‹el exceso de luz› que [una persona] deje de ver o vea mal momentáneamente: *Aquella luz me encandilaba y no podía verte. Para cazar ranas de noche, las encandilamos con un farol.* **5** P. RICO. Hacer perder ‹una persona› el sueño [a otra persona]. || *v. prnl.* **6** Experimentar ‹una persona› admiración o amor por una persona o una cosa: *En cuanto lo tiene cerca se encandila y ya no piensa en nada más.* **7** Ponerse ‹los ojos de una persona› brillantes por la bebida o la pasión: *En cuanto bebe una copa se le encandilan los ojos.* **8** P. RICO. Asustarse o enfadarse ‹una persona›.

encanecer *v. intr./prnl.* **1** Ponerse ‹el cabello de una persona› gris o blanco: *Su cabello encaneció pronto. Se te ha encanecido la barba en pocos meses.* || *v. intr.* **2** ELEVADO. Hacerse ‹una persona› vieja: *Está muy encanecida para la edad que tiene.* ⇒ **5.**

encanijar *v. tr.* **1** COLOQUIAL Poner ‹una cosa› débil [a una persona o un animal]: *La sequía ha encanijado a las vacas.* || *v. prnl.* **2** COLOQUIAL. Ponerse ‹una persona o un animal› débil: *El niño se ha encanijado porque no hace deporte.*

encantado, da *adj.* **1** (estar) Que siente mucha satisfacción: *Está encantada* ***con*** *su coche. Estoy encantado* ***de*** *haberla conocido.* **2** (estar) Que está sometido a poderes mágicos: *castillo encantado. El príncipe estaba encantado por una bruja mala. El bosque encantado atrapaba a todos los niños que entraban en él.*

encantador, ra *adj.* **1** (ser/estar; antepuesto/pospuesto) Que produce una impresión muy agradable: *una encantadora sonrisa, una persona encantadora. Tu familia es encantadora. Hoy este chico está encantador.* || *s. m./f.* **2** Persona que hace encantamientos: *Los encantadores de serpientes son una atracción muy típica de la India.*

encantamiento *s. m.* **1** Influencia mágica ejercida sobre una persona: *El encantamiento se rompió cuando el príncipe besó a la princesa que dormía desde hacía siglos.* SIN. embrujo, hechizo. **2** Atracción ejercida por las cualidades físicas o por el carácter de una persona: *Era muy difícil resistirse al encantamiento de su mirada dulce.* SIN. embrujo, hechizo.

encantar *v. tr.* **1** Ejercer ‹una persona› influencia sobre [otra persona o una cosa] por medio de la brujería o de la magia: *La bruja encantó al príncipe y lo convirtió en una rana.* SIN. embrujar, hechizar. **2** Ejercer ‹una persona› influencia sobre [otra persona] por sus cualidades físicas o su carácter: *Sus palabras encantaban a quien lo oía, y así levantó un poderoso entramado comercial.* **3** Gustar ‹una persona o una cosa› mucho [a una persona]: *Le encantaba viajar solo. Le encantó aquel libro que le dejaste.* SIN. fascinar.

encanto *s. m.* **1** Conjunto de cualidades que hacen a una persona o a una cosa muy atrayente: *el encanto del paisaje, el encanto de una sonrisa, el encanto de un niño pequeño, el encanto de la vida. Es una persona con mucho encanto. No le quites encanto a la fiesta.* **2** COLOQUIAL; AFECTIVO. Apelativo cariñoso: *Ven aquí, encanto.* **3** (sólo en plural) Atractivos físicos de una persona: *No me pude resistir a sus encantos. Esa chica sabe utilizar muy bien sus encantos. Este vestido resalta tus encantos.*

encañar *v. intr.* AGR. Empezar a formar caña ‹el tallo de un cereal›: *La cebada ya está encañando.*

encañonar *v. tr.* **1** Apuntar ‹una persona› [a una persona, un animal o una cosa] con el cañón de un arma: *El cazador encañonaba al jabalí.* **2** Hacer ‹una persona› que [el agua u otra cosa] entre por un cauce o un conducto estrecho: *Han encañonado el agua para traerla hasta el campamento.* || *v. intr.* **3** Echar ‹un ave› cañones de pluma: *Los polluelos encañonan en poco tiempo.* || *v. prnl.* **4** Pasar ‹el agua u otra cosa› por un cauce o un conducto estrecho: *El río se encañona al pasar entre aquellas montañas. El camino se encañona entre los dos muros de granito.*

encapotarse *v. prnl.* (se usa sólo la 3.ª persona y las formas no personales) Cubrirse ‹el cielo o el tiempo› de nubes: *Se ha encapotado el día, aunque no creo que llegue a llover. Se ha encapotado el cielo en poco rato.* SIN. nublarse.

encapricharse *v. prnl.* **1** Querer hacer o conseguir ‹una persona› [una cosa] por capricho: *Se encaprichó* ***con*** *comprar aquel perro. El niño se encaprichó* ***con*** *el ordenador y la mamá acabó comprándoselo.* **2** Tomar ‹una persona› capricho a [una persona, un animal o una cosa]: *El año pasado se encaprichó* ***de*** *un muñeco que le regalaron y no quería dormir sin él.* **3** Enamorarse ‹una persona› [de otra persona] ligeramente o por frivolidad: *Se encaprichó* ***de*** *un chico de su curso. Se ha encaprichado* ***con*** *ella, pero no creo que le dure.*

encapsular *v. tr.* Meter ‹una persona› [una cosa] en una cápsula: *En esta planta del laboratorio se encapsula este preparado.*

encapuchado, da *adj./s. m.* y *f.* (ser/estar) Que tiene la cabeza cubierta con una capucha y oculta su cara: *Es un encapuchado. Los ladrones estaban encapuchados. Se me acercó una mujer encapuchada. En las procesiones de Semana Santa desfilan muchos encapuchados.*

encapuchar *v. tr./prnl.* Poner ‹una persona› una capucha [a una persona o una cosa]: *El cazador encapucha al halcón hasta el momento de soltarlo.*

encarado, da *adj.* Se usa en la LOC. **bien/mal ~** Que tiene buen aspecto y resulta agradable o que tiene mal aspecto e inspira desconfianza: *Era un muchacho muy bien encarado, que enseguida se ganaba a todos. Es una persona mal encarada, no inspira simpatía, pero trabaja bien.*

encaramar *v. tr./prnl.* **1** Subir ‹una persona› [a otra persona o una cosa] a [un lugar elevado]: *No encarames a la niña* ***al*** *árbol, que puede caerse. Se encaramó* ***a*** *una farola para ver mejor el desfile.* || *v. tr.* **2** COLOQUIAL. Hacer ‹una persona o una cosa› que [una persona] consiga una posición social o laboral importante: *Su trabajo la encaramó* ***a*** *la presidencia.* **3** C. RICA, COL. Abochornar. || *v. prnl.* **4** COLOQUIAL. Conseguir ‹una persona› una posición social o laboral importante: *Se ha encaramado en poco tiempo* ***hasta*** *la gerencia de la empresa.*

encarar *v. tr.* **1** Hacer ‹una persona› frente a [un problema o una dificultad]: *Encaró los problemas con buen ánimo.* SIN. afrontar. **2** Oponer ‹una persona› [dos aspectos de una misma cosa]: *Encaró los pros y los contras del proyecto.* **3** Poner ‹una persona› [a dos personas, animales o cosas] frente a frente: El *periodista encaró a los dos políticos ante los micrófonos.* || *v. prnl.* **4** Ponerse ‹una persona› cara a cara con [otra persona] para discutir una cosa o para desafiarla: *El alcalde se encaró* ***a*** *los manifestantes desde el balcón. Ella se encaró* ***con*** *su marido por llegar a aquellas horas sin avisar.* SIN. enfrentarse.

encarcelamiento *s. m.* Acción y resultado de encarcelar: *Condujeron a los detenidos a la prisión para su encarcelamiento.*

encarcelar *v. tr.* Poner ‹una persona› [a otra persona] en la cárcel: *Si lo hubieran encarcelado no habría huido del país.*

encarecer *v. tr.* **1** Hacer ‹una persona o una cosa› que aumente el precio o el valor de [una cosa]: *La sequía ha encarecido el precio de las hortalizas. El precio de la mano de obra de los países ricos encarece los productos industriales.* **2** ELEVADO. Alabar ‹una persona› [a una persona o una cosa] mucho: *Tu madre encarecía los encantos de París.* SIN. ensalzar. **3** ELEVADO. Recomendar o pedir ‹una persona› [una cosa] a [una persona] con empeño: *Me encareció repetidamente que la visitara.* || *v. intr. / prnl.* **4** Aumentar el precio o el valor de ‹una cosa›: *El coste de los transportes* ***(se)*** *ha encarecido.* ⇒ **5.**

encarecimiento *s. m.* **1** Subida del precio de una cosa: *El encarecimiento de los bienes de consumo ha hecho descender la demanda.* **2** Alabanza exagerada de una cosa: *La locutora hizo un encarecimiento innecesario de las virtudes del entrevistado, porque es muy famoso.* **3** Empeño, insistencia con que se pide una cosa: *El encarecimiento con que me pidió que te visitara no me dejaba otra opción que venir.*

encargado, da *adj. / s. m.* y *f.* **1** (estar) Que tiene una ocupación o misión que desempeñar: *Está encargado de cuidar a los animales del zoo.* || *s. m. / f.* **2** Responsable de un negocio en representación del dueño: *La encargada supervisa el trabajo de todos los empleados.* || **3 ~ de negocios** Diplomático de categoría inferior al embajador cuando lo sustituye en sus funciones: *Me recibió el encargado de negocios porque el embajador se encontraba fuera.*

encargar *v. tr.* **1** Pedir ‹una persona› que [otra persona] realice [una cosa]: *Me han encargado un proyecto. Ella le ha encargado que cuide de sus hijos.* SIN. encomendar. **2** Pedir ‹una persona› que [otra persona] le suministre [una cosa]: *He encargado unos pasteles a la confitería.* || *v. prnl.* **3** Tomar ‹una persona› [a una persona o una cosa] a su cuidado: *Yo me encargo* ***de*** *hallar una casa que os guste. Ya se encargará él* ***de*** *pintar su habitación.* ⇒ **56.**

encargo *s. m.* **1** Acción y resultado de encargar: *En esos almacenes sólo te lo traerán por encargo.* **2** Cosa que se encarga o encomienda a alguien: *Tengo el encargo de ocuparme de la tienda durante esta semana. Hola, vengo a buscar el encargo que hice.* FR. Y LOC. **como (hecho) de / por ~** Con todas las cualidades que se pueden desear o esperar: *Este traje me sienta como hecho de encargo.* **estar de ~** AMÉR. DEL S. Estar ‹una mujer› embarazada. **ni hecho de / por ~** a veces IRONÍA. Como hecho de encargo: *No se te ocurra presentarte así a la fiesta, porque esos pantalones te sientan que ni hechos de encargo.*

encargue *s. m.* ARG., URUG. Encargo.

encariñar *v. tr.* **1** Despertar ‹una persona, un animal o una cosa› cariño [a una persona]: *Es un gato que encariña a todos los que lo ven.* || *v. prnl.* **2** Tomar ‹una persona› cariño [a una persona, un animal o una cosa]: *Me había encariñado* ***con*** *aquella niña. Se encariñó* ***con*** *el osito de peluche.*

encarnación *s. f.* **1** REL. Adopción de forma corporal por parte de una idea o de un ser espiritual: *La encarnación del espíritu en otro ser una vez muerta la persona es una idea presente en muchas creencias.* **2** Representación o personificación de una cosa no material: *Su rostro era la encarnación del dolor.* **3** ARTE. Color carne con que se pintan los desnudos en pinturas y esculturas. SIN. encarnado.

encarnado, da *adj. / s. m.* **1** (ser / estar; antepuesto / pospuesto) De color rojo: *Sus encarnadas mejillas contrastaban con su piel blanca. Le puso unos adornos encarnados. Su rostro estaba encarnado por el rubor. No me gusta el encarnado.* SIN. colorado. || *s. m.* **2** ARTE. Color carne con que se pintan los desnudos en pinturas y esculturas.

encarnadura *s. f.* COLOQUIAL. Capacidad de un tejido orgánico para cicatrizar o reparar sus lesiones: *tener buena o mala encarnadura.*

encarnar *v. tr. / intr. / prnl.* **1** Representar ‹una persona o un animal› [un concepto abstracto]: *Esta mujer encarna la sabiduría. Este hombre siempre ha encarnado el buen gusto.* **2** CINE. Representar ‹una persona› [un personaje] en una obra de teatro o una película: *Este actor encarnó el papel de Otelo.* SIN. interpretar. **3** ARTE. Dar ‹una persona› color de carne a [una pintura o una escultura]. || *v. intr.* **4** Cerrarse ‹una llaga o una herida›: *El corte ha encarnado muy bien.* || **5** Tomar ‹un ser o una idea espiritual› la forma corporal de [una persona o un animal]: *En la mitología, los dioses (se) encarnaban a veces* ***en*** *animales.* SIN. materializarse. **6** REL. Entre los cristianos, hacerse ‹Dios› hombre en [la persona de Cristo]: *Según la doctrina cristiana, Dios se encarnó* ***en*** *Cristo para salvar a los hombres.* || *v. prnl.* **7** Introducirse ‹la uña› en la carne: *Se le ha encarnado la uña.*

encarnecer *v. intr.* RESTRINGIDO. Ponerse ‹una persona› gorda: *Ha encarnecido en poco tiempo.* SIN. engordar. ⇒ **5.**

encarnizado, da *adj.* **1** (ser / estar; antepuesto / pospuesto) [Batalla, discusión] que se hace con apasionamiento y violencia: *La lucha fue encarnizada. La encarnizada batalla no tuvo vencedores.*

encarnizamiento *s. m.* (no contable) Acción y resultado de encarnizar o encarnizarse: *En el campo de batalla había muestras del encarnizamiento con el que se había luchado. No pude resistir la escena del encarnizamiento de los jóvenes con el pobre gato.*

encarnizar *v. tr.* **1** Hacer ‹una persona o una cosa› más cruel o despiadada [a una persona o una cosa]: *Los insultos encarnizaron aún más a los contendientes.* || *v. prnl.* **2** Hacerse ‹una persona o una cosa› más cruel o despiadada: *La lucha se encarnizaba por momentos.* **3** Mostrar ‹un animal› excesiva crueldad con [su víctima]: *El león se encarnizó* ***con*** *su presa.* SIN. ensañarse. **4** Mostrarse ‹una persona› cruel con [otra persona]: *Desengáñalo, pero no te encarnices* ***con*** *él, que es buen chico.* ⇒ **19.**

encaro *s. m.* RESTRINGIDO. Parte de la culata de una escopeta en que se apoya la mejilla al disparar.

encarpetar *v. tr.* ARG., COL., URUG. Terminar o suspender ‹una persona› [la tramitación de un asunto].

encarrilar *v. tr.* 1 Poner ‹una persona› [un vehículo que ha descarrilado] sobre los carriles: *La grúa encarriló el tren que se había salido de la vía.* || *v. tr. / prnl.* 2 Dirigir ‹una persona› [a una persona o una cosa] por el camino conveniente: *No es fácil en nuestros días encarrilar a los hijos. Este año* ***se*** *ha encarrilado bien en los estudios.*

encartar *v. tr.* 1 COL.; COLOQUIAL. Encasquetar ‹una persona› [otra persona o una cosa molesta] a [otra persona].

encarte *s. m.* 1 COL.; COLOQUIAL. Acción y resultado de encartar. 2 Folleto propagandístico que se introduce en un libro o publicación: *La revista lleva un encarte con ofertas de una agencia de viajes.*

encartonar *v. tr.* 1 ART. GRÁF.; RESTRINGIDO. Encuadernar ‹una persona› [un libro] con tapas de cartón recubiertas de papel.

encartuchar *v. tr.* AMÉR. DEL S. Enrollar ‹una persona› [una cosa] en forma de cartucho.

encasillar *v. tr.* 1 Poner ‹una persona› [una cosa] en una casilla: *Los carteros encasillan las cartas para ordenarlas por calles antes del reparto.* 2 Clasificar ‹una persona› [a varias personas o cosas] por una propiedad o una característica: *Ya la han encasillado como mala estudiante.* || *v. tr. / prnl.* 3 Reducir de forma simplista ‹una persona› el ámbito o capacidad de [una persona o una cosa]: *Este actor ha encasillado* ***en*** *papeles de malo.*

encasquetar *v. tr. / prnl.* 1 Poner ‹una persona› [un sombrero o un gorro] en [la cabeza de otra persona]: *El vigilante le encasquetó la gorra y lo echó de la discoteca.* ***Se*** *encasquetó una pamela muy llamativa.* || *v. tr.* 2 COLOQUIAL. Hacer oír ‹una persona› [una cosa molesta o pesada] a [una persona]: *Me llamó para ensayar y me encasquetó la conferencia entera.* SIN. soltar. 3 COLOQUIAL. Conseguir ‹una persona› que [otra persona] le haga [una cosa desagradable o fastidiosa]: *Me ha encasquetado a los niños mientras ella se va de vacaciones. Estoy harto del jefe, siempre* ***me*** *encasqueta lo más difícil de la oficina.* SIN. endilgar. 4 COLOQUIAL. Dar ‹una persona› [un golpe] a [otra persona]: *Le encasquetó un tortazo.* || *v. prnl.* 5 COLOQUIAL. Tener ‹una persona› [una idea fija]: *Se le encasquetó la idea de viajar.*

encasquillar *v. tr.* 1 AMÉR. Poner herraduras a los animales. || *v. prnl.* 2 Quedar ‹un arma de fuego› atascada a causa del casquillo de la bala al disparar [una persona]: *Las primeras ametralladoras se encasquillaban mucho.* 3 Quedarse ‹una pieza o un mecanismo› atascado: *Se me ha encasquillado la palanca de marchas.* SIN. atascarse. 4 COLOQUIAL. Interrumpirse ‹una persona› al hablar o al pensar: *Cuando está nerviosa se encasquilla.* SIN. atascarse.

encastar *v. tr.* GAN. Hacer ‹una persona› mejor [una raza de animales] mediante cruces con los individuos de otra mejor: *El ganadero encastó la ganadería de su abuelo con toros de una afamada divisa andaluza.*

encastillarse *v. prnl.* Mostrarse ‹una persona› obstinada en [hacer una cosa]: *Se ha encastillado* ***en*** *la idea de cambiar de carrera.* SIN. obstinarse.

encastrar *v. tr.* 1 Meter ‹una persona› [una cosa en otra] de forma que quede bien ajustada: *Hemos encastrado el frigorífico en el hueco de la cocina.* SIN. encajar. 2 MEC. Unir ‹una persona› los dientes de [dos piezas]: *El mecánico ha encastrado los dientes del engranaje.* SIN. engranar.

encausar *v. tr.* DER. Abrir ‹una persona› una causa judicial contra [otra persona]: *No creo que puedan encausarla si no hay ni un solo testigo.* SIN. procesar.

encauste o **encausto** *s. m.* (no contable) PINT. Encáustica.

encáustica *s. f.* (no contable) PINT. Técnica de pintura que se hace con colores disueltos en cera fundida que deben aplicarse en caliente.

encáustico *s. m.* PINT. Preparado de cera fundida y aguarrás con el que se cubren los poros de una pintura para dejarla lisa y brillante.

encausto *s. m.* Encauste.

encauzamiento *s. m.* Acción y resultado de encauzar o encauzarse: *El encauzamiento de las aguas ha sido muy beneficioso para el pueblo. El nuevo director todavía no ha logrado el encauzamiento de la tensión con los sindicatos.*

encauzar *v. tr.* 1 Conducir ‹una persona› [una corriente de agua] por un cauce: *Los romanos encauzaban las aguas utilizando acueductos para salvar los desniveles.* SIN. canalizar. 2 Dirigir ‹una persona› [a una persona o un asunto] por un camino favorable o conveniente: *Es una mujer honrada, encauza las inversiones de sus clientes con total transparencia. Nuestra organización ha encauzado las ayudas hacia las zonas menos favorecidas.* SIN. guiar. || *v. prnl.* 3 Arreglarse la marcha de ‹una cosa›: *Sus negocios ya se han encauzado bastante bien.* SIN. enderezarse. ⇒ **19.**

encebollar *v. tr.* Poner ‹una persona› mucha cebolla en [un guiso]: *Me gusta mucho el hígado encebollado.*

encefálico, ca *adj.* ANAT. Del encéfalo: *masa encefálica.*

encefalitis (plural *encefalitis*) *s. f.* (no contable) MED. Inflamación del encéfalo: *Las encefalitis tienen como síntomas una fiebre muy alta, somnolencia y convulsiones.*

encéfalo *s. m.* ANAT. Conjunto de órganos del sistema nervioso contenidos en la cavidad del cráneo: *El encéfalo es el responsable de regular, coordinar y controlar todos los procesos orgánicos.*

encefalografía *s. f.* MED. Examen del cerebro por medios radiológicos o eléctricos.

encefalograma *s. m.* MED. Gráfico obtenido mediante una encefalografía y que representa la corriente eléctrica producida por la actividad del cerebro. **~ plano** Encefalograma que indica la muerte cerebral de un paciente.

encefalomielitis (plural *encefalomielitis*) *s. f.* MED. Inflamación simultánea del encéfalo y de la médula espinal.

encefalopatía *s. f.* MED. Enfermedad del encéfalo.

enceguecer *v. tr.* 1 ELEVADO. Quitar ‹una persona o una cosa› la visión a [una persona]: *El sol enceguecía a todos los de la secta, que lo miraban de frente.* || *v. tr. / prnl.* 2 ELEVADO. Impedir ‹una persona o una cosa› pensar con claridad a [una persona]: *La ira lo enceguecía y no era capaz de pensar en nada. Se enceguecíó* ***de*** *rabia.* || *v. intr. / prnl.* 3 ELEVADO. Quedarse ‹una persona› ciega: *Ha enceguecido a causa del accidente de moto.* ⇒ **5.**

enceguecimiento *s. m.* COL. Ceguera.

encelar *v. tr.* 1 Dar ‹una persona› celos [a otra persona]: *Su mujer lo encela porque coquetea con todos.* || *v. prnl.* 2 RESTRINGIDO. Sentir ‹una persona› celos por [una persona o una cosa]: *Se ha encelado* ***de*** *su hermanito y está insoportable.* 3 Ponerse ‹un animal› en celo.

encenagado, da *adj.* **1** (estar) Que está lleno o muy manchado de cieno o barro: *El coche está encenagado. Después de la tormenta el camino está encenagado* **2** (estar) Que está mezclado en cosas o asuntos considerados poco deseables: *Este muchacho está encenagado* ***en*** *asuntos de droga. Lo han pillado encenagado* ***en*** *el tráfico de armas.*

encenagarse *v. prnl.* **1** RESTRINGIDO. Meterse ‹una persona o una cosa› en el cieno: *Se me ha encenagado la bicicleta. Estuvieron jugando por el bosque y se encenagaron todos.* SIN. embarrarse. **2** RESTRINGIDO. Contraer ‹una persona› [un vicio o una mala costumbre]: *Se encenagó* ***en*** *el juego y el alcohol.* **3** RESTRINGIDO. Llenarse ‹una cosa› de barro: *Se han encenagado el camino y el garaje después de la riada.*

encendedor, ra *s. m.* Aparato que puede producir llama o chispa repetidamente y sirve para encender: *encendedor de gas, encendedor de mesa, encendedor de bolsillo, encendedor recargable.*

encender *v. tr.* **1** Hacer ‹una persona o una cosa› que [una cosa] arda para que dé luz o calor: *Encendieron el fuego para calentarse. Encendió un cigarro* ***en*** *la lumbre.* **2** Conectar ‹una persona› [un aparato o un circuito eléctrico]: *¡Niña, enciende el televisor! Ha encendido la radio para escuchar las noticias. No consigue encender el coche. No encendía la luz por no gastar.* **3** Hacer ‹una persona o una cosa› más intenso [un sentimiento o una pasión]: *Sus palabras encendieron los ánimos. Cada vez que aparece me enciende.* SIN. excitar **4** Comenzar ‹una persona› [una guerra o una batalla]: *La guerra que él encendió no ha cesado.* **5** Causar ‹una sustancia o un alimento› ardor [a una persona]: *La pimienta enciende la lengua.* || *v. prnl.* **6** Hacerse ‹un sentimiento› más intenso: *El amor se encendió* ***en*** *mí cuando nos presentaron.* **7** Subir el rubor a la cara de una persona: *Sus facciones pálidas y ajadas se encendieron de repente.* **8** Experimentar ‹una persona› [un sentimiento intenso]: *La vi encenderse* ***de*** *cólera.* FR. Y LOC. **~ / quemar la sangre* ⇒ 80.**

encendido, da *adj.* **1** (ser / estar; antepuesto / pospuesto) Que tiene un color rojo muy intenso: *Sus mejillas estaban encendidas. Su encendido rostro mostraba claramente su rubor.* **2** (antepuesto / pospuesto) Que es muy intenso: *un color encendido, una encendida mirada. Su encendida pasión no tenía límites.* || **3** *s. m.* Acción y resultado de encender: *Hasta que dan las siete no se produce el encendido del alumbrado público.* **4** MEC. En un motor de explosión, inflamación del combustible, generalmente gasolina y aire: *La chispa eléctrica de la bujía produce el encendido del carburante.* **5** MEC. Dispositivo que produce la chispa que enciende el carburante de un motor de explosión: *Este coche tiene encendido electrónico.* **bobina* de ~.**

encerado *s. m.* **1** Acción y resultado de encerar una superficie: *El encerado del suelo tiene que estar acabado dentro de una hora.* **2** Tablero grande negro o verde frente a los alumnos que se usa en las clases para escribir en él, normalmente con tiza: *La maestra escribió las preguntas del examen en el encerado.* SIN. pizarra. **3** Capa de cera muy delgada con la que se recubre la madera: *El encerado del mueble está ya muy mal.*

encerar *v. tr.* Poner ‹una persona› cera a [una cosa]: *Enceraron el piso. Después del barniz encero la cómoda.*

encerrar *v. tr. / prnl.* **1** Meter ‹una persona› [a una persona o a un animal] en [un lugar de donde no puede salir]: *Se encerró* ***en*** *la habitación para que no la molestaran.* || *v. tr.* **2** Guardar ‹una persona› [una cosa] en un lugar cerrado: *Encerró el coche* ***en*** *el garaje.* **3** Incluir ‹una cosa› dentro de sí [otra cosa]: *Aquella obra encerraba sucesos memorables. Esa caja encierra una sorpresa.* SIN. contener. **4** Poner ‹una persona› [una palabra o un texto] entre [dos signos de puntuación]: *Encierra la frase* ***entre*** *paréntesis. Esa palabra va encerrada* ***entre*** *signos de admiración.* **5** No dejar ‹un jugador› que [el contrario] pueda mover sus fichas o haga una jugada determinada. || *v. prnl.* **6** No comunicar ‹una persona› sus sentimientos a otra persona: *Me gustaría ayudarle, pero se encierra* ***en*** *sí mismo.* FR. Y LOC. **haber gato* encerrado. ⇒ 58.**

encerrona *s. f.* **1** Situación preparada de antemano en que se pone a una persona para obligarla a que diga o haga una cosa: *Buscaban el modo de tenderle una encerrona para hacerle hablar.* **2** TAUROM. Corrida de toros privada. **3** COLOQUIAL. Prueba de algunas oposiciones que consiste en encerrar a un candidato con libros en una habitación durante un tiempo para que elabore el tema que debe exponer ante un tribunal: *En la encerrona me puse muy nervioso porque era incapaz de organizarme y el tiempo pasaba rápido.*

encestar *v. tr. / intr.* **1** DEP. Meter ‹un jugador de baloncesto› [el balón] en el cesto o canasta: *Después de sortear a dos contrarios, el pívot encestó.* **2** COLOQUIAL. Meter ‹una persona› [una cosa] al lanzarla en [un recipiente]: *Ha conseguido encestar el papel* ***en*** *la papelera.*

enceste *s. m.* DEP. Acción y resultado de encestar: *Un enceste en el último segundo les dio el partido.*

enchamarrarse *v. intr.* COL.; RESTRINGIDO. Enredarse, embrollarse ‹una persona›.

enchambranar *v. tr.* **1** VEN. Meter ruido. || *v. prnl.* **2** COL.; RESTRINGIDO. Enredarse ‹una persona›.

encharcar *v. tr.* **1** Cubrir ‹el agua› [una parte de un terreno]: *El agua ha encharcado el campo y no se podrá celebrar el partido.* **2** Causar ‹el exceso de líquido bebido› molestia o pesadez en [el estómago de una persona]: *La gaseosa me ha encharcado el estómago.* **3** MED. Llenar ‹la sangre u otro líquido› [un órgano o una cavidad]: *Cuando la sangre le encharcó los pulmones ya no se pudo recuperar.* || *v. prnl.* **4** Quedar ‹un terreno› cubierto de agua parcialmente: *Si llueve se encharcará el patio.* **5** Sentir ‹una persona› molestia o pesadez en el estómago por el exceso de líquido bebido: *Se me ha encharcado el estómago de beber tanto.* **6** Llenarse ‹un órgano o una cavidad› de sangre o de otro líquido: *Se le encharcó el cerebro a causa de la embolia.* **⇒ 71.**

enchastar o **enchastrar** *v. tr.* AMÉR. DEL S. Ensuciar o manchar ‹una cosa› [a una persona o una cosa].

enchicharse *v. prnl.* **1** AMÉR. DEL S.; COLOQUIAL. Emborracharse con chicha. **2** AMÉR. C., COL.; COLOQUIAL. Emberrenchinarse, irritarse.

enchilada *s. f.* AMÉR. Tortilla de maíz rellena de carne, queso o verdura y condimentada con chile.

enchilado, da *adj.* **1** MÉX.; COLOQUIAL. Que tiene el color bermejo, como el chile. **2** MÉX.; COLOQUIAL. Que está colérico o muy enfadado || *s. m.* **3** MÉX. Guiso con salsa de chile.

enchilar *v. tr.* **1** AMÉR. Condimentar ‹una persona› [una comida] con chile. || *v. tr. / prnl.* **2** MÉX. Encolerizarse, irritarse ‹una persona›.

enchiloso, sa *adj.* AMÉR. Picante.

enchinar *v. tr.* MÉX.; COLOQUIAL. Rizar ‹una persona› [el pelo de otra persona].

enchinchar *v. tr.* **1** MÉX.; COLOQUIAL. Molestar ‹una persona› [a otra persona] || *v. prnl.* **2** ARG., PAR., URUG.; COLOQUIAL en Argentina y Uruguay. Enfadarse ‹una persona›.

enchiparse *v. tr.* BOL., COL. Enroscarse, liarse ‹una cuerda o una serpiente›.

enchiquerar *v. tr.* **1** TAUROM. Encerrar ‹una persona› [un toro] en el chiquero o toril: *Enchiqueraron los toros la mañana de la corrida.* **2** COLOQUIAL. Meter ‹una persona› [a otra persona] en la cárcel: *Lo han enchiquerado varias veces.* SIN. enchironar.

enchironar *v. tr.* COLOQUIAL. Meter ‹una persona› [a otra persona] en la cárcel: *Cuando lo enchironaron dijo que se vengaría de sus delatores.* SIN. enchiquerar.

enchispar *v. tr. / prnl.* AMÉR.; COLOQUIAL. Achispar, emborrachar.

enchivar **1** VEN.; RESTRINGIDO. Meter ‹una persona› presa [a otra persona]. || *v. prnl.* **2** ARG., COL., EC.; COLOQUIAL en Argentina, RESTRINGIDO en Colombia. Enfadarse ‹una persona›.

enchuchado *adj. / s. m.* PERÚ; VULGAR. [Hombre] que se siente atraído físicamente por una mujer.

enchuecar *v. tr.* CHILE, MÉX.; COLOQUIAL. Torcer, arquear ‹una persona› [una cosa].

enchufado, da *s. m. / f.* **1** COLOQUIAL; INSULTO. Persona que consigue un empleo o un trato de favor por el enchufe o las recomendaciones ajenas y no por los propios méritos: *Es el enchufado del jefe.* **2** ARG., URUG.; COLOQUIAL. Que participa con entusiasmo en una actividad.

enchufar *v. tr.* **1** Conectar ‹una persona› [un aparato] a la corriente eléctrica, encajando las dos piezas del enchufe: *Enchufa la cafetera. Enchufó la televisión, pero no había corriente.* **2** COLOQUIAL. Dirigir ‹una persona› [una cosa que despide un chorro de agua o de luz] hacia [una persona o un lugar]: *Le ha enchufado la manguera a la cara.* **3** Meter ‹una persona› [el extremo de un tubo u otra pieza] en [otro tubo o pieza]: *Enchufa esta manga de riego* ***en*** *la otra.* **4** COLOQUIAL; PEYORATIVO. Dar ‹una persona› un empleo o una cosa beneficiosa a [una persona] por medio de influencias o recomendaciones: *Su tío la ha enchufado en la fábrica. Lo enchufaron, pero como era tan vago al final lo han echado.* SIN. recomendar. **5** ARG., URUG.; COLOQUIAL. Poner ‹una persona› [un castigo o una sanción] a [otra persona]. || *v. prnl.* **6** COLOQUIAL; PEYORATIVO. Obtener ‹una persona› un empleo o una cosa beneficiosa por medio de influencias o recomendaciones: *Se ha enchufado bien: ha conseguido un buen trabajo.*

enchufe *s. m.* **1** Aparato que establece una conexión eléctrica, que consta de una pieza aislante y dos pequeños cilindros metálicos: *Tengo que poner aquí un enchufe para instalar la cadena musical.* **2** COLOQUIAL. Influencia o recomendación para poder conseguir un cargo o trabajo: *Para tener buenos enchufes lo mejor es conocer a gente importante.* **3** COLOQUIAL. Empleo o cargo conseguido por influencias y que exige poco esfuerzo: *Yo no sé qué enchufe tiene en un organismo oficial.* **4** COLOQUIAL. Simpatía especial que una persona tiene a otra persona: *Me tratan con enchufe porque mi tío es amigo del jefe.*

enchufismo *s. m.* (no contable) COLOQUIAL; PEYORATIVO. Procedimiento de conseguir una persona empleos u otras ventajas gracias a una recomendación o enchufe que le proporciona otra persona: *Recurrió al enchufismo para encontrar trabajo en una multinacional.*

enchularse *v. prnl.* **1** COLOQUIAL; RESTRINGIDO. Convertirse ‹un hombre› en chulo o rufián. **2** COLOQUIAL; RESTRINGIDO. Enamorarse ‹una prostituta› de [un hombre] de tal manera que lo mantiene.

enchumbar *v. tr. / prnl.* VEN.; COLOQUIAL. Empapar ‹un líquido› [a una persona o una cosa].

enchutar *v. tr.* AMÉR. C., BOL. Meter, encajar.

enchute *s. m.* AMÉR. C., BOL. Boliche, juego.

-encia *suf.* -ncia.

encía *s. f.* ANAT. Parte carnosa de la boca en que está encajada la dentadura: *Le ha salido una llaga en la encía.*

encíclica *s. f.* REL. Entre los católicos, carta o documento solemnes que dirige el Papa a los obispos y fieles: *Se ha abierto una polémica después de la última encíclica del Papa.*

enciclopedia *s. f.* **1** Obra o conjunto de obras que contiene un gran número de conocimientos: *enciclopedia de Arte, enciclopedia de Historia.* **2** Obra que contiene información acerca de personajes, materias o países, además de las definiciones de las palabras habituales de una lengua: *Mira en la enciclopedia quién fue ese personaje.* **3** (no contable) HIST. Movimiento que surge en Francia en el siglo XVIII en torno a los autores de la «Enciclopedia» francesa, caracterizado por la defensa del conocimiento científico y de la razón frente al autoritarismo, el dogmatismo religioso y la superstición. SIN. enciclopedismo.

enciclopédico, ca *adj.* **1** De la enciclopedia: *movimiento enciclopédico.* **diccionario ~.** **2** Que tiene unos conocimientos muy extensos: *cultura enciclopédica.*

enciclopedismo *s. m.* **1** (no contable) HIST. Enciclopedia, movimiento francés del siglo XVIII. **2** (no contable) Conjunto de conocimientos muy extensos: *Es de admirar el enciclopedismo que muestra en sus artículos.*

encierra *s. f.* **1** CHILE; RESTRINGIDO. Encierro de reses en el invernadero. **2** CHILE; RESTRINGIDO. Dehesa para pasto de las reses en el invierno.

encierro *s. m.* **1** Reclusión de una persona en un lugar, en especial de forma voluntaria: *El encierro de los estudiantes tuvo gran resonancia en la prensa.* **2** Lugar donde se encierra o es encerrada una persona: *Pasaré el resto de mi vida en este encierro.* **3** TAUROM. Conducción popular de los toros al toril antes de la lidia: *El encierro se corrió en menos de tres minutos.* **4** TAUROM. Toril: *Condujeron los toros al encierro.* SIN. chiquero.

encima *adv. lug.* **1** En un lugar que está más alto que otro, en la misma vertical, en contacto físico o a cierta distancia: *El caballo llevaba a varias personas encima.* SIN. sobre. ANT. debajo, abajo. OBSERVACIONES: ◊ Seguido de *de*, indica la situación en relación con un segundo término: *Coloca estos libros encima de la mesa.* ◊ Es frecuente que el lugar que se encuentra en una posición superior se sobreentienda: *La mesa estaba en el centro del despacho y encima había todo tipo de libros y papeles. La tarta tenía avellanas por encima.* ◊ Puede ir precedido de *de,* que aporta la idea de origen o procedencia: *Quita eso de encima.* **2** (puede ir seguido de *de*) Cubriendo o tapando algo: *Ponte el abrigo por encima,* *hace frío. Llevaba una americana encima de la camisa.* || *adv. lug./temp.* **3** Muy cerca, en el espacio o en el tiempo: *El ciclista escapado ya tiene encima al pelotón. Ya tenemos encima los exámenes.* || *adv. modo.* **4** Además: *No he comido nada y encima tengo que pagar yo.* OBSERVACIONES: ◊ La oración que introduce aumenta el efecto o las consecuencias de lo que se ha dicho anteriormente: *Es rico y encima le toca la lotería.* ◊ Seguido por *de*, admite infinitivo y oraciones con *que*: *Encima de que le pagan el viaje, dice que ya no quiere ir. Encima de que te he preparado la comida, protestas.* **5** Controlando continuamente algo o a alguien, cuidando u ocupándose de ello: *El encargado siempre está encima de los trabajadores para que cumplan su horario.* **6** Sobre una persona o sobre una cosa: *Tienes demasiados problemas encima.* FR. Y LOC. **caérsele la casa* ~. caérsele las paredes* ~. caérsele/venírsele el mundo* ~. echar la vista* (~). echarse* ~. echarse* todo ~. estar* siempre ~. mirar por ~ del hombro*. pasar* por ~. poner la mano* ~. por ~. 1** De manera superficial, sin profundizar: *Leyeron el periódico por encima y no se enteraron de nada.* **2** Superando el obstáculo o dificultad que representa aquello que se indica: *Iré a la fiesta por encima de todo.* **3** Fuera del alcance de aquello que se indica: *Vivir sola está por encima de sus posibilidades económicas.* **4** Mejor, más importante o más interesante que aquello que se indica: *La salud del país está por encima de cualquier interés.* **quitar un peso* de ~. quitar(se)* de delante/~. tener* ~.**

encimera *s. f.* **1** Plancha de algún material resistente que cubre la parte superior de los muebles bajos de la cocina: *encimera de formica, encimera de mármol.* **2** ARG., PAR., URUG. Pieza de cuero de la montura que tiene dos correas unidas a la cincha.

encimero, ra *adj.* Que se coloca encima de otra cosa del mismo tipo. **sábana* encimera**.

encina *s. f.* **1** *Quercus ilex.* Árbol de tronco grueso, copa grande y redonda, hojas duras en forma de elipse y bellotas por fruto. **2** Madera de este árbol.

encino *s. m.* RESTRINGIDO. Encina.

encinta *adj.* ELEVADO. (estar) [Mujer] que está embarazada: *Su mujer estaba encinta.*

encintado, da *s. m.* **1** RESTRINGIDO. Acción y resultado de encintar: *El encintado del escenario está prácticamente terminado.* **2** Fila de piedras que constituye el borde de una acera: *Han levantado parte del encintado de mi calle para arreglar la acera.*

encintar *v. tr.* **1** Adornar ‹una persona› [una cosa] con cintas: *Mientras encintan la caja del regalo, yo escribo la tarjeta.* **2** Poner ‹una persona› el bordillo de [una acera]: *Los albañiles están encintando la calle para hacer la acera.*

encizañar *v. tr.* COLOQUIAL. Provocar ‹una persona o una cosa› enemistad y discordia entre [dos o más personas]: *A él le divierte encizañar a aquéllos que se llevan bien.*

enclaustramiento *s. m.* Acción y resultado de enclaustrar o enclaustrarse: *Él mismo eligió su enclaustramiento en este monasterio.*

enclaustrar *v. tr./prnl.* **1** ELEVADO. Meter ‹una persona› [a otra persona] en un claustro o en un convento: *Sus padres la enclaustraron porque pensaron que era lo mejor para ella. Se enclaustró muy joven.* **2** ELEVADO. Encerrar ‹una persona› [a otra persona] en un lugar: *Se ha enclaustrado en su finca y no quiere ver a nadie.*

enclavado, da *adj.* (estar) [Lugar] que se encuentra situado en el área de otro lugar mayor: *Es un pueblo enclavado en la falda de la montaña.*

enclavar *v. tr./prnl.* Poner ‹una persona› [una cosa] en [un lugar]: *Enclavaron la urbanización **en** un terreno junto al río.* SIN. situar.

enclave *s. m.* Territorio o grupo humano incluido en otro mayor con el que mantiene diferencias étnicas, religiosas, políticas o de otro tipo: *Ceuta y Melilla son dos enclaves españoles en África.*

enclavijar *v. tr.* MÚS. Poner ‹una persona› las clavijas a [un instrumento]: *En esta casa enclavijan muy bien las guitarras.*

enclenque *adj./s. m.* y *f.* (ser/estar) COLOQUIAL; PEYORATIVO. Que está muy delgado o con mala salud: *Es un chico muy enclenque. Este perro está enclenque. Tú eres una enclenque y te vas a poner mala si no comes.*

enclítico, ca *adj./s. m.* LING. [Palabra inacentuada] que se pronuncia y se escribe unida a otra palabra que va delante: *Los pronombres átonos pospuestos al verbo como en 'aconséjame' son partículas enclíticas.*

enclochar *v. intr.* COL., VEN. Embragar ‹una persona› el motor de un vehículo.

encluecarse *v. prnl.* AMÉR. DEL S. Encontrarse en mal estado de salud, enfermar.

-enco, ca *suf.* Significa 'origen o procedencia' y forma sustantivos o adjetivos a partir de sustantivos: *Ibiza - ibicenco.*

encocorar *v. tr.* COLOQUIAL; RESTRINGIDO. Causar ‹una persona o una cosa› enfado o irritación fuertes a [una persona]: *Te encocoras por cualquier cosa.* SIN. crispar.

encofrado *s. m.* **1** Armazón metálico o de madera para contener el hormigón mientras fragua: *Ya podemos quitar el encofrado porque el hormigón está seco.* **2** MIN. Revestimiento de madera para sostener la tierra en las galerías.

encofrar *v. tr.* **1** Hacer ‹una persona› un armazón que sostiene [el hormigón] mientras éste fragua: *Mientras están encofrando el segundo piso rellenamos los encofrados del primero.* **2** MIN. Poner ‹una persona› bastidores en [las galerías de una mina] para contener las tierras: *Los mineros encofraban las galerías.*

encoger *v. intr./prnl.* **1** Disminuir el tamaño de ‹una cosa›: *Esta tela **(se)** encoge al lavarla. El filete **(se)** ha encogido al freírlo.* || *v. tr./prnl.* **2** Doblar ‹una persona› [una parte de su cuerpo]: *Cerró los ojos y **se** encogió.* || *v. tr.* **3** Causar ‹un suceso o una cosa› tristeza o miedo en [el alma o el corazón de una persona]: *Aquella oscuridad encogió el corazón del niño.* || *v. prnl.* **4** Experimentar ‹el alma o el corazón de una persona› tristeza o miedo: *Viendo las desgracias de esas personas se me encoge el corazón.* **5** Mostrar ‹una persona› cobardía ante una persona o una situación: *Cuando te hable la directora no te encojas y contéstale.* **6** Perder ‹una persona› la energía o las ganas de hacer cosas: *Se ha encogido y le da todo igual; dice que no piensa luchar.* FR. Y LOC. **encogerse de hombros*. encogérsele el corazón*. ⇒ 23.**

encogido, da *adj.* **1** (estar) Que reprime sus impulsos por vergüenza o cobardía: *Estuvo encogido toda la noche.* **2** Que es tímido: *Es muy inteligente, pero un poco encogida.* || *s. m.* **3** Desperfecto de una tela o prenda de vestir al engancharse un hilo y tirar de él.

encogimiento *s. m.* Acción y resultado de encoger o encogerse: *El encogimiento del vestido se debe al lavado en caliente. El encogimiento de José Luis se debe a su timidez.*

encolado, da *adj. / s. m.* **1** MÉX. Gomoso, petimetre. ‖ *s. m.* **2** Acción y resultado de encolar: *El encolado de la silla debe hacerse con cuidado.*

encolar *v. tr.* **1** Pegar ‹una persona› [una cosa] con cola: *Hemos encolado los estantes y ahora sólo falta poner los tornillos.* **2** Poner ‹una persona› cola en [una superficie] para pegar una cosa sobre ella: *Primero se encola la pared y luego se coloca el papel pintado.*

encolerizar *v. tr.* **1** Causar ‹una persona o una cosa› enfado muy fuerte [a una persona]: *Su respuesta la encolerizó. Esas cosas son las que me encolerizan.* ‖ *v. prnl.* **2** Mostrar ‹una persona› su enfado muy fuertemente: *Se encolerizó cuando le dijeron que no contaban con él.* ⇒ **19.**

encomendar *v. tr.* **1** Encargar ‹una persona› [a otra persona] que haga [una cosa]: *Encomendó al joven una importante misión. Le ha encomendado que lleve los papeles a Hacienda.* **2** Entregar ‹una persona› [a otra persona] [una persona o una cosa] para que cuide de ella: *Esta tarde le he encomendado los niños a la vecina.* **3** HIST. Dar ‹una persona› [a un colonizador de América] [indios] en encomienda: *El monarca encomendaba indios a un conquistador como pago o premio.* ‖ *v. prnl.* **4** Tener ‹una persona› confianza en [otra persona o una divinidad en quien busca protección y ayuda]: *Se encomendó a Dios en tan peligrosa aventura. Se encomendó* ***en*** *manos de su padre.* **encomendarse* al santo de mi / tu / su devoción.**

encomendería *s. f.* MÉX., PERÚ. Pequeña tienda de comestibles.

encomendero, ra *s. m.* **1** HIST. Persona que, por concesión real, tenía indios encomendados en la América colonial española: *Los religiosos solían criticar y atacar la codicia y el espíritu de lucro de los encomenderos.* ‖ *s. m. / f.* **2** MÉX., PERÚ. Persona que vende comestibles.

encomiar *v. tr.* ELEVADO. Alabar ‹una persona› [a otra persona] con insistencia o interés: *Antes del nombramiento, el director encomió su brillante historial.* SIN. elogiar, ensalzar.

encomiasta *s. m. / f.* ELEVADO. Persona que elogia a otra.

encomiástico, ca *adj.* ELEVADO. Que contiene alabanza, o que sirve para alabar: *Su obra mereció el juicio encomiástico de la crítica especializada.* SIN. laudatorio.

encomienda *s. f.* **1** RESTRINGIDO. Encargo que se hace a una persona: *Le ha correspondido la encomienda de ocuparse del negocio familiar.* **2** HIST. Institución de la América colonial española por la que se concedía a una persona el tributo o el trabajo de un grupo de indígenas, a cambio de protegerlos e instruirlos en la religión cristiana: *Las encomiendas tuvieron muchos detractores desde el primer momento.* **3** AMÉR. DEL S. Paquete postal.

encomio *s. m.* ELEVADO; INTENSIFICADOR. Elogio muy grande: *Merece todo nuestro encomio su labor en pro de las colonias de huérfanos de ferroviarios.*

encomioso, sa *adj.* AMÉR. DEL S. Encomiástico.

enconado, da *adj.* (ser / estar; antepuesto / pospuesto) [Pelea, discusión] que es muy violenta y rencorosa: *La discusión es muy enconada. El enconado enfrentamiento acabó con una pelea violenta. Me fui cuando el debate estaba más enconado.*

enconar *v. tr.* **1** Provocar ‹una persona o una cosa› que [una pelea o una discusión entre dos o más personas] se haga más seria o más grave: *Lo único que consiguió con sus palabras fue enconar la discusión aún más.* **2** ELEVADO. Hacer ‹una persona o una cosa› que aumente la hostilidad o el odio de [una persona]: *Aquel castigo enconó a los alumnos.* ‖ *v. prnl.* **3** ELEVADO. Hacerse ‹una pelea o una discusión entre dos o más personas› más seria o más grave: *El debate se enconó con la presencia de más partidarios de uno y otro bando.*

encono *s. m.* **1** ELEVADO. Rencor muy grande: *Recuerda con encono aquellas discusiones políticas. Me tiene un encono terrible.* **2** AMÉR. Inflamación de una llaga o herida.

encontradizo, za *adj.* Se usa en la LOC. **hacerse el ~.** Buscar ‹una persona› a otra persona haciendo ver que el encuentro es casual: *Se hizo la encontradiza* ***con*** *su jefe porque quería hablarle del aumento de sueldo.*

encontrado, da *adj.* (preferentemente en plural) Que es contrario u opuesto: *No se entienden porque tienen opiniones encontradas sobre el asunto.*

encontrar *v. tr.* **1** Dar ‹una persona› con [otra persona] o con [una cosa que busca]: *Pedro encontró la cartera que buscaba.* **2** Considerar ‹una persona› que [otra persona o una cosa] tiene [cierta cualidad] o está de [cierta manera]: *Encuentro el libro un poco aburrido.* ‖ *v. tr. / prnl.* **3** Dar ‹una persona› con [una persona o una cosa] casualmente: *Encontré un billete de mil pesetas.* ***Se*** *encontraron en el metro algunas veces.* ***Me*** *encontraba muchos días* ***con*** *aquella misma gente que iba a trabajar.* SIN. tropezar(se). **4** Darse ‹una persona› cuenta de [una cosa]: *Llegué a su casa y* ***me*** *encontré con que todos se habían ido.* ‖ *v. prnl.* **5** Estar ‹una persona› en [un lugar]: *Ahora se encuentra* ***en*** *el extranjero.* SIN. hallarse. **6** Sentirse ‹una persona› de [cierta manera]: *El médico ha dicho que se encuentra bien, pero que debe seguir con el tratamiento.* **7** Reunirse ‹una persona› con [otra persona]: *¿Nos encontramos a las siete en el bar de siempre?* SIN. verse. **8** Descubrir ‹una persona› que tiene [una cosa] sin haber pensado en ello: *Al empezar a trabajar, se encontró* ***con*** *un nuevo coche.* **9** Coincidir ‹dos o más cosas› en [un punto]: ***En*** *este vértice se encuentran las dos rectas. Los dos ríos se encuentran* ***en*** *el pueblo de abajo.* SIN. hallarse, converger. **10** Chocar ‹dos cosas› bruscamente: *Los puños de los boxeadores se encontraron con fuerza.* **11** Oponerse ‹dos posturas o dos actitudes›: *En la obra se encuentran dos estilos radicalmente distintos.* **12** Coincidir ‹dos posturas o dos actitudes›: *Por fin se encontraron sus intereses.* FR. Y LOC. **dar con la horma* de su zapato** o **~ la horma de su zapato. ~ / haber hasta en la sopa*. estar / encontrarse en su salsa*. estar / hallarse / encontrarse en su propio terreno*. no ser / encontrarse / estar muy allá*.** ⇒ **28.**

encontronazo *s. m.* **1** COLOQUIAL. Golpe o choque violento: *Uno de los peatones se desmayó a causa del encontronazo.* **2** COLOQUIAL. Disputa: *Esta mañana tuve un encontronazo con una compañera por la fecha de las vacaciones.*

encoñarse *v. prnl.* **1** VULGAR. Estar ‹un hombre› tan atraído sexualmente por una mujer que llega a obsesionarse con ella. **2** VULGAR. Querer hacer o conseguir ‹una persona› [una cosa] por capricho: *Se ha encoñado* ***con*** *ese muñeco, y tendré que comprárselo.*

encoparse *v. prnl.* CHILE; COLOQUIAL. Embriagarse, emborracharse ‹una persona›.

encopetado, da *adj.* **1** (antepuesto / pospuesto) PEYORATIVO. Que es de una elevada categoría social y presume de ello: *un encopetado grupo de amigos, una reunión encopetada.* **2** (antepuesto / pospuesto) PEYORATIVO. Que va muy bien vestido: *una encopetada señora. Siempre va muy encopetado.*

encorajinar *v. tr.* **1** COLOQUIAL. Causar ‹una persona o una cosa› mucha irritación o enfado a [una persona]: *Me encorajina que te hayas ido sin avisarme.* SIN. encolerizar, enfurecer. ‖ *v. prnl.* **2** COLOQUIAL. Mostrar ‹una persona› mucha irritación o enfado: *Se encorajinó **con** el resto del equipo porque no le pasaban la pelota.*

encorbatarse *v. prnl.* COLOQUIAL. Ponerse ‹una persona› corbata: *Sólo se ha encorbatado una vez, que yo recuerde, y fue para su boda. No me gusta encorbatarme.*

encordado *s. m.* MÚS. Encordadura.

encordadura *s. f.* MÚS. Conjunto de las cuerdas de un instrumento de música: *afinar la encordadura.*

encordar *v. tr.* **1** Poner ‹una persona› cuerdas a [un instrumento musical u otra cosa]: *Voy a llevar a encordar la guitarra. En esta tienda te encordarán muy barato la raqueta de tenis.* ‖ *v. prnl.* **2** Atarse ‹un montañero› a una cuerda de seguridad: *Nosotros nos encordamos siempre para evitar sorpresas desagradables.* ⇒ **28.**

encorozar *v. tr.* MÉX. Rellenar los huecos de una pared o revocarla con barro.

encorsetado, da *adj.* (estar; antepuesto / pospuesto) Que está demasiado sujeto a unas normas muy rígidas e inflexibles: *un tipo de vida muy encorsetado, unas costumbres muy encorsetadas, la encorsetada conducta de una persona.*

encorsetar *v. tr. / prnl.* **1** Poner ‹una persona› un corsé u otra cosa que ciña mucho el cuerpo de [otra persona]: *Ya pasó la moda de encorsetarse las mujeres.* ‖ *v. tr.* **2** Quitar ‹una persona o una cosa› libertad a [una persona]: *Tantas normas encorsetaban su libertad de acción.* ‖ *v. prnl.* **3** Sufrir ‹una persona› una limitación de su libertad: *Me había encorsetado **en** un estilo de vida que no me satisfacía.*

encorvar *v. tr.* **1** Hacer ‹una persona o una cosa› que [una persona o una cosa] tome forma curva: *El peso de los años había encorvado su espalda. Los libros han encorvado la madera de la estantería.* ‖ *v. prnl.* **2** Tomar ‹una persona o una cosa› forma curva: *Se ha encorvado debido a una enfermedad en los huesos. Es tan alto que va encorvado.*

encrespar *v. tr.* **1** Agitar ‹el viento› [las olas del mar]: *Un viento repentino encrespó el mar y los bañistas fueron yéndose poco a poco.* **2** Causar ‹una persona o una cosa› enfado o irritación a [una persona]: *Aquellas declaraciones encresparon las relaciones de las dos amigas.* SIN. crispar. **3** Levantar ‹un animal› [el pelo o el plumaje]: *El gato ha encrespado el pelo para impresionar al perro.* **4** Hacer ‹una persona o una cosa› rizos pequeños en [el cabello de otra persona]: *La humedad te encrespa el pelo.* ‖ *v. prnl.* **5** Agitarse ‹el mar›: *El mar se había encrespado y la barca estuvo a punto de volcar.* **6** Sentir ‹una persona› enfado o irritación: *Se encresparon los ánimos en el debate.* SIN. crisparse. **7** Levantarse ‹el pelo o el plumaje de un animal›: *El gato se encrespó para asustar al perro.*

encrucijada *s. f.* **1** Lugar en donde se cruzan caminos o calles: *Este pueblo es una encrucijada de caminos.* **2** Situación en la que es difícil decidirse por tener varias posibilidades: *No sé qué hacer, estoy en una encrucijada.* **3** ELEVADO. Punto donde se unen diversas cosas: *encrucijada de culturas.* **4** RESTRINGIDO. Situación que se aprovecha para hacer daño a una persona: *Aún no sé cómo escapé de aquella encrucijada que me prepararon.* SIN. trampa, emboscada.

encuadernación *s. f.* **1** (no contable) Acción y resultado de encuadernar: *La encuadernación artesanal es un arte que se va perdiendo.* **2** Forro o tapas que se ponen a los libros para resguardar sus hojas: *encuadernación en rústica, encuadernación en piel, encuadernación en pasta, encuadernación en gusanillo.* **3** Lugar donde se hacen encuadernaciones: *Voy a la encuadernación a llevar estos libros, a ver cuándo me los tienen.*

encuadernador, ra *s. m. / f.* Persona que tiene como oficio encuadernar: *Es un encuadernador muy bueno, aprendió el oficio con su padre.*

encuadernar *v. tr.* Coser o pegar ‹una persona› [las hojas que van a formar un libro y ponerles tapas]: *No sé si encuadernar el libro **en** rústica o **en** pasta. Me han encuadernado el trabajo **con** gusanillo y ha sido muy rápido y barato.*

encuadrar *v. tr.* **1** Poner ‹una persona› [una cosa] en un marco o un cuadro: *Encuadró el dibujo.* **2** Incluir ‹una persona› [a una persona o una cosa] en [una clasificación, un tiempo o una circunstancia determinados]: *Aunque encuadran a este político **en** el sector más conservador del partido, es una persona liberal. Este autor está encuadrado **en** la Generación del 98. Algunos encuadran su obra **en** el Modernismo.* SIN. enmarcar. **3** CINE., FOT. Realizar ‹una persona› un encuadre de [una cosa] con una cámara de cine o fotográfica: *Primero encuadra bien la escena, y luego dispara la foto.* **4** TV. Ajustar ‹una persona› [la imagen de un televisor] de forma que quede fija y nítida en la pantalla: *Yo no sé cómo se encuadra este televisor, con tantos botones como tiene.* ‖ *v. tr. / prnl.* **5** Proporcionar ‹una cosa› el marco apropiado a [otra cosa]: *La cultura de la resistencia **se** encuadra, precisamente, **en** estos regímenes dictatoriales. Aquel paisaje encuadraba bien nuestro encuentro.* **6** Colocar ‹una persona› [a otra persona] en [un grupo]: *Encuadraron a los reclutas **en** unidades. La selección de baloncesto ha quedado encuadrada **en** el grupo de clasificación más difícil.*

encuadre *s. m.* **1** Acción y resultado de encuadrar: *El encuadre de ese mural no me parece el más adecuado.* **2** CINE., FOT. Porción de espacio que capta el objetivo de una cámara: *En esta foto no está bien conseguido el encuadre.* **3** TV. Sistema o control del televisor que permite ajustar o encuadrar la imagen en la pantalla: *Toca el encuadre de la tele a ver si se ajusta la imagen.*

encuartar *v. tr.* **1** AMÉR. Ayudar con una caballería de refuerzo a remolcar un vehículo que está atascado. ‖ *v. prnl.* **2** MÉX. Encabestrarse una bestia, enredarse en el cabestro. **3** MÉX. Atravesarse en una conversación. **4** MÉX. Meterse alguien en un mal asunto o negocio.

encuartelar *v. tr.* AMÉR. DEL S. Acuartelar.

encuatar *v. tr.* AMÉR. Emparejar dos cosas semejantes.

encubierto, ta *p.* Participio irregular de *encubrir.*

encubrimiento *s. m.* Acción y resultado de encubrir: *Sepa el testigo que puede ser acusado de encubrimiento.*

encubrir *v. tr.* **1** Ocultar ‹una persona› [una cosa]: *Don Carlos encubría su avaricia. Siempre ha encubierto su amor* *por ella.* **2** Ayudar ‹una persona› [a un delincuente] a no ser descubierto: *Encubrieron a los ladrones. Si nadie encubriera a los defraudadores del fisco pagaríamos menos impuestos.* SIN. tapar, esconder. ⇒ **91.**

encucurucharse *v. prnl.* AMÉR. C.; COL. Encaramarse, trepar a todo lo alto.

encuellar *v. tr.* COL.; COLOQUIAL. Acogotar ‹una persona› [a otra persona].

encuentro *s. m.* **1** Coincidencia de dos o más personas en un lugar: *el encuentro de los amigos, un encuentro inesperado. Aquel encuentro imprevisto tendría grandes consecuencias para mi futuro.* **lugar de ~.** **2** Entrevista celebrada por dos o más personas: *El encuentro entre los jefes de Estado no produjo ningún acuerdo importante.* **3** Hallazgo de una cosa que se buscaba: *El encuentro del broche que había perdido me llenó de felicidad.* **4** Acción de guerra: *El encuentro de ambos ejércitos tuvo lugar en una llanura.* SIN. batalla. **5** Riña entre dos o más personas: *Tuvimos un encuentro y ahora no me saluda.* **6** DEP. Partido entre dos jugadores o equipos: *Fue un encuentro muy disputado.* FR. Y LOC. **ir / salir al ~.** Dirigirse ‹una persona› hacia otra persona por su mismo camino, pero en sentido contrario, con la intención de encontrarse: *Voy al encuentro de mi padre para decírselo enseguida.*

encuerar *v. tr. / prnl.* AMÉR. Dejar en cueros, desnudar.

encuesta *s. f.* **1** Método que se utiliza para conocer el estado de opinión sobre un determinado tema y que consiste en realizar una serie de preguntas a una población o a una muestra representativa de la misma: *hacer una encuesta, encuestas preelectorales.* SIN. sondeo. **2** Cuestionario sobre un determinado tema para sacar conclusiones estadísticas: *Hemos preparado una encuesta lingüística.* **3** Conjunto de acciones para averiguar alguna cosa: *La policía hizo una encuesta en el lugar de los hechos.* SIN. investigación, pesquisa.

encuestar *v. tr.* Hacer ‹una persona› una encuesta a [otra persona].

encularse *v. prnl.* **1** AMÉR. DEL S.; COLOQUIAL. Enfadarse ‹una persona›. **2** AMÉR. DEL S., MÉX.; VULGAR en México. Enamorarse ‹una persona›.

encumbramiento *s. m.* Acción y resultado de encumbrar o encumbrarse: *Su encumbramiento ha sido rápido, pero no ha sorprendido a nadie.*

encumbrar *v. tr. / prnl.* **1** Colocar ‹una persona› [a otra persona] en una posición social o económica elevada: *Su padre fue quien la encumbró. Se encumbró* ***sobre*** *sus colegas con mucha rapidez.* || *v. tr.* **2** Alabar ‹una persona› [a una persona o una cosa] mucho: *El presidente del jurado encumbró al premiado ensalzando sus virtudes.* SIN. elogiar. || *v. prnl.* **3** ELEVADO. Llegar ‹una cosa› a mucha altura: *Las peñas se encumbran* ***hasta*** *el cielo.*

encurdarse *v. prnl.* JERGAL. Emborracharse ‹una persona›.

encurtido, da *adj. / s. m.* (preferentemente en plural; estar) [Fruto o legumbre] que está conservado en vinagre: *pepinillos encurtidos, aceitunas encurtidas. Un poco más abajo hay una tienda de encurtidos.*

encurtir *v. tr.* Conservar ‹una persona› [frutos o legumbres] en vinagre: *Hemos encurtido las aceitunas porque nos gustan así en la ensalada.*

ende Se usa en la LOC. **por ~.** DERECHO; ELEVADO. Locución adverbial que señala la consecuencia de una cosa dicha con anterioridad: *Él estaba fuera; por ende, no puede ser el asesino. Son más ligeras y, por ende, más adecuadas.* OBSERVACIONES: ◊ Se usa más ante sintagmas no verbales. ◊ Ante proposiciones y sintagmas verbales tiene carácter de arcaísmo. RELACIONES Y CONTRASTES: Frente a *luego* y *por tanto* o *por consiguiente* puede introducir proposiciones, sintagmas verbales y otros sintagmas inferiores.

endeble *adj.* Que tiene poca fuerza o resistencia: *Ese argumento es endeble, no tiene mucha consistencia. Es un niño muy endeble: no me extrañaría que tuviera anemia. Esta tabla es muy endeble y no aguantará el peso de los libros.*

endecágono *s. m.* GEOM. Polígono que tiene once ángulos y once lados.

endecasílabo, ba *adj.* **1** MÉTR. [Composición] que tiene versos de once sílabas: *estrofa endecasílaba* || *adj. / s. m.* **2** MÉTR. [Verso] que tiene once sílabas: *un verso endecasílabo. Escribió el poema en endecasílabos.*

endecha *s. f.* **1** Canción melancólica. **2** LIT. Composición lírica de carácter triste o patético.

endemia *s. f.* MED. Enfermedad que afecta a una región o un país de forma permanente o en fechas fijas.

endémico, ca *adj.* **1** MED. De la endemia: *afección endémica.* **enfermedad* endémica.** **2** Que ocurre con frecuencia o permanentemente en un país o región determinados: *Para muchas zonas de África el hambre es un mal endémico.*

endemoniado, da *adj.* **1** (antepuesto / pospuesto) COLOQUIAL. Que es muy malo o desagradable: *Tiene un gusto endemoniado. Un endemoniado olor a podrido salía del armario.* SIN. endiablado. **2** (antepuesto) COLOQUIAL. Que molesta o da mucho trabajo: *Me paso el día limpiando estos endemoniados cristales.* SIN. endiablado, maldito. **3** (antepuesto / pospuesto) COLOQUIAL. Que es perverso o malvado: *una endemoniada imaginación. Tiene una mente endemoniada.* SIN. endiablado. || *adj. / s. m.* y *f.* **4** (ser / estar) REL. Que está poseído por el demonio: *En la Biblia aparecen muchas personas endemoniadas. El protagonista era un endemoniado.*

endemoniar *v. tr.* **1** REL. Hacer entrar ‹una persona› el demonio en [una persona] o en [una cosa]: *No creo que pueda endemoniar a la niña con fórmulas secretas, las brujas no existen.* **2** COLOQUIAL. Causar ‹una persona o una cosa› irritación o enfado a [una persona]: *Los atascos en la carretera lo endemonian.* || *v. prnl.* **3** Mostrar ‹una persona› irritación o enfado: *Está endemoniado con el trabajo que debe presentar el lunes.*

endenantes *adv. temp.* CHILE, PERÚ; COLOQUIAL en Chile, RESTRINGIDO en Perú. Antes.

endentecer *v. intr.* RESTRINGIDO. Empezar ‹un niño› a echar los dientes: *El bebé está así de llorón porque está endenteciendo.* ⇒ **5.**

enderezar *v. tr.* **1** Poner ‹una persona o una cosa› derecha [una cosa que estaba torcida]: *Hay que enderezar la barra para que aguante bien el peso. Endereza el brazo, que te cure la herida. ¿Quieres enderezar el cuadro, que está torcido?* **2** Levantar ‹una persona› [una cosa que estaba inclinada]: *Ha enderezado la escalera para que no se resbale.* **3** Poner ‹una persona o una cosa› [una cosa] en buen estado: *El préstamo enderezó su negocio.* **4** Corregir ‹una persona› la conducta de [otra persona]: *Ha sabido enderezar a sus hijos.* **5** Dirigir ‹una persona› [una cosa] hacia [un lugar o un objetivo]: *Endereza la manguera* ***hacia*** *aquí.*

*Tienes que enderezar el volante **hacia** allí.* || *v. prnl.* **6** Ponerse ‹una persona o una cosa que estaba torcida› derecha: *Camina encogido, pero cuando se endereza se ve que es mucho más alto. El estante no se ha enderezado.* **7** Ponerse ‹una cosa› en buen estado: *Parece que la economía empieza a enderezarse.* ⇒ **19.**

endeudar *v. tr.* **1** Hacer ‹una persona o una cosa› que [una persona] se llene de deudas: *La política del gobierno endeudó al país.* || *v. prnl.* **2** Llenarse ‹una persona› de deudas: *Se ha endeudado por haber hecho caso de los malos consejos.*

endiablado, da *adj.* **1** (antepuesto/pospuesto) COLOQUIAL. Que es muy malo o desagradable: *un sabor endiablado, un endiablado olor.* SIN. endemoniado. **2** (antepuesto) COLOQUIAL. Que molesta o da mucho trabajo: *Este endiablado motor me da muchos problemas.* **3** (antepuesto/pospuesto) COLOQUIAL. Que es perverso o malvado: *una endiablada relación. Era un plan endiablado que nos hubiera llevado al desastre.* SIN. endemoniado.

endíadis *s. f.* RET. Figura retórica que consiste en la expresión de un concepto mediante dos nombres coordinados.

endibia *s. f.* Variedad de escarola cuya raíz se entierra o coloca en un lugar oscuro para que blanquee en un apretado manojo; se consume, principalmente, en ensalada.

endilgar *v. tr.* **1** COLOQUIAL; PEYORATIVO. Hacer aguantar ‹una persona› [una cosa molesta o desagradable] a [otra persona]: *No me endilgues más versitos. Me ha endilgado las quinientas diapositivas de su último viaje.* **2** COLOQUIAL; PEYORATIVO. Aplicar ‹una persona› [una calificación considerada negativa] a [una persona]: *Le han endilgado un mote bastante feo en el colegio.* **3** COLOQUIAL; PEYORATIVO. Hacer ‹una persona› [una cosa] deprisa o de cualquier manera: *Endilgó el trabajo en dos minutos.* SIN. despachar. ⇒ **56.**

endiñar *v. tr.* **1** COLOQUIAL. Dar ‹una persona› [un golpe] a [otra persona]: *Le endiñó un puñetazo en un ojo.* **2** COLOQUIAL. Hacer aguantar ‹una persona› [una cosa molesta o desagradable] a [otra persona]: *Mi hermano me ha endiñado a sus niños el fin de semana.*

endiosar *v. tr.* **1** COLOQUIAL; PEYORATIVO. Hacer ‹una persona o una cosa› que [una persona] se vuelva engreída: *Este cargo que le han dado la ha endiosado un poquito.* || *v. prnl.* **2** COLOQUIAL; PEYORATIVO. Volverse ‹una persona› engreída: *Los hombres se endiosan con cualquier pequeño éxito.*

endocardio *s. m.* ANAT. Membrana que recubre el interior de las cuatro cavidades del corazón: *El endocardio es más grueso en las aurículas que en los ventrículos.*

endocarditis (plural *endocarditis*) *s. f.* Inflamación del endocardio.

endocarpio o **endocarpo** *s. m.* BOT. Parte dura y leñosa del interior de algunos frutos en la cual está encerrada la semilla: *El endocarpio del melocotón, la ciruela o el albaricoque es lo que comúnmente se llama el hueso.*

endocrino, na *adj.* **1** ANAT. De las hormonas y de las glándulas que las vierten al torrente sanguíneo: *el sistema endocrino, una alteración endocrina.* **glándula* endocrina.** || *s. m./f.* **2** MED. Endocrinólogo.

endocrinología *s. f.* (no contable) MED. Parte de la Medicina que estudia y trata las glándulas endocrinas.

endocrinólogo, ga *s. m./f.* MED. Médico especialista en endocrinología. SIN. endocrino.

endocrinopatía *s. f.* MED. Enfermedad causada por el exceso o el defecto en la producción de hormonas de una glándula endocrina: *Su obesidad es producto de una endocrinopatía.*

endodoncia *s. f.* **1** (no contable) Parte de la Medicina que estudia las enfermedades de la pulpa de los dientes: *La endodoncia es una especialidad reciente dentro de la odontología.* **2** Tratamiento de las enfermedades de la pulpa de los dientes: *La doctora me ha dicho que tiene que hacerme una endodoncia.*

endoesqueleto o **endosqueleto** *s. m.* ZOOL. Esqueleto interno de una persona o animal.

endogamia *s. f.* **1** ELEVADO. Práctica de contraer matrimonio con personas del mismo grupo étnico, social o religioso: *La endogamia acentuaba las enfermedades congénitas en los monarcas.* **2** ELEVADO. Tendencia de ciertos grupos profesionales o sociales a no admitir a personas ajenas al grupo: *La endogamia impide la movilidad profesional.* **3** BIOL. Fecundación entre individuos del mismo grupo dentro de la misma especie.

endogénesis (plural *endogénesis*) *s. f.* BIOL. Reproducción por división de una célula o elemento primitivo dentro del órgano que lo engendra.

endógeno, na *adj.* Que se origina en el interior de un cuerpo u organismo: *una reacción endógena, un factor endógeno, una alteración endógena, una infección endógena. Las rocas endógenas proceden del interior de la corteza terrestre.*

endolinfa *s. f.* (no contable) ANAT. Líquido acuoso que llena el oído interno de los animales vertebrados: *La endolinfa recibe las vibraciones del tímpano a través del oído medio.*

endometrio *s. m.* (no contable) ANAT. Mucosa que recubre las paredes del útero.

endomingarse *v. prnl.* COLOQUIAL. Vestirse ‹una persona› con ropa de fiesta: *En las ciudades pequeñas y en los pueblos de España se endominga la gente para ir a misa y para salir de paseo.* ⇒ **56.**

endorreísmo *s. m.* (no contable) GEOGR. Fenómeno por el que las aguas corrientes de una región no desembocan en el mar, sino en lagos y zonas pantanosas: *El endorreísmo puede ser consecuencia del relieve, de la fuerte evaporación o de la existencia de filtraciones.*

endosar *v. tr.* **1** COLOQUIAL. Pasar ‹una persona› [una cosa molesta o desagradable] a [otra persona]: *Me ha endosado el trabajo más duro. Me endosó a su primo y me dijo que lo paseara toda la tarde.* **2** ECON. Pasar ‹una persona› [una letra, un cheque u otro documento de crédito] a [otra persona]: *Endosé las letras a su nombre porque ella se iba a encargar del pago del resto del dinero.*

endosatario, ria *s. m./f.* ECON. Persona a cuyo favor se endosa o traspasa un documento de crédito.

endoscopia *s. f.* MED. Exploración visual de los conductos internos del organismo mediante el endoscopio.

endoscopio *s. m.* MED. Instrumento óptico en forma de tubo y provisto de luz que sirve para explorar los conductos internos del organismo: *Con el endoscopio el médico ha explorado partes del aparato digestivo.*

endosfera *s. f.* GEOL. Núcleo central de la Tierra compuesto fundamentalmente de níquel y hierro.

endosperma o **endospermo** *s. m.* BOT. Tejido que rodea el embrión de las plantas angiospermas y le sirve de reserva alimenticia: *Cuando la planta puede realizar la función clorofílica deja de alimentarse del endosperma.*

endosqueleto *s. m.* ZOOL. Endoesqueleto.

endotelio *s. m.* (no contable) ANAT. Tejido fino formado por una sola capa de células planas que tapiza el interior de los vasos sanguíneos y linfáticos y del corazón.

endovenoso, sa *adj.* MED. Que está o se pone en el interior de una vena: *Me han puesto una inyección endovenosa.* SIN. intravenoso.

endrina *s. f.* Fruto del endrino, de tamaño pequeño, color azulado oscuro o negro y sabor ácido, con el que se elabora el licor llamado pacharán.

endrino, na *adj.* **1** RESTRINGIDO. De color negro azulado como el de la endrina: *El cadáver tenía la tez endrina, lo que mostraba síntomas evidentes de haber muerto por asfixia.* || *s. m.* **2** Árbol rosáceo con hojas en forma de lanza, espinas en las ramas, flores blancas y que tiene como fruto la endrina o endrino: *El endrino es un árbol silvestre.* **3** Endrina.

endrogarse *v. prnl.* **1** AMÉR. Empeñarse, contraer deudas. **2** COL. Drogarse ‹una persona›.

enduido *s. m.* **1** ARG., URUG. Acción o efecto de untar y disponer las paredes para dejarlas listas para la pintura. **2** ARG., URUG. Sustancia para alisar e igualar las paredes antes de pintarlas.

endulzar *v. tr.* **1** Poner ‹una persona o una cosa› dulce [una cosa]: *Ella siempre endulzaba el café con sacarina.* **2** Hacer ‹una persona o una cosa› más suave o más llevadera [una situación difícil o penosa]: *Los hijos endulzarán nuestra vejez. Los libros ayudan a endulzar la soledad.* || *v. prnl.* **3** Hacerse ‹una cosa› dulce: *Su carácter se endulza con los años.* **4** Hacerse ‹una situación difícil o penosa› más suave o más llevadera: *Su prisión se ha endulzado estos últimos años.* ⇒ **19.**

endurecer *v. tr.* **1** Poner ‹una persona o una cosa› dura [una cosa]: *Has endurecido mucho la masa de la tarta. Los jueces dicen que hay que endurecer la ley.* **2** Hacer ‹una cosa› más dura o resistente [a una persona o una cosa]: *El trabajo endurecerá su cuerpo. Los golpes en el yunque endurecen el hierro.* SIN. fortalecer. **3** Hacer ‹una persona o una cosa› más cruel o insensible [a una persona]: *La guerra y las condiciones difíciles de vida lo endurecieron mucho.* SIN. insensibilizar. || *v. prnl.* **4** Ponerse ‹una cosa› dura: *El pan de ayer se ha endurecido. La ley se endurece para los casos de fraude.* **5** Hacerse ‹una persona› más dura o resistente: *Los músculos se le endurecieron* ***con*** *el ejercicio.* SIN. fortalecerse. **6** Hacerse ‹una persona› más cruel o insensible: *Es que ella se endureció en la cárcel y desde entonces no derrama una lágrima.* ⇒ **5.**

endurecimiento *s. m.* Acción y resultado de endurecer o endurecerse: *El endurecimiento del hormigón se debe a una reacción química. Se ha anunciado un endurecimiento de las medidas contra la corrupción.*

ene *s. f.* Nombre de la letra *n*: *Nicaragua se escribe con ene mayúscula.*

enea *s. f. Tipha latifolia.* Planta que crece en lugares pantanosos, con hojas estrechas y largas que se emplean para hacer asientos de sillas y otros objetos: *Estuve en el mercado y compré dos sillas de enea.*

eneágono *s. m.* GEOM. Polígono que tiene nueve ángulos y nueve lados.

eneasílabo, ba *adj. / s. m.* MÉTR. Que tiene nueve sílabas: *un verso eneasílabo.*

enebro *s. m.* Arbusto conífero, de copa espesa, hojas en forma de aguja, blancas por el envés y fruto pequeño, negro azulado y de sabor ácido del que se fabrica la ginebra: *El enebro es muy apreciado por su madera.*

eneldo *s. m.* Hierba umbelífera con hojas divididas en tiras estrechas y flores amarillas en círculo con propiedades medicinales: *aceite de eneldo.*

enema *s. m.* **1** MED. Introducción de un líquido en el recto a través del ano con fines laxantes o para facilitar un diagnóstico. **2** MED. Líquido o instrumento manual utilizados en los enemas.

enemigo, ga *adj. / s. m.* y *f.* **1** Que es contrario u opuesto a una persona o cosa: *el ejército enemigo. Este cuadro se ha convertido en mi enemigo: no consigo clavarlo derecho en la pared.* **2** Que no gusta de alguna cosa: *Es una entrenadora enemiga* ***del*** *juego defensivo. Mi padre es enemigo* ***de*** *las comidas picantes. Mi abuela es enemiga* ***de*** *las aglomeraciones.* || *s. m. / f.* **3** Persona que desea o hace mal a otra persona o le tiene odio: *Cuando tienes un puesto importante te creas muchos enemigos sin querer.* **4** MIL. Ejército contrario: *Hay que tomar esa colina al enemigo.*

enemistad *s. f.* Odio o enfrentamiento entre personas: *La enemistad entre ambas familias es de siglos.* ANT. amistad.

enemistar *v. tr. / prnl.* Hacer ‹una persona o una cosa› que [una persona] pierda su amistad con [otra persona]: *Se enemistó* ***con*** *su amiga de toda la vida. Mis primos se han enemistado por el reparto de la herencia.*

eneolítico, ca *adj. / s. m.* Del período prehistórico de transición entre la Edad de Piedra pulimentada y la de Bronce: *utillaje eneolítico, cultura eneolítica.*

energética *s. f.* (no contable) FÍS. Parte de la Física que trata de la energía.

energético, ca *adj.* **1** De la energía: *consumo energético, producción energética.* **2** Que produce energía: *producto energético. El azúcar es un alimento muy energético.*

energía *s. f.* **1** FÍS. Capacidad de un cuerpo o sistema para realizar un trabajo: *La producción de energía eléctrica es uno de los índices de desarrollo de un país.* **2** Capacidad física o psíquica de una persona para realizar una cosa: *No tiene energía para seguir trabajando a ese ritmo.* **3** Fortaleza de carácter o firmeza para realizar una actividad: *Tiene la energía que tienen todos los padres cuando defienden a sus hijos.* **4** Fuerza o intensidad en la realización de una cosa: *Habló con una energía que dejó a los demás sorprendidos.* || **5 ~ cinética** FÍS. Energía que tiene un cuerpo en movimiento. **6 ~ potencial** FÍS. Energía que tiene un cuerpo debido a su posición en un campo de fuerzas.

enérgico, ca *adj.* **1** Que tiene energía o carácter: *Fue una decisión enérgica. Es una persona muy enérgica, que ataja con rapidez y contundencia los problemas.* **2** Que produce mucho efecto: *Es un remedio enérgico contra la tos. Fue una maniobra enérgica de la oposición.*

energúmeno, na *s. m. / f.* INSULTO. Persona furiosa, violenta, que se enfada con facilidad: *Se puso como una energúmena cuando oyó la noticia.*

enero *s. m.* Primer mes del año, que tiene treinta y un días: *En el mes de enero cayó una nevada en Madrid de las que no se recordaban.* **cuesta* de ~.**

enervar *v. tr.* **1** COLOQUIAL. Poner ‹una persona o una cosa› nerviosa [a una persona]: *Me enerva ver la mesa desordenada.* **2** ELEVADO. Quitar ‹una persona o una cosa› las fuerzas o la energía a [una persona]: *La anemia había enervado a la niña, que se encontraba postrada en la cama.* || *v. prnl.* **3** COLOQUIAL. Ponerse ‹una persona› nerviosa: *Se enerva con las discusiones inútiles que no llevan a ningún sitio.* **4** ELEVADO. Perder ‹una persona› las fuerzas o energía: *Me enervan las tardes lluviosas de otoño.*

enésimo, ma *adj.* **1** (antepuesto) DISGUSTO Y ENFADO. Que ha ocurrido muchas veces: *Es la enésima oportunidad que te doy. Te lo repito por enésima vez.* **2** MAT. Que ocupa un lugar indeterminado en una serie: *Un número elevado a la enésima potencia.*

enfadar *v. tr.* **1** Causar ‹una persona o una cosa› irritación o disgusto a [una persona]: *Me enfada mucho que pienses así de mí.* || *v. prnl.* **2** Mostrar ‹una persona› irritación o disgusto: *Pedro se enfadó al oír la noticia. Tu amiga se enfada **por** cualquier cosa.* **3** Perder ‹una persona› su amistad con [otra persona]: *Se enfadó **con** su vecina por una tontería. Hacía mucho que eran amigos, pero se han enfadado **por** un malentendido.* SIN. indisponerse.

enfado *s. m.* Enojo o disgusto por una persona o una cosa: *Ya se le ha pasado el enfado por lo del sábado. Tiene un enfado grande porque no ha podido poner el enchufe.*

enfadoso, sa *adj.* RESTRINGIDO. Que causa fastidio o molestia, o que se hace con disgusto: *Este trabajo está resultando muy enfadoso. Me resultan enfadosas sus advertencias sobre mi manera de trabajar.*

enfaenado, da *adj.* (estar) Que está concentrado en su trabajo o actividad: *Estaba tan enfaenada que no se dio cuenta de que nos íbamos.*

enfajar *v. tr./prnl.* Poner ‹una persona› una faja a [otra persona]: *Suelen enfajar a los niños recién nacidos.*

enfajillar *v. tr.* AMÉR. Poner una faja a los impresos para enviarlos por correo.

enfangar *v. tr./prnl.* **1** Cubrir ‹una persona› [a una persona o una cosa] de fango: *Has enfangado el coche por meterte por ese camino. Se enfangó mientras buscaba setas.* SIN. embarrar(se). || *v. prnl.* **2** Mezclarse ‹una persona› en [una actividad deshonrosa o mal vista por los demás]: *Se enfangó **en** un asunto de tráfico de armas.* ⇒ **56.**

énfasis (plural *énfasis*) *s. m.* **1** Fuerza que se da a la expresión o a la entonación: *Esa frase hay que decirla con más énfasis.* **2** Interés, importancia: *Los sindicatos han puesto mucho énfasis en las reivindicaciones salariales.* **3** Expresión o comportamiento exagerado, poco natural: *Habla con mucho énfasis, como si siempre estuviese actuando.*

enfático, ca *adj.* Que tiene énfasis o que lo denota: *discurso enfático, tono enfático. Habla de forma enfática.*

enfatizar *v. intr.* **1** Expresarse ‹una persona› con énfasis: *Le dijo a la actriz que tenía que hablar sin enfatizar.* || *v. tr.* **2** Hacer ‹una persona o una cosa› que destaque la importancia de [una cosa]: *Quiero enfatizar la necesidad de que el proyecto acabe con éxito.* ⇒ **19.**

enfebrecido, da *adj.* (estar; antepuesto/pospuesto) COLOQUIAL. Que está muy entusiasmado o alterado de ánimo: *El público está enfebrecido. La enfebrecida admiradora subió al escenario dispuesta a abrazar al cantante.*

enfermar *v. tr.* **1** Causar ‹una cosa› una enfermedad a [una persona, un animal o una planta]: *El frío acabó por enfermarla. Aquellos disgustos lo hicieron enfermar **del** corazón.* **2** COLOQUIAL. Causar ‹una persona o una cosa› irritación o disgusto a [una persona]: *Me enferma su mal gusto.* || *v. intr.* **3** Ponerse ‹una persona, un animal o una planta› enfermo: *Tu amigo enfermó **del** pecho. El perro enfermó **de** moquillo. Los olmos de todo el valle están enfermando.* || *v. prnl.* **4** VEN. Ponerse ‹una persona› enferma.

enfermedad *s. f.* **1** Conjunto de fenómenos que se producen en un ser vivo cuando sufre un daño o un mal funcionamiento de algún órgano: *enfermedad de corazón, enfermedad de riñón, enfermedad neurológica, contagiar una enfermedad, contraer una enfermedad, transmitir una enfermedad. Este paciente padece una enfermedad respiratoria.* **~ congénita. ~ contagiosa. ~ endémica. ~ genética. ~ grave. ~ hereditaria. ~ incurable. ~ infecciosa. ~ mental. ~ mortal. ~ profesional. ~ venérea.** **2** Hábito o pasión considerados negativos: *Los celos están considerados por algunos psicólogos como una enfermedad. La envidia es una enfermedad de difícil curación.* **3** Cosa que altera el estado normal o perjudica el buen funcionamiento de otra cosa: *La falta de solidaridad es una enfermedad de las sociedades modernas. Este edificio padece la enfermedad de la aluminosis.*

enfermería *s. f.* **1** Lugar donde se atiende a enfermos y heridos y se hacen las primeras curas: *la enfermería de un campo de fútbol. Tras la cogida, llevaron al torero a la enfermería de la plaza.* **2** (no contable) Oficio de la persona que atiende a los enfermos bajo la dirección de un médico: *La enfermería es una profesión muy sacrificada, aunque tiene sus compensaciones.* **3** (no contable) Titulación y materias que componen la carrera relacionada con la asistencia a enfermos: *He estudiado enfermería durante tres años.*

enfermero, ra *s. m./f.* Persona que tiene por oficio asistir o atender a los enfermos bajo la dirección de un médico: *turno de enfermeros, enfermera jefe. Las enfermeras de este hospital son muy competentes.*

enfermizo, za *adj.* **1** Que tiene poca salud o enferma con frecuencia: *Es un niño enfermizo que siempre está en el médico.* **2** Que es propio de un enfermo: *Tenía una mirada triste y enfermiza que daba lástima.* **3** Que es propio de una persona desequilibrada: *Mostró una pasión enfermiza por el juego.* **4** Que puede causar enfermedad: *Se respiraba un ambiente enfermizo del que preferí huir.*

enfermo, ma *adj./s. m.* y *f.* (estar; antepuesto/pospuesto) Que padece una enfermedad: *Es una mujer enferma y sola. Los drogadictos son enfermos. El enfermo capitán quiso estar con sus soldados el día de la batalla. Cayó enferma en el viaje. Estos árboles están enfermos. El niño está enfermo **con** varicela.* FR. Y LOC. **~ terminal** Enfermo declarado incurable por los médicos que está cerca de la muerte: *Éste es el pabellón de los enfermos terminales de sida.*

enfermoso, sa *adj.* AMÉR. Enfermizo.

enfervorizar *v. tr.* **1** Comunicar ‹una persona o una cosa› ánimo o entusiasmo a [una persona]: *Su discurso enfervorizaba a las masas.* **2** REL. Transmitir ‹una persona o una cosa› fervor o devoción religiosa a [una persona]: *Aquel sacerdote* *sabía cómo enfervorizar a los fieles.* || *v. prnl.* **3** Mostrar ‹una persona› ánimo o entusiasmo: *Se enfervorizaba con su equipo a medida que iba avanzando el encuentro.* SIN. enardecerse. ⇒ **19.**

enfeudar *v. tr.* HIST. Conceder ‹una persona› en feudo [a otra persona] [un territorio o una ciudad]: *El rey enfeudó a su hijo mayor la ciudad de Sevilla.*

enfiestarse *v. prnl.* AMÉR. Ponerse ‹una persona› muy eufórica, generalmente por estar de fiesta.

enfilar *v. intr. / tr.* **1** Dirigirse ‹una persona› hacia [un lugar determinado]: *Enfiló la calle en dirección al río.* || *v. tr.* **2** Dirigir ‹una persona› [una cosa] hacia [un lugar]: *Enfiló el arco al blanco.* **3** Dirigir ‹una persona› [un asunto] en [un sentido determinado]: *Enfilaron el negocio a su conveniencia. Ha enfilado sus protestas contra la actual dirección de la empresa.* **4** COLOQUIAL. Tener ‹una persona› antipatía [a otra persona]: *El profesor me ha enfilado desde el primer día que nos vimos y no hace más que fastidiarme.*

enfisema *s. m.* (no contable) MED. Enfermedad que se caracteriza por la formación de bolsas gaseosas en un tejido celular. **~ pulmonar.**

enflaquecer *v. tr.* **1** Poner ‹una persona o una cosa› delgada [a una persona]: *Tanto estudiar lo ha enflaquecido.* **2** Quitar ‹una persona o una cosa› fuerza o ánimos a [una persona]: *Estos fracasos no me enflaquecen el ánimo.* || *v. intr.* **3** Ponerse ‹una persona› flaca: *Está siguiendo una dieta para enflaquecer.* **4** Perder ‹una persona› fuerza o ánimos: *Su espíritu no enflaqueció jamás.* SIN. flaquear. ⇒ **5.**

enflaquecimiento *s. m.* Acción y resultado de enflaquecer: *un enflaquecimiento repentino.*

enflatarse *v. prnl.* **1** AMÉR. Acongojarse. **2** CUBA, MÉX. Irritarse, malhumorarse.

enfocar *v. tr.* **1** CINE, FOT. Hacer ‹una persona› que [la imagen obtenida en un aparato eléctrico] se reproduzca con claridad sobre un plano o un objeto: *Enfoca bien el proyector, porque se ve borroso.* **2** CINE, FOT. Hacer ‹una persona› que [una imagen recogida por una cámara] aparezca nítida en el centro: *A ver si enfocas bien, que las últimas fotos salieron cortadas y desenfocadas.* **3** Dirigir ‹una persona› [un foco de luz o una cámara] hacia [una persona o una cosa]: *La enfocó* ***con*** *los faros del automóvil.* **4** Tratar ‹una persona› [un asunto] de [cierta manera]: *Enfocó la historia desde las posiciones actuales.* ⇒ **71.**

enfoque *s. m.* Acción y resultado de enfocar: *El enfoque de la cámara no es bueno. Creo que ese no es el enfoque correcto del problema.*

enfoscado *s. m.* Capa de cemento o de otro material con que se cubre un muro.

enfoscar *v. tr.* Cubrir ‹una persona› [una pared] con una capa de cemento u otro material: *Los albañiles han empezado a enfoscar la pared.* ⇒ **71.**

enfrascar *v. tr.* **1** Meter ‹una persona› [una cosa] en un frasco: *Mi abuelo hacía una bebida a base de hierbas que enfrascaba él mismo.* SIN. envasar. || *v. prnl.* **2** Dedicarse ‹una persona› a [una cosa] intensamente: *Encendió la lámpara y se enfrascó* ***en*** *la lectura.* SIN. concentrarse. ⇒ **71.**

enfrenar *v. tr.* **1** HÍPICA. Poner ‹una persona› el freno a [una caballería]. **2** HÍPICA. Enseñar ‹una persona› a obedecer a [una caballería].

enfrentamiento *s. m.* Acción y resultado de enfrentar o enfrentarse: *Mantienen un enfrentamiento personal desde hace años.*

enfrentar *v. tr.* **1** Hacer ‹una persona o una cosa› que [dos o más personas] pierdan su amistad: *La distribución de las tierras enfrentó a las dos familias.* **2** Hacer ‹una persona› frente a [una situación o un peligro]: *Ellos enfrentaron la ruina con dignidad.* **3** Poner ‹una persona› [a una persona o una cosa] frente a otra persona u otra cosa: *Hay que enfrentar los dos espejos para conseguir el juego de luces.* || *v. prnl.* **4** Perder ‹dos o más personas› la amistad que las unía: *Los dos jefes se han enfrentado por una tontería. Me enfrenté* ***con*** *ella y desde entonces no me habla.* **5** Luchar ‹dos o más personas entre sí› para conseguir una misma cosa: *Los boxeadores se enfrentan* ***por*** *el título mundial.* SIN. competir.

enfrente *adv. lug.* **1** En la parte opuesta o delante de un lugar, persona o cosa, de manera que aquello de lo que se habla quede de cara o de frente al lugar, persona o cosa que se toma como referencia: *Deja el coche ahí enfrente.* OBSERVACIONES: ◊ Seguido por *de*, indica la situación respecto a un segundo término: *El cine está enfrente del supermercado.* ◊ Es frecuente que el lugar que se toma como referencia se omita por haberse mencionado con anterioridad o por el contexto: *Cuando salgas del banco recuerda que yo estaré enfrente esperándote.* ◊ Pueden seguirle las preposiciones *de, desde, para* y *hasta*, que aportan los significados de origen, procedencia o dirección: *El bebé caminó hasta enfrente y volvió.* SIN. delante. || *adv. modo* **2** En contra: *Preferiría tener a un equipo peor enfrente.* FR. Y LOC. **ser de la acera* de ~** o **ser de la otra acera.**

enfriamiento *s. m.* **1** Acción y resultado de enfriar o enfriarse: *El enfriamiento del ambiente se puede conseguir instalando aire acondicionado. Yo no esperaba que en nuestras relaciones se produjera este enfriamiento.* **2** MED. Catarro o afección leve producida por exposición al frío: *Los enfriamientos en esta época del año son muy frecuentes.*

enfriar *v. tr.* **1** Hacer ‹una persona o una cosa› que disminuya la temperatura de [una persona] o de [una cosa]: *El agua del radiador enfría el motor del coche.* **2** Hacer ‹una persona o una cosa› que disminuya la fuerza de [una emoción o un sentimiento]: *La distancia ha enfriado su relación. Los problemas han enfriado el ambicioso proyecto que se planteaba.* SIN. entibiar. || *v. intr. / prnl.* **3** Disminuir la temperatura de ‹una persona o una cosa›: *Este ventilador no enfría, sólo mueve el aire caliente de la habitación.* ***Se*** *han enfriado las patatas.* || *v. prnl.* **4** Perder ‹una emoción o un sentimiento› fuerza: *Con los años su relación se enfrió.* **5** Sufrir ‹una persona› un catarro: *Me había enfriado un poco al volver del paseo, pero ya estoy mejor.* SIN. resfriarse. **6** Disminuir el rendimiento o la eficacia de ‹una persona o una cosa› en una actividad: *El equipo se enfrió en la segunda parte.* ⇒ **8.**

enfrijolarse *v. prnl.* MÉX. Enredarse algún asunto o negocio.

enfuertar *v. intr. / prnl.* COL., VEN. Fermentar ‹una bebida o un alimento›.

enfullinarse *v. prnl.* MÉX.; COLOQUIAL. Sulfurarse, irritarse ‹una persona›.

enfundar *v. tr.* **1** Meter ‹una persona› [una cosa] en una funda: *Plegó su paraguas y lo enfundó. El pistolero enfundó su pistola después de disparar contra el protagonista de la* *película.* || *v. tr. / prnl.* **2** Poner ‹una persona› [una prenda de vestir] a [otra persona]: *La madre enfunda todas las mañanas una bonita gabardina a su hija para que no pase frío. Se enfundó un abrigo de pieles.*

enfurecer *v. tr.* **1** Causar ‹una persona o una cosa› irritación o disgusto [a una persona]: *La idea del despido la enfurece. Juanita enfurece a Javier con su crítica destructiva.* || *v. prnl.* **2** Mostrar ‹una persona› enfado o irritación hacia [una persona o una cosa]: *Se enfureció **con** su padre. Se enfureció **de** ver tantas injusticias. Mi amigo se enfurece **por** todo.* ⇒ **5.**

enfurecimiento *s. m.* Acción y resultado de enfurecer o enfurecerse: *El enfurecimiento del temporal alejó a los bañistas de las playas.*

enfurruñamiento *s. m.* COLOQUIAL. Acción y resultado de enfurruñarse: *No hay que preocuparse de sus enfurruñamientos porque se le pasan enseguida.*

enfurruñarse *v. prnl.* COLOQUIAL. Mostrar ‹una persona› un enfado no muy fuerte: *El niño se enfurruñó porque su madre no le dejó comer el caramelo.*

engajado, da *adj.* COL.; RESTRINGIDO. [Cabello] que es rizado.

engalanar *v. tr. / prnl.* Adornar ‹una persona› [a otra persona o una cosa]: *Los vecinos engalanaron las calles para las fiestas del barrio.*

engalladura *s. f.* Galladura, o coágulo de sangre en el huevo de gallina fecundado.

engalletarse *v. prnl.* VEN. Atascarse ‹el tráfico›.

enganchada *s. f.* COLOQUIAL. Discusión o riña violenta, a veces con agresiones físicas: *He tenido una enganchada con mi hermana porque me ha abollado el coche.*

enganchar *v. tr.* **1** Poner ‹una persona› [a otra persona o una cosa] sujeta o colgada de [un gancho u otra cosa]: *El carnicero enganchó la carne **en** un garfio. Los sindicalistas engancharon la pancarta **entre** dos postes de la luz.* **2** Unir ‹una persona› [una caballería u otro animal] a [un carruaje] para que tire de él: *Enganché los caballos **a** la carreta.* **3** COLOQUIAL. Agarrar o sujetar ‹una persona› [a otra persona]: *Me enganchó la pierna con su bastón y me tiró al suelo. Me enganchó **del** brazo para que lo escuchara.* **4** Atraer ‹una persona› [a otra persona] con habilidad o engaños: *La engancharon **con** falsas promesas. Ya veo que te han enganchado **para** organizar la fiesta.* **5** COLOQUIAL. Conseguir ‹una persona› enamorar o conquistar a [otra persona]: *Por fin enganchó marido.* SIN. cazar. **6** TAUROM. Levantar ‹un toro› [a una persona o una cosa] con los cuernos: *El toro ha enganchado al torero y le ha dado un buen susto.* **7** COL. Contratar ‹una persona› [a otra persona] para un trabajo. || *v. tr. / prnl.* **8** COLOQUIAL. Contraer ‹una persona› [una enfermedad]: *Ha enganchado un virus que no saben qué es. **(Me)** enganché un catarro la otra noche.* **9** Hacerse ‹una persona› un enganchón en [una prenda de vestir]: *Me he enganchado las medias.* || *v. intr. / prnl.* **10** Quedar ‹una persona o una cosa› sujeta o colgada de [un gancho u otra cosa]: *El paracaidista **(se)** quedó enganchado **de** un árbol.* || *v. prnl.* **11** MIL. Inscribirse ‹una persona› en el ejército: *Se ha enganchado a la marina.* **12** COLOQUIAL. Hacerse ‹una persona› adicta a [una droga]: *Se enganchó **a** la cocaína y ahora no puede desengancharse.*

enganche *s. m.* **1** Sujeción por medio de un gancho u otra cosa parecida: *Tienes que asegurar el enganche del coche a la grúa para que no se suelte por el camino.* **2** Unión de un animal de tiro a un carruaje para que tire de él: *Del enganche de los caballos ya se cuida el encargado de las cuadras.* **3** Pieza u objeto que sirve para enganchar: *Se me ha roto el enganche de la pulsera.* **4** COLOQUIAL. Afición extrema a una cosa: *Tiene tal enganche con el baloncesto que no piensa en otra cosa.* **5** Inscripción de una persona como soldado en el ejército: *Nadie esperaba su enganche en la unidad de operaciones especiales.* FR. Y LOC. **banderín* de ~.**

enganchón *s. m.* COLOQUIAL. Desgarrón producido en una prenda al engancharse con una cosa: *Me hice un enganchón en el vestido.* SIN. roto.

engañabobos (plural *engañabobos*) *s. m.* y *f.* **1** COLOQUIAL. Persona embaucadora que se aprovecha de las personas ingenuas: *No te fíes de ese hombre porque es un engañabobos.* || *s. m.* **2** COLOQUIAL. Cosa de apariencia engañosa: *Esa propaganda es un engañabobos.*

engañapichanga *s. m. / f.* ARG., URUG.; COLOQUIAL. Engañifa, cosa que aparenta más valor del que tiene.

engañar *v. tr.* **1** Hacer creer ‹una persona› [una cosa que no es verdad] a [otra persona]: *Lo engañó dándole un talón sin fondos.* **2** Hacer caer en un error ‹la falsa apariencia de una cosa› [a una persona]: *Me engañó su buena presencia. Engaña mucho la carrocería, pero es un coche muy malo.* **3** Quitar ‹una persona› [una cosa] a [una persona] abusando de su inexperiencia o su confianza: *Te han engañado **en** el cambio del dinero.* **4** Distraer ‹una persona› la atención de [otra persona] con [una cosa]: *Engañó al niño **con** un caramelo.* **5** Hacer ‹una persona o una cosa› que [una sensación] se calme momentáneamente: *Engañó el hambre picando aquí y allá.* **6** Ser ‹una persona› infiel a [su pareja]: *Su marido la engaña **con** otra mujer.* SIN. traicionar. **7** Conquistar ‹un hombre› [a una mujer] con mentiras o promesas para mantener relaciones sexuales con ella: *Conoció al hombre que engañó a su hermana.* SIN. seducir. || *v. prnl.* **8** No aceptar ‹una persona› la realidad: *No te engañes, ella ya no te quiere.* **9** Cometer ‹una persona› un error: *Me engañé cuando creí que podía llevar yo sola el negocio.* FR. Y LOC. **~ como a un chino*. las apariencias* engañan.**

engañifa *s. f.* COLOQUIAL. Cosa que engaña, parece buena o útil, pero no lo es: *Ese bolígrafo es una engañifa: tiene aspecto de ser lujoso, pero escribe fatal.*

engaño *s. m.* **1** Acción y resultado de engañar: *Con el engaño no conseguirá nada. El engaño le duró hasta que todos descubrieron qué era.* **2** Cosa con que se engaña: *Sus promesas son un engaño.* **3** Circunstancia de estar engañado: *Estás en un engaño terrible si crees que todos te van a ayudar.* **4** TAUROM. Muleta o capa del torero: *El novillo seguía el engaño.* **5** RESTRINGIDO. Aparato o utensilio para pescar. FR. Y LOC. **llamarse a ~** Quejarse ‹una persona› de ser engañado en una cosa que ha pactado: *Para que no te llames a engaño, lo mejor es que lo medites antes de aceptar.*

engañoso, sa *adj.* Que engaña o puede engañar: *Las apariencias pueden ser engañosas.*

engarabitar *v. intr. / prnl.* **1** RESTRINGIDO. Subir ‹una persona› a [un lugar elevado]: *Se engarabitó **a** un árbol del jardín.* || *v. tr. / prnl.* **2** RESTRINGIDO. Hacer ‹una cosa› que [otra cosa] adquiera forma de gancho: ***Se** me engarabitan los dedos con el frío. El frío me engarabita los dedos.*

engaratusar *v. tr.* AMÉR.; COLOQUIAL. Engatusar.

engarce *s. m.* **1** Acción y resultado de engarzar: *El engarce de estas piedras es muy difícil. Como el engarce no estaba bien hecho, el rubí se ha desprendido y se ha perdido.* **2** Montura de metal sobre la que se fija una pieza engarzada: *La piedra es un diamante, y el engarce es de oro.*

engarrotarse *v. prnl.* COL. Tener ‹una persona› mucho frío.

engarzar *v. tr.* **1** Unir ‹una persona› [varias cosas entre sí] de modo que formen cadena: *Engarcé las perlas para hacer un collar.* **2** Unir ‹una persona› [una cosa] con [otra cosa]: *Engarzaba una conversación* ***con*** *otra. Sus nervios no le permitían engarzar las palabras.* **3** Meter ‹una persona› [una cosa] dentro de [otra cosa] de forma que quede bien ajustada: *Quiero que me engarcen* ***en*** *este anillo el topacio que me dejó mi abuela.* SIN. engastar. ⇒ **19.**

engastar *v. tr.* Meter ‹una persona› [una cosa] dentro de [otra cosa] de forma que quede bien ajustada: *Engastaremos la turquesa* ***en*** *el alfiler de la tía María.* SIN. engarzar.

engaste *s. m.* **1** Montura de metal sobre la que se fija una pieza engastada: *Quiero que el engaste sea de plata, poco llamativo.* SIN. engarce. **2** Acción y resultado de engastar: *No es tan sencillo el engaste que queréis.*

engatillarse *v. prnl.* Fallar ‹el mecanismo de disparo de un arma de fuego›: *Cuando el vigilante quiso contestar a los disparos de los atracadores se le engatilló la pistola.*

engatusamiento *s. m.* COLOQUIAL. Acción y resultado de engatusar: *No es tan fácil el engatusamiento de los niños si no cumples las promesas que haces.*

engatusar *v. tr.* COLOQUIAL. Intentar convencer ‹una persona› [a otra persona] con halagos o engaños: *Engatusó a su abuela para que le comprara una bicicleta.*

engayolar *v. tr.* ARG., URUG.; COLOQUIAL. Meter ‹una persona› en la cárcel [a otra persona].

engendrar *v. tr.* **1** Producir ‹un ser vivo› [un individuo de su misma especie]: *Engendró un hijo.* **2** Dar ‹una cosa› lugar a [otra cosa]: *Las pasiones engendran problemas.* SIN. originar, generar. || *v. prnl.* **3** Producirse ‹una cosa›: *El odio se engendra en el corazón.* SIN. originarse, generarse.

engendro *s. m.* **1** PEYORATIVO. Persona muy fea: *Tenía una hermana que era un engendro, daba miedo mirarla.* **2** ELEVADO; PEYORATIVO. Obra intelectual o artística muy mal hecha: *¡Vaya engendro de cuadro! El último libro que ha escrito es un engendro.* SIN. horror.

englobar *v. tr.* **1** Incluir ‹un conjunto de cosas› dentro de sí [una cosa]: *Su finca engloba varios edificios. Este proyecto engloba diferentes subproyectos que lo desarrollan parcialmente.* SIN. comprender || *v. prnl.* **2** COL.; COLOQUIAL. Distraerse mucho ‹una persona›.

engolado, da *adj.* **1** (antepuesto / pospuesto) PEYORATIVO. [Voz, expresión] que tiene una gravedad afectada y poco natural: *Cuando habla con esa voz engolada resulta muy desagradable. Habló con su engolada voz para decir las mismas tonterías de siempre.* || *adj. / s. m.* y *f.* **2** (antepuesto / pospuesto) PEYORATIVO. [Persona] que es engreída y presuntuosa: *Realmente es un engolado y no hay quien lo soporte.*

engolamiento *s. m.* Afectación en el modo de hablar o en el comportamiento: *El engolamiento de su voz la hace antipática.*

engolfarse *v. prnl.* Dedicarse ‹una persona› a [una cosa] intensamente: *Se engolfó* ***en*** *la lectura y no nos oyó.* SIN. enfrascarse.

engolosinar *v. tr.* **1** Hacer ‹una persona o una cosa› que [una persona] tenga deseo o gana de [una cosa]: *La engolosinaron* ***con*** *una recompensa.* || *v. prnl.* **2** Tomar ‹una persona› gusto por [una cosa]: *Se engolosinó* ***con*** *la lectura de libros de aventuras.* SIN. aficionarse.

engomar *v. tr.* Poner ‹una persona› goma en [una cosa] para pegarla: *Engomó el papel para pegarlo en la pared.*

engominar *v. tr. / prnl.* Poner ‹una persona› gomina en [el cabello de una persona]: *Este peluquero tiene la costumbre de engominar el cabello. Se engominó el pelo antes de salir.*

engorda *s. f.* CHILE, MÉX.; RESTRINGIDO en Chile, COLOQUIAL en México. Engorde, acción y efecto de engordar animales.

engordar *v. tr.* **1** Poner ‹una persona o una cosa› gorda [a una persona o un animal]: *Engordó los cerdos para venderlos a mejor precio. Estos menús engordan a cualquiera.* **2** COLOQUIAL. Hacer ‹una persona o una cosa› que crezca [una cosa]: *Aquel negocio engordó su cuenta. Está engordando otra vez la lista de los parados.* || *v. intr.* **3** Ponerse ‹una persona o un animal› gordo: *En vacaciones engordó. Ha engordado mucho desde que no lo he visto.* **4** COLOQUIAL. Crecer ‹una cosa›: *Su patrimonio engordaba día a día.* SIN. incrementarse. **5** COLOQUIAL. Hacerse ‹una persona› rica: *Está engordando con sus estafas.* SIN. prosperar.

engorde *s. m.* Acción y resultado de engordar: *Hay un nuevo pienso para el engorde de los animales.*

engorro *s. m.* COLOQUIAL; PEYORATIVO. Estorbo, cosa que es molesta: *Es un engorro tener que levantarse todos los días muy temprano.* SIN. fastidio.

engorroso, sa *adj.* (antepuesto / pospuesto) Que fastidia o molesta: *Me planteas un engorroso problema. Es una situación engorrosa.*

engrampadora *s. f.* ARG., URUG. Máquina para engrampar.

engrampar *v. tr.* AMÉR. Grapar.

engranaje *s. m.* **1** Acción y resultado de engranar: *El engranaje de las dos ruedas dentadas se produce cuando baja esta palanca.* SIN. acoplamiento. **2** MEC. Sistema de piezas dentadas que se engranan entre sí para transmitir movimiento: *engranaje de transmisión, engranaje de cremallera, engranaje cilíndrico, engranaje cónico.* **3** MEC. Conjunto de ruedas dentadas que están engranadas: *los engranajes del reloj, tren de engranajes.* **4** Conjunto de elementos que funcionan coordinadamente: *El engranaje del partido político se puso en marcha para conseguir una nueva victoria en las elecciones.* FR. Y LOC. **estar preso en el ~** No poder salir ‹una persona› de una situación que se va complicando cada vez más: *Intentó volver a la vida normal, pero ya estaba presa en el engranaje de la droga.*

engranar *v. tr.* **1** MEC. Encajar ‹una persona› los dientes de [una pieza] con los dientes de [otra pieza]: *Engranó una rueda* ***con*** *otra. Engranó los dos ejes.* **2** COLOQUIAL. Encajar ‹una persona› [las partes de un conjunto que están relacionadas]: *Engranó las ideas de su discurso apresuradamente.* SIN. conectar. || *v. intr. / prnl.* **3** Estar ‹las partes de un conjunto› relacionadas: *Los puntos de un buen esquema* ***(se)*** *engranan unos con otros.* SIN. conectarse.

engrandecer *v. tr.* 1 Hacer ‹una persona o una cosa› más grande [una cosa]: *Si todos nos esforzamos, engrandeceremos cada día un poco más nuestra empresa.* 2 Dar ‹una persona o cosa› mayor estimación o grandeza a [una persona o una cosa]: *Quisimos engrandecer con un acto así su recuerdo.* SIN. ensalzar. || *v. prnl.* 3 Hacerse ‹una persona o una cosa› más grande o noble: *Aquel hombre se engrandeció gracias a sus gestas heroicas.* ⇒ **5.**

engrandecimiento *s. m.* Acción y resultado de engrandecer: *El engrandecimiento del país se debe a su mayor proyección comercial.*

engrasar *v. tr.* 1 MEC. Poner ‹una persona› grasa o una sustancia aceitosa a [una cosa]: *Haz el favor de engrasar las bisagras para que la puerta no chirríe.* 2 VEN.; COLOQUIAL. Sobornar ‹una persona› [a otra persona].

engrase *s. m.* MEC. Acción y resultado de engrasar.

engreído, da *adj. / s. m.* y *f.* (antepuesto / pospuesto) INSULTO. Que está convencido de su valía y presume de ella: *Mi compañera era una engreída mujer de cuarenta años.*

engreír *v. tr.* 1 Hacer ‹una persona o una cosa› que [una persona] se vuelva soberbia y vanidosa: *Tantos premios lo han engreído y está intratable.* 2 AMÉR. DEL S. Malcriar, mimar ‹una persona› [a otra persona]. || *v. prnl.* 3 Volverse ‹una persona› soberbia y vanidosa: *Se ha engreído desde que la han ascendido.* 4 VEN.; COLOQUIAL. Estar muy encariñada ‹una persona› con [otra persona]. ⇒ **67.**

engrescar *v. tr.* 1 Hacer ‹una persona o una cosa› que [dos o más personas] discutan o peleen: *La pelea de los niños engrescó a toda la familia en una disputa interminable.* || *v. prnl.* 2 Discutir o pelear ‹dos o más personas› entre sí: *Se engrescaron en una discusión por una tontería.* ⇒ **71.**

engrifarse COL.; JERGAL. Estar ‹una persona› drogada con marihuana.

engrillarse *v. prnl.* VEN.; COLOQUIAL. Enfadarse mucho ‹una persona›.

engriparse *v. prnl.* ARG., URUG. Caer ‹una persona› con gripe.

engrosar *v. tr.* 1 Hacer ‹una persona o una cosa› más gruesa [una cosa]: *Han engrosado los filetes en este restaurante.* 2 Hacer ‹una persona o una cosa› que aumente [la cantidad o el número de una cosa]: *Las lluvias torrenciales engrosaron el caudal del río. Engrosaremos el número de páginas del trabajo aumentando la bibliografía.* || *v. intr. / prnl.* 3 Aumentar ‹la cantidad o el número de una cosa›: *Las cuentas de mi tío **(se)** engrosaron con sus nuevos negocios.* || *v. intr.* 4 Ponerse ‹una persona› gorda: *Ha engrosado desde que lleva una vida sedentaria.* SIN. engordar. || *v. prnl.* 5 Hacerse ‹una cosa› más gruesa: *El mango se engrosa por uno de sus extremos para facilitar su agarre.*

engrudo *s. m.* Masa hecha con harina y almidón cocidos en agua, utilizada para pegar papeles o materiales finos y blandos como el cartón o el corcho: *Mi padre cuenta que en el colegio pegaban las cosas con engrudo porque no tenían pegamento.*

engruesar *v. intr.* Aumentar ‹la cantidad o el número de una cosa›: *El número de jóvenes en busca de su primer empleo engrosa la cifra de parados.*

engrupir *v. tr.* CHILE; COLOQUIAL. Decir ‹una persona› [mentiras] para mejorar su imagen.

enguachinar *v. tr.* 1 COLOQUIAL. Mezclar ‹una persona› [un líquido] con agua: *Enguachinó el café y no sabía a nada.* SIN. aguar. 2 COLOQUIAL. Causar ‹el exceso de líquido ingerido› pesadez en [el estómago de una persona]: *Las cervezas que se ha bebido le han enguachinado el estómago.* || *v. prnl.* 3 COLOQUIAL. Sentir ‹una persona› pesadez en el estómago: *Me he enguachinado con tanta fruta.*

enguantar *v. tr. / prnl.* Cubrir ‹una persona› las manos de [otra persona] con guantes: *Vio cómo una mano enguantada le acariciaba el pelo. Se enguantó lentamente antes de salir a la calle.*

enguarrar *v. tr.* 1 COLOQUIAL. Poner ‹una persona o una cosa› sucia [a otra persona o cosa]: *Los niños enguarraron la hoja.* || *v. prnl.* 2 COLOQUIAL. Ponerse ‹una persona o una cosa› sucia: *Los chavales se han enguarrado jugando.*

engullir *v. tr. / prnl.* Tomar ‹una persona o un animal› [la comida] atropelladamente y sin apenas masticarla: ***(Se)** engulle la cena en cinco minutos. El pelícano engulló su presa con rapidez.* ⇒ **53.**

engurruñar *v. tr.* 1 COLOQUIAL. Hacer ‹una persona o una cosa› arrugas en [una cosa]: *Has engurruñado la colcha por sentarte encima de la cama.* SIN. arrugar. || *v. prnl.* 2 Encogerse ‹una persona o una cosa›: *El gato se engurruñó junto al fuego.*

enharinar *v. tr.* RESTRINGIDO. Cubrir ‹una persona› [una cosa] con harina: *Enharinó el pescado para freírlo.*

enhebrar *v. tr.* 1 Meter ‹una persona› una hebra o un hilo por el ojo de [una aguja] o por el agujero de [una cuenta]: *Mi abuela enhebra las agujas sin ponerse las gafas.* SIN. enhilar. 2 COLOQUIAL. Decir ‹una persona› [muchas cosas seguidas], sin orden ni concierto: *Enhebró una historia tras otra y no nos dejaba salir.* SIN. empalmar.

enhiesto, ta *adj.* (estar; antepuesto / pospuesto) Que está derecho y levantado: *La torre se levantaba enhiesta y majestuosa. La cucaña estuvo enhiesta todo el invierno, hasta que una tormenta la derribó. Conservaba el recuerdo de un enhiesto campanario, ya desaparecido.*

enhilar *v. tr.* 1 Meter ‹una persona› una hebra o un hilo por el ojo de [una aguja] o por el agujero de [una cuenta]: *Mi madre siempre me pide que le enhile la aguja porque su pulso no es bueno.* SIN. enhebrar. 2 Poner ‹una persona› [las ideas o partes de un discurso o un escrito] en orden: *Con las ideas que quería exponer fue enhilando un aburrido discurso.*

enhorabuena *s. f.* 1 Felicitación que se da a una persona por una cosa buena que ha hecho o le ha sucedido: *Le dieron la enhorabuena por la beca.* || 2 *adv. modo.* En buena hora, con felicidad: *¿Te casas? Que sea enhorabuena.*

enigma *s. m.* 1 Conjunto de palabras o signos de sentido oculto, difíciles de comprender: *Nos propuso un enigma y estuvimos toda la tarde buscando la solución.* 2 Cosa que resulta desconocida o difícil de entender: *Su vida es un enigma para todo el mundo, nadie sabe lo que hace.* SIN. misterio.

enigmático, ca *adj.* (antepuesto / pospuesto) Que contiene o encierra un enigma o es difícil de comprender: *Tiene un comportamiento enigmático. Me gusta su enigmática mirada y su enigmático aspecto.*

enjabonada *s. f.* VEN., COL.; COLOQUIAL. Reprimenda, regañina.

enjabonar *v. tr./prnl.* **1** Frotar ‹una persona› [a una persona o una cosa] con jabón para lavarla: *La madre enjabona la cara al niño.* ***Se*** *enjabonó para afeitarse.* SIN. jabonar(se). || *v. tr.* **2** COLOQUIAL. Alabar ‹una persona› [a otra persona] con exceso: *No hace falta que enjabones al jefe, ya ha dicho que te dará el permiso.* SIN. adular. **3** COLOQUIAL, RESTRINGIDO. Decir ‹una persona› [a otra persona] que ha obrado mal: *A éste lo voy a enjabonar yo cuando llegue por venir tan tarde.*

enjaezar *v. tr.* Poner ‹una persona› jaeces o adornos a [una caballería]: *Enjaezaremos los caballos para ir a la romería del Rocío.* ⇒ **19.**

enjalbegar *v. tr.* Dar ‹una persona› cal o yeso a [una pared] para blanquearla: *Enjalbegaron el patio para que estuviera reluciente.* SIN. encalar. ⇒ **56.**

enjambre *s. m.* **1** Conjunto de abejas que van juntas con su reina: *Al mover la colmena salió un enjambre.* **2** PEYORATIVO. Conjunto numeroso de personas, animales o cosas: *A la salida del teatro un enjambre de fotógrafos rodeó a la actriz.*

enjaranarse *v. prnl.* AMÉR. C. Entramparse, contraer jaranas o deudas.

enjardinar *v. tr.* Ajardinar.

enjaretar *v. tr.* **1** Pasar ‹una persona› una cinta o un cordón por [un dobladillo]: *Tengo que enjaretar el pantalón del pijama, porque se ha salido el cordón y se me cae.* **2** COLOQUIAL. Hacer o decir ‹una persona› [una cosa] muy deprisa y de mala manera: *Enjaretó un discurso inconexo que era imposible entender.* **3** COLOQUIAL. Hacer aguantar ‹una persona› [una cosa molesta o desagradable] a [otra persona]: *Me enjaretaron las tareas más pesadas.* SIN. endosar **4** Incluir ‹una persona› [una cosa] dentro de [otra cosa]: *Cuando habla, tiene la costumbre de enjaretar algunos comentarios irónicos que nadie capta.*

enjaular *v. tr.* **1** Meter ‹una persona› [un animal] en una jaula: *Ya han enjaulado al león que se escapó del zoo.* **2** COLOQUIAL. Meter ‹una persona› [a otra persona] en la cárcel: *La policía ha enjaulado al atracador del tren.* SIN. encarcelar.

enjoyar *v. tr./prnl.* **1** Adornar ‹una persona› [a otra persona] con joyas: *Tiene la manía de enjoyar a su hija para salir a pasear. Se enjoyó para asistir a la recepción.* || *v. tr.* **2** RESTRINGIDO. Adornar ‹una persona› [una cosa]: *Seguro que enjoya la casa para deslumbrarnos cuando vayamos a cenar.*

enjuagar *v. tr./prnl.* **1** Limpiar ‹una persona› [la boca y los dientes de otra persona] con agua u otro líquido: *El dentista enjuagó la boca del paciente con un líquido sedante. Se enjuagó la boca enseguida.* || *v. tr.* **2** Lavar ‹una persona› [una cosa] con agua: *Enjuagó los cacharros y los metió en el friegaplatos.* **3** Limpiar ‹una persona› el jabón de [una cosa o persona enjabonada]: *Enjuaga bien las tazas de café.* ⇒ **56.**

enjuague *s. m.* **1** Acción y resultado de enjuagar o enjuagarse: *El enjuague de los dientes hay que hacerlo bien.* **2** Líquido que sirve para enjuagarse: *El farmacéutico me ha recomendado este nuevo enjuague para la boca.* **3** PEYORATIVO. Forma de actuar sucia, poco correcta: *Hizo muchos enjuagues para conseguir este puesto.*

enjugar *v. tr.* **1** Secar ‹una persona› la humedad de [una cosa]: *Enjugó el agua del suelo con una bayeta.* **2** Pagar ‹una persona› [una deuda o un déficit] totalmente: *Ha enjugado su deuda en menos tiempo de lo que esperábamos.* || *v. tr./prnl.* **3** Limpiar ‹una persona› [el sudor, las lágrimas o la sangre de otra persona]: *Él le enjugaba las lágrimas y le pedía que no llorara.* ***Se*** *enjugó el sudor de la frente con el delantal.* ⇒ **56.**

enjuiciar *v. tr.* **1** Examinar ‹una persona› [una cosa]: *Enjuició críticamente la actitud de los alumnos.* **2** DER. Abrir ‹un juez› un proceso judicial a [una persona]: *Enjuiciaron a los responsables del desfalco del banco.*

enjundia *s. f.* ELEVADO. **1** (no contable) Profundidad o riqueza de contenido de una cosa inmaterial: *Pronunció un discurso con mucha enjundia.* **2** (no contable) ZOOL. Sebo o grasa de un animal, especialmente el que tienen las aves en la overa: *La enjundia de la gallina se aprovechaba antes para hacer ungüentos y jabones.*

enjuto, ta *adj.* (antepuesto / pospuesto) Que es muy delgado o de pocas carnes: *Tenía un cuerpo pequeño y enjuto. Su enjuto rostro mostraba una dureza poco habitual.*

enlace *s. m.* **1** Unión o conexión entre cosas diferentes o entre elementos de una misma cosa: *Han construido un enlace entre los dos ramales de tren.* **2** LING. Conexión o unión entre las diferentes partes de un texto o de un discurso: *Falla el enlace entre el primer y el segundo párrafo.* **3** LING. Elementos que sirven de conexión o unión entre las diferentes partes de un texto: *Las conjunciones son enlaces entre palabras u oraciones.* SIN. conexión. **4** Empalme de líneas o medios de transporte: *El enlace entre las dos líneas de metro está en la Plaza de España. En esta estación está el enlace entre el tren y el autobús que va al centro.* **5** Persona que hace de intermediario entre otras personas: *Sirvió de enlace en la negociación.* **~ sindical** Delegado de los trabajadores ante la empresa. **6** Boda: *Los Sres. de Gómez y los Sres. de Ortiz tienen el gusto de comunicarles el próximo enlace matrimonial de sus hijos Carmen y Ricardo.* **feliz ~. ~ matrimonial. 7** QUÍM. Unión entre los átomos de una molécula producida por una fuerza de atracción.

enladrilllar *v. tr.* Cubrir ‹una persona› [un suelo] con ladrillos. SIN. pavimentar.

enlatado, da *adj./s. m.* **1** TV. Programa de televisión grabado antes de ser emitido: *No me gustan los programas enlatados, prefiero la espontaneidad de los que son en directo.* || **2 música* enlatada.**

enlatar *v. tr.* Meter ‹una persona› [una cosa] en una lata: *En esta comarca enlatan las famosas conservas de Galicia.*

enlazar *v. tr.* **1** Unir o sujetar ‹una persona› [una cosa] con lazos: *Enlazó los legajos donde estaban aquellos documentos para que no se desordenaran.* SIN. atar. || *v. tr./prnl.* **2** Unir ‹una persona› [una cosa] [a otra cosa]: *Enlazando con lo que he dicho anteriormente, señalo dos ejemplos. Después de diez años, han enlazado las dos estaciones espaciales. Aquel verano se enlazaron nuestros destinos hasta hoy.* || *v. intr.* **3** Estar ‹una cosa› unida a [otra cosa]: *El vestíbulo enlaza* ***con*** *el pasillo y* ***con*** *la cocina. Esta carretera enlaza directamente* ***con*** *la autopista norte.* **4** Combinarse ‹los medios de transporte o sus trayectos y horarios›: *En esta estación enlazan el tren y el metro.* || *v. prnl.* **5** Unirse ‹dos familias› por medio de un matrimonio: *Nuestras dos familias se enlazaron con la boda de unos tíos abuelos, en el siglo pasado.* SIN. emparentar ⇒ **19.**

enlobreguecer *v. tr.* **1** Poner ‹una persona o una cosa› oscuro [un lugar]: *Una espesa vegetación enlobreguecía* *aquella parte del bosque.* ‖ *v. prnl.* **2** Quedar ‹un lugar› oscuro: *De pronto la tarde se enlobregueció.* ⇒ **5.**

enlodar *v. tr./prnl.* **1** Cubrir ‹una persona o una cosa› [a otra persona u otra cosa] con lodo: *Las inundaciones enlodaron el pueblo. **Se** han enlodado los parques con fuertes lluvias.* ‖ *v. tr.* **2** Causar ‹una persona o una cosa› un perjuicio en la reputación de [una persona]: *No permitiremos que las murmuraciones enloden nuestro buen nombre.*

enloquecer *v. tr.* **1** PSICOL. Volver ‹una persona o una cosa› loca [a una persona]: *Las drogas la enloquecieron.* **2** Causar ‹una persona o una cosa› trastornos [a otra persona]: *Estos muchachos me van a enloquecer.* SIN. trastornar. **3** Gustar ‹una cosa› mucho [a una persona]: *Los bombones enloquecen a mi novia.* ‖ *v. intr.* **4** PSICOL. Volverse ‹una persona› loca: *Su abuelo enloqueció al llegar a los setenta años.* **5** Sufrir ‹una persona o una cosa› trastornos: *Enloqueció **de** pesadumbre.* **6** Sentir ‹una persona› mucho deleite: *Pepito enloquece **con** los dulces.* ⇒ **5.**

enloquecimiento *s. m.* Acción y resultado de enloquecer: *Fue un enloquecimiento pasajero del que se recuperó. El enloquecimiento de la ciudad la pone histérica.*

enlosar *v. tr.* Cubrir ‹una persona› [un suelo] con losas: *Si enlosas el patio no podrás plantar nada.*

enlozar *v. tr.* AMÉR. Cubrir con un baño de loza o de esmalte con apariencia de vidrio. ⇒ **19.**

enlucido *s. m.* Capa de yeso o de otro material parecido de un techo o de una pared: *Las goteras nos han estropeado el enlucido nuevo del techo del salón.*

enlucir *v. tr.* **1** Cubrir ‹una persona› [una pared, un techo o una fachada] con una capa de yeso o de argamasa: *Acababan de enlucir la iglesia.* SIN. revocar. **2** Dar ‹una persona› brillo a [una cosa, generalmente metálica]: *Estoy un poco harto de enlucir todas las semanas los pomos de las puertas.* SIN. abrillantar. ⇒ **50.**

enlutar *v. tr./prnl.* **1** Vestir o poner ‹una persona› de luto a [una persona o una cosa]: *Enlutaron toda la casa con crespones negros tras la muerte del patriarca. La ciudad **se** ha enlutado, sin deseos de olvidar los trágicos atentados.* ‖ *v. tr.* **2** Causar ‹una persona o una cosa› dolor o tristeza a [una persona]: *Los accidentes de los últimos días han vuelto a enlutar **a** varias familias.*

enmabitar *v. tr./prnl.* VEN. Provocar ‹una persona o una cosa› mala suerte [a otra persona o cosa].

enmaderar *v. tr.* **1** Cubrir ‹una persona› [una superficie] con maderas: *Enmaderaron la pared del despacho.* **2** Hacer ‹una persona› la carpintería de [un edificio]: *He firmado un contrato para enmaderar varios edificios.*

enmadrarse *v. prnl.* Tomar ‹un hijo› excesivo cariño por su madre: *Este niño se ha enmadrado y en cuanto pierde de vista a su madre llora desconsoladamente.*

enmarañar *v. tr.* **1** Formar ‹una persona o una cosa› una maraña en [una cosa]: *El viento enmarañaba sus cabellos. Hemos enmarañado el cable y ahora no hay manera de desatarlo.* **2** Hacer ‹una persona o una cosa› que [una cosa] se complique: *Tus análisis enmarañan la situación y lo que necesitamos es sencillez.* ‖ *v. prnl.* **3** Formarse una maraña en ‹una cosa›: *Las cuerdas se enmarañan solas, es increíble.* **4** Complicarse ‹una cosa›: *La novela se enmaraña hacia la mitad.*

enmarcar *v. tr.* **1** Poner ‹una persona› un marco a [una cosa]: *Enmarcó el dibujo para colgarlo en la pared.* **2** Proporcionar ‹una cosa› el marco apropiado para [otra cosa]: *Este hotel enmarcará a la perfección nuestro congreso.* **3** Poner ‹una persona o una cosa› límites a [una cosa]: *La nueva legislación enmarcará desde enero todas las actividades comerciales.* **4** Incluir ‹una persona› [a una persona o una cosa] en [una clasificación, un tiempo o una circunstancia determinados]: *Ahora enmarcamos su obra **en** el Realismo.* SIN. encuadrar. ‖ *v. prnl.* **5** Tener ‹una cosa› un marco adecuado: *Esta reunión se enmarca **en** una ronda de negociaciones entre los dos países.* **6** Encajar ‹una persona o una cosa› en [una clasificación, un tiempo o una circunstancia determinados]: *Este autor se enmarca **en** el Barroco español.* ⇒ **71.**

enmascarado, da *adj./s. m.* y *f.* (estar; antepuesto/pospuesto) Que lleva tapada la cara con una máscara u otra cosa: *un jinete enmascarado. El enmascarado jugador se sentó a la mesa y pidió cartas. La terrorista estaba enmascarada cuando se presentó ante las cámaras. Aparecieron dos enmascarados en medio de la calle.*

enmascaramiento *s. m.* Acción y resultado de enmascarar o enmascararse: *El enmascaramiento de sus facciones sólo podía significar inseguridad o temor. Tenemos que pensar en el enmascaramiento del arsenal para que los aviones no lo detecten desde el aire.*

enmascarar *v. tr./prnl.* **1** Cubrir ‹una persona› el rostro de [otra persona] con una máscara o un disfraz: *Enmascaró su cara **con** un antifaz. **Se** enmascaraba para que no la descubrieran.* ‖ *v. tr.* **2** Ocultar ‹una persona› [una cosa]: *Enmascaraba con habilidad los defectos de su voz. Enmascaró durante cierto tiempo su quiebra financiera, pero al final tuvo que reconocer el fracaso de la empresa. No es fácil enmascarar continuamente los propios intereses.* SIN. esconder.

enmendar *v. tr./prnl.* Corregir ‹una persona› [un defecto] [a otra persona]: *El defensa enmendó el error de su compañero despejando la pelota. **Se** enmendó **de** sus faltas.* FR. Y LOC. **corregir / ~ la plana*.** ⇒ **58.**

enmienda *s. f.* **1** Corrección de un error: *Persiste en su error y no hace propósito de enmienda.* **2** Corrección hecha en un escrito o documento, que se señala al final del mismo: *En una enmienda a la escritura de la finca se describe su correcta ubicación.* **3** Propuesta de cambio al texto de una ley, proyecto, informe o documento similar: *El principal partido de la oposición ha presentado quince enmiendas al proyecto de ley elaborado por el Gobierno.*

enmohecer *v. tr.* **1** Hacer ‹una cosa› que [otra cosa] se cubra de moho: *La humedad y el calor han enmohecido el pan.* **2** Hacer ‹una cosa› que [otra cosa] deje de servir por no utilizarse: *Esa bicicleta hace años que no la tocas, debe de estar enmohecida.* ‖ *v. intr./prnl.* **3** Cubrirse ‹una cosa› de moho: *Los alimentos **(se)** enmohecen **con** la humedad.* ‖ *v. prnl.* **4** Dejar de servir ‹una cosa que no se utiliza›: *Los músculos se enmohecen si no se ejercitan.* ⇒ **5.**

enmoquetar *v. tr.* Cubrir ‹una persona› [una superficie] con moqueta: *Enmoquetaron de gris todas las habitaciones.*

enmudecer *v. intr.* **1** Perder ‹una persona› el habla: *Enmudeció de la impresión.* **2** Permanecer ‹una persona› callada: *Enmudecía a pesar de las acusaciones.* **3** Dejar de sonar o de producir ‹una cosa› ruido: *Los cañones enmu-*

decieron con el alto el fuego. || *v. tr.* **4** Hacer callar ‹una persona o una cosa› [a una persona o una cosa]: *El temor enmudecía a los presentes. Su argumentación consiguió enmudecer a su oponente.* ⇒ **5.**

enmudecimiento *s. m.* Acción y resultado de enmudecer: *Su enmudecimiento es de origen psicológico.*

enmugrecer *v. tr.* **1** Llenar ‹una persona o una cosa› [a una persona o una cosa] de mugre: *Los cerdos enmugrecieron la casa aquel día que se colaron.* || *v. prnl.* **2** Llenarse ‹una persona o una cosa› de mugre: *Se enmugreció cuando intentó cambiar el aceite al coche.* SIN. mancharse. ⇒ **5.**

ennegrecer *v. tr.* **1** Poner ‹una persona o una cosa› negra u oscura [una cosa]: *Las nubes ennegrecieron el cielo. El incendio había ennegrecido el techo de la casa.* SIN. oscurecer. || *v. intr. / prnl.* **2** Ponerse ‹una cosa› negra u oscura: *Las paredes **(se)** ennegrecían **con** el humo.* SIN. oscurecerse. || *v. prnl.* **3** Tomar ‹una cosa› un aspecto desfavorable: *Nuestras perspectivas económicas se ennegrecen con esta crisis generalizada.* ⇒ **5.**

ennegrecimiento *s. m.* Acción y resultado de ennegrecer: *Es la contaminación la que produce el ennegrecimiento de las fachadas.*

ennoblecer *v. tr.* **1** Hacer ‹una persona o una cosa› noble [a una persona o una cosa]: *Ese gesto te ennoblece.* **2** Dar ‹una persona o una cosa› elegancia o distinción a [una persona o una cosa]: *Ennoblecieron la ciudad **con** edificios espléndidos. Esa perilla que se ha dejado ennoblece su cara.* || *v. prnl.* **3** Hacerse ‹una persona o una cosa› noble: *Esta institución se ennoblece **con** sus acciones humanitarias.* **4** Adquirir ‹una persona o una cosa› elegancia o distinción: *Mi casa se ennoblece **con** su visita. El paseo se ennobleció **con** hermosas esculturas.* ⇒ **5.**

ennoviarse *v. prnl.* Echarse ‹una persona› novio o novia: *Se ha ennoviado con sólo quince años.*

-eno, na *suf.* **1** Forma adjetivos numerales ordinales: *nueve - noveno.* **2** (sólo la forma *-ena*) Forma sustantivos colectivos femeninos a partir de adjetivos numerales cardinales: *nueve - novena, doce - docena.* **3** Significa 'origen o procedencia' y forma sustantivos o adjetivos a partir de sustantivos o nombres: *Chile - chileno, Asunción - asunceno.* **4** Significa 'parecido a' y forma adjetivos a partir de sustantivos: *moro-moreno.*

enografía *s. f.* (no contable) Ciencia que se dedica a la descripción de los diferentes tipos de vinos: *En la nueva facultad de Enología se estudia enografía.*

enojar *v. tr.* **1** Causar ‹una persona o una cosa› enfado a [una persona]: *La entrenadora se enoja si el equipo no funciona.* SIN. enfadar. **2** Causar ‹una persona o una cosa› molestias o disgusto a [una persona]: *Las esperas me enojan mucho.* SIN. irritar. || *v. prnl.* **3** Mostrar ‹una persona› enfado por una cosa: *Se enoja **por** cualquier tontería. Te enojaste innecesariamente **con** los amigos de tu padre.* SIN. enfadarse.

enojo *s. m.* **1** Alteración del ánimo de una persona como resultado de una cosa que le perjudica, fastidia o contraría: *Me ha causado gran enojo que no vinieras. ¿Por qué pones esa cara de enojo? Creció su enojo **contra** mí.* SIN. enfado. **2** (preferentemente en plural) Molestia, trabajo: *¡Cuántos enojos para salir adelante!*

enojoso, sa *adj.* (antepuesto / pospuesto) Que causa enojo, molestia o disgusto: *Es un asunto enojoso. Aquella enojosa situación acabó de mala manera.*

enología *s. f.* (no contable) Ciencia que trata de todo lo relacionado con el vino: *En algunas universidades españolas hay facultades de Enología.*

enólogo, ga *s. m. / f.* Persona que está especializada profesionalmente en enología.

enorgullecer *v. tr.* **1** Llenar ‹una persona o una cosa› de orgullo o satisfacción [a una persona]: *La fama del pintor enorgullecía a sus paisanos. Me enorgullece que hayas conseguido ese trabajo.* || *v. prnl.* **2** Llenarse ‹una persona› de orgullo o satisfacción: *Me enorgullezco **de** haber nacido en esta casa. Aquellos hombres se enorgullecían **por** haber construido un hospital.* ⇒ **5.**

enorgullecimiento *s. m.* (no contable) Sentimiento de orgullo o satisfacción por una cosa legítima: *Parece injustificado el enorgullecimiento **por** el apellido familiar, nosotros sólo nos enorgullecemos de las propias obras.*

enorme *adj.* **1** (ser / estar; antepuesto / pospuesto) Que es mucho más grande de lo normal o habitual: *Tenía una enorme altura. Su hijo está enorme, mucho mayor que el mío.* **2** (ser / estar) Que es muy bueno o admirable: *Estuvisteis enormes ayer en vuestros discursos.*

enormidad *s. f.* **1** (no contable) Cualidad de enorme: *Estaba atónita ante la enormidad de sus mentiras.* **2** (no contable) Cantidad muy grande: *Se comía una enormidad de dulces todas las mañanas.* **3** Disparate: *¡Qué enormidad estás diciendo!* SIN. despropósito. || **4 una ~** INTENSIFICADOR. Mucho: *Las películas antiguas me gustan una enormidad.*

enotecnia *s. f.* (no contable) Técnica de elaboración y comercialización de los vinos.

enquistamiento *s. m.* **1** Acción y resultado de enquistar: *El enquistamiento de aquel grano le obligó a operarse. La pasividad condujo al enquistamiento de la situación.* **2** BIOL. Secreción en forma de corteza dura con la que un organismo se protege de las condiciones externas adversas y, en el caso de los parásitos, para propagarse más fácilmente de un huésped a otro.

enquistarse *v. prnl.* **1** MED. Formar ‹una cosa› quiste: *La grasa se le enquistó formándole un bulto en la muñeca.* **2** Introducirse ‹una cosa› profundamente en [otra cosa]: *Las termitas se enquistaron **en** la madera. La violencia y el egoísmo están enquistados en nuestra sociedad.* **3** Quedarse estancado ‹un proceso de una cosa›: *Se han enquistado las negociaciones entre los sindicatos y la Administración.*

enrabiar *v. tr.* Enrabietar.

enrabietar *v. tr.* **1** Causar ‹una persona o una cosa› irritación o enfado repentino a [una persona]: Esas *reuniones me enrabietan cada vez más.* || *v. prnl.* **2** Mostrar ‹una persona› irritación o enfado corto y repentino: *Se enrabieta mucho cuando pierde. Se enrabietó cuando lo corregimos.*

enracimarse *v. prnl.* Arracimarse.

enraizar *v. intr. / prnl.* **1** Echar ‹una planta› raíces: *Este arbusto **(se)** ha enraizado pronto.* **2** Establecerse ‹una persona o una cosa› en [un lugar]: *Nos ha sido fácil enraizar **en** este barrio. La familia **(se)** enraizó **en** la comarca en el siglo pasado.* || *v. intr.* **3** Introducirse ‹una cosa› en [un lugar]: *Las costumbres enraizan lentamente **en** un pueblo.* ⇒ **37.**

enramada *s. f.* **1** Conjunto de ramas entrelazadas y frondosas: *En el bosque romántico sólo se veía la enramada de los árboles.* **2** Cobertizo hecho con ramas de árboles: *Hemos hecho una enramada para protegernos del sol.*

enramar *v. tr.* Cubrir o adornar ‹una persona› [una cosa] con ramas: *Voy a enramar el emparrado para que tengamos sombra.*

enranciar *v. tr.* **1** Poner ‹una persona o una cosa› rancia [una cosa]: *La humedad ha enranciado las almendras.* || *v. prnl.* **2** Ponerse ‹una cosa› rancia: *El tocino se enranció.*

enrarecer *v. tr.* **1** Causar ‹una persona o una cosa› un deterioro en [una situación]: *Los despidos enrarecen el ambiente en la oficina.* **2** QUÍM. Hacer ‹una persona o una cosa› menos denso [un gas]: *La altitud enrarece el aire de la atmósfera.* SIN. rarificar. **3** Alterar ‹una cosa› [el aire]: *El humo del tabaco había enrarecido el aire.* || *v. prnl.* **4** Sufrir ‹una situación› un deterioro: *La vida política se ha enrarecido con los últimos escándalos.* **5** QUÍM. Hacerse ‹un gas› menos denso: *A gran altura se enrarece la atmósfera.* SIN. rarificarse. **6** Alterarse ‹el aire›: *Voy a abrir la ventana porque el aire se ha enrarecido por la falta de ventilación.* ⇒ **5.**

enrarecimiento *s. m.* **1** Dilatación de un gas que disminuye su densidad: *el enrarecimiento de la atmósfera en las alturas.* **2** Disminución del oxígeno en el aire que se respira: *No soporto el enrarecimiento de los locales públicos.* **3** Deterioro de la cordialidad en las relaciones humanas: *El enrarecimiento de la reunión crecía a medida que se iban discutiendo los temas con más pasión. Es necesario acabar con el enrarecimiento de la vida política.*

enrasar *v. tr. / intr.* **1** Igualar ‹una persona› la altura o el nivel de [una cosa]: *Hay que enrasar el muro del jardín.* SIN. nivelar. **2** RESTRINGIDO. Hacer ‹una persona› que [el contenido de un recipiente] no rebase una medida o el borde del mismo: *Enrasa las jarras de cerveza con cierto garbo.*

enratonarse *v. prnl.* VEN.; COLOQUIAL. Estar ‹una persona› con resaca de la bebida.

enredadera *adj. / s. f.* [Planta] que tiene el tallo trepador y se adhiere a lo largo de un muro u otra planta mediante pequeñas raíces: *La hiedra y la madreselva son plantas enredaderas.*

enredar *v. tr. / prnl.* **1** Mezclar o entrelazar ‹una persona› [varias cosas flexibles] desordenadamente: *Se me han enredado los hilos en el costurero.* ***Se*** *enredó* ***en*** *unos cables de la acera y se cayó.* || *v. tr.* **2** Intentar convencer ‹una persona› [a otra persona] con engaños o halagos: *Me enredó para que comprara el coche, explicándome que era el mejor del mercado.* **3** Complicar ‹una persona o una cosa› [una situación]: *Su intervención enredó el asunto más de lo que estaba.* **4** Hacer perder ‹una persona o una cosa› el tiempo a [una persona]: *Me han enredado hablando y se me ha hecho muy tarde, lo siento.* SIN. entretener. || *v. tr. / intr.* **5** Hacer ‹una persona› que [varias personas] discutan o se enfrenten: *Enredó la situación con sus habladurías y acabamos peleándonos todos. Siempre anda enredando para desunirlas.* SIN. encizañar. || *v. tr. / prnl.* **6** Complicar ‹una persona› [a otra persona] en [un asunto peligroso o ilegal]: *Lo enredaron* ***en*** *un asunto de drogas.* ***Se*** *enredó* ***en*** *un robo.* SIN. implicar. || *v. intr.* **7** Hacer ‹un niño› travesuras: *Los chicos se aburrían y empezaron a enredar.* **8** Tocar ‹una persona› [una cosa] para distraerse o por curiosidad: *Deja de enredar* ***con*** *el tocadiscos.* SIN. juguetear. || *v. prnl.* **9** Complicarse ‹una situación›: *Todo se enredó cuando uno de los asistentes impugnó la votación.* **10** Quedarse ‹una persona› atrapada en [una cosa]: *Me he enredado el pie* ***con*** *el cable. Se enredó* ***entre*** *las zarzas.* **11** Equivocarse ‹una persona› al hablar o al hacer una cosa: *Se enredó al dar explicaciones.* SIN. embarullarse. **12** Empezar ‹dos o más personas› una disputa: *Se enredaron* ***a*** *golpes.* **13** COLOQUIAL, PEYORATIVO. Mantener ‹dos personas› una relación amorosa al margen del matrimonio o del noviazgo: *Se enredó* ***con*** *una artista de cabaret al poco tiempo de casarse.* FR. Y LOC. **~ / liar la madeja*.**

enredista *adj.* AMER. DEL S. Chismoso, persona que enreda las relaciones.

enredo *s. m.* **1** Lío que resulta de mezclar o entrelazar entre sí varias cosas flexibles desordenadamente: *El enredo que se ha formado con la madeja es absolutamente imposible de deshacer.* **2** Engaño o halago que se hace a una persona para conseguir una cosa de ella: *Lo que me contó fue un enredo para que le comprara el coche.* **3** Situación complicada: *¿Quién me manda meterme en este enredo?* **4** Mentira que hace que dos personas discutan o se indispongan: *No vengas con tus enredos que al final acabamos disgustadas por tu culpa.* **5** Falta de claridad en las ideas o en la expresión: *Se hizo un enredo cuando quiso explicar lo que había pasado.* **6** COLOQUIAL, PEYORATIVO Relación amorosa al margen del matrimonio o del noviazgo: *Dicen que tiene un enredo con un hombre casado.*

enrejado *s. m.* Conjunto de rejas: *el enrejado del parque.*

enrejar *v. tr.* **1** Poner ‹una persona› rejas a [una cosa]: *Han enrejado la ventana para que no puedan entrar ladrones.* **2** COLOQUIAL. Poner ‹una persona con autoridad› [a otra persona] en la cárcel: *El alcalde prometió que todos los delincuentes acabarían enrejados. El juez que lleva el caso enrejará probablemente al acusado.* **3** MÉX. Zurcir la ropa. **4** AMÉR. C. Poner rejo o soga a un animal.

enrevesado, da *adj.* **1** (ser / estar; antepuesto / pospuesto) Que es complicado o difícil de entender: *Las indicaciones son muy enrevesadas.* **2** (antepuesto / pospuesto) Que tiene muchas vueltas o da muchos rodeos.

enriquecer *v. tr.* **1** Hacer ‹una persona o una cosa› más rica [a una persona o una cosa]: *El turismo enriqueció la región.* **2** Hacer ‹una persona o una cosa› que mejoren o aumenten las cualidades o las propiedades de [una cosa]: *Esta leche está enriquecida con vitaminas A, B y C. Las experiencias, aunque sean desagradables, enriquecen la personalidad.* || *v. intr. / prnl.* **3** Hacerse ‹una persona o una cosa› más rica: *El país se enriqueció* ***con*** *el aumento de las exportaciones.* || *v. prnl.* **4** Aumentar ‹una cosa› sus cualidades o sus propiedades: *Últimamente los fondos del museo se han enriquecido* ***con*** *magníficos tapices flamencos.* ⇒ **5.**

enriquecimiento *s. m.* Acción y resultado de enriquecer o enriquecerse: *Su enriquecimiento fue posible gracias a la fortuna que tuvo en los negocios. El enriquecimiento de su cultura se lo debe al buen maestro que ha tenido.*

enriscado, da *adj.* **1** (antepuesto / pospuesto): Que está lleno de riscos o peñascos: *La subida al castillo es difícil, por un camino enriscado al borde de un precipicio.* **2** Que está metido entre riscos y peñascos: *Enriscada entre los picos de la montaña se distinguía una impresionante fortaleza.*

enristrar *v. tr.* 1 RESTRINGIDO. Poner ‹una persona› [la lanza] en el ristre: *El caballero enristró la lanza y se alejó al trote.* 2 RESTRINGIDO. Sujetar ‹una persona› [la lanza] horizontalmente bajo el brazo para atacar: *Enristró la lanza y picando espuelas acometió a su enemigo.*

enrocar *v. tr. / prnl.* JUEGOS. Mover ‹un jugador de ajedrez› [el rey y la torre] en una misma jugada según ciertas condiciones: *El campeón sorprendió a todos enrocándose. Si enrocas el rey, tal como vas, perderás la partida.* ⇒ **71.**

enrojecer *v. tr.* 1 Poner ‹la acción del fuego o el calor› roja [una cosa]: *Un incendio enrojeció anoche el cielo de Madrid.* 2 Dar ‹una persona o una cosa› color rojo a [una cosa]: *El frío te ha enrojecido la nariz.* || *v. tr. / intr. / prnl.* 3 Poner ‹una persona o una cosa› roja [la cara de una persona] a causa de la vergüenza: *Es muy pequeñita y enrojece* ***de*** *timidez. El rostro* ***se*** *le enrojeció* ***de*** *vergüenza.* SIN. ruborizarse. || *v. prnl.* 4 Ponerse ‹una cosa› roja por la acción del fuego o el calor: *No atices más la estufa, que ha enrojecido toda la placa y hace mucho calor.* 5 Tomar ‹una cosa› el color rojo: *Las manos se me han enrojecido* ***de*** *tanto aplaudir.* ⇒ **5.**

enrojecimiento *s. m.* Acción y resultado de enrojecer o enrojecerse: *Esto no es un eccema, es un simple enrojecimiento de la piel. Tienes que estar tranquila, que no se te note el enrojecimiento de la cara cuando te pregunten.*

enrolar *v. tr. / prnl.* 1 MAR. Inscribir ‹una persona› [a otra persona] en la lista de los tripulantes de [un buque mercante]: *Se enroló* ***en*** *un buque de bandera panameña.* 2 Inscribir ‹una persona› [a otra persona] en [el ejército]: *Cuando se fundó la legión algunos delincuentes se enrolaron* ***en*** *ella para escapar a la acción de la justicia.* 3 Incluir ‹una persona› [a otra persona] en [un grupo o una actividad]: Nos queremos *enrolar* ***en*** *una expedición a la Antártida.*

enrollado, da *adj.* 1 (estar) COLOQUIAL. Que está muy dedicado a alguna cosa: *Está muy enrollada* ***con*** *la música.* 2 COLOQUIAL. Que es alegre y simpático: *Es un tío muy enrollado.* 3 (estar) COLOQUIAL. Que tiene relaciones amorosas o sexuales con una persona: *Estos dos están enrollados desde hace tiempo.*

enrollar *v. tr.* 1 Poner ‹una persona› [una cosa] en forma de rollo: *Enrolla el diploma porque si no se te arrugará.* 2 COLOQUIAL. Causar ‹una persona o una cosa› confusión a [una persona]: *No te dejes enrollar por él y no le compres nada.* SIN. enredar. || *v. intr.* 3 COLOQUIAL. Gustar ‹una cosa› mucho a [una persona]: *Lo que más me enrolla son las motos grandes.* SIN. molar. || *v. prnl.* 4 COLOQUIAL. Extenderse ‹una persona› demasiado al hablar o al escribir: *Se enrolló mucho en el examen de Historia. Me enrollé hablando y perdí el autobús.* 5 COLOQUIAL. Tener ‹dos personas› relaciones amorosas o sexuales: *Se ha enrollado con uno que tiene diez años menos que ella.* 6 COLOQUIAL. Formar ‹una persona› parte de [un grupo] o participar en [una actividad]: *Se enrolló* ***en*** *el mundo del cine. Se ha enrollado* ***con*** *un equipo de baloncesto.* 7 COLOQUIAL. Tener ‹una persona› facilidad para relacionarse con otras personas o para adaptarse a un ambiente: *Tus amigos se enrollan bien. ¡Qué mal te enrollas, tío!* 8 COLOQUIAL. Actuar ‹una persona› bien, ser simpática: *Este profe se enrolla muy bien y suspende poco.* 9 VEN.; COLOQUIAL. Confundirse ‹una persona›.

enronquecer *v. tr.* 1 Poner ‹una persona o una cosa› ronca [a una persona]: *Este frío nos ha enronquecido a todos.* || *v. intr. / prnl.* 2 Ponerse ‹una persona› ronca: *Enronquece en cuanto fuerza un poco la voz.* ***(Se)*** *enronqueció de tanto gritar.* ⇒ **5.**

enroque *s. m.* JUEGOS. Movimiento de ajedrez que consiste en mover el rey y la torre en una misma jugada según ciertas condiciones.

enroscar *v. tr.* 1 Introducir ‹una persona› [una cosa] a vuelta de rosca: *Enrosca los tornillos en sus tuercas para que no se pierdan.* || *v. tr. / prnl.* 2 Poner ‹una persona o un animal› [a una persona, un animal o una cosa] en forma de rosca: *La serpiente* ***se*** *enroscaba con la música y se metía en un cesto. El jugador* ***se*** *enroscaba de dolor en el centro de la pista.* ⇒ **71.**

enrostrar *v. tr.* AMÉR. DEL S.; COLOQUIAL. Reprochar ‹una persona› [una cosa] a [otra persona].

enruanarse *v. prnl.* COL.; RESTRINGIDO. Ponerse ‹una persona› la ruana.

enrular *v. tr.* AMÉR. Hacer ondas o rizos en el pelo.

ensabanado, da *adj.* / *s. m.* TAUROM. [Res] que tiene la cabeza y las extremidades oscuras y el cuerpo blanco: *El diestro toreó el primero, un ensabanado tirando a manso.*

ensacar *v. tr.* RESTRINGIDO. Meter ‹una persona› [una cosa] en sacos: *En la fábrica se ensaca mecánicamente.* ⇒ **71.**

ensaimada *s. f.* Bollo de pasta de hojaldre elaborado con manteca de cerdo, en forma de espiral o caracol: *Cuando vinieron de Mallorca trajeron las típicas ensaimadas.*

ensalada *s. f.* 1 Plato compuesto de diversas hortalizas aderezadas con aceite, sal y vinagre o algún otro condimento: *ensalada variada, ensalada verde, ensalada del tiempo, ensalada de atún. Las ensaladas apetecen mucho en verano.* 2 Cualquier mezcla de alimentos fríos, aderezados con algún condimento: *ensalada de arroz con pollo.* **~ de frutas** Macedonia. 3 COLOQUIAL. Mezcla, confusión de cosas sin relación alguna: *Tu examen es una ensalada de nombres de autores y obras.* 4 LIT. Composición lírica que mezcla diversos metros o incluye versos de otras obras. FR. Y LOC. **en ~** [Alimentos fríos] servidos aliñados: *alubias en ensalada.* **~ de tiros / balas** Tiroteo: *La película acaba con una ensalada de tiros.*

ensaladera *s. f.* Recipiente hondo para servir ensaladas: *No tengo ensaladera; haré la ensalada en un plato hondo.*

ensaladilla *s. f.* Ensalada de pequeños trozos de patata, huevo, zanahoria, guisantes y atún aderezados con salsa mayonesa: *Comimos ensaladilla de primero.* **~ rusa** Ensaladilla: *La ensaladilla rusa va bien con todo.*

ensalivar *v. tr.* Llenar ‹una persona o un animal› [una cosa] de saliva: *Para digerir bien los alimentos hay que ensalivarlos mucho en la boca.*

ensalmo *s. m.* Oración o práctica a la que se atribuye poderes curativos: *Te juro que con sus ensalmos curó a mi madre.* FR. Y LOC. **(como) por ~** 1 Rápidamente: *Los atracadores desaparecieron como por ensalmo.* 2 De manera inexplicable: *Es muy rara, estamos de copas y desaparece como por ensalmo hasta el día siguiente.*

ensalzamiento *s. m.* Acción y resultado de ensalzar: *El ensalzamiento de los méritos del deportista por parte del locutor nos pareció a todos excesivo. En el acto de esta mañana se ha producido el ensalzamiento de valores tan necesarios como la solidaridad y la comprensión entre los pueblos.*

ensalzar *v. tr.* **1** Alabar ‹una persona› [a otra persona o una cosa]: *No me parece necesario ensalzar ahora las cualidades de nuestra cocina, pero, como han podido ustedes comprobar, son muchas.* **2** Hacer ‹una persona o una cosa› que [una persona] adquiera dignidad y respetabilidad: *Nuestros investigadores han ensalzado nuestra institución entre las más respetadas del país. Su cariño por los niños huérfanos la ensalzaba a los ojos de los contemporáneos.* **3** LITERARIO. Elevar ‹una persona› [a otra persona] en una posición social muy elevada: *Fue ensalzado hasta el pontificado al final de su vida. Ya había sido ensalzado a cardenal a los treinta y cinco años. A los doce años lo ensalzaron al trono.* ⇒ **19.**

ensamblador *s. m.* INFORM. Programa que teniendo como entrada otro programa en lenguaje simbólico lo traduce a un código adecuado para el ordenador.

ensamblaje o **ensamble** *s. m.* Acción y resultado de ensamblar: *Ya se ha realizado el ensamblaje de las piezas de la barca.*

ensamblar *v. tr.* Unir ‹una persona› [dos o más piezas o dos o más cosas] haciéndolas encajar: *He ensamblado la estantería en una hora.* SIN. acoplar.

ensamble *s. m.* Ensamblaje.

ensanchamiento *s. m.* Acción y resultado de ensanchar: *Esas obras son para el ensanchamiento de la calzada.*

ensanchar *v. tr.* **1** Hacer ‹una persona o una cosa› más ancha [una cosa]: *Me he comprado una chaqueta, pero hasta mañana no la tengo porque la están ensanchando un poco de cintura. Estoy haciendo ejercicio a ver si consigo ensanchar un poco la espalda.* **2** Hacer ‹una persona› más amplia o extensa [una cosa]: *Ensancharán la calle para que puedan pasar camiones.* ‖ *v. intr.* **3** Hacerse ‹una persona› más ancha: *Creo que he ensanchado desde que como fuera de casa.* ‖ *v. prnl.* **4** Hacerse ‹una cosa› más amplia o extensa: *El jersey se ensanchó al plancharlo. La ciudad se ensancha al otro lado del río, hacia el suroeste.* **5** COLOQUIAL. Mostrar ‹una persona› mucha satisfacción u orgullo por una cosa: *Se ensancha cuando lo felicitan por su éxito.* **6** COLOQUIAL. Colocarse ‹una persona› de forma que ocupa más espacio del normal: *Si os ensancháis tanto, no quepo en el sofá.*

ensanche *s. m.* **1** Acción y resultado de ensanchar: *El ensanche de la carretera era muy necesario en este tramo.* **2** URB. Ampliación planificada de una ciudad: *Son famosos los ensanches del siglo* XIX. *El ensanche barcelonés ocupa el centro de la ciudad.* **3** Lugar o terreno sobre el que se construyen estas nuevas edificaciones: *No vivimos en el centro, sino en uno de los últimos ensanches de la ciudad.*

ensangrentar *v. tr. / prnl.* **1** Manchar ‹una persona o una cosa› [a otra persona u otra cosa] de sangre: *El herido ensangrentó el asiento del coche. Se le ensangrentó la blusa tras los disparos y cayó al suelo.* ‖ *v. tr.* **2** Causar ‹una persona o una cosa› muertes o derramamiento de sangre en [un lugar]: *Los terroristas pensaban ensangrentar las fiestas con un atentado importante.* ⇒ **58.**

ensañamiento *s. m.* **1** Acción y resultado de ensañarse: *No pude soportar las imágenes del ensañamiento del niño con el pobre pájaro.* **2** DER. Circunstancia agravante que consiste en aumentar voluntariamente el mal del delito.

ensañarse *v. prnl.* Disfrutar ‹una persona› causando todo el mal posible a [otra persona o un animal que no pueda defenderse]: *El campeón se ensañó con el contrario goleándolo ocho a cero. Es un niño con problemas, que se ensaña con los animales caseros.*

ensartar *v. tr.* **1** Meter ‹una persona› un hilo o un alambre por el agujero de [una cuenta o un anillo]: *Ensartó las cuentas del collar.* **2** RESTRINGIDO. Meter ‹una persona› una hebra o un hilo por el ojo de [una aguja]: *Si quieres te ensarto la aguja para que puedas coser.* SIN. enhebrar. **3** Atravesar ‹una persona› [a otra persona o una cosa] con un objeto puntiagudo: *Ensarta el pollo en el asador y ponlo en el horno.* **4** Decir ‹una persona› [muchas cosas seguidas] sin orden ni conexión entre ellas: *Ensartaba un disparate tras otro.* **5** AMÉR. Hacer caer en una trampa. ‖ *v. prnl.* **6** AMÉR. DEL S.; COLOQUIAL. Quedar entrampada ‹una persona› por hacer un mal negocio.

ensayar *v. tr. / intr.* **1** Hacer ‹una persona› [una cosa] varias veces para adquirir soltura y realizarla correctamente: *Ensayo todos los días estos pases de baile.* ‖ *v. tr.* **2** Dirigir ‹una persona› [el entrenamiento] de [otra persona]: *Su profesor le ensaya el salto de longitud todos los días.* **3** Examinar ‹una persona› la calidad o la resistencia de [una cosa]: *Ensayaron la vacuna antes de ponerla a la venta.* SIN. probar. ‖ *v. intr.* **4** DEP. Conseguir ‹un jugador de rugby› un ensayo: *El número treinta y dos ha ensayado para su equipo.*

ensayismo *s. m.* LIT. Género literario constituido por ensayos: *El ensayismo no es un género popular.*

ensayista *s. m. / f.* Escritor de ensayos: *Muchos ensayistas tienen en los periódicos un cauce natural de expresión.*

ensayo *s. m.* **1** Preparación de una actuación o de una situación varias veces para adquirir soltura o comprobar su funcionamiento: *Se ha hecho un ensayo de la evacuación del área metropolitana. El ensayo de la ceremonia de la entrega de los premios ya está acabado.* **2** Realización de una prueba de una cosa para comprobar su eficacia, buen funcionamiento o buenos resultados: *El laboratorio realiza el ensayo de un método nuevo de análisis.* **tubo* de ~.** **3** Representación provisional de un espectáculo antes de su estreno: *El ensayo de una obra de teatro. Tuvimos tarde de ensayo. Asistimos al ensayo general.* **4** LIT. Obra literaria breve que expone, sin el rigor ni la extensión de un estudio profundo, los pensamientos de un autor sobre un tema: *escribir un ensayo, leer un ensayo. Tengo que leer este ensayo de filosofía para el examen.* **5** LIT. Género literario constituido por ensayos: *El ensayo fue muy cultivado por los autores de fines del siglo* XIX. SIN. ensayismo. **6** DEP. Jugada de rugby que consiste en depositar el balón detrás de la línea de marca contraria: *El jugador consiguió un nuevo ensayo.*

-ense o **-iense** *suf.* Significa 'origen o procedencia' y forma adjetivos a partir de nombres: *Londres - londinense, Gijón - gijonense, Canadá - canadiense, Jaén - jiennense.*

enseguida o **en seguida** *adv. temp.* **1** Inmediatamente después, poco tiempo después: *Primero llegó el novio y enseguida apareció la novia.* SIN. a continuación. **2** Se usa a menudo para pedir que se haga una cosa con rapidez y equivale a 'pronto', 'dentro de poco tiempo': *Volveré enseguida. Acabarán de poner la cerradura enseguida. Quiero una respuesta enseguida.* ‖ *adv. lug.* **3** Inmediatamente después en el espacio, un poco más allá: *Primero se ve una torre y enseguida aparece la catedral.*

ensenada *s. f.* Extensión de mar que entra en la tierra, más pequeña que la bahía, y que puede servir de refugio natural para las embarcaciones: *El barco pirata ancló en una ensenada de la isla.*

enseña *s. f.* Señal representativa de una persona, de una institución o de una colectividad: *Esta bandera es la enseña nacional. Todos los equipos desfilan con su enseña.*

enseñado, da *adj.* Se usa en la LOC. **bien / mal ~** (ser / estar) Que está bien o mal educado: *El perro está muy mal enseñado; no obedece a su amo. Es un niño muy bien enseñado, siempre deja el asiento a las personas mayores.*

enseñanza *s. f.* **1** Transmisión de conocimientos o habilidades a otras personas: *enseñanza de idiomas, enseñanza de las matemáticas, enseñanza de las ciencias.* **2** Conjunto de personas, medios o actividades dedicados a la educación: *enseñanza pública, enseñanza estatal, enseñanza privada. Prepara oposiciones a la enseñanza. Se está llevando a cabo la reforma de la enseñanza.* **~ infantil** Enseñanza para niños de menos de seis años. **~ primaria** Primera etapa de la enseñanza. **~ secundaria** Segunda etapa de la enseñanza. **~ superior** Enseñanza universitaria. **3** Método usado para enseñar: *enseñanza a distancia, enseñanza programada, enseñanza audiovisual, enseñanza globalizada.* **4** Acción o suceso que sirve de experiencia: *De las fábulas se suele sacar una enseñanza. La enseñanza que saqué de lo ocurrido es que no debo fiarme de los desconocidos.* **5** (en plural) Conjunto de conocimientos o ideas que una persona transmite o enseña a otras personas: *Siempre tuvo presentes las enseñanzas de sus maestros.*

enseñar *v. tr. / intr.* **1** Comunicar ‹una persona› un conocimiento o una habilidad [a otra persona]: *Me enseñaron dibujo. Nos enseñó **a** montar en bicicleta. Mi padre me ha enseñado **a** contar. En esta academia sólo enseñamos por la tarde.* || *v. tr.* **2** Servir ‹una persona o una cosa› de ejemplo o escarmiento a [una persona]: *La desgracia te enseñará. Aquello me enseñó **a** pensar las cosas antes de hacerlas.* **3** Mostrar ‹una persona› [una cosa] a [otra persona]: *Me enseñó las fotos. Nos enseñó la herida que tiene en la pierna.* **4** Dejar ver ‹una persona› [una cosa] involuntariamente: *Al reír enseña un diente roto. Vas enseñando la combinación por detrás de la falda.* FR. Y LOC. **~ las cartas*. ~ los colmillos*. ~ / mostrar los dientes*. usar / sacar / ~ el látigo*.**

enseñorearse *v. prnl.* Hacerse ‹una persona› dueña de [una cosa]: *Se ha enseñoreado **del** teléfono.* SIN. adueñarse.

enseres (plural) *s. m.* Conjunto de muebles, utensilios e instrumentos propios de una casa o de una actividad o profesión: *El incendio destruyó todos sus enseres y se quedaron en la calle con la ropa puesta. Metió los enseres de su hermano en un baúl y lo cerró con llave.*

ENSIDESA *s. f.* Sigla de «Empresa Nacional de Siderurgia Sociedad Anónima», España.

ensillar *v. tr.* Poner ‹una persona› la silla de montar a [una caballería]: *Ensíllame el caballo que voy por el correo.*

ensimismamiento *s. m.* Acción y resultado de ensimismar o ensimismarse: *Tiene este ensimismamiento desde la muerte de su madre.*

ensimismarse *v. prnl.* Dedicarse ‹una persona› intensamente y por entero a [sus pensamientos] aislándose de lo que la rodea: *Cuando llegamos estaba ensimismada mirando por la ventana y así sigue.*

ensoberbecer *v. tr.* **1** ELEVADO. Hacer ‹una persona o una cosa› que [una persona] se vuelva soberbia: *No consientas que el éxito te ensoberbezca, porque entonces todos los compañeros de la profesión intentarán crucificarte.* || *v. prnl.* **2** ELEVADO. Volverse ‹una persona› soberbia. **3** LITERARIO. Agitarse ‹el mar y las olas›: *El mar se ensoberbeció rápidamente y desde el puerto contemplamos un espectáculo hermoso y sobrecogedor a la vez.* ⇒ **5.**

ensombrecer *v. tr.* **1** Hacer ‹una persona o una cosa› que [una cosa] se cubra de sombra u oscuridad: *La altura de los nuevos edificios ha ensombrecido el antiguo paseo.* **2** Causar ‹una persona o una cosa› tristeza o pena a [una persona]: *La enfermedad del homenajeado ha ensombrecido el acto.* || *v. prnl.* **3** Cubrirse ‹una cosa› de sombra u oscuridad: *La mañana se ensombreció con la llegada de las nubes.* **4** Sentir ‹una persona› tristeza o pena: *Las penas han ensombrecido su ánimo.* ⇒ **5.**

ensoñación *s. f.* Acción y resultado de ensoñar: *A veces se dejaba llevar por las ensoñaciones y pensaba que lo habían ascendido y disponía de un hermoso despacho.*

ensoñar *v. intr.* Tener ‹una persona› fantasías o ilusiones respecto a [una cosa]: *Ensoñar un poquito puede ayudar a vivir mejor.* SIN. soñar. ⇒ **28.**

ensopar *v. tr. / prnl.* AMER. DEL S.; COLOQUIAL. Mojar ‹una persona o una cosa› [a una persona o una cosa].

ensordecedor, ra *adj.* (antepuesto / pospuesto) [Sonido, ruido] que ensordece o es muy intenso: *Aquel ruido ensordecedor me volvía loca.*

ensordecer *v. tr.* **1** Dejar ‹una persona o una cosa› sorda [a una persona]: *La explosión de la granada ensordeció a los vecinos.* **2** Impedir ‹un ruido muy fuerte› que [una persona] oiga: *Me ensordecía el estruendo de las cataratas y no oía nada de lo que decías.* **3** Hacer ‹una persona o una cosa› más suave [un ruido]: *Los gruesos muros ensordecían las voces de los vecinos.* **4** LING. Convertir ‹una persona› [una consonante sonora] en sorda: *Algunos hablantes castellanos ensordecen las oclusivas sonoras en posición final de palabra.* || *v. intr.* **5** Sufrir ‹una persona› sordera: *Ensordeció a causa de un medicamento.* || *v. intr. / prnl.* **6** LING. Convertirse ‹una consonante sonora› en sorda: *Las consonantes sonoras se ensordecen en posición final de palabra en castellano.* ⇒ **5.**

ensordecimiento *s. m.* Acción y resultado de ensordecer o ensordecerse: *El ensordecimiento que me produjeron las explosiones fue pasajero. El ensordecimiento de una consonante sonora no es un fenómeno raro en las lenguas.*

ensortijar *v. tr. / prnl.* **1** Dar ‹una persona› forma de anillo o rizo a [una cosa]: *Al lado del mar el pelo se ensortija enseguida.* SIN. rizar(se). || **2** *v. prnl.* COLOQUIAL. Adornarse ‹una persona› con muchas sortijas o muchas joyas: *Se ensortija siempre para salir a la calle.*

ensuciar *v. tr.* **1** Poner ‹una persona o una cosa› sucia [a una persona o una cosa]: *Denunciarán a las empresas que ensucien el río y la playa. Los gatos me han ensuciado toda la casa. Te has ensuciado el vestido al sentarte en el banco.* **2** Hacer ‹una persona o una cosa› que [una persona] pierda el honor o la fama: *Sus calumnias no pueden ensuciar el buen nombre del presidente.* || *v. prnl.* **3** Ponerse ‹una persona o una cosa› sucia: *Se ensució **de** barro. Me ensucié **con** la cadena de la bicicleta.* SIN. mancharse. **4** EUFE-

MISMO Expeler ‹una persona› los excrementos involuntariamente en la cama o en la ropa: *El niño ha vuelto a ensuciarse esta noche.* **5** COLOQUIAL. Tomar ‹una persona› parte en negocios o asuntos sucios: *Lo han apartado del cargo porque parece que se ha ensuciado en un asunto de contrabando.*

ensueño *s. m.* Fantasía, ilusión: *No puedes vivir siempre en tus ensueños.* SIN. ensoñación. FR. Y LOC. **de ~** INTENSIFICADOR. Muy bueno o muy bien: *Ha sido una velada de ensueño. Hemos hecho un viaje de ensueño. Baila de ensueño.*

entablado, da *adj.* **1** COL.; RESTRINGIDO. Que está establecido en un lugar. || *s. m.* **2** RESTRINGIDO. Suelo hecho con tablas: *Hay que cambiar el entablado de la casa vieja.*

entablamento *s. m.* ARQ. Conjunto de molduras que forman la parte alta de la fachada de un edificio clásico: *El entablamento se divide en arquitrabe, friso y cornisa.*

entablar *v. tr. / prnl.* **1** Dar ‹una persona› comienzo a [una acción o una actividad]: *Los invitados entablaron una violenta polémica sobre el restaurante de la fiesta.* **2** COL., RESTRINGIDO. Organizar ‹una persona› un negocio o un trabajo fijo. || *v. tr.* **3** RESTRINGIDO. Sujetar ‹una persona› [un hueso roto] con tablillas y vendaje para que suelde. SIN. entablillar. || *v. intr.* **4** AMÉR. Empatar, igualar.

entablillar *v. tr.* Sujetar ‹una persona› [un hueso roto] con tablillas y vendaje para que suelde: *Me entablillaron la pierna hasta que llegamos a un hospital.*

entalegar *v. tr.* JERGAL; HUMORÍSTICO. Meter ‹una persona con autoridad› [a otra persona] en la cárcel: *Ahora están entalegando a la gente importante.* SIN. encarcelar. ⇒ **56.**

entallar *v. tr.* **1** Ajustar ‹una persona› el talle de [una prenda de vestir]: *Quiero que el vestido sea muy moderno; me subes el bajo y me lo entallas un poco.* || *v. prnl.* **2** Quedar ‹una prenda de vestir› ajustada al talle: *¿No te parece que el abrigo está muy entallado?*

entallecer *v. intr. / prnl.* Echar ‹una planta o un árbol› tallos. ⇒ **5.**

entarimado *s. m.* Suelo hecho de tablas: *Me gusta el crujido de los entarimados de las casas de los pueblos.*

entarimar *v. tr.* Cubrir ‹una persona› [el suelo de una habitación] con tablas: *Hemos entarimado el suelo de la casa que tenemos en la montaña porque la madera es más cálida que el terrazo.*

éntasis (plural *éntasis*) *s. f.* ARQ. Parte más abultada del fuste de algunas columnas.

ente *s. m.* **1** ELEVADO. Todo aquello que existe o puede existir: *Los sueños están poblados de entes misteriosos a los que hay que prestar atención. Los personajes de las películas son entes ficticios, no existen.* SIN. ser. **2** Colectividad, corporación, organismo: *ente autonómico, ente público.* **3** COLOQUIAL; PEYORATIVO. Persona rara o ridícula: *Es un ente sospechoso que no nos merece confianza alguna.*

-ente *suf.* -nte.

entechar *v. tr.* COL.; RESTRINGIDO. Techar.

entelequia *s. f.* ELEVADO. Cosa, situación o hecho producto de la imaginación, que no puede existir en la realidad: *Su vida era una pura entelequia. Ha traído un plan irrealizable que no pasa de ser una entelequia.*

entendederas (plural) *s. f.* COLOQUIAL. Entendimiento, inteligencia: *Tiene buenas entendederas este chico. No andas hoy muy fina de entendederas.*

entender *s. m.* Opinión, idea que una persona tiene sobre una cosa: *No estoy muy seguro, pero a mi entender, estás muy equivocada. Según su entender, ese plan no tiene ningún futuro.* SIN. parecer. FR. Y LOC. **según mi / nuestro leal saber* y ~.**

entender *v. tr.* **1** Comprender ‹una persona› el sentido o el significado de [una cosa]: *Ahora entiendo la pregunta. No entendía qué quería decirme con aquellas palabras. No entiendo el lenguaje gestual de los sordomudos.* **2** Expresar ‹una persona› [su opinión]: *Yo entiendo que deberías disculparte. ¿Tú entiendes que eso está bien hecho?* SIN. opinar. **3** Conocer ‹una persona› la forma de ser de [otra persona] y cómo tratarla: *Sabe entender a los niños. Pensaba que te entendía, pero veo que no.* SIN. comprender. **4** Deducir ‹una persona› [una cosa]: *¿Debo entender que te marchas?* || *v. tr. / prnl.* **5** Encontrar ‹una persona› un motivo o una justificación que explique la conducta o la actitud de [otra persona]: *Entendimos tu postura, no te preocupes. No entendemos por qué actúa así.* SIN. comprender. || *v. intr. / tr.* **6** Ser ‹una persona› experta en [una cosa]: *Entendía **de** filosofía. Yo no entiendo estos aparatos.* || *v. intr.* **7** Tener ‹una persona› autoridad o competencia para intervenir en [un asunto]: *Este es el magistrado que entiende **en** los casos de divorcio.* **8** COLOQUIAL. Ser ‹una persona homosexual›: *Dicen que ese entiende.* || *v. prnl.* **9** Llevarse ‹una persona› bien con [otra persona]: *Ella y yo nos entendemos bien. Se entiende muy bien **con** su compañera.* **10** Ponerse ‹dos personas› de acuerdo en [una cosa]: *Ya se entenderán **en** el precio. Tú entiéndete **con** él para la organización de todo.* **11** Actuar ‹una persona› según las circunstancias: *Allá te entiendas tú **con** el coche, yo no lo quería.* SIN. apañarse. **12** EUFEMISMO. Mantener ‹dos personas› una relación amorosa: *Se entendía **con** la vecina desde hacía tiempo.* FR. Y LOC. **como Dios* le da a ~. entendérselas con** COLOQUIAL. Valerse ‹una persona› por sí misma en una situación determinada: *No te preocupes, ya me las entenderé yo con la calefacción esta tarde. Vete tranquila, yo me las entiendo con tus gatos estos días.* ⇒ **80.**

entendido, da *adj. / s. m.* y *f.* Que sabe mucho sobre una cosa: *Es una abogada entendida **en** asuntos internacionales. Me aburren esas reuniones para entendidos.* FR. Y LOC. **¡entendido!** Se usa para indicar que se ha entendido lo que se ha dicho: *Tienes que estar allí a las nueve en punto, ¿entendido?*

entendimiento *s. m.* **1** (no contable) Facultad de conocer, comprender y juzgar las cosas: *El entendimiento es una facultad propia del ser humano.* **2** (no contable) Sentido común: *Cuando bebe pierde el entendimiento.* **3** (no contable) Acuerdo o armonía entre dos o más personas o entidades: *Se ha roto el entendimiento entre los dos países.*

entenebrecer *v. tr.* **1** LITERARIO. Llenar ‹ una cosa › de tinieblas o de oscuridad [un lugar]: *La caída de la tarde entenebreció la comarca y los aullidos de los lobos poblaron el bosque.* SIN. oscurecer. **2** LITERARIO. Causar ‹una persona o una cosa› tristeza o pesimismo a [una persona]: La *noticia de la derrota entenebreció el rostro del monarca.* SIN. apenar. || *v. intr. / prnl.* **3** LITERARIO. Llenarse ‹un lugar› de tinieblas o de oscuridad: *A hora de nona la tierra tembló y **se** entenebreció.* SIN. oscurecerse. **4** ELEVADO. Mostrar ‹una persona› tristeza o pesimismo: *Tras la muerte del hijo su mirada **(se)** entenebreció definitivamente.* ⇒ **5.**

entente *s. f.* ELEVADO. Acuerdo o alianza, entre dos o más personas o entidades, especialmente entre gobiernos o países: *Decidieron no seguir con la guerra y firmaron la entente más importante de su historia. Los trabajadores llegaron a una entente con la empresa.* SIN. entendimiento.

enterado, da *adj.* **1** (estar) Que conoce mucho un asunto o materia: *Es una persona enterada **de** temas de Derecho. Está muy enterado **en** cuestiones fiscales.* ‖ *adj./ s. m./f.* **2** COLOQUIAL; PEYORATIVO. (frecuentemente en diminutivo). [Persona] que pretende saber de todas las cosas: *Es un enteradillo, pero no te fíes de él. ¡Enterado, que eres un enteradillo! Fíjate para otra vez y no te equivocarás, que todos debemos aprender de los demás.*

enterar *v. tr.* **1** Comunicar ‹una persona› [una cosa] a [una persona]: *Nos enteraron **de** lo sucedido.* SIN. informar. ‖ *v. prnl.* **2** Adquirir ‹una persona› conocimiento de [una cosa]: *Me he enterado **de** tu desgracia.* **3** Comprender ‹una persona› [una cosa]: *No se enterará **de** nada si no hablas claro.* **4** AMÉR. Pagar ‹una persona› [una cosa]. **5** ARG., CHILE, PERÚ; COLOQUIAL en Chile. Completar ‹una persona› una suma de dinero. FR. Y LOC. **enterarse de lo que vale un peine*. para que te enteres** INTENSIFICADOR. Se usa para reforzar una cosa que se comunica a una persona con la intención de molestarla: *No pienso decirte nada de nada, para que te enteres.* **se va a ~** AMENAZA. Se usa para advertir o amenazar a una persona: *No voy a olvidar lo que me has hecho, te vas a enterar.*

entereza *s. f.* **1** (no contable) Cualidad o actitud de la persona que soporta con serenidad las dificultades: *Aceptó la desgracia con entereza.* **2** Firmeza y rectitud en las decisiones: *La entereza de nuestra directora está fuera de duda.*

entérico, ca *adj.* ANAT. De los intestinos.

enteritis (plural enteritis) *s. f.* MED. Inflamación de la mucosa de los intestinos: *La enteritis suele tener como síntomas abundantes diarreas y fiebre elevada.*

enternecer *v. tr.* **1** Provocar ‹una persona o una cosa› ternura o compasión a [una persona]: *La película enterneció a todo el mundo.* SIN. conmover. ‖ *v. prnl.* **2** Mostrar ‹una persona› ternura o compasión: *Se enterneció al ver el gatito abandonado, y se lo llevó a casa.* SIN. conmoverse. ⇒ **5.**

enternecimiento *s. m.* Acción y resultado de enternecer o enternecerse: *El enternecimiento ante el dolor ajeno es un sentimiento noble.*

entero, ra *adj.* **1** (ser/estar) Que tiene todas sus partes o que está completo: *Se comió la tableta de chocolate entera. No te preocupes, los muebles llegaron a casa enteros, sanos y salvos.* **vuelta entera. 2** (ser/estar) Que tiene fortaleza de ánimo y domina sus sentimientos o emociones: *Es una persona muy entera, si no, no podría resistir tantas desgracias. Estuvo muy entero en el funeral de su padre.* **3** Que actúa con firmeza en sus decisiones: *Es un árbitro muy entero, no se deja impresionar por el ambiente de los estadios.* **4** (estar) Que se encuentra bien en su estado físico: *La nadadora está muy entera, apenas se ha desgastado.* **5** (estar) COCINA. [Alimento] que queda duro después de ser cocinado: *Este arroz está un poco entero, déjalo cinco minutos más.* **6** (estar) [Fruto] que aún no ha madurado: *Las ciruelas están aún un poco enteras, yo creo que les falta una semana.* **7** AMÉR.; COLOQUIAL. Muy parecido. ‖ *adj./s. m.* **8** MAT. [Número] que está formado por una o más unidades, a diferencia de los quebrados y los mixtos. **número ~.** ‖ *s. m.* **9** ECON. Unidad que mide la cotización de un valor bursátil: *Las cementeras han subido cuatro enteros, y las eléctricas han bajado uno.* **10** AMÉR.; COLOQUIAL. Acción de completar una cantidad. FR. Y LOC. **de cuerpo* ~. por ~** Enteramente, completamente: *Me gusta por entero, no hay ni una sola cosa de él que me disguste.*

enterocolitis (plural *enterocolitis*) *s. f.* MED. Inflamación del intestino delgado, del ciego y del colon.

enteropatía *s. f.* MED. Enfermedad intestinal.

enterrador, ra *s. m./f.* **1** Persona que tiene por oficio enterrar a los muertos: *En este pueblo el enterrador es también el sacristán.* SIN. sepulturero. ‖ *s. m.* **2** (macho y hembra) ZOOL. Género *Necrophorus.* Insecto con un par de alas duras que recubre otro par de alas plegadas, y que pone sus huevos sobre pequeños animales muertos a los que entierra para que sirvan de alimento a sus larvas.

enterramiento *s. m.* **1** Acción de enterrar a un difunto: *Los enterramientos no se hacen después de la puesta del sol.* **2** Lugar preparado para enterrar a los difuntos: *Los arqueólogos han encontrado un enterramiento ibérico.* SIN. sepultura. **3** Construcción edificada para enterrar uno o varios difuntos: *Entre los cipreses sobresalen los lujosos enterramientos del siglo* XIX. SIN. sepulcro.

enterrar *v. tr.* **1** Cubrir ‹una persona› [a otra persona, un animal o una cosa] de tierra: *Los piratas enterraban los tesoros **en** algún lugar de una isla desierta.* **2** Dar ‹una persona› sepultura a [un difunto]: *Han enterrado a mi primo, el del accidente, **en** el cementerio nuevo.* SIN. sepultar. **3** Ocultar ‹una persona› [a una persona o una cosa] entre otras cosas o bajo ellas: *Se ve que enterré tu nota bajo esta montaña de papeles.* **4** Clavar‹una persona› [una cosa] en un lugar: *Has enterrado demasiado ese clavo.* **5** Olvidar ‹una persona› [una cosa]: *He enterrado ya mis sueños de ser actriz.* **6** Seguir viviendo ‹una persona› después de la muerte de [otra persona]: *Ese anciano ha enterrado a todos sus amigos. Abuela, no se queje, que usted nos ha de enterrar a todos.* ‖ *v. prnl.* **7** Cubrirse ‹una persona, un animal o una cosa› de tierra: *El cangrejo se enterró **en** la arena.* FR. Y LOC. **enterrarse en vida** Apartarse ‹una persona› del trato con las demás: *Este hombre **se** ha enterrado en vida.* ⇒ **58.**

enterratorio *s. m.* AMÉR. DEL S. Cementerio, sobre todo de indígenas.

entibar *v. tr.* **1** MIN. Sostener ‹una persona› [las paredes y el techo de una excavación] con maderos o armazones metálicos: *Los mineros entibaron las paredes de la galería para que no se vinieran abajo.* SIN. apuntalar. ‖ *v. intr.* **2** RESTRINGIDO. Descansar ‹una cosa› sobre otra cosa: *El techo entiba sobre las columnas.*

entibiar *v. tr./prnl.* **1** RESTRINGIDO. Poner ‹una persona o una cosa› tibia o templada [una cosa]: *Entibió el agua. Ya te he entibiado la leche añadiéndole una poca fría. Si tardas tanto en tomártelo, el café se va a entibiar.* **2** ELEVADO. Quitar ‹una persona o una cosa› fuerza a [un sentimiento] o a [una relación]: *La distancia había entibiado su pasión, pero se seguían amando.* SIN. debilitar. ‖ *v. prnl.* **3** ELEVADO. Perder ‹un sentimiento o una relación› fuerza: *Su amistad se entibió con el tiempo.* SIN. debilitarse.

entidad *s. f.* **1** Colectividad o asociación de personas de carácter oficial o privado: *entidad bancaria, entidad financiera, entidad deportiva.* **2** (no contable) Valor o importancia de una cosa: *En la reunión se tratarán asuntos de mayor entidad. La entidad de esta autora no está ahora en discusión.* **3** (no contable) Esencia o naturaleza: *la entidad de un pueblo. En la novela el personaje anhelaba encontrar su entidad.* **4** Aquello que existe o puede existir: *La voluntad no es una entidad física.*

entierro *s. m.* **1** Acción y resultado de enterrar a un difunto: *el entierro de una persona.* SIN. enterramiento. **2** Ceremonia religiosa que se celebra por un difunto: *ir de entierro, ir a un entierro. El entierro se celebrará a las siete.* **3** Difunto con la comitiva que lo acompaña: *El entierro va camino del cementerio. El entierro sale a las siete de casa del difunto.* || **4** ~ **de la sardina** Fiesta burlesca de carnaval que se celebra el miércoles de ceniza, con la que se da comienzo a la Cuaresma. FR. Y LOC. **dar vela* en este ~.**

entintar *v. tr.* **1** Manchar o empapar ‹una persona o una cosa› [a una persona o una cosa]: *El bolígrafo me ha entintado toda la camisa. La impresora no entinta bien las páginas.* **2** RESTRINGIDO. Teñir ‹una persona› [una sustancia o un material]: *Voy a entintar los zapatos de negro.*

-ento, ta o **-iento, ta** *suf.* **1** Significa 'condición o estado' y forma adjetivos a partir de adjetivos y sustantivos: *avaro - avariento, polvo - polvoriento, sed - sediento.* **2** Significa 'semejanza' y forma adjetivos a partir de adjetivos o sustantivos: *amarillo - amarillento, ceniza - ceniciento.*

entoldado *s. m.* **1** Conjunto de toldos: *He llamado para que vengan a reparar el entoldado del escaparate.* **2** Lugar cubierto con toldos: *El baile de la fiesta mayor será en el entoldado que ha montado el Ayuntamiento en la plaza.*

entoldar *v. tr.* **1** Cubrir ‹una persona› [una cosa o un lugar] con toldos: *Entoldaron el patio para la fiesta.* || *v. prnl.* **2** Cubrirse ‹el cielo› de nubes: *El cielo se entoldó a partir de mediodía.* SIN. nublarse.

entomófilo, la *adj.* **1** BOT. [Planta] que es polinizada por insectos. || *adj. / s. m.* y *f.* **2** BIOL. [Persona] que es aficionada al estudio de los insectos: *un científico entomófilo.*

entomología *s. f.* (no contable) ZOOL. Parte de la Zoología que estudia los insectos.

entomólogo, ga *s. m. / f.* Persona que está especializada en el estudio de los insectos: *Este entomólogo es un especialista en insectos parásitos.*

entonación *s. f.* **1** Acción y resultado de entonar o cantar: *No he conseguido la entonación adecuada. La entonación de esta melodía me parece muy difícil.* **2** Conjunto de variaciones en la voz que acompaña la expresión oral de lo que se dice e indica diferencias significativas, emotivas, cambios de sentido. **3** FON. Elemento suprasegmental determinado por la sucesión en el tiempo de las frecuencias fundamentales de un enunciado oral y que contribuyen a organizar su significado: *La entonación se ha tenido tradicionalmente descuidada en los estudios lingüísticos.* **~ ascendente. ~ descendente.**

entonar *v. tr. / intr.* **1** Dar ‹una persona› el tono correcto a [la voz] al cantar: *La soprano no entona. El director entonó el «la».* || *v. tr.* **2** Dar ‹una persona› un determinado tono a [la voz]: *Estas líneas hay que entonarlas con más vivacidad.* **3** Cantar o recitar ‹una persona› [un poema] en honor de [una persona o una cosa]: *Entonó un canto a su tierra.* **4** Poner ‹una persona› en armonía los colores de [dos o más cosas]: *En este cuadro el pintor no ha entonado los colores.* **5** Dar ‹una persona o una cosa› tensión y fuerza a [un organismo]: *Este café caliente te entonará.* **6** COLOQUIAL. Poner ‹el alcohol› animada o alegre [a una persona]: *A mí lo que más me entona es el tequila.* || *v. intr.* **7** Estar ‹los colores de una cosa› en armonía con [los colores de otra cosa]: *La corbata entona* ***con*** *el traje. Estos colores no entonan.* || *v. prnl.* **8** Recuperar ‹un organismo› tensión y fuerza: *Después de estar muy mal en la primera parte, la campeona se entonó en la segunda.* **9** COLOQUIAL. Ponerse ‹una persona› animada o alegre al tomar alcohol: *Se entonó* ***con*** *un par de copas.* FR. Y LOC. **~ el mea culpa** COLOQUIAL; RESTRINGIDO. Confesarse ‹una persona› culpable y arrepentida de un error: *El director me exige que entone mañana el mea culpa por el fracaso de la campaña.*

entonces *adv. temp.* **1** Referido a un tiempo pasado o futuro: **1.1** En aquel tiempo, en ese momento: *Él vivía entonces en otro país. El entonces rey de España.* OBSERVACIONES: Precedido de las preposiciones *de, desde, hasta, para, por* equivale a 'aquel momento', 'aquel tiempo': *Desde entonces nadie le habla. Te veré el mes próximo, espero que estés recuperado para entonces. Si no pagan hasta Navidad, no trabajaré hasta entonces.* **1.2** Después de, después de eso: *Primero hablarán con los empleados y entonces decidirán el futuro de la empresa.* || *adv. / conj. cons.* **2** Introduce una consecuencia o una conclusión que se deduce de lo que se acaba de decir y equivale a '*en tal caso*', '*siendo así*' o '*por consiguiente*': *Mamá no ha regresado del trabajo, entonces preparemos la cena nosotros. Las puertas han estado cerradas todo el día, entonces el asesino sigue dentro de casa.* OBSERVACIONES: ◊ En las oraciones condicionales, intensifica el carácter lógico de lo que se plantea: *Si no está en casa, entonces tiene que estar en la oficina.* ◊ A comienzo de frase o después de *pero* o *y* resalta una determinada información relacionada con lo que se acaba de decir: *Pero entonces, ¿dónde está la familia? Entonces tú eres el ganador.* **3** RESUMIDOR FINAL. Se usa cuando se finaliza una conversación o se cree que ya no hay nada más que decir en relación con lo que se estaba hablando: *Entonces, podemos dar por concluida la reunión.* || *interj.* **4** COLOQUIAL. Se usa para resaltar, como lógico, el resultado de una actuación o el de una situación: *–«No superó las pruebas porque no se las había preparado.» ¡«(Pues)entonces!»* FR. Y LOC. **por (aquel) ~** o **en aquel ~** Por aquel tiempo: *Por aquel entonces la gente no tenía televisión y paseaba.*

entontecer *v. tr.* **1** PEYORATIVO. Volver ‹una persona o una cosa› tonta [a una persona]: *Nunca creí que el matrimonio pudiera entontecer así a una persona.* || *v. intr. / prnl.* **2** PEYORATIVO. Volverse ‹una persona› tonta: *Cuando la ascendieron entonteció de golpe.* ⇒ **5.**

entorchado, da *adj.* **1** ARQ. [Columna] que tiene el fuste contorneado en espiral. SIN. salomónica. || *s. m.* **2** Cuerda o hilo de seda cubierto por otro, generalmente de metal, que se usa como cuerda de ciertos instrumentos musicales y en los bordados. **3** MIL. Bordado en oro o plata que llevan como distintivo algunos uniformes.

entornar *v. tr.* **1** Dejar ‹una persona› [una puerta o una ventana] a medio cerrar: *Entorna la puerta, pero no la cierres del todo porque está a punto de llegar mi hija.* **2** Bajar ‹una persona› [los párpados] sin cerrarlos por completo: *Entornaba los ojos para evitar la luz del sol.*

entorno *s. m.* Conjunto de personas, cosas y circunstancias que rodean a una persona, un animal o una cosa: *entorno familiar, entorno social. El tema de la conferencia fue la influencia del entorno en la personalidad del individuo.*

entorpecer *v. tr.* **1** Hacer ‹una persona o una cosa› que [otra persona o cosa] se mueva con dificultad o torpeza: *El camión entorpecía el tráfico. No entorpezcas más el trabajo.* SIN. estorbar. **2** Poner ‹una persona o una cosa› inconvenientes o dificultades para la realización de [una cosa]: *Sus peticiones entorpecían el acuerdo.* **3** Impedir ‹una persona o una cosa› que [una persona] piense o razone con claridad: *La enfermedad entorpecía su razonamiento.* ‖ *v. prnl.* **4** Moverse ‹una persona o una cosa› con dificultad o torpeza: *Se entorpece cuando camina.* **5** Encontrar ‹una cosa› inconvenientes o dificultades para su realización: *El plan que teníamos se está entorpeciendo porque no llega el dinero necesario para llevarlo a cabo.* SIN. retrasarse. **6** No pensar o no razonar ‹una persona› con claridad: *Se entorpecía por los poderosos calmantes que tomaba.* ⇒ **5.**

entorpecimiento *s. m.* Acción y resultado de entorpecer o entorpecerse: *El entorpecimiento de la circulación se debe a un accidente. Su progresivo entorpecimiento está producido por una enfermedad degenerativa.*

entrada *s. f.* **1** Acción de entrar en un sitio: *Hicieron una entrada triunfal. La entrada del equipo en el campo fue muy aplaudida.* **2** Espacio por donde se entra a un lugar: *La entrada del teatro está en esa calle. Cerraron la entrada para que no pasara nadie.* **3** Parte de la casa, cerca de la puerta, que da paso a las demás habitaciones: *Deja los abrigos en la percha de la entrada.* SIN. vestíbulo. **4** Billete que sirve para entrar en un lugar público: *entrada de cine, entrada de teatro, entrada de un concierto. Pepe está sacando las entradas.* **~ general** Asientos de la galería alta de un teatro: *El precio de la entrada general es de mil pesetas.* **5** Cantidad de gente que acude a un espectáculo: *Había una buena entrada.* **6** Recaudación obtenida en un local público de la venta de entradas: *La entrada del último partido llegó a los cien millones.* **7** Cantidad de dinero que se paga como señal al comprar una cosa a plazos o alquilarla: *Hemos dado la entrada para el piso.* **8** Ingreso de una persona en un grupo: *La entrada de este profesor en nuestra asociación nos llena a todos de alegría.* **9** Señal que una persona hace a otra persona avisándola de que ha de intervenir: *La directora del colegio dio la entrada al representante de los antiguos alumnos.* **10** Cantidad de dinero que entra en una caja, una cuenta o en poder de una persona: *He hecho una entrada de 25.000 pesetas. Este mes la empresa ha tenido unas entradas anormalmente bajas.* **11** (preferentemente en plural) Ángulo entrante que forma el pelo en la parte superior de la frente: *Es joven, pero ya tiene entradas.* **12** COCINA. Plato ligero que se sirve antes de los principales: *La entrada puede ser un cóctel de gambas.* SIN. entrante. **13** Palabra que encabeza un artículo o bloque de definiciones, en un diccionario: *un diccionario de 80.000 entradas.* SIN. lema. **14** DEP. Obstaculización de un jugador a otro jugador para no dejarlo avanzar o quitarle la pelota: *entrada dura, entrada limpia, entrada sin balón, entrada en falta.* **15** Primeros días de un período de tiempo como el mes, la estación o el año: *Volveremos a la entrada de marzo. Pasa aquí todas las entradas de otoño.* FR. Y LOC. **de ~** Primeramente, para empezar: *De entrada me dijo que no necesitaban gente nueva en la empresa, pero creo que estudiarán la propuesta.*

entrado, da *adj.* (estar) [Periodo de tiempo] que ya ha empezado a transcurrir: *El verano está muy entrado. Muy entrada la noche nos fuimos a otro local nocturno.* FR. Y LOC. **~ en años** De bastante edad, pero sin ser viejo todavía: *un hombre entrado en años.* **(estar) ~ / metido en carnes*.**

entrador, ra *adj.* **1** AMÉR. Persona arriesgada. **2** AMÉR.; COLOQUIAL. Persona que se gana con facilidad la simpatía de las otras personas.

entramado *s. m.* **1** Estructura de hierro o madera que sostiene una obra de albañilería: *Restauraron el entramado del techo de la catedral porque amenazaba con derrumbarse.* **2** Conjunto de cosas que están relacionadas entre sí: *No es fácil poner de acuerdo a todos los herederos, porque cada uno tiene un entramado de intereses distinto.*

entrambos, bas (plural) *adj. / pron. indef.* ELEVADO, LITERARIO, RESTRINGIDO. Ambos, los dos: *Entrambos caballeros se saludaron cortésmente.* SIN. ambos.

entrampar *v. tr. / prnl.* **1** Llenar ‹una persona o una cosa› de deudas [a una persona]: *Aquel negocio lo entrampó por mucho tiempo. Se han entrampado para comprar el piso.* SIN. endeudarse, empeñarse.

entrante *adj.* **1** Que entra o está a punto de empezar: *Nos veremos la semana entrante. El mes entrante actuará en nuestra ciudad.* **2** AMÉR. Próximo, siguiente. ‖ *s. m.* **3** Entrada hacia el interior del borde de una cosa: *En un entrante de la montaña se encontraba la boca de la cueva.* **4** Plato que se sirve como entrada: *Sirvieron como entrante unos entremeses.*

entraña *s. f.* **1** (preferentemente en plural) Víscera, órgano contenido en cada una de las principales cavidades del cuerpo: *En aquel ritual abrían las entrañas de un animal y se las ofrecían a los espíritus.* **2** (en plural) Sentimientos de una persona: *¿Es que no tienes entrañas? No te fíes de esa mujer, que tiene malas entrañas.* **3** (en plural) La parte más oculta o escondida de una cosa: *Los excursionistas pretendían llegar hasta las entrañas de la cueva.* **4** (no contable) Lo más importante o esencial de una cosa: *La entraña de un asunto no se descubre con tanta facilidad cómo tú crees.* SIN. meollo. FR. Y LOC. **echar (hasta) las entrañas** COLOQUIAL; INTENSIFICADOR. Vomitar ‹una persona› violentamente: *Le sentó mal la comida y echó hasta las entrañas.* **llevar un hijo* en las entrañas. sacar las entrañas** 1 COLOQUIAL; INTENSIFICADOR. Aprovecharse económicamente ‹una persona› de otra persona: *Como es demasiado bueno, los nietos le están sacando las entrañas.* 2 COLOQUIAL; preferentemente AMENAZA. Matar o hacer mucho daño ‹una persona› a otra persona: *Asegura que nos sacará las entrañas si lo denunciamos.*

entrañable *adj.* **1** (antepuesto / pospuesto) Que es muy profundo y verdadero: *Nos unía una entrañable amistad. Le tengo un cariño entrañable.* **2** (antepuesto / pospuesto) Que es muy querido e íntimo: *amigo entrañable. Los entrañables recuerdos de mi infancia.*

entrañar *v. tr.* Llevar ‹una cosa› dentro de sí [otra cosa]: *La operación de apéndice entraña poco riesgo.*

entrar *v. intr.* **1** Pasar ‹una persona o una cosa› al interior de [una cosa o un lugar] a través de [otra cosa]: *Entraron* ***en*** *el salón. Entraron* ***por*** *la puerta de servicio. Entramos* ***en*** *la ciudad* ***por*** *la carretera del norte.* **2** Caber ‹una persona o una cosa› dentro de [una cosa]: ***En*** *el garaje entran dos coches.* **3** Ingresar ‹una persona› en [una institución o un grupo]: *Ha entrado* ***en*** *un club de tenis.* **4** Formar ‹una persona o una cosa› parte de [un conjunto o una clase]: *Ese ácido entra* ***en*** *la fórmula. El desayuno entra* ***en*** *el precio de la habitación.* **5** Ser ‹un número o una cantidad de una cosa› necesario para formar [una cosa]: *¿Cuántas pastas entran* ***en*** *un kilo?* ***En*** *este bono entran diez viajes.* **6** Tomar ‹una persona› parte en [un negocio o una actividad]: *No quiero entrar* ***en*** *esta conversación.* **7** Experimentar ‹una persona› [una sensación física o una enfermedad]: *Tras la caminata entró* ***en*** *calor. Le entraron sudores* ***de*** *pensar lo que podía haber pasado.* **8** Dominar ‹un estado de ánimo o una sensación› [a una persona]: *Nos entró una pena y un horror tal que nos fuimos. Le entró risa* ***de*** *ver la escena.* **9** Empezar ‹una etapa o un periodo›: *Iremos cuando entre la primavera. Desde que entró* ***en*** *la adolescencia tiene ese carácter.* **10** Ser ‹una persona› admitida en [un lugar o un ambiente]: *Mi hermano entra* ***en*** *palacio. Mi novio aún no entra* ***en*** *casa.* **11** Tratar ‹una persona› [a una persona o una cosa] de una determinada manera: *A este nuevo jefe no sé cómo entrarle. ¿No te atreves a entrarle a un filete tan grande?* **12** Ser ‹una cosa› suficientemente ancha para que [una persona] se la pueda poner: *Este anillo no me entra* ***en*** *el dedo. Había engordado y los pantalones ya no le entraban.* **13** COLOQUIAL. Ser ‹una bebida o una comida› muy agradable de tomar: *¡Cómo entra este vino!* **14** MÚS. Incorporarse ‹una voz o el sonido de un instrumento› en el momento preciso: *Cuando el director dé la señal, entrarán las trompetas.* **15** TAUROM. Acudir ‹un toro› a las llamadas del torero: *La vaquilla entraba al engaño.* **16** JUEGOS. Hacer ‹un jugador de naipes› una apuesta contra los demás jugadores: *Entro* ***con*** *cincuenta pesetas.* **17** Dar ‹una persona› comienzo a [una acción]: *Entró* ***a*** *trabajar el mes pasado.* **18** Aceptar ‹una persona› [una costumbre o una idea]: *Yo no entro* ***por*** *estas novedades.* || *v. intr.* **19** Introducirse ‹una cosa› dentro de [otra cosa]: *El clavo entró* ***en*** *la madera. Este enchufe no entra.* || *v. tr./intr.* **20** Meter o introducir ‹una persona› [a una persona o una cosa] en [un lugar]: *Entró los muebles* ***en*** *el piso.* **21** DEP. Obstaculizar ‹un jugador› [a otro jugador] para quitarle el balón: *El defensa entró duramente al contrario.* FR. Y LOC. **~ a saco** 1 Saquear: *Entraron a saco en la ciudad.* 2 COLOQUIAL. Entrar bruscamente en un sitio: *Los niños entraron a saco en la clase.* 3 COLOQUIAL. Entrar directamente en un asunto: *El jefe nos llamó y entró a saco con las preguntas.* **dar / ~ la vena*. ~ como Pedro por su casa*. ~ en barrena*. ~ en caja*. ~ en calor*. ~ en escena*. ~ en juego*. ~ en liza*. ~ en materia*. ~ en razón*. ~ en religión*. ~ / meter con calzador*. ~ / meter en vereda*. ~ / pasar por el aro*. ~ por el ojo*** o **~ por los ojos. ~ por un oído* y salir por el otro. no ~ (en la cabeza)** COLOQUIAL; INTENSIFICADOR. No ser comprendida ‹una cosa› por una persona: *No le entra la Física.* **no ~ ni salir** Mantenerse ‹una persona› al margen de un asunto o una discusión.

entrazado, da *adj.* (con los adverbios *bien* o *mal*) ARG., URUG.; COLOQUIAL. Que está bien o mal vestido.

entre *prep.* **1** En medio de, indica la situación de algo o de alguien con respecto a otras dos personas o cosas que tiene a ambos lados: *El azucarero está entre la sal y el aceite.* **2** Indica situación o localización sin que sea con respecto a otras dos personas o cosas: *Se escondió entre la maleza. Se deslizó entre varios coches.* **3** Con verbos que suponen separación, indica el lugar o situación de la que se parte: *Salió de entre las llamas.* OBSERVACIONES: Conserva su significado cuando se une a *de* y *por.* **4** Indica un estado intermedio: *Tiene un sabor entre dulce y amargo.* **5** En un pueblo, cultura o comunidad: *entre los romanos, entre los cristianos, entre los universitarios.* **6** En una comparación, introduce los términos que se comparan: *No hay diferencia de sueldo entre tú y yo.* **7** Revuelto o mezclado con, cubierto por: *Encontré las llaves entre la ropa sucia. Lo encontré entre tus cosas. Se escondió entre las cortinas.* **8** Rodeado por: *Estar entre amigos.* **9** Además de: *Recuerda, entre otras cosas, que me debes dinero.* **10** Indica la distancia que hay de un lugar a otro: *Hay poco espacio entre el salón y la cocina.* **11** Incluido en: *Tu novela está entre las más vendidas.* **12** Indica reciprocidad: *Hay demasiado odio entre nosotros.* **13** Indica participación o colaboración: *Movimos el armario entre nosotras tres. Lo haremos entre todos.* **14** INTENSIFICADOR. Indica las diversas causas de un hecho o situación: *Entre que es feo y que no sirve para nada no consigue encontrar novia.* OBSERVACIONES: Puede llevar *que* + verbo, pero es necesario que haya una oración coordinada: *Entre eso y que no he comido estoy que me caigo.* **15** Con verbos que implican repartir o dividir, introduce las personas o grupos que se benefician de dicho reparto o división: *Repartieron el premio entre los asistentes.* **16** (frecuentemente seguido de oraciones de infinitivo) Con verbos de elección o duda, introduce los hechos entre los que se elige o duda: *Debes elegir entre ir a la montaña y quedarte con tus abuelos.* **17** Marca el lapso de tiempo que media entre dos hechos: *Entre que vas y vuelves, se pasan por lo menos dos horas.* OBSERVACIONES: Admite *que* + verbo en el primer hecho: *Entre que vas a casa de tu madre y vuelves, se hace la hora de la cena.* FR. Y LOC. **~ nosotros / vosotros / ellos** 1 Sin que nadie, además de quienes se indican, se entere: *La noticia de mi boda ha de quedar entre nosotros.* 2 Cuando se dice en una conversación, indica que se dice en confianza algo que se considera secreto: *Aquí, entre nosotros, yo seré la próxima directora general.* **~ tanto** o **entretanto*. ~ tanto* que.**

entre- *pref.* **1** Significa 'en medio de' y forma verbos a partir de verbos y sustantivos a partir de sustantivos: *meter - entremeter, acto - entreacto.* **2** Significa 'casi, cercano al original' y forma verbos a partir de verbos y adjetivos a partir de adjetivos: *ver - entrever, fino - entrefino.*

entreabierto, ta *p.* Participio irregular de *entreabrir.*

entreabrir *v. tr./prnl.* Abrir ‹una persona› [una cosa] parcialmente: *Dejó la puerta entreabierta y lo oímos todo. Sus labios se entreabrieron sensuales.* ⇒ **91.**

entreacto *s. m.* **1** Intermedio o descanso en una representación dramática o espectáculo: *Llegamos tarde y no pudimos entrar hasta el entreacto.* **2** Tiempo que se toma de descanso en una actividad: *los entreactos de una carrera política. En un entreacto de la reunión nos sirvieron un café.*

entrebarrera (preferentemente en plural) *s. f.* TAUROM. Espacio que hay entre la barrera y el muro en que comienza el tendido de una plaza de toros: *El toro saltó y corrió por las entrebarreras asustando a los que allí se encontraban.* SIN. callejón.

entrecalle *s. m.* ARQ. Espacio o separación hueca entre dos molduras.

entrecano, na *adj.* **1** (ser / estar) [Cabello, barba] que tiene canas: *Su barba entrecana lo hacía parecer mayor de lo que en realidad era. Su pelo era muy negro, pero ahora está entrecano.* **2** Que tiene el cabello o la barba con canas: *Es un hombre de mediana edad, entrecano y bien vestido.*

entrecejo *s. m.* Espacio que hay entre las dos cejas: *Siempre se depila el entrecejo.* FR. Y LOC. **arrugar* el ~ / ceño** o **arrugar la frente.**

entrecerrar *v. tr.* ARG., URUG. Cerrar ‹una persona› [una cosa] parcialmente: *Entrecerró la puerta para evitar el ruido.* SIN. entornar. ⇒ **58.**

entrechocar *v. tr. / prnl.* Hacer ‹una persona› que [dos cosas] choquen una contra otra: *Deja de entrechocar los vasos en la mesa, que es de mala educación.* ⇒ **71.**

entrecomillado *s. m.* Texto que está escrito entre comillas: *Los entrecomillados son fragmentos literales insertados en el texto.*

entrecomillar *v. tr.* Poner ‹una persona› [un texto] entre comillas: *Quiero que entrecomilles todas las palabras extranjeras que incluyas en el texto.*

entrecortado, da *adj.* **1** [Voz, sonido] que se emite intermitentemente: *La timidez le hacía hablar con una voz entrecortada.*

entrecortarse *v. prnl.* Hablar ‹una persona› de forma discontinua debido a la timidez o a una emoción: *Su voz se entrecortaba cuando recordaba aquellos días felices.*

entrecot (del francés) *s. m.* Filete grueso de res, especialmente el de la parte de las costillas: *entrecot de ternera a la brasa. El entrecot a la pimienta es su plato favorito.*

entrecruzar *v. tr.* **1** Cruzar ‹una persona› [dos o más cosas entre sí]: *Siguió sentado, pero entrecruzó las piernas para cambiar de postura.* || *v. prnl.* **2** Cruzarse ‹dos o más cosas entre sí›: *Los copos se entrecruzaban en el aire. Su vida y la mía se entrecruzan una y otra vez.* ⇒ **19.**

entrecubiertas (plural) *s. f.* MAR. Espacio que hay entre las cubiertas de una embarcación.

entredicho *s. m.* **1** (en singular; no contable) Duda que una persona tiene sobre alguna de las cualidades positivas de otra persona: *Puso su honradez en entredicho. Su inocencia estaba en entredicho. Aquel documento ponía su sinceridad en entredicho.* **2** (preferentemente en singular) ELEVADO, RESTRINGIDO. Entre los católicos, prohibición que hace la Iglesia de que ciertas personas reciban los sacramentos o accedan a lugares sagrados, o de que ciertos lugares sirvan para el culto divino. **3** AMÉR. DEL S.; COLOQUIAL. Pleito, discusión violenta.

entredós *s. m.* Tira bordada o de encaje que se cose como adorno entre dos telas: *Parece que se van a poner de moda los entredoses esta primavera.*

entrega *s. f.* **1** Acción y resultado de entregar: *El presidente del jurado hizo entrega del premio al ganador del concurso.* **2** Ceremonia en que se conceden los premios de un concurso: *La entrega de los premios Goya fue un éxito.* **3** Dedicación total de una persona a una causa: *Lo absorbe la entrega a su familia.* **4** Cuaderno o fascículo de una obra o colección que se publica en partes y se vende periódicamente: *Es la cuarta entrega de esta colección.* **5** Conjunto de cosas que se dan de una vez, y que forman parte de un conjunto mayor: *Este pedido lo serviremos en tres entregas.*

entregar *v. tr.* **1** Dar ‹una persona› [una cosa] a [otra persona]: *Me han entregado este papel para que se lo diera a usted.* || *v. tr. / prnl.* **2** Hacer ‹una persona› que [otra persona] pase a poder de [los enemigos o las autoridades]: *Los secuestradores han dicho que entregarán a los rehenes cuando aterricen. **Se** entregó **a** las autoridades militares.* **3** Hacer depender ‹una persona› el destino o la voluntad de [una persona] de [otra persona o una cosa]: *Los romanos entregaban a los cristianos a los leones. **Se** entregaba con frecuencia **a** sus propias ensoñaciones* || *v. prnl.* **4** Dedicarse ‹una persona› a [una cosa o una actividad] totalmente: *Se entregó **a** aquel trabajo sin reservas.* **5** Dejarse dominar ‹una persona› por [un sentimiento o un vicio]: *Se entregó **al** placer. En cuanto las cosas no le salían bien se entregaba **al** alcohol.* FR. Y LOC. **dar / ~el alma* a Dios. ~ los trastos*. pasar / ~ la antorcha*.** ⇒ **56.**

entreguismo *s. m.* **1** (no contable) PEYORATIVO. Actitud de la persona que se da por vencida antes de que sea realmente derrotada: *Desde el principio se puso de manifiesto el entreguismo del entrenador ante la superioridad de su rival.*

entrelazar *v. tr.* Unir ‹una persona› [dos o más cosas] cruzándolas unas con otras: *Entrelazó sus manos con las de ella. Entrelazaron sus vidas para siempre.* ⇒ **19.**

entrelínea *s. f.* **1** ART. GRÁF. Espacio blanco entre dos líneas de un texto: *Me gustaría que la entrelínea fuera un poco más espaciosa.* **2** RESTRINGIDO. Lo escrito entre dos líneas: *El manuscrito tiene algunas entrelíneas interesantes.*

entremedias *adv. temp.* Entre un tiempo y otro. || *adv. lug.* Entre un espacio y otro.

entremés *s. m.* **1** (preferentemente en plural) COCINA. Plato frío variado que se sirve al principio de las comidas, compuesto principalmente de embutidos y conservas: *entremeses variados.* **2** LIT. Pieza teatral breve que se representaba entre los actos de la obra principal, de carácter generalmente humorístico: *un entremés barroco. Representaron unos entremeses, a cuál más divertido.* **3** LIT. Género dramático constituido por estas obras: *El entremés está entre los géneros que cultivó Cervantes.*

entremeter *v. tr.* **1** Meter ‹una persona› [una cosa] entre [otras cosas]: *Entremetió las cartas **en** las páginas del libro.* || *v. prnl.* **2** Meterse ‹una cosa› entre [otras cosas]: *Las migas se entremetieron **entre** los muebles.* **3** RESTRINGIDO. Meterse ‹una persona› en [los asuntos de otra persona] sin ser invitada a ello: *Se entremetió **en** los negocios de su vecino.* SIN. entrometerse.

entremetido, da *adj. / s. m.* y *f.* Entrometido.

entremezclar *v. tr.* Mezclar ‹una persona› [a varias personas o cosas]: *Entremezcló realidad y fantasía en su novela. Ha entremezclado los nombres y ahora no sabe quién es quién.*

entrenador, ra *s. m. / f.* Persona que tiene por oficio entrenar a personas o animales: *Es un entrenador de gran categoría. La entrenadora de la selección planteó muy bien el partido. Este señor es el entrenador de los perros policía.*

entrenamiento *s. m.* Acción y resultado de entrenar o entrenarse: *El entrenamiento de hoy ha sido muy duro. Se han suspendido los entrenamientos por la lluvia. A este caballo le falta entrenamiento.*

entrenar *v. tr.* **1** DEP. Ejercitar ‹una persona› [a un deportista] y cuidar su forma física: *Este técnico entrena a la pri-*

mera plantilla del equipo. || *v. tr./prnl.* **2** Preparar ‹una persona› [a otra persona o un animal] en el manejo o práctica de [una cosa]: *Aquí entrenamos a los delfines* ***para*** *las demostraciones. Se entrenan* ***para*** *la danza.* SIN. adiestrar(se). || *v. intr./prnl.* **3** DEP. Ejercitarse ‹un deportista› y cuidar su forma física: *Hoy ha entrenado* ***con*** *el preparador físico. Esa atleta (se) entrena todos los días.*

entrenervios *s. m.* (plural) ART. GRÁF. Espacios entre los nervios del lomo de un libro: *En los entrenervios quiero que aparezcan el título y el autor.*

entreno *s. m.* COLOQUIAL. Entrenamiento.

entrenudo *s. m.* BOT. Parte del tallo de algunas plantas comprendida entre dos nudos consecutivos: *Corta ese tallo por el segundo entrenudo.*

entreoír *v. tr.* Oír ‹una persona› [una cosa] sin entenderla bien: *Entreoyó nuestra conversación tras la puerta.* ⇒ **54.**

entrepaño *s. m.* **1** Estante de un mueble: *Pon este jarrón en ese entrepaño de la librería.* **2** ARQ. Parte de la pared entre dos columnas o huecos: *El mueble va en ese entrepaño.*

entrepierna *s. f.* **1** Parte interior de los muslos: *Tiene una cicatriz que le llega de la parte frontal del muslo a la entrepierna.* **2** Parte del pantalón que corresponde al interior de los muslos: *Se me ha descosido la entrepierna del pantalón.* **3** VULGAR; EUFEMISMO. Genitales del hombre o de la mujer. FR. Y LOC. **pasarse por la ~** VULGAR. Despreciar ‹una persona› [a otra persona o una cosa].

entrépito, ta *adj./s. m./f.* VEN.; COLOQUIAL. [Persona] que es entrometida.

entreplanta *s. f.* **1** Planta situada entre el sótano o bajo y el primer piso. **2** Planta construida encima de otra planta, quitándole parte de su altura, y que queda entre esta planta y la superior: *Se ha aprovechado la altura del techo para construir una entreplanta y hacer ahí los despachos.*

entrepuente *s. m.* MAR. Entrecubierta, espacio que hay entre cubierta y cubierta de una embarcación.

entresacar *v. tr.* **1** Sacar ‹una persona› [una cosa] de [entre otras]: *Entresacó todo lo bueno* ***de*** *la novela.* **2** Cortar ‹una persona› [árboles de un monte] para dejar espacio entre los restantes: *Los ingenieros forestales indicaron qué árboles había que entresacar.* **3** Cortar ‹una persona› [parte del cabello de una persona]: *Le he dicho al peluquero que me entresaque el cabello, pero que no me corte de largo.* ⇒ **71.**

entresijo *s. m.* **1** (preferentemente en plural) Cosa que está oculta o escondida: *La prudencia exige no hablar nunca de los entresijos de las empresas.* **2** COLOQUIAL. Mesenterio, repliegue membranoso del peritoneo que une el intestino con la pared posterior del abdomen. FR. Y LOC. **tener muchos entresijos** COLOQUIAL. Ser ‹una cosa› muy complicada: *Esta historia tiene muchos entresijos y me he perdido.*

entresuelo *s. m.* **1** Planta de un edificio entre el bajo y el principal: *Vivo en el entresuelo.* **2** Planta situada a más de un metro de la calle y que debajo tiene sótanos. **3** CINE, TEATRO. Planta situada inmediatamente encima del patio de butacas de un teatro o de un cine: *Sólo quedaban localidades de entresuelo.*

entretanto o **entre tanto** *adv. temp.* En el mismo tiempo en que ocurre o se hace una cosa: *Llegará dentro de una hora, pero entretanto podemos ir haciendo algo.*

entretecho *s. m.* AMÉR. DEL S. Desván.

entretejer *v. tr.* **1** Poner ‹una persona› en una tela que está tejiendo [hilos diferentes] para formar un dibujo. **2** Mezclar o enlazar ‹una persona› [varias cosas]: *Le gusta entretejer lanas de diversas clases y colores.*

entretela *s. f.* **1** (no contable) Tejido que se pone como refuerzo entre la tela y el forro en algunas partes de las prendas de vestir, como los cuellos y puños: *No sólo el paño del abrigo tiene buena calidad, los forros y hasta las entretelas están especialmente elegidos para este modelo.* **2** (en plural) COLOQUIAL. Lo más íntimo y personal, los sentimientos más profundos: *¡Hijo de mis entretelas!*

entretención *s. f.* AMÉR. Entretenimiento.

entretener *v. tr.* **1** Hacer pasar ‹una persona o una cosa› el tiempo agradablemente a [una persona]: *Entretuvo a los niños con juegos de manos.* **2** Impedir ‹una persona o una cosa› que [una persona] se marche o haga una cosa: *Me entretuvo y perdí el tren.* **3** Retrasar ‹una persona o una cosa› [una cosa]: *Entretuvieron el fallo del concurso varios meses.* **4** Mantener o conservar ‹una persona› [una cosa]: *Entretiene la ropa usada con hábiles zurcidos.* **5** Hacer ‹una persona› menos molesta o pesada [una cosa]: *Ella entretiene la espera haciendo crucigramas* || *v. prnl.* **6** Pasar ‹una persona› el tiempo agradablemente con [una persona o una cosa]: *Se entretiene* ***con*** *los puzzles. Tú te entretienes* ***con*** *cualquier cosa.* **7** No poder marcharse o no poder hacer ‹una persona› una cosa: *Me entretuve* ***en*** *hacerte el dibujo y se me escapó el autobús.* ⇒ **81.**

entretenido, da *adj.* **1** (ser/estar; antepuesto/pospuesto) Que distrae o es divertido: *una entretenida obra de teatro. La película está entretenida. Es una persona muy entretenida.* **2** [Trabajo, actividad] que es muy laborioso y ocupa mucho tiempo: *Catalogar todos los libros resultará muy entretenido.*

entretenimiento *s. m.* **1** Acción y resultado de entretenerse: *Se veía el entretenimiento del público, porque no dejaba de reír y de aplaudir.* **2** Cosa que entretiene o divierte: *Una vieja muñeca era su único entretenimiento.* SIN. diversión. **3** Acción de sostener una cosa en actividad o uso: *El entretenimiento de una máquina como ésta es muy caro.* SIN. mantenimiento.

entretiempo *s. m.* Tiempo en el que las temperaturas extremas del invierno o del verano no aparecen. FR. Y LOC. **de ~** *He comprado un traje de entretiempo que estrenaré para Ramos.*

entrever *v. tr.* **1** Ver ‹una persona› [una cosa] confusamente: *Entrevió la sala a la luz de la vela. Había creído entrever una figura humana en el pasillo.* **2** Sospechar ‹una persona› [una cosa]: *Entrevió que podía perder todo su dinero en aquel negocio.* SIN. intuir. ⇒ **87.**

entreverado, da *adj.* (estar) Que tiene entremezclada otra cosa. **tocino* ~.**

entreverar *v. tr.* **1** Introducir ‹una persona› [una cosa] entre [otras cosas]: *Miguel entreveraba lo falso y lo cierto, y no sabías si fiarte o no.* SIN. intercalar. || *v. prnl.* **2** Introducirse ‹una cosa› entre otras: *Las risas se entreveraban con las lágrimas en aquella película.* SIN. intercalarse. **3** ARG., CHILE, URUG.; COLOQUIAL en Chile. Mezclarse desordenadamente ‹personas, animales o cosas.› **4** ARG., CHILE, PAR., URUG.; COLOQUIAL en Chile. Luchar cuerpo a cuerpo ‹dos fuerzas militares›. **5** ARG. Discutir ‹dos o más personas›.

entrevero *s. m.* 1 Acción de entreverarse. 2 ARG., CHILE, PAR., URUG.; COLOQUIAL en Chile. Lucha o discusión. 3 ARG., CHILE, URUG.; COLOQUIAL en Chile. Desorden, confusión, lío.

entrevía *s. f.* Espacio entre los dos rieles de una vía férrea: *En la entrevía se encontraba muerto el pobre perro.*

entrevista *s. f.* 1 PERIOD. Conversación con una persona para informar públicamente de sus respuestas: *La entrevista será publicada en la edición de mañana.* 2 Reunión de dos o más personas para tratar de un asunto: *La entrevista de los ministros de Asuntos Exteriores no fue positiva.* 3 Encuentro con un aspirante a un trabajo para ver si reúne las condiciones necesarias: *Mañana tengo la entrevista para ver si me dan el empleo.*

entrevistar *v. tr.* 1 Mantener ‹una persona› una conversación con [otra persona] para informar públicamente de sus respuestas: *La famosa periodista entrevistó al jefe del gobierno.* 2 Mantener ‹una persona› un encuentro con [una persona que aspira a un empleo] para saber si es adecuada: *Me entrevistó el jefe de personal de la empresa.* || *v. prnl.* 3 Reunirse ‹dos o más personas› para tratar de un asunto: *Se entrevistaron los ministros de Sanidad para tratar los problemas de la sanidad mundial.*

entrevisto, ta *p.* Participio irregular de *entrever.*

entripado *s. m.* MÉX.; COLOQUIAL. Enojo, enfado.

entripar *v. tr. / v. prnl.* 1 COL., EC.; COLOQUIAL en Colombia. Enfadar, irritar ‹una persona› [a otra persona] || *v. prnl.* 2 ANTILLAS, MÉX. Empaparse, mojarse.

entristecer *v. tr.* 1 Causar ‹una persona o una cosa› tristeza a [una persona]: *Me entristece tu actitud.* SIN. apenar. 2 Dar ‹una persona o una cosa› aspecto triste a [otra cosa]: *La penumbra entristece la casa. Su muerte entristeció al país.* || *v. prnl.* 3 Ponerse ‹una persona› triste: *Se entristece **con** esa película. Nos entristecimos **de** ver aquellas imágenes de niños hambrientos y abandonados. Ella se entristece **por** el mal ajeno.* SIN. apenarse. ⇒ **5.**

entrometer *v. tr.* 1 Meter ‹una persona› [una cosa] entre [otras cosas]: *Entromete las facturas **entre** las páginas de los libros y luego no las encuentra.* SIN. entremeter. || *v. prnl.* 2 Meterse ‹una cosa› entre [otras cosas]: *Es normal que las migajas se entrometan **entre** las teclas del ordenador si comes mientras trabajas.* SIN. entremeterse. 3 PEYORATIVO. Meterse ‹una persona› en [los asuntos de otra persona] sin ser invitada a ello: *¿Es que siempre se tiene que entrometer **en** todo?* SIN. entremeterse.

entrometido, da *adj. / s. m.* y *f.* 1 (estar) PEYORATIVO. Que suele hablar y opinar sobre temas que no le incumben: *Es un entrometido. Es una persona muy entrometida. Está entrometida en todas las cosas que se organizan.*

entrometimiento *s. m.* PEYORATIVO. Acción y resultado de entrometerse: *Estoy harta de sus entrometimientos en nuestros asuntos.*

entromparse *v. prnl.* 1 COLOQUIAL. Ponerse ‹una persona› borracha: *Este muchacho se entrompa **con** una cerveza.* SIN. emborracharse. 2 AMÉR.; COLOQUIAL. Disgustarse, enfadarse ‹una persona›.

entroncar *v. tr.* 1 Establecer ‹una persona› una relación entre [varias personas o cosas]: *Los críticos entroncan su obra **con** el Renacimiento. Yo quisiera entroncar mi intervención **con** lo que se dijo el otro día.* SIN. relacionar. 2 Establecer ‹una persona› que [otra persona] tiene parentesco con [una familia o un linaje]: *El investigador entroncó a aquel personaje **con** los reyes de Aragón.* || *v. intr.* 3 Relacionarse ‹personas o ideas› con [otras personas o ideas]: *Tus planteamientos entroncan **con** los míos. Entronqué **con** esta familia porque me casé con una sobrina.* 4 Tener ‹una cosa› su comienzo, término o continuación en [otra cosa]: *El Barroco entronca **con** el Renacimiento, aunque en una transformación progresiva.* SIN. empalmar. ⇒ **71.**

entronización *s. f.* Acción y resultado de entronizar: *La entronización del rey se realizó en las Cortes.*

entronizar *v. tr.* 1 Colocar ‹una persona› [a otra persona] en el trono: *Van a entronizar a un extranjero que ni siquiera sabe hablar la lengua de sus súbditos.* 2 Colocar ‹una persona› [a otra persona] en una dignidad o grado superior: *Has conseguido entronizarla como directora general de la compañía.* SIN. encumbrar. || *v. prnl.* 3 PEYORATIVO. Volverse ‹una persona› engreída: *Se entronizó como si antes no hubiera sido uno de nosotros.* SIN. envanecerse. ⇒ **19.**

entronque *s. m.* 1 Relación de parentesco entre personas que tienen un tronco familiar común: *El entronque entre nuestras familias hay que buscarlo cuatro generaciones atrás.* 2 COL. Sitio donde se unen dos o más cosas: *Este pueblo es un entronque ferroviario muy importante.*

entropía *s. f.* FÍS. Magnitud termodinámica que expresa el grado de desorden molecular de un sistema.

entropillar *v. tr.* ARG. Acostumbrar a los caballos a vivir en tropilla o en manada.

entubar *v. tr.* 1 Poner ‹una persona› tubos a [una persona o una cosa]: *Entubaron al recién operado para suministrarle suero.* 2 MIL.; JERGAL. Imponer ‹una persona› un castigo a [un soldado]: *Como te pillen durmiendo en la garita te van a entubar.* SIN. arrestar.

entuerto *s. m.* RESTRINGIDO. Injusticia u ofensa que se hace a una persona: *Has hecho un buen entuerto; a ver cómo lo arreglas.* FR. Y LOC. **deshacer un ~** COLOQUIAL; HUMORÍSTICO. Reparar ‹una persona› una injusticia o una ofensa: *Deshizo el entuerto simplemente con una disculpa.*

entumecer *v. tr.* 1 Hacer ‹una persona o una cosa› que [un miembro del cuerpo] quede sin movimiento ni sensibilidad: *La mala postura me ha entumecido la pierna.* || *v. prnl.* 2 Quedar ‹un miembro del cuerpo› sin movimiento ni sensibilidad: *Se le entumecieron los pies por el frío.* SIN. entumirse. ⇒ **5.**

entumecimiento *s. m.* (no contable) Acción y resultado de entumecer o entumecerse.

entumirse *v. prnl.* RESTRINGIDO. Entumecerse.

enturbiar *v. tr.* 1 Poner ‹una persona o una cosa› turbia [una cosa]: *El oleaje ha enturbiado el agua de la playa.* 2 Hacer ‹una persona o una cosa› que disminuya el entusiasmo o la alegría de [una persona]: *El accidente ha enturbiado la celebración.* || *v. prnl.* 3 Ponerse ‹una cosa› turbia: *El aire se está enturbiando por el humo del incendio. Si mueves la pecera se enturbiará el agua.* 4 Perder ‹una persona› entusiasmo o alegría: *A causa de aquel desengaño se ha enturbiado su eterno optimismo.*

entusiasmar *v. tr.* 1 Provocar ‹una cosa› entusiasmo en [una persona]: *La obra entusiasmó al público. Ellos querían entusiasmarnos **con** la sorpresa.* 2 Gustar ‹una cosa› mucho a [una persona]: *Le entusiasman los bailes de salón.* || *v. prnl.* 3 Sentir ‹una persona› entusiasmo: *Nosotros* *nos entusiasmamos* ***con*** *cualquier cosa. Me entusiasmé* ***con*** *aquella novela.*

entusiasmo *s. m.* **1** (no contable) Estado de gran excitación y animación producido por la admiración, el placer o el interés que una cosa despierta en una persona: *Lee con gran entusiasmo todo lo que le cae entre manos. El entusiasmo de aquella gente era fingido.* **2** (no contable) Entrega y esfuerzo que una persona pone en realizar una cosa: *Pintaba con un entusiasmo admirable.*

entusiasta *adj.* **1** Del entusiasmo o con entusiasmo: *Recibe unas cartas entusiastas de sus admiradores.* || *adj. / s. m. / f.* **2** Que se entusiasma con facilidad: *Es un hombre muy entusiasta.* **3** (antepuesto / pospuesto) Que siente entusiasmo: *Es una mujer entusiasta* ***de*** *la literatura. El entusiasta jugador aceptó jugar un partido diario.*

enumeración *s. f.* **1** Expresión sucesiva y ordenada de los elementos de una serie o de las partes de un todo: *Cansaba a todos con la enumeración de sus virtudes.* **2** Relación numerada de cosas: *Presentó una exhaustiva enumeración de sus bienes.*

enumerar *v. tr.* Nombrar o exponer ‹una persona› [varias cosas] sucesiva y ordenadamente: *Todos los ejemplos que he enumerado son válidos. El fiscal enumeró los delitos de los que se acusaba a aquel individuo.*

enumerativo, va *adj.* ADMINISTRATIVO. Que enumera o contiene una enumeración: *Aquí tienes una relación enumerativa de los requisitos necesarios para la solicitud.*

enunciación *s. f.* **1** Exposición breve y precisa de una idea o principio: *Al final acabó con la enunciación de los puntos que se habían tratado en la reunión.* **2** MAT. Exposición de los datos que permiten la resolución de un problema, una cuestión o un teorema: *A la enunciación del problema le falta un dato sin el cual no se puede resolver.*

enunciado *s. m.* **1** Enunciación. **2** LING. Conjunto de palabras emitido en un acto de comunicación: *«Pepito corre», «dame pan» o «Salamanca» pueden ser tres enunciados.*

enunciar *v. tr.* **1** Expresar ‹una persona› [una idea o un principio] de forma breve y precisa: *El dirigente de la oposición ha enunciado los puntos generales del programa, pero no ha entrado en más detalles.* SIN. exponer. **2** MAT. Exponer ‹una persona› [los datos de un problema, cuestión o teorema]: *El profesor enunciará el teorema de Pitágoras después de demostrarlo en la pizarra. Enunció varios problemas que debíamos resolver.* SIN. formular.

enunciativo, va *adj.* **1** Que enuncia. **2** LING. [Oración] que afirma o niega una cosa sin matices de otro tipo: *Las oraciones enunciativas suelen ser relativamente breves y directas.*

enuresis (plural *enuresis*) *s. f.* MED. Incontinencia en la orina: *Este niño padece enuresis por problemas afectivos.*

envainar *v. tr.* **1** Meter ‹una persona› [una cosa] en su vaina o su funda: *Envainaron las espadas con la promesa de no volver a batirse.* SIN. enfundar. **2** RESTRINGIDO. Envolver ‹una cosa› [otra cosa] a modo de vaina: *Las legumbres envainan sus semillas.* || *v. tr. / prnl.* **3** COL., PERÚ, VEN.; COLOQUIAL en Colombia, VULGAR en Venezuela. Meter ‹una persona› [a otra persona] en problemas o dificultades.

envalentonar *v. tr.* **1** Hacer ‹una persona o una cosa› que [una persona] adquiera valentía o arrogancia: *Los aplausos la envalentonaron.* || *v. prnl.* **2** Mostrarse ‹una persona› atrevida o desafiante: *Se envalentona ante los débiles.*

envanecer *v. tr.* **1** Hacer ‹una persona o una cosa› que [una persona] se vuelva vanidosa: *Su riqueza lo envanece. Conseguir ese puesto lo ha envanecido.* || *v. prnl.* **2** Volverse ‹una persona› vanidosa: *Se envanecía* ***con*** *el éxito que había obtenido su marido. Se envanecen* ***de*** *la nobleza de su familia.* ⇒ **5.**

envarado, da *adj. / s. m.* y *f.* (antepuesto / pospuesto) Que es muy soberbio y orgulloso: *Un envarado mayordomo nos indicó el camino.* **2** PERÚ. [Persona] que tiene influencias o amigos poderosos.

envararse *v. prnl.* Mostrar ‹una persona› una actitud muy seria u orgullosa: *Se envara cuando está frente a sus empleados. No es mala, pero se envara con los desconocidos.*

envasado *s. m.* Acción y resultado de envasar: *Ésta es la planta de envasado de nuestras conservas.*

envasador, ra *adj. / s. m.* y *f.* **1** Que envasa: *La directiva compró varias envasadoras para aumentar la producción.* || *s. m.* **2** Embudo grande para pellejos y toneles.

envasar *v. tr.* **1** Meter ‹una persona› [una cosa] en un envase: *Envasar un producto al vacío permite que se conserve durante más tiempo.* **2** COLOQUIAL. Beber ‹una persona› [bebidas alcohólicas] en exceso: *Envasó cerca de una botella de vino.*

envase *s. m.* **1** Acción y resultado de envasar: *El envase se realiza en esta nave de la fábrica.* SIN. envasado. **2** Recipiente para transportar o conservar un producto: *envase retornable, envase desechable, envase de cristal, envase de plástico. Prefiero comprar la leche en envase de cristal.*

envegarse *v. prnl.* CHILE; RESTRINGIDO. Encharcarse ‹un terreno›, convertirse en un fangal. ⇒ **56.**

envejecer *v. tr.* **1** Hacer ‹una persona o una cosa› vieja o antigua [a una persona o una cosa]: *El tiempo envejeció la casa. El paso de los años y la dejadez envejecieron a aquella mujer que había sido tan hermosa.* **2** Mantener ‹una persona› [el vino] en un tonel durante un tiempo para que tome cuerpo: *Estamos envejeciendo en casa el vino que me regalaron el año pasado.* || *v. intr. / prnl.* **3** Hacerse o parecer ‹una persona o una cosa› vieja o antigua: *Quiero que envejezcamos juntos. (Se) está envejeciendo mucho* ***con*** *esa enfermedad. (Se) ha envejecido* ***por*** *los disgustos. Esa película ha envejecido mucho.* || *v. intr.* **4** Durar ‹una persona› en [un lugar o una situación] mucho tiempo: *Envejeció* ***en*** *el oficio.* SIN. perdurar. ⇒ **5.**

envejecimiento *s. m.* **1** (no contable) Acción y resultado de envejecer o envejecerse: *Se consigue así un envejecimiento artificial de la madera. El envejecimiento de una teoría. El envejecimiento da calidad al vino.* **2** BIOL. Conjunto de alteraciones anatómicas y funcionales del organismo a partir de la edad adulta: *Determinadas costumbres aceleran el proceso de envejecimiento. El envejecimiento de las células produce una disminución de sus funciones.*

envenenado, da *adj.* **1** Que ha sufrido un envenenamiento: *Las ratas murieron envenenadas.* **2** (estar) Que tiene intención de molestar o causar daño: *Me dirigió una mirada envenenada que mostraba claramente sus intenciones. Nos ha hecho un examen envenenado.* **dardo* ~.**

envenenamiento *s. m.* **1** Acción y resultado de introducir en el organismo sustancias venenosas: *Se produjo un en-*

venenamiento masivo a causa del mal estado de unas conservas. **2** Deterioro de una situación: *Para hacer desaparecer el envenenamiento de la vida política, necesitamos el esfuerzo de todos.*

envenenar *v. tr. / prnl.* **1** Matar o hacer enfermar ‹una persona o una cosa› [a una persona o un animal] con un veneno: *El aceite adulterado envenenó a muchas personas. Ayer una familia **se** envenenó con setas.* **2** Poner ‹una persona› veneno en [una cosa]: *Los campesinos envenenan las aguas con los insecticidas.* **3** Hacer ‹una persona o una cosa› que [una relación] se deteriore: *Aquello envenenó nuestra amistad. La sospecha de infidelidad había envenenado su amor.* **4** INTENSIFICADOR. Causar ‹una persona o una cosa› disgusto o resentimiento a [una persona]: *El rencor envenenó su corazón.*

enverar *v. intr.* AGR. Empezar a tomar ‹una fruta› color de madura: *Las uvas enveran en otoño.*

envergadura *s. f.* **1** Importancia, alcance de una cosa: *un hombre de gran envergadura moral, una acción de gran envergadura. El ataque fue de tal envergadura que en media hora se rindió el enemigo.* **2** ANAT. Distancia entre los brazos de una persona cuando están abiertos: *Es un jugador muy corpulento, de mucha envergadura.* **3** ZOOL. Distancia entre las puntas de las alas de un ave cuando están extendidas: *envergadura de un águila.* **4** AER. Distancia entre las alas de un avión: *Prefiero los aviones de más envergadura porque me parecen más seguros.* **5** MAR. Anchura de una vela en la parte por donde se une a la verga del mástil: *Los mástiles modernos pesan poco y aguantan velas de mucha envergadura.*

enverjado *s. m.* Conjunto de rejas de un edificio o de una verja: *El enverjado del colegio es negro. Están pintando el enverjado del parque.*

envero *s. m.* **1** RESTRINGIDO. Color rojizo o dorado que toman las uvas y otras frutas cuando comienzan a madurar. **2** RESTRINGIDO. Uva que empieza a madurar.

envés *s. m.* **1** Cara inferior de la hoja de una planta, opuesta al haz: *Los nervios se notan más en el envés.* **2** Parte de una trama opuesta al haz o a la cara: *El envés de la tela es muy basto. El envés de la historia no es siempre agradable.*

enviado, da *s. m. / f.* **1** Persona encargada de llevar un mensaje o comisión: *Ha llegado el enviado de las Naciones Unidas al conflicto. Esta carta la ha traído un enviado personal del director.* || **2 ~ especial** PERIOD. Periodista que se traslada hasta un lugar para seguir el desarrollo de un acontecimiento: *La noticia nos la comenta nuestro enviado especial en Roma.*

enviar *v. tr.* Mandar ‹una persona› [a otra persona o una cosa] a [otra persona o a un lugar]: *Me envió una carta larguísima. Envió a su hijo **al** pueblo.* FR. Y LOC. **~ / ir / mandar a la mierda*. ~ / mandar a la caseta*. ir / mandar / echar / ~ a paseo*. ir / mandar / ~ a tomar por (el) culo*. mandar / ~ a la porra*.** ⇒ **8.**

enviciar *v. tr.* **1** Hacer ‹una persona o una cosa› que [una persona] adquiera un vicio: *La envició **con** el juego. Aquellos amigos lo enviciaron **con** la bebida.* || *v. intr.* **2** BOT. Echar ‹una planta› muchas hojas y poco fruto: *Este cerezo está enviciado.* || *v. prnl.* **3** Adquirir ‹una persona› [un vicio]: *Me he enviciado **con** el tabaco.* **4** Sentir ‹una persona› demasiada afición por [una cosa]: *Se ha enviciado **con** el baloncesto y no hay manera de hacerlo estudiar.*

envidar *v. tr. / intr.* JUEGOS. Hacer ‹una persona› [un envite] en un juego: *Tú aguanta, que le gusta envidar fuerte al final.*

envidia *s. f.* **1** (no contable) Disgusto o pesar por el bien ajeno o por creer que otra persona goza de mayor cariño o estima que uno mismo: *Siente envidia por todo. Le tiene envidia a su hermano pequeño. La envidia no la deja vivir.* **2** (no contable) Deseo de tener o hacer lo mismo que otra persona: *¡Qué envidia me da tu ordenador! Me da envidia lo bien que lo haces. Siento una sana envidia de ver cómo te van las cosas.*

envidiable *adj.* (antepuesto / pospuesto) Que es tan bueno que cualquiera puede desearlo: *Tiene una facilidad envidiable para aprender idiomas. Tiene una memoria envidiable. Su envidiable forma física le cuesta mucho sacrificio.*

envidiar *v. tr.* **1** Sentir ‹una persona› envidia o celos de [otra persona]: *La envidio por su buena fortuna. Envidian a Miguel porque ha conseguido un buen empleo.* **2** Desear ‹una persona› [una cosa que otra persona tiene]: *Envidiaba su coche. Todos envidiamos su casa y, sobre todo, su piscina.* FR. Y LOC. **no tener (nada) que ~** No ser ‹una persona o una cosa› inferior a otra persona u otra cosa: *Tu coche no tiene nada que envidiar al suyo.*

envidioso, sa *adj. / s. m.* y *f.* (ser / estar) PEYORATIVO. Que siente envidia, o que tiende a sentirla: *Es muy envidiosa. Desde que ha nacido su hermana está muy envidioso. Las personas envidiosas no me resultan simpáticas.*

envido *s. m.* JUEGOS. Apuesta de dos tantos en el juego del mus.

envilecer *v. tr.* **1** Hacer ‹una persona o una cosa› que [una persona o una cosa] se vuelva vil o despreciable: *La traición envilece a las personas.* **2** ECON.; RESTRINGIDO. Hacer ‹una persona o una cosa› que descienda [el valor de una moneda]: *Los últimos movimientos económicos han envilecido el peso.* || *v. prnl.* **3** Volverse ‹una persona o una cosa› vil o despreciable: *Nunca se puede saber hasta dónde es capaz de envilecerse un ser humano.* **4** ECON.; RESTRINGIDO. Perder ‹una moneda› valor: *La peseta se ha envilecido otra vez en la jornada de hoy.* ⇒ **5.**

envilecimiento *s. m.* (no contable) Acción y resultado de envilecer o envilecerse: *El envilecimiento de una persona, el envilecimiento de una ciudad, el envilecimiento del precio de un metal.*

envinado, da *adj.* MÉX.; COLOQUIAL. [Dulce] que está hecho con algún licor.

envío *s. m.* **1** Acción y resultado de enviar a una persona o una cosa de un lugar a otro: *Para recibir ese producto en su casa tuvo que pagar los gastos de envío. El envío se hará por avión.* **2** Cosa que se envía: *Mandó el envío por correo. Hay un envío a tu nombre en la oficina de correos.*

envite *s. m.* JUEGOS. Apuesta que se hace en algunos juegos de naipes o de azar: *No he aceptado el envite porque no tenía buenas cartas.* FR. Y LOC. **al primer ~** Al primer esfuerzo, de entrada: *Al primer envite se desanimará.*

enviudar *v. intr.* Quedarse ‹una persona› viuda: *Hace más de un año que enviudó y aún lleva luto.*

envoltijo *s. m.* PEYORATIVO. Envoltorio mal hecho: *Me han dado un envoltijo para ti que no sé qué es.*

envoltorio *s. m.* **1** Papel, cartón u otro material que envuelve una cosa: *Envoltorio para regalo. En el envoltorio* *hay un cupón de descuento. Mira el envoltorio, a ver si pone la fecha de caducidad.* SIN. envoltura. **2** Conjunto de cosas envueltas: *Hizo un envoltorio con sus ropas viejas y las tiró a la basura.* SIN. lío.

envoltura *s. f.* **1** Papel, cartón u otro material que envuelve una cosa: *No sé qué ocultará esta lujosa envoltura.* SIN. envoltorio. **2** Capa exterior que rodea una cosa: *La atmósfera es la envoltura gaseosa de la Tierra. La envoltura del reactor nuclear parece que está intacta.* **3** Aspecto de una cosa: *No juzgues las cosas por su envoltura.* SIN. apariencia.

envolver *v. tr. / prnl.* **1** Cubrir ‹una persona› [a una persona o una cosa] total o parcialmente con [una cosa]: *Me envolvieron el regalo **con** un papel precioso. **Se** envolvió **con** la capa para no tener frío.* ‖ *v. tr.* **2** Cubrir ‹una cosa› [a una persona o una cosa]: *La niebla envuelve el pueblo. La oscuridad nos iba envolviendo progresivamente.* **3** Cubrir ‹una persona› [una cosa] con [una sustancia]: *Envolvió los pestiños **en** miel. Hemos envuelto el queso **en** papel de aluminio.* **4** Poner ‹una persona› [una cinta o un hilo] en forma de rollo en [una cosa]: *Envolvió el sedal **en** el carrete.* SIN. enrollar. **5** Proteger ‹una persona o una cosa› [a una persona]: *La envuelve el cariño de su familia. La alegría envolvía su casa.* **6** MIL. Poner ‹un ejército› cerco a [un enemigo]: *El general envolvió a la infantería enemiga.* SIN. cercar. **7** Dominar ‹una persona› [a otra persona] con [palabras]: *Te envuelve **con** sus palabras de tal forma que no sabes qué hacer.* **8** Mezclar ‹una persona› [a otra persona] en [un asunto perjudicial]: *También a él lo envolvieron **en** el escándalo. Me han envuelto **en** un caso de malversación de fondos.* **9** Tener ‹una cosa› dentro de sí [otra cosa]: *Sus palabras envolvían una acusación. Aquella mirada envolvía una súplica muda.* ⇒ **88.**

envuelto, ta *adj.* **1** (estar) Que está cubierto o rodeado por una cosa: *El pescado está envuelto **en** harina. La chocolatina estaba envuelta **en** papel de plata. Me trajo el perro envuelto **en** una manta.* ‖ *s. m.* **2** MÉX. Tortilla de maíz guisada. ‖ *p.* **3** Participio irregular de *envolver*.

enyerbar *v. tr.* **1** CHILE, COL., MÉX.; COLOQUIAL en México, RESTRINGIDO en Chile y Colombia. Embrujar, hechizar ‹una persona› [a otra persona] con un brebaje. ‖ *v. prnl.* **2** AMER. Cubrirse de yerba un campo o un cultivo. **3** GUAT., MÉX. Enamorarse ‹una persona› perdidamente. **4** GUAT., MÉX. Envenenarse.

enyesado, da *s. m.* Acción y resultado de enyesar: *Mañana terminan el enyesado de la habitación.*

enyesar *v. tr.* **1** Cubrir ‹una persona› [una cosa] con yeso: *Tienen que enyesarme los techos del salón.* **2** MED. Escayolar: *Le han enyesado la pierna.*

enyetar *v. tr.* ARG., PAR. Transmitir ‹una persona› la yeta o adversidad [a otra persona], contagiarla.

enyuyarse *v. prnl.* ARG., CHILE, URUG; RESTRINGIDO en Chile. Llenarse ‹un terreno› de malezas o matojos.

enzacatarse *v. prnl.* AMÉR. C., MÉX. Llenarse ‹un campo› de zacate o pasto.

enzarzar *v. tr.* **1** Hacer ‹una persona o una cosa› que [dos o más personas o animales] discutan o peleen: *Enzarzaron a los perros **en** una pelea feroz. Disfruta enzarzando a la gente **en** broncas y peleas.* ‖ *v. prnl.* **2** Empezar ‹dos o más personas o animales› [una pelea o una discusión]: *Se enzarzaron **en** una pelea desigual.* **3** Meterse ‹una persona› en [un asunto difícil]: *Nos enzarzamos **en** un proyecto muy costoso.* **4** RESTRINGIDO. Enredarse ‹una persona, un animal o una cosa› en las zarzas: *El pobre perro se enzarzó ayer entre las zarzas del camino y está lleno de heridas.* ⇒ **19.**

enzima *s. m. / f.* BIOL. Molécula de proteína que favorece y regula la producción de reacciones químicas en los seres vivos: *Las enzimas actúan como catalizadores en los procesos metabólicos del organismo.*

enzolvar *v. tr. / prnl.* MÉX. Taponar, obstruir un conducto.

enzootia *s. f.* VETER. Epidemia que ataca a una o más especies animales de una región geográfica.

eñe *s. f.* Nombre de la letra *ñ*: *La letra ñ procede de una abreviatura medieval.*

-eño, ña *suf.* **1** Significa 'origen o procedencia' y forma sustantivos o adjetivos a partir de sustantivos o nombres: *Madrid - madrileño, lugar - lugareña, isla - isleño.* **2** Significa 'parecido a' o 'hecho con' y forma adjetivos a partir de sustantivos: *águila - aguileña, marfil - marfileño.* **3** Significa 'cualidad propia de' y forma adjetivos a partir de sustantivos: *navidad - navideño, hogar - hogareño, risa - risueña.*

-eo *suf.* Significa 'acción y resultado de' y forma sustantivos a partir de verbos terminados en *-ear*: *pasear - paseo, marear - mareo, coquetear - coqueteo.*

eoceno *adj. / s. m.* GEOL. De la segunda época del Terciario, situada entre el oligoceno y el paleoceno: *En el eoceno aparecen prácticamente todos los grupos de mamíferos existentes en la actualidad.*

eólico, ca *adj.* **1** ELEVADO. Del viento, o producido o accionado por él: *fuerza eólica, erosión eólica, propulsión eólica. En España existen plantas experimentales de producción de electricidad a partir de la energía eólica.* **central* eólica.** **2** MIT. De Eolo, dios griego del viento.

eolio, lia *adj.* RESTRINGIDO. Eólico.

eolito *s. m.* Piedra de cuarzo sin tallar utilizada como instrumento por el hombre primitivo.

eón *s. m.* FILOS. Cada uno de los seres o inteligencias eternas que proceden de la divinidad suprema en el gnosticismo.

¡epa! *interj.* **1** Se usa para expresar advertencia o cuidado: *¡Epa!, que tropiezas.* **2** AMÉR. ¡Hola! **3** CHILE. ¡Upa!, ¡ea!

epanadiplosis (plural *epanadiplosis*) *s. f.* RETÓRICA. Figura retórica que consiste en la repetición de una palabra al principio y al final de una oración o de un verso.

epanalepsis (plural *epanalepsis*) *s. f.* RETÓRICA. Epanadiplosis.

epatar *v. tr.* RESTRINGIDO; frecuentemente HUMORÍSTICO. Causar ‹una persona o una cosa› asombro o admiración a [una persona]: *Su vestido de noche epató a los invitados. Le gusta epatarnos con propuestas imposibles.*

epazote *s. m.* AMÉR. C., MÉX. Pazote, planta aromática y ornamental.

epéntesis (plural *epéntesis*) *s. f.* GRAM. Añadidura de un sonido en el interior de una palabra: *La pronunciación «guiritar» por «gritar» es un ejemplo de epéntesis.*

épica *s. f.* LIT. Género literario que narra en verso y en tono elevado las hazañas o hechos memorables de un guerrero o de todo un pueblo: *El «Poema de Mio Cid» es la obra más importante de la épica castellana.*

epicardio *s. m.* ANAT. Tejido del pericardio que rodea el corazón por todas partes: *Es muy difícil separar el epicardio de la musculatura cardiaca, incluso por disección.*

epicarpio *s. m.* BOT. Piel fina que cubre el fruto de las plantas.

epiceno *adj. / s. m.* GRAM. [Sustantivo] que designa con una sola terminación gramatical a una especie animal o a sus individuos de distinto sexo.

epicentro *s. m.* GEOGR. Punto de la superficie terrestre situado sobre el hipocentro de un terremoto: *La intensidad máxima de un terremoto se produce en el epicentro.*

épico, ca *adj.* 1 LIT. De la épica, o poesía heroica: *género épico, literatura épica.* **poema ~.** 2 (antepuesto / pospuesto) COLOQUIAL; INTENSIFICADOR. Que es muy grande o intenso: *Pescó una borrachera épica. Después de una épica carrera consiguió llevarse la medalla de oro.* || *adj. / s. m.* y *f.* 3 LIT. Que cultiva la poesía épica: *Los poetas épicos solían narrar acciones guerreras de interés colectivo.*

epicureísmo *s. m.* 1 (no contable) FILOS. Doctrina de Epicuro, filósofo griego, y sus seguidores, según la cual el hombre debe buscar el placer, sobre todo el intelectual, y rehuir el dolor. 2 (no contable) RESTRINGIDO. Actitud de la persona que busca ante todo el placer: *Su vida se basa en un epicureísmo absoluto.* SIN. hedonismo.

epicúreo, a *adj.* 1 FILOS. De Epicuro, filósofo griego, o del epicureísmo: *doctrina epicúrea, filosofía epicúrea.* || *s. m. / f.* 2 FILOS. Persona que es partidaria del epicureísmo: *El desconocimiento de la filosofía de Epicuro ha llevado a considerar egoístas a los epicúreos.*

epidemia *s. f.* 1 MED. Enfermedad infecciosa que ataca al mismo tiempo a un gran número de personas de un lugar: *una epidemia de gripe. Las epidemias de tifus causaron grandes mortandades en la Europa medieval.* 2 INTENSIFICADOR. Propagación en un lugar de algo malo o negativo: *Este verano los robos en las casas particulares son una auténtica epidemia.*

epidémico, ca *adj.* MED. De la epidemia: *El brote epidémico está causando alarma en la población.*

epidemiología *s. f.* (no contable) MED. Parte de la Medicina que estudia las epidemias: *Es uno de los mejores especialistas en epidemiología.*

epidemiológico, ca *adj.* MED. De la epidemiología: *Un estudio epidemiológico ha revelado que el causante de las muertes es un virus desconocido.*

epidérmico, ca *adj.* ANAT. De la epidermis: *membrana epidérmica, capa epidérmica.*

epidermis (plural *epidermis*) *s. f.* 1 ANAT. Capa más superficial de la piel formada por tejido epitelial. 2 BOT. Membrana formada por una sola capa de células que protege el tallo, la raíz y las hojas de algunas plantas.

epidiascopio *s. m.* Aparato de proyección que permite ver en una pantalla diapositivas y cuerpos opacos. SIN. episcopio.

epifanía *s. f.* REL.; ELEVADO. Entre los católicos, fiesta que conmemora la adoración de los Reyes Magos a Jesús y se celebra el seis de enero.

epífisis (plural *epífisis*) *s. f.* 1 ANAT. Pequeña glándula situada en el encéfalo. 2 ANAT. Parte final de un hueso largo, de naturaleza parcialmente cartilaginosa, que permite el crecimiento.

epifito, ta *adj.* [Planta] que vive sobre otra planta pero sin alimentarse de ésta: *Los musgos y los líquenes no son plantas parásitas, sino epifitas.*

epifonema *s. m.* RETÓRICA. Figura retórica que consiste en una exclamación o en una reflexión que cierra el discurso.

epigastrio *s. m.* ANAT. Parte del abdomen situada entre el esternón y el ombligo y limitada a ambos lados por las costillas.

epiglotis (plural *epiglotis*) *s. f.* ANAT. Órgano unido a la parte posterior de la lengua de los mamíferos, que cierra la glotis e impide que los alimentos pasen a las vías respiratorias.

epígono *s. m.* Persona que sigue las enseñanzas o pasos de otra persona, especialmente de una generación anterior: *epígono del Naturalismo, epígono del Cubismo, epígono del Vanguardismo. Este poeta es un epígono de la Generación del 27.*

epígrafe *s. m.* 1 Resumen que precede a un artículo o a un estudio: *Solo se lee los epígrafes de las noticias. Leyendo sólo los epígrafes no se conocen los detalles.* 2 Título que se pone al principio de un artículo o de un apartado: *Este capítulo tiene tres epígrafes.* 3 HIST. Inscripción sobre una superficie de piedra, metal u otro material duro: *Se han descubierto unos epígrafes romanos en unas excavaciones.* SIN. epigrama.

epigrafía *s. f.* (no contable) HIST. Ciencia que estudia las inscripciones y su interpretación.

epigrama *s. m.* 1 HIST. Inscripción sobre piedra, metal u otra superficie. SIN. epígrafe. 2 LIT. Composición poética breve que expresa un pensamiento ingenioso o satírico: *Los epigramas de Marcial son los más populares de la antigüedad clásica.* 3 Pensamiento ingenioso o satírico expresado con brevedad y agudeza: *Este periodista suele escribir epigramas sobre la actualidad política.*

epilepsia *s. f.* (no contable) MED. Enfermedad neurológica producida por una actividad eléctrica anormal de la corteza cerebral.

epiléptico, ca *adj.* 1 MED. De la epilepsia: *convulsión epiléptica.* || *adj. / s. m.* y *f.* 2 Que padece epilepsia: *Es epiléptico y el médico le ha aconsejado que no conduzca.*

epílogo *s. m.* 1 Parte que se añade al final de una obra o de una exposición a modo de conclusión o desenlace: *El drama consta de tres actos y un epílogo. En el epílogo de la novela la autora nos aconseja que cuidemos a sus personajes.* 2 Recapitulación o resumen de lo dicho en un discurso o una obra literaria: *En el epílogo de la conferencia, el presidente de la sesión dio las gracias al conferenciante y a los asistentes.* 3 Final o prolongación de una cosa: *Los epílogos de las rupturas amorosas siempre son los mismos y acaban en boda. Como epílogo de una actuación insoportable tuvimos que escuchar a la niña del cantante.*

epirogénesis (plural *epirogénesis*) *s. m.* (no contable) GEOL. Movimiento de elevación o hundimiento de la corteza terrestre en grandes extensiones o continentes enteros.

episcopado *s. m.* 1 REL. Entre los cristianos, cargo de obispo: *Antes de ser nombrado cardenal, ha ocupado el episcopado de nuestra ciudad treinta años.* SIN. obispado. 2 REL. Tiempo en el que un obispo desempeña su cargo: *Durante su episcopado, la Iglesia tuvo más sensibilidad respecto a los problemas sociales.* 3 REL. Conjunto de obispos con alguna característica común: *el episcopado católico, el episcopado anglicano. El episcopado español se reunió en Toledo.*

episcopal *adj.* 1 Del obispo: *sede episcopal, jurisdicción episcopal.* **bendición ~.** || *s. m.* 2 REL. Libro que contiene las ceremonias y las oraciones propias de los obispos.

episcopio *s. m.* Aparato de proyección que permite ver en una pantalla diapositivas y cuerpos opacos.

episódico, ca *adj.* **1** Del episodio: *narración episódica.* **2** Que es sólo un episodio, una cosa accesoria o circunstancial que no afecta a lo fundamental de la acción o del conjunto: *personaje episódico. Fue un acontecimiento episódico en mi vida al que no hay que dar más importancia.*

episodio *s. m.* **1** Hecho que puede considerarse separado respecto a un todo del que forma parte: *Esta batalla es uno de los episodios más recordados de la guerra. Un año sólo constituye un episodio dentro de la historia de un país.* **2** Parte o acción parcial de una obra literaria o de una serie de radio o televisión: *Esta serie sólo tiene cinco episodios.* **3** Suceso pasajero o poco importante: *El accidente fue un episodio de mi vida del que no me suelo acordar.* **4** COLOQUIAL. Suceso imprevisto que complica una situación: *No puedes imaginarte el episodio que montamos para conseguir un taxi por la noche.*

epistemología *s. f.* (no contable) FILOS. Parte de la Filosofía que estudia los métodos y fundamentos del conocimiento científico.

epístola *s. f.* **1** REL. Entre los cristianos, carta dirigida por un apóstol a una comunidad de fieles. **2** REL. En la Iglesia católica, parte de la misa, anterior al Evangelio, en la que se lee o se canta algún pasaje de las cartas dirigidas por los apóstoles a los fieles. **3** LIT. Composición literaria, en forma de carta, con un fin didáctico, moralizador o satirizante.

epistolar *adj.* ELEVADO. De la carta o que tiene sus características: *Me gusta tu estilo epistolar. Te advierto que yo escribo poco, soy poco amigo del género epistolar.* **novela* ~.**

epistolario *s. m.* Conjunto de cartas de uno o varios autores: *Se ha publicado el epistolario de Alberti en el exilio. Conservo en casa un epistolario completo de mi abuelo a su primera novia.*

epitafio *s. m.* Texto o inscripción dedicada a un difunto y que suele ponerse sobre su tumba: *Están descifrando varios epitafios de las nuevas tumbas que descubrieron en el yacimiento arqueológico.*

epitelio *s. m.* ANAT. Tejido orgánico formado por una o varias capas de células yuxtapuestas, que cubre las superficies internas y externas del cuerpo: *Los epitelios carecen de vasos sanguíneos y de elementos nerviosos.*

epíteto *s. m.* GRAM. Tipo de adjetivo calificativo que expresa una característica principal o propia del nombre al que acompaña: *El epíteto suele anteponerse al nombre al que califica.*

epítome *s. m.* ELEVADO. Resumen o compendio de una obra más extensa: *He leído el epítome de gramática que has escrito y me parece muy útil.*

época *s. f.* **1** Espacio de tiempo de cierta duración, particularmente el que destaca por algún personaje o suceso histórico: *la época de entreguerras, en la época de los Reyes Católicos. Fue una época de grandes convulsiones.* **2** Cualquier periodo de tiempo con cierta duración: *la época de la siembra, la época veraniega. Ahora están en la época de las lluvias.* SIN. temporada. **3** GEOL. Espacio de tiempo en que se subdividen los periodos geológicos. FR. Y LOC. **de ~** Que es típico de un tiempo pasado: *vestido de época, coches de época. La casa estaba decorada con muebles de época.* **hacer ~** Dejar ‹una cosa o un suceso› larga memoria: *La invención de la televisión hizo época. Este descubrimiento hará época.*

epónimo, ma *adj. / s. m.* ELEVADO. [Personaje] que da nombre a un lugar o época: *Colón es epónimo de Colombia y Simón Bolívar de Bolivia.*

epopeya *s. f.* **1** LIT. Poema extenso de tono elevado que narra hechos heroicos o legendarios de un pueblo: *«La Ilíada» y «La Odisea» son las dos grandes epopeyas griegas.* **2** LIT. Conjunto de poemas que constituye la tradición épica de un pueblo: *La epopeya portuguesa tiene como máximo exponente «Os Lusíadas» de Camoens.* **3** Conjunto de hechos heroicos: *Las epopeyas de los generales romanos no han sido suficientemente reconocidas.* **4** Acción o empresa realizada con muchas penalidades y sufrimientos. *Cruzar la selva brasileña en el siglo* XVI *fue una epopeya terrible.*

épsilon *s. f.* Quinta letra del alfabeto griego.

equiángulo, la *adj.* GEOM. [Figura, sólido] que tiene todos sus ángulos iguales.

equidad *s. f.* (no contable) ELEVADO. Cualidad que consiste en dar a cada uno lo que se merece según sus méritos y en no favorecer en el trato a una persona perjudicando a otra: *Confío en la equidad del tribunal. La equidad de la sentencia parece probada.* SIN. imparcialidad.

equidistar *v. intr.* RESTRINGIDO. Hallarse ‹dos o más cosas› a la misma distancia respecto a [otra cosa]: *Estos tres pueblos equidistan* ***de*** *la capital.*

équido *adj. / s. m.* **1** (macho y hembra) ZOOL. [Animal] que es mamífero, herbívoro y de extremidades largas, y que camina sobre su tercer dedo, muy desarrollado y protegido por una uña llamada casco: *El caballo y el asno son animales équidos. El hombre ha utilizado tradicionalmente a los équidos para el transporte.* **2** (en plural) ZOOL. Familia formada por los équidos: *La cebra pertenece a los équidos.*

equilátero, ra *adj.* GEOM. [Figura geométrica] que tiene todos los lados iguales. **triángulo ~.**

equilibrado, da *adj.* (ser / estar) Que es prudente y sensato: *Es una mujer muy equilibrada.*

equilibrar *v. tr.* **1** Poner ‹una persona o una cosa› en equilibrio [a una persona o una cosa]: *Equilibra bien la carga en el camión. Este médico ha conseguido equilibrar bastante a mi padre.* **2** Hacer ‹una persona o una cosa› que [dos o más cosas] sean iguales o proporcionadas: *Con los niños hay que equilibrar los premios y los castigos. He equilibrado el peso de los dos paquetes para que los lleves mejor.* SIN. compensar. || *v. prnl.* **3** Ponerse ‹una persona o una cosa› en equilibrio: *Los platillos de esta balanza se equilibran con dificultad. Con un gol se equilibrará el marcador. Se ha equilibrado el déficit público este año.* **4** Ser ‹dos o más cosas› iguales o proporcionadas: *El debe y el haber se han equilibrado en este ejercicio.* SIN. compensarse.

equilibrio *s. m.* **1** FÍS. Estado de reposo de un cuerpo en el que las fuerzas que actúan sobre él se contrarrestan: *La barra está en equilibrio porque la tienes cogida justo por el centro y en posición horizontal.* **2** Relación entre diversos elementos o acciones que se moderan, armonizan o compensan entre sí: *equilibrio entre gastos e ingresos. Se busca un equilibrio entre el sector conservador y el progresista del partido.* **3** Estabilidad de una determinada posición: *Perdí el equilibrio y me caí. El acróbata mantiene el equilibrio gracias a la barra que sostiene entre las manos.* **4** Prudencia o sensatez en el comportamiento: *Siempre mantiene el equilibrio en sus decisiones.* **5** Salud: *Tantas emociones perjudican su equilibrio mental.* **6** (plural) Maniobras para manejar una situación difícil o delicada: *Tengo que hacer equilibrios para contentar a todos. Dice que hace equilibrios para llegar a fin de mes.* SIN. malabarismos.

equilibrismo *s. m.* (no contable) Conjunto de ejercicios difíciles de realizar sin perder el equilibrio: *El equilibrismo exige mucho entrenamiento y un gran sentido del equilibrio.*

equilibrista *adj. / s. m.* y *f.* Artista que realiza ejercicios de equilibrio: *¡Con ustedes, el payaso equilibrista! La equilibrista camina por la cuerda floja.*

equimosis (plural *equimosis*) *s. f.* MED. Mancha morada o amarillenta que se produce en la piel por un derrame interno de sangre. SIN. cardenal.

equino, na *adj.* **1** Del caballo o relacionado con el caballo: *enfermedad equina.* **peste equina.** || *s. m.* **2** GAN. Caballo: *Tiene una de las cuadras de equinos más importante de Andalucía.* **3** ARQ. Moldura convexa de un capitel dórico.

equinoccio *s. m.* ASTRON. Periodo de tiempo en que los días tienen la misma duración que las noches porque el Sol está sobre el Ecuador.

equinodermo *adj. / s. m.* **1** (macho y hembra) ZOOL. [Animal] que habita en el mar, tiene simetría radial, un caparazón de placas duras debajo de la piel, a veces protegido por espinas, y un sistema de canales en el interior del cuerpo por donde circula el agua: *Las llamadas estrellas de mar son animales equinodermos.* || *s. m.* **2** (en plural) ZOOL. Orden que forman los animales equinodermos: *Los erizos de mar pertenecen a los equinodermos.*

equipaje *s. m.* (no contable) Conjunto de maletas y otras cosas que se llevan en un viaje: *Aún no he hecho el equipaje. Siempre lleva mucho equipaje. Hemos facturado el equipaje y ahora esperaremos a que salga el avión.*

equipal *s. m.* MÉX.; COLOQUIAL. Silla rústica de cuero o mimbre.

equipamiento *s. m.* **1** Acción y resultado de equipar o equiparse: *Los barcos estaban atracados más de un mes para su equipamiento. El equipamiento de un ejército es de una complejidad enorme.* **2** Conjunto de instalaciones básicas necesarias para determinada actividad: *Necesitamos invertir en equipamiento industrial. Hay que mejorar la red de equipamientos.* SIN. infraestructura.

equipar *v. tr. / prnl.* **1** Proporcionar ‹una persona› [a otra persona] [las cosas necesarias] para [un uso determinado]: *Estos grandes almacenes han equipado nuestra expedición a los Andes. Ya* ***se*** *ha equipado* ***de*** *la ropa y los utensilios necesarios para el viaje.* SIN. proveer(se) || *v. tr.* **2** Organizar ‹una persona› el funcionamiento de [una cosa] con otras cosas necesarias: *El Ayuntamiento está equipando el club deportivo* ***con*** *nuevas instalaciones.*

equiparable *adj.* Que se puede equiparar o igualar: *Mi situación no es equiparable* ***a*** *la tuya, no se puede comparar. La categoría de este coche es equiparable* ***a*** *la de ese otro.*

equiparación *s. f.* Acción y resultado de equiparar: *La equiparación salarial entre hombres y mujeres es una reivindicación sindical importante. Hay que luchar por la equiparación de los países del sur y del norte.*

equiparar *v. tr.* Considerar o hacer ‹una persona› [a una persona o una cosa] igual a [otra persona u otra cosa]: *Equipara su trabajo* ***al*** *que hace un director general.*

equipo *s. m.* **1** Conjunto de personas que realizan una actividad o una tarea determinada: *un equipo de rescate, un equipo de salvamento, un equipo de baloncesto. Le gusta trabajar en equipo.* **deporte por equipos. 2** Conjunto de objetos, instrumentos o instalaciones necesarios para un determinado uso o fin: *equipo musical, equipo quirúrgico, equipo sanitario, equipo de novia. Se ha comprado un magnífico equipo de esquí.* **3 full* ~.** FR. Y LOC. **bienes* de producción / ~. caerse* con todo el ~. en ~** Entre varias personas: *Dice que trabaja mejor en equipo que sola. Esto hay que hacerlo en equipo, porque uno solo no puede.*

equis (plural *equis*) *adj.* **1** (antepuesto / pospuesto) [Número] que es desconocido o que no importa en cuanto a su valor: *Supongamos que vienen equis personas a la reunión y que falta una silla, ¿qué hacemos? Yo tengo una cantidad equis de dinero que quiero invertir.* || *s. f.* **2** Nombre de la letra o del signo *x*: *La palabra «extensión» se escribe con equis, no con ese.* FR. Y LOC. **hecho una ~** COLOQUIAL. Borracho: *Llegó a casa hecho una equis.*

equiseto *s. m.* BOT. Género *Equisetum*. Planta que vive en lugares húmedos y que se caracteriza por tener hojas alrededor de tallos delgados y nudosos: *La cola de caballo es un equiseto.*

equitación *s. f.* **1** Acción de montar a caballo: *La equitación requiere un buen dominio del caballo.* **2** Arte o deporte de montar a caballo: *escuela de equitación. Me gustaría practicar la equitación.* SIN. hípica.

equitativo, va *adj.* (antepuesto / pospuesto) Que es justo e imparcial: *un equitativo reparto. Me parece que es un precio muy equitativo. La sentencia fue muy equitativa.*

équite *s. m.* HIST. Ciudadano romano que servía a caballo en el ejército y formaba una clase intermedia entre los patricios y los plebeyos.

equivalencia *s. f.* Igualdad en el valor, la estimación o la eficacia de dos o más cosas: *Entre decir «tengo miedo» y «temo» hay una equivalencia bastante exacta. La equivalencia de los 100 grados centígrados son los 212 grados fahrenheit.*

equivalente *adj. / s. m.* **1** Que equivale a otra cosa: *Se comprometió a devolvernos una cantidad equivalente* ***a*** *la que le habíamos prestado, Quiero el equivalente* ***de*** *lo que te di. Decir que hoy es domingo es el equivalente* ***a*** *decir que no tengo que ir a trabajar.* **2** GEOM. [Figuras, sólidos] que tienen el mismo volumen o área aunque tengan distinta forma: *superficies equivalentes, volúmenes equivalentes.* **3** MAT. [Ecuación] que tiene las mismas soluciones que otra ecuación. || *s. m.* **4** QUÍM. Mínimo peso necesario de un cuerpo para que, al unirse con otro, tomado como tipo, forme verdadera combinación.

equivaler *v. intr.* Ser ‹una cosa› igual [a otra cosa] en valor o estimación: *Un duro equivale* ***a*** *cinco pesetas. Tu actitud equivale* ***a*** *un desprecio. Que ya no me quieres equivale* ***a*** *decir que me vas a abandonar.* ⇒ **85.**

equivocación *s. f.* **1** Error producido por la confusión de una cosa por otra: *Se produjo una equivocación en el envío de los paquetes, y le hemos mandado uno que no le corresponde.* **2** Cosa que se ha hecho o dicho equivocadamente: *La equivocación debe ser corregida enseguida.*

equivocado, da *adj.* **1** (ser / estar) Que contiene una equivocación: *El cálculo es equivocado. Tu conclusión está equivocada, porque hay una cosa que no has tenido en cuen-*

ta. La respuesta equivocada demostraba que no había estudiado. **2** (estar; antepuesto/pospuesto) Que se equivoca: *Ese niño está equivocado.*

equivocar *v. tr./prnl.* **1** No acertar ‹una persona› en [una cosa]: *Equivoqué el oficio. Equivocaste una carpeta* ***con*** *otra.* ***Se*** *equivocaron los que la condenaron.* ***Me*** *equivoqué* ***de*** *portal.* ***Nos*** *equivocamos* ***en*** *nuestro juicio.* ***Se*** *equivocó* ***con*** *nuestro vecino.* SIN. errar (ELEVADO). || *v. tr.* **2** Hacer ‹una persona› que [otra persona] se confunda: *Con estas explicaciones me equivocáis. Esas instrucciones equivocan a cualquiera.* ⇒ **71.**

equívoco, ca *adj./s. m.* **1** Que puede entenderse o interpretarse de varias maneras: *Es un mensaje equívoco. Siempre utiliza equívocos cuando habla.* || *s. m.* **2** Error producido por la confusión de una cosa por otra: *Hubo un equívoco y lo llamaron a él en vez de a mí. Le han entregado este paquete por equívoco.* SIN. equivocación. **3** RETÓRICA. Empleo consciente de palabras que pueden entenderse o interpretarse en varios sentidos.

era *s. f.* **1** Periodo de tiempo que se calcula a partir de un hecho importante o de una fecha determinada: *La era cristiana empieza con el nacimiento de Cristo. La geología distingue cinco eras en la formación de la Tierra.* **2** Extenso periodo histórico cuyas características lo distinguen de otros periodos anteriores o posteriores: *la era de los descubrimientos, la era industrial. Se puede considerar que estamos viviendo la era de la informática.* **3** AGR.; RESTRINGIDO. Terreno llano donde se trilla la mies: *Después de segar el trigo, se lleva a la era para trillarlo.* **4** COL. Arriate, macizo de un jardín.

-era *suf.* **1** Significa 'objeto o lugar en el que hay algo o se deposita' algo, y forma sustantivos a partir de sustantivos: *pan - panera, carbón - carbonera, coche - cochera, papel - papelera.* **2** Significa 'conjunto de' y forma sustantivos a partir de sustantivos: *cabello - cabellera, cristal - cristalera.* **3** Significa 'defecto físico o estado físico' y forma sustantivos a partir de adjetivos: *cojo - cojera, flojo - flojera.*

eral *s. m./f.* GAN. Toro joven, mayor de un año y menor de dos.

erario *s. m.* ECON. Tesoro público de un Estado: *Las nuevas autovías y carreteras están financiadas por el erario público. Esta empresa ha estafado al erario varios cientos de millones de pesetas.* SIN. Hacienda.

erasmismo *s. m.* (no contable) Doctrina y movimiento renovadores inspirados en la obra de Erasmo de Rotterdam, de gran importancia en Europa durante el siglo XVI: *El erasmismo tuvo gran influencia, sobre todo en las relaciones entre el Humanismo y el Cristianismo.*

erasmista *adj.* **1** De Erasmo de Rotterdam o del erasmismo: *filosofía erasmista.* || *s. m./f.* **2** Persona que es partidaria del erasmismo: *A partir de mediados del siglo XVI los erasmistas fueron perseguidos por la Inquisición.*

erbio *s. m. Er.* Elemento químico que aparece en forma de polvo gris oscuro plateado, poco abundante en la naturaleza, utilizado en la industria metalúrgica.

ere *s. f.* Nombre de la letra *r* en su sonido suave: *Las palabras «carro» y «caro» se diferencian en que una lleva erre y la otra lleva ere.*

erección *s. f.* **1** (no contable) ELEVADO. Acción y resultado de erigir o construir: *La erección de una catedral duraba siglos.* SIN. construcción. **2** FISIOL. Aumento del volumen y la consistencia de ciertos órganos, en especial el pene y el clítoris, por la dilatación y rigidez que produce la afluencia de sangre.

eréctil *adj.* Que puede levantarse, enderezarse o ponerse rígido: *órgano eréctil, púas eréctiles.*

erecto, ta *adj.* Que está levantado y rígido: *Ese gato lleva el rabo erecto. Caminar erecto es una de las características del ser humano.*

erector, ra *adj./s. m. y f.* BIOL. Que levanta o pone rígido: *músculos erectores.*

eremita *s. m./f.* **1** ELEVADO. Persona que vive en soledad dedicada a la oración y a la penitencia: *Este hombre lleva la vida de un eremita, siempre apartado del trato con sus semejantes.* **2** Ermitaño.

erg *s. m.* GEOGR. Extensa superficie arenosa formada por un conjunto de dunas.

ergio *s. m.* FÍS. Unidad de medida de trabajo que equivale al trabajo realizado por una dina de fuerza a lo largo de un centímetro.

ergo *conj.* ELEVADO, RESTRINGIDO, AFECTADO. Equivale a *luego.* OBSERVACIONES: Normalmente aparece ante puntos suspensivos, a diferencia de *luego*, sin la presencia de la conclusión, ya que el hablante considera que ésta es obvia: *Podía, debía y quería; ergo...*

ergonomía *s. f.* (no contable) Ciencia que estudia las relaciones del hombre con las condiciones de trabajo y las máquinas que maneja.

ergonómico, ca *adj.* De la ergonomía o que sigue sus principios: *diseño ergonómico, sillón ergonómico.*

ergotina *s. f.* (no contable) Sustancia extraída de un hongo parásito del centeno que se emplea contra las hemorragias.

ergotismo *s. m.* **1** (no contable) FILOS. Abuso de los silogismos en la argumentación. **2** (no contable) MED. Intoxicación causada por la ergotina: *El ergotismo era común cuando se fabricaba pan de centeno sin separar el hongo llamado «cornezuelo».*

ergotista *adj./s. m. y f.* FILOS. Que ergotiza.

ergotizar *v. intr.* FILOS. Utilizar ‹una persona› con demasiada frecuencia la argumentación silogística. ⇒ **19.**

erguir *v. tr.* **1** Levantar ‹una persona› [una cosa]: *Juan irguió la cabeza cuando nos dirigimos a él. Tenía el brazo erguido esperando que le dieran permiso para hablar.* SIN. elevar || *v. prnl.* **2** Estar ‹una cosa› en situación elevada sobre [un lugar]: *La casa se yergue* ***sobre*** *la colina. La montaña se erguía* ***sobre*** *el río.* ⇒ **38.**

-ería o **-aría** *suf.* **1** Significa 'lugar de trabajo', 'tienda' u 'oficio' y forma sustantivos a partir de sustantivos: *pan - panadería, libro - librería, comisario - comisaría, secretario - secretaría.* **2** Significa 'conjunto de' y forma sustantivos a partir de sustantivos: *silla - sillería, bollo - bollería.* **3** Significa 'cualidad relacionada con' y forma sustantivos a partir de adjetivos: *grosero - grosería, tacaño - tacañería.* **4** Significa 'acción o dicho' y forma sustantivos a partir de adjetivos o sustantivos: *bobo - bobería, niño - niñería.*

erial *adj./s. m.* **1** Terreno sin cultivar: *En este pueblo todo son eriales.* **2** ELEVADO; INTENSIFICADOR. Cosa desagradable de la que no se puede sacar provecho: *Cuando se fue de la dirección dejó la empresa hecha un erial.*

erigir *v. tr.* **1** ARQ. Construir ‹una persona› [un edificio o un monumento]: *Erigieron un monumento a la memoria del alcalde. Han erigido un edificio para museo de arte.* SIN. levantar. || *v. tr. / prnl.* **2** Elevar ‹una persona› [a una persona o una cosa] a [una función o una categoría importante que antes no tenía]: *Lo erigieron presidente de la asociación. El portero **se** erigió en el héroe del partido.* ⇒ **78.**

erisipela *s. f.* (no contable) MED. Enfermedad infecciosa que produce fiebre y placas rojas en la piel: *La erisipela se trata con penicilina y otros antibióticos.*

eritema *s. f.* (no contable) MED. Enrojecimiento de la piel producido por una inflamación: *La exposición excesiva al sol produce eritema.*

eritrocito *s. m.* BIOL. Hematíe, célula de la sangre portadora de pigmento respiratorio.

erizado, da *adj.* **1** (estar) [Animal, piel] que está cubierto de pelo rígido o espinas: *La piel de ese animal está erizada **de** púas.* **2** (estar) Que está lleno de obstáculos y dificultades: *El asunto está erizado de dificultades.*

erizar *v. tr.* **1** Poner ‹una persona o una cosa› rígido y tieso [el pelo de una persona o un animal]: *El frío le erizaba el vello de los brazos.* **2** Llenar ‹una persona› de obstáculos y dificultades [una cosa]: *Han erizado la tapia de cristales para que no puedan saltarla. Esta carrera está erizada de asignaturas de relleno para que la gente se desanime.* || *v. prnl.* **3** Ponerse ‹el pelo de una persona o un animal› rígido y tieso: *Se me erizó el cabello al verlo colgado de la pared. Al gato se le eriza el pelo cuando se enfada.* ⇒ **19.**

erizo *s. m.* **1** (macho y hembra) *Erinaceus europaeus.* Mamífero insectívoro con el cuerpo cubierto de púas, hocico puntiagudo y patas y cola muy cortas, que se enrosca formando una bola cuando siente un peligro: *El erizo es un animal nocturno muy útil a la agricultura porque consume muchos insectos.* **2** BOT. Corteza espinosa de la castaña y de otros frutos semejantes: *Fuimos a buscar castañas y me pinché varias veces con sus erizos.* **3** COLOQUIAL. Persona de carácter huraño, difícil de tratar: *Yo no se lo digo, porque es un erizo y quizá me conteste de mala manera.* **4** COLOQUIAL. Persona que tiene el cabello erizado o de punta: *Ahí van los erizos esos con sus motos y sus cazadoras de cuero.* || **5 ~ de mar** (macho y hembra) Clase *echinoidea.* Animal equinodermo de forma esférica u ovalada, que tiene un caparazón duro cubierto de largas espinas, y vive en los fondos marinos: *El erizo de mar tiene la boca en la cara ventral.*

ermita *s. f.* Iglesia pequeña o capilla situada generalmente en las afueras de una población o en el campo: *Los habitantes del lugar van en romería a la ermita.*

ermitaño, ña *adj. / s. m.* y *f.* **1** [Religioso] que vive en soledad dedicado a la oración y la penitencia: *En el bosque vive un ermitaño.* **2** COLOQUIAL. Que vive solo y tiene poca relación con la gente: *Es un ermitaño, no sale de casa, no tiene amigos, siempre va solo.* || *s. m. / f.* **3** Persona que vivía en una ermita y cuidaba de ella: *La ermita está desierta desde que murió el último ermitaño.* || **4 cangrejo* ~.**

-ero, ra *suf.* **1** Significa 'profesión' y forma sustantivos a partir de sustantivos: *libro - librero, pan - panadero, ganado - ganadera.* **2** Significa 'que tiene la cualidad de' y forma adjetivos a partir de sustantivos: *traición - traicionero, embuste - embustera.* **3** Significa 'árbol' o 'planta' y forma sustantivos a partir de sustantivos: *limón - limonero, melocotón - melocotonero, higo - higuera, plátano - platanera.* **4** Significa 'objeto o lugar en el que hay algo' y forma sustantivos a partir de sustantivos: *azúcar - azucarero, flor - florero, tinta - tintero, pitillo - pitillera, leche - lechera.*

erogación *s. f.* **1** DER. Acción y resultado de erogar. **2** EC., PERÚ, VEN. Donativo. **3** ARG., MÉX., URUG.; ADMINISTRATIVO. Pago de una deuda, desembolso de dinero.

erogar *v. tr.* **1** Repartir ‹una persona› [bienes o caudales]. **2** ARG., URUG.; ADMINISTRATIVO. Pagar ‹una persona› [una deuda]. ⇒ **56.**

erógeno, na *adj.* FISIOL. Que produce excitación sexual o es sensible a ella: *órganos erógenos, las zonas erógenas del cuerpo humano.*

eros (plural *eros*) *s. m.* PSICOL. Conjunto de inclinaciones e impulsos sexuales del ser humano: *Los adolescentes no tienen completamente definido su eros.*

erosión *s. f.* **1** (no contable) Desgaste que en la superficie de un cuerpo produce el roce de otro cuerpo: *La erosión de las pisadas hace que los escalones del metro estén así de gastados.* **2** (no contable) GEOL. Desgaste de la superficie terrestre por factores externos como el agua o el viento: *La tala indiscriminada de árboles agudiza los efectos de la erosión.* **3** MED. Lesión superficial de la epidermis: *Tenía la espalda llena de erosiones y cardenales como consecuencia de la caída.* **4** (no contable) Desgaste de prestigio e influencia que puede sufrir una persona, un partido o una institución: *Tiene en contra la erosión que causan cuatro años de mandato.* SIN. deterioro.

erosionar *v. tr.* **1** Producir ‹una persona o una cosa› erosión en [una cosa]: *El viento ha erosionado la montaña y le ha dado esa forma peculiar.* **2** Hacer ‹una persona o una cosa› que [una persona o una cosa] pierda su prestigio: *Las murmuraciones erosionaron su buena fama. Los últimos escándalos han erosionado su prestigio.* || *v. prnl.* **3** Sufrir ‹una cosa› erosión: *Las laderas de la montaña se erosionaron hace miles de años.* **4** Perder ‹una persona› su prestigio: *Su imagen se erosionó por su autoritarismo.*

erosivo, va *adj.* **1** De la erosión: *fenómeno erosivo.* **2** Que produce erosión: *propiedad erosiva, producto erosivo.*

erótica *s. f.* Atracción o excitación comparable a la sexual: *la erótica del poder, la erótica de la fama.*

erótico, ca *adj.* **1** Del amor sensual: *La conducta erótica de las personas varía con la edad.* **2** Que trata temas sensuales y amorosos: *poesía erótica, literatura erótica. La novela erótica está obteniendo cada vez mayor consideración literaria.* **3** Que provoca o excita sexualmente: *postura erótica, mirada erótica, una película erótica.*

erotismo *s. m.* **1** (no contable) Expresión o exaltación de todo lo relacionado con el amor sensual: *La actriz destacó la diferencia entre erotismo y pornografía. El erotismo existe en todas las épocas y en todas las culturas.* **2** (no contable) Carácter erótico: *el erotismo de un desnudo. Todos quedaron sorprendidos ante el erotismo de aquellas escenas.* **3** (no contable) Sexualidad: *Se están haciendo interesantes estudios sobre el erotismo infantil.*

erotizar *v. tr.* **1** Dar ‹una persona› contenido o significado erótico a [una cosa]: *Está obsesionado, porque erotiza cualquier cosa que lee.* **2** Comunicar ‹una persona o una cosa› erotismo [a una persona]: *La película había erotizado al público.* ⇒ **19.**

errabundo, da *adj.* ELEVADO. Que vaga de un lugar a otro sin un sitio fijo: *Le gusta andar errabundo por la ciudad.*

erradicación *s. f.* Acción y resultado de erradicar: *Estas organizaciones luchan por la erradicación del hambre.*

erradicar *v. tr.* Eliminar ‹una persona o una cosa› [una cosa] completamente: *Los nuevos descubrimientos erradicaron algunas enfermedades endémicas. El primer objetivo del Gobierno es erradicar el fraude fiscal.* ⇒ **71.**

errado, da *adj.* (ser / estar) Equivocado: *Por ese camino va errado. La respuesta estaba errada.*

errante *adj.* (antepuesto / pospuesto) ELEVADO. Que yerra o anda vagando de un lugar a otro sin asentarse definitivamente en ningún sitio: *animal errante, pueblo errante. Y el errante vagabundo decidió que se quedaría allí el resto de sus días.*

errar *v. tr. / intr.* **1** ELEVADO. No acertar ‹una persona› [una cosa]: *Ha errado el tiro. Quería acertar la diana, pero erró. Si yerras **en** la elección, ¿qué pasará?* SIN. fallar. ‖ *v. intr.* **2** ELEVADO. Cometer ‹una persona› una falta: *Debes perdonarme si he errado.* **3** ELEVADO. Ir ‹una persona› de [un lugar] a [otro lugar] sin destino fijo: *Erré **de** ciudad **en** ciudad. Ha errado **por** diferentes países sin encontrar un lugar que le satisfaga.* SIN. vagar. **4** Pasar ‹el pensamiento o la imaginación› de [una cosa] a [otra]: *Su imaginación erraba **por** mundos lejanos.* SIN. divagar. ⇒ **39.**

errata *s. f.* Equivocación material que se comete al escribir un texto: *Este texto está lleno de erratas, hay que corregirlo bien.* **fe* de erratas.**

errático, ca *adj.* **1** (antepuesto / pospuesto) ELEVADO. Que va de una parte a otra, sin rumbo fijo: *La nave mantuvo un rumbo errático hasta que la tripulación se hizo con el control de la situación. Su errático caminar no la podía llevar a ningún sitio.* **2** (antepuesto / pospuesto) ELEVADO. Que es extraño o anormal: *Su errática conducta nos confundía a todos.* **3** MED. [Dolor, síntoma] que no se produce en un sitio fijo del organismo, sino que va cambiando de posición: *Tiene dolores erráticos, de diagnóstico difícil.*

erre *s. f.* Nombre de la letra *r* en su sonido fuerte: *La palabra «rosa» empieza con erre.* FR. Y LOC. **erre que ~** COLOQUIAL. Con terquedad o insistencia: *Le dije que no me quedaba a comer, pero él seguía erre que erre.*

errón *adj.* COL.; COLOQUIAL. Gallo de pelea que da espolonazos desacertados.

erróneo, a *adj.* (antepuesto / pospuesto) Que tiene errores o resulta equivocado: *Utilizó datos erróneos. La operación es errónea. Su errónea previsión nos ha llevado a una situación difícil.*

error *s. m.* **1** Concepto equivocado o falso: *Decía que la otra teoría estaba llena de errores.* SIN. equivocación. **2** Dicho o hecho equivocado: *Dejarle entrar en casa fue un error. Hay un error en las listas de aprobados. Murió por un error del cirujano.* SIN. fallo. **3** Diferencia entre el resultado que se obtiene en un cálculo y el que se estima como exacto: *Se calcula un margen de error de ±1.* ‖ **4 ~ de bulto** INTENSIFICADOR. Equivocación o fallo muy grande: *No siguió leyendo el examen porque vio tres errores de bulto en las primeras líneas.*

ERT *s. f.* Sigla de «Explosivos Río Tinto», España.

eructar *v. intr.* Emitir ‹una persona› un ruido al expulsar los gases del estómago por la boca: *Estaba borracho y empezó a eructar desagradablemente.*

eructo *s. m.* Acción y resultado de eructar: *Echar un eructo es una falta de educación en muchas culturas.*

erudición *s. f.* (no contable) Conocimiento amplio y profundo de una materia: *La erudición de Jaime en Historia de la Literatura es innegable. Derrocha erudición en todas sus intervenciones sobre Biología.*

erudito, ta *adj. / s. m.* y *f.* Que tiene o demuestra erudición: *Fue un discurso muy erudito. Es un libro para eruditos en la materia. Fue una conversación erudita e instructiva.*

erupción *s. f.* **1** MED. Aparición en la piel de granos, manchas o vesículas: *La erupción tiene lugar después de un periodo de incubación.* **~ cutánea. 2** MED. Granos o manchas aparecidos en la piel: *Le ha salido una erupción en un brazo.* **3** GEOL. Emisión de materias en ignición sólidas, líquidas o gaseosas procedentes del interior de la Tierra: *La erupción de un volcán es violenta y la de una solfatara es lenta.* **4** Expulsión violenta de una cosa que estaba contenida: *Una erupción de reproches e insultos salieron de su boca.*

eruptivo, va *adj.* **1** GEOL. De la erupción volcánica o que procede de ella: *El granito y el basalto son rocas eruptivas.* **2** MED. Que produce erupción cutánea.

-és, sa *suf.* Significa 'origen o procedencia' y forma sustantivos o adjetivos a partir de nombres: *León - leonés, Francia - francés, montaña - montañés.*

esbeltez *s. f.* (no contable) Cualidad de esbelto: *La esbeltez de esa torre la hace distinta de las demás.*

esbelto, ta *adj.* (ser / estar; antepuesto / pospuesto) Que es alto, delgado y elegante: *Lucía una esbelta figura. Esa mujer es esbelta. Está más esbelto desde que se cuida.*

esbirro *s. m.* **1** PEYORATIVO. Persona contratada por otra persona para realizar abusos o atropellos: *Los esbirros del jefe de la mafia tienen atemorizada a la ciudad.* SIN. matón. **2** PEYORATIVO. Persona que tiene por oficio prender a las personas o ejecutar las órdenes de una autoridad, especialmente de forma violenta o empleando la fuerza: *El dictador y sus esbirros se han adueñado del país.* **3** HIST. Antiguo alguacil.

esbozar *v. tr.* **1** Hacer ‹una persona› un esbozo de [una cosa]: *Esbozó un plano de la zona para indicarme donde estaba su casa.* **2** Hacer ‹una persona› [un gesto no muy claro]: *Esbozó una sonrisa como respuesta.* ⇒ **19.**

esbozo *s. m.* **1** Dibujo o pintura esquemático, aunque sea imperfecto, que sirve de base a otro definitivo: *Hizo un esbozo del Guernica en cuatro trazos.* SIN. boceto. **2** Plan esencial de un trabajo que puede desarrollarse o perfeccionarse: *Es el esbozo de un proyecto que tengo que presentar a la empresa. En ese relato breve está el esbozo de una novela posterior.* **3** Insinuación de un gesto: *El esbozo de un movimiento me hizo pensar que saldría de la habitación.*

escabechar *v. tr.* **1** Poner ‹una persona› [un alimento] en escabeche: *Escabechó el atún para conservarlo mejor. En esta planta de la factoría escabechan el pescado y lo enlatan.* **2** COLOQUIAL. Matar ‹una persona› [a otra persona]: *El asesino había escabechado a una docena de personas.* **3** COLOQUIAL. No conceder ‹una persona› a [otra persona] la puntuación necesaria para pasar un examen: *El profesor escabechó a la mitad de la clase.* SIN. suspender.

escabeche *s. m.* **1** (no contable) Adobo de aceite, vinagre y otros condimentos para conservar pescados, carnes y otros alimentos: *Su plato favorito es la perdiz en escabeche.*

2 (no contable) Alimento escabechado, en especial el bonito: *Este escabeche tiene un sabor muy fuerte.*

escabechina *s. f.* **1** COLOQUIAL. Cantidad grande de suspensos en un examen: *No habíamos estudiado ninguna y ha habido una escabechina horrorosa.* **2** COLOQUIAL. Desastre o destrozo grande, especialmente si hay muertes: *La película acaba con una escabechina en la que muere hasta el cámara.*

escabel *s. m.* **1** Asiento pequeño y sin respaldo: *El niño tiene la manía de sentarse en el escabel, y cualquier día se caerá de espaldas.* || **2** Banquillo para apoyar los pies: *Le gusta apoyar los pies en el escabel para descansar.*

escabio *s. m.* ARG., URUG.; COLOQUIAL. Bebida alcohólica.

escabrosidad *s. f.* (no contable) Cualidad de escabroso: *La escabrosidad del terreno nos hizo volvernos y tomar el otro camino. La escabrosidad del tema en el que nos habíamos metido hacía que nos sintiéramos incómodos.*

escabroso, sa *adj.* **1** (ser / estar; antepuesto / pospuesto) [Terreno] que está lleno de desigualdades y accidentes que dificultan el paso: *Cuidado con este tramo del camino, es muy escabroso. Este sendero está más escabroso que el que hemos dejado antes. Las escabrosas montañas estaban nevadas todo el año.* **2** (ser / estar; antepuesto / pospuesto) Que roza el límite de lo inconveniente, inmoral u obsceno: *La película tiene algunas escenas bastante escabrosas. Las escabrosas imágenes que aparecían en las diapositivas hicieron que nos ruborizáramos todos.* **3** (ser / estar; antepuesto / pospuesto) Que es difícil de resolver, o que necesita ser tratado con mucho tacto y delicadeza: *Es un tema muy escabroso, habrá que considerarlo despacio. Es un escabroso asunto de difícil solución.*

escabullirse *v. prnl.* **1** COLOQUIAL. Escaparse ‹una persona, un animal o una cosa› de entre las manos: *La anguila se escabullía entre las manos. Su amor se me escabulló como un puñado de arena.* **2** COLOQUIAL. Irse ‹una persona› de [un lugar] con disimulo: *Se escabulleron **de** la reunión por una puerta trasera. El ladrón se escabulló **entre** la multitud.* **3** COLOQUIAL. Evitar ‹una persona› [un trabajo o una obligación]: *Siempre que hay trabajo se escabulle.* SIN. escaquearse (COLOQUIAL). ⇒ **53.**

escachalandrado, da *adj.* AMÉR. C., COL.; COLOQUIAL. Que está mal vestido, desaseado o harapiento.

escachar *v. tr.* **1** Aplastar ‹una persona o una cosa› [una cosa]: *Escachó al pobre caracol de un pisotón. Ha escachado la nuez con el martillo.* || *v. prnl.* **2** RESTRINGIDO. Quedar ‹una cosa› aplastada: *Se le cayó la sandía al suelo y se le escachó.*

escacharrar o **descacharrar** *v. tr.* **1** COLOQUIAL. Romper o estropear ‹una persona o una cosa› [una cosa]: *Este muchacho ya ha escacharrado la radio. Es que escacharras todo lo que tocas.* || *v. prnl.* **2** COLOQUIAL. Romperse o estropearse ‹una cosa›: *Se escacharró el coche. El ascensor se ha vuelto a escacharrar.*

escachifollar *v. tr.* **1** COLOQUIAL. Estropear ‹una persona o una cosa› [una cosa]: *No sé para qué le has comprado un reloj si lo va a escachifollar en cuanto se lo des.* || *v. prnl.* **2** COLOQUIAL. Estropearse ‹una cosa›: *Ya se ha escachifollado la nevera.*

escafandra *s. f.* **1** MAR. Traje impermeable provisto de casco hermético conectado a unos tubos que proveen de aire para la respiración, y que se emplea en las inmersiones submarinas prolongadas: *Se puso la escafandra y se sumergió dispuesto a inspeccionar el barco hundido.* **2** ASTRON. Traje protector similar al de los submarinistas utilizado por los astronautas en sus salidas al espacio: *En el museo estaba la escafandra que utilizó el primer astronauta que pisó la luna.* || **3 ~ autónoma** MAR. Aparato provisto de botella de oxígeno que utilizan los buceadores: *La escafandra autónoma permite mayor libertad al submarinista para moverse.*

escafoides (plural *escafoides*) *s. m.* **1** ANAT. Hueso más externo y grueso de la primera fila del carpo o de la muñeca: *Se ha astillado el escafoides al darse un golpe con el borde de la mesa.* **2** ANAT. Hueso del pie situado en el tarso, delante del astrágalo: *El escafoides se articula con el talón.*

escala *s. f.* **1** Escalera de mano: *escala de cuerda, escala plegable. El equilibrista subió por la escala hasta el trapecio.* **2** Serie continua y progresiva de cosas distintas pero de la misma clase, que generalmente sigue un criterio: *En este cuadro se puede encontrar toda la escala de colores. En la escala de los seres vivos, el hombre ocupa el punto más alto. Está en el eslabón más bajo de la escala social.* **3** MÚS. Sucesión de notas musicales en alturas sucesivas: *escala menor, escala mayor, escala cromática, escala diatónica.* **4** Graduación de ciertos instrumentos de medición: *escala barométrica, escala aritmética, escala sismológica. La escala termométrica es la utilizada para la medición de temperaturas.* **5** Proporción que existe entre las dimensiones de un mapa o dibujo y el tamaño real de lo representado: *dibujo a escala natural, mapa a escala 1/ 5.000. Si no sabemos la escala de una foto aérea, no sirve para fines topográficos.* **6** Línea recta dividida en partes iguales para calcular las dimensiones reales en un mapa o plano: *He construido una escala para saber las distancias sobre el mapa en kilómetros. La escala de la derecha de la gráfica señala las diferentes edades.* **7** Orden o grado de importancia: *venta a escala reducida. El ejército inició un ataque a gran escala. En su escala de valores, el dinero ocupa el primer lugar.* **8** Clasificación del personal de una corporación o profesión ordenada por antigüedad, categoría o mérito: *El de general es el empleo más alto en la escala militar.* **9** Parada en la ruta de un barco o avión: *vuelo Barcelona - Nueva York con escala en Lisboa. Haremos escala en París. El carguero se dirigió de Bilbao a Montevideo sin hacer ninguna escala.* **~ técnica** Parada forzada de un avión por razones técnicas.

escalabrar *v. tr.* **1** Herir ‹una persona o una cosa› [una parte del cuerpo de una persona o animal]: *Le escalabró la cabeza de una pedrada.* SIN. descalabrar. || *v. prnl.* **2** Sufrir ‹una parte del cuerpo de una persona o de un animal› una herida: *Se ha escalabrado al caerse.* SIN. descalabrarse.

escalada *s. f.* **1** Acción y resultado de escalar: *La escalada del puerto era una dura prueba para los ciclistas. Este fin de semana vamos a hacer la escalada de una montaña.* SIN. ascensión. **2** Aumento rápido y, por lo general, alarmante de una cosa: *escalada de atentados, escalada de la violencia. La escalada de los precios continúa. Lo peor de este último año ha sido la escalada de la droga.* **3** Promoción rápida a un puesto o cargo más elevado: *La escalada de tu amigo en el ministerio ha sido fulgurante.*

escalador, ra *adj. / s. m.* y *f.* **1** Que escala: *Se marchó con un grupo de amigos escaladores. Era escalador. Conoció a dos escaladoras.* || *s. m.* **2** DEP. Ciclista especializado en pruebas de montaña: *Los escaladores van a la cabeza del pelotón en el ascenso.*

escalafón *s. m.* Clasificación del personal de una corporación o profesión ordenada por antigüedad, categoría o mérito: *Ha conseguido ascender en el escalafón.*

escalamiento *s. m.* **1** Acción y resultado de escalar: *El escalamiento a un alto puesto es su obsesión.* SIN. ascenso. **2** DER. Agravante de la responsabilidad criminal por un delito que consiste en penetrar en un lugar ocultamente y produciendo desperfectos: *Los robos con escalamiento se sucedían en verano.*

escálamo o **escalmo** *s. m.* MAR. Estaca pequeña donde se sujeta el remo en una embarcación: *El remo se soltó del escálamo y cayó al agua.* SIN. tolete.

escalar *v. tr.* **1** Subir ‹una persona› a [un lugar]: *Nunca había escalado el Aconcagua por esta cara. Ha escalado por la pared sujetándose a los tubos del desagüe.* SIN. ascender. **2** DER. Entrar ‹una persona› en [un lugar] oculta o violentamente: *Escaló la casa entrando por la chimenea.* **3** Conseguir ‹una persona› [un puesto o una posición social elevados]: *Quiere escalar hasta llegar a la presidencia.* **4** DEP. Subir ‹un ciclista› pendientes en las pruebas de montaña: *Hoy los ciclistas escalarán cuatro puertos de montaña.*

escalar *adj.* Se usa en la LOC. **magnitud* ~.**

escaldado, da *adj.* (estar) COLOQUIAL. Que ha tenido una mala experiencia y está escarmentado: *Está escaldada ya de todos los negocios que tengan que ver con la bolsa.*

escaldar *v. tr.* **1** Bañar ‹una persona› [una cosa] con agua hirviendo: *Es mejor escaldar el pollo para quitarle las plumas.* **2** Quemar ‹un líquido hirviendo› [a una persona o una cosa]: *El café me ha escaldado la lengua, podías haberme dicho que estaba tan caliente.* **3** Poner ‹una persona o una cosa› [una cosa] al rojo con fuego: *Escaldó el acero mientras hacía la soldadura.* **4** Herir ‹una persona o una cosa› el amor propio de [una persona]: *Está escaldada porque el otro día se rieron de ella.* SIN. humillar. ‖ *v. prnl.* **5** Quemarse ‹una persona o una cosa› con [un líquido hirviendo]: *Me escaldé cuando se me cayó la olla con el agua hirviendo.* **6** Sufrir ‹una persona› una humillación: *Se ha escaldado porque lo hemos puesto en ridículo.* **7** Sufrir ‹una persona› una irritación en la piel: *En verano siempre me escaldo la ingle con el roce del pantalón.*

escaleno *adj. / s. m.* **1** GEOM. [Triángulo] que tiene los tres lados y los tres ángulos desiguales: **triángulo ~.** **2** GEOM. [Cono, pirámide] que no tiene el eje perpendicular a la base. ‖ *s. m.* **3** ANAT. Cada uno de los tres músculos que hay a ambos lados del cuello.

escalera *s. f.* **1** Serie de escalones que comunican niveles de diferente altura: *Subir y bajar las escaleras. No corras por las escaleras. Se ha caído por las escaleras. Para mí la escalera está de más, porque siempre voy en ascensor. Esta es la persona que limpia la escalera. Apoya la escalera en la pared.* **~ de caracol** Escalera en forma de espiral: *La escalera de caracol ocupa muy poco espacio.* **~ de emergencia. ~ de incendios. ~ de mano** Escalera portátil compuesta de dos largueros unidos por travesaños: *Necesito la escalera de mano para pintar el techo.* **~ de tijera** o **~ doble** Escalera formada por dos escaleras de mano unidas por la parte superior con bisagras: *La escalera de tijera es mucho más segura, siempre que no se abra.* **~ de servicio. ~ extensible. ~ mecánica** Escalera con peldaños que ascienden o descienden por un mecanismo: *Las escaleras mecánicas son imprescindibles en el metro.* **2** JUEGOS. Sucesión de cartas de valor correlativo: *Tengo una escalera, o sea que yo gano.* **~ de color** Escalera de cartas del mismo palo. **3** Trasquilón o línea desigual que queda en el pelo mal cortado: *El peluquero te ha hecho una escalera.*

escalerilla *s. f.* Escalera pequeña o exterior: *Bajó por la escalerilla del avión.*

escaléxtric (marca registrada) (plural *escaléxtrics*) *s. m.* **1** Sistema de cruces de carreteras a distinto nivel: *Han hecho un nuevo escaléxtric que te evita todos los semáforos del antiguo cruce.* **2** Conjunto de coches y pistas de juguete que se controlan por control remoto: *La niña le ha pedido a los Reyes Magos un escaléxtric.*

escalfar *v. tr.* Cocer ‹una persona› [un huevo] sin la cáscara en un líquido hirviendo.

escalinata *s. f.* Escalera, generalmente muy ancha, en el exterior o en el vestíbulo de un edificio: *La escalinata del hotel estaba adornada con preciosos tapices en las paredes.*

escalmo *s. m.* **1** MAR. Escálamo. **2** Cuña para calzar o apretar ciertas piezas de una máquina.

escalo *s. m.* **1** Acción de escalar: *robo con escalo.* SIN. escalamiento. **2** Boquete realizado para entrar o salir de un lugar cerrado: *Los presos escaparon haciendo un escalo.*

escalofriante *adj.* **1** (ser / estar; antepuesto / pospuesto) INTENSIFICADOR. Que causa pavor o terror: *El relato es escalofriante. La televisión ha ofrecido unas escenas escalofriantes del accidente. El torero sufrió una escalofriante cogida cuando se disponía a matar.* SIN. espeluznante. **2** (antepuesto / pospuesto) INTENSIFICADOR. Que asombra o sorprende: *Finalizó su ejercicio en las barras asimétricas con un escalofriante triple mortal invertido.*

escalofrío *s. m.* (preferentemente en plural) Temblor repentino y momentáneo que recorre el cuerpo de una persona, producido por el frío, la fiebre o el miedo: *Un escalofrío le recorrió el cuerpo. Al salir del agua, le entraron escalofríos.*

escalón *s. m.* **1** Cada una de las partes o niveles de una escalera, donde se pone el pie para subir o bajar: *Cuidado, que hay dos escalones. Esta escalera tiene los escalones muy altos.* SIN. peldaño. **2** Desnivel parecido a un peldaño: *un escalón del terreno. El camino va subiendo en escalones.* **3** Nivel o categoría de una jerarquía social o profesional: *Ha ascendido un escalón en la empresa.* **4** Progreso o medio para conseguir un propósito: *Todos sus esfuerzos son escalones hacia el éxito.* **5** Fase de una serie continua y progresiva: *Los microorganismos están en el primer escalón de la evolución de las especies.*

escalonado, da *adj.* (ser / estar) Que tiene forma de escalera o que está organizado según niveles graduales: *La ciudad está escalonada hacia el mar. Todos nuestros cursos son escalonados y adaptados a los alumnos.*

escalonamiento *s. m.* Acción y resultado de escalonar: *Se ha planteado un escalonamiento de la subida del impuesto para que no sea tan gravosa.*

escalonar *v. tr.* Distribuir ‹una persona› [personas o cosas] ordenadamente en intervalos de espacio o tiempo: *Las autoridades de tráfico han recomendado escalonar la salida de las vacaciones para evitar atascos.*

escalopa *s. f.* RESTRINGIDO. Escalope.

escalope *s. m.* Filete de carne rebozado y frito.

escalpelo *s. m.* **1** MED. Instrumento quirúrgico parecido a un cuchillo de hoja estrecha y puntiaguda, que se usa en disecciones y autopsias. SIN. escarpelo. **2** ELEVADO. Capacidad crítica de un autor: *Sus artículos son un ejemplo de cómo se puede manejar el escalpelo sin herir a nadie.*

escama *s. f.* **1** Cada una de las placas pequeñas y transparentes que cubren la piel de peces y reptiles: *Las escamas dan a los peces ese aspecto resbaladizo.* Cosa que tiene algún parecido con estas placas: *Le han salido escamas en la piel. Me gusta el jabón en escamas.*

escamar *v. tr.* **1** Quitar ‹una persona› las escamas a [un pescado]: *Tienes que escamar bien el besugo antes de ponerlo en el horno.* SIN. descamar. **2** Causar ‹una persona o una cosa› desconfianza o sospecha a [una persona]: *No quiso escamarlo antes de tiempo. Me escama que no quiera participar en el negocio.* || *v. prnl.* **3** Mostrar ‹una persona› desconfianza o sospecha ante una persona o una cosa: *Se escamó **de** que ninguno de los que lo habían llamado estuviera allí.*

escamochar *v. tr.* **1** RESTRINGIDO. Quitar ‹una persona› las hojas no comestibles a [una hortaliza]: *Escamocha la lechuga antes de guardarla en la nevera.* **2** COLOQUIAL. Malgastar ‹una persona› [una cosa]: *Ése ha escamochado toda la fortuna de la familia en cuatro días.*

escamoso, sa *adj.* Que tiene escamas: *No le gusta el pescado porque dice que es muy escamoso.*

escamotear *v. tr.* **1** Hacer desaparecer ‹una persona› [una cosa] con una maniobra hábil: *El prestidigitador escamoteó una paloma ante la mirada atenta del público.* **2** COLOQUIAL. Robar ‹una persona› [una cosa] [a una persona] con habilidad: *La chica le escamoteó la cartera sin que lo notara.* SIN. birlar. **3** PEYORATIVO. Eliminar ‹una persona› [una cosa] intencionadamente: *Escamotearon parte de sus declaraciones en la entrevista. No me gusta escamotear elogios hacia los amigos.*

escampada *s. f.* COLOQUIAL. Periodo corto de tiempo en el que deja de llover en un día lluvioso: *Vámonos ahora que hay una pequeña escampada.*

escampar *v. impers.* Aclararse el cielo nublado y dejar de llover: *Esperaremos a que escampe. Te digo que no va a escampar en toda la noche.*

escanciar *v. tr.* ELEVADO. Echar ‹una persona› [el vino u otra bebida] en un vaso desde una altura considerable: *Este camarero escancia el vino con mucha elegancia.*

escandalera *s. f.* COLOQUIAL. Escándalo o alboroto: *Vamos a ver, ¿qué escandalera es ésta? Han organizado una escandalera en la calle que no hay quien duerma.*

escandalizar *v. tr.* **1** Causar ‹una persona o una cosa› indignación o disgusto a [una persona]: *Escandaliza a su tía **con** estas historias que le cuenta.* **2** Hacer ‹una persona o una cosa› un gran ruido o un alboroto en [un lugar]: *Esa pareja escandaliza toda la casa **con** sus riñas.* SIN. alborotar. **3** Causar ‹una persona o una cosa› horror a [una persona]: *La matanza escandalizó a la opinión pública.* || *v. prnl.* **4** Sentir ‹una persona› indignación o disgusto: *El público se escandalizó cuando vio a aquellos actores desnudos en el escenario. Se escandalizó al ver los precios de la merluza fresca.* **5** Mostrar ‹una persona› horror: *Todos nos hemos escandalizado con las últimas guerras.* ⇒ **19.**

escándalo *s. m.* **1** COLOQUIAL. Alboroto o ruido grande: *Los vecinos arman unos escándalos tremendos todas las noches.* **2** PEYORATIVO. Situación o conducta contraria a la moral establecida, y alarma o indignación social que causa: *Ha causado un gran escándalo que el representante de los periodistas dijera que estaba dispuesto a cualquier cosa por dinero.* **3** PEYORATIVO. Asunto negativo que produce malestar en la opinión pública, generalmente ocasionado por una acción contra los intereses comunes de un país: *Es un escándalo ver el Parlamento medio vacío. Han descubierto otro escándalo en el asunto de las importaciones de pescado.* FR. Y LOC. **de ~** INTENSIFICADOR. Muy grande o elevado: *El equipo ha ganado por un tanteo de escándalo. La ropa tenía en esa tienda unos precios de escándalo.* **piedra* de ~.**

escandalosa *s. f.* MAR. Vela pequeña que se orienta sobre la cangreja.

escandaloso, sa *adj. / s. m.* y *f.* **1** (antepuesto / pospuesto) Que causa escándalo: *traje escandaloso, novela escandalosa. Esta tienda tiene unos precios escandalosos. El escandaloso negocio le había reportado grandes beneficios.* **2** (antepuesto / pospuesto) Que grita o alborota mucho: *Se oye un griterío escandaloso en la primera planta.*

escandallo *s. m.* MAR. Pieza del extremo de la sonda preparada para recoger muestras del fondo marino.

escandinavo, va *adj. / s. m.* y *f.* De Escandinavia, región del norte de Europa.

escandio *s. m. Sc.* Elemento químico metálico de color gris plateado, escaso en la naturaleza.

escanear *v. tr.* Someter ‹una persona› [una cosa] a la acción de un escáner: *Voy a escanear esta imagen para sacarla por la impresora. En los aeropuertos escanean los equipajes.*

escáner *s. m.* **1** MED. Aparato de rayos X utilizado en Medicina que obtiene imágenes completas de secciones horizontales de la zona explorada del cuerpo humano: *El escáner del hospital se ha averiado y no me han podido ver.* **2** INFORM. Aparato que va conectado a un ordenador para introducir información gráfica o lingüística o para explorar el interior de un objeto: *Voy a pasar este texto por el escáner. El escáner mostraba perfectamente en la pantalla una pistola en el fondo de la maleta.* **3** Trabajo o exploración realizada con un aparato de escanear: *Mañana voy al hospital para hacerme un escáner. El escáner del libro es perfecto.*

escantillón *s. m.* MEC. Modelo o patrón utilizado para trazar las líneas que se han de grabar en una pieza.

escaño *s. m.* **1** POLÍT. Asiento de los miembros de las dos cámaras del Parlamento: *El diputado abandonó su escaño ligeramente indispuesto.* **2** POLÍT. Cargo de parlamentario: *El partido ha obtenido cinco escaños más que en las últimas elecciones.* **3** RESTRINGIDO. Banco duro con respaldo para tres o más personas: *En la cocina del pueblo tenemos dos escaños a ambos lados de la lumbre.*

escapada *s. f.* **1** Salida rápida y a escondidas de un lugar: *La escapada de los presos se produjo en un momento de confusión.* **2** COLOQUIAL. Viaje breve para relajarse y descansar del trabajo: *Este fin de semana hemos hecho una escapada a Sevilla, y hemos olvidado todos los problemas durante dos días.* **3** DEP. Adelantamiento de una persona respecto a las otras en una carrera: *La escapada empezó en la primera subida y duró hasta la meta.*

escapar *v. intr. / prnl.* **1** Lograr salir ‹una persona o un animal› de [un lugar en que estaba encerrado]: *Escapó **con** vida del asedio. El preso **(se)** escapó **de** la cárcel. Pensaba es-*

capar(se) aquella tarde, pero descubrieron sus planes. **2** Salir ‹una persona› de [un lugar] deprisa y a escondidas: ***(Se)*** *escapó* ***de*** *la ciudad cuando supo que lo buscaban.* ***(Se)*** *escapó* ***por*** *la puerta trasera.* **3** Librarse ‹una persona› de [una cosa perjudicial]: ***(Se)*** *ha escapado* ***de*** *la gripe gracias a que está vacunada.* ***(Se)*** *escapó* ***del*** *peligro como pudo.* **4** Quedar ‹una cosa› fuera del alcance o de la influencia de [una persona o una cosa]: *Este caso escapa* ***a*** *mi responsabilidad.* ***Se*** *me escapa el sentido de la frase.* || *v. prnl.* **5** Soltarse ‹una persona o una cosa› que estaba atada: *El caballo se escapó porque se rompió la cuerda.* **6** Salirse ‹un líquido o un gas› del recipiente que lo contiene por [un orificio o una grieta]: *El vapor se escapa* ***por*** *la junta.* **7** Partir ‹un transporte público› antes de que [una persona] pueda tomarlo: *Si no te das prisa se te va a escapar el autobús.* **8** Perder ‹una persona› [una cosa]: *Se me escapó la oportunidad de viajar a América. Siempre se me escapan los mejores negocios.* **9** Pasar ‹una cosa› inadvertida a [una persona]: *Se le escapó nuestra propuesta porque no estaba muy atento cuando la hicimos.* **10** Producirse ‹una cosa› sin intención de [la persona que la hace]: *Espero que no se te escape decirle lo que te acabo de contar.* **11** DEP. Adelantarse ‹una persona› a [un grupo] en la disputa de una carrera: *El ciclista se escapó en solitario y coronó el primero la montaña.* FR. Y LOC. **írsele/escapársele la mano*.**

escaparate *s. m.* **1** Espacio acristalado en la fachada de un comercio, que sirve para exponer lo que en él se vende: *Le gusta mucho mirar los escaparates de las tiendas.* **2** Medio de lucimiento o de promoción: *Los Juegos Olímpicos fueron un escaparate para Barcelona. Las fiestas son un escaparate para el turismo.* **3** AMÉR. Armario para ropa.

escapatoria *s. f.* **1** Manera de escaparse: *De este penal no hay escapatoria. Está acorralado por la policía y no tiene escapatoria.* **2** Excusa o salida para escapar de una situación comprometida: *Buscó una escapatoria para no tener que explicar qué había hecho con el dinero.*

escape *s. m.* **1** Salida o solución a una situación comprometida: *Está rodeado, sin posibilidad de escape. Buscó un escape para no responder a las acusaciones.* **2** Salida de un líquido o un gas por un orificio o una grieta del recipiente que lo contiene: *El escape de gas fue el causante de la explosión. Hay un escape de agua en la tubería.* SIN. fuga. **3** MEC. Expulsión de los gases producidos por un motor de explosión: *Este motor tiene un escape excesivo de gases.* **4** MEC. Pieza que cuando se separa deja actuar a otra pieza a la que sujetaba: *escape de un reloj.* FR. Y LOC. **a ~** Rápidamente, muy deprisa: *Me visto a escape y nos vamos.* **tubo* de ~. válvula* de ~.**

escapero *s. m.* PERÚ; JERGAL. Ladrón que roba una cosa y sale corriendo.

escápula *s. f.* ANAT. Omoplato, hueso plano y triangular que forma la parte posterior del hombro.

escapulario *s. m.* **1** REL. Entre los católicos, objeto de devoción formado por dos trozos de tela unidos por cintas que cuelgan del cuello en el pecho y la espalda y representan imágenes religiosas: *Mi tía siempre llevaba un escapulario.* **2** Distintivo de algunas órdenes religiosas católicas que cuelga por el pecho y la espalda.

escaque *s. m.* JUEGOS. Casillas en que se dividen los tableros de ajedrez y damas: *El tablero se divide en sesenta y cuatro escaques.*

escaquearse *v. prnl.* COLOQUIAL. Evitar ‹una persona› [una obligación o una dificultad]: *En cuanto te despistas se escaquea para no hacer nada.*

escarabajo *s. m.* (macho y hembra) Insecto coleóptero de cuerpo ovalado, patas cortas y un par de alas duras, que generalmente recubren otro par de alas plegadas: *A él le dan mucho asco los escarabajos.* **~ de la patata. ~ pelotero.**

escaramujo *s. m.* **1** *Rosa canina.* Rosal silvestre, de hoja caduca, flores rojas o rosadas y fruto en forma de baya ovalada y carnosa. **2** Fruto de los escaramujos.

escaramuza *s. f.* **1** MIL. Combate poco importante, preferentemente entre las partes más adelantadas de dos ejércitos enemigos: *Las primeras escaramuzas de nuestro ejército han resultado ser victoriosas por nuestra mejor preparación. Se han producido algunas escaramuzas entre la policía y los manifestantes.* SIN. choque. **2** COLOQUIAL. Discusión de poca importancia: *Fue una simple escaramuza entre novios sobre la hora de la cita.* SIN. riña.

escarapela *s. f.* Adorno o distintivo hecho con cintas de colores plegadas en forma de círculo o roseta: *Los tunos llevaban una escarapela prendida en el pecho.*

escarapelar *s. f.* PERÚ; COLOQUIAL. Horripilar, espeluznar, poner la carne de gallina ‹una cosa› [a una persona]

escarbadientes (plural *escarbadientes*) *s. m.* RESTRINGIDO. Mondadientes, varilla delgada y acabada en punta para sacar los restos de comida que quedan entre los dientes.

escarbar *v. tr. / intr.* **1** Remover ‹una persona o un animal› [la tierra u otra cosa] con las manos o con una herramienta: *Niño, no escarbes el jardín que lo estropeas. El toro escarbaba nervioso la arena.* **2** Investigar ‹una persona› [un asunto]: *He escarbado* ***en*** *sus papeles, pero no he encontrado nada que lo comprometa.* || *v. tr.* **3** Limpiar ‹una persona› [una cosa] hurgando en ella con un instrumento: *No es de buena educación escarbarse los dientes o las orejas en público.* **4** Mover ‹una persona› [la lumbre] con un instrumento para avivarla: *Si no escarbas el fuego de la chimenea, se va a apagar.* SIN. atizar. FR. Y LOC. **mandar a ~ cebollinos*.**

escarcela *s. f.* **1** RESTRINGIDO. Bolsa pequeña que antiguamente se llevaba colgada a la cintura. **2** CAZA. Bolsa de cazador hecha de red para llevar la caza. **3** Pieza de la armadura que caía desde la cintura al muslo. **4** COL. Bolso de mujer.

escarceo *s. m.* **1** Prueba o tentativa antes de emprender una acción o una actividad no habitual: *Ese científico hizo sus escarceos en la literatura.* **2** (preferentemente en plural) Aventura amorosa superficial: *Mis escarceos con ese chico no pueden acabar en nada serio.* **3** Rodeo o divagación: *La historia se pierde en escarceos filosóficos.* **4** (en plural) HÍPICA. Vueltas que da el caballo por su nerviosismo o por voluntad del jinete: *La exhibición concluía con los escarceos de los caballos árabes.*

escarcha *s. f.* Rocío nocturno congelado: *Los cristales estaban cubiertos de escarcha.*

escarchar *v. tr.* **1** Cubrir ‹una persona› [una superficie] con una sustancia que imita la escarcha: *Escarchó los cristales en Navidad.* **2** Preparar ‹una persona› [frutas o bebidas alcohólicas] con azúcar cristalizado: *Me gusta escarchar el anís y conservarlo así un tiempo antes de beberlo.* || *v. intr.* **3** Congelarse ‹el rocío›: *Esta noche ha escarchado.*

escarda *s. f.* 1 AGR. Acción y resultado de escardar sembrados: *Al amanecer salían a la escarda de los campos.* 2 AGR. Época del año en que se suele escardar: *Ahora se necesita poca gente para la escarda.* 3 AGR. Azada pequeña para escardar: *En la granja encontrarás todas las escardas que quieras.*

escardar *v. tr.* AGR. Arrancar ‹una persona› [los cardos y las malas hierbas de un sembrado]: *Estos días vamos a dedicarlos a escardar.*

escardilla *s. f.* AGR. Azada pequeña para escardar.

escardillo *s. m.* AGR. Azada pequeña para escardar.

escariar *v. tr.* Hacer ‹una persona› más grande o redondo [un agujero hecho en metal]: *Tienes que escariar los agujeros de la bisagra para que pasen estos tornillos.*

escarlata *adj. / s. m.* (ser / estar) De color rojo muy intenso: *La bebida tenía un color escarlata poco agradable. El escarlata es un color que te sentaría bien.*

escarlatina *s. f.* (no contable) MED. Enfermedad infecciosa, propia sobre todo de los niños, que produce fiebre alta y manchas escarlatas en la piel: *El contagio de la escarlatina se produce por contacto con el enfermo y por vía aérea.*

escarmentar *v. tr.* 1 Castigar ‹una persona› [a una persona que ha cometido una falta] para que no la repita: *Escarmentaron duramente a los conspiradores.* ‖ *v. intr.* 2 Aprender ‹una persona› de las consecuencias de las faltas o errores propios o ajenos, para no volver a cometerlos: *No escarmentó a la primera. Ha escarmentado **con** la desgracia.* **escarmentar en cabeza ajena** Aprender de los errores de otros: *Es difícil que escarmiente **en** cabeza ajena.* ⇒ **58.**

escarmiento *s. m.* Acción y resultado de escarmentar: *Lo que le pasó con el dinero le ha servido de escarmiento, y no piensa invertir otra vez en empresas poco claras.*

escarnecer *v. tr.* ELEVADO. Hacer ‹una persona› escarnio de [otra persona]: *Me han escarnecido sin piedad.* SIN. Humillar. ⇒ **5.**

escarnio *s. m.* ELEVADO. Burla muy humillante hecha con deseo de ofender: *Su comportamiento fue motivo de escarnio. Sus palabras sólo buscan el escarnio de sus enemigos.*

escarola *s. f.* Hortaliza de hojas verdes y rizadas que se consume en ensalada: *Cuando no hay lechuga, le pongo escarola a la ensalada, pero no me gusta tanto.*

escarolado, da *adj.* (ser / estar) COLOQUIAL. [Cabello] que tiene rizos: *Ahora lleva la cabeza escarolada.*

escarpa *s. f.* 1 Escarpadura. 2 Plano inclinado de los muros de las fortificaciones: *La fortaleza deja al descubierto los muros con sus escarpas muy pronunciadas.*

escarpado, da *adj.* 1 (antepuesto / pospuesto) Que tiene mucha pendiente: *un escarpado itinerario. El sendero es escarpado. El camino está más escarpado en este último tramo.* 2 (antepuesto / pospuesto) [Terreno] que es accidentado y montañoso: *Anduvimos por un terreno escarpado. Daba miedo ver las escarpadas montañas rodeadas por la niebla.*

escarpadura *s. f.* Pendiente muy pronunciada de un terreno: *Teníamos miedo de descender por la mucha escarpadura del camino.*

escarpe *s. m.* Escarpadura.

escarpelo *s. m.* 1 MED. Escalpelo. 2 Herramienta parecida a una lima que utilizan los carpinteros y escultores para limpiar y raspar superficies: *Raspa los ángulos de la pieza con el escarpelo.*

escarpia *s. f.* Clavo doblado en forma de ángulo recto: *Aquí vamos a poner una escarpia para colgar el cuadro.*

escarpiador *s. m.* Horquilla de hierro que sujeta una cañería a la pared.

escarpín *s. m.* 1 Zapato ligero y flexible con una sola costura y una suela única: *Para andar por casa suele calzar unos escarpines muy cómodos.* 2 Prenda que se coloca sobre la media o el calcetín para abrigar el pie: *Desde que llevo escarpines en invierno, no me salen sabañones.* 3 ARG., COL., URUG., VEN. Zapato tejido para el bebé, patuco.

escasear *v. intr.* Haber poca cantidad de ‹una cosa›: *Este verano ha escaseado el agua por la sequía.* SIN. faltar.

escasez *s. f.* 1 (no contable) Cualidad de escaso: *La escasez de trigo hizo subir los precios.* SIN. insuficiencia. ANT. abundancia. 2 (no contable) Falta de lo necesario para vivir: *¡Se acabaron las escaseces, me ha tocado la lotería!*

escaso, sa *adj.* 1 (ser / estar; antepuesto / pospuesto) Que es limitado o que no es suficiente: *escasa tranquilidad. El agua es un bien escaso. La escasa temperatura hace que en algunas zonas del planeta sea muy difícil la vida.* 2 (estar) Que tiene poco de alguna cosa: *Iba escaso **de** ropa. El café estaba escaso **de** azúcar. Es un novelista escaso **de** ingenio.* 3 Que no es entero o no está completo: *Esperamos una hora escasa. Eran dos kilos escasos de tomates.*

escatimar *v. tr.* Dar ‹una persona› lo menos posible de [una cosa]: *No escatimó ni dinero ni tiempo. Escatimaron la ayuda que habían prometido.*

escatología *s. f.* 1 (no contable) REL. Conjunto de creencias y doctrinas sobre el fin del mundo y la vida del hombre más allá de la muerte: *En muchas religiones la escatología ocupa un lugar muy importante.* 2 (no contable) Estudio de los excrementos. 3 (no contable) Conjunto de alusiones a los excrementos: *En la película se abusa demasiado de la escatología y el humor grosero.*

escatológico, ca *adj.* 1 REL. De la escatología o creencias sobre el fin del mundo y la vida del hombre más allá de la muerte: *Los discursos escatológicos eran frecuentes en la Edad Media.* 2 ELEVADO. De los excrementos: *Puedes ahorrarte los chistes escatológicos, porque no nos gustan.*

escay *s. m.* Skay.

escayola *s. f.* 1 Yeso calcinado que, mezclado con agua, se emplea como material plástico: *molde de escayola. He comprado escayola para tapar las grietas de la pared antes de pintar. La escultura es de escayola.* 2 MED. Vendaje endurecido con esta mezcla que se utiliza para inmovilizar un miembro fracturado: *Le van a poner una escayola en la pierna. Tendrá que llevar la escayola tres meses.* 3 ESC. Escultura realizada con este material: *una escayola decorada.*

escayolar *v. tr.* MED. Poner ‹una persona› una escayola en [un miembro fracturado o dislocado] de [una persona] para inmovilizarlo: *Le han escayolado la pierna y no podrá caminar durante más de un mes.* SIN. enyesar.

escayolista *s. m. / f.* Persona que se dedica por oficio a trabajar con escayola.

escena *s. f.* 1 Escenario de un teatro o local parecido: *Los actores salieron **a** escena. Están reparando las luces de la escena.* 2 Fragmento de una obra o película que representa una acción: *En esa película la escena más lograda es la del hundimiento del barco. Esa obra de teatro tiene en el último acto varias escenas cómicas.* 3 (no contable) TEATRO. Arte de la interpretación teatral: *Es un genio de la escena. Su vida es la escena.* **4** (no contable) TEATRO. Teatro, género literario: *La escena española es de gran calidad.* **5** Suceso o acontecimiento de la vida real que llama la atención a quien lo contempla: *El bosque abrasado por las llamas y las casas ardiendo constituían una escena dantesca.* **6** Ambiente y circunstancias en que se desarrolla una cosa: *la escena internacional, la escena nacional. La escena política española está muy revuelta.* **7** Comportamiento exagerado y teatral para impresionar a una persona: *¡Vaya escena que le han hecho sus padres por llegar tarde! Le hizo una escena de celos.* FR. Y LOC. **desaparecer* de ~. entrar en ~** 1 TEATRO. Salir ‹un actor› al escenario: *Después del segundo parlamento entro yo en escena.* 2 COLOQUIAL. Intervenir ‹una persona› en un asunto o una discusión: *Estaba todo ya más calmado cuando entra él en escena y vuelve a avivar la discusión.* **poner* en ~. puesta* en ~. salir* a ~.**

escenario *s. m.* **1** Parte de un teatro o local donde se representa un espectáculo: *El escenario de este teatro es un poco pequeño para mi gusto.* **boca de un ~. ~ giratorio** Escenario con una plataforma giratoria que permite preparar varias escenas o decorados a la vez. **2** Lugar donde se desarrolla una acción o un suceso: *El detective encontró pruebas en el escenario del crimen. Una ciudad americana ha sido el escenario de un terremoto.* **3** Conjunto de circunstancias que rodean a una persona o suceso: *Ella se mueve en un escenario muy conocido. Su vida transcurre entre dos escenarios: el de su trabajo y el de su familia.*

escénico, ca *adj.* **1** TEATRO. De la escena: *representación escénica, arte escénico.* **aparato* ~. palco* ~.** ‖ **2 miedo ~** Sensación de nerviosismo que produce un determinado ambiente: *Los futbolistas achacaron la derrota al miedo escénico que les produjo jugar con tantos aficionados gritando.*

escenificación *s. f.* TEATRO. Acción y resultado de escenificar: *La escenificación de la novela está muy conseguida.*

escenificar *v. tr.* **1** TEATRO. Dar ‹una persona› forma teatral a [una obra literaria o un asunto]: *En esta obra han escenificado varios pasajes del Quijote.* **2** TEATRO. Poner ‹una persona› [una obra teatral] en escena: *Esta compañía ha escenificado las principales obras del teatro del Siglo de Oro.* **3** Interpretar ‹una persona› [una cosa] en público: *Existe la tradición de escenificar el nacimiento de Cristo en los belenes vivientes. Lo bueno no es lo que cuenta, sino cómo escenifica lo que cuenta.* ⇒ **71.**

escenografía *s. f.* **1** (no contable) Arte de hacer decorados escénicos: *Ha estudiado escenografía y ha trabajado con los mejores directores del país.* **2** (no contable) Conjunto de decorados de una obra de teatro, cine, televisión u otros espectáculos: *La escenografía de esta obra es muy sencilla.* **3** (no contable) Conjunto de circunstancias que rodean una cosa: *Tras las elecciones, cambió totalmente la escenografía política. La escenografía del asesinato aún no está clara.*

escepticismo *s. m.* **1** (no contable) FILOS. Doctrina filosófica que afirma que el hombre no puede conocer la verdad, si existe: *El escepticismo como filosofía no está muy de moda.* **2** (no contable) Actitud de la persona que duda o desconfía de la verdad o eficacia de una cosa: *Aunque parecía que la guerra estaba a punto de acabar, algunos mostraban su escepticismo.* **~ religioso.**

escéptico, ca *adj.* **1** (ser / estar; antepuesto / pospuesto) Que no cree en ciertas cosas: *Soy un escéptico, lo reconozco. Te veo muy escéptica* ***en*** *este tema. Estás muy escéptico últimamente, ¿por qué? Su escéptica actitud* ***ante*** *nuestro proyecto hace que no podamos contar con él.* ‖ *adj. / s. m.* y *f.* **2** FILOS. Que profesa el escepticismo filosófico: *filósofo escéptico. Sexto Empírico fue uno de los mayores escépticos de la Antigüedad clásica.*

escindir *v. tr.* **1** Separar o dividir ‹una persona o una cosa› [una cosa] en dos o más partes: *Esa polémica ha escindido nuestro grupo en dos.* SIN. partir. ‖ *v. prnl.* **2** Separarse o dividirse ‹una cosa› en dos o más partes: *La secta se escindió en dos ramas, una más radical y otra más moderada.* SIN. partirse.

escisión *s. f.* Acción y resultado de escindir o escindirse: *La escisión del partido ha beneficiado a la oposición.*

escita *adj. / s. m.* y *f.* De un pueblo nómada de origen iranio que vivía al norte del mar Negro: *la cultura escita. Los escitas invadieron Egipto.*

esclarecer *v. tr.* **1** Poner ‹una persona› [un asunto o una situación] en claro: *Esclarecieron el crimen de la noche anterior.* SIN. aclarar. **2** Dar ‹una persona o una cosa› claridad [al entendimiento]: *Aquella conversación esclareció sus ideas.* **3** RESTRINGIDO. Dar ‹una persona o una cosa› fama o prestigio a [otra persona]: *Los enlaces matrimoniales ventajosos han esclarecido su apellido.* SIN. afamar. **4** LITERARIO. Dar ‹una persona o una cosa› luz a [una cosa o un lugar]: *La lámpara apenas esclarecía la estancia.* ‖ *v. intr.* **5** Empezar a aparecer ‹la luz del día›: *Ya esclarecía el día cuando nos acostamos.* ⇒ **5.**

esclarecido, da *adj.* (antepuesto) ELEVADO. Que es ilustre o insigne: *Los esclarecidos poetas románticos compartían un mismo concepto de la vida y de la naturaleza.*

esclarecimiento *s. m.* Acción y resultado de esclarecer: *El esclarecimiento del crimen está aún lejano, porque no se han encontrado pistas.*

esclava *s. f.* Pulsera sin adornos, formada por un aro metálico entero: *Voy a regalarle una esclava a mi novia para su cumpleaños.*

esclavina *s. f.* Capa corta que cubre hasta un poco más abajo de los hombros y se superpone a cualquier otra prenda: *Vestía un abrigo con esclavina.*

esclavismo *s. m.* **1** (no contable) Ideología de los partidarios de la esclavitud: *El esclavismo se ha basado siempre en la supuesta superioridad de una raza sobre otra.* **2** (no contable) Sistema económico y social basado en la esclavitud: *El esclavismo fue la forma de producción propia en la Edad Antigua.*

esclavista *adj. / s. m.* y *f.* Que es partidario de la esclavitud: *Los sistemas esclavistas se basan en la explotación del trabajo forzado a cambio de lo más elemental para subsistir. Los esclavistas siempre se han resistido a perder sus privilegios.*

esclavitud *s. f.* **1** (no contable) Condición de la persona privada de libertad y derechos que pertenece a un dueño para el que trabaja: *A pesar de no haber conocido otra cosa, muchos esclavos se rebelaban contra su esclavitud intentando escapar.* **2** (no contable) HIST. Fenómeno social basado en la existencia de esclavos: *La abolición de la esclavitud conllevó grandes cambios en los sistemas económicos. Aún* *subsisten algunas formas de esclavitud en ciertas regiones de nuestro planeta.* **3** (no contable) Dependencia excesiva respecto a una persona o cosa: *Consideraba que vivir pendiente siempre de los hijos era una esclavitud.*

esclavizar *v. tr.* **1** Hacer ‹una persona› esclava [a otra persona]: *En la antigüedad, los prisioneros de guerra eran esclavizados después de ser capturados.* **2** INTENSIFICADOR. Tener ‹una persona› fuertemente dominada [a otra persona]: *Su padre lo esclaviza.* **3** INTENSIFICADOR. Tener ‹una actividad› muy ocupada [a una persona]: *El trabajo la esclaviza.* ⇒ **19.**

esclavo, va *adj. / s. m.* y *f.* **1** Que no tiene libertad por estar sometido a una persona: *Los griegos acabaron siendo un pueblo esclavo* ***de*** *sus vecinos. Un esclavo romano se podía liberar si era capaz de comprar su libertad.* **2** Que está dominado por una pasión u obligación: *Es una esclava* ***de*** *su trabajo. Un hombre esclavo* ***de*** *la bebida no es dueño de sí mismo. Esta mujer es esclava* ***de*** *su imagen.*

esclerénquima *s. m.* (no contable) BOT. Tejido de sostén de los vegetales, formado por células con membrana engrosada y lignificada que mueren al llegar a la edad adulta.

esclerófilo, la *adj.* BOT. [Vegetal] que se ha adaptado bien al clima seco: *Las plantas esclerófilas son propias de las zonas desérticas.*

esclerosis (plural *esclerosis*) *s. f.* **1** (no contable) MED. Endurecimiento anormal de un tejido orgánico: *La esclerosis se suele producir en órganos que, por alguna causa, han perdido su función.* SIN. atrofia. **2** (no contable) ELEVADO. Estado de anquilosamiento de una cosa que no evoluciona: *La esclerosis de las instituciones del Estado llevó al país a una situación crítica.*

esclerótica *s. f.* ANAT. Membrana blanquecina y dura que recubre el globo del ojo: *La esclerótica ocupa las cuatro quintas partes del globo ocular.*

esclusa *s. f.* Recinto de un canal con compuertas que permiten aumentar o disminuir el nivel del agua para que los barcos puedan pasar de un tramo a otro de diferente altura: *Se ha averiado la esclusa del canal y se ha interrumpido el paso de las embarcaciones.*

-esco, ca *suf.* -sco.

escoba *s. f.* **1** Utensilio para barrer suelos formado por varias ramitas flexibles o hilos de plástico sujetos a un palo largo: *pasar la escoba por la habitación. El palo de la escoba se ha roto. En el cuento aparecía una bruja subida en su escoba.* **el baile* de la ~. 2** Arbusto papillonáceo de tallos verdes y flores amarillas, muy utilizado para hacer escobas: *Las escobas pueden crecer hasta dos metros de altura.* **3** JUEGOS. Juego de naipes en que se trata de sumar quince puntos con una carta propia y otras que están sobre la mesa. ‖ **4 coche* ~.** FR. Y LOC. **no / sin vender una ~** No tener ‹una persona› éxito en una cosa: *Aunque invirtió mucho en el negocio, no vendió una escoba. Llevo toda la mañana intentando arreglar la bicicleta, y al final aquí estoy sin vender una escoba.*

escobajo *s. m.* RESTRINGIDO. Racimo sin uvas.

escobazo *s. m.* **1** Golpe dado con una escoba: *Mató la cucaracha a escobazos.* **2** Barrido rápido y superficial con una escoba: *Dale un escobazo al pasillo que ya haremos mañana la limpieza más a fondo.* FR. Y LOC. **echar a escobazos** COLOQUIAL. Despedir ‹una persona› a otra persona de mala manera: *Fui a ver a mi tía pero me ha echado a escobazos de casa.*

escobén *s. m.* MAR. Agujero en la proa de un barco por donde se pasan cables y cadenas.

escobera *s. f. Retama sphaerocarpa.* Retama común.

escobero, ra *s. m. / f.* **1** Persona que tiene por oficio hacer o vender escobas: *El oficio de escobero ha desaparecido en las grandes ciudades.* ‖ *s. m.* **2** Lugar donde se guardan las escobas, generalmente un armario.

escobilla *s. f.* **1** Escoba o cepillo pequeño que tiene diversos usos: *Tengo que comprar otra escobilla para el retrete porque la que tengo está ya muy fea. La escobilla de la chimenea se ha quemado.* **2** Tira de goma que va sujeta al limpiaparabrisas para apartar el agua del parabrisas del coche: *He comprado un juego de escobillas para ponérselo al limpiaparabrisas, porque con las que llevo no veo nada cuando llueve.* **3** MEC. Pieza de una máquina que sirve para mantener el contacto eléctrico entre una pieza fija y otra móvil: *Hay que cambiar las escobillas porque éstas están muy gastadas y no hacen contacto.* **4** Cardencha, planta de la que se hacen escobas.

escobillar *v. intr.* ARG., CHILE, URUG., VEN.; COLOQUIAL en Chile. Zapatear ‹una persona› arrastrando los pies en algunos bailes.

escobillarse *v. prnl.* TAUROM. Quedar ‹un pitón de un toro› astillado: *El pitón se escobilló al embestir el toro contra la barrera.*

escobillón *s. m.* **1** Cepillo con mango largo: *El escobillón del biberón se ha caído al suelo. No encuentro el escobillón para limpiar las botellas.* **2** Cilindro de cerdas con un mango largo para limpiar el cañón de las armas de fuego: *Mete bien el escobillón en el ánima de la escopeta porque no debe quedar ni rastro de polvo.*

escobón *s. m.* **1** Escoba grande: *escobón de barrendero. Para el patio tenemos que comprar un escobón, porque con la escoba no acabamos nunca.* **2** Escoba de palo largo que se usa para deshollinar: *El escobón ha quedado enganchado en la chimenea y no lo puedo sacar.* **3** Escoba sin mango o con uno muy corto: *He hecho este escobón con unas ramas atadas para barrer la tierra que hay delante de la tienda de campaña.*

escocedura *s. f.* **1** Acción y resultado de escocer o escocerse: *La escocedura de los ojos no se debe rascar.* **2** MED. Irritación de la piel por el sudor o el roce: *El bebé tenía escoceduras por el roce del pañal.*

escocer *v. intr.* **1** Producir ‹una cosa› una sensación dolorosa a [una persona]: *El alcohol me escuece. ¿Te escuece la ampolla que te levantaste ayer?* **2** Hacer ‹una persona o una cosa› que [una persona] se ofenda: *Te escocía su actitud altiva.* ‖ *v. prnl.* **3** Sentirse ‹una persona› ofendida o dolida por [una cosa]: *No te escuezas si alguna vez no te saluda, porque es muy despistada.* **4** Irritarse ‹una parte del cuerpo› debido al roce de una prenda o al sudor: *Se te escocerán los dedos de los pies si no te secas bien cuando te duchas.* ⇒ **21.**

escocés, sa *adj.* **1** [Tela, prenda] que es de cuadros de distintos colores: *mantelería escocesa, manta escocesa, falda escocesa.* ‖ *adj. / s. m.* y *f.* **2** De Escocia, país europeo: *el paisaje escocés. Los escoceses ganaron el partido.* ‖ *s. m.* **3** LING. Lengua de la familia celta que se habla en Escocia.

escocia *s. f.* **1** ARQ. Moldura cóncava más ancha por la parte inferior, formada por dos arcos de diámetro desigual.

2 ARQ. Curvatura que cubre el ángulo de unión de una pared con el techo.

escoda *s. f.* Herramienta en forma de martillo con filo a los dos lados usada para labrar piedras y picar paredes.

escodar *v. tr.* Trabajar ‹una persona› [una piedra o una pared] con una escoda.

escofina *s. f.* Lima de dientes gruesos para desbastar: *escofina de media caña, escofina redonda, escofina de escultor.*

escogencia *s. f.* COL., VEN. Elección.

escoger *v. tr.* Tomar ‹una persona› [una o más personas o cosas de entre otras]: *¿Escojo el libro que quiera del montón? Han escogido a esta candidata* **en** *la empresa. No hemos escogido todavía el menú de la boda.* ⇒ **23.**

escogido, da *adj.* (ser/estar; antepuesto/pospuesto) Que se considera lo mejor entre un grupo de la misma clase: *una cantidad escogida de regalos, un escogido grupo de amigos. Las personas que vamos a entrevistar ya están escogidas. Estos melones son escogidos.*

escolanía *s. f.* Coro de niños de una iglesia, monasterio o colegio: *La escolanía de la catedral cantó durante la celebración de la solemne misa.*

escolano *s. m.* RESTRINGIDO. Niño de una escolanía educado para el servicio del culto y especialmente para el canto.

escolapio, pia *adj./s. m.* y *f.* REL. Que pertenece a la orden católica de las Escuelas Pías, fundada en 1597 por San José de Calasanz: *monja escolapia, colegio de escolapios.*

escolar *adj.* **1** Del estudiante o de la escuela: *material escolar, horario escolar, actividad escolar, fracaso escolar, uniforme escolar.* **año* ~/académico. edad* ~. graduado ~. libro* ~.** || *s. m./f.* **2** Alumno que cursa estudios en la enseñanza obligatoria: *Los escolares están a punto de volver a las aulas.*

escolaridad *s. f.* (no contable) PEDAG. Tiempo durante el cual se asiste a la escuela o a un centro de enseñanza obligatoria: *La escolaridad se ha ido alargando en todos los países.* **~ obligatoria** Periodo de tiempo en que, según la ley, los niños o adolescentes han de estar escolarizados: *La escolaridad obligatoria dura, en España, hasta los dieciséis años.*

escolarización *s. f.* (no contable) Acción y resultado de escolarizar: *La escolarización de toda la población infantil es un objetivo prioritario de este gobierno.*

escolarizar *v. tr.* Proporcionar ‹una persona› la enseñanza necesaria a [una persona, un grupo o un lugar]: *Hemos escolarizado a los doscientos niños de este poblado.* ⇒ **19.**

escolástica *s. f.* (no contable) FILOS. Filosofía medieval que funde las teorías aristotélicas con los dogmas de la Iglesia católica: *La escolástica ha sido una filosofía vigente en Occidente hasta el siglo* XVIII. SIN. escolasticismo.

escolasticismo *s. m.* **1** (no contable) FILOS. Escolástica. **2** ELEVADO. Espíritu rígidamente seguidor de las doctrinas de una escuela en el arte, la ciencia o el pensamiento: *El escolasticismo de sus teorías no despierta simpatías.*

escolio *s. m.* ELEVADO. Nota explicativa de un texto: *Se han publicado los escolios del ilustre profesor a la obra de Aristóteles.*

escoliosis (plural *escoliosis*) *s. f.* (no contable) MED. Desviación lateral de la columna vertebral: *La escoliosis puede ser congénita a causa de malformaciones vertebrales.*

escollera *s. f.* Construcción hecha con grandes piedras, bloques de cemento y otros materiales que sirve de protección contra la acción del mar: *Las olas chocaban con violencia contra la escollera del puerto.*

escollo *s. m.* **1** MAR. Roca poco visible o situada en la superficie del agua: *El barco embarrancó en un escollo y acabó hundiéndose.* **2** Obstáculo o dificultad en una cosa: *El deportista ganó la carrera superando todos los escollos.*

escolopendra *s. f.* Género *scolopendra.* Animal miriápodo de cuerpo aplanado, que tiene dos uñas con las que introduce el veneno en sus presas.

escolta *s. m./f.* **1** Persona o grupo que acompaña a una persona o a una cosa para protegerla o asegurarla: *Los políticos siempre viajan con escolta. Es escolta del Presidente.* **2** DEP. Jugador que en baloncesto ayuda al base a organizar el juego: *A veces juega de escolta y a veces de alero, depende de la táctica del entrenador.* || *s. f.* **3** Acción y resultado de escoltar: *Necesita una escolta de veinticuatro horas.*

escoltar *v. tr.* **1** Acompañar ‹una persona› [a una persona o una cosa] dándole protección: *Una empresa de seguridad ha escoltado el traslado de las obras de arte hasta el Museo del Prado.* **2** Acompañar ‹una persona› [a otra persona] en señal de honra y reverencia: *El cadáver del militar estaba escoltado por cuatro soldados con uniforme de gala.* **3** Acompañar ‹una persona› [a otra persona]: *La familia escoltaba a la novia camino de la iglesia.*

escombrar *v. tr.* Desescombrar.

escombrera *s. f.* Lugar donde se tiran los escombros: *Este lugar está hecho una escombrera, porque todas las empresas vienen a tirar aquí los desechos.*

escómbrido *adj./s. m.* **1** (macho y hembra) ZOOL. [Pez] que tiene el cuerpo alargado, más delgado en los extremos, hocico puntiagudo y color azulado o verdoso, que habita en mares templados: *El atún , el bonito y la caballa son peces escómbridos.* || *s. m.* **2** (en plural) ZOOL. Familia que forman los peces escómbridos.

escombro *s. m.* **1** (preferentemente en plural) Conjunto de desechos de una construcción o de una obra de albañilería: *Después de las obras, el piso estaba lleno de escombros. Aquí es donde echan los escombros.* **2** ARG., URUG.; COLOQUIAL. Situación llena de alboroto y confusión.

esconder *v. tr./prnl.* **1** Poner ‹una persona› [a una persona o una cosa] en un lugar donde sea difícil encontrarla: *Escondió la llave debajo de la almohada. El ladrón consiguió esconderse* **de** *sus perseguidores. Nos escondimos* **en** *el desván.* || *v. tr.* **2** Ocultar ‹una cosa› [otra cosa]: *La barba esconde las cicatrices que tiene en la cara.* SIN. tapar. **3** Guardar ‹una cosa› dentro de sí [otra cosa]: *El mar esconde muchos tesoros. Ese libro escondía los secretos de la magia negra.* SIN. encerrar. FR. Y LOC. **tirar la piedra* y ~ la mano.**

escondido, da *adj.* **1** (estar; antepuesto/pospuesto) Que está lejos de los sitios frecuentados: *Su casa está escondida en la montaña. El escondido paraje ocultaba un estanque precioso. En una librería escondida encontré este raro manuscrito.* || *s. m./f.* **2** (en plural) AMÉR. Juego del escondite. FR. Y LOC. **a escondidas** Ocultamente: *Me dijo a escondidas que habías sido tú quien me había llamado.*

escondite *s. m.* **1** Lugar para esconder o esconderse: *El escondite de los ladrones fue descubierto por la policía. He encontrado un escondite estupendo para estos documentos.*

SIN. escondrijo. 2 JUEGOS. Juego infantil en el cual un niño tiene que encontrar a los otros que se han escondido.

escondrijo *s. m.* Lugar para esconder o esconderse: *Guardó las joyas en un escondrijo. Los ladrones se refugiaron en su escondrijo.* SIN. escondite.

escoñar *v. tr.* 1 VULGAR. Romper o estropear ‹una persona o una cosa› [una cosa]: *Ya has vuelto a escoñar la lavadora.* ‖ *v. prnl.* 2 VULGAR. Romperse o estropearse ‹una cosa›: *Se nos escoñó ayer el televisor.* SIN. jorobarse. 3 VULGAR. Sufrir ‹una persona› una lesión o un accidente: *Se ha escoñado una pierna esquiando. Tiene un pie escoñado porque se cayó el otro día.*

escopeta *s. f.* Arma de fuego portátil, con uno o dos cañones largos, montada sobre una pieza de madera: *escopeta de caza, escopeta de aire comprimido, escopeta automática, cargar una escopeta, disparar una escopeta.* ~ **recortada** Escopeta que tiene los cañones cortados para que sea más grande la dispersión de su fuego.

escopetado, da *adj.* COLOQUIAL. Que va con mucha prisa o la tiene: *Salió escopetado hacia la oficina porque tenía una reunión.* SIN. escopeteado.

escopetazo *s. m.* 1 Disparo de escopeta: *Lo derribó de un escopetazo certero.* SIN. tiro. 2 Ruido producido por un disparo de escopeta: *Se oyeron escopetazos en aquella dirección.* SIN. tiro. 3 Herida producida por un disparo de escopeta: *Tiene un escopetazo en el brazo.* 4 COLOQUIAL; INTENSIFICADOR. Noticia desagradable o inesperada: *Ha sido un escopetazo para todos enterarnos de su huida.*

escopeteado, da *adj.* Escopetado.

escopladura o **escopleadura** *s. f.* ESC., MIN. Corte o agujero hecho con el escoplo.

escoplo *s. m.* 1 Herramienta de carpintero y escultor para tallar o modelar, compuesta por un mango unido a una barra de hierro acabada en bisel: *Este carpintero maneja el escoplo como los ángeles. Con el escoplo dio la primera forma a la talla.* SIN. formón, gubia. 2 Herramienta de cantería formada por un mango de hierro afilado en uno de sus extremos, que sirve para labrar la piedra: *Se le escapó el martillo y en vez de golpear el escoplo se dio en la mano.* 3 MED. Instrumento quirúrgico que sirve para cortar huesos.

escora *s. f.* 1 (no contable) MAR. Inclinación de un barco: *La escora del barco se debe a un pequeño corrimiento de la carga.* 2 MAR. Madero que sostiene los lados de un barco cuando se está construyendo.

escorar *v. tr.* 1 MAR. Sostener ‹una persona› [una embarcación] con escoras o maderos: *Escoraron el buque para reparar el casco.* ‖ *v. intr. / prnl.* 2 MAR. Inclinarse ‹una embarcación› por la acción del viento o por otra causa: *El barco **(se)** escoró por el oleaje. ¡**Nos** estamos escorando demasiado!* ‖ *v. prnl.* 3 Inclinarse ‹una persona o una cosa› a [uno u otro lado]: *El futbolista se escoró a la derecha.*

escorbuto *s. m.* (no contable) MED. Enfermedad provocada por la carencia de vitamina C que produce anemia, debilidad muscular y hemorragias: *El escorbuto se combate ingiriendo frutas y verduras frescas.*

escorchar *v. tr.* ARG., URUG.; COLOQUIAL. Molestar, fastidiar ‹una persona› [a otra persona].

escoria *s. f.* 1 PEYORATIVO. Persona o cosa miserable, despreciable o indigna: *Es la escoria de la sociedad. Aquí tiran toda la escoria.* 2 (no contable) METAL. Impureza de los metales que se encuentra flotando en el crisol de los hornos de fundir. 3 (no contable) METAL. Materia que salta del hierro candente al darle martillazos. 4 (no contable) METAL. Residuo esponjoso que queda después de la combustión del carbón. *Todos los días hay que limpiar la escoria de la caldera de calefacción.* 5 (no contable) GEOL. Lava esponjosa de los volcanes.

escoriación o **excoriación** *s. f.* Acción y resultado de escoriar o escoriarse: *La escoriación en la piel se puede evitar con una pomada. Tiene excoriaciones en la espalda.*

escoriar o **excoriar** *v. tr.* 1 Levantar ‹una persona o una cosa› la capa más externa de [la piel]: *El asfalto le escorió la piel de toda la pierna cuando se cayó de la bicicleta.* ‖ *v. prnl.* 2 Levantarse la capa más externa de ‹la piel›: *La piel se puede excoriar por una infección.*

escornar *v. tr.* 1 GAN. Quitar ‹una persona› los cuernos de [un animal]: *No debe escornarse a ningún animal.* ‖ *v. prnl.* 2 COLOQUIAL. Trabajar ‹una persona› duramente para conseguir [una cosa]: *Se escuerna para poder sacar adelante a los suyos.* 3 COLOQUIAL. Darse ‹una persona› un golpe muy fuerte: *Se escornó al caer de la moto.* ⇒ **28.**

escorpio o **escorpión** *s. m.* 1 (con mayúscula) ASTRON. Una de las constelaciones del Zodiaco. 2 (preferentemente con mayúscula) ASTRON. Signo del Zodiaco que el Sol recorre aparentemente entre el 23 de octubre y el 22 de noviembre. ‖ *adj. / s. m* y *f.* 3 (invariable) Persona nacida bajo este signo del Zodiaco: *los hombres escorpio, las mujeres escorpio.*

escorpión *s. m.* 1 (macho y hembra) Orden *Scorpionida.* Animal arácnido con pinzas delanteras y la parte final del cuerpo en forma de cola con un aguijón en la punta, que tiene un veneno mortal: *Lo más característico de los escorpiones son sus pinzas anteriores.* 2 Escorpio, constelación, signo y persona nacida bajo este signo.

escorrentía *s. f.* 1 Agua de lluvia que discurre por un terreno: *Se necesitan muchas más lluvias para que las escorrentías se noten en los pantanos.* 2 Erosión producida por el agua a lo largo de una pendiente pronunciada: *En el monte se notan las escorrentías.* 3 Salida de aguas sobrantes embalsadas o canalizadas: *De la piscina salen unas escorrentías que no debían existir.*

escorzar *v. tr.* ARTE. Realizar ‹una persona› [un dibujo o una pintura] en escorzo: En la escuela de arte nos enseñan a escorzar las figuras. ⇒ **19.**

escorzo *s. m.* 1 (no contable) ARTE. Representación según las reglas de la perspectiva artística de una figura situada oblicua o perpendicularmente al plano del lienzo: *Este pintor utiliza habitualmente el escorzo.* 2 ARTE. Figura representada según esta técnica: *Situó al modelo en escorzo para pintarlo. Pinta muchos escorzos.*

escotado, da *adj.* (ser / estar) Que tiene o lleva escote: *El vestido es escotado. El escotado traje sólo le cubría lo preciso. Iba muy escotada cuando la conocí.*

escote *s. m.* 1 Abertura superior de una prenda de vestir, que deja al descubierto la garganta y, en ocasiones, parte del pecho o de la espalda: *escote marinero, escote de pico, escote de caja. He comprado una blusa de escote redondo. El vestido lleva un escote generoso.* 2 Parte del tronco que deja al descubierto la abertura superior de una prenda de vestir: *Lleva un medallón en el escote. Tiene el escote lleno* *de pecas.* **3** (en singular; no contable) Parte que paga cada persona de un gasto común: *El escote salió por unas cuatro mil.* FR. Y LOC. **a ~** Pagando cada persona una parte de un gasto común: *Le compraron el regalo de boda a escote.*

escotilla *s. f.* **1** MAR. Abertura que hay en la cubierta de una embarcación para pasar al interior o ventilarlo: *la escotilla de un velero. El capitán mandó cerrar la escotilla del submarino para la inmersión.* **2** MIL. Abertura en un tanque de combate por donde se entra y se sale: *El soldado se introdujo por la escotilla y puso en marcha el tanque.*

escotillón *s. m.* **1** Puerta o trampilla en el suelo: *En la tienda hay un escotillón para bajar al sótano.* **2** TEATRO. Puerta o trampilla en el piso de un escenario para que salgan o desaparezcan cosas o personas de escena: *La actriz apareció por el escotillón ante la sorpresa del público.*

escozor *s. m.* **1** (no contable) Sensación de ardor y picor en la piel: *Sintió escozor al desinfectarse las heridas con alcohol.* **2** (no contable) Sentimiento que causa en el ánimo una cosa que ofende o duele: *Me produjo un cierto escozor que pasara por mi lado y no me saludara.*

escrachar *v. tr.* **1** ARG., URUG.; COLOQUIAL. Romper ‹una persona› [una cosa]. **2** ARG., URUG.; COLOQUIAL. Golpear mucho ‹una persona› [a otra persona].

escriba *s. m.* **1** Entre los hebreos, doctor o intérprete de la ley hebrea. **2** Hombre que en la Antigüedad escribía al dictado o copiaba los textos: *Aparece un fragmento añadido por el escriba al manuscrito original.*

escribanía *s. f.* **1** Conjunto de objetos para despacho formado por un tintero, secante, pluma y otras piezas que se coloca encima de un platillo: *Le regalaron una escribanía de plata.* **2** Mueble para guardar papeles. **3** Oficio o cargo de escribano: *El rey le concedió una escribanía de la audiencia.* **4** Oficina donde trabajaba el escribano.

escribano *s. m.* **1** Persona que copiaba o escribía a mano documentos: *Se conservan muchos textos medievales copiados por escribanos.* **2** AMÉR. Notario. **3** HIST. Secretario, funcionario público que daba fe de documentos o actos: *El escribano asistía a las sesiones de los tribunales y levantaba acta.* **4** HIST. Notario, persona que regentaba una escribanía real o eclesial: *Las escrituras de compraventa solían hacerse en casa de un escribano.*

escribiente *s. m./f.* RESTRINGIDO. Empleado de oficina que copia documentos en limpio o escribe al dictado: *Sustituyeron hace años a los escribientes de la oficina por un ordenador y un administrativo.*

escribir *v. tr./intr.* **1.** Representar ‹una persona› [un lenguaje] mediante letras u otro tipo de signos trazados sobre una superficie: *Escribió los nombres en la pizarra. Escribimos **a** máquina. Escribe **en** español. Lo tengo escrito **en** el ordenador.* **2** Componer ‹una persona› [una obra literaria, científica o musical]: *Ha escrito una novela. Esta profesora escribe **sobre** Historia. Escribe **de** la actualidad política. Este autor escribió sólo **para** el teatro. Mi amiga escribe **en** los periódicos.* || *v. tr.* **3** MÚS. Representar ‹una persona› [las notas musicales] mediante signos convencionales sobre un pentagrama: *Escribe música desde muy joven.* || *v. tr./prnl.* **4** Comunicar ‹una persona› [una cosa] a [otra persona] por escrito: *Escribió una carta breve a su madre. **Nos** escribimos con frecuencia. Escribió **desde** Roma.* || *v. intr.* **5** Funcionar ‹un bolígrafo o una pluma›: *Este bolígrafo no escribe.* FR. Y LOC. **~ al dictado*. (~) de su propio puño* o (~) de su puño y letra. ~ en bronce*. ⇒ 91.**

escrito, ta *s. m.* **1** Documento manuscrito, mecanografiado o impreso: *Ha llegado un escrito del director pidiendo información sobre la marcha de este departamento. El escrito no tenía fecha.* **2** Composición literaria o científica: *Su formación se refleja en sus escritos. Dejó muchos escritos que están inéditos.* **3** DER. Petición o alegato en un pleito o en una causa. || *p.* **4** Participio irregular de *escribir*. **fuentes escritas. lengua escrita. tradición escrita.** FR. Y LOC. **estar ~** COLOQUIAL. Estar ‹una cosa› dispuesta por el destino: *Estaba escrito que tenía que morir así, y no hay que darle más vueltas.* **llevar/traer ~ en la frente*. por ~** A través de la escritura: *Si quiere exponer una queja, hágalo por escrito.*

escritor, ra *s. m./f.* Persona que escribe o compone obras literarias o de creación: *escritor de novelas, escritor de artículos, escritor de cuentos. Le han dado el Nobel de literatura a un escritor de la India. Santa Teresa fue una gran escritora.*

escritorio *s. m.* **1** Mueble o mesa para escribir y guardar papeles: *Los documentos están en mi escritorio.* **2** RESTRINGIDO. Despacho u oficina: *escritorio de notario, artículos de escritorio. Va cada mañana al escritorio de nueve a dos.*

escritura *s. f.* **1** Representación gráfica por medio de signos o símbolos convencionales del lenguaje o de otro código: *El niño hace grandes avances en la escritura. La escritura musical es lo que menos le gusta en el Conservatorio.* **2** Sistema usado para escribir: *escritura alfabética, escritura silábica, escritura ideográfica, escritura cuneiforme. Los egipcios utilizaban la escritura jeroglífica.* **3** Manera de escribir: *Tiene una escritura muy clara. Hace caligrafía para mejorar la escritura.* **4** DER. Documento firmado ante un notario en el que queda reflejada una obligación o un acuerdo entre dos partes: *escritura pública, escritura de compraventa. El lunes tenemos hora en el notario para firmar la escritura.* **5** (en plural; con mayúscula) REL. Libro que contiene los textos sagrados de la fe cristiana y hebrea: *Lo dicen las Escrituras. Lo juró sobre las Sagradas Escrituras.*

escriturar *v. tr.* **1** DER. Dar ‹una persona› forma legal a [un contrato u otra cosa] mediante escritura pública: *Escrituró una propiedad a mi nombre. Hemos escriturado ante un notario de Salamanca.* **2** Hacer ‹una persona› un contrato a [un artista]: *Este empresario le ha escriturado tres actuaciones al cantante de moda.*

escrófula *s. f.* (no contable) MED. Tuberculosis de los ganglios linfáticos del cuello.

escroto *s. m.* ANAT. Especie de bolsa de piel que contiene los testículos: *El escroto se divide en dos cavidades, una para cada testículo.*

escrúpulo *s. m.* **1** Duda o miedo que se tiene sobre si una acción es buena o justa: *No tiene ningún escrúpulo en seguir robando a su madre. Firmó la sentencia sin escrúpulos. Tiene escrúpulos para pedirle dinero.* SIN. recelo **2** (preferentemente en plural; no contable) Asco o repugnancia hacia una cosa por temor a un contagio: *No come en los restaurantes porque tiene escrúpulos de los platos. Se lava muchas veces al día porque tiene escrúpulos de la gente.* SIN. aprensión. **3** (no contable) ELEVADO. Exactitud y cuidado en el cumplimiento de las cosas: *Pasó a limpio el trabajo con un escrúpulo increíble.*

escrupulosidad *s. f.* (no contable) ELEVADO. Exactitud y minuciosidad en lo que hace una persona o en lo que tiene a su cargo: *Lleva las cuentas de la casa con escrupulosidad. Su escrupulosidad en el trabajo es lo que valoran sus jefes.*

escrupuloso, sa *adj.* **1** (ser / estar; antepuesto / pospuesto) Que cumple sus deberes o realiza su trabajo con exactitud: *Es escrupulosa* ***en*** *el trabajo que desempeña. Últimamente está muy escrupuloso* ***en*** *sus tareas, ya no tiene despistes.* ‖ *adj.* / *s. m.* y *f.* **2** (ser / estar; antepuesto / pospuesto) Que tiene o suele tener escrúpulos o dudas sobre si una cosa es buena o justa: *Es una juez escrupulosa que reflexiona mucho antes de emitir el veredicto. Hoy está escrupuloso y dice que no quiere saber nada del dinero de las limosnas. Un escrupuloso economista nos convenció de que debíamos llevar mejor las cuentas. Ahí viene el escrupuloso de tu hermano a decirnos que no le parece bien lo que hacemos.* **3** (ser / estar) Que tiene o suele tener escrúpulos o aprensión: *Es muy escrupuloso con la comida. Está más escrupulosa que nunca y no quiere ni sacar las manos de los bolsillos para no tocar nada. El escrupuloso huésped se empeña en lavarse él mismo los cubiertos.*

escrutar *v. tr.* **1** ELEVADO. Examinar ‹una persona› [una cosa] cuidadosamente: *Tenía la costumbre de escrutar desde el café lo que pasaba en la plaza.* **2** Hacer ‹una persona› el recuento de [los votos] en una elección: *Los componentes de las mesas electorales escrutan en estos momentos los votos depositados en las urnas.* SIN. contar.

escrutinio *s. m.* **1** Recuento o comprobación de los votos de una elección o de los boletos de un juego de apuestas: *El escrutinio a esta hora refleja una victoria del partido del Gobierno.* **2** Examen y averiguación exacta y detallada de una cosa: *Los investigadores hicieron un escrutinio a fondo de todas sus pertenencias.*

escuadra *s. f.* **1** Instrumento de dibujo en forma de triángulo rectángulo: *Trazó un ángulo recto con la escuadra.* **2** Pieza con dos ramas en ángulo recto con que se aseguran las uniones en ángulo de cualquier estructura: *Puso unas escuadras para fijar la estantería a la pared.* **3** DEP. Ángulo superior de una portería: *Lanzó el balón y lo metió por la escuadra. El tiro por la escuadra ha sido imparable.* **4** MIL. Conjunto de buques de guerra a las órdenes de un almirante: *La escuadra enemiga se acercaba a la costa con la intención de tomar la playa.* **5** Número reducido de soldados a las órdenes de un cabo: *El cabo ordenó a su escuadra que lo siguiera.* FR. Y LOC. **a / en ~** En ángulo recto: *Cortó la pieza de tela a escuadra. La pared está en escuadra.*

escuadrilla *s. f.* **1** MIL. Escuadra de buques de pequeño tamaño: *La escuadrilla de corbetas que tenemos en el Adriático sólo cumple tareas de inspección encomendadas por la ONU.* **2** MIL. Conjunto de aviones que realizan un mismo vuelo dirigidos por un jefe: *Mandaron una escuadrilla de cazas en misión de reconocimiento.*

escuadrón *s. m.* **1** MIL. Unidad de caballería mandada por un capitán: *El escuadrón se puso en posición de firmes ante la presencia de su capitán.* **2** MIL. Unidad del ejército del aire equivalente en importancia al batallón: *La misión de este escuadrón es bombardear las posiciones enemigas para cortar su avance.* **3** MIL. Unidad aérea formada por un número importante de aviones: *Un escuadrón de aviones pasó por encima de nuestras cabezas.*

escuálido, da *adj.* (estar) ELEVADO. Que está excesivamente delgado: *Ese niño está escuálido. Si no comes te quedarás escuálido.* SIN. esquelético.

escualo *s. m.* (macho y hembra) ZOOL. Pez de cuerpo alargado, más estrecho en los extremos, con aleta dorsal y cola dividida en dos partes, que generalmente es muy voraz: *El tiburón es el escualo más conocido.*

escucha *s. f.* **1** Acción y resultado de escuchar: *la escucha de un programa de radio. Tengo una escucha grabada que podemos presentar ante el juez.* **~ telefónica** Acción de escuchar y registrar una conversación telefónica sin autorización: *La escucha telefónica está penada por la ley.* ‖ *s. m.* **2** HIST. Centinela que se acercaba de noche a las líneas enemigas para espiar: *Vamos a mandar a un escucha a ver si se entera de los planes enemigos.* FR. Y LOC. **a la ~** Atento o dispuesto para oír una cosa: *Permanecí a la escucha de más información sobre lo ocurrido. Sigo a la escucha.*

escuchar *v. tr.* **1** Poner ‹una persona› atención para oír [una cosa]: *Escuchamos las noticias en la radio.* **2** Dejarse influir ‹una persona› por las palabras o consejos de [otra persona]: *Le he estado diciendo que no lo haga, pero no me ha escuchado.* **3** AMÉR. Oír, percibir sonidos. ‖ *v. intr.* **4** Aplicar ‹una persona› el oído para oír: *Tú no escuchas, sólo oyes.* ‖ *v. prnl.* **5** Mostrar ‹una persona› satisfacción de sí misma al hablar: *Disfruta escuchándose.*

escuchimizado, da *adj.* (estar) COLOQUIAL. Que tiene un aspecto débil y enfermizo: *La planta está escuchimizada. Está tan escuchimizado que parece un enfermo.*

escudar *v. tr.* **1** Defender ‹una persona› [a otra persona] de [un peligro o una amenaza]: *Da la cara, yo no pienso escudarte más en las reuniones.* ‖ *v. prnl.* **2** Utilizar ‹una persona› [una cosa] como pretexto para hacer o no [otra cosa]: *Se escuda* ***en*** *sus ocupaciones para no asistir. Manuel siempre encuentra algo* ***en*** *lo que escudarse para justificar su falta de puntualidad.* SIN. excusarse.

escudería *s. f.* **1** AUTOMOV. Equipo de competición de coches o motos de carreras: *Las escuderías se preparan para el comienzo del campeonato del mundo.* **2** (no contable) Oficio de escudero: *Sancho profesaba la escudería por los beneficios que le había prometido Don Quijote.*

escudero *s. m.* **1** Paje que acompañaba a un caballero para llevarle las armas y servirlo. **2** Criado que asistía a un señor a cambio de una paga: *Sancho era el escudero de Don Quijote.* **3** Hidalgo, persona que por su sangre era noble y distinguida. **4** Fabricante de escudos.

escudilla *s. f.* **1** Pequeño recipiente parecido a un tazón, ancho y hondo en forma de media esfera, para servir la sopa y el caldo: *En la cocina queda una escudilla de sopa, por si alguien quiere repetir.* **2** CUBA. Taza para el té o el café.

escudo *s. m.* **1** Arma defensiva antigua formada por varias capas de cuero o por una lámina de metal que se sostenía con el brazo para cubrirse: *llevar escudo, protegerse con un escudo. Con la aparición de las armas de fuego, el escudo dejó de utilizarse.* **2** Superficie o espacio de distintas formas con el emblema o armas de una nación, ciudad o familia: *La bandera debe llevar el escudo constitucional. En la fachada del Ayuntamiento está el escudo de la ciudad en relieve.* **~ de armas** Emblema con las figuras o símbolos nobiliarios de una familia o una ciudad. **3** Insignia de diferentes formas de un grupo o asociación: *el escudo de un equipo de* *fútbol.* **4** Persona o cosa que constituye una defensa o protección: *hacer de escudo. El dique es un escudo contra los embates del mar. El secuestrador utilizó como escudo a los rehenes.* **5** Unidad monetaria de Portugal: *Aún tengo dos mil escudos que me sobraron de mi viaje a Portugal.* **6** Moneda chilena de cinco pesos. **7** Antigua moneda española de oro y plata. **8** Plancha metálica pequeña que rodea la cerradura para protegerla de las rozaduras de la llave: *Ya casi está instalada la cerradura, sólo falta fijar el escudo.* **9** GEOL. Plataforma continental formada por rocas consolidadas: *Los escudos constituyen los núcleos centrales de los actuales continentes.*

escudriñar *v. tr.* Examinar ‹una persona› [una cosa] con atención: *Escudriñó todas sus cosas, pero no encontró el reloj.*

escuela *s. f.* **1** Establecimiento donde se educa e imparte principalmente la enseñanza primaria: *maestro de escuela, escuela privada, escuela pública, escuela concertada, escuela religiosa, escuela activa, escuela laica. Hoy no he ido a la escuela porque estoy enferma.* SIN. colegio. **2** Establecimiento donde se imparten otros tipos de enseñanza: *escuela universitaria, escuela militar, escuela de arte dramático, escuela de peritos, escuela naval, escuela de ingenieros.* **~ normal** Escuela universitaria donde se cursan los estudios de Magisterio. **3** Enseñanza o conocimientos que se dan o aprenden: *Es un buen actor, pero le falta algo de escuela.* **4** Conjunto de profesores, alumnos y padres de alumnos de una misma enseñanza o establecimiento: *La escuela ha elegido a los miembros del Consejo Escolar.* **5** Conjunto de seguidores de un autor o maestro, de un estilo, de una doctrina: *la escuela de Picasso, la escuela de Rubén Darío, la escuela gongorina, la escuela económica americana. Este torero es un claro exponente de la escuela taurina sevillana.* **6** Conjunto de rasgos comunes que caracterizan a las obras de una época, región, movimiento o grupo: *escuela romántica, escuela sevillana, escuela valenciana.* **7** Aquello que sirve de ejemplo y proporciona experiencia: *Se educó en la escuela del mundo. La escuela de la vida le ha enseñado todo lo que sabe.* || **8 buque* ~.**

escuelante, ta *s. m. / f.* **1** COL., MÉX. Colegial, alumno de una escuela. **2** MÉX. Maestro de una escuela.

escuelero, ra *s. m. / f.* **1** AMÉR. Maestro de escuela. **2** AMÉR. Colegial.

escueto, ta *adj.* (ser / estar; antepuesto / pospuesto) Que no tiene adornos ni cosas innecesarias: *una respuesta escueta. En su escueta carta me decía que se iba y que no sabía si volvería. La fachada es escueta. Estuviste muy escueto en tus explicaciones.*

escuincle, cla *s. m. / f.* MÉX. Niño o muchacho.

esculcar *v. tr.* COL.; RESTRINGIDO. Registrar o requisar ‹una persona› [una cosa]. ⇒ **71.**

esculpir *v. tr.* **1** Trabajar ‹una persona› [una materia] a mano para hacer una escultura: *Ha esculpido la figura* ***a*** *cincel. Esculpieron el bajorrelieve* ***en*** *mármol.* SIN. cincelar. **2** Grabar ‹una persona› [una cosa] en hueco o en relieve sobre una superficie dura: *Han esculpido una hermosa inscripción en la fachada de la empresa.*

escultismo o **escutismo** *s. m.* (no contable) Movimiento juvenil internacional que tiene como objetivo la formación de los jóvenes mediante actividades en grupo al aire libre: *Los miembros del escultismo quieren fomentar en los jóvenes el amor a la naturaleza y a la colaboración con los demás.*

escultor, ra *s. m. / f.* Persona que se dedica a la escultura: *Es una de las escultoras modernas más cotizadas.*

escultórico, ca *adj.* De la escultura: *actividad escultórica, obra escultórica. Es un conjunto escultórico de gran belleza.*

escultura *s. f.* **1** (no contable) Arte de dar forma a cualquier material para representar figuras u objetos: *Aprendió escultura de los mejores artistas de su época. Se dedica a la escultura desde muy joven.* **2** Obra de este arte: *una escultura de madera, una escultura de bronce. Hizo una escultura de piedra que está expuesta en la plaza.*

escultural *adj.* **1** De la escultura: *arte escultural.* **2** (antepuesto / pospuesto) Que es parecido a la escultura en su belleza y perfección: *Su escultural silueta levantaba admiración entre sus compañeros.*

escupidera *s. f.* **1** Recipiente pequeño para escupir: *Recuerdo que en la barbería había una escupidera de adorno.* **2** AMÉR; RESTRINGIDO en España. Orinal. FR. Y LOC. **pedir la ~** 1 AMÉR.; COLOQUIAL. Tener miedo, acobardarse. 2 DEP.; AMÉR.; COLOQUIAL. Pedir una tregua ‹un competidor› o considerarse vencido.

escupidor, ra *s. m.* **1** AMÉR. Escupidera. **2** COL. Estera pequeña de esparto. **3** MÉX.,COLOQUIAL. Cohete o artificio pirotécnico que despide luces de colores.

escupir *v. intr.* **1** Arrojar ‹una persona› saliva por la boca: *El niño me ha escupido en la cara.* || *v. tr.* **2** Echar ‹una persona› [una cosa] de la boca: *Escupió el caramelo. Cuando he visto que escupía sangre me he dado cuenta de su gravedad.* **3** Lanzar ‹una cosa› de su interior [otra cosa] violentamente: *El volcán escupe lava y fuego. La ametralladora escupía balas sin cesar.* **4** Despedir ‹un cuerpo› a la superficie [una cosa que estaba en su interior]: *El basalto escupe la humedad. La herida va escupiendo el pus gracias a la pomada.* **5** Rechazar ‹un cuerpo› [una sustancia]: *Esta tela escupe el agua. Esa pared escupe la pintura porque el yeso aún no está seco.* SIN. repeler. **6** COLOQUIAL. Explicar ‹una persona› [una cosa que mantenía en secreto]: *Escupió el nombre de sus cómplices.* SIN. confesar. **7** Decir ‹una persona› [una cosa] como si escupiera, con enfado o con desprecio: *Me escupió que estaba harta de mí. A mí nadie me escupe que no gano bastante.*

escupitajo *s. m.* COLOQUIAL. Saliva, flema o sangre que se escupe: *Echó un escupitajo y después lo pisó. Algún gracioso ha tirado un escupitajo desde una ventana.*

escupitinajo *s. m.* COLOQUIAL. Escupitajo.

escurreplatos (plural *escurreplatos*) *s. m.* Utensilio o mueble de cocina donde se ponen a escurrir verticalmente los platos mojados y otros cacharros de cocina: *Pon lo que vayas fregando en el escurreplatos.*

escurridizo, za *adj.* **1** Que se escurre o se resbala con facilidad: *Las anguilas son muy escurridizas.* **2** (ser / estar) Que hace escurrir o resbalar: *Cuidado, que este suelo es muy escurridizo. Las piedras del río están muy escurridizas y es fácil resbalar.* **3** (antepuesto / pospuesto) ‹Persona› que se escapa o desaparece con facilidad: *Es un hombre muy escurridizo, no es fácil localizarlo. El escurridizo político fue rodeado por los periodistas y tuvo que responder, por fin, algunas preguntas.*

escurrido, da *adj.* **1** (estar; antepuesto / pospuesto) Que es muy delgado y sin curvas: *una mujer escurrida de caderas. Ese joven está muy escurrido. Su escurrida figura hacía pensar que había tenido tiempos mejores.* **2** BOT. ‹Hoja› que tiene la base extendida por ambos lados hacia abajo del tallo: *El girasol tiene las hojas escurridas.*

escurridor *s. m.* **1** Escurreplatos. **2** Utensilio de cocina parecido a un colador pero con grandes agujeros para escurrir alimentos: *Pasa los macarrones por el escurridor. Lava la verdura en el escurridor.* **3** Dispositivo de algunas lavadoras para escurrir la ropa: *El escurridor ya se ha puesto en marcha, por eso gira tan deprisa el tambor.*

escurridora *s. f.* Escurridor.

escurriduras (plural) *s. f.* **1** Gotas finales de un líquido que quedan en un recipiente: *En la bota de vino sólo quedan las escurriduras.* **2** (en plural) COLOQUIAL. Últimos restos que quedan de una cosa: *Cuando llegamos a la fiesta no pudimos comer nada, ya sólo quedaban las escurriduras.*

escurrir *v. tr.* **1** Hacer ‹una persona o una cosa› que [una cosa mojada] suelte el líquido: *Escurrió el cabello de la niña. Tienes que escurrir bien la ropa antes de tenderla.* **2** Acabar ‹una persona› las últimas gotas de [un líquido]: *Deja escurrir la garrafa.* || *v. intr.* **3** Echar ‹una cosa› el líquido que la moja o la empapa: *Las macetas están escurriendo todavía.* || *v. intr. / prnl.* **4** Caer ‹un líquido› deslizándose gota a gota: *Las gotas de lluvia **(se)** escurren por el cristal.* **5** Resbalar ‹una persona o una cosa›: *Este suelo escurre demasiado. Se le escurrió **de** las manos la botella. Se me ha escurrido el vaso **entre** los dedos. Me escurrí **en** el hielo.* || *v. prnl.* **6** Escapar ‹una persona› de [una persona o una cosa]: *El perseguido se escurrió entre la multitud.* SIN. esfumarse. **7** RESTRINGIDO. Decir o hacer ‹una persona› más de lo que debe o de lo que le conviene: *Se escurrió y soltó una inconveniencia.* FR. Y LOC. **~ el bulto*.**

escusado, da *adj.* **1** RESTRINGIDO. Que está reservado o separado del uso común: *Nos llevó a un lugar escusado donde por fin pudimos hablar solos.* SIN. excusado. || *s. m.* **2** ELEVADO, RESTRINGIDO; EUFEMISMO. Retrete. SIN. excusado. || **3 puerta* escusada / excusada.**

escutismo *s. m.* (no contable) Escultismo, movimiento juvenil internacional.

esdrújulo, la *adj. / s. m.* y *f.* **1** LING. [Palabra] que está acentuada en la antepenúltima sílaba: *La palabra «cántaro» es esdrújula.* || **2 verso* ~.**

ese *s. f.* **1** Nombre de la letra *s*: *La palabra «casa» ('vivienda') se escribe con ese, y en cambio la palabra «caza» ('cacería') se escribe con zeta.* **2** Cosa que tiene la forma de la letra *s*: *La carretera tenía muchas eses. Hizo un movimiento en ese.* FR. Y LOC. **hacer eses** COLOQUIAL. Tener ‹una persona o una cosa› un movimiento que oscila de un lado a otro: *Iba haciendo eses porque estaba mareado. Aquel coche hacía eses porque su conductor estaba borracho.*

ese, sa, so (como pronombre *ese, esa* y sus plurales, *esos* y *esas*, pueden acentuarse: *ése, ésa, ésos, ésas*; en cambio, el pronombre *eso* nunca se acentúa) *adj. / pron. dem.* **1** Indica que la persona o cosa de la que se habla está más próxima física, temporal o mentalmente al que escucha que al que habla, o no muy alejada de ambos: *Ése es el coche del que te hablé. Ésa es la mujer del presidente. Leeremos estas revistas mientras esperamos, lee tú ésa.* OBSERVACIONES: ◊ Todas las formas excepto *eso* son también adjetivos. *Esa mujer no tiene escrúpulos. Ese maletín es mío. Esos ojos negros.* ◊ Nunca lleva acento gráfico cuando es adjetivo, pero cuando es pronombre puede y debe llevarlo para facilitar la comprensión de lo que se dice. **2** Se usa para referirse a algo que se acaba de decir: *Los consejeros decidieron asumir el riesgo. Ésa es su última decisión.* **3** (adjetivo; pospuesto) COLOQUIAL. Indica énfasis y, a veces, rechazo o desprecio: *La carretera esa es muy peligrosa. Preferiría no salir en la revista esa.* **4** Con nombres o expresiones de tiempo, indica que es el año, mes, día o momento, del pasado o del futuro, alejado del momento en que se habla: *esa mañana, ese domingo, esos meses, esa semana, ese año, ese día.* **5** Como adjetivo, se usa delante del antecedente de una oración de relativo. *Esas chicas que viven cerca del parque.* **5₁** Como pronombre, se usa como antecedente de una oración de relativo. *Esos que viven a costa de los demás.* **6** El pronombre *eso* equivale a 'lo que ya sabes'. Se refiere a algo que el oyente ya conoce: *Han traído eso que habías pedido. –«¿Qué quieren hacer durante vacaciones?» –«Pues, eso, lo que ya habíamos hablado.»* FR. Y LOC. **a eso de** Seguido de la hora, indica que se trata de una hora aproximada. *El tren llegará a eso de las diez. A eso de la medianoche.* **aun con eso** + oración negativa A pesar de eso: *Aun con eso, no creo que te dejen entrar.* **chúpate* ésa. con todo* y con eso. de eso nada** Rechaza o niega lo que se acaba de decir. *–«Tú puedes quedarte aquí a esperarle.» –«De eso nada, quédate tú.»* **en eso** En un relato, equivale a 'entonces, en ese momento': *Acababan de entrar en casa y en eso escucharon un ruido en la habitación de los niños.* **eso de** A VECES PEYORATIVO. Introduce un asunto mencionado previamente por otra persona o que se da por sobrentendido: *¿Qué quiere decir eso de que yo voy a fundar un partido político? No soporta eso de ser el más admirado.* OBSERVACIONES: ◊ A veces expresa sorpresa, disgusto o enfado: *¿Qué es eso de llegar tan tarde?* Seguido de infinitivo, sustantivo, nombre propio y oraciones introducidas por *que*: *Eso de levantarse tan temprano lo lleva muy mal. Eso del Museo del Prado es muy interesante. Eso de que no hayan venido a mi fiesta no me parece correcto.* **eso es** Asiente o confirma lo que se acaba de decir. **¡eso, eso!** o **¡eso mismo!** Expresión de aprobación: *Eso mismo es lo que dice mi padre.* **nada* de eso. ni (aun) con eso** Ni siquiera en esas condiciones: *Ni aun con eso se atrevería a hablar con el jefe.* **ni por ésas** COLOQUIAL. Equivale a 'ni siquiera de esa manera'. Indica la posibilidad de hacer o conseguir algo: *Le ofrecieron el cargo de vicepresidente, pero ni por ésas aceptó la oferta.* **para eso** Resalta el motivo o razón por la que se hace algo: *Para eso te pagan.* **¡para eso...!** Expresión con que se muestra desprecio por algo o la desilusión por la desproporción entre una cosa y lo que se esperaba de ella: *¡Y para eso mes has despertado a las tres de la madrugada!* **por eso** Por el motivo indicado anteriormente o como consecuencia de lo dicho: *Por eso tuve que salir de casa. Por eso, creo que los acuerdos deberían revisarse.* OBSERVACIONES Puede ir seguido de *mismo, justamente, precisamente.* **¡que te crees* tú eso! ¡tómate* ésa! ¿y eso?** Se usa para pedir aclaración o explicación sobre algo que acaba de decir otra persona: *–«Volveré tarde».* *–«¿Y eso?»* **y eso** COLOQUIAL; RESUMIDOR FINAL. Expresión con que se termina una exposición o enumeración. *Le detuvieron, le llevaron a la comisaría, le inte-*

rrogaron... y eso. **y eso (si/porque/cuando)** Precediendo a un circunstancial pronunciado con énfasis, normalmente condicional, causal o temporal, sirve para señalar que el hecho apuntado por *eso* sucede, respectivamente, 'sólo si', 'sólo porque' o 'sólo' cuando se da la circunstancia nombrada a continuación. *Trabajará poco, y eso si lo mimas. Aprobó con dificultades, y eso porque le hicieron preguntas fáciles. Lee con desgana, y eso cuando se digna leer algo.* **y eso que** Aunque: *Tengo el pelo horrible, y eso que fui ayer a la peluquería.* OBSERVACIONES: Sólo funciona con expresiones concesivas no hipotéticas. A veces intensifica la incongruencia entre la causa y el efecto: *Ya no tiene dinero, y eso que estamos a principios de mes.* **¿y eso qué?** Expresión con la que se da a entender que lo que ha dicho la persona con que se habla no tiene que ver o no afecta al asunto que se está tratando: *–«Necesitaban una persona preparada. Yo soy muy joven.» –«¿Y eso qué?»*

esencia *s. f.* **1** (no contable) FILOS. Conjunto de características que no pueden faltar para que un ser sea lo que es: *La inteligencia pertenece a la esencia del hombre.* SIN. naturaleza. **2** (no contable) Lo fundamental o lo más importante: *La esencia de su discurso es que no va a dimitir.* SIN. meollo. **3** (no contable) Extracto de una sustancia: *esencia de café.* **4** Producto constituido por el extracto de una sustancia: *Ha comprado cuatro esencias distintas porque le gusta utilizarlas en los postres.* **5** (no contable) Concentración de sustancias aromáticas en perfume: *Se puso unas gotas de esencia.* **6** Perfume con gran concentración de sustancias aromáticas: *He comprado tres esencias distintas.* **7** (no contable) Acumulación de una cualidad en una persona o una cosa: *Este hombre es la esencia del buen gusto.* || **8 quinta ~** o **quintaesencia** 1 FILOS. Quinto elemento que consideraban los filósofos antiguos como componente del universo: *La quinta esencia era una especie de éter del cual estaban formados los cuerpos celestes.* 2 Principio fundamental de la materia: *La quinta esencia debía facilitar la transmutación de los metales.* 3 Lo más puro y concentrado de una cosa: *Nuestra relación es la quinta esencia de la amistad.*

esencial *adj.* **1** Que forma parte de la esencia: *La razón es esencial **en** el hombre.* **2** Que es totalmente necesario, o que tiene una importancia tan grande que no se puede prescindir de ello: *Yo soy parte esencial **en** este asunto.*

esencialismo *s. m.* (no contable) FILOS. Doctrina de los sistemas filosóficos que consideran que la esencia precede a la existencia.

esfenoides (plural *esfenoides*) *s. m.* ANAT. Hueso situado en la parte central de la base del cráneo: *El esfenoides tiene dos pequeñas cavidades o senos cuya inflamación produce la sinusitis.*

esfera *s. f.* **1** GEOM. Cuerpo geométrico limitado por una superficie curva cuyos puntos equidistan todos de otro interior llamado centro: *La superficie de la esfera se calcula con una fórmula sencilla.* **2** Círculo o superficie en la que giran las manecillas del reloj o de otro instrumento semejante: *La esfera de este reloj es de nácar.* **3** Globo terráqueo: *La esfera terrestre tiene un aspecto azulado desde el espacio.* **4** LITERARIO. Cielo que rodea la Tierra, en el que se mueven aparentemente los cuerpos celestes. **~ celeste.** **5** Clase social: *Pertenece a las altas esferas. Se rumorea por las bajas esferas que esta noche habrá una redada.* **6** Espacio al que se extiende el influjo o la acción de una persona o de una cosa: *Su esfera de influencia abarca varios altos cargos de la Administración.*

esférico, ca *adj.* **1** GEOM. De la esfera: *segmento esférico, superficie esférica. Aquel objeto tenía forma esférica.* **2** GEOM. Que tiene figura de esfera: *cuerpo esférico.* || *s. m.* **3** DEP. Balón: *El jugador sitúa el esférico en el punto de penalti y se dispone a lanzar.* || **4 casquete* ~. 5 huso* ~.**

esferográfica *s. f.* AMÉR. Estilográfica.

esferógrafo *s. m.* COL. Bolígrafo.

esferoidal *adj.* GEOM. Que tiene figura de esferoide: *cuerpo esferoidal, figura esferoidal.*

esferoide *s. m.* GEOM. Cuerpo geométrico de forma semejante a la esfera cuya curvatura no es constante: *La Tierra es un esferoide porque está achatada por los polos.*

esfinge *s. f.* **1** Ser fabuloso con cabeza y pecho de mujer y cuerpo y pies de león: *En el antiguo Egipto la función asignada a las esfinges era la de custodiar las tumbas de los faraones.* **2** Persona que adopta una actitud callada o enigmática: *Este hombre es una esfinge, porque nunca sabes lo que piensa.* **3** ZOOL. Mariposa nocturna de gran tamaño, con alas largas y dibujos de color oscuro.

esfínter *s. m.* ANAT. Músculo que regula la apertura o cierre de un orificio del cuerpo: *el esfínter de la uretra, el esfínter del píloro, el esfínter del ano. Los niños tienen que aprender a controlar los esfínteres.*

esforzado, da *adj.* **1** (antepuesto/pospuesto) Que es valiente y decidido: *un soldado muy esforzado, una esforzada tarea.*

esforzar *v. tr.* **1** Dar ‹una persona o una cosa› fuerza o vigor a [una persona]: *Sus seguidores han venido a esforzar y animar al equipo.* **2** Obligar ‹una persona› a [una parte de su organismo] a hacer un esfuerzo muy grande: *No esfuerces tanto la vista.* **3** Hacer ‹una persona› rendir [una máquina o un sistema] por encima de sus posibilidades: *No esfuerces el motor o el coche reventará.* || *v. prnl.* **4** Hacer ‹una persona› un esfuerzo físico o moral para conseguir [una cosa]: *Se esforzó **en** conseguir el puesto. Me he esforzado **por** enseñar a los niños lo que sabía.* ⇒ **41.**

esfuerzo *s. m.* **1** Empleo enérgico de la fuerza física, de la mente o de la voluntad para conseguir un cosa: *Hizo esfuerzos para no dormirse. El esfuerzo que hizo **por** levantar una maleta le ha producido una hernia.* **2** Utilización de medios superiores a los normales para lograr un fin: *La empresa hace esfuerzos **por** renovar la maquinaria.* **3** Aumento de la actividad de un órgano o sistema: *un esfuerzo del corazón. El esfuerzo continuado de los ojos acabará estropeándole la vista.*

esfumar *v. tr.* **1** Extender ‹una persona› [los trazos de un lápiz] con el difumino: *Esfumó aquellos trazos para que el fondo del dibujo quedara más apagado.* **2** Hacer ‹una persona› más suave [el contorno de un dibujo]: *Esfumó las figuras del primer plano.* || *v. prnl.* **3** Desaparecer ‹una cosa› poco a poco: *El barco se esfumó en el horizonte.* **4** COLOQUIAL. Irse ‹una persona› de un lugar con rapidez y disimulo: *Cuando volví a mirar, ya se había esfumado. En cuanto ve que hay trabajo se esfuma.* SIN. escabullirse.

esfumino *s. m.* Difumino, rollo pequeño de papel acabado en punta que sirve para esfumar o difuminar.

esgrafiar *v. tr.* Trazar ‹una persona› un dibujo raspando [una superficie que tiene dos capas o colores superpuestos]: *Esgrafiarán la fachada de nuevo.* ⇒ **8** Se usa también la conjugación regular.

esgrima *s. f.* **1** (no contable) Arte de manejar la espada y otras armas blancas: *Estudió esgrima en una escuela de Valencia.* **2** (no contable) DEP. Deporte que se basa en el arte de manejar la espada, cuyas modalidades olímpicas son espada, sable y florete: *hacer esgrima, practicar esgrima, espada de esgrima, maestro de esgrima. Los espadachines que practican la esgrima se cubren la cara con una rejilla para evitar accidentes.*

esgrimir *v. tr.* **1** Sostener ‹una persona› [un arma u otra cosa] en actitud amenazadora: *Esgrimió una navaja.* **2** Utilizar ‹una persona› [una cosa] contra [una persona o una cosa]: *Esgrimió argumentos* ***contra*** *el progreso que no me convencieron.*

esguince *s. m.* MED. Torcedura de una articulación sin luxación: *un esguince de tobillo. Tiene un esguince en la muñeca porque se torció la mano al caerse.*

esguizaro, ra *adj. / s. m.* y *f.* Suizo.

esgunflar *v. tr.* ARG., URUG.; COLOQUIAL. Causar molestias ‹una persona› [a otra persona].

eslabón *s. m.* **1** Pieza en forma de aro que se enlaza a otras iguales para formar una cadena: *Se ha soltado uno de los eslabones y se ha roto la cadena.* **2** Elemento fundamental en el enlace o desarrollo de un suceso o plan: *Descubrió el eslabón que le faltaba para explicar el desarrollo embrionario.* **3** Pieza de acero con que se golpea el pedernal para producir la chispa.

eslabonar *v. tr.* **1** Unir ‹una persona› [eslabones] para formar una cadena. SIN. encadenar. **2** Unir o relacionar ‹una persona› [unas cosas] con [otras cosas]: *La policía ha ido eslabonando los datos que tenía sobre el asesinato hasta dar con el culpable.* SIN. enlazar. || *v. prnl.* **3** Unirse o relacionarse ‹unas cosas› con [otras cosas]: *Los acontecimientos se eslabonaron de una manera no buscada.*

eslalon o **slalom** *s. m.* (no contable) DEP. Tipo de carrera de esquí cronometrada en la que los esquiadores se deslizan por una pendiente sorteando unas balizas situadas a uno y otro lado del recorrido: *Ha sido campeón del eslalon gigante.*

eslavismo *s. m.* **1** (no contable) FILOL. Estudio de las lenguas y literaturas eslavas: *Es una de las máximas autoridades en eslavismo.* **2** (no contable) Afición a lo eslavo: *Su eslavismo lo lleva a viajar todos los años a algún país eslavo.*

eslavo, va *adj.* **1** De los pueblos indoeuropeos que se extendieron por el noreste de Europa: *dioses eslavos, leyes eslavas. Los eslavos no forman un grupo antropológico determinado debido al mestizaje que han experimentado a lo largo de los siglos.* || *s. m.* **2** LING. Lengua indoeuropea de los antiguos eslavos de la que se derivan las actuales lenguas eslavas, como el polaco, el ruso o el checo: *No sé exactamente qué hablan, pero sé que hablan eslavo.*

eslip o **slip** (plural *eslips*) *s. m.* Calzoncillo o bañador ajustado y sin perneras: *No me gustan los eslips de esta marca. Lleva un eslip liso.*

eslogan o **slogan** (plural *eslóganes*, preferible a *eslogans*) *s. m.* Frase publicitaria o de propaganda política: *El eslogan de la marca tiene que ser sorprendente y pegadizo. Están estudiando los eslóganes de la próxima campaña electoral. Los eslóganes publicitarios suelen ser ingeniosos.*

eslora *s. f.* MAR. Longitud de una embarcación medida desde el interior de popa a proa de la cubierta principal: *un velero de 15 metros de eslora.*

eslovaco, ca *adj. / s. m.* y *f.* **1** De Eslovaquia, país europeo que formaba parte de la antigua Checoslovaquia: *gobierno eslovaco, músico eslovaco. La república eslovaca se constituyó como estado independiente en 1993.* || *s. m.* **2** LING. Lengua eslava hablada por los eslovacos.

esloveno, na *adj. / s. m.* y *f.* **1** De Eslovenia, país europeo que formaba parte de la antigua Yugoslavia: *el conflicto esloveno, un grupo de turistas eslovenos. La república eslovena se declaró independiente en 1991.* || *s. m.* **2** LING. Lengua eslava hablada por los eslovenos.

esmaltar *v. tr.* **1** Cubrir ‹una persona› [una cosa] con esmalte: Le gusta esmaltarse las uñas con cuidado. *Vamos a esmaltar las puertas de casa con esmalte sintético.* **2** Adornar ‹una persona o una cosa› [una cosa]: *Los claveles esmaltan las laderas. Esmalta sus charlas* ***con*** *anécdotas.*

esmalte *s. m.* **1** (no contable) PINT. Barniz que se obtiene fundiendo vidrio coloreado y que se aplica al metal, la porcelana u otros materiales semejantes: *El esmalte fue inventado en China y pasó a Europa por Bizancio.* **2** PINT. Objeto adornado con ese barniz: *Han robado un esmalte del museo municipal.* **3** (no contable) PINT. Arte o técnica de esmaltar: *Aprendió esmalte en la escuela de arte y pintura.* **4** (no contable) Barniz para dar color y brillo a las uñas: *Es raro que lleve las uñas sin esmalte.* **5** (no contable) BIOL. Materia muy dura que forma una capa protectora de los dientes de los animales vertebrados: *Se me ha estropeado el esmalte y me ha salido una caries.*

esmerado, da *adj.* **1** (antepuesto / pospuesto) Que hace las cosas con esmero: *Es una persona muy esmerada, hace muy bien su trabajo.* **2** (antepuesto / pospuesto) Que está hecho con esmero: *una esmerada labor científica. Un trabajo esmerado supone unos resultados seguros.*

esmeralda *adj. / s. m.* **1** De color verde azulado: *Es un verde esmeralda precioso. Aquel libro tenía la tapa esmeralda.* || *s. f.* **2** Piedra preciosa de color verde debido a su contenido en cromo: *Las esmeraldas son apreciadas en joyería desde la antigüedad.* || **3 verde* ~.**

esmerarse *v. prnl.* Poner ‹una persona› mucho cuidado en la realización de [una cosa]: *El camarero se esmeraba* ***en*** *el servicio de la mesa. El médico se esmeró* ***con*** *este paciente.*

esmeril *s. m.* **1** MIN. Roca de color negro compuesta de corindón, mica y óxido de hierro que sirve para pulir: *El esmeril se emplea en polvo para deslustrar el vidrio y pulimentar los metales.* **2** Piedra artificial que se usa para afilar herramientas mecánicas: *He comprado un esmeril para afilar yo mismo los cuchillos.*

esmerilar *v. tr.* Pulir ‹una persona› [una cosa] con un esmeril: *Han comprado unos cristales esmerilados para las ventanas del restaurante.*

esmero *s. m.* (no contable) Cuidado o atención muy grande que se pone en hacer una cosa: *Pone poco esmero en aprender. Pinta con mucho esmero.*

esmirriado, da o **desmirriado, da** *adj.* (ser / estar) COLOQUIAL. Que tiene un aspecto débil y enfermizo: *La planta está esmirriada. Últimamente está esmirriado porque no se ha recuperado de la enfermedad que tenía.*

esmoquin (plural *esmóquines*, preferible a *esmoquins*) *s. m.* Chaqueta masculina con cuello largo de seda y sin faldones, que se usa como prenda de etiqueta: *Tengo un esmoquin que sólo me lo pongo para las bodas.*

esnifada *s. f.* **1** JERGAL. Acción y resultado de esnifar: *No creas que una esnifada no te hará daño, porque te equivocas.* **2** JERGAL. Dosis de droga aspirada por la nariz: *Necesito una esnifada para animarme un poco.*

esnifar *v. tr.* JERGAL. Aspirar ‹una persona› [una droga] por la nariz: *En la fiesta del otro día esnifaban coca.*

esnob (plural *esnobs*) *adj. / s. m.* y *f.* PEYORATIVO. Que se comporta con esnobismo: *Se siente muy esnob porque canta en latín. Es una esnob que a veces hace el ridículo.*

esnobismo *s. m.* (no contable) Actitud de la persona que tiene exagerada admiración por gustos, ideas o costumbres que están de moda o que son considerados distinguidos y los adopta: *Ha vendido el piso y se ha cambiado a una casa unifamiliar por esnobismo. El esnobismo es un gran propagador de las ideas nuevas.*

esnobista *adj. / s. m.* y *f.* PEYORATIVO. Que se comporta con esnobismo: *Sus amigos son muy esnobistas.* SIN. esnob.

ESO *s. f.* PEDAG. Sigla de «Enseñanza Secundaria Obligatoria», España: *La ESO abarca cuatro cursos, desde los doce a los dieciséis años.*

esófago *s. m.* ANAT. Conducto del cuerpo que va desde la faringe al estómago: *El esófago tiene aproximadamente 25 centímetros de longitud.*

esotérico, ca *adj.* **1** Que no es asequible a todas las personas, o que es reservado o secreto excepto para los iniciados: *culto esotérico. Los temas esotéricos la apasionan.* SIN. oculto. **2** Que es imposible o difícil de comprender: *En la película aparecían unos seres que utilizaban un lenguaje esotérico.* **3** FILOS.; RESTRINGIDO. [Doctrina] que los antiguos filósofos comunicaban sólo a algunos de sus discípulos.

esoterismo *s. m.* **1** (no contable) Cualidad de esotérico: *El esoterismo de esos símbolos no tiene explicación racional.* **2** (no contable) Estudio de los temas ocultos: *Dedica al esoterismo todo su tiempo.*

espabilado, da o **despabilado, da** *adj.* (ser / estar) Que es muy listo o hábil: *Es muy espabilado* ***para*** *los negocios. Es pequeño pero está muy espabilado. Ha estado espabilado* ***en*** *este asunto.*

espabilar o **despabilar** *v. tr.* **1** Quitar ‹una persona o una cosa› el sueño a [una persona]: *El café me espabila.* **2** Dar ‹una persona o una cosa› viveza al ingenio de [una persona]: *Aquel maestro fue el que me espabiló. El hambre espabila la mente.* **3** Hacer ‹una persona› [una cosa] rápidamente: *Espabila el trabajo, que hay que acabarlo hoy.* **4** COLOQUIAL. Robar ‹una persona› [una cosa] a [una persona] con habilidad y rapidez: *Le espabilaron la cartera en el metro.* SIN. birlar (COLOQUIAL) **5** COLOQUIAL. Matar ‹una persona› [a otra persona]: *Los espabilan sin que puedan defenderse.* **6** RESTRINGIDO. Quitar ‹una persona› [la parte quemada del pabilo] para avivar la luz de una vela: *Espabila la vela.* || *v. intr.* **7** COLOQUIAL. Darse ‹una persona› prisa: *Espabila, que es para hoy.* || *v. intr. / prnl.* **8** Adquirir ‹una persona› viveza: *Como no (te) espabiles, te tomarán el pelo.* || *v. prnl.* **9** Quitarse ‹una persona› el sueño con una cosa: *Voy a lavarme la cara para espabilarme.*

espachurrar o **despachurrar** *v. tr.* **1** COLOQUIAL Romper o destrozar ‹una persona› [una cosa blanda] al golpearla o aplastarla con fuerza: *Ten cuidado no espachurres los plátanos. Se sentó encima de los pasteles y los despachurró todos.* || *v. prnl.* **2** COLOQUIAL. Romperse o estropearse ‹una cosa› blanda por la presión o los golpes: *Los huevos se han espachurrado al caer al suelo.*

espaciador *s. m.* TECNOL. Tecla de una máquina de escribir o de un ordenador para dejar espacios en blanco: *El espaciador es una tecla alargada que está en la parte inferior del teclado.*

espacial *adj.* **1** Que sucede o se produce en el espacio, a diferencia de lo que sucede o se produce en el tiempo: *dimensión espacial.* **2** Del espacio: *viaje espacial, percepción espacial.* **nave* ~. plataforma* ~. sonda* ~ / astronáutica. transbordador* ~. vehículo ~.**

espaciar *v. tr.* **1** Colocar ‹una persona› [a personas o cosas] separándolas entre sí: *Espació los asientos de la sala.* **2** Hacer ‹una persona o una cosa› que aumente el periodo de tiempo que transcurre entre [dos cosas]: *La distancia espació nuestras cartas. Debe espaciar más sus visitas.* **3** Separar ‹una persona› [palabras] con espacios: *Espacia más esa frase para que te ocupe toda la línea.*

espacio *s. m.* **1** (no contable) Extensión donde está contenida toda la materia existente: *Todos vivimos en un espacio y un tiempo determinados.* **2** (no contable) ASTRON. Extensión donde flotan los astros: *Los viajes al espacio ya no son un sueño.* **~ cósmico. ~ planetario. ~ sideral.** **3** Extensión ocupada por una cosa: *Esta ciudad tiene muchos espacios ajardinados.* **4** (no contable) Distancia entre dos o más personas o cosas: *Hay poco espacio entre la mesa y la pared.* **5** (no contable) Porción de tiempo: *En el espacio de un año iré de nuevo a Venezuela.* **6** RADIO, T.V. Programa de radio o televisión: *un espacio deportivo. Este espacio se emite en directo.* **7** (no contable) FÍS. Distancia recorrida por un móvil en un tiempo determinado: *¿Qué espacio recorrió un tren que va a una velocidad constante de 125 kilómetros por hora durante 40 minutos?* **8** MÚS. Separación que hay entre las rayas del pentagrama: *El pentagrama tiene cuatro espacios.* **9** Separación entre los caracteres o las líneas de un texto escrito mecánicamente: *El texto está escrito a un espacio.* || **10 ~ aéreo** Parte de la atmósfera destinada al tráfico aéreo, sometida a la jurisdicción de un Estado: *Una nave sin identificar ha atravesado nuestro espacio aéreo.* **11 ~ vital** (no contable) Territorio o medio necesario para el desarrollo de una persona o un animal: *En esa habitación tan pequeña le falta espacio vital para poder estudiar.* FR. Y LOC. **geometría* del ~.**

espacioso, sa *adj.* (antepuesto / pospuesto) Que contiene un espacio amplio o grande: *Todas las habitaciones de esta casa son muy espaciosas. A través del pasillo se llegaba a una espaciosa sala donde estaban expuestas obras de arte.*

espada *s. f.* **1** Arma blanca de hoja recta, larga y cortante, con guarnición y empuñadura: *ceñir la espada, blandir la espada, esgrimir la espada, envainar la espada, desenvainar la espada, echar mano a la espada. Lo ha herido con la punta de la espada. Lo ha rozado con el filo de la espada.* **~ blanca** Espada ordinaria con filo y punta. **~ negra** Espada de esgrima, sin corte y con un botón en la punta. **2** JUEGOS. Naipe del palo de espadas, especialmente el as: *Tira una espa-*

da. No tengo ninguna espada. **3** (en plural) Palo de la baraja española: *el siete de espadas, la sota de espadas.* || *s. m./f.* **4** Persona hábil en el manejo de la espada: *Es el mejor espada de la competición de esgrima.* || *s. m.* **5** TAUROM. Matador de toros: *Los tres espadas del cartel son de categoría.* || **6 primer ~** 1 TAUROM. Torero que dirige la lidia: *Ahora salta al ruedo el primer espada.* 2 Persona que destaca en una profesión o actividad: *Es uno de los primeros espadas de su profesión.* **7 pez* ~. 8 ~ de Damocles** Amenaza que puede cumplirse sobre una persona en cualquier momento: *El cierre de la empresa es una espada de Damocles que pende sobre la cabeza de los trabajadores.* **9 ~ de dos filos** Procedimiento o actuación que puede resultar contraria a como se ideó o que produce, a la vez, dos efectos contrarios: *Es una espada de dos filos, porque si cambio de trabajo de momento ganaré más, pero quizá dentro de un tiempo el negocio vaya mal y me quede en la calle.* FR. Y LOC. **ceñir ~** RESTRINGIDO. Llevar la espada en el cinto. **ceñir la ~** Armar ‹una persona› caballero a otra persona: *El rey ciñó la espada a su leal guerrero.* **comedia* de capa y ~. defender a capa y ~** Apoyar ‹una persona› con gran fuerza una causa: *Defiende a capa y espada a su hermana.* **entre la ~ y la pared** COLOQUIAL. En situación comprometida, con obligación de elegir entre dos cosas igual de negativas: *El jefe me ha puesto entre la espada y la pared: o me voy de la empresa o me echa.* **presentar la ~** MIL. Saludar militarmente con la espada al rey o la bandera.

espadachín *s. m./f.* Persona experta en el manejo de la espada: *Los mosqueteros del rey de Francia eran consumados espadachines.*

espadaña *s. f.* **1** Campanario formado por una pared con huecos para las campanas: *Las iglesias de los pueblos castellanos suelen tener espadañas en vez de torres.* **2** Enea, planta que crece en lugares pantanosos, con hojas estrechas y largas que se emplean para hacer asientos de sillas y otros objetos.

espadín *s. m.* **1** MIL. Espada de hoja estrecha que se lleva como complemento de algunos uniformes. **2** *Sprattus sprattus.* Pez teleósteo parecido a la sardina, de cuerpo pequeño y cola hendida cubierto de grandes escamas.

espadón *s. m.* COLOQUIAL; PEYORATIVO. Jefe militar: *Su marido era un espadón que había luchado en África.*

espagueti *s. m.* (preferentemente en plural) Fideo grueso y muy largo, especial para preparar platos de pasta italiana: *espaguetis a la carbonara, espaguetis a la boloñesa.*

espahí *s. m.* **1** HIST. Soldado de la caballería francesa en Argelia. **2** HIST. Soldado de la caballería turca.

espalda *s. f.* **1** (igual significado en singular y plural) Parte posterior del cuerpo humano, desde los hombros hasta la cintura: *Me pica la espalda. Se carga los sacos sobre las espaldas como si estuvieran vacíos.* **cargado de espaldas** [Persona] que tiene la espalda deformada hacia delante. **2** Lomo de los animales: *Siempre que venimos aquí a comer pide espalda de cordero.* **3** Parte posterior de algunas prendas de vestir: *Cuando terminó el delantero, tejió la espalda del jersey. Tienes una mancha en la espalda de la camisa.* **4** (preferentemente en plural) RESTRINGIDO. Parte posterior de una cosa: *Las espaldas de una casa.* **5** (no contable) DEP. Estilo de natación que consiste en nadar boca arriba: *Ganó los 100 metros espalda.* FR. Y LOC. **a espaldas de** o **a mis/tus/sus... espaldas** En ausencia de una persona, sin que se entere una persona: *Lo critica a sus espaldas.* **caerse* de espaldas. cubrirse/guardarse las espaldas** COLOQUIAL. Protegerse ‹una persona› contra un posible peligro antes de que ocurra: *Se cubrió las espaldas con un seguro de accidentes.* **dar la ~** 1 Situarse ‹una persona› dejando detrás a otra persona: *Perdona, te estoy dando la espalda.* 2 Retirar ‹una persona› la confianza o el cariño a otra persona: *Le dio la espalda cuando más necesitaba su apoyo.* 3 Rechazar ‹una persona› una cosa: *Da la espalda a la evidencia.* **de espaldas a** Sin enfrentarse ‹una persona› a una cosa: *Vive de espaldas a la realidad.* **echar/tirar/tumbar de espaldas** COLOQUIAL; INTENSIFICADOR. Causar ‹una cosa› asombro positivo o negativo a una persona: *En esa habitación hay un olor que te tira de espaldas.* **echarse a la(s) espalda(s)** COLOQUIAL. Despreocuparse ‹una persona› de una cosa: *Es un pasota, todo se lo echa a la espalda.* **echarse/meterse entre pecho* y ~. por la ~** A traición, sin que la persona atacada se entere y pueda defenderse: *Fue un tiro por la espalda.* **tener las espaldas cubiertas/guardadas** COLOQUIAL. Vivir ‹una persona› tranquila por saber que dispone de un capital o está protegida contra un posible percance: *No le importa quedarse sin trabajo porque tiene las espaldas bien cubiertas.* **volver la ~** Retirar ‹una persona› la confianza o el cariño a otra persona: *Le volvió la espalda cuando supo que la había traicionado.*

espaldar *s. m.* Parte de la coraza que cubre la espalda.

espaldarazo *s. m.* **1** Reconocimiento de una persona como completamente apta para realizar una profesión o actividad: *Este encargo puede significar para ti el espaldarazo definitivo como exportadora de joyas.* SIN. confirmación. **2** Ayuda dada a una persona para la consecución de un objetivo: *Ha conseguido sacar a flote la empresa gracias al espaldarazo de los amigos.* **3** HIST. Golpe dado con la espada de plano en la espalda para armar caballero: *Don Quijote recibió el espaldarazo de manos del ventero.*

espaldera *s. f.* **1** RESTRINGIDO. Estructura enrejada adosada a un muro para que trepen y se extiendan algunas plantas. **2** (en plural) DEP. Aparato de gimnasia adosado a la pared, formado por una serie de barras horizontales: *Para los ejercicios abdominales hay que apoyar los pies en las espalderas.*

espaldero *s. m.* VEN. Guardaespaldas.

espaldilla *s. f.* Cuarto delantero de algunas reses: La *espaldilla de cordero asada es su plato favorito.*

espantada *s. f.* **1** Huida repentina de uno o más animales: *Temían que los truenos provocaran una espantada de las reses.* **2** Abandono brusco de una actividad, en especial si está ocasionada por el miedo: *Las espantadas del torero se hicieron famosas. Al verte dará la espantada.*

espantajo *s. m.* **1** Espantapájaros. **2** COLOQUIAL. Persona estrafalaria o despreciable : *No sé cómo se atreven a salir a la calle vestidos de espantajos.* **3** COLOQUIAL; PEYORATIVO. Cualquier persona o cosa que produce miedo infundado: *No te asustes de esos chicos, que sólo son unos espantajos.*

espantamoscas (plural *espantamoscas*) *s. m.* Objeto rústico, generalmente formado por un haz de hierbas o tiras de papel pegajoso, para espantar o atrapar moscas: *Hay que colgar otro espantamoscas, porque hay muchas moscas.*

espantapájaros (plural *espantapájaros*) *s. m.* **1** Objeto o muñeco rústico que se coloca en los sembrados para asustar a los pájaros: *Voy a poner un espantapájaros en el huerto.* SIN. espantajo. **2** COLOQUIAL; PEYORATIVO. Persona fea o ridículamente vestida: *Así vestido pareces un espantapájaros.*

espantar *v. tr.* **1** Hacer ‹una persona o una cosa› que [una persona o un animal] huya de un lugar: *Espantó los mosquitos* ***con*** *la mano.* SIN. ahuyentar. || *v. tr. / intr.* **2** Causar ‹una persona, un animal o una cosa› espanto o miedo a [una persona o un animal]: *El fuego espantó a los animales. El loco espantaba a todos* ***con*** *sus gritos.* || *v. intr.* **3** COLOQUIAL. Causar ‹una persona o una cosa› molestia o disgusto a [una persona]: *Me espanta conducir durante una tormenta. Le espantaba tener que decírselo.* SIN. desagradar. **4** Causar ‹una persona o una cosa› asombro o admiración a [una persona]: *Me espantó ver lo mal que vivían.* || *v. prnl.* **5** Mostrar ‹una persona› asombro o admiración: *Me espanté* ***de*** *ver lo sucia que tenían la casa.* **6** Sentir ‹una persona› miedo o espanto: *Vosotros os espantáis* ***con*** *cualquier cosa.* SIN. asustarse. FR. Y LOC. **~ la caza*.**

espanto *s. m.* **1** (no contable) Miedo muy intenso: *Le tiene espanto a las ratas. Siente un espanto tremendo ante la oscuridad.* SIN. terror. **2** Impresión muy fuerte que se siente ante un hecho terrible: *La noticia del asesinato causó espanto entre los vecinos.* **3** (no contable) COLOQUIAL. Desagrado o molestia muy grande: *Me da espanto ir al dentista. ¡Qué espanto tener que salir a la calle con este tiempo!* **4** COLOQUIAL. Persona o cosa muy fea: *¡Qué espanto de sombrero! Vino con un hombre que era un espanto.* **5** AMÉR. Fantasma, aparición. FR. Y LOC. **de ~** COLOQUIAL. Enorme, muy grande: *Había una cola de espanto.* **curado* de ~. ser un ~** Asustar ‹una cosa› por su cantidad o su magnitud: *Es un espanto el precio que tiene todo. El número de abusos diarios que se cometen es un espanto.*

espantoso, sa *adj.* **1** (antepuesto / pospuesto) Que causa espanto o terror: *Me han dado una espantosa noticia. Esta noche he tenido una pesadilla espantosa.* **2** (antepuesto / pospuesto) COLOQUIAL. Que es muy grande o intenso: *Tengo un hambre espantosa. Ya están otra vez con el espantoso ruido de las motos.* **3** (ser / estar; antepuesto / pospuesto) Que es muy feo: *Estás espantosa con ese peinado. Son unos zapatos espantosos.*

español, la *adj. / s. m.* y *f.* **1** De España, país europeo: *paisaje español, la industria española, una noticia española. He conocido a dos españoles. La Constitución española se aprobó en 1978.* **baraja* española. billar ~. capa* española. tortilla* española** o **tortilla de patatas.** || *s. m.* **2** Lengua románica, hablada en España, en la América hispana, en algunos puntos de Filipinas y, con algunas peculiaridades, en las comunidades sefardíes.

españolada *s. f.* PEYORATIVO. Acción, espectáculo u obra literaria que exagera y falsea el carácter español: *Esta fiesta es una españolada para los turistas.*

españolear *v. intr.* RESTRINGIDO; PEYORATIVO. Alabar ‹una persona› a España y lo español exageradamente: *Dice que va a Estados Unidos a españolear.*

españolidad *s. f.* (no contable) Cualidad de español: *La minoría sefardí reivindica su españolidad.*

españolismo *s. m.* **1** (no contable) Afición a las cosas de España: *El españolismo de algunos hispanistas es muy elevado.* **2** (no contable) Cualidad de lo que tradicionalmente se consideraba característico de España: *El españolismo de su pintura es indudable.* **3** Ideología y comportamiento del partidario de un estado centralista en España: *El españolismo es una característica esencial de nuestro partido.*

españolista *adj. / s. m.* y *f.* **1** Que es aficionado a las cosas de España: *Ese actor venezolano se ha ido a vivir a España porque es muy españolista.* **2** Que es partidario de un estado centralista en España: *Es un partido españolista, poco amigo de las autonomías.*

españolizar *v. tr. / prnl.* **1** Dar ‹una persona o una cosa› el carácter español a [otra persona u otra cosa]: *Aquí enseguida se españolizan las costumbres extranjeras.* **2** Dar ‹una persona› forma española a [una palabra de otra lengua]: *Algunos periodistas españolizan términos del inglés.* ⇒ **19.**

esparadrapo *s. m.* Tira de tela o plástico adhesiva que se emplea para sujetar vendajes o para otros usos sanitarios: *cortar un trozo de esparadrapo, sujetar con el esparadrapo.*

esparaván *s. m.* **1** ZOOL. Gavilán, ave de rapiña. **2** Tumor que se forma en la parte interna del corvejón de los equinos.

esparavel *s. m.* **1** Red redonda para pescar en ríos o zonas poco profundas. **2** Tabla de madera con un mango en su base, utilizada en albañilería para tener la mezcla que se ha de aplicar con la llana o la paleta.

esparcimiento *s. m.* **1** (no contable) Acción y resultado de esparcir o esparcirse: *Un aparato para conseguir el esparcimiento regular de las semillas. El esparcimiento de la noticia alarmó a la población.* **2** Entretenimiento o diversión: *Estuvo privado de los esparcimientos propios de la juventud. Este muchacho necesita esparcimiento.*

esparcir *v. tr.* **1** Tirar ‹una persona o una cosa› [una cosa] extendiéndola al mismo tiempo: *Esparcimos la semilla. El avión esparcía los folletos de propaganda por la playa.* **2** Hacer ‹una persona o una cosa› que [una noticia] llegue a mucha gente o a muchos lugares: *Esparce la buena noticia por todo el barrio.* SIN. difundir. **3** Divertir ‹una persona o una cosa› [a una persona]: *Los bufones actuaban para esparcir a los nobles.* SIN. distraer. || *v. prnl.* **4** Quedar ‹una cosa› extendida: *Se esparció la leche* ***por*** *la mesa.* **5** Llegar ‹una noticia› a mucha gente o a muchos lugares: *La noticia pronto se esparció* ***por*** *pueblos y ciudades.* **6** Divertirse ‹una persona›: *Nos esparcimos todas las tardes con un paseíto.* SIN. distraerse. ⇒ **90.**

espárrago *s. m.* **1** Brote de la esparraguera, de color verdoso o blanquecino y de forma alargada, que se consume frito o en conserva: *tortilla de espárragos, lata de espárragos. Dice que no le gustan los espárragos.* **2** Esparraguera, planta: *En esta zona hay muchos espárragos.* **~ triguero** *Aspáragus acutifolius.* Espárrago silvestre, fino y de color verde. **3** Pieza metálica alargada y roscada que entra en el agujero de otra pieza y la sujeta con una tuerca: *Necesitamos cuatro espárragos para cada estante.* FR. Y LOC. **ir / mandar a freír espárragos** COLOQUIAL; DISGUSTO, ENFADO. Rechazar ‹una persona› a una persona o una cosa: *Déjame en paz, vete a freír espárragos. Estoy harto de esta moto: la voy a mandar a freír espárragos.*

esparraguera *s. f.* Género *Aspáragus.* Planta liliácea de tallo recto, hojas en forma de aguja y flores verdosas, cuyos brotes tiernos de color blanco son muy apreciados como alimento.

esparramar *v. tr. / prnl.* COLOQUIAL. Desparramar.

esparrancarse *v. prnl.* COLOQUIAL. Separar ‹una persona› mucho las piernas: *Si te esparrancas así yo no quepo en el asiento de detrás del coche.* SIN. despatarrarse. ⇒ **71**.

espartano, na *adj. / s. m.* y *f.* **1** De Esparta, ciudad de la antigua Grecia: *un soldado espartano. Hizo un estudio sobre las costumbres de los espartanos.* ‖ *adj.* **2** Que se ajusta a las normas con severidad: *En la empresa tenemos una dirección espartana.*

esparteña *s. f.* Alpargata de suela de esparto: *Mi abuelo solía llevar esparteñas y no soportaba los zapatos.*

espartero, ra *s. m. / f.* RESTRINGIDO. Persona que tiene por oficio hacer o vender objetos de esparto.

esparto *s. m.* **1** *Lygeum spartum:* Planta gramínea de hojas muy largas, delgadas y duras que están enrolladas, flores agrupadas en espigas y semillas muy pequeñas: *El esparto crece espontáneamente en el centro y sur de España, y en las zonas desérticas de África.* **2** Hoja de los espartos que se utiliza para hacer sogas, suelas de zapatos y otros objetos: *He comprado estropajos de esparto en la droguería.*

espasmo *s. m.* MED. Contracción involuntaria de los músculos: *Tiene espasmos musculares debido al cansancio.* SIN. convulsión.

espasmódico, ca *adj.* MED. Que va acompañado de un espasmo: *dolor espasmódico, temblor espasmódico. Tiene ataques espasmódicos con cierta frecuencia.*

espatarrar *v. tr. / prnl.* **1** COLOQUIAL. Separar ‹una persona› mucho las piernas [a otra persona]: *Tu hijo me espatarró para sentarse entre mis piernas.* ***Se*** *espatarró en la primera silla que encontró libre.* SIN. despatarrar(se). ‖ *v. prnl.* **2** COLOQUIAL. Caerse ‹una persona› al suelo con las piernas abiertas: *He dado un resbalón y me he espatarrado en mitad de la calle.* SIN. despatarrarse.

espato *s. m.* **1** MINERAL. Mineral de estructura laminar. ‖ **2 ~ de Islandia** MINERAL. Espato calizo muy transparente, usado en el campo de la óptica. **3 ~ flúor** MINERAL. Fluorina. **4 ~ pesado** MINERAL. Baritina. **5 ~ calizo** MINERAL. Caliza cristalizada en romboedros.

espátula *s. f.* **1** Herramienta formada por una lámina metálica con el canto afilado y un mango largo, que se utiliza en albañilería, pintura, farmacia y otros oficios: *espátula de albañil, espátula de pintor, espátula de cocina, espátula de escultor, espátula de dentista. Rasca la pared con la espátula, que luego repasaremos los agujeros.* **2** (macho y hembra) ZOOL. *Platalea leucorodia.* Ave de plumaje blanco, con un moño de plumas en la parte posterior de la cabeza, patas largas y pico largo, ancho y muy aplanado en la punta, que habita en lagunas y aguas costeras.

especia (diferente de *especie*) *s. f.* (no contable) Sustancia aromática de origen vegetal que se emplea en la cocina como condimento: *La canela, el clavo, la pimienta y el azafrán son especias.* **la ruta de las especias** Ruta que seguían los comerciantes europeos para conseguir estos condimentos en los mercados de Oriente.

especial *adj.* **1** (antepuesto / pospuesto) Que se diferencia de lo que es corriente o frecuente: *Esa especial manera de ver las cosas va con su carácter. Te crees especial* ***en*** *todo. Te haré una comida especial por ser tu cumpleaños.* **efectos* especiales. enviado* ~.** **2** (antepuesto / pospuesto) Que es muy adecuado o que es conveniente para una persona o una cosa: *Tengo un especial empeño en que nos veamos esta tarde. Esta harina es especial* ***para*** *repostería.* **educación* ~.** FR. Y LOC. **en ~** Especialmente, en particular: *Me gusta mucho ir al campo, en especial en otoño.*

especialidad *s. f.* **1** Actividad, saber o producto en el que sobresale una persona, una zona o un establecimiento: *especialidades de la casa. La paella es la especialidad de Valencia. El pensar no es su especialidad. La novela del XIX es su especialidad.* **2** Ramo de una ciencia, arte o actividad sobre el que se poseen conocimientos y habilidades muy precisos: *Estudia la especialidad de pediatría.* SIN. rama. **3** Cualidad o circunstancia de ser especial una cosa: *Ésa es precisamente la especialidad de este coche, que casi no gasta nada.* SIN. peculiaridad.

especialista *adj. / s. m.* y *f.* **1** Que ha adquirido conocimientos y habilidades especiales en una rama del conocimiento o de una actividad: *un médico especialista. Fue a un especialista* ***en*** *muebles antiguos. Es uno de los mayores especialistas* ***en*** *Historia Antigua. Es un especialista* ***de*** *las pruebas contrarreloj.* **2** Que ha adquirido cierta habilidad en una cosa: *Es especialista* ***en*** *ponerme nerviosa. Es especialista* ***en*** *gastar bromas pesadas.* ‖ *s. m. / f.* **3** CINE. Actor que sustituye al actor principal para rodar las escenas peligrosas o que requieren una habilidad concreta: *La escena en la que salta del puente la ha rodado un especialista.*

especialización *s. f.* Acción y resultado de especializar o especializarse: *Es médico, pero quiere hacer una especialización en geriatría.*

especializar *v. tr.* **1** Hacer ‹una persona› que [una persona o una cosa] desempeñe [una función determinada]: *Han especializado esta planta del hospital para las enfermedades contagiosas.* ‖ *v. prnl.* **2** Desempeñar ‹una persona o una cosa› [una función determinada]: *Esta biblioteca se especializa* ***en*** *literatura infantil.* **3** Adquirir ‹una persona› conocimientos o habilidades en [una rama de una ciencia o arte]: *Esta científica se especializó* ***en*** *física nuclear.* ⇒ **19.**

especie *s. f.* **1** Conjunto de cosas semejantes entre sí por tener caracteres comunes: *Cómo se nota que sois de la misma especie, con las mismas aficiones y las mismas manías.* **2** BIOL. Categoría utilizada para clasificar a los seres vivos, y que comprende un conjunto de individuos con unas características comunes y capaces de reproducirse entre sí: *especie protegida, especie en extinción. Las aves de la misma especie suelen vivir agrupadas.* **3** LÓG. Grupo de individuos con unas mismas características incluido dentro de un género: *El conjunto de los niños es una especie del género de los seres humanos.* **4** Clase o tipo al que se asimila una cosa: *La especie de vida que lleva no puede conducir a nada bueno. La especie de hombre que es lo obliga a actuar así.* **5** RESTRINGIDO. Rumor o noticia del que se habla: *Están difundiendo unas especies que no me gustan nada.* ‖ **6 especies sacramentales** REL. Entre los católicos, olor, color y sabor del pan y del vino consagrados por el sacerdote en la eucaristía. FR. Y LOC. **en ~** En género, en productos o en servicios, no en dinero: *Como no tienen moneda comercian en especie. Los pagos en especie también deben declararse a Hacienda.* **~ de** Cosa que tiene cierto parecido a otra: *Lleva una especie de abrigo que parece un poncho.*

especiero, ra *s. m. / f.* **1** Persona que tiene por oficio vender especias: *Voy al especiero a comprar azafrán y canela en rama.* ‖ *s. m.* **2** Pequeño mueble con armarios o estanterías para guardar las especias: *Mete la pimienta en el especiero.*

especificación *s. f.* Acción y resultado de especificar: *La especificación de los candidatos admitidos saldrá en una lista dentro de una semana. Las especificaciones de este medicamento dicen claramente que no debe ser administrado a personas hipertensas.*

especificar *v. tr.* Dar ‹una persona o una cosa› los datos precisos sobre [una persona o una cosa] para distinguirla o para dar información: *Especificó con todo detalle los pueblos que recorreremos. El folleto no especificaba nada.* ⇒**71.**

especificativo, va *adj.* **1** Que especifica: *unas explicaciones especificativas.* **2** GRAM. [Adjetivo] que limita la extensión del sustantivo al que se refiere.

especificidad *s. f.* **1** Característica que diferencia a un individuo o a un grupo de otro: *La especificidad de las aves consiste en estar recubiertas de plumas.* **2** Adecuación de una cosa al fin para el que se destina: *La especificidad de este tratamiento hace que no sea recomendable a menores.*

específico, ca *adj.* **1** Que caracteriza o distingue una especie de otra: *Es un producto específico* ***para*** *quitar las manchas. Tiene una preparación específica* ***en*** *este trabajo.* **2** MED. Que es característico de una enfermedad determinada: *La fiebre es uno de los síntomas específicos* ***de*** *la gripe.* **3** [Medicamento, tratamiento] que es apropiado para tratar una determinada enfermedad: *Me ha puesto un tratamiento específico* ***para*** *mi caso.* || *s. m.* **4** Medicamento fabricado industrialmente por un laboratorio y que se vende con nombre registrado: *centro de específicos. Han enviado un avión cargado de específicos a la zona del conflicto.* || **5 calor* ~. 6 peso* ~. 7 masa* específica.**

espécimen (plural *especímenes*) *s. m.* ELEVADO. Modelo o representante de una clase o especie: *El gorila blanco de Barcelona es un espécimen único.*

espectacular *adj.* **1** (antepuesto / pospuesto) Que llama mucho la atención: *una caída espectacular. Este modelo es espectacular. Un espectacular coche pasó por delante de nosotros.* **2** (antepuesto / pospuesto) Que tiene caracteres propios del espectáculo: *Montaron un acto espectacular para celebrar su homenaje. La espectacular actuación del ballet fue alabada unánimemente.* || *s. m.* **3** ARG. Programa de televisión especial por la duración o por el elevado número de participantes en él.

espectacularidad *s. f.* Cualidad de espectacular: *La espectacularidad de las imágenes del terremoto nos sobrecogió. La espectacularidad del acontecimiento está garantizada. La carrera tuvo poca espectacularidad.*

espectáculo *s. m.* **1** Función o diversión que se ofrece a un público: *espectáculo taurino, espectáculo teatral. Después de cenar asistieron a un espectáculo de variedades. Le gustan los espectáculos del circo. Los actores forman parte del mundo del espectáculo.* **2** Suceso o escena que atrae la atención de quien lo presencia: *La contemplación de este paisaje es un espectáculo único que ofrece la naturaleza.* **3** Acción que causa escándalo o asombro: *Con ese disfraz has dado el espectáculo. ¡Vaya espectáculo que disteis ayer discutiendo en el restaurante!*

espectador, ra *adj. / s. m.* y *f.* **1** Que asiste a un espectáculo público: *el público espectador. La obra gustó mucho a los espectadores.* **2** Que mira con atención: *No intervino en la discusión, estaba como mero espectador.*

espectral *adj.* **1** FÍS. Del espectro: *análisis espectral.* **2** (antepuesto / pospuesto) Que se parece o recuerda a un espectro o figura de aspecto horrible: *La espectral imagen apareció en escena.* SIN. fantasmal.

espectro *s. m.* **1** Figura de aspecto horrible, en muchos casos de un difunto, que alguien cree ver: *el espectro del conde. Me pareció ver un espectro en una de las habitaciones del castillo.* **2** COLOQUIAL. Persona muy delgada y demacrada: *Está hecho un espectro de sí mismo.* **3** (no contable) FARM. Serie de microbios sobre los que actúa un medicamento: *Este antibiótico es* ***de*** *amplio espectro.* **4** (no contable) FÍS. Conjunto de frecuencias de una radiación, especialmente de la luz: *el espectro de los colores del arco iris.* **~ luminoso** Banda de los colores del arco iris diferenciados por su respectiva longitud de onda, que resulta de la descomposición de la luz blanca al atravesar un prisma. **~ solar** Espectro emitido por el Sol.

espectrógrafo *s. m.* **1** FÍS. Instrumento óptico que graba sobre una placa fotográfica el espectro de una radiación luminosa: *Han traído un espectrógrafo nuevo al laboratorio.* **2** LING. Aparato utilizado en fonética que descompone un sonido complejo en sus componentes: *La duración del sonido sólo se puede determinar con el espectrógrafo.*

espectroscopia *s. f.* (no contable) FÍS. Parte de la Física que estudia los espectros de las radiaciones electromagnéticas.

especulación *s. f.* **1** Reflexión o suposición que se hace sobre una cosa: *Eso de que hay vida en otros planetas no es más que una especulación, no hay pruebas concluyentes.* **2** (no contable) Compra de una cosa cuando su precio es bajo para venderla cuando suba y sacar así beneficios: *La especulación del suelo encarece su precio.*

especular *adj.* ELEVADO. Del espejo o que se refleja en él: *El brillo especular de sus ojos iluminaba mi vida.*

especular *v. tr. / intr.* **1** Pensar ‹una persona› en [una cosa]: *Especuló* ***sobre*** *la salida del conflicto. No vale la pena especular* ***sobre*** *cómo solucionarlo.* SIN. reflexionar. || *v. intr.* **2** Hacer ‹una persona› suposiciones sobre [una cosa]: *Especuló* ***con*** *su cargo. Estuvieron especulando* ***sobre*** *la posibilidad de abrir un nuevo negocio.* **3** Comprar ‹una persona› [una cosa que se supone va a subir de precio] para luego venderla y obtener beneficio de ello: *Especuló* ***con*** *unos terrenos que había comprado a bajo precio y ganó mucho.* **4** Usar ‹una persona› [un recurso a su alcance] para obtener un beneficio no comercial: *Ha especulado* ***con*** *las confidencias de su amigo para ganarse al jefe.*

especulativo, va *adj.* **1** ECON. De la especulación económica: *actividad especulativa. Una economía especulativa puede llevar un país a la ruina.* **2** [Conocimiento] que se basa en la teoría y no en la práctica: *Su conocimiento sobre la Medicina es totalmente especulativo; en su vida ha pisado un hospital.* **3** Que especula o tiende a especular o reflexionar: *teoría especulativa. Tiene una mente muy especulativa.*

espéculo *s. m.* MED. Instrumento provisto de un espejo utilizado en medicina para explorar cavidades con un conducto externo: *espéculo nasal, espéculo vaginal.*

espejarse *v. prnl.* RESTRINGIDO. Reflejarse ‹la imagen de un objeto› en [una superficie]: *Su cara se espejaba* ***en*** *el lago.*

espejear *v. intr.* RESTRINGIDO. Brillar ‹una cosa› como un espejo: *Sus ojos espejeaban cuando me miraba.*

espejismo *s. m.* **1** Ilusión óptica debida a la refracción de la luz en las capas de aire más próximas al suelo que consiste en ver objetos lejanos en posición invertida, como si estuvieran reflejados en una balsa de agua: *Los espejismos son frecuentes en los desiertos.* **2** Apariencia que engaña: *Creyeron que todos los problemas se habían resuelto, pero fue sólo un espejismo.*

espejo *s. m.* **1** Lámina de vidrio recubierta por una capa metálica, que refleja la imagen del objeto que tiene delante: *reflejarse en el espejo, mirarse en el espejo, colgar un espejo. Quiere llenar la pared de espejos.* **~ cóncavo. ~ convexo. ~ de vestir** o **~ de cuerpo entero. ~ de mano. ~ plano. ~ retrovisor.** **2** Superficie lisa en la que se reflejan los objetos: *Se miró en el espejo de las aguas.* **3** Aquello que retrata o da imagen de una cosa: *Su cine es un espejo de la realidad. El teatro es el espejo de la vida. La cara es el espejo del alma.* **4** Modelo digno de ser imitado: *Es un espejo de virtudes. El difunto era un espejo de honradez.* **5** ARQ. Adorno arquitectónico ovalado que se entalla en las molduras huecas. || **7 ~ de falla** GEOL. Plano de falla pulido por la fricción de la falla al separarse. **8 ~ de los Incas** Obsidiana. **9 ~ de venus** Hierba de hojas oblongas y flores violáceas de pétalos soldados: *Algunas variedades del espejo de venus se cultivan como plantas ornamentales.* FR. Y LOC. **como un ~** Muy limpio: *Tiene la casa como un espejo.* **mirarse como en un ~** 1 COLOQUIAL. Tener ‹una persona› mucho cariño, admiración o respeto a otra persona: *El papá se mira en el hijo como en un espejo.* 2 COLOQUIAL. Tomar ‹una persona› a otra persona como modelo: *El chiquillo se mira en su tío como en un espejo.*

espejito *s. m.* ARG., URUG. Juego infantil que consiste en arrojar figuritas contra la pared.

espejuelo *s. m.* **1** Manera engañosa de atraer a las personas: *Algunas rebajas no son más que un espejuelo para los compradores.* **2** Yeso cristalizado en láminas brillantes. SIN. selenita. (RESTRINGIDO). **3** (en plural) AMÉR. Cristales que se ponen en las gafas. **4** (en plural) AMÉR. Gafas. **5** COL. Confitura de frutas compacta, transparente y brillante.

espeleología *s. f.* **1** (no contable) GEOL. Ciencia que trata de la naturaleza, origen y evolución de las cavidades naturales del subsuelo: *practicar la espeleología. La espeleología consiste en la exploración de grutas y cavernas.* **2** DEP. Práctica deportiva que consiste en la exploración de las cavidades naturales del subsuelo.

espeleólogo, ga *s. m. / f.* Persona que tiene como profesión la espeleología o que la practica como deporte: *Tengo un amigo que es espeleólogo. Soy espeleóloga aficionada.*

espeluznante *adj.* (antepuesto / pospuesto) Que causa pavor o terror: *Son unas imágenes espeluznantes. Es autor de un espeluznante relato.* SIN. escalofriante.

espeluznar *v. tr. / prnl.* Causar ‹una persona o una cosa› miedo [a una persona]: *Aquel suceso nos espeluznó a todos. A mí me espeluzna pensar que puede estallar otra guerra.*

espeluzno *s. m.* COLOQUIAL. Escalofrío o estremecimiento: *La escena de terror le produjo espeluznos.*

espera *s. f.* **1** (no contable) Acción y resultado de esperar: *Parecía que no iba a llegar nunca: la espera se hizo interminable.* **2** DER. Plazo señalado por el juez para la ejecución de una cosa: *Se fijaron quince días de espera para que el demandado liquidara su deuda.* **3** CAZA. Puesto donde el cazador aguarda a que la caza acuda espontáneamente: *En aquel cerro tengo la espera.* FR. Y LOC. **a la ~ de** Esperando que una cosa ocurra: *Estamos a la espera de que se produzcan nuevos acontecimientos.* **compás* de ~. en ~ de** A la espera de.

esperanto *s. m.* LING. Lengua artificial creada para servir como idioma universal: *El alfabeto del esperanto consta de veintiocho letras.*

esperanza *s. f.* **1** (no contable) Confianza de que ocurra o se logre una cosa que se desea: *Hay que tener esperanza. Lo último que se pierde siempre es la esperanza. Tengo muchas esperanzas de que se cure.* ANT. desesperanza. **2** Objeto o persona en la que se pone esa confianza: *Tú eres mi última esperanza. Mi única esperanza es que se arrepienta y vuelva.* **3** (no contable) REL. Entre los cristianos, virtud teologal por la que se espera recibir de Dios los bienes prometidos. || **4 ~ de vida** Media del número de años que se espera que vivan los individuos de una población. FR. Y LOC. **dar esperanza(s)** Animar ‹una persona› a otra persona en sus deseos: *Creo que no he hecho un buen examen, pero el profesor me ha dado esperanzas, quizá apruebe.* **en estado* (de buena ~) o en estado interesante.**

esperanzar *v. tr.* **1** Dar ‹una persona o una cosa› esperanzas a [una persona]: *El médico me ha esperanzado al decirme que me recuperaré en unas semanas.* || *v. prnl.* **2** Tener ‹una persona› esperanzas: *Nos esperanzamos cuando supimos que no todo estaba perdido.* ⇒ **19.**

esperar *v. tr. / prnl.* **1** Tener ‹una persona› confianza en que sucederá [una cosa]: *Esperaba que se produjera su arrepentimiento y que se conociera la verdad. No me esperaba que reaccionaras así.* **2** Creer o saber ‹una persona› que va a ocurrir [una cosa]: *Se esperan lluvias para el fin de semana.* || *v. tr.* **3** Desear ‹una persona› que ocurra [una cosa]: *Espero que te mejores pronto.* **4** Estar ‹una cosa› en el futuro de [una persona o una cosa]: *Los esperaban el hambre y la sed del desierto. En casa nos espera una bronca.* SIN. aguardar. || *v. tr. / intr.* **5** Permanecer ‹una persona o una cosa› en un lugar hasta que llegue [una persona] u ocurra [una cosa]: *Esperaremos **a** que venga para montar la fiesta. Prefiero esperar **en** el comedor.* SIN. aguardar. **6** Estar ‹una mujer› embarazada: *Espera un hijo para la primavera. Espera para mayo.* FR. Y LOC. **de aquí te espero** COLOQUIAL; INTENSIFICADOR. Muy grande o fuera de lo común: *Hace un frío de aquí te espero.* **~ el santo advenimiento*. ~ / recibir con los brazos* abiertos. ~ sentado** Prever ‹una persona› que otra persona tardará mucho en hacer o conseguir una cosa: *Si crees que te voy a ayudar, puedes esperar sentada.* **ser de ~** Considerarse ‹una cosa› lógica o posible: *Es de esperar que no tarde. En esta época del año es de esperar que llueva.*

esperma *s. m. / f.* **1** (preferentemente en masculino) BIOL. Líquido de las glándulas genitales del sexo masculino: *Las donaciones de esperma son necesarias para las inseminaciones artificiales.* SIN. semen. **2** COL. Vela para alumbrar. || **3 ~ de ballena** Sustancia grasa que se obtiene del cráneo del cachalote y sirve para hacer velas y pomadas.

espermafito, ta *adj. / s. m.* y *f.* **1** BOT. [Planta] que se reproduce por semillas: *Los vegetales espermafitos se caracterizan por tener flores, raíces, tallos y hojas.* || *s. f.* **2** (plural) BOT. Grupo de estas plantas.

espermatofito o **espermatófito** *s. m.* Espermafito, planta que se reproduce por semillas.

espermatozoide o **espermatozoo** *s. m.* BIOL. Célula masculina producida por los testículos y encargada de fecundar el óvulo en la reproducción sexual: *Los espermatozoides son expulsados al exterior con el esperma durante la eyaculación.*

espermicida *adj. / s. m.* [Sustancia] que destruye los espermatozoides: *Usaba un espermicida para no quedarse embarazada.*

esperpéntico, ca *adj.* **1** LIT. Del esperpento literario: *el estilo esperpéntico de Valle Inclán.* **2** Que tiene alguna característica del esperpento: *Esta situación es esperpéntica, no he visto nada más absurdo en mi vida.*

esperpento *s. m.* **1** ELEVADO; PEYORATIVO. Persona o cosa muy fea o ridícula: *Esa escultura es un esperpento. Con esa ropa parece un esperpento.* **2** LIT. Género literario inventado por Valle-Inclán, autor español, que consiste en deformar la realidad de manera grotesca.

espesar *v. tr.* **1** Hacer ‹una persona o una cosa› más espeso [un líquido]: *Conseguirás espesar la salsa poniéndole un poco de puré de patata.* **2** Unir ‹una persona o una cosa› [una cosa] con otra cosa haciéndola más cerrada y tupida: *Los jardineros han espesado el seto con otra fila de cipreses.* ‖ *v. prnl.* **3** Hacerse ‹un líquido› más espeso: *El caldo se espesó al echarle pan. El chocolate se ha espesado demasiado.* **4** Hacerse ‹una cosa› más cerrada y tupida: *El bosque se espesa pasado el río. El humo se ha espesado más por culpa del nuevo foco del incendio.*

espeso, sa *adj.* **1** (ser / estar; antepuesto / pospuesto) [Líquido] que está mezclado con mucha materia sólida y fluye con dificultad: *El puré y el chocolate a la taza son espesos. Un espeso líquido resbalaba por la pared.* **2** (ser / estar; antepuesto / pospuesto) Que tiene los elementos o partes que lo forman muy juntos o tupidos: *un bosque muy espeso. La niebla parece que está hoy más espesa.* **3** (antepuesto / pospuesto) Que tiene grosor: *Unos espesos muros separaban al reo de la libertad.* **4** (estar; antepuesto / pospuesto) Que sucede o funciona con más lentitud de lo habitual: *La circulación está muy espesa.Hoy estoy espeso y no consigo escribir ni una página.*

espesor *s. m.* **1** Grosor o anchura de un cuerpo sólido: *el espesor de una tela. Esta alfombra tiene poco espesor.* SIN. grueso. **2** Densidad de un líquido, un gas o una masa: *El espesor de la niebla impedía que nos orientáramos. El espesor de la noche no dejaba ver nada.* SIN. espesura.

espesura *s. f.* **1** Cualidad de espeso: *La espesura de la niebla era cada vez más densa. La espesura de la maleza contribuyó a que el fuego se extendiera rápido.* SIN. espesor. **2** Lugar muy poblado de árboles y matorrales: *Le gusta pasear por la espesura.*

espetar *v. tr.* **1** Atravesar ‹una persona› [un cuerpo] con un objeto largo y puntiagudo: *El mago espetó el globo con una aguja de punto sin que reventara.* **2** Poner ‹una persona› [un alimento] en un asador para cocinarlo: *Espetó el pollo en el asador para ponerlo al fuego.* SIN. ensartar. **3** COLOQUIAL. Decir ‹una persona› [una cosa que sorprende o molesta] a [una persona]: *Le espetó un larguísimo discurso.* SIN. soltar. ‖ *v. prnl.* **4** Ponerse ‹una persona› erguida mostrando seriedad o importancia: *Se ha espetado desde que lo han nombrado encargado.* SIN. envararse. **5** Ponerse ‹una persona› en [un lugar seguro]: *Se espetó de pronto* ***en*** *el sofá para que no lo golpeara.*

espetera *s. f.* **1** Tabla con ganchos para colgar alimentos y utensilios de cocina: *En esta pared voy a poner una espetera.* **2** Conjunto de utensilios metálicos colgados en esa tabla: *Cuelga el cucharón en la espetera.* **3** GUAT., HOND. Excusa, pretexto.

espetón *s. m.* **1** Varilla o hierro alargado, delgado y puntiagudo, utilizado para mover, empujar o pinchar, como un estoque o un asador. SIN. espiche. **2** (macho y hembra) ZOOL. Aguja, pez.

espía *adj.* **1** Que se utiliza para espiar: *submarino espía, avión espía.* ‖ *s. m. / f.* **2** Persona que espía, u observa y escucha para comunicárselo a otra persona interesada: *Hace de espía para el jefe, y le cuenta qué pasa en las asambleas de los trabajadores.* **3** Agente secreto que recoge información confidencial de la competencia o de un país extranjero: *Matahari fue una espía muy famosa. He visto una película de espías.* **~ doble** Espía que trabaja a la vez para dos partes contrarias.

espiar *v. tr.* **1** Observar o escuchar ‹una persona› [a una persona o una cosa] disimuladamente: *Espiaba a los vecinos por una rendija. Espía los movimientos de aquel hombre.* SIN. vigilar. ‖ *v. tr. / intr.* **2** Intentar obtener ‹una persona› información secreta de [un país extranjero] o de [la competencia]: *Espiaba para los rusos.* ⇒ **8.**

espichar *v. intr.* **1** COLOQUIAL. Morir ‹una persona›: *Está muy mal herido y quién sabe si no espicha.* ‖ *v. tr.* **2** CHILE; COLOQUIAL. Hacer ‹una persona› [un discurso fanfarrón]. **3** Aplastar ‹una persona› [una cosa]. ‖ *v. prnl.* **4** COL., VEN. Desinflar ‹una persona› [un neumático]. **5** CUBA, MÉX. Chuparse, adelgazar ‹una persona›. FR. Y LOC. **espicharla** COLOQUIAL. Morir ‹una persona›: *La espichó anteayer.*

espiche *s. m.* **1** RESTRINGIDO. Armas o instrumento largo y puntiagudo, como un asador. **2** Trozo pequeño de madera en forma de cuña redondeada para tapar o cerrar un agujero en una barca o en una cuba: *Para abrir la cuba se le quita el espiche con un martillo.* **3** ARG., URUG.; COLOQUIAL. Discurso largo y aburrido.

espícula *s. f.* BOT. Conjunto de flores agrupadas en racimos de una planta gramínea.

espiedo *s. m.* ARG., URUG. Espetón de un horno.

espiga *s. f.* **1** Conjunto de flores o de frutos que se insertan a lo largo de un tallo común: *Los frutos del trigo forman una espiga.* **2** Espiguilla, dibujo en un tela: *Me he comprado una chaqueta de espiga gris, muy bonita.* **3** Parte delgada de una herramienta o de una pieza de madera que encaja en otra pieza: *Hay que encajar la espiga de las patas en la base del armario.* **4** Clavo de madera. **5** Clavo pequeño sin cabeza. **6** Parte de la espada que se introduce en el puño.

espigado, da *adj.* (ser / estar) [Niño, joven] que es muy alto y delgado: *El niño está muy espigado. Es tan espigada que parece que se va a romper.*

espigar *v. tr.* **1** Recoger ‹una persona› [las espigas que han quedado tras la siega]: *En este pueblo siempre han espigado los que no tenían tierras.* ‖ *v. tr. / intr.* **2** Buscar y recoger ‹una persona› [datos o información] de diferentes fuentes: *Estoy espigando datos para un libro sobre la historia del puerto.* ‖ *v. intr.* **3** Comenzar ‹un cereal› a formar espiga: *La cebada espigará de aquí a una semana.* ‖ *v. prnl.* **4** Crecer ‹una persona› mucho o muy rápidamente: *¡Cómo se ha espigado este chaval!* SIN. estirarse. ⇒ **56.**

espigón *s. m.* Muro construido a orilla del mar o de un río para proteger aquélla o modificar la corriente: *Le gusta pasear por el espigón del muelle.*

espiguilla *s. f.* **1** Dibujo parecido a la espiga, formado por un eje y líneas laterales paralelas entre sí y oblicuas al eje: *Me ha hecho una chaqueta de un tejido de espiguilla.* **2** Cada una de las espigas pequeñas que forman la principal en determinadas plantas.

espín *s. m.* Se usa en la LOC. **puerco* ~** o **puerco espino.**

espina *s. f.* **1** Parte dura y puntiaguda del esqueleto de los peces: *No me gusta este pescado porque tiene muchas espinas.* **2** Parte puntiaguda que nace del tejido de algunas plantas: *Me he pinchado con las espinas de un rosal. Las espinas de las plantas tienen una misión protectora.* **3** Astilla pequeña terminada en punta: *Al trepar por el árbol se clavó una espina en un dedo.* **4** Sentimiento de pesar o frustración de una persona: *Queremos ganar el partido para sacarnos la espina de las derrotas anteriores. Te he confesado la verdad porque me parecía que tenía una espina clavada.* **5** (en plural) Penalidades, momentos desagradables: *Mi vida ha sido un camino de espinas.* || **6 ~ bífida** (no contable) MED. Malformación congénita que consiste en una fisura de los arcos de las vertebras por la que se puede salir la médula: *La espina bífida afecta a un tanto por ciento de recién nacidos.* **7 ~ dorsal** ANAT. Columna vertebral. FR. Y LOC. **dar mala ~** COLOQUIAL. Producir ‹una persona o una cosa› recelo a una persona: *Me da mala espina que se comporte de forma tan misteriosa. Siempre te dio mala espina ese hombre.*

espinaca *s. f.* Hortaliza de tallos gruesos y hojas grandes y verdes que se consume como verdura: *espinacas hervidas con patatas. Las espinacas florecen en verano.*

espinal *adj.* Del espinazo o columna vertebral: *región espinal, nervio espinal.* **médula ~.**

espinar *s. m.* Lugar poblado de espinos: *Aunque el pueblo se llama Espinar, ya quedan pocos espinos.*

espinazo *s. m.* ANAT. Columna vertebral. FR. Y LOC. **doblar el ~** 1 COLOQUIAL Humillarse de forma servil ‹una persona›: *En cuanto el jefe le dice algo dobla el espinazo y es incapaz de razonar.* 2 COLOQUIAL. Trabajar ‹una persona› o esforzarse en un trabajo: *Vive como una marquesa, dice que ella no ha nacido para doblar el espinazo.*

espinela *s. f.* LIT. Estrofa de diez versos octosílabos con rima consonante: *La espinela se atribuye a Vicente Espinel, poeta y novelista español del Siglo de Oro.* SIN. décima.

espineta *s. f.* MÚS. Antiguo instrumento musical parecido al clavicordio pero más pequeño y con una sola cuerda en cada orden: *La espineta era un instrumento usado en los siglos* XVII *y* XVIII.

espingarda *s. f.* **1** MIL. Cañón de artillería antiguo. **2** MIL. Escopeta de chispa antigua, con el cañón muy largo, utilizada por los moros. **3** COLOQUIAL. Mujer muy alta y delgada, de figura desgarbada: *Ahora está en muy mala edad, con una pinta de espingarda horrorosa.*

espinilla *s. f.* **1** ANAT. Parte delantera de la tibia: *El futbolista recibió una patada en la espinilla.* **2** Grano pequeño y rojizo que sale en la piel: *Tiene la cara llena de espinillas.*

espinillera *s. f.* Pieza usada para proteger la espinilla en algunas actividades: *El jugador se quitó la espinillera porque le molestaba al correr.*

espinillo *s. m.* CUBA. Arbusto leguminoso de hojas pequeñas redondeadas y flores amarillas.

espino *s. m.* **1** Árbol o arbusto con ramas espinosas, flores blancas y olorosas y madera dura. **2** Planta cualquiera que tenga ramas espinosas: *Me he pinchado con un espino.* || **3 alambre* de ~. 4 puerco* espín** o **puerco ~.**

espinoso, sa *adj.* **1** BOT. Que tiene espinas: *planta espinosa. El tallo espinoso defiende la rosa de posibles agresiones.* **2** (antepuesto / pospuesto) Que está lleno de dificultades: *Es un asunto espinoso, muy delicado, en el que habrá que actuar con mucho tacto. La espinosa cuestión del presupuesto volvió a crear disensiones.*

espionaje *s. m.* **1** (no contable) Acción y resultado de espiar: *espionaje industrial, red de espionaje. El espionaje es arriesgado.* **2** Organización, medios y agentes dedicados a espiar: *El espionaje consumió un alto presupuesto durante la guerra. Es el responsable del espionaje de este país.*

espira *s. f.* **1** GEOM. Vuelta de una espiral o de una curva helicoidal: *El caparazón de algunos moluscos se desarrolla en espiras.* **2** GEOM. Línea en espiral. **3** ARQ. Parte de la basa de la columna que está encima del plinto.

espiración *s. f.* BIOL. Expulsión del aire de los pulmones: *La respiración tiene dos fases, la de inspiración y la de espiración.*

espiral *adj.* **1** GEOM. De la espiral o que tiene forma de espiral: *La escalera del palacio tiene una forma espiral muy ancha y despejada.* || *s. f.* **2** GEOM. Línea curva que da indefinidamente vueltas alrededor de un punto alejándose continuamente de él: *El maestro me hizo dibujar la espiral en la pizarra.* **3** Cualquier objeto con esta forma: *Cómprame un cuaderno, pero que sea de hojas grapadas, no me lo traigas de espiral.* **4** Muelle del volante de un reloj. **5** Proceso que aumenta de una manera rápida, progresiva e incontrolable: *Hemos entrado en una espiral de violencia.* **6** ARG., URUG. Insecticida sólido con esta forma, que espanta a los mosquitos con el humo que desprende, una vez encendido.

espirar *v. intr.* **1** Expulsar ‹una persona o un animal› el aire que ha aspirado: *En este ejercicio, cuando se levanten, inspiren por la nariz, y cuando se agachen, espiren por la boca.* || *v. tr.* **2** ELEVADO. Despedir ‹una cosa› [buen o mal olor]: *Estas aguas espiran un olor pestilente. Las rosas espiraban un perfume embriagador.*

espiritismo *s. m.* **1** (no contable) Creencia según la cual los espíritus de los muertos se pueden comunicar con los vivos: *El espiritismo está muy difundido en ciertas culturas.* **2** (no contable) Conjunto de prácticas para comunicarse con los espíritus: *Acudió a una sesión de espiritismo.*

espiritista *adj.* **1** Del espiritismo: *práctica espiritista, sesión espiritista.* || *s. m. / f.* **2** Persona que practica el espiritismo: *Un amigo fue a ver a una espiritista y salió muy impresionado.*

espiritoso, sa o **espirituoso, sa** *adj.* [Bebida] que contiene bastante alcohol: *El vino y el coñac son bebidas espiritosas.*

espiritrompa *s. f.* ZOOL. Órgano de los insectos lepidópteros a través del cual chupan el néctar de las flores, y que consiste en un tubo largo que se enrolla en espiral.

espíritu *s. m.* **1** Ser inmaterial: *Los duendes son espíritus fantásticos que protagonizan muchos cuentos y narraciones.*

Los ángeles son espíritus celestes. **~ inmundo / maligno** Entre los cristianos, demonio, ángel rebelde arrojado al infierno. **2** (no contable) REL. Parte inmaterial del ser humano: *Para muchas creencias lo más importante de los seres humanos es el espíritu.* SIN. alma. **pobres* de ~.** **3** (no contable) Parte intelectual del ser humano: *Leyendo se cultiva el espíritu. Era un espíritu inquieto, sediento de sabiduría.* SIN. mente. **4** (no contable) Actitud o cualidad de una persona o grupo: *espíritu de sacrificio, espíritu amistoso, espíritu de equipo, espíritu de partido, espíritu de solidaridad.* **~ de contradicción** 1 Tendencia a hacer o decir lo contrario de lo que los demás hacen o dicen: *Su espíritu de contradicción lo llevará a votar siempre en contra de nuestras propuestas.* 2 Persona inclinada a llevar siempre la contraria a otras: *Sonia es el espíritu de la contradicción: si todos queremos ir al cine, ella al teatro.* **5** (no contable) Conjunto de características esenciales que simbolizan a un grupo o época: *el espíritu del Modernismo, el espíritu del cristianismo, el espíritu de la juventud.* **6** (no contable) Ánimo, carácter: *Con el espíritu que lleva, no puede aprobar el examen.* **7** (no contable) ELEVADO. Sentido o intención real de un texto, por oposición a la letra o sentido estricto de lo que se expresa: *Hay que saber interpretar el espíritu de una ley y no quedarse sólo en la letra.* **8** REL. Entre los católicos, don sobrenatural, gracia que Dios concede a algunas personas: *espíritu de profecía.* **9** (preferentemente en plural) REL. Demonio, ser sobrenatural maligno: *Estáte quieto, parece que tienes los espíritus dentro del cuerpo.* || **10 Dios* Padre, Dios Hijo, Dios Espíritu Santo.** **11 Espíritu Santo** REL. Entre los cristianos, tercera persona de la Santísima Trinidad. FR. Y LOC. **exhalar el ~** ELEVADO; EUFEMISMO. Morir ‹una persona›. **levantar el ~** 1 Dar ‹una persona› ánimo a otra persona: *Se encontraba muy triste y sus amigos la llamaban para levantarle el espíritu.* 2 Recuperar ‹una persona› el ánimo: *Salir con gente le hará levantar el espíritu.* **quedarse en el ~** INTENSIFICADOR. Quedarse ‹una persona› muy delgada: *Como siga comiendo tan poco, se va a quedar en el espíritu.* **ser el ~ de la golosina** COLOQUIAL; INTENSIFICADOR. Ser ‹una persona› muy enclenque o débil: *Emilio es el espíritu de la golosina: en cuanto hace frío, se pone enfermo.*

espiritual *adj.* **1** REL. Del espíritu o que lo refuerza: *valor espiritual, vida espiritual. Es una poesía muy espiritual.* **ejercicios* espirituales.** **2** Que tiene un espíritu o carácter sensible, o que está poco apegado a las cosas materiales: *Es una mujer muy espiritual, que desprecia el dinero y el poder.* || *s. m.* **3** MÚS. Canto religioso originario de la población negra del sur de Estados Unidos: *Hoy dan un programa especial sobre los espirituales americanos.*

espiritualidad *s. f.* **1** (no contable) Conjunto de los principios o actitudes que inspiran la vida espiritual de un individuo o de un grupo: *la espiritualidad medieval, la espiritualidad franciscana. Era un hombre de una espiritualidad atormentada.* **2** (no contable) Calidad de espiritual: *Es una mujer de una gran espiritualidad. La espiritualidad del poema era sublime.*

espiritualismo *s. m.* (no contable) Doctrina filosófica que admite la existencia del espíritu: *Para el espiritualismo, el alma es el principio vital eterno, independiente del cuerpo y superior a él.*

espiritualista *adj.* **1** FILOS. Del espiritualismo: *doctrina espiritualista.* || *adj. / s. m.* y *f.* **2** FILOS. Que es partidario del espiritualismo: *Los espiritualistas más radicales niegan la existencia de la materia.*

espirituoso, sa *adj.* Espiritoso.

espirómetro *s. m.* MED. Instrumento para medir la capacidad respiratoria del pulmón.

espita *s. f.* Canuto o dispositivo parecido, generalmente con una llave, que regula el paso o la salida de un fluido por un conducto: *la espita del gas, la espita de un tonel.*

esplendidez *s. f.* **1** (no contable) Generosidad en los gastos para invitar a los demás: *Atendió a los invitados con esplendidez.* **2** (preferentemente en plural) COLOQUIAL. Actos de generosidad: *Con tus esplendideces nos arruinas a los de casa.* **3** (no contable) Muestra exagerada de riqueza: *Vive con esplendidez.*

espléndido, da *adj.* **1** (ser / estar; antepuesto / pospuesto) Que es muy bueno, bonito o admirable: *El actor está hoy espléndido. Hace un espléndido día. Se compró una casa espléndida. Has perdido una espléndida oportunidad.* **2** (ser / estar; antepuesto / pospuesto) Que gasta, con frecuencia, su dinero con los demás: *Es muy espléndida, siempre nos está invitando a comer. Hoy está espléndido.* SIN. generoso.

esplendor *s. m.* **1** (no contable) Grandeza, hermosura o lujo: *el esplendor de una mansión.* SIN. grandiosidad. **2** Situación de la persona o cosa que ha alcanzado un grado muy alto de su desarrollo o de alguna cualidad: *el esplendor de la noche, el esplendor de la fiesta, momento de esplendor, época de esplendor de un movimiento. Este grupo musical alcanzó su esplendor en los años sesenta.* SIN. plenitud. **3** (no contable) ELEVADO. Brillo o resplandor: *el esplendor de los astros.*

esplénico, ca *adj.* ANAT. Del bazo: *arteria esplénica, vena esplénica.*

esplenio *s. m.* ANAT. Músculo largo y plano de la nuca que contribuye a los movimientos de la cabeza: *esplenio del cuello, esplenio de la cabeza.*

esplenitis (plural *esplenitis*) *s. f.* MED. Inflamación del bazo: *En el hospital le diagnosticaron una esplenitis.*

espliego *s. m.* **1** *Lavanda spica.* Arbusto labiado de hojas estrechas y flores azules muy apreciadas en perfumería. SIN. lavanda. **2** Semilla de los espliegos.

esplín *s. m.* LITERARIO. Hastío o tedio melancólico de la vida.

espolear *v. tr.* **1** Estimular ‹una persona› [a una caballería] con una espuela: *Espoleamos los caballos y empezamos la carrera.* **2** Estimular ‹una persona o una cosa› para que haga [una cosa]: *El deseo de sacar mejores notas lo espolea **a** estudiar. El general espoleó a sus soldados **para** que fueran con moral a la lucha.*

espoleta *s. f.* **1** MIL. Dispositivo en la boquilla de proyectiles, como granadas o bombas de mano, para activar o incendiar la carga: *espoleta de percusión, quitar la espoleta.* **2** ZOOL. Horquilla que forman las clavículas de las aves.

espoliar *v. tr.* Expoliar.

espolio *s. m.* Expolio.

espolón *s. m.* **1** Apéndice óseo que tienen en las patas los machos de algunas especies de aves: *Los gallos utilizan los espolones para defenderse.* **2** Saliente córneo que tienen las caballerías en la parte posterior de las patas. **3** Muro de contención que suele hacerse a orillas de los ríos, del mar o al borde de un barranco o precipicio. **4** Contrafuerte de un muro: *Muchos paseos marítimos se construyen aprovechando un espolón de un puerto.* **5** Punta en que remata la proa de una nave, en especial si es de hierro: *Los espolones de los navíos antiguos se reforzaban para poder embestir a los enemigos.* FR. Y LOC. **tener espolones** COLOQUIAL; HUMORÍSTICO. Ser ‹una persona› vieja: *Presume de joven, pero ya tiene unos buenos espolones.*

espolvorear *v. tr.* Esparcir ‹una persona› [una sustancia en forma de polvo] sobre [una cosa]: *Espolvoreó canela* ***sobre*** *el pastel.*

espondaico, ca *adj.* MÉTR. Del espondeo. **verso* ~.**

espondeo *s. m.* MÉTR. Pie de la poesía griega y latina compuesto de dos sílabas largas.

espongiario *adj.* **1** ZOOL. [Animal] que es invertebrado, acuático, con forma de saco o tubo, vive en colonias sobre objetos sumergidos y tiene la pared corporal reforzada por pequeñas piezas esqueléticas. || *s. m.* **2** (preferentemente en plural) ZOOL. Grupo de estos animales.

esponja *s. f.* **1** Animal que pertenece al grupo de los espongiarios: *Las esponjas pueden regenerarse a partir de un pequeño fragmento de su cuerpo.* **2** (en plural) ZOOL. Tipo que forman las esponjas. **3** Masa porosa y elástica formada por el esqueleto de la esponja o cualquier objeto de consistencia similar, utilizado para el aseo o la limpieza por su facilidad para absorber fácilmente los líquidos: *He comprado una esponja para lavar el coche, porque así no se rayará.* **4** COLOQUIAL. Persona que bebe mucho, especialmente alcohol: *Yo no sé cuánta cerveza bebe al cabo del día; es una esponja.* **5** COLOQUIAL. Persona que tiene facilidad para asimilar los conocimientos: *Esta muchacha es una esponja, todo lo que ve, oye o lee, todo lo aprende.* **6** COLOQUIAL. Persona que se aprovecha de las cosas de otro: *Es una esponja, siempre va chupando lo que puede de los demás.*

esponjadura *s. f.* Defecto de fundición en una pieza metálica.

esponjar *v. tr.* **1** Hacer ‹una persona o una cosa› que [un cuerpo] sea más poroso o esponjoso: *Este suavizante esponja las toallas.* || *v. prnl.* **2** Hacerse ‹un cuerpo› más poroso o esponjoso: *Esa masa de bizcocho se esponja al meterla en el horno.* **3** Sentir ‹una persona› vanidad u orgullo: *Se esponja en cuanto lo adulan.* SIN. envanecerse.

esponjera *s. f.* Espacio o estuche para dejar la esponja de baño: *Pon la esponja en la esponjera para que escurra.*

esponjosidad *s. f.* (no contable) Cualidad de esponjoso: *Lo que más me gusta de este detergente es la esponjosidad que da a la ropa.*

esponjoso, sa *adj.* (ser / estar) Que es parecido a la esponja, en su porosidad, elasticidad o ligereza: *Esta lana es esponjosa. Este pan está muy esponjoso.*

esponsales (plural) *s. m.* **1** ELEVADO. Promesa de casamiento que se hacen dos personas. **2** ELEVADO. Fiesta con que se celebra una promesa de casamiento: *Van a celebrar los esponsales en una casa que tienen en las afueras.*

esponsalicio, cia *adj.* ELEVADO. De los esponsales: *fiesta esponsalicia, compromiso esponsalicio.*

espónsor o **sponsor** *s. m.* Persona o entidad que paga con fines publicitarios ciertas actividades de otras personas: *el espónsor del equipo ciclista. El espónsor de la exposición de pintura es un banco.* SIN. patrocinador.

esponsorización *s. f.* Patrocinio: *Necesita la esponsorización de una empresa.*

espontaneidad *s. f.* (no contable) Naturalidad o facilidad en el comportamiento o en la expresión: *A pesar de ser famosa se comporta con una gran espontaneidad.*

espontáneo, a *adj.* **1** (antepuesto / pospuesto) Que se hace por propia voluntad: *una petición espontánea. Me sorprendió la espontánea ayuda de la gente.* **2** (ser / estar; antepuesto / pospuesto) Que habla o actúa con naturalidad, sin reprimir sus impulsos: *Es muy espontáneo en sus comentarios. Sé más espontánea y di lo que sientes. Ha estado muy espontánea en la entrevista. Aquel espontáneo personaje iba diciendo lo que se le ocurría.* **3** (antepuesto / pospuesto) Cosa dicha o hecha con naturalidad: *Su manera de actuar fue absolutamente espontánea. Los espontáneos aplausos duraron más de tres minutos.* **4** (antepuesto / pospuesto) [Fenómeno] que se produce sin intervención exterior a él: *combustión espontánea. La espontánea explosión de la bomba pilló desprevenidos a los artificieros.* **5** BOT. [Planta] que crece sin cultivo: *Esta es una planta espontánea, que ha salido sola y no sabemos qué es.* || *s. m. / f.* **6** TAUROM. Espectador que salta al ruedo en una corrida con intención de torear: *Un espontáneo se tiró al ruedo y sufrió una cogida muy grave.* **7** Persona que interviene en un espectáculo u otra actividad sin estar autorizada para ello: *Aquella espontánea subió al escenario y pidió una oportunidad.*

espora *s. f.* Célula reproductora de algunas especies que no tienen reproducción sexual, como los helechos.

esporádico, ca *adj.* (antepuesto / pospuesto) Que se produce con poca frecuencia o sin relación con otros casos: *Los esporádicos encuentros de los dos amigos eran siempre un acontecimiento. Los casos esporádicos de peste no hacen pensar en una nueva epidemia.*

esporangio *s. m.* BOT. Cápsula donde se originan y están contenidas las esporas.

esporulación *s. f.* (no contable) BOT. Proceso de formación y emisión de esporas que se da en la reproducción asexual de algunos organismos inferiores: *Los helechos se reproducen por esporulación.*

esposar *v. tr.* Poner ‹una persona› las esposas a [otra persona]: *La policía lo detuvo y lo esposó delante de todo el mundo.*

esposas (plural) *s. f.* Aros metálicos unidos por una cadena para sujetar las muñecas de los presos: *poner las esposas, quitar las esposas, abrir las esposas.*

esposo, sa *s. m. / f.* Persona que ha contraído matrimonio con respecto a aquélla con la que se ha casado: *Nos visitaron mi prima y su esposo, y Luis y su esposa. Los esposos paseaban cogidos de la mano.*

espray *s. m.* Spray.

esprintar *v. intr.* DEP. Realizar ‹una persona› un sprint: *Siempre esprintaba a destiempo y no conseguía la victoria.*

espuela *s. f.* **1** Arco metálico con una ruedecilla dentada que se ajusta al talón del calzado para picar a la caballería: *aguijar con la espuela, picar con la espuela, calzar espuelas. El jinete clavó las espuelas al caballo.* **2** Estímulo: *La espuela del deseo lo aguijoneaba.* || **3 ~ de caballero** *Delphinium consolida.* Hierba ranunculácea con flores en espolón agrupadas en racimo y fruto en folículo, que crece en terrenos no cultivados y se utiliza como ornamento. FR. Y LOC. **calzar / calzarse la ~** Ser ‹una persona› armada caballero.

espuelear *v. tr.* 1 AMÉR. Espolear. 2 COL. Probar una cosa, experimentar con ella.

espuerta *s. f.* Recipiente cóncavo de esparto con dos asas, generalmente utilizado en la construcción para transportar materiales o escombros: *Necesito cinco espuertas de arena y una de cemento.* FR. Y LOC. **a espuertas** En abundancia: *Tiene dinero a espuertas.*

espulgar *v. tr. / prnl.* Quitar ‹una persona o un animal› las pulgas a [una persona, un animal o una cosa]: *Tenemos que espulgar al gato. La chimpancé espulgaba a su cría. Los gorriones **se** espulgaban en aquella rama.* ⇒ **56.**

espuma *s. f.* 1 (no contable) Conjunto de burbujas que se forman en la superficie de un líquido: *la espuma del jabón. La espuma de las olas bañaba la orilla.* 2 (no contable) Parte del jugo y las impurezas que flota al cocer ciertas sustancias: *La mermelada hace mucha espuma al cocer.* 3 (no contable) Tejido muy ligero y esponjoso: *unas medias de espuma.* 4 (no contable) Material de caucho natural o sintético, de consistencia muy ligera y esponjosa: *un colchón de espuma.* SIN. gomaespuma. 5 (no contable) Producto cosmético de apariencia semejante a las burbujas que se forman en la superficie de un líquido: *Se me ha acabado la espuma de afeitar. Aquí traigo la espuma moldeadora del cabello.* FR. Y LOC. **crecer como la ~** Aumentar ‹una cosa› con rapidez: *Su fortuna creció como la espuma, en cinco años se convirtió en uno de los hombres más ricos del país.*

espumadera *s. f.* Utensilio de cocina formado por un pequeño disco agujereado sujeto a un mango alargado, que se utiliza para retirar la espuma o escurrir los alimentos cocinados: *Trae la espumadera para escurrir las verduras.*

espumajear *v. intr.* Echar ‹una persona o un animal› espumarajos: *El caballo espumajeaba del esfuerzo realizado.*

espumajo *s. m.* (no contable) Espumarajo .

espumar *v. tr.* 1 Quitar ‹una persona› la espuma de [un líquido]: *¿Has espumado ya la sopa del cocido?* ‖ *v. intr.* 2 Formar ‹una cosa› espuma: *Mira a ver si ya empieza a espumar el caldo.*

espumarajo o **espumajo** *s. m.* (no contable) Saliva espumosa arrojada en gran abundancia por la boca: *Los espumarajos que el pobre animal echaba por la boca significaban que estaba reventado.*

espumilla *s. f.* AMÉR. Merengue.

espumillón *s. m.* Tira con flecos, muy ligera y de diversos colores, que se utiliza para decorar especialmente el árbol de Navidad: *Con tantos espumillones no se ve el árbol.*

espumoso, sa *adj.* 1 (ser / estar; antepuesto / pospuesto) Que tiene o hace mucha espuma: *Este líquido es muy espumoso. El caldo está espumoso. El espumoso champán sirvió para brindar por nosotros.* ‖ *adj. / s. m.* 2 [Vino] que hace mucha espuma porque ha sido sometido a una segunda fermentación: *El cava es un vino espumoso.* **vino ~.**

espurio, ria *adj.* 1 ELEVADO. [Hijo] que ha nacido fuera del matrimonio: *Tuvo varios hijos espurios que reconoció antes de morir.* 2 ELEVADO. Que es falso: *Eran unas cartas espurias que alguien quería hacer pasar por originales.*

espurrear o **espurriar** *v. tr.* Rociar ‹una persona› [una cosa] con líquido arrojado por la boca: *La niña espurreó el vestido con la papilla.*

espurriar *v. tr.* Espurrear. ⇒ **8** Se usa también la conjugación regular.

esputar *v. tr.* Expulsar ‹una persona› las secreciones de las vías respiratorias por la boca: *Tiene muchos problemas bronquiales y se ve obligado a esputar continuamente.* SIN. escupir.

esputo *s. m.* Secreción de las vías respiratorias que se arroja por la boca de una sola vez: *esputo de saliva, esputo de sangre.*

esqueje *s. m.* BOT. Tallo o cogollo de una planta que se injerta en otra o se introduce en el suelo para que nazca una nueva planta: *Me dio un esqueje de higuera para que lo plantara, pero se ha secado.*

esquela *s. f.* 1 Impreso en papel que se envía para comunicar la muerte de un persona: *Recibí una esquela que me comunicaba el fallecimiento de nuestro antiguo maestro.* 2 Recuadro que aparece en los periódicos para comunicar la muerte de una persona: *Los periódicos publicaban numerosas esquelas de la muerte del alcalde.* 3 RESTRINGIDO. Carta o nota breve: *Le he enviado una esquela para decirle que ya estoy en la ciudad.*

esquelético, ca *adj.* (ser / estar; antepuesto / pospuesto) Que tiene pocas carnes o es muy flaco: *Toda la vida he estado esquelética y me encuentro perfectamente. Tiene un cuerpo esquelético. Su esquelético cuerpo se disimulaba sólo gracias a las ropas.*

esqueleto *s. m.* 1 Conjunto de huesos y cartílagos articulados entre sí que constituyen el armazón de los vertebrados: *El profesor nos hizo dibujar el esqueleto humano.* 2 Conjunto de tejidos que sirven de armazón y protección del cuerpo de los invertebrados: *El cangrejo tiene esqueleto externo.* 3 COLOQUIAL; INTENSIFICADOR. Persona muy delgada: *Cuando estuvo enfermo, se quedó hecho un esqueleto.* 4 Armazón que sostiene una cosa: *En ese plano tienes el esqueleto del edificio. Después de desmontarlo, solo quedó el esqueleto del avión.* 5 Esquema de una cosa: *Ya tengo pensado el esqueleto de la conferencia.* 6 AMÉR. Formulario impreso con espacios en blanco para rellenarlos. 7 ARG. Caja dividida en apartados para transportar botellas. FR. Y LOC. **menear / mover el ~** COLOQUIAL. Bailar ‹una persona›: *Durante la fiesta, no pararon de menear el esqueleto. Vamos a algún sitio a mover el esqueleto.*

esquema *s. m.* 1 Representación gráfica de una cosa: *Aquí tienes un esquema del circuito eléctrico del edificio. En el prospecto viene un esquema del montaje del armario.* 2 Resumen de las ideas o puntos principales de un escrito o de un discurso: *Siempre estudia con esquemas. El escritor nos presentó un esquema del argumento de la novela.* 3 Base o principio que condiciona otra cosa: *Sus esquemas de comportamiento no son los habituales en un niño de su edad.*

esquemático, ca *adj.* 1 Del esquema: *representación esquemática, figura esquemática.* 2 (antepuesto / pospuesto) Que está hecho de una manera simple, teniendo en cuenta los rasgos generales y dejando a un lado los detalles y matices: *Hizo un dibujo esquemático. La interpretación de los hechos es demasiado esquemática.* 3 (ser / estar; antepuesto / pospuesto) Que tiende a ver o a disponer las cosas de forma resumida y práctica, y a fijarse sólo en lo fundamental: *Tiene una mente muy esquemática. Su esquemática manera de pensar le da una gran claridad de ideas. Hoy el profesor ha estado muy esquemático y no se ha enredado en cosas secundarias.*

esquematismo *s. m.* (no contable) PEYORATIVO. Procedimiento esquemático para exponer o representar una cosa: *La conferencia se caracterizó por un excesivo esquematismo en la exposición de las ideas.*

esquematizar *v. tr.* Poner ‹una persona› [una cosa] en forma de esquema: *Hay que esquematizar más este resumen. Esquematizó tanto la lección que sólo quedaron los títulos de los epígrafes.* ⇒ **19.**

esquí (plural *esquís*, preferible a *esquíes*) *s. m.* **1** Tabla larga y estrecha para deslizarse sobre la nieve o el agua: *Me he comprado unos esquís para este invierno.* **2** (no contable) Deporte que consiste en deslizarse por la nieve con los esquís: *En los últimos campeonatos del mundo obtuvimos dos medallas en esquí.* **bastón* de ~.** || **3 ~ acuático / náutico** (no contable) DEP. Deporte que consiste en deslizarse por el agua con los esquís, arrastrado por una lancha motora: *Casi cada día va al lago a practicar esquí acuático.*

esquiador, ra *s. m. / f.* Persona que practica el esquí: *Este esquiador es campeón del mundo de eslalon.*

esquiafo *s. m.* ARG.; COLOQUIAL. Bofetada.

esquiar *v. intr.* Deslizarse ‹una persona› sobre una superficie de nieve o agua con esquís: *Algunos fines de semana nos vamos a esquiar al Pirineo.* **bota de ~.**

esquife *s. m.* **1** Pequeña embarcación que se lleva a bordo de otra mayor para saltar a tierra: *El navío ancló en la bahía y botó dos esquifes para que varios marineros se acercaran a la isla en busca de agua y provisiones.* **2** DEP. Embarcación de regatas para un solo remero, parecida a la piragua: *Por las mañanas se pasea con su esquife en el lago.*

esquijama *s. m.* Pijama ceñido y cerrado, de tejido de punto, que se usa en invierno.

esquila *s. f.* **1** (no contable) Acción y resultado de esquilar animales: *Estuve viendo la esquila de las ovejas en un pueblo de Extremadura.* SIN. esquileo. **2** Cencerro pequeño: *Las esquilas nos anuncian la vuelta de las ovejas al atardecer.* **3** RESTRINGIDO. Campana pequeña para llamar a la comunidad en los conventos. **4** Camarón, crustáceo.

esquilar *v. tr.* **1** Cortar ‹una persona› el pelo o la lana a [un animal]: *En esta época es cuando se esquilan las ovejas.* SIN. trasquilar. || *v. tr. / prnl.* **2** COLOQUIAL. Cortar ‹una persona› el pelo [a otra persona]: *Dijo que quería el pelo corto, pero no esperaba que lo esquilaran tanto.*

esquileo *s. m.* **1** (no contable) Acción y resultado de esquilar animales: *El esquileo de las ovejas es una de las actividades ganaderas más tradicionales.* **2** (no contable) GAN. Tiempo en que se esquila: *Dentro de unos meses llega el esquileo.* **3** GAN. Casa para esquilar al ganado lanar.

esquilmar *v. tr.* **1** Terminar ‹una persona› totalmente [una fuente de riqueza] por explotarla demasiado: *Esquilmó sus tierras por no abonarlas.* **2** Absorber ‹una planta› [el jugo de la tierra] con exceso: *Los eucaliptos esquilman la tierra porque necesitan mucha agua.* **3** Dejar ‹una persona› empobrecida [a otra persona]: *Aquel hombre esquilmó su bolsillo vendiéndole cosas que no iba a necesitar.*

esquilón *s. m.* Cencerro grande: *El esquilón del buey tiene un sonido grave.*

esquimal *adj. / s. m.* y *f.* **1** De un pueblo de raza mongólica, que vive en las tierras árticas de Groenlandia, América del Norte y Asia: *iglú esquimal, perro esquimal, leyendas esquimales. A los esquimales les gusta mucho la carne cruda.* || *s. m.* **2** LING. Lengua hablada por los esquimales.

esquina *s. f.* **1** Ángulo formado por dos paredes de un edificio: *Al torcer la esquina se encontró con su amiga Carmen. Su casa hace esquina.* **2** Lugar donde se unen dos lados o caras de una cosa: *la esquina de la mesa.* FR. Y LOC. **a la vuelta* de la ~. saque* de ~.**

esquinado, da *adj.* Que es de trato difícil: *Mi abuela es buena persona, pero es muy esquinada.*

esquinar *v. tr.* **1** Poner ‹una persona› [una cosa] en esquina: *Esquina el sillón para que podamos pasar.* || *v. tr. / intr.* **2** Hacer o formar ‹una cosa› esquina en [un lugar]: *El banco esquina **con** correos.*

esquinazo *s. m.* COLOQUIAL. Esquina de un edificio. FR. Y LOC. **dar ~** 1 COLOQUIAL. No acudir ‹una persona› a una cita: *Habíamos quedado a las seis y me ha dado esquinazo.* 2 COLOQUIAL. Evitar ‹una persona› el encuentro con otra persona: *Es muy pesado, no sé cómo darle esquinazo.* **3** ARG.; COLOQUIAL. Timar, engañar ‹una persona› a otra persona.

esquinera *s. f.* AMÉR.; RESTRINGIDO en España. Mueble, rinconera.

esquinero *s. m.* ARG., COL., URUG. Rinconera.

esquirla *s. f.* **1** MED. Astilla desprendida de un hueso fracturado: *Una esquirla de la tibia se le había clavado en el músculo.* **2** Fragmento pequeño desprendido de algunas cosas: *las esquirlas de una piedra, una esquirla de madera.*

esquirol, la *s. m. / f.* **1** PEYORATIVO. Persona que trabaja un día de huelga: *Los esquiroles fueron abucheados por los huelguistas.* **2** PEYORATIVO. Persona contratada para sustituir a un huelguista en el trabajo: *La empresa ha contratado esquiroles para poder servir los pedidos contratados.*

esquisto *s. m.* GEOL. Roca metamórfica, que fácilmente se puede dividir en láminas y que procede de la transformación de la arcilla sometida a grandes presiones.

esquivar *v. tr.* **1** Realizar ‹una persona› un movimiento para salvar [un obstáculo] o evitar [un golpe]: *Esquivó la valla saltando por encima de ella.* **2** Intentar ‹una persona› no hacer [una cosa] o no encontrarse con [una persona]: *Esquiva sus compromisos inventando excusas surrealistas.*

esquivez *s. f.* (no contable) ELEVADO. Frialdad en el trato: *Su esquivez me hizo pensar que estaba enfadada conmigo.*

esquivo, va *adj.* (ser / estar) Que evita el trato con los demás o sus muestras de afecto: *No sé qué le pasa, que está hoy muy esquiva. Pedro es siempre muy esquivo **con** todos.*

esquizofrenia *s. f.* (no contable) PSIQUIAT. Psicosis caracterizada por la escisión de la personalidad, las alucinaciones y la pérdida de contacto con la realidad: *La esquizofrenia es una enfermedad mental determinada, en gran parte, por factores externos.*

esquizofrénico, ca *adj.* **1** PSIQUIAT. De la esquizofrenia: *conducta esquizofrénica.* || *adj. / s. m.* y *f.* **2** (ser /estar) PSIQUIAT. Que padece esquizofrenia: *Está esquizofrénica desde hace tiempo.*

esquizogénesis (plural *esquizogénesis*) *s. f.* BIOL. Reproducción asexual por división simple: *Las bacterias se reproducen por esquizogénesis.*

esquizoide *adj. / s. m.* y *f.* PSIQUIAT. Que tiene tendencia a la esquizofrenia: *comportamiento esquizoide.*

estabilidad *s. f.* **1** (no contable) Cualidad de estable: *estabilidad económica, estabilidad atmosférica, estabilidad emocional. Es fundamental tener una estabilidad en el empleo. Añoro una estabilidad afectiva.* ANT. inestabilidad. **2** (no contable) Propiedad de un cuerpo de mantener o recuperar el equilibrio: *No me fío de la estabilidad de ese coche. Estos aviones tienen poca estabilidad.*

estabilización *s. f.* **1** (no contable) Acción y resultado de estabilizar: *Ella significó la estabilización de mi vida afectiva.* SIN. equilibrio. ANT. desestabilización. **2** Medidas económicas que consisten en mantener el aumento de los precios dentro de límites moderados: *Ante una inflación tan grave, son necesarias drásticas medidas de estabilización.*

estabilizador, ra *adj. / s. m.* y *f.* **1** Que estabiliza: *Los equilibristas llevan una barra estabilizadora.* || *s. m.* **2** Plano fijo en forma de aleta que da estabilidad al avión. **3** Mecanismo o dispositivo para evitar el balanceo en un vehículo: *Compró un estabilizador para el camión.* **4** QUÍM. Estabilizante.

estabilizante *s. m.* QUÍM. Sustancia que se añade a un preparado para impedir su sedimentación: *Esta bebida lleva estabilizantes y conservantes.*

estabilizar *v. tr.* **1** Dar ‹una persona o una cosa› firmeza, estabilidad o confianza a [una persona o una cosa]: *El ejército estabilizó el frente de guerra al otro lado del río.* **2** Fijar ‹una persona› el valor de [una moneda] oficialmente: *El Banco de España ha estabilizado la peseta con un nuevo cambio.* || *v. prnl.* **3** Adquirir ‹una persona o una cosa› firmeza: *Viajaremos cuando se estabilice el negocio. Si la presión arterial se estabiliza, podrá salir del hospital en una semana.* **4** Fijarse el valor de ‹una moneda› de manera oficial: *Para que la moneda se estabilice, hace falta una nueva devaluación.* ⇒ **19.**

estable *adj.* (ser / estar; antepuesto / pospuesto) Que tiene estabilidad, firmeza o seguridad, o que es difícil que sufra algún cambio: *edificio estable. La estable situación de aquel país favorece la inversión. El tiempo está más estable desde este fin de semana.* ANT. inestable.

establecer *v. tr.* **1** Poner o crear ‹una persona› [una cosa] en [un lugar]: *Establecieron una sucursal **en** la ciudad.* **2** Ordenar ‹una persona o una cosa› [una cosa]: *La ley establece la mayoría de edad a los dieciocho años.* SIN. decretar. **3** Expresar ‹una persona o una cosa› [un pensamiento o un principio]: *El libro establece la diferencia entre los estilos artísticos.* SIN. señalar. || *v. prnl.* **4** Fijar ‹una persona› la residencia en [un lugar]: *Se estableció desde muy joven **en** Barcelona.* SIN. afincarse. **5** Abrir ‹una persona› un establecimiento comercial por cuenta propia: *Dejó el empleo y se estableció **en** su barrio.* SIN. instalarse. **6** Empezar a ejercer ‹una persona› una profesión: *Se estableció como veterinario.* SIN. instalarse. FR. Y LOC. **orden* establecido.** ⇒ **5.**

establecimiento *s. m.* **1** (no contable) Creación o institución de una cosa: *El establecimiento de los romanos en la Península fue fundamental para el desarrollo posterior de nuestra historia.* **2** Lugar donde se realiza una actividad: *establecimiento penitenciario, establecimiento fabril, establecimiento benéfico, establecimiento docente, establecimiento bancario, establecimiento comercial. Tiene un establecimiento en esta misma calle.* **3** Colonia fundada por un pueblo en un territorio que no es el suyo: *Los griegos fundaron un establecimiento en Ampurias.* **4** Fijación de la residencia en un lugar: *Después de treinta años de viajar sin un domicilio fijo, el establecimiento de su residencia en México se debió a motivos sentimentales.*

establishment (del inglés; pronunciamos *'estáblismen'*) *s. m.* Conjunto de personas, instituciones y entidades que controlan el poder político y socio-económico en una sociedad: *Los resultados de las elecciones hacen temer al establishment la pérdida de sus privilegios.*

establo *s. m.* **1** Lugar cubierto donde se guarda el ganado: *El dueño del rancho le dijo al pistolero que podía dormir en el establo.* **2** COLOQUIAL. Lugar sucio y con muy mal olor: *Su piso es un establo. El cine estaba hecho un establo.*

estabular *v. tr.* Criar y mantener ‹una persona› [el ganado] en un establo: *Hace años que estabuló todo el ganado y lo alimenta con pienso.*

estaca *s. f.* **1** Palo acabado en punta para clavarlo: *Para matar a Drácula hay que clavarle una estaca en el corazón.* **2** Palo grueso y fuerte utilizado como bastón: *El abuelo lo amenazó con una estaca.* SIN. garrote. **3** Tallo o rama verde y sin raíces, que se entierra para que se desarrolle como nueva planta: *Si plantas esta estaca te saldrá una higuera.* SIN. esqueje. **4** Clavo largo para asegurar vigas y maderos. SIN. estaquilla. **5** ZOOL. Cuerna de los ciervos de un año de edad. **6** CHILE. Propiedad minera concedida mediante ciertos trámites. **7** VEN. Comentario irónico o indirecta.

estacada *s. f.* **1** Serie de estacas clavadas en el suelo para cercar o cerrar un lugar: *Construyó una estacada para guardar el ganado.* **2** RESTRINGIDO. Campo de batalla o lugar señalado para un enfrentamiento. FR. Y LOC. **dejar en la ~** No ayudar ‹una persona› a otra persona en una situación difícil: *No me dejes en la estacada. La dejó en la estacada justo cuando más necesitaba de su apoyo.* **quedar / quedarse en la ~** 1 Ser abandonada ‹una persona› por otra persona en una situación difícil: *(Se) quedó en la estacada al caerse y no poder seguir adelante.* 2 Fracasar ‹una persona› en una cosa: *Hizo lo que pudo por solucionar los problemas de la fábrica, pero se quedó en la estacada.*

estacar *v. tr.* **1** Atar ‹una persona› [un animal] a una estaca clavada en tierra: *El jinete estacó el caballo para que no se fuera, mientras él entraba en la cantina.* **2** Señalar ‹una persona› los límites de [un terreno] con estacas: *Hay que estacar este terreno para que se vea hasta dónde llega.* **3** ARG., CHILE, COL., MÉX., VEN.; COLOQUIAL. Fijar algo con estacas. **4** COL., VEN. Engañar a alguien, mentirle. || *v. prnl.* **5** Quedarse ‹una persona› inmóvil y rígida: *Se quedó estacado cuando supo la noticia.* **6** AMÉR. Lastimarse, herirse. ⇒ **71.**

estacazo *s. m.* **1** COLOQUIAL. Golpe dado con una estaca o un garrote: *Dirimir las cuestiones a estacazos es una mala costumbre.* SIN. garrotazo. **2** COLOQUIAL. Golpe muy fuerte: *Lo amenazó con darle un estacazo. He dado un resbalón y me he pegado un estacazo descomunal.* **3** COLOQUIAL. Daño o crítica violenta que una persona recibe: *Ahora te alaban, ya vendrán los estacazos.*

estacha *s. f.* **1** Cuerda o cable que se sujeta al arpón con el que se cazan las ballenas: *dar estacha.* **2** MAR. Cabo o cuerda que se suelta desde un barco para diversas faenas.

estación *s. f.* **1** Cada uno de los cuatro periodos en que se divide un año: *Las cuatro estaciones del año son: primavera, verano, otoño e invierno.* **2** Periodo de tiempo: *En la estación de las lluvias se producen inundaciones.* SIN. época. **3** Lugar donde para habitualmente un tren o un autobús para cargar o descargar pasajeros o mercancías: *El tren sale a las cinco de la estación central. ¿Me puede decir dónde* *está la estación de autobuses, por favor?* **4** Lugar donde para momentáneamente una persona o una cosa: *Lo encontraremos en el bar de la plaza, yo conozco sus estaciones.* **5** Conjunto de aparatos e instalaciones para realizar una actividad determinada: *estación de esquí, estación de radio. Un rayo ha averiado la estación de televisión y ha dejado sin imágenes a toda la ciudad.* **6** Centro de observación y experimentación científica: *La estación meteorológica ha facilitado un nuevo parte. Se están realizando interesantes experimentos sobre la vida en el espacio en la estación espacial rusa.* **7** REL. Entre los católicos, cada una de las catorce escenas del Vía Crucis. **8** REL. Entre los católicos, visita que se hace por devoción a una iglesia o altar. || **9 ~ de servicio** Instalación que ofrece servicios a los automovilistas: *Pararemos en la próxima estación de servicio para echar gasolina.* FR. Y LOC. **de media ~** ARG., URUG. [Ropa] de entretiempo.

estacional *adj.* Que es propio de cualquiera de las estaciones del año: *empleo estacional, lluvias estacionales. Es una alergia estacional que sufre todas las primaveras.*

estacionamiento *s. m.* **1** Detención de un vehículo, que normalmente queda desocupado, en un determinado lugar: *El estacionamiento en doble fila está prohibido por el código de la circulación.* SIN. aparcamiento. **2** Lugar de la vía pública donde pueden estacionarse vehículos: *Tardarás mucho en encontrar un estacionamiento.* SIN. aparcamiento. **~ en batería** Estacionamiento en que los coches han de colocarse paralelos unos a otros. **~ en línea** Estacionamiento en que los vehículos deben colocarse en fila, paralelos a la acera: *No me gusta el estacionamiento en línea, porque hay que hacer más maniobras.* **3** Estabilización de un estado o situación sin que haya cambios: *Se ha producido un estacionamiento del estado del enfermo.* **4** MIL. Lugar donde se establecen efectivos militares dispuestos a actuar.

estacionar *v. tr.* **1** Dejar ‹una persona› [un vehículo] en un lugar: *Estacionó el coche y dio un paseo a pie. He estacionado en un lugar prohibido y me ha llevado el coche la grúa.* SIN. aparcar. || *v. prnl.* **2** Quedarse ‹una persona o una cosa› en un mismo estado o situación: *La fiebre se le ha estacionado después del último tratamiento, pero no ha desaparecido. El déficit comercial se ha estacionado este trimestre.* SIN. estabilizarse.

estacionario, ria *adj.* Que no cambia o varía, o que está siempre en el mismo estado o situación: *Su estado de salud es estacionario.*

estadía *s. f.* ARG., COL., URUG. Estancia en un sitio por un tiempo determinado.

estadillo *s. m.* **1** ADMINISTRATIVO. Cuadro con diversas casillas para rellenar con diferentes datos: *Tengo que mandar el estadillo de la producción de la semana pasada.* **2** RESTRINGIDO. Breve resumen estadístico: *El profesor de estadística nos mandó hacer un estadillo con los ingresos obtenidos por diferentes empresas.*

estadio *s. m.* **1** DEP. Instalación deportiva para la práctica del atletismo con gradas para los espectadores: *El próximo campeonato de Europa de atletismo se celebrará en el Estadio Olímpico de Barcelona.* **2** DEP. Instalación deportiva con gradas, generalmente descubierta, para la práctica de cualquier deporte, aun cuando no tenga pistas de atletismo: *Voy al estadio de fútbol a ver el partido.* **3** ELEVADO. Etapa o fase de un proceso: *En este estadio de su desarrollo psicológico el niño adquiere la facultad del pensamiento abstracto.*

estadista *s. m./f.* **1** Jefe de un Estado: *Se ha concertado una reunión de estadistas iberoamericanos.* **2** Experto en asuntos de Estado o materias políticas: *Es uno de los mejores estadistas de este país.* **3** RESTRINGIDO. Experto en estadística: *Los estadistas confirman el descenso de la natalidad.*

estadística *s. f.* **1** (no contable) MAT. Ciencia que se encarga de recoger datos para sacar conclusiones basadas en el cálculo de probabilidades: *En estadística es muy importante elegir bien la muestra.* **2** MAT. Conjunto de datos que se obtienen con esta ciencia: *Las últimas estadísticas confirman el aumento del número de parados.*

estadístico, ca *adj.* **1** De la estadística: *Según un estudio estadístico, el número de hombres fumadores disminuye, mientras que el de las mujeres aumenta.*|| *adj/s. m.* y *f.* **2** Persona que se dedica profesionalmente a la estadística.

estado *s. m.* **1** Situación en que se encuentra una persona o una cosa: *Este pescado está en mal estado. –«¿En qué estado te la encontraste?» –«Estaba histérica.»* **~ de ánimo.** **2** FÍS. Forma de presentarse la materia según la cohesión de sus moléculas: *Un cuerpo en estado sólido. Cuando el agua se evapora, pasa de estado líquido a gaseoso.* **3** Clase o condición de una persona en el orden social: *Dejó el estado religioso.* **~ civil** DER. Condición de una persona en relación con los derechos y obligaciones civiles: *Su estado civil es casada.* **4** (preferentemente con mayúscula) POLÍT. Unidad política y administrativa superior: *El Estado español, el jefe de Estado, la Administración del Estado. Es un acuerdo entre Estados europeos.* **abogado* del Estado. hombre* de Estado. jefe* de Estado. papel* del Estado** o **papel de pagos al Estado. terrorismo* de Estado institucional. ~ federal / autonómico** Estado formado por territorios que poseen autonomía, en mayor o menor grado, para gobernarse, dentro de un marco aceptado por todos. **5** (preferentemente con mayúscula) Territorio y población de un país o de una nación: *El Estado chileno cuenta con muchísimos kilómetros de costa.* **6** (preferentemente con mayúscula) Cada uno de los territorios autónomos que componen una federación: *California se convirtió en el trigésimo primer estado de la Unión en 1850.* **7** HIST. Cada uno de los grupos en que se dividía la sociedad: *En el Antiguo Régimen, «estado llano» o «tercer estado» era el grupo social menos favorecido y estaba formado por burgueses y campesinos.* SIN. estamento. **8** Relación o inventario de partidas o de conceptos: *Hay que controlar el estado de existencias del almacén.* **9** Dominio territorial de un rey o de un príncipe: *Felipe II poseía estados en media Europa.* || **10 ~ de excepción** Situación declarada oficialmente grave para el orden público, en la que quedan suspendidas las garantías civiles: *Se ha declarado el estado de excepción para acabar con los disturbios sociales.* **11 ~ mayor** MIL. Cuerpo de oficiales de un ejército encargado de informar técnicamente a los superiores, distribuir las órdenes y vigilar su cumplimiento: *El Estado Mayor del ejército se reunirá pronto con el Ministro de Defensa.* FR. Y LOC. **en ~ (de buena esperanza)** o **en ~ interesante** EUFEMISMO. Se usa para referirse a la mujer embarazada: *¿Te has quedado en estado? María está en estado de buena esperanza.* **de Estado** 1 Que tiene capacidad para gestionar los asuntos públicos: *Es un hombre de Estado.* 2 Que es muy importante por afectar a todos los ciudadanos: *Es un asunto de Estado. Es una cuestión de Estado.* **golpe* de Estado. razón* de Estado. secretaría* de Estado. secretario* de Estado. tercer* ~.**

estadounidense *adj. / s. m.* y *f.* De los Estados Unidos de América: *el Parlamento estadounidense.*

estadual *adj.* AMÉR. Estatal.

estafa *s. f.* Acción y resultado de estafar: *La estafa de cientos de millones dejó a muchos trabajadores arruinados. La estafa consistía en alterar la balanza para que pesara más.*

estafar *v. tr.* **1** Quitar ‹una persona› [una cosa] a [una persona] con engaño: *Les estafó todo lo que pudo.* **2** Dar ‹una persona› menos de lo debido de [una cosa] a [una persona] o cobrarle más de lo justo: *La estafaron **en** el precio. Te han estafado **con** ese reloj, no es de oro.* **3** No dar ‹una persona o una cosa› [una cosa que esperaba otra persona]: *Estafaron al público **con** aquel espectáculo deplorable.*

estafeta *s. f.* Oficina de correos: *Ha ido a la estafeta a llevar unas cartas.*

estafilococo *s. m.* BIOL. Bacteria de forma esférica que se agrupa en racimos y que produce en el hombre diversas enfermedades de tipo infeccioso: *Los estafilococos viven normalmente en la piel, donde producen infecciones.*

estalactita *s. f.* GEOL. Formación calcárea de forma larga y puntiaguda que cuelga del techo de las cavernas.

estalagmita *s. f.* GEOL. Estalactita invertida que se forma en el suelo de las cavernas: *Las estalagmitas y las estalactitas se producen por la acumulación de carbonato de calcio que llevan las aguas.*

estalinismo *s. m.* (no contable) POLÍT. Ideología y régimen político de Stalin, político soviético, y sus seguidores.

estalinista *adj.* **1** POLÍT. De Stalin, político soviético, o del estalinismo: *política estalinista.* || *s. m. / f.* **2** POLÍT. Persona que es partidaria del estalinismo: *Los estalinistas fueron depurados por los propios comunistas con la caída de Stalin.*

estallar *v. intr.* **1** Producir ‹una cosa› un ruido fuerte al reventar: *El globo estalló de pronto. La bomba ha estallado en el centro de la ciudad.* SIN. explotar. **2** Abrirse ‹una cosa› por efecto de la presión o la tirantez: *Las costuras de la falda estallaron. Voy a estallar de tanto comer.* SIN. reventar. **3** Hacer ‹una cosa› un ruido seco: *El cañón estalló **en** un ruido ensordecedor.* SIN. restallar. **4** Ocurrir ‹una cosa› repentina y violentamente: *La guerra estalló a los pocos días.* **5** Manifestar ‹una persona› [una emoción o un sentimiento] de repente y con fuerza: *El muchacho estalló **en** sollozos. Parecía que iba a estallar **de** emoción cuando le dieron el premio.* **6** Terminar ‹una cosa› de forma brusca y desastrosa: *El día menos pensado esta situación estallará.* SIN. explotar.

estallido *s. m.* **1** Acción y resultado de estallar: *El estallido de la bomba causó muchos desperfectos.* **2** Ruido producido al estallar una cosa: *El estallido del globo nos ensordeció a todos.* **3** Final brusco y grave de una cosa: *La empresa dio un estallido y dejó una deuda de miles de millones.* **4** Manifestación repentina y violenta de un sentimiento o una pasión: *Tuvo un estallido de cólera que le hizo decir y hacer cosas de las que luego se arrepintió.*

estambrar *v. tr.* RESTRINGIDO. Hacer ‹una persona› estambre torciendo [la lana].

estambre *s. m.* **1** BOT. Órgano reproductor masculino de las flores: *Los estambres contienen las anteras, donde se forman los granos de polen.* **2** (no contable) Parte de la lana esquilada que se compone de hebras largas. **3** (no contable) Hilo formado de estas hebras y tejido hecho con este hilo.

estamental *adj.* **1** Del estamento: *privilegios estamentales.* **2** Que está formado por estamentos, o que se organiza o estructura en estamentos: *La Revolución Francesa marca el fin de la sociedad estamental.*

estamento *s. m.* **1** Grupo social de la Europa medieval y del antiguo régimen con unas mismas condiciones legales y jurídicas: *En el feudalismo, el campesinado, la nobleza y el clero formaban parte de distintos estamentos.* **2** Grupo de una sociedad, definido por una serie de rasgos profesionales, sociales o culturales: *el estamento educativo, el estamento político. El estamento médico ha tranquilizado a la población sobre el peligro de epidemia.*

estameña *s. f.* (no contable) Tela basta de lana empleada generalmente para hábitos: *túnica de estameña.*

estampa *s. f.* **1** Imagen o figura impresa: *Las estampas de este libro son hermosas.* **2** Imagen religiosa impresa en un papel o una cartulina: *He comprado unas estampas antiguas de la Virgen.* **3** Figura o apariencia de una persona o de un animal: *La bella estampa de aquel toro hizo enmudecer la plaza.* **4** Persona que sirve de ejemplo o de representación de una cosa, por una determinada cualidad: *Era la estampa misma del sufrimiento.* **5** Escena o cuadro especialmente típico o pintoresco: *Aquella escena era una estampa castiza de Madrid.* **6** RESTRINGIDO. Imprenta: *Dio los libros a la estampa, pero aún tardaron dos años en ser publicados.* FR. Y LOC. **maldecir la ~ de** COLOQUIAL. Maldecir ‹una persona› a otra persona: *¡Maldita sea mi estampa!* **ser la (viva) ~ de** COLOQUIAL. Parecerse ‹una persona› mucho a otra persona: *El muchacho es la viva estampa de su padre.*

estampación *s. f.* (no contable) Acción y resultado de estampar: *En esta nave se hace la estampación de las telas delicadas.* SIN. estampado.

estampado, da *adj. / s. m.* **1** [Tela] que tiene diferentes dibujos y labores: *Me gustan los bañadores estampados. La cortina y las colchas tienen el mismo estampado.* **2** [Objeto] que se fabrica por presión en una matriz o molde: *metal estampado, chapa estampada, placa estampada.* || *s. m.* **3** (no contable) Acción y resultado de estampar: *el estampado de un libro.* SIN. estampación.

estampar *v. tr.* **1** Dejar ‹una persona› impresa [una cosa] sobre [papel o tela], mediante presión con un molde: *Ahí estampan dibujos o fotos **sobre** una camiseta. Estampamos una cara **en** papel.* **2** Escribir ‹una persona› [su firma]: *Los dos presidentes estamparon sus firmas en el acuerdo.* **3** Dejar ‹una persona› marcada la huella de [una cosa] en [un lugar] mediante presión: *Estampó su pisada en la arena.* **4** Dar ‹una persona› una forma en relieve a [una chapa metálica] prensándola con un molde. **5** COLOQUIAL. Lanzar ‹una persona› [a una persona o una cosa] contra [una cosa]: *Estampó el cacharro **contra** el suelo.* SIN. estrellar. **6** COLOQUIAL. Dar ‹una persona› [un beso o una bofetada] a [una persona] ruidosamente: *Le estampó dos besos. Le ha estampado un bofetón delante de todos.* **7** Introducir ‹una persona› [una idea o un sentimiento] en la mente de [una persona] firmemente: *Su padre le había estampado desde pequeñito aquellos valores que no olvidaría jamás.* SIN. inculcar. || *v. prnl.* **8** Quedarse ‹la huella de una cosa› marcada en un lugar por presión: *Sus pisadas se estampaban **en***

la arena y luego eran borradas por las olas. **9** Golpearse ‹una persona o una cosa› contra [una cosa]: *El coche se estampó* ***contra*** *el muro.* **10** Quedar ‹una idea o un sentimiento› grabado en [la mente de una persona]: *Aquel recuerdo se estampó* ***en*** *su mente.*

estampía Se usa en la LOC. **de ~** COLOQUIAL. De repente o precipitadamente: *Cuando vio la hora que era salió de estampía sin decir ni adiós.*

estampida *s. f.* **1** Huida rápida de personas o animales: *El fuego en el bosque provocó la estampida de todos los animales.* SIN. espantada. **2** Estampido.

estampido *s. m.* Ruido fuerte y seco: *el estampido de los cohetes, el estampido de un cañón.* SIN. estallido, estampida. FR. Y LOC. **dar un ~** COLOQUIAL. Se usa para indicar que una cosa tiene un final brusco y desastroso: *Seguiremos así hasta que la economía dé un estampido.*

estampilla *s. f.* **1** Sello o pequeña plancha sujeta a un mango, que se usa para estampar la firma de una persona, un escudo oficial o un letrero: *Ha encargado una estampilla con su firma para no tener que firmar tantas veces a mano.* **2** AMÉR. Sello de correos o fiscal.

estampillar *v. tr.* Marcar ‹una persona› [una cosa] con una estampilla: *Estampilló el certificado con el sello oficial del departamento.*

estampita *s. f.* Se usa en la LOC. **timo* de la ~.**

estancamiento *s. m.* Acción y resultado de estancar o estancarse: *el estancamiento de las aguas, el estancamiento de las negociaciones, el estancamiento de la economía.*

estancar *v. tr.* **1** Hacer ‹una persona o una cosa› que se detenga el curso de [una cosa]: *La presa estanca agua suficiente para los meses de verano.* **2** Hacer ‹una persona o una cosa› que se detenga [un asunto o un proceso]: *Las declaraciones del ministro han estancado las negociaciones.* SIN. paralizar. || *v. prnl.* **3** Detenerse el curso de ‹una cosa›: *Las aguas de este arroyo se estancan de junio a octubre.* **4** Detenerse ‹un asunto o un proceso›: *El chico se estancó en sus estudios.* ⇒ **71.**

estancia *s. f.* **1** RESTRINGIDO. Habitación de una casa: *Reservaron para el invitado la estancia más acogedora de la casa.* SIN. cuarto. **2** (no contable) Tiempo que permanece una persona en un lugar: *Su estancia en el hospital fue de quince días.* **3** LIT. Estrofa formada por una combinación variable de versos endecasílabos y heptasílabos que se repite a lo largo de todo el poema. **4** AMÉR. Tienda de campo, sobre todo la dedicada a la ganadería. **5** CUBA, VEN. Quinta, casa de campo con huerta, cercana a la ciudad.

estanciero, ra *s. m./f.* AMÉR. Dueño de una estancia o el que cuida de ella.

estanco *adj.* **1** Que está perfectamente cerrado e incomunicado: *cámara estanca, compartimento estanco.* || *s. m.* **2** Establecimiento donde se vende tabaco, cerillas, sellos y otros productos controlados por la Administración: *Voy al estanco a comprar fósforos.* SIN. expendeduría. **3** COL., EC. Tienda donde se venden bebidas alcohólicas.

estándar o **standard** *adj.* **1** Que sigue un modelo común a las demás cosas de su misma clase: *La puerta tiene unas medidas estándar.* **2** [Producto] que está fabricado en serie: *Es una mesa estándar, tienen la fábrica aquí cerca.* **3** Que pertenece a un conjunto de ejemplares iguales y numerosos: *Tiene una sonrisa estándar.* || *s. m.* **4** (plural *estándares*) Modelo o patrón: *El estándar de vida occidental es muy diferente del oriental.*

estandarizar *v. tr./prnl.* Adaptar ‹una persona› [una cosa] a un modelo: *Los fabricantes se han puesto de acuerdo para estandarizar las clavijas y los enchufes de conexión.* ⇒ **19.**

estandarización *s. f.* Acción y resultado de estandarizar: *La estandarización de la cultura produce la pérdida de la identidad de los pueblos.*

estandarte *s. m.* **1** Insignia o bandera distintiva de una corporación civil o religiosa o de un cuerpo militar: *alzar un estandarte. El abanderado desfilaba con el estandarte.* **2** Representante o símbolo, generalmente de un partido o de una causa: *El clavel fue el estandarte de la revolución portuguesa. La rebeldía es el estandarte de la juventud.*

estannífero, ra *adj.* GEOL. Que contiene estaño: *mineral estannífero.*

estanque *s. m.* Depósito artificial de agua con fines prácticos o como adorno: *En el jardín hay un estanque con patos y cisnes.*

estanquero, ra *s. m./f.* Propietario o encargado de un estanco o comercio de tabaco: *La estanquera no conocía la marca de tabaco que le pedí.*

estanquillo *s. m.* **1** AMÉR. Tienda, generalmente estatal o municipal, donde se vende tabaco y licores. **2** EC. Taberna.

estante *s. m.* Tabla horizontal que forma parte de un mueble o se adosa a la pared para poner cosas encima: *Ya no me caben más libros en este estante.*

estantería *s. f.* Mueble, o parte de él, formado por estantes: *estantería de pino, las estanterías de la librería. Hay que colocar los libros en la estantería.*

estantigua *s. f.* **1** RESTRINGIDO. Visión o fantasma que produce miedo: *Los vecinos decían que había aparecidos y estantiguas en el caserón.* **2** COLOQUIAL; PEYORATIVO. Persona alta, delgada, desgarbada y extravagantemente vestida: *Mira qué estantigua viene por ahí.*

estañar *v. tr.* **1** Cubrir ‹una persona› con estaño [una pieza de otro metal]: *Estañan las piezas para evitar su corrosión.* **2** Soldar ‹una persona› [una cosa] con estaño: *Ya no se estañan las cazuelas cuando tienen agujeros.*

estaño *s. m. Sn.* Metal duro de color blanco, plateado y brillante, resistente a la humedad, utilizado en aleaciones como el cobre: *El estaño es más blando que el cinc, pero más duro que el plomo.*

estaquear *v. tr.* AMÉR. DEL S. Torturar a una persona atando sus miembros a estacas clavadas en el suelo.

estaquilla *s. f.* **1** Trozo pequeño de madera, con punta, para sujetar o asegurar alguna cosa: *Aseguraron los estantes con estaquillas.* **2** Clavo pequeño sin cabeza, de forma piramidal.

estar *v. atr.* **1** Encontrarse ‹una persona o una cosa› en [una situación o una manera determinadas]: *Está en paro. Está sentada.* **2** Sentir o experimentar ‹una persona› [una situación determinada]: *Estaba muy tranquila. Cuando lo vi estaba exaltado por lo que había pasado.* **3** Sentar ‹una prenda de vestir› de [una determinada manera] a [una persona]: *El abrigo te está corto. Estos pantalones no me están bien.* SIN. caer. **4** Encontrarse ‹una persona› [bien o mal de salud]: *Estoy pachucho. Yo creo que está enferma.*

5 Encontrarse ‹una persona› haciendo [una cosa] o hallarse en [determinadas circunstancias]: *Mi padre está **de** viaje.* **6** Ejercer ‹una persona› [un empleo o un cargo]: *Ahora está **de** párroco. Estuvo **de** maestro en un pueblo.* SIN. trabajar. **7** Llevar ‹una mujer› [un tiempo determinado de embarazo]: *Está **de** tres meses.* || *v. intr.* **8** Existir o hallarse ‹una persona o una cosa› en [un lugar o un tiempo determinados]: *Estoy **en** casa.* **9** Vivir ‹una persona› en [un día de la semana o del mes]: *Ayer estábamos **a** martes. Hoy estamos **a** quince.* **10** Tener ‹una cosa› [un precio o un valor] en el mercado: *El jamón está **a** cinco mil pesetas. Las acciones de esta empresa están **a** quinientas pesetas.* SIN. valer. **11** Tener ‹una persona o un lugar› [una determinada temperatura]: *Estaban **a** cero grados. Vámonos al médico porque estás **a** 39 de fiebre.* **12** Trabajar o permanecer ‹una persona› con [otra persona]: *Hace muchos años que está **con** Luis.* **13** Ser ‹una cosa› la causa o el motivo de [otra cosa]: *El problema está **en** su mezquindad. La causa de su felicidad está **en** su mujer.* **14** Creer ‹una persona› [una cosa]: *Estoy **en** que no se dio cuenta. Pues yo estaba **en** que era un error, pero ahora creo que no.* SIN. considerar. **15** Atender ‹una persona› [una cosa]: *Ahora estamos **en** ello. Hay que estar mucho **sobre** él para que apruebe.* **16** Tener ‹una persona› a [una persona o una cosa] bajo su responsabilidad: *Estamos **sobre** el proyecto.* **17** Encontrarse ‹una persona› preparada para [una cosa]: *Notamos que no estaban **para** bromas.* **18** Tener ‹una cosa› [un determinado uso o utilidad]: *El dinero está **para** gastarlo.* **19** Ser ‹una persona› partidaria de [una persona o una cosa]: *Tú siempre has estado **por** la libertad de expresión.* **20** Quedar ‹una cosa› por [realizar]: *Las camas están **por** hacer.* **21** Sentir ‹una persona› el deseo o la tentación de [hacer una cosa]: *Estoy **por** venderlo. Estaba **por** comprometerme con ellos, pero ahora he cambiado de opinión.* **22** Compartir ‹una persona› la opinión de [otra persona]: *Estamos **con** vosotros **en** lo que decís.* || *v. prnl.* **23** Permanecer ‹una persona› en [una situación o de una manera determinada]: *Se estuvo quieto toda la tarde.* **24** Permanecer ‹una persona› [un tiempo determinado] en un lugar: *Se estuvo toda la tarde con ella.* || *v. aux.* **25** Se usa para formar la voz pasiva de algunos verbos: *El ciclo de conferencias estuvo coordinado por la responsable de cultura.* **26** Se usa junto a un verbo en gerundio para expresar la duración de una acción: *Estuvo cantando toda la mañana.* FR. Y LOC. **andar / ~ de capa* caída. andar / ~ el diablo* suelto. ¿cómo está?** o **¿qué tal está?** CORTESÍA. Se usa para preguntar por la salud de alguien: *–«¿Cómo estás?» –«Bien, gracias.» –«¿Qué tal está tu padre?» –«Algo mejor, gracias.»* **¡cómo está el patio*! cruzarse de brazos*** o **~ de brazos cruzados. cuarto* de ~. dar las últimas boqueadas*** o **~ dando las últimas boqueadas. dormir / ~ como un tronco*. ¡está bien*! está visto*. ¿estamos?** COLOQUIAL. Se usa para apoyar una cosa que se dice o comprobar si hay acuerdo o conformidad: *Saldremos antes de la diez, ¿estamos?* **~ a bien*. ~ a disposición de** Comprometerse ‹una persona› a hacer una cosa para ayudar a otra persona: *Estamos a tu disposición para lo que quieras mandarnos.* **~ a la altura* de. ~ a la cuarta pregunta*. ~ a la orden* del día. ~ a la que salta** COLOQUIAL. Mantenerse ‹una persona› atenta para no desaprovechar ninguna oportunidad: *Es muy listo, está a la que salta.* **~ a la última*. ~ a las duras y a las maduras** COLOQUIAL. Aceptar tanto el lado malo como el bueno de una cosa: *En un matrimonio, hay que estar a las duras y a las maduras.* **~ a las puertas* de la muerte. ~ a mal*. ~ a partir un piñón*. ~ a rabiar*. ~ al albur*. ~ al alcance*. ~ al cabo* de la calle. ~ al caer*. ~ al llegar*. ~ al loro*. ~ al quite*. ~ / andar a la que salta*. ~ / andar el mundo* revuelto. ~ / andar en juego*. ~ aviado*. ~ / bailar / andar en la cuerda* floja. ~ bien*. ~ bien empleado*. ~ bien ubicado*. ~ bueno*. ~ chalupa*. ~ como quiere** 1 COLOQUIAL. Ser ‹una persona› muy guapa o muy atractiva: *Carmen no tiene que preocuparse por la ropa, porque está como quiere.* 2 COLOQUIAL. Estar ‹una persona› muy bien, muy cómoda: *En este trabajo Carlos está como quiere.* **~ como un camión*. ~ como un cencerro*. ~ como un grillo*. ~ como un niño con zapatos nuevos** COLOQUIAL. Estar ‹una persona› contenta, satisfecha: *Con su coche Pedro está como un niño con zapatos nuevos.* **~ como un tren*. ~ como una cabra*. ~ como una carraca*. ~ como una chiva*. ~ como una chota*. ~ como una cuba*. (estar) como una moto*. ~ como una regadera*. ~ como una rosa*. ~ con el alma / corazón en vilo** o **~ con el alma / corazón en un hilo** COLOQUIAL; INTENSIFICADOR. Estar ‹una persona› muy intranquila por temor a algo: *Hasta que no le den el resultado de los exámenes, estará con el alma en un hilo.* **~ con el corazón* en un puño** o **tener el corazón en un puño. ~ con el dogal* al cuello. ~ con el mico* al hombro. ~ con la berza*. ~ con la leche* en los labios** o **tener / traer la leche en los labios. ~ condenado a la piqueta*. ~ de buen año*. ~ de buena / mala leche*** o **tener buena / mala leche. ~ de Dios** COLOQUIAL. Suceder inevitablemente ‹una cosa› por tenerla dispuesta así la Providencia: *Estaba de Dios que se muriera.* **~ de encargo*. ~ de fiesta** COLOQUIAL. Estar ‹una persona› muy alegre. **~ de los nervios*. ~ de mala uva*** o **tener mala uva. ~ de más** COLOQUIAL. Ser ‹una persona o una cosa› inútil o molesta, sobrar: *Lo que has dicho está de más.* **~ de psiquiatra*. ~ de sobra*. ~ de vuelta*. ~ echando bombas*. ~ en Babia*. ~ en baja** COLOQUIAL. Estar ‹una persona o grupo de personas› con pocos ánimos o tener poco rendimiento en la actividad que realiza: *Esta temporada nuestro equipo está en baja y no gana ningún partido.* **~ en boga*. ~ en buen uso*. ~ en capilla*. ~ en edad* de. (estar) en ejercicio*. ~ en el ajo*. ~ en el alero*. ~ en el limbo*. ~ en el séptimo cielo*. ~ en la brecha*. ~ en la calle*. ~ en la cresta* de la ola. ~ en la higuera*. ~ en la inopia*. ~ en la luna*. ~ en la misma onda*. ~ en la onda*. ~ en las Batuecas*. ~ en las nubes*. ~ en las últimas*. ~ en medio como el jueves*. ~ en pañales*. ~ en paz*. ~ en plantilla*** o **ser de plantilla. (estar) en prensa*. ~ en su sano juicio*. ~ en su lugar*. ~ en todo** COLOQUIAL. Atender ‹una persona› muchas cosas a la vez sin descuidar ningún detalle: *Mi madre está en todo.* **~ en tren* de. ~ en vena*. ~ / encontrarse en su salsa*. (estar) entrado / metido en carnes*. ~ escrito*. ~ fresco*. ~ fuera de cuentas*. (estar) fuera de quicio*. ~ / hallarse en mi / tu / su ... pellejo*. ~ / hallarse / encontrarse en su propio terreno*. ~ hasta el coco*. ~ hasta el cogote*. ~ hasta el coño*. ~ hasta (la punta de) los pelos*. ~ hasta las pelotas*. ~ hecho añicos*. ~ hecho pedazos*. ~ hecho picadillo*. ~ hecho trizas*. ~ hecho un abril*. ~ hecho un crío*. ~ hecho un emplasto*. ~ hecho un higo*. ~ hecho un manojo* de nervios** o **ser un manojo de nervios. ~ hecho un mar* de lágrimas. ~ / ir**

listo*. ~ jamón*. ~ lleno hasta la bandera*. ~/llevarse a matar*. ~ (mal de la) chaveta*. ~ mal de la chimenea*. ~ mal de la chola*. ~ mal/tocado de la cabeza*. ~/mantenerse en su puesto*. ~/mantenerse/seguir en sus trece*. ~ metido en harina*. ~ montado en el dólar*. ~ para mojar en chocolate*. ~/parecer fuera de lugar*. ~ pato*. ~ pegado*. ~ perdido*. ~ permanente como la funeraria*. ~ pez*. ~/poner en autos*. ~/poner en un brete*. ~/poner/tener al corriente*. ~/ponerse como un cesto*. ~/ponerse de hocicos*/morros. ~/ponerse de uñas*. ~/ponerse por las nubes*. ~ por ver Ser ‹una cosa› incierta: *Esta afirmación que haces está por ver.* **~ preso en el engranaje*. ~ que arde*. ~ que echa los dientes*. ~ que muerde*. ~ que trina*. (~/quedarse) a dos velas*. ~/quedarse al pairo*. ~/quedarse colgado*. ~/quedarse como una pasa*. ~/quedarse de plantón*. ~/quedarse de rodríguez*. ~/quedarse en cuadro*. ~ recién salido del cascarón*. ~/salir de pingo*/pingos. ~ seco*. ~ siempre encima** COLOQUIAL. Estar ‹una persona› pendiente en todo momento de otra: *Tu madre tiene que estar siempre encima de tu hermano porque es muy desobediente.* **~ sin blanca*** o **no tener blanca. ~ sin chapa*** o **no tener ni chapa. ~ sin cinco*** o **no tener ni cinco. ~ sin una peseta*. ~ sobre el tapete*. ~ sobre un volcán*. ~ sopa*. (~) subido* de tono. ~ tan fresco como una lechuga*. ~ tocado del ala*. ~/verse en las delgaditas*. (esté/estate) tranquilo*. hacer lo que esté en mi/tu/su mano*. ir/~ apañado*. no está el horno* para bollos. no ~ en sus cabales*. no ~ ni tibio*. no ~ para fiestas*. no ~ para muchos trotes*. (no) ~ por la labor*. no ser/encontrarse/~ muy allá*. poner/~ en antecedentes*. ponerse/~ de punta*. que en gloria* esté. quedarse/~ sin un chavo*. sala*/salita de ~. tener/~ con la mosca* detrás de la oreja. tener (unas) décimas*** o **~ con décimas. tenerlo/~ crudo*. vivir/~ puerta* con puerta. ¡ya está bien*!** ⇒ **40.**

estarcir *v. tr.* PINT. Reproducir ‹una persona› [un dibujo] pasando una brocha por una chapa en la que la silueta del dibujo está previamente recortada. ⇒ **90.**

estárter *s. m.* Starter.

estasis *s. f.* (no contable) MED. Estancamiento de la sangre o de otro líquido en alguna parte del cuerpo.

estatal *adj.* Del Estado: *organización estatal.*

estatalizar *v. tr.* Poner ‹una persona o una entidad› [una institución o una empresa privadas] bajo la administración del Estado: *Nadie ha hablado nunca en este partido de estatalizar los medios de producción.* ⇒ **19.**

estática *s. f.* (no contable) FÍS. Parte de la mecánica que estudia las leyes del equilibrio de los cuerpos.

estático, ca *adj.* **1** FÍS. De la estática: *fuerza estática.* **2** (ser/estar; antepuesto/pospuesto) Que no evoluciona o que se mantiene en un mismo estado, sin cambios: *Tiene un concepto estático de la situación política. Su estática posición impedía que le pasaran el balón.* **bicicleta estática. electricidad* estática.**

estatificar *v. tr.* Poner ‹una persona o una entidad› [una institución o una empresa privadas] bajo la administración de un Estado: *Este partido propone estatificar las minas.* SIN. estatalizar. ⇒ **71.**

estatismo *s. m.* **1** (no contable) Situación de lo que es estático: *El estatismo de la economía no puede durar mucho.* **2** (no contable) PEYORATIVO. Ideología y comportamiento de los partidarios de la intervención del Estado en todos los asuntos de un país: *El estatismo del partido no responde a una ideología moderna y avanzada.*

estatizar *v. tr.* ARG., URUG. Estatificar. ⇒ **19.**

estator o **estátor** *s. m.* MEC. Parte inmóvil de un motor o generador eléctrico opuesta a la parte giratoria o rotor.

estatua *s. f.* **1** ESC. Obra de escultura que representa una figura humana o animal: *En la plaza hay una estatua de Bolívar.* **2** Persona fría y sin iniciativa propia: *Este niño es una estatua: le hablas y no se mueve, como si no te oyera.*

estatuaria *s. f.* (no contable) ESC. Arte de hacer estatuas.

estatuario, ria *adj.* **1** De las estatuas o del arte de hacerlas: *los materiales estatuarios.* **2** Que parece propio de una estatua: *una belleza estatuaria, un gesto estatuario.* ‖ **3 silla* estatuaria** o **silla de San Pedro.**

estatuir *v. tr.* **1** Ordenar ‹una persona o una ley› [una cosa]: *El anterior consejo escolar estatuyó varias normas que ahora no se cumplen.* **2** ELEVADO. Sostener ‹una persona› la veracidad de [una doctrina o un hecho]. ⇒ **46.**

estatura *s. f.* **1** Longitud de una persona medida desde los pies a la cabeza: *Mido 1,65 m. de estatura. La estatura media ha aumentado entre los chicos españoles los últimos años.* SIN. altura. **2** (no contable) ELEVADO. Calidad o valor: *Es una mujer de gran estatura moral.*

estatus *s. m.* Status.

estatutario, ria *adj.* (antepuesto/pospuesto) De los estatutos o que está en ellos: *Hay que impulsar una reforma estatutaria. Es estatutario que hagamos una asamblea todos los años. La estatutaria reunión se celebrará el día uno de febrero.*

estatuto *s. m.* **1** Ley, ordenamiento jurídico: *El estatuto de los trabajadores regula los derechos y deberes de trabajadores y empresarios.* **~ de autonomía** Conjunto de leyes y normas por las que se rigen las comunidades autónomas españolas: *Algunas comunidades piden la ampliación de su Estatuto de Autonomía.* **2** Conjunto de normas por las que se rige un grupo, una sociedad o corporación: *los estatutos de una academia. Ya se han aprobado los estatutos de la asociación de vecinos.*

este *s. m.* **1** (preferentemente con mayúscula) GEOGR. Punto cardinal por donde sale el sol: *La fachada de la casa da al Este.* **2** Parte de un lugar situada a Oriente: *el este de un país. El ala este de la mansión permanece siempre cerrada. La zona este del edificio está en obras.* **3** METEOR. Viento que viene de Oriente: *El este viene hoy fresco. El viento este nos traerá calor.*

este, ta, to (como pronombre *este, esta* y sus plurales, *estos y estas*, pueden acentuarse: *éste, ésta, éstos, éstas*; en cambio, el pronombre *esto* nunca se acentúa) *adj. /pron. dem.* **1** Indica que la persona, acción o cosa a la que se refiere está próxima física, temporal o mentalmente al hablante. *Éste es más caro que aquél. Me gustan todas las sopas, pero ésta de modo especial.* OBSERVACIONES: Todas las formas excepto *esto* funcionan también como adjetivos: *Esta habitación está hecha un desastre. Estos jóvenes esperan el autobús.* Nunca lleva acento gráfico cuando es adjetivo. **2** COLOQUIAL; PEYORATIVO. Señala a una persona presente en la conversación o acabada de nombrar: *Éste no sabe ni clavar una punta.* **3** Indica que la persona o cosa de la que se habla ha sido mencionada previamente: *Las manifestaciones eran cada vez más frecuentes; esta situación empezaba a preocupar a la población.* OBSERVACIONES: En oposición a aquél, se refiere al término que se ha mencionado en último lugar: *Han llegado los invitados y los novios; éstos han dicho que todavía no se empiece a servir la comida.* **4** (pospuesto) COLOQUIAL. Señala con desprecio o rechazo o de manera enfática: *Te ordenaron barrer el pasillo este, no aquél. La lavadora esta funciona fatal, es un cacharro.* **5**1 Como adjetivo, se usa delante del antecedente de una oración de relativo: *Estas palabras que pronunció la conferenciante fueron muy aplaudidas.* **5**2 Como pronombre, se usa como antecedente de una oración de relativo: *¿Has leído esto que ha escrito el ministro?* **6** Con nombres o expresiones de tiempo, indica que es el año, mes, día o momento en que nos encontramos: *esta mañana, este domingo, este año, esta semana.* **7** Llama la atención del oyente sobre lo que se va a decir a continuación: *Escucha esto: «Se come los cheques falsos que pretendía cobrar al ser descubierto».* FR. Y LOC. **a todo esto** 1 Introduce en la conversación un comentario brusco o repentino que no está relacionado con lo que se está diciendo. *Ayer hizo un día terrible. A todo esto, ¿cómo está tu madre?* 2 Introduce un comentario que está relacionado con lo que se acaba de decir y equivale aproximadamente a 'a propósito': *El coche que hemos comprado es una maravilla. A todo esto, ¿tuvo el tuyo algún problema para pasar la revisión?* **en esto** En un relato, equivale a 'entonces, en ese momento': *Las luces se fueron; en esto, escuchó un grito. La película estaba a punto de acabar, pero en esto llegaron mis padres y nos tuvimos que ir a la cama.* **en una de éstas** Hablando de algo considerado arriesgado o de forma negativa, se usa para indicar que algo puede suceder de manera imprevista: *No deberías robarle la prensa a tus vecinos; en una de éstas te van a pillar y ya verás.* **ésta es la nuestra. ésta es la vuestra*. este** En muchas hablas de América, se usa como elemento para mantener la conversación y como muletilla, en lugar de *esto.* **esto** (átono) 1 Sirve para mantener activo el contacto conversacional. *Los ríos gallegos son: esto... el Sil, el Sar.* 2 Se usa a veces como pesada muletilla. *Y entonces yo, esto..., le digo, esto..., oye, esto..., ¿vas a venir o no?* **esto de** Introduce, de manera resumida, información o datos sobre un asunto ya conocido por los interlocutores, y tan sólo sirve para recordarlo: *Me encanta vivir en la ciudad, a pesar de todo esto de la contaminación. Yo, chica, creo que esto de no tener cultura es una desgracia.* **esto es** Equivale a 'es decir, o sea'. Introduce una aclaración inmediatamente después: *Tienes que estudiar más, esto es, al menos tres horas diarias.* OBSERVACIONES Suele ir entre comas, o precedido de coma (,) y seguido de dos puntos (:). **por esto** Por este motivo, el indicado previamente o el que se indica inmediatamente después: *Yo prefiero estar en una habitación compartida por esto, porque siempre estás acompañada.*

esteárico, ca *adj.* **1** QUÍM. De estearina. || **2 ácido* ~.**

estearina *s. f.* QUÍM. Sustancia blanca compuesta por ácido esteárico y glicerina.

esteatita (no contable) *s. f.* Variedad de talco blanco o verdoso, muy blando, que sirve para hacer señales en las telas.

estela *s. f.* **1** Señal o rastro que deja un cuerpo en movimiento, especialmente en la superficie del agua o en el aire: *La lancha dejó una estela de espuma a su paso por la playa.* **2** Recuerdo o impresión que permanece de un suceso: *Dejó tras sí una estela de admiración.* SIN. rastro. **3** Monumento conmemorativo en forma de lápida o de pedestal: *una estela funeraria romana.*

estelar *adj.* **1** De las estrellas: *el polvo estelar, un brillo estelar.* **2** Que tiene mucha importancia o categoría: *la actuación estelar del espectáculo, una figura estelar.*

estelaridad *s. f.* CHILE. Popularidad.

estema *s. m.* LIT. Esquema que representa en forma arbórea la trasmisión material de las diferentes versiones de una obra en sus diferentes ediciones o manuscritos.

esténcil *s. m.* ARG., URUG. Cliché de multicopista, hoja especial sobre la que se escribe un texto para ser luego impreso en mimeógrafo.

estenocardia *s. f.* MED. Angina de pecho.

estenordeste o **estenoreste** *s. m.* **1** GEOGR. Punto del horizonte que está a igual distancia del Este y del Nordeste. **2** Viento que sopla de esta parte.

estenosis (plural *estenosis*) *s. f.* MED. Estrechamiento de un orificio o conducto anatómico: *Una estenosis de la válvula mitral le produjo el infarto.*

estenotipia *s. f.* **1** (no contable) Taquigrafía que se hace a máquina. **2** Máquina para escribir taquigrafía: *Las estenotipias del Congreso de los Diputados trabajan mucho los días de pleno.*

estentóreo, a *adj.* **1** (antepuesto/pospuesto) ELEVADO. [Voz, sonido] que es muy fuerte o que retumba: *Se oyó retumbar a lo lejos su estentórea voz.*

estepa *s. f.* **1** (no contable) GEOGR. Terreno llano con una vegetación adaptada a la sequedad, sobre todo gramíneas. **2** (no contable) Vegetación de las estepas.

estepario, ria *adj.* De la estepa: *planta esteparia, región esteparia, fauna esteparia.*

éster *s. m.* QUÍM. Compuesto orgánico que se obtiene al añadir un ácido y un alcohol con eliminación de agua: *Los ésteres se emplean principalmente como esencias artificiales de frutas y como disolventes.*

estera *s. f.* Pieza de tejido grueso de esparto o fibra similar que se emplea para cubrir el suelo. FR. Y LOC. **dar/llevar / recibir / sacudir más palos que (a) una ~ (vieja)** COLOQUIAL; INTENSIFICADOR. Dar o recibir ‹una persona› muchos palos: *Te van a sacudir más que a una estera.*

esterar *v. tr.* RESTRINGIDO. Cubrir ‹una persona› [un suelo] con esteras: *Esteraron su habitación y les ha quedado muy acogedora.*

estercolar *v. tr.* **1** AGR. Echar ‹una persona› estiércol en [una tierra]: *Estercolaron la huerta.* || *v. intr.* **2** Expulsar ‹un animal› el excremento.

estercolero *s. m.* **1** Sitio donde se recoge y mantiene el estiércol: *Han prohibido los estercoleros cerca del pueblo.* **2** PEYORATIVO. Lugar muy sucio: *El patio es un auténtico estercolero. Tienes la habitación hecha un estercolero.*

estéreo *adj.* **1** ELECTRÓN. Estereofónico: *un sonido estéreo. Se ha comprado un equipo estéreo.* || *s. m.* **2** ELECTRÓN. Equipo estereofónico: *Tiene un estéreo nuevo.*

estereofonía *s. f.* (no contable) ELECTRÓN. Técnica de grabación y reproducción del sonido por medio de dos o más canales, que seleccionan los tonos y consiguen así una sensación de relieve acústico.

estereofónico, ca *adj.* ELECTRÓN. De la estereofonía o que utiliza la técnica de la estereofonía. **amplificador ~.**

estereografía *s. f.* (no contable) MAT. Representación de los cuerpos sólidos en un plano.

estereometría *s. f.* (no contable) Parte de la geometría que trata de la medida de los cuerpos sólidos.

estereoscopio *s. m.* Instrumento óptico que, por medio de dos imágenes de un mismo objeto, tomadas desde distintos puntos de vista, permite ver el objeto en relieve.

estereotipado, da *adj.* **1** (ser / estar; antepuesto / pospuesto) ELEVADO. [Gesto, expresión, conducta] que se expresa de una manera formularia y no manifiesta un sentimiento real: *estereotipada sonrisa. Esta fórmula está estereotipada.*

estereotipar *v. tr.* **1** ART. GRÁF. Fundir ‹una persona› [la composición hecha con caracteres o letras móviles] en una plancha de una sola pieza. **2** ART. GRÁF. Imprimir ‹una persona› [una cosa] mediante estereotipia: *En la imprenta han estereotipado dos mil ejemplares de este libro.* **3** ELEVADO. Fijar y repetir ‹una persona› [una cosa]: *Juana ha estereotipado este gesto y no hace más que repetirlo.*

estereotipia *s. f.* **1** (no contable) ART. GRÁF. Procedimiento para reproducir una composición tipográfica, que consiste en estampar la página compuesta con caracteres o letras movibles en un cartón o lámina que funcione como molde para fundir el metal y obtener las planchas de imprimir. **2** ART. GRÁF. Oficina donde se estereotipa. **3** ART. GRÁF. Máquina de estereotipar. **4** PSIQUIAT. Repetición involuntaria y brusca de expresiones verbales, gestos, movimientos, que ocurre en enfermedades psiquiátricas y neurológicas.

estereotipo *s. m.* **1** ELEVADO. Modelo o norma de conducta o de cualidades: *Los nuevos ejecutivos siguen todos el mismo estereotipo.* SIN. patrón. **2** SOCIOL. Idea simplificada y normalmente admitida que se tiene de una persona o de una cosa: *Cada comunidad tiene sus estereotipos que, una vez fijados, son muy difíciles de cambiar.* **3** ART. GRÁF. Plancha de plomo fundido que se utiliza para imprimir: *Este es el estereotipo que utilizamos en el primer número del periódico.* SIN. cliché.

estéril *adj.* **1** (antepuesto / pospuesto) Que no da fruto o no produce nada: *pensamiento estéril, tierra estéril, estériles cosechas, estériles años.* **2** Que no puede reproducirse: *flor estéril, persona estéril.* **3** Que está libre de gérmenes: *Hay que aplicar una compresa estéril sobre la herida.* **4** (antepuesto / pospuesto) Que no da resultado: *Después de largas y estériles gestiones, abandonamos el proyecto.*

esterilidad *s. f.* (no contable) Cualidad de estéril: *La esterilidad de la tierra lo obligó a abandonarla. Debido a su esterilidad, no podía tener hijos. La esterilidad del instrumental médico es esencial para evitar las infecciones.*

esterilización *s. m.* Acción y resultado de esterilizar: *la esterilización de un animal, la esterilización de un biberón, la esterilización de un quirófano.*

esterilizar *v. tr.* **1** Hacer ‹una persona o una cosa› estéril [a una persona o un animal]: *Hemos llevado a la gata al veterinario para esterilizarla.* **2** Destruir ‹una persona o una cosa› los gérmenes causantes de enfermedades que hay en [una cosa]: *Enseñan a los jóvenes padres diferentes sistemas para esterilizar los biberones.* **venda esterilizada.** ⇒ **19.**

esterilla *s. f.* **1** Estera pequeña para tumbarse al sol : *¿Llevas la esterilla para tumbarnos en la playa?* **2** (no contable) Tejido de hilos gruesos y trama separada.

esternocleidomastoideo *s. m.* ANAT. Músculo del cuello que permite el giro y la flexión de la cabeza.

esternón *s. m.* ANAT. Hueso plano y alargado situado en la parte anterior del pecho con el cual se articulan las costillas verdaderas.

estero *s. m.* **1** GEOGR. Zona costera que se inunda con la subida de la marea. **2** AMÉR. Terreno bajo pantanoso, intransitable, que suele llenarse de agua, y que tiene plantas acuáticas en abundancia. **3** CHILE, EC. Riachuelo.

esteroide *s. m.* Sustancia derivada del colesterol, como el propio colesterol, los ácidos biliares, las hormonas sexuales y la vitamina D: *Los esteroides pueden producir en la mujer el crecimiento del vello facial.*

estertor *s. m.* **1** ELEVADO. Respiración ruidosa y jadeante propia de los moribundos: *Cuando llegamos estaba ya en sus últimos estertores.* **2** MED. Ruido patológico que se percibe al auscultar el aparato respiratorio.

estertóreo, a *adj.* MED. Que tiene estertor: *respiración estertórea.*

estesudeste o **estesureste** *s. m.* **1** GEOGR. Punto del horizonte que está a igual distancia del Este y del Sudeste. **2** Viento que sopla de esta parte.

esteta *s. m. / f.* **1** ELEVADO. Persona que defiende el esteticismo o culto a la belleza formal: *En la tertulia participó un esteta que defendía la belleza como un valor esencial.* **2** ELEVADO. Persona que se dedica por profesión a cuidar el aspecto exterior de las personas o de las cosas: *Ha contratado a una esteta como asesora de imagen.*

estética *s. f.* **1** (no contable) ARTE, FILOS., LIT. Ciencia que trata de la belleza: *Ha estudiado estética en la Facultad de Filosofía. Ha escrito un tratado de estética literaria.* **2** ARTE. Modo particular de entender el arte y la belleza: *la estética del Barroco, la estética surrealista.* **3** (no contable) Apariencia y aspecto bello: *La estética de la fachada es muy adecuada al entorno. Decoró la casa cuidando la estética.*

esteticismo *s. m.* (no contable) ARTE. Ideología y comportamiento de la persona que en una obra artística o en otra faceta de la vida antepone la belleza a cualquier otro valor: *Para nuestro autor el esteticismo es un valor supremo.*

esteticista *s. m. / f.* Persona que se dedica profesionalmente al cuidado y embellecimiento corporal, especialmente del rostro: *Una vez al mes Sonia va al esteticista para hacerse una limpieza de cutis.*

estético, ca *adj.* **1** ARTE. De la estética: *juicio estético.* **2** ARTE. De la percepción de la belleza: *placer estético.* **3** ARTE. Que tiene alguna propiedad del arte, o que tiene un bello aspecto: *No es una postura muy estética, pero me gusta estar así.* || **4 cirugía* estética.**

estetoscopia *s. f.* MED. Exploración de los órganos de la cavidad del pecho por medio del estetoscopio: *Me ha hecho una estetoscopia para ver cómo seguía de los bronquios.*

estetoscopio *s. m.* MED. Aparato utilizado para auscultar a los pacientes: *El doctor siempre va con el estetoscopio colgado del cuello.*

esteva *s. f.* AGR. Pieza curva en la parte trasera del arado que sirve para guiar y hundir la reja más o menos en la tierra.

esthéticienne (del francés; pronunciamos *esteticién*) *s. f.* RESTRINGIDO. Mujer que se dedica profesionalmente al cuidado y embellecimiento corporal: *Carmen es esthéticienne en un instituto de belleza.* SIN. esteticista.

estiaje *s. m.* **1** Disminución del caudal de un río u otra corriente durante una época del año: *Los estiajes paralizan la producción hidroeléctrica.* **2** Duración de la disminución del caudal de un río u otra corriente de agua: *Los estiajes son cada vez más largos.*

estibador, ra *s. m. / f.* Persona que tiene como profesión cargar, descargar y distribuir la carga de los barcos: *Hay una nueva huelga de los estibadores del puerto.*

estibar *v. tr.* **1** RESTRINGIDO. Colocar ‹una persona› [una cosa] de modo que ocupe el menor espacio posible: *Estibad bien la mercancía en el almacén.* **2** MAR. Distribuir ‹una persona› [los pesos de una embarcación] adecuadamente: *Es importante estibar bien la carga en el barco.* **3** MAR. Cargar o descargar ‹una persona› [la mercancía de una embarcación] en un puerto: *Están estibando en el muelle sur los sacos de un carguero argentino.*

estiércol *s. m.* **1** (no contable) Mezcla de excrementos animales y restos vegetales utilizada para abonar la tierra: *Echó estiércol al huerto.* **2** (no contable) RESTRINGIDO. Excremento animal: *Hay que limpiar el estiércol del establo.*

estigma *s. m.* **1** ELEVADO. Marca o señal en el cuerpo: *Los estigmas de los esclavos se realizaban mediante un hierro candente.* **2** ELEVADO. Motivo de deshonra para una persona: *Su familia consideraba que haber estado en la cárcel era un estigma.* **3** REL. Entre los católicos, marca de las llagas de Cristo que aparece milagrosamente en el cuerpo de algunos santos y místicos. **4** BOT. Parte superior del pistilo de la flor que recibe el polen en el acto de la fecundación de las plantas. **5** ZOOL. Cada uno de los orificios del tegumento de insectos, arácnidos y miriápodos, por donde penetra el aire en la tráquea.

estigmatizar *v. tr.* **1** ELEVADO. Marcar ‹una persona› [a otra persona] con un hierro candente: *A los esclavos los estigmatizaban.* **2** ELEVADO. Hacer ‹una persona o una cosa› que [una persona] pierda su fama o su prestigio: *Tenemos que cambiar estas prácticas comerciales, porque pueden estigmatizar la empresa para siempre.* **3** REL. Imprimir ‹un ente sobrenatural› las llagas de Cristo [a una persona] milagrosamente. ⇒ **19.**

estilar *v. intr. / prnl.* Estar ‹una cosa› de moda: *Ese peinado ya no se estila. Este verano se estila llevar bermudas.*

estilete *s. m.* **1** Arma blanca parecida a un puñal pero de hoja más estrecha y aguda: *El bandido cortó sus ataduras con un estilete que guardaba en una bota.* **2** HIST. Estilo pequeño, punzón con el que los antiguos escribían sobre tablillas enceradas. **3** RESTRINGIDO. Gnomon o indicador vertical de un reloj solar. **4** MED. Sonda metálica formada por una varilla flexible o rígida, terminada en una pequeña esfera, utilizada para explorar ciertas heridas.

estilismo *s. m.* (no contable) Oficio y actividad de la persona que se encarga del estilo y la imagen: *Se dedica al estilismo en una empresa de publicidad.*

estilista *s. m. / f.* **1** Escritor u orador de estilo esmerado, elegante: *Me gusta mucho esta escritora porque es una gran estilista.* **2** Diseñador de una revista, generalmente de modas o de decoración, o encargado de la imagen de un espectáculo: *Es estilista de un gabinete de imagen.* **3** Persona que realiza una actividad con elegancia.

estilística *s. f.* (no contable) FILOL. Estudio del estilo y de la expresión lingüística: *Este año estudio estilística.*

estilístico, ca *adj.* FILOL. Del estilo o del modo de hablar o escribir: *recursos estilísticos, análisis estilístico.*

estilización *s. f.* Acción y resultado de estilizar: *La estilización de la figura femenina es uno de los principios de la moda actual.*

estilizar *v. tr.* **1** Representar ‹una persona› [una cosa] artísticamente, destacando sólo sus rasgos elementales: *Pinta los paisajes estilizándolos.* **2** Hacer ‹una persona o una cosa› que [otra cosa] sea más delgada: *El Greco estiliza las figuras. Aquel abrigo lo estilizaba mucho.* ‖ *v. prnl.* **3** Hacerse ‹una persona o una cosa› más delgada: *Se ha estilizado después del tratamiento y está más atractiva.* ⇒ **19.**

estilo *s. m.* **1** Manera de hacer una cosa propia de una persona, un país o una época: *Su estilo de juego es sencillo y práctico.* **2** ARTE. Conjunto de rasgos que distinguen y caracterizan a un artista, género literario, uso del idioma, técnica: *El estilo conciso de Quevedo marcó la escuela conceptista.* **3** DEP. Forma de practicar un deporte: *El estilo mariposa es uno de los más difíciles dentro de la natación.* **4** Modo, tipo o carácter de una cosa: *Tiene un estilo de vida elevado. Se ha comprado una chaqueta de estilo deportivo.* **5** Costumbre o uso: *Llevaba sombrero, siguiendo el estilo de su época.* **6** (no contable) Elegancia o distinción de una cosa o una persona: *Mi prima tiene estilo vistiendo. Es una casa con mucho estilo.* SIN. clase. **7** BOT. Prolongación hueca del ovario de las flores, en forma de hilo, que termina en el estigma. **8** HIST. Punzón con el que los antiguos escribían sobre tablillas enceradas. **9** RESTRINGIDO. Gnomon del reloj de sol. SIN. estilete. **10** Eje sobre el que gira la aguja de una brújula. **11** ARG. Canción pampeana de ritmo lento y letra en décimas. ‖ **12 ~ directo** LING. Manera de reproducir las palabras de una persona o de un personaje refiriéndolas textualmente: *En «Me dijo: vete de aquí», «vete de aquí» está expresado en estilo directo.* **13 ~ imperio** ARTE. Estilo artístico de la época de Napoleón Bonaparte: *muebles estilo imperio.* **14 ~ indirecto** LING. Manera de reproducir las palabras de una persona o de un personaje transformándolas en una oración subordinada: *En «Me dijo que me fuera de allí», «que me fuera de allí» está expresado en estilo indirecto.* FR. Y LOC. **por el ~** Parecido o aproximado: *Dijo eso o algo por el estilo.*

estilóbato *s. m.* ARQ. Base, generalmente de tres gradas, sobre la que se apoya el templo griego.

estilográfico, ca *adj. / s. f.* [Pluma] que escribe con la tinta contenida en un depósito que lleva en el mango: *Me encantan las estilográficas.* **pluma estilográfica.**

estilógrafo *s. m.* COL. Pluma estilográfica.

estiloso, sa *adj.* RESTRINGIDO. Que tiene estilo, personalidad o elegancia: *Pedro es muy estiloso: se ponga lo que se ponga todo le sienta bien y siempre está elegante.*

estima *s. f.* Valor, importancia o cariño que se da a una persona o una cosa: *Ya sé que a ti no te cae bien, pero yo le tengo mucha estima. Tengo en mucha estima a esa casa.*

estimable *adj.* **1** (antepuesto / pospuesto) Que merece estima o aprecio: *actitud estimable, comportamiento estimable. Su discurso fue un estimable gesto en favor de la paz.*

2 Que permite ser estimado o evaluado: *Se han producido daños estimables en varios millones de pesetas.* **3** (antepuesto / pospuesto) Que merece ser tenido en cuenta o valorado: *Es una cantidad estimable de dinero. Había un estimable número de personas esperando para oírle cantar.*

estimación *s. f.* **1** Acción y resultado de estimar: *El perito hizo una estimación de los daños.* SIN. evaluación. **2** Aprecio o valoración de una cosa: *Su trabajo ha merecido la estimación de todos.* SIN. consideración.

estimar *v. tr. / prnl.* **1** Dar ‹una persona› valor o importancia a [una persona o una cosa]: *Estima* ***en*** *poco su vida. No estima* ***en*** *mucho su obra y por eso la destruye.* **2** Sentir ‹una persona› cariño o afecto por [otra persona]: *Nunca ha estimado a sus amigos. No se estima, si no, no bebería tanto.* || *v. tr.* **3** Tener ‹una persona› una opinión sobre [una cosa]: *Estimo lógico hacer eso. Estimaba que nos estábamos equivocando en nuestra decisión.* SIN. opinar. **4** Determinar ‹una persona› el valor o la medida de [una cosa]: *Estimó la capacidad de la sala en cien personas. Han estimado que los desperfectos no rebasan el millón de pesetas.*

estimativo, va *adj.* **1** Que valora o sirve para valorar: *Nuestro colaborador realizará un juicio estimativo sobre la actual situación económica.* **2** Que se calcula aproximadamente: *La cantidad estimativa es de cien mil pesetas.*

estimulación *s. f.* Acción y resultado de estimular o estimularse: *La estimulación en la creación de empleo no es tarea fácil en este momento.*

estimulante *adj.* **1** Que estimula: *Sus palabras han sido muy estimulantes para mí.* || *adj. / s. m.* **2** [Sustancia, medicamento] que estimula o sirve para estimular la actividad funcional de uno o varios órganos: *Estoy tomando un estimulante para el intestino.*

estimular *v. tr.* **1** Dar ‹una persona o una cosa› ánimos [a una persona] para que haga [una cosa]: *El amor propio lo estimulaba* ***a*** *seguir. El éxito de su primera novela estimuló su actividad literaria.* **2** Hacer ‹una persona o una cosa› que [una cosa] sea más eficaz: *La publicidad estimuló las ventas.* **3** Hacer ‹una persona o una cosa› que [los órganos de los sentidos o el tejido nervioso] se activen: *Una buena caminata estimula el apetito.* || *v. prnl.* **4** Administrarse ‹una persona› una droga o un estimulante para aumentar su capacidad de acción: *Se estimuló para rendir al máximo en la carrera.* **5** Darse ‹una persona› ánimos para hacer [una cosa]: *Se estimulaba pensando que pronto iba a recibir la recompensa por lo que estaba haciendo.*

estímulo *s. m.* **1** Cosa que sirve para estimular: *Este contrato ha estimulado sus ganas de trabajar.* **2** BIOL. Agente o causa que, al actuar sobre un organismo, provoca en éste una reacción o respuesta: *Las pupilas se contraen si se las expone al estímulo de la luz..*

estío *s. m.* ELEVADO. Verano, estación del año.

estipendio *s. m.* (no contable) ELEVADO. Dinero que se paga a una persona por un trabajo realizado o por un servicio prestado: *Los estipendios que pagué al notario suben a veinte mil pesetas.*

estípula *s. f.* BOT. Pieza o apéndice que tienen algunas hojas a ambos lados de la base del peciolo: *Las hojas de la acacia y del geranio tienen estípulas.*

estipulación *s. f.* **1** DER. Convenio verbal: *La estipulación hecha ante testigos tiene valor legal.* **2** DER. Acción de estipular o contratar fijando los términos de un acuerdo: *La estipulación de la separación ya está acordada.* **3** DER. Cada una de las cláusulas de un contrato: *El contrato tiene una estipulación que dice que todos los gastos corren a cargo del comprador.*

estipular *v. tr.* **1** ELEVADO. Determinar ‹una persona› [una cosa]: *Parece que los vendedores no han estipulado el precio de la finca. Hemos estipulado claramente las cosas que va a hacer cada uno.* SIN. convenir. **2** DER. Hacer ‹una persona› [un contrato verbal] a otra persona: *Han estipulado ya las condiciones en las que empezarán a colaborar.*

estirada *s. f.* DEP. Esfuerzo que hace un portero, en especial de fútbol, para atrapar o desviar un balón, alargando los brazos o tirándose al suelo: *Esa gran estirada ha evitado el gol del empate.*

estirado, da *adj.* **1** PEYORATIVO. Que se comporta con arrogancia: *Siempre va muy estirado. Es muy estirada.*

estiramiento *s. m.* **1** Acción y resultado de estirar: *El estiramiento del sueldo era casi un milagro. Cada día, antes de empezar a jugar, hace ejercicios de estiramiento de los músculos.* **2** MED. Operación de cirugía estética que consiste en estirar la piel para hacer desaparecer las arrugas: *Se ha hecho un estiramiento de la cara.* **3** PEYORATIVO. Cualidad de estirado o engreído: *Su estiramiento es irritante.* SIN. arrogancia.

estirar *v. tr.* **1** Hacer ‹una persona o una cosa› que [otra persona o cosa] se alargue: *Estiraron bien la cuerda para ver si llegaba hasta el extremo contrario.* **2** Poner ‹una persona o una cosa› tensa o tirante [una cosa]: *Hay que estirar la red, porque está poco tensa.* SIN. tensar. **3** Poner ‹una persona o una cosa› lisa [una cosa]: *Estira la ropa para que no se arrugue.* SIN. alisar. **4** Poner ‹una persona› recto [el cuerpo o una parte de él]: *Estiró el cuello para ver mejor.* **5** Hacer ‹una persona› que [una cosa] dure más tiempo: *Estiró el dinero hasta fin de mes. Fue estirando la clase hasta cubrir la hora y media que le tocaba.* **6** AMÉR. Matar ‹una persona› [a otra persona]. || *v. intr.* **7** COLOQUIAL. Tirar ‹una persona› de [una persona o una cosa]: *Estira* ***de*** *la cuerda. Los hombres estiraban* ***de*** *la puerta sin conseguir abrirla.* **8** AMÉR.; COLOQUIAL. Morir. || *v. intr. / prnl.* **9** Crecer ‹una persona›: *El niño (se) ha estirado tras la enfermedad.* || *v. prnl.* **10** Aumentar la longitud de ‹una cosa›: *La chaqueta de lana se ha estirado y ahora me viene grandísima.* **11** Poner ‹el cuerpo o una parte de él› recto: *Se estiró para desperezarse.* **12** Durar ‹una cosa› más tiempo: *En las esperas, el tiempo parece estirarse.* **13** Ponerse ‹una persona› tendida sobre [una cosa]: *No tardó en estirarse sobre un banco para esperar su avión.* **14** COLOQUIAL. Mostrarse ‹una persona› generosa: *Este año te has estirado más de la cuenta con el regalo.* FR. Y LOC. **~ la jeta*. ~ la pata*. ~ las piernas*.**

estirón *s. m.* **1** Acción de estirar fuertemente de una cosa: *Los estirones que daban a la cuerda no lograron mover el carro.* SIN. tirón. **2** COLOQUIAL. Crecimiento rápido en altura de una persona: *En pocos meses ha dado un estirón enorme.*

estirpe *s. f.* **1** ELEVADO. Conjunto de ascendientes y descendientes de una persona, especialmente si es noble o ilustre: *La antigüedad de su estirpe se pierde en el tiempo.* **2** ELEVADO. Grupo de personas unidas en el tiempo por una afición o característica: *La estirpe de los grandes conquistadores se perdió ya.*

estítico, ca *adj.* COL. Que sufre estreñimiento.

estival *adj.* Del estío o verano: *La época estival es la que registra una mayor actividad del sector turístico.*

estocada *s. f.* TAUROM. **1** Pinchazo o golpe que se da con la espada o el estoque: *El diestro mató al toro de una estocada.* **2** TAUROM. Herida producida por un estoque o espada: *La estocada que recibió fue mortal.*

estocástico, ca *adj.* **1** MAT. Del cálculo de probabilidades. **2** ELEVADO. Que depende del azar o la casualidad: *suceso estocástico, variaciones estocásticas.*

estofa *s. f.* ELEVADO; PEYORATIVO. Condición o clase de una persona: *Es un individuo de baja estofa que anda siempre con lo peor de la ciudad.*

estofado, da *s. m.* **1** COCINA. Guiso de carne o pescado cocido a fuego lento y condimentado con tomate, cebolla, laurel y algunas hortalizas, como guisantes o zanahorias: *estofado de perdiz. He comido un buen estofado de rabo de buey.* **2** ARTE. Acción y resultado de estofar: *Los imagineros del siglo* XVI *dominaban muy bien la técnica del estofado.*

estofar *v. tr.* **1** COCINA. Hacer ‹una persona› un estofado con [carne o pescado]: *En este restaurante estofan muy bien la carne.* **2** ARTE. Pasar ‹una persona› una cosa áspera sobre [la pintura dada sobre el dorado de la madera] haciendo líneas que descubran el oro. **3** ARTE. Preparar ‹una persona› [una escultura de madera] antes de dorarla. **4** ARTE. Pintar ‹una persona› [un relieve al temple] sobre oro.

estoicismo *s. m.* **1** (no contable) FILOS. Doctrina filosófica de una escuela griega, según la cual el hombre debía dominar los afectos, soportar sereno el sufrimiento y buscar la felicidad en la virtud: *El fundador del estoicismo fue el filósofo griego Zenón de Citio.* **2** (no contable). ELEVADO. Actitud de la persona que soporta con entereza las desgracias y contratiempos: *Los conductores aguantaban el atasco con estoicismo. Me asombra su estoicismo ante la adversidad.*

estoico, ca *adj.* **1** FILOS. Del estoicismo: *máxima estoica, doctrina estoica, la lógica estoica.* || *adj. / s. m.* y *f.* **2** FILOS. Que profesa el estoicismo filosófico: *Séneca fue uno de los estoicos más importantes de la antigüedad clásica.* **3** Que tiene fortaleza, o que se comporta con serenidad y equilibrio ante las desgracias o el dolor propio o ajeno: *Es una estoica y lo ha demostrado muchas veces. Su temperamento estoico le hace soportar todo con entereza.*

estola *s. f.* **1** Prenda femenina que consiste en una banda, generalmente de piel, que se pone alrededor del cuello y sobre los hombros: *Se compró una estola de visón que no se pone casi nunca.* **2** REL. Prenda de la vestimenta litúrgica católica que consiste en una tira larga y estrecha que lleva colgada al cuello el sacerdote: *Sobre el alba se puso la estola, después se ciñó el cíngulo y, por fin, se puso la casulla, antes de salir de la sacristía.* **3** Túnica ceñida a la cintura que utilizaban los griegos y los romanos.

estolón *s. m.* BOT. Pequeña rama que nace a ras del suelo de la base del tallo de algunas plantas, echa raíces y da lugar a una nueva planta: *El estolón del fresal se destruye una vez que la nueva planta ha enraizado.*

estoma *s. m.* BOT. Cada uno de los orificios microscópicos que hay en la superficie de las hojas de las plantas, a través de los cuales se realiza el intercambio gaseoso: *Los estomas están cerrados en las horas de máximo calor para evitar la evaporación.*

estomacal *adj.* **1** Del estómago: *dolor estomacal. Tengo una afección estomacal.* || *adj. / s. m.* **2** Que es bueno para el estómago y facilita la digestión: *medicamento estomacal. He bebido un estomacal con un sabor agradable.*

estomagar *v. tr.* **1** Causar ‹una cosa› indigestión a [una persona]: *El plato de alubias me ha estomagado.* SIN. empachar. **2** Causar ‹una persona o una cosa› repugnancia o fastidio grande a [una persona]: *Me estomaga su amabilidad fingida.* ⇒ **56.**

estómago *s. m.* **1** ANAT. Órgano en forma de bolsa, situado entre el esófago y el duodeno, en que se inicia la digestión de los alimentos: *El estómago es el órgano más importante del aparato digestivo.* **ardor* de ~. boca* del ~. lavado* de ~** o **lavado gástrico. 2** (no contable) COLOQUIAL. Parte exterior del cuerpo de una persona que corresponde a este órgano, sobre todo si está abultada: *Es verdad que tengo un poco de estómago, pero no estoy gordo.* **3** (no contable) Capacidad para hacer o soportar cosas desagradables o degradantes: *Para ser forense hay que tener estómago.* SIN. tragaderas (COLOQUIAL). FR. Y LOC. **dar cien patadas* (en el ~)** o **dar cien patadas (en la barriga). levantar el ~** COLOQUIAL. Causar ‹una cosa› alteración en el estómago de una persona: *El ajo me ha levantado el estómago.* **revolver el ~** COLOQUIAL; INTENSIFICADOR. Alterar ‹una persona o una cosa desagradable o repugnante› la tranquilidad o el estómago de otra persona: *Cada vez que tengo que hablar con ese sinvergüenza se me revuelve el estómago.*

estomatitis (plural *estomatitis*) *s. f.* MED. Inflamación de la mucosa bucal.

estomatología *s. f.* (no contable) MED. Parte de la Medicina que estudia y trata la boca.

estomatólogo, ga *s. f.* MED. Médico especialista en estomatología: *He ido al estomatólogo porque tengo una infección en la boca.*

estoniano, na o **estonio, nia** *adj. / s. m.* y *f.* **1** De Estonia, país europeo de la región báltica, que formaba parte de la antigua Unión Soviética: *He conocido a dos estonios.* || *s. m.* **2** LING. Lengua hablada por los estonios.

estop *s. m.* COL. Luz de freno de un vehículo.

estopa *s. f.* **1** (no contable) Parte basta del lino o cáñamo que queda en el rastrillo cuando se peina. **2** (no contable) Tela gruesa que se elabora con este material: *La estopa se usa para fabricar cuerdas y para tapar juntas de tuberías.* **3** MAR. Jarcia vieja deshilada que se emplea para calafatear. FR. Y LOC. **dar / repartir / arrear ~** COLOQUIAL. Pegar, dar ‹una persona› una paliza a otra persona: *En la manifestación la policía arreó estopa a los estudiantes.*

estoperol *s. m.* **1** MAR. Clavo corto, de cabeza grande y redonda, utilizado en marina. **2** AMÉR. Encontronazo, choque violento. **3** AMÉR. Tachuela grande, dorada o plateada.

estoque *s. m.* **1** Espada muy estrecha, afilada sólo en la punta: *Salía por las noches con su estoque envainado en el bastón.* **2** TAUROM. Espada que utiliza el torero para matar el toro: *El torero hizo una buena faena, pero no estuvo acertado con el estoque.* **mozo* de estoques. 3** Gladiolo.

estoquear *v. tr.* TAUROM. Herir ‹una persona› [a un toro] con el estoque: *El matador estoqueó al toro.*

estor *s. m.* Cortina que se recoge verticalmente: *Hemos comprado unos bonitos estores para el salón.*

estoraque *s. m.* **1** *Styrax officinalis.* Árbol de cuatro a seis metros de altura, con hojas ovaladas y flores blancas, de cuyo tronco se obtiene un bálsamo muy oloroso: *A los estoraques se les hacen incisiones en el tronco para obtener el bálsamo.* **2** Bálsamo extraído del tronco de los estoraques. **3** VEN.; COLOQUIAL. Escrito de cualquier clase, largo y fastidioso.

estorbar *v. tr.* **1** Poner ‹una persona o una cosa› obstáculos a la realización de [una cosa]: *Estos inconvenientes estorban la finalización del proyecto.* SIN. dificultar. **2** Causar ‹una persona o una cosa› molestias a [una persona]: *Me estorba el sol.* SIN. molestar. ‖ *v. intr.* **3** Molestar ‹una persona› a otra persona: *No te vayas porque no estorbas.*

estorbo *s. m.* Persona o cosa que estorba: *¡Niño, eres un estorbo, siempre estás en medio!*

estornino *s. m.* (macho y hembra) Género *sturnus.* Ave de cabeza pequeña, plumaje oscuro brillante y pico amarillento, recto y puntiagudo, que corre o anda por el suelo, y tiene un vuelo rápido: *El estornino habita en Europa y el norte de África.*

estornudar *v. intr.* Expulsar ‹una persona o un animal› de forma involuntaria el aire de los pulmones por la nariz y la boca violentamente: *Ricardo estornudó cuando todos estábamos en silencio.*

estornudo *s. m.* Expulsión involuntaria y ruidosa de aire por la nariz y la boca: *Sus estornudos lo obligaron a abandonar el concierto.*

estrabismo *s. m.* (no contable) MED. Defecto de los ojos por el que los dos ejes de la visión no se dirigen al mismo punto: *El estrabismo se puede producir por la parálisis de alguno de los músculos del ojo.*

estrado *s. m.* Tarima sobre la que se coloca el trono real o la mesa presidencial en un acto solemne: *En el estrado presidía el acto el director de la Academia.*

estrafalario, ria *adj. / s. m.* y *f.* **1** (antepuesto / pospuesto) COLOQUIAL. Que viste de un modo extraño o desacostumbrado: *Le gusta la ropa estrafalaria. Se presentó, muy orgullosa, con un estrafalario sombrero. Eres un estrafalario vistiendo.* **2** (antepuesto / pospuesto) COLOQUIAL. [Persona, idea, conducta] que tiene un modo de pensar o de actuar raro o extravagante: *actitud estrafalaria. Sus estrafalarias costumbres ya no nos sorprenden. ¡Menudas ideas; eres un estrafalario!*

estragar *v. tr.* **1** Causar ‹una persona o una cosa› grandes daños a [una cosa]: *El temporal ha estragado la huerta.* **2** Causar ‹una sensación› que [una persona] pierda la sensibilidad de [una parte del cuerpo]: *El picante me ha estragado el paladar.* **3** Causar ‹el exceso de comida o bebida› daño en el estómago de [una persona]: *Aquella comilona me estragó.* ‖ *v. prnl.* **4** Perder ‹una persona› sensibilidad: *El gusto se te ha estragado con tantas películas absurdas.* **5** Sufrir ‹una persona› daño en el estómago: *Se ha estragado de tanto comer dulces.* ⇒ **56.**

estrago *s. m.* **1** (preferentemente en plural; no contable) Daño o perjuicio moral o psíquico: *Ver mucha televisión causa estragos en la mente de los niños.* **2** (preferentemente en plural.) Destrozo o daño físico muy grave: *El hielo ha hecho estragos en los árboles. La droga causa estragos.* FR. Y LOC. **hacer estragos** Tener ‹una persona› mucho éxito entre un determinado grupo de personas: *Ese cantante ha hecho estragos entre los más jóvenes.*

estragón *s. m.* *Artemisia dracunculus.* Planta herbácea de hojas lanceoladas y flores amarillentas que se emplea como condimento: *pollo al estragón, mostaza al estragón.*

estrambote *s. m.* MÉTR. Conjunto de versos que se añaden al final de una composición poética.

estrambótico, ca *adj.* (ser / estar; antepuesto / compuesto) COLOQUIAL. Que se comporta de un modo poco frecuente, o que es raro o extravagante: *Realmente, llama la atención con ese atuendo, es bastante estrambótico. Su estrambótico comportamiento nos sorprendió a todos.*

estramonio *s. m.* *Datura stramonium.* Hierba de flores blancas en forma de embudo y fruto como una nuez, espinoso.

estrangulación *s. f.* Estrangulamiento.

estrangulamiento *s. m.* **1** Acción y resultado de estrangular o estrangularse: *El estrangulamiento de la hernia ha sido muy peligroso* **2** ECON. Proceso que limita la capacidad de acción o impide el normal desarrollo de un sistema: *El déficit de la balanza de pagos puede desembocar en un estrangulamiento de la economía.*

estrangular *v. tr. / prnl.* **1** Impedir ‹una persona o una cosa› la respiración de [una persona o un animal]: ***Se** estranguló con una cuerda.* ‖ *v. tr.* **2** Hacer ‹una persona o una cosa› que [un paso o un conducto] quede cerrado o muy estrecho: *Las calles estrechas estrangulan el tráfico. El colesterol estrangula la circulación sanguínea.* **3** CIR. Detener ‹una persona› la circulación sanguínea en [una parte del cuerpo] por medio de ligaduras o presión: *Estranguló la circulación mediante un torniquete, y así evitó la hemorragia.* **4** Impedir ‹una persona o una cosa› la realización de [un proyecto]: *Quieren estrangular nuestro proyecto porque no interesa que acabe con éxito.* SIN. frustrar. ‖ *v. prnl.* **5** Quedar ‹un paso o un conducto› cerrado o muy estrecho: *La calle se estrangula* ***con*** *las obras del metro. Las tuberías se estrangulan* ***por*** *la acumulación de cal.* SIN. obstruirse.

estraperlo *s. m.* **1** (no contable) COLOQUIAL. Comercio ilegal de productos que escasean o que están controlados por el Estado: *En la posguerra hubo gente que se dedicaba al estraperlo.* **2** (no contable) COLOQUIAL; RESTRINGIDO. Productos utilizados en este comercio: *El tabaco americano que venden en el pasillo del metro es puro estraperlo.*

estrapontín *s. m.* RESTRINGIDO. Asiento plegable de algunos vehículos y salas de espectáculos. SIN. traspontín.

estratagema *s. f.* **1** Acción de guerra destinada a conseguir un objetivo sirviéndose de la astucia y la habilidad: *estratagema militar. Si aquella estratagema daba resultado, la guerra estaría ganada.* **2** Manera de obtener una cosa por medio de la astucia y el engaño: *El equipo logró hacerse con el triunfo sirviéndose de una estratagema del entrenador.*

estratega *s. m. / f.* Experto en estrategia: *Napoleón fue un gran estratega.*

estrategia *s. f.* **1** Técnica de proyectar y dirigir las operaciones militares: *Una buena estrategia es fundamental para vencer al enemigo.* **2** Plan para llevar a cabo un asunto hasta conseguir un objetivo propuesto: *El partido diseñó una estrategia muy agresiva para captar votos.*

estratégico, ca *adj.* **1** (antepuesto / pospuesto) De la estrategia o que la tiene: *El movimiento estratégico del caballo le va a dar la victoria. Es una operación estratégica que si sale bien será la solución.* **2** Que es muy importante o relevante: *Ocupa un puesto estratégico en la empresa.*

estratificación *s. f.* **1** Acción y resultado de estratificar o estratificarse: *La estratificación de las capas del suelo se produce por sedimentación.* || **2 ~ social** Disposición de los miembros de una sociedad en capas o clases sociales superpuestas.

estratificar *v. tr. / prnl.* Disponer ‹una persona o una cosa› [una cosa] en estratos: *La posición económica estratifica la sociedad en clases.*

estratigrafía *s. f.* **1** (no contable) GEOL. Parte de la geología que estudia los estratos, su disposición, formación y evolución, y los fósiles en ellos contenidos: *La estratigrafía ayuda a reconstruir la historia geológica del planeta.* **2** (no contable) Técnica auxiliar de la arqueología que estudia los distintos niveles de un yacimiento para determinar su cronología.

estrato *s. m.* **1** GEOL. Cada una de las capas de rocas sedimentarias que pueden distinguirse en un terreno: *En ese desfiladero se distinguen perfectamente los diversos estratos de la montaña.* **2** BIOL. Cada una de las capas de un tejido orgánico: *La piel es un órgano compuesto por cinco estratos.* **3** ARQUEOL. Cada una de las capas de un yacimiento arqueológico. **4** SOCIOL. Clase social: *pertenecer a un estrato social, estrato social bajo.* **5** GEOGR. Capa situada a determinada altura en la que vive parte de la población de una comunidad terrestre o marina. **6** METEOR. Nube baja que se presenta en forma de faja o banda paralela en el horizonte: *Los estratos son una clase de nubes.* || **7 ~ lingüístico** LING. Conjunto de elementos, especialmente léxicos, de una lengua, que se integran en otra lengua anterior o posterior.

estratosfera *s. f.* GEOGR. Capa de la atmósfera que comprende desde los 10-18 km hasta los 50 km de altura: *La estratosfera está constituida fundamentalmente por ozono.*

estrave *s. m.* MAR. Remate de la quilla de una embarcación que va en línea curva hacia la proa.

estraza *s. f.* Trapo o desecho de ropa basta. FR. Y LOC. **papel* de ~.**

estrechamiento *s. m.* **1** Acción y resultado de estrechar o estrecharse: *Las obras han obligado al estrechamiento de la calle.* **2** Lugar donde una cosa se estrecha: *La cintura es un estrechamiento del cuerpo.* **3** Apretón que se da con la mano en señal de afecto o amistad: *Después de firmar el acuerdo hubo un estrechamiento de manos.* **4** Aumento de la unión o relación entre personas: *El estrechamiento de relaciones entre los dos países es una buena señal.*

estrechar *v. tr.* **1** Hacer ‹una persona o una cosa› más estrecha [una cosa]: *El sastre me ha estrechado los pantalones.* **2** Hacer ‹una persona o una cosa› que aumente la unión o la relación entre [personas o países]: *La desgracia estrechó aquella amistad.* || *v. tr. / prnl.* **3** Apretar ‹una persona› [a una persona o una cosa] con los brazos o con las manos: *Le echó los brazos al cuello y la estrechó amorosamente. Pedro y Luis* ***se*** *estrecharon la mano para saludarse.* || *v. prnl.* **4** Hacerse ‹una cosa› más estrecha: *La calle se estrecha al final.* **5** Aumentar ‹una persona o un país› su unión o relación con otro: *Los lazos entre estos dos países se han estrechado después de los acuerdos firmados.* **6** Apretarse ‹varias personas› en un espacio para que quepan más: *Si os estrecháis un poco cabremos todos en el ascensor.* SIN. apiñarse. **7** Disminuir ‹una persona› sus gastos: *Esta familia tiene que estrecharse para llegar a fin de mes.* **8** TAUROM. Ponerse ‹un torero› cerca del toro al lidiarlo: *Se estrechó bien en las verónicas.* FR. Y LOC. **dar / ~ la mano*.**

estrechez *s. f.* **1** (no contable) Escasez de anchura: *La excesiva estrechez del pasillo es incomodísima.* **2** Dificultad producida por alguna carencia, sobre todo, económica: *Estaba acostumbrado a vivir en la estrechez. Después de la guerra pasó muchas estrecheces.* SIN. privación.

estrecho, cha *adj.* **1** (ser / estar; antepuesto / pospuesto) Que tiene poca anchura, o que es demasiado pequeño para lo que contiene o para lo que se necesita: *En este sillón se está muy estrecho. Es muy estrecho de espaldas. Atravesamos un largo y estrecho pasillo. Es un camino muy estrecho.* ANT. ancho. **vía* estrecha.** **2** (ser / estar) Que aprieta, está demasiado ceñido o ajustado: *Estos zapatos me están estrechos.* ANT. ancho. **3** (antepuesto / pospuesto) [Relación] que tiene unos vínculos muy cercanos, próximos o íntimos: *A Marta y Sonia las une una estrecha amistad. Sara se mueve en un círculo de amigos muy estrecho.* **4** (antepuesto / pospuesto) Que contiene rigidez o austeridad: *Te guías por unas normas de conducta demasiado estrechas. Su estrecha situación económica no le permitía grandes gastos.* || *adj. / s. m.* y *f.* **5** COLOQUIAL; PEYORATIVO. Que está reprimido sexual o moralmente: *Eres un estrecho. No te hagas la estrecha y no te escandalices por una tontería.* || *s. m.* **6** GEOGR. Extensión de agua que separa dos costas cercanas y comunica dos mares: *Para ir a Ceuta hay que cruzar el Estrecho de Gibraltar.* FR. Y LOC. **de vía* estrecha.**

estrechura *s. f.* **1** Estrechez de un paso o de un lugar: *La estrechura de la carretera en ese tramo imposibilita los adelantamientos.* **2** Aprieto o dificultad: *Pasé muchas estrechuras cuando me quedé sin trabajo.*

estregar *v. tr. / prnl.* RESTRINGIDO. Frotar ‹una persona› [una cosa] contra otra cosa con fuerza: *Estregó la plata* ***con*** *un paño para darle brillo.* ***Se*** *estregó las manos con fuerza para entrar en calor.* SIN. restregar. ⇒ **56.**

estrella *s. f.* **1** ASTRON. Cuerpo celeste que brilla con luz propia: *Me gusta ver las estrellas del firmamento en las noches de verano.* **~ fugaz** Cuerpo celeste que atraviesa el cielo y desaparece rápidamente. **Estrella Polar** Estrella que señala dirección del polo norte: *La Estrella Polar pertenece a la constelación Osa Menor.* **2** Cosa u objeto con la misma forma de las estrellas: *sopa de estrellas, la estrella de la espuela.* **3** Distinción de la graduación militar, con la forma de las estrellas: *El capitán lucía en su uniforme las tres estrellas de seis puntas.* **4** Signo similar a una estrella que indica la categoría de algunos establecimientos hoteleros: *pensión de una estrella. Estuve en un hostal de dos estrellas. Este hotel ha bajado de cinco a cuatro estrellas.* **5** Destino o suerte de una persona: *Tengo muy mala estrella.* **6** Persona que sobresale en su profesión, especialmente si es artista o deportista: *Esta jugadora es la estrella del equipo.* **7** Cosa que sobresale entre otras de su clase: *El nuevo concurso se ha convertido en la estrella de los programas televisivos.* || **8 ~ de mar** (macho y hembra) Clase *Asteroidea.* Animal equinodermo de cuerpo en forma de estrella con los brazos capaces de regenerarse si se le cortan y provistos de ventosas para desplazarse: *Las estrellas de mar son carnívoras.* FR. Y LOC. **lluvia* de estrellas. ver las estrellas** COLOQUIAL. Sufrir ‹una persona› un dolor fuerte: *Esta muela me está haciendo ver las estrellas.* REFR. **Unos nacen con estrella y otros estrellados.** Se usa para aconsejar resignación, porque hay personas que tienen muy buena suerte y otras muy mala.

estrellado, da *adj.* 1 Que tiene forma de estrella: *tornillo de cabeza estrellada. El escudo del equipo es estrellado.* || **2 huevo* estrellado. 3 cardo* estrellado.**

estrellamar *s. f.* (macho y hembra) Estrella de mar.

estrellar *v. tr.* 1 Tirar ‹una persona› [una cosa] contra otra cosa violentamente: *Estrelló el vaso* ***contra*** *el suelo. El delantero ha estrellado el balón* ***en*** *el poste.* 2 Cubrir ‹una persona› [una cosa] de estrellas: *El pintor estrelló el fondo del cuadro.* || *v. prnl.* 3 Romperse ‹una cosa› al chocar contra otra cosa: *El tiesto cayó y se estrelló* ***contra*** *la acera.* 4 Cubrirse ‹una cosa› de estrellas: *Se han ido las nubes y el cielo se ha estrellado.* 5 Sufrir ‹una persona o un vehículo› un choque violento: *Se estrelló* ***contra*** *un árbol.* SIN. chocar. 6 No tener éxito ‹una persona› en sus relaciones [con otra persona o con una cosa] al tropezar con dificultades insuperables: *Me estrellé* ***en*** *aquel negocio. No me interesa hablar con tu jefe, siempre me acabo estrellando* ***con*** *él.*

estrellato *s. m.* Condición del artista del mundo del espectáculo que alcanza la fama, especialmente en el cine: *Llegó al estrellato cuando era una niña.*

estrellón *s. m.* 1 Fuego artificial que, al quemarse, forma la figura de una estrella grande: *Estrellones y palmeras iluminaban la noche de fiesta.* 2 AMÉR. Encontronazo, choque violento.

estremecer *v. tr.* 1 Hacer temblar ‹una persona o una cosa› [a otra persona o una cosa]: *El frío intenso nos estremecía a todos.* 2 Producir ‹una cosa› una sensación de temor o inquietud a [una persona]: *Un crimen espantoso ha estremecido toda la comarca.* SIN. conmover. 3 Causar ‹una persona o una cosa› un trastorno o un cambio en [una cosa]: *Aquella crisis espiritual estremeció sus más íntimas creencias.* SIN. perturbar. || *v. prnl.* 4 Temblar ‹una persona o una cosa›: *Yo creo que me estremezco por la fiebre.* 5 Sentir ‹una persona› temor o inquietud: *Me estremezco al pensar que me podía haber matado en este accidente.* 6 Sufrir ‹una cosa› un cambio o un trastorno: *Se estremecieron los cimientos del club con la derrota ante sus rivales.* ⇒ **5.**

estremecimiento *s. m.* Acción y resultado de estremecer o estremecerse: *Aquella noticia causó un gran estremecimiento entre la población. El estremecimiento originado por el terremoto duró varios segundos.*

estremezón *s. m.* COL., VEN. Acción de estremecer o estremecerse.

estrenar *v. tr.* 1 Usar ‹una persona› [una cosa] por primera vez: *Estrenaré un traje para la boda.* 2 Representar o interpretar ‹una persona› [un espectáculo o una pieza musical] por primera vez ante el público: *Mañana estrenan la película que tanto han anunciado.* || *v. prnl.* 3 Empezar a desempeñar ‹una persona› [un oficio o un empleo]: *Se ha estrenado* ***como*** *profesora. Se estrenó* ***con*** *una obra maestra.*

estreno *s. m.* 1 Acción y resultado de estrenar o estrenarse: *Se ha puesto de estreno para la fiesta.* 2 Primera representación de un espectáculo en un lugar: *El estreno de la obra de teatro fue un éxito.* **cine de ~.**

estreñido, da *adj.* (ser / estar) Que padece estreñimiento: *El pequeño está muy estreñido. Es estreñida habitualmente.*

estreñimiento *s. m.* (no contable) Reducción en el número de deposiciones y dificultad para expulsar los excrementos: *Contra el estreñimiento lo mejor es un laxante.*

estreñir *v. tr. / intr.* 1 FISIOL. Causar ‹una cosa› dificultad para la evacuación del contenido intestinal a [una persona]: *El membrillo estriñe.* || *v. prnl.* 2 FISIOL. Tener ‹una persona› dificultad para evacuar el contenido intestinal: *Se estriñe en cuanto se descuida en las comidas.* ⇒ **20.**

estrépito *s. m.* ELEVADO. Ruido muy grande: *Las cacerolas se vinieron abajo con gran estrépito.* SIN. estruendo.

estrepitoso, sa *adj.* 1 (antepuesto / pospuesto) Que causa estrépito o estruendo: *Tiene una risa estrepitosa. Las estrepitosas explosiones del volcán fueron estremecedoras.* 2 (antepuesto / pospuesto) Que es muy evidente o espectacular: *Las negociaciones han sido un fracaso estrepitoso.*

estreptococo *s. m.* BIOL. Bacteria de forma redondeada que se agrupa en cadena: *Los estreptococos causan enfermedades como la pulmonía o la escarlatina.*

estreptomicina *s. f.* (no contable) MED. Antibiótico eficaz contra algunas bacterias, que fue muy utilizado para combatir la tuberculosis: *La estreptomicina tiene importantes efectos secundarios.*

estrés o **stress** (plural *estrés*) *s. m.* (no contable) MED. Estado de gran tensión nerviosa en que el individuo exige a su organismo un rendimiento muy superior al normal: *El trabajo le produce mucho estrés.*

estresado, da *adj.* (estar) Que padece estrés: *Pablo trabaja muchas horas y por eso está estresado.*

estresante *adj.* Que produce estrés: *Tiene una actividad estresante. Su marido me parece estresante.*

estresar *v. tr. / intr. / prnl.* Causar ‹una persona o una cosa› estrés a ‹una persona›: *Ese trabajo estresa mucho. Tiene poco aguante y* ***se*** *estresa enseguida.*

estría *s. f.* 1 Surco rectilíneo en cualquier superficie: *las estrías de una columna dórica.* 2 Línea semejante a una pequeña cicatriz que aparece en la piel por haber sufrido un estiramiento excesivo: *las estrías del embarazo.*

estriado, da *adj.* Que tiene estrías: *músculo estriado, columna estriada.*

estriar *v. tr. / prnl.* Hacer ‹una persona o una cosa› estrías en [una superficie]: *La piel se estría después del embarazo.*

estribación *s. f.* GEOGR. Conjunto de montañas laterales más bajas que salen de una cordillera: *Estamos en las estribaciones de los Pirineos.*

estribar *v. intr.* ELEVADO. 1 Descansar el peso de ‹una cosa› en [otra cosa fija y resistente]: *La librería estriba* ***en*** *la columna.* SIN. cargar. 2 Estar ‹una cosa› fundada en [otra cosa]: *Su felicidad estriba* ***en*** *el trabajo. La dificultad estriba* ***en*** *convencerlo.* SIN. consistir.

estribera *s. f.* AMÉR. Tira de cuero de la que cuelga el estribo.

estribillo *s. m.* 1 RET. Verso o conjunto de versos que se repiten total o parcialmente a lo largo de un poema o de una canción, de una manera regular. 2 COLOQUIAL. Palabra o frase que se repite con frecuencia al hablar o al escribir: *Ya está otra vez con el estribillo.*

estribitos (plural) *s. m.* 1 BOL., P. RICO. Remilgos, melindres. 2 BOL. Pucheros que se hacen al llorar.

estribo *s. m.* 1 HÍPICA. Pieza que cuelga a ambos lados de la silla de montar para apoyar los pies: *El pie se le enganchó en el estribo y el caballo lo arrastró.* 2 Plataforma o pieza a modo de escalón para acceder a algunos vehículos: *Estaba prohibido viajar en los estribos del tranvía.* 3 Pequeña pieza a ambos lados de una motocicleta para apoyar los pies: *Si no pones los pies en los estribos corres el peligro de meterlos entre los radios de la rueda.* **4** TAUROM. Saliente inferior de la barrera para facilitar el salto a los toreros: *Se impulsó en el estribo para saltar la barrera.* **5** Objeto usado como apoyo: *El puente solo tenía un estribo en cada extremo.* **6** ARQ. Refuerzo que soporta y contrarresta el empuje de un arco o de una bóveda. **7** Refuerzo de un muro o tapia: *Los estribos de los pilotes del puente no han sufrido daños.* SIN. contrafuerte. **8** ANAT. Hueso del oído medio. **9** GEOGR. Ramificación secundaria de una cadena de montañas. SIN. estribación. **10** COL.; COLOQUIAL. Último trago en un grupo de bebedores antes de despedirse. FR. Y LOC. **hacer ~ con las manos** Poner ‹una persona› las manos de manera que otra pueda poner el pie en ella a modo de estribo para auparse. **perder los estribos** 1 Hablar o actuar ‹una persona› fuera de razón por haber perdido el control de sí misma: *Siempre que discute pierde los estribos.* 2 Perder ‹una persona› la paciencia: *Tranquilízate y no pierdas los estribos.*

estribor *s. m.* MAR. Lado derecho de una embarcación mirando de popa a proa: *¡Hombre al agua por estribor! A estribor se ve acercarse un barco.*

estricnina (no contable) *s. f.* QUÍM. Alcaloide vegetal venenoso: *La estricnina se utiliza como pesticida.*

estrictez *s. f.* AMÉR. Cualidad de estricto, rigor.

estricto, ta *adj.* **1** (antepuesto / pospuesto) Que se ajusta a la ley o a las normas: *Es un juez muy estricto. Siguen una estricta disciplina.* SIN. severo. **2** (ser / estar; antepuesto / pospuesto) Que no admite excepciones ni concesiones: *La estricta aplicación de las normas es nuestro objetivo. Siempre se ha caracterizado por su cumplimiento estricto del deber.*

estridencia *s. f.* **1** ELEVADO. Cualidad de estridente: *La estridencia de la música contemporánea me resulta insoportable.* **2** ELEVADO. Violencia en la expresión o en la acción: *Hizo los gestos con una estridencia inusitada. La estridencia de su protesta es exagerada.*

estridente *adj.* **1** (antepuesto / pospuesto) [Sonido] que es agudo, desagradable y chirriante: *grito estridente. Tiene un tono de voz estridente. Se oyó un estridente pitido que me atravesó los tímpanos.* **2** (antepuesto / pospuesto) Que contiene exageración o contraste violento: *Sus cuadros son una combinación de colores estridentes.*

estrilar *v. intr.* ARG., PERÚ, URUG. Enfadarse, irritarse.

estripazón *s. f.* **1** AMÉR. C. Estrechez, apretura. **2** AMÉR. C. Destrozo.

estróbilo *s. m.* BOT. Piña, fruto de las coníferas.

estroboscopio *s. m.* FÍS. Instrumento óptico que sirve para ajustar las revoluciones de un tocadiscos.

estrofa *s. f.* RET. Cada una de las partes de la composición poética formada por un determinado número de versos ordenados según un modelo: *El serventesio es una estrofa de cuatro versos con rima consonante de pares e impares.*

estrógeno *s. m.* BIOL. Hormona sexual que provoca la aparición de los caracteres sexuales secundarios femeninos.

estroncio *s. m. Sr.* Elemento químico que se encuentra en forma de metal blanco plateado muy oxidable y se emplea en la fabricación de válvulas de vacío.

estropajo *s. m.* **1** Trozo de esparto machacado o de cualquier otro material, que se utiliza para fregar: *frotar con el estropajo, estropajo de esparto, estropajo de malla, estropajo de aluminio, estropajo metálico.* **2** *Luffa fricatoria.* Planta cucurbitácea cuyo fruto desecado se utiliza como esponja de baño. **3** COLOQUIAL; PEYORATIVO. Persona o cosa estropeada o sin valor: *Tiene las manos de estropajo por culpa de los detergentes. Se me ha puesto pelo de estropajo por usar ese champú tan malo.* FR. Y LOC. **lengua* de trapo / ~. poner como un ~** COLOQUIAL. Criticar‹ una persona › muy duramente [a otra persona]: *Esperó a que se fuera para ponerlo como un estropajo.* **tratar como un ~** COLOQUIAL. Tratar ‹una persona› muy mal [a otra persona]: *Son tan engreídos que te tratan como un estropajo.*

estropajoso, sa *adj.* **1** (ser / estar) COLOQUIAL; PEYORATIVO. Que tiene fibras o asperezas: *Esta carne está estropajosa. Tienes el pelo estropajoso.* **2** COLOQUIAL; PEYORATIVO. Que pronuncia las palabras con tanta confusión que casi no se distinguen unas de otras: *Cuando bebo mucho alcohol se me pone la lengua estropajosa.* **3** (ser / estar) COLOQUIAL; PEYORATIVO. Que está sucio o andrajoso: *No te pongas más esa camisa tan estropajosa.*

estropear *v. tr.* **1** Poner ‹una persona o una cosa› [una cosa] en mal estado: *Has estropeado el teléfono al darle ese golpe. Los años la han estropeado mucho.* **2** Poner ‹una persona o una cosa› fea [una cosa]: *Esa casa estropea la calle.* **3** Hacer ‹una persona o una cosa› que fracase [un plan o un proyecto]: *La avería del coche estropeó la excursión. Éramos muy felices, pero él lo ha estropeado todo con sus celos.* || *v. prnl.* **4** Estar ‹una cosa› en mal estado: *La carne se ha estropeado. Se estropeó la radio y aún no la hemos arreglado. El tiempo se va a estropear esta tarde.* **5** No tener éxito ‹un plan o un proyecto›: *Habíamos planeado con detalle el viaje, pero se ha estropeado a última hora porque uno de nosotros se ha puesto enfermo.*

estropicio *s. m.* **1** COLOQUIAL; INTENSIFICADOR. Destrozo grande producido con mucho ruido: *Tenías que haber visto el estropicio que se organizó con la rotura de la lámpara.* **2** COLOQUIAL. Trastorno o daño que parece mayor de lo que es en realidad: *El viento me ha organizado un estropicio de papeles en el despacho.*

estructura *s. f.* **1** Distribución y orden de las partes que componen un todo: *La sociedad feudal tiene una estructura jerarquizada. Hay que buscar la estructura del texto.* **2** Conjunto de piezas que sirven de soporte a una cosa: *La estructura de hierro del edificio quedó afectada por la explosión.* **3** Sistema de relaciones entre los elementos, mutuamente condicionados, que constituyen un conjunto: *El lenguaje es una estructura, porque todos sus elementos están interrelacionados.*

estructuración *s. f.* Acción y resultado de estructurar: *La nueva estructuración de la empresa debe mejorar notablemente los resultados.*

estructural *adj.* De la estructura: *análisis estructural. El edificio tiene graves fallos estructurales.* **gramática* ~.**

estructuralismo *s. m.* (no contable) Método de investigación científica basado en la estructura, que se aplica a diversos campos del saber: *El estructuralismo considera el objeto que se estudia como una totalidad articulada en un sistema de relaciones.*

estructuralista *adj.* **1** Del estructuralismo: *teoría estructuralista.* || *adj. / s. m.* y *f.* **2** Que es partidario del estructuralismo: *Los estructuralistas defienden que el sentido de una estructura debe buscarse en sí misma.*

estructurar *v. tr.* Ordenar ‹una persona› las partes de [una cosa]: *Estructuró el libro en cuatro capítulos.*

estruendo *s. m.* **1** INTENSIFICADOR. Ruido muy fuerte: *El estruendo de la explosión se oyó a varios kilómetros.* **2** INTENSIFICADOR. Alboroto que producen muchas personas o muchas cosas juntas: *El estruendo del tráfico es aquí muy molesto.* **3** INTENSIFICADOR. Resonancia obtenida por una cosa: *Aquella noticia inesperada levantó un gran estruendo en la ciudad.*

estruendoso, sa *adj.* (antepuesto / pospuesto) Que causa estruendo: *Los estruendosos altavoces no dejaban hablar. Una estruendosa bronca nos sorprendió al llegar a casa.*

estrujar *v. tr.* **1** Apretar ‹una persona o una cosa› [una cosa] para sacar su jugo u otra cosa que contenga: *Estrujó una naranja. Estruja la esponja hasta que salga toda el agua.* **2** COLOQUIAL. Dar ‹una persona› un fuerte abrazo [a otra persona] como muestra de cariño: *Me estrujó contra su pecho.* **3** Apretar ‹una persona o una cosa› [una cosa] hasta deformarla o arrugarla: *Estrujó la carta que había recibido.* || *v. tr. / prnl.* **4** COLOQUIAL. Apretar ‹una persona› [a otra persona] con fuerza: *El público se estrujaba en la entrada.* SIN. apretujar(se). **5** COLOQUIAL. Sacar ‹una persona› el máximo provecho de [una persona o una cosa]: *Los señores feudales estrujaban a sus súbditos. Se estrujó la cabeza para hallar una solución.* FR. Y LOC. **~ el dinero*.**

estuario *s. m.* GEOGR. Desembocadura de un río de gran anchura en la que se mezclan el agua dulce del río y el agua salada del mar por efecto de la marea: *Los estuarios han sido tradicionalmente usados como puertos.*

estucar *v. tr.* **1** Poner ‹una persona› estuco a [una cosa]: *Ahora está de moda estucar las paredes interiores de las casas.* **2** Poner ‹una persona› piezas de estuco ya moldeadas y secas sobre [un muro o una columna]: *Estucaron con cenefas las paredes del salón.* ⇒ **71.**

estuchar *v. tr.* Poner ‹una persona› [una cosa] en un estuche: *En esta sección se estuchan los perfumes.*

estuche *s. m.* **1** Envoltura o funda rígida, para guardar o proteger uno o más objetos: *estuche de tela, estuche de plástico, el estuche de las gafas, el estuche del violín, guardar en el estuche, llevar en el estuche. Todas las máquinas vienen en un estuche.* **2** Objetos o utensilios que se guardan en esta envoltura o funda rígida: *Le he regalado un estuche de lápices. El estuche de aseo lo compraré mañana.*

estuco *s. m.* **1** Masa de yeso y agua de cola para revestir paredes interiores, hacer objetos de escultura y relieves en muros y bóvedas: *una decoración de estuco.* **2** Pasta de yeso, cal y polvo de mármol con que se cubre una pared o una fachada: *Pintaron la pared de estuco.*

estudiado, da *adj.* (antepuesto / pospuesto) Que no es natural o espontáneo: *Ese guiño es estudiado. Echó el hielo en el vaso con un gesto estudiado. Se dirigía a nosotros con una estudiada sonrisa.*

estudiantado *s. m.* RESTRINGIDO. Conjunto de estudiantes de un centro docente: *El estudiantado conoce bien las normas de esta escuela.* SIN. alumnado.

estudiante *s. m. / f.* Persona que cursa estudios, especialmente de grado medio o superior: *Carmen es una estudiante de quinto de carrera.* **carné de ~. hogar* del ~.**

estudiantil *adj.* De los estudiantes: *reivindicaciones estudiantiles, protestas estudiantiles, reunión estudiantil.*

estudiantina *s. f.* Tuna, grupo musical estudiantil: *La estudiantina entró en el salón donde se celebraba la boda y cantó varias canciones.*

estudiar *v. tr.* **1** Aplicar ‹una persona› la inteligencia para comprender o aprender [una cosa]: *Hoy no he podido estudiarme la lección.* **2** Pensar ‹una persona› detenidamente sobre [un asunto] para decidir sobre él: *La dirección estudió el proyecto presentado. Están estudiando qué medidas van a tomar.* **3** Examinar ‹una persona› [a una persona o una cosa]: *Estudié atentamente su aspecto. Estudiaba sus movimientos para encontrar alguna pista.* SIN. observar. || *v. tr. / intr.* **4** Realizar ‹una persona› [estudios en un centro de enseñanza o con un profesor determinado]: *Estudia Filología Románica. Estudia* ***para*** *médico. Estudió* ***en*** *un colegio de religiosas. Estudió* ***con*** *los escolapios. Estudió* ***con*** *Unamuno.*

estudio *s. m.* **1** (no contable) Aplicación de la inteligencia para comprender o aprender una cosa: *Dedica tres horas diarias al estudio del arte.* **2** (en plural) Actividad de estudiar: *Va muy bien en los estudios. Sus padres le costean los estudios.* **3** (en plural) Conjunto de cosas que se estudian: *Hizo los estudios de Bachiller.* **4** Trabajo u obra en que un autor trata un tema: *un estudio de economía, un estudio de historia, un estudio sobre Felipe II. He leído un estudio que trata de los avances de la medicina.* **5** Lugar de trabajo de algunos profesionales: *estudio de un fotógrafo, estudio de un escultor.* **6** Sala de una casa en la que se trabaja o se estudia: *Tengo el ordenador en el estudio.* **7** Pequeño apartamento formado por una pieza principal, cocina y cuarto de baño: *Ha alquilado un estudio en el centro.* **8** (preferentemente en plural) Conjunto de dependencias para la realización de películas, emisión de programas de radio y televisión y grabaciones: *estudios de televisión, estudios cinematográficos. Emitimos este programa desde el estudio 1 de nuestra emisora.* **9** ARTE. Dibujo, pintura o escultura que se hace como ensayo o preparación para la obra de arte definitiva: *Los estudios para el Guernica se exponen en el museo.* **10** MÚS. Composición musical compuesta generalmente con fines didácticos: *Ha compuesto un estudio para piano.* || **11 ~ de mercado** ECON. Marketing. FR. Y LOC. **bolsa* de estudios. plan* de estudios. tener estudios** Haber recibido ‹una persona› instrucción: *Para ser una persona razonable no hace falta tener estudios.*

estudioso, sa *adj.* **1** (ser / estar) Que estudia con aplicación: *Todos mis hijos son muy estudiosos.* SIN. aplicado. || *s. m. / f.* **2** Persona que se dedica al estudio como especialista: *Es una estudiosa de Física nuclear.*

estufa *s. f.* **1** Aparato para calentar un espacio cerrado: *estufa de gas, estufa eléctrica, estufa de carbón, estufa de leña. Calentarse al lado de una estufa es lo único que se puede hacer con este frío.* **2** Aparato utilizado para secar un lugar o una cosa o mantenerlo seco: *estufa para la cría de pollos.* **3** COL. Cocina. FR. Y LOC. **criar* en ~. flor* de ~.**

estufar *v. tr. / prnl.* ARG., PAR., URUG.; COLOQUIAL. Causar molestias ‹una persona› [a otra persona].

estupefacción *s. f.* ELEVADO. Sorpresa extrema que impide la reacción: *La factura me produjo estupefacción.*

estupefaciente *adj. / s. m.* [Sustancia] que produce efectos sedantes, sensación de euforia y bienestar, y crea hábito: *El tráfico de estupefacientes mueve miles de millones en el mercado negro.*

estupefacto, ta *adj.* (estar) INTENSIFICADOR. Que está muy sorprendido y no sabe cómo reaccionar: *Cuando la vio llegar se quedó estupefacto. La noticia la dejó estupefacta.*

estupendo, da *adj.* (ser / estar; antepuesto / pospuesto) Que es muy bonito, admirable o muy bueno: *Hacía mucho que no la veía, y no recordaba que estuviera tan estupenda. Este pastel es estupendo. He visto una estupenda película. Es una persona estupenda.*

estupidez *s. f.* **1** Calidad de estúpido: *La estupidez del género humano es conocida, comentó el zorro.* **2** Dicho o acción estúpidos: *No digas estupideces, seguro que te importa suspender las matemáticas.*

estúpido, da *adj.* **1** (antepuesto / pospuesto) PEYORATIVO. Que es propio de una persona torpe y poco inteligente: *No sé cómo has llegado a esa estúpida conclusión.* || *adj. / s. m.* y *f.* **2** (ser / estar; antepuesto / pospuesto) INSULTO. Que es molesto o inoportuno: *Ha estado estúpido en todas sus respuestas. Se trata de una persona muy estúpida. Es una estúpida que se cree muy graciosa.*

estupor *s. m.* **1** (no contable) Asombro o pasmo ante una cosa: *No me mires con esa cara de estupor.* **2** (no contable) MED. Disminución de las funciones mentales y físicas de una persona y de su respuesta a los estímulos.

estupro *s. m.* (no contable) DER. Delito que consiste en mantener relaciones sexuales con un menor, generalmente mediante engaño: *El maestro fue acusado de haber cometido estupro con varios alumnos de su clase.*

esturión *s. m.* (macho y hembra) *Acipenser sturio.* Pez marino bastante grande, con el cuerpo cubierto de láminas duras y el hocico puntiagudo, que sube por los ríos para el desove, y con cuyos huevos se prepara el caviar: *El esturión puede llegar a tener hasta cinco metros de longitud.*

esvástica *s. f.* ELEVADO. Cruz gamada: *La esvástica fue adoptada como símbolo del nacionalsocialismo.*

eta *s. f.* Séptima letra del alfabeto griego.

ETA *s. f.* Sigla de «Euskadi ta Askatasuna» ('País Vasco y Libertad'), organización independentista violenta vasca, España.

etalaje *s. m.* METAL. Parte intermedia de la cuba de un alto horno, entre la obra y el vientre.

etano (no contable) *s. m.* QUÍM. Gas hidrocarburo saturado, inodoro, inerte y combustible, formado por dos átomos de carbono y seis de hidrógeno: *El etano hierve a 84 ° C.*

etanol *s. m.* (no contable) QUÍM. Alcohol etílico, incoloro y soluble en agua.

etapa *s. f.* **1** Camino recorrido entre dos paradas: *Hicimos la excursión en tres etapas.* **2** DEP. Distancia que se recorre de una sola vez: *etapa de montaña. La etapa cronometrada ha marcado más diferencias de las esperadas. Presencié en directo una etapa de la vuelta ciclista. Ha ganado la última etapa del rally.* **3** Parte en que se divide una acción o proceso: *las etapas de la vida, las tres etapas educativas. La reforma se aplicará en varias etapas.* SIN. fase. **4** DEP.; ARG., URUG. Cada uno de los tiempos de un partido. FR. Y LOC. **por etapas** Por partes: *Vamos a hacer la disección por etapas.* **quemar etapas** Pasar ‹una persona o una cosa› por las fases que se habían programado más deprisa de lo que se había pensado: *En la vida no se pueden quemar etapas, tranquilo, todo llegará.*

etarra (del vasco) *adj.* **1** De ETA, organización independentista violenta vasca: *terrorismo etarra, acciones etarras, atentado etarra.* || *adj. / s. m.* y *f.* **2** Que pertenece a ETA: *Algunos presos etarras abogan por el fin de la violencia. Dos etarras han sido apresados por la policía francesa.*

etc. *abr.* «Etcétera».

etcétera (su abreviatura es *etc.*) *s. m.* Expresión que se usa para sustituir la parte final de una enumeración: *Con la madera se fabrican mesas, sillas, armarios, estanterías, etcétera.*

-ete, ta *suf.* Diminutivo, a veces despectivo, que forma adjetivos a partir de adjetivos y sustantivos a partir de sustantivos: *viejo - vejete, tragón - tragonceta, calvo - calvete, palacio - palacete, historia - historieta.*

éter *s. m.* **1** (no contable) QUÍM. Compuesto orgánico de fuerte olor, muy volátil y soluble en alcohol, en cuya molécula existe un átomo de oxígeno unido a dos radicales de hidrocarburo: *éter sulfúrico, éter ordinario. El éter se utiliza en medicina como antiséptico y anestésico.* **2** FÍS.; RESTRINGIDO. Fluido invisible que se creía soporte de las ondas electromagnéticas. **3** LITERARIO. Espacio, cielo: *Contempla el éter que nos rodea, poblado de infinitas estrellas.*

etéreo, a *adj.* **1** QUÍM. Del éter: *vapor etéreo.* **2** (antepuesto / pospuesto) LIT. Del cielo: *regiones etéreas, las etéreas nubes.* **3** (antepuesto / pospuesto) LIT. Que es inmaterial: *un cuerpo etéreo. Su etérea belleza no despertaba en mí ningún deseo.*

eternidad *s. f.* **1** (no contable) Espacio de tiempo que no tiene ni principio ni fin: *la eternidad de los tiempos. Sucederá toda la eternidad.* **2** (no contable) REL. Vida del alma humana después de la muerte, en algunas creencias: *Ya ha entrado en la eternidad.* **3** (no contable) COLOQUIAL; INTENSIFICADOR. Espacio de tiempo que se siente demasiado largo: *Llevo esperándote una eternidad.*

eternizar *v. tr. / prnl.* **1** Hacer ‹una persona o una cosa› que [una cosa] dure mucho: *El periodista eternizó la entrevista preguntando cosas sin interés alguno. El viaje se eternizaba con tantas paradas.* **2** Hacer ‹una persona o una cosa› que [otra persona o cosa] perdure en el tiempo: *El Quijote eternizó a Cervantes. La Gioconda se eternizó* ***en*** *el cuadro de Leonardo da Vinci.* || *v. prnl.* **3** COLOQUIAL. Estarse ‹una persona› mucho tiempo para hacer [una cosa]: *Cuando entra en el baño se eterniza.* ⇒**19.**

eterno, na *adj.* **1** Que no tiene principio ni fin: *Dios es eterno.* **la otra vida*** o **la vida eterna. morada* eterna** o **última morada. 2** Que no tiene fin: *Le juró amor eterno.* **3** Que es válido siempre: *La amistad es un valor eterno.* **4** Que dura mucho tiempo: *El viaje se me hizo eterno.* **5** (antepuesto) Que se repite con frecuencia: *la eterna queja, la eterna duda sobre qué habrá después de la muerte.*

ética *s. f.* **1** (no contable) FILOS. Parte de la Filosofía que trata de establecer el fundamento de la moralidad de los actos humanos: *Todas las escuelas filosóficas han dado una interpretación propia de la ética.* **2** (no contable) Conjunto de reglas morales que regulan la conducta y las relaciones humanas: *la ética del poder, la ética profesional. Este político no tiene ética ninguna.*

ético, ca *adj.* (antepuesto / pospuesto) De la ética o la moral: *conducta ética. Ha quebrantado todas las normas éticas.*

etileno *s. m.* QUÍM. Gas hidrocarburo incoloro, de olor agradable y poco soluble en agua, usado como anestésico y en la fabricación de plástico.

etílico, ca *adj.* **1** QUÍM. Que contiene el radical etilo. **alcohol ~.** **2** Que se produce por la ingestión excesiva de alcohol: *intoxicación etílica, gastritis etílica. Entró en este hospital en estado de coma etílico.*

etilo *s. m.* QUÍM. Radical formado por dos carbonos y cinco hidrógenos que se encuentra en muchos compuestos, como el alcohol etílico.

étimo *s. m.* LING. Forma antigua de la que procede una palabra: *El étimo de «padre» es la palabra latina «pater».*

etimología *s. f.* **1** LING. Origen y la evolución de una palabra, tanto en su forma como en su significado: *La etimología de 'ciencia' es la palabra latina 'scientia'.* **2** (no contable) LING. Parte de la Lingüística que estudia el origen de una palabra: *La etimología científica es una ciencia compleja.* || **3 ~ popular** LING. Interpretación espontánea que se da de la forma de una palabra asociando su significado con otra palabra parecida, pero de origen independiente: *Algunas personas dicen «vagamundo» en vez de «vagabundo» por etimología popular.*

etimológico, ca *adj.* LING. De la etimología: *significado etimológico, diccionario etimológico, evolución etimológica.*

etiología *s. f.* **1** (no contable) MED. Parte de la Medicina que se dedica al estudio de las causas de las enfermedades: *La etiología clasifica las causas de las enfermedades en hereditarias, congénitas y adquiridas.* **2** MED. Causa de una enfermedad: *Todavía se desconoce la etiología de esta enfermedad.* **3** (no contable) ELEVADO. Estudio de las causas de las cosas: *la etiología de los comportamientos sociales.*

etíope o **etiope** *adj. / s. m.* y *f.* **1** De Etiopía, país africano: *territorio etíope, una delegación etíope.* || *s. m.* **2** LING. Lengua semítica hablada en Etiopía y Eritrea.

etiqueta *s. f.* **1** Recorte, generalmente de tela o de papel, que acompaña o se sujeta a un producto para su identificación o valoración: *etiqueta de los pantalones, etiqueta de la botella. No veo la etiqueta de la marca. No lleva la etiqueta con la composición. Miren la fecha de caducidad en la etiqueta.* **2** Calificación identificadora o caracterizadora de una persona: *Le han colgado la etiqueta de chulo. No me gusta que la gente vaya poniendo etiquetas a los demás.* **3** Reglas que se observan en el desarrollo de actos solemnes o en sociedad: *la etiqueta de palacio. La etiqueta no permite llevar el sombrero puesto delante de una señora.* **4** INFORM. Caracteres o símbolos de un programa informático para identificar instrucciones o datos. FR. Y LOC. **con gran ~** Con gran ceremonia: *Me recibieron con gran etiqueta.* **de ~** 1 De gala: *una fiesta de etiqueta, cena de etiqueta.* 2 Elegante: *traje de etiqueta. Se ruega ir de etiqueta.*

etiquetar *v. tr.* Poner ‹una persona› una etiqueta a [una cosa]: *Hay que etiquetar las bolsas antes de ponerlas a la venta. Ya te han etiquetado como poco trabajador.*

etmoides (plural *etmoides*) *s. m.* ANAT. Hueso situado en la parte anterior de la base del cráneo, delante del esfenoides: *El etmoides forma parte de las órbitas oculares y de las fosas nasales.*

etnia *s. f.* Comunidad de individuos de una misma raza, que comparten un origen, lengua, religión y cultura propios: *Una etnia admite diversos grupos raciales y diversas organizaciones sociales.*

étnico, ca *adj.* De las razas o etnias: *diferencias étnicas, grupos étnicos, depuración étnica, guerra étnica.*

etnocentrismo *s. m.* (no contable) ANTROP. Ideología y comportamiento de un grupo que considera que su cultura y valores son superiores a los del resto: *El etnocentrismo lleva a comportamientos racistas y xenófobos.*

etnografía *s. f.* (no contable) ANTROP. Parte de la Antropología que estudia la descripción de los grupos humanos: *La etnografía es una ciencia puramente descriptiva.*

etnolingüística *s. f.* LING. Parte de la Lingüística que estudia las lenguas teniendo en cuenta los criterios de la etnografía: *La etnolingüística estudia sobre todo las lenguas sin escritura.*

etnología *s. f.* (no contable) ANTROP. Parte de la Antropología que estudia comparativamente los grupos humanos: *La etnología interpreta los datos que le proporciona la etnografía.*

etología *s. f.* (no contable) Ciencia que estudia la conducta de los animales.

etopeya *s. f.* RET. Descripción del carácter, acciones y costumbres de una persona.

etrusco, ca *adj. / s. m.* y *f.* **1** De un pueblo de la antigua Italia: *civilización etrusca, vasija etrusca.* || *s. m.* **2** LING. Lengua desaparecida hablada por los etruscos.

eucalipto *s. m.* Género *Eucalyptus.* Árbol mirtáceo originario de Australia, con hojas en forma de lanza, flores amarillas o rosadas y fruto en cápsula cuyas hojas tienen efecto balsámico.

eucaristía *s. f.* **1** REL. Sacramento cristiano que celebra el sacrificio de Cristo mediante la comunión del pan y del vino: *La eucaristía es uno de los principales sacramentos de los cristianos.* **2** REL. Entre los católicos, misa: *Mañana celebrará la eucaristía a las doce el nuevo párroco.*

eucarístico, ca *adj.* REL. De la eucaristía: *celebración eucarística, congreso eucarístico.* **pan*~.**

eufemismo *s. m.* LING. Palabra o expresión neutra o inofensiva que se usa para sustituir otra que se considera violenta, grosera o malsonante: *«Irse» es un eufemismo por «morir». «Discapacitado psíquico» es un eufemismo por «retrasado mental».*

eufemístico, ca *adj.* LING. Del eufemismo: *término eufemístico, expresión eufemística.*

eufonía *s. f.* (no contable) RET. Combinación de las palabras de tal manera que se produce una agradable sucesión de sonidos: *Sus discursos tienen una eufonía que puede servir de modelo a todos los oradores actuales.*

eufónico, ca *adj.* Que tiene o produce eufonía: *«Violante» es un nombre muy eufónico.*

euforbiáceo, cea *adj.* **1** BOT. [Planta] que posee un jugo parecido a la leche, flores verdosas y fruto en forma de cápsula. || *adj / s. f.* **2** BOT. (en plural) Familia de estas plantas.

euforia *s. f.* (no contable) Sensación de intensa alegría y bienestar: *Sentí euforia al verlo de nuevo. Esta droga produce una euforia artificial que luego se convierte en depresión.*

eufórico, ca *adj.* (ser / estar) De la euforia: *ánimo eufórico, sonrisa eufórica. La eufórica afición brasileña esperaba a su equipo en el aeropuerto.*

eugenesia *s. f.* (no contable) BIOL. Ciencia que estudia las mejoras de las especies vegetales y animales mediante el control de la reproducción y del apareamiento de ejemplares que presentan una dotación genética idónea: *La eugenesia aplicada a la especie humana presenta graves problemas morales.*

eunuco *s. m.* 1 RESTRINGIDO. Hombre castrado, especialmente los que guardaban a las mujeres en los harenes de Oriente. 2 ELEVADO; INSULTO. Hombre cuyo comportamiento no coincide con la imagen masculina que predomina en la sociedad.

eupepsia *s. f.* FISIOL. Digestión normal.

eupéptico, ca *adj. / s. m.* FARM. [Sustancia] que facilita la digestión: *Le recetaré un eupéptico.*

eureka *interj.* Se usa para expresar alegría al conseguir o descubrir una cosa que se estaba buscando: *¡Eureka, lo encontré!*

euritmia *s. f.* 1 ELEVADO. Armonía y equilibrio entre las partes de una obra de arte. 2 FISIOL. Ritmo cardíaco normal en una persona.

euro *s. m.* LITERARIO. Viento del este.

euroasiático, ca *adj. / s. m.* y *f.* De Europa y Asia, consideradas como un conjunto geográfico.

eurociudadano, na *adj. / s. m.* y *f.* POLÍT. Ciudadano de un país que pertenece a la Unión Europea: *Los eurociudadanos votan a sus representantes en el Parlamento Europeo.*

eurocomunismo *s. m.* (no contable) POLÍT. Orientación, dentro del movimiento comunista de los países occidentales, que se consideraba crítica ante el modelo soviético y compatible con los sistemas democráticos occidentales: *El Partido Comunista de España defendió durante años las tesis del eurocomunismo.*

eurocomunista *adj.* 1 POLÍT. Del eurocomunismo: *Los partidos comunistas de Italia y España fueron los principales defensores de las tesis eurocomunistas.* || *adj. / s. m.* y *f.* 2 POLÍT. Que es partidario del eurocomunismo: *Los eurocomunistas no comulgaban con las tesis soviéticas.*

euroconector *s. m.* ELECTRÓN. Enchufe y clavija de configuración europea: *El televisor que he comprado está equipado con euroconector.*

eurócrata *s. m. / f.* COLOQUIAL; PEYORATIVO. Funcionario de la Comunidad Europea: *Desde nuestra entrada en la CEE, hoy Unión Europea, ha aumentado el número de eurócratas españoles.*

eurodiputado, da *s. m.* y *f.* Diputado en el Parlamento Europeo: *Los candidatos a eurodiputados también tienen que sudar sus campañas.*

eurodólar *s. m.* ECON. Dólar depositado en un banco europeo o invertido en una empresa europea: *Los eurodólares constituyen una reserva líquida de divisas para los norteamericanos.*

europeísmo *s. m.* (no contable) POLÍT. Ideología y comportamiento de los partidarios de la unificación europea: *El europeísmo de algunos partidos choca con la defensa de los valores nacionales de los Estados.*

europeísta *adj.* 1 POLÍT. Del europeísmo: *tendencia europeísta, política europeísta.* || *adj. / s. m.* y *f.* 2 POLÍT. Que es partidario del europeísmo: *político europeísta. Los europeístas anteponen los intereses globales de Europa a cualquier interés nacional.* 3 POLÍT. Que está especializado en estudios sobre Europa: *Es un estudio europeísta. Es uno de los mayores europeístas americanos.*

europeizar *v. tr.* Dar ‹una persona› características europeas a [otra persona o una cosa]: *Se ha intentado europeizar a algunos países norteafricanos con pésimos resultados.*

europeo, a *adj. / s. m.* y *f.* De Europa: *la Unión Europea, los países europeos. Los europeos aceptaron la invitación a participar en la Conferencia. Ya somos europeos.* **bisonte ~.**

europio *s. m.* QUÍM. *Eu.* Elemento no metálico, de color grisáceo, blando y volátil.

eurovisión *s. m.* Red de radio y televisión común a varios socios europeos: *Transmitirán el concierto por Eurovisión.*

euscaldún, na *adj. / s. m.* y *f.* Euskaldún.

euskaldún, na o **euscaldún, na** *adj.* 1 Vasco: *Es de familia euskalduna.* || *adj. / s. m.* y *f.* 2 Que habla vasco: *Los euscaldunes están intentando normalizar el euskera.*

euskera o **eusquera** *adj.* 1 LING. De la lengua vasca: *el vocabulario euskera, una terminación euskera.* SIN. vascuence. || *s. m.* 2 LING. Lengua no indoeuropea, sin parentesco conocido, hablada en el País Vasco: *El euskera se habla en el País Vasco, a ambos lados de la frontera entre Francia y España, y en Navarra.* SIN. vascuence.

eutanasia *s. f.* Provocación voluntaria de la muerte de una persona para que no sufra: *El médico se negó a practicar la eutanasia.* **~ pasiva** Retirada del tratamiento médico a los enfermos terminales para no prolongar su vida artificialmente.

evacuación *s. f.* Acción y resultado de evacuar: *El incendio obligó a la evacuación de los habitantes del pueblo. ¿Sus evacuaciones son normales?*

evacuar *v. tr.* 1 Dejar ‹una persona› libre [un lugar]: *Los vecinos evacuaron la ciudad tras el terremoto.* SIN. desocupar. 2 Sacar ‹una persona› [a otra persona o una cosa] de un sitio: *Los bomberos evacuaron a los espectadores del cine.* 3 EUFEMISMO. Expulsar ‹una persona› los excrementos del cuerpo: *¿Cuántas veces evacúa al día?* **~ / exonerar el vientre*.** 4 ADMINISTRATIVO. Hacer ‹una persona› [una consulta o una gestión]: *Tengo que evacuar varios asuntos esta semana.* ⇒ 3 Se usa también la conjugación regular.

evacuativo, va *adj. / s. m.* MED. [Sustancia] que provoca la evacuación: *Necesita alguna sustancia evacuativa debido a su estreñimiento. Le recetó un evacuativo.* SIN. laxante.

evacuatorio, ria *adj. / s. m.* 1 MED. Evacuativo. 2 RESTRINGIDO. Lugar público destinado a urinario.

evadir *v. tr.* 1 Evitar ‹una persona› [una dificultad o un compromiso] con habilidad: *Evadió el peligro con facilidad. Pensé que podría evadir esa reunión, pero no ha sido posible. Hay personas que evaden impuestos.* SIN. eludir. 2 Sacar ‹una persona› [dinero u otros bienes] del país ilegalmente: *Evadió mucho dinero a Suiza.* || *v. prnl.* 3 Huir ‹una persona› de [un lugar en el que estaba encerrada]: *Se evadió **de** la cárcel. Nadie consiguió evadirse **de** aquel campo de concentración.* SIN. fugarse. 4 Olvidar ‹una persona› [un problema o una preocupación]: *Se evadía **de** las preocupaciones escuchando música.* SIN. distraerse.

evaluación *s. f.* 1 Acción y resultado de evaluar: *La evaluación de los daños producidos por el terremoto está aún por hacer.* 2 PEDAG. Valoración de los conocimientos, aptitudes y capacidades de los elementos que participan en un proceso de aprendizaje: *Traigo las notas de la tercera evaluación.*

evaluar *v. tr.* Determinar ‹una persona› [el valor o la importancia de una persona o una cosa]: *Evaluaron los daños sufridos a causa del temporal. Evaluó el rendimiento de sus alumnos.* ⇒ **3.**

evanescente *adj.* ELEVADO. Que se desvanece o esfuma: *forma evanescente, luz evanescente, contornos evanescentes.*

evangélico, ca *adj.* **1** REL. Del evangelio: *doctrina evangélica.* ‖ *adj. / s. m.* y *f.* **2** REL. De algunas iglesias nacidas de la reforma del siglo XVI: *iglesia evangélica. Los evangélicos basan su doctrina en la vida y la enseñanza de Jesucristo.*

evangelio *s. m.* **1** (preferentemente con mayúscula) REL. Historia de la vida y doctrina de Jesucristo, relatada en cuatro libros que forman parte del Nuevo Testamento: *el Evangelio según San Mateo. Leyó el Evangelio según San Lucas.* **2** (en plural; preferentemente con mayúscula) REL. Conjunto de los cuatro libros que relatan la vida y doctrina de Jesucristo: *Júralo sobre los Evangelios.* **3** REL. Parte de la misa cristiana en que se lee un fragmento de los libros que relatan la vida y doctrina de Jesucristo: *Entramos en la iglesia en el momento del evangelio.* **4** COLOQUIAL; INTENSIFICADOR. Cosa que es una verdad indiscutible: *Lo que te estoy diciendo es el evangelio.*

evangelista *s. m.* **1** REL. Discípulo de Jesús que escribió uno de los cuatro Evangelios cristianos: *Los cuatro evangelistas son: Mateo, Marcos, Lucas y Juan.* ‖ *s. m. / f.* **2** REL. Persona que canta o predica el Evangelio.

evangelización *s. f.* REL. Acción y resultado de evangelizar: *Para la Iglesia cristiana la evangelización del mundo es una obligación.*

evangelizar *v. tr.* REL. Predicar ‹una persona› el Evangelio y la fe cristiana a [una persona o un pueblo]: *San Pablo y Santiago evangelizaron España, según la tradición.* ⇒ **19.**

evaporación *s. f.* **1** FÍS. Transformación de un cuerpo del estado líquido al gaseoso: *La evaporación del agua hace posible el fenómeno de la lluvia.* **2** Desaparición de una cosa: *Nadie se explica aún cómo fue posible la evaporación del dinero de la caja.*

evaporar *v. tr.* **1** FÍS. Convertir ‹una persona o una cosa› [un líquido] en vapor: *El calor evapora el agua del mar y forma las nubes.* **2** Hacer desaparecer ‹una persona o una cosa› [una cosa]: *La falta de entendimiento evaporó la posibilidad de cerrar el negocio.* ‖ *v. prnl.* **3** FÍS. Convertirse ‹un líquido› en vapor: *Si dejas el frasco abierto, el alcohol se evaporará.* **4** Desaparecer ‹una cosa›: *Mi esfuerzo se evaporó en el vacío.* **5** COLOQUIAL. Desaparecer ‹una persona› de [un lugar]: *Se evaporó **de** la reunión.* SIN. esfumarse.

evasión *s. f.* **1** Acción y resultado de evadir o evadirse: *Aquella famosa evasión se ha llevado al cine. Busca la evasión mediante la lectura de novelas. La evasión de impuestos es perseguida por Hacienda.* ‖ **2 ~ de capital** ECON. Traslado de dinero o de otro activo de un país a otro de forma ilegal: *Cuando en un país hay inseguridad política son frecuentes las evasiones de capital.* **3 ~ de impuestos** Acción del contribuyente para evitar, generalmente por medios ilegales, un determinado impuesto. FR. Y LOC. **de ~** Que facilita el no pensar: *literatura de evasión, cine de evasión.*

evasiva *s. f.* Medio para evitar una dificultad o compromiso: *Le pedí una respuesta concreta y contestó con evasivas.*

evasivo, va *adj.* (ser / estar) Que evita una dificultad o un compromiso: *actitud evasiva, respuesta evasiva.*

evasor, ra *adj. / s. m.* y *f.* Que evade: *Es una de las compañías evasoras de impuestos. Los evasores fueron descubiertos en la frontera.*

evento *s. m.* ELEVADO. Suceso o acontecimiento: *Cuando nació el primer hijo celebraron el evento con toda la familia. Los eventos de 1992 sirvieron para mejorar la imagen de España en el mundo.*

eventual *adj.* **1** (antepuesto / pospuesto) Que no es seguro o fijo, o que puede ocurrir o no, dependiendo de las circunstancias: *contrato eventual, empleo eventual, ingresos eventuales. Hemos de tener previsto qué hacer ante un eventual contratiempo.* ‖ *adj. / s. m.* y *f.* **2** (ser / estar) [Trabajador] que presta temporalmente sus servicios en una empresa: *Está eventual en la empresa. Son muchos los eventuales que trabajan para la empresa privada.*

eventualidad *s. f.* Suceso posible pero no previsible, imprevisto: *No podemos prever todas las eventualidades.*

evidencia *s. f.* **1** (no contable) Condición o circunstancia de lo que es verdadero, y no puede negarse: *Ante la evidencia de los hechos, tuvo que aceptar la solución que le ofrecían.* **2** Cosa que es cierta o evidente: *El amor de los padres a los hijos es una evidencia.* SIN. verdad. FR. Y LOC. **poner* en ~.**

evidenciar *v. tr.* Hacer ‹una persona o una cosa› patente la certeza de [una cosa]: *Su actitud evidencia un cierto desinterés.*

evidente *adj.* **1** (antepuesto / pospuesto) Que es tan cierto y tan claro que no se puede dudar o negar: *Es un hecho evidente, tan claro como el agua. Tiene una evidente ventaja sobre el resto de los participantes.* **2** AFIRMACIÓN. Se usa para responder afirmativamente a una pregunta: *–«¿Crees que va a ganar?» –«Evidente.»*

evitar *v. tr.* **1** Impedir ‹una persona o una cosa› que suceda [una cosa]: *La ayuda internacional evitó la prolongación del conflicto.* ‖ *v. tr. / prnl.* **2** Intentar ‹una persona› no hacer [una cosa] o no encontrarse con [una persona]: *Evitó la conversación como pudo. Evita a los niños para que no lo molesten. Esto me evita tener que hablar.*

evocación *s. f.* Acción y resultado de evocar: *La evocación de aquellos recuerdos la ha deprimido. No me gustan las evocaciones de sus aventuras pasadas.*

evocar *v. tr.* **1** Traer ‹una persona› a la memoria a [una persona o una cosa]: *Evocó la época en que iba a la escuela del pueblo.* **2** Hacer ‹una persona o una cosa› que [una persona] recuerde [otra persona u otra cosa]: *Los toldos de la casa le evocaban las velas de los barcos.* ⇒ **71.**

evolución *s. f.* **1** (no contable) Cambio gradual de una cosa: *Este país está en plena evolución política.* **2** BIOL. Desarrollo gradual de los seres vivos: *teoría de la evolución. Las especies están en constante evolución para adaptarse al ambiente que las rodea.* **3** (en plural) Conjunto de movimientos, ejercicios o maniobras realizados por una persona o una cosa: *El jugador hacía sus evoluciones en el campo para calentarse. Todos seguían con interés las evoluciones del atleta sobre la pista.*

evolucionar *v. intr.* **1** Pasar ‹un organismo o una cosa› de un estado a otro estado: *La literatura de posguerra fue evolucionando hasta llegar a donde está hoy. España ha evolucionado mucho en los últimos años.* **2** Experimentar ‹una persona› un cambio de ideas o de actitud: *Esta dirigente* *política ha evolucionado desde posiciones extremistas a otras más moderadas.* **3** Hacer ‹una persona o una cosa› determinados movimientos: *Los acróbatas evolucionaban sobre sus trapecios.*

evolucionismo *s. m.* (no contable) BIOL. Teoría que explica el desarrollo de un proceso físico, mental o social como resultado de una evolución: *El evolucionismo de Charles Darwin propone el principio de selección natural.*

evolucionista *adj.* **1** BIOL. Del evolucionismo: *teoría evolucionista, doctrina evolucionista.* || *adj. / s. m.* y *f.* **2** BIOL. Que es partidario del evolucionismo: *científico evolucionista. Los evolucionistas tuvieron muchas dificultades ideológicas para defender sus tesis.*

evolutivo, va *adj.* **1** De la evolución: *teoría evolutiva de la enfermedad.* **2** Que se produce por evolución: *procedimiento evolutivo. Ha seguido un proceso evolutivo complejo.*

ex *adj.* **1** (invariable; antepuesto) Que ha dejado de ejercer una profesión o cargo o que ya no mantiene la misma relación que antes mantenía: *ex presidente, ex ministro, ex jefe, ex mujer, ex novio.* || *s. m. / f.* (invariable) COLOQUIAL. Persona que ha dejado de ser la pareja sentimental de otra: *Tu ex sale ahora con Pedro. Me han presentado al ex de María.*

ex- *pref.* Significa 'fuera' y forma verbos a partir de verbos y a partir de sustantivos, sustantivos a partir de sustantivos y adjetivos a partir de adjetivos: *traer - extraer, portar - exportar, patria - expatriar, céntrico - excéntrico.*

ex libris (del latín) *s. m.* RESTRINGIDO. Etiqueta o sello que se estampa en el reverso de la tapa de un libro, con el nombre del dueño o de la biblioteca a la que pertenece: *Los ex libris modernistas son muy hermosos.*

ex profeso (del latín) *adv. modo.* ELEVADO. De forma expresa o exclusiva: *Lo han hecho ex profeso para ti.*

exabrupto *s. m.* Dicho o hecho inconveniente y brusco: *Ya estamos hartos de oír salir exabruptos de tu boca.*

exacción *s. f.* **1** Exigencia del cobro de impuestos o cargas fiscales: *Me ha llegado una exacción fiscal.* **2** ELEVADO. Cobro injusto y violento.

exacerbar *v. tr.* **1** ELEVADO. Causar ‹una persona o una cosa› enfado o irritación a [una persona]: *Aquella intervención exacerbó los ánimos de todos los presentes.* SIN. exasperar. **2** ELEVADO. Hacer ‹una persona o una cosa› más fuerte [un sentimiento o un dolor]: *La presencia de los hijos exacerbaba la pena de la viuda.* SIN. agudizar. || *v. prnl.* **3** ELEVADO. Mostrar ‹una persona› enfado o irritación: *Se exacerba cuando cree que tergiversan sus palabras.* SIN. exasperarse. **4** ELEVADO. Hacerse ‹un sentimiento o un dolor› más fuerte: *Por las noches se me exacerba el dolor.* SIN. agudizarse.

exactitud *s. f.* (no contable) Cualidad de exacto: *Hizo los cálculos con gran exactitud.*

exacto, ta *adj.* **1** (ser / estar; antepuesto / pospuesto) Que es puntual, fiel y riguroso: *Hizo una repetición exacta de su trabajo. Con exactas palabras supo explicarnos cuál era la situación. La cuenta está exacta.* || **2 ciencias* exactas.**

exageración *s. f.* Acción y resultado de exagerar: *Lo que has dicho es una exageración. Vámonos, no quiero oír más exageraciones. Has comprado una exageración de comida.*

exagerado, da *adj.* **1** (antepuesto / pospuesto) Que es mayor de lo normal o conveniente: *una exagerada distancia. Es un tamaño exagerado para lo que nosotras necesitamos.* || *adj. / s. m.* y *f.* **2** (ser / estar; antepuesto / pospuesto) Que habla o actúa con exageración: *Es una exagerada* ***en*** *sus apreciaciones. Hoy estás muy exagerado.*

exagerar *v. tr. / intr.* Dar ‹una persona› proporciones excesivas a [una cosa]: *Exageró la dificultad del examen.*

exaltación *s. f.* Acción y resultado de exaltar: *Nunca he sido partidario de las exaltaciones patrióticas. La exaltación de sus méritos me parece justa.*

exaltado, da *adj. / s. m.* y *f.* (ser / estar; antepuesto / pospuesto) Que se comporta con demasiada pasión o entusiasmo: *una exaltada participante. Saltaron unos exaltados al ruedo. Está muy exaltado* ***con*** *el partido de fútbol.*

exaltar *v. tr.* **1** Alabar ‹una persona› [a una persona o una cosa] con exceso: *Han exaltado las cualidades curativas del producto.* SIN. ensalzar. **2** Aumentar ‹una persona o una cosa› [un sentimiento]: *Aquellas palabras exaltaron la cólera de los aficionados.* **3** Colocar ‹una persona› [a otra persona] en una posición elevada: *Los castellanos exaltaron a la infanta al trono.* SIN. encumbrar. || *v. prnl.* **4** Mostrar ‹una persona› nerviosismo o impaciencia: *El público se exaltó* ***contra*** *el árbitro.*

examen *s. m.* **1** Prueba que se hace para demostrar la aptitud en una cosa: *Aprobó el examen de conducir. Mañana tenemos un examen de inglés. He suspendido el examen.* SIN. ejercicio. **2** Observación, estudio o análisis que se hace para ver cómo es una cosa o comprobar su estado: *examen médico. El examen de las muestras de orina demostró que el diagnóstico era correcto.*

examinar *v. tr.* **1** Juzgar ‹una persona› [las aptitudes] [de otra persona] mediante un examen: *El profesor nos examinó* ***de*** *gramática. Ya me han examinado* ***de*** *todo; me falta conocer los resultados.* **2** Observar ‹una persona› [a una persona o una cosa] detenidamente: *Examinó las botas del niño. Examinaba cada uno de sus movimientos.* La doctora me examinó la rodilla a conciencia. || *v. prnl.* **3** Someterse ‹una persona› a [un examen]: *Me examiné* ***de*** *latín.*

exangüe *adj.* **1** (estar) ELEVADO. Que ha perdido mucha o toda la sangre: *El herido estaba exangüe por la fuerte hemorragia que tenía.* **2** (estar) ELEVADO. Que está muy cansado: *Acabó exangüe la jornada.* **3** (estar) ELEVADO. Muerto: *Era duro ver a la madre abrazando el cuerpo exangüe de su hijo.*

exánime *adj.* **1** ELEVADO. Que no tiene vida o no da señales de ella: *Los bomberos sacaron un cuerpo exánime del autocar.* **2** (estar) ELEVADO. Que está muy débil: *Estaba exánime al final de la prueba.*

exantema *s. m.* (no contable) MED. Erupción rojiza de la piel propia de algunas enfermedades contagiosas: *el exantema del sarampión.*

exarca *s. m.* **1** REL. Dignidad de la Iglesia griega inmediatamente inferior a la de Patriarca. **2** Gobernador de los dominios bizantinos en Italia desde el siglo VI al siglo VIII.

exasperación *s. f.* (no contable) INTENSIFICADOR. Acción y resultado de exasperar o exasperarse: *Su exasperación llegaba a tal grado que pensé que le daba algo.*

exasperante *adj.* (ser / estar; antepuesto / pospuesto) INTENSIFICADOR. Que exaspera: *Chico, hoy estás exasperante. Su mal humor es exasperante.*

exasperar *v. tr.* **1** INTENSIFICADOR. Causar ‹una persona o una cosa› enfado a [una persona]: *Su cinismo me exaspera.* SIN. enfurecer. || *v. prnl.* **2** INTENSIFICADOR. Mostrar ‹una persona› enfado por [una persona o una cosa]: *Me exaspera su tranquilidad para todo.* SIN. enfurecerse, encolerizarse.

excarcelación *s. f.* Acción y resultado de excarcelar: *La excarcelación de los presos ha provocado protestas.*

excarcelar *v. tr.* Sacar ‹una persona› [a otra persona] de la cárcel por orden de una autoridad competente: *Excarcelaron al prisionero siguiendo el mandato judicial.*

excavación *s. f.* **1** Acción y efecto de excavar: *La excavación de la tierra se está haciendo con grandes máquinas.* **2** ARQ. Procedimiento de investigación que exige el movimiento de tierras: *Los arqueólogos tienen en marcha varias excavaciones en busca de restos prehistóricos.*

excavadora *s. f.* Máquina que sirve para excavar, provista de una gran pala mecánica: *La excavadora abrió una zanja muy profunda en sólo unos minutos.*

excavar *v. tr.* Hacer ‹una persona o una cosa› hoyos o cavidades en [un terreno]: *Los arqueólogos excavan un nuevo yacimiento. Algunos animales excavan sus madrigueras en la tierra.* SIN. cavar.

excedencia *s. f.* Situación laboral del trabajador que consigue un permiso para dejar el trabajo temporalmente: *Tiene la excedencia obligatoria para realizar el servicio militar.*

excedente *adj. / s. m.* **1** Que sobra o excede: *personal excedente. Al contar el dinero, he visto que había un excedente.* SIN. sobrante. **~ de cupo** MIL. Persona que se libra de hacer el servicio militar por obtener en el sorteo un número superior al del cupo establecido para ese reemplazo. ‖ *adj. / s. m.* y *f.* **2** [Empleado público] que deja de ejercer su cargo por un tiempo: *Es un funcionario excedente del Ministerio de Hacienda. Ésta es la excedente de la que te he hablado.* ‖ *s. m.* **3** ECON. Cantidad de mercancías que sobran una vez satisfecha la demanda interna, y que dan lugar, en una economía de mercado, a la subida y bajada de los precios: *La utilización de los excedentes ha sido una de las mayores preocupaciones sociales de los economistas modernos.*

exceder *v. tr. / intr.* **1** Superar ‹una persona o una cosa› [a otra persona u otra cosa] en [una cosa]: *Excedía a todos* ***en*** *prudencia. El peso excedía dos kilos. Excede* ***en*** *velocidad a lo permitido por el código.* **2** Pasar ‹una persona o una cosa› [un límite]: *Dar aquel permiso excedía su competencia. El chico excedía* ***de*** *la talla para su edad.* ‖ *v. intr.* **3** Quedar ‹una cosa› después de usar o consumir lo necesario: *Nos comprará la producción que exceda.* ‖ *v. prnl.* **4** Hacer ‹una persona› [una cosa que pasa de lo necesario o lo razonable]: *Se excedió* ***en*** *elogios. Siempre se excede* ***en*** *el trabajo.*

excelencia *s. f.* **1** (no contable) Calidad de ser una persona o una cosa excelente o muy buena: *Todos conocen la excelencia de sus trabajos sobre Biología. La excelencia de esa mujer sobrepasa lo que puedas imaginar.* **2** (preferentemente con mayúscula) TRATAMIENTO. Tratamiento honorífico que reciben algunas personas: *Su Excelencia el Embajador. Primero miró a Su Excelencia.* FR. Y LOC. **por ~** Más importante o más conocido: *Einstein es el sabio por excelencia. La pasta es la comida italiana por excelencia.*

excelente *adj.* (ser / estar; antepuesto / pospuesto) Que sobresale o destaca por sus cualidades o méritos, o por su bondad: *Es una persona excelente, una buenísima persona. Tiene una fruta excelente, muy cara pero estupenda. Es un excelente compañero, el mejor de todos. Ya lo creo que me gusta el vino, está excelente.*

excelentísimo, ma *adj.* (preferentemente con mayúscula, seguido de señor / señora) Fórmula de tratamiento que se aplica a las personas que les corresponde el título de *Excelencia: el Excelentísimo Señor Alcalde.*

excelso, sa *adj.* **1** (antepuesto / pospuesto) ELEVADO. Que tiene mucha importancia o categoría: *un pintor excelso. Es un excelso músico.* **2** (antepuesto / pospuesto) LIT. Que está muy alto: *Los Andes tienen excelsas cumbres.*

excentricidad *s. f.* **1** (no contable) Rareza o extravagancia en el comportamiento: *La excentricidad es algo que no soporto.* **2** Cosa excéntrica: *Dormir en un árbol es una de sus excentricidades.*

excéntrico, ca *adj.* **1** GEOM. Que está fuera del centro o que tiene un centro diferente: *circunferencias excéntricas.* ‖ *adj. / s. m.* y *f.* **2** (ser / estar; antepuesto / pospuesto) Que tiende a comportarse de manera rara o extravagante: *comportamiento excéntrico. Su excéntrico carácter nos desorientaba. Mi familia es muy excéntrica, pero te gustará.*

excepción *s. f.* **1** Exclusión de una cosa que se sale de un conjunto o de una norma general: *Si hacemos excepción de tres o cuatro, nadie prepara los exámenes.* **2** Persona o cosa que se aparta de la regla general: *Hizo una excepción conmigo y me recibió en domingo.* SIN. salvedad. FR. Y LOC. **a / con ~ de** Exceptuando a la persona o cosa que se expresa: *Todos se divirtieron a excepción de Juan.* **de ~** Extraordinario: *Tienes que pensar que es una oportunidad de excepción. Es una actriz de excepción.* **estado* de ~.**

excepcional *adj.* **1** (antepuesto / pospuesto) INTENSIFICADOR. Que es una excepción o que ocurre rara vez: *Se conocieron en unas excepcionales circunstancias. Las inundaciones son excepcionales.* **2** (ser / estar; antepuesto / pospuesto) INTENSIFICADOR. Que es mejor que lo normal, o que tiene una importancia única: *Es una obra excepcional. Es una excepcional ocasión para intentarlo, una oportunidad única. La tarta estaba excepcional.*

excepto *prep.* **1** Indica lo único, persona o cosa, a lo que no se aplica la afirmación principal, o aquello que hace que esa afirmación no sea completamente verdadera: *Comeré de todo, excepto pescado. Invitaron a todo el mundo excepto a tu padre.* SIN. menos. OBSERVACIONES: Admite infinitivos y oraciones introducidas por *que* o *si*: *Excepto ver la televisión todo le parece aburrido. Lo soportaba todo, excepto que lo llamaran así. Excepto si vas en avión, te acompañaré.* **2** RESTRINGIDO. (con *si* y modo subjuntivo) Se ha usado para presentar excepciones hipotéticas: *Nunca iría a su casa, excepto si se disculpara.* SIN. salvo que, a menos que.

exceptuar *v. tr.* Dejar ‹una persona› [a una persona o una cosa] fuera de [un conjunto o una norma general]: *Se ha enfadado con nuestra familia, pero me ha exceptuado a mí.* ⇒ **3.**

excesivamente *adv. modo.* En exceso: *Se puso excesivamente contento. Ha dormido excesivamente.*

excesivo, va *adj.* (antepuesto / pospuesto) Que excede en tamaño o cantidad a lo que se cree necesario o conveniente: *Tiene un peso excesivo* ***para*** *su edad. Tenía una excesiva prudencia con las cosas que hacía.*

exceso *s. m.* **1** Cosa que se sale de lo permitido, conveniente u ordinario: *Comete excesos en las comidas. Tuvo que pagar un suplemento por llevar exceso de equipaje. La multaron por exceso de velocidad.* **2** (preferentemente en plural) Acción abusiva o injusta: *En las guerras se cometen muchos excesos.* FR. Y LOC. **en ~** Más de lo debido o de lo razonable: *Es optimista en exceso.* **por ~** [Inexactitud, cantidad] que sobrepasa un límite justo: *cociente por exceso.*

excipiente *s. m.* (no contable) FARM. Sustancia que se mezcla con los medicamentos para darles forma, consistencia o sabor: *Estas grageas se componen de un antibiótico más el excipiente.*

excitable *adj.* (ser / estar) Que se excita con facilidad: *Reconozco que en algunas ocasiones estoy muy excitable.*

excitación *s. f.* Acción y resultado de excitar o excitarse: *La excitación del público era muy grande.*

excitante *adj. / s. m.* y *f.* (ser / estar; antepuesto / pospuesto) Que excita o estimula los sentidos, la voluntad o un sentimiento: *La excitante música me impedía dejar de bailar. Tomé una bebida excitante. Esta sustancia es excitante. Con esa ropa estás excitante. No puedo tomar excitantes.*

excitar *v. tr.* **1** Hacer ‹una persona o una cosa› que [otra persona] se ponga en actividad o ésta sea más intensa: *Esto excita la envidia ajena. Nunca creí que la música excitara sus ganas de trabajar.* **2** Producir ‹una persona o una cosa› nerviosismo o impaciencia a [una persona]: *La excitó tanta espera. Aquellas reuniones lo excitaban mucho.* SIN. exasperar. **3** Provocar ‹una persona o una cosa› deseo sexual a [una persona]: *Aquellas fotos de desnudos lo excitaban.* **4** Hacer ‹una persona o una cosa› que [los sentimientos de una persona] sean más fuertes o violentos: *Consiguió excitar aún más a los contendientes.* SIN. enardecer. **5** VEN. Exhortar, instar ‹una persona› [a otra persona]. ‖ *v. prnl.* **6** Mostrar ‹una persona› nerviosismo o impaciencia: *Se excitaba cuando le llevaban la contraria.* SIN. exasperarse. **7** Sentir ‹una persona› deseo sexual: *Con solo imaginarlo desnudo me excito.*

exclamación *s. f.* **1** Voz o frase que expresa con intensidad un sentimiento: *Lanzó una exclamación de dolor.* **2** LING. Signo ortográfico que se coloca al principio y al final de la frase exclamativa. SIN. admiración.

exclamar *v. tr. / intr.* Expresar ‹una persona› [una cosa] con intensidad: *Los asistentes exclamaron con júbilo: ¡Viva la Virgen del Pilar!*

exclamativo, va *adj.* **1** LING. De la exclamación: *Se olvidó de poner los signos exclamativos.* **2** GRAM. [Oración] que expresa una exclamación. **3** GRAM. [Adjetivo, pronombre, adverbio] que introduce oraciones exclamativas.

exclaustrar *v. tr. / v. prnl.* REL. En la Iglesia católica, permitir u ordenar ‹una autoridad religiosa› que [un religioso] abandone la orden a la que pertenece: *Este escritor se formó con los dominicos y se exclaustró a los cuarenta años.*

excluir *v. tr.* **1** Dejar ‹una persona› fuera [a una persona o una cosa] de un grupo: *En la invitación no excluyas a ninguno de los amigos.* SIN. apartar. **2** Rechazar ‹una persona o una cosa› [una cosa]: *Excluyeron esa posibilidad.* SIN. eliminar. ‖ *v. prnl.* **3** No poder darse, utilizarse o aparecer ‹dos o más personas o cosas› a la vez: *Estas dos perspectivas se excluyen.* ⇒ **46.**

exclusión *s. f.* Acción y resultado de excluir: *Nadie entiende su exclusión del concurso. La exclusión de este producto del mercado se debe a su mala calidad sanitaria.*

exclusiva *s. f.* **1** Concesión o privilegio por el que una persona o entidad es la única autorizada para realizar ciertas acciones: *Esta empresa tiene la exclusiva de los artículos de deporte de esta marca. Algunos productos van a dejar de ser exclusiva del Estado.* SIN. monopolio. **2** Reportaje o noticia que sólo puede cubrir un medio de comunicación, en virtud de un acuerdo económico: *La boda de la popular actriz es una exclusiva de esta revista. El periódico tiene la exclusiva de la noticia.*

exclusividad *s. f.* (no contable) Cualidad de exclusivo: *la exclusividad de un modelo de coche. La exclusividad de este barrio no lo hace apropiado como ejemplo para la ciudad.*

exclusivismo *s. m.* **1** PEYORATIVO. Actitud de la persona que sólo presta atención a una persona, idea o cosa y excluye a todas las demás: *Su exclusivismo le ha granjeado muchas enemistades. No me gustan los exclusivismos ideológicos.* **2** (no contable) PEYORATIVO. Aprecio excesivo de las cosas propias y desprecio de las ajenas: *El exclusivismo de esa gente me parece una limitación.*

exclusivista *adj. / s. m.* y *f.* PEYORATIVO. Que aprecia o considera sólo a una persona o un grupo de personas sin tener en cuenta a los demás: *No seas tan exclusivista y deja que entren todos en la fiesta.*

exclusivo, va *adj.* **1** (antepuesto / pospuesto) Que es único: *Llegó con el exclusivo propósito de conocernos. Es un modelo exclusivo de este diseñador.* **2** Que excluye: *Ha tomado una decisión exclusiva* ***de*** *todas las demás. Ésa es una competencia exclusiva del gobierno central.* ‖ **3 dedicación* exclusiva.**

excmo., excma. *abr.* TRATAMIENTO. 'Excelentísimo, Excelentísima'.

excomulgar *v. tr.* **1** REL. Apartar ‹una autoridad eclesiástica› [a una persona] de la comunidad católica y del uso de los sacramentos: *La Iglesia católica excomulgaba a todos los que consideraba herejes.* SIN. anatematizar (ELEVADO). **2** COLOQUIAL. Apartar ‹una persona› [a otra persona] de un grupo: *La junta directiva ha excomulgado a los socios que no están de acuerdo con su gestión, echándolos del club.* ⇒ **56.**

excomunión *s. f.* **1** REL. Entre los católicos, acción y resultado de excomulgar: *La Iglesia lo prohíbe bajo pena de excomunión.* **2** REL. Entre los católicos, decreto por el que se excomulga a una persona.

excoriación *s. f.* Escoriación.

excoriar *v. tr. / prnl.* Escoriar.

excrecencia *s. f.* **1** Parte que crece en una superficie orgánica, generalmente de forma anormal, y que altera su textura natural: *Tenía la piel llena de verrugas y otras excrecencias.* **2** ELEVADO. Parte secundaria o despreciable de una cosa: *En la pintura de la sala se habían acumulado algunas excrecencias.*

excremento *s. m.* (no contable) Residuo que el organismo elimina de manera natural, en especial los fecales: *Los excrementos de algunos animales se utilizan para abonar la tierra.* SIN. heces.

excretar *v. intr.* **1** Expulsar ‹una persona o un animal› los excrementos: *Los animales marinos tienen menos necesidad de excretar que los terrestres.* SIN. evacuar. **2** BIOL. Expeler ‹una glándula› las sustancias elaboradas por ella: *Las glándulas filiformes de los insectos excretan las sustancias de desecho de estos animales.*

excretor, ra *adj.* BIOL. [Órgano, conducto] que sirve para excretar: *El aparato excretor humano es de una gran complejidad.*

exculpar *v. tr. / prnl.* DER. Librar ‹una persona› de culpa o responsabilidad [a otra persona]: *El juez la exculpó **de** toda responsabilidad. **Se** exculpó **de** todo.*

excursión *s. f.* Salida o viaje de corta duración, con fines educativos, deportivos o como pasatiempo: *Salimos de excursión con la familia.*

excursionismo *s. m.* (no contable) Ejercicio y práctica de las excursiones: *El excursionismo tiene mucho arraigo en Cataluña.*

excursionista *adj.* **1** Del excursionismo: *Las actividades excursionistas son muy importantes para los jóvenes.* || *adj. / s. m.* y *f.* **2** [Persona] que hace excursiones: *Dos mujeres excursionistas están siendo buscadas por la guardia civil. Los excursionistas salieron a las seis de la mañana.*

excusa *s. f.* **1** Explicación que da una persona para justificarse o disculparse: *Me presentó sus excusas por lo que había pasado. Espero su excusa por haber llegado tarde.* **2** Pretexto que se pone para hacer o dejar de hacer una cosa: *¿Qué excusa tienes para no haber hecho el trabajo?*

excusable *adj.* Que se puede excusar o disculpar: *Su retraso es excusable, su hijo está enfermo.* ANT. inexcusable.

excusado, da *adj.* **1** Que tiene disculpa o justificación: *Como estás enfermo estás excusado de venir a nuestra fiesta.* **2** ELEVADO. Que resulta innecesario: *Excusado es decir que agradecemos tu llamada.* **3** Libre de ciertas obligaciones o impuestos. **4** RESTRINGIDO. Que está reservado o separado del uso común. SIN. escusado. || *s. m.* **5** ELEVADO, RESTRINGIDO; EUFEMISMO. Retrete. SIN. escusado. || **6 puerta* escusada / excusada.**

excusar *v. tr. / prnl.* **1** Presentar ‹una persona› razones para librar a [otra persona] de la culpa que se le imputa: *Va a excusar a su compañera **por** llegar tarde. **Se** excusó **por** su comportamiento. **Me** excusé **con** tu madre **por** mi olvido.* **2** Evitar ‹una persona› que suceda [una cosa desagradable]: *Yo **me** excuso de planchar camisas con la moda de las arrugas.* || *v. tr.* **3** Librar ‹una persona› [a otra persona] del pago de una cosa o de una obligación: *Hacienda me ha excusado **del** pago del impuesto **por** mis bajos ingresos.* SIN. eximir. || *v. prnl.* **4** Dejar de hacer ‹una persona› [una cosa] presentando un pretexto.

execrable *adj.* (antepuesto / pospuesto) Que merece ser condenado o aborrecido: *El execrable crimen fue cometido por dos desaprensivos.* SIN. abominable.

execrar *v. tr.* **1** ELEVADO. Rechazar ‹una persona› [a una persona o una cosa]: *Todo el mundo execraba aquellos abusos.* SIN. reprobar. **2** REL. Maldecir ‹una persona con autoridad sacerdotal› [a una persona o cosa]: *El exorcista invocaba a los diablos y los execraba en nombre de Cristo.*

exedra *s. f.* ARQ. Construcción descubierta, de planta semicircular, con asientos.

exégesis o **exegesis** (plural *exégesis* o *exegesis*) *s. f.* ELEVADO. Interpretación de un texto, en especial de la Biblia: *La exégesis de la Biblia ha dado lugar a diferentes doctrinas dentro del cristianismo.*

exégeta o **exegeta** *s. m. / f.* ELEVADO. Intérprete o expositor de un texto, en especial religioso: *exégeta coránico.*

exención *s. f.* **1** (no contable) Acción y resultado de eximir o eximirse: *El juez declaró mi exención de cualquier responsabilidad.* **2** Privilegio que exime de una obligación: *exención de impuestos, la exención del servicio militar.* SIN. dispensa.

exento, ta *adj.* **1** (estar) Que está libre de una cosa perjudicial o molesta: *Este alumno está exento **de** hacer gimnasia.* **2** (estar) ARQ. Que no está adosado a otra cosa: *La columna está exenta.*

exequias (plural) *s. f.* ELEVADO. Ceremonia religiosa que se celebra por un difunto: *Ayer se celebraron las exequias por el eterno descanso de su alma.* SIN. funeral.

exfoliación *s. f.* **1** ELEVADO. División en láminas o escamas: *la exfoliación de la mica, la exfoliación del yeso.* **2** GEOL. División en láminas paralelas de algunos minerales. **3** MED. Escamación de la epidermis.

exfoliador, ra *adj.* **1** ELEVADO. Que exfolia: *una crema exfoliadora.* || *adj. / s. m.* **2** AMÉR. Bloc de hojas desprendibles.

exfoliante *adj. / s. m.* y *f.* [Producto] que elimina mediante arrastre o abrasión las capas de células muertas de la epidermis: *crema exfoliante.*

exfoliar *v. tr.* **1** ELEVADO. Dividir ‹una persona o una cosa› [una cosa] en láminas o escamas: *La sequedad exfolia la piel.* || *v. prnl.* **2** Dividirse ‹una cosa› en láminas o escamas.

exhalación *s. f.* **1** ELEVADO. Emisión de un suspiro o una queja: *Sus continuas exhalaciones me ponen nerviosa.* **2** ELEVADO. Emisión de un olor o un gas: *La exhalación de gas se percibía desde la escalera.* FR. Y LOC. **como una ~** INTENSIFICADOR. Con extraordinaria rapidez: *En cuanto lo oyó, salió como una exhalación.*

exhalar *v. tr.* **1** ELEVADO. Despedir ‹una persona o una cosa› [un olor o un gas]: *Los jazmines exhalaban un perfume embriagador.* SIN. desprender. **2** LITERARIO. Emitir ‹una persona o una cosa› [palabras o sonidos]: *El mar exhala su eterna queja.* FR. Y LOC. **dar / ~ el último suspiro*. ~ el espíritu*.**

exhaustivo, va *adj.* (antepuesto / pospuesto) Que es completo o profundo: *Hicimos un exhaustivo recorrido por la isla.* SIN. detallado.

exhausto, ta *adj.* **1** (estar; antepuesto / pospuesto) Que está muy debilitado o cansado: *Estaba exhausta después de la carrera. Así un exhausto corredor entraba en la meta en primer lugar.* **2** (estar; antepuesto / pospuesto) Que se ha terminado o consumido: *La despensa está exhausta. Las exhaustas reservas de agua no llegarán hasta la primavera.*

exhibición *s. f.* **1** Acción y resultado de exhibir o exhibirse: *exhibición pública. La exhibición de sus obras durará hasta la semana que viene. La exhibición de la película resultó problemática. El jugador nos ofreció la exhibición de sus habilidades futbolísticas.* **2** DEP. Prueba deportiva con carácter de espectáculo o demostración: *exhibición de gimnasia. Vamos a asistir a la exhibición de judo.*

exhibicionismo *s. m.* **1** (no contable) PSICOL. Comportamiento de las personas que sienten obsesión por mostrarse desnudas en público. **2** (no contable) PEYORATIVO. Comportamiento de las personas que muestran en público su vida privada o sus sentimientos: *Le gusta el exhibicionismo, siempre está contando su vida a los demás.*

exhibicionista *adj. / s. m.* y *f.* Que practica el exhibicionismo: *Confiesa que eres un poco exhibicionista, que te gusta ir enseñando tu musculatura por la playa. Dicen que anda un exhibicionista con una gabardina por el barrio.*

exhibir *v. tr.* **1** Mostrar o presentar ‹una persona› [una cosa] en público: *Exhibió sus dotes de cocinero. Le gusta exhibir su tipo en la playa. En la exposición se exhibían cuadros de todas las épocas.* || *v. prnl.* **2** Intentar ‹una persona› que las demás personas noten su presencia: *Nuestra estrella se exhibe con un acompañante mucho más joven que ella.*

exhortación *s. f.* **1** ELEVADO. Consejo con que se anima a una persona a actuar de determinada manera: *No hizo caso de las exhortaciones de sus padres.* **2** RET. Sermón breve y poco solemne: *El sacerdote dirigió una breve exhortación a los asistentes.* SIN. plática.

exhortar *v. tr.* ELEVADO. Dar ‹una persona› ánimos [a otra persona] para que haga [una cosa]: *Las exhortó **a** continuar la lucha.* SIN. animar.

exhortativo, va *adj.* ELEVADO. Que sirve para exhortar: *Pronunció un mensaje exhortativo que enardeció a la tropa.*

exhorto *s. m.* DER. Comunicación que un juez envía a otro juez para que ordene el cumplimiento de lo que se le pide.

exhumación *s. f.* ELEVADO. Acción y resultado de exhumar una cosa que está enterrada: *El juez dictó la exhumación del cadáver.*

exhumar *v. tr.* **1** ELEVADO. Sacar ‹una persona› [una cosa que está enterrada]: *Exhumaron el cadáver para hacerle nuevamente la autopsia.* **2** ELEVADO. Recuperar ‹una persona› [una cosa que estaba olvidada]: *Está exhumando las novelas que escribió su abuelo.*

exigencia *s. f.* **1** (preferentemente en plural) Cosa que se exige, con una razón justificada o por capricho: *Los trabajadores presentaron sus exigencias para evitar un conflicto.* **2** (no contable) Cualidad de la persona exigente, rigurosa en su trabajo: *Te impones demasiada exigencia en tu trabajo.*

exigente *adj. / s. m.* y *f.* (ser / estar) Que exige mucho, a veces por capricho o despotismo: *Es muy exigente consigo mismo. Mi jefa está muy exigente últimamente.*

exigible *adj.* Que se puede o debe exigir: *El pago de la deuda es exigible desde el mismo momento de su vencimiento.*

exigido, da adj. ARG., URUG. [Persona, animal, cosa] que está sometido a un gran esfuerzo.

exigir *v. tr.* **1** Pedir ‹una persona› [una cosa que le corresponde o a la que tiene derecho]: *Exijo saber la verdad. Exijo unos minutos de silencio. Viene dispuesta a exigir una explicación.* **2** Necesitar ‹una cosa› [otra cosa que la complementa]: *La competitividad exigía que se redujeran las plantillas de las empresas.* **3** Ordenar ‹una persona› a [otra persona] que haga o dé [una cosa]: *Te exigen el título de graduado escolar. Le han exigido que empiece mañana si quiere el trabajo.* ‖ *v. intr.* **4** Mostrarse ‹una persona› muy exigente: *Esta profesora exige mucho.* ⇒ **78.**

exiguo, gua *adj.* (antepuesto / pospuesto) ELEVADO. Que es poco o muy pequeño: *Le quedó una pensión de viudedad exigua. Le puso una ración exigua en el plato. La exigua paga apenas le duraba diez días, y los otros lo pasaba mal.*

exilado *adj. / s. m.* y *f.* Exiliado.

exilar *v. tr. / prnl.* Exiliar.

exiliado, da o **exilado, da** *adj. / s. m.* y *f.* (ser / estar) Que ha sido obligado a abandonar su país: *Vive en México porque es una exiliada. No puede volver porque está exiliado. Muchos exiliados políticos de la guerra civil española fueron acogidos por Estados sudamericanos.*

exiliar o **exilar** *v. tr.* **1** Obligar ‹una persona› [a otra persona] a abandonar su patria: *El Gobierno exilió a muchos intelectuales de la oposición.* SIN. desterrar. ‖ *v. prnl.* **2** Irse ‹una persona› de su patria: *Se exilió **en** el extranjero. Nos exiliamos **a** América.* SIN. expatriarse.

exilio *s. m.* **1** Acción y resultado de exiliar o exiliarse: *Motivos políticos llevaron a muchos escritores al exilio.* SIN. destierro. **2** (no contable) Lugar y tiempo en que se vive exiliado: *Desde el exilio muchos autores evocaban con nostalgia a España.* SIN. destierro.

eximente *adj. / s. f.* Que exime. **circunstancia ~** DER. Circunstancia que libra a una persona de su responsabilidad penal: *La enajenación mental es circunstancia eximente.*

eximio, mia *adj.* (preferentemente antepuesto) ELEVADO. Que destaca por alguna cualidad: *El eximio profesor nos obsequió con su visita.*

eximir *v. tr. / prnl.* DER. Librar ‹una persona› [a otra persona] de [una obligación o una culpa]: *Se eximió **de** toda responsabilidad. La ley no exime a nadie **de** la obligación de ayudar a un semejante.*

existencia *s. f.* **1** (no contable) Circunstancia de existir: *Han negado la existencia de una epidemia en la zona. No cree en la existencia de fantasmas. Preguntó por la existencia de un libro muy antiguo.* ANT. inexistencia. **2** Vida del ser humano y forma en que vive: *Le pidió que no le amargara la existencia. Vivió los primeros años de su existencia en Asturias.* **3** (en plural; no contable) COMERC. Mercancías que se venden en una tienda, especialmente las que están guardadas: *Con este frío, nos hemos quedado sin existencias de abrigos.* **4** (no contable) FILOS. Realidad concreta de un ser, en oposición a 'esencia': *Para algunos filósofos, la existencia es el «acto» y la esencia, la «potencia».*

existencial *adj.* De la existencia o del acto de existir: *duda existencial, filosofía existencial, novela existencial.*

existencialismo *s. m.* (no contable) FILOS. Corriente filosófica desarrollada en Europa en la primera mitad del siglo XX, que sitúa en el primer plano de su reflexión la existencia del hombre concreto: *El existencialismo tuvo en Sartre a uno de sus máximos exponentes.*

existencialista *adj.* **1** FILOS. Del existencialismo: *doctrina existencialista. Esta novela tiene rasgos existencialistas.* ‖ *adj. / s. m.* y *f.* **2** FILOS. Que es partidario del existencialismo: *Es un escritor existencialista.*

existente *adj.* Que existe real y verdaderamente y no en la imaginación o en la fantasía: *El problema existente no es fácil de resolver.*

existir *v. intr.* **1** Tener ‹una persona o una cosa› ser real y verdadero: *Dice que las brujas existen. Mi hijo me preguntó si existían los Reyes Magos.* **2** Tener ‹una persona› vida: *Mientras yo exista, eso no ocurrirá. Ha dejado de existir a las nueve horas de hoy.* SIN. vivir. **3** Estar ‹una cosa› en [un lugar]: *En ese museo existen verdaderas joyas arqueológicas. En mi casa existen cucarachas.* SIN. haber.

éxito *s. m.* **1** Buen resultado: *Finalizó sus estudios con éxito. Aquellos éxitos fueron fruto únicamente de su esfuerzo.* ANT. fracaso. **2** Buena acogida, aceptación: *El libro tuvo mucho éxito entre los jóvenes.* ANT. fracaso. **3** Cosa con la que se ha conseguido la fama: *lista de éxitos musicales. Este detergente ha sido un éxito comercial.*

exitoso, sa *adj.* AMÉR. (antepuesto / pospuesto) Que tiene éxito: *La exitosa novela ha sido ahora llevada a la pantalla. Es una de las películas más exitosas de todos los tiempos.*

exocrino, na *adj.* ANAT. [Glándula] que tiene un conducto por donde sale al exterior la sustancia que segrega: *Las glándulas sebáceas son exocrinas porque expulsan el sudor al exterior del cuerpo.*

éxodo *s. m.* 1 REL. En la Biblia, marcha que realizó el pueblo hebreo conducido por Moisés: *Los hebreos emprendieron el éxodo para ir a la Tierra Prometida.* 2 Salida de muchas personas de un lugar a otro: *Aún no ha terminado el éxodo de la gente del campo hacia la ciudad. La guerra ha provocado un éxodo de varios pueblos.*

exoesqueleto o **exosqueleto** *s. m.* ZOOL. Cubierta sólida que protege el cuerpo de algunos animales: *El cangrejo es un animal con exoesqueleto.*

exogamia *s. f.* 1 RESTRINGIDO. Norma social por la que una persona debe contraer matrimonio con otra de distinto grupo o clan: *La exogamia es una norma extendida en algunas sociedades.* 2 BIOL. Fecundación o cruzamiento entre personas de distinta raza o población.

exógeno, na *adj.* 1 ELEVADO. Que se origina en el exterior de un cuerpo u organismo. 2 GEOL. Que está producido por una causa externa: *un factor exógeno, una causa exógena, una fuerza exógena.*

exonerar *v. tr.* 1 ELEVADO. Librar ‹una persona› [a otra persona] de [una carga o una obligación]: *Nos exoneraron* ***de*** *pagar la multa.* 2 ELEVADO, RESTRINGIDO. Quitar ‹una persona› [un empleo o una dignidad] a [una persona]: *La exonerarán* ***de*** *su cargo.* SIN. destituir. 3 ELEVADO; EUFEMISMO. Expulsar ‹una persona› los excrementos del [vientre]. **evacuar / ~ el vientre*.**

exorbitante *adj.* (antepuesto / pospuesto) Que excede de lo normal o razonable, o que no tiene medida: *Sus exigencias son exorbitantes, no tienen ni pies ni cabeza. Nos pidió una exorbitante cantidad de dinero por la figurilla.*

exorbitar *v. tr.* ELEVADO. Hacer ‹una persona› que [una cosa] sea o parezca más grande o importante de lo que es en realidad: *Exorbitas la dificultad del trabajo.* SIN. exagerar.

exorcismo *s. m.* Conjunto de ritos para expulsar el demonio o los malos espíritus del cuerpo de una persona: *Los exorcismos los hacen personas muy experimentadas.*

exorcista *s. m./f.* 1 Persona que realiza exorcismos. ‖ *s. m.* 2 REL. Entre los católicos, clérigo con poder y facultad para exorcizar: *Acudieron al obispado para que un anciano exorcista viera a la muchacha.*

exorcizar *v. tr.* Expulsar ‹una persona› el demonio o los malos espíritus del cuerpo de [otra persona]. ⇒ **19.**

exordio *s. m.* 1 LIT. Principio de una obra literaria o de un discurso: *He saltado el exordio y he empezado a leer el principio del discurso.* 2 ELEVADO Introducción a una conversación o a un razonamiento: *Permitidme un exordio antes de explicar por qué opino así.*

exorreico, ca *adj.* GEOGR. [Terreno] que tiene una extensa circulación de aguas superficiales.

exorreísmo *s. m.* GEOGR. Salida de las aguas corrientes de una región al mar.

exosfera *s. f.* METEOR. Capa más externa de la atmósfera: *La exosfera comienza a partir de los mil kilómetros de altitud aproximadamente.*

exosqueleto *s. m.* ZOOL. Exoesqueleto.

exotérico, ca (diferente de *esotérico*) *adj.* RESTRINGIDO. Que es fácil de comprender o que es asequible para el público en general: *La doctrina exotérica era la que exponían los filósofos griegos públicamente.*

exotérmico, ca *adj.* FÍS. [Proceso] que despide calor: *combinación exotérmica, reacción exotérmica.*

exótico, ca *adj.* 1 (antepuesto / pospuesto) Que procede de un país extranjero lejano y desconocido: *costumbre exótica, planta exótica. Una exótica mujer se dirigió a nosotros para preguntarnos algo.* 2 (antepuesto / pospuesto) Que causa extrañeza, o que recuerda a países o costumbres lejanas: *moda exótica, rasgos exóticos, exóticas facciones.*

exotismo *s. m.* 1 (no contable) Cualidad de lo que es exótico: *El exotismo de su indumentaria era fascinante.* 2 (no contable) Gusto por todo lo que es exótico: *La poesía modernista se caracterizaba por el exotismo.*

expandir *v. tr.* 1 Hacer ‹una persona o una cosa› que [una cosa] ocupe más espacio: *Desde el año pasado han expandido la fábrica con dos nuevas naves.* SIN. extender. 2 Hacer ‹una persona o una cosa› que [una cosa] sea más conocida: *Las agencias expandieron las imágenes terribles de la guerra por todo el mundo.* SIN. propagar. ‖ *v. prnl.* 3 Ocupar ‹una cosa› más espacio: *El fuego se expande hacia la cima del monte. La producción se expande con regularidad.* SIN. extenderse. 4 Ser ‹una cosa› más conocida: *La noticia se expandió en poco tiempo.* SIN. propagarse.

expansible *adj.* FÍS. Que puede extenderse o dilatarse: *Con un material no expansible evitaremos la dilatación.*

expansión *s. f.* 1 (no contable) Extensión o dilatación de una cosa: *Se teme la expansión de los gases tóxicos. Hay que cortar la expansión de la mancha de petróleo en el mar.* 2 Manifestación efusiva de un sentimiento o pensamiento: *En un momento de expansión me lo contó todo.* SIN. desahogo. 3 Distracción u ocio: *Nunca participaba en las expansiones de los demás jóvenes.* SIN. diversión. 4 ECON. Estado y período caracterizado por un aumento de la producción, los beneficios y el empleo: *Era un momento de expansión económica, y faltaba mano de obra.* ANT. recesión. 5 MEC. Fase de un motor de explosión en que se mezclan el combustible y el aire y se produce la combustión.

expansionar *v. tr./prnl.* 1 Hacer ‹una persona› que [una cosa] ocupe más espacio o se convierta en más importante: *Los reinos cristianos se expansionaron hacia el sur de la Península en la Edad Media. Han decidido expansionar el banco abriendo nuevas sucursales en América del Sur.* ‖ *v. prnl.* 2 FÍS. Aumentar ‹un gas› su volumen: *Los gases se expansionan por el aumento de la temperatura.* SIN. dilatarse. 3 Pasar ‹una persona› el tiempo agradablemente: *Necesitaba expansionarme un poco y no pensar en el trabajo.* 4 Manifestar ‹una persona› sus sentimientos a [otra persona]: *Se puso melancólico y se expansionó conmigo, porque empezó a contarme su vida.* SIN. desahogarse.

expansionismo *s. m.* (no contable) POLÍT. Ideología y comportamiento de los partidarios de la expansión política o económica: *El expansionismo era la doctrina oficial de muchos Estados en el siglo* XIX.

expansionista *adj.* 1 POLÍT. Del expansionismo: *doctrina expansionista.* ‖ *adj. / s. m.* y *f.* 2 POLÍT. Que es partidario del expansionismo: *nación expansionista. La política expansionista de ese país va a provocar un conflicto armado.*

expansivo, va *adj.* 1 FÍS. Que tiende a expandirse: *vapores expansivos, gases expansivos.* 2 (ser / estar) Que expresa con facilidad sus sentimientos o pensamientos: *Es una persona muy expansiva, te cuenta todos sus secretos. Estaba muy expansivo y me contó todo lo que le pasaba.*

expatriación *s. f.* Acción y resultado de expatriar o expatriarse: *La expatriación todavía afecta a muchas personas en el mundo.*

expatriado, da *adj. / s. m.* y *f.* (ser / estar) Que está viviendo fuera de su país: *una comunidad expatriada. Estaba expatriada y no pensaba ya volver a su tierra. Nosotros somos expatriados.*

expatriar *v. tr.* **1** Obligar ‹una persona› [a otra persona] a abandonar su patria: *El gobierno de la dictadura expatriaba a todos los que se le oponían.* SIN. exilar ‖ *v. prnl.* **2** Irse ‹una persona› de su patria: *Se expatrió porque su vida corría peligro.* SIN. exiliarse. ⇒ **8** Se usa también la conjugación regular.

expectación *s. f.* (no contable) Curiosidad e interés con que se espera un acontecimiento: *Nunca se esperó el resultado de unas elecciones con tanta expectación.*

expectante *adj.* (ser / estar) Que espera observando con curiosidad o expectación cómo va desarrollándose un acontecimiento: *actitud expectante. Estábamos expectantes, sin atrevernos a hacer el más mínimo movimiento.*

expectativa *s. f.* Esperanza o posibilidad de conseguir una cosa: *Este gobierno ha creado nuevas expectativas de crecimiento. Las expectativas de conseguir pronto una vacuna son escasas.* FR. Y LOC. **a la ~** A la espera sin actuar: *Estoy a la expectativa **de** que me ofrezcan un nuevo trabajo.*

expectoración *s. f.* **1** MED. Acción y resultado de expectorar: *La expectoración es normal en su caso.* **2** MED. Esputo: *Necesitamos analizar una expectoración.*

expectorar *v. tr.* MED. Arrancar y expulsar por la boca ‹una persona› [las secreciones de las vías respiratorias]: *Es necesario que expectore con frecuencia para limpiar las vías respiratorias.*

expedición *s. f.* **1** Acción y resultado de expedir: *La expedición de un pasaporte tarda un par de semanas. Encárgate de la expedición de este paquete en correos.* **2** Viaje o excursión con un objetivo concreto, generalmente la exploración o conquista de un territorio: *expedición militar. expedición científica, expedición naval, hacer una expedición, organizar una expedición, financiar una expedición. La primera expedición de Colón tropezó con muchas dificultades.* **3** Conjunto de personas que hacen un viaje: *La expedición hizo noche en un monte cercano.*

expedicionario, ria *adj. / s. m.* y *f.* Que forma parte de una expedición: *La nave expedicionaria tiene prevista su llegada a las nueve. Los expedicionarios vuelven eufóricos tras haber conseguido su objetivo.*

expedientar *v. tr.* ADMINISTRATIVO. Formar ‹una persona› expediente a [otra persona]: *El jefe de personal expedientó a un empleado por inasistencia al trabajo.* SIN. sancionar.

expediente *s. m.* **1** Conjunto de gestiones sobre un asunto: *Se está cursando el expediente sobre el proyecto de la nueva carretera.* **2** Documentación a que da lugar el conjunto de gestiones que se realizan sobre un asunto: *Aquí traigo el expediente sobre el proyecto para que lo estudie.* **3** Historial de una persona: *Este empleado tiene un expediente intachable.* **4** Investigación sobre la conducta de un empleado que parece haber cometido una falta en el ejercicio de sus funciones: *La empresa le ha incoado un expediente para aclarar su actuación en ese asunto. No creo que le abran un expediente por tan poca cosa.* **5** Medio utilizado para resolver una dificultad: *Recurrieron al expediente de vender el coche.* ‖ **6 ~ de crisis** ECON. Mecanismo legal al que puede acogerse una empresa para reducir la plantilla de trabajadores: *La empresa ha presentado un expediente de crisis y quiere prescindir de quinientos puestos de trabajo.* **7 ~ de regulación** ECON. Expediente de crisis. FR. Y LOC. **cubrir el ~** Hacer ‹una persona› sólo lo indispensable en su trabajo: *Este profesor se limita a dar clase para cubrir el expediente, pero no tiene ningún interés.*

expedir *v. tr.* **1** Enviar ‹una persona› [una cosa] a un lugar: *Expedimos el paquete por correo.* SIN. mandar. **2** Realizar ‹una persona› los trámites necesarios para extender [un documento]: *Ya me han expedido el pasaporte.* ⇒ **57.**

expeditar *v. tr.* AMÉR. Dejar concluido un asunto, facilitar su solución.

expeditivo, va *adj.* (ser / estar) Que resuelve o sirve para resolver un asunto con rapidez y eficacia: *procedimiento expeditivo, una persona expeditiva. Es un procedimiento expeditivo para que no nos molesten.*

expedito, ta *adj.* **1** (estar) ELEVADO. Que no tiene ningún obstáculo o estorbo: *Tiene el camino expedito hasta el final. El paso está expedito.* **2** (ser / estar) Que actúa con rapidez: *Es un ejecutivo muy expedito. Esta temporada estoy expedita y resuelvo enseguida las dificultades.*

expeler *v. tr.* Hacer ‹una persona o una cosa› que [una cosa] salga con fuerza de otra cosa en la que estaba contenida: *La caldera expelía un humo muy denso. El volcán ha expelido lava y humos durante varias semanas. Cuando tosemos expelemos muchos virus.* SIN. expulsar.

expendeduría *s. f.* ADMINISTRATIVO. Establecimiento donde se vende tabaco, sellos, pólizas y otros productos controlados por la Administración: *expendeduría de tabaco.*

expender *v. tr.* **1** COMERC. Vender ‹una persona› [una cosa] al por menor: *El tabaco sólo se expende en establecimientos autorizados.* **2** COMERC. Vender ‹una persona› [billetes de ferrocarril o entradas para espectáculos]: *En esta taquilla expenden billetes para trenes de largo recorrido.*

expendio *s. m.* **1** AMÉR. Venta al por menor. **2** AMÉR. Tienda donde se venden bebidas alcohólicas, tabaco y otras mercancías.

expensar *v. tr.* DER.; CHILE, GUAT., MÉX. Costear ‹una persona› [los gastos de alguna gestión].

expensas Se usa en la LOC. **a ~ de** Por cuenta o a costa de: *Estamos comiendo a expensas de la empresa. Juan no trabaja, vive a expensas de su madre.*

experiencia *s. f.* **1** (no contable) Conjunto de conocimientos que se adquieren con la práctica o durante el desarrollo de la vida: *Tiene mucha experiencia **en** arreglar coches. Se puede observar su experiencia **en** asuntos políticos.* ANT. inexperiencia. **2** Hecho de vivir o conocer una cosa nueva: *Aquella experiencia fue horrible. Su experiencia en los Alpes duró dos días.* **3** Experimento o ensayo: *La experiencia de la nueva vacuna ha sido un fracaso.* SIN. prueba.

experimentación *s. f.* **1** Acción y resultado de experimentar o hacer experimentos: *La experimentación con seres humanos está prohibida.* **2** (no contable) Método científico de indagación, fundado en la producción voluntaria de los fenómenos: *La experimentación es fundamental para la ciencia.* **3** Conjunto de análisis o pruebas a que se somete una cosa para comprobar su validez: *El medicamento aún está en fase de experimentación.*

experimentado, da *adj.* (antepuesto / pospuesto) Que tiene mucha experiencia: *Es un profesional experimentado* ***en*** *su oficio. Es una experimentada mujer de negocios.*

experimental *adj.* **1** Que se basa en la experiencia o en los experimentos: *método experimental, física experimental, conocimiento experimental.* **ciencias experimentales. 2** Que sirve de experimento, o que se hace o se construye para comprobar su validez y sus posibles aplicaciones: *Esta vacuna está en fase experimental, no se puede comercializar. Es un modelo experimental que debe ser probado.*

experimentar *v. tr. / intr.* **1** Hacer ‹una persona› experimentos con [una cosa] para comprobarla o estudiarla: *Experimentó una nueva fórmula. Experimentan* ***con*** *cobayas.* SIN. ensayar. || *v. tr.* **2** Sentir o conocer ‹una persona› por sí misma [una cosa]: *Aquel día experimentó lo que es trabajar duro. Nunca ha experimentado la soledad.* **3** Sufrir ‹una persona o una cosa› [un cambio o una transformación]: *La librería experimentó una gran mejora desde su llegada.* **4** Tener ‹una persona› [una sensación o un estado de ánimo] momentáneamente: *Experimentó frío y calor al ver aquella figura.*

experimento *s. m.* **1** Acción y resultado de experimentar: *El experimento del otro día no salió bien.* SIN. prueba. **2** Método de investigación que consiste en provocar un fenómeno, analizar los hechos concretos que tienen lugar durante su desarrollo y determinar la validez de una hipótesis: *Los experimentos confirman la mecánica relativista.*

experto, ta *adj. / s. m.* y *f.* **1** (antepuesto / pospuesto) Que tiene mucha experiencia, conocimiento o habilidad en cierta materia o actividad: *Es una persona experta* ***en*** *jardinería. Es muy experta* ***con*** *las manos. De tanto trabajar en esto, se ha hecho una experta.* || *s. m. / f.* **2** Persona especializada en una materia: *Los expertos están a punto de llegar. Es una experta* ***en*** *Botánica.*

expiar *v. tr.* **1** REL. Pagar ‹una persona› [sus culpas] mediante un sacrificio: *Expiará sus culpas caminando descalza en la procesión.* SIN. purgar. **2** Sufrir ‹una persona› el castigo correspondiente a [un delito que ha cometido]: *Expió sus errores de juventud.* SIN. pagar. ⇒ **8.**

expiativo, va o **expiatorio, ria** *adj.* REL. Que sirve para expiar una culpa: *promesa expiativa, sacrificio expiativo.* **chivo* expiatorio.**

expirar *v. intr.* **1** ELEVADO; EUFEMISMO. Dejar de vivir ‹una persona›: *El ilustre profesor expiró de madrugada.* SIN. morir. **2** DER. Terminar ‹un periodo de tiempo o un plazo› en [una determinada fecha]: *El plazo del contrato no expira hasta el día 20.* SIN. vencer.

explanada *s. f.* Espacio de terreno llano o allanado: *Organizaron la fiesta del barrio en una explanada.*

explanar *v. tr.* **1** Poner ‹una persona› llano [un terreno]: *Las grandes máquinas explanaron el solar en dos horas.* SIN. allanar. **2** ELEVADO. Exponer ‹una persona› [una cosa] detalladamente: *Explanó metódicamente su proyecto.* SIN. desarrollar.

explayar *v. tr.* **1** Extender ‹una persona› [un sentido o un sentimiento] : *Explayaba su sensibilidad en los nuevos cuadros. Me gusta mirar al mar para explayar la mirada.* **2** Distraer ‹una persona› [a otra persona] con una actividad agradable: *Explayar a los niños no es siempre fácil.* || *v. prnl.* **3** Hacerse ‹una cosa› más amplia: *Su mente se explayó al imaginarse fuera de aquella habitación.* **4** Distraerse ‹una persona› con una actividad agradable: *Llevé a los niños al campo para que se explayaran.* **5** Hablar o escribir ‹una persona› detallada y ampliamente sobre [una cosa]: *El poeta se explaya gustosamente* ***en*** *el tema. No te explayes, el jefe quiere sólo un resumen.* **6** Manifestar ‹una persona› sus sentimientos a [otra persona]: *Me explayé* ***con*** *él hablando de la situación.*

expletivo, va *adj.* GRAM. [Expresión, palabra] que no es necesaria para el significado denotativo de la frase, aunque añade valores expresivos: *En la frase «Baja abajo y lo verás», el adverbio «abajo» es expletivo.*

explicable *adj.* Que se puede explicar o disculpar: *No todos los errores son explicables.*

explicación *s. f.* **1** Exposición de una materia para que se haga más comprensible: *Escuchaba la explicación del profesor.* **2** Dato o conjunto de datos que aclaran la causa o motivo de una cosa: *El accidente no tiene explicación alguna.* **3** (preferentemente en plural) Declaración de que las palabras o actos que pudieran ser tomadas como ofensa carecieron de esta intención, o exposición de las causas que justifican aquellas palabras o actos ofensivos: *Me debes una explicación. Es muy amigo de dar explicaciones. No atiende a explicaciones.* SIN. disculpa.

explicar *v. tr.* **1** Exponer ‹una persona› [una cosa] con claridad para que [otras personas] la conozcan o la comprendan: *Me explicó cómo ir a su casa. Voy a pedirle que me explique otra vez el problema.* **2** Enseñar ‹una persona› [una materia] en [un centro]: *Explica latín* ***en*** *un instituto.* SIN. impartir. || *v. tr. / prnl.* **3** Librar ‹una persona› [a otra persona] de culpa o responsabilidad: *Quiere explicarnos tu comportamiento para que no te culpemos por actuar así.* ***Se*** *explicó ante todos por su conducta.* SIN. disculpar(se). || *v. prnl.* **4** Hacerse entender ‹una persona›: *Se explicaba confusamente. Si no te explicas mejor, me voy.* SIN. expresarse. **5** Ser ‹una cosa› entendida por [una persona]: *Ahora me explico el porqué de su retraso. No me explico por qué se comporta de esa manera.* **6** COLOQUIAL; HUMORÍSTICO. Pagar ‹una persona› [una cosa] a [otra persona]: *Todavía estamos esperando que te expliques desde el otro día: ¿No dijiste que nos invitabas a una cerveza?* ⇒ **71.**

explicativo, va *adj.* **1** Que explica: *folleto explicativo, nota explicativa.* **2** GRAM. [Adjetivo] que añade al sustantivo al que se refiere un matiz o valor complementario.

explicitar *v. tr.* ADMINISTRATIVO. Hacer ‹una persona› explícita [una cosa]: *Explicite sus preferencias en el impreso adjunto.* SIN. expresar.

explícito, ta *adj.* (ser / estar; antepuesto / pospuesto) Que está dicho con claridad y exactitud: *La orden fue explícita. Las condiciones estaban explícitas* ***en*** *el contrato. Fue muy explícito al hablar.*

explicotear *v. tr. / prnl.* **1** COLOQUIAL; AFECTIVO. Explicar ‹una persona› [una cosa] con claridad y desenvoltura: *Cuando se pone a explicotear algo nos quedamos todas embobadas. Se explicotea muy bien para su edad.* **2** COLOQUIAL; PEYORATIVO. Explicar ‹una persona› [una cosa] deprisa y por encima: *Este profesor explicotea el tema de cualquier manera.*

exploración *s. f.* Acción y resultado de explorar: *La exploración de aquella zona ha sido muy interesante. El médico le ha hecho una exploración muy completa.*

explorador, ra *s. m. / f.* **1** Persona que explora un lugar desconocido: *Los grandes exploradores abrían nuevas rutas para el comercio.* **2** Miembro de una asociación educativa y deportiva juvenil: *Los exploradores hacen actividades al aire libre.*

explorar *v. tr.* **1** Recorrer ‹una persona› [un país o una región] para conocerlo: *No sé qué sitios quedarán por explorar hoy en día.* **2** MED. Examinar ‹un médico› [una parte del organismo o una herida]: *Después de explorar detenidamente la lesión, han decidido operarlo.* SIN. reconocer. **3** Estudiar ‹una persona› [una cosa] para averiguar su situación o sus circunstancias: *En este laboratorio exploran el comportamiento de los cuerpos en ausencia de la gravedad.* SIN. analizar. **4** Intentar conocer ‹una persona› [los pensamientos o las intenciones de otra persona]: *Hizo aquella pregunta para explorar sus propósitos.* SIN. tantear.

explosión *s. f.* **1** Acción de romperse de repente una cosa por un aumento de la presión interior, con lanzamiento violento de sus fragmentos y con gran ruido: *La explosión del neumático fue la causa del accidente.* **2** Ruido que produce la acción de romperse una cosa por un aumento de la presión interior: *Oí la explosión desde mi casa.* **3** Combustión muy rápida de un cuerpo acompañada de desprendimiento de calor, luz y gases, que puede ser debida a causas naturales o a reacciones químicas provocadas: *Las explosiones del volcán atemorizaron a la población. La explosión de la bomba causó varios muertos.* **4** Expresión violenta de un sentimiento o de un estado de ánimo: *Sus palabras provocaron una explosión de júbilo.* **5** Desarrollo rápido e importante de una cosa: *explosión demográfica, explosión urbanística.* **6** LING. Fase final de la articulación de las consonantes oclusivas.

explosionar *v. tr.* **1** Provocar ‹una persona o una cosa› la explosión de [una cosa]: *Los artificieros explosionaron el coche sospechoso después de acordonar la zona.* || *v. intr.* **2** Hacer ‹una cosa› explosión: *La maleta explosionó y produjo grandes daños.*

explosivo, va *adj.* **1** Que explosiona o puede explosionar: *El paquete explosivo había sido enviado por correo.* **2** (ser / estar; antepuesto / pospuesto) COLOQUIAL. Que llama la atención: *una rubia explosiva. El jugador ha estado explosivo en sus declaraciones.* **3** LING. [Consonante] que forma sílaba con la vocal siguiente: *La 'r' de 'roca' es una consonante explosiva.* || *adj. / s. m.* **4** QUÍM. Que se incendia con explosión: *Los fulminantes son sustancias explosivas. La pólvora es un explosivo.* **artefacto* ~.** || *adj. / s. f.* **5** LING. [Consonante] que es oclusiva y se pronuncia con una salida brusca y momentánea de aire: *La «t» y la «k» son explosivas. La «p» es una consonante explosiva.* FR. Y LOC. **mezcla* detonante / explosiva.**

explotable *adj.* Que se puede explotar o aprovechar, o que produce un beneficio: *Esta mina es explotable. No me parece un negocio explotable.*

explotación *s. f.* **1** (no contable) Acción y resultado de sacar beneficio de la industria basada en productos naturales: *El pueblo vive de la explotación de la ganadería. La explotación racional de los recursos naturales es necesaria para que no se agoten.* SIN. aprovechamiento. **2** INDUS. Conjunto de instalaciones dedicadas a explotar un producto natural: *Ha invertido su dinero en una moderna explotación agraria. Las explotaciones ganaderas están cada vez más controladas por la autoridad sanitaria.* **3** (no contable) Acción y resultado de beneficiarse de una persona de forma abusiva: *La explotación de los niños es frecuente en algunos países pobres.*

explotar *v. tr.* **1** Obtener ‹una persona› beneficio de [una cosa]: *Su familia ha explotado yacimientos de carbón.* **2** Hacer trabajar ‹una persona› [a otra persona] de forma abusiva en provecho propio: *Ha explotado a sus empleados para que prosperara el negocio. Ésta explota a todo el que se deja.* **3** Aprovecharse ‹una persona› de [una cosa]: *Explota su amistad con el jefe.* || *v. intr.* **4** Hacer ‹una cosa› explosión: *No pudieron evitar que la bomba explotara.* **5** Manifestarse ‹un sentimiento› con violencia: *No pudo contenerse y su ira explotó.* SIN. estallar.

expoliación *s. f.* ELEVADO. Acción y resultado de expoliar: *Los villanos, cansados de las expoliaciones de los nobles, se acogieron al poder real.*

expoliar o **espoliar** *v. tr. / intr.* ELEVADO. Quitar ‹una persona› injustamente [una cosa que pertenece a otra persona]: *Le expoliaron sus propiedades. Lo expoliaron* ***de*** *cuanto poseía.* SIN. despojar.

expolio o **espolio** *s. m.* **1** ELEVADO. Acción y resultado de expoliar: *Cuando volvimos de vacaciones los ladrones nos habían hecho un verdadero expolio.* SIN. expoliación. **2** COLOQUIAL. Alboroto o bronca organizado por una persona : *Nos organizó un expolio por llegar tarde.*

exponente *s. m.* **1** MAT. Expresión algebraica o número que se coloca a la derecha y en la parte superior de otro e indica el número de veces que ha de multiplicarse éste por sí mismo: *En 247^3, el 3 es el exponente de 247.* **2** Persona o cosa representativa: *Es el máximo exponente del cine de terror. Es un claro exponente del movimiento posmoderno.*

exponer *v. tr.* **1** Presentar ‹una persona› [una cosa] para que sea vista: *Ana expuso sus trofeos en una vitrina. Queremos exponer al público los restos arqueológicos encontrados.* || *v. tr. / prnl.* **2** Poner ‹una persona› [a una persona o una cosa] de modo que reciba la acción de [una cosa]: *El científico exponía las cobayas* ***a*** *los efectos de la radiación para experimentar sus reacciones.* ***Se*** *expuso demasiado* ***al*** *sol.* **3** Poner ‹una persona› en peligro [a una persona o una cosa]: *Exponía su vida sin pensarlo.* ***Se*** *expuso mucho en la pelea.* || *v. tr. / intr.* **4** Mostrar ‹un artista› [su obra] al público: *Ha expuesto en una galería muy importante.* **5** Decir o explicar ‹una persona› [una cosa]: *Expuso varias razones que explican su decisión* ***ante*** *el público asistente. Hoy me toca exponer a mí en clase.* ⇒ **60.**

exportable *adj.* Que se puede exportar: *moda exportable, producto exportable, género exportable. La imagen que estamos dando como sociedad no es exportable.*

exportación *s. f.* **1** COMERC. Acción y resultado de exportar: *Se dedica a la exportación. La exportación de bienes de consumo está aumentando en lo que va de año.* ANT. importación. **2** COMERC. Conjunto de bienes exportados: *Se prevé que el año próximo aumentarán las exportaciones.* ANT. importación.

exportar *v. tr.* COMERC. Vender o enviar ‹una persona› [mercancías, servicios o capitales] a [un país extranjero]: *Exportan muchas naranjas* ***a*** *la Unión Europea. Tenemos que exportar más si queremos reducir el déficit exterior.* ANT. importar.

exposición *s. f.* 1 Acción y resultado de exponer: *Para la exposición de ese tema el conferenciante tuvo un tiempo de dos horas. La exposición al sol durante mucho tiempo es perjudicial. Visitamos la exposición de esculturas.* **Palacio de Exposiciones.** 2 Acción de exponer una placa o papel fotográfico a la luz para que se impresione: *tiempo de exposición.* 3 RESTRINGIDO. Escrito que se envía a una autoridad para pedir o exponer una cosa: *En una carta al presidente del tribunal le hace una detenida exposición de los hechos.*

exposímetro *s. m.* FÍS. Fotómetro, instrumento para medir la intensidad de la luz.

expositivo va *adj.* Que sirve para exponer o explicar: *lenguaje expositivo, método expositivo.*

expósito ta *adj. / s. m.* y *f.* [Niño] que fue abandonado al nacer: *un niño expósito. Cuando de mayor se enteró de que era expósita sufrió una fuerte depresión.*

expositor, ra *adj. / s. m.* y *f.* 1 Que expone o exhibe una cosa en una exposición: *Las empresas expositoras han protestado por la mala organización de la feria.* || *s. m.* 2 Estructura o mueble en el que se expone un objeto: *El representante me ha traído un nuevo expositor para la tienda.*

exprés (invariable) *adj.* 1 Que realiza su función muy rápidamente: *una cafetera exprés. Prefiero enviarlo por correo exprés.* **olla* a presión** u **olla ~.** || *adj. / s. m.* 2 [Tren] expreso. || 3 **café* ~.**

expresar *v. tr. / prnl.* 1 Manifestar ‹una persona› [una cosa que piensa o siente]: *Los muchachos expresaron su desinterés durmiéndose en la conferencia. Sus esculturas expresan la angustia del hombre moderno.* 2 Manifestar ‹una persona› con palabras [una cosa]: *Esa chica **se** expresa muy bien. Expresa en su novela un amor total por la naturaleza.* FR. Y LOC. **hablar / expresarse como un libro* abierto.**

expresión *s. f.* 1 Acción y resultado de expresar o expresarse: *Acéptelo como expresión de mi agradecimiento.* 2 Locución o palabra: *No encontraba una expresión equivalente en francés. No tiene facilidad de expresión.* 3 Gesto o aspecto de una persona que indica un sentimiento: *Desde entonces tiene una expresión triste. Nos despedimos con una expresión cariñosa.* 4 (no contable) ARTE. Viveza con que se manifiestan los afectos en las obras artísticas: *Los retratos de Goya tienen mucha expresión.* || 5 **~ algebraica** MAT. Conjunto de letras y números relacionados entre sí por medio de signos de operaciones. FR. Y LOC. **reducir a la mínima ~** Disminuir ‹una persona› todo lo posible una cosa: *El decorado queda reducido a la mínima expresión.*

expresionismo *s. m.* (no contable) ARTE. Movimiento artístico surgido en el primer tercio del siglo XX que da una gran importancia a la expresión de los sentimientos del artista: *El Expresionismo tuvo sus seguidores en el cine, la literatura, la música y la pintura.*

expresionista *adj.* 1 ARTE. Del Expresionismo. || *adj. / s. m.* y *f.* 2 [Artista] que es partidario del expresionismo: *exposición de expresionistas, pintor expresionista.*

expresividad *s. f.* (no contable) Capacidad para expresar o mostrar vivamente pensamientos, sentimientos o actitudes: *El público elogió la expresividad de la cara y de los movimientos de la bailarina.*

expresivo, va *adj.* (ser / estar; antepuesto / pospuesto) Que expresa con viveza lo que siente o piensa: *Luis está hoy muy expresivo. Es expresiva. Sus expresivos ojos me conmovieron. Sus gestos expresivos hablan por sí mismos.*

expreso, sa *adj.* 1 (estar) Que está dicho o expresado: *Sus condiciones estaban expresas en el contrato.* || *adj. / s. m.* 2 [Tren] que para en muy pocas estaciones: *El expreso no ha llegado todavía.* **tren* ~.** || *s. m.* 3 Correo extraordinario que se manda con una noticia o mensaje especial. 4 ARG. Empresa de transporte de mercancías a larga distancia. || *adv. modo.* 5 Intencionadamente: *Lo dijo expreso para que lo escuchara.*

exprimidor *s. m.* Utensilio de cocina que sirve para sacar el zumo de las frutas, especialmente de las naranjas y de los limones: *Siempre tengo el exprimidor a mano porque me encantan los zumos naturales.*

exprimir *v. tr.* 1 Apretar ‹una persona o una cosa› [una cosa] para sacar su jugo u otra cosa que contenga: *Exprimió un limón para hacer un refresco.* 2 Sacar ‹una persona› el máximo provecho de [una persona o una cosa]: *Exprimió cuanto pudo el sueldo que ganaba. En aquella empresa lo exprimieron miserablemente. Se exprimió el cerebro para solucionar aquel acertijo.*

expropiación *s. f.* 1 Acción y resultado de expropiar: *Los campesinos protestaron por la expropiación de terrenos para la autovía.* 2 (preferentemente en plural) Cosa expropiada: *Las expropiaciones fueron tasadas generosamente.*

expropiar *v. tr.* Quitar ‹una persona con autoridad› a [otra persona] [una cosa de su propiedad] por motivos de utilidad pública, a cambio de una indemnización: *Le expropiaron las tierras para construir una autopista.*

expuesto, ta *adj.* 1 Que es peligroso: *Su trabajo es muy expuesto. Es muy expuesto que camines por la vía.* || *p.* 2 Participio irregular de *exponer.*

expugnar *v. tr.* ELEVADO. Tomar ‹una persona o un ejército› [un lugar] por las armas: *Los soldados expugnaron el castillo después de un largo asedio.* SIN. conquistar.

expulsar *v. tr.* Hacer salir ‹una persona o una cosa› [a otra persona] de [un lugar]: *¿Por qué te expulsaron **del** colegio? Los han expulsado **del** partido.* SIN. echar.

expulsión *s. f.* Acción y resultado de expulsar: *Los Reyes Católicos decretaron la expulsión de los judíos de España. La expulsión de los moriscos supuso la ruina de la agricultura.*

expurgar *v. tr.* 1 Limpiar ‹una persona› [una cosa] de elementos nocivos o inútiles: *Quieren expurgar el partido **de** todos aquéllos que no comulgan con las ideas de la cúpula dirigente. Tengo que expurgar los papeles del despacho porque ya no encuentro nada.* 2 Eliminar ‹la autoridad competente› [un fragmento de un texto]: *Los censores expurgaron la novela.* SIN. censurar. ⇒ **56.**

exquisitez *s. f.* 1 (no contable) Cualidad de exquisito: *La exquisitez de sus modales asombró a todos. Este restaurante se caracteriza por la exquisitez de sus platos.* SIN. refinamiento. 2 Cosa exquisita: *Siempre que voy a su casa me ofrece exquisiteces.*

exquisito, ta *adj.* 1 (ser / estar; antepuesto / pospuesto) Que es de mucha calidad o buen gusto: *una comida exquisita. Tiene un exquisito vestuario. Este plato está exquisito, ¿qué es? El caviar es exquisito.* 2 (antepuesto / pospuesto) Que tiene un gusto muy refinado: *Es una persona muy exquisita. Ha resultado un exquisito anfitrión.*

extasiar *v. tr.* **1** ELEVADO. Producir ‹una persona o una cosa› extraordinario placer o admiración a [una persona]: *El bucólico paisaje nos extasió a todos. Su mirada me extasía.* SIN. embelesar. ‖ *v. prnl.* **2** ELEVADO. Sentir ‹una persona› extraordinario placer o admiración por [una persona o una cosa]: *Se extasió **con** el concierto. No puedo evitar extasiarme **con** esa novela.* SIN. embelesarse. **3** REL. Experimentar ‹una persona› éxtasis religioso: *Los místicos recibían el don divino de extasiarse alguna vez.* ⇒ **8.**

éxtasis (plural *éxtasis*) *s. m.* **1** ELEVADO. Estado de la persona dominada por un intenso sentimiento de admiración o de alegría que la mantiene ajena a todo lo demás: *Fue un momento de éxtasis. El éxtasis que me produce esta música es inexplicable.* SIN. embeleso. **2** REL. Unión del alma con Dios durante la cual se suspenden las funciones corporales y se experimenta una inmensa felicidad: *caer en éxtasis.* **3** Droga sintética elaborada con la mezcla de estupefacientes y barbitúricos.

extemporáneo, a *adj.* **1** (antepuesto / pospuesto) ELEVADO. Que ocurre fuera del tiempo que le corresponde: *Estas extemporáneas heladas van a hacer daño. Son unas lluvias extemporáneas que nadie esperaba.* **2** (antepuesto / pospuesto) ELEVADO. Que es inconveniente o inadecuado: *pregunta extemporánea. Sus extemporáneos comentarios dilataron innecesariamente la discusión.*

extender *v. tr.* **1** Hacer ‹una persona o una cosa› que [una cosa] ocupe más espacio: *Extendió toda la tela. Hay que extender la mesa para que quepamos. El viento extendió el fuego.* **2** Esparcir ‹una persona o una cosa› [cosas que están juntas o amontonadas]: *Extendí los sellos por la mesa para verlos. Los niños extendieron el montón de arena por la acera.* **3** Estirar ‹una persona o una cosa› [una cosa que estaba doblada]: *Extendió el pergamino sobre la mesa. Tengo que extender el mapa para verlo completo.* **4** Distribuir ‹una persona› [una cosa] por una superficie: *Extendió la mantequilla en la rebanada. Debe extender la pomada en el brazo.* **5** Hacer ‹una persona o una cosa› que [una noticia] sea conocida por un gran número de personas: *Los propios vecinos extendieron la noticia por todo el barrio. Ellos se encargaron de extender el rumor.* SIN. difundir. **6** Redactar ‹una persona› [un documento]: *Extendió un recibo como justificante del pago. Necesito que me extienda un certificado.* ‖ *v. prnl.* **7** Ocupar ‹una cosa› más espacio: *La plaga se extendió por los campos. La organización pretende extenderse por toda Europa.* SIN. expandirse. **8** Esparcirse ‹cosas que estaban juntas o amontonadas›: *Los naipes se extendieron por la mesa.* **9** Ponerse ‹una persona› en posición horizontal: *Se extendió al sol. Le gusta extenderse en la cama después de comer.* SIN. tumbarse. **10** Ocupar ‹una persona o una cosa› [un determinado espacio]: *Esta región se extiende hacia el sur. Mis posesiones se extienden hasta aquellas montañas.* SIN. prolongarse. **11** Difundirse ‹una noticia› entre [las personas]: *Aquellas calumnias se extendieron por todo el país.* **12** Durar ‹una persona o una cosa› [un tiempo determinado]: *Su influencia se extiende desde el Renacimiento hasta nuestra época. La conversación se extendió por varias horas.* SIN. prolongarse. **13** Mostrarse ‹una gran extensión› enteramente ante [una persona]: ***Ante** él se extendía todo el valle.* **14** Hablar o escribir ‹una persona› sobre [una cosa] amplia y detalladamente: *Se extendió **en** la descripción del viaje. Se extendía mucho **con** sus historias de la guerra.* SIN. explayarse. ⇒ **80.**

extensible *adj.* Que se puede extender o ampliar: *Hago la oferta extensible a todos los compradores. Es una mesa extensible.* **escalera ~.**

extensión *s. f.* **1** Acción y resultado de extender o extenderse: *la extensión de la crisis económica, la extensión de un incendio, la extensión de brazos y piernas. La extensión de la enfermedad es imparable. El monte era un obstáculo para la extensión de la ciudad.* **2** Espacio ocupado por una cosa: *extensión geográfica, extensión de tierra, extensión de agua. Este campo tiene una extensión de doscientas hectáreas.* **3** Espacio por el que se extiende una cosa: *La extensión del español es cada día mayor.* **4** (no contable) GEOM. Capacidad de ocupar un lugar en el espacio: *El punto no tiene extensión.* **5** ELEC. Línea telefónica unida a una centralita: *Cuando me llames a la oficina, pregunta por la extensión 211.* **6** LÓG. Conjunto de individuos o entidades que abarca un concepto: *El concepto 'flor' tiene una mayor extensión que el concepto 'rosa'.* FR. Y LOC. **en toda la ~ de la palabra** En su más amplio significado: *Es un granuja en toda la extensión de la palabra.* **por ~** Se usa para indicar que una palabra o expresión tiene un significado que no es el suyo propio, sino una ampliación de éste.

extensivo, va *adj.* Que se extiende o se puede extender, comunicar o aplicar a más personas o cosas que a las que normalmente comprende: *La orden es extensiva a todo el alumnado. Hizo extensivo el ofrecimiento a toda la familia.*

extenso, sa *adj.* (ser / estar; antepuesto / pospuesto) Que se extiende mucho, o más de lo normal: *una superficie extensa, una extensa explicación. Estuvo muy extensa en su discurso.* FR. Y LOC. **por ~** Ampliamente y con detalle: *una explicación por extenso. Trató el tema por extenso.*

extensor, ra *adj. / s. m.* Que extiende o hace que se extienda una cosa: *un muelle extensor. El (músculo) extensor permite abrir y cerrar los brazos.*

extenuar *v. tr.* **1** Causar ‹una persona o una cosa› cansancio o debilidad [a una persona]: *El esfuerzo realizado extenuó al deportista.* SIN. agotar. ‖ *v. prnl.* **2** Sentir ‹una persona› cansancio o debilidad: *Se ha extenuado en la carrera y ha llegado sin fuerzas.* SIN. agotarse. ⇒ **3.**

exterior *adj.* **1** Que está situado en la parte de afuera: *Ocurrió en el espacio exterior de la casa. Le dio un golpe en el lado exterior del capó.* **2** POLÍT. Que tiene relación con otros países: *comercio exterior, política exterior.* **3** ARQ. [Piso, habitación] que da a la calle: *El piso tiene todas las habitaciones exteriores.* ‖ *s. m.* **4** Parte de fuera de una cosa: *Desde el exterior hay una vista magnífica. Hay que pintar el exterior de la casa.* **5** Aspecto de una persona o una cosa: *Mejorando el exterior, sería un auténtico galán para una película, porque es inteligente.* **6** (en plural) CINE. Lugar donde se ruedan las escenas al aire libre: *Los exteriores que necesita sólo los puede encontrar en la selva ecuatorial.* **7** (en plural) CINE. Escenas rodadas fuera del estudio, al aire libre: *Esos exteriores están rodados en los Andes.*

exterioridad *s. f.* **1** Apariencia o aspecto externo de una persona, animal o cosa: *La exterioridad de las personas tiene su importancia.* **2** (preferentemente en plural) Lujo externo o cumplidos: *No me gusta su amistad, sólo se preocupa de exterioridades.*

exteriorización *s. f.* Acción y resultado de exteriorizar: *No siempre es prudente la exteriorización de los afectos.*

exteriorizar *v. tr.* Mostrar ‹una persona› [un sentimiento o un pensamiento] para que otras personas lo conozcan: *La niña exteriorizó su alegría. Nunca exterioriza sus sentimientos, es muy reservado.* SIN. manifestar. ⇒ **19.**

exteriormente *adv. modo* **1** Por fuera o por encima: *Sólo he mirado el paquete exteriormente.* **2** En apariencia: *Era serio sólo exteriormente.*

exterminar *v. tr.* **1** Hacer ‹una persona o una cosa› que desaparezca totalmente [una persona o una cosa]: *Exterminó las plantas dañinas. A los cazadores furtivos no les importa exterminar especies protegidas. A este paso, el fuego va a exterminar los bosques en pocos años.* **2** Destruir ‹una persona› [a personas o cosas] con las armas: *Los soldados exterminaban a todo aquél que encontraban a su paso.*

exterminio *s. m.* Acción y resultado de exterminar: *Esa guerra está suponiendo el exterminio de las minorías étnicas del territorio.*

externado *s. m.* **1** Centro de enseñanza de alumnos externos: *Está matriculada en un externado.* **2** Régimen y forma de vida del alumno externo: *El externado lo lleva bien, porque le permite ir a casa a comer y a dormir.* **3** Conjunto de alumnos externos: *El externado sale a las cinco, que es el momento en el que los internos tienen descanso.*

externo, na *adj.* **1** Que está, actúa o se manifiesta en el exterior: *la parte externa de la fachada. Es para uso externo. El llanto es una manifestación externa de la pena. La capa externa de aluminio protege la estructura de la corrosión.* **oído ~. secreción* externa.** **2** POLÍT. Que tiene relación con otros países: *la deuda externa. Las relaciones externas de ese país se dirigen, sobre todo, hacia Europa.* || *adj. / s. m.* y *f.* **3** (ser / estar) [Alumno] que permanece en el centro escolar sólo en las horas de clase: *No estaba interna, sino externa, en aquel colegio religioso. Él se encargaba del alumnado externo. Se pasó una nota a los externos.*

extinción *s. f.* (no contable) Acción y resultado de extinguir o extinguirse: *Contemplaba, melancólico, la extinción de sus pasiones. No podemos fechar la extinción de los dinosaurios. Contemplaba la extinción de las últimas hogueras.*

extinguidor *s. m.* AMÉR. Extintor, aparato para apagar un incendio.

extinguir *v. tr.* **1** Hacer ‹una persona o una cosa› que [una cosa] acabe poco a poco: *La monotonía extinguió el amor que aún quedaba entre los dos.* **2** Apagar ‹una persona o una cosa› [una luz o un fuego]: *Los bomberos consiguieron extinguir el fuego después de varios días.* || *v. prnl.* **3** Acabarse ‹una cosa› poco a poco: *Su vida se extingue día a día.* SIN. agotarse. **4** Apagarse ‹una luz o un fuego›: *Las luces se iban extinguiendo y aumentaba la oscuridad.* **5** Dejar de tener ‹un derecho o una obligación› validez: *El periodo de reclamación se ha extinguido y ahora ya no es posible recurrir.* SIN. prescribir. ⇒ **35.**

extinto, ta *adj.* **1** (ser / estar) ELEVADO. Que se ha extinguido, apagado o agotado: *un volcán extinto, la llama extinta de la vela. Los volcanes de la zona son extintos.* || *adj. / s. m.* y *f.* **2** (estar) ELEVADO. Que está muerto: *los héroes extintos.*

extintor, ra *adj.* **1** Que extingue: *espuma extintora para apagar el fuego.* || *s. m.* **2** Aparato que se utiliza para apagar el fuego: *Los extintores tienen que pasar una revisión anual.*

extirpable *adj.* MED. Que se puede extirpar: *Hay tumores que son más fácilmente extirpables que otros.*

extirpar *v. tr.* **1** MED. Quitar ‹una persona› [una cosa] de raíz [a una persona]: *Le extirparon un quiste. Tuvo un accidente y le extirparon el bazo.* **2** Hacer ‹una persona o una cosa› que acabe [un vicio o un mal fuertemente arraigados]: *Extirparon la corrupción.* SIN. erradicar.

extorsión *s. m.* DER. Delito que consiste en obtener una cosa de una persona utilizando la violencia o la intimidación: *Lo han acusado de extorsión por exigir dinero para no hablar.*

extorsionar *v. tr.* DER. Someter ‹una persona› a extorsión [a otra persona]: *Algunos grupos terroristas extorsionan a los empresarios para financiar sus organizaciones.*

extorsionista *s. m. / f.* Persona que comete una extorsión: *Han detenido a un extorsionista de varios empresarios de la ciudad.*

extra *adj.* **1** Que es de mejor calidad de lo normal: *gasolina extra, chocolate extra. Mi madre siempre compra café de calidad extra.* **2** Que se da o se hace además de lo que es habitual: *Se han jugado treinta minutos extra por la prórroga. Le ha salido un trabajo extra.* **horas* extras.** || *s. m. / f.* **3** CINE. Persona que trabaja en una película como figurante: *Están buscando extras para hacer de soldados en la nueva película.* || *s. m.* **4** Dinero que se recibe además del sueldo, por un trabajo extraordinario, o como premio por un trabajo bien hecho: *Me he comprado el vídeo con un extra que he cobrado.* SIN. prima. || *adj. / s. f.* **5** COLOQUIAL. [Paga o dinero] que se cobra además del sueldo, normalmente dos veces al año, en diciembre y en junio: *Con la extra de verano voy a irme de vacaciones al Caribe.* SIN. extraordinaria. **paga ~ / extraordinaria.**

extra- *pref.* **1** Significa 'muy' y forma adjetivos a partir de adjetivos: *virgen - extravirgen, fuerte - extrafuerte.* **2** Significa 'fuera de' y forma adjetivos y sustantivos a partir de sustantivos: *oficial - extraoficial, radio - extrarradio.*

extracción *s. f.* **1** (no contable) Acción y resultado de extraer o sacar una cosa que está dentro de un sitio: *La extracción del carbón de las minas es costosa. Se va a proceder a la extracción de las bolas para el sorteo.* **2** Obtención de una sustancia a partir de otra sustancia que la contiene: *La extracción del aceite de oliva se hace en almazaras.* **3** Origen social de una persona: *Es de baja extracción. Hizo un estudio sobre la extracción social de los afectados.* **4** MAT. Cálculo del resultado de una operación matemática: *Cuando hagas la extracción de esta raíz, me avisas.* **5** Operación quirúrgica que consiste en separar o arrancar un cuerpo extraño, una sustancia patológica o una parte enferma de un órgano: *La extracción de la bala constituía un riesgo.*

extrachato, ta *adj.* ARG., URUG. [Reloj, televisor] extraplano.

extracorpóreo, a *adj.* Que ocurre fuera del cuerpo: *percepción extracorpórea, sensación extracorpórea.*

extracto *s. m.* **1** Reducción de un escrito o un documento a sus puntos esenciales: *He pedido un extracto de los últimos movimientos de la cuenta corriente. Quiero un extracto del libro que habéis leído.* **2** Sustancia concentrada obtenida a partir de otra sustancia: *Este refresco está hecho con extracto de cafeína. Esta pastilla es de extracto de regaliz.*

extractor, ra *adj. / s. m.* Que sirve para extraer: *Ha comprado un extractor para la cocina.* **campana* extractora.**

extracurricular *adj.* PEDAG. Que está fuera del currículo: *actividades extracurriculares.*

extradición *s. f.* DER. Entrega de un preso refugiado en un país a las autoridades de otro país que lo reclaman para juzgarlo: *El gobierno español ha pedido la extradición de los malhechores detenidos por Francia.*

extradir o extraditar *v. tr.* DER. Entregar ‹el gobierno o la policía de un país› [a una persona que se había refugiado en él] a las autoridades del país que lo reclama: *Extraditaron a varios terroristas.*

extradós *s. m.* ARQ. Superficie exterior de un arco o de una bóveda. SIN. trasdós.

extraer *v. tr.* **1** Sacar ‹una persona› [una cosa que está dentro de un lugar]: *El dentista extrajo la muela. Extraen el carbón* ***de*** *la mina.* **2** Obtener ‹una persona› [la sustancia contenida en un fruto o un cuerpo]: *Extraen el aceite* ***de*** *las olivas.* **3** MAT. Averiguar ‹una persona› el valor de [una raíz de un número]: *Extrae la raíz cuadrada* ***de*** *este número.* **4** Sacar ‹una persona› [una cosa] como consecuencia de [otra cosa]: *Extrajo las consecuencias* ***del*** *hecho. Pensaba que extraería una enseñanza de su mala experiencia.* ⇒ **83.**

extrajudicial *adj.* Que se hace o se tramita fuera de la vía judicial: *proceso extrajudicial, acta extrajudicial.*

extralimitarse *v. prnl.* Ir ‹una persona o una cosa› más allá de un límite: *Me extralimité en la dieta y estoy un poco débil. Se extralimita en sus competencias y se mete en el terreno de los demás.* SIN. excederse.

extramatrimonial *adj.* Fuera del matrimonio: *Las relaciones extramatrimoniales conducen frecuente al divorcio en nuestra sociedad.*

extramuros *adv. lug.* Fuera del recinto de una población: *La ermita está extramuros.*

extranjería *s. f.* **1** (preferentemente en singular; no contable) DER. Conjunto de normas que regulan las condiciones de la estancia de las personas extranjeras en un país: *ley de extranjería.* **2** (no contable) DER. Condición de extranjero de una persona según las leyes del país donde vive.

extranjerismo *s. m.* LING. Palabra o expresión de una lengua empleada en otra lengua: *La palabra 'footing' es un extranjerismo. En la prensa suelen aparecer muchos extranjerismos.*

extranjero, ra *adj. / s. m.* y *f.* **1** Que es o viene de otro país: *novela extranjera, película extranjera, capital extranjero. Los extranjeros vienen a España a hacer turismo.* || *s. m.* **2** País o países distintos del propio: *En el extranjero la vida es más cara. Se va de viaje al extranjero.*

extranjis Se usa en la LOC. **de ~** COLOQUIAL. En secreto, sin que nadie lo sepa: *Ha comido las golosinas de extranjis, porque pensaba que le íbamos a reñir. Se encuentra con ella de extranjis, en sitios ocultos y donde nadie los pueda ver.*

extrañar *v. tr.* **1** Producir ‹una persona o una cosa› sorpresa a [una persona]: *Aquello me extrañó. No me extraña que no vengan.* SIN. sorprender. **2** ELEVADO. Recordar ‹una persona› la ausencia o la pérdida de [una persona o una cosa]: *Extrañaba su país. No sabes cómo te extraño. Extrañaba el ambiente que había dejado en su tierra.* SIN. añorar. **3** ELEVADO. Expulsar ‹una persona› [a otra persona] de un país como castigo: *Extrañaron a los conspiradores.* SIN. exiliar. || *v. prnl.* **4** Mostrar ‹una persona› sorpresa o extrañeza ante [una cosa]: *Se extrañó* ***de*** *tu comportamiento.* SIN. sorprenderse.

extrañeza *s. f.* **1** Calidad de extraño: *La extrañeza de aquel programa me hizo quedarme hasta el final.* **2** Sorpresa o asombro: *Me ha producido una gran extrañeza encontrarlos allí. Me causa extrañeza que aún no hayan llegado.*

extraño, ña *adj.* **1** (ser / estar; antepuesto / pospuesto) Que llama la atención por no ser normal o habitual: *Le dirigió una extraña sonrisa. Lo pintó de un color muy extraño. Es extraño que no vengan. Hoy está muy extraña, no sé qué le pasa.* SIN. raro. **2** Que no tiene parte en lo que se expresa: *Aquella reacción era extraña* ***a*** *su carácter. Era un método extraño* ***a*** *los utilizados por la empresa.* || *adj. / s. m.* y *f.* **3** Que no pertenece al colectivo del que se habla: *Es una persona extraña* ***al*** *grupo de amigos. Es una extraña* ***en*** *la familia.* || *s. m.* **4** Movimiento brusco e inesperado: *La moto hizo un extraño y el piloto salió despedido.*

extraoficial *adj.* Que no tiene carácter oficial: *Esto que te cuento es extraoficial, no lo publiques.*

extraordinaria *s. f.* Paga extra, dinero que se paga además del sueldo, normalmente dos veces al año, en diciembre y en junio: *Te invito a comer porque ya he cobrado la extraordinaria.* **paga extra / ~.**

extraordinario, ria *adj.* **1** (antepuesto / pospuesto) Que no sucede con frecuencia, o que no se hace habitualmente: *Hace un calor extraordinario, lo nunca visto para esta época del año. He sido protagonista de unos extraordinarios acontecimientos.* **2** (ser / estar; antepuesto / pospuesto) Que es mejor o mayor que lo ordinario o corriente: *Estas nécoras son de una calidad extraordinaria. Tiene una fuerza extraordinaria, sin igual. Tiene un extraordinario talento para los idiomas. Has estado extraordinaria, te felicito. Estás extraordinario, ¿cómo haces para seguir tan guapo y tan joven?* **premio* ~ fin de carrera.** **3** Que se da o se hace por añadidura: *Esta semana he hecho diez horas extraordinarias. Aún no hemos cobrado la paga extraordinaria.* || *adj. / s. m.* **4** Número de una revista o periódico que se publica por algún motivo especial: *Han sacado un número extraordinario sobre Goya.* SIN. especial.

extraplano, na *adj.* Que es mucho más plano o delgado de lo normal: *reloj extraplano, calculadora extraplana, compresa extraplana.*

extrapolar *v. tr.* **1** Sacar ‹una persona› [una conclusión] a partir de [datos parciales]: *Han extrapolado ese pronóstico a partir de las encuestas.* **2** Separar ‹una persona› [una frase o un dato] de [su contexto]: *Al extrapolarla del discurso, esa afirmación ha tomado otro significado.* **3** MAT. Averiguar ‹una persona› el valor de [una variable] en un punto situado fuera del intervalo estudiado.

extrarradio *s. m.* Espacio que rodea el casco urbano: *Han construido muchos edificios en el extrarradio.* SIN. periferia.

extrasensorial *adj.* ELEVADO. Que se percibe o sucede al margen de los sentidos: *Los contactos con seres del más allá suelen ser fenómenos extrasensoriales.* **percepción* ~.**

extraterrestre *adj.* **1** Que está o procede de fuera del planeta Tierra: *el espacio extraterrestre, una nave extraterrestre, vida extraterrestre.* || *s. m. / f.* **2** Habitante del espacio exterior a la Tierra: *He visto una película de extraterrestres. En la novela, una extraterrestre era la protagonista.* SIN. alienígena.

extraterritorial *adj.* DER. Que está fuera del territorio de la propia jurisdicción.

extraterritorialidad *s. f.* DER. Privilegio de que gozan los representantes diplomáticos y sus sedes, que les permite regirse por las leyes de su país.

extravagancia *s. f.* Comportamiento o acción fuera de lo común, ajeno a las normas: *Me divierten sus extravagancias. Lo que en él es extravagancia, en otra persona sería considerado locura.*

extravagante *adj. / s. m.* y *f.* (ser / estar; antepuesto / pospuesto) Que está fuera de lo corriente o de lo acostumbrado, o que contiene rareza o excesiva originalidad: *fiesta extravagante. Tres individuos de aspecto extravagante me siguieron por la calle. Apareció con un extravagante vestido, de la mano de un joven no menos peculiar. Con ese atuendo estás realmente extravagante.*

extravasarse *v. prnl.* MED. Salirse ‹un líquido› de su vaso o su conducto normal: *La sangre se ha extravasado.*

extravertido, da *adj. / s. m.* y *f.* Extrovertido.

extraviar *v. tr.* **1** Hacer perder ‹una persona o una cosa› [el camino] [a una persona]: *Aquella señal mal puesta extravió a los viajeros.* SIN. desorientar. **2** Perder ‹una persona› [una cosa]: *Extraviamos varios libros durante el traslado. Han extraviado el equipaje* ***en*** *el aeropuerto.* **3** No fijar ‹una persona› [la vista] en una cosa: *Extravió la mirada.* || *v. prnl.* **4** Perder ‹una persona› el camino: *Se extraviaron* ***por*** *la playa. Se habían extraviado* ***en*** *el bosque, pero consiguieron dar con el sendero.* SIN. desorientarse. **5** Perderse ‹una cosa›: *Se han extraviado las cartas.* **6** Llevar ‹una persona› una conducta desordenada: *Se extravió por las malas compañías.* SIN. descarriarse. ⇒ **8.**

extravío *s. m.* **1** Pérdida o desorientación de una persona o una cosa: *Perdió bastante tiempo a causa del extravío de la maleta.* **2** (preferentemente en plural) RESTRINGIDO. Conducta que no se ajusta a las normas morales: *extravíos de juventud.* **3** RESTRINGIDO. Disparate: *No hacía más que locuras y extravíos.* **4** COLOQUIAL. Molestia, trastorno: *Si no te hace extravío, ¿te importaría acercarme al centro?*

extremado, da *adj.* **1** (antepuesto / pospuesto) Que se sale de lo normal y llama la atención: *Es de una altura extremada. Es de una extremada belleza.* **2** (antepuesto / pospuesto) Que tiene gran cantidad: *una noche de extremado calor, una persona de generosidad extremada.*

extremar *v. tr.* **1** Llevar ‹una persona› [una cosa] al extremo: *Extremó sus ternuras para con su hijo. La policía ha extremado las medidas de vigilancia.* || *v. prnl.* **2** Poner ‹una persona› el mayor cuidado o interés en la realización de [una cosa]: *Se extremó* ***en*** *la presentación del trabajo. Veo que* ***te*** *has extremado en la organización del congreso.* SIN. esmerarse.

extremaunción *s. f.* REL. Entre los católicos, sacramento que se administra a los fieles que se encuentran en peligro inminente de muerte: *dar la extremaunción, recibir la extremaunción. El sacramento de la extremaunción recibe también el nombre de unción de enfermos.*

extremeño, ña *adj. / s. m.* y *f.* De Extremadura, comunidad autonómica española: *la ganadería extremeña.*

extremidad *s. f.* **1** Parte extrema o última de una cosa: *En la extremidad de las tierras conquistadas comenzaba un mundo misterioso.* **2** (en plural) ANAT. Piernas, pies, brazos y manos del hombre: *El hombre camina sobre sus extremidades inferiores. Le fueron amputadas las extremidades superiores.* **3** (en plural) ANAT. Cabeza, pies, manos y cola de los animales: *Las extremidades del gato le permiten grandes saltos.*

extremismo *s. m.* (no contable) POLÍT. Ideología y comportamiento de las personas radicales, sobre todo en política: *El extremismo de sus posturas hace imposible toda negociación.* SIN. radicalismo.

extremista *adj.* **1** POLÍT. Del extremismo: *corriente extremista, acciones extremistas.* || *adj. / s. m.* y *f.* **2** (ser / estar; antepuesto / pospuesto) POLÍT. Que es partidario del extremismo: *Este partido es extremista. Desde hace un tiempo está muy extremista. Las extremistas acciones del Grupo de Liberación han ocasionado varios muertos. Los extremistas han avisado de una nueva amenaza de bomba.*

extremo, ma *adj.* **1** (antepuesto / pospuesto) Que es el grado máximo que alcanza una cualidad o estado: *La película es de una violencia extrema. Su radicalismo es extremo. Las extremas temperaturas que estamos sufriendo son casi insoportables.* **2** (antepuesto) [Lugar] que está más alejado del punto en que está situado el hablante. **Extremo / Lejano Oriente*.** SIN. lejano. || *s. m.* **3** Parte que está al principio o al final de una cosa: *Corta el extremo de la cuerda. No sé por qué te has sentado en el extremo.* **4** Límite o actitud exagerada: *Han llegado al extremo de no saludarse.* **5** Punto o cuestión que se discute: *Sobre ese extremo no hemos hablado nada.* **6** DEP. Jugador que ocupa la banda del ataque del equipo contrario: *Ha fichado a un extremo izquierdo muy habilidoso.* **7** (en plural) MAT. Primer y último término de una proporción: *producto de medios por producto de extremos.* FR. Y LOC. **en ~** Mucho o en exceso: *Se enfada en extremo por cualquier cosa.* **en último ~** En última instancia, si no hay más remedio: *En último extremo siempre podemos ir al hospital.* **ir / pasar de un ~ a otro** Invertirse el orden de las cosas repentinamente: *Aquí pasamos de un extremo a otro: o vamos a la playa todo el día o no vamos ni un rato.* **los extremos se tocan** Se usa para expresar que dos posturas que parecen absolutamente contrarias tienen más puntos en común de lo que se podría pensar.

extremoso, sa *adj.* **1** (antepuesto / pospuesto) Que no tiene término medio: *Es muy extremoso en sus odios y simpatías. Sus extremosas reacciones me desorientan.* **2** (ser / estar) Que es muy expresivo en sus demostraciones de afecto: *Es una persona extremosa. Está muy extremoso contigo desde que te han nombrado jefa. Su extremoso amigo viene hoy a casa.* **3** (antepuesto / pospuesto) [Demostración de afecto] que es muy expresiva: *Su extremoso recibimiento me sorprendió.*

extrínseco, ca *adj.* Que no forma parte de la naturaleza de una cosa, sino que es añadido: *La influencia era extrínseca.* ANT. intrínseco.

extrovertido, da o **extravertido, da** *adj. / s. m.* y *f.* (ser / estar; antepuesto / pospuesto) Que tiende a relacionarse con los demás, y es alegre y comunicativo: *Es una persona extrovertida. Santiago es muy extrovertido y ha hecho amigos en poco tiempo. Hoy estaba muy extrovertida para lo reservada que es en otras ocasiones.*

extrudir *v. tr.* METAL. Dar ‹una persona› forma a [un metal fundido] haciéndolo pasar por una abertura apropiada.

extrusión *s. f.* **1** METAL. Acción y resultado de extrudir. **2** GEOL. Aparición de materiales en la superficie terrestre producida por presiones laterales internas en formaciones tectónicas, volcánicas y glaciares.

exuberancia *s. f.* (no contable) Abundancia muy grande de una cosa: *exuberancia de olores, exuberancia de colores.*

exuberante *adj.* (antepuesto / pospuesto) Que tiene abundancia de alguna cosa: *En Colombia, la vegetación es exuberante. Su exuberante belleza deslumbró a todos.*

exudación *s. f.* **1** ELEVADO. Salida lenta de un líquido o sustancia del cuerpo que la contiene: *La exudación de la cuba provoca la humedad del suelo.* **2** MED. Secreción lenta de sangre o líquido seroso de una herida: *Aún continúa la exudación en la llaga del pie.*

exudado *s. m.* MED. Exudación.

exudar *v. intr. / tr.* **1** ELEVADO. Dejar salir ‹una cosa› el líquido o sustancia que contiene lentamente: *El árbol exuda goma.* ‖ *v. intr.* **2** ELEVADO. Sacar ‹una cosa› la humedad de su interior: *El cántaro exudaba* ***por*** *el calor.* SIN. rezumar.

exultante *adj.* (ser / estar; antepuesto / pospuesto) ELEVADO. Que exulta: *risa exultante. Está exultante, no cabe en sí de la alegría que tiene.*

exultar *v. intr.* ELEVADO. Mostrar ‹una persona› [alegría o satisfacción] con gran excitación: *Exultó* ***de*** *alegría al oír la noticia de tu vuelta.*

exvoto *s. m.* REL. Ofrenda hecha a Dios, a la Virgen, los santos o a una divinidad como agradecimiento por haber obtenido un beneficio: *La ermita está llena de piernas de madera, escayolas y otros exvotos.*

eyaculación *s. f.* MED. Acción y resultado de eyacular: *Los espermatozoides son expulsados durante la eyaculación.* **~ precoz** Eyaculación producida antes del coito o apenas iniciado éste.

eyacular *v. tr.* Expulsar ‹un órgano o una cavidad› [su contenido] con fuerza: *Es normal que los jóvenes eyaculen durante un sueño.*

eyección *s. f.* ELEVADO. Acción y resultado de eyectar: *Esta palanca acciona el mecanismo de eyección. La eyección de la orina debe hacerse regularmente varias veces al día.*

eyectar *v. tr.* ELEVADO. Hacer ‹una persona o una cosa› que [otra persona o cosa] salga con fuerza de otra en que estaba contenida: *La válvula eyecta la espuma extintora que sirve para apagar el fuego. El piloto fue eyectado y se salvó tirándose en paracaídas.* SIN. expeler.

eyector *s. m.* **1** MEC. Bomba a chorro que sirve para extraer un fluido arrastrándolo a gran velocidad con otro fluido. **2** Mecanismo de las armas de fuego automáticas que expulsa el cartucho vacío.

-ez *suf.* Significa 'calidad de' y forma sustantivos a partir de adjetivos: *esbelto - esbeltez, maduro - madurez.*

-eza *suf.* Significa 'calidad de' y forma sustantivos a partir de adjetivos: *triste - tristeza, bello - belleza, raro - rareza.*

-ezno, na *suf.* Se usa con valor diminutivo para designar cachorros de animales y forma sustantivos a partir de sustantivos: *lobo - lobezno, oso - osezno.*

-ezuelo, la *suf.* -uelo.

F

f *s. f.* Sexta letra del alfabeto español que representa un sonido de articulación labiodental, fricativa y sorda. Su nombre es «efe»: *Fantasma se escribe con «f».*

fa (plural *fa*) *s. m.* MÚS. Nombre de la cuarta nota o sonido de la escala musical: *concierto en fa mayor. Es un fa sostenido.* FR. Y LOC. **ni fu* ni ~.**

fabada *s. f.* **1** (no contable) Guiso de judías con tocino, chorizo y morcilla: *La fabada asturiana es un plato muy sustancioso. A nosotros nos trae dos platos de fabada.* **2** Ración de guiso de judías con tocino, chorizo y morcilla: *Hemos pedido tres fabadas al camarero.*

fábrica *s. f.* **1** Lugar donde se fabrican determinados productos con maquinaria o instalaciones adecuadas: *una fábrica de zapatos, una fábrica textil. Van a instalar una fábrica de automóviles en el polígono industrial.* SIN. factoría. **2** (no contable) Fabricación: *Esta tela tiene un defecto de fábrica.* **marca de ~. precio* de ~. 3** Obra, construcción hecha con ladrillos o piedras unidos con cemento o argamasa: *Hemos hecho una casita de fábrica para el perro.*

fabricación *s. f.* **1** (no contable) Realización de una cosa por medios mecánicos: *La fabricación de electrodomésticos ha aumentado un 6% en el último año. Se dedica a la fabricación de muebles.* **2** (no contable) Construcción o creación de una cosa: *La fabricación de algunos nidos de ave son una verdadera obra de ingeniería. Cuando se come, aumenta la fabricación de saliva.*

fabricante *adj. / s. m.* y *f.* [Persona, empresa] que fabrica: *Me han dicho que llame a la empresa fabricante. Ha sido un año malo para los fabricantes de lavadoras.*

fabricar *v. tr.* **1** Hacer ‹una persona› [una cosa] mecánicamente: *Esta empresa fabrica aparatos de televisión. Este semestre hemos fabricado menos papel que el pasado.* **2** Hacer ‹una persona› [una cosa] manualmente: *Se ha fabricado una mesa para el despacho. Fabrica unas estatuillas que luego vende entre la gente del barrio.* **3** Hacer ‹una persona o un animal› [una cosa] de manera natural: *El estómago fabrica unos jugos que contribuyen a la digestión de los alimentos. El ser vivo suele fabricar sus propios anticuerpos para defenderse de los gérmenes patógenos.* **4** Construir ‹una persona› [un edificio]: *Han fabricado un nuevo edificio para el Ayuntamiento.* **5** Crear ‹una persona› [una cosa]: *Ha fabricado una imagen artificial de sí mismo.* ⇒ **71.**

fabril *adj.* De las fábricas o de sus trabajadores: *actividad fabril, aglomeración fabril.* SIN. industrial.

fábula *s. f.* **1** Narración carente de todo fundamento: *Lo que nos ha contado sobre ella son fábulas que no sé de dónde habrá sacado.* **2** Narración o representación inventada y fantástica: *Se ha inventado una fábula para excusar su ausencia.* **3** LIT. Narración literaria, generalmente breve y en verso, de la que se desprende una moraleja: *Las fábulas suelen tener como protagonistas a animales.* **4** MIT. Narración mitológica: *Las fábulas mitológicas estaban de moda en el siglo* XVI. FR. Y LOC. **de ~** INTENSIFICADOR. Muy bueno, muy bien: *Tiene un coche de fábula. Nos lo pasamos de fábula en el viaje.*

fabulación *s. f.* Invención o creación de una historia: *No te creas todo lo que te diga, porque tiene tendencia a la fabulación. Esa novela es la fabulación de un hecho real.*

fabular *v. tr.* **1** Crear o inventar ‹una persona› [fábulas]: *Le gusta fabular historias fantásticas. No fabules ese tema, que ya ha sido muy tratado.* || *v. tr. / intr.* **2** Inventar o imaginar ‹una persona› [una historia que no es real]: *El tribunal cree que el testigo fabula lo que cuenta. Roberto tiene tendencia a fabular.*

fabulista *s. m. / f.* LIT. Escritor de fábulas: *Esopo es uno de los fabulistas más leídos.*

fabuloso, sa *adj.* **1** (antepuesto / pospuesto) De la imaginación o de la fantasía: *Era un país mítico, legendario, poblado por seres y animales fabulosos. Es autor de un fabuloso relato, producto de su fantasía desbordante.* **2** (ser / estar, antepuesto / pospuesto) Que es muy grande, abundante o bueno: *Hace un día fabuloso para ir al campo. Tienes una memoria fabulosa. Hemos encontrado un fabuloso tesoro. Han pasado varios años, pero sigue estando fabulosa. La mañana es fabulosa.* || *adv.* **3** COLOQUIAL. Muy bien: *Me lo estoy pasando fabuloso.*

faca *s. f.* Cuchillo grande con punta, especialmente el de hoja curva que suele llevarse envainado como arma: *sacar la faca, clavar la faca, hincar la faca. Me amenazó con una faca.*

facción *s. f.* **1** Bando que interviene en una guerra o enfrentamiento: *Durante la guerra los dos hermanos lucharon cada uno en una facción.* **2** Grupo de insurrectos o revoltosos: *La facción más reaccionaria del ejército se levantó en armas contra el gobierno constitucional.* **3** Grupo dentro de un partido o movimiento con una determinada tendencia: *La facción conservadora apoya al candidato. Está incluido en la facción progresista del partido.* **4** (preferentemente en plural) Partes del rostro humano: *El modelo tiene unas facciones perfectas. Sus facciones duras le daban un aspecto serio y autoritario.* SIN. rasgo.

faccioso, sa *adj.* 1 De un bando o facción: *sublevación facciosa.* || *adj. / s. m.* y *f.* 2 Que se rebela o subleva con ayuda de las armas: *Los rebeldes, un puñado de facciosos, han sido detenidos. Los facciosos tomaron el Parlamento.*

faceta *s. f.* 1 Aspecto diferente de una cosa o de la vida de una persona: *Era una faceta tuya que yo ignoraba. Quedó muy bien delante de sus amigos al sorprenderles en su faceta de cocinero. Este proyecto tiene varias facetas.* 2 GEOM. Lado o cara de un poliedro, en especial de los cristales o piedras preciosas talladas.

facha *adj. / s. m.* y *f.* 1 COLOQUIAL; PEYORATIVO. Fascista: *Tiene un padre muy facha. Ese amigo tuyo es un facha.* 2 ARG., URUG.; COLOQUIAL. [Persona] que es presumida y jactanciosa. || *s. f.* 3 (no contable) COLOQUIAL. Aspecto exterior de una persona, animal o cosa: *Tiene buena facha, se nota que hace mucho deporte. Ese flan tiene mala facha, yo no me lo comería. Me gustó su facha.* 4 COLOQUIAL. Persona o cosa fea o ridícula: *Vas hecho una facha, con esa ropa que parece que te la has encontrado en la basura.* 5 CHILE; COLOQUIAL. Jactancia, presunción, aspecto exterior llamativo.

fachada *s. f.* 1 Parte exterior de los muros de un edificio: *la fachada de una catedral. Están restaurando la fachada del edificio.* 2 (no contable) COLOQUIAL. Apariencia, aspecto externo: *No son tan ricos, todo es fachada. Pedro tenía muy buena fachada.*

fachenda *s. f.* (no contable) COLOQUIAL; PEYORATIVO. Vanidad, cualidad de una persona muy presumida: *Este muchacho es insoportable, tiene mucha fachenda.*

fachendoso, sa *adj. / s. m.* y *f.* COLOQUIAL; PEYORATIVO. Que es vanidoso o muy presumido: *Es una persona fachendosa. Es muy fachendoso y no me resulta simpático.*

fachista *adj / s. m.* y *f.* ARG., COL., URUG.; PEYORATIVO en Colombia. Fascista.

fachoso, sa *adj.* CHILE, EC.; COLOQUIAL en Chile. Fachendoso, que es vanidoso.

facial *adj.* Del rostro: *cirugía facial, crema facial. Tiene los rasgos faciales muy angulosos.* **herpes ~.**

fácil *adj.* 1 (ser / estar, antepuesto / pospuesto) Que es sencillo, no tiene complicación, se puede hacer o aprender sin mucho trabajo o esfuerzo: *Eso es fácil decirlo, pero hacerlo es más difícil. A todos nos gustaría llevar una vida fácil, cómoda y agradable. Es muy fácil, ya verás cómo lo entiendes rápidamente. Esto será fácil, no te preocupes, yo te lo arreglo. El partido está fácil, porque van ganando tres a cero. La fácil solución que ha propuesto no se nos había ocurrido a ninguno.* ANT. difícil. 2 Que puede suceder con mucha facilidad o probabilidad: *Es fácil que te encuentres con él. Mi madre tiene la lágrima fácil. Si no tienes conocimientos de arte, es fácil que no entiendas el libro.* ANT. difícil. 3 Que se deja dirigir, manejar o educar con docilidad, es sociable o tiene buen carácter: *Es fácil de convencer, ya lo verás. Es un niño fácil, nunca me ha dado problemas. Creo que tengo un carácter fácil.* ANT. difícil. || *adv.* 4 Fácilmente, con facilidad: *Se arregla fácil. Eso se dice fácil, pero no es tan sencillo como tú piensas.* || 5 **mujer* ~.**

facilidad *s. f.* 1 (no contable) Cualidad de fácil: *Sorprendió a todos la facilidad del examen. Saltó la cerca con facilidad.* ANT. dificultad. 2 (no contable) Disposición para hacer una cosa sin gran trabajo: *facilidad de expresión. Tienes una gran facilidad de palabra. La facilidad con que corre hace pensar que está en buena forma.* 3 (no contable) Predisposición para una cosa: *Me preocupa su facilidad para enfadarse. Tiene mucha facilidad para el llanto.* 4 Ocasión o circunstancia que hace fácil una cosa: *Ahora tengo facilidad para enterarme.* SIN. oportunidad. 5 (en plural; no contable) Condiciones favorables que se proporcionan a una persona, en especial en operaciones comerciales: *Me han dado facilidades para comprar el coche. El profesor no dio a los alumnos ningún tipo de facilidades.*

facilitar *v. tr.* 1 Hacer ‹una persona o una cosa› más fácil [una cosa]: *El buen tiempo facilitó la operación de rescate de los alpinistas. Tus indicaciones me facilitaron mucho la tarea.* 2 Proporcionar ‹una persona› [una cosa] a [otra persona]: *Aquella mujer me facilitó los informes secretos de la policía. Si tú me facilitas la lista de los inscritos en el curso, yo me ocupo de avisarles.* SIN. entregar. 3 AMÉR. Juzgar algo más fácil de lo que realmente es.

fácilmente *adv. modo* 1 Con facilidad: *Aquí eso no se consigue tan fácilmente.* OBSERVACIONES: Se antepone típicamente a ciertos adjetivos pasivos de posibilidad: *una cara fácilmente reconocible, un hongo fácilmente identificable.* 2 Se acerca su significado a veces a 'no es raro que' o 'a menudo': *Sus huesos carecen de calcio, por lo que fácilmente aparecen arqueados.* || *adv. orac.* 3 COLOQUIAL; INTENSIFICADOR. Es fácil que, es muy posible que, probablemente. OBSERVACIONES: No admite el modo subjuntivo: *Fácilmente gana sus cuatrocientas mil pesetas al mes.*

facineroso, sa *adj. / s. m.* y *f.* ELEVADO. Que comete delitos de forma habitual: *El detenido es un facineroso, un delincuente experto en todo tipo de delitos.* SIN. malhechor.

facistol *s. m.* ELEVADO. Atril grande del coro de una iglesia: *La Biblia estaba sobre el facistol.*

facón *s. m.* ARG., BOL., PAR., URUG. Cuchillo grande y agudo, característico del gaucho.

facsímil *adj. / s. m.* Reproducción o imitación exacta de un dibujo o de un manuscrito: *He consultado un facsímil del original del siglo* XVI. *El original no lo he encontrado, pero he utilizado una edición facsímil publicada recientemente.*

factible *adj.* Que se puede hacer: *Es un proyecto factible. Su plan me parece poco factible.* SIN. realizable.

fáctico, ca *adj.* 1 ELEVADO. De los hechos: *Hay que aceptar la fuerza fáctica.* SIN. factual. 2 ELEVADO. Que se basa en los hechos: *Necesito argumentos fácticos y no pura teoría.* || 3 **poderes* fácticos.**

factor *s. m.* 1 Condición que contribuye a un resultado, o elemento que forma parte de un conjunto: *La constancia fue un factor decisivo de su éxito. Hay muchos factores que han influido en la crisis de la empresa.* 2 MAT. Número o expresión algebraica que forma parte de una multiplicación: *descomposición en factores primos. El orden de los factores no altera el producto.* 3 COMERC. Persona que actúa en nombre y por cuenta de un comerciante. SIN. representante. 4 Empleado del ferrocarril o de una empresa de transporte encargado de la recepción, envío y entrega de mercancías y equipajes: *Mi hermano trabajó de factor en la Renfe.*

factoría *s. f.* 1 Fábrica: *El presidente de la factoría de automóviles ha amenazado con cerrar si no acaba la huelga.*

2 RESTRINGIDO. Lugar comercial fundado por un pueblo o país: *Los fenicios crearon factorías en el Mediterráneo.* ‖ **3 buque* ~.**

factorial *adj.* **1** MAT. Del factor o de los factores: *Haz la descomposición factorial de 125.* ‖ *s. f.* **2** MAT. Producto de todos los términos de una progresión aritmética.

factótum *s. m./f.* **1** RESTRINGIDO. Persona que desempeña todas las funciones en una casa o en una empresa: *José es el factótum en la oficina. No sé cómo va a funcionar esto sin ella, porque era la factótum de la empresa.* **2** RESTRINGIDO. Persona de confianza a la que se le encargan asuntos y negocios: *Pedro es el factótum de su tía: la buena mujer no hace nada sin su consejo.*

factual *adj.* ELEVADO. De los hechos: *dato factual, prueba factual.* SIN. fáctico.

factura *s. f.* **1** Recibo en el que se detallan las cosas o servicios por los cuales una persona ha efectuado un pago: *Necesito la factura para desgravar estos gastos del Impuesto sobre la Renta. Es mejor pedir la factura por si hay que hacer alguna reclamación.* **2** (no contable) RESTRINGIDO. Manera como está hecha una cosa: *Es un cuadro de bellísima factura. El torero dio unos pases de muy bella factura.* FR. Y LOC. **pasar ~** 1 Presentar ‹una persona› la factura por las mercancías o por los servicios prestados a un cliente: *Quisiera que pasara la factura directamente a la oficina.* 2 COLOQUIAL. Hacer pagar ‹una persona o una cosa› a otra persona las consecuencias negativas de los actos que ha hecho: *Las tonterías que ha hecho durante su vida le están pasando factura ahora en la vejez. Ya le pasaré factura por lo que me está haciendo.* 3 COLOQUIAL. Pedir ‹una persona› un favor a otra persona a cambio de otro favor anterior: *Ahora nos pasa factura: tenemos que apoyarlo, ya que nos ha ayudado en momentos difíciles.*

facturación *s. f.* **1** Elaboración y trámite de una factura: *La facturación de estos productos no la haremos hasta dentro de treinta días.* **2** Entrega de una mercancía o equipaje para ser enviado a su destino: *La facturación del equipaje deben hacerla en aquella ventanilla.*

facturar *v. tr.* **1** Hacer ‹una persona› la factura de [una cosa]: *Me facturó el pedido a noventa días.* **2** COMERC. Incluir ‹una persona› [una cosa] en una factura: *He facturado todo lo que está sobre el mostrador, ¿falta algo más?* **3** Entregar ‹una persona› [una mercancía o un equipaje] en una estación o en un aeropuerto para que se envíe a su destino: *Cuando fue a facturar el equipaje vio que se había dejado el billete en casa.*

fácula *s. f.* ASTRON. Cada una de las áreas más brillantes que se aprecian en el disco del Sol.

facultad *s. f.* **1** (no contable) Capacidad o aptitud física, intelectual o moral que tiene una persona: *facultades mentales, facultades intelectuales, facultades físicas, perder facultades. Tiene grandes facultades para la música. Los animales no tienen la facultad de hablar. El presidente está en la plenitud de facultades.* SIN. dotes. **2** (no contable) Derecho o permiso para hacer una cosa: *El cargo le da facultades para tomar esta decisión. No tiene facultades para dar esa orden.* **3** (preferentemente con mayúscula) Cada una de las divisiones de una universidad en donde se cursan las enseñanzas de una o varias carreras afines: *Facultad de Ciencias de la Información, Facultad de Medicina, Facultad de Filosofía y Letras.* **4** (preferentemente con mayúscula) Edificio e instalaciones de una sección de los estudios universitarios: *Vivo cerca de la Facultad de Medicina.*

facultar *v. tr.* Dar ‹una persona o una cosa› facultades, autorización o derecho a [una persona] para [hacer una cosa]: *La Constitución faculta al Presidente del Gobierno **para** disolver las cámaras y convocar elecciones. Este título no lo facultaba **para** ejercer la Medicina.*

facultativo, va *adj.* **1** Que no es obligatorio: *El uso del cinturón de seguridad no es facultativo, sino obligatorio.* **2** Que depende de la voluntad de quien tiene poder para hacer una cosa: *Es una decisión facultativa del juez.* **3** Hecho o prescrito por un médico: *una decisión facultativa, un consejo facultativo.* **prescripción* facultativa.** ‖ *adj./s. m.* y *f.* **4** [Cuerpo del Estado] que está formado por titulados universitarios: *cuerpo de facultativos, los facultativos de bibliotecas.* ‖ *s. m./f.* **5** MED. Persona que ejerce la medicina: *El facultativo le aconsejó que dejara de fumar.*

faculto, ta *adj./s. m.* y *f.* VEN.; COLOQUIAL. [Persona] que es experta en alguna cosa.

facundia *s. f.* ELEVADO. Facilidad de palabra o tendencia excesiva a hablar: *Todos los autores alaban la facundia del teatro de Lope.*

fado *s. m.* Canción popular portuguesa de carácter melancólico.

faena *s. f.* **1** Actividad en que se necesita esfuerzo: *Se dedica a las faenas del campo. Hoy tengo mucha faena en casa.* SIN. trabajo. **2** Acción con la que se perjudica a una persona: *¡Vaya faena nos han hecho cortándonos el agua!* **3** TAUROM. Pases que da el torero con la muleta en una corrida: *El torero hizo una buena faena.* **4** CHILE; COLOQUIAL. Trabajo largo, difícil, pesado o especializado. **5** AMÉR. C. Trabajo realizado en una hacienda fuera del horario normal. FR. Y LOC. **meterse* en ~.**

faenar *v. intr.* **1** Realizar ‹una persona› las tareas propias de la pesca marina: *Estos barcos faenan **en** los caladeros del Atlántico. Estaban faenando con redes ilegales.* SIN. pescar. **2** Realizar ‹una persona› las faenas agrícolas. SIN. laborar. ‖ *v. tr./intr.* **3** ARG., URUG. Matar y descuartizar ‹una persona› [una res].

faetón *s. m.* RESTRINGIDO. Carruaje de caballos de cuatro ruedas, descubierto y ligero.

fagáceo, a *adj./s. f.* **1** BOT. [Árbol, arbusto] que tiene hoja perenne o caduca, dentada o lobulada y fruto seco: *El roble, el castaño, el avellano o la encina son árboles fagáceos.* ‖ *s. f.* **2** (en plural) BOT. Familia de estas plantas.

fagina *s. f.* ARG. Alcantarilla.

fagocitar *v. tr.* **1** BIOL. Atraer ‹una célula› [un cuerpo extraño] para destruirlo: *Los glóbulos blancos se encargan de fagocitar las bacterias que se introducen en la sangre.* **2** ARG., URUG.; COLOQUIAL; HUMORÍSTICO. Tragar ‹una persona› [alimentos] exageradamente.

fagocito *s. m.* BIOL. Célula capaz de englobar un cuerpo extraño para digerirlo o destruirlo: *Los fagocitos de los organismos superiores son una barrera defensiva para los agresores.*

fagocitosis (plural *fagocitosis*) *s. f.* BIOL. Propiedad de determinadas células o fagocitos de apoderarse y digerir las partículas nocivas del organismo: *Las células muertas como producto de la fagocitosis forman el pus.*

fagot (plural *fagotes*) *s. m.* **1** Instrumento musical de viento de la familia de los oboes, formado por un tubo largo con agujeros y llaves, que se toca con una boquilla de caña: *tocar el fagot. El fagot desempeña la función de bajo en la sección de madera.* || *s. m. / f.* **2** Persona que toca este instrumento: *Es fagot en un cuarteto de viento.*

FAI *s. f.* HIST. Sigla de «Federación Anarquista Ibérica», España.

fainá *s. f.* ARG. Masa de harina de garbanzos que se cocina al horno y se come acompañando la pizza.

fair-play (del inglés; pronunciamos *'ferplei'*) *s. m.* (no contable) Juego limpio por parte de una persona, especialmente en deporte o en relación con sus competidores: *El fair-play de los dos equipos ha sido digno de elogio. Este político se ha portado con un fair-play exquisito al felicitar a su rival por la victoria.*

faisán *s. m.* (macho y hembra) *Phasianus colchicus.* Ave de origen asiático, que tiene alas cortas, cola larga y generalmente vistosos colores, y es muy apreciada como pieza de caza y como alimento: *La carne de faisán es exquisita.*

faite *s. m.* PERÚ; VULGAR. Delincuente caballeroso.

faja *s. f.* **1** Prenda interior, generalmente elástica, que oprime y ciñe la cintura y las caderas: *Después del embarazo se puso una faja durante algunos meses. Fue a la ortopedia a que le hicieran una faja para evitar el dolor de riñones.* **~ pantalón** Faja que cubre los muslos hasta la mitad. **2** Trozo largo y estrecho de tela que se usa para rodear la cintura: *Este esmoquin lleva una faja azul.* **3** Banda que sirve de insignia en los uniformes militares o eclesiásticos: *una faja de general.* **4** Tira de cualquier material con que se rodea y sujeta una cosa: *Las tarjetas estaban sujetas con una faja. Una faja con los datos del destinatario y del remitente sujetaba el periódico doblado.* **5** Lista o franja más larga que ancha: *una faja de terreno, una faja de tela, una faja de cartón. Se distinguían perfectamente las fajas que había formado la máquina de segar el césped en el terreno de juego.*

fajador, ra *adj. / s. m.* **1** DEP. [Boxeador] que encaja bien los golpes: *El aspirante tiene fama de ser un duro fajador. Es un auténtico fajador.* || *adj. / s. m.* y *f.* **2** Que afronta bien las contrariedades, sin decaer en el ánimo: *Esta mujer es una buena fajadora, no se asusta por los fracasos.*

fajar *v. tr. / prnl.* **1** Poner ‹una persona› una faja a [otra persona] o a [una cosa]: *No se suele fajar a los recién nacidos. La señora **se** fajó para que no se le notara la tripa.* **2** DEP. Golpear ‹una persona› a [otra persona]: *El campeón fajó al aspirante sin piedad. Los boxeadores **se** fajaron de lo lindo.* || *v. prnl.* **3** Luchar o poner ‹una persona› mucho empeño para sacar adelante [una cosa]: *Se ha fajado **en** el estudio durante años.*

faje *s. m.* MÉX.; VULGAR. Caricias que se hace una pareja.

fajín *s. m.* **1** Faja usada como distintivo en distintos uniformes y como distintivo honorífico: *un fajín de cardenal.* **2** Faja usada en algunos trajes de etiqueta: *el fajín de un esmoquin.*

fajina *s. f.* **1** AGR. Conjunto de haces de mies en las eras. **2** RESTRINGIDO. Haz de leña. **3** MIL. Toque de corneta para reunir a la tropa antes de la comida. **4** VEN. Conjunto de personas que realiza una tarea. **5** AMÉR. DEL S. Trabajo manual rutinario e intenso.

fajo *s. m.* Conjunto de cosas delgadas y largas, puestas unas sobre otras y atadas: *Se le cayó del bolsillo un fajo de billetes.*

fajón *s. m.* ARQ. Marco o moldura de yeso alrededor de una puerta o de una ventana.

fakir *s. m.* Faquir.

falacia *s. f.* **1** (no contable) ELEVADO. Calidad de falaz: *La falacia de sus promesas no fue descubierta por nosotros.* **2** ELEVADO. Engaño o mentira con que una persona intenta dañar a otra persona: *No te fíes de lo que te cuente, que sólo serán falacias.* **3** ELEVADO. Error o argumento falso: *Su teoría es pura falacia.*

falange *s. f.* **1** ANAT. Cada uno de los huesos o segmentos de los dedos: *Le han amputado el dedo índice a la altura de la segunda falange.* **2** HIST. Cuerpo de infantería pesada de los antiguos ejércitos griegos. **3** MIL. Cuerpo numeroso de tropas.

falangeta *s. f.* ANAT. Falange tercera de los dedos en que se encuentra la uña: *Se fracturó la falangeta con la puerta.*

falangina *s. f.* ANAT. Falange segunda de los dedos.

falangismo *s. m.* (no contable) POLÍT. Ideología y movimiento político de carácter nacionalista y fascista, fundado en España por José Antonio Primo de Rivera en 1933: *El falangismo fue una de las columnas del bando nacional durante la guerra civil española.*

falangista *adj.* **1** Del falangismo: *ideología falangista, movimiento falangista.* || *adj. / s. m.* y *f.* **2** Que es partidario del falangismo: *Los falangistas defendían la desaparición de los partidos políticos.*

falaz *adj.* (antepuesto / pospuesto) ELEVADO. Que es falso o engañoso: *Me parece una persona falaz. Es un periódico falaz. La falaz noticia se esparció por todo el país en cuestión de horas.*

falcata *s. f.* HIST. Espada curva de hierro que utilizaban los iberos.

falciforme *adj.* ELEVADO. Que tiene forma de hoz: *una figura falciforme.*

falda *s. f.* **1** Prenda de vestir, principalmente femenina, que cae de la cintura hacia abajo: *una falda de capa, una falda recta, una falda fruncida, una falda escocesa. No la he visto nunca con falda, siempre se pone pantalones.* **2** Parte de la cintura hacia abajo de algunas prendas de vestir: *la falda del vestido.* **3** (preferentemente en plural) Tela que cubre la mesa camilla: *Las faldas de la camilla arrastran.* SIN. faldillas. **4** Parte baja de una montaña: *El camino discurre por la falda del monte.* **5** (en plural) COLOQUIAL. Mujeres: *Está metido en un asunto de faldas.* **6** Regazo de una mujer sentada: *Me sentaba en las faldas de mi madre.* || **7 ~ de ternera** Parte de carne de res que cuelga de las agujas sin estar pegada al hueso. FR. Y LOC. **pegado a las faldas** COLOQUIAL. [Persona] que es dependiente de otra persona: *La mamá siempre lleva al niño pegado a sus faldas.*

faldellín *s. m.* Falda corta que se lleva encima de otra.

faldeo *s. m.* ARG., CHILE; COLOQUIAL. Falda de un monte.

faldero, ra *adj.* **1** De la falda. || *adj. / s. m.* **2** COLOQUIAL, RESTRINGIDO. Que es muy aficionado a las mujeres: *Mi abuelo fue un tipo muy faldero.* SIN. mujeriego. || **3 perro* ~.**

faldón *s. m.* **1** Parte de una prenda de vestir que cae suelta desde la cintura: *el faldón de la blusa.* **2** Falda larga que llevan los bebés encima de otras prendas: *Estaba preciosa, tan pequeña y con aquel faldón blanco.* **3** ARQ. Vertiente triangular de un tejado: *Hay que reparar ese faldón del tejado.*

faldriquera *s. f.* RESTRINGIDO. Faltriquera.

faldudo, da *adj.* COL. [Terreno] que es pendiente o empinado.

falena *s. f.* (macho y hembra) ZOOL. Insecto nocturno del orden de las mariposas, que en la fase de oruga imita el aspecto de las ramas de los árboles y es perjudicial para las frutas y hortalizas.

falencia *s. f.* AMÉR. Bancarrota, quiebra.

falible *adj.* **1** ELEVADO. Que puede equivocarse o cometer un error: *Los jueces son falibles.* ANT. infalible. **2** ELEVADO. Que puede fallar: *Los sistemas de seguridad son siempre falibles, no hay nada que escape al error.* ANT. infalible.

fálico, ca *adj.* ELEVADO. Del falo, órgano sexual masculino: *símbolo fálico.*

falla *s. f.* **1** FOLC. Figura o conjunto de figuras de cartón piedra que, humorísticamente, representan personajes o hechos de actualidad, y son quemados en las calles de Valencia la noche de San José: *quemar las fallas, la quema de una falla.* **2** (en plural; preferentemente con mayúscula) FOLC. Fiestas celebradas en Valencia la noche de San José, en las que se queman figuras de cartón piedra: *ir a las Fallas. Las Fallas son el diecinueve de marzo.* **3** Defecto de un objeto o materia: *Este jarrón tiene una falla. Hay una falla en la tela del abrigo.* **4** GEOL. Fractura de la corteza terrestre, con desplazamiento de bloques: *En los lugares donde hay fallas son frecuentes los terremotos.* **espejo* de ~. 5** AMÉR. Fallo, error.

fallar *v. tr.* **1** Decidir ‹una persona con autoridad› [una cosa]: *El tribunal fallará esta tarde los premios.* **2** Echar ‹una persona› [un triunfo] contra el naipe del contrario por no tener otro del mismo palo. ‖ *v. intr. / tr.* **3** Hacer ‹una persona› [una cosa] mal: *El pívot falló **en** el tiro. Los concursantes fallaron la pregunta que parecía más sencilla.* ‖ *v. intr.* **4** Salir ‹una cosa› mal: *Las previsiones que teníamos han fallado.* **5** Dejar de tener ‹una cosa› fuerza o resistencia: *La cuerda falló.* **6** No dar ‹una persona o una cosa› el rendimiento o el resultado que se esperaba: *El coche nos ha fallado y hemos tenido que venir en taxi. Me has fallado, porque yo creía que serías capaz de hacerlo.* FR. Y LOC. **si las matemáticas* no fallan.**

falleba *s. f.* **1** RESTRINGIDO. Varilla de hierro curvada en sus extremos que está sujeta al marco de una puerta o ventana y sirve para cerrarlas. **2** RESTRINGIDO. Manivela con que se mueve la varilla que sirve para cerrar una puerta o ventana.

fallecer *v. intr.* Morir ‹una persona›: *Ha fallecido en accidente de tráfico. Falleció el quince de junio. Ha fallecido en su domicilio.* SIN. perecer. ⇒ **5.**

fallecimiento *s. m.* Acción y resultado de fallecer: *El fallecimiento de nuestro colaborador ha sido una pérdida irreparable. La noticia de su fallecimiento ocupa la primera plana de todos los periódicos.*

fallero, ra *adj.* **1** De las Fallas valencianas: *La actividad fallera se mantiene año tras año.* ‖ *s. m./f.* **2** Persona que participa en las Fallas: *Hoy se elige a la fallera mayor. Este año han ganado los falleros del barrio de San José.*

fallido, da *adj.* **1** Que no tiene el resultado que se esperaba: *un intento fallido, un acto fallido. Hicieron esfuerzos fallidos **para** salvarle la vida.* **2** ECON. [Dinero, crédito] que no puede ser cobrado.

fallo *s. m.* **1** Decisión de un jurado o autoridad competente: *El tribunal dio a conocer su fallo.* SIN. resolución. **2** Mal funcionamiento de una cosa: *El accidente se debió a un fallo en el sistema de frenado.* **3** Error o equivocación al hacer una cosa: *Se presentó a una oposición y tuvo cinco fallos en el examen. Detectaron en el trabajo algunos fallos. Fue un fallo importante no avisarlo.*

falluto, ta *adj. / s. m.* y *f.* **1** AMÉR. DEL S.; COLOQUIAL. Que no cumple con lo prometido. **2** AMÉR. DEL S.; COLOQUIAL. Falso, hipócrita, desleal.

falo *s. m.* ELEVADO. Pene, órgano sexual masculino: *Algunas esculturas primitivas tienen un falo desproporcionado.*

falocracia *s. f.* (no contable) PEYORATIVO. Predominio del hombre sobre la mujer en la vida pública de una sociedad: *La falocracia relega a la mujer a un segundo plano.*

falopearse *v. prnl.* ARG., URUG.; COLOQUIAL. Consumir ‹una persona› [drogas].

falsar *v. tr.* FILOS. Poner ‹una persona› a prueba [una proposición] contrastándola con los hechos.

falsario, ria *adj. / s. m.* y *f.* ELEVADO. Que suele mentir, o que falsea la verdad: *comportamiento falsario, declaraciones falsarias. Ese tipo es un falsario, un mentiroso.*

falsear *v. tr.* Alterar ‹una persona› [una cosa] de manera que deja de ser verdadera o auténtica: *El testigo falseó su testimonio para exculpar al acusado. Ha falseado las pruebas.*

falsedad *s. f.* **1** (no contable) Calidad de falso: *Esa acusación es una falsedad. La falsedad en una persona es algo despreciable.* **2** Dicho o hecho falso: *Con sus falsedades acabó desprestigiándolo. Contó muchas falsedades en la entrevista.*

falsete *s. m.* MÚS. Voz más aguda que la natural, producida por la vibración de las cuerdas superiores de la laringe: *Les enseñan a cantar de falsete.*

falsía *s. f.* (preferentemente en singular; no contable) ELEVADO; PEYORATIVO. Condición de la persona que es falsa en sus palabras o en sus actos: *No puedo soportar la falsía de Santiago.*

falsificación *s. f.* Acción y resultado de falsificar: *La falsificación de aquellos documentos fue descubierta por la policía. Ya está preparada la falsificación de la firma.*

falsificar *v. tr.* Hacer ‹una persona› una copia de [una cosa] y hacerla pasar por auténtica: *Aquella banda falsificaba billetes de banco.* ⇒ **71.**

falsilla *s. f.* Hoja rayada que se pone debajo de la hoja en blanco para que sirva de guía al escribir: *Siempre utilizo una falsilla para escribir en folios blancos.*

falso, sa *adj.* **1** (antepuesto / pospuesto) Que no es verdadero o auténtico: *un falso autor, una moneda falsa. No puedes justificar tu comportamiento con excusas falsas.* **~ techo. ~ testimonio*. piedra* falsa. 2** (antepuesto / pospuesto) Que es supuesto o simulado: *Una puerta falsa rompía la monotonía de la pared.* **3** (preferiblemente antepuesto) RESTRINGIDO. Que está equivocado o es poco conveniente: *Hizo un falso movimiento y perdió la partida. Una falsa maniobra le hizo perder el control del coche.* ‖ *adj. / s. m.* y *f.* **4** Que simula sentimientos o cualidades que no tiene: *Es una persona muy falsa y es mejor que no te fíes de ella. Es un falso en el que no hay que confiar.* SIN. hipócrita. ‖ *s. m.* **5** VEN. Falso testimonio. **6** VEN. desván. ‖ **7 acacia* blanca / falsa. 8 bóveda* falsa. 9 costilla* falsa. 10 salida* falsa.** FR. Y LOC. **en ~** 1 Con engaño: *jurar en falso.* 2 Sin conseguir lo que se pretendía: *Dio un paso en falso y perdió todo lo que tenía. La herida se ha cerrado en falso, sin curarse.* **jurar* en ~. levantar ~ testimonio*. un mal paso*** o **un paso en ~.**

falta *s. f.* **1** Circunstancia de no haber una cosa o existir poca cantidad: *Murieron por falta de agua. Hay falta de personal.* SIN. carencia. ANT. abundancia. **2** Ausencia de una persona: *Se notará tu falta. Su falta pasó inadvertida.* ANT. asistencia. **3** Anotación con que se confirma o registra la ausencia de una persona en un determinado lugar: *Nos ha puesto falta en inglés. Si pasan lista te pondrán otra falta.* **4** Defecto o imperfección de una cosa: *Este pantalón tiene una falta.* SIN. tara. **5** Error o equivocación: *Cometió varias faltas de ortografía. Tuvo dos faltas en el dictado.* SIN. fallo. **6** Acción censurable o sancionable que comete una persona: *Debes perdonar sus faltas. La mentira es una falta imperdonable.* **7** DER. Acción castigada con una pena leve: *Sólo lo sancionaron económicamente porque se trataba de una falta, no de un delito.* **8** DEP. Violación de una regla: *El árbitro pitó falta muy cerca del área. El jugador ya ha cometido tres faltas personales.* **9** DEP. Ejecución o realización de un castigo: *Lanzó la falta desde el borde del área.* **10** Supresión de la menstruación de la mujer, especialmente por causa del embarazo: *Esta tarde va a ir a hacerse las pruebas porque ya ha tenido dos faltas.* FR. Y LOC. **a ~ de** No disponiendo de, o en sustitución de: *A falta de un rotulador más grueso, nos arreglaremos con éste. A falta de un buen defensa, pondremos a defender a un delantero.* **echar en ~** Echar de menos, notar la ausencia de una persona o cosa: *Hace mucho que no ve a su hijo y le echa en falta. Al ir a buscar las gafas, las eché en falta.* **hacer ~** 1 Ser ‹una persona o una cosa› necesaria: *Hacen falta huevos, patatas, cebolla, sal y aceite para hacer una tortilla de patatas. Hace falta otro administrativo.* 2 DEP. Cometer una infracción: *El defensa vio una tarjeta amarilla por hacer falta al delantero.* **juicio* de faltas. sin ~** Con puntualidad o con seguridad: *No te preocupes, estaré aquí a las diez sin falta.* REFR. **A falta de pan, buenas son tortas.** Se usa para expresar que si no se tiene lo que se desea o se necesita, hay que conformarse o arreglarse con lo que se tenga.

faltar *v. intr.* **1** No haber ‹una cosa›: *Falta el postre. No falta nada, ya está todo aquí.* **2** Haber menos de lo necesario o menos de lo que debe haber de ‹una cosa›: *Falta nata para uno. Nos faltarán lápices, porque no tenemos bastantes para todos.* **3** No estar ‹una cosa› donde debería estar: *Falta el libro que dejé encima de la mesa. En ese rincón falta la lamparita que nos traerán mañana.* **4** Quedar ‹un tiempo› para [una cosa]: *Falta un mes* ***para*** *que empiecen las clases. Sólo faltaban unas horas* ***para*** *la operación.* **5** No ir ‹una persona› a [un lugar]: *Faltaste* ***a*** *clase. Estuvo a punto de faltar* ***a*** *su propia boda.* **6** No estar ‹una persona› en [un lugar]: *Falta* ***de*** *su casa desde hace dos meses. Sólo falta por llegar Amalia.* **7** EUFEMISMO. Morir ‹una persona›: *Desde que falta su mujer no se ha recuperado. Ya hace un año que falta.* **8** Cometer ‹una persona› una falta en [una cosa]: *Si he faltado* ***en*** *algo, ha sido involuntariamente.* **9** Cometer ‹una persona› una falta con [otra persona]: *Me faltó* ***al*** *respeto. Cuando vio que empezaba a insultarla le dijo: –«Sin faltar, ¿eh?»* **10** No cumplir ‹una persona› [una cosa]: *Faltó* ***a*** *su palabra. Ha faltado* ***a*** *la verdad.* FR. Y LOC. **~ poco para** Estar a punto de ocurrir ‹una cosa›: *Falta poco para que empiecen las vacaciones. Faltó poco para que fuera gol.* **~ tiempo* para. ~ un tornillo*. faltarle las palabras*. lo que faltaba para el duro*. ¡no faltaba / faltaría más!** 1 COLOQUIAL. Se usa para rechazar una pretensión inadmisible: *No puedes salir a estas horas, ¡faltaría más!* 2 COLOQUIAL. Se usa para rechazar una atención con cortesía, para responder a una expresión de agradecimiento por una atención prestada: *No es necesario que me acompañéis hasta la puerta, ¡no faltaba más!* 3 COLOQUIAL. Se usa para asentir amablemente a una petición: *Con mucho gusto les transmitiré sus saludos, ¡faltaría más!* **~ el canto* de un duro. sin ~ una coma*.**

falto, ta *adj.* (estar) Que no tiene alguna cosa: *Está falto* ***de*** *interés. Estaba falto* ***de*** *cariño. Siempre había sido una mujer falta* ***de*** *alicientes, hasta que lo conoció a él. La economía está falta* ***de*** *tranquilidad.*

faltriquera o **faldriquera** *s. f.* Pequeña bolsa que cuelga de la cintura por debajo de la ropa.

falúa *s. f.* MAR. Embarcación menor utilizada en los puertos para transportar a las personas.

falucho *s. m.* MAR. Embarcación costera baja, con dos palos y una vela latina triangular.

fama *s. f.* **1** (no contable) Circunstancia de ser, una persona o una cosa, muy conocida o popular: *Alcanzó la fama muy joven. Todos los artistas sueñan con la fama. Llegar a la fama no es fácil.* **2** (no contable) Juicio u opinión bastante generalizada que se tiene sobre una cosa o sobre una persona: *Tiene fama de estudiosa. Su fama de empollón le precede. Tiene fama de ser un ligón. Esa discoteca no tiene buena fama. La mala fama es difícil de cambiar.* SIN. reputación. FR. Y LOC. **de ~** Famoso: *Es un pintor de fama. Se ha convertido en un hospital de fama.* **es ~** RESTRINGIDO. Se usa para expresar algo que se comenta, que se sabe: *Es fama que no volverá a actuar.*

famélico, ca *adj.* **1** (estar) ELEVADO. Que tiene mucha hambre: *Era un pobre ser famélico, un muerto de hambre. Estoy famélico, dame algo de comer.* SIN. hambriento. **2** (estar) ELEVADO. Que está excesivamente delgado: *niños famélicos. Este caballo está famélico, sólo tiene huesos.*

familia *s. f.* **1** Grupo de personas formado por una pareja y sus hijos: *Ésta es mi familia: mi marido, mi hija y mi hijo.* **~ numerosa** DER. Familia que tiene tres o más hijos menores de edad, o mayores incapacitados para el trabajo. **2** Grupo de personas que tienen lazos de parentesco: *Los domingos se reúne toda la familia. Ha entrado a formar parte de nuestra familia porque se ha casado con mi hermana.* **3** (no contable) Hijos, descendencia de una persona: *Se casó hace dos años, pero todavía no tiene familia.* **4** (no contable) Origen o linaje de una persona: *Es una chica de buena familia.* SIN. estirpe. **5** Conjunto de personas o cosas unidas por una característica común: *la familia franciscana. La familia socialista se reunirá en el próximo congreso. «Correr», «corredor», «corrida», «corredizo» son de la misma familia de palabras. Las lenguas que derivan de una misma lengua común forman una familia.* **6** BIOL. Categoría taxonómica que agrupa seres vivos emparentados entre sí y que pertenecen a uno o varios géneros: *la familia de los félidos. La familia pináceas agrupa a los pinos y a los abetos.* FR. Y LOC. **en ~** 1 Sólo con las personas de la familia: *Celebraron la Nochevieja en familia.* 2 IRONÍA. Con muy pocas personas: *En la conferencia de la universidad estuvimos en familia.* **libro* de ~.**

familiar *adj.* **1** De la familia: *una reunión familiar. El ambiente familiar me relaja mucho.* **planificación* ~. vida ~.** **2** Que es muy conocido: *Su cara me resulta muy familiar. Su voz le era muy familiar. Aquel sonido familiar me transportaba a tiempos pasados.* **3** (antepuesto / pospuesto) Que es sencillo y sin ceremonia: *Recibió a los invitados con una familiar sonrisa. Es una persona de trato muy familiar.* **ambiente ~.** **4** LING. [Lenguaje, estilo, nivel] que es el propio de la conversación. SIN. coloquial. **5** Que es más grande de lo normal: *un detergente de tamaño familiar, un envase familiar, un coche familiar.* ‖ *s. m.* **6** COLOQUIAL. Persona de la misma familia: *Voy al hospital a ver a un familiar.*

familiaridad *s. f.* **1** (no contable) Trato sencillo, sin cumplidos ni ceremonias como el que se da a las personas de la propia familia: *Me resultó agradable la familiaridad con que nos recibió. Me trata con mucha familiaridad.* SIN. confianza. **2** (en plural) PEYORATIVO. Exceso de confianza en el trato: *Tiene demasiadas familiaridades con sus superiores. No le permitiré familiaridades.*

familiarizar *v. tr.* **1** Hacer ‹una persona o una cosa› familiar [una cosa] a [una persona]: *Esto te familiarizará* ***con*** *las costumbres del país. Aquel paisaje lo había familiarizado* ***con*** *la naturaleza.* ‖ *v. prnl.* **2** Llegar a considerar ‹una persona› familiar [una cosa]: *Se ha familiarizado muy pronto* ***con*** *las costumbres del país. Le he regalado este libro para que se vaya familiarizando* ***con*** *el tema.* **3** Llegar a usar ‹una persona› [una cosa] con naturalidad: *Se ha familiarizado rápidamente* ***con*** *el nuevo coche. Cuando te familiarices* ***con*** *la pluma verás como la prefieres al bolígrafo.* **4** Llegar a tener ‹una persona› un trato familiar con [otra persona]: *Yo me familiarizo enseguida* ***con*** *la gente. A los pocos días ya se había familiarizado* ***con*** *todos sus compañeros.* **⇒ 19.**

familiarmente *adv. modo* **1** Con familiaridad y confianza: *Me trataba familiarmente.* **2** En familia: *Me gustaría celebrarlo familiarmente.* ‖ *adv. restrictivo* En el ambiente o ámbito familiar, entre los familiares: *Esperaban a Narciso Juárez, familiarmente conocido como Sisín.*

famoso, sa *adj. / s. m.* y *f.* **1** (antepuesto / pospuesto) Que tiene fama: *Es una ciudad famosa* ***por*** *sus vinos. ¡Hombre, éste es el famoso Juan, ya era hora de que te conociéramos! Está casada con un famoso actor de cine.* ‖ *adj.* **2** (antepuesto / pospuesto) COLOQUIAL. Que llama la atención por ser sorprendente o gracioso: *¿No lo conoces? Es un chiste muy famoso. Sus famosas ocurrencias dieron la vuelta al mundo.*

fámulo, la *s. m. / f.* ELEVADO, RESTRINGIDO. Criado o sirviente doméstico: *Te abre la puerta una fámula de cien años.*

fan (plural *fans*) *s. m. / f.* Admirador o seguidor apasionado de una persona o de una cosa: *Es un fan de los macarrones. Es una fan del béisbol. Han montado un club de fans.*

fanal *s. m.* **1** MAR. Farol grande utilizado en puertos y embarcaciones: *Se ha estropeado el fanal de proa.* **2** MAR. Luz para atraer a los peces en una embarcación de pesca. **3** Campana transparente para proteger un objeto o una luz.

fanático, ca *adj. / s. m.* y *f.* **1** (antepuesto / pospuesto) Que es partidario apasionado y exaltado de determinadas creencias y opiniones: *Es un grupo de fanáticos, a veces me dan miedo. Su fanática actitud no lo deja razonar. Sus fanáticas opiniones no se pueden tener en cuenta.* **2** Que tiene inclinación o afición muy grande por una persona o por una cosa: *Elvira es una fanática* ***del*** *cine y, sobre todo,* ***de*** *Cantinflas. Eres un fanático* ***del*** *fútbol. Soy una fanática* ***de*** *las motos.*

fanatismo *s. m.* (no contable) Ideología y comportamiento de las personas que defienden de forma extremista una doctrina o creencia: *el fanatismo religioso, el fanatismo político. Los fanatismos llevan a la intransigencia.*

fandango *s. m.* **1** Baile español que se acompaña de cante, castañuelas y guitarra: *Bailaron un fandango.* **2** Música del fandango: *Tocarán fandangos y sevillanas.* **3** COLOQUIAL. Bullicio, jaleo: *Tienen montado un fandango los vecinos que no dejan dormir a nadie.* **4** ARG. Desarreglo, confusión y desorden.

fanega *s. f.* **1** RESTRINGIDO. Medida de capacidad para granos y legumbres que equivale a unos 55, 5 litros. **2** RESTRINGIDO. Medida agraria de superficie que equivale a un poco más de 64 áreas.

fanerógamo, ma *adj. / s. m.* y *f.* **1** BOT. [Planta] que se reproduce por semillas: *Las fanerógamas pueden tener las semillas desnudas o protegidas dentro de un fruto.* ‖ *s. f.* **2** (en plural) BOT. Grupo de las plantas que se reproducen por semillas.

fanfarria *s. f.* **1** Conjunto musical compuesto por instrumentos de metal: *Las fanfarrias llenan las calles de Valencia en las Fallas.* **2** Música interpretada por este conjunto: *La fanfarria no dejaba dormir a los vecinos.*

fanfarrón, na *adj. / s. m.* y *f.* (ser / estar) COLOQUIAL; PEYORATIVO. Que presume de valor, poder o riqueza sin tenerlos: *No le gusta a nadie porque es muy fanfarrón. Está más fanfarrón que nunca. Es un fanfarrón, no le hagas caso. Los más fanfarrones son los que más se deberían callar.*

fanfarronada *s. f.* COLOQUIAL; PEYORATIVO. Hecho o dicho propios de un fanfarrón: *Eso que has dicho es una fanfarronada. No le creas, porque siempre está con fanfarronadas.* SIN. fanfarronería.

fanfarronear *v. intr.* COLOQUIAL; PEYORATIVO. Hablar ‹una persona› con arrogancia: *Le gusta mucho fanfarronear delante de todos, y decir que gana mucho. Siempre fanfarronea* ***de*** *su coche.*

fanfarronería *s. f.* **1** (no contable) COLOQUIAL; PEYORATIVO. Cualidad de fanfarrón: *La fanfarronería es su peor defecto. Lo que más me disgusta es la fanfarronería de sus palabras.* **2** COLOQUIAL; PEYORATIVO. Hecho o dicho propio de un fanfarrón: *No le aguanto sus fanfarronerías. Le gusta decir fanfarronerías.*

fangal o **fangar** *s. m.* Terreno lleno de fango: *El coche se metió en un fangal y se atascó.*

fango *s. m.* **1** (no contable) Barro que se forma en el fondo de una corriente de agua o donde hay agua detenida: *El camino está lleno de fango debido a las últimas lluvias. Cuando te metes en esta parte del río te quedas pegado en el fango del fondo.* **2** (no contable) Deshonra o indignidad: *La noticia del fraude cubrió de fango su reputación. La oposición no hace más que echar fango sobre su memoria.*

fangoso, sa *adj.* (ser / estar, antepuesto / pospuesto) Que tiene fango: *Es un terreno fangoso. El jardín está fangoso a causa de la lluvia. Una fangosa corriente de agua proporcionaba agua al poblado.*

fangote *s. m.* ARG., URUG.; COLOQUIAL. Cantidad grande de una cosa, especialmente de dinero.

fantasear *v. intr. / tr.* Dejar correr ‹una persona› la imaginación: *Fantaseemos* ***sobre*** *las vacaciones, pero te advierto que no tenemos dinero. Siempre fantaseaba* ***sobre*** *su futuro.*

fantasía *s. f.* **1** (no contable) Capacidad para imaginar o inventar cosas inexistentes: *La fantasía de sus historias es lo que más me gusta. La fantasía es la única forma de crear.* SIN. imaginación. ANT. realismo. **2** (preferentemente en plural) Cosa creada por la imaginación: *Todavía cree en fantasías. Marta sueña con fantasías. Explicas tus fantasías como si fuesen realidades.* ANT. realidad. **3** MÚS. Composición instrumental libre. FR. Y LOC. **de ~** 1 [Ropa, moda] que se usa en situaciones especiales, como fiestas, clubs nocturnos o en profesiones como la de los artistas: *un bolso de fantasía, una corbata de fantasía, un traje de fantasía.* 2 [Adorno] que es de bisutería: *Lleva un anillo de fantasía.*

fantasioso, sa *adj. / s. m.* y *f.* **1** Que inventa o imagina cosas en la fantasía: *Eres un fantasioso, ya nadie cree tus historias. Ésa es una interpretación un poco fantasiosa.* **2** COLOQUIAL. Que presume de lo que no tiene, especialmente riqueza o poder: *Es muy fantasioso, siempre está fanfarroneando de cosas que son mentira.*

fantasma *adj.* **1** Que no existe o es dudoso, aunque pueda parecer real: *una noticia fantasma, un buque fantasma. Se inventaron un trabajo fantasma.* **gol* ~.** **2** [Pueblo, ciudad] que se ha quedado sin habitantes: *La región está llena de pueblos fantasma.* || *adj. / s. m.* y *f.* **3** COLOQUIAL; PEYORATIVO, INSULTO. Que presume de valor, poder o riqueza sin tenerlo: *Es un chico muy fantasma. Tus amigas son unas fantasmas.* SIN. fanfarrón. || *s. m.* **4** Figura irreal que una persona cree ver, especialmente un muerto que se aparece a los vivos: *Creyó ver el fantasma de su abuelo. Estuvimos en el túnel del terror y vimos vampiros, fantasmas y otros seres espectrales.* SIN. espectro. **5** Cosa negativa que amenaza: *El fantasma de la guerra merodeaba entre los negociadores.* **6** Imagen grabada en la memoria: *Los fantasmas de su niñez aparecían en estas situaciones comprometidas.*

fantasmagoría *s. f.* PSICOL. Alucinación, ilusión fantástica de la imaginación o de los sentidos: *Continuamente nos relataba las fantasmagorías que lo atormentaban.*

fantasmagórico, ca *adj.* (antepuesto / pospuesto) Que se parece a las cosas imaginadas o a las alucinaciones: *paisaje fantasmagórico, espectáculo fantasmagórico, fantasmagóricas apariciones.*

fantástico, ca *adj.* **1** De la fantasía o de la imaginación: *animales fantásticos, seres fantásticos, relato fantástico. Vives en un mundo fantástico, lleno de ilusiones y quimeras, y tienes que despertar a la realidad.* **2** (ser / estar, antepuesto / pospuesto) COLOQUIAL. Que causa sensación porque es bueno, bello o agradable: *¡Es fantástico!, nunca me lo hubiera imaginado así. Hemos hecho un viaje fantástico. A su edad tiene una vitalidad y un humor fantásticos. Nos estuvo enseñando el fantástico coche que se ha comprado. Estás fantástica con ese peinado.* || **3** *adv. modo* COLOQUIAL. Muy bien: *Siempre que vamos a su casa lo pasamos fantástico.*

fantoche *adj. / s. m.* y *f.* **1** COLOQUIAL; PEYORATIVO. Que es muy presumido: *Intentó impresionarnos con su dinero, pero enseguida vimos que era un fantoche.* || *s. m.* **2** COLOQUIAL; PEYORATIVO. Persona de aspecto ridículo o grotesco: *Se puso un pantalón de su abuelo y parecía un fantoche. Estás hecha un fantoche con ese vestido.*

fantochería *s. f.* COL. Acción o palabra propia de una persona presumida.

fanzine *s. m.* Revista especializada de aficionados al cómic: *Hacemos constar que nosotros no mandamos fanzines, simplemente los anunciamos.*

fañoso, sa *adj.* VEN. Que habla con resonancia nasal, gangoso.

faquir o **fakir** *s. m. / f.* **1** REL. Asceta oriental que vive de limosnas y realiza actos de austeridad y mortificación: *Los faquires viven con mucho sacrificio.* **2** Artista de circo que realiza ejercicios espectaculares que hieren su cuerpo, pero no siente dolor: *Me impresionó la actuación del faquir tumbado encima de la cama de clavos.*

faradio *s. m.* FÍS. Unidad de capacidad eléctrica en el Sistema Internacional.

faralá (plural *faralaes*) *s. m.* **1** Volante, especialmente el que rodea el bajo del traje femenino andaluz: *traje de faralaes.* **2** COLOQUIAL. Adorno exagerado o de mal gusto.

farallón *s. m.* GEOGR. Roca alta, escarpada, sobre el mar y a veces en tierra firme: *La costa de farallones se divisa amenazante desde el barco.*

farándula *s. f.* **1** (no contable) Profesión, arte y ambiente del teatro: *Viene del mundo de la farándula. Pertenece a la farándula.* **2** HIST. Antigua compañía ambulante de teatro: *Las farándulas recorrían los pueblos.*

faraón *s. m.* Soberano del antiguo Egipto: *corte de faraones. Se acaba de descubrir la tumba de un faraón.*

faraónico, ca *adj.* **1** De los faraones: *Estoy leyendo un libro sobre el Egipto faraónico.* **2** COLOQUIAL. Que es propio de los faraones por su grandiosidad: *lujo faraónico. La presa que se ha proyectado hacer en el río es una obra faraónica.*

FARC (pronunciamos *'farc'*) *s. f.* Sigla de «Fuerzas Armadas Revolucionarias Colombianas».

fardar *v. intr.* **1** COLOQUIAL. Darse ‹una persona› importancia: *Le gusta fardar* ***con*** *las chicas. Farda* ***de*** *su nueva moto.* SIN. presumir. **2** COLOQUIAL. Ser ‹una cosa› aparente o vistosa: *Esa bicicleta farda mucho. Esas gafas de sol fardan un montón.*

fardo *s. m.* Lío o paquete grande y apretado para facilitar el transporte de mercancías: *un fardo de ropa.*

fardón, na *s. m. / f.* **1** COLOQUIAL; PEYORATIVO. Que presume o alardea de una cosa: *Es un fardón, que siempre presume de llevar ropa de marca.* **2** COLOQUIAL. Que resulta aparente o vistoso: *Se ha comprado una minicadena muy fardona.*

farero, ra *s. m. / f.* Persona que tiene como profesión cuidar y hacer funcionar un faro: *El farero de la isla iba una vez por semana al pueblo a buscar provisiones.*

fárfara *s. f.* BIOL. Membrana que poseen los huevos de las aves, adherida a la cáscara por el interior.

farfolla *s. f.* **1** BOT. Envoltura de las mazorcas de maíz, mijo y panizo. **2** COLOQUIAL; PEYORATIVO. Cosa de mucha apariencia, pero de poca importancia: *Su discurso no era más que farfolla, estaba lleno de palabras vacías.*

farfullar *v. tr. / intr.* COLOQUIAL. Decir ‹una persona› [una cosa] de manera confusa y atropellada: *Farfullaba palabras ininteligibles. El conferenciante empezó a farfullar.*

faria (marca registrada) *s. m. / f.* Cigarro puro de fabricación española, más barato que los cigarros importados: *Siempre iba con un faria en la boca. Se fumaba el faria mientras veía cómo jugaba su equipo.*

faringe *s. f.* Conducto del aparato digestivo situado en la parte posterior de la garganta: *La faringe es un conducto común para el paso de alimentos y de aire.*

faríngeo, a *adj.* De la faringe: *dolor faríngeo, sonido faríngeo, conducto faríngeo.*

faringitis (plural *faringitis*) *s. f.* MED. Inflamación de la faringe: *La faringitis le producía un gran dolor de garganta.*

fariña *s. f.* **1** ARG. Harina gruesa de mandioca. || **2 mala ~** ARG. Expresión que supone duda o desconfianza.

farisaico, ca *adj.* **1** De los fariseos: *los sacerdotes farisaicos.* **2** (antepuesto / pospuesto) ELEVADO. Que es hipócrita: *Son palabras farisaicas. Sus farisaicas manifestaciones no convencieron a nadie.*

fariseo, a *adj. / s. m.* y *f.* **1** Que es hipócrita en los aspectos morales o religiosos: *No te fíes de él, es muy fariseo y va recomendando a los demás lo que ni él mismo cumple.* || *s. m. / f.* **2** HIST. Miembro de una antigua secta judía más interesada por la forma externa de los preceptos que por su esencia.

farmaceuta *s. m. / f.* COL., VEN. Farmacéutico, persona que ejerce la farmacia.

farmacéutico, ca *adj.* **1** De la farmacia: *laboratorio farmacéutico, producto farmacéutico.* || *s. m. / f.* **2** Persona que dirige una farmacia o trabaja en ella: *El farmacéutico me ha preparado este bálsamo que me mandó el médico. La farmacéutica me tomó la tensión.* **3** Persona que tiene el título de licenciado o doctor en Farmacia.

farmacia *s. f.* **1** Establecimiento donde se preparan y venden al público medicamentos: *A estas horas las farmacias están cerradas, pero siempre puedes encontrar alguna de guardia.* **2** (no contable) Ciencia que trata de la preparación de medicamentos y de las propiedades de sus componentes: *Ha estudiado tres años de Farmacia.*

fármaco *s. m.* Medicamento: *Se ha descubierto un nuevo fármaco para combatir la hipertensión. Es un fármaco con muchas contraindicaciones.*

farmacología *s. f.* (no contable) FARM. Ciencia que estudia los medicamentos, su composición química y sus efectos.

faro *s. m.* **1** Torre alta situada en las costas, con luz en la parte superior para guiar a los barcos: *Cada faro emite sus destellos con una frecuencia distinta. Gracias al faro, el barco pudo evitar el embarrancamiento.* **2** Foco que ilumina: *los faros de los coches.*

farol *s. m.* **1** Caja con alguna de sus caras transparente, que encierra una luz para alumbrar: *la luz del farol. Delante va Javier con el farol en la mano.* **2** Luz pública, generalmente sostenida por un pie o soporte metálico: *Aquel muchacho rompió el farol de una pedrada.* **3** JUEGOS. Envite o jugada falsa, generalmente en el juego de las cartas, para desorientar: *marcarse un farol, ir de farol.* **4** COLOQUIAL. Dicho exagerado o presuntuoso para lucirse: *pegarse un farol, tirarse un farol, echarse un farol, marcarse un farol. A Luis le encanta tirarse faroles cuando habla. Yo no me lo creo, eso es un farol.* **5** TAUROM. Lance del toreo que consiste en girar el capote por encima de la propia cabeza. **6** Funda o cubierta de papel que envuelve la picadura de tabaco. **7** ARG. Mirador o balcón saliente. FR. Y LOC. **¡adelante con los faroles!** COLOQUIAL; IRONÍA. Se usa para animar a continuar con lo dispuesto o empezado. **marcarse un ~** COLOQUIAL. Intentar lucirse ‹una persona› sin fundamento: *¡Vaya farol que te has marcado* **con** *la historia de tus éxitos!*

farola *s. f.* Luz pública, más grande que el farol, sostenida por un pie o soporte metálico: *Esta farola está apagada.* SIN. farol.

farolear *v. intr.* COLOQUIAL. Darse ‹una persona› importancia: *Ya sabes que farolea siempre que puede. Ya está faroleando.* SIN. fanfarronear.

farolero, ra *adj. / s. m.* y *f.* **1** COLOQUIAL. Que alardea o presume de lo que no es: *Es una farolera, no le creas ni media palabra.* SIN. fanfarrón. || *s. m. / f.* **2** RESTRINGIDO. Persona que tenía por oficio encender y apagar los faroles del alumbrado público. FR. Y LOC. **meterse* a ~.**

farolillo *s. m.* **1** Pequeño farol de colores colgado como adorno en fiestas y verbenas: *Pusieron cientos de farolillos y banderas cubriendo el techo del recinto donde se celebraba la fiesta.* **2** *Campanula Medium.* Planta ornamental de jardín, con hojas dentadas y flores acampanadas azules o blancas. || **3 ~ rojo** COLOQUIAL. Persona situada en el último lugar de una clasificación, especialmente deportiva: *Este equipo es el farolillo rojo de la competición.*

farra *s. f.* COLOQUIAL. Juerga o diversión muy animada: *irse de farra, pegarse una farra.* FR. Y LOC. **tomar* para la ~.**

fárrago *s. m.* RESTRINGIDO. Mezcla confusa de cosas innecesarias o desordenadas: *un fárrago de noticias.*

farragoso, sa *adj.* (ser / estar) Que tiene cosas innecesarias o desordenadas que lo hacen confuso o pesado: *Es muy farragoso en sus explicaciones. Tiene un estilo farragoso, muy recargado. Este capítulo del libro está muy farragoso.*

farrear *v. intr.* **1** AMÉR DEL S.; COLOQUIAL Ir ‹una persona› de farra. || *v. prnl.* **2** ARG., CHILE, URUG.; COLOQUIAL. Gastarse ‹una persona› [el dinero] de una manera insensata.

farrista *adj.* **1** AMÉR. DEL S. [Persona] que gusta de las farras o diversiones. **2** AMÉR. DEL S. [Persona] que se burla de los demás.

farruco, ca *adj.* (estar) COLOQUIAL. Que se comporta de una manera desafiante o insolente: *No te pongas farruco, porque no lo vas a conseguir. Los inquilinos estuvieron muy farrucos con el casero.*

farsa *s. f.* **1** COLOQUIAL. Trama o montaje que se prepara para engañar a una persona: *Aquella escena era una farsa para hacernos creer que habían discutido.* **2** (no contable) TEATRO. Arte, actividad y mundo del teatro. **3** Obra teatral de carácter cómico y caricaturesco.

farsante, ta *adj. / s. m.* y *f.* **1** (la forma *farsante* se usa para masculino y femenino) COLOQUIAL; INSULTO. Que finge o aparenta lo que no siente o lo que no es: *¡Qué farsante eres!; y yo que creía en ti. No disimules, eres un farsante. Resultó ser una farsante que intentaba aprovecharse de mi dinero. No te fíes de ella, que es una farsanta.* || *s. m. / f.* **2** Persona que se dedicaba a la representación de farsas o comedias.

fasciculado, da *adj.* BOT. Que está agrupado en haz: *raíces fasciculadas.*

fascículo *s. m.* **1** Cada uno de los cuadernillos o partes de un libro que se publican periódicamente: *Es una enciclopedia por fascículos. Me faltan dos fascículos para terminar la colección.* **2** ANAT. Haz de fibras musculares o nerviosas.

fascinación *s. f.* Acción y resultado de fascinar: *La fascinación que sentía por aquel país lo llevó a establecer allí su residencia. Aquel hombre ejercía una enorme fascinación sobre sus alumnos.*

fascinante *adj.* (ser / estar, antepuesto / pospuesto) Que fascina, asombra o deslumbra: *Esa mujer es fascinante. En esa película está fascinante. Ha sido un viaje fascinante. Dicen que es un hombre fascinante. En breves momentos iniciaremos un fascinante recorrido por las culturas antiguas.*

fascinar *v. tr.* Atraer ‹una persona o una cosa› la mirada o la atención de [una persona] irresistiblemente: *Fascina a todo el mundo* ***con*** *su labia. Me fascinan las joyas.* SIN. encantar.

fascismo *s. m.* **1** (no contable) Ideología y régimen político totalitario establecido en Italia por Mussolini en 1919: *El fascismo fue la doctrina que siguió el Estado italiano a partir de 1922.* **2** (no contable) Ideología totalitaria, semejante a la de Mussolini.

fascista *adj.* **1** Del fascismo: *actos fascistas, métodos fascistas. Se celebró una manifestación fascista.* || *adj. / s. m.* y *f.* **2** Que es partidario del fascismo: *partido fascista, militante fascista. Los fascistas se sitúan al margen de la democracia y utilizan métodos violentos para imponer sus criterios.*

fascistizante *adj.* RESTRINGIDO. De tendencias fascistas: *Renacen en Europa los grupos fascistizantes.*

fase *s. f.* **1** Cada uno de los estados sucesivos por los que atraviesa una persona o una cosa que se desarrolla o evoluciona: *la fase larvaria de un insecto. Este plan se aplica en dos fases.* **2** ASTRON. Cada uno de los aspectos sucesivos que muestran la Luna y algunos planetas según los ilumina el Sol. **3** ELECTRIC. Cada una de las corrientes alternas que intervienen en una corriente polifásica.

faso *s. m.* ARG., URUG.; COLOQUIAL. Cigarrillo.

fastidiado, da *adj.* **1** (estar) COLOQUIAL. Que siente fastidio o no se encuentra bien física o psicológicamente: *Está fastidiada* ***del*** *hígado. Está muy fastidiado* ***con*** *lo del accidente de su hermano. Le ha repetido el infarto y está muy fastidiado.* **2** COLOQUIAL; PEYORATIVO. Que tiene mal carácter: *Es una tía fastidiada, que no hay quien la soporte.*

fastidiar *v. tr.* **1** Causar ‹una persona o una cosa› fastidio a [una persona]: *Me fastidia tener que coger un taxi porque ha cerrado el metro. Voy a fastidiar a Enrique para que no vea el programa a gusto. Le gusta fastidiar a la gente. Me fastidió mucho que me dejara y se fuera con otro. Me fastidia que llegues tan tarde.* **2** Estropear ‹una persona o una cosa› [una cosa]: *Ha fastidiado el timbre de la puerta porque lo ha hecho sonar demasiado.* || *v. prnl.* **3** Experimentar ‹una persona› fastidio: *Si no le gusta lo que tiene que hacer, que se fastidie. Si llueve, me fastidio y no voy de excursión.* **4** Sufrir ‹una persona› una molestia o un disgusto pacientemente: *Nos fastidiamos, y en vez de ver la película, jugamos al parchís.* **5** Estropearse ‹una cosa›: *Se ha fastidiado el plan que teníamos. Si se fastidia el coche, iremos a pie.*

fastidio *s. m.* **1** Disgusto o molestia de poca importancia: *Qué fastidio que ya haya salido el último autobús. Es un fastidio que no abran los domingos.* SIN. incordio. **2** Cansancio o aburrimiento producido por una cosa: *Pasé un rato de fastidio horroroso. Me producía tanto fastidio aquel trabajo que acabé por dejarlo.*

fastidioso, sa *adj.* (ser / estar, antepuesto / pospuesto) Que causa fastidio, molestia o aburrimiento: *¡Niño, eres un poco fastidioso, no paras de molestar! Este fastidioso asunto me está complicando la tarde. La película está un poco fastidiosa.*

fasto *s. m.* **1** (no contable) ELEVADO. Fausto, lujo y esplendor: *La fiesta fue una demostración impresionante de riqueza y fasto.* **2** (no contable) ELEVADO. Acto realizado con lujo y esplendor: *Algunos piensan que los fastos del 92 fueron un derroche innecesario.*

fastuosidad *s. f.* (no contable) ELEVADO. Lujo o riqueza: *La fastuosidad del acto desentonó con el mal momento que vivía el país. Sus modales burdos no cuadraban con la fastuosidad del vestido.*

fastuoso, sa *adj.* (antepuesto / pospuesto) ELEVADO. Que está hecho con lujo y riqueza: *Son famosísimas las fastuosas fiestas de Hollywood. Fue un espectáculo fastuoso. El fastuoso templo era lo que más impresionaba a los turistas.* **2** (antepuesto / pospuesto) ELEVADO. Que se comporta con ostentación: *Lleva una vida de lo más fastuosa. Es una persona muy fastuosa. El fastuoso emperador lucía una magnífica pedrería.*

fatal *adj.* **1** (antepuesto / pospuesto) Que causa desgracia o que perjudica a una persona o a una cosa: *Una recaída en su enfermedad podría ser fatal. Ha sufrido un accidente fatal, ha muerto. Has tomado una decisión de fatales consecuencias. Se conocieron en unas circunstancias fatales para ambos.* **2** Que está determinado por el destino: *Fue un encuentro fatal; nada, excepto el destino, hubiera podido evitarlo.* **3** (ser / estar; antepuesto / pospuesto) Que es muy malo o desacertado: *Esto está fatal, tendrás que hacerlo de nuevo. Su vista es fatal. Ha tenido una actuación fatal. Su fatal memoria no le permite recordar nada.* || *adv.* **4** Muy mal: *Me parece fatal que te vayas. Escribe fatal ese chico.* || **5 mujer* ~.**

fatalidad *s. f.* **1** Suceso desgraciado: *Tuvo la fatalidad de romperse una pierna. Me ha ocurrido una fatalidad y no voy a poder ir.* SIN. desdicha. **2** Fuerza del destino: *No creo en la fatalidad. La fatalidad quiso que no nos encontrásemos.* SIN. sino (ELEVADO).

fatalismo *s. m.* (no contable) Actitud y doctrina filosófica que considera que todos los acontecimientos están fijados por el destino y el hombre no puede hacer nada para cambiarlos: *El fatalismo se ha considerado siempre opuesto al libre albedrío.*

fatalista *adj.* **1** FILOS. Del fatalismo: *doctrina fatalista.* || *adj. / s. m.* y *f.* **2** FILOS. Que sigue la doctrina del fatalismo: *Los fatalistas creen que todos los acontecimientos están predeterminados.* **3** Que se resigna a su destino: *Tiene un sentimiento fatalista de la vida.*

fatalmente *adv. orac.* **1** Inevitablemente: *Quienquiera que se dedique a opinar sobre esto fatalmente ha de equivocarse a menudo.* **2** Por desgracia, desgraciadamente: *Fatalmente, desapareció sin dejar huella.* || *adv. modo* **3** Muy mal, con muchísimas dificultades: *Se desenvolvía fatalmente.* OBSERVACIONES: Se usa más el adverbio adjetival *fatal*, especialmente si se trata de calificar resultados de acciones: *Lo hiciste fatal;* o procesos de sentimiento: *Aquella frase le sentó fatal. Ese individuo me cae fatal.*

fatídico, ca *adj.* (antepuesto / pospuesto) Que anuncia, encierra o contiene desgracias: *Ayer fue un día fatídico para todos nosotros. Comienza, en estos momentos, la narración de aquellos fatídicos acontecimientos.*

fatiga *s. f.* **1** (no contable) Falta de fuerzas, cansancio físico o mental: *Después de la carrera, sentía una gran fatiga.* **2** (no contable) Dificultad para respirar: *Los enfermos graves del corazón tienen mucha fatiga.* SIN. ahogo. **3** (no contable; preferentemente en plural) Pena o sufrimiento: *Pasó muchas fatigas en la vida para mantener a su familia.* SIN. penalidad. **4** (no contable) COLOQUIAL; RESTRINGIDO. Vergüenza o reparo: *Me da fatiga hablar de este tema con él.* **5** COL., VEN.; COLOQUIAL. Hambre.

fatigar *v. tr.* **1** Causar ‹una persona o una cosa› fatiga a [una persona]: *Nos fatiga* ***con*** *sus sermones. Esta niña, con lo traviesa que es, fatiga a cualquiera.* SIN. cansar. || *v. prnl.* **2** Sentir ‹una persona› fatiga: *Se fatiga* ***de*** *andar. Siéntese, que no se fatigue.* SIN. cansarse. ⇒ **56.**

fatigoso, sa *adj.* **1** (antepuesto / pospuesto) Que causa fatiga, o que cuesta mucho trabajo: *Después de una fatigosa subida, llegamos a la cima. Ha sido muy fatigoso llegar hasta aquí.* SIN. trabajoso. **2** (antepuesto / pospuesto) Que respira con dificultad por cansancio o enfermedad: *Tengo la respiración fatigosa. Su fatigosa respiración indicaba que había subido andando las escaleras.*

fato *s. m.* ARG., URUG.; COLOQUIAL. Negocio o asunto poco claro o ilegal.

fatuo, tua *adj. / s. m.* y *f.* **1** ELEVADO; PEYORATIVO. Que es poco inteligente o profundo: *Tuvo un comportamiento fatuo.* **2** ELEVADO; PEYORATIVO. Que se cree superior a los demás y lo manifiesta de forma ridícula: *una persona fatua. El nuevo profesor es un fatuo.* || **3 fuego* ~.**

fatuto, ta *adj.* COL. Fotuto.

fauces (plural) *s. f.* Parte posterior de la boca de los mamíferos que comunica con la faringe: *las fauces del león. El domador introducía su brazo en la boca del tigre hasta las fauces.*

fauna *s. f.* **1** Conjunto de todas las especies animales de un país, región o periodo: *fauna mediterránea, fauna terciaria. Han hecho un documental sobre la fauna ibérica.* **2** COLOQUIAL; PEYORATIVO. Grupo de personas: *En este local se reúne toda la fauna nocturna de Madrid.*

fauno *s. m.* MIT. Dios menor de la mitología romana que vivía en los campos: *Los faunos tenían el cuerpo velludo, patas de macho cabrío, cola y cuernos.* SIN. sátiro.

fausto, ta *adj.* **1** (antepuesto) ELEVADO. Que produce alegría: *El fausto acontecimiento se celebró en presencia de la familia de los novios.* SIN. feliz. ANT. infausto. || *s. m.* **2** (no contable) ELEVADO. Lujo y esplendor: *Pensaba que vivían de una manera más sencilla, pero me quedé sorprendido del fausto de su casa.* SIN. suntuosidad. ANT. sencillez.

fauvismo *s. m.* (no contable) Movimiento pictórico nacido en París a principios del siglo XX que se caracterizó por el empleo del color puro: *Henri Matisse fue el máximo exponente del fauvismo.*

favela *s. f.* AMÉR. Chabola de las grandes ciudades de Brasil.

favor *s. m.* **1** Beneficio o ayuda que se da o se recibe: *Te quiero pedir dos favores. Prefiero que no me hagan favores. Ese favor tan grande no te lo podré pagar en la vida.* **2** (no contable) Confianza o apoyo recibido de una persona: *Cuenta con el favor de todos los aficionados al tenis.* **3** (no contable) ELEVADO. Privilegio que concede la autoridad o un superior: *Desde que goza del favor del jefe, está ascendiendo en la empresa.* **4** (preferentemente en plural) RESTRINGIDO. Consentimiento de una mujer para mantener una relación amorosa: *Era capaz de cualquier cosa para ganar los favores de su dama.* FR. Y LOC. **a / en ~ (de)** 1 En beneficio o apoyo de una persona o cosa: *Estamos a favor de la libertad de expresión. Lo hacen en favor de la paz. Ha sido gol a favor nuestro.* 2 En la misma dirección de: *Es mejor nadar a favor de la corriente. Ponte a favor del viento.* **apuntarse un tanto* (a su ~). ~ de** MÉX.; PETICIÓN, CORTESÍA. Hacer el favor de. **hacer el ~ (de)** PETICIÓN, CORTESÍA. Se usa pedir una cosa: *¿Haces el favor de pasarme el periódico? ¡Acércame el lápiz, haz el favor!* **hacer un flaco servicio* / ~. por ~** PETICIÓN, CORTESÍA. Se usa para pedir una cosa: *¿Me dices qué hora es, por favor? Por favor, ¿me llevas a casa?*

favorable *adj.* **1** (antepuesto / pospuesto) Que favorece o beneficia: *Las críticas han sido favorables, estoy satisfecha. Los favorables designios de los dioses nos acompañan. Navegamos con viento favorable. El diagnóstico fue favorable.* **2** Que apoya o defiende una cosa: *Se mostró favorable* ***a*** *una intervención militar. Es una política favorable* ***a*** *nuestros intereses.*

favorecer *v. tr.* **1** Estar ‹una persona› a favor de [otra persona]: *El árbitro favoreció al equipo de casa. La jefa ha favorecido a Ernesto nombrándolo subdirector.* SIN. beneficiar. **2** Ser ‹una cosa› favorable a [una persona o a una cosa]: *La medida del Gobierno favorece a las empresas automovilísticas. Las lluvias van a favorecer las cosechas.* **3** Hacer ‹una cosa› más guapa [a una persona]: *A Isabel el pelo rubio le favorece mucho. La barba no te favorece, te hace más viejo.* ⇒ **5.**

favorita *s. f.* Mujer que mantenía relaciones sentimenales con un rey o un noble al margen del matrimonio: *La favorita del rey le dio dos hijos.*

favoritismo *s. m.* (no contable) PEYORATIVO. Comportamiento de la persona que muestra preferencia por otra persona y le hace favores en perjuicio de las demás: *El favoritismo del profesor hacia algunos alumnos ha sido denunciado por los padres.* ANT. imparcialidad.

favorito, ta *adj. / s. m.* y *f.* **1** Que se prefiere a las demás cosas o personas: *Es el perro favorito del rey. Es su alumno favorito. Es la favorita del público.* **2** Que se considera el ganador de una competición o una confrontación, antes de que se celebre: *Es el caballo favorito* ***en*** *la cuarta carrera. Es el favorito* ***en*** *el campeonato de liga. Es el partido favorito* ***para*** *ganar las elecciones.* || *s. m. / f.* **3** Persona que goza de la confianza de otra persona importante: *Los reyes solían gobernar ayudados de algunos favoritos.*

fax (plural *fax* o *faxes*) *s. m.* **1** (no contable) Sistema de comunicación que permite transmitir textos escritos, dibujos o fotografías, a través del teléfono: *Voy a enviar estas facturas por fax.* SIN. telefax. **2** Aparato que permite la transmisión de textos escritos, de dibujos o de fotografías a través del teléfono: *Han instalado un fax en la oficina. El fax está estropeado.* SIN. telefax. **3** Texto o documento enviado o recibido a través del teléfono: *Han llegado dos fax para ti. Pon un fax y dile que llegamos a las cinco.* SIN. telefax.

fayuca *s. f.* **1** MÉX.; COLOQUIAL. Mercancía de contrabando. **2** COL. Charla insustancial.

faz *s. f.* **1** LITERARIO, ELEVADO. Cara o rostro: *Su faz, surcada por hondas arrugas, reflejaba el pesado paso de los años.* **2** Superficie o lado de algunas cosas: *la faz de una moneda, la faz de una medalla. Los astrónomos observaban la faz de la Luna. La buscó por toda la faz de la Tierra.*

F.C. *abrev.* «Fútbol Club»: *El F.C. Barcelona se enfrenta al Real Madrid el domingo.*

FDN (pronunciamos *'efe-de-ene'*) *s. f.* **1** Sigla de «Fuerzas Democráticas Nicaragüenses». **2** Sigla de «Frente Democrático Nacional», Perú.

fe *s. f.* **1** (no contable) REL. Creencia firme en una cosa sin necesidad de probarla o demostrarla: *La fe es una de las virtudes teologales.* **dogma de ~. ~ del carbonero** COLOQUIAL. Fe ingenua. **2** REL. Conjunto de creencias: *la fe católica, la fe islámica.* **3** (no contable) Confianza en una persona o cosa: *Tiene fe en ella: está seguro de que no lo decepcionará. Tiene fe en los adelantos de la ciencia.* **~ ciega** INTENSIFICADOR. Confianza absoluta y exagerada en una persona o cosa: *Tenía una fe ciega en sus posibilidades, por eso la frustración ha sido mayor. Tengo fe ciega en esta marca.* **4** (no contable) Promesa o palabra que se da a una persona: *Le dio fe de su lealtad.* **5** (no contable) DER. Aseveración de que una cosa es cierta: *Mediante su firma el notario da fe.* **~ pública** Autoridad legítima atribuida a algunas personas para que los documentos que autoricen sean tenidos como auténticos y su contenido como verdadero: *El notario dio fe pública del sorteo.* **6** Documento en que se verifica o acredita la verdad de alguna cosa: *fe de bautismo, fe de vida.* || **7 buena / mala ~** Buena o mala intención: *No quiso molestarlo, obró de buena fe.* **8 ~ de erratas** Lista de erratas o errores de un libro, y de las correcciones correspondientes: *Al final del libro hay una fe de erratas.* FR. Y LOC. **a ~ mía** RESTRINGIDO. Se usa para asegurar una cosa. **artículo* de ~. auto* de ~. dar ~** 1 DER. Ejercitar ‹una persona autorizada› la fe pública: *Los notarios y secretarios de juzgado dan fe de los actos públicos.* 2 Asegurar ‹una persona› una cosa: *Doy fe de lo que ocurrió porque lo vi con mis propios ojos.*

FE de las JONS *s. f.* Sigla de «Falange Española de las Juntas de Ofensiva Nacional-Sindicalistas», España.

fealdad *s. f.* (no contable) Calidad de feo: *Compensa su fealdad con una simpatía desbordante. La fealdad de ese edificio contrasta con el entorno.* ANT. belleza.

febrero *s. m.* Segundo mes del año, que tiene 28 días, excepto los años bisiestos, que tiene 29: *En España, el mes de febrero es el más frío del año.*

febrícula *s. f.* (no contable) MED. Fiebre moderada.

febrífugo, ga *adj. / s. m.* MED. Que combate la fiebre: *una sustancia febrífuga. La enfermera le administró un febrífugo.* SIN. antitérmico.

febril *adj.* **1** De la fiebre: *pulso febril, estado febril.* **2** (estar) Que tiene fiebre: *Estoy febril.* **3** (antepuesto / pospuesto) INTENSIFICADOR. Que tiene mucha intensidad, ardor o apasionamiento: *movimiento febril. La febril actividad de estos días no me ha dejado un solo momento tranquilo.*

fecal *adj.* De los excrementos intestinales: *Los análisis fecales confirman la infección.* **heces fecales.**

fecha *s. f.* **1** Nota del lugar y tiempo en que pasa o se hace una cosa: *poner la fecha, escribir la fecha. En la tapa está la fecha de caducidad. Ésta será una fecha histórica. La carta tiene fecha de 23 de septiembre.* **2** Momento en que pasa o sucede una cosa: *Olvidé la fecha de su cumpleaños. Recuerda que el día veinte es la fecha de nuestro aniversario. Por aquellas fechas fue cuando llegó tu padre.* **3** Cada día que transcurre a partir de un momento determinado: *Tardará varias fechas en llegar.* **4** Momento actual: *en estas fechas, por estas fechas. Hasta la fecha no se ha producido ninguna reclamación.* FR. Y LOC. **a ... días* ~ / vista.**

fechador *s. m.* **1** RESTRINGIDO en España, ADMINISTRATIVO en Chile. Estampilla o sello para imprimir la fecha en documentos. **2** ARG., MÉX. Matasellos.

fechar *v. tr.* **1** Poner ‹una persona› la fecha en [una cosa]: *Fecha la carta y échala al correo.* SIN. datar. **2** Determinar ‹una persona› la fecha en que ocurrió o se hizo [una cosa]: *Los arqueólogos fecharon aquellos restos en el siglo* I *antes de Cristo.*

fechoría *s. f.* **1** Delito cometido por una persona: *Han detenido al autor de las fechorías de la semana pasada.* **2** COLOQUIAL. Travesura hecha por un niño: *¡Vaya fechoría que me ha hecho el niño: ha metido el gato en la lavadora!*

fécula *s. f.* Almidón, especialmente el de tubérculos y raíces que se utiliza como alimento o con fines industriales: *fécula de arroz. La patata tiene mucha fécula.*

fecundación *s. f.* Acción y resultado de fecundar: *La fecundación en los animales superiores terrestres exige pautas complejas de conducta, porque requiere la participación de los dos sexos. En los animales inferiores acuáticos la fecundación es externa. Hoy existen métodos para realizar la fecundación por medios artificiales.* **~ artificial** MED. Fecundación que se produce mediante la introducción de los espermatozoides en el cuerpo de la hembra por procedimientos técnicos, sin necesidad de realizar el acto sexual: *La fecundación artificial es cada vez más frecuente entre las parejas con problemas para la fecundación natural.* **~ in vitro** MED. Fecundación en el laboratorio de un óvulo extraído del ovario de una hembra.

fecundar *v. tr.* **1** Unirse ‹una célula sexual masculina› con [una célula sexual femenina] dando comienzo al desarrollo de un nuevo ser: *Cuando el espermatozoide fecunda el óvulo se produce la primera célula que, en sucesivas divisiones, irá formando el nuevo organismo.* **2** Unirse ‹un macho› con [una hembra] dando lugar a un nuevo ser: *El caballo ha fecundado a la yegua y pronto esperamos tener un potrillo.* **3** Unir ‹una persona› [un elemento masculino] con [un elemento femenino] artificialmente: *Los médicos fecundaron un óvulo y lo implantaron de nuevo en el útero de la mujer.* **4** RESTRINGIDO. Hacer ‹una persona o una cosa› fecunda [una cosa]: *La lluvia fecunda la tierra. El viejo maestro fecundaba con su sabiduría las mentes de sus discípulos.*

fecundizar *v. tr.* Hacer ‹una persona o una cosa› fecunda [una cosa]: *Los insectos fecundizan las flores con el polen que llevan en sus patas.* SIN. fecundar. ⇒ **19.**

fecundo, da *adj.* **1** [Animal] que puede fecundar o ser fecundado: *una hembra fecunda, un semental fecundo.*

2 Que produce mucha cantidad: *Fueron en busca de una tierra más fecunda. Es un escritor fecundo en novelas de ciencia ficción.*

fedatario, ria *s. m./f.* DER. Notario o funcionario que aprueba o confirma la autenticidad de documentos o hechos: *Disponen de documentos firmados por un fedatario que amparan sus aspiraciones.*

FEDER (pronunciamos *'fe-der'*) *s. f.* Sigla de «Fondo Europeo de Desarrollo Regional», Unión Europea.

federación *s. f.* 1 Unión de Estados autónomos bajo una autoridad central: *La federación de Estados es un sistema cada vez más extendido. Países como México, Brasil, Estados Unidos o Alemania son federaciones.* 2 Agrupación de colectividades humanas que mantienen su propia autonomía: *La federación del metal ha presentado su propio candidato a la secretaría general del sindicato. Tienen que negociarlo con la federación de asociaciones de vecinos.* 3 DEP. Organismo que regula y controla un deporte: *federación de fútbol, federación de natación. La Federación Española de Baloncesto ha aprobado las nuevas normas para la próxima temporada.*

federal *adj.* 1 De la federación: *gobierno federal. Las leyes federales prohíben el monopolio.* SIN. federativo. **estado* ~ / autonómico.** || *adj. / s. m.* y *f.* 2 Que es partidario del federalismo: *Las divisiones entre los federales explican algunos aspectos políticos del pasado siglo en España. Varios partidos tienen planteamientos federales.* SIN. federalista. 3 HIST. [Persona] que en la Guerra de Secesión americana estaba a favor de los Estados del Norte: *La película narra una parte de la guerra entre los federales y los confederados.* || **4 distrito* ~.**

federalismo *s. m.* (no contable) Ideología y sistema políticos según los cuales una nación se divide en una serie de Estados asociados: *el federalismo de los Estados Unidos de América. El Presidente es partidario de un federalismo moderado.*

federalista *adj.* 1 Del federalismo: *sistema federalista, ideología federalista.* SIN. federativo. || *adj. / s. m.* y *f.* 2 Que es partidario del federalismo: *Es un político federalista. Los federalistas se manifestaron contra las medidas centralistas del Gobierno.* SIN. federal.

federarse *v. prnl.* 1 Formar ‹varios países o varios organismos› una federación: *Las organizaciones de comerciantes se han federado para defender sus intereses.* 2 Inscribirse ‹una persona› en una federación: *Me he federado como judoka, y así podré competir.*

federativo, va *adj.* 1 De la federación: *sistema federativo, sanción federativa.* 2 [Sistema político] que adopta la organización de una federación: *Estado federativo, autoridades federativas.* SIN. federal. || *s. m.* 3 [Persona] que pertenece a la dirección de una federación: *Los federativos no se han puesto de acuerdo sobre el problema.*

feed-back (del inglés; pronunciamos *'fid-bac'*) *s. m.* (no contable) Retroalimentación, método empleado para mantener la eficacia de un sistema mediante la revisión continua de los elementos del proceso y del resultado, y la incorporación de las rectificaciones necesarias para el perfeccionamiento de los mismos: *Las lenguas son sistemas que disponen de feed-back.*

féferes (plural) *s. m.* AMÉR. Trastos, bártulos.

fehaciente *adj.* (antepuesto / pospuesto) ELEVADO. Que prueba o certifica una cosa con total certeza o evidencia: *prueba fehaciente, documento fehaciente. Han reunido fehacientes testimonios de la culpabilidad del detenido.*

felación *s. f.* ELEVADO. Excitación bucal del pene.

feldespato *s. m.* Mineral que pertenece al grupo de los silicatos de aluminio, de color blanco, amarillo o rojizo, y de gran dureza: *El feldespato se aprovecha para la fabricación de vidrio y cerámica.*

felicidad *s. f.* 1 (no contable) Estado de satisfacción de la persona para quien las circunstancias de la vida son tal como las desea: *¡Qué felicidad estar de nuevo en casa! Todo hombre anhela la felicidad. Cuando está con ella pone cara de felicidad.* ANT. infelicidad. 2 (no contable) Circunstancia de que una cosa ocurra sin contratiempos: *Dio a luz con toda felicidad.* 3 (en plural) Felicitación habitual por la onomástica, el cumpleaños, el Año Nuevo o cualquier acontecimiento positivo: *Te deseo muchas felicidades. ¡Felicidades por tu ascenso!*

felicitación *s. f.* 1 Acción y resultado de felicitar: *No me gustan las felicitaciones que no son sinceras.* 2 Fórmula oral o escrita con la que se felicita: *Le hemos transmitido un telegrama de felicitación. Me llegaron varias felicitaciones por correo.*

felicitar *v. tr.* 1 Expresar ‹una persona› su satisfacción a [otra persona a quien le ha ocurrido una cosa agradable o beneficiosa]: *El director felicitó a todos los que habían obtenido el título. Enrique fue el último en felicitarme **por** mi boda.* 2 Expresar ‹una persona› a [otra persona] su deseo de que sea feliz en [una fecha] o en [una circunstancia]: *Mi prima nos felicitó las Fiestas. Elena me ha felicitado en mi cumpleaños.* || *v. prnl.* 3 Expresar ‹una persona› su satisfacción porque le ha ocurrido [una cosa agradable o beneficiosa a otra persona]: *Me felicito **por** tu ascenso. Nos tenemos que felicitar **por** la buena marcha de la compañía.*

félido *adj. / s. m.* 1 (macho y hembra) ZOOL. [Animal] que es mamífero carnívoro, tiene cabeza redondeada, hocico corto, uñas generalmente retráctiles, y una gran flexibilidad, como el león, el tigre y el gato. SIN. felino. || *s. m.* 2 (en plural) ZOOL. Familia formada por los félidos.

feligrés, sa *s. m./f.* 1 Miembro de una parroquia en la Iglesia Cristiana: *Los feligreses van cada domingo a la iglesia.* 2 COLOQUIAL; HUMORÍSTICO. Cliente habitual de un establecimiento: *Es una taberna con muchos feligreses.* SIN. parroquiano.

felino, na *adj.* 1 Del gato o que parece de gato: *una felina mirada, un brillo felino en los ojos, unos andares felinos. Su agilidad felina al saltar la valla nos sorprendió a todos.* || *adj. / s. m.* 2 ZOOL. Félido .

felipillo, lla *adj. / s. m.* y *f.* PERÚ. [Persona] que es traidora.

feliz *adj.* 1 (ser / estar) Que tiene o disfruta de felicidad: *Es un hombre feliz. Estoy feliz con mi nuevo trabajo. Desde que le tocó la lotería, es feliz. Me has hecho feliz con esa noticia.* 2 (antepuesto / pospuesto) Que anuncia o produce felicidad: *Aquéllos fueron los años más felices de mi vida. Me gustaría no olvidar nunca estos felices momentos. Hoy es un día feliz para todos.* 3 (antepuesto / pospuesto) Que ocurre o sucede sin contratiempos, con alegría o felicidad: *¡Feliz año 1994! Os deseo un feliz viaje de regreso.* **buen / ~ viaje.** 4 (antepuesto / pospuesto) Que contiene acierto, se hace o se dice en el momento oportuno: *Tuvimos una ocurrencia feliz con este invento de las hamacas. Ha tenido una feliz intervención.* **5** Que es inocente, incauto, no tiene picardía o malicia alguna: *No se entera de nada, vive feliz.* || **6 ~ enlace*.** FR. Y LOC. **Felices Pascuas* (y próspero Año Nuevo). prometérselas* (muy) felices.**

felizmente *adv. modo* **1** Con felicidad: *Viven felizmente allí.* **2** Para bien, para felicidad de alguna persona: *Vino felizmente al mundo el día 6 de mayo de 1923.* **3** De manera feliz, con éxito: *Todo aquello acabó felizmente.* || *adv. orac.* **4** Afortunadamente, por suerte: *Felizmente, no cumplió su amenaza.*

felonía *s. f.* ELEVADO. Deslealtad o traición contra una persona o una cosa: *Vender información a otra empresa es una felonía. Han acusado de felonía a un diplomático importante. En la Edad Media la felonía se castigaba con la muerte.*

felpa *s. f.* **1** (no contable) Tejido de pelo suave por una de sus caras: *No soporta las camisetas de felpa porque dice que le pican.* **2** ARG., URUG.; COLOQUIAL. Paliza o reprimenda.

felpear *v. tr.* AMÉR. DEL S. Pegar o reprender ‹una persona› [a otra persona].

felpudo *s. m.* Alfombra pequeña que suele ponerse a la entrada de una vivienda para limpiarse la suela de los zapatos: *Límpiate los zapatos en el felpudo antes de entrar.*

femenino, na *adj.* **1** (ser / estar) De la mujer o que es propio de ella: *El público femenino aplaudía a rabiar. La asistencia femenina fue grande. Es una chica muy femenina. Con ese vestido está más femenina.* **sexo ~. 2** BIOL. [Individuo] que tiene órganos de reproducción que pueden ser fecundados: *flor femenina.* **3** BIOL. De los individuos femeninos: *los órganos femeninos de las plantas.* **4** LING. [Palabra] que tiene género gramatical femenino: *sustantivo femenino.* || *adj. / s. m.* **5** LING. [Categoría gramatical] que marca formalmente el género de los sustantivos animados que se refieren a individuos femeninos y el de otros muchos sustantivos inanimados: *El femenino de «caballo» es «yegua».*

fémina *s. f.* ELEVADO, RESTRINGIDO; HUMORÍSTICO. Mujer: *El equipo de las féminas ganó al de hombres.*

femineidad o **feminidad** *s. f.* (no contable) Cualidad de femenino: *La casa está ahora más agradable, se nota el calor de la femineidad. La federación ha confirmado la femineidad de la atleta.*

feminismo *s. m.* (no contable) Ideología y comportamiento de los partidarios de la igualdad de derechos entre el hombre y la mujer: *El feminismo ha obtenido cierto éxito en las sociedades occidentales.*

feminista *adj.* **1** Del feminismo: *movimiento feminista, doctrina feminista.* || *adj. / s. m.* y *f.* **2** Que es partidario del feminismo: *agrupación feminista, partido feminista. Las feministas se han manifestado por la igualdad de los sexos.*

femoral *adj.* **1** ANAT. Del fémur: *arteria femoral, vena femoral.* **bíceps ~. tríceps ~.** || *adj. / s. f.* **2** ANAT. [Arteria] que está situada en el muslo: *El toro rompió la femoral del torero.*

fémur *s. m.* ANAT. Hueso del muslo: *El ciclista sufrió una fractura de fémur.*

fenecer *v. intr.* **1** ELEVADO. Morir ‹una persona›: *En el terremoto han fenecido pueblos enteros.* SIN. fallecer. **2** ELEVADO. Acabarse ‹una cosa›: *El buen cine no puede fenecer.* SIN. terminarse. ⇒ **5.**

fenicio, cia *adj. / s. m.* y *f.* **1** De Fenicia, antiguo país de Asia: *barco fenicio, arte fenicio. Hizo un estudio sobre los fenicios.* **2** PEYORATIVO. Que tiene habilidad en los negocios: *Es muy fenicio y está ganando mucho dinero.* || *s. m.* **3** Lengua semítica hablada por los fenicios.

fénix *s. m.* **1** (no contable, con mayúscula) Ave de la mitología que ardía en una hoguera y renacía de sus cenizas: *El Fénix es el símbolo de la eterna renovación.* **2** (plural *fénix*, no contable) ELEVADO. Persona que destaca por su talento en alguna actividad: *Lope de Vega es conocido como el Fénix de los Ingenios.*

fenomenal *adj.* **1** (antepuesto / pospuesto) COLOQUIAL; INTENSIFICADOR. Que es muy grande: *Se dio un golpe fenomenal. Ha sido una fenomenal sorpresa que vinieras.* **2** (ser / estar, antepuesto / pospuesto) COLOQUIAL. Que es muy bueno o extraordinario: *Ha tenido una fenomenal idea. Ayer vi una película fenomenal. Es un chico fenomenal, te gustará mucho. Estos cacahuetes están fenomenales.* || *adv.* **3** Muy bien, estupendamente: *Lo pasamos fenomenal. Desde que no fumo me encuentro fenomenal.*

fenomenalmente *adv. modo* **1** INTENSIFICADOR. Muy bien, magníficamente, estupendamente: *Lo hiciste fenomenalmente.* **2** Muy. OBSERVACIONES: Intensifica adverbios de valoración positiva: *Cantó fenomenalmente bien.*

fenómeno, na *adj.* **1** (ser / estar) COLOQUIAL. Fenomenal: *Es un tío fenómeno. Esta chica es fenómena jugando al baloncesto. Con esos pantalones estás fenómena, Eva.* || *s. m.* **2** Cualquier manifestación de la naturaleza o de la mente: *un fenómeno atmosférico. Los fenómenos psíquicos carecen frecuentemente de explicación. El eco es un fenómeno acústico muy habitual.* **3** Cualquier hecho o suceso: *Las lluvias en esta época son un fenómeno normal.* SIN. acontecimiento. **4** Cosa sorprendente: *Aún no han sabido explicar aquel fenómeno que tantas personas pudieron contemplar.* SIN. prodigio. **5** Persona o animal monstruoso: *un fenómeno de feria.* **6** Persona sobresaliente, fuera de serie: *Como piloto es un fenómeno.*

fenomenología *s. f.* (no contable) FILOS. Teoría y método filosóficos que centran su investigación en los fenómenos físicos o psíquicos.

fenotipo *s. m.* BIOL. Conjunto de caracteres observables de un organismo vivo individual que depende tanto del conjunto de genes presentes en él como de la influencia del ambiente: *El fenotipo está condicionado por el genotipo o conjunto de genes.*

feo, a *adj.* **1** (ser / estar, antepuesto / pospuesto) Que no es bonito: *un feo edificio, una falda muy fea, un perro feo. Su coche estaba muy feo, sucio y lleno de abolladuras.* **2** (ser / estar, antepuesto / pospuesto) Que es muy desagradable u ofensivo: *Reaccionó de una manera muy fea cuando le pediste el favor. Está feo que pases por su lado y no lo saludes. El vecino me hizo un feo gesto.* **3** (antepuesto / pospuesto) Que es ilegal o deshonroso: *Era un feo asunto y acabó en la cárcel. Siempre está metido en negocios feos.* **4** (ser / estar) Que tiene mal aspecto: *La tarde se estaba poniendo muy fea y amenazaba lluvia. La herida estaba muy fea. El día ha sido muy feo.* || *adj. / s. m.* y *f.* **5** (ser / estar, antepuesto / pospuesto) Que tiene poco atractivo físico: *Su hermano es muy feo. Estás fea con tanta pintura en la cara. Su fea cara me miraba impasible. Yo no bailo con los feos.* ANT. guapo.

6 COL. Que tiene mal gusto o mal olor. || *s. m.* 7 COLOQUIAL. Acción con que se muestra desprecio hacia una persona: *Voy a ir a su fiesta por no hacerle un feo.* SIN. desaire. || *adv.* 8 COLOQUIAL. Mal: *Esto se pone feo, vámonos de la reunión.* FR. Y LOC. **bailar* con la más fea. ser más ~ que Picio*.**

feraz *adj.* (antepuesto / pospuesto) ELEVADO. Que es muy fértil o abundante de frutos: *feraces tierras, huertas feraces.*

féretro *s. m.* LITERARIO, ELEVADO. Caja en la que se pone un cadáver: *Han llegado al aeropuerto los féretros de los alpinistas.* SIN. ataúd.

feria *s. f.* 1 Mercado y exposición de productos al aire libre en lugares y fechas determinados: *feria de ganado.* 2 Recinto e instalaciones en las que se exhiben periódicamente determinados productos para su promoción o se realizan otros actos públicos: *feria del libro, feria de la construcción. Están reformando uno de los palacios de la feria. El congreso se celebra en el pabellón número dos de la feria.* 3 Fiesta con diversiones y espectáculos que se realiza en una fecha fija: *La feria del pueblo es para el mes de agosto.* 4 Conjunto de instalaciones recreativas y comerciales que se establecen cuando se celebra alguna fiesta: *Por la tarde iremos a la feria y podréis montar en las atracciones.* 5 MÉX.; COLOQUIAL. Calderilla, dinero en moneda pequeña.

feriado *s. m.* ARG., URUG. Día festivo.

ferial *adj.* De la feria: *actividad ferial.* **recinto ~.**

feriar *v. tr.* 1 Comprar o vender ‹una persona› [una cosa] en una feria: *Mi abuelo feriaba todos los años un novillo.* 2 AMÉR. C., COL., P. RICO; COLOQUIAL en Colombia. Vender ‹una persona› [una cosa] a bajo precio. || *v. prnl.* 3 COL. Casarse, contraer matrimonio ‹una persona›.

ferino, na *adj.* Se usa en la LOC. **tos* ferina.**

fermentación *s. f.* Proceso químico en el que una sustancia se transforma en otra por la acción de microorganismos o fermentos, que actúan en ausencia de oxígeno: *La fermentación de la leche es necesaria para producir yogur o queso.*

fermentar *v. intr.* 1 Experimentar ‹una sustancia› una fermentación: *El pan, el vino o la cerveza necesitan la levadura para fermentar.* || *v. tr.* 2 Hacer ‹una persona o una cosa› que [una sustancia] experimente una fermentación: *Determinados tipos de hongos se usan para fermentar la masa del pan.*

fermentativo, va *adj.* Que causa la fermentación: *sustancia fermentativa.*

fermento *s. m.* 1 QUÍM. Sustancia orgánica que hace fermentar otra sustancia: *Los tipos de fermentos son variados.* SIN. enzima. 2 Causa que provoca agitación o descontento entre las personas: *La tasa de paro es un fermento de inestabilidad social. El descontento estudiantil será el fermento de protestas generalizadas contra el Gobierno.*

fermio *s. m. Fm.* Elemento químico radiactivo que se obtiene bombardeando californio con neutrones.

ferocidad *s. f.* (no contable) Fiereza o crueldad: *No puedo entender la ferocidad de las palabras de un amigo. Cuando los animales cazadores se disputan la presa, la ferocidad es la ley.*

ferodo (marca registrada) *s. m.* (no contable) Material compuesto de fibras de amianto e hilos metálicos que se emplea principalmente en las zapatas de los frenos de automóviles.

feromona *s. f.* BIOL. Sustancia activa de correlación hormonal entre individuos de una misma especie: *Algunos cazadores utilizan trampas con feromonas para atrapar a los animales.*

feroz *adj.* 1 (antepuesto / pospuesto) Que es cruel y violento: *Ese animal es un feroz felino. Nos dirigía una mirada feroz.* SIN. fiero. 2 Que es muy intenso: *Tenía un hambre feroz.*

férreo, a *adj.* 1 De hierro: *estructura férrea.* 2 (antepuesto / pospuesto) Que es fuerte, resistente o constante: *un férreo brazo, una voluntad férrea, una férrea disciplina.* SIN. firme. 3 Del ferrocarril: *línea férrea.* **vía férrea.**

ferretería *s. f.* Establecimiento donde se venden herramientas, clavos y utensilios del hogar: *Compra en la ferretería una cazuela y tacos de pared.*

ferretero, ra *s. m./f.* Persona que es propietaria de una ferretería o que trabaja en ella: *El ferretero dice que éstos son buenos tornillos.*

férrico, ca *adj.* [Compuesto químico] que está formado por un metal y hierro que actúa con valencia 3: *óxido férrico.*

ferrita *s. f.* 1 MIN. Hierro en estado casi puro. 2 MIN. Mineral de color rojo derivado del olivino que está formado en su mayor parte por hierro.

ferrobús *s. m.* Tren ligero con tracción en ambos extremos.

ferrocarril *s. m.* 1 Camino formado por dos raíles de hierro paralelos sobre los que circula un tren: *El ferrocarril de Madrid a Sevilla permite que circulen los trenes de alta velocidad.* SIN. vía. 2 Empresa dedicada al transporte por medio de trenes: *Siempre ha trabajado en el ferrocarril. Los empleados del ferrocarril piden mejoras salariales.* 3 RESTRINGIDO. Tren, medio de transporte: *Yo prefiero el ferrocarril a los coches.* **~ metropolitano** Metro. **~ suburbano** Ferrocarril que comunica el centro de una ciudad con la periferia. 4 URUG.; COLOQUIAL. Chuleta estudiantil.

ferrocarrilero, ra *adj.* AMÉR. Ferroviario.

ferroso, sa *adj.* [Compuesto químico] que está formado por un metal y hierro que actúa con valencia 2: *óxido ferroso.*

ferrovial *adj.* RESTRINGIDO. Ferroviario.

ferroviario, ria *adj.* 1 Del ferrocarril: *obras ferroviarias, horarios ferroviarios, línea ferroviaria, estación ferroviaria. La red ferroviaria española tiene una estructura radial.* || *s. m./f.* 2 Empleado del ferrocarril: *Pedí información al ferroviario.*

ferruginoso, sa *adj.* GEOL. Que contiene hierro: *roca ferruginosa, agua ferruginosa.*

ferry *s. m.* Barco que puede transportar pasajeros, vehículos y vagones de ferrocarril entre dos orillas de un estrecho o de un río o dos puertos no muy lejanos: *El ferry entre Barcelona y Mallorca tarda unas ocho horas. Puedes ir a Melilla en el ferry desde Málaga.* SIN. transbordador.

fértil *adj.* 1 (antepuesto / pospuesto) Que produce mucho: *tierra fértil, mente fértil. Este periodo de su vida fue fértil* ***en*** *aventuras. De su fértil pluma surgieron magníficas obras.* ANT. estéril. 2 [Persona, animal] que puede reproducirse: *mujer fértil. El médico dice que mi marido no parece muy fértil.* ANT. estéril. 3 [Periodo de tiempo] que es muy productivo: *El periodo fértil de la mujer empieza en la pubertad. Éste es un año muy fértil para el olivo. La primera época de este escritor es muy fértil.*

fertilidad *s. f.* (no contable) Calidad de fértil: *Lo mejor de esta tierra es su fertilidad. Muchos pueblos rinden culto a la fertilidad personificada en una diosa.*

fertilizante *adj. / s. m.* Que sirve para fertilizar: *sustancia fertilizante. El abono es un fertilizante. Esta empresa fabrica fertilizantes.*

fertilizar *v. tr.* Hacer ‹una persona o una cosa› fértil [una cosa]: *Los campesinos fertilizan sus tierras para que las cosechas sean mejores. Hoy es posible fertilizar un óvulo por medios artificiales.* ⇒ **19.**

férula *s. f.* **1** RESTRINGIDO. Vara o regla que se utilizaba para golpear a los alumnos en las manos como castigo: *La férula era un instrumento pedagógico esencial en las escuelas tradicionales.* SIN. palmeta. **2** MED. Estructura para inmovilizar un miembro, generalmente fracturado. FR. Y LOC. **estar bajo la ~ de** ELEVADO. Depender ‹una persona› de otra persona o estar bajo su dirección: *En esa casa todos están bajo la férula del padre.*

ferviente *adj.* (antepuesto / pospuesto) Que tiene fervor, entusiasmo o admiración: *Julián es un seguidor ferviente de la selección de fútbol. Soy un ferviente admirador suyo. Le doy a usted, querido amigo, mi más ferviente apoyo.* SIN. fervoroso.

fervientemente *adv. modo* De manera ferviente, con fervor, con mucha intensidad: *Arrodillada, oraba fervientemente por la paz. Deseo fervientemente que te toque la lotería y te vayas de casa.*

fervor *s. m.* **1** Sentimiento religioso intenso: *Asistieron al acto religioso con fervor.* SIN. devoción. **2** Cuidado e interés con que se hace una cosa: *Habla con fervor. Trabajas con fervor. El fervor que pone en el estudio es digno de alabanza.* SIN. dedicación. **3** Simpatía o admiración intensas hacia una cosa o hacia una persona: *Escucha todos sus programas con fervor. Sigue sus consejos con fervor.* SIN. pasión.

fervoroso, sa *adj.* (antepuesto / pospuesto) Que tiene fervor, devoción o entusiasmo por una cosa: *Ernesto es un fervoroso creyente. Soy un partidario fervoroso de la dieta vegetariana.* SIN. ferviente.

fesa *s. m. / f.* ARG.; COLOQUIAL. Persona que es ingenua y poco lista.

festejar *v. tr.* **1** Hacer ‹una persona› una fiesta para celebrar [una cosa]: *Festejaron el premio con un espléndido banquete. Quieren festejar el bautizo el próximo domingo.* **2** Hacer ‹una persona› cosas para agradar a [otra persona]: *Sus paisanos festejaron **al** campeón del mundo hasta el amanecer. El pueblo festejó **a** la vencedora con ofrendas y regalos.* SIN. agasajar. **3** RESTRINGIDO. Hacer ‹una persona› la corte a [otra persona]: *Festeja a su vecina desde hace tiempo.* SIN. rondar.

festejo *s. m.* **1** Acción y resultado de festejar: *Antes, el festejo duraba horas. El festejo posterior a la boda fue muy sonado.* **2** (preferentemente en plural) Actos públicos que se celebran durante unas fiestas populares: *El domingo empezarán los festejos. Tienen un amplio programa de festejos. Formamos parte de la comisión de festejos del Ayuntamiento.*

festín *s. m.* Comida espléndida y abundante, normalmente con objeto de una celebración: *La asociación prepara un festín para agasajar a los jubilados. ¡Qué festín nos dimos anoche!*

festinar *v. tr.* **1** AMÉR. Apresurar, precipitar ‹una persona› [una cosa]. **2** AMÉR. C. Festejar, agasajar ‹una persona›.

festival *s. m.* **1** Muestra o certamen, a veces con carácter de competición, dedicado a un arte o a un personaje: *festival de cine, festival de música, festival de jazz, festival de teatro, festival de danza, festival de rock, festival de Valladolid.* **2** Fiesta, especialmente musical: *El festival de fin de curso fue muy animado.* **3** Cosa que llama la atención o resulta espectacular por algo: *El campeonato del mundo ha sido un festival de patadas. La última película del joven director es un festival de humor.*

festividad *s. f.* Celebración o fiesta oficial con la que se conmemora una cosa: *la festividad de San Juan, la festividad de la Constitución, la festividad del 1.º de Mayo.*

festivo, va *adj.* **1** De fiesta: *ambiente festivo.* **día* ~. 2** Que es alegre o desenfadado: *La reunión se desarrolló en un tono festivo.*

festón *s. m.* **1** Bordado en forma de ondas o puntas que remata el borde de una tela como adorno o para impedir que se deshilache: *el festón del cuello, el festón de una mantelería.* **2** Adorno en forma de ondas o tira ondulada esculpido o hecho con cintas o guirnaldas: *La fachada tiene varios bajorrelieves adornados con festones.*

festoneado, da *adj.* **1** (ser / estar) Que tiene el borde en forma de festón o de onda: *Las servilletas y el mantel son festoneados.* **2** BOT. [Hoja] que tiene muescas o hendiduras en el contorno.

festonear *v. tr.* **1** Adornar ‹una persona› [una cosa] con festones: *Para la fiesta están festoneando todas las farolas.* **2** Bordar ‹una persona› [una cosa] con festones: *Ha festoneado una mantelería.*

feta *s. f.* ARG., URUG. Loncha de embutido.

fetal *adj.* BIOL. Del feto o como el feto: *postura fetal.*

fetén *adj.* **1** (invariable) COLOQUIAL. Que es verdadero o auténtico: *Habla en castellano fetén.* **2** (invariable; ser / estar) COLOQUIAL. Que es estupendo o muy bueno: *La película es fetén. Los pasteles estaban fetén.* || *adv. modo* **3** COLOQUIAL. Muy bien: *Lo hemos pasado fetén.* || *s. f.* **4** COLOQUIAL. Verdad: *Te digo la fetén.*

fetiche *s. m.* **1** REL. Ídolo u objeto al que se rinde culto: *En las excavaciones de las tumbas se han encontrado algunos fetiches.* **2** Objeto considerado portador de buena suerte o con poderes sobrenaturales que benefician a quien lo usa o posee: *Siempre lleva algún fetiche para que le dé suerte.* **3** PSICOL. Objeto en el que una persona fija su atracción sexual.

fetichismo *s. m.* **1** (no contable) REL. Culto a los fetiches: *El fetichismo se considera una de las etapas de la evolución religiosa de un pueblo.* **2** (no contable) Veneración excesiva y supersticiosa a una persona o cosa: *En este partido, la adoración al líder se convierte en puro fetichismo.* **3** (no contable) PSICOL. Asociación de un objeto inanimado a situaciones emocionales relacionadas con el impulso sexual: *El psicoanálisis ha estudiado el fetichismo que producen las prendas de vestir.*

fetichista *adj.* 1 Del fetichismo: *culto fetichista, tendencia fetichista, conducta fetichista.* || *s. m./f.* 2 ELEVADO. Persona que practica el fetichismo. 3 PSICOL. Persona que asocia sus sensaciones eróticas con determinados objetos inanimados, generalmente prendas de vestir.

fétido, da *adj.* Que huele muy mal: *vapor fétido, olor fétido.* **bomba* fétida.**

feto *s. m.* 1 Embrión de un mamífero desde que empieza a tener la forma característica de su especie hasta el momento del parto: *En la especie humana, el embrión alcanza el estado de feto hacia el final del segundo mes de embarazo.* 2 Embrión en estado fetal después de ser abortado. 3 COLOQUIAL; INSULTO. Persona muy fea: *Con lo guapa que es, y se rodea siempre de fetos. Su novia es un feto.*

fettuccini (del italiano; pronunciamos *'fetuchini'*) *s. m.* (no contable) Pasta alimenticia en forma de cilindro: *Los fettuccini son mi plato preferido.*

feudal *adj.* Del feudalismo o del feudo: *señor feudal, régimen feudal, organización feudal, sociedad feudal, época feudal, relaciones feudales.* **señorío ~.**

feudalismo *s. m.* 1 (no contable) Forma de organización política y social propia de la Edad Media, basada en la existencia de feudos: *Algunos autores creen que el feudalismo castellano fue muy limitado.* 2 (no contable) HIST. Época de la Historia en que regía el sistema de feudos: *El feudalismo sólo desapareció con la revolución burguesa.*

feudo *s. m.* 1 Acuerdo por el cual los soberanos y los señores de la Edad Media concedían a los vasallos tierras o rentas en usufructo a cambio de determinados servicios y obligaciones: *La concesión de un feudo exigía el vasallaje del súbdito.* 2 Tierra concedida en usufructo por el señor feudal a sus vasallos. 3 Renta producida por la tierra que el señor feudal concedía en usufructo a sus vasallos. 4 Zona sobre la cual una persona o una entidad ejerce una influencia absoluta: *Esta circunscripción es un feudo del partido conservador.* 5 DEP. Terreno o cancha de juego: *El Sevilla visita el feudo del Zaragoza. El equipo no ha dejado escapar ni un solo punto en su feudo.*

feúra *s. f.* COL. Cualidad o condición de feo.

FEVE (pronunciamos *'fe-ve'*) *s. f.* Sigla de «Ferrocarriles de Vía Estrecha», España.

fez *s. m.* Gorro de fieltro rojo, en forma de cubilete, usado por árabes y turcos: *Cuando estuve en Estambul me hice una foto con un fez en la cabeza.*

ffcc. *abrev.* «Ferrocarriles».

fi *s. f.* Vigésima primera letra del alfabeto griego.

fiabilidad *s. f.* (no contable) Cualidad de fiable: *La fiabilidad de estos datos es dudosa. Quiero contratar a una empresa que me ofrezca la máxima fiabilidad.*

fiable *adj.* 1 Que merece confianza: *Carlos es una persona fiable, tiene toda mi confianza.* 2 (antepuesto / pospuesto) Que ofrece seguridad: *Este coche tiene una mecánica muy fiable. Su fiable sistema de control la convierte en una central nuclear muy segura.*

fiado, da *p.* Se usa en la LOC. **al / de ~** A crédito, sin pagar nada en el momento de retirar la mercancía: *En este comercio compramos al fiado.*

fiador, ra *s. m./f.* 1 Persona que responde por otra de una obligación, generalmente económica: *fiador de crédito. Necesitas un fiador que te avale.* SIN. avalista. || *s. m.* 2 RESTRINGIDO. Pieza o dispositivo que asegura o sujeta una cosa: *el fiador de la escopeta, el fiador de una puerta.*

fiambre *s. m.* 1 (no contable) Carne o pescado curado o que se toma frío una vez cocinado: *La mortadela es el fiambre que más me gusta. El médico me ha prohibido los fiambres.* 2 COLOQUIAL; HUMORÍSTICO. Cadáver: *No me gusta una película con tantos fiambres.*

fiambrera *s. f.* 1 Recipiente con una tapa muy ajustada de cierre hermético para llevar comida, generalmente ya cocinada: *Hace años era normal ver a los albañiles con sus fiambreras comiendo al lado de las obras.* 2 ARG., PAR., URUG. Fresquera. 3 ARG. Máquina de cortar embutidos.

fiambrería *s. f.* ARG., PAR., URUG. Tienda donde se venden fiambres, quesos y embutidos.

fianza *s. f.* 1 Obligación por la que una persona responde del cumplimiento o realización de una cosa: *libertad bajo fianza.* 2 Cosa, generalmente dinero, que se deja como garantía del cumplimiento de una obligación: *Por el alquiler del piso piden cien mil pesetas y dos meses de fianza. La fianza para que saliera de la prisión era de veinte millones de pesetas.*

fiar *v. tr.* 1 Vender ‹una persona› [una cosa] sin cobrarla en el momento de realizar la venta: *En este establecimiento me fían lo que compro, hasta que cobro a primeros de mes.* 2 Hacerse ‹una persona› responsable del comportamiento de [otra persona]: *Dale lo que quiera comprar, yo lo fío.* || *v. intr./prnl.* 3 Tener ‹una persona› confianza en [otra persona] o en [una cosa]: *Fío **en** tu buen juicio. **Me** fío **de** él. No **se** fía **de** nadie.* FR. Y LOC. **fíate de la Virgen*, y no corras. ser de ~** Merecer ‹una persona› confianza: *Puedes contarle todo porque es de fiar.* ⇒ **8.**

fiasco *s. m.* COLOQUIAL. Fracaso, sorpresa negativa que produce un hecho contrario a lo que se esperaba: *Pensé que aprobaría, pero me llevé un fiasco cuando vi las notas. El proyecto ha resultado un fiasco, ya está en la papelera.* SIN. decepción.

fibra *s. f.* 1 (no contable) Elemento filiforme que forman los tejidos orgánicos y algunos minerales: *fibra muscular. Los alimentos con mucha fibra vegetal son buenos para el intestino.* 2 (no contable) Hilo artificial empleado en la fabricación de tejidos: *Las fibras textiles se obtienen por procedimiento químico.* 3 (no contable) Tela elaborada con hilos obtenidos artificialmente: *una manta de fibra.* 4 (no contable) Aspecto del carácter o sentimientos de una persona: *La música tocó su fibra sensible.* 5 ARG., URUG. Rotulador. || 6 **~ de vidrio** (no contable) Material que se obtiene al estirar el vidrio fundido: *La fibra de vidrio se utiliza como aislante.* 7 **~ óptica** (no contable) ELECTRÓN. Filamento de vidrio o sílice que transmite impulsos luminosos: *Las más modernas redes de telecomunicación se realizan con fibra óptica.*

fibrilación *s. f.* MED. Contracción irregular de las fibras musculares, especialmente de las del corazón: *La mayoría de las muertes repentinas se producen por una fibrilación ventricular.*

fibrilar *adj.* ANAT. De la fibra: *rotura fibrilar.*

fibrina *s. f.* QUÍM. Proteína fibrosa, disuelta en la sangre y otros líquidos orgánicos, que participa en la coagulación.

fibroma *s. m.* MED. Tumor benigno formado por tejido conjuntivo: *Los fibromas pueden alcanzar gran tamaño y oprimir algún órgano importante.*

fibrosis (plural *fibrosis*) *s. f.* MED. Formación de tejido fibroso en un tejido o víscera: *La fibrosis suele tener carácter degenerativo.*

fibroso, sa *adj.* Que tiene muchas fibras, o que está formado por fibras: *tejido fibroso, carne fibrosa.*

fíbula *s. f.* RESTRINGIDO. Hebilla o broche antiguo que se usaba para sujetar las prendas de vestir.

ficción *s. f.* **1** Acción y resultado de fingir: *Su amor no había sido más que una ficción interesada.* SIN. simulación. **2** Cosa inventada, producto de la imaginación: *Las circunstancias que cuenta de su familia son pura ficción.* **3** LIT. Obra y género narrativos: *una obra maestra de la literatura de ficción.* || **4 ciencia* ~.**

ficha *s. f.* **1** Pequeña pieza utilizada en algunos juegos de mesa: *las fichas del dominó, las fichas del parchís, mover la ficha, comer una ficha, perder una ficha.* **2** Pieza, generalmente numerada, que se utiliza como resguardo en guardarropas o aparcamientos: *He perdido la ficha del aparcamiento.* **3** Tarjeta con información que se ordena alfabéticamente: *un catálogo de fichas, rellenar una ficha de ingreso, la ficha de un libro, la ficha policial. El profesor tiene una ficha de cada alumno.* **4** Tarjeta para controlar los horarios de entrada y salida de un trabajador: *Hay que introducir la ficha en esta ranura y automáticamente se imprime la hora.* **5** DEP. Cantidad anual que se paga a un deportista aparte del sueldo: *Le corresponde una ficha muy elevada.* **6** COLOQUIAL, RESTRINGIDO. Pillo o bribón: *El pequeño de Pilar está hecho una buena ficha: le pide dinero a todos los amigos de la familia.* SIN. pieza. || **7 ~ artística** Equipo artístico que interviene en una película. **8 ~ técnica** Equipo técnico que realiza una película.

fichaje *s. m.* **1** Acción y resultado de fichar o contratar a una persona: *El presidente del club anunció el fichaje de nuevos jugadores. La política de fichajes de la emisora la ha llevado a los primeros lugares de las listas de audiencia.* **2** Cantidad que se paga por el contrato de un trabajador muy cualificado o de un deportista: *Se pagó por él un fichaje millonario. Los fichajes de este año no han sido tan caros como los del año pasado.* **3** Persona que ha sido fichada: *Los nuevos fichajes del club entusiasmaron al público. Es un fichaje del que se espera mucho.*

fichar *v. tr.* **1** Hacer ‹una persona› una ficha con los datos de [otra persona] o de [una cosa]: *La policía ficha a los detenidos. Estoy fichando todos los libros de este armario.* **2** Hacer ‹una persona o una entidad› un contrato a [un empleado o un deportista]: *El equipo ha fichado al mejor delantero del país. Esta empresa está fichando a los mejores ejecutivos.* **3** COLOQUIAL; PEYORATIVO. Considerar ‹una persona› que conoce bien los defectos o las debilidades de [otra persona]: *Mi madre enseguida ficha a la gente, tiene muy buen ojo.* || *v. intr.* **4** Llegar ‹una persona› a un acuerdo para formar parte de [un equipo]: *Ha fichado **por** el Zaragoza. Cuando fichó **por** la empresa no parecía que fuera a dar tanto rendimiento.* **5** Introducir ‹un empleado› una ficha en un contador que registra el tiempo que trabaja: *Si no me doy prisa voy a fichar tarde. He fichado a las seis la entrada y a las dos la salida.*

fichera *s. f.* VEN.; COLOQUIAL. Camarera de alterne.

fichero *s. m.* **1** Caja o mueble donde se ordenan las fichas: *Aquí voy a poner un gran fichero metálico.* **2** Conjunto de fichas ordenadas: *el fichero policial. He consultado el fichero de la biblioteca. Hay que organizar el fichero de la oficina.* **3** INFORM. Conjunto organizado de registros o informaciones almacenados como una unidad: *Como el ordenador tiene poca memoria, no podía trabajar con ficheros de más de cincuenta kilobytes.* SIN. archivo.

ficho *s. m.* COL. Ficha.

ficticio, cia *adj.* **1** (antepuesto / pospuesto) Que es falso o fingido: *una alegría ficticia. La buena marcha del negocio era ficticia. La ficticia imagen que nos habían dado de aquel país no coincidía en absoluto con la realidad.* **2** Que es aparente o convencional: *Las fichas de este juego tienen un valor ficticio.*

ficus (plural *ficus*) *s. m.* **1** Género *Ficus*. Subgrupo de plantas arbustivas de la familia de las moráceas, propias de zonas cálidas: *La higuera pertenece al género ficus.* **2** Planta ornamental de hojas grandes, ovaladas y fuertes: *Me han regalado un ficus.*

fidedigno, na *adj.* ELEVADO. Que puede ser creído: *La noticia procedía de fuentes fidedignas.*

fideicomiso *s. m.* **1** DER. Disposición testamentaria por la que una persona encomienda a otra persona una herencia, para que haga con ella aquello que se le indica: *Dejó unos bienes en fideicomiso.* **2** POLÍT. Situación en que se encuentran los territorios que no han alcanzado la independencia y para los que la ONU nombra a otro Estado como administrador.

fidelidad *s. f.* **1** (no contable) Cualidad de fiel: *La fidelidad a los propios principios es lo primero. La fidelidad es fundamental para el mantenimiento de la pareja. Lo que más nos gusta es su fidelidad a la empresa.* **2** (no contable) Exactitud o precisión en la ejecución o reproducción de una cosa: *La fidelidad de esta copia al original es absoluta.* **alta ~** Cualidad de algunos aparatos musicales de reproducir el sonido con muy poca distorsión: *Se compró un equipo de alta fidelidad. Este tocadiscos es de alta fidelidad.*

fidelísimo, ma *adj.* (superlativo de *fiel*) Muy fiel.

fideo *s. m.* **1** Pasta de harina en forma de hilo o cuerda delgada que se toma en sopa: *fideos a la cazuela, sopa de fideos.* **fideos finos. fideos gruesos. fideos de cabello de ángel** o **cabellín** Fideos del grosor de un hilo, muy finos. **2** COLOQUIAL; INTENSIFICADOR, HUMORÍSTICO. Persona muy delgada: *María es un fideo, no come nada. Desde que haces esa dieta estás hecho un fideo.*

fideuá *s. f.* Guiso catalán de fideos fritos con ajos y cocidos en una cazuela con caldo de pescado, que se sirve seco aderezado con ajo y aceite.

fidjiano, na *adj.* / s. m. y f. Fijiano.

fiduciario, ria *adj.* **1** Que no tiene un valor real sino que depende del crédito y confianza que se le otorgue: *moneda fiduciaria, título fiduciario, valores fiduciarios.* **2** POLÍT. [Administración, gobierno] que un Estado mantiene sobre un territorio por mandato de la ONU, en tanto no alcance la independencia. || *adj.* / *s. m.* y *f.* **3** DER. Que se encarga de un fideicomiso.

fiebre *s. f.* **1** (no contable) Aumento anormal de la temperatura corporal: *Con la gripe llegó a tener cuarenta grados de fiebre.* **~ puerperal** Fiebre que padecen algunas mujeres después del parto. 2 (preferentemente en plural; no contable) Enfermedad cuyo principal síntoma es el aumento de la fiebre: *Sufrió unas fiebres extrañas, pero se recuperó en seguida.* 3 (no contable) Agitación o interés exagerado por una cosa: *la fiebre de las rebajas, la fiebre de los negocios, la fiebre de la política.* || 4 ~ **amarilla** (no contable) MED. Enfermedad tropical viral transmitida por la picadura de algunos insectos, que produce fiebre alta, ictericia y hemorragias. 5 ~ **de Malta** o **fiebre mediterránea** (no contable) MED. Brucelosis. 6 ~ **del heno** (no contable) MED. Alergia al polen durante la primavera y el verano. 7 ~ **tifoidea** (no contable) MED. Tipo de tifus.

fiel *adj.* 1 (antepuesto / pospuesto) Que cumple los compromisos y exigencias de la confianza o los sentimientos depositados en él: *una fiel amiga, un fiel mayordomo, un perro fiel **a** su amo. Siempre ha sido fiel **a** su marido.* SIN. leal. ANT. infiel. 2 (antepuesto / pospuesto) Que actúa según sus principios o creencias: *Es fiel **a** sus ideas y no conseguirás que se comporte de otra manera. Es uno de los más fieles seguidores de esta escuela.* 3 (antepuesto / pospuesto) Que está de acuerdo con la realidad o la verdad: *Su descripción fue un fiel relato de lo que ocurrió. Es una descripción fiel del protagonista. Convendría saber si el cuadro es fiel a lo que en aquellos momentos ocurría.* 4 Que es exacto o mide con exactitud: *balanza fiel, medida fiel.* || *s. m.* 5 Aguja de la balanza: *El fiel de la balanza se paró en el centro de la escala, e indicó así que los dos platos estaban equilibrados.* 6 Clavo pequeño que une las dos hojas de las tijeras: *El fiel se ha salido y las tijeras se han desmontado.*

fielato *s. m.* RESTRINGIDO. Oficina que existía a la entrada de las poblaciones para cobrar impuestos por las mercancías que entraban y salían para el consumo.

fieltro *s. m.* (no contable) Paño rígido y fuerte que no va tejido, sino prensado: *el fieltro del sombrero. El paño de la mesa de billar es de fieltro.*

fiera *s. f.* 1 Animal salvaje, especialmente si es de tamaño considerable: *Vamos al zoo a ver las fieras.* 2 INTENSIFICADOR. Persona o animal muy violentos: *Me he encontrado con la fiera de su mujer. Tu gato es una fiera. Los soldados eran fieras que arrasaban todo.* || *s. m. / f.* 3 COLOQUIAL; INTENSIFICADOR. Persona que destaca en una cosa: *Es un fiera con las matemáticas. Es una fiera en biología.* || 4 ~ **corrupia** COLOQUIAL. Fiera muy cruel: *Este chico es una fiera corrupia, ¡menudo genio tiene!* FR. Y LOC. **hecho una ~** COLOQUIAL. Muy enfadado: *Vino del trabajo hecha una fiera porque había discutido con su jefe.*

fiereza *s. f.* (no contable) Calidad de fiero: *La fiereza de su carácter se aplacaba en cuanto la tenía cerca. La fiereza del león es proverbial.*

fiero, ra *adj.* 1 (ser / estar, antepuesto / pospuesto) De las fieras o que tiene alguna de sus características: *Este león es bastante fiero. Hoy está muy fiero este perro. Los fieros rugidos asustaron a los espectadores del circo.* 2 (ser / estar, antepuesto / pospuesto) [Persona, carácter] que es cruel o difícil de tratar: *Este luchador es muy fiero. Yo no le digo nada, porque esta mañana está muy fiero. Su fiero carácter causa terror entre los empleados. Es un hombre fiero y sin compasión.* 3 (antepuesto / pospuesto) Que es muy grande o intenso: *Luisa no había desayunado y tenía un hambre fiera.*

fierro *s. m.* 1 AMÉR. Hierro. 2 (en plural) MÉX.; COLOQUIAL. Calderilla, dinero en monedas de poco valor. 3 ARG. Tenazas para rizar el pelo.

fiesta *s. f.* 1 Grupo de personas que se reúne en un lugar para divertirse o para celebrar un acontecimiento: *El domingo hago una fiesta en mi casa. Te invito a mi fiesta. Iré a una fiesta. ¿Dónde haremos la fiesta de Fin de Año? Para la fiesta de Carnaval me disfrazaré de romano. Fue una fiesta muy aburrida.* 2 Día oficialmente no laborable: *La semana que viene tiene dos días de fiesta. Es la fiesta nacional. La fiesta regional es el once de mayo.* 3 (preferentemente en plural) Conjunto de actividades o de diversiones que se programan con motivo de una celebración: *Son las fiestas del barrio. La semana que viene se celebran las fiestas del pueblo.* 4 (no contable) TAUROM. Espectáculo del toreo: *la fiesta nacional. Con su retirada, la fiesta pierde a uno de sus más significativos diestros.* 5 Cosa que proporciona alegría, diversión o placer: *Esta comida es una fiesta. El partido fue una fiesta gracias a la victoria del equipo local.* 6 (en plural; preferentemente con mayúscula) Días no laborables de Navidad o de Semana Santa: *Ya se acercan las Fiestas. ¿Qué harás estas Fiestas? Estas Fiestas me voy fuera.* 7 (en plural) RESTRINGIDO. Manifestaciones de alegría: *El cachorro hacía fiestas a su amo. Hazle fiestas al niño.* || 8 ~ **movible** REL. Fiesta que la Iglesia Católica no celebra todos los años en el mismo día: *La Pascua de Resurrección es una fiesta movible.* FR. Y LOC. **aguar la ~** COLOQUIAL. Estropear ‹una persona› una situación de alegría: *Se pone tan serio que siempre tiene que aguar la fiesta.* **arder en fiestas** INTENSIFICADOR. Estar ‹un lugar› muy animado por alguna celebración: *El pueblo ardía en fiestas.* **coronar la ~** Acabar ‹una persona› una reunión o una celebración con una actuación notable o ridícula: *El anfitrión coronó la fiesta con una sorpresa simpática.* **día* / ~ de precepto / guardar. estar* de ~. fin* de ~. hacer ~** Tomarse ‹una persona, un establecimiento o una empresa› un día laborable como si fuera festivo: *Muchos restaurantes hacen fiesta el lunes.* **no estar para fiestas** COLOQUIAL. No tener ‹una persona› ganas de nada: *Déjame, que no estoy para fiestas.* **sala* de fiestas. se acabó la ~** COLOQUIAL; DISGUSTO Y ENFADO. Se usa para cortar, con malhumor, una situación, dándola por terminada: *Ya estoy harto, se acabó la fiesta, me voy a casa.* **tengamos la ~ en paz** COLOQUIAL. Se usa para pedir a una o varias personas que no discutan o peleen: *No discutáis más, cambiemos de tema y tengamos la fiesta en paz.*

FIFA (pronunciamos *'fi-fa'*) *s. f.* Sigla de «Federación Internacional de Fútbol Asociación».

fifí *s. m. / f.* 1 ARG., URUG.; COLOQUIAL. Persona que se comporta con un refinamiento amanerado, hasta caer en el ridículo. 2 ARG., MÉX., URUG.; COLOQUIAL. Señorito, joven ocioso de familia pudiente.

figle *s. m.* 1 Instrumento musical de viento de sonido grave, formado por un tubo metálico provisto de agujeros y llaves: *tocar el figle.* || *s. m. / f.* 2 Persona que toca el figle.

figón *s. m.* RESTRINGIDO. Establecimiento popular de comidas modestas.

figura *s. f.* 1 Forma exterior o aspecto de un cuerpo: *figura esbelta, buena figura. Sonia hace gimnasia todos los días para tener una figura estilizada.* 2 GEOM. Espacio limitado por líneas, o por superficies o caras: *figuras geométricas.* 3 Representación de una persona o animal, especialmente en dibujo o escultura: *Adorna su casa con figuras de porcelana.* **4** RESTRINGIDO. Cosa que representa o simboliza a otra cosa: *La calavera es figura de la muerte.* **5** LIT. Personaje teatral o literario: *La figura del amante cierra el triángulo amoroso que aparece en la novela.* **6** MÚS. Representación de una nota musical, que indica su duración: *La figura de una redonda equivale a cuatro negras en el compás de cuatro por cuatro.* **7** RET. Recurso lingüístico y literario utilizado con finalidad estética. **~ de construcción** Construcción sintáctica que se aparta de las normas gramaticales y busca un efecto estético. **~ de dicción** Figura retórica en la que las alteraciones corresponden a los planos fonético y sintáctico del lenguaje: *La aliteración y la anáfora son figuras de dicción.* **~ de pensamiento** Figura retórica que afecta al plano del significado: *La metáfora y la metonimia son figuras de pensamiento.* **~ retórica** Procedimiento estético del lenguaje mediante el cual se intenta buscar una mayor originalidad o expresividad. **8** Naipe de la baraja española que representa la sota, el caballo o el rey, y en algunos juegos también el as. **9** Postura o variación en la ejecución de una danza o gimnasia. **10** Pieza de algunos juegos de tablero: *las figuras del ajedrez.* || *s. m./f.* **11** COLOQUIAL. Persona que destaca: *las grandes figuras del deporte. Es una figura del cine. Varias figuras del teatro acudieron al estreno. Ahí viene ese figura. Estás hecho un figura.* || **12 ~ decorativa** Persona que ocupa un puesto o asiste a un acto sin tomar parte activa en él: *El presidente no es más que una figura decorativa.* **13 ~ penal** DER. Definición legal específica de cada delito.

figuración *s. f.* **1** (preferentemente en plural) Imaginación de una cosa: *Eso son figuraciones tuyas. Estamos hartos de sus figuraciones, que nunca resultan ser ciertas.* SIN. suposición. **2** ARTE. Tendencia artística que representa, fiel o aproximadamente, aspectos reconocibles de la realidad: *El público prefiere la figuración a la abstracción.* SIN. figurativismo.

figurado, da *adj.* [Lenguaje, sentido] que no corresponde al significado literal de la palabra, pero tiene relación con él: *La palabra «columna» se utiliza en sentido figurado cuando se refiere al eje del esqueleto que forman las vértebras.* ANT. recto.

figurante *s. m./f.* **1** Persona que actúa como extra en una obra teatral o en una película: *Empezó como figurante.* **2** COLOQUIAL; PEYORATIVO. Persona con un papel poco importante en un grupo o en un asunto: *Él es un figurante, las decisiones las toma el otro socio.*

figurar *v. tr.* **1** Hacer creer ‹una persona› [una cosa que no es verdad]: *Figuró marcharse para sorprendernos.* **2** RESTRINGIDO. Formar ‹una persona o una cosa› la figura de [otra persona o una cosa]: *Ese muñeco figura el rey del carnaval.* || *v. intr.* **3** Formar ‹una persona o una cosa› parte de [un grupo]: *Figura **entre** los primeros. Ha figurado **en** el equipo desde el principio.* **4** Tener ‹una persona› [un papel o un cargo]: *Figura **como** directora de la película.* **5** Estar ‹una cosa› en [un lugar]: *Su nombre figura **en** la lista. Su rúbrica figura **al** final del documento.* **6** COLOQUIAL. Ser considerada ‹una persona› importante: *A mi padre le encanta figurar.* || *v. prnl.* **7** Creer ‹una persona› [una cosa] sin estar muy segura: *Me figuro que no llegarán tarde. Se figuraba que no nos íbamos a dar cuenta.*

figurativismo *s. m.* (no contable) ARTE. Estilo artístico que representa de forma fiel o aproximada la realidad, en oposición al arte abstracto.

figurativo, va *adj.* **1** Que representa una cosa: *La ceremonia sólo puede entenderse si se piensa en que todos los gestos son figurativos de una realidad invisible.* **2** ARTE. Que representa formas y figuras reconocibles de la realidad: *pintor figurativo, estilo figurativo, obra figurativa, arte figurativo.* ANT. abstracto.

figurín *s. m.* **1** Dibujo que se utiliza como modelo para la exhibición y confección de prendas de vestir y complementos: *un figurín de la moda del verano próximo. Busca un figurín que te guste para hacerte el traje.* **2** Colección de dibujos de confección, y revista que los contiene: *Me gusta ver figurines.* **3** COLOQUIAL; PEYORATIVO. Persona que viste con elegancia y pulcritud exageradas, especialmente si presume de ello: *Su novio es un figurín. Vas hecha un figurín. Esteban es un figurín vistiendo.*

figurinista *s. m./f.* Persona que hace figurines profesionalmente: *Es un gran figurinista y su nombre es símbolo de prestigio.*

figurita *s. f.* ARG., URUG. Cromo infantil.

figurón *s. m.* **1** COLOQUIAL; PEYORATIVO. Persona muy presumida que siempre quiere ser el centro de atención: *Es un figurón, le gusta mucho parecer importante.* || **2 ~ de proa** MAR. Mascarón de proa, adorno que se coloca en la proa de un barco.

fija *s. f.* ARG., URUG, VEN.; COLOQUIAL. (precedido de *una*) Información segura para referirse al caballo que se da por ganador.

fijación *s. f.* **1** (no contable) Acción y resultado de fijar: *la fijación de un horario, la fijación de una imagen en una pantalla de televisión, la fijación de un salario. La fijación del aparato a los soportes es fundamental para que no se caiga.* **2** COLOQUIAL. Obsesión o manía muy persistente: *¡Qué fijación tienes con el cine!* **3** QUÍM. Estado de reposo a que se reducen las materias después de agitadas por una operación química: *Conocían una sustancia para la fijación de los colores en la tela.*

fijador, ra *adj.* **1** Que fija o sujeta. || *s. m.* **2** (no contable) Sustancia usada para fijar: *Siempre se pone fijador para el cabello. Me he quedado sin fijador fotográfico.*

fijar *v. tr.* **1** Sujetar ‹una persona› [una cosa] para que no se mueva: *Fijó las patas del banco **al** suelo.* || *v. tr./prnl.* **2** Establecer o proponer ‹una persona› [una cosa]: *Fijarán el día seis como fecha límite para aceptar las solicitudes. **Se** ha fijado una meta.* **3** Poner ‹una persona› [su atención, su mirada o su pensamiento] en [otra persona] o en [una cosa]: *El director fijó su atención **en** aquella escena. Siempre fijas tus ojos **en** él. Fíja**te en** mí. Su mirada **se** fijaba **en** todos los detalles.* || *v. prnl.* **4** Quedar ‹una cosa› fija en [un lugar]: *Esta mesita se fija **en** el rincón del salón y queda estupenda.* **5** Darse ‹una persona› cuenta de [una cosa]: *¿Te has fijado **en** su expresión? Este niño se fija **en** todo.*

fijativo *s. m.* Líquido para fijar, especialmente la imagen de una fotografía o pintura: *Ahora falta dar una capa de fijativo al dibujo a la cera para que la pintura no se corra ni se desprenda.*

fijeza *s. f.* (no contable) Firmeza o persistencia: *La fijeza de su mirada me producía nerviosismo.*

fijiano, na o **fidjiano, na** *adj. / s. m.* y *f.* De las Islas Fidji, en Oceanía.

fijo, ja *adj.* **1** (ser / estar) Que no se puede mover por estar bien sujeto: *El cristal de esa ventana es fijo y no se puede abrir. El taburete está fijo* ***al*** *suelo. El mueble está fijo* ***en*** *la pared.* **barra* fija. 2** Que no cambia: *Tiene un día fijo para ir al gimnasio.* **3** (ser / estar) Que tiene carácter definitivo: *Estoy contento porque me han hecho un contrato fijo. Marta es fija desde hace dos años. Todos los trabajadores de la empresa están fijos.* **4** (estar) [Mirada, vista] que está centrada en un punto: *Tenía sus ojos fijos en aquel individuo. Su vista estaba fija en el dibujo.* || *adv. modo* **5** Con certeza o seguridad: *Fijo que ella es la culpable.* **6** Con fijeza: *Miraba fijo hacia el horizonte.*

fijón, na *adj. / s. m.* y *f.* PERÚ. [Persona] que observa impertinentemente.

fila *s. f.* **1** Línea formada por personas o cosas, una detrás de otra o una al lado de otra: *Quedan algunos asientos libres en la primera fila. Los niños se pusieron en fila para salir al recreo.* **~ india** COLOQUIAL. Fila formada por varias personas o cosas una detrás de otra: *Por estas aceras tan estrechas vamos en fila india.* **2** Conjunto de signos o letras dispuestos uno al lado de otro: *Para construir la base, hay que colocar los datos en filas y columnas.* **3** (en plural) MIL. Servicio militar: *entrar en filas, llamar a filas.* **llamamiento* a filas. 4** (en plural) Agrupación política o deportiva: *Milita en las filas de los conservadores. Ahora milita en las filas del equipo de la capital.* FR. Y LOC. **cerrar filas** 1 Unirse ‹una unidad militar› en un grupo: *El batallón cerró filas.* 2 Unirse ‹un grupo de personas› en torno a una idea o proyecto: *Todo el partido cerró filas en torno a su líder.* **en primera ~** En un lugar destacado: *Siempre le gusta estar en primera fila de todos los acontecimientos.* **romper filas** MIL. Deshacerse ‹una formación militar›: *En cuanto se mande romper filas, quiero que se dirijan todos al comedor. ¡Rompan filas!*

filamento *s. m.* Cuerpo en forma de hilo: *los filamentos de las bombillas eléctricas. Las anteras de las flores están sujetas por los filamentos.*

filantropía *s. f.* (no contable) ELEVADO. Sentimiento de amor hacia todos los seres humanos: *Ha regalado un parque al pueblo por pura filantropía.*

filántropo, pa *s. m. / f.* ELEVADO. Persona que ayuda a las demás porque siente amor por el género humano: *Es una filántropa, capaz de vender todo lo que tiene por ayudar a sus semejantes.*

filarmonía *s. f.* (no contable) MÚS. Afición o pasión por la música: *Su filarmonía es tan exagerada que se ha comprado toda la colección de 300 discos de música clásica.*

filarmónico, ca *adj.* **1** MÚS. Que tiene afición por la música: *Pertenezco a una sociedad filarmónica.* || *adj. / s. f.* **2** MÚS. [Orquesta] que interpreta música clásica: *Ayer estuve en un concierto de la Filarmónica de Londres.*

filatelia *s. f.* (no contable) Afición a estudiar y coleccionar sellos de correos: *Se dedicaba a la filatelia por afición, pero ahora es su trabajo.*

filatélico, ca *adj.* De la filatelia: *colección filatélica, asociación filatélica, exposición filatélica.*

filatelista *adj. / s. m.* y *f.* Que es aficionado a la filatelia: *Pertenezco a una asociación filatelista. Su hermano es uno de los mejores filatelistas del país.*

filete *s. m.* **1** Loncha de carne o de pescado, limpia de huesos y espinas y no muy gruesa, propia para freír o rebozar: *filete de ternera, filete de lenguado. Me pusieron un filete de atún exquisito.* **2** ART. GRÁF. Lista o línea fina que se pone de adorno en los bordes de algo: *el filete de una encuadernación. Muchos periódicos decoran sus hojas con filetes.* **3** ARQ. Moldura larga y estrecha de sección recta, que sirve para separar otras.

fileteado, da *adj.* (estar) Que está decorado con filetes: *Las hojas del libro están fileteadas en dorado.*

filetear *v. tr.* Adornar ‹una persona› [una cosa] con filetes: *Es un encuadernador primoroso, ha fileteado la portada con un gusto exquisito.*

filfa *s. f.* COLOQUIAL. Engaño o mentira: *Lo que le van a contar es una filfa. Esas joyas son todo filfa.*

filia *s. f.* ELEVADO. Amor o afición hacia una persona, animal o cosa: *Siente filia por los animales. Conozco muy bien sus filias y sus fobias.* ANT. fobia.

filiación *s. f.* **1** (no contable) Conjunto de los datos personales de un individuo: *En el D.N.I. consta la filiación. Un policía le tomó la filiación.* **2** ELEVADO. Origen de una cosa o relaciones que mantiene con otra cosa: *Se ha estudiado la filiación de las lenguas precolombinas.* SIN. entronque. **3** ELEVADO. Hecho de ser partidario o seguidor de una determinada tendencia o movimiento: *En esta obra se advierte su filiación modernista.* SIN. adscripción. **4** ELEVADO. Procedencia de los hijos respecto a los padres o parientes: *Se discutía en voz baja su filiación.* SIN. ascendencia.

filial *adj.* **1** ELEVADO. De hijo: *amor filial, sentimiento filial.* || *adj. / s. m.* y *f.* **2** ECON. [Establecimiento, empresa] que depende de otros más importantes: *La empresa ha abierto una nueva filial en esta ciudad. Es una filial de la compañía americana. Este banco se ha convertido en filial de uno portugués.*

filialmente *adv. modo* Con amor de hijo, con esmero filial, como lo haría un hijo: *Él fue quien, filialmente, la atendió en sus últimos años.*

filiar *v. tr.* Tomar ‹una persona› la filiación a [otra persona]: *Al llegar a comisaría lo primero que hicieron fue filiarnos a todos.*

filibustero *s. m.* ELEVADO. Pirata del siglo XVII que se movía en el Caribe: *Los navíos españoles era buenas presas para los filibusteros.*

filiforme *adj.* Que tiene forma o apariencia de hilo: *larva filiforme.*

filigrana *s. f.* **1** Trabajo de orfebrería hecho con hilos de oro o plata entrelazados formando dibujos de encaje: *Me regaló unos pendientes labrados de filigrana.* **2** Dibujo que se ve al trasluz en un papel: *La filigrana de un billete es una de las cosas más difíciles de falsificar.* **3** COLOQUIAL. Cosa hecha con gran perfección o habilidad: *Hace filigranas con la bicicleta. Tuvo que hacer muchas filigranas para que lo aceptaran.* **4** CUBA. *Lantana odorata.* Arbusto silvestre de hojas aromáticas y flores pequeñas.

filípica *s. f.* ELEVADO. Reprensión extensa y dura contra una persona: *Su padre le soltó una filípica por llegar tarde.*

filipino, na *adj. / s. m.* y *f.* **1** De Filipinas, país asiático: *archipiélago filipino. Los filipinos tienen rasgos orientales.* || **2 punto* ~.**

filisteo, a *adj. / s. m.* y *f.* De un pequeño pueblo que existió al norte de Egipto, y que era enemigo de los israelitas: *el ejército filisteo. Los filisteos atacaron Israel. Los filisteos eran un pueblo de origen indoeuropeo.*

film (plural *filmes*) *s. m.* Filme, película de cine.

filmadora *s. f.* ARG., URUG. Cámara portátil de filmar.

filmar *v. tr.* Registrar ‹una persona› [imágenes] en [una película cinematográfica]: *Estuvo filmando la boda de su hermano. Un aficionado filmó clandestinamente las detenciones.*

filme *s. m.* RESTRINGIDO. Película de cine: *Hay un festival de filmes de terror.* SIN. película.

filmina *s. f.* Diapositiva.

filmografía *s. f.* Conjunto de películas cinematográficas con una característica en común: *la filmografía de un director de cine.*

filmoteca *s. f.* **1** Lugar donde se guardan películas que ya no se proyectan comercialmente, con el fin de poder verlas o estudiarlas: *Han construido un nuevo edificio para filmoteca.* **2** Lugar donde se proyectan películas que ya están retiradas de las salas comerciales: *En la filmoteca hacen un ciclo sobre Luis Buñuel.* **3** Colección de filmes o películas: *Tiene una buena filmoteca de documentales ecológicos.*

filo *s. m.* **1** Borde cortante de un instrumento: *el filo de un cuchillo. Se ha mellado el filo del hacha.* SIN. corte. **2** COL., GUAT., HOND., MÉX.; COLOQUIAL en México y Colombia. Hambre. **3** ARG.; COLOQUIAL. Novio o novia. **4** COL. Parte más alta de una montaña. FR. Y LOC. **al ~** Muy cerca o muy próximo en el tiempo: *al filo de la medianoche, al filo de la noticia.* **arma* de doble ~** o **arma de dos filos. espada* de dos filos. lengua* afilada** o **lengua de doble ~.**

filogénesis *s. f.* (no contable) BIOL. Filogenia.

filogenia *s. f.* (no contable) BIOL. Historia de la evolución y aparición de las especies biológicas. SIN. filogénesis.

filología *s. f.* **1** (no contable) Ciencia que estudia la lengua y la literatura: *La filología ha pugnado, desde el siglo* XIX, *por ser considerada una ciencia.* **2** Estudio de una determinada lengua y su literatura: *filología hispánica, filología inglesa, filología francesa.*

filológico, ca *adj.* De la Filología o que sigue los métodos de la Filología: *comentario filológico, estudio filológico.*

filólogo, ga *s. m. / f.* Persona que se dedica profesionalmente al estudio de la Filología: *Para presentarse a esta plaza hay que ser filólogo. Fue uno de los filólogos más importantes del siglo* XIX.

filón *s. m.* **1** MIN. Masa de mineral que rellena una grieta de una formación rocosa: *El filón se agotó y abandonaron la mina.* **2** COLOQUIAL. Persona o cosa de la que se puede obtener mucho provecho: *Este empleado mío es un filón, trabaja por diez. El restaurante es un filón.*

filoso, sa *adj.* AMÉR. [Instrumento] que tiene filo.

filosofal *adj.* Se usa en la LOC. **piedra* ~.**

filosofar *v. intr.* **1** Hacer ‹una persona› razonamientos filosóficos: *Cuando se pone a filosofar le gusta estar tranquilo.* **2** COLOQUIAL. Hacer ‹una persona› reflexiones para [sí misma]: *Cuando le mandan algo se pone a filosofar y tarda en reaccionar.*

filosofía *s. f.* **1** (no contable) Ciencia que trata sobre temas fundamentales relacionados con el ser humano y el mundo en general: *Estudia la carrera de Filosofía. En la Edad Media, la Filosofía pasa a ser una disciplina auxiliar de la Teología.* **2** Enfoque filosófico producto de un determinado lugar o momento histórico: *En la Antigüedad existían varias filosofías que en algunos aspectos se contraponen.* **3** Conjunto de opiniones o valoraciones de una persona: *No comparto la filosofía de las nuevas medidas. Su filosofía sobre lo que debe ser la empresa es contraria a la mía. Tenemos filosofías distintas.* **4** (no contable) Serenidad para soportar contrariedades: *No te desmoralices por el suspenso, tómatelo con filosofía.*

filosófico, ca *adj.* De la Filosofía: *escuela filosófica, disquisición filosófica, estudios filosóficos.*

filósofo, fa *s. m. / f.* **1** Persona que se dedica profesionalmente a la Filosofía: *Platón fue uno de los más grandes filósofos de la Antigüedad clásica.* **2** Persona que tiene tendencia a filosofar: *Este entrenador es un filósofo del fútbol.*

filoxera *s. f.* **1** (macho y hembra) *Viteus vitifolii.* Insecto pequeño, verde, generalmente sin alas, que ataca a las vides: *La filoxera es un insecto de origen americano.* **2** AGR. Enfermedad de la vid producida por las filoxeras: *Una plaga de filoxera acabó con toda la vid de la comarca.*

filtración *s. f.* Acción y resultado de filtrar o filtrarse: *Mediante la filtración separamos la grava de la arena. La filtración de agua procedía de un escape en la tubería. Una filtración de luz por una rendija de la puerta era la única claridad que había en la celda. Aún no se sabe a quién le podía interesar la filtración de la noticia.*

filtrado, da *adj.* ARG., URUG.; COLOQUIAL. [Persona] que está muy cansada.

filtrar *v. tr.* **1** Hacer pasar ‹una persona› [una cosa] por un filtro: *Filtraba la infusión antes de beberla. Este aparato filtra el aire que sale de la rendija.* **2** Pasar ‹una persona› [una información secreta o confidencial]: *Alguno de los miembros de la comisión ha filtrado el documento antes de que sea oficial.* **3** Dejar pasar ‹un cuerpo sólido› [un fluido] a través de sus poros o resquicios: *La tierra filtraba el agua que salía unos metros más abajo.* || *v. intr. / prnl.* **4** Pasar ‹un fluido› a través de los poros o los resquicios de [un cuerpo sólido]: *La luz **se** filtra **por** las rendijas de la puerta. La humedad **se** filtraba **en** la pared.* || *v. prnl.* **5** Hacerse ‹una información secreta o confidencial› pública inadvertidamente: *El informe se filtró **a** la prensa.* **6** Hacerse ‹una cosa› general inadvertidamente: *El pesimismo se fue filtrando en cada uno de nosotros.* **7** Desaparecer ‹dinero o bienes› inadvertidamente: *Durante años se han filtrado capitales y hasta ahora nadie se había dado cuenta.*

filtro *s. m.* **1** Dispositivo o material poroso para depurar o separar los componentes sólidos con que está mezclado un fluido: *He instalado un filtro de agua para eliminar la cal y las impurezas que pueda tener.* **~ de aceite. ~ de aire. ~ de combustible. papel* de ~.** **2** Cilindro pequeño de papel o material poroso colocado en la boquilla de un cigarrillo para retener la nicotina: *Fuma cigarrillos sin filtro.* **3** Pantalla que se interpone al paso de la luz para privarla de ciertas radiaciones: *filtro de luz. Tengo que instalar un filtro al ordenador.* **4** COLOQUIAL. Procedimiento que sirve para seleccionar lo mejor de un conjunto: *La pruebas de selectividad son un filtro para el acceso a la universidad.* **5** ELECTRÓN. Dispositivo para eliminar de la corriente eléctrica determinadas frecuencias. **6** LITERARIO. Bebida a la que se le atribuían poderes mágicos para conseguir un deseo: *un filtro de amor.* SIN. bebedizo. || **7 ~ acústico** Aparato que aumenta o debilita las frecuencias de un sonido en fonética acústica.

filudo, da *adj.* AMÉR. [Instrumento] que tiene filo.

fimosis (plural *fimosis*) *s. f.* (no contable) MED. Estrechez excesiva del orificio del prepucio que impide la salida del glande.

fin *s. m.* **1** Parte o momento en que termina una cosa: *Se fueron a Granada de viaje de fin de curso. El interrogatorio puso fin a sus sospechas. Esa novela trata sobre el fin del mundo. El espectáculo dio fin a las diez. Esa discusión fue el fin de la amistad que había entre ellos.* **liquidación por ~ de temporada. premio* extraordinario ~ de carrera. ~ de año** Última noche del año: *Se compró un vestido para Fin de Año. En el Fin de Año es costumbre en España tomar doce uvas al sonar las campanadas.* **~ de fiesta** 1 Actuación extraordinaria con que se termina una función o espectáculo. 2 COLOQUIAL. Final desagradable e inoportuno de una discusión o asunto. **~ de semana** Periodo de tiempo que comprende el sábado y el domingo: *Los fines de semana suele ir a la casa que tiene en la montaña.* **2** Finalidad o motivo de una cosa: *Desconozco cuáles son sus fines. La llamó por teléfono con el único fin de felicitarla. Se lo dijo sin otro fin que llamarle la atención.* **~ último** Objetivo a cuyo logro se dirigen la intención y los medios del que actúa: *El fin último de la reunión es llegar a un acuerdo que solucione los problemas de la empresa.* FR. Y LOC. **a ~ de** Para: *A fin de que no se oigan los ruidos de la calle, han cerrado las ventanas. A fin de terminar pronto el equipaje, meteremos sólo lo imprescindible.* **a ~ de cuentas** RESUMIDOR FINAL. En resumen, en conclusión: *A fin de cuentas a ellos no les incumbe este asunto.* **al/por ~** INTENSIFICADOR. Se usa para expresar el final de una situación de espera: *Al fin han llegado las vacaciones. Por fin se ha decidido a decírselo.* **al ~ y al cabo** o **al ~ y a la postre** Se usa para expresar una afirmación en apoyo de una cosa que está en oposición a lo ya expresado o a cierta situación: *Debes estar contento, al fin y al cabo tienes la suerte de poder irte unos días de viaje. Iré yo a la reunión, al fin y a la postre soy la jefa de la empresa.* **en ~** RESUMIDOR FINAL. En conclusión: *En fin, si no podéis venir, otro sábado saldremos juntos.* **en el ~ del mundo*** o **al ~ del mundo. no ser el ~ del mundo*** o **no acabarse el mundo. sin ~** 1 INTENSIFICADOR. Infinito, sin término: *alegrías sin fin.* 2 [Correa o cadena] que forma una figura cerrada y puede girar continuamente.

finado, da *s. m./f.* ELEVADO, ADMINISTRATIVO. Persona muerta: *Acudieron al sepelio los compañeros del finado. El finado se encuentra en la capilla número tres del tanatorio municipal.* SIN. difunto.

final *adj.* **1** Que termina o remata una cosa: *Me falta dar el toque final para que esté listo. Éste es el acto final.* **día* del juicio ~. punto* ~. 2** GRAM. [Proposición, oración, conjunción] que expresa la idea de finalidad: *«Para que», «a fin de que» son las locuciones conjuntivas finales más utilizadas.* || *s. m.* **3** Fin o terminación de una cosa: *Le gustan los finales felices de muchos cuentos. De la película sólo vimos el final. Hicieron una fiesta para celebrar el final del curso. El final de la novela es muy interesante.* || *s. f.* **4** Última y decisiva fase de un campeonato o concurso: *la final de un concurso. La final de tenis fue muy disputada.* **cuartos* de ~. octavos* de ~.**

finalidad *s. f.* Objetivo, propósito o utilidad que se busca con una cosa: *La finalidad de este ejercicio es corregir la ortografía. No sé con qué finalidad hizo aquel comentario.* SIN. propósito.

finalista *adj./s. m.* y *f.* Que llega a la prueba o votación final después de haber superado las fases previas de una competición o de un concurso: *En la última carrera había tres finalistas españoles. Carmen fue finalista en el concurso literario. Las dos finalistas se enfrentarán el domingo.*

finalizar *v. tr.* **1** Acabar ‹una persona› [una cosa]: *El profesor finalizó la conferencia un poco tarde.* || *v. intr.* **2** Acabar ‹una cosa›: *Las clases finalizan el martes. El documental finaliza* ***con*** *unas imágenes espectaculares.* SIN. terminar. ⇒ **19.**

finalmente *adv. temp.* **1** Al fin, por fin (tras un proceso largo, tras una serie de sucesos o tras una fase previa de reflexión): *Finalmente, logramos convencerlo. Si finalmente decides venir, comunícamelo.* RELACIONES Y CONTRASTES: Frente a *al fin* y *por fin*, no suele emplearse sin verbo: *Al fin solos. ¡Por fin!* || *adv. orac.* **2** Al final, en último lugar: *Finalmente, elogió la calidad de la clientela.* **3** (suele referirse al acto mismo de decir) Por último, para terminar: *Finalmente, tengo que decir que yo no tenía ninguna queja de él.*

financiación *s. f.* Acción y resultado de financiar: *La financiación del proyecto corre a cargo de una empresa privada. Se han reunido para hablar de la financiación.*

financiar *v. tr.* Dar ‹una persona o una entidad› dinero para crear o desarrollar [una empresa o un proyecto]: *La Administración central financiará las obras de la nueva carretera. Han creado un consorcio para financiar las reformas del edificio.*

financiero, ra *adj.* **1** De las finanzas: *análisis financiero.* || *adj./s. m.* y *f.* **2** Que negocia con dinero u otros valores: *institución financiera, entidad financiera. La financiera se ha quedado con el coche porque no pagaba las letras.* || *s. m./f.* **3** Persona experta en finanzas: *Es uno de nuestros mejores financieros.*

financista *s. m./f.* AMÉR. Financiero.

finanzas (plural) *s. f.* **1** Conjunto de actividades económicas relacionadas con el dinero u otros valores de una persona o de una institución: *Las finanzas del Estado han mejorado en el último ejercicio. Las finanzas de mi familia no van mal.* **2** Hacienda pública: *El ministro de finanzas ha anunciado un aumento de la inflación.*

finca *s. f.* Propiedad inmueble en el campo o en la ciudad: *finca rústica, finca urbana. Ha heredado una finca en el pueblo.*

finés, sa *adj./s. m.* y *f.* **1** De un antiguo pueblo que se extendió por el norte de Europa y dio nombre a Finlandia: *tribu finesa, muchacho finés.* **2** Finlandés.

fineza *s. f.* **1** (no contable) Delicadeza o atención con que se hace una cosa: *La fineza con la que trabaja justifica el precio que cobra. Este encaje está hecho con fineza.* SIN. finura. **2** Conjunto de palabras o comportamiento que muestra el cariño o la simpatía que se tiene hacia una persona o una cosa: *Es muy galante, siempre me dice alguna fineza.*

fingido, da *adj.* 1 Que finge que es real, pero no lo es. || 2 **bóveda* encamonada** o **bóveda fingida.**

fingimiento *s. m.* Acción y resultado de fingir: *Su enfermedad es un puro fingimiento. No creo que su reacción sea sincera, le gusta el fingimiento.*

fingir *v. tr.* **1** Representar ‹una persona› [una cosa que no es real como si lo fuera]: *Los niños fingían que eran pistoleros y disparaban con la mano.* || *v. tr. / prnl.* **2** Hacer creer ‹una persona› [una cosa que no es verdad] con palabras, gestos o acciones: *La niña fingía que le dolía mucho el estómago para salir de clase. Pedro **se** fingió dormido, pero escuchaba la conversación.* SIN. simular. ⇒ **78.**

finiquitar *v. tr.* **1** RESTRINGIDO. Acabar de pagar ‹una persona› [una cuenta]: *La empresa ha finiquitado las cuentas a los trabajadores que acababan su contrato. Estoy esperando que me finiquiten.* SIN. liquidar. **2** RESTRINGIDO. Acabar de hacer ‹una persona› [una cosa]: *He finiquitado el trabajo con la numeración de las páginas y el índice.* SIN. rematar.

finiquito *s. m.* **1** ECON. Cantidad de dinero con que se liquida o paga por completo una cuenta, y en especial un trabajo al finalizar el contrato: *Me voy de la empresa: el próximo lunes me dan el finiquito.* SIN. liquidación. **2** ECON. Documento que pone fin a un contrato de trabajo: *No se esperaba el finiquito, y ahora no sabe en qué trabajar. El abogado me ha dicho que no firme el finiquito.*

finisecular *adj.* ELEVADO. De fin de siglo: *La crisis finisecular de España culminó en el desastre de 1898.*

finito, ta *adj.* Que tiene fin o límite: *una serie finita de elementos. Los recursos del Estado son finitos y hay que administrarlos con prudencia.* ANT. infinito.

finlandés, sa *adj. / s. m.* y *f.* **1** De Finlandia, país europeo: *Los finlandeses ganaron el partido.* SIN. finés. || *s. m.* **2** LING. Lengua hablada por los finlandeses.

finn *s. m.* Velero de origen sueco de una sola plaza: *El finn es olímpico desde 1952.*

fino, na *adj.* **1** (ser / estar, antepuesto / pospuesto) Que es delgado o tiene poco grosor o espesor: *Una fina película de polvo envolvía los muebles. Me gusta escribir en papel muy fino. Este lápiz tiene la punta muy fina, se te va a romper en seguida. Me gustan los filetes muy finos. Caía una lluvia fina. Tengo el cabello muy fino. Parece que sus venas están muy finas.* ANT. grueso. **canela* fina. fideos finos. 2** (ser / estar, antepuesto / pospuesto) Que tiene un cuerpo delgado y esbelto: *Laura tiene una figura muy fina. Me llamó la atención su fina silueta. Creo que ahora estás más fino.* **3** (ser / estar, antepuesto / pospuesto) Que no tiene asperezas o desigualdades: *Tiene la piel muy fina, muy suave y todo le roza. Sus finas manos le acariciaban las mejillas. Mi piel está muy fina porque siempre uso guantes para fregar.* **4** (antepuesto / pospuesto) Que tiene mayor calidad o es más selecto que las otras cosas de su especie: *lencería fina. Es un producto de fina calidad, se lo aseguro. Es un licor muy fino.* **5** Que sabe seleccionar lo que tiene mayor calidad o refinamiento: *Tiene un gusto muy fino, no sé si le entusiasmará tu regalo. Tengo el paladar muy fino, no me gusta cualquier cosa.* **6** (ser / estar, antepuesto / pospuesto) Que se comporta con distinción y corrección: *Antonio es un hombre de finos modales. Las personas finas se tapan la boca cuando bostezan. Estuviste muy fino ayer en la comida, parece que ya vas aprendiendo algo.* **7** (antepuesto / pospuesto) [Sentido, sensación] que tiene mucha agudeza: *Tengo el oído muy fino, así que cuidado con lo que dices. Este perro tiene el olfato muy fino, es capaz de oler a sus dueños a varios metros de distancia. El fino oído de los gatos los pone enseguida alerta.* **8** (antepuesto / pospuesto) Que tiene o produce habilidad, ingenio o agudeza: *La pareja de humoristas tiene un humor muy fino, muy sutil. Los expertos han llevado a cabo un fino análisis de la situación económica. Andrés es muy fino, se da cuenta de las cosas a la primera.* **9** [Metal] que ha sido sometido a un proceso de purificación y no tiene mezcla: *Me han regalado una sortija de oro fino.* || *adj. / s. m.* **10** [Vino de Jerez] que tiene un color pálido y es muy seco: *¿Te apetece tomar unos finos antes de comer?* || *s. m.* **11** Copa de vino fino: *¡Santiago, pon tres finos, por favor!* || **12 finas hierbas*.** FR. Y LOC. **hilar* ~ / delgado. ser canela* fina.**

finolis (plural *finolis*) *adj. / s. m.* y *f.* (ser / estar) COLOQUIAL, PEYORATIVO. Que es ridículo por exagerar su elegancia o refinamiento: *Ese finolis nos hace reír con sus ridiculeces. Desde que se puso enferma está bastante finolis. El niño es muy finolis con la comida.*

finquero *s. m.* COL. Dueño de una finca rústica.

finta *s. f.* RESTRINGIDO. Ademán que se hace con intención de engañar a una persona, especialmente en algunos deportes, como la esgrima o el fútbol: *El delantero hizo una finta al defensa y lo dejó sentado en el césped.*

fintar *v. tr.* RESTRINGIDO. Engañar ‹una persona› mediante un ademán [a otra persona]: *El alero fintó a su marcador y encestó sin oposición.*

finura *s. f.* (no contable) Calidad de fino: *La finura de estos tapices es exquisita. Me encanta la finura de este vino. Siempre se comporta con mucha finura. La finura en los movimientos es fundamental para un modelo de alta costura.*

fiordo *s. m.* GEOGR. Parte del mar que entra en la costa por el hundimiento de un valle glaciar: *los fiordos escandinavos.*

firma *s. f.* **1** Acción y resultado de firmar: *Presencié la firma del acuerdo entre los dos países.* **2** Nombre y apellidos de una persona y rúbrica que se ponen al final de un documento o de un escrito: *Falsificaban la firma del secretario autorizando gastos inexistentes. Pon la firma en el carné. Echa aquí una firma y el coche es tuyo.* **3** RESTRINGIDO. Conjunto de documentos que ha de firmar una persona autorizada: *Dice el jefe que le pases la firma.* **4** COMERC. Empresa o establecimiento comercial: *Defiende bien los intereses de su firma. Este producto está acreditado por una firma muy prestigiosa.* **5** Estilo peculiar: *Esta casa lleva su firma, se nota que ha sido decorada por ella. El cuadro descubierto lleva la firma inconfundible de Ribera.* **6** Autor: *En la obra colaboran grandes firmas. Este periódico cuenta con las firmas más prestigiosas de la prensa actual.*

firmamento *s. m.* Esfera o bóveda celeste en la que se mueven los astros, que parece rodear la Tierra: *Las estrellas brillan infinitas en el firmamento. La luna ascendía en el firmamento.*

firmar *v. tr. / intr.* Poner ‹una persona› su firma en [un escrito] o en [un documento]: *Firma estos documentos y mañana los mandaré por correo. No te vayas sin firmar.* FR. Y LOC. **~ en blanco** Poner ‹una persona› su firma en un papel en blanco para que otra persona escriba en él lo que ha de ser autorizado con la firma: *La secretaria firmó el contrato en blanco. Firmé el talón en blanco para que ella pusiera la cantidad que debía cobrar.* **~ por** 1 Obligarse ‹una persona› a trabajar para una empresa o para una entidad durante un período de tiempo: *El futbolista firmó por un club deportivo de la capital.* 2 COLOQUIAL. Desear ‹una persona› que se cumpla una cosa: *Ahora mismo firmaría yo porque me tocara un millón a la lotería, aunque a ti te parezca poco.*

firme *adj.* **1** (ser / estar, antepuesto / pospuesto) Que es estable y consistente, o que está bien sujeto: *El terreno es muy firme. La viga está firme apoyada sobre esa pared. La firme defensa del equipo rechazaba todos los ataques del contrario. Necesito una base firme sobre la que fundamentar mi argumentación.* **2** (antepuesto / pospuesto) Que no cambia o disminuye: *Se ha hecho público el firme apoyo de todos los partidos a la política del Gobierno en materia antiterrorista. El director tiene el firme propósito de cerrar la fábrica. Nuestra postura, firme desde el principio, se va a mantener igual.* **3** Que no se desanima ni se deja dominar: *Se han mantenido firmes contra la opinión de la mayoría. Se mantiene firme en la desgracia.* ‖ *s. m.* **4** Pavimento de una calle o carretera: *Este firme es muy deslizante. Pensaba que el firme no iba a estar helado. Habría que reparar el firme.* **5** Capa sólida de terreno sobre la que se ponen los cimientos de un edificio: *edificar en firme. No hay buen firme, así que los cimientos tendrán que ser muy profundos.* ‖ *adv. modo* **6** Con firmeza: *Ha trabajado firme para aprobar el examen.* ‖ **7 ~** o **¡firmes!** 1 MIL. En postura erguida, propia de los militares cuando están en formación, con las manos a lo largo del cuerpo y la cabeza levantada: *El soldado se puso firme y saludó al oficial.* 2 MIL. Se usa como voz de mando para ordenar esta postura: *¡Soldados! ¡Firmes!, ¡ar!* **8 tierra* ~.** FR. Y LOC. **de ~** Con fuerza y constancia: *Llueve de firme. Estudia de firme.* **en ~** De manera segura: *Hizo la promesa en firme. Ha suscrito un contrato en firme con la empresa.* **poner firme(s)** 1 MIL. Hacer valer ‹un militar› su rango para imponer la disciplina: *El capitán nos aseguró que nos iba a poner firmes a todos en poco tiempo.* 2 COLOQUIAL. Utilizar ‹una persona› su poder para imponer una disciplina: *El nuevo jefe nos ha puesto a todos firmes en el taller.*

firmeza *s. f.* **1** (no contable) Estabilidad o fortaleza de lo que no se mueve: *La firmeza de los cimientos garantiza la solidez del edificio.* **2** (no contable) Entereza de la persona que no se deja abatir ni dominar: *Mi tío siempre ha afrontado con firmeza las adversidades. La firmeza del equipo permitió aguantar la presión de los contrarios.*

firulete *s. m.* ARG., PERÚ, URUG; COLOQUIAL en Argentina y Uruguay. Adorno superfluo y de mal gusto.

fiscal *adj.* **1** Del fisco o Hacienda pública: *recaudación fiscal. La reforma fiscal pretende luchar contra el fraude.* **presión ~. 2** DER. Del oficio de fiscal o acusador público. **ministerio* ~ / público.** ‖ *s. m. / f.* **3** DER. Funcionario público encargado de realizar la acusación ante un tribunal de justicia: *El fiscal pidió la máxima pena para el acusado, mientras la defensa pedía la absolución. La fiscal ha retirado los cargos.*

fiscalía *s. f.* **1** (no contable) Oficio de fiscal: *Ha sido nombrado para ocupar la Fiscalía General del Estado.* **2** Oficina o despacho del fiscal: *El abogado de la defensa se dirigió a la fiscalía para reunirse con el fiscal del caso.* **3** RESTRINGIDO. Oficina del Estado encargada de una actividad de control o inspección.

fiscalidad *s. f.* **1** (no contable) Actividad de la Hacienda pública para fijar, recaudar y controlar los impuestos que se pagan al Estado: *El ejercicio de la fiscalidad corresponde a los poderes públicos.* **2** (no contable) Conjunto de los impuestos que se pagan al Estado: *La fiscalidad ha aumentado respecto a años atrás. La fiscalidad en España está por debajo de algunos países europeos.* SIN. tributación.

fiscalizar *v. tr.* **1** Hacer ‹una persona con autoridad› una inspección a [otra persona o a una entidad] para ver si paga sus impuestos al Estado: *Se presentó un inspector de Hacienda en la empresa con el objeto de fiscalizar los libros de cuentas.* **2** Examinar ‹una persona› las acciones de [otra persona] para descubrir faltas o errores: *Se ha creado una comisión en el Congreso para fiscalizar la actuación de los presidentes de algunas empresas públicas. No debemos fiscalizar a los hijos mayores.* ⇒ **19.**

fisco *s. m.* **1** (no contable) Hacienda pública como recaudadora de tributos del Estado: *La semana próxima me ha citado el fisco. Le tocó pagar al fisco medio millón de pesetas.* **2** (no contable) Conjunto de bienes del Estado: *El fisco no está tan mal como se supone.*

fiscorno *s. m.* Instrumento musical de viento y metal con pistones, parecido al bugle, típico de la cobla catalana: *Quiere aprender a tocar el fiscorno.*

fisga *s. f.* RESTRINGIDO. Arpón, generalmente de tres dientes, para pescar peces grandes.

fisgar *v. tr. / intr.* COLOQUIAL; PEYORATIVO. Intentar ‹una persona› enterarse de [los asuntos ajenos]: *Le gusta mucho fisgar los cajones de los demás. Lo pillé fisgando por el ojo de la cerradura.* SIN. fisgonear. ⇒ **56.**

fisgón, na *adj. / s. m.* y *f.* COLOQUIAL; PEYORATIVO. Que acostumbra a fisgar: *Es uno de los hombres más fisgones que he conocido, no lo soporto. ¡Qué fisgona eres, y cómo te gusta enterarte de todo lo de los demás!*

fisgonear *v. tr. / intr.* COLOQUIAL; PEYORATIVO. Fisgar ‹una persona› por costumbre: *Deja de fisgonear por la ventana.*

fisiatría *s. f.* (no contable) RESTRINGIDO. Curación de las enfermedades por procedimientos naturales: *La fisiatría está adquiriendo un gran protagonismo en los últimos años como técnica natural de curación.* SIN. naturismo.

física *s. f.* (no contable) Ciencia que estudia las propiedades de la materia y de la energía: *Es un gran genio de la Física.* **~ cuántica** Física de los cuantos. **~ nuclear** Física que estudia la constitución del núcleo atómico.

físicamente *adv. modo* **1** Con el cuerpo, corporalmente, materialmente: *Pero, ¿has estado allí físicamente o sólo con la imaginación?* **2** Con o por medio de las manos u otra parte del cuerpo: *Lo toqué físicamente.* ‖ *adv. restrictivo* **3** Desde la perspectiva de la Física: *Una hipótesis físicamente plausible, aunque no teológicamente.* **4** Con los presupuestos, métodos e instrumentos de la Física: *Analícese físicamente todo el material.* **5** En cuanto al cuerpo, en el aspecto físico: *Físicamente, se parece a su madre.* ANT. intelectualmente, ideológicamente. **6** En cuanto al estado físico: *Físicamente, sí me encuentro mejor.* ANT. anímicamente, psíquicamente. ‖ *adv. orac.* **7** En términos de la Física: *Físicamente, es una vibración alfa.*

físico, ca *adj.* 1 De la Física: *fenómenos físicos, propiedades físicas.* 2 De la materia o de su constitución: *mundo físico.* **geografía* física. mapa* ~.** 3 Del cuerpo: *rasgo físico, sufrimiento físico, dolor físico, sensación física.* **cultura* física. educación* física.** || *s. m. / f.* 4 Persona que se dedica profesionalmente al estudio de la Física: *Mi hermana es física y trabaja en la central nuclear. Está empeñado en ser físico, como su padre.* || *s. m.* 5 Aspecto externo de una persona: *Los modelos viven de su físico. Tiene un físico poco agraciado, pero es inteligentísimo.* || **6 persona* física.**

fisicoquímica *s. f.* Ciencia que estudia los fenómenos comunes a la Física y a la Química.

fisiocracia *s. f.* (no contable) Doctrina económica del siglo XVIII que sostenía que la tierra era el origen de la riqueza y la agricultura la actividad económica primordial: *François Quesnay fue el principal impulsor de la fisiocracia.*

fisiología *s. f.* (no contable) BIOL. Ciencia que estudia las funciones de los órganos de los seres vivos.

fisiológico, ca *adj.* 1 De la fisiología: *necesidad fisiológica, estudio fisiológico.* || **2 suero* ~.**

fisiólogo, ga *s. m. / f.* Persona especializada en fisiología: *Es el mejor fisiólogo de este laboratorio.*

fisión *s. f.* FÍS. División de un núcleo atómico pesado en otros dos más ligeros con gran emisión de energía y neutrones.

fisionomía *s. f.* Fisonomía.

fisioterapeuta *s. m. / f.* Persona especializada en fisioterapia: *Va a la fisioterapeuta que me trató a mí después del accidente.*

fisioterapia *s. f.* (no contable) MED. Tratamiento de enfermedades o dolencias mediante el empleo de masajes, gimnasia y agentes naturales: *Acude a sesiones de fisioterapia para mejorar de sus lesiones.*

fisonomía o **fisionomía** *s. f.* 1 ELEVADO. Aspecto del rostro de una persona: *No me acuerdo muy bien de su fisonomía. Ambos personajes tienen una fisonomía parecida.* 2 ELEVADO. Aspecto exterior de las cosas: *La fisonomía del paisaje cambió desde que se instaló la fábrica en el valle.*

fisonómico, ca *adj.* De la fisonomía: *Sus rasgos fisonómicos son muy característicos.*

fisonomista *adj. / s. m.* y *f.* Que tiene gran facilidad para recordar o reconocer el físico de las personas: *Es un gran fisonomista, y en seguida te reconocerá, aunque haga mucho tiempo que no os veis.*

fístula *s. f.* MED. Conducto anormal que se abre en la piel, que pone en comunicación un órgano o un absceso con el exterior o con otro órgano, y que no se cierra por sí solo. **~ anal.**

fisura *s. f.* 1 Grieta o raja producida en una cosa: *El jarrón tenía una fisura por la que se escapaba el agua.* 2 MED. Grieta que se produce en un tejido orgánico, especialmente la que se produce en el ano: *La tienen que operar de una fisura anal.* 3 Defecto o disensión que amenaza la cohesión u homogeneidad de una cosa: *Están apareciendo las primeras fisuras en esa formación política. Aquella discusión ocasionó una fisura irreparable en su relación.*

fitófago, ga *adj. / s. m.* y *f.* BIOL. Que se alimenta de materias vegetales: *Los herbívoros son un tipo de animal fitófago.*

fitoplancton *s. m.* BOT. Plancton, tanto de agua dulce como salada, formado por algas y otros vegetales diminutos: *El fitoplancton, cuando aparece en gran cantidad, puede dar a las aguas un cierto color verdoso.*

FITUR (pronunciamos *'fi-tur'*) *s. f.* Sigla de «Feria Internacional del Turismo», España.

fixture *s. m.* DEP.; ARG., URUG. Calendario deportivo de una competición.

flaccidez *s. f.* Flacidez.

fláccido, da *adj.* Flácido.

flacidez o **flaccidez** *s. f.* (no contable) ELEVADO. Que no tiene consistencia: *La flacidez de sus carnes le daba un aspecto fofo y poco saludable. Después de adelgazar tantos kilos, tuvo que someterse a un tratamiento para evitar la flacidez.*

flácido, da o **fláccido, da** *adj.* (ser / estar, antepuesto / pospuesto) ELEVADO. Que está blando y flojo: *Sus mejillas eran flácidas. El cuerpo estaba flácido. Las flácidas carnes quedaron al descubierto cuando se quitó la camisa.* SIN. fofo.

flaco, ca *adj.* 1 (ser / estar, antepuesto / pospuesto) Que está muy delgado: *Sus piernas son muy flacas. El perro está muy flaco. Sus flacos dedos aporreaban las teclas del piano con desesperación.* 2 (antepuesto) Que es frágil o poco efectivo: *flaca memoria.* **hacer un ~ servicio* / favor.** 3 ARG., URUG.; COLOQUIAL. Se usa entre los jóvenes para llamarse la atención. || *s. m.* 4 RESTRINGIDO. Defecto, punto débil: *Tu flaco es la memoria.* SIN. flaqueza. ANT. fuerte. 5 Vicio o afición muy marcada en una persona: *Su flaco son los pasteles.* SIN. debilidad. || **6 las vacas* flacas / gordas. 7 punto* débil / ~.**

flagelación *s. f.* Acción y resultado de flagelar: *La flagelación se utiliza desde antiguo como ritual en algunas religiones.*

flagelado, da *adj. / s. m.* BIOL. [Célula, microorganismo] que tiene uno o varios flagelos: *Los flagelados viven mayoritariamente en el agua.*

flagelar *v. tr. / prnl.* Golpear ‹una persona› [a otra persona] con el flagelo: *Un soldado romano flagelaba al ladrón para castigarlo por su delito.* ***Se** flagelaron por los pecados del mundo.*

flagelo *s. m.* 1 RESTRINGIDO. Instrumento, generalmente formado por cuerdas anudadas, para golpear: *El penitente se golpeaba la espalda con el flagelo.* SIN. azote. 2 ELEVADO. Calamidad o desgracia: *Mi abuelo padeció el flagelo de dos guerras. El flagelo de las inundaciones asolaba cada año la región.* SIN. catástrofe. 3 BIOL. Prolongación móvil que sirve de órgano de locomoción a ciertas células y seres unicelulares: *Los flagelos pueden servir para originar corrientes de agua que atraigan el alimento.*

flagrante *adj.* 1 (preferentemente antepuesto) DER. [Delito] que está siendo cometido en el momento mismo en que su autor es sorprendido: *Lo han sorprendido en un flagrante delito.* 2 (antepuesto / pospuesto) ELEVADO. Que no se puede dudar de ello por ser claro, cierto o evidente: *Es una prueba flagrante. Ésta es la flagrante verdad de los hechos.*

flamante *adj.* 1 (ser / estar, antepuesto / pospuesto) Que resplandece o destaca por su vistosidad, su juventud o porque se acaba de hacer o estrenar: *Su aspecto era flaman-*

te. Apareció en la puerta con un flamante coche deportivo. Su moto siempre está flamante, porque no deja de limpiarla. **2** (antepuesto) Que es nuevo en un cargo o situación: *Aquí está nuestro flamante medalla de oro. Se ha convertido en una flamante ejecutiva.*

flambear *v. tr.* Echar ‹una persona› un licor a [un alimento] y encenderlo: *Flambeó los plátanos y los trajo a la mesa aún llameantes.* SIN. flamear.

flamear *v. intr.* **1** ELEVADO. Despedir ‹una cosa› llamas: *Un cirio flameaba a un lado del altar.* **2** ELEVADO. Moverse ‹una vela o una bandera› formando olas por el viento: *Las banderas de los dos países flameaban es sus mástiles.* **3** Someter ‹una persona› [una cosa] a la acción de una llama: *Le gustaba flamear el coñac para quemar el alcohol.* SIN. flambear.

flamenco, ca *adj. / s. m.* y *f.* **1** [Baile, cante, música, intérprete] que es andaluz y tiene influencia gitana: *guitarra flamenca. Las seguidillas, las soleás y los fandangos son algunas de las modalidades del flamenco.* **baile ~. cante* ~. cuadro* ~.** **2** De Flandes, región del noroeste de Europa: *pintura flamenca, pintor flamenco.* || *adj.* **3** COLOQUIAL. Que es arrogante e insolente: *Se puso muy flamenco conmigo. Mi tía se enfrentará pronto al vecino porque es muy flamenca.* **4** COLOQUIAL. Que tiene aspecto saludable: *Me dijeron que te estabas muriendo, vengo a verte y te encuentro tan flamenca.* || *s. m.* **5** LING. Variedad lingüística del holandés que se habla en la región belga de Flandes. **6** (macho y hembra) *Phoenicopterus ruber.* Ave de pico encorvado, con patas y cuello muy largos, el pico y las patas rosadas, y el plumaje blanco o rosado, que habita en zonas acuáticas poco profundas: *Los flamencos se agrupan en bandadas muy numerosas para migrar o establecer sus nidos.* FR. Y LOC. **a la flamenca** [Huevos al plato] que se preparan con jamón, guisantes, tomate y otros ingredientes.

flamencología *s. f.* (no contable) Estudio sobre el cante y baile flamencos: *Es un entendido en flamencología.*

flamígero, ra *adj.* ELEVADO. Que despide llamas o que tiene forma de llama. **gótico* ~.**

flámula *s. f.* RESTRINGIDO. Pequeña bandera, generalmente triangular, como adorno o como emblema de un grupo o asociación. SIN. banderín.

flan *s. m.* **1** Dulce elaborado con leche, huevos y azúcar que se cuaja al cocerlo al baño maría, y que suele tener forma de cono truncado: *flan de huevo, flan de vainilla. A mi hijo le encantan los flanes.* **2** Alimento preparado en un molde para que adquiera la misma forma que los flanes: *flan de arroz, flan de verduras.* FR. Y LOC. **hecho / como un ~** COLOQUIAL. Muy nervioso, temeroso o inestable: *Esta chica me tiene hecho un flan. Estaba como un flan esperando los resultados del examen.*

flanco *s. m.* Parte lateral de una cosa considerada desde frente: *los flancos de una formación militar, los flancos de un barco. Los atacaron por el flanco oeste. El flanco izquierdo del equipo falla.*

flanero, ra *s. m. / f.* Molde para hacer flanes.

flanquear *v. tr.* **1** Estar ‹varias personas o varias cosas› situadas a los flancos de [una persona] o de [una cosa]: *Dos hileras de árboles flanqueaban la carretera.* **2** Ponerse ‹varias personas› a ambos lados de [una persona] o de [una formación] para defenderla o para atacarla: *Dos guardaespaldas flanquean siempre al Presidente cuando acude a un acto oficial.* SIN. escoltar. **3** MIL. Estar ‹una posición› situada de tal manera que domina a [otra posición] con su artillería: *La artillería flanqueaba las posiciones enemigas.*

flaquear *v. intr.* **1** Volverse ‹una persona o una cosa› débil: *Quería seguir, pero ya le flaqueaban las fuerzas. Ya me flaquea la vista.* SIN. debilitarse. **2** Estar ‹una persona› poco preparada en [una materia]: *Antonio flaquea **en** lingüística. Es muy bueno en ciencias, pero flaquea **en** letras.* SIN. flojear. **3** Perder ‹una persona› el ánimo o la confianza: *No podemos desanimarnos ni flaquear ahora, tenemos que denunciarlos.*

flaquencia *s. f.* (no contable) AMÉR. C., MÉX.; COLOQUIAL. Flaqueza, delgadez, especialmente de una persona.

flaqueza *s. f.* **1** (no contable) Calidad de flaco: *La flaqueza extrema de aquellos muchachos era preocupante.* SIN. delgadez. **2** (no contable) Debilidad de carácter: *María sintió un momento de flaqueza y robó el bolso. Pedro tuvo momentos de flaqueza y se echó a llorar.* **3** Falta que se comete en un momento de debilidad de carácter: *Tuvo la flaqueza de comerse los pasteles cuando nadie la miraba.* **4** (no contable) Inclinación extremada hacia una cosa que impide la objetividad o significa una dedicación excesiva a ello: *Los caballos son su flaqueza y está todo el día con ellos. La flaqueza de Marta es su tío y no permite que nadie hable mal de él.* SIN. debilidad. FR. Y LOC. **sacar fuerzas* de ~.**

flas o **flash** (del inglés) *s. m.* **1** Dispositivo de las cámaras fotográficas para producir una iluminación breve e intensa: *Antes de sacar una foto en el interior de la habitación pon el flas.* **2** Luz breve e intensa producida por un dispositivo de la cámara fotográfica al disparar: *El flas me deslumbra y salgo siempre en las fotos con los ojos cerrados.* **3** PERIOD. Información breve de última hora: *Ha llegado un último flas sobre el conflicto.* **4** JERGAL. Sensación de euforia por efecto de una droga: *Estaba tirado en el suelo, con un flas que no se aclaraba.* **5** COLOQUIAL. Impresión fuerte o sorprendente: *¡Qué flash, ver a Pepe con María!* **6** COLOQUIAL. Reacción inesperada: *Le dio un flas, se levantó y salió corriendo.*

flash-back o **flashback** (del inglés; pronunciamos *'flasbac'*) *s. m.* LIT. Técnica narrativa que consiste en intercalar en el desarrollo lineal de la acción secuencias referidas a un tiempo pasado: *El flashback se usa en el cine o en literatura.*

flato *s. m.* **1** (no contable) Dolor abdominal causado por la acumulación de gases en el tubo digestivo: *En cuanto corre un poco le da flato. Si respiras por la boca te entrará el flato.* **2** AMÉR. Tristeza, melancolía.

flatulencia *s. f.* (no contable) Flato, dolor abdominal causado por la acumulación de gases.

flatulento, ta *adj.* **1** Que produce flato: *La coliflor es un alimento flatulento.* || *adj. / s. m.* y *f.* **2** Que padece flato: *persona flatulenta. Los flatulentos deben cuidar su dieta.*

flauta *s. f.* **1** Instrumento musical de viento con embocadura en forma de tubo con varios agujeros que se tapan y destapan al tocar: *flauta de los pastores, flauta de madera. Tocaba la flauta magistralmente.* **~ dulce** o **de pico** Flauta que tiene por embocadura una boquilla en el extremo del tubo. **~ travesera** Flauta que tiene la embocadura lateral y se coloca horizontalmente para tocarla. **2** COLOQUIAL. Pequeña barra de pan, larga y estrecha, para hacer bocadillos: *Voy a la panadería a comprar un par de flautas.* **3** COLO-

QUIAL. Bocadillo hecho con pan largo y estrecho: *Me he comido tres flautas. Siempre pide una flauta de chorizo.* || *s. m./f.* **4** Persona que toca la flauta: *Es flauta en la Orquesta Municipal.* || **5 ~ de pan** Siringa, instrumento musical. FR. Y LOC. **cuando pitos* flautas, cuando flautas pitos. por pitos* o por flautas. sonar la ~ (por casualidad)** COLOQUIAL. Se usa para indicar que un acierto ha sido casual: *Compraron ese décimo y sonó la flauta. He intentado arreglar el coche a ver si sonaba la flauta por casualidad. Apostó al doce y sonó la flauta. Respondí en el examen lo que me pareció, a ver si sonaba la flauta.*

flautín *s. m.* **1** Flauta pequeña de sonido agudo: *Tocar el flautín.* || *s. m./f.* **2** Persona que toca el flautín.

flautista *s. m./f.* Persona que toca la flauta: *La flautista del grupo está enferma.*

flebitis (plural *flebitis*) *s. f.* MED. Inflamación de una vena: *El dolor, la tumefacción y el enrojecimiento son síntomas que acompañan a la feblitis.*

flecha *s. f.* **1** Arma arrojadiza formada por un asta delgada con una punta triangular afilada que se dispara con un arco: *Tiró una flecha con un arco. La flecha se clavó en el hombro del guerrero.* SIN. saeta (ELEVADO). **2** Indicador de dirección con punta triangular: *Sigue la flecha. La flecha señalaba el lado contrario.* **3** Remate fino y puntiagudo de una torre o campanario: *Los campanarios góticos tienen unas flechas muy elegantes.* SIN. aguja. **4** ARQ. Distancia vertical desde el centro de un arco hasta las líneas de sus arranques. **5** GEOM. Segmento comprendido entre el punto medio de un arco de circunferencia y el punto medio de su cuerda. SIN. sagita. **6** (con mayúscula) ASTRON. Constelación boreal entre Hércules y Delfín. **7** URUG. Intermitente de un vehículo. **8** VEN.; COLOQUIAL. Señal de dirección única en una calle. || *adj.* **9** VEN.; COLOQUIAL. [Calle] que es dirección prohibida. FR. Y LOC. **como una ~** COLOQUIAL. Muy rápido o con gran velocidad: *Al oírlo ha salido corriendo como una flecha. Se fue disparado como una flecha.*

flechar *v. tr./intr.* **1** RESTRINGIDO. Poner ‹una persona› una flecha en [el arco]: *Flechaba el arco ante la mirada atenta de los asistentes* || *v. tr.* **2** COLOQUIAL. Hacer ‹una persona› que [otra persona] sienta amor o simpatía por ella súbitamente: *Esa mujer me ha flechado.* **3** ARG.; COLOQUIAL. Producir ‹el sol› quemaduras en [la piel de una persona]. **4** URUG. Limitar ‹la autoridad› la circulación a una sola dirección en [una calle]. || *v. prnl.* **5** COLOQUIAL. Empezar ‹una persona› a sentir amor o simpatía por [otra persona] súbitamente: *Se ha flechado con ese hombre.*

flechazo *s. m.* **1** Golpe o herida causado por una flecha: *Lo hirieron de un flechazo en la pierna. El flechazo fue al mismo centro de la diana.* **2** COLOQUIAL. Enamoramiento repentino: *Lo nuestro fue un flechazo, porque nos enamoramos en cuanto nos vimos.*

flechilla *s. f.* ARG. Pasto fuerte que cuando está blando come el ganado y cuya planta tiene forma de flecha.

fleco *s. m.* **1** Adorno formado por una serie de hilos que cuelgan de una tira de tela: *La colcha estaba adornada por flecos en la parte inferior.* **2** Borde deshilachado y gastado de una tela: *Llevas los bajos del pantalón llenos de flecos.* **3** (preferentemente en plural) Aspecto que queda por resolver de un asunto o negociación: *La negociación ya está casi cerrada, sólo quedan algunos flecos por discutir.*

fleje *s. m.* **1** Tira metálica larga y estrecha con que se hacen los aros de los barriles. **2** Tira de chapa de hierro para empaquetar. **3** Pieza larga y curva de acero empleada para hacer muelles y resortes: *los flejes de un somier.*

flema *s. f.* **1** Mucosidad que se expulsa al toser: *Cada vez que tose echa flemas.* **2** (no contable) Lentitud o tranquilidad excesiva al hacer una cosa: *Con esa flema que tiene no sé cuándo acabará el trabajo.* SIN. cachaza (COLOQUIAL). **3** (no contable) Actitud de la persona tranquila e impasible, que controla sus emociones: *La flema inglesa contrasta con la pasión latina.*

flemático, ca *adj.* (antepuesto/pospuesto) Que tiene flema o mucha calma, o que no se altera ni se apresura con facilidad: *Dicen que los habitantes de este país son muy flemáticos, pero eso es un tópico. Lo más popular de este pueblo es el flemático carácter de sus habitantes.*

flemón *s. m.* Bulto producido por la inflamación de una encía: *Al niño le ha salido un flemón. Tengo que ir al dentista porque no puedo soportar el dolor del flemón.*

flequillo *s. m.* Mechón de pelo recortado que cae sobre la frente: *Se ha cortado el flequillo y le queda toda la frente descubierta.*

fletante *s. m./f.* ARG. Persona que deja en alquiler un animal o un vehículo.

fletar *v. tr.* **1** Alquilar o contratar ‹una persona› [un vehículo] para que transporte mercancías o viajeros: *Fletaron un barco para llevar las medicinas al lugar del conflicto. Fletaremos un autobús para la excursión.* OBSERVACIONES: En América frecuentemente se excluye el transporte marítimo. **2** Meter ‹una persona› [viajeros o mercancías] en un avión o una embarcación para su transporte: *Van a fletar toda la ayuda conseguida en un avión de las Fuerzas Armadas.* OBSERVACIONES: En América, se incluye el transporte terrestre y se excluye el marítimo. **3** CHILE; COLOQUIAL. Dar ‹una persona› [un golpe] [a otra persona]. **4** ARG., CHILE; COLOQUIAL. Echar ‹una persona› [a otra persona] de un lugar. **5** MÉX.; COLOQUIAL. Hacer ‹una persona› [un trabajo que exige esfuerzo]. || *v. prnl.* **6.** CUBA. Marcharse ‹una persona› de repente o en secreto.

flete *s. m.* **1** Dinero que se paga por el transporte de personas o cosas de un lugar a otro: *Los fletes de avión son muy caros, pero las cosas llegan en seguida a su destino.* SIN. porte. **2** Carga que se transporta en un barco, avión o cualquier otro medio de transporte: *Todavía no ha llegado el flete de Canarias.* SIN. cargamento. **3** ARG., PAR., URUG.; RESTRINGIDO. Caballo veloz y ligero. **4** ARG. Camión de mudanzas. **5** PERÚ; VULGAR. Hombre que ejerce la prostitución.

fletero, ra *s. m./f.* **1** ARG., CHILE, URUG. Transportista, dueño o conductor de un vehículo de transporte terrestre. **2** EC., GUAT. Persona que transporta fardos o bultos.

flexibilidad *s. f.* **1** (no contable) Capacidad de adaptarse a distintas situaciones o circunstancias: *La flexibilidad de las plantillas laborales es una condición exigida por los empresarios para crear empleo.* **2** (no contable) Capacidad para doblarse fácilmente: *El acero tiene mucha flexibilidad. La gimnasta tiene una gran flexibilidad.*

flexibilizar *v. tr.* **1** Hacer ‹una persona o una cosa› flexible o más flexible [una cosa]: *Los sindicatos flexibilizaron sus posiciones para llegar a un entendimiento.* || *v. prnl.* **2** Hacerse ‹una cosa› flexible o más flexible: *Las exigen-*

cias del comité se flexibilizaron después de varias horas de negociación. ⇒ **19.**

flexible *adj.* **1** (ser / estar) Que puede doblarse fácilmente sin romperse: *Últimamente estoy muy flexible porque hago mucha gimnasia. Este material es muy flexible. Tiene el cuello muy flexible.* **2** (antepuesto / pospuesto) Que se acomoda o cede con facilidad a las circunstancias, opiniones o deseos de otras personas: *Tiene un carácter muy flexible. La flexible actitud de los negociadores hizo posible el acuerdo.* ANT. inflexible. **3** [Horario] que es fijado por el trabajador dentro de unos límites previamente acordados: *En mi empresa tenemos horario flexible: por la mañana entramos de ocho a nueve, y salimos de seis a siete de la tarde.* ǁ *s. m.* **4** Cierta clase de sombrero que es flexible. ǁ **5 disco* ~.**

flexión *s. f.* **1** Acción y resultado de doblar o doblarse: *En la clase de gimnasia siempre empezamos haciendo flexiones.* **2** (no contable) LING. Variación del final de una palabra mediante desinencias: *flexión nominal, flexión verbal. Ha hecho un estudio sobre nuevos aspectos de la flexión verbal en español.*

flexionar *v. tr.* **1** Doblar ‹una persona› [el cuerpo o una parte de él]: *Flexionó las piernas para agacharse.* ǁ *v. prnl.* **2** Doblarse ‹el cuerpo o una parte del cuerpo de una persona›: *Su cuerpo se flexionaba una y otra vez al compás de la música.*

flexivo, va *adj.* **1** LING. De la flexión gramatical: *los sufijos flexivos del verbo.* **2** LING. Que tiene flexión gramatical: *El español pertenece al grupo de lenguas flexivas.*

flexo *s. m.* Lámpara de mesa con brazo flexible y articulado: *encender el flexo, mover el flexo, girar el flexo. Tiene un flexo en su mesa de despacho.*

flexor, ra *adj. / s. m.* Que dobla o sirve para doblar: *los músculos flexores de la mano.*

flipado, da *adj.* **1** (estar) COLOQUIAL. Asombrado o impresionado: *Me tiene flipado su nuevo coche. Está flipado de ver a tanta gente.* **2** (ser / estar) JERGAL. Que está drogado o tiene afición a drogarse: *No le hagas caso, porque es un flipado. Si no estuviera flipada no haría esas tonterías.*

flipar *v. intr. / prnl.* **1** COLOQUIAL. Gustar ‹una cosa› mucho a [una persona]: *¡Cómo flipa esa moto! **Me** flipo **por** este coche.* **2** JERGAL. Estar ‹una persona› bajo los efectos de una droga: *Esta tía está flipada, debe de haberse fumado un porro. Este chico **se** ha flipado.* ǁ *v. intr.* **3** Trabajar ‹una máquina› mal o de forma extraña.

flirt (del inglés) *s. m.* **1** AFECTADO. Relación amorosa sin mucha trascendencia: *Tuvo un flirt con una chica que conoció en el verano.* **2** AFECTADO. Persona con la que se tiene una relación amorosa intrascendente: *Apareció en la fiesta con un nuevo flirt.* SIN. ligue (COLOQUIAL).

flirtear *v. intr.* **1** Tener ‹una persona› un contacto superficial con [una cosa]: *Pablo flirtea **con** la política sin dedicarse a ella plenamente.* **2** Tener ‹una persona› una relación amorosa superficial con [otra persona] por coquetería o por mero pasatiempo: *Ese tipo flirtea **con** todas las chicas del barrio.*

flirteo *s. m.* Relación amorosa superficial: *Con su flirteo tiene locos a todos los compañeros de clase.*

floema *s. m.* BOT. Líber, tejido de las plantas que transporta la savia.

flojear *v. intr.* Perder ‹una persona o una cosa› fuerza o intensidad poco a poco: *Le flojeaban las piernas después de tanto andar. La lluvia flojeó después de la primera media hora. Este chico flojea **en** el trabajo. Siempre he flojeado **en** matemáticas.* SIN. flaquear.

flojedad *s. f.* **1** (no contable) Debilidad o flaqueza en una cosa: *Tiene flojedad porque no come. Es normal esa flojedad después de haber pasado un mes en cama.* **2** (no contable) Pereza o desinterés al hacer una cosa: *La flojedad que muestra en este trabajo me hace pensar que no le interesa nada.*

flojera *s. f.* **1** (no contable) COLOQUIAL. Sensación de debilidad y agotamiento físico: *Tengo flojera en las piernas.* SIN. flojedad. **2** (no contable) Desgana para trabajar: *Este año tengo una flojera extraordinaria, si pudiera no iría a la oficina.*

flojo, ja *adj.* **1** (estar) Que está poco ajustado o apretado: *El pantalón le está flojo. He apretado el tornillo porque estaba flojo.* **2** (ser / estar, antepuesto / pospuesto) Que es débil: *El viento es flojo. Ramón está muy flojo desde la operación. La floja lluvia se deslizaba con parsimonia por los cristales.* **3** (antepuesto / pospuesto) Que no es muy bueno: *El resultado del examen ha sido flojo. La película es muy floja. Nuestro atleta ha tenido una floja actuación.* **4** RESTRINGIDO. Que es cobarde o tiene poco ánimo: *Estos chicos de ahora son un poco flojos.* ǁ **5 cuerda* floja.** FR. Y LOC. **estar / bailar / andar en la cuerda* floja. tener flojos los tornillos*. traérsela* floja.**

flor *s. f.* **1** Parte de las plantas donde se encuentran los órganos reproductores, generalmente de formas y colores vistosos: *un ramo de flores, una corona de flores. Le gusta recoger flores silvestres.* **puesto de flores. 2** (no contable) Lo mejor o lo más selecto de una cosa: *la flor de la harina.* **la ~ de la canela** (no contable) La flor y nata: *No sé qué más quieres, si te has casado con la flor de la canela.* **la ~ de la vida** (no contable) Periodo en que una persona es joven: *A los veinte años está en la flor de la vida.* **la ~ y nata** (no contable) INTENSIFICADOR. Lo mejor y más selecto: *Se relaciona con la flor y nata de la alta sociedad.* **3** (preferentemente en plural; no contable) Elogio o piropo: *En la presentación de su último libro, los críticos no pararon de echarle flores.* **4** ARG., URUG. Alcachofa de ducha. ǁ **5 ~ de estufa** COLOQUIAL. Persona delicada o enfermiza. **6 ~ de lis** Figura parecida a un lirio que adorna algunos escudos heráldicos. FR. Y LOC. **a ~ de** En la superficie de una cosa: *Los peces se veían a flor de agua.* **a ~ de piel** Con mucha susceptibilidad, a punto de estallar: *Tenía los nervios a flor de piel.* **en ~** 1 Con flores: *almendro en flor.* 2 En el estado de plenitud o más belleza: *muchachas en flor.* **~ de** (precediendo a un nombre) AMÉR. Funciona como superlativo. **harina* en ~. ir* de ~ en ~. ni flores** JERGAL. Ni idea, nada: *El examen me salió fatal porque no tenía ni flores de lo que me estaban preguntando.* **ser ~ de un día** Durar ‹una cosa› muy poco: *Sus buenas intenciones fueron flor de un día.* **ser la ~ de la maravilla** COLOQUIAL. Cambiar ‹una persona› bruscamente: *Es la flor de la maravilla: tan pronto está bueno como se pone enfermo.*

flora *s. f.* **1** Conjunto de plantas de un país, región o periodo: *flora africana, flora del Cuaternario. La flora de la costa mediterránea es de una enorme variedad.* SIN. vegetación. **2** Obra que trata de las plantas de un país, región o periodo y las nombra y describe. **3** BIOL. Conjunto de bacterias que se desarrollan en el interior de algunos órganos y que son indispensables para su perfecto funcionamiento: *Tiene dañada la flora intestinal, y debe hacer una dieta severa para restablecerla.*

floración *s. f.* **1** Acción de florecer las plantas: *El mal tiempo ha retrasado la floración de los claveles.* **2** Época en que florecen las plantas: *La floración es la época en que los campos están más bonitos.* **3** Tiempo que duran abiertas las flores de las plantas de una misma especie.

floral *adj.* De la flor: *adorno floral. Se hizo una ofrenda floral a los héroes.* **juegos* florales.**

floreado, da *adj.* **1** Que tiene dibujos de flores: *Le gustan las camisas floreadas. Ha puesto unas cortinas muy floreadas.* **2** [Expresión, estilo] que está muy adornado con figuras retóricas: *un discurso floreado.* SIN. florido.

florear *v. intr.* **1** AMÉR. Florecer. || *v. prnl.* **2** ARG., BOL., CHILE, URUG.; COLOQUIAL. Presumir, lucirse ‹una persona›.

florecer *v. intr.* **1** Dar ‹una planta› flores: *El cerezo empieza a florecer a finales de febrero. Este año los frutales han florecido antes.* **2** Ir ‹una cosa› bien: *El turismo ha florecido este año después de dos temporadas malas.* SIN. prosperar. **3** Tener ‹una persona o una cosa› un intenso desarrollo en [una época o en un país]: *Los movimientos de vanguardia florecieron **en** los primeros años de este siglo. El Renacimiento floreció **en** Italia antes que en otros sitios. Los grandes hombres siempre han florecido **en** nuestra nación.* || *v. prnl.* **4** Ponerse ‹una cosa› mohosa: *El queso se ha florecido por la humedad.* ⇒ **5.**

floreciente *adj.* (antepuesto / pospuesto) Que florece o prospera: *Vive en un país joven y floreciente. Esa familia posee un floreciente negocio.*

florecimiento *s. m.* **1** Acción y resultado de salir flores de una planta: *El florecimiento de los almendros anuncia la llegada de la primavera.* **2** Desarrollo o prosperidad de una actividad: *En aquella época se produjo un importante florecimiento de las artes y de las letras.*

floreo *s. m.* **1** Dicho o movimiento que se hace como adorno o muestra de ingenio: *Tienes un floreo verbal peligroso.* **2** ARG. Cierto tipo de zapateado en el baile.

florería *s. f.* Floristería, tienda donde se venden flores y plantas de adorno.

florero *s. m.* Vasija, recipiente para poner flores dentro: *Vamos a poner las rosas en el florero de cristal.*

floresta *s. f.* Terreno frondoso poblado de vegetación: *Le gusta pasear por la floresta y perderse entre los árboles.*

florete *s. m.* DEP. Espada de hoja estrecha y sin punta que se usa en el deporte de la esgrima: *florete sin botón.* SIN. espadín.

floricultura *s. f.* (no contable) Actividad de cultivar flores y plantas ornamentales: *La floricultura es su principal afición.*

florido, da *adj.* **1** (estar, antepuesto / pospuesto) Que tiene muchas flores: *una florida terraza, un paisaje florido. La planta está florida.* **2** [Expresión, estilo] que está muy adornado con figuras retóricas: *Los poetas barrocos tienen un estilo muy florido.* SIN. floreado. || **3 junco* ~. 4 Pascua* de Resurrección** o **Pascua florida.** FR. Y LOC. **lo más ~** Las personas o cosas mejores y más escogidas de un conjunto: *A la fiesta acudió lo más florido de nuestra sociedad.*

florilegio *s. m.* LIT. Colección de fragmentos literarios escogidos: *florilegio latino, florilegio escolar.*

florín *s. m.* **1** Unidad monetaria, de diferente valor, de los Países Bajos, Hungría, Surinam y las Antillas holandesas. **2** Antigua moneda de plata.

floripondio *s. m.* COLOQUIAL; PEYORATIVO. Flor grande o adorno de mal gusto: *Lleva un vestido hortera lleno de floripondios.*

florista *s. m. / f.* Persona que tiene por oficio vender flores y plantas: *Son famosas las floristas de las Ramblas. Los floristas preparan ramos y coronas.*

floristería *s. f.* Tienda donde se venden flores y plantas de adorno: *Encarga el ramo en la floristería, y que se lo lleven a casa.*

floritura *s. f.* **1** Cosa que se hace como adorno: *Las columnas de la catedral tienen mucha floritura.* **2** (en plural) COLOQUIAL. Cosa superflua o innecesaria que se añade a lo que es principal: *Este jugador hace muchas florituras y acaba perdiendo la pelota. No quiero florituras con el coche, sino que conduzcas con seriedad.*

florón *s. m.* ARTE. Adorno que tiene forma de flor grande, utilizado en pintura y arquitectura.

flota *s. f.* **1** Conjunto de barcos mercantes, de pesca o de guerra pertenecientes a un país o a una compañía naviera: *La flota pesquera del Cantábrico se encuentra amarrada. El buque insignia de la flota española es el portaaviones Príncipe de Asturias.* SIN. armada. **2** MIL. Grupo de barcos o aviones que operan juntos con una misión o destino común: *una flota de invasión.* SIN. escuadra. **3** Conjunto de vehículos de una misma clase que posee un país, una región o una empresa: *una flota de taxis. La flota de autobuses de la ciudad está anticuada.* **4** COL. Autobús interurbano.

flotación *s. f.* **1** (no contable) Acción y resultado de flotar: *Han hecho experimentos de flotación con este barco.* **2** (no contable) ECON. Cambio de valor de una moneda que depende de su situación en el mercado monetario: *Las crisis producen flotaciones anormales de las monedas.* SIN. fluctuación. FR. Y LOC. **línea* de ~.**

flotador, ra *adj.* **1** Que flota. || *s. m.* **2** Objeto insumergible utilizado para mantener a flote a una persona: *Aprende a nadar con un flotador. Desde el barco le tiraron un flotador para que no se ahogara mientras la recogían del agua.* SIN. salvavidas. **3** Objeto que flota en un líquido, empleado para hacer mediciones y mantener en la superficie cuerpos sumergibles: *Este flotador sirve para observar la velocidad de la corriente.* **4** ARG., URUG.; COLOQUIAL. Michelín, gordura que rodea la cintura de las personas.

flotante *adj.* **1** Que flota: *El lago apareció lleno de unos insectos flotantes que cubrían toda la superficie.* **2** Que sufre variación o cambio. **población* ~.** || **3 costilla* ~. 4 dique* ~.**

flotar *v. intr.* **1** Mantenerse ‹un cuerpo› en la superficie de un líquido: *Los troncos flotaban río abajo.* **2** Mantenerse ‹una cosa› suspendida en [un medio gaseoso]: *El globo flotaba **en** el aire ante la mirada atenta del público.* **3** Moverse ‹una cosa› formando ondas por el viento: *Las banderas de los países participantes en la conferencia flotaban al viento.* SIN. flamear. **4** Haber ‹una sensación o un estado de ánimo› en [el ambiente]: *La tensión flotaba **en** el ambiente.*

flote *s. m.* Se usa en la LOC. **a ~** 1 Flotando sobre un líquido: *Muchos restos quedaron a flote después del naufragio. El cadáver salió a flote después de tres días.* 2 A salvo de un peligro o de un apuro: *La empresa está otra vez a flote después de pasar una fuerte crisis.* 3 A la luz pública: *El periódico sacó a flote los negocios sucios de varios empresarios.* **salir* a ~.**

flotilla *s. f.* Conjunto de barcos pequeños que actúan con un mismo fin: *Hemos mandado una flotilla para participar en las maniobras del Mediterráneo.*

fluctuación *s. f.* Aumento y disminución alternativos del valor o de la cantidad de una cosa: *La fluctuación de la moneda hace que los inversores pierdan la confianza.*

fluctuar *v. intr.* **1** Experimentar ‹una cosa› cambios: *El precio de la gasolina fluctúa siempre al alza.* **2** RESTRINGIDO. Dudar ‹una persona› al tener que tomar una decisión: *El jurado fluctuó a la hora de la sentencia.* SIN. vacilar. **⇒ 3.**

fluidez *s. f.* (no contable) Calidad de fluido: *La fluidez de su estilo es una de las causas de que sus novelas tengan tanto éxito. Me resulta sorprendente la fluidez del tráfico esta mañana.*

fluido, da *adj.* **1** (antepuesto / pospuesto) [Lenguaje, estilo] que es natural y sencillo: *Este escritor tiene una forma muy fluida de escribir. Su fluido estilo embarga al lector. Todos estábamos atentos al fluido lenguaje del conferenciante.* **2** (ser / estar, antepuesto / pospuesto) Que se mueve o se desarrolla con facilidad: *Dio una explicación fluida, sin titubeos. Esta mañana la circulación estaba fluida. Mantuvimos una fluida conversación, a pesar de nuestros anteriores enfrentamientos. El juego del equipo es muy fluido.* || *adj. / s. m.* **3** FÍS. [Sustancia] que se adapta al recipiente que la contiene: *El gas y el líquido son fluidos. Un extraño fluido salía de aquellos tubos.* || *s. m.* **4** Corriente eléctrica: *El terremoto provocó cortes de fluido.* **~ eléctrico.** || **5 ~ imponderable** FÍS. Cada uno de los agentes invisibles y de naturaleza desconocida que se han considerado como causa inmediata de los fenómenos eléctricos, magnéticos, luminosos y caloríficos.

fluir *v. intr.* **1** Salir ‹un líquido o un gas› de [un lugar]: *El agua fluye* ***de*** *un manantial.* **2** Extenderse ‹un líquido o un gas›: *El gas fluía otra vez* ***por*** *los gigantescos tubos del gasoducto.* **3** No haber obstáculos en el desarrollo o en la marcha de ‹una cosa›: *El tráfico fluía* ***por*** *las calles de la ciudad como en un lunes cualquiera.* **4** Salir ‹las palabras o los pensamientos› de la boca o de la mente de una persona con facilidad: *Las palabras fluyen* ***de*** *su boca sin ningún esfuerzo. Sus pensamientos fluían como en sueños.* **⇒ 46.**

flujo *s. m.* **1** Acción y resultado de fluir un líquido o gas: *El flujo del agua de aquel caño era continuo.* **2** FISIOL. Secreción o expulsión de un líquido al exterior del cuerpo: *flujo menstrual.* **3** Subida de la marea: *En el movimiento de la marea intervienen el flujo y el reflujo.* **4** Movimiento de personas o cosas de un lugar a otro: *flujo cultural. El flujo migratorio del campo a la ciudad es mayor en los países pobres.* **5** Cantidad de energía que atraviesa cierta superficie en un tiempo determinado: *flujo eléctrico, flujo magnético.*

flúor *s. m.* **1** (no contable) *Fl.* Elemento químico gaseoso, del grupo de los halógenos, de color amarillo, irrespirable y tóxico: *El flúor se emplea como combustible de los cohetes espaciales.* || **2 espato* ~.**

fluorar *v. tr.* Poner ‹una persona› flúor en [una cosa]: *Las autoridades sanitarias se están planteando la posibilidad de fluorar el agua corriente.*

fluorescencia *s. f.* (no contable) ELECTRIC. Propiedad de algunas sustancias de reflejar la luz con mayor longitud de onda que la recibida.

fluorescente *adj.* **1** De la fluorescencia: *tubo fluorescente, luz fluorescente, lámpara fluorescente.* || *s. m.* **2** Tubo de cristal que emite luz mediante el uso de algunas sustancias que tienen la propiedad de la fluorescencia: *El fluorescente no se enciende, así que habrá que cambiarlo. He instalado un fluorescente en el sótano.*

fluorina o **fluorita** *s. f.* Mineral compuesto de flúor y calcio con colores brillantes que se utiliza en el grabado del cristal.

fluvial *adj.* De los ríos: *navegación fluvial, mapa fluvial, pesca fluvial, recursos fluviales.* **puerto ~.**

flux *s. m.* AMÉR. Terno, traje de hombre.

fluxión *s. f.* **1** (no contable) MED. Mucosa causada por una inflamación: *La enfermera le limpió la fluxión de la herida.* **2** MED. Resfriado de nariz: *En invierno, las fluxiones son muy frecuentes.* SIN. catarro.

FM (pronunciamos *'efe-eme'*) *s. f.* Sigla de la modalidad de emisión radiofónica llamada «Frecuencia Modulada».

FMI (pronunciamos *'efe-eme-i'*) *s. m.* Sigla de «Fondo Monetario Internacional».

fobia *s. f.* **1** PSICOL. Miedo patológico a una cosa: *La fobia a los lugares cerrados se llama claustrofobia.* **2** a veces ELEVADO. Odio o manía a una persona, animal o cosa: *Las matemáticas son una de sus fobias insuperables.*

foca *s. f.* **1** (macho y hembra) Familia *Phocidae.* Mamífero acuático, sin orejas, con aletas y el cuerpo cubierto de grasa y pelo, que habita normalmente en zonas frías: *Visité las focas del zoo.* **2** COLOQUIAL; PEYORATIVO, INSULTO. Persona muy gruesa: *No eres una foca, pero debes adelgazar.*

focal *adj.* FÍS., GEOM. Del foco: *distancia focal.*

focha o **foja** *s. f.* (macho y hembra) Género *Otis.* Ave de patas largas y color oscuro, que tiene una callosidad en la frente, y habita en aguas poco profundas, pantanos y albuferas: *La focha tiene un tamaño algo superior al de la perdiz.*

foco *s. m.* **1** Lámpara de gran potencia, generalmente orientable, que concentra la intensidad de su luz sobre un punto concreto: *los focos del plató, los focos del teatro. Un foco iluminaba a la protagonista.* **2** Punto de donde parten o adonde se dirigen rayos u ondas. **~ acústico. ~ calorífico. ~ real** FÍS. El de un espejo o de una lente. **~ virtual** FÍS. Punto en que concurren las prolongaciones de los rayos luminosos reflejados por un espejo convexo o refractados por una lente cóncava. **3** Centro donde se concentra y desde donde se propaga un proceso o fenómeno: *foco cultural, foco infeccioso, foco de ilustración, foco de vicios. En esta ciudad está situado el foco de la rebelión.* SIN. núcleo. **4** GEOM. Punto de una curva que define su trayectoria: *el foco de una hipérbole, el foco de una elipse, el foco de una parábola.* **5** MAR. Vela mayor de un balandro. **6** AMÉR. Farola. **7** AMÉR. Bombilla, lámpara. **8** CHILE; COLOQUIAL. Faro de automóvil.

fodongo, ga *adj. / s. m.* y *f.* MÉX.; COLOQUIAL. [Persona] que es sucia, especialmente la mujer que no se ocupa de las faenas de la casa o descuida su arreglo personal.

foete *s. m.* AMÉR. Fuete.

fofo, fa *adj.* (estar) PEYORATIVO. Que es blando o poco consistente: *Tiene los brazos fofos. Tengo la tripa fofa. Este muchacho está fofo.*

fogaje *s. m.* **1** (no contable) AMÉR. Bochorno, calor fuerte. **2** (no contable) AMÉR. Erupción de la piel. **3** VEN.; COLOQUIAL. Fiebre pequeña.

fogarada *s. f.* RESTRINGIDO. Llamarada fuerte que sale del fuego: *Si echas esa paja en la lumbre saldrá una fogarada.*

fogata *s. f.* **1** Fuego hecho en el suelo que levanta mucha llama: *hacer una fogata, encender una fogata. Todos se sentaron alrededor de la fogata.* SIN. hoguera. **~/hoguera de San Juan** Fogata tradicional nocturna de gran valor simbólico que se hace en la fiesta de San Juan. **2** Explosivo de poca potencia para derribar pequeños obstáculos.

fogón *s. m.* **1** Lugar destinado en las cocinas antiguas de leña o carbón para hacer fuego y guisar: *Cada cocina solía tener varios fogones de tamaños diferentes.* **2** Parte de la cocina destinada a cocinar donde se produce el calor o la combustión: *La cocina tiene dos fogones grandes y uno pequeño.* SIN. quemador. **~ de gas. ~ eléctrico.** **3** Lugar donde se quema el combustible en las calderas u hornos de vapor: *el fogón de la máquina.* **4** AMÉR. Fogata.

fogonazo *s. m.* **1** Fuego o llama que acompaña a un disparo o a una explosión: *Se acercó a la caldera de la calefacción y un fogonazo le dio un buen susto. Los fogonazos de la escopeta destacaban en la oscuridad de la noche.* **2** Luz momentánea de gran intensidad: *El fogonazo del flash me dejó ciego algunos segundos.*

fogonero *s. m.* Persona que tenía por oficio atizar la caldera de las máquinas de vapor: *En los trenes antiguos iban un maquinista y un fogonero.*

fogosidad *s. f.* (no contable) Cualidad de fogoso: *La fogosidad de estos muchachos a veces me da miedo. Pone demasiada fogosidad en las cosas, y no las piensa bien.*

fogoso, sa *adj.* (ser/estar) Que pone entusiasmo, ímpetu o pasión en las cosas que hace: *Este caballo es demasiado fogoso, está impaciente por correr. Eres demasiado fogoso para mí, yo soy más tranquila. Estás muy fogosa esta tarde. La fogosa actitud de tu amigo es peligrosa.*

foguear *v. tr.* **1** MIL. Hacer ‹una persona› que [la tropa o los animales utilizados por el ejército] se acostumbren al fuego del combate: *En estas maniobras van a foguear a los soldados.* **2** Hacer ‹una persona o una cosa› que [una persona] adquiera experiencia en [un trabajo o en una situación]: *La necesidad de salir adelante lo fogueó* ***en*** *aquel trabajo.* **3** Limpiar ‹una persona› [un arma] disparándola con poca pólvora: *Siempre foguea la escopeta antes de guardarla.* || *v. prnl.* **4** Acostumbrarse ‹la tropa o los animales utilizados por el ejército› al fuego del combate: *Aquellos soldados se habían fogueado en mil batallas.* **5** Adquirir ‹una persona› experiencia en [un trabajo o una situación]: *Se fogueó* ***en*** *puestos de responsabilidad.*

fogueo *s. m.* **1** (no contable) Acción y resultado de foguear. **2** COL.; JERGAL. Examen oral o escrito que se hace a los alumnos sin previo aviso. FR. Y LOC. **de ~** Sin bala: *Para las maniobras utilizamos cartuchos de fogueo.*

foguista *s. m.* ARG., URUG.; RESTRINGIDO en Argentina. Fogonero de una locomotora.

foie-gras (del francés; pronunciamos *'fuagrás'*) *s. m.* (no contable) Pasta alimenticia que se prepara con hígado de oca o de otros animales: *Yo voy a hacerme un bocadillo de foie-gras con queso.*

foja *s. f.* **1** (macho y hembra) ZOOL. Género *Otis*. Focha. **2** AMÉR. Hoja de papel de un escrito oficial.

folclore, folclor o **folklore** *s. m.* **1** Conjunto de manifestaciones tradicionales de un pueblo: *El folclore incluye las costumbres, las leyendas y también la artesanía de un pueblo.* **2** COLOQUIAL. Juerga o jaleo: *Están todos de folclore. Se organizó un floclore en clase con el nuevo profesor.*

folclórico, ca o **folklórico, ca** *adj.* **1** Del folclore: *baile folclórico, cantante folclórico, costumbres folclóricas.* || *s. m./f.* **2** COLOQUIAL. Persona que canta canción española: *un programa de folclóricos. Las folclóricas actuarán esta noche.* **3** COLOQUIAL. Persona aficionada a los artistas que cantan canción española: *Su hermano es un folclórico; siempre está escuchando tonadillas, rumbas, y coplas.*

fólder *s. m.* COL. Archivador delgado.

folía *s. f.* **1** (preferentemente en plural) Canto y baile popular de las islas Canarias. **2** (preferentemente en plural) Composición musical de origen portugués.

foliáceo, a *adj.* **1** BOT. De las hojas de las plantas: *aspecto foliáceo.* **2** Que está dispuesto en hojas: *rocas foliáceas, estructura foliácea.* SIN. laminar.

foliación *s. f.* **1** BOT. Acción de echar hojas las plantas: *Esta primavera se ha adelantado la foliación de algunas plantas.* **2** (no contable) BOT. Manera de estar colocadas las hojas en una planta: *Encontré una planta con una foliación extrañísima.* **3** (no contable) ART. GRÁF.; RESTRINGIDO. Acción y resultado de numerar los folios: *Había tres errores en la foliación del libro.* SIN. paginación.

foliar *v. tr.* RESTRINGIDO. Poner ‹una persona› números en los folios de [un libro] o de [un cuaderno]: *Folia el cuaderno de actas antes de empezarlo.* SIN. paginar.

foliar *adj.* BOT. De la hoja: *la nervadura foliar.*

folículo *s. m.* **1** BOT. Fruto de un solo carpelo que se abre sólo por un lado y normalmente encierra varias semillas. **2** ANAT. Órgano en forma de saquito situado en la piel o en las mucosas. **~ piloso.**

folio *s. m.* **1** Página de un libro o cuaderno: *Ese pasaje empieza en el folio 32 del manuscrito.* **2** Hoja de papel que tiene el tamaño de la mitad de un pliego: *un paquete de folios. Escribieron sólo por una de las caras del folio.* || **3 ~ verso*.** **4 ~ vuelto** Revés o segunda plana de la hoja del libro que no está numerada sino en la primera. FR. Y LOC. **en ~** Se usa para referirse a un impreso o a un libro que mide 33 cm de altura.

foliolo o **folíolo** *s. m.* BOT. Cada una de las hojas pequeñas que forman una hoja compuesta.

folk *adj./s. m.* **1** [Cantante, música] popular estadounidense de finales de los años cincuenta que se caracteriza por la temática social de sus letras y la sencillez formal de su música. || *s. m.* (no contable) **2** Género musical que tiene sus raíces en las canciones populares: *Es cantante de folk. Estudia la relación entre la música folk y las necesidades del pueblo que la interpreta.*

folklore *s. m.* Folclore.

folklórico, ca *adj.* Folclórico.

follaje *s. m.* **1** (no contable) Conjunto de ramas y hojas de los árboles o plantas: *Está hermoso el jardín con tanto follaje. El espeso follaje de los árboles es un refugio ideal para los pájaros.* **2** (no contable) Exceso de palabras innecesarias en un texto o discurso: *El texto es demasiado largo, le sobra mucho follaje, hay que centrarse más en el tema.*

follar *v. tr. / intr. / prnl.* **1** VULGAR. Hacer ‹una persona› el acto sexual con [otra persona]. || *v. prnl.* **2** RESTRINGIDO. Expulsar ‹una persona› los gases intestinales del cuerpo sin ruido: *Cada vez que se folla echa una peste.* FR. Y LOC. **¡que te folle un pez!** VULGAR; DISGUSTO Y ENFADO. Se usa para expresar el desacuerdo con lo que dice o hace una persona: *Siempre encuentras inconvenientes; ¿sabes qué te digo?, ¡que te folle un pez! No me hables de Pedro, que le folle un pez.*

folletín *s. m.* **1** LIT. Escrito de tema narrativo que se publica por partes en periódicos o revistas: *Antes los autores publicaban su obra en folletines que más tarde recopilaban.* **2** PEYORATIVO. Novela o película de argumento complicado, sentimental y poco creíble: *Los folletines radiofónicos han dejado paso a los televisivos.* **3** Situación de la vida real que recuerda las narraciones de los folletines: *Su vida es un folletín. Nuestras vacaciones de verano fueron un verdadero folletín.*

folletinesco, ca *adj.* PEYORATIVO. De folletín: *Es una historia folletinesca.*

folletinista *s. m. / f.* LIT. Persona que escribe folletines: *Algunos folletinistas ganan mucho dinero.*

folleto *s. m.* **1** Escrito impreso no periódico que tiene entre cinco páginas y cuarenta y nueve páginas. **2** Escrito impreso publicitario o informativo: *folleto de propaganda política. Han echado folletos de ese producto en el buzón. En la campaña contra el SIDA se están repartiendo folletos informativos.*

follón *s. m.* **1** COLOQUIAL. Alboroto, situación donde hay mucho ruido o voces: *Llegó la grúa para llevarse los coches y los dueños montaron un buen follón para protestar. Le gusta discutir y siempre arma algún follón.* **2** COLOQUIAL. Confusión, desorden de las cosas o las ideas: *Cuando se rueda una película se monta un follón increíble. Tengo un follón de cosas encima de la mesa. No sabe lo que quiere hacer: tiene un buen follón en la cabeza.* SIN. lío. **3** Cohete de fuegos artificiales que no hace ruido al dispararlo. **4** COLOQUIAL, RESTRINGIDO. Ventosidad sin ruido: *¿Quién se ha tirado un follón?*

follonero, ra *adj. / s. m.* y *f.* (ser / estar) COLOQUIAL. Que organiza o participa en follones, jaleos o complicaciones: *Es que tienes un hijo muy follonero. No te juntes mucho con él, es muy follonero. Es una follonera, siempre está armando líos entre los demás. ¿Se puede saber por qué estás hoy tan follonero?*

fome *adj.* CHILE; COLOQUIAL. Que no tiene interés ni originalidad o es aburrido.

fomentar *v. tr.* Dar ‹una persona› impulso a [una cosa]: *El Estado quiere fomentar la creación de empleo. El maestro debe fomentar el gusto por la lectura.* SIN. promover, impulsar.

fomento *s. m.* **1** Acción y efecto de fomentar: *El fomento de la cultura es tarea de las instituciones. Es un organismo dedicado al fomento del deporte.* **2** (preferentemente en plural) MED. Compresa empapada en agua caliente o en una medicamento, que se pone directamente sobre la piel: *El médico me ha mandado fomentos de agua salada para el esguince del pie.*

fonación *s. f.* (no contable) LING. Emisión de la voz o de la palabra: *ejercicios de fonación, órganos de fonación. Tengo problemas en la fonación.*

fonador, ra *adj.* FISIOL. [Órgano] que participa en la fonación: *Los órganos fonadores son varios.*

fonda *s. f.* **1** RESTRINGIDO. Establecimiento tradicional, inferior al hotel, donde se sirven comidas y se da alojamiento: *Nos quedamos a dormir en una fonda que había al lado de la estación.* **2** ARG., URUG.; COLOQUIAL. Restaurante pequeño y casero o de baja categoría. **3** COL. Comercio de comestibles y bebidas de un pueblo.

fondeadero *s. m.* MAR. Zona con profundidad suficiente para que puedan asegurarse las embarcaciones.

fondear *v. tr.* **1** Asegurar ‹una persona› [una embarcación] por medio de anclas o de grandes pesos que la sujeten al fondo: *Los franceses fondearon sus barcos en la bahía de Cádiz.* || *v. intr.* **2** Estar ‹una embarcación› asegurada con anclas: *En el puerto fondeaban varios yates lujosos.*

fondero, ra *s. m. / f.* AMÉR. Fondista, propietario o encargado de una fonda.

fondillos (plural) *s. m.* Parte trasera de los pantalones o de los calzones: *Tienes los fondillos de los pantalones muy gastados.*

fondista *s. m. / f.* **1** DEP. Deportista especializado en carreras de fondo o largo recorrido: *Nuestros fondistas prepararán las próximas competiciones en México.* **2** RESTRINGIDO. Propietario o encargado de una fonda.

fondo *s. m.* **1** Parte más baja de una cosa hueca o cóncava: *el fondo de un vaso, el fondo de una copa. Hay un insecto en el fondo de la botella.* **2** Extremo de una cosa opuesto al hablante o a un punto de referencia: *La habitación está al fondo del pasillo. El servicio está al fondo a la derecha. Siempre se sienta en el fondo de la clase.* **3** Superficie sobre la que hay agua: *el fondo de los ríos. Las riquezas del fondo del mar están aún por explotar.* **4** Profundidad: *una piscina de poco fondo.* **5** Superficie o color sobre el que se pone una cosa: *En el fondo negro de la tela destacan unos lunares blancos.* **6** Ambiente o entorno: *La historia tenía un fondo romántico.* **7** (no contable) Parte más importante o esencial: *Es un poco orgulloso, pero no es malo en el fondo. Examinaron detenidamente el asunto con el fin de llegar al fondo del problema. En el fondo, en lo más profundo de su alma, sentía haberle causado daño.* **8** (no contable) Forma de ser de una persona: *tener buen fondo. Aunque parezca arrepentida no te fíes, tiene mal fondo.* **9** (preferentemente en plural) Dinero, capital: *Desde que se casaron tienen un fondo común. Se gastó todo lo que había ahorrado y se ha quedado sin fondos. El fondo de ayuda económica quizá nos subvencione el proyecto.* **10** (preferentemente en plural) Conjunto de libros, documentos u obras de arte pertenecientes a una biblioteca, museo o entidad: *Voy a consultar los fondos del archivo.* **11** (no contable) Resistencia física para el deporte: *Le falta fondo. No tiene fondo físico.* **12** DEP. Modalidad deportiva basada en la resistencia física, que consiste en carreras de largo recorrido: *En las carreras de fondo nuestros deportistas han fracasado.* **medio ~** Carrera de media distancia: *Correrá los cinco mil metros, porque es especialista en el medio fondo.* **13** (en plural) MAR.

Parte sumergida del casco de un barco: *Hay que reparar los fondos porque se ha abierto una vía de agua.* **14** MÉX., VEN.; COLOQUIAL. Enagua, combinación. **15** ARG., URUG., VEN.; RESTRINGIDO. Terreno pequeño en la parte posterior de una casa. || **16 bajos fondos** Ambientes de las grandes ciudades donde abundan la delincuencia y la prostitución: *En ciertos barrios de las ciudades se puede observar el mundo de miseria y marginación de los bajos fondos.* **17 ~ de reptiles** RESTRINGIDO. Dinero del que disponen algunos organismos para gastos que no se quieren hacer públicos. **18 ~ perdido / vitalicio / muerto** ECON.; RESTRINGIDO. Dinero o capital que produce una renta a una persona, con la condición de que, al morir ésta, quede aquél en poder de la institución que paga la renta: *Algunos ancianos contratan con un banco un fondo vitalicio a cambio de su piso.* FR. Y LOC. **a ~** INTENSIFICADOR. Con entrega, por completo: *Se estudió la lección a fondo. Conviene tratar a fondo algunos asuntos económicos. Es una persona que en su trabajo se emplea a fondo.* **a ~ perdido** Sin posibilidad o esperanza de recuperación o devolución: *Los cinco millones que le ha prestado su padre se los ha dado a fondo perdido. Es una subvención a fondo perdido.* **artículo* de ~. mar* de ~. música* de ~. pozo* sin ~. provisión* de fondos. telón* de ~. tocar ~** Llegar ‹una persona o una cosa› a su fase final o a su punto más bajo: *Había sido alcohólico, pero tocó fondo y decidió rehabilitarse. La crisis ha tocado fondo.*

fondón, na *adj.* (estar) COLOQUIAL; PEYORATIVO. Que está un poco grueso: *Es una mujer ya madura y fondona. Está fondón desde que dejó el gimnasio.*

fondue (del francés; pronunciamos *'fondí'*) *s. f.* **1** Plato de origen suizo que consiste en preparar directamente en la mesa, en un hornillo especial, queso fundido: *En este restaurante preparan muy bien la fondue de queso.* **2** Plato que consiste en preparar directamente en la mesa, en un hornillo especial, trozos de diversas clases de carne u otros alimentos que se comen con salsas variadas: *fondue de carne, fondue de pescado, fondue de chocolate.* **3** Hornillo y cazuela especiales en los que se prepara la fondue: *Para su cumpleaños le vamos a regalar una fondue.*

fonema *s. m.* LING. Unidad fonológica mínima que tiene carácter distintivo en oposición con otras de su misma categoría: *Entre /páto/ y /páso/ sólo cambia un fonema.*

fonendoscopio o **fonendo** *s. m.* MED. Aparato para auscultar formado por dos auriculares unidos a dos tubos de goma que a su vez comunican con la boquilla que se pone en el cuerpo: *El médico me puso el fonendoscopio en el pecho y me dijo que tosiera.*

fonética *s. f.* **1** (no contable) LING. Parte de la Lingüística que estudia los sonidos: *fonética histórica, fonética descriptiva. Es un experto en fonética experimental.* **2** (no contable) LING. Conjunto de sonidos de una lengua o dialecto: *Para Carmen lo más difícil del inglés es su fonética.*

fonéticamente *adv. restrictivo* **1** LING. En cuanto al sonido o pronunciación: *Son palabras fonéticamente idénticas, aunque gráficamente muy distantes.* **2** LING. En el plano de lo fonético (por oposición al de lo fonológico): *No siempre un fonema se realiza fonéticamente.* **3** LING. Desde la perspectiva de la fonética: *Fonéticamente, esa afirmación no se sostiene. Fonéticamente, esa cuestión tiene escaso interés.* || *adv. modo* **4** LING. Mediante procedimientos, métodos e instrumental de la fonética: *Los expertos analizarán el mensaje fonéticamente.* **5** LING. Mediante grafías que especifican variantes fonéticas perceptibles, y no mediante grafía ortográfica o transcribiendo sólo los elementos abstractos o fonemas: *Necesitamos que alguien lo transcriba fonéticamente.*

fonético, ca *adj.* **1** LING. Del sonido: *sistema fonético, cambio fonético.* **transcripción* fonética.** **2** LING. [Alfabeto] que está formado por elementos que representan sonidos que se combinan entre sí en la comunicación oral: *escritura fonética.* **alfabeto ~.**

fonetismo *s. m.* LING. Conjunto de las características de los sonidos de un lengua o dialecto: *El fonetismo castellano es diferente del andaluz.*

foniatra *s. m. / f.* MED. Persona que tiene como especialidad la foniatría: *Todos los cantantes suelen consultar regularmente a un foniatra.*

foniatría *s. f.* (no contable) MED. Parte de la medicina que estudia y trata la voz o la articulación de los sonidos.

fónico, ca *adj.* Del sonido o de la voz: *aparato fónico, secuencia fónica.* **cadena* fónica / hablada.**

fono (plural *audífonos*) *s. m.* BOL., CHILE. Teléfono, aparato y número de abonado.

fonográfico, ca *adj.* Del fonógrafo: *sistemas fonográficos, industria fonográfica.*

fonógrafo *s. m.* Gramófono.

fonología *s. f.* (no contable) LING. Parte de la Lingüística que estudia los fonemas en cuanto unidades distintivas de la lengua: *No acaba de diferenciar bien la fonología de la fonética. Es profesor de fonología.*

fonológico, ca *adj.* LING. De la fonología o de los fonemas: *Entre /pata/ y /bata/ hay una oposición fonológica. Una unidad fonológica puede estar representada por varios sonidos diferentes.* **transcripción* fonológica.**

fonómetro *s. m.* FÍS. Aparato que mide la intensidad de un sonido.

fonoteca *s. f.* **1** Lugar donde se guardan discos, cintas magnetofónicas y otros documentos sonoros: *Voy a la fonoteca a ver si encuentro esta grabación.* **2** Colección de documentos sonoros: *La fonoteca de la emisora guarda documentos de gran valor histórico.*

fontana *s. f.* LITERARIO. Fuente, manantial de agua.

fontanal *s. m.* RESTRINGIDO. Lugar donde abundan los manantiales.

fontanela *s. f.* (no contable) ANAT. Espacio membranoso existente en el cráneo de los recién nacidos antes de que se produzca la completa osificación.

fontanería *s. f.* **1** (no contable) Oficio y técnicas relacionadas con la instalación y arreglo de grifos y conducciones de agua: *Hizo un curso de fontanería.* **2** (no contable) Conjunto de instalaciones para distribuir el agua: *Al hacer la reforma de la casa cambiaron toda la fontanería.* **3** Tienda y taller del fontanero: *Ha puesto una fontanería en el barrio.*

fontanero, ra *s. m. / f.* Persona que se dedica a la instalación y arreglo de conducciones de agua: *He avisado al fontanero para que me revise un escape de agua.*

footing (del inglés; pronunciamos *'futin'*) *s. m.* (no contable) DEP. Ejercicio físico que consiste en correr a un ritmo moderado durante un cierto tiempo: *Hace footing todas las mañanas.*

foque *s. m.* MAR. Cada una de las velas triangulares de una embarcación.

forado *s. m.* AMÉR. DEL S.; PERÚ. Agujero de regulares dimensiones.

forajido, da *adj. / s. m.* y *f.* PEYORATIVO. Que comete delitos y huye de la justicia: *Unos forajidos han asaltado un banco.*

foral *adj.* **1** DER. Del fuero: *régimen foral.* **derecho*** **~** **2** DER. Que tiene fueros: *Comunidad Foral de Navarra.*

foráneo, a *adj.* ELEVADO. Que es de fuera o extranjero: *las costumbres foráneas.*

forastero, ra *adj. / s. m.* y *f.* Que es o viene de otro lugar o país: *costumbres forasteras. El forastero se dirigió al hotel para buscar alojamiento.*

force Se usa en la LOC. **tour* de ~.**

forcejear *v. intr.* **1** Hacer ‹una persona› fuerza para vencer una resistencia: *Forcejeó* ***con*** *la puerta y al final consiguió abrirla. Los dos hombres forcejearon y acabaron en el suelo.* **2** Oponerse ‹dos personas› en una discusión: *Estuvimos forcejeando toda la tarde, pero no lo convencimos para que nos acompañara. Estoy harto de forcejear con tu hijo para que estudie.*

forcejeo *s. m.* Acción y resultado de forcejear: *Tras un forcejeo conseguimos abrir la puerta. Estoy harto de estos forcejeos: yo no pienso pedirle más que venga.*

fórceps (plural *fórceps*) *s. m.* **1** MED. Instrumento con forma de tenazas que se emplea para facilitar la salida del niño en los partos: *La mala utilización del fórceps puede originar lesiones cerebrales.* **2** MED. Tenacillas de dentista para sacar piezas dentales.

forense *adj.* **1** De la ley o de la justicia: *La medicina forense es su especialidad. El léxico forense es muy interesante.* || *adj. / s. m.* y *f.* **2** [Médico] que se dedica a la medicina aplicada a los aspectos judiciales: *El forense examinó el cadáver del suicida.* **médico ~.**

forestación *s. f.* ARG., CHILE; ELEVADO. Acción y resultado de poblar un terreno con plantas forestales.

forestal *adj.* **1** De los bosques: *riqueza forestal.* **repoblación ~. tractor ~.** || *adj. / s. m.* y *f.* **2** Que cuida de los bosques: *Los forestales patrullan para controlar a los cazadores furtivos.* **guarda ~.**

forestar *v. tr.* Llenar ‹una persona› [un terreno] con árboles y plantas forestales: *Forestaron estos montes hace cinco años y ya se han vuelto a quemar.*

forfait (del francés; pronunciamos *'forfait'* o *'forfé'*) *s. m.* **1** DEP. Abono a precio fijo que se adquiere para hacer uso de unas instalaciones de esquí: *En el precio del viaje está incluido el forfait.* **2** Viaje organizado por una agencia en el que todos los gastos están pagados de antemano: *Hay un forfait para todas las excursiones del viaje.*

forja *s. f.* **1** Taller o fábrica donde se da forma a los metales: *Hay una antigua forja que se dedica a hacer trabajos de artesanía.* SIN. fragua. **2** (no contable) Acción y resultado de forjar: *la forja de un futuro, la forja de un individuo, la forja del hierro.*

forjado *s. m.* **1** Armazón o relleno con que se hacen las paredes o las separaciones entre los pisos de un edificio. **2** METAL. Acción y efecto de forjar los metales: *El forjado puede ser un trabajo penoso.* SIN. forja.

forjar *v. tr.* **1** METAL. Trabajar ‹una persona› [un metal] en caliente dándole forma sin tener que fundirlo: *En esta herrería forjan unas hermosas rejas.* || *v. tr. / prnl.* **2** ELEVADO. Crear ‹una persona› [una cosa] con esfuerzo: *Le costó mucho trabajo forjar este imperio industrial.* ***Se*** *ha forjado una personalidad dura.* **3** ELEVADO. Crear ‹una persona› [una cosa] en la mente: ***Me*** *he forjado muchas ilusiones. No le hagas caso, le gusta forjar unas historias increíbles.*

forma *s. f.* **1** Aspecto exterior de los cuerpos y las cosas materiales: *forma triangular, forma hexagonal, forma cuadrada, formas regulares, formas irregulares. El cuello de su camisa tiene forma de pico. Esta planta tiene las hojas en forma de lanza.* **2** (en plural) Aspecto exterior del cuerpo humano: *un cuerpo de formas armoniosas, un hombre de formas robustas.* **3** Modo de actuar o de hacer una cosa: *Le ha dicho lo que pensaba de él de forma muy brusca. Presentarte en su casa sin avisar no es forma de hacer las cosas. No hay forma de que se arregle la televisión. Se nota que es andaluz por su forma de hablar. Su forma de bailar es muy original.* **4** (no contable) Modo de expresar las ideas o el contenido de una obra escrita: *En el Modernismo hay una preocupación por la forma.* **5** (no contable) Estado físico o anímico de una persona: *Está muy desanimado por haberse quedado sin trabajo: se encuentra en baja forma. Hace deporte para estar en buena forma.* **6** (en plural) Modales y convenciones sociales: *Es importante guardar las formas.* **7** REL. Hostia: *Sagrada Forma.* **8** Molde en que se da a una cosa un determinado cuerpo o figura. **9** LING. Configuración morfológica o sintáctica de una palabra o unidad lingüística: *La forma «-ito», «-ita» se añade a muchas palabras para hacer el diminutivo: «casita» a partir de «casa». «Venía» es una forma verbal de «venir».* **~ personal** Forma del verbo relacionada con las personas gramaticales. **~ no personal** Forma del verbo que no guardar relación con las personas gramaticales: *Son formas no personales el infinitivo, el participio y el gerundio.* **10** DER. Requisitos externos, manera en que se presenta o expone la causa o asunto del pleito: *Han impugnado la decisión del presidente por defecto de forma.* **11** ART. GRÁF. Molde o plancha para imprimir. FR. Y LOC. **dar ~** 1 Dar ‹una persona› el aspecto exterior a una cosa: *El alfarero moldea el jarrón dándole forma.* 2 Organizar ‹una persona› de modo preciso una cosa: *dar forma a un plan. Él es quien ha dado forma al proyecto.* **de cualquier ~** o **de todas formas** A pesar de todo: *Ya no necesito la máquina de fotos, de cualquier forma gracias por habérmela dejado.* **de ~ que** Se usa para expresar consecuencia, efecto o resultado: *Intentaba no gastarse todo el sueldo, de forma que pudiera ahorrar.*

formación *s. f.* **1** (no contable) Configuración de la forma de una cosa: *La formación de las montañas se debe a las fuerzas internas de la Tierra. Hay poca nieve para la formación de un muñeco. El entrenador no ha adelantado cuál será la formación del equipo para el partido.* **2** (no contable) Creación o conformación de una cosa: *El Primer Ministro tiene que proceder a la formación del gobierno en un plazo de veinte días.* **3** Grupo de personas que forman parte de un conjunto: *Saltan al campo ambas formaciones. La formación socialista se encuentra dividida.* **4** (no contable) Educación y conocimientos que tiene una persona: *formación universitaria, formación académica, formación literaria. Posee una buena formación clásica. Desde pequeño ha recibido* *una buena formación.* ~ **profesional** Enseñanza oficial que prepara a los alumnos para realizar una profesión técnica. **5** (no contable) MIL. Ordenación en filas de un conjunto de personas: *Los soldados estaban en formación cuando llegó el ministro.* **6** MIL. Conjunto de personas ordenadas en filas: *La formación espera la orden de romper filas.* **7** GEOL. Conjunto de materiales geológicos con unas mismas características: *formación rocosa, formación granítica.*

formal *adj.* **1** De la forma: *requisito formal, análisis formal.* **2** Que cumple con su palabra, obligaciones o compromisos: *Es un hombre formal, de palabra, puedes confiar en él. Es un muchacho formal, serio y responsable. Es una empresa formal, no como otras.* ANT. informal. **3** (ser / estar) Que tiene buen comportamiento o conducta: *Mis sobrinos estuvieron muy formales en el cine. ¡Mira a los otros niños qué formales son!* **4** Que reúne los requisitos, formalidades o solemnidad que se exigen o precisan: *lenguaje formal, visita formal, noviazgo formal, asunto formal, queja formal.*

formalidad *s. f.* **1** (no contable) Calidad de serio, responsable y formal: *Ese albañil no tiene ninguna formalidad. Su hijo asiste a todos los actos con mucha formalidad. Cumplió su palabra con absoluta formalidad.* SIN. seriedad. **2** (preferentemente en plural) Condiciones que se exigen para efectuar una cosa, especialmente cuando no parecen realmente necesarias: *Exigen un montón de formalidades para pedir un préstamo. Tuvimos que pasar por todas las formalidades para poder casarnos. La firma es una simple formalidad.* SIN. requisito.

formalismo *s. m.* **1** (no contable) PEYORATIVO. Actitud de observar escrupulosamente las formas o las normas puramente externas: *No me gusta el formalismo de ciertas personas.* **2** Cosa que se hace observando escrupulosamente las formas: *Esto es un puro formalismo.* **3** Cualquier corriente artística o científica que centra su investigación en los rasgos formales de su objeto de estudio: *Los formalismos son acusados de descuidar el contenido.*

formalista *adj.* **1** Del formalismo: *conducta formalista, doctrina formalista.* || *adj. / s. m.* y *f.* **2** Que respeta las formalidades o las formas tradicionales excesivamente: *Es un jefe muy formalista que exige un respeto escrupuloso del reglamento. Es una familia muy formalista y siempre tengo que ir a verlos con corbata.* **3** Que es partidario del formalismo artístico o científico: *los formalistas rusos.*

formalización *s. f.* Acción y resultado de formalizar: *La formalización del contrato se realizará en la notaría que se señala. La formalización de nuestra relación no me interesa.*

formalizar *v. tr.* **1** Hacer ‹una persona› legal o reglamentaria [una cosa]: *Los alumnos deben formalizar la matrícula antes del martes. Los presidentes formalizarán el acuerdo con sus firmas.* **2** Hacer ‹una persona› concreta o precisa [una cosa]: *Formalizó su compromiso en términos muy claros. Cuando formalice el pedido le enviaremos el regalo.* **3** Hacer ‹una persona› formal [a otra persona o una cosa]: *Esta muchacha ha formalizado a tu hermano, que antes era muy poco serio.* || *v. prnl.* **4** Hacerse ‹una persona o una cosa› formal: *El pacto se formalizó en diciembre.* ⇒ **19.**

formalmente *adv. modo* **1** Con formalidad. **2** Con los requisitos formales. || *adv. restrictivo* **3** En cuanto a la forma (en varias de sus acepciones): *Formalmente son muy similares. Formalmente está impecable.*

formar *v. tr.* **1** Dar ‹una persona o una cosa› forma a [una cosa]: *Formó un castillo de arena en la playa.* **2** Hacer o crear ‹una persona o una cosa› [una cosa]: *Ha formado un escándalo porque no le hacían caso. Quiere formar un equipo de trabajo competente.* **3** Proporcionar ‹una persona o una cosa› conocimientos o educación a [otra persona]: *Esta escuela forma a los mejores profesionales en hostelería.* SIN. enseñar. **4** MIL. Poner ‹una persona› [a otra persona] en una formación: *El sargento formó a los reclutas para pasar revista.* || *v. intr.* **5** Estar ‹una persona› en [un grupo o una situación]: *Forma* ***entre*** *los desheredados. Siempre has formado* ***en*** *el bando rebelde.* **6** ARG., URUG.; COLOQUIAL. Pagar ‹una persona› los gastos propios o ajenos. || *v. intr. / prnl.* **7** Adquirir ‹una persona› conocimientos o educación: *El ejemplo forma.* ***Me*** *formé en la universidad. Su hija* ***se*** *ha formado en los mejores colegios.* **8** MIL. Ponerse ‹una persona› en una formación: *El batallón formó en el patio. Los soldados* ***(se)*** *formaron* ***en*** *columnas.* || *v. prnl.* **9** Tomar ‹una cosa› forma: *El grupo se formó con diversas aportaciones.* **10** Hacerse o crearse ‹una cosa›: *El embrión se forma de una división múltiple celular. Se han formado unas nubes muy feas.* FR. Y LOC. **hacer / ~ rancho* aparte.**

formatear *v. tr.* INFORM. Preparar ‹una persona› [un disco magnético] para que tenga una estructura utilizable por el ordenador: *Si no formateas el disquete no podrás usarlo.*

formativo, va *adj.* Que forma o sirve para formar: *un elemento formativo, una labor formativa. Hay que exigir que la televisión sea más formativa.*

formato *s. m.* Tamaño y forma de un libro o impreso, de una fotografía, un disco, un cuadro u otra cosa semejante: *El libro tiene un formato de 14 × 12,5 cm. Tenemos papel de todos los formatos. Es una fotografía de formato estándar.*

formica (marca registrada) *s. f.* (no contable) Material resistente recubierto con una resina artificial brillante: *una cocina de formica. Esa estantería es de formica blanca.* SIN. fórmica (ARG.).

fórmica *s. f.* ARG. Formica.

fórmico, ca *adj.* Se usa en las LOC. **ácido* ~. aldehído* ~.**

formidable *adj.* (ser / estar, antepuesto / pospuesto) Que es extraordinario o magnífico por ser grande, bueno o agradable: *Su casa es formidable. Desde que haces gimnasia estás formidable. Luis es un formidable amigo. He pasado una tarde formidable. Tienes una memoria formidable. Me ha salido un grano formidable.*

formol *s. m.* (no contable) QUÍM. Líquido incoloro de olor fuerte y desagradable que se emplea como desinfectante o para conservar cuerpos u órganos muertos de seres vivos: *En la sala de anatomía hay un olor a formol insoportable.*

formón *s. m.* Herramienta de carpintería formada por una pieza de metal con un filo cortante en uno de sus extremos.

fórmula *s. f.* **1** Expresión mediante números, símbolos o letras de una ley física, matemática o de la naturaleza: *la fórmula de la fuerza de la gravedad, la fórmula del área de un triángulo.* **2** Expresión de la composición de un cuerpo químico: *la fórmula de un detergente, la fórmula de un medicamento.* **3** Modo de resolver o conseguir una cosa o de contentar intereses y opiniones distintas: *Se llegó a una fórmula de compromiso. Al final se encontró la fórmula que* *contentó a todos. La fórmula para conseguir el permiso es fácil.* SIN. solución. **4** Manera, acción o frase convenida para expresar o ejecutar una cosa oral o escrita: *una fórmula de despedida. Los alumnos deben conocer las fórmulas de cortesía.* **5** AUTOMOV. Cada una de las categorías en que se dividen las competiciones automovilísticas: *campeonato de Fórmula 1. Es piloto en Fórmula 3000.* **6** COL. Receta médica. || *s. m.* **7** AUTOMOV. Vehículo que participa en una competición automovilística: *El fórmula del campeón ha entrado en boxes.*

formulación *s. f.* Acción y resultado de formular: *La formulación de las condiciones para el Tratado se hará mañana. Mañana tiene un examen de formulación química.*

formular *v. tr.* **1** Expresar ‹una persona› [una cosa] mediante una fórmula: *Newton formuló la ley de la gravedad.* **2** Expresar ‹una persona› [una cosa] con claridad y precisión: *Atención, porque voy a formular la pregunta y no pienso repetirla. Formularé tres deseos antes de apagar las velas de la tarta.* **3** Señalar ‹el médico› [el medicamento] que debe tomar [un paciente]: *El doctor formuló el preparado para que fuera a buscarlo a la farmacia.* SIN. recetar.

formulario, ria *adj.* **1** Que se hace por fórmula, compromiso o cortesía, o para cubrir sólo las apariencias: *visita formularia. Su respuesta formularia te demuestra que no le interesaba lo que le proponías.* || *s. m.* **2** Impreso con espacios en blanco que deben ser rellenados por el interesado: *Para formalizar su solicitud debe llenar este formulario. No le asusta cumplimentar formularios.* **3** Libro que contiene fórmulas: *un formulario de Química.*

formulismo *s. m.* **1** (no contable) PEYORATIVO. Apego exagerado a las fórmulas establecidas en la resolución y ejecución de un asunto, especialmente oficial y burocrático: *La tramitación del expediente fue lenta a causa del formulismo. El formulismo de algunos trámites es exasperante.* **2** Cosa que se hace siguiendo una fórmula establecida: *El formulismo en ciertas actividades es útil para un funcionamiento regular de la empresa.* **3** (no contable) Actitud que sólo busca cubrir las apariencias: *El formulismo con el que actúa me hace desconfiar de su sinceridad.*

formulista *adj. / s. m.* y *f.* Que es partidario del formulismo: *Es una persona muy formulista, que se fija mucho en las formas.*

fornicación *s. f.* RESTRINGIDO; EUFEMISMO. Acción y resultado de fornicar: *La fornicación está condenada por la mayoría de las religiones.*

fornicar *v. intr.* RESTRINGIDO; EUFEMISMO. Tener ‹dos personas› relaciones sexuales fuera del matrimonio. ⇒ **71.**

fornido, da *adj.* (ser / estar, antepuesto / pospuesto) ELEVADO. Que es fuerte: *una persona fornida. Sus piernas son muy fornidas. Un fornido brazo me agarró y me sacó de allí. Este muchacho está muy fornido.*

fornitura *s. f.* **1** RESTRINGIDO. Conjunto de botones, trencillas, gorros y otros elementos accesorios utilizados en prendas de vestir. **2** (preferentemente en plural) MIL. Correaje y cartuchera que usan los soldados.

foro *s. m.* **1** Coloquio o debate: *Mañana se abre un foro que tratará sobre política internacional.* SIN. forum. **2** Plaza de las ciudades romanas donde se trataban los asuntos públicos. **3** TEATRO. Parte del fondo de un escenario opuesta al proscenio: *Está toda la obra de pie en el foro sin hablar.* **4** (no contable) DER. Ejercicio de la abogacía: *Le gusta dedicarse al foro.* **5** DER. Lugar donde actúan los tribunales de justicia: *Es un famoso orador del foro.* FR. Y LOC. **hacer mutis* por el ~. por el ~** Disimuladamente, sin que se note: *Cuando vio que la reunión se alargaba, se fue por el foro.*

forofo, fa *adj. / s. m.* y *f.* Seguidor apasionado de una persona o de una cosa, especialmente en deportes: *Es un forofo del fútbol. Soy una forofa de la esgrima. Los forofos no valoran con objetividad sus equipos.*

FORPPA (pronunciamos *'forpa'*) *s. m.* Sigla de «Fondo de Ordenación y Regulación de Precios y Productos Agrarios», España.

forraje *s. m.* (no contable) Hierba o pasto verde o seco que se da al ganado: *Gasta mucho en el forraje de los caballos.*

forrajear *v. tr.* RESTRINGIDO. Cortar y recoger ‹una persona› [el forraje]: *Tengo que ir a forrajear esta mañana.*

forrajero, ra *adj.* [Planta] que sirve para forraje: *remolacha forrajera.*

forrar *v. tr.* **1** Cubrir ‹una persona› [una cosa] con un forro: *Cada año por estas fechas me toca forrar los libros de mis hijos.* **2** Cubrir ‹una persona› [una cosa] con [una lámina o una capa de otro material]: *Lo forró **de** piel. Quiero forrar la pared **con** corcho para insonorizarla.* **3** COLOQUIAL. Dar ‹una persona› muchos [golpes] a [otra persona]: *Lo forraron **a** golpes.* || *v. prnl.* **4** COLOQUIAL. Comer ‹una persona› de [una cosa] en exceso: *Me forré **a** chuletas. Los niños se han forrado **de** caramelos.* **5** COLOQUIAL. Ganar ‹una persona› mucho [dinero]: *Se ha forrado **de** dinero con ese negocio. Sólo piensa en forrarse.* **6** ARG. Estudiar mucho para un examen.

forrear *v. tr.* ARG.; COLOQUIAL. Gastar ‹una persona› bromas [a otra persona].

forro *s. m.* Tela, papel, piel u otro material con que se reviste interior o exteriormente un objeto: *El forro de este abrigo da mucho calor. Se ha roto el forro del libro.* FR. Y LOC. **pasárselo por el ~ (de los caprichos / cojones)** VULGAR. No importar ‹una persona o una cosa› nada a una persona: *Los consejos de su padre se los pasa por el forro, no hace ningún caso de ellos. Lo que yo digo se lo pasa por el forro de los caprichos.* **ni por el ~** COLOQUIAL. Nada, en absoluto: *Lo que me acabas de decir no se parece ni por el forro a lo que me comentó María.*

fortachón, na *adj. / s. m.* y *f.* (ser / estar) COLOQUIAL. Que es muy fuerte y corpulento: *Su novio es muy fortachón. Esta chica está fortachona. Es un trabajo para fortachones.*

fortalecer *v. tr.* **1** Dar ‹una persona o una cosa› fuerza a [una persona] o a [una cosa]: *Las vitaminas no fortalecen, eso es una tontería.* **2** Dar ‹una cosa› validez a [otra cosa]: *El aumento del comercio ha fortalecido los lazos entre los dos países. Estos experimentos fortalecen su teoría.* || *v. prnl.* **3** Adquirir ‹una persona o una cosa› fuerza: *Desde que va al gimnasio se ha fortalecido mucho.* ⇒ **5.**

fortalecimiento *s. m.* Acción y resultado de fortalecer o fortalecerse: *La nuevas declaraciones ayudarán al fortalecimiento del partido. Sigue un tratamiento para el fortalecimiento de los huesos.*

fortaleza *s. f.* **1** (no contable) Fuerza física o moral: *Demostró mucha fortaleza para superar los problemas. Hace mucho ejercicio y tiene mucha fortaleza en las piernas y en* *los brazos.* ANT. debilidad. **2** MIL. Lugar o edificio fortificado: *El combate fue muy duro, porque tuvieron que asaltar la fortaleza.*

forte *s. m.* **1** MÚS. Grado alto de intensidad elevado con que se interpreta un pasaje musical: *El forte es una intensidad inferior al fortísimo.* **2** MÚS. Pasaje que se interpreta con un grado de intensidad musical alto: *El pianista estuvo desatinado en los fortes.* || *adv.* **3** Con mucha intensidad.

fortificación *s. f.* **1** (no contable) Reforzamiento de una cosa: *Han decidido realizar la fortificación del puente romano.* **2** (no contable) MIL. Protección de un lugar mediante una obra para su defensa: *Es necesaria la fortificación de la ciudad para protegernos de los ataques.* **3** MIL. Conjunto de obras con las que se fortifica un lugar: *La fortificación conserva todavía restos de las antiguas murallas.* SIN. fortaleza.

fortificar *v. tr.* **1** Dar ‹una persona o una cosa› fuerza a [una persona] o a [una cosa]: *Esos estimulantes han fortificado su estado emocional. Es necesario fortificar el campanario antes de que se caiga.* SIN. fortalecer. **2** MIL. Dar ‹una persona› protección a [una posición] con obras de defensa: *Han fortificado las trincheras con sacos terreros.* ⇒ **71.**

fortín *s. m.* **1** MIL. Fortaleza pequeña: *Construyeron un fortín para consolidar sus posiciones.* **2** MIL. Trinchera de un ejército para defenderse.

fortísimo, ma *adj.* (superlativo de *fuerte*) Muy fuerte.

fortuito, ta *adj.* (antepuesto/pospuesto) Que sucede sin esperarlo o preverlo: *un hecho fortuito. Fue un encuentro fortuito. La fortuita caída del corredor colombiano favoreció a su contrincante.*

fortuna *s. f.* **1** (en singular; no contable) Suerte, circunstancia a la que se debe lo que ocurre: *No tuvo fortuna en los negocios. Es un hombre de poca fortuna, todo le sale mal.* **2** (en singular; no contable) Buena suerte o suceso favorable: *Tuvo la fortuna de encontrar un empleo. No todo el mundo tiene la fortuna que tú.* **3** Conjunto de riquezas, propiedades, dinero u otros bienes que una persona tiene: *Su padre hizo una gran fortuna vendiendo coches. Javier ganó una gran fortuna jugando a la lotería. La actriz tiene una fortuna* ***en*** *joyas.* SIN. capital. **4** (en singular; no contable) Éxito, aceptación que tiene una cosa entre algunas personas: *Sus ideas no tuvieron mucha fortuna.* SIN. acogida. FR. Y LOC. **amasar una ~** Reunir ‹una persona› mucho dinero. **golpe* de ~/suerte. por ~** Por suerte: *Por fortuna, no le pasó nada y no tuvo que ir al hospital. Por fortuna, encontró a un señor que hablaba español.* **rueda* de la ~.**

forum (del latín) *s. m.* Foro, coloquio o debate: *Después de la película se celebrará un forum sobre este tema con el director.* **cine* ~.**

forúnculo o **furúnculo** *s. m.* MED. Grano con pus muy doloroso que se forma en la piel por una infección. SIN. divieso.

forzado, da *adj.* **1** (antepuesto/pospuesto) Que no es natural ni espontáneo: *una amabilidad forzada. Su forzada sonrisa no podía engañar a nadie.* **2** Que se hace por obligación o compromiso: *La visita resultó muy forzada.* **trabajos* forzados/forzosos.** FR. Y LOC. **a marchas* forzadas.**

forzar *v. tr.* **1** Obligar ‹una persona› [a otra persona] a [hacer una cosa contra su voluntad] mediante la fuerza o la violencia: *La han forzado* ***a*** *dimitir. Nos forzaron a todos* ***a*** *aceptar el acuerdo.* **2** Hacer ‹una persona› fuerza o presión sobre [una cosa]: *Forzó la palanca hasta que acabó rompiéndola.* **3** Hacer trabajar o funcionar ‹una persona› [una cosa] al máximo: *Le gustaba forzar el motor. Si fuerzas tanto el corazón un día tendrás un disgusto.* **4** Abrir ‹una persona› [una cosa] por la fuerza: *Han forzado la puerta para entrar.* **5** Esforzarse ‹una persona› por cambiar [una cosa]: *Si fuerzas la situación quizá consigas lo que quieres. Es mejor no forzar los acontecimientos.* **6** Someter ‹una persona› [a otra persona] a sus deseos sexuales haciendo uso de la fuerza: *El violador forzaba a sus víctimas y después las robaba.* ⇒ **41.**

forzosamente *adv. orac.* Por fuerza, necesariamente, de manera inevitable: *Forzosamente tiene que ser mayor, puesto que nació antes.*

forzoso, sa *adj.* Que tiene que hacerse obligatoriamente, o que no se puede evitar: *Para ir a ese lugar es forzoso pasar por mi ciudad.* **trabajos* forzados/forzosos.**

forzudo, da *adj./s. m.* y *f.* (ser/estar, antepuesto/pospuesto) Que tiene mucha fuerza: *Es una muchacha muy forzuda para su edad. Está muy forzudo desde que toma tantas vitaminas. Dos forzudos luchadores fueron los encargados de abrir el espectáculo. Han seleccionado sólo a los forzudos.*

fosa *s. f.* **1** Hoyo hecho en la tierra para enterrar a uno o más muertos: *Los enterradores están preparando las fosas de mañana.* **~ común** Fosa donde se entierran los restos humanos de sepulturas temporales o los muertos no enterrados en sepultura propia: *En el documental se veía cómo tiraban los cadáveres a una fosa común.* **2** ANAT. Cavidad o hueco del organismo: *Tiene una infección en las fosas nasales.* **3** GEOL. Zona hundida de la corteza terrestre o del fondo marino. **~ abisal** Fosa de los océanos. **~ tectónica** Fosa de la corteza terrestre. **4** ARG., URUG. Concha del apuntador en un teatro. || **5 ~ séptica** Depósito bajo tierra donde se recogen y filtran las aguas residuales. FR. Y LOC. **cavar* su propia sepultura/~/tumba.**

fosco, ca *adj.* **1** (estar) [Pelo] que está alborotado o ahuecado: *Tienes el pelo fosco. El pelo del perro está fosco. El peluquero le dejó el pelo fosco.* **2** [Cielo] que está oscuro. **3** RESTRINGIDO. Hosco.

fosfatado, da *adj.* **1** (ser/estar) Que contiene fosfatos: *harina fosfatada.* || *s. m.* **2** Acción y resultado de fosfatar: *Mañana empezaremos el fosfatado de los campos.*

fosfatar *v. tr.* Mezclar ‹una persona› fosfatos con [una sustancia]: *Este año aún no hemos fosfatado las tierras.*

fosfatina *s. f.* Se usa en la LOC. **hacer ~** COLOQUIAL. Estropear ‹una persona› [a una persona o una cosa] o causarla un daño grave: *El boxeador hizo fosfatina a su contrincante. Ha tirado el jarrón y lo ha hecho fosfatina.* **hecho ~** COLOQUIAL. Muy cansado, desanimado o enfermo: *Después de la caminata, llegamos hechos fosfatina.*

fosfato *s. m.* (no contable) QUÍM. Sal que se obtiene a partir del fósforo: *El fosfato se utiliza como fertilizante y en la elaboración de levaduras artificiales.*

fosforado, da *adj.* QUÍM. Que contiene fósforo: *compuesto fosforado.*

fosforescencia *s. f.* (no contable) FÍS., QUÍM. Propiedad de algunas sustancias de emitir luz, generalmente después de haberla recibido de otra fuente: *La luminosidad producida por la fosforescencia tiene mayor duración que la pro-*

ducida por la fluorescencia. La fosforescencia de sus chalecos protege a los guardias urbanos por la noche.

fosforescente *adj.* Que tiene fosforescencia: *cuerpo fosforescente, material fosforescente, luz fosforescente. He comprado dos rotuladores fosforescentes para subrayar los apuntes.*

fosforecer o **fosforescer** *v. intr.* Despedir ‹una cosa› luz fosforescente: *El despertador fosforece en la oscuridad.* ⇒ **5.**

fosfórico, ca *adj.* QUÍM. Que contiene fósforo: *compuesto fosfórico, ácido fosfórico, anhídrido fosfórico.*

fosforito, ta *adj.* COLOQUIAL. Fosforescente: *Tiene una mochila de color rosa fosforito.*

fósforo *s. m.* **1** QUÍM. *P.* Elemento químico no metálico que se encuentra en distintos componentes del organismo animal y en gran variedad de minerales: *El fósforo emite luz en la oscuridad y es altamente venenoso.* **2** Cerilla: *Dame la caja de fósforos, que voy a encender el fuego.*

fósil *adj. / s. m.* **1** [Sustancia orgánica] que se ha convertido en piedra después de estar enterrada durante largos períodos de tiempo: *planta fósil, vegetal fósil. Este terreno contiene muchos fósiles.* || *adj. / s. m.* y *f.* **2** COLOQUIAL. Que está viejo o anticuado: *Es un viejo fósil que vive en otro mundo. ¡Ay, estoy hecho un fósil, ya no me puedo ni mover!*

fosilizarse *v. prnl.* **1** Convertirse ‹un cuerpo orgánico› en fósil: *Los organismos que se fosilizan sustituyen la materia orgánica por materia mineral.* **2** Dejar de evolucionar ‹una persona o una cosa›: *Era muy bueno en su materia, pero dejó de estudiar y se ha fosilizado.* SIN. anquilosarse. ⇒ **19.**

foso *s. m.* **1** Agujero grande y de forma alargada abierto en el suelo: *Excavaron un foso para que fuera a parar allí el agua de la lluvia.* **2** Agujero que se hace en el suelo de los talleres mecánicos y garajes para poder arreglar mejor la máquina que se sitúa encima: *El mecánico se metió en el foso para cambiar el aceite al coche. Los fosos están siendo sustituidos por elevadores hidráulicos.* **3** Espacio situado debajo del escenario de un teatro, donde se pone la orquesta. **4** Zanja profunda y alargada, frecuentemente llena de agua, que rodea algunas fortalezas y castillos: *Cerraron el puente levadizo y ya nadie se atrevió a atravesar el foso.* **5** DEP. Espacio lleno de arena donde cae el atleta después de saltar.

foto *s. f.* Fotografía. **máquina de fotos.**

foto-fija *s. f.* **1** CINE. Fotografía publicitaria tomada durante el rodaje de una película. || *s. m. / f.* **2** CINE. Fotógrafo especializado en foto-fijas.

fotocélula *s. f.* ELECTRIC. Célula fotoeléctrica.

fotocomposición *s. f.* ART. GRÁF. Sistema de composición de textos mediante un proceso fotográfico, sin tipos de plomo: *Hacemos la revista por fotocomposición.*

fotocopia *s. f.* Reproducción fotoeléctrica instantánea sobre papel de un documento o un gráfico: *Tienes que hacer cien fotocopias de esta hoja. Quiero una fotocopia ampliada de este dibujo.*

fotocopiadora *s. f.* Máquina que hace fotocopias: *Ha comprado una fotocopiadora para la oficina.*

fotocopiar *v. tr.* Hacer ‹una persona› una fotocopia de [una cosa]: *Ha fotocopiado los documentos que tiene que entregar.*

fotoelectricidad *s. f.* (no contable) FÍS. Electricidad que se produce cuando se desprenden los electrones bajo la acción de la luz: *Es especialista en fotoelectricidad. Ha realizado unos estudios sobre la fotoelectricidad.*

fotoeléctrico, ca *adj.* **1** FÍS. De la acción de la luz sobre ciertos fenómenos eléctricos: *efecto fotoeléctrico.* **2** FÍS. [Aparato] que utiliza la acción de la luz sobre ciertos fenómenos eléctricos para su funcionamiento. || **3 célula* fotoeléctrica.**

fotofobia *s. f.* (no contable) MED. Fobia a la luz: *Cuando le duele mucho la cabeza tiene fotofobia.*

fotogénico, ca *adj.* Que es adecuado para ser reproducido por la fotografía o el cine, o que sale favorecido en un retrato fotográfico: *Tienes una cara muy fotogénica. Eres muy fotogénica, siempre sales estupendamente en las fotografías. Su novio es muy fotogénico, pero luego en vivo pierde bastante.*

fotógeno, na *adj.* QUÍM. Que produce luz: *sustancia fotógena, cuerpo fotógeno, insecto fotógeno.*

fotograbado *s. m.* **1** (no contable) ART. GRÁF. Procedimiento fotoquímico para grabar un cliché sobre planchas metálicas. **2** ART. GRÁF. Plancha o grabado obtenido con este procedimiento.

fotografía *s. f.* **1** (no contable) Técnica para obtener imágenes permanentes sobre materias sensibles a la luz: *Quiere hacer un curso de fotografía por correspondencia.* **~ en blanco y negro. ~ en color.** **2** Imagen obtenida por esta técnica: *Se hizo unas fotografías para el carné de identidad. Las fotografías de la actriz eran espectaculares.* SIN. foto. **3** ELEVADO. Representación precisa y detallada de una persona o situación: *Sus cuentos son fotografías del siglo* XIX.

fotografiar *v. tr.* **1** Hacer ‹una persona› una fotografía de [otra persona, un animal o una cosa]: *Le gustaba mucho fotografiar paisajes. Ha sido un escándalo, porque lo han fotografiado desnudo.* || *v. prnl.* **2** Permitir ‹una persona› que la fotografíen: *Le gusta fotografiarse con personajes famosos. Se ha fotografiado vestido de bombero.* ⇒ **8.**

fotográfico, ca *adj.* **1** De la fotografía: *laboratorio fotográfico, técnica fotográfica, material fotográfico.* **montaje* ~.** || **2 memoria* fotográfica.**

fotógrafo, fa *s. m. / f.* **1** Persona que hace fotografías: *¡Qué mala fotógrafa eres!* **2** Persona que se dedica profesionalmente a la fotografía: *Este fotógrafo tiene el laboratorio aquí cerca. Es fotógrafo deportivo.*

fotograma *s. f.* CINE. Cada una de las imágenes que se suceden en una película cinematográfica: *Estuvimos en la puerta del cine viendo algunos fotogramas de la película antes de decidirnos a entrar.*

fotólisis o **fotolisis** (plural *fotólisis*) *s. f.* QUÍM. Ruptura de las moléculas de una sustancia por la acción de la luz: *La fotólisis del agua es esencial en la fotosíntesis.*

fotolito *s. m.* ART. GRÁF. Cliché fotográfico de un original para hacer una copia sobre un soporte transparente: *Los fotolitos se emplean en la impresión de huecograbados y de offset.*

fotolitografía *s. f.* **1** (no contable) ART. GRÁF. Técnica de reproducir y fijar dibujos en piedra litográfica por la acción química de la luz. **2** ART. GRÁF. Imagen obtenida por técnica fotolitográfica.

fotolitográfico, ca *adj.* De la fotolitografía: *técnica fotolitográfica, imagen fotolitográfica.*

fotomatón *s. m.* Cabina donde se hacen fotos en pocos minutos de forma automática: *Necesitaba fotografías para el carné y se las hizo en un fotomatón. El fotomatón del metro nunca funciona bien.*

fotomecánica *s. f.* **1** Procedimiento de reproducción gráfica mediante técnicas fotográficas. **2** Taller donde se realiza esta reproducción gráfica.

fotomecánico, ca *adj.* De la fotomecánica o que utiliza sus métodos: *procedimientos fotomecánicos, reproducción fotomecánica.*

fotómetro *s. m.* FÍS. Instrumento que mide la intensidad de la luz: *El fotógrafo iba dando vueltas por la habitación con el fotómetro en la mano.*

fotomicrografía *s. f.* **1** (no contable) FOT. Método de obtención de fotografías de objetos invisibles a simple vista, aumentando la imagen por medio del microscopio. **2** FOT. Fotografía obtenida aumentando la imagen por medio de un microscopio.

fotomontaje *s. m.* FOT. Combinación de imágenes fotográficas para conseguir una imagen artística: *La imagen era un fotomontaje.* SIN. montaje fotográfico.

fotón *s. m.* FÍS. Partícula de mínima energía luminosa que se propaga en el vacío a la velocidad de la luz.

fotonovela *s. f.* Narración cuya acción se desarrolla en una serie de fotografías acompañadas de una narración y fragmentos de diálogo: *En las páginas centrales de la revista se incluía una fotonovela. Las fotonovelas suelen tener temas melodramáticos.*

fotorrobot o **foto robot** *s. f.* Retrato de una persona hecho con los detalles que han descrito otras personas: *La fotorrobot de los atracadores ha sido distribuida por todas las comisarías de policía.*

fotosensible *adj.* FOT. Que es sensible a la luz: *material fotosensible.*

fotosfera *s. f.* ASTRON. Capa gaseosa del Sol: *En la fotosfera se producen las manchas solares.*

fotosíntesis (plural *fotosíntesis*) *s. f.* (no contable) BIOL. Proceso de transformación de la energía de la luz en energía bioquímica, que tiene lugar en las hojas de los vegetales: *La fotosíntesis es el proceso químico cuantitativamente más importante del planeta.*

fototeca *s. f.* Archivo o colección de fotografías.

fototropismo *s. m.* (no contable) BIOL. Movimiento de algunos organismos vivos, como las plantas, al estímulo de la luz: *El fototropismo tiene como finalidad favorecer la fotosíntesis.*

fotuto, ta *adj.* **1** VEN.; RESTRINGIDO. [Fruto] que está verde. **2** COL.; COLOQUIAL. [Persona] que es auténtica en relación con su procedencia social. || *s. m.* **3** AMÉR. Instrumento musical indígena, hecho con una caracola marina o con una calabaza.

foul *s. m.* DEP.; ARG., COL., URUG. Falta, infracción del reglamento.

foxterrier *s. m.* (macho y hembra) Perro de cierta raza de origen inglés.

foxtrot (del inglés; pronunciamos *'fostrot'*) *s. m.* Música y baile inglés que estuvo de moda a principios del siglo XX: *bailar un foxtrot.*

foyer (del francés; pronunciamos *'foyé'* o *'fuayé'*) *s. m.* ARG. Vestíbulo, ambigú de un teatro.

FP (pronunciamos *'efe-pe'*) *s. f.* Sigla de «Formación Profesional», España.

frac (plural *fraques*) *s. m.* Chaqueta masculina de etiqueta que por delante llega hasta la cintura y por detrás se prolonga en dos faldones: *Era indispensable llevar frac para asistir a la recepción. Con aquel frac parecía un pingüino.*

fracasado, da *adj.* **1** (estar, antepuesto / pospuesto) Que no tiene éxito: *Esa operación está fracasada de antemano. El fracasado intento de conseguir el poder ha acabado con él. Hizo una tentativa fracasada de no quedarse aislado del grupo.* || *adj. / s. m.* y *f.* **2** (antepuesto / pospuesto) [Persona] que ha perdido el prestigio a causa de los fracasos: *Se siente fracasado desde que perdió su empleo. La fracasada novelista dijo que se retiraba del mundo de las Letras. Los fracasados no tienen sitio en mi empresa.*

fracasar *v. intr.* No tener ‹una persona o una cosa› éxito: *El líder del partido de la oposición ha fracasado* ***en*** *su intento de ganar las elecciones. Este producto ha fracasado* ***en*** *el mercado español.*

fracaso *s. m.* **1** Falta de éxito o de resultados positivos de una persona o de una cosa: *Nadie piensa que todo esto pueda acabar en fracaso. El fracaso de su proyecto lo desanimó. Ha tenido dos fracasos amorosos.* **2** Persona que obtiene resultados negativos en lo que hace: *Este muchacho ha sido un fracaso, porque es muy vago. Juan es un fracaso como médico.* **3** Cosa que resulta de una falta de éxito o de resultados positivos: *El experimento ha sido un fracaso.*

fracción *s. f.* **1** Parte, porción que resulta de dividir una cosa: *Una fracción de la asamblea no aprobó el informe del secretario. Tenía una fracción del número premiado en la lotería.* **2** MAT. Expresión matemática que equivale a una división: *Hoy hemos estudiado las fracciones. La fracción 1/2 equivale a 0,5.* SIN. quebrado.

fraccionamiento *s. m.* **1** Acción y resultado de fraccionar: *Una vez realizado el fraccionamiento del premio, tocamos a poco más de un millón cada uno.* **2** MÉX.; COLOQUIAL. Urbanización, conjunto de viviendas.

fraccionar *v. tr.* **1** Dividir ‹una persona› [una cosa] en fracciones: *Fraccionaron el pastel en ocho trozos.* || *v. prnl.* **2** Dividirse ‹una cosa› en fracciones: *La placa de piedra se desprendió de la pared y se fraccionó en varios trozos.*

fraccionario, ria *adj.* **1** MAT. De la fracción o porción de un todo. **moneda* divisoria / fraccionaria.** || *adj. / s. m.* **2** MAT. [Número] quebrado. **número ~.**

fractura *s. f.* Acción y resultado de fracturar o fracturarse: *la fractura de un hueso. Tiene la pierna escayolada a causa de una fractura.*

fracturar *v. tr.* **1** Romper ‹una persona o una cosa› [una cosa] con brusquedad: *Los disidentes no han conseguido fracturar la mayoría del partido. El hielo puede fracturar las rocas.* **2** Romper ‹una persona o una cosa› [un hueso o un miembro del cuerpo de una persona]: *El defensa le fracturó la tibia de una patada.* || *v. prnl.* **3** Romperse ‹una persona› [un hueso o un miembro del cuerpo]: *Me he fracturado una pierna esquiando.*

fraga *s. f.* RESTRINGIDO. Terreno escarpado, lleno de peñas y maleza.

fragancia *s. f.* Olor fresco y agradable: *La fragancia del bosque llegaba hasta la carretera. Esta marca fabrica el mismo desodorante en tres fragancias.* SIN. aroma.

fragante *adj.* (antepuesto / pospuesto) Que tiene fragancia: *El fragante aroma de aquellas rosas me invadía. El ambientador despedía un fragante olor a pino.*

fraganti Se usa en la LOC. **coger / pillar in ~** Coger a alguien en el momento en que está cometiendo una mala acción o un delito: *Lo han pillado in fraganti.*

fragata *s. f.* **1** Barco de vela antiguo con tres palos: *Las fragatas iban provistas de entre treinta y cuarenta cañones.* **2** Barco de guerra ligero, más pequeño que el destructor: *fragata lanzamisiles, capitán de fragata. Hemos enviado una fragata y dos corbetas a la zona del conflicto.* **alférez* de ~.** **3** ZOOL. Ave palmípeda con alas puntiagudas, pico largo, curvado y fuertes garras, que se alimenta de peces. SIN. rabihorcado. || **4 ~ ligera** MAR., MIL. Corbeta.

frágil *adj.* **1** (ser / estar, antepuesto / pospuesto) Que se rompe o quiebra con facilidad: *Ten cuidado, este cristal es muy frágil. Las frágiles ramitas de aquel árbol amenazaban con romperse con el viento. Sus huesos están muy frágiles debido a la falta de calcio.* **2** (ser / estar, antepuesto / pospuesto) Que tiene poca fuerza o resistencia: *salud frágil. Tiene una frágil memoria y olvida todo. Es muy frágil, cualquier problema le afecta mucho. La economía está frágil por la crisis.*

fragilidad *s. f.* (no contable) Cualidad de frágil: *Es mejor que envíes las muestras por avión debido a su fragilidad. La fragilidad de su salud lo tiene encerrado en casa.*

fragmentación *s. f.* Acción y resultado de dividir o dividirse una cosa en fragmentos: *la fragmentación del imperio, la fragmentación de una empresa.*

fragmentar *v. tr.* **1** Dividir ‹una persona o una cosa› [una cosa] en fragmentos: *El manuscrito fue fragmentado en la Edad Media. Han fragmentado la entrevista y se emitirá en varios días.* SIN. fraccionar. || *v. prnl.* **2** Dividirse ‹una cosa› en fragmentos: *El partido se fragmentó en varias corrientes. La avioneta ha quedado totalmente fragmentada en la montaña.*

fragmentario, ria *adj.* **1** Que está compuesto de fragmentos: *estructura fragmentaria. Tengo una visión fragmentaria del asunto.* **2** Que no está completo o acabado: *Han encontrado una sinfonía fragmentaria. Tengo una novela fragmentaria.* SIN. incompleto, parcial.

fragmento *s. m.* Cada una de las partes en que se divide una cosa: *Éste es el fragmento de la novela que más me gusta. Fue imposible pegar los fragmentos del jarrón.*

fragor *s. m.* ELEVADO. Ruido grande o violento: *el fragor de los cañones, el fragor de la tormenta. El fragor de la batalla llegaba hasta el pueblo.*

fragoso, sa *adj.* (antepuesto / pospuesto) LITERARIO. [Terreno] que está lleno de peñascos o de maleza: *Esta región es muy fragosa, muy abrupta. Se detuvieron en unas fragosas montañas.*

fragua *s. f.* **1** Fogón donde se calientan los metales para darles forma: *La fragua estaba siempre encendida.* **2** Taller donde se trabajan los metales: *Voy a la fragua a encargar unas rejas.* SIN. forja.

fraguar *v. tr.* **1** METAL. Trabajar ‹una persona› [un metal] en caliente: *El herrero fragua las herraduras para las caballerías.* **2** Preparar ‹una persona› [un plan o un proyecto]: *Los ladrones estaban fraguando el robo del banco. Han fraguado un plan de fusión para nuestras empresas.* || *v. intr.* **3** Ponerse ‹la cal o una sustancia similar› dura una vez aplicada: *Hasta que el cemento no fragüe no se puede desmontar el encofrado.* **4** Tener ‹una idea, un plan o un proyecto› éxito: *Su plan no llegó a fraguar.* ⇒**14.**

fraile *s. m.* Religioso ligado por voto a una orden de la Iglesia Católica, especialmente a las llamadas mendicantes: *fraile franciscano, fraile dominico.* FR. Y LOC. **haberle hecho la boca* un ~. la docena* del ~.**

frailecillo *s. m.* (macho y hembra) *Fratercula artica.* Ave pequeña, de cuerpo rechoncho, plumaje blanco y negro, y pico triangular, grueso y con rayas rojas, amarillas y azules, que habita en costas de acantilados de Europa y América del Norte.

frambuesa *s. f.* **1** Fruto rojo, agridulce, formado por una agrupación de pequeñas drupas. || *adj. / s. m.* **2** (invariable) [Color] que es semejante al de este fruto: *La modelo iba con unas medias frambuesa.*

frambueso *s. m. Rubus idaeus.* Planta rosácea espinosa, con tallo delgado y flores blancas, cuyo fruto es la frambuesa.

francachela *s. f.* COLOQUIAL; PEYORATIVO. Reunión de personas que se divierte comiendo y bebiendo de forma desordenada y ruidosa: *Nunca está en casa, siempre anda de francachela con los amigos. Se ha gastado la paga en francachelas.*

francamente *adv. modo* **1** Con franqueza, con sinceridad: *Nunca te he hablado tan francamente.* OBSERVACIONES: ◊ Puede afectar al acto mismo de decir: *Francamente, me parece muy difícil. Francamente, no lo sé.* ◊ (con entonación descendente) Puede referirse a cómo ha de contestar el oyente a una pregunta (a menudo retórica) que se le hace: *Francamente, ¿dirías eso si se tratara de tu hija?* || *adv. cant.* **2** (ante adjetivos y adverbios calificativos) Auténtica, real o verdaderamente, muy: *Esos zapatos son francamente buenos. Las fresas están francamente sabrosas. Lo recitó francamente mal.*

francés, sa *adj. / s. m.* y *f.* **1** De Francia, país europeo: *los parques franceses. Tenía dos amigos franceses.* || *s. m.* **2** LING. Lengua románica hablada en Francia, Bélgica, Suiza y en otros países de África o América: *El francés es una lengua de cultura importante.* || **3 baraja* francesa. 4 pan* ~. 5 tortilla* (a la) francesa. 6 un ~** VULGAR. Felación. FR. Y LOC. **despedirse / marcharse a la francesa** PEYORATIVO. Irse ‹una persona› sin despedirse: *Laura se marchó de la reunión a la francesa.*

franchute, ta *adj. / s. m.* y *f.* COLOQUIAL; PEYORATIVO, HUMORÍSTICO. Francés: *Es un coche franchute. Esta discoteca está llena de franchutes y franchutas.*

francio *s. m. Fr.* Elemento químico radiactivo que pertenece al grupo de los metales alcalinos.

franciscana *s. f.* ARG., URUG. Delfín pequeño.

franciscano, na *adj.* **1** De Francisco de Asís, santo cristiano, o propio de él: *paciencia franciscana. Su humildad franciscana es proverbial.* || *adj. / s. m.* y *f.* **2** Que pertenece a la orden religiosa fundada por San Francisco de Asís: *Visitaron un convento franciscano. Vestía el hábito de los franciscanos.*

francmasonería *s. f.* (no contable) Masonería.

franco, ca *adj.* 1 (antepuesto / pospuesto) Que es sencillo y sincero: *una franca sonrisa, un carácter franco, una persona franca. Quiero que seas franco y me digas lo que piensas de verdad.* 2 (estar) Que está libre y sin obstáculos: *El paso está franco. Es una puerta franca. Los soldados encontraron el camino franco de obstáculos.* 3 COMERC. Que está libre del pago de impuestos: *un comercio franco.* **puerto* ~.** 4 (preferentemente antepuesto) Que se percibe con claridad: *una franca mejoría. Se puede percibir un franco deterioro de la situación política.* || *adj. / s. m.* y *f.* 5 De un pueblo germánico que conquistó la Galia, actual Francia: *el ejército franco, la lengua franca. Los francos dieron su nombre a Francia.* || *adj. / s. m.* 6 Francés: *la frontera franca. Los francos han conquistado el mercado europeo.* OBSERVACIONES: Puede funcionar como prefijo: *francoalemán, francófona.* || *s. m.* 7 Unidad monetaria de Francia, y de otros países, como Bélgica, Suiza o Luxemburgo: *franco francés, franco belga. Voy a cambiar cincuenta mil pesetas en francos suizos.* || **8 golpe* ~.**

francófono, na *adj. / s. m.* y *f.* Que habla la lengua francesa: *un país francófono. Los francófonos de África tienen un acento inconfundible.*

francotirador, ra *s. m. / f.* 1 Persona entrenada para disparar con precisión desde posiciones especialmente difíciles: *Los francotiradores se apostaron en las azoteas cercanas al banco atracado.* 2 Persona que dispara aisladamente: *Un francotirador disparó ayer desde un puente de la autopista a tres peatones.*

franela *s. f.* 1 (no contable) Tela de lana o algodón, ligeramente cardada para formar pelillo por una de sus caras: *En cuanto empieza el invierno usa las sábanas de franela.* 2 ARG.; COLOQUIAL. Magreo que se da una pareja. 3 COL., VEN. Camiseta masculina. || *s. m. / f.* 4 ARG., URUG.; COLOQUIAL. Persona que soba mucho a las demás.

franelero, ra *adj. / s. m.* y *f.* PERÚ; JERGAL. [Persona] que es muy aduladora.

franelógrafo *s. m.* RESTRINGIDO. Cuadro de franela u otro material que se usa en la escuela para fijar en él grabados, dibujos o letras.

franelograma *s. m.* RESTRINGIDO. Conjunto de figuras o letras que se adhieren al franelógrafo.

franja *s. f.* Tira o banda, superficie más larga que ancha: *La bandera española está formada por dos franjas rojas y una amarilla en el centro. La tela de las sábanas era blanca con una franja rosa en el borde.*

franquear *v. tr.* 1 Dejar ‹una persona› libre [una cosa] para pasar por ella: *El guía nos franqueó la puerta para que entrásemos.* 2 Pasar ‹una persona› de un lado a otro de [una cosa] venciendo una dificultad: *Tenemos que franquear un control policial para poder escapar.* 3 Poner ‹una persona› los sellos necesarios en [una cosa que se envía por correo]: *Para franquear el paquete diríjase al piso segundo.* || *v. prnl.* 4 Descubrir ‹una persona› sus pensamientos, sus sentimientos o sus intimidades a [otra persona]: *Carlos se franqueó conmigo.* SIN. sincerarse. FR. Y LOC. **~ las puertas*.**

franqueo *s. m.* 1 Acción y resultado de franquear un envío postal: *El franqueo lo puede hacer en Correos o en un estanco.* 2 Cantidad que se pone en sellos: *La carta no llevaba el franqueo debido.*

franqueza *s. f.* (no contable) Sinceridad o claridad en la expresión de una cosa: *Voy a hablarte con franqueza. La franqueza es una virtud que no abunda. Este médico me gusta por su franqueza.*

franquía *s. f.* 1 (no contable) MAR. Situación en la que un barco está autorizado para salir al mar o para tomar un rumbo determinado: *poner un barco en franquía, estar un barco en franquía.* || 2 **~ postal** (no contable) Franquicia postal.

franquicia *s. f.* 1 Privilegio que se concede a una persona u organismo para que quede libre de cierta obligación o impuesto: *Muchos centros oficiales gozan de franquicia para importar ciertos aparatos.* **~ postal** (no contable) Derecho al transporte gratuito de las cartas o de otros objetos postales de ciertas personas u organismos. 2 Contrato por el que una marca comercial o empresa concede a una persona la explotación de un negocio bajo un nombre común y según determinadas condiciones, iguales a las de otros establecimientos de la misma organización: *tiendas en régimen de franquicia.* 3 Negocio sometido a las condiciones que fija el contrato de franquicia: *Este bar es una franquicia.* 4 Permiso de un día que se le da a los soldados.

franquismo *s. m.* (no contable) HIST. Ideología y régimen político autoritarios que estableció en España el general Franco desde 1939 hasta 1975.

franquista *adj.* 1 De Franco o del franquismo: *ejército franquista, ideología franquista, política franquista.* || *adj. / s. m.* y *f.* 2 Que es partidario del franquismo: *Es un político franquista. Los franquistas fueron adaptándose a la democracia en el proceso de reforma política.*

frapé *adj.* 1 Granizado. 2 ARG., URUG. [Bebida] que está muy fría.

frasca *s. f.* Vasija de vidrio cuadrada, del tamaño de una botella, que se usa para servir el vino.

frasco *s. m.* Recipiente pequeño, generalmente de vidrio, cerrado por un tapón, que sirve para contener líquidos: *un frasco de perfume. Mete los insectos en unos frascos con alcohol.* SIN. tarro. FR. Y LOC. **¡Toma* del ~ (Carrasco)!**

frase *s. f.* 1 LING. Conjunto de palabras dotado de significación: *Lee la primera frase del texto.* **~ hecha** Conjunto de palabras que se usa en una forma fija, como las locuciones o los refranes. 2 Expresión que sintetiza bien una idea o que tiene una especial trascendencia: *Esta frase es de un escritor muy conocido.* 3 MÚS. Fragmento bien definido de una composición musical.

frasear *v. intr. / tr.* 1 Pronunciar ‹una persona› [una o varias frases]: *Cuando pronuncies el discurso tienes que frasear lentamente.* || *v. intr.* 2 MÚS. Cantar o tocar ‹una persona› un instrumento haciendo resaltar las frases musicales.

fraseología *s. f.* (no contable) LING. Conjunto de frases y modos de expresión propios de una lengua, grupo, época o escritor: *la fraseología del hampa, la fraseología en la obra de Galdós.*

fraternal *adj.* (antepuesto / pospuesto) Que es propio de los hermanos: *cariño fraternal, amor fraternal. Su fraternal abrazo me dio mucha confianza.* SIN. fraterno.

fraternidad *s. f.* (no contable) Amistad y amor entre hermanos o entre los que se consideran como hermanos: *relación de fraternidad. La fraternidad es un principio cristiano.* SIN. hermandad.

fraternizar *v. intr.* Tener ‹dos personas que no son hermanas› una relación muy afectuosa o muy íntima: *Los dos desconocidos fraternizaron enseguida al saber que eran del mismo pueblo.* ⇒ **19.**

fraterno, na *adj.* Que es propio de hermanos o como de hermanos: *amor fraterno, una ayuda fraterna.*

fratricida *adj. / s. m.* y *f.* DER. Que mata a un hermano: *El próximo viernes juzgan al presunto fratricida. Las luchas fratricidas son las peores.*

fratricidio *s. m.* **1** DER. Delito que consiste en matar a un hermano: *Según la Biblia, Caín cometió un fratricidio.* **2** Crimen cometido contra compatriotas o personas muy unidas: *Las guerras civiles son verdaderos fratricidios.*

fraude *s. m.* **1** Engaño que se hace en contra de la ley para obtener un beneficio: *fraude fiscal, fraude electoral. Cometió un fraude contra la Hacienda pública.* SIN. estafa. **2** COLOQUIAL. Cosa mal hecha que se considera un engaño: *Esa película es un fraude. El nuevo restaurante es un fraude.* SIN. timo.

fraudulento, ta *adj.* Que implica un fraude o engaño: *un negocio fraudulento, una venta fraudulenta.*

fray *s. m.* Apócope de *fraile* que se antepone al nombre propio: *Fray Juan vive en Madrid hace tres años.*

frazada *s. f.* AMÉR. Manta de cama gruesa, de mucho abrigo.

frecuencia *s. f.* **1** (no contable) Número de veces que ocurre una cosa en un tiempo determinado: *La frecuencia de accidentes es muy alta en esta región.* **2** (no contable) FÍS. Número de vibraciones u oscilaciones que se producen en un segundo en cualquier movimiento repetido: *alta frecuencia, baja frecuencia, frecuencia variable.* **banda* de ~.** || **3 ~ modulada** (no contable) Tipo de modulación de las ondas sonoras que permite una calidad muy buena en las emisiones de radio: *Los programas de música de la radio suelen estar en frecuencia modulada.* FR. Y LOC. **con ~** Muchas veces: *Salimos a cenar juntos con frecuencia.*

frecuentado, da *adj.* (ser / estar, antepuesto / pospuesto) [Lugar] que se visita frecuentemente: *Ese bar está muy frecuentado por gente joven. Es un río muy frecuentado por los elefantes. Nos vimos en una frecuentada sala de exposiciones.*

frecuentar *v. tr.* **1** Ir ‹una persona› a [un lugar] con frecuencia: *Frecuento mucho este parque.* **2** Hacer ‹una persona› [una cosa] con frecuencia: *Frecuentaba la lectura, a la que tenía una gran afición.* **3** Tratar ‹una persona› [a otra persona] con frecuencia: *Ya no frecuenta a sus antiguos compañeros.*

frecuente *adj.* **1** (antepuesto / pospuesto) Que ocurre o se repite a menudo, cada poco tiempo: *Es un gesto frecuente en él. Tengo frecuentes reuniones con ellos.* **2** Que es común o habitual: *Es frecuente que los niños se peleen. No es frecuente que nos felicitemos.*

frecuentemente *adv. temp.* A menudo, con frecuencia, muchas veces o en muchos casos: *Nos visitaba frecuentemente. Frecuentemente las cosas no son como parecen.*

free-lance (del inglés; pronunciamos *'frilans'*) *adj.* Que trabaja independientemente, colaborando con empresas: *Trabaja desde hace años como fotógrafo free-lance. No soy de la plantilla del periódico, hago reportajes free-lance.*

freezer (del inglés; pronunciamos *'fríser'*) *s. m.* ARG., URUG. Congelador.

fregadera *s. f.* **1** COL.; COLOQUIAL. Acción que molesta o fastidia. **2** MÉX.; COLOQUIAL. Acto tramposo o desleal.

fregadero *s. m.* Parte de la cocina donde se friegan los cacharros, compuesto por la pila y el grifo: *limpiar el fregadero, la pila del fregadero, el desagüe del fregadero, fregadero de acero inoxidable. El fregadero se ha atascado.*

fregado, da *adj.* **1** COL.; COLOQUIAL. Que es inoportuno o molesto. **2** COL.; COLOQUIAL. Que es astuto o pícaro. **3** PERÚ; COLOQUIAL. Que tiene un genio fuerte. || *s. m.* **4** (no contable) Acción y resultado de fregar: *el fregado de la casa, el fregado de los vasos, el fregado de los platos.* **5** COLOQUIAL. Asunto complicado y dificultoso: *No sabía cómo salir del fregado en que se había metido.* SIN. follón. (COLOQUIAL). **6** AMÉR. Molestia, fastidio.

fregandera *s. f.* MÉX. Empleada que friega.

fregar *v. tr.* **1** Limpiar ‹una persona› [una cosa] frotándola con las manos o con un utensilio casero: *Te toca fregar los platos. Siempre friega el suelo después de comer.* **pila* de ~.** || *v. tr. / prnl.* **2** Frotar ‹una persona› [una cosa] reiteradamente: *Cuando te duela la pantorrilla friégala bien con las dos manos.* **3** AMÉR.; COLOQUIAL. Molestar, fastidiar o perjudicar ‹una persona› [a otra persona]. ⇒ **65.**

fregona *s. f.* **1** Utensilio de limpieza formado por un palo alargado con tiras de material absorbente en su extremo para fregar el suelo: *Pasa la fregona. No pises el suelo, que acabo de pasar la fregona.* **2** COLOQUIAL; PEYORATIVO. Empleada que se dedica a limpiar una casa: *Mi hermana protesta porque dice que no es nuestra fregona.*

fregotear *v. tr.* COLOQUIAL. Limpiar ‹una persona› [una cosa] deprisa y descuidadamente: *La abuela se pasa el día fregoteando el pasillo. Si limpias la cocina hazlo con cuidado y no fregotees los platos.*

freidora *s. f.* Utensilio de cocina para freír, formado por un recipiente profundo y un cesto metálico en el que se ponen los alimentos: *freidora eléctrica.*

freiduría *s. f.* Establecimiento donde se fríe y se vende pescado: *En verano abren muchas freidurías en el paseo.*

freír *v. tr.* **1** Preparar ‹una persona› [un alimento] poniéndolo al fuego en una sartén con aceite o grasa: *He frito los huevos **con** aceite. Le gusta freír las patatas **en** aceite de oliva. Hay que freírlo **con** el fuego fuerte.* **2** COLOQUIAL; INTENSIFICADOR. Herir o matar ‹una persona› [a otra persona] a tiros: *Lo frieron a tiros a la puerta de su casa.* **3** COLOQUIAL; INTENSIFICADOR. Causar ‹una persona o una cosa› molestias a [una persona]: *Los alumnos frieron al profesor con tantas preguntas.* || *v. prnl.* **4** COLOQUIAL; INTENSIFICADOR. Pasar ‹una persona› mucho calor: *En esta oficina me estoy friendo.* FR. Y LOC. **ir / mandar a ~ espárragos*. ir / mandar a ~ monas*.** ⇒ **42.**

fréjol o **frijol** *s. m.* Judía, planta, fruto y semilla.

frenar *v. tr. / intr.* **1** Reducir o parar ‹una persona› la marcha de [un vehículo] o de [una máquina]: *Frenó el coche y bajó a ver qué había pasado. No debes frenar **en** las curvas.* || *v. tr.* **2** Reducir ‹una persona o una cosa› la intensidad o la violencia de [una cosa]: *El Banco de España frenó la caída de la peseta.* || *v. prnl.* **3** Reducirse la intensidad o la violencia de ‹una cosa›: *La rueda se frena por el rozamiento. Su agresividad se frena con el deporte.*

frenazo *s. m.* Acción y resultado de frenar de forma rápida y violenta. FR. Y LOC. **dar / pegar un ~** Frenar bruscamente: *Tuve que dar un frenazo para no atropellar al perro.*

frenesí *s. m.* 1 (no contable) ELEVADO. Pasión o sentimiento violento, exaltado: *el frenesí de la vida. Tanta alegría se convirtió en frenesí.* 2 (no contable) ELEVADO. Locura furiosa: *Se lanzó contra su enemigo con frenesí. Trabaja con frenesí. Bebe y fuma con frenesí.*

frenético, ca *adj.* 1 (antepuesto / pospuesto) Que contiene frenesí: *movimiento frenético. El frenético ruido de aquella máquina acabó por ponerme nervioso.* 2 (ser / estar) Que está lleno de furia o cólera: *Me ponen frenética los ruidos. Estoy frenético, así que voy a intentar calmarme. En esta empresa la actividad es frenética. Cuando supo la noticia se puso frenético.*

frenillo *s. m.* ANAT. Membrana que limita la movilidad de algunos órganos del cuerpo: *el frenillo de la lengua, el frenillo del prepucio, el frenillo del labio superior.*

freno *s. m.* 1 MEC. Dispositivo de una máquina o de un motor que sirve para disminuir su velocidad o para detenerlo: *freno de mano.* **frenos de disco** Dispositivo de frenado que comprende principalmente un disco sobre el que se ejercen las fuerzas de apriete paralelamente al eje de rotación: *freno de tambor, circuito de doble freno.* 2 HÍPICA. Pieza de hierro que se coloca en la boca de las caballerías y que sirve para dirigirlas o detenerlas. SIN. bocado. 3 Cosa que controla, modera o detiene una acción o un sentimiento: *Pone freno a las pasiones. La censura es un freno a la imaginación.* SIN. traba. FR. Y LOC. **echar el ~** 1 Frenar ‹una persona› un vehículo: *¡Echa el freno, que vamos contra el árbol!* 2 COLOQUIAL Dejar de soñar o planear fantasías ‹una persona›: *Echa el freno, que no tenemos dinero para ir de vacaciones.* **meter en ~** Contener o moderar ‹una persona› a otra persona. **tascar el ~** Morder o mover ‹el caballo› el bocado cuando está inquieto: *Al ver el coche, el caballo tascó el freno.*

frenopático *s. m.* RESTRINGIDO. Hospital psiquiátrico.

frentazo *s. m.* DEP.; ARG., URUG.; COLOQUIAL. Cabezazo.

frente *s. f.* 1 Parte superior de la cara comprendida entre las cejas y la raíz del pelo: *Se ha dado un golpe en la frente. Tiene una frente muy ancha.* ‖ *s. m.* 2 Parte delantera de una cosa: *Hay que rehabilitar el frente del edificio.* 3 MIL. Zona donde se combate en una guerra: *ir al frente, luchar en el frente. Enviaron a un grupo de soldados al frente.* **~ de batalla** Zona que ocupa una porción de tropa o un ejército formado en batalla. 4 METEOR. Línea que separa dos masas de aire de diferentes características. **~ cálido. ~ frío.** 5 POLÍT. Unión de organizaciones o grupos políticos: *frente democrático, frente popular.* FR. Y LOC. **al ~ (de)** 1 En cabeza de: *El jefe indio cabalgaba al frente de sus hombres.* 2 Al mando de: *Dejó a su hija al frente de la empresa.* 3 Hacia delante: *¡Un paso al frente!* **arrugar* el entrecejo / ceño** o **arrugar la ~. con el sudor* de mi / tu / su... ~. de ~** 1 Hacia delante o en dirección a la parte delantera: *No podemos seguir de frente.* 2 De cara: *Venía de frente a nosotros.* 3 Frontalmente: *Chocaron de frente.* 4 Con decisión, sin rodeos: *Sabe abordar los asuntos de frente, sin dejarse acobardar.* 5 MIL. Se usa como exclamación con que se ordena avanzar hacia delante, pero no oblicuamente. **en ~** Enfrente. **~ a** 1 Enfrente de: *El coche paró frente a la casa.* 2 En presencia de: *Me encontraba frente a una difícil situación.* 3 En contra, en oposición de: *Frente a los deseos de todo el mundo, el partido no será retransmitido por la televisión.* 4 Al contrario de, contra: *Frente a lo que creía, eran franceses.* 5 Al contrario que: *Frente a Skinner, Chomsky opina que la conducta verbal no es lo más importante. Obtuvo los mejores resultados frente al resto de sus compañeros.* **frente a ~** Cara a cara: *Hablaron frente a frente para solucionar sus desavenencias.* **frente por ~** Exactamente enfrente uno de otro: *Mi casa y la suya están frente por frente.* **hacer ~** Enfrentarse ‹una persona› a otra persona o a un problema: *El Gobierno tomó medidas para hacer frente **a** la crisis. El equipo local hizo frente **al** adversario.* **ir con la ~ (muy) alta** COLOQUIAL. Sin tener nada de qué avergonzarse: *Su honradez le permitía ir por la vida con la frente alta. A pesar de las habladurías, iba con la frente muy alta.* **llevar / traer escrito en la ~** COLOQUIAL. No poder ‹una persona› disimular una cosa: *Se nota que me está engañando; lo lleva escrito en la frente.* **no tener dos dedos* de ~.**

freón (marca registrada) *s. m.* (no contable) QUÍM. Cualquier gas o líquido no inflamable que contenga flúor: *Los refrigeradores y los extintores llevan algún freón.*

fresa *adj. / s. m.* 1 (invariable) Que es de un color semejante al de las fresas: *un vestido fresa. Hemos comprado unas cortinas fresa.* ‖ *s. f.* 2 Planta rosácea de tallos rastreros, hojas vellosas y flores pedunculadas que produce un fruto comestible: *Ha plantado unas fresas.* 3 Fruto carnoso y oloroso, pequeño y comestible, de sabor dulce y aspecto granulado: *He comprado medio kilo de fresas para hacerlas con nata.* 4 METAL. Herramienta giratoria provista de cuchillas o buriles que sirve para perforar, alisar o labrar piezas. 5 MED. Instrumento quirúrgico en forma de cono para perforar o agrandar orificios, muy usado por los dentistas.

fresador, ra *s. m. / f.* METAL. Trabajador que maneja una máquina de fresar: *Trabaja como fresador en una fábrica metalúrgica.*

fresadora *s. f.* METAL. Máquina provista de fresas, para alisar, agujerear o labrar piezas de metal.

fresar *v. tr.* METAL. Trabajar ‹una persona› [una cosa] con la fresa: *En el taller no fresamos ninguna pieza..*

fresca *s. f.* 1 (no contable) Frío moderado: *Ha salido a tomar la fresca.* 2 (no contable) Frío agradable y moderado que corresponde en tiempo caluroso a las primeras horas de la mañana o a las últimas de la tarde: *Partimos al anochecer y llegamos con la fresca a Segovia. Salió con la fresca camino de Córdoba.* 3 COLOQUIAL. Cosa dicha por una persona a otra bruscamente, de modo que pueda molestarla: *Sin que nadie lo esperase, me soltó cuatro frescas.*

frescales (plural *frescales*) *s. m. / f.* COLOQUIAL; PEYORATIVO. Persona que se aprovecha de los demás: *La vecina es una frescales, es la cuarta vez que me pide azúcar en esta semana.* SIN. caradura.

fresco, ca *adj.* 1 (ser / estar, antepuesto / pospuesto) Que tiene una temperatura moderada o agradablemente fría: *agua fresca, viento fresco. Esta casa es muy fresca. Mete el vino en la nevera para que esté bien fresco. La fresca brisa marina le daba en la cara.* 2 (ser / estar) Que está recién elaborado o preparado: *He comprado huevos frescos. La leche tiene que ser muy fresca. Mira qué fresca está la carne.* 3 [Alimento] que no es congelado: *Nunca compramos ternera congelada, siempre fresca. Nos gusta el pescado fresco o* *congelado.* ANT. congelado. **4** Que aún no ha comenzado a estropearse, y mantiene su frescura: *Conserva fresca su belleza.* **5** (estar) Que está descansado y tiene buena apariencia: *Hoy está fresca como una rosa. Cuando duermes bien, por la mañana te levantas tan fresco.* **6** Que acaba de suceder: *Traigo noticias frescas.* **7** (estar) [Pintura, lugar pintado] que aún no se ha secado: *No te arrimes a la pared, que la pintura aún está fresca.* **8** [Tela, ropa] que no da calor: *Voy a comprarme una camisa que sea fresca. En verano me pongo este vestido porque es muy fresco.* **9** Que es espontáneo y natural, sin artificio: *Esta novela está escrita en un estilo fresco y ágil.* **10** Que no tiene preocupación ni remordimientos: *Por más que lo riñas, se queda tan fresco. Después de la bronca se ha quedado tan fresca.* ‖ *adj. / s. m.* y *f.* **11** PEYORATIVO. Que actúa con descaro: *Es una muchacha muy fresca, que va por ahí contestando mal a la gente mayor. Ese tío es un fresco.* ‖ *s. m.* **12** (no contable) Frío moderado: *el fresco de la mañana, el fresco de la noche.* **13** PINT. Pintura mural que se hace aplicando sobre una superficie preparada los colores disueltos en agua: *Goya pintó algunos frescos muy interesantes.* **14** PINT. Técnica con la que se realizan los frescos. **15** PERÚ, VEN.; COLOQUIAL. Bebida refrescante. FR. Y LOC. **estar ~** COLOQUIAL. Tener ‹una persona› esperanzas de una cosa que no se va a realizar: *Está fresco si cree que lo vamos a llamar este fin de semana.* **estar (tan) ~ como una lechuga*. hacer ~** Hacer un frío moderado: *Abrígate porque hace fresco.* **mandar con viento* ~. pintura* al ~. ser más ~ que una lechuga*. tener ~** Sentir ‹una persona› un poco de frío: *Me he puesto la rebeca porque tengo fresco.* **tomar el ~** Disfrutar ‹una persona› del frío moderado: *Salió a la terraza a tomar el fresco.* **traer* al ~.**

frescor *s. m.* (no contable) Frescura, temperatura fresca: *Cuando salí de casa sentí un frescor muy agradable.*

frescura *s. f.* **1** (no contable) Temperatura fresca: *La frescura de la noche no invitaba a salir de casa.* **2** (no contable) Calidad de las cosas que están recién elaboradas o preparadas: *La frescura de estas frutas es evidente. Me gusta esta marca por la frescura de sus productos.* **3** (no contable) Calidad de las cosas que acaban de ocurrir: *la frescura de una noticia.* **4** (no contable) Propiedad de las cosas que están en pleno esplendor, sin haber empezado aún a deteriorarse: *la frescura de una rosa. La frescura de su mirada me traía recuerdos de mi juventud.* **5** (no contable) Olor suave y natural: *Lo que más me gusta de esta colonia es su frescura.* **6** (no contable) Desvergüenza: *Es tanta su frescura que ni siquiera se ruborizó cuando lo pillaron robando.*

fresno *s. m.* **1** Género *Fraxinus.* Árbol de gran altura, corteza gris, hojas en forma de elipse y pequeñas flores blancas. **2** (no contable) Madera de los fresnos, blanca y muy elástica: *Nos han enseñado unos muebles de fresno carísimos.*

fresón *s. m.* **1** Planta de la familia de las fresas que produce los fresones. **2** Variedad de fresa, de mayor tamaño y sabor más ácido, pero de color rojo menos intenso: *De postre, he pedido fresones con nata.*

fresquera *s. f.* RESTRINGIDO. Lugar ventilado o mueble que se utilizaba para conservar los alimentos: *A principios de siglo, se aprovechaba para fresquera un hueco en la pared norte de la casa cerrado con una rejilla metálica.*

fresquería *s. f.* AMÉR. Establecimiento donde se sirven o venden refrescos.

freza *s. f.* BIOL. Acción de poner sus huevos los peces u otros animales. SIN. desove.

frialdad *s. f.* **1** (no contable) Calidad o sensación de frío: *La frialdad de la calle lo devolvió a la realidad.* **2** (no contable) Indiferencia o falta de interés en los sentimientos o pensamientos: *Lo besó con frialdad. Actuó con frialdad. Notó la frialdad de su mirada. Cuando le dieron el premio reaccionó con mucha frialdad.*

fricativo, va *adj. / s. f.* **1** LING. [Sonido, consonante] que se pronuncia poniendo ligeramente en contacto los órganos bucales de forma que el aire salga produciendo cierta fricción o rozamiento: *Cuando aparece entre vocales, la «b» se articula como fricativa.* ‖ *s. f.* **2** LING. Letra que representa el sonido fricativo: *En español la «f» y la «s» son fricativas.*

fricción *s. f.* **1** Acción y resultado de pasar una cosa por la superficie de otra cosa muchas veces y con fuerza: *Le dolía la espalda y se dio unas fricciones con alcohol.* **2** Enfrentamiento entre personas o colectividades: *Las fricciones entre los asistentes impidieron llegar a un acuerdo. Se ha producido una fricción entre los dos subdirectores.* **3** FÍS. Rozamiento de dos cuerpos en contacto: *La fricción de dos cuerpos produce calor.* SIN. roce.

friccionar *v. tr. / prnl.* Dar ‹una persona› fricciones o friegas [a otra persona]: *El masajista friccionaba el muslo del futbolista para que se le pasara el calambre.* ***Me*** *friccioné la pierna.* SIN. frotar.

friega *s. f.* **1** (preferentemente en plural) Acción de frotar una parte del cuerpo para curar o aliviar una molestia: *Date unas friegas de alcohol en el pie y te mejorará el dolor.* SIN. masaje. **2** AMÉR. Molestia, fastidio. **3** MÉX., PERÚ, P. RICO. Reprimenda.

friegaplatos (plural *friegaplatos*) *s. m.* **1** Lavavajillas, aparato electrodoméstico para lavar la vajilla. ‖ *s. m. / f.* **2** Empleado de un hotel, restaurante o bar que lava los platos y los cacharros de cocina: *Entró como friegaplatos y ahora es gerente del hotel.*

frigidez *s. f.* **1** (no contable) Incapacidad de una persona de llegar al orgasmo o de sentir excitación sexual: *Aunque la frigidez puede tener causas orgánicas, a veces depende de trastornos psicológicos.* **2** (no contable) LITERARIO. Frialdad, sensación de falta de calor: *la frigidez de la decoración, la frigidez de la casa. Era insoportable la frigidez de su recibimiento.*

frígido, da *adj.* **1** LITERARIO. Que es muy frío: *Nos pusieron en una habitación frígida y no pude dormir.* ‖ *adj. / s. m.* y *f.* **2** [Persona] que sufre frigidez.

frigio, gia *adj. / s. m.* y *f.* De Frigia, antiguo país de Asia: *Los frigios alcanzaron su esplendor bajo el mandato del rey Midas.* **gorro* ~.**

frigoría *s. f.* FÍS. Unidad calorífica empleada para medir el frío que corresponde a la absorción de una kilocaloría: *Este aparato de aire acondicionado produce muchas frigorías.*

frigorífico, ca *adj.* **1** Que produce frío artificialmente: *cámara frigorífica, vagón frigorífico.* **camión ~.** ‖ *s. m.* **2** Electrodoméstico con forma de armario que mantiene frescos los alimentos gracias a un sistema de refrigeración eléctrica: *un frigorífico con congelador. Metió la carne en el frigorífico.* SIN. nevera, refrigerador. **3** ARG., PAR., URUG. Establecimiento industrial que se dedica a la preparación y elaboración de alimentos congelados.

frigorista *s. m./f.* Persona especializada en aplicaciones industriales del frío: *Manuel obtuvo el carné de frigorista en el examen.*

frigorización *s. f.* Instalación de sistemas de refrigeración: *frigorización industrial.*

frijol o **fríjol** *s. m.* AMÉR. Fréjol o judía.

frío, a *adj.* **1** (ser / estar, antepuesto / pospuesto) Que tiene una temperatura muy inferior a la normal, o que no conserva el calor: *Entramos en una habitación fría y destartalada. Tengo las manos y los pies fríos. El agua de la piscina está muy fría. El frío viento del norte ha entrado en las capas altas de la atmósfera. La sopa se te ha quedado fría. No me arranca el coche, el motor todavía está frío. Me he quedado frío en el jardín.* ANT. caliente. **bufé* ~. frente ~. sudor* ~. 2** Que todo lo calcula antes de hacer o decidir una cosa, y no se altera ni se deja influir por afectos, pasiones o contrariedades: *Esta provocación requiere una respuesta fría y meditada. Siempre he sabido mantenerme frío en las situaciones peligrosas. Me gustaría ser un poco más fría en mis decisiones, menos impulsiva y apasionada.* **3** (ser / estar, antepuesto / pospuesto) Que normalmente no siente o no muestra afecto, pasión o sensibilidad hacia nada o nadie o que, circunstancialmente, se comporta con alguien o algo con indiferencia: *Tu bienvenida fue cortés pero fría. Estuviste muy frío con él. Le contestó con una fría expresión en la mirada. Es una persona muy fría, yo nunca le he visto demostrar su afecto o sensibilidad por nada. Me noto muy frío últimamente, me estoy volviendo insensible.* **4** (ser / estar) COLOQUIAL. Que no está excitado sexualmente: *Estás muy frío conmigo esta noche. Es una mujer fría.* **5** Que no contiene afecto, no es acogedor o agradable: *El ambiente era un poco frío. Ha sido una entrevista cordial pero algo fría. Los hospitales siempre me han parecido fríos.* **6** Que no produce emoción o interés: *La película me ha dejado fría. Ha sido una actuación fría.* **7** [Color] que produce un efecto sedante o tranquilizante, como el azul o el verde: *En su paleta abundan los colores fríos.* ANT. cálido. || *s. m.* **8** (no contable) Baja temperatura: *No soporta el frío.* **9** (no contable) Sensación física que producen las bajas temperaturas: *Nota frío en los pies.* || **10 ave* fría. 11 carnes* frías. 12 gota* fría. 13 guerra* fría. 14 sangre* fría. 15 tierra* fría** FR. Y LOC. **a sangre* fría. animal* de sangre fría. coger ~** Enfriarse o acatarrarse ‹una persona› por las bajas temperaturas: *No iba suficientemente abrigado y cogió frío.* **dejar ~** No interesar ‹una persona o una cosa› a una persona: *A mí me deja frío Pepa. Estas críticas me dejan fría.* **ducha* de agua fría. echar un jarro* de agua fría. en ~** 1 Sin preparación: *Así, en frío, no sé qué decir.* 2 Sin estar bajo la presión del momento o de las circunstancias: *Mañana, en frío, lo veremos más claro.* **¡~!** COLOQUIAL. Se usa en algunos juegos para indicar al jugador que está lejos del objeto escondido o de lo que pretende adivinar: *¡Frío, frío! Te daremos alguna pista más para que adivines dónde vamos.* **hacer ~** Hacer una baja temperatura: *Las tardes en que hace frío, en vez de pasear, solemos ir al cine.* **hacer un ~ que pela** COLOQUIAL; INTENSIFICADOR. Hacer mucho frío: *En esta casa hace un frío que pela.* **morirse* de ~. pelarse* de ~. quedarse* ~ / helado. tener ~** Experimentar ‹una persona› la sensación que produce la baja temperatura: *Pon la calefacción, porque tengo frío.*

friolento, ta *adj.* AMÉR. DEL S. Friolero.

friolera *s. f.* (no contable) COLOQUIAL; INTENSIFICADOR. Cantidad grande de una cosa, especialmente de dinero: *Por el piso le pidieron la friolera de cincuenta millones.*

friolero, ra *adj. / s. m.* y *f.* (ser / estar) Que es muy sensible al frío: *Soy muy friolero, el invierno para mí es terrible. Está más friolera que nunca, debe de estar enferma. Mi marido es un friolero, yo en cambio soy más bien calurosa.* ANT. caluroso.

frisa *s. f.* AMÉR. Frazada.

frisar *v. intr. / tr.* Estar ‹una persona o una cosa› próxima a [una cosa]: *El presidente frisaba **(en)** los cuarenta.* SIN. rozar.

fríser *s. m.* COL. Congelador.

friso *s. m.* **1** ARQ. Franja decorada entre el arquitrabe y la cornisa: *Los frisos de los templos griegos son famosos.* **2** ARQ. Banda continua que se pone como adorno en la parte inferior o superior de las paredes. SIN. zócalo.

frisón, na *adj. / s. m* y *f.* **1** De Frisia, provincia holandesa: *tierras frisonas, vaca frisona.* **2** [Raza de caballos] que tiene los pies anchos y fuertes. || *s. m.* **3** LING. Lengua germánica del grupo occidental hablada en Frisia.

fritada *s. f.* **1** Fritura. **2** Guiso parecido al pisto, hecho con vegetales troceados y fritos en aceite.

fritadora *s. f.* COL. Freidora.

fritanga *s. f.* COLOQUIAL; frecuentemente PEYORATIVO. Fritura muy grasienta o aceitosa: *No quiere cenar porque ha comido muchas fritangas en la feria.*

fritar *v. tr.* COL. Freír.

frito, ta *adj.* **1** (estar) COLOQUIAL. Que se encuentra profundamente dormido: *Está frito en el sillón.* **2** (estar) VULGAR. Que está muerto: *Estaba más frito que mi abuelo.* || *s. m.* **3** (preferentemente en plural) Comida que se ha cocinado en aceite o grasa hirviendo: *No soporto los fritos. El médico me ha prohibido los fritos.* || *p.* **4** Participio irregular de *freír*. **huevo* ~.** || **5 leche* frita.** FR. Y LOC. **dejar ~** COLOQUIAL. Matar ‹una persona› a otra: *Lo dejó frito de un disparo.* **quedarse ~** COLOQUIAL. Quedarse ‹una persona› profundamente dormida: *Javier se quedó frito viendo la película.* **tener / traer ~** COLOQUIAL; INTENSIFICADOR. Hartar, enfadar ‹una persona o una cosa› a otra persona: *El tráfico me tiene frito. Me traes frita con tus celos.*

fritura *s. f.* Conjunto de alimentos fritos en aceite o grasa y servidos juntos: *una fritura de pescado.*

frivolidad *s. f.* (no contable) PEYORATIVO. Superficialidad o falta de seriedad en el carácter o en el comportamiento de las personas: *Estoy cansado de sus frivolidades. Sus declaraciones han sido una frivolidad.*

frívolo, la *adj.* **1** (antepuesto / pospuesto) PEYORATIVO. Que es superficial o poco serio: *una conversación frívola. Sus frívolas palabras nos sorprendieron. Su frívola manera de tomarse la vida no lo podía llevar a nada bueno.* **2** [Espectáculo, publicación] que es alegre, sencillo y sensual: *Me gustan las revistas frívolas. Es un local frívolo.* || *adj. / s. m.* y *f.* **3** PEYORATIVO. Que se comporta con despreocupación o con poca seriedad: *Es una persona muy frívola que sólo piensa en divertirse. Ese hombre es un frívolo.*

fronda *s. f.* **1** Conjunto apretado de ramas y hojas de plantas: *La fronda oscurecía el camino del bosque.* SIN. frondosidad. **2** BOT. Hoja de una planta, especialmente la de los helechos.

frondosidad *s. f.* Cualidad de frondoso.

frondoso, sa *adj.* **1** (antepuesto / pospuesto) Que tiene muchas hojas o ramas: *árbol frondoso. Les gustaba pasear entre los frondosos álamos del río.* **2** (antepuesto / pospuesto) Que tiene mucha espesura: *bosque frondoso. La frondosa arboleda del parque estaba habitada por una multitud de pájaros.*

frontal *adj.* **1** ANAT. De la frente: *músculo frontal.* **2** Que está situado en la parte delantera, o que se produce con la parte delantera de una cosa: *los embellecedores frontales de un vehículo. Los choques frontales son los peores.* **3** Que se realiza de forma directa, sin contemplaciones: *El discurso fue una crítica frontal a las medidas adoptadas por la patronal.* **4** COL. Que tiene mucha importancia. ‖ *adj. / s. m.* **5** ANAT. [Hueso] que forma la parte delantera superior del cráneo, y que constituye la frente: *Se ha roto el frontal.* ‖ *s. m.* **6** RESTRINGIDO. Decoración o adorno que forma o cubre la parte delantera de la mesa de un altar: *En el retablo mayor de la iglesia se puede contemplar un frontal de Berruguete.*

frontenis *s. m.* (no contable) DEP. Deporte parecido al frontón, que se practica con raquetas y pelota de tenis: *jugar al frontenis, campeonato de frontenis.*

frontera *s. f.* **1** Límite, línea que separa dos países o Estados: *Estuvimos dos horas esperando en la frontera de Francia con España. Las fronteras suelen ser causa de conflictos.* **2** Cualquier cosa que limita la extensión o el alcance de otra cosa: *imaginación sin fronteras, una ambición sin fronteras. El suyo era un amor sin fronteras.* SIN. barrera.

fronterizo, za *adj.* **1** Que está en la frontera: *la línea fronteriza, el ejército fronterizo, una ciudad fronteriza.* **2** [País] que tiene la frontera común con otro país: *Chile es un país fronterizo* ***de*** *Argentina. España es un país fronterizo* ***con*** *Francia.* ‖ *s. m.* **3** LING.; URUG. Variedad de la lengua española con influencia portuguesa que se habla en la región de Uruguay que linda con Brasil.

frontis (plural *frontis*) *s. m.* **1** ARQ. Fachada, parte delantera de un edificio: *El frontis de la Universidad es plateresco.* SIN. frontispicio. **2** DEP. Muro principal del frontón contra el que se lanza la pelota.

frontispicio *s. m.* **1** ARQ. Fachada, parte delantera de un edificio: *El frontispicio es de una gran belleza.* SIN. frontis. **2** ARQ. Adorno triangular de una fachada o de un pórtico: *La fachada está rematada con un airoso frontispicio.* SIN. frontón. **3** Página de un libro anterior a la portada.

frontón *s. m.* **1** DEP. Pared contra la que se lanza la pelota en algunos juegos: *La pelota rebotaba una y otra vez en el frontón.* **2** (no contable) DEP. Juego de la pelota vasca: *jugar al frontón, un partido de frontón.* **3** DEP. Lugar acondicionado para jugar a la pelota vasca: *Allí hay una frontón descubierto.* **4** ARQ. Adorno triangular de una fachada o de un pórtico: *el frontón de un templo griego.*

frotación *s. f.* Frotamiento.

frotamiento *s. m.* Acción y resultado de frotar o frotarse: *Con un simple frotamiento la madera queda como nueva. El frotamiento continuado calienta los frenos.*

frotar *v. tr. / prnl.* Pasar ‹una persona› [una cosa] por la superficie de [otra cosa] muchas veces y con fuerza: *Froté el metal* ***con*** *un paño.* ***Se*** *frotaba los pies* ***con*** *la esponja.* FR. Y LOC. **frotarse las manos***.

frotis (plural *frotis*) *s. m.* MED. Preparación clínica de tejido, exudado o secreciones fisiológicas para su análisis en laboratorio: *Con el estudio de un frotis vaginal se obtiene un diagnóstico seguro.*

fructífero, ra *adj.* (antepuesto / pospuesto) Que produce fruto, provecho o utilidad: *Ha sido una reunión muy fructífera para ambos. Hace años establecimos una fructífera relación que todavía dura.*

fructificar *v. intr.* **1** Dar ‹un árbol o una planta› fruto: *No sé si este árbol, después de haberlo trasplantado, va a fructificar este año.* **2** Dar ‹una cosa› rendimiento: *Sus esfuerzos fructificaron y consiguieron ganar el partido. Esperan que la reunión fructifique en un acuerdo.* ⇒ **71.**

fructosa *s. f.* (no contable) QUÍM. Azúcar existente en la composición de las frutas dulces y la miel.

fructuoso, sa *adj.* (antepuesto / pospuesto) Fructífero: *Unos fructuosos años de estudio lo han convertido en director. Unas ganancias fructuosas en los años buenos le permiten estar retirado.*

frugal *adj.* **1** (antepuesto / pospuesto) ELEVADO. Que es poco abundante o moderado: *cena frugal, frugal almuerzo, vida frugal.* **2** ELEVADO. Que actúa con sobriedad y moderación en la comida y en la bebida: *Es una persona frugal, le gustan las comidas sencillas y poco abundantes.*

frugívoro, ra *adj.* ZOOL. [Animal] que se alimenta de frutos.

fruición *s. f.* (no contable) ELEVADO. Goce o placer grande: *Come con fruición. Devora los libros con gran fruición.*

frumentario, ria *adj.* RESTRINGIDO. Del trigo y otros cereales.

frunce *s. m.* Serie de arrugas pequeñas o pliegues que se hacen en una tela o papel fino: *El vestido lleva frunces en las mangas.*

fruncido, da *adj.* **1** ARG., CHILE, PAR., URUG.; COLOQUIAL. Que es remilgado, melindroso, con ceño adusto. ‖ *s. m.* **2** Frunce.

fruncir *v. tr.* **1** Poner ‹una persona› [una parte de la cara] arrugada en señal de enfado o de preocupación: *Frunció el ceño al verme, y ya estuvo tenso todo el rato.* **2** Hacer ‹una persona› más estrecha [una cosa]: *Frunció la boca y esperó que él la besara.* **3** Hacer ‹una persona› pequeños pliegues paralelos en [una tela] o en [un papel]: *Vamos a fruncirle la falda a la niña.* ‖ *v. prnl.* **4** MÉX.; COLOQUIAL. Amilanarse, acobardarse ‹una persona›. ⇒ **90.**

fruslería *s. f.* RESTRINGIDO. Cosa o acción de poco valor o importancia: *He traído unas fruslerías para picar. No le riñas por una fruslería.*

frustración *s. f.* Acción y resultado de frustrar o frustrarse: *Sintió una gran frustración por perder el trabajo. Lo que le sucede es causa de las frustraciones de su adolescencia.*

frustrado, da *adj. / s. m.* y *f.* **1** (estar) Que se siente fracasado por no haber conseguido lo que quería: *No te sientas frustrado, todo el mundo fracasa alguna vez. Está muy frustrado por no haber podido aprobar.* ‖ *adj.* **2** (estar, antepuesto / pospuesto) Que no ha tenido éxito: *El intento ya está frustrado. El frustrado golpe de Estado ha acabado con la detención de los golpistas.*

frustrante *adj.* (antepuesto / pospuesto) COLOQUIAL. Que defrauda o decepciona: *Es frustrante que no haya podido venir. Esta mañana nos ha dado la frustrante noticia de que la empresa está en quiebra.*

frustrar *v. tr.* **1** Hacer ‹una persona o una cosa› que [una cosa] no tenga éxito: *Su negativa a participar frustró la realización del viaje.* **2** Dejar ‹una persona› [a otra persona] sin lo que esperaba: *Tu hermana lo frustró mucho cuando le dio calabazas.* || *v. prnl.* **3** No tener ‹una cosa› éxito: *El proyecto se frustró por la falta de apoyo económico.* **4** Quedarse ‹una persona› sin lo que esperaba: *Tomás se frustra en cuanto empieza a encontrar problemas.*

frustre *s. m.* COLOQUIAL. Frustración: *¡Vaya frustre con el viaje!*

fruta *s. f.* **1** Fruto comestible de ciertos árboles o plantas, que son cultivados por el hombre para su alimentación, como el melón o la naranja: *Las frutas son mi postre preferido. Compra muchos kilos de fruta a la semana.* **~ del tiempo** Fruta que se consume en la época en que madura y se recoge: *De postre, tenemos fruta del tiempo.* || **2 ~ de sartén** RESTRINGIDO. Alimento hecho con masa frita: *Los churros y los buñuelos son fruta de sartén.* **3 ~ prohibida** Fruto prohibido. FR. Y LOC. **ensalada* de frutas. mosca* de la ~.**

frutal *adj.* **1** De la fruta: *adorno frutal.* || *adj. / s. m.* **2** [Árbol] que da fruta: *Los árboles frutales deben ser injertados para que den buena fruta. Tengo un jardín lleno de frutales.*

frutería *s. f.* Tienda donde se vende fruta: *En esta frutería tienen todo tipo de frutas exóticas. La frutería del barrio vende a muy buen precio.*

frutero, ra *adj.* **1** De la fruta: *región frutera.* || *s. m. / f.* **2** Persona que es dueña de una frutería o trabaja en ella: *La frutera me ha dicho que estas naranjas tienen mucho zumo.* || *s. m.* **3** Recipiente que se usa para poner o servir la fruta: *En el frutero de la cocina encontrarás manzanas, peras y plátanos. Utiliza el frutero como centro de mesa.*

frutícola *adj.* De la fruta y de su cultivo y comercialización: *actividad frutícola, comercio frutícola.*

fruticultura *s. f.* (no contable) BOT. Actividad de cultivar árboles frutales: *Es un experto en fruticultura.*

frutilla *s. f.* AMÉR. Cierta variedad de fresón.

fruto *s. m.* **1** BOT. Ovario de la flor, transformado y engrosado después de su fecundación, y que contiene en su interior las semillas: *fruto carnoso, fruto silvestre. El cerezo da un fruto muy rico.* **2** (preferentemente en plural) Producto de la tierra: *los frutos del campo.* **3** (no contable) Producto, beneficio o utilidad: *Viven con el fruto de su trabajo. De su esfuerzo obtiene poco fruto.* **4** RESTRINGIDO. Hijo de una mujer o de una pareja: *El fruto del ilustre matrimonio fue nuestro poeta.* **5** Producto de la inteligencia o del trabajo humano: *Esta obra es el fruto de mis desvelos. El fruto de tantos años es esta casita.* || **6 ~ prohibido** 1 REL. Fruto que, según la Biblia, ofreció Eva a Adán. 2 Cosa que atrae por estar prohibida: *Este amor es un fruto prohibido.* **7 ~ seco** (preferentemente en plural) Semilla encerrada en una cáscara dura, que es generalmente compacta y rica en aceite: *Las nueces y las avellanas son frutos secos.* **8 frutos / productos de la tierra** Frutos o productos que da la tierra, un país, una región o una comarca.

FSLN (pronunciamos *'efe-ese-ele-ene'*) *s. m.* Sigla de «Frente Sandinista de Liberación Nacional», Nicaragua.

fu *interj.* Se usa en la LOC. **ni ~ ni fa** COLOQUIAL. Resultar indiferente una cosa: *A mí los dulces ni fu ni fa.*

fucsia *adj. / s. m.* **1** (invariable) De color entre rojo y rosa, semejante a las flores de las fucsias: *unos pantalones fucsia. El fucsia es mi color preferido.* || *s. f.* **2** Género *Fuchsia*. Arbusto, con hojas ovaladas, flores cilíndricas, colgantes, de color rojo oscuro, que se emplea como planta de adorno.

fuego *s. m.* **1** (no contable) Fenómeno producido al arder un cuerpo, y en el que se desprende luz y calor: *No se sabe cómo se prendió el fuego. El descubrimiento del fuego fue uno de los hitos en el progreso del hombre.* **2** Materia que arde, con o sin llama: *Dame fuego. El fuego está en su punto.* **3** Materia que no está destinada a arder, pero que se incendia: *Los bomberos tardaron varios días en apagar el fuego. El fuego arrasó muchas hectáreas de bosque.* **4** Cada uno de los puntos de una cocina moderna que da lumbre: *Es una cocina con tres fuegos. El fuego grande se ha obstruido.* **5** (no contable) Sensación de ardor o picor en una parte del cuerpo: *Sentía un fuego en el labio a causa de la fiebre.* **6** (no contable) Entusiasmo o apasionamiento en una persona: *El fuego del deseo no lo dejaba vivir.* **7** (en plural) Fuegos artificiales: *Esta noche iremos a ver los fuegos de la plaza.* **8** RESTRINGIDO. En una población, vecino o familia que tiene casa: *En aquella época era un pueblo con más de mil fuegos.* **9** COL. Erupción de los labios por la fiebre. || **10 ~ de Santelmo** MAR. Resplandor que puede apreciarse durante las tormentas en los mástiles de las embarcaciones, debido a la electricidad atmosférica. **11 ~ fatuo** Resplandor que se puede apreciar a poca distancia de la tierra, y que procede de la descomposición de sustancias orgánicas: *Los fuegos fatuos se pueden observar en pantanos y cementerios.* **12 fuegos artificiales** o **fuegos de artificio** Espectáculo que consiste en cohetes que estallan en el aire con gran luminosidad y fuerte ruido. FR. Y LOC. **a sangre* y ~. abrir / hacer ~** Disparar ‹una persona› un arma: *La policía abrió fuego contra los manifestantes.* **alto el ~** 1 MIL. Cese de la actividad militar en una guerra: *Se ha acordado un alto el fuego entre las dos partes contendientes.* 2 MIL. Se usa para ordenar que se deje de disparar. **añadir / echar leña* al ~. arma* de ~. atizar / avivar el ~** COLOQUIAL. Animar ‹una persona› una confrontación entre otras dos personas: *Cállate y no avives el fuego, a ver si se tranquilizan.* **bautismo* de ~. castillo* de fuegos artificiales** o **castillo de fuegos de artificio. echar ~ por los ojos** COLOQUIAL. Estar ‹una persona› muy enfadada: *Echaba fuego por los ojos cuando nos vio.* **echar* rayos / centellas / ~. entre dos fuegos** Entre dos bandos contrarios: *El hombre está entre dos fuegos, entre la madre y la mujer.* **jugar* con ~. lenguas* de ~. línea* de ~. poner la(s) mano(s)* en el ~. prueba* de ~. sacar las castañas* del ~. toro* de ~.**

fuel o **fuel-oil** (del inglés) *s. m.* (no contable) Combustible que procede del refinado y destilación del petróleo: *El fuel se utiliza, sobre todo, como combustible para la calefacción.*

fuelle *s. m.* **1** Instrumento compuesto por una caja de lados plegables que sirve para recoger aire y lanzarlo en una dirección: *fuelle de un acordeón, fuelle de un órgano. Utiliza el fuelle para avivar el fuego de la chimenea.* **2** MÚS. Bolsa de la gaita donde se llena y vacía el aire. **3** Parte plegable a los lados de algunos objetos que sirve para regular su capacidad o amplitud: *fuelle de un bolso, fuelle de una máquina fotográfica.* **4** Pasillo flexible que une los vagones de un tren. **5** COLOQUIAL. Capacidad respiratoria de una persona: *Me he quedado sin fuelle después de este carrerón.* **6** ARG., URUG. Instrumento musical de viento, formado por un fuelle y unos botones, que se usa para interpretar tangos.

fuente *s. f.* **1** Lugar de donde brota el agua de una corriente subterránea: *En esas peñas hay una fuente con un agua muy fresca.* SIN. manantial. **2** Construcción con uno o más caños o grifos por los que sale el agua: *Varias fuentes adornan estos jardines. Hemos estado viendo la fuente luminosa de la plaza.* **3** Origen de una cosa: *fuente de ingresos, fuente de riqueza, fuente de enemistades.* **4** Recipiente grande, más o menos llano, en el que se sirven los alimentos: *Le gusta llevar la comida en fuentes a la mesa para que cada uno se sirva lo que quiera.* **5** Cantidad de alimentos que cabe en este recipiente: *Puso varias fuentes de ensalada en el centro de la mesa.* **6** (preferentemente en plural) Temas, obras o trabajos que sirven de información o de inspiración: *El periodista manejó diversas fuentes para redactar el artículo. Los autores clásicos son la fuente de inspiración de este poeta.* **fuentes escritas. fuentes literarias. fuentes orales.** **7** LITERARIO. Cosa de la que sale mucho líquido: *Sus ojos eran dos fuentes de lágrimas.* || **8 ~ bautismal** REL. Pila bautismal. **9 ~ de alimentación** ELECTRIC. Generador. **10 ~ de soda** COL., VEN. Establecimiento público donde se venden refrescos y bebidas alcohólicas. **11 pluma* ~.**

fuera *adv. lug.* **1** A la parte exterior, en la parte exterior: *No saques la bicicleta fuera. El coche está fuera.* OBSERVACIONES: ◊ Pueden precederle las preposiciones *de, desde, hacia* y *por*: *El ruido viene de fuera. No sé silbar hacia fuera. Contemplaron el palacio sólo por fuera, no llegaron a entrar.* ◊ Cuando precede a un sustantivo o pronombre va seguido de la preposición *de*: *Los leones están fuera de las jaulas.* ANT. dentro. **2** Indica que una persona no está en casa, en el trabajo o en el lugar donde está generalmente: *La señora estará fuera durante una semana. Estaré fuera poco tiempo.* || *adv. modo / prep.* **3** Más allá de, sin que esté comprendido o incluido en lo que se indica: *No pagues los impuestos fuera de plazo. El último ciclista llegó fuera de control. Comprarme un coche nuevo está fuera de mis posibilidades.* **4** Indica una situación contraria a la que expresa la palabra que le sigue: *fuera de peligro, fuera de razón, fuera de propósito, fuera de intención, fuera de lógica.* || *interj.* **5** Se usa para expulsar violentamente a una persona de un sitio: *¡Fuera, a la calle!* **6** En lugares y espectáculos públicos, se usa para manifestar rechazo o desaprobación hacia una persona o una cosa: *¡Fuera, fuera!* || *s. m.* **7** (preferentemente en plural) Voz con que se manifiesta desaprobación o rechazo hacia una persona, especialmente en espectáculos y otros actos públicos: *Los fueras del público obligaron a suspender la representación de la obra.* FR. Y LOC. **caer* ~. con los ojos* ~ de las órbitas. dejar* ~. echar balones* ~. ~ de** 1 A excepción de: *Fuera de los abuelos, espero que vengan todos los invitados.* SIN. excepto, salvo. 2 (referido al acto de decir) Sin, aparte de, dejando a un lado: *Fuera de tonterías, creo que deberías casarte.* 3 (admite oraciones introducidas por *que*) Además de: *Se casa con él porque, fuera de que tenga dinero, pertenece a una familia noble.* **~ de combate*. ~ de serie*. ~ de sí*. ~ de juego*. ~ de propósito*. ~ de tono*. ~ de uso*. ir / llegar / subir con la lengua* ~. mear / regar ~ del tiesto*. por ~** Exteriormente, en apariencia: *El edificio por fuera parecía completamente nuevo.*

fueraborda *adj. / s. m.* **1** [Motor] que se instala en la parte de fuera del casco de una embarcación: *He comprado un fueraborda para la barca que tenemos.* || *adj. / s. m. y f.* **2** [Embarcación] que lleva un motor instalado en la parte de fuera: *Las lanchas fueraborda no me parecen muy seguras.*

fuero *s. m.* **1** Conjunto de privilegios y exenciones concedidos a un territorio o a una persona: *Los parlamentarios tienen un fuero particular.* **2** HIST. Conjunto de leyes o privilegios que se otorgaba a un municipio en la Edad Media: *El rey concedía fueros y privilegios a sus ciudades.* **3** DER. Clase de juez o tribunal al que corresponde un caso: *fuero eclesiástico, fuero militar.* SIN. jurisdicción. **4** DER. Nombre dado a algunas compilaciones de leyes: *Fuero Juzgo, el fuero de los Españoles, fuero de Cuenca.* SIN. código. || **5 ~ interno** Conciencia propia: *No quieres admitirlo, pero en tu fuero interno sabes que tengo razón.* FR. Y LOC. **volver por los fueros de** RESTRINGIDO. Defender ‹una persona› una cosa. **volver por sus fueros** RESTRINGIDO. Volver a demostrar ‹una persona› sus cualidades: *Tenemos que volver por nuestros fueros.*

fuerte *adj.* **1** Que tiene mucha fuerza: *Es un chico muy fuerte. Es una mula fuerte y podrá con el carro.* **sexo* ~.** **2** (estar) Que tiene los músculos muy desarrollados: *Desde que va al gimnasio está muy fuerte. Estaba fuerte mientras se entrenaba, pero ahora ha vuelto a debilitarse.* **3** Que no se rompe ni se roza con facilidad: *una cuerda fuerte, una tela fuerte.* **caja* ~** o **caja de caudales.** **4** (estar) Que está bien sujeto o apretado: *Le hizo un nudo muy fuerte. El gancho está fuerte, pero no sé si aguantará tanto peso.* **5** (ser / estar) Que tiene buena salud: *La abuela está fuerte todavía. El niño es fuerte y superará la enfermedad sin problemas.* **6** (ser / estar, antepuesto / pospuesto) Que tiene mucho poder, fortuna o estabilidad: *Es una fuerte multinacional de las bebidas. Necesitamos un gobierno fuerte. La moneda está fuerte.* **7** (estar) Que tiene muchos conocimientos sobre un tema o asignatura: *Está muy fuerte* **en** *Física.* **8** (ser / estar, antepuesto / pospuesto) Que es muy grande, intenso, abundante o se percibe con facilidad: *una tormenta muy fuerte. Tiene un fuerte resfriado. Era de un color rojo fuerte. El vino era fuerte. La sopa está demasiado fuerte para mi gusto.* **vocal* ~.** **9** (antepuesto / pospuesto) Que tiene mucho efecto o eficacia: *Le administró un fuerte somnífero. Era un medicamento muy fuerte, y le sentaba mal.* **10** (antepuesto) Que persuade o convence fácilmente: *El director empleó un fuerte argumento. Eduardo tenía una fuerte razón para actuar así.* **11** (antepuesto / pospuesto) Que se irrita o enfada con facilidad: *Tienes un carácter fuerte.* **12** Que soporta bien las impresiones o sentimientos desagradables: *Carmen es fuerte y soportará bien la noticia.* **13** Que refleja con gran realismo escenas inmorales o violentas: *Había varias imágenes fuertes. Es una película muy fuerte, pero te la recomiendo.* **14** [Palabra, chiste] que es grosero o de mal gusto: *Siempre cuenta chistes fuertes que a veces no son oportunos.* **15** GRAM. [Sílaba] que está acentuada: *En la palabra «lápiz», la sílaba fuerte es «la».* **16** MIL. [Lugar] que está protegido contra los ataques enemigos: *Era una ciudad fuerte, casi imposible de conquistar.* **plaza* ~.** || *s. m.* **17** Actividad o conocimiento en el que destaca una persona: *Su fuerte son las ciencias.* **18** MIL. Recinto fortificado: *Los soldados construyeron un fuerte para defenderse de los ataques de los indios.* || *adv. modo* **19** Con fuerza: *Le pegó fuerte.* || *adv. cant.* **20** En gran cantidad: *No me gusta cenar fuerte.* **21** En alta voz: *Habla siempre muy fuerte.* || **22 agua* ~. 23 hombre* ~. 24 plato* ~. 25 punto* ~.** FR. Y LOC. **pegarle* ~.**

fuertemente *adv. modo* **1** Con fuerza: *La sujetó fuertemente con su mano derecha.* || *adv. cant.* **2** (preferentemente ante participios) Intensamente, muy: *Es una zona fuertemente vigilada.*

fuerza *s. f.* **1** (no contable) Capacidad para sostener un peso, soportar un empuje, o realizar un esfuerzo: *la fuerza de unos cimientos, recuperar las fuerzas. Se quedó sin fuerzas para seguir nadando.* SIN. resistencia. ANT. debilidad. **2** (no contable) Utilización del poder físico o moral: *empujar con fuerza. Defendió con fuerza sus propuestas.* **3** (no contable) Empuje o vitalidad con que se manifiesta una cosa: *El agua salía con fuerza. Sus relatos tienen fuerza.* SIN. ímpetu. **4** (no contable) Violencia física: *Estaban autorizados a emplear la fuerza. Si no había más remedio, entrarían en la casa por la fuerza.* **5** (no contable) Momento o estado de mayor intensidad: *en la fuerza de la juventud.* **6** FÍS. Causa capaz de modificar el estado de reposo o de movimiento de un cuerpo o de cambiar la forma del mismo: *fuerza centrífuga, fuerza centrípeta. La fuerza del viento derribó varios árboles.* SIN. potencia. **par* de fuerzas. ~ de la gravedad** Fuerza de atracción entre cuerpos con masa. Especialmente, fuerza de atracción terrestre que hace caer los cuerpos en dirección al centro de la Tierra. **7** Causa que obliga o conduce a una cosa: *la fuerza del destino. La fuerza de la costumbre le hace repetir a diario el mismo trayecto.* **8** Autoridad, poder o influencia que tiene una cosa: *la fuerza de la ley. La fuerza de la razón se impuso a la de las armas.* **9** (preferentemente en plural) MIL. Conjunto de tropas militares: *Las fuerzas de desembarco se acercan a la base.* **10** Conjunto de personas unidas por unos mismos ideales o intereses: *No se ha conseguido el acuerdo entre las fuerzas políticas.* **11** ELECTRIC. Corriente eléctrica: *Han cortado la fuerza.* SIN. electricidad. || **12 ~ bruta** Fuerza física empleada sin derecho o inteligencia: *Todo lo quiere solucionar por la fuerza bruta, no atiende a razones.* **13 ~ de choque** MIL. Unidad militar empleada sobre todo para el ataque: *Es un cuerpo de élite que constituye la fuerza de choque del ejército.* **14 ~ de voluntad** Capacidad para imponerse esfuerzos u obligaciones o para superar dificultades: *Su fuerza de voluntad hace que pueda conseguir todo lo que se propone.* **15 ~ mayor** Situación o circunstancia que obliga a una cosa: *Una enfermedad es una fuerza mayor que te disculpa de venir.* **16 ~ pública** o **fuerzas de orden público** Conjunto de agentes policiales encargados de mantener el orden: *Las fuerzas del orden público dispersaron a los manifestantes.* **17 fuerzas armadas** Ejército de un país: *El Rey presidió los actos del Día de las Fuerzas Armadas.* **18 fuerzas vivas** Conjunto de las personas más influyentes en la política, la economía y la vida social de una localidad: *Todas las fuerzas vivas estaban representadas en la reunión.* FR. Y LOC. **a ~ de** (seguido de un sustantivo o de un verbo) Por usar o hacer repetidamente lo que éstos expresan: *A fuerza de tocarlo, lo has roto.* **a la ~** Necesariamente, indudablemente: *Tiene que ser así a la fuerza.* **camisa* de ~. írsele la ~ por la boca** COLOQUIAL. Presumir ‹una persona› de palabra y no obrar en consecuencia. **por ~** A la fuerza, forzosamente: *Por fuerza he de irme.* **sacar fuerzas de flaqueza** Hacer ‹una persona› un esfuerzo extraordinario: *Me sentía agotado, pero saqué fuerzas de flaqueza y seguí estudiando un rato más.*

fuet *s. m.* Embutido delgado y largo, parecido al salchichón, típico de Cataluña: *El fuet de Vic es muy sabroso. No me gusta el fuet tan seco.*

fuete o **foete** *s. m.* AMÉR. Látigo.

fuga *s. f.* **1** Acción y resultado de fugarse: *Los ladrones se dieron a la fuga en un coche azul. La fuga fue abortada por los guardias de la prisión.* SIN. huida. **2** Salida de un líquido o gas por un orificio o abertura: *La cañería tiene una fuga.* SIN. escape. **3** MÚS. Forma musical basada en la repetición sucesiva de un mismo tema por las distintas voces. || **4 ~ de cerebros** Emigración al extranjero de intelectuales y científicos.

fugacidad *s. f.* (no contable) Rapidez o breve duración: *La fugacidad de la vida es un tópico de la poesía. La fugacidad de nuestros encuentros es frustrante.*

fugarse *v. prnl.* Irse ‹una persona› de un lugar en el que estaba encerrada, sujeta o vigilada: *Dos presos se fugaron* ***de*** *la prisión la noche pasada. Su hija se fugó* ***con*** *el novio y hace un mes que no saben nada de ellos.* ⇒ **56.**

fugaz *adj.* **1** Que es muy rápido. **2** Que dura poco tiempo: *una visión fugaz. El primer ministro realizó una visita fugaz a la zona de guerra.* **estrella* ~.**

fugitivo, va *adj.* **1** Que pasa muy deprisa: *La vida fugitiva pasa rápida. No puede detenerse el tiempo fugitivo.* || *adj. / s. m.* y *f.* **2** Que huye: *Es un fugitivo de la justicia.*

fuguillas (plural *fuguillas*) *s. m. / f.* COLOQUIAL, RESTRINGIDO. Persona nerviosa que se inquieta fácilmente: *Andrés es un fuguillas: no puede estar más de dos minutos sentado.*

ful *adj.* **1** COLOQUIAL. Que es falso o de mala calidad: *No me gusta su propuesta, es un poco ful. Es un técnico ful.* **2** COL.; COLOQUIAL. Que está lleno o completo. **3** COL.; COLOQUIAL. Que es de buena calidad. || *s. m.* **4** JUEGOS. Full.

fulana *s. f.* COLOQUIAL; PEYORATIVO. Prostituta: *Ése es un bar de fulanas.*

fulano, na *s. m. / f.* **1** COLOQUIAL; PEYORATIVO. Se usa para referirse a una persona cuando se ignora o no se desea expresar su nombre: *El fulano me quería engañar. No conozco a ese fulano. Entraron tres fulanos en el bar.* **2** COLOQUIAL. Persona indeterminada: *No sé si ha sido fulana o mengana, pero alguien ha revelado el secreto.*

fular *s. m.* Pañuelo de cuello o bufanda de tela muy fina: *Me regaló un fular de seda.*

fulbito *s. m.* **1** (no contable) DEP. Futbito. **2** ARG., URUG. Futbolín.

fulcro *s. m.* Punto de apoyo de una palanca.

fulgor *s. m.* Resplandor o brillo intenso: *El fulgor de sus ojos reflejaba su felicidad. Aquellos fulgores extraños podían ser de una nave espacial.*

fulgurante *adj.* **1** (antepuesto / pospuesto) Que resplandece o brilla con mucha intensidad: *luz fulgurante. El fulgurante resplandor nos cegó momentáneamente.* **2** (antepuesto / pospuesto) INTENSIFICADOR. Que sobresale por su intensidad, viveza, rapidez o éxito: *El equipo tuvo un inicio de partido fulgurante. Marcos ha iniciado una fulgurante ascensión en la empresa.*

fulgurar *v. intr.* ELEVADO. Despedir ‹una cosa› un brillo intenso: *Nunca había visto fulgurar las estrellas como esta noche.* SIN. resplandecer.

full o **ful** *adj* **1** VEN.; COLOQUIAL. Que está lleno. || *s. m.* **2** JUEGOS. Jugada de póquer que consiste en hacer un trío y una pareja. || **3 ~ equipo** VEN.; COLOQUIAL. [Vehículo, casa] que está perfectamente equipado.

full time (del inglés; pronunciamos *'ful-taim'*) *adv.* RESTRINGIDO. A tiempo completo: *En la empresa no trabajo full-time sino a tiempo parcial.*

fullback (del inglés; pronunciamos *'fulbac'*) *s. m.* DEP.; ARG. Defensa.

fullería *s. f.* **1** COLOQUIAL, RESTRINGIDO. Trampa en el juego o en otra actividad: *No te fíes de él porque hace muchas fullerías.* **2** COLOQUIAL, RESTRINGIDO. Astucia, treta.

fullero, ra *adj. / s. m.* y *f.* COLOQUIAL; PEYORATIVO. Que hace fullerías o trampas en el juego o en otra actividad: *Es un fullero, no me gusta jugar con él. No te metas en negocios con ese tipo, que es muy fullero.*

fulminante *adj.* **1** (antepuesto / pospuesto) Que ocurre muy rápidamente, o que produce un efecto instantáneo: *orden fulminante, muerte fulminante, movimiento fulminante, victoria fulminante. La isla se tomó en sólo dos horas gracias al fulminante ataque del ejército. Éste es un fulminante remedio contra el dolor de cabeza.* **2** [Enfermedad] que ocurre de repente y que, por su gravedad, produce rápidamente la muerte: *Se le ha manifestado una leucemia fulminante.* || *adj. / s. m.* **3** [Materia] que sirve para hacer estallar cargas explosivas: *Sólo falta poner el fulminante a la dinamita.*

fulminar *v. tr.* **1** Lanzar ‹una persona› rayos eléctricos contra [una persona] o contra [una cosa]: *El verdugo fulminó al reo en la silla eléctrica.* **2** Lanzar ‹una persona› una mirada irritada o colérica o apasionada [a otra persona]: *Cuando le dije que no contara conmigo, vi que me quería fulminar con la mirada.* **3** Causar ‹un rayo› la muerte de [una persona] o un daño material a [una cosa]: *Un rayo ha fulminado a un pastor en la montaña.* **4** Causar ‹una luz intensa› un daño a [una persona o una cosa]: *La luz ha fulminado el carrete.* **5** Causar ‹una enfermedad› la muerte de [una persona] repentinamente: *Un infarto lo fulminó el domingo.* **6** Matar ‹una persona› [a otra persona] instantáneamente: *El pistolero lo fulminó de un tiro en la cabeza.* **7** ELEVADO, RESTRINGIDO. Lanzar ‹una persona con autoridad› castigos, excomuniones o sentencias contra [otra persona].

fúlmine *s. m. / f.* ARG., URUG. Gafe.

fulo, la *adj.* ARG., URUG.; COLOQUIAL. Que está muy enfadado.

fumada *s. f.* MÉX. Chupada de un cigarro. SIN. calada.

fumadero *s. m.* Lugar destinado para fumar: *un fumadero de opio.*

fumado, da *adj.* (estar) COLOQUIAL. Que está bajo los efectos del humo de la droga: *Lleva toda la tarde fumado.*

fumador, ra *adj. / s. m.* y *f.* Persona que fuma habitualmente: *Es una fumadora empedernida. He pedido un billete de no fumador.*

fumar *v. intr. / tr. / prnl.* **1** Aspirar y echar ‹una persona› el humo que produce el tabaco u otra sustancia: *¿Fumas? Fuma cigarros puros.* ***Se*** *fuma una cajetilla diaria. Fuma marihuana. Lo pillé fumándo**se** un porro.* || *v. prnl.* **2** COLOQUIAL. Gastar ‹una persona› [una cosa] indebidamente: *Se ha fumado, en una noche de juerga, el dinero que habíamos juntado entre todos.* **3** COLOQUIAL. Dejar de cumplir ‹una persona› [una obligación]: *Este mes se ha fumado tres clases.* FR. Y LOC. **papel* de ~.**

fumarada *s. f.* **1** RESTRINGIDO. Cantidad de humo que se expulsa de una sola vez: *El viejo tren llenó el túnel de humo con sus fumaradas.* SIN. bocanada. **2** RESTRINGIDO. Cantidad de tabaco que cabe en una pipa.

fumarola *s. f.* Conjunto de vapores y gases que salen al exterior procedentes de un conducto volcánico: *Eran impresionantes las fumarolas del volcán que vimos en Colombia.*

fumata *s. f.* **1** RESTRINGIDO. En el Vaticano, humo con el que se anuncia a los fieles el desarrollo de las votaciones en el cónclave para elegir al Papa: *La fumata blanca indica que ha sido elegido un nuevo papa.* **2** JERGAL. Humo de un cigarrillo de droga.

fumigar *v. tr.* Echar ‹una persona› humo o gases sobre [una cosa] para desinfectarla: *Cada año, en primavera, fumigamos la casa que tengo en el campo.* ⇒ **56.**

fumista *s. m. / f.* RESTRINGIDO. Persona que tiene por oficio hacer, arreglar o vender cocinas, estufas y chimeneas: *Mañana llamaré al fumista para que limpie la chimenea.*

funámbulo, la *s. m. / f.* Acróbata que realiza ejercicios sobre un alambre o cuerda floja: *Los funámbulos necesitan muchas horas de entrenamiento.* SIN. alambrista.

funcar *v. intr.* ARG., URUG.; COLOQUIAL; HUMORÍSTICO. Funcionar ‹un aparato›. ⇒ **71.**

función *s. f.* **1** Actividad o acción propias de una persona o de una cosa: *la función de la sangre en el organismo, la función de la policía en la sociedad. La función de este pedal es activar el freno.* **2** (preferentemente en plural) Actividad específica de un cargo o de un empleo: *Además de ser profesor, Pedro desempeña las funciones de jefe de estudios. Hay que pensar en las funciones que va a tener el nuevo subdirector.* SIN. tareas. **3** Representación pública de una obra teatral o de un espectáculo de circo: *función matinal, función de tarde, función de noche. Es muy cansado para los actores tener que hacer dos funciones al día.* SIN. sesión. **~ benéfica** Representación para recoger dinero para una necesidad pública: *Era una función benéfica para obtener fondos para las víctimas del terremoto.* **4** LING. Papel que desempeña un morfema, una palabra, o un conjunto de palabras en la oración: *En la frase «Juan estudia», la palabra «Juan» tiene la función de sujeto de la oración.* **5** MAT. Regla matemática entre dos conjuntos según la cual a cada miembro del primero le corresponde otro miembro del segundo. FR. Y LOC. **en ~ de** De acuerdo con, dependiendo de: *Decidiremos el número de entradas en función de las personas que vengan al cine.* **en funciones** Se usa para expresar que una persona sustituye provisionalmente a otra en un cargo: *directora en funciones. Cuando el secretario se puso enfermo, nombraron a Pedro secretario en funciones.*

funcional *adj.* **1** De las funciones: *análisis funcional. Mi organismo sufre una serie de trastornos funcionales.* **2** Que tiene una función práctica, o que antepone la utilidad a cualquier otra cualidad: *Mis muebles son muy funcionales, me importa más que sean cómodos y prácticos que solamente decorativos. Luisa prefiere la arquitectura funcional.*

funcionalmente *adv. modo* **1** De modo funcional: *El despacho está decorado muy funcionalmente.* || *adv. restrictivo* **2** Desde un punto de vista funcional (en los diversos sentidos): *Los dos términos son funcionalmente muy distintos. Este otro proyecto es funcionalmente muy superior. Funcionalmente, el edificio tiene defectos.*

funcionamiento *s. m.* Acción y resultado de funcionar: *El funcionamiento de este aparato es irregular. Después de varias horas de funcionamiento, el motor se calentó. Estamos estudiando el funcionamiento de su aparato digestivo.*

funcionar *v. intr.* **1** Realizar ‹una persona o una cosa› la función que le corresponde: *El ascensor no funciona. El ordenador se bloqueó y ha dejado de funcionar.* **2** Ir ‹una persona o una cosa› bien: *El equipo no funciona y es el último en la clasificación. Tu hermano funciona muy bien en la oficina. Nuestro matrimonio no funciona.*

funcionario, ria *s. m. / f.* Persona que trabaja en la Administración del Estado: *Trabaja de funcionario en Correos. Es funcionario de aduanas. Para ser funcionario hay que pasar una oposición.*

funda *s. f.* Cubierta con que se protege o conserva una cosa: *la funda de unas gafas, la funda de una pluma, la funda de un sillón, la funda de un coche.*

fundación *s. f.* **1** (no contable) Acción y resultado de fundar: *Los reyes asistieron a la fundación del hospital. La fundación del club data de 1890.* **2** Organismo benéfico que desempeña una labor social, política, cultural o científica, y que se mantiene con dinero particular: *Donó todo su dinero a la fundación que lleva su nombre. Ha creado una fundación para investigar esa enfermedad.*

fundamental *adj.* **1** Que es fundamento, o lo más importante o principal en una cosa: *Lo fundamental en una situación difícil es no perder la calma. Es una cuestión fundamental. No has entendido lo fundamental, sólo has prestado atención a lo accesorio.* SIN. esencial. || **2 ley* ~.**

fundamentalismo *s. m.* (no contable) Integrismo: *el fundamentalismo islámico.*

fundamentalista *adj.* **1** Del fundamentalismo: *actitud fundamentalista. El partido que ha ganado las elecciones es de ideología fundamentalista.* || *s. m. / f.* **2** Persona que es partidaria del fundamentalismo: *Un grupo de fundamentalistas ha atentado contra varios extranjeros.*

fundamentalmente *adv. orac.* **1** En términos generales, prácticamente: *Las pruebas son fundamentalmente las mismas.* **2** Sobre todo, primordialmente: *Lo digo fundamentalmente porque no deseo que te decepciones.* || *adv. restrictivo* **3** En lo fundamental, en lo esencial: *Los dos estudios son, fundamentalmente, idénticos.*

fundamentar *v. tr.* **1** Poner ‹una persona› los fundamentos de [una cosa]: *Ha trabajado toda su vida para fundamentar sólidamente esa teoría.* **2** Poner ‹una persona› los cimientos de [una construcción]: *El nuevo rascacielos se fundamentará con una nueva técnica más rápida y segura.* **3** Dar ‹una persona› las razones de [una cosa]: *Pedro fundamenta su enfado por el nerviosismo que está pasando.* **4** Hacer ‹una persona o una cosa› firme [una cosa]: *La abogada fundamentará su defensa **en** la falta de pruebas materiales.* || *v. prnl.* **5** Hacerse ‹una cosa› firme: *Su sospecha se fundamenta **en** la extraña conducta del mayordomo.*

fundamento *s. m.* **1** Principio o base, material o inmaterial, en que se funda o apoya una cosa: *El fundamento de la sabiduría es el estudio. La máquina está haciendo la zanja para poner los fundamentos de la obra.* **2** Razón o motivo de una cosa: *La buena forma física es el fundamento del éxito del equipo.* **3** (no contable) Seriedad o formalidad de una persona: *Su falta de fundamento es lo que hace que nadie confíe en él.* **4** (en plural) Principios básicos de una ciencia o arte: *fundamentos de Física, fundamentos de Pedagogía.*

fundamentoso, sa *adj.* VEN.; COLOQUIAL. [Persona] que se comporta con seriedad y eficacia.

fundar *v. tr.* **1** Crear ‹una persona› [un establecimiento o una institución]: *Ha abandonado el partido y está pensando en fundar otro nuevo. El colegio lleva el nombre de la persona que lo fundó.* **2** Poner ‹una persona› [una cosa] sobre [otra cosa que la sostiene o aguanta]: *La ciudad está fundada sobre unos terrenos volcánicos.* **3** Considerar ‹una persona› que [una cosa] es la justificación o la confirmación de [otra cosa]: *La detective funda su hipótesis **en** los datos ya conocidos.* || *v. prnl.* **4** Estar ‹una cosa› sobre [otra cosa que la sostiene o aguanta]: *Su odio se funda **en** una antigua disputa por la herencia de una tía. La sociedad occidental se funda **en** la familia.* **5** Ser ‹una cosa› la justificación o la confirmación de [otra cosa]: *Sus sospechas se fundan **en** las pruebas recogidas hasta ahora.* FR. Y LOC. **ni cristo* / que lo fundó.**

fundición *s. f.* **1** Acción y resultado de fundir o fundirse: *la fundición de los metales. La fundición del hielo puede ser peligrosa para los esquiadores.* **2** Proceso que consiste en derramar un metal dentro de un molde para obtener objetos con una forma determinada: *La fundición del hierro es la que más importancia tiene para la industria.* **3** Fábrica o taller donde se funden los metales: *Trabaja en una fundición de Bilbao.*

fundido, da *adj. / s. m.* **1** (no contable) METAL. Acción y resultado de fundir o fundirse: *El fundido de los metales necesita una temperatura muy alta.* **2** En cine y televisión, transición gradual de un plano a otro, o de un sonido a otro. **~ en negro** Desaparición gradual de la imagen hasta la oscuridad total. **cierre* en ~.** **3** ARG., URUG. [Motor] que no funciona porque se ha quemado. || *adj.* **4** COL.; COLOQUIAL. Que está agotado física o mentalmente.

fundillo *s. m.* **1** VEN.; COLOQUIAL. Glúteos de una persona. **2** VEN.; COLOQUIAL. Trasero de los pantalones.

fundir *v. tr.* **1** Convertir ‹una persona o una cosa› [un cuerpo sólido] en líquido: *El calor fundió la nieve de la montaña. Hay que fundir el estaño para realizar la soldadura.* SIN. derretir. **2** Hacer ‹una persona› [una cosa] con metal fundido en moldes: *Han fundido el oro en lingotes.* **3** Unir ‹una persona o una cosa› [a varias personas o varias cosas] íntimamente: *Quieren fundir los intereses de las dos empresas.* **4** PERÚ; COLOQUIAL. Tomar el pelo ‹una persona› [a otra persona]. || *v. tr. / prnl.* **5** Estropear ‹una persona o una cosa› [un aparato o un dispositivo eléctrico] por haberse quemado o soltado el hilo de la resistencia: *Te dije que si lo conectabas todo al mismo enchufe fundirías los plomos. **Se** ha fundido la bombilla.* **6** COLOQUIAL. Gastar ‹una persona› [una cosa] indebidamente o en exceso: *Fundió en un año toda la herencia de su padre. **Se** ha fundido el sueldo en dos días.* SIN. derrochar. || *v. intr. / prnl.* **7** Convertirse ‹un cuerpo sólido› en líquido: *Este queso **(se)** funde fácilmente.* SIN. derretirse.

fundo *s. m.* RESTRINGIDO. Finca en el campo.

fúnebre *adj.* **1** De los difuntos. **coche* ~. empresa* de pompas fúnebres. honras* fúnebres. pompas* fúnebres. ritos fúnebres.** **2** (ser / estar, antepuesto / pospuesto) Que es oscuro o triste o produce tristeza: *un paisaje fúnebre, una cara fúnebre, unas ropas fúnebres. Abre las ventanas porque esta habitación está muy fúnebre. Su fúnebre expresión demostraba su tristeza.*

funebrero *s. m.* ARG. Dueño o encargado de una funeraria.

funeral *adj.* **1** Del entierro o las exequias: *La misa funeral será el lunes.* SIN. funerario. || *s. m.* **2** Ceremonia religiosa que se hace por un difunto: *Se celebró ayer un solemne funeral. Al funeral asistió muchísima gente.*

funerala Se usa en la LOC. **ojo* a la ~** u **ojo a la virulé.**

funeraria *s. f.* Empresa encargada de organizar la ceremonia del entierro: *La funeraria se hizo cargo de todo.* FR. Y LOC. **estar permanente como la ~** COLOQUIAL; HUMORÍSTICO. Se usa para indicar que una persona siempre está en su puesto y no lo abandona.

funerario, ria *adj.* **1** De las exequias o ceremonias religiosas que se celebran por un difunto: *ceremonia funeraria, monumento funerario.* **2** RESTRINGIDO. Fúnebre: *Tiene un carácter algo funerario.* **monumento* ~.**

funesto, ta *adj.* (antepuesto / pospuesto) Que causa una desgracia o la acompaña: *un funesto día lleno de accidentes. Tuvo una idea funesta al salir en la bicicleta.*

fungible *adj.* ADMINISTRATIVO. Que se consume o gasta con el uso: *Esta partida del presupuesto es para material fungible.* **bienes* fungibles.**

fungicida *adj. / s. m.* Que destruye los hongos: *un medicamento fungicida. Le aplicó un fungicida a la sustancia para que no fermentara.*

funicular *adj. / s. m.* [Vehículo, cabina] que es arrastrado por medio de un cable o de una cadena: *El tren funicular ya no funciona. A la cima se va en funicular.* **transbordador ~.**

funk o **funky** (del inglés; pronunciamos *'fank'* o *'fanki'*) *s. m.* (no contable) Música moderna de ritmo fuerte: *El funk es su música favorita.*

funyi *s. m.* ARG., URUG.; COLOQUIAL; HUMORÍSTICO. Sombrero.

fuñir *v. tr. / prnl.* VEN.; COLOQUIAL. Molestar o perjudicar ‹una persona› [a otra persona].

furcia *s. f.* PEYORATIVO, INSULTO. Prostituta: *Ese chulo vive de tres furcias. Yo creo que tu vecina es una furcia.*

furcio *s. m.* ARG., URUG. Error verbal, lapsus que comete el actor o intérprete en teatro o televisión.

furgón *s. m.* **1** Vehículo cerrado, más grande que una furgoneta, empleado generalmente en el transporte de mercancías: *furgón de mudanzas. El furgón de la policía se detuvo en la puerta.* **2** Vagón de ferrocarril en el que se transportan mercancías y equipajes. || **3 ~ de cola** 1 Vagón que va al final del tren. 2 Persona o cosa que es la última de su clase: *Si no tenemos imaginación nuestra provincia será el furgón de cola de la nación.*

furgoneta *s. f.* Vehículo más pequeño que un camión, con puertas traseras o laterales, que sirve para el transporte de pasajeros o de mercancías: *furgoneta de reparto, furgoneta familiar. Ha preferido comprarse una furgoneta porque son seis de familia.*

furia *s. f.* **1** (no contable) Enfado violento contra una persona o una cosa: *Desahogó su furia golpeando los muebles. Aquella respuesta desencadenó la furia del director.* SIN. ira. **2** Persona muy irritada y colérica: *El coronel se puso hecho una furia.* **3** (no contable) Ímpetu con que se realiza una cosa: *Habrá que luchar con furia para ganar la final.* **4** (no contable) Violencia con que se manifiesta una cosa: *Se desató la furia de los elementos.* **5** (no contable) Momento de más intensidad de una cosa: *la furia de la moda, la furia del pop.*

furibundo, da *adj.* **1** (antepuesto / pospuesto) Que está enfurecido o expresa furor: *una furibunda respuesta. Nos dirigió una mirada furibunda.* **2** Que tiene tendencia a enfurecerse: *Tiene un carácter furibundo.* **3** (preferentemente antepuesto) Que sigue con entusiasmo a una persona o una cosa: *Es un furibundo admirador de sus canciones.*

furioso, sa *adj.* **1** (ser / estar) Que está lleno de furia: *ánimo furioso. Siempre consigues ponerme furioso. Está muy furiosa contigo, le has hecho una faena.* **2** (antepuesto / pospuesto) Que es muy grande o violento: *Se desató una furiosa tempestad. Tengo unas ganas furiosas de irme de vacaciones.*

furor *s. m* **1** (no contable) Enfado violento: *Su furor era incontenible.* **2** (no contable) Violencia o ímpetu con que se hace una cosa: *Acometió con furor a sus enemigos.* **3** (no contable) Momento cumbre de una cosa: *En el furor de la fiesta se organizó una pelea que acabó con varios heridos.* **4** (no contable) Afición desmesurada por una cosa: *Siente furor por el baloncesto.* || **5 ~ uterino** (no contable) RESTRINGIDO. Ninfomanía. FR. Y LOC. **causar / hacer ~** Ponerse o estar ‹una cosa› de moda: *Ese peinado ha causado furor. Este año las gabardinas harán furor.*

furriel o **furrier** *s. m.* MIL. Cabo encargado de la organización de ciertos servicios en una compañía: *El furriel no ha traído el dinero ni el pan. Voy a pedirle otra manta al furriel.*

furruco *s. m.* **1** VEN. Zambomba grande hecha con un barril. **3** VEN. Conversación molesta o aburrida. **2** VEN. Vehículo viejo y destartalado.

furrusca *s. f.* COL.; COLOQUIAL. Pelea, riña.

furtivo, va *adj.* **1** (antepuesto / pospuesto) Que se hace a escondidas: *un guiño furtivo. Una furtiva mirada espiaba nuestros movimientos.* || *adj. / s. m.* y *f.* **2** [Cazador, pescador] que realiza su actividad sin permiso: *Los cazadores furtivos son un peligro para las especies protegidas.*

furúnculo *s. m.* MED. Forúnculo.

fusa *s. f.* MÚS. Signo que indica la duración de una nota o sonido musical equivalente a la mitad de una semicorchea.

fuselaje *s. m.* Parte central del avión donde van los pasajeros y las mercancías: *El fuselaje de este modelo es mucho más ancho que los anteriores.*

fusible *adj.* **1** Que puede fundirse o ser fundido. || *s. m.* **2** Hilo o chapa de metal que evita la sobrecarga en una instalación eléctrica: *Se ha fundido el fusible debido a una mala conexión y nos hemos quedado sin luz.*

fusiforme *adj.* ELEVADO. Que tiene forma de huso: *una figura fusiforme.*

fusil *s. m.* Arma de fuego portátil, con un cañón metálico montado sobre una culata y un disparador: *fusil semiautomático, fusil de repetición. Los ejércitos de tierra suelen tener fusil automático como arma reglamentaria. Nos mandaron desarmar y limpiar el fusil.* **~ submarino** Fusil para disparar arpones dentro del agua: *Cazamos un pulpo con el fusil submarino.*

fusilamiento *s. m.* Acción y resultado de fusilar: *Los fusilamientos son frecuentes en las guerras. El pelotón de fusilamiento formó frente al condenado.*

fusilar *v. tr.* **1** Matar ‹una persona› [a otra persona] con una descarga de fusil: *Los soldados fusilaron a cientos de civiles en una sola noche.* **2** COLOQUIAL; PEYORATIVO. Aprovechar ‹una persona› fragmentos de [una obra original de otra persona] y utilizarlos como si fueran propios: *Tiene la mala costumbre de fusilar los trabajos de otros para hacer sus artículos.* SIN. plagiar.

fusilería *s. f.* **1** MIL. Conjunto de fusiles: *El maestro armero está repasando toda la fusilería del cuartel.* **2** MIL. Disparo de varios fusiles al mismo tiempo: *Oímos una descarga de fusilería y supimos que Juan había muerto.*

fusilero *s. m.* MIL. Soldado de infantería armado con fusil.

fusión *s. f.* **1** Unión de dos o más cosas: *Los dos líderes están de acuerdo en iniciar el proceso de fusión de los partidos.* SIN. unificación. **2** FÍS. Cambio de estado de un sólido a líquido: *la fusión del hielo, la fusión de los metales.* || **3 ~ nuclear** FÍS. Reacción nuclear en la que varios núcleos ligeros se unen entre sí para producir núcleos más pesados y se libera gran cantidad de energía.

fusionar *v. tr. / prnl.* Unir ‹una persona› [empresas, partidos o intereses]: *Se trata de fusionar las dos empresas para constituir una más fuerte. Los dos bancos* ***se*** *fusionaron el año pasado.*

fusta *s. f.* Vara delgada y flexible con una asa trenzada en su parte superior, que sirve para estimular a los caballos: *golpe de fusta. Es un maestro utilizando la fusta.*

fustán *s. m.* **1** (no contable) Tela gruesa de algodón con pelo por una de sus caras: *El forro del abrigo es de fustán.* **2** AMÉR. DEL S. Enaguas.

fuste *s. m.* **1** ARQ. Parte de la columna que va desde la basa hasta el capitel: *El fuste de estas columnas es liso.* **2** Palo largo de la lanza al que se une el acero. SIN. asta. **3** (no contable) RESTRINGIDO. Fundamento de un discurso o escrito: *Tiene fuste el planteamiento de su discurso. Sus escritos no tienen fuste. Son opiniones sin fuste.* SIN. base, sostén. **4** (no contable) Importancia, valor: *un empresario de fuste. Es una bióloga de fuste.* SIN. entidad, peso.

fustigar *v. tr.* **1** Dar ‹una persona› golpes a [una caballería] con la fusta para estimularla: *El primer jinete fustigaba al caballo para que no perdiera la cabeza de la carrera.* **2** INTENSIFICADOR. Dirigir ‹una persona› duros reproches o censuras [a otra persona o una cosa]: *El diputado de la oposición fustigó duramente al ministro. Los ecologistas han fustigado sin piedad los planes de renovación del puerto.* ⇒ **56.**

futbito o **fulbito** *s. m.* (no contable) DEP.; COLOQUIAL. Modalidad de fútbol-sala.

fútbol *s. m.* **1** (no contable) Deporte practicado por dos equipos de once jugadores que intentan introducir un balón en la portería contraria, sin tocarlo con las manos: *El fútbol es el deporte más popular en España. No le gusta el fútbol. Está toda la tarde viendo fútbol por televisión. Soy socia de un club de fútbol.* SIN. balompié. **bota de ~. relator de ~.** || **2 ~ americano** Deporte parecido al rugby, que se juega por dos equipos de once jugadores: *El fútbol americano es muy popular en Estados Unidos.* **3 ~ sala** Modalidad de fútbol en la que participan cinco jugadores por equipo en un campo más pequeño: *Juego en un equipo de fútbol sala. Han televisado un partido de fútbol sala.*

futbolero, ra *adj.* **1** Del fútbol o relacionado con el fútbol. || *adj. / s. m.* y *f.* **2** COLOQUIAL. Persona que es aficionada al fútbol: *Tu hermana es muy futbolera, no se pierde ni un partido.*

futbolín (marca registrada) *s. m.* Mesa constituida por un tablero que representa un campo de fútbol, con figuras de jugadores fijas en unas barras movibles: *Jugaremos al futbolín. Te echo una partida de futbolín.*

futbolista *s. m. / f.* Persona que juega al fútbol, especialmente si lo hace como profesional: *Los futbolistas saltan al terreno de juego. Yo quería ser futbolista. Ha sido premiado como mejor futbolista europeo del año.*

futbolito *s. m.* URUG. Futbolín.

futesa *s. f.* RESTRINGIDO. Cosa poco importante: *Se pelean siempre por futesas.*

fútil *adj.* ELEVADO. Que tiene poca importancia o seriedad: *propósito fútil, discurso fútil, conversación fútil.*

futileza *s. f.* CHILE; ELEVADO. Futilidad, cosa sin importancia.

futilidad *s. f.* (no contable) ELEVADO. Poca importancia o seriedad de una cosa: *La futilidad de sus argumentos hace que no se lo tenga en cuenta.*

futón *s. m.* Colchoneta plegable de origen japonés, que se pone en un tatami o directamente en el suelo y se utiliza como cama: *Yo puedo dormir en el pasillo, en un futón.*

futre *s. m.* AMÉR. DEL S. Joven muy preocupado por su aspecto físico, presumido.

futurible *adj. / s. m.* [Acontecimiento futuro] que sólo ocurrirá si se dan unas condiciones determinadas: *Los dirigentes de las industrias contaminantes presentan los accidentes como futuribles, pero la experiencia demuestra que son una realidad cotidiana.*

futurismo *s. m.* (no contable) Movimiento vanguardista de principios del siglo XX, inspirado en la doctrina del poeta italiano Marinetti, que exaltaba la nueva sociedad industrial: *El Futurismo tuvo cierta aceptación entre los escritores españoles de principios del siglo XX.*

futuro, ra *adj.* **1** (antepuesto / pospuesto) Que ocurrirá o existirá en un tiempo que está por venir: *la futura Presidenta del Gobierno, los acontecimientos futuros. Las generaciones futuras quizá puedan aprender de nuestros errores.* || *adj. / s. m.* **2** GRAM. [Tiempo verbal] que existe en el modo indicativo y en el modo subjuntivo y que expresa una acción que todavía no se ha producido en el momento de la enunciación: *El verbo está en futuro. Conjuga el futuro del verbo «cantar».* **~ imperfecto** Tiempo futuro simple. **~ perfecto** Tiempo futuro compuesto. || *s. m.* **3** (no contable) Tiempo que ha de venir: *No sé qué voy a hacer en el futuro. El futuro se presenta incierto.* **4** (no contable) Situación favorable que se proyecta en el tiempo: *Quiero que nuestra relación tenga futuro.* || *s. m. / f.* **5** COLOQUIAL; RESTRINGIDO. Novio o novia formal: *Me gustaría conocer a tu futuro.*

futurología *s. f.* (no contable) Conjunto de estudios para predecir el futuro: *Le gusta la futurología.*

G

g *s. f.* Séptima letra del alfabeto español que representa un sonido de articulación velar fricativa y sorda seguida de «e» o «i» y un sonido de articulación velar sonora, oclusiva o fricativa. Su nombre es «ge»: *Las palabras «gitano» y «ganar» se escriben con «g».*

gabacho, cha *adj. / s. m.* y *f.* COLOQUIAL; PEYORATIVO. Francés: *una costumbre gabacha. Hablas como un gabacho.*

gabán *s. m.* **1** Abrigo: *He olvidado el gabán en el coche de Pancho.* **2** COL., VEN. Ave zancuda parecida a la cigüeña que habita en zonas húmedas.

gabanear *v. tr.* **1** AMÉR. C. Robar, apropiarse de algo. ‖ *v. intr.* **2** MÉX. Huir, escaparse.

gabardina *s. f.* **1** Abrigo impermeable y ligero: *Va a llover, toma la gabardina.* **2** Tela como la que se usa para fabricar gabardinas: *una falda de gabardina.* **3** COLOQUIAL. Rebozo de ciertos alimentos: *gambas con gabardina.*

gabarra *s. f.* **1** Barco pequeño y chato utilizado para carga y descarga en los puertos. **2** Embarcación mayor que la lancha y normalmente con cubierta: *Varias gabarras entraban en la bahía.* **3** Barcaza de río.

gabela *s. f.* **1** ELEVADO. Impuesto, dinero que se paga al Estado: *Con tantas gabelas es muy difícil sostener un negocio.* **2** HIST. Tributo o carga que se pagaban a la Iglesia o a un señor. **3** COL., P. RICO; COLOQUIAL en Col. Ventaja que se concede al contrario en el juego o en las apuestas.

gabinete *s. m.* **1** RESTRINGIDO. Habitación pequeña donde se reciben las visitas de confianza SIN. salita. **2** ELEVADO. Habitación de una casa preparada para poder trabajar intelectualmente: *En la casa del poeta se conserva su gabinete tal como lo dejó.* **3** Lugar que tiene los medios necesarios para poder ejercer una determinada profesión: *gabinete de abogados, gabinete de arquitectos.* **4** (preferentemente con mayúscula) Conjunto de los ministros del gobierno de un país: *Hubo desacuerdo en el Gabinete.* SIN. gobierno. **5** Sección de una empresa o de un organismo oficial que atiende determinados asuntos: *el gabinete de psicología del colegio.* **6** Local que conserva una colección de objetos interesantes para el estudio o la curiosidad: *gabinete de física.*

gabonés, sa *adj. / s. m.* y *f.* De Gabón, país africano.

gacela *s. f.* (macho y hembra) Género *Gazella.* Mamífero rumiante, de color marrón claro, blanco en el vientre, con patas finas y largas, cabeza pequeña y cuernos curvados, más largos que el macho, que habita en las sabanas de África y Asia: *Las gacelas son conocidas por su esbeltez.*

gaceta *s. f.* **1** Publicación periódica de carácter cultural o científico: *gaceta literaria.* **2** COLOQUIAL. Persona que siempre conoce todo lo que ocurre: *Mi vecina es una auténtica gaceta. Chico, eres una gaceta, estás enterado de todo.*

gacetilla *s. f.* Noticia breve publicada en un periódico.

gacetillero, ra *s. m. / f.* **1** Redactor de gacetillas o noticias breves en un periódico: *Entró como gacetillera y ahora es la directora.* **2** PEYORATIVO. Periodista.

gacha *s. f.* (preferentemente en plural) Plato de harina cocida con agua y sal, que puede tomarse con leche, miel o azúcar.

gaché *s. m.* **1** Nombre con que los gitanos designan a los andaluces. **2** RESTRINGIDO. Gachó.

gachí (plural *gachís*, masculino *gachó*) *s. f.* VULGAR. Mujer: *Conoció a una gachí en aquel pueblo y se casó con ella.*

gacho, cha *adj.* **1** (estar) Que está muy inclinado hacia el suelo: *Mi amigo lleva la cabeza gacha, debe de estar preocupado por algo.* **2** MÉX.; COLOQUIAL. Que es feo o de mal gusto. **3** MÉX.; COLOQUIAL. Que es desleal o traidor. ‖ *s. m.* **4** URUG.; COLOQUIAL. Sombrero con el ala delantera inclinada hacia abajo. FR. Y LOC. **con las orejas* gachas.**

gachó (femenino *gachí*) *s. m.* **1** VULGAR. Hombre de mal aspecto: *No me gusta nada ese gachó, me da miedo.* **2** VULGAR. Amante de una mujer: *Vi a la vecina con su nuevo gachó.*

gachupín, na *s. m. / f.* MÉX.; COLOQUIAL; PEYORATIVO. Español establecido en México.

gaditano, na *adj. / s. m.* y *f.* De Cádiz, ciudad y provincia española: *el folclore gaditano, las playas gaditanas.*

gadolinio *s. m.* (no contable) *Gd.* Elemento químico metálico, de color blanco plateado empleado en la industria nuclear y en los tubos de televisores.

gaélico, ca *adj. / s. m.* [Lengua] que pertenece al grupo de las lenguas célticas: *En Irlanda y Escocia se hablan lenguas gaélicas.*

gafar *v. tr.* Dar ‹una persona› mala suerte a [otra persona]: *Ese hombre me ha gafado, porque desde que lo conozco no me sale nada bien.*

gafas (plural) *s. f.* Par de cristales o lentes montados en una armadura que se apoya en la nariz y se sujeta detrás de las orejas: *gafas de sol, gafas graduadas, gafas protectoras, gafas bifocales, gafas submarinas, la montura de las gafas, ponerse las gafas, quitarse las gafas, calarse las gafas, llevar gafas.* FR. Y LOC. **hacerse* el de las ~.**

gafe *adj. / s. m.* y *f.* Que tiene fama de atraer la mala suerte: *Es muy gafe, así que es mejor que no se acerque.*

gaffe (pronunciamos *'gaf'* o *'gafe'*) *s. f.* URUG. Error, equivocación por torpeza o descuido.

gafo, fa *adj. / s. m.* y *f.* VEN. Que es tonto, bobo, o excesivamente torpe.

gafotas (plural *gafotas*) *adj. / s. m.* y *f.* INFANTIL, INSULTO. Persona que usa gafas: *Dile al gafotas que venga.*

gag (plural *gags*, del inglés) *s. m.* Situación cómica: *Esta película tiene unos gags divertidísimos.*

gagá *adj.* **1** (estar) COLOQUIAL. Que tiene debilitadas las facultades mentales por efecto de la edad: *Mis abuelos están gagás.* **2** PERÚ. Que es distinguido o elegante.

gaguera *s. f.* COL.; COLOQUIAL. Tartamudez.

gaita *s. f.* **1** Instrumento musical de viento formado por una bolsa que se llena de aire al soplar en ella, unida a varios tubos a modo de flauta que producen el sonido: *La gaita es típica de las culturas asturiana y gallega.* **2** Flauta parecida a la chirimía. **3** COLOQUIAL. Cuello: *Estira la gaita y verás.* **4** COLOQUIAL. Cosa desagradable o incómoda: *Es una gaita tener que esperar tanto.* || *adj. / s. m.* y *f.* **5** ARG., URUG.; COLOQUIAL [Persona] que es española o de esta ascendencia. FR. Y LOC. **templar gaitas** COLOQUIAL. Ceder ‹una persona› con alguien o tratarle con miramiento para que no se enfade: *Con él siempre hay que estar templando gaitas.*

gaitero, ra *s. m. / f.* Persona que toca la gaita: *Unos gaiteros esperaban al presidente asturiano al pie del avión.*

gaje *s. m.* **1** (preferentemente en plural) RESTRINGIDO. Dinero extra o complemento que se cobra además del sueldo: *El sueldo no es mucho, pero entre propinas, el piso, y otros gajes, gana bastante.* || **2 gajes del oficio** COLOQUIAL. Inconvenientes que tiene un empleo, cargo u ocupación: *Su trabajo lo obliga a viajar todos los días: son gajes del oficio.*

gajo *s. m.* **1** Cada una de las porciones en que se dividen algunas frutas: *los gajos de una naranja, los gajos de un limón.* **2** RESTRINGIDO. Cada grupo de uvas que hay en un racimo. **3** Racimo de cualquier fruta: *un gajo de uvas, un gajo de cerezas.* **4** Rama desprendida del árbol: *Trae algunos gajos para la chimenea.* **5** ARG., PAR. Esqueje.

GAL *s. m.* **1** Sigla de «Grupo Antiterrorista de Liberación», España: *El GAL reivindicó el secuestro.* **2** (en minúscula; invariable) Miembro de la organización GAL: *Los gal cometieron varios asesinatos.*

gala *s. f.* **1** (preferentemente en plural) Vestido o adorno elegante y, generalmente, lujoso: *Su mujer se puso sus mejores galas para ir a la cena.* **2** Fiesta o ceremonia solemne que exige este tipo de vestidos: *traje de gala, traje de media gala, recepción de gala, cena de gala.* **3** Actuación musical de un cantante o de un conjunto: *Las galas de Julio Iglesias siempre son un acontecimiento.* FR. Y LOC. **hacer ~ de** Presumir ‹una persona› de una cosa o mostrarla: *El escritor hizo gala de su ingenio. Esa actriz nunca ha hecho gala de su belleza.* **tener a ~** Estar ‹una persona› orgullosa o presumir de alguna cosa: *Tiene a gala no mentir jamás.* **vestir / ir de ~** Ir ‹una persona› elegantemente vestida.

galacita *s. f.* (no contable) Arcilla que se deshace en el agua con facilidad y le da un color blanquecino.

galáctico, ca *adj.* De la Vía Láctea o de cualquier otra galaxia: *nebulosa galáctica.*

galactosa *s. f.* (no contable) QUÍM. Azúcar existente en la leche.

gálago *s. m.* (macho y hembra) Género *Galago.* Mamífero primate africano, de pequeño tamaño, cola larga y orejas grandes, que es muy buen trepador.

galaico, ca *adj.* ELEVADO. De Galicia, comunidad española: *poesía galaica, paisaje galaico.*

galaicoportugués, sa *adj.* **1** [Escuela lírica medieval] que se expresa en lengua galaicoportuguesa. || *s. m.* **2** LING. Lengua romance medieval hablada en Galicia y en el norte de Portugal, de donde es el antepasado común del gallego y del portugués actuales. SIN. gallegoportugués.

galán *s. m.* **1** Actor que hace papeles de seductor: *Mi hermano hace de galán en la obra de teatro. Es uno de los galanes más cotizados de nuestro cine.* **2** COLOQUIAL. Hombre muy guapo y atractivo: *El chico con el que ibas era un verdadero galán.* **3** COLOQUIAL; a veces HUMORÍSTICO. Novio de una mujer: *Ahí viene mi hija con su galán.* SIN. enamorado. || **4 ~ de día / noche** AMÉR. Tipo de arbustos: *El galán de noche tiene unas flores que se abren en la oscuridad.* **5 ~ de noche** Perchero de pie para colgar el traje provisionalmente: *Delante de la cama estaba el galán de noche.*

galano, na *adj.* RESTRINGIDO. Que tiene la figura bonita y agradable: *una yegua galana, una mujer galana.*

galante *adj.* **1** (ser / estar; antepuesto / pospuesto) Que se comporta con amabilidad, cortesía, delicadeza y mucha educación, especialmente con las mujeres: *Le agradezco su galante invitación. Estuvo muy galante conmigo.* **2** LIT. [Subgénero literario] que relata temas o asuntos amorosos con picardía: *relato galante, historia galante.*

galantear *v. tr.* **1** Decir ‹una persona› galanterías a [otra persona]: *Cada vez que paso por su lado me galantea.* **2** Intentar ‹un hombre› atraer [a una mujer]: *La ha galanteado durante más de dos años, hasta que por fin se han casado.*

galanteo *s. m.* (no contable) Acción y resultado de galantear: *Ya no sabía cómo escapar a los galanteos de su jefe.*

galantería *s. f.* **1** Dicho o hecho amable, cortés o delicado: *Es una galantería que un hombre deje pasar primero a las señoras.* **2** (no contable) Cualidad de galante.

galantina *s. f.* (no contable) Carne rellena con gelatina que se come fría como fiambre.

galanura *s. f.* (no contable) ELEVADO. Gracia o elegancia con que se comporta una persona: *Su galanura nos dejó a todos prendados.*

galápago *s. m.* **1** (macho y hembra) Familia *Emydidae.* Reptil quelonio, pequeño, parecido a una tortuga, que tiene el caparazón bastante plano, largas extremidades y dedos unidos por una membrana, y que habita en aguas dulces. **2** COL.; COLOQUIAL. Sillín de la bicicleta. FR. Y LOC. **tener muchas conchas*** o **tener más conchas que un ~.**

galardón *s. m.* Premio o recompensa por un mérito o servicio: *Le darán un galardón por su fidelidad a la empresa.*

galardonar *v. tr.* Dar ‹una persona› [una cosa] a [otra persona] como galardón.

gálata *adj. / s. m.* y *f.* De Galacia, antiguo país de Asia.

galaxia *s. f.* **1** (preferentemente en mayúscula) Gran conjunto de astros, nebulosas y estrellas del que forma parte el Sistema Solar. **2** Cada uno de los sistemas semejantes a la Galaxia, formado por numerosísimas estrellas, que se encuentran esparcidos en el Universo.

galbana *s. f.* (no contable) COLOQUIAL. Desgana o pereza: *Tengo una galbana que no me deja hacer nada.*

gálbula o **gálbulo** *s. f.* BOT. Falso fruto, redondeado y carnoso, que producen algunas plantas: *Los cipreses echan gálbulas.*

galena *s. f.* (no contable) Mineral muy brillante de color gris del que se extrae el plomo.

galeno *s. m.* RESTRINGIDO; a veces HUMORÍSTICO. Médico: *Creo que vamos a tener varios galenos en casa.*

galeón *s. m.* Barco grande de vela de tres o cuatro mástiles, de guerra o mercante, usado en España hasta el siglo XVIII: *Los galeones eran los barcos preferidos para comerciar con América.*

galeote *s. m.* Persona condenada a remar en las galeras.

galera *s. f.* **1** Embarcación antigua de vela y remo, de poco calado, muy usada en el mar Mediterráneo: *La armada real contaba con numerosas galeras.* **2** (en plural) Condena que consistía en remar en una galera: *A los condenados a galeras se les encadenaba y se les obligaba a remar cuando no soplaba el viento.* **3** *Squilla mantis.* Crustáceo de color claro, con dos puntos oscuros en la última parte del cuerpo y patas delanteras capaces de agarrar cosas, que habita en fondos rocosos del Mediterráneo y es comestible. **4** ART. GRÁF.; RESTRINGIDO. Tabla de una imprenta protegida por tres lados con unos listones en la que se iban colocando las líneas de letras que se iban componiendo. **5** Carreta alargada de cuatro ruedas y toldo fuerte: *En las caravanas del oeste americano se usaban mucho las galeras.* **6** AMÉR. C., MÉX.; COLOQUIAL. Cobertizo. **7** ARG., URUG. Sombrero de copa.

galerada *s. f.* **1** ART. GRÁF. RESTRINGIDO. Fragmento de composición que cabe en una galera. **2** ART. GRÁF. Prueba de la composición sobre la que se hacen las correcciones: *Las galeradas de tu libro ya están corregidas.*

galería *s. f.* **1** Habitación amplia y alargada, con mucha luz, generalmente sostenida por columnas o pilares: *las galerías de los museos.* **2** Pasillo abierto al exterior o con vidrieras que ilumina las habitaciones interiores: *galería de un convento. Esa ventana da a la galería.* **3** Local donde se exponen obras de arte: *Ha expuesto en las mejores galerías del país.* **4** Colección de obras artísticas que se exponen en las galerías: *Tiene una galería completísima.* **5** Camino subterráneo: *Los mineros abren galerías subterráneas.* SIN. túnel. **6** Bastidor situado en la parte superior de puertas o ventanas que sostiene las cortinas: *Para las cortinas preferimos una barra a una galería.* **7** Conjunto de localidades del piso más alto de los teatros. **8** (no contable) Público que ocupa el piso más alto de los teatros. **9** (no contable) Público no especialista: *Este autor escribe para la galería.* **10** Conjunto de establecimientos comerciales situados en un pasaje: *Lo compré en las galerías.* **~ comercial** Recinto con distintos tipos de tiendas. **~ de alimentación** Recinto con tiendas donde se venden artículos alimenticios.

galerna *s. f.* (no contable) Viento del noroeste, fuerte y frío, que sopla en la costa Norte española.

galerón *s. m.* **1** AMÉR. C. Cobertizo. **2** COL., VEN. Melodía popular y baile por parejas, en el que el hombre persigue con un pañuelo o lazo a la mujer, que finge escapar.

galés, sa *adj. / s. m.* y *f.* **1** De Gales, país de Gran Bretaña. || *s. m.* **2** LING. Lengua céltica hablada en Gales.

galga *s. f.* RESTRINGIDO. Instrumento que mide ángulos y longitudes. SIN. calibre.

galgo, ga *adj. / s. m.* y *f.* [Perro] de cuerpo delgado, cabeza pequeña y hocico alargado, que se emplea para la caza y en carreras por su velocidad: *He ido al canódromo y he apostado por uno de los galgos.* FR. Y LOC. **¡échale un ~!** COLOQUIAL. Se usa para expresar la dificultad o imposibilidad de alcanzar a una persona o de conseguir una cosa: *Pues si te han robado el abrigo, ahora échale un galgo.*

galguear *v. intr.* **1** COLOQUIAL. Comer ‹una persona› golosinas: *Seguro que ha estado galgueando, porque no quiere comer.* **2** ARG., URUG.; COLOQUIAL. Pasar ‹una persona› hambre o necesidades.

gálibo *s. m.* AUTOMOV. Arco de hierro en forma de *U* invertida que se usa para comprobar las dimensiones de un vehículo. FR. Y LOC. **luces* de ~.**

galicismo *s. m.* Palabra o expresión francesa usada en otra lengua: *Su traducción está plagada de galicismos.*

galicista *adj.* **1** Del galicismo: *expresión galicista.* **2** Que emplea galicismos: *escritor galicista, estilo galicista.*

gálico, ca *adj.* De las Galias: *guerras gálicas.*

galileo, a *adj. / s. m.* y *f.* De Galilea, antiguo país de Asia: *el pueblo galileo, la historia de los galileos.*

galimatías (plural *galimatías*) *s. m.* **1** COLOQUIAL. Lenguaje oscuro o incomprensible: *Me lo ha explicado en un galimatías al que no he entendido nada.* **2** COLOQUIAL. Cosa confusa o embarullada: *Su novela es un auténtico galimatías.*

galio *s. m.* (no contable) *Ga.* Elemento químico metálico de color blanco azulado: *El galio se emplea en la elaboración de termómetros y sistemas de vacío.*

gallada *s. f.* COL. Acción valiente o astuta.

galladura o **engalladura** *s. f.* Pequeño coágulo de sangre que tiene la yema del huevo fecundado: *Me dan asco los huevos con galladura.*

gallardete *s. m.* Bandera estrella, larga y triangular que suele ponerse en los mástiles de las embarcaciones: *La nave estaba adornada con banderas y gallardetes.* SIN. banderín.

gallardía *s. f.* (no contable) ELEVADO. Cualidad de gallardo: *Su gallardía es famosa entre todas las mujeres.*

gallardo, da *adj.* **1** (antepuesto / pospuesto) ELEVADO. Que se comporta con valentía y decisión: *Un grupo de gallardas señoritas se ha ofrecido para atender a los heridos.* **2** (antepuesto / pospuesto) ELEVADO. Que es airoso, guapo y elegante: *Un gallardo caballero la corteja.*

gallear *v. intr.* **1** PEYORATIVO. Obrar y hablar ‹una persona› con presunción y arrogancia: *Ha estado galleando toda la mañana, como si no nos conociéramos.* **2** PEYORATIVO. Hacer ‹una persona› ostentación de su fuerza para imponerse. || *v. tr.* **3** GAN. Cubrir ‹el gallo› [a las gallinas].

gallegada *s. f.* **1** URUG.; COLOQUIAL. Grupo de personas españolas o de esta ascendencia. **2** URUG.; COLOQUIAL; PEYORATIVO. Acción o frase que se consideran propias de los españoles.

gallego, ga *adj. / s. m.* y *f.* **1** De Galicia, comunidad autónoma española: *el folclore gallego, las elecciones gallegas, la forma de vida de los gallegos.* **2** AMÉR. DEL S.; PEYORATIVO. [Inmigrante] que es de origen español: *un trabajador gallego.* **3** ARG., URUG.; COLOQUIAL; PEYORATIVO. [Persona] poco inteligente. || *s. m.* **4** Lengua románica hablada en Galicia: *El gallego es lengua oficial en Galicia, junto con el español.*

gallegoportugués, sa *adj. / s. m.* Galaicoportugués.

galleguismo *s. m.* **1** Palabra o expresión de la lengua gallega empleada en otra lengua: *La palabra «morriña» es un galleguismo en español.* **2** (no contable) POLÍT. Nacionalismo gallego.

galleguito *s. m.* URUG. Puesto ambulante de comida.

gallera *s. f.* **1** Gallinero donde se crían gallos de pelea. **2** Jaula para transportar los gallos de pelea. **3** COL. Lugar donde se celebran las peleas de gallos.

galleta *s. f.* **1** Dulce pequeño, seco y crujiente, elaborado con harina y cocido al horno: *galletas de salvado. He comprado un paquete de galletas para merendar.* **~ maría** (marca comercial) Galletas redondas y finas. **2** RESTRINGIDO. Pan sin levadura que se llevaba en los barcos por su buena conservación. **3** COLOQUIAL. Bofetada: *¡Como no te calles, te voy a dar una galleta!* **4** COLOQUIAL. Golpe violento: *Se ha dado una galleta con el coche.* **5** MIN. Carbón de antracita en trozos menudos. **6** ARG., URUG. Vasija hecha con una calabaza pequeña en la que se toma el mate. **7** COL. Tomate, roto en el talón de un calcetín. **8** ARG., URUG., VEN.; COLOQUIAL. Confusión, desorden, enredo. **9** VEN.; COLOQUIAL. Atasco de tráfico. FR. Y LOC. **no tener ni media bofetada* / ~.**

galletero, ra *adj.* **1** De las galletas: *la industria galletera.* || *s. m. / f.* **2** Persona que trabaja en la elaboración de galletas. || *s. m.* **3** Recipiente en que se conservan o se sirven las galletas. *Me han regalado un galletero de plata.*

galletita *s. f.* ARG. Bizcocho dulce o salado.

galliforme *adj. / s. m.* **1** (macho y hembra) [Ave] que tiene un tamaño mediano o pequeño, pico corto y patas fuertes, vuela con dificultad y generalmente presenta muchas diferencias entre el macho y la hembra: *La gallina y el pavo son aves galliformes.* SIN. gallinácea. || *s. f.* **2** (en plural) ZOOL. Orden formado por estas aves. SIN. gallináceas.

gallina *adj. / s. m.* y *f.* **1** COLOQUIAL; PEYORATIVO. Persona o animal cobarde: *Yo soy muy gallina, soy incapaz de matar una mosca. Mi perro es un gallina, en cuanto truena se esconde debajo de la cama.* || *s. f.* **2** Hembra del gallo, de menor tamaño y con una cresta más pequeña que éste, muy apreciada por su carne y sus huevos. || **3 la ~ / gallinita ciega** Juego de niños en que una persona, con los ojos tapados, debe atrapar a otra persona y adivinar quién es. **4 la ~ de los huevos de oro** COLOQUIAL. Fuente de riqueza que se juzga inagotable: *Yo puedo prestarte algo, pero no soy la gallina de los huevos de oro.* FR. Y LOC. **acostarse* con las gallinas. carne* / piel de ~. como ~ en corral ajeno** COLOQUIAL. Incómodo por sentirse entre extraños o en una situación poco habitual: *Relájate, estás como gallina en corral ajeno.* **ser más puta* que las gallinas.**

gallináceo, a *adj. / s. f.* **1** ZOOL. Galliforme. || *adj.* **2** ZOOL. De la gallina: *costumbres gallináceas.*

gallinaza *s. f.* Excremento de las gallinas.

gallinazo *s. m. Cathartes aura.* Ave americana de la misma familia que el cóndor, de gran tamaño, plumaje pardo y cabeza sin plumas, que se alimenta de animales muertos.

gallinejas (plural) *s. f.* Plato típico madrileño hecho con tripas de gallina o cordero.

gallinero *s. m.* **1** Lugar donde se crían y guardan las aves de corral: *Hemos construido un gallinero nuevo al lado de las cuadras.* **2** Conjunto de aves de corral: *El gallinero está nervioso con la tormenta.* **3** COLOQUIAL. Lugar donde se dan muchos gritos y voces: *Cuando el profesor salió, la clase se convirtió en un gallinero.* **4** Piso más alto de un teatro o cine, donde las localidades son más baratas: *Desde el gallinero no vimos bien a los actores.* || *s. m. / f.* **5** Persona que cría y vende gallinas: *La gallinera de la esquina tiene los huevos más frescos del mercado.* FR. Y LOC. **alborotar el ~** COLOQUIAL. Ser ‹una persona› la causa de que otras personas se alboroten: *Ya ha venido María a alborotar el gallinero.* **más sucio que el palo* de un ~.**

gallineta *s. f.* **1** (macho y hembra) Familia *Rallidae*. Ave de alas cortas, patas largas y color gris, generalmente con rayas negras, que habita en lagunas y pantanos de regiones frías. **2** Becada, ave. **3** AMÉR. Pintada, ave gallinácea.

gallito *s. m.* **1** COLOQUIAL; PEYORATIVO. Persona que intenta imponerse o demostrar su superioridad sobre los demás: *Ése es el gallito del grupo, se cree el jefe.* **2** COL. Bádminton, deporte. FR. Y LOC. **ponerse* ~.**

gallo *s. m.* **1** (hembra *gallina*) Ave doméstica, de cresta alta y plumaje abundante, con un saliente óseo en la parte trasera de las patas, que se cría por su carne, sobre todo cuando es joven: *Ha tenido que sacar el gallo del corral porque picaba a las gallinas.* **pelea de gallos. 2** Macho de otras aves del mismo grupo que el gallo. **3** (macho y hembra) *Lepidorhombus whiffiagoni.* Pez muy parecido al lenguado, con la boca más grande y la carne más dura. **4** COLOQUIAL. Sonido agudo y desagradable que hace una persona al cantar, hablar o chillar: *Estaba un poco constipado y le salió un gallo al empezar a cantar.* **5** MÉX.; COLOQUIAL. Serenata. **6** ARG.; COLOQUIAL. Flema que se echa por la boca o se escupe. || **7 ~ de pelea** 1 Gallo que se cría y se entrena para las peleas. 2 COLOQUIAL. Persona a la que le gusta intervenir con frecuencia en riñas o peleas. **8 ~ silvestre** Urogallo. **9 peso* ~.** FR. Y LOC. **al canto* del ~. en menos que canta* un ~. mamedora* de ~. misa* del ~. ojo* de ~ / pollo. otro ~ le cantara** COLOQUIAL. Se usa para expresar que si se hubiera hecho o se hubiera cumplido cierta cosa se habría obtenido un resultado mejor: *Si hubiera estudiado más, otro gallo le cantara.* **pata* de ~.** REFR. **Gallo que no canta, algo tiene en la garganta.** Se usa para indicar que cuando una persona habladora calla es porque tiene alguna razón oculta para obrar así.

gallón *s. m.* ARQ. Cada uno de los segmentos convexos con forma de gajo que decoran algunas bóvedas.

galo, la *adj. / s. m.* y *f.* **1** De la Galia, antigua región europea: *la cultura gala. Hizo un estudio sobre los galos.* || *s. m.* **2** LING. Antigua lengua céltica hablada por los galos.

galocha *s. f.* ARG. Calzado grande de goma que se calza sobre los zapatos y los protege del agua.

galón *s. m.* **1** Cinta resistente que se cose a las prendas de vestir como adorno o como refuerzo: *Lleva un galón dorado en las bocamangas.* **2** MIL. Pedazo de cinta que llevan los uniformes militares para indicar los grados o clases de la milicia: *los galones de sargento.* **3** Categoría o jerarquía social de las personas: *Tú eres el jefe y yo siempre respeto los galones.* **4** Medida de capacidad que equivale a cuatro litros y medio en Gran Bretaña y a menos de cuatro en Estados Unidos.

galopada *s. f.* Carrera al galope: *El caballo recorrió la finca en una galopada.*

galopante *adj.* 1 [Enfermedad infecciosa] que crece o se desarrolla muy velozmente y que, por su gravedad, produce una muerte rápida: *Padece una tuberculosis galopante.* 2 COLOQUIAL. Que crece o se desarrolla repentina y muy rápidamente: *El país sufre una inflación galopante.*

galopar *v. intr.* Ir ‹un caballo› a galope.

galope *s. m.* Marcha más rápida del caballo: *Para ir a galope hay que saber montar bien.* FR. Y LOC. **a ~ tendido** HÍPICA. Al ritmo máximo del galope: *En las carreras los caballos salen a galope tendido.*

galopeada *s. f.* AMÉR. DEL S. Galopada.

galopín *s. m.* COLOQUIAL; AFECTIVO. Muchacho pícaro, de aspecto sucio y mal vestido: *Me entristece ver a esos galopines durmiendo en la calle.*

galpón *s. m.* 1 AMÉR. DEL S. Almacén o cobertizo. 2 PERÚ. Lugar dedicado a la cría de gallos de peleas.

galvánico, ca *adj.* Del galvanismo: *corriente galvánica.*

galvanismo *s. m.* 1 (no contable) FÍS. Propiedad de la corriente eléctrica de provocar contracciones en los nervios y músculos de animales vivos o muertos. 2 (no contable) FÍS. Corriente eléctrica generada por el contacto de dos metales de distinto potencial, como el cobre y el cinc, sumergidos en un líquido.

galvanización *s. f.* (no contable) Acción y resultado de galvanizar: *La galvanización con acero le proporciona al hierro más duración.*

galvanizar *v. tr.* 1 Cubrir ‹una persona› [un metal] con una ligera capa de otro metal. 2 MED. Aplicar ‹una persona› corrientes eléctricas a [otra persona] con fines terapéuticos. 3 Dar ‹una persona o una cosa› energía o animar a [una persona o una cosa]: *El espectáculo galvanizó a todos los espectadores.* ⇒ **19.**

galvanómetro *s. m.* FÍS. Instrumento que mide la intensidad y el sentido de una corriente eléctrica.

galvanoplastia *s. f.* (no contable) ART. GRÁF. Técnica que consiste en cubrir de metal mediante electrólisis una superficie u objeto.

galvanotipia *s. f.* (no contable) ART. GRÁF. Procedimiento para la obtención de clichés tipográficos mediante la técnica de la galvanoplastia.

gama *s. f.* 1 Sucesión gradual de cosas de la misma clase: *una gama de rojos.* 2 Conjunto de cosas variadas, dentro de una misma categoría: *Estas cocinas pertenecen a la misma gama.* 3 MÚS. Escala musical.

gamada *adj.* Se usa en la LOC. **cruz* ~.**

gamba *s. f.* 1 (macho y hembra) Crustáceo marino de cuerpo alargado, cubierto por un caparazón y de color rosado, muy apreciado como alimento. **cóctel* de mariscos/gambas.** 2 JERGAL. Moneda de cien pesetas: *Tengo cinco talegos y tres gambas sueltas.* FR. Y LOC. **meter la ~** COLOQUIAL. Meter la pata: *He metido la gamba al hacer ese comentario.*

gamberrada *s. f.* Acto propio de un gamberro: *Siempre tienes que hacer alguna gamberrada.*

gamberrismo *s. m.* (no contable) Comportamiento propio de un gamberro.

gamberro, rra *adj. / s. m.* y *f.* (ser/estar) Que se comporta de forma grosera e incivilizada: *Los gamberros han destrozado una farola. No seas gamberra, y no pintes la pared.* FR. Y LOC. **hacer el ~** COLOQUIAL. Comportarse incivilizadamente: *Pórtate bien y deja ya de hacer el gamberro.*

gambeta *s. f.* 1 Salto de danza cruzando los pies en el aire: *El bailarín da unas gambetas perfectas.* SIN. trenzado. 2 Levantamiento que hace el caballo de sus patas delanteras caminado sobre las traseras. SIN. corveta. 3 DEP.; AMÉR. DEL S. Regate de fútbol.

gambito *s. m.* Jugada de ajedrez que consiste en perder una pieza a cambio de una posición favorable.

gamella *s. f.* 1 RESTRINGIDO. Cajón de madera grande donde se echa de comer a los animales. 2 RESTRINGIDO. Arco del yugo que se apoya sobre el cuello de un animal de tiro.

gameto *s. m.* BIOL. Cada una de las células sexuales masculina y femenina que se unen para formar un nuevo ser: *De la unión de los dos gametos se forma la célula huevo.*

gametogénesis (plural *gametogénesis*) *s. f.* BIOL. Proceso de formación de los gametos a partir de células germinativas que tiene lugar en las gónadas.

gamezno *s. m.* (macho y hembra) Cría del gamo: *El gamo hembra vigilaba los movimientos del pequeño gamezno.*

gamín *s. m.* COL. Chiquillo o joven sin casa que vagabundea en pandillas y vive de la limosna o del robo.

gamitido *s. m.* Sonido que emite el gamo.

gamma *s. f.* Tercera letra del alfabeto griego.

gammaglobulina *s. f.* (no contable) FISIOL. Proteína que se encuentra en la sangre y que actúa como anticuerpo contra los antígenos que puedan penetrar en la circulación sanguínea.

gamo *s. m.* (macho y hembra) Mamífero rumiante de la misma familia que el ciervo, que tiene, en el macho, una cornamenta plana y ramificada.

gamón *s. m.* Planta liliácea, de hojas largas en forma de espada, flores blancas y raíces con tubérculos que tiene propiedades medicinales.

gamonal *s. m.* AMÉR. DEL S. Cacique comarcal político o económico.

gamopétalo, la *adj. / s. f.* BOT. [Corola, flor] que tiene los pétalos parcial o totalmente unidos.

gamosépalo, la *adj. / s. f.* BOT. [Cáliz, flor] que tiene los sépalos parcial o totalmente unidos.

gamulán *s. m.* 1 ARG. Pelliza. || *s. f.* 2 URUG. Abrigo o pelliza confeccionados de piel.

gamusino *s. m.* (preferentemente en plural) COLOQUIAL. Animal imaginario con que se hacen bromas a los nuevos cazadores: *Vamos a cazar gamusinos.*

gamuza *s. f.* 1 (macho y hembra) *Rupicapra rupicapra.* Mamífero rumiante de la misma familia que la cabra, de cornamenta lisa y recta, curvada en sus extremos, y fuertes patas adaptadas al salto. SIN. rebeco. 2 (no contable) Piel curtida muy fina, especialmente la que procede de la gamuza, de tacto aterciopelado: *una cazadora de gamuza, unos guantes de gamuza.* 3 (no contable) Tejido de lana, algodón, u otro material, parecido por su aspecto y tacto a esa piel. 4 Paño de ese tejido u otro semejante usado para la limpieza. SIN. bayeta.

gana *s. f.* 1 (preferentemente en plural) Deseo de hacer una cosa, de disfrutarla o de que ocurra: *¡Qué ganas tengo de que llegue el domingo!* 2 (preferentemente en plural) Buena disposición, voluntad o agrado con que se hace una cosa: *estudiar con ganas. Lo estás haciendo sin ganas.* SIN. interés. ANT. desgana. 3 (no contable) COLOQUIAL. Hambre o apetito: *No comas más si no tienes gana.* ANT. desgana. FR. Y LOC. **con ganas** COLOQUIAL. Con agrado o empeño, también se usa para intensificar un sustantivo: *La película era mala con ganas. Es feo con ganas.* **dar la (real) ~** COLOQUIAL. Querer ‹una persona› hacer una cosa por deseo propio: *Lo hago así porque me da la gana.* **de buena / mala ~** Con o sin interés: *De buena gana me iría de vacaciones.* **juntarse el hambre* con la(s) gana(s) de comer. tenerle ganas** AMENAZA. Desear ‹una persona› tener la oportunidad de hacerle daño [a otra persona]: *Declaró que le tenía ganas al difunto porque le había matado al perro.*

ganadería *s. f.* **1** (no contable) Actividad de criar ganado para su comercio o su explotación: *Su tío se dedica a la ganadería caballar.* **2** (no contable) Determinada clase o raza de ganado: *ganadería vacuna, ganadería porcina, ganadería de toros bravos, ganadería ovina.* **3** TAUROM. Conjunto de toros bravos que pertenecen a un propietario: *Van a lidiar toros de la ganadería de Pérez Tabernero.*

ganadero, ra *adj.* **1** Del ganado o de la ganadería: *actividad ganadera, explotación ganadera.* || *adj. / s. m.* y *f.* **2** Persona que tiene por oficio criar ganado: *Los toros llevan la divisa del ganadero salmantino.* **3** RESTRINGIDO. Persona que cuida el ganado: *Buscan un ganadero experimentado.*

ganado *s. m.* **1** Conjunto de animales cuadrúpedos que cría y explota una persona: *ganado vacuno, ganado porcino. Tiene muchas cabezas de ganado.* **~ bravo** Conjunto de toros dedicados a la lidia: *En esa finca pasta ganado bravo.* **~ de cerda** o **~ porcino** Conjunto de cerdos. **~ mayor** Ganado compuesto por reses mayores, como vacas o caballerías. **~ menor** Ganado compuesto por reses menores, como ovejas, cabras o cerdos. **2** (no contable) COLOQUIAL; PEYORATIVO. Conjunto de personas: *No me gusta el ganado que suele ir a ese bar.*

ganancia *s. f.* **1** (preferentemente en plural; no contable) Dinero u otro beneficio que se obtiene de una cosa: *Tuvo más pérdidas que ganancias.* ANT. pérdida. **2** (no contable) ELECTRÓN. Aumento de la potencia o de la intensidad de un aparato, mediante un amplificador, un transformador o un dispositivo similar: *Conectó un amplificador al micrófono y ha multiplicado por dos la ganancia.* FR. Y LOC. **no arrendar la ~** COLOQUIAL. Anunciar ‹una persona› a [otra persona] un mal resultado o una consecuencia negativa. *Si sales con Pepito no te arriendo la ganancia, es un pesado.*

ganancial *adj.* **1** ECON. De la ganancia. || **2 bienes* gananciales.**

ganapán *s. m.* **1** Hombre que se gana la vida con trabajos menores, como llevar recados o transportar cargas. **2** COLOQUIAL; PEYORATIVO. Hombre rudo y tosco. SIN. gañán.

ganapierde *s. m.* (no contable) Modalidad de juego en que gana el jugador que pierde más jugadas o bazas.

ganar *v. tr.* **1** Conseguir ‹una persona› [un beneficio económico]: *Ganó mucho dinero en esa operación financiera.* **2** Conseguir ‹una persona› [una cosa que se disputa en un concurso, en una oposición o en una competición]: *Nuestro equipo ganó el partido **por** dos goles a cero. He ganado la partida de ajedrez. Ganó la plaza **por** oposición.* **3** Conseguir ‹una persona› llegar a [un lugar] con esfuerzo: *El náufrago ganó la orilla después de nadar durante varias horas.* **4** Conseguir reducir ‹una persona› [el tiempo o el espacio de una cosa]: *Por la autopista ganas una hora.* **5** Cobrar ‹una persona› [un sueldo] por el trabajo que realiza: *Laura gana casi doscientas mil **al** mes.* **6** Ser ‹una persona› superior a [otra persona] en [una cosa]: *Te gano **en** categoría. Este modelo gana al antiguo **en** comodidad.* **7** ART. GRÁF. Conseguir reducir ‹una persona› [el espacio destinado al texto] o [los espacios en blanco]: *Hemos ganado bastante espacio con este tipo de letra.* || *v. tr. / prnl.* **8** Conseguir ‹una persona› [una cosa merecida]: *Creo que **me** he ganado unas vacaciones.* **9** Conseguir ‹una persona› [el reconocimiento o el rechazo de otra persona]: *Ese tipo **se** ha ganado la repulsa de todos.* **10** Conseguir ‹una persona› [el afecto o el aprecio de otra persona]: *Con ese gesto **te** has ganado el cariño de todos.* || *v. intr.* **11** Conseguir ‹una persona› estar mejor con [una cosa]: *Hemos ganado **con** el cambio.* **12** AMÉR. Tomar una determinada dirección. || *v. prnl.* **13** ARG., CHILE; COLOQUIAL. Refugiarse ‹una persona› en un lugar o apropiarse de él. FR. Y LOC. **~ el cielo*. ~ la partida*. ~ por la mano** COLOQUIAL. Anticiparse ‹una persona› a [otra persona] en hacer o conseguir una cosa: *Él quería alquilar el local, pero le gané por la mano.* **~ / perder puntos*. ~ / perder terreno*. ganarse la vida*. ganarse las habichuelas*. ganarse los garbanzos*. llevar* / tener las de ~ / perder. no adelantar / ~ un palmo* de terreno. no ~ para sustos** 1 COLOQUIAL. Asustarse con mucha frecuencia: *En esta casa tan vieja no ganas para sustos, cuando no se cae una cosa se cae otra.* 2 COLOQUIAL. Pasar por una mala racha: *Llevamos una racha que no ganamos para sustos.*

ganchera *s. f.* ARG., URUG. Estructura con ganchos para colgar la carne en las carnicerías.

ganchero, ra *adj.* ARG., URUG.; COLOQUIAL. Que actúa de alcahuete o celestino.

ganchillo *s. m.* **1** Aguja larga terminada en gancho que se emplea para hacer ciertas labores de punto: *ganchillo de plástico, ganchillo de acero. Está todo el día con el ganchillo en la mano.* **2** (no contable) Labor hecha con estas agujas: *un tapete de ganchillo. Le gusta hacer ganchillo.*

ganchito *s. m.* URUG. Grapa.

gancho *s. m.* **1** Instrumento curvo y puntiagudo en uno de sus extremos que sirve para colgar o sujetar una cosa: *Cuelga la ropa en el gancho.* **2** Aguja de ganchillo: *No encuentro el gancho en el costurero.* **aguja* de ~.** **3** COLOQUIAL. Atractivo de una persona o de una cosa: *María es una chica con gancho. Tiene gancho con las chicas. El reparto es uno de los ganchos de la película.* **4** COLOQUIAL. Persona que está de acuerdo con un estafador para animar a la gente a caer en el engaño: *El tahúr tenía un chico joven como gancho.* SIN. cómplice. **5** DEP. Golpe de boxeo que se da de abajo a arriba con el brazo arqueado: *Lo dejó K. O. de un gancho de izquierda.* SIN. crochet. **6** DEP. Tiro de baloncesto que se realiza arqueando el brazo sobre la cabeza. **7** AMÉR. DEL S. Horquilla para el pelo o pinza para sujetar la ropa tendida. **8** VEN. Percha de armario. **9** URUG.; JERGAL. Calificación estudiantil de sobresaliente. **10** ARG. Grapa. FR. Y LOC. **echar el ~** COLOQUIAL. Atrapar o atraer ‹una persona› a otra persona con habilidad.

ganchudo, da *adj.* **1** Que tiene forma de gancho: *nariz ganchuda.* **2** [Alumno] que está enchufado.

gandalla *adj.* MÉX.; COLOQUIAL. Que es un bravucón o un abusón.

gandido, da *adj.* COL.; COLOQUIAL; PEYORATIVO. Que come exageradamente.

gandola *s. f.* COL. Camión grande con cabina y remolque separados.

gandolero *s. m.* COL. Hombre que conduce una gandola.

gandul, la *adj. / s. m.* y *f.* COLOQUIAL; INSULTO. Que no es amigo de trabajar ni de hacer nada: *Es muy gandula y se pasa las tardes viendo la televisión. Su novio es un gandul que no trabaja.*

ganga *s. f.* **1** Cosa ventajosa que se consigue sin esfuerzo o a muy buen precio: *He comprado un coche de segunda mano que es una ganga.* **2** MIN. Materia mineral no aprovechable de un yacimiento, que acompaña a la mena.

ganglio *s. m.* ANAT., MED. Pequeño abultamiento, normal o patológico, que existe en una vía linfática o en el trayecto de un nervio: *Le extirparon un ganglio inflamado para hacerle una biopsia.*

gangoso, sa *adj. / s. m.* y *f.* **1** Que habla con resonancia nasal: *voz gangosa. Es un gangoso, tiene un defecto en la nariz.* || *adv.* **2** Con la nariz: *No hables gangoso.*

gangrena *s. f.* (no contable) MED. Necrosis de una parte del cuerpo producida por falta de riego sanguíneo, infecciones u otras causas: *La gangrena lo mató.*

gangrenarse *v. prnl.* MED. Sufrir un tejido de ‹una parte del cuerpo de un ser vivo› gangrena: *Se le gangrenó el pie y se lo tuvieron que amputar.*

gángster (plural *gángsteres* o *gángsters;* del inglés; pronunciamos *'gánster'*) *s. m.* **1** Miembro de una banda organizada de malhechores: *Fuimos a ver una película de gángsters.* **2** PEYORATIVO. Persona que emplea medios ilícitos para conseguir sus objetivos: *Es un gángster, en cuanto te descuides te quita la clientela.*

gangsterismo (del inglés; pronunciamos *'gansterismo'*) *s. m.* **1** (no contable) Existencia de gángsters: *La ley seca provocó el aumento del gangsterismo en Estados Unidos.* **2** (no contable) Comportamiento del gángster: *Tiene una conducta propia del gangsterismo.*

ganguear *v. intr.* Hablar ‹una persona› con voz gangosa: *Cuando cuenta chistes suele ganguear.*

ganoso, sa *adj.* (estar) Que tiene ganas o deseos: *Estaba ganosa de ver la ciudad. Estoy ganoso de comer una paella.*

gansada *s. f.* **1** COLOQUIAL. Comportamiento o conjunto de palabras que hacen reír: *Nos lo pasamos muy bien viéndolo hacer gansadas.* SIN. tontería. **2** Comportamiento o conjunto de palabras inoportunos o poco serios: *No se pueden hacer gansadas en un puesto de responsabilidad.*

gansear *v. tr.* COLOQUIAL; RESTRINGIDO. Hacer o decir ‹una persona› gansadas: *Deja de gansear y habla en serio.*

ganso, sa *adj. / s. m.* y *f.* **1** COLOQUIAL. Que hace reír con sus chistes o bromas: *Tu hermano es muy ganso.* **2** (ser / estar) COLOQUIAL; PEYORATIVO. Que es torpe, lento o descuidado: *Eres un ganso, te tiras todo el día para copiar este texto. Esta mañana está muy gansa y lo rompe todo.* || *s. m. / f.* **3** *Anser anser.* Ave palmípeda bastante grande, de color blanco o gris, que grazna fuerte al menor ruido y se cría en granjas para aprovechar sus plumas, su carne o sus huevos. || **4 pasta* gansa.** FR. Y LOC. **hablar por boca* de otro / ~.**

ganzúa *s. f.* Alambre fuerte con el extremo doblado que sirve para abrir cerraduras sin necesidad de llave: *El ladrón utilizó una ganzúa para abrir la puerta.*

gañán *s. m.* **1** RESTRINGIDO. Mozo de labranza. **2** PEYORATIVO. Hombre fuerte y tosco: *Ese individuo es un gañán que no sabe lo que es educación.*

gañido *s. m.* Quejido propio del perro: *Los gañidos del perro se oían desde casa.*

gañil *s. m.* **1** RESTRINGIDO. Garganta. **2** (preferentemente en plural) Agallas de los peces.

gañir *v. tr.* **1** Emitir ‹un perro u otro animal› gañidos: *El perro gañía ayer con desesperación.* **2** Emitir ‹un ave› graznidos: *Las gaviotas empiezan a gañir al amanecer.* ⇒ **53.**

gañote *s. m.* **1** COLOQUIAL. Gaznate: *Me eché al gañote todo el vaso de cerveza.* **2** ARG., URUG.; COLOQUIAL. Cuello de una persona o un animal.

garabatear *v. tr. / intr.* Hacer ‹una persona› garabatos: *Lo han castigado por garabatear* ***en*** *el libro.*

garabato *s. m.* **1** PEYORATIVO. Trazo caprichoso e irregular que no intenta representar nada, especialmente los que hacen los niños pequeños cuando aún no saben escribir: *No hagas garabatos en la pared.* **2** Escritura o dibujo mal hecho: *Ese pintor vende por una millonada cuatro garabatos con su firma.* **3** RESTRINGIDO. Garfio, gancho metálico: *un garabato de carnicero para colgar la carne.*

garaje *s. m.* **1** Lugar donde se guardan los automóviles: *Vive en una casa que tiene garaje.* **2** Taller de reparación y mantenimiento de automóviles: *Te han llamado del garaje para decirte que ya han arreglado el coche.*

garambaina *s. f.* **1** (preferentemente en plural) PEYORATIVO. Adorno superfluo o de mal gusto: *Maite lleva siempre muchas garambainas.* **2** (preferentemente en plural) COLOQUIAL; PEYORATIVO. Dichos o hechos inútiles y sin sentido: *No me vengas con garambainas.* SIN. pamplinas, tonterías.

garantía *s. f.* **1** (preferentemente en plural; no contable) Seguridad o certeza de que una cosa va a realizarse o cumplirse: *No tenemos garantías de que vaya a venir. El nuevo presidente mantuvo las garantías constitucionales.* **2** (no contable) Fianza o prenda: *Tiene que dejar el carné de identidad como garantía de que va a devolvernos la bicicleta.* **3** Cosa que protege contra un riesgo o necesidad: *La retención de los rehenes era la garantía de que la policía no iba a entrar al edificio.* **4** Compromiso temporal del fabricante o vendedor de un aparato de repararlo gratis en caso de avería: *La lavadora está en garantía. El ordenador tiene una garantía de seis meses.* **5** Documento por el que el fabricante o el vendedor de un aparato se compromete temporalmente a repararlo en caso de avería: *la garantía del televisor.* FR. Y LOC. **de ~** De confianza: *un fontanero de garantía, una empresa de garantía, un profesional de garantía.* **suspensión* de garantías.**

garantizar *v. tr.* Dar ‹una persona o una cosa› garantías de [una cosa]: *Nos garantizó el frigorífico por dos años. ¿Te ha garantizado que vendrá?* ⇒ **19.**

garañón *s. m.* Asno grande destinado a cubrir las yeguas o las burras: *Los asnos garañones eran muy apreciados.*

garapacho *s. m.* Carapacho, caparazón de las tortugas, moluscos y crustáceos.

garapiña *s. f.* **1** (no contable) Garrapiña. **2** (no contable) CUBA, MÉX.; COLOQUIAL. Bebida refrescante hecha con la corteza de la piña, agua y azúcar.

garapiñar *v. tr.* Garrapiñar.

garbancero, ra *adj.* **1** Del garbanzo: *la cosecha garbancera.* || *adj. / s. m.* y *f.* **2** PEYORATIVO. Que no tiene gusto o distinción, o que está hecho con ordinariez o vulgaridad: *lenguaje garbancero, modales garbanceros. Eres un garbancero.* || *s. m. / f.* **3** MÉX.; COLOQUIAL. Criado.

garbanzo *s. m.* **1** Planta herbácea con flores blancas y fruto en legumbre: *Ésta es tierra de garbanzos.* **2** Semilla del garbanzo que se consume cocida una vez seca y desgranada, o bien tostada y salada, como aperitivo: *garbanzos salados, cocido de garbanzos.* FR. Y LOC. **ganarse los garbanzos** COLOQUIAL. Ganarse la vida. **ser el ~ negro** COLOQUIAL. Destacar ‹una persona› por una cosa negativa en el seno de una familia o un grupo: *Es el garbanzo negro de la familia: nunca ha trabajado.*

garbeo *s. m.* COLOQUIAL. Paseo corto: *Todas las tardes salimos a darnos un garbeo.* SIN. vuelta.

garbo *s. m.* **1** (no contable) Gracia y desenvoltura en la manera de actuar y moverse, especialmente al andar: *Esa chica camina con mucho garbo.* **2** (no contable) ELEVADO. Soltura, perfección y elegancia que se aprecia en una cosa, especialmente en el estilo de un escritor: *Escribe con mucho garbo.*

garboso, sa *adj.* (antepuesto / pospuesto) Que se mueve con garbo o gracia: *Tiene unos andares muy garbosos. Unos garbosos pases de muleta encandilaron al respetable.*

garceta *s. f.* (macho y hembra) Familia *Ardeidae.* Ave zancuda no muy grande, de color blanco o gris, con el pico largo y recto, patas largas, cuello generalmente en forma de «*S*», y plumas muy apreciadas en moda y ornamentación, que vive a orillas de ríos y lagunas.

garcha *s. f.* ARG., URUG.; COLOQUIAL. Pene.

garchar *v. tr. / intr.* ARG., URUG.; COLOQUIAL. Tener ‹una persona› relaciones sexuales con [otra persona].

garcilla *s. f.* (macho y hembra) Familia *Ardeidae.* Ave migratoria de patas largas, cuerpo corto y alas robustas, que habita en zonas pantanosas.

garçon (del francés; pronunciamos *'garsón'*) *s. m.* Se usa en la LOC. **a lo ~** [Pelo, peinado] muy corto, como suelen llevarlo los hombres: *La modelo iba peinada a lo garçon.*

gardenia *s. f.* **1** *Gardenia s.* Arbusto rubiáceo, con tallo espinoso, hojas ovaladas, flores blancas y olorosas y fruto en baya, apreciada en jardinería. **2** Flor de las gardenias.

garduña *s. f.* (macho y hembra) *Martes foina.* Mamífero carnívoro pequeño parecido a la comadreja, con el pelo de color pardo o grisáceo y blanco en el pecho.

garete *s. m.* Se usa en la LOC. **ir(se) al ~** 1 MAR. Ir ‹una embarcación› sin rumbo: *El yate va al garete cerca de las Canarias.* 2 COLOQUIAL. Fracasar o malograrse ‹una cosa o un proyecto›: *El viaje se fue al garete porque me puse enfermo.*

garfio *s. m.* **1** Instrumento de hierro curvado y acabado en punta que sirve para sujetar una cosa: *Los pescaderos usan un garfio para arrastrar las cajas de pescado.* SIN. gancho. **2** RESTRINGIDO. Conjunto de dedos de la mano: *Cuidado con el nene, que no eche los garfios al vaso y lo tire.*

gargajo *s. m.* COLOQUIAL. Flema o saliva que se escupe.

garganta *s. f.* **1** Parte delantera del cuello: *Lo ahogaron apretándole la garganta con una media.* **2** Región interna del cuerpo que va desde el paladar hasta la entrada del esófago: *Tiene fiebre y le duele la garganta. Tengo la garganta irritada.* **3** Voz de cantante: *Para cantar ópera hay que tener buena garganta.* **4** GEOGR. Estrechamiento en ríos o entre montañas: *Las gargantas son sitios ideales para las emboscadas.* FR. Y LOC. **tener atravesado en la ~** COLOQUIAL. Resultar ‹una persona o una cosa› muy antipática: *Tiene atravesado en la garganta a su jefe, no lo soporta.*

gargantilla *s. f.* Collar corto que rodea la base del cuello: *Me ha regalado una gargantilla de oro.*

gárgara *s. f.* (preferentemente en plural) Acción de enjuagar la garganta con un líquido sin tragarlo: *Si te duele la garganta haz gárgaras de agua con limón.* FR. Y LOC. **a hacer gárgaras** 1 COLOQUIAL; DISGUSTO Y ENFADO. Se usa para rechazar o despreciar a una persona o cosa: *¡No lo aguanto, que se vaya a hacer gárgaras!* 2 COLOQUIAL. Se usa para indicar que una cosa se ha estropeado o ha fracasado del todo: *Nuestros planes se fueron a hacer gárgaras por el mal tiempo.*

gargarismo *s. m.* **1** (preferentemente en plural) Acción de enjuagar la garganta con un líquido sin tragarlo: *Hago gargarismos tres veces al día.* SIN. gárgaras. **2** Líquido con que se hacen gárgaras: *Me han recomendado unos gargarismos de limón y bicarbonato.*

gárgola *s. f.* ARQ. Figura humana o animal que decora el final de un canal o caño por donde sale el agua de la lluvia, en un tejado o en una fuente: *las gárgolas de la catedral.*

garguero *s. m.* RESTRINGIDO. Gaznate.

garita *s. f.* **1** Torrecilla o caseta pequeña para diversos usos, en particular para abrigo y defensa de los centinelas o vigilantes: *El soldado se quedó dormido en la garita.* **2** Pequeño cuarto que ocupa el portero de un edificio.

garito *s. m.* **1** Local de juego no autorizado: *Se reunían por la tarde en un garito para jugar a la ruleta.* **2** COLOQUIAL. Local de mala fama: *Se conoce todos los garitos de la ciudad.*

garlar *v. intr.* COL.; COLOQUIAL. Hablar ‹una persona› mucho.

garlito *s. m.* **1** Aparejo de pesca que consiste en una cesta provista de una red metálica en su parte más estrecha, de manera que el pez, una vez que ha entrado en ella, no puede salir. **2** RESTRINGIDO. Situación que se prepara para engañar a una persona: *Pepe cayó en el garlito como un tonto.*

garlopa *s. f.* Cepillo de carpintero largo y con mango para alisar superficies ya cepilladas: *pasar la garlopa a una tabla.*

garnacha *adj. / s. f.* AGR. [Uva] que tiene un color negro rojizo y es muy dulce.

garoso, sa *adj.* COL., VEN.; RESTRINGIDO. Que es un comilón o está hambriento.

garra *s. f.* **1** (preferentemente en plural) Uña fuerte, curva y afilada que tienen los dedos de algunos animales vertebrados: *las garras del león. El águila atrapó un conejo entre sus garras.* **2** Mano o pie del animal que tiene uñas fuertes y afiladas. SIN. zarpa. **3** COLOQUIAL; PEYORATIVO. Mano de una persona: *Aparta tus garras de mí.* SIN. zarpa. **4** (no contable) Fuerza o atractivo para convencer, persuadir o dominar a una persona: *El anuncio publicitario tiene garra. Es una mujer con garra.* **5** (en plural) Poder o influencia que causa perjuicio: *Cayó en las garras del enemigo.* **6** (en plural) Parte de las pieles menos apreciada en peletería que corresponde a las patas del animal: *un abrigo de garras.* **7** AMÉR. Trozo de cuero endurecido y arrugado. **8** COL. Corteza de cerdo. **9** (en plural) MÉX. Tiras, desgarrones. **10** MÉX.; COLOQUIAL. Ropa desgastada o muy usada. **11** URUG.; COLOQUIAL. Objeto de poco valor o de poca calidad.

garrafa *s. f.* **1** Recipiente, generalmente de vidrio, de forma redondeada con un cuello largo y estrecho, que puede llevar un revestimiento de mimbre: *una garrafa de agua.* **2** ARG., URUG. Bombona de gas o de líquido volátil. FR. Y LOC. **de ~** COLOQUIAL. [Bebida alcohólica] que es a granel y de mala calidad: *Aquí sólo sirven vino de garrafa.*

garrafal *adj.* **1** COLOQUIAL; INTENSIFICADOR. Que es muy grande o enorme, o que es inoportuno: *Has cometido un error garrafal.* || *adv. modo* **2** COLOQUIAL; INTENSIFICADOR. Muy mal, fatal: *El equipo jugó garrafal.*

garrafón *s. m.* Garrafa grande: *Este mes el repartidor no me ha traído el garrafón de vino.*

garrapata *s. f.* (macho y hembra) Orden *Acarina.* Animal del orden de los ácaros, parásito de otros animales a los que les chupa la sangre y puede transmitir enfermedades.

garrapato *s. m.* RESTRINGIDO. Garabato.

garrapiña *s. f.* (no contable) Estado del líquido que se solidifica formando grumos.

garrapiñado, da *adj.* (ser / estar) [Fruto seco] que está recubierto con almíbar solidificado. **almendras* garrapiñadas.**

garrapiñar *v. tr.* **1** Hacer ‹una persona o una cosa› que [un líquido] se solidifique formando grumos: *Tenemos que garrapiñar el azúcar para hacer caramelo.* **2** Cubrir ‹una persona› [una golosina o un fruto seco] con almíbar solidificado: *En esta fábrica garrapiñan las almendras y otros frutos secos.* **3** COLOQUIAL. Robar‹una persona› [una cosa] tirando de ella: *Me han garrapiñado el bolso.*

garrido, da *adj.* (antepuesto / pospuesto) LITERARIO. Que es guapo, elegante y proporcionado: *un mozo garrido.*

garrocha *s. f.* **1** Vara larga acabada en una punta de acero: *Los caballistas recorren la finca con su garrocha.* **2** TAUROM. Vara con que se pica al toro en una corrida.

garrón *s. m.* **1** AMÉR. Corvejón. **2** URUG. Carne del garrón de la res que se usa para sopas y guisados.

garronear *v. tr.* **1** ARG., CHILE, PAR., URUG.; COLOQUIAL en Arg. y Urug., RESTRINGIDO en Chile. Morder ‹el perro› los garrones. **2** ARG., PAR., URUG.; COLOQUIAL en Arg. y Urug.. Acosar ‹una persona› [a otra persona]. **3** ARG., PAR., URUG.; COLOQUIAL en Arg. y Urug. Sacar ‹una persona› dinero [a otra persona] con habilidad o cara dura.

garrota *s. f.* **1** Garrote, palo fuerte y grueso utilizado como bastón o como arma: *Le dimos un golpe con la garrota y salió huyendo.* SIN. tranca. **2** Bastón grueso y curvo por su parte superior. SIN. cayado.

garrotazo *s. m.* Golpe dado con un garrote o con algún otro palo parecido. FR. Y LOC. **dar / pegar un ~** Dar un golpe con un garrote o palo parecido a una persona: *El dueño lo descubrió robando manzanas y le dio un garrotazo.* **~ y tentetieso** COLOQUIAL. Se usa para indicar que se actúa con dureza y sin diálogo: *Cree que contra la delincuencia lo mejor es el garrotazo y tentetieso.*

garrote *s. m.* **1** Palo fuerte y grueso utilizado como bastón o como arma: *El labrador se apoyaba en un garrote. Si no te apartas te voy a dar con el garrote.* SIN. garrota. **2** BOT. Estaca, especialmente de olivo. SIN. esqueje. **3** RESTRINGIDO. Tortura que consiste en colocar una cuerda alrededor de una parte del cuerpo e ir retorciendo esta cuerda con un palo: *La Inquisición empleaba el garrote para hacer confesar a los sospechosos de herejía.* **4** Garrote vil. || **5 ~ vil** 1 Instrumento con que se ejecutaba en España a los condenados a muerte, que consiste en un aro de hierro colocado alrededor del cuello con un tornillo trasero, accionado por una manivela, que penetra entre las vértebras cervicales y causa la muerte: *Lo condenaron a morir en el garrote vil.* 2 Pena de muerte así ejecutada: *Le dieron garrote vil al condenado por el crimen de Cuenca.*

garroteada *s. f.* URUG.; COLOQUIAL. Castigo duro que se impone a una persona o un animal.

garrotera *s. f.* COL. Conjunto de golpes, paliza.

garrotillo *s. m.* (no contable) RESTRINGIDO. Difteria.

garrotín *s. m.* Cante y baile muy popular en el siglo XIX.

garrucha *s. f.* Polea: *En el pueblo no tenemos grúa, subimos los ladrillos con la ayuda de una garrucha.*

garrulería *s. f.* **1** COLOQUIAL. Comportamiento propio de una persona garrula: *Luis me tiene harto con sus garrulerías.* **2** COLOQUIAL. Conversación propia de una persona gárrula: *Estuve una hora aguantando las garrulerías que me decía tu hermana.*

garrulo, la *adj. / s. m.* y *f.* COLOQUIAL, PEYORATIVO. Que tiene modales zafios o poco cuidados: *No seas garrula y pórtate con educación.*

gárrulo, la *adj.* **1** COLOQUIAL. [Ave] que canta mucho: *Éste no es un canario gárrulo.* || *adj. / s. m* y *f.* **2** COLOQUIAL. [Persona] que es muy habladora: *Tengo un vecino gárrulo que me entretiene una hora en la escalera cuando me ve.*

garúa *s. f.* **1** AMÉR. Llovizna. **2** AMÉR. Niebla espesa.

garuar *v. impers.* AMÉR. Lloviznar.

garufa *s. m.* ARG., URUG.; COLOQUIAL. Hombre que es amigo de la diversión o fiesta alegre.

garza *s. f.* (macho y hembra) *Géberi ardea.* Ave de patas largas y delgadas, cabeza pequeña con moño y cuello alargado, a menudo en forma de «S», que vive en las orillas de lagos y pantanos: *Las garzas suelen abundar en las marismas andaluzas.* **~ real.**

garzo, za *adj.* **1** Que tira a azul: *ojos garzos.* **2** [Persona] que tiene los ojos azulados.

gas *s. m.* **1** (no contable) QUÍM. Estado de la materia cuyas moléculas están en desorden y pueden separarse indefinidamente por la escasa atracción que existe entre ellas: *El agua se convierte en gas al evaporarse.* **2** (no contable) QUÍM. Combustible en estado gaseoso: *Hemos instalado el gas en casa.* **fogón de ~. horno de ~. ~ ciudad** Gas combustible que se suministra mediante tuberías para uso doméstico o industrial: *Ya han acabado la instalación de gas ciudad en el barrio.* **~ natural** Mezcla de hidrocarburos gaseosos que se encuentra en grandes depósitos subterráneos naturales: *Se han encontrado nuevos yacimientos de gas natural.* **3** (no contable) MEC. Mezcla de carburante y aire que alimenta el motor de un vehículo: *Los gases de la combustión salen por el tubo de escape.* **4** (en plural) Aire acumulado en el tubo digestivo: *Algunas comidas le producen gases.* **5** (no contable) COLOQUIAL. Fuerza, velocidad o potencia: *Juan empezó muy fuerte la carrera, pero fue perdiendo gas y al final llegó el último. Iba a todo gas por la autopista.* || **6 ~ lacrimógeno** (preferentemente en plural) Gas tóxico que provoca lágrimas: *La policía utilizó los gases lacrimógenos para dispersar a los manifestantes.* **7 ~ mostaza** MIL. Gas tóxico que ataca el sistema nervioso empleado con fines bélicos. FR. Y LOC. **cámara* de ~.**

gasa *s. f.* **1** (no contable) Tela muy ligera y transparente, generalmente de seda o fibras sintéticas: *La viuda se cubría con un velo de gasa negra.* **2** (no contable) Tejido de algodón de trama muy ancha que se utiliza en tiras para vendajes, apósitos y otros usos sanitarios: *Cubre la herida con una gasa estéril.* **venda de ~.** **3** Rectángulo de este tejido doblado en varias capas, que se utiliza para usos sanitarios: *La enfermera le puso dos gasas en la herida y las fijó con esparadrapo.* **4** (en plural) Tejido de algodón absorbente que se usaba para empapar los orines del bebé y proteger los pañales: *Tiene 18 meses y todavía lleva gasas.*

gascón, na *adj. / s. m.* y *f.* **1** De Gascuña, región del suroeste francés: *los campesinos gascones.* || *s. m.* **2** LING. Lengua románica que se habla en Gascuña.

gasear *v. tr.* **1** Hacer ‹una persona› que [un líquido] absorba una cantidad de gas: *Al gasear el agua azucarada se obtiene la gaseosa.* **2** Someter ‹una persona› [a otra persona o una cosa] para destruirlos a la acción de un gas: *En algunas guerras se han gaseado las cosechas.*

gaseiforme *adj.* QUÍM. Que se halla en estado de gas: *un producto gaseiforme.*

gaseosa *s. f.* **1** (no contable) Bebida refrescante de agua, gas carbónico y azúcar, a la que se puede añadir un saborizante: *vino con gaseosa. La gaseosa les gusta mucho a los niños.* **2** Cantidad de gaseosa contenida en un recipiente: *Póngame una gaseosa. Se ha bebido tres gaseosas.*

gaseoso, sa *adj.* **1** Que se halla en estado de gas: *fluido gaseoso, cuerpo gaseoso.* **combustible ~.** **2** Que contiene gases en disolución: *bebida gaseosa.*

gasfitero *s. m.* CHILE, PERÚ. Fontanero.

gasificación *s. f.* (no contable) Acción y resultado de gasificar: *la gasificación del carbón.*

gasificar *v. tr.* **1** FÍS. Convertir ‹una persona o una cosa› [un sólido o un líquido] en una sustancia gaseosa. SIN. volatilizar. **2** Introducir ‹una persona› gas carbónico en [un líquido]: *Aquí gasifican y embotellan el agua mineral. Este agua está gasificada.* ⇒ **71.**

gasoducto *s. m.* Conducto metálico grueso y de gran longitud para transportar el gas a largas distancias.

gasógeno *s. m.* Aparato que combina una sustancia sólida o líquida con aire para producir gas combustible: *Después de la guerra se fabricaron coches con gasógeno por la escasez de gasolina.*

gasoil o **gasóleo** (del inglés) *s. m.* (no contable) Combustible que se obtiene del petróleo destilado, usado en los motores Diesel y en las calderas de la calefacción.

gasolero, ra *adj. / s. m.* y *f.* ARG., URUG. [Vehículo, motor] que funciona con gasoil.

gasolina *s. f.* (no contable) Combustible que se obtiene del petróleo destilado, de color amarillento, inflamable, usado para los motores de explosión: *gasolina normal, gasolina super, gasolina sin plomo. Voy a echar gasolina.*

gasolinera *s. f.* **1** Establecimiento o puesto donde se suministra gasolina u otro combustible a los vehículos: *Hay cola en la gasolinera porque esta noche sube el precio de los combustibles.* **2** COL. Pequeño automotor de ferrocarril.

gasometría *s. f.* (no contable) QUÍM. Método de análisis químico de las mezclas gaseosas para determinar la concentración de gas.

gasómetro *s. m.* **1** FÍS. Instrumento que mide el volumen de gas. **2** Tanque donde se guarda gas a presión para poderlo conectar a la red de distribución.

gastador, ra *adj. / s. m.* y *f.* **1** Que gasta mucho dinero: *Las tiendas se aprovechan de los gastadores como tú.* || *s. m.* **2** MIL. Soldado que se ocupa de abrir trincheras o zanjas. **3** MIL. Soldado que, junto con otros, abre un desfile: *Los gastadores desfilan delante del batallón.*

gastar *v. tr.* **1** Utilizar ‹una persona o una cosa› [una cosa que se consume, se pierde o se estropea]: *Ha gastado todo el pegamento que había en el bote. Este coche gasta seis litros a los cien kilómetros.* **2** Utilizar ‹una persona› [una cosa]: *Su madre gasta guantes de gamuza. Siempre he gastado un papel de calidad en las cartas.* **3** Estropear o destruir ‹una persona o una cosa› [una cosa]: *Los trenes gastan los carriles con el roce.* **4** Tener ‹una persona› [una actitud negativa o un comportamiento negativo] habitualmente: *Esa vecina gasta muy mal genio.* **5** Hacer ‹una persona› [bromas o cumplidos]: *Le he dicho que no me gusta que me gasten bromas.* **6** Quitar ‹una cosa› fuerza o energía a [una persona]: *Un trabajo así gasta a cualquiera.* || *v. tr. / intr. / prnl.* **7** Utilizar ‹una persona› [el dinero] en una cosa: *Gasta mucho* ***en*** *fiestas.* ***Te*** *gastas demasiado dinero.* ***Se*** *gastó la paga* ***en*** *hacer un viaje.* || *v. prnl.* **8** Estropearse o destruirse ‹una cosa›: *Los escalones del metro se han gastado de tanta gente que pasa a diario.* **9** Perder ‹una persona› fuerza o energía: *Este jugador se gasta mucho en cada partido porque está todo el tiempo corriendo.* FR. Y LOC. **~ pólvora* en chimango. ~ (la) pólvora* en salvas. ~ saliva*. gastarlas** COLOQUIAL. Tener ‹una persona› un comportamiento habitual de una manera determinada, generalmente mala: *Ten cuidado, no sabes cómo se las gasta el padre de tu novia.*

gasterópodo *adj. / s. m.* **1** ZOOL. [Molusco] que tiene el cuerpo alargado y resbaladizo, generalmente con una concha en espiral, unos tentáculos en la cabeza, y se mueve arrastrándose lentamente. || *s. m.* **2** (en plural) ZOOL. Clase que forman los gasterópodos.

gasto *s. m.* **1** Acción y resultado de gastar: *Hay que cuidar el gasto de luz.* **2** (preferentemente en plural) Cantidad de una cosa, especialmente dinero, que se gasta o se ha gastado: *gastos de calefacción, los gastos de la casa. Este mes he tenido muchos gastos. Hay que reducir gastos.* **3** FÍS. Cantidad de líquido o de gas que sale por un orificio o circula por una conducción en una unidad de tiempo. FR. Y LOC. **correr con los gastos** Pagar ‹una persona›: *El director viajaba mucho y la empresa corría con los gastos.* **cubrir gastos** Producir ‹un negocio› los beneficios suficientes para que no cueste dinero mantenerlo: *Con la crisis, la empresa va mal y apenas se cubren gastos.* **hacer el ~** ARG., COL.; COLOQUIAL, RESTRINGIDO. Ser ‹una persona› la que más se esfuerza en una actividad sin la ayuda de las otras personas.

gastralgia *s. f.* MED. Dolor de estómago: *Tiene frecuentes gastralgias por la úlcera de estómago.*

gástrico, ca *adj.* MED. Del estómago: *úlcera gástrica.* **jugo ~. lavado* de estómago** o **lavado ~.**

gastritis (plural *gastritis*) *s. f.* MED. Inflamación de la mucosa del estómago: *Se está medicando para combatir la gastritis.*

gastroduodenal *adj.* Se usa en la LOC. **úlcera* ~.**

gastroenteritis (plural *gastroenteritis*) *s. f.* MED. Inflamación de la mucosa del estómago y de los intestinos: *Pedro no ha ido hoy a trabajar; está en casa con una gastroenteritis.*

gastrointestinal *adj.* ANAT. Del estómago y los intestinos: *Tiene molestias gastrointestinales.*

gastronomía *s. f.* 1 (no contable) *La gastronomía es una de sus principales pasiones.*

gastronómico, ca *adj.* De la gastronomía: *Colecciono las recetas gastronómicas que vienen en este semanario. La sociedad gastronómica ha organizado una reunión internacional.*

gastrónomo, ma *s. m./f.* **1** Persona que está especializada en gastronomía: *Hubo un encuentro de gastrónomos en Bilbao.* **2** Persona que tiene afición por comer bien: *Se tiene por buen gastrónomo, y conoce los mejores restaurantes de la ciudad.*

gástrula *s. f.* BIOL. Fase del desarrollo embrionario que sigue a la blástula, en la que aparecen las tres capas embrionarias: ectodermo, mesodermo y endodermo.

gata *s. f.* PERÚ. Gato, máquina de levantar pesos.

gatear *v. intr.* **1** Ir ‹una persona› a gatas: *El niño ya gatea.* **2** Subir ‹una persona› a un lugar alto como lo hacen los gatos: *De pequeño le gustaba salir por la buhardilla y gatear por los tejados.*

gatera *s. f.* **1** Agujero en una puerta o una pared para que entren y salgan los gatos: *En la puerta del garaje hemos hecho una gatera.* **2** ARG., URUG. Cajón de los hipódromos.

gatillo *s. m.* Parte de las armas de fuego que se aprieta con el dedo para disparar: *Se le encasquilló el gatillo.*

gato, ta *s. m./f.* **1** *Felix catus.* Pequeño mamífero carnívoro, generalmente doméstico, de cabeza redonda, ojos que pueden ver en la oscuridad, pelo suave y espeso, cola larga y patas cortas con uñas retráctiles: *Los gatos ahuyentan a los ratones de las casas.* **~ de Angora. ~ montés. ~ siamés.** **2** COLOQUIAL. Persona nacida en Madrid (España). **3** MÉX.; COLOQUIAL. Criado, sirviente. || *s. m.* **4** MEC. Instrumento o máquina que sirve para levantar pesos a poca altura: *Todos los coches llevan un gato para poder cambiar una rueda.* **5** ARG., URUG. Composición musical folclórica y baile de pareja suelta a su compás. FR. Y LOC. **a gatas** Apoyándose en las manos y las rodillas, como los gatos: *Los niños aprenden a andar a gatas muy pronto.* **buscar tres / cinco pies* al ~. como el perro* y el ~. cuatro gatos** COLOQUIAL. Muy poca gente: *A la primera sesión de cine fueron sólo cuatro gatos.* **dar ~ por liebre** COLOQUIAL. Hacer pasar ‹una persona› una cosa por otra parecida, pero mucho peor: *Me dijeron que era el mejor reloj del mercado, pero me dieron gato por liebre.* **haber ~ encerrado** COLOQUIAL. Haber ‹una cosa oculta o sospechosa›: *No me fío de él, en su propuesta hay gato encerrado.* **lengua* de ~. llevar(se) el ~ al agua** COLOQUIAL. Conseguir ‹una persona› lo que se había propuesto en competencia con otras personas: *Había varios compradores interesados en la finca, pero ella se llevó el gato al agua.* **pies* de ~. poner el cascabel* al ~. tener siete vidas* (como los gatos).** REFR. **Hasta los gatos quieren zapatos.** Se usa para expresar que las personas tienen a veces pretensiones que no les corresponden.

gatuperio *s. m.* COLOQUIAL; PEYORATIVO. Embrollo, enredo o asunto oculto o de dudosa honradez: *A mí no me cuentes nada, porque no quiero saber nada de tus gatuperios.*

gauchada *s. f.* **1** ARG., CHILE, PAR., PERÚ, URUG.; RESTRINGIDO. Acción propia de gauchos. **2** ARG., CHILE, PERÚ, URUG.; COLOQUIAL. Favor, servicio prestado.

gauchaje *s. m.* ARG., CHILE, PAR., URUG.; RESTRINGIDO. Grupo de gauchos.

gauchear *v. intr.* CHILE. Hacer ‹una persona› favores.

gauchesco, ca *adj.* De los gauchos: *novelas gauchescas.*

gauchismo *s. m.* (no contable) Corriente artística inspirada en la vida de los gauchos que ha tenido importancia en la literatura y en la música.

gaucho, cha *adj. / s. m.* **1** De los habitantes de las pampas de Uruguay, Argentina y Brasil, dedicados a la ganadería y de vida nómada: *la montura gaucha, la forma de vida gaucha.* **2** AMÉR. Que es buen jinete. **3** ARG. Que es grosero o zafio. **4** ARG., CHILE. Que se comporta con astucia.

gavera *s. f.* **1** VEN. Caja rectangular con divisiones para transportar botellas. **2** VEN. Envase con moldes para fabricar hielo.

gaveta *s. f.* **1** Cajón corredizo de un escritorio o de otro mueble: *La máquina de coser tiene dos gavetas para guardar hilos.* **2** RESTRINGIDO. Mueble que tiene uno o varios cajones corredizos: *Junto a la mesa del despacho tengo una gaveta para los papeles.* **3** ARG., URUG. Guantera.

gavia *s. f.* **1** MAR. Vela de cualquier mastelero de un barco. **2** MAR. Plataforma colocada en el mastelero de una galera.

gavial *s. m.* (macho y hembra) *Gavialis gangeticus.* Reptil del mismo orden que el cocodrilo, de gran tamaño y con el hocico largo, estrecho y más ancho en el extremo, que habita en los ríos de la India y se alimenta de peces.

gavilán *s. m.* **1** (macho y hembra) Familia *Accipitridae.* Ave de pequeño tamaño, de la misma familia que el buitre, con alas redondeadas y cola larga, el dorso grisáceo y el vientre blanquecino con rayas: *El gavilán frecuenta los terrenos boscosos.* **2** (preferentemente en plural) Cada uno de los dos hierros que forman la cruz de la espada y protegen la mano: *Le clavó la espada hasta los gavilanes.*

gavilla *s. f.* **1** Conjunto de cañas o ramas atadas: *Recogió la cebada en gavillas.* SIN. haz. **2** ARG., COL., URUG. Grupo de personas que se juntan para cometer delitos.

gaviota *s. f.* (macho y hembra) Ave generalmente blanca y cenicienta, con alas largas y pico largo y ganchudo, que vive sobre todo en zonas costeras y se alimenta de restos orgánicos y peces.

gay *adj. / s. m.* Homosexual.

gayo, ya *adj.* **1** LIT. Alegre o vistoso. || **2 gaya ciencia*.**

gayola *s. f.* ARG., URUG.; COLOQUIAL. Trena, chirona.

gayumbos (plural) *s. m.* COLOQUIAL. Calzoncillos: *En el cuartel, hasta los gayumbos que nos dieron eran verdes.*

gazapera *s. f.* **1** Madriguera que hacen los conejos para resguardarse y cuidar a sus crías: *El conejo se mete en su gazapera cuando se asusta.* **2** COL. Lista comentada de errores lingüísticos.

gazapo *s. m.* **1** Cría del conejo: *En la jaula estaba la coneja con sus gazapos.* **2** COLOQUIAL. Equivocación material que se comete por distracción al hablar o al escribir: *La carta estaba llena de gazapos.*

gazmoñería *s. f.*(no contable) COLOQUIAL. Fingimiento de modestia, devoción o escrúpulos: *La gazmoñería de la abuela es comprensible, tiene noventa años.*

gazmoño, ña *adj. / s. m.* y *f.* COLOQUIAL; PEYORATIVO. Que practica las obligaciones religiosas o las virtudes de una forma aparente falsa: *Ese chico es tan gazmoño que no quiere ir al baile de la boda de su hermana.*

gaznápiro, ra *adj. / s. m.* y *f.* COLOQUIAL; PEYORATIVO. Que es de entendimiento torpe o simple: *Esta gaznápira se ha pasado la tarde mirando las palomas de la ventana.*

gaznate *s. m.* COLOQUIAL. Parte superior de la tráquea, interior de la garganta: *Se echó al gaznate una copa de anís.*

gazpacho *s. m.* **1** (no contable) Sopa fría de tomate, pimiento, pepino y cebolla triturados y disueltos en agua, a la que se añade aceite, vinagre, sal, ajos y otros condimentos: *En Andalucía es típico el gazpacho.* **2** Ración de gazpacho: *¡Camarero, pónganos dos gazpachos!*

gazuza *s. f.* (no contable) COLOQUIAL. Hambre, ganas de comer: *¡Qué gazuza tengo!*

ge *s. f.* Nombre de la letra «g».

geco *s. m.* (macho y hembra) Familia *Gekkonidae.* Reptil asiático pequeño, nocturno, con dedos cortos que tienen debajo unas ventosas con las cuales puede trepar.

geisa *s. f.* Geisha.

géiser *s. m.* GEOL. Fuente de agua caliente intermitente, en forma de surtidor: *Los géiseres más conocidos son los de Islandia, Nueva Zelanda y Estados Unidos.*

geisha o **geisa** (del japonés; pronunciamos *'gueisa'*) *s. f.* Muchacha japonesa cuya profesión es entretener a los hombres con la danza, la música, el canto o la conversación.

gel *s. m.* **1** (no contable) Jabón líquido usado para el aseo: *Uso un gel de baño con olor a jazmín.* **2** QUÍM. Mezcla de un líquido y una materia coloidal, muy utilizada en farmacia y cosmética: *Muchos medicamentos se presentan como gel.* **3** QUÍM. Producto obtenido a partir de la mezcla de un líquido y una materia coloidal.

gelatina *s. f.* **1** (no contable) Sustancia proteínica incolora y transparente obtenida al cocer en agua huesos, cartílagos y tendones de animales: *La gelatina se utiliza en cocina, en farmacia, en fotografía y en la fabricación de pegamento.* **2** (no contable) Alimento preparado que tiene la consistencia de la gelatina: *un postre de gelatina y chocolate.*

gelatinoso, sa *adj.* Que tiene mucha gelatina o que se perece a ella, especialmente en la consistencia: *Esta salsa tiene un aspecto gelatinoso.*

gélido, da *adj.* **1** (ser / estar; antepuesto / pospuesto) ELEVADO. Que está helado: *El agua está gélida. El hotel es gélido. Soplaba un viento gélido. En la gélida noche andina se hacía difícil la marcha.* **2** (antepuesto / pospuesto) ELEVADO. Que es poco cariñoso: *un saludo gélido, una gélida mirada.*

gelifracción *s. f.* (no contable) GEOL. Gelivación.

gelivación o **gelifracción** *s. f.* (no contable) GEOL. Fenómeno físico por el que las rocas se rompen por efecto del hielo entre las grietas: *Se observa en la región un proceso de gelivación causado por las bajas temperaturas nocturnas.* SIN. fragmentación.

gema *s. f.* **1** Piedra preciosa: *Las gemas que más me gustan son la esmeralda y el rubí.* **2** BOT. Yema o botón de una planta. ‖ **3 sal* ~.**

gemación *s. f.* **1** BOT. Proceso de desarrollo de una yema o gema de una planta para producir una nueva rama o una flor: *Esta planta nació por gemación de otra.* **2** (no contable) BIOL. Reproducción de algunos seres inferiores asexuados mediante gemas o yemas que, al desprenderse del cuerpo, producen un nuevo ser: *Los protozoos se desarrollan por gemación.*

gemelo, la *adj.* **1** Que realiza la misma función junto a otro elemento igual: *columnas gemelas, arcos gemelos.* **2** Que tiene los mismos gustos o aficiones que otro: *Son dos almas gemelas.* ‖ *adj. / s. m.* y *f.* **3** Que ha nacido en el mismo parto que otro: *Mis hermanos son gemelos.* ‖ *s. m.* **4** ANAT. Músculo doble de la pantorrilla que eleva el talón y flexiona el pie al caminar: *Se ha dado un golpe en el gemelo izquierdo.* **5** Juego de dos piezas pequeñas o dos botones unidos por una cadena o una pequeña barra metálica que se emplea como adorno para mantener unido el puño de las camisas: *Se ha comprado un nuevo juego de gemelos.*

gemido *s. m.* **1** Acción y resultado de gemir: *el gemido del viento. Por la noche se oían los gemidos de los gatos.* **2** Sonido que expresa pena, dolor o placer: *Entre llantos y gemidos, la mujer se lamentaba de la desgracia.*

geminación *s. f.* LING. Repetición de un sonido, una sílaba o una palabra en la pronunciación o en la escritura: *En la palabra italiana «dottore» hay geminación de la «t».*

geminado, da *adj.* **1** BIOL. Que está dividido en dos: *célula geminada.* **2** ARQ. Que están unidos dos a dos: *columnas geminadas, ventanas geminadas.*

geminar *v. intr. / prnl.* LING. Producirse la geminación de ‹un sonido, una sílaba, una palabra o una expresión› en el habla o en la escritura: *En algunos dialectos españoles* ***se*** *geminan las dos consonantes que están en contacto en una palabra.*

géminis *s. m.* **1** (con mayúscula) ASTRON. Una de las Constelaciones del Zodiaco. **2** (preferentemente con mayúscula) ASTRON. Signo del Zodiaco que el Sol recorre aparentemente entre el 20 de mayo y el 21 de junio. ‖ *adj. / s. m.* y *f.* **3** (invariable) Persona nacida bajo este signo del Zodiaco: *los hombres géminis, las mujeres géminis.*

gemir *v. intr.* **1** Emitir ‹una persona› sonidos que expresan dolor, pena o placer: *La madre gemía ante el hijo muerto.* **2** Producir ‹un animal o una cosa› un sonido semejante al gemido humano: *El viento no cesaba de gemir.* ⇒ **57.**

gemología *s. f.* (no contable) Parte de la mineralogía que estudia las piedras preciosas: *La gemología trabaja con rocas de gran valor utilizadas para la ornamentación.*

gemólogo, ga *s. m. / f.* Persona que se dedica profesionalmente a la gemología: *Lucía quiere hacerse gemóloga.*

gen *s. m.* BIOL. Cada una de las partículas de los cromosomas de las cuales dependen los caracteres hereditarios de los seres vivos.

genciana *s. f.* *Gentiana lutea.* Planta de tallo sencillo y erguido, con hojas grandes y brillantes, flores amarillas y raíz de olor fuerte y sabor amargo que se emplea en medicina: *La genciana sirve para combatir la fiebre.*

gendarme *s. m.* **1** RESTRINGIDO. Agente de policía: *Los gendarmes acudieron al oír los gritos de socorro.* SIN. policía. **2** ARG. Guardia de fronteras.

gendarmería *s. f.* **1** (no contable) RESTRINGIDO. Cuerpo de los gendarmes: *Ingresó en la gendarmería al finalizar el servicio militar.* **2** RESTRINGIDO. Lugar donde hay un puesto de gendarmes. **3** ARG. Cuerpo dependiente del ejército que está encargado de la vigilancia de fronteras.

genealogía *s. f.* 1 ELEVADO. Conjunto de los antepasados de una persona, especialmente los más antiguos: *Me gustaría conocer mi genealogía.* 2 Escrito o cuadro en que figuran los antepasados de una persona: *Está escribiendo una genealogía de los reyes de Navarra.* 3 Ascendencia de un animal y documento en que consta: *Este perro tiene muy buena genealogía.* 4 (no contable) Ciencia que estudia el parentesco, origen y descendencia de una persona: *Está muy interesado por la genealogía.*

genealógico, ca *adj.* De la genealogía: *libro genealógico, investigación genealógica.* **árbol* ~.**

genealogista *s. m. / f.* Persona que se dedica profesionalmente a estudios de genealogía o es especialista en esta ciencia: *Es uno de los genealogistas más prestigiosos.*

generación *s. f.* 1 Conjunto de personas nacidas en una época determinada y que han conocido las mismas circunstancias: *Tu tío y yo somos de la misma generación. Sus padres pertenecen a la generación de la posguerra.* 2 Conjunto de familiares que se suceden por línea directa: *Con su abuelo y su padre son tres generaciones las que han llevado este negocio.* 3 Conjunto de artistas e intelectuales de una misma época cuyas obras muestran características artísticas parecidas: *Los escritores Azorín, Unamuno y Machado pertenecen a la Generación del 98.* 4 Conjunto de aparatos, máquinas, tratamientos que presentan un avance respecto a la serie anterior: *Su ordenador pertenece a la última generación. Le administraron un antibiótico de última generación.* 5 Acción y resultado de generar: *La generación de humos debe ser controlada por un filtro.*

generacional *adj.* Del conjunto de personas nacidas en una época determinada y que han conocido las mismas circunstancias: *Estudiaron las características generacionales de un grupo de escritores.*

generador, ra *adj.* 1 (el *adjetivo femenino* es *generatriz*) GEOM. [Punto, línea, superficie] que genera al moverse una figura o un cuerpo. || *adj. / s. m.* y *f.* 2 Que genera: *El dinero es generador de peleas. La calma es generadora de energía vital.* || *s. m.* 3 ELECTRIC. Aparato que produce energía: *generador de corriente alterna, generador de partículas.*

general *adj.* 1 Que es común o pertenece al conjunto de personas o cosas: *El gobierno ha decretado amnistía general. Por las tardes voy a clases de cultura general.* **anestesia* ~. capítulo* ~. huelga* ~. medicina* ~.** 2 (antepuesto / pospuesto) Que es común entre las personas o que ocurre con frecuencia: *Cada vez es más general vacunarse contra la gripe. La general tendencia a salir de vacaciones en agosto ocasiona algunos problemas de masificación en las playas.* 3 Que tiene en cuenta el conjunto y omite los detalles: *Mi impresión general es bastante positiva.* 4 [Persona] que es la máxima responsable de un organismo o de una sección: *el director general de un banco, el bibliotecario general.* **capitán* ~. secretario* ~.** || *s. m.* 5 Persona que alcanza el grado superior a coronel en el ejército o en la aviación: *Lo han ascendido a general de brigada.* **teniente* ~.** 6 Responsable máximo en algunas órdenes religiosas: *El general de los dominicos visitará pronto Ecuador.* || **7 capitanía* ~. 8 carretera* ~ / nacional. 9 cuartel* ~. 10 dirección* ~. 11 entrada* ~. 12 lingüística ~.** FR. Y LOC. **en ~** o **por lo ~.** 1 Por lo común, generalmente: *Los profesores, en general, son bastante buenos, pero siempre hay excepciones. Por lo general, me acuesto temprano.* 2 Sin particularizar o sin considerar detalles concretos o individuales: *Hablo en general, no te tienes por qué sentir aludida.* **en líneas* generales. por regla* ~.**

generala *s. f.* 1 MIL. Toque o llamada para que una fuerza militar se prepare con las armas: *Tocan a generala.* 2 COLOQUIAL. Mujer del general: *En el cuartel, las mujeres de los oficiales la llamaban «la generala».* 3 ARG., URUG. Cierto juego de dados.

generalato *s. m.* 1 (no contable) Oficio o grado de general: *Ha ascendido al generalato.* 2 Tiempo que dura el oficio de un general: *Durante su generalato se obtuvieron las mayores victorias.* 3 Conjunto de generales de un ejército: *El generalato español se ha reunido en Madrid.*

generalidad *s. f.* 1 (no contable) Mayoría o casi totalidad de personas que componen una clase o un todo: *la generalidad de las razas. La generalidad de los habitantes votó en contra.* 2 (preferentemente en plural) Falta de precisión en la forma de expresarse: *Contestó con una generalidad y se marchó.* SIN. vaguedad. 3 (preferentemente en plural) Conocimientos básicos de una materia o ciencia: *Javier solucionó el problema con cuatro generalidades sobre astrofísica.* SIN. nociones. 4 (en mayúsculas) POLÍT. Organismo que gobierna en algunas comunidades autónomas de España: *el presidente de la Generalidad de Cataluña. La Generalidad valenciana ha aprobado unas ayudas para las zonas que han sufrido inundaciones.*

generalización *s. f.* Acción y resultado de generalizar o generalizarse: *La generalización de la dieta mediterránea salvará muchas vidas.*

generalizar *v. tr.* 1 Hacer ‹una persona o una cosa› general o común [una cosa]: *Este gobierno ha generalizado la asistencia sanitaria gratuita.* 2 Considerar ‹una persona› [una cosa que se dice o se sabe de un individuo o de un elemento] un atributo de todas las personas o cosas del género: *Siempre que habla, generaliza y nos juzga a todos por lo que ha hecho uno.* 3 Considerar ‹una persona› [una cosa] en general: *No me gusta generalizar, sólo hablo de casos concretos.* || *v. prnl.* 4 Hacerse ‹una cosa› general o común: *La enseñanza gratuita se ha generalizado.* ⇒ **19.**

generalmente *adv. temp.* 1 Habitualmente: *Generalmente viene tarde.* 2 Por lo general, comúnmente: *Generalmente, es mejor hablar poco.*

generar *v. tr.* 1 Producir ‹una cosa› [otra cosa]: *Este acuerdo generará muchos problemas. La crisis ha generado mucho paro.* SIN. originar. 2 BIOL. Dar ‹un organismo vivo› vida a [un nuevo organismo]: *La semilla generará una nueva planta.* SIN. engendrar.

generativo, va *adj.* 1 Que genera o puede generar. || **2 gramática* generativa.**

generatriz *adj. / s. f.* 1 GEOM. [Punto, línea, superficie] que genera al moverse una figura o un cuerpo. 2 ELECTRIC. [Máquina] que convierte la energía mecánica en eléctrica.

genérico, ca *adj.* 1 Que es común a todos los elementos de un mismo conjunto o género: *¿Cuál es el término genérico que engloba a todos los demás?* 2 GRAM. De género gramatical: *Las desinencias genéricas y los morfemas genéricos son dos en español.*

género *s. m.* 1 Conjunto de personas o cosas con características comunes: *El violín pertenece al género de los instru-*

mentos de cuerda. **2** BIOL. Conjunto de especies que tienen cierto número de caracteres comunes: *El lobo y el perro pertenecen al género cannis.* **3** Clase de persona o cosa: *No hagas ese género de preguntas. No me gusta ese género de personas.* SIN. especie. **4** Cualquier clase de mercancía: *El dependiente está colocando el género. La tienda tiene poco género.* SIN. existencia. **5** Clase de tejido o tela: *un traje de buen género. Aquí venden géneros de punto.* **6** GRAM. Categoría gramatical que clasifica los sustantivos, adjetivos, artículos y pronombres a veces por su capacidad de referirse a la distinción natural de sexos o generalmente de una manera convencional: *En español existen el género neutro, el género masculino y el género femenino.* **7** Categoría en las que se agrupan las obras artísticas, según rasgos comunes de forma y contenido: *género narrativo, género lírico, género dramático.* || **8 ~ chico** TEATRO. Tipo de obras teatrales, breves, generalmente musicales, cómicas, de estructura sencilla y carácter popular, que estuvieron muy de moda a finales del siglo XIX y a principios del siglo XX.

generosamente *adv. modo* **1** Con generosidad, de manera generosa: *Me porté generosamente con ellos. No estás actuando muy generosamente. Generosamente, no quiso cobrarnos nada.* **2** Muy, mucho: *Llegó con un vestido generosamente escotado.*

generosidad *s. f.* (no contable) Cualidad de generoso: *La generosidad de sus actos nos sorprendió a todos.*

generoso, sa *adj.* **1** (ser / estar) Que tiende a dar o a repartir con los demás lo que tiene: *Es muy generoso, todo corazón, si tiene un duro lo reparte. Estás muy generosa últimamente.* **2** (antepuesto / pospuesto) Que tiende a esforzarse y sacrificarse por los demás: *Llevas a cabo una generosa labor, te agradecemos tu sacrificio.* **3** (antepuesto / pospuesto) Que es abundante, o que está muy desarrollado: *Las formas de su cuerpo son muy generosas. Me paga un generoso sueldo, no me puedo quejar. Me gusta ese bar porque siempre te sirven raciones generosas.* || **4 vino* ~.**

genésico, ca *adj.* ELEVADO. De la generación: *proceso genésico.*

génesis *s. f.* **1** ELEVADO. Origen o principio de una cosa: *la génesis del universo.* SIN. nacimiento. **2** (plural *génesis*) ELEVADO. Proceso de formación de una cosa y factores que intervienen en este proceso: *la génesis de un tumor.*

genética *s. f.* (no contable) BIOL. Parte de la biología que estudia la herencia y las cuestiones relacionadas con la transmisión de los caracteres hereditarios.

genético, ca *adj.* **1** De la genética, de los genes o relacionado con ellos: *diversidad genética, estudio genético, análisis genético, herencia genética, mutación genética.* **enfermedad genética. información* genética. ingeniería* genética.** **2** ELEVADO. De la génesis u origen de una cosa: *Las fases genéticas iniciales de la vida en la Tierra son aún objeto de discusión.*

genetista *s. m. / f.* Persona que se dedica profesionalmente a la genética: *El premio Nobel de medicina ha sido otorgado a un genetista.*

genial *adj.* **1** (ser / estar) Que tiene genio o talento creador: *Goya es un pintor genial. Ha estado genial en su entrevista.* **2** (ser / estar; antepuesto / pospuesto) COLOQUIAL. Que contiene o está hecho con habilidad o destreza: *Es una película genial. Este dibujo está genial, deberías dedicarte a esto en serio. La genial novela de Cervantes le dio fama universal.* **3** (antepuesto / pospuesto) COLOQUIAL. Que tiene ingenio, o que es original: *Se le ocurren unas ideas geniales. Sus geniales propuestas fueron aceptadas.* || *adv.* **4** Muy bien, extraordinariamente: *¡Qué suerte, bailas genial! Aquí cocinan genial.*

genialidad *s. f.* **1** (no contable) Condición de ser una persona un genio: *La genialidad de Charlot se apreciaba en el montaje de la película.* **2** Cualidad de ser una cosa muy buena o extraordinaria: *Su jugada fue una genialidad.* **3** (preferentemente en plural) Dicho ingenioso u original: *Decía unas genialidades que nos dejaban con la boca abierta.* **4** (preferentemente en plural) IRONÍA. Dicho pretendidamente original que resulta ser una estupidez: *Como no sabía qué decir, soltó dos genialidades.*

geniecillo *s. m.* LIT. Personaje fantástico de fábulas y cuentos, generalmente enano, y con poderes mágicos: *Apareció un geniecillo que convirtió la madera en oro.* SIN. duende.

genio *s. m.* **1** (no contable) Forma de ser, carácter: *Tiene un genio envidiable.* **2** (no contable) Estado de ánimo habitual o pasajero de una persona: *Hoy tiene un genio raro.* **3** (no contable) Mal humor, temperamento difícil: *Vaya genio que gasta. Es una persona de muy mal genio.* **4** (no contable) Carácter particular de un país o región: *Eso es típico del genio mejicano.* **5** (no contable) Gran ingenio o talento para crear o inventar: *Su genio literario hizo posible estas obras.* **6** Persona que tiene talento para crear o inventar: *un genio de la música.* **7** MIT. Divinidad que presidía el nacimiento de la persona, vivía con ella toda su vida y guiaba sus actos. **8** LIT. Ser fantástico que aparece en las leyendas y cuentos infantiles: *el genio de la lámpara de Aladino.*

genital *adj.* **1** De la reproducción o de los órganos reproductores: *aparato genital, órganos genitales, hormonas genitales, etapa genital.* **herpes ~.** || *s. m.* **2** (en plural) ANAT. Órganos sexuales masculinos o femeninos.

genitivo *s. m.* GRAM. Caso gramatical de la declinación que indica propiedad, la función de complemento del nombre u otras funciones: *la terminación de genitivo.* **caso ~.**

genocidio *s. m.* Delito que consiste en eliminar a todo un grupo social por motivos de raza, religión o ideología: *La matanza de los judíos fue un genocidio.*

genoma *s. m.* BIOL. Conjunto de cromosomas de una célula: *El genoma humano tiene 23 parejas de cromosomas.*

genotípico, ca *adj.* BIOL. Del genotipo: *información genotípica, factores genotípicos.*

genotipo *s. m.* BIOL. Conjunto de la información genética de un individuo heredada de sus padres y contenida en los cromosomas.

gente *s. f.* **1** (no contable) Conjunto de personas: *Fue poca gente al concierto. Las gentes de estos lugares luchan cada día por la supervivencia.* **2** (no contable) Cada uno de los grupos que se distingue en la sociedad. **~ pobre. ~ rica. ~ baja** COLOQUIAL; PEYORATIVO. Conjunto de personas que pertenecen a una clase social baja: *Dice que no se mezcla con la gente baja.* **~ bien** COLOQUIAL; a veces PEYORATIVO. Conjunto de personas de buena posición social: *Era una reunión de gente bien.* **~ de bien** COLOQUIAL. Conjunto de personas honradas y que actúan con buena intención: *Estas personas son gente de bien, que están aquí para ayudar.* **~ de la calle** Conjunto de personas sin especial información o relación con el asunto de que se trata: *El político habló para la gente* *de la calle.* ~ **de mal vivir** Los delincuentes: *La gente de mal vivir suele acabar de mala manera.* ~ **gorda** COLOQUIAL; PEYORATIVO. Conjunto de personas importantes e influyentes: *Vivir en esa urbanización sólo está al alcance de la gente gorda.* ~ **guapa** COLOQUIAL. Conjunto de personas ricas, famosas y que frecuentan los lugares de moda: *La revista traía un reportaje sobre los ambientes de la gente guapa.* ~ **menuda** COLOQUIAL. Los niños: *Se va a emitir un nuevo programa de televisión para la gente menuda.* **3** (no contable) COLOQUIAL. Persona, individuo: *Luisa es buena gente. El profesor de español es gente agradable.* **4** (no contable) COLOQUIAL. Grupo de amigos o compañeros: *Hace tiempo que no lo vemos porque ahora va con otra gente.* **5** (no contable) COLOQUIAL. Familia, grupo de parientes: *Está en la playa con su gente.* FR. Y LOC. **don* de gentes. ser (muy)** ~ AMÉR.; COLOQUIAL. Ser ‹una persona› de buena posición social.

gentecilla *s. f.* (no contable) RESTRINGIDO; PEYORATIVO. Gente despreciable: *Con esa gentecilla es mejor no hablar.*

gentil *adj.* **1** RESTRINGIDO. Que se comporta con amabilidad y cortesía: *Has sido muy gentil conmigo, no sé cómo agradecerte tanta amabilidad.* **2** (antepuesto) ELEVADO. Que es apuesto y bien parecido: *Tiene una gentil figura.* || *adj. / s. m.* y *f.* **3** REL. Que profesa una religión no cristiana: *Los romanos eran gentiles.* FR. Y LOC. **a cuerpo* (~).**

gentileza *s. f.* **1** (no contable) Acción realizada por educación o cortesía: *Tuvo la gentileza de dejarnos su casa para la boda.* **2** Cosa que se ofrece por educación o cortesía: *Estos libros son una gentileza de la editorial.* **3** (no contable) ELEVADO. Desenvoltura y gracia en la manera de hablar o moverse: *La gentileza del príncipe es conocida por todos.*

gentilhombre (plural *gentileshombres*) *s. m.* HIST. Noble que servía en la corte del rey o de un noble importante.

gentilicio, cia *adj. / s. m.* GRAM. [Sustantivo, adjetivo] que indica el origen o nacionalidad: *La palabra «castellano» es un gentilicio.*

gentío *s. m.* (no contable) INTENSIFICADOR. Aglomeración de gente: *Con tanto gentío no se puede pasear.*

gentleman (del inglés; pronunciamos *'yéntelman'*) *s. m.* RESTRINGIDO; a veces IRONÍA. Hombre muy elegante, distinguido y educado. SIN. caballero.

gentuza *s. f.* (no contable) PEYORATIVO. Gente despreciable: *Con esa gentuza prefiero no hablar.*

genuflexión *s. f.* Acción de inclinarse doblando una rodilla en señal de adoración o respeto: *Muchas personas hacen una genuflexión cuando pasan por el centro de la iglesia.*

genuino, na *adj.* **1** (antepuesto / pospuesto) Que es auténtico o no está mezclado con otra cosa: *Me gusta el genuino sabor del vino andaluz. Se trata de una obra de arte genuina.* **2** Que es representativo de lo que se expresa: *En esa revista médica se han publicado casos genuinos de histeria.*

GEO *s. m.* **1** Sigla del «Grupo Especial de Operaciones», cuerpo de policía, España. **2** (en minúscula) Agente de policía de este grupo: *Los geos tomaron el edificio al asalto.*

geobotánica *s. f.* (no contable) Parte de la botánica que estudia la relación entre la vida vegetal y el medio terrestre en que se desarrolla.

geocéntrico, ca *adj.* **1** GEOGR. Del centro de la Tierra: *movimientos geocéntricos.* **2** ASTRON. [Sistema astronómico] que supone que la Tierra es el centro del Universo: *El sistema de Tolomeo es geocéntrico.*

geocentrismo *s. m.* (no contable) Teoría científica que afirmaba que la Tierra era el centro del Universo y el resto de los planetas giraba alrededor de ella: *Las opiniones contra el geocentrismo estaban condenadas por la Iglesia católica.*

geodesia *s. f.* (no contable) GEOGR. Ciencia que estudia la forma y las dimensiones de la Tierra para hacer mapas: *La deriva de los continentes es un importante problema de la geodesia.*

geodésico, ca *adj.* De la geodesia: *instrumento geodésico, mapa geodésico.*

geodinámica *s. f.* (no contable) Parte de la geología que estudia las fuerzas y procesos que modifican el relieve terrestre: *La geodinámica se ocupa de procesos como el de la erosión, transporte y sedimentación.*

geodinámico, ca *adj.* De la geodinámica: *El estudio geodinámico refleja los resultados esperados.*

geofísica *s. f.* (no contable) Parte de la geología que estudia los fenómenos físicos de la Tierra, como el magnetismo o la sismología: *La geofísica es una disciplina fundamentalmente experimental.*

geofísico, ca *adj.* **1** De la geofísica: *estudio geofísico.* || *s. m. / f.* **2** Persona que está especializada en geofísica.

geografía *s. f.* **1** (no contable) Ciencia que estudia la descripción de la Tierra en su aspecto físico y como lugar habitado por el hombre: *Está pensando en estudiar geografía.* ~ **económica.** ~ **humana.** ~ **física** Geografía que estudia la configuración de las tierras y mares. ~ **lingüística** Geografía que estudia la distribución de un fenómeno lingüístico sobre un territorio. ~ **política** Geografía que estudia la organización de la Tierra en países y regiones. **2** Conjunto de ríos, montañas, lagos y otros accidentes que configuran un territorio: *Conoce muy bien la geografía boliviana.*

geográfico, ca *adj.* De la geografía: *instituto geográfico, descripción geográfica.* **accidente* ~.**

geógrafo, fa *s. m. / f.* Persona que está especializada en geografía: *Los geógrafos han hablado de las consecuencias de la superpoblación.*

geología *s. f.* (no contable) Ciencia que estudia la formación de la Tierra y los materiales que la componen: *Este año Ignacio acaba los estudios de geología.*

geológico, ca *adj.* De la geología: *El estudio geológico aconseja no construir grandes edificios en esta zona.*

geólogo, ga *s. m. / f.* Persona que se dedica profesionalmente al estudio de la geología: *Es geóloga y trabaja para una importante empresa minera.*

geomagnetismo *s. m.* **1** (no contable) FÍS. Conjunto de fenómenos relacionados con las propiedades magnéticas de la Tierra: *el estudio del geomagnetismo.* **2** (no contable) FÍS. Estudio de las propiedades magnéticas de la Tierra y de su aplicación: *El geomagnetismo de la Tierra ha sufrido variaciones importantes a lo largo de su historia geológica.*

geomancia o **geomancía** *s. f.* (no contable) Adivinación del futuro por medio de los cuerpos terrestres, o a través de puntos, líneas o círculos trazados en la tierra.

geómetra *s. m. / f.* Persona que está especializada en geometría o se dedica profesionalmente a ella.

geometría *s. f.* (no contable) Parte de las matemáticas que estudia los puntos, líneas, figuras y volúmenes: *La geometría le gusta mucho.* ~ **analítica** Geometría que estudia las propiedades de las líneas y superficies representadas por medio de ecuaciones. **~ del espacio** Geometría que estudia las figuras cuyos puntos no están todos en el mismo plano. **~ descriptiva** Geometría que resuelve los problemas de la geometría del espacio por medio de operaciones efectuadas en un plano y que representa en él las figuras de los sólidos.

geométrico, ca *adj.* **1** De la geometría: *figura geométrica, decoración geométrica.* **cuerpo* ~. media* geométrica. plano ~. progresión geométrica. proporción geométrica.** **2** (antepuesto / pospuesto) Que contiene mucha exactitud, precisión o rigor: *Es una investigación de una precisión geométrica. Trabaja con una geométrica exactitud.*

geopolítica *s. f.* (no contable) Ciencia que estudia las relaciones entre el medio geográfico y la política.

geopolítico, ca *adj.* De la geopolítica: *un informe geopolítico.*

geoquímica *s. f.* Ciencia que estudia la evolución, la distribución y la combinación de los elementos químicos en la tierra.

geoquímico, ca *adj.* De la geoquímica: *un estudio geoquímico.*

georama *s. m.* GEOGR. Gran esfera hueca en cuyo interior se ha dibujado la superficie terrestre para que se pueda observar desde su centro.

georgiano, na *adj. / s. m.* y *f.* **1** De Georgia, república de la antigua Unión Soviética. **2** De Georgia, estado de los Estados Unidos. || *adj.* **3** ARQ. [Estilo] que se desarrolló en el siglo XVIII en Inglaterra y Estados Unidos. || *s. m.* **4** LING. Lengua caucásica de la rama meridional hablada en Georgia, país asiático.

geórgica *s. f.* LIT. Composición poética sobre la vida campestre.

geosinclinal *s. m.* GEOL. Zona hundida de la corteza terrestre en la que se han acumulado a lo largo del tiempo numerosos sedimentos que posteriormente se han plegado debido a una orogénesis.

geotectónico, ca *adj.* GEOL. De la forma, disposición y estructura de las rocas y terrenos que forman la corteza terrestre: *informe geotectónico.*

geranio *s. m.* **1** Género *Geranium*. Grupo de plantas con hojas de borde ondeado y flores de varios colores agrupadas en forma de paraguas, que se cultiva en jardines y macetas. **2** Flor del geranio.

gerbo *s. m.* (macho y hembra) Jerbo, animal.

gerencia *s. f.* **1** (no contable) Oficio y funciones del gerente: *La gerencia de una empresa es difícil.* **2** Conjunto de gerentes de una empresa: *la gerencia de la Universidad.* **3** Oficina del gerente: *La gerencia está en el primer piso.* **4** Tiempo que dura el oficio de un gerente: *La gerencia de Pablo fue muy breve.*

gerente *s. m. / f.* **1** Encargado de dirigir una sociedad o una empresa: *El gerente del hotel nos pidió disculpas.* **2** Director de la administración de una sociedad según sus estatutos: *el gerente de la universidad.*

geriatra *s. m. / f.* Médico que ha realizado la especialidad de geriatría: *El geriatra nos ha explicado cómo debemos comportarnos con la abuela.*

geriatría *s. f.* (no contable) Parte de la medicina que estudia y trata de la vejez: *Se especializó en geriatría porque es una rama con mucho futuro.*

geriátrico, ca *adj.* **1** De la geriatría: *estudios geriátricos, especialistas geriátricos.* || *adj. / s. m.* **2** Hospital geriátrico.

gerifalte *s. m.* **1** (macho o hembra) *Falco rusticolus.* Halcón de gran tamaño, con el plumaje pardo o blanco con manchas, que se alimenta de pequeños mamíferos y de otras aves. **2** COLOQUIAL. Persona importante con autoridad o poder: *los gerifaltes de los partidos políticos.*

germanía *s. f.* **1** Variedad lingüística jergal de los delincuentes utilizada en los siglos XVI y XVII, que aparece con frecuencia en la literatura: *Un buen número de las palabras de germanía se conservan en el Diccionario de la Academia.* **2** Hermandad en el antiguo Reino de Valencia.

germánico, ca *adj. / s. m.* y *f.* **1** De Germania o de los germanos: *fronteras germánicas.* **2** De Alemania o de los alemanes: *costumbres germánicas, disciplina germánica.* || *adj. / s. m.* **3** Grupo lingüístico indoeuropeo del que derivan el conjunto de lenguas habladas en Europa del norte y central: *El inglés, el alemán, el holandés y el sueco son lenguas germánicas.*

germanio *s. m.* QUÍM. *Ge.* Metal blanco muy resistente a los ácidos y a las bases que se emplea en la fabricación de transistores.

germanismo *s. m.* Palabra o expresión de la lengua alemana o de las lenguas que hablaban los germanos, empleada en otra lengua: *Una parte de los germanismos del español proceden del latín vulgar.*

germanista *s. m. / f.* Persona que se dedica al estudio de la lengua o la cultura alemanas: *Han organizado un congreso de germanistas en Salamanca.*

germanizar *v. tr.* **1** RESTRINGIDO. Hacer adquirir ‹una persona o una cosa› el carácter o las costumbres germánicas a [una persona]: *La potencia económica alemana germaniza a Europa.* || *v. prnl.* **2** RESTRINGIDO. Adquirir ‹una persona› el carácter o las costumbres germánicas. ⇒ **19.**

germano, na *adj. / s. m.* y *f.* **1** Alemán: *El equipo germano ganó el partido.* **2** De Germania, antigua región europea que se extendía desde el río Rin hasta el río Vístula y desde parte del río Danubio hasta el mar Báltico.

germen *s. m.* **1** BIOL. Microorganismo capaz de causar o propagar una enfermedad: *Las bacterias son gérmenes patógenos.* **2** BIOL. Célula o conjunto de células que constituye el origen de un ser vivo. **3** BOT. Primer tallo que brota de una semilla: *Ese tallo que sale de la patata es el germen de una nueva planta.* **4** Cosa que es origen de otra cosa: *El paro es el germen del malestar social.*

germinación *s. f.* Acción y resultado de germinar: *la germinación.*

germinador, ra *adj.* **1** BIOL. Que hace germinar. || *s. m.* **2** BIOL. Cámara o local con unas condiciones de humedad, luz y temperatura favorables para la germinación de las semillas.

germinal *adj.* BIOL. Del germen: *célula germinal. El plan está en fase germinal.*

germinar *v. intr.* **1** Empezar a crecer ‹una planta›: *Apenas hace unos días que sembramos las judías y ya han germinado.* SIN. brotar. **2** Empezar a desarrollarse o a manifestarse ‹una cosa›: *Todo aquel movimiento cultural germinó en un tiempo breve.* SIN. brotar.

germinativo, va *adj.* BOT. Que germina o causa la germinación.

gerodermia *s. f.* MED. Alteración de la piel propia de la vejez.

gerontocracia *s. f.* (no contable) POLÍT. Sistema político en el que el poder reside en personas de avanzada edad: *En algunas sociedades está vigente la gerontocracia.*

gerontología *s. f.* (no contable) MED. Estudio de la vejez desde el punto de vista médico, psicológico y sociológico: *La gerontología es una de las especialidades con más futuro.*

gerontólogo, ga *s. m. / f.* Médico especialista en gerontología: *A mi madre la lleva un gerontólogo muy atento.*

gerundense *adj. / s. m.* y *f.* De Gerona, ciudad y provincia española: *la catedral gerundense.*

gerundio *s. m.* GRAM. Forma no personal del verbo que indica el carácter durativo de la acción verbal y que puede desempeñar una doble función.

gesta *s. f.* ELEVADO. Conjunto de hazañas o acciones heroicas de una persona o grupo de personas: *Leyó un libro sobre las gestas de los descubridores portugueses.* **canción* de ~. cantar* de ~.**

gestación *s. f.* **1** (no contable) BIOL. Periodo en el que las crías de los animales mamíferos permanecen dentro del cuerpo de la madre: *La gestación de los seres humanos dura nueve meses.* **2** (no contable) Proceso de formación o desarrollo de una cosa: *la gestación de una conspiración. La gestación de la nueva empresa empezó en aquella cena.*

gestante *adj. / s. f.* MED. [Mujer] que está embarazada: *Una mujer gestante ingresó en urgencias.*

gestar *v. tr.* **1** BIOL. Llevar y mantener ‹la madre› [a su hijo] en el vientre hasta el momento del parto. || *v. prnl.* **2** Formarse ‹una cosa›: *Se está gestando una rebelión.*

gestatorio, ria *adj.* RESTRINGIDO. Que se transporta en brazos o a hombros. **silla* gestatoria.**

gestero, ra *adj.* COLOQUIAL; PEYORATIVO. Que hace muchos gestos: *Es un gestero, mueve mucho las manos cuando habla.*

gesticulación *s. f.* (no contable) Acción y resultado de gesticular: *Mediante la gesticulación se pueden dar a entender muchas cosas.*

gesticular *v. intr.* Hacer ‹una persona› gestos: *Ese chico ha estado gesticulando durante toda la clase.*

gesticular *adj.* RESTRINGIDO. De los gestos: *el lenguaje gesticular.*

gestión *s. f.* **1** (preferentemente en plural; no contable) Conjunto de acciones dirigidas a conseguir o solucionar una cosa: *Tengo que ir al Ayuntamiento a hacer unas gestiones.* **2** (no contable) Acción y resultado de administrar o dirigir un negocio o un asunto: *Cuando murió su padre, él se encargó de la gestión de la oficina.*

gestionar *v. tr.* Hacer ‹una persona› diligencias para conseguir [una cosa]: *Carmen va a gestionar la solicitud de una beca para continuar sus estudios.*

gesto *s. m.* **1** Movimiento de los músculos de la cara o de las manos, que suele expresar un mensaje consciente o inconsciente: *Su padre estaba enfermo y tenía un gesto de dolor en la cara. Me hizo un gesto para que me acercara.* **2** Rostro o semblante: *El jefe entró con el gesto descompuesto.* **3** Acción que una persona realiza movida por un sentimiento: *Fue un gesto simbólico.* FR. Y LOC. **torcer el ~** COLOQUIAL. Poner ‹una persona› cara de disgusto: *En seguida tuerce el gesto cuando algo le parece mal.*

gestor, ra *adj. / s. m.* y *f.* **1** Que gestiona: *comisión gestora, el departamento gestor del trámite. El gobierno es un gestor de los bienes públicos.* || *s. m. / f.* **2** Director o administrador de una empresa: *el gestor de la empresa.* || **3 ~ administrativo** Persona que se contrata o consulta para tratar problemas administrativos: *He consultado mis dudas sobre el contrato del piso con un gestor administrativo.*

gestoría *s. f.* Establecimiento donde atiende un gestor administrativo: *Iré a la gestoría a renovar el seguro.*

gestual *adj.* De los gestos o que se hace con gestos: *técnica gestual, lenguaje gestual.*

ghanés, sa *adj. / s. m.* y *f.* De Ghana, país africano: *las costumbres ghanesas, la historia de los ghaneses.*

ghetto (del italiano; pronunciamos *'gueto'*) *s. m.* Gueto.

giba *s. f.* ELEVADO. Joroba, parte del cuerpo: *No sé si son los camellos o los dromedarios los que tienen dos gibas.*

gibar *v. tr.* **1** COLOQUIAL. Causar ‹una persona o una cosa› molestias a [una persona]: *Me ha gibado con sus preguntas.* SIN. fastidiar. || *v. prnl.* **2** COLOQUIAL. Sufrir ‹una persona› molestias: *Si no le ha salido como esperaba, que se gibe.*

gibón *s. m.* (macho y hembra) *Hylobates lar.* Mamífero primate asiático, de cuerpo delgado y sin cola, que habita en los árboles y cuando camina lo hace muy derecho.

gibosidad *s. f.* RESTRINGIDO, ELEVADO. Abultamiento en forma de giba: *El camello tiene una gibosidad en la espalda.*

giboso, sa *adj. / s. m.* y *f.* COLOQUIAL. Que tiene giba o joroba: *Los chicos se ríen de su figura gibosa.*

giganta *s. f.* RESTRINGIDO. Femenino de gigante.

gigante *adj.* **1** De tamaño más grande de lo normal: *un árbol gigante. Me regalaron un oso gigante.* || *s. m. / f.* **2** Personaje fantástico de enorme tamaño que aparece en los cuentos infantiles: *Los niños consiguen engañar al gigante y escapar.* **3** Persona muy alta: *Es un gigante, mide casi dos metros.* **4** Persona que destaca en una actividad por su talento: *los gigantes del fútbol. En ese concierto actuaron tres gigantes de la música flamenca.* SIN. genio. || **5 gigantes y cabezudos** Figuras de gigantones y de cabezudos que desfilan en fiestas populares.

gigantea *s. f.* Girasol, planta.

gigantesco, ca *adj.* (antepuesto / pospuesto) INTENSIFICADOR. De tamaño más grande de lo normal: *La gigantesca sombra de aquel edificio tapaba media ciudad. Viajó en un barco gigantesco.*

gigantismo *s. m.* (no contable) MED. Enfermedad endocrina que produce un aumento excesivo de la estatura.

gigantón, na *s. m. / f.* Muñeco gigante de fiestas y desfiles populares: *Para la Fiesta Mayor sacan a los gigantones del pueblo.*

gigoló (del francés; pronunciamos *'yigoló'*) *s. m.* Hombre joven que mantiene relaciones amorosas con una mujer mayor a cambio de dinero: *El protagonista de la película es un gigoló que se aprovecha de las señoras maduras y solas.*

gigote *s. m.* Guisado de carne troceada.

gilí *adj. / s. m.* y *f.* COLOQUIAL. Que es tonto: *No seas gilí. Con esas tonterías que dices pareces una gilí.*

gilipollas *adj. / s. m.* y *f.* (ser / estar) VULGAR; INSULTO. Que se comporta como un estúpido: *Es un gilipollas. Hoy está un poco gilipollas. Tiene cara de gilipollas.*

gilipollez *s. f.* VULGAR; PEYORATIVO. Hecho o dicho propio de un gilipollas: *Hoy no haces más que decir gilipolleces.*

gilipuertas *adj. / s. m.* y *f.* (ser / estar) COLOQUIAL. Que se comporta como un estúpido: *No seas gilipuertas. Cuanto te pones así, me pareces un gilipuertas.* SIN. gilipollas.

gimnasia *s. f.* **1** (no contable) Conjunto de ejercicios físicos para fortalecer y flexibilizar el cuerpo: *gimnasia de brazos, gimnasia de piernas.* **~ artística** Gimnasia que se practica con ciertos aparatos o en la modalidad de suelo. **~ rítmica** Gimnasia que se practica al ritmo de la música y con ciertos instrumentos. **~ sueca** Gimnasia que se realiza sin aparatos. **2** (no contable) Actividad o ejercicio intelectual: *Estoy haciendo gimnasia mental.*

gimnasio *s. m.* **1** Local con los aparatos adecuados para practicar gimnasia o deporte: *Va a un gimnasio a hacer pesas.* **2** Establecimiento oficial de segunda enseñanza de algunos países: *En Italia, Suiza o Alemania se llaman gimnasios a los centros de enseñanza media.*

gimnasta *s. m. / f.* Persona que se dedica profesionalmente a la gimnasia: *La gimnasta se dispone a subir a la barra.*

gimnástico, ca *adj.* **1** De la gimnasia: *ejercicio gimnástico, prueba gimnástica.* || **2 paso* ~.**

gimnospermo, ma *adj.* **1** BOT. Planta que tiene sus semillas al descubierto: *El pino es un árbol gimnospermo.* || *s. f.* **2** (en plural) BOT. Subtipo de estas plantas.

gimnoto *s. m.* (macho y hembra) *Gymnotus carapo.* Pez de cuerpo alargado como el de las serpientes, que emite unas descargas eléctricas para paralizar a sus víctimas, y que habita en ríos de Sudamérica.

gimotear *v. intr.* Emitir ‹una persona› gemidos sin una causa aparente o de una manera ridícula: *Cuando lo oigo gimotear me pongo nervioso.* SIN. lloriquear.

gimoteo *s. m.* Gemido o llanto leve y continuado: *En cuanto se disgusta empieza con el gimoteo.* SIN. lloriqueo.

gin (del inglés; pronunciamos *'yin'*) *s. m.* **1** Ginebra . || **2 ~ lemon** Combinado de ginebra con refresco de limón. **3 ~ tonic** Combinado de tónica con ginebra.

gincana o **gymkhana** (del inglés; pronunciamos *'yincana'*) *s. f.* Competición en la que los participantes deben salvar una serie de obstáculos o dificultades.

ginebra *s. f.* **1** (no contable) Bebida alcohólica elaborada a partir de ciertas semillas y aromatizada con bayas de enebro. **2** Medida de ginebra contenida en un vaso o copa: *Cóbrese las dos ginebras, por favor.*

ginebrés, sa *adj. / s. m.* y *f.* De Ginebra, ciudad suiza: *Los ginebreses ganaron el partido.*

ginebrino, na *adj. / s. m.* y *f.* De Ginebra, ciudad suiza: *mi hotel ginebrino. Las ginebrinas encabezaban el desfile.*

gineceo *s. m.* **1** Conjunto de habitaciones de una casa destinadas a las mujeres, en la antigua Grecia: *El gineceo solía estar en la zona interior de la casa.* **2** BOT. Órgano femenino de la flor.

ginecología *s. f.* (no contable) Parte de la medicina que estudia y trata el aparato genital femenino: *Después de acabar medicina se especializó en ginecología.*

ginecológico, ca *adj.* De la ginecología: *examen ginecológico.*

ginecólogo, ga *s. m. / f.* Médico especialista en ginecología: *Tengo hora para el ginecólogo.*

gineta o **jineta** *s. f.* (macho y hembra) *Genetta genetta.* Mamífero carnívoro de pelo gris con manchas negras, cola larga y patas cortas con garras retráctiles, que habita en Europa y África y es un buen cazador nocturno.

ginger-ale (del inglés; pronunciamos *'yínyer-eil'*) *s. m.* **1** (no contable) Bebida refrescante de burbujas elaborada con jengibre. **2** Medida de ginger-ale contenida en un vaso o copa: *Pónganos dos ginger-ales.*

gingival *adj.* ANAT. De las encías: *mucosa gingival.*

gingivitis (plural *gingivitis*) *s. f.* MED. Inflamación de las encías: *El estomatólogo le ha diagnosticado una gingivitis.*

ginkgo *s. m. Guinkgo biloba.* Árbol gimnospermo originario de China y Japón, de hojas caducas en forma de abanico, flores unisexuales y semilla parecida a una drupa.

ginseng (del coreano; pronunciamos *'yinsen'*) *s. m.* **1** Planta herbácea cuyas raíces tienen propiedades terapéuticas y estimulantes: *El té de gingseng es la bebida oficial de los astronautas rusos.* **2** (no contable) Sustancia obtenida de la raíz del ginseng.

gira *s. f.* **1** Viaje por diferentes lugares que acaba en el punto de partida: *gira turística. Emprendemos una gira de negocios por América.* SIN. recorrido. **2** Serie de actuaciones sucesivas de un artista o de una compañía por distintas localidades: *El grupo comienza una nueva gira europea para presentar su último disco.*

giradiscos (plural *giradiscos*) *s. m.* **1** RESTRINGIDO. Pieza del tocadiscos sobre la que se coloca el disco y que da vueltas a una velocidad constante. SIN. plato. **2** URUG. Tocadiscos.

giralda *s. f.* RESTRINGIDO. Veleta de una torre que tiene figura humana o animal.

girándula *s. f.* Rueda que lanza cohetes al girar.

girar *v. intr.* **1** Dar ‹una persona o una cosa› vueltas alrededor de una cosa o sobre sí misma: *La Tierra gira alrededor del Sol. La ruleta gira sin fortuna.* SIN. rotar. **2** Cambiar ‹una persona o una cosa› de dirección u orientación: *El motorista giró a la derecha. La juventud ha girado hacia el amor a la naturaleza.* **3** Tratar ‹una conversación o una conferencia› de [un tema]: *El debate gira alrededor de la situación económica.* || *v. tr.* **4** Hacer dar ‹una persona o una cosa› vueltas a [una cosa]: *El conductor giró el volante para tomar la curva. Para abrir, gira la llave con cuidado.* **5** Hacer cambiar ‹una persona o una cosa› [una cosa] de dirección: *No gires la cabeza.* **6** Enviar ‹una persona› [una cantidad de dinero] por giro postal: *Mi padre me ha girado diez mil pesetas.* **7** COMER. Enviar ‹una persona› [letras de cambio u otra orden de pago] a [otra persona]: *Dicen que giran las letras todos los viernes.* **~ una letra*.**

girasol *s. m.* **1** *Helianthus annuus.* Planta compuesta de tallo largo, hojas en forma de corazón y grandes flores amarillas de cuyas semillas negras comestibles se extrae un aceite muy apreciado: *Del girasol se extrae aceite.* **2** Flor de esta planta.

giratorio, ria *adj.* Que gira o da vueltas: *movimiento giratorio.* **escenario* ~. puente ~. puerta* giratoria.**

giro *s. m.* **1** Acción y resultado de girar: *La bailarina danzaba dando giros sobre sí misma. El coche dio un giro repentino.* **2** Orientación o dirección que toma una cosa: *El giro de la situación política nacional ya se esperaba.* **3** LING. Estructura o construcción especial de una frase o expresión: *Es un giro propio del habla de Perú.* **4** Envío de dinero a una persona por medio de correos o telégrafos: *Le mandó a su padre veinte mil pesetas por giro. He ido a poner un giro a los chicos, porque se han quedado sin dinero.* **~ postal. ~ telegráfico.** **5** Envío de una orden de pago o de una letra: *El giro de la letra se hizo el día cinco.*

girola *s. f.* ARQ. Corredor en forma de semicírculo que rodea el altar mayor de algunas iglesias y catedrales: *La girola, cuando existe, suele estar llena de capillas.*

girómetro *s. m.* **1** MEC. Aparato que mide la velocidad de rotación de una máquina. **2** AER. Instrumento que indica los cambios de rumbo de un avión.

giroscopio o **giróscopo** *s. m.* FÍS. Aparato que indica la dirección en los barcos, aviones y vehículos espaciales.

gis *s. m.* COL. Tiza para escribir.

gitanada *s. f.* RESTRINGIDO. Cosa que se consideraba tradicionalmente propia de los gitanos: *Algunos españoles creen que la venta ambulante es una gitanada.*

gitanear *v. intr.* PEYORATIVO. Intentar ‹una persona› obtener el máximo beneficio de una cosa por todos los medios: *Estoy harto de que gitanees conmigo, así que no voy a comprar nada aquí.*

gitanería *s. f.* **1** (no contable) Palabra o acción que se consideraba tradicionalmente propia de los gitanos: *Cantar flamenco no es una gitanería, muchos payos lo cantan también.* **2** (no contable) Conjunto de gitanos: *La gitanería del barrio se ha reunido para celebrar una boda.*

gitanismo *s. m.* **1** (no contable) Forma de vida y cultura de los gitanos: *El gitanismo ha sido muy valorado por algunos autores andaluces.* **2** Palabra o expresión gitana que se usa en otra lengua: *El español tiene varios gitanismos muy usados, como «chaval» o «menda».*

gitano, na *adj. / s. m.* y *f.* **1** De un pueblo, posiblemente originario de la India, que se ha extendido por gran parte de Europa y América: *raza gitana, costumbres gitanas.* **2** COLOQUIAL. Que tiene gracia y arte para ganarse a los demás: *Es una gitana, que siempre acaba haciendo de mí lo que quiere.* **3** COLOQUIAL; RESTRINGIDO. Se usa para piropear a una mujer: *¡Ven aquí, gitana mía!* **4** COLOQUIAL; PEYORATIVO. Que en los tratos comerciales actúa de forma poco legal o correcta: *Para los negocios tu padre es un gitano.* **5** COLOQUIAL; PEYORATIVO. Que tiene un aspecto sucio y abandonado: *Luis va hecho un gitano.* FR. Y LOC. **brazo* de ~. que no se lo salta un ~** COLOQUIAL; INTENSIFICADOR. Se usa para intensificar el valor o la cantidad de una cosa: *El abuelo se da unos paseos que no se los salta un gitano.*

glacé *adj.* Se usa en la LOC. **marrón* ~.**

glaceado, da *adj.* URUG. Escarchado.

glaciación *s. f.* **1** GEOL. Periodo geológico en el que se produce un gran aumento del volumen del hielo en la tierra por el descenso general de la temperatura: *Los científicos dicen que ha habido cuatro glaciaciones.* **2** (no contable) Proceso de formación del hielo, especialmente de los glaciares: *la glaciación del Polo Norte.*

glacial *adj.* **1** De hielo o que parece producido por el hielo: *frío glacial, viento glacial, mar glacial, temperatura glacial. Hace una noche glacial.* **2** [Zona terrestre o marítima] que está situada dentro de los círculos polares: *regiones glaciales.* **zona* glacial.** **3** Que no tiene sentimientos, o que se comporta con aspereza o frialdad: *En la habitación reinaba un silencio glacial.*

glaciar *adj.* **1** De una masa de hielo que desciende de las montañas en forma de río: *el deshielo glaciar.* **ablación* ~. casquete* ~. circo* ~. lengua* ~.** || *s. m.* **2** Masa de hielo originada en las partes más altas de las montañas, por encima del límite de las nieves perpetuas, que desciende hasta niveles inferiores formando un auténtico río: *Estudié en el colegio la formación de los glaciares.*

glaciarismo *s. m.* **1** (no contable) GEOL. Conjunto de fenómenos relacionados con la formación y evolución de los glaciares. **2** GEOL. Forma del relieve que está modelada por los glaciares.

glaciología *s. f.* (no contable) Parte de la geología que estudia la distribución y los efectos de la nieve y del hielo en la superficie terrestre: *Isabel es una experta en glaciología.*

glacis *s. m.* GEOGR. Terreno natural que presenta una pendiente suave y uniforme.

gladiador *s. m.* Luchador que combatía en el circo romano contra otros o contra animales salvajes: *Los combates de gladiadores eran muy frecuentes en Roma.*

gladio *s. m.* Enea, planta.

gladiolo o **gladíolo** *s. m.* Género *Gladiolus.* Planta de hojas largas, puntiagudas y flores de vivos colores agrupadas en espigas, que se cultiva en los jardines.

glamoroso, sa *adj.* COL. [Persona] que tiene glamour.

glamour (del inglés; pronunciamos *'glamur'*) *s. m.* (no contable) RESTRINGIDO. Atractivo o encanto: *una película con glamour, un joven con glamour.*

glande *s. m.* ANAT. Extremo o cabeza del pene. SIN. bálano.

glándula *s. f.* **1** ANAT. Órgano de las plantas o de los animales capaz de segregar una sustancia. **~ endocrina** Glándula que segrega hormonas en los animales. **~ pineal** Epífisis. **~ pituitaria** Hipófisis. **~ suprarrenal** Cada una de las dos glándulas situadas encima del riñón que segregan adrenalina y otras hormonas. **2** (en plural) COL. Amígdalas.

glandular *adj.* ANAT. De la glándula o con características de glándula: *análisis glandular, afección glandular.*

glasé *s. m.* (no contable) Tejido de seda o fibra artificial muy brillante: *Era un vestido de glasé muy elegante.*

glaseado, da *adj.* Se usa en la LOC. **azúcar* ~.**

glasear *v. tr.* **1** Cubrir ‹una persona› [un postre] con azúcar derretido y clara de huevo: *Hay que glasear el bizcocho para que quede bonito.* **2** Dar ‹una persona› brillo a la superficie de [una cosa]: *glasear el papel, glasear una tela.*

glauco, ca *adj.* LITERARIO. De color verde claro.

glaucoma *s. m.* (no contable) MED. Enfermedad ocular que se caracteriza por un aumento de la presión dentro del ojo y la atrofia de la retina.

gleba *s. f.* ELEVADO. Tierra cultivada: *la gleba castellana.* FR. Y LOC. **siervo* de la ~.**

glicérido *s. m.* QUÍM. Éster de la glicerina combinada con ácidos grasos.

glicerina *s. f.* (no contable) QUÍM. Alcohol incoloro, espeso y de sabor dulce, que forma parte de todos los cuerpos grasos y se usa en farmacia, cosmética y en la obtención de nitroglicerina.

glíptica *s. f.* (no contable) Arte de grabar piedras finas y cuños destinados a la impresión de monedas y medallas.

gliptogénesis (plural *gliptogénesis*) *s. f.* GEOL. Formación del relieve de la Tierra por efecto de los agentes geológicos externos.

gliptografía *s. f.* (no contable) Estudio de los antiguos grabados en piedra.

gliptoteca *s. f.* **1** ARTE. Colección de piedras grabadas. **2** ARTE. Museo de piedras grabadas. **3** ARTE; RESTRINGIDO. Museo de escultura.

global *adj.* Que se analiza o estudia sin dividirlo en partes: *Es necesario un análisis global del asunto. El presupuesto global es de 200.000 pesetas. ¿Quiere que se lo desglose?*

globalidad *s. f.* Totalidad, conjunto cerrado: *La globalidad de los fenómenos estudiados está en el informe.*

globalizar *v. tr.* Incluir ‹una persona› [datos, hechos o consideraciones] en un planteamiento global: *En su exposición el conferenciante ha globalizado todos los aspectos del problema.* ⇒ **19.**

globalmente *adv. modo* **1** De manera global: *El ingeniero examinó globalmente el proyecto y le pareció bueno.* ‖ *adv. orac.* **2** Si se adopta un enfoque global y no particularizado, hablando en términos generales: *Globalmente, ha sido satisfactorio.*

globo *s. m.* **1** Objeto con forma más o menos esférica: *El globo de la lámpara se ha roto.* **2** Bolsa de goma u otro material flexible llena de aire o gas ligero: *En la inauguración de la tienda, regalaban globos a los niños.* **3** Aparato de navegación aérea más ligero que el aire, sin motor, constituido, fundamentalmente, por una bolsa llena de gas de poca densidad. **~ aerostático** Globo con una barquilla para pasajeros: *subir en globo, viajar en globo.* **~ sonda** 1 Globo pequeño no tripulado que lleva instrumentos para estudiar fenómenos atmosféricos: *Han lanzado un globo sonda para investigar el ozono del Polo Sur.* 2 Rumor que una persona difunde para ver la reacción que tiene en los demás: *El político lanzó un globo sonda.* **4** DEP. En algunos deportes como el fútbol o el tenis, trayectoria semicircular de la pelota cuando se tira muy alta: *El globo salió por encima de la portería.* **5** Texto enmarcado por una línea cerrada, que expresa lo que el personaje de un cómic dice o piensa: *Los dibujos de esta dibujante no son muy buenos, pero los globos tienen mucha gracia.* **6** AMÉR. DEL S. Mentira. ‖ **7 ~ ocular** ANAT. Ojo. **8 ~ terráqueo / terrestre** 1 El planeta Tierra. 2 Representación de la Tierra en una esfera: *El maestro nos enseñó la distribución de los continentes en el globo terráqueo que tenemos en el aula.* FR. Y LOC. **en ~** COLOQUIAL. En peligro de no realizarse: *Como siga lloviendo, veo la excursión en globo.*

globoso, sa *adj.* ELEVADO. Que tiene forma de globo: *La Tierra tiene una figura globosa.*

globulina *s. f.* FISIOL., QUÍM. Proteína vegetal y animal presente en la leche y en la sangre: *La globulina aumenta en la sangre después de una enfermedad infecciosa grave.*

glóbulo *s. m.* **1** (preferentemente en plural) BIOL. Grupo de células de diversos tipos que se encuentran en suspensión en algunos líquidos orgánicos. ‖ **2 ~ blanco** (preferentemente en plural) BIOL. Leucocito: *En condiciones normales, en el organismo humano los glóbulos blancos luchan contra las infecciones.* **3 ~ rojo** (preferentemente en plural) BIOL. Hematíe: *La función de los glóbulos rojos es transportar el oxígeno desde los pulmones hasta los tejidos.*

gloria *s. f.* **1** (no contable) REL. Entre los cristianos, estado o lugar en que los bienaventurados gozan de la presencia de Dios: *Que Dios lo tenga en su gloria.* SIN. cielo. **2** (no contable) Gran fama y reconocimiento: *La música de Falla alcanzó la gloria.* **timbre* de ~. 3** Persona o cosa que por sus cualidades es motivo de una gran fama y reconocimiento: *Los periodistas entrevistaron a una de las glorias mundiales del ajedrez.* **4** (no contable) Grandeza o esplendor: *la gloria de una nación, un país en toda su gloria.* **5** COLOQUIAL. Persona o cosa estupenda, con buenas cualidades: *Su horario de trabajo es una gloria.* **6** (no contable) COLOQUIAL. Gran placer o satisfacción: *Da gloria verlo comer así.* ‖ *s. m.* **7** REL. Oración católica que comienza con las palabras «Gloria al Padre». **8** REL. Cántico de la misa católica que comienza con las palabras «Gloria a Dios en el cielo». FR. Y LOC. **aquí paz* y después ~. en la ~** COLOQUIAL; INTENSIFICADOR. 1 Muy a gusto: *En este sillón estoy en la gloria.* **que en ~ esté** RESTRINGIDO. Se usa para nombrar a un difunto: *A su abuelo, que en gloria esté, le gustaba contar historias de caza.* **saber* a ~. sin pena* ni ~.**

gloriarse *v. prnl.* **1** ELEVADO. Mostrarse ‹una persona› orgullosa por [una cosa]: *Se gloría* ***de*** *la inteligencia de sus hijos. Te glorías* ***de*** *tu resistencia en la montaña.* SIN. alardear. **2** ELEVADO. Mostrarse ‹una persona› muy alegre y satisfecha. ⇒ **8.** Se usa también la conjugación regular.

glorieta *s. f.* **1** Plaza redonda donde van a parar varias calles: *He quedado con ella en esta glorieta.* **2** Cenador. **3** Pequeño espacio abierto de un jardín o parque: *Nos sentamos en una glorieta del parque.*

glorificación *s. f.* Acción y resultado de glorificar: *La glorificación de la patria es el objeto de muchos poemas.*

glorificar *v. tr.* **1** Alabar ‹una persona o una cosa› [a Dios o a los santos]: *La perfección de la naturaleza glorifica a Dios.* **2** Alabar ‹una persona› [a otra persona o una cosa] exageradamente: *Los críticos no deben dedicarse a glorificar a los amigos.* **3** En la religión cristiana, dar ‹la divinidad› la gloria o la vida eterna a [una persona]: *Dios glorifica a los hombres de buena voluntad.* **4** Dar ‹una cosa› gloria, honor o fama [a una persona o una cosa]: *Sus novelas glorifican la aventura.* ⇒ **71.**

glorioso, sa *adj.* **1** (antepuesto / pospuesto) Que merece gloria, honor o fama: *batalla gloriosa. Es una gloriosa fecha en la historia de este país, digna de ser recordada. Tuvo una muerte gloriosa. Es una gloriosa hazaña.* **2** (antepuesto) REL. Del cielo o de los seres celestiales de la religión católica: *la gloriosa Virgen María.*

glosa *s. f.* **1** Comentario o explicación de un texto: *Se publican el texto y la glosa en un solo volumen.* **2** Nota explicativa de una palabra o de una frase oscura: *Las primeras manifestaciones romances son unas glosas de un texto en latín.* **3** LIT. Composición poética de extensión variable en la que se comentan y amplían ordenada y sucesivamente los versos de una poesía breve.

glosar *v. tr.* **1** Poner ‹una persona› glosas en [un texto]: *En la Edad Media, algunos monjes glosaban en castellano los textos latinos.* SIN. anotar. **2** Explicar ‹una persona› el significado de [una palabra o una expresión]: *La portavoz del Gobierno glosó la polémica frase atribuida al presidente.*

glosario *s. m.* Catálogo de palabras definidas o explicadas de uno o varios textos: *glosario de términos de arquitectura, glosario de voces medievales de caza. La obra lleva un glosario de términos al final.*

glosopeda *s. f.* (no contable) VETER. Enfermedad viral de los animales herbívoros caracterizada por la aparición de ampollas en la boca y entre las pezuñas: *La glosopeda es una enfermedad muy temida por los criadores de caballos.*

glotis (plural *glotis*) *s. f.* ANAT. Orificio de la laringe: *La glotis se cierra para que los alimentos no pasen hacia la tráquea.*

glotón, na *adj. / s. m.* y *f.* Que come con exceso o con ansia: *Es un niño muy glotón, siempre está comiendo.*

glotonería *s. f.* (no contable) Deseo ansioso por comer mucho: *Está gordo porque lo domina su glotonería.*

glucemia *s. f.* (no contable) MED. Concentración de glucosa en la sangre.

glúcido *s. m.* QUÍM. Compuesto orgánico presente en los seres vivos, que desempeña principalmente funciones energéticas. SIN. hidrato de carbono.

glucógeno *s. m.* QUÍM. Hidrato de carbono de color blanco que aparece en el hígado y músculos como reserva de glucosa.

glucólisis (plural *glucólisis*) *s. f.* QUÍM. Conjunto de reacciones químicas del interior de la célula que degrada algunos azúcares para obtener energía.

glucómetro *s. m.* Aparato que mide la cantidad de azúcar en un líquido.

glucosa *s. f.* (no contable) QUÍM. Azúcar blanco con seis átomos de carbono que se halla en la miel, en la fruta y en la sangre de los animales como reserva de energía: *jarabe de glucosa. La glucosa se emplea como edulcorante.*

glucosuria *s. f.* (no contable) MED. Presencia de azúcar en la orina: *La glucosuria suele ser un síntoma de diabetes.*

glutamato *s. m.* (no contable) Producto muy usado en la fabricación o condimentación de alimentos: *La lata de conservas lleva en su elaboración sal, azúcar, huevo, limón y glutamato sódico.*

gluten *s. m.* (no contable) Sustancia parda y pegajosa, de gran valor nutritivo, que se encuentra en las semillas de las gramíneas y se obtiene mezclando agua con harina y separando los glúcidos: *El gluten es una sustancia de reserva proteica de los vegetales.*

glúteo, a *adj.* **1** ANAT. De la nalga: *región glútea.* || *adj. / s. m.* **2** ANAT. Cada uno de los tres músculos que forman la nalga. || *s. m.* **3** (en plural) EUFEMISMO. Nalgas, trasero: *Tiene usted una herida en los glúteos.*

glutinoso, sa *adj.* RESTRINGIDO. Que se pega con facilidad, o que puede pegar una cosa con otra, como el engrudo o la goma.

gneis o **neis** (plural *gneis;* pronunciamos *'neis'*) *s. m.* Roca metamórfica, de grano grueso, con capas de minerales claros y oscuros.

gnéisico, ca (pronunciamos *'néisico'*) *adj.* Del gneis.

gnomo o **nomo** (pronunciamos *'nomo'*) *s. m.* MIT. Genio diminuto de la mitología nórdica: *Los gnomos están relacionados con la minería y la forja de los metales.*

gnomon o **nomon**, (pronunciamos *'nomon'*) *s. m.* Pieza de los relojes de sol en forma de barrita que da sombra y señala la hora.

gnomónica o **nomónica** (pronunciamos *'nomónica'*) *s. f.* (no contable) Arte y técnica de hacer relojes solares.

gnoseología o **noseología** (pronunciamos *'noseología'*) *s. f.* (no contable) FILOS. Teoría del conocimiento.

gnoseológico, ca o **noseológico, ca** (pronunciamos *'noseológico'*) *adj.* De la teoría del conocimiento: *Estudió los escritos gnoseológicos de Ortega.*

gnosis o **nosis** (plural *gnosis*, pronunciamos *'nosis'*) *s. f.* FILOS.; REL. Conocimiento absoluto e intuitivo que se tiene de la divinidad.

gnosticismo o **nosticismo** (pronunciamos *'nosticismo'*) *s. m.* (no contable) FILOS.; REL. Doctrina filosófica y religiosa surgida hacia el siglo II después de Cristo, en boga entre los cristianos, que pretendía alcanzar un conocimiento intuitivo y misterioso de las cosas divinas.

gnóstico, ca o **nóstico, ca** (pronunciamos *'nóstico'*) *adj.* **1** FILOS.; REL. Del gnosticismo: *secta gnóstica.* || *adj. / s. m.* y *f.* **2** FILOS.; REL. Que profesa el gnosticismo.

gobelino *s. m.* **1** Tapicero de la fábrica de manufacturas de los Gobelinos, creada en París por Luis XIV. **2** Tapiz de esta fábrica o hecho imitando los fabricados en ella o los artesanos gobelinos.

gobernación *s. f.* **1** (no contable) Acción y resultado de gobernar o gobernarse: *La gobernación de un barco grande es complicada.* SIN. gobierno. **2** COL. Gobierno o administración de un departamento. FR. Y LOC. **ministerio* de Gobernación.**

gobernador, ra *adj. / s. m.* y *f.* **1** RESTRINGIDO. Que gobierna: *No me parece buen gobernador este político.* || *s. m. / f.* **2** Jefe superior al mando de un territorio militar o administrativo. **~ civil. ~ militar.** **3** Representante del gobierno en un establecimiento o entidad públicos: *el gobernador del Banco de España.* **4** En algunos países, persona elegida por votación para gobernar un Estado federal: *el gobernador de California, el gobernador de Tabasco.*

gobernalle *s. m.* MAR.; RESTRINGIDO. Timón de una nave: *un barco a la deriva y sin gobernalle.*

gobernanta *s. f.* **1** Mujer que se encarga del servicio y limpieza de un hotel: *La gobernanta del hotel nos calentó el biberón del bebé.* **2** Mujer que se encarga de la administración de una casa o institución: *La gobernanta decidió cambiar de proveedores.* **3** AMÉR. Institutriz, aya.

gobernante *adj. / s. m.* y *f.* [Persona] que forma parte de un gobierno o gobierna: *partido gobernante, coalición gobernante. Los gobernantes de varios países se han reunido en la capital francesa.*

gobernar *v. tr.* **1** Dirigir ‹una persona› la vida y el funcionamiento de [una empresa o una colectividad]: *El Consejo de Dirección gobierna la empresa.* **2** Dirigir o mandar ‹una persona› [a otra persona]: *A mí no me gobierna nadie.* **3** Dirigir o llevar ‹una persona› [una embarcación o un vehículo]: *El capitán gobernaba el barco con sangre fría.* || *v. tr. / intr.* **4** Dirigir ‹una persona› [un país o un territorio]: *Este partido gobierna **en** los principales ayuntamientos* || *v. intr.* **5** MAR. Obedecer ‹una embarcación› al timón: *El barco no gobernaba, y por eso acabó encallando.* || *v. prnl.* **6** Obrar ‹una persona› siguiendo unas normas: *Este hombre se gobierna con prudencia.* FR. Y LOC. **gobernárselas** RESTRINGIDO. Arreglar u organizar ‹una persona› sus cosas hábilmente: *No te preocupes por mi hijo, que sabe gobernárselas.* SIN. arreglárselas. ⇒ **58.**

gobiernista *adj.* COL. Gubernamental, que es partidario del Gobierno.

gobierno *s. m.* **1** (no contable) Acción y resultado de gobernar o gobernarse: *Es muy difícil el gobierno de una empresa tan grande. El gobierno de un petrolero es complicado.* **2** Conjunto de personas y organismos que dirigen un Estado o un territorio: *el gobierno autonómico. Se ha producido una crisis de gobierno.* **delegado* del ~. jefe* de ~. presidente* del ~.** **3** Forma de gobernar un país: *El gobierno de este país es una democracia parlamentaria.* **~ parlamentario** Gobierno que necesita de la confianza de las Cámaras elegidas por voto popular y directo. **~ representativo** Gobierno en que concurre la nación, por medio de sus representantes, a la formación de las leyes. **4** Territorio en que tiene jurisdicción o autoridad el gobernador: *gobierno civil, gobierno militar.* **5** Edificio donde tiene su despacho y oficinas el que gobierna: *Los pacifistas se manifestaron delante del gobierno militar.* **6** MAR. Timón de una nave: *El barco está sin gobierno.* FR. Y LOC. **ama* de llaves / ~.**

gobio *s. m.* **1** (macho y hembra) *Gobio gobio.* Pez de río, de pequeño tamaño, forma casi cilíndrica, con manchas oscuras y barbilla debajo de la boca, que vive formando bancos. **2** (macho y hembra) Pez marino pequeño con unas aletas en la parte abdominal que le sirven de ventosas, y con cabeza ancha y ojos grandes.

goce *s. m.* (no contable) Sentimiento elevado de placer o alegría por la contemplación o disfrute de una cosa: *El goce es mayor cuando no se espera obtenerlo.*

godo, da *adj. / s. m.* y *f.* **1** De un antiguo pueblo germánico que invadió gran parte del imperio romano a partir del siglo IV después de Cristo: *la invasión goda, las costumbres de los godos.* **2** RESTRINGIDO en España, COLOQUIAL; PEYORATIVO. Persona española de la Península. **3** ARG., CHILE, URUG.; RESTRINGIDO en Chile; PEYORATIVO. Español. **4** CHILE, COL.; PEYORATIVO. Que es conservador en política.

gofio *s. m.* (no contable) AMÉR.; RESTRINGIDO en España. Harina tostada, generalmente de maíz.

gofrar *v. tr.* **1** ART. GRÁF. Dejar ‹una persona› impresos [dibujos, adornos o letras], en hueco o en relieve, sobre [una tela] o sobre [un papel]. **2** Hacer ‹una persona› canales en [un papel].

gofre (marca registrada) *s. m.* Dulce caliente en forma de rejilla rectangular hecha con un molde, que se recubre de azúcar, chocolate, nata o alguna mermelada.

gogó (del inglés) *s. f.* Bailarina contratada que baila en discotecas y salas de baile para animar el ambiente. FR. Y LOC. **a ~** COLOQUIAL, RESTRINGIDO. En abundancia: *En la fiesta hubo champán a gogó.*

gol *s. m.* **1** DEP. Jugada que consiste en hacer entrar el balón en un espacio limitado, como una portería o una meta, y que proporciona un tanto al equipo que lo consigue: *meter un gol, marcar un gol. No ha sido gol. Tiró a gol pero paró el portero. El resultado del partido ha sido de dos goles a cero. Nuestro equipo ganó por dos goles a cero.* || **2 ~ cantado** DEP. Disparo a la portería en condiciones favorables para marcar, que no se convierte en gol: *Era un gol cantado, pero el delantero tiró alta la pelota.* **3 ~ fantasma** DEP. Jugada discutida en la que no se sabe si el balón ha entrado o no en la portería: *El árbitro concedió un gol fantasma que fue muy discutido.* FR. Y LOC. **meter un ~** 1 COLOQUIAL. Obtener ‹una persona› un triunfo sobre otra persona, generalmente de forma inesperada: *La competencia nos ha metido un gol.* 2 COLOQUIAL. Engañar ‹una persona› a [otra persona] en un negocio u otro asunto: *Me quería meter un gol con lo de perder las notas escolares.*

gola *s. f.* **1** Adorno de tul o encaje pegado o rizado que se ponía alrededor del cuello: *La gola es típica de los trajes nobles del Siglo de Oro.* SIN. gorguera. **2** Pieza de armadura que protegía la garganta. **3** ARQ. Moldura que tiene un perfil en forma de *s.*

goleada *s. f.* Acción y resultado de golear: *Hacía tiempo que no se veía una goleada por 8-0.*

golear *v. tr.* Meter ‹una persona o un equipo› muchos goles [al equipo contrario]: *El líder goleó 5-0 a su rival.*

goleta *s. f.* MAR. Barco de vela de dos o tres palos similar al bergantín: *Las goletas solían ser barcos veloces.*

golf *s. m.* **1** Deporte que consiste en introducir, con diferentes palos, una pelota pequeña en una serie de hoyos situados en un terreno cubierto de césped: *open de golf. Juega al golf todos los días.* || **2 salsa ~.**

golfante *adj. / s. m.* y *f.* COLOQUIAL; a veces AFECTIVO. Que actúa con desfachatez, desvergüenza o golfería: *¡Menudo golfante estás hecho! Es un golfante que nunca ha trabajado.*

golfear *v. intr.* COLOQUIAL. Obrar ‹una persona› como lo haría un golfo: *Hemos estado golfeando toda la noche.*

golfería *s. f.* PEYORATIVO. Acción propia de un golfo: *Estoy harta de sus golferías.*

golfito *s. m.* COL. Minigolf.

golfo, fa *adj.* **1** COLOQUIAL. Que es atrevido y descarado: *una película golfa. Acabamos a las seis de la mañana en un local muy golfo.* || *adj. / s. m.* y *f.* **2** COLOQUIAL; PEYORATIVO. Que vive sin tener en cuenta las normas sociales y morales establecidas. *¡Qué golfa, casi me roba el reloj!* **3** COLOQUIAL. Que es listo, simpático y sinvergüenza y aprovecha las ocasiones en beneficio propio: *¡Qué golfo eres, siempre consigues lo que quieres!* || *adj. / s. f.* **4** COLOQUIAL; PEYORATIVO, INSULTO. [Mujer] que practica la prostitución: *Volvimos a casa porque sólo había unas cuantas golfas por la calle.* || *s. m.* **5** GEOGR. Extensión de mar de gran tamaño que se adentra en la tierra, entre dos cabos: *En el colegio me hicieron aprender todos los golfos y cabos de la Península.*

goliardesco, ca *adj.* De los goliardos: *vida goliardesca, composición goliardesca, poesía goliardesca.*

goliardo *s. m.* Clérigo o estudiante medievales de vida itinerante y desordenada: *Los goliardos vagabundeaban por Europa en la Edad Media de corte en corte.*

golilla *s. f.* Adorno formado por una tira negra que tiene sobrepuesta otra blanca almidonada y rizada, que llevaban alrededor del cuello algunos funcionarios o empleados de los tribunales.

gollería *s. f.* **1** Comida exquisita de sabor muy agradable y muy bien presentada: *Este postre es una gollería.* **2** COLOQUIAL. Cosa innecesaria y demasiado buena para exigirla en determinada circunstancia: *En nuestra situación no se pueden pedir gollerías, la subida de sueldo está bien, aunque no sea mucha.*

golletazo TAUROM.; PEYORATIVO. Estocada dada en el cuello del toro y que suele atravesarle los pulmones: *Mató al toro de un golletazo.* FR. Y LOC. **dar ~** Poner fin bruscamente a algo, por ejemplo a un negocio o discusión.

gollete *s. m.* **1** COLOQUIAL. Parte superior del cuello por donde se une a la cabeza: *Me apretó el gollete y casi me* *ahoga*. 2 Cuello estrecho de algunos recipientes: *el gollete de una botella*. FR. Y LOC. **no tener ~** AMÉR. DEL S.; COLOQUIAL. Ser descabellada ‹una cosa›.

golondrina *s. f.* 1 (macho y hembra) Familia *Hirundinidae*. Ave migratoria de pequeño tamaño, plumaje oscuro en el dorso, pico corto, alas largas y puntiagudas y cola en forma de horquilla: *Las golondrinas se alimentan de insectos*. 2 MAR. Embarcación pequeña de motor para viajes turísticos de corto recorrido: *Subimos en una golondrina y recorrimos el puerto de Barcelona*. || 3 **~ de mar** (macho y hembra) Familia *Laridae*. Ave parecida a la gaviota, pero de cuerpo más alargado y pico más fino y puntiagudo, que anida en costas y lagos. REFR. **Una golondrina no hace verano.** Se usa para indicar que un hecho aislado no basta para establecer una generalización.

golondrino *s. m.* 1 (macho y hembra) Pollo de la golondrina. 2 Bulto que sale en las axilas debido a una inflamación de las glándulas sudoríparas: *Tengo que dejar de utilizar desodorantes hasta que se me vayan los golondrinos*.

golosina *s. f.* 1 (preferentemente en plural) Alimento dulce y agradable, que no se come por su valor alimenticio sino por su sabor: *Nos dieron caramelos y otras golosinas*. 2 Cosa muy apetecible y agradable que atrae o tienta a una persona: *Por este precio la cadena de música es una golosina*. 3 Cosa agradable, pero sin utilidad: *No me contentaré con cuatro golosinas*. FR. Y LOC. **ser el espíritu* de la ~.**

goloso, sa *adj.* 1 Que es muy deseado o apetecible: *No fue capaz de rechazar la propuesta tan golosa de la empresa*. || *adj. / s. m.* y *f.* 2 (ser / estar) Que es aficionado a los dulces: *En mi familia somos todos muy golosos. Esta mañana está muy goloso: se ha comido él solo la caja de bombones*. FR. Y LOC. **tener muchos golosos** Ser ‹una cosa› muy deseada por muchas personas: *Este cargo tiene muchos golosos*.

golpe *s. m.* 1 Choque brusco de dos cuerpos: *Con el viento la puerta daba golpes contra la pared*. 2 Daño o efecto producido al chocar bruscamente dos cuerpos: *La mesa tiene un golpe en una esquina.Tenía un golpe en un brazo*. 3 Ruido que produce un cuerpo al chocar contra otro: *Estuvo oyendo golpes toda la noche y no pudo dormir*. 4 Fuerte impresión o disgusto grande: *La muerte de su padre fue un duro golpe para él. Ha recibido muchos golpes en la vida*. 5 COLOQUIAL. Robo: *Los ladrones prepararon el golpe con mucho detalle*. 6 Palabra o situación graciosa o ingeniosa: *El protagonista de la película tiene golpes buenísimos*. 7 Producción rápida de algunas cosas: *Le dio un golpe de tos*. 8 Pequeña cantidad de una cosa: *Ese guiso necesita un golpe de sal*. 9 DEP. En el golf, lanzamiento de la pelota: *un buen golpe. El jugador español está a tres golpes del australiano*.|| 10 **~ bajo** 1 DEP. En boxeo, golpe dado por debajo de la cintura. 2 Acción o dicho malintencionado para perjudicar a una persona: *Me parece un golpe bajo que le contaras al jefe que estoy buscando otro empleo*. 11 **~ de efecto** Acción inesperada hecha para sorprender o impresionar: *Su dimisión no es seria, ha sido un golpe de efecto*. 12 **~ de Estado** Acción de apoderarse del gobierno de un país por la fuerza y de manera ilegal: *Un grupo de militares intentó dar un golpe de Estado*. 13 **~ de fortuna / suerte** Suceso favorable que cambia de repente la situación de una persona: *Tuvo un golpe de fortuna y dejó el trabajo*. 14 **~ de gracia** 1 Golpe que se da para rematar a una persona: *Después de fusilarlos, el propio general daba el golpe de gracia a los prisioneros*. 2 Cosa que acaba definitivamente con una persona: *La expulsión del portero fue el golpe de gracia para el equipo*. 15 **~ de mano** MIL. Acción rápida de guerra en la que un grupo pequeño intenta sorprender al enemigo: *Con un golpe de mano volaron el puente más importante de la capital*. 16 **~ de mar** Ola muy fuerte: *Un golpe de mar lanzó la lancha contra las rocas*. 17 **~ de pecho** Golpe que se da una persona en el pecho con el puño como muestra de arrepentimiento: *¡Se da muchos golpes de pecho, pero no piensa cambiar!* 18 **~ de vista** Acción de ver una cosa rápidamente: *Se dio cuenta de los errores que había en el texto al primer golpe de vista*. 19 **~ franco** DEP. Tiro que ejecuta en el fútbol u otros deportes el equipo que ha sufrido una falta al borde del área de castigo: *El equipo lanzó dos golpes francos y consiguió dos goles*. FR. Y LOC. **a ~ de** Con el uso continuado de una cosa: *Tiró el tabique a golpe de martillo*. **a golpes** Con golpes o con violencia: *No le gusta que lo traten a golpes*. **andar* a golpes / tiros / gritos. cerradura* de ~. dar el ~** COLOQUIAL. Producir ‹una persona› sorpresa: *Dio el golpe con aquel vestido*. **de ~ (y porrazo)** COLOQUIAL. De una manera inesperada o brusca: *Se presentó en casa de golpe y porrazo*. **de (un) ~** De una vez: *No puede bajar todos los paquetes de golpe*. **no dar / pegar (ni) ~** COLOQUIAL. No trabajar nada o no esforzarse nada ‹una persona›: *No dio ni golpe durante el curso y al final lo suspendieron*. **parar el ~** COLOQUIAL. Evitar o reducir ‹una persona› las consecuencias negativas de una cosa: *Iban a echarlo de la empresa, su jefe le ha parado el golpe*.

golpeador *s. m.* 1 AMÉR. Aldaba, llamador que está en la puerta de entrada de la casa. 2 ARG. Hombre que golpea a su mujer.

golpear *v. tr. / v. intr.* 1 Dar ‹una persona› un golpe o repetidos golpes a [otra persona, un animal o una cosa]: *Ten cuidado, no golpees la jarra*. 2 Dar ‹una cosa› un golpe o repetidos golpes a [una persona o una cosa]: *La vida nos golpea a todos*. 3 PERÚ. Aspirar ‹una persona› el humo del [cigarrillo]. || *v. prnl.* 4 Darse ‹una persona› [un golpe] en [una parte del cuerpo]: *Se golpeó **en** la cabeza*.

golpetazo *s. m.* Golpe fuerte: *Dio un golpetazo en la pared con el puño. Se ha dado un golpetazo con el coche*.

golpetear *v. tr. / intr.* Golpear ‹una persona o una cosa› [una cosa] repetidamente: *Jorge golpeteaba **en** la mesa con los nudillos*.

golpeteo *s. m.* Serie continuada de golpes de poca intensidad: *Me despertó un golpeteo nervioso en la puerta*.

golpismo *s. m.* (no contable) Ideología y comportamiento de los partidarios de dar un golpe de Estado: *El golpismo es propio de épocas de crisis*.

golpista *adj.* 1 Del golpismo: *actividad golpista, ejército golpista*. || *s. m. / f.* 2 Persona que ha participado o es partidaria de un golpe de Estado.

golpiza *s. f.* AMÉR. Paliza, zurra.

goma *s. f.* 1 (no contable) QUÍM. Sustancia viscosa vegetal que se endurece en contacto con el aire, es soluble en agua y se obtiene mediante incisiones en el tronco de ciertos árboles: *La goma se utiliza en farmacia y en la industria como espesante*. 2 (no contable) QUÍM. Sustancia viscosa vegetal disuelta en agua, que es utilizada para pegar: *Pega la postal con goma*. 3 (no contable) QUÍM. Pegamento líquido: *un bote de goma, un tubo de goma*. SIN. adhesivo. 4 (no contable)

QUÍM. Material elástico que procede de una sustancia viscosa vegetal u otras similares, obtenido artificialmente: *suelas de goma, botas de goma.* **5** Tira o hilo elástico para sujetar cosas: *La goma de la falda me aprieta. Se me ha perdido la goma del pelo.* **6** Trozo de material elástico que sirve para borrar lo escrito: *goma de borrar, goma de tinta.* **7** COLOQUIAL. Preservativo: *En los aseos de ciertos bares hay máquinas que expenden gomas.* **8** COLOQUIAL. Manguera: *Esta goma es corta para el jardín.* **9** (no contable) JERGAL. Hachís de buena calidad: *Han conseguido un poco de goma para esta noche.* **10** (no contable) AMÉR. Malestar que se siente después de una borrachera. **11** ARG., PAR., URUG.; RESTRINGIDO en España. Neumático. **12** COL. Afición caprichosa || **13 ~ 2** (no contable) QUÍM. Explosivo plástico impermeable e insensible a los golpes y al fuego: *El explosivo compuesto por varios kilos de goma 2 estaba en una papelera.* **14 ~ arábiga** (no contable) QUÍM. Goma vegetal utilizada para fabricar pegamentos y en farmacia. **15 ~ de mascar** (no contable) Resina vegetal o artificial que se mastica y no se traga. SIN. chicle. **16 ~ elástica** (no contable) Látex. **17 ~ laca** (no contable) QUÍM. Resina vegetal utilizada para fabricar barnices. FR. Y LOC. **de ~** COLOQUIAL. Muy ágil y flexible: *Los contorsionistas parece que tengan los huesos de goma.*

gomaespuma *s. f.* QUÍM. Caucho natural o sintético, flexible y esponjoso: *El cojín es de gomaespuma.* SIN. espuma.

gomera *s. f.* ARG., URUG. Tirachinas.

gomería *s. f.* **1** AMÉR. Comercio de venta de objetos de goma o de neumáticos. **2** AMÉR. Taller de reparación de neumáticos.

gomero, ra *adj.* **1** De la goma: *industria gomera.* || *s. m. / f.* **2** AMÉR. Recolector de caucho. **3** AMÉR. Persona dedicada a la explotación de la goma o a su venta. || *s. m.* **4** AMÉR. Árbol que produce la goma. || *adj. / s. m.* y *f.* **5** De la isla canaria de la Gomera.

gomina *s. f.* (no contable) Cosmético de consistencia viscosa que se usa para fijar el cabello: *Después de peinarse, se echó gomina en el pelo.*

gomón *s. m.* URUG. Barca neumática.

gomorresina *s. f.* (no contable) QUÍM. Jugo lechoso de origen vegetal compuesto de resina mezclada con una materia gomosa y un aceite.

gomoso, sa *adj.* **1** Que tiene goma, o tiene alguna propiedad de la goma: *sustancia gomosa.* || *adj. / s. m.* **2** COLOQUIAL; PEYORATIVO. [Hombre] que cuida excesivamente su aspecto físico y resulta ridículo por su aire pretencioso.

gónada *s. f.* ANAT. Glándula que produce los gametos masculinos o femeninos: *Las gónadas femeninas son los ovarios, y las masculinas los testículos.*

gonce *s. m.* Gozne.

góndola *s. f.* **1** Embarcación ligera a remo típica de Venecia: *Para moverse por Venecia lo mejor son las góndolas.* **2** AER. Parte del avión donde se coloca el reactor. **3** BOL., PERÚ. Omnibús.

gondolero, ra *s. m. / f.* Barquero que conduce una góndola: *Los gondoleros son personajes típicos de Venecia.*

gong o **gongo** (plural *gongs*) *s. m.* Instrumento musical de percusión compuesto de un disco de metal suspendido de un soporte que se golpea con una maza.

gongorismo *s. m.* (no contable) LIT. Culteranismo.

goniómetro *s. m.* FÍS. Aparato para medir ángulos.

gonococia *s. f.* (no contable) MED. Enfermedad venérea producida por la infección de un tipo de gonococo.

gonococo *s. m.* Bacteria que se encuentra en el interior de los leucocitos o en el pus y produce la blenorragia.

gonorrea *s. f.* (no contable) MED. Mucosidad expulsada por la uretra debida a algunas enfermedades venéreas.

gordal *adj.* Que sobrepasa el límite de gordura que es propia de las cosas de su especie: *aceituna gordal, dedo gordal.*

gordinflas (plural *gordinflas*) *adj. / s. m.* y *f.* (ser / estar) COLOQUIAL; HUMORÍSTICO. Gordo: *Estás gordinflas!*

gordinflón, na *adj. / s. m.* y *f.* (ser / estar) COLOQUIAL; PEYORATIVO. Gordo: *Está más gordinflón que antes.*

gordo, da *adj.* **1** Que tiene mayor grosor, espesor, volumen o tamaño que las otras cosas de su especie: *hilo gordo, tela gorda. Tiene la nariz muy gorda.* SIN. grueso. **dedo* ~. sal* gorda.** **2** Que es muy grande, o que sobresale por su intensidad, violencia o poder: *Viene una nevada gorda.* **gente* gorda. perra* gorda. pez* ~. premio* ~.** **3** Que tiene mucha importancia o gravedad: *Fue un error gordo. Se metió en un asunto muy gordo.* SIN. grave. || *adj. / s. m.* y *f.* **4** (ser / estar) Que tiene un cuerpo voluminoso, o que tiene muchas carnes o grasas: *Estás muy gordo, tienes que adelgazar.* SIN. grueso. || *s. m.* **5** (no contable) Grasa de la carne del animal: *El carnicero le dio una carne con mucho gordo.* || **6 agua* gorda. 7 las vacas* flacas / gordas.** FR. Y LOC. **algo ~** COLOQUIAL. Cosa que tiene mucha importancia: *Va a pasar algo gordo.* **armar(se)* la gorda. caer* ~. ni gorda** 1 COLOQUIAL. Nada: *No veo ni gorda con estas gafas.* 2 COLOQUIAL. Sin gorda: *No tenemos ni gorda.* **sin gorda** COLOQUIAL. Sin dinero: *Estamos sin gorda.*

gordura *s. f.* **1** Exceso de carnes o grasas de las personas y animales: *Su gordura es enfermiza.* **2** Grasa que se deposita en proporción variable alrededor de las vísceras en los animales. **3** ARG., URUG. Nata de la leche.

gorgojo *s. m.* (macho y hembra) Insecto del mismo orden que el escarabajo, pequeño, con la cabeza terminada en una trompa y a veces sin alas, que es muy perjudicial para la agricultura: *El gorgojo es perjudicial para el trigo.*

gorgorito *s. m.* (preferentemente en plural) Quiebro de la voz, especialmente en el canto: *La soprano ensayaba sus gorgoritos en el escenario.*

gorgotear *v. intr.* Hacer ‹un líquido› ruido al moverse en el interior de una cavidad o de un recipiente: *El agua de la lluvia gorgoteaba por los desagües.* SIN. borbotear.

gorgoteo *s. m.* Acción y resultado de gorgotear: *Cuando se vacía la cisterna del baño se oye el gorgoteo del agua.*

gorguera *s. f.* **1** Adorno de tul o encaje pegado o rizado que se ponía alrededor del cuello. **2** Pieza de armadura que protegía la garganta.

gorigori *s. m.* **1** COLOQUIAL; HUMORÍSTICO. Canto fúnebre de los entierros: *El abuelo dice que no nos dará nada hasta que no le canten el gorigori.* **2** COLOQUIAL. Escándalo o alboroto: *Se formó un gorigori cuando llegó el alcalde.*

gorila *s. m.* **1** (macho y hembra) *Gorila gorila.* Mamífero primate africano de tamaño grande, cuerpo velludo, pies con los que se puede agarrar y patas cortas, que vive en el suelo y se alimenta de vegetales. **2** COLOQUIAL. Guardaespaldas: *El cantante salió del teatro rodeado de sus gorilas.* || *s. m. / f.* **3** ARG.; URUG.; PEYORATIVO. Persona que tiene ideas muy reaccionarias.

gorjear *v. intr.* 1 Cantar ‹un pájaro› haciendo gorgoritos: *El canario gorjea desde que sale el sol.* SIN. trinar. 2 Empezar a hablar ‹un niño›: *El bebé gorjea cuando lo miras.*

gorjeo *s. m.* 1 Canto de algunos pájaros: *El gorjeo de los pájaros es un placer maravilloso.* SIN. trino. 2 Quiebro de la voz: *El gorjeo del niño embelesaba a sus padres.*

gorobetearse *v. prnl.* COL.; COLOQUIAL. Torcerse ‹una cosa›.

gorobeto, ta *adj.* COL.; COLOQUIAL. Que está curvado o torcido.

gorra *s. f.* Prenda que cubre la cabeza, sin copa ni alas y generalmente con visera: *una gorra militar. Llevaba una gorra para proteger sus ojos del sol.* **~ de plato** Gorra ancha y plana con visera, como la de algunos uniformes militares. FR. Y LOC. **con la ~** COLOQUIAL. Fácilmente, sin esfuerzo: *Aprobó con la gorra.* **de ~** COLOQUIAL. Gratis, sin pagar o a expensas de otra persona: *Este chico come siempre de gorra.*

gorrear *v. tr. / intr.* COLOQUIAL. Obrar ‹una persona› como un gorrón: *Le gusta gorrear.* SIN. gorronear.

gorrinada *s. f.* 1 (no contable) Acción sucia o de mal gusto: *Cuando sus padres no lo veían hacía gorrinadas con la comida.* SIN. cochinada. 2 Cosa sucia o desagradable: *Esta habitación es una gorrinada.* 3 Acción o frase de mal gusto o contrarias a la moral vigente: *Sólo le gusta contar gorrinadas.* SIN. guarrada. 4 Acción injusta o malintencionada: *¿Por qué me has hecho esa gorrinada?*

gorrinera *s. f.* RESTRINGIDO. Pocilga, lugar para cerdos.

gorrinería *s. f.* (no contable) Gorrinada.

gorrino, na *adj. / s. m.* y *f.* 1 PEYORATIVO. Que no cuida su higiene ni la de sus cosas: *No seas gorrina y lávate los pies.* 2 PEYORATIVO; INSULTO. Que es malo o tiene mala intención: *Es un gorrino, sólo quiere perjudicarme.* || *s. m. / f.* 3 Cerdo, animal, especialmente el de menos de cuatro meses.

gorrión, na *s. m. / f.* (macho y hembra) *Passer domesticus.* Ave pequeña, muy común en casi todos los lugares, de plumaje pardo con manchas oscuras, que se alimenta de semillas e insectos y se adapta bien a vivir en las ciudades: *Los gorriones tienen el pico cónico.*

gorro *s. m.* Prenda blanda sin alas ni copa que se adapta a la cabeza para abrigarla o como adorno: *El abuelo se ponía un gorro que le cubría hasta las orejas.* **~ frigio** Gorro semejante al que usaban los frigios, que se tomó como emblema de la libertad por los revolucionarios franceses de 1793 y luego por los republicanos españoles. FR. Y LOC. **donde Cristo* dio las tres voces** o **donde Cristo perdió el ~. hasta el ~** COLOQUIAL. Harto, cansado de una persona o de una cosa: *Estoy hasta el gorro de tus tonterías.*

gorrón, na *adj. / s. m.* y *f.* COLOQUIAL. Que se aprovecha de las cosas de los demás para no gastar su propio dinero: *Tienes unos amigos muy gorrones, estuvieron dos días en casa sin que nadie los invitara.*

gorronear *v. tr. / intr.* COLOQUIAL. Aprovechar ‹una persona› como un gorrón [las cosas de otra persona]: *Me ha gorroneado la comida y la cena.*

gota *s. f.* 1 Partícula de líquido, de forma esférica, que se desprende o se deposita sobre una cosa: *unas gotas de agua.* 2 COLOQUIAL.; INTENSIFICADOR. Pequeña cantidad de una cosa: *Échame una gota de vino. Apenas queda una gota de queso.* 3 (en plural) MED. Medicamento líquido administrado con cuentagotas: *gotas para los ojos. Me han recetado unas gotas para los oídos.* 4 (no contable) MED. Enfermedad caracterizada por una acumulación de ácido úrico en las articulaciones que produce su inflamación: *Mi padre padece de gota desde joven.* 5 COL. Enfermedad que causan ciertos hongos en algunas plantas. || 6 **~ fría** METEOR. Masa de aire muy frío que desciende desde grandes altitudes y provoca el desplazamiento en altura y el enfriamiento del aire cálido con gran inestabilidad atmosférica: *Se teme la gota fría por las inundaciones que cada año produce.* FR. Y LOC. **gota a ~** 1 MED. Método de administración de un líquido de forma que éste caiga lenta y continuadamente: *Al enfermo le pusieron el suero gota a gota.* 2 MED. Dispositivo para la administración de un líquido de forma que éste caiga lenta y continuadamente: *Tuvo la gota durante varias semanas.* **ni ~** COLOQUIAL; INTENSIFICADOR. Nada: *No entiende ni gota de inglés. No ve ni gota.* **ser la ~ que colma el vaso** COLOQUIAL; INTENSIFICADOR. Hacer ‹una persona o una cosa› que la paciencia de una persona llegue al límite: *La discusión fue la gota que colmó el vaso.* **ser la última ~** Ser la gota que colma el vaso. **sudar la ~ gorda** COLOQUIAL; INTENSIFICADOR. Sudar mucho ‹una persona›: *Para llevar ese paquete sudó la gota gorda.*

gotear *v. intr.* 1 Caer ‹un líquido› gota a gota: *El agua goteaba de los árboles aun después de dejar de llover.* 2 Dejar caer ‹una cosa› un líquido gota a gota: *La ducha gotea porque no has cerrado bien el grifo.* 3 Darse o recibirse ‹una cosa› en pequeñas cantidades: *Los beneficios goteaban de la empresa con auténtica escasez.* || *v. impers.* 4 Empezar a llover gotas muy espaciadas: *Te he dicho que llovería, y ya gotea. Está goteando, así que coge el paraguas.*

gotelé *s. m.* (no contable) Técnica para pintar paredes que consiste en espaciar gotas de pintura espesa para que den al muro un aspecto granulado o rugoso: *Pintó toda la casa con gotelé.*

goteo *s. m.* 1 Acción y resultado de gotear un líquido: *El goteo del grifo me pone nervioso.* 2 Acción de dar, recibir o presentarse una cosa en pequeñas cantidades: *El goteo de dinero para pagar la deuda desequilibra el presupuesto.*

gotera *s. f.* 1 Paso del agua a través del techo o de una pared: *De tanto llover han aparecido goteras en el techo.* 2 Grieta en un techo o una pared por la que se filtra el agua: *Se ha abierto una gotera que hay que reparar.* 3 Mancha que deja en un techo o una pared la filtración del agua: *Puedes ver la gotera al lado de la chimenea.* 4 (preferentemente en plural) COLOQUIAL. Achaque propio de la vejez: *Cuando se tiene esta edad empiezan a aparecer las goteras.* 5 (en plural) AMÉR. Afueras de una población.

goterero, ra *adj.* COL.; COLOQUIAL. Gorrón.

gotero *s. m.* 1 MED. Dispositivo para la administración de un líquido de forma que éste caiga lenta y continuadamente: *Cuando lo subieron del quirófano aún tenía puesto el gotero.* 2 AMÉR. Cuentagotas.

goterón *s. m.* (preferentemente en plural) Agua de lluvia en gotas grandes: *Caen unos goterones que en un momento han mojado toda la calle.*

gótico, ca *adj.* 1 De los godos, pueblo antiguo procedente del norte de Europa: *pueblo gótico, dinastía gótica.* 2 ARTE. Del gótico, estilo artístico medieval: *catedral gótica, escultura gótica, pintura gótica.* 3 LING. [Escritura] que sustituye en el siglo XII a la escritura romana y que se caracteriza por ser recta y angulosa: *manuscrito gótico.* || *s. m.* **4** LING. Antigua lengua germánica hablada por los godos. **5** [Estilo artístico] que se desarrolla en Europa occidental y que abarca el periodo comprendido entre el final del Románico, en la segunda mitad del siglo XII, y el comienzo del Renacimiento, en el comienzo del siglo XVI: *Es un edificio del gótico tardío.* **~ flamígero** Último periodo del gótico que se desarrolló en Europa a partir del siglo XV, caracterizado por una mayor complejidad y recargamiento.

gotoso, sa *adj. / s. m.* y *f.* (ser / estar) MED. Que padece gota: *Pedro está viejo y hasta gotoso.*

gourmet (del francés; pronunciamos *'gurmé'*) *s. m. / f.* Persona entendida y de gustos refinados en la comida: *Mi padre es un gran gourmet.*

gozada *s. f.* (no contable) COLOQUIAL. Placer y satisfacción que produce una cosa: *El viaje a la montaña fue una gozada, lo pasamos muy bien.*

gozar *v. tr. / intr.* **1** Tener ‹una persona› [una cosa útil, beneficiosa o agradable]: *Goza* ***de*** *buena posición. Gozamos una temperatura agradable.* SIN. disfrutar. || *v. tr. / intr. / prnl.* **2** Sentir ‹una persona› gozo: *Isabel goza* ***con*** *el bien ajeno. Hay que gozar la vida. Mi hermano* ***se*** *goza* ***en*** *hacerme sufrir.* SIN. disfrutar. **3** Hacer ‹una persona› el acto sexual con [otra persona]: *Gozaron toda la noche.* ***Se*** *gozaban mutuamente.* FR. Y LOC. **gozarla** 1 COLOQUIAL. Pasarlo bien ‹una persona›: *Nosotros la gozamos en cualquier sitio.* 2 ARG., URUG.; COLOQUIAL. Sentir ‹una persona› satisfacción por la situación inferior o difícil de una persona. ⇒ **19.**

gozne *s. m.* Bisagra de puertas y ventanas.

gozo *s. m.* **1** (no contable) Placer o alegría por la contemplación o disfrute de una cosa: *Sentí mucho gozo al ver a mi hijo.* **2** (en plural) LIT. Composición poética en honor de la Virgen o los santos. FR. Y LOC. **mi / tu / su... ~ en un pozo.** COLOQUIAL. Se usa para indicar el fin de las ilusiones que una persona había concebido sobre una cosa: *Iba a ir de excursión, pero con esta lluvia, mi gozo en un pozo.*

gozoso, sa *adj.* **1** (estar) Que siente gozo o alegría: *Estoy gozoso con la noticia de tu llegada.* **2** (antepuesto / pospuesto) Que causa gozo o alegría, o que se hace con gozo: *El gozoso acontecimiento fue celebrado por todos. Fue una fiesta gozosa, todo el mundo estaba feliz.*

gozque *s. m.* COL. Perro vagabundo de raza indefinida, chucho.

grabación *s. f.* **1** Acción y resultado de grabar imágenes, sonidos o información procesados en una cinta o en un disco: *El nuevo disco tiene grabaciones de otros cantantes.* **2** Disco o cinta grabados con imágenes o sonidos: *He comprado la última grabación de este cantautor.*

grabado, da *s. m.* **1** (no contable) ART. GRÁF. Arte o procedimiento de grabar: *Es especialista en métodos de grabado.* **2** ART. GRÁF. Estampa obtenida por medio del arte o procedimiento de grabar: *Presentó su nueva colección de grabados.* **3** ART. GRÁF. Plancha que se ha grabado para reproducir o imprimir fotografías, dibujos o textos.

grabador, ra *adj.* **1** Que graba: *máquina grabadora.* **2** ART. GRÁF. Del arte del grabado: *técnica grabadora.* || *s. m. / f.* **3** Persona que se dedica al grabado: *Estoy esperando que me traigan el anillo del grabador, porque se equivocaron en la fecha.* || *s. f.* **4** Magnetófono: *La grabadora se ha quedado sin pilas.* || *s. m.* **5** ARG., URUG. Magnetófono.

grabar *v. tr.* **1** Hacer ‹una persona› incisiones sobre [una superficie dura]: *Los enamorados grabaron sus nombres en el tronco de un roble. Han grabado en la lápida el nombre del difunto.* **2** Recoger ‹una persona› imágenes o sonidos en [una película, un disco o una cinta magnetofónica] para poder reproducirlos: *Son imágenes que grabamos hace una semana.* **3** ART. GRÁF. Hacer ‹una persona› [las planchas que se han de reproducir por impresión]: *¿Ya habéis grabado las planchas para la impresión?* **4** Dejar ‹una persona o una cosa› [un sentimiento o un recuerdo] en [el ánimo] o en [la memoria de una persona]: *Ana ha grabado su imagen en mi mente y no la puedo olvidar.* || *v. prnl.* **5** Quedar ‹un sentimiento o un recuerdo› en [el ánimo] o en [la memoria de una persona]: *Su mirada se grabó en mi memoria.*

gracejada *s. f.* AMÉR. C., MÉX. Broma o gracia grosera.

gracejo *s. m.* (no contable) Gracia y desenvoltura en el hablar o escribir: *En la conferencia mostró un gracejo que yo desconocía.*

gracia *s. f.* **1** (no contable) Capacidad de una persona o de una cosa para hacer reír: *Esa anécdota tiene mucha gracia. Es un actor con gracia.* **2** Cosa que hace reír, divierte o resulta chocante: *La niña sabe que en cuanto te hace una gracia se lo perdonas todo.* **3** IRONÍA. Cosa que irrita o molesta: *Es una gracia que tengamos que volver.* **4** (no contable) Encanto o atractivo: *Ese mechón que le cae sobre la frente tiene mucha gracia.* **5** (no contable) Elegancia o armonía: *Rosa caminaba con gracia. Esa chica no tiene ninguna gracia vistiendo.* **6** (no contable) Soltura o desenfado: *El chaval nos lo contó con gracia.* SIN. salero. **7** (no contable) Habilidad o talento: *No parece que tenga gracia para bailar.* **8** Amistad o protección de una persona influyente: *Contamos con la gracia del presidente.* SIN. amparo. **9** Favor o concesión gratuita: *Rey por la gracia de Dios.* **10** Perdón de la autoridad, especialmente el concedido a un condenado: *medida de gracia.* **derecho* de ~.** SIN. indulto. **11** REL. Don de Dios a los hombres que, en la religión cristiana, se obtiene con el bautismo y se pierde con el pecado, y por el que Dios hace hijos suyos a los hombres. **12** AFECTADO; HUMORÍSTICO. Nombre propio: *Dígame su gracia, señorita.* **13** (en plural, preferentemente con mayúscula) MIT. Divinidades que representaban la belleza, el arte y otras actividades del espíritu. || *interj.* **14** (en plural) Se usa como fórmula de agradecimiento: *Muchas gracias por todo. –«¡Gracias!» –«De nada.»* FR. Y LOC. **acción* de gracias. año* de gracia. caer* en ~. dar (las) gracias** Expresar ‹una persona› agradecimiento por una cosa: *Me dio las gracias por llevarlo.* **golpe* de ~. gracias a** Por mediación o a causa de una persona o una cosa: *Gracias a su tío encontró trabajo. Gracias a que el secador no estaba enchufado no se electrocutó.* **gracias a Dios** Se usa para expresar alegría o alivio ante una cosa que se temía o se esperaba: *Ya está aquí, gracias a Dios; pensaba que había sufrido un accidente.* **tiro* de ~.**

grácil *adj.* (antepuesto / pospuesto) ELEVADO. Que es delgado, menudo o sutil: *Tiene un talle grácil.*

graciosamente *adv. modo* **1** Con gracia: *La niña parloteaba graciosamente.* **2** RESTRINGIDO. Gratis, sin recibir a cambio paga, premio o recompensa: *Aquella multitud enfervecida hubiera aceptado trabajar graciosamente para él.* **3** RESTRINGIDO. Por gracia o merced: *El título le fue graciosamente concedido por el rey.* **4** RESTRINGIDO. Sin que el beneficiado haya hecho méritos para ello. OBSERVACIONES: No expresa propiamente modo ni propiamente califica la acción verbal: *Su sobrina recibió graciosamente el galardón más alto.*

gracioso, sa *adj.* **1** (ser / estar, antepuesto / pospuesto) Que es agradable o simpático: *Su nariz es graciosa. Aquel lunar que se pintó en la mejilla estaba gracioso. Un gracioso lazo le adornaba el cabello.* **2** (antepuesto) RESTRINGIDO. Que concede gracias o favores: *Son palabras de su graciosa Excelencia.* **3** (antepuesto / pospuesto) RESTRINGIDO. Que se concede como gracia o favor: *La graciosa contribución de esta empresa ha hecho posible que se construya el hospital.* || *adj. / s. m.* y *f.* **4** (ser / estar, antepuesto / pospuesto) Que tiene gracia o que divierte: *Es un actor muy gracioso. Estuvo gracioso interpretando aquel papel. Es un chiste muy gracioso. Es el gracioso en todas las reuniones.* **5** (ser / estar, antepuesto / pospuesto) IRONÍA. Que es pesado, molesto o que no tiene gracia: *Cuando está gracioso no hay quien lo soporte. Su graciosa respuesta nos sentó como una patada en el estómago.* || *s. m. / f.* **6** Personaje cómico: *Hace de gracioso en esta película.* **7** Actor o actriz que representa papeles cómicos: *Es la graciosa por excelencia del cine chileno.* || *s. m.* **8** Personaje del teatro clásico español que se caracteriza por su ingenio y socarronería.

grada *s. f.* **1** Banco de piedra o de obra, en forma de escalón alargado, donde se sienta el público en estadios, plazas de toros o recintos similares: *Está sentado en la zona central de la tercera grada.* **2** (preferentemente en plural) Conjunto de bancos de piedra o de obra de un estadio, plaza de toros o recinto similar: *Las gradas estaban abarrotadas de público.* **3** (preferentemente en plural) Conjunto de personas que ocupan los bancos de piedra o de obra de un estadio, plaza de toros o recinto similar: *La grada no cesó de protestar en todo el partido.* **4** RESTRINGIDO. Escalón o tarima de un altar o de un trono. **5** MAR. Plano inclinado de piedra sobre el que se construyen o se reparan los barcos. **6** (en plural) RESTRINGIDO. Escalinata. **7** AGR. Instrumento con forma de reja para allanar las tierras aradas.

gradación *s. f.* **1** (no contable) Colocación o realización de unas cosas siguiendo un orden creciente o decreciente. SIN. progresión. **2** MÚS. Periodo armónico que va ascendiendo o descendiendo de tono progresivamente: *El final de la ópera es una gradación ascendente.* **3** RET. Figura retórica que consiste en una enumeración de palabras o frases que van creciendo o decreciendo en el significado o fuerza expresiva: *Todo el poema es una gradación ascendente.*

gradería *s. f.* Graderío.

graderío *s. m.* **1** Conjunto de gradas: *El graderío estaba abarrotado de público.* SIN. gradería. **2** Conjunto de personas que ocupan las gradas: *El graderío aplaudía y animaba a los jugadores.* SIN. gradería.

gradiente *s. m.* **1** Grado en que varía una magnitud con relación a la unidad: *gradiente de temperatura, gradiente geotérmico.* **2** AMÉR. Pendiente, inclinación del terreno.

grado *s. m.* **1** Cada uno de los valores, medidas o estados de una cosa, que pueden ordenarse de mayor a menor o viceversa: *Lo mejor de esta empresa es el grado de preparación de sus empleados. Está acusado de asesinato en primer grado.* **quemadura* de primer ~. quemadura* de segundo ~. quemadura* de tercer ~.** **2** Intensidad con que se manifiesta una cosa: *El paro se da en menor grado en las poblaciones agrícolas.* **3** Cada una de las divisiones de una escala: *Esta tarde hemos alcanzado los treinta y nueve grados de temperatura.* **4** Cada uno de los niveles en que se agrupan los alumnos, según su edad o sus conocimientos: *Está ya en el segundo grado de Formación Profesional.* **5** Título que recibe la persona que ha finalizado unos estudios: *Cuando lea la tesis obtendrá el grado de doctor.* **6** MIL. Cada una de las categorías que se distinguen en la milicia: *Ha alcanzado el grado de teniente.* **7** Cada una de las generaciones que marcan el parentesco de una persona: *Son parientes en primer grado.* **8** LING. Cada uno de los tres modos en que se expresa la intensidad del adjetivo: *Los grados del adjetivo «malo» son «peor» como comparativo y «pésimo» como superlativo.* **9** MAT. Exponente más alto que tiene la incógnita de una ecuación o la variante de un polinomio: *Hemos aprendido a hacer ecuaciones de segundo grado.* **10** MAT. Unidad de medida de los ángulos planos, que equivale a cada una de las 360 partes iguales en que se divide una circunferencia: *un ángulo de 90 grados.* || **11 ~ centígrado / Celsius** FÍS. Unidad para medir la temperatura, que se obtiene dando un valor de 0° a la temperatura de fusión del hielo y de 100° a la temperatura de ebullición del agua a la presión de una atmósfera. **12 ~ Fahrenheit** FÍS. Unidad para medir la temperatura, que se obtiene dando un valor de 32° a la temperatura de fusión del hielo y 212° a la temperatura de ebullición del agua a la presión de 1 atmósfera. **13 ~ Kelvin** Unidad para medir la temperatura, que se obtiene dando un valor de 273 grados Kelvin a la fusión del hielo y 373 grados Kelvin a la ebullición del agua y 0 grados Kelvin al cero absoluto, que es la temperatura más baja posible y equivale a –273° C. FR. Y LOC. **de (buen) ~** Con gusto, voluntariamente: *Nos ayudará de buen grado.* **la veteranía* es un ~.**

graduación *s. f.* **1** (no contable) Acción y resultado de graduar o de medir: *la graduación de la vista.* **2** (no contable) Cantidad de alcohol que tienen las bebidas: *Esta ginebra tiene mucha graduación.* **3** Categoría de un militar en su carrera. SIN. grado. **4** Consecución de un título o grado académico: *El año de mi graduación fue 1991.*

graduado, da *adj.* **1** Que tiene determinados los grados o la medida: *lentes graduadas.* **regla graduada.** || *adj. / s. m.* y *f.* **2** Que ha conseguido un grado universitario: *Después de tres años de estudios, ya es graduada* ***en*** *Trabajo social.* || *s. m.* **3** Título obtenido al finalizar los estudios de enseñanza básica: *Ha suspendido dos asignaturas y no le han dado el graduado.* **~ escolar.**

gradual *adj.* (antepuesto / pospuesto) Que se produce de manera continua, sin saltos ni variaciones bruscas: *La disminución del paro ha sido gradual.*

graduar *v. tr.* **1** Dar ‹una persona› el grado o la intensidad conveniente a [una cosa]: *Nuestro campeón no graduó bien el esfuerzo y perdió la carrera.* SIN. regular. **2** Determinar ‹una persona› los grados o la medida de [una cosa]: *Ha ido al oculista a que le graduaran la vista.* **3** Dividir ‹una persona› [una cosa] en grados. **4** Hacer ‹una persona› mayor o menor [una cosa] gradualmente: *Con la palanca se puede graduar la intensidad de la luz.* SIN. regular. **5** Conceder ‹una persona› un grado o un título a [otra persona]: *La escuela ha graduado en este curso a cien alumnos.* || *v. prnl.* **6** Obtener ‹una persona› un grado o un título: *Se graduó* ***de*** *bachiller. Espero que te gradúes* ***en*** *Letras.* ⇒ **3.**

grafema *s. m.* LING. Unidad mínima de la escritura: *La letra «ch» está compuesta por dos grafemas.*

graffiti (plural *graffiti;* del italiano; pronunciamos *'grafiti'*) *s. m.* Letrero o dibujo de carácter popular realizado en paredes y otras superficies callejeras: *La puerta del servicio está llena de graffiti.*

grafía *s. f.* LING. Representación escrita de una palabra o de un fonema: *Hay fonemas que tienen dos grafías.*

gráficamente *adv. modo* **1** De manera gráfica, mediante grafías o mediante gráficos: *El siguiente cuadro muestra gráficamente el último balance económico.* **2** Con plasticidad gráfica: *¡Lo expone tan gráficamente!* || *adv. restrictivo* **3** En el aspecto gráfico, desde el punto de vista de la grafía: *Son palabras gráficamente idénticas, aunque fonéticamente distintas.* OBSERVACIONES: ◊ Se asocia al verbo *acentuar* completando un sintagma verbal que se corresponde con la amalgama nominal *acentuación gráfica*: *Esa palabra no se acentúa gráficamente.* ◊ En el contexto adecuado, la oración *«Esa palabra no se acentúa»* expresa la misma idea.

gráfico, ca *adj.* **1** De la escritura o de la imprenta. **artes* gráficas. periodista* ~. reportaje* ~. reportero* ~. 2** Que se representa con signos, figuras, líneas o dibujos: *representación gráfica, descripción gráfica. En el papel nos daba una explicación gráfica de lo que iba diciendo.* **diseño* ~.** **3** (antepuesto / pospuesto) Que expone o comunica las ideas con expresividad y claridad: *palabra gráfica. Con una gráfica frase lo dejó todo claro. Nos invitó a salir de su casa haciendo un gesto muy gráfico.* || *s. m. / f.* **4** Representación de datos estadísticos o cantidades mediante dibujos, esquemas o coordenadas: *Las gráficas muestran el descenso de la natalidad en los últimos diez años.* **~ de tarta** Gráfico que se organiza en sectores, en un diagrama circular.

grafismo *s. m.* **1** (no contable) Manera peculiar de hacer los trazos al escribir o dibujar: *El grafismo nervioso delataba el estado de ansiedad de la persona que había escrito la nota.* **2** (no contable) Diseño gráfico: *el grafismo de una portada, el grafismo de la página de un libro.* **3** (no contable) Expresividad gráfica en lo que se dice y en la manera de decirlo: *Su relato fue de un grafismo conmovedor.*

grafista *s. m. / f.* Persona especializada en diseño gráfico: *He estado revisando el proyecto del grafista.*

grafito *s. m.* **1** (no contable) Mineral compuesto por carbono puro cristalizado, de color negro agrisado y brillante, con el que se fabrican las minas de los lápices: *El grafito es buen conductor de la electricidad.* **2** Graffiti.

grafología *s. f.* (no contable) PSICOL. Método o técnica del estudio de la letra de una persona para analizar su personalidad: *Estudió grafología y hoy es un experto.*

grafológico, ca *adj.* De la grafología: *estudio grafológico, examen grafológico.*

grafólogo, ga *s. m. / f.* Persona que está especializada en grafología: *Visitó a un grafólogo para que le ayudara a conocer la personalidad de quien le escribía los anónimos.*

gragea *s. f.* Medicamento en forma de pastilla que está recubierta de una sustancia azucarada: *Prefiero las grageas a los jarabes o a las inyecciones.*

grajilla *s. f.* (macho y hembra) *Corvus monedula.* Ave de la misma familia que el cuervo, de pico corto y plumaje negro, con el cogote y los lados de la cara grises.

grajo, ja *s. m. / f.* **1** *Corvus frugileus.* Ave de la misma familia que el cuervo, de pico fino y plumaje negro azulado, que habita en Europa y Asia y emigra a zonas cálidas en invierno. || *s. m.* **2** PERÚ; VULGAR. Olor de la transpiración.

gral. *abrev.* «General».

grama *s. f.* **1** (no contable) *Cynodon dactylon.* Planta gramínea medicinal de tallo rastrero, hojas acabadas en punta y flores agrupadas en espigas. **2** AMÉR. Césped, hierba.

gramaje *s. m.* (no contable) ART. GRÁF. Peso, en gramos, del papel por metro cuadrado: *Para los libros de lujo necesitamos un papel de un gramaje muy alto.*

gramática *s. f.* **1** (no contable) Ciencia que estudia los elementos de una lengua y su funcionamiento: *Para dominar una lengua es importante conocer su gramática.* **~ comparada** Gramática que se ocupa del estudio comparativo de las lenguas para analizar sus semejanzas y diferencias y agruparlas en familias lingüísticas. **~ estructural** Gramática que se ocupa del estudio sincrónico de una lengua y de su funcionamiento, partiendo del supuesto de que todos sus elementos forman un conjunto cerrado y mantienen entre sí relaciones sistemáticas. **~ generativa** Gramática que trata de formular un conjunto de reglas capaces de generar todas las oraciones posibles y aceptables de una lengua y sólo ésas. **~ histórica** Gramática que estudia el proceso de evolución de una lengua a través del tiempo. **~ normativa** Gramática que establece las normas de uso de una lengua y establece lo que es correcto o incorrecto: *La gramática de la Real Academia suele ser normativa.* **~ tradicional** Gramática teórica y descriptiva que arranca de las ideas de los filósofos griegos sobre el lenguaje y que se desarrolló hasta la aparición de la gramática estructural en el siglo XX. **~ transformativa** o **~ transformacional.** Gramática generativa que establece que de un esquema oracional se pasa a otro u otros por la aplicación de determinadas reglas. **2** Texto en el que se recoge la descripción de una lengua: *He comprado una gramática del español.* || **3 ~ parda** COLOQUIAL, RESTRINGIDO; PEYORATIVO. Astucia para salir bien de las situaciones comprometidas de la vida: *Tu amiga sabe mucha gramática parda: no la engañan fácilmente.*

gramatical *adj.* **1** De la gramática: *regla gramatical, ejercicios gramaticales.* **categoría* ~. 2** Que se atiene a las reglas de la gramática: *construcción gramatical.*

gramaticalidad *s. f.* (no contable) LING. Cualidad del enunciado que se atiene a las reglas de la gramática: *Nos pidieron que comprobáramos la gramaticalidad de dos oraciones.*

gramaticalmente *adv. restrictivo* **1** En cuanto a su aspecto gramatical o desde la perspectiva de la gramática: *una secuencia gramaticalmente incorrecta. Gramaticalmente, el texto es discutible, pero literariamente es un verdadero hallazgo.* **2** En los aspectos gramaticales: *Analícese gramaticalmente este párrafo.* || *adv. modo* **3** Conforme a las reglas de la gramática: *una secuencia gramaticalmente formada.*

gramático, ca *s. m. / f.* Persona que se dedica al estudio de la gramática: *Nebrija fue el gramático más destacado del Humanismo español.*

gramilla *s. f.* **1** ARG., URUG. Conjunto de plantas de la familia de las gramíneas, generalmente las que se utilizan como césped. **2** COL. Campo de fútbol.

gramíneo, a *adj.* **1** Planta que tiene tallo cilíndrico nudoso, flores dispuestas en espiga y grano seco: *El trigo es una* *planta gramínea.* || *s. f.* **2** (en plural) BOT. Familia de estas plantas: *Las gramíneas son cultivadas por el hombre.*

gramo *s. m.* Unidad básica de masa en el sistema métrico decimal.

gramófono *s. m.* Aparato que reproduce los sonidos grabados en un disco y los amplifica con una bocina exterior muy visible: *Tengo un gramófono que era de mi abuelo.*

gramola (marca registrada) *s. f.* **1** Gramófono portátil sin amplificador exterior. **2** Gramófono eléctrico público en el que se selecciona un disco con una moneda: *Las gramolas forman parte del mobiliario sentimental de una generación.*

grampa *s. f.* COL. Grapa.

gran *adj.* (se usa sólo en singular; antepuesto) Grande: *una gran escritora. Le dejó un gran cubo. Ese es un gran coche.* **~ angular*. ~ danés*. ~ empresa.**

grana *adj.* **1** (invariable) De color rojo oscuro: *unos zapatos grana. Tiene una camisa color grana.* || *s. f.* **2** Colorante de color rojo oscuro que se obtiene de la cochinilla. **3** (macho y hembra) Cochinilla, insecto. **4** (no contable) Acción y resultado de granar: *La grana lleva este año buen camino.* **5** Momento del año en que crece el grano: *la grana del trigo.* **6** RESTRINGIDO. Semilla pequeña de algunos vegetales.

granada *s. f.* **1** Fruta comestible del granado, de forma redondeada y corteza amarilla rojiza, que contiene en su interior gran cantidad de granos rojos dulces: *Me gusta la escarola con granada.* **2** Bomba pequeña que se lanza con la mano: *la anilla de una granada.* **3** Proyectil de piezas de artillería de pequeño calibre: *granada de mortero.*

granadero *s. m.* **1** MIL. Soldado de infantería que lanzaba granadas de mano. **2** MIL. Soldado de elevada estatura cuya compañía formaba a la cabeza del regimiento.

granadina *s. f.* **1** (no contable) Refresco elaborado con zumo de granada. **2** Medida de este refresco contenida en un vaso: *Anoche me tomé tres granadinas.* **3** Canción popular andaluza originaria de Granada.

granadino, na *adj. / s. m.* y *f.* **1** De Granada, ciudad y provincia española: *la universidad granadina.* || *s. m.* **2** Flor de los granados.

granado, da *adj.* **1** Que es maduro o experimentado: *El novio es un hombre ya granado.* **2** Que es notable o principal: *A la fiesta acudieron las familias más granadas de la ciudad.* || *s. m.* **3** *Punica granatum.* Árbol de tronco liso, hojas brillantes y flores rojas, cuyo fruto es la granada.

granalla *s. f.* METAL. Metal reducido a granos o trozos menudos.

granar *v. intr.* Formarse y crecer ‹el grano de una planta›: *La uva ya ha granado. Aquí el trigo grana muy temprano.*

granate *adj. / s. m.* **1** Color rojo oscuro: *Quiero un jersey granate.* || *s. m.* **2** Mineral silicato de brillo vítreo y generalmente de color rojo que se utiliza en joyería.

granazón *s. f.* (no contable) Acción y resultado de granar: *Las frutas ya están en granazón. Este año la granazón del trigo promete ser buena.*

grande o **gran** *adj.* **1** (ser / estar, antepuesto / pospuesto) Que ocupa mucho espacio o que sobresale por su tamaño o dimensiones: *Es una ciudad demasiado grande para mí. Tu niño está muy grande para su edad.* ANT. pequeño. **dedo* ~. grandes almacenes*.** **2** (ser / estar) Que tiene un tamaño mayor del que es necesario: *Es demasiado grande, no vale para lo que yo quiero. Esos pantalones te están grandes, digas lo que digas.* **3** Que sobresale por su fuerza o intensidad: *Tengo un dolor de cabeza muy grande. Ha sido un terremoto grande.* **4** RESTRINGIDO; IRONÍA, DISGUSTO Y ENFADO. Que molesta o resulta raro o chocante: *Es grande que siempre me toque a mí fregar los cacharros.* || *adj. / s. m.* y *f.* **5** (antepuesto / pospuesto) Que sobresale por sus méritos o importancia en una actividad determinada: *Es una gran escritora. Me he comprado un libro sobre los grandes de la pintura. Los siete grandes dirigen la economía mundial.* **6** COLOQUIAL. Que es adulto: *De pequeño siempre decía que cuando fuera grande sería astronauta.* OBSERVACIONES: En las acepciones 1, 3 y 5 la forma *gran* se usa en singular y antepuesto. || **7 ~ de España** Persona que tiene el grado nobiliario más alto de la nobleza española. **8 mamá* ~. 9 papá* ~.** FR Y LOC. **a lo ~** Con mucho lujo, gastando mucho dinero: *Vive a lo grande, no se priva de nada.* **el ~** ARG., URUG. El gordo de la lotería. **en ~** COLOQUIAL. Muy bien: *Lo pasamos en grande, ¡menuda fiesta!*

grandemente *adv. cant.* RESTRINGIDO. Muy. OBSERVACIONES: Sólo se usa ante algunos participios: *Os estoy grandemente agradecido.*

grandeza *s. f.* **1** (no contable) Dimensión o intensidad mayor de la normal: *Están discutiendo sobre la grandeza que deben tener los pabellones que van a construir. La grandeza de sus proyectos sólo la conoce él.* **2** (no contable) Bondad, generosidad o altura moral: *La creación de ese centro para pobres demuestra su grandeza de corazón.* **3** (no contable) Dignidad de los nobles con el título de «Grandes de España»: *Los reyes solían conceder la grandeza a ciertos nobles que se destacaban en su servicio.* **4** (no contable, con mayúscula) Conjunto de los nobles con el título de «Grandes de España»: *La boda de la princesa reunió a toda la Grandeza española.* **5** (no contable) Poder y majestad: *la grandeza de una nación.* FR. Y LOC. **delirio(s)* de ~.**

grandilocuencia *s. f.* **1** (no contable) ELEVADO; PEYORATIVO. Forma exagerada de hablar y de utilizar expresiones demasiado sonoras: *No me gustan sus discursos, con esa grandilocuencia pasada de moda.* **2** (no contable) Elocuencia elevada y abundante: *Es un orador de una grandilocuencia excepcional.*

grandilocuente *adj.* (antepuesto / pospuesto) ELEVADO; a veces PEYORATIVO. Que habla, escribe o se mueve con grandilocuencia: *estilo grandilocuente, tono grandilocuente, gesto grandilocuente.*

grandiosidad *s. f.* (no contable) Cualidad de grandioso: *La grandiosidad del espectáculo nos sorprendió a todos.*

grandioso, sa *adj.* (ser / estar, antepuesto / pospuesto) Que impresiona por sus cualidades o su tamaño: *un grandioso desfile, un final grandioso. Una grandiosa manifestación ha tenido lugar esta mañana. Es una ciudad grandiosa, llena de enormes jardines y rascacielos*

grandullón, na *adj. / s. m.* y *f.* COLOQUIAL; AFECTIVO / PEYORATIVO. [Niño, muchacho] que está muy alto para la edad que tiene: *Pepito está hecho un grandullón.*

grandulón, na *adj.* ARG., URUG., VEN.; PEYORATIVO. Grandullón.

granel *adj.* Se usa en la LOC. **a ~** 1 Sin envase ni empaquetado: *Siempre compra la colonia a granel.* 2 COLOQUIAL. En gran cantidad: *Hubo quejas a granel.*

granero *s. m.* 1 Lugar donde se guarda el grano: *El granero estaba lleno cuando se incendió.* SIN. silo. 2 Territorio donde abunda el cereal: *Esta región es el granero del país.*

granítico, ca *adj.* 1 Que tiene granito, o que se parece al granito: *roca granítica, suelo granítico. Es un macizo de origen granítico.* 2 Que se parece al granito, en la dureza: *Tiene una personalidad granítica, nada lo perturba.*

granito *s. m.* Roca cristalina, dura, que está compuesta por feldespato, cuarzo y mica, y es utilizada en cantería.

granívoro, ra *adj.* ZOOL. Que se alimenta de granos: *Muchos pájaros son granívoros.*

granizada *s. f.* Caída abundante de granizo: *La granizada de septiembre estropeó la cosecha de uva.*

granizado, da *adj. / s. m.* 1 (ser / estar) [Bebida, refresco] que está hecho con hielo picado y con algún saborizante: *un limón granizado, un granizado de café.* 2 URUG. [Crema, helado] que tiene trocitos de chocolate.

granizar *v. impers.* 1 Caer granizo: *Esta mañana granizó un poquito.* || *v. intr.* 2 Caer ‹una cosa› con fuerza y abundancia: *No se puede pasar ahora por esa calle, porque hay unos chiquillos algo gamberros y las piedras granizan peligrosamente.* || *v. tr.* 3 Preparar ‹una persona› una bebida con hielo muy picado: *He granizado el café.* ⇒ **19.**

granizo *s. m.* (no contable) Precipitación en forma de pequeños trozos de hielo: *Está cayendo granizo.*

granja *s. f.* 1 Finca en el campo con casa, corrales y establos. 2 Conjunto de instalaciones apropiadas para criar animales: *granja de cerdos, granja de avestruces. Tiene una granja avícola pequeña.* 3 RESTRINGIDO. Establecimiento dedicado a la venta de leche y productos derivados.

granjear *v. tr. / prnl.* Conseguir ‹una persona o una cosa› [otra cosa]: *Su capacidad de trabajo le ha granjeado la admiración de todos.* ***Se** ha granjeado muchas simpatías mientras estaba en nuestra empresa.* SIN. ganar(se).

granjería *s. f.* RESTRINGIDO. Ganancia o beneficio que se obtiene de un negocio: *No veo la granjería de lo que me propones en ningún sitio.*

granjero, ra *s. m. / f.* Persona que posee o que trabaja en una granja: *Carmina siempre había soñado con ser granjera.*

grano *s. m.* 1 Semilla y fruto de los cereales y otras plantas: *grano de arroz.* 2 (no contable) Cereal: *En estas tierras se produce mucho grano.* 3 Cada uno de los frutos o semillas que forman un agregado: *un grano de uva.* 4 Semilla pequeña de algunas plantas: *grano de mostaza.* **pimienta* en ~.** 5 Parte muy pequeña de una cosa: *los granos de arena de la playa, unos granos de incienso.* 6 Pequeño bulto que sale en la piel y se llena de pus: *En la pubertad le salieron muchos granos.* 7 Partícula que se aprecia en una masa o en la superficie de una cosa: *Quiero una hoja de papel de lija de grano grueso.* || 8 **~ / granito de arena** COLOQUIAL. Pequeña ayuda con que una persona contribuye a un fin: *Con su donativo aportó su granito de arena.* FR. Y LOC. **apartar el ~ de la paja** COLOQUIAL. Se usa para expresar que hay que distinguir lo sustancial de lo que no lo es: *Cuando escribas el informe, tienes que saber apartar el grano de la paja.* **hacer una montaña* de un ~ de arena. ir al ~** COLOQUIAL. Tratar ‹una persona› de lo más importante de una cuestión, sin rodeos: *Déjate de preámbulos y vamos al grano.* REFR. **Un grano no hace granero, pero ayuda a su compañero.** Se usa para destacar la importancia de ir ahorrando, aunque sea en pequeñas cantidades.

granuja *adj. / s. m.* y *f.* 1 COLOQUIAL; PEYORATIVO. Que actúa de forma poco formal, engañando o estafando: *Es un granuja, siempre se equivoca en la cuenta a su favor.* 2 COLOQUIAL; AFECTIVO. Que atrae la simpatía de los demás por su malicia divertida o su picardía: *¡Qué granuja es tu hija, sólo me da un beso si le doy un caramelo!*

granulado, da *adj.* 1 (ser / estar) Que se presenta en forma de granos. **azúcar* ~.** || *s. m.* 2 Medicamento presentado en forma de granos: *Debe tomar una cucharada de este granulado cada ocho horas.*

granular *v. tr.* 1 Formar ‹una persona o una cosa› granos en [una cosa]: *Vamos a granular la pared del salón.* || *v. prnl.* 2 Formarse granos en ‹una cosa›.

granular *adj.* Que contiene granos: *una superficie granular, una sustancia granular.*

gránulo *s. m.* 1 RESTRINGIDO. Grano pequeño o partícula: *los gránulos de la sangre, los gránulos de las células.* 2 FARM. Bolita que contiene una cantidad mínima de medicamento: *Es una sustancia que se presenta en gránulos.*

granuloso, sa *adj.* Que está formado por pequeños granos o granillos: *roca granulosa, superficie granulosa.*

granza *s. f.* 1 (no contable) MIN. Carbón mineral cuyos trozos han de medir entre 15 y 25 centímetros. 2 (en plural) Restos de cereal que quedan cuando se limpia y criba: *Hay que barrer las granzas de la era.* 3 (en plural) Restos de yeso después de limpiarlo. 4 (en plural) METAL. Residuos de metal. 5 ARG. Grava, gravilla.

grao *s. m.* RESTRINGIDO. Playa que se utiliza para desembarcar, puerto.

grapa *s. f.* 1 Pieza delgada metálica que se dobla y cierra en sus extremos para sujetar o unir varias cosas: *Puso más grapas en la grapadora. La tapicería del sillón no está cosida, está sujeta con grapas.* 2 ARG., CHILE, PAR., URUG.; RESTRINGIDO en Chile. Aguardiente de orujo.

grapadora *s. f.* Máquina que sirve para grapar: *Le dejé la grapadora pero no me la ha devuelto. La grapadora no tiene grapas.*

grapar *v. tr.* Sujetar ‹una persona› [una cosa] con grapas: *Grapa las hojas para que no se pierdan.*

GRAPO *s. m.* 1 Sigla de «Grupos de Resistencia Antifascista Primero de Octubre», organización terrorista, España: *El GRAPO ha reivindicado el atentado.* || *s. m. / f.* 2 (en minúscula) Persona que pertenece al GRAPO: *La policía ha capturado a un grapo en Barcelona.*

grasa *s. f.* 1 (no contable) Sustancia untosa, animal o vegetal, que sirve de reserva de energía a los seres vivos: *grasas animales, grasas vegetales. Tienes exceso de grasa.* 2 (no contable) Manteca o sebo de un animal: *grasa de cerdo, freír con grasa.* 3 (no contable) Sustancia que sirve para engrasar: *poner grasa a una máquina.* SIN. lubrificante. 4 (no contable) Suciedad en la ropa: *Esta grasa no sale de la camisa ni con lejía.* 5 MÉX.; COLOQUIAL. Sustancia para lustrar el calzado.

grasiento, ta *adj.* (ser / estar) PEYORATIVO. Que tiene mucha grasa: *La comida grasienta no sienta bien. El mango de la cuchara está grasiento. Siempre tiene el pelo grasiento. Esta sustancia es grasienta.*

graso, sa *adj.* Que tiene grasa o está constituido por ella: *Tiene la piel muy grasa.* **cabello ~. cutis ~.**

grasoso, sa *adj.* (ser / estar) PEYORATIVO. Que tiene mucha grasa: *Este jamón es muy grasoso.*

gratificación *s. f.* Pago, generalmente en dinero, que se da a una persona por un trabajo o un servicio ocasional: *Tenga, una pequeña gratificación por sacar las basuras.*

gratificante *adj.* Que gratifica: *Unas vacaciones deben ser gratificantes.*

gratificar *v. tr.* **1** Dar ‹una persona› una gratificación [a otra persona] por un trabajo o por un servicio: *La empresa me ha gratificado las horas extras que le dediqué al último proyecto.* **2** Proporcionar ‹una cosa› placer o gusto [a una persona]: *Ese ascenso lo gratifica por todo lo que ha tenido que aguantar.* ⇒ **71.**

gratinar *v. tr.* Cubrir ‹una persona› [un alimento] con bechamel o queso y dorarlo por encima en el horno: *Encendió el horno para gratinar las berenjenas.*

gratis *adj.* **1** (invariable) COLOQUIAL. Que no cuesta dinero: *He conseguido una partida gratis.* SIN. gratuito. ‖ *adv.* **2** Sin tener que pagar o cobrar: *El viaje le salió gratis.*

gratitud *s. f.* (no contable) Acción y resultado de agradecer: *Le mostró su gratitud por el favor que le había hecho.* SIN. agradecimiento. ANT. ingratitud.

grato, ta *adj.* (antepuesto / pospuesto) ELEVADO. Que es agradable: *Su llegada fue una grata sorpresa. Su presencia resultó muy grata.* **persona* grata** o **persona non grata.**

gratuidad *s. f.* (no contable) Cualidad de gratuito: *El Estado garantiza la gratuidad de la enseñanza obligatoria.*

gratuitamente *adv. modo* **1** Gratis, sin tener que pagar: *Viajé gratuitamente.* **2** Sin fundamento, sin base en que apoyar la afirmación aludida: *Usted afirmó gratuitamente que la responsable era yo.*

gratuito, ta *adj.* **1** Que no se paga o se cobra: *un servicio gratuito del hotel. Hace pequeñas reparaciones gratuitas a los buenos clientes.* **2** (antepuesto / pospuesto) Que se hace o se dice sin razón o fundamento: *un enfrentamiento gratuito, una suposición gratuita.*

grava *s. f.* **1** (no contable) Conjunto de piedras pequeñas. **2** (no contable) Piedra machacada que se aprovecha para allanar el suelo: *El accidente se produjo porque había grava suelta en la curva.* SIN. gravilla.

gravamen *s. m.* **1** DER. Impuesto, obligación fiscal. **2** Carga que está impuesta sobre un bien inmueble o sobre un capital: *El piso no está libre de cargas, tiene el gravamen de una hipoteca.*

gravar *v. tr.* Imponer ‹una persona› un pago o una obligación a [una persona o una cosa]: *El ayuntamiento gravará desde el año que viene las motos de gran cilindrada.*

grave *adj.* **1** (antepuesto / pospuesto) Que tiene mucha importancia, puede encerrar peligro o tener consecuencias perjudiciales: *Es un asunto grave, habrá que verlo despacio. Ha cometido un grave error.* **enfermedad ~.** **2** (estar) Que está muy enfermo: *Es un paciente grave, que necesita una intervención urgente.* **3** ELEVADO. Que causa respeto: *juez grave. El profesor es muy grave y nunca sonríe.* **4** (antepuesto / pospuesto) Que contiene seriedad: *tono grave, semblante grave, gesto grave, palabras graves. Su grave advertencia nos impresionó.* ‖ *adj. / s. m.* **5** FÍS. [Sonido] que tiene una frecuencia de vibraciones pequeña: *Tiene la voz grave. No se oyen bien los graves.* ANT. agudo. ‖ *adj. / s. f.* **6** GRAM. [Palabra] que tiene el acento en la penúltima sílaba: *Las palabras graves se tildan cuando no acaban ni en vocal, ni en «n», ni en «s».* ‖ **7 acento* ~.**

gravedad *s. f.* **1** (no contable) Importancia, intensidad o extensión de un asunto, generalmente un problema: *El estado del enfermo no reviste gravedad. La gravedad del asunto es extrema.* **2** (no contable) FÍS. Atracción entre los cuerpos, responsable de la caída libre de los cuerpos físicos y del movimiento de los astros: *la gravedad de la Tierra. En la Luna hay menos gravedad que aquí.* ANT. ingravidez. **centro* de ~. fuerza* de la ~.** **3** (no contable) ELEVADO. Seriedad y solemnidad en la forma de hablar o de actuar: *Leyó los resultados con mucha gravedad.*

gravemente *adv. modo* **1** De gravedad: *Su madre está gravemente enferma.* **2** De manera grave: *Este fracaso afectará gravemente a otros proyectos.* **3** Entre los católicos, con pecado grave: *¿Has pecado gravemente?*

gravidez *s. f.* (no contable) ELEVADO. Embarazo: *Antonia lleva muy bien su gravidez, aunque ya pronto dará a luz.*

grávido, da *adj.* **1** LITERARIO. Que está lleno o cargado. **2** (estar) ELEVADO. [Mujer] que está embarazada.

gravilla *s. f.* (no contable) Grava, piedra machacada que se aprovecha para allanar el suelo.

gravímetro *s. m.* FÍS. Instrumento para medir el peso específico de los cuerpos.

gravitación *s. f.* **1** (no contable) Acción y resultado de gravitar: *la gravitación de una bóveda sobre los pilares que la sujetan.* **2** (no contable) FÍS. Atracción mutua que se realiza entre las masas de dos cuerpos separados por una determinada distancia: *la gravitación de los astros.* SIN. gravedad. **~ universal.**

gravitar *v. intr.* **1** FÍS. Moverse ‹un cuerpo› por la atracción gravitatoria de otro: *La Luna gravita alrededor de la Tierra.* **2** Estar ‹una cosa› sobre [otra cosa] y a punto de caer sobre ella: *La espada gravitaba **sobre** su cabeza.* **3** Estar ‹un cuerpo pesado› sobre [otro cuerpo que lo soporta]: *La caja gravita **sobre** la tabla.* **4** Estar ‹una cosa negativa› a punto de ocurrir a [una persona o una cosa]: *Gravita **sobre** ti una gran desgracia.* **5** Corresponder ‹un trabajo, una responsabilidad o una obligación› a [una persona]: *Gravita **sobre** él toda la responsabilidad.*

gravitatorio, ria *adj.* FÍS. De la gravitación: *campo gravitatorio, fuerza gravitatoria.*

gravoso, sa *adj.* **1** (antepuesto / pospuesto) ELEVADO. Que ocasiona mucho gasto: *Resulta muy gravoso mantener tres coches en la familia.* SIN. costoso. **2** (antepuesto / pospuesto) ELEVADO. Que es molesto o pesado: *Tengo el gravoso encargo de sacar cada día a su perro a pasear.*

graznar *v. intr.* Hacer ‹determinadas aves› su voz característica: *Los cuervos y los grajos graznan.*

graznido *s. m.* Sonido que emiten el cuervo y otras aves: *los graznidos del cuervo, los graznidos del grajo. Los cazadores imitaban los graznidos de los gansos para atraerlos.*

greba *s. f.* Pieza de la armadura que cubría desde la rodilla hasta el pie.

greca *s. f.* **1** Banda o tira de adorno en que se repiten los mismos elementos decorativos, generalmente dibujos geométricos: *La greca se encuentra tanto en la arquitectura como en la indumentaria.* **2** COL., VEN.; RESTRINGIDO. Cafetera para filtrar café.

grecismo *s. m.* Palabra o expresión griega usada en otra lengua: *Muchos grecismos penetraron en el español a través del latín eclesiástico.*

grecolatino, na *adj.* De los griegos y los latinos: *mitología grecolatina, cultura grecolatina.*

grecorromano, na *adj.* **1** De los griegos y los romanos: *dioses grecorromanos. El mundo occidental es heredero de la cultura grecorromana.* || **2 lucha* grecorromana.**

greda *s. f.* Arcilla arenosa de color blanco azulado utilizada como desengrasante.

gredal *s. m.* Terreno en el que abunda la greda o está lleno de ella.

gregario, ria *adj.* **1** [Animal] que vive en grupo: *Los animales gregarios forman rebaños o manadas.* **2** [Persona] que no tiene ideas o iniciativas propias, o que hace o dice lo que los demás: *comportamiento gregario.* || *s. m.* **3** DEP. Ciclista que tiene como misión ayudar al jefe de su equipo: *Los campeones ciclistas suelen contar con buenos gregarios.*

gregarismo *s. m.* **1** (no contable) BIOL. Conducta de los animales que viven agrupados: *el gregarismo de los lobos.* **2** (no contable) PEYORATIVO. Comportamiento de la persona de poco carácter que se adhiere siempre a un grupo: *En la adolescencia existan etapas de intenso gregarismo.*

gregoriano, na *adj.* **1** [Era, calendario] que fue reformado por el papa Gregorio: *calendario gregoriano, cómputo gregoriano, año gregoriano.* || *adj. / s. m.* **2** [Música, canto] que fue reformado por el papa Gregorio I y se usa en la liturgia de la Iglesia católica: *Me gusta escuchar gregoriano mientras leo.* **canto* ~.** || **3 misas* gregorianas.**

greguería *s. f.* LIT. Género literario ideado por Ramón Gómez de la Serna, escritor español, que consiste en la creación de frases ingeniosas, humorísticas, metafóricas o filosóficas: *«El hielo se derrite porque llora de frío» y «La T es el martillo del abecedario» son dos greguerías.*

greguescos o **gregüescos** (plural) *s. m.* Calzones muy anchos usados por los hombres en los siglos XVI y XVII.

greifrú *s. m.* VEN. Pomelo.

greifrut *s. m.* COL. Pomelo.

grelo *s. m.* Hoja tierna y comestible de la planta del nabo, plato típico de Galicia.

gremial *adj.* Del gremio: *sindicato gremial.*

gremialismo *s. m.* **1** (no contable) Ideología y comportamiento de los partidarios de la formación de gremios y de su predominio. **2** PEYORATIVO. Defensa de los intereses gremiales sin ninguna otra consideración: *El gremialismo de la huelga de pilotos ha sido muy criticado.*

gremio *s. m.* **1** Conjunto de personas que pertenecen a un mismo oficio o profesión: *Su vecino es del gremio del taxi.* **2** COLOQUIAL; HUMORÍSTICO. Conjunto de personas que tienen una característica común: *Luis es del gremio de los no fumadores. Yo soy del gremio de los aficionados a la lectura.*

greña *s. f.* (preferentemente en plural; no contable) PEYORATIVO. Pelo revuelto y mal peinado: *Péinate esas greñas.* FR. Y LOC. **andar* a la ~.**

greñudo, da *adj. / s. m.* y *f.* COLOQUIAL; PEYORATIVO. Que tiene greñas: *Son un grupo de greñudos.*

gres *s. m.* (no contable) Pasta cerámica vitrificada muy resistente que se utiliza en alfarería: *baldosas de gres.*

gresca *s. f.* **1** COLOQUIAL. Riña o enfrentamiento entre dos o más personas: *Hay una buena gresca en la calle.* SIN. bronca. **2** COLOQUIAL. Alboroto o ruido que organizan varias personas: *Habían bebido mucho y tenían montada una gresca de impresión en mitad de la calle.*

grey (plural *greyes*) *s. f.* **1** LITERARIO. Rebaño. **2** En la Iglesia católica, conjunto de fieles atendidos por un sacerdote o pastor espiritual. **3** RESTRINGIDO; frecuentemente HUMORÍSTICO. Conjunto de personas que tienen en común alguna característica o realizan juntas una actividad: *Participó en las manifestaciones de la grey estudiantil.*

grial *s. m.* ELEVADO. Vaso o copa que, según una leyenda medieval, utilizó Jesucristo en la última cena.

griego, ga *adj.* **1** Que es propio de Grecia o de los griegos. **nariz* griega. perfil* ~.** || *adj. / s. m.* y *f.* **2** De Grecia, país europeo: *la tradición griega, las ciudades griegas. He conocido a un griego.* SIN. heleno (ELEVADO). || *s. m.* **3** Lengua indoeuropea hablada en Grecia. **~ clásico.** **4** VULGAR; EUFEMISMO. Acto sexual entre hombres. || **5 calendas* griegas.** **6 cruz* griega.** FR. Y LOC. **ser ~** o **hablar / escribir (en) ~** COLOQUIAL. Se usa para indicar que una cosa que no se entiende: *Es como si me hablaras en griego. Lo que ha escrito el profesor está en griego para mí.*

grieta *s. f.* **1** Abertura larga y estrecha en un cuerpo sólido: *El techo tiene varias grietas, por donde entra el agua.* **2** Raja pequeña que aparece en la piel: *Le han salido unas grietas en los talones.* **3** Problema o desacuerdo que amenaza la estructura, solidez o unidad de una cosa: *Las primeras grietas en nuestra amistad aparecieron hace años.*

grifa *s. f.* **1** (no contable) COLOQUIAL. Marihuana, en particular la que proviene de Marruecos. **2** URUG. Etiqueta de una prenda de vestir.

grifería *s. f.* **1** Conjunto de grifos: *La grifería del baño es de primera calidad.* **2** RESTRINGIDO. Tienda donde se venden grifos y accesorios para los cuartos de baño.

grifero, ra *s. m. / f.* PERÚ. Persona que trabaja en una gasolinera.

grifo, fa *adj.* **1** COL. Que sufre los efectos de la marihuana. || *s. m.* **2** Utensilio, normalmente metálico, con una llave para abrir y cerrar el paso de un líquido: *Hemos cambiado los grifos de la bañera y del lavabo.* **3** MIT. Animal fabuloso con cabeza, alas y patas delanteras de águila y cuerpo de león. **4** PERÚ. Gasolinera.

grifón *s. m.* (macho y hembra) ZOOL. Tipo de perro que se caracteriza por su pelo áspero y sus barbas en el hocico.

grill (del inglés; pronunciamos *'gril'*) *s. m.* **1** Parrilla. **2** Fuego de la parte superior de los hornos usado para gratinar y dorar los alimentos: *Encender el grill para gratinar el pollo.*

grillado, da *adj. / s. m.* y *f.* (estar) COLOQUIAL. Que está un poco loco: *No le hagas caso que está grillada.*

grillarse *v. prnl.* COLOQUIAL. Volverse ‹una persona› loca.

grillera *s. f.* **1** Agujero o hueco donde se refugian los grillos en el campo. **2** Jaula para grillos. **3** COLOQUIAL, INTENSIFICADOR. Lugar donde hay mucho alboroto y nadie se entiende: *En su ausencia la clase se convirtió en una grillera.*

grillete *s. m.* (preferentemente en plural) Pieza semicircular metálica con pasadores y cadenas que se usaba para sujetar los pies de los presidiarios: *Todavía se usan los grilletes en algunos países.*

grillo, lla *s. m./f.* **1** (macho y hembra) Género *Gryllus*. Insecto de color oscuro, con el cuerpo y la cabeza gruesos, que tiene un par de alas duras con las que el macho produce un sonido agudo y monótono: *Me gusta oír por las noches el grillo del hogar.* || *s. m.* **2** (en plural) RESTRINGIDO. Conjunto de dos grilletes unidos por una pieza o por una cadena, que impide andar a los presidiarios. **3** VEN.; COLOQUIAL. Obsesión, manía. FR. Y LOC. **estar como un ~** COLOQUIAL. Estar loca ‹una persona›: *No le lleves la contraria, que está como un grillo.* **jaula* / olla de grillos.**

grima *s. f.* **1** (no contable) Irritación, nerviosismo o disgusto que produce una cosa: *Me da grima tanto gasto inútil.* **2** (no contable) Dentera: *A algunas personas les da grima escribir en la pizarra.*

grímpola *s. f.* **1** MAR. Bandera pequeña. **2** Bandera triangular que solían llevar los caballeros militares.

gringo, ga *adj. / s. m.* y *f.* **1** AMÉR.; PEYORATIVO / AFECTIVO. De los Estados Unidos. **2** ARG., PERÚ, URUG. [Persona] que es rubia. **3** ARG. De ascendencia italiana. **4** URUG. De ascendencia europea.

gripa *s. f.* AMÉR. Gripe.

gripal *adj.* De la gripe: *proceso gripal.*

gripar *v. tr.* **1** MEC. Hacer ‹una cosa› que queden agarrotadas [las piezas de un engranaje]: *Es la tercera vez que gripa la moto por forzar tanto el motor.* || *v. intr. / prnl.* **2** MEC. Quedar ‹las piezas de un engranaje› agarrotadas: *La caja de cambio se te gripará si no le echas lubricante.*

gripe *s. f.* Enfermedad viral contagiosa que produce fiebre, dolores generalizados y síntomas catarrales: *Este invierno ya ha pasado la gripe. Su hermana está con la gripe.*

griposo, sa *adj. / s. m.* y *f.* (estar) Que padece gripe, o que tiene síntomas que se parecen a los de la gripe: *No te acerques mucho que estoy griposo, a ver si te voy a contagiar.*

gris *adj.* **1** (ser / estar, antepuesto / pospuesto) Que no destaca entre los miembros de un conjunto: *una persona gris. El candidato es muy gris. El equipo estuvo muy gris durante todo el partido. La gris actuación del profesor decepcionó al auditorio.* **cerebro* ~. eminencia* ~.** **2** (ser / estar, antepuesto / pospuesto) [Tiempo atmosférico] que es triste o apagado: *Los días son grises en invierno. La mañana está gris. El gris amanecer nos sorprendió en la carretera.* || *adj. / s. m.* **3** [Color] que es el resultado de mezclar blanco y negro o azul: *Se compró un coche gris.* **~ marengo** Gris oscuro. **~ perla** Gris claro. || *s. m.* **4** (no contable) COLOQUIAL. Frío, o viento frío: *Cierra la puerta, que entra un gris desagradable.* **5** (preferentemente en plural) Policía español que vestía un uniforme de este color: *Los grises disolvían las manifestaciones estudiantiles en la dictadura franquista.* || **6 ámbar* ~. 7 dama* ~. 8 materia* ~. 9 sustancia* ~.**

grisáceo, a *adj.* (ser / estar, antepuesto / pospuesto) De color parecido al gris o que tira a gris: *El cielo está grisáceo. Era una grisácea mañana de diciembre.*

grisalla *s. f.* **1** Pintura hecha con varios tonos de gris, blanco y negro que imita relieves escultóricos o espacios arquitectónicos. **2** MÉX.; JERGAL. Chatarra.

grisapa *s. f.* VEN.; COLOQUIAL. Bulla, gritería.

griseta *s. f.* ARG., URUG.; JERGAL. Muchacha de origen social humilde.

grisón, na *adj.* **1** Del cantón suizo de este nombre: *ganadería grisona, joven grisón.* || *s. m.* **2** LING. Lengua románica hablada por los grisones. SIN. romanche.

grisú *s. m.* (no contable) Gas inflamable que se produce en las minas de carbón: *El grisú provocó la explosión.*

gritadera *s. f.* COL.; COLOQUIAL. Griterío.

gritar *v. intr.* **1** Hablar ‹una persona› alto: *No grites, que no estamos sordos.* **2** Dar ‹una persona› gritos para expresar [un sentimiento o una sensación]: *La tenista gritó **de** alegría cuando terminó el partido.* **3** Dar ‹una persona› gritos para reprender o mandar a [otra persona] o para demostrarle su desagrado: *A mí no me grites. Cuando me gritan me pongo muy nerviosa.* FR. Y LOC. **~ a los cuatro vientos** COLOQUIAL; INTENSIFICADOR. Hacer ‹una persona› pública una cosa: *Va gritando a los cuatro vientos que está harta de él.*

griterío *s. m.* Conjunto de gritos: *Unos alborotadores querían sabotear el mitin con su griterío.*

grito *s. m.* **1** Sonido breve que se emite fuerte o violentamente: *El grito alarmó a los que estábamos allí.* **2** Palabra o expresión que se emite fuerte o violentamente: *Los gritos de ánimo empujaban a las jugadoras a la victoria.* FR. Y LOC. **a ~ limpio / pelado** COLOQUIAL. A gritos. **a gritos** Gritando: *No sabe hablar educadamente, y siempre dice las cosas a gritos.* **a voz* en ~. andar* a golpes / tiros / gritos. el último ~** COLOQUIAL. Lo más moderno o novedoso: *Ese vestido es el último.* **en un ~** Con un dolor intenso y constante: *Ha pasado la noche en un grito, no ha dormido nada.* **pedir a gritos** COLOQUIAL; INTENSIFICADOR. Necesitar ‹una persona o una cosa› una cosa con urgencia: *La ventana pide a gritos una mano de pintura.* **poner el ~ en el cielo** INTENSIFICADOR. Mostrar‹una persona› gran indignación o enfado: *Cuando vio las notas del niño puso el grito en el cielo.*

gritón, na *adj. / s. m.* y *f.* (ser / estar) COLOQUIAL. Que grita mucho: *No soporto a los gritones. ¿Por qué estás tan gritón?*

grogui *adj.* **1** (estar) COLOQUIAL. Que está aturdido o adormilado: *Lleva toda la mañana grogui. Los medicamentos lo han dejado grogui.* **2** (estar) DEP. Que tiene deterioradas sus facultades mentales a causa de los golpes del boxeo: *El fuerte castigo dejó al púgil grogui en la lona.*

gronchada *s. f.* ARG., URUG.; COLOQUIAL; PEYORATIVO. Conjunto de personas de mal gusto o de modales groseros.

groncho, cha *adj. / s. m.* y *f.* ARG., URUG.; COLOQUIAL; PEYORATIVO. [Persona] que es chabacana.

grosella *s. f.* **1** Fruto en baya del grosellero, pequeño y agridulce, de color rojo: *La grosella se utiliza para la elaboración de bebidas, mermeladas y jarabes.* **2** (no contable) Bebida o jarabe elaborado con el fruto del grosellero: *Le encanta tomar grosella.* || *adj. / s. m.* **3** (invariable como adjetivo) Color rojo semejante al de las grosellas: *unos pantalones grosella. El grosella me parece un poco llamativo.*

grosellero *s. m.* Género *Ribes*. Arbusto de flores entre amarillas y verdosas agrupadas en racimo, y que tiene por fruto la grosella: *grosellero negro, grosellero rojo.*

grosería *s. f.* **1** (no contable) Falta de delicadeza, cortesía o educación: *La grosería de este hombre es inadmisible.* **2** Acción o frase grosera: *Se enfadó y soltó cuatro groserías.*

grosero, ra *adj.* **1** Que está hecho con poco cuidado o con materiales de baja calidad: *tela grosera. Lo que cuenta ese tipo son mentiras groseras.* || *adj. / s. m.* y *f.* **2** (ser / estar, antepuesto / pospuesto) Que no tiene educación, cortesía o delicadeza: *comportamiento grosero. Sus groseras insinuaciones nos molestaron mucho.*

grosor *s. m.* **1** (no contable) Espesor de un cuerpo: *el grosor de un ladrillo.* **2** (no contable) Diámetro de un cuerpo con forma de cilindro: *el grosor de un tornillo.*

grosso *adj.* Se usa en la LOC. **~ modo** RESTRINGIDO, ELEVADO. Aproximadamente: *Ha declarado a Hacienda, grosso modo, cuarenta millones.*

grotesco, ca *adj.* (ser / estar, antepuesto / pospuesto) Que es ridículo o de mal gusto: *El personaje era grotesco. Con este traje estoy grotesca. Los grotescos decorados nos sorprendieron.*

grúa *s. f.* **1** Máquina para levantar pesos formada por un eje giratorio y un brazo horizontal del que cuelgan poleas o cables: *grúa de caballete, grúa de pórtico. Han montado una grúa para construir el edificio.* **2** Automóvil provisto de esta máquina para poder remolcar otros vehículos: *Se me ha llevado el coche la grúa. La grúa retira los coches accidentados.* **3** Aparato provisto de un brazo móvil que lleva sobre él una cámara y permite que ésta se mueva libremente: *No podemos rodar hasta que no esté preparada la grúa.*

gruero *s. m.* VEN. Persona que tiene por oficio manejar grúas.

grueso, sa *adj.* **1** (antepuesto / pospuesto) Que tiene mayor grosor, espesor, volumen o tamaño que las otras cosas de su especie: *Me enseñó un grueso fajo de billetes. No me gusta esta tela, es muy gruesa. Tiene los labios muy gruesos. La obra se compone de dos gruesos volúmenes.* ANT. fino. **fideos gruesos. intestino* ~.** **2** (ser / estar; antepuesto / pospuesto) Que es corpulento, o que tiene muchas carnes o grasas: *Está más gruesa que antes del verano. Paseaba su gruesa anatomía por parques y avenidas, satisfecho de sí mismo. No se dice gordo, se dice grueso, que es más fino, sobre todo cuando no hay confianza.* ‖ *s. m.* **3** (no contable) Grosor. **4** (no contable) Parte más importante de una cosa: *el grueso del ejército.* ‖ **5 mar* gruesa.**

grulla *s. f.* (macho y hembra) *Grus grus.* Ave bastante alta, con patas y cuello largos, y cabeza pequeña y calva, que emite un grito muy agudo, y vive en zonas pantanosas.

grumete *s. m.* Aprendiz de marinero que ayuda a la tripulación: *Se enroló como grumete para poder viajar.*

grumo *s. m.* Parte de un líquido que se coagula: *grumo de sangre. Esta leche tiene grumos.*

grumoso, sa *adj.* (ser / estar) Que tiene grumos: *La pintura está grumosa.*

gruñido *s. m.* Acción y resultado de gruñir: *Los gruñidos de los cerdos se oían desde casa. Estoy harta de oír tus gruñidos por cualquier cosa.*

gruñir *v. intr.* **1** Emitir ‹el cerdo› su voz: *Los cerdos gruñen siempre.* **2** Emitir ‹un animal› gruñidos de enfado o de amenaza. **3** COLOQUIAL. Hablar ‹una persona› como para ella misma, en voz baja, quejándose o protestando: *Tú díselo, y si gruñe, que gruña.* ⇒ **53.**

gruñón, na *adj.* / *s. m.* y *f.* (ser / estar) COLOQUIAL. Que gruñe con frecuencia: *Está muy gruñón, se nota que se está haciendo viejo.*

grupa *s. f.* Parte posterior del lomo de una caballería: *En la fiesta, los mozos pasean a caballo con una chica a la grupa.* SIN. anca. FR Y LOC. **volver grupas** Volver hacia atrás ‹un jinete›: *Al llegar al bosque volvieron grupas hacia el pueblo.*

grupo *s. m.* **1** Conjunto de personas, animales o cosas que están reunidas o que se considera que están juntas: *un grupo de alumnos. Vive en ese grupo de viviendas.* **~ de trabajo. ~ de presión** Conjunto de personas organizadas para controlar una actividad en beneficio propio: *Los grupos de presión existen en el mundo político, económico o profesional.* **terapia* de ~.** **2** Conjunto de personas y de objetos representados en una obra de arte o una fotografía: *un grupo escultórico.* **3** Conjunto musical: *un grupo de rock.* **4** MIL. Unidad del ejército generalmente al cargo de un comandante: *El grupo de operaciones especiales de la policía desmanteló el comando terrorista.* **5** FISIOL. Cada uno de los tipos en que se clasifica la sangre en función del antígeno presente en los glóbulos rojos del plasma sanguíneo: *No hay sangre de su grupo.* **~ sanguíneo.** **6** QUÍM. Cada una de las columnas del sistema periódico que contiene elementos de propiedades semejantes: *Es del grupo de los alcaloides.* **7** MAT. Estructura matemática que adopta un conjunto cuando en él se define una operación que cumple la propiedad asociativa, la existencia de elemento neutro y de elemento simétrico. **8** ARG., PAR., URUG.; COLOQUIAL. Mentira, trola. ‖ **9 ~ electrógeno** ELECTRIC. Aparato compuesto por un motor de explosión y un generador para producir electricidad: *El hospital tiene sus propios grupos electrógenos.*

grupúsculo *s. m.* PEYORATIVO. Organización, generalmente política, sin implantación social, formada por un número reducido de miembros: *Las últimas acciones terroristas han sido realizadas por grupúsculos radicales.*

gruta *s. f.* **1** Cavidad natural abierta en riscos o peñas: *Este camino conduce a la gruta.* SIN. cueva. **2** Cavidad creada artificialmente imitando a las grutas: *En el parque han construido una gruta para recrear el hábitat de los osos.*

gruyer o **gruyere** *s. m.* (no contable) Queso suizo de vaca que se presenta en grandes ruedas y se caracteriza por sus agujeros interiores: *El gruyer es su queso preferido.*

gua *s. m.* **1** Juego infantil con canicas: *No quieren jugar al gua conmmigo.* **2** Agujero pequeño que se hace en el suelo para tirar en él canicas o bolas: *No he hecho hoy ningún gua.*

guabirá *s. m.* ARG. Árbol grande, de tronco liso y blanco, hojas con espina y fruto pequeño.

guaca o **huaca** *s. f.* **1** AMÉR. DEL S. Tesoro escondido o enterrado. **2** HIST.; AMÉR. DEL S. En la región andina, nombre que los indígenas daban a los lugares sagrados. **3** BOL., C. RICA, CUBA, VEN. Hucha o alcancía. **4** Sepulcro de los antiguos indios americanos, especialmente de Bolivia, Ecuador y Perú.

guacal o **huacal** *s. m.* **1** AMÉR. C. *Crescentia cujete.* Árbol que produce unos frutos de pericarpio leñoso que se usan como vasija después de partidos por la mitad y extraída su pulpa. **2** AMÉR. C. Esta vasija. **3** ANTILLAS, COL., MÉX., VEN.; COLOQUIAL en Méx, RESTRINGIDO en Col. Especie de cesta o jaula de varillas de madera, utilizada para transportar mercancías.

guacamayo *s. m.* **1** (macho y hembra) Género *Ara.* Ave de pico curvo, cola larga y plumaje de vivos colores, sobre todo rojo y azul, que habita en las selvas de América Central y del Sur. **2** CUBA; HOND. Espantalobos.

guacamole o **guacamol** *s. m.* MÉX., CUBA. Ensalada de aguacate, cebolla y chile, o pimiento verde.

guachada *s. f.* AMÉR. Canallada, grosería.

guachafita *s. f.* VEN.; COLOQUIAL. Alboroto, bullicio que organiza un grupo de personas.

guache *s. m.* **1** (del francés; pronunciamos *'guach'* o *'guas'*; no contable) PINT. Técnica que utiliza la pintura al agua: *pintura al guache.* **2** COL., VEN.; COLOQUIAL en Col., RESTRINGIDO en Ven. Hombre rudo y grosero.

guachimán *s. m.* AMÉR. Vigilante, guarda.

guachinango, ga *adj.* **1** AMÉR. Zalamero, astuto. **2** COL., CUBA, P. RICO. Simpático, divertido. ‖ *s. m.* **3** CUBA, MÉX. Pez americano de gran tamaño de coloración rojiza y muy apreciado por su carne.

guacho, cha *adj. / s. m.* y *f.* **1** ARG., URUG., PERÚ; RESTRINGIDO en Perú. Huérfano, desamparado. **2** ARG., URUG. [Animal] que es criado por el hombre porque se ha quedado sin madre. **3** ARG., URUG.; COLOQUIAL; PEYORATIVO. Persona que actúa con mala voluntad. ‖ *s. m.* **4** PERÚ. Huacho.

guaco *s. m.* **1** Objeto de cerámica de las culturas prehispánicas que se encuentra en las guocas o tumbas. **2** Ave gallinácea del tamaño del pavo, que abunda en toda América. **3** Planta intertropical con cualidades curativas.

guadalajarense *adj. / s. m.* y *f.* **1** De Guadalajara, ciudad y provincia española. **2** De Guadalajara, capital del estado mexicano de Jalisco.

guadalajareño, ña *adj. / s. m.* y *f.* De Guadalajara, ciudad y provincia española: *los ríos guadalajareños.*

guadamecí o **guadamecil** *s. m.* (no contable) Cuero curtido y decorado con dibujos pintados o en relieve.

guadaña *s. f.* Herramienta agrícola para segar forraje o hierba verde a ras de tierra, compuesta de una cuchilla curva y larga unida a un mango largo: *En muchos sitios se representa a la muerte empuñando una guadaña.*

guadua *s. f.* COL., EC., VEN.; RESTRINGIDO en Col. Especie de bambú alto y grueso cuya madera se emplea en construcción.

guagua *s. f.* **1** AMÉR.; RESTRINGIDO en España. Autobús de servicio urbano. **2** AMÉR. DEL S. Niño muy pequeño, bebé.

guaira *s. f.* AMÉR. C. Especie de flauta indígena formada por varios tubos de diferentes tamaños.

guajira *s. f.* Canción popular cubana.

guajiro, ra *s. m. / f.* **1** Campesino cubano. **2** CUBA. Persona rústica.

guajolote *s. m.* MÉX. Pavo, ave.

guajolotero *s. m.* MÉX.; COLOQUIAL. Autobús muy viejo.

gualda *s. f.* **1** *Reseda luteola.* Hierba con hojas en forma de lanza, flores amarillas y fruto en cápsula cuyas semillas se usan como tinte: *La gualda es una hierba silvestre.*

gualdo, da *adj.* RESTRINGIDO. De color amarillo como la flor de la gualda: *La bandera española es roja y gualda.*

gualdrapa *s. f.* Cobertura larga que se coloca, como adorno, sobre las ancas de las caballerías: *Los caballos del cortejo estaban adornados con ricas gualdrapas.*

gualicho *s. m.* **1** AMÉR. DEL S. Maleficio. **2** ARG. Mascota o talismán.

guamazo *s. m.* COL., MÉX.; COLOQUIAL en Méx. RESTRINGIDO en Col. Golpe, bofetada, manotazo.

guampa *s. f.* ARG., BOL., CHILE, PAR., URUG.; RESTRINGIDO en Chile. Cuerno de un animal vacuno.

guanaco *adj.* **1** AMÉR. DEL S. Tonto, bobo. ‖ *s. m.* **2** (macho y hembra) *Lama guanicoe.* Mamífero parecido a la llama, que habita en los Andes, en América del Sur.

guanche *adj. / s. m.* y *f.* **1** De un pueblo que habitaba las islas Canarias antes del siglo XV: *una leyenda guanche. Leyó un libro sobre los guanches.* ‖ *s. m.* **2** LING. Lengua bereber hablada por los guanches.

guanera *s. f.* Lugar donde abunda el guano.

guango, ga *adj.* **1** (estar) MÉX.; COLOQUIAL. Que es holgado. **2** MÉX.; COLOQUIAL. Persona que tiene una reputación muy dudosa.

guano *s. m.* **1** (no contable) Excremento de aves marinas que se acumula en la costa del Pacífico de América del Sur y se utiliza como abono. **2** (no contable) AMÉR. Estiércol.

guantada *s. f.* COLOQUIAL. Guantazo: *Niño, si no estás quieto te daré dos guantadas.*

guantazo *s. m.* **1** COLOQUIAL. Golpe que se da en la cara con la mano abierta: *Como no te calles te voy a dar un guantazo.* SIN. bofetada. **2** COLOQUIAL. Golpe fuerte dado contra una cosa: *Se pegó un guantazo con la moto.*

guante *s. m.* (preferentemente en plural) Prenda de abrigo o adorno que cubre la mano y los dedos uno a uno: *unos guantes de ante.* FR. Y LOC. **arrojar el ~** Retar o provocar ‹una persona› a otra persona. **colgar los guantes** 1 Retirarse ‹una persona› del boxeo: *El campeón del mundo ha colgado los guantes definitivamente.* **2** COLOQUIAL. Retirarse ‹una persona› de su actividad habitual: *Yo dentro de poco colgaré los guantes y no volveré por la tienda.* **como un ~** COLOQUIAL. Suavemente, de manera dócil y sumisa: *Desde que la reñí, va como un guante.* **de ~ blanco** COLOQUIAL. Muy elegante, sin violencia: *Es un ladrón de guante blanco. Ha sido una disputa de guante blanco.* **echar el ~** COLOQUIAL. Atrapar o apresar ‹una persona› a otra persona: *La policía les echó el guante rápidamente.*

guantelete *s. m.* Pieza de la armadura que protegía la mano.

guantera *s. f.* Compartimento del salpicadero de un automóvil para guardar objetos.

guapamente *adv. modo* (preferentemente precedido de un cuantificador) COLOQUIAL. Estupendamente, magníficamente: *Todo salió tan guapamente.*

guapear *v. intr.* PERÚ; JERGAL. Presumir ‹una persona› de valiente.

guaperas (plural *guaperas*) *adj. / s. m.* y *f.* COLOQUIAL; PEYORATIVO. Que se cree guapo o presume de ello: *Su hija sale con un guaperas. No trago a las guaperas.*

guapetón, na *adj.* **1** AFECTIVO. Muy guapo o muy arreglado: *¡Qué guapetón vas!* **2** COL. Que presume de valentía.

guapeza *s. f.* ARG., URUG.; COLOQUIAL. Decisión y valentía para enfrentarse a situaciones peligrosas.

guapo, pa *adj.* **1** (estar) Que está vestido con ropa buena o que cae muy bien o va arreglado de forma favorecedora: *Marta estaba muy guapa vestida de novia.* **2** COLOQUIAL. Que es bonito, interesante o divertido: *Se ha comprado un coche muy guapo.* ‖ *adj. / s. m.* y *f.* **3** Que tiene un aspecto físico agradable, especialmente la cara: *No es guapo pero tiene buen tipo.* ANT. feo. **4** COLOQUIAL. Persona decidida, que intenta parecer superior a las demás: *A ver quién es el guapo que le planta cara al guardia.* ‖ **5 gente* guapa.**

guapura *s. f.* **1** (no contable) COLOQUIAL. Cualidad de guapo: *Es un chico de una guapura extraordinaria. Su guapura me impresionó.* SIN. guapeza. **2** COL. Valentía.

guaquear *v. tr.* AMÉR. C., COL., PERÚ. Buscar ‹una persona› guacas o tesoros, particularmente, excavando tumbas prehispánicas.

guaqueo *s. m.* COL. Excavación o búsqueda ilegal de tesoros o de esmeraldas.

guaracha *s. f.* **1** CUBA. Cierta canción popular. **2** CUBA. Broma, diversión.

guaraguas (plural) *s. f.* PERÚ. Adornos excesivos.

guarangada *s. f.* AMÉR. DEL S. Dicho o hecho propio de los guarangos.

guarango, ga *adj. / s. m.* y *f.* **1** ARG., CHILE, PAR., URUG.; COLOQUIAL en Arg. y Urug., VULGAR en Chile. Que es grosero o mal educado. **2** CHILE; VULGAR. Persona que es excesivamente corpulenta. || *s. m.* **3** PERÚ. Árbol de la familia de las acacias parecido al algarrobo.

guaraní *adj. / s. m.* y *f.* **1** De un pueblo amerindio que se extendió desde el Amazonas hasta el río de la Plata: *un indio guaraní, la lengua guaraní, la cerámica guaraní.* || *s. m.* **2** Lengua hablada por los guaraníes y co-oficial con el español en Paraguay. **3** Unidad monetaria del Paraguay.

guarapeta *s. f.* MÉX.; COLOQUIAL. Borrachera.

guarapo *s. m.* **1** (no contable) AMÉR. Jugo de caña de azúcar y bebida que se elabora con este líquido y agua. **2** COL. Bebida fermentada, hecha generalmente de miel o panela.

guarda *s. m. / f.* **1** Persona encargada de la vigilancia y conservación de una cosa: *El guarda vigila que nadie pise el césped.* SIN. vigilante. **~ forestal. ~ jurado** (plural *guardas jurados*) Guarda que jura su cargo y responsabilidad ante la autoridad, pero puede ser contratado por empresas particulares: *En esos grandes almacenes hay guardas jurados.* **2** ARG. Cobrador de los transportes públicos. || *s. f.* **3** RESTRINGIDO. Acción de vigilar o proteger una cosa. SIN. vigilancia. **ángel* custodio** o **ángel de la ~. 4** (preferentemente en plural) ART. GRÁF. Hoja de papel o cartulina que une la tapa con el resto de un libro. **5** Parte de la espada que protege la mano. **6** Tutela o autoridad que la ley concede a un adulto para que se encargue de un menor o de una persona con incapacidad mental.

guardabarrera *s. m. / f.* Persona que vigila un paso a nivel, el cruce del ferrocarril con una carretera.

guardabarros (plural *guardabarros*) *s. m.* Pieza que cubre las ruedas de un vehículo y lo protege de las salpicaduras de barro: *guardabarros delantero, guardabarros trasero.*

guardabosque o **guardabosques** *s. m. / f.* Persona encargada de guardar o vigilar un bosque.

guardacantón *s. m.* Bloque de piedra que sirve para proteger las esquinas de los edificios de los golpes de los vehículos o para impedirles el paso: *Han colocado guardacantones para que los coches no invadan la acera.*

guardacoches (plural *guardacoches*) *s. m. / f.* RESTRINGIDO. Persona encargada de vigilar o aparcar los automóviles en un aparcamiento: *En este restaurante dejas el coche en la puerta y te lo aparca un guardacoches.*

guardacostas (plural *guardacostas*) *s. m.* Barco utilizado para la vigilancia de las costas y la persecución del contrabando: *Los guardacostas patrullan día y noche.*

guardaescobas (plural *guardaescobas*) *s. m.* COL. Zócalo o rodapié.

guardaespaldas (plural *guardaespaldas*) *s. m. / f.* Persona que tiene como profesión acompañar a otra persona para protegerla: *El empresario contrató a un guardaespaldas después de recibir dos amenazas anónimas.*

guardafango *s. m.* COL. Guardabarros de un vehículo.

guardafrenos (plural *guardafrenos*) *s. m. / f.* Persona que maneja los frenos de un tren.

guardaganado *s. m.* ARG. Dispositivo hecho con travesaños de madera o hierro que impide el paso del ganado.

guardagujas (plural *guardagujas*) *s. m. / f.* Persona que maneja las agujas en los cambios de vía de los ferrocarriles.

guardahílos (plural *guardahílos*) *s. m.* **1** ARG. Hombre que se dedica a mantener y arreglar las líneas de telégrafos. **2** ARG. Guardagujas.

guardameta *s. m. / f.* DEP. Portero de un equipo deportivo: *Una espléndida intervención del guardameta evitó el gol del empate.*

guardamonte *s. m.* **1** Pieza semicircular de las armas de fuego que protege el gatillo. **2** ARG. Conjunto de dos piezas de cuero de la parte delantera de la silla que protegen las piernas del jinete.

guardamuebles (plural *guardamuebles*) *s. m.* Lugar destinado a guardar muebles: *He cambiado de vivienda, pero aún tengo los muebles en un guardamuebles.*

guardapolvo *s. m.* **1** Bata o delantal amplio y ligero que protege de la suciedad en el trabajo: *Lo primero que hago al llegar a la tienda es ponerme el guardapolvo. Todos los niños del colegio van con guardapolvo.* **2** Funda que cubre una cosa para evitar el polvo: *el guardapolvo de un mueble, el guardapolvo de un coche.*

guardar *v. tr.* **1** Servir ‹un animal o una cosa› de defensa o de protección de [una cosa]: *Esa alarma guarda la casa de los ladrones.* **2** Poner ‹una persona› [una cosa] en [un lugar en el que está protegida o en el que le corresponde estar]: *Pienso guardar las escrituras **en** la caja fuerte del banco.* **3** Tener ‹una persona› reservada [una cosa] para [otra persona]: *El librero guardaba este ejemplar para ti.* **4** Quedarse ‹una persona› con [una cosa]: *Te has guardado mi pluma en el bolsillo.* **5** Tener ‹una persona› [un sentimiento o una actitud] hacia [otra persona]: *Tú no sabes el respeto que yo le guardo. No debes guardarle rencor.* **6** Tener ‹una persona› [una cosa] a su cuidado: *¿Guardo yo el dinero?* **7** No gastar ‹una persona› [una cosa]: *He guardado la paga para las vacaciones.* **8** Mantener ‹una persona› el recuerdo o la sensación que le produjo [una cosa]: *Guardó su imagen **en** la memoria.* **9** Mantener ‹una persona› [una actitud o una posición]: *El médico le ha dicho que debe guardar cama. Si no guardáis silencio, no sigo.* **10** Mantener ‹una persona› [una promesa o su palabra]: *Han guardado su palabra y han cumplido su compromiso.* || *v. prnl.* **11** Mantener ‹una persona› una actitud recelosa o precavida respecto a [una persona o una cosa]: *Guárdate **de** mí. Si no se guarda **de** él acabará mal.* **12** Evitar ‹una persona› [una cosa]: *Le he dicho que se guarde **de** participar en ese negocio.* FR. Y LOC. **cubrirse / guardarse las espaldas*. día* / fiesta de precepto / ~. ~ las apariencias*. ~ las distancias*. guardarla / guardársela** COLOQUIAL. Esperar ‹una persona› el momento oportuno para vengarse de otra persona: *Ten cuidado con él, que te la guarda.* **hacer / ~ cama*. nadar* y ~ la ropa. tener las espaldas* cubiertas / guardadas. tener / llevar / ~ un as* en la manga.**

guardarraya *s. f.* AMÉR. Linde entre dos terrenos.

guardarropa *s. m.* **1** Lugar de los locales públicos donde los clientes pueden dejar los abrigos y otros objetos: *Dejó su abrigo en el guardarropa de la discoteca.* **3** Conjunto de prendas de vestir de una persona: *He renovado todo mi guardarropa.* || *s. m./f.* **4** Persona encargada del servicio de guardarropa: *Trabaja de guardarropa en una discoteca.*

guardarropía *s. f.* **1** Conjunto de trajes y objetos que se usan en las representaciones de teatro, cine y televisión. **2** Lugar donde se guardan los trajes y objetos de las representaciones de teatro, cine y televisión.

guardarruedas (plural *guardarruedas*) *s. f.* Guardacantón.

guardavalla *s. m.* DEP. Arquero, portero..

guardería *s. f.* Establecimiento educativo donde se cuida a niños pequeños que todavía no van al colegio: *A las ocho dejo al niño en la guardería y no lo recojo hasta las cinco.*

guardés, sa *s. m./f.* RESTRINGIDO. Persona encargada de guardar una casa o una finca.

guardia *s. f.* **1** Acción de vigilar: *Los soldados hacían guardia a la puerta del cuartel. Este mes llevo ya diez guardias.* **2** Servicio especial que se presta fuera del horario normal: *Busca una farmacia de guardia. La atendió el médico que estaba de guardia.* **3** Grupo de personas que defienden a una persona o un lugar: *Entró a formar parte de la guardia del palacio.* **cuerpo de ~.** **4** Cuerpo de seguridad: *¡A mí, la guardia!* **~ real. Guardia Civil** Cuerpo de seguridad español encargado de la vigilancia en zonas rurales, haciendas, carreteras, costas y fronteras, y de otras funciones: *La Guardia Civil es experta en la lucha contra el terrorismo.* **~ de corps** Cuerpo de seguridad destinado a proteger al rey. **5** DEP. Postura o actitud de defensa en deportes como el boxeo o la esgrima: *Ponte en guardia. El boxeador descuidó la guardia.* || *s. m./f.* **6** Persona que forma parte de algunos cuerpos de seguridad: *Le preguntó a un guardia por la calle que buscaba.* **~ civil** Policía del cuerpo de la Guardia Civil: *Mi hermana es guardia civil.* **~ municipal/urbano** Policía municipal. || **7 ~ de prevención** MIL. Guardia de seguridad de los cuarteles militares. **8 ~ marina** o **guardiamarina** MIL. Soldado o cadete que estudia la carrera militar en la armada. **9 ~ pretoriana** A veces IRONÍA. Conjunto de personas que protegen a un gobernante, político u otra persona destacada. FR. Y LOC. **bajar la ~** Descuidar ‹una persona› la actitud de vigilancia o cuidado: *Si no quieres volver a engordar, no bajes la guardia. No debes nunca bajar la guardia en la oficina, porque el jefe se ha fijado en ti.* **de juzgado* de ~. en ~** En actitud de vigilancia o defensa: *El portero del equipo debe estar siempre en guardia.* **montar (la) ~** Ponerse ‹una persona o grupo de personas› en un lugar para vigilarlo o defenderlo: *Uno de los atracadores se quedó en la puerta del banco montando guardia.* **poner* en ~.**

guardiamarina *s. m.* **guardia* marina.**

guardián, na *adj./s. m.* y *f.* **1** Persona o animal que guarda o cuida una cosa: *perro guardián.* || *s. m.* **2** Superior de un convento franciscano.

guardilla *s. f.* RESTRINGIDO. Buhardilla.

guarecer *v. tr.* **1** ELEVADO. Servir ‹una cosa› de protección [a una persona]: *Aquella cueva los guareció de la lluvia.* || *v. prnl.* **2** ELEVADO. Ponerse ‹una persona› a cubierto para protegerse de [la lluvia, el frío, o un peligro]: *Se guarecieron **de** la lluvia **en** una choza.* SIN. refugiarse. ⇒ **5.**

guarida *s. f.* **1** Vivienda y refugio de animales salvajes o de campo: *Los lobos se refugiaron en su guarida.* **2** Lugar en el que se esconde una persona, especialmente un delincuente: *Los ladrones se dirigieron a su guarida.*

guarín, na *adj.* MÉX.; COLOQUIAL. Que es tonto.

guarismo *s. m.* MAT. Signo o conjunto de signos que expresa un número: *78 - 98 son los guarismos que reflejan el resultado del partido de baloncesto.* SIN. cifra.

guarnecer *v. tr.* **1** ELEVADO. Poner ‹una persona› accesorios o complementos en [una cosa o un lugar]: *Guarneció la sala **de** cortinas. Han guarnecido el local **con** guirnaldas de colores.* **2** ELEVADO. Proporcionar ‹una persona› [una cosa necesaria] a [otra persona]: *guarnecimos la despensa **de** provisiones para el invierno.* SIN. surtir. ⇒ **5.**

guarnición *s. f.* **1** (no contable) Complemento de verduras, legumbres, u otro alimento que se sirve con la carne o el pescado como acompañamiento: *Nos sirvieron la ternera con guarnición de guisantes.* **2** Adorno que se pone en el vestido. **3** MIL. Tropa que protege una ciudad o una posición: *Llegó la guarnición de soldados a la ciudad.* **4** (preferentemente en plural; no contable) Conjunto de correajes de una caballería: *El jinete se cayó porque las guarniciones no estaban bien sujetas.* SIN. arreos. **5** Parte de las espadas, sables, u otra arma blanca que protege la mano.

guarnicionería *s. f.* Taller o tienda donde se hacen o venden objetos de cuero para caballerías y personas.

guarrada *s. f.* **1** COLOQUIAL. Acción sucia: *No hagas guarradas, que estás ensuciando la pared.* **2** COLOQUIAL. Acción injusta: *Le han robado los libros; es la segunda guarrada que le hacen.* **3** COLOQUIAL. Cosa obscena o grosera: *El guardia le dijo a la pareja que se fueran a hacer guarradas a su casa.*

guarrazo, za *adj.* **1** Muy guarro: *Este niño es un guarrazo.* || *s. m.* **2** COLOQUIAL; INTENSIFICADOR. Golpe fuerte dado con una cosa: *¡Vaya guarrazo que se dio contra la puerta!*

guarrear *v. tr.* **1** COLOQUIAL. Poner ‹una persona› sucia [una cosa]: *No guarrees la comida. Ha guarreado la hoja y ahora tendré que darle otra para que escriba.* SIN. ensuciar. || *v. prnl.* **2** COLOQUIAL. Ponerse ‹una cosa› sucia: *Los cristales se han guarreado porque ha llovido barro.* SIN. ensuciarse.

guarrería *s. f.* **1** (no contable) COLOQUIAL. Suciedad, cosa que está muy sucia: *La casa estaba hecha una guarrería.* SIN. porquería. ANT. limpieza. **2** COLOQUIAL. Palabra, acción o cosa obscena o grosera: *No soporto que diga guarrerías.*

guarro, rra *adj.* **1** (ser/estar) COLOQUIAL. Que es sucio, produce suciedad o vive con ella: *La bicicleta está muy guarra, lávala. Eres un poco guarro, cámbiate de pantalón.* || *adj./s. m.* y *f.* **2** COLOQUIAL; INSULTO. Que quiere perjudicar a una persona: *No te fíes de lo que te diga esa guarra, porque quiere engañarte.* **3** COLOQUIAL; INSULTO. Que hace cosas obscenas o groseras: *Los que se meten el dedo en la nariz son unos guarros.* || *s. m./f.* **4** Cerdo, animal.

guarura *s. m.* MÉX.; COLOQUIAL. Guardaespaldas.

guasa *s. f.* **1** (no contable) COLOQUIAL. Burla o broma: *Me contestó con mucha guasa. Esos dos se traen buena guasa a costa tuya. ¿Estás de guasa?* **2** COL. Arandela metálica o de goma.

guasada *s. f.* AMÉR. DEL S. Dicho o hecho propio del guaso.

guasca *s. f.* AMÉR. DEL S. Látigo ancho de cuero.

guasearse *v. prnl.* COLOQUIAL. Hacer ‹una persona› una broma o una burla a [otra persona]: *Se guasea **de** todo y no se toma nada en serio. Estoy harto de que te guasees **de** mí.*

guaso, sa *s. m./f.* **1** CHILE. Huaso. **2** CHILE; COLOQUIAL. Persona vergonzosa o tímida. || *adj./s. m.* y *f.* **3** ARG., PAR., URUG.; COLOQUIAL en Argentina y Uruguay. [Persona] grosera o tosca.

guasón, na *adj./s. m* y *f.* (ser/estar) COLOQUIAL. Que tiende a tomarse todo a broma o a gastar bromas: *Esta tarde estás muy guasona, y no tengo ganas de bromas.*

guata *s. f.* **1** (no contable) Lámina gruesa de algodón usada como relleno: *un cojín de guata.* **2** ARG., CHILE; COLOQUIAL en Chile, RESTRINGIDO en Argentina. Barriga o vientre.

guataca *s. f.* CUBA; RESTRINGIDO. Azada corta para limpiar las malas hierbas.

guatambú *s. m.* ARG. Quebracho blanco, árbol apreciado en carpintería.

guateado, da *adj.* (ser/estar) Que está relleno de guata: *La bata es guateada. Esta colcha está guateada.*

guatear *v. tr.* Llenar ‹una persona› [una cosa] con guata: *Me va a guatear una chaqueta para estar en casa caliente.*

guatemalteco, ca *adj./s. m.* y *f.* De Guatemala, país americano: *las costumbres guatemaltecas.*

guateque *s. m.* Fiesta en la que se bebe y se baila, celebrada en una casa particular: *ir a un guateque, hacer un guateque.*

¡guau! *interj.* **1** Se usa para imitar el ladrido del perro. **2** Se usa para expresar admiración y alegría: *¡Guau, qué maravilla de casa!*

guay *adj.* **1** (ser/estar) COLOQUIAL; INTENSIFICADOR. Bueno o bonito: *Esta película es muy guay. Es una cazadora guay.* || *adv. modo* **2** COLOQUIAL; INTENSIFICADOR. Muy bien: *Lo hemos pasado guay.* || **3 ~ del Paraguay** COLOQUIAL; HUMORÍSTICO, INTENSIFICADOR. Guay: *La fiesta ha estado guay del Paraguay.* **4 tope ~** COLOQUIAL; INTENSIFICADOR. Muy guay: *He conocido a una chica tope guay.*

guayaba *s. f.* **1** Fruto del guayabo, comestible, muy aromático y de sabor dulce. **dulce* de ~.** **2** AMÉR. Mentira.

guayabera *s. f.* AMÉR. Camisa de tela fina y ligera que se lleva por encima del pantalón.

guayabo, ba *s. m./f.* **1** COLOQUIAL; RESTRINGIDO. Persona joven, físicamente atractiva: *Mira qué guayaba tan guapa.* || *s. m.* **2** *Psidium guayaba.* Árbol de flores blancas y olorosas, originario de las Antillas, cuyo fruto es la guayaba. **3** COL.; COLOQUIAL. Resaca, malestar físico que se padece después de una borrachera.

guayo *s. m.* COL. Zapato de deporte.

guayuco *s. m.* COL., VEN. Taparrabo.

gubernamental *adj.* **1** Del gobierno: *política gubernamental, orden gubernamental.* SIN. gubernativo. **2** Que es partidario del gobierno: *periódico gubernamental.*

gubernativo, va *adj.* **1** Del gobierno: *directriz gubernativa.* SIN. gubernamental. || **2 policía* gubernativa.**

gubia *s. f.* **1** Herramienta de carpintero y ebanista, que consiste en una barra metálica delgada y con punta acanalada que se utiliza para trabajar superficies curvas. **2** Instrumento quirúrgico de boca semiesférica usado para separar y sacar huesos.

gudari *s. m.* RESTRINGIDO. Soldado vasco.

guedeja *s. f.* **1** Mechón de pelo: *Tienes que cortarte esas guedejas que te tapan los ojos.* **2** Cabellera larga: *Su larga guedeja le llegaba a la cintura.* **3** Melena del león: *El león tiene una hermosa guedeja.*

guepardo *s. m.* (macho y hembra) *Acinonyx jubatus.* Mamífero carnívoro parecido al leopardo con uñas no retráctiles, muy veloz y muy apreciado por su piel.

güero, ra *adj./s. m.* y *f.* AMÉR. C., MÉX., VEN.; COLOQUIAL en México. [Persona] que es rubia.

guerra *s. f.* **1** Lucha armada entre dos o más países, o entre grupos diferentes de cualquier condición: *la Segunda Guerra Mundial, la Guerra chino-japonesa, la Guerra de la Independencia, la Guerra de los Seis Días, las guerras religiosas.* **acción de ~. barco de ~. buque de ~. declaración* de ~. navío de ~. ~ civil** Lucha armada entre los habitantes de un mismo país: *La Guerra Civil norteamericana se llamó Guerra de Secesión. La Guerra Civil española duró de 1936 a 1939.* **~ santa** Guerra que se hace por motivos religiosos y, especialmente, la que ordena el Corán a los musulmanes contra los que no lo son: *Las Cruzadas eran consideradas una forma de guerra santa contra los que no eran cristianos.* **2** Conjunto de acciones que se dedican a luchar contra una cosa negativa: *guerra a la droga, guerra a la pobreza, guerra al desempleo, guerra a la corrupción.* **3** Enfrentamiento entre dos o más personas: *Estos dos políticos siguen con su guerra personal.* || **4 ~ de cifras** Discrepancia en los datos sobre un asunto que aportan dos partes enfrentadas. **5 ~ de nervios** Enfrentamiento sin violencia física en el que cada parte intenta que la otra pierda su resistencia o su voluntad y se sienta vencida: *Las nuevas declaraciones del ministro son otro capítulo de la guerra de nervios con ese sindicato.* **6 ~ de precios** Enfrentamiento entre los establecimientos comerciales para conseguir los precios más competitivos. **7 ~ fría** 1 POLIT. Tensión política entre los países occidentales y los del bloque soviético después de la Segunda Guerra Mundial: *La caída del muro de Berlín fue el final de la guerra fría.* 2 Tensión entre grupos o personas: *Nunca discuten en público, pero se nota la guerra fría entre los dos grupos del partido.* **8 ~ psicológica** Guerra de nervios. FR. Y LOC. **buscar/pedir/querer ~** COLOQUIAL. Provocar ‹una persona› un enfrentamiento o una respuesta sexual: *Han venido los del otro pueblo buscando guerra.* **consejo* de ~. dar ~** COLOQUIAL. Molestar, incomodar o causar problemas ‹una persona›: *Esos niños dan mucha guerra a sus padres. Esta muela me está dando guerra.* **de antes de la ~** COLOQUIAL; INTENSIFICADOR. Muy antiguo, pasado de moda o desfasado: *Su madre lleva unos zapatos de antes de la guerra.* **declarar la ~** 1 Hacer saber ‹un país› a otro país que se considera en estado de guerra contra él: *Después de aquel movimiento de soldados, ese país entendió que el otro le declaraba la guerra.* 2 Mostrar ‹una persona› que quiere enfrentarse a otra persona: *El vecino le declaró la guerra subiendo la música al máximo.* **desenterrar el hacha* de ~. en pie* de ~. nombre* de ~. tener la ~ declarada** COLOQUIAL. Atacar ‹una persona› continuamente una cosa o a una persona: *Tiene la guerra declarada a los ecologistas. Las cadenas de televisión se tienen la guerra declarada.*

guerrear *v. intr.* Hacer ‹una persona› la guerra: *En la Edad Media, la gente guerreaba durante años.*

guerrera *s. f.* Chaqueta larga que forma parte de algunos trajes militares: *Lleva una guerrera muy elegante.*

guerrero, ra *adj.* **1** De la guerra: *táctica guerrera.* || *adj. / s. m.* y *f.* **2** Que es aficionado a la guerra o lucha en ella: *pueblo guerrero.* **3** (ser / estar) COLOQUIAL. Que tiene tendencia a discutir o pelear: *Estás muy guerrera últimamente.* **4** (ser / estar) COLOQUIAL. Que tiende a enredar o hacer travesuras: *No seas tan guerrero, hijo.*

guerrilla *s. f.* **1** Grupo armado que se sirve del conocimiento del terreno para atacar por sorpresa al enemigo: *El ejército regular no consigue acabar con la guerrilla.* **2** (no contable) Forma de guerra llevada a cabo por estos grupos. **3** PERÚ. Conjunto de números de lotería.

guerrillero, ra *adj.* **1** De la guerrilla o de los guerrilleros: *movimiento guerrillero.* || *s. m. / f.* **2** Persona que lucha en una guerrilla. *Han detenido a una guerrillera del FLN.*

gueto o **ghetto** *s. m.* **1** Barrio de una ciudad donde vivían o eran obligados a vivir los judíos: *el gueto de Varsovia.* **2** Lugar donde vive una minoría marginada: *un gueto gitano. Ese barrio es un auténtico gueto de pobreza.* **3** Conjunto de personas con un origen parecido que viven marginadas: *Los homosexuales no quieren vivir en un gueto.*

guía *s. m. / f.* **1** Persona que aconseja o dirige a otras personas: *guía de montaña, guía espiritual, guía turístico.* || *s. f.* **2** Cosa que encamina o sirve de orientación: *Sus consejos me sirvieron de guía. Siguió una guía de comportamiento.* **3** Libro o folleto que contiene información sobre un instrumento o una materia: *guía de espectáculos, guía de jardinería. Búscalo en la guía telefónica.* **4** RESTRINGIDO. Documento que autoriza el transporte de mercancías restringidas por la ley. **5** Ranura o carril que sirve para que un objeto o un mecanismo siga una dirección determinada: *las guías de la cortina.* **6** BOT. Tallo principal de algunos árboles. **7** BOT. Sarmiento que se deja sin podar en cepas y árboles para dirigirlos: *Tienes que atar las guías de la enredadera para que suba por la pared.* **8** BOT. Palo que se clava junto a una planta para que crezca recta. **9** Caballería que tira de un carruaje delante de las demás. **10** Punta del bigote cuando está retorcida: *Se atusa con frecuencia las guías del bigote.* **11** Cada una de las dos varillas laterales de un abanico: *Se me ha partido una guía del abanico.* || *s. m.* **12** MIL. Soldado que sirve para alinear la tropa en formación. **13** Manillar de una bicicleta o de una moto. FR. Y LOC. **as* de ~.**

guiar *v. tr.* **1** Servir ‹una persona, un animal o una cosa› de guía [a una persona o animal]: *Las estrellas nos guiaban por la noche.* SIN. orientar. **2** Llevar ‹una persona› [un vehículo]: *Yo guiaré el coche.* || *v. prnl.* **3** Dejarse dirigir ‹una persona› por [una cosa]: *Me guío **por** la luz del sol.* ⇒ **8.**

guija *s. f.* **1** Guijarro, piedra pequeña y redonda. **2** Almorta, hierba.

guijarral *s. m.* Terreno cubierto de guijarros.

guijarro *s. m.* Piedra pequeña y redondeada por la erosión, como las que se encuentran en los ríos: *playa de guijarros. Le gustaba recoger del río guijarros.* SIN. guija.

guijo *s. m.* **1** (no contable) Conjunto de piedras pequeñas que se usa para allanar caminos y carreteras: *Están rellenando el camino de guijo para repararlo.* SIN. grava. **2** RESTRINGIDO. Canto rodado.

guillarse *v. prnl.* **1** COLOQUIAL. Volverse ‹una persona› loca. **2** COLOQUIAL. Irse ‹una persona›.

guillotina *s. f.* **1** Artefacto inventado en Francia para cortar la cabeza a los condenados a muerte: *María Antonieta murió en la guillotina.* **2** ART. GRÁF. Máquina para cortar papel con una cuchilla que cae verticalmente. FR. Y LOC. **de ~** Ventana o persiana que se abre y cierra deslizándose verticalmente entre dos listones.

guillotinar *v. tr.* **1** Cortar ‹una persona› la cabeza de [otra persona] con una guillotina: *Los revolucionarios franceses guillotinaron a algunos nobles.* **2** ART. GRÁF. Cortar ‹una persona› [papel] con una guillotina.

guinche *s. m.* ARG., CHILE, URUG.; JERGAL en Chile. Grúa.

güinche *s. m.* COL. Huinche.

guinda *s. f.* **1** Fruto del guindo, semejante a la cereza, más redondo y de sabor más ácido. **2** COLOQUIAL. Lo que adorna, remata o perfecciona una cosa: *La guinda de la fiesta fue el anuncio del jefe de que habría aumento de sueldo.* **3** (en plural) ARG., URUG.; COLOQUIAL. Testículos.

guindado *s. m.* AMÉR. Licor preparado con guindas.

guindar *v. tr.* **1** COLOQUIAL. Robar ‹una persona› [una cosa] a [otra persona]: *En el metro me han guindado la cartera.* **2** COL., VEN. Colgar, pender ‹una persona› [una cosa].

guindilla *s. f.* **1** Variedad de pimiento, alargado y pequeño, muy picante, de color rojo o verde. **2** Fruto del guindillo de Indias. **3** COLOQUIAL; RESTRINGIDO. Policía municipal. || *s. m. / f.* **4** COLOQUIAL; RESTRINGIDO. Miembro de la policía municipal: *El guindilla es un personaje típico del teatro cómico madrileño de principios de siglo.*

guindo *s. m.* *Prunus cerasus.* Árbol de la familia de las rosáceas, parecido al cerezo, de flores blancas y fruto rojo de sabor ácido. FR. Y LOC. **caerse* de un ~.**

guinea *s. f.* Antigua moneda británica de oro.

guineano, na *adj. / s. m.* y *f.* De Guinea, país africano.

guineo *s. m.* Variedad de plátano de algunas zonas caribeñas de América.

guiña *s. f.* **1** (no contable) COL., VEN.; RESTRINGIDO en Colombia. Mala suerte, maleficio. **2** VEN. Señal contra la mala suerte, higa.

guiñapo *s. m.* **1** Trozo de tela roto y sucio. **2** (frecuentemente en plural) Prenda muy sucia y estropeada: *Siempre va vestida de guiñapos.* SIN. harapo. **3** COLOQUIAL; INTENSIFICADOR. Persona débil y enfermiza, muy decaída física o moralmente: *La gripe me dejó hecho un guiñapo.* FR. Y LOC. **poner como un ~** Hablar muy mal ‹una persona› de otra persona: *Ayer el jefe te puso como un guiñapo.*

guiñar *v. tr.* **1** Cerrar y abrir ‹una persona› [un ojo] rápidamente dejando el otro abierto: *Me guiñaba el ojo para que supiera que estaba bromeando.* **2** Cerrar ‹una persona› un poco los dos ojos por la luz o por la mala visión: *Guiñaba los ojos porque le molestaba la luz.* || *v. prnl.* **3** Hacerse ‹dos personas› señas con los ojos: *Los he visto guiñarse los ojos para ponerse de acuerdo.*

guiño *s. m.* **1** Gesto que se hace cerrando un ojo, con el otro abierto: *No veía bien y hacía guiños con los ojos.* **2** Mensaje indirecto que trata de darse a una persona: *La película estaba llena de guiños a las feministas.* **3** ARG. Intermitente de un vehículo.

guiñol *s. m.* Representación teatral con títeres o muñecos que mueven con las manos personas desde detrás del escenario: *teatro de guiñol, espectáculo de guiñol.*

guión *s. m.* **1** Escrito que contiene un esquema básico que sirve de ayuda para exponer un tema. **2** Texto que contiene los diálogos y todas las indicaciones técnicas necesarias para realizar una película o un programa de radio o de televisión: *¿Quién ha escrito el guión cinematográfico?* **3** Signo ortográfico que consiste en una raya horizontal (-), y que indica que un renglón termina con una parte de una palabra que continuará en el siguiente, o une los elementos de una palabra compuesta, o sustituye un paréntesis, o señala en un diálogo cuándo habla cada interlocutor. **4** RESTRINGIDO. Señal o bandera distintiva de una autoridad. **5** RESTRINGIDO. Señal o estandarte distintivo de una hermandad o de una cofradía que se lleva en las procesiones o en las fiestas: *Desfilaron todas las cofradías con sus guiones.* **6** ZOOL. Ave que va delante de la bandada guiándola.

guionista *s. m./f.* Persona que elabora guiones de cine, radio o televisión, de forma profesional.

guipar *v. tr.* **1** VULGAR. Ver o mirar ‹una persona› a [una persona o una cosa]: *Desde aquí se guipa el mar.* **2** VULGAR. Descubrir ‹una persona› las intenciones, los defectos o las debilidades de [otra persona]: *No he podido copiar en el examen, porque el profe me guipó desde el principio.*

guipur *s. m.* (no contable) Tela de encaje de malla gruesa.

guipuzcoano, na *adj./s. m.* y *f.* **1** De Guipúzcoa, provincia vasca: *Es de un pueblo guipuzcoano.* || *s. m.* **2** LING. Variedad del euskera hablada en Guipúzcoa.

guiri *s. m./f.* **1** COLOQUIAL; PEYORATIVO. Turista extranjero: *Guiris rojos como gambas se pasean por la playa.* || *s. m.* **2** JERGAL; PEYORATIVO. Miembro de la Guardia Civil, cuerpo de policía español: *Cuidado, que vienen los guiris.*

guirigay (plural *guirigáis* o *guirigayes*) *s. m.* **1** COLOQUIAL. Lenguaje oscuro: *Yo no entiendo nada del guirigay de este autor.* SIN. galimatías. **2** COLOQUIAL. Griterío o alboroto: *Con tanto guirigay no hemos oído el teléfono.*

guirlache *s. m.* Dulce de caramelo y almendras tostadas.

guirnalda *s. f.* Banda decorativa colgante hecha de flores, hojas u otras cosas entretejidas: *una guirnalda de papel.*

guisa *s. f.* RESTRINGIDO. Modo o manera: *¿Dónde vas vestido de esa guisa?* FR. Y LOC. **a ~ de** RESTRINGIDO. A modo de: *Usaba un palo a guisa de bastón.*

guisado *s. m.* Guiso de carne o pescado, caldoso y con hortalizas y verduras: *guisado de ternera con zanahorias.*

guisante *s. m.* **1** Planta herbácea leguminosa de tallo trepador, dotada de zarcillos, con flores blancas y fruto en legumbre, cuya semilla es muy apreciada como alimento. **2** Semilla de esta planta, que se consume hervida sola o como guarnición de carnes y pescados: *guisantes con patatas.*

guisar *v. tr./intr.* **1** Preparar ‹una persona› [un alimento] sometiéndolo a la acción del fuego: *Tienes que guisar bien las patatas.* SIN. cocinar. **2** Preparar ‹una persona› [un alimento] cociéndolo en una salsa después de rehogado. || *v. tr.* **3** COLOQUIAL. Preparar ‹una persona› [una cosa]: *No sé qué está guisando la dirección, pero no me gusta.*

guiso *s. m.* **1** Guisado: *Hace unos guisos muy buenos.* **2** Acción y resultado de guisar. **3** COL. Salsa rehogada de varios condimentos para sazonar los platos.

güisqui o **whisky** *s. m.* **1** (no contable) Bebida alcohólica obtenida por destilación de la cebada u otros cereales. **2** Medida de este líquido contenida en un vaso.

guita *s. f.* **1** Cuerda delgada de cáñamo: *Necesito guita para preparar el paquete.* **2** (no contable) COLOQUIAL. Dinero: *Me he quedado sin guita.*

guitarra *s. f.* **1** Instrumento musical de cuerda, generalmente seis, con una caja de resonancia en forma de pera y un mástil con trastes: *María toca muy bien la guitarra.* **~ eléctrica.** **2** VEN. Traje de fiesta. || *s. m./f.* **3** Persona que toca este instrumento: *Paco de Lucía es una de las grandes guitarras españolas.* SIN. guitarrista.

guitarreada *s. f.* ARG. Reunión donde se toca la guitarra y se cantan canciones folclóricas.

guitarrillo *s. m.* Instrumento musical de cuatro cuerdas parecido a la guitarra. SIN. guitarro.

guitarrista *s. m./f.* Persona que toca profesionalmente la guitarra: *Es una guitarrista consumada.*

guitarro *s. m.* Guitarrillo.

guitarrón *s. m.* Guitarra grande de sonido grave típica de los mariachis mexicanos.

güito *s. m.* **1** COLOQUIAL. Sombrero. **2** RESTRINGIDO. Hueso de algunos frutos: *el güito del albaricoque.*

gula *s. f.* **1** (no contable) Costumbre de comer y beber en exceso: *Se deja llevar por la gula y está engordando mucho.* SIN. glotonería. || *s. m./f.* **2** COLOQUIAL, VULGAR. Persona que tiene tendencia a acaparar más de lo que necesita: *No seas gula y déjale esos caramelos a tu hermano.*

gulag (del ruso; pronunciamos *'gulaj'*) *s. m.* Campo de concentración de la antigua Unión Soviética.

gulasch (del húngaro; pronunciamos *'gulás'*) *s. m.* (no contable) Plato típico húngaro de buey o cerdo estofados.

gulusmear *v. intr./tr.* **1** COLOQUIAL; RESTRINGIDO. Comer ‹una persona› [golosinas]. **2** COLOQUIAL; RESTRINGIDO. Comer ‹una persona› [pequeñas cantidades de una cosa] entre comidas: *He estado gulusmeando y ahora no tengo hambre.* **3** COLOQUIAL; RESTRINGIDO. Curiosear ‹una persona› [una cosa]: *A la abuela le gusta gulusmear todo lo que hago.*

gumía *s. f.* Arma blanca de hoja corta y curvada usada por los árabes: *El guardián llevaba una rica gumía a la cintura.*

guripa *s. m.* **1** COLOQUIAL. Soldado raso: *A la hora de paseo salen todos los guripas del cuartel.* **2** COLOQUIAL; RESTRINGIDO. Policía: *Los guripas me pararon por ir en la moto sin casco.*

gurja o **gurka** *adj./s. m.* y *f.* De un pueblo de raza indoafgana que habita en Nepal.

gurriato *s. m.* **1** Pollo del gorrión. **2** COLOQUIAL. Niño pequeño que abulta muy poco: *Su hijo es todavía un gurriato, tiene sólo un mes.*

gurrufío *s. m.* VEN. Juguete formado por un disco de metal o de suela que suena al hacerlo girar rápidamente con una cuerda.

gurrumina *s. f.* AMÉR. Cansancio, flojera.

gurrumino, na *adj.* **1** ARG., MEX.; COLOQUIAL. [Persona] que es de baja estatura y delgada. || *s. m./f.* **2** AMÉR. C., ARG., MÉX., COLOQUIAL; RESTRINGIDO en España. Niño, muchacho: *Tienen un gurrumino pequeñito, pero muy mono.*

gurruño *s. m.* COLOQUIAL. Cosa que está encogida o arrugada: *La sábana quedó hecha un gurruño en el suelo.*

gurú *s. m.* **1** Director espiritual de un grupo religioso en la India: *un gurú hindú.* **2** Jefe religioso de ciertas sectas. **3** COLOQUIAL. Persona que tiene mucha influencia sobre otras: *gurú de la moda. Es el gran gurú de las finanzas.*

gurullo *s. m.* Bola de lana o hilos o grumo de pasta o engrudo: *La masa está llena de gurullos, disuélvela bien.*

gusa *s. f.* (no contable) COLOQUIAL. Hambre, ganas de comer: *A estas horas de la mañana ya me entra gusa.*

gusanera *s. f.* Sitio o lugar donde se crían muchos gusanos: *Las gallinas frecuentan las gusaneras para alimentarse.*

gusanillo *s. m.* **1** Hilo de seda, oro o plata, enrollado en espiral con el que se confeccionan algunas labores. **2** ART. GRÁF. Alambre o plástico enrollado en espiral que se utiliza para encuadernar: *encuadernación en gusanillo.* **3** COLOQUIAL. Hambre: *Cuando llegan las dos de la tarde empiezo a sentir el gusanillo.* **4** Inquietud o deseo de hacer una cosa: *Fue entonces cuando me entró el gusanillo del ajedrez.* || **5 el ~ de la conciencia** COLOQUIAL. Remordimiento: *Siento que el gusanillo de la conciencia me dice que no está bien lo que he hecho.* FR. Y LOC. **matar el ~** 1 COLOQUIAL. Satisfacer ‹una persona› un deseo: *He dado una calada al cigarrillo y ya he matado el gusanillo.* 2 COLOQUIAL. Tomar ‹una persona› un poco de alimento para calmar el hambre: *Me he tomado un café para matar el gusanillo hasta la hora de comer.*

gusano *s. m.* **1** (macho y hembra) Animal de cuerpo alargado y cilíndrico, sin columna vertebral ni extremidades, como la lombriz, la solitaria o la filaria. **2** (macho y hembra) Larva u oruga de los insectos del orden de la mariposa que se alimenta de hojas y materias en descomposición. **~ de seda** (macho y hembra) *Bombyx mori.* Oruga de algunas mariposas, que se alimenta de hojas de morera y teje un capullo de hilo de seda usado en la fabricación de tejidos. **3** COLOQUIAL; PEYORATIVO, INSULTO. Persona despreciable por su innoble comportamiento: *Eres un gusano que te aprovechas de tus pobres padres.* **4** COLOQUIAL. Persona muy poco importante: *Nos trata como si fuéramos gusanos.* || **5 ~ de luz** (macho y hembra) Luciérnaga.

gusarapo *s. m.* Animal con forma de gusano, que se desarrolla en los líquidos: *La charca está llena de gusarapos.*

gustar *v. intr.* **1** Ser ‹una cosa› agradable o atractiva para [una persona]: *A mí me gusta la playa. Le gusta divertirse.* **2** Ser ‹una persona o una cosa› del agrado de [una persona]: *Me gusta que estés contenta. No me gusta fumar. Siempre me gustará ese hombre.* **3** ELEVADO. Sentir ‹una persona› afición por [una cosa]: *Tu vecino gusta muy poco* ***de*** *bromas. Nunca ha gustado* ***de*** *vivir en pueblos pequeños.* || *v. intr. / prnl.* **4** Sentir ‹una persona› atracción por [otra persona]: *Me gustas mucho. Esos dos* ***se*** *gustan.* || *v. tr.* **5** Percibir ‹una persona› el sabor de [una cosa]: *Gustó el vino y le pareció excelente.* **6** Probar ‹una persona› [una cosa]: *Gustó la buena vida y no quería volver a vivir como antes.* FR. Y LOC. **¿gustas? / ¿gusta?** CORTESÍA. Se usa para ofrecer de lo que se está comiendo o bebiendo: *Este plato es delicioso, ¿gusta?* **para lo que usted guste (mandar)** CORTESÍA. Se usa para ofrecerse una persona a otra al ser presentada: *Estoy a su disposición para lo que usted guste.*

gustativo, va *adj.* Del sentido del gusto. **papila* gustativa.**

gustillo *s. m.* **1** (no contable) Ligero sabor que deja un alimento o bebida: *El vino tiene un gustillo agrio.* SIN. regusto. **2** (no contable) Sensación o impresión que deja una cosa: *La derrota les dejó un gustillo amargo.* SIN. regusto. **3** (no contable) COLOQUIAL. Satisfacción mal intencionada: *En verano da gustillo ver trabajar a otros.*

gusto *s. m.* **1** (no contable) Sentido corporal que permite percibir los distintos sabores: *Estoy acatarrada y tengo el gusto un poco atrofiado.* **2** Sabor de las cosas: *Compró un helado de dos gustos: fresa y chocolate. Prefiero el gusto* ***a*** *menta.* **3** (no contable) Placer, agrado o satisfacción: *el gusto* ***por*** *el mar, el gusto* ***por*** *el riesgo, el gusto* ***de*** *la velocidad. Da gusto ver cómo los niños se divierten.* **4** (no contable) Voluntad o deseo propios: *Si ha venido es por su gusto.* **5** Forma de apreciar las cosas propia de cada persona: *Nuestros gustos son distintos: a mí me gusta el mar, a ti la montaña.* **6** (no contable) Capacidad para apreciar y elegir las cosas bonitas: *Tiene mucho gusto para vestir. Ha puesto la casa con muy poco gusto.* **7** (no contable) Carácter agradable o desagradable de una cosa: *Le gastó una broma de muy mal gusto.* **8** ARTE. Estilo de una obra artística o literaria: *La novela sigue el gusto romántico de la época.* FR. Y LOC. **a ~** Bien, cómodamente: *Con sus amigos se encuentra a gusto.* **al ~** Según las preferencias de cada persona: *Le preparamos los platos que usted elija, al gusto.* **coger / tomar el ~** COLOQUIAL. Empezar a sentir ‹una persona› afición por una cosa: *Le está cogiendo el gusto a la informática.* **con mucho ~** CORTESÍA. Se usa para responder a una petición: *–«¿Podría abrirme la puerta?» –«Con mucho gusto.»* **el ~ es mío** CONTESTACIÓN EN PRESENTACIÓN. Se usa para responder a un saludo: *–«Tanto gusto.» –«El gusto es mío, señora.»* **mucho / tanto ~** CORTESÍA EN PRESENTACIÓN. Se usa para saludar a una persona: *Mucho gusto en conocerlo. Tanto gusto en conocerla.* **no ser plato* de ~. tener el ~** CORTESÍA. Sentir ‹una persona› satisfacción por una cosa: *Tenemos el gusto de invitarla al enlace de nuestra hija.* REFR. **Sobre gustos no hay nada escrito.** Se usa para expresar que cada persona tiene sus propios gustos.

gustosamente *adv. modo* De buena gana, con placer, con gusto: *Gustosamente le pagaría yo el viaje.*

gustoso, sa *adj.* **1** (ser / estar, antepuesto / pospuesto) Que tiene buen sabor: *Nos ha preparado una gustosa zarzuela de mariscos.* **2** Que hace una cosa con gusto: *Le presté gustoso mi coche porque vi que lo necesitaba.*

gutapercha *s. f.* **1** (no contable) Goma vegetal, sólida y flexible, que se utiliza para impermeabilizar telas o hacer empastes en los dientes. **2** (no contable) Tela barnizada con esta goma vegetal: *sillones de gutapercha.*

gutural *adj.* **1** De la garganta: *sonido gutural, voz gutural.* || *adj. / s. f.* **2** LING. [Sonido] que se articula con el dorso de la lengua tocando el velo del paladar para cerrar por completo la salida del aire espirado o provocando una estrechez por donde sale el aire espirado: *consonante gutural. El sonido [k] es gutural.* || *s. f.* **3** LING. Letra que representa un sonido gutural: *La «g» y la «j» son guturales.*

guzgo, ga *adj.* MÉX.; COLOQUIAL. Que es glotón.

guzla *s. f.* Instrumento musical de una sola cuerda parecido al violín propio de los pueblos eslavos de los Balcanes.

gymkhana (del inglés; pronunciamos *'yincana'*) *s. f.* Gincana.

H

h *s. f.* Octava letra del alfabeto español que no representa ningún sonido. Su nombre es *hache*.

haba *s. f.* **1** Planta leguminosa de hoja compuesta, flores de color violeta o blanco y fruto en vaina. **2** Semilla de las habas, que se consume generalmente sin vaina, hervido como verdura o seco como legumbre. **3** COLOQUIAL. Roncha en la piel producida por una irritación o por picadura de insecto: *Mira qué habas me han hecho los mosquitos.* FR. Y LOC. **ser habas contadas** 1 COLOQUIAL. Estar ‹una cosa› limitada en su número: *El sueldo no da para más, son habas contadas.* 2 Ser ‹una cosa› precisa y clara: *Si sales por esa puerta no vuelves a entrar; decide, son habas contadas.* **tonto* del bote / ~** o **tonto de remate.**

habanero, ra *adj. / s. m.* y *f.* **1** De La Habana, capital de Cuba: *canción habanera. Los habaneros son muy hospitalarios.* || *s. f.* **2** MÚS. Danza y melodía cubanas de compás binario y ritmo cadencioso: *Los marineros cantan habaneras a la orilla del mar.*

habanito *s. m.* ARG., URUG. Galleta redonda rellena de dulce de leche y chocolate.

habano *s. m.* Cigarro puro muy apreciado, hecho en Cuba: *El jefe nos ha regalado un habano a cada uno para celebrar el nacimiento de su primer hijo.*

hábeas corpus *s. m.* DER. Derecho que tienen los ciudadanos detenidos a ser llevados pública e inmediatamente ante el juez o un tribunal.

haber *v. aux.* **1** Se usa en la conjugación verbal para formar los tiempos compuestos: *He venido, había comido, habrá llegado. No creo que hayas pensado eso.* || *v. impers.* **2** Ocurrir [una cosa]: *Hubo un accidente. Ha habido muchos problemas.* **3** Estar [varias personas] presentes en [un lugar o en una situación]: *Había mucha gente* ***en*** *la manifestación.* **4** Existir [una cosa]: *Hay votos en tu contra.* **5** Tener lugar [una cosa]: *Mañana habrá acuerdo.* FR. Y LOC. **como hay pocos** INTENSIFICADOR. Se usa para reforzar un calificativo: *Raúl es amable como hay pocos.* **de lo que no hay** INTENSIFICADOR, PEYORATIVO. Se usa para reforzar un calificativo: *Esta novela es malísima, de lo que no hay.* **de todo hay en la viña* del Señor. donde los / las haya** o **si los / las hay** INTENSIFICADOR. Se usa para reforzar lo expresado anteriormente: *Es una mujer hermosa, donde las haya. Es una joven hermosa, si las hay.* **encontrar / ~ hasta en la sopa*. ha** + expresión de tiempo RESTRINGIDO. Se usa para expresar un tiempo pasado: «*En un lugar de La Mancha, de cuyo nombre no quiero acordarme, ha mucho tiempo que vivía un hidalgo.*» **~ de** + infinitivo Ser ‹lo que expresa el infinitivo› necesario o forzoso: *Hemos de trabajar duro.* **~ de todo como en botica*. ~ gato* encerrado. ~ lugar*. ~ / mediar un abismo*. ~ paño* que cortar. ~ tela* que cortar. ~ que** + infinitivo Ser ‹lo que expresa el infinitivo› necesario, obligatorio o conveniente: *Hay que saber escuchar.* **~ ropa* tendida. ~ un roto* para un descosido. haberle hecho la boca* un fraile. habérselas con** Tratar ‹una persona› con otra persona para una cosa conflictiva: *Se las hubo con su jefe.* **¡habrá cosa* igual / parecida!** o **¡habráse visto (cosa igual / parecida)! hay que hamacarse*. ¡hay que joderse*! hay que ver*. no ~ Dios* que. no ~ lugar*. no ~ más cáscaras*. no ~ / quedar / tener más remedio*. no ~ roto nunca un plato*** o **no ~ roto en su vida un plato. no ~ tal cosa*. no ~ / tener más narices*. no ~ / tener por donde cogerlo* / agarrarlo. no habérsele perdido* nada. no hay de qué** CORTESÍA. Se usa para responder a la persona que da las gracias por una cosa: *No hay de qué, hice el encargo que me pidió con mucho gusto.* **no hay más cera* que la que arde. no hay tu tía*. ¿qué hay?** COLOQUIAL. Fórmula para saludar equivalente a *hola*, que se usa como principio o fin del saludo: «*¿Qué hay?*» **¿qué tripa* se te ha roto? ser* de lo que no hay. ser / ~ / tener tela* (marinera) ⇒ 43.**

haber *s. m.* **1** (preferentemente en plural; no contable) ECON. Conjunto de bienes o derechos que posee una persona o entidad: *Le fueron confiscados todos sus haberes.* **2** ECON. Parte de una cuenta bancaria donde se anotan los ingresos: *En la columna del haber figura la cantidad de 2.415 pesetas.* **3** Cualidades positivas que tiene en su favor una persona o una cosa: *Su capacidad de trabajo y su seriedad hay que apuntarlos en el haber de esta empleada.* **4** (en plural; no contable) Dinero que percibe periódicamente un empleado o un profesional por su trabajo: *En el sobre están sus haberes.* SIN. sueldo.

habichuela *s. f.* **1** Alubia. **2** COL. Judía verde. FR. Y LOC. **ganarse las habichuelas** COLOQUIAL. Trabajar por un sueldo, ganarse la vida: *Me gano las habichuelas en la construcción.*

hábil *adj.* **1** (ser / estar; antepuesto / pospuesto) Que tiene capacidad e inteligencia para hacer una cosa, o que es apropiado para ello: *Es una hábil respuesta. Es muy hábil* ***con*** *las manos. Has estado hábil* ***en*** *la entrevista.* **2** DER. [Tiempo, día, hora] que es apto o puede utilizarse para actuaciones judiciales o para resolver asuntos en las oficinas: *¿Cuál es el tiempo hábil para presentar el recurso?* **día* ~.**

habilidad *s. f.* **1** (no contable) Capacidad para hacer una cosa bien o fácilmente: *Tiene mucha habilidad para tratar a la gente.* **2** Cosa realizada con gracia y destreza: *El baile es una de sus muchas habilidades.*

habilidoso, sa *adj.* **1** (ser / estar) Que tiene habilidad o capacidad para hacer cosas: *Es muy habilidosa, arregla cualquier cosa. Es un político muy habilidoso.* **2** (antepuesto / pospuesto) Que está hecho con habilidad: *Un habilidoso movimiento le sirvió para evitar el golpe.*

habilitación *s. f.* **1** Adecuación o permiso para realizar una función que no es la propia: *La habilitación del comedor como sala de reuniones se hizo en una mañana. Hasta hoy no ha llegado la habilitación para que pueda ejercer las funciones de jefe de negociado.* **2** (no contable) Cargo o empleo del habilitado: *Sofía desempeña la habilitación de Correos.* **3** Oficina donde el habilitado ejerce su empleo: *¿Me puede indicar dónde está la habilitación?* **4** DER. Capacidad que se otorga a una persona para realizar un acto jurídico en nombre de otra persona. **5** ECON. Provisión del dinero necesario para realizar una cosa: *El banco se ocupó de la habilitación de los fondos para las obras.* **6** URUG. Equiparación de un centro de enseñanza privada a uno oficial.

habilitado, da *s. m. / f.* **1** RESTRINGIDO. Persona que estaba encargada de pagar los sueldos a los funcionarios: *Con la informatización de las finanzas ha desaparecido la figura del habilitado.* **2** AMÉR. Persona que goza de habilitación.

habilitar *v. tr.* **1** Declarar ‹una persona› [a otra persona o una cosa] hábil para [una cosa]: *Sofía está esperando que la habiliten **para** el cargo.* **2** Proporcionar ‹una persona› [los medios necesarios] para [una cosa]: *El financiero habilitó los recursos **para** emprender la obra.* **3** Destinar o adaptar ‹una persona› [una cosa] a [otra cosa]: *Habilitaron la iglesia **como** hospital.*

habitabilidad *s. f.* Cualidad de habitable. **cédula* de ~.**

habitable *adj.* (ser / estar) Que puede habitarse: *Esta es una ciudad habitable, sin problemas medioambientales. Esta casa está habitable, no necesita ninguna reforma.*

habitación *s. f.* Cada una de las piezas de una casa, sobre todo la que se destina para dormir: *una casa con tres habitaciones. Esta habitación será el despacho.* SIN. cuarto.

habitacional *adj.* ARG., URUG. De la vivienda.

habitáculo *s. m.* **1** RESTRINGIDO. Lugar destinado a ser habitado: *Estuvo secuestrado en un habitáculo reducido.* **2** Espacio de un automóvil destinado al conductor y a los viajeros: *El habitáculo de este camión es muy amplio.*

habitante *s. m.* Individuo que habita en un determinado lugar: *La ciudad llega ya a los cinco millones de habitantes. En mi tesis estudio los habitantes de las charcas.*

habitar *v. tr. / intr.* Vivir ‹una persona› habitualmente en [un lugar]: *Esos gitanos habitan las chabolas de la carretera.*

hábitat (plural *hábitats*) *s. m.* **1** ECOL. Territorio o lugar con condiciones ambientales adecuadas para que habite un conjunto de seres vivos: *El hábitat de estos animales está siendo destruido por la deforestación.* **2** GEOGR. Entorno donde vive el ser humano: *hábitat rural, hábitat urbano.*

hábito *s. m.* **1** PSICOL. Forma de conducta que se hace estable por repetición: *tener malos hábitos. Paco tiene el hábito **de** no desayunar.* SIN. costumbre. **2** Habilidad adquirida con la práctica: *Sara tiene el hábito **de** cocinar.* **3** Vestimenta que usan los religiosos: *el hábito de los carmelitas. Siempre llevamos hábito.* **4** MED. Dependencia o disminución de los efectos de un medicamento después de haberlo tomado por mucho tiempo: *Las anfetaminas crean hábito.* FR. Y LOC. **ahorcar / colgar los hábitos** 1 Entre los católicos, abandonar ‹una persona› la carrera eclesiástica: *Después de diez años ha colgado los hábitos.* 2 Abandonar ‹una persona› una actividad o profesión: *Ha colgado los hábitos y ha cerrado la consulta, no quiere ver más enfermos.* **tomar el ~** o **tomar los hábitos** Entre los católicos, ingresar ‹una persona› en una orden religiosa: *Su hija toma los hábitos de las dominicas el día quince.* REFR. **El hábito no hace al monje.** Se usa para expresar que el aspecto exterior no determina la cualidad de la persona.

habitual *adj.* (antepuesto / pospuesto) Que se hace por costumbre o que es ordinario o frecuente: *Son clientes habituales. La impuntualidad es algo habitual en él. Carlota está tomando su habitual jugo de tomate.*

habitualmente *adv. modo* **1** De manera habitual, como hábito: *Son cosas que no deben hacerse habitualmente.* || *adv. cant.* **2** Generalmente, muchas veces, casi siempre: *Habitualmente, Marta llega tarde.*

habituar *v. tr.* **1** Hacer ‹una persona o una cosa› que [una persona] se acostumbre a [una cosa]: *Desde pequeño lo habituamos **a** dormir solo.* || *v. prnl.* **2** Acostumbrarse ‹una persona› a [una cosa]: *Me habitué **al** frío. Clara no consigue habituarse **a** este trabajo.* ⇒ **3.**

habitué *adj. / s. m.* y *f.* ARG., URUG. [Persona] que frecuenta un lugar.

habla *s. m.* **1** (no contable) Capacidad de hablar: *Estrella perdió el habla con la impresión. Los médicos no saben si recuperará el habla.* **2** Forma de hablar de un grupo de personas: *el habla andaluza. Esa expresión es propia del habla de los niños. El habla de los abogados es muy técnica.* **3** RESTRINGIDO. Modo de hablar de una persona: *El habla de Rosa es fluida.* **4** LING. Utilización que hace cada hablante de la lengua. FR. Y LOC. **al ~** 1 Para identificarse en la primera contestación a una llamada de teléfono: *Dígame, está usted al habla con el secretario del departamento.* 2 COLOQUIAL. Para confirmar una identificación personal pedida: *–«¿Por favor, la responsable de seguridad?» –«Al habla.»*

hablada *s. f.* **1** COL.; COLOQUIAL. Charla, conversación informal. **2** (sólo plural) ARG., MÉX.; COLOQUIAL; PEYORATIVO. Demostraciones exageradas de valor, bravatas.

habladera *s. f.* COL. Charloteo, hablada sin parar.

habladero *s. m.* **1** ARG. Comentario malintencionado y malicioso. **2** ARG. Abundancia de palabras inútiles.

hablador, ra *adj. / s. m.* y *f.* (ser / estar) Que habla mucho: *una niña habladora. Su hijo es muy hablador. Cállate ya, que hoy estás muy hablador.*

habladuría *s. f.* (preferentemente en plural) Comentario o noticia sin fundamento que se divulga entre la gente: *No hagas caso de habladurías. Sólo son habladurías.*

hablante *s. m.* Persona que habla una determinada lengua: *Los hablantes son los que establecen la norma.*

hablar *v. intr.* **1** Emitir ‹una persona› sonidos que forman palabras: *Tan pequeño y ya habla. Ahora no habla porque lo han operado de la garganta.* **2** Expresarse y comunicarse ‹una persona› con palabras: *No sé con quién habla.* **3** Expresarse y comunicarse ‹una persona› sin palabras: *Habla-*

ban ***por*** *señas. Estos niños hablan* ***con*** *los ojos.* **4** Mantener ‹varias personas› una conversación: *Ana y Luis se pasan la tarde hablando. Susana hablaba* ***con*** *un grupo de amigos.* **5** Dirigir ‹una persona› la palabra a [otra persona]: *Quiero hablarte. El político habló* ***a*** *sus seguidores. Tengo que hablar* ***con****tigo.* **6** Tratar ‹una persona› [un tema]: *El conferenciante habló* ***de*** *la crisis económica. En el debate hablaron* ***sobre*** *cine.* **7** Hacer ‹una persona o una cosa› referencia a [una persona o una cosa]: *Nos habló* ***de*** *Luis y su empresa.* **8** Utilizar ‹una persona› [bien o mal] una lengua: *Ana habla muy mal. Carlos es una de las personas que mejor hablan.* **9** Criticar ‹una persona›: *A la gente le gusta mucho hablar. Pablo siempre va hablando de los demás.* **10** Hacer ‹una persona› una confesión: *Lo torturaron pero no consiguieron que hablara.* **11** Llegar ‹varias personas› a un acuerdo: *Lo haremos como lo hemos hablado.* **12** Dar ‹una persona› [un tratamiento] a [otra persona]: *No me hables* ***de*** *usted.* **13** Recomendar ‹una persona› [a otra persona] ante [una tercera persona]: *Le he hablado* ***de*** *ella a Pedro, y me ha dicho que vaya mañana.* ‖ *v. intr./prnl.* **14** Tener ‹una persona› relación con [otra persona]: *Hace años que no* ***se*** *habla* ***con*** *su primo.* ‖ *v. tr.* **15** Decir ‹una persona› [cosas favorables o desfavorables] de [otra personas o una cosa]: *Hablaba maravillas* ***de*** *su hijo.* **16** Saber y utilizar ‹una persona› [una lengua] para expresarse: *Pedro habla muy bien el español.* ‖ *v. prnl.* **17** RESTRINGIDO. Tener ‹dos personas› relaciones amorosas: *Hace ya dos meses que me hablo con su hija.* FR. Y LOC. **cadena* fónica/hablada. contar/~ maravillas*. como si le hablara a la pared*. dar* que ~. decir/~ con el corazón* en la mano. decir/~ con la mano* en el corazón. diario* hablado. echar/~/decir pestes*. ~ a borbotones*. ~ bien de** Alabar ‹una persona› a otra persona: *Habla bien de sus amigos.* **~ en cristiano*. ~ con Dios*. ~ en plata*. ~ entre dientes*. ~/expresarse como un libro* abierto. ~/llamar/tratar de tú*. ~ mal de** Criticar ‹una persona› a otra persona: *Habla mal de algunos de sus compañeros.* **~ por boca* de otro/ganso. ~ por los codos** Hablar ‹una persona› mucho: *Algunas personas hablan por los codos.* **lengua* hablada. mal* hablado. ~** COLOQUIAL; NEGACIÓN. Se usa para rechazar una proposición: *Ni hablar* ***de*** *ir andando, vamos en mi coche. –«¿Vienes al cine?» –«Ni hablar.»* **ni ~ del peluquín*. ni oír ~ de** DISGUSTO Y ENFADO. Se usa para expresar el rechazo a una cosa: *No quiero ni oír hablar de ese negocio.* **romper a ~** Empezar a hablar ‹una persona›: *El niño está rompiendo a hablar. Estaba callado, pero después de dos copas rompió a hablar.* **ser griego*** o **~/escribir (en) griego.** REFR. **Quien mucho habla mucho yerra.** Se usa para indicar que la persona que habla mucho tiene más posibilidades de equivocarse.

hablilla *s. f.* COLOQUIAL. Comentario o noticia sin fundamento que se divulga entre la gente. SIN. habladuría.

hablista *s. m./f.* RESTRINGIDO. Persona que utiliza el idioma con corrección y lo enseña. SIN. purista.

habón *s. m.* Roncha en la piel: *Ese habón no sé si será de una picadura o del cambio de aguas.*

hacendado, da *adj./s. m.* y *f.* **1** Que tiene mucha riqueza en fincas y propiedades agrarias: *Los hacendados y grandes ganaderos de la región celebraban una vez al año esta fiesta.* SIN. terrateniente. **2** ARG., CHILE, PAR., URUG. Propietario de una hacienda de ganado.

hacendista *s. m./f.* **1** Experto en administración y Hacienda Pública. **2** AMÉR. Propietario de muchos terrenos.

hacendoso, sa *adj.* (ser/estar) Que hace con cuidado y diligencia las tareas del hogar: *Es un chico muy hacendoso. ¿Qué te pasa hoy, que estás tan hacendosa?*

hacer *v. tr.* **1** Fabricar ‹una persona› [una cosa]: *En esta fábrica hacen televisores.* **2** Crear ‹una persona› [una cosa]: *Todas las religiones dan una respuesta a la pregunta de quién hizo el mundo.* **3** Realizar ‹una persona› [una cosa]: *Inés hizo un gesto de aprobación cuando vió la tarta. Los arqueólogos hacen un trabajo muy interesante. César hace gimnasia sueca.* **4** Preparar o arreglar ‹una persona› [una cosa]: *Tengo que hacer la cama.* **5** Creer ‹una persona› [una cosa]: *Te hacía en París. Tu padre es muy joven; yo lo hacía más viejo.* **6** Tener ‹un actor› un papel en [una obra teatral] o en [una película]: *La última película que hizo Clara es muy buena.* **7** Acostumbrar ‹una persona o una cosa› [a una persona o una cosa]: *El desierto me hizo* ***a*** *la sed. La pobreza te hace* ***a*** *todo.* **8** Estar ‹una persona o una cosa› en [una posición en una serie]: *Éste hace el cuarto corredor que entra en la meta.* **9** Cumplir ‹una persona› [años]: *Ángel ha hecho los treinta el mes pasado.* **10** Producir ‹una cosa› [otra cosa]: *La herida se ha infectado y ha hecho pus. Este champú hace caspa.* **11** Convertir ‹una cosa› [a una persona o una cosa] en [otra persona u otra cosa]: *La explosión hizo escombros la casa. La barba te hace más viejo.* **12** Proporcionar ‹una cosa› [un aspecto o una cualidad] a [una persona o una cosa]: *El sol ha hecho su piel más morena.* **13** Tener ‹un recipiente› [una capacidad]: *Este depósito hace doscientos litros.* **14** Acabar de formar o de completar ‹una cosa› [un número o una cantidad]: *Son doscientas pesetas, y trescientas hacen las quinientas.* **15** Emitir ‹una persona o un animal› [un sonido]: *La vaca hace «muuuu».* **16** Expulsar ‹una persona› [la orina o los excrementos]: *El niño aún no ha hecho pipí, pero ya ha hecho caca.* ‖ *v. tr./prnl.* **17** Llegar a tener ‹una persona› [una cosa]: *Sofía hizo mucho dinero. Adela* ***se*** *hizo* ***con*** *el premio.* **18** Estar u obrar ‹una persona› de [cierta manera]: *Mateo* ***se*** *hace el tonto. No hagas más el loco.* **19** Tener ‹una cosa› [un efecto]: *Esta actitud no te hace bien.* **20** Recorrer ‹una persona› [una distancia o un camino]: *Hacía cada día cincuenta kilómetros para ir al trabajo.* ***Se*** *hace dos veces el camino cada mañana.* ‖ *v. intr.* **21** Interpretar ‹una persona› [un papel] en una obra teatral o en una película: *Paco hace* ***de*** *malo.* **22** Gustar ‹una cosa› a [una persona]: *Esa chica no me hace* ***para*** *tu hijo.* **23** Intentar ‹una persona› [una cosa]: *Haré* ***por*** *verle.* **24** Tener ‹una persona o una cosa› [una función o una profesión]: *Hace* ***de*** *maestro en un colegio.* **25** Obrar ‹una persona›: *Déjame hacer a mí.* **26** COLOQUIAL. Apetecer o convenir ‹una cosa› a [una persona]: *¿Te hace un plato de gambas? ¿Te hace ochocientos gramos, o te completo el kilo?* ‖ *v. prnl.* **27** Acostumbrarse ‹una persona› a [una cosa]: *Diego se hizo* ***al*** *frío. No me hago* ***a*** *vivir solo.* **28** Convertirse ‹una cosa› en [otra cosa]: *Este sofá se hace cama.* **29** Seguir ‹una cosa› su curso o su proceso hasta llegar al final: *La comida se está haciendo.* **30** Retirarse ‹una persona o una cosa› de [un camino]: *El ciclista* ***se*** *hizo a un lado para que pasara el pelotón.* **31** COL. Sentarse ‹una persona› en un sitio libre. ‖ *v. impers.* **32** Haber transcurrido [un tiempo]: *Hace dos años que estoy en paro. Hacía mucho que no lo veía.* **33** Haber [unas condiciones atmosféricas]: *Aún hace frío.* FR. Y LOC. **a ~ gárgaras*. abrir / ~ boca*. abrir / ~ fuego*. aguja* de media** o **aguja de ~ punto. causar / ~ furor*. dar / ~ un corte* de mangas. dar* que ~. decir* y ~. echarse / hacerse a un lado*. ~ acrobacias*. ~ acto* de presencia. ~ adobes* con la cabeza. ~ agua*. ~ alguna* (de las suyas). ~ ascos*. ~ bien*. ~ buches*. ~ buen / mal papel*. ~ buenas / malas migas*. ~ bueno*. ~ bulto*. ~ cábalas*. ~ caja*. ~ calceta*. ~ cara*. ~ carrera*. ~ carrera* de. ~ caso*. ~ caso* omiso. ~ castillos* en el aire. ~ causa* común. ~ chapuzas*. ~ chiribitas los ojos*. ~ cisco*. ~ como Dios* manda. ~ coro*. ~ / cumplir años*. ~ de / del cuerpo*. ~ de menos** Considerar ‹una persona› poco importante a otra persona: *Álvaro hace de menos a sus colaboradores.* **~ de su capa* un sayo. ~ de tripas* corazón. ~ de vientre*. ~ diana*** o **dar en la diana. ~ dinero*. ~ efectivo*. ~ el amor*. ~ el artículo*. ~ el caldo* gordo. ~ el canelo*. ~ el efecto*. ~** + infinitivo o **~ que** Obligar ‹una persona o una cosa› a una persona a hacer una cosa: *La hizo cantar. Estrella hizo que rectificase su actitud.* **~ el favor* (de). ~ el gamberro*. ~ el gasto*. ~ el indio*. ~ el juego*. ~ el loco*. ~ el muerto*. ~ el oso*. ~ el papel*. ~ el pino*. ~ el primo*. ~ el servicio*. ~ el vacío*. ~ época*. ~ eses*. ~ estragos*. ~ estribo* con las manos. ~ falta*. ~ fiesta*. ~ / formar rancho* aparte. ~ fosfatina*.~ frente*. ~ fresco*. ~ frío*. ~ gala* de. ~ / guardar cama*. ~ harina*. ~ hincapié*. ~ historia*. ~ honor*. ~ horas*. ~ ilusión*. ~ juego*. ~ la calle*. ~ la cama*. ~ la carrera*. ~ la comedia*. ~ la corte*. ~ la cusqui*. ~ la pascua*. ~ la pelota*. ~ la pelotilla*. ~ la petaca*. ~ la plaza*. ~ la puñeta*. ~ la rosca*. ~ la santísima*. ~ la valora*. ~ la vida* imposible. ~ la vista* gorda. ~ las maletas*. ~ las partes*.~ las veces*. ~ / levantar castillos* de naipes. ~ lo imposible*. ~ literatura*. ~ lo que esté en mi / tu / su... mano*. ~ los honores*. ~ manitas*. ~ maravillas*. ~ mella*. ~ méritos*. ~ migas*. ~ milagros*. ~ morder el polvo*. ~ músculos*. ~ mutis* por el foro. ~ noche*. ~ notar*. ~ novillos*. ~ números*. ~ palanca*. ~ partícipe*. ~ patria*. ~ pellas*. ~ perder el sentido*** o **quitar el sentido. ~ picadillo*. ~ pie*. ~ polvo*. ~presa*. ~ presente*. ~ pucheros*. ~ pum*. ~ pupa*. ~ sombra*. ~ su agosto*. ~ su santa* voluntad. ~ suyo*. ~ sus necesidades*. ~ tabla*. ~ tabla* rasa. ~ tiempo*. ~ tilín*. ~ tiras*. ~ (todo) lo posible*. ~ trizas*. ~ un bombo*. ~ un drama*. ~ un flaco servicio* / favor. ~ un frío* que pela. ~ un hombre*. ~ un hueco*. ~ un mundo*. ~ un pan* como unas hostias. ~ una criba*. ~ una montaña* de un grano de arena. ~ valer*. ~ / venir al caso*. ~ votos*. ~ y deshacer** Obrar ‹una persona› con absoluta autoridad: *Le gusta hacer y deshacer para demostrar su poder.* **hacerla** Cometer ‹una persona› una fechoría: *El niño ya la ha hecho.* **hacerle un drama*. hacerse a la idea*. hacerse a la mar*. hacerse añicos*. hacerse cargo*. hacerse cruces*. hacerse cuesta* arriba. hacerse de noche*. hacerse de nuevas** Manifestar ‹una persona› su ignorancia respecto a lo que sucede o a lo que le cuentan: *Parece que no sabía nada de este asunto, porque se hizo de nuevas.* **hacerse de oro** COLOQUIAL; INTENSIFICADOR. Enriquecerse ‹una persona›: *Mi tío se ha hecho de oro con este negocio.* **hacerse (de) rogar*. hacerse dueño*. hacerse eco* de. hacerse el de las gafas** COL.; COLOQUIAL. No darse ‹una persona› por aludida, hacerse la tonta en un asunto. **hacerse el disimulado*. hacerse el encontradizo*. hacerse el haraquiri*. hacerse el loco*. hacerse el longui(s)*. hacerse el martir*. hacer(se) el muerto*. hacerse el pendejo*. hacerse el sueco*. hacerse hora* de. hacerse ilusiones*. hacerse la víctima*. hacerse lenguas*. hacerse mala sangre*. hacerse notar*. hacerse pato*. hacerse pedazos*. hacerse responsable*. hacer(se) tortilla*. hacerse un hombre*. hacerse un ovillo*. hacerse un taco*. hacerse una paja*. hacérsele la boca* agua. irse a ~ puñetas*. mandar a ~ puñetas*. no ~ aprecio*. no ~ ascos*. no saber ~ la o* con un canuto. qué le voy / vas / vamos a ~** Expresión para aconsejar paciencia ante una dificultad o ante una situación inevitable: *–«Siento no haberte podido traer los libros.» –«Qué le vamos a hacer, no te preocupes.»* **qué se le va a ~. Qué le voy / vas / va a ~. tal día hará / hace / hizo un año*.** ⇒ **44.**

hacha *s. f.* **1** Herramienta cortante compuesta de una hoja ancha de metal, afilada por los dos lados y sujeta a un mango de madera: *Busca el hacha y corta algunas ramas secas para la chimenea.* **2** Antorcha de esparto y alquitrán muy resistente al viento. SIN. hachón. **3** Vela de cera grande y gruesa. SIN. cirio. FR. Y LOC. **desenterrar el ~ de guerra** Declarar ‹una persona› hostilidades a otra persona: *Los comerciantes del barrio han desenterrado el hacha de guerra contra los grandes supermercados.* **ser un ~** Ser ‹una persona› muy buena o destacar en una actividad: *Paca es un hacha en matemáticas.*

hachazo *s. m.* **1** Golpe cortante dado con un hacha: *Mateo de dos hachazos tumbó el arbolillo.* **2** Disgusto grande e inesperado: *La noticia del cáncer fue un hachazo para mi hermano.* **3** DEP. Patada violenta e intencionada de un jugador a otro: *El defensa fue expulsado por un auténtico hachazo al delantero centro.* **4** TAUROM. Golpe que el toro da de lado con un cuerno, sin producir herida abierta.

hache *s. f.* **1** Nombre de la letra *h.* || **2 hora* ~.** FR. Y LOC. **llámale ~** COLOQUIAL. Se usa para indicar que da lo mismo una cosa que otra: *No me acuerdo qué proponían, llámalo hache, lo que importa es que se atrevieron a hablar.* **por ~ o por be** COLOQUIAL. Por un motivo o por otro: *Por hache o por be Alberto nunca hace lo que debe.*

hachero *s. m.* **1** Candelero para poner el hacha o cirio. **2** ARG.; URUG. Leñador.

hachís (plural *hachís;* del árabe; pronunciamos *'jachís'*) *s. m.* (no contable) Sustancia extraída de una variedad del cáñamo índico que se usa como droga.

hachón *s. m.* Hacha o cirio grande: *El féretro estaba entre cuatro hachones encendidos.*

hacia *prep.* **1** Indica la dirección en la que se realiza un movimiento o acción, con respecto al lugar de destino. OBSERVACIONES: No admite infinitivo ni *que* + verbo. **1**1 (con verbos de movimiento) Indica orientación hacia un determinado lugar: *No saldré hacia Madrid hasta las dos. La carretera se desviará pronto hacia la izquierda.* **1**2 (con verbos que tienen sentido de violencia) Indica la orientación física de la acción que se realiza: *Se lanzó hacia la salida en busca de ayuda.* **1**3 Indica la orientación física de la acción que se realiza: *Miré hacia el otro lado.* **2** Indica la tendencia o proximidad a un determinado estado, situación u objetivo: *Un paso más hacia la locura.* OBSERVACIONES: Va seguido normalmente de sustantivos abstractos. **3** Introduce la persona por la que se tiene algún sentimiento, o el asunto o persona ante los que se muestra una determinada actitud o comportamiento: *¿Hacia quién siente hostilidad Álvaro? Su actitud hacia los estudios ha sido siempre muy positiva.* OBSERVACIONES: En el primer caso, va precedida normalmente por sustantivos que indican sentimientos, actitudes o estados de ánimo: *Sus poesías expresan mucho amor hacia su hija.* SIN. para con. **4** Hablando de una situación de lugar, de un momento en el tiempo o de una fecha, equivale a '*alrededor de*', '*cerca de*', '*aproximadamente en / a*': *Llegaremos hacia las diez de la mañana. El ataque del ciclista comenzó hacia el kilómetro cincuenta. Se sacará a la venta hacia finales de año.* OBSERVACIONES: Va reforzada, a veces, con *aproximadamente, más o menos*: *La cena será aproximadamente hacia las ocho.* SIN. sobre.

hacienda *s. f.* **1** Finca de campo: *Ha heredado una hacienda con olivos.* **2** Conjunto de bienes y propiedades de una persona: *Arturo se dedica a administrar la hacienda paterna. Estrella acrecentó su hacienda con algunas inversiones acertadas.* SIN. patrimonio. **3** (en mayúscula) Ministerio encargado de la actividad financiera del Estado: *Ministerio de Economía y Hacienda.* **4** ARG. Ganado, conjunto de animales. || **5 ~ pública** Conjunto de las finanzas de un Estado: *La hacienda pública está saneada.*

hacinamiento *s. m.* Aglomeración en un lugar de un número excesivo de personas o animales: *No se permite el hacinamiento de los animales en los camiones de transporte.*

hacinar *v. tr.* **1** Poner ‹una persona› [unas cosas sobre otras] desordenadamente: *No puedo encontrar el libro porque los he hacinado para preparar el traslado.* SIN. apilar. **2** Poner ‹una persona› [unos haces sobre otros] ordenadamente: *Vamos a hacinar la leña en el corral.* || *v. prnl.* **3** Ponerse ‹una cosas sobre otras› desordenadamente: *Los papeles se hacinaban en su despacho por todas partes.* **4** Estar ‹muchas personas o animales› muy apretadas en [un lugar]: *La gente se hacinaba **en** los vagones.*

hada *s. f.* Personaje fantástico de los cuentos y leyendas, que se representa como una mujer muy hermosa con poderes mágicos: *El hada la ayudó a conocer al príncipe de sus sueños.* **~ madrina** Hada protectora que tienen algunos personajes de los cuentos desde su nacimiento.

hado *s. m.* LITERARIO. Fuerza irresistible que hace que las cosas sucedan de una manera, sin que el hombre las pueda cambiar: *En la antigüedad creían que el hado regía la vida de hombres y dioses.* SIN. destino.

hafnio *s. m. Hf.* Elemento químico brillante que se encuentra en los minerales de circonio, usado en reactores nucleares y en los cátodos de los tubos de rayos X.

hagiografía *s. f.* **1** Narración de la vida de un santo. **2** Disciplina literaria que estudia la vida de los santos.

hagiográfico, ca *adj.* **1** De la hagiografía: *Es un relato hagiográfico.* **2** ELEVADO; PEYORATIVO. Que es excesivamente elogioso y tiene poca capacidad crítica: *Ha publicado una crítica hagiográfica de las obras completas de su amigo.*

hahnio *s. m.* (no contable) *Ha.* Elemento químico que se obtiene artificialmente al bombardear átomos de californio con núcleos de un isótopo de nitrógeno.

haiga *s. m.* RESTRINGIDO. Coche muy grande y ostentoso, como los modelos americanos de la década de 1950: *Vino con un haiga que nos dejó a todos boquiabiertos.*

haitiano, na *adj. / s. m.* y *f.* De Haití, país americano.

¡hala! *interj.* **1** Se usa para animar a una persona a hacer una cosa: *¡Hala, que ya queda poco!* **2** Se usa para dar énfasis a lo que se dice, o introducir una despedida: *¡Hala, fuera de aquí! Hala, hasta otro día.* **3** Expresa enfado o fastidio: *¡Hala, yo no quería tanta comida!* **4** Expresa admiración: *¡Hala! Ha venido al estreno toda la ciudad.*

halagar *v. tr.* **1** Alabar ‹una persona› [a otra persona] interesadamente: *Siempre halaga a sus superiores.* **2** Causar ‹una cosa› satisfacción [a una persona]: *¿Te halaga haber sido elegido para ese puesto?* SIN. enorgullecer. ⇒ **56.**

halago *s. m.* **1** Alabanza interesada: *Sus halagos son interesados.* **2** Satisfacción: *Es un halago lo que me dices.*

halagüeño, ña *adj.* **1** (antepuesto / pospuesto) Que anuncia sucesos satisfactorios: *Las noticias eran halagüeñas. Las acciones han subido con las halagüeñas perspectivas económicas.* **2** (antepuesto / pospuesto) Que satisfacen o agradan: *Los aplausos resultaban halagüeños.*

halar *v. tr.* **1** AMÉR. Tirar ‹una persona› hacia sí de cualquier cosa. **2** MAR. Tirar ‹una persona› de [un cabo, una lona o un remo]. SIN. jalar.

halcón *s. m.* (macho y hembra) *Falco peregrinus.* Ave de alas largas y puntiagudas, pico curvo, cola larga y garras poderosas, que mata a sus presas lanzándose sobre ellas a gran velocidad desde mucha altura.

halconero, ra *s. m. / f.* Persona que está al cuidado de los halcones de cetrería: *En muchos aeropuertos un halconero cuida de los halcones que dejan el aire despejado de aves.*

¡hale! *interj.* ¡Hala!

hálito *s. m.* **1** (no contable) ELEVADO. Aliento, aire que sale por la boca: *Le quedaba un hálito de vida.* **2** (no contable) ELEVADO. Vapor que una cosa arroja. SIN. vaho. **3** (no contable) LITERARIO. Soplo suave del aire. SIN. brisa.

halitosis (plural *halitosis*) *s. f.* (no contable) MED. Mal olor del aliento: *Es desagradable hablar con una persona que padezca de halitosis.*

hall (del inglés; pronunciamos '*jol*') *s. m.* Vestíbulo: *Cristina nos espera en el hall del hotel.* SIN. recibidor.

hallaca *s. f.* VEN. Plato típico hecho de masa de maíz y relleno de carne y condimentos.

hallar *v. tr.* **1** Encontrar ‹una persona› [a otra persona, un animal o una cosa]: *Halló el pendiente en el cajón.* **2** Encontrar o descubrir ‹una persona› [una cosa desconocida] con la investigación o la reflexión: *Los paleontólogos han hallado un animal desconocido. No hallo la solución.* **3** Darse ‹una persona› cuenta de [una cosa]: *Hallé muy envejecido a mi tío. No hallo interés por su parte.* || *v. prnl.* **4** Estar ‹una persona o una cosa› en [un lugar o en una situación]: *Se hallaba **en** la fiesta. Me hallo cansada. Roberto se halla **entre** los diez mejores. Inés se halla **en** un buen momento.* FR. Y LOC. **estar / hallarse en mi / tu / su ... pellejo*. estar / hallarse / encontrarse en su propio terreno*. no hallarse** Estar ‹una persona› incómoda: *Ante este tipo de situaciones no me hallo.*

hallazgo *s. m.* **1** Acción y resultado de hallar: *Tras el hallazgo de la cueva, acudieron numerosos expertos. El hallazgo de este jugador ha salvado al equipo.* **2** Cosa que ha sido hallada: *En este yacimiento se han realizado importantes hallazgos arqueológicos.* SIN. descubrimiento.

halo *s. m.* **1** Cerco luminoso que a veces se puede apreciar alrededor del Sol y de la Luna: *Se queda embobado mirando el halo de la luna.* **2** Círculo de luz que rodea un cuerpo luminoso: *Tenía la vista nublada y solo veía un halo de luz que rodeaba al foco.* **3** Aro luminoso que se representa alrededor de las imágenes de santos: *En ese cuadro, Jesucristo es el que tiene el halo más grande.* **4** Fama o apariencia de una persona o cosa: *Un halo de misterio rodeaba el castillo.*

halógeno, na *adj. / s. m.* **1** [Elemento químico] que forma sales binarias al combinarse con los metales. || *adj. / s. m.* y *f.* **2** [Luz, lámpara] que contiene algún elemento halógeno: *Las lámparas halógenas dan una luz más natural.*

haltera *s. f.* DEP. Barra con un disco pesado en cada extremo que se utiliza en el deporte de la halterofilia.

halterofilia *s. f.* DEP. Deporte que consiste en el levantamiento de pesos o halteras: *Practica la halterofilia.*

haluro *s. m.* QUIM. Sal binaria formada por la reacción de un halógeno con otro elemento.

hamaca *s. f.* **1** Red o lona colgada horizontalmente por sus dos extremos que sirve de cama: *hamaca de marinero, mecerse en una hamaca.* **2** Asiento largo y graduable de lona para sentarse o estirarse. **3** AMÉR. DEL S. Mecedora.

hamacar o **hamaquear** *v. tr. / prnl.* **1** AMÉR. DEL S. Mecer ‹una persona› [la hamaca] u otra cosa que pueda columpiarse. FR. Y LOC. **hay que hamacarse** ARG. Hay que esforzarse o trabajar mucho.

hamaquear *v. tr. / prnl.* **1** Hamacar. **2** CUBA. Molestar ‹una persona› a otra persona continuamente.

hambre *s. f.* **1** (no contable) Necesidad o ganas de comer: *Aunque he comido, me he quedado con hambre. Tiene hambre. Me está entrando hambre.* **~ canina** (no contable) INTENSIFICADOR. Hambre muy intensa. **2** (no contable) Escasez de alimentos básicos: *El hambre en los países subdesarrollados es un mal endémico.* **3** (no contable) Deseo intenso de una cosa: *Tiene hambre y sed de justicia.* || **4 huelga* de ~** FR. Y LOC. **juntarse el ~ con la(s) gana(s) de comer** COLOQUIAL. Se usa para indicar que coinciden los defectos, necesidades o aficiones de dos personas: *Los dos eran unos vagos; así que se juntó el hambre con las ganas de comer.* **matar de ~** COLOQUIAL; INTENSIFICADOR. Dar ‹una persona› poco de comer a otra persona: *Con esto nos vas a matar de hambre.* **matar el ~** COLOQUIAL. Comer ‹una persona› un poco de alimento para saciar ligeramente el hambre: *Tomé un bollo para matar el hambre.* **morir(se) de ~** INTENSIFICADOR. Vivir ‹una persona› con muchas necesidades: *Es mejor aceptar ese trabajo que morirse de hambre.* **ser más listo que el ~** COLOQUIAL; INTENSIFICADOR. Ser ‹una persona› muy lista. **un muerto* de ~.** REFR. **A buen hambre no hay pan duro.** Se usa para indicar que una persona que tiene una gran necesidad de comer, acepta cualquier alimento.

hambreador, ra *adj. / s. m.* y *f.* PERÚ. [Persona] que es explotadora.

hambriento, ta *adj.* **1** (estar) Que está deseoso de una cosa: *Está hambrienta de aventuras.* || *adj. / s. m.* y *f.* **2** (estar; antepuesto / pospuesto) Que tiene mucha hambre: *Paramos a comer porque estaba hambriento. Todavia existen en el mundo hambrientos.* || **3** COL. Que es muy tacaño.

hambrón, na *adj. / s. m.* y *f.* COLOQUIAL. Que come mucho porque tiene mucha hambre: *Este niño es un hambrón.*

hambruna *s. f.* **1** Situación de hambre intensa y prolongada que padece una población: *Cuando llega la hambruna se producen miles de muertos por desnutrición.* **2** AMÉR. DEL S.; COLOQUIAL. Hambre muy intensa.

hamburguesa *s. f.* **1** Filete de carne picada, generalmente sazonado con sal, ajo y perejil. **2** Bocadillo de pan redondo especial que contiene carne picada y otros condimentos, como cebolla, salsa ketchup o mostaza.

hamburguesería *s. f.* Establecimiento donde se preparan y venden hamburguesas y otras clases de comida rápida: *Hoy como en un restaurante, no en la hamburguesería.*

hampa *s. f.* **1** (no contable) RESTRINGIDO. Conjunto de personas que se dedican a actividades delictivas: *Su investigación se centró en el mundo del hampa.* **2** (no contable) RESTRINGIDO. Modo de vida de las personas que se dedican a actividades delictivas.

hampón *adj. / s. m.* RESTRINGIDO. Individuo del hampa, delincuente: *Han detenido a dos hampones en la esquina.*

hámster (del alemán; pronunciamos *'jámster'*) *s. m.* (macho y hembra) *Mesocricetus auratus.* Mamífero roedor de pequeño tamaño y cuerpo rechoncho, que se alimenta de frutos secos y semillas, es muy fecundo y se utiliza para experimentos y como animal doméstico.

handball *s. m.* ARG., URUG. Balonmano.

hándicap (del inglés; pronunciamos *'jándicap'*) *s. m.* **1** Dificultad u obstáculo: *La edad y la inexperiencia son un hándicap a la hora de buscar trabajo.* **2** DEP. Prueba hípica en la que se igualan las diferencias entre los participantes.

hangar *s. m.* Construcción grande donde se guardan o reparan los aparatos de aviación y los dirigibles.

hansa *s. f.* HIST. Asociación de mercaderes de diversas ciudades de Alemania, Inglaterra y Flandes durante la baja Edad Media.

happening (del inglés; pronunciamos *'jápenin'*) *s. m.* Espectáculo o manifestación artística en el que participan espontáneamente los espectadores.

haragán, na *adj. / s. m.* y *f.* PEYORATIVO. Que no es partidario de trabajar o que no hace nada: *Levántate del sillón, no seas haragán. Esta chica es una haragana, no estudia nada.*

haraganear *v. intr.* PEYORATIVO. Pasar ‹una persona› el tiempo sin hacer nada: *Deja de haraganear y haz algo.*

harapiento, ta *adj.* **1** Que está lleno de harapos o parece hecho de harapos: *vestido harapiento, blusa harapienta.* || *adj. / s. m.* y *f.* **2** Que viste con harapos: *En aquella barraca vive un grupo de harapientos.*

harapo *s. m.* **1** (preferentemente en plural) Trozo de tela rota y sucia, especialmente la que proviene de una prenda de vestir: *Elena vestía siempre unos harapos mugrientos.* **2** (preferentemente en plural) Vestido viejo y roto: *Quítate esos harapos y ponte un traje mío.*

haraquiri (del japonés) *s. m.* Suicidio ritual practicado en Japón que consiste en abrirse el vientre con un arma blanca: *Cuando perdían el honor, los guerreros japoneses se hacían el haraquiri.* FR. Y LOC. **hacerse el ~**Estropear ‹una persona› sus propias posibilidades: *No pienso hacerme el haraquiri protestándole al jefe.*

haras *s. m.* ARG., URUG. Cuadra, criadero de caballos.

hardware (del inglés; pronunciamos *'jarguar'*) *s. m.* INFORM. Conjunto de componentes materiales de un sistema informático: *El hardware se convierte pronto en chatarra.*

harén o **harem** *s. m.* **1** En los países musulmanes, conjunto de mujeres que viven bajo la autoridad y dependencia de un jefe familiar. SIN. serrallo. **2** Parte de la casa de los musulmanes donde hacen la vida las mujeres. SIN. serrallo.

harina *s. f.* (no contable) Polvo que se obtiene de moler cereales o cualquier otro alimento adecuado, como pescado seco o patata. **~ en flor** Harina muy tamizada, blanca y sin residuos. **~ integral** Harina que no se ha separado del salvado. FR. Y LOC. **estar metido en ~** COLOQUIAL. Estar inmersa ‹una persona› en un trabajo u ocupación: *No me interrumpas, que ya estoy metido en harina.* **hacer ~** COLOQUIAL. Destrozar ‹una persona o una cosa› completamente [a otra persona u otra cosa]: *Después del accidente, el coche quedó hecho harina. Ayer jugué un partido y corrí tanto que estoy hecho harina.* **ser ~ de otro costal** COLOQUIAL. Ser ‹una cosa› distinta, no tener nada que ver con lo anterior: *Eso que me dice ya es harina de otro costal.*

harinear *v. intr.* VEN.; RESTRINGIDO en España. Lloviznar.

harinoso, sa *adj.* **1** (ser/estar) Que tiene harina: *masa harinosa.* **2** (ser/estar) Que tiene alguna propiedad de la harina, o se parece a ella: *planta harinosa. Estas manzanas son muy harinosas.*

harmonía *s. f.* Armonía.

harnero *s. m.* RESTRINGIDO. Criba.

harpa *s. f.* Arpa.

hartada *s. f.* (no contable) COLOQUIAL; INTENSIFICADOR. Resultado de hartar o hartarse: *Después del viaje, se pegó una hartada de dormir. Se dio una buena hartada de paella.*

hartar *v. tr.* **1** Dar ‹una persona› de comer [a otra persona o un animal] hasta que no quiera más: *Me hartó* ***de*** *pasteles.* **2** Causar ‹una persona o una cosa› fastidio [a una persona]: *Nos harta a todos con sus pesados discursos.* **3** Dar ‹una persona› mucha cantidad de [una cosa] [a otra persona]: *Los atracadores lo hartaron* ***a*** *palos. La han hartado* ***de*** *insultos.* ‖ *v. prnl.* **4** Comer ‹una persona o un animal› hasta que ya no puede más: *Los niños se hartaron* ***de*** *arroz y luego no querían postre.* **5** Sentir ‹una persona› fastidio por [una cosa]: *Me he hartado* ***de*** *esperar.* **6** Hacer ‹una persona› mucho [una cosa]: *Me hartaré* ***de*** *dormir.*

hartazgo *s. m.* Acción y resultado de hartarse: *Rosa cogió varios libros y se dio un hartazgo de leer.* SIN. hartón.

harto, ta *adj.* **1** (estar) Que ha comido o bebido demasiado: *Estoy harto* ***de*** *helados.* SIN. saciado. **2** (estar) Que ha hecho muchas veces la misma cosa: *Estoy harta* ***de*** *ir en este autobús y sé bien dónde termina.* **3** (estar) Que está aburrido o cansado de una cosa: *Están hartos* ***de*** *fiesta y quieren marcharse.* **4** (antepuesto) ELEVADO. Que es numeroso: *Necesitamos hartas pruebas para actuar contra él.* ‖ *adv. cant.* **5** ELEVADO. Muy, demasiado, bastante. OBSERVACIONES: Sólo en enunciados afirmativos, ante adjetivos o participios, en los que presenta como negativa la característica que menciona: *El comprador resultó harto difícil de convencer. Estamos harto cansadas de enredos.*

hartón, na *s. m.* **1** COLOQUIAL. Acción y resultado de hartar o hartarse: *Clara fue a la pastelería y se dio un hartón de pasteles.* SIN. hartazgo. **2** COL., P. RICO, MÉX.; RESTRINGIDO. Variedad de plátano de gran tamaño.‖ *adj.* **3** AMÉR. C. Que come con exceso. SIN. comilón (COLOQUIAL).

hartura *s. f.* **1** Acción y resultado de hartar o hartarse: *¡Qué hartura de niños!* SIN. hartazgo. **2** RESTRINGIDO. Abundancia: *Creo que hay una hartura de comercios en el barrio.*

hasta (diferente de *asta*) *prep.* **1** Indica el lugar en que termina o se interrumpe una acción, o el límite al que llega un movimiento: *Inés paseó hasta la playa. Llegaré hasta donde tú estás.* OBSERVACIONES: ◊ Resalta el proceso de aproximación a dicho lugar. ◊ Admite infinitivo y *que* + verbo en todas las acepciones. **2** Indica la duración temporal de una acción y el momento en que acaba el desarrollo de la misma: *Esperamos hasta las diez.* **3** (en oraciones negativas) Significa comienzo de la acción en el momento que se indica: *No salió de su pueblo hasta los veinte años.* **4** Indica el máximo posible de una cantidad: *Sólo puedo gastarme en ropa hasta 25.000 pesetas.* OBSERVACIONES: Puede combinarse con *de*: *un interés de hasta el 15%.* **5** Indica lo que falta, en tiempo u otra cosa, para llegar a un determinado punto. RELACIONES Y CONTRASTES: *Para* resalta la finalidad, *hasta* destaca lo que falta para llegar a un determinado punto: *Tendrás que crecer mucho hasta ser como yo. Faltan muchas cosas que hacer hasta que esté acabada la casa.* SIN. para. **6** (matiz condicional) En frases negativas, indica el momento en que deja de realizarse una determinada acción: *No saldrás hasta que acabes el trabajo.* **7** INTENSIFICADOR. Incluso: *Hasta mi padre dijo que iría a bailar. César se pone el abrigo hasta para estar en casa.* **8** INTENSIFICADOR. Expresa la idea de prolongación o ausencia de límite para la cualidad que se indica: *ser guapo hasta la locura, reír hasta no poder más.* FR. Y LOC. **~ ahora** DESPEDIDA. Equivale a *'hasta dentro de muy poco': Hasta ahora, voy a comprar el pan.* **~ la vista*.** **~ la vuelta*.** **~ luego** DESPEDIDA. Se usa para despedirse de una persona a la que se espera volver a ver pronto: *Hasta luego, me voy a la oficina.* **~ mañana** DESPEDIDA. Equivale a *'hasta el día siguiente': Adiós, Isabel, hasta mañana.* **~ más ver** Hasta luego. **~ nunca** DISGUSTO Y ENFADO, DESPEDIDA. Se usa para despedirse de una persona a la que no se desea volver a ver. **~ otra** Despedida habitual, pero no cotidiana: *–«Bueno, yo me voy, nos vemos.» –«Hasta otra.»* **~ siempre** DESPEDIDA. Se usa para despedirse de una persona a la que se desea volver a ver: *Hasta siempre, nos veremos el verano en Santiago.*

hastial *s. m.* **1** ARQ. Parte superior triangular de la fachada de los edificios sobre la que descansa el tejado. **2** ARQ. Fachada que corresponde a los pies y a los laterales del crucero de las iglesias. **3** Parte lateral y sin valor de una mina.

hastiar *v. tr.* **1** ELEVADO. Causar ‹una persona o una cosa› hastío [a una persona]: *Su compañía lo hastiaba cada vez más.* SIN. aburrir. ‖ *v. prnl.* **2** ELEVADO. Sentir ‹una persona› hastío por [una cosa]: *Rosa se hastía* ***por*** *todo.* ⇒ **8.**

hastío *s. m.* **1** (no contable) ELEVADO. Sensación de disgusto o aburrimiento: *Los viajes largos me producen hastío.* SIN. cansancio. **2** (no contable) RESTRINGIDO. Asco a la comida.

hatajo (diferente de *atajo*) *s. m.* **1** Grupo pequeño de cabezas de ganado: *El pastor conducía un hatajo de vacas.* SIN. hato. **2** PEYORATIVO. Conjunto de personas o cosas: *un hatajo de ladrones, un hatajo de mentiras.* SIN. hato.

hatillo *s. m.* Paquete pequeño que contiene ropa y objetos de uso personal: *Llevaba en un hatillo todas sus pertenencias.*

hato *s. m.* **1** Envoltorio de ropa y objetos personales que lleva una persona, sobre todo si va a pie o si sólo tiene esas cosas: *Después del terremoto muchas personas salían del pueblo con sus hatos encima.* **2** Conjunto de cabezas de ganado que están juntas: *El pastor maneja el hato de ovejas con la ayuda de los perros.* SIN. rebaño. **3** PEYORATIVO. Conjunto de personas o cosas malas o despreciables: *Esos hombres no son más que un hato de sinvergüenzas.* SIN. hatajo. **4** AMÉR. Hacienda dedicada a la cría de ganado.

hawaiana *s. f.* ARG., URUG. Chancleta.

hawaiano, na *adj. / s. m.* y *f.* De Hawai, isla de la Polinesia, en Oceanía.

haya (diferente de *aya* y de *halla*) *s. f. Fagus sylvatica.* Árbol de la familia de las fagáceas, de hasta treinta metros de altura, tronco grueso, corteza lisa grisácea o blanquecina y hojas ovaladas, apreciado por su madera ligera y resistente: *el haya quemada.* **2** Madera del haya: *He encargado una mesa de haya para el comedor.*

hayal *s. m.* Hayedo.

hayedo *s. m.* Lugar poblado de hayas.

hayuco *s. m.* Fruto del haya.

haz *s. m.* **1** Conjunto de cosas alargadas unidas y atadas lateralmente: *un haz de leña. Los haces de hierba se amontonaban a cada trecho.* **2** FÍS. Conjunto de rayos luminosos que parten de un mismo punto. **3** FÍS. Conjunto de partículas que se mueven aproximadamente con igual velocidad y dirección. **4** FÍS. Conjunto de ondas que se propagan en la misma dirección. **5** GEOM. Conjunto de rectas que pasan por un punto, o de planos que concurren en una misma recta. **6** BIOL. Conjunto de fibras musculares o nerviosas. || *s. f.* **7** Derecho de una tela u otro objeto que tenga dos caras: *Esta tela tiene el haz muy vistoso.* **8** BOT. Cara superior de la hoja, más brillante y lisa, y con menos nervadura que en el envés. || **9 ~ de tierra** Superficie de la tierra.

hazaña *s. f.* **1** Hecho heroico o importante: *Sus hazañas lo convirtieron en un héroe muy popular.* **2** IRONÍA. Hecho ridículo: *¡Vaya hazaña, dormirse en medio de la reunión!*

hazmerreír *s. m.* (invariable; no contable) COLOQUIAL; PEYORATIVO. Persona ridícula de la que se burlan los demás: *César y Pablo son el hazmerreír de la oficina con esa ropa que llevan.*

HB (pronunciamos '*á-che-bé*') *s. m.* Sigla de «Herri Batasuna», partido político vasco, España.

he *adv.* ELEVADO. Se usa para señalar o mostrar una persona o una cosa: *He aquí a la más bella del lugar. He ahí su casa. Me dijiste que viniera y heme aquí.*

heavy (del inglés; pronunciamos '*jevi*') *adj.* **1** Del rock duro: *música heavy, concierto heavy.* || *s. m.* **2** (no contable) Rock duro, música que se pone de moda en la década de 1970: *El grupo de New Jersey demostró que traía nuevos aires al heavy americano.* || *adj. / s. m.* y *f.* **3** De un movimiento juvenil que se caracteriza por la afición a esta música, a la cerveza y a las drogas blandas y su rechazo al servicio militar y a la policía: *Los heavys visten cazadoras vaqueras.*

hebdomadario, ria *adj.* **1** RESTRINGIDO. Semanal: *un periódico hebdomadario.* || *s. m.* **2** RESTRINGIDO. Publicación que aparece cada semana. SIN. semanario.

hebilla *s. f.* Objeto, generalmente de metal, que sirve para sujetar los dos extremos de una correa o de una cinta: *la hebilla de un cinturón. Se ha roto la hebilla del bolso.*

hebra *s. f.* **1** Trozo de hilo de coser que se pone en la aguja: *Tienes que meter la hebra por el ojo de la aguja.* **2** Filamento de una materia textil: *Si tiras de la hebra vas a deshacer medio jersey.* **3** Porción delgada y alargada de una materia vegetal o animal: *las hebras de la carne, las hebras de las judías, las hebras del tabaco.* **4** Cuerpo en forma de hilo de cualquier materia: *un estropajo de hebras de aluminio.* **5** (no contable) Curso de una conversación, relato u otra cosa: *Álvaro perdió la hebra y ya no se acordaba de lo que iba a contar.* **6** (preferentemente en plural) LITERARIO. Cabello: *Las hebras rubias le caían sobre las sienes.* FR. Y LOC. **pegar la ~** COLOQUIAL. Entablar ‹una persona› una conversación con otra persona y prolongarla demasiado: *Cuando pega la hebra Ana, no hay quien la corte.*

hebraico, ca *adj.* Hebreo: *la fe hebraica.*

hebraísmo *s. m.* **1** (no contable) REL. Judaísmo: *El hebraísmo es una religión monoteísta.* **2** LING. Palabra o expresión de la lengua hebrea empleada en otra lengua: *Al español han llegado algunos hebraísmos desde el latín.*

hebraísta *s. m. / f.* Estudioso de la lengua y cultura hebreas: *Es uno de los hebraístas más prestigiosos.*

hebreo, a *adj.* **1** Del hebraísmo: *la religión hebrea, las creencias hebreas.* SIN. judío. || *adj. / s. m.* y *f.* **2** Que profesa el hebraísmo. SIN. judío. **3** De un pueblo semítico que vivió en Palestina: *profeta hebreo. Los hebreos llegaron a su máximo esplendor bajo el reinado de Salomón.* SIN. judío. || *s. m.* **4** LING. Lengua semítica hablada por los hebreos: *El hebreo es la lengua oficial del Estado de Israel.*

hecatombe *s. f.* **1** Catástrofe en la que se producen muchas muertes: *El terremoto ha sido una hecatombe.* **2** INTENSIFICADOR. Suceso en el que se producen daños o que perjudica a muchas personas: *El cierre de la empresa fue una hecatombe; dejó a cientos de familias en la indigencia.*

hechicería *s. f.* (no contable) Conjunto de prácticas y conocimientos no racionales con los que se pretende dominar las fuerzas de la naturaleza y los poderes sobrenaturales: *Sara creía en la hechicería para conseguir su amor.*

hechicero, ra *adj.* **1** (antepuesto / pospuesto) Que atrae a la gente por su encanto o atractivo: *Sus ojos hechiceros se posaron en los míos. Su hechicera personalidad nos atraía mucho.* || *adj. / s. m.* y *f.* **2** [Persona] que conoce y practica la hechicería: *El hechicero de la tribu realizó unos conjuros para alejar a los malos espíritus.*

hechizar *v. tr.* **1** Hacer sentir ‹una persona› su poder sobre [otra persona] con prácticas de hechicería: *El misionero decía que ninguna persona puede hechizar a otra.* **2** Hacer sentir ‹una persona› una gran admiración o un gran deseo [a otra persona]: *Tiene hechizados a todos los jóvenes.* ⇒ **19.**

hechizo, za *s. m.* **1** Práctica en la que se ejerce un maleficio sobre una persona: *El príncipe había sido víctima de un hechizo.* **2** Cosa empleada en las prácticas de hechicería: *La bruja le hizo beber un repugnante hechizo contra el poder de los enemigos.* **3** Atractivo natural de algunas personas o cosas: *Alberto estaba cautivado por el hechizo de su mirada.* || *adj.* **4** MÉX.; COLOQUIAL. Que no es auténtico. **5** MÉX.; COLOQUIAL. Que no es original. **6** MÉX.; COLOQUIAL. Que está elaborado de una manera doméstica.

hecho, cha *adj.* **1** (estar) Que se ha desarrollado completamente o ha alcanzado el punto debido: *La pasta ya está hecha. Rafa es un hombre hecho. Los jardineros transplantaron el árbol cuando ya estaba hecho.* **2** (estar) Que está acostumbrado: *Julia es una mujer hecha al trabajo duro. Pedro está hecho a las adversidades.* **3** (estar; se usa con *bien* o *mal*) [Persona] que tiene los miembros o los rasgos bien o mal proporcionados: *unas facciones bien hechas.* **4** ARG.,

URUG.; COLOQUIAL. Borracho. ‖ *s. m.* **5** Obra o acción de una persona: *Sus hechos hablan por él. Aquellos hechos le dieron mucha fama.* **6** Acontecimiento o suceso: *Lo que estoy explicando son hechos históricos.* **7** Cuestión o asunto: *El hecho es que no soy capaz de enfrentarme con la verdad.* ‖ *interj.* **8** Se usa para expresar que se acepta un trato o una proposición: *–«Te compro el coche por medio millón.» –«¡Hecho!»* ‖ *p.* **9** Participio irregular de *hacer.* ‖ **10 ~ consumado** Acción ya realizada y, por lo tanto, inevitable: *El golpe de estado es un hecho consumado.* FR. Y LOC. **a cosa* hecha. a lo ~, pecho** COLOQUIAL. Se usa para expresar que hay que afrontar las consecuencias de lo que se ha hecho, aunque no haya sido acertado: *Lo siento, pero a lo hecho, pecho.* **a tiro* ~. como (~) de/por encargo*. de ~** 1 En la práctica, en la realidad: *Es el director de hecho, aunque conste como subdirector.* 2 Verdaderamente, en realidad: *De hecho los esperaba ayer, pero han llegado hoy.* **dicho* y ~. estar ~ añicos*. estar ~ pedazos*. estar ~ picadillo*. estar ~ trizas*. estar ~ un abril*. estar ~ un crío*. estar ~ un emplasto*. estar ~ un higo*. estar ~ un manojo* de nervios** o **ser un manojo de nervios. estar ~ un mar* de lágrimas. frase* hecha. ~/como un flan*. ~/como un trapo*. ~ fosfatina*. ~ papilla*. ~ polvo*. ~ un asco*. ~ un cristo*. ~ un cromo*. ~ una braga*. ~ una equis*. ~ una fiera*. ~ una lástima*. ~ una mierda*. ~ una rosca*. ~ unos zorros*. ~ y derecho** COLOQUIAL. 1 Se usa para referirse a la persona que ya es adulta: *Se ha casado con una mujer hecha y derecha.* 2 Auténtico, serio y cabal: *Aquí tienes a un escritor hecho y derecho, de los que ya no quedan.* **ir ~/como un trapo*. ni ~ de/por encargo*.**

hechor, ra *adj.* **1** AMÉR. DEL S. [Caballo, asno] que está dedicado a la reproducción. ‖ *adj./s. m.* y *f.* **2** CHILE, EC.; ADMINISTRATIVO. Malhechor.

hechura *s. f.* **1** (no contable) Acción y resultado de hacer, especialmente confección de ropa: *la hechura de un vestido.* **2** (no contable) Forma externa de una persona, animal o cosa: *El perro tiene una hechura robusta.*

hectárea (su abreviatura es *ha.*) *s. f.* Medida de superficie equivalente a cien áreas.

hectogramo (su abreviatura es *hg.*) *s. m.* Medida de masa que equivale a cien gramos.

hectolitro (su abreviatura es *hl.*) *s. m.* Medida de capacidad que equivale a cien litros.

hectómetro (su abreviatura es *hm.*) *s. m.* Medida de longitud que equivale a cien metros.

heder *v. intr.* **1** ELEVADO. Despedir ‹una persona, un animal o una cosa› mal olor. SIN. apestar. **2** ELEVADO. Causar ‹una cosa› fastidio a [una persona]: *Este asunto ya hiede, no quiero volver a hablar de ello.* ⇒ **80.**

hediondez *s. f.* **1** (no contable) ELEVADO. Olor desagradable y penetrante. SIN. hedor. **2** (no contable) ELEVADO. Cosa que resulta asquerosa o repugnante: *El programa se ha suprimido por la hediondez de sus imágenes.*

hediondo, da *adj.* **1** (antepuesto/pospuesto) ELEVADO. Que huele muy mal: *un líquido hediondo, una habitación hedionda. Los hediondos restos del animal estaban bajo aquel árbol.* **2** (antepuesto/pospuesto) ELEVADO. Que da asco: *una mezcla hedionda, una descripción hedionda.*

hedónico, ca *adj.* FILOS. Del hedonismo o de los hedonistas: *El concepto del placer hedónico puede entenderse de diferentes maneras.*

hedonismo *s. m.* (no contable) Actitud y doctrina filosófica que propone como objetivo vital la búsqueda del placer duradero: *El principal exponente del hedonismo fue el filósofo griego Epicuro.* SIN. epicureísmo.

hedonista *adj.* **1** FILOS. Del hedonismo: *doctrina hedonista.* ‖ *adj./s. m.* y *f.* **2** FILOS. Que es partidario del hedonismo: *Ramón es muy hedonista, le gusta rodearse de placeres.*

hedonístico, ca *adj.* FILOS. Del hedonismo.

hedor *s. m.* (no contable) Olor muy desagradable y penetrante: *El hedor que despedía el montón de estiércol era insoportable.* SIN. peste.

hegemonía *s. f.* (no contable) Superioridad de una persona o cosa sobre las demás: *la hegemonía de los países nórdicos, la hegemonía de la industria pesada germana.*

hegemónico, ca *adj.* De la hegemonía: *potencia hegemónica, poder hegemónico.*

hégira o **héjira** *s. f.* **1** REL. Emigración o huida de Mahoma de la Meca a Medina, ocurrida en el año 622. **2** Era de los musulmanes que se cuenta a partir del año 622: *En la mayoría de los países musulmanes se utilizan simultáneamente la cronología de la era cristiana y de la hégira.*

helada *s. f.* Descenso de las temperaturas por debajo de los 0° C, que facilita la formación de hielo: *La helada ha dañado las plantas.* FR. Y LOC. **caer una ~** Helar: *Hacía mucho que no caía una helada tan grande.*

heladera *s. f.* ARG., CHILE, URUG. Refrigerador, nevera.

heladería *s. f.* Establecimiento donde se hacen y venden helados: *Hemos tomado un refresco en la heladería.*

heladerita *s. f.* ARG., URUG. Nevera portátil.

heladero, ra *s. m./f.* Persona que fabrica o vende helados. *El trabajo de heladero es de temporada.*

helado, da *adj.* **1** (estar) Que está muy frío: *Las sábanas están heladas.* **2** (estar) Que tiene mucho frío: *Estoy helado (de frío). Marta llegó helada y empapada de agua.* **3** (estar) Que está muy sorprendido y sin poder reaccionar: *Pablo se quedó helado con la noticia.* **4** Que implica frialdad o desdén: *Felisa nos dispensó un recibimiento helado.* ‖ *s. m.* **5** Dulce elaborado con leche, azúcar y saborizantes que se somete a un proceso de congelación: *helado de fresa.* **~ de palito** ARG., URUG. Polo. FR. Y LOC. **quedarse* frío/~.**

helador, ra *adj.* Que hiela: *Hace un viento helador.*

heladora *s. f.* Máquina que sirve para hacer helados y sorbetes: *Han puesto una heladora nueva que hace unos helados deliciosos.*

helamiento *s. m.* RESTRINGIDO. Acción y resultado de helar o helarse: *el helamiento del río. Las tuberías se han reventado por el helamiento del agua.*

helar *v. tr.* **1** Convertir ‹el frío› [un líquido] en hielo: *El viento frío del norte había helado el agua de los charcos.* **2** Hacer ‹el frío› que [una planta] se seque o se muera: *El frío heló los cerezos.* **3** Hacer disminuir ‹una cosa› [la pasión o el entusiasmo de una persona]: *Aquel fracaso heló sus ambiciones.* **4** Causar ‹el frío› lesiones en [el cuerpo de una persona o de un animal]: *Las bajas temperaturas le estaban helando los pies.* **5** Causar ‹una cosa› sorpresa o miedo a [una persona]: *Aquella noticia heló sus esperanzas.*‖ *v. prnl.* **6** Convertirse ‹un líquido› en hielo: *El agua del radiador se heló porque el coche no llevaba anticongelante.* **7** Secarse o morirse ‹una planta› a causa del frío: *Las flores* *de los almendros se han helado.* **8** Disminuir ‹la pasión o el entusiasmo de una persona›: *Con tantas dificultades, se helaron sus ganas de organizar una fiesta.* **9** Sufrir ‹el cuerpo de una persona o de un animal› lesiones a causa del frío: *Los dedos de los pies se le habían helado y tuvieron que amputárselos.* **10** Experimentar ‹una persona› sorpresa o miedo: *Se va a helar cuando sepa la noticia.* **11** Pasar ‹una persona› mucho frío: *Me hielo de frío.* **12** Quedarse ‹una cosa› muy fría: *La comida se ha helado, así que voy a calentarla de nuevo.* || *v. impers.* **13** Producirse heladas: *En esta época del año es normal que hiele.* ⇒ **58.**

helecho *s. m. Osmunda regalis.* Planta de las pteridofitas que carece de flores y semillas y crece en bosques húmedos y umbríos.

helénico, ca *adj.* RESTRINGIDO. De la Hélade, de los antiguos helenos, o de la Grecia moderna: *civilización helénica, lengua helénica, arte helénico.*

helenismo *s. m.* **1** (no contable) Periodo de la historia y la cultura griegas que va desde la muerte de Alejandro Magno hasta la dominación romana. **2** (no contable) RESTRINGIDO. Influencia de la antigua civilización griega en otras civilizaciones: *El helenismo es patente en la cultura y la filosofía occidentales.* **3** LING. Palabra o expresión de la lengua griega empleada en otra lengua: *La mayoría de los helenismos del español han llegado a través del latín.*

helenista *s. m. / f.* ELEVADO. Estudioso de la lengua y la cultura griegas: *Aquí contamos con prestigiosos helenistas.*

helenístico, ca *adj.* ELEVADO. Del helenismo o de los helenistas: *arte helenístico, filósofo helenístico, poesía helenística, teatro helenístico.*

helenización *s. f.* ELEVADO. Acción y resultado de helenizar o helenizarse: *La helenización de los romanos enriqueció toda la cultura latina.*

helenizar *v. tr.* **1** ELEVADO. Introducir ‹una persona o un grupo de personas› las costumbres, la cultura y la lengua griega en [un país]: *Los esclavos griegos helenizaron la sociedad romana, porque educaban a los hijos de los patricios.* || *v. prnl.* **2** ELEVADO. Introducirse las costumbres, la cultura y la lengua griega en ‹un país›: *Las clases educadas romanas se helenizaron con cierta rapidez.* ⇒ **19.**

heleno, na *adj. / s. m.* y *f.* ELEVADO. De Grecia, país de la Unión Europea o de la Grecia clásica: *Está estudiando las batallas helenas. La selección helena saltó a la pista.* SIN. griego.

helero *s. m.* **1** GEOGR. Masa de hielo formada en las altas cumbres por debajo de las nieves perpetuas. **2** Mancha de nieve en una montaña.

hélice *s. f.* **1** Conjunto de aletas o aspas movidas por un motor, que giran alrededor de un eje, y que sirven para la propulsión de ciertos aparatos: *La hélice del barco se rompió al engancharse con un cable.* **2** Espiral. **3** GEOM. Curva que corta todas las generatrices de una espiral. **4** ANAT. Parte externa del pabellón de la oreja que va desde el exterior del orificio del conducto auditivo hasta el lóbulo.

helicoidal *adj.* Que tiene figura de hélice: *movimiento helicoidal, superficie helicoidal, línea helicoidal.*

helicoide *s. m.* GEOM. Superficie engendrada por una recta que se mueve apoyándose en una hélice y en el eje del cilindro sobre el que está trazada la hélice.

helicón *s. m.* MÚS. Instrumento musical de viento y pistones, de forma circular grande para que el músico pase su cuerpo por el centro.

helicóptero *s. m.* Medio de transporte aéreo que se mueve gracias a una gran hélice horizontal, accionada por un motor: *Rafa es piloto de helicópteros.*

helio (no contable) *s. m.* QUÍM. *He.* Gas noble inodoro, incoloro, ligero y no inflamable: *Los globos aerostáticos se inflan con helio.*

heliocéntrico, ca *adj.* **1** ASTRON. [Sistema] que supone que el Sol es el centro del universo: *sistema heliocéntrico de Copérnico.* **2** ASTRON. [Medida, lugar astronómico] que se calcula tomando el Sol como centro de referencia.

heliogábalo *s. m.* ELEVADO. Hombre que come demasiado: *Es un heliogábalo, no deja de comer.*

heliograbado *s. m.* **1** (no contable) ART. GRÁF. Procedimiento por el que se obtienen grabados en relieve mediante la acción de la luz solar sobre planchas preparadas. **2** ART. GRÁF. Grabado obtenido mediante este procedimiento. SIN. heliografía.

heliografía *s. f.* **1** (no contable) RESTRINGIDO. Método de transmisión de señales por medio del heliógrafo. **2** ART. GRÁF. Grabado obtenido mediante el heliograbado. SIN. heliograbado. **3** (no contable) ASTRON. Descripción del Sol. **4** ASTRON. Fotografía del Sol.

heliógrafo *s. m.* **1** Instrumento que envía mensajes telegráficos mediante los destellos de los rayos solares sobre un espejo que se cubre y descubre. **2** ASTRON. Aparato que mide la cantidad de calor emitido por el Sol. **3** METEOR. Aparato que registra la duración diaria de luz solar.

helióstato *s. m.* RESTRINGIDO. Instrumento para hacer señales mediante el reflejo de los rayos solares en una determinada dirección.

heliotecnia *s. f.* (no contable) FÍS. Técnica que convierte la luz solar en energía eléctrica o solar.

helioterapia *s. f.* (no contable) MED. Tratamiento de algunas enfermedades mediante las radiaciones solares.

heliotropismo *s. m.* (no contable) BOT. Fenómeno que se produce en las plantas cuando dirigen sus órganos hacia la luz solar.

heliotropo *s. m. Heliotropium peruvianum.* Planta de jardín, de hojas rugosas y flores pequeñas y abundantes, azuladas o blancas, de olor agradable.

helipuerto *s. m.* Pista para el despegue y aterrizaje de helicópteros: *Van a construir un helipuerto cerca de aquí.*

helvecio, cia *adj. / s. m.* y *f.* Suizo: *Los helvecios ganaron el partido.*

helvético, ca *adj. / s. m.* y *f.* De Helvecia, hoy Suiza: *Confederación helvética.*

hematíe *s. m.* (preferentemente en plural) BIOL. Célula de la sangre que contiene hemoglobina, cuya función es transportar el oxígeno desde los pulmones hasta los tejidos: *Tiene algo más de cinco millones de hematíes.*

hematites (plural *hematites*) *s. m.* Mineral de hierro oxidado, de color rojo o pardo oscuro, muy duro, que se utiliza para abrillantar metales.

hematología *s. f.* (no contable) MED. Parte de la medicina que estudia y trata la sangre.

hematoma *s. m.* MED. Derrame interno de sangre en cualquier parte del cuerpo: *Le ha salido un hematoma en la piel.*

hematopatía *s. f.* MED. Enfermedad de la sangre.

hematopoyesis o **hemopoyesis** (plural *hematopoyesis*) *s. f.* (no contable) BIOL. Proceso de formación de los hematíes de la sangre.

hematuria *s. f.* (no contable) MED. Presencia de sangre en la orina.

hembra *s. f.* **1** Animal o persona de sexo femenino: *El perro que nos ha regalado es una hembra.* **2** COLOQUIAL; PEYORATIVO. Mujer atractiva físicamente. **3** BOT. Planta que da fruto, a diferencia de las plantas de la misma especie que no lo dan por ser masculinas. **4** Pieza de algunos objetos con dos partes, que tiene un agujero donde se introduce o encaja la otra parte, llamada *macho*: *El cierre consta de una hembra en la que encaja un bloque de acero.* || **5 abrótano* ~.**

hembraje *s. m.* (no contable) AMÉR. Conjunto de las hembras del ganado.

hembrilla *s. f.* **1** Pieza pequeña de ciertos aparatos que se encaja en otra pieza: *Este corchete ha perdido la hembrilla y no se puede cerrar.* **2** Clavo que, en vez de cabeza, tiene una anilla metálica: *Pon el candado en la hembrilla y ciérralo.*

hemeroteca *s. f.* Biblioteca de periódicos y revistas: *Esa revista inglesa se recibe en la hemeroteca.*

hemiciclo *s. m.* **1** Espacio semicircular con gradas, especialmente el del salón de sesiones del Congreso de los Diputados: *Los sillones del gobierno están en la primera fila del hemiciclo.* **2** GEOM. Semicírculo.

hemiplejia o **hemiplejía** *s. f.* (no contable) MED. Parálisis de un lado del cuerpo: *Adela tiene una hemiplejia facial.*

hemipléjico, ca *adj.* **1** MED. De la hemiplejía: *ataque hemipléjico, síndrome hemipléjico.* || *adj. / s. m.* y *f.* **2** (ser / estar) MED. Que padece hemiplejía: *Roberto está hemipléjico.*

hemíptero, ra *adj. / s. m.* **1** (macho y hembra) [Insecto] que tiene antenas, boca chupadora para alimentarse de jugos de animales y vegetales, y generalmente dos pares de alas: *La cigarra es un insecto hemíptero.* || *s. m.* **2** (en plural) ZOOL. Orden que forman los insectos hemípteros.

hemisférico, ca *adj.* Del hemisferio: *línea hemisférica.*

hemisferio *s. m.* **1** GEOGR. Cada una de las dos mitades de la esfera terrestre, separadas por el ecuador: *Hay diferencias horarias y climáticas entre los dos hemisferios.* **~ boreal** Hemisferio que comprende el polo ártico o boreal. **2** GEOM. Cada una de las dos mitades de una esfera dividida por un plano que pasa por su centro. **3** ANAT. Cada una de las dos mitades laterales del cerebro y del cerebelo.

hemistiquio *s. m.* RET. Cada una de las dos mitades, separadas por una cesura, en que se dividen algunos versos de arte mayor.

hemodiálisis (plural *hemodiálisis*) *s. f.* (no contable) MED. Técnica terapéutica que consiste en realizar una depuración exterior de la sangre por medio de un riñón artificial: *Sara tiene hoy sesión de hemodiálisis.* SIN. diálisis.

hemodinámica *s. f.* (no contable) MED. Estudio de las leyes y mecanismos que regulan la circulación de la sangre y su vinculación con las distintas enfermedades.

hemodinámico, ca *adj.* MED. De la hemodinámica: *El enfermo se encuentra en situación hemodinámica estable.*

hemofilia *s. f.* (no contable) MED. Enfermedad genética caracterizada por la dificultad de coagulación de la sangre: *Las personas que padecen hemofilia corren el peligro de sufrir graves hemorragias.*

hemofílico, ca *adj.* **1** MED. De la hemofilia: *síntomas hemofílicos.* || *adj. / s. m.* y *f.* **2** MED. Que padece hemofilia: *Tu vecino es un enfermo hemofílico.*

hemoglobina *s. f.* (no contable) BIOL. Pigmento rojo de la sangre cuya función es transportar el oxígeno.

hemopatía *s. f.* MED. Enfermedad de la sangre: *Es especialista en hemopatía.*

hemopoyesis *s. f.* (no contable) BIOL. Hematopoyesis.

hemoptisis *s. f.* MED. Expectoración de sangre procedente de la tráquea, los bronquios o los pulmones.

hemorragia *s. f.* Salida de sangre fuera de un vaso sanguíneo: *Le contuvieron la hemorragia de la pierna con un torniquete.* **~ cerebral. ~ digestiva. ~ nasal.**

hemorroidal *adj.* MED. De las hemorroides o almorranas.

hemorroide *s. f.* (preferentemente en plural) MED. Variz que se forma en el ano o en el recto: *Luisa tiene hemorroides. La han operado de hemorroides.*

hemostasia *s. f.* MED. Hemostasis

hemostasis o **hemóstasis** (plural *hemostasis*) *s. f.* MED. Detención de una hemorragia por medios naturales o terapéuticos.

hemostático, ca *adj. / s. m.* MED. Que sirve para contener la hemorragia: *El médico le ha recetado un hemostático.*

henal *s. m.* Henil , lugar donde se guarda el heno.

henar *s. m.* Lugar poblado de heno.

henchir *v. tr.* **1** ELEVADO. Llenar ‹una persona› [una cosa] con [otra cosa]: *El atleta henchía el pecho* ***de*** *aire.* || *v. prnl.* **2** ELEVADO. Llenarse ‹una persona› de una cosa: *Olga se ha henchido* ***de*** *orgullo con el premio conseguido. Me henchiré* ***de*** *placer paseando por el campo.* ⇒ **45.**

hendedura *s. f.* Hendidura.

hender *v. tr.* **1** Abrir ‹una persona o una cosa› una hendidura en [una cosa]: *El bombero ha hendido la puerta con un hacha.* **2** LITERARIO. Pasar ‹una cosa› a través de [un fluido] o de [un líquido]: *Mira cómo la quilla de nuestra nave hiende el mar.* ⇒ **80.**

hendidura o **hendedura** *s. f.* **1** Raja o abertura producida por un corte o una rotura: *Por la hendidura de la puerta se podía ver todo lo que pasaba dentro.* **2** Corte profundo, en un cuerpo sólido, sin llegar a traspasarlo: *Han hecho una hendidura en la pared para empotrar el cable.*

hendir *v. tr.* Hender. ⇒ **34.**

henequén *s. m.* Variedad de pita, planta.

henil *s. m.* Lugar donde se guarda el heno. SIN. henal.

henna (pronunciamos *'jena'*) *s. f.* **1** *Lawsonia inermis.* Árbol pequeño de flores perfumadas y hojas ovaladas que se utilizan en la fabricación de cosméticos. **2** Colorante vegetal: *Gracias al tratamiento con henna he conseguido dar un tono rojizo a mi pelo.*

heno *s. m.* **1** *Trifolium incarnatum.* Planta de la familia de las gramíneas, de hojas agudas y flores en espiga que se cultiva para alimento del ganado: *segar el heno. Este terreno produce mucho heno.* **2** Hierba segada y seca para alimento del ganado: *Voy a echarle heno al caballo.* || **3 fiebre* del ~.**

henrio o **henry** *s. m.* FÍS. Unidad de inductancia del Sistema Internacional.

hepático, ca *adj.* **1** MED. Del hígado. **cólico ~.** || *adj. / s. m.* y *f.* **2** MED. Que padece del hígado: *enfermos hepáticos.*

hepatitis (plural *hepatitis*) *s. f.* MED. Inflamación del hígado: *Laura tiene una hepatitis crónica.*

heptaedro *s. m.* GEOM. Cuerpo geométrico irregular que tiene siete caras planas.

heptagonal *adj.* GEOM. Que tiene figura de heptágono, o que se parece a él: *pirámide heptagonal.*

heptágono, na *adj. / s. m.* GEOM. [Polígono] que tiene siete lados.

heptámetro *adj. / s. m.* RET. [Verso] que tiene siete pies.

heptano (no contable) *s. m.* QUÍM. Hidrocarburo cuya molécula posee siete átomos de carbono y que está presente en la gasolina.

heptasilábico, ca *adj.* RET. Del heptasílabo o que está compuesto en heptasílabos: *Es un poema heptasilábico.*

heptasílabo, ba *adj. / s. m.* RET. [Verso] que tiene siete sílabas.

heráldica *s. f.* (no contable) Ciencia que estudia los escudos de armas: *Andrés es un experto en heráldica.*

heráldico, ca *adj.* **1** De la heráldica o de los blasones: *color heráldico, ciencia heráldica.* || *adj. / s. m.* y *f.* **2** Que se dedica al estudio de la heráldica: *Voy a visitar a un especialista heráldico para que me aconseje sobre mi escudo de armas.*

heraldo *s. m.* **1** Caballero que se ocupaba en las cortes medievales de transmitir los mensajes importantes, organizar torneos y llevar los registros de la nobleza: *Un heraldo anunció la muerte del rey.* **2** Mensajero: *El rey de Castilla envió un heraldo al rey de Aragón para pedirle la mano de su hija.* SIN. emisario. **3** AFECTADO. Cualquier cosa que con su presencia anuncia la llegada de otra: *Las flores son el heraldo de la primavera.*

herbáceo, a *adj.* BOT. [Planta] que tiene las propiedades o la naturaleza de la hierba. **planta* herbácea.**

herbaje *s. m.* (no contable) Conjunto de hierbas de un prado o una dehesa: *Entre el herbaje anidan algunos pájaros, con gran peligro para sus huevos.*

herbario *s. m.* **1** BOT. Colección de plantas secas conservadas y clasificadas para su estudio. **2** ZOOL. Primera de las cuatro cavidades del estómago de los rumiantes.

herbazal *s. m.* Lugar poblado de hierbas: *El herbazal arde con facilidad en verano.*

herbicida *adj. / s. m.* [Sustancia] que destruye la hierba o impide su nacimiento: *El jardinero echó en el jardín un líquido herbicida.*

herbívoro, ra *adj. / s. m.* ZOOL. Que se alimenta de vegetales, especialmente de hierba: *La vaca es un animal herbívoro. Félix se especializó en los herbívoros.*

herbolario, ria *s. m. / f.* **1** Persona que tiene por oficio la recolección y venta de plantas medicinales: *Pídele a la herbolaria un remedio para el catarro.* || *s. m.* **2** Establecimiento donde se venden plantas medicinales. *Voy al herbolario a buscar mis hierbas para la infusión.* SIN. herboristería.

herboristería *s. f.* Establecimiento donde se venden plantas medicinales. SIN. herbolario.

herborizar *v. intr.* BOT. Recoger ‹una persona› plantas silvestres para estudiarlas o para coleccionarlas: *Salimos a herborizar con la profesora todos los meses.* ⇒ **19.**

herciano, na o **hertziano, na** *adj.* FÍS. [Onda electromagnética] que se usa en radiofonía.

herciniano, na *adj.* GEOL. Del movimiento orogénico ocurrido durante los períodos últimos de la era paleozoica: *Los Vosgos surgieron con el movimiento herciniano.*

hercio o **hertzio** o **hertz** *s. m.* FÍS. Unidad de frecuencia de un movimiento periódico que produce una vibración por segundo.

hercúleo, a *adj.* (antepuesto / pospuesto) ELEVADO. Que tiene mucha fuerza: *brazo hercúleo. Sus hercúleas piernas se posaron en la tierra como columnas.*

hércules *s. m.* (plural *hércules*) COLOQUIAL. Hombre muy grande y muy fuerte: *El novio de Marta es un hércules.*

heredad *s. f.* **1** Parcela de terreno cultivada que pertenece a un solo dueño: *Mi padre tenía heredades en diferentes pueblos.* **2** Conjunto de fincas o propiedades que pertenecen a una sola persona o institución: *Al morir mis abuelos dejaron una buena heredad.*

heredar *v. tr.* **1** Recibir ‹una persona› [una cosa] a la muerte de [la persona que la poseía antes]: *Heredé unas tierras* ***de*** *un pariente. Maite heredó* ***a*** *su padre* ***en*** *el título. Sonia ha heredado* ***en*** *línea directa. Lola ha heredado* ***por*** *su marido una gran casa.* **2** Recibir ‹una persona› [caracteres biológicos o cualidades de sus antepasados]: *Clara ha heredado los ojos* ***de*** *su padre.* **3** Recibir ‹una persona› [una cosa que procede de una circunstancia anterior]: *Este gobierno ha heredado la crisis económica.* **4** COLOQUIAL. Recibir ‹una persona› [una cosa que ha utilizado otra persona antes]: *Tu prima hereda todos los vestidos* ***de*** *su hermana.*

heredero, ra *adj. / s. m.* y *f.* **1** Que tiene una herencia o tiene que heredar o recibir bienes, obligaciones o derechos de otra persona: *heredero universal. La única heredera de mis padres soy yo. Su novio es un rico heredero. Roberto es el hijo heredero de la fortuna.* **príncipe ~.** **2** Que ha heredado algunas características, rasgos o propiedades de sus padres o antepasados: *Yo soy el heredero de su voz. Este actor es heredero del talento de sus padres.* **3** Que procede o ha heredado algunas características de algo anterior: *Su teatro es heredero de la tradición clásica.*

hereditariamente *adv. modo* **1** De padres a hijos, por la vía de la herencia: *¿Se transmite el sida hereditariamente?* **2** Con carácter hereditario, o desde un punto de vista hereditario: *Hereditariamente vinculado a los felinos.*

hereditario, ria *adj.* De la herencia, o recibido o transmitido por herencia: *bien hereditario, carácter hereditario, rasgo hereditario.* **enfermedad hereditaria.**

hereje *s. m. / f.* **1** Persona que no está de acuerdo con los dogmas de la religión aceptada por la mayoría de su sociedad: *Durante siglos los herejes han sido condenados a la hoguera.* **2** Persona que no acepta las opiniones predominantes en una ciencia o costumbre: *Este médico es un hereje, no receta antibióticos sino ajo y cebolla.* **3** Persona que habla o se comporta con atrevimiento y falta de respeto hacia la sensibilidad social mayoritaria: *Lucas es un hereje, apadrinó a su hermana en vaqueros.*

herejía *s. f.* **1** Creencia opuesta al dogma de una religión: *Los católicos romanos consideraban una herejía la doctrina luterana.* **2** Teoría, opinión o práctica que se enfrenta a los principios establecidos y aceptados de una ciencia o arte: *Este cuadro es una herejía contra el arte moderno. Tus opi-*

niones serán calificadas de herejía. **3** COLOQUIAL. Error muy grande: *Ha sido una herejía endeudarse para ampliar el negocio en un momento de crisis.* **4** COLOQUIAL. Daño consciente que se hace a una persona o animal: *No vuelvo a este dentista, siempre me hace alguna herejía.*

herencia *s. f.* **1** Derecho de heredar: *Me corresponde la casa de mi padre por herencia.* **2** Bienes o cosas que se heredan: *Sus padres le han dejado dos casas* ***en*** *herencia. Estos muebles son una herencia de mis abuelos.* **3** (no contable) BIOL. Transmisión de un conjunto de caracteres genéticos de una generación a otra: *Los ojos azules son herencia de mi padre.* **4** Cosa que se transmite entre parientes o entre personas que realizan una misma actividad: *El genio teatral es herencia de su abuelo.*

hereque *adj.* **1** VEN. Que tiene viruelas o está marcado por ellas. || *s. m.* **2** VEN. Enfermedad de la piel. **3** VEN. Cierta enfermedad del árbol del café.

heresiarca *s. m.* ELEVADO. Entre los cristianos, autor o defensor de una herejía. SIN. hereje.

herético, ca *adj.* De la herejía o del hereje: *doctrina herética, secta herética.*

herida *s. f.* **1** Rotura del tejido de la piel producida por un golpe o corte: *El corredor cayó al suelo y se hizo una herida en el brazo. La herida sangraba mucho.* **~ contusa** Herida causada por contusión o golpe. **~ punzante***. **2** Ofensa o agravio: *Los dos hermanos siguen distanciados por viejas heridas.* **3** Pena o sufrimiento: *La muerte de su marido es una herida que tardará en cicatrizar.* FR. Y LOC. **tocar* en la ~.**

herido, da *adj. / s. m.* y *f.* (estar) Que tiene heridas: *Los bomberos evacuarán a los heridos primero. El torero estaba herido de gravedad.*

herir *v. tr. / prnl.* **1** Hacer ‹una persona o una cosa› una herida [a un ser vivo]: *El lancero hirió al soldado en el hombro.* ***Se*** *hirió en la pierna al bajar del árbol.* || *v. tr.* **2** Hacer ‹una persona o una cosa› que [una persona] se sienta ofendida: *Me hirió* ***en*** *mi amor propio. Sus palabras me han herido profundamente.* **3** Hacer ‹una persona o una cosa› que [una persona] sienta pena: *Aquellas imágenes hieren los sentimientos de cualquiera.* **4** Hacer ‹una cosa› que [una persona] experimente una sensación desagradable o molesta: *Creo que la película podía herir la sensibilidad del espectador.* **5** LITERARIO. Hacer sonar ‹una persona› [las cuerdas de un instrumento musical]: *El músico hería con el arco las cuerdas de su violín.* **6** LITERARIO. Golpear ‹una cosa› [otra cosa]: *El picaporte hería la puerta con sus golpes secos.* ⇒ **75.**

hermafrodismo *s. m.* (no contable) BIOL. Hermafroditismo.

hermafrodita *adj.* **1** ZOOL. Que tiene caracteres sexuales femeninos y masculinos: *La lombriz es un animal hermafrodita.* **2** BOT. [Planta, flor] que tiene estambres y pistilos: *Las flores hermafroditas se fecundan a sí mismas.* || *adj. / s. m.* y *f.* **3** MED. [Persona] que presenta tejido masculino y femenino en sus órganos genitales: *Las personas hermafroditas sufren alteraciones psíquicas.*

hermafroditismo o **hermafrodismo** *s. m.* (no contable) BIOL. Condición del ser vivo que tiene caracteres orgánicos de los dos sexos: *El hermafroditismo suele causar problemas de personalidad.*

hermanamiento *s. m.* Acción y resultado de hermanar o hermanarse: *El hermanamiento de las dos comunidades se produjo después de muchos años de rencillas.*

hermanar *v. tr.* **1** Hacer ‹una persona o una cosa› compatibles [dos cosas]: *Este autor ha hermanado lo trágico y lo cómico en este poema.* **2** Hacer ‹una persona› hermanas [a dos personas o dos cosas] simbólicamente: *El sacerdote hermanó a todos los asistentes en una ceremonia emocionante.* || *v. prnl.* **3** Hacerse ‹dos cosas› compatibles: *La realidad se hermana* ***con*** *la fantasía en esta película.* **4** Hacerse ‹dos personas o dos cosas› hermanas simbólicamente: *Se hermanaron en un abrazo enternecedor. Las dos ciudades se hermanaron.*

hermanastro, tra *s. m. / f.* Persona respecto de otra que tiene en común con aquella sólo el padre o la madre: *Mi hermanastra es hija de mi madre y de su segundo marido.*

hermandad *s. f.* **1** (no contable) Parentesco entre hermanos: *Para mí las relaciones de hermandad son sagradas.* **2** (no contable) Relación que existe entre personas y pueblos que se sienten unidos por el afecto y la solidaridad: *la hermandad de los pueblos mediterráneos.* **3** Asociación de personas que se unen por motivos de trabajo, ideología, religión u otros intereses: *hermandad de la santísima Virgen del Camino, hermandad de donantes de sangre.*

hermano, na *s. m. / f.* **1** Persona que, respecto a otra, es hija de los mismos padres o al menos de uno de ellos: *Los hermanos de mi padre son mis tíos.* **2** Miembro de ciertas congregaciones religiosas: *las Hermanas de la Caridad.* **3** Miembro de una hermandad, sociedad o cofradía: *los hermanos de la cofradía de La Sangre.* **4** Persona o cosa unida a otra por vínculos estrechos o evidentes: *El francés y el español son lenguas hermanas.* **5** Una cosa con respecto a otra cosa que se le asemeja: *Esta casa es hermana de la de enfrente.* **6** COL.; COLOQUIAL. Se usa para dirigirse a un amigo o compañero de confianza || **7 hermana política** Cuñada. **8 ~ de leche** Persona que ha sido amamantada por una nodriza, respecto de su hijo: *El hijo de mi nodriza es mi hermano de leche.* **9 ~ de sangre** Persona con respecto a otra con la que ha mezclado su sangre en ceremonias o ritos especiales. **10 ~ político** Cuñado.

hermeneuta *s. m. / f.* ELEVADO. Persona que se dedica a la hermenéutica: *Es un hermeneuta de los textos aristotélicos.*

hermenéutica *s. f.* (no contable) RESTRINGIDO. Interpretación del sentido de los textos, especialmente de los sagrados: *la hermenéutica de la Biblia.*

hermenéutico, ca *adj.* RESTRINGIDO. De la hermenéutica. *estudio hermenéutico, corrientes hermenéuticas.*

herméticamente *adv. modo* De forma hermética. OBSERVACIONES: Se aplica sólo a acciones, procesos o resultados que implican alguna clase de cierre, físico o conceptual: *puerta herméticamente cerrada. Su poesía gustaría más si no se expresara tan herméticamente.*

hermético, ca *adj.* **1** Que cierra una abertura de manera que impide el paso de cualquier fluido: *tapa hermética, cierre hermético.* **2** Que no se puede comprender o descifrar porque es oscuro o secreto: *Esta poesía es demasiado hermética, me resulta oscura e incomprensible.*

hermetismo *s. m.* (no contable) Actitud de la persona y característica de las palabras o textos que son muy difíciles de explicar o interpretar: *El hermetismo de sus escritos los aleja del gran público.*

hermoso, sa *adj.* **1** (antepuesto / pospuesto) Que tiene hermosura o belleza: *una hermosa mujer, un paisaje hermo-*

so. Me gusta oír poemas hermosos. **2** (ser / estar) Que tiene un tamaño grande o un aspecto agradable: *Esta casa tiene una cocina muy hermosa.* **3** (estar) COLOQUIAL. Que está sano o robusto: *Tu hijo está muy hermoso, ¿cuánto pesa?* **4** (ser / estar; antepuesto / pospuesto) [Tiempo] que está despejado y sereno: *Ayer hizo una mañana muy hermosa. ¡Qué hermosa está la noche!* **5** (antepuesto / pospuesto) Que encierra nobleza o generosidad: *Ha sido un gesto muy hermoso, te lo agradezco.*

hermosura *s. f.* **1** (no contable) Belleza de las cosas que pueden percibirse por la vista o por el oído: *La hermosura no lo es todo.* **2** Cosa o persona que tienen esta cualidad: *una hermosura de casa. Sus hijas son dos hermosuras.*

hernia *s. f.* MED. Desplazamiento de un órgano de la cavidad en que se encuentra situado normalmente.

herniado, da *adj. / s. m.* y *f.* (ser / estar) Que padece una hernia: *Como está herniado tiene que llevar un braguero.*

herniarse *v. prnl.* **1** MED. Sufrir ‹una persona› una hernia: *Se ha herniado y lo tendrán que operar rápido.* **2** COLOQUIAL; IRONÍA. Hacer ‹una persona› mucho esfuerzo: *No creo que te hernies en la oficina.*

héroe (femenino *heroína*) *s. m.* **1** Persona que ha realizado una acción que requiere un valor o una fuerza de voluntad especial: *El cementerio está lleno de héroes.* **2** Persona que es admirada por sus cualidades: *Este futbolista es el héroe de los niños.* SIN. ídolo. **3** Protagonista de una obra de teatro o de una película: *Al final, el héroe se casa con la chica.* **4** Hijo de un Dios y un ser humano en la mitología griega: *Hércules era un héroe.* SIN. semidiós.

heroica *s. f.* ARG.; JERGAL. Heroína.

heroicidad *s. f.* **1** Hecho admirable o extraordinario para el que se necesita mucho valor: *Las heroicidades aumentan en los tiempos difíciles. Decir la verdad delante de todos fue una heroicidad.* **2** Carácter o cualidad de heroico: *la heroicidad de su sacrificio. La heroicidad de su comportamiento está fuera de duda.*

heroico, ca *adj.* **1** (antepuesto / pospuesto) Que es propio de un héroe, o que resulta extraordinario, especial o admirable por el valor, el mérito o la pericia que exige: *Aquellos fueron tiempos heroicos, de enormes esfuerzos por salir adelante. Te felicito, es una decisión heroica. Hemos tenido que acudir a remedios heroicos.* **2** LIT. [Poesía] que narra hazañas propias de héroes: *poema heroico.*

heroína (masculino *héroe*) *s. f.* **1** Mujer que ha realizado una acción que requiere un valor o una fuerza de voluntad especial: *Me gusta leer historias de heroínas.* **2** Persona que es admirada por sus cualidades: *Esta modelo es la heroína de las jovencitas.* SIN. ídolo. **3** Protagonista de una obra de teatro o de una película: *La heroína muere al final.* **4** (no contable) Droga derivada de la morfina que crea una fuerte adicción: *Es adicto a la heroína desde hace años.*

heroinómano, na *adj. / s. m.* y *f.* Que es adicto a la heroína: *Mi madre trabaja en un centro de ayuda a heroinómanos.*

heroísmo *s. m.* (no contable) Valor o fuerza de voluntad propios de los héroes: *Las madres han demostrado un gran heroísmo durante la guerra.*

herpes o **herpe** (plural *herpes*) *s. m.* MED. Erupción cutánea con dolor y picazón causada por un virus. **~ facial. ~ genital. ~ labial.**

herpético, ca *adj.* **1** MED. Del herpes: *una vesícula herpética.* || *adj. / s. m.* y *f.* **2** MED. Que padece herpes, o que tiende a padecerlo.

herpetología *s. f.* (no contable). Parte de la zoología que estudia los reptiles.

herrada *s. f.* **1** Cubo de madera, de fondo más ancho que la boca, reforzado con aros de hierro. **2** COL. Herradero.

herradero *s. m.* **1** GAN. Acción de marcar las reses con un hierro al rojo vivo: *El herradero se convierte en una fiesta para los ganaderos.* SIN. hierra. **2** GAN. Lugar en que se marcan las reses: *En esta zona se monta el herradero.* **3** GAN. Época en que se marcan las reses: *Ocurrió poco después del herradero del año pasado.*

herradura *s. f.* **1** Hierro en forma de U que se clava en los cascos de las caballerías para protegérselos: *poner las herraduras al caballo, la herradura de la suerte. La mula ha perdido una herradura.* FR. Y LOC. **arco* de ~.**

herraje *s. m.* Conjunto de piezas de metal con que se refuerza o decora un objeto: *Voy a cambiar todos los herrajes de las puertas de casa.*

herramienta *s. f.* **1** Instrumento que se utiliza para hacer un trabajo: *herramienta de carpintero, herramienta de acero, herramienta para trabajar la piedra, las herramientas de trabajo, la caja de herramientas. La taladradora es una herramienta muy útil. Siempre llevo una caja de herramientas en el coche.* || **2 máquina* ~.**

herrar *v. tr.* **1** Poner ‹una persona› herraduras a [una caballería]: *Hay que herrar los caballos antes del domingo.* **2** GAN. Poner ‹una persona› una marca al [ganado] con un hierro candente en señal de propiedad: *Mañana herrarán las terneras nuevas.* **3** Poner ‹una persona› hierro o herrajes en [una cosa] como refuerzo o decoración: *Ana herró las esquinas de la mesa y quedaron muy bien.* ⇒ **58.**

herrería *s. f.* **1** Taller donde se trabaja el hierro: *En la herrería me están haciendo unas verjas para las ventanas.* SIN. fragua. **2** (no contable) Oficio de forjar el hierro: *Diego se dedica a la herrería por tradición familiar.*

herrerillo *s. m.* Ave pequeña, de pico corto, con el plumaje de diferentes colores y en algún caso, con cresta.

herrero, ra *s. m.* y *f.* METAL. Persona que tiene por oficio la forja del hierro: *la fragua del herrero.*

herrete *s. m.* Pieza pequeña de metal que se pone al final de los cordones o cintas para ayudar a que pasen por los agujeros y como adorno.

herrumbre *s. f.* **1** (no contable) Óxido que se forma en el hierro y otros metales expuestos a la intemperie: *La herrumbre deteriora las rejas.* **2** (no contable) Sabor que deja el hierro en las cosas que están en contacto con él: *Las viejas tuberías le dan al agua un sabor de herrumbre.*

herrumbroso, sa *adj.* (ser / estar; antepuesto / pospuesto) Que tiene herrumbre o parece cubierto de óxido: *Las rejas están herrumbrosas. Arrinconaron las herrumbrosas lanzas. Sus esculturas son herrumbrosas y amenazantes.*

hertz *s. m.* FÍS. Hercio.

hertziano, na *adj.* FÍS. Herciano.

hertzio *s. m.* FÍS. Hercio.

hervidero *s. m.* **1** Conjunto numeroso de personas o animales: *Un hervidero de gente se agolpaba a la puerta de la fábrica.* **2** Lugar donde hay mucho movimiento o actividad: *El centro de la ciudad es un hervidero.*

hervir *v. tr.* 1 Calentar ‹una persona› [un líquido] hasta que llega a la ebullición: *Calienta el café, pero no lo dejes hervir.* 2 Mantener ‹una persona› [una cosa] dentro de un líquido hasta que llega a la ebullición: *Están hirviendo los huevos. A Mónica le encanta el arroz hervido.*|| *v. intr.* 3 Moverse ‹un líquido› agitadamente por la acción del calor o de la fermentación: *El agua ha hervido hasta que se ha evaporado.* 4 Estar ‹un lugar› lleno de [personas, animales o cosas]: *La empresa hierve **de** rumores.* 5 Sentir ‹una persona› [una cosa] intensamente: *El amante hervía **en** deseos de venganza. Hiervo **de** celos.* FR. Y LOC. **arder / bullir / ~ la sangre*.** ⇒ **75.**

hervor *s. m.* Acción y resultado de hervir: *Para esterilizar la leche fresca de vaca se le suelen dar tres hervores.*

herzegovino, na *adj. / s. m.* y *f.* De Bosnia-Herzegovina, república de la antigua Yugoslavia.

hetaira *s. f.* ELEVADO. Prostituta de elevada condición.

heteróclito, ta *adj.* 1 ELEVADO. Que está formado por elementos dispares y extraños: *Una mezcla heteróclita de personas.* 2 LING. [Palabra, locución] que no sigue una regla regular y general en su formación: *«Quepo» es una forma heteróclita del verbo «caber».*

heterodoxia *s. f.* (no contable) Desacuerdo con los dogmas de una fe o los principios de una norma o doctrina que la mayoría considera cierta: *El conferenciante representa la heterodoxia actual de la física teórica.*

heterodoxo, xa *adj. / s. m.* y *f.* 1 Que está en desacuerdo con los dogmas de una fe o religión: *corriente heterodoxa. Los heterodoxos protestaron por la última encíclica.* 2 Que se aparta de la postura o de la opinión de la mayoría: *métodos heterodoxos. Se espera que los heterodoxos acaben abandonando el partido.* ANT. ortodoxo. 3 (antepuesto / pospuesto) COLOQUIAL; EUFEMISMO. Que parece de dudosa legalidad o ilegal: *Sus operaciones financieras son bastante heterodoxas.*

heterogeneidad *s. f.* (no contable) Mezcla de elementos de distinta naturaleza en un todo: *Lo más característico de esta ciudad es la heterogeneidad de razas y culturas.*

heterogéneo, a *adj.* (antepuesto / pospuesto) Que está formado por elementos de distinta naturaleza: *grupo heterogéneo, una heterogénea colección de plumas.*

heteronimia *s. f.* LING. Fenómeno por el cual palabras con significados muy próximos tienen una forma y un origen muy distintos: *Un ejemplo de heteronimia son las palabras «vaca - toro».*

heterónimo *s. m.* 1 LING. Palabra que tiene un significado muy próximo a otra pero una forma y origen distintos: *Las palabras «caballo» y «yegua» son heterónimos.* 2 LIT. Nombre fingido con el que un autor firma una obra: *Juan de Mairena es un famoso heterónimo de Antonio Machado.*

heterosexual *adj.* 1 [Relación sexual] que se produce entre individuos de diferente sexo. || *adj. / s. m.* y *f.* 2 Que practica la heterosexualidad: *El riesgo del sida ha aumentado entre la población heterosexual.*

heterosexualidad *s. f.* 1 (no contable) Atracción sexual entre individuos de sexos opuestos: *En ciertas culturas antiguas la homosexualidad y la heterosexualidad se consideraban complementarias.* 2 (no contable) Práctica de la relación sexual entre individuos de sexos opuestos.

heterótrofo, fa *adj. / s. m.* y *f.* BIOL. Que no puede elaborar su propia materia orgánica a partir de sustancias inorgánicas: *forma de nutrición heterótrofa.*

hético, ca (diferente de *ético*) *adj. / s. m.* y *f.* 1 MED. Que padece tisis o tuberculosis. SIN. tísico. 2 RESTRINGIDO. Muy delgado: *Estás hético, a ver si comes más.*

heurística *s. f.* 1 (no contable) HIST. Investigación o búsqueda de documentos o fuentes históricas: *La heurística es fundamental para la historia antigua y media.* 2 Método científico basado en la investigación y la deducción: *La ciencia no puede avanzar sin una sólida heurística.*

heurístico, ca *adj.* HIST. De la heurística.

hevea *s. f. Hevea brasilensis.* Árbol de la familia de las euforbiáceas, del que se saca el caucho.

hexaedro *s. m.* GEOM. Cuerpo geométrico que tiene seis caras planas. **~ regular** Cubo, cuerpo geométrico.

hexagonal *adj.* GEOM. Que tiene figura de hexágono o que se parece a él: *sistema cristalográfico hexagonal.*

hexágono, na *adj. / s. m.* GEOM. [Polígono] que tiene seis lados.

hexámetro *s. m.* RET. Verso griego y latino que consta de seis pies.

hexasílabo, ba *adj. / s. m.* RET. Que tiene seis sílabas: *verso hexasílabo.*

hez *s. f.* 1 (en plural) Excrementos: *Tuvo que enviar una muestra de sus heces para que las analizaran.* **heces fecales.** 2 (preferentemente en plural) ELEVADO. Sedimento de ciertas sustancias o líquidos en el fondo de un recipiente: *las heces del vino, las heces del aceite.* 3 PEYORATIVO. Lo más vil o despreciable de un conjunto: *Los funcionarios corruptos deben ser considerados la hez de la sociedad.*

hiato *s. m.* 1 FON. Encuentro de dos vocales que no constituyen diptongo y forman parte de sílabas distintas: *El hiato se marca con un acento o tilde cuando la vocal cerrada es tónica, como en la palabra «río».* 2 MÉTR. Ruptura de la sinalefa, por licencia poética, para alargar un verso: *Con el hiato se leen en sílabas separadas la vocal final y la inicial de dos palabras contiguas en un verso, como en «mi -al-ma».*

hibernación *s. f.* 1 Letargo que experimentan durante el invierno algunos animales: *No vimos los osos porque estaban en hibernación.* 2 (no contable) MED. Estado semejante que se produce en las personas artificialmente, por medio del frío y de determinados productos químicos.

hibernal *adj.* RESTRINGIDO. Del invierno: *frío hibernal.* SIN. invernal.

hibernar *v. tr.* 1 MED. Conservar ‹una persona› [un organismo] artificialmente mediante el frío y determinados productos químicos: *Lo hibernaron en espera de que en un futuro se descubriera un tratamiento para su enfermedad.* || *v. intr.* 2 Pasar ‹un animal› el invierno en estado letárgico: *Muchas especies animales hibernan hasta la primavera.*

hibernés, sa *adj. / s. m.* y *f.* RESTRINGIDO. De Irlanda, país europeo.

hibridación *s. f.* (no contable) BIOL. Producción artificial de seres híbridos: *Los biólogos consiguieron guisantes por hibridación.*

hibridismo *s. m.* (no contable) Carácter híbrido: *hibridismo de costumbres, hibridismo de razas.*

híbrido, da *adj. / s. m.* **1** [Animal, planta] que es engendrado por la unión de dos individuos de distinta especie: *La mula es un híbrido de burro y yegua.* **2** Que es producto de elementos de distinta naturaleza: *Es una obra híbrida entre comedia y drama.*

hidalgo, ga *adj.* **1** (antepuesto / pospuesto) De la baja nobleza castellana: *una persona hidalga.* **2** (antepuesto / pospuesto) ELEVADO. Que es noble y generoso: *Sus hidalgas intenciones no sorprendieron a nadie.* || *s. m. / f.* **3** Persona que pertenecía al grado más bajo de la nobleza: *Don Quijote era un hidalgo rural.*

hidalguía *s. f.* **1** (no contable) Cualidad o condición social de los hidalgos: *La hidalguía iba acompañada de ciertos privilegios jurídicos.* **2** Generosidad o nobleza de ánimo: *Su hidalguía le impide reclamarte lo que le debes.*

hidátide *s. f.* **1** BIOL. Larva de una tenia intestinal del perro y de otros animales, que puede adquirir un tamaño considerable en las visceras humanas. **2** MED. Vesícula que contiene una larva de tenia.

hidatídico, ca *adj.* BIOL. De la hidátide. **quiste* ~.**

hidra *s. f.* **1** Género *hydra.* Animal celentéreo de agua dulce con forma de pólipo, que tiene unos tentáculos capaces de crecer si se le cortan: *La hidra suele vivir adherida a las plantas flotantes.* **2** MIT. Monstruo de siete cabezas que renacían a medida que se iban cortando: *Hércules mató a la hidra cortándole todas las cabezas a la vez.*

hidrácido *s. m.* QUÍM. Ácido compuesto por hidrógeno y un elemento no metálico.

hidratación *s. f.* **1** QUÍM. Combinación de un cuerpo químico con agua: *De la hidratación de un óxido metálico se obtiene un hidróxido.* **2** Acción de dar a la piel el grado de humedad que necesita.

hidratante *adj.* Que hidrata: *crema hidratante. Me han aconsejado un producto hidratante muy bueno para el cutis.*

hidratar *v. tr.* **1** Mezclar ‹una persona› [una sustancia o un cuerpo] con el agua: *Para encalar las paredes debemos hidratar primero la cal.* **2** Dar ‹una persona o una cosa› el grado de humedad normal a [la piel]: *Puedes hidratar la piel con esta crema.* || *v. prnl.* **3** Tomar ‹una sustancia o un cuerpo› agua: *La piel se hidrata con cremas especiales.*

hidrato *s. m.* **1** QUÍM. Sustancia en cuya composición existen moléculas de agua. || **2 ~ de carbono** QUÍM. Compuesto orgánico formado por carbono, hidrógeno y oxígeno.

hidráulica *s. f.* **1** (no contable) FÍS. Parte de la mecánica que estudia el movimiento y el equilibrio de los fluidos. **2** (no contable) Parte de la ingeniería que estudia el aprovechamiento industrial de las aguas.

hidráulico, ca *adj.* **1** FÍS. De la hidráulica o ciencia que estudia el movimiento y el equilibrio de los fluidos: *un tratado hidráulico.* **2** De la hidráulica o parte de la ingeniería que estudia el aprovechamiento industrial de las aguas: *la política hidráulica, la explotación hidráulica de un río.* **3** INGEN. Que se mueve o funciona por acción del agua o de otro líquido: *frenos hidráulicos, suspensión hidráulica, sistema hidráulico.* **central* hidráulica. máquina hidráulica. prensa hidráulica. rueda hidráulica. turbina* hidráulica.**

hidria *s. f.* COL. Recipiente de cerámica típico de los chibchas, de panza ovalada, gollete estrecho y asa larga.

hidroavión *s. m.* Avión con unos flotadores que le permiten despegar desde el agua o aterrizar en ella.

hidrocarburo *s. m.* QUÍM. Sustancia resultante de la combinación del carbono y el hidrógeno: *El petróleo y el gas natural son hidrocarburos.*

hidrocefalia *s. f.* (no contable) MED. Enfermedad que se caracteriza por un aumento de líquido cefalorraquídeo en el interior del cerebro.

hidrocéfalo, la *adj.* MED. Que padece hidrocefalia.

hidrodinámica *s. f.* (no contable) FÍS. Parte de la dinámica que estudia el movimiento y la presión de los líquidos: *Juana tiene grandes conocimientos en hidrodinámica.*

hidrodinámico, ca *adj.* FÍS. De la hidrodinámica: *estudio hidrodinámico, cálculo hidrodinámico.*

hidroeléctrico, ca *adj.* De la energía eléctrica que se obtiene por el aprovechamiento de la fuerza hidráulica: *El agua del pantano se aprovecha en la central hidroeléctrica.*

hidrófilo, la *adj.* **1** Que absorbe el agua con gran facilidad: *algodón hidrófilo.* **2** [Organismo] que vive en ambientes húmedos: *Cerca del agua crecen plantas hidrófilas.*

hidrofobia *s. f.* **1** (no contable) MED. Rabia, enfermedad: *La hidrofobia se transmite por la mordedura de un individuo enfermo.* **2** (no contable) MED. Terror al agua: *Parece que tiene hidrofobia, no se lava nunca.*

hidrófobo, ba *adj. / s. m.* y *f.* MED. Que padece hidrofobia: *Su hija es hidrófoba.*

hidrófugo, ga *adj. / s. m.* Que impide la humedad y las filtraciones: *material hidrófugo, pintura hidrófuga.*

hidrogenado, da *adj.* (estar) QUÍM. Que contiene hidrógeno: *Es un elemento hidrogenado.*

hidrogenar *v. tr.* QUÍM. Mezclar ‹una persona› [una sustancia] con hidrógeno. *La margarina suele elaborarse hidrogenando grasas vegetales.*

hidrógeno *s. m.* (no contable) *H.* Elemento químico gaseoso, simple y ligero, incoloro, inodoro e inflamable: *El hidrógeno forma, junto al oxígeno, el agua.* **bomba de ~** o **bomba H.**

hidrogeología *s. f.* (no contable) Parte de la geología dedicada a la búsqueda y aprovechamiento de las aguas subterráneas.

hidrografía *s. f.* **1** (no contable) Parte de la geografía que estudia los mares, lagos y corrientes de agua: *Miguel ha decidido dedicarse a la hidrografía.* **2** (no contable) Conjunto de las corrientes de agua y lagos de una región: *La hidrografía de esta región es muy interesante.*

hidrográfico, ca *adj.* De la hidrografía: *Un estudio hidrográfico ha revelado algunos fenómenos extraños en el Mediterráneo.*

hidrólisis (plural *hidrólisis*) *s. f.* **1** QUÍM. División de una molécula en sus iones por la acción del agua de un fermento o de un ácido. **2** QUÍM. Reacción en la que participan cualquier compuesto químico y agua.

hidrolizado *adj.* (ser / estar) Que ha experimentado un proceso de hidrólisis: *Estos cereales son hidrolizados.*

hidrología *s. f.* (no contable) Ciencia que estudia las aguas, sus propiedades, distribución, circulación y utilización: *La hidrología ha adquirido mucha importancia en los últimos años.*

hidrometría *s. f.* (no contable) FÍS. Parte de la hidrodinámica que trata de la medición del caudal, la velocidad o la fuerza de los líquidos en movimiento.

hidropesía *s. f.* (no contable) MED.; RESTRINGIDO. Acumulación anormal de líquido seroso en las cavidades o tejidos del organismo: *La hidropesía suele producir hinchazón.*

hidroplano *s. m.* Hidroavión.

hidrosfera *s. f.* GEOGR. Conjunto de todas las aguas de la Tierra: *Los ríos, los lagos y los mares forman parte de la hidrosfera.*

hidrosoluble *adj.* QUÍM. Que se disuelve en agua: *El azúcar es una sustancia hidrosoluble.*

hidrostática *s. f.* (no contable) FÍS. Parte de la mecánica que estudia los líquidos en equilibrio.

hidrostático, ca *adj.* FÍS. De la hidrostática: *estudio hidrostático.*

hidroterapia *s. f.* (no contable) MED. Utilización del agua para el tratamiento de algunas enfermedades: *Los naturistas recomiendan la hidroterapia.*

hidrotermal *adj.* De las aguas minerales cálidas que tienen temperatura superior a la normal, o de las aguas termales: *Le ha recomendado tomar baños hidrotermales.*

hidrotropismo *s. m.* (no contable) BIOL. Movimiento de respuesta de un organismo al estímulo de la humedad: *Muchas plantas tienen raíces sensibles al hidrotropismo.*

hidróxido *s. m.* Compuesto químico básico que contiene el radical hidroxilo.

hidroxilo o **hidróxilo** *s. m.* QUÍM. Radical compuesto por un átomo de hidrógeno y otro de oxígeno.

hidrozoo *adj. / s. m.* y *f.* **1** [Animal] que es celentéreo y se caracteriza por la alternancia de generaciones: *Los hidrozoos tienen una fase de pólipo y otra de medusa.* || *s. m.* **2** (en plural) ZOOL. Clase de los hidrozoos.

hidruro *s. m.* **1** QUÍM. Compuesto formado por un hidrógeno y un metal. **2** QUÍM. Compuesto formado por un hidrógeno y otro elemento.

hiedra o **yedra** *s. f. Hedera helix.* Planta trepadora de hojas alternas, flores verdes y frutos negros de pequeño tamaño: *La hiedra ha crecido tanto que ya cubre toda la pared.*

hiel *s. f.* **1** (no contable) FISIOL. Bilis, líquido orgánico segregado por el hígado que interviene en la digestión. **2** (no contable) Mala intención o amargura: *Siempre habla con muy mala hiel.* **3** (preferentemente en plural; no contable) Amargura, sufrimiento o cosa que lo causa: *Las hieles de la derrota.* FR. Y LOC. **echar / sudar la ~** Trabajar ‹una persona› demasiado: *Marta está sudando la hiel para acabar la novela en el plazo previsto.*

hielera *s. f.* **1** MÉX. Congelador. **2** URUG. Recipiente para servir o conservar cubitos de hielo.

hielo *s. m.* **1** Agua solidificada por el frío: *El agua se convierte en hielo a cero grados. Se ha formado hielo en el parabrisas.* **banco* de ~.** **2** Helada: *El hielo ha estropeado la cosecha.* **3** Falta de afecto o interés entre dos personas: *Poco a poco fue creciendo el hielo entre los dos.* || **4 ~ seco** Dióxido de carbono en estado sólido: *El hielo seco se utiliza en la extinción de incendios.* FR. Y LOC. **hockey* sobre ~. romper el ~** COLOQUIAL. Destruir ‹una persona› las dificultades iniciales de una relación: *Como nadie hablaba, para romper el hielo el anfitrión contó un chiste.*

hiena *s. f.* **1** (macho y hembra) *Crocuta crocuta.* Mamífero carnívoro de pelaje gris con manchas o rayas oscuras y una crin en el lomo, que se alimenta de animales muertos, y en época de celo emite un grito parecido a una carcajada. **2** COLOQUIAL; PEYORATIVO. Persona muy cruel y despiadada: *Ese hombre es una hiena, disfruta haciendo daño.*

hierático, ca *adj.* **1** (antepuesto / pospuesto) Que no deja adivinar lo que piensa o siente, o que actúa con solemnidad: *hierática sonrisa, actitud hierática, gesto hierático. Todas las facciones de su rostro tienen una expresión hierática.* **2** [Estilo artístico] que representa las figuras con facciones rígidas o inexpresivas: *Las pinturas egipcias eran de estilo hierático.* **3** De las cosas sagradas o de los sacerdotes: *escultura hierática.* **4** [Escritura] que es una abreviación de la escritura jeroglífica que usaban los antiguos egipcios.

hieratismo *s. m.* (no contable) ELEVADO. Carácter inexpresivo, rígido y solemne: *La pintura egipcia se caracteriza por su hieratismo. Me desagrada el hieratismo de sus gestos.*

hierba o **yerba** *s. f.* **1** Planta anual y pequeña de tallo tierno y no leñoso: *He arrancado unas hierbas que habían salido en el patio.* **2** (no contable) Conjunto de muchas plantas de esta clase: *Las vacas salen al campo a comer hierba.* **3** RESTRINGIDO. Año de edad de los animales que se crían en los pastos: *un toro de cinco hierbas.* **4** (preferentemente en plural) Planta utilizada para infusiones o para elaborar ciertos productos de carácter natural: *Si te duele el estómago tómate unas hierbas, que te ayudarán a hacer la digestión.* **5** JERGAL. Marihuana: *fumar hierba.* || **6 finas hierbas** Hierbas picadas que se emplean para condimentar platos o alimentos: *paté a las finas hierbas.* **7~ buena** Hierbabuena. **8 ~ luisa** Planta de jardín cuyas hojas, utilizadas en infusión, tienen propiedades medicinales. **9 mala ~** Se usa para referirse a cualquier planta perjudicial para el sembrado: *El trigal se ha llenado de mala hierba.* FR. Y LOC. **como la(s) mala(s) hierba(s)** COLOQUIAL; PEYORATIVO. Mucho, muy deprisa: *Aquí las envidias crecen como la mala hierba.* **hockey* sobre ~. ver / sentir crecer la ~** COLOQUIAL. Ser ‹una persona› de inteligencia viva y despierta: *Es listísimo, siente crecer la hierba.* **(y) otras hierbas** COLOQUIAL; HUMORÍSTICO. Se usa tras una enumeración para indicar que se pueden añadir otros elementos: *Tenemos que prever los gastos en viajes, alojamiento, comida y otras hierbas.* REFR. **Mala hierba nunca muere.** Se usa humorísticamente para animar a una persona enferma, indicándole que las personas malas, es decir, duras, viven mucho.

hierbabuena o **hierba buena** o **yerbabuena** *s. f.* **1** *Mentha sativa.* Planta herbácea de la familia de las labiadas, de hojas vellosas y flores rosadas muy aromáticas que se toma en infusión o como condimento. **2** Infusión preparada con hojas de hierbabuena.

hierosilimitano, na *adj. / s. m.* y *f.* Jerosolimitano.

hierra o **yerra** *s. f.* AMÉR. DEL S. Acción de marcar el ganado con el hierro.

hierro *s. m.* **1** QUÍM., METAL. *Fe.* Elemento químico metálico, de color gris azulado, muy usado en la industria: *La estructura de hierro es la que aguanta el edificio.* **~ dulce** Hierro sin impurezas que se trabaja con facilidad. **~ / viga de doble t*.** **2** METAL. Arma o instrumento hecho de este metal u otro similar: *Me pegó un golpe con un hierro.* **3** Instrumento de este metal que se calienta al rojo vivo para marcar animales: *Marcaron el eral al hierro.* **4** Parte cortante y metálica de algunas armas y herramientas. SIN. hoja. **5** TAUROM. Ganadería a la que pertenece un toro: *Este toro es de un buen hierro.* **6** (plural) Instrumentos hechos con metal, que se utilizan para inmovilizar las extremidades u otras partes del cuerpo: *Le han puesto hierros en los dientes para corregirle la boca.* FR. Y LOC. **camino* de ~. de ~** Muy fuerte, física y moralmente: *Andrés es un hombre de hierro. Lola tiene una voluntad de hierro.* **edad* del ~. quitar ~ a** Disminuir ‹una persona› la importancia de una cosa: *Tus primos se pelearon, pero después quitaron hierro al asunto. Hay que quitar hierro a esas declaraciones porque no quisieron ofender a nadie.* **salud* de ~.**

hifa *s. f.* BOT. Filamento que forma parte del micelio o aparato vegetativo de un hongo.

hi-fi *s. f.* Alta fidelidad: *Quiero comprar una cadena de hi-fi para escuchar buena música.*

higa *s. f.* **1** RESTRINGIDO. Amuleto con forma de puño: *Dicen que la higa libra a los niños del mal de ojo.* **2** RESTRINGIDO. Gesto hecho con el puño cerrado dejando asomar el dedo pulgar entre el índice y el corazón para insultar a una persona: *Santa Teresa le hacía la higa al diablo.* **3** COLOQUIAL; HUMORÍSTICO. Cosa sin importancia: *No doy una higa por su vida.* FR. Y LOC. **importar una ~** Importar ‹una cosa› poco a una persona: *Me importan una higa sus amenazas.*

higadillo *s. m.* Hígado de animal pequeño, especialmente de un ave: *Al niño le gustan los higadillos de pollo.*

hígado *s. m.* **1** ANAT. Órgano abdominal que segrega la bilis y contribuye, entre otras funciones, a eliminar toxinas del organismo y a sintetizar las proteínas de la sangre: *Le han hecho una operación de hígado.* **2** (en plural) COLOQUIAL. Valor o ánimo: *Hay que tener buenos hígados para ser forense.* **3** (en plural) COLOQUIAL. Falta de escrúpulos: *Hay que tener hígados para comerse eso.* FR. Y LOC. **echar los hígados** COLOQUIAL; INTENSIFICADOR. Realizar ‹una persona› un gran esfuerzo: *El obrero echó los hígados para sacar los escombros que había en la casa.* **hasta los hígados** COLOQUIAL, RESTRINGIDO; INTENSIFICADOR. Con mucha intensidad y vehemencia: *Estaba enamorada hasta los hígados.*

higadoso, sa *adj.* C. RICA, MÉX. Que es majadero o fastidioso. Carlota es muy higadosa.

higiene *s. f.* **1** (no contable) Limpieza y aseo: *higiene personal, normas de higiene. Este local guarda las condiciones de higiene requeridas.* **2** (no contable) Parte de la medicina que se ocupa de las reglas y procedimientos que conducen a la conservación de la salud y la prevención de enfermedades: *La higiene ha avanzado mucho estos años.*

higiénico, ca *adj.* **1** De la higiene. **papel* ~. toalla* higiénica.** **2** Que es conforme a las reglas de la higiene, o que es bueno para la salud: *medidas higiénicas.*

higienizar *v. tr.* **1** Hacer ‹una persona› que [una cosa] se acomode a las normas de la higiene: *Hay que higienizar las cocinas de los restaurantes de carretera.* **2** Hacer ‹una persona› que [ciertas prácticas sociales] sean limpias y justas: *Hay que higienizar un poco el funcionamiento de la administración.* ‖ *v. prnl.* **3** ARG.; URUG. Lavarse ‹una persona› [una parte del cuerpo]. ⇒ **19.**

higo *s. m.* **1** Fruto de la higuera, pequeño y dulce, lleno de pequeñas semillas y recubierto de una gruesa piel morada o verdosa: *Le encantan los higos secos con miel. Ya se ha pasado la temporada de los higos.* ‖ **2 ~ chumbo** Fruto de la chumbera. FR. Y LOC. **de higos a brevas** COLOQUIAL. De tarde en tarde, en pocas ocasiones: *Nos vemos de higos a brevas.* **estar hecho un ~** COLOQUIAL. Estar estropeado, arrugado o chafado: *Plánchate la blusa, porque está hecha un higo.* **importar un ~** COLOQUIAL; PEYORATIVO. No importar ‹una cosa› nada, en absoluto: *Me importa un higo lo que tú hagas.*

higrófilo, la *adj. / s. m.* y *f.* BIOL. [Organismo] que busca la humedad para vivir: *Las plantas higrófilas tienen las hojas grandes para favorecer la evaporación.*

higrófobo, ba *adj.* BIOL. [Organismo] que no puede adaptarse a los lugares húmedos.

higrometría *s. f.* (no contable) Parte de la física que se ocupa de determinar las causas de la humedad atmosférica y de medirla.

higrométrico, ca *adj.* METEOR. De la higrometría o del higrómetro: *medición higrométrica.*

higrómetro *s. m.* METEOR. Instrumento que mide la humedad del aire.

higroscopia *s. f.* (no contable) Higrometría.

higuera *s. f.* **1** Árbol frutal de la familia de las moráceas con hojas ásperas recortadas en forma de estrella y flores en racimo, cuyo fruto es el higo: *Esta higuera ha dado brevas y ahora dará higos.* ‖ **2 ~ chumba** o **~ de Indias / pala / tuna** Nopal. FR. Y LOC. **estar en la ~** COLOQUIAL. Estar ‹una persona› distraída o desorientada: *Lo siento, estaba en la higuera, no me he enterado.*

hijastro, tra *s. m. / f.* En un matrimonio, el hijo de uno de los cónyuges en relación con el que no es su padre o su madre: *Él vive con su mujer y una hijastra.*

hijear *v. intr.* AMÉR. Retoñar, echar brotes una planta.

hijo, ja *s. m. / f.* **1** Cualquier persona o animal respecto a sus padres: *No han podido tener hijos. Te presento a mi hija. Ven aquí, hijo mío.* **2** Resultado, producto o consecuencia: *La osadía es hija de la ignorancia. Los avances en tecnología son hijos de nuestra época.* **3** Persona respecto a la nación, raza o religión en la que ha nacido: *Son los hijos de la democrácia. Es hija de Buenos Aires.* **4** Miembro de algunas congregaciones religiosas: *las hijas de María.* **5** COLOQUIAL; AFECTIVO. Se usa como expresión de confianza o de condescendencia con la que una persona se dirige a otra: *Por Dios, hijo, no sea usted tan impaciente.* **6** REL. En la doctrina católica, segunda persona de la Santísima Trinidad. **Dios Padre, Dios Hijo, Dios Espíritu Santo.** ‖ *s. m.* **7** BOT. Brote o retoño de una planta: *Por este lado le está saliendo un hijo a la planta.* ‖ **8 hija política** Nuera. **9 ~ de la chingada** AMÉR. C., MÉX.; VULGAR; INSULTO. Hijo de puta. **10 ~ de papá** COLOQUIAL. Persona joven que tiene una vida cómoda por la buena situación económica de sus padres: *Es una hija de papá, no trabaja en nada y vive muy bien.* **11 ~ de perra** VULGAR; INSULTO. Persona despreciable: *Mario es un verdadero hijo de perra.* **12 ~ de puta** VULGAR; INSULTO. Persona despreciable. **13 ~ de tu / su madre** EUFEMISMO. Hijo de puta. **14 ~ ilegítimo** DER. Hijo no reconocido legalmente. **15 ~ legítimo** DER. Hijo reconocido legalmente. **16 ~ natural** El hijo que se tiene fuera del matrimonio. **17 ~ político** Yerno. FR. Y LOC. **como cualquier / cada / todo ~ de vecino** COLOQUIAL. Como cualquier persona: *Tengo mis problemas como cualquier hijo de vecino.* **llevar un ~ en las entrañas** Estar ‹una mujer› embarazada.

hijodalgo (plural *hijosdalgo*) *s. m.* RESTRINGIDO. Hidalgo, persona de la baja nobleza.

hijuela *s. f.* ARG., CHILE, EC., PERÚ; RESTRINGIDO en Chile. Finca rústica que se forma de la división de otra mayor.

hilacha *s. f.* 1 (preferentemente en plural; no contable) Hilos o trozos pequeños de tela que se desprenden de una pieza: *Quítale las hilachas a los pantalones, quedan muy feos.* 2 Parte muy pequeña de una cosa: *El proyecto ya está casi acabado; sólo faltan algunas hilachas por concretar.*

hilachento, ta *adj.* Hilachiento.

hilachiento, ta *adj.* 1 URUG. [Prenda de vestir] que está deshilachada.|| *adj. / s. m.* y *f.* 2 ARG., URUG. [Persona] que viste andrajos o harapos.

hilacho *s. m.* (en plural) COL., MÉX.; COLOQUIAL. Harapos, andrajos.

hilada *s. f.* Serie de cosas colocadas en fila, principalmente ladrillos: *Se cayó toda una hilada de ladrillos de la pared.* SIN. hilera.

hiladillo *s. m.* Cinta estrecha de hilo o seda.

hilado, da *adj.* 1 (ser / estar) Que ha sido convertido en hilo: *carne hilada, algodón hilado.* **huevo* ~.** || *s. m.* 2 Acción y resultado de hilar: *El hilado de la lana es un proceso industrial complejo.*

hilandería *s. f.* 1 (no contable) Arte y técnica de hilar: *Los métodos de hilandería se revolucionaron en el siglo* XIX. 2 Lugar donde se hilan las materias textiles: *Su padre montó una hilandería, pero fracasó.*

hilandero, ra *s. m. / f.* Persona que tiene por oficio hilar: *Miguel está de hilandero en una fábrica de telas.*

hilar *v. tr.* 1 Convertir ‹una persona› [una fibra textil] en hilo: *En esta fábrica hilamos el lino artesanalmente.* 2 Hacer ‹un insecto o un gusano de seda› la hebra para formar [un capullo o una tela]: *Los gusanos ya están hilando los capullos.* 3 Relacionar ‹una persona› [cosas sin relación aparente] para llegar a una conclusión: *La concursante fue hilando pistas hasta dar con la solución.* FR. Y LOC. **~ fino / delgado** Pensar u obrar ‹una persona› con mucha precisión y acierto: *Trátalo con mucho cuidado, porque hila muy fino y se da cuenta de todo.*

hilarante *adj.* (antepuesto / pospuesto) Que produce alegría o risa: *Ayer asistí al estreno de una hilarante comedia protagonizada por jóvenes actores.*

hilaridad *s. f.* (no contable) ELEVADO. Risa ruidosa y sostenida, especialmente cuando se produce en una reunión de personas: *Aquella frase produjo la hilaridad general.*

hilatura *s. f.* 1 (no contable) Arte e industria de los hilados: *Aquella es una fábrica de hilaturas.* 2 Lugar donde se hilan las materias textiles: *Su novia trabaja en una hilatura.*

hilaza *s. f.* (no contable) Materia textil transformada en hilos: *La hilaza ha subido esta temporada.*

hilemorfismo *s. m.* (no contable) Teoría filosófica según la cual toda realidad está constituida por materia y forma.

hilera *s. f.* 1 Colocación en línea de personas, animales o cosas: *La hilera de coches tenía varios kilómetros de largo.* 2 METAL. Lámina de acero o diamante provista de agujeros por donde se hacen pasar los metales para reducirlos a hilo o alambre. 3 (en plural) ZOOL. Apéndices situados alrededor del ano de algunos animales, como las arañas, con los que fabrican el líquido para formar los hilos.

hilo *s. m.* 1 Fibra larga y fina de materia vegetal o sintética que se usa para tejer telas o para coser, como el algodón, la lana o el rayón: *un carrete de hilo. No consigo meter el hilo por el ojo de la aguja.* 2 Filamento o hebra de cualquier material flexible: *hilo de cobre.* 3 (no contable) Tela tejida con fibra de lino: *un mantel de hilo.* 4 Chorro muy fino de cualquier líquido: *Sólo sale un hilo de agua del grifo.* 5 Cualquier producto muy delgado o escaso: *Ana tiene sólo un hilo de voz. Al accidentado sólo le quedaba un hilo de vida.* 6 Desarrollo de una exposición o discurso: *Perdió el hilo de lo que decía.* 7 Curso de las cosas: *el hilo de la negociación.* FR. Y LOC. **pender / colgar de un ~** Estar ‹una persona o una cosa› en situación poco segura, en peligro: *La celebración de la reunión pende de un hilo.* **mantener al ~** COL.; COLOQUIAL. Mantener ‹una persona› a otra persona informada de un asunto: *No te preocupes por tu viaje: te mantendré al hilo.* **teléfono* sin hilos** o **teléfono inalámbrico. telégrafo* sin hilos. la vida* en un ~** o **la vida pendiente de un ~.**

hilván *s. m.* 1 Costura provisional, ancha y suelta, que se hace en las prendas como señal o para sujetar las piezas antes de coserlas definitivamente: *La modista pasó un hilván por el dobladillo.* 2 Cada una de las puntadas de los hilvanes. 3 ARG., CHILE, PAR., URUG. Hilo que se usa para esta costura. 4 VEN. Dobladillo.

hilvanar *v. tr.* 1 Coser ‹una persona› [una cosa] provisionalmente con hilvanes: *La blusa está hilvanada, pero falta coserla a máquina.* 2 COLOQUIAL. Preparar ‹una persona› [una cosa] precipitadamente: *Apenas he podido hilvanar una propuesta para que sea discutida en la reunión.* 3 Dar ‹una persona› coherencia a [distintas ideas]: *El candidato ha ido hilvanando sus argumentos hasta conseguir un discurso perfecto.* || *v. prnl.* 4 Adquirir ‹distintas ideas› coherencia: *Sus explicaciones se hilvanaban una tras otra.*

himen *s. m.* ANAT. Membrana que reduce el orificio externo de la vagina en la mujer y en las hembras de algunos animales, y que suele permanecer hasta la primera relación sexual.

himeneo *s. m.* 1 LITERARIO. Boda. 2 LIT. Composición poética en la que se canta una boda.

himenóptero, ra *adj. / s. m.* 1 (macho y hembra) ZOOL. [Insecto] que tiene generalmente dos pares de alas transparentes y boca capaz de morder y chupar, y que suele vivir en grandes comunidades: *La hormiga y la abeja son insectos himenópteros.* || *s. m.* 2 (en plural) ZOOL. Orden que forman los insectos himenópteros.

himno *s. m.* Composición poética o musical de tono solemne en alabanza de seres, hechos o cosas que son consideradas importantes: *Su obra es un himno a la naturaleza.* **~ nacional.**

hincada *s. f.* 1 (no contable) AMÉR. Acción y resultado de hincar o fijar una cosa: *Empezaron la hincada de palos para hacer la valla.* 2 CHILE, EC., P. RICO. Genuflexión. 3 P. RICO, PERÚ. Dolor agudo, punzada. 4 VEN. Herida de un objeto punzante.

hincapié *s. m.* Se usa en la LOC. **hacer ~** Insistir ‹una persona› en una cosa: *El profesor hizo hincapié* ***en*** *la última parte de la lección*

hincar *v. tr.* 1 Introducir ‹una persona› la punta de [una cosa] en [otra cosa] con fuerza: *Tenemos que hincar unas estacas en el jardín.* 2 Apoyar ‹una persona› [una cosa] en [otra cosa] con fuerza: *El niño hincó los pies* ***en*** *el suelo.* || *v. prnl.* 3 Introducirse la punta de ‹una cosa› en [otra cosa] con fuerza: *La flecha se hincó en el mismo centro de la* *diana.* 4 Arrodillarse ‹una persona›: *Se hincó ante la imagen de Cristo.* FR. Y LOC. **doblar / ~ la rodilla*. ~ el pico*. ~ / meter el diente. ~ los codos*. hincarse de rodillas** Ponerse ‹una persona› de rodillas: *Se hincó de rodillas pidiendo perdón.* **hincarse / postrarse de hinojos*.** ⇒ **71.**

hincha *s. f.* 1 (no contable) COLOQUIAL. Antipatía, enemistad: *Me tiene una hincha que no me puede ver.* SIN. tirria. ‖ *s. m. / f.* 2 DEP. Seguidor muy entusiasta de un equipo deportivo: *Los hinchas del equipo no dejaron de animar en todo el partido.* ‖ *adj. / s. m.* y *f.* 3 ARG., URUG.; COLOQUIAL. Persona o animal que molesta o fastidia.

hinchada *s. f.* DEP. Conjunto de hinchas o seguidores deportivos: *La hinchada se concentró en la cancha.*

hinchado, da *adj.* [Lenguaje, estilo] que emplea palabras y expresiones afectadas y grandilocuentes: *Ese escritor tiene un estilo hinchado.*

hinchar *v. tr.* 1 Hacer aumentar ‹una persona o una cosa› el volumen de [una cosa]: *Tengo que hinchar las ruedas porque están bajas de presión.* 2 Hacer aumentar ‹una cosa› el caudal de [un río] o de [un arroyo]: *Las lluvias han hinchado el río.* 3 Hacer ‹una persona› más importante [una información o un acontecimiento] al relatarlos: *Este periódico hincha las noticias.* 4 ARG., CHILE, URUG.; COLOQUIAL; RESTRINGIDO en España. Resultar ‹una cosa o una persona› insoportable [a una persona]: *Este niño me hincha.* ‖ *v. prnl.* 5 Aumentar el volumen de ‹una cosa›: *El flotador no se hincha; debe tener mal la válvula.* 6 Aumentar el caudal de ‹un río o un arroyo›: *El arroyo se está hinchando* ***de*** *tanta lluvia.* 7 Aumentar el volumen de ‹una parte del cuerpo de una persona o de un animal› por razones patológicas: *Se ha hinchado por culpa de esas pastillas.* 8 COLOQUIAL. Comer ‹una persona› en exceso: *Se ha hinchado* ***de*** *bombones. Pilar se hincha* ***a*** *comer y luego no se encuentra a gusto.* 9 Hacer ‹una persona› [una cosa] en exceso: *Se hincha* ***a*** *trabajar.* 10 COLOQUIAL; PEYORATIVO. Darse ‹una persona› importancia: *No te hinches tanto, que no tienes tantos méritos.* ‖ *v. intr.* 11 ARG., CHILE, URUG.; COLOQUIAL. Manifestar ‹una persona› públicamente su entusiasmo por un equipo deportivo. FR. Y LOC. **~ las narices*. hincharse las narices*.**

hinchazón *s. f.* (no contable) Efecto de hincharse una parte del cuerpo: *Andrea tomó un antiinflamatorio para combatir la hinchazón de la rodilla.*

hindi *s. m.* LING. Lengua índica de la rama septentrional, oficial en la India.

hindú (plural *hindúes*, preferible a *hindús*) *adj. / s. m.* y *f.* 1 De la India, país asiático. 2 REL. Que es partidario del hinduismo o del budismo: *las creencias hindúes.*

hinduismo *s. m.* (no contable) Religión predominante en la India, que procede del brahmanismo y del vedismo antiguos: *El hinduismo está formado por un conjunto de creencias y prácticas culturales religiosas que configuran una manera de vivir.*

hinduista *adj.* 1 REL. Del hinduismo: *religión hinduista, rito hinduista, creencias hinduistas.* ‖ *adj. / s. m.* y *f.* 2 REL. Que es partidario del hinduismo.

hinojo *s. m.* 1 (preferentemente en plural) LITERARIO. Rodilla. 2 *Foeniculum vulgare.* Planta aromática de la familia de las umbelíferas de hojas recortadas y flores amarillas que se usa en medicina y como condimento: FR. Y LOC. **hincarse / postrarse de hinojos** LITERARIO. Arrodillarse ‹una persona›: *El vasallo se hincó de hinojos ante el rey.*

hipar *v. intr.* 1 Tener ‹una persona› hipo: *Es mejor que salga de clase hasta que deje de hipar.* 2 Hacer ‹una persona› un ruido parecido al del hipo al llorar: *Al bebe se le oyó hipar un buen rato, pero después se durmió.*

híper *s. m.* COLOQUIAL. Hipermercado.

hipérbaton (plural *hipérbatos*) *s. m.* Figura retórica que consiste en una alteración del orden normal o habitual de las palabras en una frase o construcción: *La poesía de éste autor está llena de hipérbatos y encabalgamientos.*

hipérbola *s. f.* GEOM. Curva plana y simétrica que resulta de cortar una superficie cónica por un plano paralelo a su eje.

hipérbole *s. f.* Figura retórica que consiste en la exageración positiva o negativa de lo que se habla: *Este poeta es muy dado a las hipérboles.*

hiperbólico, ca *adj.* 1 GEOM. Que tiene figura de hipérbola. 2 RET. Que constituye una hipérbole o la encierra: *figura hiperbólica, descripción hiperbólica de la realidad.*

hiperclorhidria *s. f.* MED. Exceso de ácido clorhídrico en el jugo gástrico.

hiperespacio *s. m.* COLOQUIAL. Espacio de más de tres dimensiones: *El hiperespacio es un concepto típico de la ciencia ficción.*

hiperestesia *s. f.* (no contable) MED. Sensibilidad excesiva, tanto física como psíquica.

hiperestésico, ca *adj.* MED. Que padece hiperestesia: *Tu compañero es un enfermo hiperestésico.*

hiperglucemia *s. f.* (no contable) MED. Aumento de la cantidad normal de azúcar en la sangre: *La hiperglucemia se debe, la mayor parte de las veces, a la diabetes.*

hipermercado *s. m.* Supermercado grande con todo tipo de artículos, en régimen de autoservicio, situado normalmente en la periferia de las ciudades: *Han abierto un nuevo hipermercado en las afueras.*

hipermétrope *adj. / s. m.* y *f.* MED. Que padece hipermetropía: *El mejor tratamiento para los hipermétropes son las lentes convexas esféricas.*

hipermetropía *s. f.* (no contable) MED. Defecto de la visión que impide ver bien de cerca.

hiperrealismo *s. m.* (no contable) Movimiento artístico contemporáneo surgido en Estados Unidos, que crea obras que reproducen minuciosamente la realidad.

hiperrealista *adj.* 1 ARTE. Del hiperrealismo: *movimiento hiperrealista.* ‖ *s. m. / f.* 2 ARTE. Artista que practica el hiperrealismo: *pintora hiperrealista.*

hipersensible *adj.* 1 MED. Hiperestésico: *Soy hipersensible* ***al*** *frío.* 2 (ser / estar) Que es muy sensible a estímulos afectivos o emocionales y, en particular, al dolor, tristeza o sufrimiento de otras personas: *Desde que murió su madre, está hipersensible* ***a*** *todo lo relacionado con la muerte.*

hipertensión *s. f.* (no contable) MED. Tensión arterial más alta de lo normal: *La hipertensión puede provocar enfermedades cardiovasculares.*

hipertenso, sa *adj. / s. m.* y *f.* MED. Que padece hipertensión: *Los hipertensos deben controlar su tensión arterial.*

hipertermia *s. f.* (no contable) MED. Aumento anormal de la temperatura corporal: *La hipertermia se combate con medicamentos antitérmicos.* SIN. fiebre.

hipertiroidismo *s. m.* (no contable) MED. Enfermedad producida por una secreción excesiva de la glándula tiroides: *El hipertiroidismo suele estar causado por una hipertrofia de la glándula tiroides.*

hipertrofia *s. f.* **1** (no contable) BIOL. Aumento excesivo del tamaño de un órgano: *hipertrofia muscular, hipertrofia cardiaca.* **2** (no contable) Desarrollo excesivo de una cosa: *La hipertrofia de la industria química puede acabar con el turismo en estas playas.*

hipertrofiar *v. tr.* **1** BIOL. Causar ‹una cosa› la hipertrofia de [un órgano o de un organismo]: *Los entrenamientos le han hipertrofiado los brazos.* || *v. prnl.* **2** BIOL. Sufrir ‹un órgano o un organismo› hipertrofia: *La próstata se le ha hipertrofiado.* ⇒ **8.**

hípica *s. f.* (no contable) Deporte que se practica a caballo y consta de las modalidades de salto de obstáculos, doma y el concurso completo: *hacer hípica, practicar hípica.*

hípico, ca *adj.* **1** Del caballo: *un concurso hípico, una carrera hípica.* **2** DEP. De las carreras de caballos: *Las pruebas hípicas del campeonato del mundo finalizaron ayer.*

hipido *s. m.* Acción y resultado de hipar: *Los hipidos se oían desde la otra habitación.*

hipnosis (plural *hipnosis*) *s. f.* (no contable) PSICOL. Estado parecido al sueño, producido por sugestión, en el que la voluntad de la persona está sometida a la del hipnotizador.

hipnótico, ca *adj.* PSICOL. De la hipnosis o que causa hipnosis: *estado hipnótico, medicamento hipnótico.*

hipnotismo *s. m.* (no contable) PSICOL. Conjunto de aplicaciones terapéuticas y fenómenos relacionados con la hipnosis: *El hipnotismo se utiliza para acceder al subconsciente y modificar determinadas conductas no deseadas.*

hipnotizado, da *adj.* (estar) PSICOL. Que está bajo los efectos de la hipnosis: *Las personas hipnotizadas no son dueñas de sus actos.*

hipnotizador, ra *s. m./f.* Persona que tiene facultades para hipnotizar: *Un hipnotizador actuará esta noche.*

hipnotizar *v. tr.* **1** PSICOL. Producir ‹una persona› hipnosis [a otra persona]: *El mago hipnotizó a todos los que estaban en el escenario.* **2** Atraer ‹una persona o una cosa› mucho [a una persona]: *Me hipnotizan las motos.* ⇒ **19.**

hipo *s. m.* Serie de inspiraciones bruscas, acompañadas de un ruido característico, producidas por la contracción del diafragma: *Mientras estaba comiendo el bocadillo, me entró hipo.* FR. Y LOC. **quitar el ~** COLOQUIAL; INTENSIFICADOR. Impresionar ‹una persona o una cosa› mucho: *Este chico quita el hipo. Pedro se ha comprado un coche que quita el hipo.*

hipoalergénico, ca *adj.* MED. Hipoalérgico.

hipoalérgico, ca *adj.* MED. Que no provoca alergia o que tiene un reducido riesgo de provocarla: *cremas hipoalérgicas para el contorno de los ojos.* SIN. hipoalergénico.

hipocalórico, ca *adj.* MED. Que tiene pocas calorías: *alimento hipocalórico, dieta hipocalórica.*

hipocampo *s. m.* **1** ZOOL. Caballo de mar, pez. **2** MIT. Monstruo marino mitad caballo, mitad pez.

hipocentro *s. m.* GEOL. Punto interior de la corteza terrestre en la que se origina un movimiento sísmico.

hipocondría *s. f.* (no contable) MED. Estado de angustia debido a una preocupación exagerada por la propia salud: *Usted padece hipocondría, y es eso lo que le produce este malestar.*

hipocondriaco, ca o **hipocondríaco, ca** *adj.* **1** MED. De la hipocondría: *una reacción hipocondriaca.* || *adj. / s. m.* y *f.* **2** MED. Que padece hipocondría: *Alberto es muy hipocondriaco. Elena es una hipocondriaca y siempre está hablando de enfermedades.*

hipocondrio *s. m.* (preferentemente en plural) ANAT. Cada una de las dos partes situadas a los lados del abdomen.

hipocorístico, ca *adj.* GRAM. [Nombre] que se usa en forma diminutiva, abreviada o infantil para expresar cariño o familiaridad, o para sustituir palabras malsonantes: *«Mari» es el nombre hipocorístico de María.*

hipocresía *s. f.* (no contable) Cualidad de hipócrita: *La hipocresía de las personas es lo que más odio.*

hipócrita *adj. / s. m.* y *f.* (antepuesto / pospuesto) INSULTO. Que finge lo que no siente: *sonrisa hipócrita. Tu amigo es un hipócrita. Sus hipócritas palabras no engañaron a nadie.*

hipodérmico, ca *adj.* Que está debajo de la piel, o que está preparado para actuar debajo de ella: *región hipodérmica, inyección hipodérmica.* **aguja* hipodérmica.**

hipodermis (plural *hipodermis*) *s. f.* ANAT. Capa más profunda de la piel.

hipódromo *s. m.* Lugar para carreras de caballos y pruebas de equitación: *Cada domingo Sole va al hipódromo.*

hipófisis (plural *hipófisis*) *s. f.* ANAT. Glándula unida al encéfalo que segrega hormonas que regulan el funcionamiento de la mayoría de las glándulas endocrinas.

hipogástrico, ca *adj.* ANAT. Del hipogastrio: *arteria hipogástrica.*

hipogastrio *s. m.* ANAT. Parte inferior del vientre.

hipogeo, a *adj.* **1** BOT. [Planta, órgano] que crece bajo el suelo. || *s. m.* **2** HIST. Cueva excavada en un macizo rocoso, usada antiguamente como lugar de enterramiento.

hipoglucemia *s. f.* MED. Disminución de la cantidad normal de azúcar en la sangre: *La hipoglucemia puede producirse por la administración de dosis excesivas de insulina.*

hipogrifo *s. m.* MIT. Ser fantástico, mitad caballo, mitad grifo.

hipopótamo *s. m.* (macho y hembra) *Hippopotamus amphibius.* Mamífero africano de gran tamaño, cuerpo grueso, piel fuerte, ojos saltones y orificios nasales en la parte alta de la cabeza, que le permiten estar mucho tiempo dentro del agua.

hipóstilo, la *adj.* ARQ. Que está sostenido por columnas: *una sala hipóstila.*

hipotálamo *s. m.* ANAT. Parte del encéfalo que se encarga, entre otras funciones, de controlar el sistema nervioso autónomo, la actividad de la hipófisis y la alternancia del sueño y la vigilia.

hipotaxis *s. f.* LING. Relación sintagmática que se establece entre dos elementos cuando uno de ellos depende sintácticamente de otro: *En la frase «Pensaba que ya no me llamarías», existe hipotaxis entre «pensaba» y «que ya no me llamarías».* SIN. subordinación.

hipoteca *s. f.* **1** DER. Contrato por el que se garantiza el pago de un crédito mediante un bien inmueble: *Venimos de firmar la hipoteca del piso.* **2** DER. Inmueble que sirve de garantía para el pago de un crédito: *Esta casa ha sido la hipoteca para que me concedieran el préstamo.* **3** Carga u obligación costosa: *No puede hacer nada sin que se lo autorice el director, porque pesa una hipoteca sobre su trabajo.*

hipotecable *adj.* DER. Que puede ser hipotecado: *terrenos hipotecables, bienes hipotecables.*

hipotecar *v. tr.* **1** DER. Poner ‹una persona› [una cosa] en hipoteca como garantía de un pago: *Luisa ha tenido que hipotecar el piso para poner el negocio.* **2** Poner ‹una persona› [una cosa] en peligro: *Andrés hipotecó su salud al esforzarse tanto en ese trabajo.* ⇒ **71.**

hipotecario, ria *adj.* DER. De la hipoteca: *banco hipotecario, préstamo hipotecario.* **cédula* hipotecaria.**

hipotensión *s. f.* (no contable) MED. Tensión arterial más baja de lo normal.

hipotenso, sa *adj. / s. m.* y *f.* MED. Que tiene hipotensión: *Mi cuñada es hipotensa.*

hipotenusa *s. f.* GEOM. Lado que se opone al ángulo recto de un triángulo rectángulo: *La hipotenusa de este triángulo mide 5 cm., y los catetos 4 y 3 cm. cada uno.*

hipotermia *s. f.* (no contable) MED. Descenso anormal de la temperatura corporal: *La hipotermia se produce cuando la temperatura corporal desciende mucho.*

hipótesis (plural *hipótesis*) *s. f.* Teoría no confirmada que se admite de forma provisional: *Esta hipótesis no ha sido confirmada experimentalmente.*

hipotéticamente *adv. modo* **1** De manera hipotética, a modo de hipótesis: *Yo lo he planteado hipotéticamente.* || *adv. orac. restrictivo.* **2** En un planteamiento hipotético: *Hipotéticamente, tenemos aquí dos líneas iguales.*

hipotético, ca *adj.* (antepuesto / pospuesto) Que se funda o se apoya en la hipótesis: *En el hipotético caso de que fuese así, habría que tomar medidas.*

hippy o **hippie** (plural *hippies;* del inglés; pronunciamos *'jipi'*) *adj.* **1** De un movimiento juvenil surgido en Estados Unidos en la década de 1960 como rechazo a la sociedad establecida: *el movimiento hippy, la música hippy.* || *adj. / s. m.* y *f.* **2** Que es partidario del movimiento hippy: *Estrella pertenecía a una comunidad hippy. La ideología de los hippies era rechazada por la sociedad conservadora.*

hiriente *adj.* (ser / estar; antepuesto / pospuesto) Que hiere u ofende gravemente: *Sus palabras fueron hirientes. La hiriente mirada del profesor nos molestó a todos.*

hirsutismo *s. m.* (no contable) MED. Salida excesiva de pelo: *Tere padecía hirsutismo debido a un trastorno hormonal.*

hirsuto, ta *adj.* **1** (antepuesto / pospuesto) ELEVADO. [Pelo] que es duro y tieso: *pelo hirsuto. La hirsuta cabellera le caía sobre los hombros.* **2** (antepuesto / pospuesto) ELEVADO. Que está cubierto de pelo duro, púas o espinas: *Los niños recogían las castañas hirsutas del suelo.*

hisopo *s. m.* **1** *Hissopus officinalis.* Planta aromática de hojas alargadas y flores azules con aplicaciones en medicina y perfumería. **2** REL. Objeto que se usa en el rito católico para esparcir el agua bendita, formado por un palo con una bola metálica perforada. **3** REL. Manojo de ramitas que se usa en el rito católico para esparcir el agua bendita. **4** Palito con algodón.

hispalense *adj. / s. m.* y *f.* ELEVADO. Sevillano: *un bonito jardín hispalense, la capital hispalense.*

hispánico, ca *adj.* **1** De España o de los pueblos de lengua y cultura españolas: *el carácter hispánico, la cultura hispánica, la lengua hispánica.* **cabra hispánica. 2** HIST. De Hispania, nombre romano de la Península Ibérica: *Séneca fue un destacado filosófo hispánico.*

hispanidad *s. f.* **1** (no contable) Conjunto de países de cultura o lengua hispánica: *Representantes de toda la hispanidad se reunieron en 1992 en Sevilla para celebrar el quinto centenario de la llegada de Colón a América.* **2** (no contable) Comunidad cultural formada por los países de habla española, y conjunto de caracteres culturales que tienen en común: *El 12 de octubre se celebra la Fiesta de la Hispanidad.*

hispanismo *s. m.* **1** LING. Palabra o expresión del español usada en otra lengua: *La palabra «liberal» es un hispanismo tomado por otras lenguas europeas.* **2** (no contable) Estudio de la lengua y de la cultura hispánicas: *El hispanismo tiene un gran desarrollo en Alemania.*

hispanista *s. m. / f.* Persona que se dedica al estudio de la lengua y de la cultura hispánica: *Se ha celebrado una reunión de hispanistas norteamericanos*

hispanizar *v. tr.* Introducir ‹una persona o un grupo de personas› las costumbres, la cultura y la lengua hispana en [un país]: *Los colonizadores españoles hispanizaron gran parte del territorio americano.* ⇒ **19.**

hispano, na *adj.* **1** HIST. De Hispania, nombre romano de la Península Ibérica: *El territorio hispano dio a Roma varios emperadores.* SIN. hispánico. || *adj. / s. m.* y *f.* **2** De España, país europeo: *La capital hispana presentó su candidatura.* SIN. español. **3** De las naciones de habla española: *la lengua hispana. Los hispanos superan ya los trescientos millones.* **4** Que vive en Estados Unidos y es de habla española: *una familia hispana. Los barrios hispanos son numerosos.*

hispanoamericano, na *adj.* **1** De España y América conjuntamente: *la cumbre hispanoamericana de jefes de gobierno.* || *adj. / s. m.* y *f.* **2** De Hispanoamérica, constituida por países sudamericanos de habla española: *Ayer llegaron los hispanoamericanos.*

hispanoárabe *adj. / s. m.* y *f.* De la España musulmana: *la cultura hispanoárabe.*

hispanófilo, la *adj. / s. m.* y *f.* [Persona extranjera] que es aficionada a la cultura, historia y costumbres de España: *Los japoneses son muy hispanófilos.*

hispanohablante *adj. / s. m.* y *f.* Que tiene el español como lengua materna: *comunidad hispanohablante. Los hispanohablantes son varios cientos de millones.*

hispanorromano, na *adj. / s. m.* y *f.* HIST. De uno de los pueblos romanizados de la Península Ibérica: *ruinas hispanorromanas. José Ramón se especializó en la época de los hispanorromanos.*

histamina *s. f.* (no contable) BIOQUÍM. Compuesto orgánico que se libera en grandes cantidades en los procesos inflamatorios: *La histamina dilata los capilares y contrae las fibras musculares.*

histamínico, ca *adj.* BIOQUÍM. De la histamina: *ataque histamínico.*

histeria *s. f.* (no contable) PSICOL. Estado pasajero de gran excitación nerviosa: *La madre sufrió un ataque de histeria cuando le dijeron que su hijo había tenido un accidente.*

histérico, ca *adj. / s. m.* y *f.* **1** PSICOL. Que padece histeria o histerismo: *comportamiento histérico.* **2** (ser / estar) COLOQUIAL. Que tiende al nerviosismo y a la excitación en determinadas ocasiones o habitualmente: *Tu padre tiene una risa histérica que no soporto. Álvaro ha sido un histérico toda su vida. Mañana tengo un examen y estoy histérica.*

histerismo *s. m.* (no contable) PSICOL. Histeria.

histología *s. f.* (no contable) BIOL. Ciencia que estudia las células y los tejidos orgánicos.

histológico, ca *adj.* BIOL. De la histología: *estudio histológico, examen histológico.*

historia *s. f.* **1** (no contable) Ciencia que estudia el pasado de la humanidad: *historia antigua, historia medieval, historia moderna, historia contemporánea. Clara estudia la carrera de historia.* **2** (no contable) Relación de sucesos o hechos del pasado que afectan a una materia: *historia económica, historia política, historia del arte, historia del cine, historia de la literatura.* **~ sagrada** REL. Conjunto de narraciones históricas contenidas en el Antiguo y Nuevo Testamento. **~ universal** Historia de todos los tiempos y pueblos del mundo. **3** (no contable) Desarrollo de los acontecimientos del pasado: *Rafa hizo un trabajo sobre la importancia del comercio en la historia.* **4** Obra histórica: *la historia de Herodoto. He comprado dos historias de la Primera República Española.* **5** Biografía: *la historia de Napoleón.* **6** Relato de un suceso: *Le conté algunas historias del viaje.* **7** (preferentemente en plural) COLOQUIAL. Cosa inventada por una persona para justificarse: *No me vengas con historias y dime la verdad. Sus amigos le rogaron que se dejase de historias y contara lo que había ocurrido.* **8** (preferentemente en plural) COLOQUIAL. Chisme o enredo: *Juan siempre anda liando a unos y otros con sus historias.* **9** COLOQUIAL. Problema o asunto poco claro: *No sabe cómo salir de la historia en que se ha metido.* || **10 ~ clínica** MED. Relación de los datos médicos de un paciente. FR. Y LOC. **hacer ~** Tener ‹una cosa› tal fama o importancia que merece ser recordada: *Sus hazañas hicieron historia.* **pasar a la ~** 1 Dejar ‹una cosa› de ser actual: *Los televisores en blanco y negro pasaron a la historia.* 2 Ser ‹una cosa› recordada por su importancia: *Este día pasará a la historia.*

historiado, da *adj.* COLOQUIAL. Que tiene excesivos adornos o que están mal combinados: *cuadro historiado.*

historiador, ra *s. m. / f.* Persona que se dedica profesionalmente al estudio de la historia: *Alicia es una historiadora experta en la Edad Media.*

historial *s. m.* Documento en el que constan los datos referentes a la actividad de una persona o de una entidad: *Este equipo de fútbol presenta un brillante historial.*

historiar *v. tr.* **1** Explicar ‹una persona› [un acontecimiento] ordenada y detalladamente: *El escritor ha historiado lo que sucedió aquella noche en su última novela.* **2** AMÉR. Enredar, complicar ‹una persona› [una cosa]. ⇒ **8.**

históricamente *adv. temp.* **1** A lo largo de la historia, hasta ahora, tradicionalmente: *Históricamente, el pez grande se ha comido al chico.* || *adv. restrictivo* **2** Desde la perspectiva de la investigación histórica: *Históricamente, la tesis no está bien planteada.* **3** En el aspecto histórico, en cuanto a los hechos objetivos: *Históricamente, la biografía da risa, pero al menos es amena.* || *adv. orac. restrictivo* **4** De acuerdo con los datos históricos, ateniéndonos a los hechos históricos: *Históricamente, eso no es cierto.*

historicidad *s. f.* (no contable) Cualidad de histórico: *Se sigue investigando sobre la historicidad de algunos pasajes de la Biblia.*

historicismo *s. m.* (no contable) Conjunto de corrientes y doctrinas que interpretan los fenómenos humanos como producto de la historia y que pretenden establecer una serie de leyes para poder predecir los acontecimientos futuros: *El historicismo fue una corriente muy poderosa en el siglo* XIX.

historicista *adj.* **1** Del historicismo: *tendencia historicista.* || *s. m. / f.* **2** Persona que es partidaria del historicismo: *Los historicistas estudiaban la evolución de una lengua y la comparaban con otras lenguas de su familia.*

histórico, ca *adj.* **1** De la historia: *personaje histórico, novela histórica.* **patrimonio* histórico-artístico.** **2** Que ha sucedido verdaderamente, o que ha tenido existencia real: *Es un hecho histórico.* **3** Que tiene mucha importancia o trascendencia: *descubrimiento histórico. Ha sido un encuentro histórico entre los dos presidentes.* **4** [Novela, película] que relata un acontecimiento pasado y recrea el ambiente de esa época: *Mi padre es un gran aficionado a la novela histórica.* || **5 gramática* histórica. lingüística* histórica. 7 materialismo* ~ / dialéctico. 8 monumento* ~.**

historieta *s. f.* **1** Narración breve y divertida: *Escribo historietas en una revista.* **2** Narración ilustrada con viñetas o dibujos: *Luisa es guionista de historietas de cómic.*

historiografía *s. f.* **1** (no contable) Estudio de las obras que han tratado temas históricos o de otro tipo, y de los autores que han investigado estos temas: *Lola es una experta en historiografía lingüística.* **2** (no contable) Conjunto de las obras o estudios de carácter histórico.

historiográfico, ca *adj.* HIST. De la historiografía: *método historiográfico, estudio historiográfico.*

historiógrafo, fa *s. m. / f.* **1** Persona que se dedica profesionalmente al estudio de la historia: *historiógrafo de la Edad Media. Ramón es uno de los mejores historiógrafos del Renacimiento.* SIN. historiador. **2** ANTILLAS. Cronista.

histrión, nisa *s. m. / f.* **1** Actor que representa su papel de manera exagerada. **2** Actor de las comedias y tragedias clásicas. **3** ELEVADO; PEYORATIVO. Persona que se expresa y comporta de manera exagerada, haciendo muchos gestos: *A Luis no le hacemos caso porque es un histrión.* **4** ELEVADO. Persona que actúa en público para divertir a la gente: *Es una familia de histriones ligada de siempre al circo.*

histriónico, ca *adj.* (antepuesto / pospuesto) ELEVADO. Del histrión o que tiene alguna de sus características: *Sus muecas histriónicas le daban un aspecto ridículo.*

histrionisa *s. f.* RESTRINGIDO. Actriz de teatro.

histrionismo *s. m.* **1** (no contable) ELEVADO; PEYORATIVO. Actitud de la persona que habla y gesticula de forma muy teatral: *No me gusta el histrionismo de su oratoria.* **2** (no contable) RESTRINGIDO. Oficio del histrión o actor teatral: *El histrionismo siempre atraerá a la gente.* **3** (no contable) RESTRINGIDO. Mundo de las personas dedicadas a este oficio.

hit (del inglés; pronunciamos *'jit'*) *s. m.* **1** Obra musical que alcanza un gran éxito de público: *Este disco es el hit del verano.* || **2 ~ parade** (pronunciamos *'hit pareit'*) Lista donde están ordenadas las obras de mayor éxito: *Esta melodía ha subido al número dos del hit parade.*

hitita *adj. / s. m.* y *f.* **1** De un antiguo pueblo que se estableció en Asia menor y creó un gran imperio entre los años 1600 y 1200 a. C.: *el ejército hitita. Los hititas eran un pueblo indoeuropeo que se estableció en Anatolia.* || *s. m.* **2** LING. Lengua indoeuropea de los hititas.

hito *s. m.* **1** Poste de piedra que señala los límites de un terreno o indica una dirección: *Al lado de las carreteras hay unos hitos que tienen pintado el kilómetro en que se encuentran.* SIN. mojón. **2** Suceso importante dentro de un ámbito: *El primer vuelo transatlántico fue un hito en la historia de la aviación.* FR. Y LOC. **de hito en ~** Fijamente, sin apartar la vista: *Llegué tarde y el profesor me miró de hito en hito hasta que me senté.*

hobby (plural *hobbies*; del inglés; pronunciamos *'jobi'*) *s. m.* Afición favorita para entretenerse en los ratos libres: *Mi hobby es la lectura. ¿Cuál es tu hobby?*

hocicar *v. tr./intr.* **1** Levantar y mover ‹un animal› [la tierra] con el hocico: *Los cerdos hocicaban entre la basura en busca de alimentos.* SIN. hozar. ‖ *v. tr./prnl.* **2** COLOQUIAL, RESTRINGIDO; PEYORATIVO. Besar ‹una persona› [a otra persona o una cosa] repetidamente: *Los novios estuvieron toda la tarde hocicándo**se**.* SIN. besuquear. ‖ *v. intr.* **3** COLOQUIAL; PEYORATIVO. Intentar ‹una persona› enterarse de [un asunto ajeno]: *Mi hermana siempre hocica **en** mis cosas.* ⇒ **71.**

hocico *s. m.* **1** (igual significado en singular y en plural) Parte saliente de la cara de algunos animales en que están la boca y los orificios de la nariz: *El perro metió el hocico en el plato.* SIN. morro. **2** (igual significado en singular que en plural) COLOQUIAL; PEYORATIVO. Boca de una persona: *El niño tenía los hocicos llenos de chocolate.* SIN. morro. FR. Y LOC. **estar/ponerse de hocicos** COLOQUIAL. Mostrar ‹una persona› un gesto de enfado: *Ana está de hocicos porque no ha conseguido lo que quería.* **meter el ~** o **meter los hocicos** COLOQUIAL; PEYORATIVO. Curiosear ‹una persona› en un asunto: *Me molesta que meta los hocicos en lo que no le importa.* **partir/romper el ~** o **partir/romper los hocicos** 1 COLOQUIAL. Lastimarse ‹una persona› la cara a consecuencia de un golpe: *La niña se cayó por la escalera y casi se rompe los hocicos.* 2 COLOQUIAL; AMENAZA. Pegar ‹una persona› a otra en la cara: *Si no te marchas de aquí, te voy a partir los hocicos.* **torcer el ~** COLOQUIAL; DISGUSTO Y ENFADO. Poner ‹una persona› un gesto de enfado: *En cuanto le llevas la contraria, tu madre tuerce el hocico.*

hocicón, na *adj./s. m.* y *f.* **1** [Persona] que curiosea lo que no le importa: *Niño, no seas hocicón y no te preocupes de lo que hablen los mayores.* **2** CHILE; COLOQUIAL. [Persona] que habla mucho de lo que no debe. **3** MÉX.; COLOQUIAL. [Persona] que es muy presumida o habladora.

hocicudo, da *adj.* **1** [Animal] que tiene el hocico largo o grande. **2** PEYORATIVO. Que tiene los labios abultados: *Toda la familia es muy hocicuda.* **3** GUAT., P. RICO, PERÚ; COLOQUIAL. Que está enfadado.

hociquear *v. tr./intr.* Hocicar.

hockey (del inglés; pronunciamos *'joquei'*) *s. m.* (no contable) Deporte entre dos equipos de un número variable de jugadores que consiste en introducir, con un palo curvado, una bola o disco metálicos en la portería contraria: *jugar al hockey, partido de hockey. Roberto es un jugador de hockey muy bueno.* **~ sobre hielo** Modalidad de este deporte que se practica en una pista de hielo. **~ sobre hierba** Modalidad de este deporte que se practica en un campo de hierba. **~ sobre patines** Modalidad de este deporte que se practica con patines de ruedas en una pista dura.

hogaño *adv. temp.* **1** RESTRINGIDO. Este año: *Hogaño mala cosecha se avecina.* **2** RESTRINGIDO. En la actualidad: *Lo que antaño todo el mundo respetaba, hogaño se ha perdido.*

hogar *s. m.* **1** Casa donde vive una persona, generalmente con su familia: *Mi hogar está muy lejos de aquí.* SIN. domicilio. **2** Conjunto de personas que viven juntas: *Rafa quiere casarse y formar un hogar. Los reformatorios están llenos de adolescentes sin hogar.* SIN. familia. **3** Lugar donde se hace fuego en las cocinas o chimeneas: *Pasaremos las noches de invierno al calor del hogar.* **4** ARG. Estufa de leña. ‖ **5 ~ cuna** RESTRINGIDO. Institución donde se recogía y educaba a los niños huérfanos o abandonados. **6 ~ del estudiante** RESTRINGIDO. Club o cafetería para estudiantes de algunos centros de enseñanza. **7 ~ del jubilado/pensionista** Club público, financiado por instituciones públicas o privadas, donde los pensionistas se reúnen para entretenerse. **8 ~ del soldado** RESTRINGIDO. Club o cafetería para soldados en algunos cuarteles. FR. Y LOC. **empleada* de ~.**

hogareño, ña *adj.* **1** Del hogar o la vida en familia: *ambiente hogareño, clima hogareño. La navidad es una fiesta muy hogareña.* **2** Que disfruta mucho con la familia y la vida tranquila en casa: *Pilar es una persona muy hogareña a quien le gustan poco las fiestas nocturnas.*

hogaza *s. f.* Pan grande, generalmente de forma circular: *Me gusta la hogaza para merendar.*

hoguera *s. f.* Fuego hecho en el suelo y al aire libre: *Encendimos una hoguera y cantamos toda la noche.* **fogata*/ ~ de san Juan.**

hoja *s. f.* **1** Parte de una planta, generalmente verde, plana y delgada, que crece en las ramas o en los tallos y realiza principalmente las funciones de transpiración y fotosíntesis: *En otoño a muchos árboles se les caen las hojas.* **~ acicular. ~ aovada. ~ caduca. ~ perenne.** **2** Pétalo de las flores: *unas rosas de hojas amarillas.* **3** Lámina fina de papel: *Paula leyó las hojas centrales del periódico. Roberto pidió una hoja suelta para apuntar la dirección.* **4** Lámina delgada de cualquier materia: *una hoja de aluminio.* **5** Parte cortante de las armas blancas o de algunas herramientas: *la hoja de un puñal. Se está oxidando la hoja de la navaja.* **6** Parte que se abre y se cierra en una puerta o ventana: *La hoja de esta puerta se abre a la izquierda.* SIN. batiente. ‖ **7 ~ de afeitar** Lámina de acero muy fina que se coloca en un instrumento especial y sirve para afeitar. **8 ~ de cálculo** INFORM. Programa informático que permite hacer operaciones de cálculo con gran rapidez: *He comprado una hoja de cálculo muy eficaz.* **9 ~ de lata** RESTRINGIDO. Hojalata . **10 ~ de ruta** Documento que indica el trayecto que se ha de seguir para hacer un viaje: *Al llegar a la cochera, el conductor debía entregar la hoja de ruta.* **11 ~ de servicios** Documento en que figuran los antecedentes de un funcionario en el ejercicio de su profesión: *Pedí una hoja de servicios para presentarme a la convocatoria de promoción interna.* **12 impreso/ ~ libro de reclamaciones*.** FR. Y LOC. **caída* de la ~. no tener vuelta* de ~. poner como ~ de perejil** COLOQUIAL; INTENSIFICADOR. Poner verde, criticar ‹una persona› a otra persona: *María discutió con su jefe y lo puso como hoja de perejil.* **tomar el rábano* por las hojas. volver la ~** Cambiar ‹una persona› de parecer o de conversación: *He vuelto la hoja y eso ya forma parte del pasado.*

hojalata *s. f.* Lámina de hierro o acero recubierto de estaño: *Me he cortado con una hojalata.*

hojalatero, ra *s. m.* **1** Persona que tenía un taller de hojalata o vendía objetos de este material: *En algunos pueblos* *todavía existen hojalateros.* **2** MÉX. Persona que tiene por oficio reparar las carrocerías de los automóviles.

hojaldra *s. f.* AMÉR. Hojaldre.

hojaldrado, da *adj.* **1** De hojaldre: *pastel hojaldrado.* || *s. m.* **2** Pastel hecho con masa de hojaldre: *Me han regalado una caja de hojaldrados.*

hojaldrar *v. tr.* Trabajar ‹una persona› [la masa] para hacer hojaldre: *Hojaldrar bien la masa es muy trabajoso.*

hojaldre *s. m.* **1** (no contable) Masa de harina y agua que al cocerse al horno forma pequeñas láminas superpuestas en capas: *Quiero una torta de hojaldre y nata.* **2** Pastel hecho con esta masa: *Póngame dos hojaldres.*

hojarasca *s. f.* **1** Conjunto de hojas secas que han caído de los árboles o plantas. **2** Frondosidad o espesura de algunos árboles o plantas: *La excesiva hojarasca perjudica a los árboles frutales.* **3** PEYORATIVO. Cosa de mucho bulto, pero de poca importancia: *Había mucha hojarasca y poco contenido en su discurso.* SIN. paja.

hojear (diferente de *ojear*) *v. tr.* **1** Pasar ‹una persona› las hojas [de un libro] o [de una revista]: *Hojeó la revista a ver si había dejado entre sus páginas la receta del médico.* **2** Leer ‹una persona› [una cosa] de manera rápida y superficial: *Primero hojea el periódico para leer los titulares de las noticias.* || *v. intr.* **3** AMÉR. Echar hojas los árboles.

hojuela *s. f.* **1** Masa de harina muy delgada, que se suele consumir frita. **2** BOT. Cada una de las hojas que forma una hoja compuesta. **3** AMÉR. Hojaldre. FR. Y LOC. **miel* sobre hojuelas.**

¡hola! *interj.* **1** Expresión de saludo: *¡Hola!, ¿cómo te encuentras?* **2** ARG., URUG. Se usa como fórmula para contestar al teléfono.

holanda *s. f.* (no contable) Tela muy fina de algodón o hilo: *La holanda se suele utilizar para hacer sábanas o camisas.*

holandés, sa *adj. / s. m.* y *f.* **1** De Holanda, país europeo. || *s. m.* **2** LING. Lengua indoeuropea de la rama germánica que se habla en Holanda.

holding (del inglés; pronunciamos *'joldin'*) *s. m.* ECON. Sociedad financiera que posee acciones de varias empresas y de esta forma ejerce control sobre ellas.

holgado, da *adj.* **1** (ser / estar; antepuesto / pospuesto) Que es más grande o ancho de lo necesario: *La blusa te está muy holgada. Me gustan los pantalones holgados. Llevaba un holgado vestido.* **2** (antepuesto / pospuesto) Que tiene más de lo estrictamente necesario: *Estos presupuestos son los más holgados de los últimos años. Seguro que se clasifica porque está obteniendo unos tiempos muy holgados.*

holganza *s. f.* RESTRINGIDO. Situación de descanso del trabajo: *Las vacaciones son un periodo de holganza.* SIN. ocio.

holgar *v. intr.* **1** ELEVADO. Estar ‹una persona› ociosa: *Este muchacho se pasa las horas holgando.* **2** ELEVADO. Estar ‹una cosa› de más: *Este comentario huelga. Huelga decir que no apoyaremos un proyecto que no ofrece ninguna garantía.* || *v. prnl.* **3** RESTRINGIDO. Estar ‹una persona› entretenida o a gusto: *Se huelga jugando con los niños.* **4** RESTRINGIDO. Estar ‹una persona› alegre o contenta por [una cosa]: ⇒ **28.**

holgazán, na *adj. / s. m.* y *f.* (ser / estar) PEYORATIVO. Que no hace nada provechoso porque no le gusta trabajar: *César es un holgazán, no esperes que te ayude. Sara está más holgazana que nunca, se pasa todo el día tumbada.*

holgazanear *v. intr.* PEYORATIVO. Estar ‹una persona› voluntariamente ociosa: *Félix se pasa el día holgazaneando.* SIN. vaguear.

holgazanería *s. f.* (no contable) PEYORATIVO. Falta de actividad voluntaria: *No he visto nunca una holgazanería como la suya.*

holgura *s. f.* **1** (no contable) Amplitud de una cosa: *La holgura de la habitación es considerable. El atleta cubano venció con holgura.* **2** (no contable) Anchura conveniente o excesiva: *Esta manga tiene holgura.* **3** (no contable) Espacio que queda entre dos cosas que van unidas o encajadas la una en la otra: *La clavija tiene exceso de holgura en este enchufe.* **4** (no contable) Situación de desahogo o bienestar: *Hemos pasado unos años de holgura económica.*

hollar *v. tr.* **1** RESTRINGIDO. Poner ‹una persona› los pies sobre [una cosa]: *Hay zonas de la selva amazónica que no ha hollado nadie.* SIN. pisar. **2** RESTRINGIDO. Comprimir ‹una persona› [una cosa] con los pies: *Lo que más le gusta es hollar las uvas para extraer el mosto.* **3** RESTRINGIDO. Hacer perder ‹una persona› [el orgullo o la dignidad] a [otra persona]: *No se debe hollar la dignidad de nadie sea quien-sea.* SIN. humillar.

hollejo *s. m.* Piel delgada que cubre algunas frutas y legumbres: *Yo me trago el hollejo de las uvas.*

hollín *s. m.* Sustancia negra y densa que el humo deja pegada en los objetos y las paredes: *La chimenea debe de estar llena de hollín, y por eso no tira.*

holmio *s. m. Ho.* Elemento químico metálico que pertenece al grupo de las tierras raras.

holocausto *s. m.* **1** ELEVADO Asesinato o muerte de gran número de personas: *Los nazis organizaron el holocausto de los judíos.* SIN. matanza. **2** REL. Sacrificio religioso en el que se quemaba a la víctima: *Abraham ofreció un cordero **en** holocausto a Dios.* **3** Acto de renuncia o sacrificio que hace una persona por el bien de otras: *La generosidad de los jóvenes los empuja al holocausto por otros compañeros.*

holoceno, na *adj. / s. m.* GEOL. De la última época del período cuaternario.

holografía *s. f.* **1** (no contable) Técnica fotográfica basada en el empleo de la luz producida por el láser: *La holografía consigue dar a las imágenes una sensación de relieve.* **2** Holograma, imagen óptica obtenida mediante esta técnica: *Las holografías son hermosas.*

holográfico, ca *adj.* FOT. De la holografía: *imagen holográfica, técnica holográfica.*

hológrafo, fa *adj. / s. m.* DER. Ológrafo, testamento escrito por el propio testador.

holograma *s. m.* **1** FOT. Placa o cliché fotográfico obtenidos mediante la técnica de la holografía. **2** FOT. Imagen óptica obtenida mediante la técnica de la holografía. SIN. holografía.

holómetro *s. m.* GEOM. Instrumento que mide la altura angular de un punto en el horizonte.

holoturia *s. f.* (macho y hembra) Clase *Holothuroidea.* Animal equinodermo de forma alargada y cilíndrica parecida a la de un pepino, que vive en el fondo del mar.

hombrada *s. f.* (no contable) COLOQUIAL. Acción propia de una persona valiente y animosa: *Hicieron la hombrada de recorrer los sesenta kilómetros a pie sin descansar.*

hombre *s. m.* **1** (macho y hembra) *Homo sapiens.* Ser vivo con una inteligencia desarrollada, capaz de hablar, que camina erguido sobre las extremidades inferiores y tiene manos con las que puede agarrar cosas: *El hombre apareció en la Tierra hace unos tres millones de años.* **2** Persona de sexo masculino: *ropa de hombre.* SIN. varón. **3** Persona adulta de sexo masculino: *Carlos es ya un hombre, tiene dieciocho años.* **4** Persona de sexo masculino que muestra cualidades, comportamientos o reacciones tradicionalmente considerados propios de los hombres adultos: *Deja de quejarte y pórtate como un hombre.* **5** COLOQUIAL. Marido o amante: *Adela iba siempre de paseo del brazo de su hombre.* **6** (seguido por *de* + sustantivo) Se usa para expresar cualidad u ocupación: *hombre de negocios, hombre de mar, hombre de letras, hombre de iglesia, hombre de dinero, hombre de ciencia, hombre de campo.* **~ de acción.** || *interj.* **7** Se usa para expresar sorpresa, vacilación o enfado: *¡No hagas tantas tonterías, hombre!, ¡Hombre!, no sabía que estaba aquí tu hermana.* || **8 ~ bueno** Persona nombrada como mediadora entre dos partes en un conflicto: *Los sindicatos y la empresa han aceptado al hombre bueno que ha propuesto el gobierno.* **9 ~ de campo** Campesino. **10 ~ de ciencia** Hombre ocupado en actividades científicas. **11 ~ de Estado** Hombre que dirige los asuntos políticos de un país o tiene aptitudes para ello: *Este diputado es un hombre de Estado.* **12 ~ de la calle** (en singular) Persona anónima considerada representativa de una comunidad: *Al hombre de la calle le preocupan poco las discusiones científicas.* **13 ~ de mundo** Hombre que tiene mucha experiencia de la vida: *Diego es un hombre de mundo, ha viajado mucho.* **14 ~ de paja** Hombre que tiene un cargo y obedece las órdenes de quien lo ha nombrado para aquel: *El presidente es un hombre de paja del principal accionista.* **15 ~ de palabra** Hombre que hace todo lo que dice o promete: *Tus primos son hombres de palabra, dijeron que vendrían y aquí están.* **16 ~ de pelo en pecho** COLOQUIAL. Hombre valiente: *Pedro es un hombre de pelo en pecho, rescató del fuego a los dos mellizos.* **17 ~ del saco** INFANTIL. Personaje fantástico con que se asusta a los niños: *Como no te portes bien va a venir el hombre del saco.* **18 ~ fuerte** Persona que tiene influencia en un grupo de personas: *Es el hombre fuerte del gobierno.* **19 ~ lobo** Personaje fantástico de la literatura y del cine, que en las noches de luna llena se transforma en un monstruo mitad hombre y mitad lobo: *Han estrenado una nueva versión del hombre lobo.* **20 ~ objeto** Hombre hermoso visto como objeto de placer: *En publicidad, se está poniendo de moda el hombre objeto.* **21 ~ público** Personalidad, especialmente la que participa en la vida política. **22 ~ rana** (plural *hombres rana*) Submarinista. FR. Y LOC. **como un solo ~** Actuando un grupo de personas con solidaridad y unión: *Los vecinos salieron a protestar a la calle como un solo hombre.* **hacer un ~** 1 Convertir ‹una persona o una cosa› a un hombre en una persona madura: *Dicen que la mili lo ha hecho un hombre.* 2 COLOQUIAL. Tener ‹un hombre› su primera relación sexual. **hacerse un ~** COLOQUIAL. Hacerse ‹un hombre› responsable: *Se ha hecho todo un hombre desde la última vez que lo vi.* **ser todo un ~** COLOQUIAL Ser un hombre honrado, íntegro: *Manolo es todo un hombre.* REFR. **El hombre propone y Dios dispone (y el diablo lo descompone).** Se usa para indicar que las cosas no siempre salen como se planean. **El hombre y el oso, cuanto más feos más hermosos.** Se usa para indicar que en los hombres se valora más su aspecto varonil que su belleza. **Hombre precavido vale por dos.** Se usa en contestaciones o como final de un discurso para indicar que es muy importante tener las cosas preparadas o previstas con anticipación para evitar males o peligros.

hombrear *v. intr.* RESTRINGIDO. Empezar ‹un adolescente› a imitar a los hombres adultos, generalmente en los aspectos más censurables y aparentes: *César ya empieza a hombrear con las chicas.*

hombrera *s. f.* **1** Pequeña almohadilla que se coloca en las prendas de vestir para levantar los hombros: *Me gustan las blusas con hombreras, porque hacen la espalda más ancha.* **2** Tira de tela que sirve de tirante en algunas prendas de vestir: *Como Inés ha adelgazado se le caía la hombrera del vestido cada momento.* **3** Franja de tela colocada sobre los hombros de ciertos uniformes por donde pasan correas o cordones: *Los galones se colocan en la hombrera.* **4** DEP. Pieza de refuerzo que protege los hombros en algunas prendas deportivas: *Los jugadores de hockey sobre hielo llevan unas fuertes hombreras para protegerse.* **5** RESTRINGIDO. Pieza de la armadura que protege los hombros.

hombría *s. f.* (no contable) Cualidad de hombre, especialmente relacionada con su valor o su firmeza: *A Isabel siempre le gustó la hombría de Juan.* **~ de bien** Valor moral, honradez: *La hombría de bien de este chico nos encanta.*

hombro *s. m.* **1** ANAT. Parte superior y lateral del tronco de la que nacen los brazos: *Me duele el hombro derecho.* **2** Parte de una prenda de vestir que cubre los hombros: *El abrigo te queda ancho de hombros.* FR. Y LOC. **a / en hombros** Sobre los hombros en señal de triunfo: *Sacaron al torero a hombros por la puerta grande.* **alzarse* de hombros. andar / ir manga* por ~. arrimar el ~** COLOQUIAL. Ayudar ‹una persona› a otras en un trabajo o en el logro de una cosa: *Niños, hoy vamos a limpiar, y aquí todo el mundo tiene que arrimar el hombro.* **cargado de hombros** Con la espalda inclinada hacia delante: *Es un poco cargado de hombros.* **encogerse de hombros** 1 Levantar ‹una persona› los hombros en señal de indiferencia: *Ante la difícil situación, se encogió de hombros y se fue.* 2 Mostrar ‹una persona› indiferencia: *O sea, que ves lo que está pasando y tú te encoges de hombros, en vez de reaccionar.* **estar con el mico* al ~. hombro con ~.** A la vez, conjuntamente: *Hemos sacado adelante la empresa hombro con hombro.* **mirar por encima del ~.** Despreciar o sentirse superior ‹una persona› a otra persona: *Lola se cree la más lista del grupo y mira a todos por encima del hombro.* **tener la cabeza* en su sitio** o **tener la cabeza sobre los hombros.**

hombruno, na *adj.* **1** [Mujer] que parece un hombre: *Esa deportista es muy hombruna.* **2** (antepuesto / pospuesto) PEYORATIVO. [Rasgo] tradicionalmente considerado propio de un hombre que se atribuye a una mujer: *Su hombruna voz resonaba con autoridad.*

homenaje *s. m.* **1** Acto público que se celebra en honor de una persona: *El mundo de la cultura le dedicó un homenaje póstumo al poeta.* **2** (no contable) Muestra de afecto, respeto o admiración por una persona: *El libro es un homenaje a su familia.* **3** Ceremonia medieval mediante la cual se establecía una relación feudal entre un señor y un vasallo que le prometía fidelidad: *La ciudad se negó a rendir homenaje al infante.* FR. Y LOC. **torre* del ~.**

homenajear *v. tr.* Dedicar ‹una persona› un homenaje [a otra persona]: *El club homenajeó a su jugador en el momento de su retirada.*

homeópata *adj. / s. m.* y *f.* MED. Que practica la homeopatía: *Me trata un homeópata muy bueno.*

homeopatía *s. f.* (no contable) MED. Tratamiento de una enfermedad por medio de las mismas sustancias que la provocan, administradas en dosis muy pequeñas.

homeopático, ca *adj.* MED. De la homeopatía: *En muchas farmacias venden productos homeopáticos.*

homeostasia *s. f.* (no contable) BIOL. Homeostasis.

homeostasis u **homeóstasis** (plural *homeostasis*) *s. f.* (no contable) BIOL. Conjunto de mecanismos que aseguran el control automático de las constantes biológicas de los seres vivos, manteniéndolas fijas dentro de límites muy estrechos: *La homeostasis es responsable de mantener funciones como la frecuencia cardiaca.* SIN. homeostasia.

homeotermia *s. f.* (no contable) ZOOL. Capacidad de regulación metabólica para mantener la temperatura del cuerpo constante e independiente de la temperatura ambiental: *Casi todos los animales evolucionados tienen homotermia, aunque solo es total en los mamíferos superiores y en las aves.*

homicida *adj.* **1** DER. Que persigue la muerte de un ser humano: *Sus instintos homicidas afloran en momentos de tensión psicológica.* **2** DER. Que se ha utilizado para causar la muerte de un ser humano: *Este cuchillo es el arma homicida.* || *adj. / s. m.* y *f.* **3** DER. Que ha causado la muerte de un ser humano: *Lo encarcelaron por ser un homicida.*

homicidio *s. m.* DER. Delito que consiste en matar a una persona: *Lo declararon culpable de homicidio.* SIN. crimen.

homilía *s. f.* REL. Discurso integrado en la misa católica en el que el sacerdote explica los textos bíblicos y otras materias de religión: *El obispo hizo una bella homilía.* SIN. sermón.

homínido *adj. / s. m.* **1** (macho y hembra) ZOOL., ANTROP. [Animal mamífero primate] que tiene características humanas, como el hombre actual o sus antecesores de los que sólo quedan restos fósiles: *El homínido se caracteriza por su gran cerebro, su posición bípeda y su gran facilidad para manipular objetos.* || *s. m.* **2** (en plural) ANTROP, ZOOL. Familia formada por los homínidos: *La familia de los homínidos cuenta con una sola especie, el hombre.*

homófono, na *adj. / s. m.* y *f.* **1** LING. [Palabra] que se pronuncia igual que otra pero que se escribe de forma diferente y tiene un significado distinto: *Las palabras «vaca» y «baca» son homófonas.* **2** MÚS. [Canto, música] que tiene todas las voces en el mismo tono.

homogeneidad *s. f.* Cualidad de las cosas que están formadas por elementos de la misma naturaleza: *La homogeneidad del color elimina las irregularidades de la pared.*

homogeneización *s. f.* Acción y resultado de homogeneizar: *Las modas constituyen un factor de homogeneización de la población.*

homogeneizar *v. tr.* Hacer ‹una persona o una cosa› homogéneo [un compuesto, una mezcla o un conjunto de elementos diversos]: *No es fácil homogeneizar el juego de un equipo.* ⇒ **37.**

homogéneo, a *adj.* **1** (antepuesto / pospuesto) Que está formado por elementos de la misma naturaleza: *grupo homogéneo. Ha conseguido formar un homogéneo conjunto de investigadores del que se espera buenos resultados.* **2** Que no tiene sus componentes diferenciados: *color homogéneo, disolución homogénea.*

homógrafo, fa *adj. / s. m.* y *f.* LING. [Palabra] que se escribe igual que otra pero tiene origen y significado distintos: *El «banco» del parque y el «banco» donde se guarda el dinero son palabras homógrafas.*

homologación *s. f.* Acción y resultado de homologar: *Estamos esperando la homologación de nuestros productos para lanzar una nueva campaña publicitaria. La homologación de las marcas en los 100 m. supone la superación del récord vigente hasta ahora.*

homologar *v. tr.* **1** Hacer ‹una persona› equivalentes [varias cosas]: *El esfuerzo del gobierno va dirigido a homologar nuestra productividad con la de los países de nuestro entorno.* **2** DEP. Considerar ‹un organismo oficial› válido [el resultado de una prueba deportiva]. **3** Considerar ‹una persona con autoridad oficial› válidos [estudios realizados en otro país]: *El Ministerio debe homologar los estudios cursados en el extranjero.* **4** Considerar ‹una persona con autoridad oficial› que [un producto] se ajusta a las normas de calidad establecida: *Es un producto que ha homologado la Unión Europea.* **5** Hacer ‹una persona› que [un producto] se ajuste a las normas establecidas: *Esta empresa aún no ha homologado sus productos según las disposiciones internacionales sobre calidad.* ⇒ **56.**

homólogo, ga *adj.* **1** BIOL. [Órgano] que es semejante a un órgano de otro ser vivo por su origen embrionario o su estructura: *Las extremidades anteriores de los mamíferos y las alas de las aves son órganos homólogos.* **2** GEOM. [Lado] que está colocado en el mismo lugar que otro lado de una figura semejante: *La diagonal mayor de un rombo es homóloga a la de cualquier otro rombo.* **3** LÓG. [Palabra] que significa lo mismo que otra palabra || *adj. / s. m.* y *f.* **4** [Persona o cosa] que realiza la misma actividad o función que otra persona o cosa: *Ambos dispositivos realizan funciones homólogas.*

homonimia *s. f.* LING. Coincidencia en la pronunciación o en la escritura entre dos palabras de significado y origen distinto: *Entre las palabras «vaca» y «baca» se produce homonimia.*

homónimo, ma *adj. / s. m.* y *f.* **1** LING. [Palabra] que se escribe o se pronuncia igual que otra palabra pero tiene origen y significado diferentes de ésta: *El «gato» animal y el «gato» herramienta son homónimos.* **2** [Persona o cosa] que tiene el mismo nombre que otra persona o cosa.

homosexual *adj.* **1** De la homosexualidad: *Aquel chico es un líder del movimiento homosexual.* || *adj. / s. m.* y *f.* **2** Que siente atracción sexual por individuos del mismo sexo: *Es un local muy frecuentado por homosexuales.*

homosexualidad *s. f.* **1** Atracción sexual por individuos del mismo sexo: *La homosexualidad femenina se denomina «lesbianismo».* **2** Cualquier práctica sexual con individuos del mismo sexo: *La homosexualidad era algo habitual en muchas civilizaciones antiguas.*

honda (diferente de *onda*) *s. f.* **1** Tira de cuero u otro material que sirve para arrojar piedras, y que es típica de pastores. **2** ARG., URUG. Tirachinas. FR. Y LOC. **dar sopas* con ~.**

hondero *s. m.* Soldado de la antigüedad que iba armado con una honda: *Los honderos de Baleares eran famosos.*

hondo, da *adj.* **1** Que tiene profundidad: *una cueva honda. La herida era muy honda.* **plato ~. 2** (ser/estar; antepuesto/pospuesto) [Terreno, parte] que está más bajo que lo que lo rodea: *El río transcurría por un hondo valle, entre montañas. Es la parte más honda del terreno.* SIN. profundo. **3** (antepuesto/pospuesto) [Sentimiento] que es muy intenso: *una honda alegría, un pesar muy hondo.* **cante* ~/jondo. 4** Que es secreto o está escondido: *Guardaba aquel recuerdo en lo más hondo de su corazón.* SIN. profundo. || *s. m.* **5** Terreno profundo: *La finca está en un hondo.*

hondonada *s. f.* Espacio de terreno hondo: *El pueblo está situado en una hondonada.*

hondura *s. f.* (no contable) Profundidad. FR. Y LOC. **meterse en honduras** COLOQUIAL. Tratar ‹una persona› temas complicados de los que no entiende suficientemente: *El asunto es de difícil solución, así que no merece la pena meterse en honduras si no podemos arreglarlo.*

hondureño, ña *adj./s. m.* y *f.* De Honduras, país sudamericano: *el folclore hondureño.*

honestamente *adv. modo* **1** Con honestidad, con recato: *Teresa vivía honestamente.* **2** Con honradez, de forma honrada. || *adv. orac.* **3** (frecuentemente referido al acto de decir) Con honradez: *Honestamente, yo no sé nada.* **4** (frecuentemente referido a una contestación que se solicita) Con el corazón en la mano, hablando con honradez: *Honestamente, ¿crees que alguien se lo va a creer?*

honestidad *s. f.* **1** (no contable) Cualidad de la persona que actúa con decencia y justicia: *La honestidad de su gestión está garantizada.* **2** Comportamiento de acuerdo con los principios morales socialmente aceptados: *En la película, el protagonista defendía la honestidad de su madre.*

honesto, ta *adj.* **1** (antepuesto/pospuesto) Que actúa sin engaños y cumpliendo con su deber: *un comerciante honesto. Aquel honesto funcionario denunció al ciudadano que quiso sobornarlo.* SIN. honrado. **2** (antepuesto/pospuesto) Que se comporta según la moral o las buenas costumbres: *una honesta mujer. Aunque no lo pareciera, su comportamiento era muy honesto.* **3** Que está hecho con honestidad: *un negocio honesto. Su decisión es honesta.* **4** Que profesionalmente es aceptable, sin que resulte excepcional: *Este novelista escribe una poesía honesta.*

hongo *s. m.* **1** BOT. Ser vivo sin clorofila que habita, oculto a la luz, en lugares húmedos, sobre materia orgánica en descomposición o como parásito en otro ser: *Los hongos comestibles son muy buscados.* **2** (en plural) BOT. Reino formado por los hongos: *Los hongos se reproducen por esporas.* **3** Sombrero redondeado con ala estrecha. SIN. bombín.

honor *s. m.* **1** (no contable) Cualidad por la que una persona o una cosa merece el respeto y la consideración de los demás y el suyo propio: *un hombre de honor. El honor obliga a luchar hasta el fin en las batallas.* **2** Buena fama que adquiere una persona o entidad: *Su esfuerzo le proporcionó más honor que dinero.* **3** (preferentemente en plural) Distinción, cargo o título que concede importancia o prestigio: *Recibió los honores de embajador.* **4** RESTRINGIDO. Decencia y castidad de una mujer: *Vigilaba día y noche el honor de la esposa.* SIN. honestidad. **5** Satisfacción u orgullo que siente una persona: *Es un honor tenerla con nosotros.* **6** (preferentemente en plural) Homenaje o reconocimiento a una persona o una cosa: *rendir honores. El presidente recibió honores militares.* FR. Y LOC. **dama* de ~. división* de ~. en ~ de** Como homenaje a una persona: *Se celebró una fiesta en honor del recién llegado.* **hacer ~** Comportarse ‹una persona› según corresponde a lo que de ella se espera: *El príncipe hizo honor a su reputación.* **hacer los honores** 1 Atender ‹el anfitrión de una fiesta o reunión› a los invitados: *En ausencia del cónsul, el vicecónsul hizo los honores en la cena.* 2 Probar ‹una persona› una comida o una bebida: *Estrella hizo los honores al vino.* **lance* de ~. matrícula* de ~. palabra* de ~.**

honorabilidad *s. f.* (no contable) Cualidad de la persona que merece ser honrada y respetada: *No consiento que se dude de mi honorabilidad.*

honorable *adj.* **1** (antepuesto/pospuesto) Que merece ser honrado o respetado: *Inma tuvo un comportamiento honorable, digno de ser elogiado. Mi abuelo es una persona honorable. El honorable anciano se dirigió a las personas allí reunidas.* **2** (antepuesto) Tratamiento honorífico que conlleva algunos cargos: *El honorable presidente de la Generalitat de Cataluña presidió el acto.*

honorario, ria *adj.* **1** Que concede honor pero no ofrece beneficios económicos ni poder ejecutivo: *El suyo es un título honorario. Mateo es socio honorario del club.* SIN. honorífico. || *s. m.* **2** (en plural; no contable) Dinero que reciben los profesionales liberales por un trabajo o servicio: *He cambiado de abogado porque el otro tenía unos honorarios muy altos.*

honorífico, ca *adj.* **1** Que concede honor pero no otorga beneficios económicos ni poder ejecutivo: *cargo honorífico, título honorífico. Mi padre es el presidente honorífico del partido.* SIN. honorario. || **2 mención* honorífica.**

honoris Se usa en la LOC. **doctor* ~ causa.**

honra *s. f.* **1** (no contable) Dignidad o respetabilidad de una persona: *Habló en defensa de su honra. Tiene que recobrar la honra perdida.* SIN. honor. **2** RESTRINGIDO. Virginidad de una mujer: *Perdió su honra antes de casarse.* || **3 honras fúnebres** ELEVADO. Oficio o acto dedicado a los difuntos: *Las honras fúnebres de las víctimas se celebrarán en la catedral.* FR. Y LOC. **a mucha ~** Con mucho orgullo y satisfacción: *Soy de Tordesillas, y a mucha honra.*

honradamente *adv. modo* **1** Con honradez, de forma honrada: *Procediste honradamente.* || *adv. orac.* **2** (referido al acto de decir) Con honradez: *Honradamente, la razón la tiene el niño.* **3** (referido a la contestación que se solicita) Con el corazón en la mano, con honradez: *Honradamente, ¿tú me harías eso a mí?*

honradez *s. f.* (no contable) Cualidad de la persona que obra con rectitud, y sinceridad, respetando los valores morales: *La honradez de esta diputada no está en entredicho.*

honrado, da *adj.* (antepuesto/pospuesto) Que se comporta con honradez: *Mi padre es un hombre honrado. Es una honrada comerciante.* SIN. honesto. **2** Que se hace con honradez o justicia: *actuación honrada, negocio honrado. Es una decisión honrada.* **3** Que se realiza de una manera profesionalmente aceptable, pero no excepcional: *El periodista ha escrito un reportaje honrado.*

honrar *v. tr.* **1** Mostrar ‹una persona› respeto y consideración [a otra persona o una cosa]: *La alcaldesa ha honrado* *al presidente ofreciéndole la llave de la ciudad.* **2** Ser ‹una cosa› la causa de que [una persona] sea digna de admiración y estima: *Tus palabras de solidaridad te honran.* || *v. prnl.* **3** Tener ‹una persona› [una cosa que considera un honor]: *Me honro **en** complacerle. Me honro **con** su amistad.*

honrilla *s. f.* (no contable) COLOQUIAL. Amor propio: *Consiguió que aceptaran su propuesta y así salvó la honrilla.*

honroso, sa *adj.* (antepuesto/pospuesto) Que da honra y consideración: *Consiguió un honroso tercer puesto. Adela tiene un trabajo honroso que le permite vivir.*

hontanar *s. m.* RESTRINGIDO. Lugar donde nacen fuentes o manantiales.

hooligan (del inglés; pronunciamos *'júligan'*) *s. m. / f.* DEP. Aficionado inglés de carácter violento: *Los hooligan destrozaron las farolas a la salida del partido.*

hopalanda *s. f.* (preferentemente en plural) Vestimenta larga y holgada, especialmente la que utilizaban antiguamente los estudiantes.

hopo o **jopo** *s. m.* Cola con mucho pelo o lana de algunos animales: *el hopo del zorro.*

hora *s. f.* **1** Cada una de las 24 partes iguales en que se divide el día solar: *–«¿Qué hora es? Faltan dos horas para que comience el partido.»* **2** Huso horario, cada una de las 24 partes en que se divide la esfera terrestre en la que rige la misma hora. **3** Momento determinado u oportuno para una cosa: *la hora de comer. No son horas de llegar.* **~ hache** Momento en que comienza una operación, generalmente complicada, y en la que participan varias personas: *La invasión empezará mañana a la hora hache.* **~ pico** ARG., COL., URUG. Hora punta. **~ punta** Periodo de tiempo en que la gente entra o sale del trabajo y se forman aglomeraciones en los transportes y atasco en el tráfico: *El metro está imposible en horas punta.* **~ tonta** Momento de flaqueza o debilidad en el que una persona accede a hacer una cosa que no haría normalmente: *Dije que cantaría porque me pilló en una hora tonta.* **horas bajas** Momentos de desánimo o depresión: *Desde que perdió su trabajo está en horas bajas.* **horas muertas** Momentos que una persona pasa sin hacer nada de provecho: *Me he apuntado a un curso de francés para aprovechar las horas muertas.* **4** Cita fijada para un día y un momento determinado: *He pedido hora para el dentista. No me acordaba de que tenía hora en la peluquería.* **5** Últimos momentos antes de morir: *A todos nos llegará nuestra hora.* || **6 ~ oficial** Hora que adopta un Estado en su territorio: *La hora oficial no coincide con la hora solar.* **7 ~ suprema** LIT. La hora de la muerte. **8 horas canónicas** REL. Partes diferentes del oficio divino que la Iglesia católica acostumbra a rezar en diversos momentos del día. **9 horas extras** Horas que se trabajan fuera de la jornada regular laboral. FR. Y LOC. **¡A buenas horas (mangas verdes)!** COLOQUIAL. Se usa para indicar que es demasiado tarde para hacer una cosa, que ya ha pasado la oportunidad: *¡A buenas horas mangas verdes!, no corras que ya se han llevado los muebles.* **a todas horas** Siempre, de manera continuada: *Me da la tabarra a todas horas.* **a última ~** En los últimos momentos: *Les contamos las noticias llegadas a última hora a nuestra redacción.* **dar ~** Citar ‹una persona› a otra persona en un tiempo preciso para una cosa: *La pediatra me ha dado hora para el sábado por la mañana.* **dar la ~** Sonar ‹el reloj› las campanadas que indican la hora: *Ahora dan las nueve.* **de hora en ~** Sin interrupción, continuamente: *Mi hermana mira la televisión de hora en hora y no hace los deberes.* **de última ~** De los últimos momentos: *Mañana me marcho a Toledo y estoy con los preparativos de última hora.* **en buen(a) ~** En hora buena. **en ~ buena** AFECTIVO. Enhorabuena, se usa para felicitar a una persona por un acontecimiento o por la consecución de una cosa: *¡En hora buena por los gemelos!* **en ~ mala** DISGUSTO Y ENFADO. Se usa para expresar enfado o desaprobación: *En hora mala pensé que saldría ganando con el cambio.* **en mal(a) ~** En hora mala. **entre horas** Entre una comida y otra: *Victor no adelgaza porque come entre horas.* **hacer horas (extras)** Trabajar ‹una persona› fuera de la jornada regular laboral: *Hago horas porque el sueldo solo no me llega.* **hacerse ~ de** Llegar ‹el tiempo señalado para hacer una cosa›: *Anochece, ya se va haciendo hora de volver a casa.* **ir con la ~ pegada al culo** COLOQUIAL. Ir con muy poco tiempo: *Te levantas tarde y luego vas con la hora pegada al culo.* **libro* de horas. llegar(se) la ~ de** Cumplirse ‹el plazo señalado o el tiempo oportuno para una cosa›: *Llegó la hora de despedirse.* **no dar* ni la ~. no ver la ~ de** Se usa para indicar que una persona desea mucho que una cosa se produzca: *No veo la hora de cobrar el premio.* **pedir ~** Solicitar ‹una persona› a otra persona que le dé una cita: *Tengo que pedir hora al pediatra.* **poner* en ~. por horas** Cobrando por hora trabajada: *Me interesa una persona que trabaje por horas.* **sonar la ~ de** Llegar el momento de que algo se realice o suceda: *Ha sonado la hora de irnos a la cama.* **tener las horas contadas** Estar ‹una persona› próxima a la muerte: *Su pobre abuelo está muy enfermo, tiene las horas contadas.* **tener muchas horas de vuelo** COLOQUIAL. Tener ‹una persona› gran experiencia: *Rosa tiene muchas horas de vuelo en asuntos inmobiliarios.*

horadar *v. tr.* ELEVADO. Hacer ‹una persona, un animal o una cosa› un agujero que atraviesa [una cosa] de parte a parte: *Los obreros están horadando la montaña para hacer el túnel.* SIN. perforar.

horario, ria *adj.* **1** De las horas: *diferencia horaria.* **huso* ~.** || *s. m.* **2** Conjunto de horas en las cuales se desarrolla una determinada función o trabajo: *El horario es de 9 a 2 y de 4 a 6. José tiene horario flexible. En la embajada han cambiado el horario de atención al público.* **~ de oficina** Horas en que están abiertas al público las oficinas, normalmente por la mañana. **3** Cuadro que detalla las horas en que se desarrolla una determinada función: *En la taquilla del cine está el horario de las sesiones.* **4** Manecilla corta del reloj, que marca las horas.

horca (diferente de *orca*) *s. f.* **1** Estructura de madera donde se cuelga a los condenados a muerte: *Al pistolero lo condenaron a morir en la horca.* **2** Utensilio o apero con forma de tenedor grande usado en el campo, que sirve para amontonar las mieses o la paja: *Con la horca se enganchan los haces y se colocan en el carro.* SIN. bieldo. **3** Palo provisto de dos puntas con el que se sujetan las ramas de los árboles, u otras plantas: *El hortelano puso una horca a la parra para que la rama no se partiera.* SIN. horquilla.

horcajada Se usa en la LOC. **a horcajadas** Con una pierna a cada lado del objeto sobre el cual se está sentado: *De un salto, el jinete se sentó a horcajadas sobre el caballo.*

horchata *s. f.* **1** (no contable) Bebida refrescante elaborada con chufas machacadas, agua y azúcar: *Siempre que sali-*

mos a tomar algo pide horchata. **2** Medida de horchata contenida en un vaso o jarra: *Una horchata doble, por favor. ¿Me cobra tres horchatas?* FR. Y LOC. **tener sangre* de ~.**

horchatería *s. f.* Establecimiento donde se vende horchata: *Voy a buscar dos litros de horchata a la horchatería.*

horco *s. m.* MIT. Orco o infierno.

horcón *s. m.* ARG., CUBA, VEN., URUG. Pilar tosco de madera que sostiene las vigas de una construcción rústica.

horda *s. f.* **1** ELEVADO. Grupo de nómadas que forman una comunidad: *Las hordas bárbaras irrumpieron en el Imperio Romano.* **2** ELEVADO. Grupo de personas armadas que no pertenecen a un ejército regular: *Las hordas de bandidos dominan los pasos de las montañas.* **3** ELEVADO. Grupo de personas que actúan sin control ni disciplina: *Una horda de gamberros rompió varias farolas la noche pasada.*

horero *s. m.* AMÉR. Horario del reloj.

horizontal *adj.* **1** (ser/estar) Que está paralelo al horizonte, o que tiene todos sus puntos a la misma altura: *El estrato descubierto es horizontal.* || *adj./s. f.* **2** [Línea, superficie, dirección] que, en figuras, dibujos, escritos o impresos, va de derecha a izquierda o viceversa: *Las hojas tienen líneas horizontales para guiar la escritura.* **3** GEOM. Que es perpendicular a la vertical: *La horizontal debe medir 15 cm.* || **4 propiedad* ~.** FR. Y LOC. **coger la ~** COLOQUIAL. Echarse ‹una persona› en la cama.

horizontalidad *s. f.* (no contable) Posición de las cosas que están paralelas a la línea del horizonte: *La horizontalidad parece ser la mejor posición del cuerpo para descansar.*

horizonte *s. m.* **1** Línea más lejana que alcanza la vista, donde parece que se juntan el cielo y el mar o la tierra: *Estuvimos en la orilla hasta que el barco se perdió por el horizonte.* **2** Campo que abarcan los pensamientos de una persona: *Su amplitud de horizontes la llevó a interesarse por la ciencia.* **3** Conjunto de posibilidades o perspectivas que ofrece una cosa: *Se nos presenta un horizonte prometedor.*

horma *s. f.* Molde para dar forma a ciertos objetos: *la horma de un sombrero.* FR. Y LOC. **dar con la ~ de su zapato** o **encontrar la ~ de su zapato** COLOQUIAL. 1 Encontrar ‹una persona› lo que desea o merece: *Gracias a su consejo ha dado con la horma de su zapato al montar ese negocio.* 2 Encontrar ‹una persona› a otra persona que le hace frente: *Parece que en la nueva profesora ha encontrado la horma de su zapato, porque no le permite ninguna indisciplina.* **ser la ~ de su zapato** COLOQUIAL. Ser ‹una persona› de carácter igual o más fuerte que otra persona: *Pedro se ha buscado una novia que es la horma de su zapato.*

hormiga *s. f.* **1** (macho y hembra) Insecto de color negro o rojizo, con fuertes mandíbulas, que vive en comunidades, excava túneles bajo tierra y sólo tiene alas en los machos y hembras reproductores. **2** (preferentemente en diminutivo) COLOQUIAL. Persona que trabaja o ahorra mucho poco a poco: *Su hermana es una hormiguita y con los años ha ido haciendo una pequeña fortuna.*

hormigón *s. m.* **1** (no contable) Mezcla hecha con cemento, arena y grava, que al secarse adquiere gran dureza: *El hormigón se usa para cimentar las casas y otras obras.* **~ armado** Hormigón reforzado con varillas metálicas. **2** (no contable) VETER. Enfermedad del ganado vacuno. **3** (no contable) BOT. Enfermedad de algunas plantas provocada por un insecto que roe las raíces y tallos.

hormigonera *s. f.* **1** Aparato formado por un recipiente o tambor giratorio movido por un motor para mezclar los componentes del hormigón: *Hemos contratado dos hormigoneras para la obra.* **2** Vehículo que tiene instalado este aparato: *Hay una hormigonera aparcada en la esquina y ha organizado un gran atasco.*

hormiguear *v. intr.* **1** Producir ‹una parte del cuerpo› una sensación molesta de cosquilleo o picor: *La pierna se me había dormido y me hormigueaba.* **2** Moverse ‹un conjunto de personas o animales› de un lado para otro con agitación: *Los niños hormigueaban en el parque.*

hormigueo *s. m.* **1** Sensación molesta de cosquilleo o picor localizada en una parte del cuerpo: *Sentí un hormigueo en la nariz.* **2** Desasosiego o nerviosismo: *Me subía un hormigueo desde el estómago y no podía estarme quieto.* **3** Movimiento desordenado de personas o animales: *Los almacenes en rebajas son un hormigueo de gente.*

hormiguero *s. m.* **1** Lugar donde viven las hormigas: *A mi hijo le gusta observar a las hormigas entrando y saliendo del hormiguero.* **2** Conjunto de hormigas: *En la cocina ha entrado un hormiguero.* **3** COLOQUIAL. Lugar donde hay muchas personas moviéndose: *El metro es un hormiguero.* **~ humano.** || **4 oso* ~.**

hormiguillo *s. m.* Hormigueo o cosquilleo en una parte del cuerpo: *Siento un hormiguillo en el brazo por la mala postura.*

hormiguita *s. f.* COLOQUIAL; AFECTIVO. Persona muy trabajadora y que ahorra mucho: *Mi madre ha conseguido comprarse la casa ahorrando como una hormiguita.*

hormilla *s. f.* Pequeño disco de metal o madera que una vez forrada forma un botón.

hormona *s. f.* BIOL. Sustancia química producida por las glándulas de secreción de los seres vivos que regula la actividad de otros órganos: *Las alteraciones de las hormonas pueden ser peligrosas.*

hormonal *adj.* BIOL. De las hormonas: *tratamiento hormonal, actividad hormonal, desarreglo hormonal.*

hornacina *s. f.* Hueco en un muro en forma de arco que sirve para colocar en él cualquier elemento decorativo, como una estatua o un jarrón: *En todas las hornacinas había un busto de un emperador romano.*

hornada *s. f.* **1** Cantidad de cosas que se cuecen de una vez en el horno: *una hornada de cerámica, una hornada de ladrillos. El panadero sacó una hornada de pan cuando llegamos.* **2** COLOQUIAL. Conjunto de personas que obtienen al mismo tiempo un título de estudios, un cargo o un trabajo: *Él y yo somos de la misma hornada.* SIN. promoción.

hornalla *s. f.* ARG., URUG. Hornilla de una cocina o quemador de un calentador.

hornazo *s. m.* Rosca o pan que se rellena en crudo de huevos, chorizo y jamón, y después se cuece en el horno: *El hornazo es una rica especialidad de Salamanca.*

hornear *v. tr.* Poner ‹una persona› [un alimento] al horno para cocinarlo: *Pon a hornear el pollo.*

hornero *s. m.* ARG. Pájaro que construye su nido en forma de horno.

hornillo *s. m.* Horno pequeño que sirve para cocinar: *Tenemos un hornillo eléctrico en la oficina para preparar café.*

horno *s. m.* **1** Parte de la cocina o aparato donde se asan los alimentos: *horno empotrable. Ya he puesto el pollo en el horno.* **~ de gas. ~ eléctrico. ~ microondas. 2** Obra de albañilería, con forma de bóveda o rejilla, donde se meten ciertos materiales para cocerlos a altas temperaturas: *horno para cocer cerámica, horno de ladrillos.* **boca de un ~. 3** Panadería. **4** COLOQUIAL; INTENSIFICADOR. Lugar muy caluroso: *Esta habitación es un horno.* || **5 altos hornos** METAL. Horno de uso industrial para fundir minerales. **6 ~ crematorio** Horno donde se incineran los cadáveres. FR. Y LOC. **al ~** Hecho en un horno: *patatas al horno.* **no está el ~ para bollos** COLOQUIAL. Se usa para indicar que no es el mejor momento para decir o hacer una cosa: *No le digas nada a tu padre que hoy no está el horno para bollos.*

horóscopo *s. m.* **1** Adivinación del futuro a partir de estudios sobre la posición de los astros en el momento del nacimiento de una persona: *Ella parece creer mucho en el horóscopo.* **2** Signo del zodiaco que corresponde a una persona según la fecha de su nacimiento: *–«¿Qué horóscopo eres?» –«Yo soy Aries.»* **3** Sección de una publicación periódica en la que aparecen predicciones de acuerdo con estos signos: *Siempre leo el horóscopo de la revista.*

horqueta *s. f.* **1** AGR. Palo acabado en dos puntas para sujetar las ramas de los árboles: *El jardinero ha puesto horquetas a la parra para que no se incline.* SIN. horquilla. **2** Parte del árbol en que el tronco y una rama gorda forman un ángulo agudo. **3** ARG. Curva muy cerrada de un río en su recorrido. **4** ARG. Terreno que queda dentro de esta curva. **5** URUG. Terreno en forma de ángulo que queda en la confluencia entre dos ríos.

horquetear *v. intr.* **1** MÉX. Brotar ramas en los árboles. || *v. prnl.* **2** COL., MÉX.; RESTRINGIDO. Sentarse a horcajadas.

horquilla *s. f.* **1** AGR. Horca pequeña, utensilio con forma de tenedor usado en el campo, que sirve para amontonar las mieses. **2** Pieza de alambre doblada que sirve para sujetar el pelo: *Ponte unas horquillas para sujetar el moño.* **3** AGR. Horqueta, palo acabado en dos puntas para sujetar las ramas de los árboles. SIN. horca. **4** MEC. Parte del cuadro en las bicicletas y motocicletas que va desde la rueda delantera hasta el manillar: *Al caer, se rompió la horquilla y la cadena de la bici.* **5** Distancia entre la cantidad mínima y máxima de una cosa: *Según las encuestas, el partido se mueve en una horquilla de entre doce y quince escaños.* **~ de salarios.**

horra o **jorra** *adj.* COL. [Hembra de un animal] que es estéril.

horrendo, da *adj.* **1** (antepuesto/pospuesto) Que causa horror: *un suceso horrendo, una horrenda noticia.* SIN. horrible. **2** (ser/estar; antepuesto/pospuesto) COLOQUIAL, INTENSIFICADOR. Que es muy feo, muy malo o muy desagradable: *La protagonista está horrenda. Volvió a aparecer su horrenda cara en televisión. La historia tenía un final horrendo.* SIN. horrible. **3** COLOQUIAL, INTENSIFICADOR. Que es muy grande o intenso: *El frío era horrendo aquella noche.*

hórreo *s. m.* RESTRINGIDO. Construcción popular sobre pilares, típica de Asturias y Galicia donde se almacena el grano y otros productos agrícolas.

horribilísimo, ma *adj.* Superlativo de *horrible.*

horrible *adj.* **1** (antepuesto/pospuesto) Que causa horror: *Escuché un horrible grito que me heló la sangre. Me explicaba un accidente horrible que ha ocurrido enfrente de su casa.* SIN. horroroso. **2** (ser/estar; antepuesto/pospuesto) COLOQUIAL; INTENSIFICADOR. Que es muy feo, muy malo, o muy desagradable: *Estoy horrible últimamente, he engordado y me han salido granos. ¡Qué horrible! ¿cómo es posible que todo esté tan caro? Es horrible tener que madrugar todos los días. Tengo una jaqueca horrible.Tengo una horrible memoria que me hace olvidarme de todo.* SIN. horroroso. **3** (antepuesto/pospuesto) COLOQUIAL; INTENSIFICADOR. Que es muy grande o intenso: *Hace un horrible frío esta mañana. Tengo un hambre horrible.* SIN. horroroso.

horripilación *s. f.* Acción y resultado de horripilar u horripilarse: *Fue una horripilación ver aquellos heridos tan de cerca, en la carretera.*

horripilante *adj.* **1** (antepuesto/pospuesto) Que horripila o aterroriza: *Un horripilante monstruo se acercaba hacia mí.* **2** (ser/estar; antepuesto/pospuesto) COLOQUIAL; INTENSIFICADOR. Que es muy feo, muy malo o muy desagradable: *Con estos pelos, estoy horripilante. No sé dónde se compra esas horripilantes corbatas.* SIN. horrible.

horripilar *v. tr.* **1** Poner ‹el miedo› los pelos de punta [a una persona]: *El miedo nos horripiló a todos.* **2** Causar ‹una persona o una cosa› horror a [una persona]: *Entrar en un ascensor después de ver aquella película, la horripila.* SIN. horrorizar. || *v. prnl.* **3** Ponerse los pelos de ‹una persona› de punta por el miedo: *María se horripiló al ver que venían a por ella.* **4** RESTRINGIDO. Sentir ‹una persona› horror: *Se horripilaba* ***de*** *miedo.* SIN. horrorizarse.

horrísono, na *adj.* (antepuesto/pospuesto) ELEVADO. Que tiene un sonido que causa horror: *la horrísona tempestad.*

horror *s. m.* **1** (no contable) Miedo muy grande e intenso: *El grito la dejó petrificado de horror. Enmudeció de horror.* SIN. terror. **2** COLOQUIAL; INTENSIFICADOR. Cosa que desagrada o disgusta: *Me da horror ordenar el armario.* **3** Fuerte impresión que causa en una persona una tragedia o una catástrofe: *Siento horror al pensar en los accidentados.* **4** (preferentemente en plural) Conjunto de desgracias y sufrimientos que ocurren en las tragedias o catástrofes: *los horrores de la guerra.* **5** COLOQUIAL; INTENSIFICADOR. Aborrecimiento o repugnancia a una cosa: *Tengo horror al pescado crudo.* **6** (preferentemente en plural) INTENSIFICADOR. Mucho: *Costó un horror conseguirlo. Me gusta horrores el helado.* **7** (en plural) INTENSIFICADOR Cosa extraordinaria por lo negativo o exagerado: *Angel contó horrores de su empresa.*

horrorizar *v. tr.* **1** Causar ‹una persona o una cosa› horror [a una persona]: *Un accidente así horroriza a cualquiera. Me horroriza volar.* SIN. horripilar. || *v. prnl.* **2** Sentir ‹una persona› horror: *Inés se horrorizó cuando vio cómo había quedado todo tras la inundación. Nos horrorizamos cuando nos dijeron el precio.* SIN. horripilarse. ⇒ **19.**

horroroso, sa *adj.* **1** (antepuesto/pospuesto) Que causa horror: *Ha sido un accidente horroroso. La horrorosa imagen del incendio la pasan una y otra vez por televisión.* SIN. horrible. **2** (ser/estar; antepuesto/pospuesto) COLOQUIAL; INTENSIFICADOR. Que es muy feo, muy malo o muy desagradable: *Hace un tiempo horroroso. Esta carne tiene un aspecto horroroso. Estás horrorosa con ese pelo. Pascual vino en su horroroso coche, llamando la atención de todos.* SIN. horrible. **3** COLOQUIAL; INTENSIFICADOR. Que es muy grande o intenso: *Tengo unas ganas horrorosas de que lleguen las vacaciones. Tengo un hambre horrorosa.* SIN. horrible.

hortaliza *s. f.* Planta comestible que se cultiva en huerto y suele consumirse cruda o hervida, como tomate, zanahoria o lechuga: *Las hortalizas contienen muchas vitaminas.*

hortelano, na *adj.* 1 De la huerta: *productos hortelanos.* || *s. m. / f.* 2 Persona que cultiva una huerta.

hortense *adj.* AGR. De la huerta: *productos hortenses.* SIN. hortícola, hortelano.

hortensia *s. f.* 1 *Hydraagea hortensia.* Planta ornamental de hojas dentadas y flores olorosas agrupadas en racimos redondos. 2 Flor de la hortensia.

hortera *adj. / s. m.* y *f.* Que es vulgar, ridículo o de mal gusto: *una decoración hortera. Ha pintado el coche de un color muy hortera. Félix es un hortera que no sabe vestir.*

horterada *s. f.* Cosa fea, ridícula o de mal gusto: *Eso que has dicho es una horterada. Su vestido es una horterada. ¡Qué horterada de corbata!*

hortícola *adj.* AGR. Del huerto: *cultivos hortícolas.*

horticultor, ra *s. m. / f.* AGR. Persona que practica o está especializado en la horticultura: *La cooperativa tiene un horticultor que nos orienta sobre los cultivos.*

horticultura *s. f.* 1 (no contable) AGR. Actividad de cultivar plantas de huerta: *La horticultura es una de sus aficiones.* 2 (no contable) AGR. Técnica del cultivo de plantas de huerta: *Jesús se ha especializado en horticultura.*

hortofrutícola *adj.* AGR. De la huerta y los árboles frutales: *productos hortofrutícolas, actividad hortofrutícula.*

hosanna *s. m.* 1 REL. Exclamación de júbilo de la liturgia católica. 2 REL. Himno católico que se canta el domingo de ramos.

hosco, ca *adj.* 1 (ser / estar; antepuesto / pospuesto) ELEVADO. Que es antipático y poco amable: *un gesto hosco. Sus hoscas palabras nos mostraron que no éramos bien recibidos. Laura tiene un carácter hosco. Pedro está muy hosco contigo.* 2 [Tiempo, lugar, ambiente] que es poco acogedor o agradable: *Estos días hoscos me ponen triste.*

hospedaje *s. m.* 1 Precio que se paga por el alojamiento: *En esta casa se paga mucho de hospedaje. Lo echaron por no pagar el hospedaje. Preguntaron en la pensión por el precio del hospedaje.* 2 Lugar donde una persona se hospeda: *No encontraron hospedaje en Cuenca. La familia de Rosa nos dio hospedaje.* SIN. alojamiento.

hospedar *v. tr.* 1 Dar ‹una persona› alojamiento [a otra persona]: *He hospedado a unos parientes que pasan unos días en la ciudad.* SIN. albergar. || *v. prnl.* 2 Estar ‹una persona› alojada en [un lugar]: *Nos hospedamos en el Hotel Real.* SIN. albergarse.

hospedería *s. f.* 1 RESTRINGIDO. Pensión, hotel: *Hemos reservado habitación en la hospedería para este fin de semana.* 2 Hostal o conjunto de habitaciones que se establecen en un monasterio para que puedan alojarse turistas y peregrinos: *Pasa las vacaciones en la hospedería del monasterio de la Peña de Francia.*

hospedero, ra *s. m. / f.* RESTRINGIDO. Persona que dirige o tiene a su cargo una hospedería.

hospiciano, na *adj. / s. m.* y *f.* RESTRINGIDO. Que vive o se ha criado en un hospicio: *Lola ha recogido a un niño hospiciano. Sofía se dedica al cuidado de hospicianos.*

hospiciante *s. m. / f.* AMÉR. DEL S. Persona que vive en un asilo.

hospicio *s. m.* 1 RESTRINGIDO. Establecimiento donde se acoge a niños huérfanos, pobres o abandonados: *César se crió en un hospicio.* 2 RESTRINGIDO. Casa donde se alberga a peregrinos y pobres.

hospital *s. m.* Establecimiento sanitario donde se atiende y cura a los enfermos: un *hospital privado*, un *hospital público.* ~ **clínico** Hospital en el que se enseña la parte práctica de la medicina.

hospitalario, ria *adj.* 1 Del hospital: *centro hospitalario, régimen hospitalario.* 2 (antepuesto / pospuesto) Que acoge con agrado o amabilidad a los que visitan su casa: *Nos dispensaron una hospitalaria acogida.* 3 [Comunidad] que acoge y acepta a las personas forasteras o necesitadas: *una ciudad hospitalaria. Aquí somos muy hospitalarios.*

hospitalidad *s. f.* (no contable) Cualidad de hospitalario: *En este pueblo se distinguen por su hospitalidad.*

hospitalización *s. f.* Acción y resultado de hospitalizar: *Esta madrugada se han producido seis hospitalizaciones.*

hospitalizar *v. tr.* Llevar ‹una persona› [a otra persona] a un hospital o a una clínica para que se quede allí: *Hemos hospitalizado a mi abuelo porque ha tenido un infarto.* SIN. ingresar. ⇒ **19.**

hosquedad *s. f.* (no contable) ELEVADO. Cualidad de hosco: *Es una persona muy desagradable por la hosquedad de su carácter. La hosquedad del tiempo me deprime.*

hostal *s. m.* Establecimiento de menor categoría que el hotel donde se da alojamiento y comida a cambio de dinero: *El conferenciante se alojó en un hostal de dos estrellas.*

hostelería *s. f.* (no contable) Conjunto de servicios destinados a proporcionar alojamiento y comida a los clientes: *Hizo estudios de hostelería en la Escuela de Turismo.*

hostelero, ra *adj.* 1 De la hostelería: *capacidad hostelera, actividad hostelera.* SIN. hotelero. || *s. m. / f.* 2 Persona que posee o dirige un hostal: *Mi padre es hostelero.*

hostería *s. f.* Pensión, hotel, establecimiento donde se da comida y alojamiento a cambio de dinero. SIN. hospedería.

hostia *s. f.* 1 REL. Lámina redonda y delgada de pan sin levadura utilizada en el sacramento cristiano de la eucaristía: *La hostia consagrada. La niña recibió la hostia de manos del sacerdote.* 2 RESTRINGIDO. Oblea hecha de agua, harina, azúcar y otros ingredientes. 3 VULGAR; INTENSIFICADOR. Bofetada violenta: *Entre varios lo inflaron a hostias.* 4 VULGAR; INTENSIFICADOR. Golpe fuerte: *El coche se pegó una hostia contra el árbol.* || *interj.* 5 VULGAR. Se usa para expresar enfado y asombro: *¿Dónde hostias está la radio? ¡Hostia! ¡Cómo has cambiado!* || **6 mala ~** VULGAR. Enfado, mal carácter o mal humor: FR. Y LOC. **¡ay, la ~!** VULGAR. Indica sorpresa: *¡Ay, la hostia! ahora dice que yo tengo la culpa de lo que le pasa.* **de la ~** 1 VULGAR; INTENSIFICADOR. Muy grande o intenso: *Hace un frío de la hostia.* 2 VULGAR; INTENSIFICADOR. Muy bueno: *Aquí se puede tomar un café de la hostia.* **echando hostias** VULGAR; INTENSIFICADOR. Muy rápido: *Se le hacía tarde y Raúl salió echando hostias.* **hacer un pan* como unas hostias. ir* a toda ~ / leche. la ~** VULGAR, INTENSIFICADOR. Extraordinario, fuera de lo normal: *He visto una película que es la hostia, no paras de reírte.*

hostiar *v. tr. / prnl.* VULGAR, INTENSIFICADOR. Pegar ‹una persona› [a otra persona]: *Al ladrón lo hostiaron entre todos. Ese tipo* **se** *ha hostiado con la moto y está en el hospital.*

hostigamiento *s. m.* (no contable) Acción y resultado de hostigar: *El ejército está nervioso con el hostigamiento de la guerrilla.*

hostigar *v. tr.* **1** Golpear ‹una persona› [a una caballería] para hacerla andar: *La amazona hostigaba al caballo para que siguiera galopando.* **2** Causar ‹una persona› molestias [a otra persona] persiguiéndola y burlándose de ella: *Los niños hostigaban al recién llegado.* **3** MIL. Causar ‹un ejército› molestias [a los enemigos] con ataques de poca importancia: *La guerrilla hostigaba a las fuerzas regulares.* **4** COL. Molestar ‹una comida o bebida› por ser excesivamente dulce. ⇒ **56.**

hostil *adj.* Que es contrario o enemigo de una persona o una cosa: *Es una maniobra hostil inesperada. Su mirada era hostil. En algunos países la naturaleza es muy hostil.*

hostilidad *s. f.* **1** (no contable) Actitud de enemistad y fuerte oposición: *Hay mucha hostilidad entre ellos. Nos recibió enfadado, con mucha hostilidad.* **2** (preferentemente en plural) MIL. Ataque o conjunto de ataques en una guerra: *El otro bando inició las hostilidades. El acuerdo puso fin a las hostilidades.* FR. Y LOC. **romper las hostilidades** MIL. Comenzar ‹un bando› la guerra o cualquier otra clase de conflicto: *Nada más empezar la reunión se rompieron las hostilidades y empezaron las acusaciones mutuas.*

hostilizar *v. tr.* **1** Realizar ‹una persona› actos de hostilidad contra [otra persona]: *Deja de hostilizarme o abandono la reunión.* **2** Causar ‹un ejército› molestias [a los enemigos] con ataques de poca importancia: *No caeremos en la provocación aunque nos hostilice el enemigo.* ⇒ **19.**

hot dog (del inglés; pronunciamos *'jótdog'*) *s. m.* Perrito caliente.

hotel *s. m.* **1** Establecimiento de la máxima categoría donde se da alojamiento y comida por dinero: *En Mallorca Laura estuvo alojada en un hotel de cuatro estrellas. Le gustan los hoteles de esta cadena porque tienen un servicio muy esmerado.* **2** (generalmente en diminutivo) RESTRINGIDO. Casa unifamiliar de dos o tres pisos, rodeada de jardín: *Adela tiene un hotelito en la sierra.*

hotelero, ra *adj.* **1** Del hotel: *establecimiento hotelero, complejo hotelero, industria hotelera.* || *s. m.* **2** Persona que posee o dirige un hotel: *Una representación de los hoteleros se ha reunido hoy con el ministro de Turismo.*

hoy *adv. temp.* **1** En el día en que se está hablando: *He llegado hoy.* OBSERVACIONES: ◊ Va delante de cualquier otro adverbio: *Hoy por la tarde.* ◊ Puede ir precedido por las preposiciones *desde, hasta, para* y *por*: *Con ese dinero ¿tendrás bastante para hoy? Hemos terminado por hoy. Desde hoy saldré una hora antes. Hasta hoy no ha tenido interés por ese tema.* **2** En la actualidad: *Hoy todo el mundo tiene coche.* SIN. ahora, actualmente. ANT. antes, antiguamente. || *s. m.* **3** El día o el tiempo presente: *Vivir el hoy es lo que importa. Preocúpate por el hoy, y olvida el ayer y el mañana. Hasta (el día de) hoy no habíamos tenido ningún problema.* FR. Y LOC. **de ~ a/para mañana** Se usa para indicar que una cosa sucederá pronto, de un día para otro, o que está a punto de producirse: *Comunicarán los resultados de los exámenes de hoy a mañana.* **de ~ en adelante** Desde este momento, a partir de hoy, en el futuro: *De hoy en adelante no comeremos en casa.* **de ~ en más** ARG., URUG. De hoy en adelante. **~ (en) día** En estos momentos: *Hoy en día el paro es el gran problema económico.* **hoy por ~** (presenta un hecho como temporal o provisional dejando abierta la posibilidad de que pueda ocurrir de manera diferente) En la actualidad: *Hoy por hoy no estoy interesado en cambiar de trabajo.* **~ por ti (y) mañana por mí** Se usa para comentar a una persona que si ha recibido un favor, ya llegará el momento oportuno en que pueda devolverlo: *No me des las gracias, hoy por ti y mañana por mí.* **por ~** Por ahora, de momento: *Por hoy ya puedes dejar de estudiar.*

hoya (diferente de *olla*) *s. f.* **1** Hueco grande en el terreno: *El río ha excavado estas hoyas tan curiosas.* **2** GEOGR. Llanura extensa rodeada de montañas. **3** RESTRINGIDO. Hoyo para enterrar un cadáver: *Todos acabaremos en una hoya.* **4** ARG., COL., URUG.; RESTRINGIDO. Cuenca de un río.

hoyo *s. m.* **1** Hueco en un terreno o superficie: *Los jugadores se quejaron porque había hoyos en el campo.* **2** COLOQUIAL. Hueco abierto en la tierra para enterrar uno o más cadáveres: *Como sigas bebiendo así, te vas al hoyo sin darte cuenta.* **3** DEP. Agujero en que hay que introducir la pelota en el juego del golf: *Era un recorrido de nueve hoyos.*

hoyuelo *s. m.* **1** Hoyo pequeño que tienen algunas personas en el centro de la barbilla: *El hijo tiene el mismo hoyuelo que su madre.* **2** Hoyo pequeño que se forma en las mejillas de algunas personas cuando se ríen: *Andrés tiene un hoyuelo muy simpático cuando se ríe.*

hoz *s. f.* **1** GEOGR. Paso estrecho que forma un valle profundo o un río entre montañas: *Pasaremos la noche acampados cerca de las hoces del río.* **2** Herramienta agrícola para segar formada de una hoja de acero curvada y afilada sujeta a un mango. FR. Y LOC. **de ~ y coz** RESTRINGIDO. De lleno, por completo: *Se ha metido en ese trabajo de hoz y coz.*

hozar *v. tr.* Levantar y mover ‹un animal› [la tierra] con el hocico: *Los cerdos hozaban la tierra en busca de algo de comer.* ⇒ **19.**

huaca *s. f.* AMÉR. DEL S. Guaca.

huacal *s. m.* AMÉR. Guacal.

huacha *s. f.* PERÚ. Arandela de metal que se pone entre el tornillo y la tuerca.

huachafería *s. f.* PERÚ. Cursilería.

huachafo, fa *adj.* PERÚ. Que es cursi o ridículo.

huachipear *v. tr.* CHILE; COLOQUIAL. Hurtar ‹una persona› [una cosa].

huacho *s. m.* PERÚ. Fracción de un número de lotería.

huaco *s. m.* PERÚ. Guaco, objeto de cerámica.

huaico o **huayco** *s. m.* **1** AMÉR. DEL S. Alud de piedras y barro. **2** ARG. Hondonada entre valles con agua.

huaino o **huayno** *s. m.* AMÉR. DEL S. Canción y danza populares.

huairuro *s. m.* AMÉR. DEL S. Especie de judía de color rojizo, no comestible, usada para hacer collares y otros adornos.

huapango *s. m.* MÉX.; COLOQUIAL. Fiesta típica popular de la Huasteca, región mexicana, y baile y música de esta fiesta.

huaquear *v. tr.* PERÚ. Guaquear.

huaquero *s. m.* PERÚ. Buscador de tesoros que excava tumbas prehispánicas. **2** PERÚ. Vendedor de guacos u objetos de cerámica.

huaracazo *s. m.* PERÚ; JERGAL. Trago de alcohol fuerte.

huarache *s. m.* **1** MÉX. Sandalia de cuero. **2** MÉX.; COLOQUIAL. Remiendo provisional que se aplica al neumático del automóvil.

huarique *s. m.* PERÚ. Lugar escondido donde se realizan actividades ilícitas.

huasca *s. f.* PERÚ; JERGAL. Borrachera.

huasipungo *s. m.* EC. Pedazo de tierra que se proporciona al peón de una hacienda para que cultive sus propios alimentos.

huaso, sa *s. m./f.* **1** BOL.; CHILE; COLOQUIAL en Chile. Campesino, hombre del campo. **2** CHILE; COLOQUIAL. Que no tiene modales.

huasteco, ca *adj./s. m.* y *f.* **1** De un pueblo amerindio afín a los mayas: *Los huastecos destacaban por su escultura.* || *s. m.* **2** LING. Lengua de la familia maya hablada por los huastecos.

huata *s. f.* PERÚ. Guata, barriga.

huayco *s. m.* AMÉR. DEL S. Huaico.

huayno *s. m.* AMÉR. DEL S. Huaino.

hucha *s. f.* **1** Recipiente con una ranura para guardar dinero: *meter dinero en la hucha, romper la hucha.* **2** (no contable) Dinero que se guarda en una hucha o se ahorra de otra manera: *Luisa tiene una buena hucha.*

hueco, ca *adj.* **1** (ser/estar) Que está vacío por dentro: *una figura hueca. El árbol está hueco. La puerta es hueca.* **2** Que se muestra orgulloso de sí mismo: *El ganador se puso muy hueco cuando lo nombraron.* **3** (antepuesto/pospuesto) Que expresa ideas superficiales y sin importancia: *un lenguaje hueco, un estilo hueco. Sus huecas palabras sonaban ridículas.* **4** [Voz, sonido] que es grave y profundo: *Este presentador tiene una voz hueca.* **5** Que es mullido y esponjoso: *Ana lleva siempre el pelo muy hueco. El bizcocho le quedó muy hueco. Tu abuela dejó la pluma de los cojines muy hueca.* || *s. m.* **6** Espacio o cavidad vacía: *Una niña se cayó por el hueco de un ascensor.* **7** Espacio de tiempo libre entre otras ocupaciones: *No tengo ni un hueco para descansar.* **8** Abertura en una pared o un muro: *Hay que tapar el hueco de la pared.* **9** Lugar o sitio libre: *No lleves el coche porque no encontrarás un hueco para aparcar. Siéntate con nosotras, que te hacemos un hueco.* **10** Puesto o empleo vacante: *Ha quedado un hueco en la oficina porque se ha ido una secretaria.* **11** COL. Bache del camino o carretera. || **12 cabeza* hueca/loca.** FR. Y LOC. **hacer un ~** Sacar ‹una persona› de donde parece que no lo hay tiempo o espacio para otra persona: *El dentista me ha hecho un hueco y me recibe mañana.*

huecograbado *s. m.* **1** ART. GRÁF. Procedimiento de impresión mediante planchas o cilindros grabados en hueco y entintados, que se acoplan a la rotativa. **2** ART. GRÁF. Estampa o grabado obtenido mediante este procedimiento: *Las revistas tienen páginas de huecograbado.*

huelga *s. f.* **1** Suspensión del trabajo por parte de los empleados para protestar u obtener mejoras laborales: *La huelga de transportistas fue desconvocada ayer. Los obreros de la fábrica se pusieron en huelga.* **~ de brazos caídos** Huelga que se hace acudiendo al puesto laboral, pero sin trabajar. **~ de celo** Huelga en que los trabajadores trabajan cumpliendo estrictamente las normas para que descienda el rendimiento: *Los aduaneros han iniciado una huelga de celo.* **~ general** Huelga de todos los sectores productivos de un lugar. **~ revolucionaria** Huelga que tiene por finalidad acabar con el régimen político de un país. || **2 ~ de hambre** Abstinencia total de alimentos que se impone a sí misma una persona como medida de presión para conseguir una cosa: *Los presos iniciaron una huelga de hambre ayer.*

huelguista *s. m./f.* Persona que participa en una huelga: *Los huelguistas presentaron sus reclamaciones.*

huelguístico, ca *adj.* De la huelga.

huella *s. f.* **1** Señal que deja en el suelo un cuerpo al posarse: *Había huellas de neumáticos. Se ha encontrado una huella de dinosaurio.* **2** Señal o rastro de una cosa pasada: *En la actualidad no queda ni huella del terremoto de hace dos años.* **3** Impresión profunda y duradera que deja una cosa en una persona: *Su cara reflejaba las huellas del sufrimiento. En sus trabajos se ve la huella de su maestro.* **4** Parte horizontal de un peldaño. **5** CHILE, URUG. Senda marcada por el paso de animales, vehículos y personas. || **6 ~ dactilar/digital** Huella del dibujo de la yema de los dedos. FR. Y LOC. **seguir las huellas** Tomar ‹una persona› como ejemplo las cosas que ha hecho otra persona: *Si sigue las huellas* ***de*** *su padre acabará siendo un gran médico.*

huelveño, ña *adj./s. m.* y *f.* De Huelva, ciudad y provincia española. SIN. Onubense.

huemul *s. m.* (macho y hembra) *Hippocamelus bisulcus.* Mamífero rumiante de la misma familia que el ciervo, que habita en los Andes.

huérfano, na *adj./s. m.* y *f.* **1** (ser/estar) [Persona menor de edad] que ha perdido al padre, a la madre, o a ambos: *Silvia es huérfana* ***de*** *madre desde que tenía dos años. Alberto vive con su tía porque está huérfano. Se quedó huérfano a los siete años.* **2** (estar) ELEVADO. Que carece de alguna cosa, especialmente cariño o seguridad: *La ciudad quedó huérfana de protección. Tenemos que salir adelante nosotros solos, estamos huérfanos de cualquier apoyo.*

huero, ra *adj.* **1** [Huevo] que no ha sido fecundado por el macho y no produce cría: *Esta gallina intenta incubar huevos hueros.* **2** ELEVADO. Que no tiene sustancia o solidez: *Fue un discurso huero, sin contenido, lleno de palabras vacías.* **3** AMÉR. DEL S.; RESTRINGIDO. Que es estéril.

huerta *s. f.* **1** Terreno de mayor extensión que el huerto, donde se cultivan verduras, legumbres y árboles frutales: *Cada mañana el campesino se levantaba al amanecer e iba a trabajar a la huerta.* **2** Tierra de regadío: *A las orillas del río se descubren extensas huertas.*

huertano, na *adj./s. m.* y *f.* **1** RESTRINGIDO. Que vive en huertas o en zonas de regadío: *Las familias huertanas se quejan por la sequía.* || *s. m./f.* **2** RESTRINGIDO. Persona que cultiva una huerta: *Los huertanos se reunieron en la cooperativa.* SIN. hortelano.

huerto *s. m.*Terreno de pequeña extensión, generalmente cercado, donde se cultivan verduras, legumbres y árboles frutales: *Estos tomates son del huerto.* FR. Y LOC. **llevar al ~** 1 VULGAR. Conseguir ‹una persona› tener relaciones sexuales con otra persona: *Se notaba que quería llevarme al huerto.* 2 COLOQUIAL. Convencer ‹una persona› a otra persona: *Hoy tengo mucho trabajo así es que no te molestes, que no me vas a llevar al huerto.*

huesero, ra *s. m./f.* **1** PERÚ. Curandero de los huesos. || *s. m.* **2** VEN.; COLOQUIAL. Conjunto de huesos.

hueso *s. m.* **1** ANAT. Pieza dura que forma parte del esqueleto de los animales vertebrados: *El boxeador se ha roto un hueso. Mi abuela tiene reuma, y por eso le duelen los hue-*

sos. **2** Materia de que están constituidas estas piezas: *Son botones de hueso difíciles de encontrar.* **3** Parte dura y leñosa que se encuentra en el interior de algunas frutas, y que encierra la semilla: *Se comió la ciruela y se tragó el hueso. Son aceitunas sin hueso.* **4** COLOQUIAL. Persona desagradable o que exige mucho: *El profesor es un hueso.* **5** COLOQUIAL. Cosa difícil o molesta: *Las Matemáticas de este curso son un hueso.* **6** (en plural) Restos mortales: *Sus huesos descansan en el cementerio de la ciudad.* **7** (en plural) COLOQUIAL. Cuerpo de una persona: *Lo echaron del bar a empujones y dio con sus huesos en la calle.* **8** COL.; COLOQUIAL. Mercancía mala o difícil de vender. || *adj. / s. m.* **9** Color entre blanco y amarillo: *Mi madre se ha comprado un traje de color hueso elegantísimo.* || **10 ~ de santo** Dulce en forma de pequeño rodillo de mazapán. **11 ~ innominado** Cada uno de los dos huesos de las caderas que junto con el sacro y el cóccix forman la pelvis de los mamíferos. **12 ~ maxilar** Cada uno de los tres huesos que forman las mandíbulas. **13 ~ temporal** Cada uno de los dos huesos del cráneo de los mamíferos, correspondientes a las sienes. FR. Y LOC. **a otro perro* con ese ~. calado / empapado hasta los huesos** COLOQUIAL; INTENSIFICADOR. Muy mojado: *Nos pilló la lluvia y llegamos calados hasta los huesos.* **dar / pinchar en ~** COLOQUIAL. No conseguir ‹una persona› lo que se proponía: *Pensaba que me iba a convencer con facilidad, pero conmigo ha dado en hueso.* **en los huesos** COLOQUIAL. Muy delgado: *La gripe te ha dejado en los huesos. Está en los huesos.* **~ duro de roer** COLOQUIAL. Persona o asunto difícil de tratar: *El jefe es un hueso duro de roer, no será fácil que nos dé permiso. Este contrato es un hueso duro de roer, pero tenemos que conseguirlo.* **la sin ~** COLOQUIAL. La lengua: *Niños, dejad tranquila la sin hueso.* **ser de carne* y ~.**

huésped, da *s. m. / f.* **1** Persona que se aloja en una casa que no es la suya: *casa de huéspedes, el huésped de una pensión.* **2** ELEVADO. Persona que aloja en su casa a una persona: *El huésped salió a recibir a sus invitados.* SIN. anfitrión. **3** BIOL. Ser vivo que mantiene un parásito.

hueste *s. f.* **1** (preferentemente en plural) ELEVADO. Tropa o conjunto de personas armadas: *El general avanzó con sus huestes.* **2** (preferentemente en plural) ELEVADO. Conjunto de seguidores o partidarios de una persona o de una causa: *El político se dirigió a sus huestes.*

huesudo, da *adj.* Que tiene mucho hueso o los tiene muy marcados: *hombros huesudos, persona muy huesuda.*

hueva *s. f.* **1** (preferentemente en plural) Masa que forman los huevecillos de algunos peces, contenida en una bolsa o membrana: *En España, las huevas de algunos peces son muy apreciadas como alimento.* **2** CUBA, GUAT., MÉX. Pereza, vaguería. || *s. m/f.* **3** COL.; COLOQUIAL; PEYORATIVO. Persona que es tonta o boba.

huevada *s. f.* ARG., CHILE, PERÚ; VULGAR en Perú. Estupidez, cosa sin importancia.

huevear *v. tr.* **1** ARG., CHILE; VULGAR. Hacer ‹una persona› estupideces. **2** PERÚ; VULGAR. Pasar ‹una persona› el tiempo sin provecho.

huevera *s. f.* **1** Especie de copa pequeña para servir los huevos pasados por agua. **2** Recipiente para transportar o guardar huevos.

huevería *s. f.* Tienda donde se venden huevos.

huevero, ra *s. m. / f.* Persona que es dueña de una tienda de huevos o los vende.

huevo *s. m.* **1** Cuerpo orgánico más o menos esférico, puesto por las hembras de algunos animales, en el que se desarrolla un nuevo ser: *Las aves, reptiles, peces y anfibios se reproducen por huevos.* **2** Cuerpo orgánico de forma característica puesto por la gallina o la pata y destinado a la alimentación: *Hazme una tortilla de dos huevos.* **ponche* de ~. ~ cocido** Huevo que se cuece en agua hirviendo con la cáscara hasta que se cuajan completamente la yema y la clara. **~ duro** Huevo cocido. **~ estrellado** RESTRINGIDO. Huevo frito. **~ frito** Huevo que se fríe sin batirlo antes. **~ hilado** Huevo y azúcar en forma de hilos o hebras. **~ pasado por agua** Huevo cocido ligeramente con la cáscara, sin que lleguen a cuajarse totalmente la yema y la clara. **huevos al plato** Huevos que se cuajan sin batir, con calor suave, en el mismo recipiente en que luego se sirven. **huevos revueltos** Huevos que se fríen mientras se revuelven con otro alimento: *huevos revueltos con jamón, huevos revueltos con champiñones.* **3** BIOL. Célula que resulta de la unión del gameto masculino con el femenino en la reproducción sexual de plantas y animales: *El embrión procede de la división celular del huevo.* SIN. cigoto. **4** (preferentemente en plural) VULGAR. Testículo: *Le han dado una patada en los huevos.* SIN. cojón (VULGAR). **5** (en plural) VULGAR. Valor o coraje: *Hay que tener huevos para decirle eso al jefe.* || *interj.* **6** VULGAR. Se usa para expresar negación, enfado o fastidio: *¡Y un huevo! No estoy dispuesto a dejarle el coche.* || **7 ~ de pascua** Dulce de chocolate en forma de huevo que se toma en Pascua de Resurrección. FR. Y LOC. **a ~** VULGAR. En las mejores condiciones posibles para hacer o conseguir una cosa: *El jugador tiene la pelota a huevo para meter gol.* **caer / sentar como una patada* en los cojones / huevos. hasta los huevos** VULGAR; INTENSIFICADOR, DISGUSTO Y ENFADO. Muy harto: *El gato me tiene hasta los huevos.* **importar un ~** VULGAR; INTENSIFICADOR, DISGUSTO Y ENFADO. No importar nada ‹una cosa› a una persona: *Le importa un huevo lo que piensen de él.* **la gallina* de los huevos de oro. pisando huevos** COLOQUIAL. Muy despacio: *Si vas pisando huevos, no llegaremos a tiempo.* **salirle de los huevos** VULGAR; DISGUSTO Y ENFADO. Tener ‹una persona› la voluntad de hacer una cosa: *Podría ayudarnos a hacer la mudanza, pero no le sale de los huevos. Lo hago como me sale de los huevos.* **tener huevos la cosa** VULGAR; DISGUSTO Y ENFADO. Se usa para expresar que una cosa es injusta, intolerable o paradójica: *Tiene huevos la cosa, llevo dos horas esperándolo y encima se enfada conmigo.* **tocar los huevos** 1 VULGAR; DISGUSTO Y ENFADO. Fastidiar ‹una persona o una cosa› a otra persona: *Me toca los huevos que ahora no me deje el coche.* 2 VULGAR; DISGUSTO Y ENFADO. Holgazanear ‹una persona›: *Ese chico se pasa todo el día tocándose los huevos.* **torta* de huevos. un ~** VULGAR; INTENSIFICADOR. Mucho: *De ciencias naturales, mi hermano sabe un huevo. Por esa casa piden un huevo.*

huevón, na *adj.* **1** CUBA, GUAT., MÉX., PERÚ; COLOQUIAL; VULGAR en México. Que es vago o perezoso. **2** P. RICO. Que es majadero o pesado. || *adj. / s. m.* y *f.* **3** ARG., CHILE, COL., URUG., VEN. COLOQUIAL en Colombia; VULGAR en Venezuela y Uruguay; PEYORATIVO en Colombia y Venezuela. Que es tonto o bobo.

hugonote *adj / s. m.* y *f.* Calvinista francés de los siglos XVI y XVII.

huida *s. f.* Acción y resultado de huir: *La huida fue un éxito. En el último mes se han producido varias huidas de la cárcel. No entiendo las razones de su huida.* FR. Y LOC. **~ ha-**

cia adelante ADMINISTRATIVO. Propuesta de soluciones en un futuro hipotético, que disfraza la incapacidad de responder a los problemas presentes: *Tu proyecto no me ha gustado, es una huida hacia adelante.*

huidizo, za *adj.* **1** (antepuesto / pospuesto) LITERARIO. Que huye o tiende a huir: *la huidiza primavera, las horas huidizas, los huidizos días, tiempo huidizo.* **2** (ser / estar; antepuesto / pospuesto) Que es esquivo o se asusta con facilidad: *Mi jefe está muy huidizo, no consigo hablar con él.*

huido, da *adj. / s. m.* y *f.* (estar) Que ha escapado de un lugar en el que estaba encerrado o de una orden de detención: *El preso está huido de la justicia.*

huincha *s. f.* AMÉR. Vincha.

huinche o **güinche** *s. m.* COL. Cabrestante.

huipil *s. m.* AMÉR. C. Camisa ancha sin mangas y con bordados vistosos que usan las mujeres.

huir *v. intr.* **1** Irse ‹una persona o un animal› muy deprisa de un lugar para evitar [un peligro]: *Los animales huían* ***del*** *fuego. Todos huyeron* ***al*** *oír la explosión.* **2** Irse ‹una persona› de [un lugar en el que está sujeto o vigilado]: *La mujer huyó* ***de*** *un campo de concentración.* SIN. evadirse. **3** ELEVADO. Pasar ‹el tiempo› rápidamente: *El tiempo huía sin que nos diéramos cuenta.* || *v. intr. / tr.* **4** Evitar ‹una persona› [a una persona o una cosa]: *Fernando me huye. No huyas la verdad, porque no sirve de nada.* SIN. rehuir. FR. Y LOC. **~ de la quema** Alejarse ‹una persona› de un peligro o de una situación que pueda comprometerla o perjudicarla: *Vi que podían encargarme a mí el trabajo y tuve que huir de la quema.* ⇒ **46.**

huiro *s. m.* BOL., CHILE, PERÚ. Conjunto de varias especies de algas marinas abundantes en las costas chilena y peruana.

huisache *s. m.* **1** MÉX.; COLOQUIAL. Arbusto de hojas compuestas y flores amarillas. **2** GUAT. Picapleitos.

hule *s. m.* **1** (no contable) Tela gruesa y flexible impermeabilizada en uno de sus lados con una capa brillante de óleo y barniz: *Me he comprado un impermeable de hule.* **2** Mantel de hule: *Pon el hule en la mesa.*

hulla *s. f.* **1** Carbón mineral negro y muy brillante, rico en carbono, que se emplea como combustible: *La hulla se consume cada vez menos porque el petróleo resulta más barato.* || **2 ~ blanca** Corriente de agua empleada para producir energía.

hullero, ra *adj.* De la hulla, o que contiene hulla: *yacimientos hulleros, cuenca hullera.*

humanamente *adv. modo* **1** Con humanidad: *El sacerdote se portó muy humanamente con ellos.* **2** En términos humanos. OBSERVACIONES: Señalando el acto mismo de decir, aunque no esté explícito: *Hablando humanamente, hay injusticias que no se deberían olvidar.* || *adv. instrum.* **3** (a veces como disculpa) Con todos los recursos al alcance de los hombres, con todo lo que depende de la capacidad del hombre: *Hicieron todo lo humanamente posible por salvarlo.* || *adv. orac.* **4** En el aspecto humano, desde un punto de vista humano: *Humanamente, deja mucho que desear.* **5** Desde una perspectiva humana, desde el punto de vista de las normas de convivencia humana: *Tanto política como humanamente, es una acción execrable.* **6** En relación con algún estándar humano: *Humanamente, dista mucho de ser un buen ejemplar.* OBSERVACIONES: Este uso, aunque lingüísticamente intachable, es a veces peligroso.

humanidad *s. f.* **1** (no contable) Conjunto de todos los seres humanos: *Su música es un canto de esperanza para la humanidad.* **2** (no contable) Compasión, bondad o afecto hacia las personas: *tratar a alguien con humanidad.* **3** (en plural; no contable) Conjunto de conocimientos sobre las disciplinas que no tienen una aplicación práctica inmediata: *La literatura, la filosofía, las lenguas, la historia se consideran estudios de humanidades.* **4** (no contable) COLOQUIAL. Gordura o corpulencia de una persona: *Se tropezó y cayó con toda su humanidad sobre las plantas.*

humanismo *s. m.* **1** (no contable) HIST. Movimiento cultural y pedagógico surgido en Europa entre los siglos XIV y XVI, que se caracterizó por el estudio filológico de los modelos grecolatinos, por su interés fundamental por la naturaleza y por la consideración de la dignidad del hombre. **2** (no contable) Estudio y conocimiento de las humanidades: *En las sociedades de consumo, el humanismo queda relegado a un segundo término.* **3** (no contable) Corriente filosófica que estudia abstractamente al ser humano.

humanista *adj.* **1** Del humanismo: *visión humanista, carácter humanista.* || *adj. / s. m.* y *f.* **2** Que se dedica a estudiar las humanidades: *Los humanistas reivindican la literatura y la filosofía para formar al hombre moderno.*

humanístico, ca *adj.* Del humanismo o de las humanidades: *formación humanística, conocimiento humanístico.*

humanitario, ria *adj.* **1** (ser / estar) Que se preocupa, trabaja y cuida del bienestar de las personas: *ayuda humanitaria, acción humanitaria.* **2** Que es bueno, caritativo y solidario: *Clara es una mujer muy humanitaria.*

humanitarismo *s. m.* (no contable) Comportamiento humano y solidario de una persona con las demás.

humanización *s. f.* Acción y resultado de humanizar o humanizarse: *La humanización de la economía es algo que nos beneficiará a todos.*

humanizar *v. tr.* **1** Hacer ‹una persona o una cosa› más humana o más agradable [una cosa]: *La Administración quiere humanizar los hospitales para que la estancia de los enfermos sea más agradable.* || *v. prnl.* **2** Hacerse ‹una cosa› más humana o más agradable: *El ejército se ha humanizado en los últimos años. Las empresas se están humanizando poco a poco.* **3** Hacerse ‹una persona› más humana o más comprensiva: *La gente se humaniza con la edad.* ⇒ **19.**

humano, na *adj.* **1** (antepuesto / pospuesto) De la persona, o propio de ella: *Es humano tener miedo a lo desconocido. El género humano domina la Tierra.* **cadena* humana. geografía humana.** **2** (antepuesto / pospuesto) Que es caritativo y respetuoso con los demás: *Esta juez es muy humana en sus decisiones. Los humanos gestos de solidaridad de los gobiernos deben traducirse en ayudas materiales.* || *s. m.* **3** (preferentemente en plural) Persona, hombre: *No hay ninguna otra especie tan cruel como los humanos.* || **4 ciencias humanas** Humanidades.

humanoide *adj. / s. m.* y *f.* Que tiene rasgos propios de un ser humano: *figura humanoide.*

humareda o **humarada** *s. f.* Cantidad grande de humo: *Vi dos humaredas, una en cada lado de la montaña.*

humazo *s. m.* (no contable) Humo espeso y denso, especialmente cuando es muy molesto. FR. Y LOC. **dar ~** COLOQUIAL, RESTRINGIDO. Hacer ‹una persona› que se vaya otra persona que molestaba.

humeante *adj.* (estar; antepuesto / pospuesto) Que humea: *Los restos de la fogata están todavía humeantes.*

humear *v. intr.* **1** Despedir ‹una cosa› humo o vapor: *La casa incendiada aún humeaba al amanecer.* **2** Permanecer ‹un recuerdo› en la memoria o en el corazón: *Aquel viejo amor aún humeaba en su pecho.* ‖ *v. tr.* **3** AMÉR. Fumigar.

humectante *adj.* RESTRINGIDO. Que humedece: *producto humectante.*

humectar *v. tr.* RESTRINGIDO. Humidificar.

humedad *s. f.* **1** (no contable) Existencia de agua en un cuerpo, especialmente en el aire: *No le va bien la humedad porque padece de los huesos.* **2** (no contable) Agua u otro líquido que moja ligeramente una cosa: *manchas de humedad en la pared.* **cochinilla de la ~.** **3** (no contable) METEOR. Cantidad de vapor de agua que hay en el aire: *La humedad relativa del aire en Cuba es del 80%.*

humedecer *v. tr.* **1** Mojar ‹una persona o una cosa› [una cosa] ligeramente: *Humedeció los labios del herido que pedía insistentemente agua.* ‖ *v. prnl.* **2** Mojarse ‹una cosa› ligeramente: *Las calles se humedecían al atardecer.* ⇒ **5.**

húmedo, da *adj.* **1** (estar) Que está un poco mojado: *trapo húmedo, ropa húmeda.* **2** (ser / estar; antepuesto / pospuesto) Que contiene mucho vapor de agua: *El ambiente está muy húmedo. Las húmedas noches tropicales se le hacían interminables.* **3** (antepuesto / pospuesto) [Tiempo atmosférico, época, clima, país] que es abundante en lluvias: *Los climas húmedos son malos para los huesos. No puede olvidar el húmedo país del que procede.* **clima ~.**

humeral *adj.* **1** ANAT. Del húmero: *arteria humeral, fractura humeral.* ‖ *s. m.* **2** REL. Paño que lleva el sacerdote sobre los hombros en la Misa, con cuyos bordes se cubre las manos para sujetar la custodia o el copón.

húmero *s. m.* ANAT. Hueso del brazo que se articula entre el hombro y el codo: *Se rompió el húmero por dos sitios.*

humidificador, ra *adj.* **1** RESTRINGIDO. Que humidifica: *una técnica humidificadora.* ‖ *s. m.* **2** Aparato que sirve para aumentar la humedad en lugares cerrados.

humidificar *v. tr.* RESTRINGIDO. Hacer ‹una cosa› que aumente el grado de humedad de [un lugar] o de [una cosa]: *Este aparato humidifica el ambiente.* SIN. humectar. ⇒ **71.**

humildad *s. f.* **1** (no contable) Cualidad que deriva del conocimiento de las propias limitaciones: *Su excesiva humildad la llevaba a no proponerse nunca para ningún cargo.* **2** (no contable) Condición social baja: *A pesar de la humildad de su procedencia se movía con mucha elegancia.* **3** Inferioridad u obediencia a los demás: *La humildad de sus palabras hacía que no fueran tenidas en cuenta.*

humilde *adj.* **1** (ser / estar) Que se comporta con humildad: *Es muy humilde y no le cuesta reconocer sus errores.* **2** (antepuesto / pospuesto) Que pertenece a una clase social baja: *una humilde casa, una familia humilde.* **3** (antepuesto / pospuesto) Que se muestra inferior y obediente a los demás: *una humilde actitud, una mirada humilde.*

humillación *s. f.* Acción y resultado de humillar o humillarse: *Más dura que la derrota fue la humillación.*

humilladero *s. m.* RESTRINGIDO. Lugar con una cruz o imagen situado en la entrada de los pueblos o caminos.

humillante *adj.* (antepuesto / pospuesto) Que humilla o degrada: *El político hizo unas humillantes declaraciones.*

humillar *v. tr.* **1** Hacer sentir ‹una persona o una cosa› inferior [a una persona]: *Lo humillaron al reírse de su trabajo.* **2** Doblar o inclinar ‹una persona› [una parte del cuerpo] en señal de sumisión: *El vasallo humilló la cabeza ante su rey.* **3** TAUROM. Bajar ‹el toro› [la cabeza]. ‖ *v. prnl.* **4** Adoptar ‹una persona› un actitud de inferioridad ante [otra persona]: *Víctor se humilló* ***ante*** *su padre.* **5** Perder ‹una persona› su dignidad: *Se ha humillado ante el director para que lo asciendan.*

humita *s. f.* AMÉR. DEL S. Pasta de maíz tierno rallado, cebolla y pimientos que, se envuelve en las hojas del maíz y se cocina al vapor.

humo *s. m.* **1** (no contable) Producto gaseoso que se desprende de la combustión incompleta de una materia combustible: *En esta ciudad hay mucho humo.* **bomba* de ~. cortina* de ~.** **2** (no contable) Vapor que desprende un líquido al hervir o evaporarse, o una sustancia al fermentar: *El café ya no echa humo.* **3** (en plural; no contable) COLOQUIAL. Soberbia: *Esta niña tiene demasiados humos.* FR. Y LOC. **bajar los humos** COLOQUIAL. Moderar ‹una persona› a otra persona su altivez u orgullo: *Le he echado una bronca y se le han bajado los humos.* **echar ~** COLOQUIAL. Estar ‹una persona› muy enfadada: *No se lo he querido decir porque está que echa humo.* **subírsele los humos** COLOQUIAL. Sentir vanidad o soberbia: *Desde que lo han hecho encargado se le han subido los humos.*

humor *s. m.* **1** (no contable) Estado de ánimo: *Veamos qué humor tiene hoy.* **buen ~. mal ~.** **2** (no contable) Disposición para hacer o emprender una cosa: *No está de humor para ir al cine.* **3** (no contable) Capacidad para descubrir y mostrar lo cómico o divertido de las personas, cosas o situaciones y aplicación de esa capacidad: *Mi abuela se toma la vida con humor.* **4** RESTRINGIDO. Nombre que recibían los líquidos que segrega el cuerpo: *los humores de la vesícula.* ‖ **5 ~ ácueo / acuoso** FISIOL. Líquido del ojo que está contenido en una cámara entre la córnea y el cristalino. **6 ~ de perros** COLOQUIAL. Muy mal humor: *No le digas nada, porque hoy está de un humor de perros.* **7 ~ negro** Humor que busca provocar la risa a partir de situaciones dramáticas o trágicas. **8 ~ vítreo** FISIOL. Masa gelatinosa y transparente que se encuentra detrás del cristalino del ojo.

humorada *s. f.* COLOQUIAL. Dicho o hecho divertido: *Inés siempre nos divierte con sus humoradas.* SIN. ocurrencia.

humorado, da Se usa en la LOC. **bien ~** RESTRINGIDO. Que tiene buen humor: *Andrés es una persona bien humorada.* **mal ~** RESTRINGIDO. Malhumorado, que tiene mal humor: *Está muy mal humorada hoy.*

humorismo *s. m.* **1** (no contable) Carácter cómico o divertido de una cosa: *Hay que poner una gota de humorismo en los momentos difíciles.* **2** (no contable) Actividad profesional de divertir y hacer reír al público.

humorista *s. m. / f.* Persona que se dedica profesionalmente a hacer reír a los demás con chistes u otras habilidades: *Es una pareja de humoristas muy famosa.*

humorístico, ca *adj.* **1** Que expresa o contiene humor, o que está hecho con humor: *relato humorístico, espectáculo humorístico, dibujo humorístico.* **2** Del humor como estilo literario o actividad profesional: *estilo humorístico.*

humus (plural *humus*) *s. m.* (no contable) Conjunto de materias orgánicas descompuestas o en proceso de transformación que constituyen la capa más externa de un suelo: *Este suelo se ha quedado sin humus por la erosión.*

hundido, da *adj.* (estar) Que se siente fracasado y sin ánimo: *Hoy no tengo ganas de hablar, estoy hundido.*

hundimiento *s. m.* Acción y resultado de hundir o hundirse: *El hundimiento del barco no ha causado muertes.*

hundir *v. tr.* **1** Hacer ‹una persona o una cosa› que [una persona, un animal o una cosa] se vaya al fondo: *Hundieron el barco de un cañonazo.* **2** Hacer ‹una persona o una cosa› que [una cosa] se deforme desde su superficie hacia abajo o hacia dentro: *El niño ha hundido el botón de llamada del ascensor.* **3** Hacer caer ‹una cosa› [una construcción o parte de ella]: *Las lluvias han hundido cuatro casas.* **4** Hacer ‹una persona o una cosa› que [una persona o una cosa] no tenga éxito: *La falta de público ha hundido el espectáculo.* **5** Hacer caer ‹una persona o una cosa› [a una persona] en una depresión: *El abandono de su mujer lo ha hundido.* **6** Derrotar ‹una persona› [a otra persona]: *Aquel gol hundió al equipo.* || *v. prnl.* **7** Irse ‹una persona, un animal o una cosa› al fondo: *El barco se hundió porque chocó con un iceberg.* **8** Deformarse ‹una cosa› desde su superficie hacia abajo o hacia dentro: *El suelo se ha hundido un poco por el peso de la estantería.* **9** No tener ‹una persona o una cosa› éxito: *La economía se hundirá si no se reduce el gasto público.* **10** Caer ‹una persona› en una depresión: *Teresa se ha hundido al quedarse sin trabajo.* **11** Haber mucho ruido o mucho alboroto en ‹un lugar›: *Ha marcado otro gol el equipo de casa, y el estadio se hunde* ***de*** *alegría.* FR. Y LOC. **hundirse el mundo*.**

húngaro, ra *adj. / s. m.* y *f.* **1** De Hungría, país europeo. || *s. m.* **2** LING. Lengua de la familia urálica que se habla en Rumania y Hungría y es oficial en este último país.

huno, na *adj. / s. m.* y *f.* De un pueblo de raza mongol, que habitaba las estepas asiáticas y se extendió por parte de Europa en el s. V: *Atila era el rey de los hunos.*

HUNOSA (pronunciamos '*unosa*') *s. f.* Sigla de «Hulleras del Norte, Sociedad Anónima», empresa minera, España.

hura *s. f.* Agujero, madriguera: *huras de topos.*

huracán *s. m.* **1** Viento muy fuerte que gira a modo de torbellino en grandes círculos, y que suele originarse en zonas tropicales: *El huracán provocó grandes destrozos en la población.* SIN. ciclón. **2** Viento muy fuerte: *Dijiste que hacía airecillo, pero esto es un huracán.* **3** COLOQUIAL. Persona muy impetuosa: *Ese cantante es un auténtico huracán en el escenario.* FR. Y LOC. **ojo* del ~.**

huracanado, da *adj.* [Viento] que tiene mucha fuerza.

huraño, ña *adj.* (ser / estar; antepuesto / pospuesto) ELEVADO. Que es antipático y poco sociable: *Su abuelo es muy huraño. Nos recibió con un gesto huraño.*

hurgar *v. tr. / prnl.* **1** Tocar ‹una persona› [una cosa] removiéndola o moviendo los dedos sobre ella: *Siempre* ***se*** *hurga* ***en*** *la nariz.* || *v. tr. / intr.* **2** Intentar ‹una persona› enterarse de [los asuntos ajenos]: *Mi hijo pequeño siempre hurga* ***en*** *mis cajones.* SIN. fisgonear. ⇒ **56.**

hurgón *s. m.* RESTRINGIDO. Instrumento de hierro para remover y avivar el fuego. SIN. atizador.

hurguete *s. m.* AMÉR. Hurón.

hurguetear *v. intr.* **1** AMÉR. Huronear, hurgar, espiar. || *v. tr.* **2** CHILE; COLOQUIAL. Revolver ‹una persona› [las cosas de otra persona].

hurí *s. f.* Mujer muy bella que, según la religión islámica, acompaña a los creyentes en el paraíso.

hurón, na *adj. / s. m.* y *f.* **1** COLOQUIAL. [Persona] que es huraña: *Eran tan hurones que no se trataban con nadie.* **2** De un pueblo amerindio de América del Norte que vivió en la orilla izquierda del río San Lorenzo hasta el siglo XVIII. || *s. m.* **3** LING. Lengua hablada por los hurones. **4** (macho y hembra) *Mustela putorius.* Mamífero carnívoro de la misma familia que el armiño y la comadreja, muy feroz, usado para cazar conejos a los que saca de sus madrigueras.

huronear *v. intr.* **1** Cazar ‹una persona› con hurones. **2** COLOQUIAL. Intentar ‹una persona› enterarse de los asuntos ajenos: *No aguanto que huronee en mis cosas.* SIN. husmear.

huronera *s. f.* Madriguera o refugio de los hurones.

huroniano, na *adj. / s. m.* GEOL. [Terreno] que sufre plegamientos en la era precámbrica.

¡hurra! *interj.* Se usa para expresar alegría o triunfo: *¡Hurra, lo conseguimos! ¡Hip, hip, hurra!*

hurtadillas Se usa en la LOC. **a ~** COLOQUIAL. A escondidas, sin que nadie lo sepa: *Los niños se han comido los bombones a hurtadillas.*

hurtar *v. tr.* **1** DER. Robar ‹una persona› [una cosa] sin utilizar la violencia. SIN. sustraer. **2** ELEVADO. Mover ‹una persona› [una cosa] para evitar que [otra persona tropiece con ella]: *La nieta hurtó la silla del pasillo por donde tenía que pasar la abuela.* || *v. prnl.* **3** ELEVADO. Ocultarse ‹una persona›: *El actor se hurtó a la vista de los demás.*

hurto *s. m.* **1** DER. Robo pequeño que se hace sin utilizar la violencia: *Lo sorprendieron cometiendo un hurto.* **2** RESTRINGIDO. Cosa robada: *Tenía una caja llena de pequeños hurtos.*

húsar *s. m.* **1** Soldado de la armada húngara. **2** Soldado de caballería ligera vestido con un uniforme parecido al de la armada húngara: *ataque de los húsares.*

husillo *s. m.* MEC. Tornillo de metal o madera utilizado para mover las piezas de ciertas máquinas.

husmear *v. tr. / intr.* **1** Seguir ‹un animal› el rastro de [una cosa] con el olfato: *El perro husmeaba* ***en*** *la basura.* **2** COLOQUIAL. Intentar ‹una persona› enterarse de [los asuntos ajenos]: *Husmeaba siempre* ***en*** *mis papeles.*

huso *s. m.* **1** Instrumento de forma cilíndrica alargada y más ancha en el centro que se utiliza para hilar devanando la hebra. **2** Objeto de forma parecida al huso de hilar: *el huso de un avión, piernas en huso.* || **3 ~ esférico** GEOM. Superficie comprendida entre dos círculos máximos. **4 ~ horario** Cada una de las 24 partes en que se divide la esfera terrestre en la que rige la misma hora.

¡huy! *interj.* **1** Se usa para expresar dolor físico, sorpresa o admiración por una cosa que se escucha o sucede: *¡Huy, casi te caes! ¡Huy, qué poco ha faltado! ¡Huy, me duele mucho una muela!* **2** AFECTADO. Se usa para expresar reparos, reticencia o actitud ridícula de una persona para hacer una cosa: *¡Huy, no puedo ir a la fiesta con esta ropa!*

I

i *s. f.* Novena letra del alfabeto español que representa un sonido vocálico. FR. Y LOC. **poner los puntos* sobre las íes.**

i- *pref.* in-.

-í *suf.* Significa 'origen o procedencia' y forma sustantivos o adjetivos a partir de sustantivos: *Marbella - marbellí.*

-ía *suf.* -ería.

-iano, na *suf.* -ano.

IB. *abr.* «Iberia, Líneas Aéreas de España, S. A.»

ibérico, ca *adj.* **1** De la antigua Iberia: *arte ibérico.* SIN. ibero. **2** De la Península Ibérica, es decir de España y Portugal. **3** De España: *fauna ibérica.* || *s. m.* **4** LING. Lengua de los iberos, pueblo prerromano de la Península Ibérica.

ibero, ra o **íbero, ra** *adj.* **1** De la antigua Iberia, hoy España y Portugal. SIN. ibérico. || *adj. / s. m.* y *f.* **2** [Individuo] que perteneció a algunos de los pueblos que se habían establecido en la Península Ibérica antes de la colonización fenicia y griega: *pueblos iberos.* || *s. m.* **3** LING. Lengua de los iberos, pueblo prerromano de la Península Ibérica.

iberoamericano, na *adj. / s. m.* y *f.* **1** De Iberoamérica, constituida por países sudamericanos de habla española y portuguesa: *los países iberoamericanos, la forma de vida de los iberoamericanos.* **2** De España, Portugal e Iberoamérica conjuntamente: *el festival iberoamericano de la canción.*

íbice *s. m.* (macho y hembra) *Capra ibex.* Mamífero rumiante parecido a la cabra, de cuernos anchos y curvados hacia atrás, que habita en las altas regiones alpinas.

ibicenco, ca *adj. / s. m.* y *f.* De Ibiza, ciudad e isla española: *arquitectura ibicenca.*

íbidem *adv.* ELEVADO. En el mismo sitio. OBSERVACIONES: Se usa para aludir en una nota o en la bibliografía de un escrito a un texto ya citado.

ibis (plural *ibis*) *s. m.* (macho y hembra) Familia *Threskiornithidae.* Ave de patas largas y pico largo y curvado, que habita en zonas pantanosas formando bandadas.

-ible *suf.* -ble.

-ica *suf.* Forma adjetivos y sustantivos masculinos y femeninos con un valor despectivo a partir de verbos, de sustantivos o de adjetivos: *llorar - un / una llorica, miedo - un / una miedica, cobarde - un / una cobardica.*

ICE (pronunciamos *'ice'*) *s. m.* Sigla de «Instituto de Ciencias de la Educación», España.

iceberg *s. m.* Enorme bloque de hielo flotante desprendido de un glaciar o de una costa helada que flota en el mar arrastrado por las corrientes: *Los icebergs son peligrosos para la navegación.*

ICI (pronunciamos *'ici'*) *s. m.* Sigla de «Instituto de Cooperación Iberoamericana», España.

-icia *suf.* Significa 'cualidad' o 'acción propia de' y forma sustantivos a partir de adjetivos: *avaro - avaricia.*

-icio, cia *suf.* **1** Significa 'cualidad relacionada con' y forma adjetivos a partir de sustantivos o de adjetivos: *alimento - alimenticio, vital - vitalicio.* **2** Significa 'acción y resultado de' y forma sustantivos a partir de verbos: *servir - servicio, iniciar - inicio.*

-ición *suf.* -ción.

-ico, ca o **-cico, ca** o **-ecico, ca** *suf.* Forma sustantivos con valor diminutivo o afectivo a partir de sustantivos y a su vez adjetivos con valor diminutivo o afectivo a partir de adjetivos: *rato - ratico, sol - solecico, malo - malico.*

-ico, ca *suf.* Significa 'cualidad relacionada con' y forma adjetivos a partir de sustantivos: *centro - céntrico, simpatía - simpático, artista - artístico, calcio - cálcico.*

ICONA (pronunciamos *'icona'*) *s. m.* Sigla de «Instituto Nacional para la Conservación de la Naturaleza», España.

icónico, ca *adj.* Del icono, imagen o signo: *señales icónicas, significados icónicos.*

icono *s. m.* **1** Imagen religiosa pintada o tallada, propia del arte bizantino: *Las iglesias ortodoxas orientales están llenas de iconos.* **2** Signo que mantiene con aquello que representa alguna relación de semejanza en la forma: *Algunas señales de tráfico son iconos.*

iconoclasta *adj. / s. m.* y *f.* **1** Que no es partidario del culto a las imágenes religiosas: *movimiento iconoclasta. Los iconoclastas fueron condenados por la Iglesia cristiana.* **2** Que no respeta las normas o valores socialmente establecidos: *Los jóvenes suelen pasar por una etapa iconoclasta.*

iconografía *s. f.* **1** Descripción y explicación de las representaciones figurativas: *Es un especialista en iconografía románica.* **2** Tratado descriptivo o conjunto de representaciones figurativas: *Lo más valioso de su trabajo es la iconografía de los palacios salmantinos.*

icosaedro *s. m.* GEOM. Cuerpo sólido limitado por veinte caras planas.

ictericia *s. f.* (no contable) MED. Coloración amarillenta de la piel producida por un aumento de la bilirrubina: *La ictericia es un síntoma de la hepatitis.*

ictiófago, ga *adj. / s. m.* y *f.* Que se alimenta de peces: *El martín pescador es un ave ictiófaga.*

ictiología *s. f.* (no contable) Parte de la zoología que estudia los peces.

ida *s. f.* Acción de ir a algún sitio: *El viaje de ida se nos hizo muy largo.* **idas y venidas** Acción de ir y volver ‹una persona› a un sitio: *No sabemos qué le pasa con tantas idas y venidas.*

-ida *suf.* -da.

-idad *suf.* -dad.

idea *s. f.* **1** Representación mental de una cosa: *Tienes una idea equivocada de la amistad.* **2** Conjunto de conocimientos sobre una persona o sobre una cosa: *Tengo una idea confusa de lo que ocurrió aquella noche.* **3** Intención: *Tenemos la idea de hacer una excursión.* **4** Plan o proyecto: *Su idea para mejorar las ventas no me parece mala.* **5** Disposición o habilidad: *Este fontanero tiene idea.* **6** Ocurrencia: *¿Tienes alguna idea para mejorar la fiesta?* **ideas de bombero / casquero** COLOQUIAL. Ocurrencia absurda: *No me fío de tu hermano, tiene ideas de bombero.* **7** (en plural) Ideología: *Es una persona de ideas conservadoras.* FR. Y LOC. **cogerle ~** COL.; COLOQUIAL. Coger manía ‹una persona› a otra persona. **hacerse a la ~** Aceptar ‹una persona› una situación que no le gusta: *Hazte a la idea de que ésta va a ser tu vida a partir de ahora.* **mala ~** Mala intención: *Ten cuidado con ese tipo, que tiene mala idea.* **no tener ni (la más remota) ~** COLOQUIAL. No saber ‹una persona› nada de una cosa: *Suspendí el examen porque no tenía ni idea.* **no tener ni pajolera / pastelera ~** COLOQUIAL. No tener ni idea. **no tener ni puta ~** VULGAR. No tener ni idea. **no tener ni zorra* (~). tener ~** ARG., URUG.; COLOQUIAL; RESTRINGIDO en España. Tener manía ‹una persona› a otra persona.

ideal *adj.* **1** Que sucede sólo en el pensamiento o en la imaginación, o que no tiene existencia física o real: *Si trazas una línea ideal, comprobarás que el delantero estaba en situación de fuera de juego. Su escultura refleja su obsesión por la belleza y las formas ideales.* **2** Que tiene el mayor grado de perfección en su especie: *Vive en una casa ideal, con el hombre ideal, ¿qué más puede pedir? Es un sitio ideal, estupendo para ir de vacaciones.* || *s. m.* **3** Modelo que se utiliza como ejemplo de perfección de algo: *Aquella chica es el ideal de belleza femenina.* **4** Conjunto de aspiraciones o deseos profundos que tiene una persona: *Su ideal es ganar mucho dinero.* SIN. objetivo, meta. **5** (preferentemente en plural) ELEVADO. Conjunto de ideas, de creencias que tiene una persona: *No fue a la manifestación porque iba en contra de sus ideales.*

idealismo *s. m.* **1** (no contable) Actitud de la persona que piensa o actúa movida por unos ideales, sin tener en cuenta consideraciones prácticas: *El idealismo de la juventud es admirable.* **2** (no contable) FILOS. Doctrina filosófica que considera la idea como principio del ser y del conocimiento: *el idealismo trascendental de Kant.*

idealista *adj. / s. m.* y *f.* **1** Que vive o piensa según sus ideales a pesar de las dificultades: *actitud idealista, persona idealista. Es una idealista.* **2** FILOS. Que es partidario de la filosofía de Kant o Hegel y sus discípulos: *Es un idealista de la escuela alemana.*

idealizar *v. tr.* Considerar ‹una persona› perfecta o mejor de lo que es en realidad [a una persona o una cosa]: *La situación no es mala, pero no la idealicemos.* ⇒ **19.**

idealmente *adv. modo* **1** De manera ideal, muy bien: *Allí vas a vivir idealmente.* **2** De manera ideal o fantástica, con la imaginación: *Todo aquello lo había vivido ella idealmente.* || *adv. orac. restrictivo* **3** De acuerdo con un planteamiento ideal o en un contexto sin limitaciones: *Idealmente, un hombre honrado es algo más que eso.*

idear *v. tr.* Crear ‹una persona› [una cosa] en el pensamiento: *Ha ideado un plan para saldar las deudas de la empresa en dos años.*

ídem *pron.* Significa 'lo mismo'; se utiliza para no repetir lo mencionado anteriormente. FR. Y LOC. **~ de lienzo** COLOQUIAL. Lo mismo: *Para mí, ídem de lienzo.*

identi-kit *s. m.* ARG., URUG. Retrato robot.

idéntico, ca *adj.* (antepuesto / pospuesto) Que es totalmente igual o muy parecido a otro: *El padre y el hijo son idénticos. Tengo un collar idéntico* ***a*** *ése que llevas.*

identidad *s. f.* **1** Circunstancia de ser realmente una persona la que se dice que es: *probar la identidad de alguien. Ocultó su identidad a la policía.* **carné* de ~. documento* nacional de ~. tarjeta* de ~.** **2** (no contable) Condición o circunstancia de ser dos personas o cosas idénticas: *Confundí a los hermanos porque su parecido es de absoluta identidad.* **3** MÁT. Igualdad que se mantiene siempre independientemente del valor que adquieran sus variables.

identificación *s. f.* Acción y resultado de identificar o identificarse: *la identificación de un cadáver. No debe hacerse la identificación entre felicidad y abundancia.*

identificar *v. tr.* **1** Considerar ‹una persona› idénticas [varias cosas]: *Él identifica su interés* ***con*** *el de los demás.* || *v. tr. / prnl.* **2** Establecer ‹una persona› la identidad de [otra persona]: *Nos pidieron que* ***nos*** *identificáramos.* || *v. prnl.* **3** Ser ‹varias cosas› idénticas. **4** Mostrarse ‹una persona› de acuerdo con [la postura o la actitud de otra]: *Los trabajadores se identificaron* ***con*** *el delegado. La revista no se identifica* ***con*** *la opinión de sus colaboradores.* ⇒ **71.**

ideografía *s. f.* Representación de una idea por símbolos o signos.

ideograma *s. m.* Representación gráfica de un concepto: *ideogramas chinos, ideogramas japoneses.*

ideología *s. f.* Conjunto de ideas y de actuaciones que caracterizan a una persona, doctrina o época: *un partido de ideología progresista, la ideología de un movimiento social, la ideología de una doctrina literaria.* SIN. ideario.

ideológicamente *adv. modo* **1** (preferentemente con verbos de clasificación y asociados: *clasificar, agrupar*) Con criterio ideológico, por conceptos, por ideas: *En esta obra, los vocablos se clasifican alfabética e ideológicamente.* || *adv. restrictivo* **2** En el aspecto conceptual, conceptualmente, semánticamente: *Es un texto gramatical e ideológicamente muy elaborado.* **3** En el aspecto ideológico, en cuanto a las convicciones o ideología, especialmente en el terreno socio-político o religioso: *dos partidos ideológicamente afines. Ideológicamente, me siento cercano a mi padre.* **4** RESTRINGIDO. Desde la perspectiva de la ideología como ciencia de las ideas: *Ideológicamente, esa concepción es rara.*

ideológico, ca *adj.* **1** De la ideología o de las ideas: *sustrato ideológico.* || *adj. / s. m.* **2** [Diccionario] que, por medio de la agrupación sistemática de las palabras, permite encontrar la que es adecuada para expresar una idea: *El diccionario ideológico ayuda a escribir bien.*

ideólogo, ga *adj. / s. m.* y *f.* [Persona] que teoriza o inspira el comportamiento de una persona o de un grupo de personas: *Se descubrirá una placa en honor de la ideóloga del anarquismo republicano.*

-idero, ra *suf.* -dero.

idílico, ca *adj.* **1** (antepuesto / pospuesto) Del idilio: *Tras una relación idílica, se separaron. Se conserva una idílica correspondencia entre los dos amantes.* **2** Que encierra hermosura, o que produce paz o placer: *paisaje idílico.*

idilio *s. m.* **1** Relación amorosa intensa: *Ha vivido un idilio con una compañera del trabajo.* **2** Relación especialmente armoniosa entre personas o instituciones: *Las dos naciones están viviendo un idilio como no lo vivían hace años.*

idioma *s. m.* **1** Lengua de una comunidad, pueblo o nación: *El francés es el idioma oficial en Francia.* **2** Manera de hablar: *el idioma de los jóvenes, el idioma del deporte.*

idiomático, ca *adj.* Que es propio de una lengua determinada: *expresión idiomática.*

idiosincrasia *s. f.* Carácter o manera de ser especial de una persona o de un grupo de personas: *la idiosincrasia española. Mi idiosincrasia no me permite faltarte al respeto.*

idiota *adj. / s. m.* y *f.* **1** (ser / estar) INSULTO. Que molesta por su inoportunidad o indiscreción: *No seas idiota y déjame tranquila. Hoy estás idiota.* **2** Que demuestra poca inteligencia o ignorancia: *Han hecho unas propuestas bastante idiotas.*

idiotada *s. f.* COL. Idiotez.

idiotismo *s. m.* LING. Expresión de una lengua que tiene una estructura fija y un significado global, independientemente de las reglas generales de la gramática: *«A pie juntillas» es un idiotismo del español.*

ido, da *adj.* **1** (estar) COLOQUIAL. Que no se da cuenta de lo que pasa a su alrededor: *Mientras le hablaban, él estaba ido.* **2** AMÉR. Ebrio.

-ido, da *suf.* -do.

idolatrar *v. tr.* **1** Querer o admirar ‹una persona› [a otra persona] ciegamente: *Idolatra a su nieta.* **2** Adorar ‹una persona› [ídolos]: *En muchas culturas se idolatra la luna o los árboles.*

idolatría *s. f.* **1** Amor excesivo por una persona o una cosa: *Siente pura idolatría **por** su nieta.* **2** Adoración de un ídolo: *Los pueblos que adoran al sol practican una idolatría muy general.*

ídolo *s. m.* **1** Imagen de una deidad adorada como si fuera la divinidad misma: *Muchas estatuillas de los yacimientos arqueológicos son ídolos locales.* **2** INTENSIFICADOR. Persona o cosa muy admirada: *Los Beatles son sus ídolos.*

idóneo, a *adj.* Que reúne todas las condiciones necesarias para una cosa: *La nueva delegada es idónea para el puesto.*

-idor, ra *suf.* -dor.

-idura *suf.* -dura.

-iego, ga o **-ego, ga** *suf.* **1** Significa 'cualidad relacionada con' y forma adjetivos a partir de sustantivos: *palacio - palaciego, solar - solariego.* **2** Significa 'origen o procedencia' y forma sustantivos o adjetivos a partir de sustantivos: *La Mancha - manchego, Pas - pasiego.*

-iense *suf.* -ense.

-iente *suf.* -nte.

-iento, ta *suf.* -ento.

-ificar *suf.* Significa 'convertir en' o 'hacer' y forma verbos a partir de sustantivos o de adjetivos: *santo - santificar, gas - gasificar, puro - purificar, simple - simplificar.*

iglesia *s. f.* **1** Conjunto de creencias, fieles y clero de una religión cristiana: *iglesia evangélica, iglesia ortodoxa, iglesia anglicana, iglesia luterana, iglesia protestante, iglesia católica.* **2** (no contable, suele escribirse en mayúscula) El Papa y la jerarquía de la religión católica: *La Iglesia ha convocado un concilio.* **doctor* de la Iglesia. padre* de la Iglesia. príncipe* de la Iglesia.** **3** (no contable) Estado de las personas que pertenecen al clero: *Los sacerdotes son hombres de iglesia.* **4** Edificio religioso destinado al culto cristiano: *Entró a rezar a la iglesia.* **5** Comunidad de fieles: *la iglesia española, la iglesia salmantina, la iglesia boliviana.* **6** Comunidad de todos los creyentes en la fe de Jesucristo: *La iglesia se guía por la Biblia.* **comunión* de la Iglesia** o **comunión de los Santos.** || **7 ~ triunfante*.**

iglú (plural *iglúes*, preferible a *iglús*) *s. m.* Vivienda esquimal de forma semiesférica hecha con bloques de hielo.

ígneo, a *adj.* **1** GEOL. [Roca] que procede de la masa en fusión del interior de la tierra: *materiales ígneos, rocas ígneas.* **2** ELEVADO. Del fuego: *Me gusta mirar los reflejos ígneos.*

ignición *s. f.* **1** (no contable) FÍS. Acción de estar un cuerpo ardiendo o incandescente: *hierro **en** ignición, la ignición del carbón.* **2** (no contable) MEC.; RESTRINGIDO. Encendido de un motor: *Ese motor tiene ignición electrónica.*

ignífugo, ga *adj.* Que protege del fuego: *pintura ignífuga.*

ignominia *s. f.* **1** ELEVADO. Deshonor y vergüenza que resulta de una acción indigna: *Su traición le hizo caer en la ignominia.* **2** Acción deshonrosa o antisocial: *Es una ignominia que deje abandonados a sus hijos.* SIN. deshonra.

ignorancia *s. f.* **1** (no contable) Falta de conocimiento de una cosa: *Su estado de ignorancia en esa materia es total. La ignorancia de la ley no exime de su cumplimiento.* **2** Falta de cultura o de formación: *Vive en una ignorancia total, no sabe leer, ni escribir.*

ignorante *adj. / s. m.* y *f.* **1** Que no ha recibido instrucción y desconoce muchas materias: *Pedro es muy ignorante y no entiende lo que le explicas.* **2** (estar) Que no está informado de una cosa: *Estoy totalmente ignorante de lo que me cuentas, no sé nada.*

ignorar *v. tr.* **1** No saber ‹una persona› [una cosa]: *Ignoro cómo se llama.* SIN. desconocer. **2** No hacer ‹una persona› caso de [otra persona] o de [una cosa]: *No me saluda y me ignora. Ignora las recomendaciones del médico.*

ignoto, ta *adj.* (antepuesto / pospuesto) ELEVADO. Que no se conoce o no ha sido descubierto: *el origen ignoto de una lengua. Su ignota procedencia produce cierta curiosidad.*

igual *adj.* **1** Que tiene la misma naturaleza, cantidad o calidad que otra persona, animal o cosa: *Tiene cuatro camisas iguales **a** las mías.* ANT. diferente. **2** Que se parece mucho a algo o alguien: *Esa niña es igual que su madre.* **3** Que no cambia o no tiene variaciones: *El tiempo aquí es siempre igual.* **4** Que no tiene desigualdades o asperezas: *terreno igual, superficie igual.* **5** Que se comporta con indiferencia: *Es inútil, no te molestes, todo le es igual.* || *s. m. / f.* **6** Persona de la misma clase, condición y rango que otra: *Yo no soy su igual. Me trata como a una igual.* || *s. m.* **7** MAT. Signo de la igualdad. **8** (en plural) DEP. Igualdad de puntos. **9** (en plural) COLOQUIAL. Cupones de la Organización Nacional de Ciegos de España (ONCE): *Vende iguales a la puerta del mercado.* || *adv.* **10** COLOQUIAL. De la misma manera: *No intentes convencerla para que cambie porque todo lo hace igual.* **11** Quizá, a lo mejor: *Igual aparezco por allí esta noche.* **12** AMÉR. DEL S. A pesar de todo. FR. Y LOC. **al ~ (que)** Como, de la misma manera que: *Al igual que tú es un magnífico tenista.* **~ que** Lo mismo que: *Le gusta mucho el cine, igual que a mí. Se baila igual que un merengue.* **por ~** Lo mismo: *Me gustan los dos por igual, no sé cuál elegir.*

iguala *s. f.* **1** RESTRINGIDO. Acción y efecto de igualar o igualarse. **2** Cantidad de dinero que se paga periódicamente por contrato, especialmente por servicios médicos: *Tenemos una iguala que nos permite disponer de un servicio de urgencias los domingos.* **3** Listón de madera con que los albañiles comprueban si están bien lisas las superficies.

igualada *s. f.* DEP. Igualdad de tantos entre los dos equipos que se enfrentan: *Rompió la igualada del partido al marcar un tanto de penalti en el último minuto.*

igualar *v. tr.* **1** Hacer desaparecer ‹una persona› las irregularidades de [una cosa]: *Van a igualar el firme del camino. Tienes que igualar el bajo de la falda, porque cuelga de un lado.* **2** Hacer ‹una persona o una cosa› iguales [a varias personas] o [varias cosas]: *A todos nos iguala la inteligencia y el alma humana.* SIN. equiparar. **3** Considerar ‹una persona› [a varias personas] o [varias cosas] iguales: *Siempre he igualado a los hijos en todo.* || *v. prnl.* **4** Hacerse ‹varias personas o varias cosas› iguales: *Se han igualado* ***en*** *saber. El interés por el baloncesto, por ahora, no se iguala al del fútbol.* **5** RESTRINGIDO. Tratar ‹una persona› [a otra de distinta clase social] como igual: *El señor Duque no hace distingos y nos iguala a todos.*

igualdad *s. f.* **1** (no contable) Circunstancia de ser iguales las cosas o las personas: *igualdad de tonos, igualdad de superficie. Hay bastante igualdad entre estos dos ordenadores.* ANT. desigualdad, diferencia. **2** (no contable) Circunstancia de ser tratadas de la misma manera las personas de todas las categorías sociales: *defender la igualdad de todos los hombres, un trato de igualdad, igualdad de oportunidades, igualdad ante la ley.* FR. Y LOC. **en pie* de ~.**

igualitario, ria *adj.* Que contiene igualdad o tiende a producirla: *sociedad igualitaria, política igualitaria.*

igualmente *adv. modo* **1** De igual modo, igual: *–«Que aproveche.» –«Igualmente, gracias.» –«Salud y suerte.» –«Igualmente.»* OBSERVACIONES: Se emplea normalmente con el significado próximo al de 'lo mismo digo', con elipsis de *decir*, en correspondencia a una expresión de deseo o a una recomendación. **2** En el mismo grado, por igual, en la misma medida: *Los errores no eran igualmente subsanables.* || *adv. restrictivo* **3** (presupone la existencia de algo previamente mentado) Tiene un valor deíctico anafórico y equivale a 'también': *El mayor está igualmente ciego.* || *adv. orac.* **4** (suele actuar como elemento de enlace interoracional).Tiene un valor deíctico anafórico y equivale a 'asimismo': *Igualmente, me gustaría dirigirme a los niños.*

iguana *s. f.* (macho y hembra). Familia *Iguanidae.* Reptil americano de gran tamaño, generalmente con cresta en la cabeza, cola y patas largas, y dedos puntiagudos.

iguanodonte *s. m.* (macho y hembra) Género *Iguanodon.* Dinosaurio herbívoro bastante grande, que caminaba erguido a saltos y tenía en las extremidades delanteras una fuerte uña que usaba como arma defensiva.

ijada *s. f.* **1** Cada una de las dos cavidades simétricas que hay entre las costillas falsas y los huesos de la cadera. SIN. ijar. **2** Parte anterior e inferior del cuerpo de los peces.

ijar *s. m.* Ijada del hombre y de algunos mamíferos.

-il *suf.* Significa 'cualidad relacionada con' o ' con aspecto de' y forma adjetivos a partir de sustantivos o de adjetivos: *estudiante - estudiantil, fiebre - febril, joven - juvenil.*

ilación *s. f.* **1** (no contable) Unión ordenada de ideas o partes de un texto o discurso que están relacionadas entre sí o que se deducen de otras: *Los temas tratados en la conferencia no tenían ninguna ilación.* SIN. conexión, interrelación. **2** (no contable) FILOS. Acción y resultado de deducir una cosa de otra.

ilativo, va *adj.* **1** De la ilación: *relación ilativa.* **2** GRAM. Que expresa ilación entre dos expresiones.

ilegal *adj.* Que no se atiene o que es contrario a la ley: *Ha sido descubierta una red de comercio ilegal de armas. El comercio de especies animales protegidas es ilegal.* ANT. legal.

ilegible *adj.* **1** (ser / estar) Que no puede leerse o que es difícil hacerlo: *Esta página es ilegible, las letras están borrosas.* ANT. legible. **2** Que no se puede leer porque está muy mal escrito desde un punto de vista literario o artístico: *Esta novela es ilegible, parece que está escrita por un aficionado.*

ilegitimar *v. tr.* Convertir ‹una persona o una cosa› en ilegítima [a una persona o una cosa que era legítima o se consideraba legítima]: *No se puede ilegitimar la gestión honrada de los consejeros por unos errores burocráticos.*

ilegítimo, ma *adj.* **1** Que está fuera de la ley o la norma: *un proyecto ilegítimo, una acción ilegítima, un deseo ilegítimo.* **2 hijo* ~** Hijo que se tiene fuera del matrimonio. **3** Que es falso: *una firma ilegítima.*

íleon *s. m.* **1** ANAT. Tercera porción del intestino delgado que empieza donde acaba el yeyuno y termina en el ciego. **2** ANAT.; RESTRINGIDO. Ilion.

ilerdense *adj. / s. m.* y *f.* **1** De la antigua Ilerda, actual Lérida. **2** Leridano: *El equipo ilerdense perdió el partido.*

ileso, sa *adj.* Que no ha sufrido ningún daño: *Salió ilesa del accidente. Resultó ileso en la pelea.*

iletrado, da *adj. / s. m.* y *f.* **1** RESTRINGIDO; frecuentemente INSULTO. Que no tiene cultura o que tiene muy poca: *No puedes fiarte de lo que te diga Juan, es un iletrado.* **2** Analfabeto, que no sabe leer o no tiene instrucción primaria.

ilicitano, na *adj. / s. m.* y *f.* De Elche, población de la provincia española de Alicante.

ilícito, ta *adj.* **1** Que no está permitido ni por la ley ni por las normas morales: *un acto ilícito, un deseo ilícito.* || *s. m.* **2** ARG., COL., URUG. Delito.

ilimitado, da *adj.* Que no tiene o señala límites: *distancia ilimitada. Alquiló un coche con kilometraje ilimitado.*

ilion o **íleon** *s. m.* ANAT. Hueso de la cadera que forma parte de la pelvis.

ilírico, ca *adj.* Ilirio.

ilirio, ria *adj.* **1** De la antigua región europea de Iliria: *escultura iliria, sacerdote ilirio.* || *s. m.* **2** LING. Lengua indoeuropea que se hablaba en la zona noroeste de los Balcanes.

-illo, lla o **-cillo, lla** o **-ecillo, lla** *suf.* Forma sustantivos con valor diminutivo a partir de sustantivos y a su vez adjetivos con valor diminutivo a partir de adjetivos: *ojo - ojillo, hombre - hombrecillo, vieja - viejilla.*

Ilmo., Ilma. *abr.* «Ilustrísimo, Ilustrísima.»

ilógico, ca *adj.* **1** Que no se atiene a las leyes de la lógica o del pensamiento: *deducción ilógica, proposición ilógica.* ANT. lógico. **2** Que no tiene lógica, o que no se atiene a la razón: *Eso que vas a hacer es un disparate, no tiene ningún sentido, es completamente ilógico.* ANT. lógico.

ilota *s. m. / f.* HIST. Esclavo de la antigua Esparta, región de la antigua Grecia.

iluminación *s. f.* **1** Conjunto de luces que iluminan o adornan un lugar: *La iluminación navideña de las calles es excesiva.* SIN. alumbrado. **2** Cantidad de luz que hay o entra en un lugar: *Esta fotografía tiene una iluminación deficiente.* SIN. luz. **3** Técnica y acción de colocar las luces en un espectáculo: *Lo mejor de la obra era la iluminación.* **4** REL. Conocimiento que, según ciertas creencias, se adquiere por intervención divina: *Creía que había recibido una iluminación de Dios.*

iluminado, da *adj. / s. m.* y *f.* **1** REL. Persona que pertenece a una de los grupos que en cualquier religión se consideran con un conocimiento divino especial: *Las iglesias oficiales siempre han mirado con recelo a los iluminados.* **2** Trastornado psíquicamente con ideas de grandeza: *Es un iluminado, cree que ha inventado una bicicleta voladora.*

iluminar *v. tr. / intr.* **1** Dar ‹una cosa› luz a [otra cosa]: *La bombilla iluminaba mal la habitación.* SIN. alumbrar. ‖ *v. tr.* **2** Adornar ‹una persona› [una cosa] con luces: *En Navidad iluminan las calles de la ciudad.* **3** Dar ‹una persona› color a [las figuras o los grabados de un libro]: *Los monjes iluminaban los códices medievales.* **4** Hacer entender ‹una cosa› [otra cosa] [a una persona]: *Sus notas iluminan todo el embrollo de la estafa.* **5** REL. Dar ‹Dios› la visión de la verdad [a una persona]: *El Señor me ha iluminado y me ha anunciado que se acerca el fin el mundo.* SIN. alumbrar. ‖ *v. prnl.* **6** Recibir ‹una cosa› luz: *La cocina se ilumina por una ventana que da a un patio.*

iluminativo, va *adj.* Se usa en la LOC. **vía* iluminativa.**

ilusión *s. f.* **1** Imagen o concepto que alguien se forma de algo que no es real, pero que lo parece: *En el aeropuerto creímos ver al presidente, pero fue una ilusión.* **~ óptica** Interpretación errónea de una sensación visual. **2** (no contable) Esperanza en algo, pero sin fundamento real: *Tenía muchas ilusiones puestas en el viaje, pero al final no pudo ir.* **3** (no contable) Alegría, satisfacción: *¡Qué ilusión verte aquí! Los niños esperan con ilusión la llegada de los Reyes Magos.* FR. Y LOC. **hacer ~** COLOQUIAL. Hacer feliz ‹una cosa› a una persona: *Me hace ilusión marcharme el fin de semana a Granada.* **hacerse ilusiones** Concebir ‹una persona› esperanzas sobre una cosa, pero sin fundamento real: *No te hagas ilusiones, aunque hay beneficios no nos subirán el sueldo.*

ilusionar *v. tr.* **1** Producir ‹una persona o una cosa› ilusión o satisfacción [a una persona]: *Me ilusiona mucho el nuevo trabajo.* **2** Hacer concebir ‹una persona› ilusiones [a otra persona]: SIN. esperanzar. ‖ *v. prnl.* **3** Sentir ‹una persona› ilusión: *Me ilusiono **con** cualquier cosa.*

ilusionismo *s. m.* (no contable) Arte de conseguir efectos ilusorios por medio de juegos de manos y otros trucos: *Me gustan las sesiones de ilusionismo.* SIN. prestidigitación.

ilusionista *s. m. / f.* Persona que se dedica profesionalmente a la práctica del ilusionismo: *Mañana, en el Gran Circo Oriental actuará un célebre ilusionista colombiano.*

iluso, sa *adj. / s. m.* y *f.* **1** Que se ilusiona con facilidad sin razón para ello: *Eres un iluso si crees que conseguirás ganarle.* **2** Que es fácil de engañar o que es muy ingenuo: *Es muy ilusa y cree todo lo que dice la propaganda.*

ilusorio, ria *adj.* **1** Que no es real: *Tranquilízate, es un problema ilusorio, no existe.* **2** Que no tiene ningún valor o efecto: *Me parece que estas soluciones son ilusorias.*

ilustración *s. f.* **1** (no contable) Acción y resultado de ilustrar o ilustrarse: *La técnica de la ilustración de los libros ha evolucionado mucho.* **2** (no contable) ELEVADO. Cultura, conjunto de conocimientos: *Es una persona de mucha ilustración, sabe de todo.* **3** Aclaración o ejemplificación de un problema o de una cuestión: *La ilustración de su teoría ha sido un fracaso.* **4** Fotografía, dibujo o grabado impreso: *Este libro se hizo famoso por las ilustraciones de Picasso.* **5** (con mayúsculas) Movimiento político, cultural y filosófico que tuvo lugar en Europa y en América en el siglo XVIII, basado en la importancia de la razón: *Durante la Ilustración apareció la primera Enciclopedia.*

ilustrado, da *adj.* **1** (ser / estar) [Libro, revista] que tiene fotografías y dibujos: *Nuestra revista es ilustrada. La novela está bien ilustrada.* **2** Que tiene una gran cultura o que la promueve: *Era una familia de comerciantes ilustrados que tenía una gran biblioteca.* **3** De la Ilustración, movimiento cultural, político y filosófico del siglo XVIII: *monarca ilustrado.* ‖ *adj. / s. m.* y *f.* **4** Que era partidario de la Ilustración: *político ilustrado.* ‖ **5 despotismo* ~.**

ilustrador, ra *s. m. / f.* Persona que se dedica por oficio a ilustrar impresos: *Trabaja como ilustradora en una revista.*

ilustrar *v. tr.* **1** Proporcionar ‹una persona o una cosa› datos o información sobre [una cosa]: *La película nos ha ilustrado **sobre** la vida de los osos. Un ejemplo ilustrará lo que quiero decir. Ilustra sus discursos **con** datos objetivos.* **2** Poner ‹una persona› ilustraciones en [un impreso]: *Necesito una persona que me ilustre este cuento.* ‖ *v. tr. / prnl.* **3** Proporcionar ‹una persona› cultura o conocimientos [a otra persona]: *Es listo, **se** ilustrará en poco tiempo.*

ilustrativo, va *adj.* Que ilustra o ejemplifica: *Eso es una anécdota ilustrativa de lo que pasa aquí.*

ilustre *adj.* **1** (antepuesto / pospuesto) Que tiene distinción, prestigio o categoría: *Pertenecía a una familia ilustre. Acudía por las tardes a las ilustres tertulias del casino.* **2** (antepuesto / pospuesto) Que destaca en su actividad: *Era una ilustre abogada.* **3** (antepuesto) Tratamiento honorífico: *Al ilustre señor don Nicolás Cuadrado.*

ilustrísimo, ma *adj.* (antepuesto) Fórmula de tratamiento de ciertas personas que tienen determinados cargos o dignidades civiles o eclesiásticas: *El rey recibió al ilustrísimo señor don Pedro Peña Peña.*

im- *pref.* in-.

imagen *s. f.* **1** Estatua o pintura de alguna persona o cosa, especialmente de un personaje o divinidad sagrada: *En la iglesia hay una imagen de san Antonio.* **2** Símbolo de una idea: *Su cara es la pura imagen del dolor.* **3** Apariencia exterior de una persona o de una cosa: *La imagen del club se deteriora con las declaraciones del presidente.* **4** RET. Recurso poético que consiste en la visión poética de la realidad por medio del lenguaje: *Las metáforas o las comparaciones son imágenes literarias.* **5** FÍS. Reproducción de la figura de un objeto por la combinación de los rayos de luz: *las imágenes* *cinematográficas, la imagen en un espejo.* **~ virtual** FÍS. Imagen que se forma aparentemente detrás de un espejo.

imaginación *s. f.* **1** (no contable) Capacidad de la mente para crear imágenes, ideas nuevas o situaciones reales o irreales: *Es un pintor con mucha imaginación. Tiene mucha imaginación, siempre inventa historias.* **2** (preferentemente en plural; no contable) Sospecha sin fundamento real: *El médico dice que mis dolores son imaginaciones mías.*

imaginar *v. tr. / prnl.* **1** Crear ‹una persona› la imagen de [una cosa que no existe o no está presente] en el pensamiento: ***Me** imaginé un mundo en el que existía la justicia. Imaginemos un juego divertido.* **2** Crear ‹una persona› [una cosa] en el pensamiento: *Empezamos a imaginar cómo sería el viaje.* SIN. idear. **3** Creer o suponer ‹una persona› [una cosa]: *Imagino que sabes el camino.*

imaginaria *s. f.* **1** MIL. Servicio de vigilancia nocturna que se realiza dentro del lugar en que duermen los soldados: *estar de imaginaria.* || *s. m.* **2** MIL. Soldado que realiza esta guardia.

imaginario, ria *adj.* Que no tiene existencia real o verdadera, sino que sólo existe en la imaginación: *animal imaginario, personaje imaginario. Vive en un mundo imaginario.*

imaginativa *s. f.* RESTRINGIDO. Capacidad de imaginar: *un diseñador de gran imaginativa.*

imaginativo, va *adj.* Que tiene mucha imaginación o está hecho con ella: *Es una campaña electoral imaginativa.*

imaginería *s. f.* **1** (no contable) Arte de pintar o esculpir imágenes religiosas. **2** (no contable) Conjunto de imágenes religiosas pintadas o esculpidas: *la imaginería barroca, la imaginería andaluza.* **3** (no contable) LIT. Conjunto de imágenes literarias: *la imaginería de Lorca.*

imaginero *s. m.* ARTE. Pintor o escultor de imágenes, generalmente religiosas: *los imagineros del siglo* XVII *español.*

imam o **imán** *s. m.* Guía espiritual, con autoridad religiosa y política, de una sociedad musulmana.

imán *s. m.* **1** Mineral de hierro que tiene la propiedad de atraer el hierro y otros metales. SIN. calamita. **piedra ~.** **2** Toda materia que pueda atraer al hierro y otros metales: *imán eléctrico.* **3** Atractivo de alguien o algo: *Esta tienda es un imán, siempre está llena de gente.* **4** Imam. FR. Y LOC. **tener ~** Tener atractivo ‹una persona o una cosa›: *Sus conferencias tienen imán, atraen a todos los estudiantes.*

imanar *v. tr. / prnl.* RESTRINGIDO. Imantar.

imantar *v. tr.* **1** Comunicar ‹ una cosa› propiedades magnéticas a [un metal]: *El imán imanta los alfileres.* SIN. imanar. || *v. prnl.* **2** Adquirir ‹un metal› propiedades magnéticas: *Las tijeras cortan mal porque se han imantado.* SIN. imanarse.

imbancable *adj.* ARG., URUG.; COLOQUIAL. [Persona, situación] que es insoportable.

imbécil *adj. / s. m.* y *f.* **1** INSULTO. Que tiene poca inteligencia: *No eres más que un imbécil.* **2** INSULTO. Que molesta o enfada: *No soporto a esa imbécil, se pasa el día gastando bromas estúpidas.* **3** PSICOL. Que es retrasado mental.

imbecilidad *s. f.* **1** Falta o escasez de inteligencia o juicio: *La imbecilidad, por desgracia, abunda en todas las épocas.* **2** Acción o palabras de un imbécil: *Ha sido una imbecilidad dejar de saludarlos.*

imberbe *adj. / s. m.* **1** [Joven] que no tiene barba: *Estaba rodeado de muchachos imberbes. Todavía es un imberbe.* **2** Que tiene muy poca barba: *un rostro imberbe.*

imbornal *s. m.* **1** MAR. Agujero en la borda de un barco para que salga el agua de cubierta. **2** RESTRINGIDO. Agujero de las azoteas o de la calzada, junto a las aceras, por donde se va el agua de la lluvia.

imborrable *adj.* Que no se puede borrar: *Tengo un recuerdo imborrable de aquel viaje.*

imbricación *s. f.* ELEVADO. Acción y resultado de imbricar o imbricarse: *La imbricación de las personas en un proyecto político no es fácil.*

imbricar *v. tr.* **1** ELEVADO. Poner ‹una persona› [una serie de cosas] de manera que se superpongan parcialmente como las escamas de los peces: *No es fácil arreglar bien esta cadena, porque es necesario imbricar sus eslabones para dejarlos como estában.* || *v. prnl.* **2** ELEVADO. Estar ‹una serie de cosas› superpuestas o muy ligadas: *Todos sus argumentos se imbrican y no se pueden rebatir aisladamente.* ⇒ **71.**

imbuir *v. tr.* **1** Convencer ‹una persona› de [una idea o un sentimiento] [a otra persona]: *Los han imbuido **de** una cortesía pasada de moda. Desde pequeña me han imbuido la idea del deber.* SIN. infundir, inculcar. || *v. prnl.* **2** Adquirir firmemente ‹una persona› [una idea o un sentimiento]: *No nos ha dado tiempo a imbuirnos **de** la filosofía de la empresa, pero nos hacemos una ligera idea. Quiero conocer vuestras actividades, no imbuirme **de** vuestra doctrina.* ⇒ **46.**

imbunche *s. m.* **1** CHILE; COLOQUIAL. Lío, embrollo de difícil solución. **2** CHILE; RESTRINGIDO. Servidor mitológico de los brujos, de aspecto deforme. **3** CHILE; RESTRINGIDO. Persona fea.

imitación *s. f.* **1** (no contable) Acción y resultado de imitar: *Hizo una imitación del profesor cuando éste entraba.* **mono* de ~.** **2** Objeto que se hace lo más parecido posible a otro para que lo sustituya: *joya **de** imitación, imitación **en** piel. Intentó vendernos una imitación **de** un cuadro.*

imitar *v. tr.* **1** Hacer ‹una persona› [una cosa] de la misma manera que la hace [otra persona]: *Imita a su padre **en** los gestos.* || *v. intr.* **2** Ser ‹una cosa› parecida a [otra cosa]: *Este papel pintado imita muy bien **al** terciopelo.*

imitativo, va *adj.* De la imitación: *Sus habilidades imitativas no conocen límite.*

impaciencia *s. f.* (no contable) Falta de paciencia, intranquilidad por algo que molesta o que se espera con mucho deseo: *Los días que faltaban para regresar a su casa la llenaban de impaciencia.*

impacientar *v. tr.* **1** Causar ‹una persona o una cosa› nerviosismo o intranquilidad [a una persona]: *Me impacientan los retrasos del tren.* || *v. prnl.* **2** Perder ‹una persona› la paciencia: *Me impaciento enseguida **con** sus tonterías.*

impaciente *adj. / s. m.* y *f.* **1** (ser / estar) Que no tiene paciencia: *Has estado muy impaciente con ella. No se puede ser tan impaciente, quieres que todo salga bien a la primera.* || *adj.* **2** (estar) Que tiene mucha prisa o deseos de hacer o saber una cosa, o de que suceda algo: *Estoy impaciente por conocer el resultado de mi examen.* **3** Que está intranquilo o preocupado por una cosa: *Estás muy impaciente, tranquilízate, ya llegarán.*

impactante *adj.* Que causa impacto, que impresiona: *un chico de belleza impactante, imágenes del accidente son muy impactantes.*

impactar *v. tr. / intr.* 1 Hacer ‹una cosa lanzada fuertemente› impacto en [una persona] o en [otra cosa]: *La bala impactó **en** la pared. Una piedra me impactó **en** la cara.* || *v. tr.* 2 Causar ‹una persona o una cosa› impresión [a una persona]: *La noticia impactó a todos.*

impacto *s. m.* 1 Choque violento de una cosa con otra: *El impacto de la piedra rompió el parabrisas.* 2 Choque de un proyectil en un blanco: *El impacto de la bala alcanzó un escaparate.* 3 Huella o señal que dejan los impactos: *La fachada mostraba los impactos de bala.* 4 Golpe psicológico o impresión fuerte recibidos por una persona: *La noticia de la muerte de su madre le produjo un impacto que no ha superado todavía.* 5 Impresión fuerte de un acontecimiento o noticia sobre la opinión pública: *El impacto de la cifra de parados ha perjudicado al Gobierno.*

impagable *adj.* 1 Que no se puede pagar: *La deuda que tiene con el banco le resulta impagable.* 2 Que tiene tanto valor que no se puede pagar con nada: *Tu ayuda ha sido impagable, nunca podré agradecértelo suficiente.*

impagado *adj.* 1(estar) [Letra, recibo] que no se ha pagado: *Le reclamó un recibo impagado.* || *s. m.* 2 Recibo o deuda que no están pagados cuando se termina el plazo pactado para ello: *Nadie quiere trabajar con esa empresa porque tiene muchos impagados.*

impago *s. m.* 1 Falta de pago de un recibo, deuda u obligación una vez terminado el plazo para hacerlo: *el impago de una multa.* || *adj.* 2 AMÉR. [Persona] que todavía no ha cobrado lo que le deben.

impala *s. m.* (macho y hembra) *Aepyceros melampus.* Mamífero rumiante parecido al antílope, de lomo castaño y vientre blanco, con cuernos finos y anillados en los machos, que vive en África.

impalpable *adj.* 1 Que no puede tocarse con las manos, o que es difícil de percibir por el tacto por ser muy fino o ligero, o de poca densidad: *Es un tejido casi impalpable.* 2 (antepuesto / pospuesto) Que es difícil de percibir o notar: *Una amargura impalpable flotaba en el ambiente.*

impar *adj.* 1 Que no se puede dividir en grupos de dos: *Si viene tu hermana somos impares.* 2 (antepuesto / pospuesto) ELEVADO. Que no existe otro igual: *un personaje impar.* || *adj. / s. m.* y *f.* 3 [Número] que no es divisible por dos: *Los impares están a la izquierda de la calle.* **número ~.**

imparable *adj.* (antepuesto / pospuesto) Que no se puede parar o detener: *Tras protagonizar una imparable subida hacia la cúspide, accedió a la presidencia.*

imparcial *adj.* 1 Que obra o juzga con imparcialidad: *juicio imparcial, testigo imparcial, juez imparcial.* ANT. parcial. 2 Que contiene imparcialidad: *Es un periódico imparcial.*

impartir *v. tr.* Dar ‹una persona› [una cosa espiritual]: *Los tribunales no sólo imparten justicia, pueden educar a los ciudadanos. El sacerdote impartió la bendición.*

impasibilidad *s. f.* Cualidad de impasible o imperturbable: *la impasibilidad de su rostro. Llamó la atención la impasibilidad del heredero en el funeral.*

impasible *adj.* 1 (ser / estar) Que no se perturba o altera, o que no muestra emoción alguna: *Escuchó impasible el veredicto.* SIN. Imperturbable. 2 Que es incapaz de sufrir o sentir: *Eres impasible, nada parece afectarte nunca.*

impávido, da *adj.* 1 Que no se altera, sorprende o asusta: *Aguantó impávido la reprimenda. Escuchó impávido la noticia. Miraba impávida la película.* 2 AMÉR. Descarado.

impecable *adj.* (ser / estar; antepuesto / pospuesto) Que no tiene defectos ni manchas: *Llevaba un impecable traje, muy limpio y sin una sola arruga. Tenía un aspecto impecable. El trabajo está impecable, correcto y bien presentado.*

impedancia *s. f.* ELECTRÓN. Resistencia aparente de un circuito al paso de la corriente alterna: *La impedancia de un circuito se mide en ohmios.*

impedido, da *adj. / s. m.* y *f.* (estar) Que no puede utilizar alguno de sus miembros: *Está impedido en una silla de ruedas. Trabaja en la rehabilitación de impedidos. Quedó impedido del brazo derecho tras el accidente.*

impedimenta *s. f.* MIL. Bagaje o carga que lleva una tropa: *Los enemigos huyeron y abandonaron su impedimenta.*

impedimento *s. m.* 1 Obstáculo: *No puso ningún impedimento para venir.* SIN. dificultad. 2 Circunstancia que impide o anula el matrimonio en la Iglesia Católica: *El derecho canónico contiene una lista amplia de impedimentos matrimoniales.*

impedir *v. tr.* Hacer ‹una persona o una cosa› imposible [una cosa]: *Ese coche nos impide salir del aparcamiento. El niño tenía mucha fiebre y nos impidió ir al teatro.* ⇒ **57.**

impelente *adj.* Se usa en la LOC. **bomba ~.**

impeler *v. tr.* 1 Hacer ‹una persona o una cosa› fuerza contra [una cosa] para moverla: *Las máquinas impelían el barco a bastante velocidad.* SIN. impulsar. 2 ELEVADO. Incitar ‹una persona o una cosa› [a una persona] a [hacer una cosa]: *Su insistencia me ha impelido **a** escribirte.*SIN. animar.

impenetrable *adj.* 1 (antepuesto / pospuesto) Que no se puede penetrar o atravesar: *Era un bosque impenetrable, demasiado denso.* ANT. penetrable. 2 (antepuesto / pospuesto) Que no se puede llegar a entender o descifrar, o que es difícil de comprender en su totalidad: *escrito impenetrable, secreto impenetrable, misterio impenetrable, una impenetrable sonrisa. Me enfrento a un impenetrable enigma.*

impenitente *adj. / s. m.* y *f.* (antepuesto / pospuesto) Que no puede cambiar una costumbre o no puede dejar de hacer algo: *mentiroso impenitente, impenitente jugadora. Soy un cinéfilo impenitente.* SIN. incorregible.

impensable *adj.* 1 Que no se puede pensar racionalmente, o que es absurdo. 2 (antepuesto / pospuesto) Que es difícil o imposible de realizar, o que se piensa que no puede suceder: *Nuestro único atleta en la competición ha logrado un impensable triunfo. Ha cosechado un éxito impensable. Hace unos años me parecía impensable tener hijos y ahora he tenido quintillizos.*

impensado, da *adj.* 1 Que sucede sin esperarlo: *una visita impensada, un encuentro impensado.* 2 Que se hace sin pensar: *una respuesta impensada.*

impepinable *adj.* COLOQUIAL. Que no puede ser discutido por ser muy claro y evidente: *Es una verdad impepinable, tan cierta y segura como que estoy aquí en este momento.*

imperar *v. intr.* 1 Mandar ‹una persona› en [un lugar] o sobre [otra persona]: *El cacique imperaba **en** el pueblo. Los hipermercados imperan **en** la comarca.* SIN. dominar. 2 Ser ‹una cosa› habitual o preponderante en [un lugar]: ***En** aquella casa imperaba el buen gusto.*

imperativo, va *adj. / s. m.* Que manda o sirve para mandar: *Lo hizo por imperativo legal.* **modo* ~.**

imperceptible *adj.* (antepuesto / pospuesto) Que no se puede percibir con los sentidos o la atención, o que es difícil de apreciar o distinguir: *Me hizo una señal imperceptible con los ojos, nadie se dio cuenta. Ese imperceptible guiño, ¿será un tic nervioso? Esbozó una imperceptible sonrisa. Escuché un ruido imperceptible.* SIN. inapreciable.

imperdible *adj.* **1** RESTRINGIDO. Que no se puede perder. ‖ *s. m.* **2** Alfiler formado por un alambre doblado cuyo extremo se sujeta en una pieza metálica o en un broche que se abre con dificultad: *Se puso un imperdible en la falda.*

imperdonable *adj.* Que no puede ser perdonado, o que no merece perdón: *Tu actitud es imperdonable, no te creía capaz de eso. Se produjo un hecho imperdonable.*

imperecedero, ra *adj.* Que durará mucho tiempo: *fama imperecedera, recuerdo imperecedero, legado imperecedero.*

imperfección *s. f.* **1** Defecto pequeño: *La mesa tenía una imperfección en una pata.* SIN. tara. **2** (no contable) Falta de perfección: *Odia la imperfección en los demás.*

imperfecto, ta *adj.* **1** Que no es perfecto: *La imagen era imperfecta.* ‖ **2 futuro* ~. 3 pretérito* ~.**

imperial *adj.* **1** Del emperador o del imperio: *administración imperial, ciudad imperial, guardia imperial.* ‖ *s. m.* **2** ARG., URUG. Vaso mayor que el liso de cerveza. ‖ **3 águila ~.**

imperialismo *s. m.* (no contable) POLÍT. Ideología y comportamiento de las potencias que extienden su dominio sobre otros países: *El imperialismo es una tentación de los países poderosos.* ANT. antiimperialismo.

imperialista *adj.* **1** Del imperialismo: *política imperialista.* ‖ *adj. / s. m.* y *f.* **2** Que es partidario del imperialismo: *país imperialista.*

impericia *s. f.* ELEVADO. Falta de habilidad o experiencia: *Es notoria su impericia conduciendo.*

imperio *s. m.* **1** Organización política superior al reino, en que un Estado extiende su dominio a otros países: *el imperio español, el imperio británico.* **2** Conjunto de territorios que se hallan bajo esta organización: *Hispania formaba parte del imperio romano.* **3** (no contable) Dignidad o autoridad de emperador: *Bajo el imperio de Nerón fueron perseguidos muchos cristianos.* **4** Gran potencia: *el imperio americano.* **5** (no contable) Acción de mandar: *el imperio de la ley.* **6** (no contable) Predominio o importancia de una persona o cosa: *el imperio de la informática, el imperio de la minifalda.* **7** Tiempo que dura un imperio o un emperador: *Vivió durante el imperio de Carlos V.* ‖ **8 estilo* ~.**

imperioso, sa *adj.* **1** (antepuesto / pospuesto) Que urge o que es muy necesario: *Es imperioso buscar una solución, no podemos seguir ignorando el problema. Sentí unas imperiosas ganas de salir corriendo y no volver más.* **2** (antepuesto / pospuesto) Que ordena o manda con severidad o abuso de autoridad: *Con un imperioso gesto nos mandó callar.*

impermeabilizar *v. tr.* Hacer ‹una persona› impermeable [una cosa]: *Tienen que impermeabilizar el tejado.* ⇒ **19.**

impermeable *adj.* **1** Que no puede ser penetrado o traspasado por el agua, otro fluido semejante o una radiación: *un cuerpo impermeable a las radiaciones. Este tejido es impermeable al agua.* ANT. permeable. ‖ *s. m.* **2** Prenda amplia parecida a un abrigo que se pone sobre las demás y sirve de protección contra el agua: *En Santander llovía tanto que me tuve que comprar un impermeable.*

impersonal *adj.* **1** Que no tiene personalidad: *No me gusta la decoración impersonal de ese hotel.* **2** Que no implica a una persona concreta, sino a todas en general: *Hablo de forma impersonal, no me refiero a nadie en particular.* **3** [Tratamiento de cortesía] que utiliza la tercera persona y no la segunda: *La frase «¿qué desea el señor?» en vez de «Señor, ¿qué desea usted?» es una forma de tratamiento impersonal de cortesía.* **4** GRAM. [Verbo, oración] que no expresa el sujeto de la acción: *Las frases «Se alquila piso. Llueve mucho. Dicen que es millonario» son impersonales.*

impertérrito, ta *adj.* (estar) Que no se altera, sorprende o asusta: *Permaneció impertérrito mientras leía la carta. Se quedó impertérrita mientras le daban la noticia.*

impertinencia *s. f.* **1** (no contable) Cualidad de impertinente: *No me gusta la impertinencia de su carácter. Toda su persona desprende impertinencia.* **2** Acción o frase impertinente: *No invitaremos a María, porque estoy harto de sus impertinencias. El nuevo contertulio ha soltado dos impertinencias seguidas.*

impertinente *adj. / s. m.* y *f.* **1** (ser / estar) Que se comporta con descaro, atrevimiento o insolencia, sin respeto alguno a los demás: *Encuentro que eres un niño muy impertinente. Has estado bastante impertinente con él. No sé cómo le gusta esa chica, es una impertinente.* **2** (ser / estar) Que molesta con sus exigencias o peticiones: *Un señor bastante impertinente me entretuvo un buen rato. Esta tarde has estado muy impertinente.* **3** Que es inoportuno, desconsiderado o contiene indiscreción: *pregunta impertinente, palabras impertinentes, actitud impertinente.* ‖ *s. m.* **4** (preferentemente en plural) Anteojos provistos de un mango para sujetarlos delante de los ojos: *Algunas mujeres llevan impertinentes cuando van a la ópera.*

imperturbable *adj.* (ser / estar) Que no se perturba o altera, o que no muestra emoción alguna: *A pesar de la tragedia, su rostro estaba imperturbable. Escuchó con rostro imperturbable todas las alegaciones.* SIN. impasible.

impetrar *v. tr.* ELEVADO. Pedir ‹una persona› [una cosa] a [otra persona] vehementemente: *Impetró el perdón* **de** *los vencedores.* SIN. suplicar.

ímpetu *s. m.* **1** Gran fuerza y rapidez con que se mueven personas, animales o cosas: *El ímpetu de la riada se llevó casas y árboles.* **2** Esfuerzo, energía: *Empezó el curso con gran ímpetu.*

impetuoso, sa *adj.* **1** (antepuesto / pospuesto) Que tiene ímpetu: *movimiento impetuoso. No pudieron hacer frente a los impetuosos ataques de las fuerzas enemigas.* **2** Que actúa sin reflexionar o con precipitación: *Eso te pasa porque eres muy impetuoso, deberías pensar mejor las cosas antes de hacerlas.* SIN. impulsivo.

impío, a *adj. / s. m.* y *f.* **1** Que no tiene creencias religiosas: *Su marido es un hombre impío.* **2** Que no respeta las cosas sagradas: *Las hordas enemigas cometieron actos impíos contra los símbolos religiosos.*

implacable *adj.* (antepuesto / pospuesto) Que no se puede aplacar o suavizar: *Siento por ella un odio implacable. Una implacable tempestad agitaba el mar. Eres demasiado* *implacable en tus juicios, deberías ser un poco más flexible. Este país tiene un clima implacable, demasiado duro.*

implantación *s. f.* **1** (no contable) Acción y resultado de implantar: *la implantación de una ley.* **2** MED. Colocación en el organismo humano de transplantes, de prótesis o de medicamentos: *La implantación de órganos en España es cada día más frecuente.* **3** MED., VETER. Fijación del huevo fecundado en la superficie interna del útero.

implantar *v. tr.* **1** Hacer ‹una persona con autoridad› vigente [una ley, una costumbre o un sistema político]: *El nuevo Presidente implantará la ley marcial.* **2** Poner ‹una persona› [una pieza artificial, un tejido o un órgano] en el organismo de [otra persona]: *Los cirujanos le han implantado el hígado hace dos meses.*

implementar *v. tr.* **1** VEN. Poner en práctica ‹una persona› [una cosa]. **2** AMÉR. Dotar ‹una persona› [los medios necesarios] para hacer algo.

implemento (preferentemente en plural) *s. m.* **1** RESTRINGIDO. Utensilio: *Tuvieron que abandonar los implementos de la expedición.* **2** LING. Complemento directo, para algunos lingüistas: *El implemento es propio de la terminología del profesor Emilio Alarcos, de la Real Academia Española.*

implicación *s. f.* **1** (no contable) Acción y resultado de implicar, de participar: *Mi marido rechazó la implicación de su hermano en el negocio.* SIN. participación. **2** DER. Participación en un delito: *La policía lo detuvo por su implicación en un robo.* **3** LÓG. Relación en la que una afirmación se deduce de otra: *Ha llovido, por implicación, las calles están mojadas.* SIN. deducción.

implicancia *s. f.* **1** ARG., CHILE, URUG.; ELEVADO en Chile. Impedimento o incompatibilidad legal o moral para adoptar una decisión justa. **2** AMÉR. Implicación.

implicar *v. tr. / prnl.* **1** Hacer participar ‹una persona› [a otra persona] en [una cosa]: *El cabecilla de la banda implicó al cajero **en** el robo. **Se** implicó **en** el asunto.* ‖ *v. tr.* **2** Tener ‹una cosa› como consecuencia [otra cosa]: *Hemos discutido, pero eso no implica que nos hayamos enfadado.* SIN. significar. ⇒ **71.**

implícito, ta *adj.* (estar) Que está incluido en algo aunque no se diga: *Las dietas están implícitas en el sueldo.*

implorar *v. tr.* Pedir ‹una persona› [una cosa] a [otra persona] con lágrimas y con ruegos: *El acusado imploraba perdón al tribunal. Da pena ver cómo imploran compasión tantos viejos a la puerta de la iglesia.*

implosión *s. f.* **1** FÍS. Acción de estallar hacia dentro las paredes de un recipiente o cavidad cuya presión interior es menor que la exterior: *Sus alumnos estaban estudiando el aire en el laboratorio, cuando se produjo una implosión en una botella.* **2** (no contable) FON. Modo de articulación de las consonantes cuando van en posición final de sílaba: *En castellano la «r» es implosiva en «por».* **3** ASTRON. Disminución brusca del tamaño de un astro: *Al bajar tan rápidamente la temperatura de la atmósfera, el astro sufrió una implosión del 50 por ciento.* SIN. reducción.

implosivo, va *adj. / s. f.* LING. [Consonante, posición] que está en final de sílaba: *La «b» en «ábside» ocupa una posición implosiva. La «r» de «árbol» es una implosiva.*

impluvio *s. m.* Depósito descubierto en el centro del atrio de las casas romanas donde se almacenaba el agua de la lluvia.

impoluto, ta *adj.* Que no tiene ninguna mancha: *un vestido impoluto, una trayectoria profesional impoluta.*

imponderable *adj.* **1** Que no puede pesarse o precisarse en toda su magnitud: *Esta cifra está sujeta a variaciones imponderables.* **2** Que no puede ser explicado por ser extraordinario, o tener un valor demasiado grande: *El amor es un sentimiento imponderable.* ‖ *s. m.* **3** Factor o circunstancia que interviene en una cosa y cuya influencia no se puede precisar: *Su falta de previsión es un imponderable que hace difícil cualquier planificación.* ‖ **4 fluido* ~.**

imponencia *s. f.* **1** ARG., URUG. Grandeza o majestad de un paisaje. **2** COL. Gallardía, porte.

imponente *adj.* **1** (antepuesto / pospuesto) Que impone o provoca respeto o miedo: *Es un perrazo imponente. Ahora mismo está en su habitación con una imponente borrachera.* **2** (ser / estar; antepuesto / pospuesto) Que provoca admiración o asombro: *Se presentó con un imponente cochazo. Has estado imponente. Esa película es imponente.*

imponer *v. tr. / prnl.* **1** Obligar ‹una persona› [a otra persona] a hacer, aceptar, cumplir, soportar o pagar [una cosa]: *Su madre **se** ha impuesto sacrificios innecesarios.* **2** Proporcionar ‹una persona› conocimientos [a otra persona] sobre [una cosa]: ***Se** ha impuesto **en** química. Está contenta con el profesor, cree que los va a imponer en cirugía.* ‖ *v. tr.* **3** Poner ‹una persona› [un nombre] a [otra persona]: *Los padrinos le impusieron el nombre de su madre.* **4** Poner ‹una persona› [una cantidad de dinero] en [una cuenta]: *Impuso una pequeña cantidad **en** la cuenta corriente.* SIN. ingresar. **5** Dar ‹una persona› [un premio o castigo] a [otra persona]: *Nos impondrán una fuerte multa si seguimos aparcando en la acera.* ‖ *v. tr. / intr.* **6** Causar ‹una persona, un animal o una cosa› miedo o respeto [a una persona]: *Este tribunal impone.* ‖ *v. prnl.* **7** Dejar ‹una persona› clara su superioridad sobre [otra persona]: *Se ha impuesto **a** los demás en las pruebas de clasificación. El ciclista se impuso **sobre** el pelotón desde los primeros kilómetros.* **8** Hacerse ‹una cosa› preponderante o habitual: *Se está imponiendo la moda de patinar los domingos.* FR. Y LOC. **~ silencio*.** ⇒ **60.**

imponible *adj.* Que se debe gravar con un impuesto o tributo. **base* ~.**

impopular *adj.* Que no gusta a la mayoría: *una medida impopular, un personaje impopular, una ley impopular.*

importación *s. f.* **1** (no contable) Acción y resultado de importar: *coche **de** importación. Este año ha aumentado la importación de productos suecos.* ANT. exportación. **2** (no contable) Conjunto de cosas importadas: *Se han reducido las importaciones rusas.*

importancia *s. f.* **1** (no contable) Valor, interés o influencia de alguna persona o cosa: *Es un hombre de mucha importancia en la región. Su discurso fue de poca importancia.* **2** Categoría o situación social de una persona: *Es un médico de importancia.* FR. Y LOC. **darse ~** Considerarse superior ‹una persona› a otra persona, presumir: *Aunque tiene dinero, Ana nunca se da importancia.*

importante *adj.* (antepuesto / pospuesto) Que tiene importancia: *Lo importante es que no discutamos más. Es una cita importante. Tengo un importante compromiso.*

importar *v. intr.* **1** Tener ‹una persona o una cosa› interés o valor para [una persona]: *Nos importa mucho ese contrato.* **2** Corresponder ‹una cosa› a [una persona]: *Eso no* *les importa a los niños.* SIN. incumbir. **3** CORTESÍA. Causar ‹una cosa› molestias a [una persona]: *¿Le importa que fumemos?* || *v. tr.* **4** Introducir ‹un país› [costumbres o mercancías de otro]: *Nuestra empresa importa café de Colombia.* **5** RESTRINGIDO. Tener ‹una cosa› [un precio]: *La factura del restaurante ha importado tres mil pesetas.* FR. Y LOC. **~ un bledo*. ~ un cojón*** o **~ tres cojones. ~ un cuerno*. ~ un higo*. ~ un huevo*. ~ un pepino / pimiento / pito** COLOQUIAL. No interesar ‹una persona o cosa› a una persona. **~ un rábano*. ~ una chingada*.**

importe *s. m.* Valor de una cosa en dinero: *Éste es el importe de las compras que hemos hecho.*

importunar *v. tr.* Causar ‹una persona› molestias [a otra persona] con peticiones insistentes o inoportunas: *No podemos importunarle con tonterías.*

importuno, na *adj. / s. m.* y *f.* **1** Inoportuno. **2** (antepuesto / pospuesto) Que produce molestias o enfada: *tus importunas quejas. Estás siempre con exigencias importunas.*

imposibilidad *s. f.* **1** (no contable) Falta de posibilidad para que algo pueda hacerse, suceder o existir: *Ante la imposibilidad de venir a clase, estudia en casa.* ANT. posibilidad. **2** Limitación física o enfermedad que impide desempeñar algún cargo o profesión: *El médico justificó la imposiblidad de Juan para ser bombero.*

imposibilitado, da *adj. / s. m. y f.* (estar) Que no puede mover un miembro o no se puede mover por una incapacidad física: *Se quedó imposibilitado después del accidente. Está imposibilitada de las piernas.*

imposibilitar *v. tr.* Hacer ‹una persona o una cosa› imposible [una cosa]:*Tus exigencias imposibilitan un acuerdo.*

imposible *adj.* **1** Que no puede ocurrir, no se puede hacer o es muy difícil de conseguir: *Eso es imposible, por mucho que insistas no me lo creo. Es imposible que venga.* ANT. posible. **2** (ser / estar) COLOQUIAL. Que no se puede aguantar, o es difícil o muy malo de soportar: *Estás imposible, no hay quién te aguante. Tiene un carácter imposible.* **3** ARG.; COLOQUIAL. [Persona, lugar, prenda] que está sucia o desarreglada. || *s. m.* **4** Cosa muy difícil de conseguir: *Eso que me pides es un imposible. Te concedo lo que quieras, pero no me pidas imposibles.* FR. Y LOC. **hacer lo ~** Poner todos los medios ‹una persona› para conseguir una cosa: *Haré lo imposible por salvar nuestro matrimonio.*

imposición *s.f.* **1** Acción y resultado de imponer: *Miguel asistió como periodista a la imposición de condecoraciones a los generales. La imposición de sanciones perjudicará a los países pobres.* **2** Exigencia fuera de lo normal para obligar a una persona: *No admito tus imposiciones en este asunto. No me gustan las imposiciones de nadie.* **3** Ingreso de una cantidad de dinero en una entidad financiera a nombre de alguna persona o sociedad: *Tenemos que hacer una imposición a nombre del notario.*

impositivo, va *adj.* De los impuestos públicos: *La carga impositiva asfixia a las pequeñas empresas.*

imposta *s. f.* **1** ARQ. Fila de sillares sobre la que se asienta un arco. **2** ARQ. Moldura horizontal en la fachada de algunos edificios que separa sus plantas. **3** Tablero fijo de una puerta o ventana sobre el que se cierra la hoja.

impostar *v. tr.* MÚS. Llevar ‹una persona› el aire al punto adecuado de las cuerdas vocales para que [la voz] suene sin vacilación: *Para impostar la voz se necesita un aprendizaje adecuado.*

impostor, ra *adj. / s. m.* y *f.* Que se hace pasar por quien no es: *El cobrador de la luz era un impostor.*

impotencia *s. f.* **1** (no contable) Falta de fuerza o poder para hacer una cosa: *El equipo reconoció su impotencia para ganar el partido.* **2** (no contable) Incapacidad en el hombre para realizar el acto sexual: *La impotencia está originada por causas psíquicas y físicas.*

impotente *adj.* **1** Que no tiene fuerza, poder o potencia para hacer algo o defenderse: *Me siento impotente para ayudarle. El equipo fue impotente ante un rival muy superior.* || *adj. / s. m.* y *f.* **2** [Varón] que no puede realizar el acto sexual completo: *Luis no quiere casarse porque es impotente.*

impoventas (plural *impoventas*) *s.m.* COL. Impuesto sobre el volumen comercial de una empresa.

impracticable *adj.* **1** Que no se puede realizar o poner en práctica: *Tu proyecto es impracticable, no tenemos dinero.* **2** [Camino] que no reúne las condiciones suficientes para poder pasar por él con un mínimo de comodidad: *En invierno el pueblo queda aislado porque la nieve hace impracticable el camino.* **3** TEATRO. [Ventana, puerta] que no se puede abrir y cerrar: *Un ventanal impracticable decoraba todo el fondo del escenario.* ANT. practicable.

imprecación *s. f.* **1** ELEVADO. Exclamación que expresa el deseo de que a alguien le ocurra algo malo: *A lo largo de la discusión se oyeron algunas imprecaciones muy desagradables.* **2** RET. Figura retórica que consiste en utilizar una exclamación de este tipo: *El discurso del protagonista estaba lleno de imprecaciones.*

imprecar *v. tr.* ELEVADO. Manifestar ‹una persona› el deseo de que le ocurrra una desgracia [a otra persona] mediante exclamaciones: *Cuando se enfada impreca al Gobierno en pleno, a Hacienda y a todos los policías del mundo.* ⇒ **71.**

impreciso, sa *adj.* (antepuesto / pospuesto) Que no está claro o bien definido: *Daba unas órdenes imprecisas. El aparato venía acompañado por unas imprecisas instrucciones.*

impregnar *v. tr.* **1** FÍS. Introducir ‹una persona› las moléculas de [un cuerpo] entre las de [otro cuerpo]. **2** Mojar ‹una persona› [una cosa porosa] en [un líquido] hasta que lo absorbe: *El practicante impregnó un algodón **con** alcohol. El cocinero le ordenó que impregnara el papel **en** aceite.* SIN. empapar. **3** Mojar ‹un líquido› [una cosa porosa]: *El vino ha impregnado la tapicería del sillón y huele todo a taberna.* **4** ELEVADO. Influir ‹una idea› en [una persona o una cosa]: *Un pesimismo latente impregna todo su pensamiento.* || *v. prnl.* **5** FÍS. Introducirse las moléculas de ‹un cuerpo› entre las de [otro cuerpo]. **6** Mojarse ‹una cosa porosa› con [un líquido]: *En su fiesta de cumpleaños, el sofá se impregnó **de** cava. La bayeta se impregnó **con** el aceite que salía del tubo.* **7** Adquirir ‹una persona› [conocimientos de otra]: *Tenemos que impregnarnos **de** su sabiduría.*

imprenta *s. f.* **1** Técnica de reproducir en papel u otro material textos e ilustraciones: *El arte de la imprenta ha evolucionado mucho estos últimos años.* **2** Taller o lugar donde se imprime: *Trabajo en una imprenta.* FR. Y LOC. **letra* de ~. pie* de ~.**

imprescindible *adj.* (antepuesto / pospuesto) Que no puede ser olvidado o dejado de lado por tener una importancia muy grande, o que es totalmente necesario: *Mete en la maleta sólo lo imprescindible. Sus investigaciones constituyen una imprescindible aportación a la ciencia.*

imprescriptible *adj.* Que no puede prescribir: *Es un derecho imprescriptible, lo tendré mientras viva.*

impresentable *adj. / s. m.* y *f.* (ser / estar) Que no reúne las condiciones suficientes para presentarse, ser aceptado o tolerado en un grupo social: *Estás impresentable, tendrás que arreglarte si quieres acudir a la reunión. Jamás cumples lo que dices, eres un impresentable.*

impresión *s. f.* **1** (no contable) Efecto o emoción generalmente fuertes que produce en una persona un acontecimiento, otra persona o un fenómeno: *Recibió una fuerte impresión al enterarse de la noticia.* SIN. impacto. **2** Opinión o intuición que alguien tiene de algo o de alguien: *Tengo la impresión de que Pedro no va a venir. Me gustaría conocer tu impresión de la reunión.* **3** (no contable) ELEVADO. Acción y resultado de imprimir: *Han prohibido la impresión de las obras de ese autor.* SIN. edición. **4** (no contable) ELEVADO. Manera de estar algo impreso: *impresión **de** lujo. Este libro tiene una cuidada impresión.* SIN. edición. FR. Y LOC. **cambiar impresiones** Comunicarse dos o más personas su opinión sobre algo: *Los dos Jefes de Estado cambiaron impresiones sobre política exterior.* **causar buena / mala ~** Producir ‹una persona o una cosa› una buena o mala opinión en una persona: *El proyecto publicitario ha causado una buena impresión a los clientes.* **de ~** COLOQUIAL; INTENSIFICADOR. Impresionante: *un coche de impresión, un novio de impresión, un despacho de impresión.*

impresionable *adj.* Que se impresiona o tiende a impresionarse o conmoverse con facilidad: *Ten cuidado, no se lo digas de golpe, porque mi madre es muy impresionable.*

impresionante *adj.* (ser / estar; antepuesto / pospuesto) Que impresiona o llama la atención: *Ayer se celebró una impresionante manifestación. Ha sido un gol impresionante. Estás impresionante, guapísima, como nunca te había visto.*

impresionar *v. tr. / prnl.* **1** Causar ‹una persona o una cosa› una impresión o una emoción fuertes [a una persona]: *A todos nos ha impresionado tu poesía. **Me** impresiono mucho con la sangre.* **2** Fijar ‹una persona› imágenes o sonidos en [una superficie sensible]: *Esta marca falla a veces y **se** impresiona mal la película.*

impresionismo *s. m.* (no contable) Movimiento artístico, de origen pictórico, surgido a finales del siglo XIX, que expresa las impresiones que en el artista produce la naturaleza y la luz: *El impresionismo se afincó también en la música y en la literatura.*

impresionista *adj.* **1** Del impresionismo o con características de este movimiento: *estilo impresionista, exposición impresionista.* ‖ *s. m. / f.* **2** Persona que practica el impresionismo o es partidario de él: *pintor impresionista.*

impreso, sa *adj. / s. m.* **1** [Obra] que se ha obtenido con el arte de la imprenta: *un libro impreso. Los folletos y carteles son impresos.* **~ postal** Impreso que se envía por correo con tarifas rebajadas. ‖ *s. m.* **2** Formulario que hay que rellenar: *Rellene este impreso a máquina o con letras de imprenta.* **~ / hoja / libro de reclamaciones*.** ‖ *p.* **3** Participio irregular de *imprimir: Los folletos ya están impresos.*

impresor, ra *s. m. / f.* **1** Persona que dirige o es propietaria de una imprenta: *Él aparecía en el libro como impresor.* **2** Persona que trabaja en una imprenta: *Soy impresor desde muy joven.* ‖ *s. f.* **3** INFORM. Máquina periférica de un ordenador que imprime sobre el papel la información tratada: *impresora láser, impresora matricial de agujas.*

imprevisible *adj.* (antepuesto / pospuesto) Que no se puede prever o conocer de antemano lo que va a ocurrir: *Ha sucedido una imprevisible catástrofe.* ANT. previsible.

imprevisto, ta *adj. / s. m.* **1** Que no estaba previsto: *una llamada imprevista, un viaje imprevisto. Le ha surgido un imprevisto y no viene.* **2** (preferentemente en plural) Gastos inesperados que no estaban previstos: *No contábamos con estos imprevistos y nos hemos quedado sin una peseta.*

imprimar *v. tr.* Preparar ‹una persona› [una cosa] para pintarla o teñirla: *Imprima el balcón con minio y luego píntelo de negro.*

imprimátur (plural *imprimátur*) *s. m.* Permiso que concede la autoridad eclesiástica para imprimir un libro: *Los eclesiásticos deben publicar los libros con el imprimátur.*

imprimir *v. tr.* **1** Reproducir ‹una persona› [textos o ilustraciones] por medio del arte de la imprenta: *Se imprimen muchos libros sin interés.* **2** Elaborar ‹una persona› [una obra impresa]: *Estos calendarios se imprimen en Madrid.* **3** Fijar ‹una persona› la huella de [una cosa] mediante presión: *El ladrón imprimió sus huellas por toda la cocina.* **4** Fijar ‹una persona› [un afecto o un sentimiento] en el ánimo o en la memoria de [otra persona]: *Mi abuela me imprimió el amor a los gatos.* **5** Dar ‹una persona o una cosa› [cierto carácter, estilo u orientación] a [otra cosa]: *Tienes que imprimir más gracia a la presentación.* **6** Dar ‹una cosa› [velocidad o movimiento] a [otra cosa]: *La raqueta tiene que imprimir más efecto a la pelota.* ⇒ **92.**

improbable *adj.* Que es difícil que ocurra: *Es improbable que mañana llueva, está el cielo muy claro.* ANT. probable.

ímprobo, ba *adj.* (antepuesto / pospuesto) ELEVADO. [Trabajo, esfuerzo] que es muy grande: *un trabajo ímprobo. Hizo un ímprobo esfuerzo para acabar.*

improcedente *adj.* **1** Que no se atiene a la ley o a los reglamentos: *El permiso se me ha denegado por improcedente.* **2** Que no se acomoda a una cosa, es inoportuno o inadecuado: *Tu actitud es improcedente.*

improductivo, va *adj.* Que no produce: *esfuerzo improductivo. El ocio es necesario, aunque sea improductivo.*

impronunciable *adj.* **1** Que no se puede o es difícil de pronunciar: *Tiene un apellido impronunciable. Ese trabalenguas es impronunciable.* **2** Que no se debe decir: *Ese nombre es impronunciable en su casa, no conviene citarlo porque se ofenderían.*

impronta *s.f.* **1** Marca o huella moral de una persona o cosa en otra: *Un verano en la selva te deja una impronta segura.* **2** BIOL. Proceso de aprendizaje de los animales jóvenes durante un corto período de receptividad, como consecuencia de lo cual aprenden reacciones estereotipadas frente a un modelo.

improperio *s. m.* **1** (preferentemente en plural) ELEVADO. Insulto grave: *Me llenas injustamente de improperios. Lo cubrió de improperios.* **2** (en plural) REL. En la iglesia católica, versículos que se cantan durante la adoración de la cruz en la celebración litúrgica del Viernes Santo.

impropiedad *s. f.* Falta de propiedad o de justeza en el uso de las palabras de una lengua: *Aunque no ha estudiado comete muy pocas impropiedades.*

impropio, pia *adj.* Que no es habitual o adecuado: *una actitud impropia **de** una persona educada.*

improrrogable *adj.* Que no se puede prorrogar o alargar en su duración: *un contrato improrrogable. El plazo es improrrogable, acaba mañana.* ANT. prorrogable.

improvisación *s.f.* 1 (no contable) Acción de improvisar: *No se puede confiar siempre en la improvisación.* 2 Obra hecha repentinamente, sin preparación: *Ha ganado el concurso de improvisación poética.*

improvisar *v. tr.* 1 Hacer ‹una persona› [una cosa] sin preparación: *Le gusta improvisar cuando habla en público.* 2 Hacer ‹una persona› [una cosa] con los medios de que dispone: *Han improvisado un campamento para acomodar a los damnificados del terremoto.*

improviso, sa *adj.* RESTRINGIDO. Que no se prevé. FR. Y LOC. **de ~** De repente, sin avisar: *Se marchó de improviso.*

imprudencia *s. f.* 1 (no contable) Falta de prudencia o de precaución: *Conduce con mucha imprudencia.* **~ temeraria** DER. Delito de actuar de forma peligrosa contra otras personas: *Ha atropellado a un ciclista ante un semáforo y lo han acusado de imprudencia temeraria.* 2 Dicho o acción imprudente, sin cuidado: *Montar ese caballo fue una imprudencia. La policía lo paró porque cometió seis imprudencias de tráfico.*

imprudente *adj. / s. m.* y *f.* (antepuesto / pospuesto) Que no tiene prudencia o discreción: *Ha sido una decisión imprudente. Su imprudente conducta ha provocado el accidente.* ANT. prudente.

impúber *adj. / s. m.* y *f.* (antepueso / pospuesto) LITERARIO. Que no ha llegado a la pubertad: *un muchacho impúber. Las impúberes muchachas salieron en la procesión.*

impudicia *s. f.* ELEVADO. Falta de vergüenza o de pudor: *Viste con impudicia manifiesta.*

impúdico, ca *adj.* (antepuesto / pospuesto) Que no tiene pudor: *comportamiento impúdico.*

impudor *s. m.* 1 Falta de pudor o vergüenza: *No creo que sea impudor pasear en bermudas.* 2 ELEVADO. Cinismo: *El impudor de sus declaraciones sobrepasa todos los límites.*

impuesto *s. m.* 1 Dinero que tiene que pagar el ciudadano al Estado o a sus instituciones para cubrir las necesidades públicas: *Tengo que pagar tres impuestos distintos.* **evasión* de impuestos. ~ de lujo** Impuesto que recae sobre artículos o propiedades que no se consideran imprescindibles. || *p.* 2 Participio irregular de *imponer.* || 3 **~ revolucionario** Dinero que exige con amenazas una organización terrorista o guerrillera: *Muchos industriales han recibido cartas exigiéndoles el impuesto revolucionario.*

impugnación *s. f.* DER. Rechazo o solicitud de anulación, de acuerdo con la ley, de una resolución o decisión oficial: *la impugnación de una votación, la impugnación de una decisión judicial.*

impugnar *v. tr.* 1 DER. Manifestar ‹una persona› con un recurso su oposición a [una cosa que considera ilegal]: *Han impugnado el fallo del jurado del concurso de poesía. Impugnarán la celebración de esas oposiciones.* 2 Combatir ‹una persona› [una cosa que considera falsa o perjudicial] *Piensan impugnar las opiniones de este periódico.*

impulsador, ra *adj / s. m.* y *f.* COL. Persona que trabaja promocionando un artículo en los grandes almacenes y supermercados.

impulsar *v. tr.* 1 Hacer ‹una persona o una cosa› fuerza contra [una cosa] para moverla: *El defensa impulsó la pelota.* 2 Estimular ‹una persona o una cosa› la realización de [una cosa]: *Están impulsando una campaña contra el sida.* 3 Estimular ‹una persona o una cosa› [a una persona] para [hacer una cosa]: *Su actitud me impulsó **a** trabajar.*

impulsivo, va *adj. / s. m.* y *f.* Que actúa o habla sin pensar o es producto de un impulso: *Es un chico impulsivo. Tu decisión me parece impulsiva, piénsala con tranquilidad.*

impulso *s. m.* 1 Acción y resultado de impulsar: *Con el impulso del viento el barco llegó a su destino.* 2 Fuerza con que algo se mueve o desarrolla: *El impulso que llevaba le impidió frenar. Hay que dar impulso a este producto para colocarlo en el mercado.* 3 Estímulo: *Necesita un impulso para triunfar.* 4 Deseo o razón repentina que mueve a hacer algo, sin pensarlo: *Un impulso me decidió a abrazarlo.* FR. Y LOC. **tomar ~** Correr ‹una persona› antes de dar un salto o de lanzar alguna cosa: *Los atletas toman impulso antes de saltar o tirar el disco.*

impulsor, ra *adj. / s. m.* y *f.* Que impulsa una acción o anima a hacer algo: *mecanismo impulsor. Él y su hermana fueron los impulsores de esta idea.*

impune *adj.* (estar) Que queda sin castigo: *Su delito está todavía impune. El crimen quedó impune.*

impunemente *adv. modo* Sin recibir un castigo merecido: *Los gamberros destrozan impunemente los jardines.*

impunidad *s. f.* (no contable) Falta de castigo: *La impunidad de los delitos anima a los delincuentes.*

impureza *s. f.* 1 (no contable) Sustancia o elementos extraños en una materia o en un cuerpo: *Este papel es perfecto, no tiene ni una impureza.* 2 (no contable) Falta de pureza, de decencia o de limpieza moral: *Su intención era buena, no había impureza en sus actos.*

impuro, ra *adj.* 1 Que está mezclado con impurezas o suciedad: *El aire de la ciudad es impuro.* 2 Que va contra la moral establecida: *intenciones impuras.*

imputación *s. f.* 1 Acción y resultado de imputar: *Del sumario parece que se deriva una clara imputación **contra** el acusado.* 2 Lo que se imputa: *El juez todavía no ha presentado la imputación de delito económico.*

imputar *v. tr.* 1 Atribuir ‹una persona› [un delito] a [otra persona]: *El juez le imputa un delito de cohecho.* SIN. inculpar. 2 Atribuir ‹una persona› la causa de [un daño o un contratiempo] a [una cosa]: *Imputan la crisis económica **a** la imprevisión.* 3 Dar ‹una persona› [un destino] a [una cantidad de dinero] al entregarla o consignarla: *Esa cantidad se imputa como ganancia, pero, en realidad, no lo es.*

-ín, na *suf.* 1 Significa 'que realiza la acción' y forma sustantivos o adjetivos a partir de verbos: *cantar - cantarín, saltar - saltarina, bailar - bailarín.* 2 Forma sustantivos con valor diminutivo a partir de sustantivos y a su vez adjetivos con valor diminutivo a partir de adjetivos: *pájaro - pajarín, pequeño - pequeñina.* 3 Significa 'origen' o 'procedencia' y forma sustantivos o adjetivos a partir de sustantivos: *mallorca - mallorquín, menorca - menorquina.*

in-, **im-** o **i-** *pref.* 1 Significa 'que no es' o 'que no está' y forma adjetivos a partir de adjetivos: *capaz - incapaz, direc-*

to - indirecto, tranquila - intranquila, perfecto - imperfecto, alterado - inalterado. **2** Significa 'sin' y forma sustantivos a partir de sustantivos: *consciencia - inconsciencia, barba - imberbe, reflexión - irreflexión.*

in fraganti *adv.* Se usa preferentemente en la LOC. **coger/ pillar ~** Coger a alguien en el momento en que se está cometiendo una mala acción o un delito: *Pillaron al ladrón in fraganti.*

in vitro Se usa en la LOC. **fecundación* ~.**

-ina *suf.* Significa 'sustancia que procede de' y forma sustantivos a partir de sustantivos: *café - cafeína, té - teína.*

inabarcable *adj.* Que no se puede abarcar o comprender en su totalidad: *concepto inabarcable.*

inabordable *adj.* Que no se puede o que es difícil de abordar o tratar: *Hoy por hoy esos temas son inabordables en público.*

inacabable *adj.* (antepuesto/pospuesto) Que dura mucho, o que no se acaba nunca: *Este trabajo es inacabable. Se enredaron en una inacabable discusión.* SIN. interminable.

inacabado, da *adj.* Que no está acabado: *una obra de arte inacabada.*

inaccesible *adj.* **1** Que no tiene acceso, o que no se puede alcanzar: *Es una montaña inaccesible.* ANT. accesible. **2** Que no se puede comprender: *Las matemáticas son inaccesibles para mí, por mucho que lo intento no entiendo nada.* **3** (ser/estar) Que no tiene un trato sencillo, natural o amable: *Daniela es bastante inaccesible, es difícil comunicarse con ella.* ANT. accesible.

inacción *s. f.* (no contable) RESTRINGIDO. Falta de acción, inactividad: *La inacción de la jubilación lo angustia.*

inacentuado, da *adj.* (estar) [Sílaba, vocal] que no está acentuada. SIN. átono.

inaceptable *adj.* Que no puede ser aceptado o admitido: *Tus condiciones son inaceptables.* SIN. inadmisible.

inactividad *s. f.* (no contable) Falta de actividad o movimiento: *Ha engordado mucho por la inactividad. La inactividad de algunas empresas turísticas en invierno es total.*

inactivo, va *adj.* (estar) Que no trabaja o no se mueve: *Lleva mucho tiempo inactiva. Ahora está inactivo, pero confía en reiniciar su tarea pronto.*

inadaptable *adj.* Que no se puede adaptar: *Esta novela es inadaptable, no hay quien haga un guión con ella y la lleve al cine.*

inadaptación *s. f.* (no contable) Falta de adaptación o de integración en un ambiente: *La inadaptación de muchos jóvenes es un problema social importante.*

inadaptado, da *adj./s. m.* y *f.* (ser/estar) Que no consigue adaptarse a su entorno: *Es un inadaptado. Desde que se ha jubilado está inadaptada al ritmo cotidiano.*

inadecuación *s. f.* (no contable) RESTRINGIDO. Falta de adecuación: *En el proyecto hay cierta inadecuación entre los gastos de propaganda y las ventas que genera esta actividad.*

inadecuado, da *adj.* Que no es adecuado: *comportamiento inadecuado. Su presencia era inadecuada en la fiesta. Es un traje inadecuado para una boda.* SIN. inapropiado.

inadmisible *adj.* Que no se puede admitir, aceptar o tolerar: *Sus razones me parecieron inadmisibles, propias de un cínico.* SIN. inaceptable.

inadvertencia *s. f.* RESTRINGIDO. Distracción, ignorancia con la que se hace algo: *Una inadvertencia del vigilante, que dejó desconectada una alarma, facilitó robo.*

inadvertidamente *adv. modo* (sólo con verbos de acción y referido al agente) Sin advertirlo, sin darse uno cuenta, inconscientemente, sin intención: *Inadvertidamente, había puesto el dedo en la llaga.*

inadvertido, da *adj.* Que no se advierte: *Su presencia pasó inadvertida.* SIN. desapercibido.

inagotable *adj.* **1** (antepuesto/pospuesto) Que no se agota o no se consume nunca del todo: *Tengo una paciencia inagotable. El sol es una inagotable fuente de energía.* **2** COLOQUIAL. Que no se agota nunca, o que nunca se cansa del todo: *Este niño es inagotable, me tiene rendida.*

inaguantable *adj.* (ser/estar; antepuesto/pospuesto) Que no se puede aguantar o soportar: *Este inaguantable dolor va a acabar con mi paciencia. Esta situación es inaguantable, me parece un abuso. Marga tiene un marido inaguantable.*

inalámbrico, ca *adj.* [Sistema de comunicación eléctrica] que no utiliza alambres conductores: *micrófono inalámbrico, comunicación inalámbrica.* **teléfono* sin hilos** o **teléfono ~. telegrafía* inalámbrica.**

inalcanzable *adj.* (antepuesto/pospuesto) Que no se puede alcanzar o conseguir: *Ese objetivo me parece inalcanzable. Ése es un sueño inalcanzable para mí.*

inalienable *adj.* **1** (antepuesto/pospuesto) Que no se puede negar o quitar: *Te estoy hablando del inalienable derecho a decidir sobre tu propia vida.* **2** Que no se puede ceder ni vender legalmente: *Los bienes eclesiásticos y los mayorazgos eran inalienables.*

inalterable *adj.* **1** Que no se altera o no se puede alterar: *Este material es inalterable **al** calor.* **2** Que no se perturba o altera, o que nunca pierde la serenidad: *Nunca lo he visto mostrar inquietud alguna, es inalterable como las rocas.*

inamovible *adj.* **1** Que no puede moverse por estar bien sujeto, o porque tiene solidez y estabilidad: *Es una decisión inamovible, nunca me echaré para atrás.* **2** Que no puede ser separado o apartado del cargo que ocupa: *Damián es inamovible, no podrán echarlo de la empresa.*

inane *adj.* ELEVADO. Que no tiene valor o que es inútil: *Toda nuestra resistencia resulta inane ante la muerte.*

inanición *s. f.* (no contable) Desnutrición producida por la falta de alimentos: *morir **por** inanición. La muerte infantil **por** inanición es un duro alegato contra las naciones ricas.*

inanidad *s. f.* (no contable) ELEVADO. Circunstancia de lo que no tiene valor ni contenido: *Sólo decía palabras vacías, de una tremenda inanidad.*

inanimado, da *adj.* **1** (estar) Que no se mueve y parece sin vida: *La accidentada estaba inanimada, inmóvil.* **2** Que no tiene vida: *Las rocas son inanimadas.*

inapelable *adj.* [Sentencia] que no se puede apelar: *juicio inapelable, fallo inapelable.* ANT. apelable.

inapetencia *s. f.* Falta de ganas de comer: *La inapetencia es señal de enfermedad.*

inapetente *adj.* (estar) Que no tiene apetito o ganas de comer: *No sé qué me pasa, estoy inapetente.*

inaplazable *adj.* Que no se puede aplazar: *Esa cita es muy urgente y necesaria para mí, es inaplazable.*

inapreciable *adj.* 1 (antepuesto / pospuesto) Que no se puede apreciar o distinguir por ser pequeño o poco importante: *detalle inapreciable. Es un inapreciable matiz.* 2 (antepuesto / pospuesto) Que no se puede apreciar o tasar por su gran valor o estima: *Sin tu inapreciable apoyo no sé que hubiera hecho.* SIN. inestimable.

inapropiado, da *adj.* (ser) Que no es apropiado: *visita inapropiada, hora inapropiada.* SIN. inadecuado.

inaprovechado, da *adj.* RESTRINGIDO. Que no se aprovecha: *¡Es una pena tanto espacio inaprovechado!*

inarmónico, ca *adj.* Que no tiene armonía: *A mí me parece inarmónica la música moderna.*

inarrugable *adj.* Que no se arruga con el uso: *Esta tela es inarrugable.*

inarticulado, da *adj.* 1 (ser / estar) Que no está articulado: *muñeco inarticulado.* 2 LING. [Sonido de la voz] que no forma palabra: *El grito es un sonido inarticulado.*

inasequible *adj.* Que no se puede conseguir o alcanzar: *Este objetivo está por encima de mis posibilidades, me resulta inasequible.* ANT. asequible.

inasible *adj.* RESTRINGIDO. Que no se puede asir o comprender: *Me resultan inasibles tales explicaciones. Estos hilos tan finos son inasibles.*

inasistencia *s. f.* Falta de asistencia de alguien a algún lugar: *Ante la inasistencia de la directora, decidieron anular la reunión. Acusan al profesor de inasistencia a las clases.*

inatacable *adj.* 1 Que no puede ser atacado: *Desde este lugar, la posición enemiga es inatacable.* 2 Que no se puede atacar o refutar: *El planteamiento inicial es inatacable, pero rechazo el resto de la argumentación.*

inatención *s. f.* (no contable) ELEVADO. Falta de atención: *Me sorprendió su inatención con los invitados.*

inaudible *adj.* Que no se puede oír: *Su voz era inaudible, apenas un susurro.*

inaudito, ta *adj.* 1 Que causa asombro o sorpresa: *una noticia inaudita, una música inaudita.* 2 Que no se puede tolerar: *Recibieron un trato inaudito. Tu comportamiento es inaudito en un adulto.*

inauguración *s. f.* 1 Acto solemne con el que se inicia una cosa: *la inauguración de curso, la inauguración del año judicial. El alcalde asistió a la inauguración del nuevo hospital.* 2 Comienzo de las actividades de un establecimiento comercial o de una institución: *Se ha inaugurado hace un año un museo de trajes. Pronto se inaugurará una tienda especializada en mecanos.*

inaugural *adj.* De la inauguración: *ceremonia inaugural, solemnidad inaugural, discurso inaugural.* **lección* ~.**

inaugurar *v. tr.* 1 Dar ‹una persona› comienzo a [una cosa] con un acto solemne: *La rectora inaugurará el curso a mediados de septiembre. El nuevo Ayuntamiento se inaugura para la primavera.* 2 Abrir ‹una persona› [un establecimiento público] con una celebración: *Nuestra cadena inaugura en la capital un céntrico establecimiento el 28 de diciembre.*

inca *adj. / s. m.* y *f.* 1 De un pueblo amerindio que vivía al O. de Sudamérica: *el imperio inca, la cultura inca. Los incas lucharon contra los españoles.* || *s. m.* 2 Moneda de oro del Perú que equivalía a 20 soles. || **3 espejo* de los Incas.**

incaico, ca *adj.* De los incas: *arte incaico.*

incalculable *adj.* Que no puede calcularse, por ser muy grande: *Es incalculable el número de personas que acudieron al estreno. Este collar tiene un valor incalculable.*

incalificable *adj.* Que no se puede calificar porque merece un fuerte rechazo: *Este autor tiene un estilo incalificable.Tu actitud es incalificable, es indigna de tí.*

incandescente *adj.* [Cuerpo, metal] que se enrojece o blanquea por la acción del calor: *material incandescente.*

incansable *adj.* (antepuesto / pospuesto) Que no se cansa nunca de hacer algo: *una incansable luchadora, un trabajador incansable.* SIN. infatigable.

incapacidad *s. f.* (no contable) Falta de capacidad moral o legal para hacer algo: *incapacidad de sentir amor, incapacidad temporal para trabajar, incapacidad legal para heredar, incapacidad para los idiomas.*

incapacitado, da *adj. / s. m.* y *f.* 1 (ser / estar) Que tiene limitaciones físicas o psíquicas para hacer una cosa: *Está incapacitado para conducir. Es incapacitado físico. Es una incapacitada psíquica.* || *adj.* 2 (estar) Que no puede ejercer ciertos derechos legalmente: *Consideran que está incapacitado para dirigir su empresa.*

incapacitar *v. tr.* 1 Hacer ‹una cosa› incapaz [a una persona]: *La lesión lo incapacita para la práctica de los deportes violentos.* 2 Declarar ‹una persona con autoridad› no hábil para ejercer derechos civiles [a otra persona]: *El juez ha incapacitado al abuelo y no puede vender nada de la hacienda familiar.* 3 Declarar ‹una persona con autoridad› no hábil para ocupar un cargo [a otra persona]: *Lo han incapacitado para ejercer cargos públicos durante doce años.* SIN. inhabilitar.

incapaz *adj.* 1 Que no puede, no sabe o no quiere hacer alguna cosa: *Es incapaz **de** preparar una buena cena. Es un hombre incapaz **de** una buena acción. Se siente incapaz **de** continuar.* 2 Que es poco inteligente: *Es incapaz **para** las matemáticas.* 3 Que no tiene capacidad legal para ciertos actos: *Le declararon incapaz **para** administrar sus bienes.* 4 RESTRINGIDO. Que no tiene capacidad o cabida: *El teatro es incapaz para mil espectadores.*

incardinar *v. tr.* 1 ELEVADO. Admitir ‹una cosa› la inclusión armónica de [otra cosa]: *Podemos incardinar su producción entre las corrientes de vanguardia.* || *v. prnl.* 2 ELEVADO. Ser ‹una cosa› incluida en [otra cosa] armónicamente: *Su obra se incardina **en** la novela de posguerra.*

incautación *s. f.* Acción y resultado de incautar: *La policía ejecutó la incautación de dos camiones de contrabando.*

incautarse *v. prnl.* 1 Tomar ‹la autoridad competente› posesión de [una cosa]: *La policía se incautó **de** varias armas en el domicilio resgistrado.* 2 Tomar ‹una persona› posesión de [una cosa] injusta o arbitrariamente: *Los presos protestan porque en la cárcel se incautan ilegalmente **de** su correspondencia.*

incauto, ta *adj. / s. m.* y *f.* 1 Que no tiene precaución o cuidado: *Es muy incauta y algún día le pasará algo con el coche.* 2 Que se deja engañar con facilidad porque es ingenuo: *No seas incauta y piénsalo más despacio antes de decidirte. Es un joven incauto y necesita que le ayuden.*

incendiar *v. tr.* 1 Provocar ‹una persona› un incendio en [una cosa]: *El propietario incendió la fábrica para cobrar el seguro.* || *v. prnl.* 2 Empezar a quemarse ‹una cosa que no estaba destinada a arder›: *Se ha incendiado un gran hotel.*

incendiario, ria *adj. / s. m.* y *f.* **1** Que provoca un incendio intencionadamente: *Los incendiarios pasarán a disposición del juez.* || *adj.* **2** Que está destinado a incendiar o que puede causar un incendio: *bomba incendiaria.* **3** Que contiene o causa escándalo: *artículo incendiario, discurso incendiario. Es una obra de teatro incendiaria.*

incendio *s. m.* **1** Fuego grande que quema cosas no destinadas a arder: *Hay un incendio en la quinta planta del edificio.* **boca* de incendios. bomba de incendios. escalera de incendios.** **2** RESTRINGIDO. Sentimiento muy apasionado: *Parece que María le ha provocado un incendio que lo consume.*

incensario *s. m.* Pequeño brasero con cadenas para quemar incienso en algunas ceremonias religiosas: *En las iglesias católicas se usan los incensarios.*

incentivador, ra *adj.* Que incentiva o provoca interés: *No sé cómo conseguir que la asignatura resulte suficientemente incentivadora.*

incentivar *v. tr.* Proporcionar ‹una persona o una cosa› un incentivo [a una persona o una cosa]: *El Gobierno incentiva a los pequeños empresarios con rebajas fiscales. Las gratificaciones y la participación en las decisiones incentivan el rendimiento de los trabajadores.*

incentivo *adj.* **1** Que impulsa o estimula una actividad o un comportamiento: *medidas incentivas, decretos incentivos* || *s. m.* **2** Palabras o acciones que estimulan a alguien para hacer algo: *La excursión es un incentivo para que estudie más. No encuentro ningún incentivo para hacer este trabajo.* SIN. estímulo, aliciente. **3** Dinero extra o gratificación que se da a un trabajador como estímulo en su trabajo: *La empresa tenía la costumbre de dar un incentivo trimestral a sus trabajadores.*

incertidumbre *s. f.* **1** Falta de certeza o seguridad: *Tengo una gran incertidumbre **sobre** su paradero.* ANT. certidumbre. **2** Inquietud causada por la duda: *No pude dormir ante la incertidumbre de la nota final.*

incesante *adj.* **1** (antepuesto / pospuesto) Que no cambia o no se interrrumpe: *movimiento incesante, esfuerzo incesante. Se observaba una incesante actividad en el puerto. El bullicio en esta calle es incesante.* SIN. constante. **2** (antepuesto / pospuesto) Que sucede con mucha frecuencia, repetidamente, sin apenas interrupción: *Recibí incesantes llamadas que se interesaban por mi salud.* SIN. constante.

incesto *s. m.* Relación sexual entre parientes muy próximos que legalmente están incapacitados para contraer matrimonio: *Según algunos autores, el incesto no es una cosa rara en las naciones que se consideran civilizadas.*

incestuoso, sa *adj.* **1** Del incesto: *relaciones incestuosas.* **2** Que comete incesto: *hermanos incestuosos.*

incidencia *s. f.* **1** Lo que sucede durante la realización de alguna cosa y está relacionado con ella, aunque no esencialmente: *Las maniobras militares terminaron sin incidencias.* **2** (no contable) Influencia de alguna persona o de alguna cosa: *Sus palabras tuvieron mucha incidencia en la política del país.* **3** GEOM. Intersección de dos líneas, planos o cuerpos: *rayo de incidencia, plano de incidencia, punto de incidencia, ángulo de incidencia.*

incidental *adj.* **1** Que sucede como algo secundario en relación con alguna cosa: *En la reunión se ha llegado a acuerdos importantes, los insultos sólo fueron incidentales.* **2** Que tiene poca importancia o trascendencia: *Lo importante es que estudies, las calificaciones son incidentales.*

incidentalmente *adv. orac.* **1** Se usa para insertar, en un contexto narrativo, una información novedosa, casual o traída a propósito: *La hija pequeña, que, incidentalmente, está a punto de casarse, aplaudía entusiasmada.* OBSERVACIONES: Modifica el acto mismo de decir, que, si aparece explícito, se indica preferentemente con expresiones indirectas como *tengo que decir, debo decir* y no con la forma simple de presente como *digo, comunico*: *Incidentalmente, (tengo que decir que) ninguna de ellas ha sobrepasado los seis millones.* RELACIONES Y CONTRASTES: Frente a *por cierto* y *a propósito*, no suele usarse para presentar mandatos o preguntas. **2** Accidentalmente o por casualidad: *Incidentalmente, pasaba por allí una ambulancia, que lo recogió.*

incidente *adj.* **1** Que incide o cae sobre algo: *el rayo incidente.* || *s. m.* **2** Acción que se produce en el desarrollo de algo y lo interrumpe u obstaculiza: *En la manifestación hubo algún incidente de escasa importancia.* **3** Pelea o riña entre dos personas: *Tuvo un pequeño incidente con el vecino de arriba y no se habla con él.* SIN. disputa. **4** DER. Cuestión distinta de la principal, que aparece en un proceso judicial y debe ser resuelta por separado.

incidir *v. intr.* **1** Cometer ‹una persona› [una falta o un error]: *Incides otra vez **en** la misma equivocación.* **2** Chocar ‹una cosa› con [otra cosa]: *El proyectil incidió **en** el blanco.* **3** Causar ‹una persona o una cosa› un efecto en [otra persona o cosa]: *La publicidad incide **en** las ventas.* **4** Tratar ‹una persona o una cosa› de [un tema] preferente o insistentemente: *Los médicos inciden **en** la importancia de la prevención para la salud.* || *v. tr.* **5** RESTRINGIDO. Hacer ‹una persona› una incisión o cortadura en [una cosa]. SIN. cortar.

incienso *s. m.* **1** (no contable) Resina vegetal que cuando se quema desprende un olor muy aromático: *Me gustan las iglesias porque huelen a incienso.* **2** COLOQUIAL. Adulación: *Esta mañana no has parado de dar incienso al jefe.*

incierto, ta *adj.* **1** Que no es claro, seguro o definido: *Ha dado unas respuestas inciertas.* **2** Que es dudoso o desconocido: *un final incierto, un resultado incierto.*

incineración *s. f.* Acción y resultado de incinerar: *la incineración de basuras, la incineración de un cadáver.*

incinerador, ra *adj. / s. m.* y *f.* [Aparato, instalación] que sirve para incinerar: *El Ayuntamiento ha inaugurado una incineradora de basuras.*

incinerar *v. tr.* **1** Quemar ‹una persona› [una cosa] hasta convertirla en cenizas: *Será incinerada en el cementerio del Este. Incineran las basuras no tóxicas.* || *v. prnl.* **2** ARG., URUG. COLOQUIAL. Ponerse ‹una persona› en ridículo.

incipiente *adj.* (antepuesto / pospuesto) Que empieza: *calvicie incipiente, incipiente movimiento de protesta.*

incisión *s. f.* Corte poco profundo que se hace con un instrumento cortante: *La enfermera le hizo una incisión para curarle la herida.*

incisivo, va *adj.* **1** Que sirve para abrir o cortar: *La herida es de arma incisiva.* **2** (ser / estar; antepuesto / pospuesto) Que critica o hace comentarios agudos y malintencionados: *sus incisivas respuestas, sus comentarios incisivos.* || *adj. / s. m.* **3** [Diente] de una sola raíz, plano y cortante, situado en la parte anterior del maxilar. **diente ~.**

inciso *s. m.* **1** Oración de sentido parcial intercalada dentro de otra: *En la frase « A mi padre –que hoy cumpliría cien años si viviera– le gustaban mucho las granadas.» las* *palabras entre guiones forman un inciso.* **2** Comentario que el hablante intercala en su exposición apartándose del tema principal: *Déjame hacer un inciso.* **3** DER.; URUG. Párrafo, subdivisión de un artículo de un documento o de una ley.

incitación *s. f.* Acción y resultado de incitar: *La incitación para cometer un delito merece un castigo grave.*

incitar *v. tr.* **1** Intentar ‹una persona› que [otra haga una cosa]: *Muchas películas incitan a la violencia.* SIN. inducir. **2** Provocar ‹una persona› deseo sexual en [otra persona]: *El acusado dijo que la chica lo incitaba con su minifalda.*

incivil *adj.* Que no tiene civismo o educación ciudadana: *comportamiento incivil, acto incivil.* ANT. cívico.

incivilizado, da *adj.* **1** (ser/estar) Que no tiene cultura: *Es un ser incivilizado. En tu pueblo estáis todavía incivilizados.* **2** Que es mal educado o descortés: *Son tres hermanos, bastante incivilizados todos.*

inclasificable *adj.* Que no se puede clasificar: *Esta planta es inclasificable. En ese cajón está el material inclasificable.*

inclemencia *s. f.* **1** (preferentemente en plural; no contable) Tiempo desagradable, especialmente frío y con lluvia: *Estuvo toda la noche soportando las inclemencias del tiempo.* SIN. rigores. **2** (no contable) ELEVADO. Falta de clemencia o de piedad: *La juez fue famosa por su inclemencia.*

inclinación *s. f.* **1** (no contable) Acción y resultado de inclinar, de ladear: *la inclinación de un terreno, la inclinación de un cuadro. Es famosa la inclinación de la torre de Pisa.* **2** Reverencia que se hace con la cabeza o con el cuerpo: *Todos hicieron una leve inclinación cuando pasó el emperador.* **3** (no contable) Afición que se siente por algo: *inclinación **por** la música, inclinación **por** las matemáticas. Siente una clara inclinación **por** el teatro.* **4** (no contable) Tendencia a hacer algo de una manera determinada: *Tiene inclinación **a** escribir con la mano izquierda.*

inclinar *v. tr.* **1** Poner ‹una persona o una cosa› [una cosa] separada de la posición horizontal o vertical: *El peso está inclinando la estantería.* **2** Tener ‹una persona o una cosa› influencia en [la actuación de una persona]: *Algunas razones me inclinan **a** negarme.* ‖ *v. prnl.* **3** Ponerse ‹una cosa› separada de su posición horizontal o vertical: *Ese árbol se está inclinando peligrosamente.* **4** Poner ‹una persona› el cuerpo hacia abajo: *Me incliné **hasta** el suelo.* **5** Estar ‹una persona› próxima a [otra persona o una cosa]: *Se inclina **a** la demencia.* FR. Y LOC. **inclinar(se) la balanza*.**

ínclito, ta *adj.* (antepuesto) ELEVADO. Que es ilustre o famoso: *ínclitas personalidades. El ínclito profesor respondió con franqueza a los periodistas.*

incluir *v. tr.* **1** Poner ‹una persona› [una cosa] dentro de [otra cosa]: *Incluyo el cheque **en** el sobre.* **2** Hacer ‹una persona› que [una persona o una cosa] forme parte de [una cosa]: *Te he incluido **en** el grupo de danza.* **3** Llevar ‹una cosa› [otra cosa] en sí: *El sueldo incluye también los incentivos.* ⇒ **46.**

inclusa *s. f.* RESTRINGIDO. Establecimiento benéfico que acoge a los niños huérfanos o abandonados por la familia: *La inclusa era una institución tradicionalmente dirigida por monjas.*

inclusero, ra *adj. / s. m.* y *f.* RESTRINGIDO; PEYORATIVO. Que se cría o se ha criado en una inclusa: *En sus novelas siempre aparecía un niño inclusero.*

inclusive *adv.* **1** (pospuesto a la palabra a la que se refiere) Incluido. OBSERVACIONES: Indica que el elemento al que se refiere está dentro del grupo del que se habla, y que, además, dicho elemento es el último de la serie: *Los impuestos pueden pagarse hasta el día 15 inclusive. Desde el tercero al noveno, ambos inclusive.* ANT. exclusive. **2** Incluso. RELACIONES Y CONTRASTES: Compárese con *aún* y *hasta* que son siempre antepuestos y no van separados por pausas (*Hasta llegó a amenazarlo. Llegó aún a amenazarlo*): *Inclusive, llegó a amenazarlo. Prefería no comer, inclusive.*

incoar *v. tr.* Llevar ‹una persona› a cabo la primera gestión o el primer trámite de [un proceso, un pleito o un expediente]: *El director le ha incoado un expediente por faltas graves continuadas.* SIN. abrir.

incoativo, va *adj.* GRAM. Que indica o se refiere a una acción que está empezando a desarrollarse: *«Envejecer, florecer» y otros verbos por el estilo se consideran incoativos.*

incoercible *adj.* ELEVADO. Que no puede ser coercido, contenido o reprimido: *derecho incoercible, pasión incoercible.*

incógnita *s. f.* **1** Misterio, hecho o cosa que se desconoce: *Nadie sabe nada del contenido del libro, es una incógnita.* **2** MAT. Cantidad desconocida cuyo valor hay que averiguar en una ecuación o en un problema: *No conseguimos despejar la incógnita de la ecuación.*

incógnito, ta ELEVADO. Que es desconocido: *Llegaron a un lugar incógnito.* FR. Y LOC. **de ~** Sin ser reconocido: *Los reyes viajaban de incógnito. Llegó de incógnito a la reunión.*

incognoscible *adj.* ELEVADO. Que no se puede conocer: *Nos habló de los aspectos incognoscibles de la existencia humana.* ANT. cognoscible.

incoherencia *s. f.* **1** Falta de coherencia en los hechos o en las palabras: *Hay mucha incoherencia entre lo que dijo ayer y lo que dice hoy.* SIN. contradicción. ANT. coherencia. **2** Aquello que se dice sin que tenga mucho sentido: *Mientras estaba enferma sólo decía incoherencias.*

incoherente *adj.* (antepuesto/pospuesto) Que no tiene coherencia: *Tu postura es incoherente. Pronunció unas incoherentes palabras y se desmayó.* ANT. coherente.

incoloro, ra *adj.* (ser/estar) Que no tiene color: *Ese líquido es incoloro.*

incólume *adj.* ELEVADO. Que no ha sufrido ningún daño: *Salió incólume del accidente. La estatua quedó incólume tras el fuerte terremoto.*

incombustible *adj.* **1** Que no se puede quemar: *material incombustible.* ANT. combustible. **2** [Persona] que tiene mucha paciencia y perseverancia en un cargo, en una profesión o en lo que se propone: *Tiene ochenta años, pero sigue dirigiendo la empresa, es incombustible.*

incomible *adj.* (ser/estar) COLOQUIAL. Que no se puede comer porque es de mala calidad o está mal cocinado: *El primer plato estaba malo, pero el segundo era incomible.*

incomodar *v. tr.* **1** Causar ‹una persona o una cosa› incomodidad o molestias [a una persona]: *Me alegro de verte, pasa, que tú nunca incomodas.* **2** Hacer ‹una persona› que [otra persona] se enfade: *Lo siento, pero tu prima me incomoda, no la soporto.* ‖ *v. prnl.* **3** Sentirse ‹una persona› incómoda o molesta: *Se incomoda **con** el uso de ese aparato.* **4** Enfadarse ‹una persona›: *Nos incomodamos **con** el camarero, porque es un grosero.* SIN. enojarse.

incomodidad *s. f.* 1 (no contable) Falta de comodidad en general: *Dijo algo que produjo cierta incomodidad al Presidente. La incomodidad de las grandes ciudades es evidente.* 2 Cosa o dicho que produce molestias: *El que ese piso sólo tenga un baño es una de sus muchas incomodidades.*

incomodo *s. m.* Molestia, fastidio: *No me causa incomodo acompañarte.*

incómodo, da *adj.* 1 (antepuesto / pospuesto) Que no produce comodidad: *un incómodo vestido. El sofá es incómodo.* 2 (estar) Que no está a gusto: *Estoy incómoda entre gente tan hipócrita.* 3 (antepuesto / pospuesto) Que es molesto: *una persona incómoda, una incómoda situación.*

incomparable *adj.* (antepuesto / pospuesto) Que no tiene o no admite comparación: *Desde este marco incomparable, devolvemos la conexión. Aterrizamos en medio de un incomparable paisaje.*

incomparecencia *s. f.* Falta de comparecencia o de asistencia de una persona a un lugar donde es esperada: *No fue al juicio y se suspendió por incomparecencia de una de las partes.* SIN. inasistencia. ANT. comparecencia, asistencia.

incompatibilidad *s. f.* 1 Circunstancia de no poder ser compatible con otra persona o cosa: *incompatibilidad de medicamentos, incompatibilidad de caracteres, incompatibilidad entre dos ordenadores.* 2 (no contable) POLÍT. Imposibilidad legal para ocupar dos puestos al mismo tiempo: *incurrir alguien en incompatibilidad.*

incompatible *adj.* Que no puede coexistir o armonizar con otra cosa o persona: *Su trabajo es incompatible* ***con*** *el mío. Son dos personas incompatibles.*

incompetencia *s. f.* 1 Falta de capacidad para hacer algo de manera correcta: *La secretaria demostró una incompetencia absoluta y la despidieron.* 2 (no contable) DER. Falta de jurisdicción en asuntos o territorios que no son los propios: *El fiscal no pudo intervenir en el juicio por causas de incompetencia legal.*

incompetente *adj. / s. m.* y *f.* 1 Que no tiene capacidad o habilidad para hacer algo con eficacia: *Esta oficina está llena de gente incompetente.* 2 DER. Que no tiene capacidad legal para actuar: *Ese tribunal es incompetente para juzgar los delitos de un diputado,*

incompleto, ta *adj.* (estar) Que no está completo: *La caja está incompleta. El juguete está incompleto.*

incomprendido, da *adj.* 1 Que no se comprende: *Ha sido un mensaje incomprendido.* || *adj. / s. m.* y *f.* 2 Que no ha sido valorado suficientemente de acuerdo con sus méritos o virtudes: *un profesional incomprendido. Muchos poetas y artistas son incomprendidos durante largos años.*

incomprensible *adj.* (antepuesto / pospuesto) Que no se puede comprender o explicar: *Dijo una sarta de palabras incomprensibles. No puedo encontrar explicación alguna a su incomprensible actitud.*

incomprensiblemente *adv. modo* 1 De modo incomprensible: *Si no lo hubieras redactado tan incomprensiblemente, no tendríamos ahora estas dificultades.* || *adv. orac.* 2 Resulta incomprensible que. OBSERVACIONES: No admite el subjuntivo y presenta como novedosa la información: *Incomprensiblemente, renunció a sus derechos.* RELACIONES Y CONTRASTES: Compárese con: *Resulta incomprensible que renunciara,* donde la información que motiva el comentario ya es conocida.

incomprensión *s. f.* (no contable) Falta de comprensión: *La incomprensión de los padres hacia los hijos es un problema muy frecuente.* ANT. comprensión.

incomunicable *adj.* Que no se puede comunicar o transmitir: *Hay sentimientos incomunicables.*

incomunicación *s. f.* 1 (no contable) Falta de comunicación: *la incomunicación entre padres e hijos. Se estudió el problema de la incomunicación de los pueblos de montaña en invierno.* ANT. comunicación. 2 (no contable) DER. Aislamiento temporal de un procesado o de un testigo acordado por el juez: *El juez exigió la incomunicación del acusado por su mal comportamiento.* SIN. aislamiento.

incomunicar *v. tr.* 1 Dejar ‹una persona o una cosa› [a una persona o una cosa] sin comunicación: *El juez ha incomunicado a los acusados. La última nevada incomunicará durante varios días algunos pueblos.* || *v. prnl.* 2 Abandonar ‹una persona› la relación con la gente: *Cuando se deprime se incomunica de todo y de todos.* ⇒ **71.**

inconcebible *adj.* Que no puede concebirse o comprenderse, o que parece imposible o inexplicable: *Es inconcebible que quieras abandonar el trabajo. Tiene unas ocurrencias inconcebibles. Viste de una manera inconcebible.*

inconcluso, sa *adj.* (estar) ELEVADO. Que no está acabado: *un examen inconcluso. La obra está inconclusa.*

inconcreto, ta *adj.* Que no está claro o definido: *una respuesta inconcreta, unos contornos inconcretos.*

incondicional *adj.* 1 Que se hace sin restricciones o sin imponer condiciones: *prisión incondicional.* || *adj. / s. m.* y *f.* 2 Que es partidario de una persona o idea, sin ninguna limitación o condición: *Sólo sus incondicionales la defienden, los demás la acusan sin piedad.*

inconducta *s. f.* ARG., URUG. Mal comportamiento o mala conducta de una persona en una institución o en una organización.

inconexo, xa *adj.* Que no tiene conexión o relación: *Decía palabras inconexas. Intentaba unir ideas inconexas.*

inconfesable *adj.* (antepuesto / pospuesto) Que no puede ser confesado o manifestado públicamente por ser vergonzoso: *Un inconfesable sentimiento de odio lo inundó.*

inconfeso, sa *adj.* RESTRINGIDO. Que no confiesa el delito del que se le acusa: *El reo murió inconfeso.*

inconforme *adj / s. m.* y *f.* COL. Persona insatisfecha o inconformista con un orden establecido.

inconformidad *s. f.* COL. Inconformismo, insatisfacción.

inconformismo *s. m.* (no contable) Actitud de la persona que no se conforma con las circunstancias que vive e intenta cambiarlas: *El inconformismo de la juventud es natural.* ANT. conformismo.

inconformista *adj. / s. m.* y *f.* Que no se adapta fácilmente a los valores sociales tradicionales: *Nunca estarás a gusto del todo porque eres un inconformista.*

inconfundible *adj.* (antepuesto / pospuesto) Que no puede confundirse: *Su hijo tiene unos rasgos inconfundibles, muy peculiares. Su inconfundible risa se oía con claridad en el jardín.*

incongruencia *s. f.* 1 (no contable) Falta de congruencia en los hechos o en las palabras: *Su actitud con la prensa es de permanente incongruencia.* ANT. congruencia. 2 Acción o palabras que se contradicen y resultan sin sentido: *Estaba tan enfadado que sólo decía incongruencias.*

incongruente *adj.* Que no conviene, no se acomoda o no concuerda con algo: *historia incongruente, relato incongruente, tono incongruente, palabras incongruentes.*

inconmensurable *adj.* **1** Que no puede medirse: *Los sentimientos son inconmensurables.* **2** Que es muy grande: *Su bondad es enorme, inconmensurable.*

inconmovible *adj.* Que no se puede conmover o alterar: *Mis súplicas fueron vanas, es una persona inconmovible.*

inconsciencia *s. f.* **1** (no contable) Carácter de la persona que no piensa en las consecuencias que pueden tener sus actos: *Su inconsciencia no tiene límite, no me extraña que condujera tan deprisa.* **2** (no contable) Estado de la persona que ha perdido el conocimiento: *Después del choque quedó en un estado de inconsciencia.*

inconsciente *adj. / s. m.* y *f.* **1** Que no tiene conciencia o conocimiento de sus sentimientos, pensamientos o actos, o de sus consecuencias, y se comporta sin sensatez, prudencia ni sentido de la responsabilidad: *comportamiento inconsciente. Eres una inconsciente, te podías haber matado.* || *adj.* **2** Que no depende de la voluntad: *gesto inconsciente.* **3** (estar) Que ha perdido el conocimiento: *Lleva un buen rato inconsciente.* ANT. consciente. || *s. m.* **4** (no contable) PSICOL. Conjunto de contenidos mentales de los que el hombre no tiene conciencia por estar reprimidos: *Freud destacó la importancia del inconsciente en el psicoanálisis.*

inconsecuencia *s. f.* **1** (no contable) ELEVADO. Falta de lógica en los hechos o en las palabras: *No podemos fiarnos de él, su inconsecuencia política es evidente.* SIN. incoherencia, incongruencia. ANT. coherencia. **2** ELEVADO. Acción o palabras que se contradicen y no tienen sentido: *Sólo dice inconsecuencias y nadie lo escucha.*

inconsecuente *adj.* **1** Que no tiene lógica o no se deduce racionalmente de otra cosa: *Su discurso me ha parecido inconsecuente. No comprendo su enfado, ahora es totalmente inconsecuente* || *adj. / s. m.* y *f.* **2** Que actúa contradiciendo sus propias ideas, opiniones o principios: *político inconsecuente.* ANT. consecuente.

inconsideración *s. f.* (no contable) RESTRINGIDO. Falta de consideración: *Fue una inconsideración no invitarla a su cumpleaños.*

inconsistente *adj.* Que no tiene consistencia o solidez: *material inconsistente, acusación inconsistente.*

inconsolable *adj.* (ser / estar; antepuesto / pospuesto) Que no puede consolarse porque está muy triste o apenado: *Está inconsolable, nada lo saca de su tristeza. Su hermana intentó calmar su inconsolable llanto.*

inconstancia *s. f.* (no contable) Falta de constancia en alguna actividad: *No aprobó ningún examen por su inconstancia en el estudio.*

inconstante *adj.* **1** Que no tiene estabilidad, cambia mucho o varía con facilidad o frecuencia: *actividad inconstante.* ANT. constante. **2** Que no tiene constancia, o cambia con frecuencia o facilidad su carácter o sus ideas: *Es muy inconstante en sus opiniones.* ANT. constante.

inconstitucional *adj.* Que no se atiene a la Constitución del Estado: *Como de costumbre, la pretensión de este partido es inconstitucional.* ANT. constitucional.

incontable *adj.* **1** (antepuesto / pospuesto) Que no puede contarse por ser muy numeroso: *Era incontable el número de personas que se encontraban congregadas ante la embajada. Un incontable grupo de aficionados esperaban al campeón.* **2** GRAM. [Sustantivo] que no tiene sentido en plural porque se refiere a un referente que no consta de unidades discretas: *En la mayoría de los sustantivos incontables el plural tiene el sentido de un singular enfático.*

incontaminado, da *adj.* (estar) Que no está contaminado: *agua incontaminada, aire incontaminado.*

incontenible *adj.* (antepuesto / pospuesto) Que no se puede contener o reprimir: *Tengo unos deseos incontenibles de pegar un grito.*

incontestable *adj.* Que no se puede discutir o contradecir por ser muy claro o evidente, o por estar firmemente argumentado o probado: *Tus razones son incontestables, ningún argumento podría rebatirlas.*

incontestado, da *adj.* Que no tiene oposición o crítica: *el líder incontestado de los nacionalistas kurdos.*

incontinencia *s. f.* **1** (no contable) MED. Circunstancia o enfermedad de la persona o animal que no puede controlar la expulsión de heces u orina: *La incontinencia de orina es una secuela de la operación.* **2** Circunstancia de la persona o animal que no puede evitar hacer algo en exceso: *incontinencia verbal, incontinencia sexual.*

incontrolable *adj.* (antepuesto / pospuesto) Que no se puede controlar: *Desde hace algún tiempo, experimento unos movimientos incontrolables en todo el cuerpo. Tengo unos incontrolables deseos de ponerme a bailar.*

incontrolado, da *adj.* **1** (estar) Que funciona o se desarrolla sin control: *máquina incontrolada.* || *adj. / s. m.* y *f.* **2** (ser / estar) Que se comporta sin ajustarse a unas normas o a una disciplina: *un grupo de incontrolados. Ese comportamiento es incontrolado en muchos casos.*

incontrovertible *adj.* Que no se puede controvertir o discutir por ser muy evidente: *Tus argumentos no admiten duda alguna, son incontrovertibles.* SIN. indiscutible.

inconveniencia *s. f.* **1** Condición de aquello que no es conveniente o es molesto: *Las inconveniencias de no saber otro idioma son desagradables.* **2** Acción o palabra incorrecta o poco elegante: *Estaba tan enfadado que empezó a decir inconveniencias.* SIN. impertinencia, incorrección.

inconveniente *adj.* **1** Que no conviene, no es adecuado o apropiado para algo o alguien: *pregunta inconveniente, palabras inconvenientes.* || *s. m.* **2** Aspecto desfavorable o perjudicial de algo: *los inconvenientes de viajar.* **3** Dificultad, obstáculo: *Nos dieron el permiso y no pusieron ningún inconveniente. No tengo inconveniente en dejarla ir.*

incordiar *v. tr. / intr.* COLOQUIAL. Causar ‹una persona› molestias [a otra persona] con sus impertinencias: *¡Oye, dile a tu hermanito que no incordie más!* SIN. molestar.

incordio *s. m.* y *f.* COLOQUIAL. Persona o cosa que molesta: *Estoy harta de la moto, siempre estropeada, es un incordio.*

incorporación *s. f.* Acción y resultado de incorporar o incorporarse: *Al abuelo le cuesta trabajo la incorporación en la cama. La incorporación de los nuevos funcionarios será el uno del próximo mes.*

incorporar *v. tr.* **1** Unir ‹una persona› [una cosa] a [otra cosa] para que formen un todo: *Incorporó la levadura **a** la masa. Tenemos que incorporar nuestras propuestas **en** el proyecto.* SIN. añadir. || *v. tr. / prnl.* **2** Levantar ‹una persona› la parte superior del cuerpo de [otra que está tumbada]:

*Cuando oyó el timbre **se** incorporó rápidamente. Incorpora un poco la cabeza y te pondré otro almohadón.* **3** Hacer ‹una persona› que [otra persona] se presente en [el puesto en el que debe prestar servicio]: ***Se** incorporó **a** su puesto la semana pasada.* || *v. prnl.* **4** Empezar ‹una persona› a formar parte de [un grupo] o a participar en [una actividad]: *Se incorporó **a** la manifestación al final.*

incorpóreo *adj.* **1** ELEVADO. Que no tiene cuerpo o extensión física: *Los espíritus son seres incorpóreos.* **2** (antepuesto / pospuesto) ELEVADO; a veces IRÓNICO. Que tiene límites imprecisos, poco concretos o poco claros: *Todos los conceptos abstractos son incorpóreos.*

incorrección *s. f.* **1** Error o defecto: *Suspendió porque tenía varias incorrecciones en el examen.* **2** Falta de corrección: *Ha sido una incorrección no invitar a Luis.*

incorrecto, ta *adj.* Que no es correcto: *una respuesta incorrecta, una postura incorrecta, una decisión incorrecta.*

incorregible *adj.* **1** (antepuesto / pospuesto) Que no se puede corregir: *Miguel padece una miopía incorregible. Tiene la incorregible manía de pedir tabaco a los demás.* **2** (antepuesto / pospuesto) Que no puede o no quiere corregir o enmendar sus defectos o costumbres: *¡Eres incorregible!, realmente no tienes remedio. Tu incorregible hermana me volvió a pedir ayer dinero.*

incorruptible *adj.* **1** Que no se puede corromper o pudrir: *cuerpo incorruptible. El brazo incorruptible de Santa Teresa se guarda en Alba de Tormes.* **2** Que no se puede corromper o sobornar: *juez incorruptible.* SIN. insobornable.

incorrupto, ta *adj.* (estar) ELEVADO. Que no se corrompe: *el cuerpo incorrupto del santo. La mano está incorrupta.*

incredibilidad *s. f.* (no contable) ELEVADO. Imposibilidad o dificultad de una afirmación para ser creída: *La incredibilidad de sus historias es insoportable.*

incredulidad *s. f.* (no contable) Dificultad o rechazo de una persona a creer algo: *Se te notaba mucho la incredulidad mientras lo escuchábamos. Sus posturas de incredulidad religiosa lo han apartado de la familia.*

incrédulo, la *adj. / s. m.* y *f.* **1** (antepuesto / pospuesto) Que no cree con facilidad: *una incrédula mujer. Era muy incrédulo.* **2** Que no tiene fe religiosa: *un hombre muy incrédulo. Su mujer no va a misa porque es una incrédula.*

increíble *adj.* Que no se puede creer por ser extraordinario o muy difícil de hacer: *una historia increíble, un calor increíble. ¡Es increíble que a finales del siglo* XX *sigan ocurriendo cosas así! ¡Tiene una suerte increíble!*

increíblemente *adv. orac.* **1** Resulta increíble, parece mentira, por increíble que parezca. OBSERVACIONES: El hecho se anuncia y no se presupone, y el modo verbal no es subjuntivo, sino indicativo: *Increíblemente, no acerté ni una.* || *adv. cant.* **2** En un grado tan alto que resulta increíble, extraordinariamente. OBSERVACIONES: ◊ Se antepone a adjetivos y adverbios calificativos: *Es increíblemente estúpido. Lo hace increíblemente mal.* ◊ A veces se usa también como circunstancial del verbo: *Se exaltó increíblemente.*

incrementar *v. tr.* **1** Hacer ‹una persona o una cosa› mayor [una cosa]: *El turismo ha incrementado las ganancias del sector hotelero.* SIN. aumentar. || *v. prnl.* **2** Hacerse ‹una cosa› mayor: *La polución se ha incrementado de año en año desde 1950.*

incremento *s. m.* **1** Acción y resultado de incrementar: *Se ha percibido un incremento en las ventas.* SIN. aumento. **2** MAT. Diferencia entre dos valores.

increpación *s. f.* ELEVADO. Fuerte reprensión: *La increpación de la supervisora ha sido injusta.*

increpar *v. tr.* **1** Dirigir ‹una persona› reproches [a otra persona]: *Los huelguistas increparon a los directivos por su mala gestión.* **2** Dirigir ‹una persona› insultos [a otra persona]: *Fueron detenidos dos jóvenes por increpar a la policía.* SIN. insultar.

incriminar *v. tr.* ELEVADO. Atribuir ‹una persona› un delito grave [a otra persona]: *Nuestro diario no tiene la costumbre de incriminar a nadie calumniosamente.*

incruento, ta *adj.* (antepuesto / pospuesto) ELEVADO. Que ocurre sin derramamiento de sangre: *el incruento sacrificio de la misa, un enfrentamiento incruento.*

incrustación *s. f.* **1** RESTRINGIDO. Acción y resultado de incrustar o incrustarse: *Aprendió la técnica de la incrustación en Japón.* **2** Cosa incrustada: *Esa figura tiene incrustaciones de marfil.*

incrustar *v. tr.* **1** Introducir ‹una persona› [una cosa] en [otra cosa]: *Incrustaron trozos de metal **en** el respaldo.* **2** Poner ‹una persona› [un encaje, un bordado o una pieza de tela] en [una tela]: *Las costureras incrustaron varios bordados **en** el centro del mantel.* **3** RESTRINGIDO. Dejar ‹una persona› [una cosa] grabada en [la mente de una persona]: *Óscar incrustó un sentimiento de culpabilidad **en** su hijo.* **4** Introducir ‹una persona o una cosa› [una cosa] en la masa de [otra cosa]: *En este taller incrustamos marfil en toda clase de maderas.* || *v. prnl.* **5** Quedar ‹una cosa› grabada [en la mente de una persona]: *Aquella frase se incrustó **en** su memoria.* **6** Introducirse ‹una cosa› en la masa de [otra cosa]: *La bala se incrustó **en** la pared.*

incubación *s. f.* **1** (no contable) MED., VET. Periodo inicial de una enfermedad, hasta que se manifiestan sus efectos: *La incubación de la hepatitis puede ser prolongada.* **2** (no contable) En los animales ovíparos, periodo durante el cual el embrión se desarrolla dentro del huevo: *Se dedica a la incubación de pollitos.* **3** (no contable) BIOQUÍM. Cultivo de microorganismos con fines científicos o industriales: *Trabaja en un laboratorio en el departamento de incubación.* **4** Periodo oculto o latente de la organización o gestación de un conflicto o de un movimiento social: *La incubación del modernismo fue lenta.*

incubadora *s. f.* **1** Cámara de cristal especialmente preparada para facilitar el desarrollo de los niños nacidos antes de tiempo o con dificultades especiales: **2** Aparato que incuba artificialmente los huevos de las aves.

incubar *v. tr.* **1** Cubrir ‹un ave› [los huevos] con su cuerpo para darles calor y asegurar su desarrollo: *En algunas especies se turnan el macho y la hembra para incubar los huevos.* **2** Empezar a desarrollar ‹una persona› [una enfermedad]: *Estos niños están incubando el sarampión.* || *v. prnl.* **3** Empezar a prepararse ‹una cosa› silenciosamente: *La rebelión se incubó en los cuarteles del sur.*

íncubo *adj. / s. m.* LITERARIO. [Demonio] que adopta figura de hombre para tener relaciones sexuales con una mujer: *En siglos pasados la creencia en los íncubos estaba muy extendida.*

incuestionable *adj.* (antepuesto / pospuesto) Que no se puede cuestionar o discutir por ser muy claro o evidente: *El incuestionable liderazgo de nuestro jefe aseguraba la victoria en las elecciones. Se empeñaba en defender unas razones incuestionables.*

inculcación *s. f.* Acción y resultado de inculcar: *La inculcación de algunas ideas llega a veces a resultados contrarios a los previstos.*

inculcar *v. tr.* Meter ‹una persona› [una idea o un sentimiento] en el ánimo de [otra persona] firmemente: *Desde pequeños nos han inculcado el amor y el respeto a nuestros padres.* ⇒ **71.**

inculpabilidad *s. f.* (no contable) RESTRINGIDO. Falta de culpabilidad ante una acusación: *El detenido demostró su inculpabilidad en el robo de las joyas.* SIN. inocencia. ANT. culpabilidad.

inculpación *s. f.* Acción y resultado de inculpar: *El juez le ha transmitido formalmente que está sometido a una inculpación de asesinato.*

inculpar *v. tr.* Atribuir ‹una persona› [una falta o un delito] [a otra persona]: *Han inculpado a varios antiguos administradores **de** un delito de fraude y abuso de confianza.*

inculto, ta *adj. / s. m.* y *f.* **1** Que no tiene cultura o instrucción: *un hombre inculto, una sociedad inculta. Serás un inculto si no pones interés.* || *adj.* **2** ELEVADO. Que no está cultivado: *un terreno inculto, tierras incultas.*

incultura *s. f.* Falta de cultura: *La incultura es un problema muy grave que debe solucionar la sociedad.*

incumbencia *s. f.* (no contable) Circunstancia de corresponderle a alguien un trabajo, una actividad o una responsabilidad: *No quiero tu opinión, este asunto no es de tu incumbencia.*

incumbir *v. tr.* Corresponder ‹una función o una responsabilidad› [a una persona]: *A mí no me incumben las responsabilidades de otros departamentos.* SIN. competer.

incumplido, da *s. m. / f.* COL. Persona que no cumple sus compromisos o es poco formal.

incumplimiento *s. m.* PEYORATIVO. Acción y resultado de incumplir unas normas o un compromiso: *incumplimiento de un contrato, incumplimiento de un acuerdo.*

incumplir *v. tr.* **1** Dejar de cumplir ‹una persona› [una cosa]: *Las personas que faltaron a la reunión incumplieron lo acordado.* **2** No ajustarse ‹una cosa› a [las normas vigentes]: *Los motoristas que circulan por las calles peatonales incumplen las normas de tráfico.*

incunable *adj. / s. m.* [Texto] que ha sido impreso desde la invención de la imprenta hasta principios del siglo XVI: *Tengo acceso a la sala de los incunables porque estoy realizando un trabajo de investigación.*

incurable *adj. / s. m.* y *f.* Que no se puede curar: *enfermo incurable.* **enfermedad ~.**

incuria *s. f.* ELEVADO. Descuido, dejadez: *El tiempo y la incuria arruinaron el edificio.*

incurrir *v. intr.* **1** Cometer ‹una persona› [una falta o un error]: *El concursante incurrió **en** varios errores.* **2** Atraer ‹una persona› [la desaprobación, el castigo o el desprecio de otra persona]: *Incurrieron **en** el desprecio de sus amigos. Como hagas eso, incurrirás **en** la ira del jefe.* ⇒ **92.**

incursión *s. f.* **1** Penetración de un ejército en territorio enemigo: *La tropa realizó una incursión nocturna.* **2** (no contable) ELEVADO. Intento o aproximación a una actividad nueva: *incursión en la poesía, incursión en la electrónica, incursión en la moda, incursión en la publicidad.*

incursionar *v. intr.* ARG., URUG. Entrar o detenerse ‹una persona› en un lugar o en un asunto.

incurso, sa *p.* Participio irregular de *incurrir.*

indagación *s. f.* Acción y resultado de indagar: *La policía no ha acabado las indagaciones del robo al banco.*

indagar *v. tr. / intr.* Intentar ‹una persona› saber [una cosa] con preguntas y razonamientos: *Un detective indaga en el pueblo el asesinato del cartero.* ⇒ **56.**

indagatoria *s. f.* DER. Primera declaración que se toma a un procesado: *Han empezado las sesiones indagatorias.*

indagatoriar *v. tr.* COL. Tomar ‹la autoridad judicial› indagatoria [a una persona].

indebido, da *adj.* (antepuesto / pospuesto) Que no es legal o correcto: *un castigo indebido, una indebida sanción.*

indecencia *s. f.* **1** Dicho o acción que está en contra de las costumbres socialmente vigentes: *Decirle groserías a una señora es una indecencia intolerable.* **2** (no contable) Falta de honradez o decencia: *El jefe lo acusó de comportarse con indecencia en el trabajo.*

indecente *adj.* **1** (antepuesto / pospuesto) Que no cumple las normas de la moral y las costumbres socialmente aceptadas: *proposición indecente. Me dirigió una indecente sonrisa.* **2** (ser / estar) Que está muy sucio y desordenado: *Estás indecente, hijo. Esta casa está indecente.*

indecible *adj.* (antepuesto / pospuesto) ELEVADO. Que no se puede decir o expresar con palabras por ser muy grande o intenso: *Un indecible sufrimiento se apoderó de él. Tras un esfuerzo indecible logró ponerse en pie.*

indecisión *s. f.* (no contable) Falta de decisión: *Llegamos tarde al cine por la indecisión de Carmen.*

indeciso, sa *adj. / s. m.* y *f.* **1** (ser / estar) Que vacila mucho cuando debe tomar una decisión o decidirse: *Es un hombre muy indeciso. Está indecisa **con** el vestido que quiere ponerse.* **2** Que está por decidir: *El partido tiene un resultado indeciso.*

indeclinable *adj.* ELEVADO. Que tiene que hacerse o cumplirse necesariamente: *compromiso indeclinable.*

indecoroso, sa *adj.* (antepuesto / pospuesto) Que no tiene decoro o dignidad: *lenguaje indecoroso. Tu postura es indecorosa. Tuviste un indecoroso comportamiento.*

indefectible *adj.* (preferentemente antepuesto) ELEVADO. Que no puede dejar de ocurrir, o que no se puede evitar: *La Navidad y las indefectibles fiestas familiares nos aguardan. Apareció con su indefectible aire cansino.*

indefensión *s. f.* **1** (no contable) Situación de las personas o cosas indefensas: *En las grandes ciudades, los ancianos padecen indefensión.* SIN. desamparo. **2** (no contable) DER. En un juicio, situación de la parte a la que se niega ilegalmente su medio de defensa: *Ante la indefensión de la acusada, el juez le designó un abogado de oficio.*

indefenso, sa *adj.* (estar) Que no tiene medios para defenderse: *El muchacho está indefenso. Estamos indefensos **ante** la publicidad.*

indefinible *adj.* (antepuesto / pospuesto) Que no se puede definir o explicar con claridad o precisión: *Un indefinible y vago presentimiento le hizo volver sobre sus pasos.*

indefinición *s. f.* (no contable) ELEVADO. Falta de definición o precisión: *La guerra empezó por la indefinición en las líneas de las fronteras.*

indefinido, da *adj.* 1 (ser / estar) Que no está definido o claro: *Ese caballo tiene un pelaje de color indefinido.* 2 Que no tiene límites concretos: *Tuvo mucha suerte, porque le hicieron un contrato indefinido.* || *adj. / s. m.* 3 GRAM. [Adjetivo, pronombre] que no se refiere a una persona o cosa en concreto. || **4 artículo* indeterminado / ~. 5 pretérito* ~.**

indehiscente *adj.* BOT. [Fruto] que no tiene el pericarpio preparado para abrirse espontáneamente y que pueda salir la semilla.

indeleble *adj.* ELEVADO. Que no se puede borrar: *Llevamos un recuerdo indeleble de vuestra cordialidad.* SIN. imborrable.

indelicadeza *s. f.* 1 Hecho o acto indelicado: *Es una indelicadeza exigir a los amigos que nos paguen el dinero que nos deben.* 2 (no contable) Falta de delicadeza hacia alguien: *Fue siempre conocido por su indelicadeza y su falta de educación hacia los demás.*

indemne *adj.* Que no ha sufrido ningún daño o perjuicio: *Salió indemne del juicio. Resultó indemne en la pelea.*

indemnización *s. f.* 1 Acción y resultado de indemnizar: *La indemnización llevará varios meses.* 2 Cantidad que se paga como compensación por un daño causado: *Ha recibido cinco millones del seguro por la indemnización de la casa.*

indemnizar *v. tr.* Pagar ‹una persona› [a otra persona] por [un perjuicio]: *Me han indemnizado* ***por*** *el accidente de tren de hace tres años.* ⇒ **19.**

indemostrable *adj.* Que no se puede demostrar: *Tus teorías son indemostrables.*

independencia *s. f.* 1 (no contable) Situación de la persona que no depende de otra: *Su independencia política es falsa. Le gusta vivir con total independencia de sus padres.* 2 (no contable) Libertad que consigue un país para no depender de otro: *Los países americanos consiguieron la independencia de la Corona española en el siglo* XIX. 3 Libertad en un dominio determinado: *El vivir en el centro me da cierta independencia.*

independentismo *s. m.* (no contable) POLÍT. Ideología y comportamiento de los partidarios de la independencia política de un territorio.

independentista *adj.* 1 Del independentismo: *política independentista.* || *adj. / s. m.* y *f.* 2 Que es partidario del independentismo: *partido independentista.*

independiente *adj.* 1 Que no depende de nada ni de nadie: *Desde muy joven he sido independiente.* 2 Que tiene y mantiene sus opiniones sin dejarse influir o intimidar, o gusta de tomar sus propias decisiones sin tener que dar cuentas a nadie: *En las discusiones siempre ha presumido de ser muy independiente.* || *adj. / s. m.* y *f.* 3 Que no es miembro de ningún partido: *Se presenta a las elecciones como independiente.* || *adv.* 4 Con independencia: *Me gusta vivir independiente.*

independientemente *adv. modo* 1 De manera independiente, con independencia, libremente: *Los dos motores actúan independientemente.* 2 Al margen, con independencia. OBSERVACIONES: ◊ Impone complemento con *de* so pena de convertirse en adverbio deíctico anafórico de valor (*en todo caso*) próximo, aunque no idéntico, al concesivo hipotético (*aun en ese caso*). ◊ A menudo introduce, expresa o tácitamente, dos hipótesis o eventualidades complementarias o incluso un sintagma interrogativo indirecto, con dos variantes, complementarias o no. ◊ Si a la preposición del complemento le sigue una cláusula introducida por *que* (*independientemente de que...*) o una interrogativa indirecta clara (*independientemente de cómo / dónde / cuándo / por qué...*) o encubierta (*lo fuertes que..., lo lejos que...*), el modo es obligadamente el subjuntivo: *Independientemente de que hagas el proyecto o no, quiero que lo estudies. Independientemente de que hayas trabajado más, yo tengo la obligación de pagaros a todos igual. Iremos, independientemente de si llueve o nieva. Yo me pondré corbata, independientemente de cómo se vistan ellos. Y ello independientemente de lo fuertes que sean las ataduras. Pero, independientemente, habrías de hacer la mili.* ◊ La abreviación queísta *independientemente que* exige contexto coloquial y registro poco exigente: *Independientemente que ganen o pierdan hoy, bajarán a segunda división.* 3 Aparte, además, fuera, con independencia. OBSERVACIONES: ◊ Impone *de* y modo indicativo, salvo en casos de estricta presuposicionalidad expresamente marcada como tal, preferentemente en contextos emotivos y singularmente de réplica enfática, y no admite interrogativas indirectas de ningún tipo ni hipótesis o eventualidades en alternativa. ◊ Omitido el complemento adverbial (*de SN*), pasa a ser adverbio deíctico anafórico no hipotético, equivalente unas veces a *aparte* o *al margen de eso* y otras a *de todos modos*, *en cualquier caso* o *dejando eso aparte: Independientemente de que son mucho más caras, debes tener en cuenta que duran menos. Eso independientemente de que son mucho más caras. Independientemente (de eso), nosotros debemos seguir a lo nuestro. Independientemente de la mala suerte habida, tú no jugaste bien. Independientemente, tú no jugaste bien.*

independizar *v. tr. / prnl.* Hacer ‹una persona› independiente [a otra persona o una cosa]: *Mi hija* ***se*** *ha independizado. Hemos independizado nuestros negocios.* ⇒ **19.**

indescifrable *adj.* Que no se puede descifrar: *Tiene una letra indescifrable.*

indescriptible *adj.* (antepuesto / pospuesto) Que no se puede describir por ser muy grande o impresionante: *paisaje indescriptible, indescriptible sentimiento.*

indeseable *adj. / s. m.* y *f.* Que tiene un trato y una presencia que no son convenientes o adecuados: *Unos indeseables me han robado la cartera en el metro.*

indestructible *adj.* (antepuesto / pospuesto) Que no se puede o es muy difícil de destruir: *Su poder es indestructible. Tiene una moral indestructible. Siempre muestra un indestructible optimismo.*

indeterminable *adj.* Que no se puede determinar: *cantidad indeterminable.*

indeterminación *s. f.* 1 (no contable) Falta de decisión en las personas: *Su indeterminación le ha hecho perder muchas oportunidades.* 2 Falta de determinación en las cosas.

indeterminado, da *adj.* 1 (estar) Que no está determinado o decidido: *La lista de personas quedó indeterminada.* 2 (antepuesto / pospuesto) Que está poco definido: *estilo* *indeterminado, una indeterminada sonrisa.* || **3 artículo* ~ / indefinido.**

indexación *s. f.* INFORM. Acción y resultado de indexar: *Hazme una indexación de los clientes del último mes.*

indexar *v. tr.* **1** INFORM. Elaborar ‹un programa de ordenador o la persona que lo maneja› [un índice de datos]: *Este programa indexa rapidísimamente.* **2** ARG., URUG. Regular ‹una persona› [una cantidad de dinero que debe pagarse] según ciertos índices económicos como el coste de la vida, la devaluación de la moneda o la inflación.

indiada *s. f.* **1** ARG., URUG. Conjunto o muchedumbre de indios. **2** ARG., URUG.; PEYORATIVO. Conjunto de personas que promueven escándalo.

indiano, na *adj. / s. m.* y *f.* **1** Que ha emigrado a América y regresa a España con una fortuna: *En Asturias hay hermosas casas edificadas por indianos en el siglo* XIX. **2** De las Indias Occidentales u Orientales.

indicación *s. f.* **1** Cualquier tipo de indicio o señal: *Deben ustedes seguir las indicaciones de tráfico.* **2** Orden, consejo o recomendación: *Yo siempre me olvido de las indicaciones del médico.*

indicado, da *adj.* **1** (ser / estar) Que es adecuado o conveniente: *Este medicamento está indicado* ***para*** *la fiebre.*

indicador, ra *adj. / s. m.* y *f.* Que indica o sirve para indicar: *Ya han puesto los carteles indicadores de la feria.* **~ de dirección** Intermitente que señala la dirección que va a tomar un vehículo.

indicar *v. tr.* **1** Mostrar ‹una persona› [una cosa] mediante señales o palabras: *Me indicó con un gesto que me acercara.* **2** Mostrar ‹una cosa› [otra cosa]: *La fiebre indica una infección.* **3** Mandar ‹un médico› [un medicamento o un tratamiento] a [un paciente]: *El médico le ha indicado que debe guardar cama.* ⇒ **71.**

indicativo, va *adj. / s. m.* **1** Que indica o sirve para indicar: *Un dato indicativo de la recuperación económica es el descenso de parados.* || **2 modo* ~.**

índice *adj. / s. m.* **1** [Dedo] que es el segundo de la mano, inmediato al pulgar: *La máquina le cortó el dedo índice.* || *s. m.* **2** Lista ordenada de lo que figura en un libro o publicación: *Busca en el índice el capítulo que trata de la energía solar.* **3** Catálogo clasificado de las obras de o sobre un autor, tema, época, o de los ejemplares de una biblioteca: *índice bibliográfico.* **4** (con mayúscula) HIST. Lista de los libros prohibidos por la Iglesia Católica bajo amenaza de excomunión: *El Índice era respetado por los católicos hace años.* **5** Aquello que señala la importancia o intensidad de algo: *El gran número de personas que visita la exposición es índice del alto interés que ha despertado.* **6** Valor numérico que expresa de forma sencilla la relación entre una serie de datos o magnitudes y permite realizar estudios comparativos y cronológicos: *índice de natalidad, índice de analfabetismo, índice de paro, índice de precios al consumo.* **7** MAT. Número o letra que indica el grado de una raíz: *Dos es el índice de la raíz cuadrada.* **8** Manecilla del reloj o cualquier otro tipo de indicador en un instrumento.

indicio *s. m.* **1** Aquello que demuestra o pone de manifiesto la existencia de alguna cosa: *Encontraron indicios de una antigua civilización.* **2** Primera manifestación de algo o escasa cantidad de ello: *En la sangre se han encontrado indicios de veneno.*

índico, ca *adj.* **1** De las Indias Orientales. || *s. m.* **2** LING. Grupo de lenguas emparentadas con el sánscrito que se extienden por la India, Nepal, Paquistán y Ceilán.

indiferencia *s. f.* (no contable) Actitud o estado de ánimo de la persona que no expresa ningún sentimiento, ni positivo ni negativo, hacia alguien o algo: *Su antigua novia lo saludó con mucha indiferencia.*

indiferenciado, da *adj.* (estar) Que no ha desarrollado diferencias: *rasgos biológicos indiferenciados.*

indiferente *adj.* **1** Que no importa que ocurra o se haga de una manera o de otra: *Es indiferente que vengas o no.* **2** Que no tiene preferencia por una cosa u otra: *Me es indiferente lo que decidas.* **3** (ser / estar) Que no muestra afecto, cariño o interés por alguien o algo sino frialdad o indiferencia: *Es indiferente a todo. Soy indiferente a los chismorreos.*

indiferentemente *adv. modo* **1** Con indiferencia o actuando con indiferencia o sin mostrar interés: *Indiferentemente, dejó que fueran pasando los minutos.* **2** No existiendo diferencia pertinente, sin que importe el que sea uno u otro. OBSERVACIONES: Supone contexto en que se aducen al menos dos casos u objetos o situaciones. No es propiamente adverbio de modo, sino más bien aditivo parentético (‘*y no existe diferencia pertinente*’): *Las solicitudes se entregan en el Departamento o en la Secretaría General, indiferentemente. La Plaza y la Gran Vía, indiferentemente, son dos buenos lugares para tomarse una copa.*

indiferentismo *s. m.* (no contable) REL.; RESTRINGIDO. Indiferencia en temas de religión.

indígena *adj. / s. m.* y *f.* Que pertenece a la raza o pueblo que es propio del país donde vive: *los poblados indígenas.*

indigencia *s. f.* (no contable) Falta de medios económicos para vivir: *Perdió todo con el juego, y ahora vive en la indigencia más absoluta.*

indigenismo *s. m.* **1** (no contable) Estudio de la cultura de los pueblos indígenas americanos: *El indigenismo es un movimiento intelectual importante.* **2** (no contable) Ideología y movimiento sociopolítico que defiende la identidad de los indios en los países iberoamericanos y que tiene también su reflejo en el arte y la literatura: *El indigenismo se refleja en algunas novelas hispano-americanas.*

indigenista *adj.* **1** Del indigenismo: *el movimiento indigenista.* || *adj. / s. m.* y *f.* **2** Que es partidario del indigenismo: *escritor indigenista, partido indigenista.*

indigente *adj. / s. m.* y *f.* ADMINISTRATIVO; EUFEMISMO. Que no tiene los medios necesarios o suficientes para poder vivir: *Han construido un nuevo albergue para indigentes.*

indigestarse *v. prnl.* **1** Sufrir ‹una persona› indigestión. *Creo que he comido mucho y me he indigestado.* **2** Producir ‹una cosa› indigestión: *Las alubias se indigestan.* **3** Hacerse ‹una persona o una cosa› antipática [a una persona]: *Yo no salgo con Pilar porque se me ha indigestado. Se le han indigestado.* SIN. atragantarse.

indigestión *s. f.* Malestar abdominal producido por una mala digestión de los alimentos: *Anoche no pude dormir, tuve una indigestión de cerezas.* SIN. empacho.

indigesto, ta *adj.* **1** Que es difícil de digerir: *Las cerezas son indigestas.* **2** Que es difícil de soportar: *Gloria me resulta indigesta. Esta novela es indigesta.*

indignación *s. f.* (no contable) Fuerte enfado producido por una acción injusta: *La liberación de los culpables produjo la indignación del pueblo.*

indignante *adj.* (antepuesto / pospuesto) Que indigna o provoca indignación: *Las indignantes medidas propuestas por la dirección han sido rechazadas con energía. Tu comportamiento es indignante.*

indignar *v. tr.* **1** Provocar ‹una persona o una cosa› la indignación de [una persona]: *Me indigna que me critiques ante mis enemigos.* || *v. prnl.* **2** Ponerse ‹una persona› muy enfadada: *Me indigné* ***con*** *mi hermano. Nos indignamos* ***por*** *sus bromas estúpidas.* SIN. irritarse.

indigno, na *adj.* **1** Que no corresponde a la categoría social o moral de la persona de que se trata: *Esa actitud es indigna* ***de*** *un hombre de su posición.* **2** Que no merece aquello que se expresa: *Es indigna* ***de*** *su cariño.* **3** Que es despreciable: *un hombre indigno.*

índigo *s. m.* Añil.

indio, dia *adj. / s. m.* y *f.* **1** De la India, país asiático: *la pobreza india.* **2** Que pertenece a uno de los pueblos originarios de América: *las tribus indias, los indios bolivianos.* **3** ARG., URUG.; COLOQUIAL. Niño pícaro o travieso. || *s. m.* **4** *In.* Elemento químico, de color blanco brillante y muy dúctil en cuyo espectro aparece una raya azul característica: *El indio aparece en las minas de cinc.* || **5 fila* india.** FR. Y LOC. **hacer el ~ 1** COLOQUIAL. Hacer tonterías ‹una persona› para entretener o entretenerse: *Deja ya de hacer el indio.* **2** COLOQUIAL; PEYORATIVO. Comportarse ‹una persona› de manera irresponsable: *Con los años que tienes, podrías pensar en trabajar y dejar de hacer el indio.*

indirecta *s. f.* Dicho que da a entender una cosa sin expresarla claramente: *Me ha lanzado una indirecta sobre el dinero que le debo. Siempre dices las cosas con indirectas.*

indirectamente *adv. modo* **1** De manera indirecta: *Se lo ordenó indirectamente.* **2** Por vía indirecta: *Se siente indirectamente perjudicada.* || *adv. orac. restrictivo* **3** Tomándolo en un sentido indirecto, adoptando una consideración indirecta: *Indirectamente, el asesino fue usted.*

indirecto, ta *adj.* **1** Que se dirige a un fin con ayuda de intermediarios o dando rodeos: *Recibimos la noticia de forma indirecta.* || **2 complemento* ~. 3 estilo* ~. 4 objeto ~.**

indiscernible *adj.* Que no se puede discernir o distinguir: *Lo malo y lo bueno son, a veces, indiscernibles.*

indisciplina *s. f.* Falta de disciplina: *La indisciplina es una falta muy grave en el ejercito.*

indisciplinado, da *adj. / s. m.* y *f.* Que no respeta la disciplina: *un alumno indisciplinado.*

indisciplinar *v. tr.* **1** Hacer perder ‹una persona o una cosa› la disciplina [a una persona]: *La anulación de los permisos ha indisciplinado a la tropa.* || *v. prnl.* **2** No querer ‹una persona› someterse a la disciplina: *El profesor nos castiga porque dice que nos hemos indisciplinado.*

indiscreción *s. f.* (no contable) Falta de discreción: *Has cometido una indiscreción contándole lo que sabías.*

indiscreto, ta *adj.* **1** (antepuesto / pospuesto) Que se dice o se hace de forma inoportuna o poco conveniente: *Echó una indiscreta mirada por la ventana.* || *adj. / s. m.* y *f.* **2** Que dice o hace cosas de forma inoportuna o poco conveniente: *Cuando habla es siempre muy indiscreto.* **3** Que pretende enterarse de cosas que no le conciernen: *Es una indiscreta que pregunta cosas que no debería preguntar.*

indiscriminado, da *adj.* Que está hecho sin selección o elección consciente: *Daba golpes indiscriminados a todos los que pasaban.*

indiscutible *adj.* (antepuesto / pospuesto) Que no se puede discutir por ser muy claro y evidente: *Demostró una indiscutible superioridad. Tus afirmaciones son indiscutibles, estoy totalmente de acuerdo contigo.*

indiscutiblemente *adv. modo / orac.* **1** Sin que se pueda discutir razonablemente: *Indiscutiblemente, son aquéllas más antiguas.* **2** Se usa a veces como respuesta afirmativa: *«–¿Es ella la culpable?» «–Indiscutiblemente».*

indisoluble *adj.* **1** Que no se puede disolver: *sustancia indisoluble.* **2** (antepuesto / pospuesto) Que no se puede separar o desunir: *matrimonio indisoluble. Toda la vida los unió una indisoluble amistad.*

indispensable *adj.* Que es totalmente necesario o no puede ser dejado de lado por ser muy importante: *Es indispensable que vengas a la reunión.* SIN. imprescindible.

indisponer *v. tr. / prnl.* **1** Hacer ‹una persona o una cosa› que [varias personas] se enemisten: *Me indispuso* ***contra*** *el jefe.* ***Nos*** *indispusimos* ***con*** *todos los vecinos por su culpa.* || *v. tr.* **2** Causar ‹una cosa› una indisposición [a una persona]: *Yo creo que el calor lo ha indispuesto.* || *v. prnl.* **3** Sufrir ‹una persona› una indisposición: *No salgo porque esta tarde me he indispuesto y me voy a acostar.* **⇒ 60.**

indisposición *s. f.* **1** (no contable) Malestar físico leve y pasajero: *Una indisposición le impidió acudir a la reunión.* **2** (no contable) ELEVADO. Acción y resultado de enemistar o enemistarse: *La indisposición* ***con*** *su hermano fue por la herencia.*

indispuesto, ta *adj.* **1** (estar) Que está levemente enfermo: *Estoy indispuesto, pero iré a la conferencia.* || *p.* **2** Participio irregular de *indisponer.*

indisputablemente *adv. modo / orac.* RESTRINGIDO. Sin posibilidad de discusión racional: *Las acciones legales emprendidas son, indisputablemente, las más adecuadas.*

indistintamente *adv. modo* **1** ELEVADO. Sin distinción, sin nitidez, con vaguedad: *En la parte superior se perciben indistintamente unos cuantos garabatos.* **2** Sin hacer separación, sin que importe el que sea uno u otro de un conjunto consabido, sin exclusión de ninguno de los individuos, partes o conjuntos que se nombran: *La disposición se refiere a solteros y casados indistintamente.* **3** En igualdad de condiciones, sin restricciones de ningún tipo: *Este jugador puede actuar, indistintamente, como centrocampista o como defensa libre.*

indistinto, ta *adj.* **1** Que no se distingue de otra cosa: *Son dos proyectos prácticamente indistintos.* **2** Que no importa que ocurra o se haga de una manera o de otra: *Es indistinto que sea blanco o negro.* **3** Que no se percibe con claridad: *La oscuridad hacía indistintos los rasgos de los dos paseantes.*

individual *adj.* **1** Del individuo: *libertad individual, rasgos individuales.* **2** Que es para un solo individuo: *camas individuales, habitaciones individuales.* **nombre* ~.**

individualmente *adv. modo* **1** Por separado, uno a uno, uno por uno. *Declararon individualmente.* || *adv. orac. restrictivo* **2** Tomados de uno en uno o en la dimensión estrictamente individual, a escala individual. RELACIONES Y CONTRASTES: Se opone a *colectivamente, como grupo, como colectivo*: *Individualmente, nada tengo contra vosotros. Individualmente, son encantadores.*

individualidad *s. f.* (no contable) Cualidad por la que una persona o cosa se distingue de manera especial entre las demás: *Su carácter hace que se destaque su individualidad entre sus hermanas.*

individualismo *s. m.* **1** (no contable) Actitud de la persona que actúa según su criterio, sin atenerse a las normas de la colectividad: *El individualismo es la causa de muchos problemas sociales.* **2** (no contable) PEYORATIVO. Actitud de la persona que antepone su propio interés al de los demás: *No puedes contar con él para nada, todo se tiene que someter a su individualismo.* **3** (no contable) Cada una de las doctrinas éticas, políticas o sociales que consideran al individuo como la entidad básica de la sociedad: *El individualismo no puede ser el motor de una sociedad.*

individualista *adj. / s. m.* y *f.* **1** Que vive o piensa según sus criterios personales sin tener en cuenta las normas generales de la comunidad: *Si todos son tan individualistas como tú, el equipo no funcionará.* **2** Que da más importancia a sus intereses personales que a los de la comunidad: *Es un individualista, no comprende la relación entre sus intereses y los de la comunidad.*

individualizar *v. tr.* **1** Atribuir ‹una persona o una cosa› [a otra persona u otra cosa] características que la distinguen de los demás: *El lunar de la mejilla lo individualiza.* **2** Atribuir ‹una persona› [a un solo individuo] lo que es común a varios: *No conviene individualizar cuando se trata de faltas colectivas.* || *v. prnl.* **3** Tener ‹una persona o una cosa› características que la distinguen de las demás: *Todos nos individualizamos por muchas cosas.* ⇒ **19.**

individuo, dua *s. m./f.* **1** COLOQUIAL; PEYORATIVO. Persona desconocida o a la que no se quiere identificar: *Una individua me pidió dinero por la calle.* SIN. tipo. **2** PEYORATIVO. Persona. || *s. m.* **3** Cada uno de los seres o elementos que forman una especie o grupo: *Sólo quedan 200 individuos de oso panda. Todo individuo aprecia su libertad.*

indivisible *adj.* Que no puede ser dividido: *cantidad indivisible.*

indiviso, sa *adj. / s. m.* y *f.* ADMINISTRATIVO. Que no está dividido en partes: *cantidad indivisa, herencia indivisa.*

indocto, ta *adj. / s. m.* y *f.* (antepuesto / pospuesto) ELEVADO. Que no tiene cultura o instrucción: *Un indocto jovencito me ha querido aconsejar qué debo leer.*

indocumentado, da *adj. / s. m.* y *f.* **1** (ser / estar) Que no tiene o no lleva consigo documentación que le identifique: *Le multaron por ir indocumentado.* **2** (estar) Que no aparece en ningún documento o texto reconocido: *Basaba su teoría en principios indocumentados.*

indoeuropeo, a *adj.* **1** De un grupo de pueblos asiáticos que ocuparon desde el neolítico el SE europeo y el occidente de Asia: *la cultura de los indoeuropeos, tribus indoeuropeas.* || *s. m.* **2** LING. Modelo lingüístico del que se supone que derivan el griego, las lenguas itálicas, germánicas, bálticas, célticas, eslavas y un grupo de lenguas asiáticas.

índole *s. f.* **1** Carácter de una persona: *Es de índole tranquila.* **2** Rasgo diferencial de una cosa: *Sus dolencias son de índole intestinal. Su belleza es de índole mediterránea.*

indolente *adj.* Que tiene pereza, o no tiene ganas de moverse o trabajar: *gesto indolente, aspecto indolente.*

indoloro, ra *adj.* Que no produce dolor: *una operación indolora.*

indomable *adj.* **1** Que no se puede domar: *animal indomable.* **2** Que no se deja someter o dominar: *Esta niña tiene un orgullo indomable.*

indómito, ta *adj.* **1** (antepuesto / pospuesto) ELEVADO. Que no está domado o no se puede domar: *un caballo indómito, un indómito animal.* || *adj. / s. m.* y *f.* **2** (antepuesto / pospuesto) Que es difícil de dominar o reprimir: *indómitas tierras, carácter indómito. Este niño es indómito.*

indonesio, sia *adj. / s. m.* y *f.* **1** De Indonesia, país asiático: *bailarinas indonesias. Los indonesios aceptaron el pacto.* || *s. m.* **2** LING. Lengua súndica, oficial en Indonesia.

indostaní *adj.* **1** Del Indostán: *familia indostaní.* || *s. m.* **2** LING. Índico, conjunto de lenguas índicas.

indostánico, ca *adj.* **1** Indostaní: *región indostánica.* || *s. m.* **2** LING. Lengua hablada en el Indostán.

indubitable *adj.* ELEVADO. Que no puede dudarse: *Es un verdad indubitable.*

inducción *s. f.* **1** (no contable) Acción y resultado de inducir, de incitar: *inducción **a** error. Fue acusado de inducción **al** asesinato.* SIN. incitación. **2** (no contable) FILOS. Razonamiento que va de lo particular a lo general: *En su investigación sigue un método de inducción.* ANT. deducción. **3** (no contable) MED. Primera fase de la anestesia: *Algunos médicos dan calmantes para hacer más rápida la inducción.* || **4 ~ electromagnética** FÍS. Producción de corriente eléctrica por efecto de una fuerza magnética.

inducido, da *adj.* **1** FÍS. [Corriente eléctrica] que se origina por inducción. || *s. m.* **2** Circuito en el que se genera corriente eléctrica por inducción. **3** Conjunto de bovinas de un motor o generador eléctrico que giran dentro de un campo magnético.

inducir *v. tr.* **1** Incitar ‹una persona› [a otra persona] a [hacer una cosa]: *Aquel nuevo novio que tenía la indujo **a** robar.* **2** Hacer cometer ‹una persona o una cosa› [una falta o un error] [a una persona]: *Sus observaciones me indujeron **a** error. Sus consejos me indujeron **a** equivocarme.* **3** Llegar ‹una persona› a [principios generales] a partir de hechos concretos: *Las verdades científicas no pueden inducirse a partir de unos hechos concretos.* **4** FÍS. Provocar ‹una persona o una cosa› fenómenos de inducción en [un conductor]. ⇒ **27.**

inductancia *s. f.* ELECTRÓN. Oposición que presenta un conductor al paso de la corriente alterna: *inductancia por autoinducción, inductancia de un circuito eléctrico.*

inductivo, va *adj.* Que formula principios generales a partir de hechos concretos: *razonamiento inductivo.*

inductor *adj. / s. m.* y *f.* Que induce a hacer una cosa: *Su presencia es la causa inductora del hecho.*

indudable *adj.* Que no se puede poner en duda por ser muy claro y evidente: *Es indudable que conseguirá buenos resultados.*

indudablemente *adv. orac. de modo* Sin duda. OBSERVACIONES: ◊ Implica 'es indudable (que)': *Indudablemente, es así. Es él, indudablemente.* ◊ A menudo anticipa una oposición al pensamiento del interlocutor: *Indudablemente, la* *razón es tuya, pero hace falta que el juez te la dé.* ◊ Como *seguramente* o *ciertamente*, puede preceder a una cláusula encabezada por *que* (*indudablemente que*): *Indudablemente que son mejores. Indudablemente que sí.*

indulgencia *s. f.* **1** (no contable) Facilidad para perdonar las culpas o errores de los demás: *Esta institutriz muestra mucha indulgencia con los niños.* **2** REL. Perdón especial, parcial o total, de la pena temporal que corresponde a los pecados, que concede la Iglesia Católica a los pecadores que cumplen ciertas condiciones. **~ plenaria** Indulgencia que perdona toda la pena temporal de un pecador: *Los que van a Santiago el año del Jubileo, ganan indulgencia plenaria si confiesan y comulgan.*

indulgente *adj.* (ser / estar; antepuesto / pospuesto) Que perdona con facilidad las faltas de los demás, o actúa con indulgencia, benevolencia o tolerancia: *juez indulgente, indulgente profesora. Te agradezco tu indulgente actitud.*

indultar *v. tr.* Conceder ‹una persona con autoridad› un indulto [a otra persona]: *El Gobierno lo indultó* ***de*** *la pena de muerte.*

indulto *s. m.* Perdón, total o parcial, de una pena o castigo por parte de la autoridad competente: *Le fue concedido el indulto a última hora.* **día* de ~.**

indumentaria *s. f.* Conjunto de ropa que se viste o se posee: *la indumentaria de esquiar, la indumentaria del trabajo. Siempre lleva una indumentaria extravagante.*

industria *s. f.* **1** Conjunto de actividades o de empresas que tienen como finalidad obtener productos a partir de la explotación de materias primas y de las fuentes de energía: *industria europea, industria textil, industria metalúrgica, industria del calzado.* **~ automotriz** ARG., COL., URUG. Industria automovilística. **~ ligera** Industria que elabora productos relacionados directamente con el consumo a partir de materias primas o productos semielaborados: *Entre las industrias ligeras están las textiles y las alimentarias.* **~ pesada** Industria que realiza la primera elaboración de materias primas y produce máquinas, motores y otros instrumentos que necesitan otras actividades industriales: *Entre las industrias pesadas están la siderurgia y las construcciones navales.* **2** Lugar o instalaciones donde se realizan estas actividades: *Necesitaba invertir mucho dinero para montar una industria textil.* **3** ELEVADO. Habilidad para hacer algo: *Con su tenacidad e industria saldrá adelante.*

industrial *adj.* **1** De la industria: *producción industrial, política industrial, reconversión industrial, tejido industrial de un país, revolución industrial.* **cinturón* ~. diseño* ~. ingeniero* ~. nave* ~. polo* de desarrollo** o **polo ~.** || *s. m. / f.* **2** Persona que posee una industria o se dedica a los negocios profesionalmente: *industrial metalúrgico, industrial turístico.* SIN. empresario. || **3 propiedad* ~. 4 socio* ~.**

industrialismo *s. m.* (no contable) Ideología y sistema que defiende el predominio de la industria en la actividad económica.

industrialización *s. f.* Acción y resultado de industrializar: *la industrialización de una fábrica, la industrialización de un proceso de producción, la industrialización del campo, la industrialización de un país.*

industrializar *v. tr.* **1** Fabricar ‹una persona› [una cosa] mecánicamente y en serie: *La fabricación de muebles se ha industrializado, pero quedan artesanos.* **2** Crear ‹una persona› industrias en [un lugar]: *La industrialización de los países pobres es difícil.* ⇒ **19.**

industriarse *v. prnl.* RESTRINGIDO. Se usa en la LOC. **industriárselas** Hacer o conseguir ‹una persona› una cosa hábilmente: *Siempre se las industria para sacar buenas notas sin estudiar. Es muy hábil con sus adversarios, sabe industriárselas para que no lo odien.*

industrioso, sa *adj.* (antepuesto / pospuesto) Que se dedica a trabajar mucho, generalmente en actividades relacionadas con la industria y el comercio: *industriosa comarca, ciudad industriosa, un pueblo industrioso.*

inecuación *s. f.* MAT. Desigualdad algebraica en la que aparecen una o más incógnitas y que se verifica para ciertos valores que a ellas se den.

inédito, ta *adj. / s. m.* y *f.* **1** (ser / estar) Que no se ha publicado: *El relato ha de estar inédito. Han descubierto varios inéditos de Lope de Vega en Cáceres.* **2** (ser / estar) [Escritor] que aún no ha publicado nada: *Soy poeta, pero todavía estoy inédito.* || *adj.* **3** Que es nuevo o desconocido: *Ante una situación inédita no sabría cómo reaccionar.*

ineducación *s. f.* (no contable) RESTRINGIDO. Falta de educación: *Esos insultos que utilizó son un ejemplo de ineducación.* SIN. incultura. ANT. educación, cultura.

inefable *adj.* (antepuesto / pospuesto) Que no se puede explicar o expresar con palabras: *placer inefable. Experimenté una inefable alegría.* SIN. inenarrable, indecible.

ineficaz *adj. / s. m.* y *f.* (antepuesto / pospuesto) Que no resulta como se esperaba: *un remedio ineficaz.*

inelegancia *s. f.* (no contable) RESTRINGIDO. Falta de elegancia en las palabras o en los hechos: *Dejar solos a los invitados es una inelegancia.* SIN. grosería. ANT. delicadeza.

ineluctable *adj.* ELEVADO. Que no se puede evitar: *El destino es ineluctable, no se puede luchar contra él.* SIN. inevitable, ineludible, insoslayable.

ineludible *adj.* Que no se puede eludir o evitar: *Es una obligación ineludible, no tienes más remedio que cumplir con ella.* SIN. inevitable, insoslayable.

INEM (pronunciamos *'inem'*) *s. m.* Sigla de «Instituto Nacional de Empleo», España.

inembargable *adj.* Que no puede ser embargado: *bienes inembargables.* ANT. embargable.

inenarrable *adj.* **1** Que no se puede explicar o describir con palabras: *acontecimiento inenarrable, escena inenarrable, alegría inenarrable, entusiasmo inenarrable.* SIN. inefable, indecible. **2** Que encierra o causa sorpresa o admiración: *Fue una victoria inenarrable. Desde luego, ha sido un chasco inenarrable.*

ineptitud *s. f.* Falta de aptitud, cualidad de inepto: *La ineptitud de este pintor es increíble.*

inepto, ta *adj. / s. m.* y *f.* Que no es capaz de hacer una cosa: *El nuevo director es un inepto* ***para*** *dirigir la empresa.*

inequívoco, ca *adj.* (antepuesto / pospuesto) Que no admite duda o equivocación: *una señal inequívoca de poder. La chica me hizo una inequívoca seña para que me fuera.*

inercia *s. f.* **1** MEC. Incapacidad de los cuerpos para modificar su estado, de reposo o de movimiento, sin la intervención de una causa externa: *la inercia del tren, la inercia del coche.* **2** Resistencia de las personas a cambiar una costumbre o un comportamiento: *La inercia de algunos empresarios es un obstáculo para la modernización del país.*

inerme *adj.* (estar) Que no puede defenderse o que no tiene armas para hacerlo: *un animal inerme. Son pueblos inermes ante las agresiones exteriores.*

inerte *adj.* (ser / estar) **1** Que no tiene vida o actividad: *La materia es inerte.* **2** QUÍM. [Cuerpo] que se caracteriza por su inactividad: *Los gases nobles son inertes.* **3** [Medio] que no permite el nacimiento o el desarrollo de la vida: *Se cree que la atmósfera de esos planetas es inerte.*

inervación *s. f.* **1** (no contable) FISIOL. Disposición de los nervios en una parte del organismo: *Se hizo un análisis de tejidos según su inervación.* **2** (no contable) FISIOL. Acción del sistema nervioso en las funciones de los demás órganos del cuerpo: *la inervación de la lengua.*

inescrutable *adj.* (antepuesto / pospuesto) ELEVADO. Que no se puede conocer, averiguar o interpretar: *su inescrutable sonrisa, esa mirada inescrutable.*

inesperado, da *adj.* (antepuesto / pospuesto) Que no se espera: *Su visita fue inesperada. Me has dado una inesperada alegría con tu llamada.*

inestable *adj.* **1** (ser / estar) Que no tiene estabilidad, firmeza o seguridad: *equilibrio inestable, gobierno inestable, tiempo inestable.* **2** Que varía o cambia con facilidad o frecuencia sus ideas, carácter o humor: *temperamento inestable, carácter inestable.* **3** QUÍM. [Compuesto] que se descompone con facilidad: *Algunos elementos generados en las reacciones nucleares son muy inestables.*

inestimable *adj.* (antepuesto / pospuesto) Que no se puede estimar o apreciar como corresponde por su gran valor: *Me prestó una ayuda inestimable. Gracias por sus inestimables consejos.* SIN. inapreciable.

inestimado, da *adj.* **1** RESTRINGIDO. (antepuesto/ pospuesto) Que no se valora como se merece: *su inestimado apoyo, su presencia inestimada.* **2** (estar) RESTRINGIDO. Que no está medido, pesado o tasado: *El petrolero ha vertido al mar una cantidad inestimada de crudo.*

inevitable *adj.* (antepuesto / pospuesto) Que no se puede evitar: *Era una decisión inevitable. Deberemos sufrir las inevitables consecuencias de esta remodelación.*

inevitablemente *adv. orac.* Sin que se pueda evitar. OBSERVACIONES: Implica 'es inevitable (que)': *Inevitablemente se producirán errores.* RELACIONES Y CONTRASTES: Compárese con: *Es inevitable que se produzcan errores,* donde el verbo *producir* aparece en subjuntivo, mientras que en el primer ejemplo lo hace en indicativo.

inexacto, ta *adj.* **1** Que no es exacto: *La solución es inexacta, un peso inexacto.* **2** ELEVADO; EUFEMISMO. Que no es verdadero: *Es inexacto que los sindicatos sean irresponsables. Es inexacto que aquí no haya racismo.*

inexcusable *adj.* **1** (antepuesto / pospuesto) Que no se puede dejar de hacer: *un inexcusable compromiso.* SIN. ineludible. **2** Que no puede ser disculpado o excusado: *Tu actitud es inexcusable, totalmente injustificable.*

inexequible *adj.* DER.; COL. [Ley, norma] que no se puede cumplir o realizar.

inexistencia *s. f.* (no contable) Falta de existencia, ausencia de algo o de alguien: *Han detenido el juicio por la inexistencia de pruebas contra el acusado.*

inexistente *adj.* **1** (antepuesto / pospuesto) Que no existe: *dificultad inexistente. Para mí, el problema es inexistente. La acusación se basa en unas inexistentes conversaciones entre los dos.* **2** Que existe pero no tiene eficacia o utilidad alguna: *Su ayuda es prácticamente inexistente.*

inexorable *adj.* **1** Que no se puede ablandar o suavizar: *castigo inexorable, sentencia inexorable.* SIN. implacable. **2** (antepuesto / pospuesto) Que no se puede evitar: *El paso del tiempo es inexorable. Tu inexorable curiosidad lo ha descubierto.*

inexperiencia *s. f.* Falta de experiencia para hacer algo: *El primer día de trabajo demostró una total inexperiencia vendiendo libros.*

inexplicable *adj.* **1** Que no se puede comprender o explicar: *Olvidarte de la cita ha sido un fallo inexplicable. Es inexplicable que no haya vuelto todavía.* **2** Que no se puede justificar: *Tu actitud es inexplicable.*

inexplicablemente *adv. orac.* Se usa para calificar de inexplicable lo que se comenta o narra. OBSERVACIONES: ◊ Se acerca a la fórmula *resulta inexplicable,* pero no impone modo subjuntivo. ◊ Presenta la información como nueva: *Inexplicablemente, no acertó ni una pregunta.* RELACIONES Y CONTRASTES: Compárese con: *Resulta inexplicable que no acertara,* donde el verbo *acertar* aparece en subjuntivo y no en indicativo como en el ejemplo anterior, y donde la información ya es conocida.

inexplicado, da *adj.* Que no se ha explicado convenientemente: *La lección quedó inexplicada.*

inexplorado, da *adj.* (estar) Que no está explorado: *terreno inexplorado.*

inexpresivo, va *adj.* (antepuesto / pospuesto) Que expresa con dificultad pensamientos, sentimientos o actitudes: *voz inexpresiva, un inexpresivo gesto. No me gusta este actor, es muy inexpresivo.*

inexpugnable *adj.* Que no se puede expugnar o conquistar o es muy difícil hacerlo: *fortaleza inexpugnable.*

inextinguible *adj.* Que no se puede extinguir: *fuego inextinguible. Tengo una sed inextinguible de conocimiento.*

inextricable *adj.* **1** Que es difícil de comprender en su totalidad: *concepto inextricable. Su comportamiento es para mi un misterio inextricable.* **2** Que es tan enredado o espeso que no se permite la entrada: *una selva inextricable, un bosque inextricable.* SIN. impenetrable.

infalibilidad *s. f.* Cualidad de infalible: *la infalibilidad papal. Yo no tengo la virtud de la infalibilidad.*

infalible *adj.* **1** Que no puede fallar o equivocarse: *Te aconsejo un remedio infalible para acabar con las verrugas.* **2** Que ocurre con toda seguridad o certeza: *Es infalible, cada vez que como cocido, tardo horas en hacer la digestión.*

infaltable *adj.* ARG., URUG.; COLOQUIAL. Que nunca falta en una situación determinada.

infamante *adj.* ELEVADO. Que infama o deshonra: *Está acusado de difundir coplas infamantes* ***para*** *el marqués.*

infamar *v. tr.* RESTRINGIDO. Quitar ‹una persona› la honra y la fama [a otra persona]: *Ya sé que intenta infamarnos en todos sus artículos y conferencias, pero no nos preocupamos.*

infamatorio, ria *adj.* Que infama o deshonra: *El juez ha mandado recoger los artículos infamatorios.*

infame *adj. / s. m.* y *f.* **1** Que no tiene honra o estimación: *un acto infame. Con su actitud demuestra que es un infame.* || *adj.* **2** (antepuesto / pospuesto) Que es muy malo en su clase: *un viento infame, una película infame.*

infamia *s. f.* 1 (no contable) Cualidad de infame: *la infamia de su conducta.* 2 Pérdida de la honra, el buen nombre o la estimación: *Que viva en la infamia para siempre.* 3 Acción o palabra infame: *No le alteraron tus infamias.*

infancia *s. f.* 1 Periodo de la vida del hombre que comprende desde su nacimiento hasta la adolescencia: *Tuvo una infancia muy desgraciada.* SIN. niñez. 2 Conjunto de los niños: *La infancia española consume muchos juguetes.* FR. Y LOC. **jardín* de ~.**

infantado o **infantazgo** *s. m.* 1 Título de infante: *El infantado es un título que corresponde a los hijos de reyes.* 2 Territorio que abarca la jurisdicción de un infante o infanta real: *Los reyes vinculaban extensos infantados a sus hijos.*

infante, ta *s. m. / f.* 1 Niño pequeño: *Da pena ver a tantos infantes enfermos en el mundo.* **jardín* de infantes.** 2 Hijo del rey, a excepción del heredero de la corona: *Las infantas inauguraron el acto.* 3 Título que se daba antiguamente a los parientes del rey: *El infante don Juan Manuel.* || *s. m.* 4 Soldado de infantería: *los infantes de marina.*

infantería *s. f.* (no contable) MIL. Conjunto de tropas que actúan a pie provistas de armamento ligero.

infanticida *adj. / s. m.* y *f.* ELEVADO. Persona que mata a un niño: *La pareja infanticida fue detenida a la puerta de su domicilio. Ayer condenaron al infanticida.*

infanticidio *s. m.* Delito que consiste en matar a un niño: *La acusaron de infanticidio por matar a su hijo.*

infantil *adj.* 1 De la infancia o de los niños: *medicina infantil. Mi hijo ve todos los programas infantiles que hay en la televisión.* **colonias infantiles.** || *adj. / s. m.* y *f.* 2 Que es parecido a los niños: *Es muy infantil en sus decisiones. Tiene unas ideas infantiles, triviales. Es una reacción infantil, propia de un crío.* 3 [Deportista] que pertenece por edad a la categoría entre alevín y cadete: *Nuestros infantiles han hecho buen papel en el campeonato escolar.*

infantilismo *s. m.* 1 (no contable) PEYORATIVO. Comportamiento de las personas que demuestran inmadurez: *El infantilismo de tu comportamiento es increíble.* 2 (no contable) PSICOL., MED. Permanencia en el adolescente o en el adulto de caracteres físicos o psicológicos de la infancia: *Su hijo tiene algunos rasgos de infantilismo, pero evolucionará, no es nada preocupante.*

infanzón, na *s. m. / f.* HIST. Noble hidalgo de segunda categoría en la Edad Media: *El Cid Campeador fue un infanzón.*

infarto *s. m.* MED. Muerte de un tejido debida a la falta de riego sanguíneo: *Su padre ya ha tenido dos infartos.* **~ cerebral. ~ de miocardio.**

infatigable *adj.* (antepuesto / pospuesto) Que no se cansa nunca de hacer algo: *Es una trabajadora infatigable. Es un infatigable lector.* SIN. incansable.

infatuar *v. tr.* 1 ELEVADO. Volver ‹una cosa› fatua [a una persona]. SIN. engreír. || *v. prnl.* 2 ELEVADO. Volverse ‹una persona› fatua. SIN. engreírse. ⇒ **3.**

infausto, ta *adj.* (antepuesto / pospuesto) ELEVADO. Que va acompañado de desgracia o la causa: *un día infausto, una noticia infausta, el día de infausta memoria.*

infección *s. f.* 1 Transmisión de gérmenes que infectan: *La infección no siempre es fácil de controlar.* 2 Alteración en la salud provocada por el paso de gérmenes al organismo: *Le inyectaron un antibiótico para combatir la infección.*

infeccioso, sa *adj. / s. m.* De la infección o que la causa: *foco infeccioso. En el hospital tenemos dos pabellones de infecciosos.* **enfermedad infecciosa.**

infectar *v. tr.* 1 Transmitir ‹una persona› gérmenes a [una herida], a [una lesión] o [a otra persona]: *Una tuberculosa que viajaba en el avión infectó a varios pasajeros.* 2 Transmitir ‹un ser vivo o una cosa› una enfermedad infecciosa [a otro]: *El bisturí sin esterilizar le infectó la sangre.* 3 PEYORATIVO. Transmitir ‹una persona› [actitudes o ideas negativas] [a otra persona]: *Algunos críticos están infectando a sus colegas* ***con*** *una campaña absolutamente negativa.* || *v. prnl.* 4 Formarse gérmenes en [una herida] o en [una lesión]: *La herida se ha infectado.* 5 Contraer ‹un ser vivo› una enfermedad infecciosa. *Se ha infectado en un país tropical* ***con*** *amebas.* SIN. contagiarse. 6 PEYORATIVO. Tomar ‹una persona› [actitudes o ideas negativas]: *Se ha infectado* ***de*** *toda la ideología de esos periódicos que lee.*

infecto, ta *adj.* 1 Que es sucio y repugnante: *un lugar infecto, un asunto infecto, un personaje infecto, una novela infecta. En la cena nos dieron una comida infecta.* 2 RESTRINGIDO. Que está infectado: *Murió a consecuencia de una llaga infecta.*

infecundo, da *adj.* RESTRINGIDO. Que no se puede reproducir: *una hembra infecunda.*

infeliz *adj. / s. m.* y *f.* 1 Que no es feliz: *una niña infeliz. Siempre está rodeado de infelices que sólo saben contar sus desgracias.* 2 Que es tan bueno que puede perjudicar sus propios intereses y de poco carácter: *Su marido es un pobre infeliz. Son una pareja de infelices, muy buenas personas.* || *adj.* 3 Que causa desgracia o va acompañado de ella: *un suceso infeliz, un resultado infeliz.*

inferencia *s. f.* ELEVADO. Acción y resultado de inferir, deducir una consecuencia a partir de una idea anterior: *Tu inferencia fue incorrecta, no abrí la puerta porque no podía, y no porque no estuviera en casa.*

inferior *adj.* 1 Que está en el espacio debajo de otra cosa o más bajo que ella: *Lo encontró en el estante inferior. En las plantas inferiores han puesto las rebajas.* **labio ~.** 2 Que es menor que otra cosa en calidad o cantidad: *Su puntuación es inferior a la mía. Su responsabilidad es inferior a la del subsecretario. Este vino es inferior al tuyo.* 3 Que tiene una organización más simple o menos compleja que otros dentro de una serie: *Este motor es muy inferior, pero se estropea menos. Los seres inferiores son unicelulares.* || *adj. / s. m.* y *f.* 4 Que depende de otra persona y tiene que obedecer sus órdenes: *El coronel es muy exigente con sus inferiores.*

inferioridad *s. f.* Situación o cualidad de lo que es inferior: *Para superar nuestra inferioridad en el campo de la investigación tendremos que hacer un esfuerzo.*

inferir *v. tr.* 1 Deducir ‹una persona› [una cosa] de [otra cosa]: *Infiero* ***de*** *tus palabras que no estuviste ayer en la ciudad.* 2 Causar ‹una persona› [un daño o una herida] a [otra persona]: *El presidente de las organizaciones patronales declaró ayer que los sindicatos infieren un grave perjuicio a la economía nacional. Le infirió una herida superficial con un cuchillo.* ⇒ **75.**

infernal *adj.* 1 Del infierno: *Algunas religiones hablan de castigos infernales.* 2 Que causa desagrado, disgusto o perjuicio: *Con este ruido infernal es imposible estudiar. Hace un tiempo infernal, todo el día lloviendo.*

infértil *adj.* RESTRINGIDO. Que no es fértil: *días infértiles del ciclo femenino.*

infestar *v. tr.* **1** Llenar ‹gran cantidad de seres o cosas› [un lugar]: *La plaza ha amanecido infestada de botellas de refrescos.* **2** Llenar ‹una cosa o ser vivo perjudicial› [un lugar]: *La procesonaria infesta los pinares.* **3** Causar daño ‹una persona o una cosa› [a una persona] con malas ideas: *Las doctrinas de las sectas infestan a los ciudadanos.*

inficionar *v. tr. / prnl.* **1** ELEVADO. Infectar. **2** ELEVADO, RESTRINGIDO. Causar daño ‹una persona o una cosa› [a una persona] con malas ideas: *La pornografía inficiona a la juventud.*

infiel *adj.* **1** Que no corresponde al compromiso o a la confianza depositada en él: *Ese político es infiel **a** su palabra. Es infiel **a** su marido.* **2** Que no es exacto o puntual: *una representación infiel **del** modelo.* || *adj. / s. m. y f.* **3** Que no profesa la religión considerada verdadera: *Todas las religiones piensan que los infieles son los creyentes de las otras.*

infiernillo *s. m.* Hornillo.

infierno *s. m.* **1** REL. En el Cristianismo, lugar donde sufren castigo eterno las almas de los condenados. **2** MIT. Lugar donde iban a parar las almas de los muertos. **3** Lugar o circunstancias donde hay sufrimiento y conflictos: *Los años que estuvo en prisión fueron un infierno.* FR. Y LOC. **al ~ con** COLOQUIAL; INTENSIFICADOR, DISGUSTO Y ENFADO. Se usa para señalar que una persona está cansada de alguna persona o cosa: *Al infierno con tus historias, déjame tranquilo.* **al quinto ~** COLOQUIAL; INTENSIFICADOR, DISGUSTO Y ENFADO. A un lugar muy lejano: *Estaba harto de él y lo mandó al quinto infierno.* **en / hasta el quinto infierno** COLOQUIAL; INTENSIFICADOR. Muy lejos: *El colegio está en el quinto infierno. He tenido que ir hasta el quinto infierno para encontrar el disco.* **irse al ~** COLOQUIAL; INTENSIFICADOR, DISGUSTO Y ENFADO. Se usa para comentar que una cosa no ha salido bien: *El negocio se ha ido al infierno.* **mandar al ~** COLOQUIAL. Rechazar ‹una persona› con enfado a otra persona o a una cosa: *Ha mandado a la novia al infierno, porque dice que lo hacía esperar mucho.* **vete al ~** COLOQUIAL; DISGUSTO Y ENFADO. Se usa para rechazar a una persona molesta: *Mira, vete al infierno, no quiero verte más.*

infijo *s. m.* GRAM. Morfema con significado propio que se introduce en el interior de una palabra o de su raíz: *Algunos lingüistas piensan que en español no existen los infijos.*

infiltración *s. f.* Acción y resultado de infiltrar o infiltrarse: *Tenemos infiltraciones en la bodega. Camino gracias a las infiltraciones de cortisona.*

infiltrado, da *adj. / s. m. y f.* [Persona] que se ha introducido en una organización rival encubiertamente: *Se sospecha que algunos infiltrados pasan datos a las empresas rivales del sector.*

infiltrar *v. tr.* **1** Introducir ‹una persona› [un líquido] en [una cosa porosa]: *Infiltró el agua **en** la tierra.* **2** Comunicar ‹una persona› [una idea o un sentimiento] a [otra persona]: *No sé quién le está infiltrando esos sentimientos tan tontos en la cabeza.* **3** MED. Introducir ‹una persona› [una sustancia] en [el organismo de otra persona] mediante una inyección: *Le han infiltrado cortisona en la pierna para que pueda jugar.* || *v. prnl.* **4** Introducirse ‹un líquido› en [una cosa porosa]: *El agua de la lluvia se infiltra **en** la pared.* **5** Adquirir ‹una persona› [una idea o un sentimiento de otra]: *Se ha infiltrado de esas ideas racistas en el pueblo.* || *v. tr. / prnl.* **6** Introducir ‹una persona› [a otra persona] en [un lugar enemigo] o en [una organización] encubiertamente: ***Se** infiltró **en** la organización mafiosa.*

ínfimo, ma *adj.* **1** (antepuesto / pospuesto) Que es mucho menor de lo que es habitual: *Tenía un ínfimo papel en la obra. Recibió una cantidad ínfima de material. Le ofrecieron una ayuda ínfima.* **2** (antepuesto / pospuesto) Que es de muy mala calidad: *Trabajaba en ínfimas condiciones. Es un producto ínfimo que no se puede vender.*

infinidad *s. f.* (no contable) Gran número de cosas o personas: *Han llegado infinidad de regalos. Contó una infinidad de historias sobre su país.*

infinitamente *adv. cant.* **1** En un grado o medida infinitos, de manera infinita: *una línea prolongable infinitamente. ¿Hay entidades infinitamente divisibles?* **2** Muchísimo, en grandísima medida. OBSERVACIONES: ◊ Se usa en contextos emotivos y a menudo como recurso hiperbólico expreso. ◊ Suele preferir las situaciones de anteposición a sintagmas comparativos de carácter adjetival o adverbial: *La rubia es infinitamente más guapa que la morena. Juega infinitamente mejor*; aunque no las impone: *Me alegro infinitamente de que hayas ganado tú.* En este último caso, es decir, cuando funciona como circunstancial, es remplazable por el adverbio ocasional *infinito.*

infinitesimal *adj.* MAT. [Cantidad] que es infinitamente pequeña. **cálculo* ~.**

infinitivo *s. m.* GRAM. Forma no personal del verbo que indica un estado potencial sin especificación temporal: *La terminación del infinitivo nos indica a qué conjugación pertenece el verbo.*

infinito, ta *adj.* **1** Que no tiene límites: *El espacio es infinito. Dirigió la vista hacia el mar infinito. El tiempo de espera se me hizo infinito.* **2** (antepuesto / pospuesto) Que es muy grande: *un infinito respeto, un amor infinito.* **3** (antepuesto) Que no se puede contar o medir: *En el cielo hay infinitas estrellas.* || *s. m.* **4** Lugar del espacio ilimitado y lejano: *La nave se perdió en el infinito a una increíble velocidad.* **5** Última graduación del objetivo para larga distancia de algunos intrumentos ópticos: *No tienes ni que enfocar, pon la camara en el infinito y dispara.* **6** MAT. Signo, que sirve para expresar un valor mayor que cualquier cantidad asignable. || *adv.* **7** Mucho: *Me alegro infinito.*

infinitud *s. f.* ELEVADO. Cualidad de infinito: *la infinitud del universo, la infinitud de la divinidad.*

inflación *s. f.* **1** ECON. Subida general de los precios causada por un exceso de moneda en relación con su cobertura: *La inflación de este mes ha llegado al 1%.* **2** RESTRINGIDO. Abundancia exagerada de personas o cosas: *Se ha previsto una inflación de veraneantes en la costa mediterránea.*

inflacionario, ria *adj.* RESTRINGIDO. De la inflación monetaria: *Las medidas decretadas son inflacionarias.* SIN. inflacionista.

inflacionista *adj.* ECON. De la inflación monetaria: *tendencia inflacionista.*

inflador *s. m.* ARG., URUG. Bomba de aire para hinchar.

inflamable *adj.* Que se inflama con facilidad: *Ten cuidado, es una sustancia inflamable.*

inflamación *s. f.* **1** MED. Alteración patológica de una parte de un organismo caracterizada por un enrojecimiento, dolor, aumento de calor e hinchazón: *la inflamación de la mejilla, la inflamación de una rodilla por un golpe.* **2** Combustión rápida y con llamas de una sustancia inflamable: *la inflamación de un polvorín, la inflamación de un gas, la inflamación de una caja de cerillas.*

inflamar *v. tr.* **1** Hacer arder con llamas ‹una persona o una cosa› [una cosa] bruscamente: *Unos niños, jugando, inflamaron el cohete que originó la catástrofe.* SIN. incendiar. **2** AFECTADO. Hacer ‹una persona o una cosa› más intenso [un sentimiento o un deseo]: *Tú inflamas mi corazón.* **3** Poner ‹una cosa› hinchada o tumefacta [una parte del cuerpo de una persona o de un animal]: *El golpe le ha inflamado la rodilla.* || *v. prnl.* **4** Empezar a arder con llamas ‹una cosa› bruscamente: *Se ha inflamado un depósito de gasolina en el polígono industrial.* SIN. incendiarse. **5** AFECTADO. Hacerse ‹un sentimiento o un deseo› más intenso: *Cuando te veo, se inflama mi pasión.* **6** Llenarse ‹una persona› de un sentimiento por otra persona o por una cosa: *El agresor, inflamado de ira, atacó a la víctima.* **7** Ponerse ‹una parte del cuerpo de una persona o de un animal› hinchada o tumefacta: *Se le ha inflamado la boca.*

inflamatorio, ria *adj.* MED. **1** Que causa inflamación: *proceso inflamatorio.* **2** Que se deriva o procede de un proceso inflamatorio: *Tiene unas dolencias inflamatorias.*

inflar *v. tr.* **1** Llenar ‹una persona› [una cosa flexible] con aire o con un gas: *Tienes que inflar las ruedas de la bici si quieres ir con ella al parque.* SIN. hinchar. **2** COLOQUIAL. Dar ‹una persona› [muchos golpes] [a otra]: *Lo inflaron **a** tortas.* **3** Ganar ‹una persona› en un juego [a otra persona] por mucha diferencia: *No vuelvo a jugar con vosotros, que me infláis.* **4** ARG., URUG.; COLOQUIAL. Molestar ‹una persona› [a otra persona]. || *v. prnl.* **5** Llenarse ‹una cosa flexible› de aire o de gas: *Este globo debe de tener un agujero, porque no se infla.*

inflexible *adj.* Que no se acomoda o no cede con facilidad a las circunstancias, ni a las opiniones o deseos de otras personas: *Tu postura es inflexible, demasiado rígida.* ANT. flexible.

inflexión *s. f.* **1** FON. Cambio de tono que se produce en la voz al hablar: *Ese actor tiene unas inflexiones muy dramáticas.* SIN. modulación. **2** GEOM. Punto de una curva en que cambia de sentido su curvatura. **3** Cambio de orientación de una tendencia o movimiento social, artístico o histórico: *La protesta estudiantil ha tenido una inflexión la pasada semana. El movimiento poético de principios de siglo está marcado por bruscas inflexiones. La peseta ha tenido una inflexión en su caída.*

infligir *v. tr.* **1** Aplicar ‹una persona› [un castigo] a [otra persona]: *El maestro ha sido acusado de infligir severos castigos a los alumnos.* **2** Causar ‹una persona› [una pena o un dolor] a [otra persona]: *Has infligido una pena muy grande a tu madre con este comportamiento.* ⇒ **78.**

inflorescencia *s. f.* BOT. Forma en que aparecen colocadas las flores en las plantas: *inflorescencia en racimo.*

influencia *s. f.* **1** Acción y resultado de influir: *Se fue al sur buscando la beneficiosa influencia del clima suave en su salud.* **2** Poder o autoridad de una persona o de una institución: *La influencia de los gremios se está acrecentando.* **3** (preferentemente en plural) Relación con personas que tienen poder o capacidad de decisión: *Ha conseguido un trabajo para su hijo gracias a las influencias de su cuñado en el ministerio.* **tráfico* de influencias.**

influenciable *adj.* Que se deja influir por las personas o impresionar por las cosas: *No le cuentes historias de miedo a tu hermano, que es muy influenciable y luego no duerme.*

influenciar *v. tr.* Influir ‹una persona› en otra.

influir *v. intr.* **1** Tener ‹una cosa› efecto en [una persona o en una cosa]: *La luz influye **en** el crecimiento de las plantas. Tu comportamiento influye **en** tu hermano.* SIN. influenciar. **2** Tener ‹una persona› poder sobre [otra persona]: *Tus amigos influyen mucho **en** ti. Tú me influyes siempre con tus opiniones. Su carácter influye **sobre** el grupo.* ⇒ **46.**

influjo *s. m.* **1** Acción y resultado de influir: *el influjo de Góngora. Se observa el influjo de los medios de comunicación en la sociedad.*

influyente *adj.* **1** Que influye o puede influir: *pensamiento influyente. Los ejemplos influyentes en los jóvenes no los proporcionan los héroes maduros.* **2** (antepuesto / pospuesto) Que tiene influencia o poder: *Es un empresario influyente y poderoso. Un influyente diario de la capital ha publicado una noticia de gravísimas consecuencias.*

información *s. f.* **1** Acción y resultado de informar o informarse: *La unidad de información es el bit. Las noticias tenían poca información nueva.* **2** Noticia o conjunto de noticias o datos: *Encendió la radio para oír más información sobre los hechos ocurridos. Hemos reunido informaciones contradictorias sobre el asalto al banco.* **ciencias de la ~. noticia / ~ de alcance*.** **3** (no contable) Oficina o lugar donde se informa o se consigue información sobre algo: *Pregunte en información.* **oficina de ~.** || **4 ~ genética** BIOL. Conjunto de rasgos que se transmiten de padres a hijos y que determina las características de éstos.

informal *adj. / s. m.* y *f.* **1** Que no cumple con su palabra, obligaciones o compromisos: *Alvaro es muy informal, quedas con él y luego no aparece. Eres una informal, no tienes ni idea de lo que es la responsabilidad y la seriedad en el trabajo.* ANT. formal. **2** Que no contiene los requisitos, formalidades o solemnidad que se requiere o precisa en un momento determinado o que no depende de normas preestablecidas: *lengua informal, visita informal, procedimiento informal, ropa informal.* ANT. formal.

informante *adj. / s. m.* y *f.* Que informa.

informar *v. tr.* **1** Dar ‹una persona› noticias o datos sobre [una persona o una cosa] [a una persona]: *Me han informado **de** todo.* **2** ELEVADO. Dar ‹una cosa› forma a [otra cosa]: *La generosidad informa su carácter.* || *v. tr. / intr.* **3** Dar ‹una persona o un organismo› noticias o datos de su competencia sobre [una cosa]: *La asamblea informó de la marcha de las negociaciones.* || *v. prnl.* **4** Buscar ‹una persona› noticias o datos sobre [otra persona o una cosa]: *Me informé **sobre** tu novio. Me he informado **del** horario.*

informática *s. f.* (no contable) Ciencia y técnica que estudia el tratamiento automático de la información por medio de ordenadores.

informático, ca *adj.* **1** De la informática: *sistema informático, programa informático.* **paquete* ~** o **paquete de programas.** || *adj. / s. m.* y *f.* **2** Que trabaja en el sector de la informática: *personal informático. Los informáticos de mi empresa son grandes profesionales.*

informativo, va *adj.* 1 Que informa: *lectura informativa.* **boletín* ~.** || *s. m.* 2 Espacio de un medio audiovisual dedicado a transmitir información: *un informativo de radio, los informativos de televisión. Marque nuestro número, le ofrecemos por teléfono informativos sobre la nieve.*

informatización *s. f.* Acción y resultado de informatizar: *la informatización de una biblioteca, la informatización de la gestión bancaria, la informatización de los juzgados.*

informatizar *v. tr.* 1 Aplicar ‹una persona› los procedimientos o métodos de la informática a [una cosa]: *La matriculación y expediente de los alumnos se informatizará este año.* 2 Introducir ‹una persona› los procedimientos informáticos en [una empresa o institución]: *Han hecho un plan para informatizar el Ayuntamiento.* ⇒ **19.**

informe *adj.* 1 Que no tiene la forma que le corresponde o no tiene una forma determinada: *una masa informe de arcilla. La perrita ha parido un cuerpo informe, que no parece un animal.* || *s. m.* 2 Exposición organizada de un conjunto de datos sobre un hecho: *un informe policial, el informe de un técnico.* 3 (frecuentemente en plural) Opinión razonada sobre el valor o la conducta de una persona o de una cosa: *Todos los informes sobre los alumnos los guarda el director. Tenemos malos informes sobre esos aparatos.*

infortunado, da *adj.* (antepuesto / pospuesto) ELEVADO. Que no tiene suerte: *El infortunado peatón fue embestido por un camión sin frenos. La actuación infortunada de los vigilantes agravó la situación.*

infortunio *s. m.* (no contable) ELEVADO. Mala suerte, desgracia: *Estuvo contándonos los infortunios del viaje.* SIN. desdicha, adversidad (ELEVADO).

infra- *pref.* 1 Significa 'menos de lo necesario' y forma verbos a partir de verbos y adjetivos a partir de adjetivos: *valorar - infravalorar, utilizar - infrautilizar, pagado - infrapagado.* 2 Significa 'por debajo de' y forma adjetivos a partir de adjetivos: *humano - infrahumano, rojo - infrarrojo.*

infracción *s. f.* ADMINISTRATIVO. Incumplimiento de una ley, código o norma: *Le pusieron una multa por cometer una infracción de tráfico.*

infractor, ra *adj. / s.m.* y *f.* Que comete una infracción: *No puede encarcelarse a los simples infractores.*

infraestructura *s. f.* 1 Conjunto de medios o instalaciones que se consideran básicos para el desarrollo de una actividad o para que un lugar pueda ser habitado: *La empresa dispone de una infraestructura importante en esa región.* 2 En obras y construcciones, estructura y materiales que se colocan en su parte inferior para proporcionarles sostén o firmeza: *la infraestructura de un edificio, la infraestructura de una carretera.*

infraganti *adv.* In fraganti.

infrahumano, na *adj.* Que no es propio del hombre por ofender a su dignidad o resistencia: *Sus condiciones de vida son infrahumanas. Recibe un trato infrahumano.*

infranqueable *adj.* Que no se puede franquear, pasar o superar o es difícil hacerlo: *abismo infranqueable, obstáculo infranqueable, río infranqueable. Entre tú y yo existen diferencias infranqueables.* SIN. insalvable.

infrarrojo, ja *adj. / s. m.* [Radiación] que tiene mayor longitud de onda que el rojo y no es visible para el ojo humano: *Le aplicaron rayos infrarrojos en la pierna.*

infrasonido *s. m.* FÍS. Onda sonora de baja frecuencia que no puede ser percibida por el oído humano.

infrautilizar *v. tr.* Utilizar ‹una persona› [una cosa] por debajo de sus posibilidades: *No necesitamos un ordenador más grande, porque tenemos infrautilizado éste. Es una pena que lo tengan infrautilizado en ese puesto.* ⇒ **19.**

infravalorar *v. tr. / prnl.* Quitar ‹una persona› importancia [a otra persona] o a [una cosa]: ***Se** infravalora. No conviene infravalorar a los enemigos.* SIN. subestimar(se).

infringir *v. tr.* DER.; ADMINISTRATIVO. No cumplir ‹una persona› [una ley o una disposición]: *Lo encarcelaron porque infringió todas las normas de la ética médica.* SIN. incumplir. ⇒ **78.**

infructuoso *adj.* (antepuesto / pospuesto) Que no sirve o no produce resultados importantes: *Tras varias reuniones infructuosas, fracasó la negociación. Los infructuosos intentos de tomar la posición enemiga sólo han servido para desgastar nuestras fuerzas.*

infrutescencia *s. f.* BOT. Agrupación de varios frutos con apariencia de uno solo, como la mora o la frambuesa.

ínfula *s. f.* Cada una de las dos cintas largas que cuelgan de la mitra de los obispos. FR. Y LOC. **tener / darse (muchas) ínfulas** Tener ‹una persona› soberbia o darse excesiva importancia: *No tiene dinero, pero se da unas ínfulas que parece millonario.*

infumable *adj.* 1 [Tabaco] que no se puede fumar o es difícil de hacerlo por ser de mala calidad o por tener un defecto de elaboración. 2 (antepuesto / pospuesto) COLOQUIAL, RESTRINGIDO. Que no se puede aprovechar por ser de mala calidad: *Me dispongo a leer su infumable mamotreto. Me voy a la cama, en la televisión no hay más que espectáculos infumables. Esta comida es infumable.* 3 COLOQUIAL, RESTRINGIDO. Que no puede aceptarse, por carecer de justificación o racionalidad: *Tus excusas son infumables. Me han puesto un horario infumable en la nueva empresa.*

infundado, da *adj.* Que no tiene fundamento o motivo: *una sospecha infundada.*

infundio *s. m.* Noticia falsa, negativa y difundida con mala intención: *Ha resultado ser todo un infundio contra la figura del ministro. Todas esas historias de la vida del director son infundios.*

infundir *v. tr.* Ser ‹una persona o una cosa› la causa de que [una persona] sienta [una cosa] o tenga [un estado de ánimo]: *Me infundes respeto cuando hablas así. Hay que infundir valor **en** los muchachos, porque están desanimados.* 2 REL. Comunicar ‹la Divinidad› [una gracia de Dios].

infusión *s. f.* 1 (no contable) Sistema mediante el que se sumergen unos productos, generalmente plantas, en agua hirviendo para que pasen a ella sus elementos solubles: *una taza de infusión. Toma una infusión de tila.* 2 Bebida obtenida por este procedimiento. 3 REL. En el bautismo, acción de verter agua sobre el neófito. 4 MED. Introducción de un líquido en la vena, especialmente una solución salina.

infuso, sa *adj.* 1 REL. [Conocimiento, gracia] que, según los católicos, Dios comunica al hombre: *dones infusos.* || **2 ciencia* infusa.**

ingeniar *v. tr.* Crear ‹una persona› [una cosa] con ingenio: *Ha ingeniado un sistema de riego que ahorra agua.* FR. Y LOC. **ingeniárselas** Obrar ‹una persona› con ingenio para hacer una cosa o salir de una dificultad: *Se las ingenia para seguir viviendo bien, aunque no tiene trabajo fijo.*

ingeniería *s. f.* **1** Conjunto de conocimientos y técnicas que permiten aplicar el saber científico y los recursos naturales a la industria y al servicio del hombre: *Estudió Ingeniería Industrial.* || **2 ~ genética** (no contable) BIOL. Conjunto de técnicas que permite manipular los genes.

ingeniero, ra *s. m. / f.* **1** Persona que tiene un título en Ingeniería y se dedica profesionalmente a trabajar en este campo: *ingeniero agrónomo, ingeniera química, ingeniero de sonido, ingeniero de caminos.* **~ industrial** Ingeniero especializado en la industria. **~ técnico** Persona que ha hecho estudios técnicos de grado medio. || *s. m.* **2** MÉX. Tratamiento dado a ejecutivos y otros profesionales.

ingenio *s. m.* **1** Inventiva, inteligencia: *Es mucho mejor utilizar el ingenio que la fuerza.* **2** Persona que tiene esta cualidad. SIN. genio. **3** Habilidad, maña: *Le burló con su ingenio.* SIN. astucia. **4** Sentido del humor agudo y ocurrente: *Sus respuestas están llenas de ingenio.* SIN. agudeza, chispa, gracia. **5** Artefacto, máquina: *Ha inventado un ingenio completamente inútil.* **6** Explotación de caña de azúcar y fábrica donde se elabora.

ingenioso, sa *adj.* (ser / estar; antepuesto / pospuesto) Que tiene ingenio o lo muestra: *Es una persona ingeniosa. Has estado muy ingenioso con esa respuesta. Escribe unas historias muy ingeniosas.*

ingente *adj.* (antepuesto / pospuesto) ELEVADO. Que es muy grande: *Me envía una ingente cantidad de material. Ha sido una labor ingente, pero ha merecido la pena.*

ingenuidad *s. f.* Buena fe, sinceridad o candor: *Da gusto tratar con él por su ingenuidad. No creo yo en la ingenuidad de la gente.*

ingenuista *s. m. / f.* ARTE. Pintor de temática y estilo simplista, infantil, semejante al naïf: *Fuimos a un mercado de arte ingenuista de origen haitiano.*

ingenuo, nua *adj. / s. m.* y *f.* Que no tiene malicia y cree todo lo que oye o le cuentan: *Es una ingenua que piensa que todo el mundo es bueno.*

ingerir *v. tr.* ELEVADO; ADMINISTRATIVO. Introducir ‹una persona o un animal› [una cosa] en su aparato digestivo por la boca: *Ingirió marisco en mal estado. No conviene ingerir bebidas alcohólicas si se va a conducir.* ⇒ **75.**

ingestión *s. f.* (no contable) Acción y resultado de ingerir: *La ingestión debe ser lenta.* SIN. deglución (ELEVADO).

ingle *s. f.* Pliegue del cuerpo donde se une el muslo con el vientre: *El toro le dió una cornada peligrosísima en la ingle.*

inglés, sa *adj. / s. m.* y *f.* **1** De Inglaterra, país europeo: *las costumbres inglesas. Los ingleses conducen por la izquierda.* **2** COLOQUIAL. Británico. || *s. m.* **3** LING. Lengua indoeuropea de la rama germánica hablada en el Reino Unido, Irlanda, Canadá, Estados Unidos, Australia y otros paises de influencia británica. || **4 corno* ~. 5 punto* ~.** FR. Y LOC. **a la inglesa** A la manera de Inglaterra: *Viste a la inglesa.*

inglete *s. m.* **1** Unión en ángulo de noventa grados de los trozos de una moldura, azulejos, etc. **2** GEOM. Ángulo de cuarenta y cinco grados que forma la hipotenusa del cartabón con cada uno de sus catetos.

ingrato, ta *adj. / s. m. y f.* **1** (antepuesto / pospuesto) Que no agradece los beneficios o amabilidades recibidas: *un comportamiento muy ingrato, una persona ingrata. Es un ingrato* ***con*** *su pobre familia.* || *adj.* **2** Que resulta desagradable: *El ambiente resultaba ingrato.* **3** Que produce poco beneficio para el esfuerzo realizado en conseguirlo: *una tarea ingrata.*

ingravidez *s. f.* **1** Cualidad de ingrávido: *Es admirable la aparente ingravidez de los bailarines.* **2** FÍS. Situación en la que los cuerpos no pesan por estar fuera de los campos de gravedad: *La ingravidez de los astronautas en el espacio es una dificultad que debe controlarse en los viajes espaciales.*

ingrávido, da *adj.* **1** Que no está sometido a la fuerza de la gravedad: *Si un astronauta se perdiera en el espacio exterior, flotaría ingrávido hasta su destrucción.* **2** (ser) Que parece que no pesa o pesa muy poco: *La casa estaba rodeada de una niebla ingrávida.*

ingrediente *s. m.* **1** Cualquiera de los elementos que se combinan para formar un compuesto: *los ingredientes de un guiso, los ingredientes de una fórmula.* SIN. componente. **2** Cada uno de los elementos que contribuyen a caracterizar algo o a producir un efecto: *La película tiene todos los ingredientes para ser un éxito.* SIN. componente, factor. **3** (plural) ARG. Aperitivos o tapas que se sirven con la bebida.

ingresar *v. intr.* **1** Entrar ‹una persona› en [una comunidad o en una asociación]: *Ingresé* ***en*** *la asociación de antiguos alumnos.* **2** Pasar ‹una persona› el examen de ingreso en [un centro de enseñanza]: *Ingresó* ***en*** *la universidad.* || *v. tr.* **3** Poner ‹una persona› [una cantidad de dinero] en [una cuenta]: *Ingresó el sueldo* ***en*** *la libreta de la caja de ahorros.* **4** Recibir ‹una persona› [una cantidad de dinero] regularmente: *La empresa es bastante importante, ingresa todos los meses más de cien millones de pesetas.* || *v. tr. / intr.* **5** Entrar ‹una persona› en [un centro médico]: *Lo han ingresado en la unidad de cuidados intensivos. Ingresó ya cadáver en el hospital.*

ingreso *s. m.* **1** Acción de entrar en un sitio o en una corporación: *El ingreso en el club es fácil.* **2** ELEVADO. Lugar por donde se entra: *El ingreso en la cueva es muy estrecho.* **3** Admisión de una persona en una corporación: *el ingreso en un club, el ingreso en la universidad, el ingreso en la carrera judicial.* **4** Depósito de una cantidad de dinero en una cuenta o en una caja: *Hemos hecho ya el ingreso para pagar el piso.* **5** (plural) Cantidad de dinero que se gana: *La venta nos ha producido buenos ingresos.*

íngrimo, ma *adj. / s. m.* y *f.* AMÉR. Que está solitario, solo o abandonado.

inguinal *adj.* ANAT. De la ingle: *hernia inguinal.*

inhábil *adj.* RESTRINGIDO. [Tiempo, día, hora] que no es apto o no puede utilizarse para actuaciones judiciales o para resolver asuntos en las oficinas: *Hoy es día inhábil, tendré que esperar a mañana.* ANT. hábil.

inhabilitar *v. tr.* Declarar ‹una persona con autoridad› no hábil para [ocupar un cargo] [a otra persona]: *Lo inhabilitaron* ***para*** *esta función. El tribunal ha inhabilitado al actual alcalde* ***para*** *ocupar cargos públicos durante diez años.* SIN. incapacitar.

inhabitable *adj.* (ser / estar) Que no puede habitarse porque no reúne las condiciones para ello: *Esta casa está inhabitable, necesitaría una reforma. Esta ciudad es inhabitable con tanto ruido y tantos humos.* ANT. habitable.

inhalación *s. f.* Acción y resultado de inhalar: *La inhalación de gases venenosos fue la causa de la intoxicación y muerte de los niños.*

inhalador *s. m.* Aparato para hacer inhalaciones: *Con este inhalador, todas las noches aspira dos veces la medicina.*

inhalar *v. tr.* Tomar ‹una persona› [una sustancia] por la nariz: *No me gusta inhalar nada por la nariz, porque me siento incómodo.*

inherente *adj.* Que por su naturaleza está de tal manera unido a otra cosa que no se puede separar de ella: *Es un rasgo inherente **a** su personalidad.*

inhibición *s. f.* **1** Acción y resultado de inhibir o inhibirse: *la inhibición de un tribunal. La inhibición de ciertos profesionales no está justificada.* **2** (no contable) Suspensión o disminución de la actividad psicológica o fisiológica por diferentes causas en los seres vivos: *La inhibición del sistema inmunológico resulta fatal.* **3** COLOQUIAL. Complejo o idea, generalmente subconsciente, que limita la actuación de una persona: *Estoy lleno de inhibiciones.*

inhibir *v. tr.* **1** MED. Impedir ‹una persona o una cosa› la actividad de [un órgano] o de [un organismo] transitoriamente: *Esta medicina inhibe los reflejos, no es aconsejable tomarla si se va a conducir. Tu presencia me inhibe y no me atrevo a hablar.* || *v. prnl.* **2** DER. Mantenerse ‹el juez› al margen [del conocimiento de una causa]: *El juez se ha inhibido **del** asunto de las comisiones.* **3** MED. Quedar ‹un órgano o un organismo› sin actividad transitoriamente: *Si se inhiben las áreas marcadas del cerebro el ratón pierde agresividad.* **4** Mantenerse ‹una persona› al margen de [una cosa]: *Él se inhibió **en** esta cuestión. Miguel quiso inhibirse **de** ese tema.*

inhóspito, ta *adj.* **1** (antepuesto / pospuesto) Que es poco cómodo o agradable: *un hotel inhóspito, una inhóspita ciudad.* **2** Que reúne pocas condiciones para vivir con seguridad: *Recorreremos inhóspitos lugares, selvas peligrosas.*

inhumación *s. f.* ELEVADO. Acción y resultado de inhumar: *El juez ordenó la inhumación del cadáver.*

inhumano, na *adj.* **1** Que no siente compasión hacia otra persona: *Su comportamiento es inhumano.* SIN. cruel. **2** Que no es propio del hombre por ofender su dignidad o resistencia: *un trato inhumano, leyes inhumanas.* SIN. infrahumano. **3** CHILE. Que es sucio o desaseado.

inhumar *v. tr.* ELEVADO. Dar ‹una persona› sepultura [a un cádaver]: *Inhumar a los difuntos es un mandato de casi todas las religiones.* SIN. sepultar.

INI (pronunciamos *'iní'*) *s. m.* Sigla de «Instituto Nacional de Industria», España.

iniciación *s. f.* Acción y resultado de iniciar o iniciarse: *pruebas de iniciación, la iniciación de los entrenamientos.*

iniciado, da *adj. / s. m.* y *f.* Que ha sido introducido en el conocimiento de una cosa secreta o que es miembro de una sociedad secreta: *Ciertas normas sólo las conocen los socios iniciados. Un grupo de iniciados de la secta ha sido acusado de perversión de menores.*

inicial *adj.* **1** Del origen o principio de las cosas: *velocidad inicial de un proyectil. Ésta era la situación inicial, luego las cosas se complicaron.* || *adj. / s. f.* **2** [Letra] que empieza una palabra: *Llevaba bordadas sus iniciales en el bolsillo de la camisa.*

inicialar *v. tr.* ARG., URUG. Escribir ‹una persona› los datos personales en [un documento].

inicialmente *adv. temp.* Al comienzo de cierto proceso conocido, al principio, primeramente: *Inicialmente no parecía grave la caída.*

iniciar *v. tr.* **1** Empezar ‹una persona› [una cosa]: *El Parlamento iniciará sus sesiones en octubre. He iniciado la lectura de una novela interesante.* SIN. comenzar. || *v. tr. / prnl.* **2** Proporcionar ‹una persona› el conocimiento o los primeros conocimientos de [una cosa] [a otra persona]: ***Me** inicié **en** la agricultura desde pequeñita. Estoy iniciando a mi hermano **en** los deportes de vela.* || *v. prnl.* **3** Empezar ‹una cosa›: *La sesión se inicia a las diez.*

iniciático, ca *adj.* Que sirve para iniciar a una persona en algún conocimiento o actividad: *los ritos iniciáticos de la santería cubana. En algunas sociedades secretas los aspirantes deben superar varias pruebas iniciáticas.*

iniciativa *s. f.* **1** (no contable) Capacidad para emprender o idear cosas: *un empresario con iniciativa. Me gusta este chico porque tiene mucha iniciativa.* **2** Idea que propone alguien para hacer alguna cosa: *Todas las iniciativas serán bien recibidas.* FR. Y LOC. **tomar la ~** Anticiparse ‹una persona› a otras personas en alguna acción, generalmente dirigiéndola: *tomar la iniciativa en el juego. Los trabajadores tomaron la iniciativa para sacar a la empresa de la crisis.*

inicio *s. m.* Comienzo: *el inicio de la primavera, el inicio del curso.*

inicuo, cua *adj.* **1** (antepuesto / pospuesto) ELEVADO. Que no es justo o equitativo: *una decisión inicua, unas leyes inicuas.* **2** (antepuesto / pospuesto) ELEVADO. Que es malvado o cruel: *una inicua persecución, palabras inicuas y ofensivas.*

inigualable *adj.* (antepuesto / pospuesto) Que no se puede igualar por ser extraordinario: *Tiene una voz inigualable. Su inigualable sabor marca la diferencia.*

inimaginable *adj.* (antepuesto / pospuesto) Que no se puede imaginar o concebir por su intensidad o magnitud: *sufrimiento inimaginable, calor inimaginable. Le ofrecieron un inimaginable número de opciones y las despreció.*

inimitable *adj.* (antepuesto / pospuesto) Que no se puede imitar: *Conquistaba a las chicas con un inimitable guiño. Su estilo inimitable marcó toda una época en la historia del cine.*

ininteligible *adj.* Que no se puede entender o descifrar: *lenguaje ininteligible, escritura ininteligible.* SIN. inteligible.

ininterrumpidamente *adv. modo* Sin interrupción o pausa: *Ha estado lloviendo ininterrumpidamente tres días.*

iniquidad *s. f.* (no contable) ELEVADO. Cualidad o circunstancia de ser alguien o algo inicuo: *la iniquidad de los ricos para con los pobres. Cometieron una iniquidad contra los vecinos que habían cumplido con su obligación.*

injerencia *s. f.* Intervención de una persona en un negocio o asunto ajeno: *Nuestro país no permitirá injerencias de extraños en nuestros asuntos.*

injerir *v. tr.* **1** Introducir ‹una persona› [una cosa] en [otra cosa]. || *v. prnl.* **2** Intervenir ‹una persona› en [un asunto ajeno]: *Le gusta injerirse **en** los asuntos de otros países.* ⇒ **75.**

injertar *v. tr.* **1** Introducir ‹una persona› en la rama o en el tronco de una planta [una rama de otra] para que brote: *Hay que injertar los frutales para que den fruto.* **2** MED. Aplicar ‹una persona› [un trozo de tejido vivo] a [una parte lesionada del cuerpo] para que se unan: *Le injertaron un poco de piel **en** la zona quemada.*

injerto *s. m.* **1** Parte de una planta con alguna yema que se une al tronco o a una rama de otra para que reciba su savia: *Hemos hecho un injerto con dos naranjos.* **2** Acción de injertar: *He hecho bien los injertos este año.* **3** Planta que ha sido injertada: *Este naranjo es un injerto.* **4** Fruto de los injertos: *Muchas frutas son injertos.* **5** Órgano o parte de órgano implantado en un ser vivo: *Le han hecho un injerto de piel para curar las quemaduras.*

injuria *s. f.* Ofensa o insulto grave: *El director no sabía cómo defenderse de las injurias.*

injuriar *v. tr.* **1** Hacer o decir ‹una persona› cosas para que [otra persona] se enfade: *El árbitro se mantenía indiferente mientras los aficionados lo injuriaban.* **2** ELEVADO. Estropear o dañar ‹una persona o una cosa› el aspecto de [una persona] o de [una cosa]: *No es fácil injuriar la fama de un escritor consagrado.*

injurioso, sa *adj.* (antepuesto / pospuesto) Que injuria, agravia u ofende: *No soporto más afirmaciones injuriosas.*

injustamente *adv. modo* **1** Con injusticia, de manera injusta, como no se debe: *La trataste injustamente.* **2** Inmerecidamente: *Es un autor injustamente postergado.*

injustificable *adj.* (antepuesto / pospuesto) Que no se puede justificar o disculpar: *Tu comportamiento ha sido injustificable. Su gestión de la empresa se ha limitado a una injustificable sucesión de errores.* SIN. inexcusable. ANT. justificable.

injustificado, da *adj.* (ser / estar) Que no tiene justificación: *Su conducta está injustificada. Es una opinión injustificada.*

injusto, ta *adj.* **1** Que no actúa con justicia: *Es un arbitro muy injusto.* ANT. justo. **2** Que no está de acuerdo con la justicia, la ley o la moral: *Fue una decisión injusta.* ANT. justo.

inmaculado, da *adj.* **1** (ser / estar; antepuesto / pospuesto) Sin mancha: *un vestido inmaculado, una inmaculada corbata. El salón está inmaculado.* **2** ELEVADO. Que no tiene faltas o pecados. *Tiene un expediente inmaculado.*

inmancable *adj.* VEN.; COLOQUIAL. Que es seguro o infalible.

inmanencia *s. f.* Cualidad de inmanente: *La inmanencia de ciertas cualidades humanas es muy discutible.*

inmanente *adj.* FILOS. Que es inherente a un ser o propio de su naturaleza: *El amor a los hijos es inmanente a la naturaleza materna. La extensión es inmanente a los sólidos.*

inmanentismo *s. m.* (no contable) FILOS. Doctrina filosófica basada en la noción de inmanencia, como el panteísmo. ANT. transcendentalismo.

inmediaciones (sólo plural) *s. f.* Alrededores, proximidades de un lugar: *Recorrí el castillo y sus inmediaciones.*

inmediatamente *adv. modo* **1** De manera inmediata, con inmediatez: *Este adjetivo siempre precede inmediatamente a un nombre.* OBSERVACIONES: Se antepone, matizándolos con la idea de inmediatez, a *antes*, *después* y *a continuación*, lleven o no complemento, pero no a *posteriormente, anteriormente, acto seguido, con posterioridad, con anterioridad*: *Inmediatamente antes (de que él llegara), se oyó un disparo. Inmediatamente **a** que se produjera la revuelta, hubo huelgas por todo el país.* || *adv. temp.* **2** Enseguida, al punto. OBSERVACIONES: Sea en relación con el momento de hablar, sea en relación con otro momento pasado o futuro: *Sal de ahí inmediatamente (= ahora mismo). Inmediatamente, decidieron darle permiso.* FR. Y LOC. **~ que** En cuanto, enseguida que, al punto que: *Inmediatamente que lo veas, me avisas.*

inmediatez *s. f.* Cercanía temporal o espacial: *La inmediatez de la boda le preocupa. La inmediatez de los otros grupos nos obligaba a charlar casi susurrando.*

inmediato, ta *adj.* **1** Que no media espacio o tiempo: *La salida del tren es inmediata. Vive aquí, en una calle inmediata **a** la nuestra.* **2** Que está en las proximidades: *La estación está en una zona inmediata **al** mar.* || **3 la inmediata** COLOQUIAL. Lo que se hace a continuación: *Después de sus amenazas la inmediata va a ser presentar una denuncia.* FR. Y LOC. **de ~** En seguida, inmediatamente: *Señor, lo atenderemos de inmediato.*

inmejorable *adj.* (antepuesto / pospuesto) Que no se puede mejorar o superar por ser muy bueno: *Estas telas son de una calidad inmejorable, excelente. Nuestra empresa ha obtenido este año unos inmejorables resultados, pero no debemos relajarnos.* SIN. insuperable.

inmemorial *adj.* Que es tan antiguo que se ha perdido la memoria de su origen: *Esta finca es del pueblo desde tiempo inmemorial. Son costumbres inmemoriales.*

inmensamente *adv. cant.* Muchísimo, enormemente, extraordinariamente. OBSERVACIONES: Puede actuar como intensificador de adjetivos calificativos, como *muy* o *enormemente*, pero no admite él mismo ninguna intensificación: *un hombre inmensamente rico, inmensamente más poderoso que yo. Allí la niña disfrutaba inmensamente.*

inmensidad *s. f.* Extensión o número muy grandes: *la inmensidad del mar, la inmensidad de nuestros horizontes, la inmensidad de las estrellas, la inmensidad de nuestro amor, la inmensidad de los insectos de la tierra.*

inmenso, sa *adj.* **1** Que es muy grande: *Tiene una casa inmensa. Es un lago inmenso.* **2** (ser / estar) COLOQUIAL. Que ha actuado con mucha oportunidad o muy bien: *Estuviste inmenso en tu papel de chico pueblerino. Eres inmenso, Antonio, has conseguido que nos den permiso.*

inmerecidamente *adv. modo* Sin tener merecimientos para ello: *El equipo ganó inmerecidamente.*

inmersión *s. f.* **1** Acción y resultado de introducir o introducirse en un líquido: *Ayer hicieron las pruebas de inmersión del nuevo submarino.* **2** LING. Procedimiento de aprendizaje de una lengua mediante la integración del estudiante en la vida cotidiana de los hablantes de esa lengua: *Aprendió español por inmersión.* **3** ASTRON. Paso de un astro detrás de otro que lo oculta: *Los astrónomos siguieron la inmersión de Venus.*

inmerso, sa *adj.* **1** (estar) Que está metido en una situación o estado de los que no puede salir con facilidad: *Está inmersa en un mar de dudas. Estamos inmersos en una crisis fuerte.* **2** (estar) ELEVADO. Que está sumergido en un líquido: *El aparato permanecerá inmerso varios días y luego podremos leer los datos.*

inmigración *s. f.* **1** Acción y resultado de inmigrar: *la inmigración española en América.* **2** Conjunto de inmigrantes: *la inmigración árabe, la inmigración chilena.*

inmigrante *adj. / s. m.* y *f.* Que va a un lugar para intentar establecerse en él: *Algunos inmigrantes ilegales son devueltos a sus países de origen.*

inmigrar *v. intr.* **1** Llegar ‹una persona› a un lugar y establecerse en él: *Las personas inmigran **en** los países ricos.* **2** Llegar ‹un animal› a un territorio y quedarse en él: *Los lobos inmigraron **en** estas tierras hace muchos miles de años.*

inmigratorio, ria *adj.* De la inmigración: *flujo inmigatorio, corrientes inmigratorias.*

inminencia *s. f.* Cercanía de un suceso o de un hecho no deseado o peligroso: *la inminencia de su muerte, la inminencia de la ruptura sentimental. La inminencia de la derrota lo preocupaba.*

inminente *adj.* (antepuesto / pospuesto) Que está a punto de suceder muy pronto: *una inminente subida de impuestos.*

inmiscuirse *v. prnl.* Intervenir ‹una persona› en [un asunto ajeno] sin que se haya solicitado su participación: *Se inmiscuyó **en** mis planes.* ⇒ **46.**

inmobiliaria *s. f.* Empresa que construye, vende o alquila viviendas y locales: *Compró un piso de segunda mano a través de una inmobiliaria.*

inmobiliario, ria *adj.* De los muebles o de los edificios: *negocio inmobiliario, especulación inmobiliaria.*

inmolación *s. f.* Acción y resultado de inmolar o inmolarse: *la inmolación de un cordero a la divinidad, la inmolación por su patria, la inmolación de los padres por los hijos.*

inmolar *v. tr.* **1** Ofrecer ‹una persona› el sacrificio de [otra persona] o de [un animal] a [los dioses]: *Los sacerdotes inmolaron cien bueyes a los dioses.* SIN. ofrendar. **2** ELEVADO. Ofrecer ‹una persona› [una cosa de mucho valor] a cambio de [otra cosa]: *Inmoló su familia **a** su ambición.* || *v. prnl.* **3** Sacrificarse ‹una persona› por un ideal o por el bien de otras: *Los padres se inmolan por sus hijos. Los soldados se inmolan por la patria.*

inmortalizar *v. tr. / prnl.* Hacer ‹una persona o una cosa› que [una persona o una cosa] sea recordada indefinidamente: *Tu amigo **se** inmortalizó **en** este obra. Goya inmortalizó a las majas **en** sus cuadros.* ⇒ **19.**

inmóvil *adj.* (ser / estar) Que no se mueve o no se puede mover: *Estoy inmóvil, me han atado los pies y las manos y no puedo hacer nada. El mar parecía inmóvil.*

inmovilismo *s. m.* (no contable) POLÍT.; PEYORATIVO. Ideología y comportamiento de los partidarios de mantener sin cambios una situación política, social o ideológica: *El inmovilismo depende de la edad y de la posición social.*

inmovilista *adj.* **1** Del inmovilismo: *tendencia inmovilista.* || *adj. / s. m.* y *f.* **2** Que es partidario del inmovilismo: *Los inmovilistas no aprobarán estas leyes.*

inmovilización *s. f.* Acción y resultado de inmovilizar: *la inmovilización de un brazo, la inmovilización de un cargamento.*

inmovilizar *v. tr.* **1** Dejar ‹una persona o una cosa› inmóvil [una cosa]: *La escayola me inmoviliza el brazo.* **2** Dejar ‹una persona o una cosa› [a una persona] sin libertad para moverse o para actuar: *Las nuevas ordenanzas me han dejado inmovilizado para actuar.* **3** DER. Impedir ‹una persona› la libre enajenación de [bienes]: *El juez ha inmovilizado las cuentas corrientes del acusado.* ⇒ **19.**

inmueble *adj.* **1** [Bien] que no puede trasladarse de un lugar a otro, como fincas y terrenos. **bienes* inmuebles / raíces.** || *s. m.* **2** ADMINISTRATIVO. Edificio: *El inmueble que se derrumbó estaba deshabitado.*

inmundicia *s. f.* **1** Cualidad de inmundo: *Su inmundicia repugna a todos.* **2** (preferentemente en plural) Basura, suciedad: *El suelo está lleno de inmundicias.*

inmundo, da *adj.* **1** Que es sucio y repugnante: *un olor inmundo, una habitación inmunda.* **2** (antepuesto / pospuesto) Que no es honesto o moral: *pensamientos inmundos, inmundo lenguaje.* **espíritu ~ / maligno** El diablo.

inmune *adj* **1** Que tiene inmunidad: *Es un animal inmune **a** este virus. Los parlamentarios son inmunes y no pueden ser juzgados por un juez ordinario.* **2** Que tiene mucho aguante ante las dificultades: *No va muy bien su empresa, pero sigue adelante porque es inmune **al** desánimo.*

inmunidad *s. f.* **1** (no contable) BIOL., MED. Protección o resistencia, natural o adquirida, contra la acción de alguna infección o enfermedad en general: *inmunidad contra un veneno, inmunidad contra la gripe. Cayó enfermo porque su inmunidad contra ese virus era muy baja.* SIN. defensa. **2** (no contable) DER. Privilegio de algunas personas, lugares u objetos a no poder ser sometidos a la ley común, mientras están protegidos por él: *Las embajadas tienen inmunidad diplomática.* **~ parlamentaria.**

inmunitario, ria *adj.* De la inmunidad biológica o médica: *nivel inmunitario del enfermo, estudios inmunitarios.*

inmunizar *v. tr.* **1** Hacer ‹una cosa› inmune [a una persona]: *Las vacunas nos inmunizan contra muchas enfermedades.* || *v. prnl.* **2** Hacerse ‹una persona› inmune: *Estoy inmunizada contra el sarampión; lo tuve de pequeña.* ⇒ **19.**

inmunodeficiencia *s. f.* (no contable) MED. Disminución de las defensas inmunitarias del organismo. **síndrome* de ~ adquirida.**

inmunodepresor, ra *adj. / s. m.* Que disminuye las reacciones inmunológicas del organismo: *un medicamento inmunodepresor, un método inmunodepresor. Le administraron un inmunodepresor.*

inmunología *s. f.* (no contable) MED. Parte de la Medicina que estudia y trata el sistema de inmunidad del organismo.

inmutable *adj.* **1** Que no cambia o no se puede cambiar: *Esta piedra es inmutable.* **2** Que no se inmuta o altera: *Permaneció inmutable, como si nada hubiera pasado.* SIN. inalterable, impasible, imperturbable.

inmutar *v. tr. / prnl.* Alterar, cambiar ‹una persona o una cosa› [a una persona]: *El bombardeo no inmutaba a los veteranos. El policía no **se** inmutaba por nuestras palabras.*

innato, ta *adj.* Que se posee desde que se nace y no se debe a la educación o a la experiencia: *La amabilidad es innata en él. Tiene una inteligencia innata.*

innecesario, ria *adj.* (antepuesto / pospuesto) Que no tiene que suceder necesaria o inevitablemente: *observación innecesaria, medida innecesaria. Creemos que la aplicación de castigos físicos es innecesaria.* ANT. necesario.

innegable *adj.* (antepuesto / pospuesto) Que no se puede negar por ser muy claro y evidente: *Su trabajo tiene un mérito innegable. Es una obra de innegables virtudes.* SIN. indiscutible.

innegablemente *adv. orac.* Con toda seguridad y sin que pueda ser negado. OBSERVACIONES: ◊ Implica 'es innegable (que)'. ◊ Se usa sobre todo ante adjetivos y locuciones adjetivales de tipo calificativo o relacional: *Son innegablemente desproporcionadas. Su problema es innegablemente psicológico, no somático ni social.* ◊ Al contrario que *indiscutiblemente* o *indudablemente*, no se usa aislado en respuestas.

innoble *adj.* **1** Que es capaz de llevar a cabo acciones degradantes o despreciables: *Es una acción innoble, llena de cobardía y falsedad. Es una persona innoble, la más despre-*

ciable que he conocido. **2** Que demuestra deslealtad, falsedad o cobardía: *un gesto innoble, una persona innoble.*

innovación *s. f.* Acción y resultado de innovar: *la innovación en una empresa, la innovación en un producto, la innovación en una organización, la innovación de algunas ideas.*

innovador, ra *adj. / s. m.* y *f.* Que introduce cambios en una cosa o es aficionado a hacerlo: *una persona innovadora, una técnica innovadora, un sonido innovador.*

innovar *v. tr.* Introducir ‹una persona› novedades en [una cosa]: *Los científicos innovaron esa técnica y consiguieron mejores resultados.*

innumerable *adj.* (antepuesto / pospuesto) Que no se puede contar por ser muy numeroso: *Hay una cantidad innumerable de casos de fraude.* SIN. incontable.

innúmero, ra *adj.* ELEVADO. Innumerable.

-ino, na *suf.* **1** Significa 'origen' o 'procedencia' y forma sustantivos o adjetivos a partir de sutantivos: *Santander - santanderino, Alicante - alicantina, Granada - granadino.* **2** Significa 'cualidad relacionada con' y forma adjetivos a partir de sustantivos: *sal - salino, mar - marino, daño - dañina.* **3** Forma sustantivos con valor diminutivo a partir de sustantivos, y adjetivos con valor diminutivo a partir de adjetivos: *pájaro - pajarino, guapo - guapino.*

inobservancia *s. f.* (no contable) Falta de cumplimiento de una orden o regla: *Lo expulsaron de la sociedad por la inobservancia continua de las normas.* SIN. incumplimiento. ANT. obediencia, cumplimiento.

inocencia *s. f.* Pureza, falta de malicia: *la inocencia de los niños, la inocencia de los animales.* **2** Falta de culpabilidad: *Proclamó su inocencia ante el tribunal.*

inocentada *s. f.* Broma que se gasta a alguien, especialmente el 28 de diciembre, día de los Santos Inocentes: *La inocentada de este año fue decirle que le había tocado un viaje a la Luna.*

inocente *adj. / s. m.* y *f.* **1** Que no tiene culpa: *Es un hombre inocente, no pueden condenarle.* **2** (ser / estar) Que no tiene mala intención, malicia o picardía alguna y es fácil de engañar: *¡Qué inocente has sido! Es un inocente.* SIN. ingenuo. || *adj.* **3** Que no hace daño o mal alguno: *Son unas bromas inocentes, no veo qué daño pueden hacer.*

inocuidad *s. f.* Cualidad de inocuo: *La inocuidad de la dosis está asegurada. Puede consumirse en grandes cantidades por su inocuidad.*

inoculación *s. f.* Acción y resultado de introducir una sustancia en un organismo: *la inoculación de una vacuna, la inoculación de una droga para torturar a los prisioneros.*

inocular *v. tr. / prnl.* **1** Introducir ‹una persona o un animal› [una sustancia] en el organismo de [un ser vivo]: ***Se*** *inoculó un virus para experimentar la eficacia de una vacuna. La mordedura de ciertas serpientes es mortal, porque inoculan en las víctimas un veneno potentísimo.* || *v. tr.* **2** PEYORATIVO. Comunicar ‹una persona› [ideas o formas de comportamiento consideradas malas] a [otra persona]: *En el colegio le han inoculado la pasión por el peligro de la montaña.*

inocuo, cua *adj.* Que no hace daño: *un medicamento inocuo. La violencia en la televisión no es inocua, ni para los niños ni para los mayores.*

inodoro, ra *s. m.* **1** EUFEMISMO. Recipiente del cuarto de baño usado para orinar o defecar: *Tenemos que llamar al fontanero, porque se nos ha estropeado la cisterna del inodoro.* SIN. retrete. || *adj.* **2** Que no huele: *una sustancia inodora. El agua es inodora.*

inofensivo, va *adj.* (antepuesto / pospuesto) Que no puede causar daño: *El juguete es inofensivo. Nos dirigía unas inofensivas amenazas.*

inoficioso, sa *adj.* AMÉR. Inútil, ocioso, ineficaz.

inolvidable *adj.* (antepuesto / pospuesto) Que no puede o no debe olvidarse: *Los inolvidables acontecimientos de aquella mañana me causaron honda impresión. Es un recuerdo inolvidable.*

inoperable *adj.* ARG., URUG. [Estación, aeropuerto] que no está en servicio.

inoperante *adj.* Que no tiene eficacia o utilidad, o no produce efecto: *Las medidas adoptadas han sido inoperantes.* SIN. ineficaz.

inopia *s. f.* ELEVADO. Pobreza, escasez: *Desde que el padre no trabaja viven en la más pura inopia.* FR. Y LOC. **estar en la ~** 1 Estar distraída ‹una persona› y no enterarse de lo que pasa: *Y para aquéllos que hace un momento estaban en la inopia, la respuesta es 127. Parece que nuestros gobernantes están en la inopia y no se enteran de lo que pasa en la calle.* 2 COL.; COLOQUIAL. No tener ‹una persona› dinero o tenerlo escaso.

inopinadamente *adv. orac.* Sin que se hubiera pensado que podía ocurrir, contra lo que era opinión generalizada: *Inopinadamente, ganó Pedro. Se marchó de casa inopinadamente.*

inopinado, da *adj.* (antepuesto / pospuesto) Que es inesperado o repentino: *Un inopinado compromiso lo ha retenido en casa.*

inoportuno, na *adj. / s. m.* y *f.* (antepuesto / pospuesto) Que no es oportuno o conveniente: *una visita inoportuna, una inoportuna mirada.*

inorgánico, ca *adj.* **1** Que no tiene vida: *Los minerales son cuerpos inorgánicos.* ANT. orgánico. || **2 química* inorgánica.**

inoxidable *adj.* Que no se puede oxidar. **acero ~.**

input *s. m.* **1** ECON. Elemento que se utiliza en un proceso de producción. **2** INFORM. Sistema de entrada de información en un ordenador y los datos y programas que se introducen.

inquebrantable *adj.* Que no puede quebrantarse: *Es un afecto inquebrantable. Me he hecho el propósito inquebrantable de no comer nada entre horas.*

inquietante *adj.* (antepuesto / pospuesto) Que inquieta: *noticia inquietante. Su comportamiento es inquietante. Estos días han ocurrido unos acontecimientos inquietantes.*

inquietar *v. tr.* **1** Poner ‹una persona o una cosa› inquieta o preocupada [a una persona]: *Nos inquietan las noticias que llegan de Cuba. Me inquieta tu silencio cuando estás fuera.* SIN. intranquilizar. || *v. prnl.* **2** Ponerse ‹una persona› inquieta: *No te inquietes. Reconozco que me inquieto* ***por*** *cualquier cosa.* SIN. intranquilizarse.

inquieto, ta *adj.* **1** (ser / estar) Que es nervioso y no puede estarse quieto: *Es un niño muy inquieto que alborota toda la clase. El enfermo está hoy muy inquieto.* **2** (estar) Que está preocupado: *Está inquieta por su tardanza.* **3** (estar) Que está agitado: *El mar está inquieto.* **4** Que está siempre dispuesto a hacer o conocer cosas nuevas: *Es una persona muy inquieta que siempre está ideando nuevas aventuras.*

inquietud *s. f.* **1** Cualidad o estado de inquieto: *No tienes ni idea de la inquietud que pasamos cuando lo del accidente.* **2** (preferentemente en plural) Interés de tipo intelectual o social: *Desde muy joven ya tuvo inquietudes musicales. Tiene muchas inquietudes **por** la ecología.*

inquilinato *s. m.* ARG. Casa, generalmente antigua, de muchas habitaciones donde viven muchos inquilinos.

inquilinismo *s. m.* (no contable) BIOL. Asociación biológica de dos seres vivos en que uno de ellos busca refugio o provecho en el otro, sin perjudicarlo.

inquilino, na *s. m. / f.* **1** Persona que vive en una casa alquilada: *Cobra personalmente el alquiler a los inquilinos.* || *s. m.* **2** BIOL. Ser vivo que se aprovecha de otro sin perjudicarlo.

inquina *s. f.* Manía, antipatía: *No queremos ir a casa de Pilar porque nos tiene inquina. No me es simpático, pero no le tengo inquina.* SIN. aversión, ojeriza. ANT. simpatía.

inquirir *v. tr.* ELEVADO. Hacer ‹una persona› preguntas o gestiones para averiguar [una cosa]: *Los delincuentes se presentaban como agentes municipales e inquirían datos de la casa que pensaban robar.* SIN. preguntar. ⇒ **4.**

inquisición *s. f.* **1** (no contable) (con mayúscula) Antiguo tribunal eclesiástico encargado de perseguir y castigar los delitos contra la fe católica: *Los sospechosos de herejía, los blasfemos o las acusadas de brujería eran juzgados por la Inquisición.* SIN. Santo Oficio. **2** RESTRINGIDO. Indagación: *No creo que consigan con sus inquisiciones saber quiénes destrozaron el gimnasio.*

inquisidor, ra *adj. / s. m.* y *f.* **1** Que inquiere o indaga información: *una pregunta inquisidora.* **2** COLOQUIAL. Que tiende a controlar o coartar a otras personas: *No me gusta tu tía, tiene un temperamento excesivamente inquisidor.* || *s. m.* **3** Juez de la Inquisición: *el inquisidor Torquemada.*

inquisitivo, va *adj.* **1** (antepuesto / pospuesto) Que interroga o investiga: *pregunta inquisitiva, gesto inquisitivo, inquisitiva seña.* **2** (antepuesto / pospuesto) COLOQUIAL. Que controla o coarta: *No me atrevo a hablar, porque siempre tiene esa inquisitiva mirada que te exige prudencia. Me hizo callar con un guiño inquisitivo y apremiante.*

inquisitorial *adj.* **1** Del inquisidor o de la Inquisición: *autoridad inquisitorial, actividad inquisitorial, juez inquisitorial.* **2** COLOQUIAL. Que es propio de una persona inquisidora: *Su padre utiliza métodos inquisitoriales. Está sometido en su casa a una disciplina inquisitorial.*

inri *s. m.* REL. Según la Biblia, iniciales de 'Iesus Nazarenus Rex Iudaeorum', inscripción latina de la cruz en que murió Jesucristo. FR. Y LOC. **para más ~** COLOQUIAL; INTENSIFICADOR. Además, para acabar de empeorar la situación: *Se le estropeó el coche y, para más inri, le pusieron una multa. No pude ir porque estaba con gripe y, para más inri, me dolían las muelas.*

insaciable *adj.* (antepuesto / pospuesto) Que no se puede saciar o satisfacer por completo: *hambre insaciable. Experimenté un insaciable deseo **de** venganza.*

insacular *v. tr.* **1** ELEVADO. Introducir ‹una persona› [papeletas o bolas] en un recipiente para sacar una o varias a suerte: *Antes del sorteo, insaculamos las bolas en esta bolsa.* **2** ELEVADO. Introducir ‹una persona› [votos secretos] en un recipiente para proceder después al escrutinio: *Vamos a insacular las papeletas del voto antes de proceder al recuento.*

insalivar *v. tr.* Mezclar ‹una persona› [un alimento] con la saliva: *Para hacer bien la digestión conviene insalivar cuidadosamente los alimentos.*

insalubre *adj.* ELEVADO. Que es perjudicial para la salud: *aguas insalubres, zonas insalubres.*

INSALUD (pronunciamos *'insálud'*) *s. m.* Sigla de «Instituto Nacional de la Salud», España.

insalvable *adj.* (antepuesto / pospuesto) Que no se puede salvar, vencer o superar: *obstáculo insalvable. Tiene una insalvable timidez.* SIN. insuperable, invencible.

insania *s. f.* (no contable) LITERARIO. Locura, pérdida de la razón: *Su insania puede ser peligrosa.*

insano, na *adj.* (antepuesto / pospuesto) Que es perjudicial para la salud: *una comida insana. Lleva una vida insana. Es una insana costumbre.*

insatisfactorio, ria *adj.* (antepuesto / pospuesto) Que no produce satisfacción o que no parece tener las características esperadas: *una insatisfactoria representación. El resultado es insatisfactorio.*

insatisfecho, cha *adj.* (estar) Que no está satisfecho: *Está insatisfecha **con** su trabajo. El resultado lo dejó muy insatisfecho.*

inscribir *v. tr.* **1** Escribir ‹una persona› el nombre de [otra persona] en [el registro] o en [la lista de una cosa]: *Te he inscrito **en** el registro. Nos ha inscrito **en** el club de natación.* **2** Escribir ‹una persona› [una cosa] en [un lugar] para que quede noticia duradera de ella: *Han inscrito en una lápida los nombres de los que han financiado la biblioteca.* **3** GEOM. Dibujar ‹una persona› [una figura geométrica] dentro de [otra] de manera que tenga todos sus vértices en ésta: *En el examen tuvimos que inscribir un triángulo en una circunferencia.* || *v. prnl.* **4** Hacer escribir ‹una persona› su nombre en [la lista de una cosa]: *Se inscribió **en** la lista de candidatos. Me he inscrito **en** la maratón popular.* ⇒ **91.**

inscripción *s. f.* **1** Acción y resultado de inscribir: *Ya hemos hecho la inscripción en el curso de portugués.* **2** Anotación oficial de un acto o de un documento en un registro público: *la inscripción de un nacimiento en el registro civil, la inscripción de una propiedad en el catastro.* **3** Escrito o grabado en un objeto duradero de metal, piedra o madera: *Se han encontrado inscripciones visigóticas en algunas pizarras del campo de Salamanca.*

inscrito, ta *p.* Participio irregular de *inscribir.*

insecticida *adj. / s. m.* Que sirve para matar insectos: *un producto insecticida. Compró un buen insecticida.*

insectívoro, ra *adj. / s. m.* **1** BIOL. [Animal, planta] que se alimenta de insectos: *Muchas aves son insectívoras. Las plantas insectívoras atraen con sus colores a los insectos.* **2** ZOOL. [Animal] que es mamífero, de pequeño tamaño, con el cuerpo cubierto de espinas o pelaje muy espeso, hocico alargado y boca preparada para atrapar insectos, como el topo o el erizo. || *s. m.* **3** (en plural) ZOOL. Orden formado por los mamíferos insectívoros.

insecto *s. m.* **1** (macho y hembra) ZOOL. Animal artrópodo de pequeño tamaño, con tres pares de patas, generalmente con antenas y alas y un cuerpo segmentado en cabeza, tórax y abdomen: *Muchos insectos son útiles para el hombre.*

2 (en plural) ZOOL. Clase que forman los insectos: *Los insectos dominan la tierra.*

inseguro, ra *adj.* Que no tiene o no ofrece seguridad: *un barco inseguro, una puerta insegura. Es muy inseguro conduciendo. Se pone nerviosa y es muy insegura.*

inseminación *s. f.* (no contable) BIOL. Fecundación del óvulo femenino con semen del macho: *Está estudiando nuevas formas de inseminación.* **~ artificial** Fecundación de un óvulo por técnicas apropiadas, no naturales.

inseminar *v. tr.* Hacer llegar ‹una persona› el semen del macho al óvulo de [la hembra] mediante una técnica apropiada: *En esta sección podemos inseminar cientos de animales a la semana.*

insensato, ta *adj. / s. m.* y *f.* Que no es prudente o sensato: *Es una persona muy insensata. Es un insensato.*

insensible *adj.* Que no puede percibir sensaciones físicas o afectivas: *Soy insensible **al** calor. Es insensible **al** problema de los refugiados.*

inseparable *adj.* Que no se puede separar o se separa con dificultad: *Este concepto es inseparable **del** anterior. Javier y Susana son inseparables, están muy unidos.*

insepulto, ta *adj.* (estar) ELEVADO. Que no está sepultado y debía estarlo: *un cuerpo insepulto, un cadáver insepulto.*

inserción *s. f.* **1** Acción y resultado de insertar: *la inserción de un anuncio en un periódico, la inserción de un chico en una clase, la inserción del mango en un hacha.* **2** Unión o acoplamiento entre dos cosas o entre un órgano corporal y otro: *la inserción de un músculo en un hueso, la inserción de la puerta en sus goznes.*

INSERSO (pronunciamos '*inserso*') *s. m.* Sigla de «Instituto Nacional de Servicios Sociales», España.

insertar *v. tr.* **1** Meter ‹una persona› [una cosa] dentro de [otra cosa]: *Ya he conseguido insertar el hilo en la aguja.* **2** Publicar ‹una persona› [un texto] en [un periódico] o en [otro texto]: *He insertado unas notas **en** tu documento.* || *v. prnl.* **3** Meterse ‹una cosa› dentro de [otra cosa]: *La espina se me insertó **en** la garganta y lo pasé muy mal.*

inserto, ta *p.* Participio irregular de *insertar.*

inservible *adj.* (ser / estar) Que no sirve: *Tengo el garaje lleno de objetos inservibles, estropeados o viejos.*

insidia *s. f.* Engaño que se le hace a alguien para perjudicarle: *No supo defenderse de las insidias de sus enemigos.* SIN. asechanza, trampa.

insidioso, sa *adj.* **1** Que encierra insidias o que está hecho para perjudicar: *Nos ha preparado un contrato insidioso que no pensamos firmar.* **2** (antepuesto / pospuesto) Que encierra daño o malicia, aunque no lo demuestra: *No te fíes de él, es una persona insidiosa por naturaleza. Sus insidiosas palabras nos confundieron.*

insigne *adj.* (antepuesto / pospuesto) Que es muy conocido por su trabajo o por sus cualidades: *un insigne profesor, un científico insigne.* SIN. famoso.

insignia *s. f.* **1** Señal representativa: *la insignia de un club deportivo. La corona es la insignia de la monarquía. Ésta es la insignia de nuestra universidad.* **2** Bandera que señala la graduación de la persona que manda una nave o la de la persona que va en ella: *El buque izó la insignia del almirante.* **buque ~** 1 Buque donde va el almirante o donde está el mando de un conjunto. 2 Institución o empresa especialmente representativa de un conjunto: *Su empresa es el buque insignia del Grupo Financiero.*

insignificancia *s. f.* Cosa sin importancia o sin interés o de escaso valor: *El regalo es una insignificancia. Hace tiempo que sólo escribe insignificancias.*

insignificante *adj.* (antepuesto / pospuesto) Que no tiene ninguna importancia, o no merece ser tenido en cuenta: *Es un personaje insignificante. La operación se saldó con insignificantes pérdidas. Ha sido un error insignificante, no te preocupes.*

insinuación *s. f.* **1** Demostración disimulada o sutil de afecto o de deseo de tener relaciones amorosas: *Como no se lo digas directamente, no creo que se entere de tus insinuaciones.* **2** Indicación disimulada de alguna cosa: *No me gustan tus insinuaciones, dime abiertamente lo que quieres.*

insinuante *adj.* (ser / estar) Que insinúa o se insinúa: *mirada insinuante, insinuantes palabras. Estuve muy insinuante con él la noche pasada, pero ni se fijó en mí.*

insinuar *v. tr.* **1** Decir ‹una persona› [una cosa] a medias: *No me gusta que insinúes nada, si crees que te he engañado, dilo claramente.* || *v. prnl.* **2** Intentar conseguir ‹una persona› el afecto, el favor o el amor de [otra persona]: *Se insinúa **a** mi jefe, pero éste ni se entera.* **3** ELEVADO. Empezar ‹una cosa› casi imperceptiblemente: *El amanecer se insinuaba entre las montañas.* **4** Aparecer ‹una cosa› ligeramente: *Entre los árboles se insinuaba la silueta de un oso.* **5** RESTRINGIDO. Introducirse imperceptiblemente ‹un sentimiento, o una costumbre› en [el ánimo de una persona]: *El gusto por el estudio se va insinuando **en** su cabecita.* ⇒ **3.**

insipidez *s. f.* **1** (no contable) Ausencia de sabor: *la insipidez del agua.* **2** (no contable) Falta de interés: *la insipidez de sus clases.* **3** COLOQUIAL. Cosa sin interés o valor: *Estoy harto de escuchar sus insipideces.*

insípido, da *adj.* **1** (ser/ estar; antepuesto / pospuesto) Que tiene poco o ningún sabor: *La sopa está insípida. El agua es insípida. Nos ofreció una insípida cena.* **2** (ser / estar) Que no tiene gracia o interés: *un programa insípido. Es una película insípida. La fiesta ha estado muy insípida.*

insistencia *s. f.* (no contable) Acción y resultado de insistir: *Su insistencia en trabajar con nosotros es loable.*

insistente *adj.* (antepuesto / pospuesto) Que insiste: *Eres demasiado insistente, te he dicho que no te lo voy a dar. No pude resistir sus insistentes y machaconas preguntas.*

insistir *v. intr.* **1** Mostrar ‹una persona› su interés por [una cosa] firme y repetidamente: *Insistió **en** el tema. Insistió **en** hablar. El médico insiste **en** que no te levantes.* **2** Poner ‹una persona› con firmeza empeño en una cosa: *Insiste y verás cómo lo consigues.* **3** Repetir ‹una persona› una cosa: *Todos los días insiste **en** llamarme por teléfono.*

insobornable *adj.* Que no puede ser sobornado: *Es un juez insobornable, uno de los más íntegros que existen.* SIN. incorruptible.

insociable *adj.* Que evita o tiende a evitar el trato o la compañía de los demás: *Antonio es un chico insociable, se le nota que no está a gusto en compañía de la gente.*

insolación *s. f.* **1** Trastorno producido por una exposición prolongada al sol: *Está con una fuerte insolación.* **2** (no contable) METEOR. Número de horas en que brilla el sol durante un periodo de tiempo o energía solar que recibe una superficie: *La insolación de Almería es muy elevada.*

insolencia *s. f.* **1** Falta de respeto o atrevimiento: *No se puede tolerar la insolencia.* **2** Acción o frase que ofende o molesta: *La insolencia de sus palabras no le beneficia.*

insolente *adj. / s. m.* y *f.* (ser / estar, antepuesto / pospuesto) Que se comporta con insolencia, orgullo o soberbia y adopta una actitud descortés, desafiante o despectiva con los demás: *niña insolente. Estás muy insolente últimamente. Es un insolente jovenzuelo.*

insólito, ta *adj.* (antepuesto / pospuesto) Que no es normal o habitual: *una insólita noticia, un programa insólito, una insólita pureza, unas vacaciones insólitas.*

insolvente *adj. / s. m.* y *f.* Que no tiene recursos suficientes para poder pagar sus deudas: *Mi cliente se declara insolvente.* ANT. solvente.

insomne *adj.* ELEVADO. Que no ha dormido o no tiene sueño: *Llevo una temporada insomne.*

insomnio *s. m.* (no contable) Dificultad para conciliar el sueño: *El insomnio puede llegar a ser una enfermedad.*

insondable *adj.* **1** (antepuesto / pospuesto) LITERARIO. Que no se puede sondear por ser muy profundo: *abismo insondable, insondables simas, mar insondable.* **2** (antepuesto / pospuesto) LITERARIO. Que no se puede llegar a conocer o comprender en su totalidad por ser muy misterioso u oculto: *pensamiento insondable, insondables sentimientos.*

insonorización *s. f.* Acción y resultado de insonorizar: *la insonorización de la sala de música. En mi departamento investigamos la insonorización del nuevo motor.*

insonorizar *v. tr.* **1** Hacer ‹una persona› lo necesario para aislar acústicamente [un lugar]: *Hemos insonorizado el laboratorio de fonética.* **2** Hacer ‹una persona› lo necesario para que [una máquina o un motor] funcione con el menor ruido posible: *El Ayuntamiento obligará a los motoristas a insonorizar sus máquinas.* ⇒ **19.**

insonoro, ra *adj.* RESTRINGIDO. Que no produce o no transmite sonido: *una habitación insonora, una superficie insonora.*

insoportable *adj.* (ser / estar; antepuesto / pospuesto) Que no se puede soportar o aguantar: *Es un dolor insoportable, no hay quien lo aguante. Este insoportable dolor de cabeza está volviéndome loco. Últimamente estás insoportable.* SIN. inaguantable, insufrible.

insoslayable *adj.* (antepuesto / pospuesto) ELEVADO. Que no puede soslayarse o evitarse: *Es un problema insoslayable, tienes que enfrentarte a él. Tenemos un insoslayable compromiso con nuestros clientes.* SIN. ineludible, inevitable.

insospechable *adj.* (antepuesto / pospuesto) Que no se puede imaginar o sospechar: *Demostró una resistencia insospechable, verdaderamente sorprendente. Tiene un insospechable humor.*

insospechado, da *adj.* (antepuesto / pospuesto) Que no se espera o se sospecha: *un desenlace insospechado, una insospechada respuesta.* SIN. inesperado.

insostenible *adj.* Que no se puede sostener o defender con razones: *Es una situación insostenible. Ésa es una afirmación insostenible, carece de todo fundamento.*

inspección *s. f.* **1** Acción y resultado de inspeccionar: *Los ascensores de la casa no han pasado la inspección técnica de cada año.* SIN. revisión. **~ ocular** La que hace un juez en el lugar donde se ha producido un suceso. **2** (no contable) Persona o conjunto de personas que inspeccionan: *Cuando llegó la inspección al colegio, los profesores estaban en el bar.* SIN. inspector. **3** Profesión y oficio de un inspector: *La inspección de hacienda se va a ampliar.* **4** Lugar u oficina de un conjunto de inspectores: *inspección de enseñanza, inspección de hacienda, inspección de policía.*

inspeccionar *v. tr.* Examinar ‹una persona› [una cosa] atentamente para determinar si es o está como debe: *La policía ha inspeccionado el lugar atentamente. Dos inspectores de Industria han inspeccionado la fábrica.*

inspector, ra *s. m. / f.* **1** Persona que tiene por oficio controlar lo que otros hacen para que se cumplan ciertas normas: *inspector de aduanas, inspector de hacienda, inspector de enseñanza.* || **2 ~ de policía** Cargo o grado de un miembro del cuerpo general de policía entre subcomisario y subinspector: *Los contrabandistas fueron detenidos por dos inspectores de policía.*

inspiración *s. f.* **1** (no contable) Idea o sentimiento que sirve de estímulo al artista para crear: *Cuando estaba paseando le llegó la inspiración y escribió el poema.* **2** Tendencia o influencia, especialmente artística: *Todas sus esculturas muestran una clara inspiración clásica.* SIN. estilo. **3** BIOL. Acción de inspirar, tomar aire: *Es mejor hacer la inspiración por la nariz que por la boca.* **4** COLOQUIAL. Ocurrencia, intuición: *Tuve la inspiración de regalarte el libro y me alegro de que te guste.* **~ divina** Pensamiento o intención de obrar que los creyentes atribuyen a Dios: *La inspiración divina me condujo hasta aquí para ayudar a mi padre.*

inspirar *v. tr. / intr.* **1** Introducir ‹una persona› [aire] en los pulmones: *Uno inspirar, dos espirar.* || *v. tr.* **2** Ser ‹una persona o una cosa› la causa de que [una persona] tenga [una idea o un sentimiento]: *Esta máscara me inspira miedo. No me inspiran confianza tus historias.* **3** Ser ‹una persona o una cosa› la causa de que [una persona] tenga ideas para crear [una obra artística]: *La naturaleza inspira su poesía. El amor a los hijos ha inspirado todos sus cuentos.* || *v. prnl.* **4** Tomar ‹una persona› ideas para crear una obra artística de [otra persona] o de [una cosa]: *Se inspiró* ***en*** *la obra de Horacio. Su poesía se inspira* ***en*** *el modernismo americano.*

instalación *s. f.* **1** Acción y resultado de instalar o instalarse: *Han venido a terminar la instalación de los ordenadores.* **2** Conjunto de aparatos y otros objetos instalados para un servicio: *la instalación eléctrica, la instalación de gas, la instalación del agua.* **3** Conjunto de servicios, aparatos y elementos para una actividad: *La tormenta destrozó la instalación de la feria.* **4** Acomodación de una persona o una institución en un lugar: *la instalación de los excursionistas en el campamento, la instalación de los militares en la ciudad. Una empresa ha anunciado su instalación en la ciudad.* **5** Lugar con todo lo necesario para una actividad: *una instalación deportiva, una instalación militar.* **6** COL. Apertura solemne de la actividad de un organismo o institución.

instalar *v. tr.* **1** Poner ‹una persona› [una cosa] en [un lugar] en la manera en que debe estar para funcionar: *Instalaron las lámparas* ***en*** *su nuevo piso.* **2** Poner ‹una persona› lo necesario para que [una cosa] funcione: *Instalaron una clínica.* || *v. tr. / prnl.* **3** Poner ‹una persona› [a otra persona] en [un lugar] para que viva o esté en él: ***Me instalé en*** *su casa.* || *v. prnl.* **4** Ponerse ‹una cosa› en [un lugar]: *El dolor se ha instalado* ***en*** *mi brazo.*

instancia *s. f.* **1** Petición redactada por escrito según determinadas fórmulas. **2** Acción y efecto de instar: *El delegado actuó a instancias mías.* **3** DER. Cada una de las fases en que se encuentra un proceso, según establece la ley. **juez* de primera ~.** **4** (plural) Grupo o personas influyentes: *Lo conseguirá porque tiene el apoyo de las altas instancias.* **5** URUG. Fase en la que se encuentra una actividad. FR. Y LOC. **en última ~** Como último recurso: *Si no consigo abrir la puerta, en última instancia llamaré a un cerrajero.*

instantánea *s. f.* FOT. Fotografía hecha sin preparar, de un momento real: *La instantánea del año se ha concedido a la niña africana rodeada de cuervos.*

instantáneo, a *adj.* **1** Que dura un período muy corto de tiempo: *roce instantáneo.* **2** Que se produce inmediatamente: *respuesta instantánea.* **3** [Alimento] que, disuelto en un líquido, se puede consumir inmediatamente sin necesidad de cocinarlo: *café instantáneo, sopa instantánea.*

instante *s. m.* **1** Espacio de tiempo muy breve: *Corrimos los 100 metros en un instante.* **2** Momento, rato: *Lo tendré hecho en un instante. Desde el instante en que lo vi supe que era tu hermano.* FR. Y LOC. **(a) cada ~** Sin interrupción: *Piensa en él (a) cada instante.* **al ~** Enseguida, sin tardanza: *Lo acabo al instante.* **por instantes** RESTRINGIDO. De un momento a otro: *Me está poniendo nerviosa por instantes.*

instar *v. tr.* Pedir ‹una persona› [una cosa] [a otra persona] insistentemente: *Nos instaron **a** abandonar la sala. Me instaron **para** que aceptara la presidencia.*

instauración *s. f.* Acción y resultado de instaurar: *La instauración de la democracia en los países occidentales ha sido un proceso lento.*

instaurar *v. tr.* **1** Establecer ‹una persona› [un régimen o una costumbre]: *Ellos instauraron las libertades democráticas.* **2** COL.; DER. Emprender ‹una autoridad jurídica› los primeros trámites de [una acción judicial].

instigación *s. f.* Acción y resultado de instigar: *Están acusados de instigación a la violencia juvenil.*

instigar *v. tr.* Incitar ‹una persona› [a otra persona] a [hacer una cosa]: *Les instigaron **a** rebelarse.* ⇒ **56.**

instintivo, va *adj.* (antepuesto / pospuesto) Que obedece al instinto: *reacción instintiva, una instintiva respuesta.*

instinto *s. m.* **1** Conducta innata que se transmite genéticamente entre los individuos de una especie y les hace responder de una determinada manera ante una serie de estímulos: *Es un animal con un gran instinto de defensa.* **2** Inclinación de la conducta de alguien: *instinto maternal, instinto asesino, instinto musical.* **3** Capacidad natural para percibir con rapidez y facilidad las cosas: *Tiene instinto para los negocios.*

institución *s. f.* **1** Organismo que desempeña una labor social, política, cultural o científica: *Todas las instituciones democráticas del país mostraron su rechazo al terrorismo. Ha creado una institución cultural.* **2** Acción y resultado de instituir o instituirse: *Acordaron la institución de una nueva Asociación de Vecinos.* SIN. creación. **3** (frecuentemente en plural) Organización fundamental de un grupo social o de un estado: *las instituciones feudales; la institución monárquica, las instituciones estatales.* FR. Y LOC. **ser (toda) una ~** Ser ‹una persona› importante o muy conocida en algún sitio: *Nuestro poeta es una institución. Ese comercio es una institución en el barrio.*

institucional *adj.* **1** De las instituciones o de una institución: *organismo institucional. El Gobierno ha llevado a cabo una campaña institucional a favor del voto en el próximo referéndum.* **terrorismo* de Estado o terrorismo ~.** **2** Que tiene carácter oficial y no privado: *una declaración institucional, una invitación institucional, una visita institucional.*

institucionalización *s. f.* Acción y resultado de institucionalizar o institucionalizarse: *la institucionalización de una costumbre, la institucionalización de la pena de muerte.*

institucionalizar *v. tr.* **1** Dar ‹una persona› carácter institucional a [una cosa]: *Los demócratas institucionalizaron el régimen parlamentario.* **2** Dar ‹una persona› carácter legal a [una cosa]: *Han institucionalizado la objeción de conciencia.* ‖ *v. prnl.* **3** Convertirse ‹una cosa› en costumbre o en ley: *Se ha institucionalizado la fiesta del 12 de agosto en nuestro barrio.* ⇒ **19.**

instituir *v. tr.* Establecer ‹una persona con autoridad› [un derecho, una obligación o una costumbre]: *El Parlamento ha instituido la fiesta nacional en otoño. El banco ha instituido dos becas para estudios fiscales.* ⇒ **46.**

instituto *s. m.* **1** Establecimiento oficial donde se estudia la enseñanza media: *Instituto Nacional de Bachillerato, institutos de enseñanzas medias.* **2** Institución científica, cultural, literaria o artística: *Instituto de Física Aplicada, Instituto de Estudios Iberoamericanos.* **3** Organismo oficial encargado de un campo o servicio concreto: *Instituto de Conservación de la Naturaleza, Instituto Nacional de Empleo.* **4** Cuerpo militar o congregación religiosa, y el reglamento por el que se rigen: *el instituto de la guardia civil.* **5** Establecimiento comercial: *instituto de belleza.*

institutriz *s. f.* RESTRINGIDO. Mujer que se ocupaba de la educación de los hijos de una familia: *La institutriz era una figura típica de las casas burguesas del siglo* XIX.

instrucción *s. f.* **1** (preferentemente en plural) Conjunto de órdenes o normas para realizar algo: *No obedeció las instrucciones del director y lo echaron del trabajo. Instaló el equipo de música siguiendo las instrucciones del fabricante.* **instrucciones de manejo. instrucciones de uso. libro* de instrucciones.** **2** (no contable) MIL. Conjunto de ejercicios con los que se forma a los soldados: *Cuando terminaron la instrucción, los soldados pudieron irse dos días a casa.* SIN. adiestramiento. **3** (no contable) Conjunto de conocimientos que posee una persona: *La Universidad colaboró en la instrucción del nuevo príncipe. Tiene buena instrucción.* SIN. cultura, educación, formación. **4** Enseñanza propia de una actividad: *instrucción primaria, instrucción secundaria. Se dedica a la instrucción de los jóvenes agricultores.* **5** DER. Curso de formación de un expediente o de un proceso: *la instrucción de un expediente, la instrucción de un sumario.* **juez* de ~.**

instructivo, va *adj.* (antepuesto / pospuesto) Que instruye o sirve para instruir: *lectura instructiva, una instructiva visita.*

instructor, ra *adj. / s. m.* y *f.* **1** Que instruye: *el juez instructor, el instructor de un sumario.* **2** [Persona] que se dedica profesionalmente a enseñar alguna técnica o habilidad a otra persona: *Es instructor de esquiadores.*

instruido, da *adj.* Que es muy culto: *persona instruida.*

instruir *v. tr. / prnl.* **1** Proporcionar ‹una persona o una cosa› conocimientos teóricos o prácticos sobre [una cosa] [a otra persona]: ***Me** instruí **en** esta materia.* || *v. tr.* **2** Realizar ‹una persona› las actuaciones necesarias en [un proceso] o en [un expediente]: *El juez del juzgado número tres instruye el sumario.* ⇒ **46.**

instrumentación *s. f.* **1** ADMINISTRATIVO. Acción y resultado de instrumentar: *El presidente ha prometido la instrumentación de los medios para cumplir los objetivos del plan.* **2** MÚS. Acción y resultado de instrumentar una partitura: *La instrumentación del nuevo concierto es muy rica.*

instrumental *adj.* **1** De los instrumentos, en especial los musicales: *canto instrumental.* **música* ~.** **2** Que sirve de instrumento: *Hay los medios instrumentales necesarios para arreglar esta situación.* || *s. m.* **3** Conjunto de instrumentos: *instrumental quirúrgico, instrumental de laboratorio.*

instrumentar *v. tr.* **1** MÚS. Hacer ‹una persona› los arreglos necesarios en [una partitura musical] para los distintos instrumentos que intervienen en su ejecución: *El director del conservatorio ha instrumentado varias partituras clásicas para la banda de música.* SIN. orquestar. **2** Hacer ‹una persona› lo necesario para que [una cosa] tenga lugar: *Estamos instrumentando una buena campaña de propaganda para lanzar el nuevo perfume.*

instrumentista *s. m. / f.* Músico que toca un instrumento: *los instrumentistas de una orquesta, un instrumentista virtuoso.* **2** RESTRINGIDO. Persona que fabrica cualquier tipo de instrumentos.

instrumento *s. m.* **1** Máquina o aparato, conjunto de diversas piezas u objetos diversos que funcionan combinados para facilitar una actividad humana: *instrumento de precisión, instrumento óptico, instrumento de dibujo.* **2** Utensilio, objeto que sirve para realizar alguna cosa: *Necesitas otro instrumento, con ese brocha no podrás pintar bien.* SIN. útil. **3** ELEVADO. Persona o cosa que sirve para un fin: *Estas medidas gubernamentales serán un buen instrumento contra el paro.* **4** MÚS. Objeto o aparato preparados para producir sonidos musicales **~ de cuerda** Instrumento musical cuyos sonidos proceden de las cuerdas. **~ de percusión** Instrumento que produce el sonido al ser golpeado. **~ de viento** Instrumento musical cuyos sonidos están producidos por el aire al pasar por una lengüeta o boquilla.

insubordinación *s. f.* Acción y resultado de insubordinarse: *La insubordinación es una falta grave en el ejército.*

insubordinado, da *adj. / s. m.* y *f.* (ser / estar) Que no obedece a su superior o la norma establecida: *un soldado insubordinado. No lograron controlar a los insubordinados hasta altas horas de la noche.*

insubordinar *v. tr.* **1** Incitar ‹una persona› [a otra persona] a desobedecer o a rebelarse: *Unos agitadores han insubordinado a los alumnos de enseñanza media.* || *v. prnl.* **2** Negarse ‹una persona› a obedecer: *La guarnición del norte se ha insubordinado y reclama mejores salarios.*

insubstancial *adj.* Insustancial.

insuceso *s. m.* COL., URUG. Catástrofe, accidente o suceso desgraciado.

insuficiencia *s. f.* **1** (no contable) Falta de suficiencia de algo: *insuficiencia de capital.* **2** MED. Mal funcionamiento de un órgano del cuerpo. **~ cardiaca. ~ renal. ~ respiratoria.**

insuficiente *adj.* **1** (antepuesto / pospuesto) Que no es suficiente o es escaso: *Hemos realizado un esfuerzo considerable pero insuficiente. Hay una insuficiente atención médica en estas regiones. Es insuficiente la ayuda al Tercer Mundo.* ANT. suficiente. || *s. m.* **2** Suspenso, calificación académica inferior al aprobado.

insuflar *v. tr.* **1** Introducir ‹una persona› [un gas, un vapor o una sustancia en polvo] en una cavidad: *Insuflen aire hasta el pozo donde están atrapados los mineros.* **2** Comunicar ‹una persona› [una idea o un sentimiento] a [otra persona]: *Los hinchas insuflaban ánimo a su equipo.*

insufrible *adj.* (antepuesto / pospuesto) Que no se puede sufrir o soportar: *Tengo un insufrible dolor de cabeza. Tiene un carácter insufrible.* SIN. insoportable, inaguantable.

ínsula *s. f.* LITERARIO. Isla.

insular *adj. / s. m.* y *f.* **1** De una isla: *los productos insulares. Los insulares tienen un carácter especial.* **2** De las islas Canarias o de las islas Baleares: *el turismo insular. Los insulares tienen descuentos en los aviones.* **Cabildo* ~.**

insulina *s. f.* **1** (no contable) FISIOL. Hormona producida por el páncreas que regula la cantidad de glucosa de la sangre. **2** (no contable) Medicina que se prepara con esta hormona y se usa contra la diabetes: *Antes de comer se pone una inyección de insulina.*

insulso, sa *adj.* **1** (ser / estar) Que no tiene sabor: *Esa fruta es insulsa. La comida hoy está insulsa.* **2** (antepuesto / pospuesto) Que no tiene gracia o interés: *una persona insulsa, un espectáculo insulso, una insulsa novela.*

insultada *s. f.* ARG., COL.; COLOQUIAL. Acción de ofender o insultar o conjunto de insultos.

insultante *adj.* Que insulta, ofende o humilla: *comportamiento insultante, palabras insultantes, actitud insultante.*

insultar *v. tr. / prnl.* Dirigir ‹una persona› un insulto [a otra persona]: *No me gusta insultar a nadie.*

insumir *v. tr.* ARG., URUG. Consumir ‹una actividad› [un tiempo o un dinero].

insumisión *s. f.* **1** Falta de obediencia o sumisión: *En esta escuela ha crecido la insumisión de los niños.* **2** Rechazo del servicio militar: *Reclaman el derecho a la insumisión.*

insumiso, sa *adj. / s. m.* y *f.* **1** Que no obedece o no se somete: *un joven insumiso, una región insumisa. Ese periódico apoyaba a los insumisos.* **2** Que no quiere hacer el servicio militar: *Los insumisos cometen un delito en muchos países.*

insuperable *adj.* **1** (ser / estar) Que no se puede o es difícil de superar o mejorar: *Has estado insuperable, te felicito.* SIN. inmejorable. **2** Que no se puede superar, vencer o salvar: *Estas rocas constituyen un obstáculo insuperable, no podemos seguir adelante.* SIN. insalvable, invencible.

insurgente *adj. / s. m.* y *f.* RESTRINGIDO. Que se levanta o subleva contra la autoridad: *movimiento insurgente, guerrilla insurgente, militares insurgentes.*

insurrección *s. f.* Levantamiento, especialmente con las armas, de un grupo de personas o de un pueblo entero: *Los rebeldes protagonizaron una nueva insurrección contra el dictador.*

insurrecto, ta *adj. / s. m.* y *f.* Que se ha rebelado contra la autoridad: *militares insurrectos. Encarcelaron a todos los insurrectos.*

insustancial o **insubstancial** *adj.* Que no tiene importancia o atractivo alguno: *Fue una conversación insustancial.*

insustituible *adj.* Que no se puede sustituir o es muy difícil hacerlo: *Por favor, no abandones ahora el proyecto, tu aportación es insustituible.* SIN. irremplazable.

intachable *adj.* Que no merece tacha o censura: *Su conducta ha sido intachable, no admite crítica alguna. Su aspecto exterior es intachable.* SIN. irreprochable.

intacto, ta *adj.* **1** (estar) Que no ha sido tocado: *No tenía hambre y dejó la comida intacta. El libro está intacto.* **2** (estar) Que no se ha estropeado: *La moto está intacta, sólo tiene dos mil kilómetros.* **3** (estar) Que no ha sido estudiado o tratado: *El tema principal ha quedado intacto.*

intangible *adj.* ELEVADO. **1** Que no se puede tocar: *El alma es intangible.* **2** RESTRINGIDO. Que no puede someterse a crítica porque tiene mucho poder: *El presidente es intangible.*

integración *s. f.* (no contable) Acción y resultado de integrar o integrarse: *Se ha avanzado mucho en la integración de los minusválidos en la sociedad.*

integrado, da *adj.* Se usa en la LOC. **circuito* ~.**

integral *adj.* **1** Que contiene todos los aspectos o todas las partes de un todo: *educación integral. Pretendemos una reforma integral.* **2** MAT. [Signo] que indica la integración. ‖ *s. f.* **3** MAT. Operación mediante la cual se obtiene una función cuya derivada es la función dada. ‖ **4 cálculo* ~. 5 harina* ~. 6 pan* ~ / negro.**

integrar *v. tr.* **1** Formar ‹las partes› [un todo]: *El coro está integrado por niños de todas las regiones.* **2** MAT. Calcular ‹una persona› [una cantidad de la cual sólo se conoce la expresión diferencial]: *Me han puesto un problema y lo he hecho mal por no saber integrar.* **3** Hacer entrar ‹una persona› [una cosa] en [otra más amplia]: *Ha integrado las cajas **en** el escaparate muy bien.* ‖ *v. tr. / prnl.* **4** Hacer entrar ‹una persona› [a otra persona] en [un grupo]: ***Se** han integrado **en** el grupo de los radicales. Enrique integró a su hermano **en** su pandilla de amigos.*

integridad *s. f.* **1** (no contable) Circunstancia de ser o estar entero en sus partes, capacidades y cualidades: *Leyó el texto en su integridad, completamente. Todos temíamos por su integridad física, pero no le pasó nada.* **2** (no contable) Honradez en el comportamiento: *La integridad de nuestros profesionales está más que probada.*

integrismo *s. m.* (no contable) REL. Actitud radical de algunos grupos, sobre todo religiosos, que son partidarios de mantener inalterada la doctrina tradicional: *integrismo islámico, integrismo católico.* SIN. fundamentalismo.

integrista *adj.* **1** Del integrismo: *partido integrista.* ‖ *s. m. / f.* **2** Persona que es partidaria del integrismo.

íntegro, gra *adj.* **1** Que tiene todas sus partes: *Le regaló la colección íntegra.* **2** Que es honrado: *un comportamiento íntegro, una persona muy íntegra.*

intelectiva *s. f.* ELEVADO; a veces HUMORÍSTICO. Capacidad de entender: *Creo que en esos momentos te falla la intelectiva.* SIN. intelecto, inteligencia.

intelectivo, va *adj.* Que entiende o puede entender: *proceso intelectivo, facultad intelectiva.*

intelecto *s. m.* Entendimiento, inteligencia, capacidad humana de razonar y comprender: *Hay que cultivar el intelecto, no sólo la memoria.*

intelectual *adj.* **1** Del entendimiento o la inteligencia: *Su evolución intelectual queda reflejada en esta obra. Este trabajo requiere un notable esfuerzo intelectual.* **cociente* ~. coeficiente* ~.** ‖ *adj. / s. m.* y *f.* **2** Que se dedica a trabajos que necesitan emplear preferentemente la inteligencia: *Es un intelectual comprometido con la realidad política y social.* **ambiente ~.** ‖ **3 propiedad* ~.**

intelectualidad *s. f.* (no contable) RESTRINGIDO. Conjunto de los intelectuales de un país, de una región o de una época: *La intelectualidad europea está desunida.*

intelectualismo *s. m.* **1** (no contable) Doctrina filosófica que sostiene la primacía del entendimiento sobre la voluntad y la sensibilidad. **2** (no contable) PEYORATIVO. Actitud de la persona y característica de las obras que conceden una importancia exagerada a los aspectos intelectuales: *El intelectualismo de su cine no me gusta.*

intelectualoide *s. m. / f.* COLOQUIAL; PEYORATIVO. Intelectual: *Es un intelectualoide que sólo vive lo que lee en los últimos libros.*

inteligencia *s. f.* **1** (no contable) Capacidad para conocer y comprender las cosas y formar nuevas ideas: *Su inteligencia excepcional le permitió acabar la carrera de Ingeniería en tres años.* **2** (no contable) Habilidad, destreza y experiencia para hacer las cosas: *Resolvió el asunto con una inteligencia sorprendente.* ‖ **3 ~ artificial** (no contable) INFORM. Conjunto de técnicas y programas de ordenador que desarrollan operaciones de aprendizaje y corrección, parecidas a la inteligencia humana: *inteligencia artificial aplicada al mundo de la música. La inteligencia de los nuevos ordenadores es sorprendente.* **4 servicio* de ~.**

inteligente *adj. / s. m.* y *f.* **1** (ser / estar; antepuesto / pospuesto) Que tiene o manifiesta inteligencia: *alumno inteligente. Es una inteligente pregunta. Has estado muy inteligente.* ‖ *adj.* **2** Que tiene capacidad de pensar: *Es raro que los seres inteligentes sólo existan en la Tierra.* **3** [Aparato, edificio] que funciona de acuerdo con un programa electrónico o informático complejo: *edificio inteligente, casa inteligente, robot inteligente.*

inteligentemente *adv. modo* **1** Con inteligencia, de modo inteligente: *Actuaste muy inteligentemente.* ‖ *adv. orac.* **2** Actuando o hablando con inteligencia: *Inteligentemente, le dijo que ya estaban vacías.*

inteligible *adj.* Que se puede entender: *Explícamelo en un lenguaje inteligible.* ANT. ininteligible.

intemperie *s. f.* RESTRINGIDO. Variaciones desagradables e inclemencias del tiempo. FR. Y LOC. **a la ~** Al aire libre: *No tenían casa y vivían a la intemperie.*

intempestivo, va *adj.* (antepuesto / pospuesto) Que no es oportuno o adecuado: *Siempre llega a horas intempestivas. Caía una intempestiva lluvia.*

intemporal *adj.* **1** Que sucede en un momento temporal sin localización histórica determinada: *Los sentimientos son intemporales.* **2** Que no pierde valor por el paso del tiempo: *El arte griego es intemporal.* ANT. temporal.

intención *s. f.* **1** Propósito de hacer algo: *Tenía la intención de ir a verte, pero no tuve tiempo. Compré los libros con la intención de leerlos.* SIN. idea. **2** (no contable) Modo de hablar o actuar malicioso: *Yo creo que me pisó con toda la intención. Ha dicho las últimas palabras con intención.* ‖ **3 doble / segunda ~** Modo de hablar o actuar malicioso: *Todo lo planea con segundas intenciones, es insoportable.* FR. Y LOC. **de primera ~** En el primer momento: *De primera intención, no pensaba salir.* **tener buena / mala ~** Deseo de hacer bien / mal: *Tiene mala intención, no me fío de él. Miguel simpre actúa con buena intención.*

intencionado, da *adj.* Hecho o dicho a propósito o con alguna intención determinada: *una pregunta intencionada, una mentira intencionada.*

intencional *adj.* De la intención o la voluntad: *Fue un encuentro intencional.*

intencionalidad *s. f.* Voluntad de decir o hacer una cosa con un fin determinado: *la intencionalidad de sus palabras. La intencionalidad del homicidio es evidente.*

intendencia *s. f.* **1** (no contable) MIL. Cuerpo del ejército encargado del aprovisionamiento de las tropas: *Es capitán de intendencia.* **2** Administración y dirección del abastecimiento de un grupo de personas: *Mi padre es el encargado de la intendencia casera. La intendencia del hospital funciona bien.* **3** Oficina o cargo de un intendente. **4** COL. Zona del territorio sin autonomía administrativa dirigida por un funcionario.

intendente *s. m.* **1** Jefe superior de los servicios administrativos militares: *el intendente superior.* **2** CHILE. Jefe administrativo del gobierno de una provincia. **3** ARG., URUG. Alcalde. **4** MÉX. Encargado del mantenimiento de limpieza. **5** MEX. Inspector de policía. || *s. m. / f.* **6** Jefe de algunos servicios económicos del Estado o de una institución: *intendente de un hospital.* **7** COL. Funcionario que dirige una intendencia. **8** ARG., URUG. Persona de la que depende el personal de mantenimiento en un sitio público.

intensidad *s. f.* **1** Energía o fuerza de algún fenómeno natural, una cualidad o una sensación: *la intensidad de la lluvia, la intensidad de un color, la intensidad del sonido, la intensidad de un dolor, la intensidad de un placer.* **2** (no contable) Fuerza y entusiasmo de un afecto, de una pasión: *Fueron unos días maravillosos en los que vivimos el amor en toda su intensidad.*

intensificación *s. f.* Acción y resultado de intensificar o intensificarse: *la intensificación de la lucha contra la delincuencia, la intensificación de los ruidos urbanos.*

intensificar *v. tr.* **1** Hacer ‹una persona o una cosa› más activa [una cosa]: *La policía ha intensificado la búsqueda de los ladrones.* || *v. prnl.* **2** Hacerse ‹una cosa› más intensa: *Se han intensificado las lluvias estos días.* ⇒ **71.**

intensivo, va *adj.* **1** Que se hace en menos tiempo o con más intensidad de la habitual: *jornada intensiva, horario intensivo. El enfermo está en la unidad de vigilancia intensiva.* **2** GRAM. Que sirve para señalar la fuerza o la intensidad de un significado: *Algunas palabras añaden un matiz intensivo al significado de otras.*

intenso, sa *adj.* **1** (antepuesto / pospuesto) Que tiene mucha fuerza o se percibe con claridad: *una luz intensa, una intensa mirada, un dolor intenso, un intenso color rojo.* **2** (antepuesto / pospuesto) Que es muy numeroso o se produce con mucha frecuencia o intensidad: *un tráfico intenso. Son días de intenso trabajo.*

intentar *v. tr.* Hacer ‹una persona› lo necesario para que [una cosa] tenga lugar sin estar seguro de conseguir hacerla o terminarla: *Hemos intentado llamarlo, pero nadie contestaba al teléfono.*

intento *s. m.* Acción y resultado de intentar: *un intento de robo. El intento del equipo contrario de meter gol fracasó.*

intentona *s. f.* Intento temerario con el que, generalmente, no se consiguen resultados: *La policía reprimió la intentona golpista del grupo radical.* SIN. tentativa.

inter- *pref.* Significa 'entre' y forma adjetivos a partir de adjetivos, sustantivos a partir de sustantivos y verbos a partir de verbos: *dental - interdental, nacional - internacional, comunicación - intercomunicación, posición - interposición, poner - interponer, cambiar- intercambiar.*

interacción *s. f.* (no contable) Acción o influencia que ejercen entre sí dos o más personas o cosas: *En clase hay una buena interacción entre los alumnos y el profesor.*

interactuante *s. m. / f.* RESTRINGIDO. Que actúa conjuntamente con otro: *Los interactuantes del coloquio se insultaron.*

intercalar *v. tr.* Poner ‹una persona› [una cosa] en [otra cosa] o entre [otras cosas]: *Le gusta intercalar chistes **en** la conversación.*

intercambiable *adj.* [Pieza] que pertenece a objetos fabricados en serie y que, por su semejanza, puede ser intercambiada o utilizada en cualquiera de estos objetos: *prenda intercambiable.*

intercambiar *v. tr. / prnl.* Dar ‹una persona› [una cosa a cambio de otra] a [otra persona]: *Intercambiaba de pequeño cromos **con** su primo. **Se** intercambiaron saludos.*

intercambio *s. m.* **1** Acción y resultado de intercambiar: *Se reunieron para intentar un intercambio de opiniones.* **2** Cambio recíproco de servicios y trato entre organismos o entidades similares: *intercambio cultural.*

interceder *v. intr.* Hablar ‹una persona› en favor de [otra persona]: *Intercede **por** mí **ante** ellos.* SIN. abogar.

intercelular *adj.* BIOL. Que está situado entre las células: *sustancia intercelular.*

interceptar *v. tr.* **1** Impedir ‹una persona› que [una cosa] llegue a su destino: *Los servicios secretos interceptaron un mensaje del enemigo. Los bandoleros han interceptado una diligencia.* **2** Impedir ‹una cosa› [el paso por una vía de comunicación]: *Un camión volcado intercepta la autopista del Mediterráneo.* SIN. obstaculizar.

intercesión *s. f.* Intervención o súplica en favor de alguna persona: *La intercesión de nuestro jefe ante el director nos ha favorecido mucho.*

intercesor, ra *adj / s. m.* y *f.* Que intercede o media: *El sindicalista actuó como intercesor ante la patronal.*

intercomunicación *s. f.* **1** (no contable) Comunicación que realizan entre sí dos o más personas o aparatos: *La intercomunicación entre los dos ordenadores facilita el trabajo.* SIN. interconexión. **2** (no contable) Comunicación telefónica interna de un edificio: *Hay intercomunicación entre todos los despachos del edificio.* SIN. interconexión.

interconexión *s. f.* Conexión entre dos o más centros de energía: *Estableció una interconexión entre las dos baterías.*

intercontinental *adj.* Que se produce entre dos continentes: *comunicación intercontinental.*

intercostal *adj.* ANAT. Que está entre las costillas: *espacio intercostal.*

interdental *adj. / s. f.* FON. [Sonido] que se articula colocando la punta de la lengua entre las dos filas de dientes: *consonante interdental. La «z» es una interdental en castellano.*

interdependencia *s. f.* (no contable) Dependencia mutua entre dos personas, animales o cosas: *interdependencia social. Hay animales que establecen entre sí relaciones de interdependencia.*

interdicción *s. f.* 1 ELEVADO. Prohibición, censura: *La Iglesia ha usado muchas veces la interdicción para limitar la propaganda de ideas contrarias a la fe.* 2 DER. Juicio breve y de trámites sencillos en el que se discute la posesión de una cosa.

interdicto, ta *adj.* 1 ARG. Persona privada de sus derechos. || *s. m.* 2 DER. Juicio sumario.

interdigital *adj.* Que está entre los dedos: *músculo interdigital, membrana interdigital.*

interdisciplinario, ria *adj.* De varias disciplinas o ciencias: *investigación interdisciplinaria, estudios interdisciplinarios. Hemos abordado el problema desde una perspectiva interdisciplinaria.*

interés *s. m.* 1 Valor o utilidad que tiene una persona o cosa en sí misma o para alguien: *un invento de gran interés.* 2 Curiosidad, afición o inclinación hacia alguien o algo: *Tengo interés por ver el museo.* ANT. desinterés. 3 Esfuerzo y atención que se pone en algo: *Estudia con mucho interés.* SIN. empeño. 4 Cantidad que se ha de pagar por el uso del dinero recibido en préstamo: *Consiguió un crédito a un bajo interés.* **tipo* de ~.** 5 (preferentemente en plural) Renta producida por un capital: *los intereses de una cuenta.* SIN. rédito. 6 Conveniencia o provecho de una persona: *Se casó por interés.* 7 (en plural) Propiedades y dinero que tiene alguien: *Cuida bien de sus intereses.* SIN. bienes, patrimonio.

interesado, da *adj. / s. m.* y *f.* 1 Que actúa movido por su propio interés: *Sólo se preocupa de lo suyo, es un interesado.* 2 (estar) Que tiene interés en alguna cosa: *Debe firmar la persona interesada. Nadie está interesado* ***por*** *la casa. Jorge estaba interesado* ***en*** *comprar ese libro.*

interesante *adj.* 1 (ser / estar; antepuesto / pospuesto) Que interesa o puede interesar: *Hemos hecho un interesante análisis de la situación política. La telenovela está hoy muy interesante. La solución que diste fue muy interesante.* 2 (ser / estar) Que es muy atractivo aunque sin llegar a ser guapo: *Me parece una mujer muy interesante. Estás muy interesante esta noche.* FR. Y LOC. **hacerse el ~** COLOQUIAL. Comportarse ‹una persona› para llamar la atención: *Conmigo no te hagas el interesante, que ya te conozco.*

interesar *v. intr.* 1 Tener ‹una persona o una cosa› interés para [una persona]: *Me interesa la poesía y la música. Le interesa mucho el deporte.* || *v. tr.* 2 Despertar ‹una persona› el interés o el afecto de [otra persona]: *Tu hermano me interesa. No me interesan los niños pequeños.* 3 ADMINISTRATIVO. Producir ‹una cosa› una lesión en [una parte del cuerpo de una persona o de un animal]: *La herida de bala interesa el pulmón derecho. La cuchillada no ha interesado ningún órgano vital.* || *v. prnl.* 4 Sentir ‹una persona› interés o afecto por [otra persona]: *Sé que este chico se interesa* ***por*** *mí. El director se ha interesado* ***por*** *los nuevos productos.* 5 Mostrar ‹una persona› interés por [otra persona o por una cosa]: *Se interesa sólo* ***por*** *la escalada.*

interestelar *adj.* [Espacio] que está comprendido entre dos o más astros: *Las distancias interestelares son enormes.*

interface (del inglés; pronunciamos *'interféis'*) *s. m.* Dispositivo que conecta dos aparatos o circuitos y zona en la que se realiza esta conexión: *Para usar el fax con el ordenador necesitas un interface.*

interfase *s. f.* 1 Periodo o intervalo entre dos fases sucesivas. 2 BIOL. Etapa de la vida de una célula comprendida entre dos procesos de mitosis.

interfecto, ta *adj. / s. m.* y *f.* 1 ADMINISTRATIVO. Que ha muerto violentamente: *la persona interfecta. El juez hizo levantar el cuerpo del interfecto.* || *s. m. / f.* 2 COLOQUIAL; frecuentemente HUMORÍSTICO. Persona citada o aludida: *La interfecta no quiere hablar y está harta de lo que decís.*

interferencia *s. f.* 1 ELECTRÓN. Alteración en la imagen o en el sonido de algunos aparatos eléctricos, producida por causas naturales o por la acción, próxima o a distancia, de otro aparato: *Hay interferencias en la tele por la tormenta. Se oye con muchas interferencias.* 2 (no contable) Acción y resultado de interferir: *Se dedicó a su trabajo sin permitir ninguna interferencia de los problemas familiares. No permito interferencias de nadie en mi vida personal.* SIN. intromisión. 3 LING. Utilización de un elemento propio de una lengua en otra: *interferencia sintáctica, interferencia léxica. Las interferencias son habituales cuando se conoce más de un idioma.*

interferir *v. tr. / prnl.* 1 Ponerse ‹una persona o una cosa› en el camino de [otra] haciendo más difícil su realización o su desarrollo: *La enfermedad* ***se*** *interfirió* ***en*** *su vida y tuvo que cambiar sus planes. La policía rogó a los manifestantes que no interfirieran el tráfico rodado.* || *v. tr.* 2 FÍS. Producir ‹una persona o una cosa› interferencias en [las ondas]: *Las numerosas emisoras de taxis interfieren la radio local.* || *v. intr. / tr.* 3 Intervenir ‹una persona› en [un asunto que no le corresponde]: *No quiero interferir* ***en*** *tus planes. Sus amigos procuran no interferir sus estudios.* ⇒ **75.**

interfijo *s. m.* GRAM. Infijo.

interfluvio *s. m.* GEOGR. Sector de tierra comprendido entre dos ríos.

interfono *s. m.* 1 Sistema telefónico para comunicarse en un mismo local: *Nos han instalado un interfono en casa.* 2 Aparato emisor y receptor de este sistema: *Te han llamado por el interfono.*

interglaciar *adj.* [Periodo de tiempo] comprendido entre dos glaciaciones: *En el último periodo interglaciar esta meseta estaba cubierta por las aguas.*

ínterin *s. m.* RESTRINGIDO. Espacio de tiempo entre dos hechos o etapas: *Entraron en el quirófano a las dos y salieron a las cuatro, y yo aproveché el ínterin para dar un paseo.* FR. Y LOC. **en el ~** Entretanto: *Vete a la biblioteca, en el ínterin yo hago unas compras.*

interinato *s. m.* 1 ARG., URUG. Tiempo que dura un cargo interino. 2 CHILE, HOND., GUAT.; ADMINISTRATIVO. Cargo o empleo interino.

interinidad *s. f.* 1 Cualidad de la persona que trabaja como interina: *La interinidad del profesorado es mala para la calidad de la enseñanza.* 2 Tiempo que dura un trabajo de interino: *He tenido una interinidad de seis meses este año.* 3 Cargo o puesto de trabajo como interino: *Me he presentado a tres interinidades este año.*

interino, na *adj. / s. m.* y *f.* 1 Que desempeña una función o un cargo provisionalmente sustituyendo a otro: *Soy el director interino.* 2 Que trabaja como funcionario temporalmente, sin tener un nombramiento definitivo: *el personal in-*

terino del Ayuntamiento, profesor interino. Los interinos del ministerio se manifestaron ayer. **3** [Plaza de trabajo] que está ocupada provisionalmente: *plaza interina, trabajo interino.*

interior *adj.* **1** Que está o se lleva dentro: *El dolor es interior.* **mar ~. patio ~. ropa* ~. 2** Del espíritu o de las facultades mentales: *Tiene mucha vida interior.* **3** Que se desarrolla sin salir de las fronteras de un país: *el comercio interior español, la política interior.* **producto* ~ bruto.** || *adj./s. m.* **4** [Vivienda, habitación] que tiene ventanas que dan a patios interiores o a pasillos y no a la calle: *Vive en un interior.* || *s. m.* **5** (no contable) Parte de dentro de algo: *En el interior del libro había una dedicatoria.* **6** (no contable) Parte central de un país, por contraste con zonas costeras o fronterizas: *Fue a Marruecos y realizó un viaje por el interior.* **7** AMÉR. Todo lo que no es la capital o las ciudades principales. **8** (no contable) Fondo moral de una persona: *Pensaba en su interior que se encontraba solo.* **9** DEP. Delantero que juega principalmente entre el extremo y el delantero centro: *Yo juego bien de interior o de medio, pero también puedo jugar de extremo.* **10** (en plural) CINE, TV. [Escenas] que se han rodado en decorados que representan espacios cerrados o estos decorados: *Todavía nos quedan por rodar las escenas de interiores.* **11** (plural) COL., VEN.; RESTRINGIDO en Col. Calzoncillos. || **12 monólogo* ~.**

interioridad *s. f.* (preferentemente en plural) Asuntos reservados o íntimos de una persona o de una institución: *Anoche me contó todas las interioridades de su hijo.*

interiorismo *s. m.* (no contable) Arte y oficio de decorar el interior de un edificio: *Estoy suscrito a una revista de interiorismo para el hogar.*

interiorista *s. m./f.* Persona que se dedica profesionalmente al interiorismo: *Nuestros interioristas le aconsejarán sobre la mejor decoración de su casa.*

interiorizar *v. tr.* **1** No manifestar ‹una persona› [un sentimiento]: *Es muy cerrado, todos los sentimientos los interioriza y no se le nota nada.* **2** Hacer ‹una persona› más íntimo y profundo [un sentimiento o una creencia]: *Los niños interiorizan cualquier advertencia o alabanza que se les haga.* **3** Considerar ‹una persona› propios [opiniones, criterios y principios ajenos]: *Es buen estudiante porque interioriza las dificultades de la materia.* **4** ARG., URUG. Informar ‹una persona› [a otra persona] acerca de un asunto. ⇒ **19.**

interiormente *adv. lug.* **1** Por dentro, en lo interior, en el interior: *El piso, interiormente, está mal rematado.* **2** En el interior, en la mente, en el corazón de una persona: *Sonreía, pero interiormente sentía una gran tristeza.*

interjección *s. f.* GRAM. Parte invariable de la oración con entonación propia y significado completo que expresa cualquier sentimiento, como asombro, sorpresa, enfado, alegría, ánimo o dolor: «*¡Ay!, ¡hala!*» *son interjecciones.*

interjectivo, va *adj.* **1** GRAM. De la interjección: *entonación interjectiva. La admiración es una puntuación interjectiva.* **2** GRAM. [Locución] que tiene la misma función que una interjección.

interlínea *s. f.* **1** ELEVADO. Espacio existente entre línea y línea: *La interlínea debe ser algo mayor.* **2** ART. GRÁF. Tira delgada de metal que se coloca entre dos renglones para determinar su separación.

interlineal *adj.* Que está escrito entre dos líneas o renglones: *nota interlineal, traducción interlineal.*

interlinear *v. tr.* **1** Escribir ‹una persona› [una cosa] entre las líneas de un texto: *En la Edad Media se interlineaban los textos con notas y glosas.* **2** Poner ‹una persona› interlíneas entre los renglones para espaciar la composición de [un texto]: *Hay que interlinear menos las citas.*

interlocución *s. f.* ELEVADO, RESTRINGIDO. Conversación entre personas que exponen alternativamente sus ideas u opiniones. SIN. diálogo.

interlocutor, ra *s. m./f.* Cada una de las personas que intervienen en un diálogo: *los interlocutores de un coloquio. Presta atención a tus interlocutoras.*

interlunio *s. m.* ASTRON. Tiempo de la conjunción en que no se ve la luna nueva.

intermediar *v. intr.* ADMINISTRATIVO. Hacer ‹una persona› de intermediaria en [un asunto]: *El representante del Gobierno intermedió **en** el conflicto entre sindicatos y patronal de la construcción.*

intermediario, ria *adj./s. m.* y *f.* **1** Que media entre dos o más personas para ponerlas de acuerdo o negociar un pacto o convenio: *organismo intermediario. Mañana tenemos una reunión con el intermediario.* **2** [Negociante] que media entre el productor de mercancías y el consumidor: *Los intermediarios encarecen las mercancías, pero son imprescindibles en muchos casos.*

intermedio, dia *adj.* **1** Que está entre dos extremos, en el centro de algo o entre dos cosas: *un tamaño intermedio, una posición intermedia. Es de una calidad intermedia.* || *s. m.* **2** Espacio de tiempo que interrumpe una actividad o que está entre otras dos: *Hice un intermedio en mi carrera para estudiar dos años en Salamanca.* **3** Espacio de tiempo durante el cual queda interrumpido un espectáculo para continuar después: *En el intermedio pueden visitar nuestra cafetería.* SIN. entreacto, descanso. **4** Representación que se hace entre dos actos de una obra dramática: *intermedio musical, intermedio cantado, intermedio bailado.*

interminable *adj.* (antepuesto / pospuesto) Que dura demasiado, o que no se acaba nunca: *Parece que este trabajo no tuviera fin, se me está haciendo interminable. Nos ha soltado un interminable discurso.* SIN. inacabable.

interministerial *adj.* Que relaciona o implica a varios ministerios: *Se ha formado una comisión interministerial para estudiar el asunto.*

intermitencia *s. f.* Cualidad de intermitente: *La intermitencia de la fiebre preocupa a los médicos.*

intermitente *adj.* **1** Que se interrumpe y luego sigue o se repite, o funciona a intervalos: *ruido intermitente, luz intermitente, pulso intermitente, fiebre intermitente.* || *s. m.* **2** Luz lateral de los automóviles que se enciende y apaga rápidamente para indicar que se cambia de dirección: *Es necesario dar el intermitente de la izquierda cuando se adelanta.* **3** Luz que se enciende y apaga rápidamente para avisar de un peligro: *Habían puesto los intermitentes en la carretera para recomendar precaución.*

internacional *adj.* **1** De dos o más naciones: *relaciones internacionales, mandato internacional.* **derecho* ~. sistema* ~.** || *adj./s. m.* y *f.* **2** [Deportista] que participa en competiciones entre naciones: *Mi hermana ha sido internacional tres o cuatro veces.* || *s. f.* **3** (preferentemente con mayúscula) Organización en la que participan partidos de la misma ideología que pertenecen a distintos países: *Internacional socialista, Internacional conservadora.* **4** (precedido del artículo *la*, con mayúscula) Himno tradicional de los partidos socialistas y comunistas: *Los asistentes al mitin cantaron la Internacional.*

internacionalismo *s. m.* **1** (no contable) Ideología y comportamiento de los partidarios de defender los intereses internacionales por encima de los nacionales. **2** (no contable) Ideología y comportamiento de los partidarios de la unión internacional de los obreros para conseguir sus reivindicaciones.

internacionalmente *adv. modo* A escala internacional, con alcance internacional, en el ámbito internacional: *No es un escritor conocido internacionalmente.*

internada *s. f.* DEP. Entrada rápida de un jugador con el balón en el área contraria, en deportes como el fútbol: *La internada se convirtió en gol.*

internado *s. m.* **1** Establecimiento de enseñanza donde viven los alumnos internos: *Piensan enviar al niño a un internado.* **2** Sistema de enseñanza y colegio donde los alumnos estudian y viven internos: *Estudia en un internado.* **3** Estado y forma de vida de los alumnos internos en un colegio: *El internado no le sienta bien.* **4** Conjunto de alumnos internos en un colegio: *El internado ha mejorado su rendimiento académico con el nuevo plan.*

internamente *adv. lug.* Interiormente: *Internamente se sentía superior.*

internar *v. tr.* **1** Llevar ‹una persona› [a otra persona] a [un lugar] para que viva o permanezca allí: *Lo internaron **en** un campo de concentración.* **2** Llevar ‹una persona› [a otra persona] a [un centro hospitalario] para que permanezca allí: *La internaron **en** el hospital provincial.* SIN. hospitalizar. **3** Llevar ‹una persona› [a otra persona] al interior de [un país] o de [un territorio]: *Me internaron **en** el desierto contra mi voluntad.* || *v. prnl.* **4** Ir ‹una persona› hacia el interior de [un lugar]: *Se internaron **en** el bosque.* **5** Estudiar ‹una persona› [un tema o una materia] a fondo: *Se internó desde muy joven **en** el mundo de la Química.*

internista *adj. / s. m.* y *f.* [Médico] que estudia y trata enfermedades de los órganos internos del cuerpo: *Su novio es internista. Le atendieron los médicos internistas.*

interno, na *adj.* **1** Que sucede dentro o está en el interior de algo: *una lesión interna, un problema interno del departamento, política interna del partido.* **oído ~. rima* interna. secreción* interna. teléfono ~.** **2** De la mente o el interior de la persona: *Dice que oye voces internas.* **fuero* ~. lucha* interna.** **3** Nacional: *la política interna de un país. Son cuestiones internas que no deben hablarse en foros internacionales.* || *adj. / s. m.* y *f.* **4** Que vive donde estudia o trabaja: *Los alumnos internos son mayoría en este colegio. Ha contratado una interna para que le cuide a los niños.* **5** [Persona] que está encarcelada en un centro penitenciario o recluida en un hospital psiquiátrico: *Las internas dispondrán de un campo de deporte en la nueva cárcel.* **6** [Estudiante de Medicina] que realiza sus prácticas en un hospital: *Desde el próximo curso los internos cobrarán las guardias.* **7** ARG. Vehículo identificado como de una empresa de transportes públicos. **8** URUG. Línea telefónica interior que depende de una centralita. || **9 medicina* interna.**

interoceánico, ca *adj.* Que comunica dos océanos: *canal interoceánico, vía interoceánica.*

interóseo, a *adj.* ANAT. Que está situado entre los huesos: *espacio interóseo.*

interparlamentario, ria *adj.* [Comunicaciones, organizaciones] que combinan la actividad internacional entre las representaciones legislativas u órganos parlamentarios de distintos países: *organismos interparlamentarios, relaciones interparlamentarias.*

interpelación *s. f.* **1** Exigencia fuerte de explicaciones que una persona plantea a otra: *El representante estudiantil quiere llevar una interpelación al rector por el asunto de las prácticas de Medicina.* **2** POLÍT. Petición de una discusión ajena a los proyectos de ley por parte de un parlamentario: *Varias interpelaciones aguardan al Ministro de Justicia esta semana.*

interpelar *v. tr.* **1** Pedir ‹una persona› explicaciones [a otra persona]: *Los periodistas interpelaban agriamente a los portavoces de las empresas causantes de la contaminación.* **2** Pedir un ‹parlamentario› en un parlamento una discusión sobre un tema ajeno a los proyectos de ley: *El líder de la oposición interpeló al Primer Ministro.*

interplanetario, ria *adj.* Que está o sucede en el espacio que existe entre dos o más planetas: *espacio interplanetario, viaje interplanetario.*

interpolación *s. f.* ELEVADO. Acción y resultado de interpolar: *El texto tiene varias interpolaciones.*

interpolar *v. tr.* **1** Introducir ‹una persona› [palabras o frases] en [un texto ajeno]: *El segundo acto de la obra de teatro es interpolado, probablemente.* **2** FÍS. Descubrir ‹una persona› el valor de [una variable] en un punto situado dentro del intervalo estudiado.

interponer *v. tr.* **1** Poner ‹una persona› [una cosa] entre [varias personas] o entre [varias cosas]: *Han interpuesto una alambrada **entre** los seguidores de los dos equipos.* **2** Presentar ‹una persona› [un recurso legal]: *Han interpuesto un recurso **contra** el auto de prisión.* || *v. prnl.* **3** Ponerse ‹una cosa› entre [varias personas] o entre [varias cosas]: *El escudo se interponía **entre** la flecha y el pecho.* **4** Ponerse ‹una persona o una cosa› en [el camino de una persona]: *No te interpongas **en** mi camino, porque este negocio me interesa.* ⇒ **60.**

interposición *s. f.* **1** Acción y resultado de interponer o interponerse: *la interposición de una fuerza de paz de la ONU. La interposición de un vecino evitó un crimen pasional.* **2** DER. Presentación formal y escrita de un recurso ante un juez: *La interposición del recurso contra el auto de procesamiento debe ajustarse a derecho.*

interpretación *s. f.* **1** Acción y resultado de interpretar: *La interpretación de la carta no resulta sencilla. La interpretación de textos es apasionante.* **2** Traducción oral: *Estudia traducción e interpretación.* **3** Representación de un personaje de teatro o ejecución de una obra musical: *La interpretación del concierto fue aceptable.*

interpretar *v. tr.* **1** Explicar ‹una persona› el significado de [una cosa]: *El profesor nos ayudó a interpretar con claridad los síntomas del paciente.* **2** Atribuir ‹una persona› [un significado] a [una cosa]: *Creo que has interpretado mal nuestras palabras.* **3** Realizar ‹una persona› [el deseo o la idea] de [otra persona]: *Estoy encantado contigo, interpre-*

tas muy bien mis deseos. 4 Realizar ‹un actor› [un papel] en una obra de teatro o en una película: *Ha interpretado bien a don Quijote.* 5 Ejecutar ‹una persona› [una composición musical o un baile] en público: *Interpretará varias obras de Turina.* 6 Traducir oralmente ‹una persona› [un texto o un discurso] de una lengua a otra: *No le gusta interpretar los discursos de las conferencias plenarias.*

interpretativo, va *adj.* 1 De la interpretación: *técnica interpretativa.* 2 Que sirve para interpretar alguna cosa: *lectura interpretativa.*

intérprete *s. m./f.* 1 Persona que interpreta una obra teatral, película, pieza musical, o papel de un espectáculo: *intérprete de los clásicos, intérprete de Chopin, intérprete cómico.* 2 Persona que ayuda aclarar el significado de alguna cosa: *un intérprete de los sueños, intérprete de los poemas de Neruda.* 3 Persona que se dedica profesionalmente a traducir de forma oral y simultánea de una lengua a otra: *Es una intérprete de prestigio.* 4 Máquina o sistema que traduce de una lengua a otra: *Soy intérprete de inglés a español.*

interpuesto *p.* Participio irregular de *interponer.*

interregno *s. m.* 1 ELEVADO. Periodo de tiempo durante el cual un país está sin soberano: *En el interregno las luchas nobiliarias se hicieron más frecuentes.* 2 ELEVADO. Espacio de tiempo en que las funciones gubernamentales están suspendidas: *El funcionamiento de las instituciones es normal, no se debe hablar de interregno.*

interrelación *s. f.* (no contable) Relación mutua que se establece entre dos o más personas, cosas o fenómenos: *La lengua y la literatura tienen una interrelación evidente.*

interrogación *s. f.* 1 GRAM. Signo ortográfico que se coloca al principio y al final de una pregunta: *En español hay que utilizar dos signos distintos de interrogación.* SIN. interrogante. 2 Acción y resultado de interrogar: *El profesor planteó diversas interrogaciones.* SIN. pregunta.

interrogante *adj.* 1 (antepuesto/pospuesto) Que interroga: *gesto interrogante, interrogante mirada.* ‖ *s. m.* 2 Signo de interrogación: *En español, los interrogantes se colocan delante y detrás de la pregunta.* ‖ *s. m./f.* 3 (preferentemente masculino) Pregunta: *Todos los interrogantes se quedaron sin respuesta.* SIN. interrogación. 4 (preferentemente masculino, no contable) Misterio, hecho o cosa que se desconoce: *Su pasado es un interrogante.*

interrogar *v. tr.* Hacer ‹una persona› preguntas [a otra persona]: *La policía interrogó al sospechoso durante todo el día.* ⇒ **56.**

interrogativo, va *adj.* 1 GRAM. Que implica o significa una interrogación: *tono interrogativo.* 2 GRAM. [Adjetivo, pronombre, adverbio, oración] que se utiliza para preguntar.

interrogatorio *s. m.* 1 Sesión en la que se realiza una serie de preguntas a una persona para aclarar un hecho: *En el interrogatorio que le hizo la policía, confesó que era culpable.* 2 Conjunto de preguntas: *El interrogatorio tenía algunas preguntas sobre su vida personal.*

interrumpir *v. tr.* 1 Impedir ‹una persona o una cosa› la realización o el desarrollo de [una cosa]: *Te interrumpimos tu sesión de gimnasia, pero te necesitamos.* 2 Impedir ‹una persona› que [otra persona] siga hablando: *Niño, no interrumpas al abuelo cuando habla.* 3 Impedir ‹una cosa› el paso [a una persona]: *Una manifestación nos interrumpió el paso.* ‖ *v. prnl.* 4 Quedar ‹una cosa› detenida: *Se ha interrumpido la cadena de montaje.* 5 Dejar de hablar ‹una persona›: *Cuando se interrumpe le cuesta volver a empezar.*

interrupción *s. f.* Acción y resultado de interrumpir: *la interrupción de la sesión de teatro. Le gusta hablar sin interrupción.*

interruptor *s. m.* Mecanismo que sirve para interrumpir o conectar una corriente eléctrica: *el interruptor de la luz, el interruptor de la radio, el interruptor de la televisión.*

intersección *s. f.* 1 GEOM. Punto de encuentro de dos líneas, superficies o sólidos que se cortan: *la intersección de dos líneas es un punto.* 2 MAT. Conjunto formado por los elementos comunes de dos o más conjuntos.

intersexualidad *s. f.* (no contable) MED., BIOL. Circunstancia en la que un individuo tiene en su cuerpo, en grados diferentes, caracteres sexuales masculinos y femeninos: *intersexualidad animal, intersexualidad congénita.* SIN. hermafroditismo.

intersideral *adj.* ASTRON. Del espacio que existe entre las estrellas u otros astros.

intersticio *s. m.* ELEVADO. Espacio muy pequeño entre dos cuerpos o entre dos partes de uno: *El aire entra por el intersticio del marco. Por los intersticios se filtra el agua.*

intertropical *adj.* De los países que están situados entre los dos trópicos.

interurbano, na *adj.* Que existe o se realiza entre distintas poblaciones: *conferencias interurbanas, líneas de autobuses interurbanas.*

intervalo *s. m.* 1 Espacio o distancia entre dos lugares o entre dos tiempos: *En el intervalo de dos horas estudió tres lecciones. Han puesto los bancos a intervalos de cien metros.* 2 Conjunto de valores que toma una magnitud entre dos límites dados: *el intervalo de las temperaturas, el intervalo de las frecuencias.* 3 MÚS. Diferencia de tono entre el sonido de dos notas musicales: *el intervalo del do al fa.* 4 ARG., URUG.; COLOQUIAL; RESTRINGIDO en España. Pausa, descanso: *La obra se representa sin intervalos.*

intervención *s. f.* 1 Acción y resultado de intervenir: *Se esperaba con agrado la intervención del autor del libro.* SIN. participación, actuación. **~ política** Intervención de un Estado en los asuntos políticos internos de otro. 2 CIR. Operación quirúrgica: *El cirujano ha realizado hoy cinco intervenciones.*

intervencionismo *s. m.* 1 (no contable) ECON. Ideología y comportamiento de los partidarios de que el Estado intervenga activamente en la economía de un país: *Han criticado el intervencionismo del programa de la oposición.* 2 (no contable) POLÍT. Ideología y comportamiento de los partidarios de que un país intervenga en los asuntos internos de otro.

intervencionista *adj.* 1 Del intervencionismo: *política intervencionista.* ‖ *adj./s. m.* y *f.* 2 Que es partidario de la intervención política en países extranjeros o de la intervención del Estado en la economía.

intervenir *v. intr.* 1 Tomar ‹una persona› parte en [un asunto o en una actividad]: *Su amigo intervino **en** la preparación de la fiesta.* 2 Influir ‹una cosa› en [otra cosa]: *Intervinieron muchos factores **en** su decisión.* 3 Influir ‹una persona› en [otra persona]: *La directora intervino **con** el profesor para que no nos castigara.* ‖ *v. tr.* 4 Hacer ‹una persona› una intervención quirúrgica [a otra persona]: *Lo* *han intervenido en el hospital provincial. Lo intervendrán* ***del*** *hígado la próxima semana.* **5** Hacer ‹una persona con autoridad› una inspección en las cuentas o en la administración de [una cosa]: *El Banco de España ha intervenido un banco regional.* **6** Impedir ‹una persona con autoridad› que [otra persona] disponga libremente de [sus bienes]: *El juez le ha intervenido las cuentas.* **7** Impedir ‹una persona con autoridad› la libre actuación de [una entidad]: *Las autoridades han intervenido la Empresa Textil Occidental.* **8** Leer ‹una persona› [la correspondencia de otra]: *La policía nos interviene la correspondencia.* **9** Escuchar ‹una persona› [la conversación telefónica de otra]: *Intervenían las conversaciones del director de la empresa.* **10** Dirigir ‹una potencia› los asuntos internos de [otro país]: *Las potencias intervienen la política comercial de los países pobres.* ⇒ **86.**

interventor, ra *s. m. / f.* **1** Persona que controla ciertas operaciones para que sean legales: *interventor de cuentas.* SIN. inspector. **2** Empleado de trenes que comprueba los billetes: *No olviden mostrar su billete al interventor.* SIN. revisor. **3** Persona que controla en una mesa electoral, como representante de un partido, la limpieza de las votaciones.

interviú (del inglés) *s. f.* Entrevista, conjunto de preguntas que hace un periodista: *Le hizo una interviú a ese cantante.*

intervocálico, ca *adj.* [Consonante] que en una palabra está entre dos vocales.

intestado, da *adj. / s. m.* y *f.* **1** DER. [Persona] que muere sin hacer testamento: *Sus padres murieron intestados.* || *s. m.* **2** DER. Herencia que se recibe sin que conste en ningún testamento.

intestinal *adj.* De los intestinos: *infección intestinal, lavado intestinal. El médico me ha dicho que tengo lombrices intestinales.* **cólico ~. descomposición ~. lombriz* ~.**

intestino, na *s. m.* **1** ANAT. Tubo largo y con muchos pliegues en que se realiza la última parte de la digestión. **~ ciego** Parte del intestino grueso situada entre el íleon y el colon. **~ delgado** ANAT. Primera parte del intestino de los mamíferos que tiene el menor diámetro. **~ grueso** ANAT. Parte final del intestino de los mamíferos que tiene mayor diámetro que el delgado. || *adj.* **2** Que sucede en el interior: *Las luchas intestinas destrozaron el país.* SIN. interno.

inti *s. m.* Unidad monetaria de Perú.

intimar *v. intr.* **1** Tener ‹una persona› una relación estrecha con [otra persona]: *Intimamos en la mili. No me gusta intimar* ***con*** *personas ambiciosas.* || *v. tr.* **2** RESTRINGIDO. Pedir con autoridad y poder ‹una persona› [a otra persona] [que haga una cosa]: *Les intimó* ***a*** *que se rindieran.*

intimidación *s. f.* Acción y resultado de intimidar: *No podemos aceptar la intimidación como recurso.*

intimidad *s. f.* **1** (no contable) Vida privada de una persona y su familia: *Esa actriz guarda muy bien su intimidad. Le hicieron fotos en su intimidad.* SIN. privacidad (ELEVADO). **2** (preferentemente en plural; no contable) Conjunto de sentimientos, pensamientos o actos de una persona o de su familia: *No ha querido contarme sus intimidades.* SIN. interioridades. **3** (preferentemente en plural; no contable) COLOQUIAL. Ropa íntima que lleva puesta una persona y partes sexuales exteriores del cuerpo humano: *Se le rompió el pantalón y fue por la calle mostrando sus intimidades.*

intimidar *v. tr.* **1** Causar ‹una persona, un animal o una cosa› temor [a una persona]: *Tu seriedad intimida a cualquiera.* SIN. asustar. **2** Amenazar ‹una persona› [a otra persona]: *Nos intimidó con una navaja.*

intimidatorio, ria *adj.* Que intimida o pretende intimidar: *Realizó dos disparos intimidatorios.*

intimismo *s. m.* (no contable) Carácter de las obras artísticas que reflejan emociones o sentimientos íntimos: *Toda su obra poética se caracteriza por un marcado intimismo.*

intimista *adj.* **1** LIT. Del intimismo: *corriente intimista.* || *adj. / s. m.* y *f.* **2** Que practica el intimismo: *un poeta intimista.*

íntimo, ma *adj.* **1** (antepuesto / pospuesto) Que es muy personal o reservado: *su íntimo deseo de cariño, sus pensamientos más íntimos.* **2** Que afecta sólo a lo privado o familiar: *una reunión íntima, el rincón más íntimo de la casa, una boda íntima.* **3** (antepuesto / pospuesto) Que tiene una relación muy fuerte o intensa con otra cosa: *una unión íntima entre los distintos materiales. Existe una íntima relación entre los dos hechos.* || *adj. / s. m.* y *f.* **4** (antepuesto / pospuesto) Que mantiene una relación con otra persona más estrecha o de más confianza de lo normal: *Mantiene una íntima amistad con su profesor. Sólo invitó a los íntimos.*

intocable *adj.* **1** Que no se puede o no se debe tocar, comentar o criticar: *Ese tema en mi casa es intocable, está totalmente prohibido hablar de él.* || *adj. / s. m.* y *f.* **2** Que pertenece a la casta inferior de la sociedad hindú: *Hoy he visto un reportaje en la televisión sobre la casta de los intocables en la India.*

intolerable *adj.* Que no se puede o no se debe tolerar o consentir por ser abusivo o estar mal hecho: *¡Esto es intolerable!, no tiene ningún derecho a tratarnos así, no se lo consiento. Tu comportamiento es intolerable, te estás pasando de la raya.*

intolerancia *s. f.* **1** (no contable) Falta de tolerancia hacia los comportamientos o ideas de los demás: *intolerancia política, intolerancia religiosa.* ANT. transigencia. **2** (no contable) MED. Incapacidad del organismo para asimilar o soportar determinadas sustancias: *Vomita la leche porque tiene intolerancia a la lactosa.*

intolerante *adj. / s. m.* y *f.* (ser / estar) Que no tiene tolerancia: *reacción intolerante. Estás muy intolerante con nosotros últimamente. Es un intolerante.*

intonso, sa *adj.* **1** RESTRINGIDO. Que no tiene cortado el pelo: *Llevaba sus cabellos intonsos.* **2** ART. GRÁF. [Libro] que tiene el borde de las páginas irregulares, por no haber sido cortado con guillotina: *Los bibliófilos aprecian mucho los libros intonsos.*

intoxicación *s. f.* **1** Trastorno que produce una sustancia tóxica en el organismo: *Los excursionistas sufrieron una intoxicación por comer alimentos en mal estado.* **2** (no contable) Difusión de noticias manipuladas para crear un estado de opinión: *La intoxicación de la prensa es evidente.*

intoxicar *v. tr.* **1** Causar ‹una sustancia tóxica› un grave trastorno [a una persona]: *La nata en mal estado intoxicó a los asistentes a una boda.* **2** Causar ‹una persona› un grave trastorno [a otra persona] con una sustancia tóxica: *El marido quería intoxicar a su mujer con un veneno lento.* **3** Proporcionar ‹una persona› información interesada o errónea para confundir [a otra persona] o a [un colectivo]: *Se intoxica a la opinión pública con esas noticias.* || *v. prnl.* **4** Sufrir ‹una persona› un grave trastorno a causa de una sustancia tóxica: *Nos hemos intoxicado con una lata de almejas.* ⇒ **71.**

intra- *pref.* Significa 'dentro de' y forma adjetivos a partir de adjetivos: *venoso - intravenoso, muscular - intramuscular.*

intradós *s. m.* ARQ. Superficie interior de un arco o bóveda.

intraducible *adj.* Que no se puede traducir: *Hay expresiones que son intraducibles.* ANT. traducible.

intragable *adj.* VEN.; COLOQUIAL. Que no se puede tragar o que desagrada.

intrahistoria *s. f.* (no contable) Vida cotidiana de los pueblos que sirve de fondo a la Historia: *El término «intrahistoria» fue introducido por Unamuno.*

intramuscular *adj.* Que sucede o está situado en el interior de una masa muscular: *inyección intramuscular.*

intranquilizar *v. tr.* **1** Poner ‹una persona o una cosa› intranquila [a una persona]: *Nos intranquilizan las noticias de Europa.* SIN. inquietar. ‖ *v. prnl.* **2** Ponerse ‹una persona› intranquila. *Me intranquilizo cuando sale de noche.* SIN. inquietarse. ⇒ **19.**

intranquilo, la *adj.* (ser / estar) Que no tiene tranquilidad: *Es una persona intranquila. Hoy está muy intranquilo.*

intransferible *adj.* Que no se puede transferir: *Este documento es intransferible.* ANT. transferible.

intransigente *adj.* (ser / estar) Que no transige o no tiende a transigir: *Tu postura en este tema es intransigente. Mercedes está demasiado intransigente con este asunto.* ANT. transigente.

intransitable *adj.* (ser / estar) Que no puede ser transitado: *Es un lugar intransitable, no lograrás cruzarlo. Este camino está intransitable.* SIN. impracticable.

intransitivo, va *adj.* GRAM. [Verbo, oración] que no tiene complemento directo: *«Ir» es un verbo intransitivo.*

intraocular *adj.* Del interior del ojo: *membranas intraoculares.*

intrascendente *adj.* Que no tiene trascendencia: *asunto intrascendente, conversación intrascendente. Es una cuestión intrascendente, no vamos a discutir por eso.*

intratable *adj.* (ser / estar) Que no se puede o es difícil de tratar por tener mal carácter o ser maleducado: *Estás intratable últimamente, ¿cómo te ha podido cambiar así el carácter? Eres intratable, nadie te aguanta.* ANT. tratable.

intrauterino, na *adj.* Que está situado o sucede dentro del útero: *una lesión intrauterina.* **dispositivo* ~.**

intravenoso, sa *adj.* Que está o se pone dentro de una vena: *inyección intravenosa.* FR. Y LOC. **por vía* intravenosa.**

intrepidez *s. f.* Valor ante una dificultad: *la intrepidez de los descubridores. La intrepidez de los bomberos salvó muchas vidas.*

intrépido, da *adj.* (antepuesto / pospuesto) Que es valiente y arriesgado: *un viajero intrépido, una intrépida exploradora.*

intriga *s. f.* **1** Acción oculta y astuta en la que se busca el beneficio de uno y el perjuicio de otro: *Sus compañeros tramaban intrigas a sus espaldas.* SIN. maquinación. **2** Gran curiosidad que despierta una cosa: *Tengo intriga por saber qué vestido llevará a la fiesta.* **3** Conjunto de sucesos que en una novela, película u obra de teatro atrae el interés: *Este libro te mantiene en la intriga hasta el final.*

intrigante *adj. / s. m.* y *f.* **1** Que intriga o tiende a intrigar: *político intrigante. Eres un intrigante.* ‖ *adj.* **2** (antepuesto / pospuesto) Que provoca curiosidad: *comportamiento intrigante, relato intrigante, historia intrigante, intrigante suceso.*

intrigar *v. intr.* **1** Obrar ‹una persona› en secreto y con astucia: *No hace nada, sólo se dedica a intrigar para el jefe.* SIN. conspirar. ‖ *v. tr.* **2** Despertar ‹una persona o una cosa› el interés o la curiosidad de [una persona]: *Me intriga que nos haya llamado. No me intriga lo que nos contó.* ⇒ **56.**

intrincado, da *adj.* (ser / estar; antepuesto / pospuesto) Que es confuso o complicado: *un argumento intrincado, un intrincado planteamiento. El camino está intrincado.*

intrincar *v. tr.* Hacer ‹una cosa› confusa o enredada [otra cosa]: *Tu testimonio ha intrincado toda la situación.* SIN. complicar. ⇒ **71.**

intríngulis (plural *intríngulis*) *s. m.* **1** COLOQUIAL. Dificultad que presenta alguna cosa: *Este puzzle tiene su intríngulis.* SIN. complicación. **2** Intención o razón oculta que se supone en una persona o acción.

intrínseco, ca *adj.* [Cualidad, valor] que tiene algo por sí mismo y que no depende de circunstancias externas: *El valor intrínseco de una moneda de cobre es superior al de un billete de mil pesetas.*

introducción *s. f.* **1** Explicación que precede a un texto o a un discurso: *El profesor nos mandó leer la introducción de la novela.* SIN. prefacio. ANT. epílogo. **2** (no contable) Acción y resultado de introducir o introducirse: *la introducción del cuerno en la pierna del torero, la introducción del alemán en los nuevos planes de estudio.* SIN. inclusión, entrada. **3** MÚS. Parte inicial de una obra musical: *Llegué tarde al concierto y me perdí la introducción.* SIN. obertura.

introducir *v. tr.* **1** Poner ‹una persona› [una cosa] dentro de [otra cosa]: *El dependiente introdujo el libro **en** la caja.* **2** Llevar ‹una persona› [a otra persona] al interior de [un lugar]: *La secretaria les introdujo **en** el despacho.* **3** Llevar ‹una persona› [una cosa] a [un lugar en el que no se la conoce]: *Este país introdujo el café **en** Europa.* **4** Hacer aparecer ‹una persona› [un personaje] en [una obra de teatro, en un libro o en una película]: *El escritor ha introducido **en** su última obra a un gracioso.* **5** Hacer aparecer ‹una persona o una cosa› [una cosa] en [un lugar]: *El vicepresidente introdujo la discordia **en** la reunión.* ‖ *v. tr. / prnl.* **6** Hacer ‹una persona› que [otra persona] tenga acceso a [un ambiente] o a [un círculo social]: ***Me** introduje **en** el mundillo teatral.* ‖ *v. prnl.* **7** Entrar ‹una persona› en [un lugar]: *Se introdujo **en** una galería subterránea.* ⇒ **27.**

introito *s. m.* **1** RESTRINGIDO. Principio o introducción de un escrito o de un discurso: *En el introito el autor hace una presentación de su propósito.* **2** REL. Oración que dice el sacerdote católico en el altar al comenzar la misa.

intromisión *s. f.* (no contable) Acción y resultado de entrometerse en asuntos de otros: *Su intromisión me molesta.*

introspección *s. f.* (no contable) Análisis que uno hace de sus propios actos, pensamientos o sentimientos: *La introspección es muy útil para los gramáticos. Practica la introspección antes de dormir.* SIN. reflexión.

introspectivo, va *adj.* De los propios pensamientos, sentimientos y actos: *análisis introspectivo.*

introvertido, da *adj. / s. m.* y *f.* Que se reconcentra en su mundo interior y no muestra demasiado interés por lo que pasa fuera: *Es un niño muy introvertido. Tiene un carácter introvertido. Es una introvertida.*

intrusear *v. intr.* CHILE; COLOQUIAL. Entrometerse ‹una persona› en las cosas o en la vida de otra persona.

intrusión *s. f.* (no contable) Acción de introducirse una persona en un lugar sin derecho o autorización: *Fue detenido por un delito de intrusión.*

intrusismo *s. m.* (no contable) PEYORATIVO. Comportamiento de las personas que ejercen una profesión sin estar autorizadas legalmente para ello: *Fue acusado de intrusismo por ejercer la Medicina sin título.*

intruso, sa *adj. / s. m.* y *f.* **1** Que se ha introducido en un lugar sin permiso: *En la fiesta hay un intruso.* **2** Que ocupa un cargo o una posición que no le corresponde: *Se convirtió en un intruso al aceptar el nombramiento.* **3** Que se relaciona con personas de una posición social superior a la suya: *Lo consideraban un intruso en ciertos ambientes sociales.*

intubación *s. f.* MED. Acción y resultado de intubar: *Soporto mal la intubación para la anestesia.*

intubar *v. tr.* MED. Introducir ‹una persona› un tubo en el interior de un órgano de [una persona] con fines terapéuticos. SIN. entubar.

intuición *s. f.* **1** Capacidad de comprender las cosas sin razonar, como instintivamente: *Tiene una intuición tremenda para los negocios. Lo hizo por intuición.* **2** FILOS. Comprensión de una verdad de una manera íntima, como si se estuviera viendo: *Este chico tiene una intuición maravillosa.*

intuicionismo *s. m.* (no contable) FILOS. Doctrina filosófica que atribuye a la intuición un papel principal en el conocimiento humano.

intuir *v. tr.* **1** Saber ‹una persona› [una cosa] por intuición: *Yo intuía que las acciones iban a bajar.* **2** Sospechar ‹una persona› [una cosa]: *Intuyo que no vendrá con nosotros.* ⇒ **46.**

intuitivo, va *adj.* **1** De la intuición: *estudio intuitivo, entrenamiento intuitivo.* **2** Que actúa por intuición: *inteligencia intuitiva. Es un niño muy intuitivo.*

inundación *s. f.* Acción y resultado de inundar o inundarse algo de agua: *Con las lluvias se han producido graves inundaciones.*

inundar *v. tr.* **1** Cubrir ‹un líquido› [un lugar]: *Las aguas han inundado el sótano.* SIN. anegar. **2** Llenar ‹una persona› [un lugar] con un líquido: *El campesino ha inundado el bancal de agua.* **3** MAR. Llenar ‹una persona› [un tanque, un compartimento o un buque] de agua. **4** Llenar ‹una persona› [un lugar] de [personas o cosas]: *El encargado inundó el cajón* ***de*** *folletos.* || *v. prnl.* **5** Llenarse ‹un lugar› de líquido: *Se ha inundado la bodega.* SIN. anegarse. **6** MAR. Llenarse ‹un tanque, un compartimento o un buque› de agua. **7** Llenarse ‹un lugar› de [personas o cosas]: *El mercado se inundó* ***de*** *productos americanos.*

inusitado, da *adj.* (antepuesto / pospuesto) Que no ocurre normalmente: *un apagón inusitado, una inusitada despedida.*

inusual *adj.* Que no se usa o no se hace con frecuencia, o según es costumbre: *El procedimiento es algo inusual pero por ser tú, lo haremos así.* ANT. usual.

inútil *adj. / s. m.* y *f.* **1** Que no produce provecho o beneficio alguno, o que no sirve para nada: *Es un trasto inútil, tíralo a la basura. Todos nuestros esfuerzos han sido inútiles, hemos perdido el tiempo.* **2** Que no puede trabajar o valerse por sí mismo porque tiene algún impedimento físico: *Le dieron la baja por inútil desde su caída del andamio.*

inutilizar *v. tr.* **1** Dejar ‹una persona› inservible [una cosa]: *Inutilizó la taladradora.* **2** Dejar ‹una persona› completamente vencido [a un adversario] en una lucha o en una discusión: *Inutilizaste sus argumentos por completo.* ⇒ **19.**

inútilmente *adv. modo* **1** Sin utilidad: *Trabajas inútilmente.* **2** Sin conseguir lo que se pretende o sin posibilidad de conseguirlo: *Inútilmente me esforcé en persuadirlo.*

invadir *v. tr.* **1** Entrar ‹una persona› en [un lugar] por la fuerza o la violencia: *El ejército enemigo ha invadido las fronteras del norte.* SIN. ocupar. **2** Entrar ‹muchas cosas o cosas perjudiciales› en [un lugar]: *Las cucarachas han invadido la despensa.* **3** Realizar ‹una persona› [las funciones que corresponden a otra]: *El secretario está invadiendo mis competencias.* **4** Hacerse ‹un sentimiento o un estado de ánimo› dueño de [una persona]: *Me invade la alegría.*

invalidar *v. tr.* Quitar ‹una persona o una cosa› validez a [una cosa]: *El juez invalidó las firmas que presentaron.*

invalidez *s. f.* Cualidad de una persona que tiene alguna deficiencia psíquica o física: *Tiene una pensión de invalidez.*

inválido, da *adj. / s. m.* y *f.* **1** (ser / estar) Que tiene una deficiencia física o mental que le impide hacer alguna actividad o movimiento: *Se quedó inválido por un accidente de tráfico.* SIN. minusválido. || *adj.* **2** Que no tiene ningún valor por no ajustarse a unas leyes o normas: *Los votos con correcciones se consideran inválidos.* SIN. nulo.

invalorable *adj.* AMÉR. DEL S. Inapreciable.

invariable *adj.* (antepuesto / pospuesto) Que no varía: *palabra invariable, el invariable panorama, la invariable retahíla de palabras. El ritmo es invariable, siempre el mismo.*

invasión *s. f.* **1** Acción y resultado de invadir: *una invasión de células malignas, la invasión del pueblo romano. La invasión de la mala música es una plaga.* **2** COL. Ocupación ilegal de un terreno para edificar chabolas.

invasor, ra *adj. / s. m.* y *f.* **1** Que invade: *Los invasores fueron rechazados en la frontera norte.* || *s. m.* **2** COL. Persona que ocupa un terreno ilegalmente.

invectiva *s. f.* ELEVADO. Escrito o discurso en el que se ataca o se critica violentamente a una persona o a una cosa: *Se dedica a escribir invectivas contra el Gobierno.*

invencible *adj.* Que no se puede vencer o superar: *ejército invencible, equipo invencible, obstáculo invencible. Me producía un temor invencible, no podía sobreponerme a él.* SIN. insalvable, insuperable.

invención *s. f.* **1** Acción o resultado de inventar: *la invención de la rueda, la invención de una vacuna.* **2** Cosa inventada: *La penicilina ha sido una invención fundamental para la Medicina.* **3** Engaño o mentira: *No te fíes de lo que dice, le gusta fantasear.* **4** RET. Selección y disposición de las ideas y de los argumentos en un discurso: *Sin invención los discursos no pueden atraer la atención del oyente.*

inventar *v. tr.* **1** Crear ‹una persona› [una cosa que no existía antes]: *Ha inventado una maquinilla de afeitar sin cuchillas.* || *v. tr. / prnl.* **2** Crear ‹una persona› [una cosa] en el pensamiento: ***Se*** *ha inventado una bonita historia.* SIN. imaginar, idear. FR. Y LOC. **no haber inventado la pólvora*.**

inventariar *v. tr.* Hacer ‹una persona› el inventario de [una serie de cosas]: *Están inventariando los bienes del club. Los libros del salón no están inventariados.*

inventario *s. m.* **1** Lista o relación de los bienes de una persona o de una institución: *inventario de libros de una biblioteca, inventario de los bienes del patrimonio nacional, inventario de las propiedades del abuelo.* **2** Documento en el que está escrita esta lista: *Se ha encontrado un inventario de la biblioteca de palacio.* FR Y LOC. **a beneficio* de ~.**

inventiva *s. f.* Capacidad o facilidad para inventar: *Es una persona de inventiva y de recursos.*

invento *s. m.* **1** Acción y resultado de inventar: *Su nuevo invento le absorbe todo el tiempo que tiene.* **2** Cosa inventada: *El bolígrafo ha sido un invento muy útil.* **3** Cosa falsa, que se inventa con engaño: *Eso que dices es un invento.* SIN. mentira. **4** Cosa actual, reciente: *Vender dos artículos por el precio de uno es el nuevo invento de algunos comercios.*

inventor, ra *adj. / s. m.* y *f.* Que ha inventado una cosa o que se dedica a inventar: *Se ha celebrado un homenaje al inventor del submarino.*

invernáculo *s. m.* RESTRINGIDO. Invernadero para plantas.

invernada *s. f.* **1** AMÉR. Campo destinado al engorde del ganado durante el invierno o tiempo que dura este engorde. **2** VEN. Aguacero torrencial.

invernadero *s. m.* **1** Lugar cubierto y resguardado con las condiciones ambientales adecuadas para el cultivo de plantas: *El Ayuntamiento ha arreglado el invernadero de plantas exóticas. Estos tomates son de invernadero.* SIN. invernáculo (RESTRINGIDO).

invernal *adj.* Del invierno o propio del invierno: *estación invernal. ¡Qué horror, hace un frío invernal!*

invernar *v. intr.* **1** Pasar ‹un animal› el invierno en estado letárgico: *Los osos inviernan bastantes meses.* SIN. hibernar. **2** Pasar ‹una persona› el invierno en [un lugar]: *El ejército de César decidió invernar en la costa.* **3** ARG., URUG.; RESTRINGIDO. Meter ‹una persona› [el ganado] en los pastos para que engorde.

inverosímil *adj.* Que parece imposible o difícil de creer: *Es una información inverosímil.* ANT. verosímil.

inversamente *adv. modo* **1** De manera inversa, invirtiendo los términos o magnitudes: *Es inversamente proporcional al cuadrado de las distancias.* **2** A la inversa (de), al revés (de). OBSERVACIONES: Exige la preposición *a*, aunque en contextos coloquiales puede sufrir un cruce con *al revés de* o *a la inversa de: Todo ocurrió inversamente **a** como yo esperaba.* || *adv. anafórico.* **3** Al contrario, a la inversa. *Si yo sufría, él gozaba, e inversamente.* **4** A la inversa: *Si bajan los impuestos, las rentas suben; inversamente, si suben los impuestos, son las rentas las que bajan.*

inversión *s. f.* **1** Acción y resultado de invertir: *inversión de tiempo, inversión de esfuerzo. No puede conseguirse una inversión del voto tradicional con facilidad.* **2** Dinero que se invierte en un negocio o en una operación financiera: *He realizado una fuerte inversión de dinero en ese negocio.*

inversionista *adj. / s. m.* y *f.* ECON. Que hace una inversión de dinero: *inversionistas extranjeros, acción inversionista.*

inverso, sa *adj.* **1** Que es opuesto o contrario al orden considerado normal o a un orden determinado: *Hay que remover la salsa en sentido inverso **al** de las manecillas del reloj. Sus planteamientos son inversos a los nuestros.* || **2 traducción* inversa.** FR. Y LOC. **a la inversa** Al reves, de forma contraria u opuesta: *Haz el recorrido a la inversa.*

inversor, ra *s. m.* **1** Aparato para cambiar la corriente eléctrica continua en alterna. **2** Mecanismo que permite cambiar el sentido de rotación de un eje. || *adj. / s. m.* y *f.* **3** Que invierte: *Se dejó aconsejar por los inversores profesionales. La principal empresa inversora ha quebrado.*

invertebrado, da *adj. / s. m.* **1** (macho y hembra) ZOOL. [Animal] que no tiene columna vertebral: *Los gusanos son animales invertebrados.* || *s. m.* **2** (en plural) ZOOL. Antiguo grupo formado por los animales invertebrados.

invertido *s. m.* PEYORATIVO. Hombre homosexual: *Ése es un club de invertidos.*

invertir *v. tr.* **1** Poner ‹una persona o una cosa› [una cosa] en el sentido o en el orden contrario al que tenía: *Tenemos que invertir la dirección de la marcha, porque nos hemos equivocado.* **2** Dedicar ‹una persona› una cantidad de [una cosa] a [otra cosa]: *Invierte casi todo su tiempo **en** ese trabajo.* || *v. tr. / intr. / prnl.* **3** Dedicar ‹una persona› una cantidad de [dinero] a [una actividad] para obtener un beneficio: *A mí me gusta invertir **en** Bolsa. Hay que invertir más **en** industria.* || *v. prnl.* **4** Ponerse ‹una cosa› en el sentido o en el orden contrario al que tenía: *La tendencia a los beneficios se está invirtiendo peligrosamente.* ⇒ **75.**

investidura *s. f.* **1** Acción y resultado de investir: *La investidura como doctor honoris causa será en mayo.* **2** Votación parlamentaria para elegir Presidente de un gobierno: *La investidura del Presidente ha sido a la segunda votación.*

investigación *s. f.* Acción y resultado de investigar: *la investigación de un asesinato, la investigación de una vacuna, la investigación de un nuevo material.*

investigar *v. tr.* **1** Hacer ‹una persona› gestiones o diligencias para averiguar [una cosa]: *La policía está investigando el secuestro de la panadera de Zamora.* SIN. indagar. **2** Estudiar ‹una persona› [un tema o una disciplina] a fondo: *Ella trabaja en un laboratorio investigando cuestiones de ingeniería genética.* ⇒ **56.**

investir *v. tr.* Conceder ‹una persona con autoridad› [una dignidad o un cargo honorífico] [a otra persona]: *La han investido doctora honoris causa por la Universidad de Salamanca.* ⇒ **57.**

inveterado, da *adj.* (preferentemente antepuesto) ELEVADO. Que es antiguo o está muy arraigado: *Sigue con su inveterada costumbre de fumar en la cama.*

inviable *adj.* Que no reúne las condiciones suficientes para poder realizarse o para subsistir: *Es un proyecto inviable, no conseguirás convencerlos para que se asocien contigo.*

invicto, ta *adj. / s. m.* y *f.* (antepuesto / pospuesto) Que no ha sufrido ninguna derrota: *un invicto general. El equipo invicto llega hoy a la ciudad.*

invidente *adj. / s. m.* y *f.* Que no ve: *La vida en las ciudades es difícil para los invidentes.* SIN. ciego.

invierno *s. m.* **1** Estación del año entre el otoño y la primavera que se extiende desde el 22 de diciembre hasta el 21 de marzo en el hemisferio norte y desde el 22 de junio hasta el 23 de septiembre en el hemisferio sur. **deporte de ~.** **2** COL. En la zona ecuatorial, temporada de lluvias que dura unos seis meses.

inviolable *adj.* Que no se debe o no se puede violar o profanar: *secreto inviolable. Este recinto sagrado es inviolable. Las promesas son inviolables.*

invisible *adj.* **1** Que no se puede ver: *La casa está poblada por seres y espíritus invisibles.* ANT. visible. || *s. m.* **2** ARG., URUG.; RESTRINGIDO. Horquilla de pelo.

invitación *s. f.* **1** Acción y resultado de invitar: *Acepté la invitación de Manuel para ir a comer.* **2** Tarjeta o impreso utilizado para invitar: *Ya he enviado las invitaciones de boda.* **3** Pago de los gastos de otra persona: *Todas las cenas eran invitaciones suyas.* **4** Petición directa o indirecta más o menos fuerte de una persona para que otra haga una cosa: *Su discurso ha sido una invitación al trabajo.*

invitado, da *adj. / s. m. y f.* (ser / estar) [Persona] que ha recibido una invitación: *Todos esos son los invitados de la novia. Estamos invitados a un cumpleaños.*

invitar *v. tr.* **1** Comunicar ‹una persona› [a otra persona] el deseo de que asista a [una celebración, a una comida o a un espectáculo]: *Me ha invitado **a** la boda de su hija.* SIN. convidar. **2** Ofrecer ‹una persona› [una cosa que considera agradable] [a otra persona]: *Me invitó **a** café.* SIN. convidar. **3** Pedir ‹una persona› [a otra persona] que haga [una cosa]: *El jefe la invitó **a** salir del despacho.* || *v. intr.* **4** Ofrecer ‹una persona o una cosa› la posibilidad de [hacer una cosa]: *El calor invitaba **a** zambullirse en la piscina.*

invocación *s. f.* **1** Palabras con las que se invoca a un espíritu o divinidad: *Digamos todos la invocación al Espíritu Santo.* **2** Alusión que se hace de alguna persona o cosa para apoyarse en ella: *El abogado insistió en la invocación de la presunción de inocencia.* **3** Acción y resultado de invocar: *La invocación de nuestra amistad no sirve para nada.*

invocar *v. tr.* **1** Pedir ‹una persona› la ayuda o la protección de [Dios], de [los santos] o de [una persona]: *Vamos a invocar la protección de Dios.* **2** Hacer ‹una persona› referencia [a otra persona] o a [una cosa] para conmover o impresionar: *Invoca su antigüedad para el ascenso.* **3** Hacer ‹una persona› referencia a [una ley] o a [una costumbre] para apoyar una petición o para justificar una acción o una actitud: *Los abogados denunciaron a los periodistas invocando que habían violado la presunción de inocencia de su defendido.* SIN. aducir. **4** Llamar ‹una persona› [a un espíritu] ritualmente: *No me gusta ir a esas reuniones donde se invoca a los espíritus.* ⇒ **71.**

involución *s. f.* (no contable) ELEVADO. Retroceso en la evolución biológica, política, cultural o económica: *La involución política produjo un retraso económico.*

involucionar *v. intr.* Ir hacia atrás ‹un proceso›: *La enfermedad involuciona lentamente.*

involucionismo *s. m.* (no contable) PEYORATIVO. Ideología y comportamiento de los partidarios de la involución, sobre todo en política.

involucionista *adj.* **1** De la involución: *proceso involucionista.* || *s. m. / f.* **2** Que es partidario de la involución: *opinión involucionista, economía involucionista.*

involucrar *v. tr. / prnl.* Hacer intervenir ‹una persona o una cosa› [a una persona] en [un asunto] que la compromete: *Su hermano **se** involucró **en** un negocio ruinoso. No estoy involucrado **en** los líos del otro día.* SIN. implicar(se).

involucro *s. m.* BOT. Verticilo de brácteas que está en la base de una flor.

involuntario, ria *adj.* Que no se hace o sucede por propia voluntad, o que no depende de ésta: *acto involuntario, movimiento involuntario.* ANT. voluntario.

involutivo, va *adj.* Que involuciona: *desarrollo involutivo. El paciente tiene un desarrollo mental involutivo.*

invulnerable *adj.* Que no puede ser vulnerado o herido física o moralmente: *Tus colegas parecen invulnerables.*

inyección *s. f.* **1** Medicamento líquido que se inyecta: *Me han puesto tres inyecciones contra el catarro.* **2** (no contable) Acción y resultado de inyectar: *El coche tiene motor de inyección. Tu visita ha sido una inyección de ánimo.* || **3 bomba* de ~.**

inyectado, da *adj.* (estar) [Ojos] que están muy enrojecidos: *Estaba tan enfurecido que tenía los ojos inyectados en sangre.*

inyectar *v. tr.* **1** Introducir ‹una persona› [un fluido] en [una cosa] a presión con el instrumento adecuado: *Inyectó aire **en** la rueda. Tienen que inyectar hormigón para reforzar los pilares del puente.* **2** Comunicar ‹una persona› [un estado de ánimo o un sentimiento] a [otra persona]: *Me ha inyectado una buena dosis de moral y ánimo para seguir trabajando.* **3** Proporcionar en abundancia ‹una persona› [una cosa necesaria] para otra cosa: *Han inyectado un nuevo espíritu a la obra.* || *v. tr. / prnl.* **4** Administrar ‹una persona› [un medicamento o una droga] a [otra persona] con una jeringuilla: ***Se** inyecta morfina.*

inyectología *s. f.* **1** COL. Práctica de poner inyecciones. **2** COL. Lugar donde se ponen inyecciones.

inyector *s. m.* **1** MEC. Dispositivo de los motores sin carburador que introduce el combustible en la cámara de combustión. **2** Aparato que toma el agua del depósito y la introduce en la caldera de vapor. **3** Cualquier aparato para inyectar fluidos.

-iño, ña *suf.* RESTRINGIDO. Forma sustantivos con valor diminutivo a partir de sustantivos, y adjetivos con valor diminutivo a partir de adjetivos: *mozo - mociño, guapo - guapiño, casa - casiña.*

-ío *suf.* **1** Significa 'conjunto de' y forma sustantivos a partir de sustantivos: *gente - gentío, mujer - mujerío, grito - griterío.* **2** Significa 'cualidad relacionada con' y forma adjetivos a partir de adjetivos, de sustantivos o de participios: *bravo - bravío, sombra - sombrío, regado - regadío.*

iodo *s. m.* QUÍM. Yodo.

ion *s. m.* QUÍM. Átomo o agrupación de átomos que ha adquirido carga eléctrica por pérdida o ganancia de uno o más electrones.

iónico, ca *adj.* QUÍM. De los iones: *carga iónica.*

ionización *s. f.* (no contable) QUÍM. Acción y resultado de ionizar.

ionizar *v. tr. / prnl.* QUÍM. Convertir ‹una reacción› [un átomo o molécula] en iones. ⇒ **19.**

ionosfera *s. f.* METEOR. Capa atmosférica situada encima de la estratósfera, a unos ochenta kilómetros de la tierra, con muchos iones, esencial para la propagación de las ondas electromagnéticas.

iota *s. f.* Novena letra del alfabeto griego.

IPC (pronunciamos *'i-pe-ce'*) *s. m.* Sigla de «Índice de Precios al Consumo», España

ipecacuana *s. f.* **1** AMÉR. Planta trepadora, cuya raíz se usa mucho en medicina, como emética, purgante y sudorífica. **2** AMÉR. Raíz de esta planta.

ípsilon *s. f.* Vigésima letra del alfabeto griego.

ir *v. intr./prnl.* **1** Moverse ‹una persona› de un lugar a [otro]: *Va **a** la piscina todos los días. Voy **de** Madrid **a** Sevilla con frecuencia. Fuimos **en** avión. Juan **se** va **a** Madrid.* || *v. intr.* **2** Llevar ‹un vehículo o un camino› a [un lugar]: *Esta carretera va **a** Buenos Aires. El autobús no va **a** Badalona.* **3** Dirigirse ‹una persona› habitualmente a [un lugar] y permanecer en él: *Todas las mañanas va **al** colegio.* **4** Empezar ‹una cosa› en [un lugar] y acabar en [otro lugar]: *La carretera va **del** pueblo **a** la ciudad. Tengo que coger dos autobuses para ir **desde** mi casa **hasta** el trabajo.* **5** Estar ‹una persona o una cosa› en [una posición] o en [un orden]: *Nuestros ciclistas van los primeros.* **6** Estar ‹una persona o una cosa› en [un estado] o en [una situación]: *Va calado.* **7** Estar ‹una cosa› relacionada con [otra cosa]: ***En** esto va tu prestigio.* **8** Influir ‹una cosa› en [otra cosa]: *La cantidad va **en** detrimento de la calidad.* **9** Estar ‹una cosa› en función de [otra cosa]: *El color va **en** gustos.* **10** Tratar ‹una cosa› sobre [otra cosa]: *¿**De** qué va la película?* **11** Adoptar ‹una persona› [una actitud]: *Va **de** listo. No se puede ir **de** rico, porque se enfadan contigo.* **12** Realizar ‹una cosa› la función que le corresponde: *El reloj va muy bien. El coche no va fino.* **13** Cambiar ‹una cosa›: *La empresa va **a** mejor.* **14** Existir diferencia de ‹una cosa› a [otra con la que se compara]: *Lo que va **de** ayer **a** hoy.* **15** Ser ‹una cosa› conveniente o apropiada para [una persona] o para [otra cosa]: *Este color no te va.* **16** COLOQUIAL. Gustar ‹una cosa› a [una persona]: *Me va la montaña.* **17** COLOQUIAL. Hacer ‹una persona› una apuesta con [una cantidad de dinero] o con [otra cosa]: *Van mil pesetas **a** que termino antes que tú.* **18** Llevar ‹una persona› [un vestido]: *Va **de** gala.* || *v. prnl.* **19** Dejar de estar ‹una persona› en [un lugar]: *Se fue **de** casa.* **20** Salir ‹un líquido o un gas› del recipiente que lo contiene: *El agua se va de la pila.* **21** Desaparecer, gastarse o pasar ‹una cosa›: *El dinero se va rápidamente.* **22** Desaparecer ‹una mancha o una señal›: *No se va la mancha de grasa.* **23** Desaparecer ‹una cosa› de la mente de una persona: *Se me van los nombres últimamente.* **24** EUFEMISMO. Morir ‹una persona›: *Se ha ido, pero lo recordaremos siempre.* **25** Moverse ‹una persona o una cosa› sin control: *Se le fue el pie, pero no se cayó.* **26** RESTRINGIDO. Expulsar ‹una persona› orina, excrementos o ventosidades voluntariamente. || *v. aux.* **27** Con gerundio expresa una acción que comienza a realizarse o que se produce lenta y gradualmente: *Va amaneciendo.* **28** Con infinitivo expresa una acción futura que está a punto de suceder: *Vamos a comer enseguida.* FR. Y LOC. **a la tercera* va la vencida. agua* va. andar/bailar/~ de coronilla*. andar/~ con ojo*** o **andar/~ con cien ojos. andar/~ con pies* de plomo. andar/~/llevar la procesión* por dentro. andar/~ manga* por hombro. andarse/irse por las ramas*. ande/vaya con Dios*. apaga* y vámonos. dejarse ~** Abandonarse ‹una persona› a un impulso: *No pensó dos veces su propuesta y se dejó ir.* **¡dónde va a parar!** COLOQUIAL. Se utiliza para destacar la diferencia que hay entre dos cosas: *No compare su trabajo con el mío, ¡dónde va a parar!* **el no va más** Se utiliza para hacer referencia a lo mejor o a lo máximo: *Esta película es el no va más.* **enviar/~/mandar a la mierda*. estar/~/listo*. ~ a la calle*. ~ a la par*. ~ a lo suyo** Obrar ‹una persona› egoístamente: *Es de los que van siempre a lo suyo.* **~ a misa*. ~ a toda hostia / leche.** VULGAR; INTENSIFICADOR. Ir ‹una persona o un vehículo› muy deprisa: *Esa moto iba a toda hostia por la autopista.* **~ a todo correr*. ~/acudir a las urnas*. ~ adelante** Tener ‹una persona› éxito: *Sus chicos van adelante en el colegio.* **~ al grano*. ~ bien/mal** Ser la evolución de ‹una persona› o de ‹una cosa› satisfactoria o insatisfactoria: *Las negociaciones van mal.* **~ cada uno por su lado*. ~/caminar/andar más tieso que un poste*. ~ con** 1 Estar ‹una cosa› en armonía con [otra cosa]: *Estas cortinas van con el color de las paredes.* 2 Hacer ‹una cosa› referencia a otra cosa. **~ con la cabeza* muy alta** o **llevar la cabeza muy alta. ~ con la frente* (muy) alta. ~ con la hora* pegada al culo. ~ contra** o **en contra de** Obrar ‹una persona› contra otra persona o contra una cosa: *Este muchacho va contra mis ideas.* **~ dado** COLOQUIAL. 1 No tener ‹una persona› las cosas a su favor: *Vas dado si crees que va a ganar el premio.* 2 No tener ‹una persona› nada que hacer con otra: *Vas dada si imaginas que te hará caso.* **~ de copas*. ~ de cráneo*. ~ de culo*. ~ de flor en flor** COLOQUIAL. Tratar ‹una persona› a otras personas, o pasar de una cosa a otra cosa, sin detenerse en ninguna: *Va de flor en flor, pero no tiene novia formal.* **~ de mal en peor** Empeorar progresivamente ‹una cosa o una persona›: *La empresa va de mal en peor, y seguro que acaba cerrando.* **~ de puerta* en puerta. ~ de putas*. ~ detrás de** 1 Intentar ‹una persona› conseguir una cosa de otra persona: *Va detrás de su jefe para que le suba el sueldo.* 2 COLOQUIAL. Intentar ‹una persona› conseguir el amor de otra persona: *No creo que consiga su amor por mucho que vaya detrás de él.* 3 Desear e intentar ‹una persona› conseguir una cosa: *Llevo detrás de este libro tres años.* **~ en paz*** o **~ con la paz de Dios. ~/estar apañado*. ~ hecho/como un trapo*. ~/llegar demasiado lejos*. ~/llegar/subir con la lengua* fuera. ~/llevar al matadero*. ~/mandar a freír espárragos*. ~/mandar a freír monas*. ~/mandar al carajo*. ~/mandar/echar/enviar a paseo*. ~/mandar/enviar a tomar por (el) culo*. ~/marchar como un reloj*. ~/marchar viento* en popa. ~ muy veraniego*. ~/navegar contra corriente*. ~ para largo** Quedar mucho para que ‹una cosa› se realice o se termine: *El cambio de casa va para largo.* **~ para/por nota*. ~/pasar a mayores*. ~/pasar de un extremo* a otro. ~ por** Referirse a alguien lo que se dice: *No te desentiendas del problema; lo que he dicho va por ti.* **~ que chuta/arde** o **~ que se mata** COLOQUIAL. Resultar ‹una persona o una cosa› mejor de lo que se esperaba: ***Con** este regalo va que chuta.* **~/salir a pedir de boca*. ~/salir al encuentro*. ~/salir al quite*. ~/salir como alma* que lleva el diablo. ~/salir de acampada*. ~/salir zumbando*. ~/sentar como a un Cristo* un par de pistolas** o **~/sentar como a un Cristo dos pistolas. ~ servido*. ~ tirando*. ~ sobre ruedas*. ~/venir a parar*. ~/venir a parar* en. ~/venir con peplas*. ~/venir de perlas*. ~ y venir** COLOQUIAL. (con el artículo *el* y *un*) Movimiento incesante de un lado a otro de personas o cosas: *El día de la boda la casa era un constante ir y venir.* **irle la vida*. irse a hacer puñetas*. irse a la cama*. irse a la eme*. irse a la mierda*. irse a la piltra*. irse a pique*. irse al carajo*. irse al catre*. ir(se) al garete*. irse al tacho*. irse al traste*. irse de este mundo** Morirse ‹una persona›: *Se fue de este mundo sin haberse reconciliado con su familia.* **irse de la lengua*. irse de (entre) las manos*. irse de volada*. irse/marcharse/salir con el bocado* en la boca. irse por los cerros* de Úbeda. irse/salir con el rabo* en-**

tre las piernas. irse / salir por patas*. írsele el avión*. írsele el santo* al cielo. írsele / escapársele la mano*. írsele la cabeza*. írsele la fuerza* por la boca. írsele los ojos*. no ~ a ninguna parte*. no ~ ni venir COLOQUIAL. No importar o interesar ‹una cosa› a una persona: *A mí lo que haga Lucía ni me va ni me viene.* **no ~ por ahí los tiros*. qué le voy / vas / va... a hacer*. qué se le va a hacer*. salir(se) / ir(se) / marchar(se) pitando*. salirse / irse por la tangente*. se va a enterar*. sin ~ más lejos** Se usa para indicar que no es necesario buscar más personas o cosas que las que se conocen o están a la vista: *Tú, sin ir más lejos, me has dado plantón más de una vez.* **¡vamos!** COLOQUIAL. Se usa para animar u ordenar: *¡Vamos, el triunfo es vuestro! ¡Vamos, espabila, que vas a llegar tarde!* **¡vaya!** COLOQUIAL. Se usa para expresar asombro, fastidio o protesta por una persona o cosa: *¡Vaya coche que se ha comprado! ¡Vaya granuja!* **vaya por Dios*. vestir / ~ de gala*. vete al infierno*. vete (tú) a saber*** o **vaya usted a saber. ⇒ 47.**

ira *s. f.* **1** Enfado muy violento: *En un arrebato de ira pegó un puñetazo en la mesa.* **2** (no contable) Sentimiento que causa un enfado grande: *Las personas dominadas por la ira suelen reaccionar violentamente.* **3** LITERARIO. Violencia de los elementos de la Naturaleza como el viento o el mar: *la ira del mar. Se desencadenó la ira del huracán.* SIN. furor. ANT. calma. **4** (plural) Actos de saña o de venganza: *Desató las iras de los poderosos.*

iracundia *s. f.* ELEVADO. Tendencia a la ira, enojo: *La iracundia es parte de su carácter.*

iracundo, da *adj. / s. m.* y *f.* (ser / estar) Que se enfada violentamente con mucha facilidad: *un jefe iracundo. Siempre ha sido muy iracundo. Hoy está especialmente iracundo.*

iraní (plural *iraníes* o *iranís*) *adj. / s. m.* y *f.* De Irán, país asiático: *un político iraní, la guerra de los iraníes.*

iraquí (plural *iraquíes* o *iraquís*) *adj. / s. m.* y *f.* De Irak, país asiático: *los dirigentes iraquíes, las tropas iraquíes.*

irascible *adj.* Que tiende a irritarse o enfadarse: *Tiene un carácter muy irascible, incluso se pone violento.*

iridio *s. m. Ir.* Elemento químico metálico, de color blanco, quebradizo y muy resistente a la corrosión, que se usa en aleaciones.

iris (plural *iris*) *s. m.* **1** ANAT. Disco coloreado del globo ocular en cuyo centro está la pupila. || **2 arco* ~.**

irisado, da *adj.* Que tiene brillos y colores parecidos a los del arco iris: *cielo irisado, tela irisada, concha irisada.*

irisar *v. tr.* **1** Producir ‹la luz› reflejos como los del iris en [una cosa]: *El sol irisaba las nubes.* || *v. intr.* **2** Mostrar ‹un cuerpo› reflejos de luz: *El cielo del atardecer irisaba con tonalidades fantásticas.*

irlandés, sa *adj. / s. m.* y *f.* **1** De Irlanda, país europeo: *El coche era de matrícula irlandesa. Los irlandeses pertenecen a la Unión Europea.* || *adj. / s. m.* **2** [Café] que se prepara con güisqui y nata: *Queremos dos irlandeses.* **café ~.** || *s. m.* **3** LING. Lengua céltica de la rama gaélica hablada en Irlanda: *El irlandés y el bretón son lenguas célticas.*

ironía *s. f.* **1** RET. Figura retórica que consiste en dar a entender lo contrario de lo que se dice: *La ironía suelen usarla con inteligencia los polemistas.* **2** Burla ingeniosa y disimulada: *No me gustan las ironías si no estoy presente.* **3** Tono burlón: *Lo ha dicho con ironía.* **4** Contraste casual entre dos cosas que parece una broma: *La ironía de la vida quiso que le diera un empleo la persona a quien pensaba atracar.*

irónicamente *adv. modo* **1** Con ironía, mostrando ironía: *El detenido asintió irónicamente.* || *adv. orac.* **2** Equivale a ‘resulta irónico (que)’, pero el dato al que se atribuye la ironía se anuncia como novedoso: *Irónicamente, el que más protestaba por el robo era un conocido ladrón.*

irónico, ca *adj.* (ser / estar; antepuesto / pospuesto) Que contiene ironía: *Le contestó con una sonrisa irónica. No sé por qué estás tan irónico conmigo.*

ironizar *v. intr. / tr.* Hablar ‹una persona› con ironía de [una cosa]: *Cállate, no me gusta que ironices* ***sobre*** *este proyecto. Ironiza con maestría las recomendaciones del jefe. No te enfades, estaba ironizando.* **⇒ 19.**

iroqués, sa *adj. / s. m.* y *f.* **1** Que pertenecía a un pueblo indígena de América del Norte que vivía en el actual estado de Nueva York: *un indio iroqués, costumbres iroquesas, un poblado de iroqueses.* || *s. m.* **2** LING. Lengua hablada por los iroqueses.

IRPF (pronunciamos *‘i-erre-pe-efe’*) *s. m.* Sigla de «Impuesto sobre la Renta de las Personas Físicas», España.

irracional *adj.* **1** Que no está dotado de razón: *ser irracional.* ANT. racional. **2** Que no se atiene a las normas de la razón: *Tu comportamiento es irracional e insensato.* **3** MAT. [Cantidades radicales] que no pueden expresarse exactamente con números fraccionarios o enteros.

irracionalismo *s. m.* **1** (no contable) Doctrina filosófica que niega el valor de la razón como forma de conocimiento. ANT. racionalismo. **2** Carácter o comportamiento poco conforme con la razón o mesura de las personas: *Tu irracionalismo en estas cuestiones me pone nervioso.*

irradiación *s. f.* Acción y resultado de irradiar: *Los ingenieros calculan la irradiación de los diferentes focos de calor. Los monasterios fueron focos de irradiación cultural en la Edad Media.*

irradiar *v. tr.* **1** Despedir ‹un cuerpo› radiaciones de [luz] o de [calor]: *El sol irradia luz y calor.* SIN. emitir. **2** Exponer ‹una persona› [un cuerpo] a la acción de las radiaciones: *En esta planta irradian los desechos hospitalarios antes de envasarlos.* **3** Comunicar ‹una persona› [un estado de ánimo o un sentimiento]: *Desde que te has casado irradias felicidad.* **4** ARG., URUG. Transmitir ‹una emisora› [un programa] por radio o televisión. || *v. prnl.* **5** Extenderse ‹una cosa›: *El dolor se me irradia desde el hombro. El foco de humedad se está irradiando a toda la pared.*

irreal *adj.* **1** Que no tiene existencia verdadera y es producto de la imaginación o de los sueños: *El enfermo vive refugiado en un mundo irreal.* ANT. real. **2** Que no es realista o interpreta la realidad con excesivo optimismo: *Tus cálculos son irreales, gastaremos mucho más.*

irrealizable *adj.* Que no se puede realizar: *Es un sueño irrealizable, imposible de llevar a cabo.*

irrebatible *adj.* Que no se puede rebatir o contradecir por ser muy claro o evidente: *No puedo contradecir tus afirmaciones, son irrebatibles. Los datos son irrebatibles, imposibles de refutar.* SIN. indiscutible, irrefutable.

irreconciliable *adj.* Que no puede tener concordia o compatibilidad con otra cosa o persona: *enemigos irreconciliables, opiniones irreconciliables. Nuestros intereses son irreconciliables, nunca llegaremos a un acuerdo.*

irrecuperable *adj.* Que no se puede recuperar: *El primer pago es un dinero irrecuperable, a fondo perdido.*

irrecusable *adj.* RESTRINGIDO. Que no se puede recusar: *sentencia irrecusable.*

irredentismo *s. m.* (no contable) Ideología y comportamiento de los que pretenden anexionarse un territorio que depende de otro país apoyándose en reivindicaciones históricas o culturales: *El irredentismo no tiene hoy buena prensa.*

irredento, ta *adj.* [Territorio] que un país pretende anexionarse por motivos históricos o culturales: *Nunca renunciaremos a los territorios irredentos de la costa oriental.*

irredimible *adj.* RESTRINGIDO. Que no se puede redimir: *situación irredimible, castigo irredimible. Yo creo que ya está tan alcoholizado que es irredimible.*

irreductible *adj.* **1** Que no se puede coordinar o hacer compatible con otra cosa: *Hay dos tendencias irreductibles en la organización.* **2** Que no se puede reducir, someter o conquistar: *Es un pueblo irreductible, ningún imperio ha conseguido someterlo.* **3** MAT. Que no se puede reducir: *El quebrado 1/3 es irreductible.*

irreemplazable *adj.* Que no se puede reemplazar o sustituir: *En esta ciudad los autobuses son irreemplazables, no se puede construir el metro.* SIN. insustituible.

irreflexión *s. f.* (no contable) Falta de reflexión: *Su irreflexión le causa graves dificultades en el trabajo.*

irreflexivo, va *adj.* **1** (antepuesto / pospuesto) Que se dice o hace sin reflexionar: *respuesta irreflexiva, una irreflexiva reacción.* || *adj. / s. m.* y *f.* **2** Que actúa sin reflexionar: *Eres demasiado irreflexivo, deberías plantearte más las cosas.* SIN. impulsivo.

irrefrenable *adj.* Que no se puede refrenar o contener: *Tengo unas ganas irrefrenables de darle un puñetazo.* SIN. incontenible.

irrefutable *adj.* Que no se puede refutar o contradecir por ser muy claro o evidente: *Tus razonamientos son irrefutables, lo que dices no tiene vuelta de hoja.* SIN. irrebatible, indiscutible.

irregular *adj.* **1** GRAM. [Verbo, participio, conjugación] que no sigue la regla o norma general. **2** Que no es regular o uniforme: *una respiración irregular. Era difícil andar porque el terreno era muy irregular. Tiene unos horarios muy irregulares.* **3** Que es poco honesto o legal o se ajusta poco a lo socialmente admitido: *un negocio irregular, una vida irregular. Usted nos propone algo un poco irregular.* **4** GEOM. [Polígono] que no tiene los ángulos y los lados iguales entre sí. **5** Que no sucede ordinariamente: *Ha tenido una reacción muy irregular, me preocupa.*

irregularidad *s. f.* **1** Falta de regularidad o de uniformidad: *Es incómodo pasear con tantas irregularidades en el piso. Me choca la irregularidad de su carácter.* **2** Acción o cosa que no se ajusta a la norma o a la ley: *irregularidades en el uso del dinero público, irregularidades administrativas. Han descubierto serias irregularidades en la gestión del antiguo director.*

irrelevante *adj.* (antepuesto / pospuesto) Que no tiene relevancia, importancia o significación: *asunto irrelevante, detalle irrelevante. Es un irrelevante trabajo sobre la fauna marina, no aporta nada nuevo.* ANT. relevante.

irreligioso, sa *adj. / s. m.* y *f.* Que no tiene creencias o sentimientos religiosos, o es contrario a la religión: *opiniones irreligiosas, actitud irreligiosa.* ANT. religioso.

irremediable *adj.* Que no se puede remediar o evitar: *Lo que ha pasado era irremediable, nadie hubiera podido evitarlo.*

irremisible *adj.* ELEVADO. Que no se puede remitir o perdonar: *Su condena es irremisible, será ejecutado.*

irrenunciable *adj.* Que no se puede renunciar: *Los sindicatos consideran irrenunciable que la negociación incluya una subida salarial.*

irreparable *adj.* Que no se puede reparar o remediar: *Su muerte supone una pérdida irreparable para todos. Mi coche ha sufrido daños irreparables, tendré que comprarme otro.*

irrepetible *adj.* Que no se puede repetir o es difícil hacerlo, o que no debe ser repetido: *Fue una actuación irrepetible, nunca más volverá a bailar como lo hizo esa noche.*

irrepresentable *adj.* [Obra literaria] que no es apta para ser representada en escena: *Esta obra es irrepresentable, es imposible trasladar su simbología a la escena.*

irreprimible *adj.* Que no se puede reprimir o contener: *Tengo unos deseos irreprimibles de viajar.*

irreprochable *adj.* Que no puede reprocharse o censurarse: *Tu conducta ha sido irreprochable, no tengo nada que objetar.*

irresistible *adj.* **1** (antepuesto / pospuesto) Que no se puede resistir, reprimir o contener: *Tengo un dolor de muelas irresistible.* **2** (ser / estar) Que tiene mucho atractivo: *La oferta ha sido irresistible, sobre todo desde el punto de vista económico. Hoy estás irresistible, guapísimo.*

irresoluble *adj.* Que no se puede resolver o es muy difícil de resolver o solucionar: *Me has planteado un problema irresoluble.*

irresolución *s. f.* **1** (no contable) ELEVADO, RESTRINGIDO. Falta de solución: *la irresolución de un problema. La irresolución de un asunto pendiente me perjudica bastante.* ANT. solución. **2** (no contable) ELEVADO. Falta de decisión de una persona: *la irresolución del presidente es un problema, sus dudas pueden durar semanas antes de tomar una decisión.*

irresoluto, ta *adj. / s. m.* y *f.* ELEVADO. Que no gusta de tomar una decisión: *No sé dónde iremos de vacaciones, tengo unos padres muy irresolutos.*

irrespetar *v. tr.* VEN. Faltar ‹una persona› al debido respeto o reverencia [a otra persona o cosa].

irrespeto *s. m.* VEN. Acción y resultado de irrespetar.

irrespetuoso, sa *adj.* Que no se comporta con cortesía y respeto, sino con atrevimiento y descaro: *comportamiento irrespetuoso, gesto irrespetuoso. Tu actitud ha sido muy irrespetuosa* ***con*** *nosotros.* ANT. respetuoso.

irrespirable *adj.* **1** Que no se puede respirar o es difícil de respirar: *gas irrespirable. Había un aire irrespirable en aquella habitación.* **2** Que causa molestia, disgusto o aversión: *El desprecio que se tenían unos a otros hacía que la atmósfera de la sala fuera irrespirable.*

irresponsable *adj. / s. m.* y *f.* Que actúa sin responsabilidad, que no es consciente de sus obligaciones, o que no pone cuidado y atención en sus actos o decisiones: *Eres un* *irresponsable. Es un acto irresponsable, fruto de su falta de reflexión.* ANT. responsable.

irreverente *adj. / s. m.* y *f.* (ser / estar; antepuesto / pospuesto) Que no tiene o no contiene respeto por las cosas que se supone que lo merecen: *actitud irreverente, palabras irreverentes. Has estado bastante irreverente.*

irreversible *adj.* Que no puede ser transformado o alterado para recuperar un estado o condición anterior: *situación irreversible, fenómeno irreversible. Ha entrado en un estado de coma irreversible.* ANT. reversible.

irrevocable *adj.* Que no se puede revocar: *sentencia irrevocable. Es una decisión irrevocable, absolutamente definitiva, nos vamos de esta ciudad.*

irrigar *v. tr.* **1** RESTRINGIDO. Proporcionar ‹una persona o una cosa› riego a [una cosa]: *Una instalación moderna se encarga de irrigar por goteo las hortalizas.* **2** Hacer llegar ‹los vasos sanguíneos› la sangre a [una parte o un órgano del cuerpo]: *Las arterias no pueden irrigar bien las piernas porque se estrechan con el tabaco.* **3** Hacer llegar ‹una persona› un líquido a [una parte del organismo de una persona]: *Para ciertas pruebas los pacientes son irrigados por el ano.* ⇒ **56.**

irrisión *s. m.* Palabra, acción, persona o cosa que provoca la risa: *Vas a ser la irrisión de la clase si vas de excursión vestido así.*

irrisorio, ria *adj.* **1** Que causa risa: *un gesto irrisorio, un final irrisorio.* **2** Que es muy pequeño o de poco valor: *Por una cantidad irrisoria te aseguramos el piso. El precio de esta radio es irrisorio.*

irritable *adj.* (ser / estar) Que se irrita o tiende a irritarse o enfadarse con facilidad: *Tiene un carácter muy irritable. Estás muy irritable últimamente, ¿se puede saber qué te ocurre?*

irritación *s. f.* **1** (no contable) Enfado muy grande: *Cuando llegó a casa, apenas podía disimular su irritación.* **2** (no contable) MED. Inflamación ligera: *irritación de la garganta, irritación de la piel.*

irritante *adj.* Que irrita: *Ese presentador de televisión tiene un tono de voz irritante.*

irritar *v. tr.* **1** Poner ‹una persona o una cosa› enfadada o excitada [a una persona]: *Sus palabras irritan a cualquiera.* **2** Producir ‹una cosa› dolor, escozor o enrojecimiento en [una parte del cuerpo de una persona]: *El humo de la fábrica me irrita la garganta.* **3** Hacer ‹una persona o una cosa› más intenso [un sentimiento]: *La mirada del vecino irrita las celos de mi marido.* ‖ *v. prnl.* **4** Ponerse ‹una persona› enfadada o excitada: *Se irrita con el trabajo de sus subordinados.* SIN. enojarse. **5** Experimentar ‹una parte del cuerpo de una persona› dolor, escozor o enrojecimiento: *Se me irrita la garganta con el tabaco.* **6** Hacerse ‹un sentimiento› más intenso: *El dolor se irrita en la soledad de la noche.*

irrogar *v. tr.* **1** DER. Causar ‹una persona o una cosa› [un daño o un perjuicio] a [una persona]: *Nos han irrogado unos daños evidentes.* ‖ *v. prnl.* **2** DER. Sufrir ‹una persona› [un daño o un perjuicio]: *Se irrogan unos daños que no aparecen en el informe oficial.* ⇒ **56.**

irrompible *adj.* Que no se puede romper o es muy difícil de romper: *No tengas miedo, esta vajilla es irrompible.*

irrumpir *v. intr.* **1** Entrar ‹una persona› en [un lugar] brusca o violentamente: *Los desconocidos irrumpieron* ***en*** *la sala.* **2** Aparecer ‹una cosa› en [un lugar] con fuerza y repentinamente: *La primavera ha irrumpido* ***en*** *el campo castellano repentinamente. Está irrumpiendo la moda de salir a las doce de la noche.*

irrupción *s. f.* ELEVADO. Acción y resultado de irrumpir: *La irrupción de la policía provocó la huida de los vendedores ambulantes.*

IRTP (pronunciamos '*i-erre-te-pe*') *s. m.* Sigla de «Impuesto sobre el Rendimiento del Trabajo Personal», España.

IRYDA (pronunciamos '*irida*') *s. m.* Sigla de «Instituto Nacional para la Reforma y Desarrollo Agrarios», España.

isa *s. f.* Canto y baile típicos de las islas Canarias.

-isa *suf.* Forma sustantivos femeninos a partir de sustantivos masculinos: *poeta - poetisa, sacerdote - sacerdotisa, papa - papisa.*

isabelino, na *adj.* **1** De cualquiera de las reinas de nombre Isabel: *época isabelina.* ‖ *adj. / s. m.* y *f.* **2** Que es partidario de la reina española Isabel II: *el partido isabelino. En su familia todos eran isabelinos.* ‖ *adj. / s. m.* **3** [Estilo artístico] que corresponde a los reinados españoles de Isabel I e Isabel II: *mobiliario isabelino, pintura isabelina.* **4** [Estilo artístico] que corresponde al reinado inglés de Isabel I: *artista isabelino. Miguel se especializó en el Isabelino.*

isba *s. f.* Vivienda de madera propia del Norte de Europa y Asia, sobre todo de Rusia.

-isco *suf.* -sco.

-ísimo, ma *suf.* Forma adjetivos superlativos. OBSERVACIONES: ◊ Normalmente cambia a *-císimo* cuando le precede *n* o *r*: *jovencísimo, mayorcísimo.* ◊ Algunos adjetivos adoptan la forma latina al recibir este sufijo: *fortísimo, novísimo.* En algunos casos coexisten la forma latina y la moderna: *bonísimo - buenísimo.* ◊ Adjetivos acabados en *-ble*: *amable - amabilísimo, noble - nobilísima.* RELACIONES Y CONTRASTES: Intensifica el grado de aplicación del adjetivo en mayor medida que *muy*: *Esa chica es muy guapa, guapísima.*

isla *s. f.* Extensión de tierra rodeada de agua por todas partes: *la isla de Mallorca, las islas Canarias.*

islam *s. m.* **1** (preferentemente con mayúscula) REL. Religión de los seguidores de Mahoma y de su doctrina. SIN. islamismo. **2** (preferentemente con mayúscula) Conjunto de los países de religión musulmana: *El Islam ocupa una gran parte de Oriente y todo el norte de África.*

islámico, ca *adj.* Del Islam. **mundo ~.**

islamismo *s. m.* (no contable) Religión de los seguidores de Mahoma y de su doctrina.

islandés, sa *adj. / s. m.* y *f.* **1** De Islandia, país europeo: *los paisajes islandeses. Su hermano se casó con una islandesa.* ‖ *s. m.* **2** LING. Lengua indoeuropea del grupo germánico hablada en Islandia.

islario *s. m.* **1** RESTRINGIDO. Descripción y estudio de un conjunto de islas. **2** RESTRINGIDO. Mapa en que están representadas las islas.

isleño, ña *adj. / s. m.* y *f.* De una isla: *paisajes isleños, habitantes isleños. Los isleños tienen fama de tímidos.*

isleta *s. f.* Pequeño espacio delimitado en el suelo de una plaza o carretera, que sirve como refugio de peatones o para ordenar el tráfico: *En el cinturón de ronda el semáforo dura poco y sólo te permite llegar a la isleta central.*

islote *s. m.* **1** Isla pequeña en el mar, normalmente despoblada. **2** Roca que sobresale en una superficie de agua: *En el estanque han puesto unos islotes de adorno.*

ismaelita *adj. / s. m.* y *f.* RESTRINGIDO. [Persona] que es descendiente del personaje bíblico Ismael: *una tribu ismaelita.* SIN. árabe, musulmán.

-ismo *suf.* **1** Significa 'movimiento político, económico, social, religioso o cultural' y forma sustantivos a partir de sustantivos o de adjetivos: *Carlos - carlismo, capital - capitalismo, común - comunismo, social - socialismo, Calvino - calvinismo, Franco - franquismo, cubo - cubismo, clásico - clasicismo, real - realismo.* **2** Significa 'conducta o actitud relacionada con' y forma sustantivos a partir de sustantivos o de adjetivos: *alcohol - alcoholismo, amigo - amiguismo, Sade - sadismo, cínico - cinismo, óptimo - optimismo.* **3** Significa 'actividad relacionada con' y forma sustantivos a partir de sustantivos: *colección - coleccionismo, periódico - periodismo, montaña - montañismo.* **4** Significa 'palabras o expresiones propias de' y forma sustantivos a partir de adjetivos o sustantivos: *culto - cultismo, árabe - arabismo, arcaico - arcaísmo, latín - latinismo.*

isóbara *s. f.* GEOG. Línea que une en un mapa puntos de la tierra con la misma presión atmosférica.

isobárico, ca *adj.* [Lugar] que tiene la misma presión atmosférica media que otro.

isobaro, ra *adj.* Isobárico.

isoca *s. f.* ARG., BOL. Larva y oruga muy perjudicial para las plantas.

isócrono, na *adj.* **1** [Movimiento] que dura lo mismo que otro. ‖ *adj. / s. f.* **2** [Línea] que une en un mapa puntos de igual distancia horaria respecto a un centro.

isoglosa *adj. / s. f.* LING. [Línea] que une en un mapa los puntos que comparten un mismo fenómeno lingüístico.

isomorfo, fa *adj.* [Cuerpo] que tiene diferente composición química que otro y la misma forma cristalina que otra cosa.

isósceles *adj.* [Triángulo, trapecio] que tiene dos lados iguales. **triángulo ~.**

isosilábico, ca *adj.* MÉTR. Que tiene siempre el mismo número de sílabas: *métrica isosilábica, verso isosilábico.*

isotérmico, ca *adj.* Que conserva una temperatura constante: *furgones isotérmicos, procesos isotérmicos.*

isotermo, ma *adj.* **1** Que tiene la misma temperatura que otra cosa: *sustancias isotermas, dos espacios isotermos.* **vagón ~.** ‖ *adj. / s. f.* **2** [Línea] que, en un mapa, une los puntos de la Tierra con la misma temperatura media anual.

isótopo *s. m.* QUÍM. Átomo que tiene el mismo peso atómico que otro, aunque diferente masa: *los isótopos radiactivos del plutonio.*

isquemia *s. f.* (no contable) MED. Falta de riego sanguíneo de un órgano o tejido.

isquión *adj. / s. m.* [Hueso] que junto al ilion y pubis, forma la pelvis en los mamíferos superiores y en el hombre.

israelí *adj. / s. m.* y *f.* Del Estado de Israel, país de Oriente Medio: *el ejército israelí. Los israelíes ocuparon el territorio.*

israelita *adj.* **1** Hebreo: *una tribu israelita.* **2** Del antiguo reino de Israel: *los soldados israelitas. La ira de Dios cayó sobre los israelitas.*

-ista *suf.* **1** Significa 'partidario o seguidor de' y forma sustantivos a partir de sustantivos: *carlismo - carlista, capitalismo - capitalista, comunismo - comunista, cubismo - cubista.* **2** Significa 'persona que realiza una profesión o actividad' y forma sustantivos a partir de sustantivos: *periódico - periodista, diente - dentista, taxi - taxista, tenis - tenista, guión - guionista, árabe - arabista.* **3** Significa 'persona que piensa o actúa con' y forma sustantivos o adjetivos a partir de sustantivos: *optimismo - optimista, egoísmo - egoísta, fatalismo - fatalista, idealismo - idealista.*

-ístico, ca *suf.* Significa 'cualidad relacionada con' y forma adjetivos a partir de sustantivos: *novela - novelístico, humor - humorística, paisaje -paisajístico.*

istmo *s. m.* GEOG. Estrecha extensión de tierra que une una península a un continente o dos continentes entre sí.

itacate *s. m.* MÉX.; RESTRINGIDO. Provisiones que suelen llevarse cuando se va de viaje.

italiano, na *adj. / s. m.* y *f.* **1** De Italia, país europeo: *península italiana, pasta italiana. Este año han venido muchos italianos.* ‖ *s. m.* **2** LING. Lengua románica oficial de la República Italiana, hablada principalmente en Italia.

itálico, ca *adj. / s. m.* y *f.* **1** De la Italia antigua: *pueblos itálicos.* **2** De Itálica, antigua ciudad romana, cerca de la actual Sevilla. ‖ *adj. / s. f.* **3** Letra cursiva: *La letra itálica se inclina levemente hacia la derecha.* **letra* bastardilla / itálica** ‖ *s. m.* **4** LING. Rama del indoeuropeo de la que derivó el latín.

ítalo, la *adj.* LITERARIO. Italiano.

ítem (plural *ítems*) *s. m.* **1** Cada una de las divisiones de un escrito. **2** PSICOL. Cada una de las partes de un test o de un cuestionario. **3** INFORM. Cada uno de los elementos que forma parte de un dato.

iterar *v. tr.* ELEVADO. Volver a hacer o a decir ‹una persona› [una cosa que ha hecho o ha dicho antes]. SIN. repetir.

iterativo, va *adj.* **1** Que se repite o puede repetirse: *movimiento iterativo. Es una persona muy iterativa, siempre habla de lo mismo.* **2** GRAM. [Verbo] que expresa una repetición de la acción.

iterbio *s. m. Yb.* Elemento químico que pertenece al grupo de las tierras raras.

itinerante *adj.* Que va de un lugar a otro, sin fijarse en un sitio: *exposición de pintura itinerante, circo itinerante.*

itinerario *s. m.* **1** Descripción detallada de un recorrido, indicando los caminos, lugares, las paradas, y cualquier dato de interés para un viajero: *Me explicó el itinerario del viaje.* **2** Plano o mapa donde se detalla un recorrido o un camino: *Déjame el itinerario, que quiero mirar una cosa.* **3** Ruta, camino o recorrido: *Todos los días sigue el mismo itinerario para ir a trabajar.*

-ito, ta o **-cito, ta** o **-ecito, ta** *suf.* Forma sustantivos con valor diminutivo a partir de sustantivos, adjetivos con valor diminutivo a partir de adjetivos y adverbios con valor diminutivo a partir de adverbios: *pez - pececito, cordero - corderito, bajo - bajito, pobre - pobrecita, cerca - cerquita.*

itrio o **ytrio** *s. m. It.* Elemento químico sólido de color gris que se utiliza en metalurgia y en medicina.

-itud o **-tud** *suf.* Significa 'cualidad relacionada con' y forma sustantivos a partir de adjetivos: *apto - aptitud, negro - negritud, esclavo - esclavitud, joven - juventud.*

ITV (pronunciamos *'i-te-uve'*) *s. f.* Sigla de «Inspección Técnica de Vehículos», España.

IU (pronunciamos *'i-u'* o *'iu'*) *s. f.* Sigla de la organización política «Izquierda Unida», España.

IVA (pronunciamos *'iva'*) *s. m.* Sigla de «Impuesto sobre el Valor Añadido», España.

-ivo, va o **-tivo, va** *suf.* Significa 'cualidad relacionada con' y forma adjetivos a partir de verbos, de sustantivos o de adjetivos: *narrar - narrativo, expresar - expresivo, prohibir -prohibitivo, deporte - deportiva, intenso - intensivo.*

izar *v. tr.* Hacer subir ‹una persona› [una cosa] tirando de la cuerda o del cable en el que está sujeta: *Al salir el sol se iza la bandera en los cuarteles.* ⇒ **19.**

-izar *suf.* Significa 'poner', 'hacer' o 'convertir en' y forma verbos a partir de sustantivos o de adjetivos: *obstáculo - obstaculizar, carbón - carbonizar, mineral - mineralizar, eléctrico - electrizar, real - realizar, visible - visibilizar.*

-izco, ca *suf.* -sco.

-izo, za *suf.* **1** Significa 'cualidad relacionada con' y forma adjetivos a partir de sustantivos, de adjetivos o de participios: *cal - calizo, cobre - cobriza, enfermo - enfermizo, rojo - rojizo, quebrado - quebradizo, huido - huidizo.* **2** (o *-eriza*) Significa 'lugar' y forma sustantivos a partir de sustantivos o de participios: *paso - pasadizo, cubierto - cobertizo, caballo - caballeriza, puerco - porqueriza.*

izq. o **izqdo., da.** *abr.* «Izquierdo», «Izquierda».

izquierda *s. f.* POLÍT. Conjunto de organizaciones políticas o de personas con tendencias socialistas o marxistas: *Algunos políticos proponen una renovación de la izquierda.* ANT. derecha. FR. Y LOC. **de izquierda(s)** [Persona, grupo, idea] que pertenece a la izquierda política: *Se considera una persona de izquierdas.*

izquierdista *adj.* **1** (frecuentemente peyorativo) De una organización exageradamente de izquierdas: *política izquierdista, pensamiento izquierdista.* || *adj. / s. m.* y *f.* **2** (frecuentemente peyorativo) Que es partidario de una organización exageradamente de izquierdas o se comporta como si lo fuera: *Es un izquierdista dentro de su partido. Los izquierdistas no acudieron a la asamblea.*

izquierdo, da *adj. / s. m.* y *f.* **1** [Parte del cuerpo] que está situada en el lado que corresponde al del corazón de una persona: *el ojo izquierdo, la pierna izquierda. Este niño escribe con la izquierda.* SIN. siniestro (RESTRINGIDO). ANT. derecho, diestro. **aurícula izquierda. ventrículo ~.** **2** Que está situado hacia el lado que corresponde al del corazón de una persona: *la rueda izquierda, la mesa de la izquierda, la parte izquierda de la imagen, girar a la izquierda. La casa está a la izquierda de la calle.* || **3 mano* izquierda.** FR. Y LOC. **a mano* izquierda. ser un cero* a la izquierda.**

J

j *s. f.* Décima letra del alfabeto español que representa un sonido de articulación velar, fricativa y sorda. Su nombre es «jota»: *La palabra «jabón» se escribe con «j».*

ja *onom.* **1** COLOQUIAL. Se usa para expresar la risa: *Contó un chiste y todo el mundo ja ja, ja ja, ja ja, no podía parar de reír.* || *interj.* **2** VULGAR; NEGACIÓN. Se usa para negar una persona una cosa que ha dicho otra persona: *–«¿Dices que me voy a quedar sin salir?» –«Ja, que te crees tú eso.»*

jaba *s. f.* **1** AMÉR. Recipiente de palma tejida. **2** PERÚ. Cajón enrejado para transportar objetos frágiles. **3** VEN. Miseria, pobreza.

jabalcón *s. m.* ARQ. Madero oblicuo que se une a otro vertical para sostener a un tercero horizontal o inclinado.

jabalí (plural *jabalíes*, preferible a *jabalís*; femenino *jabalina*) *s. m. Sus scrofa.* Mamífero salvaje, parecido al cerdo, con el morro alargado y dos caninos superiores desarrollados, que tiene el pelo de color pardo y una carne muy apreciada: *El jabalí vive en los bosques de Europa, Asia y África del norte.* **cabeza* de ~.**

jabalina *s. f.* **1** DEP. Especie de lanza que debe arrojarse lo más lejos posible, usada en ciertas pruebas deportivas: *lanzamiento de jabalina.* **2** DEP. Prueba deportiva que consiste en arrojar esta lanza lo más lejos posible: *récord de jabalina. Ganó la medalla de plata en jabalina.* **3** RESTRINGIDO. Arma arrojadiza formada por un palo corto acabado en una pieza de hierro puntiaguda: *La jabalina era muy usada para cazar osos.* SIN. venablo. **4** Hembra del jabalí: *La jabalina amamanta a sus crías.*

jabardillo *s. m.* **1** RESTRINGIDO. Conjunto de aves o insectos que se mueven con desorden y haciendo mucho ruido. **2** COLOQUIAL, RESTRINGIDO. Grupo numeroso y desordenado de personas que hacen mucho ruido. SIN. gentío.

jabardo *s. m.* **1** RESTRINGIDO. Enjambre pequeño. **2** COLOQUIAL. Jabardillo, grupo de personas.

jabato, ta *adj. / s. m.* y *f.* **1** COLOQUIAL. [Persona] que es atrevida, valiente o capaz: *Miguel está hecho un jabato, sube en bicicleta por sitios dificilísimos. Eres una jabata, has sacado una notas altísimas.* **2** CUBA, MÉX. Irritable, irascible. **3** CUBA, MÉX. Grosero. || *s. m. / f.* **4** Cría del jabalí, que tiene el pelo rojizo con rayas amarillas: *En aquel vallado hemos visto varios jabatos que retozaban.*

jábega *s. f.* **1** MAR. Embarcación de pesca más pequeña que el jabeque. **2** PESCA. Red de pesca muy larga que se recoge desde la costa: *La jábega se usa en el Mediterráneo del sur.*

jabeque *s. m.* MAR. Embarcación de tres palos, con velas latinas, que también puede navegar a remo.

jabón *s. m.* **1** (no contable) Producto soluble en el agua que se utiliza para lavar: *jabón de coco, jabón de macedonia, jabón de escamas. Cogió una pastilla de jabón para lavarse las manos.* **~ de tocador. ~ en polvo. ~ líquido. ~ de olor** Pastilla de jabón aromatizada para la higiene personal. **~ de sastre** Jaboncillo. **2** (no contable) ARG., P. RICO, URUG.; COLOQUIAL. Miedo, susto. FR. Y LOC. **dar ~** COLOQUIAL. Adular ‹una persona› a otra persona: *Carlos le da jabón al jefe para que le conceda un día de permiso. No creas nada de lo que te diga, porque va dando jabón a todo el mundo.*

jabonada *s. f.* CHILE, MÉX.; COLOQUIAL, RESTRINGIDO en Chile. Regaño.

jabonar *v. tr. / prnl.* **1** Enjabonar. || *v. prnl.* **2** ARG., URUG.; COLOQUIAL. Asustarse ‹una persona›.

jaboncillo *s. m.* **1** Barra de yeso con la que los sastres marcan la ropa: *El sastre marcó con el jaboncillo el bajo del pantalón.* **2** Árbol propio de América, de 6 a 8 metros de altura, con hojas divididas y fruto carnoso.

jabonera *s. f.* Recipiente para poner o guardar el jabón de aseo: *Se me ha caído la jabonera del hotel. Este jabón ya viene con su jabonera.*

jabonero, ra *adj.* **1** Del jabón: *La industria jabonera es importante en este pueblo.* || *adj. / s. m.* y *f.* **2** TAUROM. [Toro] que tiene la piel de color blanco sucio. || *s. m. / f.* **3** Persona que fabrica o vende jabón: *Es uno de los jaboneros más importantes, porque fabrica todo tipo de detergentes y tiene factorías en varios países.*

jabonoso, sa *adj.* (ser / estar) Que contiene jabón o que tiene alguna propiedad del jabón, como la suavidad: *El agua está jabonosa. Es un líquido jabonoso que deja una gran suavidad a la ropa.*

jaca *s. f.* **1** RESTRINGIDO. Yegua: *Montaba una jaca jovencita, ágil y elegante.* **2** (macho y hembra) RESTRINGIDO. Caballo de poca altura.

jacal *s. m.* GUAT., MÉX.; COLOQUIAL. Choza o casa humilde.

jácara *s. f.* **1** LIT. Romance alegre sobre pícaros escrito en una jerga literaria del Siglo de Oro: *Las jácaras solían recitarse en los entreactos del teatro.* **2** Música y baile populares que acompañan a las jácaras.

jacarandá *s. m.* Árbol procedente de América, de corteza gruesa, hojas compuestas y flores en racimo de color azulado, que se utiliza como planta ornamental.

jacarandoso, sa *adj.* (ser / estar) COLOQUIAL. Que tiene gracia, alegría o desenfado: *dicho jacarandoso, tono jacarandoso, aire jacarandoso. Están muy jacarandosos tus amigos últimamente.*

jácena *s. f.* ARQ. Viga maestra.

jacinto *s. m.* **1** *Hyacinthus orientalis.* Planta bulbosa de jardín, de la familia de las liliáceas, de un solo tallo, con flores olorosas agrupadas en racimos alargados: *He plantado unos jacintos en el jardín. El jacinto tiene un uso ornamental.* **2** Flor de los jacintos: *Me encanta el olor de los jacintos.* **3** MIN. Piedra semipreciosa, transparente y de gran dureza, variedad rojo amarillenta del circón.

jack (del inglés; pronunciamos *'yak'*) *s. m.* ELECTRÓN. Parte de un dispositivo electrónico donde se introduce una clavija.

jaco *s. m.* (macho y hembra) RESTRINGIDO. Caballo delgado y de poca altura.

jacobeo, a *adj.* REL. Del apóstol Santiago: *la tradición jacobea, un peregrino jacobeo, el camino jacobeo.* **año* ~.**

jacobinismo *s. m.* **1** (no contable) HIST. Ideología y movimiento político de los jacobinos durante la Revolución Francesa: *Los ideales del jacobinismo han inspirado la revolución burguesa.* **2** (no contable) POLÍT. Ideología y comportamiento político extremista en defensa de las libertades y de la democracia parlamentaria.

jacobino, na *adj. / s. m.* y *f.* **1** HIST. Que pertenecía a una asociación política surgida durante la Revolución Francesa: *la ideología jacobina, la represión jacobina. Los jacobinos defendían los principios de Libertad, Igualdad y Fraternidad.* **2** POLÍT. Que es partidario del jacobinismo o de utilizar la violencia en política: *Un político jacobino propuso armar al pueblo. Dirige una publicación jacobina.*

jactancia *s. f.* (no contable) ELEVADO. Excesivo orgullo o presunción acerca de una cosa que se posee o se disfruta: *Nos enseñaba las llaves de su coche nuevo con jactancia.* SIN. vanidad. ANT. modestia.

jactancioso, sa *adj. / s. m.* y *f.* (antepuesto / pospuesto) ELEVADO. Que actúa con jactancia: *actitud jactanciosa, comportamiento jactancioso. Es un jactancioso, sólo sabe hablar bien de sí mismo. Tu jactanciosa amiga va por ahí presumiendo de su nuevo cargo.*

jactarse *v. prnl.* ELEVADO. Mostrarse ‹una persona› superior a las demás en [una cosa]: *Se jacta* ***de*** *su inteligencia. Se jactaba* ***de*** *su olfato para los negocios y se ha arruinado.* SIN. presumir.

jaculatoria *s. f.* REL. Entre los católicos, oración breve y ferviente: *María antes de acostarse o de empezar a trabajar murmuraba una jaculatoria fervorosamente.*

jacuzzi o **yacuzzi** (marca registrada) (del japonés; pronunciamos *'yacusi'*) *s. m.* Baño que se utiliza para hidromasajes: *Después de la gimnasia, siempre hace una sesión de jacuzzi. Se ha instalado un jacuzzi en su casa.*

jade *s. m.* (no contable) MIN. Piedra semipreciosa compuesta por silicato de aluminio y sodio, muy dura, de color verde o blanco, apreciada en joyería: *El hombre primitivo utilizaba el jade para fabricar armas y utensilios.*

jadeante *adj.* (ser / estar; antepuesto / pospuesto) Que jadea: *Está jadeante, ha corrido mucho. Su respiración es jadeante. Sus jadeantes sollozos me conmovieron.*

jadear *v. intr.* Respirar ‹una persona› trabajosamente: *En cuanto hace un esfuerzo empieza a jadear.* SIN. resollar.

jadeo *s. m.* Respiración trabajosa: *Cuando sube la escalera a pie se oye su jadeo en toda la casa.*

jaenero, ra o **jaenés, sa** *adj. / s. m.* y *f.* Jienense.

jaez *s. m.* **1** (preferentemente en plural) Adorno que se pone a las caballerías: *los jaeces del caballo.* SIN. arreo. **2** (no contable) ELEVADO; PEYORATIVO. Clase o género de una persona o una cosa: *Toda esta pandilla es del mismo jaez.*

jaguar o **yaguar** *s. m.* (macho y hembra) *Panthera onca.* Mamífero carnívoro americano, de la misma familia que el leopardo, de color amarillento con manchas oscuras o completamente negro: *El jaguar trepa perfectamente a los árboles.*

jaguareté *s. m.* ARG., URUG. Jaguar o tigre americano que corresponde al leopardo.

jagüey *s. m.* **1** AMÉR. Balsa, zanja o pozo en que se recoge agua. **2** Bejuco de Cuba, que al crecer se enlaza con otros árboles.

jai *s. f.* JERGAL. Mujer, muchacha: *Sale con una jai estupenda.*

jaiba *s. f.* AMÉR. Cangrejo de río o de mar.

jaibo, ba *adj.* **1** AMÉR. C. Persona que es lista en los negocios. || *s. m. / f.* **2** COL.; RESTRINGIDO. Anciano.

jailoso, sa *adj.* COL. COLOQUIAL. Que pertenece a la alta sociedad.

jainismo *s. m.* (no contable) Religión profesada en la India, parecida en su origen al budismo: *El jainismo nació como reacción a la influencia del brahmanismo.*

jainista *adj.* **1** Del jainismo: *Los templos jainistas son los más bellos y suntuosos de la India.* || *adj. / s. m.* y *f.* **2** Que sigue el jainismo: *Los fieles jainistas se concentran, sobre todo, en el noroeste del subcontinente indio. Los jainistas se dedican mayoritariamente al comercio.*

jajay *interj.* VULGAR; IRONÍA. Se usa para expresar burla o risa: *Me ha dicho que recoja yo la mesa: ¡jajay, se lo ha creído!*

jala *s. f.* COL.; COLOQUIAL. Borrachera.

jalaba *s. f.* VEN.; COLOQUIAL. Adulación.

jalabola *adj. / s. m.* y *f.* (puede usarse *jalabolas* para singular y plural) VEN.; VULGAR. [Persona] que es aduladora.

jalado, da *adj.* **1** PERÚ; COLOQUIAL. Que no ha sido aprobado en un examen. **2** PERÚ; COLOQUIAL. Que tiene los ojos rasgados.

jalapa *s. f.* **1** *Exoginum purga.* Planta trepadora de hojas en forma de corazón y flores pequeñas de color rojo cuya raíz tiene propiedades purgantes: *La jalapa es una planta originaria de México.* **2** Raíz de esta planta.

jalar *v. tr.* **1** RESTRINGIDO. Tirar ‹una persona› de [una cuerda] o de [un cable]. SIN. halar. || *v. tr. / intr. / prnl.* **2** COLOQUIAL. Comer ‹una persona› [una cosa] con ansiedad: *Jalaba demasiado, dejaba vacío el plato.* ***Se*** *jalaba lo que le echaran.* ***Se*** *jaló un pollo.* SIN. zampar. **3** PERÚ; JERGAL. Suspender ‹una persona› [a otra persona] en un examen. **4** PERÚ; JERGAL. Aspirar ‹una persona› cocaína. || *v. intr.* **5** COLOQUIAL. Irse ‹una persona› muy deprisa de un lugar: *No veas cómo jalaba cuando oyó las sirenas de la policía.* || *v. tr.* **6** VEN.; COLOQUIAL. Gastar ‹una cosa› [otra cosa] en gran cantidad.

jalea *s. f.* **1** (no contable) Conserva dulce de fruta de aspecto gelatinoso y transparente: *jalea de naranja.* **2** (no contable) Medicamento muy azucarado de aspecto semejante a la jalea de frutas. || **3 ~ real** Sustancia de gran valor nutritivo que segregan las abejas para alimentar a la reina y a las larvas, que se emplea en alimentación como reconstituyente: *El médico le ha aconsejado que tome jalea real porque se encuentra un poco débil.*

jalear *v. tr.* **1** Estimular ‹una persona› [a otra persona] con palmadas, palabras o gritos: *Los aficionados jaleaban al equipo de casa. Jalean a quien sale a la pista a bailar.* **2** Estimular ‹una persona› [a otra persona] con alabanzas exageradas: *Siempre jalea al jefe para ganarse su aprecio.* **3** CAZA. Estimular ‹una persona› [a los perros] para que persigan o ataquen a la caza: *El cazador jaleaba a sus lebreles para que fueran a recoger la pieza.*

jaleo *s. m.* **1** COLOQUIAL. Asunto o situación en la que hay mucho movimiento, ruido, complicación, desorden o dificultad: *Había mucho jaleo en el hotel por la llegada de la reina. Ana tiene mucho jaleo en el trabajo y llegará tarde. Con tanto jaleo es imposible encontrar el libro que te dejé. Pilar armó anoche mucho jaleo.* SIN. lío. ANT. orden. **2** Tipo de baile, música y letra populares andaluces: *Es una artista flamenca extraordinaria y canta muy bien sevillanas, bulerías y jaleos.*

jalifa *s. m.* HIST. Persona que en el antiguo protectorado de Marruecos realizaba las funciones de sultán.

jalón *s. m.* **1** Vara con punta de hierro que se utiliza para señalar ciertos puntos en un terreno: *alinear un jalón, plantar jalones para indicar una dirección.* SIN. mojón. **2** ELEVADO. Hecho muy importante e influyente en la vida de una persona: *El estreno de esa comedia fue un jalón en su carrera. En su vida pueden distinguirse varios jalones fundamentales: el paso por Barcelona, la vida en Sevilla, el viaje a Cuba.* SIN. hito. **3** COL. Tirón brusco o violento de alguna cosa. **4** VEN.; COLOQUIAL. Distancia entre dos lugares.

jalonar *v. tr.* **1** Señalar ‹una persona› [una cosa] con jalones: *Jalonaron el camino con balizas reflectantes para que se viera bien de noche.* **2** ELEVADO. Ser ‹una cosa› un jalón en la vida de [una persona] o en el desarrollo de [una cosa]: *Varios sucesos trágicos jalonaban su vida. La trayectoria de este club está jalonada de éxitos.*

jamaicano, na *adj. / s. m.* y *f.* De Jamaica, país americano: *el estilo jamaicano, la música jamaicana. Lleva el pelo como los jamaicanos.*

jamaquear *v. tr.* VEN.; COLOQUIAL. Mover ‹una persona› violentamente [a otra persona o una cosa].

jamar *v. tr. / intr. / prnl.* COLOQUIAL. Tomar ‹una persona› [un alimento]: *Yo sola me jamé casi toda la tarta. En la fiesta de cumpleaños, Pedro jamó como nunca.* SIN. comer.

jamás *adv. temp.* **1** En ningún momento o ninguna vez. OBSERVACIONES: ◊ Cuando va detrás del verbo exige que el adverbio *no* u otra partícula negativa vaya delante de la forma verbal: *Nadie conoció el suceso jamás.* ◊ Tiene valor enfático o intensificador cuando va con otros adverbios como *nunca* o *siempre*: *Nunca jamás. Se ha ido por siempre jamás.* **2** INTENSIFICADOR. Niega la realización de la acción que se indica. Equivale a *no*. OBSERVACIONES: Se emplea delante del verbo o como respuesta independiente a una pregunta: –*«¿Volvería usted a aceptar un cargo político?»* –*«Jamás.» Jamás entraré en una cueva.* || **3 ~ en la vida** Nunca: *No he visto nada igual jamás en la vida.* FR. Y LOC. **(en el) ~ de los jamases** COLOQUIAL; INTENSIFICADOR. Nunca: *En el jamás de los jamases permitiré que Isabel entre en mi casa.* **por siempre* (~).**

jamba *s. f.* ARQ. Pieza vertical que sostiene el dintel o el arco de una puerta o de una ventana.

jambar *v. tr.* AMÉR. C., MÉX.; COLOQUIAL. Comer.

jamelgo *s. m.* (macho y hembra) PEYORATIVO. Caballo flaco y de mal aspecto: *Me querían vender un jamelgo como si fuera un caballo de raza.*

jamón *s. m.* **1** Pata trasera del cerdo: *Este cerdo tiene unos jamones magníficos.* **2** Pata de cerdo salada y curada: *He comprado un jamón para estas fiestas.* **~ de pata negra** Jamón de cerdo criado en el campo y alimentado con bellotas. **~ de york** Jamón cocido y preparado como fiambre. **~ en dulce** Jamón cocido con vino blanco y preparado como fiambre. **~ serrano** Jamón que se ha curado al aire de la sierra. **3** (no contable) Carne de pata de cerdo curada o preparada como fiambre: *Póngame medio kilo de jamón serrano. He puesto un poco de jamón con el melón.* **4** COLOQUIAL; HUMORÍSTICO. Muslo o brazo de una persona, sobre todo si es gruesa: *Ese vestido te marca mucho los jamones, con perdón.* **5** VEN.; COLOQUIAL. Mercancía que es un chollo o una ganga. FR. Y LOC. **estar ~** COLOQUIAL. Ser ‹una persona› físicamente muy atractiva: *Ese chico está jamón. María está jamón.* **y un ~ (con chorreras)** COLOQUIAL, VULGAR; NEGACIÓN, INTENSIFICADOR. Se usa para responder negativamente: –*«Me debes mil pesetas.»* –*«¡Y un jamón!»*

jamona *adj. / s. f.* (ser / estar) COLOQUIAL, VULGAR; HUMORÍSTICO. [Mujer adulta] que está gruesa: *Sonia es una mujer muy jamona y su marido parece un cerdito. Estás un poco jamona, a ver si adelgazas.*

jamuga *s. f.* RESTRINGIDO. Asiento en forma de tijera con patas curvas y piezas anchas de cuero para apoyar espalda y brazos.

jane *s. f.* URUG. Lejía.

jansenismo *s. m.* (no contable) Doctrina religiosa del siglo XVII que consideraba a la gracia divina como única responsable de la salvación del alma: *El jansenismo negaba el libre albedrío de las personas.*

jansenista *adj.* **1** De Cornelio Jansen o del jansenismo: *doctrina jansenista.* || *s. m. / f.* **2** Persona partidaria del jansenismo.

japonés, sa *adj. / s. m.* y *f.* **1** De Japón, país asiático: *la industria japonesa, la cultura japonesa, el emperador japonés. Los japoneses viajan mucho.* || *s. m.* **2** LING. Lengua asiática hablada en Japón.

japuta *s. f.* (macho y hembra) *Brama raii.* Pez de forma ovalada, de color grisáceo con el vientre plateado, que habita en mares cálidos y es apreciado como alimento: *La japuta es muy frecuente en el Mediterráneo.* SIN. palometa.

jaque *s. m.* JUEGOS. Jugada de ajedrez en la que el rey o la reina están amenazados por una pieza contraria: *jaque al rey.* **~ mate*.** FR. Y LOC. **tener / traer en ~** COLOQUIAL. Inquietar o importunar ‹una persona› a otra persona continuamente: *Desde que la policía me controla tanto, me tienen en jaque y no puedo dedicarme a mis negocios. Estos niños tienen en jaque a la maestra, son malísimos.*

jaqueca *s. f.* **1** MED. Dolor intenso de un lado de la cabeza que produce náuseas y vómitos: *La jaqueca puede ser de carácter hereditario.* SIN. migraña. **2** COLOQUIAL. Dolor de cabeza de cualquier tipo: *El humo le produce jaqueca. Cuando no quiere salir dice que tiene jaqueca.*

jaquetón *s. m.* (macho y hembra) *Carcharodon carcharias.* Tiburón de gran tamaño, cuerpo rechoncho, color gris o azulado y dentadura poderosa, que es muy buen depredador: *El jaquetón puede superar los diez metros de longitud.*

jara *s. f. Cistus ladaniferus.* Género de arbustos mediterráneos de hojas vistosas y flores blancas, rosas, o amarillentas con fruto en cápsula, que se usa con fines ornamentales: *La jara es propia de la región mediterránea.*

jarabe *s. m.* **1** (no contable) Líquido alimenticio o medicinal, de consistencia espesa, elaborado con agua, azúcar y otros ingredientes, obtenido por ebullición o por medios químicos: *jarabe de grosella, jarabe para la tos. He ido al médico y me ha recetado un jarabe y unas pastillas.* **2** (no contable) Bebida muy dulce. **3** AMÉR. Baile nacional mexicano, derivado del zapateado español. || **4 ~ de palo** COLOQUIAL. Paliza, golpes dados como castigo: *Si no me obedeces te voy a dar jarabe de palo.*

jaramago *s. m.* Planta herbácea de la familia de las crucíferas, de pequeñas flores amarillas.

jarana *s. f.* **1** COLOQUIAL. Juerga, diversión o fiesta en la que participa un grupo de personas: *No estudia nunca: siempre está de jarana con los amigos. Se va de jarana todas las noches.* SIN. farra. **2** COLOQUIAL. Riña, alboroto o altercado entre varias personas: *Empezaron a discutir y se organizó una jarana terrible hasta que llegó la policía. Organizaron una jarana en la que hubo varios heridos.* SIN. trifulca. **3** AMÉR. C.; COLOQUIAL. Baile familiar, fiesta reservada para personas de confianza. *Después de la boda, estuvimos toda la noche de jarana en la casa de mi tío.* **4** AMÉR. C.; COLOQUIAL. Deuda, cosa que todavía no está pagada.

jaranero, ra *adj.* (ser / estar) COLOQUIAL. Que es aficionado a las jaranas o juergas: *Mis amigos son bastante jaraneros, yo en cambio no soy tan juerguista. Estás muy jaranera esta noche, se ve que tienes ganas de fiesta.*

jarcha *s. f.* LIT. Estrofa final, escrita en dialecto mozárabe, de un poema largo y culto escrito en árabe o en hebreo: *Algunos autores piensan que las jarchas son la primera manifestación de la lírica románica.*

jarcia *s. f.* **1** (preferentemente en plural) MAR. Conjunto de aparejos y cabos de un barco: *Los marineros repasaron las velas y las jarcias antes de empezar.* **2** Conjunto de redes e instrumentos para pescar.

jardín *s. m.* **1** Terreno con árboles, flores y plantas de adorno: *La brigada municipal está arreglando los jardines del barrio.* || **2 ciudad* ~. 3 ~ botánico** Terreno donde se cultivan plantas para su investigación: *Hemos visitado el jardín botánico de Madrid.* **4 ~ de infancia** Centro educativo para niños muy pequeños que todavía no van al colegio: *Cuando empiece a trabajar, tendré que llevar a la niña al jardín de infancia.* SIN. guardería. **5 ~ de infantes** ARG., URUG. Jardín de infancia. **6 parque* / ~ zoológico.**

jardinera *s. f.* **1** Maceta alargada para plantas: *Tiene dos jardineras llenas de geranios.* **2** Soporte de hierro para las macetas: *Tienen en el balcón dos jardineras con macetas.* **3** Carruaje de caballos de cuatro ruedas, descubierto y muy ligero. **4** ARG., URUG. Carro de vendedor ambulante. || **5 ~ preescolar** COL. Maestra de preescolar, parvulista.

jardinería *s. f.* (no contable) Oficio o actividad de cultivar los jardines: *Hizo unos cursos de jardinería por correspondencia.*

jardinero, ra *s. m. / f.* **1** Persona que tiene por oficio el cuidado y cultivo de un jardín: *el jardinero del parque, el jardinero de la mansión. Le he encargado a la jardinera un ramo de rosas para mi novia.* || *s. m.* **2** ARG., URUG. Peto. FR. Y LOC. **a la jardinera** Manera de cocinar la carne con muchas verduras: *ternera a la jardinera.*

jareta *s. f.* **1** Dobladillo que se hace en una prenda para pasar por él una cinta o goma y ajustarla: *A este pantalón de deporte le falta la jareta para meter la goma elástica.* **2** Costura de adorno que consiste en un pliegue cosido con un pespunte paralelo: *Ahora estoy haciendo la jareta de la falda.*

jaretón *s. m.* Dobladillo muy ancho.

jarilla *s. f.* ARG., CHILE. Arbusto muy resinoso.

jaripeo *s. m.* MÉX.; COLOQUIAL. Fiesta charra en la que se hacen exhibiciones con el lazo y los caballos.

jarra *s. f.* **1** Recipiente de cuello y boca ancha, con un asa y un pico en el borde para poder echar el líquido con facilidad: *jarra de agua, jarra de vino, jarra de zumo.* **2** Recipiente cilíndrico con un asa, para beber cerveza: *No me pongas la cerveza en una jarra, me llevo la botella.* **3** Cantidad de cerveza que cabe en este recipiente: *Ayer nos bebimos demasiadas jarras y hoy tenemos resaca. Ponnos dos jarras y una caña de cerveza.* FR. Y LOC. **de / en jarras** Con los brazos formando un ángulo recto y las manos apoyadas en la cintura: *La chica esperaba en jarras, impaciente y algo enfadada, a su novio.*

jarrear *v. impers.* COLOQUIAL. Llover mucho: *Estuvo jarreando durante horas.* SIN. diluviar.

jarrete *s. m.* **1** ANAT. Parte alta y carnosa de la pantorrilla: *el jarrete de una res.* **2** ANAT. Corva de la pierna de las personas y los cuadrúpedos. **3** COL.; RESTRINGIDO. Talón del pie.

jarretera *s. f.* **1** HIST. Orden militar inglesa fundada por Eduardo III cuya insignia es una liga. **2** COL. Herida producida por las niguas en los jarretes.

jarro *s. m.* Vasija de boca ancha y con un asa: *Pon un jarro con agua a calentar.* FR. Y LOC. **a boca* (de) ~. a bocajarro*. a jarros** Abundantemente: *Llueve a jarros.* **echar un ~ de agua fría** Quitar ‹una persona› a otra persona una esperanza o algo que deseaba: *Le echaron un jarro de agua fría cuando le dijeron que habían suspendido el concierto. El gol en el primer minuto cayó como un jarro de agua fría sobre los aficionados.*

jarrón *s. m.* **1** Vasija decorativa o para poner flores: *jarrón chino. Voy a poner las flores en el jarrón.* **2** ARQ. Pieza arquitectónica decorativa en forma de jarro.

jaspe *s. m.* Variedad de calcedonia, de grano fino y colores variados, que se emplea en ornamentación.

jaspeado, da *adj.* (ser / estar) Que tiene vetas o salpicaduras como el jaspe: *El vestido era jaspeado. La tela estaba jaspeada. Un hermoso suelo de mármol jaspeado resaltaba la escalera del palacio.*

jatear *v. intr.* PERÚ; JERGAL. Dormir ‹una persona›.

jato *s. m.* PERÚ; JERGAL. Casa.

jauja *s. f.* **1** (no contable) COLOQUIAL; HUMORÍSTICO. Lugar o situación ideal donde se cumplen todos los deseos de las personas: *vivir en jauja. Hija tú te crees que aquí vivimos en jauja. ¡Esto es jauja!. No podemos comprar todo lo que quieras; esto no es jauja.* **2** CHILE; COLOQUIAL. Mentira, falsedad.

jaula *s. f.* **1** Caja o espacio con barrotes para encerrar animales: *la jaula de los leones, la jaula del canario. Abrieron la jaula de la elefanta para limpiarla.* **2** COLOQUIAL. Cárcel: *meter a alguien en la jaula. Ahora está en la jaula cumpliendo condena.* **3** COL. Camión para ganado o pesos pesados. **4** VEN.; COLOQUIAL. Furgón policial para transportar presos. || **5 ~ / olla de grillos** COLOQUIAL; INTENSIFICADOR. Lugar con personas ruidosas donde hay mucho alboroto: *La clase era una jaula de grillos. La reunión fue una verdadera jaula de grillos y no se pudo llegar a ningún acuerdo.*

jauría *s. f.* **1** CAZA. Conjunto de perros que participan juntos en una cacería: *La jauría acosaba al ciervo hasta que lo abatió.* **2** Grupo de perros que van juntos: *Una jauría de perros salvajes atacó al rebaño.*

javanés, sa *adj. / s. m.* y *f.* **1** De Java, isla de Indonesia: *collar javanés, nativo javanés. Los javaneses son mayoritariamente de raza malaya.* || *s. m.* **2** LING. Lengua del grupo indonesio hablada en las islas de Java y Sumatra.

jayán, na *s. m. / f.* **1** LITERARIO. Persona de gran estatura y muy fuerte: *La casa del alcalde estaba protegida por dos jayanes del pueblo.* || *s. m.* **2** LITERARIO, JERGAL. Delincuente, rufián respetado por los demás.

jazmín *s. m.* **1** *Jasminum officinale.* Planta de jardín de la familia de las oleáceas, generalmente trepadora, de hojas compuestas y flores muy olorosas que se usa en perfumería: *perfume de jazmín. El jazmín es una planta originaria de Persia.* **2** Flor de los jazmines. || **3 ~ de la India** Gardenia. *Uno de los componentes de este perfume es el jazmín de la India.*

jazz o **yaz** (plural *jazz*; del inglés; pronunciamos *'yas'*) *s. m.* (no contable) Género musical originario de Estados Unidos, creado por músicos negros a finales del siglo XIX, de ritmo cambiante en el que la improvisación tiene gran importancia: *club de jazz. El grupo toca jazz.*

je *interj.* COLOQUIAL. Se usa para expresar la risa: *A mí no me hace gracia, pero si quieres me río: je, je.*

jeanería *s. f.* ARG., URUG. Tienda de ropa vaquera.

jeans (plural; del inglés; pronunciamos *'yins'*) *s. m.* Pantalones vaqueros.

jebe *s. m.* **1** QUÍM. Alumbre. **2** AMÉR. Árbol del caucho. **3** AMÉR. Caucho.

jecho, cha *adj.* COL. [Fruto] que está maduro.

jeder *v. intr.* Oler mal ‹una persona o una cosa›.

jediendo, da *adj.* COL. Hediendo.

jeep (marca registrada) (plural *jeeps;* del inglés; pronunciamos *'yip'*) *s. m.* Vehículo ligero y resistente que puede circular fuera de la carretera por terrenos y caminos difíciles: *un jeep con tracción en las cuatro ruedas.*

jefatura *s. f.* **1** Cargo de jefe: *En España, el Rey ostenta la Jefatura del Estado.* **2** Oficina o edificio donde están instalados ciertos organismos oficiales: *jefatura de tráfico, jefatura de policía.*

jefe, fa *s. m. / f.* **1** Persona que manda o dirige a otras personas: *jefe de una expedición, jefa de una empresa, jefe de cocina, jefa de estación. Es jefa de ventas en una importante multinacional.* **2** Líder de un grupo: *el jefe de la oposición. Es el jefe de los trabajadores en huelga.* **3** COLOQUIAL. Tratamiento que se da a una persona conocida con la que se tiene confianza o que tiene cierta responsabilidad: *¡Eh, jefe, pásame un pitillo! ¡Jefe!, ¿tiene una mesa?* **4** COLOQUIAL. Padre o madre: *Los jefes no están en casa, así que si les quiere vender una enciclopedia vuelva otro día.* || *s. m.* **5** MIL. Cualquier grado superior al de capitán e inferior al de general en el Ejército: *Ya han ascendido al capitán a comandante, o sea, que ya es un jefe.* || **6 ~ de Estado** (preferentemente con mayúscula) POLÍT. Persona que ostenta la máxima autoridad de un país: *El presidente de la república es el Jefe de Estado.* **7 ~ de Gobierno** (preferentemente con mayúscula) POLÍT. Persona que dirige el gobierno de un país: *El Jefe de Gobierno es quien nombra a los ministros.* **8 redactor* ~.** FR. Y LOC. **comandante* en ~.**

jején *s. m.* (macho y hembra) Insecto díptero americano más pequeño que el mosquito, que produce una picadura muy irritante.

jema *s. f.* PERÚ; JERGAL. Mujer.

jemer o **khmer** *adj. / s. m.* y *f.* **1** De un pueblo establecido en Camboya: *templo jemer, soldado jemer.* || *s. m.* **2** LING. Lengua hablada por los jemeres.

jengibre *s. m.* **1** *Cingiber officinale.* Planta herbácea originaria de la India con hojas lanceoladas, flores amarillas y rojas cuyo rizoma es aromático y de sabor acre y picante, que se usa en Medicina y como especia. **2** Rizoma de los jengibres.

jenízaro, ra *s. m.* **1** HIST. Soldado de la infantería turca de los siglos XIV a XIX. || *adj.* **2** MÉX.; COLOQUIAL. Agente de policía.

jeque *s. m.* Entre los musulmanes, jefe que gobierna un territorio: *Los jeques árabes suelen conservar su forma tradicional de vestir.*

jerarca *s. m. / f.* ELEVADO, COLOQUIAL; a veces PEYORATIVO. Persona que ocupa un puesto poderoso dentro de una organización: *Los jerarcas de la Iglesia se reunieron en Roma con el Papa. Se reunieron los jerarcas del partido. Allí estaban todos los jerarcas de la provincia. En las fotos aparece Franco con los jerarcas del régimen.*

jerarquía *s. f.* **1** Organización por orden de importancia de grupos, personas o cosas: *la jerarquía del ejército. El Jefe del Estado encabeza la jerarquía de la clase gobernante de un país.* **2** Cada categoría de una organización jerárquica: *En nuestra empresa hay tres jerarquías fundamentales de administrativos. Dentro de un grupo animal hay varias jerarquías.* **3** Persona de elevada categoría dentro de una organización: *Se entrevistó con las principales jerarquías de la ciudad. El Papa es la más alta jerarquía de la Iglesia Católica.*

jerárquico, ca *adj.* De la jerarquía: *Tendrás que consultarlo a tu superior jerárquico. La organización jerárquica es fundamental en esta empresa.*

jerarquizar *v. tr.* **1** Clasificar ‹una persona o una cosa› [a una persona o una cosa] según determinados criterios: *El número de discos vendidos jerarquiza a los cantantes de la lista de éxitos. Nos van a jerarquizar a los empleados por orden de antigüedad.* **2** ARG., URUG. Mejorar ‹una persona› la calidad de una cosa. **3** ARG. Ascender ‹una persona› [a una cosa]. ⇒ **19.**

jerbo o **gerbo** *s. m.* (macho y hembra) *Dipus sagitta.* Mamífero roedor del norte de África, pelaje amarillento, cola larga y extremidades posteriores muy desarrolladas y preparadas para el salto: *El jerbo vive en terrenos arenosos, donde excava madrigueras para refugiarse del calor.*

jeremías (plural *jeremías*) *s. m. / f.* COLOQUIAL. Persona que siempre está quejándose y lamentándose: *Está hecho un jeremías, todo el día protestando por su mala suerte.*

jerez *s. m.* **1** (invariable; no contable) Vino blanco, seco, de gran calidad y alta graduación, que se elabora en la provincia de Cádiz, España: *El jerez le encanta.* **2** Cantidad de vino de Jerez contenida en un vaso o copa: *Póngame un jerez, por favor.*

jerezano, na *adj. / s. m.* y *f.* De una de las poblaciones españolas que recibe el nombre de Jerez: *vino jerezano.*

jerga *s. f.* **1** LING. Lenguaje especial y característico de un grupo social o profesional: *la jerga política, la jerga yuppie, la jerga estudiantil. Si me habla en la jerga médica no voy a entender nada.* **2** Lenguaje oscuro: *No hay quien entienda la jerga de estos papeles oficiales.* SIN. galimatías.

jergal *adj.* De la jerga: *frases jergales, expresión jergal.*

jergón *s. m.* Especie de colchón sin bastos, relleno de hierba o paja: *Nos dejaron dormir en un jergón del pajar lleno de pulgas.*

jerigonza *s. f.* RESTRINGIDO. Lenguaje poco claro o difícil de entender: *En su último trabajo utiliza una jerigonza ininteligible. Cree que habla bien francés, pero usa una jerigonza que hace reír.*

jeringa *s. f.* **1** Instrumento para aspirar o expulsar líquidos formado por un émbolo y un tubo: *Me sacaron sangre para el análisis con una jeringa enorme. Las jeringas desechables son más higiénicas.* **2** URUG.; COLOQUIAL. Persona o animal molesto o fastidioso.

jeringar *v. tr.* **1** COLOQUIAL. Causar ‹una persona o una cosa› fastidio [a una persona]: *Nos ha jeringado con la dichosa crisis. Me jeringa la gente así.* SIN. fastidiar. **2** COLOQUIAL. Estropear ‹una persona› [una cosa]: *Ya has jeringado la radio. Emilio ha jeringado la lavadora.* || *v. prnl.* **3** COLOQUIAL. Experimentar ‹una persona› fastidio: *Si Juan tiene que volver a hacer el informe, que se jeringue y que lo haga otra vez.* SIN. fastidiarse. **4** COLOQUIAL. Estropearse ‹una cosa›: *Se nos ha jeringado la caldera de la calefacción.* ⇒ **56.**

jeringuilla *s. f.* **1** Jeringa pequeña con una aguja incorporada que sirve para inyectar líquidos en el organismo: *jeringuilla hipodérmica, jeringuilla desechable. Le dan un miedo horrible las jeringuillas.* **2** BOT. Celinda.

jeroglífico, ca *adj.* **1** [Escritura] que utiliza figuras o símbolos para representar las palabras: *Los monumentos de los antiguos egipcios son una fuente inagotable para los estudiosos de la escritura jeroglífica.* || *s. m.* **2** Signo de la escritura egipcia representado con una figura o un símbolo: *Algunos jeroglíficos egipcios representaban ya el valor de una sola consonante.* **3** Pasatiempo que consiste en descifrar una frase expresada con símbolos y figuras: *Resuelve todos los domingos el jeroglífico del periódico.* **4** PEYORATIVO. Situación o escritura difícil de entender o de interpretar: *Me encuentro en un jeroglífico en la empresa que no sé resolver: no sé a cuál de los dos jefes hacer caso. Los apuntes son un jeroglífico, no hay quien los lea.*

jerónimo, ma *adj. / s. m.* y *f.* REL. Que pertenece a la orden religiosa católica de San Jerónimo fundada en la Edad Media por unos religiosos ermitaños.

jerosolimitano, na o **hierosolimitano, na** *adj. / s. m.* y *f.* De Jerusalén.

jersey (plural *jerséis*) *s. m.* **1** Prenda de punto con mangas que cubre desde el cuello hasta más abajo de la cintura: *un jersey de lana. Iba con un jersey de cuello alto.* SIN. suéter. **2** URUG. Tela de fibra artificial, lisa y brillante, usada en prendas de vestir.

jesuita *adj.* **1** REL. De la Compañía de Jesús, orden religiosa católica fundada por San Ignacio de Loyola: *colegio jesuita, convento jesuita.* || *adj. / s. m.* **2** Que pertenece a la orden religiosa de la Compañía de Jesús: *un sacerdote jesuita, una reunión de jesuitas.* || *adj. / s. m.* y *f.* **3** COLOQUIAL, RESTRINGIDO; PEYORATIVO. Que es hipócrita o falso: *Tu amigo es muy jesuita, siempre con sus modales educados, pero poco de fiar.*

jesuítico, ca *adj.* **1** De la Compañía de Jesús, orden religiosa católica, o de los jesuitas: *educación jesuítica, moral jesuítica, conducta jesuítica.* **2** COLOQUIAL, RESTRINGIDO; PEYORATIVO. [Comportamiento, actitud] que es hipócrita o poco clara: *No podemos fiarnos de él, hace unas propuestas jesuíticas, absolutamente inaceptables.*

jet (del inglés; pronunciamos *'yet'*) *s. m.* **1** Avión a reacción: *Viajó en un jet privado.* || *s. f.* **2** (no contable) Conjunto de personas ricas y famosas, que viajan mucho y se dedican aparentemente sólo a una vida de diversión y placer: *A la fiesta de la embajada acudió toda la jet. Si quieres estar enterado de qué hace la jet, compra las revistas del corazón.* **~ set. ~ society.**

jeta *s. f.* **1** COLOQUIAL. Cara de una persona: *No te preocupes y alegra esa jeta.* **2** (no contable) COLOQUIAL; PEYORATIVO. Descaro o desvergüenza: *Tu amiga tiene mucha jeta.* SIN. caradura. **3** Hocico del cerdo: *Me gusta mucho la jeta como la prepara mi tía.* || *adj. / s. m.* y *f.* **4** COLOQUIAL; PEYORATIVO. [Persona] que es fresca o desvergonzada: *No me fío de él; es un jeta. Margarita es una jeta que siempre espera aprovecharse de los demás.* FR. Y LOC. **estirar la ~** AMÉR. Poner mala cara.

jetón, na *adj.* AMÉR. Jetudo.

jetudo, da *adj.* **1** Que tiene jeta u hocico: *Es un animal jetudo.* **2** COLOQUIAL, RESTRINGIDO; PEYORATIVO. Que es descarado o desvergonzado: *Es un jetudo, siempre espera que paguen los demás y él no invita nunca.*

ji *s. f.* **1** Vigésimosegunda letra del alfabeto griego, que se translitera en español por «j». || *interj.* **2** COLOQUIAL. Se usa para expresar la risa: *Se tapó la boca y se fue riendo: «ji, ji, ji».*

jíbaro, ra *adj. / s. m.* y *f.* Que pertenece a un pueblo amerindio que vive en la cuenca amazónica: *las costumbres jíbaras. Los jíbaros reducían las cabezas de los enemigos. Los jíbaros viven en comunidades de pocas personas.*

jibia *s. m.* **1** (macho y hembra) Sepia, molusco. **2** Piedra caliza dura que tienen en su interior las sepias.

jibión *s. m.* **1** Pieza caliza de la jibia. **2** RESTRINGIDO. Calamar.

jícara *s. f.* **1** AMÉR. Vasija pequeña hecha de una calabaza. **2** RESTRINGIDO. Taza de loza para tomar chocolate: *Las jícaras están en la alacena.*

jicote *s. m.* (macho y hembra) AMÉR. C., MÉX. Avispa, grupo de varios insectos himenópteros de cuerpo negro y amarillo y picadura muy dolorosa.

jicotera *s. f.* 1 MÉX.; COLOQUIAL. Nido o panal de jicotes. 2 MÉX.; COLOQUIAL. Zumbido de las avispas.

jiennense o **jienense** *adj. / s. m.* y *f.* De Jaén, ciudad y provincia española: *los campos jiennenses. Los jienenses ganaron el partido.* SIN. *jaenero, jaenés.*

jijona *s. m.* (no contable) Turrón blando, elaborado con almendras trituradas y miel, propio de Jijona, España: *una tableta de Jijona. El jijona es el turrón que más me gusta.*

jilguero *s. m.* (macho y hembra) *Carduelis carduelis.* Ave pequeña, de plumaje pardo, con manchas de colores, que tiene un bonito canto y se tiene frecuentemente en cautividad: *El jilguero busca terrenos abiertos y anida en los árboles. Tenemos un jilguero en una jaula.*

jilote *s. m.* 1 MÉX. Mazorca de maíz de granos aún tiernos. 2 MÉX. Inflorescencia del maíz.

jineta *s. f.* 1 (macho y hembra) Gineta, animal. 2 HÍPICA. Forma de montar a caballo que consiste en llevar los estribos muy cortos y las piernas muy dobladas y pegadas al animal: *montar a la jineta.* 3 AMÉR. Amazona, mujer que monta a caballo.

jinete *s. m.* 1 Persona que monta a caballo: *El jinete cayó del caballo al final de la carrera. Es un jinete experto.* 2 MIL. Soldado a caballo.

jineteada *s. f.* 1 AMÉR. DEL S. Doma de caballos. 2 ARG., CHILE, URUG. Demostración de habilidad de una persona montando a caballo.

jinetear *v. tr.* 1 ARG., URUG. Domar ‹una persona› [un caballo]. 2 BOL., HOND., MÉX. Montar ‹una persona› [potros y toros sin domar]. 3 MÉX. Disponer ‹una persona› temporalmente del dinero de otra persona. 4 CHILE; VULGAR. Sojuzgar, dominar ‹una persona› [a otra persona].

jingle (del inglés; pronunciamos *'yingle'*) *s. f.* ARG., URUG. Canción de música pegadiza de un anuncio.

jiñar *v. intr.* 1 VULGAR. Expulsar ‹una persona› [los excrementos]: *Ha dicho que lo esperemos, que iba a jiñar. Me estoy jiñando.* || *prnl.* 2 VULGAR. Asustarse ‹una persona› mucho: *Cuentan muchas historias de la guerra, pero en cuanto oían un tiro estaban todos jiñados.*

jipato, ta *adj. / s. m.* y *f.* VEN.; COLOQUIAL. Persona que es pálida o enfermiza.

jipiar *v. tr.* 1 COLOQUIAL. Ver ‹una persona› [a otra persona o una cosa]: *No jipio nada. A ver qué haces, niño, que te estoy jipiando.* || *v. intr.* 2 COL.; COLOQUIAL. Lloriquear ‹una persona›.

jipido *s. m.* FOLC. Jipío.

jipijapa *s. f.* 1 Tira flexible que se obtiene de las hojas de palma y que se emplea para hacer sombreros. || *s. m.* 2 Sombrero de ala ancha hecho con las tiras flexibles que se obtienen de las hojas de palma: *El jipijapa se usa mucho en América del Sur.*

jipío o **jipido** *s. m.* FOLC. Grito o quejido que se intercala en el cante flamenco: *Da unos jipíos que te llegan al alma.*

jipioso, sa *adj. / s. m.* y *f.* COLOQUIAL; PEYORATIVO. Hippie o propio del hippie: *Caminando por Oxford Street puede toparse con una tienda de nombre jipioso: Sunlight.*

jira (diferente de *gira*) *s. f.* RESTRINGIDO. Comida campestre entre amigos: *Vamos a organizar una jira el domingo.*

jirafa *s. f.* 1 (macho y hembra) *Giraffa camelopardalis.* Mamífero rumiante africano de gran altura, cuello largo y delgado, color amarillento con manchas oscuras y dos cuernos pequeños en la cabeza: *Las jirafas suelen vivir agrupadas en rebaños.* 2 COLOQUIAL; INSULTO. Persona muy alta: *No me gusta esa chica porque es una jirafa, le llego por el hombro.* 3 Brazo articulado y móvil que sostiene un micrófono: *En la parte superior de la pantalla aparecía la jirafa que seguía los pasos de los actores.*

jirón *s. m.* 1 Trozo desgarrado de un vestido o de una tela: *Traía la camisa hecha jirones. Con un jirón de la falda la heroína le vendó la herida del brazo.* 2 ELEVADO. Parte pequeña desgarrada o separada con violencia de un todo: *Lo amenazó con arrancarle la piel a jirones. Aquel hijo que yacía muerto era un jirón de su propia carne.*

jitomate *s. m.* MÉX.; COLOQUIAL. Tomate.

jiu-jitsu o **yiu-yitsu** (del japonés; pronunciamos *'yiu-yitsu'*) *s. m.* DEP. Sistema de lucha japonés en el que se efectúan golpes y presas con manos y pies: *Practica jiu-jitsu en un gimnasio donde enseñan artes marciales.*

JJ. OO. *s. m.* Sigla de «Juegos Olímpicos», España.

jo *interj.* 1 COLOQUIAL; DISGUSTO Y ENFADO, SORPRESA. Se usa para expresar fastidio, enfado, sorpresa o protesta: *¡Jo, qué tarde! ¡Jo, mamá, yo no quiero comer! ¡Jo, déjame en paz!* 2 COLOQUIAL. Se usa para expresar la risa: *Sabía que no estaba bien, pero no podía aguantar la risa, y se oía: «jo, jo, jo».*

jobar *interj.* COLOQUIAL; DISGUSTO Y ENFADO, SORPRESA. Se usa para indicar que una cosa causa disgusto, extrañeza o admiración: *¡Jobar, estoy harto de trabajar! ¡Jobar, qué restaurante más lujoso!*

jockey, yóquey o **yoqui** *s. m.* DEP., HÍPICA. Jinete que se dedica profesionalmente a correr en las carreras de caballos: *Un jockey debe ser pequeño y tener poco peso.*

joco, ca *adj.* AMÉR. C., MÉX.; COLOQUIAL. Fruta que está pasada.

jocoque *s. m.* MÉX.; COLOQUIAL. Especie de queso elaborado con leche agria.

jocosidad *s. f.* (no contable) ELEVADO. 1 Cualidad de jocoso: *La jocosidad del poema viene dada por el propio tema.* 2 Dicho o hecho jocoso: *No me hacen gracia sus jocosidades.*

jocoso, sa *adj.* (ser / estar; antepuesto / pospuesto) Que es chistoso o gracioso o divertido: *Nos ha reñido pero en tono jocoso y relajado. Los dichos jocosos del presentador animaban el espectáculo. Los jocosos comentarios de la anfitriona relajaban la reunión.*

jocundidad *s. f.* (no contable) ELEVADO. Cualidad de jocundo: *La jocundidad de María era proverbial entre sus amistades. Es una autora famosa por su jocundidad.*

jocundo, da *adj.* ELEVADO. Que es alegre y agradable: *carácter jocundo. Escribe siempre con un estilo jocundo muy digno de agradecer.*

joda *s. f.* 1 COL.; COLOQUIAL. Acción de importunar, molestar. 2 ARG., URUG., VEN.; COLOQUIAL. Broma pesada.

jodedera *s. f.* VEN. Molestia continua.

joder *v. tr.* 1 VULGAR. Hacer ‹una persona› el acto sexual con [otra persona]. 2 VULGAR; DISGUSTO Y ENFADO. Causar ‹una persona o una cosa› fastidio [a una persona]: *Me jodió mucho que me llamara la jefa la atención en público. ¡A mí no me jode nadie, ese aparcamiento lo he visto yo!* SIN. fastidiar. 3 VULGAR; DISGUSTO Y ENFADO. Estropear ‹una persona› [una cosa]: *Me has jodido la tarde con la noticia. No hagas* *el gamberro en el ascensor que lo vas a joder.* || *v. prnl.* **4** VULGAR; DISGUSTO Y ENFADO. Experimentar ‹una persona› fastidio: *Que se joda Pepe, esa empresa importante se ha hecho cliente nuestra. No he conseguido las entradas, tenemos que jodernos y no podemos ir al concierto.* SIN. fastidiarse. **5** VULGAR; DISGUSTO Y ENFADO. Estropearse ‹una cosa›: *Se me ha jodido el coche en la autopista y he tenido que llamar a la grúa. Se jodió el viaje, y ya no me puedo ir de vacaciones.* **6** VULGAR. Hacerse ‹una persona› daño en [una parte de su cuerpo]: *Se ha jodido la pierna esquiando. Me he jodido un dedo con la puerta.* **7** ARG.; COLOQUIAL. Gastar ‹una persona› una broma [a otra persona]. || *interj.* **8** VULGAR; DISGUSTO Y ENFADO, SORPRESA. Se usa para indicar disgusto, extrañeza o admiración: *¡Joder, no sé cuándo va a acabar esta película tan pesada! ¡Joder, qué golpe se han dado!* FR. Y LOC. **¡(anda y) que te jodan!** VULGAR; DISGUSTO Y ENFADO. Se usa para expresar que no se está de acuerdo con una cosa que otra persona ha dicho o ha hecho: *¿Que yo me encargue de hacer eso? ¡Anda y que te jodan!* **¡hay que joderse!** VULGAR; DISGUSTO Y ENFADO. Se usa para expresar que hay que resignarse con una cosa o con el comportamiento de una persona: *¡Hay que joderse con esta mierda de ordenador, siempre se me estropea! ¡Hay que joderse con los precios de este restaurante!* **joderla** VULGAR; DISGUSTO Y ENFADO. Hacer o decir ‹una persona› [una cosa inoportuna o desagradable]: *Ya habíamos conseguido el permiso del jefe, pero Jaime la ha jodido. Vamos a hablar con este cliente, pero tú estás calladito, porque la vas a joder como siempre. La hemos jodido, nos hemos quedado sin gasolina y la próxima gasolinera está lejos.* **jorobar / ~ la marrana*. ¿no te jode?** VULGAR; DISGUSTO Y ENFADO. Se usa para indicar que una cosa causa fastidio: *¿No te jode? La jefa mira el proyecto y dice que no está mal, pero que para nuestra capacidad es mediano. Ahora, cuando ya está hecho, dice que es fácil hacerlo, ¿no te jode?*

jodido, da *adj.* **1** (estar) VULGAR. Que siente fastidio o no se encuentra bien física o psicológicamente: *Está jodido* ***de*** *los bronquios. Está muy jodido* ***con*** *la muerte de su padre.* **2** VULGAR; PEYORATIVO. Que es muy malo, desagradable, incómodo o inaceptable desde cualquier punto de vista: *Es un tío jodido, que no hace más que armar follón por donde va.* **3** (antepuesto / pospuesto) VULGAR; PEYORATIVO, INSULTO. Se usa para calificar a una persona o una cosa, sin significado concreto: *Tiene un estilo de escribir jodido. ¡La jodida puerta esta, no se deja arreglar! A esta jodida máquina se le engancha la ñ. Fue una fiesta jodida, me aburrí mucho.* **4** COLOQUIAL, VULGAR. [Persona] que causa molestia o aburrimiento: *Es que tu novia es muy jodida, sólo quiere hablar de filosofía. El vecino es jodidísimo, en cuanto te descuidas se mete en casa y te cuenta su vida.* **5** VEN.; VULGAR. Que es valiente.

jodienda *s. f.* VULGAR; DISGUSTO Y ENFADO. Cosa que fastidia o incomoda mucho: *Es una jodienda tener que levantarse cada mañana a las seis.*

jodón, na *adj. / s. m.* y *f.* ARG., URUG.; COLOQUIAL. [Persona] que es aficionada a gastar bromas.

jofaina *s. f.* RESTRINGIDO. Palangana.

jogging (del inglés; pronunciamos *'yoguin'*) *s. m.* (no contable) DEP. Ejercicio físico que consiste en correr a ritmo moderado: *Hace jogging todas las mañanas.* SIN. footing.

joker (del inglés; pronunciamos *'yóquer'*) *s. m.* JUEGOS. Comodín de la baraja francesa.

jolgorio *s. m.* COLOQUIAL. Diversión o fiesta alegre y ruidosa: *El último día de clase los estudiantes tenían montado un gran jolgorio. Hay un buen jolgorio en la calle.* SIN. juerga.

jolín o **jolines** *interj.* COLOQUIAL; DISGUSTO Y ENFADO, SORPRESA. Se usa para indicar disgusto, extrañeza o admiración: *¡Jolín, qué harto estoy ya de esto! ¡Jolín, qué coche se ha comprado!*

jondo Se usa en la LOC. **cante* hondo / ~.**

jónico, ca *adj. / s. m.* **1** Estilo arquitectónico de la Grecia clásica caracterizado por la columna apoyada sobre una base, fuste acanalado y capitel con volutas. **columna jónica. orden ~.** || *adj. / s. m.* y *f.* **2** HIST. Jonio. || *s. m.* **3** LING. Dialecto del griego clásico.

jonio, nia *adj. / s. m.* y *f.* HIST. Que perteneció a un pueblo indoeuropeo que se estableció en Grecia hacia el segundo milenio a. C.: *Ha hecho un trabajo sobre los jonios. Los jonios colonizaron la región a la que dieron nombre tras ser expulsados del Peloponeso por los dorios.*

jonrón *s. m.* DEP.; VEN. En béisbol, golpe que permite recorrer las tres bases y anotar una carrera de bateador.

jopé *interj.* COLOQUIAL; DISGUSTO Y ENFADO, SORPRESA. Se usa para indicar disgusto, extrañeza o admiración: *¡Jopé, qué golpe me he dado! ¡Jopé, vaya notas que ha sacado!*

jopo *s. m.* **1** Hopo. **2** COL.; VULGAR. Ano.

jora *s. f.* AMÉR. DEL S. Maíz germinado que se usa para preparar la chicha.

jordano, na *adj. / s. m.* y *f.* De Jordania, país asiático: *la frontera jordana. Los jordanos ganaron el partido.*

jornada *s. f.* **1** Tiempo de duración del trabajo diario o semanal de un trabajador: *jornada completa, jornada partida, jornada reducida, jornada de ocho horas, trabajo a media jornada, trabajo de jornada entera, jornada de cuarenta horas.* **2** Tiempo de un día: *jornada de reflexión. Tardó tres jornadas en llegar a puerto. La semana que viene se realizan las jornadas sobre los derechos de la mujer.* **3** RESTRINGIDO. Camino que puede recorrerse en un día: *El pueblo más cercano está a tres jornadas de camino.* **4** LIT. Acto o división en el teatro clásico español: *un drama en tres jornadas.*

jornal *s. m.* **1** Dinero que recibe un trabajador por cada día de trabajo: *Con el jornal que cobra no puede vivir ni siquiera una persona. Gana dos jornales porque trabaja en dos sitios distintos.* **2** Trabajo que hace un trabajador que cobra por este sistema: *Para hacer esto hacen falta veinte jornales.* FR. Y LOC. **a ~** Cobrando un dinero fijo por cada día de trabajo.

jornalero, ra *s. m. / f.* Persona que trabaja a jornal, generalmente en el campo: *los jornaleros de la vendimia. Los jornaleros reclamaban a principios de siglo un reparto más justo de la tierra.*

joroba *s. f.* **1** ANAT. Arqueamiento de la espalda, el pecho o de ambos a la vez debido a una desviación de la columna vertebral: *Es la joroba lo que le hace andar encorvado.* SIN. chepa. **2** ZOOL. Abultamiento que tienen algunos animales en el lomo: *Las jorobas de un camello funcionan como un depósito de agua.* SIN. giba. **3** (no contable) COLOQUIAL. Molestia o fastidio: *Es una joroba tener que madrugar tanto.* || **4** *interj.* COLOQUIAL; DISGUSTO Y ENFADO, SORPRESA. Se usa para indicar que una cosa causa fastidio o sorpresa: *¡Joroba! Ahora tengo que ir yo a por el paquete a correos.*

jorobado, da *adj.* 1 (estar) COLOQUIAL. Que siente fastidio o no se encuentra bien física o psicológicamente: *Está jorobado a causa de una gripe. Su chica lo tiene jorobado porque lo quiere dejar.* 2 Que es difícil de hacer: *María me ha mandado un trabajo muy jorobado.* || *adj./s. m.* y *f.* 3 (ser/estar) PEYORATIVO. Que tiene joroba: *La niña de Pilar es un poco jorobada. Ese jorobado es un sastre estupendo.*

jorobar *v. tr.* 1 COLOQUIAL. Causar ‹una persona o una cosa› fastidio [a una persona]: *A todos nos joroba que se haya ido, pero ya no tiene remedio. Es que le gusta jorobarme.* SIN. fastidiar. 2 COLOQUIAL. Estropear ‹una persona› [una cosa]: *Ya me has jorobado el coche con tanto correr. Me ha jorobado el ordenador porque me ha metido un virus.* || *v. prnl.* 3 COLOQUIAL. Experimentar ‹una persona› fastidio: *Si no viene, pues te jorobas. Se ha jorobado, porque creía que me iba a vencer y le he ganado yo.* SIN. fastidiarse. 4 COLOQUIAL. Estropearse ‹una cosa›: *Se me ha jorobado la moto y he tenido que venir andando. Se ha jorobado la subvención y no vamos a tener un duro.* 5 COLOQUIAL. Hacerse ‹una persona› daño en [una parte de su cuerpo]: *Se ha jorobado la rodilla patinando.* FR. Y LOC. **~/joder la marrana*. ¡no te joroba!** COLOQUIAL; VULGAR. Se usa para indicar el disgusto, la contrariedad o el enfado por una cosa: *Ahora, después de sacar los billetes, dice que no puede venir de viaje; ¡no te joroba! –«Se ha enfadado porque quería que fuéramos a su casa.» –«¡No te joroba!, si habíamos quedado todos aquí.»*

jorobón, na *adj./s. m.* y *f.* ARG., URUG.; COLOQUIAL. Que molesta o fastidia.

jorongo *s. m.* MÉX.; COLOQUIAL. Poncho o capote largo.

joropo *s. m.* COL.; VEN. Música y baile zapateado por parejas, típicos de la llanura.

jorra *adj.* COL. Horra.

josefino, na *adj./s. m.* y *f.* 1 REL. Que pertenece a una de las congregaciones devotas de San José. 2 HIST. Que era partidario de José Bonaparte, rey impuesto a principios del siglo XIX por Napoleón en la Península.

jota *s. f.* 1 Nombre de la letra «j»: *La palabra «jirafa» se escribe con «j», no con «g».* 2 COLOQUIAL; NEGACIÓN. Nada o muy poco: *No sé ni jota de inglés. No veo ni jota. De eso no entiendo una jota.* 3 FOLC. Baile popular de distintas regiones españolas: *bailar la jota. La jota de Aragón es la más popular. Le gustan mucho las jotas navarras.* 4 FOLC. Música y letra de la jota: *cantar una jota. Compuso varias jotas.*

jote *s. m.* ARG., CHILE, PERÚ. Especie de buitre de color negro, con la cabeza y el cuello sin plumas.

jotero, ra *s. m./f.* FOLC. Persona que canta, baila o compone jotas: *Estoy en un grupo jotero de Calatayud.*

joto *s. m.* 1 MÉX.; COLOQUIAL. Homosexual masculino. 2 COL.; RESTRINGIDO. Conjunto o paquete de cosas atadas.

joule (pronunciamos *'yul'*) *s. m.* FÍS. Julio, unidad de trabajo y energía, en la nomenclatura internacional.

jovato, ta *adj./s. m.* y *f.* ARG., URUG.; COLOQUIAL. [Persona] que es vista como mayor.

joven *adj.* 1 De la juventud: *moda joven, música joven.* SIN. juvenil. 2 (ser/estar) Que mantiene alguna de las características de la juventud: *Su corazón es joven. A pesar de su edad, está muy joven. Tiene ochenta años, pero un espíritu joven.* 3 ZOOL. [Animal] que aún no ha alcanzado la madurez sexual o el desarrollo completo de su metamorfosis: *Es un caballo joven.* || *adj./s. m.* y *f.* 4 (antepuesto/pospuesto) Que tiene pocos años: *un joven elegante, una joven atrevida. Es una joven actriz. Es demasiado joven* ***para*** *casarse.*

jovial *adj.* (ser/estar; antepuesto/pospuesto) Que está o tiende a estar de buen humor, alegre, y dispuesto a decir cosas graciosas y a gastar bromas: *El tono es jovial y divertido. A pesar de su enfermedad, está siempre jovial, con ganas de bromear y divertirse. Su jovial carácter no hacía esperar que se fuera a enfadar tanto. Tiene un espíritu muy jovial, da gusto estar con él.*

jovialidad *s. f.* (no contable) ELEVADO. Cualidad de jovial: *La jovialidad va con su carácter. La jovialidad con que empezó la reunión pronto dio paso a los malos modos y los enfados. Siempre tiene mucha jovialidad.*

joy *s. m.* MÉX.; VULGAR. Amigo, compañero.

joya *s. f.* 1 Objeto de valor que sirve de adorno, realizado con metales y piedras preciosas: *Tiene una maravillosa colección de joyas. No le gusta llevar joyas. Sé que me va a regalar una joya.* 2 Persona o cosa de mucha valía: *Este muchacho es una joya, tiene todas las virtudes. Tiene una mujer que es una joya, de inteligente, de guapa, de cariñosa, de trabajadora. Este coche es una joya, porque no gasta nada de gasolina y me sale baratísimo.*

joyel *s. m.* RESTRINGIDO. Joya pequeña.

joyería *s. f.* 1 (no contable) Arte y oficio de hacer o vender joyas: *Es uno de los mayores especialistas en joyería.* 2 Establecimiento donde se venden joyas: *Han puesto una joyería nueva en la esquina.* 3 Taller donde se hacen joyas: *Me dijeron que debían llevarlo a la joyería para que le repusieran el diamante al anillo.*

joyero, ra *s. m./f.* 1 Persona que por oficio diseña o vende joyas: *Es joyero por tradición familiar. Quiero ir a la joyera a que me enseñe unos pendientes.* || *s. m.* 2 Caja pequeña para guardar joyas: *joyero de plata. Me han regalado un joyero con música precioso.*

ju *interj.* COLOQUIAL. Se usa para expresar la risa: *El ju, ju, ju hacía pensar que se lo estaba pasando en grande.*

juagado, da *adj.* COL.; COLOQUIAL. Que está mojado o empapado.

juagar *v. tr.* COL. Lavar ‹una persona› [una cosa] con agua.

juanete *s. m.* Abultamiento anormal del hueso del dedo gordo del pie: *Los juanetes la están matando de dolor. Me voy a operar de juanetes.*

jubilación *s. f.* 1 (no contable) Acción y resultado de jubilar o jubilarse: *La jubilación obligatoria es a los 65 años. No quiero pensar en la jubilación. Tengo muchos proyectos para cuando me llegue la jubilación.* **~ anticipada.** 2 Cantidad de dinero que cobra un jubilado: *Mi abuelo cobra la jubilación desde hace un año. Las jubilaciones se han dignificado en los últimos años.* SIN. pensión.

jubilado, da *adj./s. m.* y *f.* (ser/estar) [Persona] que ha dejado definitivamente el trabajo a causa de la edad o de una incapacidad física: *Yo ya estoy jubilado. Esa señora es jubilada. Las personas jubiladas necesitan sentirse útiles. Muchos jubilados suelen tener problemas económicos.* **hogar* del ~/pensionista.**

jubilar *v. tr./prnl.* 1 Hacer dejar ‹una persona› su trabajo [a otra persona] por tener la edad reglamentaria o por enfermedad, asignándole una pensión: *Tuvo un accidente la-*

boral y lo jubilaron con una indemnización. Se jubiló a los sesenta años. || *v. tr.* **2** COLOQUIAL. Dejar de utilizar ‹una persona› [una cosa vieja, anticuada o inútil]: *Me parece que voy a jubilar el coche, porque se estropea muy a menudo. Esta nevera está para jubilarla.*

jubilar *adj.* RESTRINGIDO. Del jubileo.

jubileo *s. m.* **1** (no contable) REL. Entre los cristianos, indulgencia plenaria concedida por el Papa en determinadas ocasiones solemnes: *El jubileo se gana peregrinando los años santos a determinados lugares. Para ganar el jubileo fueron a Santiago el Año Santo.* **2** (no contable) COLOQUIAL; RESTRINGIDO. Entrada y salida de muchas personas en un sitio: *Cuando regresa al pueblo, su casa es un jubileo.* **3** HIST. Fiesta pública que celebraban los israelitas cada cincuenta años: *Durante el jubileo se liberaba a los esclavos.*

júbilo *s. m.* (no contable) ELEVADO. Alegría muy intensa: *Había gran júbilo entre las familias agraciadas con el premio.* SIN. alborozo.

jubiloso, sa *adj.* (ser / estar, antepuesto / pospuesto) ELEVADO. Que está lleno de júbilo o alegría: *Esa noticia es jubilosa. Está muy jubilosa desde que se ha casado. Su jubiloso rostro irradiaba felicidad.*

jubón *s. m.* Prenda de vestir antigua, ajustada, con o sin mangas, que cubre la parte superior del cuerpo.

judaico, ca *adj.* REL. De los judíos: *rito judaico, religión judaica.*

judaísmo *s. m.* (no contable) Religión de los judíos, basada en la Ley de Moisés: *El judaísmo sigue el Antiguo Testamento y aún espera la llegada del Mesías.* SIN. hebraísmo.

judas (plural *judas*) *s. m. / f.* COLOQUIAL, RESTRINGIDO; PEYORATIVO. Persona malvada y traidora: *No te fíes de él, es un judas.* SIN. falso.

judeocristiano, na *adj.* Que se ha heredado de la tradición judía y cristiana: *moral judeocristiana, fiestas judeocristianas.*

judeoespañol, la *adj.* **1** De los judíos españoles o sefarditas: *la lengua judeoespañola. Las comunidades judeoespañolas se establecieron en tierras del antiguo Imperio turco.* SIN. sefardí. || *s. m.* **2** LING. Dialecto del español hablado por los judeoespañoles. SIN. ladino.

judería *s. f.* HIST. Barrio de los judíos en las ciudades medievales cristianas: *La judería estaba separada de la parte cristiana de la ciudad, pero no aislada.* SIN. aljama (ELEVADO).

judía *s. f.* **1** Planta herbácea de tallo delgado y en espiral, hojas compuestas, flores blancas o amarillas en racimo y fruto en vaina muy apreciado como alimento: *La judía es una planta originaria de América.* **2** Fruto de esta planta, que se consume en vaina, como verdura, y semilla que se consume desgranada verde o seca: *judías con chorizo, potaje de judías. He comido judías verdes con patatas.* **judías blancas. judías pintas.**

judiada *s. f.* COLOQUIAL. Acción perjudicial o injusta: *Le han hecho una buena judiada: le pincharon las cuatro ruedas del coche.* SIN. faena.

judicatura *s. f.* **1** (no contable) DER. Cargo o empleo de juez: *Está preparando las oposiciones a la judicatura.* **2** DER. Tiempo que dura el cargo de juez: *Su judicatura ha estado marcada por una salud débil.* **3** (no contable) Conjunto de los jueces de un país o de un lugar: *la judicatura valenciana, la judicatura salmantina. Recogió la opinión de algunos destacados miembros de la judicatura española.*

judicial *adj.* De los jueces, o de la administración de justicia: *sentencia judicial, error judicial.* **año* ~. partido* ~. poder* ~. policía* ~.**

judicialmente *adv. modo.* DER. Por autoridad judicial, o por procedimiento judicial, o en la vertiente judicial: *Hasta que el asunto no se resuelva judicialmente, no podemos hacer nada. Si no me lo devuelven, actuaré judicialmente contra ellos. Me demandó judicialmente.*

judío, día *adj.* **1** Del judaísmo: *la doctrina judía, el rito judío.* SIN. hebreo. **religión judía.** || *adj. / s. m.* y *f.* **2** Que profesa el judaísmo: *El día de descanso de los judíos es el sábado. Los rabinos judíos son los encargados de interpretar los textos bíblicos.* **3** HIST. De Judea, región de Palestina: *Las principales ciudades judías son Jerusalén y Hebrón. Los judíos se dispersaron cuando los romanos destruyeron Jerusalén.* **4** De Israel, país asiático de Oriente Próximo: *El ejército judío ha protagonizado varias incursiones en el sur del Líbano.* SIN. israelí. **5** RESTRINGIDO; PEYORATIVO, INSULTO. Que tiene ambición por acumular riquezas: *No seas judío y préstale a tu hijo lo que te pide.*

judión *s. m.* Variedad de judía, de gran tamaño.

judo o **yudo** (del japonés; pronunciamos *'yudo'*) *s. m.* Deporte de origen japonés que se practica sin armas entre dos luchadores, y consiste en utilizar la fuerza del contrario, por medio de llaves, para provocarle la pérdida del equilibrio e inmovilizarlo en el suelo: *La niña hace judo en un gimnasio cerca de casa. Pepe es cinturón negro de judo.*

judoka o **yudoka** (del japonés; pronunciamos *'yudoka'*) *s. m. / f.* DEP. Persona que practica el judo: *un judoka cinturón marrón.*

juego *s. m.* **1** Acción y resultado de jugar o divertirse: *participar en el juego, proponer un juego, tomar parte en el juego, mi juego favorito. ¡Hagan juego, señoras y señores!* **2** Actividad que se realiza para divertirse o para entretenerse, generalmente siguiendo unas reglas: *juego mental, juego de habilidad. Es un juego educativo. No me gustan los juegos de apuestas. Le encantan los juegos de cartas.* **campo* de ~. ~ de billar. ~ de damas. ~ de la oca. ~ de las prendas. ~ de vídeo*. terreno* de ~.** **3** Actividad que se realiza para divertirse en la que se apuesta dinero: *No me gusta el juego. Me apasiona el juego. Es un aficionado al juego. Ha perdido mucho dinero en el juego. En este país está prohibido el juego.* **4** Conjunto de piezas necesarias para jugar: *Saca el juego de ajedrez. Es un juego de treinta y dos cartas. Le he comprado un juego magnético.* **5** Unión articulada de dos partes que permite el movimiento de ambas: *el juego de la rodilla, el juego de la muñeca. Le duele el juego del tobillo.* **6** Movimiento de dos partes articuladas: *No tengo juego en la muñeca. La puerta tiene poco juego.* **7** Plan para lograr una cosa: *juego sucio, juego limpio, descubrir su juego. No me gusta tu juego. Es un juego peligroso.* **8** Cosa a la que se da poca importancia: *Para ella esta relación es un juego. Más seriedad, que esto no es un juego.* **9** Conjunto de cosas similares o que tienen un mismo fin: *juego de café, juego de toallas. Es obligatorio llevar un juego de lámparas en el coche.* **10** Combinación de elementos con un fin estético: *un juego de luces, un juego escénico.* **11** En deportes como el tenis o el voleibol, cada una de las partes que forman un set: *Va ganando por dos juegos a uno.* **12** Número de cartas que se reparte a cada jugador: *tener buen juego, tener mal juego.* **13** (en plural; con mayúscula) DEP. Competición atlética que reúne diversas modalidades y países y que se realiza cada cuatro años, en especial los Juegos Olímpicos: *los Juegos del Mediterráneo, los Juegos Iberoamericanos. Los Juegos de Barcelona se celebraron en 1992.* **14** (en plural) HIST. En la antigua Grecia y Roma, fiestas y espectáculos públicos: *los juegos del circo.* || **15 ~ de azar** Juego que depende de la suerte: *Es muy aficionado a los juegos de azar. La lotería es un juego de azar.* **16 ~ de manos** Juego de habilidad en el que se hace desaparecer y aparecer objetos: *Nos hizo un juego de manos e hizo desaparecer el huevo en el pañuelo y en su lugar apareció una paloma.* **17 ~ de niños** Asunto sencillo y fácil: *Ganar fue un juego de niños.* **18 ~ de palabras** GRAM. Uso ingenioso del doble sentido o significado de ciertas palabras: *Los juegos de palabras son muy frecuentes en la publicidad.* **19 juegos florales** LIT. Concurso poético cuyo primer premio es una flor natural: *Es el ganador de los juegos florales de este año.* **20 juegos malabares** Juego de destreza que consiste en lanzar objetos y recogerlos sin que se caigan, o en hacer complicados equilibrios: *Hicieron juegos malabares con antorchas de fuego.* **21 Juegos Olímpicos** (su abreviatura es *JJ. OO.*) Conjunto de competiciones deportivas internacionales que se celebran cada cuatro años en una ciudad seleccionada previamente: *los Juegos Olímpicos de Atlanta, la mascota de los Juegos Olímpicos. Los Juegos Olímpicos de invierno se celebraron en Sarajevo.* FR. Y LOC. **a ~** Combinado, en armonía: *Lleva el collar a juego con los pendientes y el anillo.* **abrir el ~** Dar comienzo a una partida de juego: *Te toca a ti abrir el juego, y después juega él.* **cerrar el ~** Bloquear ‹una persona› la partida sin dejar jugar a los demás, especialmente en el juego del dominó. **dar ~** 1 Ofrecer ‹una persona o una cosa› posibilidades interesantes: *Este proyecto dará juego.* 2 Dar lugar ‹una persona o una cosa› a comentarios: *Esta noticia dará juego.* **entrar en ~** Intervenir o actuar ‹una persona o una cosa›: *El delantero no ha entrado en juego en todo el partido.* **estar/andar en ~** Estar ‹una cosa› por decidir, o puesta en cuestión: *Está en juego tu reputación. Su vida está en juego. Anda en juego el dinero de muchas personas.* **fuera de ~** DEP. Posición antirreglamentaria en que se encuentra un jugador, especialmente en el fútbol: *El árbitro ha pitado fuera de juego. Siempre está en fuera de juego.* **hacer el ~** Favorecer ‹una persona› los intereses de otra persona: *Le hace el juego porque le interesa. Se lleva bien sólo con quienes le hacen el juego.* **hacer ~** Tener cierto parecido ‹dos o más cosas› para poder combinarlas: *El bolso hace juego con los zapatos.* **poner en ~** Arriesgar ‹una persona› a una persona o una cosa: *No pienso poner en juego nuestra amistad. Ha puesto en juego a su familia.* REFR. **Desgraciado en el juego, afortunado en amores.** Se usa para consolar a la persona que pierde en un juego. **Juego de manos, juego de villanos.** Se usa para indicar enfado o disgusto contra la persona que gasta bromas con el bolso o los objetos personales de otras personas que no son amigas íntimas.

juerga *s. f.* COLOQUIAL. Diversión muy animada: *Estuvieron de juerga toda la noche. La actriz tenía fama de correrse unas juergas espectaculares.*

juerguista *adj. / s. m.* y *f.* (ser / estar) Que es aficionado a las juergas: *Soy juerguista, me gusta mucho divertirme. Tus amigas son todas unas juerguistas.*

jueves (plural *jueves*) *s. m.* Día de la semana, entre el miércoles y el viernes: *Hemos quedado en vernos el jueves. Los jueves voy al gimnasio.* FR. Y LOC. **estar en medio como el ~** COLOQUIAL. Estar ‹una persona› estorbando: *Quítate, que siempre estás en medio como el jueves.* **no ser nada del otro ~ / mundo** COLOQUIAL; PEYORATIVO. No ser ‹una persona o una cosa› extraordinaria: *Su novio no es nada del otro jueves. Viven en una casa que no es nada del otro jueves.*

juez *s. m. / f.* **1** DER. Persona que tiene la autoridad para juzgar y sentenciar en los tribunales de justicia: *los jueces del Tribunal Supremo, el veredicto del juez, la toga de la juez. La cinta entregada a la juez por el diputado está manipulada.* **~ de instrucción** Juez encargado de instruir los sumarios de los asuntos penales que la ley le atribuye. **~ de paz** Juez que tiene competencia en los pueblos sin juzgados de primera instancia sobre los asuntos civiles y penales leves. **~ de primera instancia** Juez ordinario de un distrito o de un partido judicial que instruye en primera instancia asuntos civiles o dirige la instrucción de los asuntos penales. **~ togado*.** **2** Persona que evalúa los méritos de las personas que se presentan a exámenes y oposiciones: *los jueces de un tribunal de oposiciones.* **3** Persona que decide sobre una materia en la que están implicadas otras personas: *Tú, que eres una experta en el tema, haz de juez y di quién de los dos tiene razón. Aquel partido minoritario se convirtió en el juez de la situación política.* **4** DEP. Persona encargada de hacer cumplir los reglamentos deportivos. **~ de línea** En fútbol, cada uno de los dos ayudantes del árbitro que vigilan el juego por las bandas, fuera del campo. **~ de silla** En tenis y voleibol, juez que dirige un partido. **4** HIST. Antiguo magistrado supremo de Israel: *el Libro de los Jueces, en el Antiguo Testamento.* FR. Y LOC. **ser ~ y parte** Juzgar o decidir ‹una persona› sobre un tema en el que está implicada: *Tu opinión sobre si el niño tiene o no la culpa no nos sirve, porque, al ser su padre, eres juez y parte.*

jueza *s. f.* AMÉR. Mujer con facultades naturales para juzgar y sentenciar.

jugada *s. f.* **1** Acción o intervención de un jugador: *Nuestra compañía ganó al ajedrez en la décima jugada. Metió el gol en una jugada perfecta.* **2** COLOQUIAL. Acción perjudicial: *Le hicieron una mala jugada no diciéndole lo que iba a pasar.* SIN. jugarreta. **3** COLOQUIAL. Negocio bueno que hace una persona: *Esa jugada en la Bolsa le salió perfecta y ganó mucho dinero.*

jugado, da *adj.* COL. Que es experto o tiene experiencia en una cosa.

jugador, ra *adj. / s. m.* y *f.* **1** Que participa en un juego o forma parte de un equipo: *La pareja jugadora sale a la pista. Le toca a ese jugador. Hemos fichado a un nuevo jugador.* **2** Que le gustan los juegos de azar o es muy diestro en ellos: *Nunca he visto a una mujer más jugadora que ella. Es muy jugador y perderá todo el dinero en el casino. Es un gran jugador.*

jugar *v. intr. / tr.* **1** Hacer ‹una persona› cosas por diversión o entretenimiento: *Jugamos una partida de ajedrez. Mamá, no me gusta jugar sola a las muñecas. Le gusta jugar solo.* **2** DEP. Tomar ‹una persona› parte en una competición deportiva: *Jugaremos la final a las cinco de la tarde. Pilar juega al balonmano.* || *v. intr.* **3** Tomar ‹una persona› parte en un juego cada vez que le llega el turno: *Ahora juegas tú. Te toca jugar.* **4** Tomar ‹una persona› parte en [un sorteo] o en [un juego de azar]: *Jugaremos **a** la lotería. No he jugado nunca **a** las quinielas.* **5** Tomar ‹una persona› parte en [una cosa de la que piensa obtener beneficio pero de la que también puede resultar un perjuicio]: *A mi padre siempre le ha gustado jugar en Bolsa.* **6** Tener ‹una cosa› influencia en [otra cosa]: *La amistad jugó **en** su decisión. El tiempo juega **en** contra de los mineros atrapados en la mina.* SIN. influir. **7** Mover o tocar ‹una persona› [una cosa] distraídamente: *Mientras hablaba por teléfono, jugaba **con** el lápiz.* **8** Tomar ‹una persona› [a otra persona o a una cosa seria] a broma: *Pilar está jugando con los sentimientos de Pepe. Estás jugando **con** ella.* || *v. tr.* **9** RESTRINGIDO. Mover ‹una persona› [un miembro] naturalmente: *No puedo jugar bien las rodillas después del golpe.* **10** Utilizar ‹una persona› [una carta, una pieza o una ficha] en un juego: *Voy a jugar la carta más alta que tengo.* **11** Utilizar ‹una persona› [una cosa] con una finalidad: *Elena sabe jugar bien sus influencias.* || *v. tr./prnl.* **12** Poner ‹una persona› [una cosa] en peligro en el juego: ***Se** ha jugado el sueldo de dos meses. En la televisión hablaron de un hombre que **se** había jugado a su mujer a las cartas.* || *v. prnl.* **13** Poner ‹una persona› [una cosa] en peligro: *Se juega la vida cada vez que coge el coche. Ya sé que me estoy jugando el brazo con este trabajo en las prensas.* FR. Y LOC. **apostar/jugarse la cabeza*. arriesgar(se)/jugarse el pellejo*. ~ a dos bandas*. ~ a la baja** ECON. Vender ‹una persona› valores de Bolsa previendo el descenso de su cotización, para comprarlos después a menor precio. **~ al alza** ECON. Especular ‹una persona› en la Bolsa con valores esperando la subida de su cotización. **~ bien sus cartas*. ~ con** No tomar ‹una persona› en serio a otra persona: *No juegues con él, no se lo merece. Me doy cuenta de que está jugando conmigo, pero la quiero y no la puedo dejar.* **~ con dos barajas*. ~ con fuego** Realizar ‹una persona› una cosa peligrosa o arriesgada: *Tratar con chorizos es jugar con fuego. No puedes tomar esta decisión tan alegremente, porque estás jugando con fuego.* **~ la última carta*. ~ limpio** 1 No hacer ‹una persona› trampas en el juego: *No escondas cartas, ¡juega limpio! Es un tramposo, nunca juega limpio.* 2 Obrar ‹una persona› con honradez y nobleza: *No tengo miedo de su reacción porque juega limpio.* **~ sucio** 1 Hacer ‹una persona› trampas en el juego: *Nadie quiere jugar con él porque juega sucio.* 2 Obrar ‹una persona› con engaño: *Si te adelantas a su proyecto, jugarás sucio.* **~ sus bazas*. jugársela** Obrar ‹una persona› con engaño para causar un perjuicio a otra persona: *Pilar se la ha jugado a su mejor amiga contándole al director todo el plan. Nunca pensé que Miguel Ángel fuera capaz de jugármela.* **jugarse el tipo*. jugarse el todo* por el todo. jugarse la vida*. jugárselo todo a una carta*. o jugamos todos o se rompe la baraja*.** ⇒ **48.**

jugarreta *s. f.* COLOQUIAL. Engaño o faena: *No se fía de ellos porque le han hecho varias jugarretas. Espero que esto no sea una jugarreta suya.*

juglar, resa *s. m./f.* LIT., HIST. Artista ambulante que en la Edad Media tenía por oficio recitar, cantar poemas y bailar: *Los juglares solían acompañarse de algún instrumento para cantar. Los juglares cantaban o bailaban.*

juglaresco, ca *adj.* LIT., HIST. Del juglar o de la juglaría: *poesía juglaresca, canción juglaresca.*

juglaría *s. f.* (no contable) LIT., HIST. Actividad y oficio del juglar: *A la juglaría pertenecían simples acróbatas y poetas populares que recitaban poemas épicos.* **mester* de ~.**

jugo *s. m.* **1** (no contable) Líquido orgánico de las sustancias animales o vegetales que puede extraerse por presión, cocción o destilación: *Comieron ternera en su jugo. Ha bebido un jugo de tomate.* **2** FISIOL. Líquido orgánico que segregan algunas glándulas: *jugo pancreático.* **~ gástrico. 3** (no contable) COLOQUIAL. Interés o provecho de una cosa: *un libro con mucho jugo. El jugo de la noticia está en ese párrafo.* FR. Y LOC. **sacar el ~** Obtener ‹una persona› toda la utilidad o el beneficio posible de una persona o una cosa: *Ese caradura le está sacando el jugo a su familia.*

jugosidad *s. f.* **1** (no contable) Cualidad de jugoso: *La jugosidad de esta carne demuestra que es muy tierna. A mí me gustan las naranjas por su jugosidad.* **2** (no contable) RESTRINGIDO. Interés o utilidad de una cosa: *La jugosidad de este negocio se verá en los beneficios.*

jugoso, sa *adj.* **1** (ser/estar; antepuesto/pospuesto) Que tiene jugo: *¡Qué buena es esta carne y qué jugosa está! Aprovecha ahora que las peras están jugosas. Estas jugosas frutas son de mi propio huerto.* **2** (ser/estar; antepuesto/pospuesto) COLOQUIAL. Que tiene interés y utilidad: *El negocio es jugoso. Éste es el momento en que la discusión está más jugosa. El jugoso libro que ha publicado se ha convertido en número uno de ventas.* SIN. sustancioso.

juguera *s. f.* ARG., URUG.; COLOQUIAL en Chile. Licuadora.

juguete *s. m.* **1** Objeto para que jueguen los niños: *juguete de madera, juguete educativo, juguete para niños de dos a siete años, la sección de juguetes. Esta empresa fabrica juguetes.* **2** Persona o cosa dominada física o moralmente por otra: *La barca era un juguete en medio de la tormenta. Juan es un juguete en manos de su mujer.* **3** Pieza teatral o musical breve y ligera: *Vimos antes de la obra un juguete cómico en un acto.*

juguetear *v. intr.* Jugar ‹una persona› con [una cosa] distraídamente o para entretenerse: *Jugueteaba **con** su anillo. Se pasan el día jugueteando.*

jugueteo *s. m.* (no contable) Acción y resultado de juguetear: *¿Quieres dejar el jugueteo y ponerte a estudiar? Tu jugueteo con las llaves me pone nervioso.*

juguetería *s. f.* **1** Tienda donde se venden juguetes: *Voy a abrir una juguetería al lado del colegio. La muñeca que quieres no la tienen en la juguetería.* **2** Industria del juguete: *La juguetería española se concentra en el Mediterráneo.*

juguetón, na *adj.* (ser/estar) Que juguetea y retoza con frecuencia: *Mi perro es muy juguetón, pero inofensivo. Estás muy juguetona últimamente, hija.*

juicio *s. m.* **1** (no contable) Capacidad de conocer y valorar intelectualmente: *El buen juicio se impondrá y no llegarán a pelearse. Su falta de juicio le ha hecho perder a su familia, su casa, su trabajo.* **2** Idea u opinión que una persona se forma sobre otra persona o sobre una cosa: *A juicio de los expertos éste no va a ser un buen negocio. No tengo un juicio formado sobre la novela.* **elementos* de ~. ~ de valor** Opinión con que se valora a una persona o una cosa: *No pueden hacerse juicios de valor sin prudencia.* **3** (no contable) Estado del entendimiento considerado normal en oposición a la locura: *No le hagas caso, porque no está en su sano juicio. Tendrá que estar en este sanatorio mental hasta que recobre el juicio.* **4** DER. Procedimiento por el cual un juez emite una sentencia sobre unos hechos expuestos ante el tribunal: *El juicio se celebrará a las diez. Mañana tengo el juicio de la compañía de seguros.* **~ de faltas** Juicio que trata de delitos leves o de poca importancia. **~ sumario** Juicio en el que se limita la actuación de los abogados para hacerlo más rápido. **~ sumarísimo** Juicio militar en el que se juzgan hechos muy claros o graves y cuyo desenlace es evidente. **5** LÓG. Relación que se establece entre dos conceptos, en la que uno se afirma o niega la del otro: *La expresión del juicio se llama proposición.* ‖ **6 ~ universal** Según la doctrina cristiana, el que llevará a cabo Jesucristo en el final de los tiempos para premiar o castigar a cada hombre. FR. Y LOC. **beber el ~** COLOQUIAL. Hacer perder ‹una persona o cosa› el juicio a una persona: *La crisis económica no lo deja vivir, le bebe el juicio. Aplícate un poco, que yo creo que el deporte te ha bebido el juicio.* **día* del ~ final. estar en su sano ~** Disponer una persona de todas las facultades mentales completas y perfectas: *La abuela está en su sano juicio, puede hacer el testamento que quiera. Pilar nos toma el pelo, está en su sano juicio y dice esas tonterías para probarnos.* **muela* del ~. perder el ~** Volverse ‹una persona› loca: *Perdió el juicio y tuvieron que internarlo en un psiquiátrico.* **poner* en tela de ~.**

juicioso, sa *adj.* **1** (antepuesto / pospuesto) Que se hace con juicio, conforme a la razón: *opinión juiciosa. ¿Queréis callar y escuchar su juiciosa observación?* ‖ *adj. / s. m.* y *f.* **2** (ser / estar; antepuesto / pospuesto) Que actúa con sensatez y prudencia: *Es una persona muy juiciosa, nunca actúa irreflexivamente. Ha madurado y está más juiciosa. Aquí les presento a mi juiciosa colaboradora, responsable de la prudente idea que les he expuesto. No creo que a los más juiciosos les parezca bien lo que propones, es muy arriesgado.*

julandrón, na *s. m. / f.* **1** JERGAL; INSULTO. Julay. ‖ *s. m.* **2** COLOQUIAL; PEYORATIVO, INSULTO. Homosexual masculino.

julay (plural *julays*) *s. m. / f.* JERGAL; INSULTO. Persona despreciable: *Este amigo tuyo es un julay, nos dejó ayer plantados toda la tarde.*

julepe *s. m.* **1** Juego de cartas en el que se reparten cinco a cada jugador y se descubre otra que marca el triunfo; gana el jugador que consigue hacer dos de las cinco bazas o jugadas posibles: *jugar un julepe. Le gusta dar julepe a su hermano, aunque no gane.* **2** COLOQUIAL. Esfuerzo o trabajo excesivo: *Hoy me he pegado un julepe de trabajar toda la mañana. Con la mudanza me he metido un buen julepe.* **3** COLOQUIAL. Desgaste o uso excesivo: *Le da un buen julepe al ordenador.* **4** COLOQUIAL. Castigo o reprimenda: *Me han metido un julepe por llegar tarde.* **5** COLOQUIAL. Golpe o paliza: *Lo asaltaron en la calle y le dieron un buen julepe.* **6** MED. Preparación medicinal de agua destilada, jarabes y otras sustancias farmacológicas. **7** ARG., PAR., URUG. Susto, miedo.

juliana *adj.* Se usa en la LOC. **sopa* ~.**

julio *s. m.* **1** Séptimo mes del año, que tiene treinta y un días: *Este año voy a coger las vacaciones en julio. El año pasado hizo más calor en julio que en agosto.* **2** FÍS. Unidad de trabajo y energía que equivale al trabajo producido por una fuerza de un newton cuyo punto de aplicación se desplaza un metro. SIN. joule.

juma *s. f.* COLOQUIAL. Borrachera: *La pandilla llevaba una juma que no veía.*

jumarse *v. prnl.* COLOQUIAL. Ponerse ‹una persona› borracha: *Siempre que sale de casa se juma.* SIN. emborracharse.

jumbo (del inglés; pronunciamos *'yumbo'*) *s. m.* Avión de gran tamaño para el transporte de viajeros: *En los vuelos transatlánticos, la compañía ha puesto en servicio varios jumbos para la temporada alta.*

jumento, ta *s. m. / f.* RESTRINGIDO. Asno, animal. SIN. burro.

jumera *s. f.* COLOQUIAL. Borrachera: *Agarra cada jumera que hay que llevarlo a casa y acostarlo.*

jumil *s. m.* MÉX.; COLOQUIAL. Grupo de insectos comestibles secos, tostados o en salsa.

jumilla *s. m.* **1** (no contable) Vino embocado de alta graduación, tinto o rosado, propio de la comarca murciana de Jumilla, España: *una botella de jumilla.* **2** Cantidad de vino de Jumilla contenida en un vaso o copa: *Siempre se bebe dos o tres jumillas antes de comer.*

jumo, ma *adj.* EC., MÉX., P. RICO, VEN.; COLOQUIAL. Persona que está borracha.

junar *v. tr.* ARG., PAR., URUG.; COLOQUIAL, RESTRINGIDO en España. Mirar ‹una persona› [una cosa].

juncal *adj.* **1** Del junco. **2** RESTRINGIDO. Que es esbelto y elegante en su figura y sus gestos: *El protagonista tiene un cuerpo juncal. Es una presentadora juncal.* ‖ *s. m.* **3** Lugar poblado de juncos: *En esta zona del río abundan los juncales.* SIN. juncar.

juncar *s. m.* Juncal, lugar poblado de juncos: *Donde hay un juncar, hay agua.* SIN. junqueral.

juncia *s. f.* Planta herbácea que abunda en los sitios húmedos: *La juncia crece en toda la Península Ibérica.*

junco *s. m.* **1** *Juncus effusus.* Planta herbácea de tallo recto, liso y flexible con hojas en forma de vaina delgada, que crece en sitios húmedos: *Los juncos abundan en las zonas húmedas.* **~ florido. ~ marinero. ~ oloroso.** **2** Tallo de los juncos: *Con los juncos secos se hacen cestas.* **3** Embarcación ligera, de vela rectangular, característica de los mares orientales: *junco chino, junco vietnamita. Los juncos tienen la proa redondeada.* **4** Bastón delgado y flexible: *El abuelo en verano lucía siempre un jipijapa, un terno fresco y un junco claro.*

jungla *s. f.* **1** GEOGR. Terreno extenso con una vegetación exuberante y espesa, propio de las zonas de clima tropical de La India y otros países de Asia y América: *Estos animales habitan en las junglas de Asia y América.* SIN. selva. **2** (no contable) Lugar donde hay muchos peligros y dificultades y dominan los más fuertes y capaces: *la jungla de asfalto. Al llegar a la ciudad se vio inmerso en una jungla de dificultades para encontrar piso.*

junio *s. m.* Sexto mes del año, que tiene treinta días: *En España, las clases universitarias acaban en junio. En junio tengo que preparar mis vacaciones.*

junior, ra (plural *juniores*) *s. m. / f.* REL. Entre los católicos, religioso joven que aún no ha hecho los votos: *los juniores jesuitas.*

júnior (del inglés *junior*; pronunciamos *'yúnior'*) *adj.* **1** (invariable; su abreviatura es *Jr.*) [Persona] que es más joven que otra persona, generalmente su padre, y lleva su mismo nombre: *–«¿Conoces a Miguel Ángel Jr.?» –«Sí, claro que lo conozco.* ‖ *adj. / s. m.* y *f.* **2** (plural *júniors*) [Deportista] que tiene entre 17 y 21 años: *categoría júnior, selección júnior. La edad de los júniors varía según el deporte de que se trate.*

junípero *s. m.* Enebro, planta.

junquera *s. f.* **1** Junco, planta. **2** Junqueral.

junqueral *s. m.* Lugar poblado de junqueras o juncos: *Hemos perdido la pelota en el junqueral al lado del río.* SIN. juncal.

junquillo *s. m.* **1** *Narcissus ionquilla.* Planta de jardín de flores amarillas muy olorosas que se utilizan en perfumería. **2** Moldura redonda en forma de junco: *Pusieron un junquillo a la puerta.* **3** Bastón delgado.

junta *s. f.* **1** Reunión de varias personas para tratar de un asunto: *En la junta de vecinos se habló de reformar la fachada. La junta de accionistas se reunirá el mes que viene.* **2** Conjunto de personas nombradas para dirigir los asuntos de una colectividad: *La junta directiva de la corporación aprobó el nuevo reglamento.* **3** Lugar en que se reúnen estas personas: *Fue a la Junta de distrito para solicitar un documento.* **4** Juntura, parte o lugar en que se unen dos o más cosas: *Blanqueó las juntas de los azulejos de la cocina.* **5** Pieza que se coloca para asegurar un empalme o una unión: *La junta de la manguera se ha roto y pierde agua. Lleva juntas de goma.* **~ de dilatación** Junta que se deja sin rellenar o se rellena de un material blando para permitir la dilatación o la contracción de los materiales: *Las juntas de dilatación del puente se han estropeado y sólo se puede circular en una dirección.*

juntamente *adv. modo* **1** A la vez, conjuntamente: *Hay que abordarlo juntamente.* **2** Asociado a *con*, sintetiza las ideas de acompañamiento y adición, como *además de, junto con, en compañía de*: *El gobernador posó para la prensa juntamente con su mujer e hijos.*

juntar *v. tr.* **1** Poner ‹una persona› [varias cosas] de manera que se toquen o estén más cerca unas de otras: *Si juntas las sillas aquí puede caber otra mesa.* **2** Reunir ‹una persona› [una cantidad de una cosa] por adiciones sucesivas: *Entre lo que puso cada uno, juntaron cinco mil pesetas.* **3** Reunir ‹una persona› [varias cosas]: *Juan ha juntado muchos sellos. Pilar juntaba cromos de pequeñita.* SIN. coleccionar. ‖ *v. tr./prnl.* **4** Poner ‹una persona› [a varias personas, varios animales o varias cosas] en el mismo lugar o en el mismo conjunto: *Para su cumpleaños, le gusta juntar a toda su familia.* ***Se*** *juntaron para ir de excursión.* ‖ *v. prnl.* **5** Darse ‹varias cosas› al mismo tiempo: *Se ha juntado su boda* ***con*** *la mía. A Carlos todo se le junta.* **6** COLOQUIAL. Tener ‹una persona› amistad con [otra persona]: *Ya no se juntan. Desde que se junta* ***con*** *esa gente está cambiando de carácter.* **7** COLOQUIAL. Llevar ‹dos personas› vida matrimonial sin estar casadas: *Se juntaron hace dos años y ahora van a tener un hijo.* FR. Y LOC. **juntarse el hambre* con la(s) gana(s) de comer.**

juntero, ra *s. m./f.* RESTRINGIDO. Persona que pertenece a una junta, especialmente política.

junto *adv. lug.* **1** Cerca de, al lado de: *Siéntate junto* ***a*** *mí. Se sentó junto* ***a*** *la ventana. Pasó las vacaciones junto* ***a*** *la familia.* ‖ *adv. modo* **2** Con, en compañía de: *Te mando un beso junto* ***con*** *un tirón de orejas. Se presentó en la fiesta junto* ***con*** *su grupo de amigos.* **3** Conjuntamente con, en un mismo bloque o acto: *Entregue una fotocopia del carné junto* ***con*** *la instancia.* **4** Además de, a la vez que, al lado de, indica idea de añadir alguna cosa: *Tiene defectos muy graves, junto* ***a*** *hallazgos magníficos. Eso es, junto* ***con*** *la salud, lo más importante.*

junto, ta *adj.* **1** (estar) Que forma un todo reunido en un mismo sitio: *Ponlo todo junto, no lo separes. Nunca había visto tanta porquería junta. Ya está todo junto.* ANT. separado. **2** (estar) Que está cerca, unido a o en el mismo lugar que otra persona o cosa: *Queremos dos asientos juntos. Estamos juntos en clase. Hemos pedido que nos coloquen juntos. Esta mesa está demasiado junta* ***a*** *la mía.* ANT. separado. **3** (estar) Que está o hace una cosa en compañía de una o más personas: *Siempre que pueden, comen juntos. Les gusta mucho pasear juntos. Siempre estamos juntos, no nos separamos nunca.* ANT. separado.

juntura *s. f.* **1** Parte o lugar en que se unen dos o más cosas: *la juntura del grifo, la juntura de un tubo, la juntura de las vías del tren. Pierde agua por la juntura.* SIN. junta. **2** Pieza que se coloca para asegurar un empalme o una unión: *Hay que cambiar la juntura de goma del depósito.* SIN. junta. **3** Unión de los huesos. SIN. articulación.

jura *s. f.* **1** Acción de jurar fidelidad a una persona, una ley o una institución: *Retransmitieron la jura del cargo ante el rey. La ceremonia de jura de la Constitución fue solemne. La jura de los reclutas atronó la explanada.* **2** Ceremonia, generalmente solemne, en la que se realiza esta acción: *Los familiares de los soldados asistieron a la jura de bandera.*

juraco *s. m.* AMÉR. C., CUBA, VEN. Agujero, boquete.

jurado, da *adj.* **1** Que ha prestado juramento en un cargo o en un trabajo: *intérprete jurado.* **guarda* ~. vigilante* ~.** **2** Que se hace bajo juramento. **declaración* jurada.** ‖ *s. m.* **3** Tribunal formado por un grupo de personas que examinan, premian o puntúan una cosa presentada a concurso: *El presidente del jurado leyó el nombre del ganador del certamen. Los miembros del jurado dieron un diez a la gimnasta.* **4** DER. Grupo de ciudadanos elegidos mediante sorteo, que se encarga de declarar la culpabilidad o inocencia del procesado en algunos juicios: *El jurado se retiró a deliberar.* **5** Miembro de un tribunal o grupo de personas que tiene que emitir un juicio: *Fue jurado en una competición. Le tocó estar de jurado en un juicio.*

juramentar *v. tr.* **1** RESTRINGIDO. Tomar ‹una persona› juramento a [otra persona]: *Ayer juramentaron a los nuevos funcionarios judiciales.* ‖ *v. prnl.* **2** Obligarse ‹varias personas› a [hacer una cosa] mediante juramento: *Se juramentaron* ***para*** *derrocar al rey. Se han juramentado* ***para*** *trabajar en el proyecto hasta acabarlo.* SIN. conjurarse.

juramento *s. m.* **1** Afirmación rotunda hecha poniendo por testigo una cosa sagrada o muy valiosa: *Hizo juramento de defender su país por encima de todo. Cumplió el juramento que le hizo a su padre. Hizo un juramento ante el Evangelio.* **2** Blasfemia, o palabra ofensiva: *El ladrón soltó todo tipo de juramentos cuando lo detuvieron.* FR. Y LOC. **prestar ~** Jurar ‹una persona› ante una autoridad competente.

jurar *v. tr.* **1** Afirmar o prometer ‹una persona› [una cosa] poniendo por testigo a [una divinidad o personas o cosas muy queridas]: *Juro* ***por*** *Dios que lo que dice es cierto. Ha jurado* ***por*** *la memoria de su padre que él no ha sido.* **2** Afirmar o prometer ‹una persona› [una cosa] rotundamente:

Te juro que ha sido él. Nos juró que a partir de entonces no volvería a robar. **3** Aceptar ‹una persona› la soberanía de [un monarca] solemnemente: *Juró al Rey en una ceremonia solemne.* **4** Aceptar ‹una persona› [la Constitución de un país, unos estatutos o un cargo] solemnemente: *Antes de tomar posesión del cargo, juró la Constitución.* || *v. intr.* **5** Decir ‹una persona› tacos: *No jures, que es de muy mala educación.* FR. Y LOC. **~ en arameo*.** **~ en falso** Afirmar o prometer ‹una persona› una cosa que sabe que es falsa o que no va a cumplir: *Afirmar que harás esto es jurar en falso, porque es imposible que lo cumplas.* **~ (la) bandera*.** **jurársela(s)** AMENAZA. Afirmar ‹una persona› que causará daño [a otra persona]: *Se la ha jurado a sus contrincantes. A ti te la tengo jurada.*

jurásico, ca *adj.* **1** GEOL. Del periodo geológico situado entre el triásico y el cretácico de la Era Mesozoica o Secundaria: *terreno jurásico, fósiles jurásicos.* || *adj. / s. m.* **2** GEOL. [Periodo] que está situado entre el triásico y el cretácico de la Era Mesozoica o Secundaria, y en el que se empiezan a delimitar las masas continentales, aparecen diversos grupos de mamíferos y aves y predominan los dinosaurios.

jurel *s. m.* (macho y hembra) *Trachurus trachurus.* Pez marino pequeño, de color gris azulado o verdoso, que tiene los lados plateados, con una línea de escamas duras, y es apreciado como alimento: *El jurel forma bancos muy numerosos en las épocas de reproducción.*

jurgo *s. m.* COL.; COLOQUIAL. Gran cantidad o gran número de personas, animales o cosas.

jurídicamente *adv. modo* **1** En forma de juicio, de manera jurídica o en términos jurídicos. **2** Por la vía judicial: *El contencioso debe resolverse jurídicamente, no por la fuerza.* **3** Desde la perspectiva de las ciencias jurídicas, desde un punto de vista jurídico: *Jurídicamente, esa hipótesis es interesantísima. Es una afirmación jurídicamente insostenible.* **4** En los aspectos jurídicos o legales: *Jurídicamente, el texto no presenta grandes novedades: en cambio, narrativamente, sí.* || *adv. orac.* **5** De acuerdo con lo dispuesto por la ley, legalmente, si nos atenemos al Derecho: *Jurídicamente, el solar es de los niños.* **6** En términos jurídicos: *Jurídicamente, nula de pleno derecho.*

jurídico, ca *adj.* **1** Del Derecho o de las leyes: *lenguaje jurídico, marco jurídico, vía jurídica.* **2** Que se hace o ejerce conforme al Derecho: *prueba jurídica, procedimiento jurídico, asesoría jurídica.* || **3 acto* ~. 4 persona* jurídica.**

jurisconsulto, ta *s. m. / f.* Persona titulada en Derecho que da su consejo y escribe sobre temas legales: *jurisconsulto que interpreta la ley.* SIN. jurisperito.

jurisdicción *s. f.* **1** (no contable) DER. Autoridad o poder que se ejerce sobre determinadas personas, asuntos o leyes: *jurisdicción militar, jurisdicción eclesiástica, jurisdicción política. El juez tiene jurisdicción sobre ese asunto, pero no sobre mí.* SIN. competencia. **2** DER. Territorio sobre cuyas personas, asuntos o leyes se tiene poder: *la jurisdicción provincial. El obispo visitó el territorio de su jurisdicción.* SIN. demarcación.

jurisdiccional *adj.* DER. De la jurisdicción: *territorio jurisdiccional.* **aguas* jurisdiccionales.**

jurispericia *s. f.* (no contable) Jurisprudencia, ciencia del Derecho.

jurisperito, ta *s. m. / f.* DER.; RESTRINGIDO. Persona especializada en Derecho. SIN. jurisconsulto

jurisprudencia *s. f.* **1** (no contable) Ciencia del Derecho: *Está dedicado a la jurisprudencia.* SIN. jurispericia. **2** (no contable) Legislación completa sobre una determinada materia: *Conoce toda la jurisprudencia sobre el divorcio.* **3** (no contable) Doctrina que se extrae de toda la legislación existente sobre una determinada materia: *Si nos basamos en la jurisprudencia, el caso está ganado.* **4** (no contable) Conjunto de decisiones de los tribunales que sirven de criterio o fundamento en aquellos casos en que no existe una ley que claramente los regule: *Esta sentencia del Tribunal Supremo sentará jurisprudencia.*

jurista *s. m. / f.* Persona que tiene por oficio el estudio y la interpretación del Derecho y las leyes: *una gran jurista en Derecho Internacional. Es uno de los juristas más prestigiosos del país.*

jurungar *v. tr.* **1** VEN.; COLOQUIAL. Resolver ‹una persona› [una cosa]. || *v. tr. / intr.* **2** VEN.; COLOQUIAL. Molestar una persona [a otra persona] de palabra u obra.

justa *s. f.* **1** HIST. Combate medieval a caballo y con lanza: *El rey Arturo presidía la justa.* **2** HIST. Ejercicios medievales a caballo con los que se demostraba la destreza en el manejo de las armas. **3** LIT. Competición literaria: *Fue el ganador de la justa poética.*

justamente *adv. modo* **1** Con justicia, conforme a lo que es justo: *Has obrado justamente. Serás juzgado justamente.* **2** Ajustadamente, sin sobra de espacio u otra magnitud: *El armario entra justamente en este hueco.* **3** Merecidamente, justificadamente, en estricta justicia: *una obra premiada justamente. Fue absuelto justamente.* || *adv. orac.* **4** Exactamente, justo, hablando con estricta precisión. OBSERVACIONES: Se antepone generalmente a circunstanciales de lugar, tiempo, modo, cantidad y a otros sintagmas: *justamente encima de ese punto, justamente seis segundos. Eso es justamente lo que yo pretendía. Justamente cuando yo crucé esa línea.* **5** Precisamente. OBSERVACIONES: Se usa especialmente, aunque no en exclusiva, en contextos de respuesta a peticiones, a menudo con el matiz añadido de 'da la casualidad de que': *Justamente, iba yo ahora para allá. Justamente, acabo de fumarme el último*; o de réplica enfática: *Justamente porque es un anciano deberías tener más consideración con él.*

justedad *s. f.* (no contable) ELEVADO. Justeza.

justeza *s. f.* **1** (no contable) ELEVADO. Igualdad, precisión y exactitud en las cosas: *Trató con objetividad y justeza el asunto de sus estudiantes.* SIN. ecuanimidad. **2** (no contable) ELEVADO. Igualdad o correspondencia justa y exacta de una cosa con otra: *Hay una justeza sorprendente entre estas dos propuestas.*

justicia *s. f.* **1** (no contable) Virtud que consiste en dar a cada uno lo que le pertenece o corresponde: *Para los cristianos la justicia es una de las virtudes cardinales. A ese gran poeta se le ha hecho justicia entregándole el premio que merecía.* **2** (no contable) Derecho y cumplimiento de la ley: *pedir justicia, administrar justicia. No hay justicia. Es de justicia que lo indemnicen.* **palacio de ~.** **3** (no contable) Organización estatal que se encarga del cumplimiento de las leyes: *La justicia de su país la consideró culpable.* **4** (no contable) Agentes de la organización estatal que se encarga del cumplimiento de las leyes: *esconderse de la justicia. Lo persigue la justicia de varios países.* **5** (no contable) REL. Atributo de Dios por el cual premia o castiga según el comportamiento de cada persona. FR. Y LOC. **sol* de ~. tomarse la ~ por la mano** Dar ‹una persona› el castigo que considera justo a otra persona: *No puedes tomarte la justicia por tu mano y estropearle el coche al vecino.*

justicialismo *s. m.* (no contable) POLÍT. Movimiento político argentino de carácter nacionalista y populista fundado por Juan Domingo Perón hacia la mitad del siglo XX.

justicialista *adj.* **1** POLÍT. Del justicialismo: *movimiento justicialista.* || *s. m. / f.* **2** POLÍT. Persona que es partidaria del justicialismo.

justiciero, ra *adj.* (ser / estar) Que cumple y hace cumplir con rigor la justicia: *héroe justiciero. Desde que es encargado está implacable y justiciero con los abusos.*

justificable *adj.* Que se puede justificar o disculpar: *No le habían hecho ningún caso, de modo que su enfado era justificable.* ANT. injustificable.

justificación *s. f.* **1** Acción y resultado de justificar o justificarse: *La justificación de sus actos no parece suficiente. Presentó una justificación por no haber acudido a la reunión.* **2** Ajuste de la altura y longitud de las líneas de un texto: *La justificación es lo último a la hora de componer un texto. Haré la justificación del texto por la derecha.*

justificado, da *adj.* (ser / estar) Que tiene motivo o razón para existir o suceder: *Su alegría está justificada. Su petición es justificada. Fue un suspenso justificado.*

justificante *adj.* **1** Que justifica o sirve para justificar. || **2** *s. m.* Documento o prueba que justifica una cosa: *Ha presentado un justificante de su enfermedad. Aquí tiene el justificante del pago.*

justificar *v. tr.* **1** Ser ‹una cosa› la causa, el motivo o la explicación de que [otra cosa] no sea o no parezca extraña, inadecuada o censurable: *Su estado de ánimo justifica su actitud. Que estuviera borracho explica, pero no justifica, que atropellara a aquel peatón.* **2** Demostrar ‹una persona› [una cosa] con [documentos o razones]: *Justificó su ausencia* ***con*** *un viaje imprevisto. A ver* ***con*** *qué excusa justifica no haber ido a trabajar.* **3** Hacer ‹una persona› ajustes en la altura y la longitud de [las líneas] o en la altura de los distintos cuerpos de [letra]: *Este procesador no va bien, porque no justifica el texto.* || *v. tr. / prnl.* **4** TEOL. Hacer ‹Dios› justa [a una persona]. **5** Demostrar ‹una persona› la inocencia de [otra persona]: *Su abogado la justificó ante el tribunal.* ***Se*** *justificó sobradamente.* ⇒ **71.**

justificativo, va *adj.* Que justifica: *nota justificativa.*

justipreciación *s. f.* DER. Acción y resultado de justipreciar: *La justipreciación de los terrenos ha resultado más baja de lo que esperaba.*

justipreciar *v. tr.* DER. Determinar ‹una persona› el valor de [una cosa]: *El perito tiene que justipreciar la finca que se va a expropiar.* SIN. valorar.

justo, ta *adj.* **1** (antepuesto / pospuesto) Que está de acuerdo con la justicia, la ley o la moral: *un acuerdo justo. Le han impuesto un castigo justo. Ha sido el justo vencedor del campeonato.* **2** Que no se puede censurar: *Es justo que quiera ver a su madre.* SIN. comprensible, lógico. **3** (estar) [Prenda] que está ceñida al cuerpo: *Esta falda me viene muy justa. ¿Tú crees que el pantalón me está muy justo?* **4** (estar) Que no es suficiente: *Nos quedamos justos de pan. Están justos de dinero.* ANT. sobrado. **5** Que es lo apropiado o adecuado: *Encontró la palabra justa* ***para*** *contestarle.* || *adj. / s. m.* **6** (el sustantivo se usa en plural; estar) Que es exacto en cantidad, peso o medida: *En el coche vamos los justos. Tiene la gasolina justa* ***para*** *llegar. Son mil pesetas justas. ¿Está justo el dinero?* || *adj. / s. m.* y *f.* **7** (antepuesto / pospuesto) Que actúa con justicia: *Es una persona muy justa. Ha sido un justo moderador del debate. La justa de tu mujer seguro que no está de acuerdo contigo. Los más justos se opondrán a sus pretensiones.* ANT. injusto. **8** REL. Entre los católicos, que vive según la ley de Dios: *Los justos entrarán en el reino de los cielos. El hombre justo no debe temer la justicia divina.* || *adv. temp.* **9** En el mismo momento: *Llamó por teléfono justo cuando me iba.* SIN. exactamente.

juvenil *adj.* **1** (ser / estar; antepuesto / pospuesto) De la juventud: *Participó en el movimiento juvenil de los años sesenta. Tiene un aspecto muy juvenil. Con ese peinado estás más juvenil. Con su juvenil voz me contestó al otro lado del teléfono.* || *adj. / s. m.* y *f.* **2** [Deportista] que tiene entre 16 y 18 años: *Representó a nuestro país en la categoría juvenil. Juega en el equipo de juveniles. Las juveniles han ganado*

juventud *s. f.* **1** Edad o etapa de la vida entre la niñez y la edad madura: *En su juventud fue muy bueno como jugador. La juventud se pasa volando.* **2** (no contable) Cualidad de joven: *Su juventud es envidiable.* SIN. mocedad (RESTRINGIDO). **3** (no contable) Conjunto de personas jóvenes: *La juventud aplaudía al campeón. Hay mucha juventud en este pueblo cuando llega el verano.* **4** Primeros tiempos o etapas del desarrollo de una cosa: *la juventud de un astro. La juventud de este partido hace que aún no esté preparado para gobernar.* **5** Energía, frescura. SIN. lozanía, vigor. **6** (en plural) Organización de un partido político en la que se encuadran los jóvenes: *Las juventudes del partido han exigido que se las tenga más en cuenta.*

juzgado *s. m.* **1** DER. Tribunal de un solo juez: *Me ha citado el juzgado número uno.* **2** Territorio que corresponde a la jurisdicción de un tribunal de un solo juez: *Esa causa no pertenece a este juzgado.* **3** Edificio o local en el que se celebran los juicios: *Tiene que presentarse en el juzgado el miércoles. Los culpables comparecieron en el juzgado.* **4** Conjunto de jueces y funcionarios encargados de administrar justicia: *Los juzgados han expresado su protesta por las condiciones en que están desarrollando su labor.* FR. Y LOC. **de ~ de guardia** COLOQUIAL; INTENSIFICADOR. Muy injusto o abusivo: *Lo que me ha hecho, al echarme después de todo lo que lo he ayudado, es de juzgado de guardia.*

juzgar *v. tr.* **1** Ejercer ‹un juez o un tribunal› sus funciones en [un asunto] o con [una persona]: *El magistrado ha juzgado al Estado responsable de los abusos cometidos. El tribunal lo está juzgando en estos momentos.* **2** Formar ‹una persona› un juicio sobre [una cosa]: *Tú enseguida juzgas a la gente. Prefiero no juzgar lo que ha hecho.* **3** Considerar ‹una persona› [a otra persona] de [cierta manera]: *Lo juzgo capaz de eso y de mucho más. Lo juzgo* ***como*** *mi mejor enemigo.* **4** Considerar ‹una persona› [una cosa]: *Juzgo* ***que*** *no debemos aceptar. No juzgó interesante tu propuesta.* FR. Y LOC. **a ~ por (cómo)** Se usa para indicar una cosa a partir de ciertas apariencias: *A juzgar por su aspecto, le han sentado bien las vacaciones. A juzgar por cómo actúan, no hay amor entre ellos.* ⇒ **56.**

K

k *s. f.* Undécima letra del alfabeto español que representa un sonido de articulación velar, oclusiva y sorda; su nombre es «ka»: *La «k» es una de las letras menos frecuentes del español.*

ka *s. f.* Nombre de la letra «k»: *La letra inicial de Kabuki es la* «ka».

kabuki *s. m.* Género de teatro tradicional japonés que alterna partes recitadas, canciones y danzas, y es interpretado sólo por actores masculinos.

kafkiano, na *adj.* **1** LIT. De Franz Kafka, escritor checo: *literatura kafkiana, pensamiento kafkiano.* **2** (antepuesto/pospuesto) ELEVADO. Que es tan absurdo o complicado como las situaciones que describía Kafka: *una situación kafkiana, una novela kafkiana. La kafkiana situación que estábamos viviendo parecía increíble.*

káiser *s. m.* Título de los emperadores alemanes.

kamikaze o **camicace** *s. m.* **1** Soldado suicida de la aviación japonesa durante la Segunda Guerra Mundial: *Los kamikazes se lanzaban contra los barcos americanos.* **2** Avión que pilotaba este soldado. || *s. m./f.* **3** Persona muy temeraria o arriesgada: *Es una kamikaze de la carretera. Tienes que ser más discreto en las discusiones, no puedes exponer abiertamente todo lo que piensas como un kamikaze.*

kan *s. m.* Soberano de los tártaros.

kantiano, na *adj.* **1** De Kant, filósofo alemán del siglo XIX, o de su filosofía: *teoría kantiana, filosofía kantiana, obra kantiana.* || *adj./s. m.* y *f.* **2** Que sigue la doctrina de Kant: *Los seguidores del escepticismo y del empirismo inglés criticaron a Kant y a los kantianos.*

kantismo *s. m.* (no contable) Filosofía de Kant y de sus seguidores: *El kantismo ha tenido una influencia decisiva en algunas corrientes filosóficas contemporáneas.*

kantista *s. m./f.* Seguidor o defensor de Kant o del kantismo: *En esta universidad hay un grupo de kantistas.*

kappa *s. f.* Décima letra del alfabeto griego que se translitera por la «k» española.

kaputt (del alemán; pronunciamos *'caput'*) *adj.* (invariable; estar) RESTRINGIDO; HUMORÍSTICO. Que está acabado o arruinado: *Este político está kaputt. Este coche está kaputt.*

karaoke *s. m.* **1** Aparato que emite videoclips de canciones con la letra sobregrabada en un monitor, para que una persona pueda cantar acompañándolas: *Cuando ve un karaoke no puede evitar cantar delante del micrófono.* **2** Establecimiento de recreo donde hay un karaoke para que los clientes puedan cantar: *Han abierto un karaoke cerca de casa.*

kárate o **karate** (del japonés) *s. m.* (no contable) Deporte basado en un sistema de defensa japonés, que consiste en derribar al contrario en una alfombrilla o tatami, golpeándolo con las manos, los codos o los pies: *hacer kárate. Es cinturón negro de kárate.*

karateca o **karateka** (del japonés) *s. m./f.* Persona que practica el kárate: *No te metas con ella, que es karateca.*

kárdex (plural *kárdex*) *s. m.* COL., VEN. Archivo o archivador de empresas y oficinas o sistema de archivar.

karma *s. m.* REL. En algunas religiones y filosofías hindúes, creencia según la cual los actos realizados en una vida anterior influyen también en las sucesivas: *El karma es uno de los principios fundamentales del pensamiento y de la conducta religiosa de los hindúes.*

karst o **carst** *s. m.* GEOL. Relieve producido por el fenómeno de la disolución en las rocas calizas u otras rocas fácilmente solubles: *El karst se caracteriza por la presencia de grietas, galerías, cañones y cavernas.*

kárstico, ca o **cárstico, ca** *adj.* GEOL. Del karst o con las características del karst: *En las zonas kársticas no hay circulación acuífera superficial por la permeabilidad del suelo.*

kart (plural *karts*; del inglés; pronunciamos *'car'*) *s. m.* Pequeño vehículo para una sola persona, sin suspensión ni carrocería, utilizado en competiciones deportivas y como diversión: *carrera de karts. Han puesto un circuito de karts en el Parque de Atracciones.*

KAS (pronunciamos *'cas'*) *s. f.* Sigla de la organización vasca «Koordinadora Abertzale Sozialista» («Coordinadora Patriota Socialista»), España.

kasbah o **kasba** *s. f.* Barrio antiguo de las ciudades árabes: *Me gustaba pasear por la kasbah* y *recorrer sus zocos.*

kastán *s. m.* Turbante turco: *No lo reconocía en la foto, con el kastán y el vestido tradicional turco.*

katiuska o **catiusca** *s. f.* Bota de goma impermeable que llega hasta media pierna o hasta la rodilla: *No sé para qué quiere unas katiuskas si aquí no llueve en todo el año.*

kayak *s. m.* **1** Embarcación de remo individual cubierta de pieles, propia de los esquimales: *Los esquimales utilizan el kayak para pescar.* **2** DEP. Embarcación deportiva de remo, para uno o varios tripulantes que reman arrodillados: *Se entrenan diariamente con el kayak porque quieren competir en las próximas regatas.*

kazaco, ca *adj. / s. m.* y *f.* De Kazajstán, república de la antigua Unión Soviética: *las costumbres kazacas, las fiestas de los kazacos.*

kechup o **ketchup** (del inglés; pronunciamos *'quechup'*) *s. m.* (no contable) Catchup, salsa de tomate muy espesa preparada con vinagre, azúcar y especias: *Voy a la barra a buscar el kechup. A mí que me pongan mostaza, que el kechup no me gusta.*

kéfir *s. m.* (no contable) Leche fermentada por la presencia de un hongo, de sabor agrio, propia del Cáucaso: *A ella le gusta el kéfir, pero yo no soporto ni el olor.*

kelvin *s. m.* FÍS. Unidad de temperatura en el Sistema Internacional. **grado* Kelvin.**

kendo *s. m.* Sistema de lucha japonés que se practica con espadas de bambú: *Practica el kendo en una escuela de artes marciales.*

keniano, na *adj. / s. m.* y *f.* De Kenia, país africano: *la fauna y la flora kenianas, los guías kenianos, la comida de los kenianos.*

keniata *adj. / s. m.* y *f.* Keniano.

kentia *s. f.* Palmera que se cultiva como planta ornamental: *La kentia es propia de las islas del Pacífico.*

kepí o **kepis** *s. m.* Quepis, gorra militar.

kermes o **quermes** *s. m.* (macho y hembra) Insecto parecido a la cochinilla, que vive en la coscoja.

kermés o **kermes,** o **quermés** o **quermesse** *s. f.* **1** Fiesta popular de los Países Bajos. **2** ARG., URUG.; RESTRINGIDO en España. Fiesta popular al aire libre con fines benéficos.

kero *s. m.* Vaso grande de tierra cocida, decorado artísticamente, utilizado en el Imperio inca.

kerosén, kerosene o **querosén** *s. m.* (no contable) AMÉR. Queroseno, combustible.

ketchup *s. m.* Kechup.

khmer *adj. / s. m.* y *f.* Jemer.

kibutz, kibbutz o **quibús** (del hebreo) *s. m.* Explotación agrícola israelí organizada según un régimen económico comunitario: *En el kibutz el trabajo se organiza por el sistema de autogestión.*

kif *s. m.* (no contable) Estupefaciente elaborado con las hojas del cáñamo índico, que se consume fumado en pipa.

kiko *s. m.* COLOQUIAL. Quico.

kilim *s. m.* **1** Tela oriental de colores vivos y decorada con motivos geométricos. **2** Alfombra o tapiz pequeño confeccionado con esta tela.

kilo o **quilo** *s. m.* **1** Kilogramo. **2** COLOQUIAL; INTENSIFICADOR. Cantidad grande de una cosa: *Tengo un kilo de deberes.* **3** COLOQUIAL. Un millón de pesetas: *Pagó quince kilos por la casa. He pedido prestado un kilo.*

kilocaloría *s. f.* FÍS. Unidad de energía térmica, equivalente a mil calorías.

kilociclo *s. m.* FÍS. Unidad de frecuencia, equivalente a mil ciclos por segundo.

kilogramo o **quilogramo** *s. m.* **1** Unidad de masa en el Sistema Internacional, equivalente a mil gramos. **2** ARG., URUG.; RESTRINGIDO en España. Gran cantidad de alguna cosa.

kilometraje *s. m.* Kilómetros recorridos o distancia entre dos puntos: *El coche ha recorrido mucho kilometraje. ¿Cuál es el kilometraje indicado en la guía entre estas dos ciudades? A los vendedores de esta empresa les pagan por kilometraje.*

kilometrar *v. tr.* Poner ‹una persona› [una señal] en [un camino] para indicar las distancias: *Al Ministerio sólo le falta kilometrar el nuevo tramo para abrirlo al tráfico.*

kilométrico, ca *adj.* **1** Del kilómetro o en kilómetros: *poste kilométrico, distancia kilométrica.* **2** COLOQUIAL; INTENSIFICADOR. Que es muy largo: *Me fui sin esperar, había una cola kilométrica. Su casa tiene un pasillo kilométrico.* || *s. m.* **3** Billete de tren que autoriza a recorrer un determinado número de kilómetros en un plazo fijado: *Prefiero sacar el kilométrico porque el viaje sale mucho más barato.*

kilómetro o **quilómetro** *s. m.* Medida de longitud equivalente a mil metros.

kilopondio *s. m.* FÍS. Unidad de fuerza equivalente al peso de un kilogramo.

kilotón *s. m.* FÍS. Unidad de potencia explosiva de una bomba atómica.

kilovatio *s. m.* ELECTRIC. Unidad de potencia eléctrica equivalente a mil vatios.

kilt (del inglés) *s. m.* Falda de tela de cuadros que utilizan los escoceses en su traje típico.

kimono (del japonés) *s. m.* Quimono, prenda de vestir.

kínder *s. m.* COL. Kindergarten.

kindergarten (del alemán) *s. m.* RESTRINGIDO. Guardería o jardín de infancia.

kiosco *s. m.* Quiosco: *Todos los días Carmen compra el periódico en el kiosco.*

kiowa *adj. / s. m.* y *f.* **1** Que pertenece a un pueblo amerindio de América del Norte que actualmente vive en reservas: *un antiguo poblado kiowa, la reserva de los kiowas.* || *s. m.* **2** Tipo de mocasín de suela flexible.

kirguiz *adj. / s. m.* y *f.* De Kirguizistán, república de la antigua Unión Soviética.

kiribatiense *adj. / s. m.* y *f.* De las islas Kiribati, en Oceanía.

kirie *s. m.* (preferentemente en plural) REL. Entre los católicos, invocación a Dios que se hace en la primera parte de la misa.

kirieleisón *s. m.* **1** REL. Kirie. **2** REL. Entre los católicos, canto de los entierros. FR. Y LOC. **cantar el ~** COLOQUIAL; HUMORÍSTICO. Hacer ‹una persona› los preparativos para enterrar a otra persona: *Espero no tener que cantarte el kirieleisón, como sigas así.*

kirsch (del alemán; pronunciamos *'kirs'*) *s. m.* (no contable) Aguardiente de cerezas propio de Europa central.

kit *s. m.* **1** Conjunto de piezas o elementos para montar un aparato o un mueble: *He comprado un kit de bricolaje para montar una estantería.* **2** Conjunto de elementos que tienen una misma función o que forman un unidad: *kit de seguridad. Todo el kit de limpieza completo por sólo 4.000 pesetas.* SIN. lote.

kitsch *adj.* **1** (invariable) ELEVADO. [Elemento decorativo] que es deliberadamente desfasado, ostentoso, recargado y de mal gusto: *Es una decoración muy kitsch, y no me gusta nada.* || *s. m.* **2** (no contable) Tendencia artística que se caracteriza por la mezcla deliberada de elementos ostentosos, recargados, desfasados y de mal gusto: *El kitsch tiene arraigo entre ciertos grupos de intelectuales.*

kiwi (pronunciamos *'quigüi'* o *'quivi'*) *s. m.* **1** Arbusto de flores blancas y amarillas, cuyo fruto, dulce y carnoso, es comestible. **2** Fruto del kiwi: *Siempre le pone kiwi a la ensalada.* **3** (macho y hembra) Género *Apteryx.* Ave corredora, de patas cortas y fuertes, y pico largo, incapaz de volar, que vive en Nueva Zelanda.

kleenex (plural *kleenex;* marca registrada; pronunciamos *'clínes'*) *s. m.* Pañuelo de papel: *Siempre llevo un paquete de kleenex en el bolso. Los kleenex son muy prácticos.*

klistrón *s. m.* ELECTRÓN. Generador de microondas.

knickers (plural; pronunciamos *'níkers'*) *s. m.* URUG. Pantalones bombachos.

knock-out (del inglés; pronunciamos *'nocaut'*; su abreviatura es *K. O.*) *s. m.* DEP. Fuera de combate en boxeo.

K. O. (del inglés; pronunciamos *'ca-o'*) *s. m.* Knock-out: *El combate se decidió por K. O. en el tercer asalto.* FR. Y LOC. **dejar ~** COLOQUIAL. Dejar ‹una persona o una cosa› abrumada o desconcertada a otra persona: *La noticia me ha dejado K. O.* **perder por ~** 1 Quedar ‹un boxeador› fuera de combate. 2 Perder ‹un deportista› un partido por una diferencia muy importante: *El equipo español ha perdido por K. O. en el partido de ayer.* **quedar(se) ~** COLOQUIAL. Quedar(se) ‹una persona› abrumada o desconcertada: *(Se) ha quedado K. O. después de la última discusión.*

koala *s. m.* (macho y hembra) *Phascolarctos cinereus.* Mamífero marsupial trepador, parecido a un oso, de tamaño pequeño, cuerpo rechoncho, pelo grisáceo y marsupio abierto hacia atrás, que habita en los bosques de eucaliptos de Australia.

koiné o **coiné** *s. f.* **1** LING. Lengua griega antigua formada a partir de diversos dialectos. **2** LING. Lengua formada a partir de la fusión de diversos dialectos.

kokotxa (del vascuence) *s. f.* Cocochа.

koljós o **koljoz** (del ruso) *s. m.* ECON. Cooperativa agrícola de la antigua Unión Soviética: *En el koljós, la tierra es propiedad del Estado, pero éste la cede a perpetuidad a los campesinos para que la exploten mediante un trabajo colectivo.*

kópec o **kópek** (plural *kópecs o kópeks*; del ruso) *s. m.* Cópec, moneda rusa.

koré (del griego) *s. f.* Representación escultórica de muchachas vestidas, propia del arte griego arcaico.

kraker *s. m.* RESTRINGIDO. Persona que habita ilegalmente una casa. SIN. Okupa.

krausismo *s. m.* (no contable) Doctrina y movimiento filosóficos inspirados en el pensamiento de Krause, de gran influencia en la vida política e intelectual española durante la segunda mitad del siglo XIX: *El krausismo español se caracterizaba por su liberalismo político y su espíritu renovador en materia educativa.*

krausista *adj.* **1** De Krause, filósofo del siglo XIX o del krausismo: *filosofía krausista.* ‖ *adj. / s. m.* y *f.* **2** Que es partidario del krausismo: *Los krausistas tuvieron una influencia ideológica importante en la España del siglo XIX.*

kremlin *s. m.* Parte fortificada de una ciudad rusa: *El kremlin más famoso es el de Moscú.*

kril *s. m.* Conjunto de pequeños crustáceos de alto poder nutritivo: *El kril es parte integrante del plancton.*

kriptón *s. m.* (no contable) Criptón.

kulak (plural *kulaks*) *s. m.* Agricultor ruso con tierras propias y posición acomodada: *Los kulaks de la época de los zares desaparecieron con el ascenso de los soviets.*

kung-fu (del chino; pronunciamos *'kunfú'*) *s. m.* (no contable) Sistema de lucha budista en el que se efectúan golpes con manos y pies: *Me he apuntado en un gimnasio y voy a dar clases de kung-fu.*

kurdo, da *adj. / s. m.* y *f.* **1** Que pertenece a un pueblo que vive en la región del Kurdistán: *la música kurda. Los kurdos cruzaron la frontera.* ‖ *s. m.* **2** LING. Lengua irania del grupo occidental hablada por los kurdos.

kurós (plural *kurós;* del griego) *s. m.* Escultura de joven desnudo, propia del arte griego arcaico.

kuwaití (plural *kuwaitíes*, preferible a *kuwaitís;* pronunciamos *'kubaití'*) *adj. / s. m.* y *f.* De Kuwait, país asiático: *el petróleo kuwaití. Los kuwaitíes tienen una alta renta per cápita.*

L

l *s. f.* **1** Duodécima letra del alfabeto español que representa un sonido de articulación apicoalveolar, lateral, fricativa y sonora. Su nombre es «ele». **2** Letra que tiene el valor de cincuenta en la numeración romana.

la *s. m.* **1** (invariable) MÚS. Nombre de la sexta nota o sonido de la escala musical: *la sostenido. Ha fallado en los la.* || *art. det.* **2** (plural *las*) Acompaña al sustantivo femenino singular. **2₁** Su uso supone que la persona o cosa aludida es consabida para el hablante y el oyente: *Un niño y una niña: la niña es sobrina de Ana. La arena de esa playa se parece a la harina. De las dos torres, la alta es la gótica. Observaban la luna.* OBSERVACIONES: No se emplea ante sustantivos femeninos que comienzan por *a-* o *ha-* tónicas (*el águila, el agua, el hacha, el habla, el África Tropical*) salvo cuando se trata de especificadores de un género o clase, como los nombres de letras (*la a, la hache*), los que clasifican política, geográfica o ideológicamente (*la ácrata aquella, la árabe insumisa*) y los nombres propios e hipocorísticos, motes y apellidos de mujer (*la Ángela, la Ana, la Águeda, la África, la Álvarez*). **2₂** Usado ante apellidos supone y sugiere distinción artística, fama o, a veces, mera actitud lúdica del hablante: *la Callas, la Caballé, la Pardo Bazán.* **2₃** Empleado ante nombres propios, hipocorísticos o motes connota familiaridad, emotividad y lenguaje poco cuidado o dialectal. Este uso no es recomendable. En algunos contextos, y para muchos hablantes, puede sugerir incluso marcas socialmente poco prestigiosas para una mujer: *Aquél es el bar de la Reme. ¿Dónde rayos se ha metido la Dolores?* Estas restricciones no tienen lugar cuando el nombre aparece modificado por un adjetivo (especificativo o no), por una estructura especificativa (relativa o no) o por un sustantivo especificador de una faceta: *Ésta es la Elena irascible. La Juana que yo conocí era distinta. La María pintora es superior a la María escritora. Ésa es la bella Claudia. Ya no eres la Marta de las coletas.* || *pron. pers.* **3** (plural *las*; de tercera persona; singular; femenino) Se usa sólo como complemento directo propio (*La quería mucho. La carta, la escribiré mañana. A ella la conozco menos. Salúdala de mi parte*) o etimológico (*No la hay mejor en Europa. Haberla, sí la hubo*). OBSERVACIONES: Como forma enclítica (con infinitivos, gerundios o formas de mandato y con formas personales, con marca de registro literario o de arcaísmo, en posición no inicial) va gráficamente soldada al verbo o, en su caso, al grupo verbo + otro pronombre átono en función distinta de la de complemento directo. La forma verbal conserva su acento si lo llevaba independientemente (*Désela a él. Saludóla el conde ceremoniosamente...*) y se adapta a las reglas generales de acentuación en caso contrario (*Viéndola cantar. Verla salir. Dádsela a Juan. Dámela a mí. Hazla tú. Llévela usted. Está para comérsela*). **4** Interviene, con referencia vaga, en numerosas expresiones idiomáticas coloquiales y emotivas, a menudo de valoración negativa (*armarla, hacerla [buena], liarla, jorobarla*) y a veces con exigencia de contextos especiales (por ejemplo, el de garantía: *Ésta me la pagas*). FR. Y LOC. **a ~ que** COLOQUIAL, RESTRINGIDO. Cuando, en el momento en que, en cuanto: *A la que lo vio, se echó a llorar.* **¡~ de...!** ₁ Con elipisis de la palabra *cantidad* (o del algún sustantivo femenino equivalente) y seguido de un complemento determinativo con *de* en el que se integra una cláusula relativa especificativa, se usa para ponderar emotiva y enfáticamente una cantidad: *¡La de veces que se lo he dicho! ¡La de tonterías que hay que oír! ¡Si vieras la de gente que lloraba!* ₂ Por elipsis inconcreta de sustantivo femenino peyorativo (*batalla, disputa, guerra, confusión, fechoría, etc.*) precede a complementos determinativos o a cláusulas relativas especificativas, a menudo en construcciones idiomáticas y siempre en contexto coloquial y emotivo: *Se armó la de San Quintín. Se armó la de Dios es Cristo. Se preparó la de Dios... ¡La que se armó: gritos, insultos, patadas...!*

lábaro *s. m.* **1** RESTRINGIDO. Estandarte de los emperadores romanos en el que había una cruz y la abreviatura de Cristo. **2** REL. Entre los cristianos, signo formado por una cruz y la abreviatura de Cristo: *El diablo huye cuando ve el lábaro de los cristianos.* SIN. crismón.

laberíntico, ca *adj.* **1** (antepuesto / pospuesto) Del laberinto o que parece un laberinto: *un laberíntico jardín. Algunos pasillos del metro son laberínticos.* **2** (antepuesto / pospuesto) Que es enmarañado o confuso: *Ha dado unas laberínticas explicaciones.*

laberinto *s. m.* **1** Lugar construido con caminos entrecruzados dispuestos de manera que no resulta fácil salir a la persona que está dentro: *En esta ciudad hay un parque con un divertido laberinto en el jardín. En la literatura griega clásica aparecen algunos laberintos famosos.* **2** Cosa o situación difícil de resolver por resultar confusa y liosa: *Esa historia es un verdadero laberinto. No escuches los problemas de su familia, porque esa casa es un laberinto.* **3** ANAT. Parte del oído interno de los vertebrados: *El sentido del equilibrio depende del laberinto.*

labia *s. f.* (no contable) Facilidad de palabra, especialmente cuando se utiliza con habilidad y gracia para agradar o convencer a alguien: *un vendedor con labia, un político con labia. Tiene mucha labia para hablar con las chicas.*

labiado, da *adj. / s. f.* **1** BOT. [Flor, corola] que tiene una sola pieza dividida en dos partes o labios, el superior formado por dos pétalos y el inferior por tres: *flor labiada.* **2** BOT. [Planta] con las flores labiadas. || *s. f.* **3** (en plural) BOT. Familia de plantas con las flores labiadas: *Entre las labiadas se encuentra la menta.*

labial *adj.* **1** De los labios: *pintura labial, barra labial.* **herpes ~.** || *adj. / s. f.* **2** FON. [Consonante] que se articula con los labios en una posición de abocinamiento o ensanchamiento de la boca: *La «b» es una labial.*

labialización *s. f.* Acción y resultado de labializar: *La labialización de algunos sonidos es propia de algunas zonas dialectales.*

labializar *v. tr. / prnl.* Dar ‹una persona› carácter labial a [un sonido]: *Mi tío labializa la consonante de «agujero» y dice «abujero».* ⇒ **19.**

labiérnago *s. m. Phyllirea angustifolia.* Arbusto perenne de la familia de las oleáceas de ramas delgadas, hojas alargadas, flores blancas en racimo y fruto redondo y pequeño de color negro.

labihendido, da *adj.* RESTRINGIDO. Que tiene el labio superior partido o abierto, aunque no totalmente dividido en dos: *Es un chico agradable, un poco labihendido.*

lábil *adj.* **1** (antepuesto / pospuesto) ELEVADO. Que se desliza o resbala fácilmente: *el tiempo lábil, lábil felicidad.* **2** (antepuesto / pospuesto) ELEVADO. Que es frágil, débil o poco estable: *memoria lábil, tu lábil cariño, tus promesas lábiles.* **3** QUÍM. [Compuesto] que es fácil de transformar en otro más estable: *Son preferibles los contaminantes lábiles, porque fácilmente se transforman.*

labilidad *s. f.* (no contable) ELEVADO. Cualidad de lábil: *la labilidad de la vida humana, la labilidad de sus opiniones. Su conducta se caracteriza por una labilidad exagerada.*

labio *s. m.* **1** Cada uno de los dos bordes carnosos que limitan la abertura de la boca: *pintarse los labios, una herida en los labios.* **barra* de labios. ~ inferior. ~ superior. ~ leporino** Labio superior partido debido a un malformación congénita. **2** ANAT. Cada uno de los bordes de la vulva. **3** Cada uno de los bordes de algunas cosas: *El cirujano cosió los labios de la herida.* **4** (preferentemente en plural) Boca, órgano del habla: *Tu secreto no saldrá de mis labios.* FR. Y LOC. **dejar / quedarse con la miel* en los labios. estar con la leche* en los labios** o **tener / traer la leche en los labios. morderse los labios** COLOQUIAL. Contenerse ‹una persona› para no reírse o para no hablar: *Me mordí los labios para no decirle que era un idiota.* **no despegar los labios** COLOQUIAL. No hablar nada ‹una persona›: *No despegó los labios en toda la tarde.* **sellar los labios** COLOQUIAL. Prohibir ‹una persona› que otra persona revele alguna información, normalmente con ruegos o amenazas: *Me ha sellado los labios con un juramento.* **tener los labios sellados** COLOQUIAL. No poder revelar ‹una persona› una información: *No puedo hablar, tengo los labios sellados por una promesa.*

labiodental *adj. / s. f.* FON. [Sonido] que se articula acercando el labio inferior contra los incisivos superiores: *consonante labiodental. La «f» es una labiodental.*

labor *s. f.* **1** Trabajo o actividad de una persona: *Estaba muy ocupado con su labor. Ha hecho una labor excelente en la organización. Desarrolla su labor por las noches. Cuidar a estos niños es una labor callada.* **2** (preferentemente en plural) Cualquier tipo de trabajo artístico hecho con hilo o lana en una tela: *Su tía tiene una caja llena de labores hechas a mano. Desde que no trabaja, se dedica a hacer labores para sus hijos.* **3** (preferentemente en plural) Trabajo que se realiza en el campo: *labores agrícolas, labores de limpieza de la tierra, labores de siembra, las labores de la cosecha.* **tierra* de ~.** **4** (preferentemente en plural) Cada uno de los tipos de productos elaborados en las fábricas de tabaco: *En Cuba conocimos labores de tabacos que no se hacen en ningún otro sitio.* **5** GUAT., MÉX., EL SALVADOR. Pequeña finca agrícola. || **6 ~ / trabajo de zapa*. 7 sus labores** Ocupación de la mujer que sólo es ama de casa: *Mi hermana se ha quedado sin trabajo y ahora sólo se dedica a sus labores. Me dedico a mis labores.* FR. Y LOC. **(no) estar por la ~** COLOQUIAL. (No) estar ‹una persona› dispuesta a hacer una cosa: *No podemos ir de excursión porque mi hermano no está por la labor de dejarnos el coche. No puedo ir al cine esta noche, mi madre no quiere quedarse con la niña, no está por la labor. Vamos a pintar pronto la casa, he hablado con un amigo y, como está por la labor, nos echará una mano.*

laborable *adj.* **1** [Tierra] que es apropiada para ser labrada: *Las tierras laborables están disminuyendo en la Península Ibérica.* || *adj. / s. m.* **2** [Tiempo] que se debe dedicar al trabajo: *Abrimos laborables y festivos. Hay pocos días festivos en un año, ya que casi todos son laborables. Los días laborables de la semana son todos menos los sábados y domingos. La semana laborable está alrededor de las cuarenta horas.*

laboral *adj.* Del trabajo en su aspecto económico, jurídico y social: *mercado laboral, relaciones laborales. He terminado mi jornada laboral.* **derecho* ~.**

laboralista *adj.* **1** Del trabajo en su aspecto económico, jurídico y social: *un congreso laboralista. Tiene un gabinete laboralista famoso. Organiza cursillos laboralistas.* || *adj. / s. m.* y *f.* **2** [Persona] que por profesión está especializada en derecho laboral: *abogado laboralista.* **3** COL. [Persona] que trabaja en un laboratorio clínico.

laborar *v. tr.* **1** Trabajar ‹una persona› [la tierra]: *Un campesino laboró estos campos. Mis abuelos laboraban la tierra de sol a sol.* SIN. labrar. || *v. intr.* **2** ELEVADO. Luchar ‹una persona› para conseguir una cosa: *Son un grupo de chicos que laboran* ***por*** *un club en el centro cultural del barrio. Hay que laborar* ***por*** *las causas humanitarias.* **3** COL. Trabajar.

laboratorio *s. m.* **1** Lugar con aparatos, instrumentos y productos apropiados para realizar trabajos técnicos o de investigación: *laboratorio fotográfico, laboratorio farmacéutico, laboratorio de idiomas.* **2** Lugar donde se revelan los negativos de las filmaciones y fotografías: *El laboratorio de la filmoteca restaura películas antiguas.* **3** Lugar especialmente preparado donde los químicos y los farmacéuticos hacen sus experimentos: *Los alumnos han subido al laboratorio de química. Nos han enviado los análisis de orina del laboratorio.* **4** Situación de la realidad que se toma como prueba: *Este barrio es un laboratorio de razas. Esta ciudad es un laboratorio de urbanismo.* FR. Y LOC. **de ~** Creado artificialmente o que produce esa impresión: *música de laboratorio. No me gusta su cara, parece de laboratorio.*

laborear *v. tr.* 1 RESTRINGIDO. Trabajar ‹una persona› [la tierra]: *Laborean un trocito de tierra, pero sólo para el propio consumo.* SIN. laborar, labrar. 2 RESTRINGIDO. Hacer ‹una persona› excavaciones en [una mina] para extraer mineral: *Mi familia laboreaba unas minas del pueblo.*

laboreo *s. m.* 1 ELEVADO. Cultivo del campo: *El laboreo del campo está actualmente en manos de las personas mayores.* 2 RESTRINGIDO. Arte y técnicas de explotar las minas: *El laboreo de las minas es una actividad importante en muchos países americanos.*

laboriosidad *s. f.* 1 (no contable) Constancia, dedicación al trabajo: *Este chico destaca por su laboriosidad.* 2 (no contable) Dificultad o complejidad de una tarea: *La laboriosidad de las negociaciones llevará varias semanas. La restauración del cuadro es una tarea de mucha laboriosidad.*

laborioso, sa *adj.* 1 Que tiende a realizar con interés y aplicación el trabajo que se le ha encargado: *Da gusto trabajar con él, es muy laborioso.* 2 (antepuesto / pospuesto) Que cuesta mucho trabajo o esfuerzo: *parto laborioso. Hizo una serie de laboriosas gestiones.* SIN. trabajoso.

laborismo *s. m.* (no contable) Ideología y doctrina política de carácter socialista de algunos países: *el laborismo inglés.*

laborista *adj.* 1 Del laborismo: *postura laborista, ideología laborista, victoria laborista.* || *adj. / s. m.* y *f.* 2 Que es partidario del laborismo: *político laborista, partido laborista. Los laboristas ganaron las elecciones.*

labra *s. f.* RESTRINGIDO. Acción y efecto de labrar un material: *la labra de la piedra.* SIN. labrado, talla.

labrado, da *adj.* 1 (ser / estar) [Tela, prenda] que tiene dibujos en relieve: *La falda del vestido estaba labrada. La blusa era de seda labrada.* || *s. m.* 2 Acción y efecto de labrar un material: *el labrado de la madera.*

labrador, ra *adj. / s. m.* y *f.* [Persona] que se dedica por oficio a las labores agrícolas: *Se cruzó con un grupo de mujeres labradoras. Los labradores volvían tarde del campo.*

labrantío, a *adj. / s. m.* [Campo, tierra] que se labra o siembra: *La carretera atravesaba ricos campos labrantíos.*

labranza *s. f.* 1 (no contable) Cultivo del campo: *Necesitan jornaleros para la labranza.* 2 Hacienda de campo o conjunto de tierras de labor: *En el valle se veían varias labranzas.*

labrar *v. tr.* 1 Trabajar ‹una persona› [la tierra]: *No es fácil dedicarse a labrar la tierra en las condiciones económicas actuales. En España se labran menos hectáreas que antes.* 2 Trabajar ‹una persona› [madera, piedra o cuero]: *Labraron una inscripción en la piedra con el nombre de los muertos en el accidente. Este artesano labra muy bien el cuero.* || *v. tr. / prnl.* 3 Luchar ‹una persona› para conseguir [una cosa]: *A los jóvenes les es difícil labrar**se** un futuro. **Me** he labrado una reputación innegable como actor. Su padre está labrando la ruina de la familia.*

labriego, ga *s. m. / f.* RESTRINGIDO. Persona que trabaja por oficio el campo: *Los labriegos han disminuido considerablemente en la Península.*

laburar *v. intr.* ARG., URUG; COLOQUIAL. Trabajar ‹una persona›.

laburo *s. m.* ARG., PAR., URUG.; COLOQUIAL. Trabajo, empleo.

laca *s. f.* 1 (no contable) Sustancia resinosa que se obtiene de algunos árboles del sur de Asia: *La laca es traslúcida y quebradiza.* 2 (no contable) Barniz duro y brillante que se fabrica con esta sustancia o con otras: *He comprado laca para pintar las sillas.* 3 Objeto cubierto con este barniz: *Tiene una colección de lacas orientales.* 4 (no contable) Cosmético para fijar el peinado que se aplica sobre el cabello: *Te han echado excesiva laca en la peluquería.* || **5 goma* ~. 6 ~ de uñas** Cosmético para dar color o brillo a las uñas: *Puedes usar mi laca de uñas si te gusta el color.*

lacar *v. tr.* Cubrir ‹una persona› [una cosa] con laca o barniz: *He lacado la mesita del teléfono.* ⇒ **71.**

lacayo, ya *adj. / s. m.* y *f.* 1 (preferentemente en masculino) PEYORATIVO. Persona que se comporta de una manera demasiado servil intentando agradar a otra de categoría laboral superior: *No puedes fiarte de él, es un lacayo del jefe. Para los comunistas más radicales, muchos escritores occidentales eran lacayos del imperialismo.* || *s. m.* 2 Criado uniformado que acompañaba a un señor: *Las grandes familias nobiliarias tenían numerosos lacayos.*

laceador *s. m.* AMÉR. DEL S. Peón que se encarga de echar el lazo al ganado.

lacear *v. tr.* AMÉR. DEL S.; RESTRINGIDO. Sujetar ‹una persona› [un animal] con un lazo.

lacedemonio, nia *adj. / s. m.* y *f.* De Lacedemonia, ciudad y comarca de la antigua Grecia: *el ejército lacedemonio. Los lacedemonios tenían fama de buenos guerreros.*

lacerante *adj.* ELEVADO. Que lacera o lastima: *dolor lacerante, palabras lacerantes.*

lacerar *v. tr.* 1 ELEVADO. Producir ‹una persona o una cosa› una herida o un daño [a una persona]: *Los espinos le laceraron toda la espalda. Enseñó el pecho lacerado por los azotes.* SIN. herir. 2 ELEVADO. Causar ‹una cosa› pena o dolor intensos [a una persona]: *Tus duras palabras laceran a cualquiera, debes ser más amable con la gente. ¿Quién no se sentirá lacerado al ver el dolor de estas madres?* SIN. herir.

lacería *s. f.* 1 ARQ. Motivos decorativos entrelazados que forman generalmente figuras geométricas. 2 RESTRINGIDO. Conjunto de lazos que adornan algo: *Tiene la cuna del bebé con una lacería exagerada.*

lacero, ra *s. m. / f.* 1 RESTRINGIDO. Funcionario municipal que recoge los perros callejeros y los lleva a la perrera: *Los laceros recogen los perros vagabundos.* 2 Cazador, en general furtivo, que atrapa a los animales con trampas de lazo: *Algunos campesinos pobres sobreviven como laceros.* 3 Persona que utiliza el lazo para capturar animales: *En las estancias argentinas viven hábiles laceros.*

lacertilio *adj. / s. m.* 1 (macho y hembra) ZOOL. [Reptil] que tiene el cuerpo con escamas, ojos salientes con párpados, cuatro patas fuertes y cola larga, como el lagarto. || *s. m.* 2 (en plural) ZOOL. Grupo formado por los reptiles lacertilios.

lacha *s. f.* 1 (no contable) COLOQUIAL. Apuro, vergüenza: *Me da lacha preguntar algo tan delicado. Si te ha dicho eso, no tiene lacha.* 2 ARG., URUG. Cada una de las varias especies de peces no muy grandes, de cuerpo alargado, que se comen como los arenques.

lachear *v. tr.* CHILE; VULGAR. Esforzarse ‹un hombre› por ligar [a una mujer].

lacho, cha *s. m. / f.* 1 CHILE, PERÚ; VULGAR. Persona que se enamora con facilidad y echa piropos encendidos. || *s. m.* 2 PERÚ. Galán de pueblo que viste con afectación ridícula.

lacio, cia *adj.* 1 [Cabello] que cae sin formar ondas ni rizos: *Tengo el pelo muy lacio, me gustaría rizármelo.* 2 Que está marchito o ajado: *flor lacia. Este rosal está lacio.* 3 Débil o sin fuerza: *Tienes que hacer deporte, porque la musculatura de las piernas se te está quedando lacia. Tiene unas carnes lacias, se cuida poco. Te veo muy lacio después de la gripe.*

lacón *s. m.* Pata delantera del cerdo, asada y curada: *El lacón con grelos es una comida excelente, típica de Galicia.*

lacónico, ca *adj.* 1 (ser / estar) [Persona] que utiliza o tiende a utilizar pocas palabras para decir las cosas: *Estuvo muy lacónico ayer en la reunión. Tiene un carácter muy lacónico.* 2 (antepuesto / pospuesto) Que es breve y exacto: *lacónica respuesta, lacónico mensaje. Escribe con un estilo muy lacónico. Le gustan las entrevistas lacónicas.*

laconismo *s. m.* (no contable) Cualidad de lacónico: *El laconismo de su respuesta no permitió despejar ninguna duda. Cuando tiene algún ataque de laconismo no hay quien le saque una palabra.*

lacra *s. f.* 1 RESTRINGIDO. Señal o secuela que deja una enfermedad o un daño físico en una persona o animal: *Estas cicatrices son la lacra de la drogadicción. Todas estas piernas cortadas son la lacra de la guerra.* 2 Cosa mala y perjudicial: *El alcoholismo es una lacra social. El paro es una lacra de la que todos somos responsables.* 3 AMÉR. DEL S. Herida, llaga. 4 ARG., P. RICO. Costra que se forma sobre las heridas cuando éstas cicatrizan.

lacrar *v. tr.* RESTRINGIDO. Cerrar ‹una persona› [una cosa] sellándola con lacre: *Lacró los dos paquetes. No cierres el sobre, que te lo lacren en correos.*

lacre *s. m.* Sustancia sólida, normalmente presentada en barras de colores, que se derrite con el calor y se usa para cerrar cartas y paquetes: *una carta cerrada con lacre.*

lacrimal *adj.* De las lágrimas: *glándulas lacrimales, conductos lacrimales.* **bolsa ~.**

lacrimógeno, na *adj.* 1 Que provoca las lágrimas: *Las sustancias lacrimógenas pueden ser muy perjudiciales para la salud.* **gas* ~.** 2 Que invita o anima a llorar por ser excesivamente sentimental: *Algunas novelas sentimentales son lacrimógenas. Las películas lacrimógenas le gustan mucho a mi padre. No me cuentes historias lacrimógenas.*

lacrimoso, sa *adj.* 1 Que tiene o segrega lágrimas: *ojos lacrimosos. Tenía la mirada lacrimosa.* 2 (ser / estar) Que tiende a lamentarse con facilidad: *No es que esté lacrimoso, es que lo es. Está muy lacrimoso últimamente. Es una lacrimosa tremenda, siempre lamentándose.* 3 Que provoca el llanto: *una novela lacrimosa. Como te cuente yo una historia lacrimosa, saldremos de aquí en barca.*

lactancia *s. f.* 1 Primer periodo de la vida de los mamíferos, durante el que se alimentan mamando leche: *Los niños actuales tienen una lactancia más breve que la de los niños de mediados de siglo.* 2 Dicho sistema de alimentación: *Los médicos aconsejan la lactancia materna por sus virtudes. Muchas madres acomodan su trabajo a la lactancia de sus hijos.*

lactante *adj. / s. m.* y *f.* 1 Que está en periodo de lactancia: *bebé lactante. Los lactantes que se alimentan con leche materna tienen más defensas ante las enfermedades.* || *adj. / s. f.* 2 Que amamanta: *madre lactante. Las lactantes deben cuidar atentamente su alimentación.*

lactar *v. tr.* 1 RESTRINGIDO. Dar de mamar ‹una hembra vivípara› [a un niño o un cachorro]: *Las mujeres actuales vuelven a lactar a sus niños.* || *v. intr.* 2 RESTRINGIDO. Mamar ‹un niño o un cachorro›.

lactario, ria *adj.* De la leche: *industria lactaria.*

lacteado, da *adj.* Que lleva leche en su composición: *harinas lacteadas, productos lacteados, papillas lacteadas.*

lácteo, a *adj.* 1 De la leche: *industria láctea.* 2 Que se parece a la leche: *consistencia láctea, color lácteo.* || *adj. / s. m.* 3 Que está hecho con leche o derivado de ella: *El yogur y la mantequilla son derivados lácteos. Me gustan los lácteos.*

láctico, ca *adj.* QUÍM. De la leche. **ácido ~.**

lactosa *s. f.* (no contable) QUÍM. Azúcar que está en la leche de los mamíferos.

lacustre *adj.* ELEVADO. De los lagos: *fauna lacustre, paisaje lacustre, vegetación lacustre, población lacustre.*

LADE (pronunciamos *'lade'*) *s. f.* Sigla de «Líneas Aéreas del Estado», Argentina.

ladeado, da *adj.* ARG. [Persona] que es desgarbada o un poco encorvada.

ladear *v. tr. / prnl.* 1 Inclinar ‹una persona› [una cosa] hacia un lado: *Ladeó la cabeza para ver mejor. Tu padre* **se** *ladea mucho al andar. Niño, no* **te** *ladees, anda derecho.* || *v. prnl.* 2 CHILE; COLOQUIAL, RESTRINGIDO. Enamorarse ‹una persona› de otra persona que está comprometida.

ladeo *s. m.* Acción y resultado de ladear o ladearse: *Se distingue por el ladeo de su sombrero. Negó con un ladeo imperceptible de cabeza.*

ladera *s. f.* Pendiente de una montaña: *la ladera norte, la ladera sur. Es agradable subir un poco por una ladera suave. En la ladera se diseminaban pequeñas casas de campo. Es una ladera poco abrupta.* SIN. vertiente.

ladero, ra *adj.* 1 AMÉR. DEL S. [Caballo] que tira de un vehículo por la derecha. 2 REP. DOM. Que es charlatán o hablador. || *s. m.* 3 ARG., URUG.; COLOQUIAL. Acompañante habitual de una persona.

ladilla *s. f.* 1 (macho y hembra) *Phthirus pubis.* Insecto muy pequeño, parásito de las personas, de color amarillento, que vive en el vello del cuerpo, especialmente en el pubis, y se reproduce rápidamente: *Las ladillas son incómodas y exigen un tratamiento.* || *s. m. / f.* 2 ARG., URUG., VEN.; COLOQUIAL en Arg. y Urug., VULGAR en Ven. Persona molesta. 3 ARG.; COLOQUIAL. Persona astuta.

ladino, na *adj.* 1 PEYORATIVO. Que obra con astucia o sagacidad para conseguir un fin: *Me miró con una sonrisa ladina. Es muy ladino, siempre consigue lo que quiere.* 2 Sefardí. 3 Del valle del Inn, en Suiza. 4 REP. DOM. Que es charlatán o hablador. || *s. m.* 5 LING. Variedad del español antiguo que hablan los sefardíes. 6 LING. Lengua románica hablada en algunos valles alpinos de Suiza e Italia.

lado *s. m.* 1 Parte del cuerpo humano que va desde el brazo hasta la cadera: *Sintió un dolor en el lado izquierdo.* SIN. costado. 2 Mitad de un cuerpo simétrico: *La trombosis le paralizó el lado derecho del cuerpo. Iba sentado en el lado izquierdo del coche.* 3 Parte próxima a los extremos en oposición al centro: *Los vigilantes se colocaron a los lados de la entrada del edificio.* 4 Cada una de las superficies de un cuerpo plano: *Su canción preferida está en el otro lado del disco.* 5 Lugar o parte del mismo: *Estuvieron en un pub y* *luego se fueron a otro lado. Colocó el mueble en otro lado de la casa.* SIN. sitio. **6** GEOM. Línea que forma y delimita un polígono, y arista de los poliedros regulares: *El heptágono es un polígono de siete lados.* **7** Parte o bando al que apoya una persona: *Puedes contar conmigo, estoy de tu lado.* **8** Aspecto, punto de vista: *Es muy optimista, sólo ve el lado bueno de las cosas.* **9** Medio para conseguir una cosa: *Si así no consigues nada, inténtalo por otro lado.* **10** Rama de un parentesco: *Sos primos segundos por el lado de su padre.* FR. Y LOC. **al ~** 1 Muy cerca: *Vivo aquí al lado.* 2 En el lugar inmediato al que se expresa o sobrentiende: *Venden la casa de al lado.* **al ~ de** 1 Junto a: *La moneda se cayó al lado de la mesa. Creció al lado de sus amigos.* 2 En comparación con: *No es muy simpático, pero al lado de su hermano resulta agradable.* **dar* de ~. de lado a ~** De un extremo a otro: *Recorrió el país de lado a lado.* **de (medio) ~** Ladeado, torcido: *Se puso el gorro de medio lado.* **de un ~ para otro** En continua actividad: *Estuvo de un lado para otro toda la mañana para resolver unos asuntos.* **dejar a un ~** o **dejar de ~** Prescindir de una persona o cosa: *Dejaron a un lado sus intereses particulares para trabajar en beneficio del grupo.* **echarse/hacerse a un ~** Apartarse ‹una persona, vehículo, animal› para dejar el paso libre: *Se echó a un lado para que pasara la señora.* **ir cada uno por su ~** 1 Ir ‹dos personas› por diferentes caminos: *Al salir del bar se fueron cada uno por su lado.* 2 Romper ‹dos personas› la relación que existía entre ellas: *Eran muy amigos, pero ahora va cada uno por su lado.* **ir de ~** COLOQUIAL. Estar equivocada o ir descaminada ‹una persona›: *Si cree que puede hacer lo que quiera, va de lado.* **mirar de (medio) ~** Mirar ‹una persona› [a otra persona] de forma despectiva: *Nos mira de medio lado porque se siente superior.* **por un ~..., por otro (~)** Desde un punto de vista..., desde otro: *Por un lado me gustaría ir a la playa, por otro creo que sería mejor quedarnos en casa.*

ladrar *v. intr.* **1** Emitir ‹un perro› su voz: *El perro ladró durante toda la noche. Este perro no ladra a las personas, sólo a los otros perros.* **2** COLOQUIAL. Hablar ‹una persona› con voz alta y amenazante: *En España no se habla en los bares o restaurantes, se ladra. Parece que están ladrando más que discutiendo. A mí no me ladres.* SIN. vocear. || *v. intr./tr.* **3** Dirigir ‹una persona› insultos o gritos [a otra persona] sin hacer nada: *No le hagas caso, en las reuniones ladra mucho contra la empresa, pero no hace nada. Aunque ladras mucho a tu hijo, al final hace lo que quiere.* SIN. gruñir. FR. Y LOC. **no tener padre* ni madre ni perrito que le ladre.**

ladrido *s. m.* **1** Sonido característico que emite el perro: *El perro guardián emitía fuertes ladridos.* **2** COLOQUIAL; INTENSIFICADOR. Grito o mala contestación: *Fuimos a hablar con ella y nos soltó un ladrido.*

ladrillar *s. m.* RESTRINGIDO. Lugar donde se fabrican ladrillos.

ladrillazo *s. m.* Golpe dado con un ladrillo: *Nos dio un ladrillazo y salimos corriendo.*

ladrillo *s. m.* **1** Masa de arcilla cocida en forma de prisma rectangular, utilizada en construcción: *pared de ladrillos, ladrillo refractario, ladrillo macizo, edificio de ladrillo visto.* **2** COLOQUIAL. Cosa pesada y aburrida: *Esta novela es un ladrillo. Hemos asistido a una clase que era un ladrillo.*

ladrón, na *s. m.* y *f.* **1** Persona que roba: *El ladrón escapó de la policía.* **cueva* de ladrones.** **2** AFECTADO. Tratamiento que se da a personas, en especial a los niños, con el sentido de pillo, granuja. || *s. m.* **3** Dispositivo que permite conectar a la corriente eléctrica varios aparatos.

ladronzuelo, la *s. m./f.* **1** Ladrón de poca importancia: *Esos chicos forman una banda de ladronzuelos.* **2** AFECTADO. Tratamiento que se da a personas, en especial a niños, en tono cariñoso: *¿Me devuelves el caramelo, ladronzuelo?*

lagaña *s. f.* ARG., COL., URUG., VEN. Legaña.

lagar *s. m.* **1** Lugar o recipiente donde se machaca la manzana, se pisa la uva o se prensa la aceituna. **2** Edificio donde se hacen estas labores: *La sidra, el vino y la aceituna se elaboran en los lagares.*

lagarta *s. f.* **1** COLOQUIAL; PEYORATIVO. Mujer de costumbres poco honestas: *¡Menuda lagarta! Quiso quitarme a mi marido.* || *adj./s. f.* **2** COLOQUIAL; PEYORATIVO. Mujer intrigante y astuta: *Ella es tan lagarta como su suegra.*

lagartija *s. f.* (macho y hembra) Familia *Lacertidae.* Reptil de pequeño tamaño y color verdoso o grisáceo, muy ágil y con una larga cola que vuelve a crecer si se corta, muy abundante en zonas rocosas, donde sale a la superficie para ponerse al sol: *Las lagartijas abundan en España.*

lagarto, ta *s. m./f.* **1** Reptil verdoso de pequeño o mediano tamaño, con cuatro patas y larga cola, que vive en zonas cálidas y del que existen varias especies. || *s. m.* **2** MÉX. Caimán. || *adj./s. m.* y *f.* **3** COLOQUIAL; PEYORATIVO. Persona intrigante y astuta que defiende sus intereses disimuladamente: *Es un lagarto, crees que te está haciendo un favor y te está vendiendo. No me fío nada de mi secretaria, es una lagarta que le cuenta al gran jefe todo lo que hago.*

lagartona *s. f.* COLOQUIAL; PEYORATIVO. Lagarta.

lago *s. m.* Extensión de agua permanente que ocupa una zona honda del terreno en el interior de los continentes: *Los lagos suelen tener agua dulce, aunque algunos son de agua salada.*

lagomorfo *adj./s. m.* **1** (macho y hembra) ZOOL. [Animal] mamífero parecido a un roedor, pero con dos pares de dientes incisivos en la mandíbula superior, que tiene el pelo denso y suave y vive en madrigueras, como el conejo y la liebre. || *s. m.* **2** (en plural) ZOOL. Orden formado por los lagomorfos.

lágrima *s. f.* **1** Gota de agua, algo salada, que producen las glándulas lacrimales de los ojos y que brota por razones fisiológicas o en momentos de tensión emocional: *correr las lágrimas por las mejillas, saltar las lágrimas, deshacerse en lágrimas, estar con lágrimas en los ojos, enjugarse las lágrimas.* **2** Objeto en forma de lágrima: *lágrimas de caramelo, lágrimas de una lámpara.* **3** (en plural) Sufrimiento: *Aprobar te va a costar lágrimas.* **valle* de lágrimas.** || **4 ~ de cocodrilo** (preferentemente en plural) COLOQUIAL. Lágrima que vierte una persona por un dolor que no siente: *No me vas a impresionar con lágrimas de cocodrilo.* FR. Y LOC. **estar hecho un mar* de lágrimas. llorar* a ~ viva** o **llorar a moco tendido. llorar lágrimas de sangre** Llorar ‹una persona› con mucha pena: *Estaba muy afectado, lloraba lágrimas de sangre.* **paño* de lágrimas. saltarse las lágrimas** COLOQUIAL. Derramar ‹una persona› lágrimas involuntariamente, por un dolor o por una emoción: *Me di tal golpe, que se me saltaron las lágrimas. Se nos saltan las lágrimas cuando vemos a los niños famélicos en la tele.*

lagrimal *adj.* **1** De las lágrimas: *conducto lagrimal, glándulas lagrimales.* || *s. m.* **2** ANAT. Extremo del ojo que está más cerca de la nariz: *Tiene los lagrimales muy enrojecidos.* **carúncula* ~.**

lagrimear *v. intr.* **1** Producir ‹los ojos de una persona› lágrimas: *Con el humo me lagrimean los ojos.* **2** Llorar ‹una persona› con frecuencia o por cualquier cosa: *Deja de lagrimear, ya encontrarás otro novio, y mejor que éste.* SIN. lloriquear, gimotear.

lagrimoso, sa *adj.* **1** Que lagrimea, o que tiene los ojos tiernos y húmedos: *ojos lagrimosos.* **2** Que hace llorar: *Siempre cuenta historias lagrimosas.*

laguna *s. f.* **1** Extensión de agua más pequeña que el lago: *En el pueblo hay una pequeña laguna rodeada de cañas, que se llena de patos en verano.* **2** Aquello que falta o queda por completar en un estudio, exposición o en la formación de una persona: *Sabe mucho de literatura, pero tiene algunas lagunas en poesía actual.* **3** Huecos o espacios vacíos en una serie: *Tenemos cubiertas todas las regiones del país, pero en las provincias orientales nos quedan algunas lagunas. Hay algunas lagunas en la sección de diccionarios de la biblioteca.* **4** Fallos de la memoria: *Empieza ya a tener algunas lagunas preocupantes. Recuerdo algunas cosas, pero después del golpe tengo lagunas importantes en el tiempo.*

laicismo *s. m.* (no contable) Ideología y comportamiento de los partidarios de que el Estado y la sociedad estén libres de toda influencia eclesiástica: *El laicismo es una corriente de opinión moderna.*

laicista *adj.* **1** Del laicismo: *tendencia laicista. Las sociedades laicistas están de moda.* || *s. m./f.* **2** Persona que es partidaria del laicismo: *Los laicistas desean que la religión sea una cuestión personal y no un problema institucional.*

laicizar *v. tr./prnl.* Hacer ‹una persona› que [una institución] sea totalmente independiente de la influencia religiosa: *Muchos intelectuales creen que debe laicizarse la enseñanza. La sociedad moderna **se** ha laicizado mucho si se compara con la del antiguo régimen.* ⇒ **19.**

laico, ca *adj./s. m.* y *f.* **1** Que no es eclesiástico o religioso: *Los laicos no pueden administrar los sacramentos mayores de la Iglesia Católica.* || *adj.* **2** Que no tiene dependencia religiosa: *enseñanza laica, estado laico, colegio laico, asociación laica.*

laísmo *s. m.* LING. Uso incorrecto de las formas pronominales *la* y *las* como complemento indirecto en lugar de *le* y *les*: *El laísmo es frecuente en algunas zonas de Castilla y entre las clases populares madrileñas.*

laísta *adj.* **1** LING. Del laísmo: *fenómeno laísta.* || *adj./s. m.* y *f.* **2** LING. Que practica el laísmo: *Muchos burgaleses son laístas. Los americanos no son laístas.*

laja *s. f.* Piedra lisa y plana, de poco grosor: *El garaje tiene un suelo de lajas.*

lama *s. f.* **1** Plancha fina de metal o de un material flexible, lámina: *Las persianas de lamas no son convenientes en los centros de enseñanza.* **2** Tela hecha con hilos de oro y plata: *una falda de lama, una blusa de lama.* **3** Barro o lodo oscuro, blando y pegajoso del fondo del mar o de los ríos. **4** AMÉR. Musgo. **5** BOL., MÉX. Moho. || *s. m.* **6** Maestro o monje budista tibetano.

lambda *s. f.* Undécima letra del alfabeto griego que se translitera por la «l» del español.

lamber *v. tr./prnl.* **1** ARG., COL., URUG.; RESTRINGIDO en España y Argentina. Pasar ‹una persona o un animal› la lengua por [una persona, un animal o una cosa]: *El perro **se** lambía la pata. El gato **se** lambe después de comer.* SIN. lamer. || *v. tr.* **2** AMÉR. Adular ‹una persona› de forma servil [a otra persona].

lambido, da *adj./s. m.* y *f.* AMÉR. [Persona] que es afectada y presumida.

lambiscón, na *adj./s. m.* y *f.* COL., MÉX.; PEYORATIVO. [Persona] que adula o lisonjea servilmente.

lambón, na *adj./s. m.* y *f.* COL., MÉX., PAN.; COLOQUIAL en Colombia. [Persona] que adula servilmente.

lamé *s. m.* (no contable) Tela muy brillante tejida con hilos de oro o plata: *Isabel llevó a la fiesta un vestido de noche de lamé.*

lameculos (plural *lameculos*) *s. m./f.* VULGAR; PEYORATIVO. Persona que adula o alaba servilmente a otra persona para conseguir un favor: *Era un lameculos, se pasaba todo el día alabando al jefe para que le subiera el sueldo. No me fío nada de él, te da palmaditas en la espalda cuando te ve, pero trabaja muy mal, es un lameculos.*

lamedura *s. f.* Acción y resultado de lamer: *Los perros te llenan de lameduras en cuanto te descuidas.*

lamelibranquio *adj./s. m.* **1** ZOOL. [Molusco] que habita en el agua y tiene la concha formada por dos piezas unidas y que encajan entre sí, como la ostra o el mejillón. || *s. m.* **2** (en plural) ZOOL. Clase que forman los moluscos lamelibranquios.

lamentable *adj.* **1** (antepuesto/pospuesto) Que merece ser lamentado o llorado: *Un lamentable accidente se ha producido esta mañana. Una confusión lamentable ha dejado a dos inocentes en la calle.* **2** (antepuesto/pospuesto) Que causa mala impresión porque está estropeado o maltrecho, o porque es desacertado, inoportuno o inmoral: *Tienes un aspecto lamentable, ¿qué te ha ocurrido? El espectáculo que has dado esta mañana ha sido lamentable. El lamentable episodio de anoche nos ha dejado a todos una impresión nefasta.* SIN. lastimoso.

lamentablemente *adv. modo* **1** De manera lamentable, muy mal: *Actuaron lamentablemente.* || *adv. orac.* **2** Equivale casi a *es lamentable (que), es una pena (que)* o *lástima (que),* pero el verbo no va obligadamente en subjuntivo, sino en indicativo y, además, admite más posiciones que la inicial: *Lamentablemente, a mí tampoco me queda dinero. Son, lamentablemente, una excepción. Tardará en volver, lamentablemente.* OBSERVACIONES: Puede aparecer aislado en respuestas o comentarios de confirmación: *–«¿Se han roto?» –«Lamentablemente». –«Son muchísimas». –«Lamentablemente.»*

lamentación *s. f.* **1** (preferentemente en plural) ELEVADO. Expresión de pena o dolor: *Durante toda la noche se oían las lamentaciones del enfermo.* SIN. lamento, queja. **2** (preferentemente en plural) Quejas, muestras de descontento: *Siempre está con sus lamentaciones, que si no tiene dinero, que si está solo, ¡qué pesado!*

lamentar *v. tr.* **1** Sentir ‹una persona› pena o disgusto por [una cosa]: *Lamento tener que hacerlo, pero no hay otra salida. Lamentamos el error, pero tendrá que esperar el envío hasta la próxima semana.* || *v. prnl.* **2** Expresar ‹una persona› pena o disgusto por [una cosa]: *Se lamentaba **por** el accidente. Se lamenta **de** su mala suerte continuamente.*

*No le hagas caso, siempre se está lamentando. ¿**De** qué te lamentas ahora?* SIN. quejarse.

lamento *s. m.* Expresión de pena, dolor o disgusto: *No soporto estar todo el día escuchando sus lamentos. ¿No oyes los lamentos de la pobre enferma?*

lamer *v. tr./prnl.* **1** Pasar ‹una persona o un animal› la lengua por [una persona, un animal o una cosa]: *El gato **se** lamía la herida. Mira cómo me lame mi perro.* || *v. tr.* **2** Tocar ‹una cosa› [a una persona o a otra cosa] suavemente: *Las olas lamen las orillas. Es una delicia que la brisa te lama suavemente en la terraza.* SIN. acariciar. FR. Y LOC. **~ el culo*.**

lametazo *s. m.* Lametón.

lametear *v. tr./prnl.* Pasar ‹una persona o animal› la lengua por [una persona, un animal o cosa] repetidamente: *Niño, no lametees el juguete, no seas cochino. El gato **se** lameteaba la cola.*

lametón *s. m.* COLOQUIAL. Cada una de las pasadas que un animal o una persona da con la lengua al lamer con fuerza: *La vaca me dio un lametón. Me gusta mucho comer los helados a lametones. Procura que no te dé un lametón el perro, porque puede transmitirte alguna enfermedad.*

lamia *s. f.* **1** Especie de tiburón del Mediterráneo: *La lamia se parece al cazón y a la tintorera.* **2** MIT. Ser fantástico con cuerpo de mujer, cola de pez o de dragón y garras.

lamido, da *adj.* **1** (ser/estar) [Persona] que es muy delgada: *Está muy lamido esta temporada.* **2** PEYORATIVO. [Persona] que se presenta exageradamente limpia o que es pulcra con afectación: *No me gusta tratar con un tipo tan lamido.* **3** Que está muy desgastado por el uso: *Va siempre con una gabardina muy lamida.*

lámina *s. f.* **1** Pieza plana y delgada de cualquier material: *lámina de metal, lámina de cristal, somier de láminas de madera.* SIN. placa, chapa. **2** Plancha, generalmente metálica, donde está grabado un dibujo para estampar: *La publicación se retrasará porque todavía no están preparadas las láminas.* **3** Grabado, ilustración: *Las láminas de este libro son muy valiosas. He enmarcado varias láminas de monumentos salmantinos.* **4** Aspecto exterior, en particular de un animal: *Es un toro de bella lámina. Ese deportista tiene buena lámina.* SIN. estampa.

laminación *s. f.* **1** (no contable) Acción y resultado de laminar: *la laminación de un techo, la laminación de los metales.* SIN. laminado. **2** Técnica para fabricar materiales laminados: *El sistema de laminación está muy automatizado.*

laminado *s. m.* **1** Acción y resultado de laminar: *el laminado de chapa para electrodomésticos.* SIN. laminación. **2** Producto que se obtiene uniendo láminas de un material: *El laminado del techo es muy sólido.*

laminar *v. tr.* **1** Convertir ‹una persona o una cosa› [un metal] en láminas o barras: *En la nueva sección de los altos hornos inaugurarán un tren capaz de laminar muchas toneladas diarias de acero.* **2** Cubrir ‹una persona› [una cosa] con láminas: *Hemos laminado el techo de la caseta a ver si no entra el agua. En esta ciudad existía la costumbre de laminar el tejado de algunas torres.*

laminar *adj.* **1** Que tiene forma de lámina: *Fabricamos tejas laminares.* **2** [Estructura] que tiene un cuerpo formado por varias láminas, hojas o capas superpuestas: *La mica es laminar. Este cartón es laminar.*

laminaria *s. f.* *Laminaria rodriguezi.* Alga parda, alargada en forma de cinta, que vive fija en el fondo cercano a la costa.

lampa *s. f.* AMÉR. DEL S. Azada de mineros y agricultores.

lampalagua o **ampalagua** *s. f.* **1** ARG. Boa. **2** CHILE; RESTRINGIDO. Monstruo fabuloso que se bebe todas las aguas de los ríos, secándolos.

lampar *v. intr.* COLOQUIAL, JERGAL. Pedir ‹una persona› dinero: *Me da pena, todos los días hay un drogata enfermo lampando en el mercado.*

lámpara *s. f.* **1** Aparato que produce luz artificial: *la mecha de la lámpara, la pantalla de una lámpara, una lámpara de aceite, una lámpara de petróleo, una lámpara de gas.* **2** Objeto que se utiliza como soporte o adorno de una o varias luces: *lámpara de techo, lámpara de comedor. Compró una lámpara de pie.* **3** Bombilla eléctrica: *la rosca de la lámpara, una lámpara incandescente, una lámpara halógena.* **4** Válvula electrónica: *La radio de mi tía tenía cinco lámparas.* **5** Mancha: *¡Vaya lámpara que llevas en la blusa, chica!* SIN. lamparón. || **6 ~ de mano** Linterna, utensilio con pilas eléctricas y una bombilla, que sirve para proyectar luz.

lamparazo *s. m.* COL.; COLOQUIAL. Trago largo de bebida alcohólica.

lamparería *s. f.* **1** RESTRINGIDO. Almacén donde se guardan o reparan las lámparas: *En algunas estaciones de tren había lamparerías.* **2** RESTRINGIDO. Taller donde se hacen lámparas o tienda donde se venden.

lamparilla *s. f.* **1** Mecha encerada sostenida por un corcho o cartón que se enciende en un recipiente con aceite: *En casa siempre se encendía una lamparilla por la noche en honor de las ánimas benditas.* **2** Plato o vaso donde se pone esta mecha: *Le he ofrecido una lamparilla a Santa Rita, patrona de los imposibles.* **3** URUG. Bombilla.

lamparín *s. m.* PERÚ. Lámpara de gas o de petróleo.

lamparón *s. m.* COLOQUIAL. Lámpara, mancha: *¡Vaya lamparones que tienes en la falda!*

lampazo *s. m.* **1** *Lappa maior/Arctium lapp.* Planta de la familia de las compuestas de tallo grueso, hojas rugosas y flores de color rojizo con espinas. **2** ARG., URUG. Mopa.

lampiño, ña *adj.* **1** [Muchacho, hombre] que no tiene barba o tiene poca: *No es lampiño, es rubio y la barba se le nota menos.* **2** Que tiene poco pelo o vello: *Son más bonitas las piernas femeninas lampiñas.* **3** BOT. Que no tiene pelo: *La planta tiene hojas lampiñas.*

lampista *s. m./f.* RESTRINGIDO. Persona que tiene por oficio instalar y arreglar tuberías y aparatos para la distribución del agua: *El lampista arregló la cisterna.* SIN. fontanero.

lamprea *s. f.* (macho y hembra) Pez de mar o de río, con el cuerpo alargado y cilíndrico, y boca en forma de ventosa, que es muy apreciado por su carne.

LAN (pronunciamos *'lan'*) *s. f.* Sigla de «Línea Aérea Nacional», Chile.

lana *s. f.* **1** (no contable) Pelo de la oveja y el semejante de otros animales: *lana de vicuña, lana de camello.* **~ virgen** (no contable) Lana de gran pureza: *una chaqueta de pura lana virgen.* **2** (no contable) Hilo elaborado con este pelo: *una madeja de lana.* **3** (no contable) Tejido confeccionado con estos hilos: *un abrigo de lana.* **4** (preferentemente en plural) COLOQUIAL; PEYORATIVO. Pelo de una persona: *¡Córtate* *esas lanas!* **5** CHILE, MÉX., PERÚ; COLOQUIAL en Perú. Dinero. || **6 ~ artificial** Fibra sintética de características parecidas a este pelo. FR. Y LOC. **perro* de lanas. ser un ~** AMÉR. C. Ser ‹una persona› holgazana y sinvergüenza. REFR. **Ir por lana y volver trasquilado.** Se usa para indicar que una persona intenta sacar provecho de algo y al final sale perjudicada.

lanar *adj.* **1** [Ganado, res] que tiene lana: *Hay grandes rebaños de ganado lanar en Castilla.* **2** De la lana: *industria lanar, comercio lanar.*

lance *s. m.* **1** Acción o suceso interesante: *En las películas de aventuras hay lances emocionantes. Es una novela aburrida, sin ningún lance divertido.* SIN. episodio. **2** Situación difícil: *No sabía cómo salir de aquel lance, mientras el guardia me pedía la documentación y los otros conductores protestaban.* **3** Riña, pelea: *No creo, como dicen algunos, que el teatro del Siglo de Oro sea una simple sucesión de lances de espada.* **4** Acción o jugada importante que se produce en un partida de cartas o en otro juego: *Hay que saber aprovechar bien los lances del juego. En todo juego uno tiene lances buenos y lances malos.* **5** TAUROM. Acción que realiza el torero al toro: *No estuvo el diestro acertado en sus lances. El público aplaudió los primeros lances de capa.* || **6 ~ de honor** Combate entre caballeros para solucionar ofensas personales, muy de moda hasta principios de este siglo. FR. Y LOC. **de ~** RESTRINGIDO. De segunda mano: *En el barrio antiguo hay librerías de lance.*

lancear *v. tr. / intr.* **1** Herir ‹una persona› [a otra persona o a un animal] con una lanza: *Un grabado muy conocido representa a San Jorge, patrón de Cataluña y Escocia, lanceando a un dragón. Los enemigos se lanceaban en las guerras sin compasión.* **2** Torear ‹una persona› [un toro] con capa: *Lanceaba con arte y alegría a su primer toro.*

lanceolado, da *adj.* Que tiene forma parecida al hierro de una lanza: *hoja lanceolada.*

lancero *s. m.* Soldado que luchaba con lanza: *los lanceros bengalíes.*

lanceta *s. f.* **1** CHILE, GUAT., MÉX., PERÚ, URUG. Aguijón de un insecto. **2** MED. Instrumento quirúrgico de hoja triangular para hacer pequeños cortes.

lancha *s. f.* **1** Embarcación pequeña, sin cubierta, generalmente de recreo: *Hemos comprado una lancha neumática. En el lago del parque hay una lancha que usan para recoger la suciedad.* **2** Embarcación, generalmente con motor, usada para servicios auxiliares: *lancha rápida, lancha de salvamento, lancha de vela.* **~ salvavidas. 3** Embarcación de guerra más pequeña y rápida que un buque: *lancha torpedera, lancha de desembarco.* **~ cañonera** Embarcación ligera y rápida con cañones que suele usarse en acciones de sorpresa. **4** Cualquier embarcación no muy grande que sirve para navegar: *En la selva la comunicación y el transporte de mercancías se hace con lanchas por los ríos.* **5** Piedra de origen natural, plana y no muy gruesa: *La cocina del pueblo tenía piso de lanchas de granito. En los pueblos muchas casas tenían el suelo de lanchas de pizarra.* **6** COL. Automóvil llamativo de último modelo.

landa *s. f.* Terreno extenso y llano donde se crían muchas plantas silvestres: *En Francia hay extensas landas.*

landó *s. m.* RESTRINGIDO. Carruaje de caballos de cuatro ruedas con capota delantera y trasera: *El landó podía servir como coche cubierto o descubierto.*

lanero, ra *adj.* **1** De la lana: *comercio lanero, industria lanera.* || *s. m.* y *f.* **2** Persona que se dedica por oficio al comercio o a la industria de la lana.

langosta *s. f.* **1** (macho y hembra) Insecto parecido al saltamontes, que cuando escasean los vegetales de que se alimenta emigra en grandes grupos y forma plagas muy perjudiciales para los cultivos: *La langosta es un insecto peligroso para la agricultura.* **2** Género *Palinurus.* Crustáceo marino bastante grande, con dos largas antenas, sin pinzas y con la cola abierta en forma de abanico, que es muy apreciado por su carne.

langostero, ra *adj.* De la langosta o de su pesca: *barco langostero, utensilio langostero.*

langostín *s. m.* RESTRINGIDO. Langostino.

langostino o **langostín** *s. m.* (macho y hembra) Género *Penaeus.* Crustáceo marino de la familia de la gamba pero más grande, con largas antenas, y muy apreciado en alimentación.

langüetear *v. intr.* CHILE; COLOQUIAL. Lamer ‹un animal›.

languidecer *v. intr.* Disminuir la fuerza o intensidad de ‹una persona o una cosa›: *La conversación languidecía en la madrugada. Mi padre está languideciendo, ya no se interesa por nada. Este comercio languidece poco a poco.* ⇒ **5.**

languidez *s. f.* **1** (no contable) Falta de valor o energía: *La languidez de su voz apenas la hacía perceptible.* **2** (no contable) Flaqueza o debilidad: *La languidez de su cuerpo destacaba sobre las sábanas limpísimas. La languidez de las llamas anunciaba el pronto fin del fuego.*

lánguido, da *adj.* (ser / estar, antepuesto / pospuesto) Que es débil y triste o tiene poca energía: *Nos lanzó una sonrisa lánguida. Paseó su lánguida mirada por el parque. Es una novela muy lánguida. El escritor está lánguido y triste últimamente.*

LANICA (pronunciamos *'lanica'*) *s. f.* Sigla de «Líneas Aéreas de Nicaragua».

lanilla *s. f.* **1** Pelillo que tienen los tejidos de lana por el lado derecho. **2** (no contable) Tela fina de lana: *un pantalón de lanilla gris.*

lanolina *s. f.* (no contable) Sustancia grasa obtenida de la lana de la oveja y del carnero, que se utiliza para la preparación de pomadas y cosméticos: *Usa una crema de manos con lanolina.*

lanosidad *s. f.* BOT.; RESTRINGIDO. Pelusa suave que tienen algunas flores, hojas, frutas, etc.: *Hay personas que no soportan la lanosidad del melocotón.* SIN. pelusilla.

lanoso, sa *adj.* RESTRINGIDO. Lanudo.

LANSA (pronunciamos *'lansa'*) *s. f.* Sigla de «Líneas Aéreas Nacionales, Sociedad Anónima», Colombia.

lantánido *adj. / s. m.* **1** QUÍM. [Elemento químico] que tiene un número atómico entre el 57 y el 71, ambos inclusive: *El lantano, el cesio y el praseodimio son lantánidos.* || *s. m.* **2** (en plural) QUÍM. Grupo formado por estos elementos químicos. SIN. tierras raras.

lantano *s. m.* (no contable) *La.* Elemento químico, metal plateado y muy reactivo que se emplea en aleaciones y en trabajos de investigación de procesos magnéticos.

lanudo, da *adj.* **1** [Animal] que tiene mucha lana o pelo: *perro lanudo.* **2** ARG., URUG., VEN.; COLOQUIAL, RESTRINGIDO. Persona que tiene mucho dinero. **3** VEN.; RESTRINGIDO. [Persona] que es grosera o tiene poca educación.

lanza *s. f.* **1** Arma arrojadiza formada por un palo largo y estrecho en cuya punta hay un hierro puntiagudo y cortante: *herida de lanza, arrojar una lanza, tirar una lanza, lanza de caballero.* **2** Soldado armado con esta arma: *El rey atacó con un ejército de dos mil lanzas.* SIN. lancero. **3** Vara de madera que se une a la parte delantera de un carruaje para enganchar los animales de tiro: *La lanza de los carros de bueyes es diferente de la lanza de los carros de caballerías.* SIN. timón. **4** Tubo metálico de las mangueras para dirigir el chorro de agua. **5** VEN.; COLOQUIAL. Persona que es hábil. ‖ *s. m.* **6** CHILE; COLOQUIAL. Ratero, carterista, descuidero. FR. Y LOC. **a punta* de ~. romper una ~** o **romper lanzas** Salir ‹una persona› en defensa de otra persona: *Rompió una lanza por su amigo cuando vio que lo atacaban injustamente.*

lanzacohetes (plural *lanzacohetes*) *adj. / s. m.* **1** [Instalación, aparato] que está destinado a lanzar cohetes: *arma lanzacohetes, batería lanzacohetes.* **2** Arma utilizada para lanzar proyectiles autopropulsados: *un lanzacohetes nuclear, una base lanzacohetes.* SIN. lanzamisiles.

lanzada *s. f.* **1** Golpe dado con una lanza: *A Cristo cuando estaba crucificado le dieron una lanzada en el costado.* **2** ARG.; COLOQUIAL. Vómito.

lanzadera *s. f.* **1** Instrumento, con forma de almendra grande, que contiene el carrete del hilo y que los tejedores pasan por toda la trama. **2** Pieza semejante de las máquinas de coser. **3** Vehículo espacial que puede transportar su carga hasta el espacio y regresar después a la Tierra para realizar otra misión: *Las lanzaderas espaciales aterrizan de forma parecida a los aviones.*

lanzadiscos (plural *lanzadiscos*) *s. m.* COL. Pinchadiscos.

lanzado, da *adj. / s. m.* y *f.* **1** (ser / estar) COLOQUIAL. Que es muy decidido o atrevido: *Es una chica muy lanzada. Este chico está lanzado esta tarde, y le van a dar un tortazo como siga molestando a las chicas.* ‖ *adj.* **2** COLOQUIAL. Que va muy rápido: *Antonia iba lanzada con la moto.*

lanzagranadas (plural *lanzagranadas*) *s. m.* Cañón portátil sin retroceso que lanza proyectiles, especialmente útil para luchar contra los blindados.

lanzallamas (plural *lanzallamas*) *s. m.* Arma que lanza a cierta distancia un chorro de líquido inflamable.

lanzamiento *s. m.* **1** Acción y resultado de lanzar algo o de lanzarse: *lanzamiento de una nave al espacio, lanzamiento de misiles atómicos, el lanzamiento de un nadador a la piscina.* **plataforma* de ~.** **2** Operación comercial y propagandística para dar a conocer un nuevo producto o servicio: *lanzamiento de una nueva colección de libros, lanzamiento de una nueva colonia para hombres.* **3** DEP. Prueba atlética que consiste en lanzar determinados objetos, llamados aparatos, lo más lejos posible: *lanzamiento de disco, lanzamiento de jabalina, lanzamiento de martillo, lanzamiento de peso.* **4** DEP. Acción de ejecutar una falta en un partido: *lanzamiento de un córner, lanzamiento de una falta, lanzamiento de un penalti.* **5** COL., URUG.; RESTRINGIDO en España. Desalojo, desahucio.

lanzamisiles (plural *lanzamisiles*) *adj. / s. m.* [Instalación] que es utilizada para lanzar misiles: *un submarino lanzamisiles.* SIN. lanzacohetes.

lanzar *v. tr.* **1** Tirar ‹una persona› [a una persona o una cosa] lejos de sí: *Lanzó una piedra contra los cristales. Lancé el zapato **al** mar.* **2** Hacer despegar ‹una persona› [una nave espacial o un cohete]: *Lanzaron con éxito un cohete desde la nueva base, pero se ha colocado en una órbita incorrecta.* **3** Emitir ‹una persona› [sonidos o palabras]: *Lanzó improperios e insultos contra los asistentes.* **4** Dirigir ‹una persona› [una acción] hacia [una persona]: *Le lanzó una mirada de ira. Nos ha lanzado una amable sonrisa.* **5** Presentar ‹una persona› [a otra persona o una cosa] ante el público: *Han lanzado un nuevo producto contra la caída del cabello. Están lanzando la nueva película en todo el continente.* **6** COL., URUG.; RESTRINGIDO en España. Obligar ‹una persona con autoridad› [a otra persona] a abandonar una casa o una finca. **7** ARG., URUG.; COLOQUIAL. Vomitar. ‖ *v. prnl.* **8** Dirigirse ‹una persona o un animal› hacia [una persona o una cosa] rápida o violentamente: *El león se lanzó **sobre** la presa. El perro se lanzó **contra** los dos desconocidos que intentaban entrar en la finca. Se lanzó **hacia** su madre en cuanto la vio.* **9** Empezar ‹una persona› [una acción] bruscamente: *Se lanzó **a** la pelea. Me he lanzado **a** vender enciclopedias de puerta en puerta.* **10** Decidirse ‹una persona› a hacer una cosa: *Se lanzó y la sacó a bailar. Me he lanzado y he comprado un nuevo coche.* SIN. atreverse. ⇒ **19.** FR. Y LOC. **echar / ~ / tender un cable*** o **echar / tender una mano. lanzarse a tumba abierta** 1 Descender ‹un ciclista› a toda velocidad por una pendiente muy pronunciada. 2 COLOQUIAL. Meterse ‹una persona› arriesgadamente en un negocio o actividad. **soltar / tirar / ~ un puyazo*.**

lanzatorpedos (plural *lanzatorpedos*) *adj. / s. m.* [Aparato] que está destinado a lanzar torpedos: *tubo lanzatorpedos, lancha lanzatorpedos, plataforma lanzatorpedos.*

lanzazo *s. m.* Golpe dado con una lanza o corte hecho con ella: *Lo derribaron del caballo de un lanzazo.*

laña *s. f.* **1** RESTRINGIDO. Grapa especial para unir piezas de barro o cerámica: *El plato no queda muy bonito con dos lañas, pero quiero conservarlo.* **2** Grapa para suturar heridas: *Le han puesto un par de lañas en la herida de la pierna.*

laosiano, na *adj. / s. m.* y *f.* **1** De Laos, país asiático: *palacio laosiano. Los laosianos tienen rasgos orientales.* ‖ *s. m.* **2** LING. Lengua hablada en Laos.

lapa *s. f.* **1** *Patella vulgata.* Molusco marino de concha ovalada y algo puntiaguda, que vive pegado a las rocas de la costa. **2** COLOQUIAL. Persona que no se separa de otra y resulta pesada o inoportuna: *Mi hermano pequeño es una lapa, quiere ir conmigo a todas partes. Ten cuidado con él, como te pesque ya has perdido la tarde, es una lapa.* **3** COL. *Cuniculus paca.* Roedor de zonas boscosas, de vida nocturna y buen nadador, con aspecto de cerdo pequeño y cabeza parecida a un conejo de orejas cortas.

laparoscopia *s. f.* MED. Método de examen visual de la cavidad peritoneal mediante un endoscopio largo y delgado.

laparotomía *s. f.* MED. Incisión quirúrgica en la pared abdominal para introducirse en la cavidad peritoneal.

lapicera *s. f.* **1** Lápiz plano de carpintería. **2** AMÉR. DEL S. Pluma estilográfica. **3** AMÉR. DEL S. Portaplumas.

lapicero *s. m.* **1** Lápiz. **2** AMÉR. DEL S. Portaplumas. **3** RESTRINGIDO. Tubo de plástico o metal con una barra de grafito dentro y provisto de un mecanismo que se utiliza para escribir: *Se ha acabado la mina del lapicero.* SIN. portaminas.

lápida *s. f.* Piedra plana con una inscripción: *Grabaron el nombre del difunto sobre la lápida. Le han dedicado una lápida en la casa donde vivió.*

lapidación *s. f.* Acción y resultado de lapidar: *En algunas culturas la mujer adúltera era condenada a la lapidación.*

lapidar *v. tr.* **1** ELEVADO. Tirar ‹una persona› piedras contra [otra persona] o matarla a pedradas: *En algunos países se lapida todavía a los que cometen ciertos delitos.* **2** ARG., COL., URUG. Tallar ‹una persona› [piedras preciosas].

lapidario, ria *adj.* **1** De las piedras preciosas: *especialista lapidario.* **2** De las inscripciones en las lápidas: *inscripción lapidaria.* **3** a veces IRONÍA. [Enunciado, frase] que merece ser siempre recordado por su concisión y solemnidad: *discurso lapidario, estilo lapidario, frase lapidaria, fórmula lapidaria.* ‖ *s. m.* **4** Persona que tiene por oficio la talla y venta de piedras preciosas. SIN. joyero. **5** Persona que tiene por oficio hacer las inscripciones en las lápidas: *Es un lapidario muy competente.* SIN. marmolista. **6** LIT. Tipo de libro, muy apreciado en la Edad Media, que trata de las piedras y sus virtudes: *Alfonso X escribió un famoso Lapidario.*

lapídeo, a *adj.* ELEVADO. De piedra: *La fachada tiene un aspecto lapídeo.*

lapilli *s. m.* GEOL. Conjunto de productos expulsados por un volcán en erupción.

lapislázuli *s. m.* Mineral silíceo de color azul y gran pureza usado en objetos de adorno. SIN. lazurita.

lápiz *s. m.* **1** Cilindro, generalmente de madera, con una mina de grafito u otro material dentro que se utiliza para escribir y dibujar: *caja de lápices de colores, sacar punta al lápiz.* SIN. lapicero. **2** Grafito u otro material utilizado para escribir: *lápiz de carpintero.* **3** Dibujo y técnica hecha con este material: *dibujo a lápiz, los lápices de Picasso.* **4** Barrita de diversas formas y colores empleada como maquillaje: *lápiz de labios, lápiz de ojos.* ‖ **5 ~ óptico** Dispositivo electrónico en forma de lápiz que capta una señal y la transmite a un aparato como un vídeo o un ordenador: *Un lápiz óptico lee el código de barras de los productos del supermercado.*

lapo *s. m.* COLOQUIAL. Escupitajo. SIN. gargajo.

lapón, na *adj. / s. m.* y *f.* **1** De Laponia: *trineo lapón, anciano lapón.* ‖ *s. m.* **2** LING. Lengua hablada por los lapones.

lapso *s. m.* **1** Espacio de tiempo: *Nos contestará en un lapso de cuatro días.* SIN. plazo, intervalo. **2** Lapsus.

lapsus (plural *lapsus*) *s. m.* **1** ELEVADO. Equivocación que se comete por distracción: *He tenido un lapsus y creía que eras tu hermano. Tenía que escribir «95» y, por un lapsus, he escrito «59».* SIN. despiste. ‖ **2 ~ cálami** (plural *lapsus cálami*) ELEVADO. Equivocación que se comete al escribir, errata: *Muchos periódicos no revisan lo que escriben y es muy fácil encontrar lapsus cálami en las noticias.* **3 ~ línguae** (plural *lapsus línguae*) ELEVADO. Equivocación que se comete al hablar, confusión: *Al explicar los resultados de las elecciones, se le escapó un lapsus línguae que hizo sonreír a algunos.*

lar *s. m.* **1** (preferentemente en plural) MIT. Dios romano del hogar: *Los lares protegían las casas romanas.* **2** (en plural) RESTRINGIDO; a veces HUMORÍSTICO. Casa propia u hogar: *¿Qué haces por nuestros lares?* **3** RESTRINGIDO. Hogar, sitio de la lumbre en la cocina.

larga *s. f.* TAUROM. Pase de muleta con una sola mano. **~ cambiada** Pase de muleta con el que se hace salir al toro por el lado contrario al de la mano que sujeta aquélla. FR. Y LOC. **dar largas** Poner o darle excusas ‹una persona› a otra persona para aplazar o retrasar un asunto: *Siempre que voy me da largas con el cobro. Dio largas al asunto.*

largada *s. f.* AMÉR. DEL S. Momento en que comienza la salida en una carrera o en un concurso competitivo.

largamente *adv. modo / cant. / temp.* **1** (preferentemente con verbos de *pensar* o *decir*) Extensamente, durante mucho tiempo, ampliamente: *La cuestión ha sido largamente debatida. Hablamos largamente de ello.* ‖ *adv. modo* **2** RESTRINGIDO. Con generosidad, con liberalidad, con abundancia: *El que nace generoso da largamente.*

largar *v. tr.* **1** MAR. Soltar ‹una persona› [un cable o una cuerda]: *Largaron un cabo.* **2** COLOQUIAL. Dar ‹una persona› [un golpe] [a otra persona]: *El niño se enfadó y me largó un puntapié.* SIN. propinar, meter. **3** COLOQUIAL. Decir ‹una persona› [una cosa poco conveniente o aburrida] [a otra persona]: *Le largó un sermón aburrido.* **4** COLOQUIAL. Dar ‹una persona› [una cosa incómoda o molesta] [a otra persona]: *Nos largó el paquete más pesado.* **5** COLOQUIAL. Echar ‹una persona› [a otra persona] de un lugar: *Nos largaron **del** trabajo.* **6** COL. Prestar ‹una persona› [una cosa] [a otra persona]. **7** ARG., URUG.; COLOQUIAL. Dejar ‹una persona› [un trabajo]. ‖ *v. intr. / tr.* **8** COLOQUIAL. Hablar ‹una persona› todo lo que sabe sobre un asunto: *Se ha pasado la tarde largando. La secretaria largó todo lo que sabía de la empresa.* **9** ARG., URUG.; COLOQUIAL. Dar ‹una persona› la salida en una competición deportiva. ‖ *v. prnl.* **10** COLOQUIAL. Irse ‹una persona› de [un lugar]: *El principal sospechoso del robo se largó **del** país.* SIN. marcharse. FR. Y LOC. **largarse con los tanates*. ⇒ 56.**

largavistas (plural *largavistas*) *s. m.* ARG., URUG. Prismáticos o anteojos.

largo, ga *adj.* **1** (ser / estar, antepuesto / pospuesto) Que tiene mucha longitud o tamaño, o tiene más longitud o tamaño que las cosas de su misma especie: *Esta ave tiene un pico muy largo. Todavía nos queda por delante un largo camino antes de llegar. Esta falda es demasiado larga, la llevo arrastrando. Tengo que acortar estos pantalones, me están muy largos.* ANT. corto. **onda larga. sílaba* larga. vocal* larga.** **2** Que dura mucho o parece que dura mucho: *Se me hizo muy larga la película. Ha sido muy larga la ópera, cuatro horas nada menos. La espera ha sido larga.* **3** Que suma, mide o pesa algo más de lo que señala la cifra: *Tiene setenta años largos. Póngame un kilo largo de filetes.* **4** (con sustantivos plurales como *días* o *meses*) Muchos: *Después de largos años de no saber nada de él, un día apareció de repente.* **5** [Persona] que es dadivosa, generosa. **6** [Persona] que es lista, despierta. ‖ *adj. / s. m.* y *f.* **7** (ser / estar) COLOQUIAL. Que es alto y delgado: *¡Qué chica tan larga! ¡Qué largo estás, cómo has crecido! ¿De qué chico me hablas, del largo o del otro bajito?* ‖ *adv.* **8** Mucho: *Hacía mucho que no hablábamos largo de este asunto por teléfono.* ‖ *s. m.* **9** La mayor de las tres dimensiones: *Mide cinco metros de largo.* SIN. largura. **10** Trozo de tela de determinadas dimensiones: *Necesita tres largos para el vestido.* **11** DEP. El cruzar nadando una piscina por su parte más grande: *hacer unos largos en la piscina.* ‖ **12 cara* larga. 13 un (buen) rato*** o **un rato ~.** FR. Y LOC. **a la larga** 1 Con el paso del tiempo, al cabo del tiempo, al final: *A la larga, no sé si será muy interesante. A la larga, las mentiras acaban descubriéndose. A la larga, acabarás aceptándolo.* 2 Lentamente, poco a poco: *Hace efecto a la larga, tendrás que tener paciencia.* **a lo ~ (de)**

1 En sentido longitudinal: *Pártelo a lo largo en vez de a lo ancho. Un montón de personas esperaban situadas a lo largo de la avenida principal. Me gusta pasear a lo largo de la orilla del río.* 2 Durante: *A lo largo de todo este tiempo no nos hemos visto mucho.* **de ~** 1 Desde hace mucho tiempo: *Ese malentendido viene ya de largo.* 2 Con un vestido de fiesta que llega más o menos hasta los pies: *Voy a ir de largo esta noche a la cena.* **ir* para ~. ¡~!** o **¡~ de ahí/aquí!** COLOQUIAL. Expresión con la que se pretende echar a una persona o animal de un sitio: *¡Largo, vete de aquí, chucho!* **~ y tendido** Mucho, durante mucho tiempo: *Me habló largo y tendido de su vida amorosa.* **pasar* de ~. ponerse* de ~. puesta* de ~. tirar* de/por ~.**

largometraje *s. m.* Película cinematográfica de más de una hora de duración: *El premio de largometrajes se lo ha llevado una película mexicana.*

larguero *s. m.* **1** Palo que se pone a lo largo en un mueble o trabajo de carpintería: *el larguero de la cama.* SIN. travesaño. **2** DEP. Palo horizontal de la portería en algunos deportes: *La pelota dio en el larguero.* SIN. travesaño.

largueza *s. f.* (no contable) ELEVADO. Generosidad, esplendidez: *Invitó a todas aquellas personas en otra muestra de su largueza.*

larguirucho, cha *adj.* PEYORATIVO. [Persona] que es muy delgada y desproporcionadamente alta: *Es ese muchacho larguirucho del que te hablé el otro día. A estas edades de la adolescencia todos parecen algo desgarbados y larguiruchos.*

largura *s. f.* Longitud. SIN. largo.

laringe *s. f.* ANAT. Órgano del aparato respiratorio situado entre la faringe y la tráquea, en el que se encuentran las cuerdas vocales: *Le han hecho una operación de laringe.*

laríngeo, a *adj.* De la laringe: *lesión laríngea.*

laringitis (plural *laringitis*) *s. f.* MED. Inflamación de la laringe: *Tiene una laringitis aguda.*

laringología *s. f.* (no contable) Parte de la Medicina que estudia las enfermedades de la laringe: *Está en la sección de laringología del hospital.*

laringoscopia *s. f.* MED. Exploración de la laringe con el laringoscopio.

laringoscopio *s. m.* Instrumento que sirve para examinar internamente la laringe.

larva *s. f.* Fase del desarrollo de algunos animales en la que ya han abandonado el huevo y se nutren por sí mismos, pero no han alcanzado todavía la fase adulta: *Los insectos, los anfibios y algunos peces pasan por etapas de larva.*

larvado, da *adj.* **1** Que permanece oculto: *enfermedad larvada.* **2** ELEVADO. [Sentimiento o proceso] que no se manifiesta abiertamente: *Creo que te profesa un odio larvado, ten cuidado. Hay una crisis económica larvada.*

larvario, ria *adj.* **1** De la larva: *formas larvarias.* **2** Que está en forma oculta: *La fase larvaria de la enfermedad es muy larga. Son síntomas larvarios de la dolencia.*

las (plural) *art. det.* **1** Forma plural femenina del artículo determinado *la: Las calles estaban mojadas. Canceló todas las visitas que pensaba realizar. Para las quemaduras ese remedio es bueno.* OBSERVACIONES: ◊ Se emplea correctamente y sin connotaciones especiales (ni de registro ni de nivel ni de emotividad) ante plurales de nombres propios femeninos, hipocorísticos o motes que se comportan como nombres comunes: *No todas las Marías (las mujeres que se llaman María) son así. Las Josefas suelen preferir que las llamen Pepas.* ◊ No tiene los condicionamientos del singular *la* en cuanto al comienzo del sustantivo que le sigue: *las armas, las hadas, las águilas, las hachas, las Ángelas.* || *pron. pers.* **2** Forma plural femenina del pronombre personal de tercera persona *la* sólo utilizable como complemento directo propio o etimológico: *Las conozco bien. Dámelas. Tenerlas, sí las tengo. –«¿No las había mejores?» –«Haberlas, las había, pero no estaban a nuestro alcance.»* **3** Interviene en numerosos modismos y expresiones complejas, siempre con referencia vaga o incluso sin referencia real alguna: *pasarlas moradas, no tenerlas todas consigo, quedarse a verlas venir, pagarla(s), espicharla(s), arreglárselas.*

lasaña *s. f.* Plato italiano hecho al horno, de capas de pasta separadas por capas de carne picada, pescado o verduras, recubiertas de queso, tomate y besamel.

lasca *s. f.* **1** Trozo pequeño y delgado de forma plana desprendido de una piedra: *En los terrenos pizarrosos se desprenden muchas lascas al andar.* SIN. laja, lancha. **2** RESTRINGIDO. Cosa ancha, larga y delgada: *Nos puso de merienda una lasca de pan y unas lascas de queso.*

lascivia *s. f.* (no contable) Actitud o comportamiento de la persona dominada habitualmente por un exagerado deseo sexual: *la lascivia de su mirada, la lascivia de sus gestos.*

lascivo, va *adj./s. m.* y *f.* (antepuesto/pospuesto) Que se comporta con lascivia o la provoca: *lascivo comportamiento, mujer lasciva, películas lascivas, mirada lasciva.*

láser *s. m.* **1** Dispositivo electrónico que produce un haz de luz monocromático y coherente de mucha potencia: *rayo láser, láser de gas carbónico. Los aparatos de láser son utilizados como soldadores industriales en telecomunicaciones, en microcirugía y en otras aplicaciones.* **2** Haz de luz producido por un dispositivo de este tipo: *En el escenario del concierto se han usado varios grupos de láser. Le han operado el ojo con láser. Han probado un tanque con un cañón láser.* || **3 láser-disc** Aparato reproductor de discos compactos con imagen y sonido digital que utiliza las técnicas del láser: *Los vídeos musicales se reproducen en el láser-disc.*

lasitud *s. f.* (no contable) LITERARIO. Falta de fuerzas, cansancio: *la lasitud del cuerpo tras una carrera. Todas las primaveras le entraba una extremada lasitud.* SIN. debilidad.

laso, sa *adj.* LITERARIO, RESTRINGIDO. Que está sin fuerzas, cansado o flojo: *Después del paseo, se dejó caer lasa al lado del arroyo.*

lástima *s. f.* **1** Sentimiento de disgusto, dolor, tristeza o compasión: *Nos dio mucha lástima que lo expulsaran.* **2** Aquello que produce este sentimiento: *Fue una lástima vender la casa. Es lástima que os tengáis que marchar.* FR. Y LOC. **hecho una ~** Muy estropeado o dañado: *La mercancía llegó hecha una lástima. Estoy hecho una lástima con este catarro, no os acerquéis mucho a mí.* || *interj.* **3** Se usa para expresar disgusto o pena: *¡Lástima! Esperaba ese contrato con ilusión. ¡Lástima que no vengas, nos hubiéramos divertido! ¡Lástima de vestido, se ha roto! ¡Qué lástima!*

lastimada *s. f.* COL. Herida, daño o lesión.

lastimar *v. tr.* **1** Hacer ‹una persona o una cosa› daño físico [a una persona o un animal]: *Esos zapatos lastiman los pies.* SIN. dañar, lesionar. **2** Hacer o decir ‹una persona› [una cosa que molesta o perjudica a una persona o una cosa]: *Has lastimado su amor propio con tus críticas. Tu artículo ha lastimado nuestras buenas relaciones con el grupo de Zamora.* SIN. ofender, dañar. ‖ *v. prnl.* **3** Sufrir ‹una persona o un animal› daño físico: *Se lastimó al caer. Me he lastimado una rodilla escalando.* SIN. dañarse.

lastimero, ra *adj.* [Queja, lágrima, palabra] que contiene dolor o pena y produce lástima o compasión: *Me dijo, en un tono lastimero, que él no tenía la culpa. El pobre animal emitía unos quejidos lastimeros que me conmovían.*

lastimoso, sa *adj.* **1** (antepuesto / pospuesto) Que produce compasión y lástima: *Estaba como una cuba, en un lastimoso estado. Su situación económica y moral es lastimosa.* **2** (antepuesto / pospuesto) Que causa mala impresión porque está estropeado o dañado: *Encontré la casa en un lastimoso estado de abandono. Viste siempre unas chaquetas lastimosas, sucias y medio rotas.*

lastra *s. f.* RESTRINGIDO. Piedra lisa, plana y de poco grosor: *El portal de la casa era de lastras de granito.* SIN. laja, lancha.

lastrar *v. tr.* **1** Poner ‹una persona› lastre [a una embarcación]: *Han desembarcado las mercancías, pero tienen que lastrar el barco con varias toneladas de peso. Hemos lastrado mucho la barcaza, porque va muy hundida.* **2** Poner ‹una persona o una cosa› obstáculos [a otra persona o cosa]: *La huelga lastró el desarrollo de las obras. Tu ignorancia matemática lastra tus razonamientos.* ‖ *v. intr.* **3** ARG., URUG.; COLOQUIAL. Comer ‹una persona› mucho.

lastre *s. m.* **1** Peso que se coloca en el fondo de una embarcación para que entre en el agua hasta la profundidad necesaria y tenga estabilidad: *Navegamos con demasiado lastre. Algunas embarcaciones escapaban a las persecuciones piratas arrojando todo el lastre por la borda.* **2** Peso que llevan los globos aerostáticos para subir o bajar: *echar lastre, soltar lastre, largar lastre.* **3** ELEVADO. Estorbo que impide hacer alguna cosa: *La deuda externa es un lastre para el desarrollo del país.*

lata *s. f.* **1** (no contable) Hojalata. **hoja* de ~.** **2** Envase hecho con este material: *una lata de atún, una lata de aceite, una lata de melocotón en almíbar, sardinas en lata.* **3** Alimento envasado en latas: *Sólo se alimenta de latas. Le gustan más las latas que los alimentos naturales.* **4** COLOQUIAL. Cosa aburrida o pesada: *Esta película es una lata. ¡Qué lata tenernos que levantar tan temprano!* SIN. latazo, fastidio. **5** COL. Bandeja en la que se cuece el pan. **6** COL. Alimentación, comida. **7** ARG., URUG.; COLOQUIAL, RESTRINGIDO en Argentina. Sable o espada de un militar o de un agente de policía. FR. Y LOC. **dar la ~** COLOQUIAL. Molestar ‹una persona›, normalmente durante mucho rato: *Ha estado dando la lata toda la tarde con lo de su ascenso.*

latazo *s. m.* COLOQUIAL. Persona o acción muy aburrida o pesada: *Este niño es un latazo. Es un latazo subir por las escaleras hasta el décimo piso. Limpiar es un latazo.*

latear *v. tr.* **1** CHILE; COLOQUIAL. Provocar ‹una persona› hastío o aburrimiento en [otra persona]. ‖ *v. intr.* **2** CHILE; COLOQUIAL. Hablar mucho ‹una persona›.

latencia *s. f.* **1** (no contable) RESTRINGIDO. Calidad o estado de latente: *Un estallido de odios tan violentos exige necesariamente un largo periodo de latencia. El proyecto vivió un largo periodo de latencia antes de llegar a buen puerto.* **2** Periodo de incubación de una enfermedad: *Esta enfermedad tiene una latencia de dos semanas.*

latente *adj.* (ser / estar) Que está oculto, escondido, o que no se deja ver: *Se respira un malestar latente entre los dos. El mal ha estado latente todo este tiempo. La enfermedad está causada por un virus latente que tarda en manifestarse.*

lateral *adj.* **1** Que está situado en un lado: *Han arreglado los pabellones laterales. Entra por la puerta lateral, no por la principal.* **decúbito* ~.** **2** Que tiene una importancia secundaria o no principal: *Han llegado a un acuerdo, excepto en algunas cuestiones laterales. La obra está completa, excepto detalles laterales.* **3** Que no procede en línea recta en un gráfico: *parentesco lateral, evolución lateral.* ‖ *adj. / s. f.* **4** FON. [Sonido] que se articula con la lengua en contacto con los dientes o el paladar en el medio del canal bucal y permite la salida del aire espirado por los dos lados del lugar de la articulación: *consonante lateral, sonido lateral. La «l» es una lateral.* ‖ *s. m.* **5** Parte de algo, próximo a los extremos: *los laterales de la autopista, los laterales de la ventana.* **6** DEP. Jugador que cubre una de las bandas del campo, con función principalmente defensiva: *Quieren fichar a un nuevo lateral izquierdo.*

latero, ra *adj. / s. m.* y *f.* **1** AMÉR. Hojalatero. ‖ *adj.* **2** AMÉR. Latoso.

látex *s. m.* (no contable) BOT. Jugo vegetal de color blanco lechoso que se obtiene haciendo cortes en el tronco de algunos árboles: *Del látex endurecido se obtienen sustancias como el caucho o la gutapercha.*

latido *s. m.* **1** Movimiento rítmico de contracción y dilatación del corazón y las arterias: *Los latidos son movimientos regulares.* **2** Golpe de los latidos que percibe una persona: *Notaba los latidos de su corazón.* **3** Sensación intermitente de dolor: *Noto unos latidos desagradables en la sien.*

latifundio *s. m.* Finca rural de grandes dimensiones perteneciente a un solo dueño o a una familia: *Varios latifundios están dedicados a coto de caza.* ANT. minifundio.

latifundismo *s. m.* (no contable) Forma de distribución de la propiedad en la que predominan los latifundios: *En España el latifundismo es propio de Andalucía y Extremadura.* ANT. minifundismo.

latifundista *adj.* **1** Del latifundio o del latifundismo: *política latifundista, explotación latifundista, provincia latifundista.* ‖ *s. m. / f.* **2** Persona que es propietaria de un latifundio: *los latifundistas andaluces.*

latigazo *s. m.* **1** Golpe dado con un látigo: *En la película de romanos vimos cómo daban latigazos a los prisioneros.* SIN. azote. **2** Chasquido, ruido que hace el látigo: *Era desagradable oír los latigazos en el patio.* **3** COLOQUIAL. Descarga eléctrica que recibe alguien por accidente: *Estaba arreglando la lámpara y le pegó un latigazo que lo sentó en el suelo.* SIN. sacudida. **4** COLOQUIAL. Dolor breve y agudo: *Dice que cuando le duele la cabeza le dan latigazos entre las cejas.* **5** Acción o dicho inesperado que estimula a alguien: *La muerte de su abuelo fue como un latigazo para que él dejara de fumar.* **6** COLOQUIAL. Trago de bebida alcohólica: *Se pegó dos latigazos de ginebra y se quedó grogui.* SIN. lingotazo.

látigo *s. m.* **1** Instrumento formado por una cuerda o correa larga y estrecha unida a un mango, utilizado para azotar: *El domador hizo restallar el látigo para que los leones le obedecieran. El cochero agitaba el látigo con pericia para hacer correr a los caballos.* SIN. azote, fusta. **2** Atracción de feria en la que unos coches o vagonetas recorren un circuito y aceleran repentinamente en las curvas: *No me gusta montar en el látigo.* FR. Y LOC. **usar/sacar/enseñar el ~** Emplear ‹una persona› dureza o severidad para conseguir alguna cosa: *Si no funciona por las buenas, usaré el látigo. Como no estudiéis tendré que sacar el látigo.*

latiguillo *s. m.* **1** Palabra o expresión que se repite constantemente al hablar o al escribir: *En el norte de la Península tienen el latiguillo «pues». Emplea «puñeta» como un latiguillo.* SIN. muletilla. **2** Expresión lingüística o gestual exagerada de un actor o de un orador que busca el aplauso: *Esa manera de acabar los discursos es desagradable, porque todo el mundo conoce sus latiguillos de memoria.* **3** Tubo flexible y delgado preparado con roscas en sus extremos para comunicar dos conductos: *el latiguillo de la bomba de una bicicleta.*

latín *s. m.* **1** LING. Lengua hablada en el Imperio Romano de la cual proceden las lenguas románicas: *Del latín proceden las lenguas de España, excepto el vasco.* **~ clásico** Latín en que escribían los grandes escritores como Cicerón, César o Virgilio. **~ cristiano** Latín que empleaba la Iglesia Católica. **~ medieval** Latín que se empleaba en la Edad Media. **~ vulgar** Latín hablado por la gente del pueblo del que derivaron las lenguas romances. **2** (preferentemente en plural) Palabra o expresión latina usada en una conversación o escrito en otra lengua: *Soltó algunos latines ininteligibles.* FR. Y LOC. **saber (mucho) ~** COLOQUIAL. Ser ‹una persona› muy lista y astuta: *No te fíes de él, porque sabe latín.*

latinajo *s. m.* **1** COLOQUIAL; PEYORATIVO. Palabra, frase o cita en latín: *Cuando habla, si puede, te suelta un latinajo.* **2** COLOQUIAL; PEYORATIVO. Latín incorrecto: *Esto que habláis vosotros no es latín, es un latinajo inventado por los escolásticos.*

latinidad *s. f.* **1** (no contable) RESTRINGIDO. Cultura latina: *La latinidad siempre ha sido muy valorada en Occidente.* **2** (no contable) Conjunto de los pueblos de origen o de lengua latinos que comparten una cierta idiosincrasia.

latiniparla *s. f.* LITERARIO. Manera pedante de hablar en la que se utilizan palabras y expresiones latinas: *No sé quién le aconseja que use esa latiniparla tan divertida.*

latinismo *s. m.* Palabra o expresión latinas empleadas en otra lengua: *«Curriculum vitae» es un latinismo en español.*

latinista *adj.* **1** ELEVADO. Que se parece o imita al latín: *la literatura latinista del siglo* XV. || *s. m/f.* **2** Persona que por profesión o por afición estudia la lengua y cultura latinas: *Es una universidad de prestigiosos latinistas.*

latinización *s. f.* Acción y resultado de latinizar: *la latinización de la Península Ibérica, la latinización del vocabulario científico.*

latinizar *v. tr.* **1** Llevar ‹una persona› la lengua y cultura latinas [a un grupo de personas]: *Los humanistas querían latinizar el mundo europeo.* **2** Dar ‹una persona› forma latina a [una voz o un giro de otra lengua]: *Los romanos latinizaron muchos helenismos.* ⇒ **19.**

latino, na *adj./s. m.* y *f.* **1** De la región italiana del Lacio y de las otras regiones que formaron parte del Imperio Romano: *las provincias latinas.* **2** Que tiene una lengua que deriva del latín: *los países latinos, la cultura latina.* **3** De los habitantes de los países latinos y sus descendientes: *la simpatía latina. Los latinos suelen ser más morenos que los nórdicos.* || *adj.* **4** Del latín o que tiene características de esta lengua: *la morfología latina, la retórica latina, expresiones latinas.* || **5 cruz* latina. 6 vela* latina.**

latinoamericano, na *adj./s. m.* y *f.* **1** De Latinoamérica, constituida por países sudamericanos que fueron colonizados por países latinos: *España, Portugal y Francia colonizaron los países latinoamericanos.* **2** De los habitantes o descendientes de Latinoamérica: *Los latinoamericanos tienen un carácter abierto y un rico folclore.*

latir *v. intr.* **1** Dar ‹el corazón o una arteria› latidos: *Mi corazón latía muy deprisa.* SIN. palpitar. **2** Estar ‹una cosa› viva, sin llegar a manifestarse claramente: *En la conversación latían viejas antipatías. En el ambiente laten las ganas de revancha.* **3** Producir ‹una parte del cuerpo› dolor punzante: *La herida me late de vez en cuando.*

latitud *s. f.* **1** GEOGR. Distancia que hay entre un punto de la Tierra y el Ecuador, contada en grados: *Salamanca está a 41 grados de latitud norte.* **2** ASTRON. Distancia en grados que hay desde cualquier punto al norte y sur de la eclíptica: *latitud geocéntrica.* **3** (preferentemente en plural) Lugar considerado en relación con su distancia al Ecuador: *Los esquimales viven en latitudes muy altas.* **4** Extensión de un territorio: *Son provincias de latitudes enormes para la mentalidad europea.* **5** RESTRINGIDO. Anchura de un cuerpo, la menor de sus dos dimensiones principales.

LATN (pronunciamos *'ele-a-te-ene'*) *s. f.* Sigla de «Líneas Aéreas de Transporte Nacional», Paraguay.

lato, ta *adj.* (antepuesto) ELEVADO. Que es muy extenso o amplio: *Un lato desierto se extiende a ambos lados de las montañas. Un lato mar de hielo se divisaba desde el barco.* FR. Y LOC. **en sentido ~** ELEVADO. En un sentido que no corresponde al propio o exacto, hablando de una manera amplia: *Estoy hablando en sentido lato. Empleamos «padre» en sentido lato; por tanto, los tutores o los responsables de los niños deben darse por aludidos.*

latón *s. m.* **1** (no contable) Aleación de cobre y cinc de color amarillo claro que se usa para fabricar recipientes: *faroles, jarras y jofainas de latón.* **2** ARG., URUG. Recipiente de hojalata que se usa para lavar la ropa, cubo.

latonero, ra *s. m./f.* COL. Hojalatero.

latoso, sa *adj./s. m.* y *f.* (ser/estar) Que fastidia o molesta: *No vas a terminar este libro porque es un poco latoso. ¡Eres un latoso, no te soporto más! Esta niña está de un latoso últimamente que no hay quien la aguante.* SIN. pesado.

latría *s. f.* (no contable) REL. Adoración y culto que, según la Iglesia Católica, sólo debe darse a Dios: *La Teología dice que no debe confundirse la latría con las otras formas de respeto religioso.*

latrocinio *s. m.* ELEVADO. Robo o fraude: *Es un latrocinio cobrar ese dinero por el viaje. Dicen que los latrocinios del secretario serán severamente castigados.*

laucha *s. f.* **1** ARG., CHILE, PAR., URUG. Ratoncillo. **2** ARG., CHILE; COLOQUIAL en Argentina. Persona delgada. **3** ARG.; COLOQUIAL. Persona muy lista y rápida. **4** COL.; RESTRINGIDO. Pez de río bastante pequeño.

laúd *s. m.* **1** Instrumento musical de cuerdas pulsadas con caja de resonancia ovalada: *El juglar tañía su laúd para acompañar sus poemas.* **2** Embarcación pequeña del mar Mediterráneo, de un palo, con vela latina: *En los grabados aparecen con frecuencia los laúdes.*

laudable *adj.* (antepuesto / pospuesto) ELEVADO. Que merece ser alabado: *intención laudable, sentimiento laudable. Sus ensayos tienen un laudable interés. Ha hecho un laudable trabajo.* SIN. loable.

láudano *s. m.* (no contable) Preparado de opio, azafrán, canela y vino, utilizado antiguamente como calmante.

laudatorio, ria *adj.* (antepuesto / pospuesto) Que alaba o contiene elogio: *escrito laudatorio, discurso laudatorio. Dedicó unas laudatorias palabras al anterior director.*

laudes (plural) *s. f.* REL. Parte del oficio divino, segunda de las horas canónicas, que se dice después de maitines.

laudo *s. m.* **1** DER. Decisión que dictan los árbitros en un litigio o conflicto: *Las dos partes, sindicatos y patronal de la construcción, tendrán que aceptar el laudo arbitral del mediador nombrado por el ministerio. El mediador internacional ha dictado un laudo que los dos países en conflicto se han comprometido a aceptar.* **2** ARG., URUG. Porcentaje añadido a las cuentas de los restaurantes para el servicio.

laureada *s. f.* Insignia que reciben los militares laureados con la cruz de San Fernando.

laureado, da *adj.* **1** (antepuesto / pospuesto) Que ha sido premiado: *el laureado ciclista, el actor laureado.* **2** [Militar] que ha recibido la cruz de San Fernando, condecoración militar española.

laurear *v. tr.* RESTRINGIDO. **1** Poner ‹una persona› una corona de laurel [a otra persona] en señal de gloria: *Antiguamente se solía laurear a los ganadores de una competición poética o deportiva.* **2** Dar ‹una persona› un premio [a otra persona]: *Lo han laureado por su dedicación a la infancia.*

laurel *s. m.* **1** *Laurus nobilis.* Árbol de hasta 12 m de altura, de hojas lanceoladas, siempre verdes, que se usan como condimento culinario, flores blancoamarillentas y fruto carnoso de color negro: *Mi madre le echa una hoja de laurel a todos los guisos.* **2** (preferentemente en plural) ELEVADO. Gloria, fama o triunfo: *Cosechar los laureles del triunfo es difícil. Para alcanzar el preciado laurel hay que competir mucho.* FR. Y LOC. **dormirse* en los laureles.**

laurencio *s. m. Lr.* Elemento químico radiactivo utilizado para estudiar la fisión espontánea.

láureo, a *adj.* ELEVADO. Del laurel: *corona láurea.*

laurisilva *s. f.* BOT. Vegetación de especies de hoja perenne que crece en las zonas húmedas de Canarias.

lauro *s. m.* **1** Laurel, árbol. **2** (preferentemente en plural) ELEVADO. Gloria, fama o triunfo: *Sólo uno alcanzará el lauro de la victoria.* SIN. laurel.

lava *s. f.* Conjunto de materias fundidas e incandescentes que arroja un volcán a la superficie durante la erupción: *Los ríos de lava pueden arrasar pueblos enteros.*

lavable *adj.* Que puede lavarse sin que se estropee o que está fabricado para ser lavado: *No te preocupes por esa tela, es lavable, ni va a encoger ni va a perder su color. Esta pintura es lavable. Estos pantalones son lavables en la lavadora.*

lavabo *s. m.* **1** Pila con grifos usada para el lavado o aseo personal: *Se han puesto de moda unos lavabos con grifos dorados.* **2** Cuarto de aseo o retrete de una casa o de un establecimiento público: *Los lavabos de este restaurante están en la planta baja. Podéis pasar al lavabo.*

lavacoches (plural *lavacoches*) *s. m. / f.* Persona que se dedica por profesión a limpiar los coches en garajes, gasolineras o en otro sitio: *Dale una propina al lavacoches.*

lavada *s. f.* **1** Lavado, generalmente rápido y no muy profundo: *Ese coche necesita una buena lavada. Niño, necesitas una lavada de cara. Me doy una lavada y bajo enseguida.* **2** ARG., COL., URUG. Lavado.

lavadero *s. m.* **1** Lugar de una casa, generalmente una galería abierta, donde se suele instalar la lavadora y la pila de lavar la ropa: *Lleva la ropa sucia al lavadero.* **2** Pila o recipiente para lavar la ropa: *La cocina tiene lavadero.* **3** Lugar público de un pueblo especialmente preparado con pilones grandes donde iban las mujeres a lavar la ropa: *Varias vecinas solían juntarse en el lavadero todas las semanas cuando no había agua corriente en los pueblos.* **4** MIN. Instalación en las minas donde se lavan los minerales: *Hubo un accidente en el lavadero de una mina de carbón.* **5** AMÉR. Lugar de un río donde se extraen y lavan las arenas que contienen pepitas de oro. **6** ARG., PAR., URUG. Lavandería.

lavado, da *adj.* **1** Que ha perdido intensidad de color: *un rosa lavado, una foto lavada.* **2** VEN.; COLOQUIAL. [Persona] que es descarada. **3** VEN.; COLOQUIAL. Que tiene el pelo claro. || *s. m.* **4** Acción y resultado de lavar o lavarse: *Luis se ocupa del lavado de la ropa.* **5** COL. Lavativa, enema. || **6 ~ de cara** Nuevo aspecto de alguna cosa, con una mejora superficial: *Esta casa necesita un lavado de cara: hay que pintarla. Le hemos hecho un lavado de cara al comercio, pero no tenemos dinero para hacer una reforma profunda.* **7 ~ de cerebro** Forma de anular la personalidad de una persona haciendo que piense de una manera determinada: *Algunos antiguos miembros de la secta señalan que los dirigentes practican sistemáticamente el lavado de cerebro de los nuevos.* **8 ~ de coco** COLOQUIAL. Lavado de cerebro. **9 ~ de estómago** o **~ gástrico** Operación que consiste en vaciar el contenido del estómago haciendo pasar por él una cantidad determinada de agua y medicamentos mediante sondas: *Se tomó muchas pastillas y le han tenido que hacer un lavado de estómago.*

lavador, ra *adj. / s. m.* y *f.* Que lava o sirve para lavar: *un líquido lavador, una sustancia lavadora.*

lavadora *s. f.* **1** Electrodoméstico para lavar la ropa: *lavadora de carga superior, lavadora programable. Enchufó la lavadora. Pon la ropa en la lavadora para hacer la colada.* **2** COL. Lavandera.

lavafrutas (plural *lavafrutas*) *s. m.* Recipiente lleno de agua que se pone en la mesa para lavar la fruta: *Antes de comer las uvas, lávalas en el lavafrutas. Me han regalado un lavafrutas muy bonito de cristal.*

lavaje *s. m.* **1** RESTRINGIDO. Lavado de las lanas: *El río baja sucio porque hay una empresa de lavaje unos kilómetros más arriba.* **2** URUG. Lavativa.

lavamanos *s. m.* **1** Recipiente lleno de agua que se pone en la mesa para lavarse las manos: *En los buenos restaurantes ponen lavamanos individuales con una rajita de limón cuando se piden algunos platos de marisco.* **2** COL.; RESTRINGIDO en España. Depósito de agua con un pequeño grifo y una pila para lavarse las manos o lavabo: *A la entrada del comedor, en el pueblo, había un lavamanos.* **3** RESTRINGIDO. Palanganero.

lavanda *s. f.* **1** BOT. Espliego. **2** Esencia aromática de esta planta utilizada en perfumería: *agua de lavanda, colonia de lavanda.*

lavandería *s. f.* 1 Establecimiento dedicado a lavar, secar y planchar la ropa de los clientes: *Llevamos las sábanas a la lavandería.* 2 Organización que sirve a los clientes de establecimientos colectivos: *la lavandería de un hotel, la lavandería de una cárcel.* 3 COL. Establecimiento donde se lava, limpia o tiñe la ropa. 4 ARG. Lavadero de una vivienda.

lavandero, ra *s. m. / f.* Persona que tiene por oficio lavar la ropa.

lavandina *s. f.* AMÉR. DEL S. Lejía.

lavándula *s. f.* BOT. Espliego.

lavaojos (plural *lavaojos*) *s. m.* RESTRINGIDO. Copa pequeña que se adapta a la forma del ojo y se usa para lavarlo o aplicarle un medicamento: *El lavaojos está en la estantería del cuarto de baño.*

lavaplatos (plural *lavaplatos*) *s. m.* 1 Aparato electrodoméstico que sirve para lavar la vajilla y los utensilios de cocina: *Hemos comprado un lavaplatos muy silencioso.* SIN. lavavajillas. 2 COL., VEN. Fregadero. || *s. m. / f.* 3 Persona que tiene por oficio limpiar la vajilla y los utensilios de cocina y cuidar de los lavavajillas en restaurantes, hoteles y establecimientos similares.

lavar *v. intr. / tr. / prnl.* 1 Limpiar ‹una persona› [a una persona o una cosa] mojándola con agua y otras sustancias: *Siempre lava los sábados. Lavó los pantalones* ***con*** *detergente. Pedro* ***se*** *lava la cara.* **pila* de ~.** || *v. tr.* 2 MIN. Quitar ‹una persona› las impurezas de [un mineral]: *Las instalaciones para lavar el mineral son muy viejas.* 3 Pasar ‹una persona› un trapo mojado por [una superficie revestida con yeso] para mejorar el acabado. 4 Dar ‹una persona› colores y sombras a [un dibujo] con aguadas: *Lava un poco el dibujo y quedarán las figuras más difuminadas.* 5 RESTRINGIDO. Corregir ‹una persona› [una ofensa o una falta]: *Con disculpas querían lavar un comportamiento grosero y repetido. Es de los que lavan las ofensas* ***con*** *sangre.* || *v. intr.* 6 Ser ‹un tejido› de fácil o difícil lavado: *Esta blusa lava de maravilla. Esta tela lava muy mal.* FR. Y LOC. **~ el cerebro*. ~ la cara*. ~ los trapos* sucios. lavarse las manos*.**

lavarropas (plural *lavarropas*) *s. m.* 1 ARG., URUG. Lavadora. || *s. m. / f.* 2 CHILE; RESTRINGIDO. Persona que tiene por oficio lavar la ropa.

lavaseco *s. m.* CHILE; COLOQUIAL. Tintorería.

lavativa *s. f.* 1 Enema, líquido que se introduce en el recto a través del ano. SIN. irrigación. 2 Instrumento, generalmente en forma de jeringa, para poner un enema: *Voy a comprar una lavativa en la farmacia.* SIN. irrigador. 3 VEN.; COLOQUIAL. Problema, inconveniente.

lavatorio *s. m.* 1 RESTRINGIDO. Acción de lavar o lavarse. 2 REL. En la liturgia católica, ceremonia de los oficios del Jueves Santo en que el sacerdote lava los pies a doce personas en memoria de lo que hizo Jesucristo con los apóstoles. 3 REL. En la liturgia católica, acto de la misa en que el sacerdote se lava las manos después de preparar el cáliz. 4 ARG., CHILE, PERÚ, URUG. Lavabo. 5 ARG., CHILE, PERÚ, URUG.; RESTRINGIDO. Mueble donde se colocaban la palangana y otros accesorios para lavarse.

lavavajillas (plural *lavavajillas*) *s. m.* 1 Aparato electrodoméstico que sirve para lavar la vajilla y los utensilios de cocina: *Este lavavajillas tiene muchos programas.* 2 Detergente especial para la vajilla: *lavavajillas líquido, lavavajillas en polvo. Se nos está acabando el lavavajillas.*

lavotear *v. tr. / prnl.* COLOQUIAL; PEYORATIVO. Lavar ‹una persona› [a una persona o una cosa] deprisa o mal: *Mamá, deja ya de lavotear la cocina y vamos a comer. El niño* ***se*** *lavoteó las manos.*

lavoteo *s. m.* COLOQUIAL; PEYORATIVO. Lavado rápido y mal hecho: *¡Vaya lavoteo de manos que te has hecho!*

laxante *adj. / s. m.* [Medicamento, alimento] que sirve para mover y evacuar el vientre: *Las ciruelas son laxantes. Me ha recetado el médico un laxante.*

laxar *v. tr.* 1 Hacer expeler ‹una persona o una cosa› los excrementos [a una persona] por medio de medicamentos o determinados alimentos: *El médico nos ha mandado laxar a la niña.* 2 RESTRINGIDO. Hacer ‹una persona o una cosa› que disminuya la tensión de [una cosa]: *Sus chistes ayudaron a laxar el ambiente.* SIN. relajar. || *v. prnl.* 3 RESTRINGIDO. Disminuir la tensión de ‹una cosa›. SIN. relajarse.

laxativo, va *adj. / s. m.* Que laxa o puede laxar: *alimentación laxativa. Me han recetado un laxativo.*

laxismo *s. m.* (no contable) Sistema o doctrina en que domina la moral laxa o relajada: *El laxismo en la religión católica se opone a los severos moralistas.*

laxista *adj.* 1 Del laxismo: *escritos laxistas, doctrina laxista.* || *adj. / s. m.* y *f.* 2 Que es partidario del laxismo: *los teólogos laxistas.*

laxo, xa *adj.* 1 Que no tiene la tensión o firmeza que debe tener: *fibra laxa, músculo laxo, abdomen laxo.* 2 [Moral] que tiene poca firmeza o rigor o es poco severa: *conducta laxa, moral laxa.* 3 FON. [Sonido] que se pronuncia sin tensión: *consonante laxa.* SIN. relajado. ANT. tenso.

lay (plural *lays*) *s. m.* LIT. Composición poética medieval, en provenzal o en francés, que narra una leyenda o una historia amorosa: *Son famosos los lays de María de Francia.*

laya *s. f.* 1 RESTRINGIDO. Pala de hierro y mango de madera para labrar y remover la tierra: *Se rumorea que le abrió la cabeza con una laya.* 2 Clase o especie de personas o cosas: *No me fío de los perros de esta laya.*

lazada *s. f.* 1 Nudo que puede deshacerse fácilmente al tirar de una de sus puntas: *Hazte una lazada en los cordones de las botas. Lleva una cinta al pelo, atada con una lazada perfecta.* 2 Cada uno de los círculos o anillas que forman estos nudos: *Llevaba una doble lazada al cuello.*

lazar *v. tr.* RESTRINGIDO. Sujetar ‹una persona› [un animal] con un lazo: *No es fácil lazar a un animal que corre.* SIN. lacear. ⇒ **19.**

lazareto *s. m.* 1 Establecimiento sanitario donde se mantenía aisladas a personas que padecían o podían padecer enfermedades contagiosas: *Los lazaretos han desaparecido de la sociedad occidental.* 2 RESTRINGIDO. Hospital de leprosos. SIN. leprosería.

lazarillo *s. m.* Persona o animal que acompaña y guía a un ciego: *Desde que tuvo el accidente, su hermana le hace de lazarillo.* **perro* ~.**

lazo *s. m.* 1 Nudo hecho con cinta, cuerda o hilo que se hace doblándola en dos o más lazadas y sujetándolas con un nudo, que sirve de adorno o para sujetar algo: *lazo de terciopelo, lazo de encaje. Átame el lazo del vestido. La novia lucía un bonito lazo en el pelo.* 2 Objeto de forma parecida a ese nudo: *lazo de carreteras, lazo cerrado de las vías de tren, un lazo de chocolate, un lazo de caramelo.* 3 Corbata que se anuda con dos lazadas junto al cuello: *Llevaba al cuello un lazo de poeta.* **4** Cuerda o alambre con un nudo corredizo en un extremo que se emplea para atrapar a ciertos animales: *cazar a lazo. Atraparon con lazo un perro rabioso.* **5** Trampa, engaño: *No caeré en su lazo.* **6** (preferentemente en plural) Vínculo, relación estrecha: *Tiene fuertes lazos afectivos conmigo. Existen entre ellos fuertes lazos de amistad.* **7** Movimiento rítmico realizado al cruzar los pies. **8** ARQ. Dibujo o motivo que se repite en la decoración de lacería. **9** COL. Soga. **10** COL. Comba de las niñas.

lazurita *s. f.* Lapislázuli, mineral silíceo.

Ldo., Lda. *s. m./f.* Abreviatura de «Licenciado», «Licenciada».

le (plural *les*; de tercera persona; singular; masculino y femenino) *pron. pers.* **1** Pronombre personal complemento indirecto correspondiente a las mismas personas que los pronombres *él, ella* y *usted*: *Le dijeron que volviera mañana. Le regalaron bombones. Señor, le envío esta carta...* OBSERVACIONES: Cuando se juntan dos pronombres de tercera persona, el de complemento indirecto, que va antes que el de complemento directo, es *se* y no *le*: *Se lo entregarán pronto. ¿Se la han robado?* **2** RESTRINGIDO. Funciona también como complemento directo, en sustitución de *lo*, cuando se refiere a personas en género masculino: *Le veré mañana.* **3** Se emplea para repetir en la misma oración el pronombre que hace de complemento directo o indirecto referido también a la tercera persona: *No le digas nada a ella. A tu padre le veo todos los días.* OBSERVACIONES: En las tres acepciones se antepone al verbo (*Le dieron unas monedas*), excepto cuando el verbo es un imperativo afirmativo, infinitivo o gerundio, que va inmediatamente después, unido a ellos: *Echadle de aquí. Querían emborracharle. Diciéndole eso, no arreglas nada.*

leal *adj./s. m.* y *f.* **1** (antepuesto/pospuesto) Que guarda fidelidad, o que es incapaz de engañar o traicionar: *Su amistad ha sido siempre muy leal. Se mantuvieron leales **a** sus ideas. Siempre fuiste un leal amigo. Se dirigió en un discurso a sus leales. Los leales siguen con el viejo director.* || *adj.* **2** [Animal] que obedece y sigue a su amo fielmente: *El perro es muy leal. Dicen que los gatos son poco leales.*

lealtad *s. f.* (no contable) Condición de ser leal a alguien o a algo: *la lealtad del perro hacia el amo. Ana me demostró lealtad cuando tuve aquel problema.* ANT. deslealtad.

leandra *s. f.* COLOQUIAL, RESTRINGIDO. Peseta: *Mi abuelo me ha dado mil leandras.*

leasing (del inglés; pronunciamos *'lisin'*) *s. m.* Operación financiera por la cual una empresa arrienda bienes o equipos, con opción de compra al final del contrato: *El ordenador no es mío, lo tenemos en leasing. Los contratos de leasing están creciendo en estos años.*

lebeche *s. m.* RESTRINGIDO. Viento cálido del sudoeste que sopla en la costa mediterránea de la Península Ibérica.

lebrato *s. m.* (macho y hembra) Cachorro pequeño de liebre: *Entre el trigo encontré un lebrato muy asustado.*

lebrel *s. m.* (macho y hembra) Perro de caza de cuerpo delgado y alto, como el galgo: *En el cuadro se ve al rey con una jauría de lebreles y su montero mayor.*

lebrero, ra *adj.* **1** RESTRINGIDO. Que es aficionado a las cacerías o carreras de liebres: *Mi abuelo era muy lebrero en aquellos tiempos.* || *adj./s. m.* y *f.* **2** [Perro] que sirve para cazar liebres: *Este perro es un lebrero bueno.*

lebrillo *s. m.* RESTRINGIDO. Recipiente de barro, grande y de poca altura, con la boca más ancha que la base, que se usaba sobre todo para lavar la ropa. SIN. barreño.

lección *s. f.* **1** Explicación o exposición que alguien hace de una materia para enseñársela a otros: *lecciones prácticas. No he entendido nada de la lección de química.* SIN. clase. **~ inaugural** Clase especial y solemne para inaugurar oficialmente un curso. **~ magistral** Clase que se da con cierta solemnidad. **2** Parte en que se divide un libro o un programa de clases: *El curso tiene veinte lecciones.* **3** Parte de una materia que se estudia o aprende de una vez: *No me he estudiado la lección de hoy.* **4** Enseñanza que se aprende o desprende de cualquier hecho y que, a menudo, se convierte en experiencia personal: *Su generosidad fue una lección para todos nosotros.* FR. Y LOC. **dar la ~** Recitar o explicar ‹un alumno› la lección ante una persona que comprueba si la sabe: *¿Te doy la lección antes de salir a la calle?* **dar una ~** Hacer comprender ‹una persona› a otra persona, blanda o duramente, que ha cometido un error y debe corregirse: *Muchos niños dan lecciones de inteligencia a sus padres.* **tomar la ~** Escuchar ‹una persona› a otra persona para comprobar que ha aprendido bien lo que ha estudiado: *Hijo, cuando acabes de estudiar te tomaré la lección.*

lechada *s. f.* **1** Masa líquida, de cal o de argamasa, para blanquear o para hacer hiladas de ladrillos o de piedras: *Ya hemos preparado la lechada para blanquear el patio.* **2** Líquido que tiene en suspensión cuerpos insolubles muy divididos: *El medicamento aparece en forma de lechada que debe beberse, después de agitar fuertemente la ampolla.* **3** Masa de trapo molido para hacer papel. **4** MÉX. Rebaba.

lechal *adj./s. m.* [Animal] que todavía mama. **cordero ~.**

lechar *v. tr./intr.* MÉX.; JERGAL. Blanquear con cal ‹una persona› [una cosa].

lechazo *s. m.* **1** Cordero lechal: *Tenemos un lechazo asado muy bueno.* **2** VEN.; VULGAR. Golpe de suerte.

leche *s. f.* **1** (no contable) Líquido orgánico blanco producido por las glándulas mamarias de las hembras de los mamíferos para alimentar a sus crías: *leche de cabra, leche materna.* **café con ~. crema* de ~.** **2** (no contable) Sustancia blanquecina segregada por algunas plantas, como la higuera. **3** (no contable) Bebida de color blanco o semitransparente obtenida al machacar y mezclar con agua ciertos alimentos, como semillas, frutos o tubérculos: *leche de almendras.* **4** (no contable) Producto cosmético en forma de crema líquida blanca o blanquecina: *leche hidratante, leche limpiadora.* **5** VULGAR. Golpe, caída o choque: *Se pegó una leche con el coche. Le pegaron tres leches.* **6** (no contable) VULGAR. Suerte, fortuna: *Tuvo una leche tremenda en sus estudios.* **7** (no contable) VULGAR. Mal humor, enfado o disgusto: *Luis tiene una leche insoportable.* **mala ~** Mal humor, mala intención: *Lo hizo con mala leche. Ese tipo tiene mala leche.* **8** VULGAR. Cosa molesta: *El examen final es una leche.* || **9 ~ condensada** Leche concentrada, con adición de azúcar, que le da consistencia. **10 ~ frita** Dulce elaborado con leche y harina que se fríe rebozado. **11 ~ merengada** Bebida refrescante de leche, clara de huevo y canela, calentada y puesta a enfriar. FR. Y LOC. **agua*/~ de coco.** **como la ~** COLOQUIAL. [Comida, guiso] muy tierno: *Aquel cochinillo estaba como la leche.* **de ~** 1 [Hembra] destinada a producir este alimento para consumo humano o para alimentar a sus crías: *vaca de leche.* 2 [Animal] que aún no ha dejado de mamar: *ternero de leche.* **diente* de ~. dulce* de ~. estar con la ~ en los labios** o **tener / traer la ~ en los labios** COLOQUIAL. Faltar a una persona ‹los conocimientos o la experiencia necesarios› por ser joven: *No puede saber mucho, si tiene la leche en los labios.* **estar de buena / mala ~** o **tener buena / mala ~** VULGAR. Estar de buen o mal humor: *No le digas nada, que hoy está de mala leche.* **hermano* de ~. ir* a toda hostia / ~. ¡la ~!, ¡leche(s)!, ¡qué leche(s)!** VULGAR. Se usa para expresar sorpresa, enfado o rechazo: *¡La leche!, vaya coche que tienes. ¡Leches! me largo de aquí ahora mismo. ¡Qué leches va a ser esto! Te has equivocado.* **me cago* en la ~ / mar. ¡por la ~ que mamé / mamaste!** VULGAR. Indica la firme intención de cumplir una amenaza, una promesa o lo que se dice: *¡Yo me bajo aquí, por la leche que mamé!* **ser la ~** VULGAR. Ser ‹una persona o una cosa› extraordinariamente buena o mala desde la perspectiva que se comenta: *Eres la leche, siempre llegas tarde. Este coche es la leche, siempre está estropeado.*

lechecillas (plural) *s. f.* 1 Apéndices carnosos de las reses jóvenes, que se producen por infarto de las glándulas, y se consideran un plato muy apreciado. 2 Asaduras de res.

lechera *s. f.* 1 Recipiente para transportar, guardar o hervir la leche: *Las lecheras han desaparecido con los modernos envases.* 2 Pequeña jarra de un juego de café para servir la leche: *Trae un poco de leche en la lechera para Pepe.*

lechería *s. f.* 1 Tienda donde se venden leche y productos lácteos. 2 VEN. Mezquindad, tacañería.

lechero, ra *adj.* 1 De la leche: *central lechera, producción lechera.* 2 [Animal hembra] que se cría para que dé leche apta para el consumo humano: *vaca lechera.* 3 ARG., COL., URUG.; COLOQUIAL. [Transporte] que es muy lento. || *adj. / s. m.* y *f.* 4 Persona que tenía por oficio repartir la leche a domicilio o que se dedica a la elaboración de productos lácteos: *Mi tío fue lechero hasta que se jubiló.* **el cuento* de la lechera.** 5 Persona que bebe mucha leche: *Este niño es muy lechero.* 6 PERÚ; COLOQUIAL. [Persona] que es afortunada. 7 VEN. [Persona] que es mezquina o tacaña.

lechetrezna *s. f. Euphorbia helioscopia.* Planta de la familia de las euforbiáceas que segrega un líquido lechoso.

lechigada *s. f.* RESTRINGIDO. Conjunto de animales que han nacido de un mismo parto y se crían juntos. SIN. camada.

lechiguana *s. f.* 1 ARG., BOL., URUG. Avispa pequeña que produce miel. 2 ARG., BOL., URUG. Panal que hace este insecto.

lechina *s. f.* VEN. Varicela.

lecho *s. m.* 1 ELEVADO. Cama con colchón y sábanas para dormir: *abandonar el lecho, dormir en el mismo lecho, el lecho de muerte.* 2 GEOGR. Terreno o camino por donde corren las aguas: *El lecho del río está seco desde hace meses.* SIN. madre (RESTRINGIDO), cauce. 3 GEOGR. Fondo del mar o de un lago: *Han desecado el lecho del lago.* 4 Conjunto de cosas que están colocadas horizontalmente unas sobre otras: *lecho de piedras, lecho de plumas, lecho de paja.* 5 Superficie plana preparada para que sobre ella se coloque alguna cosa: *Poned en la fuente un lecho de gelatina y, una vez enfriada, colocad una capa de bizcocho y luego el relleno.*

lechón, na *s. m. / f.* 1 Cerdo macho. || *s. m.* 2 Cría del cerdo que todavía mama: *El lechón asado es un plato típico de Salamanca.* SIN. cochinillo.

lechosa *s. f.* VEN. Fruto del lechoso.

lechoso, sa *adj.* 1 Que tiene alguna propiedad de la leche, como su color blanquecino: *piel lechosa, jabón lechoso, salsa lechosa.* 2 [Planta, fruto] que tiene un líquido blanquecino parecido a la leche: *El higo es un fruto lechoso.* 3 VEN.; VULGAR. [Persona] Que tiene buena suerte. || *s. m.* 4 VEN.; *Carica papaya.* Árbol de hasta ocho metros de altura, de tallo no ramificado y hojas grandes palmeadas.

lechucear *v. intr.* 1 COLOQUIAL. Andar ‹una persona› comiendo golosinas a cada momento. 2 AMÉR. DEL S. Trabajar ‹una persona› de noche. 3 ARG.; COLOQUIAL. Maldecir ‹una persona› a otra persona. || *v. tr.* 4 ARG., URUG.; COLOQUIAL. Observar ‹una persona› [a otra persona o una cosa] con disimulo.

lechuga *s. f.* Planta herbácea de la familia compuestas, de hojas grandes y verdes que se consume cruda y aliñada en ensalada. FR. Y LOC. **estar tan fresco como una ~** COLOQUIAL. Tener ‹una persona› salud o tranquilidad: *Ha suspendido, pero está tan fresca como una lechuga. Mi abuelo va a hacer noventa años, pero está tan fresco como una lechuga.* **ser más fresco que una ~** COLOQUIAL. Ser ‹una persona› desvergonzada: *Es más fresco que una lechuga, si te pide dinero no se lo des.*

lechuguino, na *s. m. / f.* COLOQUIAL. Persona joven que se preocupa excesivamente por su arreglo personal: *Ahora se ha hecho novia de un lechuguino.*

lechuza *s. f.* 1 (macho y hembra) *Tyto alba.* Ave nocturna, de cara redonda, pico corto y curvo, ojos grandes, que se alimenta principalmente de roedores. 2 MÉX.; VULGAR. Ramera, prostituta.

lechuzo, za *adj. / s. m.* y *f.* 1 COLOQUIAL. Persona que siempre está comiendo dulces o golosinas: *Es una lechuza, se pasa todo el día comiendo caramelos.* SIN. goloso. 2 COLOQUIAL. Persona que parece una lechuza por su aspecto o por sus costumbres: *María es una lechuza, sólo sale de noche.* 3 COLOQUIAL. Persona que no es muy inteligente: *Parecía listo, pero era un lechuzo.*

lecitina *s. f.* BIOL. Lípido que se encuentra en los tejidos animales y vegetales utilizado en medicina como tónico.

leco *s. m.* VEN.; COLOQUIAL. Grito.

lectivo, va *adj.* [Día, período de tiempo] que se utiliza para dar clase en los centros de enseñanza. **día* ~.**

lector, ra *adj. / s. m.* y *f.* 1 Que lee: *público lector. Las bibliotecas públicas tienen pocos lectores.* 2 [Persona] que es profesor de su propia lengua en un centro de enseñanza extranjero: *Trabaja como lector de español en Inglaterra.* 3 [Persona] que se dedica profesionalmente a leer y juzgar los originales en una editorial. || *adj. / s. m.* 4 [Aparato] que puede leer o reproducir una información electrónica o magnética. **~ de discos compactos** Aparato que puede reproducir discos compactos. **~ óptico** Aparato que puede leer caracteres y códigos de barras.

lectorado *s. m.* Cargo y plaza de lector en un centro docente: *Hay un lectorado de italiano vacante en la Universidad de Salamanca.*

lectura *s. f.* 1 Acción de leer un texto o algún dato: *Ese niño necesita hacer algunos ejercicios de lectura. Hoy harán la lectura del contador del agua.* **comprensión de ~.** 2 Libro, revista u otro texto: *Me he llevado varias lecturas para estas vacaciones.* 3 Interpretación que se da a textos, palabras, hechos o conductas: *Las declaraciones del ministro tienen* *varias lecturas. No has hecho una buena lectura de lo que pasó en la discoteca. La lectura del resultado del partido no es fácil.* **4** ELECTRÓN., INFORM. Interpretación que realiza un ordenador u otra máquina de cualquier tipo de datos: *Este ordenador emplea mucho tiempo en la lectura de los datos del disco.* **5** Interpretación de cualquier clase de signos: *Es un especialista en la lectura de las líneas de la mano.* **6** Exposición ante un tribunal de un escrito: *El fiscal dio principio a la lectura de su informe con retraso. Se procedió a la lectura del segundo ejercicio de la oposición.*

leer *v. tr./prnl.* **1** Interpretar ‹una persona› [los signos escritos o impresos en un texto]: *Leo novelas policíacas. Pedro **se** leyó el libro.* ‖ *v. tr.* **2** Interpretar ‹una persona› el sentido de [un signo]: *El niño ya sabe leer la hora.* **3** Interpretar ‹una persona› [las notas o signos musicales]: *Leyó toda la partitura.* **4** Realizar ‹un opositor› la lectura de [un ejercicio] ante el tribunal: *Hoy me toca leer mi ejercicio.* **5** Descubrir ‹una persona› [una cosa] a partir de determinados indicios: *Leyó el pensamiento de su marido. Parece que lees lo que pienso.* **6** INFORM. Interpretación que hace una ‹máquina› de un conjunto de señales: *Cuando la unidad central está leyendo el disco se enciende la luz roja.* FR. Y LOC. **~ el pensamiento*. ~ entre líneas/renglones** Reconstruir las intenciones de un escrito o de un discurso más allá del significado concreto de las palabras: *En resumen, si leemos entre líneas, nos ha amenazado. Cuando había censura, aprendíamos a leer entre renglones.* **~ la cartilla*.** ⇒ **49.**

legación *s. f.* **1** Cargo que concede un Gobierno a una persona o a un grupo de personas para que lo representen en el extranjero: *La legación española llegó a la Embajada para tratar el acuerdo internacional.* SIN. representación. **2** Oficina o edificio donde se encuentra una representación diplomática: *El refugiado pidió autorización para entrar en la legación americana.* **3** Conjunto de empleados que trabajan en este centro: *La legación española en ese país se reducirá al mínimo.* **4** Mensaje o asunto que lleva un representante o la representación de un Gobierno a otro o a un lugar: *El Presidente ha enviado una legación pidiendo la paz.*

legado *s. m.* **1** Lo que se deja a alguien en testamento mediante una disposición especial: *Mi tía me ha dejado un legado como recuerdo.* **2** Aquello, espiritual o material, que se deja a los sucesores: *el legado del mundo clásico, el legado del mundo árabe.* **3** Persona que un gobierno o una autoridad envía a otros como representante suyo: *Ha llegado a Madrid el legado pontificio.* SIN. emisario.

legajador *s. m.* COL. Carpeta.

legajo *s. m.* Conjunto de papeles o documentos guardados juntos: *los legajos del Archivo Histórico, los legajos de un notario, los legajos del juzgado.*

legal *adj.* **1** Que se atiene a la ley: *Cumple todos los requisitos legales.* **depósito* ~. 2** Que tiene relación con la ley o la justicia. **medicina* ~. 3** COLOQUIAL. Que merece confianza por su fidelidad: *Es un tío legal, confía en él.*

legalidad *s. f.* **1** Conjunto de leyes que rige en un país: *la legalidad vigente, la legalidad de nuestro sistema político.* **2** (no contable) Cualidad de legal: *la legalidad de un decreto.*

legalismo *s. m.* (no contable) PEYORATIVO. Aplicación literal de las leyes sin considerar otras circunstancias: *El legalismo exagerado no ayuda a los ciudadanos. Es buena persona, pero el legalismo le hace perder la paciencia.*

legalista *adj.* **1** Del legalismo: *tendencia legalista.* ‖ *adj./s. m.* y *f.* **2** Que es partidario del legalismo: *un funcionario legalista. Es muy legalista.*

legalización *s. f.* Acción y resultado de legalizar: *la legalización de una firma.*

legalizar *v. tr.* **1** Dar ‹una persona› carácter legal a [una cosa]: *Legalizaron su situación al llegar al país. Ya hemos legalizado a nuestros trabajadores.* **2** Comprobar ‹una persona› la autenticidad de [un documento o una firma]: *El director legalizó el certificado.* SIN. legitimar. ⇒ **19.**

legalmente *adv. modo* **1** De manera legal, sin salirse de lo que marca la ley: *Lo adquirió legalmente, no ilegalmente como tú pretendes.* ANT. ilegalmente. **2** JERGAL. Con lealtad a uno: *Tío, que yo me porto legalmente con la basca.* ‖ *adv. restrictivo* **3** Desde una perspectiva jurídica: *Legalmente, el texto presenta lagunas inadmisibles. Legalmente, es un asunto muy complejo.* **4** En el aspecto legal, en cuanto al contenido legal: *Legalmente, es un texto muy progresista.* **5** En materia legal, en asuntos de trámite legal. OBSERVACIONES: ◊ Se usa preferentemente modificando a *ayudar, apoyar, aconsejar* y verbos afines y al genérico *actuar,* siempre pospuesto inmediatamente a ellos. ◊ Nótese que, frente al significado de la acepción primera, no es aquí posible el antónimo: *Nos ayudó legalmente. Dice que actuará legalmente contra ellos.* ‖ *adv. orac. restrictivo.* **6** Si nos atenemos a la ley, de acuerdo con la ley, con arreglo a la ley, según la ley: *Legalmente, la casa le corresponde al niño. Legalmente, aún no estáis casados. Legalmente, aún no es española.* ‖ *adv. orac.* **7** Expresándolo en términos jurídicos. Suele referirse al acto de decir: *Legalmente, nula de pleno derecho.*

légamo *s. m.* ELEVADO. Barro pegajoso: *El fondo de la charca es de légamo, me da asco meter los pies ahí.*

legaña *s. f.* Secreción de las glándulas de los párpados que se seca en el borde de éstos, o en la comisura de los ojos, mientras se duerme.

legañoso, sa *adj./s. m.* y *f.* Que tiene muchas legañas: *Me miraba con sus ojos legañosos.*

legar *v. tr.* **1** Dejar ‹una persona› [una cosa a una persona] en testamento: *Legó su fortuna al asilo.* **2** Transmitir ‹una persona o una época› tradiciones o ideas [a una persona o una época]: *La literatura clásica nos ha legado esta concepción que estudiamos.* **3** RESTRINGIDO. Dar ‹una persona› poder o autoridad [a otra persona] para que actúe en su nombre. SIN. delegar. ⇒ **56.**

legatario, ria *s. m./f.* Persona que consta como heredera en un testamento: *Es el único legatario del testamento de sus padres.*

legendario, ria *adj.* **1** De las leyendas: *personaje legendario, héroe legendario, relato legendario.* **2** (antepuesto/pospuesto) Que tiene mucha fama o popularidad por ser fabuloso, fantástico o excesivo: *figura legendaria, suceso legendario, la legendaria fiesta de las jóvenes.*

legibilidad *s. f.* (no contable) Calidad de lo que puede leerse por ser claro: *La legibilidad de la inscripción romana encontrada es perfecta.*

legible *adj.* Que se puede leer: *Tu firma es legible.*

legión *s. f.* **1** Cuerpo principal del ejército en el antiguo Imperio Romano. **2** Algunas unidades militares compuestas por soldados profesionales: *La legión española tiene al-*

gunas bases en las islas Canarias. **3** Gran cantidad: *una legión de mosquitos, una legión de ángeles, una legión de admiradores, una legión de acreedores.*

legionario, ria *adj. / s. m.* De la legión: *unidades legionarias. Los legionarios se entrenan con dureza.*

legionella (pronunciamos *'legionela'*) *s. f.* **1** (no contable) MED. Enfermedad contagiosa producida por una bacteria que provoca congestión, fiebre y neumonía. **2** BIOL. Bacteria que produce esta enfermedad.

legislación *s. f.* **1** Conjunto de las leyes de un país o una comunidad política sobre alguna materia determinada: *La legislación de la Comunidad Europea sobre la producción de hierro está muy clara.* **2** (no contable) Ciencia o estudio de las leyes: *Estudia legislación.* **3** Acción de legislar: *La legislación es la tarea propia de los parlamentos.*

legislar *v. intr.* **1** Dar o establecer ‹una persona› leyes: *Sólo debe legislar un parlamento democrático.* || *v. tr. / intr.* **2** Dar leyes ‹una persona› sobre [una cosa]: *No acaban de ponerse de acuerdo los diputados para legislar (sobre) la libertad religiosa.*

legislativo, va *adj. / s. m.* **1** Que hace las leyes: *cámara legislativa. Ha sido elegido el legislativo.* **año* ~. poder* ~.** || *adj.* **2** [Cuerpo, código] que contiene leyes: *el código legislativo.* **3** Que está autorizado por una ley: *orden legislativa.* **4** De la legislación o de los legisladores: *En este tema hay un vacío legislativo.*

legislatura *s. f.* **1** Periodo de tiempo desde que se constituye un órgano legislativo hasta que se disuelve y durante el cual desarrolla sus actividades: *La última legislatura ha sido muy breve.* **2** Conjunto de legisladores elegidos, que actúan corporativamente durante este período en cada cuerpo legislador: *La actual legislatura ha aprobado muchas leyes. La legislatura presente tiene una mayoría de diputados conservadores.* **3** ARG. Parlamento o asamblea legislativa de una provincia. **4** ARG. Edifico de la asamblea legislativa de una provincia.

legista *s. m. / f.* **1** ELEVADO. Experto en leyes: *Consultamos a una renombrada legista.* || **2 médico* ~.**

legítima *s. f.* DER. Parte de la herencia de la que la persona que hace testamento no puede disponer libremente por corresponder según la ley a determinados herederos: *A sus hijos sólo les ha dejado la legítima.*

legitimación *s. f.* Acción y resultado de legitimar: *la legitimación de un hijo, la legitimación de unos contratos, la legitimación de un régimen, la legitimación de una firma.*

legitimar *v. tr.* **1** Comprobar ‹una persona› la autenticidad de [un documento o una firma]: *Han ido a un notario para legitimar las firmas del abuelo.* SIN. legalizar. **2** Dar ‹una persona o una cosa› carácter legal o legítimo a [una cosa]: *Con el nuevo decreto se han legitimado las asociaciones políticas.* **3** Declarar ‹una persona› [a otra persona] hábil o apta para un oficio o un empleo: *Lo legitimaron como nuevo representante del club.* SIN. habilitar, facultar. **4** Reconocer ‹una persona› [a un hijo ilegítimo] como legítimo: *Carlos ha legitimado a los dos niños que tuvo en Alemania.*

legitimidad *s. f.* **1** (no contable) Cualidad de ser legal y de estar de acuerdo con la ley: *Presentó sus peticiones con toda legitimidad. Después de la guerra ningún país ha reconocido la legitimidad del nuevo Gobierno.* **2** (no contable) Calidad de lo que es justo o razonable: *La legitimidad de sus aspiraciones no se puede discutir.* **3** (no contable) Calidad de lo auténtico: *la legitimidad de una firma, la legitimidad de un acto, la legitimidad de un contrato.*

legitimismo *s. m.* (no contable) Ideología y movimiento de los partidarios de una persona o dinastía distinta a la que reina, por considerarla más legítima.

legitimista *adj. / s. m.* y *f.* Partidario de una persona o de una dinastía diferente a la reinante.

legítimo, ma *adj.* **1** (antepuesto / pospuesto) Que se atiene a las leyes o al derecho: *matrimonio legítimo, legítima reclamación, causa legítima. Soy el legítimo sucesor de mi padre. No estoy segura de que esa decisión sea legítima.* **hijo* ~. tutor* ~.** **2** (antepuesto / pospuesto) Que es conforme a la razón o al sentido común: *petición legítima, documento legítimo. No tengo nada que objetar: estás en tu legítimo derecho de irte. Actué en legítima defensa.* **3** Que tiene autenticidad: *Es un Picasso legítimo, no es una imitación.*

lego, ga *adj. / s. m.* y *f.* **1** ELEVADO. Que no tiene conocimientos de cierta materia: *Es lego **en** temas de electricidad. No sé nada de cocina, soy lego **en** la materia.* **2** [Persona] que en la Iglesia Católica es laica o seglar: *Los legos no intervienen en las decisiones de la jerarquía.* **3** [Religioso] que vive en una comunidad, pero no tiene órdenes sagradas: *Está de lego en un convento.* **4** [Religiosa] que se dedica a las tareas domésticas en un convento: *Las hermanas legas se ocupan de la limpieza y de la cocina.*

legra *s. f.* **1** CIR. Instrumento para raspar los huesos o una cavidad del organismo. **2** Herramienta de carpintería, parecida a una cucharilla con bordes cortantes, para tallar ciertos objetos: *La legra se utiliza en la fabricación de cucharas de madera y escudillas.*

legrado *s. m.* CIR. Acción de raspar una cavidad del organismo, especialmente la uterina: *Como consecuencia del aborto le hicieron un legrado.*

legrar *v. tr.* CIR. Raspar ‹un cirujano› [una cavidad del organismo]: *legrar la matriz.*

legua *s. f.* Medida de longitud que equivale a 5.572,2 metros: *La legua era una medida tradicional de longitud.* FR. Y LOC. **ver / notar a la ~** o **ver / notar a cien leguas** Darse cuenta ‹una persona› de algo por ser muy claro o evidente: *Se ve a la legua que es forastero por su forma de hablar.*

leguleyo, ya *s. m. / f.* RESTRINGIDO; PEYORATIVO. Abogado mediocre: *No te metas en manos de leguleyos.*

legumbre *s. f.* **1** Cualquier fruto o semilla que crece en vainas y que se consume generalmente cocido una vez desgranado y seco, como los garbanzos, las lentejas o los guisantes: *Las legumbres son muy apreciadas en la dieta mediterránea.* **2** Hortaliza.

leguminoso, sa *adj. / s. f.* **1** BOT. [Planta] que tiene flores amariposadas y fruto en legumbre con varias semillas sin albumen: *hierba leguminosa, mata leguminosa, árbol leguminoso.* || *s. f.* **2** (en plural) BOT. Familia de plantas dicotiledóneas con los frutos en legumbre.

lehendakari (del vasco; pronunciamos *'lendacari'*) *s. m.* Presidente del gobierno autónomo vasco: *El Lehendakari y el Presidente del Gobierno se han entrevistado en Madrid.*

leída *s. f.* COLOQUIAL. Lectura que se hace de un texto: *Le he dado una leída al periódico y no dice nada importante.*

leído, da *adj.* **1** [Libro, revista, publicación] que tiene muchos lectores: *una revista poco leída.* **2** COLOQUIAL. Que tiene cultura y presume de ella: *persona muy leída.*

leísmo *s. m.* LING. Empleo de las formas pronominales *le* y *les* como complemento directo de persona en lugar de *lo* y *los*: *En la frase «A tu padre le vi en la parada del autobús» hay un caso de leísmo.*

leísta *adj.* **1** LING. Del leísmo: *habla leísta, construcción leísta.* || *adj. / s. m.* y *f.* **2** LING. Que practica el leísmo: *Muchos castellanos son leístas.*

leitmotiv (plural *leitmotivs*; del alemán; pronunciamos *'leidmotiv'*) *s. m.* **1** Tema musical que se repite en una composición: *Las canciones comerciales tienen un leitmotiv muy pegadizo.* **2** Motivo o asunto central de una obra o de una reunión: *el leitmotiv del libro. El leitmotiv de la conferencia es la paz en la antigua Yugoslavia.* **3** COLOQUIAL; RESTRINGIDO. Repetición obsesiva de una idea o de unas palabras: *Estoy harto de Santiago, siempre con el leitmotiv de la depresión de los treinta años. Está insoportable, repite continuamente el leitmotiv de sus enemigos.*

lejanamente *adv. lug.* **1** A lo lejos: *Sonaban, lejanamente, los disparos de los francotiradores.* || *adv. modo* **2** De lejos (en el espacio, en el tiempo o en lo nocional): *Son palabras lejanamente emparentadas. Su voz no se asemeja, ni lejanamente, a la inconfundible voz de Alfredo Kraus.*

lejanía *s. f.* **1** (no contable) Condición de lo que está lejos, en el espacio o en el tiempo: *La lejanía no fue un obstáculo para su amor. La lejanía de sus recuerdos lo ponía muy triste. Llamaba todos los días para intentar superar la lejanía.* ANT. cercanía. **2** (no contable) Lugar o lugares que se ven a lo lejos, generalmente en un paisaje: *Cuando pasea, le gusta perderse en la lejanía. Oíamos gritos en la lejanía.*

lejano, na *adj.* **1** (estar, antepuesto / pospuesto) Que está lejos: *un país lejano, una lejana ciudad. El lugar está lejano.* **Extremo / Lejano Oriente*.** **2** (antepuesto / pospuesto) Que ocurrió hace mucho tiempo: *un suceso lejano, una lejana experiencia. La operación queda ya muy lejana.* **3** (antepuesto / pospuesto) [Relación] que es débil o ligera: *un familiar lejano.*

lejía *s. f.* Líquido compuesto de agua, sales alcalinas y carbonatos que sirve para desinfectar y para blanquear la ropa: *lejía para el suelo, lejía para la ropa.*

lejos *adv. lug.* **1** A gran distancia: *El valle está demasiado lejos para ir andando.* OBSERVACIONES: ◊ Cuando le sigue un sustantivo, pronombre u oración, va seguido de la preposición *de*: *La casa estaba lejos del pueblo. Estarás lejos de nosotros durante años. Colóquense lejos del edificio incendiado.* ◊ Admite la matización de las proposiciones *de* y *desde* para indicar origen o procedencia: *El ruido venía de lejos.* **a lo ~** A mucha distancia: *Vimos que un coche venía a lo lejos.* **de ~** A distancia: *De lejos el vestido parece nuevo.* || *adv. temp.* **2** Lejano en el tiempo: *Mi infancia queda demasiado lejos, ha pasado mucho tiempo.* OBSERVACIONES: ◊ Va acompañado de la partícula *ya* cuando se habla de un tiempo pasado: *Queda ya lejos el día de tu boda.* ◊ Va acompañado de *todavía* cuando se habla de un tiempo futuro: *Está todavía lejos la celebración de las Olimpiadas.* SIN. lejano, distante. ANT. cerca, próximo. FR. Y LOC. **ir / llegar demasiado ~** Llegar ‹una persona o cosa› más allá de un límite que se considera tolerable: *Llegó demasiado lejos con sus insinuaciones.* **~ de** (seguida de infinitivo) En lugar de, en vez de: *Lejos de pedir un crédito, decidió trabajar también por las noches.* **~ del mundo*. llegar* ~. sin ir* más ~.**

lejura *s. f.* ARG., COL.; RESTRINGIDO. Lejanía.

lelo, la *adj. / s. m.* y *f.* (ser / estar) Que no se entera de lo que pasa a su alrededor por estar despistado o por falta de inteligencia: *Hoy estás un poco lela. Es un lelo al que no se le puede encargar nada.*

lema *s. m.* **1** Frase que expresa una intención o una norma de conducta: *Su lema es la honradez.* **2** Letra o leyenda de los emblemas, escudos y estandartes. **3** Texto breve que se pone al principio de una obra literaria para presentar el argumento: *Cada capítulo está encabezado por un lema poético.* **4** Palabra que encabeza cada uno de los artículos de un diccionario y se define: *Los lemas menos importantes remiten a otros más usuales.* **5** Palabra o frase que se pone en los escritos que se presentan a un concurso o a una oposición y que oculta identificar a su autor hasta después del fallo del jurado: *Se presentó a un concurso de cuentos bajo el lema «Cinderella».* **6** MAT. Proposición que es preciso demostrar antes de plantear un teorema.

lemming *s. m.* (macho y hembra) *Lemus lemus.* Mamífero roedor de tamaño pequeño, cola muy corta y pelaje amarillento o gris, que habita en zonas árticas y realiza migraciones en grandes grupos.

lemon Se usa en la LOC. **gin* ~.**

lempira *s. f.* Unidad monetaria de Honduras.

lémur *s. m.* (macho y hembra) Familia *Lemuridae.* Mamífero primate, con el hocico abultado, ojos salientes y larga cola, que habita en los árboles en las islas de Madagascar y Comores.

lencería *s. f.* **1** (no contable) Ropa interior femenina e industria que se dedica a ella: *Le gusta la lencería y compra mucha.* **2** Tienda donde se vende ropa interior femenina. **3** (no contable) RESTRINGIDO. Ropa de cama, mesa y baño: *Hay que reponer mucha lencería en esta casa.*

lencero, ra *s. m. / f.* Persona que se dedica por profesión a confeccionar o vender productos de lencería.

lengua *s. f.* **1** Órgano muscular situado dentro de la boca que sirve para gustar y deglutir los alimentos y para articular los sonidos: *Me ha salido una llaguita en la lengua.* **2** Aquello que tiene la forma alargada y estrecha de este órgano. **~ de gato** Pequeño bizcocho o chocolatina muy delgado y alargado. **~ de tierra** GEOGR. Pedazo de tierra, largo y estrecho, que entra en el mar o en un río. **~ glaciar** GEOGR. Parte del glaciar donde la masa de nieve desciende como un río entre las paredes del valle. **lenguas de fuego** REL. Llamas en forma de lengua que según la Biblia bajaron sobre las cabezas de los Apóstoles el día de Pentecostés. **3** LING. Sistema de comunicación oral de un grupo de personas basado en un conjunto determinado de reglas. SIN. idioma, lenguaje. **~ escrita. ~ hablada. ~ aglutinante** Lengua en que predomina el procedimiento de aglutinar dos o más palabras para formar una sola. **~ de oc** Conjunto de los dialectos medievales del Mediodía francés. **~ de oíl** Conjunto de dialectos que constituían el francés antiguo y que acabaron imponiéndose sobre las lenguas de oc. **~ materna** Primera lengua que aprende una persona, generalmente la de sus padres. **~ muerta** Lengua que ya no se habla actualmente. **~ viva** Lengua que se habla actualmente. **segunda ~** Segunda lengua que aprende una persona además de la materna. **4** Modalidad lingüística propia de un escritor, una época o un grupo social: *la lengua de Cervantes, la lengua de la calle.* **5** Badajo de una campana. || **6 ~ afilada** o **~ de doble filo** COLOQUIAL. Manera de hablar con la intención de herir o molestar a otra persona: *Santiago tiene una lengua muy afilada. Elena tiene una lengua de doble filo y hay que pensar siempre qué intención ocultan sus palabras.* **7 ~ de trapo / estropajo** COLOQUIAL. Media lengua. **8 ~ viperina** o **~ de víbora** Característica de la persona que suele hablar mal de las demás con intención de causar daño; también, esa misma persona: *Las lenguas viperinas han extendido esa calumnia. Tiene una lengua viperina.* **9 malas lenguas** Personas que murmuran y hablan mal de otras: *Dicen las malas lenguas que se dedica a negocios ilícitos.* **10 media ~** COLOQUIAL. Pronunciación imperfecta, como la de los niños pequeños: *La niña empezó a contar el cuento con su media lengua.* || *adj.* **11** MÉX.; COLOQUIAL. Que es mentiroso o hablador. FR. Y LOC. **andar* en lenguas. comer ~** COLOQUIAL. Hablar mucho ‹una persona›: *El niño ha comido lengua esta tarde: no para de hablar.* **con un palmo* de ~ (fuera). darle a la ~** COLOQUIAL; INTENSIFICADOR. Hablar mucho ‹una persona›: *Se pasó toda la tarde dándole a la lengua con su amiga.* **hacerse lenguas** COLOQUIAL; INTENSIFICADOR. Alabar mucho ‹una persona› a otra persona o cosa: *Todo el mundo se hace lenguas de su éxito.* **ir / llegar / subir con la ~ fuera** COLOQUIAL; INTENSIFICADOR. Ir, llegar o subir con gran cansancio: *Llegó al final de las escaleras con la lengua fuera.* **irse de la ~** COLOQUIAL. Contar ‹una persona› algo que no debía decir: *No guardó el secreto, se fue de la lengua.* **morderse la ~** COLOQUIAL. Contenerse ‹una persona› para no decir algo: *Se mordió la lengua para no responderle una grosería.* **no tener pelos* en la ~. sacar la ~** COLOQUIAL; INFANTIL. Hacer burla ‹una persona› a otra persona sacando la lengua: *Los niños se reían de él y le sacaban la lengua.* **soltársele la ~** o **soltarse de la ~** COLOQUIAL. Hablar ‹una persona› en exceso o inoportunamente: *Sin reparar en los daños que ocasionaría, soltó la lengua en la reunión. Le confiaron un secreto, pero se soltó de la lengua. No le digas nada, no sea que se le suelte la lengua.* **tener en la punta* de la ~. tener la ~ muy larga** COLOQUIAL. Ser ‹una persona› indiscreta: *Estarías mejor callado, porque tienes la lengua muy larga.* **tirar* de la ~. trabársele la ~** Atascarse al hablar.

lenguado *s. m.* (macho y hembra) *Solea solea.* Pez marino de cuerpo plano y alargado, con los dos ojos en el lado más oscuro, que reposa pegado al fondo y tiene una carne apreciada como alimento: *lenguado a la plancha, lenguado al limón, lenguado al horno. El lenguado se cocina de muchas maneras.*

lenguaje *s. m.* **1** Sistema de comunicación entre los miembros de una misma especie: *el lenguaje de las abejas.* **2** Capacidad humana para comunicar ideas o sentimientos: *la adquisición del lenguaje.* **3** Sistema de comunicación humano: *el lenguaje gestual.* **4** Sistema de signos orales, y sus equivalentes escritos, que utiliza una comunidad para expresarse y comunicarse: *Está estudiando el lenguaje de una comunidad africana.* SIN. lengua. **5** Manera de expresarse o comunicarse: *lenguaje poético, lenguaje grosero. Usa un lenguaje muy vulgar.* **6** Manera de hacerse entender o de comunicarse: *Sólo entienden el lenguaje de las armas. No era fácil interpretar el lenguaje de los abanicos.* **7** INFORM. Sistema de símbolos o de caracteres que se utiliza para programar un ordenador, de acuerdo con unas reglas establecidas: *lenguaje basic, lenguaje pascal, lenguaje logo.*

lenguaraz *adj.* ELEVADO. Que habla con descaro o atrevimiento: *niño lenguaraz, muchacha lenguaraz.*

lengüeta *s. f.* **1** Lámina móvil de madera o metal en algunos instrumentos musicales de viento: *la lengüeta de un clarinete.* **2** Objeto pequeño de forma estrecha, alargada y plana: *Creo que en esa parte del motor hay una lengüeta que hace contacto.* **3** Tira de piel que tienen los zapatos por debajo de los cordones: *Si no tiras bien de la lengüeta, el zapato te hará daño.* **4** ARQ. Tabique pequeño de ladrillo en chimeneas o bóvedas. || *adj. / s. m.* y *f.* **5** ARG., MÉX., URUG.; COLOQUIAL en Uruguay, RESTRINGIDO en Argentina. Persona que habla mucho y gusta de criticar a los demás.

lengüetada *s. f.* COLOQUIAL. Lengüetazo: *Se comió el helado de dos lengüetadas.*

lengüetazo *s. m.* COLOQUIAL. Cada una de las pasadas que se da con la lengua para lamer alguna cosa: *No me gustan los lengüetazos de los perros.* SIN. lametón.

lengüetear *v. intr.* **1** RESTRINGIDO. Sacar ‹una persona o un animal› la lengua moviéndola repetidamente: *El gato lengüeteaba.* **2** AMÉR. Chismorrear, parlotear ‹una persona›. || *v. tr. / prnl.* **3** ARG., URUG.; COLOQUIAL, RESTRINGIDO en España. Pasar ‹una persona o un animal› la lengua por [una persona, un animal o una cosa] repetidamente: *El perro **se** lengüeteó la pata.* SIN. lamer, lametear.

lenguón, na *adj.* COL.; COLOQUIAL; PEYORATIVO. Lenguaraz, murmurador.

lenidad *s. f.* (no contable) ADMINISTRATIVO. Falta de rigor en exigir el cumplimiento de los deberes o en el castigo de las faltas: *Los partidos han acusado al Gobierno de lenidad en el cumplimiento de las decisiones de los jueces. Hay demasiada lenidad en los delitos contra el ambiente. Un juez ha sido acusado de lenidad en sus fallos.*

lenificar *v. tr.* **1** RESTRINGIDO. Hacer ‹una persona o una cosa› blanda o suave [una cosa]: *La pomada lenificará el grano poco a poco.* SIN. ablandar, suavizar. **2** ELEVADO. Hacer ‹una persona o una cosa› que se calme la irritación de [un tejido orgánico]: *Mi madre me lenifica los picores de los mosquitos frotándome con una infusión de hierbas.* **3** ELEVADO. Hacer ‹una persona o una cosa› que disminuya [un sufrimiento]: *Con estas medidas el director pretende lenificar un poco el aburrimiento de los castigados.* ⇒ **71.**

leninismo *s. m.* (no contable) Ideología marxista de Lenin y de sus seguidores: *El leninismo se estableció como doctrina oficial marxista en muchos partidos comunistas.*

leninista *adj.* **1** De Lenin o del leninismo: *doctrina leninista, textos leninistas.* || *adj. / s. m.* y *f.* **2** Que es partidario de Lenin o del leninismo: *partido leninista, escritos leninistas.*

lenitivo, va *adj. / s. m.* **1** [Medicamento, sustancia] que calma o suaviza una dolencia: *Necesitaba un lenitivo para aliviar sus dolores. Me ha recetado un jarabe lenitivo que me alivia la tos.* **2** ELEVADO. Que suaviza o alivia un problema: *El apoyo de sus amigos es un lenitivo en esas circunstancias.*

lenocinio *s. m.* (no contable) ELEVADO. Alcahuetería, actividad de mediar en el establecimiento de relaciones sexuales entre hombres y mujeres: *En toda sociedad hay algunas personas que ejercen el lenocinio.* FR. Y LOC. **casa* de ~.**

lente *s. f.* **1** Cristal con caras cóncavas o convexas que se utiliza en varios instrumentos ópticos: *lentes convergentes, lentes divergentes, lentes correctoras, lentes de aumento, lente de un telescopio.* **~ de contacto** Pequeño disco de vidrio o material plástico para corregir defectos de visión que se coloca directamente sobre la córnea: *Está más contenta desde que lleva lentes de contacto.* SIN. lentilla. **2** Lupa. **3** (en plural) Cualquier pareja de cristales graduados, montados sobre una armadura, que usan las personas para corregir su visión: *Las gafas actuales son lentes más cómodas que los anteojos o quevedos tradicionales.*

lenteja *s. f.* **1** Planta herbácea anual de la familia de las leguminosas, de hojas compuestas alternas, flores blancas y fruto en vaina: *En muchas zonas de Castilla se cultivan lentejas.* **2** Semilla comestible de esta planta: *En Salamanca guisan muy bien las lentejas. Las lentejas con chorizo son muy ricas.* **3** Cualquier objeto que tenga aspecto parecido a estas semillas, como las pesas de ciertos relojes de péndulo. || *s. m./f.* **4** PERÚ: JERGAL. Persona que tiene reacciones lentas. REFR. **Lentejas, si las quieres las comes y, si no, las dejas.** Se usa para indicar a alguien que su voluntad no puede modificar ciertas determinaciones, ya decididas.

lentejuela *s. f.* Lámina pequeña y brillante que sirve para adornar los vestidos: *La vedette llevaba un vestido de lentejuelas doradas.*

lenticular *adj.* **1** Que es parecido a la forma de la semilla de la lenteja: *cristal lenticular.* || *s. m.* **2** ANAT. Hueso del oído medio de pequeño tamaño entre el yunque y el estribo.

lentilla *s. f.* Lente de contacto: *Son más cómodas las lentillas blandas que las duras.*

lentisco *s. m.* *Pistacia lentiscus.* Arbusto perenne de hojas compuestas, flores pequeñas y fruto rojo, cuya madera, roja y aromática, se utiliza en ebanistería.

lentitud *s. f.* **1** (no contable) Calidad de lento: *Su lentitud al hacer las cosas me pone nerviosa.* **2** (no contable) Desarrollo lento de una acción o de un proceso: *La lentitud del crepúsculo en la Península Ibérica contrasta con su rapidez en el Ecuador. No quiero ir a ese restaurante porque sirven con mucha lentitud.*

lento, ta *adj.* **1** (ser/estar) Que tarda mucho tiempo en hacer algo o en moverse: *La tortuga es uno de los animales más lentos. ¡Qué lento eres!, podías correr un poco más. Es muy lenta hablando, escoge mucho las palabras. Has estado muy lento en tu respuesta, tenías que haber reaccionado antes. Ya es mayor y anda a paso muy lento.* ANT. rápido. **2** Que se hace tranquilamente, sin prisas, empleando mucho tiempo: *Vamos a marcha lenta, no vamos a llegar nunca.* **3** (antepuesto/pospuesto) Que sucede muy despacio: *Vivió una lenta agonía hasta que murió. Me sometió a un suplicio lento que parecía no acabar nunca. La acción de la película es muy lenta.* **cámara* lenta.** **4** Que tiene poca intensidad: *Eso conviene cocerlo a fuego lento para que no se queme.* || *adv.* **5** Con poca velocidad, despacio: *Vas muy lento, no conseguirás clasificarte para los campeonatos.* || *s. m.* **6** MÚS. Aire o ritmo de una composición musical que se ejecuta despacio. **7** MÚS. Composición o pasaje musical que se ejecuta con este ritmo.

leña *s. f.* **1** (no contable) Conjunto de troncos, ramas secas o madera en general que se emplea para hacer fuego: *cortar leña, echar leña a la chimenea.* **carbón vegetal** o **carbón de ~.** **2** (no contable) COLOQUIAL. Conjunto de golpes, pelea: *El otro día hubo leña en el partido.* **3** ARG., URUG.; RESTRINGIDO. Estiércol seco de oveja usado como combustible. FR. Y LOC. **añadir/echar ~ al fuego** Hacer que aumente el enfado de una persona o que se avive una disputa: *No le digas nada, no eches más leña al fuego, que está demasiado enfadado.* **dar ~** DEP; COLOQUIAL. Jugar ‹una persona› violenta y antirreglamentariamente: *Han dado mucha leña en el partido. Ese defensa es el encargado de dar leña.*

leñador, ra *s. m./f.* Persona que tiene por oficio cortar o vender leña: *una cuadrilla de leñadores.*

leñazo *s. m.* **1** COLOQUIAL. Golpe dado con un palo o con cualquier otra cosa: *Discutieron, se pelearon y se dieron unos cuantos leñazos.* SIN. porrazo. **2** COLOQUIAL. Choque fuerte: *Se cayó de la cama y se dio un buen leñazo. Me he dado un leñazo con la puerta que estaba abierta. Como sigas conduciendo así te vas a dar un día un leñazo.*

¡leñe! *interj.* COLOQUIAL. Expresa fastidio, enfado, protesta, sorpresa: *¡Leñe, mira dónde pisas! ¡Leñe, cállate y deja hablar a todos!*

leñera *s. f.* Lugar donde se guarda la leña: *Por favor, en el otro extremo del jardín está la leñera, trae una brazada de ramas que se está apagando la chimenea.*

leñero, ra *adj./s. m.* y *f.* **1** COLOQUIAL. [Deportista] que juega con dureza o violencia: *futbolista leñero, jugadora leñera, equipo leñero.* || *s. m.* **2** Leñera.

leño *s. m.* **1** Trozo de árbol después de cortado y limpio de ramaje: *Vamos a buscar leños para encender un buen fuego.* **2** Madera de un árbol: *Tiene buen leño este roble.* **3** COLOQUIAL. Persona de poca inteligencia o habilidad: *El pobre es un leño, no da más de sí.* SIN. zoquete, tarugo. **4** Persona o cosa pesada o aburrida: *La conferencia ha sido un leño insoportable.* FR. Y LOC. **dormir* como un ~.**

leñoso, sa *adj.* Que tiene alguna propiedad de la madera, como la dureza y la consistencia: *planta leñosa, fruto leñoso, arbusto leñoso, tallo leñoso.*

leo *s. m.* **1** (con mayúscula) ASTRON. Una de las constelaciones del Zodiaco. **2** (preferentemente con mayúscula) ASTRON. Signo del Zodiaco que el Sol recorre aparentemente entre el 22 de julio y el 22 de agosto. || *adj./s. m.* y *f.* **3** (invariable) Persona nacida bajo este signo del Zodiaco: *las mujeres leo, los hombres leo.*

león, na *s. m./f.* **1** *Panthera leo.* Mamífero carnívoro africano, buen depredador, de gran tamaño, con el pelo marrón claro, y una tupida melena en los machos. **2** COLOQUIAL. Persona valiente o de mucho carácter: *Esa chica es una leona, no se rinde nunca.* || *s. m.* **3** AMÉR. Puma. || **4 ~ marino** (macho y hembra; plural *leones marinos*) Familia *Otariidae.* Mamífero carnívoro marino de gran tamaño, con la piel lisa y las extremidades posteriores transformadas en aletas, que habita en el Pacífico formando bandadas. FR. Y LOC. **diente* de ~. la parte* del ~.** REFR. **No es tan fiero el león como lo pintan.** Se usa para indicar que una persona no debe asustarse ante una dificultad antes de tiempo, porque las apariencias feroces a veces engañan.

leonado, da *adj.* [Pelo] que es rubio oscuro como el pelo del león: *melena leonada.* **buitre ~.**

leonera *s. f.* **1** Lugar donde se encierra a los leones: *Están modernizando las leoneras del zoo.* **2** COLOQUIAL. Habitación muy desordenada: *Tiene el cuarto hecho una leonera, cada* *cosa por un sitio.* **3** ARG., EC., P. RICO; COLOQUIAL. En los cuarteles de policía, celda o habitación donde se encierra a muchos detenidos.

leonés, sa *adj. / s. m.* y *f.* **1** De León, ciudad y provincia española: *costumbres leonesas.* **2** Del antiguo reino de León: *las cortes leonesas. Los leoneses defendieron sus castillos.* **3** De alguna de las ciudades, provincias, etc., que en América tienen el nombre de León. || *s. m.* **4** LING. Dialecto romance hablado en los territorios del antiguo reino de León.

leonesismo *s. m.* Palabra o expresión del dialecto leonés que se emplea en otra lengua o en el castellano estándar.

leonino, na *adj.* **1** Del león o con algunas de sus características: *melena leonina.* || **2 contrato* ~.**

leontina *s. f.* Cadena colgante del reloj de bolsillo: *Llevaba un reloj de bolsillo en el chaleco con una leontina de oro.*

leopardo *s. m.* (macho y hembra) *Panthera pardus.* Mamífero carnívoro generalmente de color amarillento con manchas negras, cuerpo esbelto y patas fuertes, que tiene gran agilidad y es apreciado por su piel.

leotardo *s. m.* (preferentemente en plural) Prenda interior de abrigo, que ciñe el cuerpo como unas medias, desde la cintura a los pies: *En invierno nunca uso medias, siempre leotardos de lana.*

lepe *s. m.* **1** VEN.; COLOQUIAL. Golpe dado con la mano o con el puño. **2** VEN.; COLOQUIAL. Copa o vaso de alcohol.

lépero, ra *adj. / s. m.* y *f.* **1** AMÉR. C., MÉX.; COLOQUIAL. Que es grosero, o soez. **2** MÉX.; COLOQUIAL. Que pertenece a una clase social baja. **3** CUBA; PEYORATIVO. Que es astuto o sagaz.

lepidóptero *adj. / s. m.* **1** (macho y hembra) ZOOL. [Insecto] que tiene dos pares de alas de varios colores y cubiertas de escamas muy pequeñas, y que en su desarrollo pasa primero por la fase de oruga, como la mariposa o la polilla. || *s. m.* **2** (en plural) ZOOL. Orden que forman los insectos lepidópteros.

leporino, na *adj.* De la liebre. **labio* ~.**

lepra *s. f.* **1** (no contable) MED. Enfermedad infecciosa que produce lesiones en la piel y en los nervios, lo que provoca insensibilidad y mutilaciones. **2** RESTRINGIDO. Mal, contrariedad o daño de proporciones considerables: *La droga es una auténtica lepra para los jóvenes.*

leprosería *s. f.* Hospital de leprosos: *Las leproserías se emplazaban antiguamente en lugares aislados.* SIN. lazareto.

leproso, sa *adj. / s. m.* y *f.* Que padece lepra: *Este hospital es para enfermos leprosos.*

lerdo, da *adj. / s. m.* y *f.* PEYORATIVO. Que es lento o torpe para comprender o hacer algo: *Eres un poco lerda, te hemos repetido muchas veces que debes venir mañana a la hora que figura en tu tarjeta.*

leridano, na *adj. / s. m.* y *f.* De Lérida, ciudad y provincia española de Cataluña: *Las peras leridanas son muy famosas. Los leridanos tienen buenas estaciones de esquí.*

les (plural) *pron. pers.* Forma plural del pronombre personal de tercera persona *le*: *Les mandamos un regalo. Yo no les he llamado. A tus amigos les he dado la razón. No les des la invitación a ellas. A ustedes no les está permitido el paso. Echadles de allí. No he podido decirles la verdad. Dándoles el teléfono, quizás te llamen.*

lesbianismo *s. m.* (no contable) Homosexualidad femenina: *Hay asociaciones que reivindican el lesbianismo como opción personal.*

lesbiano, na *adj.* **1** Del lesbianismo: *Sentían una pasión lesbiana. Tenía un comportamiento lesbiano.* || *adj. / s. f.* **2** [Mujer] que siente atracción por personas de su mismo sexo: *Las lesbianas han organizado una manifestación contra cualquier tipo de discriminación de las personas.*

lésbico, ca *adj.* ELEVADO. Del lesbianismo: *poesía lésbica, amor lésbico.*

lesear *v. intr.* CHILE; COLOQUIAL. Decir o hacer ‹una persona› tonterías para entretenerse.

lesera *s. f.* CHILE; COLOQUIAL. Tontería, dicho o cosa inútil, sin sentido.

lesión *s. f.* **1** Alteración de un tejido orgánico por una enfermedad o traumatismo: *En la pelea sufrí lesiones de diversa consideración. La enfermedad le ha causado graves lesiones en los pies.* **2** Daño o perjuicio en general: *Las calumnias eran una lesión a su buena fama. No podemos aceptar esas prácticas, porque son claras lesiones para nuestros intereses.*

lesionar *v. tr. / prnl.* Causar ‹una persona o una cosa› una lesión o un daño [a otra persona o una cosa]: *El delantero **se** lesionó la rodilla en una caída. El reglamento lesiona nuestros intereses. En el accidente **se** lesionaron varios viajeros.*

lesivo, va *adj.* Que causa o puede causar daño o perjuicio: *un acto lesivo **para** la población. Esas sustancias son claramente lesivas **para** la salud. No se pueden tolerar las palabras lesivas **para** los socios.*

leso, sa *adj.* **1** RESTRINGIDO. Que ha sido agraviado o lastimado: *delito de lesa majestad, crimen de lesa humanidad.* || *adj. / s. m.* y *f.* **2** ARG., BOL., CHILE, PERÚ; COLOQUIAL en Argentina y Chile. Que es poco inteligente.

letal *adj.* Que ocasiona o puede ocasionar la muerte: *arma letal, sueño letal, gases letales.* SIN. mortífero.

letanía *s. f.* **1** REL. Oración colectiva que consiste en una serie de invocaciones que hace una persona, y son contestadas por la otras: *Después del rosario el sacerdote comenzó con la letanía.* **2** COLOQUIAL. Enumeración larga y monótona: *Recitaba de memoria una letanía de fórmulas químicas.* SIN. retahíla, sarta.

letárgico, ca *adj.* Del letargo: *Cayó en un sueño letárgico. Estaba en estado letárgico.*

letargo *s. m.* **1** (no contable) ZOOL. Disminución de la actividad del metabolismo que experimentan algunos animales durante determinadas épocas del año: *Los osos pasan algunos periodos en letargo. Cuando llega el invierno algunos animales se preparan para pasar un largo letargo.* **2** (no contable) Estado de somnolencia profunda o prolongada: *La ingestión de algunos medicamentos produce letargo. Después de comer suelo entrar en un letargo bastante agradable.* **3** (no contable) Estancamiento, inactividad: *La industrialización sacó a la región del letargo en que se encontraba. Este triunfo saca al equipo de un letargo de varios meses.*

letón, na *adj. / s. m.* y *f.* **1** De Letonia, república báltica de la antigua Unión Soviética: *el jugador letón, las mujeres letonas, la fiesta de los letones.* || *s. m.* **2** LING. Lengua indoeuropea hablada por los letones.

letra *s. f.* **1** Cada uno de los signos que componen el alfabeto de una lengua: *Haz la letra más grande. Escríbelo con letra pequeña para que te quepa. Es una palabra de seis letras.* **~ cursiva. ~ bastarda** Letra de mano, inclinada hacia la derecha. ~ **bastardilla / itálica** Letra de imprenta que imita a la letra manuscrita. ~ **de caja alta / baja** Letra mayúscula o minúscula. ~ **de imprenta** Letra mayúscula que se hace a mano: *Por favor, rellene el impreso a máquina o con letra de imprenta.* ~ **de molde** Letra de un texto escrito a imprenta. ~ **doble** Dígrafo, conjunto de dos signos que representa un sonido: *La «ll», la «rr» o la «ch» son letras dobles en español.* ~ **mayúscula / versal** Letra que tiene un tamaño mayor que la del resto del texto: *La primera letra de los nombres propios se escribe con mayúscula en español.* ~ **minúscula** Letra general de un texto. ~ **negrita / negrilla** Letra que destaca en negro. ~ **redondilla** Letra que es derecha y circular. ~ **versalita** Letra que es mayúscula mezclada con minúsculas de mayor tamaño. **2** Cada uno de los fonemas o sonidos representados por estos signos: *Se come letras al hablar. Pronuncia mal algunas letras.* **3** Tipo de una imprenta o de una máquina de escribir: *He enviado la máquina para que me limpien las letras.* **4** Habilidad para escribir a mano: *Tiene una letra muy bonita. Tu letra es ilegible.* SIN. caligrafía. **5** Sentido exacto y riguroso de un texto: *Se ajustó a la letra del reglamento. Debemos atenernos a la letra del contrato.* **6** Sentido primero e inmediato de un texto, por oposición a interpretaciones más profundas: *Tras la letra de su discurso se adivinan otras intenciones. Hay que interpretar la letra de su propuesta.* **7** Texto de una pieza musical: *Primero compone la música y después escribe la letra. Con el disco viene la letra de las canciones.* **8** ECON. Documento mediante el cual una persona o una entidad extiende una orden de pago a cargo de otra, en una fecha y lugar determinados: *Venimos a cobrar la letra del piso. Pagamos por letras.* SIN. letra de cambio. **9** (en plural) Conjunto de conocimientos: *Es un hombre de muchas letras.* **10** (en plural) Humanidades, conjunto de conocimientos relativos a las ideas, la civilización y el arte: *Estudia letras. Es una carrera de letras.* **letras puras** Estudios de letras sin ninguna asignatura de ciencias. **11** (en plural) Actividad literaria: *Cultiva las letras.* **12** (en plural) Escrito que se envía: *Escríbeme unas letras cuando llegues.* SIN. carta. ‖ **13** ~ **de cambio** Documento mediante el cual una persona o una entidad extiende una orden de pago a cargo de otra, en una fecha y lugar determinados: *girar una letra de cambio.* SIN. letra. **14** ~ **del Tesoro** Título de deuda pública del Banco de España: *Han invertido mucho dinero en letras del Tesoro.* **15** ~ **muerta** Escrito que expresa una cosa que no tiene efecto o que no se cumple: *Ese documento es ahora letra muerta. El reglamento siempre ha sido letra muerta.* **16** ~ **pequeña / menuda** 1 Parte de una publicación impresa en un tipo de letra menor que la del texto principal: *Las citas y las notas van en letra pequeña.* 2 Parte de un documento en la que figuran cláusulas que pasan inadvertidas y son importantes: *Léete la letra pequeña del contrato. En las pólizas de seguros hay que tener cuidado con la letra menuda.* **17** **primeras letras** Primeras enseñanzas que reciben los niños: *Cursó las primeras letras en un colegio público de su ciudad natal.* FR. Y LOC. **al pie* de la ~. baile* de cifras / letras. (escribir) de su propio puño*** o **(escribir) de su puño y ~. girar una ~** Expedir una letra para que sea pagada. **letra por ~** Completamente: *Me ha contado todo letra por letra. Se ha aprendido la lección letra por letra.* **protestar una ~** Requerir ante notario al titular de una letra para que la pague. **república* literaria** o **república de las Letras.**

letrado, da *adj.* **1** Que es culto o tiene una formación humanística: *Es un médico muy letrado. Es una mujer letrada y culta.* ‖ *s. m. / f.* **2** Abogado, persona con una titulación en la Facultad de Derecho: *el letrado de la defensa, la letrada de la acusación particular. El letrado no ha querido hacer declaraciones sobre el juicio.*

letraset (marca registrada) *s. m.* **1** (no contable) Sistema utilizado para hacer rótulos que consiste en una lámina transparente con letras adhesivas que se trasladan a una superficie presionando sobre ellas: *En las puertas han puesto letreros de letraset.* **2** La lámina, el conjunto de letras y el rótulo realizado.

letrero *s. m.* **1** Escrito que se coloca en un lugar visible para comunicar alguna cosa: *Puso el letrero de «cerrado» en su tienda. Un letrero en una pizarra advierte a la entrada de la estación que no funciona la línea tres del metro.* ~ **luminoso. 2** COL. Pintada, graffiti.

letrilla *s. f.* **1** LIT. Composición poética de versos cortos a la que se suele poner música: *Le ha escrito una letrilla para su música.* **2** LIT. Composición poética de versos cortos y tema amoroso, humorístico o satírico que adopta la forma del villancico o del romance con estribillo: *Grandes poetas españoles como Lope de Vega o Góngora escribieron interesantes letrillas.*

letrina *s. f.* **1** RESTRINGIDO. Lugar acondicionado para evacuar los excrementos, generalmente en lugares abiertos como campamentos o campos de maniobras: *las letrinas de los cuarteles antiguos, las letrinas de un campamento.* **2** RESTRINGIDO. Lugar sucio y repugnante: *El comedor de este restaurante parece una letrina.*

letrista *s. m. / f.* **1** ARG., URUG. Persona que tiene por oficio dibujar las letras de los carteles de propaganda. **2** Persona que escribe letras de canciones.

leu *s. m.* Unidad monetaria de Rumania.

leucemia *s. f.* (no contable) MED. Cáncer debido a una proliferación de los leucocitos: *La leucemia tiene diferentes tratamientos, quimioterápicos y radiológicos.*

leucémico, ca *adj.* **1** De la leucemia: *tratamiento leucémico, centro leucémico.* ‖ *adj. / s. m* y *f.* **2** [Persona] que padece leucemia: *En este pabellón ingresan a los leucémicos.*

leucocito *s. m.* (preferentemente en plural) BIOL. Célula de la sangre y la linfa que defiende al organismo de las infecciones.

leucoma *s. m.* MED. Mancha u opacidad blanca en la córnea del ojo: *Parece que tiene un leucoma en el ojo.*

lev *s. m.* Unidad monetaria de Bulgaria.

leva *s. f.* **1** RESTRINGIDO. Reclutamiento de personas para un servicio general, especialmente para el Ejército: *Las levas solían tener carácter forzoso.* SIN. alistamiento. **2** MAR. Acción de partir una embarcación del puerto: *La leva de la flota de guerra.* **3** MEC. Pieza giratoria que transforma un movimiento circular continuo en otro rectilíneo alternativo. **4** COL. Chaqué. FR. Y LOC. **árbol* de levas.**

levadizo, za *adj.* Que se puede levantar. **puente* ~.**

levadura *s. f.* **1** QUÍM. Conjunto de diversos hongos unicelulares que provocan la fermentación alcohólica de los hidratos de carbono. **2** Sustancia constituida por estos hongos empleada en pastelería y repostería para levantar la masa, y en la elaboración de cerveza: *Siempre le echamos* *un poco de levadura a la masa de las empanadillas.* **3** Porción de masa fermentada que se utiliza para hacer fermentar otra masa: *Hay que comprar levadura para hacer pan.*

levantada *s. f.* NIC., PERÚ. Acción de levantar.

levantador, ra *adj. / s. m.* y *f.* VEN.; COLOQUIAL. [Persona] que resulta muy atractiva.

levantadora *s. f.* COL. Bata femenina de andar por casa.

levantamiento *s. m.* **1** Acción y resultado de levantar: *el levantamiento de un pueblo contra la tiranía, el levantamiento de un castigo o de una prohibición.* **2** Movimiento de la superficie terrestre que origina una montaña: *El levantamiento alpino originó importantes montañas en Europa.* || **3 ~ de pesos** Disciplina olímpica que consiste en levantar diferentes ruedas pesadas ajustadas a los extremos de una barra: *Los campeones de las diferentes modalidades de levantamiento de pesos suelen ser eslavos.* **4 ~ del cadáver** DER. Acto por el que un juez se hace cargo de un cadáver en el mismo sitio donde ha sido encontrado.

levantar *v. tr.* **1** Llevar ‹una persona› [a una persona o una cosa] de abajo arriba: *Levanta ese papel **del** suelo. Levantó al niño **en** alto.* **2** Poner ‹una persona› [una cosa] derecha o en posición vertical: *Levanta la silla que se ha caído.* **3** Dirigir ‹una persona› [una cosa] hacia arriba: *Levantó la mirada hacia las gradas del estadio.* SIN. alzar. **4** Quitar ‹una persona› [una cosa que está sobre otra]: *Después de comer, levantaron el mantel.* **5** Destapar ‹una persona› [una cosa que tapa a otra cosa]: *Han levantado la lona que cubría la estatua.* **6** Realizar ‹una persona› [una obra de albañilería o una construcción]: *Están levantando una pared en el patio. Levantarán un rascacielos al final de la calle.* **7** Crear ‹una persona› [una institución o una ciudad]: *Han levantado un pueblo en aquel monte.* **8** Hacer ‹una persona› que suene [la voz o un sonido] más fuerte: *Nos saludó levantando la voz.* SIN. alzar, elevar. **9** Separar o desunir ‹una persona o una cosa› [una cosa que estaba unida a una superficie]: *La humedad ha levantado la pintura. No es fácil levantar las viejas baldosas. Han levantado el piso de la acera.* **10** Recoger o desarmar ‹una persona› [una instalación o un montaje]: *Levantaremos el campamento al amanecer. Están levantando ya las casetas de la feria.* **11** Retirar ‹un ejército› [un asedio]: *Levantaron el asedio a la ciudad.* **12** Llamar ‹una persona› [a otra persona] para que se incorpore al ejército. **13** Dar ‹una persona o una cosa› fuerza o empuje [a una persona o una cosa]: *Está muy triste, hay que levantarle el ánimo.* SIN. animar. **14** Extender ‹una persona› [una calumnia o una murmuración]: *Se le acusó de levantar falsos testimonios.* **15** Ser ‹una cosa› la causa o el origen de [otra cosa]: *Sus declaraciones levantaron una fuerte polémica.* **16** Eliminar ‹una persona› [un castigo o una prohibición]: *Levantaremos el castigo a los que nos cuenten exactamente lo que pasó. El juez ha levantado el secreto del sumario.* **17** Realizar ‹una persona› [un plano o un mapa]: *Levantó un plano de la ciudad.* **18** RESTRINGIDO. Recoger ‹una persona› [el fruto de la tierra]: *Todavía tienen que levantar el trigo.* **19** Hacer ‹una persona o un animal› que [la caza] abandone su escondite: *Este perro es estupendo levantando las liebres y las perdices.* **20** Cortar ‹un jugador de naipes› [la baraja]: *Levanta la baraja, te toca a ti.* **21** Dar ‹una persona› la vuelta a [un naipe que está boca abajo]: *Levanta tus cartas.* **22** COLOQUIAL. Robar o hurtar ‹una persona› [una cosa] [a otra persona]: *Me levantaron el bolso en el mercado en un momento.* **23** Producir ‹una cosa› [un bulto o una protuberancia] a una persona: *El roce del zapato me levantó ampollas.* **24** COL. Lograr ‹una persona› [una cosa que desea]. **25** COL. Componer ‹una persona› [un texto] en imprenta. **26** PERÚ; VULGAR. Recoger ‹una persona› [a otra persona] de la calle para tener relaciones sexuales. || *v. tr. / prnl.* **27** Hacer ‹una persona› que [otra persona] se niegue a obedecer a una autoridad: *Los extranjeros querían levantar a las tribus nómadas contra el sultán. **Se** levantaron contra la tiranía. El pueblo **se** levantó en armas.* || *v. prnl.* **28** Ponerse ‹una persona› en pie: *Se levantó **de** la silla.* **29** Dejar ‹una persona› la cama: *Tus hermanas no se levantaron hasta las diez. Lo operaron ayer, pero ya se levanta.* **30** Sobresalir ‹una cosa› por encima de [otra cosa]: *El campanario se levanta **sobre** el pueblo.* **31** Agitarse ‹el mar o el viento›: *Se ha levantado un huracán. Dicen que se levantaban olas de diez metros.* **32** Aparecer ‹un dolor› en [una persona]: *Se me ha levantado dolor de cabeza.* FR. Y LOC. **abrir / ~ la sesión*. alzarse / levantarse con el dinero*. bajar / ~ la bandera*. hacer / ~ castillos* de naipes. ~ / alzar / emprender el vuelo*. ~ / alzar la voz*. ~ acta*. ~ ampollas*. ~ cabeza*. ~ el espíritu*. ~ el estómago*. ~ falso testimonio*. ~ la caza*. ~ la liebre*. ~ la mano*. ~ ronchas*.**

levante *s. m.* **1** Viento húmedo del este: *Sopla levante.* **2** Este, punto cardinal. **3** (con mayúscula) Conjunto de las comarcas mediterráneas de España, principalmente la Comunidad Valenciana y la región de Murcia: *las playas de Levante.* **4** AMÉR. C., P. RICO. Calumnia. **5** ARG., COL., URUG., VEN.; COLOQUIAL en Argentina, Colombia y Uruguay; RESTRINGIDO en Venezuela Ligue. FR. Y LOC. **armar un ~** AMÉR. C., P. RICO. Levantar ‹una persona› una calumnia **dar / pegar un ~** ARG. Reprender ‹una persona› con dureza.

levantino, na *adj. / s. m.* y *f.* Del Levante español: *las provincias levantinas. Los levantinos formaron una asociación.*

levantisco, ca *adj.* Que tiende a sublevarse o a provocar disturbios: *pueblo levantisco, gentes levantiscas.*

levar *v. tr.* **1** MAR. Recoger ‹una persona› [el ancla de una embarcación]: *Levan el ancla en unos segundos.* **2** MAR. Partir ‹una embarcación› del puerto o del fondeadero: *Mañana levarán anclas rumbo al Pacífico.*

leve *adj.* **1** (antepuesto / pospuesto) Que pesa poco: *un leve velo sobre la cara, una carga leve.* SIN. ligero. **2** Que tiene poca importancia: *una enfermedad leve, una falta leve.* **3** (antepuesto / pospuesto) Que es poco fuerte o intenso: *un leve movimiento, una fiebre leve.*

leviatán *s. m.* ELEVADO. Monstruo marino fantástico que representa al demonio en la Biblia, símbolo de lo incontrolable: *La burocracia es un leviatán en este país, que nos devorará a todos.*

levita *s. m. / f.* **1** Individuo israelita de la tribu de Leví. || *s. f.* **2** Chaqueta larga masculina que se ajustaba al talle con faldones rectos cruzados por delante: *La levita se usaba como traje de etiqueta.* FR. Y LOC. **tirar* de la ~.**

levitación *s. f.* Acción y resultado de levitar: *No creo en la levitación.*

levitar *v. intr.* Elevarse ‹una persona o una cosa› en el aire sin intervención de agentes físicos conocidos: *Decían algunos en el bar que habían visto levitar las copas.*

levítico, ca *adj.* **1** De los levitas, tribu bíblica. || *s. m.* **2** (con mayúscula) Libro tercero del *Pentateuco*, del Antiguo Testamento, en la Biblia.

levógiro, ra *adj.* QUÍM. [Cuerpo] que cuando está en solución desvía hacia la izquierda la luz polarizada: *sustancia levógira.*

lexema *s. m.* LING. Unidad léxica mínima con significado básico: *El lexema se une a un morfema para formar una palabra.*

lexicalización *s. f.* LING. Acción y resultado de lexicalizar o lexicalizarse: *Los procesos de lexicalización son constantes en todas las lenguas.*

lexicalizar *v. tr./prnl.* LING. Transformar ‹una persona› [una expresión de la lengua o una expresión individual] en una unidad léxica indivisible que funciona como una sola palabra: *Algunos sintagmas de uso común* ***se*** *lexicalizan con facilidad como «pájaro de cuentas».* ⇒ **19.**

léxico, ca *adj.* **1** De los lexemas o del vocabulario: *Este autor tiene una gran riqueza léxica.* || *s. m.* **2** LING. Conjunto de las unidades significativas de una lengua: *el léxico castellano. Un diccionario recoge el léxico de una lengua.* **3** LING. Conjunto de las unidades significativas utilizadas por un grupo de personas o por una persona: *Tiene un léxico muy pobre. La riqueza de su léxico es alabada por todos los críticos.* **4** Diccionario de los elementos significativos de una lengua o de los términos utilizados por una disciplina o por un autor: *el léxico venezolano, el léxico de Quevedo.*

lexicografía *s. f.* **1** (no contable) LING. Técnica de elaborar diccionarios: *La lexicografía es una disciplina compleja.* **2** (no contable) LING. Parte de la Lingüística que estudia los principios teóricos en que se basa la composición de los diccionarios: *La lexicografía se ha desarrollado mucho en los últimos años.*

lexicográfico, ca *adj.* De la lexicografía: *estudios lexicográficos, centro lexicográfico.*

lexicógrafo, fa *s. m./f.* Persona que se dedica profesionalmente al estudio de la lexicografía o a la elaboración de diccionarios.

lexicología *s. f.* (no contable) Parte de la Lingüística que estudia las unidades léxicas de una lengua.

lexicológico, ca *adj.* De la lexicología: *técnicas lexicológicas, teoría lexicológica.*

lexicólogo, ga *s. m.* y *f.* Persona que se dedica profesionalmente al estudio de la lexicología.

lexicón *s. m.* **1** Diccionario de una lengua. **2** LING. En gramática generativa, conjunto no ordenado de entradas léxicas que se definen de acuerdo con sus rasgos fonológicos, sintácticos y semánticos: *El lexicón de una lengua es un concepto abstracto.*

ley *s. f.* **1** Relación constante y necesaria que existe entre ciertos fenómenos y regla que se deduce de la misma: *la ley de la gravedad, leyes fonéticas.* **2** Cada una de las normas o conjunto de normas establecidas por una autoridad, que prohíbe, ordena o regula alguna cosa, particularmente las relaciones entre las personas: *las leyes del código penal, la ley del divorcio.* **decreto* ~. ~ fundamental** Ley que sirve para organizar un Estado: *Nuestra ley fundamental es la Constitución.* **~ marcial** Ley que está en vigor durante el estado de guerra: *El Presidente ha amenazado con proclamar la ley marcial.* **~ natural** La dictada por la razón. **~ orgánica** Ley que se deriva de la Constitución y la desarrolla en todos sus aspectos o ley fundamental de un Estado. **~ positiva** Ley dictada por un legislador, aplicada a las circunstancias concretas. **~ sálica** HIST. Ley que no permitía a las mujeres ocupar el trono. **~ seca** Prohibición de fabricar, transportar, distribuir o consumir alcohol: *La ley seca estuvo en vigor en los Estados Unidos durante algunos años.* **3** Código de conducta, forma correcta de actuar en un ámbito determinado: *En esta casa la hospitalidad es la ley. Se rige por la ley del mínimo esfuerzo. El mercado se regula por la ley de la oferta y la demanda.* SIN. pauta. **4** Autoridad, poder: *la ley del más fuerte.* **5** Religión: *Según la ley de los judíos, el sábado es sagrado.* SIN. credo, fe. **6** Justicia, igualdad: *Es de ley que los hermanos compartan las cosas.* **7** (con verbos como *tener* o *tomar*) Cariño, apego, lealtad: *Le he tomado ley a esta tierra. Le tengo ley a esta casa.* SIN. afecto. **8** Proporción de metal noble que entra en una aleación: *La ley de esta aleación ha sido rebajada. Es plata de ley al 24 %.* || **9 ~ de la ventaja** DEP. En fútbol, regla por la que el árbitro no castiga una falta, al entender que en ese momento favorece más al perjudicado que el juego continúe. **10 la ~ del embudo** COLOQUIAL; PEYORATIVO. Ley injusta que se aplica arbitrariamente: *Me fui de aquella empresa porque funcionaba con la ley del embudo. Ésta es la ley del embudo, porque si no estás de acuerdo te tienes que ir.* **11 ~ del talión** En la Biblia, ley que castiga condenando a una persona a sufrir un daño igual al cometido en el delito: *La ley del talión señala que ojo por ojo y diente por diente. No me gusta aplicar la ley del talión.* FR. Y LOC. **con todas las de la ~** Con toda justicia y claridad, reuniendo o cumpliendo las condiciones que se requieren: *Ganó las elecciones con todas las de la ley.* **de (buena) ~** 1 Honrado, cabal, digno de confianza: *Confía en él, es un hombre de buena ley. Es un empresario de ley.* 2 Según debe ser: *Es de ley que te quedes en casa. Es de ley que te estemos agradecidos por lo que nos has ayudado.* **de ~** Referido a aleaciones de oro y plata, con la proporción de estos metales establecidos por las leyes: *Es un reloj de oro de ley. La pulsera es de plata de ley.* **de mala ~** Deshonesto, indigno de confianza, malo: *No me gusta hacer negocios con él, es de mala ley. Esos amigos tuyos me resultan extraños, son de mala ley.* **proyecto* de ~.**

leyenda *s. f.* **1** LIT. Narración de hechos fabulosos o imaginarios que se transmite de generación en generación: *Las leyendas de esta tierra son hermosas.* **2** Narración que desfigura los hechos históricos: *Esas historias son puras leyendas, sin base documental.* **3** Texto escrito sobre una moneda, un escudo, un estandarte, un cuadro o una lámina: *La moneda tiene una leyenda no descifrada.* **4** Ídolo, persona inalcanzable: *Ese grupo musical es una leyenda del mundo del rock. La bailaora es una leyenda del flamenco.* **5** ARG., URUG. Pintada política, graffiti. || **6 ~ negra** 1 Conjunto de opiniones difundidas desde el siglo XVI por los historiadores europeos que logró crear un clima de opinión contra la monarquía de los Austrias españoles. 2 Creencia u opinión negativa generalizada sobre una persona o una cosa, sin fundamento excesivo: *Hay una leyenda negra sobre Santiago, pero es una persona encantadora. Sobre nuestra empresa hay una leyenda negra, pero no es peor que las demás.*

lezna *s. f.* **1** RESTRINGIDO. Instrumento de madera con punta metálica muy fina que utilizan los zapateros para agujerear el cuero: *Para coser el cuero se necesita la lezna.* **2** Punzón para hacer agujeros en la madera: *Antes de meter el tornillo, usa la lezna.*

LIA (pronunciamos *'lía'*) *s. f.* Sigla de «Línea Internacional Aérea», Ecuador.

liana *s. f.* **1** Bejuco, conjunto de varias plantas tropicales trepadoras: *Las lianas forman una espesa cortina entre los árboles de la selva.* **2** Cualquier enredadera o planta trepadora.

liar *v. tr.* **1** Sujetar ‹una persona› [una carga] atándola con una cuerda o cinta: *¿Has liado bien la maleta de la baca?* **2** Envolver ‹una persona› [una cosa] sujetándola con alguna cuerda: *Lía un poco estos papeles, porque se van a perder. Tienes que liar el paquete para que no se abra.* **3** Hacer ‹una persona o una cosa› que [un asunto] se complique: *Lió las negociaciones con sus comentarios.* SIN. embrollar, embarullar. **4** Causar ‹una persona o una cosa› confusión [a una persona]: *Explícamelo más despacio, que me estás liando.* SIN. embrollar, embarullar. **5** COLOQUIAL. Engañar o convencer ‹una persona› [a otra persona]: *Yo no quería ir a la fiesta, pero unos amigos me liaron. Nos han liado para que fuéramos de excursión.* **6** Mezclar ‹una persona› varias cosas de una manera desordenada: *Has liado todos los papeles de papá.* **7** Formar ‹una persona› [un cigarrillo] envolviendo la picadura en papel de fumar: *Mi tío todavía lía los cigarrillos.* **8** Enrollar ‹una persona› [una cuerda o un hilo]: *Lía bien la cuerda para que no se enrede. Lió la madeja en un cartón.* || *v. prnl.* **9** Hacerse ‹un asunto› más complicado: *Todo el asunto del contrato con estos clientes se ha liado un poco.* SIN. embrollarse, embarullarse. **10** Meterse ‹una persona› en un problema: *Se ha liado en un asunto de contrabando.* SIN. implicarse, involucrarse. **11** Extenderse ‹una persona› en explicaciones o detalles innecesarios: *Cuéntanos lo que pasó y no te líes como de costumbre.* **12** COLOQUIAL. Tener ‹una persona› relaciones amorosas o sexuales con [otra persona]: *Ahora ya no está con Santiago, se ha liado* ***con*** *un compañero del trabajo.* **13** Tener ‹una persona› poco tiempo libre por un exceso de trabajo u obligaciones: *No te llamaré hasta el mes que viene, porque me he liado con un nuevo proyecto.* FR. Y LOC. **enredar / ~ la madeja*. ~ el petate*. ~ los bártulos*. liarla** Hacer ‹una persona› una cosa que provoca confusión o perjuicio: *La otra noche la liasteis en el club, no nos vuelven a dejar entrar. La han liado con la manifestación estudiantil, hay un atasco tremendo.* **liarse a** COLOQUIAL. 1(seguido de infinitivo) Dedicarse ‹una persona› a una actividad intensamente: *Se ha liado a estudiar como nunca lo había hecho. No quiere salir de casa, se lía a ver la televisión y no habla con nadie.* 2 (seguido de *golpes, tortas* o palabras de significado parecido) Dar ‹una persona› muchos golpes o tortas: *Se lió a bofetadas con el vecino.* **liarse la manta* a la cabeza.** ⇒ **8.**

libación *s. f.* **1** ELEVADO. Acción y resultado de libar: *Las abejas van haciendo libaciones de las flores para elaborar la miel.* SIN. succión. **2** ELEVADO; a veces IRONÍA. Ingestión de bebida: *Le encantan las libaciones. Por la libación de un buen vino soy capaz de recorrer varios kilómetros a pie.* **3** Ceremonia religiosa de los antiguos paganos en la que derramaban vino o licor en honor de la divinidad.

libanés, sa *adj. / s. m. y f.* Del Líbano, país asiático: *la política libanesa. Los libaneses se manifestaron ayer.*

libar *v. tr.* **1** Extraer ‹un insecto› [el néctar de las flores]: *Las abejas liban las flores.* **2** ELEVADO. Tomar ‹una persona› [un licor] a pequeños sorbos: *Libaba copitas de anís con delectación.* **3** Ofrecer ‹una persona› [una libación] a la divinidad. **4** ELEVADO; HUMORÍSTICO. Beber ‹una persona› bastante alcohol: *Creo que te gusta libar más de la cuenta. En esa casa liban mucho.*

libelista *s. m. / f.* ELEVADO. Escritor de libelos: *los libelistas del siglo* XVI.

libelo *s. m.* Escrito en el que se injuria gravemente a personas o a cosas: *No ha escrito una novela, ha escrito un libelo.*

libélula *s. f.* (macho y hembra) Insecto de cuerpo alargado y dos pares de grandes alas iguales, que en estado de larva es acuático y habita en zonas de aguas estancadas.

líber *s. m.* BOT. Tejido de las plantas metafitas encargado de transportar la savia.

liberación *s. f.* Acción y resultado de liberar o liberarse: *la liberación de un preso, la liberación de la mujer, la liberación de una hipoteca. Después de romper con el novio ha sentido una liberación extraña.* **teología* de la ~.**

liberado, da *adj. / s. m. y f.* [Persona] que dedica todo su tiempo a una organización y cobra de ella como si fuera un profesional: *Es un liberado sindical. Han atrapado a dos liberados de una banda terrorista.*

liberal *adj. / s. m. y f.* **1** Que es partidario del liberalismo, o de las doctrinas favorables a la libertad política y a la tolerancia: *régimen liberal, partido liberal, idea liberal. Estoy leyendo un libro sobre los liberales y los conservadores.* || *adj.* **2** Que actúa con tolerancia o indulgencia: *Tengo la suerte de tener unos padres muy liberales.* **3** RESTRINGIDO. Que es generoso: *Su padre es muy liberal, le ha regalado un piso. Es muy liberal con los amigos, los invita a menudo.* || **4 artes* liberales. 5 profesión* ~.**

liberalidad *s. f.* **1** (no contable) ELEVADO. Cualidad de la persona que es generosa, liberal: *Regaló sus casas al pueblo con absoluta liberalidad.* SIN. generosidad. **2** (no contable) Respeto de las ideas distintas de las propias: *Es un profesor famoso por su liberalidad; respeta mucho las propuestas de los alumnos.*

liberalismo *s. m.* **1** (no contable) Ideología y comportamiento de los que defienden la libertad individual y una escasa intervención del Estado en los asuntos políticos o económicos: *El liberalismo económico no soluciona todos los problemas.* **2** (no contable) Tolerancia de la persona que comprende las ideas y acciones de los demás: *El liberalismo de mis amigos me resulta agradable.*

liberalización *s. f.* Acción de liberalizar un sistema político o una estructura económica: *Algunos empresarios defienden la liberalización del mercado de trabajo.*

liberalizar *v. tr. / prnl.* Hacer ‹una persona› más abierto o más libre [un sistema político o una estructura económica]: *Según el ministro es necesario liberalizar la economía y los mercados para que mejoren las perspectivas económicas. La economía no mejorará si no* ***se*** *liberaliza el régimen político.* ⇒ **19.**

liberar *v. tr.* **1** Dar ‹una persona› libertad [a una persona o animal que estaban presos o sujetos]: *El juez liberó a un detenido. Los atracadores liberaron a los dos rehenes.* SIN. libertar. **2** Echar ‹una cosa› [otra cosa] de sí: *La combustión libera calor. El basurero libera malos olores.* || *v. tr. / prnl.* **3** Hacer ‹una persona› que [otra persona] quede libre [de una obligación o un compromiso]: *Lo liberó* ***del*** *cumplimiento de su palabra.* ***Se*** *liberó* ***del*** *temor al fracaso.* ||

v. prnl. **4** Superar ‹una persona› imperativos sociales o morales que le impiden desarrollar libremente su personalidad: *Se ha liberado del complejo de tonto. Me he liberado, al fin, del fantasma de mi familia.*

liberiano, na *adj. / s. m.* y *f.* De Liberia, país africano: *los pastores liberianos, los periódicos liberianos, las costumbres de los liberianos.*

líbero *s. m.* DEP. Jugador de fútbol que refuerza la defensa de su equipo, sin una posición fija.

libertad *s. f.* **1** (no contable) Capacidad natural del ser humano para hacer o no hacer algo y para elegir la manera de hacerlo: *Tenía plena libertad para salir por la noche, pero decidió no salir.* **2** (no contable) Estado del individuo que no está preso o sujeto a nada ni a nadie: *Dejó al león en libertad. El preso salió en libertad.* **~ condicional** DER. Libertad que se concede a un preso por su buen comportamiento, antes de que termine la condena: *Salió hace un mes* ***en*** *libertad condicional. Le han concedido la libertad condicional.* **~ provisional** DER. Libertad que se concede a una persona en ciertas condiciones, como el pago de una fianza, mientras espera la sentencia del juez: *Pagó cien millones de pesetas y el juez le ha concedido la libertad provisional. Saldrá con libertad provisional hasta que se conozca la sentencia.* **3** (no contable) Situación política de un Estado en la que se respetan la dignidad de la persona y el derecho de los ciudadanos a regir su destino por medio de elecciones libres: *En muchos países no hay libertad. Decía que, por fin, podría votar en libertad.* **4** Derecho que pueden ejercer los ciudadanos en los países democráticos: *Las libertades democráticas se conquistan y defienden todos los días. La libertad de domicilio y la libertad de conciencia son derechos respetados en los países libres.* **~ de prensa** Derecho que tiene la prensa para poder expresarse libremente. **5** (no contable) Capacidad para hablar o actuar con soltura, de forma natural y sin sentir vergüenza: *Es un locutor que habla con libertad de los temas más escabrosos.* **6** (no contable) Confianza en el trato: *Me habla con absoluta libertad porque confía en mí.* **7** (no contable) Naturalidad o facilidad de movimientos: *Esta camisa me deja más libertad. Tengo más libertad sin corbata.* FR. Y LOC. **tomarse la ~** Atreverse ‹una persona› a hacer algo, creyendo tener el permiso o la confianza de alguien: *Se tomó la libertad de utilizar mi teléfono. Me he tomado la libertad de citarlo en tu nombre.* **tomarse muchas / ciertas libertades** Comportarse ‹una persona› con cierta o mucha familiaridad con otra persona, sin suficiente justificación a los ojos de los observadores: *–«Creo que Carmen se toma muchas libertades con Santiago.» –«Hija, si están liados.» No está bien tomarse ciertas libertades con los jefes.*

libertar *v. tr.* Dar ‹una persona› libertad [a una persona o un animal que estaban presos o sujetos]: *Los enemigos han libertado a todos los prisioneros. Yo libertaría a los pájaros, no me gusta verlos en las jaulas.* SIN. liberar.

libertario, ria *adj.* Que es partidario de la libertad política absoluta y la desaparición de cualquier gobierno o leyes: *ideología libertaria, pensamiento libertario.*

libertinaje *s. m.* (no contable) Exceso de libertad que produce una falta de respeto a las leyes, a la moral y a la libertad de los demás: *Los que rompieron los cristales dieron una muestra de libertinaje. No debe confundirse libertad con libertinaje.*

libertino, na *adj. / s. m.* y *f.* Que actúa con libertinaje: *costumbres libertinas. «¡Todos ustedes son unos libertinos!», gritaba fuera de sí el director del colegio.*

liberto, ta *s. m. / f.* Esclavo de la antigua Roma que había conseguido su libertad: *Los libertos eran los esclavos que podían pagarse su libertad.*

líbico, ca *adj.* ELEVADO. Libio.

libídine *s. f.* RESTRINGIDO. Lujuria.

libidinoso, sa *adj.* **1** Que tiende a la lujuria y a la lascivia: *viejo libidinoso.* SIN. lujurioso. **2** Que expresa lujuria: *mirada libidinosa.* SIN. lujurioso.

libido *s. f.* (no contable) PSICOL. Deseo sexual y sus distintas manifestaciones: *Está dominado por la libido.*

libio, bia *adj. / s. m.* y *f.* De Libia, país africano: *las ciudades libias, la política de los libios, el desierto libio.*

libra *s. f.* **1** Unidad monetaria del Reino Unido y sus antiguas colonias: *libra esterlina.* **2** Unidad de peso castellana que equivale a 460 gramos: *En muchos mercados se compra la carne por libras.* **3** Unidad de peso inglesa que equivale a unos 453,5 gramos. **4** JERGAL. Cien pesetas. **5** (con mayúscula) ASTRON. Una de las constelaciones del Zodiaco. **6** (preferentemente en mayúsculas) ASTRON. Signo del Zodiaco que el Sol recorre aparentemente entre el 22 de septiembre y el 23 de octubre. || *adj. / s. m.* y *f.* **7** (invariable) Persona nacida bajo este signo del Zodiaco: *las mujeres libra, los hombres libra.*

librador, ra *adj. / s. m.* y *f.* **1** ECON. Que libra o libera: *la empresa libradora de la obligación.* || *s. m. / f.* **2** ECON. Persona que libra o gira una letra de cambio.

libramiento *s. m.* ECON. Orden o autorización que da una persona para que paguen de sus fondos económicos cierta cantidad de dinero a otra persona: *El director autorizó a la administradora el libramiento de los cien millones.*

libranza *s. f.* ECON. Orden o autorización que da una persona para que pague de sus fondos económicos a otra persona cierta cantidad de dinero: *El director no ha firmado la libranza y no hemos podido cobrar.* SIN. libramiento.

librar *v. tr. / prnl.* **1** Quitar ‹una persona› [una obligación o una molestia a una persona]: *Su experiencia lo libró* ***de*** *riesgos innecesarios.* ***Se*** *libró* ***de*** *los gamberros, corriendo.* ***Me*** *he librado* ***de*** *esa fiesta tan aburrida.* || *v. tr.* **2** Sostener ‹una persona o un ejército› [una batalla]: *Los ejércitos libraron una dura batalla.* **3** Dar o comunicar ‹una persona› [documentos u órdenes a una persona] por escrito: *Nos libraron la sentencia ayer.* **4** Emitir ‹una persona o una empresa› [una orden de pago] a cargo de [una persona]: *Nos han librado ya el dinero de la beca.* || *v. intr.* **5** Descansar ‹un empleado› de su trabajo [el tiempo que le corresponde]: *La asistenta libra los jueves.* **6** COLOQUIAL; RESTRINGIDO. Expeler ‹una mujer› el feto a su debido tiempo: *A mi mujer le toca librar a fin de mes.* SIN. parir. FR. Y LOC. **salir bien / mal librado** COLOQUIAL. Salir con beneficio o salir perjudicada ‹una persona› de un asunto o de un negocio: *Hemos salido bien librados del accidente, volcamos, pero sólo se estropeó el coche. Ha salido muy mal librado del curso, le quedan varias asignaturas para septiembre.*

libre *adj.* **1** Que puede hacer una cosa o no hacerla, elegir entre varias opciones, comportarse o actuar de una manera u otra y que, por tanto, es responsable de su conducta: *Eres libre* ***para*** *quedarte o irte. Soy libre* ***de*** *opinar o callar.*

Eres un ser libre, puedes y debes tomar tus propias decisiones. **amor* ~.** 2 (ser / estar) Que no está preso o encerrado, que puede moverse con facilidad o desenvoltura, que no depende o no está sujeto al dominio o autoridad de alguien o algo: *De momento está libre, esperemos que no vuelva a la cárcel. El ganado está libre por el campo. Me gusta salir al campo y estar al aire libre. Mi fantasía es libre de crear lo que quiera. Yo soy un esclavo, no soy un hombre libre. Éste es un país libre. Éstas son las primeras votaciones libres.* 3 Que no se atiene a norma o regla alguna: *Es un pintor con un estilo muy libre.* **verso* ~.** 4 (ser / estar) Que no tiene cargas, obligaciones o culpas: *Estoy libre* ***de*** *obligaciones hasta que me digan lo contrario. Mi contrato laboral está libre* ***de*** *impuestos. El tribunal me ha declarado libre* ***de*** *culpa. El personal libre* ***de*** *servicio puede irse a casa.* 5 (ser / estar) Que no está comprometido con nadie: *Juan está libre, soltero y sin compromiso. Esta noche estoy libre, podemos ir a cenar. Soy libre, no tengo compromisos.* 6 (estar) [Camino, carretera] que no tiene obstáculos o peligros: *El paso está libre, adelante, no hay ningún peligro. Regresamos por caminos libres de nieve.* 7 (estar) [Espacio, lugar, sitio] que no está ocupado: *La plaza de profesor de Literatura Medieval está libre. Ayer por la noche no conseguí encontrar ningún taxi libre. Hay varios asientos libres.* 8 [Traducción] que no se ciñe o ajusta al texto original palabra por palabra: *Me suspendieron porque mi traducción era demasiado libre.* 9 [Tiempo] que tiene una persona para descansar o disfrutar de cualquier actividad fuera de su horario de trabajo habitual: *En los ratos libres, me gusta leer o escuchar música. Mañana tengo el día libre, aprovecharé para descansar.* || **10 barra* ~. 11 bufé* ~. 12 caída* ~. 13 lucha* ~. 14 sílaba* abierta / ~. 15 tiro* ~.** FR. Y LOC. **dejar el campo* ~. por ~** Independientemente, sin atenerse a las costumbres establecidas: *Me gusta ir por libre.*

librea *s. f.* 1 Uniforme de gala usado por porteros, ujieres y conserjes de ciertos establecimientos de lujo, como hoteles o salas de fiesta: *En las salas de fiesta suele haber porteros de librea.* 2 Traje o uniforme con el que los reyes, nobles y burgueses pudientes vestían a sus criados: *Los criados solían llevar en la librea el escudo o los colores de la casa a la que servían.*

librecambio *s. m.* (no contable) Sistema económico que defiende la libre circulación de mercancías y la supresión de aduanas y aranceles.

librecambismo *s. m.* (no contable) Ideología y sistema económico basados en el librecambio: *El librecambismo se opone al proteccionismo comercial.*

librecambista *adj.* 1 Del librecambio: *economía librecambista.* || *s. m. / f.* 2 Persona que es partidaria del librecambio: *Los librecambistas suelen defender intereses diferentes de los proteccionistas.*

librepensador, ra *adj. / s. m.* y *f.* Que es partidario de la tolerancia y la razón frente a cualquier dogmatismo: *una sociedad librepensadora, un escritor librepensador. Ese político es un librepensador.*

librería *s. f.* 1 Establecimiento donde se venden libros y objetos de escritorio. 2 Mueble para poner libros: *En el salón han colocado una artística librería.*

librero, ra *s. m. / f.* 1 Persona que se dedica profesionalmente al comercio de libros: *la calle de los libreros.* || *s. m.* 2 AMÉR. Mueble librería.

libresco, ca *adj.* 1 ELEVADO; PEYORATIVO. Del libro: *cultura libresca.* 2 PEYORATIVO. Que se inspira en la lectura de los libros y no en la realidad: *Su conocimiento de la vida y la naturaleza era meramente libresco.*

libreta *s. f.* 1 Cuaderno de pequeño tamaño: *libreta de matemáticas, libreta de direcciones, libreta de cuentas, libreta de espiral.* 2 RESTRINGIDO. Pieza de pan redonda y de miga compacta y blanca, aproximadamente de una libra: *En Salamanca se aprecian mucho las libretas.* 3 ARG., URUG. Libro o cartilla de calificaciones escolares. || **4 ~ de ahorros** Documento bancario donde se anotan los movimientos de dinero de una cuenta: *abrir una libreta de ahorros, ingresar en la libreta de ahorros, sacar dinero de la libreta de ahorros.* **5 ~ de casamiento** URUG. Libro de familia. **6 ~ de cheques** ARG., URUG. Talonario de cheques.

libreto *s. m.* RESTRINGIDO. Texto o guión de una obra de teatro musical: *el libreto de una ópera, el libreto de una zarzuela.*

librillo *s. m.* 1 Libro, tercera cavidad del estómago de los rumiantes. 2 Pequeño cuaderno de papel de fumar: *Sacó el librillo y el tabaco picado para liar un cigarro.*

libro *s. m.* 1 Conjunto de hojas impresas que forman un volumen adecuado para la lectura: *Tienen muchos libros en su casa.* **~ de bolsillo. ~ de caballerías** LIT. Libro que narra aventuras de caballeros andantes. **~ de cabecera** Libro que suele usarse o consultarse con mucha frecuencia o que suele ser el preferido: *Mi libro de cabecera desde hace tiempo es el Quijote.* **~ de horas** En la Iglesia Católica, libro que contiene las horas canónicas. **~ de texto** Libro que utilizan regularmente los alumnos en una asignatura en un curso. **~ sapiencial** (preferentemente en plural) Cada uno de los cinco libros de la Biblia (*Proverbios, Eclesiastés, Cantar de los Cantares, Sabiduría* y *Eclesiástico*) que abundan en máximas. 2 Volumen impreso de cierto grosor: *Un texto muy delgado no es un libro, es un folleto.* 3 Cada una de las partes en que se divide una obra escrita: *La novela se compone de cinco libros.* 4 Texto impreso por un organismo oficial para informar sobre un tema: *el libro blanco de la educación, el libro rojo de la agricultura.* 5 Conjunto de hojas blancas o de impresos encuadernados con ciertos fines: *libro de registro, libro de matrículas.* **impreso / hoja / ~ de reclamaciones*. ~ escolar** Cuaderno o cartilla donde se ponen las calificaciones a los alumnos no universitarios. **~ de familia** Libreta o cartilla en la que se escriben los datos de los que se casan y de sus hijos: *Para sacarle el pasaporte al niño me piden el libro de familia.* **~ de instrucciones** Libro o folleto sobre el manejo de un aparato. **~ de oro** Libro que tienen las instituciones donde firman los visitantes ilustres: *el libro de oro de una ciudad, el libro de oro de una universidad.* 6 (preferentemente en plural) Libro de contabilidad: *Un inspector le revisará los libros de la empresa.* **tenedor* de libros. teneduría* de libros.** 7 Libreto: *El libro de esta ópera es poco original.* 8 Tercera cavidad del estómago de los rumiantes. FR. Y LOC. **hablar / expresarse como un ~ abierto** a veces IRONÍA. Hablar con mucha claridad, con mucha sabiduría: *Habla como un libro abierto.*

Lic. *s. m. / f.* Abreviatura de «Licenciado», «Licenciada».

licantropía *s. f.* 1 (no contable) ELEVADO. Trastorno mental en que el enfermo se cree que se ha transformado en un lobo. 2 (no contable) Conversión de un hombre en lobo, según la leyenda: *La licantropía es un tema muy tratado en literatura y en cine.*

licaón *s. m.* (macho y hembra) *Lycaon pictus.* Mamífero parecido a un perro salvaje, de patas largas, orejas grandes y pelo corto con manchas de varios colores, que vive en África formando jaurías.

licencia *s. f.* **1** Permiso para hacer una cosa: *El director nos ha dado licencia para jugar al fútbol por la tarde.* **2** Permiso legal para hacer una cosa: *Tenemos licencia para abrir el comercio. Tenemos que conseguir una licencia para exportar jamones.* **3** Documento que acredita un permiso legal: *licencia de armas, licencia de caza, licencia municipal de obras.* **4** Permiso o autorización para no acudir a un empleo militar o civil o ausentarse de él: *Mi hermano no vuelve mañana al cuartel porque tiene una licencia de quince días.* **~ absoluta** Permiso que desvincula a un soldado del servicio indefinidamente. **5** Libertad exagerada en el terreno moral: *La licencia de la sociedad contemporánea preocupa a los sociólogos.* **6** Abuso de confianza: *El chófer se toma muchas licencias con vosotros. Me he permitido la licencia de usar vuestro coche.* **7** Permiso de la autoridad eclesiástica para imprimir un texto, en los impresos tradicionales y en los actualmente sometidos a la autoridad de la Iglesia Católica. **8** En un programa de ordenador o en un vídeo, texto que autoriza legalmente las condiciones de su uso. **9** (en plural) En la Iglesia Católica, permiso que los superiores dan a los clérigos para que ejerzan el ministerio sacerdotal: *Se rumorea que el obispo ha suspendido las licencias al cura del pueblo por los escándalos del último año.* || **10 ~ poética** Desviaciones de la norma lingüística, socialmente mal consideradas, que se aceptan como rasgos de estilo en poesía. **11 ~ de conducir** ARG., URUG. Permiso de conducir.

licenciado, da *s. m./f.* **1** Persona que ha obtenido un título universitario en una licenciatura: *Es licenciado en Filología.* || *adj./s. m.* **2** (ser/estar) Soldado que ha acabado oficialmente el servicio militar y ha vuelto a la vida civil: *Ya soy licenciado. Estamos licenciados hace dos meses.* **3** AMÉR. Tratamiento que se da a los abogados.

licenciar *v. tr.* **1** Dar ‹una autoridad militar› la licencia definitiva [a un soldado] al terminar el servicio militar: *Al acabar la guerra licenciaron a muchos oficiales.* **2** Dar ‹una institución académica› el grado de licenciado [a una persona]: *La Facultad de Matemáticas de nuestra universidad licenciará este año a veinte alumnos y quince alumnas.* **3** RESTRINGIDO. Despedir ‹una persona› [a otra persona] de un trabajo: *Nuestra empresa tiene la intención de licenciar a doscientos trabajadores.* || *v. prnl.* **4** Terminar ‹una persona› el servicio militar: *Se han licenciado hace dos días.* **5** Obtener ‹una persona› el grado de licenciado en una especialidad: *Se ha licenciado* ***en*** *Farmacia.*

licenciatura *s. f.* **1** Conjunto de estudios que constituyen una carrera universitaria de segundo ciclo: *Todavía no ha terminado la licenciatura, le faltan dos asignaturas.* **2** Título que se obtiene al acabar los estudios universitarios de segundo ciclo: *Ha obtenido su licenciatura* ***en*** *Historia en la Universidad de Salamanca.* **3** RESTRINGIDO. Acto solemne en el que se concedía el título de licenciado a un estudiante.

licencioso, sa *adj.* Que es atrevido y no tiene ningún pudor: *vida licenciosa, conducta licenciosa, escritor licencioso.*

liceo *s. m.* **1** RESTRINGIDO. Institución con actividades culturales o recreativas: *Nos hemos hecho socios del Liceo Gimnástico.* **2** Instituto de enseñanza media en algunos países: *El chico va a estudiar al liceo francés.*

licitador, ra *s. m./f.* RESTRINGIDO. Persona que licita.

licitante *s. m./f.* COL. Licitador.

licitar *v. tr.* RESTRINGIDO. Ofrecer ‹una persona› precio por [una cosa] en una subasta: *Al llegar al medio millón dejó de licitar y perdió el manuscrito.* SIN. pujar.

lícito, ta *adj.* **1** (antepuesto/pospuesto) Que se atiene a la justicia o es conforme a la razón: *postura lícita. Es lícito buscar lo mejor para los hijos. Entiendo su lícita resistencia a ser conocido.* **2** Que es legal o está permitido por la ley: *documento lícito, negocio lícito, medida lícita.* ANT. ilícito.

licor *s. m.* **1** (no contable) Bebida alcohólica obtenida por destilación de diversos alcoholes, a la que se añaden saborizantes y sustancias aromáticas: *licor de pera, licor de café, licor de cacao.* **~ benedictino.** **2** Medida de esta bebida alcohólica que cabe en un vaso: *Se tomó tres licores de manzana.* **3** LITERARIO. Cualquier líquido: *La maga les dio de beber un licor maravilloso.*

licorera *s. f.* **1** Botella de cristal decorada para servir los licores: *Le regalé una licorera.* **2** Mueble pequeño o compartimento de otro mayor, donde se guardan los licores. **3** COL. Establecimiento estatal donde se elaboran licores.

licorería *s. f.* Establecimiento donde se hacen o venden licores.

licorero *s. m.* Licorera.

licra *s. f.* Lycra.

licuación *s. f.* Acción y resultado de licuar o licuarse: *la licuación de un gas, la licuación de un metal.*

licuado *s. m.* ARG., URUG. Batido de frutas.

licuadora *s. f.* Electrodoméstico de cocina que sirve para licuar cualquier alimento: *Con la licuadora hacemos unos zumos estupendos en verano.*

licuar *v. tr.* **1** Convertir ‹una persona o una cosa› [un cuerpo sólido o gaseoso] en líquido: *Licuamos unas manzanas para bebernos su jugo.* **2** Fundir ‹una persona› [un metal] sin descomponerlo: *En este taller licuan el hierro y otros metales antes de verterlos en los moldes.* || *v. prnl.* **3** Convertirse ‹un cuerpo sólido o gaseoso› en líquido: *El gas se licua en esta planta.* SIN. liquidarse.

licuefacción *s. f.* (no contable) FÍS. Proceso por el que un gas se convierte en líquido: *la licuefacción del butano.* SIN. licuación.

lid *s. f.* **1** ELEVADO. Combate, lucha, o discusión: *En la guerra se libraron cruentas lides en las que murieron muchos soldados. Mantuvo una lid muy dura con el secretario del otro partido.* SIN. enfrentamiento. **2** (en plural) ELEVADO. Práctica propia de una actividad, menesteres, asuntos: *Es un chico nuevo y no está muy preparado para estas lides. Es muy experto en las lides de la enseñanza.* FR. Y LOC. **en buena ~** ELEVADO. De forma legal y por los méritos propios y lícitos: *Ganó la partida de ajedrez en buena lid.*

líder *s. m.* **1** Dirigente o cabeza de un grupo o de un movimiento: *el líder estudiantil. El líder sindical se ha entrevistado con el Ministro de Trabajo. La gente necesita un líder.* || *adj./s. m.* y *f.* **2** DEP. Deportista o equipo que encabeza la clasificación de un campeonato: *el líder de la vuelta ciclis-*

ta, el líder de la liga de baloncesto. **3** ECON. Persona o entidad que controla o domina el mercado de un producto o de un sector económico: *Es la empresa líder en cosmética. Nuestra organización es líder en tecnología informática.*

liderar *v. tr.* Dirigir ‹una persona› o estar a la cabeza de [un grupo, partido político o competición]: *La guerrilla la lidera un revolucionario. Tu equipo lidera la liga.*

liderato *s. m.* **1** Condición o ejercicio de líder. SIN. liderazgo. **2** Tiempo que dura el ejercicio de un líder: *Mantuvo su liderato en el partido hasta que murió.* SIN. liderazgo.

liderazgo *s. m.* **1** Condición o ejercicio de líder: *Su liderazgo es indiscutible entre sus compañeros.* SIN. liderato. **2** Tiempo que dura el ejercicio de un líder. SIN. liderato. **3** Dominio en un ámbito: *el liderazgo de una empresa, el liderazgo económico de un país.*

lidia *s. f.* TAUROM. Acción y resultado de lidiar un toro: *El torero sufrió una cornada durante la lidia del primer toro.* **toro de ~.**

lidiar *v. intr.* **1** Luchar ‹una persona› con otras para conseguir una cosa: *Lidió* ***con*** *sus hermanos por la herencia. Lidiaremos* ***por*** *nuestros ideales hasta donde sea necesario.* SIN. combatir, batallar. ‖ *v. tr.* **2** Salvar ‹una persona› las acometidas de [un toro] y matarlo según el arte de la tauromaquia: *Mañana se lidiarán seis toros.* SIN. torear.

lidioso, sa *adj.* VEN.; COLOQUIAL. [Persona] que es de trato difícil o que causa muchas molestias.

lido *s. m.* RESTRINGIDO. Franja estrecha de arena que separa a una laguna del mar.

liebre *s. f.* **1** (macho y hembra) *Lepus campensis.* Mamífero parecido al conejo, con el cuerpo y el hocico más alargados, y patas traseras fuertes y desarrolladas que le permiten correr a gran velocidad. **2** DEP. Corredor contratado para imponer un ritmo en una carrera, que se retira antes del final. FR. Y LOC. **cazar la ~** COLOQUIAL. Caerse: *Tropecé con el escalón y cacé la liebre.* **correr la ~** ARG., URUG.; COLOQUIAL. Pasar ‹una persona› hambre por estar en dificultades económicas. **dar gato* por ~. levantar la ~** COLOQUIAL. Llamar la atención ‹una persona› inesperadamente sobre algo que no se sabía: *Cuando dijo que su compañero no estaba en casa levantó la liebre, y todos pensaron que había huido.* REFR. **Donde menos se piensa salta la liebre.** Se usa para indicar que las cosas pueden suceder de forma imprevista.

liencillo *s. m.* VEN. Tela delgada y rústica de algodón sin blanquear.

liendre *s. f.* Huevo del piojo: *Tenía todas las costuras de la camisa llenas de liendres.*

lienzo *s. m.* **1** (no contable) Tela de lino, cáñamo o algodón: *Han comprado varios metros de lienzo para hacer unas sábanas.* **2** Tela preparada para pintar sobre ella: *Sobre el caballete se veía un lienzo todavía virgen.* **3** Cuadro, obra pictórica sobre tela: *Vimos varios lienzos de Velázquez.* **4** Trozo continuo de pared o muralla: *Se ha derrumbado un lienzo de la muralla romana.* FR. Y LOC. **ídem* de ~.**

lifting (del inglés; pronunciamos *'liftin'*) *s. m.* CIR. Operación de cirugía estética que consiste en estirar la piel para hacer desaparecer las arrugas: *Me voy a hacer un lifting de cuello para estar más joven.* SIN. estirado.

liga *s. f.* **1** Tira elástica que sujeta las medias o calcetines a la pierna o al muslo: *Los pantis han hecho desaparecer las ligas femeninas.* **2** Banda o faja para sujetar, especialmente la elástica: *Une estos libros con una liga.* **3** Unión o agrupación de ciudadanos, Estados o grupos con un interés común: *liga de las naciones, liga de mujeres divorciadas, la liga antitabaco, la liga anticorrupción.* **4** Competición deportiva en la que cada participante se enfrenta sucesivamente a todos los demás: *la liga europea de fútbol, la liga de baloncesto. Ganaremos la liga. El equipo se proclamó campeón de liga en el último partido.* **5** Sustancia pegajosa producida por ciertos vegetales que se usa en trampas para cazar pájaros: *La caza con liga está prohibida.* **6** Cantidad de cobre que se añade al oro o la plata en joyería y en acuñación de monedas.

ligado *s. m.* **1** Enlace de las letras al escribir. **2** Serie de notas musicales ejecutadas sin interrumpir el sonido entre unas y otras: *Tenéis que cantar haciendo un ligado, no respiréis todos a la vez.*

ligadura *s. f.* **1** Acción y resultado de ligar: *La ligadura del paquete no está bien.* **2** CIR. Acción de atar o unir un vaso u órgano hueco. **~ de trompas** Ligadura que impide el embarazo de una mujer. **3** CIR. Material o procedimiento empleado en esta acción. **4** (preferentemente en plural) Cuerda, correa u otro instrumento que sirve para atar o sujetar: *Logró desatar sus ligaduras y huyó.* **5** Compromiso u obligación que impide actuar libremente: *Rompió las ligaduras que le unían a su familia.* **6** MÚS. Signo de notación musical, en forma de línea curva, que indica que dos o más notas deben ejecutarse ligadas.

ligamento *s. m.* **1** ANAT. Cordón o membrana que une huesos y articulaciones o sostiene un órgano del cuerpo: *Muchos deportistas sufren rotura de ligamentos.* **2** RESTRINGIDO. Acción y resultado de ligar.

ligar *v. tr.* **1** Atar o sujetar ‹una persona› [una cosa] con una cuerda: *Ligué bien el saco para que no se abriera. Ligó las manos de los prisioneros para que no escaparan.* **2** Unir ‹una persona› [una cosa] con [otra cosa]: *He conseguido ligar las dos puntas del cable.* **3** Unir ‹una persona› [las letras] al escribir: *Liga bien las letras, como le gusta a la maestra.* **4** Unir ‹una persona› [una serie de notas musicales] al ejecutarlas: *Para que suene bien la partitura hay que ligar la melodía.* **5** METAL. Añadir ‹una persona› cobre [al oro y la plata] para rebajar su ley en monedas y joyas. **6** METAL. Unir ‹una persona› [dos o más metales] fundiéndolos. **7** Hacer ‹una persona› que [varias sustancias] formen una masa homogénea y no se corten: *Ligó la mahonesa.* SIN. cuajar. **8** Unir ‹una persona o una cosa› [a dos o más personas]: *El destino me ligó a ti. El contrato nos liga hasta el año dos mil.* **9** COLOQUIAL. Conseguir ‹una persona› [una cosa]: *Ligamos un par de entradas para el concierto.* SIN. agenciarse. **10** Reunir ‹un jugador de naipes› [una buena jugada]: *Ligué un póquer de damas.* **11** ARG., CHILE, URUG.; COLOQUIAL en Argentina y Chile. Recibir un castigo o una paliza. ‖ *v. tr./prnl.* **12** Obligar ‹una persona› [a otra persona] a hacer [una cosa] o a responsabilizarse de ella: *No deseo ligar**me a** esa responsabilidad.* ‖ *v. intr.* **13** Formar ‹varias sustancias› una masa homogénea sin que se corte: *La mahonesa no liga.* ‖ *v. intr./tr./prnl.* **14** COLOQUIAL. Establecer ‹una persona› una relación amorosa o sexual con [otra persona]: *En las vacaciones siempre liga* ***con*** *algún extranjero.* ***(Se)*** *ligaron a varias valencianas.* ‖ *v. prnl.* **15** Unirse ‹una persona› [a otra persona]: *Se ligó a la empresa de mi padre hace años.* FR. Y LOC. **~ bronce*.** ⇒ **56.**

ligazón *s. f.* (no contable) ELEVADO. Unión o relación muy fuerte entre dos cosas: *la ligazón de las partes de un barco. Las tablas no se separaron porque tenían una ligazón muy fuerte.* SIN. trabazón.

ligeramente *adv. modo* **1** RESTRINGIDO. Con rapidez: *Huyó ligeramente hacia la enramada.* **2** Sin la debida reflexión, a la ligera: *Obraste muy ligeramente.* **3** De pasada, levemente, sin profundizar: *A ellos me referiré ligeramente en el siguiente apartado.* || *adv. cant.* **4** (antepuesto a ciertos adjetivos calificativos, algunos participios y a algunas clases de circunstanciales) Un poco, un tanto, en ligera medida, en pequeño grado, algo: *un cantidad ligeramente superior, ligeramente por encima de la media, ligeramente a la derecha. Está ligeramente inclinado.* OBSERVACIONES: También es posible su uso como circunstancial de ciertos verbos: *El tiempo ha mejorado ligeramente. Subirán ligeramente los precios. Creo que se tambaleaba ligeramente.*

ligereza *s. f.* **1** (no contable) Falta de seriedad o de responsabilidad: *Es una persona de una ligereza increíble, no sé cómo puede ocupar ese puesto.* **2** Actuación o palabra irresponsable: *Fue una ligereza aceptar la invitación de aquel hombre. Actuó con mucha ligereza al gastar tanto dinero. Podía callarse todas sus ligerezas.* **3** (no contable) Agilidad y rapidez de alguien o de algo: *la ligereza de una flecha. Tenía la ligereza de un pájaro.* **4** (no contable) Escasez o ausencia de peso: *la ligereza de un papel, la ligereza de una maleta.*

ligero, ra *adj.* **1** Que pesa poco: *material ligero. Es un paquete grande pero ligero, puedo con él. Es ligera como una pluma. Me siento mucho más ligero sin tanta ropa.* **aleación* ligera.** **2** (antepuesto / pospuesto) Que se mueve o actúa con rapidez o agilidad: *A pesar de su corpulencia, sus movimientos son ligeros. Tras una ligera maniobra, conseguimos cercar al enemigo.* **caballería* ligera. paso* ~.** **3** [Sueño] que se interrumpe fácilmente: *Tengo un sueño muy ligero, me despierto con cualquier ruidito. A medida que se cumplen años dicen que se tiene el sueño más ligero.* **sueño ~.** **4** [Alimento] que es fácil de digerir: *Toma verduras, son muy ligeras. Me gusta hacer comidas ligeras, sobre todo por la noche.* **5** (antepuesto / pospuesto) Que tiene poca importancia: *Los incidentes han sido **de** ligera importancia. Tiene heridas **de** ligera consideración. Los daños han sido ligeros. Tengo un ligero dolor de estómago. Hay una diferencia ligera entre los dos.* **6** Que se queda en la superficie, no tiene demasiada profundidad o solidez: *Sólo me gusta ver comedias ligeras, que no me hagan pensar mucho.* **7** Que se hace sin reflexionar: *Haces juicios demasiado ligeros.* **8** [Persona] que actúa irreflexivamente y con poca madurez: *No se puede trabajar con él, es muy ligero.* || *adv.* **9** COL. Pronto, rápidamente. || **10 fragata* ligera. 11 industria* ligera. 12 música* ligera.** FR. Y LOC. **a la ligera** 1 Sin pensar o reflexionar rápida o descuidadamente: *Haces las cosas muy a la ligera y por eso te equivocas tanto.* 2 Con frivolidad: *Te tomas las cosas demasiado a la ligera.* **ser ligero de cascos*.**

light (del inglés; pronunciamos *'lait'*) *adj.* **1** (invariable; pospuesto) Ligero, poco fuerte, de poca graduación o bajo en calorías: *mahonesa light, tabaco light.* **2** (invariable; pospuesto) a veces HUMORÍSTICO, a veces PEYORATIVO. De poca importancia: *Estoy leyendo un tratado light, no muy interesante. Es un amor light, algo aburrido.*

lignito *s. m.* MIN. Carbón mineral de color negro o marrón, de escaso poder calorífico como combustible.

ligón, na *adj. / s. m.* y *f.* (ser / estar) COLOQUIAL. Que liga mucho o que tiende a buscar relaciones amorosas pasajeras: *Esta noche estás muy ligón, a ver si dejas algo para los demás. Es una ligona incurable.*

ligotear *v. intr.* COLOQUIAL. Intentar ligar ‹una persona›: *Por las noches se dedica a ligotear.*

ligue *s. m.* **1** COLOQUIAL. Relación amorosa superficial: *Tiene un ligue con una vecina.* **2** COLOQUIAL. Persona con la que se mantiene esta relación: *Dicen que el secretario es el ligue de la jefa, pero no es verdad.*

liguero, ra *adj.* **1** De una liga deportiva: *partido liguero, competición liguera, jornada liguera.* || *s. m.* **2** Prenda de vestir interior femenina que se ciñe a la cintura con enganches que cuelgan para sujetar las medias: *El liguero ha sido muy explotado en las películas eróticas.*

liguilla *s. f.* Competición deportiva en la que intervienen pocos equipos: *El trofeo se disputa en una liguilla entre los cuatro participantes. El campeón se decide por el sistema de liguilla entre los tres primeros.*

ligur *adj.* **1** De Liguria, antiguo pueblo de Europa: *arte ligur, leyes ligures.* || *s. m.* **2** LING. Lengua hablada por los ligures.

lija *s. f.* **1** (macho y hembra) ZOOL. Pintarroja. **2** Piel seca de la pintarroja o de algún otro pez que se utilizaba para pulir superficies. **3** Papel con granitos pegados de material abrasivo que se utiliza para pulir superficies: *lija de esmeril. Consiguió quitar la pintura de la ventana rascando con una lija.* **papel de ~.**

lijado *s. m.* Acción y resultado de lijar: *El lijado ha dejado muy lisa la mesa.*

lijadora *s. f.* Máquina para lijar y pulir: *la lijadora de un carpintero.*

lijar *v. tr.* Alisar o pulir ‹una persona› [una cosa] con una lija: *Lija bien la verja antes de pintarla.*

lijoso, sa *adj.* CUBA; COLOQUIAL. Que es vanidoso.

lila *s. m. / f.* **1** COLOQUIAL; PEYORATIVO. Persona que es un poco tonta: *Es un poco lila, no se entera de nada.* || *s. f.* **2** *Syringa vulgaris.* Género de arbustos de jardín de la familia de las oleáceas, de hojas acorazonadas y flores pequeñas y aromáticas, de color morado o blanco. **3** Flor de este arbusto. || *adj. / s. m.* **4** (invariable) Color morado claro: *Hoy me pondré la camisa lila.*

liliáceo, a *adj. / s. f.* **1** BOT. [Planta] que es monocotiledónea de raíz bulbácea o tuberculosa, hojas radicales opuestas, flores terminales y fruto seco con una o más cavidades. || *s. f.* **2** (en plural) BOT. Familia de las plantas liliáceas.

liliputiense *adj. / s. m.* y *f.* COLOQUIAL; a veces HUMORÍSTICO o AFECTIVO. Que es muy bajo de estatura o muy pequeño: *Ese niño es liliputiense. Tienen una casita liliputiense.*

lilo *s. m.* Lila, planta.

lima *s. f.* **1** Fruto del limero, redondo, de corteza lisa, pulpa jugosa y sabor agridulce. **2** (no contable) Bebida elaborada con el zumo de este fruto: *Quiero beber lima con limón.* **3** Limero. **4** Herramienta metálica de superficie áspera o granulada que se utiliza para alisar o pulir metales o materiales duros: *lima plana, lima redonda. Pulió la llave con una lima.* **~ de uñas** Lámina delgada de superficie áspera para pulir o limar las uñas. **5** Acción y efecto de limar: *La lima de la barandilla ha quedado perfecta.* SIN. limado. **6** COLOQUIAL. Persona que come mucho: *No me extraña que esté tan gordo, es una lima.* FR. Y LOC. **comer* como una ~ (nueva)** o **comer más que una ~.**

limaco *s. m.* Babosa.

limadura *s. f.* **1** Acción y resultado de limar. **2** (preferentemente en plural) Pequeños trozos que se desprenden al limar un metal: *limaduras de hierro, limaduras de plata.*

limar *v. tr.* **1** Poner ‹una persona› lisa y sin asperezas [una cosa] con una lima: *Tienes que limar esta llave, porque no entra bien en la cerradura.* **2** Dar ‹una persona› mayor perfección a [una obra]: *Hasta que no lime bien el cuento no te lo dejo leer.* **3** Hacer ‹una persona o una cosa› que disminuya el desacuerdo o el enfrentamiento entre [dos o más personas]: *Tenemos que limar las pequeñas discrepancias que hay en el grupo.* FR. Y LOC. **~ asperezas*.**

limatón *s. m.* **1** Lima gruesa de forma circular. **2** AMÉR. Lima de un tejado.

limbo *s. m.* **1** REL. Según la Biblia, lugar donde los Patriarcas y las personas buenas antiguas esperaban la redención de Cristo. **2** REL. Según algunos teólogos católicos, lugar adonde van las almas de los niños que mueren sin bautizar antes de tener uso de razón. **3** BOT. Parte aplanada de las hojas, pétalos y sépalos de los vegetales. **4** ASTRON. Cerco de un astro. **5** Círculo graduado que tienen algunos instrumentos topográficos o astronómicos de medir ángulos. FR. Y LOC. **estar en el ~** COLOQUIAL. Estar ‹una persona› distraída, sin enterarse de lo que pasa a su alrededor: *¡No te has enterado de que suena el teléfono! ¿Estás en el limbo?*

limeño, ña *adj. / s. m.* y *f.* De Lima, capital de Perú: *las calles limeñas.*

limero *s. m. Citrus limetta.* Árbol de la familia de las rutáceas de flores blancas y olorosas cuyo fruto es la lima.

limitación *s. f.* **1** Acción y resultado de limitar o limitarse: *la limitación del tiempo de una obra, la limitación de las pensiones. En la reunión decidieron una limitación de invitaciones por persona.* **2** (preferentemente en plural) Circunstancia o defecto que reduce las posibilidades para hacer algo: *No reconoció sus propias limitaciones y fracasó.*

limitado, da *adj.* **1** (ser/ estar) Que tiene límite: *El tiempo de cada jugador está limitado. Es un espacio limitado.* **2** Que es poco o es pequeño: *Tiene posibilidades limitadas. El alcance es limitado.* **3** Que es poco inteligente: *Es un niño limitado. Trabajas bien, pero es un trabajo limitado.* FR. Y LOC. **sociedad* (de responsabilidad) limitada.**

limitar *v. tr.* **1** Poner ‹una persona› límites a [una cosa o un lugar]: *Limitaron el terreno dedicado a parque. El Parlamento ha limitado las facultades de los colegios profesionales.* **2** Reducir ‹una persona› [una cosa] estableciendo unos límites: *Han limitado las importaciones. Han limitado la velocidad a treinta por hora.* || *v. intr.* **3** Tener ‹un territorio o un país› fronteras con [otro]: *España no limita **con** Alemania.* SIN. lindar. || *v. prnl.* **4** Hacer ‹una persona› sólo [una cosa]: *Se limita **a** cosechar dinero. Yo me limito sólo **a** decirte lo que me han dicho, no opino.* SIN. ceñirse.

limitativo, va *adj.* Que limita: *derechos limitativos, marcas limitativas.*

límite *s. m.* **1** Línea real o imaginaria que separa dos cosas: *Han pintado los límites de los nuevos aparcamientos. Nunca he llegado hasta los límites de la finca.* **2** Momento final o más intenso de una situación: *Ha llegado al límite de sus posibilidades, no puede vivir ni un día más en esa casa. La paciencia tiene un límite.* **3** Punto, grado o tiempo del que no se puede o no se debe pasar: *No debemos sobrepasar el límite de velocidad establecido. Para pagar el coche nos dejan como límite el mes próximo. El límite de temperatura es de 20 grados.* SIN. tope. **4** MAT. Magnitud fija a la que se acercan cada vez más los términos de una secuencia, si ésta es infinita. || **5 situación* ~.**

limítrofe *adj.* [País, finca] que está contiguo a otro o linda con él: *Chile y Argentina son limítrofes. Zamora y Salamanca son dos provincias limítrofes. Te compro la finca limítrofe de la mía.*

limo *s. m.* **1** Barro, lodo. **2** VEN. Planta filamentosa que deja sobre el suelo la crecida de los ríos.

limón *s. m.* **1** Fruto del limonero, ovalado y de color amarillo, muy jugoso y aromático, de sabor ácido. **2** Limonero. **3** Limonada: *Yo quiero un limón granizado.* || *adj.* **4** (invariable) Color amarillo brillante, semejante al del fruto del limonero: *Tiene una cazadora limón.*

limonada *s. f.* **1** (no contable) Bebida de zumo de limón, agua y azúcar: *Lo mejor contra la sed es la limonada.* **2** Medida de este líquido contenida en un vaso o jarra: *Me bebí un par de limonadas bien frías.* **3** Refresco de limón.

limonar *s. m.* Terreno plantado de limones.

limoncillo *s. m.* Árbol tropical de las mirtáceas que huele a limón, de madera muy apreciada en ebanistería.

limonero, ra *adj.* **1** Del limón: *exportación limonera.* || *s. m. / f.* **2** Persona que vende limones. || *s. m.* **3** *Citrus limonum.* Árbol perenne de la familia de las rutáceas de hojas dentadas y flores blancas, cuyo fruto es el limón: *En Valencia hay muchos limoneros. Los limoneros dan varias cosechas al año.*

limonita *s. f.* MIN. Mineral de color pardo amarillo, usado como pigmento y para la extracción del hierro.

limosna *s. f.* **1** Dinero o cualquier otra cosa que se da a los pobres: *Había un pobre pidiendo a la salida de la iglesia y le dimos una limosna. Sólo da limosna a aquéllos que aceptan comida, pero nunca da dinero.* **2** COLOQUIAL; PEYORATIVO. Cantidad pequeña o insuficiente de dinero: *Se pasa todo el día trabajando para ganar una limosna.* FR. Y LOC. **alzarse / cargarse con el santo* y la ~.**

limosnera *s. f.* RESTRINGIDO. Pequeña bolsa que las niñas llevan a veces al hacer la Primera Comunión para guardar el dinero que les regalan: *Su abuela le hizo una preciosa limosnera de ganchillo.*

limosnero, ra *adj.* **1** Que es amigo de dar limosna: *Mi abuelo era muy limosnero.* || *s. m. / f.* **2** ARG., PERÚ, URUG., VEN. Pordiosero, mendigo.

limpia *s. f.* COL.; COLOQUIAL. Paliza, zurra.

limpiabarros (plural *limpiabarros*) *s. m.* Felpudo.

limpiabotas (plural *limpiabotas*) *s. m. / f.* Persona que tiene por oficio limpiar el calzado: *Trabaja de limpiabotas en las Ramblas.*

limpiabrisas (plural *limpiabrisas*) *s. m.* COL. Limpiaparabrisas.

limpiador, ra *adj. / s. m.* y *f.* **1** [Persona] que trabaja por oficio limpiando locales: *Las limpiadoras vienen por las no-*

ches. Es el encargado de los limpiadores. **2** [Producto químico] que sirve para limpiar: *limpiador de metales, crema limpiadora.*

limpialunas (plural *limpialunas*) *s. m.* Limpiaparabrisas.

limpiamente *adv. modo* **1** Con limpieza: *A mí me gusta comer limpiamente. Viste limpiamente.* **2** Con limpieza moral, con honradez: *Creo haber procedido limpiamente en esto.* **3** Con suma habilidad, agilidad o destreza, sin que se note: *Limpiamente, les sustrajo a todos el pañuelo. Le robaron la cartera limpiamente.*

limpiaparabrisas (plural *limpiaparabrisas*) *s. m.* Mecanismo formado por una o dos varillas que se mueven de un lado a otro para limpiar el parabrisas o el cristal trasero de un coche: *Cambió las escobillas del limpiaparabrisas.*

limpiar *v. tr./prnl.* **1** Quitar ‹una persona› [la suciedad de una persona o una cosa]: *Limpió el traje* ***de*** *manchas.* ***Se*** *limpió las manos antes de sentarse a comer. Límpiale los mocos al niño.* ‖ *v. tr.* **2** Quitar ‹una persona› [una cosa que estorba o no le sirve a otra]: *Limpió las escamas del pescado antes de guardarlo en el frigorífico.* **3** RESTRINGIDO. Corregir ‹una persona› [una ofensa o una falta]: *El conde lo amenazó y le aseguró que su honor sólo se limpiaba con sangre.* SIN. lavar. **4** RESTRINGIDO. Hacer ‹una persona o una cosa› más pura [a otra persona]: *Limpió su alma* ***de*** *pecados. Confesándolo todo he limpiado mi conciencia.* **5** Echar ‹una persona› de [un lugar] a las personas que se consideran peligrosas: *La policía limpió la ciudad* ***de*** *ladrones y maleantes.* **6** COLOQUIAL. Robar ‹una persona› [una cosa] a [otra persona]: *Un navajero le limpió el bolso a la salida del metro.* **7** COLOQUIAL. Ganar ‹una persona› mucho dinero [a otras personas] en un juego: *Tuvo una racha de suerte y nos limpió en un momento.* **8** ARG., PAR., URUG., VEN.; COLOQUIAL. Matar ‹una persona› [a otra persona].

limpidez *s. f.* (no contable) LITERARIO. Cualidad de límpido, claridad o transparencia: *la limpidez de un cielo, la limpidez de las aguas.*

límpido, da *adj.* ELEVADO. Que es claro, limpio y transparente: *una mirada límpida. Allí se ve una atmósfera límpida.* SIN. puro.

limpieza *s. f.* **1** Acción y resultado de limpiar: *Siempre me ha gustado la limpieza de esta ciudad. El martes haremos la limpieza del piso nuevo. Fue al dentista para hacerse una limpieza de boca.* **mujer* de la ~. ~ en seco** Limpieza de una prenda de ropa por medios químicos en una tintorería: *Esta blusa requiere limpieza en seco.* **2** (no contable) Honradez, nobleza y corrección en el comportamiento: *Nos ganó la apuesta con limpieza. Siempre juega al fútbol con mucha limpieza.* **3** (no contable) Habilidad y precisión para hacer algo con las manos: *La enfermera le quitó los puntos con una limpieza asombrosa. Fue sorprendente la limpieza del mago haciendo juegos de manos.* **4** COLOQUIAL. Acción o resultado de ser robado o de ser ganado en el juego: *Mientras estábamos de vacaciones nos hicieron una limpieza del piso. Me han hecho una limpieza en el casino, estoy sin blanca.* **5** VEN.; COLOQUIAL. Pobreza. ‖ **6 ~ de sangre** (no contable) Ausencia de familiares de origen judío, musulmán, herejes o condenados por la Inquisición que se exigía para determinados cargos o actividades: *En el siglo* XV *la Inquisición era la encargada de examinar la limpieza de sangre.*

limpio, pia *adj.* **1** (ser / estar) Que no tiene manchas o impurezas: *El agua está limpia. La ropa está limpia. El agua del mar es limpia.* ANT. sucio. **~ como una patena*** o **más ~ que una patena.** **2** Que es cuidadoso con su aseo personal y con sus cosas: *Es un chico muy limpio.* SIN. aseado. **3** Que no tiene desperdicios o cosas inútiles: *La merluza está limpia. El edificio está limpio* ***de*** *escombros. Aquí ya llega el grano limpio.* **4** Que es decente o se comporta con legalidad o moralidad: *No pueden acusarle de nada porque sus negocios son limpios. Es un funcionario limpio.* **manos* limpias.** **5** (estar) COLOQUIAL. Que se ha quedado sin dinero: *Últimamente está siempre limpio. El juego me ha dejado limpio.* **6** (estar) Que no tiene culpa: *Salió limpio de aquel asunto. Está limpia de culpa.* **7** (estar) Que no se siente culpable: *Su conciencia está limpia.* **8** [Cantidad, dinero] que resulta al descontar los gastos, impuestos o descuentos: *Gana cien mil pesetas limpias.* SIN. neto. **9** Que está bien definido o bien limitado: *Es una rotura de hueso limpia, sin desgarro de tejidos. Es un cuadro de colores muy limpios. La bala tiene una trayectoria limpia.* **carambola limpia.** **10** Que está libre de adornos superfluos: *Tiene un estilo muy limpio. Me gusta su pintura, limpia y escueta.* **11** (pospuesto) COLOQUIAL. Se usa para intensificar el significado de las palabras como *golpe, grito, disparo, empujón* y otras parecidas con el valor de *'sirviéndose solamente de gritos, disparos...': Luchaban a puñetazo limpio. Se lió a disparo limpio con los invitados. Los echó de casa a grito limpio.* ‖ *adv.* **12** Respetando las normas: *Juega limpio.* ANT. sucio. FR. Y LOC. **jugar* ~. ~ de polvo* y paja. pasar a ~** o **poner en ~** Redactar ‹una persona› un escrito en su forma definitiva, sin borrones ni tachaduras. **sacar* en claro / ~.**

limpión *s. m.* **1** COLOQUIAL. Limpieza rápida y superficial: *Como tenía prisa, sólo pudo darle un limpión a la casa y se marchó. Me doy un limpión a los zapatos y bajo enseguida.* **2** COL. Reprimenda. **3** C. RICA, VEN. Trapo de limpiar los platos.

limusina *s. f.* **1** Coche de cuatro o más ruedas muy largo y lujoso: *Las estrellas llegaban a la fiesta en sus limusinas.* **2** Antiguo carruaje de caballos cerrado con capota para los asientos traseros.

limusine *s. f.* Limusina.

linaje *s. m.* **1** Conjunto de antepasados o descendientes de una persona o familia: *Mi primo presume de un linaje muy antiguo.* **2** (no contable) Clase, condición o especie: *En la fiesta había gente de todos los linajes. Tienen en esta tienda perros de todos los linajes imaginables.*

linajudo, da *adj.* (antepuesto / pospuesto) RESTRINGIDO. Que tiene un linaje noble o presume de pertenecer a un linaje antiguo o importante: *Me fastidia tratar con gente tan linajuda, siempre con el recuerdo de los apellidos familiares en la boca. Emparentó con una linajuda familia asturiana.*

linaza *s. f.* Semilla del lino de la que se obtiene una harina con aplicaciones medicinales y un aceite usado en la fabricación de barnices y pinturas: *Necesito aceite de linaza para echarle a un barniz.*

lince *s. m.* **1** (macho y hembra) *Lynx lynx.* Mamífero carnívoro, parecido al gato, pero mucho mayor, al que se le atribuye una vista muy aguda y que vive en solitario en bosques de Europa: *En ciertas zonas españolas viven todavía algunos linces.* ‖ *adj. / s. m.* y *f.* **2** [Persona] que es astuta y sagaz: *Mi prima es una lince para los negocios. Chico,* *eres un lince, no me había dado cuenta del problema.* FR. Y LOC. **vista* de ~.**

linchamiento *s. m.* Acción y resultado de linchar: *Los linchamientos son injustos e ilegales.* **~ moral** Admisión pública de la culpabilidad de una persona sin esperar el resultado de un juicio o de una investigación imparcial: *El linchamiento moral es un arma que se maneja en la vida política y en el mundo de los negocios.*

linchar *v. tr.* Castigar sin ningún proceso legal ‹una muchedumbre exaltada e incontrolada› [a una persona sospechosa]: *La sociedad no puede tolerar que una persona sea linchada.*

lindamente *adv. modo* **1** ELEVADO. Primorosamente, con gusto y belleza: *Todas estaban lindamente engalanadas.* **2** ELEVADO. Fácilmente y sin llamar la atención: *Lindamente se quedó con el reloj.*

lindar *v. intr.* **1** Tener ‹un territorio o un país› límites comunes con [otro territorio o país]: *Mi casa linda **con** el supermercado.* **2** Llegar a ser ‹una cosa› casi [otra cosa]: *Aquella escena lindaba **con** lo terrorífico. Tu comportamiento linda **con** la grosería, no me parece gracioso.*

linde *s. m./f.* (preferentemente en femenino) Límite que separa campos, terrenos, casas, o cualquier otra propiedad administrativa: *Ya se ha marcado la linde oficial entre los dos pueblos. La vaca atravesó la linde y pasó al campo del vecino.*

lindero, ra *adj.* **1** Que linda o forma límite con otra cosa: *El río es lindero entre los dos pueblos. Han levantado una pared lindera con nuestra finca.* || *s. m.* **2** (preferentemente en plural) Linde: *No respetó los linderos entre las dos fincas y ocupó una parte nuestra.* SIN. límite.

lindeza *s. f.* **1** (preferentemente en plural) IRONÍA. Palabras dichas contra una persona con intención de ofenderla: *La llamó «estúpida» y otras lindezas por el estilo.* **2** (no contable) Calidad de lindo: *La cara del niño tenía una lindeza especial: era guapísimo.* **3** RESTRINGIDO. Acción o dicho agradable o ingenioso: *Carlos era maravilloso tratando a la gente: siempre sabía dónde colocar las lindezas.*

lindo, da *adj.* **1** (ser/estar, antepuesto/pospuesto) Que es bonito o hermoso: *una linda sonrisa. ¡Qué vestido más lindo! Eres una niña muy linda. Estás muy lindo con esos zapatitos.* || *adv. modo* **2** AMÉR. Muy bien, lindamente. LOC. **de lo ~** Mucho, demasiado: *Olía a colonia de lo lindo. Ayer nos divertimos de lo lindo con tu abuela.*

línea *s. f.* **1** GEOM. Sucesión continua de puntos en el espacio: *Dibujen una línea que una los dos puntos a y b.* **~ recta** Línea que sigue constantemente la misma dirección. **2** Extensión continua geométrica que se considera o se percibe sólo en su longitud: *la línea del horizonte.* **3** Contorno o perfil: *Tiene una línea muy marcada.* **4** Figura esbelta: *Suele guardar la línea.* **5** Raya que señala el límite de una cosa: *Fue el primero en cruzar la línea de meta.* **6** Serie de personas, animales o cosas colocadas en la misma dirección: *Se pusieron todos en línea y de dos en dos para ir a la piscina. Si los pones en línea los contaremos mejor.* **estacionamiento* en ~.** **7** Serie de palabras o caracteres escritos: *Sólo debes escribirle cuatro líneas para felicitarle las fiestas. No me cabe todo en una línea.* **8** JUEGOS. Serie horizontal de números que componen el cartón del jugador y que deben coincidir exactamente con los números extraídos de un bombo para ganar un premio, en el juego del bingo: *llenar una línea, completar la línea.* **9** Serie de generaciones de una misma familia. **~ recta** Línea de parentesco directo de padres a hijos. **~ transversal/colateral** Línea de parentesco que no va de padres a hijos. **10** Gama o variedad de un producto: *Ha salido una nueva línea de cosméticos.* **11** Servicio regular de transporte: *Tomaré la línea de Marsella a Argel. Para ir a esa calle te sirve la línea número tres del metro. Hay una línea de autobús que hace este recorrido.* **autocar de ~. coche* de ~. ~ aérea** (preferentemente en plural) Compañía de transporte aéreo: *las líneas aéreas iraníes, las líneas aéreas colombianas, las líneas aéreas argentinas.* **12** Sistema de cables o hilos que conduce la corriente eléctrica o hace posible la comunicación telefónica o telegráfica: *Ha habido una bajada de tensión en la línea. Hay una avería en la línea. Perdonen las molestias, estamos renovando las líneas.* **~ telegráfica.** **13** Comunicación telefónica: *Tiene línea directa con mi despacho. Este teléfono no tiene línea.* **14** Dirección o tendencia en las ideas o en la conducta: *Siguen la línea del diálogo. Ha cambiado su línea de pensamiento. En su libro sigue la línea de Freud.* **15** Dirección o tendencia en el diseño o en la moda: *Este año predomina la línea deportiva. Presentó su línea de primavera-verano.* **16** DEP. Conjunto de jugadores de un equipo con la misma función: *jugar en línea. Hay que retrasar la línea delantera.* **17** MIL. Formación de tropas en orden de batalla. **~ de fuego** Formación de tropas que está en la posición más avanzada de un frente de combate. **primera ~** Formación de tropas que está en la posición más avanzada de un frente de combate: *Este periodista ha regresado de la primera línea y confirma que las tropas están tranquilas.* **18** ARG., URUG. Sedal de la caña de pescar. || **19 ~ caliente** COLOQUIAL. Número telefónico que ofrece historias eróticas. **20 ~ de flotación** MAR. Línea que separa la parte sumergida de un barco de la que no lo está. **21 ~ equinoccial** GEOGR. El Ecuador de la Tierra. FR. Y LOC. **de primera ~** [Persona, cosa] de una categoría o grupo de los primeros o de los mejores: *Es un escritor de primera línea.* **en líneas generales** Sin entrar en detalles: *En líneas generales estoy de acuerdo contigo.* **en su ~** Dentro de la clase o categoría a la que pertenece: *Es el coche más lujoso en su línea. Sigue pintando en su línea, no se ha renovado.* **en toda ~** Completamente: *Vencieron en toda línea.* **juez* de ~. leer* entre líneas/renglones.**

lineal *adj.* **1** De la línea o que sólo utiliza líneas: *perspectiva lineal.* **dibujo* ~.** **2** Que se desarrolla en una misma dirección o de una manera constante, sin grandes variaciones: *Se ha registrado un aumento lineal de los precios. En este centro se ha producido un descenso lineal del alumnado.* **3** BOT. [Órgano] que es estrecho y alargado: *hojas lineales.*

lineamento *s. m.* Lineamiento.

lineamiento o **lineamento** *s. m.* **1** DIB. Conjunto de líneas que forman el dibujo o la forma de algo: *El arquitecto nos hizo el lineamiento de la casa para que imagináramos cómo podía ser el proyecto.* **2** (preferentemente en singular; no contable) ARG., URUG.; RESTRINGIDO en España. Conjunto de los aspectos fundamentales de un tratado, de una teoría científica, o de un proyecto: *El profesor nos expuso el lineamiento general de su tesis sobre las nuevas moléculas.*

linfa *s. f.* (no contable) FISIOL. Parte del plasma sanguíneo, compuesta fundamentalmente de linfocitos, que se encarga de recoger las sustancias producidas por las células y, a través de los vasos linfáticos, llega a la sangre venosa.

linfático, ca *adj.* **1** De la linfa: *sistema linfático.* || *adj. / s. m.* y *f.* **2** RESTRINGIDO. [Persona] que tiene poca energía o es excesivamente pasiva: *Tengo un hijo muy linfático, excesivamente tranquilo y poco amigo de líos.*

linfocito *s. m.* FISIOL. Célula linfática, variedad de leucocito, que interviene activamente en las reacciones defensivas inmunitarias del organismo: *Los linfocitos se forman en la médula ósea.*

linfoma *s. m.* (no contable) MED. Tumor maligno de los ganglios linfáticos o del bazo.

lingotazo *s. m.* COLOQUIAL. Trago de bebida alcohólica: *Lo mejor para el frío es un buen lingotazo de aguardiente.* SIN. latigazo (COLOQUIAL).

lingote *s. m.* Barra de metal bruto fundido: *lingote de oro, lingote de hierro, lingote de plata. El precio del lingote de platino ha subido.*

línguae Se usa en la LOC. **lapsus* ~.**

lingual *adj.* De la lengua: *músculo lingual.*

lingüista *s. m. / f.* Persona que se dedica profesionalmente a estudiar el lenguaje o las lenguas: *Es una lingüista de gran prestigio.*

lingüística *s. f.* (no contable) Ciencia que trata del estudio científico del lenguaje y de las lenguas: *Hace quinto curso de Filología, en la especialidad de Lingüística.* **~ aplicada. ~ general. ~ histórica.**

lingüístico, ca *adj.* **1** De la Lingüística: *estudio lingüístico, investigación lingüística.* **geografía* lingüística. signo* ~.** **2** De la lengua: *aprendizaje lingüístico, habilidades lingüísticas.* **código* ~. estrato* ~. parentesco* ~.**

linier *s. m.* DEP. Juez de línea: *El árbitro no pitó fuera de juego porque el linier no levantó el banderín.*

linimento *s. m.* FARM. Preparado compuesto por aceites y sustancias balsámicas que se aplica en fricciones sobre la piel para aliviar algunos dolores: *Muchos deportistas usan linimento.*

lino *s. m.* **1** *Linum usitatissimum.* Planta de tallo hueco, hojas alternas muy finas y flores grandes cuyos tallos se utilizan en la industria textil. **2** (no contable) Fibra textil obtenida de los tallos de esta planta y tejido fabricado con esta fibra: *falda de lino, traje de lino, camisa de lino.*

linografía *s. f.* **1** (no contable) Técnica de imprimir un texto o grabado sobre tela. **2** Texto o grabado impreso sobre tela.

linóleo o **linóleum** *s. m.* Material de construcción para cubrir suelos, que consiste en una gruesa tela, muy resistente, recubierta de una capa impermeable: *Los suelos de linóleo encerado son ideales para una pista de baile.*

linotipia *s. f.* **1** ART. GRÁF. Máquina que se usaba para componer textos de la que salía la línea en una sola pieza: *Las linotipias ya no se usan en las imprentas.* **2** Técnica de composición con esta máquina.

linotipista *s. m. / f.* Persona que se dedicaba profesionalmente a trabajar con una linotipia: *Los linotipistas experimentados tenían fama de ser muy cultos.*

linterna *s. f.* **1** Utensilio portátil provisto de pilas y de una bombilla que sirve para alumbrar: *linterna de mano. Por la noche caminábamos en el bosque y nos alumbrábamos con una linterna.* **2** Farol portátil con una sola cara de vidrio: *Los coches de caballos se alumbraban con varias linternas en la parte delantera y una en la trasera.* **3** ARQ. Torre pequeña en la parte superior de una cúpula con ventanas a los lados para iluminar el interior del edificio. || **4 ~ mágica** Antiguo aparato óptico que proyectaba imágenes fijas en una pantalla y creaba la ilusión de movimiento.

linyera *s. m. / f.* **1** ARG., CHILE, PAR., URUG.; COLOQUIAL en Argentina, RESTRINGIDO en Chile, PEYORATIVO en Uruguay. Pordiosero, vagabundo. **2** CHILE; RESTRINGIDO. Persona que vive de trabajos ocasionales. || *s. f.* **3** ARG.; RESTRINGIDO. Hatillo de ropa, equipaje de pobre.

lío *s. m.* **1** Situación o problema difícil de entender o de resolver: *Hay un lío de circulación esta mañana que lo mejor es ir en metro. No sé cómo va a solucionar el alcalde el lío que ha organizado su concejal de cultura. Cuando se mete en algún lío, le intento ayudar.* **2** Desorden de las cosas: *Tiene un lío en las cuentas de la oficina que no se aclara.* **3** Paquete mal atado: *Prepara bien el paquete, no hagas un lío.* **4** COLOQUIAL; PEYORATIVO. Relación amorosa o sexual que se considera socialmente irregular: *Vive con Pepe desde hace años, pero ahora dicen que tiene un lío con Santiago.*

liofilización *s. f.* Acción y resultado de liofilizar: *La liofilización es un proceso muy utilizado en la industria alimentaria.*

liofilizar *v. tr.* Separar ‹una persona› el agua de [una sustancia] sometiéndola a una rápida congelación y luego a una elevada presión: *Liofilizamos muchos alimentos para conservarlos mejor o para utilizarlos con más comodidad, como el café instantáneo o el puré de patatas.* ⇒ **19.**

lioso, sa *adj.* **1** (ser / estar) Que es difícil de resolver o entender, o que está confuso o complicado: *Este asunto es muy lioso, habrá que considerarlo despacio y con cuidado. Esto está muy lioso, no hay quien lo entienda.* **2** Que tiende a organizar enredos con las cosas o conflictos en las relaciones entre las personas: *No me gusta nada este vecino, es bastante lioso. No le hagas caso a mi madre, que es una liosa y le encanta que todos estemos preocupados.*

lipa *s. f.* VEN.; COLOQUIAL. Vientre de una persona.

lipemia *s. f.* (no contable) MED. Presencia de grasas en la sangre.

lípido *s. m.* (no contable) BIOL. Sustancia orgánica que se caracteriza por ser insoluble en agua y soluble en disolventes orgánicos, que constituye las reservas de energía de los seres vivos: *lípidos alimenticios.* SIN. grasas.

lipoma *s. m.* MED. Tumor graso de carácter benigno: *Le ha salido un lipoma en la espalda.*

lipón, na *adj.* VEN.; COLOQUIAL. [Persona, animal] que tiene el vientre abultado.

liposoluble *adj.* [Sustancia] que es soluble en las grasas: *La vitamina A es liposoluble.*

liposoma *s. m.* Pequeño órgano membranoso como una bolsa en el que se acumulan proteínas, enzimas o medicinas: *Muchos productos de belleza anuncian que contienen liposomas.*

liposucción *s. f.* MED. Tratamiento de cirugía estética que consiste en la aspiración de la grasa corporal por medio de agujas y cánulas externas: *Una solución drástica y eficaz contra la celulitis es la liposucción.*

lipotimia *s. f.* Desmayo pasajero provocado por un descenso de la tensión arterial: *Mi padre sufrió una lipotimia y se cayó al suelo.*

liquen *s. m.* **1** Planta de la familia de las criptógamas formada por la simbiosis de un alga con un hongo filamentoso que crece, en forma de costra, sobre superficies húmedas: *La desaparición de los líquenes demuestra un aumento de la contaminación.* **2** (en plural) Género de estas plantas.

liquidación *s. f.* **1** Venta de productos a un precio más bajo del habitual: *Compré los zapatos mucho más baratos porque estaban de liquidación en la tienda.* **~ por cese de negocio. ~ por fin de temporada. ~ por reforma. ~ por traspaso. 2** DER. Acción y resultado de poner fin a las actividades de una empresa o de dar por terminado un contrato con un trabajador: *Después de los malos resultados, la empresa decidió su liquidación para evitar más pérdidas.* **3** DER. Dinero entregado por una empresa a un trabajador al final del contrato: *Cuando despidieron a Juan, la empresa le envió en un sobre la liquidación pendiente.* SIN. finiquito. **4** Fin de una relación o de una actividad: *Creo que se acerca la liquidación de nuestro matrimonio.* **5** Obtención de dinero líquido por la venta de bienes o activos financieros: *La empresa ha saneado los resultados de este año con la liquidación de su participación en otras sociedades.*

liquidar *v. tr.* **1** Pagar ‹una persona› [una deuda] completamente: *Liquidé la cuenta del fontanero.* **2** Poner ‹una persona› fin a [una cosa]: *Liquido unos asuntos y vuelvo enseguida.* **3** Gastar ‹una persona› [una cosa] completamente: *En dos meses liquidó toda la herencia.* SIN. fundir. **4** COLOQUIAL. Matar ‹una persona› [a otra persona]: *Han liquidado a dos de la banda.* **5** Vender ‹una persona› [un negocio o bienes inmuebles]: *No le interesan los negocios: ha liquidado ya todos los pisos que heredó.* **6** Convertir ‹una persona o una cosa› [un cuerpo sólido o gaseoso] en líquido: *El gas se liquida para su transporte.* SIN. licuar. **7** MÉX.; COLOQUIAL. Despedir, echar ‹una persona› [a otra persona] de un trabajo. || *v. tr. / intr.* **8** Vender ‹una persona› [las mercancías de un negocio] con rebaja de precio por reforma o cese del mismo: *Vendemos tan barato porque estamos liquidando.* || *v. prnl.* **9** Convertirse ‹un cuerpo sólido o gaseoso› en líquido: *El hielo se liquida enseguida fuera de la nevera.* SIN. licuarse.

liquidez *s. f.* **1** (no contable) ECON. Capacidad de alguien para pagar las deudas con dinero y no con valores o posesiones: *Aunque tenía muchas tierras, no pudo pagar las deudas por falta de liquidez.* **2** (no contable) Cualidad o estado líquido: *Hay que calentar la masa hasta que alcance un estado de liquidez suficiente.*

líquido, da *adj. / s. m.* **1** (ser / estar) FÍS. [Cuerpo] que se adapta a la forma del recipiente que lo contiene y no se puede comprimir o expansionar: *crema líquida. La botella contenía un líquido blanco. Es un yogur líquido. La mantequilla está líquida.* **combustible ~. cristal* ~. jabón ~. el ~ elemento** RESTRINGIDO. El agua. **2** [Cantidad] que resulta de comparar el debe con el haber: *el líquido de una cuenta bancaria.* **3** [Cantidad] que resulta de descontar impuestos, gastos y otras retenciones: *sueldo líquido. El líquido que cobra es muy poco.* **4** ECON. [Dinero] que se tiene disponible. **dinero* en efectivo / metálico** o **dinero ~.** || *adj. / s. f.* **5** GRAM. [Sonido] que tiene carácter vocálico y consonántico a la vez: *La «l» y la «r» son consonantes líquidas. Su tesis estudia la articulación de las líquidas.* **s* líquida.**

liquiliqui o **liquilique** *s. m.* VEN. Chaqueta de algodón o de dril cerrada hasta el cuello.

lira *s. f.* **1** Antiguo instrumento musical con varias cuerdas sujetas a una caja de resonancia de la que parten dos brazos que se unen mediante un travesaño: *la lira de Apolo.* **2** LITERARIO. Inspiración de un poeta: *la lira de Anacreonte.* SIN. numen. **3** MÉTR. Estrofa de cinco versos que rima en consonante el primero con el tercero y el segundo con el cuarto y el quinto; el primero, tercero y cuarto son heptasílabos, el segundo y el quinto, endecasílabos: *Es famosa la oda del poeta Garcilaso que empieza «Si de mi baja lira -, tanto pudiese el son que en un momento- aplacase la ira- del mar y el movimiento».* **4** Unidad monetaria de varios países, como Italia y Turquía.

lírica *s. f.* **1** LIT. Género literario al que pertenecen las obras de poesía lírica, caracterizadas por la expresión de sentimientos personales del poeta: *La lírica contó con insignes poetas en el Siglo de Oro español.* **2** LIT. Conjunto de composiciones poéticas: *la lírica contemporánea, la lírica de Garcilaso, la lírica mexicana.*

lírico, ca *adj. / s. m.* y *f.* **1** De un género literario íntimo y poético: *producción lírica, poeta lírico. ¿Has leído algo de los líricos franceses? Estoy haciendo un trabajo sobre la lírica europea de la Edad Media.* **poema ~.** || *adj.* **2** Que expresa emociones y sentimientos íntimos que producen en el ánimo una impresión intensa o sutil como la poesía de este género: *Han sido unos momentos agradables y líricos. La naturaleza nos brindaba un escenario íntimo y lírico.* **3** [Obra de teatro] que es total o básicamente musical: *La zarzuela o la ópera pertenecen al género lírico.* **4** De estas obras de teatro: *Es un cantante lírico.*

lirio *s. m.* **1** *Iris germanica.* Planta de flores vistosas, hojas alargadas y raíz de bulbo que se utiliza en perfumería y como planta ornamental. **2** (macho y hembra) *Campogramma glaycos.* Pez de la familia de la palometa, que habita en el Atlántico y a veces penetra también en el Mediterráneo. || **3 ~ blanco** BOT. Azucena.

lirismo *s. m.* **1** (no contable) Carácter lírico y emotivo: *Escribió unos versos de gran lirismo.* **2** (no contable) Carácter fantasioso o soñador: *Su lirismo lo pierde a veces, es incapaz de ver la realidad. Déjate de lirismos y atiende a lo práctico.*

lirón *s. m.* **1** (macho y hembra) *Elyomys quercinus.* Mamífero roedor de pelaje sedoso, con una larga cola, que habita en bosques de Europa y del norte de África, y pasa el invierno comiendo alimentos que ha almacenado. **2** COLOQUIAL. Persona que duerme mucho y muy profundamente: *Yo no tengo problema para dormir, duermo como un lirón. Mi marido es un lirón, sobre todo por las mañanas.* SIN. marmota, dormilón.

lirondo *adj.* Se usa en la LOC. **mondo* y ~.**

lis (plural *lises*) *s. f.* Se usa en la LOC. **flor* de ~.**

lisa *s. f.* **1** (macho y hembra) Mújol. **2** VEN. Jarra de cerveza de barril.

lisamente *adv. modo* **1** Abiertamente, sin rodeos ni adornos, con sencillez. **2** (en terminología jurídica) Sin interpretación posible, entendiéndose las palabras tal como suenan.

lisboeta *adj. / s. m.* y *f.* De Lisboa, capital portuguesa: *un alumno lisboeta. Los lisboetas llegaron los primeros.*

lisbonense *adj. / s. m.* y *f.* Lisboeta.

lisbonés, sa *adj. / s. m.* y *f.* Lisboeta.

lisiado, da *adj. / s. m.* y *f.* (ser / estar) Que carece de algún miembro del cuerpo o no puede moverlo: *Jesús curaba a todos los lisiados que se acercaban a él.*

lisiar *v. tr.* RESTRINGIDO. Producir ‹una persona o una cosa› una lesión permanente [a una persona]: *Anda con muletas desde que una moto lo lisió.*

liso, sa *adj.* **1** Que no tiene asperezas, arrugas o desigualdades: *terreno liso, superficie lisa.* **2** Que tiene un solo color y no tiene dibujos: *una tela lisa. Me gustan las corbatas y las camisas lisas.* **3** [Cabello] que cae sin formar ondas ni rizos: *Te sienta mejor el pelo liso, el rizado te hace mayor.* **4** COL. Que se escurre con facilidad. ‖ *adj. / s. m.* y *f.* **5** AMÉR. Que es descarado o caradura. ‖ *s. m.* **6** ARG., URUG. Vaso cilíndrico para cerveza, caña. FR. Y LOC. **lisa / simple y llanamente** Hablando sin rodeos y directamente, dicho con sencillez y directamente: *El proyecto ha sido, lisa y llanamente, un fracaso. Son, simple y llanamente, mejores que los nuestros. Es, lisa y llanamente, un pelota del jefe.*

lisonja *s. f.* ELEVADO. Alabanza hecha por interés: *Se enorgullecía de las lisonjas que recibía de sus compañeros. No te fíes de las lisonjas.*

lisonjear *v. tr.* **1** Decir ‹una persona› lisonjas [a otra persona]: *Yo conozco mis limitaciones, no me lisonjeéis, que no me ha salido tan bien el discurso.* **2** Ser ‹una cosa› motivo de satisfacción o envanecimiento para [una persona]: *Esta comparación con la campeona me lisonjea. Me lisonjea que hayáis venido a felicitarme.* ‖ *v. prnl.* **3** Sentirse ‹una persona› orgullosa de [una cosa]: *Se lisonjea* ***de*** *su triunfo. Es un poco inmaduro, se lisonjea* ***con*** *cualquier tontería.*

lisonjero, ra *adj. / s. m.* y *f.* **1** Que lisonjea: *comportamiento lisonjero, comparación lisonjera, voz lisonjera. Eres un lisonjero, un adulador.* ‖ *adj.* **2** Que agrada o produce satisfacción o placer: *Las perspectivas son lisonjeras. Me parece una invitación muy lisonjera y te la agradezco.*

lista *s. f.* **1** Tira o franja larga y estrecha de material flexible: *Ha decorado las paredes del local con listas de plástico fosforescente.* **2** Franja estrecha y alargada de color o de material diferentes del resto en una superficie: *En su habitación ha puesto una colcha blanca con una lista azul. El coche es rojo con una lista blanca muy llamativa en los laterales.* **3** Relación o enumeración de personas o cosas, generalmente en forma de columna: *En la entrada del restaurante se encuentra la lista de precios. El lunes se pondrá una lista con los aprobados. Miró la lista de premios de la lotería nacional.* **~ de boda** Lista de objetos que escogen los novios en un establecimiento comercial y que se encuentra a disposición de los invitados: *Tenemos la lista de boda en los grandes almacenes de la Plaza Mayor.* **~ negra** Lista secreta en la que figuran los nombres de personas o entidades que se tienen en mala consideración: *Los sindicatos han denunciado que en la construcción hay una lista negra de antiguos sindicalistas que nunca serán contratados.* ‖ **4 ~ de correos** Oficina de correos a la que se envían las cartas y paquetes que deben ir a recoger los propios destinatarios: *En vacaciones me voy a Salamanca, escríbeme a la lista de correos.* FR. Y LOC. **pasar ~** Leer ‹una persona› en voz alta los nombres de las personas incluidas en una relación para saber si están presentes: *En la universidad los profesores no pasan lista normalmente.*

listado, da *adj.* **1** Que tiene o forma listas: *Nos hemos comprado unas cortinas listadas, azules y blancas, muy bonitas.* ‖ *s. m.* **2** Lista, relación: *Saca un listado de los clientes de Salamanca.*

listeza *s. f.* (no contable) RESTRINGIDO. Cualidad de listo, sagacidad: *Su listeza para el negocio es increíble.*

listín *s. m.* **1** Agenda de teléfonos y direcciones: *No tengo aquí su dirección, la tengo en el listín de casa.* **2** Guía de teléfonos: *Busca en el listín el teléfono de tu amiga.*

listo, ta *adj.* **1** Que tiene inteligencia, piensa y comprende las cosas con facilidad y rapidez: *Es un chico listo y muy despierto.* **2** (estar) Que está dispuesto para hacer algo, o que ha sido preparado para algo: *Todo está listo para recibir a los ganadores. Los soldados están listos para entrar en combate.* ‖ *adj. / s. m.* y *f.* **3** (ser / estar) a veces PEYORATIVO. Que tiene habilidad, sagacidad o astucia para saber lo que le conviene y para actuar en beneficio suyo: *Hay mucho listo al volante. Es muy lista, no conozco a nadie que la haya engañado en un negocio.* FR. Y LOC. **estar / ir ~** COLOQUIAL. Se usa para comentar que los proyectos de una persona fracasarán: *Si cree que lo van a contratar por guapo, está listo. Estamos listos: no podemos ganar clientes vendiendo más caro que los demás.* **pasarse de ~** Equivocarse ‹una persona› creyendo que actúa muy bien: *Tú crees que los demás somos tontos, y te pasas de listo. Te has pasado de listo: el jefe disimula, pero se dio cuenta de que le tomabas el pelo.* **ser más ~ que el hambre*.**

listón *s. m.* **1** Pieza larga y estrecha de madera: *los listones del marco de una ventana, los listones de un mueble, los listones de un zócalo.* **2** DEP. Barra colocada horizontalmente en algunos aparatos que debe ser superada: *En la prueba del salto de altura el listón está a dos metros.* **3** Nivel exigido para superar una competición o un examen: *No sé si pasaré a la siguiente ronda porque el listón está muy alto. Hay que subir el listón de este concurso de canto si queremos mantener su prestigio.*

lisura *s. f.* **1** (no contable) Calidad de liso: *la lisura de una superficie, la lisura de la piel de tu cara.* **2** (no contable) RESTRINGIDO. Claridad, sinceridad: *Háblame con lisura y déjate de rodeos.* **3** AMÉR. Dicho o acción desvergonzados.

litera *s. f.* **1** Mueble compuesto de dos camas, una encima de otra: *Hemos puesto una litera en la habitación.* **2** Cada una de estas camas: *Yo duermo en la litera de arriba.* **3** Cama estrecha y fija de un barco o de un vehículo: *Los compartimentos del tren tienen seis literas.* **4** Antiguo medio de transporte formado por una cabina con dos varas laterales que era llevado por hombres o caballos: *viaje en litera, litera oriental.*

literal *adj.* **1** Que es fiel a la letra del texto o a su sentido exacto y propio, y no lo interpreta: *traducción literal, significado literal.* **2** Que reproduce un texto o un discurso palabra por palabra: *cita literal. Estas fueron sus palabras literales.*

literalidad *s. f.* (no contable) Respeto absoluto a la materialidad de las palabras de un texto: *Antes de interpretar un texto un filólogo debe comprobar la exactitud de su literalidad.*

literalmente *adv. modo* **1** De manera literal, conforme a la letra o al sentido literal o traduciendo al pie de la letra: *Ese texto reproduce literalmente uno mío anterior.* OBSERVA-

CIONES: A menudo modifica al acto mismo de decir: –*«Está hablando en francés. ¿Qué dice?»* –*«Literalmente, yo tengo mal en la garganta.»* **2** Se usa a veces para indicar que una palabra debe interpretarse en su sentido propio y exacto: *Estoy literalmente arruinado. Es literalmente un ladrón.* || *adv. orac.* **3** Si nos atenemos a la letra o al sentido literal, desde una interpretación puramente literal. Suele conllevar valoración negativa y a menudo anticipa la oposición en la que se anuncia lo que de verdad interesa destacar: *Literalmente, así es, pero la verdadera interpretación es otra.*

literariamente *adv. modo* **1** De manera literaria, en un registro o con unas miras y modos propios de la expresión de carácter literario o de pretensiones estéticas: *El texto ha sido concebido y estructurado demasiado literariamente.* || *adv. restrictivo* **2** Desde el punto de vista literario: *Literariamente, el documento carece de interés.*

literario, ria *adj.* **1** De la Literatura: *crítica literaria, mundo literario, ambiente literario, estilo literario, personaje literario, premio literario, símbolo literario, género literario.* **fuentes literarias. preceptiva* literaria. velada literaria.** **2** De las Letras o de las Humanidades: *En esta universidad la tradición literaria es mucho más firme que la tradición científica o investigadora.* **república* literaria** o **república de las Letras.**

literato, ta *adj. / s. m.* y *f.* frecuentemente PEYORATIVO. Persona que por profesión o por afición se dedica a la Literatura.

literatura *s. f.* **1** (no contable) Arte que emplea como medio de expresión la palabra: *La Literatura es esencial para que el hombre se conozca mejor.* **2** (no contable) Conjunto de obras literarias: *la literatura medieval, la literatura dramática, la literatura argentina.* **~ oral.** **3** (no contable) Conjunto de teorías que estudian las obras literarias: *Se dedica a la literatura estructural.* **4** Conjunto de obras publicadas sobre una materia: *la literatura médica. La literatura sobre la guerra nuclear es muy abundante.* FR. Y LOC. **hacer ~** Hablar mucho ‹una persona› de un asunto sin solucionarlo realmente: *Para solucionar el problema del paro no hay que hacer literatura y sí actuar.*

litiasis (plural *litiasis*) *s. f.* (no contable) MED. Formación de cálculos o piedrecitas en algún órgano del cuerpo.

lítico, ca *adj.* ELEVADO. De la piedra o de la litiasis.

litigar *v. tr. / intr.* **1** DER. Disputar ‹una persona› [una cosa] a una persona en un litigio o juicio: *Estuvo años litigando por estas tierras. Litigó el derecho a la indemnización hasta que el tribunal supremo falló a su favor.* || *v. intr.* **2** Discutir ‹una persona› con [otra persona]: *Litigábamos entonces con nuestros compañeros* ***por*** *cualquier cosa. No soy muy amigo de litigar con nadie.* ⇒ **56.**

litigio *s. m.* ELEVADO. Enfrentamiento o disputa, especialmente la que se resuelve en los tribunales de justicia: *Ya hay sentencia sobre el litigio de los derechos del agua. La cosa no está clara, pero no quiero más litigios contigo.*

litio *s. m. Li.* Elemento químico metálico de color blanco, ligero, que pertenece al grupo de los alcalinos: *El litio se utiliza en aleaciones.*

litografía *s. f.* **1** (no contable) ART. GRÁF. Procedimiento de impresión de dibujos o escritos que se han grabado previamente en una piedra caliza compacta o en una plancha metálica: *La litografía es un arte difícil.* **2** ART. GRÁF. Grabado o escrito obtenido por este procedimiento: *una exposición de litografías.* **3** Establecimiento o taller en el que se hacen litografías: *Su padre tiene una litografía cerca de casa.*

litográfico, ca *adj.* De la litografía: *reproducción litográfica, imprenta litográfica.*

litología *s. f.* (no contable) GEOL. Parte de la Geología que estudia las rocas.

litoral *adj.* **1** De la costa u orilla del mar: *región litoral, fauna litoral. Las aguas litorales están sucias.* || *s. m.* **2** Costa u orilla del mar: *las playas del litoral mediterráneo.* **3** ARG., URUG. Zona de tierra en la orilla de un río.

litosfera *s. f.* (no contable) GEOL. Capa exterior sólida de la Tierra, compuesta principalmente de silicatos, y que comprende la corteza y parte del manto.

litote *s. f.* Lítotes.

lítotes (plural *lítotes*) *s. f.* RET. Figura retórica que consiste en moderar una opinión o una afirmación negando lo contrario de lo que desea afirmar: *«No me molestas nada» en vez de «estoy muy a gusto contigo» es una lítotes.* SIN. atenuación.

litro *s. m.* **1** Unidad de capacidad del Sistema Internacional que equivale al volumen de un kilogramo de agua sometida a la presión normal. **2** Cantidad de líquido que cabe en esta unidad: *Se bebe todos los días dos litros de leche.*

litrona *s. f.* COLOQUIAL. Botella de cerveza que contiene un litro: *Se bebieron las litronas en el parque.*

lituano, na *adj.* **1** De Lituania, país europeo: *historia lituana, deportista lituano.* || *s. m.* **2** LING. Lengua indoeuropea de la rama báltica hablada en Lituania.

liturgia *s. f.* **1** Conjunto de normas que regulan el culto a la divinidad en una iglesia y prácticas externas que lo forman: *Todas las iglesias tienen sus propias liturgias.* **2** A veces PEYORATIVO. Conjunto de normas que regulan los actos de una organización o institución y las prácticas que los realizan: *No me gusta la liturgia de los actos solemnes.*

litúrgico, ca *adj.* De la liturgia: *canto litúrgico.* **año* eclesiástico / ~. drama* ~. tiempo* ~.**

liviandad *s. f.* **1** (no contable) Cualidad de liviano: *la liviandad de una opinión, la liviandad de una acusación, la liviandad de una enfermedad, la liviandad de un abrigo.* **2** Acción o frase liviana: *Las liviandades que dice no se pueden tener en cuenta. Se pasan el tiempo pensando en liviandades, sin hacer nada serio.*

liviano, na *adj.* **1** Que pesa poco: *una niña muy liviana, una carga muy liviana.* SIN. ligero. **2** Que se hace con poco esfuerzo o molestia: *un trabajo liviano.* **3** Que tiene poca importancia o poca gravedad: *un dolor liviano. Hemos tenido una disputa, pero liviana.* || *s. m.* **4** (preferentemente en plural) Pulmones de una res: *Los livianos de la vaca hacen unos platos muy ricos en este pueblo.*

lívido, da *adj.* **1** (estar) Que está muy pálido: *Tenía la cara lívida. El enfermo estaba lívido.* **2** (estar) COLOQUIAL. Que está sorprendido y sin capacidad de reaccionar: *Se quedó lívido cuando lo vio.*

living (del inglés; pronunciamos *'livin'*) *s. m.* ARG., URUG. Sala de estar.

liza *s. f.* Campo dispuesto para los combates y torneos de los caballeros antiguos. FR. Y LOC. **entrar en ~** Entrar en lucha: *Sus intereses y los nuestros entran en liza.*

ll *s. f.* Dígrafo que en español representa un sonido palatal lateral. Su nombre es «elle».

llaga *s. f.* **1** Herida abierta en un cuerpo: *Los zapatos nuevos me han hecho una llaga en un dedo del pie.* **2** Desgracia que causa sufrimiento: *El accidente de coche en el que murió la familia es una llaga que todavía no se le ha cerrado. La llaga de su infancia desgraciada permanece abierta.* **3** Sentimiento de enemistad o disgusto que permanece: *Nuestra reconciliación es imposible, porque las llagas de nuestros enfrentamientos son imborrables.* **4** En la Iglesia Católica, marca sobrenatural en el cuerpo de un santo. FR. Y LOC. **poner el dedo* en la ~.**

llagar *v. tr.* Causar ‹una persona o una cosa› llagas en [una persona]: *Los zapatos me han llagado el pie. Está muy delicado y el simple roce de la camisa lo llaga.* ⇒ **56.**

llama *s. f.* **1** Masa gaseosa en combustión que se eleva en forma de lengua de los cuerpos que arden y desprende luz y calor: *la llama de una vela, las rojas llamas de los troncos de la chimenea. La llama del gas es azulada.* **2** Fuerza e intensidad de un sentimiento o de una pasión: *La llama de su amor nos alcanza a todos. La llama de tu entusiasmo no es contagiosa, por desgracia.* **3** (macho y hembra) *Lama glama.* Mamífero con pelaje color marrón claro y orejas largas y erguidas, que habita en los Andes, suele estar domesticado y se usa como bestia de carga.

llamada *s. f.* **1** Acción y resultado de llamar: *La llamada para que empiece la función será dentro de poco.* **2** Señal, gesto o palabra para llamar o avisar: *Santiago caminaba por la otra acera y no hacía caso de nuestras llamadas.* **3** Contacto por teléfono: *Esta mañana has tenido dos llamadas de teléfono. Le dijo a su secretaria que no le pasase ninguna llamada.* **4** Petición pública de colaboración para una causa: *Hizo una llamada a la población para ayudar a los pobres. Los intelectuales han preparado una llamada para defender la democracia.* **~ de socorro. 5** (no contable) Atracción que produce sobre alguien una persona o cosa: *la llamada de la selva. Se hizo monja siguiendo una llamada interior de su espíritu. Se ha ido a buscar a su padre, porque no ha resistido la llamada de la sangre.* **6** MIL. Toque para que la tropa ejecute una orden: *llamada a formar.* **7** Señal que se pone en un texto para remitir al lector a otro punto del mismo: *Todas las llamadas envían a un índice, al final del texto.* || **8 ~ de atención** Aviso que se da a otra persona, generalmente para prevenirla contra algo o para que cambie su conducta: *El descenso de votos en las últimas elecciones fue una llamada de atención al Gobierno.*

llamado *s. m.* AMÉR. Llamada, llamamiento.

llamador *s. m.* Objeto que sirve para llamar a las puertas: *La aldaba es un tipo de llamador. Los timbres han desterrado a los llamadores de hierro forjado.*

llamamiento *s. m.* Acción y resultado de llamar o de convocar de manera pública a alguien para que haga algo: *El alcalde ha hecho un llamamiento a los ciudadanos para que no gasten mucha agua. El rey hizo un llamamiento al país para mantener la tranquilidad.* **~ a filas** Comunicación oficial del Ejército a los jóvenes para que empiecen a cumplir el servicio militar.

llamar *v. tr.* **1** Hacer ‹una persona› que atienda o se comunique con ella [otra persona o un animal]: *Llama al camarero para que nos cobre. Me llamó **a** voces. Llamaron a los niños **con** la mano. Llamé **por** señas a mis amigos.* **2** Comunicarse ‹una persona› con [otra persona] por teléfono: *No lo llamo, porque no está a estas horas en casa.* **3** Citar ‹una persona› [a otra persona] para que acuda a un lugar o un acto: *Lo llamaron para un trabajo. Me han llamado **a** dirigir el colegio. Lo llaman **a** filas el año que viene.* **4** Pedir ‹una persona› ayuda [a otra persona]: *Cuando lo atracaron llamó a la policía. Llama a los bomberos.* **5** Poner ‹una persona› [un nombre o un apodo] [a otra persona o una cosa]: *Llamaron Cristina a la niña. A este obelisco lo llaman el lápiz.* **6** Aplicar ‹una persona› un calificativo [a otra persona]: *Llamé tonto a Luis. A mí nadie me llama idiota.* **7** Atraer ‹una cosa› [a una persona]: *No le llaman los dulces. No me llaman los coches, prefiero las motos.* SIN. seducir, tirar. || *v. intr.* **8** Tocar ‹una persona› el timbre de [una puerta] o dar golpes para entrar a [un lugar]: *Llamó tu madre **a** la puerta. Ayer llamé al pasar por tu casa, pero no estabas. Llama **en** la ventana del jardín, que suelen estar en el salón.* || *v. prnl.* **9** Tener ‹una persona o una cosa› [un nombre]: *Se llama Pedro, igual que tú.* FR. Y LOC. **dame pan* y llámame tonto / perro. hablar / ~ / tratar de tú*. llámale hache*. ~ a capítulo*. ~ a Dios de tú** COLOQUIAL. Tratar ‹una persona› a otra de forma irrespetuosa o con excesiva familiaridad. **~ a la puerta*. ~ al orden*. ~ la atención*. llamarse a andana*. llamarse a engaño*.**

llamarada *s. f.* **1** Llama grande que se levanta de repente y luego se apaga: *Unas últimas llamaradas dejaron la caseta reducida a brasas. Una llamarada se levantó al poner la sartén en el fuego y se asustó.* **2** Manifestación repentina y violenta de un sentimiento: *Una llamarada de odio brilló en sus ojos. Una llamarada de amor lo invadió de repente al fijarse en la joven.*

llamativo, va *adj.* (antepuesto / pospuesto) Que llama mucho la atención: *El coche era de un color muy llamativo. Una llamativa farola ilumina la entrada del local.*

llamear *v. intr.* **1** Echar ‹una cosa› llamas: *La hoguera llameaba todavía a las doce de la noche.* **2** ELEVADO. Mostrar ‹una persona› signos violentos de una pasión: *Sus ojos llameaban de ira. Su cara llameaba de vergüenza.*

llampo *s. m.* CHILE; RESTRINGIDO. Polvo o tierra metalífera que se encuentra en las minas.

llana *s. f.* **1** Herramienta para extender el yeso o la argamasa que consiste en una lámina de metal unida a un asa: *la llana de un albañil. Compró una llana para arreglar la pared del pasillo.* **2** RESTRINGIDO. Plana o cara de una hoja de papel: *Tengo que escribir una redacción de tres llanas.*

llanada *s. f.* LITERARIO. Llanura: *la llanada manchega.*

llanamente *adv. modo* **1** Con ingenuidad y sencillez: *Me lo dijo llanamente.* **lisa* / simple y ~. 2** Con llaneza.

llanear *v. intr.* **1** RESTRINGIDO. Ir ‹una persona› por lugares llanos evitando el terreno irregular: *Vete con tu abuela llaneando por la carretera y no entres por el camino de tierra.* **2** Correr bien ‹una persona o un vehículo› por un terreno llano: *El coche llanea muy bien, aunque sube mal las cuestas. Yo en bici subo bien, pero llaneo poco.*

llanero, ra *s. m. / f.* Habitante de las llanuras de Colombia y de Venezuela.

llaneza *s. f.* **1** (no contable) Manera natural y sencilla de hacer las cosas o de tratar a las personas: *El médico trataba a los enfermos con mucha llaneza. Me gusta la llaneza de nuestras autoridades.* **2** (no contable) Sencillez y naturalidad en la manera de hablar o escribir: *La llaneza de su dis-*

curso es muy agradable. A ciertos políticos les falta llaneza y les sobra pedantería.

llano, na *adj.* **1** (ser / estar) Que no tiene desniveles o desigualdades: *terreno llano. El paisaje de esta comarca es muy llano. Esta carretera es muy llana. He conseguido que el suelo esté llano.* SIN. liso. **plato* ~. 2** Que no pertenece a la aristocracia o a la alta sociedad: *el pueblo llano.* **3** [Persona] que es accesible y tiene un trato amable y sencillo: *No te preocupes, es una persona muy llana que te escuchará.* **4** Que es fácilmente comprensible: *Habla con un estilo muy llano. Tiene una sintaxis muy llana, muy clarita.* **5** GRAM. [Palabra] que tiene el acento en la penúltima sílaba: *«Tomate» es una palabra llana.* SIN. grave. ‖ *s. m.* **6** Terreno extenso sin altos ni bajos: *En el relieve de Castilla predominan los llanos.* SIN. llanura. ‖ **7 ángulo* ~.** FR. Y LOC. **a la pata* la llana.**

llanta *s. f.* **1** MEC. Aro de metal sobre el que se montan los neumáticos: *Estos modelos vienen con llantas deportivas. Las llantas de aluminio son más ligeras.* **2** Aro de metal que rodea las ruedas de los vehículos de tracción animal: *Las ruedas de los carros se ciñen con una llanta metálica.* **3** AMÉR. Cubierta, neumático. FR. Y LOC. **andar en ~** ARG., URUG. Tener una rueda pinchada.

llantén *s. m.* **1** *Plantago maior.* Planta herbácea de hojas en roseta y flores pequeñas, que crece en sitios húmedos. **2** VEN.; COLOQUIAL. LLanto continuo y prolongado.

llantera *s. f.* Llantina.

llantina *s. f.* Llanto fuerte y continuo: *El niño lleva toda la tarde con una llantina tremenda.*

llanto *s. m.* Efusión de lágrimas con lamentos y sollozos: *el llanto de una madre. El llanto de un niño enfermo conmueve a cualquiera.*

llanura *s. f.* **1** Terreno extenso sin altos ni bajos: *la llanura castellana, la llanura europea.* SIN. llano. **2** Igualdad de la superficie de una cosa: *La llanura del campo de fútbol era sólo teórica.*

llapa *s. f.* AMÉR. DEL S. Yapa.

llar *s. f.* (preferentemente en plural) RESTRINGIDO. Cadena de hierro para colgar la caldera en la chimenea: *La llar es un elemento característico de la casa tradicional asturiana.*

llareta *s. f.* CHILE. Planta del desierto circular y compacta que se emplea como combustible, una vez seca.

llave *s. f.* **1** Instrumento metálico, generalmente largo y estrecho que sirve para abrir y cerrar una cerradura: *Las llaves actuales son muy pequeñas.* **ama* de llaves / gobierno. ~ maestra** Llave que sirve para varias cerraduras: *En los hoteles las camareras tienen llaves maestras.* **2** Instrumento parecido a éste que sirve para dar cuerda a relojes o juguetes: *Hay que dar vueltas a esta llave para que funcione el trenecito.* **3** Dispositivo que regula el paso de un fluido por una cañería: *llave del agua, llave del gas.* **4** Dispositivo que permite el paso de la corriente eléctrica: *llave de la luz.* SIN. interruptor. **5** Herramienta para apretar tuercas o tornillos. **~ inglesa** Llave que tiene la boca graduable para adaptarse a cualquier tuerca. **6** MÚS. Pieza que al ser accionada deja pasar el aire en los instrumentos de viento y produce el sonido. **7** Cualquiera de los dos signos ortográficos siguientes: { }. **8** MÚS. Clave del pentagrama musical. **9** Persona o cosa fundamental para solucionar un problema o una dificultad: *La llave de esta empresa es la prima del jefe. La llave del problema está en conseguir vender mucho y bien. La llave de tus problemas la tienes tú.* **10** DEP. Conjunto de movimientos que derriban o inmovilizan a un contrario: *El campeón derribó a su oponente con una llave muy clásica.* ‖ **11~ de agua** MÉX. Grifo para abrir o cerrar el paso de un líquido. **12 ~ de contacto** Llave que enciende el mecanismo de un motor: *Tengo que llamar al taller, he perdido la llave de contacto.* **13 ~ de oro** Trofeo que representa la llave de la ciudad, entregado a una persona importante por una autoridad ciudadana: *El alcalde entregará mañana la llave de oro de Sevilla al Presidente de Costa Rica.* FR. Y LOC. **bajo ~** Guardado en un lugar cerrado con llave: *Los documentos están en mi mesa, bajo llave. Tiene todos los papeles en su armario bajo llave.* **bajo siete llaves** Guardado con mucho cuidado: *El abuelo tiene el testamento guardado bajo siete llaves.*

llavero *s. m.* Utensilio para guardar o llevar juntas las llaves: *el llavero del coche, un llavero de plata. Perdí el llavero con todas las llaves de casa.*

llavín *s. m.* RESTRINGIDO. Llave pequeña: *He perdido el llavín de casa.*

llegada *s. f.* **1** Acción y resultado de llegar: *Con la llegada del otoño, caen las hojas de los árboles. Hubo una fiesta para celebrar la llegada de Isabel.* **2** DEP. Línea de meta de una carrera: *En la llegada estaban esperando todos los periodistas.*

llegar *v. intr.* **1** Pasar ‹una persona› [a un lugar] desde otro: *Nadie sabe cómo ha llegado hasta aquí.* **2** Ocurrir ‹un suceso, un estado o una circunstancia esperados›: *En cuanto llega la noche, salimos a pasear por la playa.* **3** Avanzar ‹una persona› hasta [un punto de una cosa]: *He llegado casi **al** final del libro.* **4** Durar ‹una persona o una cosa› hasta [una época o un tiempo determinados]: *Esta planta no llega **a** mañana. Los médicos dicen que la abuela no llegará **a** la primavera.* **5** Conseguir ‹una persona› [un fin determinado]: *Le costó, pero llegó **a** médico.* **6** Experimentar ‹una persona› [un estado o una sensación]: *Llegó **a** la locura. Yo a veces llego **a** un estado de nervios que tengo que salir a pasear.* **7** Tener ‹una cosa› [una determinada medida] o ascender [a una determinada cantidad]: *La factura llega **a** cinco mil pesetas.* **8** Ser ‹una cosa› suficiente para [una persona]: *Con dos mil pesetas me llega. Me llega con medio kilo de chorizo.* SIN. bastar. **9** Tener ‹una persona o una cosa› suficiente altura o tamaño para tocar [un lugar]: *Su hijo ya le llega **al** hombro. Con la riada el agua llegaba al primer piso.* **10** Causar ‹una persona o una cosa› una profunda impresión [a una persona]: *Sus palabras le llegaron muy hondo. Me ha llegado al corazón verlo llorar.* ‖ *v. prnl.* **11** Ir ‹una persona› a [un lugar próximo]: *Me llego **a** casa de mi madre y vuelvo enseguida.* FR. Y LOC. **estar al ~** Ser inminente la presencia de ‹una persona o de una cosa› en un lugar: *Las fiestas están al llegar. Mi primo está al llegar.* **~ a** (seguido de infinitivo) Se utiliza para subrayar la acción del verbo en infinitivo que le sigue: *Llegó a insultarnos.* **ir / ~ demasiado lejos*. ir / ~ / subir con la lengua* fuera. ~ a buen puerto*. ~ a las aceitunas*. ~ a oídos* de. ~ a manos de** Ser recibida ‹una cosa› por una persona: *El paquete llegó a manos **de** la persona equivocada.* **~ lejos** Subir ‹una persona› en la escala social o en un grupo social o profesional: *Ese chico llegará lejos, juega bien al fútbol. El chico promete, llegará lejos en el mundo financiero.* **~ / venir a las manos*. ~ y besar el santo*. llegarle** MÉX.; COLO-

QUIAL. Retirarse ‹una persona› a casa. **llegarle al alma*. llegarle / venirle su sanmartín*. llegar(se) la hora* de. no ~ a la altura* de los zapatos. no ~ la camisa* al cuerpo. no ~ la sangre* al río. no llegarle a la suela* del zapato. no tener / ~ (ni) para un diente*. ⇒ 56.**

llenado *s. m.* Acción y resultado de llenar: *el llenado de las botellas. El llenado del depósito es automático. No se aconseja el llenado de los recipientes en casa.*

llenador, ra *adj.* COL.; COLOQUIAL. [Persona] que es pelma o cargante.

llenar *v. tr. / prnl.* **1** Ocupar ‹una persona o una cosa› [un espacio] totalmente o casi por completo: *La gente llenó la plaza. Las dos maletas llenan todo el asiento trasero. La cocina **se** ha llenado de cucarachas.* || *v. tr.* **2** Poner ‹una persona› [gran cantidad de cosas en un lugar]: *Llenó la mesa **de** revistas. Ha llenado la estantería **de** recuerdos.* **3** Escribir ‹una persona› los datos que se piden en los espacios en blanco de [un impreso]: *Llenó la quiniela como todas las semanas.* SIN. rellenar. **4** Dar ‹una persona› [una cosa en abundancia] [a una persona]: *Nos llenó **de** improperios. Nos ha llenado **de** regalos.* **5** Satisfacer ‹una persona o una cosa› los deseos o las aspiraciones de [una persona]: *El trabajo llena su vida. No la llena esta relación.* **6** Ocupar ‹una persona› [su tiempo] haciendo una cosa: *Llena su ocio leyendo. Llenaré las vacaciones paseando y pescando.* SIN. emplear. **7** COLOQUIAL. Gustar ‹una cosa› [a una persona]: *No me llenó el argumento de la película.* **8** ARG.; COLOQUIAL. Embarazar ‹un hombre› [a una mujer]. **9** ARG., URUG.; COLOQUIAL. Molestar ‹una persona› [a otra persona]. || *v. prnl.* **10** Comer o beber ‹una persona› hasta no poder más: *Me he llenado **con** la tarta. Me he llenado **de** entremeses y no quiero comer nada más.* SIN. hartarse, atiborrarse.

lleno, na *adj.* **1** (estar) Que está ocupado completamente por el contenido: *un plato lleno **de** sopa, una casa llena **de** gente.* **2** (estar) Que tiene mucho de lo que se expresa: *Tengo la cara llena **de** granos. Las plantas están llenas **de** pulgón.* **3** (estar) Que ha comido mucho: *Estoy lleno, no quiero más.* **4** (estar; frecuentemente en diminutivo) Que está un poco gordo: *Está un poco llenita. No digo que esté gordo, pero sí algo lleno.* **5** (estar) RESTRINGIDO. Que está harto o cansado. **6** VEN.; COLOQUIAL. Que está untado o pringado de una sustancia pegajosa. || *s. m.* **7** Aforo o local completo en un espectáculo: *Había un lleno en el teatro.* || **8 luna* llena.** FR. Y LOC. **a manos* llenas. de ~** Completamente: *Le acertó de lleno. Me molesta el sol, porque me da de lleno en la cara.* **estar ~ hasta la bandera*.**

llevadero, ra *adj.* Que se puede soportar: *castigo llevadero. Tengo un trabajo llevadero.*

llevar *v. tr.* **1** Hacer ‹una persona› que [una persona o cosa] pase de [un lugar a otro] o llegue a [un lugar]: *Llevó el paquete **a** correos.* **2** Dirigir o conducir ‹una persona o una cosa› [a una persona o una cosa] hacia [un lugar, un estado o una circunstancia]: *Nos ha llevado **a** la bancarrota con sus ideas. El partido en el Gobierno nos lleva **a** una crisis fuerte.* **3** Producir ‹una persona o una cosa› [un estado, un sentimiento o una situación] [a una persona o un lugar]: *El huracán llevó la destrucción **a** la zona. Sus palabras han llevado la serenidad **a** sus corazones.* **4** Tener ‹una cosa› dentro de sí [otra cosa]: *Este bombón lleva licor. El pescado no lleva mantequilla.* **5** Vestir ‹una persona› [una prenda]: *Llevas un conjunto muy elegante.* **6** Conducir ‹una persona› [un vehículo o una cabalgadura]: *Ella llevó el coche todo el viaje.* **7** Desarrollar ‹una persona› [una actividad]: *Los hijos llevan la tienda.* **8** Dirigir ‹una persona› [a otra persona]: *No es mal tipo, pero hay que saber llevarlo.* **9** Soportar ‹una persona› [una molestia o una carga] de [una determinada manera]: *Lleva la enfermedad con mucha paciencia.* **10** Necesitar ‹una cosa› [un tiempo o un trabajo determinados]: *Llevó un mes reparar la avería. Llevará varias semanas la adaptación de los antiguos programas a los modernos.* **11** Cobrar ‹una persona› [una cantidad por un servicio o un producto]: *Me llevó mil pesetas **por** arreglar el enchufe.* **12** Cortar ‹una persona o una cosa› [una parte del cuerpo] a [una persona]: *La máquina casi le lleva el brazo.* **13** Tener ‹una persona o una cosa› [una cosa]: *Todas las cajas llevan su precio.* **14** Mantener o seguir ‹una persona› [una cosa]: *Llevas muy bien el ritmo.* **15** Seguir ‹una persona o una cosa› [una trayectoria determinada]: *Lleva camino de convertirse en presidente.* **16** Tener ‹una persona› [un nombre]: *El niño llevará el nombre de Luis.* **17** Haber pasado ‹una persona› [un tiempo determinado en un lugar o una circunstancia]: *Lleva tres años trabajando.* **18** Haber realizado ‹una persona› [una acción o parte de ella]: *Llevo leídos cinco capítulos. Llevo ya vistos varios pisos y no me gusta ninguno.* || *v. intr. / prnl.* **19** Reservar ‹una persona› [la cifra correspondiente a las decenas] en una operación parcial para añadírsela a la siguiente: *Seis y cinco son once y **(me)** llevo una.* || *v. intr.* **20** Dirigirse ‹una persona o una cosa› hacia [un lugar, un estado o una circunstancia]: *Esta carretera lleva **a** la ciudad.* || *v. prnl.* **21** Estar ‹una cosa› de moda en [un momento o una época determinados]: *Este año se llevan los abrigos largos.* **22** Mantener ‹una persona› [buenas o malas relaciones con una o varias personas]: *Me llevo mal **con** la familia de mi mujer.* **23** Robar ‹una persona› [una cosa]: *Los ladrones se llevaron el dinero y las joyas.* SIN. apoderarse. **24** Lograr ‹una persona› [una cosa]: *Se llevó un premio de la tómbola.* SIN. conseguir. **25** Tener ‹una persona› [una sensación desagradable]: *Los niños se llevaron un susto.* **26** Haber entre ‹dos personas o cosas› [un tiempo o una distancia determinados]: *Los dos hermanos se llevan cinco años.* FR. Y LOC. **andar / ir / ~ la procesión* por dentro. dar / llevar(se) un alegrón*. dar / ~ / recibir / sacudir más palos que (a) una estera* (vieja). dejarse ~ por la corriente*. estar / llevarse a matar*. ir / ~ al matadero*. ir / salir como alma* que lleva el diablo. ~ a cabo*. ~ a efecto*. ~ a la práctica*** o **poner en práctica. ~ a Magistratura*. ~ a su terreno*. ~ adelante** Continuar ‹una persona› lo que había emprendido: *El Gobierno llevó adelante su proyecto de ley.* **~ al celuloide*. ~ al degolladero*. ~ al huerto*. ~ al paredón*. ~ buen paso*. ~ camino*. ~ / conducir al altar*. ~ de cabeza** COLOQUIAL. Dar ‹una persona o una cosa› mucho trabajo o preocupación a una persona: *Esta niña me lleva de cabeza con su vagancia. El coche nos lleva de cabeza con tantas averías.* **~ el agua* a su molino. ~ el compás*. ~ en el pecado* la penitencia. ~ la batuta*. ~ la contraria*. ~ la delantera*. ~ la mejor / peor parte*. ~ la voz* cantante. ~ / tener las de ganar / perder** Tener ‹una persona› ventaja o desventaja frente a sus oponentes o sus competidores: *En este tipo de asunto, tu amigo lleva las de ganar.* **~ los diablos*. ~ / ponerse los pantalones*. ~ / seguir**

la corriente*. ~ / tener en la sangre*. ~ / tener / traer en palmas* / palmitas. ~ / traer escrito en la frente*. ~ / traer por la calle* de la amargura. ~ un hijo* en las entrañas. ~ una carga*. llevarse de calle*. llevarse el día*. llevarse el diablo*. llevar(se) el gato* al agua. llevarse el viento*. llevarse la palma*. llevarse las manos* a la cabeza. llevársele los demonios*. no ~ / conducir a ninguna parte*. no tener nada que llevarse a la boca*. tener / ~ / guardar un as* en la manga. tener / ~ una copa* de más. traer / ~ como un zarandillo*. traído* y llevado.

lloradera *s. f.* COL., VEN.; COLOQUIAL. Llorera.

llorar *v. intr. / tr.* **1** Derramar ‹una persona› lágrimas por un sentimiento o por irritación del ojo: *Lloraron* ***de*** *gozo al conocer la noticia. Llora* ***por*** *la felicidad de los hijos. Lloró lágrimas muy amargas.* || *v. intr.* **2** Pedir ‹una persona› una cosa [a una persona] con quejas, ruegos o lamentos: *A fuerza de llorarle al jefe, consiguió el aumento de sueldo.* || *v. tr. / intr.* **3** Sentir ‹una persona› [una cosa] profundamente: *Todos sus amigos lloraron su desaparición.* SIN. lamentar. FR. Y LOC. **~ a lágrima viva** o **~ a moco tendido** COLOQUIAL. Llorar ‹una persona› mucho y desconsoladamente. **~ como una Magdalena** COLOQUIAL. Llorar a lágrima viva. **~ lágrimas* de sangre.**

llorera *s. f.* COLOQUIAL. Llanto fuerte y continuado: *Se agarró una buena llorera con la película.* SIN. llantina.

llorica *s. m. / f.* COLOQUIAL; PEYORATIVO. [Persona] que llora frecuentemente y con facilidad: *Mi hermano es un llorica.*

lloriquear *v. intr.* Llorar ‹una persona› de forma débil y monótona: *Niño, deja de lloriquear, que tienes que comerte la sopa.* SIN. gimotear.

lloriqueo *s. m.* Acción y resultado de lloriquear: *Es muy molesto su lloriqueo.*

lloro *s. m.* **1** Acción y resultado de llorar: *Sus lloros se oían en toda la casa. El lloro de la criatura nos despertó a todos.* **2** Queja o lamento por una desgracia: *Estamos ya hartos de sus lloros, todos tenemos problemas.*

llorón, na *adj. / s. m.* y *f.* **1** (ser / estar) Que llora mucho o con facilidad: *Estas últimas noches el niño ha estado muy llorón. No seas llorona.* **2** (ser / estar) Que se queja o lamenta con poco motivo o con bastante facilidad: *Estás muy llorón, nos tienes a todos un poco hartos con tus quejas. Qué llorón eres, todo el mundo tiene problemas. Eres una llorona insufrible.* SIN. quejica. || **3 sauce* ~.**

lloroso, sa *adj.* **1** (ser / estar) Que parece que ha llorado, o que va a llorar: *ojos llorosos. Está muy lloroso, no sé qué le habrá pasado.* **2** Que provoca llanto o tristeza: *No me gustan las historias llorosas.*

llovedera *s. f.* COL., VEN. Lluvia que dura largo tiempo.

llover *v. impers.* **1** Caer agua de las nubes a la tierra en forma de gotas: *Llovía* ***a*** *cántaros.* || *v. intr.* **2** Suceder ‹varias cosas favorables o desfavorables› [a una persona]: *Le llovieron los contratos. Llovieron desgracias* ***sobre*** *la familia.* FR. Y LOC. **bajado / venido / llovido del cielo** COLOQUIAL. Se usa para indicar que una cosa sucede con oportunidad inesperadamente: *Tu ayuda nos vino como llovida del cielo.* **como quien oye ~** COLOQUIAL. Se usa para indicar que una persona no hace caso de una cosa: *No nos hizo ningún caso, como quien oye llover. No escucha nuestros consejos, nos oye como quien oye llover.* **haber llovido mucho** Se usa para indicar que las circunstancias han cambiado mucho entre dos momentos, porque ha pasado mucho tiempo: *No me dedico ya a los coches, desde la última vez que nos vimos ha llovido mucho. Es verdad que fuimos novios, pero ha llovido mucho.* **~ a mares** Llover mucho, en gran cantidad: *Me mojé porque llovía a mares.* **~ sobre mojado** COLOQUIAL. Se usa para indicar que ocurre una cosa desagradable o molesta después de otras de este mismo carácter: *Sólo nos faltaba este accidente, es llover sobre mojado. Perdona por los gritos, pero es que tus quejas llovían sobre mojado.* ⇒ **52.**

llovizna *s. f.* Lluvia suave y fina: *La llovizna es muy buena para el campo.*

lloviznar *v. impers.* Llover ligeramente: *Lloviznaba, era un día templado de enero.*

lluvero *s. m.* URUG. Alcachofa de ducha.

lluvia *s. f.* **1** (no contable) Precipitación en forma de gotas de agua que caen de las nubes: *régimen de lluvias, periodo de lluvias, abundancia de lluvias, escasez de lluvias, lluvias intensas. Las lluvias han permitido que los embalses se llenen de agua.* **nube de ~. ~ meona** COLOQUIAL. Calabobos. **2** (no contable) Gran abundancia de algo: *Este programa televisivo ha recibido una lluvia de cartas. La lotería reparte una lluvia de premios.* **3** ARG. Alcachofa de ducha. || **4 ~ ácida** Precipitación en la atmósfera de contaminantes ácidos procedentes de la industria. **5 ~ de estrellas** 1 Acumulación de estrellas fugaces en una zona del cielo. 2 P. RICO. Arbusto de flores azules.

lluvioso, sa *adj.* (ser / estar) De muchas y frecuentes lluvias: *país lluvioso. El tiempo está muy lluvioso últimamente. Me gustan los climas lluviosos.*

lo *art. det.* **1** Especie de artículo determinado, ni masculino ni femenino, que indica un contexto definido en aquello a lo que se refiere, como los verdaderos artículos y los pronombres personales. OBSERVACIONES: ◊ En este uso, *lo* engloba o bien el conjunto de las cosas que son lo que se especifica (*Lo barato es caro. Lo americano está de moda. Lo absurdo no tiene por qué ser feo*) o pertenecen a quien se indica (*Lo mío para mí solo, y lo de los demás, para repartir*) o bien la parte pertinente de algo (*Lo curioso es que se reía. Eso es lo sorprendente. Lo absurdo es que son compatibles*) o bien un aspecto concreto (*En lo afectivo, salí ganando; en lo profesional y en lo económico, no*) o bien el carácter o calidad de la cosa indicada (*Así comprenderás lo absurdo de tu postura y lo hermoso de su gesto. Por lo parsimonioso de su andar me pareció un hombre tranquilo*). ◊ No puede anteponerse a sustantivos, pero sí a adjetivos calificativos (*lo bueno, lo malo, lo mejor, lo correcto, lo curioso, lo normal, lo necesario, lo imposible, lo dicho...*), a expresiones funcionalmente equivalentes (*lo de costumbre, lo de menos, lo de más allá*), a algunos adjetivos clasificativos, como los que adscriben a nación, comarca o localidad (*lo francés, lo salmantino...*) o relacionales (*lo afectivo, lo psíquico, lo emocional...*), a los que expresan posesión (*lo mío, lo tuyo...*) y a los complementos funcionalmente equiparables (*lo de los demás, lo del vecino, lo de Juan*). || *pron. pers.* **2** Complemento directo de tercera persona, masculino, singular, referido a personas o a cosas: *Lo conozco bien. Sujétalo. Preséntamelo. –«No lo hay mejor en el mundo.» –«Haberlo, sí lo hay, pero lejos de aquí.»* OBSERVACIONES: Interviene, con referencia más o menos imprecisa, en numerosas expresiones coloquiales (*pasarlo bien, pasarlo mal, pasarlo* *bomba, llevarlo fatal*). **3** Complemento directo de tercera persona, neutro, que puede usarse con muchos verbos transitivos, o bien atributo o predicativo de los verbos *ser, estar* y *parecer*, frecuentemente reproduciendo o anticipando algo ya nombrado o aludido en una proposición: *Él está enfermo y no lo reconoce. Por si no lo sabes, son mías. Fui yo, pero no se lo digas a nadie. Lo siento. Pensaba castigarla, pero no lo hizo. –«Yo soy muy modesto.» –«Pues lo disimulas muy bien.» Parecen viejas, pero no lo son. Le parecieron gigantes, pero no lo eran. Parecían cansadas, pero no lo estaban. Aunque no lo parezca, es el actual campeón.* **3ı** Se emplea en estructuras relativas intensificadoras: *¡Lo guapos que eran! ¡Lo bien que le sienta! Observa lo apretadas que vienen y lo poco que se quejan. No sabes lo lejos que están. ¡Con lo buenas que son! No sabes lo mal que se pasa en la mili. No sabes lo mucho que aprendí.* OBSERVACIONES: En algunos casos, el verbo *ser* o *estar* puede faltar: *Este poema, por lo complicado (que es), podría ser de Góngora.* **3ƨ** En *lo + de +* denominación de una acción, se acerca a 'el asunto', 'el proyecto', 'el hecho': *¿Qué pasó con lo de la denuncia? Lo de la guerra fría era increíble. Lo de comer sin trabajar le va al muchacho.* OBSERVACIONES: Puede tratarse incluso de un dicho, del propio contexto o aforístico: *Lo de que no vas a ir me parece una broma. ¡Qué verdad es lo de que nunca llueve a gusto de todos!* FR. Y LOC. **a ~** Como se comportaría el sujeto nombrado: *Trabaja a lo bestia. Habla a lo loco. Razona a lo Einstein.* **a ~ más** Como mucho: *Bebo, a lo más, una cerveza a la semana.* **a ~ que** ARG., C. RICA., MÉX. Cuando. **a ~ sumo** Como mucho, cuando más, como máximo. **¡con ~... que...!** o **¡con ~ que...!** ı Se usa para señalar que la intensidad del hecho que sigue a esta expresión hace difícil de comprender o aceptar un hecho indicado por el que habla o por otro interlocutor: *¡Con lo que yo he hecho por ella, y ni me viene a ver! ¡Mira que no aprobar, con lo inteligente que eres! Sí, se murió el pobrecito: ¡Con la ilusión que había puesto en ver criada a la familia!* ƨ Se usa para introducir una circunstancia causal intensificada con valor explicativo: *Con lo fuerte que sopla el viento, puede ser arriesgado viajar. Con lo inteligente que es, necesitará estudiar poco. No creo que llegue muy lejos, con lo débil que está.* **en ~ alto (de)** En la parte más alta (de).

loa *s. f.* **1** ELEVADO, RESTRINGIDO. Alabanza, elogio: *loas a la Virgen. En su discurso el director no ahorró loas para sus colaboradores.* **2** LIT. Composición poética en que se alaba a una persona o se celebra un acontecimiento. **3** LIT. Composición dramática breve del teatro clásico español, que encabezaba una representación teatral y servía de introducción a la obra de teatro propiamente dicha. **4** AMÉR. C., MÉX.; COLOQUIAL. Reprimenda, regañina.

loable *adj.* Que merece ser loado o alabado: *acción loable, comportamiento loable.* SIN. laudable.

loar *v. tr.* ELEVADO. Alabar ‹una persona› [a una persona o una cosa]: *Loaba las gracias de la muchacha. Este crítico sólo loa a sus amigos.*

lob (del inglés; pronunciamnos *'lob'*) *s. m.* DEP. Pelota de tenis bombeada que pasa por encima del adversario.

loba *s. f.* PERÚ; VULGAR. Prostituta.

lobanillo *s. m.* Tumor superficial, generalmente adiposo, que se forma debajo de la piel: *Le salió un lobanillo en la cabeza.*

lobato *s. m.* (macho y hembra) Lobezno.

lobby (del inglés) *s. m.* ECON. Grupo de presión política o económica: *Los lobbys dominan en las capitales de los estados.*

lobera *s. f.* Guarida o refugio de los lobos: *Han encontrado una lobera con dos lobeznos muy pequeños.*

lobero, ra *adj.* Del lobo.

lobezno *s. m.* (macho y hembra) Cría del lobo o lobo pequeño: *Varios lobeznos jugueteaban con su madre.* SIN. lobato.

lobito *s. m.* **1** ZOOL.; COL. Individuo de varias especies de lagarto pequeño. **2** Cada una de estas especies.

lobizón *s. m.* ARG., PAR., URUG. Séptimo hijo varón a quien la tradición popular atribuye la facultad de transformarse en bestia en noches de luna llena.

lobo, ba *s. m. / f.* **1** *Canis lupus.* Mamífero carnívoro de la misma familia que el perro, gran corredor y cazador, que vive en manadas y ataca en grupo al ganado: *Los lobos han disminuido en la Península Ibérica.* ‖ **2 hombre* ~. 3 ~ de mar** Marino veterano y con experiencia: *El capitán era un viejo lobo de mar.* **4 ~ marino** (macho y hembra) *Zalopus californianus.* Mamífero marino parecido a la foca que habita en las costas del sudoeste de América del Norte. FR. Y LOC. **¡menos lobos!** COLOQUIAL. Expresión usada para decirle a alguien con ironía que está exagerando: *Dice que gana medio millón de pesetas al mes, pero yo digo que menos lobos. –«Le di dos puñetazos que lo tumbé.» –«Menos lobos.»* **meterse en la boca* del ~. ser lobos de la misma camada** COLOQUIAL; PEYORATIVO. Tener ‹varias personas› la misma ideología o comportamiento: *No me fío de ellos, todos son lobos de la misma camada.* **ver las orejas* al ~.**

lóbrego, ga *adj.* **1** Que está oscuro y produce miedo o inquietud: *una noche lóbrega, una casa muy lóbrega.* SIN. tenebroso. **2** Que está triste o melancólico: *un ambiente lóbrego.*

lobreguez *s. f.* (no contable) RESTRINGIDO. Oscuridad: *La lobreguez de las celdas es inimaginable.*

lobulado, da *adj.* (ser / estar) Que está dividido en lóbulos o tiene forma de lóbulo: *hoja lobulada, arco lobulado.*

lóbulo *s. m.* **1** Especie de onda que sobresale en el borde de una cosa: *los lóbulos de los arcos del palacio, los lóbulos de las hojas de una planta.* **2** Parte inferior, blanda y carnosa, de la oreja: *Tienes el lóbulo de la oreja perfecto.* **3** Cada una de las partes redondeadas de algunos órganos, separadas entre sí por un pliegue o hendidura: *los lóbulos del pulmón, los lóbulos del cerebro.* **~ temporal** Parte lateral del cerebro que contiene los centros sensoriales auditivos.

lobuno, na *adj.* Del lobo o como de lobo: *andares lobunos, aullidos lobunos, huellas lobunas.*

loca *s. f.* **1** COLOQUIAL; PEYORATIVO. Hombre homosexual. **2** ARG., URUG.; COLOQUIAL; PEYORATIVO. Fulana, prostituta.

locador, ra *s. m. / f.* VEN. Arrendador.

local *adj.* **1** Que afecta sólo a determinada parte de un todo: *dolor local.* **anestesia ~. 2** De un lugar: *Me gusta conocer las costumbres locales.* **3** Que afecta a un municipio o población o a un territorio no muy extenso: *elecciones locales, economía local.* **administración* ~.** ‖ *s. m.* **4** Lugar cubierto, que se emplea con un fin determinado: *local comercial. Le gusta frecuentar discotecas y otros locales públicos. Esa empresa tiene varios locales destinados a oficinas.*

localidad *s. f.* 1 Lugar poblado: *las fiestas de la localidad.* 2 Lugar ocupado por un espectador en los locales de espectáculos: *Me parece que se ha sentado usted en mi localidad.* 3 Entrada que sirve para ocupar una de las localidades de los espectáculos: *Se han vendido todas las localidades de la función de las ocho. Tengo dos localidades para el partido de esta tarde.*

localismo *s. m.* 1 (no contable) Palabra o expresión que tiene uso en un área restringida: *Escribió un artículo con algunos localismos de su pueblo natal.* 2 (no contable) Carácter local: *el localismo de una tradición.* 3 (no contable) Preferencia o interés exagerados por las cosas de un determinado lugar: *No me interesa su localismo ideológico.*

localista *adj.* 1 Del localismo: *cultura localista, partido localista.* || *adj. / s. m.* y *f.* 2 LITERARIO. Que se interesa por temas locales o por lo que caracteriza a un lugar: *pintor localista, historiador localista. Es un escritor muy localista.*

localización *s. f.* 1 Acción o resultado de localizar o localizarse: *la localización del barco, la localización de un fuego, la localización de una infección en el intestino. La localización de la llamada ha sido fácil.* 2 Emplazamiento: *Se discute la localización del nuevo hospital.*

localizar *v. tr.* 1 Señalar ‹una persona› el lugar exacto donde ha sucedido [un hecho] o se encuentra [una persona o una cosa]: *No pudimos localizar a mi amigo. Todavía no se ha localizado el barco perdido.* || *v. tr. / prnl.* 2 Reducir ‹una persona› [una cosa] a [unos límites o a un punto o una extensión determinados]: *Localizaron la infección en el estómago. Han preparado unas medidas muy localizadas para los lugares siniestrados. La tormenta se localizará, según los meteorólogos, en el sur del Mediterráneo.* ⇒ **19.**

localmente *adv. lug.* 1 En el lugar donde se está o del que se está hablando: *Localmente, las fiestas tienen mucha importancia.* 2 A escala local, en el ámbito local: *Hay poetas localmente muy admirados que sólo son rimadores de versos. Aunque nuestro pensamiento debe ser universalista y global, hay que actuar localmente. El problema ha de abordarse con rapidez, tanto local como nacional e internacionalmente.* 3 En algún lugar concreto, en puntos concretos, por oposición a *en todas partes*: *Pueden producirse localmente tormentas de escasa importancia.* || *adv. lug. / modo* 4 En el lugar donde esté la anomalía o el dolor, con uso tópico: *Para mayor eficacia, recomendamos aplicarlo siempre localmente.*

locamente *adv. modo* 1 De forma loca o alocada: *Si no se hubiera lanzado tan locamente, no le habría pasado nada.* || *adv. modo / cant.* 2 Con locura, con gran intensidad, muy intensamente. OBSERVACIONES: ◊ Se usa con expresiones de afecto positivo, siempre en construcciones afirmativas y principalmente con *amar* y *enamorarse* y sus sinónimos: *La amaba locamente. Se enamoró locamente de un bailarín.* ◊ Antepuesto al participio *enamorado*, forma una expresión prácticamente fija en la lengua: *Se sintió locamente enamorada de un guarda forestal.*

locatario, ria *s. m. / f.* ADMINISTRATIVO. Persona que toma en arriendo o alquiler una propiedad: *Los gastos de las reparaciones corren a cargo de los locatarios.*

locatis (plural *locatis*) *adj. / s. m.* y *f.* COLOQUIAL. Que tiene cosas de loco, o tiene poca cordura: *Eres una locatis de mucho cuidado. Anda, no seas locatis.* SIN. alocado.

locativo, va *adj. / s. m.* GRAM. [Caso] que se relaciona con el lugar en donde se desarrolla una acción o está un individuo o una cosa: *En las lenguas que tienen casos, el locativo suele aparecer.* **caso ~.**

locería *s. f.* COL., VEN. Alfarería, alfar.

locero, ra *adj. / s. m.* y *f.* COL., VEN. Persona que se dedica a vender o fabricar objetos de loza o barro.

locha *s. f.* COL. Galbana, pereza.

loción *s. f.* 1 Líquido para dar masajes sobre una zona del cuerpo: *una loción capilar, una loción para después del afeitado.* 2 (preferentemente en plural) Masaje dado en una zona del cuerpo con estos líquidos: *Se dio lociones con alcohol de romero en el brazo para aliviar el dolor.* SIN. friega.

lock-out (del inglés; pronunciamos *'loc aut'*) *s. m.* Cierre por un tiempo de una o varias empresas, realizado unilateralmente por la patronal y dirigido generalmente a presionar a los trabajadores o para responder a una huelga: *La dirección ha amenazado que procederá al lock-out si se lleva a cabo la huelga.*

loco, ca *adj. / s. m.* y *f.* 1 (ser / estar) Que ha perdido la razón: *Es un pobre loco. No te fíes de él porque está loco.* 2 (ser / estar) Que actúa de forma imprudente y poco sensata: *Es una casa de locos. Está loca, siempre conduce a mucha velocidad.* **cabeza* loca / hueca.** || *adj.* 3 (estar) [Máquina] que no funciona bien: *una brújula loca.* 4 (estar) Que siente algo muy intensamente: *Está loco **de** rabia. Está loca **por** la poesía.* 5 (estar) Que está muy enamorado: *Estoy loco **por** esa chica.* 6 [Tiempo, profesión, actividad] que es muy movido o agitado: *Tengo un trabajo muy loco, no paro nunca. He tenido una tarde loca, estoy cansado.* 7 (estar) Que excede en mucho a lo que se pensaba o preveía: *loca **de** alegría, locos **de** dolor. Estoy loco **de** contento.* FR. Y LOC. **a lo ~** COLOQUIAL. Sin reflexionar o imprudentemente: *Conducen a lo loco, tened cuidado.* **a tontas* y a locas. casa* de locos. hacer el ~** COLOQUIAL. Divertirse ‹una persona› de manera ruidosa: *No hagáis el loco, que se quejan los vecinos.* **hacerse el ~** COLOQUIAL. Disimular ‹una persona› como si no hubiera visto u observado una cosa: *Estaban muy enfadados, pero yo me hice el loco, cené con ellos y luego me marché a casa. Me pidió dinero, pero me hice el loco y no le he prestado nada.* **ni ~** COLOQUIAL. De ningún modo, de ninguna manera: *No voy allí ni loco. Han dicho que no vienen a nuestra fiesta ni locas.* **volver ~** Molestar mucho o marear ‹una persona› a otra persona: *No quiero que me dejes a tu niña, que me vuelve loco. Baja la radio, que nos vuelves locos.*

locomoción *s. f.* (no contable) Acción de mover o moverse de un lado a otro, especialmente utilizando algún vehículo: *En las grandes ciudades se destina más dinero a los gastos de locomoción.* SIN. desplazamiento. FR. Y LOC. **medio* de ~ / transporte.**

locomotor, ra (también *locomotriz* en femenino) *adj.* De la locomoción: *aparato locomotor, función locomotora.*

locomotora *s. f.* Máquina montada sobre ruedas que arrastra los vagones de un tren: *locomotora eléctrica, locomotora de vapor.*

locomotriz *adj.* De la locomoción: *función locomotriz.* SIN. locomotora.

locomóvil *adj. / s. f.* RESTRINGIDO. Que puede ser trasladado de un lugar a otro: *grúa locomóvil.*

locro *s. m.* AMÉR. DEL S. Guisado de carne, maíz y papas.

locuacidad *s. f.* (no contable) Calidad de la persona que es locuaz: *Su locuacidad marea a cualquiera.*

locuaz *adj.* (ser / estar) Que habla mucho: *Es muy locuaz y a veces molesta con tanta charla. Estás muy locuaz hoy, calla un poco, por favor.* SIN. hablador.

locución *s. f.* LING. Frase hecha que equivale a una palabra: *«A capa y espada», «de repente», «a pedir de boca» son locuciones adverbiales.* **~ adjetiva. ~ adverbial. ~ conjuntiva. ~ prepositiva. ~ verbal.**

locura *s. f.* **1** (no contable) Pérdida de las facultades mentales de una persona: *La locura es una enfermedad de difícil curación.* **2** Acción o palabra insensata: *Es una locura conducir a tanta velocidad. No digas locuras y tranquilízate.* SIN. disparate. **3** (no contable) Cosa o situación desproporcionada: *Estos precios son una locura.* SIN. disparate. **4** (no contable) Afecto o interés muy grande: *Siente locura por las motos grandes.* FR. Y LOC. **con ~** COLOQUIAL; INTENSIFICADOR. Mucho: *A su hermana la quiere con locura. Le gusta el tenis con locura.* **de ~** COLOQUIAL; INTENSIFICADOR. Fuera de lo común o corriente: *Los atascos para regresar a la ciudad son de locura.*

locutor, ra *s. m. / f.* Persona que presenta un programa de radio: *el locutor de radio. Trabajó como locutora en un programa de radio.*

locutorio *s. m.* **1** Departamento o cabina con un teléfono para uso individual: *Llamó a sus padres desde el locutorio.* **2** Habitación de conventos o cárceles, dividida por una separación, donde se reciben visitas. **3** Estudio de las emisoras de radio donde se realizan las audiciones.

lodazal *s. m.* Terreno lleno de lodo. SIN. barrizal, cenagal.

lodo *s. m.* **1** Barro que se forma en un terreno. SIN. cieno, fango. **2** RESTRINGIDO. Deshonra, mala reputación: *Los envidiosos arrastran tu nombre por el lodo.* SIN. fango.

logaritmo *s. m.* MAT. Exponente al que hay que elevar un número o base positiva para obtener un número dado.

logia *s. f.* **1** RESTRINGIDO. Agrupación de masones: *En nuestra ciudad funcionan varias logias.* **2** Local donde se reúne esta agrupación: *El acceso a la logia está restringido a sus miembros.* **3** ARQ. Galería exterior con columnas y arcos: *En los palacios renacentistas italianos abundan las logias.*

lógica *s. f.* **1** (no contable) Ciencia que estudia las leyes y formas del conocimiento científico. **2** (no contable) Coherencia en el razonamiento y relación entre las ideas de forma que no haya contradicciones: *Usa la lógica para resolver el problema.* **3** (no contable) Cualidad de lógico o razonable: *No tiene lógica que primero amuebles la casa y luego la pintes.*

lógicamente *adv. modo* **1** De forma lógica o coherente, con lógica: *Obraste lógicamente.* **2** Por lógica, como cosa lógica: *Esto se sigue lógicamente de aquello.* || *adv. orac.* **3** Como es lógico, como era lógico: *No fui, lógicamente. Los niños, lógicamente, prefirieron los dibujos animados.* OBSERVACIONES: Frente a *es lógico (que),* no lleva subjuntivo y presenta como nuevo, y no como sabido, el hecho aludido (contrástese con *Es lógico que los prefirieran*). **4** Puede acercarse al sentido consecutivo de *por consiguiente*: *Lógicamente, él no puede haberlo hecho.* || *adv. restrictivo* **5** Desde la perspectiva o postulados de la lógica: *Lógicamente, eso no es un enunciado, aunque los lingüistas lo llaméis así.* **6** En el aspecto lógico, en cuanto a la coherencia o consistencia lógicas: *Expresivamente está muy logrado el escrito, pero lógicamente deja mucho que desear.*

lógico, ca *adj.* **1** Que se atiene a las leyes de la lógica o del pensamiento: *argumento lógico, relación lógica, deducción lógica, consecuencia lógica.* ANT. ilógico. **2** Que se desarrolla de acuerdo con lo previsto, que es una consecuencia normal o que está justificado por sus antecedentes: *Su actitud hacia nosotros es lógica. Es lógico que no quisiera venir.* ANT. ilógico.

logística *s. f.* **1** (no contable) Parte de la estrategia militar que estudia el movimiento y aprovisionamiento de las tropas. **2** (no contable) Lógica que emplea el método y los símbolos de las matemáticas.

logístico, ca *adj.* De la logística.

logogrifo *s. m.* RESTRINGIDO. Juego que consiste en adivinar una palabra a partir de otras con las que tiene similitud o letras en común.

logomaquia *s. f.* ELEVADO. Discusión en la que se atiende a las palabras y no al tema.

logopeda *s. m. / f.* Persona que se dedica profesionalmente a la logopedia.

logopedia *s. f.* (no contable) Reeducación y tratamiento de los trastornos del lenguaje: *Va a especializarse en logopedia.*

logos *s. m.* **1** (en singular; no contable) ELEVADO. Razón, aquello que da sentido a las cosas y las hace comprensibles. **2** (en singular; no contable, con mayúscula) REL. En el Cristianismo, la segunda persona de la Santísima Trinidad, el Hijo: *«En el principio era el Logos...» es la primera frase del Evangelio de San Juan.* SIN. Verbo.

logotipo *s. m.* **1** Símbolo formado por letras o por imágenes: *el logotipo de los juegos olímpicos, el logotipo de un producto, el logotipo de una marca.* **2** ART. GRÁF. Grupo de letras o de cifras fundidas en un solo bloque para facilitar la composición tipográfica.

logrado, da *adj.* (estar, antepuesto / pospuesto) Que está bien hecho: *una lograda representación, una decoración muy lograda. La imitación estaba muy lograda.*

lograr *v. tr.* **1** Conseguir ‹una persona› hacer o tener [una cosa]: *Lograron una victoria merecida. Logró una recompensa* ***de*** *los propietarios.* SIN. obtener, alcanzar. || *v. prnl.* **2** Llegar a desarrollarse ‹una cosa› plenamente: *Temía que cayera una helada y que la cosecha no se lograse.* SIN. madurar.

logrero, ra *s. m. / f.* **1** RESTRINGIDO; PEYORATIVO. Persona que se dedica a prestar dinero en condiciones abusivas. SIN. usurero. **2** AMÉR. Persona que, por cualquier medio, obtiene provecho o ganancia de un negocio.

logro *s. m.* **1** Acción y efecto de lograr: *Ha puesto mucho empeño en el logro de sus propósitos.* SIN. consecución. **2** Éxito o resultado: *El entrenador estaba contento con los logros del equipo.*

logroñés, sa *adj. / s. m.* y *f.* De Logroño, ciudad y provincia española: *la comida logroñesa. Ha contratado a un logroñés.*

LOGSE (pronunciamos *'logse'*) *s. f.* Sigla de «Ley de Ordenación General del Sistema Educativo», España.

loísmo *s. m.* LING. Uso incorrecto de las formas pronominales *lo* y *los* en función de complemento indirecto en lugar de *le* y *les*: *En la frase «Limpia el mueble y dalo una capa de pintura» hay loísmo.*

loísta *adj.* 1 LING. Del loísmo: *uso loísta.* ‖ *adj.* / *s. m.* y *f.* 2 LING. Que practica el loísmo.

lola *s. f.* (en plural) ARG., URUG.; COLOQUIAL; HUMORÍSTICO. Pechos femeninos.

loma *s. f.* Pequeña elevación del terreno en forma alargada. SIN. colina.

lomada *s. f.* ARG. Loma.

lombarda *s. f.* Variedad de col de color morado.

lombardo, da *adj.* 1 De Lombardía, región italiana. ‖ *adj.* / *s. m.* y *f.* 2 Que pertenecía a un pueblo germano que se asentó en el norte de Italia.

lombriz *s. f.* 1 *Lumbricus terrestris.* Gusano de cuerpo cilíndrico, dividido en segmentos o anillos y cubierto por una piel fina, que vive en lugares húmedos, donde hace agujeros y es beneficioso para la tierra: *Le gusta pescar con lombriz.* ‖ 2 **~ intestinal** *Ascaris lumbricoides.* Gusano parásito del intestino humano y de otros vertebrados, que se reproduce con mucha facilidad.

lomera *s. f.* 1 RESTRINGIDO. Parte de la cubierta de un libro que une las dos tapas. 2 Correa que se pone en el lomo de las caballerías para que no se muevan los arreos.

lomito *s. m.* VEN. Solomillo de carne.

lomo *s. m.* 1 Parte superior del cuerpo de los cuadrúpedos desde el cuello a las patas traseras. 2 Carne que corresponde a esta parte del animal, sobre todo la del cerdo. **cinta* de ~. ~ embuchado** Lomo de cerdo, embutido en una tripa, que se consume como fiambre. 3 (preferentemente en plural) COLOQUIAL. Parte inferior y central de la espalda de las personas. 4 Parte del libro opuesta al corte de las hojas. 5 Parte opuesta al filo en un instrumento cortante. 6 Tierra que levanta el arado entre surco y surco. 7 ARG., URUG.; COLOQUIAL. Cuerpo de una persona robusto y fuerte o de una mujer hermosa. FR. Y LOC. **a lomo(s)** Sobre una caballería: *Llevó la carga a lomo de un borrico. Recorrió el camino a lomos de su mula.* **agachar / doblar el ~** 1 COLOQUIAL. Trabajar ‹una persona› duramente. 2 COLOQUIAL, RESTRINGIDO. Humillarse ‹una persona›. **de tomo* y ~.**

lona *s. f.* 1 (no contable) Tela resistente empleada en la confección de toldos, velas y tapicerías resistentes: *El patio interior está protegido del sol por una gran lona rectangular.* 2 DEP. Cuadrilátero donde tienen lugar competiciones de boxeo, lucha libre y lucha grecorromana. FR. Y LOC. **besar la ~** Caer fuera de combate, y, también, ser derrotado, fracasar. **en la ~** VEN. COLOQUIAL. Fuera de combate, desprestigiado.

loncha *s. f.* Trozo largo y delgado cortado de algún alimento: *una loncha de jamón, una loncha de queso.*

lonche *s. m.* 1 AMÉR. Almuerzo de mediodía. 2 AMÉR. Refrigerio a base de emparedados. 3 COL. Merienda para cumpleaños infantil. 4 PERÚ. Merienda que se toma al caer la tarde.

lonchera *s. f.* COL., VEN. Fiambrera.

lonchería *s. f.* AMÉR. Restaurante, cafetería.

lonchero, ra *adj.* / *s. m.* y *f.* VEN. Persona que trabaja en una lonchería.

londinense *adj.* / *s. m.* y *f.* De Londres, capital inglesa: *la policía londinense. Conoció a una londinense.*

loneta *s. f.* 1 (no contable) Tela semejante a la lona, pero menos gruesa. 2 AMÉR. Lona delgada para velas de botes y otros usos de playa. 3 AMÉR. Tejido blanco y grueso con que se fabrican toldos, pantalones para obreros, etc.

long-play (del inglés; pronunciamos *'lonplei'*) *s. m.* Disco de larga duración para escuchar a 33 revoluciones por minuto: *Mi artista preferido ha lanzado un nuevo long-play al mercado.* SIN. elepé.

longaniza *s. f.* Embutido largo y delgado de carne de cerdo picada con tocino y adobada: *longaniza a la brasa.* FR. Y LOC. **atar los perros* con ~.**

longevidad *s. f.* (no contable) Cualidad de longevo: *A todos nos sorprendió la longevidad de las gentes de ese pueblo.*

longevo, va *adj.* ELEVADO. Que tiene muchos años, o que vive hasta edad muy avanzada: *animal longevo. Somos una familia de gente longeva.*

longitud *s. f.* 1 La mayor de las dos dimensiones en una superficie o cuerpo plano. 2 GEOGR. Distancia que hay entre un punto cualquiera de la superficie terrestre y el meridiano de Greenwich, contada en grados. ‖ 3 **~ de onda** FÍS. En el movimiento ondulatorio periódico, mínima distancia que separa dos puntos que se encuentran en el mismo estado de vibración.

longitudinal *adj.* Que se hace o se coloca en el sentido o en la dirección de la longitud: *corte longitudinal.*

longobardo, da *adj.* / *s. m.* y *f.* Lombardo.

longui o **longuis** *adj.* Se usa en la LOC. **hacerse el longui(s)** COLOQUIAL. Hacerse el distraído, disimular: *Pedro se hizo el longui y siguió viendo la televisión, mientras sus hermanos ayudaban a su padre. No te hagas la longuis, ya sabes de lo que te estoy hablando.*

lonja *s. f.* 1 Edificio público donde se realizan principalmente ventas de mercancías al por mayor: *lonja del pescado.* 2 RESTRINGIDO. Loncha. 3 ARG., URUG. Tira de cuero sin pelo de ganado vacuno o caballar.

lontananza *s. f.* 1 Lejanía. 2 PINT. Fondo de un cuadro, sección más alejada del plano principal: *La lontananza está formada por un conjunto de nubes grises que se confunden con el agua.* FR. Y LOC. **en ~** A lo lejos: *En lontananza aparecían las torres de la catedral de Salamanca.*

look (del inglés; pronunciamos *'luk'*) *s. m.* Aspecto exterior de una persona: *Te sienta muy bien el nuevo look, con ese color tan pelirrojo.*

looping (del inglés; pronunciamos *'lupin'*) *s. m.* 1 Acrobacia aérea que consiste en una vuelta vertical completa: *Todos los concursantes tienen que hacer un looping.* 2 Ejercicio parecido realizado con cualquier otro vehículo: *No me gusta montar en la montaña rusa, porque el looping me marea.* 3 Círculo que describen los carriles de las autopistas en los enlaces y en algunas entradas o salidas: *Ha habido un accidente en el looping donde se separan las dos autopistas del norte.*

loor *s. m.* 1 ELEVADO, LITERARIO. Alabanza, elogio de las cualidades o virtudes de una persona o de una cosa: *Ha escrito un poema en loor del perejil. Su fidelidad a la empresa merece el reconocimiento y los loores de todos.* 2 Conjunto de palabras elogiosas: *Está escribiendo unos loores a la Virgen. Yo me presentaré al concurso de loores al vino de Rioja.*

loquear *v. intr.* 1 RESTRINGIDO. Cometer ‹una persona› locuras o barbaridades: *La juventud siempre ha loqueado un poco, dentro de ciertos límites.* 2 RESTRINGIDO. Divertirse ‹una persona› de forma desordenada y bulliciosa: *A ver si estudiáis: no podéis estar loqueando todo el curso.*

loquera *s. f.* AMÉR. Locura.

loqueras *adj. / s. m.* y *f.* COLOQUIAL. [Persona] que habla o se comporta de manera imprudente o poco reflexiva: *No seas loqueras y hazle caso a tu madre. Haz lo que debes por una vez, que eres una loqueras.*

loquero, ra *s. m. / f.* **1** COLOQUIAL; PEYORATIVO. Persona que tiene por oficio vigilar o cuidar a los enfermos mentales. ‖ *s. m.* **2** COLOQUIAL. Sanatorio psiquiátrico: *No digas más tonterías o te mandamos al loquero.* **3** ARG. Alboroto, bullicio.

lora *s. f.* **1** AMÉR. Loro. **2** AMÉR.; RESTRINGIDO en España. Hembra del loro.

lord (plural *'lores'*; del inglés; pronunciamos *'lor'*) *s. m.* Título de los nobles, arzobispos y altos cargos del Reino Unido: *la cámara del Parlamento o cámara de los Lores.*

loriga *s. f.* **1** RESTRINGIDO. Armadura para defender el cuerpo hecha de láminas de metal en forma de escamas: *La loriga era muy usada por los caballeros medievales.* **2** Armadura del caballo.

loro *s. m.* **1** (macho y hembra) Papagayo. ‖ *adj. / s. m.* **2** COLOQUIAL. Persona muy habladora o que repite las cosas de memoria sin entenderlas: *Ese niño no es muy listo, dice la lección como un loro. Tu vecina es un loro, no para de hablar.* SIN. papagayo, cotorra. **3** COLOQUIAL; HUMORÍSTICO. Persona muy fea: *Su pobre niño es un auténtico loro.* ‖ *s. m.* **4** JERGAL. Transistor o radiocasete: *Baja el volumen del loro, que molestas a los vecinos.* FR. Y LOC. **al ~** COLOQUIAL. Se usa para llamar la atención: *Tú al loro, preocúpate de lo que haces.* **estar al ~** COLOQUIAL Estar ‹una persona› muy atenta a lo que pasa, muy a la moda o bien informada: *Si no estás al loro no te enterarás de las fechas de los exámenes. Estáte al loro para que no te engañen.* **ser el chocolate* del ~.**

lorza *s. f.* RESTRINGIDO. Pliegue que se hace en una prenda para acortarla y poder alargarla después si fuera necesario.

los *art. det.* **1** Forma plural masculina del artículo determinado *el*: *Había niños y niñas: los niños eran cuatro. Los éxitos que pienso tener. Vendió los caballos, las vacas y ovejas y emigró.* OBSERVACIONES: Se emplea correctamente y sin connotaciones especiales, ni de registro, ni de nivel, ni de emotividad, ante plurales de nombres propios o hipocorísticos o motes de varón, que se comportan como nombres comunes: *Aquí abundan los Pepes (los hombres que se llaman Pepe). Los Pacos, que levanten la mano.* ‖ *pron. pers.* **2** Forma plural masculina del pronombre personal *lo* sólo utilizable como complemento directo propio o etimológico: *Los vendió. No los conocía. Démelos a mí. –«¿Es que no los había más bonitos?» –«Haberlos, los había, pero eran muy caros.»*

losa *s. f.* **1** Piedra lisa, plana y de poco grosor: *Cubrieron la tumba con una pesada losa. Pavimentan la acera con losas rústicas.* **2** INTENSIFICADOR. Aquello que es penoso y difícil de sobrellevar: *¡Menuda losa que te ha caído encima con ese vecino! Ese trabajo que tiene pendiente es una losa.* ‖ **3 ~ radiante** ARG., URUG. Losa refractaria y sistema de calefacción en el que se emplean estas losas.

losar *v. tr.* Cubrir ‹una persona› [un suelo] con losas: *Losaremos la terraza este verano.* SIN. enlosar.

loseta *s. f.* Losa pequeña usada para pavimentar suelos: *Han comprado losetas para el camino del jardín.*

lote *s. m.* **1** Cada una de las partes en que se divide un todo para repartirlo: *Hicieron lotes con sus vestiduras y los sortearon.* SIN. partición. **2** Conjunto de cosas agrupadas para venderlas o subastarlas: *Dividieron los muebles de la casa en lotes para subastarlos.* **3** Cada uno de los premios de un sorteo, lotería o juego. **4** Cada una de las parcelas edificables de un terreno que se pueden vender por separado: *Me ha tocado el peor lote de la urbanización.* **5** AMÉR. DEL S. Parcela de tierra. ‖ **6 un ~** COLOQUIAL. Mucha cantidad, mucho: *–«¿Quieres llevarte una botella de vino?» –«No, que nos han regalado un lote.» –«¿Estudia mucho?» –«Un lote.» Tiene un lote de dinero, el tío.* FR. Y LOC. **darse / pegarse el ~** VULGAR. Besarse y tocarse insistentemente ‹una pareja›: *Tengo unos vecinos que se dan el lote en el portal.*

lotear *v. tr.* AMÉR. DEL S. Dividir ‹una persona› [un terreno] en parcelas.

lotería *s. f.* **1** Juego de azar que administra el Estado, en el que se premian varios billetes que coinciden con los números que han salido a sorteo: *jugar a la lotería, sorteo de lotería, administración de lotería, número de lotería, billete de lotería, décimo de lotería, lotería nacional. Me ha tocado el gordo de la lotería.* **~ primitiva** En España, juego de azar que administra el Estado en el que se sacan a suerte seis números de entre cuarenta y nueve. **2** Participación que se compra para jugar a la lotería: *Este sábado llevo lotería. Caballero, ¿quiere lotería?* **3** Local autorizado donde se venden estos billetes. **4** Juego de salón parecido al anterior: *Los sábados por la tarde jugaban en casa de su novia a la lotería.* **5** Cosa muy beneficiosa: *Este cargo es una auténtica lotería.* **6** Aquello que sólo depende de la suerte: *La vida es una lotería. El reparto fue una lotería.* FR. Y LOC. **caerle / tocarle la ~** 1 Tocarle ‹un premio de la lotería› a una persona: *Me ha tocado la lotería este año.* 2 preferentemente IRONÍA. Sucederle ‹una cosa› muy beneficiosa o inesperada a una persona: *Con la abuela en casa te ha tocado la lotería.*

lotizar *v. tr.* PERÚ. Lotear. ⇒ **19.**

loto *s. m.* **1** *Nymphoea lotus.* Planta acuática de hojas brillantes y flores blancas olorosas, que crece en los estanques. **2** Flor de esta planta. **3** Fruto de esta planta. ‖ *s. f.* **4** COLOQUIAL. Lotería primitiva: *¿Juegas esta semana a la loto?*

loza *s. f.* **1** (no contable) Barro fino cocido y barnizado muy utilizado para vajillas y objetos de adorno: *plato de loza, taza de loza, loza fina.* **2** (no contable) Conjunto de objetos hechos de este material: *¿Dónde tienes guardada la loza? Hay que fregar la loza.*

lozano, na *adj.* **1**(estar, antepuesto / pospuesto) [Persona] que tiene salud o lozanía: *una planta lozana, una lozana muchacha, un chico lozano. Ahora tiene una cara lozana.* **2** [Planta] que está verde y frondosa: *Tienes unos tiestos muy lozanos. El parque está lozano en primavera.*

LRU (pronunciamos *'ele-erre-u'*) *s. f.* Sigla de «Ley para la Reforma Universitaria», España.

lubina *s. f.* (macho y hembra) *Dicentrarchus labrax.* Pez de cuerpo alargado, de color metálico con una línea lateral negra y aletas espinosas, que habita en las costas mediterráneas y atlánticas de Europa y África y es muy apreciado como alimento: *Me encanta la lubina a la sal.*

lubricación *s. f.* Acción y resultado de lubricar o engrasar: *Las glándulas sebáceas ayudan a la lubricación de la piel. Las máquinas exigen una buena lubricación.*

lubricante *adj. / s. m.* Que sirve para lubricar: *sustancia lubricante. El aceite es un buen lubricante.* SIN. lubrificante.

lubricar *v. tr.* **1** Hacer resbaladiza [una cosa]. SIN. lubrificar. **2** Poner ‹una persona› aceite o lubricante en [un mecanismo] para evitar el desgaste que produce el roce: *Lubricaron los cojinetes de los patines.* SIN. lubrificar. ⇒ **71.**

lúbrico, ca *adj.* **1** RESTRINGIDO. Que resbala: *sustancias lúbricas.* **2** ELEVADO. Que tiende o incita a la lujuria: *atuendos lúbricos, escenas lúbricas. Es una actriz muy lúbrica.*

lubrificante *adj. / s. m.* Que sirve para lubrificar: *fábrica de lubrificantes.* SIN. lubricante.

lubrificar *v. tr.* **1** Hacer resbaladiza [una cosa]. SIN. lubricar. **2** Poner ‹una persona› aceite o lubricante en [un mecanismo] para evitar el desgaste que produce el roce: *El motor del coche necesita aceite que lo lubrifique.* SIN. lubricar. ⇒ **71.**

luca *s. f.* ARG., COL., URUG.; COLOQUIAL, RESTRINGIDO en Argentina. Billete de mil pesos.

lucense *adj. / s. m.* y *f.* De Lugo, ciudad y provincia española: *el equipo lucense, las fiestas de los lucenses.*

lucerío *s. m.* VEN.; COLOQUIAL. Conjunto grande de luces.

lucerna *s. f.* Ventana o abertura alta de una habitación: *En el desván la luz entra por una pequeña lucerna cuadrada.* SIN. lucernario.

lucernario *s. m.* Lucerna.

lucero *s. m.* **1** Cualquier astro que brilla intensamente y, sobre todo, el planeta Venus. **~ del alba** o **~ de la mañana** o **~ matutino** Planeta Venus. **~ de la tarde** o **~ vespertino** Planeta Venus. **2** LITERARIO. Cada uno de los ojos de la cara: *Mira qué luceros tan lindos tiene mi niña.* **3** RESTRINGIDO. Mancha o lunar blanco que tienen algunos cuadrúpedos en la frente. FR. Y LOC. **al ~ del alba** COLOQUIAL. A cualquier persona, sea quien sea: *No le tiene miedo a nadie, le dice las verdades al lucero del alba.*

lucha *s. f.* **1** Combate en el que se utiliza la fuerza o las armas: *En la lucha los ejércitos invasores han huido abandonando numeroso armamento.* **2** Enfrentamiento, discusión entre dos o más personas o grupos: *Hubo una lucha muy dura para ocupar la presidencia del club. La oposición se mantiene en la lucha por el poder.* SIN. batalla. **3** Trabajo o esfuerzo para conseguir una cosa: *Tras una fuerte lucha he conseguido las entradas. ¡Qué lucha todos los días para que se levante!* **4** DEP. Deporte que consiste en el combate entre dos personas desarmadas, de acuerdo con unas reglas: *lucha leonesa, lucha canaria.* **~ grecorromana** DEP. Modalidad de lucha que tiene categoría olímpica. **~ libre** Aquélla en que se emplean llaves y golpes y termina cuando uno de los luchadores se da por vencido. ‖ **5 ~ de clases** En la filosofía marxista, oposición o enfrentamiento entre los grupos sociales definidos por sus intereses y objetivos diferentes, fundamentalmente entre los capitalistas que tienen los medios de producción y los proletarios que sólo disponen de su fuerza de trabajo. **6 ~ interna** ELEVADO. Duda íntima de la persona que debe tomar una decisión muy importante entre varias posibilidades: *Muchos médicos sostienen una lucha interna en el asunto del aborto.*

luchar *v. intr.* **1** Enfrentarse ‹dos o más personas› utilizando la fuerza o las armas: *Los ejércitos lucharon en el campo de batalla. Luchó **contra** los enemigos de su padre.* SIN. combatir, pelear. **2** Trabajar ‹una persona› [con personas o cosas que exigen gran esfuerzo o paciencia]: *Llevo todo el día luchando **con** estos niños.* SIN. lidiar. **3** Estar ‹dos personas o ideas› en oposición: *En él luchaban el amor y el odio. En la dirección del periódico luchan dos tendencias, una liberal y otra conservadora.* FR. Y LOC. **defender / ~ con uñas* y dientes. ~ / pelear a brazo* partido.**

lucido, da (diferente de *lúcido*) *adj.* **1** (antepuesto / pospuesto) Que está bien hecho: *unos lucidos festejos, un trabajo lucido. Este año habéis tenido unas fiestas lucidas.* **2** (estar) IRONÍA. [Cosa] que está mal hecha: *Ha quedado lucida la función.* **3** (estar) IRONÍA. [Persona] que ha fracasado o se ha equivocado: *Estás lucido con tus ayudantes. Has quedado lucido con tu traje.*

lúcido, da (diferente de *lucido*) *adj.* **1** Que discurre o puede discurrir con claridad y rapidez: *Tiene una mente lúcida. Su inteligencia es muy lúcida.* **2** (estar) Que puede pensar con normalidad: *El enfermo está lúcido.* **3** Que demuestra claridad y agudeza mental: *un análisis lúcido, un lúcido artículo, una lúcida propuesta.*

luciérnaga *s. f.* (macho y hembra) *Lampyris noctiluca.* Insecto que emite en la oscuridad una luz verde azulada y cuya hembra tiene el cuerpo parecido al de un gusano: *No es difícil encontrar luciérnagas en el campo.*

lucifer *s. m.* **1** (con mayúscula) Príncipe de los demonios. SIN. satanás. **2** RESTRINGIDO; INTENSIFICADOR. Persona muy mala.

lucífero, ra *adj.* LITERARIO. Que resplandece o da luz: *Las lucíferas estrellas llenaban la noche.*

lucífugo, ga *adj.* ELEVADO. Que huye de la luz: *ave lucífuga.*

lucimiento *s. m.* **1** Acción y resultado de lucir o lucirse: *El lucimiento de las joyas era el objetivo de la fiesta.* **2** Demostración de habilidades o cualidades de una persona: *El guión está pensado para el lucimiento de la protagonista.*

lucio *s. m.* (macho y hembra) *Esox lucius.* Pez de agua dulce, de cuerpo cilíndrico, color amarillento verdoso y boca con muchos dientes, que es comestible y muy apreciado en el deporte de la pesca.

lución *s. m.* (macho y hembra) *Anguis fragilis.* Reptil del mismo grupo que los lagartos pero sin patas, con el cuerpo cilíndrico y alargado y movimientos lentos, que puede perder la cola y volverla a regenerar igual que las lagartijas.

lucir *v. intr.* **1** Despedir ‹una cosa› luz propia: *Esta bombilla luce poco. El sol lucía entre nubes.* SIN. alumbrar, iluminar. **2** Despedir ‹una cosa› brillo: *¡Cómo luce ese cristal! Hoy luce la luna llena.* SIN. resplandecer, relucir. **3** Distinguirse ‹una persona o una cosa› mucho entre otras: *Donde más luce el cuadro es enfrente de la ventana. No luce nada la cómoda en ese rincón. El protagonista de la obra es el que más luce en toda la representación.* **4** Dar ‹una cosa› prestigio o importancia: *Luce mucho decir que has estudiado en el extranjero. Esta marca luce mucho.* SIN. fardar (COLOQUIAL). **5** Producir ‹una cosa› un resultado visible: *Todo el día trabajando para que luego no te luzca. Nos hemos esforzado mucho, pero no nos luce.* SIN. cundir. ‖ *v. tr.* **6** Demostrar ‹una persona› [sus cualidades o sus habilidades]: *He lucido mi voz en la fiesta de cumpleaños de mis amigos.* **7** Mostrar ‹una persona› [una cosa]: *Lucía unos magníficos pendientes. Luces una maravillosa dentadura. Creo que está empezando a lucir una perfecta calva.* **8** RESTRINGIDO. Dar ‹una persona› una capa de cal o yeso a [una pared]: *Para las fiestas han lucido todas las casas del pueblo.* SIN. enlucir, encalar. ‖ *v. prnl.* **9** Presumir ‹una persona›: *Pretendía lucirse a costa mía. Siempre que puede se luce.* **10** COLOQUIAL;

IRONÍA. Quedar ‹una persona› en ridículo: *El arroz está muy bueno de sabor, pero me he lucido con el aspecto tan feo que tiene. El presidente se ha lucido con ese discurso tan absurdo.* FR. Y LOC. **así me / te / le... luce el pelo*. ⇒ 50.**

lucrarse *v. prnl.* Conseguir ‹una persona› un beneficio de [un negocio o un servicio]: *Se ha lucrado con la importación de coches de lujo.*

lucrativo, va *adj.* (antepuesto / pospuesto) Que produce ganancias: *negocio lucrativo, una lucrativa idea.*

lucro *s. m.* (en singular; no contable) ELEVADO; PEYORATIVO. Provecho o ganancia económica que se obtiene con algo, especialmente con un negocio: *Es una asociación cultural sin ánimo de lucro. No estamos aquí para que nos vean, trabajamos por el lucro, pero con profesionalidad.*

luctuoso, sa *adj.* (antepuesto / pospuesto) ELEVADO. Que causa tristeza y llanto: *suceso luctuoso, noticia luctuosa, una luctuosa situación familiar.*

lucubración *s. f.* Elucubración.

lucubrar *v. tr. / intr.* Elucubrar.

lúcuma *s. f.* AMÉR. Fruto del lúcumo, comestible y semejante a una ciruela.

lúcumo *s. m.* AMÉR. Árbol frondoso, tropical, cuyo fruto es la lúcuma.

ludibrio *s. m.* ELEVADO, RESTRINGIDO. Escarnio, mofa: *Para mayor ludibrio, el jefe lo llamó inútil delante de todas sus colaboradoras. Le gastaron una broma cruel y para mayor ludibrio y escarnio le colgaron un cuerno de toro en la antena del coche.*

lúdico, ca *adj.* Del juego o el tiempo libre: *Las actividades lúdicas son necesarias para la vida del hombre. Han organizado espacios lúdicos donde los niños puedan jugar.*

ludo *s. m.* ARG., URUG. Parchís, juego.

ludópata *adj. / s. m.* y *f.* Persona que tiene adicción a los juegos de azar: *Los ludópatas se gastan mucho dinero en las máquinas tragaperras, en el bingo o en los casinos.*

ludopatía *s. f.* (no contable) Adicción patológica a los juegos de azar: *La ludopatía se manifiesta en un deseo que no se puede dominar de jugar dinero.*

luego *adv. temp.* **1** Indica un tiempo posterior al momento del que se habla o al momento en que se habla y equivale a «más tarde»: *Te veré luego. Luego de levantarse se puso a limpiar la casa. Luego que se arregló salió a comprar el periódico.* SIN. después. **2** MÉX., PAR., PERÚ, P. RICO. Algunas veces, de cuando en cuando. **3** CHILE, VEN.; COLOQUIAL. Pronto, enseguida. ‖ *adv. lug.* **4** Más allá o más adelante en el espacio: *Primero se ve una pequeña arboleda y luego la casa.* ‖ *conj.* **5** Introduce una proposición que expresa una consecuencia y una conclusión lógica: *Tenían dos jorobas; luego dromedarios no eran. –«Yo sólo sé que dejó de fumar.» –«Luego había fumado.»* OBSERVACIONES: ◊ En la proposición que introduce *luego* se menciona un dato deducido a partir de la proposición anterior y otro añadido que suele suponerse. Este último dato puede aparecer expresamente o figurar como una explicación a continuación de la proposición consecutiva: *–«Como tuvieran dos jorobas no eran dromedarios.» –«Los animales que yo vi sí tenían dos jorobas, luego dromedarios no eran, porque, por si no lo sabes, los dromedarios sólo tienen una.»* ◊ A veces introduce conclusiones y argumentaciones de la lógica: *«Pienso, luego existo.»* RELACIONES Y CONTRASTES: ◊ Frente a enlaces consecutivos como *conque, así que, por tanto, por consiguiente, en consecuencia,* nunca precede a descripciones, aunque la descripción exprese una conclusión lógica. Confróntese con: *Llovía mucho, así que nos quedamos en casa,* o con: *Por tanto afirmo / concluyo / aseguro / sostengo... que es mortal.* ◊ Es rarísimo su uso con imperativos. Confróntese con el uso de *conque*: *Conque dejadme tranquilo.* Sin embargo, es corriente el uso de *luego* con perífrasis de obligación: *Luego debes dejarme tranquilo. Luego tienen que indemnizarme.* **6** (como réplica, a veces con ironía) Introduce una consecuencia que se deduce de lo que el interlocutor expone con la finalidad de obtener una información o corroborar datos aportados en el contexto: *–«Luego usted es, hoy por hoy, el único con autoridad moral para pedir todo eso.» –«El único no, pero quedamos pocos.»* FR. Y LOC. **desde ~** 1 AFIRMACIÓN. Sí, sin duda: *Desde luego que no quiero ir contigo. Yo, desde luego, cenaré en casa.* 2 Expresa enfado, disgusto, reproche o sorpresa ante una cosa: *No has llamado a tu madre, ¡desde luego, eres un desastre!* **¡hasta ~!** Expresión de despedida que se dirige a un interlocutor al que se espera volver a ver pronto. **luego ~** MÉX.; COLOQUIAL. En seguida. **para ~ es tarde*.**

lueguito *adv. temp.* AMÉR. En seguida, más tarde. FR. Y LOC. **hasta ~** AMÉR. DEL S.; DESPEDIDA. Hasta pronto.

lugar *s. m.* **1** Porción delimitada de un espacio: *El nido es el lugar donde las aves ponen sus huevos. He visitado muchos lugares. Las cosas ocupan un lugar.* **~ concurrido. ~ de encuentro. ~ de nacimiento. ~ del crimen. ~ del delito. ~ desértico. ~ sagrado. ~ santo. ~ solitario. ~ típico. ~ turístico. Santos Lugares** Los lugares donde según la Biblia pasó la vida Jesucristo. **2** Pequeña población: *las gentes del lugar.* **3** Parte determinada de una cosa: *¿En qué lugar del contrato hay que firmar? ¿En qué lugar te ha caído la mancha?* **4** Situación o posición ocupada en una enumeración, orden, jerarquía: *Voy a hablar en primer lugar de la situación económica. El cantante conquistó el tercer lugar en el festival.* ‖ **5 ~ común** ELEVADO. Tema o elemento muy repetido: *La película estaba llena de lugares comunes.* FR. Y LOC. **a como dé ~** VEN. A toda costa, a pesar de todas las dificultades. **composición* de ~. dar ~ a** Originar, causar ‹una cosa› otra cosa: *Su mal comportamiento dio lugar a una reprimenda. La debilidad del muro ha dado lugar al derrumbamiento.* **en buen / mal ~** En buena o mala situación o consideración: *Luis quedó en buen lugar en el torneo de ajedrez. Me has dejado en mal lugar contando esas historias.* **en ~ de** 1 En vez de [otra persona o cosa]: *Tomaré un zumo en lugar del primer plato. Yo he venido en lugar de Paloma.* 2 En la misma situación o circunstancia que otra persona: *Yo, si estuviera en el lugar de Ramón, hacía ese viaje.* **en mi / tu / su... ~** 1 En vez de una persona: *Irá mi hermana en mi lugar.* 2 En la misma situación o circunstancia que otra persona: *Él, en tu lugar, no lo hubiera permitido.* **estar en su ~** Comportarse ‹una persona› como corresponde a su posición, educación o formación: *En la reunión supe estar en mi lugar.* **estar / parecer fuera de ~** Resultar ‹una cosa› inconveniente o poco oportuna: *Lo que dijo estuvo fuera de lugar.* **haber ~** RESTRINGIDO. Encontrar ‹la oportunidad de una cosa›: *Si ha lugar, le preguntaré por su familia. No hay lugar para llantos.* **no dejar ~ a dudas** No quedar ninguna duda de algo: *Su honradez no deja lugar a dudas.* **no haber ~**

DER. Expresión para indicar que no se accede a lo que se pide. *El juez dijo que no había lugar a la demanda.* **sin ~ a dudas** Con seguridad: *Es sin lugar a dudas la ciudad más bonita que he visto.* **tener ~** Desarrollarse ‹una cosa›: *Ha tenido lugar un encuentro de jóvenes.*

lugareño, ña *adj. / s. m.* y *f.* **1** De un lugar o población pequeña: *costumbres lugareñas. Los lugareños me han contado algunas leyendas de la región.* **2** COLOQUIAL; PEYORATIVO. [Persona] que es mal educada y carece de urbanidad: *Parece mentira que haya estudiado, es un perfecto lugareño.* SIN. paleto (COLOQUIAL).

lugarteniente *s. m.* Persona con facultad para sustituir a otra en un cargo o en una función: *El rey envió a su lugarteniente a negociar con los enemigos.*

lúgubre *adj.* **1** (antepuesto / pospuesto) LITERARIO. Que contiene tristeza, melancolía o desgracia: *humor lúgubre, semblante lúgubre, tono lúgubre. Pasó la noche dominado por lúgubres pensamientos. Me miró con expresión lúgubre.* **2** (antepuesto / pospuesto) LITERARIO. Que, por sus características, evoca o recuerda la muerte: *lúgubre mansión, idea lúgubre, voz lúgubre, lúgubre paisaje, relato lúgubre.*

lugués, sa *adj. / s. m.* y *f.* Lucense.

luis *s. m.* Antigua moneda francesa de oro y plata.

luisa *s. f.* Se usa en la LOC. **hierba* ~.**

lujar *v. tr.* AMÉR. Alisar, pulir, especialmente la suela del calzado.

lujo *s. m.* **1** (no contable) Abundancia de riqueza: *Viven con mucho lujo. Le gusta el lujo y gasta mucho dinero en joyas y en muebles caros.* **~ asiático** a veces HUMORÍSTICO. Lujo muy grande. **2** Aquello que no es necesario y que, además, no puede ser disfrutado por todo el mundo: *Comprar ropa en esa tienda es un lujo. Cenar todos los días con cava es un lujo.* **3** (no contable) COLOQUIAL. Abundancia de cosas excesivas para hacer algo: *Nos contó su historia con todo lujo de detalles. Para salir de casa toma todo lujo de precauciones, como si se fuera a la Luna.* **4** FR. Y LOC. **impuesto* de ~. permitirse el ~** Atreverse ‹una persona› a hacer algo que normalmente no hace: *Me permitiré el lujo de fumar este puro. Se ha permitido el lujo de protestar al profesor. Me permití el lujo de comprarme un perfume caro.*

lujoso, sa *adj.* (antepuesto / pospuesto) Que manifiesta lujo o riqueza: *¡Qué coche tan lujoso! Lleva una vida muy lujosa, no se priva de nada.*

lujuria *s. f.* **1** (no contable) Deseo o actividad sexual exagerada: *Este chico despierta lujuria en mí.* **2** (no contable) RESTRINGIDO. Abundancia o exceso de algo, especialmente de vegetación: *la lujuria de la selva amazónica.* SIN. exuberancia.

lujurioso, sa *adj. / s. m.* y *f.* **1** Que tiende a la lujuria: *Es un tipo muy lujurioso.* ‖ *adj.* **2** Que expresa lujuria: *mirada lujuriosa, ojos lujuriosos.*

lulú *s. m.* (macho y hembra) Perro pequeño de cierta raza.

lumbago *s. m.* Dolor en la zona lumbar del cuerpo: *Tengo un lumbago muy doloroso que me impide andar.*

lumbalgia *s. f.* Lumbago: *Martín está en condiciones de jugar pese a su lumbalgia.*

lumbar *adj.* ANAT. De la región del cuerpo que está situada en el dorso, entre las últimas costillas y la cresta ilíaca: *ejercicios lumbares. He notado un tirón lumbar.*

lumbre *s. f.* **1** Lugar de la cocina donde se enciende fuego para preparar los alimentos: *Pon la olla a la lumbre. Ya no tenemos lumbre en la chimenea, encenderemos la cocina de gas.* **2** Cualquier materia encendida: *Nos iluminaba la lumbre de las velas. Habían hecho lumbre para calentarse al lado de la obra.* **3** Cualquier materia que se usa para encender: *Si quieres fumar pide lumbre, porque no llevo mechero.* **4** Luz o brillo de alguna cosa, especialmente de los ojos: *La lumbre de su mirada es inteligentísima.*

lumbrera *s. f.* **1** RESTRINGIDO. Cualquier cuerpo o materia que produce luz: *Venían con lumbreras en la mano.* **2** Persona muy inteligente y culta: *Su hijo es una lumbrera, llegará lejos. De esta universidad han salido varias lumbreras.* **3** MAR. Abertura o escotilla acristalada para proporcionar luz y ventilación a las cámaras de un buque.

lumen *s. m.* ÓPT. Unidad de flujo luminoso en el Sistema Internacional.

luminaria *s. f.* **1** (preferentemente en plural) RESTRINGIDO. Luz o conjunto de luces que se ponen en las calles, durante las fiestas: *La ciudad estaba llena de luminarias en las fiestas.* SIN. iluminación. **2** En las iglesias católicas, luz que alumbra permanentemente al Santísimo Sacramento: *Al lado del sagrario arde continuamente una luminaria.* **3** RESTRINGIDO. Persona sabia, muy inteligente y experta en su trabajo: *Lo ha tratado una luminaria en medicina.*

lumínico, ca *adj.* RESTRINGIDO. De la luz: *el potencial lumínico, la intensidad lumínica.*

luminiscencia *s. f.* FÍS. Fenómeno por el cual un cuerpo emite luz tras absorber energía de otra radiación: *la luminiscencia de la esfera del reloj, la luminiscencia de la luciérnaga.*

luminiscente *adj.* ELEVADO. Que emite luz sin elevar la temperatura o sin llegar a la incandescencia: *Algunos cuerpos son luminiscentes.*

luminosidad *s. f.* **1** (no contable) Abundancia de luz: *la luminosidad de esta habitación.* **2** (no contable) Claridad, brillantez: *la luminosidad de sus cuadros, la luminosidad de sus exposiciones.*

luminoso, sa *adj.* **1** Que despide luz: *cuerpo luminoso, colorido luminoso, lámpara luminosa.* **letrero ~.** **2** Que tiene buena luz natural: *habitación luminosa, un piso muy luminoso, espacio luminoso.* **3** (antepuesto / pospuesto) Que es acertado o muy claro: *idea luminosa, luminosa ocurrencia, explicación luminosa.* **4** (antepuesto / pospuesto) Alegre, abierto: *una risa luminosa, una luminosa manera de mirar. Tenía una luminosa expresión en su rostro.* ‖ **5 espectro* ~.**

luminotecnia *s. f.* (no contable) Técnica de la iluminación artificial para fines industriales o artísticos: *Un especialista en luminotecnia se encargó de la iluminación del recinto. La luminotecnia es fundamental en ciertas obras de teatro.*

luminotécnico, ca *adj.* **1** De la luminotecnia: *técnica luminotécnica, proyecto luminotécnico.* ‖ *s. m. / f.* **2** Persona que se dedica profesionalmente a la luminotecnia: *Los luminotécnicos de escaparates de la empresa preparan una sorpresa.*

lumpen *s. m.* **1** (no contable) ELEVADO. Grupo social de los individuos más marginados dentro de una sociedad urbana: *Mendigos, prostitutas y delincuentes forman parte del lumpen. La revolución futura no la hará el proletariado,* *sino los grupos del lumpen.* || *adj.* **2** (invariable) De este grupo social: *una forma de vida lumpen. Las reivindicaciones lumpen suelen tener poco eco en la sociedad.*

luna *s. f.* **1** (precedido generalmente del articulo *la*; con mayúscula) Satélite natural de la Tierra, que gira alrededor de ésta: *fases de la Luna.* **eclipse lunar** o **eclipse de ~. ~ creciente** Fase de la Luna desde su conjunción hasta el plenilunio. **~ llena** Fase de la Luna en que se ve iluminada la cara entera que mira a la Tierra. **~ menguante** Fase de la Luna desde el plenilunio hasta su conjunción. **~ nueva** Fase de la Luna en la que no se puede ver desde la Tierra, al iluminar el Sol la cara escondida. **2** Luz del Sol que refleja este satélite y se nota en la Tierra por la noche: *La luna entraba en la habitación.* **3** Satélite de cualquier planeta: *las lunas de Júpiter.* **4** ASTRON. Lunación. **5** Lámina de cristal o espejo: *la luna de un armario, la luna de un escaparate.* **6** ARG., URUG.; COLOQUIAL. Malhumor. || **7 ~ de miel** 1 Periodo de tiempo inmediatamente posterior a la boda. 2 Viaje que suelen hacer los recién casados: *Luisa y Enrique se fueron de luna de miel a Italia.* 3 Periodo de armonía y acuerdo entre personas, grupos y países: *Están pasando una luna de miel las relaciones entre nuestros países.* **8 media ~** 1 Figura de Luna creciente o menguante. 2 Símbolo del Islam. FR. Y LOC. **estar en la ~** COLOQUIAL. Estar ‹una persona› despistada, sin enterarse de nada de lo que ocurre a su alrededor: *No se entera de nada, porque está en la luna.* **pedir la ~** COLOQUIAL. Pedir ‹una persona› una cosa imposible: *Sus padres le tienen muy mimado: si les pide la luna, se la dan.* **poner en los cuernos* de la ~. quedarse a la ~ de Valencia** COLOQUIAL, RESTRINGIDO. Quedarse ‹una persona› frustrada, sin que se cumpliera lo que deseaba o pretendía: *Le habían prometido un ascenso, pero se quedó a la luna de Valencia.*

lunación *s. f.* ASTRON. Tiempo de un poco más de veintinueve días que pasa desde una Luna nueva hasta la siguiente. SIN. mes lunar.

lunar *adj.* **1** De la Luna: *geografía lunar, año lunar, ciclo lunar.* **eclipse ~** o **eclipse de Luna. 2** Que evoca o recuerda la Luna: *paisaje lunar. Una claridad lunar ilumina el escenario.* || *s. m.* **3** Pequeña mancha oscura y redondeada que aparece en la piel de las personas por una acumulación de células de melanina: *Los lunares se han considerado muchas veces como signo de coquetería.* **4** Pequeña mancha en la piel de un animal formada por pelos de distinto color que el resto: *Mi caballo tiene un lunar en forma de estrella en la frente.* **5** Dibujo de una tela en forma de círculo de color distinto al del resto del tejido: *una camisa de lunares blancos. Los vestidos de las bailaoras flamencas suelen ser de lunares.* **6** RESTRINGIDO. Defecto o falta poco importante: *No está mal la redacción, pero tiene algunos lunares que la afean un poco. La película está bien narrada, aunque algún lunar interpretativo la hace perder puntos.*

lunarejo, ja *adj.* PERÚ. Que tiene muchos lunares.

lunático, ca *adj. / s. m.* y *f.* Que padece accesos de locura, o que tiene muchas manías o extravagancias: *Tiene un comportamiento un poco lunático. Es un lunático, a mí a veces me da miedo. Es un profesor bastante lunático, puede recibirte con mucha simpatía o completamente enfadado.*

lunch (plural *lunchs;* del inglés) *s. m.* Comida ligera, especialmente la que se ofrece a los invitados a una fiesta o celebración: *Celebraron el cumpleaños con un lunch.*

lunes (plural *lunes*) *s. m.* Día de la semana entre el domingo y el martes: *En España el lunes es el primer día de la semana. Hoy es lunes y tengo que ir a trabajar.*

luneta *s. f.* **1** Cristal trasero de un coche: *luneta de cristal ahumado.* **~ térmica** Cristal trasero con una resistencia eléctrica para eliminar el vaho en invierno. **2** Cristal de las gafas. **3** AMÉR. Parte del teatro donde están colocadas las butacas. **4** Luneto.

luneto *s. m.* ARQ. Bóveda semiesférica que da luz a otra más grande en la que está abierta.

lunfardo, da *adj.* **1** ARG. Perteneciente o relativo al mundo de los ladrones. **2** ARG. De los ladrones o maleantes: *lengua lunfarda.* || *s. m.* **3** ARG., PERÚ, URUG.; RESTRINGIDO en Argentina. Ladrón. **4** Jerga hablada por la gente de los barrios bajos en Buenos Aires: *El lunfardo es una jerga que no es fácil de entender.*

lunguear *v. intr.* COL. Trabajar ‹una persona› en una finca agrícola por días.

lúnula *s. f.* ANAT. Parte blanquecina de la raíz de la uña, en forma de media luna.

lupa *s. f.* Lente de aumento generalmente unida a un mango: *Los detectives de los cuentos infantiles siempre llevan una lupa para examinar las huellas.* FR. Y LOC. **mirar con ~** Examinar ‹una persona› una cosa con mucha atención: *El jefe mira con lupa todo el trabajo que hacemos.*

lupanar *s. m.* ELEVADO. Prostíbulo.

lupino, na *adj.* ELEVADO. Del lobo: *huellas lupinas.*

lúpulo *s. m. Humulus lupulus.* Planta trepadora de la familia de las cannabáceas cuyo fruto aromatiza y da sabor amargo a la cerveza.

luquear *v. tr.* CHILE; COLOQUIAL. Observar ‹una persona› [a otra persona o una cosa] con atención.

lurias (plural *lurias*) *adj.* MÉX.; COLOQUIAL. Que está loco.

lusismo *s. m.* Préstamo léxico o gramatical del portugués utilizado en otra lengua: *Entre los lusismos del español pueden recordarse «mermelada» y «chubasco».*

lusitanismo *s. m.* RESTRINGIDO. Lusismo.

lusitano, na *adj. / s. m.* y *f.* **1** De un pueblo prerromano que vivía en el oeste de la Península Ibérica: *La lengua de los lusitanos plantea diferentes problemas a los investigadores.* **2** De Lusitania, región de la antigua Hispania romana: *el pueblo lusitano, un guerrero lusitano, las costumbres de los lusitanos.* **3** De Portugal, país europeo: *los productos lusitanos, los lusitanos ganaron el partido.* SIN. portugués.

luso, sa *adj. / s. m.* y *f.* ELEVADO. De Portugal, país de la Península Ibérica: *La selección lusa de hockey sobre patines ha conquistado el campeonato del mundo. Una atleta lusa ha ganado la maratón.* SIN. portugués.

lustrabotas (plural *lustrabotas*) *s. m.* AMÉR. Limpiabotas.

lustrada *s. f.* AMÉR. DEL S. Limpieza de una cosa.

lustrador *s. m.* AMÉR. Lustrabotas.

lustrar *v. tr.* **1** Dar ‹una persona› brillo a [una cosa] frotándola con insistencia: *Lustró las mesas del comedor. Es un placer leer el periódico en una terraza de la plaza mientras te lustran las botas.* SIN. abrillantar, pulir. **2** AMÉR. Limpiar ‹una persona› los zapatos.

lustre *s. m.* **1** (no contable) Brillo de las superficies: *El lustre de sus zapatos llama la atención. El lustre de tu pelo es estupendo.* **2** (no contable) Prestigio o distinción de las personas: *Su presencia da siempre lustre a cualquiera que esté con ellos.* **3** (no contable) Esplendor, carácter atractivo de una cosa: *Han organizado una fiesta de mucho lustre.*

lustrear *v. tr.* CHILE; COLOQUIAL. Lustrar.

lustrín *s. m.* **1** CHILE; COLOQUIAL. Cajón de limpiabotas, donde se apoya el pie para limpiar el zapato. **2** CHILE; VULGAR. Limpiabotas.

lustro *s. m.* Espacio de tiempo que dura cinco años: *Parece que empezamos ayer, y ya llevamos dos lustros en la empresa. La fiestas de este pueblo sólo se celebran una vez cada lustro.*

lustroso, sa *adj.* **1** (antepuesto / pospuesto) Que tiene lustre o brillo: *zapatos lustrosos. No me gustan los muebles lustrosos. Daba pena pisar los lustrosos mármoles del palacio.* **2** (ser / estar) Que tiene un aspecto robusto y sano por el color y la tersura de la piel o, en el caso de los animales, por el brillo del pelo: *Tiene un perro precioso, con un pelo negro y lustroso. El nene está bien lustroso. No parece que hayas estado enferma, te veo lustrosa y animada.*

lutecio *s. m. Lu.* Elemento químico metálico del grupo de los lantánidos que forma diversas sales insolubles, usado en la industria metalúrgica.

luteranismo *s. m.* **1** (no contable) REL. Doctrina cristiana reformada de los seguidores del sacerdote alemán del siglo XVI Martín Lutero. **2** Conjunto de fieles que siguen esta doctrina: *El luteranismo está muy extendido en Alemania.*

luterano, na *adj.* **1** De Lutero o del luteranismo: *doctrina luterana, iglesia luterana.* || *adj. / s. m.* y *f.* **2** Que es partidario del luteranismo: *fieles luteranos, escritos luteranos.*

luthier (del francés; pronunciamos *'lutié'*) *s. m. / f.* ELEVADO. Violero, constructor de instrumentos de cuerda.

luto *s. m.* **1** Situación en la que se manifiesta externamente el dolor por la muerte de una persona: *Guardaron un minuto de silencio en señal de luto. Decretaron una semana de luto nacional por la muerte del Presidente.* **medio ~** Luto que no es riguroso y se manifiesta en el uso de colores más claros en la ropa: *Lleva pantalón gris y chaqueta negra como medio luto. No viste de luto, siempre de medio luto, con trajes oscuros.* **2** Ropa de color negro u otro signo exterior que indica que se está en esa situación: *Viste de luto. Va de luto riguroso desde la muerte de su hermano.* **3** Periodo de tiempo en que se lleva esta ropa o se conservan estos signos: *El luto por la muerte de su padre será de un año.* **4** Tristeza o pesar: *No lo demuestra, pero el luto lo embarga y no quiere salir de casa. Tras la muerte del rey el luto se ha apoderado del país.* **5** (en plural) Cintas, colgaduras y otros objetos de adorno que se ponen como señal de duelo en las ceremonias de los funerales y entierros: *Han desterrado los lutos por los colores alegres de la boda.* FR. Y LOC. **aliviar el ~** RESTRINGIDO. Cambiar ‹una persona› la ropa negra por ropa gris oscura o negra con otros colores: *La abuela ha dicho que no piensa aliviar el luto a los dos años.*

lux (plural *lux*) *s. m.* FÍS. Unidad de iluminación en el Sistema Internacional.

luxación *s. f.* Dislocación de un hueso: *Tengo una luxación en un codo. Me he hecho una luxación de muñeca esquiando.*

luxar *v. tr. / prnl.* Hacer salir ‹una cosa› un hueso de su sitio natural: ***Se** me ha luxado un hombro con el golpe. El fuerte golpe de la caída me ha luxado el codo.*

luxemburgués, sa *adj. / s. m.* y *f.* **1** De Luxemburgo, país europeo: *los bosques luxemburgueses. Conoció a dos luxemburgueses.* || *s. m.* **2** LING. Variedad lingüística del alemán hablada en Luxemburgo.

luz *s. f.* **1** (no contable) Forma de energía que ilumina las cosas y las hace visibles: *La luz se propaga por medio de unas partículas llamadas fotones.* **~ natural** Luz del Sol. **2** Punto o foco de donde parte esta energía: *Acércame la luz, que no veo.* **gusano* de ~.** **3** (no contable) Corriente eléctrica: *Como no paguemos nos cortarán la luz. Se ha ido la luz. En este pueblo no tenemos luz.* **4** (no contable) Claridad que despiden algunos cuerpos: *la luz de las llamas, a la luz de la vela, a la luz de la Luna.* **5** (preferentemente en plural) Reflejo que despiden algunos cuerpos: *las luces de los diamantes, las luces de los cristales.* **6** Cualquier abertura de un edificio para iluminarlo: *En los edificios antiguos las luces eran muy escasas.* **7** Anchura interior del hueco de una puerta, de una ventana o de un arco: *El crucero de la catedral es de mucha luz.* **8** Persona o cosa que sirve de ejemplo o modelo: *San Ignacio es la luz que nos guía a todos en esta casa.* **9** (no contable) Aclaración, ayuda: *Has arrojado mucha luz sobre el asunto.* **10** (en plural) Inteligencia, sabiduría: *No tiene muchas luces. Es un trabajo de pocas luces.* || **11 luces de gálibo** AUTOMOV. Luces que tienen los vehículos de gran tamaño en su parte superior delantera y trasera: *Los camiones deben llevar luces de gálibo.* **12 ~ cenital** Luz que se difunde en una habitación desde el techo: *El quirófano está equipado con luz cenital.* **13 ~ de carretera** o **~ larga** Luz larga de un vehículo que ilumina cien metros por delante de él. **14 ~ de cruce** o **~ corta** Luz corta de un vehículo que debe iluminar cuarenta metros por delante de él. **15 ~ de posición** Conjunto de pilotos de un vehículo que señalan su situación incluso en vías poco iluminadas. **16 ~ roja** Prohibición de hacer algo. **17 ~ verde** Permiso: *El jefe te ha dado luz verde para el proyecto.* FR. Y LOC. **a la ~ de** De acuerdo con lo que se sabe: *A la luz de nuestros informes, la empresa este año obtendrá más beneficios.* **a todas luces** Verosímilmente, con toda probabilidad: *Sus disculpas son a todas luces falsas.* **arrojar ~** Servir ‹una cosa› para aclarar o explicar un asunto: *La indagación arrojó luz sobre el asesinato. No arroja mucha luz sobre lo sucedido en el barco la narración caótica del náufrago rescatado.* **dar a ~** Parir ‹una mujer› un hijo: *Ha dado a luz en la clínica municipal.* **entre dos luces** Al amanecer o al oscurecer: *Saldremos mañana entre dos luces.* **mesa* de ~.** **sacar a la ~** 1 Publicar ‹una persona› una obra. 2 Dar a conocer ‹una persona› algo que estaba oculto: *La prensa sacó a la luz varios escándalos de corrupción.* **salir a la ~** 1 Ser publicada ‹una obra›. 2 Conocerse ‹una cosa› oculta. **traje* de luces.**

lycra o **licra** *s. f.* (no contable) (marca registrada) Tejido sintético, brillante y elástico empleado en la fabricación de medias, ropa interior y bañadores: *un bikini de lycra verde brillante.*

M

m *s. f.* **1** Decimotercera letra del alfabeto español que representa un sonido de articulación bilabial, nasal y sonora. Su nombre es «eme»: *Se escribe «m» antes de «p» y «b», como en «campo» o «cambiar».* **2** Letra que tiene el valor de mil en la numeración romana: *En la numeración romana, MMM significaba 3.000.*

M-19 (pronunciamos *'eme diecinueve'*) *s. m.* POLÍT. Sigla de «Movimiento 19 de Abril», Colombia: *El M-19 ha aceptado dejar las armas para incorporarse a la vida democrática de Colombia.*

mabitoso, sa *adj.* VEN.; COLOQUIAL. Que tiene o produce mala suerte.

maca *s. f.* **1** RESTRINGIDO. Señal que tiene la fruta por algún pequeño golpe que ha recibido: *Esa manzana tiene una maca y se estropeará enseguida.* **2** RESTRINGIDO. Pequeño defecto de una cosa: *Las telas con macas son muy baratas.*

macá *s. m.* ARG. Ave palmípeda zambullidora que vuela arrastrándose sobre el agua y come peces.

macabro, bra *adj.* (antepuesto / pospuesto) Del horror o repulsión que provoca la muerte: *danza macabra, imagen macabra. Hemos asistido a un macabro espectáculo.*

macacada *s. f.* **1** URUG.; COLOQUIAL. Gesto de una persona para hacer reír a las demás. **2** Gesto de una persona para mostrar que una cosa no le gusta.

macaco, ca *adj. / s. m.* y *f.* **1** (preferentemente en masculino) RESTRINGIDO; PEYORATIVO. [Persona] que es fea: *Tu vecina es un auténtico macaco.* || *s. m. / f.* **2** Familia *Cercopithecidae.* Mamífero primate de pelaje generalmente pardo grisáceo, cuerpo robusto y cola de longitud variable, que vive en Asia y en África: *En Gibraltar hay una colonia de macacos.* **3** (preferentemente en masculino) COLOQUIAL; AFECTIVO. Expresión cariñosa usada para referirse a los niños: *Es muy gracioso ver a ese macaco cómo está aprendiendo a andar.* **4** URUG. [Persona] que es muy maniática con las comidas.

macadam *s. m.* Macadán.

macadán o **macadam** (plural *macadams* o *macadanes*) *s. m.* Pavimento prensado de piedra machacada y arena.

macagua *s. f.* (macho y hembra) *Herpetotheres cachinnans.* Ave de mediano tamaño, plumaje oscuro y pico ganchudo y dentado, que habita en bosques de Sudamérica y se alimenta de pequeños reptiles y otras aves.

macán *s. m.* **1** VEN.; COLOQUIAL. Situación molesta o perturbadora. **2** VEN.; COLOQUIAL. Alboroto o desorden que causan las personas.

macana *s. f.* **1** RESTRINGIDO. Mercancía estropeada o pasada de moda, difícil de vender: *No sé cómo resisten en ese comercio, sólo tienen cuatro macanas.* **2** COL. Palmera alta de madera dura y fina. **3** COL. Balaústre. **4** COL.; COLOQUIAL. Fuerza física de una persona. **5** COL., CUBA, MÉX.; RESTRINGIDO en Colombia. Palo grueso de madera dura. **6** ARG., URUG.; COLOQUIAL. Tontería, disparate. **7** ARG., VEN.; COLOQUIAL. Mentira, bola. **8** VEN.; COLOQUIAL. Fastidio. **9** MÉX.; VULGAR. Pene.

macanazo *s. m.* VEN.; COLOQUIAL. Vaso o copa de alcohol.

macaneador, ra *adj.* ARG., URUG.; COLOQUIAL. Persona que dice macanas o disparates.

macanear *v. intr.* **1** ARG., URUG.; COLOQUIAL. Decir o hacer ‹una persona› tonterías, disparates. **2** AMÉR. C. Trabajar ‹una persona› con constancia. || *v. tr.* **3** AMÉR. C., VEN.; RESTRINGIDO en Venezuela. Cortar ‹una persona› la maleza más gruesa o destacada de un terreno antes de sembrar.

macanudo, da *adj.* **1** AMÉR.; COLOQUIAL. Que es muy bueno o extraordinario. **2** COL., VEN.; RESTRINGIDO en Venezuela, COLOQUIAL en Venezuela. [Persona] que es muy fuerte. || *interj.* **3** ARG., URUG.; COLOQUIAL. Estupendo. OBSERVACIONES: Indica el acuerdo con el interlocutor.

macarra *adj. / s. m.* y *f.* **1** COLOQUIAL; PEYORATIVO. Que actúa, habla y viste con vulgaridad o mal gusto: *Tienes un gusto muy macarra.* **2** COLOQUIAL; PEYORATIVO. Que se comporta con insolencia, con falta de respeto o con agresividad: *Una banda de macarras destrozó el bar.* || *s. m.* **3** COLOQUIAL; PEYORATIVO. Hombre que vive de las prostitutas: *Ese club está lleno de macarras y prostitutas.* SIN. proxeneta (ELEVADO).

macarrón *s. m.* **1** (preferentemente en plural) Pasta alimenticia de harina de trigo en forma de canutillo: *macarrones con salsa de tomate. Los macarrones son el plato favorito de Jaime.* **2** RESTRINGIDO. Tubo delgado hueco, flexible y resistente de plástico o de otro material: *La tubería de metal va embutida en un macarrón plástico protector.*

macarrónico, ca *adj.* COLOQUIAL. [Uso de una lengua] que es incorrecto gramaticalmente o carece de buen gusto: *Tengo un inglés macarrónico.*

macarse *v. prnl.* RESTRINGIDO. Empezar a pudrirse ‹la fruta› por los golpes recibidos: *Esta fruta se ha macado.* ⇒ **71.**

macedonia *s. f.* **1** Postre elaborado con pequeños trozos de fruta variada, zumos de fruta, azúcar y, a veces, un chorrito de alcohol: *Tráigame una macedonia de postre, por favor.* **2** Guiso de pequeños trozos de legumbres variadas.

macedonio, nia *adj. / s. m.* y *f.* **1** De Macedonia. || *s. m.* **2** LING. Lengua del grupo eslavo occidental que es oficial en la República de Macedonia.

maceración *s. f.* Acción y resultado de macerar: *Para que te quede bueno este plato tiene que estar la carne en maceración de vino ocho horas.*

maceramiento *s. m.* Maceración.

macerar *v. tr.* **1** Poner ‹una persona o una cosa› blanda [una cosa] apretándola o golpeándola: *Macera un poco la carne con el mazo, te quedará muy bien.* **2** Poner ‹una persona› [una sustancia] dentro de un líquido para disolver sus elementos solubles: *Luisa pone las peras a macerar **en** aguardiente y están muy ricas.* || *v. tr. / prnl.* **3** ELEVADO. Castigar ‹una persona› físicamente el cuerpo de [otra persona] como penitencia: ***Se** maceró con áspera disciplina.*

macero *s. m.* RESTRINGIDO. Funcionario público que lleva la maza delante de las personas que usan esta señal de dignidad: *Cuatro maceros de librea precedían al alcalde.*

maceta *s. f.* **1** Recipiente de barro u otro material para plantas: *Hemos comprado una maceta grande para la palmera.* SIN. tiesto. **2** Este recipiente con la tierra y la planta: *Tengo una maceta de geranios.* **3** Maza pequeña: *la maceta del escultor.*

maceteado, da *adj.* PERÚ; COLOQUIAL. Que es fuerte o recio.

macetero *s. m.* Soporte para poner macetas de plantas: *Carmen tiene un macetero de hierro forjado en el recibidor.*

macetudo, da *adj. / s. m.* y *f.* ARG., URUG.; COLOQUIAL. Que tiene las piernas gruesas y cortas.

macha *s. f. Mesodesma donacia.* Molusco parecido a la almeja, muy abundante en las costas sudamericanas del océano Pacífico.

machaca *s. m.* **1** COLOQUIAL. Persona empleada en trabajos penosos o poco agradables: *Está de machaca en un supermercado.* **2** MIL.; RESTRINGIDO. Soldado al servicio de un suboficial. || *s. m. / f.* **3** COLOQUIAL. Persona o cosa pesada y molesta: *En esta discoteca la música que ponen es una machaca.* || *s. f.* **4** Instrumento para machacar. SIN. machacadera.

machacadera *s. f.* Instrumento para machacar.

machacante *s. m.* **1** COLOQUIAL. Duro, moneda de cinco pesetas: *Aquí están los veinte machacantes que te debía.* **2** MIL.; RESTRINGIDO. Soldado al servicio de un suboficial.

machacar *v. tr.* **1** Dar ‹una persona› golpes sobre [una cosa] para hacerla pedazos, aplastarla o cambiar su forma: *En esta máquina se machaca la piedra para grava.* **2** COLOQUIAL; INTENSIFICADOR. Vencer ‹una persona› [a otra persona] plenamente: *El equipo de casa machacó al rival.* **3** COLOQUIAL; INTENSIFICADOR. Producir ‹una cosa› daño [a una persona o una cosa]: *Estos zapatos me machacan los pies.* || *v. tr. / intr.* **4** COLOQUIAL; INTENSIFICADOR. Estudiar ‹una persona› [una materia] con esfuerzo y constancia: *Javier machacó las matemáticas hasta el último día de curso.* **5** COLOQUIAL; INTENSIFICADOR. Causar ‹una persona o una cosa› cansancio o agotamiento [a una persona]: *Este trabajo machaca a cualquiera.* SIN. fatigar. **6** DEP. Encestar el balón acompañándolo con la mano de arriba a abajo: *Cada vez que Jordi machaca el aro contrario, el público enloquece aplaudiendo.* || *v. intr.* **7** COLOQUIAL; INTENSIFICADOR. Molestar ‹una persona› a otra persona con peticiones insistentes: *Pepe le saca dinero a su padre a fuerza de machacar.* || *v. prnl.* **8** COLOQUIAL; INTENSIFICADOR. Hacerse ‹una persona› daño: *Me he machacado el dedo de un martillazo.* **9** COLOQUIAL; INTENSIFICADOR. Obligarse ‹una persona› a hacer [un trabajo o un ejercicio físico] hasta el agotamiento: *Este muchacho se machaca trabajando.* ⇒ **71.**

machacón, na *adj.* **1** COLOQUIAL. Que se repite mucho y molesta: *música machacona.* || *adj. / s. m.* y *f.* **2** (ser / estar; antepuesto / pospuesto) COLOQUIAL; PEYORATIVO. Que repite mucho las cosas y se pone pesado o inoportuno: *Me repitió, con insistencia machacona, que me hiciera un seguro de vida.*

machaconería *s. f.* (no contable) COLOQUIAL. Insistencia inoportuna: *Su machaconería lo hace insoportable.*

machada *s. f.* **1** COLOQUIAL; a veces IRONÍA. Acción que exige esfuerzo o valor considerable: *El abuelo hizo la machada de correr diez kilómetros.* **2** RESTRINGIDO. Conjunto de machos cabríos: *El cabrero tenía una buena machada.*

machador, ra *adj.* ARG.; COLOQUIAL. [Bebida] que se sube mucho a la cabeza.

machamartillo Se usa en la LOC. **a ~** RESTRINGIDO. Con firmeza, con intensidad o con solidez moral o material: *Para mejorar la productividad hay que seguir el plan de Susana a machamartillo.*

machaque *s. m.* Machaqueo.

machaqueo o **machaque** *s. m.* **1** Acción y resultado de machacar o dar golpes a una cosa para hacerla pedazos o aplastarla: *Lo primero que hay que hacer es el machaqueo de la piedra.* **2** COLOQUIAL; INTENSIFICADOR. Insistencia en la petición o tratamiento de una cosa: *Los machaqueos que me das para que te deje dinero son inhumanos.* **3** COLOQUIAL; INTENSIFICADOR. Victoria muy clara: *Nadie esperaba el machaqueo del equipo de casa.* **4** COLOQUIAL; INTENSIFICADOR. Estudio de una materia con esfuerzo y constancia: *Temo el machaque que me tengo que dar para aprobar.* **5** COLOQUIAL; INTENSIFICADOR. Cansancio fuerte por un ejercicio físico intenso o constante: *No sé cómo se da esos machaques corriendo.*

machazo, za *adj.* ARG., URUG.; COLOQUIAL. Que es muy grande o muy impresionante por la calidad.

maché *adj.* Se usa en la LOC. **papel* ~.**

macheta *s. f.* RESTRINGIDO. Cuchilla de hoja fuerte y ancha que sirve para picar carne: *la macheta del carnicero.*

machetazo *s. m.* Golpe o corte dado con un machete: *Se abrieron paso entre los arbustos a machetazos.*

machete, ta *adj. / s. m.* y *f.* **1** ARG., URUG.; COLOQUIAL. [Persona] que es tacaña o agarrada. **2** VEN.; COLOQUIAL. [Persona] que es eficaz. || *s. m.* **3** Arma de filo ancho más corta que la espada: *Para el cuerpo a cuerpo montábamos el machete sobre el fusil.* SIN. bayoneta. **4** Cuchillo grande utilizado para abrirse paso en la selva, cortar caña de azúcar, u otros usos similares: *El machete es indispensable en la selva.* **5** ARG., COL.; RESTRINGIDO. Chuleta de un estudiante. **6** VEN.; COLOQUIAL. Se usa para expresar aprobación.

machetear *v. tr.* **1** Dar ‹una persona› golpes a [otra persona o una cosa] con un machete: *Han macheteado a un hombre en la cañada.* **2** COL.; COLOQUIAL. Hacer ‹una persona› mal [un trabajo] o no acabarlo. **3** VEN.; RESTRINGIDO. Quitar ‹una persona› [una cosa] a otra persona con engaños. || *v. intr.* **4** MÉX.; COLOQUIAL. Porfiar, insistir ‹una persona›. **5** MÉX. Estudiar ‹una persona› con tenacidad y dedicación. **6** COL.; RESTRINGIDO. Copiar ‹una persona› en un examen. **7** URUG.; COLOQUIAL. Ahorrar ‹una persona› exageradamente en lo que gasta. || *v. prnl.* **8** ARG.; RESTRINGIDO. Preparar ‹una persona› machetes para un examen.

machetero, ra *s. m. / f.* **1** Persona que se abre paso entre la maleza con el machete. **2** Persona que corta caña de azúcar en una plantación. **3** MÉX. Persona que es muy estudiosa pero torpe. **4** MÉX. Persona encargada de la carga y descarga de mercancías de un vehículo. || *adj. / s. m. y f.* **5** COL.; PEYORATIVO. [Persona] que trabaja descuidadamente. **6** COL.; PEYORATIVO. [Persona, cosa] que es grosera o chabacana. **7** COL.; RESTRINGIDO. [Estudiante] que copia en los exámenes.

machina *s. f.* Grúa muy potente utilizada en puertos y arsenales.

machismo *s. m.* (no contable) Comportamiento e ideología de las personas que discriminan a la mujer por considerar que el hombre es superior a ésta: *El machismo está muy arraigado en nuestra sociedad.*

machista *adj.* **1** Del machismo: *reacción machista.* || *adj. / s. m. y f.* **2** Que es partidario del machismo: *libro machista. Los comportamientos machistas están tan dentro de la sociedad que algunos parecen naturales.*

macho, cha *adj.* **1** COL., VEN.; COLOQUIAL. [Cosa] que es muy grande. **2** VEN.; COLOQUIAL. [Mujer] que es valiente y responsable. || *adj. / s. m.* **3** Del sexo masculino: *Es un rinoceronte macho. El tigre es un animal solitario, el macho sólo busca a la hembra cuando está en celo.* ~ **cabrío** Macho de la cabra. **4** Con algunos rasgos o comportamientos que se atribuyen por tradición social al sexo masculino, como la fortaleza, la rudeza o la valentía: *Pepe se ha pegado él sólo con la panda de la otra calle, se cree muy macho.* SIN. machote. || *s. m.* **5** Planta que fecunda a otra de su especie: *Los machos de algunas plantas no dan fruto.* **6** Pieza que se introduce en otra pieza: *Los cables empalman bien porque en la punta tienen dos piezas, macho y hembra.* **7** ARQ. Pilar que fortalece una construcción: *Los arcos del puente descansan en unos machos sólidos.* **8** TAUROM. Cada una de las borlas que cuelgan del traje de torear. **9** Mazo grande para forjar el hierro. **10** Banco en que los herreros tienen el yunque. **11** Yunque cuadrado. **12** COL., CUBA, GUAT.; RESTRINGIDO en Cuba. Grano de arroz con cáscara. **13** ARG., URUG.; COLOQUIAL; PEYORATIVO. Amante de una mujer. || *interj.* **14** COLOQUIAL; TRATAMIENTO entre hombres. Expresa asombro, bienvenida o enfado: *¡Macho, qué suerte tenemos!* FR. Y LOC. **a lo** ~ VEN.; COLOQUIAL. A la fuerza. **atarse / apretarse los machos** COLOQUIAL. Prepararse ‹una persona› para resistir con firmeza una situación difícil: *Apretaos los machos, chicos, porque os va a echar una bronca tremenda la jefa.*

machón *s. m.* ARQ. Pilar adosado o incrustado en una pared reforzada: *Los arcos de la catedral descansan en columnas que descargan en machones octogonales.*

machona *s. f.* **1** ARG., COL., PAR., URUG.; COLOQUIAL; PEYORATIVO. Marimacho. **2** ARG., URUG.; COLOQUIAL. Muchacha que suele jugar con los chicos.

machote, ta *adj. / s. m. y f.* **1** COLOQUIAL; AFECTIVO, a veces PEYORATIVO. [Persona] que tiene algunos rasgos o comportamientos tradicionalmente atribuidos al sexo masculino como la fortaleza, la rudeza o la valentía: *¡Qué machote eres, has conseguido romper la puerta de una patada!* || *s. f.* **2** COLOQUIAL; PEYORATIVO. Mujer que, por su aspecto o por sus actos, parece un hombre: *Es un poco machota, va vestida como un chico.* FR. Y LOC. **a la machota** VEN.; COLOQUIAL. De manera ruda.

machucar *v. tr.* RESTRINGIDO. Machacar. ⇒ **71.**

maciega *s. f.* ARG., URUG. Matorral o conjunto de matas.

macilento, ta *adj.* (ser / estar) ELEVADO. Que está flaco o pálido: *A la luz de la vela el rostro macilento de Julia parecía de marfil.*

macillo *s. m.* **1** MÚS. Pieza del piano, con forma de mazo pequeño, que golpea la cuerda y la hace sonar. SIN. martinete. **2** MÚS. Palo pequeño con que se toca un instrumento de percusión: *los macillos del xilófono.*

macizo, za *adj.* **1** (ser / estar) Que no tiene huecos en su interior: *La pulsera es de oro macizo. La bola está maciza.* **2** (ser / estar; antepuesto / pospuesto) COLOQUIAL. Que tiene la carne dura: *El ciclismo pone las piernas muy macizas. Sus brazos son macizos.* || *adj. / s. m. y f.* **3** (estar) COLOQUIAL. Que resulta muy atractivo físicamente: *¡Ven con nosotras, macizo!* || *s. m.* **4** Conjunto de montañas no alineadas, de características muy uniformes y con límites bien definidos: *La región está ocupada por un macizo central, en cuyas estribaciones nos encontramos.* ~ **montañoso. 5** Conjunto de plantas que sirven como decoración. **6** Masa sólida de una cosa: *macizo mineral.* **7** En un muro o pared, parte entre dos huecos: *Se filtra agua por el macizo entre las ventanas.*

macla *s. f.* MIN. Cuerpo cristalino constituido por dos o más cristales de un mismo mineral que comparten al menos un eje de simetría.

macolla o **macoya** *s. f.* **1** VEN.; COLOQUIAL. Clan, organización de cabecillas. **2** VEN.; JERGAL. Dinero, conjunto de ganancias.

macondo *s. m.* COL. Árbol grande de hojas grandes y flores rojizas, que se usa como adorno y cuya madera se aprovecha para hacer canoas.

macoya *s. f.* Macolla.

macramé *s. m.* **1** (no contable) Tejido de hilos o cuerdas gruesas trenzado y anudado a mano: *una hamaca de macramé.* **2** Hilo o cuerda con que se hace el macramé.

macrobiótica *s. f.* (no contable) Sistema dietético que propugna una alimentación a base de cereales integrales, algas marinas, legumbres y hortalizas y unas costumbres sanas e higiénicas, con el fin de alargar la vida: *Sigo los consejos de la macrobiótica.*

macrobiótico, ca *adj.* **1** De la macrobiótica: *régimen macrobiótico, alimento macrobiótico.* || *adj. / s. m. y f.* **2** Que sigue la macrobiótica: *restaurante macrobiótico. Mis cuñados son macrobióticos.*

macrocéfalo, la *adj. / s. m. y f.* Que tiene la cabeza muy grande o desproporcionada con relación al cuerpo: *insecto macrocéfalo. El niño era macrocéfalo y murió a los dos meses.*

macrocosmo *s. m.* Macrocosmos.

macrocosmos o **macrocosmo** *s. m.* LITERARIO. El Universo como ser completo y complejo en su funcionamiento, a semejanza del hombre, que es un universo en pequeño.

macroeconomía *s. f.* (no contable) Parte de la Economía que estudia el comportamiento de las grandes magnitudes económicas: *La macroeconomía se olvida a veces de los ciudadanos de a pie.* ANT. microeconomía.

macrófago *s. m.* **1** BIOL. Célula del tejido conectivo con capacidad fagocitaria de partículas grandes. **2** BIOL. Animal que se alimenta de presas mayores que él en tamaño: *Los animales terrestres son casi todos macrófagos.*

macrofotografía *s. f.* **1** (no contable) RESTRINGIDO. Sistema fotográfico que permite obtener grandes ampliaciones de objetos de pequeño tamaño. **2** Fotografía obtenida mediante macrofotografía.

macroinstrucción *s. f.* INFORM. Orden dada al ordenador para que ejecute una serie de operaciones: *El nuevo ordenador ejecuta cien macroinstrucciones por segundo.*

macromólecula *s. f.* FÍS. Molécula formada por un gran número de átomos.

macroscópico, ca *adj.* BIOL. Que se puede ver a simple vista, sin necesidad de utilizar el microscopio.

macsura *s. f.* REL. En las mezquitas, lugar reservado para el califa o el imán, o para el sepulcro de algún personaje santo.

macuarro *s. m.* **1** MÉX.; COLOQUIAL. Albañil. **2** MÉX.; COLOQUIAL. Hombre de escasa cultura y de escasos recursos económicos.

macuco, ca *adj.* **1** AMÉR. DEL S. Que es cuco o astuto. || *s. m.* **2** ARG., BOL., COL.; COLOQUIAL. Chico, muchacho grandullón.

mácula *s. f.* **1** ELEVADO. Mancha: *Entregué el trabajo sin mácula, no ha tenido que hacer ni una corrección.* **2** ASTRON. Mancha o zona oscura de las que se observan en el Sol.

maculatura *s. f.* ART. GRÁF. Pliego que se desecha por estar manchado o mal impreso.

macundales (plural) *s. m.* VEN.; COLOQUIAL. Objetos o enseres personales.

macuto *s. m.* **1** Mochila que se lleva a la espalda, especialmente la del soldado: *el macuto del soldado. Mete los libros en el macuto y vete a clase.* || **2 radio* ~.**

madam *s. f.* Madama.

madama o **madam** *s. f.* **1** COLOQUIAL; RESTRINGIDO. Mujer que dirige un prostíbulo: *La madama obsequia a los clientes de confianza con una botella de cava.* **2** URUG.; COLOQUIAL. Comadrona.

madeira *s. m.* **1** (no contable) Vino algo dulce propio de la isla portuguesa de Madeira. **2** Medida de vino de Madeira: *Tomaremos dos madeiras.*

madeja *s. f.* Hilo recogido y enrollado en vueltas grandes e iguales: *Gastaré cinco madejas de lana para tejer una bufanda.* FR. Y LOC. **enredar / liar la ~** Complicar ‹una persona o una cosa› un asunto: *No líes más la madeja* ***con*** *tus historias y cállate.*

madera *s. f.* **1** (no contable) Parte dura de los árboles y arbustos, situada debajo de la corteza: *El nogal tiene una madera muy dura.* **2** (no contable) Esta materia después de ser preparada para su aprovechamiento en carpintería: *un mueble de madera, madera de roble. Hizo una estantería de madera de pino.* **3** Trozo o resto de esta materia: *Con estas maderas viejas haremos fuego.* **4** (no contable) Talento de una persona para una actividad: *Será buena ingeniera, tiene madera.* **5** (no contable) MÚS. Conjunto de instrumentos de viento de una orquesta hechos de madera: *La madera suena muy bien en esta orquesta.* **6** JERGAL. En España, cuerpo de policía. FR. Y LOC. **tocar ~** COLOQUIAL. Se usa para alejar la mala suerte, generalmente acompañada del gesto de tocar una cosa de madera: *Tocaré madera para que todo salga bien.*

maderable *adj.* RESTRINGIDO. [Árbol, bosque] que se puede aprovechar como madera: *Ha disminuido la extensión del bosque maderable en la Península.*

maderaje *s. m.* (no contable) Conjunto de madera que se utiliza en construcción: *Cambiaron todo el maderaje porque era muy viejo.* SIN. maderamen.

maderamen *s. m.* (no contable) Conjunto de maderas que se emplea en la construcción de una obra: *Dos empleados descargaron el maderamen del camión.*

maderero, ra *adj.* **1** De la madera: *industria maderera.* || *adj. / s. m.* y *f.* **2** Que trabaja o comercia con madera: *Ésta es la industrial maderera más importante de la provincia.*

madero *s. m.* **1** Pieza larga de madera cortada de manera que sus caras forman un rectángulo: *maderos de un barco. Los maderos de la caja se han desclavado.* **2** Árbol cortado al que ya se han quitado las ramas: *Los maderos bajaban flotando por el río hasta la serrería.* **3** JERGAL. Miembro de la policía española: *Lo trincaron los maderos.*

madona *interj.* Se usa en la LOC. **la ~** ARG., URUG.; COLOQUIAL. Expresa sorpresa o asombro.

madrastra *s. f.* **1** Mujer del padre con respecto a lo hijos tenidos por éste en un matrimonio anterior: *la madrastra de Blancanieves. Cuando mi padre enviudó tardó mucho tiempo en casarse con mi madrastra.* **2** PEYORATIVO. Madre poco cariñosa, que trata mal a sus hijos: *Estás hecha una madrastra, no atiendes a tus hijos.*

madraza *s. f.* COLOQUIAL; AFECTIVO. Madre muy cariñosa, que se dedica mucho a sus hijos: *Cuando se casó decía que no le gustaban los niños, y ahora es una madraza.*

madrazo *s. m.* COL.; COLOQUIAL. Ofensa hecha a una persona nombrándole a la madre.

madre *s. f.* **1** Mujer que ha tenido hijos, con respecto a éstos: *Si vienes a casa te presentaré a mi madre.* **2** Animal hembra con respecto a sus crías: *Ésta es la madre de los gatitos.* **3** RESTRINGIDO. Causa u origen de una cosa: *La paciencia es la madre de la ciencia.* **4** Dignidad o título de las religiosas de ciertas órdenes: *la madre Teresa de Calcuta. La madre superiora del convento nos ha visitado.* **5** COLOQUIAL. Mujer que se porta muy bien con los demás: *Mi tía ha sido una madre para nosotros.* **6** COLOQUIAL; HUMORÍSTICO. Hombre que facilita las cosas más de lo habitual o de lo permitido: *Nuestro profesor es una auténtica madre, se va de clase en los exámenes.* **7** RESTRINGIDO. Terreno o camino por donde corren las aguas: *madre de un arroyo. Las inundaciones se producen porque las casas han invadido la madre del río.* SIN. cauce, lecho. **8** RESTRINGIDO. Acequia principal de donde parten o donde desembocan otras. **9** RESTRINGIDO. Alcantarilla o cloaca principal. **10** RESTRINGIDO. Heces o residuos sólidos que se depositan en el fondo de los recipientes de vino, vinagre o mosto: *Abre otra botella de vinagre, porque en el fondo de ésa sólo queda la madre.* || **11 la ~ patria** AFECTIVO. País donde se ha nacido: *Me gustaría volver a la madre patria.* **12 ~ política** AFECTADO. Suegra. **13 reina* ~.** FR. Y LOC. **ciento* y la ~. de puta* ~. hijo* de tu / su ~ . la ~ del cordero** 1 COLOQUIAL; INTENSIFICADOR. La clave o dificultad de una cosa: *La madre del cordero está en encontrar la manera de conseguir dinero para amueblar la casa.* 2 COLOQUIAL; INTENSIFICADOR. Se usa para indicar asombro o admiración: *¡La madre del cordero! ¡Qué estatura que tiene ese chaval!* **la ~ que me / te / lo... parió** 1 VULGAR. Expresa gran irritación, disgusto o enfado: *¡La madre que lo parió! ¡Qué faena me ha hecho el idiota de Paco!* 2 VULGAR; INTENSIFICADOR. Expresa alabanza o admiración: *¡Viva la madre que te parió!* **¡ ~ mía!** COLOQUIAL; INTENSIFICADOR, SORPRESA. Se usa para expresar asombro o sorpresa: *¡Madre mía! ¡Son las doce y todavía no se ha levantado!* **¡mi / tu / su ~ !** COLOQUIAL; INTENSIFICADOR, SORPRESA. Se usa para expresar asombro o sorpresa: *¡Tu madre! ¿Cómo no te has acordado de traerte las llaves?* **nombrar / mentar a la ~** COLOQUIAL. Nombrar ‹una persona› a la madre de otra persona para insultarla: *Me mentó a la madre y le di un puñetazo.* **no tener padre* ni ~ ni perrito que le ladre. sacar de ~** COLOQUIAL. Irritar o enfurecer ‹una persona› a otra persona. **salirse de ~** 1 RESTRINGIDO. Salirse ‹una corriente de agua› de su cauce: *El río se va a salir de madre si sigue lloviendo así.* 2 COLOQUIAL. Romper las normas ‹una persona›: *Cuando Pepe bebe se sale de madre y empieza a insultar a todos.* 3 COLOQUIAL. Ir ‹una cosa› más allá de lo permitido: *La manifestación se salió de madre y tuvo que intervenir la policía.*

madreada *s. f.* COL.; COLOQUIAL. Madrazo.

madreperla *s. f. Meleagrina margaritifera.* Molusco marino con concha de dos piezas rugosas y casi circulares, que forma las perlas en su interior y habita en los océanos Índico y Pacífico.

madrépora *s. f.* Animal celentéreo marino con forma de pólipo, que tiene un esqueleto exterior duro y vive en colonias formando arrecifes.

madreselva *s. f.* **1** *Lonicera implexa.* Arbusto trepador de tallos largos hojas opuestas y flores amarillas muy olorosas, que crece en los bosques. **2** Flor de la madreselva.

madrigal *s. m.* **1** LIT. Composición poética breve y ligera, de carácter amoroso, en la que se combinan versos endecasílabos y heptasílabos rimados al gusto del poeta: *El madrigal estuvo muy de moda en el Siglo de Oro.* **2** MÚS. Composición musical polifónica, generalmente sin acompañamiento, sobre un texto profano en lengua vernácula: *Los madrigales se cantaban mucho en las cortes del Siglo de Oro.*

madrigalesco, ca *adj.* **1** LIT., MÚS. Del madrigal: *tema madrigalesco, estilo madrigalesco.* **2** ELEVADO. Que expresa con elegancia, delicadeza o ternura sus afectos.

madrigalista *s. m. / f.* MÚS. Escritor o cantante de madrigales: *En el Siglo de Oro abundaban los madrigalistas españoles.*

madriguera *s. f.* **1** Vivienda y refugio de animales pequeños, sobre todo de campo, que suele ser alargada y profunda: *madriguera de conejos, madriguera de topos.* SIN. guarida. **2** COLOQUIAL. Lugar en el que se esconden los delincuentes: *La casa deshabitada sirvió de madriguera a los ladrones.* SIN. guarida.

madrileño, ña *adj. / s. m.* y *f.* De Madrid, capital española: *el cocido madrileño, las fiestas de los madrileños.*

madriles (plural) *s. m.* (con artículo) COLOQUIAL. Madrid: *Me daré una vuelta por los madriles.*

madrina *s. f.* **1** Mujer que presenta o asiste a una persona que recibe algunos sacramentos, especialmente el bautismo, o algunos honores o grados: *Mi tía es mi madrina, y me hace muchos regalos.* **2** Mujer que patrocina o preside ciertos actos: *La madrina hizo el saque de honor en el partido.* **3** RESTRINGIDO. Mujer que favorece o ayuda a alguien en sus aspiraciones: *Pedro ha ascendido porque tiene una buena madrina en la empresa.* **4** RESTRINGIDO; AFECTIVO. Mujer que ayuda a la crianza de los hijos de otra mujer: *Mi madrina me mimaba demasiado.* **5** VEN. Rebaño de ganado caballar, mular o vacuno. ‖ **6 hada* ~.**

madrinazgo *s. m.* ELEVADO. Condición de madrina: *La asociación se fundó con el madrinazgo de Su Majestad la Reina.*

madroñal *s. m.* Lugar poblado de madroños. SIN. madroñera.

madroñera *s. f.* **1** Lugar poblado de madroños. SIN. madroñal. **2** Madroño, arbusto.

madroño *s. m.* **1** *Arbutus unedo.* Arbusto o árbol perenne de hojas alternas, flores blancas y fruto comestible de color naranja, de superficie granulosa y sabor dulce: *En el escudo de Madrid aparecen un oso y un madroño.* SIN. madroñera. **2** Fruto del madroño: *Los madroños tienen un buen sabor.* **3** Borla de adorno parecida al fruto del madroño.

madrugada *s. f.* **1** Momento del día en que sale el sol: *Estuvimos de fiesta hasta la madrugada.* **2** Horas que siguen a la medianoche: *Es un programa de radio que hacen en la madrugada, de 1 a 4.* **3** Madrugón. FR. Y LOC. **de ~** Al amanecer: *Saldremos de madrugada para llegar temprano a la playa.*

madrugador, ra *adj.* **1** COLOQUIAL. Que ocurre muy pronto: *La escapada del corredor español fue muy madrugadora, ya que se produjo en el kilómetro 12 de carrera.* ‖ *s. m.* y *f.* **2** (ser / estar) Que madruga: *Estás muy madrugadora, vuelve a la cama que sólo son las seis. Los madrugadores están a las siete en la calle.*

madrugar *v. intr.* **1** Levantarse ‹una persona› al amanecer o muy temprano: *Me voy a dormir, que mañana tengo que madrugar.* **2** COLOQUIAL. Anticiparse ‹una persona› a [otra persona] en la ejecución de [una cosa]: *Esta ciudad ha madrugado más que ninguna para presentar su candidatura como organizadora de los próximos Juegos Olímpicos.* SIN. adelantarse. **3** COLOQUIAL. Ocurrir ‹una cosa› muy pronto: *Los goles madrugaron, y en el minuto tres el equipo de casa ya ganaba por dos a cero.* REFR. **A quien madruga, Dios le ayuda.** Se usa para indicar que el madrugador o quien hace las cosas pronto cuenta con la ayuda de Dios. **No por mucho madrugar amanece más temprano.** Significa que no sirve de nada querer anticipar cosas que ocurrirá a su debido tiempo ⇒ **56.**

madrugón *s. m.* COLOQUIAL. Acción de levantarse muy temprano: *Esta mañana se ha dado un buen madrugón para ir de caza.*

madrugonazo *s. m.* VEN.; COLOQUIAL. Intentona golpista militar.

madurar *v. tr.* **1** Hacer ‹una persona o una cosa› que [un fruto] alcance el punto conveniente para recolectarlo o comerlo: *El sol madura la naranja.* **2** Dar ‹una persona› forma definitiva a [un plan o una idea]: *Tengo que madurar el proyecto del nuevo producto.* ‖ *v. intr. / prnl.* **3** Ponerse ‹la fruta› en el punto conveniente para ser recolectada o comida: *Las cerezas ya han madurado. Los melones **se** maduran al sol.* **4** Expeler ‹un tumor› pus: *Cuando el grano madure puedes descabezarlo.* ‖ *v. intr.* **5** Crecer ‹una persona› en edad y sensatez: *El chico ha madurado en el último año.*

madurez *s. f.* (no contable) Cualidad o estado de maduro: *Demuestra tu madurez y analiza con tranquilidad el problema.* SIN. sensatez. ANT. inmadurez.

maduro, ra *adj.* **1** (ser / estar; antepuesto / pospuesto) [Fruto] que ha alcanzado el grado de desarrollo adecuado para ser recolectado o comido: *Los melocotones que tenían eran muy maduros. La uva aún no está madura.* **2** (estar) Que está en su mejor momento: *El proyecto ya está maduro y podemos empezar cuando queráis.* **3** (antepuesto / pospuesto) Que es sensato y prudente: *Ha tomado una decisión muy madura.* **4** Que está entre la juventud y la vejez: *Es un hombre maduro. Me gustan las mujeres maduras.* **edad* madura. 5** (estar) [Grano, tumor] que está a punto de abrirse. FR. Y LOC. **estar* a las duras y a las maduras.**

maese *s. m.* RESTRINGIDO. Tratamiento que se daba a los antiguos oficiales: *Maese Pérez era organista.*

maestranza *s. f.* **1** MIL. Conjunto de talleres e instalaciones donde se construye o repara material de guerra: *maestranza de artillería.* **2** MIL. Conjunto de obreros que trabajan en estas instalaciones, donde se construye y repara material de guerra: *La maestranza de artillería honró a su santa patrona con una misa.*

maestrazgo *s. m.* **1** Cargo y dignidad de maestre de una orden militar: *el maestrazgo de Calatrava, el maestrazgo de Santiago.* **2** Territorio bajo la autoridad de un maestre: *el maestrazgo de Trujillo.*

maestre *s. m.* **1** Superior de una orden militar: *maestre de Alcántara, los maestres de la Edad Media.* || **2 ~ de campo** Antiguo oficial que equivalía al coronel actual.

maestresala *s. m.* **1** RESTRINGIDO. Criado responsable del servicio de la mesa de un señor. **2** RESTRINGIDO. Responsable del servicio en un hotel o en un restaurante.

maestrescuela *s. m.* RESTRINGIDO. Canónigo de una catedral que se encargaba de la organización de la enseñanza.

maestría *s. f.* **1** (no contable) Arte y habilidad para enseñar o hacer una cosa: *Tienes una maestría única para limpiar monedas viejas.* SIN. pericia (ELEVADO). **2** (no contable) RESTRINGIDO. Oficio y título de maestro, especialmente en una profesión manual: *Lorenzo consiguió su maestría al mismo tiempo que yo.*

maestro, tra *adj.* **1** [Obra, creación, trabajo] que sobresale o destaca entre los de su clase por su valor, perfección o importancia: *«Don Quijote de la Mancha» es una obra maestra de la literatura.* **pared* maestra. viga* maestra.** || *s. m. / f.* **2** Persona que se dedica a la enseñanza en los niveles de educación infantil o primaria: *Patricia ha acabado los estudios de maestra.* **3** Persona que tiene muchos conocimientos o habilidades en una determinada materia: *La directora del banco es una maestra en cuestiones financieras.* **4** Persona o cosa que enseña o alecciona: *La calle ha sido mi maestra, y de ella he aprendido todo lo que sé.* **5** Dueño o jefe de un taller: *El maestro se rodea de los aprendices y les enseña el oficio.* **6** MÉX.; COLOQUIAL. Oficial de un oficio manual: *maestro hojalatero, maestro mecánico, maestro plomero.* || *s. m.* **7** Persona que ha alcanzado el grado más alto en su oficio: *Una ilustre maestra italiana nos dará una conferencia sobre la demografía americana.* **8** Compositor de música o director de orquesta: *maestro de música, maestro de orquesta. Cuando el maestro levantó a los músicos de la orquesta, aumentaron los aplausos.* **9** TAUROM. Matador de toros: *El maestro albaceteño hizo una faena memorable.* **10** VEN.; COLOQUIAL, RESTRINGIDO en España; a veces HUMORÍSTICO. Tratamiento cordial entre personas maduras: *¿Cómo le va maestro?* || **11 llave* maestra. 12 ~ de ceremonias** Persona que dirige una ceremonia: *María actuará de maestra de ceremonias en la boda de su hermana.*

mafia *s. f.* **1** (preferentemente con mayúscula) Organización secreta criminal originaria de Sicilia, que impone su ley por la violencia: *La policía detuvo a un importante capo de la mafia.* **2** PEYORATIVO. Organización que emplea métodos poco lícitos o no deja participar a otros en una actividad: *La venta de entradas para ese espectáculo está en manos de una mafia.*

mafioso, sa *adj. / s. m.* y *f.* **1** De la mafia: *Me gustan las películas de mafiosos.* **2** PEYORATIVO. Que utiliza los métodos de la mafia: *Han acusado a un concejal de mafioso.*

magacín *s. m.* **1** Revista ilustrada que recoge todo tipo de informaciones: *Mañana estará en los quioscos el nuevo magacín de aparición semanal.* **2** Programa de radio o de televisión que trata todo tipo de temas: *Por las mañanas, casi todas las emisoras de radio ponen un magacín en antena.*

magazine *s. m.* Magacín.

magdalena *s. f.* Pequeño bollo de harina, aceite, leche, huevo y azúcar, cocido al horno en moldes individuales de papel o metálicos: *café con leche y magdalenas. Estas magdalenas están muy esponjosas.*

magenta *adj. / s. m.* [Color] que es el resultado de mezclar el rojo y el azul: *Me gusta mucho el magenta. La casa es espectacular, con la fachada color magenta.*

magia *s. f.* **1** (no contable) Práctica que pretende producir fenómenos o resultados extraordinarios o sobrenaturales mediante la invocación de las fuerzas sobrenaturales: *No me gustan los ritos de magia.* **~ blanca / natural** Magia que produce resultados extraordinarios por medios naturales. **~ negra** Hechicería. **2** (no contable) Habilidad para presentar cosas maravillosas que parecen imposibles mediante trucos: *Cuando hace magia y empieza a sacar flores y conejos de la chistera nos deja a todos boquiabiertos.* **3** (no contable) Encanto de una cosa que parece irreal: *la magia del cine, la magia de las palabras. Elena tiene magia para hacer las cosas.* FR. Y LOC. **por arte* de ~ / birlibirloque.**

magiar *adj. / s. m.* y *f.* **1** De un grupo de pueblos euroasiáticos que penetró en Europa a finales del siglo IX. **2** ELEVADO. Húngaro: *la cultura magiar. Los magiares ganaron el partido.*

mágico, ca *adj.* **1** De la magia: *fórmula mágica. El hada dijo las palabras mágicas.* **varita* mágica. 2** (antepuesto / pospuesto) Que es maravilloso o estupendo: *Experimenté una mágica sensación de bienestar y entonces me desperté: era un sueño.* || **3 linterna* mágica. 4 realismo* ~.**

magín *s. m.* (no contable) COLOQUIAL. Imaginación o inteligencia: *Este chaval tiene un buen magín.* SIN. ingenio.

magisterio *s. m.* **1** (no contable) Profesión de maestro: *Ejerce el magisterio en un colegio privado.* **2** (no contable) Conjunto de estudios que conducen al título de maestro: *escuela de Magisterio. Estudia Magisterio.* **3** (no contable) Enseñanza que el maestro da a sus alumnos: *El magisterio de la profesora de griego dejó una profunda huella en sus alumnos.* **4** (no contable) Conjunto de maestros: *Hay anunciada una huelga del magisterio.*

magistrado, da *s. m. / f.* **1** Persona que tiene un cargo o dignidad muy importante en la organización civil de la sociedad o que es juez: *El magistrado redactará mañana la sentencia.* **2** Miembro o juez de un tribunal judicial colegiado: *Es una de las magistradas del Tribunal Constitucional.* || *s. m.* **3** HIST. En la Roma antigua, cargo y dignidad superior, como cónsul o pretor.

magistral *adj.* **1** (ser / estar; antepuesto / pospuesto) INTENSIFICADOR. Que se hace con maestría o habilidad: *Su interpretación de Falla fue magistral. La actriz ha estado magistral en esta película. Su magistral novela no gusta a los críticos.* **2** Del ejercicio del magisterio. || *s. m.* **3** En las catedrales, dignidad del canónigo que es el encargado de predicar. || **4 clase* ~. 5 lección* ~.**

magistratura *s. f.* **1** (no contable) Cargo de un magistrado: *Ejercí la magistratura diez años.* **2** Tiempo que dura el oficio de un magistrado: *Durante su magistratura se realizaron importantes reformas.* **3** Conjunto de magistrados de un lugar: *la magistratura salmantina. La magistratura catalana se ha reunido para discutir la situación de la justicia.* **4** Tribunal de un magistrado. **Magistratura de Trabajo** Antigua denominación de los actuales Juzgados de lo Social. **5** En algunos países, cargo de funcionario público: *Ese asunto es responsabilidad del político que ocupa la más alta magistratura de la nación.* || **6 primera ~** ARG., URUG. Cargo de Presidente de la nación. FR. Y LOC. **llevar a Magistratura** Presentar ‹una persona› una denuncia ante los Juzgados de lo Social contra una empresa por cuestiones laborales: *Los sindicatos han llevado a la empresa a Magistratura para que readmita a los trabajadores expedientados.*

magma *s. m.* **1** (no contable) Masa formada por rocas fundidas de las zonas más profundas de la corteza terrestre: *El volcán arrojaba magma a través de su cráter.* **2** (no contable) Sustancia viscosa y sin forma: *Aquella laguna se había convertido en un magma pestilente y pegajoso.* **3** (no contable) Cosa informe e indefinible: *Aquel grupo era un magma en el que nadie tenía una idea ni una personalidad propia.*

magmático, ca *adj.* GEOL. Del magma: *roca magmática.*

magnanimidad *s. f.* (no contable) ELEVADO. Capacidad para perdonar: *la magnanimidad de un pueblo. La magnanimidad del tribunal está fuera de toda duda.*

magnánimo, ma *adj.* (antepuesto / pospuesto) ELEVADO. Que tiene magnanimidad, nobleza o generosidad para perdonar: *juez magnánimo. Es un hombre magnánimo.*

magnate *s. m. / f.* Persona de elevada posición social por su cargo o poder en los negocios: *Algunos magnates europeos se han instalado en Marbella.*

magnesia *s. f.* **1** (no contable) QUÍM. Óxido de magnesio, blanco y alcalino, muy resistente al calor, que se emplea para fabricar recubrimientos refractarios en los hornos. **2** (no contable) Bebida efervescente de propiedades laxantes y digestivas, muy refrescante, generalmente aromatizada, que se elabora con sales de magnesia.

magnésico, ca *adj.* QUÍM. Del magnesio.

magnesio *s. m.* (no contable) *Mg.* Elemento químico, metal blanco plateado que arde con facilidad, produciendo una luz clara y muy brillante: *El magnesio se encuentra en la magnetita y en líquidos como la sangre o la leche.*

magnético, ca *adj.* **1** FÍS. De los imanes: *atracción magnética, campo magnético.* **aguja* magnética. cinta* magnética. disco* ~. polo* ~. tarjeta* electrónica / magnética.** **2** Que atrae a las personas o a las cosas como si fuera un imán: *Sonia tiene un gran poder magnético, resulta irresistible para todo el mundo.*

magnetismo *s. m.* **1** (no contable) FÍS. Estudio de los fenómenos relacionados con los imanes y los campos magnéticos creados por éstos: *El magnetismo resulta apasionante para los jóvenes investigadores.* **2** (no contable) FÍS. Fuerza de atracción de un imán: *El magnetismo de este imán es pequeño.* **3** (no contable) INTENSIFICADOR. Atractivo o influencia de una persona sobre otras: *Pablo no pudo resistirse al magnetismo de Ana.* || **4 ~ animal** Hipnosis.

magnetita *s. f.* Mineral de color negro, pesado, que puede atraer el hierro y otros metales, y que está presente en la mayor parte de las rocas magnéticas. SIN. piedra imán.

magnetización *s. f.* FÍS. Acción y resultado de comunicar las propiedades de los imanes a un cuerpo.

magnetizar *v. tr.* **1** FÍS. Comunicar ‹una persona o una cosa› propiedades semejantes a las de los imanes a [un cuerpo]: *Si acercas el imán a las tijeras las magnetizarás.* SIN. imantar. **2** PSICOL. Producir ‹una persona› hipnosis a [otra persona]: *Aquel hombre me magnetiza con su mirada.* SIN. hipnotizar. **3** INTENSIFICADOR. Gustar ‹una persona o una cosa› mucho a [una persona]: *Su belleza te magnetizó desde el primer momento.* SIN. fascinar. ⇒ **19.**

magneto *s. m. / f.* (preferentemente femenino) MEC. Potente generador eléctrico de los motores de explosión: *la magneto de la moto. He tenido que cambiar la magneto del coche.* SIN. dinamo.

magnetofónico, ca *adj.* **1** Del magnetófono: *cinta magnetofónica.* **2** Que está grabado mediante un magnetófono: *grabación magnetofónica.*

magnetófono o **magnetofón** *s. m.* Aparato que graba y reproduce los sonidos en una cinta magnética: *La conversación quedó grabada en un magnetófono. Necesito pilas para el magnetófono.* SIN. grabadora, casete.

magnetoscopio *s. m.* ELECTRÓN. Aparato que graba y reproduce sonidos e imágenes de vídeo en una cinta magnética: *poner la cinta en el magnetoscopio, programar el magnetoscopio.* SIN. vídeo.

magnetosfera *s. f.* Parte exterior de la atmósfera donde la actividad solar origina fenómenos magnéticos.

magnicida *adj. / s. m.* y *f.* ELEVADO. Persona que realiza un magnicidio: *La presunta magnicida fue detenida por la policía.*

magnicidio *s. m.* ELEVADO. Asesinato de una persona que ocupa la jefatura del estado o uno de los cargos públicos más importantes de un país: *Toda la oposición ha condenado el magnicidio del Presidente del Gobierno.*

magnífica *s. f.* COL. Magníficat, canto que tiene la virtud de prevenir calamidades, según la opinión de la gente.

magnificar *v. tr.* **1** ELEVADO. Alabar ‹una persona› [a otra persona o una cosa] mucho: *Magnificas las cualidades de tu amigo.* SIN. ensalzar. **2** ELEVADO. Dar ‹una persona› proporciones excesivas a [una cosa]: *La periodista magnificó la importancia de las declaraciones.* SIN. exagerar. ⇒ **71.**

magníficat *s. m.* REL. Según la Biblia, himno de acción de gracias a Dios que entonó la Virgen María en su visita a su prima Santa Isabel: *El coro de niños de la abadía cerró la misa mariana con el magníficat.*

magnificencia *s. f.* **1** (no contable) ELEVADO. Esplendor, grandeza: *En primavera la naturaleza se muestra en toda su magnificencia.* **2** (no contable) ELEVADO. Generosidad o liberalidad para hacer grandes gastos: *El tío Luis era conocido por su magnificencia* **con** *los sobrinos: a todos les pagó los estudios.*

magnificente *adj.* (ser / estar; antepuesto / pospuesto) ELEVADO. Que es espléndido o generoso: *Su gesto es magnificente. La industria de nuestra ciudad ha estado muy magnificente* **con** *una donación especial a la Cruz Roja.*

magnífico, ca *adj.* **1** (ser / estar, antepuesto / pospuesto) Que es excelente o admirable por sus cualidades morales o intelectuales: *Mónica es una mujer magnífica. La diputada estuvo magnífica en su intervención: didáctica, aguda y elocuente.* **2** (ser / estar, antepuesto / pospuesto) Que es espléndido o suntuoso: *La fiesta de anoche fue magnífica. ¡Estás magnífica! ¡Qué magnífico paisaje, es bellísimo!* **3** (preferentemente con mayúscula) TRATAMIENTO. [Tratamiento de honor] que se aplica, en la actualidad, en España, a los rectores universitarios: *El Magnífico y Excelentísimo Señor Rector de la Universidad de Salamanca presidió el acto.*

magnitud *s. f.* **1** ELEVADO. Tamaño de un cuerpo: *La nueva sede del Ministerio de Cultura es de una magnitud enorme.* **2** Importancia o grado en que se manifiesta una cosa: *la magnitud de un terremoto, la magnitud de un escándalo. La magnitud de este proyecto puede ocupar varios años a nuestra oficina.* SIN. proporción. **3** MAT. Cantidad: *El resultado de esta operación es una magnitud irreductible.* || **4 ~ escalar** FÍS. Magnitud que se define por un número: *magnitud escalar temporal.* **5 ~ vectorial** FÍS. Magnitud que se define por un número y una orientación: *magnitud vectorial de fuerza.*

magno, na *adj.* (antepuesto / pospuesto) LITERARIO. Que es grande o importante: *una magna celebración, un magno acontecimiento.*

magnolia *s. f.* **1** Magnolio. **2** Flor del magnolio.

magnolio *s. m.* Género de árboles perennes de copa extensa y redondeada, hojas fuertes y flores grandes, muy blancas y olorosas: *Se conservan magnolios centenarios.*

mago, ga *s. m. / f.* **1** Persona que practica la magia o las ciencias ocultas: *La maga le preparó un filtro amoroso para que se lo diera a la novia.* **2** INTENSIFICADOR. Persona que tiene habilidad para una determinada actividad: *un mago de las finanzas, una maga de los negocios, una maga de la poesía. Este jugador es un mago del balón.* || **3 Reyes* Magos.**

magrear *v. tr. / prnl.* VULGAR. Tocar o acariciar ‹una persona› [a otra persona] insistentemente con intención sexual: *La chica lo magreaba y él se dejaba hacer.* SIN. sobar.

magro, gra *adj.* **1** [Pieza de carne] que no tiene gordo o grasa: *Dame un trozo magro para el caldo.* **carne* magra.** || *s. m.* **2** (no contable) Carne de cerdo cercana al lomo, con más grasa que éste: *Póngame medio kilo de magro.*

maguey *s. m.* Pita.

magulladura *s. f.* Contusión producida por un golpe u otra causa: *El ciclista tiene los brazos llenos de magulladuras después de la caída.*

magullamiento *s. m.* **1** (no contable) Acción y resultado de magullar o magullarse: *El magullamiento de la cara se debe a la paliza que le han dado.* **2** Magulladura.

magullar *v. tr.* **1** Causar ‹una persona o una cosa› una contusión en el cuerpo de [una persona, un animal o un fruto]: *Los golpes han magullado estos melocotones.* || *v. prnl.* **2** Sufrir el cuerpo de ‹una persona, un animal o un fruto› una contusión: *Se magulló todo el cuerpo al caerse por la escalera.*

magullón *s. m.* AMÉR. Magulladura.

maharajá *s. m.* Marajá.

maharaní *s. f.* RESTRINGIDO. Mujer del marajá.

mahatma (del sánscrito; pronunciamos *'majadma'*) *s. m.* TRATAMIENTO. Título que se da al jefe espiritual de la India: *El mahatma Gandhi ha sido uno de los personajes más carismáticos de este siglo.*

mahometano, na *adj.* **1** De Mahoma o de su religión: *creencias mahometanas, ideología mahometana, ley mahometana.* || *adj. / s. m.* y *f.* **2** Que tiene por fe el islamismo: *Mi vecino es mahometano.* SIN. musulmán.

mahometismo *s. m.* (no contable) REL. Islamismo.

mahón *s. m.* (no contable) Queso tierno o seco, salado y de color amarillento, propio de Mahón, ciudad española en las Islas Baleares.

mahonesa *s. f.* (no contable) Mayonesa.

maiceado, da *adj. / s. m.* y *f.* VEN.; COLOQUIAL. [Persona, animal] que está bien alimentado, saludable.

maicena (marca registrada) *s. f.* (no contable) Harina fina de maíz: *sopa de maicena. Le he puesto maicena al bizcocho.*

maicero, ra *adj.* AMÉR. Perteneciente o relativo al maíz.

mailing (del inglés; pronunciamos *'meilin'*) *s. m.* Envío por correo de información o publicidad a las personas y direcciones de una lista: *Tenemos que usar el mailing con las personas que pueden estar interesadas en el producto.*

maillot (del francés; pronunciamos *'mallot'*) *s. m.* **1** Camiseta deportiva de los ciclistas que identifica al equipo del corredor e indica la primera posición de las diversas clasificaciones: *El corredor colombiano se ha enfundado el maillot de líder.* **~ amarillo. ~ rosa. ~ verde. 2** Prenda elástica ajustada al cuerpo, sin perneras, con o sin mangas, usada para practicar ballet, aerobic o gimnasia. **3** DEP. Corredor de una prueba ciclista que viste una determinada camiseta por ocupar el primer lugar en alguna de las clasificaciones: *El maillot amarillo se ha metido en la escapada.*

mainel *s. m.* ARQ. Parteluz.

maitines (plural) *s. m.* REL. Entre los católicos, primera de las horas canónicas que se reza en algunas iglesias antes de amanecer.

maître (del francés; pronunciamos *'metre'*) *s. m.* Jefe de comedor de un restaurante o de un hotel: *Camarero, quiero hablar con el maître. Yo soy la maître del hotel.*

maíz *s. m.* **1** *Zea mays.* Cereal de la familia de las gramíneas de tallo alto, hojas planas puntiagudas, flores en espiga y fruto comestible en mazorca: *He desayunado una mazorca de maíz.* **2** Grano de maíz una vez separado de la mazorca, que se consume en grano o molido en harina: *maíz tostado, harina de maíz, palomitas de maíz.*

maizal *s. m.* Terreno sembrado de maíz: *Los maizales verdes al lado del río contrastan con la sequedad del campo.*

maja *s. f.* RESTRINGIDO. Mazo de metal u otro material duro: *Usa la maja para machacar los ajos del almirez.*

majá *s. m.* CUBA; COLOQUIAL. Persona perezosa.

majada *s. f.* **1** RESTRINGIDO. Lugar donde se recoge el ganado por la noche: *Los rebaños tienen que estar en la majada cuando anochezca.* SIN. aprisco. **2** AMÉR. DEL S. Rebaño de ganado lanar.

majaderear *v. intr.* **1** AMÉR. Molestar, incordiar ‹una persona›. **2** COL., VEN.; COLOQUIAL. Hacer o decir tonterías ‹una persona›.

majadería *s. f.* PEYORATIVO. Cosa propia de un majadero: *No hace más que decir majaderías.*

majadero, ra *adj. / s. m.* y *f.* PEYORATIVO. Que obra con terquedad, necedad o poca inteligencia, o causa molestia por su indiscreción o inconveniencia: *comportamiento majadero. Tu marido es un majadero.*

majar *v. tr.* RESTRINGIDO. Dar ‹una persona› golpes sobre [una cosa] para hacerla pedazos o aplastarla: *Majé una cabeza de ajos en el mortero.* SIN. machacar.

majara *adj. / s. m.* y *f.* (ser / estar) COLOQUIAL, RESTRINGIDO. Que está un poco loco: *Éste es un majara que siempre va haciendo tonterías.* SIN. majareta.

majareta *adj. / s. m.* y *f.* COLOQUIAL. Majara.

majarete o **manjarete** *s. m.* CUBA, VEN. Dulce gelatinoso de maíz, leche de coco, azúcar y aromatizantes como canela o vainilla.

majestad *s. f.* **1** (no contable; preferentemente con mayúscula) TRATAMIENTO. Título que se da a Dios, y a los reyes y emperadores: *Su Majestad el Rey, Su Majestad el Emperador de Brasil, Sus Majestades los Reyes de España. Vuestra Majestad tiene la última palabra.* **2** (no contable) Dignidad y condición propias de las personas que imponen respeto y admiración: *Los viajeros se asombraron de la majestad de un sencillo labrador de La Mancha.* FR. Y LOC. **Cristo* en ~. en ~** ARTE. [Representación de Jesús o la Virgen] en un trono, típica del arte medieval.

majestuosidad *s. f.* (no contable) ELEVADO. Cualidad de majestuoso: *La majestuosidad del altar es impresionante.*

majestuoso, sa *adj.* (ser / estar; antepuesto / pospuesto) ELEVADO. Que tiene majestad, o que despierta admiración por su grandiosidad o aspecto noble: *Su porte y sus andares eran majestuosos.*

majo, ja *adj.* **1** COLOQUIAL. Que resulta agradable por su simpatía o belleza: *Tienes unos amigos muy majos. Sus ojos son majos.* **2** COLOQUIAL. Que es bueno o bonito sin ser caro o muy lujoso: *Mi cuñada tiene un piso muy majo.* ‖ *s. m. / f.* **3** RESTRINGIDO. Persona de algunos barrios populares madrileños que a finales del siglo XVIII y principios del XIX se distinguía por sus trajes vistosos, su arrogancia y su manera de hablar graciosa y desenfadada: *Las majas y los majos fueron motivo de varias pinturas de Goya.*

majorero, ra *adj. / s. m.* y *f.* De la isla de Fuerteventura, en las Canarias: *el folclore majorero, el queso majorero.*

majorette (del francés; pronunciamos *'mayoret'*) *s. f.* Niña o mujer de un grupo que desfila uniformado en una fiesta pública moviendo un bastón al ritmo de la música: *Encabeza el desfile un grupo de majorettes.*

majuelo *s. m. Crataegus oxycantha.* Planta espinosa de la familia de las rosáceas, de flores blancas en racimo y fruto dulce de color rojo: *El majuelo puede medir hasta cinco metros de altura.*

majunche *adj. / s. m.* y *f.* **1** VEN.; COLOQUIAL. [Persona] que es mediocre o no destaca por nada. **2** VEN.; COLOQUIAL. [Cosa] que es regular, de mala calidad.

mal *adj.* **1** (antepuesto a s. m. o infinitivo) Malo: *Es un mal amigo. Tiene un mal despertar.* ‖ *s. m.* **2** Contrario al bien o a la razón: *Las fuerzas del mal se aliaban contra el héroe de la película.* **3** Daño moral: *Le puedo hacer mucho mal si cuento lo que sé.* **4** Enfermedad o dolencia: *Todavía no se ha curado del mal que padece.* **~ de las alturas** o **~ de la montaña** (no contable) MED. Enfermedad o dolencia que se produce en las grandes alturas por la falta de oxígeno. **5** Desgracia o calamidad: *Para su mal, ha preferido dejar el trabajo y aceptar la indemnización.* **6** (no contable) MED.; AMÉR. Epilepsia. ‖ **7 ~ de la piedra** Mal que resulta de la formación de cálculos en las vías urinarias. **8 ~ de ojo** (no contable) Influjo negativo que según algunas creencias puede una persona ejercer sobre otra con solo mirarla: *Creen que está enfermo porque le echaron mal de ojo.* **9 ~ hablado** Malhablado. **10 ~ parecido*. 11 ~ pensado** Malpensado. ‖ *adv.* **12** De forma contraria a lo que es justo, correcto, agradable u oportuno: *Pedro conduce muy mal. El niño come mal. La nadadora va mal. Estoy mal, llévame al hospital.* **13** Difícilmente: *Mal puedes comprarte el coche si no ahorras.* FR. Y LOC. **bien* que ~** o **~ que bien. estar a ~** Estar ‹una persona› enemistada con otra persona: *Está a mal con su mujer por culpa de su afición a la bebida.* **estar (~ de la) chaveta*. estar ~ de la chimenea*. estar ~ de la chola*. estar ~ / tocado de la cabeza*. hablar* ~ de. ir* de ~ en peor . menos ~** COLOQUIAL. Expresa alivio porque una cosa no ha salido tan mal o no ha acabado tan mal como se temía: *Menos mal que ya estás aquí, porque te están llamando del hospital toda la tarde.* **pensar* ~. pese* a** o **~ que le pese** o **pese a quien pese. ponerse a ~ con** Enemistarse ‹una persona› con otra persona: *Se puso a mal con su cuñado por un asunto de dinero.* **tarde*, ~ y nunca. traer* a ~ traer** o **traer a maltraer.**

malabar *adj. / s. m.* y *f.* **1** De Malabar, región de Indostán. ‖ **2 juegos* malabares.**

malabarismo *s. m.* **1** Actividad del que realiza juegos malabares: *Se dedica al malabarismo. El malabarismo necesita mucho entrenamiento.* **2** (en plural) Juegos malabares: *El artista de circo realizaba malabarismos en la pista.* **3** (en plural) Acciones complicadas para poder realizar una cosa difícil: *Mi padres hacían malabarismos con el sueldo para darnos de comer a todos.* **4** (en plural) Habilidades o recursos que implican gran dominio de un asunto: *Es una autora que hace malabarismos con su prosa.*

malabarista *s. m. / f.* Persona que hace juegos malabares: *Las malabaristas del circo fueron las más aplaudidas.*

malacara *adj.* **1** ARG., URUG. [Caballo] que tiene una franja blanca grande en la frente. **2** CUBA. Arbusto de ramas pequeñas trepadoras.

malacaroso, sa *adj.* COL.; COLOQUIAL. Que tiene cara de enfado.

malacitano, na *adj. / s. m.* y *f.* ELEVADO. Malagueño.

malacología *s. f.* (no contable) Parte de la Zoología que estudia los moluscos.

malacostumbrar *v. tr.* **1** Acostumbrar ‹una persona› mal [a otra persona] mimándola o permitiéndole hacer lo que quiera: *Estáis malacostumbrando a la niña, porque le compráis todo lo que pide.* SIN. malcriar. **2** Hacer ‹una persona o una cosa› que [una persona] adquiera malos hábitos o costumbres: *Han malacostumbrado a su hijo a gritar y a no obedecer a nadie.*

malacrianza *s. f.* AMÉR. Descortesía, mala educación.

málaga *s. m.* **1** (no contable) Vino dulce, oscuro y oloroso, de alta graduación, propio de esta provincia española. **Málaga Virgen** Vino de Málaga de gran calidad. **2** Medida de vino de Málaga: *¡Pónganos dos málagas, camarero!*

malagana *s. f.* COLOQUIAL. Desgana, falta de energía o de ánimo: *Sacúdete la malagana y acompáñanos al cine.*

malagradecido, da *adj.* COL. Que es desagradecido.

malagueña *s. f.* Cante y baile popular andaluz que consta de dos coplas de cuatro versos octosílabos: *Canta por malagueñas.*

malagueño, ña *adj. / s. m.* y *f.* De Málaga, ciudad y provincia españolas: *los pueblos malagueños. Los malagueños tienen un deje particular.* SIN. malacitano (ELEVADO).

malaje *s. m. / f.* **1** COLOQUIAL. Persona malvada, con malas intenciones: *No seas malaje, siempre quieres hacer daño a los demás.* **2** (no contable) COLOQUIAL. Mala intención: *Esta niña tiene mucho malaje.*

malaley *adj. / s. m.* y *f.* COL.; COLOQUIAL. Que se enfada o enfurece con mucha facilidad por cualquier cosa.

malambo *s. m.* **1** ARG., URUG. Danza folclórica de hombres, un tipo de zapateo. **2** AMÉR. C. Árbol de la familia de las euforbiáceas cuya corteza tiene poderes medicinales.

malamente *adv. modo* **1** RESTRINGIDO; COLOQUIAL. Se usa como equivalente a *mal* o *de mala manera*, pero sólo en algunos contextos: *Nunca pensé que aquello iba a terminar tan malamente.* || *adv. orac.* **2** Difícilmente. OBSERVACIONES: Sugiere idea de negación y exige contexto emotivo: *Malamente puedes haberlo saludado.*

malandanza *s. f.* (no contable) COLOQUIAL. Mala suerte o desgracia: *Sus malandanzas lo llevaron a la ruina.*

malandraje *s. m..* **1** VEN. Conjunto de delincuentes. **2** VEN. Conjunto de delitos.

malandrín, na *adj. / s. m.* y *f.* **1** RESTRINGIDO; HUMORÍSTICO. Que actúa con mala intención o perversidad: *Eres un malandrín. Don Quijote combatía con su lanza a los bellacos y malandrines.* || *s. m.* **2** ARG., URUG.; COLOQUIAL; PEYORATIVO. Estafador, mafioso en los negocios.

malandro, dra *adj. / s. m.* y *f.* **1** VEN.; COLOQUIAL. Delincuente. **2** VEN.; COLOQUIAL. Joven de vida irregular y alocada.

malaquita *s. f.* Mineral compuesto de carbonato de cobre, de color verde brillante, que se emplea en joyería y como piedra ornamental: *pisapapeles de malaquita.*

malar *adj.* ANAT. De la mejilla: *hueso malar, región malar.*

malaria *s. f.* **1** (no contable) MED. Paludismo. **2** ARG., URUG.; COLOQUIAL. Pobreza extrema. **3** ARG.; COLOQUIAL. Mala suerte.

malasio, sia *adj. / s. m.* y *f.* De Malasia, en Asia. SIN. Malayo.

malawi *adj. / s. m.* y *f.* De Malawi, en África.

malayo, ya *adj. / s. m.* y *f.* **1** De la península de Malaca o de Malasia, en Asia. **2** Que pertenece al grupo étnico que vive en Indonesia, Malasia y Filipinas, de pequeña estatura, piel morena, pelo liso y nariz aplastada: *Los malayos tienen fama de buenos buceadores.* || *s. m.* **3** LING. Lengua asiática del grupo polinésico que se habla fundamentalmente en Malasia.

malbaratar *v. tr.* **1** RESTRINGIDO. Vender ‹una persona› [una cosa] a muy bajo precio, obteniendo muy poca o ninguna ganancia: *Ha malbaratado todas sus joyas para poder comer estos meses.* SIN. malvender. **2** RESTRINGIDO. Usar o gastar ‹una persona› [una cosa] inadecuadamente: *Malbarata su inteligencia resolviendo crucigramas.* SIN. malgastar.

malcasar *v. tr.* **1** RESTRINGIDO. Obligar a casarse ‹una persona› [a otra persona] sin que se den las circunstancias necesarias para que ésta sea feliz: *Juan malcasó a su hija con el rico del pueblo.* || *v. intr. / prnl.* **2** Casarse ‹una persona› desacertadamente: *María (**se**) malcasó con un hombre ruin y ha sufrido mucho.*

malcomer v. *intr.* Comer ‹una persona› poco y a disgusto: *Estoy cansado de malcomer a base de bocadillos.*

malcontado *s. m.* (no contable) CHILE; RESTRINGIDO. Dinero que se da a los contables y cajeros para que compensen los posibles errores en las cuentas.

malcriado, da *adj.* (ser / estar) [Niño] que está consentido y mal educado: *Es un niño malcriado que contesta mal a todo el mundo. La niña está malcriada: hace lo que quiere.*

malcriar *v. tr.* Acostumbrar ‹una persona› [a otra persona] mal, mimándola y permitiéndole hacer lo que quiera: *Los padres lo han malcriado con mimos y regalos.* ⇒ **8.**

maldad *s. f.* **1** (no contable) Calidad de lo que es malo o está hecho con mala intención: *No podíamos comprender la maldad de su comportamiento.* **2** (no contable) Inclinación o tendencia a hacer el mal: *Aquel tipo me miró con maldad.* **3** Dicho o acción propias de las personas malas: *Patricia le dijo tres maldades y se fue.* FR. Y LOC. **ser un pozo* de sabiduría / ciencia / ~.**

maldecir *v. tr. / intr.* Referirse ‹una persona› [a otra persona o una cosa] mostrando odio, condenándola con maldiciones o insultándola: *No puedes maldecir a toda la familia. No maldigas **de** tu suerte, que no tienes razón.* FR. Y LOC. **~ la estampa* de.** ⇒ **16** y **92.**

maldiciente *adj. / s. m.* y *f.* ELEVADO. Que tiene tendencia a maldecir o a hablar mal de otras personas: *las personas maldicientes. Los maldicientes nos van criticando por ahí.*

maldición *s. f.* **1** Deseo formulado explícitamente de que a una persona le ocurra algo malo: *En los cuentos las maldiciones de las brujas suelen convertir a una persona en animal.* **2** Expresión con que se maldice como muestra de enfado o disgusto: *La vieja le echó una maldición al portero porque no la dejó entrar en el edificio. Niño, no me gusta que digáis maldiciones y palabras feas por cualquier tontería.* **3** Castigo que se cree provocado u ordenado por una fuerza o ser sobrenatural: *Antes se creía que las sequías eran una maldición divina.* || *interj.* **4** COLOQUIAL; DISGUSTO Y ENFADO. Se usa para expresar enfado: *¡Maldición! Me he olvidado las llaves.*

maldito, ta *adj.* **1** (antepuesto) COLOQUIAL; DISGUSTO Y ENFADO. Que causa enojo: *No quiero ver más esas malditas facturas por aquí.* **2** (antepuesto a artículo + sustantivo) COLOQUIAL; DISGUSTO Y ENFADO. Nada o ninguno: *¡Malditas las ganas que tengo de ir al baile!* || *adj. / s. m.* y *f.* **3** (antepuesto) COLOQUIAL; INTENSIFICADOR. Que es malo o perverso: *Nunca debiste fiarte de aquellas malditas mujeres. Hay que atrapar a esos malditos.* **4** (ser / estar) Que ha recibido una maldición divina: *Su estirpe está maldita. Dicen que esta tierra es maldita.* **5** (ser / estar) INTENSIFICADOR. Que son rechazados o marginados por un grupo social o por el poder: *los poetas malditos, las pintoras malditas. Los expresidiarios se convierten en los malditos de la sociedad.* || *p.* **6** (sólo en construcciones pasivas en subjuntivo) Participio irregular de *maldecir.* FR. Y LOC. **maldita sea** COLOQUIAL; DISGUSTO Y ENFADO. Se usa para expresar rabia contenida: *¡Maldita sea, me he vuelto a equivocar!*

maldivo, va *adj. / s. m.* y *f.* De las islas Maldivas, en Asia.

maleabilidad *s. f.* **1** (no contable) Cualidad de maleable: *la maleabilidad del cobre, la maleabilidad de la plata.* **2** (no contable) ELEVADO. Docilidad o facilidad de carácter: *La maleabilidad de los adolescentes es conocida por las sectas.*

maleable *adj.* **1** [Metal] que puede extenderse en planchas o láminas y reducirse a chapa, como el cobre o el aluminio. **2** [Material] que se puede modelar con facilidad: *La arcilla o ciertos plásticos son muy maleables.* **3** (antepuesto / pospuesto) ELEVADO. [Persona] que es dócil o fácil de educar: *El niño tiene una personalidad muy maleable y acepta con facilidad las sugerencias de los educadores.*

maleante *adj. / s. m.* y *f.* Delincuente, persona que actúa al margen de la ley: *Unos maleantes fueron detenidos por la policía.*

malear *v. tr.* **1** RESTRINGIDO. Hacer ‹una persona o una cosa› que [una persona] adquiera malos hábitos y costumbres: *No malees al muchacho, que es aún muy inocente.* SIN. pervertir. **2** RESTRINGIDO. Causar ‹una persona o una cosa› un daño a [una cosa]: *Las lluvias torrenciales han maleado los campos cultivados.* || *v. prnl.* **3** RESTRINGIDO. Adquirir ‹una persona› malos hábitos y costumbres: *Sus hijos se han maleado por frecuentar las malas compañías.* SIN. pervertirse. **4** RESTRINGIDO. Sufrir ‹una cosa› un daño: *Se maleó la fruta con las heladas.*

malecón *s. m.* **1** Muro o terraplén construido para defenderse de las aguas: *El tren va al lado del mar sobre un malecón.* **2** Rompeolas o muelle de un puerto: *Los barcos atracan en el malecón del sur.*

maledicencia *s. f.* (no contable) ELEVADO. Acción o costumbre de hablar mal de una persona: *Su honradez le libró de la maledicencia de los demás.*

maleducado, da *adj. / s. m.* y *f.* (ser / estar; antepuesto / pospuesto) Que es grosero e irrespetuoso: *Ese niño es muy maleducado. La cría está tan maleducada que es muy difícil corregirla. Tu maleducado sobrino me ha dado una pedrada.*

maleducar *v. tr.* Educar ‹una persona› mal [a un niño] dejándole hacer todo lo que quiere: *Los abuelos han maleducado al nieto al mimarlo demasiado.* SIN. malcriar. ⇒ **71.**

maleficio *s. m.* **1** Daño causado por hechicería: *Si no crees en maleficios, ¿cómo explicas esto?* **2** Hechizo que causa un daño: *hacer un maleficio, deshacer un maleficio. No creo en maleficios, me da igual que los hagas o los deshagas.*

maléfico, ca *adj.* **1** (antepuesto / pospuesto) ELEVADO. Que perjudica o puede influir negativamente: *Su amigo ha ejercido sobre él una influencia maléfica.* **2** (antepuesto / pospuesto) ELEVADO. Que ejerce un maleficio: *sus maléficas palabras. En mi sueño había señales maléficas.*

malemplear *v. tr.* RESTRINGIDO. No aprovechar ‹una persona› [una cosa]: *Malempleas el tiempo en tonterías.* SIN. desperdiciar.

malentender *v. tr.* RESTRINGIDO. Entender ‹una persona› [una cosa] equivocadamente: *Luis se enfadó porque malentendió mis palabras.* SIN. malinterpretar. ⇒ **80.**

malentendido *s. m.* Interpretación equivocada en el entendimiento de una cosa: *Me parece que aquí ha habido un malentendido.* SIN. confusión.

malestar *s. m.* **1** (no contable) Sensación de encontrarse mal físicamente: *Tengo un malestar general por la fiebre.* **2** (no contable) Sentimiento de la persona disgustada u ofendida: *Los padres tienen el malestar natural de no saber dónde están los chicos.*

maleta *adj. / s. m.* y *f.* **1** COLOQUIAL; PEYORATIVO. [Persona] que no tiene la habilidad necesaria para realizar una actividad: *¡Qué deportista tan maleta!* || *s. f.* **2** Especie de caja con un asa para guardar la ropa y otros objetos en los viajes: *maleta de viaje. Me han regalado un juego de maletas.* **3** CHILE, VEN. Maletero de un automóvil. **4** ARG. Cartera escolar. **5** ARG., GUAT., URUG; RESTRINGIDO en Argentina y Uruguay. Alforja. **6** COL. Giba, joroba. || *adv.* **7** CHILE. A las malas, de mala manera. FR. Y LOC. **hacer las maletas** COLOQUIAL. Prepararse ‹una persona› para irse de algúna parte o para dejar algún cargo o empleo.

maletera *s. f.* CHILE, PERÚ. Maletero de un automóvil.

maletero *s. m.* **1** Espacio de un vehículo destinado al equipaje: *Pon el equipaje en el maletero.* **2** Lugar de una casa, un cuarto muy pequeño o un armario empotrado, donde se guardan las cosas que se usan poco y las maletas: *El armario tiene un maletero espacioso.* **3** Empleado de una estación ferroviaria o de un aeropuerto que transporta el equipaje de los viajeros: *Un maletero me ayudó a bajar el equipaje del tren.* || *s. m. / f.* **4** Persona que tiene por oficio fabricar o vender maletas: *Mi tía era una maletera estupenda.*

maletilla *s. m.* TAUROM. Joven de pocos recursos económicos que intenta abrirse camino como torero y va de tienta en tienta o de capea en capea: *Empezó de maletilla en las tientas de las dehesas, pero no toreó ni una novillada.*

maletín *s. m.* **1** Maleta pequeña para guardar papeles u otros objetos: *maletín de un médico, maletín de ejecutiva, maletín de muestras.* **2** COL. Cartera o bolso escolar.

malevaje *s. m.* (no contable) ARG., PAR., URUG.; COLOQUIAL. Gente malvada.

malevo, va *adj. / s. m.* y *f.* ARG., PAR., URUG. Malvado, matón, malhechor.

malevolencia *s. f.* (no contable) ELEVADO. Calidad de malévolo: *La malevolencia de sus palabras era terrible.*

malévolo, la *adj.* **1** (antepuesto / pospuesto) ELEVADO. Que contiene malicia o mala intención: *pensamiento malévolo, juicio malévolo. Su malévola sonrisa me hizo pensar que él era el autor de la pesada broma.* || *adj. / s. m.* y *f.* **2** ELEVADO. Que tiende a hacer el mal o tiene mala intención: *Ten cuidado, es un tipo malévolo.*

maleza *s. f.* **1** (no contable) Conjunto de las malas hierbas que crecen en los sembrados: *Antes de sembrar hemos de arrancar la maleza. La maleza invadía los campos.* **2** (no contable) Vegetación apretada: *La maleza del bosque nos impedía caminar más deprisa.* SIN. espesura.

malformación *s. f.* MED. Deformidad o alteración congénita en alguna parte del organismo: *Han detectado una malformación en el feto.*

malgache *adj. / s. m.* y *f.* **1** De Madagascar: *embarcación malgache, marinero malgache. Los malgaches se independizaron de Francia en 1960.* || *s. m.* **2** LING. Lengua de la familia malayo-polinésica hablada en Madagascar.

malgastar *v. tr.* Usar o gastar ‹una persona› [una cosa] inadecuadamente: *Malgasté el dinero en naderías.* SIN. desaprovechar.

malgeniado, da *adj.* PERÚ; COLOQUIAL. Que se enfada mucho con facilidad.

malhablado, da o **mal hablado, da** *adj. / s. m.* y *f.* Que suele utilizar expresiones vulgares y groseras cuando habla: *No sé cómo eres tan malhablado, con tu educación.*

Teresa es muy malhablada, algún día va a tener un disgusto por ello.

¡malhaya! *interj.* MÉX; COLOQUIAL. Maldito.

malhechor, ra *s. m. / f.* Persona que comete delitos habitualmente: *Es una ciudad llena de malhechores.*

malherir *v. tr.* Herir ‹una persona o un animal› [a otra persona u otro animal] gravemente: *Los asaltantes han malherido a una transeúnte.* ⇒ **75.**

malhumor o **mal humor** *s. m.* (no contable) Estado de ánimo de la persona que se irrita con frecuencia: *Si hay algo que Isabel no soporta es el malhumor de su jefa.*

malhumorado, da o **mal humorado, da** *adj.* (estar, antepuesto / pospuesto) Que está o suele estar de mal humor: *Está malhumorada porque ha perdido su equipo. Su malhumorado carácter es insoportable.*

malí (plural *malíes,* preferible a *malís*) *adj. / s. m.* y *f.* De Mali, país africano.

malibú (plural *malibúes,* preferible a *malibús*) *s. m.* COL. Palma de tronco delgado, de bastante altura y hojas en abanico de las que se saca una fibra para hacer esteras.

malicia *s. f.* **1** (no contable) Picardía o astucia en la manera de pensar: *Para su edad, Pepita tiene mucha malicia. A este muchacho le falta malicia.* **2** (no contable) Tendencia a ver mala intención en los demás: *Su malicia le hace desconfiar de todo el mundo.* **3** (no contable) Maldad o mala intención al hacer o decir una cosa: *Mi vecina habló con malicia. Esta trampa está puesta con mucha malicia.*

maliciarse *v. prnl.* RESTRINGIDO. Sospechar ‹una persona› [una cosa] con malicia y recelo: *Enrique se malició un timo en la venta por correo de calculadoras.*

malicioso, sa *adj. / s. m.* y *f.* **1** Que tiende a pensar mal de los demás o a juzgarlos mal por pura malicia: *Eres un malicioso, y piensas que toda la gente actúa por interés.* || *adj.* **2** (antepuesto / pospuesto) Que contiene malicia o picardía: *Su maliciosa sonrisa indica que algo trama.*

malignidad *s. f.* **1** (no contable) ELEVADO. Cualidad maligna de una persona: *La malignidad de este hombre no tiene límites.* **2** (no contable). Grado de gravedad de una enfermedad: *La malignidad de este tumor no se puede saber, pero suele ser poca.* **3** (no contable) ELEVADO. Calidad de las cosas que hacen daño o perjudican: *la malignidad de un veneno, la malignidad de las emanaciones gaseosas.*

maligno, na *adj.* **1** Que tiende a pensar mal o hacer daño: *comentarios malignos. No seas maligna, no es lo que tú crees.* **2** (antepuesto / pospuesto) Que tiene maldad: *mirada maligna, sonrisa maligna. Sus malignas palabras crearon la confusión.* **3** Que perjudica o puede hacer mucho daño: *influencias malignas. El filósofo bebió con tranquilidad el maligno brevaje.* **4** [Lesión, enfermedad] que es muy dañina o evoluciona desfavorablemente: *El cáncer es una enfermedad maligna.* **tumor*~.** || *s. m.* **5** EUFEMISMO. El demonio: *La vidente dice que oía la voz del maligno.* **espíritu* inmundo / ~.**

malinchista *adj. / s. m.* y *f.* MÉX.; COLOQUIAL. Que favorece la influencia y los intereses extranjeros.

malintencionado, da o **mal intencionado, da** *adj. / s. m.* y *f.* (antepuesto / pospuesto) Que tiene mala intención: *broma malintencionada. Sus malintencionados comentarios consiguieron irritarme.*

malinterpretar *v. tr.* Entender ‹una persona› [una cosa] equivocadamente: *Un portavoz del ministerio ha declarado que las palabras del ministro se habían malinterpretado.* SIN. malentender.

malla *s. f.* **1** Tejido de diferentes materiales en forma de red: *malla de plástico, malla de cáñamo, malla de alambre.* **2** Cada uno de los eslabones o dibujos que forman este tejido o una red: *La malla de esta red es muy pequeña.* **3** (preferentemente en plural) Prenda deportiva, fina, elástica y ajustada al cuerpo, que se utiliza para hacer gimnasia o bailar: *Marta no puede hacer hoy gimnasia porque se ha dejado las mallas en casa.* **4** Tejido formado por pequeños anillos o pequeñas escamas de metal entrelazados: *Llevaba cubierto el pecho por una cota de malla.* **5** AMÉR. Leotardo. **6** ARG., URUG. Traje de baño. **7** ARG., URUG. Correa de reloj. || **8 ~ metálica** ARG., COL., URUG. Tela metálica.

mallorquín, na *adj. / s. m.* y *f.* **1** De Mallorca, isla española del Mediterráneo: *ensaimada mallorquina. Los mallorquines son amantes del mar.* || *s. m.* **2** LING. Variedad lingüística del catalán hablada en Mallorca.

malmaridada *adj. / s. f.* LITERARIO. [Mujer] que es infeliz en su matrimonio: *La figura de la malmaridada es un tópico literario que llega hasta García Lorca.*

malmeter *v. tr.* **1** Hacer ‹una persona o una cosa› que [dos o más personas] se enemisten entre sí: *Alfonso malmete a todos sus compañeros* ***con*** *sus chismorreos.* **2** Hacer ‹una persona o una cosa› que [una persona] adquiera malos hábitos y costumbres: *El hermano mayor malmete al niño para que no haga los deberes del colegio.*

malnacido, da *s. m. / f.* RESTRINGIDO; INSULTO. Persona que es indeseable: *Es un malnacido, incapaz de un gesto de honradez.*

malo, la (ante s. m. se usa *mal*) *adj.* **1** (antepuesto / pospuesto) Que no es como debe ser o como conviene o gusta que sea: *Es un mal arreglo ir seis personas en cada coche. Esta tela me parece muy mala* ***para*** *hacer el abrigo. Creo que fue una mala decisión.* **2** (antepuesto / pospuesto) Que hace padecer física o moralmente: *Eres un mal amigo. He dormido en una mala postura. Su situación familiar es muy mala.* **3** (antepuesto / pospuesto) Que es desagradable: *un mal olor. Se quedó una tarde muy mala.* **4** (estar) COLOQUIAL. Que tiene una enfermedad: *Tiene a la niña mala. Mi padre está malo en la cama.* **5** (estar) [Alimento] que no está en buen estado: *Estos huevos se han puesto malos fuera de la nevera.* **6** Que ofrece dificultad: *Esta carretera es mala* ***de*** *recorrer.* **7** (antepuesto / pospuesto) Que anuncia una cosa perjudicial: *Vengo con malas noticias.* **8** [Niño] que alborota o molesta: *Es un niño muy malo. A los niños malos los castigan los Reyes.* **9** [Piedra preciosa] que es falsa. || *adj. / s. m.* y *f.* **10** (antepuesto / pospuesto) Que actúa con maldad o en contra de las normas morales: *Le considero un mal hombre. Era una mala mujer. Los malos de las películas pierden siempre.* **mala bestia*. mala pécora*.** || **11 ángel* caído / ~ / rebelde. 12 buena / mala cara*. 13 buena / mala fe*. 14 buenos / malos sentimientos*. 15 mala baba*. 16 mala fariña*. 17 mala hierba*. 18 mala hostia*. 19 mala idea*. 20 mala leche*. 21 mala pasada*. 22 mala pata*. 23 mala sangre*. 24 mala sombra*. 25 mala uva*. 26 mala vida*. 27 malas lenguas*.** FR. Y LOC. **a malas** Enemistado, enfadado o con hostilidad: *Mi vecino está a malas con todo el mundo. Todo lo haces a malas.* **como la(s) mala(s) hier-**

ba(s)*. **correr malos vientos***. **de malas** COLOQUIAL. De mal humor: *Jorge se ha levantado de malas.* **estar / ponerse mala** COLOQUIAL. Estar con la menstruación. **poner buena / mala cara***. **poner ~** COLOQUIAL. Irritar ‹una persona› a otra persona: *Cada vez que lo veo me pongo malo. Me pone malo oírlo hablar.* **por las malas** 1 COLOQUIAL. En contra de su voluntad: *Al final tuvo que hacerlo por las malas.* 2 COLOQUIAL. Obligado por las circunstancias: *Por las buenas soy muy bueno, pero por las malas puedo ser terrible.*

malograr *v. tr.* **1** No aprovechar o estropear ‹una persona› [una cosa]: *El jugador malogró el penalti y no marcó.* SIN. frustrar. **2** VEN.; COLOQUIAL. Matar ‹una persona› [a otra persona]. || *v. prnl.* **3** No aprovecharse o estropearse ‹una cosa›: *Se malogró la cosecha de almendras con las heladas.*

maloliente *adj.* (antepuesto / pospuesto) Que despide mal olor: *Entramos en una maloliente habitación.*

malón *s. m.* **1** ARG., URUG.; COLOQUIAL; HUMORÍSTICO. Grupo grande de gente. **2** ARG.; COLOQUIAL. Fiesta sorpresa que los amigos hacen en una casa.

malparado, da *adj.* Que resulta muy perjudicado: *salir malparado. La empresa resultó muy malparada de aquella operación financiera.*

malparido, da *adj.* AMÉR.; VULGAR; INSULTO. Malnacido.

malpensado, da o **mal pensado, da** *adj. / s. m.* y *f.* Que suele pensar mal de las personas o de las cosas: *No hay que ser siempre tan malpensado.*

malquerencia *s. f.* ELEVADO. Antipatía o mala voluntad contra una persona: *Con esa mirada hostil le dejó bien clara su malquerencia.* SIN. odio.

malquistar *v. tr. / prnl.* ELEVADO. Hacer ‹una persona o una cosa› que [dos o más personas] se enemisten entre sí: *Has sido tú quien me ha malquistado* ***con*** *todos los demás. Lola* ***se*** *ha malquistado* ***con*** *sus compañeros.*

malquisto, ta *adj.* ELEVADO. [Persona] que está mal vista o tiene pocas simpatías en un grupo de personas: *Es un profesor malquisto* ***de*** *sus alumnos. Dicen que nuestro tendero está malquisto* ***en*** *su gremio.*

malsano, na *adj.* **1** (antepuesto / pospuesto) Que es perjudicial para la salud: *En esta ciudad hay una polución malsana.* **2** (antepuesto / pospuesto) Que es propio de un enfermo: *Su obsesión malsana por la televisión nos parece preocupante.*

malsonante *adj.* [Palabra, expresión] que molesta porque contiene grosería o mal gusto: *El uso de palabras malsonantes está restringido a unos contextos muy limitados.*

malta *s. f.* **1** (no contable) Cereal, generalmente cebada, germinado artificialmente y tostado, que se emplea para la fabricación de cerveza o se consume molido, como sucedáneo del café: *La malta no desvela, pero sabe a café.* **2** URUG. Refresco de malta sin fermentar.

malteada *s. f.* COL. Batido de frutas con leche.

maltear *v. tr.* RESTRINGIDO. Convertir ‹una persona› [la cebada u otro cereal] en malta: *Esta zona está dedicada a maltear cereales para la fábrica de cerveza.*

maltés, sa *adj. / s. m.* y *f.* **1** De Malta, isla del Mediterráneo: *pueblo maltés. Los malteses consiguieron la independencia en 1964.* || *s. m.* **2** LING. Lengua semítica hablada en Malta.

maltón, na *s. m. / f.* PERÚ; COLOQUIAL. Adolescente desarrollado.

maltosa *s. f.* (no contable) QUÍM. Azúcar vegetal y animal resultado de la descomposición del almidón.

maltraer Se usa en la LOC. **traer* a mal traer** o **traer a ~**.

maltratar *v. tr.* Tratar ‹una persona› mal [a una persona, un animal o una cosa]: *Su madre lo maltrataba. La asociación de mujeres maltratadas está haciendo una campaña de concienciación de la mujer.*

maltrecho, cha *adj.* (estar, antepuesto / pospuesto) Que ha sido maltratado, está en mal estado o ha salido perjudicado en algún aspecto: *Pepe ha salido maltrecho de esa relación afectiva. El accidente me dejó maltrecho, en un estado lamentable.*

maltusianismo *s. m.* (no contable) ECON. Doctrina de T. R. Malthus, economista británico, y sus seguidores que defienden el control de la natalidad para evitar la superpoblación.

maluco, ca *adj.* **1** VEN.; COLOQUIAL. [Persona] que es malvada. **2** VEN.; COLOQUIAL. [Cosa] que es de mala calidad.

maluquearse *v. prnl.* COL.; COLOQUIAL. Desmayarse o sentirse mal ‹una persona› por debilidad.

maluquera *s. f.* COL.; COLOQUIAL. Desmayo o indisposición pasajera de salud.

malva *s. f.* **1** *Malva sylvestris.* Planta de tallo velloso, hojas dentadas y flores grandes de color violeta empleada en medicina. **2** Flor de la malva. || *adj. / s. m.* **3** [Color] que es violeta pálido como el de la flor de la malva: *una falda malva.* FR. Y LOC. **como una ~** COLOQUIAL. Dócil o sumiso: *Le eché una bronca y está como una malva.* **criar malvas** COLOQUIAL. Estar ‹una persona› muerta y enterrada: *Cuando yo esté criando malvas no quiero que nadie vaya al cementerio.*

malvado, da *adj. / s. m.* y *f.* (antepuesto / pospuesto) Que es muy malo: *una malvada mujer, una acción malvada. Hay que procurar que la propaganda no nos presente como a los malvados de todo este asunto.*

malvasía *s. f.* **1** (no contable) RESTRINGIDO. Variedad de uva, dulce y olorosa, de granos grandes, que se cultiva en los países mediterráneos: *La malvasía la trajeron los catalanes desde Grecia en tiempos de las Cruzadas.* **2** (no contable) Vino elaborado con esta clase de uvas, de sabor muy dulce, muy perfumado y de alta graduación: *malvasía de Sitges.* **3** (macho y hembra) Clase de pato de la que existen diferentes variedades.

malvavisco *s. m.* *Althoea officinalis.* Planta perenne de tallo alto, hojas aterciopeladas y flores grandes de color rosáceo, cuya raíz tiene propiedades antinflamatorias.

malvender *v. tr.* Vender ‹una persona› [una cosa] a muy bajo precio, con muy poca o ninguna ganancia: *Su primo tuvo que malvender la casa para pagar sus deudas.*

malversación *s. f.* Acción y resultado de malversar: *El gerente ha sido acusado por la presidenta de malversación de fondos.*

malversar *v. tr.* **1** Invertir o gastar ‹una persona› indebidamente [dinero que administra por cuenta ajena]: *Lo han acusado de malversar los fondos públicos.* **2** Robar ‹una persona› [dinero público]: *Según la acusación, el ex-director ha malversado mucho dinero.*

malvinense *adj. / s. m.* y *f.* Malvinero.

malvinero, ra *adj. / s. m.* y *f.* De las islas Malvinas.

malviviente *adj.* ARG., URUG. Que vive al margen de la ley.

malvivir *v. intr.* Vivir ‹una persona› con pobreza o penalidades: *Con ese sueldo mísero malvive toda la familia.*

malvón *s. m.* ARG., MÉX., URUG.; COLOQUIAL. Variedad de geranio de flores olorosas.

mama *s. f.* **1** ANAT. Órgano glandular de los mamíferos que en las hembras segrega la leche: *cáncer de mama, examen de mamas. Tenía las mamas muy desarrolladas.* SIN. teta. **2** COLOQUIAL; AFECTIVO, INFANTIL. Mamá: *Mi mama me ha dado permiso para ir a la calle.*

mamá o **mama** *s. f.* **1** COLOQUIAL; AFECTIVO. Madre: *Ven y dile a mamá qué te duele. Le dices a tu mamá que quiero hablar con ella.* || **2 ~ grande** AMÉR.; COLOQUIAL. Abuela.

mamada *s. f.* **1** VULGAR. Succión del órgano sexual de una persona para proporcionar placer. **2** VULGAR. ARG., PAR., URUG. Borrachera. **3** AMÉR. Ventaja o beneficio obtenido con poco esfuerzo.

mamadera *s. f.* **1** Aparato que sirve para eliminar la leche de las mujeres en el periodo de lactancia. **2** VULGAR, RESTRINGIDO. Pecho de la mujer, especialmente si está en periodo de lactancia: *¡El niño no pasará hambre con las mamaderas de su madre!* **3** ARG., CUBA, PERÚ, P. RICO, URUG. Biberón. **4** PERÚ; COLOQUIAL. Trabajo cómodo y bien pagado. || **5 ~ de gallo** VEN.; COLOQUIAL. Burla o broma de mal gusto.

mamado, da *adj.* **1** (estar) VULGAR. Borracho: *No le hagas caso, dice tonterías porque está mamado.* **2** COL., VEN.; COLOQUIAL en Colombia, RESTRINGIDO en Venezuela. Que está cansado. **3** COL.; COLOQUIAL. [Cosa] que es fácil de hacer.

mamar *v. tr. / intr.* **1** Extraer ‹un niño o un animal vivíparo› [la leche] del pecho de la madre: *Llora porque tiene ganas de mamar.* **2** COLOQUIAL. Aprender ‹una persona› [una cosa] desde niño: *Su amor al teatro lo ha mamado desde la cuna.* **3** COLOQUIAL. Chupar ‹una persona› [el lugar por donde sale el líquido que bebe]: *No mames de la botella.* || *v. tr.* **4** VULGAR. Succionar ‹una persona› los órganos sexuales de [otra persona] para proporcionarle placer. || *v. prnl.* **5** VULGAR. Ponerse ‹una persona› borracha: *Siempre que sale de fiesta se mama.* SIN. emborracharse. **6** VULGAR. Soportar ‹una persona› una cosa o un trabajo molestos: *Me he mamado yo solo la revisión de los expedientes.* **7** COL. Faltar a la palabra ‹una persona›. **8** CHILE. Devorar, engullir ‹una persona› la comida. **9** VEN.; COLOQUIAL. Hacer ‹una persona› una cosa sin ganas o a disgusto. || *v. intr.* **10** COLOQUIAL. Beber habitualmente ‹una persona› mucho alcohol: *Julio mama mucho, se bebe media botella él solo para comer y luego dos copas. Paca ya no mama como antes.* FR. Y LOC. **¡por la leche* que mamé / mamaste!**

mamario, ria *adj.* BIOL. De las mamas de las hembras o de las tetillas de los machos: *glándula mamaria, región mamaria.*

mamarrachada *s. f.* (no contable) COLOQUIAL; PEYORATIVO. Acción o frase ridícula: *Ese individuo siempre está haciendo mamarrachadas; es insoportable.* SIN. tontería.

mamarracho, cha *s. m. / f.* **1** COLOQUIAL; INSULTO. Persona que hace cosas ridículas o que es ridícula en su apariencia: *Hoy Manuel viene vestido de mamarracho.* **2** COLOQUIAL; PEYORATIVO. Cosa ridícula, fea o mal hecha: *Este artista cobra por hacer mamarrachos, porque no sabe pintar.* **3** COLOQUIAL; INSULTO. Persona que no merece respeto: *Es una mamarracha a la que no hay que hacerle ni caso.*

mamba *s. f.* (macho y hembra) Género *Dendroaspis.* Serpiente africana venenosa de gran tamaño y color negro verdoso, con unas grandes mandíbulas en las que tiene unos garfios con los que inyecta el veneno.

mambo *s. m.* **1** Música cubana de ritmo sincopado, muy popular en los años cincuenta: *bailar el mambo. ¡Uno, dos, tres, cuatro, cinco, seis, siete, ocho... ¡Mambo!* **2** Baile realizado al ritmo del mambo. **3** ARG., URUG.; COLOQUIAL. Atontamiento o mareo producido por un golpe, por el alcohol o la droga.

mamboretá *s. m.* ARG., URUG. Insecto ortóptero que se alimenta de otros insectos.

mamella *s. f.* Apéndice largo y ovalado que cuelga del cuello de algunos animales, como la cabra.

mameluco, ca *adj. / s. m.* y *f.* **1** HIST. De una milicia egipcia que constituyó una dinastía en Egipto entre los siglos XIII y XVI: *Hizo un trabajo sobre los mamelucos.* **2** COLOQUIAL; INSULTO. Que es torpe y poco inteligente: *No seas mameluco.* || *s. m.* **3** AMÉR. Mono, prenda de vestir enteriza que se suele usar para el trabajo. **4** COL. Mono enterizo de bebé.

mamerto, ta *adj. / s. m.* y *f.* **1** COLOQUIAL. Majadero, tonto: *Este chico es un poco mamerto.* **2** URUG.; COLOQUIAL. Borrachín.

mamífero, ra *adj. / s. m.* **1** ZOOL. [Animal] que es vertebrado, de sangre caliente, que amamanta a sus crías y que se desarrolla en el interior de la hembra antes de nacer en casi todas sus especies: *Algunos animales acuáticos como las ballenas, los delfines o las morsas son mamíferos.* || *s. m.* **2** (en plural) ZOOL. Clase formada por estos animales.

mamitis (plural *mamitis*) *s. f.* (no contable) COLOQUIAL; HUMORÍSTICO. Apego excesivo a la madre: *Esta niña llora porque tiene mamitis.*

mamografía *s. f.* MED. Radiografía de una mama: *El médico le ha mandado hacer una mamografía porque tiene un bulto en el pecho.*

mamola *s. f.* **1** COLOQUIAL; RESTRINGIDO. Toque que da una persona a otra debajo de la barbilla en señal de burla suave o cariñosa: *hacer una mamola.* || *interj.* **2** RESTRINGIDO; INFANTIL. Se usa para señalar de una manera burlona que se ha equivocado el interlocutor o que no es cierto lo que dice: *–«Si me dices quién va a venir a comer te doy un caramelo.» –«Tía Josefina.» –«No, mamola, mamola.»* **3** COL.; COLOQUIAL. Se usa para expresar desconfianza.

mamón, na *adj. / s. m.* y *f.* **1** Que todavía está mamando, o que mama más tiempo del habitual: *Su hijo le ha salido muy mamón.* **2** VULGAR; INSULTO, a veces HUMORÍSTICO. Que merece desprecio por su conducta: *¡Qué mamón es! Eres demasiado mamón para ser amigo mío.*

mamona *s. f.* COL. Carne de ternera.

mamonazo *s. m.* **1** VEN.; COLOQUIAL. Golpe fuerte. **2** VEN.; COLOQUIAL. Desgracia.

mamotreto *s. m.* **1** COLOQUIAL; PEYORATIVO. Libro o legajo muy grueso: *Este libro es un mamotreto insufrible.* **2** COLOQUIAL; PEYORATIVO. Objeto grande, pesado y poco útil: *Es imposible mover el mamotreto del armario.*

mampara *s. f.* Plancha grande o tabique de madera o de un material prefabricado con el que se divide o aísla una habitación: *Pondré una mampara de cristal esmerilado.*

mamparo *s. m.* MAR. Tabique de madera o de hierro que divide en compartimentos el interior de un barco.

mamporro *s. m.* **1** COLOQUIAL. Golpe que se da a una persona con la mano o con un objeto: *Empezamos a discutir y* *acabamos a mamporros.* SIN. puñetazo. 2 COLOQUIAL. Golpe poco importante que se da o recibe una persona: *Tropecé y me di un mamporro contra la puerta.* SIN. porrazo.

mampostería *s. f.* (no contable) Obra hecha con piedras desiguales unidas con argamasa: *La casa es de mampostería y ladrillo.*

mampuesto *s. m.* 1 RESTRINGIDO. Piedra sin labrar que se utiliza en construcción. 2 COL. Apoyo para apuntar mejor un arma de fuego.

mamúa *s. f.* ARG., URUG.; COLOQUIAL. Borrachera.

mamuco, ca *adj.* 1 MÉX.; VULGAR. Que es orgulloso y pedante. 2 MÉX.; VULGAR. Que gasta bromas pesadas o de mal gusto.

mamut (plural *mamuts*) *s. m.* (macho y hembra) *Elephas primigenius.* Mamífero desaparecido, de la misma familia que el elefante pero de mayor tamaño y cubierto de pelo largo, que vivió en el periodo cuaternario: *El mamut era un animal que vivía en zonas de clima frío.*

man *s. m.* COL.; COLOQUIAL. Fulano, individuo.

maná *s. m.* 1 (no contable) Alimento milagroso con el que, según la Biblia, alimentó Dios al pueblo judío durante la travesía del desierto. 2 (no contable) ELEVADO. Alimento muy bueno, o cualquier cosa inesperada muy beneficiosa: *Este premio de lotería es maná llovido del cielo.*

manada *s. f.* 1 Conjunto de animales cuadrúpedos de la misma especie, domésticos o salvajes, que marchan juntos o están al cuidado de un pastor: *Los búfalos viven en manadas.* 2 COLOQUIAL. Grupo grande de gente: *Los aficionados salían en manadas del campo de fútbol.*

manager (del inglés; pronunciamos *'mánayer'*) *s. m. / f.* 1 Gerente de una empresa o de una sociedad mercantil: *Mantuve una entrevista con el manager de la empresa.* 2 Persona que dirige los intereses profesionales de un artista o de un deportista: *el manager de un boxeador, la manager de un grupo musical. Para que te conceda una entrevista deberás hablar con su manager.* SIN. representante.

managüense *adj. / s. m.* y *f.* De Managua, capital de Nicaragua.

manantial *adj.* 1 RESTRINGIDO. [Agua] que mana o brota: *Las aguas manantiales están contaminadas.* || *s. m.* 2 Agua que brota de la tierra: *Esta región está llena de manantiales.* SIN. fuente. 3 ELEVADO. Origen de una cosa: *El manantial de riqueza de esta región es la agricultura.* SIN. fuente.

manar *v. tr.* 1 ELEVADO. Desprender ‹una cosa o un lugar› [un líquido]: *La herida manaba sangre. El caño mana agua.* || *v. intr.* 2 Salir ‹un líquido› de [un lugar]: *El agua mana* ***de*** *la fuente.* 3 LIT. Salir ‹una cosa› fácil y abundantemente: *Sus pensamientos manaban con fluidez.* ***De*** *los labios de la santa sólo manaban palabras de perdón para sus torturadores.*

manatí (plural *manatíes*, preferible a *manatís*) *s. m.* (macho y hembra) *Trichechus manatus.* Mamífero acuático de gran tamaño, con las extremidades transformadas en aletas, que habita en los estuarios y desembocaduras de los grandes ríos.

manazas (plural *manazas*) *s. m. / f.* COLOQUIAL; PEYORATIVO. Que es torpe o no tiene habilidad con las manos: *Maite es una manazas: cosa que toca, cosa que rompe.* ANT. manitas.

manca *s. f.* COL.; JERGAL. Arma blanca.

mancar *v. tr.* 1 RESTRINGIDO. Dejar ‹una persona o una cosa› herida o con daño [a una persona]: *Los zapatos me mancan.* || *v. prnl.* 2 RESTRINGIDO. Quedar ‹una persona› con daño o herida: *Me he mancado con la bicicleta.* || *v. intr.* 3 AMÉR. Faltar, fallar ‹una cosa›. ⇒ **71.**

mancebía *s. f.* ELEVADO. Prostíbulo.

mancebo, ba *s. m. / f.* 1 LITERARIO. Persona joven y soltera. 2 RESTRINGIDO. Aprendiz o dependiente, especialmente de farmacia. || *s. f.* 3 RESTRINGIDO. Amante o concubina.

mancera *s. f.* Parte del arado donde se apoya la mano. SIN. esteva.

mancha *s. f.* 1 Marca que deja la suciedad o una sustancia que cae sobre una superficie: *Siempre trae manchas de grasa.* 2 Parte de una superficie que es de distinto color que el resto: *El caballo tenía unas manchas blancas en la piel. Los leopardos tienen la piel a manchas.* 3 ELEVADO. Deshonra o vergüenza: *El sargento no tiene ninguna mancha en el expediente.* 4 VEN. Enfermedad del cambur y del cacao.

manchado, da *adj.* [Animal] que tiene el pelo de distintos colores: *toro manchado.*

manchar *v. tr. / intr. / prnl.* 1 Poner ‹una persona o una cosa› [a otra persona u otra cosa] sucia: *Has manchado* ***de*** *salsa el mantel. El sifón no mancha.* ***Me*** *he manchado* ***de*** *barro los zapatos.* 2 MÉX.; VULGAR. Actuar ‹una persona› abusivamente. || *v. tr.* 3 Añadir ‹una persona› [un líquido] a [otro líquido] para cambiar su color: *Me gusta que la leche la manchen con un poco de café.* 4 ELEVADO. Causar ‹una persona o una cosa› daño en [el honor o la buena fama de otra persona]: *Manchó la memoria de mi madre.* SIN. mancillar (ELEVADO).

manchego, ga *adj. / s. m.* y *f.* De La Mancha, región española: *llanura manchega. En mi oficina trabajan varios manchegos.* **queso* ~.**

mancheta *s. f.* VEN.; COLOQUIAL. Recuadro o columna periodísticos con reflexiones ideológicas o políticas o comentarios de actualidad.

manchú (plural *manchúes*, preferible a *manchús*) *adj. / s. m.* y *f.* 1 De Manchuria: *jarrón manchú, campesino manchú.* || *s. m.* 2 LING. Lengua que pertenece a un grupo de la familia altaica hablada en Manchuria.

mancillar *v. tr.* ELEVADO. Causar ‹una persona o una cosa› daño en [el honor o la buena fama de otra persona]: *El hermano mayor ha mancillado el buen nombre de la familia con un desfalco en el banco donde trabajaba.* SIN. manchar.

manco, ca *adj.* 1 (estar) Que carece de algo importante para estar completo: *El protagonista de la novela queda manco. Este proyecto está manco, le faltan los detalles.* || *adj. / s. m.* y *f.* 2 (ser / estar) Que ha perdido una o dos manos o uno o dos brazos o los tiene inutilizados: *Después del accidente el conductor quedó manco.* FR. Y LOC. **no ser ~** COLOQUIAL; IRONÍA. Tener ‹una persona› habilidad en una cosa o hacerla bien o mucho: *Es verdad que mi hijo le pegó a Encarna, pero ésta tampoco es manca.*

mancomunar *v. tr. / prnl.* 1 Unir ‹una persona› [personas, esfuerzos, intereses o dinero] para [un mismo fin]: *Los socios van a mancomunar sus acciones para tener más fuerza en la asamblea. Los vecinos* ***se*** *mancomunaron* ***para*** *hacer las obras.* SIN. asociar. || *v. tr.* 2 DER. Obligar ‹una persona› [a dos o más personas] a pagar o ejecutar conjuntamente una cosa.

mancomunidad *s. f.* 1 DER. Unión de personas o cosas para conseguir un fin: *una mancomunidad de bienes, una* *mancomunidad de empresas.* **2** Agrupación de municipios o provincias para resolver problemas comunes: *la mancomunidad de municipios de La Armuña.*

mancorna *s. f.* (preferentemente en plural) CHILE, COL. Gemelo de la camisa. SIN. mancuerna.

mancuerna *s. f.* **1** Pesa de mano utilizada en gimnasia. **2** (preferentemente en plural) AMÉR. C., MÉX., VEN. Gemelo de la camisa. SIN. mancorna.

manda *s. f.* DER. Legado testamentario.

mandadero *s. m.* URUG. Persona que trabaja de recadero en un establecimiento.

mandado, da *s. m. / f.* **1** Persona sin autoridad que cumple órdenes: *Ella no tiene la culpa, sólo es una mandada más en la empresa.* || *s. m.* **2** Encargo que se confía a una persona: *Hemos enviado al recadero con el mandado que nos pidió.* **3** RESTRINGIDO. Orden de un superior: *Hay que cumplir el mandado del jefe.* SIN. mandato.

mandador *s. m.* VEN. Látigo de arriero.

mandamás *adj. / s. m.* y *f.* COLOQUIAL. Que manda mucho o que tiene la máxima autoridad: *Cuando el mandamás llegó al cuartel nos hicieron formar a todos.*

mandamiento *s. m.* **1** REL. Cada uno de los diez preceptos de la ley de Dios y de los cinco de la Iglesia, obligatorios para los católicos: *Según la Biblia, Moisés recibió de Dios los Diez Mandamientos en el Monte Sinaí.* **2** DER. Orden firmada por un juez: *Lo han llevado a la cárcel por mandamiento judicial.* **3** RESTRINGIDO. Orden de un superior a un inferior: *La directora nos ha expuesto los mandamientos del presidente para cambiar algunas cosas.*

mandanga *s. f.* **1** (no contable) COLOQUIAL. Lentitud o calma excesiva: *¡Anda hijo, que tienes una mandanga para todo!* **2** (no contable) JERGAL. Marihuana. **3** (en plural) COLOQUIAL. Cuentos, historias, tonterías: *No me vengas con mandangas y dime la verdad.* SIN. tonterías.

mandar *v. tr.* **1** Decir ‹una persona› que [otra persona] haga [una cosa]: *El profesor nos mandó deberes para casa.* SIN. ordenar. **2** Enviar ‹una persona› [una cosa] a [otra persona]: *Aún no me ha llegado la carta que me mandaste.* SIN. remitir. **3** Dar ‹una persona› aviso a [otra persona] para que haga [una cosa]: *He mandado a Luisa **a** un recado. Mandó al niño **por** pan. He mandado llamar al fontanero. Mandaste al joven **de** emisario de la noticia.* **4** COL.; COLOQUIAL. Arrojar ‹una persona› [un objeto]. **5** COL., VEN.; COLOQUIAL. Dar ‹una persona› [un golpe o una bofetada] a [otra persona]. || *v. tr. / intr.* **6** MIL. Dirigir ‹una persona› [a otras personas]: *El favorito manda el pelotón. El comandante manda **en** el batallón.* || *v. prnl.* **7** ARG., URUG.; COLOQUIAL. Hacer ‹una persona› [una cosa importante o notable]. **8** ARG., URUG.; COLOQUIAL. Ir ‹una persona› a un lugar determinado. **9** ARG., URUG.; COLOQUIAL. Marcharse inesperadamente ‹una persona› del trabajo o del sitio donde vive. **10** ARG.; VULGAR. Hacer ‹un hombre› el acto sexual con una mujer. FR. Y LOC. **como mandan los cánones*. enviar / ir / ~ a la mierda*. enviar / ~ a la caseta*. hacer como Dios* manda. ir / ~ a freír espárragos*. ir / ~ a freír monas*. ir / ~ al carajo*. ir / ~ / echar / enviar a paseo*. ir / ~ / enviar a tomar por (el) culo*. ~ a escarbar cebollinos*. ~ a hacer puñetas*. ~ a la chingada*. ~ al diablo*. ~ al infierno*. ~ con viento* fresco. ~ / enviar a la porra*. ordeno* y mando. para lo que usted guste* (mandar).**

mandarín *s. m.* **1** LING. Variedad lingüística del chino, oficial en China, que es la más hablada del mundo: *hablar mandarín.* **2** Funcionario, civil o militar, en la antigua China imperial.

mandarina *s. f.* Fruto del mandarino, parecido a una naranja pequeña, aunque más dulce y de piel fina que se separa fácilmente del fruto: *Prefiero las mandarinas a las naranjas porque son más fáciles de pelar.*

mandarino *s. m.* Árbol frutal cítrico de hojas perennes y flores perfumadas de color blanco cuyo fruto es la mandarina.

mandatario, ria *s. m. / f.* **1** DER. Persona a la que se le concede un mandato para que represente a otra o gestione sus negocios. **2** Gobernante: *una reunión de mandatarios.* || **3 primer ~** Presidente, Primer Ministro o Jefe de Estado: *Al ganar las elecciones se ha convertido en el primer mandatario del país.*

mandato *s. m.* **1** Indicación u orden dada por un jefe o una autoridad para que se haga o se deje de hacer una cosa: *Lo dejaron libre por mandato del juez.* **2** (no contable) Ejercicio de un cargo: *El mandato de presidente no es nunca cómodo.* **3** Tiempo que dura el ejercicio de un cargo: *Durante el mandato de ese alcalde se hicieron muchas mejoras.* **4** Encargo o representación que recibe la persona a quien se elige en unas elecciones: *Espero cumplir mi mandato como diputado.*

mande *interj.* **1** COLOQUIAL, RESTRINGIDO. Se usa para pedirle a una persona que repita lo que ha dicho porque no se ha oído bien. **2** COLOQUIAL, RESTRINGIDO. Se usa como contestación a una llamada de otra persona a quien se respeta: *–«Pepita.» –«¡Mande , señora!».* **3** COLOQUIAL; IRONÍA. Se usa para contestar con escepticismo a una pregunta o una petición: *–«Necesito que me dejes veinte mil pesetas.» –«¿Mande?».*

mandíbula *s. f.* **1** Cada una de las dos piezas de tejido óseo o cartilaginoso que forman la boca de los vertebrados, en las que están implantados los dientes: *Tiene la mandíbula desencajada.* **2** Parte del rostro en que están situadas estas piezas: *Tiene una herida en la mandíbula.* **3** Cada una de las piezas duras que forman la boca de otros animales: *la mandíbula de un cangrejo, la mandíbula de un insecto. Las serpientes tienen una mandíbula muy fuerte.* FR. Y LOC. **reír* a ~ batiente.**

mandil *s. m.* RESTRINGIDO. Delantal largo de cuero, tela u otro material que protege desde el cuello o cintura hasta las rodillas o los tobillos: *María salió a la calle con el mandil que lleva en la cocina.*

mandilón *s. m.* MÉX.; COLOQUIAL. Calzonazos, hombre gobernado por la esposa.

mandinga o **mandingo** *adj. / s. m.* y *f.* **1** De los pueblos que habitan en el Golfo de Guinea: *poblado mandinga, joven mandinga. Los mandingas formaron un imperio hacia el siglo* XIII. || *s. m.* **2** LING. Lengua nigeriano-senegalesa hablada por los mandingas. **3** AMÉR. El demonio.

mandioca *s. f. Manihot utilissima.* Arbusto tropical de grandes hojas, cuya raíz carnosa contiene una fécula, la tapioca, utilizada en alimentación. SIN. yuca.

mando *s. m.* **1** (no contable) Autoridad de un superior sobre sus subordinados: *escala de mandos. La compañía estaba bajo el mando del capitán.* **voz* de ~. 2** (no contable)

Desempeño de la autoridad de un superior sobre sus subordinados: *Durante su mando se endureció la disciplina.* **3** Persona o colectivo que ejerce esa autoridad: *Los mandos policiales se reunieron para analizar el atentado.* **alto ~.** **4** Instrumento con que se maneja o se hace funcionar un mecanismo o aparato electrónico: *El comandante se ha puesto a los mandos del avión.* **cuadro* de mandos. ~ a distancia** Mando electrónico con que se acciona o se dirige desde lejos el funcionamiento de un aparato: *Utiliza el mando a distancia para cambiar de canal de televisión.* FR. Y LOC. **puente* de ~ / navegación. puesto* de ~.**

mandoble *s. m.* **1** COLOQUIAL, RESTRINGIDO. Golpe o bofetada: *Le di un mandoble con el revés de la mano que lo dejé sentado.* **2** RESTRINGIDO. Golpe que se da con la espada u otra arma blanca manejándola con las dos manos: *El caballero se defendía a mandobles.*

mandolina *s. f.* Instrumento musical con una caja de resonancia ovalada, de cuatro pares de cuerdas, que se pulsan con una púa, original de Italia: *La mandolina fue muy popular en el siglo* XVIII.

mandón, na *adj. / s. m.* y *f.* (ser / estar) COLOQUIAL; PEYORATIVO. Que manda u ordena en exceso o con demasiada frecuencia: *Mi hermana es una mandona. ¡Qué mandón estás últimamente, papá!*

mandrágora *s. f. Mandragora officinalis.* Planta narcótica de la familia de las solanáceas, sin tallo, de grandes hojas ovales y flor única de olor desagradable.

mandria *adj. / s. m.* y *f.* **1** COLOQUIAL; PEYORATIVO. Que no actúa con mucha inteligencia: *Es buena persona, pero un poco mandria. Tienes que usar la otra.* **2** COLOQUIAL; PEYORATIVO. Que tiene poco ánimo: *Anda, no seas mandria, anímate.*

mandril *s. m.* **1** (macho y hembra) *Papio sphinx.* Mamífero primate africano, de cabeza grande, hocico alargado, nariz roja rodeada de pliegues azul claro brillante y grandes callosidades rojas en las nalgas, que es muy feroz e inteligente: *Los mandriles viven en manadas.* **2** RESTRINGIDO. Soporte cilíndrico en cartón o madera de un rollo o bobina de papel. **3** RESTRINGIDO. Parte del torno con que se sujeta la pieza que se va a trabajar. **4** RESTRINGIDO. Pieza de ciertas máquinas donde se ajusta la broca u otro útil: *mandril de una taladradora.*

manduca *s. f.* (no contable) COLOQUIAL. Comida: *Ya nos hemos acabado toda la manduca.*

manducar *v. tr. / intr.* COLOQUIAL. Comer ‹una persona› [una cosa]: *No paras de manducar. ¿Qué tal si paramos de trabajar y manducamos bajo este árbol?* SIN. jalar. ⇒ **71.**

manearse *v. prnl.* **1** COL. Enredarse ‹una persona› en actividades de poca importancia. **2** ARG., URUG.; COLOQUIAL. Tropezarse ‹una persona› al caminar porque se lía los pies. **3** URUG.; COLOQUIAL. No poder pensar ‹una persona› por ponerse nerviosa.

manecilla *s. f.* **1** Mano pequeña. **2** Flecha pequeña o aguja que señala las horas, los grados u otros datos en algunos instrumentos: *las manecillas de un reloj, las manecillas de un barómetro. Cuando las manecillas del reloj señalen las doce, empezará el nuevo año.* SIN. saeta. **3** RESTRINGIDO. Broche para mantener cerrados algunos objetos: *la manecilla del libro de oraciones, la manecilla de un diario personal.*

manejable *adj.* (antepuesto / pospuesto) Que se maneja o se dirige con facilidad: *La plancha que nos han regalado es muy manejable. La cortadora de césped es muy manejable.*

manejar *v. tr.* **1** Usar o mover ‹una persona› [una cosa] con las manos: *Manejó las herramientas con cuidado.* SIN. manipular. **2** Utilizar ‹una persona› [una cosa]: *Manejas el dinero como si fuera tuyo.* **3** Dirigir ‹una persona› [a una o más personas o una cosa]: *Ese individuo maneja a los amigos en lo que le interesa. Eduardo maneja su negocio desde el extranjero.* SIN. llevar. ‖ *v. tr. / intr.* **4** AMÉR. Conducir ‹una persona› [un vehículo]. ‖ *v. prnl.* **5** Saber actuar ‹una persona› en [un negocio o una situación]: *Tus amigas se manejaban bien* ***en*** *esos ambientes. Jaime no se maneja bien* ***con*** *las máquinas.* SIN. desenvolverse. FR. Y LOC. **manejárselas** COLOQUIAL. Desenvolverse ‹una persona› en un asunto: *Siempre te las ha manejado bien* ***con*** *los números.*

manejo *s. m.* **1** (no contable) Acción y resultado de manejar o manejarse: *Leí las instrucciones para el manejo de la lavadora.* **instrucciones de ~.** **2** (no contable) Facilidad para manejar o controlar una cosa o una situación: *Llevas sólo dos días trabajando y tienes un manejo increíble de los ordenadores. El niño está aprendiendo muy bien el manejo de la moto.* **3** (preferentemente en plural; no contable) COLOQUIAL. Forma de realizar una actividad con astucia, trampas o enredos: *El presidente emplea todo tipo de manejos para mantenerse en el cargo.* SIN. chanchullo. **4** AMÉR. Conducción de un vehículo.

manera *s. f.* **1** Forma en que se hace o sucede una cosa: *Leer es una manera de aprender.* SIN. modo. **2** Carácter de una persona: *No soporto su manera de ser.* SIN. modo. **3** (en plural; no contable) Modales o educación: *El conductor se disculpó de muy buenas maneras.* SIN. modos. FR. Y LOC. **a ~ de** Como, o como si fuera: *La señora usaba el periódico a manera de abanico.* **de ~ que** Se usa para expresar consecuencia: *El profesor alzó la voz de manera que todos le oyeron.* **de ninguna ~** Se usa para indicar una negación tajante: *De ninguna manera pienso recibirle.* **de tal ~** Tanto: *El chico corría de tal manera no pude alcanzarlo.* **de todas maneras** o **de cualquier ~** De todas formas, en cualquier caso: *No creo que venga a cenar, de cualquier manera guardadme algo.* **en gran ~** o **sobre ~** ELEVADO; INTENSIFICADOR. Mucho, muy, en exceso: *Me agradó en gran manera su discurso.*

manga *s. f.* **1** Parte de una prenda de vestir por la que se mete el brazo: *manga larga, manga corta, sin mangas, ir en mangas de camisa.* **~ raglán** Manga que empieza en el cuello y cubre el hombro. **2** Manguera. **~ de riego.** **3** DEP. Cada una de las partes en que se dividen algunas competiciones y deportes: *El ganador de la primera manga ha sido el número dos.* **4** Cono de tela que cuelga de un aro metálico que se usa para colar: *¿Dónde tienes la manga para colar el café?* **5** Utensilio de repostería, de forma cónica, acabado en una boquilla de metal, usado para hacer adornos con nata o crema en los dulces: *Si quieres poner su nombre en el pastel, utiliza la manga.* **6** MAR. Anchura máxima de un barco: *El yate tiene quince metros de eslora y cuatro de manga.* **7** ARG., URUG. Conjunto de insectos que se desplazan juntos. **8** ARG., URUG.; COLOQUIAL; PEYORATIVO. Panda, grupo de personas no recomendables. **9** VEN. Pasillo entre cercas para encarrilar a los animales al encierro o llevarlos al matadero. ‖ **10 ~ ancha** Excesiva tolerancia: *Mi cuñada tiene mucha manga ancha con sus hijos.* FR. Y LOC. **¡A buenas horas* (mangas verdes)! andar / ir ~ por hombro** COLOQUIAL. Con mucho desorden: *En su casa todo va manga por hombro, es un descontrol.* **dar / hacer un corte* de mangas. en**

mangas de camisa En camisa: *Te has constipado por ir en mangas de camisa y no ponerte una chaqueta.* **sacarse* de la ~. tener/llevar/guardar un as* en la ~.**

manganeso *s. m.* (no contable) *Mn.* Elemento químico de color gris claro, muy oxidable, que abunda en la naturaleza y en el mundo animal: *El manganeso se usa en la fabricación del acero.*

manganeta *s. f.* AMÉR. Engaño o maniobra para lograr lo que se pretende.

mangangá *adj. / s. m.* y *f.* **1** AMÉR. DEL S. Se dice de la persona que resulta molesta por su insistencia. ‖ *s. m.* **2** AMÉR. DEL S. Abejorro.

mangante *adj. / s. m.* y *f.* **1** COLOQUIAL; PEYORATIVO. Que manga o roba: *No vayas por esa zona, que está llena de mangantes.* **2** COLOQUIAL; PEYORATIVO. Que no tiene vergüenza y vive o se enriquece aprovechándose de los demás: *¡Menudo mangante es ése!*

manganzón, na *adj. / s. m.* y *f.* **1** VEN.; COLOQUIAL; PEYORATIVO. Que es holgazán o cachazudo. ‖ *s. m.* **2** PERÚ. Hombre grande y torpe. **3** VEN. Muchacho excesivamente desarrollado para su edad.

mangar *v. tr.* COLOQUIAL. Robar ‹una persona› [una cosa] a [otra persona]: *Si llevas la cartera en el bolsillo de atrás te la pueden mangar fácilmente.* SIN. birlar. ⇒ **56.**

manglar *s. m.* BOT. Formación vegetal que crece en las zonas pantanosas, formada por un bosque de plantas adaptadas al medio salino: *Los manglares son típicos de los países tropicales.*

mangle *s. m. Rhizophora mangle.* Árbol tropical de ramas hasta el suelo, flores amarillas y raíces aéreas.

mango *s. m.* **1** Pieza alargada que sirve para poder sujetar o agarrar algunos objetos: *mango de una sartén, mango de un martillo, mango de un cincel.* **2** *Mangifera indica.* Árbol tropical de hojas alternas y fruto carnoso de sabor dulce muy aromático. **3** Fruto del mango. **4** COL.; COLOQUIAL. Corazón. **5** ARG., PAR., URUG.; COLOQUIAL. Moneda de un peso: *No tenemos ni un mango.* **6** (en plural) AMÉR. C., ARG., PAR., URUG.; COLOQUIAL. Dinero. FR. Y LOC. **tener la sartén* por el ~.**

mangonear *v. tr. / intr.* **1** COLOQUIAL. Intervenir ‹una persona› en [un asunto ajeno] intentando imponer su criterio: *Su suegra mangonea todos los negocios de la familia. En cuanto nos descuidemos intentará mangonear* **en** *nuestros asuntos.* ‖ *v. intr.* **2** AMÉR. Explotar ‹una persona› un asunto, un cargo o una situación en provecho propio. **3** CUBA, MÉX. Ejercer ‹una persona› su cargo o sus atribuciones de forma arbitraria y abusiva.

mangoneo *s. m.* (no contable) COLOQUIAL. Acción y resultado de mangonear: *Se traen un mangoneo vergonzoso en la dirección de la empresa.*

mangosta *s. f.* (macho y hembra) *Herpestes ichneumon.* Mamífero carnívoro de pequeño tamaño, pelaje rojizo o gris y cola larga, que tiene gran agilidad, ataca a las serpientes, de las que se alimenta y vive en África y Asia tropical

mangrullo *s. m.* ARG., URUG. Atalaya rústica que se construía generalmente con troncos.

manguala *s. f.* COL.; COLOQUIAL. Asociación de individuos con fines ilícitos.

manguarear *v. intr.* VEN. Perder ‹una persona› el tiempo, no hacer nada.

manguear *v. tr.* **1** ARG., CHILE; RESTRINGIDO. Acosar ‹una persona› [al ganado] para que se reúna. **2** ARG., URUG.; COLOQUIAL. Pedir ‹una persona› [una cosa o dinero prestado] a [otra persona]. **3** CHILE; COLOQUIAL. Atraer ‹una persona› [a otra persona] con astucia. **4** CHILE; RESTRINGIDO. Llevar ‹una persona› [la caza] a tiro de los cazadores.

manguera *s. f.* Tubo largo de un material flexible e impermeable, que por un extremo toma un líquido y por otro lo expulsa: *El jardinero enchufó la manguera para regar las plantas.*

manguero, ra *adj. / s. m.* y *f.* ARG., URUG.; COLOQUIAL. [Persona] que da sablazos.

mangui *s. m. / f.* **1** COLOQUIAL. Ladrón que roba cosas de poco valor: *Mira que eres mangui, deja el cenicero de la cafetería en la mesa.* ‖ *s. m.* **2** COLOQUIAL. Robo de poco valor.

manguito *s. m.* **1** RESTRINGIDO. Prenda femenina de abrigo en forma de tubo en la que se esconden las manos para protegerlas del frío. **2** RESTRINGIDO. Media manga con elástico en los bordes que llega desde el codo hasta la muñeca y se empleaba para proteger las prendas de vestir y como adorno: *El contable del banco usaba manguitos.* **3** Tubo hueco y flexible que sirve para empalmar dos piezas cilíndricas del mismo diámetro: *El agua llega a través de este manguito hasta el radiador.*

manguruyú *s. m.* ARG., PAR., URUG.; RESTRINGIDO en Argentina. Pez de río de tamaño muy grande.

maní *s. m.* ARG., URUG.; COLOQUIAL, RESTRINGIDO. Cacahuete, planta y fruto.

manía *s. f.* **1** PSIQUIAT. Trastorno mental caracterizado por la obsesión por una idea fija. **2** Idea o costumbre fija y a veces obsesiva: *Tengo la manía de morderme las uñas.* **3** Afición o deseo exagerado por una cosa: *Ahora le ha dado la manía de coleccionar sellos.* **4** (no contable) COLOQUIAL. Antipatía o aversión: *La niña ha cogido manía a las lentejas.* ‖ **5 ~ persecutoria** Manía de una persona que cree ser objeto de la mala voluntad de otras personas.

maniaco, ca o **maníaco, ca** *adj. / s. m.* y *f.* PSIQUIAT. Que padece manía o trastorno mental: *comportamiento maniaco. Es un maniaco obsesivo.* **psicosis* maniaco-depresiva.**

maniado, da *adj.* COL.; COLOQUIAL. De movimientos lentos o pesados.

maniatar *v. tr.* Atar ‹una persona› las manos de [otra persona]: *La policía encontró al vigilante maniatado en el interior de la caja fuerte.*

maniático, ca *adj. / s. m.* y *f.* (ser/estar) Que tiene manías: *No le hagas caso, es una maniática. Mi abuelo está más maniático que nunca.*

manicomio *s. m.* COLOQUIAL. Hospital para enfermos mentales. SIN. psiquiátrico.

manicura *s. f.* **1** (no contable) Oficio de cuidar y embellecer manos y uñas: *Su hija estudia manicura en una academia.* **2** (no contable) Cuidado y embellecimiento de manos y uñas: *En la peluquería me hice la manicura.*

manicurista *s. m. / f.* COL.; COLOQUIAL. Manicuro.

manicuro, ra (en Uruguay sólo *manicura*) *s. m. / f.* Persona que tiene por oficio el cuidado y embellecimiento de manos y uñas: *He pedido hora a la manicura.*

manido, da *adj.* (estar) ELEVADO. [Tema, asunto] que está muy hablado: *Ese tema está ya muy manido.*

manierismo *s. m.* (no contable) Estilo artístico que surge en Italia entre el Renacimiento y el Barroco: *En el siglo* XVIII *el término manierismo tenía una connotación negativa.*

manierista *adj.* 1 Del Manierismo: *pintura manierista.* || *adj. / s. m.* y *f.* 2 Que practica el Manierismo: *pintor manierista. Los manieristas reaccionan contra la perfección formal del Renacimiento.*

manifestación *s. f.* 1 Concentración de gran número de personas para protestar, pedir o denunciar una cosa públicamente: *Ayer hubo una manifestación en contra de la violencia.* 2 Acción y resultado de manifestar: *manifestación de alegría. A los tres días se produjeron las primeras manifestaciones de la enfermedad. En sus manifestaciones a la prensa el acusado declaró que era inocente.* SIN. declaración.

manifestante *s. m. / f.* Persona que participa en una manifestación pública: *Los manifestantes cortaron el tráfico.*

manifestar *v. tr.* 1 Expresar ‹una persona› [un pensamiento o una opinión]: *El presidente manifestó su intención de retirarse.* SIN. anunciar. 2 Mostrar ‹una persona› [un sentimiento]: *El detenido manifestó su ira con una mirada feroz.* || *v. prnl.* 3 Hacer ‹varias personas› una manifestación: *Los que se manifestaban tuvieron que disolverse.*

manifiestamente *adv. orac.* (preferentemente ante adjetivos y adverbios) RESTRINGIDO. Claramente: *Llegó manifiestamente tarde. Manifiestamente, estaba drogado.*

manifiesto, ta *adj.* 1 (antepuesto / pospuesto) ELEVADO. Que es tan claro o evidente que no se puede ignorar, negar u ocultar: *dato manifiesto. Es un intento manifiesto de desacreditarme.* || *s. m.* 2 Escrito de tema político o estético que proclama los presupuestos de un movimiento: *Varios intelectuales han firmado un manifiesto contra la pena de muerte.* FR. Y LOC. **poner* de ~.**

maniflojo, ja *s. m. / f.* COL.; COLOQUIAL. Manirroto.

manigua *s. f.* 1 ANTILLAS. Terreno húmedo y cubierto de maleza. 2 AMÉR. C. Juego de naipes. 3 COL. Selva virgen.

manija *s. f.* 1 AMÉR.; RESTRINGIDO. Parte de algunos objetos que sirve para poder agarrarlos. SIN. asa. 2 COL.; COLOQUIAL, RESTRINGIDO. Dispositivo con que se abre una puerta o una ventana. SIN. manilla. 3 ARG., URUG. Jarra de cerveza con asa de medio litro.

manijear *v. tr.* ARG., URUG.; COLOQUIAL. Manipular ‹una persona› [a otra persona o una situación].

manila Se usa en la LOC. **papel* de seda** o **papel ~.**

manilla *s. f.* 1 RESTRINGIDO. Pieza con que se abre una puerta o una ventana: *manilla redonda, manilla de acero, manilla en forma de asa.* SIN. tirador. 2 Manecilla del reloj: *Cuando las manillas señalen las dos en punto, el avión despegará.* SIN. aguja. 3 RESTRINGIDO. Anilla de hierro que se pone en la muñeca de los detenidos: *poner las manillas al preso.*

manillar *s. m.* Pieza de metal curvada de una bicicleta, motocicleta u otro vehículo de dos ruedas, que sirve para guiarlo: *Se dobló el manillar al caerse la moto.*

maniobra *s. f.* 1 Operación que se realiza en el manejo de una máquina o de un vehículo, o con otra cosa: *El jefe de almacén dirige las maniobras de carga y descarga.* 2 Acción realizada con habilidad y astucia para conseguir un fin: *La empresa se salvó de la quiebra gracias a una hábil maniobra de sus directivos.* 3 (en plural) MIL. Acciones que realiza un grupo del ejército como práctica o ejercicio: *El general supervisó las maniobras.* FR. Y LOC. **margen* de actuación / maniobras.**

maniobrar *v. intr.* 1 Manejar ‹una persona› [una máquina o un vehículo]: *El conductor tuvo que maniobrar mucho para poder aparcar.* 2 MIL. Realizar ‹un ejército o una unidad militar› maniobras: *Varias divisiones están maniobrando en el polígono militar.*

manipulación *s. f.* Acción y resultado de manipular: *La manipulación del aparato invalida la garantía. Algunos programas de radio se dedican a la manipulación de la opinión.*

manipular *v. tr. / intr.* 1 Trabajar ‹una persona› [una cosa] con las manos o con un instrumento: *En un restaurante es necesario manipular los alimentos con la máxima higiene.* 2 RESTRINGIDO. Utilizar ‹una persona› [un aparato electrónico o mecánico]: *Está prohibido manipular* ***en*** *el interior del televisor.* 3 RESTRINGIDO. Producir ‹una persona› un cambio en [una persona o una cosa] en provecho propio: *Ese periodista manipula la opinión pública.*

manípulo *s. m.* 1 HIST. Cada una de las treinta secciones en que se dividía una legión del ejército romano. 2 REL. En la Iglesia católica, tira de tela que sujeta el sacerdote del antebrazo durante la celebración de la misa.

maniqueísmo *s. m.* 1 (no contable) ELEVADO. Actitud de la persona y característica de las obras u opiniones que reducen la realidad a una oposición entre el bien y el mal: *El maniqueísmo de la película es evidente: los personajes se dividen en buenos y malos.* 2 (no contable) REL. Antigua religión de Persia que admitía un principio del bien y otro del mal.

maniqueo, a *adj.* 1 REL. Del maniqueísmo: *ideología maniquea.* || *adj. / s. m.* y *f.* 2 ELEVADO. Que tiende a dividir las personas o las cosas como buenas o malas sin matices intermedios: *tendencia maniquea, pueblo maniqueo. Emilio es un maniqueo, para el que todo tiene que ser bueno o malo.* 3 REL. Que sigue el maniqueísmo: *La doctrina de los maniqueos se basaba en la oposición entre luz y tinieblas.*

maniquí (plural *maniquíes*, preferible a *maniquís*) *s. m.* 1 Muñeco con forma humana que sirve de modelo para hacer y probar ropa: *un maniquí de sastre. Pon ese maniquí en el escaparate.* 2 COLOQUIAL. Persona que es muy elegante: *Siempre va hecho un maniquí.* SIN. figurín, pincel. || *s. m. / f.* 3 Persona que tiene por profesión exhibir vestidos de sastre o modistos: *un maniquí de alta costura. Es una de las maniquíes más cotizadas.* SIN. modelo.

manirroto, ta *adj. / s. m.* y *f.* COLOQUIAL. Que derrocha o gasta demasiado dinero: *Hemos sido demasiado manirrotos este mes.* SIN. derrochador.

manisero, ra *s. m. / f.* AMÉR. Persona que vende manís o cacahuetes.

manitas (plural *manitas*) *adj. / s. m.* y *f.* COLOQUIAL. Que es muy hábil para los trabajos manuales: *Mi marido es un manitas. Eres muy manitas* ***para*** *las cosas de la casa.* FR. Y LOC. **hacer ~** COLOQUIAL. Acariciarse ‹dos personas› discretamente: *He visto a tu hermano haciendo manitas con su novia.*

manito *s. m.* MÉX.; COLOQUIAL; TRATAMIENTO. Compadre, amigo.

manivela *s. f.* Pieza en forma de ángulo recto unida a un eje que hace funcionar un mecanismo, al darle vueltas: *la manivela de un organillo, la manivela de un coche antiguo.* SIN. manubrio.

manjar *s. m.* LITERARIO. Alimento exquisito y de buen paladar: *Sirvieron manjares apetitosos.* **~ de dioses** INTENSIFICADOR. Exquisito, lo mejor en alimentación: *Este pastel es manjar de dioses.*

manjarete *s. m.* Majarete.

mano *s. f.* **1** Última parte del brazo de las personas comprendida entre la muñeca y la punta de los dedos: *El carnicero se ha hecho un corte en la mano. Siempre vas con las manos en los bolsillos. Eva tiene unas manos muy finas.* **taladro de ~. telar de ~. 2** Última parte de las extremidades anteriores de algunos animales: *El mono pela el plátano con la mano.* **3** Cada una de las cuatro patas de una res cortadas por debajo de la rodilla: *Compré en la carnicería manos de cordero.* **4** Cada uno de los dos pies delanteros de los cuadrúpedos: *El caballo cojea un poco de la mano izquierda.* **5** Capa de una sustancia que se extiende sobre una superficie: *Cuando se secó la pintura de la pared, le dio otra mano.* **6** Cada una de las operaciones iguales o parecidas que se repiten cíclicamente en un trabajo: *–«¿Cuántos repasos le das a la lección par aprenderla?» –«Yo siempre le doy tres manos.» Este piso nos va a exigir varias manos antes de quedar limpio.* **7** (no contable) Intervención o participación oculta de una persona en un asunto: *El asesinato descubre la mano de la mafia.* **8** (no contable) Influencia o poder: *Mi tío metió a su hijo en la empresa porque tenía mucha mano.* **9** (no contable) Habilidad o destreza: *Marta tiene buena mano con los niños.* **11** Jugador que comienza la partida: *Esta vez, me toca a mí ser mano.* **12** Mazo del mortero. **13** AMÉR. Aventura, percance desfavorable o inesperado. **14** COL. Racimo de plátanos. || *s. m.* **15** (forma abreviada de *hermano*) MÉX.; COLOQUIAL; TRATAMIENTO. Compadre, amigo. || **16 ~ de obra** 1 Conjunto de personas asalariadas que hacen un trabajo: *Necesitan mano de obra para construir un aparcamiento.* 2 Precio que se paga por el trabajo de las personas asalariadas: *Lo más caro de la reforma es la mano de obra.* **17 ~ de santo** (no contable) COLOQUIAL; INTENSIFICADOR. Remedio muy eficaz para una cosa: *Este jarabe es mano de santo.* **18 ~ derecha** Persona muy útil con respecto a otra persona como auxiliar o colaborador: *Manuel es la mano derecha del director. Te presento a Antonia, mi mano derecha.* **19 ~ dura** Severidad o dureza con otra persona: *Con estos sinvergüenzas lo mejor es mano dura.* **20 ~ izquierda** Habilidad para desenvolverse en un asunto: *Resolví los problemas de la oficina con mano izquierda.* **21 ~ oculta** Persona que interviene secretamente en un asunto. **22 manos arriba** Se usa para ordenar a una persona que levante las manos y no se defienda. **23 manos limpias** Inocencia, ausencia de culpa: *En el juicio se demostró que tenía las manos limpias.* FR. Y LOC. **a ~** 1 De forma manual, sin máquinas: *una chaqueta hecha a mano, un detergente para lavar a mano.* 2 Cerca, a disposición de una persona: *¿Tienes a mano unas tijeras?* **a ~ alzada** 1 DIB. Sin ayuda de escuadra o de otro instrumento: *Víctor trazó la circunferencia a mano alzada.* 2 Levantando el brazo: *La votación se ha hecho a mano alzada porque nadie pidió el voto secreto.* **a ~ armada** 1 DER. Con armas: *Fue un atraco a mano armada.* 2 (precedido de *robo, atraco*) COLOQUIAL; INTENSIFICADOR. Se usa para expresar que la cantidad de dinero que una persona debe pagar es excesiva: *Estos impuestos son un robo a mano armada.* **a ~ derecha** Hacia el lado derecho de la persona que habla: *La parada del autobús está a mano derecha.* **a ~ izquierda** Hacia el lado izquierdo de la persona que habla: *El coche torció a mano izquierda.* **a manos de** Por causa de, por acción de: *Murió a manos de unos desaprensivos.* **a manos llenas** En abundancia, generosamente: *Repartió dinero a manos llenas.* **abrir la ~** Ser ‹una persona› menos dura: *El profesor abrió la mano y aprobó a más alumnos.* **bajo ~** Oculta o secretamente: *Aceptó dinero ilegal bajo mano.* **apretón* de manos. atar* de pies y manos. atar* las manos. bomba* de mano. caerse* de las manos. cambiar* de manos. cargar la ~** Excederse ‹una persona› en una cosa: *Cargó la mano en el castigo.* **con la ~ en el corazón** Con sinceridad: *Te digo, con la mano en el corazón, que yo no he sido el que te ha traicionado.* **con las manos en la masa** COLOQUIAL. En el momento de estar haciendo una cosa que se quiere ocultar: *La policía pilló al ladrón con las manos en la masa.* **con las manos vacías** 1 Sin haber conseguido lo que se pretendía: *Fue a buscar trabajo y volvió con las manos vacías.* 2 Sin ningún regalo para otra persona: *Se presentó en casa de sus abuelos con las manos vacías.* **con una ~ detrás / atrás y otra delante** COLOQUIAL. Sin dinero ni posesiones: *Se quedó en la ruina, con una mano detrás y otra delante.* **conceder la ~** Acceder ‹la familia de la novia› a la boda tras haber pedido el novio su mano. **conocer como la palma* de la ~. contarse* con los dedos de la ~. dar el pie* y tomarse la ~. dar / estrechar la ~** 1 Coger ‹una persona› la mano a otra persona: *El niño dio la mano a su madre antes de cruzar la calle.* 2 SALUDO. Alargar ‹una persona› su mano a otra persona para saludarla: *Los dos presidentes se dieron la mano.* **de la ~** 1 Con las manos cogidas: *La pareja paseaba por el parque de la mano.* 2 Guiado o dirigido por otra persona: *Mi primo entró en el mundo de los negocios de la mano de su padre.* **de ~** Apropiado para llevarlo o manejarlo con la mano: *un bolso de mano.* 2 PERIOD. De buena fuente: *Lo sé de primera mano.* **de segunda ~** Usado, que no es nuevo: *Se ha comprado un piso de segunda mano.* **decir / hablar con el corazón* en la ~. decir / hablar con la ~ en el corazón** INTENSIFICADOR. Hablar ‹una persona› con total sinceridad: *Te lo digo con la mano en el corazón.* **dejado de la ~ de Dios** 1 COLOQUIAL. Desafortunado: *El equipo aquella tarde estuvo dejado de la mano de Dios y encajó seis goles.* 2 COLOQUIAL. Muy apartado, u olvidado: *Es un pueblo dejado de la mano de Dios.* **echar ~ a** COLOQUIAL. Coger ‹una persona› una cosa: *Eché mano a la cartera y vi que me la habían robado.* **echar ~ de** COLOQUIAL. Utilizar ‹una persona› una cosa para un fin: *Cada vez que tenía un problema echaba mano del teléfono para llamarme.* **echar / lanzar / tender un cable*** o **echar / tender una ~. en buenas manos** A cargo de una persona competente: *No te preocupes, que tu hijo está en buenas manos: es el mejor médico en la especialidad.* **en ~** Se usa para expresar que una cosa, especialmente dinero, se entrega personalmente: *Le entregué la carta en mano.* **en manos de** o **en mis / tus / sus ... manos** A cargo de una persona: *La administración de la empresa está en manos de mi socio.* **escalera* de ~. espejo* de ~. frotarse las manos** 1 Pasar ‹una persona› una mano por la otra muchas veces para calentárselas o desentumecerlas: *Se frotaba las manos para entrar en calor.* 2 COLOQUIAL. Expresar o sentir ‹una persona› satisfacción malintencionada: *Se frotaba las manos al ver cómo el negocio de su vecino se hundía.* **ganar* por la ~. hacer lo que esté en mi / tu / su... ~** Hacer ‹una persona› todo lo que esté dentro de sus posibilidades: *El médico hará todo lo que esté en su mano para salvarle.* **golpe* de ~. hacer estribo* con las manos. irse de (entre) las manos** 1 COLOQUIAL. Escapársele ‹una cosa› [a una persona] con gran rapidez: *La ocasión se* *le fue de las manos.* 2 Escapar ‹una cosa› del control [de una persona]: *Los jugadores están con la moral baja porque el partido se les va de las manos.* **írsele / escapársele la ~** 1 Hacer ‹una persona› una acción involuntaria: *Se le ha ido la mano con la sal en este guiso.* 2 COLOQUIAL. Pegar ‹una persona› a otra persona casi sin motivo: *Ve con cuidado con este muchacho, porque se le va la mano en seguida.* **juego* de manos. lámpara* de ~. lavarse las manos** COLOQUIAL. Desentenderse ‹una persona› de un asunto: *Yo me lavo las manos, así que toda la responsabilidad será vuestra.* **levantar la ~** 1 Hacer ‹una persona› el gesto de golpear: *Mi padre nunca me ha levantado la mano.* 2 Abrir la mano. **llegar* a manos de. llegar / venir a las manos** Pegarse ‹dos personas›: *Empezaron a discutir y por poco llegan a las manos.* **llevarse las manos a la cabeza** COLOQUIAL. Sorprenderse ‹una persona› de una cosa o indignarse a causa de ella: *Me llevé las manos a la cabeza cuando vi la multa.* **mano a ~** 1 COLOQUIAL. En colaboración: *Estuvimos mano a mano con el problema hasta que dimos con la solución.* 2 COLOQUIAL. En competencia: *Estuvimos mano a mano a ver quién comía más pasteles.* **mano sobre ~** COLOQUIAL. Sin trabajar o sin hacer nada: *Aunque vea trabajar a los demás, él se pasa el día mano sobre mano.* **meter ~** 1 VULGAR. Tocar ‹una persona› a otra persona con intención sexual: *En el metro me metieron mano.* 2 COLOQUIAL. Intervenir ‹una persona› en un tema: *Hay que meterle mano a este asunto antes de que sea demasiado tarde.* 3 COLOQUIAL. Investigar y castigar ‹una persona› una acción ilegal: *El Ayuntamiento está metiendo mano a los que deben multas de tráfico y les está embargando las cuentas.* **obrar* en poder / manos de. palma* de la ~. pedir la ~** Solicitar ‹un hombre› el permiso para casarse a la familia de la mujer: *Luis fue a visitar a los padres de María para pedir su mano.* **petición* de ~. plato* de segunda (~ / mesa). poner la(s) mano(s) en el fuego** Asegurar ‹una persona› la honradez de una persona o la veracidad de una cosa: *Pongo la mano en el fuego por él.* **poner la ~ encima** COLOQUIAL. Pegar ‹una persona› a otra persona: *Como le pongas la mano encima te las vas a ver conmigo.* **poner manos a la obra** Comenzar ‹una persona› un trabajo: *Si tenemos que trasladar los muebles pongamos manos a la obra y acabemos.* **programa* de ~. quitar* de las manos. ser pies* y manos. sierra* de ~. silla* de manos. tender la ~** 1 Dar ‹una persona› la mano a otra persona en señal de saludo, de amistad o de paz: *Cuando nos dimos cuenta de que estábamos discutiendo por tonterías, nos tendimos la mano.* 2 Echar una mano: *Un amigo me tendió una mano en un momento difícil.* **tener la(s) mano(s) larga(s)** 1 COLOQUIAL; preferentemente INFANTIL. Pegar ‹una persona› a los demás con frecuencia y ligereza: *Tu hijo tiene la mano muy larga, pega a sus compañeros.* 2 COLOQUIAL. Tener ‹una persona› hábito de robar. **tener al alcance* de la ~. tener todos los triunfos* en la ~. tener / traerse entre manos** COLOQUIAL. Estar ‹una persona› tramando o preparando una cosa: *No sé lo que se trae entre manos, seguro que nada bueno.* **tirar la piedra* y esconder la ~. tocar el cielo* con las manos. tomarse la justicia* por la / su ~. traer* entre manos.**

manojo *s. m.* **1** Conjunto de cosas que se puede abarcar con una mano: *un manojo de hierbas, un manojo de cebollas, un manojo de perejil.* **2** Conjunto de cosas o personas: *He perdido un manojo de llaves. Tengo un manojo de encargos que hacer.* FR. Y LOC. **estar hecho un ~ de nervios** o **ser un ~ de nervios** COLOQUIAL. Estar ‹una persona› muy nerviosa: *El novio es un manojo de nervios, casi no puede ni hablar.*

manoletina *s. f.* **1** TAUROM. Pase en el que el torero se sitúa de frente y sujeta la muleta por detrás de la espalda. **2** (preferentemente en plural) Calzado plano parecido al de los toreros: *Muchas niñas calzan a menudo manoletinas.*

manolo, la *s. m. / f.* RESTRINGIDO. Vecino de algunos barrios populares de Madrid que se caracterizaba por su traje, su gracia y su desparpajo: *Para las verbenas típicas algunos madrileños se visten de manolos y manolas.*

manómetro *s. m.* Instrumento que mide la presión atmosférica de líquidos y gases.

manopla *s. f.* **1** Guante sin separaciones en los dedos, excepto en el pulgar: *Necesitarás el gorro y las manoplas para esquiar.* **2** Guante de aseo para la ducha o baño: *Frótate bien las rodillas con la manopla.* **3** Pieza de la armadura que protegía la mano del guerrero. **4** MÉX.; COLOQUIAL. Mano.

manoseado, da *adj.* [Tema, asunto] que es poco original porque ha sido tratado muchas veces: *La película aborda un tema muy manoseado: la venganza.*

manosear *v. tr.* **1** PEYORATIVO. Tocar o usar ‹una persona› mucho [una cosa] con las manos: *No manosees el pan antes de comerlo.* **2** PEYORATIVO. Tocar ‹una persona› repetidamente [a otra persona] con las manos: *Eugenio es un colega muy impertinente, con cualquier disculpa intenta manosearte.* **3** Fijarse intelectualmente ‹una persona› en [un asunto o idea muy tratados]: *Yo no modificaría estas propuestas, porque no sirve de nada volver a manosearlas.*

manoseo *s. m.* Acción y resultado de manosear: *Con tantos manoseos has ensuciado la camisa.*

manotada *s. f.* **1** Manotazo. **2** COL.; COLOQUIAL. Cantidad que cabe en el hueco de una mano o de las dos si se juntan.

manotazo *s. m.* COLOQUIAL. Golpe dado con la mano abierta: *Un gamberro me insultó y me dio un manotazo.*

manotear *v. tr.* **1** Dar ‹una persona› golpes [a otra persona o una cosa] con las manos abiertas: *El bebé manotea el agua en la bañera.* **2** ARG., MÉX.; COLOQUIAL. Robar, hurtar ‹una persona›. ‖ *v. intr.* **3** Mover ‹una persona› mucho las manos: *No manotees tanto y nadarás mejor.*

manoteo *s. m.* Acción y resultado de manotear: *El manoteo desesperado del pobre hombre nos indicaba que no podía mantenerse más tiempo a flote.*

manotón *s. m.* ARG., URUG.; COLOQUIAL. Tirón de un objeto para agarrarlo o robarlo.

manquedad o **manquera** *s. f.* (no contable) RESTRINGIDO. Minusvalía o deficiencia física en una mano o en un brazo: *Cervantes, el autor de «El Quijote», tenía manquedad del brazo izquierdo.*

mansalva *adv.* Se usa en la LOC. **a ~ 1** Sin peligro, con seguridad: *Con ese profesor puedes copiar a mansalva.* **2** En abundancia: *Mi compañero come a mansalva.*

mansarda *s. f.* RESTRINGIDO. Buhardilla.

mansión *s. f.* Casa grande tradicional o con mucho lujo: *La familia tiene una mansión señorial en el pueblo. El mayordomo de la mansión del señor conde se ha negado a hacer declaraciones.*

manso, sa *adj.* **1** [Animal] que no es bravo o no se muestra como tal: *Ese toro parece manso.* **2** Que es muy tranquilo y pacífico o tiene un carácter suave: *Es un niño muy manso. Es fácil convivir con ella, tiene un carácter suave y manso.* **3** (antepuesto / pospuesto) Que se mueve lentamente o no se agita: *las mansas aguas de la bahía. Una brisa mansa mecía los árboles. El manso río parecía no moverse.* **4** (antepuesto) CHILE; COLOQUIAL. De cualidades extraordinarias. ‖ *s. m.* **5** RESTRINGIDO; PEYORATIVO. Hombre que soporta la infidelidad de su mujer: *Me parece a mí que aquí hay mucho manso.* **6** Animal que sirve de guía a los otros en un rebaño: *Suelta a los mansos para que reúnan a los toros.*

mansurrón, na *adj.* PEYORATIVO. Que es más manso de lo que se esperaba o finge ser manso: *No me fío yo de estas personas tan mansurronas, que te fastidian en cuanto te descuidas. Los toros salieron mansurrones.*

manta *s. m. / f.* **1** COLOQUIAL. Persona perezosa, inútil: *Pepe ha sido siempre un manta.* ‖ *s. f.* **2** Pieza rectangular de tejido grueso que se emplea como ropa de cama de abrigo o para otros usos semejantes: *He tenido que ponerme otra manta esta noche, porque tenía frío.* **3** COLOQUIAL; PEYORATIVO. Gran cantidad: *Me dieron una manta de palos. Le han metido una manta de goles.* ‖ **4 ~ eléctrica** Pieza eléctrica semejante a una manta pequeña, que consta de una resistencia recubierta de material aislante que produce calor y que se emplea para protegerse del frío o con fines terapéuticos. FR. Y LOC. **a manta(s)** COLOQUIAL. En abundancia, mucho: *Ganó el dinero a manta. Llovía a mantas.* **liarse la ~ a la cabeza** COLOQUIAL. Lanzarse ‹una persona› a hacer una cosa sin pensar en las consecuencias: *Cualquier día me lío la manta a la cabeza y me voy de casa.* **tirar* de la ~.**

mantear *v. tr.* **1** Lanzar ‹una persona› [a otra persona o un muñeco] al aire repetidas veces con una manta sujeta por varias personas: *Hace años se manteaba a las personas para gastar una broma.* **2** ARG., MÉX., P. RICO. Dar ‹varias personas› una paliza [a otra persona].

manteca *s. f.* **1** (no contable) Grasa de los animales, especialmente la del cerdo, empleada en alimentación y como combustible: *En algunos países se fríen los alimentos con manteca.* **2** (no contable) Sustancia grasa de la leche: *La leche de oveja tiene más manteca que la de vaca.* **3** (no contable) Sustancia grasa de origen vegetal: *manteca de cacao, manteca de cacahuete.* **4** (en plural) COLOQUIAL; preferentemente HUMORÍSTICO. Exceso de grasa en las personas obesas: *Tienes que comer menos, porque las mantecas te van a ahogar.* **5** ARG., URUG. Mantequilla.

mantecada *s. f.* Bollo elaborado con harina, manteca de vaca, huevos y azúcar: *Son famosas las mantecadas de Astorga, ciudad de la provincia de León.*

mantecado *s. m.* **1** (no contable) Helado dulce que se elabora con leche, huevos y azúcar: *Me he tomado un mantecado después de comer.* **2** Polvorón: *Le gustan mucho los mantecados.* **3** Bollo amasado con manteca de cerdo: *En este pueblo hacen buenos mantecados.*

manteco, ca *adj.* COL.; COLOQUIAL. [Persona] que es sucia o desaliñada.

mantecoso, sa *adj.* **1** Que tiene mucha manteca: *leche mantecosa.* **2** (ser / estar) Que tiene alguna propiedad de la manteca, como la suavidad o la blandura: *crema mantecosa. Está muy mantecoso el puré.*

mantel *s. m.* **1** Pieza de tela que cubre la mesa durante las comidas: *Pon el mantel y los cubiertos en la mesa.* **2** Pieza de tela fina que cubre el altar en las iglesias católicas: *Las monjas de este convento se dedican a lavar los manteles de los altares de Salamanca.*

mantelería *s. f.* Conjunto o juego de mantel y servilletas: *Me han regalado una mantelería de seis cubiertos.*

manteleta *s. f.* RESTRINGIDO. Pequeña capa femenina cuyas puntas se cruzan o sujetan por delante sobre el pecho.

mantenedor, ra *s. m. / f.* RESTRINGIDO. Miembro de un jurado o de un certamen, especialmente el literario, encargado de pronunciar el discurso: *El mantenedor leyó su discurso en dos idiomas.*

mantener *v. tr.* **1** Sujetar ‹una persona› [una cosa] para que no se caiga: *Mantén la cuerda mientras la anudo.* SIN. sostener. **2** Hacer ‹una persona o una cosa› que [otra persona u otra cosa] se conserven en [un estado o una condición determinadas]: *Procura mantener la pierna **en** alto.* **3** Tener o defender ‹una persona› [una idea o una opinión]: *Mantengo que te has equivocado. Siempre he mantenido las mismas ideas.* **4** Ser ‹una persona› fiel a [una promesa o una palabra dada]: *Mi padre mantuvo su promesa de comprarme la bicicleta.* SIN. cumplir. ‖ *v. tr. / prnl.* **5** Pagar ‹una persona› las necesidades o los gastos de [otra persona] o de [una cosa]: *Pedro **se** mantiene con poco dinero. Yo tengo que mantener a tres hijos.* **6** Alimentar ‹una persona› [a un ser vivo]: *Algunos vegetarianos **se** mantienen sólo **con** productos vegetales. Con esta dieta **me** mantengo sólo **de** fruta. En su casa mantiene tres gatos.* ‖ *v. prnl.* **7** Sostenerse ‹una cosa› sin caer: *El árbol aún se mantiene en pie.* **8** Conservarse ‹una persona o una cosa› en [un estado o una condición determinadas]: *Tu madre se mantiene aún joven.* **9** Continuar teniendo ‹una persona› [una actitud o una postura]: *Mi amiga se mantiene **en** su propósito de marcharse de casa.* FR. Y LOC. **estar / mantenerse en su puesto*. estar / mantenerse / seguir en sus trece*. ~ al hilo*. ~ el tipo*. tener / ~ a raya*. ⇒ 81.**

mantenido, da *s. m. / f.* **1** RESTRINGIDO. Persona que vive del trabajo de otra: *Carlos es un mantenido de su padre.* **2** RESTRINGIDO. Amante al que se mantiene económicamente: *Dicen que es un mantenido de la directora.*

mantenimiento *s. m.* **1** Conjunto de operaciones que se dirigen a conservar o reparar las cosas en buen estado: *el mantenimiento de un avión, el manual de mantenimiento de la máquina. El coche no exige mantenimiento.* **2** Acción y resultado de mantener o mantenerse: *El mantenimiento de tu promesa te honra.* **3** (no contable) Alimentación: *Mi padre se encarga del mantenimiento del perro.*

manteo *s. m.* **1** Acción y resultado de mantear: *La broma de los estudiantes consistió en un manteo.* **2** RESTRINGIDO. Capa larga que antiguamente llevaban los estudiantes y, hasta hace poco tiempo, los sacerdotes católicos sobre la sotana.

mantequería *s. f.* Tienda donde se venden mantequilla, quesos, embutidos y productos comestibles variados: *salchichería y mantequería, ultramarinos y mantequería.*

mantequilla *s. f.* **1** (no contable) Grasa comestible que se obtiene de la nata de la leche de vaca: *pan con mantequilla.* **2** (no contable) Manteca de vaca batida con azúcar.

mantequita *adj. / s. m.* y *f.* ARG., URUG.; COLOQUIAL. Persona excesivamente delicada o miedosa.

mantilla *s. f.* **1** Prenda femenina de encaje, seda u otra tela fina que se lleva sobre la cabeza y cae sobre los hombros: *Llevaré mantilla en la procesión del Corpus.* **2** RESTRINGIDO. Prenda rectangular de abrigo con la que se envolvía a los bebés por encima de los pañales: *Me ha regalado mi madrina una mantilla muy bonita para el bautizo.* FR. Y LOC. **en mantillas** COLOQUIAL. En el comienzo, al principio: *Como conductor estoy todavía en mantillas.*

mantillo *s. m.* **1** GEOL. Capa superior del suelo formada en su mayor parte por la descomposición de materias orgánicas: *Los incendios forestales destruyen el mantillo de la tierra.* **2** Abono que resulta de la fermentación y putrefacción del estiércol o de la desintegración parcial de materias orgánicas que se mezclan a veces con la cal u otras sustancias: *Prepararé un mantillo estupendo para el jardín.*

mantis (plural *mantis*) *s. f.* (macho y hembra) *Mantis religiosa.* Insecto de color amarillento o verdoso y cuerpo alargado y delgado, cuyas hembras, de mayor tamaño que los machos, suelen devorarlos después de la cópula: *La mantis es un insecto muy apreciado por los literatos.*

manto *s. m.* **1** (no contable) GEOL. Capa intermedia de la Tierra, situada entre la corteza y el núcleo: *El manto de la Tierra alcanza temperaturas muy elevadas.* **2** Capa amplia que cubre desde el cuello o desde la cabeza hasta los pies, y a veces arrastra por el suelo: *el manto real, un manto de armiño.* **3** Velo negro semitransparente que llevan en algunos lugares las mujeres en señal de luto: *La viuda cubría su rostro con un manto negro.* **4** BIOL. Repliegue de la piel de los moluscos y algunos crustáceos que segrega la concha y el caparazón. **5** Lo que cubre, protege u oculta algo: *Un manto de nieve cubría la tierra.*

mantón *s. m.* Prenda femenina de abrigo o adorno en forma triangular que se lleva sobre los hombros con el pico colgando por detrás: *un mantón de seda, un mantón bordado.* **~ de Manila** Mantón de seda fina con grandes flecos y flores bordadas de distintos colores: *El mantón de manila se puso de moda entre las mujeres españolas del siglo* XIX.

manual *adj.* **1** Que se hace con las manos: *oficio manual. El cambio de marchas es manual, no automático.* **2** Que trabaja con las manos: *obrero manual, trabajador manual.* || *s. m.* **3** Libro que contiene conocimientos esenciales: *manual de mecánica, manual de fotografía. Consulté mis dudas en un manual de Lengua.*

manualidad *s. f.* (preferentemente en plural) RESTRINGIDO. Trabajo realizado con las manos, especialmente los realizados en una escuela, como aprendizaje o práctica: *En la clase de manualidades los niños han hecho figuras de cartón.* SIN. trabajos manuales.

manualmente *adv. modo* Con las manos, sin que se dispare un dispositivo automático: *En caso de avería, puede activarse el circuito de la calefacción manualmente.*

manubrio *s. m.* **1** Pieza que pone en marcha algunos mecanismos cuando se hace girar: *el manubrio de un organillo, el manubrio de un molino de café.* **piano* de ~.** **2** AMÉR. Manillar de una bicicleta. **3** AMÉR. Volante del automóvil. **4** ZOOL. Parte del cuerpo de una medusa donde está la boca.

manufactura *s. f.* **1** Cosa fabricada a mano o con la ayuda de máquinas: *Aquí hacemos manufacturas textiles, cerámicas y de máquinas.* SIN. producto. **2** Fábrica, taller en que se fabrican estas cosas: *manufactura de porcelana. Aquí predomina la manufactura de objetos de regalo.* SIN. industria.

manufacturar *v. tr.* Fabricar ‹una persona› [una cosa] con medios mecánicos a partir de materias primas: *Todos nuestros productos se manufacturan en una única fábrica.*

manufacturero, ra *adj.* De la manufactura: *industrias manufactureras del algodón. Gómez Navarro es un importante industrial manufacturero.*

manumisión *s. f.* ELEVADO, RESTRINGIDO. Acción y resultado de manumitir: *La manumisión era el mayor deseo de los esclavos de la antigua Roma.* SIN. liberación.

manumiso, sa *adj.* HIST. [Esclavo] que ha recibido su libertad: *Se organizó una rebelión de esclavos manumisos.*

manumitir *v. tr.* ELEVADO. Dar ‹una persona› la libertad [a un esclavo]: *Los señores romanos manumitían a algunos esclavos que habían sido especialmente fieles.* SIN. libertar.

manuscrito, ta *adj.* **1** Que está escrito a mano: *documento manuscrito.* || *s. m.* **2** Texto escrito a mano, especialmente el que tiene un valor especial por su antigüedad o por ser de un escritor importante: *Se han encontrado dos manuscritos medievales en un pueblo de Cáceres.* **3** Original de una obra impresa: *El manuscrito lo han llevado ya a la imprenta.*

manutención *s. f.* (no contable) Sustento o dinero necesario para mantener a una persona o mantenerse: *Con el sueldo casi no nos alcanza para la manutención.*

manyar *v. tr. / intr.* **1** ARG., URUG.; COLOQUIAL. Comer ‹una persona› [una cosa]. || *v. tr.* **2** ARG., PERÚ, URUG.; COLOQUIAL. Darse cuenta ‹una persona› de [una cosa]. **3** PERÚ; COLOQUIAL. Mirar ‹una persona› [una cosa].

manzana *s. f.* **1** Fruto del manzano, carnoso y muy oloroso, muy apreciado en alimentación. **~ reineta.** **2** Conjunto de casas agrupadas limitado por calles: *En el casco viejo las manzanas tienen formas caprichosas e irregulares.* **3** AMÉR. Nuez de la garganta. || **4 ~ de la discordia** Cosa o persona que produce discusiones o disputas: *Los dos niños querían el mismo juguete y su madre lo escondió porque era la manzana de la discordia.*

manzanal o **manzanar** *s. m.* Terreno plantado de manzanos: *En Asturias hay hermosos manzanales.*

manzanilla *s. f.* **1** Planta herbácea de la familia de las compuestas, de tallo ramificado, hojas divididas y flores blancas con flores amarillas. **2** (no contable) Flor de esta planta e infusión digestiva que se prepara con ella. **3** Medida de este líquido contenida en una taza: *una manzanilla bien caliente.* **4** Variedad de aceituna verde, pequeña: *La manzanilla con el jerez es muy agradable.* **5** (no contable) Vino blanco, seco y aromático, propio de algunas zonas de Andalucía: *La manzanilla queda bien como aperitivo.* **6** Medida de este líquido contenida en una copa especial para este vino: *Dos manzanillas, por favor.*

manzano *s. m. Malus domestica.* Árbol frutal de la familia de las rosáceas de hojas dentadas y flores blancas o rosadas cuyo fruto es la manzana: *En Asturias hay muchos manzanos.*

maña *s. f.* **1** (no contable) COLOQUIAL. Habilidad o facilidad para algo: *Tienes bastante maña para el bricolaje.* **2** Astucia o engaño para conseguir alguna cosa: *El timador empleó todas sus mañas para convencerle.* SIN. treta, truco. **3** (preferentemente en plural) Mala costumbre: *Este caballo tiene malas mañas.*

mañana *s. f.* **1** Espacio de tiempo que va desde el amanecer hasta el mediodía: *ayer por la mañana. ¡Hermosa maña-*

na! Trabajo por la mañana. **2** Espacio de tiempo desde la medianoche hasta el mediodía: *a las cuatro de la mañana.* || *s. m.* **3** El tiempo futuro o el tiempo venidero: *El mañana nos reserva grandes sorpresas. Hay que pensar en el mañana.* || *adv. temp. / s. f.* **4** El día siguiente a hoy o en el día siguiente a hoy: *Mañana es lunes. Mañana por la mañana no saldré.* OBSERVACIONES: Puede ir precedido por *desde, hasta* y *para: Necesitan el traje para mañana. Desde mañana viajaré en metro.* || *interj.* **5** COLOQUIAL. Se usa para negar: *–«¿Vas a venir a ayudarme?» –«Mañana.»* FR. Y LOC. **de hoy* a / para ~. de la ~ a la noche** Durante todo el día: *Mi padre trabaja de la mañana a la noche.* **de la noche* a la ~. de ~** Al amanecer: *Ya de mañana pasan los basureros por la calle.* **de ~ en ... días** RESTRINGIDO. Dentro de ese número de días: *De mañana en ocho días estamos en París.* **el día* de ~. hasta* ~. hoy* por ti (y) mañana por mí. lucero* del alba** o **lucero de la ~** o **lucero matutino. ~ Dios* dirá. ~ será otro día** Se usa para animar cuando las cosas no van bien, comentando que al día siguiente las cosas pueden cambiar. **(muy) de ~** RESTRINGIDO. (Muy) temprano, en las primeras horas de la mañana: *Salí de mañana para montar en el primer tren.* **pasado ~** (En) el día siguiente a mañana: *Pasado mañana tenemos la reunión general.* **por la ~** Desde que amanece hasta el mediodía: *Por la mañana cuando me levanto estoy demasiado dormido.* REFR. **No dejes para mañana lo que puedas hacer hoy.** Refrán que aconseja la diligencia.

mañanera *s. f.* COL. Bata femenina de estar en casa.

mañanero, ra *adj.* **1** De la mañana: *ejercicios mañaneros, horario mañanero.* || *adj. / s. m.* y *f.* **2** (ser / estar) Que madruga o tiende a levantarse muy temprano: *Soy muy mañanero. Estás muy mañanero este año.* SIN. madrugador.

mañanita *s. f.* **1** RESTRINGIDO. Prenda de vestir femenina de abrigo o adorno, sin mangas, que cubre los hombros y se puede sujetar a la cintura o llevar suelta como una especie de capa: *Desayuno en la cama con el camisón y una mañanita.* **2** (en plural) RESTRINGIDO. Canciones populares mejicanas que se dedican a alguien en el día de su santo o cumpleaños y se cantan generalmente al alba: *Mañana te vamos a rondar y te cantaremos las mañanitas.*

mañerear *v. intr.* **1** ARG., URUG.; COLOQUIAL. Comportarse ‹una persona› caprichosamente. **2** ARG., URUG.; COLOQUIAL. Funcionar mal ‹una máquina o un instrumento›.

maño, ña *adj. / s. m.* y *f.* COLOQUIAL. De Aragón, comunidad autónoma española. SIN. aragonés.

mañosear *v. tr.* CHILE; COLOQUIAL. Comportarse ‹una persona› caprichosamente, sobre todo con las comidas.

mañoso, sa *adj.* Que tiene maña o destreza: *Mi mujer es muy mañosa: arregla siempre los grifos.*

maoísmo *s. m.* (no contable) Ideología y régimen político de tendencias marxistas que estableció Mao Ze Dong en China.

maoísta *adj.* **1** De Mao Ze Dong o del maoísmo: *política maoísta.* || *s. m. / f.* **2** Persona que es partidaria del maoísmo: *En la década de 1960 había muchos estudiantes maoístas en Europa.*

maorí (plural *maoríes* o *maorís*) *adj. / s. m.* y *f.* **1** De un pueblo polinésico que ocupa el extremo septentrional de la Isla Norte de Nueva Zelanda: *las tradiciones maoríes, la artesanía maorí, un jefe maorí.* || *s. m.* **2** LING. Lengua malayo-polinesia hablada por los maoríes.

mapa *s. m.* **1** Representación gráfica sobre un plano y a escala de la superficie terrestre o de una parte de ella: *un mapa de España, un mapa de Bolivia.* **~ físico** Mapa que representa la configuración de las tierras y los mares de un lugar. **~ político** Mapa que representa la organización de un lugar en países y regiones. || **2 ~ celeste** Representación de una parte del firmamento. **3 ~ del tiempo** Representación mediante signos convencionales del estado de la atmósfera en un lugar y tiempo determinado: *Vi en el telediario el mapa del tiempo.* FR. Y LOC. **borrar* del ~.**

mapache *s. m.* (macho y hembra) *Procyon lotor.* Mamífero carnívoro americano que tiene una larga cola peluda de rayas blancas y oscuras y la cara con una mancha negra alrededor de los ojos.

mapamundi *s. m.* Mapa que representa la superficie de nuestro planeta dividida en dos hemisferios: *En muchas escuelas colgaba un mapamundi al lado de la pizarra.*

mapuche *adj. / s. m.* y *f.* RESTRINGIDO. Araucano, de una provincia de Chile.

maqueta *s. f.* **1** Reproducción en tres dimensiones y a escala reducida de una cosa: *una maqueta de un edifico, la maqueta de un coche, la maqueta de un cañón.* **2** ART. GRÁF. Boceto de una obra o de los textos compuestos y ajustados: *Ya tenemos la maqueta del libro.*

maquetas (plural *maquetas*) *s. m.* COL.; COLOQUIAL; PEYORATIVO. Hombre vago.

maquetear *v. intr.* COL.; COLOQUIAL. Trabajar ‹una persona› muy poco.

maqui *s. m.* **1** Maquis. **2** CHILE. Arbusto de unos 3 m de altura con hojas lanceoladas, flores grandes en racimos y de bayas moradas comestibles, que se utilizan como tinte o para hacer confitura y una especie de chicha.

maquiavélico, ca *adj.* **1** De Maquiavelo o del maquiavelismo: *político maquiavélico.* || *adj. / s. m.* y *f.* **2** (antepuesto / pospuesto) Que actúa o se hace con engaño, astucia y sin ningún escrúpulo para lograr un objetivo: *Descubrí sus maquiavélicas intenciones.*

maquiavelismo *s. m.* **1** (no contable) Teoría política de Maquiavelo, escritor florentino del siglo XVI, que defiende la razón de Estado sobre cualquier consideración moral o ética. **2** (no contable) Actuación propia del que es maquiavélico: *Su maquiavelismo me asusta.*

maquiladora *s. f.* MÉX. Empresa de montaje que realiza alguna etapa en el proceso de fabricación de un producto para otra empresa más importante.

maquillaje *s. m.* **1** Producto que se usa para maquillar la cara: *Después de la crema hidratante siempre me doy un poco de maquillaje.* **brocha* de ~. 2** (no contable) Acción y resultado de maquillar o maquillarse: *Se dedica al maquillaje de actores de teatro.*

maquillar *v. tr. / prnl.* **1** Aplicar ‹una persona› productos cosméticos a [la cara de una persona] para embellecerla o caracterizarla: *La actriz* ***se*** *maquilló para salir a escena. No me gusta maquillar****me*** *mucho.* || *v. tr.* **2** Cambiar ‹una persona o una cosa› el aspecto o la realidad de [una cosa] para que ofrezca otra apariencia: *Maquillaron el asunto para que pareciese legal.*

máquina *s. f.* **1** Conjunto de piezas articuladas entre sí para hacer más fácil un trabajo o para transformar una forma de energía en otra. SIN. artilugio, aparato. **~ de afeitar.**

~ de fotos. ~ de coser Máquina provista de una aguja que se mueve verticalmente, accionada por un pedal o un motor eléctrico, que permite coser telas rápidamente y realizar labores de sastrería. **~ de retratar** RESTRINGIDO. Cámara para hacer fotos. **~ de vapor** Máquina que funciona por la fuerza que ejerce el vapor de una caldera a presión. **~ eléctrica** Máquina que funciona con energía eléctrica. **~ herramienta** Máquina que desempeña mecánicamente el trabajo que harían uno o varios operarios manualmente. **~ hidráulica** Máquina que funciona con la energía de un caudal de agua. **2** Locomotora de trenes: *Se produjo un choque entre dos máquinas sin que hubiera heridos.* **3** DEP. Bicicleta, motocicleta o automóvil de carreras: *Las máquinas están ya en la salida.* **4** Tramoya de teatro: *Tienen que renovar la máquina del teatro municipal.* **5** Aparato electrónico o eléctrico para jugar u obtener premios: *máquina tragaperras, máquina de marcianitos.* **6** Organización que hace funcionar una empresa colectiva humana: *La máquina del festival cada año se supera.* **7** ARG., URUG.; COLOQUIAL. Mujer muy atractiva, de formas generosas. **8** ARG., URUG.; COLOQUIAL. Corazón humano. **9** AMÉR. C., CUBA. Coche, automóvil. **10** JERGAL. Jeringuilla de droga: *La muchacha murió con una máquina picada en la vena.* || **11 ~ neumática** Aparato que se utiliza para hacer el vacío en un espacio cerrado. FR. Y LOC. **a ~** Utilizando una máquina y no a mano: *lavar a máquina, escribir a máquina, está hecho a máquina.* **a toda ~** Muy deprisa, a toda velocidad: *El barco de vapor zarpó a toda máquina.* **ser / trabajar como una ~** 1 Hacer ‹una persona› las cosas bien y rápido: *Puedes confiar en él, planchando es una máquina.* 2 Comportarse ‹una persona› como si no tuviera corazón, fríamente: *No te ha felicitado porque es como una máquina, considera las cuestiones sentimentales una tontería.*

maquinación *s. f.* ELEVADO. Asechanza o plan oculto contra una persona o institución: *No me asustan sus maquinaciones contra nosotros, nadie le hará caso.*

maquinal *adj.* RESTRINGIDO. Que se ejecuta sin pensar, de una manera involuntaria o automática: *acción maquinal, movimiento maquinal. Ha sido un gesto maquinal, no he sido consciente de él.*

maquinar *v. tr.* Preparar ‹una persona› [un engaño o una traición que perjudique a otra persona]: *Andrés maquinaba la manera de vengarse.*

maquinaria *s. f.* **1** Conjunto o clase de máquinas: *la maquinaria de un barco, maquinaria agrícola.* **2** Mecanismo que hace funcionar un artefacto o aparato: *la maquinaria de un reloj.* **3** Organización que hace funcionar una actividad colectiva humana: *la maquinaria de un festival, la maquinaria administrativa del Estado.*

maquinilla *s. f.* **1** Instrumento provisto de una o más cuchillas para afeitarse: *maquinilla desechable, maquinilla de doble cuchilla.* **2** Aparato eléctrico para afeitarse: *maquinilla de cabezal basculante, maquinilla recargable.*

maquinismo *s. m.* (no contable) RESTRINGIDO. Empleo generalizado de máquinas para sustituir el trabajo humano: *El maquinismo es imprescindible para competir en cualquier actividad.*

maquinista *s. m. / f.* **1** Persona que tiene por oficio manejar una máquina, y especialmente la que conduce un tren: *El accidente se produjo por un fallo del maquinista.* **2** En el cine, ayudante del operador de cámara.

maquis o **maqui** (plural *maquis*) *s. m.* **1** Guerrilla republicana española que continuó combatiendo en las montañas contra el nuevo régimen tras la victoria de Franco. **2** Movimiento guerrillero francés de oposición a la ocupación alemana durante la II Guerra Mundial. **3** Cualquier movimiento guerrillero rural: *Dicen que ha nacido un maquis en las montañas del sur del país.* || *s. m. / f.* **4** Miembro de alguna de estas guerrillas.

mar *s. m. / f.* **1** (femenino en literatura o en zonas costeras; no contable) Gran extensión de agua salada que cubre la mayor parte de la superficie terrestre: *La mar está brava. Me gusta el mar.* **alta ~** Zona de mar que está lejos de la costa. **2** (no contable) Fuerte oleaje: *Hay demasiada mar para salir del puerto.* **~ arbolada** Mar con olas de más de seis metros. **~ gruesa** Mar con olas de menos de seis metros. **~ picada** Mar con un oleaje fuerte. **~ rizada** Mar con un poco de oleaje. || *s. m.* **3** (preferiblemente en mayúscula) Cada una de las zonas en que se considera dividida esa gran extensión de agua, más pequeña que los océanos: *Mar Caribe, Mar Mediterráneo.* **4** Algún gran lago: *Mar Muerto, Mar Caspio.* **~ interior.** **5** (con el artículo *un*) Gran cantidad: *Estoy en un mar de dudas: no sé qué hacer.* || **6 ~ de fondo** 1 Agitación de las aguas causada por corrientes marinas profundas: *En la costa atlántica habrá mar de fondo.* 2 Agitación, descontento o conflicto no manifestado claramente en un grupo de personas: *Había mar de fondo en la reunión del mes pasado.* **verde* ~.** FR. Y LOC. **anémona* de ~. buey* de ~. caballito* de ~. cangrejo* de ~. cohombro* de ~. dátil* de ~. (echar) pelillos* a la ~. erizo* de ~. estar hecho un ~ de lágrimas** Estar ‹una persona› muy triste, llorando: *La niña está hecha un mar de lágrimas porque se le ha roto el cuento.* **estrella* de ~. golondrina* de ~. golpe* de ~. hacerse a la ~** Zarpar, ponerse a navegar ‹una persona o una embarcación›: *Los pescadores se hicieron a la mar.* **la ~ de** COLOQUIAL. Mucho, muy: *El bebé come la mar de bien. Mi compañero tuvo la mar de suerte.* **llover* a mares. lobo* de ~. me cago* en la leche / ~.**

marabú (plural *marabúes*, preferible a *marabús*) *s. m.* **1** (macho y hembra) *Leptostilos crumeniferus.* Ave africana de patas altas y fuertes, alas grandes, cola corta, pico largo y plumaje gris y blanco, que habita en zonas con abundante agua. **2** Pluma blanca de esta ave y adorno hecho con dichas plumas.

marabunta *s. f.* **1** Conjunto muy numeroso de hormigas que va de un lugar a otro destrozando todo lo que encuentra a su paso. **2** COLOQUIAL. Conjunto numeroso de personas que producen desorden o alboroto: *Cuando salen los niños del colegio son la marabunta.*

maraca *s. f.* **1** Instrumento musical de percusión formado por un mango unido a una esfera hueca que tiene en su interior arena o semillas: *a ritmo de maracas. Toco las maracas en un club nocturno.* **2** CHILE; COLOQUIAL. Juego de dados. **3** AMÉR. C. Persona sin habilidad ni gracia.

maracuyá *s. f.* Fruto de la pasión, propio del Brasil: *Tienen para escoger guayabas, maracuyás y mangos.*

maragato, ta *adj. / s. m.* y *f.* De la Maragatería, comarca española situada en la provincia de León: *la artesanía maragata. Los maragatos tienen un bonito folclore.*

marajá o **maharajá** *s. m.* Antiguo título de príncipe hindú. FR. Y LOC. **vivir* como un ~.**

maraña *s. f.* 1 Conjunto de cabellos, hilos o cosas semejantes entrecruzados y revueltos: *Has organizado una buena maraña con el hilo.* 2 Cosa o asunto muy complicado y de difícil solución: *No es fácil desenredar la maraña de las relaciones personales entre los consejeros del grupo de empresas.* 3 Lugar muy poblado de arbustos: *El bosque forma una maraña de plantas que no invita al paseo.*

marañón *s. m.* Árbol americano de tronco torcido, hojas ovaladas de color amarillo rojizo y flores en racimo cuyo fruto en forma de nuez contiene una semilla comestible.

marasmo *s. m.* 1 (no contable) ELEVADO. Paralización de la actividad de una persona o cosa: *La falta de capital sumió a la empresa en un completo marasmo.* 2 (no contable) MED. Extrema debilidad o agotamiento producido por una enfermedad: *La fiebre ha sumido al enfermo en un marasmo peligroso.* 3 (no contable) ELEVADO; RESTRINGIDO. Gran confusión: *La asamblea se convirtió en un gran marasmo de voces.*

maratón *s. m./f.* 1 DEP. Carrera de resistencia, especialidad olímpica, con un recorrido de 42,195 km: *correr una maratón.* 2 Competición de resistencia: *Pienso participar en un maratón de cante flamenco.* ‖ *s. m.* 3 COLOQUIAL. Actividad larga e intensa que se lleva a cabo en una sola sesión, más intensa de lo habitual: *Asistí al maratón de cine.*

maravedí (plural *maravedís, maravedises* o *maravedíes*) *s. m.* RESTRINGIDO. Moneda antigua española de valores diferentes en los diferentes siglos.

maravilla *s. f.* 1 Suceso, persona o cosa extraordinaria que produce admiración: *¡Qué maravilla de paisaje!* 2 Acción y efecto de maravillar o maravillarse: *Causa maravilla lo bien que habla.* SIN. admiración, asombro. 3 Variedad de caléndula, de flores anaranjadas, cuyo cocimiento se usaba en medicina como antiespasmódico. 4 Planta herbácea americana trepadora, parecida a la hiedra, de flores azules y rojas, que se cultiva para uso ornamental. FR. Y LOC. **a las mil maravillas** o **de ~** Muy bien, perfectamente: *Cocinas a las mil maravillas.* **contar/hablar maravillas** Alabar o hablar ‹una persona› muy bien de otra persona o de una cosa: *El director habla maravillas de su nuevo socio.* **hacer maravillas** Hacer ‹una persona o una cosa› muchas cosas o muy buenas: *La aspirina hace maravillas para el catarro.* **ser la flor* de la ~.**

maravillar *v. tr.* 1 Causar ‹una persona o una cosa› asombro o admiración [a una persona]: *Siempre me maravillas con tus ocurrencias.* SIN. sorprender. ‖ *v. prnl.* 2 Experimentar ‹una persona› asombro o admiración: *Hijo mío, te maravillas por poco.* SIN. sorprenderse.

maravilloso, sa *adj.* 1 (antepuesto/pospuesto) Que es extraordinario o causa admiración por sus excelentes cualidades: *Javier me parece un hombre maravilloso.* 2 Que no se explica mediante leyes naturales: *Lo que me cuentas es una historia maravillosa, ¿no te la habrás inventado?* SIN. prodigioso, milagroso.

marbete *s. m.* 1 ELEVADO. Etiqueta que se pone en una mercancía para indicar el precio, el origen y otras características: *La legislación obliga a poner marbetes con mucha información en los productos envasados.* 2 ELEVADO. Etiqueta que se pega a los equipajes para indicar origen y destino: *La maleta traía un marbete de Asunción.* 3 Perfil, borde: *La nota estaba adornada con un marbete dorado.* SIN. filete.

marca *s. f.* 1 Señal que se hace para distinguir una cosa de otra: *Mis calcetines tienen una marca blanca en el elástico.* 2 Señal que deja un golpe u otra cosa en una persona o en otra cosa: *Las gafas de esquiar te han dejado una marca en la cara.* 3 DEP. Mejor resultado homologado obtenido por un deportista: *Nuestro campeón ha hecho dos veces un tiempo mejor, pero no está acreditado como marca.* 4 Acción y resultado de marcar: *la marca de una res, la marca de la ropa.* 5 Hierro y señal para marcar el ganado: *La marca de esta ganadería ha cambiado.* 6 HIST. En la Edad Media, territorio fronterizo: *Cataluña formaba la Marca Hispánica, en la periferia del Imperio de Carlomagno.* 7 Rasgo característico de una persona o de una cosa: *La marca de la casa se nota en los platos, aunque la calidad del restaurante ha bajado algo.* 8 Distintivo y nombre legal que un fabricante pone a sus productos para diferenciarlos de los demás y que sólo puede usar él: *El uso fraudulento de una marca está perseguido por la ley.* **~ de fábrica. ~ registrada.** FR. Y LOC. **de ~** COLOQUIAL. Muy bueno o de mucho prestigio: *Nos han puesto un vino de marca.* **de ~ mayor** COLOQUIAL; PEYORATIVO. Exagerado, fuera de lo habitual: *Tu tío es un fresco de marca mayor.*

marcación *s. f.* DEP.; ARG., URUG. Marcaje.

marcado, da *adj.* (antepuesto/pospuesto) Que se nota mucho: *un marcado acento americano. El portero tiene un tic muy marcado.*

marcador *s. m.* 1 DEP. Tablero donde se anotan los puntos que consigue un equipo o un jugador: *Instalarán un nuevo marcador electrónico en la cancha.* **~ simultáneo** RESTRINGIDO. Tablero de un campo de fútbol donde se anotaban los resultados de los partidos que se jugaban en otros campos. 2 Puntos que figuran en este tablero: *El marcador ha sido contrario a los visitantes.* 3 ARG., COL., URUG. Rotulador.

marcaje *s. m.* 1 DEP. Acción y resultado de vigilar a un jugador del equipo contrario para dificultar su juego: *No pudo hacer nada ante el marcaje del número ocho.* 2 COLOQUIAL. Vigilancia o presión personal a la que está sometida una persona: *Mi madre me está sometiendo a un marcaje muy fuerte y no me quita ojo mientras estudio.*

marcapasos (plural *marcapasos*) *s. m.* MED. Aparato eléctrico que estimula y mantiene el ritmo del corazón: *Después del infarto le pusieron un marcapasos.*

marcar *v. tr.* 1 Poner ‹una persona› una marca o una señal en [una cosa] para reconocerla o destacarla: *Tenemos marcados todos los objetos de valor.* 2 Dejar ‹un golpe o un corte› una marca en la piel de [una persona]: *La caída le marcó la cara.* 3 Destacar ‹una cosa› [otra cosa]: *Esta falda marca las caderas.* SIN. recalcar, resaltar. 4 Señalar ‹la aguja o el indicador de un aparato› [las divisiones, variantes o grados que mide]: *El reloj marca las once y veinte.* 5 Formar ‹una persona› [el número al que quiere llamar] con el disco o las teclas del teléfono: *Marqué su número de teléfono.* 6 Señalar ‹una persona o una cosa› [el precio de una mercancía]: *¿Qué precio marca la etiqueta?* 7 DEP. Conseguir ‹un jugador› [un tanto]: *El delantero marcó un gol.* SIN. anotar. 8 DEP. Colocarse ‹un jugador› cerca de [un jugador contrario] para dificultar su juego: *La defensa de los visitantes marcó muy bien a nuestros delanteros.* 9 Significar ‹una cosa› [un cambio o una novedad]: *Este hecho marca el comienzo de una etapa de cooperación.* 10 Causar ‹una persona o un suceso› un efecto o una influencia en la vida de [una persona]: *Aquel encuentro marcó su vida.* **11** Hacer ‹una persona› que se noten [los movimientos del paso o el compás en la marcha de una persona]: *Los soldados marcaban el paso.* || *v. tr./intr.* **12** Peinar y dar forma ‹una persona› [al cabello de otra]: *No me lo corte, sólo lavar y marcar.* || *v. prnl.* **13** Destacarse ‹una cosa› con [otra cosa]: *Se marca el talle **con** este vestido.* **14** Hacer o decir ‹una persona› [una cosa]: *En la fiesta me marqué unos pasos de baile.* FR. Y LOC. **marcarse un farol*. ⇒ 71.**

marcasita *s. f.* MIN. Pirita de hierro, de color amarillo y brillo metálico, de la que se obtiene ácido sulfúrico.

marcear *v. intr.* RESTRINGIDO. Ser ‹un mes› meteorológicamente como el mes de marzo.

marcescente *adj.* BOT. [Cáliz, corola, hoja] que después de marchitarse dura todavía un tiempo hasta que cae.

marcha *s. f.* **1** Acción y resultado de marchar: *La marcha de nuestro compañero nos ha entristecido.* **2** Desplazamiento a pie de personas con un fin común: *Los agricultores hicieron una marcha en señal de protesta.* **3** (no contable) Manera de marchar: *No creo que lo puedas alcanzar, porque lleva una buena marcha.* **4** MIL. Movimiento de las tropas para trasladarse de un punto a otro: *Las tropas hicieron una marcha nocturna.* **5** DEP. Carrera deportiva derivada de la forma de andar ordinaria, en la que el atleta debe tener siempre un pie en contacto con el suelo: *el campeón olímpico de marcha. La marcha se practica mucho en Méjico.* **6** Cada una de las posiciones de cambio de velocidades de un vehículo: *El coche tiene cinco marchas.* **7** MÚS. Pieza musical de ritmo muy marcado que acompaña desfiles o cortejos: *marcha nupcial, marcha militar.* **8** (no contable) Desarrollo o funcionamiento de algo: *la marcha de un reloj, la marcha de un negocio, la marcha de un asunto.* **9** (no contable) COLOQUIAL. Animación y diversión: *En esta discoteca hay mucha marcha. Tu primo tiene mucha marcha.* **10** (no contable) Gasto o desarrollo rápido de algo: *¡Vaya una marcha que lleva esta botella!* || **11 ~ atrás** 1 Acción de retroceder un automóvil y mecanismo con que se hace: *El conductor dio marcha atrás para dejar el coche estacionado. No me entra la marcha atrás en este coche.* 2 Acción de desistir de hacer algo: *Ahora que estás decidido a acompañarnos, no des marcha atrás.* FR. Y LOC. **a marchas forzadas** Con mucha prisa: *Hemos tenido que acabar el trabajo a marchas forzadas y sin cuidar mucho los detalles.* **a toda ~** INTENSIFICADOR. Con mucha rapidez o prisa: *Para cumplir el compromiso tenemos que trabajar a toda marcha.* **cambio* de marchas. dar ~ atrás** Desistir ‹una persona› de un empeño o reducir su actividad: *Ya no se estrenará esa obra, la compañía ha dado marcha atrás.* **sobre la ~** Según van surgiendo las necesidades, improvisando: *Ya se verá sobre la marcha qué es lo que conviene hacer primero.*

marchamo *s. m.* **1** Distintivo que se pone a un producto para su reconocimiento: *Todos los productos de La Rioja tienen un marchamo inconfundible.* SIN. marbete (ELEVADO). **2** Sello, estilo, carácter que distingue alguna cosa: *Aquel tiro tenía marchamo de canasta.* **3** Señal que ponen los aduaneros en los bultos que ya han sido revisados.

marchante *s. m./f.* **1** Persona que comercia con obras de arte: *un marchante de arte.* **2** AMÉR. Cliente habitual de una tienda. || *s. m.* **3** CHILE; COLOQUIAL. Hombre desconocido que está de paso. **4** CHILE; COLOQUIAL; PEYORATIVO. Amante ocasional.

marchar *v. intr.* **1** Ir ‹una persona› de un lugar a otro: *Los dos marchaban al mismo paso.* SIN. andar. **2** Desenvolverse, desarrollarse ‹una persona o una cosa› correctamente: *Sus negocios no marchaban bien.* **3** Realizar ‹un mecanismo› sus funciones correctamente: *El reloj marcha bien.* **4** Caminar ‹una o varias personas› en formación: *La tropa marchaba por la avenida principal.* || *v. intr./prnl.* **5** Irse ‹una persona› de [un lugar]: *Pedro **se** marchó **del** país.* SIN. partir. FR. Y LOC. **despedirse/marcharse a la francesa*. ir / ~ como un reloj*. ir/~ viento* en popa. irse/marcharse/salir con el bocado* en la boca. salir(se)/ir(se) /marchar(se) pitando*.**

marchitar *v. tr.* **1** Quitar ‹una persona o una cosa› la frescura y la lozanía de [una planta]: *El calor ha marchitado los rosales.* SIN. secar. **2** Hacer ‹una persona o una cosa› que [otra persona o cosa] pierda su fuerza o su vitalidad: *El tiempo marchitó su rostro. La desunión marchitará pronto su movimiento.* || *v. prnl.* **3** Perder ‹una planta› su frescura y su lozanía: *El rosal se ha marchitado.* SIN. secarse. **4** Perder ‹una persona o una cosa› su fuerza o su vitalidad: *El pintor se marchita. El movimiento surrealista acabó marchitándose.*

marchito, ta *adj.* (estar) Que no tiene vigor o está sin lozanía: *una flor marchita, un rostro marchito, una voz marchita. Mis ilusiones están marchitas.*

marchoso, sa *adj./s. m.* y *f.* (ser/estar) COLOQUIAL. Que es muy amigo de la juerga, o que siempre está animado y alegre: *baile marchoso, gente marchosa. Eres un marchoso. Esta discoteca es muy marchosa. Hoy estás muy marchoso.*

marcial *adj.* **1** De la guerra o los militares: *disciplina marcial. El sargento tiene un carácter muy marcial.* **ley* ~.** **2** Que se mueve o camina con la firmeza o las características de los militares: *andares marciales.* || **3 artes* marciales.**

marcialidad *s. f.* (no contable) Energía y gallardía propia de los militares: *El coronel camina con mucha marcialidad.*

marciano, na *adj.* **1** Del planeta Marte: *El satélite enviaba imágenes marcianas.* **2** COLOQUIAL. [Persona] que parece muy extraña o rara o se comporta de manera rara: *Tu amigo parece un marciano, con esa pinta tan extraña que tiene.* || *s. m./f.* **3** Habitante imaginario del planta Marte y, por extensión, extraterrestre: *Leí una historia de marcianos que conquistaban la Tierra.* SIN. álienígena ((ELEVADO).

marco *s. m.* **1** Moldura que rodea o ciñe alguna cosa: *poner marco a una foto, el marco de una ventana, el marco de una puerta, el marco de un cuadro, el marco de una fotografía, marco cuadrado, marco metálico, marco dorado.* SIN. cerco. **2** Ambiente, paisaje que rodea algo: *En el marco incomparable de los Picos de Europa se ha desarrollado la última etapa de la vuelta ciclista.* **3** DEP. Portería de algunos deportes: *Nuestros delanteros no pudieron acercarse al marco contrario.* **4** Unidad monetaria de Alemania y Finlandia. **5** Conjunto de normas, restricciones, reglas o límites que regulan una cuestión o una teoría: *Hay que actuar en el marco de la Constitución.* **acuerdo* ~.** **6** ARG., URUG.; COLOQUIAL. Montura de la gafas.

marconigrama *s. m.* COL. Telegrama destinado al exterior.

mare mágnum *s. m.* Maremagno.

marea *s. f.* **1** Movimiento periódico y alternativo de ascenso y descenso de las aguas del mar: *bajar la marea, subir la marea.* **2** RESTRINGIDO. Multitud, gran cantidad: *Una marea* *de turistas invade la costa.* SIN. oleada. || **3 ~ negra** Capa de petróleo vertida en el mar. **4 ~ roja** Acumulación en una zona marina de algas unicelulares que producen toxinas de color rojo: *Cuando la marea roja invade los criaderos de mariscos, éstos no se pueden comer.* FR. Y LOC. **contra viento* y ~.**

mareaje *s. m.* **1** (no contable) MAR. Acción de navegar: *Aprendió las primeras lecciones de mareaje con su padre.* SIN. navegación. **2** (no contable) MAR. Rumbo de un barco: *Ya se conoce el mareaje del barco enemigo.*

mareante *adj.* **1** Que marea: *Esta música es un poco mareante.* || *adj. / s. m.* y *f.* **2** RESTRINGIDO. Marino.

marear *v. tr.* **1** Producir ‹una persona o una cosa› mareo [a una persona]: *El barco me marea.* || *v. intr.* **2** RESTRINGIDO. Gobernar ‹una persona› [una embarcación]: *Algunos libros clásicos se titulan «Arte de marear».* || *v. tr. / intr.* **3** Producir ‹una persona o una cosa› cansancio o fastidio [a una persona]: *Cállate y deja ya de marear.* **4** Llevar ‹una persona o una cosa› [a una persona] de un lado para otro con gestiones o requisitos: *La gestión de todo el papeleo marea.* || *v. prnl.* **5** Sufrir ‹una persona› un mareo: *Me mareé ayer en la oficina, pero fue un simple corte de digestión.* || *v. prnl. / intr.* **6** Producir ‹una bebida alcohólica› un ligero mareo o borrachera en [una persona]: *Esta cerveza es fuerte y marea.* **7** COL. Perder color ‹una tela› por la acción del agua o del sol. FR. Y LOC. **aguja* de ~ / bitácora.**

marejada *s. f.* **1** RESTRINGIDO. Agitación del mar con grandes olas: *Habrá marejada en el estrecho.* **2** COLOQUIAL. Tensión y disgusto entre las personas, frecuentemente con broncas o gritos: *Ahora hay marejada en casa y no puedo pedir nada.*

marejadilla *s. f.* RESTRINGIDO. Marejada con olas de tamaño pequeño: *El hombre del tiempo ha anunciado marejadilla en el Mediterráneo.*

maremagno *s. m.* Maremágnum.

maremágnum, mare mágnum o **maremagno** *s. m.* COLOQUIAL; INTENSIFICADOR. Multitud desordenada de personas o cosas: *Esta habitación es un maremágnum.*

maremoto *s. m.* Agitación violenta de las aguas del mar producida por un movimiento sísmico: *Son famosos los maremotos del Océano Pacífico.*

marengo *adj. / s. m.* Se usa en la LOC. **gris* ~.**

mareo *s. m.* **1** Trastorno del sentido del equilibrio que produce náuseas, sudores y palidez: *Cuando viaja en coche siempre tiene mareos.* **2** (no contable) INTENSIFICADOR. Sensación de aturdimiento, cansancio: *Me está dando mareo ver tantas fotos.*

mareógrafo *s. m.* Instrumento que mide y registra las variaciones de las mareas.

marfil *s. m.* **1** Materia dura de color blanco amarillento que forma los dientes de los animales vertebrados, en particular el de los elefantes: *estatua de marfil, teclas de marfil, marfil de elefante, marfil de morsa.* **2** Pieza tallada en este material: *una cajita de marfil, una peineta de marfil. En el salón tiene marfiles chinos muy originales.* **3** Color de esta materia dura: *una pared marfil, una tela marfil.* || **4 torre* de ~.**

marfileño, ña *adj.* ELEVADO. De marfil o que tiene algunas de sus características: *piel marfileña, plegadera marfileña.*

marga *s. f.* GEOL. Roca sedimentaria, formada por carbonato de cal y arcilla que se usa como abono y para elaborar cemento: *En esa zona abundan las margas sedimentarias.*

margarina *s. f.* (no contable) Sucedáneo de la mantequilla, blando y amarillento, elaborado con grasas vegetales o animales y productos lácteos: *Los médicos discuten si la margarina es más sana que la mantequilla.*

margarita *s. f.* **1** *Chrysantemum leucanthemum.* Planta de la familia de las compuestas con flores de pétalos blancos con el corazón amarillo: *Tienen varios arriates de margaritas en el jardín.* **2** Flor de esta planta: *un ramo de margaritas, un pomo de margaritas.* **3** *Trivia europeaca.* Molusco pequeño, de concha ovalada con finas rayas y con un largo sifón. **4** Perla de los moluscos. **5** Disco grabado con signos para imprimir, en una máquina de escribir o en una impresora: *Puedes usar el teclado griego de la máquina, pero tienes que cambiarle la margarita.* || *s. m. / f.* **6** Cóctel de tequila, limón y sal. FR. Y LOC. **deshojar la ~** COLOQUIAL. Dudar ‹una persona› en el momento de tomar una decisión: *Está deshojando la margarita, no sabe si se casará o no.* **echar margaritas a los cerdos / puercos** COLOQUIAL. Se usa para comentar que no merece la pena gastar dinero o tiempo con quien no sabe apreciarlo: *No me molesto en cocinar cuando vienen mis primos, porque es como echar margaritas a los cerdos.*

margen *s. f.* **1** Orilla, sobre todo de un río: *la margen izquierda del Ebro. Se han inundado las huertas de las márgenes del río con las lluvias de la última semana.* SIN. ribera. || *s. m.* **2** Espacio en blanco alrededor de una página: *el margen izquierdo, el margen derecho.* **3** Cantidad de tiempo, de espacio o de posibilidades de los que dispone una persona: *Tenemos un margen de un año para pagar las deudas.* **~ de actuación / maniobra** Conjunto de límites entre los que una persona se mueve, o conjunto de posibilidades disponibles: *El negociador ha dicho que las partes le dejan poco margen de actuación.* **4** Beneficio que se obtiene de la diferencia entre el precio de coste y el de venta: *Este negocio le deja poco margen.* **5** Diferencia entre el cálculo o la estimación de algo y el resultado real: *Al realizar las operaciones con muchos decimales el margen de error disminuye.* **6** Motivo, pretexto: *No des margen a murmuraciones con tu conducta.* SIN. ocasión. FR. Y LOC. **al ~** Apartado, fuera: *Desde hace años se mantiene al margen de la política.*

marginación *s. f.* Acción y resultado de marginar o marginarse: *La marginación de los inmigrantes es peligrosa para todos los ciudadanos. La marginación de nuestra tierra de los planes de desarrollo no tiene sentido.*

marginado, da *adj. / s. m.* y *f.* **1** (estar) [Persona] que vive apartada de un grupo social o profesional: *Estoy marginado en mi casa. Es un pintor marginado, no le permiten exponer.* **2** Que pertenece al grupo social de personas que no tienen dinero ni trabajo regular y viven al margen de las estructuras regulares de la sociedad: *Muchos marginados viven en la calle, sin seguridad social ni subsidio de paro.*

marginador, ra *adj. / s. m.* y *f.* **1** Que margina: *Una tendencia social marginadora de los problemas no conduce a nada bueno.* || *s. m.* **2** Parte de la máquina de escribir con la que se regula los márgenes del escrito.

marginal *adj.* **1** Que está en el margen: *nota marginal, corrección marginal.* **2** Que tiene escasa importancia o una importancia secundaria: *detalle marginal, cuestión marginal. Es un asunto marginal, yo no le daría muchas vueltas.* || *adj. / s. m.* y *f.* **3** Que vive y actúa al margen de las normas sociales aceptadas por la comunidad: *Su mujer trabaja con grupos marginales. No me siento integrado en la sociedad, no me gustan sus normas, prefiero ser un marginal.* **mundo ~.**

marginar *v. tr. / prnl.* **1** No dejar ‹una persona› que [otra persona o una cosa] intervenga en un asunto o una actividad: *Acabaron marginándola del grupo por su mal carácter. Tú solo* ***te*** *marginas con tus manías. Han marginado varias marcas por anunciarse en revistas eróticas.* SIN. separar. || *v. tr.* **2** Hacer ‹una persona o una cosa› que [una persona o un grupo] esté en condiciones sociales de inferioridad: *La ley prohíbe marginar a ninguna persona por sus creencias, por su raza o por sus preferencias sexuales.* SIN. discriminar. **3** RESTRINGIDO. Dejar ‹una persona› márgenes en [un escrito]: *Marginas poco la página y no se puede encuadernar bien.*

margrave *s. m.* RESTRINGIDO. Título de los antiguos príncipes del imperio germánico.

maría *s. f.* **1** COLOQUIAL; PEYORATIVO. Mujer sencilla, de bajo nivel cultural: *El mercado estaba lleno de marías.* SIN. maruja. **2** COLOQUIAL; PEYORATIVO. Asignatura que tiene poca importancia o que es fácil de aprobar: *Este año no tengo ninguna maría, así que tendré que estudiar más.* **3** (Marca registrada) COLOQUIAL. Tipo de galleta redonda y plana: *Las galletas que más me gustan son las marías.* **4** (no contable) JERGAL. Marihuana: *Dicen que le gusta la maría.* **5** URUG.; COLOQUIAL; HUMORÍSTICO. Mujer que trabaja como empleada en un hogar. FR. Y LOC. **baño* (de) María. galleta* ~.**

mariachi o **mariachis** *s. m.* **1** Música y baile populares mexicanos de ritmo muy alegre y bullicioso: *Tocaremos un mariachi para que lo bailen nuestros invitados.* **2** Orquesta formada por violines, trompetas, guitarras e instrumentos populares que toca esta música: *Han contratado un mariachi para el día de su santo.* **3** Cada uno de los músicos de esta orquesta: *Los mariachis suelen actuar vestidos con el traje típico.*

marianista *adj. / s. m.* Que pertenece a la congregación de la Compañía de María, orden religiosa dedicada a la enseñanza de la juventud, fundada a principios del siglo XIX: *un colegio marianista. Esteban es un marianista.*

mariano, na *adj.* De la Virgen María: *culto mariano, santuario mariano.*

marica *s. m.* **1** COLOQUIAL; PEYORATIVO, INSULTO. Hombre homosexual o afeminado: *Lo llamaban marica porque tenía una voz muy aguda y gesticulaba mucho.* || *s. f.* **2** Urraca, pájaro.

maricastaña *s. f.* (con mayúscula) Se usa en la LOC. **año* de la nana / pera o año de ~.**

maricón, na *s. m. / f.* **1** VULGAR; PEYORATIVO, INSULTO; INTENSIFICADOR en femenino. Hombre homosexual: *Pedro no ve más allá de sus narices: dice que todos los hombres que van bien vestidos y son educados son unos maricones. El otro día tres mariconas querían que las invitara a una copa.* || *s. m.* **2** VULGAR; INSULTO. Persona que tiene malas intenciones: *Es un maricón, por su culpa casi me echan del trabajo.* SIN. cabrón.

mariconada *s. f.* **1** VULGAR. Tontería, cosa de poca importancia: *Es una mariconada de película.* **2** VULGAR. Acción perjudicial: *Es una mariconada que te hayan hecho venir sólo para traer la carta.* SIN. cabronada. **3** VULGAR. Acción o frase que se cree propia de un maricón: *La manía que tiene de pintarse es una mariconada como la copa de un pino.*

mariconera *s. f.* COLOQUIAL. Bolso de mano pequeño masculino: *una mariconera de piel. En la mariconera llevaba el dinero y los documentos.*

mariconería *s. f.* **1** (no contable) VULGAR; PEYORATIVO. Cualidad de homosexual: *Su mariconería se nota a la legua.* **2** VULGAR; PEYORATIVO. Mariconada.

maridaje *s. m.* **1** (no contable) ELEVADO. Unión armoniosa de dos o más cosas: *En su novela se observa un perfecto maridaje entre la cultura árabe y la hispánica.* **2** (no contable) RESTRINGIDO. Unión y relación entre marido y mujer: *Tienen un maridaje muy raro, no parecen casados.*

maridar *v. intr.* **1** RESTRINGIDO. Contraer matrimonio ‹una persona›: *Su hija ha maridado muy bien.* SIN. casarse. **2** RESTRINGIDO. Hacer ‹dos personas› vida de matrimonio sin estar casadas: *Dicen las malas lenguas que maridan desde hace tiempo.* || *v. tr. / prnl.* **3** RESTRINGIDO. Unirse ‹una cosa› a [otra cosa]: *No es mala idea maridar nuestras dos empresas.* SIN. fusionar(se), aunar(se).

marido *s. m.* Hombre casado con respecto a su mujer: *Me han presentado a Berta y a su marido.*

mariguana *s. f.* Marihuana.

marihuana o **mariguana** *s. f.* **1** Cáñamo índico, planta herbácea de tallo hueco y hojas compuestas lanceoladas de las que se extrae una droga: *Han quemado una plantación de marihuana.* **2** (no contable) Droga blanda que se obtiene de esta planta, que suele consumirse en cigarrillos, a la manera del tabaco. SIN. maría (JERGAL).

marimacho *adj. / s. m.* y *f.* **1** COLOQUIAL; PEYORATIVO. Mujer que tiene un aspecto considerado masculino o se comporta como se cree que deben hacerlo los hombres: *Su prima es un marimacho, lleva la granja como lo hacía su padre.* **2** VULGAR. Lesbiana.

marimandón, na *adj. / s. m.* y *f.* COLOQUIAL. Persona autoritaria que tiene la costumbre de dar órdenes a los demás: *Elena es una marimandona, se pasa todo el día diciéndonos lo que tenemos que hacer.* SIN. mandón.

marimba *s. f.* **1** Instrumento musical de percusión parecido al xilófono que se toca en América. **2** ARG., PAR., URUG.; COLOQUIAL. Paliza, zurra o castigo. **3** COL., PERÚ; COLOQUIAL. Marihuana. || *adj.* **4** VEN. Que es cobarde.

marimorena *s. f.* (preferentemente en singular) COLOQUIAL. Bronca, pelea muy ruidosa: *Todos estaban muy enfadados y allí se armó la marimorena.*

marina *s. f.* **1** (no contable) Conjunto de barcos de una nación y personal, medios y organización del mismo: *el Ministerio de Marina, la marina de guerra, un oficial de la marina mercante.* **2** Zona de la costa junto al mar: *La marina valenciana es una zona muy agradable para vivir.* SIN. litoral, ribera. **3** (no contable) RESTRINGIDO. Arte y ciencia de navegar: *Ignacio estudia Marina en una escuela privada.* **4** Pintura de paisajes marinos: *Este pintor es famoso por sus marinas.*

marinear *v. intr.* RESTRINGIDO. Trabajar ‹una persona› como marinero: *A Carlos le gusta marinear varios meses al año y luego no hacer nada.*

marinera *s. f.* EC., PERÚ. Baile y música popular que se acompaña con las palmadas de los espectadores.

marinería *s. f.* **1** (no contable) RESTRINGIDO. Conjunto de marineros de un barco: *La marinería estaba impaciente por zarpar.* **2** (no contable) Oficio de los marineros: *Le gusta la marinería, aunque todavía no se ha embarcado nunca.*

marinero, ra *adj.* **1** De la marina o de los marineros: *pueblo marinero. Es una taberna de ambiente marinero.* **2** [Embarcación] que navega con facilidad y seguridad en cualquier circunstancia: *Es una goleta muy marinera.* || *adj. / s. f.* **3** [Prenda de vestir] que imita o se parece a las de los marineros: *una blusa marinera. Me han regalado un chaquetón marinero.* **cuello* de ~.** || *s. m.* **4** Persona que pertenece a la clase de tropa en un barco de la Armada: *Los marineros, suboficiales y oficiales esperaban formados sobre cubierta la visita del almirante.* **5** Persona que trabaja en un barco: *Le gusta la vida de marinero: tres meses en alta mar y dos en tierra.* **6** URUG. Bañista. FR. Y LOC. **a la marinera** 1 Como se supone que es la costumbre marinera: *Se llevan los pantalones ajustados y cortos, a la marinera.* 2 Como se supone que lo preparan los marineros: *arroz a la marinera, almejas a la marinera.* **junco* ~. ser / haber / tener tela* (marinera).**

marino, na *adj.* **1** Del mar: *flora marina, fauna marina, fondo marino.* || *s. m.* **2** Persona que trabaja profesionalmente como oficial o técnico de la marina mercante o de la Armada: *Es marino, alférez de navío.* **guardia* marina** o **guardiamarina.** || **3 azul* ~. 4 elefante* ~. 5 león* ~. 6 lobo* ~. 7 oso* ~. 8 sal* marina. 9 telégrafo* ~. 10 vaca* marina.**

mariología *s. f.* (no contable) Parte de la Teología que estudia la figura de la Virgen María, madre de Jesucristo.

marioneta *s. f.* **1** Muñeco articulado que se mueve por medio de hilos: *teatro de marionetas. Mover los hilos de las marionetas exige mucha habilidad.* SIN. títere. **2** Persona de carácter débil o fácil de dominar: *El chico es una marioneta de sus amigos.* SIN. títere. **3** (en plural) Representación teatral hecha con estos muñecos: *Niños, mañana iremos a ver las marionetas, si os portáis bien.*

mariposa *s. f.* **1** (macho y hembra) Insecto en su fase adulta, que ha pasado antes por la fase de oruga, y tiene dos pares de alas membranosas de varios colores y cubiertas de escamas muy pequeñas: *Hay muchas especies de mariposas.* **2** (macho y hembra) *Passerina ciris.* Ave paseriforme pequeña, de colores vivos y un bonito canto, que habita en América del Norte y Central. **3** Lamparilla que consta de una mecha pequeña sujeta a un corcho o a un cartón encerado que flota en un vaso de aceite: *Antiguamente se encendía una mariposa en las casas por las ánimas del purgatorio.* **4** Tuerca con dos aletas que permiten enroscarla con los dedos: *Aprieta la mariposa de la rueda de la bicicleta.* SIN. palomilla. **5** Llave de forma elíptica que cierra una tubería: *Para cerrar el agua, giras la mariposa de la tubería que está en la cocina.* **6** Llave o válvula del carburador que regula la entrada de los gases a los cilindros. **7** Estilo de natación en el que el nadador adelanta los dos brazos en un movimiento circular a la vez que se impulsa con las dos piernas juntas: *La campeona de los cien metros mariposa ha declarado que se retira de las competiciones oficiales.* || *s. m. / f.* **8** COLOQUIAL. Hombre homosexual o de aspecto afeminado: *Por este bar vienen muchos mariposas.*

mariposear *v. intr.* **1** COLOQUIAL. Cambiar frecuentemente ‹una persona› de vivienda, de ciudad, de ocupación o de aficiones: *Santiago mariposea sin decidirse firmemente por algo.* **2** COLOQUIAL. Andar ‹una persona› en torno a una persona o una cosa insistentemente: *Tienes que estudiar con tranquilidad, no puedes mariposear sin centrarte bien en la materia.* **3** COLOQUIAL. Tratar de agradar o atraer amorosamente ‹una persona› a varias personas, sin centrarse en una concreta: *Siempre tiene admiradoras mariposeando a su alrededor.*

mariposón *s. m.* **1** COLOQUIAL; PEYORATIVO. Hombre homosexual o de aspecto afeminado: *En cuanto la gente lo oye hablar cree que es un mariposón.* SIN. maricón (VULGAR). **2** COLOQUIAL. Hombre que tiene muchos amores poco duraderos: *Tu hermano es un mariposón, no puede estar dos días con la misma chica.*

mariquita *s. f.* (macho y hembra) *Coccinella septempunctata.* Insecto con un par de alas plegadas y otro par de alas duras encima, generalmente rojas con puntos negros.

marisabidillo, lla *s. f.* (preferentemente en femenino) COLOQUIAL; PEYORATIVO. Persona que se cree muy lista y presume de bien enterada: *Julia es una marisabidilla, siempre tiene que añadir alguna precisión a lo que cuenta la gente.*

mariscada *s. f.* Plato de mariscos variados, servidos generalmente con varias salsas aparte.

mariscador, ra *adj. / s. m* y *f.* Que se dedica por oficio a mariscar: *Hubo una protesta de las mariscadoras gallegas.*

mariscal *s. m.* **1** Antiguo oficial, de rango inferior a condestable, encargado de la justicia y el gobierno económico de un ejército. **2** Título de nobleza hereditario en algunos países. || **3 ~ de campo** Grado máximo del ejército en algunos países.

mariscar *v. intr. / tr.* Pescar ‹una persona› marisco, especialmente si se hace de manera artesanal al lado de la costa o en las playas: *En Galicia las mujeres salen a mariscar en las rías.* ⇒ **71.**

marisco *s. m.* Conjunto de invertebrados marinos comestibles, generalmente moluscos o crustáceos, muy apreciado en gastronomía: *Los percebes o la langosta son mariscos.* FR. Y LOC. **cóctel* de mariscos / gambas.**

marisma *s. f.* (preferentemente en plural) Terreno bajo y pantanoso que inundan las aguas del mar: *Son famosas las marismas del Guadalquivir.*

marismeño, ña *adj. s. m.* y *f.* De la marisma: *aves marismeñas, cultivos marismeños. Los marismeños suelen padecer reúma con frecuencia.*

marisquería *s. f.* Establecimiento donde se venden o consumen mariscos: *La marisquería puede ser un puesto del mercado o un restaurante o bar.*

marista *adj. / s. m.* REL. Que pertenece a una congregación católica fundada en el siglo XIX bajo la advocación de la Virgen María y dedicada a la enseñanza de los jóvenes: *Su hermano es marista. José Antonio estudió en un colegio de maristas.*

marital *adj.* ADMINISTRATIVO. De la vida conyugal o matrimonial: *No hacen vida marital.*

marítimo, ma *adj.* Del mar: *sector marítimo, señales marítimas.* **paseo ~. puerto ~ / pesquero. región marítima. transporte aéreo / ~ / terrestre.**

maritornes (plural *maritornes*) *s. f.* LITERARIO, RESTRINGIDO; PEYORATIVO. Mujer poco refinada y fea que trabaja en una casa: *Maritornes era un personaje que inventó Cervantes en «El Quijote».*

marjal *s. m.* RESTRINGIDO. Terreno bajo y pantanoso: *En América hay muchos marjales.*

marketing (del inglés; pronunciamos *'márketin'*) *s. m.* Mercadotecnia.

marlo *s. m.* AMÉR. Espiga de maíz desgranada.

marmaja *s. f.* MÉX.; COLOQUIAL. Dinero.

marmita *s. f.* **1** ELEVADO. Olla de metal con tapadera ajustada: *En los fogones se alineaban varias marmitas limpísimas.* **2** Recipiente donde comen los soldados en campaña.

marmitako *s. m.* Guiso vasco de bonito con patatas cocidas.

marmitón *s. m.* RESTRINGIDO. Ayudante de cocina: *Se enroló como marmitón en un buque mercante.* SIN. pinche.

mármol *s. m.* **1** Piedra caliza compacta de colores muy variados que se utiliza en la construcción, decoración y escultura: *mármol estatuario, mármol serpentino, mármol de Carrara.* **2** ARTE. Obra escultórica hecha con esta piedra caliza: *los mármoles del Partenón. Hay un estudio sobre los mármoles sepulcrales castellanos.* **3** URUG. Encimera de cocina.

marmolería *s. f.* **1** Taller donde se trabaja el mármol. **2** Conjunto de piezas de mármol de un edificio: *La marmolería de la sede central del banco viene de las minas de Gádor.*

marmolillo *s. m.* COLOQUIAL. Persona torpe o poco inteligente: *Es el más marmolillo de la oficina, siempre protestando, pero es el que más trabaja.*

marmolista *adj. / s. m.* y *f.* Persona que se dedica por oficio a vender o tallar mármol y otras piedras: *Un escultor marmolista nos ha hecho la estatua de la escalera.*

marmóreo, a *adj.* ELEVADO. De mármol o parecido a él: *una frialdad marmórea, una blancura marmórea.*

marmota *s. f.* **1** (macho y hembra) *Marmota marmota.* Mamífero roedor de cabeza grande, orejas pequeñas, pelaje espeso y uñas curvas y fuertes, que pasa el invierno en letargo y es muy apreciado por su piel. **2** COLOQUIAL. Persona dormilona: *Ana es una auténtica marmota, siempre está durmiendo.* SIN. lirón. **3** ARG., URUG.; COLOQUIAL. Persona que no es muy inteligente.

marojo *s. m. Viscum cruciatum.* Planta parásita parecida al muérdago, pero de fruto rojo.

maroma *s. f.* **1** Cuerda muy gruesa, cable: *las maromas de un barco.* **2** AMÉR. Pirueta de un acróbata, voltereta. **3** (preferentemente en plural) AMÉR. Espectáculo de acróbatas. **4** AMÉR. Cambio de bando o de partido por pura conveniencia.

maromo *s. m.* COLOQUIAL; a veces PEYORATIVO. Amante, novio o marido de una mujer: *Ése es el maromo de la vecina.*

marote *s. m.* ARG., URUG.; COLOQUIAL; HUMORÍSTICO. Cabeza de una persona, coco, melón.

marqués, sa *s. m. / f.* Persona que tiene un título nobiliario inferior al de duque y superior al de conde: *el marqués de Santa Cruz, la marquesa del Valle.*

marquesado *s. m.* **1** Título de marqués: *el marquesado del Valle.* **2** RESTRINGIDO. Territorio bajo la jurisdicción de un marqués.

marquesina *s. f.* Cubierta o construcción para resguardarse de la lluvia o del sol: *la marquesina del hotel, la marquesina de la estación de trenes.*

marquetería *s. f.* **1** (no contable) Arte y oficio de incrustar metales u otros materiales en la madera: *La marquetería se trabaja bien en algunas regiones de la Península.* **2** (no contable) RESTRINGIDO. Ebanistería. || **3 sierra de ~.**

marra *s. f.* Mazo para partir piedras.

marrajo, ja *adj. / s. m.* y *f.* **1** TAUROM. [Res vacuna] que embiste a traición. ||*s. m.* **2** (macho y hembra) Pez marino carnívoro del grupo de los tiburones, de color gris azulado, con la cola en forma de media luna, que en algunas especies es muy peligroso para el hombre.

marranada *s. f.* **1** COLOQUIAL. Cosa sucia o repugnante: *No hagas marranadas mientras comes.* **2** COLOQUIAL. Acción o palabra consideradas contrarias a la moral social aceptada: *Defraudar a Hacienda es una marranada.* **3** COLOQUIAL. Acción perjudicial para otra persona: *Jorge me hizo una marranada que no le he perdonado: estuve dos horas esperándolo y no vino.*

marranear *v. tr. / intr.* COL.; RESTRINGIDO, COLOQUIAL en España. Hacer ‹una persona› una mala jugada a otra persona: *No marranees y cuéntanos qué te dijo el director. Chico, me marraneas quinientas pesetas, la vuelta está incompleta.*

marrano, na *adj. / s. m.* y *f.* **1** COLOQUIAL; INTENSIFICADOR. Que es muy sucio: *Yo no vuelvo a ese bar, hacía tiempo que no veía un sitio tan marrano.* **2** Que tiene malas intenciones o hace marranadas: *No quiero cuentas con ese marrano: me ha denunciado al jefe.* **3** HIST. Judío converso que seguía practicando en secreto su religión. **4** COL.; COLOQUIAL; PEYORATIVO. Pardillo. || *s. m. / f.* **5** Cerdo, animal doméstico: *Hay que echarle de comer a los marranos.* FR. Y LOC. **jorobar / joder la marrana** VULGAR. Fastidiar o molestar mucho ‹una persona› a otra persona: *Yo no salgo con Julián, porque se pasa toda la tarde jodiendo la marrana.*

marrar *v. tr. / intr.* RESTRINGIDO. Cometer ‹una persona› un error o un fallo al hacer [una cosa]: *La jugada era buena, pero el delantero marró el gol. El cazador no se explica cómo pudo marrar el blanco.*

marras *adv.* Se usa en la LOC. **de ~** COLOQUIAL; PEYORATIVO, HUMORÍSTICO. Ya conocido, ya nombrado: *Aquí tienes tu cadena de marras.*

marrasquino *s. m.* **1** (no contable) Licor de cerezas amargas y mucho azúcar. **2** Medida de este licor: *una copa de marrasquino, un vaso de marrasquino.*

marro, rra *adj. / s. m.* y *f.* **1** MÉX.; COLOQUIAL. Que es tacaño. || *s. m.* **2** Juego infantil que se juega entre dos conjuntos de jugadores en un campo delimitado, y que tiene por finalidad tocar o a agarrar a los del equipo contrario: *Los niños de ahora ya no juegan al marro.* **3** Juego que consiste en derribar un bolo hincado en tierra con una piedra o marrón lanzado desde cierta distancia: *En algunos pueblos se juega al marro todavía.* **4** MÉX. Mazo, martillo grande.

marrón *adj. / s. m.* **1** Que es del color de la cáscara de la castaña: *un mueble marrón, un vestido marrón.* || *s. m.* **2** RESTRINGIDO. Piedra para jugar al marro. **3** COLOQUIAL. Cosa desagradable o molesta: *¡Vaya marrón que nos ha caído con la inundación del piso!* **4** COL. Rizo. **5** ARG., URUG.; RESTRINGIDO en Argentina, COLOQUIAL en Uruguay. Martillo grande. **6** ARG.; COLOQUIAL. Ano. || **7 ~ glacé** Castaña cocida y recubierta de una capa de azúcar transparente: *Galicia exporta marrón glacé a Europa.* FR. Y LOC. **meter un ~** COLOQUIAL. Castigar ‹una persona› a otra persona: *EL profe nos ha metido un ma-*

rrón por no hacer los deberes de ayer. **pillar de ~** JERGAL. Pillar ‹una autoridad› a una persona cometiendo un delito o in fraganti: *Lo pillaron de marrón pasando droga.*

marronazo *s. m.* TAUROM. Fallo de alguna suerte del toreo, especialmente la de varas, cuando la garrocha no se clava y resbala sobre el lomo del toro: *El picador fue despedido con pitos después de tres marronazos.*

marroquí o **marroquín** (plural *marroquíes* o *marroquís*) *adj. / s. m.* y *f.* De Marruecos, país africano: *una mujer marroquí. Los marroquíes se manifestaron ayer.*

marroquinería *s. f.* **1** (no contable) Arte y oficio de elaborar artículos de cuero o de piel curtida: *En Salamanca hay tradición de marroquinería.* **2** (no contable) Conjunto de artículos de cuero: *la feria nacional de la marroquinería, artículos de marroquinería.* **3** Taller y tienda donde se hacen o venden artículos de cuero: *Las marroquinerías van desapareciendo en algunas ciudades.*

marrubio *s. m. Marrubium vulgare.* Planta de la familia de las labiadas de hojas redondeadas y flores aromáticas de color blanco, que tiene propiedades medicinales.

marrueco, ca *adj. / s. m.* y *f.* RESTRINGIDO. Marroquí.

marrullería *s. f.* Trampa, engaño o trucos sucios hechos con astucia: *Un decreto controlará las marrullerías de los vendedores de coches de segunda mano.*

marrullero, ra *adj. / s. m.* y *f.* Que se comporta o actúa con marrullerías, rodeos o engaños: *futbolista marrullero. Eres un marrullero discutiendo.*

marsellés, sa *adj. / s. m.* y *f.* De Marsella, ciudad francesa del Mediterráneo.

marsellesa *s. f.* Himno nacional francés: *A la llegada del Presidente francés la banda militar interpretó «La Marsellesa».*

marsopa o **marsopla** *s. f.* (macho y hembra) *Phocaena phocaena.* Mamífero marino de color negro en el dorso y rosa pálido en el vientre, con la cabeza redondeada, hocico corto y aleta dorsal triangular.

marsupial *adj. / s. m.* y *f.* **1** ZOOL. [Mamífero] que se caracteriza porque la hembra carece de placenta y tiene en el abdomen una bolsa donde permanecen encerradas las crías en la primera etapa de su desarrollo: *el canguro y la zarigüela son marsupiales.* || *s. m.* **2** (en plural) ZOOL. Orden formado por estos animales. || **3 bolsa* ~.**

marsupio *s. m.* ZOOL. Bolsa exterior que tienen las hembras de algunos mamíferos en el vientre, en la cual las crías completan su desarrollo: *el marsupio del canguro.*

marta *s. f.* **1** (macho y hembra) *Martes martes.* Mamífero carnívoro pequeño, de cuerpo alargado, cola larga y pelo suave y espeso de color castaño o pardo, con una mancha en la garganta, y muy apreciado en peletería. **2** Piel de este animal: *una estola de marta.*

martellina *s. f.* RESTRINGIDO. Martillo de dos bocas con dientes prismáticos utilizado para picar el mármol o la piedra.

martes (plural *martes*) *s. m.* Segundo día de la semana entre el lunes y el miércoles. **~ y trece** Día considerado de mala suerte: *He anulado el viaje porque salimos un martes y trece y soy muy supersticiosa.* REFR. **En martes, ni te cases ni te embarques.** Se usa para recomendar a una persona que no tome decisiones importantes en martes, día de mala suerte para los supersticiosos.

martillar *v. tr. / intr.* Martillear.

martillear *v. tr. / intr.* **1** Dar ‹una persona› golpes sobre [una cosa] con un martillo: *El carpintero estuvo martilleando todo el día.* **2** Dar ‹una cosa› golpes repetidos e insistentes [a una persona o a una cosa]: *La lluvia nos martilleaba el rostro.* **3** Causar ‹una persona o una cosa› una preocupación obsesiva o un dolor [a una persona]: *Sus últimas palabras martilleaban en mi cabeza. Me martillean las sienes.*

martilleo *s. m.* Acción y resultado de martillear: *el martilleo de las ametralladoras, el martilleo de la lluvia contra los cristales, el martilleo de sus continuas preguntas, el martilleo obsesivo de una idea en el cerebro.*

martillero, ra *s. m. / f.* AMÉR. Persona que está al frente de una subasta.

martillo *s. m.* **1** Herramienta para golpear formada por una pieza de hierro o de otro material duro unida a un mango: *martillo de fragua, martillo de herrador.* **2** ANAT. Hueso del oído medio que recibe las vibraciones del tímpano. **3** MÚS. Pieza del mecanismo de un piano que golpea las cuerdas y las hace vibrar. **4** MÚS. Llave utilizada para tensar o aflojar las cuerdas de algunos instrumentos musicales. **5** DEP. Modalidad atlética que consiste en lanzar lo más lejos posible una esfera metálica unida a un cable provisto de una empuñadura: *lanzamiento de martillo, récord de martillo.* **6** Pieza del mecanismo de algunas armas de fuego que golpea el percutor o la cápsula para inflamar la carga del cartucho: *En las armas de fuego, al disparar el gatillo, se libera al martillo.* || **7 ~ neumático** Herramienta para picar que funciona por aire comprimido. **8 ~ pilón** Máquina usada en las grandes forjas, que consta de un gran bloque de acero que cae sobre la pieza que está en el yunque.

martín pescador *s. m.* (macho y hembra) *Alcedo atthis.* Ave de plumaje brillante azul y castaño, y pico muy largo y puntiagudo, que habita en las orillas de ríos y lagunas de Europa, Norte de África y Asia, y se alimenta de pequeños peces y animales acuáticos.

martineta *s. f.* ARG., BOL., PAR. Especie de perdiz grande de las pampas.

martinete *s. m.* **1** Pieza de madera que golpea la cuerda del piano. **2** Mazo pesado para golpear metales y darles el grosor deseado. **3** Máquina para clavar estacas o pilotes. **4** Martillo mecánico menos potente que el martillo pilón. **5** Cante flamenco sin acompañamiento de guitarra. **6** (macho y hembra) Ave zancuda parecida a la garza, aunque más pequeña, de cuerpo redondeado y plumaje negro y un penacho de plumas blancas en la cabeza que vive cerca del agua y se alimenta de peces. **7** Penacho de plumas de esta ave.

martingala *s. f.* **1** COLOQUIAL. Engaño, treta: *El contable consiguió el ascenso con martingalas.* SIN. artimaña. **2** COLOQUIAL. Asunto molesto o incómodo: *Tener que telefonear a todos es una martingala.* **3** (preferentemente en plural) RESTRINGIDO. Prenda de vestir que llevaban los hombres debajo de las piezas de la armadura que cubrían los muslos.

mártir *s. m. / f.* **1** Persona que muere o es perseguida por sus creencias: *los mártires de la libertad, el monumento a los mártires de la patria. Ese líder político es un mártir de su causa.* **los santos mártires** En la Iglesia cristiana, los santos que dieron su vida por la fe. **2** Persona que padece grandes trabajos o penalidades: *Mi madre es una mártir, siempre nos ha aguantado.* FR. Y LOC. **hacerse el ~** Trabajar o hacer ‹una persona› más de lo necesario para poder quejarse ante otras personas de la vida que lleva: *Le gusta hacerse la mártir para fastidiar.*

martirio *s. m.* **1** Muerte o torturas que padece una persona por defender sus creencias: *San Lorenzo sufrió un martirio terrible en las parrillas y a San Esteban lo asaetearon.* **2** INTENSIFICADOR. Aquello que resulta penoso o produce sufrimientos: *Este tipo de trabajo es un martirio. Me resulta un martirio levantarme tan temprano todos los días.*

martirizar *v. tr.* **1** Dar ‹una persona› martirio [a otra persona]: *Los romanos martirizaban a los cristianos en el circo.* SIN. torturar. || *v. tr. / prnl.* **2** Causar ‹una persona o una cosa› pena o molestia [a una persona]: ***Me*** *martirizo pensando en las consecuencias de mi error. La clase de violín me martiriza todos los días.* SIN. atormentar(se). ⇒ **19.**

martirologio *s. m.* **1** REL.; RESTRINGIDO. Lista o catálogo de los mártires y de los santos del Cristianismo: *En el martirologio se han catalogado todos los santos conocidos del Cristianismo.* **2** RESTRINGIDO. Lista de víctimas de una causa: *Estoy harto de que me recuerde el martirologio de los héroes .*

maruja *s. f.* COLOQUIAL; PEYORATIVO. Mujer que sólo se dedica al trabajo de su hogar, ama de casa tradicional: *Esa maruja se pasa todo el día viendo telenovelas.* SIN. maría.

marxismo *s. m.* (no contable) Ideología política, social y filosófica elaborada por Marx, Engels y sus continuadores, que defiende la lucha de clases como movimiento transformador de la sociedad: *El marxismo es un movimiento filosófico que ha tenido una profunda influencia en la Historia.*

marxista *adj.* **1** De Carlos Marx o del marxismo: *doctrina marxista.* || *s. m. / f.* **2** Persona que es partidaria del marxismo: *Los partidos marxistas se han transformado.*

marzo *s. m.* Tercer mes del año, que tiene 31 días. REFR. **Cuando marzo mayea, mayo marcea** Se usa para indicar que suele ser habitual que si en marzo hace el tiempo propio de mayo, luego en mayo hace el tiempo de marzo.

mas (diferente de *más*) *conj.* preferentemente ELEVADO. Tiene valor adversativo y contrapone dos hechos o conceptos: *No sabré lo que quiero con certeza, mas sé lo que lo que no quiero.* SIN. pero. RELACIONES Y CONTRASTES: No siempre es un sustituto idóneo de *pero.* Por ejemplo, ante oraciones de relativo se usa *pero* y no *mas*: *El libro que empecé, pero que todavía no he terminado, está en la estantería.*

más (diferente de *mas*) *adv. cant.* **1** En mayor cantidad, cualidad o intensidad. OBSERVACIONES: Se usa para establecer comparaciones entre cantidades, números o intensidades, aunque el segundo término no vaya expreso: *Marcos es más rápido que tú. Este hotel es más caro de lo previsto. Hoy ya no lloverá más.* **2** Seguido de la preposición *de*, indica una cantidad indeterminada que es superior a la que se menciona: *Llamé a más de tres personas. Más de media ciudad se encuentra sin agua.* **3** (artículo + *más* + adjetivo + *de*) Forma el superlativo relativo: *el más rápido de todos, el más popular de la ciudad, la chica más divertida de la clase.* **4** Con verbos como *gustar*, *querer* o equivalentes, intensifica la preferencia: *A Elena le gustan más los deportes que los estudios.* **5** Equivale a *tan* o *muy*: *¡Qué novela más interesante!* || *adv. modo* **6** Sobre todo: *Me fiaré de este producto, y más si me lo recomiendas tú.* || *s. m.* **7** MAT. Signo aritmético (+) de la suma. **7**1 Se usa para indicar la operación de la suma: *dos más dos.* **7**2 Delante de un número que no se relaciona con otro, indica que es un número de valor positivo. || *adj.* **8** COLOQUIAL. Mejor: *Más hombre que él no lo encontrarás.* **9** En oraciones negativas, equivale a *otro*: *Esteban no conoció más mujer que la suya.* FR. Y LOC. **a lo* ~. a ~ (de)** Además (de): *Es ingenioso, a más de muy trabajador.* RELACIONES Y CONTRASTES: Se usa menos que *además de.* **a ~ tardar*. cada* vez ~ / menos. cuando* mucho / ~. cuanto más / menos... ~ / menos ...** Establece una correspondencia entre dos hechos: *Cuanto más ganas más gastas. Cuanto más me gusta, menos caso me hace.* **de hoy* en ~. de lo ~** Muy: *El programa resultó de lo más interesante.* **de ~** 1 De sobra, sin ser necesario: *Los familiares estaban de más en aquella reunión.* 2 (diferente de *demás*) COLOQUIAL. Sin hacer nada, desocupado: *Llevo toda la tarde de más, sin hacer nada.* **el no va* ~. el que ~ y el que menos** Cualquiera, todo el mundo en general: *El que más y el que menos tiene vicios.* **es ~** Introduce algo que intensifica o refuerza lo que se ha dicho anteriormente: *No venía a resucitar viejas peleas; es más, quería que fuéramos amigos.* **estar* de ~. hasta* ~ ver. lo ~ mínimo*. los / las ~** COLOQUIAL. La mayoría: *En mi familia los más prefieren pasar la Nochevieja en casa.* **~ adelante*. ~ alla* de. ~ arriba*. ~ aún** 1 Equivale a *sobre todo*: *Disfrutaba con el cine, más aún si era de suspense.* 2 Es más: *Creo que es interesante; más aún: es la única interesante.* **~ bien** 1 Matizando propiedades en que existe polaridad o contraste, expresa la propiedad que se aproxima más al polo indicado. También puede referirse a circunstancias: *La cocina es más bien pequeña.* 2 Precedido de contextos negativos, expresa un contraste próximo a *por el contrario*, pero algo más suave: *No creo que su espectáculo triunfe, más bien creo que está destinado al fracaso más estrepitoso.* **~ chulo* que un ocho. ~ claro que el agua*. ~ de cuatro*. ~ o menos** Aproximadamente: *Serán las seis más o menos.* **~ pronto* o ~ tarde. ~ que** Sino: *No es más que una fanfarronada.* **~ tarde* o ~ temprano. más y ~** Progresivamente: *Los precios aumentaban más y más.* **nada* ~. ni ~ ni menos** 1 Precisamente: *Trabajo es, ni más ni menos, lo que todos necesitan.* 2 INTENSIFICADOR. Expresa asombro o sorpresa al referirse a algo: *Ese chiflado apareció en la iglesia ni más ni menos que en bañador.* **no* ~. poco* ~ o menos. por ~ que** Aunque: *Por más que se lo dije, no me hizo caso.* **quién* ~ y quién menos. sin ~ (ni ~)** 1 COLOQUIAL. Sin motivo, de repente, sin pensarlo: *Un espontáneo subió al escenario sin más y empezó a contar su vida.* 2 Sin añadir más, sin más que decir: *Sin más, se despide tu amigo.* **sobre poco* ~ o menos. sus ~ y sus menos** COLOQUIAL. Problemas, discusiones o dificultades: *Pedro y Alberto tuvieron sus más y sus menos en el trabajo.* **tener / llevar una copa* de ~. todo lo ~** COLOQUIAL. Como mucho, como máximo: *Me entretuve, todo lo más, dos horas.*

masa *s. f.* **1** (no contable) Mezcla de harina, agua y otros ingredientes, como levadura, sal o azúcar que se emplea en la elaboración del pan y los productos de repostería: *Saca la masa del horno.* **2** (no contable) Mezcla espesa, blanda y consistente que resulta de añadir un líquido a una sustancia sólida o en polvo: *masa de pastel, masa de mortero.* **3** Material utilizado para unir o pegar: *masa de yeso, masa de cemento. ¿Has preparado ya la masa para los ladrillos?* **4** Agrupación numerosa de personas o cosas, generalmente indiferenciada: *Se formó una masa de gente en pocos minutos.* **5** (preferentemente en plural) Gente en general, el pueblo: *Es el líder de las masas.* **comunicación* de masas.** **6** Materia o conjunto de elementos que forman un cuerpo: *la masa encefálica, la masa de agua marina.* **7** FÍS. Cantidad de materia que posee un cuerpo, medida en kilogramos: *Las magnitudes de velocidad, tiempo y masa están relacionadas.* **~ específica** FÍS. Materia de un cuerpo por unidad de volumen. **8** ELECTRIC. Conjunto de piezas eléctricas que se encuentran en comunicación con el suelo: *La lavadora hacía masa y me dio una descarga al acercarme a ella.* **9** ARG., CHILE, EC., URUG. Pastelillo. ‖ **10 ~ atómica** FÍS. Masa de un átomo de cualquier elemento. **11 ~ molecular** FÍS. Masa de una molécula de cualquier sustancia pura, equivalente a la suma de las masas de los átomos que la componen. FR. Y LOC. **con las manos* en la ~. en ~** Todos a la vez, en grupo: *Los actores se sumaron en masa al homenaje.*

masacrar *v. tr.* Matar ‹una o varias personas› [a muchas personas]: *Las tropas invasoras masacraban sin piedad a la población civil.*

masacre *s. f.* Muerte de un gran número de personas: *Se produjo una masacre en ese incendio.* SIN. matanza.

masaje *s. m.* **1** Acción de frotar, apretar o dar pequeños golpes con las manos y rítmicamente en algunas partes del cuerpo: *Mi madre se dio unos masajes para el dolor de espalda.* **2** Producto utilizado para dar masajes: *Después de afeitarme, siempre me doy un poco de masaje.*

masajear *v. tr. / intr. / prnl.* Dar ‹una persona› [masajes]: *En esta peluquería te masajean la cabeza para relajarte.*

masajista *s. m. / f.* Persona que profesionalmente se dedica a dar masajes: *Ese futbolista es el hijo del masajista del club de fútbol.*

mascar *v. tr.* **1** Partir y deshacer ‹una persona o un animal› [una cosa] con los dientes: *El abuelo mascaba despacio la carne.* **goma* de ~. tabaco* de ~.** SIN. masticar. **2** COLOQUIAL. Decir ‹una persona› [una cosa] entre dientes o en voz baja: *Mi hermano mascó algo que no entendimos.* SIN. mascullar. ‖ *v. tr. / prnl.* **3** COLOQUIAL. Considerar un hecho como inminente: *En el campo **se** mascaba el gol.* ⇒ **71.**

máscara *s. f.* **1** Figura de cartón, plástico u otro material duro que se adapta a la cara para ocultar el rostro: *máscara de teatro, máscara funeraria.* SIN. careta. **2** Aparato que se ajusta a la cara para proteger las vías respiratorias de gases nocivos o de microorganismos: *En el laboratorio de Biología hay que entrar con máscara.* **~ antigás.** **3** Fiesta en la que las personas van disfrazadas. **baile de máscaras.** **4** RESTRINGIDO. Persona disfrazada: *Nos cruzamos con muchas máscaras en la calle.* **5** Lo que esconde los sentimientos, la manera de ser o las intenciones: *Bajo esa máscara de amabilidad se escondía una persona cruel.* SIN. apariencia. FR. Y LOC. **quitar(se) la ~** Descubrir ‹una persona› la verdadera manera de ser o el carácter auténtico de otra persona: *Álvaro se quitó la máscara cuando dijo que se casaba por dinero.*

mascarada *s. f.* **1** Fiesta con máscaras: *Todos los años en carnaval hacemos una mascarada.* SIN. baile de disfraces. **2** (no contable) Farsa, engaño con el que se intenta disimular algo: *Esa votación es una mascarada, pues ya está elegido el presidente del club.*

mascarilla *s. f.* **1** Máscara que sólo cubre la parte inferior del rostro (boca y nariz): *El médico se quitó la mascarilla al acabar la operación.* **2** Aparato que se ajusta a la cara para inhalar gases: *mascarilla de oxígeno.* **3** Capa de productos cosméticos que se pone en la cara o en el pelo: *mascarilla capilar, mascarilla rejuvenecedora, mascarilla de pepino.* **4** Molde de yeso de la cara de una persona: *Te sacan una mascarilla para estudiar la cara y luego te proponen las correcciones que pueden mejorarla.* SIN. vaciado. **5** Escultura hecha con este molde: *En la sacristía se conservan las mascarillas funerarias de los fundadores del monasterio.*

mascarón *s. m.* **1** ARQ. Elemento arquitectónico decorativo en forma de cara deforme o fantástica: *La fachada lateral del palacio está decorada con mascarones.* ‖ **2 ~ de proa** Figura de adorno en la proa de un barco: *Algunos mascarones son tallas muy artísticas.*

mascletá *s. f.* RESTRINGIDO. Conjunto de petardos muy potentes que producen mucho ruido al explotar, típicos de las fiestas valencianas: *Es muy célebre la mascletá veraniega de Godella.*

mascota *s. f.* **1** Persona, animal o cosa que se supone que atrae la buena suerte sobre su poseedor: *Llevo una medalla mejicana como mascota.* SIN. amuleto, talismán. **2** Figura que simboliza a un grupo o un acontecimiento: *la mascota de los Juegos Olímpicos. La mascota de nuestro club es un delfín.*

masculinidad *s. f.* (no contable) Conjunto de características biológicas o sociales del hombre.

masculinizar *v. tr. / prnl.* Dar ‹una persona o una cosa› carácter masculino [a otra persona u otra cosa]: *Algunos dicen que las atletas **se** masculinizan.* ⇒ **19.**

masculino, na *adj.* **1** [Ser vivo] que tiene órganos para fecundar: *Las flores tienen órganos masculinos y femeninos.* **2** Del hombre: *psicología masculina, órgano masculino, población masculina.* **sexo* ~.** **3** Que tiene rasgos que se consideran propios del hombre: *voz masculina, aspecto masculino.* **4** LING. [Palabra] que tiene género gramatical masculino: *sustantivo masculino.* ‖ *adj. / s. m.* LING. [Categoría gramatical] que marca formalmente el género de los sustantivos animados que se refieren a individuos masculinos y el de otros muchos sustantivos inanimados: *Gallo, toro y león son de género masculino.*

mascullar *v. tr.* Decir ‹una persona› [una cosa] entre dientes o en voz baja: *Le prohibimos salir de casa y se fue a su habitación mascullando frases ininteligibles.*

masera *s. f.* **1** RESTRINGIDO. Cajón grande para amasar pan. **2** RESTRINGIDO. Paño con que se envuelve la masa del pan para que fermente.

masetero *adj. / s. m.* ANAT. [Músculo] que eleva la mandíbula inferior de los vertebrados.

masía *s. f.* Casa de campo, con tierras de labor y establos, típica de Cataluña: *La familia tiene una masía antigua.*

masificación *s. f.* Acción y resultado de masificar o masificarse: *la masificación de las playas, la masificación de las grandes ciudades, la masificación de la cultura.*

masificar *v. tr.* **1** Llenar ‹un grupo grande de gente› [un lugar]: *Los turistas masifican las playas.* **2** Solicitar ‹un grupo grande de gente› un servicio: *No es cómodo vivir en una ciudad: la gente masifica la enseñanza, la sanidad y los transportes.* ‖ *v. tr. / prnl.* Hacer perder ‹una persona o una cosa› las características individuales de [un grupo de personas o cosas]: *La cultura **se** masificará cada vez más. Las ciudades masifican al individuo.* ⇒ **71.**

masilla *s. f.* Masa o pasta para tapar grietas, huecos o sujetar los cristales al marco de la ventana: *Si el paquete de masilla se queda abierto se secará.*

masita *s. f.* **1** (no contable) MIL.; RESTRINGIDO. Parte del dinero de la paga de los soldados que se les retenía para pagar la ropa y el calzado. **2** AMÉR. Pastelillo, dulce de confitería.

masivo, va *adj.* **1** (antepuesto / pospuesto) Que agrupa a un conjunto numeroso de personas: *asistencia masiva de espectadores al estadio, una masiva concentración de obreros.* **2** (antepuesto / pospuesto) Que se aplica en gran cantidad: *producción masiva, una masiva aplicación del producto. Los vertidos masivos de detergentes envenenan las aguas.* **3** [Dosis] que se acerca al límite máximo que tolera el organismo: *Su marido se tomó una dosis masiva de somníferos.*

masoca *adj. / s. m.* y *f.* **1** COLOQUIAL. Persona que parece disfrutar con las cosas desagradables: *Este chico es un masoca, le dan miedo las películas de terror pero va a verlas todas.* **2** COLOQUIAL, RESTRINGIDO. Masoquista.

masón, na *s. m. / f.* Miembro de la masonería: *Durante algunos años todos los problemas del mundo se atribuían a la masonería.*

masonería o **francmasonería** *s. f.* (no contable) Sociedad secreta de carácter internacional cuyos miembros profesan principios de fraternidad mutua y se organizan en grupos llamadas logias: *Durante los años de la dictadura en España estuvieron prohibidas las logias masónicas.*

masónico, ca *adj.* De la masonería: *logia masónica, los símbolos masónicos.*

masoquismo *s. m.* **1** (no contable) Comportamiento de la persona que disfruta sexualmente al ser maltratada o humillada: *Muchos psicólogos incluyen el masoquismo entre las conductas aberrantes.* **2** (no contable) COLOQUIAL. Comportamiento de la persona que sufre por algún motivo y no intenta buscar una solución: *Lo tuyo es masoquismo: ves que no te hacen ningún caso y sigues insistiendo.*

masoquista *adj.* **1** Del masoquismo: *placer masoquista.* || *s. m. / f.* **2** Persona que practica el masoquismo: *Dicen que ese club es de masoquistas.* SIN. masoca (COLOQUIAL).

masovero, ra *s. m. / f.* RESTRINGIDO. Campesino que vive en una masía y cultiva sus tierras sin ser el propietario.

mass media (plural) *s. m.* Medios de comunicación social.

mastaba *s. f.* Tumba antigua egipcia con forma de pirámide truncada de base rectangular.

mastectomía *s. f.* MED. Extirpación quirúrgica de un pecho: *A Clara le tienen que practicar una mastectomía.*

mastelero *s. m.* MAR. Palo menor que se asegura en uno mayor y lo prolonga en los barcos de vela redonda.

máster (plural *masters*) *s. m.* **1** Curso de especialización en alguna materia para estudiantes ya licenciados: *Cuando Eduardo acabó sus estudios se fue a EE. UU. a hacer un máster de publicidad.* **2** Título obtenido en uno de estos cursos: *Es máster en Español como segunda lengua por Salamanca.* **3** COL. Título académico inferior al de doctor y posterior al de licenciado. **4** (en plural) DEP. Torneo de golf o de tenis en el que solamente participan jugadores de la más alta categoría.

masticación *s. f.* Acción y resultado de masticar: *La masticación cuidadosa es fundamental para digerir bien los alimentos.*

masticador, ra *adj.* **1** Que mastica: *un órgano masticador.* **2** [Boca] que tienen algunos insectos preparada para triturar el alimento. || *adj. / s. m.* **3** [Insecto] que tiene este aparato bucal: *Las langostas son insectos masticadores.*

masticar *v. tr. / intr.* **1** Partir y deshacer ‹una persona o un animal› [una cosa] con los dientes: *Mastica bien la carne.* SIN. mascar. **2** Pensar ‹una persona› en [una cosa] con insistencia: *El preso masticaba su rabia.* SIN. rumiar. ⇒ **71.**

mastigador *s. m.* RESTRINGIDO. Aparato unido al freno del caballo para provocarle la salivación y las ganas de comer.

mástil *s. m.* **1** Palo vertical que sostiene las velas de un barco: *los mástiles de una goleta, el mástil de mesana.* **2** Palo vertical que sirve para aguantar algo: *el mástil de la bandera, el mástil de una tienda de campaña.* SIN. puntal. **3** Estructura vertical alta de algunas máquinas: *el mástil de una grúa.* **4** ZOOL. Parte del eje de las plumas de las aves donde nacen las barbas. **5** Parte estrecha y larga de los instrumentos musicales de cuerda: *el mástil de un violín, el mástil de una guitarra.* **6** BOT. Tallo grueso o tronco leñoso de las plantas: *Estos pinos tienen un mástil hermoso.*

mastín *s. m.* (macho y hembra) Perro guardián de gran tamaño y fortaleza, pelo corto, pecho ancho, cuello grueso y orejas que caen sobre las mejillas: *Los pastores solían criar mastines para que cuidaran de las ovejas.*

mástique *s. m.* RESTRINGIDO. Pasta para tapar huecos o igualar las superficies que se van a pintar.

mastitis (plural *mastitis*) *s. f.* MED. Inflamación de la mama: *Las mastitis suelen ser dolorosas.*

mastodonte *s. m.* **1** COLOQUIAL. Persona o cosa de gran tamaño: *Su hermana sale ahora con un mastodonte. Tu coche es un mastodonte.* **2** Grupo de mamíferos fósiles parecidos al elefante que habitaron la tierra a finales del período terciario.

mastodóntico, ca *adj.* Que es muy grande o enorme: *Son muy feos estos edificios mastodónticos.*

mastranzo o **mastranto** *s. m.* *Mentha rotundifolia.* Planta aromática de la familia de las labiadas con propiedades medicinales.

mastuerzo, za *adj. / s. m.* y *f.* **1** COLOQUIAL; INSULTO. [Persona] que es torpe, grosera o de poca sensibilidad: *Ese chico es un mastuerzo, incapaz de hacer algo bien él solo.* || *s. m.* **2** COLOQUIAL, RESTRINGIDO. Tipo de planta que se come en ensalada: *Si vas al mercado, cómprame unos mastuerzos para la comida.* SIN. berro.

masturbación *s. f.* Acción y resultado de masturbar o masturbarse: *Según algunos zoólogos, la masturbación existe en muchas especies animales.*

masturbar *v. tr.* **1** Acariciar ‹una persona› los órganos genitales de [otra persona] para proporcionarle placer sexual: *Si un hombre obliga a una mujer a masturbarlo puede ser acusado de violación.* || *v. prnl.* **2** Acariciarse ‹una persona o un animal› el cuerpo para conseguir placer sexual.

mata *s. f.* **1** BOT. Planta silvestre de poca altura, muy ramificada y leñosa: *Los montes españoles están poblados de matas.* **2** BOT. Planta de poca altura: *una mata de tomates, una mata de claveles.* **3** BOT. Rama o pie de esta planta: *Traemos una mata de perejil.* **4** BOT.; RESTRINGIDO. Terreno poblado de una misma variedad de árboles: *mata de naranjos. Tiene una mata de olivos.* || **5 ~ de pelo** Conjunto o gran porción de pelo o cabellera larga y abundante: *una mata de pelo rubio, una hermosa mata de pelo.* FR. Y LOC. **a salto* de ~.**

matacaballo *adv.* Se usa en la LOC. **a mata caballo*** o **a ~.**

matacán *s. m.* **1** ARQ. Construcción voladiza protegida, en lo alto de una torre o de una muralla, con aberturas para lanzar los ataques. **2** RESTRINGIDO. Veneno para perros.

matacandil *s. m. Sisymbrium irio.* Planta de la familia de las crucíferas de hojas lobuladas y pequeñas flores amarillas que crece en terrenos húmedos.

matachín *s. m.* **1** COLOQUIAL. Persona que trabaja en un matadero: *Su padre empezó trabajando de matachín.* SIN. matarife. **2** COLOQUIAL, RESTRINGIDO. Hombre al que le gustan las riñas y las peleas: *Ese individuo es un matachín desagradable.*

mataculín *s. m.* COL. Balancín.

matada *s. f.* VEN.; COLOQUIAL. Caída violenta.

matadero *s. m.* Lugar donde se matan animales para el consumo humano: *El matadero dispone de modernos sistemas de refrigeración.* FR. Y LOC. **ir/llevar al ~** COLOQUIAL. Ir ‹una persona› o llevar ‹una persona› a otra persona a enfrentarse con una situación muy difícil: *Mira a los del examen, parece que van al matadero.*

matado, da *adj.* **1** MÉX.; COLOQUIAL. Que trabaja en exceso. **2** (ser/estar) COLOQUIAL. Que prefiere trabajar o estudiar en vez de divertirse. **3** (estar) COLOQUIAL. Que no tiene animación: *Este pub está matado.* **4** (estar) COLOQUIAL. Que está muy cansado y no tiene energía para hacer nada: *Ayer me fui de juerga y hoy estoy matada.*

matador, ra *adj.* **1** Que es muy cansado y penoso: *Este trabajo es matador.* **2** (ser/estar) Que es ridículo o de mal gusto: *El vestido te está matador.* **3** Torero que mata el toro: *Los tres matadores torearán una corrida de beneficencia.*

matadura *s. f.* **1** Herida que produce el roce del aparejo a una caballería: *El burro tiene dos mataduras.* **2** COLOQUIAL. Golpe o herida en la piel de poca importancia: *El niño tiene la pierna llena de mataduras.*

matalahúga *s. f.* Matalahúva.

matalahúva o **matalahúga** *s. f.* Anís, planta y semilla.

matalotaje *s. m.* **1** (no contable) MAR.; RESTRINGIDO. Conjunto de alimentos que se llevan en un barco. **2** (no contable) COLOQUIAL, RESTRINGIDO. Conjunto de cosas desordenadas.

matambre *s. m.* **1** AMÉR. DEL S. Tira de carne de la res que cubre las costillas y la barriga. **2** AMÉR. DEL S. Plato que se prepara con esta carne enrollada y rellena de huevos duros, aceitunas y otros ingredientes presentada como fiambre.

matamoscas (plural *matamoscas*) *s. m.* **1** Sustancia química para matar moscas y otros insectos: *un matamoscas para el hogar y las plantas.* **2** Paleta pequeña con rejilla y mango largo para matar moscas: *No aplastes las moscas con el matamoscas contra la pared.*

matanza *s. f.* **1** Acción y resultado de matar: *Las peleas entre bandas rivales han acabado a veces en una matanza sangrienta.* **2** Gran mortandad de personas o animales: *Todas las guerras son una sucesión de matanzas.* **3** Conjunto de actividades que incluyen matar los cerdos y prepararlos de diferentes maneras como alimento: *Las matanzas suelen hacerse al llegar el invierno.* **4** (no contable) Conjunto de productos del cerdo destinados al consumo humano: *Tenemos matanza para todo el año: chorizo, jamón, morcilla y salchichón.*

mataperros (plural) *s. m.* ARG.; COLOQUIAL. Estructura metálica de una moto, entre el motor y la rueda delantera.

matar *v. tr./prnl.* **1** Quitar ‹una persona› la vida [a otra persona] o [a un animal]: *Pedro mata un pavo por Navidad.* ***Se** mató al tirarse desde el ático de su casa.* || *v. tr.* **2** Hacer sufrir ‹una persona o una cosa› [a una persona]: *Los disgustos me matan.* **3** Causar ‹una persona o una cosa› molestias [a una persona]: *Ese hombre me mata con tantas preguntas.* **4** COLOQUIAL. Causar ‹una persona› decepción o desencanto [a otra persona] con su comportamiento: *Me ha matado con sus venenosos comentarios, no lo esperaba de un amigo.* **5** Quitarse ‹una persona› [la sed o el hambre] tomando [una cosa]: *Matemos el hambre **con** unos pinchos de tortilla.* SIN. calmar. **6** Destruir ‹una persona o una cosa› [una cosa no material]: *No han logrado matar mis esperanzas.* **7** Pasar ‹una persona› [el tiempo]: *Hago crucigramas para matar las horas.* **8** Alisar o rebajar ‹una persona› [una arista o una punta]: *Llévale la bota al zapatero para que te mate esa punta.* **9** RESTRINGIDO. Quitar ‹una persona› fuerza a [la cal o el yeso] echándoles agua: *Los de la calera nos han dicho que esta tarde matan cal y que mañana ya tendrán para encalar.* **10** Hacer ‹una persona o una cosa› menos intenso [el brillo de un metal o un tono o un color fuertes]: *Queda mejor el cuadro si matas un poquito la intensidad del rojo.* **11** RESTRINGIDO. Echar ‹una persona› un naipe superior [al del contrario] y ganar la baza: *Lo que más me molesta jugando a la brisca es que me maten el tres.* || *v. prnl.* **12** Perder ‹una persona› la vida: *Luis se mató al volante de su coche.* SIN. fallecer. **13** Trabajar ‹una persona› duramente para conseguir [una cosa]: *Se mata para que sus padres puedan vivir bien.* **14** COLOQUIAL. No estar ‹dos o más colores o dos cosas› en armonía: *El marrón y el azul se matan.* **15** Poner ‹una persona autorizada› una marca en [un sello de una carta]: *No han matado el sello de la postal que me enviaste de Cádiz.* FR. Y LOC. **a mata caballo*** o **a matacaballo. estar/llevarse a ~** COLOQUIAL. Estar ‹una persona› muy enemistada con otra persona: *Mi hermana se lleva a matar **con** su suegra.* **ir* que chuta/arde** o **ir que se mata. ~ de hambre*. ~ dos pájaros* de un tiro. ~ el gusanillo*. ~ el hambre*. ~ el tiempo*. matarlas callando** COLOQUIAL. Comportarse ‹una persona› con hipocresía: *No es tan inocente, es de los que las matan callando.* **matarse a** (con infinitivo) COLOQUIAL. Esforzarse mucho ‹una persona› para hacer algo. *Se mata **a** estudiar para sacar buenas notas.* **matarse por** 1 COLOQUIAL. Entregarse ‹una persona› a una causa o a una tarea con entusiasmo fuerte: *Me mato **por** estudiar.* 2 COLOQUIAL. Tener ‹una persona› mucha afición o mucho cariño a otra persona o a una cosa: *Le tiene una devoción exagerada a su abuela: se mata **por** ella. Se mata **por** ir de excursión.* **que me maten (si)...** COLOQUIAL. Se usa para subrayar la certeza de una cosa: *Que me maten si entiendo algo.* **tirar* a ~ .**

matarife *s. m.* Hombre que tiene por oficio matar y descuartizar reses: *Trabajo en un matadero como matarife.*

matarratas (plural *matarratas*) *s. m.* **1** Raticida, veneno para matar roedores: *Hay que echar matarratas en la bodega.* **2** COLOQUIAL; HUMORÍSTICO. Bebida alcohólica fuerte de mala calidad: *En este tugurio sólo sirven matarratas.*

matasanos (plural *matasanos*) *s. m./f.* **1** COLOQUIAL; PEYORATIVO. Médico mediocre: *En esta ciudad sólo hay matasanos.* **2** COLOQUIAL; HUMORÍSTICO. Médico o curandero: *Mi hija estudia para matasanos.*

matasellos (plural *matasellos*) *s. m.* **1** Sello de caucho con que se marcan los sellos de las cartas para que no se vuelvan a utilizar. **2** Marca que se imprime con este sello: *La carta llevaba el matasellos del mes pasado.*

matasiete *s. m.* COLOQUIAL, RESTRINGIDO; PEYORATIVO. Hombre que se cree valiente y es amigo de buscar pelea: *Tomás es un matasiete y siempre nos mete en líos.*

matasuegras (plural *matasuegras*) *s. m.* Tubo de papel enrollado con una boquilla en un extremo, por donde se sopla para desenrollarlo de golpe con un pitido: *En la bolsa de cotillón de Fin de Año había confeti, globos, matasuegras y un sombrero de papel.*

matazón *s. f.* COL., VEN.; COLOQUIAL. Matanza o muerte colectiva de personas.

match (del inglés; pronunciamos *'mach'*) *s. m.* DEP.; RESTRINGIDO. Encuentro deportivo entre dos personas o equipos: *un match de tenis, un match de boxeo.*

match-ball (del inglés; pronunciamos *'machbol'*) *s. m.* DEP. Tanto que da la victoria a un jugador o a un equipo en el tenis.

mate *adj.* **1** (ser / estar) Que no tiene brillo: *Las puertas son de un blanco mate.* ANT. brillante. **2** [Color, sonido] que no tiene intensidad o viveza: *El equipo de música tiene un sonido mate.* || *s. m.* **3** *Ilex paraguaiensis.* Planta de hojas alternas, flores blanquecinas y fruto en drupa de color rojo, que se cultiva en América del Sur. **yerba ~. 4** AMÉR. DEL S. Hojas secas de esta planta. **5** AMÉR. Infusión que se prepara con las hojas de esta planta: *En Argentina se toma mucho mate.* **6** AMÉR. DEL S. Calabaza pequeña, seca y vacía o recipiente que se emplea para preparar y servir esta infusión. **7** Jugada definitiva de ajedrez en la que el rey, amenazado, no puede salvarse. **jaque ~. 8** DEP. Jugada de baloncesto que consiste en introducir la pelota en la canasta directamente desde arriba con las manos, sin lanzamiento: *El concurso de mates del otro día fue apasionante.* **9** DEP. Golpe fuerte de raqueta o de pelota que impide la reacción del adversario: *Lo más bonito del frontón son los mates.*

mateada *s. f.* **1** (no contable) ARG.; COLOQUIAL. Acción de tomar mate. **2** ARG., URUG.; COLOQUIAL. Reunión en la que varias personas se juntan para tomar mate.

matear *v. intr.* AMÉR. Tomar mate ‹una persona›.

matelassé *s. m.* ARG., URUG. Tela guateada para colchas.

matemática *s. f.* (no contable; preferentemente en plural) Ciencia que estudia las propiedades y relaciones de entes abstractos como los números y las figuras geométricas: *La Matemática es apasionante. He perdido mi libro de matemáticas.* FR. Y LOC. **si las matemáticas no fallan** COLOQUIAL; HUMORÍSTICO. De acuerdo con lo que resulta de las operaciones matemáticas pertinentes: *–«¿Estás seguro de que te debo cinco mil pesetas?» –« Si las matemáticas no fallan, sí.»*

matemáticamente *adv. modo* **1** Por procedimientos matemáticos o de acuerdo con ellos: *Esa cuestión no se puede resolver matemáticamente.* **2** Con exactitud matemática: *El cruce astral se produjo matemáticamente a las tres y cinco.* || *adv. restrictivo* **3** Visto desde la perspectiva de la Matemática: *Matemáticamente, es un error grave.* || *adv. orac.* **4** COLOQUIAL. Atendiendo a una consideración estrictamente matemática o de acuerdo con lo que resulta de las operaciones matemáticas pertinentes. OBSERVACIONES: Frecuentemente se usa en contextos en que la situación real o práctica no coincide (o no coincide aún) con lo que las abstracciones aritméticas señalan: *Matemáticamente, aún no está clasificado el equipo para la final, pero prácticamente lo está.*

matemático, ca *adj.* **1** Que se hace según las reglas matemáticas: *operación matemática, regla matemática, problema matemático, razonamiento matemático, cálculo matemático.* **2** Que es exacto y preciso: *Ernesto es de una puntualidad matemática. El proyecto está hecho con un rigor matemático.* **3** Que es completamente cierto y seguro, o que siempre ocurre de la misma manera: *Es matemático: cuando voy a la piscina se nubla el día.* || *adj. / s. m.* y *f.* **4** Persona que se dedica profesionalmente al estudio de las Matemáticas: *Trabajo como matemático en una empresa de informática.*

matera *s. f.* COL. Tiesto, maceta.

materia *s. f.* **1** FÍS. Lo que existe en el Universo constituido por partículas elementales agrupadas en átomos y moléculas, diferente de la energía: *El mundo físico está formado por materia y energía.* **2** Sustancia de que está hecha una cosa: *La materia del techo es muy inflamable.* **3** Lo que se puede tocar o palpar, opuesto al espíritu: *El hombre es materia y espíritu.* **4** Tema o asunto sobre el que se habla o escribe: *Ese periodista escribe sobre diversas materias. No me interesan las materias económicas.* **5** Asignatura: *María se matriculará este año de cinco materias.* **6** COL. Pus de una herida. || **7 ~ gris** Cerebro, inteligencia: *Esta chica tiene mucha materia gris.* **8 ~ previa** ARG., URUG. Asignatura pendiente. **9 ~ prima** Sustancia básica necesaria que se somete a transformación en una fábrica. FR. Y LOC. **en ~ de** En asunto de: *En materia de vinos, Isabel es una especialista.* **entrar en ~** Tratar el asunto anunciado o previsto: *El conferenciante tardó mucho tiempo en entrar en materia.*

material *adj.* **1** De la materia: *El collar sólo tiene un valor material. Buscamos ayuda material y solidaridad humana.* **2** Que es físico, o que es del cuerpo o de los sentidos y no del espíritu: *En la naturaleza humana hay aspectos que no son materiales.* **3** [Persona] que hace personal y físicamente una cosa: *el autor material de los disparos. Los autores materiales del atraco han sido detenidos, pero se busca al cerebro del golpe.* || *s. m.* **4** (preferentemente en plural) Materia que se emplea para hacer algo: *El material empleado es de primera calidad.* **5** (no contable) Conjunto de instrumentos o máquinas necesarias para desempeñar un servicio o ejercer una profesión: *el material de oficina, el material de gimnasia.* **6** (no contable) Cuero curtido: *un monedero de material. El niño tiene un balón de material, que es muy duro.* FR Y LOC. **de ~** ARG., URUG. De obra.

materialidad *s. f.* **1** (no contable) Cualidad de material: *El alma no tiene materialidad.* **2** (no contable) Superficie exterior o apariencia de las cosas: *Nos atrae la materialidad de sus propuestas arquitectónicas.* **3** (no contable) Aspecto fónico de las palabras: *La materialidad de la frase no tiene ningún interés.*

materialismo *s. m.* **1** (no contable) Doctrina filosófica que afirma que lo único que existe es la materia. **~ histórico / dialéctico** Doctrina filosófica de Marx, Engels y sus partidarios. **2** (no contable) PEYORATIVO. Actitud de la persona que valora excesivamente los bienes materiales: *Su materialismo es repugnante: no le interesan los sentimientos.*

materialista *adj.* 1 De la filosofía del materialismo: *La filosofía marxista es materialista.* || *adj. / s. m.* y *f.* 2 FÍS. [Persona] que es partidaria del materialismo: *Los materialistas desarrollaron sus doctrinas en el siglo* XIX. 3 Que da demasiada importancia a los bienes materiales: *Ese tipo es un materialista, elige a sus amigos por el dinero.* || *s. m.* 4 MÉX. Transportista de materiales de construcción. **camión* ~.** || *s. m. / f.* 5 MÉX. Persona que comercia con materiales de construcción.

materialización *s. f.* Acción y resultado de materializar: *la materialización de un proyecto, la materialización de un acuerdo. La casita en el campo es la materialización de un antiguo deseo.*

materializar *v. tr.* 1 Realizar ‹una persona› [un proyecto o una idea]: *Al fin logré materializar mis deseos.* 2 Presentar o considerar ‹una persona› [una cosa espiritual] de manera material para que pueda ser percibida por los sentidos: *Con sus alegorías consigue materializar ideas difíciles de comprender.* 3 Hacer ‹una persona o una cosa› que [una persona] se vuelva materialista: *Los sociólogos señalan que la propaganda materializa a los jóvenes actuales.* || *v. prnl.* 4 Hacerse ‹una persona› materialista: *Chico, yo con los años me he materializado mucho.* ⇒ **19.**

materialmente *adv. modo / cant.* 1 De manera material, con presencia material: *Es que él no estaba allí materialmente, sino sólo en espíritu.* 2 Literalmente, de hecho, realmente: *Estoy materialmente agotado.* 3 Enteramente, por completo: *materialmente deshecho.* 4 Se usa a veces con sentido similar al de *prácticamente, casi*: *El partido está materialmente terminado.* || *adv. restrictivo* 5 En lo material, en el aspecto material: *Julia me ayudó siempre que pudo, material y espiritualmente.* 6 Físicamente, desde un punto de vista físico: *Es materialmente imposible que ese piano entre por esta puerta.*

maternal *adj.* 1 De la madre: *amor maternal, instinto maternal, cuidados maternales.* SIN. materno. 2 Que es como si fuera de la madre: *Mi tía me cuidó con amor maternal. La novia lo miraba con ojos maternales.*

maternidad *s. f.* 1 (no contable) Estado o circunstancia de ser madre: *La maternidad le sienta muy bien.* 2 Hospital o zona de un hospital destinado a las mujeres que van a ser madres: *Han ampliado la zona de maternidad.*

maternizar *v. tr.* RESTRINGIDO. Dotar ‹una persona› a [la leche de vaca] de las propiedades que tiene la de mujer: *Las compañías alimenticias tienen plantas para maternizar leche para niños.* ⇒ **19.**

materno, na *adj.* De la madre: *amor materno, leche materna.* **apellido ~ . claustro* ~ . lengua* materna.**

matero, ra *adj.* 1 ARG., URUG. Que gusta de tomar mate. || *s. m.* 2 VEN. Tiesto, maceta.

matete *s. m.* 1 AMÉR. DEL S. Mezcla de sustancias deshechas en algún líquido. 2 ARG., URUG. Lío, desorden.

matinal *adj. / s. f.* 1 De las horas de la mañana: *edición matinal.* SIN. matutino. 2 [Sesión] de un espectáculo que se celebra por la mañana: *Ayer estuve en una matinal de música de cámara.*

matiné *s. f.* RESTRINGIDO. Sesión matinal de un espectáculo: *Vamos con los niños a la matiné de las doce.*

matiz *s. m.* 1 Cada uno de los distintos grados o tonos de un color: *los diversos matices del azul.* 2 Rasgo que da a una cosa un carácter determinado: *La reunión tiene un matiz político.* 3 Aspecto de especial colorido y expresión de las obras literarias: *Los matices de la comedia fueron bien apreciados por el público.* 4 Grados que no alteran la sustancia esencial de una cosa: *Nuestras propuestas son idénticas, con matices sin importancia.*

matización *s. f.* Acción y resultado de matizar: *Esa pintora cuida mucho la matización de los colores en sus cuadros.*

matizar *v. tr.* 1 Dar ‹una persona o una cosa› un determinado tono a [un color]: *La lluvia y el sol han matizado el prado con brillos y tornasoles.* 2 Señalar ‹una persona› las diferencias o las matices de [una cosa]: *El filósofo matizó los aspectos de su pensamiento.* SIN. puntualizar. 3 Dar ‹una persona› [un determinado tono o matiz] a [una cosa]: *El escritor matiza* ***de*** *ironía sus palabras. Javier sabe matizar sus insinuaciones.* ⇒ **19.**

matojo *s. m.* 1 BOT. Mata, planta herbácea, baja y espesa o de tallo bajo, ramificado y leñoso. 2 BOT.; COL., CUBA, P. RICO. Brote o retoño de un árbol podado. 3 ANTILLAS, COL., MÉX. Matorral. FR. Y LOC. **saltar matojos** COL.; COLOQUIAL. Encontrarse ‹una persona› en grandes apuros económicos.

matón, na *s. m. / f.* 1 Persona provocadora que presume de valiente o que busca pelea: *La pelea empezó por culpa de dos matones.* 2 COLOQUIAL; PEYORATIVO. Guardaespaldas: *El mafioso siempre va a la playa con su pareja de matones.* 3 Persona que emplea medios ilícitos para conseguir su propósito: *A mí me parece que esos tipos no son comerciantes, sino matones.*

matonismo *s. m.* (no contable) RESTRINGIDO. Comportamiento de los que quieren imponer su voluntad por la fuerza o por el terror: *El matonismo no cabe en nuestra organización.*

matorral *s. m.* 1 Formación arbustiva baja y más o menos densa: *El fugitivo se ocultó detrás de unos matorrales.* 2 Conjunto de matas o arbustos: *Por estos montes se extiende un extenso matorral mediterráneo.*

matraca *s. f.* 1 Instrumento formado por una rueda con unas aspas, entre las que cuelgan unos mazos o badajos, que produce un sonido desagradable al girar. 2 Carraca. 3 COLOQUIAL. Molestia que se causa a una persona por la repetición insistente de una cuestión o de una petición: *Todos los días me da la matraca con lo de su viaje.* SIN. tabarra, tostón. || *s. f.* 4 (en plural; no contable) JERGAL. Matemáticas: *Tengo examen de matracas.* 5 VEN.; COLOQUIAL. Cobro o pago ilegal, sobre todo el de los funcionarios. 6 VEN.; COLOQUIAL. Vehículo destartalado y ruidoso. || *s. m. / f.* 7 COLOQUIAL. Persona pesada: *¡Qué matraca de tío!* SIN. pelma.

matraquear *v. intr.* 1 RESTRINGIDO. Hacer sonar ‹una persona› una matraca: *En mi pueblo matraqueamos en Semana Santa.* || *v. tr.* 2 COLOQUIAL, RESTRINGIDO. Causar ‹una persona o una cosa› molestias [a una persona]: *Déjame tranquilo y no me matraquees más.*

matraz *s. m.* Vasija de vidrio redondeada y con cuello largo y estrecho utilizada en los laboratorios: *Hay que calentar la disolución en un matraz.*

matrero, ra *adj. / s. m.* y *f.* 1 AMÉR. DEL S. Que anda fugitivo de la justicia, como bandolero o malhechor. || *adj.* 2 AMÉR. DEL S. Que es esquivo o huraño.

matriarcado *s. m.* **1** Organización social en la que el poder reside en las mujeres: *El matriarcado es propio de las sociedades primitivas, según algunos autores.* **2** COLOQUIAL. Predominio o mayor autoridad de la mujer dentro de un grupo social: *En mi empresa el matriarcado es la norma.*

matriarcal *adj.* Del matriarcado: *las estructuras matriarcales, la organización matriarcal, la etapa matriarcal.*

matricial *adj.* **1** De matrices: *impresora matricial.* **2** MAT. Del cálculo con matrices.

matricida *adj. / s. m.* y *f.* ELEVADO. Persona que mata a su madre: *El matricida se entregó a la policía en la jefatura de su distrito.*

matrícula *s. f.* **1** Registro o lista oficial de personas o cosas con un fin determinado: *matrícula escolar, matrícula de comercios, matrícula de coches.* **2** Acción y efecto de matricular o matricularse: *Ayer hice la matrícula para el curso de socorrismo del Ayuntamiento.* **3** Conjunto de personas o cosas matriculadas: *Ha subido este año la matrícula de Medicina.* **4** Placa delantera y trasera de un vehículo en la que figura el número de su registro. || **5 ~ de honor** Calificación máxima, superior al sobresaliente.

matriculación *s. f.* Acción y resultado de matricular o matricularse: *La matriculación de motos ha subido el verano pasado.*

matricular *v. tr. / prnl.* **1** Inscribir ‹una persona› [a otra persona] en un curso o en un registro: *Ana **se** matriculó **en** la Facultad de Derecho. Mi padre me matriculó **en** Económicas.* || *v. tr.* **2** Inscribir ‹una persona› [un vehículo] en un registro oficial: *No te preocupes, los vendedores te matriculan la furgoneta.*

matrimonial *adj.* Del matrimonio: *agencia matrimonial. La vida matrimonial no es fácil.* **capitulaciones* matrimoniales. enlace ~.**

matrimoniar *v. intr. / prnl.* RESTRINGIDO. Unirse ‹dos personas› en matrimonio: *Adela y Jaime matrimoniarán el sábado próximo en la catedral. Esta pareja **se** ha matrimoniado el mes pasado.* SIN. casarse.

matrimonio *s. m.* **1** Unión legítima entre un hombre y una mujer: *contraer matrimonio, pedir a una persona en matrimonio.* **~ civil** Matrimonio celebrado según la ley civil, sin intervención de la Iglesia: *Los matrimonios civiles pueden celebrarse en los ayuntamientos.* **~ religioso** Matrimonio celebrado de acuerdo con los cánones y ceremonias de una religión: *Celebrarán un matrimonio religioso según el rito ortodoxo.* **2** Sacramento de la religión católica que da un carácter sagrado y perpetuo a esta unión: *El matrimonio es un sacramento.* **3** Pareja que forman el marido y la mujer: *Fue una reunión de matrimonios. Conocimos a un matrimonio mayor muy agradable.* **4 ~ de conveniencia** 1 Matrimonio hecho exclusivamente por el interés material: *Es un matrimonio de conveniencia, así el control de la empresa no sale de las manos actuales.* 2 Pacto de mutuo interés: *Las dos fábricas están pactando un matrimonio de conveniencia para controlar el mercado.* FR. Y LOC. **cama* de ~. consumar el ~** Tener ‹dos personas que se han casado› relaciones sexuales: *No consumaron el matrimonio.*

matrioska *s. f.* Muñeca hueca de madera, partida por la cintura en dos partes que encajan, y que tiene en su interior otra muñeca igual pero más pequeña, la cual, a su vez, tiene otra más pequeña, y así sucesivamente: *Me han regalado una matrioska rusa.*

matritense *adj. / s. m.* y *f.* ELEVADO. Madrileño: *un diario matritense, las calles matritenses, los matritenses.*

matriz *s. f.* **1** ANAT. Útero. **2** Molde en que se funden objetos de metal idénticos: *De este modelo se han sacado veinte esculturas y luego se ha destruido la matriz.* **3** ART. GRÁF. Letra o espacio en blanco de un texto impreso: *Cada línea tiene cuarenta y ocho matrices.* **4** Parte que queda unida a un talonario al arrancar los talones: *En la matriz del talonario anoto la cuantía y las fechas de los cheques.* **5** MAT. Cuadro de números o de símbolos algebraicos distribuidos en filas y columnas: *álgebra de matrices.* **6** URUG. Cliché de multicopista. || *adj. / s. f.* **7** [Establecimiento] que es el principal de una cadena: *Esa tienda es la casa matriz de la famosa firma.*

matrona *s. f.* **1** Comadrona, enfermera profesional que asiste en los partos: *En la clínica atiende a las parturientas una matrona si el parto no presenta dificultad.* **2** ELEVADO. Madre de familia noble, especialmente en la antigua Roma: *Algunas matronas romanas son famosas por su poder e influencia política.* **3** Mujer madura de cierta corpulencia: *No me gustaría enfadarme con nuestras fruteras, dos matronas nada tímidas.*

matufia *s. f.* **1** ARG., URUG.; COLOQUIAL. Negocio sucio. **2** ARG., URUG.; COLOQUIAL. Estafa, timo.

matungo, ga *adj.* AMÉR. DEL S. Caballo flaco, con heridas o viejo.

maturranga *s. f.* COLOQUIAL, RESTRINGIDO. Trampa, engaño hábil: *Mira, no creo ya tus maturrangas, no me sacas ni un duro.*

maturrango, ga *adj.* AMÉR. DEL S. Mal jinete.

matusalén *s. m.* COLOQUIAL; INTENSIFICADOR, frecuentemente PEYORATIVO. Hombre de mucha edad: *Se ha casado con un matusalén de ochenta años.* FR. Y LOC. **ser más viejo que Matusalén** COLOQUIAL; INTENSIFICADOR, frecuentemente PEYORATIVO. Ser ‹una persona› muy vieja: *Mi profesor es más viejo que Matusalén.*

matute *s. m.* RESTRINGIDO. Introducción de mercancías en un pueblo sin pagar los impuestos. FR. Y LOC. **de ~** 1 De contrabando: *Todo este tabaco es de matute.* 2 De manera clandestina: *Logré colar al perro en el tren de matute.*

matutino, na *adj.* **1** De las horas de la mañana: *edición matutina, boletín matutino.* SIN. matinal. **2** Que ocurre o se hace por la mañana: *ejercicios matutinos, sesión matutina.* || *adj. / s. m.* **3** [Periódico] que se pone a la venta por la mañana: *diario matutino. Un matutino ha dado la noticia.* FR. Y LOC. **lucero* del alba** o **lucero de la mañana** o **lucero ~.**

maula *adj. / s. m.* y *f.* **1** COLOQUIAL; PEYORATIVO. Persona inútil, que trabaja poco o mal: *Como cocinera eres algo maula.* **2** COLOQUIAL; PEYORATIVO. Persona que engaña o hace trampas a los demás: *No te fíes del tendero, que es un maula, siempre se equivoca en la vuelta, pero a su favor.* **3** URUG.; COLOQUIAL; PEYORATIVO. Que es cobarde. || *s. f.* **4** COLOQUIAL, PEYORATIVO. Cosa inútil por ser vieja o mala: *Te han vendido buenas maulas en el mercado: los tomates están para tirarlos.*

maullar *v. intr.* Emitir ‹el gato› su voz característica: *Cuando llega el mes de febrero maúllan de una manera insoportable.* SIN. mayar.

maullido o **mayido** *s. m.* Sonido que emite el gato: *El gato tenía hambre y lanzaba maullidos.*

mauriciano, na *adj. / s. m.* y *f.* De Isla Mauricio, en África.

mauritano, na *adj. / s. m.* y *f.* De Mauritania, país africano: *la industria pesquera mauritana. Las mauritanas llevaban vestidos muy alegres.*

máuser *s. m.* MIL. Fusil de repetición no automático: *Hace años, los ejércitos estaban equipados con máuseres.*

mausoleo *s. m.* Sepulcro monumental: *Dejó dispuesto que sus restos se trasladaran al mausoleo de sus antepasados.*

maxilar *adj.* **1** De la quijada o mandíbula: *arteria maxilar. Tengo una lesión maxilar.* **hueso* ~.** || *s. m.* **2** ANAT. Cada uno de los huesos encargados de la masticación que forman el límite óseo de la boca: *A Sonia le tienen que arreglar el maxilar inferior.*

maxilofacial *adj.* Del maxilar y de la cara conjuntamente: *especialista maxilofacial, clínica maxilofacial.*

máxima *s. f.* **1** Proposición científica generalmente aceptada: *Las máximas de la Física clásica ahora se discuten.* **2** Frase que expresa brevemente un pensamiento moral o una enseñanza: *Los refranes son máximas populares, como la de «A buen hambre no hay pan duro».* **3** Principio ideológico fundamental: *máxima comunista, máxima religiosa.* **4** Regla de conducta: *Su máxima es la honradez.*

maximalismo *s. m.* (no contable) Ideología y comportamiento de las personas partidarias de soluciones extremas, sobre todo en política: *Tu maximalismo me asusta.*

maximalista *adj. / s. m.* y *f.* Que es partidario de las posiciones más extremadas: *una política maximalista. Su pensamiento es maximalista en todos los campos.*

máximamente *adv.* RESTRINGIDO. Máxime, sobre todo: *Tienes que hacerlo bien, máximamente cuando te van a grabar para la televisión.*

máxime *adv.* Sobre todo, con mayor motivo: *Creo que debes decírselo, máxime si sois tan amigos.*

máximo, ma *adj.* **1** (superlativo de *grande*, antepuesto / pospuesto) Que es tan grande en su especie que no lo hay mayor o igual: *Este es el tamaño máximo. Tú eres el máximo responsable.* || *s. m.* **2** Límite o grado superior al que una persona o cosa puede llegar: *Trabajo un máximo de diez horas. El depósito está al máximo de su capacidad.* || **3 castigo* ~ . 4 ~ común divisor*.** FR. Y LOC. **como ~** Como mucho: *Como máximo, me iré quince días de vacaciones.*

máximum *s. m.* DER.; RESTRINGIDO; INTENSIFICADOR. Límite o grado superior al que una persona o cosa puede llegar: *Se le aplica el máximum de condena.* SIN. máximo.

maya *adj. / s. m.* y *f.* **1** De los pueblos amerindios que hoy habitan el Yucatán y otras regiones adyacentes: *arte maya.* || *s. m.* **2** LING. Lengua de estos pueblos. || *s. f.* **3** LIT. Canción y letra tradicional que se entonaba en las fiestas del mes de mayo: *Las mayas tratan de la naturaleza y del amor.*

mayar *v. intr.* Maullar.

mayate *s. m.* **1** MÉX.; COLOQUIAL. Escarabajo. **2** MÉX.; VULGAR. Homosexual masculino.

mayear *v. intr.* RESTRINGIDO. Ser ‹un mes› meteorológicamente como el mes de mayo.

mayestático, ca *adj.* **1** ELEVADO. Que tiene la solemnidad o la grandeza propias de la majestad: *Una figura mayestática preside el mausoleo.* || **2 plural* ~.**

mayéutica *s. f.* (no contable) FILOS. Metodo de enseñanza en el que el maesro dialoga con el discípulo para guiarlo en la búsqueda de la verdad: *La mayéutica se relaciona siempre con el filósofo griego Sócrates.*

mayido *s. m.* RESTRINGIDO. Maullido.

mayo (diferente de *mallo*) *s. m.* **1** Quinto mes del año, que tiene 31 días. **2** RESTRINGIDO. Palo alto adornado con cintas, frutas y flores alrededor del cual los jóvenes del pueblo bailaban durante este mes. FR. Y LOC. **como agua* de ~ .**

mayólica *s. f.* RESTRINGIDO. Cerámica con esmalte metálico, propia de árabes y españoles.

mayonesa o **mahonesa** *s. f.* (no contable) Salsa elaborada con aceite y huevo batidos: *La mayonesa es una salsa ideal para algunas ensaladas.*

mayor *adj.* **1** (comparativo de *grande*) Que tiene más cantidad, calidad o dimensión que otro de su misma especie: *Este gato es mayor que ése. Tu niña es mayor que la mía.* **2** (superlativo, precedido de artículo o adjetivo posesivo) El más grande: *La actriz vive en la mayor pobreza.* **3** Que es más intenso que otro de la misma especie: *Este proyecto exige un esfuerzo mayor.* **4** Que es principal o de mucha importancia: *plaza mayor, calle mayor, portera mayor.* **5** Que es adulto: *persona mayor, animal mayor.* **6** De edad avanzada. *Mi abuela es mayor. María es mayor.* || *s. m.* **7** MIL. Comandante, en algunos ejércitos: *Acataron las órdenes del mayor.* **8** Libro de contabilidad en el que se anotan las partidas globales o importantes. **9** (en plural) Antepasados: *Nuestros mayores descansan en el cementerio de Salamanca.* || **10 aguas* mayores. 11 arresto* ~ . 12 caza* ~ . 13 colegio* ~ . 14 dedo* ~ . 15 estado* ~ . 16 fuerza* ~ . 17 ganado* ~ . 18 ~ de edad** [Persona] que ha alcanzado la mayoría de edad fijada por la ley. **19 palabras* mayores. 20 palo* ~ . 21 plana* ~ . 22 prisión* ~ . 23 tono* ~ . 24 vela* ~ . 25 verso* de arte ~ .** FR. Y LOC. **a ~ abundamiento*. al por ~** En gran cantidad: *venta al por mayor.* **ir / pasar* a mayores.**

mayoral *s. m.* **1** Pastor principal de una ganadería, especialmente de una de reses bravas: *El mayoral elegirá los toros de la próxima corrida.* **2** RESTRINGIDO. Capataz o jefe de una cuadrilla de trabajadores agrícolas o de la construcción. **3** HIST. Cochero de una diligencia o coche de caballos.

mayorazgo *s. m.* **1** (no contable) ELEVADO. Institución del derecho civil castellano que permite transmitir por herencia los bienes familiares al hijo mayor. **2** Persona que hereda los bienes por esta institución. **3** Conjunto de estos bienes: *El primogénito heredó el mayorazgo a los treinta años.*

mayordomía *s. f.* **1** (no contable) RESTRINGIDO. Oficio de mayordomo o administrador. **2** Oficina del mayordomo.

mayordomo, ma *s. m. / f.* **1** Criado que dirige los servicios de una casa y es el responsable de su gobierno económico: *El mayordomo ha sido acusado de asesinar a la familia, como en las películas.* || *s. m.* **2** Administrador de una cofradía religiosa o responsable de su funcionamiento anual: *El maestro ha sido nombrado mayordomo de la cofradía.*

mayoreo *s. m.* CHILE, COL., MÉX.; COLOQUIAL en Chile y Colombia. Venta al por mayor.

mayoría *s. f.* **1** La mayor parte de algo: *Se organizan actividades que gustan a la mayoría de la gente del barrio.* **2** Mayor número de votos iguales que se produce en una votación: *La ley fue aprobada por mayoría.* **~ absoluta** Mayoría formada por más de la mitad de los votos. **~ simple** POLÍT.

Conjunto de votos iguales más grande en comparación con los otros, pero no superior a la mitad de votos totales: *Aunque ganó por mayoría simple, el proyecto fue aceptado.* || 3 **~ de edad** Edad fijada por la ley para que una persona pueda ejercer todos sus derechos civiles: *En España la mayoría de edad se alcanza a los dieciocho años.* 4 **~ silenciosa** Extenso conjunto de la población de una sociedad que no manifiesta explícitamente sus preferencias políticas o sociales: *La mayoría silenciosa no hace ruido, pero vota en las elecciones y es fundamental saber qué piensa.*

mayorista *adj.* 1 [Comercio] que se dedica a la venta de productos en grandes cantidades: *Esta perfumería es mayorista.* ANT. minorista. || *adj. / s. m.* y *f.* 2 Comerciante que compra y vende al por mayor o en gran cantidad: *Son mayoristas y por eso venden más barato.* ANT. minorista.

mayoritario, ria *adj.* 1 De la mayoría: *decisión mayoritaria, votación mayoritaria.* **representación* mayoritaria.** 2 Que obtiene el mayor número de votos en una votación: *¿Cuál ha sido el partido mayoritario en estas elecciones?*

mayormente *adv.* 1 Sobre todo, máxime, en especial, particularmente: *Es muy generoso, mayormente con los niños.* SIN. especialmente, principalmente. 2 De una manera especial, particularmente, especialmente: *No me sentía mayormente motivado para hacerlo.*

mayúsculo, la *adj.* 1 (antepuesto / pospuesto) RESTRINGIDO. Que es muy grande o enorme: *sorpresa mayúscula. Has cometido una mayúscula equivocación al decírselo a ella. Me llevé un susto mayúsculo.* || 2 **letra* mayúscula / versal.**

maza *s. f.* 1 Herramienta formada por una pieza gruesa y pesada sujeta a un mango para golpear o apisonar: *Todavía se usan las mazas en algunos pueblos para tapar los agujeros de los caminos.* 2 Antigua arma formada por un mango de hierro o de madera recubierta de hierro, con la cabeza gruesa: *una maza con la cabeza llena de púas, dar un golpe con la maza.* SIN. clava. 3 Bastón parecido a este arma, con la cabeza dorada o plateada que llevan los maceros como adorno en ciertas ceremonias: *El alcalde, escoltado con los maceros con mazas, inauguró la sesión.* 4 MÚS. Bola forrada de cuero unida a un mango para tocar el bombo. 5 DEP. Parte más gruesa de un taco de billar. 6 (preferentemente en plural) DEP. Aparato de gimnasia rítmica que consiste en un palo corto de cabeza más ancha que la base con el que se realizan varias figuras de habilidad: *Las gimnastas tienen que hacer ejercicios con las mazas.* 7 DEP. Prueba gimnástica en que se utilizan estos aparatos: *La mejor actuación de Marta fue en mazas.* 8 COLOQUIAL. Persona o cosa molesta y pesada: *La novela que estoy leyendo es una maza aburridísima.* SIN. plomo, pelma. 9 ARG., CHILE, URUG. Cubo de la rueda.

mazacote *s. m.* 1 Cosa más dura o apretada de lo normal: *Los guisantes de hoy son un mazacote incomible.* 2 Obra de arte de mala calidad, en la que domina la masa sobre la elegancia: *Esta escultura es un mazacote. ¡Vaya mazacote de edificio que han construido!*

mazamorra *s. f.* 1 AMÉR. Dulce de maíz. 2 COL., VEN., COLOQUIAL en Venezuela; PEYORATIVO en Colombia. Desorden o confusión.

mazapán *s. m.* Dulce de almendras molidas amasadas con azúcar que muchas veces se presenta en forma de figuritas ligeramente tostadas al horno: *turrón de mazapán, una caja de mazapanes.*

mazazo *s. m.* 1 Golpe dado con un mazo o con una maza: *Al carpintero se le escapó el mazo y se dio un mazazo en la mano.* 2 COLOQUIAL. Noticia o imagen que causa una fuerte impresión: *La muerte del abuelo fue un mazazo para todos.*

mazmorra *s. f.* Prisión subterránea o lugar desagradable, estrecho y oscuro: *las mazmorras del castillo. Las celdas de castigo son auténticas mazmorras.*

mazo *s. m.* 1 Martillo grande de madera: *El mazo es útil para clavar estacas en la tierra.* 2 Martillo de metal. 3 Maza pequeña: *el mazo del mortero, el mazo de un bombo.* 4 Grupo de cosas atadas o unidas: *mazo de cigarros, mazo de cartas. Me ha dado un mazo de sobres.*

mazorca *s. f.* Fruto en forma de espiga grande y apretada con un gran número de granos muy juntos: *mazorca de maíz.* SIN. panocha.

mazurca *s. f.* 1 Danza polaca parecida a la polca, que se baila con un compás de tres por cuatro: *En la película el protagonista bailó varias mazurcas.* 2 Música propia de esta danza.

me (de primera persona; singular; masculino y femenino) *pron. pers.* 1 Pronombre personal complemento que se refiere a la persona que habla o escribe: *Los vecinos me despiertan todos los días. Me dio una bofetada.* OBSERVACIONES: Funciona como complemento directo del verbo y como complemento indirecto. Cuando coinciden ambos complementos en una frase, el indirecto *me* va siempre antes del directo. 2 Se usa para formar los verbos pronominales y con verbos reflexivos: *Me olvidé de tu madre. Hoy no me afeito.* 3 Tiene un valor intensificador o expresivo a veces: *Me comí un pollo entero.* OBSERVACIONES: ◊ En las tres acepciones, no lleva nunca preposición. ◊ Normalmente se antepone al verbo: *¿Me pasas ese plato?,* excepto cuando va con un imperativo afirmativo, infinitivo o gerundio, con los que va inmediatamente después, unido a ellos: *Llevo entrenándome dos meses. Prefiero quedarme aquí. Ayúdame, por favor.* ◊ Cuando va con otros pronombres átonos, se antepone a ellos, excepto cuando se trata de *te* o *se*: *¿Me lo haces tú? Se me cae el pelo. Cuidado, que te me caes por el balcón.*

meada *s. f.* 1 VULGAR. Orina que se expulsa de una sola vez: *El niño echó una buena meada.* SIN. pis (COLOQUIAL). 2 VULGAR. Mancha o señal que deja la orina: *No consigo quitar de la alfombra la meada del gato.*

meadero *s. m.* VULGAR.; a veces HUMORÍSTICO. Lugar destinado a orinar: *Vamos al bar, que tengo que visitar los meaderos.*

meado *s. m.* VULGAR. Orina que se expulsa de una vez: *El meado del perro ha dejado un olor terrible.* SIN. meada.

meandro *s. m.* 1 Curva que traza un río en su recorrido: *los meandros del Tajo.* 2 Curva de un camino o carretera: *Entre los dos pueblos discurre una carretera llena de meandros.* 3 (en plural) ELEVADO. Aspectos complejos y ocultos: *los meandros de la mente, los meandros de la negociación.*

meapilas (plural *meapilas*) *s. m. / f.* VULGAR; PEYORATIVO. Persona que aparenta una devoción o piedad inoportuna o injustificadamente exagerada: *Carlos es un meapilas, está todo el día besando estampas de santos.*

mear *v. intr. / tr.* 1 VULGAR. Expulsar ‹una persona o un animal› la orina del cuerpo. || *v. prnl.* 2 VULGAR. Expulsar ‹una persona o un animal› la orina del cuerpo involuntariamente. 3 VULGAR. Reírse ‹una persona› mucho y con ganas: *Cuenta unos chistes que te meas de risa.* SIN. partirse, mondarse. FR. Y LOC. **~ / regar fuera del tiesto*. mearse/ mondarse/partirse/troncharse de risa*.**

meato *s. m.* **1** ANAT. Orificio de un conducto del cuerpo. **~ urinario** ANAT. Orificio externo de la uretra. **2** BOT. Cada uno de los espacios huecos que hay entre las células de un tejido vegetal.

MEC (pronunciamos *'mec'*) *s. m.* Sigla de «Ministerio de Educación y Ciencia», España.

meca *s. f.* Lugar considerado el centro más importante de una actividad: *Este verano Santander será la meca de la cultura española.* FR. Y LOC. **de la Ceca* a la Meca.**

¡mecachis! *interj.* COLOQUIAL. Expresa enfado, sorpresa o extrañeza: *¡Mecachis, me he olvidado el dinero!*

mecánica *s. f.* **1** (no contable) Parte de la Física que estudia el movimiento y el equilibrio de los cuerpos: *Me han suspendido en mecánica.* **2** (no contable) Estudio de la construcción y funcionamiento de las máquinas: *Sin un buen conocimiento de la mecánica no se puede diseñar un vehículo.* **3** Conjunto de piezas que producen o transmiten un movimiento en un artefacto o aparato: *La mecánica de la moto es buena.* SIN. mecanismo. **4** (no contable) COLOQUIAL. Forma usual de realizarse algo: *Tiene experiencia, conoce bien la mecánica del trabajo.* SIN. mecanismo.

mecánicamente *adv. modo* **1** De forma mecánica, por sistema mecánico: *Todos los dispositivos actúan mecánicamente.* **2** De un modo mecánico, sin reflexión, como por reflejo, automáticamente: *Sonó el reloj y, mecánicamente, me puse a recogerlo todo.* **3** Por medios o procedimientos mecánicos: *Mecánicamente, no se podría conseguir.* || *adv. restrictivo* **4** Desde el punto de vista de los principios de la mecánica: *Eso es, mecánicamente, un atraso.* **5** En el aspecto mecánico, desde el punto de vista de las características mecánicas: *Mecánicamente, me gusta más este modelo.*

mecanicismo *s. m.* **1** (no contable) Doctrina que explica los fenómenos biológicos por las leyes de la mecánica. **2** (no contable) PEYORATIVO. Razonamiento analógico que generaliza de forma automática y poco reflexiva unos principios correctos en una situación a situaciones muy diferentes: *El mecanicismo de sus análisis políticos nos llevará a la ruina.*

mecánico, ca *adj.* **1** De la mecánica o de las máquinas: *teoría mecánica. El coche tiene problemas mecánicos.* **2** Que se hace a máquina o funciona por un mecanismo: *Todos los grandes almacenes tienen escaleras mecánicas. El cosido de los zapatos es mecánico.* **escalera* mecánica. pala* mecánica. sierra mecánica. telar ~ .** **3** Que se hace sin reflexionar, automáticamente: *gesto mecánico, acto mecánico. Me dirigió una sonrisa mecánica.* **4** GEOL. Que produce erosión sin cambios químicos: *El viento o los terremotos son agentes mecánicos que modifican la corteza terrestre.* **5** RESTRINGIDO. Que exige más esfuerzo o habilidad manual que intelectual: *oficio mecánico, artes mecánicas.* || *s. m./f.* **6** Persona que se dedica profesionalmente al estudio o al arreglo de las máquinas: *El motor de mi coche va muy bien porque me lo cuida el mecánico del taller.*

mecanismo *s. m.* **1** Conjunto de piezas combinadas entre sí que funcionan juntas con un único fin: *el mecanismo de un ascensor, el mecanismo de un reloj, el mecanismo de un arma, desmontar un mecanismo.* **2** Manera concreta de producirse una actividad, una función, un proceso o un suceso: *un mecanismo biológico. En el mecanismo del lenguaje intervienen muchos factores.* || **3 ~ de defensa** PSIQUIAT. Comportamiento o actitud del yo para protegerse de lo que considera agresiones del entorno: *En cuanto le hablan del colegio, por un mecanismo de defensa, se hace el sordo y sale de la habitación.*

mecanización *s. f.* Acción y resultado de mecanizar: *la mecanización de un proceso, la mecanización de una actividad, la mecanización de una fábrica.*

mecanizar *v. tr.* **1** Aplicar ‹una persona› el uso de máquinas a [una actividad]: *Correos ha mecanizado el servicio de clasificación postal.* SIN. automatizar. **2** Someter ‹una persona› [una materia o un producto] a elaboración mecánica: *Han mecanizado la producción de pan.* **3** Dar ‹una persona› la regularidad de una máquina a [una acción humana]: *Los soldados han mecanizado el saludo.* ⇒ **19.**

mecano *s. m.* (marca registrada) Juguete formado por varias piezas con las que se pueden formar construcciones, máquinas y otros objetos: *El niño hizo una grúa con el mecano.*

mecanografía *s. f.* (no contable) Técnica de escribir a máquina: *academia de mecanografía, tratado de mecanografía.*

mecanografiar *v. tr.* Escribir ‹una persona› [una cosa] a máquina: *Tenemos que mecanografiar estas notas del director antes de irnos.* ⇒ **8.**

mecanográfico, ca *adj.* De la mecanografía: *copia mecanográfica, concurso mecanográfico.*

mecanógrafo, fa *adj./s. m.* y *f.* Persona que tiene por oficio escribir a máquina rápidamente: *Las mecanógrafas puras han desaparecido de las oficinas: ahora tienen que hacer otras cosas además de escribir.*

mecanoterapia *s. f.* (no contable) MED. Empleo de aparatos mecánicos para conseguir movimientos activos o pasivos en el cuerpo humano y con ello aliviar o curar algunas dolencias.

mecapal *s. m.* GUAT., HOND., MÉX. Tira de cuero, con dos cuerdas en los extremos, utilizada para llevar una carga a cuestas, poniendo la tira en la frente y pasando las cuerdas por debajo de la carga.

mecapalero *s. m.* GUAT., HOND., MÉX. Cargador que usa el mecapal para llevar la carga.

mecate *s. m.* **1** AMÉR. Cuerda de pita o cordel en general. **2** VEN.; COLOQUIAL. Adulación.

mecatero, ra *adj.* **1** COL. Muy aficionado a comer golosinas o cosas de poco alimento. **2** VEN.; COLOQUIAL. Que es adulador.

mecedor *s. m.* **1** RESTRINGIDO. Instrumento de madera para remover grandes cantidades de un líquido: *mecedor de vino, mecedor de jabón.* **2** VEN. Mecedora.

mecedora *s. f.* Silla de brazos cuyas patas se apoyan en dos arcos o terminan en forma circular para que pueda balancearse la persona que se siente: *la mecedora de la abuela. En verano es muy agradable sentarse en la mecedora a la sombra.* SIN. balancín.

mecenas (plural *mecenas*) *s. m.* ELEVADO. Persona o institución que favorece y protege económicamente las actividades artísticas o intelectuales: *El Estado es el principal mecenas de la música en muchos países.*

mecenazgo *s. m.* 1 ELEVADO. Cualidad de mecenas: *Su mecenazgo es reconocido por muchos autores.* 2 ELEVADO. Protección dada a las artes o a la cultura: *La ley del mecenazgo señala desgravaciones fiscales para el dinero invertido en proteger las artes.*

mecer *v. tr. / prnl.* 1 Mover ‹una persona o una cosa› [a una persona o una cosa] rítmicamente de un lado a otro, de manera que vuelva siempre a la posición inicial: *La cortina **se** mecía con la brisa. **Me** mecía distraído en la hamaca. El aire mecía suavemente las ramas de los sauces.* || *v. tr.* 2 RESTRINGIDO. Mover ‹una persona› [un líquido] de un lado a otro para que se mezcle mejor: *Se echan unas gotas de angostura y se mece bien la mezcla.* ⇒ **29.**

mecha *s. f.* 1 Cuerda retorcida de material combustible que arde con facilidad: *apagar la mecha, mecha de una lámpara, mecha de una vela, mecha de un explosivo.* 2 Tubo de algodón o papel relleno de pólvora para hacer explotar minas y barrenos: *una mecha de dinamita.* 3 Relleno, especialmente de tocino, para aves y carnes: *La nueva cocinera prepara muy bien la mecha del asado.* 4 Mechón de cabellos: *Una mecha de pelo le caía sobre los ojos.* 5 (preferentemente en plural) Mechón de pelo de un color diferente del original, conseguido mediante un tinte: *Beatriz se ha dado unas mechas caoba horrorosas.* 6 JERGAL. Procedimiento para robar que consiste en esconder en la ropa los productos sustraídos: *Van en grupo y están entrenados para la mecha.* 7 ARG., CHILE, PERÚ, URUG.; RESTRINGIDO en Chile. Broca de un taladro. 8 BOL. Burla. 9 MÉX. Miedo. 10 (en plural) ARG., URUG.; COLOQUIAL. Cabello desordenado. 11 VEN.; COLOQUIAL. Molestia, dificultad. FR. Y LOC. **a toda ~** COLOQUIAL. A toda velocidad: *Vístete a toda mecha, que llegamos tarde.* **aguantar ~** COLOQUIAL. Soportar ‹una persona› con paciencia una contrariedad o adversidad. *Si te toman el pelo, pues aguanta mecha.* **agarrarse las mechas** COL.; COLOQUIAL. Pelearse ‹dos mujeres›, agarrarse del moño.

mechar *v. tr.* 1 Poner ‹una persona› trozos de tocino o de jamón en el interior de [un ave o de un trozo de carne] para guisarlo: *La carne bien mechada es muy sabrosa.* || *v. prnl.* PERÚ. Pelearse ‹dos personas› a golpes.

mechera *adj. / s. f.* RESTRINGIDO. [Aguja] que es grande y hueca para rellenar la carne.

mechero, ra *s. m. / f.* 1 RESTRINGIDO. Ladrón que emplea el procedimiento de la mecha: *La policía ha detenido a dos mecheras en los grandes almacenes de la plaza.* || *s. m.* 2 Pequeño encendedor de bolsillo de gas o de gasolina: *mechero de gas, mechero recargable. No sé dónde he dejado el mechero.* 3 Encendedor rústico que tiene una mecha y una pequeña rueda dentada que hace saltar chispas de una piedrecilla: *El mechero es muy útil para el campo.* SIN. chisquero. 4 Quemador provisto de una mecha para dar luz o calor: *mechero de alcohol. En la fiesta cientos de mecheros iluminaban el palacio.* **~ bunsen** Quemador de gas de un laboratorio. 5 RESTRINGIDO. Tubo hueco donde se coloca la vela en un candelero. 6 COL.; COLOQUIAL. Cabello revuelto sin peinar.

mechinal *s. m.* 1 RESTRINGIDO. Agujero que se dejaba en las paredes de los edificios para apoyar en él el palo de un andamio. 2 COLOQUIAL, RESTRINGIDO. Cuarto o vivienda muy pequeños.

mechón *s. m.* Porción de pelos, fibras o hilos, que se corta o separa de un conjunto de la misma clase: *Me hice una trenza con tres mechones de pelo. El gato está jugando con un mechón de lana.*

mechonear *v. tr.* 1 ARG., CHILE.; COLOQUIAL. Tirar del cabello ‹una persona› [a otra persona]. || *v. intr.* 2 CHILE; COLOQUIAL. Iniciar en la vida académica con bromas ‹un alumno veterano› a otro universitario nuevo.

mechudo, da *adj.* AMÉR. Que tiene mucho pelo, o tiene el pelo lleno de greñas o mechones.

meco, ca *adj.* 1 AMÉR. C., MÉX.; COLOQUIAL. Que es grosero o tiene poca cultura. 2 MÉX.; COLOQUIAL. Que es muy fuerte o enérgico: *Se dio un golpe meco.*

meconio *s. m.* (no contable) MED. Primer excremento del recién nacido.

medalla *s. f.* 1 Placa de metal en la que hay grabada una imagen religiosa o un nombre: *la medalla de la Virgen. La medalla de plata de su horóscopo le hará ilusión.* 2 Placa grabada en honor de una persona o de un acontecimiento: *medalla conmemorativa de los Juegos Olímpicos.* 3 Condecoración: *la medalla al mérito artístico. Premiaron con una medalla su valor durante el incendio.* 4 Premio que se concede en competiciones, exposiciones o concursos: *Ha conseguido una medalla en la exposición de vinos de Rioja.* **~ de oro. ~ de plata. ~ de bronce.** || *s. m. / f.* 5 Persona que ha ganado uno de los tres primeros premios en una competición deportiva: *el medalla de oro en Roma. Es medalla de plata en jabalina.*

medallero *s. m.* DEP. Tabla de clasificación de las medallas conseguidas por los participantes en una competición deportiva: *Cuba ocupó una posición destacada en el medallero final.*

medallista *s. m. / f.* Deportista que ha conseguido alguna medalla en una competición deportiva: *Los medallistas fueron recibidos en el Ayuntamiento.*

medallón *s. m.* 1 ARQ. Bajorrelieve ovalado o redondo que decora las paredes o las fachadas de una construcción: *La fachada del mausoleo está orlada de medallones de personajes bíblicos.* 2 Joya en forma de caja pequeña donde se guardan objetos sentimentales de recuerdo: *De su pecho cuelga un medallón con la foto de su madre.* 3 Rodaja de un alimento, especialmente de pescado: *Aquí preparan unos medallones de carne muy sabrosos.*

médano *s. m.* 1 RESTRINGIDO. Duna: *La desembocadura del Ebro está llena de médanos.* 2 RESTRINGIDO. Banco de arena marino que sube casi hasta la superficie del agua: *Es peligroso navegar en una zona de médanos.*

media *s. f.* 1 (preferentemente en plural) Prenda interior femenina de tejido fino como nailon o espuma que cubre el pie y la mayor parte de la pierna hasta el muslo o hasta la cintura: *No gano para medias, enseguida se me rompen.* 2 (preferentemente en plural) Calcetín alto hasta la rodilla: *Llevo medias de lana en invierno.* 3 RESTRINGIDO. Cierta clase de punto de tejer: *Hacía siempre media mientras miraba la TV.* 4 Valor intermedio representativo de un conjunto de cantidades: *La media de estatura de los chicos es de un metro setenta y seis.* 5 (con el sustantivo *hora*) Espacio de tiempo de treinta minutos que sobrepasa a la hora indicada: *Son las tres y media.* 6 DEP. Línea entre la defensa y la delantera: *Juega en la línea media, como centro.* 7 AMÉR. Calcetín. || 8 **~ aritmética** MAT. Cociente que resulta de dividir la suma de varias cantidades por el número de ellas.

9 ~ **geométrica** MAT. Raíz enésima del producto de n números. FR. Y LOC. **aguja* de ~** o **aguja de hacer punto.**

mediacaña (plural *mediascañas*) *s. f.* **1** Moldura longitudinal cóncava: *Los marcos de las puertas los decoré con una mediacaña.* **2** Lima maciza semicilíndrica acabada en punta.

mediación *s. f.* Acción y resultado de mediar en un conflicto o entre personas: *la mediación del Secretario de la ONU. Se ha pedido la mediación de los países occidentales en el conflicto. El Papa ha ofrecido su mediación.*

mediado, da *adj.* **1** (estar) Que sólo contiene la mitad, más o menos, de su capacidad: *una botella mediada. El cine estaba mediado y la gente pudo salir bastante deprisa.* **2** (estar) Que está hecho o empezado hasta la mitad: *Llegamos cuando la obra estaba mediada. El museo está mediado, se acabará en verano.* FR. Y LOC. **a/hacia mediados de** Hacia la mitad del tiempo que se indica: *Iré a verte a mediados de semana. Mi primo vendrá a mediados de año.*

mediador, ra *adj. / s. m.* y *f.* Que interviene en un conflicto o problema para intentar solucionarlo: *Pertenecía a la comisión mediadora* ***del*** *conflicto entre padres y profesores. Fue el mediador de España* ***en*** *la guerra de Angola.*

mediagua *s. f.* ARG., CHILE, NIC.; COLOQUIAL en Chile. Choza, cabaña con tejado de una sola vertiente.

medialuna (plural *mediaslunas*) *s. f.* **1** Objeto en forma de media luna: *La modelo luce dos mediaslunas de plata de pendientes.* **2** Emblema del Islam: *Una medialuna roja es el emblema de una organización equivalente a la Cruz Roja.* **3** Cruasán: *Desayune un zumo de naranja, un café con leche y una medialuna por sólo ciento sesenta pesetas.*

mediana *s. f.* **1** Espacio de separación entre los dos sentidos de circulación en una autopista o autovía: *Es peligroso cruzar la mediana de las autovías.* **2** GEOM. Segmento de recta que une un vértice de un triángulo con el punto medio del lado opuesto. **3** DEP. Taco de billar más largo que el normal que se usa para jugar las bolas alejadas de las bandas.

medianamente *adv. modo* **1** No muy bien, pero tampoco mal, regular. *–«¿Qué tal quedaste?» –«Medianamente.»* || *adv. cant.* **2** En grado mediano. OBSERVACIONES: Se antepone a adverbios calificativos: *bien, lejos*; a adjetivos calificativos: *inteligente, rico, preparado*; y aun a participios: *Un individuo medianamente inteligente no comete esos errores.*

medianejo, ja *adj.* COLOQUIAL; DESPECTIVO. Que es menos que mediano: *Es un actor medianejo, algo malillo la verdad.*

medianería *s. f.* RESTRINGIDO. Muro común a dos o más propiedades.

medianero, ra *adj.* Se usa en la LOC. **pared* medianera.**

medianía *s. f.* **1** (no contable) ELEVADO; PEYORATIVO. Condición de una persona que no destaca especialmente por nada: *Como pintor es una medianía.* SIN. mediocridad. **2** (no contable) RESTRINGIDO. Término medio entre dos extremos: *La medianía entre la riqueza y la pobreza es el ideal.*

medianil *s. m.* RESTRINGIDO. Protector central que separa los dos sentidos de una autovía o autopista: *Fernando saltó el medianil de la M-30 y se estrelló contra otro coche.*

mediano, na *adj.* **1** Que tiene una calidad o tamaño intermedio: *Su estatura es mediana. Uso una talla mediana.* **2** (antepuesto) COLOQUIAL. Que es de una calidad muy cercana a la mala: *La comida es de mediana calidad. Disfrutamos de unas medianas fiestas.* || **3 mediana empresa*.**

medianoche (plural *mediasnoches*) *s. f.* **1** Las doce de la noche, cuando el día acaba y comienza otro: *La fiesta comienza a medianoche.* **2** Horas centrales de la noche: *Mi tío llegó hacia la medianoche.* **3** Bollo pequeño algo dulce, partido en dos mitades entre las que se coloca comida: *medianoche de sobrasada, medianoche de jamón.*

mediante *s. f.* **1** MÚS. Nombre de la nota que ocupa el tercer lugar de la escala diatónica. || *prep.* **2** Por medio de; indica el método, proceso o instrumento que se emplea para hacer algo: *Conseguí la beca mediante la ayuda de su padre.* SIN. gracias a. RELACIONES Y CONTRASTES: Frente a *gracias a*, no admite infinitivos ni oraciones introducidas por *que*: *Gracias a haber recibido apoyo. Gracias a que le avisó su padre.* FR. Y LOC. **Dios* ~.**

mediar *v. intr.* **1** Llegar ‹una cosa› aproximadamente a la mitad: *Mediaba marzo cuando regresamos a casa.* **2** Intervenir ‹una persona› en [una discusión o un problema] tratando de encontrar una solución: *Medió* ***en*** *aquella cuestión del contrato* ***entre*** *las dos empresas.* **3** Hablar ‹una persona› en favor de [otra persona]: *Medió* ***por*** *un amigo* ***ante*** *el jefe.* SIN. abogar. **4** Ocurrir ‹una cosa› en [el curso de otra]: *No podemos olvidar que medió una disputa en el conflicto.* **5** Transcurrir ‹un espacio de tiempo› entre [dos hechos]: *Mediaron dos años* ***entre*** *el encargo del libro y la entrega del original.* **6** Existir ‹una distancia o una diferencia› entre [dos personas o cosas]: *Media un abismo* ***entre*** *los dos hermanos.* FR. Y LOC. **haber/~ un abismo*.**

mediastino *s. m.* ANAT. Espacio comprendido entre las dos pleuras que divide el pecho en dos partes laterales.

mediático, ca *adj.* ELEVADO. De los medios de comunicación en cuanto intermediarios entre la realidad y los usuarios: *el poder mediático de la tele, la presencia mediática de la radio.*

mediatización *s. f.* Acción y resultado de mediatizar: *la mediatización de la prensa en las decisiones de los políticos. Es imposible escapar a la mediatización de los amigos.*

mediatizar *v. tr.* **1** Influir ‹una persona o una cosa› en [el poder, la autoridad o la función que ejerce otra persona]: *Un grupo financiero mediatiza la economía del país.* **2** Limitar ‹una persona o una cosa› la libertad de [una persona]: *Los últimos acontecimientos mediatizaron su actuación.* SIN. coartar. ⇒ **19.**

mediato, ta *adj.* ELEVADO. [Cosa] que está cercana en tiempo, lugar o grado a otra cosa, pero separada de esta segunda por otra interpuesta: *Son proyectos mediatos, porque los inmediatos no los revelaré.* ANT. inmediato.

mediatriz *s. f.* GEOM. Línea recta perpendicular a un segmento rectilíneo trazada en su punto medio: *trazar una mediatriz.*

medicación *s. f.* **1.** Lín Conjunto de medicamentos y medios indicados para curar una enfermedad: *La medicación oral se prefiere ahora a los inyectables en pacientes con ciertas alergias.* SIN. tratamiento. **2** (no contable) MED. Administración sistemática de medicamentos: *La abuela está mucho mejor desde que toma la nueva medicación.* SIN. tratamiento.

medicamentar *v. tr.* Medicar.

medicamento *s. m.* Sustancia utilizada para prevenir, curar o aliviar una enfermedad: *El médico le recetó un medicamento para combatir la infección.* SIN. medicina, fármaco.

medicamentoso, sa *adj.* [Sustancia] que tiene utilidad como medicamento, o que tiene propiedades terapéuticas: *los preparados medicamentosos, alto poder medicamentoso.*

medicar *v. tr. / prnl.* Recetar o administrar ‹una persona› medicinas [a un enfermo]: ***Se*** *medica contra la gripe. No es bueno medicar**se** sin consultar al médico.* ⇒**71.**

medicina *s. f.* **1** (no contable) Ciencia que trata de la prevención, diagnóstico y tratamiento de las enfermedades del cuerpo humano. **~ deportiva. ~ preventiva. ~ general** Medicina que trata los casos que no necesitan la atención de un especialista. **~ interna** Medicina que trata las enfermedades de los órganos internos. **~ legal** Medicina que asesora a la Justicia: *La Medicina tiene una importante relación con la Justicia por medio de informes especializados y del trabajo regular de los forenses.* **2** Medicamento: *El abuelo toma unas medicinas para el corazón.* **3** COLOQUIAL. Remedio para encontrarse bien física o mentalmente: *La compañía de un amigo es una buena medicina contra la depresión.*

medicinal *adj.* Que sirve o se emplea para curar, o que tiene propiedades curativas: *hierbas medicinales, baños medicinales, aguas medicinales, planta medicinal.*

medicinar *v. tr. / prnl.* RESTRINGIDO. Medicar.

medición *s. f.* Acción y resultado de medir: *la medición de un verso, la medición de la temperatura. Estos instrumentos de medición de los terremotos son muy exactos.*

médico, ca *adj.* **1** De la Medicina o de los médicos: *consultorio médico, tratamiento médico, receta médica.* **parte ~. revisión médica. 2** Medo. ‖ *s. m. / f.* **3** Persona titulada que ejerce profesionalmente la Medicina: *ir al médico, llamar al médico, la consulta del médico, un congreso de médicos.* SIN. doctor. **~ forense ~ de cabecera** Médico sin especialización que asiste habitualmente a una familia: *Vamos al médico de cabecera a las tres.* **~ legista** COL. Médico forense. **~ particular** Médico que no pertenece a la Seguridad Social pública.

medida *s. f.* **1** Acción y resultado de medir: *La medida de la finca se hace el domingo.* SIN. medición. **2** Dimensión de un cuerpo o espacio que se puede medir, conjunto numérico que expresa el resultado de medir algo: *La cama tiene una medida de cerca de metro y medio de ancho.* **3** Cualquier unidad que sirve para medir: *El metro es una medida de longitud.* **4** Número y distribución de sílabas métricas en un verso: *La medida de estos versos está mal hecha.* **5** (preferentemente en plural) Disposición hecha para conseguir o evitar algo: *El Gobierno tomará las medidas necesarias.* SIN. precaución. **6** (no contable) Prudencia, sensatez: *Bebe con medida. Siempre conduce con medida.* SIN. mesura. **7** Intensidad, grado: *En qué medida me beneficiará su ascenso, no lo sabemos. Su reacción nos ha dado la medida de su inteligencia* . FR. Y LOC. **a (la) ~** 1 [Prenda de vestir] que se confecciona para una persona determinada: *un vestido a medida. Todos mis trajes son a medida.* 2 Proporcionado a una persona o a una cosa: *El precio debe ser a la medida de la calidad. Este trabajo es a la medida* ***de*** *Pepe.* **a ~ del deseo** Indica que a alguna persona le salen las cosas según apetece: *Tiene un trabajo a medida del deseo.* **a ~ que** Según, conforme: *A medida que pasa el tiempo se vuelve más desagradable.* **colmar(se) la ~** 1 Decir uno sus sentimientos a otro claramente. 2 Adular excesivamente. **en cierta ~** Hasta cierto punto: *En cierta medida son tan responsables los padres como los hijos.* **paquete* de medidas. sin ~** Con exageración: *Es un bebedor sin medida.* **tomar sus medidas** Preparar ‹una persona› las circunstancias necesarias para tener éxito en un asunto:*No me preocupa que me amenace, yo ya he tomado mis medidas.* **tomarle las medidas** COLOQUIAL. Conocer ‹una persona› cómo puede reaccionar otra persona: *Paula está contenta en su trabajo, le ha tomado las medidas muy bien al jefe.*

medidor, ra *adj. / s. m.* y *f.* **1** Que mide o sirve para medir: *Tiene un recipiente medidor de las cantidades.*‖ *s. m.* **2** AMÉR. Contador de agua, gas o luz.

medieria *s. f.* ARG., URUG. Tienda donde se venden medias.

mediero, ra *s. m. / f.* **1** RESTRINGIDO. Persona que tiene por oficio hacer o vender medias. **2** RESTRINGIDO. Persona que comparte, a medias con otra, un negocio, especialmente una explotación agrícola o ganadera.

medieval *adj.* De la Edad Media: *literatura medieval, teatro medieval, historia medieval, arte medieval.* **latín* ~ .**

medievalismo *s. m.* (no contable) HIST. Conjunto de rasgos que caracterizan la Edad Media: *el medievalismo de la sociedad del siglo* XIII.

medievalista *adj.* Persona que se dedica profesionalmente al estudio de la Edad Media: *Asistí a un congreso de medievalistas.*

medievo o **medioevo** *s. m.* ELEVADO. Edad Media, periodo histórico.

medina *s. f.* Parte antigua de una ciudad árabe.

medio, dia *adj.* **1** (antepuesto) Que es la mitad de una alguna cosa: *medio saco de arroz, media película.* **2** (estar) Que está en el centro de algo o entre dos cosas o personas: *Estás* ***en*** *medio* ***de*** *la calle. Estoy* ***a*** *medio camino entre tu casa y la mía. Ricardo está* ***en*** *medio* ***de*** *las dos chicas.* **oído ~. onda media / normal. 3** Que corresponde a las características generales de un colectivo: *la cultura media de la población rural, el ciudadano medio.* **término* ~. 4** (antepuesto) Con valor hiperbólico, que corresponde a gran parte de lo que se expresa: *Media ciudad oyó la explosión.* **5** (antepuesto) Que es incompleto o defectuoso: *Estábamos* ***a*** *media luz desde que empezó la tormenta.* **media lengua*. 6** [Dedo] que es el tercero de la mano. ‖ *s. m. / f.* **7** DEP. Deportista que juega en el centro del campo en deportes de equipo: *Ana juega de media en un equipo infantil de fútbol.* ‖ *s. m.* **8** Punto central de algo: *El jarrón luce en el medio de la mesa.* **9** (en plural) Dinero, bienes o recursos económicos que tiene una persona: *No estudia porque sus padres no tienen medios.* SIN. posibilidades. **10** Manera de conseguir algo: *Encontré el medio de convencerle.* **11** Aquello que sirve para un fin determinado: *El trabajo es su medio de ganarse la vida.* **medios de difusión / comunicación** Conjunto formado por la prensa, la radio, la televisión y otros sistemas de transmisión de informaciones y noticias. **~ de locomoción / transporte** Vehículo que se usa para desplazarse. **12** Circunstancias culturales, económicas y sociales en que vive una persona o grupo humano: *el medio rural, el medio urbano.* **13** Sector o ambiente social: *en medios aristocráticos.* **14** Elemento en que vive y se desarrolla una persona, animal o planta: *el medio acuático.* **~ ambiente. 15** (en plural) TAUROM. Parte central del ruedo de una plaza de toros: *El torero sacó el toro a los medios y fue muy aplaudido.* ‖ *adv.* **16** No del todo, no por entero:

*Julia estaba **a** medio vestir cuando la fui a buscar. Llegó medio borracho al trabajo.* || **17 clase* media. 18 curso* ~. 19 edad* media. 20 media luna*. 21 media naranja*. 22 media noche*. 23 media pensión*. 24 media suela*. 25 media verónica*. 26 media vuelta*. 27 medias tintas*. 28 ~ día*. 29 ~ fondo*. 30 ~ luto*. 31 ~ mundo*. 32 temporada* media. 33 voz* media.** FR. Y LOC. **a media ración*. a medias** 1 La mitad cada uno: *Pagamos a medias.* 2 No completamente: *Me lo comí a medias.* **a medias palabras*. a ~** (+ infinitivo) Expresión que se usa para indicar que una acción aún no se ha finalizado: *El novio está a medio vestir. El piso está a medio pintar.* **a ~ camino*. a ~ camino* (entre). a ~ palo*. arco* de ~ punto. bota* de media caña. bóveda* de ~ punto. de media estación*. de medio a ~** Totalmente: *Se equivoca de medio a medio al dejar nuestra empresa.* **de ~ cuerpo*. de (~) lado*. de por ~** Indica un obstáculo, dificultad o cualquier otra persona o cosa que hay que tener en cuenta: *Surgieron muchos problemas de por medio y tuvimos que dejarlo.* **echar / tirar por la calle* del ~ o echar / tirar por la calle de en medio. en ~ (de)** 1 En mitad de o en el centro de: *El presidente se sentó en medio.* 2 Entre otras personas u otras cosas: *Me sentía mal en medio de tantos desconocidos.* 3 En un lugar donde se estorba: *Quítate de en medio.* 4 En la situación que se indica o menciona: *En medio de tanto desorden no encontraremos nada.* **estar en ~ como los jueves*. media noche*. no saber* de la misa la media / mitad. Oriente* Medio. por (en) ~** 1 Por mitad o por el interior de algo: *Iba por medio **de** la calle. No crucen por en medio.* 2 Indica un obstáculo, dificultad o cualquier persona o cosa que hay que tener en cuenta: *No acostumbro a meter a mis amistades por medio.* 3 En desorden: *Tenía todos los papeles por medio.* **piano de media cola. ~ día*. poner de vuelta* y media. poner tierra* por ~ . por ~ de** Con ayuda de algo o alguien: *Por medio de su profesor consiguió la beca.* **quitarse* de en ~.**

medioambiental *adj.* Del medio ambiente: *contaminación medioambiental, conferencia medioambiental.*

mediocre *adj. / s. m.* y *f.* **1** (antepuesto / pospuesto) Que es mediano, regular o no tiene un particular talento para nada: *Llevo una vida mediocre. ¿Qué tiene de malo ser un mediocre? No podemos confiar en un mediocre político.* || *adj.* **2** (antepuesto / pospuesto) Que tiene poco valor o poca calidad o es poco interesante o poco abundante: *ingresos mediocres, trabajo mediocre. Vivimos en un piso mediocre. Son unos mediocres resultados, me esperaba más.*

mediocridad *s. f.* (no contable) Calidad de mediocre: *la mediocridad de un artista, la mediocridad de un político, la mediocridad de una película.*

mediodía *s. m.* **1** Hora en que el sol está en el punto más alto en el cielo, que corresponde a las doce del día, hora solar: *Las clases acaban al mediodía.* **2** Horas centrales del día: *Suelo ir a comprar al mediodía.* **3** Sur, punto cardinal: *el mediodía de Francia.*

medioevo *s. m.* Medievo.

mediometraje *s. m.* RESTRINGIDO. Película de duración media, entre el largometraje y el cortometraje.

mediopensionista *adj. / s. m.* y *f.* Que realiza una actividad en una institución en régimen de media pensión, es decir, comiendo al mediodía allí: *Las alumnas internas y las mediopensionistas deberán ponerse el traje de fiesta para asistir a la comida que el colegio ofrece a los familiares.*

medir *v. tr.* **1** Determinar ‹una persona› la longitud, la extensión, el volumen, la fuerza o la intensidad de [una cosa]: *Voy a medir esta tela.* **2** Contar ‹una persona› [las sílabas métricas de un verso] para ajustarlo a los de su clase: *Mide esta estrofa, por favor.* **3** MÚS. Distribuir ‹una persona› [las notas de una composición musical] según el compás: *No estás midiendo bien la partitura.* **4** Pensar ‹una persona› en [los distintos aspectos de una cosa] detenidamente: *Los responsables municipales miden las ventajas e inconvenientes del cambio de horario.* SIN. sopesar. **5** Hacer o decir ‹una persona› [una cosa] de manera moderada o prudente: *Cuando hables con Pilar te aconsejo que midas bien lo que dices.* || *v. tr. / prnl.* **6** Comparar ‹una persona› [una cualidad o una habilidad propia] [con la de otra persona]: *Estrella y Mercedes se han citado para medir sus fuerzas **en** el billar.* || *v. intr.* **7** Tener ‹una persona, un animal o una cosa› [una determinada longitud, extensión, volumen, fuerza o intensidad]: *Este coche mide mucho.* FR. Y LOC. **~ con / por el mismo rasero** Considerar ‹una persona› aquello que mide o compara con rigurosa igualdad, sin la menor diferencia: *No puedes medir a tus dos hermanos con el mismo rasero.* **~ las costillas*. ~ sus palabras*. ⇒ 57.**

meditabundo, da *adj. / s. m.* y *f.* (ser / estar) Que está muy concentrado en sus pensamientos: *una persona meditabunda. El jefe se quedó meditabundo cuando oyó la noticia.*

meditación *s. f.* **1** (no contable) Acción y resultado de meditar: *Antes de escribir un libro, dedica mucho tiempo a la meditación.* SIN. reflexión. **2** (no contable) REL. Forma de oración mental basada en la reflexión: *La meditación es muy común en las religiones orientales.*

meditar *v. tr. / intr.* Pensar ‹una persona› en [una cosa] con mucha atención: *Medita **sobre** tu porvenir.* SIN. reflexionar.

meditativo, va *adj.* **1** De la meditación: *actitud meditativa, ejercicio meditativo.* **2** Meditabundo: *Es un chico que siempre está muy meditativo.*

mediterráneo, a *adj.* **1** Del mar Mediterráneo: *fauna mediterránea.* **2** Que está situado a orillas del mar Mediterráneo: *vegetación mediterránea, clima mediterráneo, países mediterráneos.* **dieta* mediterránea. fiebre* de Malta** o **fiebre mediterránea.**

médium (plural *médium*) *s. m. / f.* Persona supuestamente dotada de facultades especiales para invocar o comunicarse con los espíritus: *Contrató una médium para una sesión de espiritismo.*

medo, da *adj. / s. m.* y *f.* **1** De Media, antigua región de Irán: *Los medos ocupaban el noroeste de Irán antes de Cristo y fueron una gran potencia.* || *s. m.* **2** LING. Antigua lengua indoeuropea hablada por los medos.

medrar *v. intr.* **1** ELEVADO. Mejorar ‹una persona› de posición social, laboral o económica: *Siempre ha medrado a través de sus amistades.* **2** Crecer ‹un animal o una planta› bien: *La mala hierba medra mejor que la buena.*

medro *s. m.* **1** ELEVADO. Progreso o mejora: *Trabaja más porque en casa se aburre, no porque le interese el medro en la empresa.* **2** ELEVADO. Aumento de tamaño o crecimiento de animales y plantas: *Ya se nota el medro del bonsai que nos regaló Patricia.*

medroso, sa *adj. / s. m.* y *f.* (ser / estar) ELEVADO. Que tiende a sentir miedo, o que se asusta fácilmente: *Pablo es muy medroso, todo le da miedo. Estás muy medroso últimamente, ¿qué es lo que te asusta?* SIN. miedoso.

médula o **medula** *s. f.* **1** (no contable) ANAT. Sustancia blanda que está dentro de los huesos, en la que se producen las células de la sangre. **~ ósea. 2** ANAT. Parte del sistema nervioso protegida por la columna vertebral, de la que nacen los nervios. **~ espinal. 3** Parte más importante de algo no material: *Después de varias horas de discusión, llegaron a la médula del problema.* SIN. núcleo. **4** BOT. Parte central del tallo y raíz de una planta. FR. Y LOC. **hasta la ~** COLOQUIAL; INTENSIFICADOR. Totalmente, con mucha intensidad: *Antonio está enamorado hasta la médula.*

medular *adj.* **1** De la médula: *trasplante medular, lesión medular.* **2** Que es muy importante o fundamental: *Hay que resolver primero algunos problemas medulares.* **3** DEP. [Línea] que está entre la delantera y la defensa: *La línea medular no funcionó en el partido de ayer.*

medusa *s. f.* (macho y hembra) Animal celentéreo en una de las fases de su desarrollo en la que tiene forma de sombrilla con tentáculos en el borde y segrega una sustancia irritativa para defenderse: *Es peligroso bañarse en la playa cuando hay medusas.*

mefistofélico, ca *adj.* ELEVADO. Que es diabólico o perverso: *pensamiento mefistofélico, intriga mefistofélica.*

megaciclo *s. m.* FÍS. Unidad de frecuencia que equivale a un millón de ciclos.

megafonía *s. f.* **1** (no contable) Técnica que se ocupa de las instalaciones y aparatos para amplificar el sonido: *Me presentaron a un especialista en megafonía.* **2** Conjunto de aparatos que amplifican el sonido en un lugar: *La megafonía del aeropuerto es muy buena.*

megáfono *s. m.* Aparato que se utiliza para amplificar el sonido: *Los megáfonos están instalados en todas las zonas de uso colectivo, como aeropuertos, estaciones o iglesias.*

megahercio o **megahertzio** *s. m.* FÍS. Medida de frecuencia que equivale a un millón de hercios.

megalítico, ca *adj.* Del megalito o que tiene megalitos: *emplazamientos megalíticos, cultura megalítica.* **monumento ~.**

megalito *s. m.* Monumento prehistórico, funerario o conmemorativo, formado por uno o más bloques grandes de piedra: *Los menhires son megalitos.*

megalomanía *s. f.* **1** (no contable) PSIQUIAT. Trastorno por el cual el individuo cree poseer grandes riquezas o una elevada posición social. **2** (no contable) Excesivo deseo de grandeza que se manifiesta en el gusto por lo colosal: *La construcción de edificios grandiosos es una prueba de la megalomanía de ese dictador.*

megalómano, na *adj. / s. m.* y *f.* Que padece megalomanía: *Es un escritor megalómano.*

megalópolis (plural *megalópolis*) *s. f.* ELEVADO. Ciudad gigantesca que se extiende a lo largo de muchos quilómetros: *La ciudad de México es la megalópolis más poblada del mundo hispánico.*

megatón *s. m.* FÍS. Unidad para medir el poder detonante de explosivos muy potentes: *La potencia de una bomba nuclear se expresa en megatones.*

megatonelada *s. f.* Medida de masa que equivale a un millón de toneladas.

megavatio *s. m.* FÍS. Unidad de potencia eléctrica que equivale a un millón de vatios.

meiga *s. f.* RESTRINGIDO. Bruja: *En Galicia se mantiene la tradición popular de hablar de las meigas.*

meiosis o **meyosis** *s. f.* BIOL. Proceso de división celular por el cual, a partir de una célula madre, se originan cuatro células hijas o gametos y se reduce el número de cromosomas a la mitad: *La meiosis está presente en el origen de los óvulos y espermatozoides.*

mejana *s. f.* RESTRINGIDO. Isla pequeña en un río.

mejer *v. tr.* RESTRINGIDO. Mover ‹una persona› [un líquido] de un lado a otro para que se mezcle mejor.

mejicanismo *s. m.* Palabra o expresión propia de los mejicanos que se ha extendido a otra lengua o variedad del español: *En el inglés americano hay mejicanismos.*

mejicano, na *adj. / s. m.* y *f.* Mexicano.

mejilla *s. f.* Parte más carnosa de la cara humana, desde los pómulos hasta la mandíbula: *Le ha salido un grano en la mejilla derecha.* SIN. carrillo.

mejillón *s. m.* Género *Mytilus.* Molusco con la concha negroazulada formada por dos piezas, que vive pegado a las rocas marinas y es apreciado como alimento: *Los mejillones se comen de muchas maneras y están buenísimos.*

mejillonera *s. f.* Instalación donde se crían mejillones: *En las rías de Galicia hay muchas mejilloneras instaladas.*

mejillonero, ra *adj.* Del mejillón: *la industria mejillonera, el consumo mejillonero.*

mejor *adj.* **1** (comparativo de *bueno*) Superior a otro de su clase: *Su coche es mejor que el mío.* **2** Superlativo relativo, precedido de artículo: *el mejor profesor del colegio. Es su mejor traje. Es la mejora directora de ventas de la empresa.* **3** Que es conveniente o preferible: *Es mejor que no venga.* || *adv. modo* **4** Más bien o menos mal: *Con estas gafas veo mejor. Mejor es quedarse en casa que salir de paseo con la lluvia.* FR. Y LOC. **a lo ~** COLOQUIAL. Quizá: *A lo mejor voy al cine esta tarde.* **~ dicho*. mejor que ~** o **tanto ~** Se usa para indicar satisfacción o acuerdo: *–«En vez del pollo he hecho cordero para comer.» –«Mejor que mejor.» Nosotros vamos al cine y si queréis venir, tanto mejor.* **nada* como** o **nada ~ que.**

mejora *s. f.* **1** Acción y resultado de mejorar: *En los estudios se nota una clara mejora.* **2** Obra que se realiza en una finca o casa para que quede mejor de lo que era antes: *El piso necesita pintura, nuevo suelo y otras mejoras.* **3** RESTRINGIDO. Aumento de la última oferta en una subasta o venta. **4** DER. Bienes que en una herencia deja el testador a un heredero además de los que le corresponden por la ley.

mejoral *s. m.* (Marca registrada). URUG. Analgésico, medicina contra el malestar o el dolor.

mejoramiento *s. m.* Acción y resultado de mejorar: *el mejoramiento de las condiciones de trabajo, el mejoramiento de las ciudades.*

mejorana *s. f. Origanum maiorana.* Arbusto silvestre de la familia de las labiadas de hojas redondeadas y flores en espiga muy olorosas, que tiene propiedades medicinales: *La mejorana huele bien.*

mejorar *v. tr.* **1** Hacer ‹una persona o una cosa› que [una cosa] sea mejor de lo que era: *El director mejoró las condiciones de trabajo de sus empleados.* **2** Hacer ‹una persona o una cosa› que [un enfermo] recupere la salud: *Los antibióticos lo han mejorado bastante.* **3** Superar ‹una cosa› [otra cosa]: *Su última novela mejora la anterior.* || *v. intr./prnl.* **4** Recuperar ‹un enfermo› la salud: *(**Se**) mejoró tras tomar aquel medicamento.* **5** Volverse ‹el tiempo› más agradable: *Si el tiempo (**se**) mejora saldremos a pasear.* || *v. intr.* **6** Conseguir ‹una persona› una mejor posición social o económica: *Todos pretendemos mejorar en la vida. Creo que mejoraré en esta empresa.* FR. Y LOC. **mejorando lo presente***.

mejoría *s. f.* (no contable) Evolución positiva de alguna persona o de alguna cosa, especialmente del tiempo atmosférico y de los enfermos: *Los meteorólogos han anunciado una ligera mejoría del tiempo para la próxima semana.* SIN. mejora.

mejunje *s. m.* COLOQUIAL, PEYORATIVO. Sustancia líquida o pastosa formada por la mezcla de varios ingredientes indeterminados y de aspecto poco agradable: *Se da muchos mejunjes en la cara todas las noches antes de acostarse.* SIN. potingue.

melancolía *s. f.* (no contable) Tristeza profunda, indefinida y permanente: *La muerte de su hijo le ha sumido en una profunda melancolía.*

melancólico, ca *adj./s. m.* y *f.* **1** (ser/estar) Que tiene melancolía o tiende a ella: *carácter melancólico, espíritu melancólico, mirada melancólica. Estás muy melancólico, ¿te ocurre algo? Es un melancólico.* || *adj.* **2** Que causa melancolía: *música melancólica, paisaje melancólico.*

melanina *s. f.* (no contable) FISIOL. Pigmento negro o marrón oscuro que regula el color de la piel, el cabello y el iris de los ojos.

melanoma *s. m.* (no contable) MED. Tumor maligno formado por células que contienen melanina: *Una exposición muy continuada al sol puede provocar o activar un melanoma.*

melaza *s. f.* Jarabe oscuro muy dulce que queda como residuo en la elaboración del azúcar.

melcocha *s. f.* RESTRINGIDO. Miel muy concentrada y caliente que al enfriarse toma una consistencia correosa.

melé *s. f.* **1** DEP. Jugada de rugby en la que los delanteros forman dos grupos compactos intentando que el balón, introducido entre ellos, sea recogido por uno de sus jugadores: *La melé se organiza para sacar una falta.* **2** Apelotonamiento de personas o cosas: *Allí tienes una melé de papeles y no he encontrado nada de lo que me decías.*

melena *s. f.* **1** Cabello largo y suelto de una persona: *Inés tiene una hermosa melena negra. Te cuidas mucho la melena.* **2** Pelo que tiene el león en la cabeza: *Los leones se diferencian de las leonas por la melena.* **3** (en plural) Cabello suelto y desarreglado: *Entraron en el bar unos chicos con melenas.* **4** (no contable) MED. Pérdida de sangre por el ano debida a una hemorragia digestiva: *El abuelo fue internado en el hospital después de una melena fuerte.* FR. Y LOC. **soltarse la ~** COLOQUIAL. Actuar ‹una persona› sin inhibiciones: *Anoche tu amigo se soltó la melena y empezó a cantar en mitad de la calle.*

melenudo, da *adj./s. m.* y *f.* COLOQUIAL; PEYORATIVO. Que tiene el pelo muy largo: *jóvenes melenudos. Es un melenudo.*

melero, ra *s. m./f.* **1** RESTRINGIDO. Persona que tiene por oficio elaborar o vender miel: *Eran famosos los meleros de La Alcarria.* || *adj./s. m.* y *f.* **2** Aficionado a la miel: *Mi prima es muy melera, se come la miel a cucharadas.*

meliáceo, a *adj.* **1** [Planta] que es angiosperma, dicotiledónea, de climas cálidos, con hojas alternas y flores en panojas y fruto capsular, como la caoba. || *s. f.* **2** (preferentemente en plural) Familia de estas plantas.

melificar *v. tr./intr.* ELEVADO. Elaborar ‹las abejas› [la miel]: *Las abejas melifican muy bien en esta región, porque hay mucho romero.* ⇒ **71.**

melifluidad *s. f.* (no contable) ELEVADO; PEYORATIVO. Cualidad de melifluo: *No soporto la melifluidad de los camareros de este restaurante.*

melifluo, flua *adj.* ELEVADO; PEYORATIVO. Que es exageradamente amable, dulce y tierno: *voz meliflua. No me inspiran confianza las personas innecesariamente melifluas.*

melillense *adj./s. m.* y *f.* De Melilla, ciudad española en África: *una calle melillense. Conocí a una melillense.*

melindre *s. m.* **1** (preferentemente en plural) Delicadeza exagerada o falsa en el lenguaje o en los modales: *Hizo muchos melindres antes de tomar el pastel.* SIN. remilgo, dengue. **2** Dulce de miel y harina.

melindroso, sa *adj.* Que es exageradamente delicado en su comportamiento o en sus palabras: *En casa come fatal, pero en el restaurante se pone melindroso.*

melisa *s. f.* Planta aromática de la familia de las labiadas, de hojas arrugadas y flores blancas.

mella *s. f.* **1** Rotura o hendidura en el filo de un arma o de una herramienta o en el borde de un objeto: *La navaja tiene una mella. Saca otras tazas de café, que éstas tienen algunas mellas y están feas.* **2** Hueco que deja una cosa en el lugar que ocupaba: *Cuando Gloria se ríe se le ve una mella de un diente.* FR. Y LOC. **hacer ~** 1 Impresionar, causar efecto ‹una cosa› en una persona: *Las palabras de la familia no le hacen mella a Pilar y sigue sin trabajar.* 2 Ocasionar o causar un grave perjuicio: *Las enfermedades familiares no han hecho mella en esta mujer tan animosa.*

mellado, da *adj.* **1** (estar) Que le falta uno o más dientes: *boca mellada. El niño está mellado.* **2** URUG. [Persona] que tiene el labio leporino.

mellar *v. tr.* **1** Hacer ‹una persona o una cosa› mellas en [una cosa]: *Niña, si tiras las tijeras las vas a mellar.* SIN. desportillar. **2** Causar ‹una persona o una cosa› daño [a una persona]: *No mellarás su entusiasmo.* || *v. prnl.* **3** Romperse o dañarse ‹una cosa›: *Se ha mellado el cuchillo.*

mellizo, za *adj./s. m.* y *f.* [Niño, hermano] que ha nacido en el mismo parto que otro, de diferente óvulo: *Tengo un hermano mellizo. Parece que voy a tener mellizos.*

melocotón *s. m.* **1** Melocotonero. **2** Fruto del melocotonero, carnoso, dulce y aromático, muy apreciado en alimentación.

melocotonero *s. m.* *Prunus persica.* Árbol frutal de la familia de las rosáceas de hojas alargadas y flores rosadas cuyo fruto es el melocotón.

melodía *s. f.* **1** MÚS. Sucesión definida y completa de sonidos, de mayor relieve que los del acompañamiento, que desarrolla la idea musical de una composición: *Muchos cantautores componen primero la melodía y después adap-*

tan la letra. 2 MÚS. Parte de la teoría musical que se ocupa de esta composición. 3 Cualidad de lo que agrada al oído: *la melodía de su voz, la melodía de sus palabras.*

melódico, ca *adj.* Que es propio de la melodía o que tiene las propiedades de la melodía: *composición melódica, música melódica.*

melodioso, sa *adj.* (antepuesto / pospuesto) Que es dulce, suave y agradable al oído: *canto melodioso, instrumento melodioso, melodiosa voz.*

melodrama *s. m.* 1 Obra teatral, literaria o cinematográfica en la que se exageran los aspectos sentimentales y patéticos para conmover al público: *Los melodramas dividen el mundo entre buenos y malos y el triunfo final es de los buenos.* 2 Obra teatral que se representaba acompañada de música instrumental. 3 Género literario al que pertenecen estas obras teatrales. 4 Narración o suceso en el que abunda la tensión y la emoción: *Su vida es un melodrama.*

melodramático, ca *adj.* 1 Del melodrama: *obra melodramática, serie melodramática.* 2 PEYORATIVO. Que tiene alguna propiedad del melodrama como la exageración o el falso patetismo: *personaje melodramático, efecto melodramático. Eres un melodramático, te gusta mucho exagerar.*

melomanía *s. f.* (no contable) ELEVADO. Pasión exagerada por la música: *Su melomanía es casi enfermiza.*

melómano, na *adj. / s. m.* y *f.* ELEVADO. Que es muy aficionado a la música: *No quiero regalarle discos, porque es muy melómana y ya tiene la casa llena.*

melón *s. m.* 1 Planta herbácea anual de la familia de las cucurbitáceas, con tallos rastreros o trepadores, hojas grandes dentadas y flores amarillas con frutos jugosos de gran tamaño. 2 Fruto de esta planta, de gran tamaño y forma ovalada, de pulpa muy jugosa, dulce y aromática, muy apreciado por su sabor: *El melón es una fruta maravillosa.* 3 COLOQUIAL; HUMORÍSTICO. Cabeza de una persona: *Sin pelo el melón parece más pequeño.* 4 COLOQUIAL; PEYORATIVO. Persona que es boba o tonta: *Eres un poco melón, hijo.*

melonar *s. m.* Lugar plantado de melones: *El dueño del melonar salió de casa al oír el ruido.*

melonero, ra *adj.* Persona que se dedica a cultivar o vender melones: *Somos meloneros al por mayor.*

meloncillo *s. m.* (macho y hembra) Variedad de mangosta que vive en la Península Ibérica.

melopea *s. f.* 1 COLOQUIAL. Borrachera: *Félix se agarró una melopea el día de su cumpleaños.* 2 Canto monótono: *El vecino lleva toda la mañana cantando esa melopea insoportable.* 3 Entonación musical con que se recita: *Los versos con esa melopea son aburridísimos.* 4 Palabras o frases muy repetidas: *El abuelo ha empezado con la melopea de que quiere volver a la escuela.*

melosidad *s. f.* (no contable) Cualidad de meloso: *No me gusta la melosidad de su comportamiento.*

meloso, sa *adj.* 1 Que tiene alguna propiedad de la miel: *Es una fruta muy melosa y agradable.* 2 (ser / estar) Que es demasiado dulce o empalagoso: *carácter meloso. Estás muy meloso desde que salimos de viaje, ¿qué pretendes?*

melva *s. f.* (macho y hembra) *Auxis rochei.* Pez marino muy parecido al bonito, que tiene las dos aletas dorsales muy separadas una de la otra y habita en el Atlántico y el Mediterráneo.

mema *s. f.* URUG. Biberón.

membrana *s. f.* 1 Capa delgada, elástica y resistente de tejido animal o vegetal. **~ mucosa** ANAT. Membrana del hombre y los animales que tapiza las cavidades del cuerpo que tienen comunicación con el exterior. **~ pituitaria** ANAT. Membrana que reviste la cavidad de la nariz, en la cual se produce la sensación del olfato. **~ serosa** ANAT. Membrana que reviste cavidades que no se comunican con el exterior. 2 Lámina fina de un material resistente: *Hizo vibrar la membrana de la pandereta golpeándola con la mano.* **~ vitelina** Membrana más interna de las cubiertas del huevo.

membranoso, sa *adj.* Que tiene las características de una membrana: *alas membranosas. Han inventado un papel membranoso, ligero y resistente.*

membrete *s. m.* Nombre, título y dirección de una persona o de una entidad que se imprimen en la parte superior del papel de escribir: *El hotel dispone de hojas y sobres con su membrete.*

membrillero *s. m.* Membrillo, árbol.

membrillo *s. m.* 1 *Cydonia vulgaris.* Árbol frutal de la familia de las rosáceas de hojas casi redondas, flores rosadas y fruto amarillo muy aromático, de carne áspera con pepitas, que se come asado o en conserva. 2 Fruto de este árbol, de color amarillo aromático y de pulpa áspera, usado en repostería. **carne* de ~.** 3 Jalea en forma de tabletas que se elabora con este fruto. ‖ *s. m. / f.* 4 COLOQUIAL; RESTRINGIDO en femenino. Persona que es un poco torpe: *Es buen chico, pero algo membrillo en los estudios.*

membrudo, da *adj.* (antepuesto / pospuesto) RESTRINGIDO. Que tiene los músculos muy desarrollados: *membrudo brazo, un hombre membrudo.*

memento *s. m.* REL. En la Iglesia católica, cada una de las dos oraciones de la misa en las que se pide por los fieles y por los difuntos.

memez *s. f.* 1 (no contable) Tontería propia de alguien que se comporta como un memo o un estúpido: *Su memez no tiene límites, me pone nervioso.* 2 Acción o palabras de un memo: *Es insoportable: siempre está diciendo memeces.* 3 COLOQUIAL. Cosa sin importancia: *Hija, no te preocupes por memeces y estudia.*

memo, ma *adj. / s. m.* y *f.* Que es poco inteligente o poco oportuno: *Tienes una prima bastante mema.*

memorable *adj.* (antepuesto / pospuesto) Que merece recordarse o conservarse en la memoria: *suceso memorable. Aquélla fue una fecha memorable. Será difícil olvidar aquellos memorables acontecimientos.*

memorando *s. m.* Memorándum.

memorándum o **memorando** (plural *memoranda* o *memorandos*) *s. m.* 1 Resumen escrito de las cuestiones fundamentales de un asunto: *Los sindicatos preparan un memorando sobre el paro para entregárselo al ministro.* 2 Informe o nota diplomática sobre un asunto: *El embajador en la Comunidad ha remitido un memorando sobre la pesca.*

memorar *v. tr.* LITERARIO. Traer ‹una persona› [una cosa] a la memoria: *El verano nos hacía memorar los días que pasamos juntos en los Alpes.* SIN. recordar, evocar.

memoria *s. f.* 1 Facultad de retener y recordar el pasado: *María se queja de que está perdiendo la memoria. Ana aprue-*

ba todo por la memoria que tiene. ~ **de elefante** COLOQUIAL; INTENSIFICADOR. Memoria muy grande: *Jorge tiene una memoria de elefante.* ~ **fotográfica** Memoria visual capaz de retener con exactitud una imagen durante largo tiempo: *Su memoria fotográfica le permitía describir con detalle el salón de la casa.* **2** Recuerdo: *La memoria de los amigos siempre nos acompaña.* **3** Escrito o estudio sobre un tema: *Cristina ha redactado una memoria de su viaje a la Antártida.* **4** INFORM. Dispositivo de un ordenador que almacena la información: *Esta nueva máquina tiene mucha memoria.* **5** Resumen de las principales actividades de una empresa o de una asociación: *La memoria de la Junta ha sido aprobada por los accionistas de la Sociedad.* **6** Inventario, catálogo: *la memoria de las obras que han entrado el presente año en el Museo Arqueológico, la memoria de los libros de la Biblioteca Provincial.* **7** (en plural) Autobiografía: *La escritora ha confesado que no piensa escribir sus memorias.* FR. Y LOC. **de ~** 1 Con posible imprecisión, porque sólo se apoya en la memoria, sin notas ni apuntes: *Hablo de memoria, pero creo que no me equivoco.* 2 Con exactitud asombrosa, aunque se apoya sólo en el recuerdo: *Enrique es capaz de recitar de memoria la lista de los reyes godos.* 3 Irracionalmente, porque sólo se apoya en la memoria sin usar el razonamiento: *Esta niña me preocupa, se aprende todo de memoria.* **traer* a la ~.**

memorial *s. m.* **1** Escrito razonado en favor de alguna persona o cosa: *Dedicaba sus últimos años a escribir memoriales al Gobierno sobre los militares republicanos.* **3** Acto para honrar la memoria de un personaje: *Se ha establecido el memorial Blume para jóvenes gimnastas.* **2** ELEVADO; RESTRINGIDO. Boletín o publicación oficial de una asociación: *memorial de la Sociedad Geográfica Salmantina.*

memorialista *s. m./f.* RESTRINGIDO. Persona que escribe memoriales.

memorismo *s. m.* (no contable) RESTRINGIDO; PEYORATIVO. Sistema de aprendizaje basado exclusivamente en la memorización: *El memorismo es el fracaso de la pedagogía.*

memorístico, ca *adj.* De la memoria exclusivamente, sin la intervención del entendimiento: *aprendizaje memorístico, enseñanza memorística.*

memorización *s. f.* Acción y resultado de memorizar: *La memorización de unos cuantos nombres y unas fechas no es tan difícil.*

memorizar *v. tr.* Fijar ‹una persona› [una cosa] en su memoria: *Memoricé el número de teléfono de mi amigo. Sin memorizar algunas cosas no se puede aprender.* ⇒ **19.**

mena *s. f.* MIN. Parte de un filón o yacimiento que contiene minerales de los que se puede sacar provecho: *Las piritas son una buena mena del cobre.*

ménade *s. f.* **1** HIST. Sacerdotisa de Baco. SIN. bacante. **2** LITERARIO. Mujer furiosa: *Aquella exaltada mujer parecía una ménade.*

menaje *s. m.* (no contable) Conjunto de muebles, utensilios y ropa de la casa: *Esta tienda vende artículos de menaje del hogar.*

menarquía *s. f.* (no contable) FISIOL. Aparición de la primera menstruación.

mención *s. f.* **1** Acción y resultado de mencionar: *En todo el discurso no hizo ninguna mención* ***de*** *su jefe.* **2** VEN. Distinción concedida por una autoridad. **3** VEN. Especialidad en una materia. || **4 ~ honorífica** En un concurso, distinción que se concede por debajo del premio y del accésit: *El jurado le concedió una mención honorífica por su obra.* FR. Y LOC. **ser digno de ~** Merecer ‹una cosa› ser destacada: *Es digno de mención el esfuerzo de todos los jugadores.*

mencionar *v. tr.* Nombrar ‹una persona› [a otra persona o una cosa]: *El director mencionó su nombre, aunque de pasada.* SIN. citar.

menda *pron. pers.* **1** COLOQUIAL, HUMORÍSTICO. Yo, la persona que habla: *El menda canta muy bien. Mi menda se va a la cama. Como había tanto lío, menda desapareció.* || *s. m./f.* **2** COLOQUIAL; a veces PEYORATIVO. Cualquier persona: *No conocíamos a los mendas que iban contigo el otro día.*

mendacidad *s. f.* **1** (no contable) ELEVADO. Falsedad: *Se ha probado la mendacidad de su información.* **2** (no contable) ELEVADO. Costumbre de algunas personas de decir mentiras con mucha frecuencia: *Los periodistas volvieron a criticar la mendacidad del portavoz municipal.*

mendaz *adj.* RESTRINGIDO; PEYORATIVO. **1** Que tiende a mentir o miente habitualmente: *Ha sido acusado de mendaz el portavoz de la oposición.* **2** Que es falso o no inspira confianza: *Los artículos de este periódico son mendaces.*

mendelevio *s. m. Md.* Elemento químico radiactivo que se obtiene bombardeando einstenio con partículas alfa.

mendelismo *s. m.* (no contable) BIOL. Teoría basada en las leyes de Mendel sobre la transmisión hereditaria de los caracteres.

mendicante *adj.* **1** [Orden religiosa] que vivía de pedir limosna y disfruta de ciertos privilegios: *Los franciscanos y los dominicos son órdenes mendicantes.* || *adj./s. m.* y *f.* **2** ELEVADO. Que mendiga o pide limosna: *vida mendicante.*

mendicidad *s. f.* **1** (no contable) Estado y condición de la persona que pide dinero para vivir o mendiga: *Su primo perdió todo el dinero en el juego y ahora se ve en la mendicidad.* **2** (no contable) Acción de mendigar: *Se gana la vida con la mendicidad.* **3** Conjunto de personas que mendigan: *La tasa de mendicidad no es muy alta en este pueblo.*

mendigar *v. tr.* **1** Pedir ‹una persona› [limosna]: *El drogadicto mendigó unas monedas.* **2** Pedir ‹una persona› [una cosa] [a otra persona] con humillación: *No se puede mendigar un poco de cariño.* ⇒ **56.**

mendigo, ga *s. m./f.* Persona que pide limosna habitualmente: *comedor de mendigos. Algunas calles de la ciudad están llenas de mendigos.*

mendrugo, ga *adj./s. m.* y *f.* **1** RESTRINGIDO; INSULTO, a veces AFECTIVO. Que no tiene mucha inteligencia o que es muy despistado: *¡Qué mendrugo eres!, ¿cómo se puede suspender una asignatura tan fácil?* || *s. m.* **2** Pedazo de pan duro y seco: *Los mendrugos de pan los guardamos y luego los aprovechamos en el gazpacho.* SIN. corrusco.

menear *v. tr.* **1** Mover ‹una persona, animal o cosa› [una parte del cuerpo o una cosa] de un lado a otro: *El perro meneaba continuamente la cola.* **2** Hacer ‹una persona› gestiones para resolver [un asunto]: *Si no conoces a alguien que te menee el expediente, se va a quedar en el ministerio entre cientos de papeles.* SIN. remover, gestionar. || *v. prnl.* **3** Moverse ‹una persona› deprisa: *¡Menéate, que se nos va el tren!* SIN. apresurarse. **4** Moverse ‹una persona, animal o cosa› de un lado a otro: *El detenido se meneaba nervioso en su asiento. La lámpara se meneaba con el viento.* FR. Y LOC. **de no te menees** COLOQUIAL. Se utiliza para indicar que una cosa es importante e impresionante: *Ese tío me parece un chulo de no te menees.* **~ el bigote*. ~ / mover el esqueleto*.**

meneo *s. m.* **1** Acción y efecto de menear o menearse: *el meneo de las ramas de los árboles con el viento. El perro nos saludó con un meneo de rabo.* SIN. balanceo. **2** COLOQUIAL. Riña, bronca: *A la puerta del bar hay un meneo tremendo.*

menequeo *s. m.* AMÉR. DEL S. Movimiento del cuerpo, meneo.

menester *s. m.* **1** Necesidad: *Es menester que vengas mañana.* **2** (preferentemente en plural) Ocupación, trabajo de alguien: *Es ingeniero, pero dedica su vida a otros menesteres.* **3** (en plural) COLOQUIAL. Herramientas o utensilios: *los menesteres para la matanza. Si vienes a verme trae los menesteres de hacer agujeros.*

menesteroso, sa *adj. / s. m.* y *f.* Que está necesitado de muchas cosas que se consideran necesarias para vivir: *La cantidad de menesterosos sin techo y sin trabajo aumenta día a día.* SIN. necesitado.

menestra *s. f.* Guiso de verduras variadas que puede llevar algo de carne o jamón troceados: *La menestra es un plato exquisito.*

menestral, la *s. m. / f.* HIST. Persona que tiene un oficio manual: *La corporación de los menestrales de la ciudad le pidió protección al monarca.*

mengano, na *s. m.* COLOQUIAL. Persona indeterminada, en correlación con *fulano*: *Todas las comidas son iguales: fulano dice una gracia, mengano otra, y así siempre.*

mengua *s. f.* **1** (no contable) Acción y resultado de menguar: *la mengua del caudal de un río.* **2** (no contable) Escasez o disminución de algo: *mengua de recursos económicos. No es cierto que se haya producido una mengua en la seguridad nocturna.* **3** (no contable) Pérdida de fama o deshonor: *La calumnia busca la mengua de nuestra reputación.*

menguado, da *adj.* RESTRINGIDO. Que es tímido o poco inteligente: *Es un buen chico, pero un poco menguado.*

menguante *adj. / s. f.* **1** Fase de la Luna intermedia entre la Luna llena y la Luna nueva: *la menguante de la Luna.* **cuarto* ~. luna* ~.** || *s. f.* **2** RESTRINGIDO. Disminución del caudal de una corriente de agua: *La menguante de los ríos de la cuenca mediterránea es muy acusada en verano.* **3** MAR. Descenso del agua del mar por efecto de la marea. || *adj.* **4** Que mengua o disminuye: *cantidad menguante.*

menguar *v. intr.* **1** Perder ‹una cosa› fuerza, importancia o intensidad: *Su salud ha menguado con los años. Nuestro capital ha menguado con la devaluación.* **2** Hacerse menor ‹la parte iluminada de la Luna›: *La luna menguará desde pasado mañana.* || *v. tr. / intr.* **3** Quitar ‹una persona› [puntos] en una labor: *Para formar la sisa tienes que menguar tres puntos en cada vuelta.* || *v. tr.* **4** Hacer ‹una persona o una cosa› que [una cosa] pierda fuerza, importancia o intensidad: *La enfermedad ha menguado su voluntad.* ⇒ **14.**

mengue *s. m.* COLOQUIAL, RESTRINGIDO. Diablo, duende.

menhir *s. m.* Monumento prehistórico formado por una piedra vertical de gran tamaño: *Los menhires se encuentran en muchas zonas europeas.*

meninge *s. f.* ANAT. Cada una de las tres membranas que envuelven y protegen el encéfalo y la médula espinal.

meníngeo, a *adj.* ELEVADO. De las meninges: *lesión meníngea.*

meningítico, ca *adj.* **1** De las meninges o de la meningitis: *infección meningítica, síntomas meningíticos.* **2** COLOQUIAL; HUMORÍSTICO. Que es poco inteligente o es incapaz de darse cuenta de una situación: *Eres un poco meningítico, si no copiamos con discreción nos echará del examen.*

meningitis (plural *meningitis*) *s. f.* MED. Inflamación de meninges: *En el colegio ha habido tres casos de meningitis.*

menino, na *s. m. / f.* HIST. Noble que entraba desde niño al servicio de la familia real: *Es famoso el cuadro de Velázquez titulado «Las meninas».*

menisco *s. m.* ANAT. Cartílago que facilita el movimiento de una articulación: *el menisco de la rodilla. Lo han operado de menisco.*

menopausia *s. f.* **1** (no contable) FISIOL. Fin natural de la menstruación en la mujer: *Todas las mujeres no tienen la menopausia a la misma edad.* **2** (no contable) FISIOL. Época en que se produce el fin de la menstruación en la mujer: *Durante la menopausia algunas mujeres se ponen muy nerviosas.*

menor *adj.* **1** (comparativo de *pequeño*) Que tiene menos edad, altura, capacidad o extensión que otro de su misma clase: *Mi tía es menor que mi madre. Mi prima es menor que yo.* **2** (superlativo relativo, precedido de artículo) La más pequeña: *No tienes la menor idea de lo que sucedió. Ana es la menor de mis primas.* || **3 aguas* menores. 4 arresto* ~. 5 caza* ~. 6 ganado* ~. 7 ~ de edad** Persona que legalmente no ha alcanzado la edad de la total responsabilidad jurídica: *Los menores de edad no pueden consumir alcohol en los bares.* **8 prisión* ~ . 9 tono* ~.** FR. Y LOC. **al por ~** En pequeñas cantidades: *Aquí vendemos al por mayor y al por menor.* **correccional* de menores. verso* de arte ~.**

menorquín, na *adj. / s. m.* y *f.* **1** De Menorca, isla española del Mediterráneo: *la comida menorquina, las tradiciones menorquinas.* || *s. m.* **2** LING. Variedad del catalán hablada en la isla de Menorca.

menorragia *s. f.* MED. Menstruación excesiva: *Las menorragias deben consultarse con el médico.*

menos *adv. cant.* **1** En menor cantidad, cualidad o intensidad. OBSERVACIONES: Se usa para establecer comparaciones entre cantidades, números o intensidades, aunque el segundo término no vaya expreso: *Eres menos agresivo que tu hermano. Por favor, habla menos y haz más. Ese chico es menos tonto de lo que parecía.* **2** Seguido de la preposición *de* indica una cantidad determinada que es inferior a la que se dice: *Hay menos de cincuenta personas.* **3** (Artículo + *más* + adjetivo + *de*) Forma el superlativo de inferioridad: *la menos divertida de las amigas, el menos aficionado a la música.* || *adv. modo* **4** Sobre todo: *Los abuelos no se atrevían a viajar en avión, y menos después de los últimos accidentes.* || *prep.* **5** Excepto: Admite infinitivo y oraciones con *que*: *Han llegado todos menos los novios.* || *s. m.* **6** En matemáticas, signo aritmético (–) de la resta. Se usa para indicar la operación de la resta: *cuarenta menos veinte.* **7** MAT. Delante de un número que no se relaciona con otro, indica que es un número de valor negativo. FR. Y LOC. **a ~ que** A no ser que, excepto si: *No volverá a hacer cine, a menos que le ofrezcan un buen guión.* **al ~** o **por lo ~** 1 Como mínimo: *Llamó bastante gente para felicitarte, al menos veinte personas.* 2 Introduce una excepción o una corrección a lo que se ha dicho, frecuentemente precedida de disyuntiva: *El ensayo no ha empezado, al menos nadie me ha avisado.* **cada* vez más / ~. cuando* ~ . cuanto mas* / ~ ... más / ~. de ~** Después de una cantidad, peso o medida, indica que falta dicha cantidad, peso o medida para llegar a la cantidad debida: *Le devolvieron mil pesetas de menos.* **echar* de ~ . el día* ~ pensado. el que más* y el que ~ . en el momento* ~ pensado. en ~ de:** *Volverán en menos de cinco minutos.* **en ~ que canta* un gallo. hacer* de ~ . lo de ~** Hablando de un asunto, introduce algo que es considerado de menor importancia: *Lo de menos es conducir, lo que me preocupa es el estado de las carreteras.* **lo ~** COLOQUIAL. Como mínimo: *Valdrá lo menos cinco mil pesetas.* **más* o ~ . ~ da una piedra*. ~ mal*. nada ~ que** Resalta lo que se dice a continuación: *Sus padres ganaron nada menos que cien millones. Le concedieron nada menos que la Legión de Honor.* **ni más* ni ~ . ni mucho* ~. no ser para ~** Resalta el hecho de que existen razones suficientes para algo: *Le han despedido por provocar una pelea y no es para menos.* **poco* más o ~. quién más y quién ~. ser ~ que** Tener menor importancia social o de otro tipo. **sobre poco* más o ~. sus más* y sus ~ . venir* a ~ . y ~** Refuerza la negación que se ha hecho anteriormente y que ahora se aplica a un segundo hecho: *No tolero que nadie me insulte y menos que me hablen en ese tono de voz.*

menoscabar *v. tr.* **1** Hacer ‹una persona o una cosa› que [una cosa] pierda valor o importancia: *La calumnia está menoscabando el prestigio del club.* || *v. prnl.* **2** Perder ‹una cosa› valor o importancia: *El poder de los sindicatos se ha menoscabado en estos últimos años.*

menoscabo *s. m.* ELEVADO. Pérdida o disminución considerable del valor o de la importancia de una cosa: *El honor familiar no ha sufrido menoscabo, a pesar de todo.*

menospreciar *v. tr.* **1** Considerar ‹una persona› [a otra persona o una cosa] menos valiosa o importante de lo que es: *Un perito menospreció la gravedad de los daños.* **2** Considerar ‹una persona› [a otra persona o una cosa] indigna de aprecio o estima: *Mi padre menosprecia profundamente a los que no son honrados.*

menospreciativo, va *adj.* RESTRINGIDO. Que menosprecia o significa menosprecio: *palabra menospreciativa, gesto menospreciativo.*

menosprecio *s. f.* **1** Poco aprecio: *Siento menosprecio **por** el dinero.* **2** Desprecio: *El general declaró su menosprecio **por** los traidores. La jefa trata con profundo menosprecio a los perezosos.*

mensaje *s. m.* **1** Comunicación de cualquier tipo que se usa para transmitir información: *Cuando nos hiciste la seña comprendimos tu mensaje y desaparecimos.* **2** LING. Información codificada de acuerdo con unas reglas gramaticales que el emisor transmite al receptor a través de un canal: *mensaje oral, mensaje escrito.* **3** Información que se pretende transmitir en una obra literaria o artística: *La novela tiene un mensaje moralizante.* **4** Comunicación oficial entre una institución o los dirigentes de una colectividad y los ciudadanos: *un mensaje del Rey, un mensaje del Presidente del Gobierno. El mensaje del Director de Carreteras es claro: prudencia.* **5** INFORM. Información que se incluye en un programa para que el ordenador manifieste el estado de un trabajo o asegure que no existe ningún error: *En la pantalla hay un mensaje de error.*

mensajería *s. f.* **1** (no contable) Servicio de transporte y reparto de paquetes y cartas: *La mensajería se ha desarrollado extraordinariamente en España en los últimos años.* **2** Empresa que se dedica a este servicio: *La empresa le envió el paquete por medio de una mensajería. Te envío el aviso por una empresa de mensajería.*

mensajero, ra *adj. / s. m.* y *f.* **1** Que se dedica profesionalmente a la mensajería: *Pedro trabaja como mensajero repartiendo cartas y paquetes en moto.* **2** Que lleva o trae un mensaje: *Señor, un mensajero de la dirección de la empresa.* **paloma* mensajera. 3** [Cosa] que anuncia otra cosa: *Estas nubes al atardecer son mensajeras de tiempo fresco.* || *s. m.* **4** BIOL. Tipo de ácido ribonucleico que transporta la información genética desde el núcleo celular.

menso, sa *adj. / s. m.* y *f.* ARG., URUG.; COLOQUIAL; PEYORATIVO. Que tiene una inteligencia corta.

menstruación *s. f.* FISIOL. Fenómeno fisiológico por el que la mujer y las hembras de algunos animales expulsan periódicamente por la vagina sangre y otras sustancias cuando el óvulo no es fecundado: *Las mujeres con menstruaciones irregulares, dolorosas o extrañas deben visitar al médico.*

menstrual *adj.* De la menstruación: *ciclo menstrual, dolor menstrual, flujo menstrual.*

menstruar *v. intr.* Tener ‹una mujer› la menstruación: *En los países cálidos las mujeres menstrúan a una edad muy temprana.* ⇒ **3.**

menstruo *s. m.* FISIOL.; ELEVADO. Menstruación.

mensual *adj.* **1** Que sucede o se repite cada treinta días: *publicación mensual, revista mensual.* **2** Que dura un mes: *curso mensual, contrato mensual.*

mensualidad *s. f.* **1** Sueldo que se gana o se paga cada mes: *Me pagan 14 mensualidades, incluyendo las pagas extraordinarias.* **2** Cantidad de dinero que se paga cada mes, normalmente en forma de plazos o partes de un pago general: *Pagó la moto en mensualidades de 12.000 pesetas.* **3** ARG., URUG. Paga que recibe un hijo de los padres.

mensualmente *adv. modo / cant. / temp.* Por meses, cada mes, todos los meses: *El alquiler se paga mensualmente.*

ménsula *s. f.* **1** ARQ. Elemento arquitectónico que sobresale para sostener balcones, marquesinas o vigas. **2** ELEVADO. Repisa.

mensurable *adj.* RESTRINGIDO. Que se puede medir: *Actualmente las distancias astronómicas son fácilmente mensurables.*

mensurar *v. tr.* ELEVADO. Determinar ‹una persona› la longitud, la extensión, el volumen, la fuerza o la intensidad de [una cosa]: *Es difícil mensurar exactamente la intensidad de su enfado.* SIN. medir.

menta *s. f.* **1** Planta muy aromática de la familia de las labiadas de hojas vellosas opuestas y flores lilas que crece en lugares húmedos y tiene propiedades medicinales. **2** (no contable) Esencia extraída de esta planta: *caramelo de menta, chicle de menta.* **3** (no contable) Licor o infusión preparados con esta planta: *Tomaré un vaso de menta. Luis siempre bebe menta con poleo.*

-menta o **-mienta** *suf.* Significa 'conjunto de' y forma sustantivos a partir de sustantivos: *hueso - osamenta, vestido - vestimenta, hierro - herramienta.*

mentada *s. f.* MÉX. Insulto, ofensa que se hace a una persona por la alusión a la dignidad de su madre.

mentado, da *adj.* RESTRINGIDO. (antepuesto / pospuesto) Que tiene fama o renombre: *Esteban es un mentado cirujano. Me ha atendido un abogado muy mentado.*

mental *adj.* De la mente: *cálculo mental, actividad mental.* **empanada* ~. enajenación* ~. enfermedad ~. perturbación ~. reserva* ~. retrasado* ~. trastorno ~.**

mentalidad *s. f.* Modo de pensar que caracteriza a una persona, a un conjunto de personas o a una época: *la mentalidad de la burguesía, la mentalidad de un sindicato, la mentalidad del siglo* XIX*, la mentalidad de Soria. La mentalidad de nuestro club es bastante cerrada.*

mentalización *s. f.* Acción y resultado de mentalizar o mentalizarse: *La mentalización de nuestros deportistas para el partido de mañana es muy fuerte.*

mentalizar *v. tr. / prnl.* Intentar convencer ‹una persona› [a otra persona] para que adopte una idea o un comportamiento: *Todo el equipo* ***se*** *ha mentalizado para el Campeonato. Hay que mentalizar a la población de la necesidad de ahorrar agua.* ⇒ **19.**

mentalmente *adv. modo* **1** Con la mente, sin utilizar palabras ni otros signos: *Fui contando mentalmente los invitados que llegaban tarde.* **2** Con el pensamiento, en espíritu, con la imaginación: *Me trasladaré mentalmente hasta donde estés.* ‖ *adv. restrictivo* **3** En el aspecto mental: *Mentalmente, tiene menos edad. Mentalmente eres un inmaduro.* **4** De la mente: *Es un individuo mentalmente enfermo.*

mentar *v. tr.* Decir ‹una persona› [el nombre de una persona o una cosa] en una conversación: *El conferenciante mentó a los artistas locales.* SIN. citar, mencionar. FR. Y LOC. **~ / nombrar la bicha*** COLOQUIAL. Nombrar o recordar ‹una persona› una cosa que no se debe nombrar o que se quiere olvidar porque trae mal recuerdo o mala suerte: *No le hables al niño de exámenes ahora, que es nombrar la bicha.* **nombrar / ~ a la madre*.**

mente *s. f.* **1** Conjunto de capacidades intelectuales del individuo: *Este estudio trata de los poderes de la mente humana.* **2** (no contable) Pensamiento: *No se le iba de la mente la imagen del choque de trenes. Se le ha quedado grabado en la mente el recuerdo de su padre.* **3** Mentalidad: *una persona de mente estrecha, una persona de mente abierta, una persona de mente liberal, una persona de mente puritana.* FR. Y LOC. **tener en ~** Proyectar ‹una persona› hacer una cosa: *El Parlamento tiene en mente regular el servicio militar.*

-mente *suf.* Significa 'de manera' y forma adverbios a partir de adjetivos femeninos: *buena - buenamente, rápida - rápidamente, suave - suavemente, hábil - hábilmente.*

mentecato, ta *adj. / s. m.* y *f.* INSULTO, a veces AFECTIVO. Que no tiene entendimiento o sensatez: *Eres un poco mentecato, cariño, no salimos a cenar, vamos a la ópera.*

mentidero *s. m.* **1** RESTRINGIDO. Lugar donde la gente ociosa se reúne para conversar: *Su dimisión fue muy comentada en los mentideros de la corte.* **2** RESTRINGIDO. Círculo de personas que comentan o forman la opinión pública: *En los mentideros de la radio se dice que el Gobierno anticipará las elecciones. En los mentideros intelectuales se ha acogido favorablemente a la ganadora del premio Cervantes.*

mentir *v. intr.* **1** Decir ‹una persona› una cosa distinta de lo que sabe, cree o piensa: *Mintió para encubrirlos. Yo nunca he mentido conscientemente.* SIN. engañar. **2** Inducir ‹una cosa› a error: *Los análisis no mienten, pero pueden ser de otro enfermo, hay que repetirlos.*

mentira *s. f.* **1** Dicho o manifestación distinta de lo que uno sabe, dice o cree: *Decir mentiras no conduce a nada.* ANT. verdad. **~ piadosa** Mentira que se dice para no hacer daño a otra persona: *Una mentira piadosa a tiempo está justificada.* **2** COLOQUIAL. Manchita blanca que aparece a veces en las uñas. FR. Y LOC. **parecer ~** COLOQUIAL. Se usa para expresar asombro y extrañeza o disgusto: *Parece mentira que se le haya olvidado felicitarme.*

mentirijillas *s. f.* Se usa en la LOC. **de ~** INFANTIL. En broma, de mentira: *No te enfades, te lo dije de mentirijillas.*

mentiroso, sa *adj. / s. m.* y *f.* (ser / estar) Que suele decir mentiras: *Eres un mentiroso. Niño, estás muy mentiroso, te va a crecer la nariz.* SIN. embustero. REFR. **Antes se coge al mentiroso que al cojo.** Refrán que señala la facilidad con que se averigua la mentira de una persona.

mentís (plural *mentís*) *s. m.* ELEVADO. **1** Palabras que desmienten las afirmaciones de otra persona: *El director ha dado un mentís a las palabras de su secretario y ha señalado que recibirán a los representantes sindicales la próxima semana.* SIN. desmentido. **2** RESTRINGIDO. Hecho o demostración que contradice una afirmación anterior: *Los resultados de las elecciones son un mentís de los últimos sondeos.*

-mento *suf.* -miento.

mentol *s. m.* (no contable) Alcohol obtenido de la esencia de menta: *El mentol se utiliza en medicina y en la fabricación de licores.*

mentolado, da *adj.* Que tiene mentol o sabor a menta: *jarabe mentolado, cigarro mentolado, caramelo mentolado.*

mentón *s. m.* Barbilla: *Le dieron un puñetazo en el mentón. Tiene una herida en el mentón.*

mentor *s. m.* **1** ELEVADO; LITERARIO. Persona que aconseja o guía a otra: *Los alumnos mayores son los mentores de los más pequeños. Mi mentor siempre fue mi padrino.* **2** ELEVADO, LITERARIO. Ayo o maestro: *Los mentores servían en casa de los reyes o de los nobles importantes.*

menú *s. m.* **1** Conjunto de platos que se sirven en una comida: *Tenemos un menú muy normalito.* **2** Lista de las comidas y bebidas que se sirven en un restaurante: *El menú de esta casa suele ser muy interesante, os gustará.* SIN. carta. **~ de degustación** Combinación fija de varios platos característicos de un restaurante, que se ofrece a un precio fijo atractivo: *No quiero el menú de degustación, porque se come un poquito de muchas cosas y al final acabo muy lleno.* **~ del día** Menú que presenta la combinación de platos ofrecida por un restaurante un día determinado, a un precio fijo atractivo: *Nuestro menú del día consta de tres platos y postre y cuesta 1.250 pts.* **3** INFORM. Lista de las distintas posibilidades de un programa y del modo de seleccionarlas que aparece en la pantalla de un ordenador: *Para aprovechar nuestros menús, pulse la tecla de ayuda.*

menuda *s. f.* COL. Dinero suelto.

menudear *v. tr. / intr.* **1** COL. Vender ‹una persona› [cosas] al por menor. **2** Hacer ‹una persona› [una cosa] repetidas veces: *Los médicos menudean sus visitas por la mañana.* SIN. reiterar. ‖ *v. intr.* **3** Suceder ‹una cosa› con frecuencia: *En verano menudean las excursiones.* SIN. abundar.

menudencia *s. f.* (no contable) Cosa de poco valor o importancia: *La portera tiene muy mal carácter: se enfada por cualquier menudencia. Te hemos traído una menudencia de recuerdo de nuestro viaje.*

menudeo *s. m.* CHILE, COL., MÉX.; COLOQUIAL en Chile y Colombia. Al por menor.

menudillos (plural) *s. m.* Vísceras de las aves: *Mi madre prepara un arroz con menudillos riquísimo.*

menudo, da *adj.* **1** Que es de tamaño muy pequeño: *una perla menuda. Son unas flores muy menudas.* **letra* pequeña / menuda. 2** Que es muy delgado y bajo: *una niña menuda. La abuela siempre ha sido una persona menuda.* **gente* menuda** COLOQUIAL. Los niños. **3** Que tiene poca importancia: *Esos son problemas menudos.* || *s. m.* **4** (en plural) Vísceras y partes menos carnosas de algunos animales destinados al consumo humano: *Los menudos del pollo, como los alerones, las patas, el hígado o el corazón, dan un buen sabor a cualquier caldo.* SIN. despojo. **5** (en plural) Vientre, manos y sangre de las reses: *Júpiter eligió los menudos de las reses y dejó la carne para los otros dioses.* **6** (en frases exclamativas) COLOQUIAL; INTENSIFICADOR. Se usa para indicar sorpresa o disgusto por una persona o por una cosa muy buenas o muy malas: *¡Menudo músico, no sabe ni la escala! ¡Menudo restaurante; comíamos rodeados de camareros por todas partes, y no era muy caro! –«Fíjate qué mala suerte, he perdido el bolsillo». –«¡Menuda!»* FR. Y LOC. **a ~** Frecuentemente: *Esto pasa a menudo. A menudo se va la luz.*

meñique *adj. / s. m.* [Dedo] que es el más pequeño de la mano: *Me he roto el meñique.* **dedo* ~.**

meódromo *s. m.* (preferentemente usado por los hombres) VULGAR; HUMORÍSTICO. Retrete: *En la próxima gasolinera paramos y vamos al meódromo.*

meollo *s. m.* (no contable) Parte más importante o esencial de una cosa: *el meollo del asunto, el meollo del problema. Ése no es el meollo de la cuestión.*

meón, na *adj.* **1** COLOQUIAL. Que mea mucho o con mucha frecuencia: *Chica, eres un meona, quieres que paremos cada cien kilómetros.* || **2 lluvia* meona. 3 niebla* meona.**

mequetrefe *s. m. / f.* **1** COLOQUIAL; PEYORATIVO. Persona informal y de poco juicio: *El fontanero era un mequetrefe y nos ha estropeado la instalación del agua.* **2** URUG.; COLOQUIAL. Persona muy débil o delgada.

meramente *adv. cant.* Simplemente. OBSERVACIONES: Encierra la idea de que lo aludido no es muy importante y, a veces, que se esperaba más: *Es meramente testimonial.*

mercachifle *s. m.* COLOQUIAL; PEYORATIVO. **1** Persona que sólo piensa en el dinero o en las ganancias: *Más que un profesor parece un mercachifle, con esa obsesión por el dinero.* **2** COLOQUIAL; PEYORATIVO. Comerciante poco importante: *Tu amigo tiene un puesto de mercachifle a la puerta del mercado.* **3** Vendedor ambulante, buhonero: *Le he comprado el cuadro a un mercachifle, pero yo creo que es bueno.*

mercadear *v. intr.* RESTRINGIDO. Comprar, vender o cambiar ‹una persona› productos para obtener ganancia o provecho: *Siempre le ha gustado mercadear.* SIN. comerciar.

mercadeo *s. m.* **1** ELEVADO. Comercio de carácter ilegal o poco respetable: *el mercadeo de votos y prebendas de los partidos políticos. Su fortuna ha ido creciendo con el mercadeo de cargos y la compra de voluntades.* **2** (no contable) COL. Mercadotecnia.

mercader, ra *s. m. / f.* RESTRINGIDO. Comerciante: *un mercader de libros. Las caravanas de mercaderes son una estampa oriental típica.*

mercadería *s. f.* RESTRINGIDO. Mercancía.

mercadillo *s. m.* Mercado de puestos ambulantes que se suele instalar algunos días fijos en zonas determinadas de la ciudad: *Los jueves hay un mercadillo de cerámica popular.*

mercado *s. m.* **1** Actividad de compra y venta: *la libre competencia en el mercado, mercado de petróleo,* **economía de ~. ~ de valores. ~ de cambios / divisas** Mercado de intercambio de monedas extranjeras. **~ negro** Mercado al margen de la ley. **2** Lugar con muchas tiendas o puestos donde se vende al público productos de primera necesidad: *Fue al mercado para hacer la compra.* **3** Conjunto de las personas que compran un artículo o utilizan un servicio: *Para este producto no hay mercado.* **4** Evolución de la oferta y la demanda. **estudio* de ~. ~ de trabajo** Mercado que comprende la oferta y la demanda de trabajo como factor productivo. **5** Lugar importante en la actividad del comercio: *Lérida es un mercado importante de peras.*

mercadotecnia *s. f.* (no contable) ECON. Conjunto de técnicas de estudio de mercado dirigidas a favorecer la comercialización de un producto o servicio. SIN. marketing.

mercancía *s. f.* Cualquier cosa que se puede comprar o vender: *mercancías peligrosas, transporte de mercancías.* **mercancías perecederas** Mercancías que se estropean después de poco tiempo, como los alimentos: *Las mercancías perecederas exigen transportes especiales.* SIN. género, producto.

mercancías (plural *mercancías*) *s. m.* Tren que transporta mercancías: *El mercancías descarriló en Chamartín.* **tren de ~. vagón de ~.**

mercante *adj.* **1** Del comercio marítimo o transporte de mercancías: *marina mercante, marino mercante.* || *adj. / s. m.* **2** Que se dedica al transporte de mercancías marítimas: *Mi padre trabaja en un mercante y pasa mucho tiempo fuera de casa.* **barco ~. buque ~. navío ~.**

mercantil *adj.* Del comercio o de los comerciantes: *actividad mercantil.* **derecho* ~. sociedad* ~.**

mercantilismo *s. m.* **1** (no contable) HIST. Ideología y sistema económico proteccionista de los siglos XVI y XVII, que fomentaba la exportación y consideraba los metales preciosos como signo de riqueza: *El mercantilismo dominó la teoría económica europea en el Siglo de Oro español.* **2** (no contable) RESTRINGIDO; PEYORATIVO. Comportamiento de la persona que tiene un espíritu mercantil aplicado a cosas con las que no se debe comerciar: *El mercantilismo del arte moderno es vergonzoso.*

mercantilista *adj.* **1** Del mercantilismo: *economía mercantilista.* || *adj. / s. m.* y *f.* **2** Que es partidario del mercantilismo: *político mercantilista.* **3** [Persona] que se dedica profesionalmente al derecho mercantil: *Hemos contratado a un buen abogado mercantilista.*

mercantilizar *v. tr.* RESTRINGIDO. Hacer ‹una persona› que predomine el interés por la ganancia en [actitudes y acciones que no deberían ser comerciales]: *Mercantilizó el trato con sus amistades.* ⇒ **19.**

mercar *v. tr. / prnl.* **1** COLOQUIAL; a veces HUMORÍSTICO. Comprar ‹una persona› [una cosa] con dinero: ***Se** mercó un traje nuevo para ir a la boda de su hermano.* || *v. tr. / intr.* **2** COL. Hacer ‹una persona› la compra diaria. ⇒ **71.**

merced *s. f.* **1** Honor o favor concedido por un soberano: *El rey otorgó la merced del indulto al condenado.* SIN. gracia. **2** ELEVADO; RESTRINGIDO. Favor, recompensa que hace una persona a otra: *Nuestro ilustre visitante nos ha hecho la merced de visitarnos esta tarde.* **3** RESTRINGIDO. Precedido de *su, vuestra* o *vuesa*, antiguo tratamiento que equivale a *usted*: *No se enfade vuestra merced.* **4** REL. Orden religiosa y militar, fundada por San Pedro Nolasco en el siglo XIII d. C. para la liberación de los prisioneros hechos por los musulmanes: *La Orden de la Merced era apreciada por el pueblo.* FR. Y LOC. **a ~ de** Bajo el dominio de alguien o algo: *Eduardo está a merced de su familia. El barco está a merced del huracán.*

mercedario, ria *adj. / s. m.* y *f.* De la orden de la Merced: *religiosa mercedaria. Los mercedarios libraron a Cervantes de su cautiverio en Argel.*

mercenario, ria *adj. / s. m.* y *f.* **1** [Soldado, tropa] que combate a cambio de recibir una suma de dinero: *La mayor parte de su ejército está formado por fuerzas mercenarias.* **2** Que hace por dinero trabajos que otros hacen libremente: *un asesino mercenario. Es un consejero mercenario.* **3** PEYORATIVO. Que desempeña una profesión u oficio sólo por dinero: *Dicen que los médicos son mercenarios como otros trabajadores.*

mercería *s. f.* **1** Tienda donde se venden artículos de costura, punto y pasamanería: *Tienen lanas muy rebajadas en esa mercería.* **2** Conjunto de los artículos que se venden en esta tienda: *Soy viajante de mercería.*

mercero, ra *s. m. / f.* RESTRINGIDO. Persona que vende artículos de mercería.

mercromina (marca registrada) *s. f.* (no contable) Desinfectante líquido de color rojo que se usa para las heridas poco profundas: *Me caí de la bici y me dieron mercromina en las heridas de la rodilla.*

mercurial *adj.* **1** RESTRINGIDO. Del dios Mercurio: *fiestas mercuriales.* **2** Del mercurio: *baños mercuriales.* ‖ *s. f.* **3** *Mercurialis annua.* Planta de la familia de las euforbiáceas de hojas alargadas y flores verdes.

mercurio *s. m.* (no contable) *Hg.* Elemento químico de carácter metálico, líquido incluso por debajo de 0°, muy denso, de color plateado brillante, que reacciona con los ácidos y puede disolver el oro y la plata: *El mercurio se usa en metalurgia y en farmacia.* **barómetro de ~.**

merecer *v. tr. / prnl.* **1** Ser ‹una persona o una cosa› digna de [una cosa]: *Por mis virtudes* **me** *merezco el cielo.* ‖ *v. intr.* **2** Realizar ‹una persona› determinadas acciones para conseguir una cosa: *El alumno está intentando merecer.* FR. Y LOC. **edad* de ~. ~ / valer la pena*.** ⇒ **5.**

merecido *s. m.* Castigo que se juzga apropiado para una persona o para un delito: *Los gamberros debían recibir su merecido. ¿Por qué llora? Su madre le ha dado su merecido por desobediente.*

merecimiento *s. m.* RESTRINGIDO. Acción y resultado de merecer: *María está haciendo merecimientos para que la contraten.*

merendar *v. tr. / intr.* **1** Tomar ‹una persona› [alimento] por la tarde: *Siempre meriendo un bocadillo de anchoas con pimientos morrones.* ‖ *v. prnl.* **2** COLOQUIAL. Terminar ‹una persona› [una cosa] rápidamente: *Se merendó la novela en dos tardes.* **3** COLOQUIAL. Vencer ‹una persona› ampliamente [a otra persona] en una competición: *El líder se merendó a su rival rápidamente.* **4** COLOQUIAL. Dejar de cumplir ‹una persona› [una obligación]: *Tu hijo se merendó una clase la semana pasada.* **5** COL. Matar ‹una persona› [a otra persona].

merendero *s. m.* Establecimiento público, normalmente con mesas preparadas al aire libre, donde se puede comer o tomar algunas tapas: *Comimos en un merendero de la playa.* SIN. chiringuito.

merendola o **merendona** *s. f.* COLOQUIAL. Merienda abundante de carácter festivo de varias personas: *Si aprobamos nos daremos una merendola.*

merengada *adj.* Se usa en la LOC. **leche* ~.**

merengar *v. tr.* COLOQUIAL. Causar ‹una persona o una cosa› molestia o perjuicio [a otra persona u otra cosa]: *El muy pelma nos merengó la fiesta.* SIN. fastidiar. ⇒ **56.**

merengue *s. m.* **1** Dulce de claras de huevo batidas a punto de nieve y azúcar: *Mi tía hace muy bien los merengues.* **2** Baile típico y música de varios países del Caribe, especialmente de la República Dominicana: *Cuando oigo merengue los pies me bailan solos.* **3** ARG., URUG.; COLOQUIAL. Lío, desorden. ‖ *s. m. / f.* **4** COLOQUIAL. Persona débil y delicada: *No le des golpes, que es un merengue.* **5** COLOQUIAL; HUMORÍSTICO. Socio del club de fútbol Real Madrid.

meretriz *s. f.* ELEVADO. Prostituta.

meridiano, na *adj.* **1** Del medio día: *una luz meridiana.* **2** ELEVADO. Que es muy claro o muy grande: *Es una verdad meridiana. Su exposición fue de una claridad meridiana.* ‖ *s. m.* **3** ASTRON. Cualquier círculo máximo de la esfera terrestre que pasa por los polos, cortando el Ecuador perpendicularmente: *Sobre los meridianos se mide la longitud geográfica.* **4** GEOM. Línea de intersección de una esfera u otra superficie de revolución con un plano que pasa por su eje.

meridional *adj.* Del sur: *clima meridional, paisaje meridional. Ésta es la ciudad más meridional del mundo.*

merienda *s. f.* **1** Comida ligera que se hace a media tarde: *La merienda de los niños está en la nevera. Si salís al parque llevaos la merienda.* ‖ **2 ~ de negros** COLOQUIAL. 1 Desorganización, jaleo: *La fiesta fue una merienda de negros.* 2 Situación difícil o complicada: *No sé cómo estamos aquí después de aquella batalla: fue una merienda de negros.*

merindad *s. f.* **1** HIST. Territorio en el que la máxima autoridad era un merino, en la Edad Media: *un distrito de merindad, separación de merindades.* **2** Cargo de un merino: *La merindad era un cargo que dependía del rey.*

merino, na *adj. / s. m.* y *f.* **1** [Carnero, oveja] que tiene la lana muy fina, corta y rizada: *ganado merino, lana merina.* **mezclar churras* con merinas.** ‖ *s. m.* **2** HIST. Representante del rey en un territorio en la Edad Media: *Los merinos reales se enfrentaban con frecuencia a los representantes de las ciudades.*

meristema *s. m.* BOT. Tejido joven que está en los lugares de crecimiento de la planta.

meristemo *s. m.* Meristema.

mérito *s. m.* **1** Cualidad de una persona que la convierten en digna de admiración: *Tiene mucho mérito haber llegado a la universidad procediendo de una familia obrera.* **2** (no contable) Acción o comportamiento por los que una persona se merece algo: *Le concedieron una medalla en reconocimiento a sus méritos en la empresa.* **3** (no contable) Valor de las cosas por el trabajo y esfuerzo que se han puesto en ellas: *Este mosaico tiene mucho mérito.* FR. Y LOC. **de ~** De gran calidad: *una película de mérito.* **hacer méritos** Realizar ‹una persona› ciertas acciones para merecer o conseguir algo: *El subdirector está haciendo méritos para que lo asciendan.*

meritorio, ria *adj.* **1** Que merece premio, galardón o alabanza: *Es un logro meritorio. Los misioneros han realizado una meritoria labor.* **2** RESTRINGIDO. Persona que trabaja sin sueldo para hacer méritos y conseguir un trabajo, fundamentalmente en el mundo del cine y del espectáculo: *Mi amiga entró de meritoria en una compañía de provincias hasta que la contrataron para un teatro de la capital.*

merluza *s. f.* **1** (macho y hembra) *Merluccius merluccius.* Pez de tamaño mediano y cuerpo alargado, con dientes muy finos, que habita en aguas costeras de Europa y África y es muy apreciado como alimento: *La merluza es exquisita de cualquier manera.* SIN. pescada. **2** COLOQUIAL. Borrachera: *Anoche llegó a casa con una merluza impresionante.* SIN. tajada, cogorza.

merluzo, za *adj. / s. m.* y *f.* COLOQUIAL; INSULTO. Que no tiene entendimiento, ingenio o habilidad alguna: *¡Qué merluzo eres, no he visto a nadie más tonto en mi vida!*

merma *s. f.* Disminución, pérdida: *Siempre hay una merma en el peso, porque se secan los productos después de un tiempo.*

mermar *v. intr. / prnl.* **1** Perder ‹una cosa› fuerza, importancia o intensidad: *Ha mermado este año el caudal de agua del río.* SIN. decrecer, menguar. || *v. tr.* **2** Hacer ‹una persona o una cosa› que disminuya [una cosa]: *Tu carácter conseguirá mermarte la clientela.* SIN. reducir.

mermelada *s. f.* Dulce de fruta cocida, triturada y conservada en azúcar: *mermelada de ciruela, mermelada de fresa.*

merequetén *s. m.* VEN.; COLOQUIAL. Desorden, confusión.

mero, ra *adj.* **1** (antepuesto) Que no está mezclado o acompañado de otra cosa: *Pinto por el mero placer de pintar. Ha sido un mero capricho, nada más que eso, de verdad.* SIN. puro, simple. **2** AMÉR. C.; MÉX. Propio, mismo, exacto: *Me dejas en el mero centro.* || *s. m.* **3** (macho y hembra) *Epinephelus guaza.* Pez marino de cuerpo grueso, que tiene la boca saliente, tres aguijones detrás de las branquias y una carne fina y muy apreciada como alimento. FR. Y LOC. **ya ~** MÉX. Ya, casi.

merodear *v. intr.* Dar ‹una persona› vueltas por [un lugar] para observar, curiosear o con malas intenciones: *Una pandilla de chiquillos merodeaban* ***por*** *el circo para tratar de colarse.* SIN. rondar.

mersa *s. f.* ARG., URUG.; COLOQUIAL. Persona grosera y de mal gusto.

mes *s. m.* **1** Cada una de las doce partes de tiempo en que se divide un año: *La idea del diccionario nació en el mes noviembre.* **2** Período de tiempo comprendido entre un día cualquiera y el mismo del mes siguiente: *Me voy el día cuatro y volveré dentro de un mes.* **3** Cantidad de dinero que se paga o se cobra cada mes: *Me han pagado los atrasos de dos meses.* || **4 el ~** COLOQUIAL. Menstruación. SIN. regla. FR. Y LOC. **años / días / meses / tiempo atrás*.**

mesa *s. f.* **1** Mueble que consta de una tabla horizontal y una o varias patas: *Pilar siempre trabaja en mesas muy grandes.* **calendario de ~. camino* de ~. centro* de ~. ~ camilla** Mesa redonda vestida con faldillas que tiene entre sus patas una tarima para poner el brasero: *Las mesas camillas se usan mucho en España, pero ya casi ha desaparecido el brasero.* **2** Conjunto de cosas preparadas y dispuestas para comer en este mueble: *Vamos a la mesa, que es la hora de comer.* **servicio* de ~. 3** Comida: *Es un muy amante de la buena mesa.* **vino* de ~. 4** Conjunto de personas sentadas alrededor de este mueble: *Reinó una simpatía desacostumbrada en la mesa.* **5** Presidencia de una asamblea o de una reunión: *La mesa levantó la sesión y no aceptó la enmienda.* **6** Terreno elevado, aislado y plano de bordes abruptos. || **7 ~ de billar** Mesa de fieltro verde con bandas elásticas para jugar a este juego. **8 ~ de luz** ARG., URUG. Mesilla. **9 ~ de noche** Mesilla. **10 ~ redonda** Conjunto de personas que tratan o discuten de un tema: *Se ha organizado una mesa redonda sobre el clima mediterráneo.* **11 tenis* de ~.** FR. Y LOC. **a ~ puesta** Sin preocuparse de nada: *Carlos vive en casa de su familia a mesa puesta.* **plato* de segunda (mano / ~). poner la ~** Preparar la mesa para comer: *En casa siempre ponemos la mesa mi hermana y yo.* **quitar la ~** Retirar lo que se ha usado para comer: *Hoy le toca quitar la mesa a Marcos.* **sentarse* a la ~. tender la ~** AMÉR. Poner ‹una persona› la mesa.

mesada *s. f.* **1** COL.; RESTRINGIDO. Dinero que se paga cada mes: *La empresa me debe tres mesadas.* SIN. sueldo, paga. **2** ARG. Encimera de una cocina.

mesana *s. m / f.* **1** MAR. Palo más cercano a la popa en los barcos que tienen tres. **palo de ~.** || *s. f.* **2** MAR. Vela atravesada que se coloca en este palo.

mesar *v. tr.* **1** HIST. Tirar ‹una persona› de [los cabellos] o de [la barba] de otra persona con ánimo de ofenderla: *En la Edad Media mesar la barba a un caballero era una ofensa o un desafío que exigía un duelo como reparación.* || *v. prnl.* **2** ELEVADO. Tirarse ‹una persona› del pelo o de la barba en señal de dolor o furia: *Se mesaba los cabellos mientras gritaba ante el cadáver de su hijo.*

mescalero, ra *adj. / s. m.* y *f.* De una tribu del grupo de los apaches que habitaba al S. E. de Nuevo México.

mescalina *s. f.* (no contable) Alcaloide que se saca del peyote, de gran poder alucinógeno.

mescolanza *s. f.* Mezcolanza.

mesenterio *s. m.* ANAT. Repliegue membranoso del peritoneo, que une el intestino con la pared posterior del abdomen: *El mesenterio es una zona de muchos vasos sanguíneos.*

mesero, ra *s. m. / f.* AMÉR. C., COL., MÉX. Persona que trabaja atendiendo las mesas en bares y restaurantes.

meseta *s. f.* **1** Terreno llano y extenso bastante elevado sobre el nivel del mar: *El territorio de Castilla y León es una meseta interior, ocupada por la cuenca del río Duero.* **2** Descansillo de una escalera. || **3 ~ del toril** TAUROM. Zona llana y localidades de las plazas de toros situadas sobre el túnel del chiquero, por donde salen los toros a la plaza.

mesetario, ria *adj.* De la meseta: *clima mesetario, cultivos mesetarios. Madrid es una ciudad mesetaria y fría.*

mesiánico, ca *adj.* **1** REL. Del mesianismo o de Jesucristo, Mesías para los cristianos: *el mensaje mesiánico. Las palabras de Jesús son palabras mesiánicas.* **2** ELEVADO; frecuentemente PEYORATIVO. De la esperanza en un líder o en una circunstancia que resolverá los problemas de las personas: *Los líderes mesiánicos nos producen cierto miedo.*

mesianismo *s. m.* 1 REL. (no contable) Esperanza de los creyentes judíos en la venida de un enviado de Dios o Mesías que liberará al pueblo de Israel. 2 (no contable) ELEVADO; PEYORATIVO. Confianza inmotivada en la llegada de un líder o de una circunstancia prodigiosa que solucionará los problemas de una comunidad: *No me fío de su mesianismo irracional.*

mesías *s. m.* 1 (con mayúscula y precedido del artículo *el*) REL. Enviado de Dios, prometido por los profetas al pueblo de Israel: *Los judíos creen que el Mesías aún no ha llegado.* 2 RESTRINGIDO. Persona o personaje de quien se espera el remedio de todos los males: *Desconfío de los mesías que te prometen arreglarlo todo si los votas en las elecciones.*

mesilla *s. f.* Mueble pequeño, a menudo con uno o más cajones, que se coloca a la cabecera de la cama: *No me gusta tener el teléfono en la mesilla.*

mesmerismo *s. m.* (no contable) MED. Método curativo basado en las técnicas hipnóticas.

mesnada *s. f.* 1 (preferentemente en plural) HIST. Conjunto de gente armada que estaba al servicio del rey, de un noble o de una ciudad en la Edad Media: *las mesnadas de un conde, las mesnadas del rey.* 2 (preferentemente en plural) RESTRINGIDO. Conjunto de los seguidores de una persona: *El líder radical alentaba a sus mesnadas con optimismo.*

mesoamericano, na *adj.* De Mesoamérica, conjunto formado por México, las Antillas y América Central.

mesocarpio *s. m.* BOT. Parte intermedia del pericarpio de los frutos carnosos, que cubre la semilla, entre el endocarpio y el epicarpio: *En el albaricoque o el melocotón comemos el mesocarpio.*

mesocefalia *s. f.* (no contable) MED. Característica de mesocéfalo.

mesocéfalo, la *adj.* MED. [Cráneo] que tiene las proporciones intermedias entre la braquicefalia y la dolicocefalia: *persona mesocéfala, individuo mesocéfalo.*

mesocracia *s. f.* 1 (no contable) ELEVADO. Gobierno de la clase burguesa y de las personas que se identifican con la clase media: *El siglo XIX es un siglo en el que la mesocracia lucha por controlar los mecanismos del poder.* 2 (no contable) ELEVADO. Conjunto de la burguesía acomodada y de las personas que se identifican con los ideales de la clase media: *Pertenecer a la mesocracia urbana es una de las máximas aspiraciones de los intelectuales locales.*

mesocrático, ca *adj.* ELEVADO. De la mesocracia: *los partidos mesocráticos, sociedad mesocrática.*

mesolítico, ca *adj. / s. m.* [Periodo] que marca la transición entre el Paleolítico y el Neolítico o es de este tiempo: *utillaje mesolítico. El Mesolítico es el periodo medio de la Edad de Piedra.*

mesón *s. m.* 1 Establecimiento popular decorado de manera tradicional donde se sirven comidas y bebidas: *Vamos a comer hoy al mesón del Arriero.* 2 HIST. Antigua posada para viajeros: *Los mesones aparecen con frecuencia en la literatura del Siglo de Oro.* 3 CHILE; COLOQUIAL. Barra de una cantina. 4 CHILE; COLOQUIAL. Mesa alargada como un mostrador instalada en los lugares de servicio público. 5 FÍS. Partícula elemental de masa intermedia entre la del electrón y la del protón.

mesonero, ra *s. m. / f.* 1 Persona propietaria de un mesón o que lo atiende: *El mesonero y la mesonera servían a los viajeros.* 2 CHILE, VEN. Persona que trabaja de camarero en un bar o que atiende detrás de un mesón.

mesopotámico, ca *adj. / s. m.* y *f.* De Mesopotamia, antigua región de Asia central: *civilización mesopotámica, arte mesopotámico.*

mesosfera *s. f.* METEOR. Capa atmosférica situada entre la estratosfera y la termosfera.

mesoterapia *s. f.* (no contable) Infiltración de productos de tratamiento estético a través de la piel mediante inyecciones de presión.

mesotórax (plural *mesotórax*) *s. m.* 1 ZOOL. Parte intermedia de las tres en que se divide el tórax de los insectos. 2 RESTRINGIDO. Parte media del pecho de las personas.

mesozoico, ca *adj. / s. m.* 1 [Era geológica] entre la Primaria o Paleozoica y la Terciaria o Cenozoica: *La Era Mesozoica se conoce también con el nombre de Secundaria.* 2 De esta era geológica: *terreno mesozoico.*

mesquite *s. m.* MÉX., NIC. Mezquite.

mester *s. m.* 1 RESTRINGIDO. Arte u oficio. || **2 ~ de clerecía** LIT. Conjunto de la poesía medieval, normalmente en cuaderna vía, compuesto por clérigos o personas cultas. **3 ~ de juglaría** LIT. Conjunto de la poesía medieval de versificación irregular y temas tradicionales, compuesto por clérigos o poetas más populares y difundido por juglares.

mestizaje *s. f.* 1 Mezcla de razas diferentes: *En América Latina ha habido un mestizaje muy importante.* 2 Conjunto de individuos que resultan de este cruzamiento: *El mestizaje está extendido por todo el continente americano.* 3 Mezcla de culturas diferentes: *La cultura del mestizaje es rica y atractiva.*

mestizo, za *adj. / s. m.* y *f.* 1 Que ha nacido de padre y madre de diferente raza: *Soy mestiza, mi padre era blanco y mi madre india.* || *adj.* 2 [Animal, vegetal] que procede del cruce de dos razas distintas: *Mi gato es mestizo.*

mesura *s. f.* 1 (no contable) ELEVADO. Corrección y serenidad en actitudes, gestos y palabras: *Estaba indignado, pero conservé la mesura.* 2 (no contable) Moderación: *Come con mesura. Las chicas siempre se divierten con mesura.*

mesurado, da *adj.* ELEVADO. Que tiene mesura o se comporta con ella: *Este chico es excesivamente mesurado para su edad.*

meta *s. f.* 1 Línea de llegada donde acaba una carrera deportiva: *La meta de la maratón está situada en la plaza.* 2 DEP. Portería: *El delantero marcó en su propia meta.* 3 Objetivo, fin que se pretende alcanzar: *Su meta es llegar a director. Todo le da igual, no tiene ninguna meta.* || *s. m.* 4 DEP. Portero: *El equipo ha fichado a un nuevo meta.*

metábasis (plural *metábasis*) *s. f.* GRAM. En algunas escuelas gramaticales, fenómeno que se produce cuando una palabra de determinada categoría pasa a desempeñar una función propia de otra categoría: *«Azul» es un adjetivo que por metábasis funciona como sustantivo en «el azul del cielo».*

metabolismo *s. m.* (no contable) FISIOL. Conjunto de reacciones químicas que se dan en las células vivas: *EL metabolismo de las personas es muy complejo.*

metabolizar *v. tr.* ELEVADO; RESTRINGIDO. Interiorizar o asimilar ‹una persona› [una cosa]: *Algunos chicos han metabolizado el lenguaje de la clase pija que los envuelve.* ⇒ **19.**

metacarpo *s. m.* ANAT. Esqueleto de la palma de la mano, o de los miembros anteriores de algunos animales, entre el carpo y las falanges.

metacentro *s. m.* Punto de intersección de la línea vertical imaginaria que pasa por el centro de flotación de un cuerpo que no está en equilibrio y la recta que une el centro de flotación con el de gravedad cuando el cuerpo está en equilibrio.

metacrilato *s. m.* QUÍM. Éster de ácido metacrílico utilizado en la industria del plástico, muy usado en productos cotidianos: *El metacrilato es rígido y transparente.*

metadona *s. f.* (no contable) MED. Medicamento de propiedades similares a las de la morfina y la heroína que se utiliza para desintoxicar a los drogadictos: *Un grupo de heroinómanos está siguiendo un tratamiento con metadona.*

metafase *s. f.* BIOL. Fase intermedia de la mitosis celular.

metafísica *s. f.* **1** (no contable) FILOS. Parte de la Filosofía que trata de la esencia del ser, sus propiedades y sus principios: *La metafísica forma parte de todos los sistemas filosóficos.* **2** (preferentemente en plural; no contable) COLOQUIAL; PEYORATIVO. Idea o reflexión excesivamente complicada o de apariencia ininteligible: *Mira, no me vengas con metafísicas, lo que tenemos que hacer es vender más.*

metafísico, ca *adj.* **1** De la metafísica: *problema metafísico.* **2** Que es difícil de comprender o excesivamente abstracto: *Creo que deberíamos dejar esta discusión, es demasiado metafísica.*

metafita *s. f.* **1** BOT. Vegetal pluricelular que se diferencia de las algas en que posee tejidos que forman órganos, sistemas y aparatos. **2** (en plural) BOT. Conjunto de plantas que forman el reino vegetal.

metáfora *s. f.* RET. Figura retórica que consiste en utilizar una palabra con el significado de otra, por la comparación que se ha establecido entre dos objetos semejantes o de características similares: *En la frase «Me ofreció el rubí de su boca», «rubí» es una metáfora que se emplea en vez de «labios».*

metafóricamente *adv. modo* De modo metafórico, en lenguaje metafórico: *Lo dice usted metafóricamente, ¿verdad?* OBSERVACIONES: A menudo se refiere al acto mismo de decir y sirve para distanciarse de la posible interpretación literal o para introducir matices lúdicos en la conversación: *Nuestro portero es, metafóricamente, nuestro ángel guardián.*

metafórico, ca *adj.* **1** De la metáfora o que contiene metáforas: *sentido metafórico, discurso metafórico, estilo metafórico.* **2** Que tiene un sentido figurado o alegórico, no real: *El escritor, en un discurso metafórico, aludió a la triste situación de ciertos países.*

metal *s. m.* **1** Cuerpo simple que se caracteriza por tener un brillo particular, ser un buen conductor del calor y la electricidad y ser sólido a temperatura ambiente (excepto el mercurio): *metales alcalinos, metales de tierras raras, metales radiactivos.* **2** Latón, aleación de cobre y cinc: *Es un farol de metal.* **3** Timbre de la voz o del sonido: *El metal de su voz es muy agradable.* **4** MÚS. Conjunto de instrumentos de viento de una orquesta: *Lo mejor de la orquesta es la sonoridad que se desprende del metal.* || **5 edad* de los metales. 6 el vil ~** El dinero: *Siempre está preocupado por el vil metal.* **7 ~ blanco** Aleación de estaño con plomo, bismuto, cobre, antinomio u otros metales. **8 ~ noble** Metal que tiene una resistencia fuerte ante los agentes químicos: *El aluminio es un metal noble.* **~ precioso** El oro, la plata o el platino: *Los metales preciosos se usan en joyería.*

metalenguaje *s. m.* LING. Lenguaje que se utiliza para hablar del propio lenguaje: *Un diccionario es un ejemplo de metalenguaje.*

metálico, ca *adj.* **1** De metal: *cama metálica, las patas metálicas de la silla. Han puesto unas puertas metálicas.* **barómetro ~. carpintería metálica. cierre* ~. malla* metálica. 2** Que parece metal o que tiene alguna característica del metal: *sonido metálico, brillo metálico, reflejo metálico.* || *s. m.* **3** (en singular; no contable) Dinero en efectivo, tanto en billetes como en monedas: *Como la tarjeta de crédito no funcionaba, pagué en metálico.* **dinero* en efectivo / ~** o **dinero líquido.**

metalífero, ra *adj.* Que tiene metal: *un yacimiento metalífero.*

metalingüístico, ca *adj.* Del metalenguaje: *terminología metalingüística, estudios metalingüísticos.*

metalizado, da *adj.* Que está pintado con una pintura que parece de metal: *El coche es metalizado.*

metalizar *v. tr.* **1** Hacer ‹una persona o una cosa› que [un cuerpo] adquiera propiedades metálicas: *Están investigando cómo metalizar los plásticos.* **2** Cubrir ‹una persona› [una sustancia] con una capa de metal: *Las sillas se fabrican con metales y plástico metalizado.* **3** Dar ‹una persona› reflejos metálicos a [un color]: *Metalizan la pintura del coche en dos horas.* **4** RESTRINGIDO. Hacer ‹una persona o una cosa› que [una persona] se interese excesivamente por el dinero: *Su ambición lo está metalizando desde hace tiempo.* || *v. prnl.* **5** RESTRINGIDO. Volverse ‹una persona› excesivamente interesada por el dinero: *Se ha metalizado, no se puede hablar con él de nada que no sea dinero.* **6** Convertirse ‹una cosa› en metal o adquirir sus propiedades: *Sometido a una corriente eléctrica, el plástico se metaliza y adquiere propiedades magnéticas.* ⇒ **19.**

metaloide *s. m.* RESTRINGIDO. Elemento químico no metálico.

metalurgia *s. f.* **1** (no contable) Conjunto de técnicas para extraer metales a partir de los minerales que los contienen y transformarlos: *La metalurgia ha variado mucho desde los primeros tiempos de la Humanidad.* **2** (no contable) Conjunto de empresas e instalaciones dedicadas a la extracción y transformación de los metales: *Ayer tuvo lugar una huelga de los obreros de la metalurgia.*

metalúrgico, ca *adj.* **1** De la metalurgia: *industria metalúrgica, empresa metalúrgica.* || *adj. / s. m.* y *f.* **2** [Persona] que trabaja por oficio en la metalurgia: *obrero metalúrgico. Los metalúrgicos han decidido ir a la huelga.*

metámero *s. m.* ZOOL. Cada uno de los segmentos en que se divide el cuerpo de los anélidos y artrópodos.

metamórfico, ca *adj.* GEOL. [Mineral, roca] que ha sufrido metamorfismo: *Las rocas metamórficas suelen aparecer en zonas volcánicas.* **roca metamórfica.**

metamorfismo *s. m.* (no contable) GEOL. Conjunto de transformaciones que sufren las rocas en el interior de la corteza terrestre.

metamorfosis o **metamórfosis** (plural *metamorfosis* o *metamórfosis*) *s. f.* **1** Cambio muy grande que sufre una persona o cosa: *En veinte años la ciudad ha sufrido una gran metamorfosis.* **2** Transformaciones que sufren algunos animales en su desarrollo biológico: *El gusano de seda sufre una metarmofosis y se transforma en mariposa.*

metano *s. m.* QUÍM. Hidrocarburo gaseoso e incoloro formado en la descomposición de la materia orgánica y principal componente del gas natural que se utiliza como combustible y en la industria química.

metanol *s. m.* QUÍM. Alcohol metílico y tóxico que se aprovecha como aditivo de combustibles líquidos: *El metanol provoca en los que lo ingieren ceguera, lesiones nerviosas e incluso la muerte.*

metapsíquica *s. f.* (no contable) Parapsicología.

metástasis (plural *metástasis*) *s. f.* (no contable) MED. Extensión de un cáncer situado en un órgano a otras partes del organismo: *El médico nos ha dicho que nuestro hermano está muy mal, que le han encontrado una metástasis generalizada del tumor.*

metatarso *s. m.* ANAT. Conjunto de huesos de la parte intermedia del pie, entre el tarso y las falanges.

metate *s. m.* AMÉR. C., MÉX. Utensilio formado por una piedra que se apoya en tres pies y se usa para moler granos, semillas o chiles.

metátesis (plural *metátesis*) *s. f.* FON. Cambio de lugar de uno o de varios fonemas dentro de una palabra: *Muchas palabras latinas han sufrido metátesis en su evolución al español.*

metatórax (plural *metatórax*) *s. m.* ZOOL. Segmento posterior del tórax de los insectos, entre el mesotórax y el abdomen.

metazoo *adj. / s. m.* **1** ZOOL. [Animal] que tiene el cuerpo formado por un gran número de células diferenciadas y agrupadas en forma de tejidos, órganos y aparatos y necesita materia orgánica y oxígeno para vivir. ‖ *s. m.* **2** (en plural) ZOOL. Reino que forman los seres vivos metazoos.

meteco, ca *adj. / s. m.* y *f.* **1** HIST. [Extranjero] que se establecía en Atenas pero no disfrutaba de todos los derechos de ciudadanía, en la antigua Grecia, **2** ELEVADO; RESTRINGIDO. Que es o viene de otro país: *¿No conoces una de las canciones más famosas de Georges Moustaki, el meteco?* SIN. extranjero, forastero.

metedero *s. m.* **1** COL.; COLOQUIAL. Establecimiento de poca categoría donde se puede comer, beber y bailar. **2** COL.; COLOQUIAL. Establecimiento en el que se alquilan habitaciones a parejas.

metedura *s. f.* **1** RESTRINGIDO. Acción y resultado de meter una cosa. **2** ARG., URUG.; COLOQUIAL. Fijación amorosa con una persona. ‖ **3 ~ de pata** COLOQUIAL. Error, equivocación: *Ha sido una metedura de pata tremenda no invitarla a nuestra fiesta. ¡Menuda metedura de pata! Confundió Palencia con Valencia.*

metempsicosis o **metempsícosis** (plural *metempsicosis* o *metempsícosis*) *s. f.* (no contable) FILOS. Doctrina religiosa y filosófica de origen oriental según la cual las almas pasan de un cuerpo a otro, humano o animal, después de la muerte.

meteorismo *s. m.* (no contable) MED. Abultamiento del abdomen por acumulación de gases en el tubo digestivo.

meteorito *s. m.* ASTRON. Cuerpo procedente del espacio exterior que penetra en la atmósfera y algunos de cuyos fragmentos pueden caer sobre la Tierra.

meteorización *s. f.* (no contable) GEOL. Acción y resultado de meteorizarse la Tierra: *los efectos de la meteorización.*

meteorizar *v. tr.* **1** Causar ‹los agentes atmosféricos› erosión en [la Tierra]. **2** Causar ‹una cosa› meteorismo [a una persona]. ‖ *v. prnl.* **3** Recibir ‹la Tierra› la influencia de los agentes atmosféricos. ⇒ **19.**

meteoro o **metéoro** *s. m.* Cualquiera de los fenómenos naturales que se originan en la atmósfera: *meteoros eléctricos, meteoros eólicos, meteoros acuosos. La lluvia, el rayo, el viento y el arco iris son distintos tipos de meteoros.*

meteorología *s. f.* (no contable) FÍS. Parte de la Geofísica que estudia los fenómenos atmosféricos: *La meteorología ayuda a predecir el tiempo.*

meteorológico, ca *adj.* De la meteorología o de los meteoros: *estudios metereológicos, especialidades meteorológicas.* **parte* ~.**

meteorólogo, ga *adj. / s. m.* y *f.* [Persona] que se dedica por profesión a la meteorología: *Una meteoróloga dirige un estudio del clima mediterráneo.*

metepatas (plural *metepatas*) *s. m. / f.* COLOQUIAL; PEYORATIVO. Persona que se equivoca inoportunamente o es indiscreta: *Marta es una metepatas, habló mal del jefe delante de su mujer.*

meter *v. tr.* **1** Poner ‹una persona› [a otra persona o una cosa] dentro de [una cosa] o de [un lugar]: *Mete la chaqueta **en** el ropero.* **2** Poner ‹una persona› [a otra persona] en [un lugar] o en [un cargo] utilizando su influencia o su poder: *Su amigo la metió **en** la embajada como secretaria.* **3** Hacer soportar ‹una persona› [una cosa pesada o desagradable] [a otra persona]: *Me ha metido un rollo inaguantable.* **4** Causar ‹una persona o una cosa› [miedo] [a una persona]: *Le metí miedo explicándole aquellas historias.* **5** Hacer creer ‹una persona› [una cosa falsa] [a otra persona]: *¡Vaya cuento que te metieron!* **6** Ingresar ‹una persona› [dinero] en [una cuenta bancaria]: *Mete medio millón **en** tu cartilla.* SIN. depositar. **7** Invertir ‹una persona› [dinero] en [un negocio]: *Mi padre metió parte del capital **en** ese negocio.* **8** Dar ‹una persona› [un golpe] [a otra persona]: *Le metió un par de tortas que lo dejó tendido.* **9** Hacer ‹una persona› más corta o más estrecha [una cosa confeccionada con tela]: *La modista metió el bajo de la falda.* **10** Aplicar ‹una persona› [un instrumento o una herramienta] con decisión: *A la hora de cortar el vestido, metí la tijera sin pensármelo.* **11** Manejar ‹una persona› [las marchas de un coche]: *El conductor metió la primera y salió del aparcamiento.* **12** Introducir ‹una persona› firmemente [una idea o un sentimiento] en [otra persona]: *No sé quién te ha metido esa idea **en** la cabeza.* **13** ARG., URUG.; COLOQUIAL. Aprobar ‹un alumno› [una asignatura]. ‖ *v. tr. / prnl.* **14** Poner ‹una persona› [a otra persona] en [una situación comprometida o desagradable]: ***Me** metí **en** este lío en contra de mi voluntad.* ‖ *v. prnl.* **15** Ponerse ‹una persona o una cosa› dentro de [una cosa] o de [un lugar]: *Me metí rápidamente **en** el agua.* **16** Entrar ‹una persona› en [un lugar]: *Lo vieron meterse **en** el bar.* **17** Mezclarse ‹una persona› en [un asunto perjudicial]: *Se metió hasta el cuello **en** ese asunto turbio.* **18** Seguir ‹una persona› [una vocación]: *Su prima se metió monja. Quiere meterse **a** bombero.* **19** Empezar ‹una persona› a [hacer una cosa]: *Mi marido se metió **a** arreglar la cocina y la dejó peor que esta-*

ba. **20** Molestar o atacar ‹una persona› a [otra persona]: *Si se mete **con** nosotros le daremos su merecido.* **21** Estar ‹una persona› en [un lugar]: *¿Dónde se habrá metido ese chico?* **22** ARG., URUG.; COLOQUIAL. Establecer ‹una persona› [una relación de pareja] con otra persona. **23** VEN.; COLOQUIAL. Comer, ingerir ‹una persona› una comida. || *v. intr.* **24** COL.; VULGAR. Hacer ‹una persona› el acto sexual. FR. Y LOC. **a todo ~** COLOQUIAL. Se usa para indicar que una cosa se realiza con gran rapidez o intensidad: *Comeremos a todo meter y nos iremos.* **dar / ~ caña*. echar / ~ la tijera*. echarse / meterse entre pecho* y espalda. entrar / ~ con calzador*. entrar / ~ en vereda*. estar metido en harina*. hincar / ~ el diente*. ~ baza*. ~ con cuchara* (de palo). ~ cuña*. ~ el cazo*. ~ el cuezo*. ~ el hocico*** o **~ los hocicos. ~ en cintura*. ~ en el mismo saco** COLOQUIAL. Juntar una persona en una misma clasificación a personas o cosas muy diferentes entre sí: *Son chicos muy diferentes, no puedes meterlos en el mismo saco.* **~ en freno*. ~ la cabeza*. ~ la cuchara*. ~ la pata*. ~ la gamba*. ~ las narices*. ~ mano*. ~ por los ojos*. ~ prisa*. ~ / sembrar cizaña*. ~ un gol*. ~ un palo*. ~ un marrón*. ~ un paquete*. ~ una castaña*. meterse a farolero** COLOQUIAL. Inmiscuirse ‹una persona› en los asuntos de otra persona. **meterse a redentor** PEYORATIVO. Intentar ‹una persona› solucionar un problema ajeno: *Julio se metió a redentor y recibió golpes por los dos lados.* **meterse en camisa* de once varas. meterse en faena** COLOQUIAL. Empezar ‹una persona› un trabajo: *Lo mejor es meternos en faena directamente.* **meterse en honduras*. meterse en la boca* del lobo. meterse en su concha*. meterse en sí mismo** Pensar o meditar ‹una persona› las cosas sin pedir consejo ni explicar lo que siente: *Muchos adolescentes se meten en sí mismos y no cuentan a nadie lo que les pasa.* **meterse en su mundo*. meter(se) por donde quepa** VULGAR; INSULTO. Rechazar ‹una persona› una cosa desairadamente: *No me interesa tu coche de segunda mano, te lo puedes meter por donde te quepa.* **meterse por medio** 1 Intervenir ‹una persona› en una disputa o un trato: *Estaban discutiendo y Luis se metió por medio.* 2 Poner ‹una persona› obstáculos para que se realice una cosa: *Ramón se metió por medio y estropeó el negocio.* **meterse / tener en el bolsillo*. metérsele en la cabeza / mollera** COLOQUIAL. Obstinarse ‹una persona› en una cosa: *Se le ha metido esta peregrina idea en la cabeza.* **metérsele / ponérsele / tener entre ceja* y ceja. no saber* dónde meterse. tener / ~ en el bote*.**

meterete *adj. / s. m.* y *f.* ARG., URUG.; COLOQUIAL. Persona que es entrometida.

metete *adj. / s. m.* y *f.* AMÉR. C., CHILE, PERÚ; COLOQUIAL. [Persona] que es entrometida.

metiche *adj. / s. m.* y *f.* CHILE, COL., MÉX.; COLOQUIAL; PEYORATIVO en Chile. [Persona] que es entrometida.

meticón, na *adj. / s. m.* y *f.* COLOQUIAL; PEYORATIVO. Que se mete donde no le llaman o donde no le importa, o que gusta de fisgar o de curiosear en los asuntos de los demás: *No seas meticón, déjalos en paz. ¡Qué mujer más meticona!*

meticuloso, sa *adj.* **1** (ser / estar, antepuesto / pospuesto) Que actúa o hace las cosas concienzudamente, con mucho cuidado y exactitud y cuidando el detalle: *Sonia es demasiado meticulosa. Has estado muy meticuloso en tu exposición de los hechos.* **2** (antepuesto / pospuesto) Que está hecho con mucho cuidado o exactitud y cuidando el detalle: *Ha hecho un trabajo meticuloso.*

metido, da *adj. / s. m.* y *f.* **1** Que tiene abundancia de algo: *un hombre metido en años.* **(estar) entrado / ~ en carnes*.** **2** Que está muy concentrado, ocupado o comprometido: *Almudena está muy metida en su lectura. José está muy metido en la película. Mi hermana está muy metida en el movimiento ecologista.* **3** ARG., COL., URUG., VEN.; COLOQUIAL. Que se entromete. || *s. m. / f.* **4** Empuje, impulso, avance: *Tenemos que darle un metido al trabajo. Le ha dado hoy una buena metida a la limpieza del piso.* **5** Golpe o conjunto de golpes: *Le dieron una buena metida la otra noche unos gamberros.* || *s. m.* **6** Trozo de tela que se mete en las costuras: *El metido de la falda es excesivo.*

metijón, na *adj. / s. m.* y *f.* Meticón.

metílico, ca *adj.* QUÍM. [Compuesto] que contiene metilo. **alcohol* ~.**

metilo *s. m.* QUÍM. Radical monovalente de metano que forma parte del alcohol metílico y otros cuerpos.

metisaca *s. m.* TAUROM. Estocada en la que, sin soltar la espada, se saca de nuevo por considerarla imperfecta.

metódico, ca *adj.* (antepuesto / pospuesto) Que está hecho con método, o que sigue un orden muy preciso o exacto: *estudio metódico, vida metódica. Un métodica organización puede hacernos ganar mucho tiempo*

metodismo *s. m.* (no contable) REL. Doctrina protestante que nace en el siglo XVIII en Inglaterra como una escisión del anglicanismo.

metodista *adj.* **1** REL. Del metodismo: *religión metodista, parroquia metodista.* || *s. m. / f.* **2** Persona que profesa el metodismo: *los fieles metodistas. Los metodistas son bastante partidarios del intimismo.*

método *s. m.* **1** Conjunto ordenado de operaciones orientadas a la obtención de un resultado: *los métodos del análisis matemático.* **2** Procedimiento o modo de obrar que tiene cada persona: *No apruebo sus métodos de educar a los niños.* **3** Conjunto de reglas, ejercicios y procedimientos para enseñar o aprender algo: *un método de inglés, el método para enseñar matemáticas.* **4** Procedimiento que se sigue en una ciencia: *En nuestra disciplina seguimos los métodos inductivos y deductivos.*

metodología *s. f.* **1** (no contable) LÓG. Ciencia que estudia los métodos del conocimiento: *La metodología es una reflexión básica en todo conocimiento científico.* **2** Conjunto de métodos aplicados en una investigación científica o en una exposición: *El centro puso en práctica una nueva metodología para la enseñanza de idiomas.*

metomentodo *adj. / s. m.* y *f.* COLOQUIAL; PEYORATIVO. Persona que se mete en lo que no le importa: *Como eres una metomentodo, quieres solucionar los problemas de los demás.*

metonimia *s. f.* RET. Figura retórica que consiste en designar una cosa con el nombre de otra que está próxima o relacionada con la primera: *Existe metonimia cuando hablamos de una buena pluma en lugar de un buen escritor.*

metonímico, ca *adj.* De la metonomia o que contiene metonimia: *El uso metonímico no es sólo literario.*

metopa o **métopa** *s. f.* ARTE. Espacio que separa dos triglifos de un friso dórico: *Las metopas no son siempre lisas.*

metraje *s. m.* **1** (no contable) Extensión en metros de una película cinematográfica: *El film tiene un metraje excesivamente largo.* **2** URUG. Longitud o extensión de una cosa.

metralla *s. f.* 1 Cada uno de los trozos de metal con que se rellenan algunos artefactos explosivos: *granada de metralla. El policía resultó herido por múltiples impactos de metralla.* 2 COLOQUIAL. Cosa que no sirve para nada: *Me ha regalado varios libros, pero no sirven para nada, son pura metralla.* 3 COLOQUIAL. Moneda de poco valor: *Sólo llevo metralla en los bolsillos.* SIN. calderilla, chatarra.

metrallazo *s. m.* 1 Disparo de metralla de una pieza de artillería: *La pared tenía todavía varios metrallazos de la última guerra.* 2 RESTRINGIDO. Herida o daño que causa este disparo: *El abuelo nos enseñó en la pierna las cicatrices de dos metrallazos de la guerra.*

metralleta *s. f.* Arma de fuego automática y portátil que puede disparar varias veces: *una ráfaga de metralleta. El gángster sacó su metralleta y lo acribilló a balazos.*

métrica *s. f.* LIT. Arte que trata de la composición y medida de los versos y de sus combinaciones: *la métrica latina, la métrica del Mester de Clerecía.*

métrico, ca *adj.* 1 Del metro o medida. **cinta* métrica. quintal* ~. sistema* ~. sistema* ~ decimal. tonelada* métrica.** 2 Del metro o medida del verso: *El poeta emplea una variedad métrica asombrosa.*

metrificar *v. intr.* RESTRINGIDO. Componer ‹una persona› versos: *No hace poesía, simplemente metrifica.* SIN. versificar. ⇒ **71.**

metritis (plural *metritis*) *s. f.* MED. Inflamación de la matriz.

metro *s. m.* 1 Unidad fundamental de longitud en el Sistema Internacional que equivale a la distancia que recorre la luz en 1/ 299792 milésimas de segundo: *La cama mide dos metros.* ~ **cuadrado** Medida de superficie que equivale al área de un cuadrado de un metro de lado. ~ **cúbico** Medida de volumen que equivale a la capacidad de un cubo de un metro de arista. 2 Instrumento para medir longitudes que tiene marcada esta unidad y sus divisores: *Vamos a tomar las medidas al armario con el metro.* 3 MÉTR. Medida característica de cada clase de versos: *La variedad de metros enriquece la obra.* 4 Ferrocarril eléctrico urbano, a menudo subterráneo: *montar en metro, ir en metro.* **boca* de ~.**

metrología *s. f.* (no contable) Ciencia que estudia los sistemas de pesos y medidas.

metrónomo *s. m.* MÚS. Aparato que mide y marca la velocidad del compás de una composición musical: *El profesor de música tenía un metrónomo encima del piano.*

metrópoli o **metrópolis** (plural *metrópolis*) *s. f.* 1 Ciudad importante que ocupa una extensión muy grande de terreno: *Las metrópolis modernas tienen ventajas, pero son muy incómodas para vivir.* 2 Estado o ciudad respecto de sus colonias: *Todas las metrópolis se han enfrentado a sus colonias cuando éstas buscaban la independencia.* 3 REL. En la Iglesia católica, sede arzobispal de la que dependen otras diócesis: *La metrópoli sevillana incluye a varias diócesis.*

metropolitano, na *adj.* 1 De la ciudad grande y de su área geográfica: *autobús metropolitano, transportes metropolitanos.* **área* metropolitana.** 2 Del arzobispo: *diócesis metropolitana.* || *s. m.* 3 Metro, ferrocarril urbano: *el metropolitano de Madrid.* **ferrocarril* ~.** 4 REL. Arzobispo: *el metropolitano de Zaragoza.*

metrorragia *s. f.* MED. Hemorragia anormal del útero fuera del período menstrual.

meublé (del francés; pronunciamos *'meblé'*) *s. m.* RESTRINGIDO. Casa de citas, burdel: *Se veían en un meublé del Tibidabo.*

mexicanismo *s. m.* Palabra o expresión propia de México que se emplea en otra lengua o caracterizadora de la variedad del español de México.

mexicano, na o **mejicano, na** (pronunciamos *'mejicano'*) *adj. / s. m.* y *f.* De México, país americano: *una mujer mexicana. Los mejicanos ganaron el partido.*

meyosis *s. f.* Meiosis.

mezanin o **mezanine** *s. m.* COL., MÉX. Entreplanta de un edificio.

mezcal *s. m.* 1 Variedad de pita. 2 AMÉR. Aguardiente elaborado con esta planta: *El mezcal es una bebida alcohólica fuerte.*

mezcla *s. f.* 1 Acción y efecto de mezclar o mezclarse: *mezcla de colores, mezcla de dialectos, mezcla de razas.* 2 Sustancia que resulta de la combinación de varias: *El color verde es una mezcla de azul y amarillo.* 3 Tela en que hay fibras de diferentes materiales o colores: *Estas sábanas son de mezcla: no son 100% algodón.* 4 Argamasa: *Antes de empezar a poner ladrillos tienes que tener preparada la mezcla.* 5 (preferentemente en plural) Operación de combinar simultáneamente la música, las palabras, los sonidos especiales, que se realiza en estudios de cine, televisión o grabación: *Es un especialista en mezclas: trabaja para una agencia de publicidad.* || 6 ~ **detonante / explosiva** 1 Combinación de sustancias que puede producir una explosión: *La mezcla detonante de los dos gases produjo una explosión tremenda.* 2 COLOQUIAL. Reunión o combinación de varias cosas que produce una impresión o un impacto fuertes: *Este cóctel es una mezcla explosiva.*

mezclar *v. tr.* 1 Juntar ‹una persona› [varias cosas] para que sus partes queden unas entre otras: *No mezcles el vino, que se estropea.* 2 Revolver ‹una persona› [cosas que estaban ordenadas]: *No mezcles las fichas, porque están por orden alfabético.* || *v. tr. / prnl.* 3 Juntar ‹una persona› [personas o cosas] de forma que no puedan distinguirse unas de otras: *En el recreo* ***se*** *mezclan los alumnos de varios cursos.* 4 Comprometer ‹una persona› [a otra persona] en [un asunto]: ***Me*** *mezclé* ***en*** *su negocio al principio, pero no sabía que era ilegal.* || *v. prnl.* 5 Relacionarse ‹una persona› con [determinadas personas]: *Es peligroso mezclarse* ***con*** *tipos como esos.* 6 Juntarse ‹personas o cosas› de forma que no pueden distinguirse entre [otras personas o cosas]: *Nos mezclamos* ***con*** *la muchedumbre en la manifestación. Se han caído y se han mezclado todos los sellos.* 7 Enlazarse ‹familias o linajes› unos con otros: *Los aristócratas no se mezclan con cualquiera.* FR. Y LOC. ~ **churras* con merinas.**

mezclilla *s. f.* (no contable) Tela de mezcla, de poco cuerpo: *Llevaba una blusa de mezclilla.*

mezcolanza o **mescolanza** *s. f.* COLOQUIAL. Mezcla extraña y confusa de personas o cosas: *Hijo, no sé cómo puedes entrar en la habitación con esa mezcolanza de cosas.*

mezquinar *v. intr.* AMÉR. DEL S. Proceder con mezquindad ‹una persona›.

mezquindad *s. f.* 1 (no contable) Cualidad propia de una persona o de una cosa mezquina: *la mezquindad de un sueldo, la mezquindad de un jefe, la mezquindad de un regalo.* 2 Acción o palabra propia de una persona mezquina: *La lista de sus mezquindades es interminable.*

mezquino, na *adj. / s. m.* y *f.* **1** (ser / estar) Que es capaz de cometer acciones viles o despreciables o de comportarse con ruindad: *Has estado mezquino en este asunto. Fuiste muy mezquina conmigo.* SIN. miserable. **2** Que se comporta con avaricia o mezquindad: *Es un jefe muy mezquino, paga poco.* SIN. miserable. || *adj.* **3** (antepuesto / pospuesto) Que es propio de una persona de estas características: *acto mezquino. Está dominado por mezquinos sentimientos.* **4** Que es pequeño, diminuto o escaso: *Vive en una mezquina y oscura vivienda.*

mezquita *s. f.* Edificio religioso destinado al culto y oración de los musulmanes: *Las mezquitas suelen tener amplios patios con fuentes para las abluciones de los creyentes.*

mezquite o **mesquite** *s. m.* MÉX., NIC. Árbol americano de flores blancas y fruto en vaina, de cuyas hojas se obtiene un extracto que se utiliza en oftalmología.

mezzanine *s. m.* COL., MÉX. Mezanine.

mezzosoprano (del italiano; pronunciamos *'mesosoprano'*) *s. f.* **1** MÚS. Voz femenina entre soprano y contralto: *Nuestra paisana tiene hermosos registros de mezzosoprano.* **2** Mujer que se dedica a cantar profesionalmente canciones que exigen esta voz o que tiene este tipo de voz: *La mezzosoprano Elena Grajera interpreta un aria.*

mi (plural *mis*) *s. m.* **1** MÚS. Tercera nota de la escala musical. || *adj. pos.* **2** Apócope de *mío, mía*, que se usa sólo delante del nombre o grupo nominal. Sitúa al nombre con respecto a la persona que habla (yo): *mi país, mi querida suegra, mis aficiones, mis mejores recuerdos, mis tres hijos.* Entre otras cosas, indica: **2**1 Propiedad: *mis libros.* **2**2 Parentesco o relación personal: *mi querida suegra.* **2**3 Pertenencia a un grupo o comunidad: *mi país.* **2**4 Objetos o hechos asociados habitualmente a una persona: *mi despacho.* **2**5 Relación con instituciones, entidades u organismos: *mi banco, mi abogado.* OBSERVACIONES: Debe evitarse: *Lavo mis manos, me he puesto mi falda nueva...* Se ha de decir: *Me lavo las manos, me he puesto la falda nueva.*

mí (de primera persona; singular; masculino y femenino) *pron. pers.* **1** Se usa siempre con preposición y funciona como complemento: *a mí, para mí, por mí.* OBSERVACIONES: ◊ Suele venir anticipado por una forma átona. ◊ No se usa como segundo término de una comparación, función para la que se utiliza la forma *yo*: *Tu hermana es más alta que yo.* ◊ *Yo* sustituye el uso de *mí* cuando va con las preposiciones *entre, excepto, salvo, incluso* y *según*: *Entraron todos excepto yo.* ◊ Con verbos como *gustar, parecer*, y otros similares, se usa para introducir el sujeto al que se aplica lo que se dice: *A mí no me gustan los toros.* ◊ Se construye con *mismo* cuando se quiere resaltar el carácter reflexivo: *No hablaba de mí misma. Me lo han dado a mí mismo. No quiso encargármelo a mí mismo.* FR. Y LOC. **¡a ~!** RESTRINGIDO. Se usa para pedir auxilio: *¡A mí mis hombres! ¡A mí la Legión!* **a ~ qué** COLOQUIAL. Se usa para manifestar indiferencia o desinterés por algo o alguien. Es síntesis de *¡Y a mí qué me importa!* OBSERVACIONES: Normalmente precedida de *y*: *–«Las acciones en Bolsa han bajado veinte puntos». –«Y a mí qué. Los pobres no tenemos esos problemas».* **a ~ que me registren***. **¡~!** o **¡míii!** VEN. Negación rotunda. **para ~** En mi opinión, según creo, a mi parecer: *Para mí, si sigue así acabará mal.* OBSERVACIONES: También se emplea seguido de *que*: *Para mí que todavía no has desayunado.* **por ~** 1 Indica que la persona que habla o escribe no se opone a lo que se dice: *Por mí, podéis volver a la hora que queráis.* 2 Indica que la persona que habla o escribe se desentiende o muestra indiferencia o desprecio por lo que se dice: *¡Por mí, puedes irte y no volver jamás!* **por ~ mismo** 1 Sin la ayuda de nadie: *Lo conseguiré por mí mismo.* 2 Por mi propio beneficio o placer: *Empezaré a hacer las cosas por mí misma y no por los demás.*

miaja *s. f.* **1** COLOQUIAL. Migaja. **2** VULGAR; INTENSIFICADOR. Nada o casi nada: *Cuando hables, procura no pasarte ni una miaja. No me gusta una miaja.* **3** VULGAR; INTENSIFICADOR. Un poco: *Dame una miaja de jamón para probarlo.*

mialgia *s. f.* MED. Dolor muscular.

miasma *s. f.* (preferentemente en plural) Mal olor o elementos perjudiciales que, según la medicina tradicional, desprenden los cuerpos de los enfermos, las materias en descomposición o las aguas estancadas: *Antes los médicos aconsejaban alejarse de los focos que desprendían miasmas.*

¡miau! *onom.* **1** Onomatopeya con que se imita el maullido del gato: *–«Laura, ¿Cómo dice el gato?» –«Miau». –«¿Y el perro?» –«Guau.»* || *s. m.* **2** Maullido del gato: *Al escuchar el miau del gato se le dibujó una sonrisa.* || *interj.* **3** COLOQUIAL; RESTRINGIDO. Expresa asombro, desconfianza, admiración o incredulidad: *¡Miau, qué cena tan impresionante has preparado! –«¿Crees lo que han dicho?» –«¡Miau!»*

mica *s. f.* **1** GEOL. Mineral silíceo de varios colores compuesto por láminas brillantes muy delgadas: *La mica se descompone en muchas láminas finísimas.* **2** COL. Orinal, bacín.

micáceo, a *adj.* **1** GEOL.Que contiene mica: *compuesto micáceo.* **2** RESTRINGIDO. Que es parecido a la mica: *reflejos micáceos, laminación micácea.*

micción *s. f.* FISIOL.; ELEVADO. Acción y resultado de orinar: *El médico me preguntó: –«¿Sus micciones son normales, frecuentes?»*

micelio *s. m.* BOT. Conjunto de filamentos que constituyen el talo vegetativo de un hongo.

micénico, ca *adj. / s. m.* y *f.* De Micenas, antigua ciudad de Grecia: *arte micénico, cultura micénica, las micénicas, los micénicos.*

micetología *s. f.* (no contable) BOT. Micología, ciencia de los hongos.

michas (plural) *s. f.* MÉX.; VULGAR. Mitad de una cosa. FR. Y LOC. **ir a ~** MÉX.; VULGAR. Repartir ‹varias personas› las ganancias en partes iguales.

miche *s. m.* VEN. Aguardiente de caña.

michelín (marca registrada) *s. m.* (preferentemente en plural) COLOQUIAL. Acumulación de grasa en forma de rollo en alguna parte del cuerpo, sobre todo en la cintura: *Mi padre hace deporte para quitarse los michelines.*

michino, na *s. m.* y *f.* COLOQUIAL. Gato, animal doméstico: *Los michinos se pasean por aquí como si estuvieran en su casa.*

mico, ca *s. m. / f.* **1** COLOQUIAL; AFECTIVO. Niño pequeño: *Su hija pequeña es un mico, pero ya come sola.* **2** (macho y hembra). Mono de cola larga: *Los micos son pequeños.* || *s. m.* **3** COLOQUIAL; PEYORATIVO. Persona muy fea: *Mi vecino es un auténtico mico.* SIN. coco. FR. Y LOC. **estar con el ~ al hombro** COL., COLOQUIAL. Estar ‹una persona› de mal humor. **volverse ~** COLOQUIAL. Resultarle muy difícil y complicado a ‹una persona› conseguir o realizar algo: *Mi madre no sabía dónde había puesto el monedero y se volvió mico buscándolo.*

micología *s. f.* (no contable) BOT. Parte de la Botánica que estudia los hongos: *En Cataluña hay mucha afición a la micología.*

micólogo, ga *adj. / s. m.* y *f.* Persona que se dedica por profesión al estudio de los hongos: *Mi vecina es una renombrada micóloga de la universidad.*

micorriza *s. f.* BIOL. Asociación simbiótica entre un hongo y una raíz o una estructura semejante, mediante la cual la planta asimila más fósforo y el hongo obtiene los productos orgánicos producidos por la planta en la fotosíntesis.

micosis (plural *micosis*) *s. f.* (no contable) MED. Infección producida por hongos en una parte del organismo: *Las micosis son contagiosas.*

micra *s. f.* Medida de longitud que equivale a la millonésima parte de un metro: *La micra se emplea para mediciones microscópicas.* SIN. micrón.

micro *s. m.* **1** Micrófono. **2** Microbús.

microamperio *s. m.* FÍS. Unidad de intensidad eléctrica que equivale a la millonésima parte de un amperio.

microbicida *adj. / s. m.* Que mata los microbios: *un producto microbicida.*

microbio *s. m.* Microorganismo.

microbiología *s. f.* (no contable) BIOL. Parte de la Biología que estudia los microorganismos o microbios: *La microbiología se preocupa de las bacterias, los virus, las levaduras o las plantas microscópicas.*

microbús *s. m.* Autobús pequeño, que se emplea, generalmente en recorridos urbanos: *En Madrid hay varias líneas de microbuses.*

microcéfalo, la *adj. / s. m.* y *f.* Que tiene la cabeza pequeña o desproporcionada en relación al cuerpo o en relación a otros ejemplares de su especie: *hormiga microcéfala. Algunos niños afectados por radiaciones nacen microcéfalos.*

microcentro *s. m.* ARG., URUG. Centro comercial de una ciudad.

microchip *s. m.* **1** INFORM. Circuito integrado de muy reducidas dimensiones de la memoria de un ordenador: *La investigación básica sobre la mecánica cuántica ha hecho posible lograr el microchip y el microordenador.* **2** INFORM. Chip.

microclima *s. f.* Conjunto de condiciones atmosféricas o climáticas de un espacio reducido aislado del medio general: *Toda la región pertenece al clima continental, excepto varios valles que tienen un microclima mediterráneo.*

micrococo *s. m.* BIOL. Bacteria de forma esférica o elíptica.

microcopia *s. f.* RESTRINGIDO. Copia fotográfica de tamaño muy reducido de un documento: *Hacemos microcopias de todos los casos para archivarlos en el menor espacio posible.*

microcosmo *s. m.* Microcosmos.

microcosmos o **microcosmo** *s. m.* (en singular; no contable) FILOS. Hombre, considerado como un mundo en pequeño: *El microcosmos es un reflejo del Universo.*

microeconomía *s. f.* (no contable) ECON. Parte de la Economía que estudia el comportamiento de las unidades económicas. ANT. macroeconomía.

microelectrónica *s. f.* (no contable) Técnica de diseñar los componentes electrónicos en miniatura, fundamentalmente con circuitos integrados.

microficha *s. f.* Ficha de tamaño reducido que contiene varias fotografías de las páginas de un libro o documento: *Este libro está disponible en microfichas.*

microfilm *s. m.* Microfilme.

microfilmar *v. tr.* Reproducir ‹una persona› [un documento o un impreso] en microfilme: *He pedido permiso para microfilmar varios documentos en la biblioteca.*

microfilme o **microfilm** *s. m.* Película de tamaño reducido usada para reproducir libros, documentos o impresos, que puede leerse en aparatos especiales o reproducirse en fotos: *Hemos encargado dos microfilmes a la Biblioteca Nacional.*

microfísica *s. f.* (no contable) Parte de la Física que estudia las partículas elementales.

micrófono *s. m.* Aparato que transforma las ondas sonoras en vibraciones de corriente eléctrica para transmitirlas o registrarlas.

microfotografía *s. f.* **1** (no contable) ART. GRÁF. Técnica fotográfica para reducir el tamaño de una página o de un documento: *Es el mejor especialista en microfotografía.* **2** Fotografía de tamaño muy pequeño. **3** Fotografía de algo que tiene tamaño microscópico. **~ electrónica.**

microfútbol *s. m.* COL. Fútbol sala.

micrografía *s. f.* **1** (no contable) RESTRINGIDO. Técnica que se ocupa de la preparación y la descripción de los objetos que son vistos a través del microscopio. **2** (no contable) Estudio microscópico de los metales y sus aleaciones. **3** Foto de la estructura detallada de un metal.

microlentilla *s. f.* Lente de contacto. SIN. lentilla.

micrómetro *s. m.* **1** TECNOL. Instrumento de precisión para medir objetos muy pequeños. **2** ÓPT. Dispositivo de algunos instrumentos ópticos para medir las dimensiones de lo que se está observando. **3** Micra en el sistema internacional.

micrón *s. m.* Micra.

microonda *s. f.* Radiación electromagnética de una longitud de onda entre un milímetro y un metro y cuya banda del espectro electromagnético tiene frecuencias entre 300 y 300.000 megahercios. **horno microondas.**

microordenador *s. m.* INFORM. Ordenador de pequeño tamaño cuya unidad de tratamiento es un microprocesador.

microorganismo *s. m.* BIOL. Organismo vivo que no puede ser visto sin un microscopio: *A simple vista no apreciamos el ejército de microorganismos que nos rodea.*

microprocesador *s. m.* INFORM. Circuito integrado que realiza alguna de las funciones de la unidad central de un microprocesador.

microscopia o **microscopía** *s. f.* **1** (no contable) Construcción y empleo del microscopio. **2** (no contable) Conjunto de técnicas para la investigación por medio del microscopio.

microscópico, ca *adj.* **1** Que se hace con ayuda del microscopio: *observaciones microscópicas, examen microscópico.* **2** Que es tan pequeño que sólo puede verse con el microscopio: *organismo microscópico.* **3** COLOQUIAL; INTENSIFICADOR. Que es muy pequeño: *tamaño microscópico. No me vas a decir que te da miedo ese bichito, si es microscópico.* SIN. minúsculo.

microscopio *s. m.* Instrumento óptico con un sistema de lentes que se usa para poder ver objetos invisibles al ojo humano: *microscopio binocular. Miré una gota de agua por el microscopio.* ~ **electrónico** Microscopio que utiliza un haz de electrones procedentes de un tubo catódico, con un poder de ampliación muy superior al de los microscopios convencionales.

microsurco *adj. / s. m.* RESTRINGIDO. [Disco de gramófono] que tiene los surcos muy finos y muy próximos unos a otros, gira a una velocidad de treinta y tres vueltas por minuto y permite registrar en el mismo espacio que los discos antiguos una cantidad mucho mayor de sonidos.

micrótomo *s. m.* RESTRINGIDO. Instrumento que corta tejidos y objetos muy finamente para poder observarlos en el microscopio.

midriasis (plural *midriasis*) *s. f.* MED. Dilatación de la pupila.

miéchica *interj.* CHILE; EUFEMISMO. Mierda.

miedica *adj. / s. m.* y *f.* COLOQUIAL. Que tiene miedo o tiende a asustarse con facilidad: *Lo siento, pero soy demasiado miedica para firmar esa carta de protesta.* SIN. miedoso.

mieditis (plural *mieditis*) *s. f.* (no contable) COLOQUIAL. Miedo: *No quiero salir de casa por la noche: me ha entrado un ataque de mieditis.*

miedo *s. m.* **1** Sentimiento desagradable que se suele experimentar ante un peligro o dolor y que produce reacciones de defensa o de huida: *Vimos una película de miedo. Me da miedo la oscuridad desde pequeñito.* SIN. pavor, pánico, terror. ANT. valor. **2** Temor o recelo de que ocurra algo contrario a lo deseado: *Relájate Pepe, siempre tienes miedo de llegar tarde.* FR. Y LOC. **cagarse* de ~. de ~** COLOQUIAL. 1 Excelente, bueno, estupendo: *Mi hermana se ha comprado un coche de miedo.* 2 Muy grande: *La niña cogió un berrinche de miedo.* **~ escénico*.**

miedoso, sa *adj. / s. m.* y *f.* Que tiene miedo o tiende a asustarse fácilmente ante un peligro o dolor real o imaginario: *Desde pequeño he sido muy miedoso con los animales.*

miel *s. f.* **1** (no contable) Sustancia amarillenta, espesa y muy dulce que fabrican las abejas y que se utiliza en alimentación por su sabor y su alto valor alimenticio: *una jarra de miel de milflores.* ~ **virgen** Miel pura que sale naturalmente de los panales sin prensarlos ni derretirlos. **2** (preferentemente en plural; no contable) Beneficio, satisfacción por la victoria o por el éxito: *La cantante saboreaba las mieles del éxito mientras oía los interminables aplausos.* **3** (no contable) Dulzura, suavidad: *la miel de sus caricias.* FR. Y LOC. **dejar / quedarse con la ~ en los labios** Quedarse ‹una persona› a punto de disfrutar algo, pero sin lograrlo plenamente, empezar ‹una persona› a gozar de algo y perderlo: *El espectáculo de magia me ha dejado con la miel en los labios.* **luna* de ~. ~ sobre hojuelas** Se usa para indicar que una cosa añade perfección a otra o mejora a otra que ya estaba bien: *Me gusta el trabajo y si, además, me pagan bien, miel sobre hojuelas.*

mielga *s. f.* (macho y hembra) *Squalus acanthias.* Pez marino de tamaño mediano y piel gruesa de color gris, que tiene unos aguijones duros en sus aletas dorsales y una carne comestible aunque bastante dura.

mielina *s. f.* (no contable) FISIOL. Sustancia grasa que envuelve la prolongación de las neuronas y facilita la transmisión del impulso nervioso.

mielitis (plural *mielitis*) *s. f.* MED. Inflamación de la médula espinal.

miembro *s. m.* **1** ANAT. Cada una de las extremidades del cuerpo del hombre y los animales que están articuladas con el tronco. **2** EUFEMISMO. Pene. ~ **viril. 3** Persona o grupo que forma parte de una asociación: *los miembros de una familia, los países miembros del Mercado Común, los miembros de una sociedad anónima.* SIN. componente. **4** Cada una de las partes que tienen algunas cosas: *los miembros de una ecuación, los miembros de una frase.* SIN. componente.

-mienta *suf.* -menta.

miente *s. f.* (preferentemente en plural) RESTRINGIDO. Pensamiento, entendimiento: *No se le pasó por las mientes escribirle.* FR. Y LOC. **caer* en (las) mientes. ni por mientes** Se usa para indicar que no se acepta de ninguna manera lo afirmado por otro. **parar / poner mientes (en)** Considerarlo, meditarlo, fijarse en ello.

-miento o **-mento** *suf.* Significa 'acción o resultado de' y forma sustantivos a partir de verbos: *aparcar - aparcamiento, adelgazar - adelgazamiento, fallecer - fallecimiento, recibir - recibimiento, jurar - juramento.*

mientras *conj.* **1**1 Expresa que algo sucede a la vez o durante el tiempo en que se da otro hecho o situación. Equivale a *durante el tiempo en que, en tanto que, entre tanto que*: *Mientras tuvo dinero tuvo amigos. Mientras yo sea el jefe habrás de obedecerme.* RELACIONES Y CONTRASTES: Como la conjunción temporal *cuando*, no puede usarse con el verbo en futuro o en el modo condicional, pero en cambio, no siempre necesita el verbo en subjuntivo para esos casos; por ejemplo, cuando se expresa un proyecto que se siente dentro del presente: *Guárdame el reloj mientras me doy un baño. ¿Me lo vigilas mientras yo me ducho?*, o cuando equivale a *hasta que*: *Mientras llega la hora convendría mantener la calma.* **1**2 Junto al valor temporal expresa la idea de algo que se añade a lo dicho y equivale a *a la vez que* o *al tiempo que*: *Elena sonreía maliciosamente mientras pasaba las hojas de la revista.* **1**3 Con el verbo en subjuntivo y preferentemente seguida de *no*, tiene un matiz condicional: *Mientras no mejores el rendimiento, no hay nada que hacer.* OBSERVACIONES: Frecuentemente se usa al comienzo de una respuesta o de la continuación de algo ya dicho dejando la frase sin terminar intencionadamente o porque resulta innecesario: *–«¡Qué salvajes son!» –«Mientras no se metan conmigo».* **2** RESTRINGIDO. Expresa algo que contrasta con lo dicho o se opone a ello, y equivale a *mientras que*: *Pedro es muy educado, mientras su amigo es un grosero.* OBSERVACIONES: Es preferible el uso de *mientras que* o *en tanto que.* || *adv.* **3** COLOQUIAL. Se usa delante de una expresión comparativa que está en correlación con otra expresión también comparativa aunque sea de distinto tipo: *Mientras más fumaba, más deseos le entraban de fumar. Mientras más lo pienso, menos lo entiendo.* RELACIONES Y CONTRASTES: ◊ Equivale a *cuanto, -a, -os, -as.* ◊ Es preferible el uso de *cuanto* en lugar de *mientras.* **4** Introduce un grupo de palabras encabezadas por el artículo definido, que expresan un suceso ya conocido: *mientras el examen, mientras el partido.* **5** Señala el tiempo en que se desarrolla una acción que es simultánea a otra: *Tú ve a buscar leña y, mientras, yo voy preparando la carne.* RELACIONES Y CONTRASTES: Equivale a *mientras tanto.* FR. Y LOC. **~ que** 1 Locución conjuntiva que indica oposición o contraste con lo expresado anteriormente o lo que se expresa después. RELACIONES Y CONTRASTES: Puede aparecer seguida de *en cambio* o *por el contrario* o en correlación con esas expresiones: *Yo vendo productos fiables, mientras que él vende lo que le envían. Yo los pinto de azul, mientras que ella (, en cambio,) los pinta de naranja.* 2 Locución conjuntiva que, junto a la idea de contraste, expresa el tiempo en que se produce algo: *Mientras que no llueva tendremos que suministrarnos agua.* RELACIONES Y CONTRASTES: Es preferible usar *mientras* para estos casos en lugar de *mientras que.* **~ tanto** Locución adverbial equivalente a 'durante el periodo de tiempo que corresponde al hecho que se ha mencionado antes' o 'hasta que ese hecho se produzca': *Confío en que pronto lo detendrán; pero, mientras tanto, debéis permanecer en casa.*

miércoles (plural *miércoles*) *s. m.* **1** Día de la semana entre el martes y el jueves: *miércoles de ceniza.* || *interj.* **2** ARG., URUG.; COLOQUIAL; EUFEMISMO. Mierda.

mierda *s. f.* **1** VULGAR. Excremento humano y de algunos animales: *Ten cuidado con la mierda del gato.* **2** (no contable) VULGAR. Suciedad, porquería: *La calle está llena de mierda.* **3** VULGAR; INSULTO. Cosa despreciable, mal hecha o de poco valor: *El concierto fue una mierda.* SIN. bodrio, caca. **4** JERGAL. Borrachera: *agarrarse, cogerse, pillarse una mierda. Begoña se agarró una mierda de ginebra.* SIN. cogorza, melopea. **5** JERGAL. Hachís o marihuana para fumar: *¿Queréis un poco de mierda?* || *adj. / s. m.* y *f.* **6** COLOQUIAL; INSULTO. Persona despreciable, que no tiene ningún mérito: *Ese tío es un mierda.* || *interj.* **7** VULGAR. Se usa para expresar fastidio, enfado o rechazo: *¡Mierda! Se ha pinchado la rueda del coche.* FR. Y LOC. **¡a la ~!** VULGAR. Se usa para expresar rechazo o desprecio: *¡A la mierda! No quiero seguir hablando contigo.* **de ~** VULGAR; PEYORATIVO. [Persona o cosa] despreciable: *Este mueble de mierda se ha vuelto a romper.* **enviar / ir / mandar a la ~** 1 VULGAR; DISGUSTO Y ENFADO. Rechazar ‹una persona› [a otra persona]: *¡Vete a la mierda y déjame en paz!* 2 VULGAR; DISGUSTO Y ENFADO. Dejar ‹una persona› [una cosa] que ocasiona muchas preocupaciones: *El panadero estaba tan harto del negocio que decidió mandarlo a la mierda.* **hecho una ~** 1 VULGAR; INTENSIFICADOR. Muy cansado o con problemas de salud: *Estoy hecha una mierda; me duele todo el cuerpo.* 2 VULGAR; INTENSIFICADOR. Destrozado o en malas condiciones: *Está hecho una mierda porque lo ha dejado su mujer.* **irse a la ~** VULGAR; DISGUSTO Y ENFADO. Fracasar ‹una cosa›: *Por culpa de ese inútil, todo se fue a la mierda.* **¡(y) una ~!** VULGAR. Se usa para expresar negación o rechazo: *¡Una mierda! Yo no le presto dinero a este jeta.*

mies *s. f.* **1** Cereal maduro: *segar la mies, segar las mieses. Las mieses se siegan con máquina.* **2** RESTRINGIDO. Tiempo de siega o de recolección de cereales: *Para la mies estaré en el pueblo.* **3** (en plural) Campos sembrados: *Las lluvias de primavera le vienen muy bien a las mieses.*

miga *s. f.* **1** (no contable) Parte blanda del interior del pan cubierta por la corteza: *No hagas bolitas con la miga mientras comes.* **2** (preferentemente en plural) Trocito muy pequeño desprendido del pan o producido por éste al deshacerse: *En el mantel siempre caen migas.* **3** Trocito muy pequeño de cualquier cosa: *No tienes una miga de chocolate.* **4** (no contable) COLOQUIAL. Sustancia o contenido interesante de una persona o de una cosa: *una pieza teatral con mucha miga. Sí tiene miga la chica, no es imbécil.* **5** (no contable) Intención oculta de algo: *Tenemos que estudiar bien el contrato, porque yo creo que tiene miga.* **6** (en plural) Guiso de pan duro remojado y picado muy fino frito en aceite con ajos y pimentón: *migas de pastor.* FR. Y LOC. **hacer buenas / malas migas** COLOQUIAL. Entenderse bien o mal ‹dos personas›: *Los dos primos han hecho siempre buenas migas.* **hacer migas** COLOQUIAL. Destrozar ‹una persona o una cosa› a otra cosa o a una persona: *El golpe ha hecho migas la moto. Me ha hecho migas el jefe pidiéndome que vaya el sábado a la oficina.*

migaja o **miaja** *s. f.* **1** (preferentemente en plural) COLOQUIAL. Fragmento pequeño de pan que se desprende al desmenuzarlo o partirlo: *Sólo quedan las migajas del bocadillo.* **2** Trocito muy pequeño de cualquier cosa, especialmente de los alimentos: *La abuela tiraba migajas de comida para el gato.* **3** (en plural) Restos o cosas de una persona que son aprovechados por otra: *Vive de las migajas de su familia.*

migajón *s. m.* RESTRINGIDO. Pedazo de miga de pan.

migar *v. tr.* **1** Deshacer o partir ‹una persona› [el pan] en trozos muy pequeños: *Josefina se entretuvo en migar un pedazo de pan.* **2** Echar ‹una persona› trozos pequeños de pan dentro de [un líquido]: *Me gusta desde que era pequeña migar la leche del desayuno.* ⇒ **56.**

migración *s. f.* **1** Desplazamiento geográfico de individuos o grupos por razones políticas, económicas o sociales: *Los pueblos se quedan vacíos por las migraciones a las ciudades.* SIN. emigración. **2** ZOOL. Traslado periódico que realizan algunos animales, especialmente las aves y los peces: *Se han estudiado muy bien las migraciones de algunos pájaros y de algunos peces.* SIN. emigración.

migraña *s. f.* MED. Jaqueca.

migrar *v. intr.* **1** Moverse ‹una o varias personas› de un lugar a otro: *Las personas del Tercer Mundo migran a los países más desarrollados.* **2** Hacer ‹un animal› [viajes periódicos]: *Las aves migran según las estaciones del norte al sur.*

miguelete *s. m.* **1** HIST. Antiguo guerrillero catalán de la montaña **2** HIST. Antiguo miembro de la milicia foral de la provincia de Guipúzcoa.

miguelito *s. m.* ARG., URUG. Clavo de tres cabezas que siempre queda en el suelo con una hacia arriba, usado para pinchar las ruedas de los vehículos que circulan.

mihrab (plural *mihrabs*) *s. m.* Nicho de oración de las mezquitas orientado hacia La Meca, centro religioso del mundo islámico.

mijo, ja *s. m. / f.* **1** COL., VEN.; COLOQUIAL; AFECTIVO. Apelativo entre casados o novios. **2** COL., VEN.; COLOQUIAL; DISGUSTO Y ENFADO; AFECTIVO en Colombia. Apelativo entre amigos. || *s. m.* **3** *Panicum miliaceum.* Cereal de tallo fuerte, hojas alargadas y planas, flores en panojas y grano redondo y amarillo. **4** Semilla de esta planta: *pan de mijo.*

mil *adj. num. ord. / s. m.* **1** Milésimo, que ocupa la posición número 1.000: *el año mil doce de nuestra era.* OBSERVACIONES: Referido al año de la era occidental, el primero del siglo XI. De la misma forma, el año 2000 es el primero del siglo XXI. || *adj. / pron. num. card. / s. m.* **2** Cantidad que representa la cifra 1.000: *Dame mil pesetas.* || *adj. indef.* **3** INTENSIFICADOR. Indica, de forma indefinida, una cantidad grande de una cosa: *tener mil cosas en la cabeza, mil motivos para hacer algo.* || *s. m.* **4** Signo lingüístico o matemático con que se representa esta cantidad: *A mil le tienes que restar el trescientos veinticinco.* **5** (en plural) Conjunto formado por mil unidades: *varios miles de personas, muchos miles, miles y miles, decenas de miles. Le visitaron miles de* *personas.* SIN. millar. RELACIONES Y CONTRASTES: Al contrario que *millar, millón, billón...* este sustantivo carece de singular, y por eso no se admiten expresiones como *un mil de personas.* FR. Y LOC. **a miles** En gran número: *Los aficionados acudieron a miles a la final.* **las ~ y quinientas / monas** COLOQUIAL. Hora indeterminada demasiado tardía: *La fiesta acabó a las mil y quinientas.* **miles y miles (de)** Muchos millares (de): *El autor repasó miles y miles de páginas.* **por* ~. tanto por ~** Una cantidad cada mil.

milagrería *s. f.* RESTRINGIDO; PEYORATIVO. Tendencia a considerar y a explicar algunos hechos naturales como si fueran extraordinarios o milagrosos: *Estos viejos andan contando siempre milagrerías.*

milagro *s. m.* **1** Hecho inexplicable por las leyes de la Naturaleza, que la Iglesia católica considera realizado por intervención sobrenatural o divina: *Jesucristo realizó el milagro de la multiplicación de los panes y los peces.* **2** INTENSIFICADOR. Cosa sorprendente y extraordinaria: *Con las pocas plazas que había, ha sido un milagro que te contrataran.* || *interj.* **3** COLOQUIAL; SORPRESA. Se usa para indicar la extrañeza que causa una cosa: *Te has levantado temprano, ¡milagro!* FR. Y LOC. **de ~** 1 COLOQUIAL; INTENSIFICADOR. Por casualidad o por suerte: *Encontré los apuntes de milagro.* 2 COLOQUIAL; INTENSIFICADOR. Que casi no logra escapar de un gran peligro o calamidad: *Estoy viva de milagro, pues casi me atropella un coche.* **hacer milagros** COLOQUIAL; INTENSIFICADOR. Hacer ‹una persona› más de lo que parece posible teniendo pocos medios: *Antonia hace milagros* ***con*** *lo poco que gana.* **vida* y milagros.**

milagrosamente *adv. modo* **1** Mediante milagro, por procedimiento milagroso: *O sana milagrosamente o no sanará.* **2** De milagro, por verdadero milagro, por muy poco, estando a punto de no suceder, por casualidad: *Los náufragos se salvaron milagrosamente.* || *adv. orac.* **3** Se aproxima a la perífrasis *milagro que*, pero, frente a ésta, exige indicativo y presenta el hecho aludido como novedoso y no como conocido: *Milagrosamente, no les pasó nada.*

milagroso, sa *adj.* **1** (antepuesto / pospuesto) Que ocurre por milagro, en contra de las leyes de la Naturaleza: *Y allí, al pie de un árbol, dicen que la Virgen hizo su aparición milagrosa.* **2** Que hace milagros: *santo milagroso, remedio milagroso. Todos los años mi madre va a tomar las aguas milagrosas.* **3** (antepuesto / pospuesto) Que es asombroso o sorprendente: *Resulta milagroso que saliera ileso del accidente. Carmen ha tenido un milagroso enriquecimiento y Hacienda lo investiga.*

milanés, sa *adj.* De Milán, ciudad italiana: *la catedral milanesa.*

milanesa *s. f.* Se emplea en la LOC. **a la ~** [Filete] que está empanado y frito: *pechuga a la milanesa, escalope a la milanesa.*

milano *s. m.* (macho y hembra) Género *Milvus.* Ave rapaz de plumaje pardo y rojizo, más pequeña que el águila y el buitre, que se alimenta de pequeños roedores y de animales muertos.

mildíu *s. m.* RESTRINGIDO. Conjunto de enfermedades de las plantas causadas por hongos: *El mildíu de la vid es el más conocido popularmente.*

milenario, ria *adj.* **1** (antepuesto / pospuesto) Que dura un milenio o existe desde hace mil años: *cultura milenaria. Una milenaria costumbre nos ha reunido aquí.* **2** Que es muy grande: *presupuestos milenarios, cifras milenarias.* || *s. m.* **3** Periodo de tiempo que dura mil años: *en el primer milenario de nuestra era.* **4** Milésimo aniversario de algún acontecimiento: *Se aproxima el segundo milenario del nacimiento de Cristo.*

milenarismo *s. m.* **1** (no contable) REL. Doctrina religiosa según la cual Jesucristo reinará sobre la Tierra durante mil años antes del Juicio Final. **2** (no contable) Antigua doctrina según la cual el fin del mundo llegaría en el año mil. **3** (no contable) Cualquier doctrina que señala una fecha para el fin del mundo: *Los milenarismos siempre han aparecido en épocas de crisis.*

milenio *s. m.* Espacio de tiempo de mil años: *El segundo milenio de la era cristiana concluirá pronto.*

milenrama *s. f. Achillea millefolium.* Planta de la familia de las compuestas de tallo estriado, hojas divididas y flores agrupadas en racimos: *La milenrama se usaba en la farmacia tradicional.*

milésimo, a *adj. num. ord.* / *s. m.* y *f.* **1** Que ocupa la posición número mil. OBSERVACIONES: Es más frecuente que se indique con la expresión *la posición número mil.* || *adj. num. part.* **2** Cada una de las mil partes iguales en que se divide un todo: *milésima parte, una milésima de segundo.*

milhojas (plural *milhojas*) *s. m.* **1** Pastel rectangular de hojaldre relleno de merengue, nata o crema: *En casa nos gustan a todos los milhojas.* || *s. f.* **2** Milenrama.

mili *s. f.* COLOQUIAL. Prestación del servicio militar: *Todos los jóvenes hacían antes la mili. Muchos no van a la mili porque son objetores de conciencia.*

miliamperio *s. m.* FÍS. Medida de intensidad que equivale a la milésima parte de un amperio.

miliar *adj.* HIST. [Columna, piedra] que antiguamente señalaba la distancia de mil pasos: *Los romanos ponían en sus calzadas piedras miliares.*

milibar *s. m.* FÍS. Unidad para medir la presión atmosférica.

milicia *s. f.* **1** (no contable) Servicio o profesión de la persona que se especializa en hacer la guerra: *El difunto general consagró su vida a la milicia.* **2** Conjunto de militares de un país: *La milicia de una nación tiene que estar coordinada para ser eficaz.* **~ popular** Conjunto de voluntarios armados que no pertenecen a un ejército regular. **3** (no contable) Servicio militar: *Es normal que algunos jóvenes no amen la milicia.* **4** (no contable) Arte y ciencia de hacer la guerra.

miliciano, na *adj.* **1** De la milicia: *estrategia miliciana.* || *s. m.* / *f.* **2** Miembro de una milicia popular: *un cuerpo de milicianos. Estuvo de miliciana en Argelia.* **3** En la guerra civil española, miembro de algún cuerpo de voluntarios no encuadrado en el ejército regular republicano.

milico *s. m.* **1** AMÉR. DEL S.; PEYORATIVO. Soldado, militar. **2** AMÉR. DEL S.; PEYORATIVO. Policía, gendarme.

miligramo *s. m.* Unidad de masa que equivale a la milésima parte de un gramo.

mililitro *s. m.* Medida de capacidad que equivale a la milésima parte de un litro.

milimetrado, da *adj.* (ser / estar) [Papel, superficie] que está dividido en milímetros: *hoja de papel milimetrada.*

milimétrico, ca *adj.* Que se hace con mucha exactitud o precisión: *Hice el cálculo con una precisión milimétrica.*

milímetro *s. m.* Medida de longitud que equivale a la milésima parte de un metro.

militancia *s. f.* **1** Pertenencia activa a una asociación o grupo político o de otro tipo: *la militancia en asociaciones no gubernamentales, su militancia en la asociación de vecinos.* **2** VEN. Conjunto de militantes de un partido político.

militante *adj. / s. m.* y *f.* **1** Que milita: *Patricia es una militante antiabortista. Laura lleva muchos años de militante en el movimiento vecinal.* **2** [Persona] que pertenece a una organización política: *Varios militantes de este partido se han dado de baja estos últimos días.*

militar *v. intr.* **1** Servir ‹una persona› en [un ejército o una milicia]: *Su bisabuelo militó **en** el ejército carlista.* **2** Pertenecer ‹una persona› a [un partido político, grupo intelectual o artístico o asociación]: *El poeta militó **en** el surrealismo.* FR. Y LOC. **~ bajo una bandera** o **seguir la bandera** Seguir ‹una persona› la opinión de otra u otras.

militar *adj.* **1** De la milicia o de la guerra: *vida militar, estamento militar.* ANT. civil. **agregado ~. alzamiento ~. arquitectura* ~. artefacto* ~. gobernador ~. música ~. policía* ~. servicio* ~.** || *s. m. / f.* **2** Miembro de un ejército: *militar de infantería, uniforme de militar. Su padre es militar.*

militarada *s. f.* (no contable) COLOQUIAL, RESTRINGIDO; PEYORATIVO. Golpe de estado dado por los militares: *El gobierno detuvo la militarada y todo volvió a la normalidad.* SIN. sublevación.

militarismo *s. m.* **1** (no contable) Influencia excesiva del ejército en los asuntos políticos de un país: *El militarismo de algunos países acaba hundiendo la democracia.* **2** (no contable) Ideología y comportamiento de los partidarios de la influencia de los militares en el gobierno de un país: *El militarismo no suele ser buen consejero en los asuntos del Estado.* ANT. antimilitarismo.

militarista *adj.* **1** Del militarismo: *acción militarista.* || *adj. / s. m.* y *f.* **2** Que es partidario del militarismo: *Eres muy militarista. Ernesto parece un militarista convencido.*

militarización *s. f.* Acción y resultado de militarizar o militarizarse: *la militarización de los países que se arman.*

militarizar *v. tr.* **1** Someter ‹la autoridad militar› a su autoridad [cualquier campo o parte de la vida civil]: *Los invasores militarizaron las fábricas, los transportes, la educación y las comunicaciones.* || *v. prnl.* **2** Armarse ‹una sociedad› fuertemente o adoptar formas de vida militares: *La joven nación se está militarizando a marchas forzadas.* ⇒ **19.**

militronche *s. m.* COLOQUIAL. Militroncho.

militroncho o **militronche** *s. m.* COLOQUIAL; HUMORÍSTICO. Soldado sin graduación.

milla *s. f.* **1** Medida de longitud que equivale a unos 1.600 metros: *Una milla son 1.609,3426 metros en el Reino Unido y 1.609,3472 metros en Estados Unidos.* **2** Medida de navegación marítima o aérea que equivale a 1.852 metros.

millar *s. m.* Conjunto formado por mil unidades de personas o de cosas: *A la manifestación asistieron millares de personas.*

millarada *s. f.* (no contable) RESTRINGIDO. Un millar aproximadamente: *Habría una millarada de espectadores.*

millón *s. m.* **1** Cantidad que representa la cifra 1.000.000: *Luis y Pedro ganaron millones de pesetas.* RELACIONES Y CONTRASTES: ◊ Frente a *mil* y *cien*, y como *docena, decena, centena, millar*, exige el cuantificador *un* cuando está aislado: *un millón de pesetas*; o ante un numeral: *un millón doscientas mil pesetas.* ◊ Lo admite cuando precede a adiciones con *y*: *(un) millón y medio, (un) millón y pico. Ganaron millones de pesetas.* **2** Gran cantidad de, gran número de: *un millón de besos, un millón de gracias. Se lo he dicho millones de veces.* SIN. muchos, un montón. **3** (en plural) Gran cantidad de dinero: *Carlos gana millones. Su primo tiene millones.* **4** Signo lingüístico o matemático con que se representa esta cantidad: *La solución al problema es un millón.* || **5 millones y millones** Muchos millones: *Te has gastado millones y millones para nada.*

millonada *s. f.* (no contable) COLOQUIAL. Cantidad muy grande de dinero: *Ese coche le costó una millonada.* SIN. fortuna.

millonario, ria *adj. / s. m.* y *f.* **1** Que tiene mucho dinero o riquezas: *Toda su obsesión es casarse con una millonaria.* || *adj.* **2** De mucho dinero o muchos millones: *cuenta millonaria, concurso millonario. Le han ofrecido un contrato millonario.*

millonésimo, a *adj. num. part.* **1** Cada una del millón de partes iguales en que se divide un todo. || *adj. num. ord. / s. m.* y *f.* **2** Que ocupa la posición número un millón. OBSERVACIONES: Es más frecuente que se indique con la expresión *la posición número un millón.*

milonga *s. f.* **1** ARG., URUG. Composición musical popular del Río de la Plata, que se canta al son de la guitarra. **2** ARG., URUG. Baile que se baila al ritmo de esta composición. **3** ARG., Baile público o privado. **4** URUG.; COLOQUIAL. Queja machacona. **5** ARG.; COLOQUIAL. Enredo, desorden.

milonguear *v. intr.* ARG., PAR., URUG. Cantar o bailar ‹una persona› una milonga.

milonguero, ra *s. m. / f.* ARG., URUG. Persona aficionada a la milonga o a ir a bailes.

milord (plural *milores;* del inglés; pronunciamos *'milor'*) *s. m.* Título dado en España a los nobles ingleses: *Milord, el té está servido.*

milpa *s. f.* AMÉR. C.; MÉX. Maíz o plantación de maíz.

milpear *v. tr.* **1** AMÉR. C.; MÉX. Plantar, cultivar ‹una persona› [una cosa, especialmente maíz]. || *v. intr.* **2** MÉX. Brotar ‹el maíz›.

milpiés *s. m.* Cochinilla, crustáceo.

milrayas (plural *milrayas*) *s. m.* (no contable) Tela de rayas muy finas y apretadas, generalmente de un sólo color, sobre un fondo claro: *traje milrayas, pantalón milrayas.*

miltomate *s. m.* **1** GUAT., MÉX. Planta herbácea de fruto parecido al tomate, pero más pequeño y de color blanquecino. **2** GUAT., MÉX. Fruto de esta planta.

mimado, da *adj.* (ser / estar) [Persona, niño] que tiene malas costumbres por exceso de mimos.

mimar *v. tr.* **1** Tratar ‹una persona› [a otra persona o una cosa] con cariño: *Ana mima muchísimo su ropa.* **2** Tratar ‹una persona› [a otra persona] con excesivo mimo, consintiéndole demasiado: *María mima mucho a sus hijos.*

mimbre *s. m.* **1** Vara larga y flexible que se obtiene de la mimbrera, muy utilizada en cestería: *un cesto de mimbre, un sillón de mimbre.* **2** BOT. Rama joven y flexible de los sauces: *sauce con ramas flexibles.*

mimbrear *v. intr. / prnl.* RESTRINGIDO. Moverse ‹una cosa› de un lado a otro o de arriba abajo con movimientos muy pequeños y rápidos: *El junco **se** mimbrea.* SIN. cimbrear.

mimbrera *s. f.* 1 *Salix viminalis.* Arbusto de la familia de las salicáceas que crece en las orillas de los ríos, de ramas largas y delgadas que se emplean en cestería. 2 BOT. Nombre de varias especies de sauces. 3 Terreno poblado de este arbusto.

mimbrería *s. f.* ARG., URUG. Cestería.

mimeografiar *v. tr.* COL. Sacar ‹una persona› copias de [un documento] con el mimeógrafo. ⇒ **8.**

mimeógrafo (marca registrada) *s. m.* COL., PERÚ. Multicopista.

mímesis o **mimesis** (plural *mímesis*) *s. f.* ELEVADO. Imitación de la Naturaleza que se hace en el arte.

mimetismo *s. m.* 1 (no contable) Mecanismo defensivo de algunos seres vivos que les permite adoptar la forma o el color de cosas o seres de su entorno: *el mimetismo de algunos insectos que parecen hojas.* 2 (no contable) Imitación de los gestos o actitudes de otra persona o grupo: *Pablo habla igual que su jefe por puro mimetismo.*

mímica *s. f.* 1 (no contable) Arte y técnica de expresarse por medio de gestos o movimientos del cuerpo: *La mímica se enseña en muchas escuelas de arte dramático.* 2 (no contable) Conjunto de gestos o movimientos expresivos de una persona: *Me pone nervioso la mímica de este actor.*

mímico, ca *adj.* 1 Del mimo o de los mimos: *una pieza mímica.* 2 De los gestos: *Sin saber una lengua, con cierta expresividad mímica se puede recorrer un país.*

mimo *s. m.* 1 (no contable) Cariño, ternura con que se trata a una persona: *Paula siempre le habla con mucho mimo a sus niños.* 2 Excesiva consideración o tolerancia con que se trata a alguien, especialmente a los niños: *Su padre lo malcría con tanto mimo.* 3 Cuidado con que se hace o trata algo: *Envolví el jarrón con mucho mimo.* SIN. esmero. 4 Género teatral basado en la exclusiva utilización de gestos y de movimientos corporales para expresarse ante el público: *Aprendo mimo en la escuela.* || *s. m./f.* 5 Actor o actriz de esta especialidad: *Una mimo de fama internacional dará un cursillo en la escuela de teatro.*

mimosa *s. f.* 1 Género de plantas de flores amarillas pequeñas que parecen borlas y de hojas compuestas, que se retraen cuando se las toca o mueve. 2 Flor de esta planta.

mimoso, sa *adj.* (ser / estar) Que gusta de hacer o recibir mimos: *Ángela es muy mimosa. Santiago está muy mimoso desde que se puso enfermo.*

mina *s. f.* 1 Yacimiento de mineral: *mina de hierro, mina de cobre. En España hay muchas minas.* 2 Excavación e instalaciones para extraer y explotar los minerales: *Ha habido un accidente en una mina de El Bierzo.* 3 Barra de grafito en el centro de un lápiz, para escribir: *poner la mina en un lápiz.* 4 Paso subterráneo artificial, abierto para conducir agua o establecer una comunicación: *En el castillo habían construido minas hasta el río.* 5 Paso subterráneo donde se coloca un explosivo: *Cavaron una mina para dinamitar el muro de la fortaleza.* 6 Artefacto explosivo colocado bajo tierra o bajo la superficie del agua: *Un tanque salió por los aires al aplastar una mina.* **~ submarina.** 7 INTENSIFICADOR. Persona o cosa muy apreciada, de la que se puede sacar mucho provecho: *Ese negocio es una mina: da mucho dinero. Este hombre es una mina: tiene soluciones para todo.* 8 AMÉR. DEL S.; VULGAR. Prostituta o concubina. 9 ARG., URUG.; COLOQUIAL; PEYORATIVO. Muchacha, especialmente la que es guapa. || **10 real* de minas.** FR. Y LOC. **ser una ~ de oro** Ser ‹una cosa› muy rentable.

minar *v. tr.* 1 Colocar ‹una persona› minas explosivas en [un lugar]: *Los soldados minaron el puente de la carretera principal.* 2 Hacer ‹una persona o una cosa› que [otra persona u otra cosa] se debilite o se destruya: *La bebida mina su salud.* 3 Abrir ‹una persona› caminos y galerías subterráneas en [un lugar]: *Cuentan que han minado todas las montañas con refugios antiatómicos.* SIN. excavar, socavar.

minarete *s. m.* Alminar.

mineral *adj.* 1 Que pertenece al grupo de las sustancias inorgánicas o alguna de sus partes: *sustancias minerales.* **agua* ~. carbón* ~** o **carbón de piedra.** || *s. m.* 2 Sustancia inorgánica de estructura homogénea, compuesta por uno o varios elementos químicos en proporción bien definida: *la estructura cristalina de los minerales, un estudio sobre la formación de los minerales.* 3 Parte útil y aprovechable de una mina: *De este mineral se obtiene hierro.*

mineralizar *v. tr.* 1 Transformar ‹una persona o un agente externo› [una sustancia] en mineral: *Los restos animales se conservan bien, porque se han mineralizado.* || *v. prnl.* 2 GEOL. Llenarse ‹el agua› de sustancias minerales: *Las aguas subterráneas se van mineralizando al disolver las sustancias de las zonas por donde corren.* ⇒ **19.**

mineralogía *s. f.* (no contable) Parte de la Geología que estudia los minerales.

minería *s. f.* 1 (no contable) Técnica y oficio de explotar las minas: *Su hermano se dedica a la minería.* 2 Conjunto de instalaciones y personas dedicadas a la explotación de las minas: *la minería asturiana, la minería leonesa, la minería del carbón.* 3 Conjunto de trabajadores de una o varias minas: *La minería de la región no hará huelga.*

minero, ra *adj.* 1 De las minas o de la minería: *región minera, riqueza minera, industria minera, poblado minero.* **cuenca* minera.** || *s. m./f.* 2 Persona que se dedica profesionalmente a la explotación de las minas o que trabaja en una mina: *La primera minera de una mina de carbón bajó ayer al pozo.*

mineromedicinal *adj.* [Agua mineral] que tiene propiedades curativas: *El médico me ha aconsejado que beba agua mineromedicinal para el riñón. El balneario es famoso por sus acreditadas aguas mineromedicinales.*

minerva *s. f.* RESTRINGIDO. Máquina para imprimir de pequeño tamaño.

minestrone *s. f.* Sopa de verduras troceadas y pasta.

minga *s. f.* 1 VULGAR. Pene. 2 CHILE, COL.; RESTRINGIDO. Reunión de vecinos y amigos para hacer un trabajo en común. || *interj.* 3 ARG., URUG.; COLOQUIAL. Negación intensificadora en una respuesta.

mingitorio, ria *adj.* 1 ELEVADO. De la micción: *Si se sufren dificultades mingitorias se debe consultar al especialista.* || *s. m.* 2 ADMINISTRATIVO. Lugar destinado para orinar: *El Ayuntamiento ha cerrado los mingitorios públicos.* SIN. urinario.

mingo *s. m.* DEP. Bola de billar que al comenzar el juego se pone en un punto previamente determinado de la cabecera de la mesa.

mingonería *s. f.* VEN.; COLOQUIAL. Mimo o miramiento excesivo.

mini *s. f.* COLOQUIAL. Minifalda: *Begoña se ha comprado una mini en las rebajas.*

miniar *v. tr.* 1 RESTRINGIDO. Pintar ‹una persona› una miniatura en [un lugar]: *Los monjes miniaban los códices con mucha paciencia.* 2 COLOQUIAL. Cubrir ‹una persona› [una cosa] con minio: *Hay que miniar las rejas del balcón antes de pintarlas.*

miniatura *s. f.* 1 Reproducción de un objeto en tamaño muy reducido: *un tren en miniatura, una miniatura de un barco.* 2 Composición breve o pequeña: *una miniatura musical.* 3 Persona o cosa muy pequeña: *Su habitación es una miniatura. El bebé es una miniatura.* 4 (no contable) Técnica y arte pictórico que consiste en hacer pinturas de tamaño pequeño y con mucho detalle: *Los artistas medievales dominaban el arte de la miniatura, como podemos comprobar en muchos libros de la época.* 5 Obra realizada siguiendo esta técnica: *las miniaturas de los manuscritos del «Libro del Apocalipsis» del autor hispano Beato de Liébana.*

miniaturista *adj.* 1 De la miniatura: *técnica miniaturista.* ‖ *s. m./f.* 2 Pintor de miniaturas: *Los monjes medievales eran miniaturistas expertos.*

miniaturización *s. f.* TECNOL. Técnica de producir piezas y mecanismos de tamaño muy pequeño: *La miniaturización de los componentes electrónicos ha avanzado mucho.*

miniaturizar *v. tr.* TECNOL. Reducir ‹una persona› el tamaño de [un elemento] hasta el máximo que permita su buen funcionamiento: *Están estudiando miniaturizar los componentes del circuito eléctrico.* ⇒ **19.**

minibásket *s. m.* (no contable) DEP. Baloncesto infantil: *un equipo de minibásket, campeonato de minibásket.*

minibús *s. m.* 1 Autobús pequeño de pocas plazas destinado al transporte de viajeros. 2 Vehículo de transporte de pasajeros de menor capacidad que el autobús y mayor que el turismo: *Es un vehículo polivalente, capaz de convertirse en un minibús de ocho plazas.*

minifalda *s. f.* Falda muy corta, por encima de la rodilla: *La minifalda se incorporó a la moda femenina en la década de los años sesenta.* SIN. mini (COLOQUIAL).

minifundio *s. m.* Finca rural de reducidas dimensiones, que por sí misma no es económicamente rentable: *En Galicia hay muchos minifundios.* ANT. latifundio.

minifundismo *s. m.* (no contable) Forma de distribución de la propiedad en que predominan los minifundios: *En España el minifundismo es característico de Galicia.* ANT. latifundismo.

minifundista *adj.* 1 Del minifundismo o del minifundio: *agricultura minifundista.* ‖ *s. m./f.* 2 Propietario de un minifundio: *En el norte abundan los minifundistas.* ANT. latifundista.

minigolf *s. m.* Juego parecido al golf que se practica en un campo muy pequeño o en un espacio acondicionado con obstáculos artificiales: *El hotel cuenta con pistas de minigolf.*

minimalismo *s. m.* (no contable) Tendencia artística nacida en Estados Unidos en los años setenta que busca la máxima representación con las formas y estructuras mínimas y más simples: *una exposición de minimalismo, las tendencias del minimalismo.*

minimalista *adj./s. m.* y *f.* RESTRINGIDO. Que es seguidor del minimalismo: *pintora minimalista, crítico minimalista.*

mínimamente *adv. cant.* 1 En grado mínimo, muy poco: *El suceso le afecta mínimamente.* 2 En el grado mínimo exigible: *Un profesional mínimamente preparado lo arregla mejor que yo y con menos riesgos.*

minimizar *v. tr.* Quitar ‹una persona› importancia o valor a [una cosa]: *El presidente minimizó las consecuencias de la noticia.* SIN. rebajar, disminuir. ⇒ **19.**

mínimo, ma *adj.* 1 (superlativo de *pequeño*; antepuesto/pospuesto) Que es tan pequeño en su especie que no lo hay menor o igual: *Tengo unos mínimos conocimientos de Física.* **salario*/sueldo ~.** ‖ *s. m.* 2 Límite o grado inferior al que puede llegar una persona o cosa: *Se exige un mínimo de cinco para aprobar.* **~ común múltiplo*.** FR. Y LOC. **como ~** Por lo menos: *Hay que pagar como mínimo cinco mil pesetas.* **lo más ~** (refuerza frases negativas) Nada: *No le importa lo más mínimo si vienen a verlo o no.*

mínimum *s. m.* RESTRINGIDO; INTENSIFICADOR. Límite o grado inferior al que puede llegar una persona o cosa: *Se exige un mínimum de esfuerzo.* SIN. mínimo.

minio *s. m.* (no contable) Polvo de color rojo, constituido por óxido de plomo, utilizado en pintura y como antioxidante: *Antes de pintar los barrotes del balcón debes darles una capa de minio.*

ministerial *adj.* 1 Del ministerio, del gobierno del Estado o de algunos de sus ministros: *Le han ofrecido un cargo ministerial.* 2 RESTRINGIDO. Que apoya públicamente al ministerio de un gobierno: *en medios de información ministeriales, en círculos ministeriales. Todas esas opiniones configuran una campaña ministerial.*

ministerialismo *s. m.* (no contable) RESTRINGIDO. Cualidad o situación del que apoya habitualmente a un ministerio: *el ministerialismo de un periódico.*

ministerio *s. m.* 1 (frecuentemente con mayúscula) Cada uno de los departamentos en que se divide el Gobierno de una nación: *el Ministerio de Educación y Ciencia, el Ministerio de Obras Públicas, el Ministerio de Defensa.* **~ de Gobernación** Antiguo nombre del Ministerio del Interior de España. 2 Edificio donde están instaladas las oficinas de estos departamentos: *Fui al ministerio para entregar mi solicitud.* 3 Cargo de ministro: *Le han encargado el Ministerio del Interior.* SIN. cartera. 4 Función o empleo de una persona: *Lleva más de treinta años dedicado al ministerio sacerdotal.* ‖ 5 **~ fiscal/público** 1 (no contable) ADMINISTRATIVO. Representación de la ley y defensa del bien público encomendada al fiscal en los tribunales de justicia. 2 ADMINISTRATIVO. El propio fiscal en el ejercicio de sus funciones: *El ministerio fiscal interrogó al testigo.*

ministrable *adj.* COLOQUIAL. 1 Que tiene posibilidades de ser nombrado ministro: *Se dice que hay varias mujeres entre los ministrables.* 2 Que tiene cualidades para ser nombrado ministro: *Una persona así no es ministrable.*

ministro, tra *s. m./f.* 1 Jefe de uno de los departamentos ministeriales en que se divide el Gobierno de un Estado: *ministro de Justicia, ministro de Economía, la cartera de un ministro.* **~ sin cartera** Ministro que participa en el gobierno de un Estado sin tener a su cargo la dirección de ningún departamento o ministerio. **consejo* de ministros.** 2 REL. Superior de un convento. 3 En la orden de los jesuitas, religioso encargado de la administración de una casa o de un colegio. ‖ 4 **~ de Dios** o **~ del Señor** REL. Sacerdote. 5 **~ plenipotenciario** Representante diplomático inmediatamente inferior al embajador. 6 **primer ~** Jefe de Gobierno o Presidente del Consejo de Ministros: *el Primer Ministro británico, el Primer Ministro francés.*

mino *s. m.* ARG., URUG. Joven atractivo.

minoico, ca *adj.* **1** De Minos o de la Creta antigua: *civilización minoica, cultura minoica, arte minoico.* || *s. m.* **2** LING. Escritura y lengua de la Creta antigua.

minorar *v. tr.* RESTRINGIDO. Aminorar.

minoría *s. f.* **1** Parte pequeña dentro de un grupo más grande: *En España las mujeres que ocupan puestos de responsabilidad son una minoría.* ANT. mayoría. **2** POLÍT. Conjunto de votos más pequeño que el de la mayoría: *Sólo una minoría estaba de acuerdo con la reforma.* SIN. mayoría. **3** Tiempo que dura el estado legal imperfecto de una persona porque no tiene una edad determinada: *La minoría de edad dura dieciocho años en España.* **4** (no contable) Estado legal de la persona que no ha alcanzado todavía la edad determinada por la ley para ejercer todos los derechos y responder plenamente ante la justicia: *Aunque fue condenado, no lo llevaron a la cárcel por su minoría de edad.* **~ de edad.**

minorista *adj.* **1** [Comercio] que se hace al por menor: *El comercio minorista quiere la regulación de los horarios comerciales.* ANT. mayorista. || *s. m. / f.* **2** Persona que se dedica al comercio al por menor: *Los minoristas de la rama de la alimentación piden ayudas fiscales para sobrevivir.*

minoritario, ria *adj.* **1** De la minoría: *gusto minoritario, partido minoritario, deporte minoritario.* **2** Que está en minoría numérica: *El grupo minoritario del club ha decidido criticar a la junta.*

minucia *s. f.* **1** Cosa pequeña, de poco valor: *No te enfades por esta minucia.* **2** Detalle: *La novelista describe con minucia su paisaje infantil salmantino.*

minuciosidad *s. f.* (no contable) Cualidad de minucioso: *Rosa trabaja con mucha minuciosidad. La descripción es de una minuciosidad total.*

minucioso, sa *adj.* (antepuesto / pospuesto) Que se detiene en las cosas más pequeñas, o que cuida de los más pequeños detalles en lo que hace: *Ramón es muy minucioso en su trabajo. El médico me hizo un minucioso examen.* SIN. detallista, meticuloso.

minué *s. m.* Danza francesa de ritmo ternario para dos personas, de moda en el siglo XVII: *bailar un minué.*

minuendo *s. m.* MAT. Cantidad de la que se resta otra, llamada sustraendo.

minúsculo, la *adj.* **1** (antepuesto / pospuesto) Que es muy pequeño, o que no tiene ningún valor o importancia: *Ha sido un incidente minúsculo. Tengo un apartamento minúsculo.* || *adj. / s. f.* **2** [Letra] que tiene menor tamaño y distinta figura, por lo general, que la mayúscula, y se emplea habitualmente para escribir. **letra* minúscula.**

minusvalía *s. f.* **1** Minusvalidez. **2** (no contable) RESTRINGIDO. Pérdida de valor de una cosa: *En los últimos meses se ha producido una minusvalía de las acciones cementeras.* ANT. plusvalía.

minusvalidez *s. f.* (no contable) Limitación de una persona por razones psíquicas o físicas: *La minusvalidez psíquica no debe impedir una vida plena.*

minusválido, da *adj. / s. m.* y *f.* Que tiene alguna limitación física o psíquica: *Tengo un hermano minusválido que juega al baloncesto en una silla de ruedas. Las minusválidas de la empresa reivindican mejoras físicas en los accesos a los pisos.*

minusvalorar *v. tr.* RESTRINGIDO. Dar ‹una persona› [a una persona o una cosa] menos importancia de la que realmente tiene: *Creo que minusvaloras a tus enemigos.* SIN. subestimar, infravalorar.

minuta *s. f.* **1** Factura que presenta un abogado, un médico o cualquier otro profesional con los honorarios de su trabajo: *El abogado nos pasó la minuta justo después del juicio.* SIN. cuenta. **2** Lista de platos de un restaurante: *El camarero nos aconsejó los postres más caseros de la minuta.* **3** Borrador que se hace de un escrito o documento antes de la redacción definitiva: *La minuta de un contrato se redacta antes del documento definitivo.* **4** Anotación de una cosa para tenerla presente: *El secretario le pasó a la directora la minuta del día.* **5** ARG., PAR., URUG. Comida rápida de bares y restaurantes que se prepara antes de servirla.

minutero *s. m.* Manecilla o dispositivo del reloj que señala los minutos: *El minutero del reloj tiene forma de flecha.*

minuto *s. m.* **1** Cada una de las sesenta partes iguales en que se divide una hora: *Son las doce y cinco minutos.* **2** Sexagésima parte de un grado de circunferencia o círculo: *El ángulo mide tres grados y diez minutos.* FR. Y LOC. **no tardar un ~** Hacer ‹una persona› una cosa rápidamente o hacerse ‹una cosa› en seguida: *No tardo un minuto en volver.*

mío, a *adj. / pron. pos.* **1** Detrás de un sustantivo o relacionado con él mediante el verbo *ser*, indica que lo expresado por el sustantivo pertenece a la persona que habla (yo). OBSERVACIONES: ◊ Como pronombre concuerda en género y número con la cosa poseída, no con el poseedor: *Su familia está aquí, pero la mía no.* ◊ En las exclamaciones se usa tanto la forma átona antepuesta con la tónica pospuesta: *¡Ay, madre mía! ¡Ay, Dios mío!* ◊ Se usa cuando se dirige a alguien en vocativo: *Adiós, amor mío. Hijo mío, ten cuidado. Ángel mío, protégeme,* y en el lenguaje formal y administrativo: *Muy señor mío.* RELACIONES Y CONTRASTES: Se considera descuidado el uso popular de *mío* o *mía* en lugar de *mí* con adverbios como *encima, enfrente, cerca* o en locuciones preposicionales como *a través de.* Es decir: *enfrente mío* por *enfrente de mí, a través mío* por *a través de mí.* **en ~ derredor** A mi alrededor. || *s. m.* **2**1 (precedido de *lo*) Lo que se considera más característico o adecuado para la persona que habla, o aquello que hace bien o en lo que destaca: *Lo mío es la cocina.* **2**2 Mis pertenencias o mis asuntos: *En lo mío no debe meterse nadie. Lo mío, mío, y lo tuyo a repartir. Dejadme en paz, que yo ando a lo mío.* || *s. f.* **3** (precedido de *la*) COLOQUIAL. Se usa para indicar que ha llegado la ocasión oportuna y favorable para que la persona que habla pueda hacer algo que persigue o desea: *La familia se ha ido. ¡Ésta es la mía! Daré una fiesta en casa.* || *s. m.* **4** (en plural) Familiares, partidarios o cualquier grupo de personas cercanas con el hablante o vinculada con él: *Me esperan los míos para la cena de Navidad.* FR. Y LOC. **¡ya es ~!** Exclamación que se dice cuando se consigue agarrar o sujetar algo, atrapar a alguien, superar una dificultad u otra situación similar: *Me has hecho correr, pero ya eres mío.*

miocardio *s. m.* ANAT. Capa de fibras musculares del corazón. **infarto* de ~.**

miocarditis (plural *miocarditis*) *s. f.* MED. Inflamación del miocardio.

mioceno, na *adj. / s. m.* De la cuarta época del periodo terciario situada entre el Oligoceno y el Plioceno: *fósiles miocenos. En la segunda etapa del Mioceno el clima se suavizó.*

miología *s. f.* (no contable) ANAT. Parte de la Anatomía descriptiva que estudia los músculos.

mioma *s. m.* MED. Tumor benigno formado por fibras musculares: *mioma uterino.*

miopatía *s. f.* MED. Enfermedad muscular.

miope *adj. / s. m.* y *f.* **1** [Ojo, persona] que padece miopía: *Soy miope y necesito gafas para ver de lejos.* **2** (ser / estar) Que no es capaz de interpretar la realidad, si no es muy clara, o no consigue imaginar las consecuencias de una situación: *Tienes una concepción miope de las cosas. En política, es un verdadero miope.*

miopía *s. f.* **1** (no contable) Defecto de la visión causado por la incapacidad del cristalino de enfocar correctamente los objetos lejanos: *La miopía debe controlarse desde la escuela.* **2** (no contable) Cortedad de comprensión o de interés por lo que no es una realidad concreta y evidente: *Su miopía nos va a conducir a la ruina.*

miosis (plural *miosis*) *s. f.* MED. Contracción anormal y permanente de la pupila del ojo.

miosotis (plural *miosotis*) *s. m.* Raspilla, planta.

miple *s. m.* COL. Niple.

miquería *s. f.* COL.; COLOQUIAL. Monada, gesto que quiere ser gracioso.

MIR o **mir** (plural *mir;* pronunciamos *'mir'*) *s. m. / f.* **1** Sigla de «Médico Interno Residente», España: *Los mir son médicos que se especializan en régimen interno en un hospital.* || *s. m.* **2** Oposición o examen para acceder a un puesto de médico interno residente: *Beatriz se prepara para hacer el examen del MIR.*

mira *s. f.* **1** Pieza de algunos instrumentos para ayudar a dirigir la vista a un punto determinado: *la mira de una pistola, la mira de un rifle, el punto de mira.* **~ telescópica** Mira de un arma provista de un teleobjetivo para poder apuntar a larga distancia. **2** (preferentemente en plural) Intención o propósito que una persona tiene al hacer una cosa: *amplitud de miras. Voy a hablar con él con miras a su trabajo.* **3** Regla graduada que se coloca verticalmente para nivelar un terreno. **4** Cada uno de los renglones verticales que sirven para tender entre ellos la cuerda utilizada como guía al construir en muro. FR. Y LOC. **punto* de ~.**

mirabel *s. m.* **1** Planta herbácea en forma de pirámide, con hojas pequeñas lanceoladas y flores verdes que se cultiva en jardines. **2** Girasol, planta.

mirada *s. f.* **1** Acción y efecto de mirar: *Seguí con la mirada todos sus movimientos.* **2** Modo de mirar: *mirada triste, mirada penetrante. Elena se queda con la mirada perdida horas y horas.* **3** Forma rápida de mirar algo, sin detenerse: *Celia echó una mirada a la primera página del periódico.* SIN. vistazo, ojeada. FR. Y LOC. **ser el blanco* de todas las miradas. sostener la ~** Quedarse ‹una persona› mirando fijamente a otra cuando nota que ésta le mira.

mirado, da *adj.* Que se comporta con prudencia, cuidado o reflexión: *Paloma es muy mirada a la hora de pedir un favor.* FR Y LOC: **bien / mal ~** Que está bien o mal considerado, o que es juzgado bien o mal: *Es un tipo desagradable y no está bien mirado en la oficina.*

mirador *s. m.* **1** Lugar natural o artificial desde donde se puede contemplar una vista o un paisaje: *Desde el mirador de la carretera se divisa un hermoso valle.* **2** Balcón cubierto y cerrado con cristales: *Sus primos viven en una hermosa casa con miradores orientados al mar.* **3** Corredor, galería o terraza superior de los edificios que se usan para mirar a lo lejos: *Desde el mirador de la torre contemplaba el camino.*

miraguano *s. m.* **1** *Trinax parviflora.* Palmera de poca altura, propia de América y Oceanía, con hojas en forma de abanico, que tiene por fruto una baya seca que está llena de una fibra parecida al algodón. **2** (no contable) Fibra suave y flexible que se obtiene de los miraguanos utilizada para llenar cojines o edredones.

miramiento *s. m.* (no contable) Cuidado o prudencia al hacer o decir algo, generalmente por respeto o para no molestar a alguien: *Gloria nos dio la noticia con mucho miramiento.*

mirar *v. tr. / prnl.* **1** Fijar ‹una persona› la vista en [otra persona] o en [una cosa]: *Pedro miró a su amigo **con** buenos ojos. La secretaria miraba a su jefa **de** reojo. **Me** miré **en** el espejo.* || *v. tr.* **2** Examinar ‹una persona› [a otra persona, una cosa o un lugar] con cuidado y detenimiento: *He mirado el proyecto y no me parece mal.* **3** Pasar ‹una persona› la vista por [una cosa] distraídamente: *Desde el balcón miré la calle.* **4** Tener ‹una persona› cuidado antes de hacer o decir [una cosa]: *Debes mirar bien la decisión que tomas.* SIN. meditar. **5** Considerar ‹una persona› [una cosa]: *En esta empresa miran mucho si vamos o no con corbata.* SIN. valorar. || *v. intr.* **6** Buscar ‹una persona› una cosa en [un lugar]: *La maestra me ha dicho que mire **en** el cajón de la mesa.* **7** Ocuparse ‹una persona› de [otra persona] o de [una cosa]: *Las mujeres de esta organización miran **por** los huérfanos desde hace años.* **8** Estar ‹una cosa› frente [a otra] u orientada en [una determinada dirección]: *¿**A** dónde mira esta ventana? La casa es hermosa, mira la mar.* || *v. prnl.* **9** Tener ‹una persona› admiración o cariño por [otra persona]: *Marta **se** mira **en** su hijo y está muy contenta con él.* FR. Y LOC. **bien mirado** o **si bien se mira** o **mirándolo bien** Se usa con significado condicional para apoyar una afirmación o una negación: *Mirándolo bien, es fácil aprobar.* **de mírame y no me toques** 1 COLOQUIAL. [Cosa] que es débil o poco resistente: *Tened cuidado con las copas, porque son de mírame y no me toques.* 2 COLOQUIAL. [Persona] que es excesivamente delicada o débil. *El abuelo tiene una salud de mírame y no me toques.* **mira (tú)** o **mire (usted)** Se utiliza, como apertura para llamar la atención sobre una cosa que se dice: *Mire usted, yo no entiendo nada de lo que pasa.* **mira / mire por donde** COLOQUIAL. Se usa para introducir un hecho inesperado: *Mira tú por donde vamos a salir ganando.* **~ con lupa*. ~ con ojos* de. ~ con otros ojos*. ~ con / por el rabillo* del ojo. ~ de (medio) lado*. ~ de reojo*. ~ la peseta*. ~ por encima del hombro*. ~ / ver con buenos / malos ojos*. mirarse como en un espejo*. no ~ a la cara*. parece que me / te / le... ha mirado un tuerto*. ver / ~ los toros* desde la barrera.**

mirasol *s. m.* Girasol, planta.

miríada *s. f.* (no contable) ELEVADO. Cantidad muy grande, que no se puede determinar: *una miríada de estrellas.*

miriagramo *s. m.* Medida de masa que equivale a diez mil gramos.

mirialitro *s. m.* Medida de capacidad que equivale a diez mil litros.

miriámetro *s. m.* Medida de longitud que equivale a diez mil metros.

miriápodo *adj. / s. m.* **1** ZOOL. [Animal] que es artrópodo terrestre con el cuerpo alargado y segmentado, antenas, mandíbula y muchas patas articuladas: *El ciempiés es un artrópodo.* || *s. m.* **2** (en plural) ZOOL. Grupo que forman los animales miriápodos.

mirífico, ca *adj.* LITERARIO. Que es admirable o maravilloso: *El Señor le concedió a Santa Teresa cualidades miríficas.*

mirilla *s. f.* **1** Abertura pequeña hecha en una puerta o en una pared para ver lo que sucede al otro lado: *Todas las puertas de las viviendas tienen hoy mirillas.* **2** Pequeña abertura de algunos instrumentos topográficos para dirigir visuales.

miriñaque *s. m.* RESTRINGIDO. Falda interior de tela rígida o almidonada, a veces con unos aros alrededor, que llevaban las mujeres bajo la falda para darle vuelo: *El miriñaque es una prenda típica del siglo* XVIII.

mirlo *s. m.* **1** (macho y hembra) Género *Turdus.* Ave de color negro en los machos o pardo en las hembras, que tiene un bonito canto, puede imitar sonidos e incluso la voz humana, y habita en bosques y jardines de Europa, Asia y Norte de África. || **2 ~ blanco** Persona excepcional: *Mi jefa es un mirlo blanco, nos deja bastante libertad con tal de que le hagamos bien el trabajo.*

mirón, na *adj. / s. m.* y *f.* **1** COLOQUIAL. [Persona] que mira con excesiva curiosidad, insistencia o impertinencia: *Hubo un accidente y se llenó la calle de mirones.* **2** COLOQUIAL. [Persona] que es aficionada a mirar la actividad de otras personas sin participar en ella: *No me gustan los mirones en el dominó.* **3** COLOQUIAL; PEYORATIVO. [Persona] que disfruta mirando escenas eróticas o excitantes para ella: *Han detenido a un mirón que expiaba a las parejas en el parque.*

mirra *s. f.* (no contable) Resina vegetal aromática de color rojo brillante usada para obtener incienso y en perfumería: *La mirra es viscosa y huele muy bien.*

mirringa *s. f.* CUBA; COLOQUIAL. Pizca, porción mínima de una cosa.

mirtáceo, a *adj.* **1** [Planta] que es dicotiledónea, angiosperma, tropical, con pequeñas glándulas de aceite en el tronco y bajo las hojas, flores blancas o rojas y fruto en baya o en cápsula, como el eucalipto o el mirto. || *s. f.* **2** (en plural) Familia de estas plantas.

mirto *s. m. Myrtus communis.* Arbusto mirtáceo oloroso, de hojas de color verde vivo, pequeñas flores blancas y bayas negro azulado, usado en los setos de los jardines. SIN. arrayán.

misa *s. f.* **1** REL. Celebración principal de la Iglesia católica que consiste en conmemorar la pasión de Jesucristo con el sacrificio de su cuerpo y su sangre bajo las apariencias de las características físicas del pan y del vino: *Marcos va todos los domingos a misa de doce.* **~ concelebrada** Misa que celebran varios sacerdotes a la vez. **~ de campaña** Misa que se celebra para mucha gente en un altar improvisado al aire libre. **~ de difuntos / réquiem** Misa señalada por la Iglesia para ofrecerla por el alma de los difuntos. **~ del gallo** Misa celebrada en Nochebuena a medianoche. **misas gregorianas** Conjunto de treinta misas seguidas que se ofrecen por el alma de un difunto. **~ negra** Parodia o burla obscena de la misa católica, celebrada en homenaje al diablo. **2** MÚS. Composición musical escrita siguiendo la liturgia de las misas: *misa de Vitoria, misa de Palestina. Muchos músicos importantes han escrito partituras para diferentes misas.* FR. Y LOC. **cantar ~** Celebrar ‹un nuevo sacerdote› su primera misa: *Mañana canta misa un vecino mío.* **ir a ~** COLOQUIAL. Cumplirse o hacerse ‹una cosa› tal como se expresa, sin poner ninguna objeción: *Lo que diga el profesor va a misa.* **no saber* de la ~ la media / mitad. oír ~** Asistir ‹una persona› a misa: *Oiremos misa temprano, antes de ir de excursión.* **que diga ~** o **como si dice ~** COLOQUIAL. Se usa para expresar que a uno le importa poco lo que digan u opinen otro u otros: *No creas que voy a preocuparme porque me critiquen; a mí, como si dicen misa.*

misacantano *s. m.* RESTRINGIDO. Sacerdote católico que celebra su primera misa: *Los clérigos se convierten en misacantanos en una ceremonia muy solemne.*

misal *s. m.* **1** REL. Libro litúrgico de la Iglesia católica que contiene el texto, orden y modo de celebrar la misa de todos los días del año: *El misal ha sufrido variaciones a lo largo de los siglos.* **2** Libro pequeño de los fieles con el que pueden seguir la misa todos los días: *Mi tía siempre iba a la iglesia con el misal y el rosario.*

misantropía *s. f.* (no contable) ELEVADO. Desprecio o rechazo del trato de las personas: *Jorge no quiere tratar con nadie: lleva su misantropía hasta el extremo.*

misántropo, pa *s. m. / f.* Persona que desprecia al género humano y evita el trato con otras personas: *Siempre va solo porque es un misántropo.*

miscelánea *s. f.* **1** ELEVADO. Mezcla de cosas diversas: *En ese cajón se guarda una miscelánea de herramientas.* **2** ELEVADO. Escrito o publicación en que se tratan asuntos sin relación entre sí o en que se incluyen cosas muy variadas: *Escribo una miscelánea de sociedad todos los sábados.*

misceláneo, a *adj.* Que está compuesto de cosas diversas o mezcladas: *El espectáculo es misceláneo, se soporta bien.*

miserable *adj.* **1** Que es muy pobre o tiene un aspecto muy pobre: *casa miserable. Esa familia vive en un barrio muy miserable.* SIN. mísero. **2** Que está abatido, sin ánimo, ni fuerza, o se encuentra en malas condiciones físicas o morales: *Me los encontré en un estado miserable, sin fuerzas para nada.* SIN. lamentable. **3** Que es muy desgraciado o desdichado: *¡Ay, miserable de mí!* SIN. mísero. **4** Que es pequeño, diminuto o escaso: *sueldo miserable.* SIN. mezquino. || *adj. / s. m.* y *f.* **5** Que se comporta con avaricia o mezquindad: *El jefe es un miserable, me paga un salario ridículo.* SIN. mezquino. **6** Que es capaz de cometer acciones viles o de comportarse como un canalla: *Es un miserable, no fue capaz de ayudarnos cuando más lo necesitamos.* SIN. mezquino.

miserere *s. m.* **1** REL. Salmo bíblico del rey David que comienza con esta palabra, que significa 'apiádate'. **2** Canto solemne compuesto sobre dicho salmo y ceremonia en que se canta: *El miserere se canta en Semana Santa o en misas de difuntos.* || **3 cólico* ~.**

miseria *s. f.* **1** (no contable) Pobreza grande, falta de lo más necesario para poder vivir: *Esos chicos viven en la más* *absoluta miseria, no tienen nada para comer.* **2** (en plural) Sufrimientos, penas, desgracias, mala suerte: *Santiago se pasa todo el día contándonos sus miserias.* **3** (no contable) COLOQUIAL. Cantidad muy pequeña de alguna cosa de poco valor: *Queda una miseria de pan.* **4** COLOQUIAL. Cosa sin importancia: *Te traigo de regalo dos cositas, una miseria.* **5** (no contable) COLOQUIAL. Tacañería, actitud propia de quien no quiere gastar dinero: *Su miseria con los hijos es exagerada: nunca les compra juguetes.*

misericordia *s. f.* **1** (no contable) Sentimiento de compasión que mueve a ayudar a las demás personas cuando están en serias dificultades: *La visión de aquellas desgracias movió su misericordia.* **2** (no contable) Para los cristianos, atributo de Dios, por el que perdona los pecados y las debilidades de los hombres: *La misericordia divina no conoce límites.* **3** RESTRINGIDO. Pieza en forma de repisa, situada en la parte inferior de los asientos abatibles del coro de las iglesias, que sirve de apoyo y descanso a las personas que están de pie mucho tiempo: *La misericordia ayudaba a los monjes y canónigos que pasaban muchas horas rezando en el coro.*

misericordioso, sa *adj. / s. m.* y *f.* **1** Que tiende a sentir misericordia de los sufrimientos y miserias ajenos: *Hay que ser misericordioso con los que sufren.* **2** ELEVADO. Que perdona las ofensas: *Sé misericordioso, y no castigues a tu hijo.*

mísero, ra *adj.* **1** Que es muy pobre o que tiene un aspecto muy pobre: *Nos hizo pasar a su habitación, un cuarto mísero y frío.* **2** LITERARIO. Que es muy desgraciado, infeliz o desdichado: *¡Ay, mísero de mí!* SIN. miserable.

misia o **misiá** *s. f.* ARG., CHILE, COL., PAR., URUG., VEN.; COLOQUIAL en Colombia, Paraguay, Uruguay y Venezuela, RESTRINGIDO en Argentina y Chile; TRATAMIENTO. Fórmula de tratamiento equivalente a 'mi señora'.

misil *s. m.* Proyectil explosivo dirigido electrónicamente: *misil tierra-aire, misil con cabeza nuclear, misil de crucero.*

misión *s. f.* **1** Encargo o poder que se da a una persona, particularmente por un gobierno, para hacer o decir algo: *Nuestra misión actual es conseguir que se aproveche mejor el agua de los riegos.* **2** Labor u obra que una persona o colectividad se siente obligada a realizar: *Rubén estaba convencido de que su misión era enseñar a los niños.* **3** Representación diplomática temporal de un país en otro, personas que la desempeñan y edificio en el que residen: *La misión española se albergará en una antiguo hotel.* **4** (preferentemente en plural) REL. Trabajo de evangelización realizado generalmente en países que no conocen la religión cristiana o que son de mayoría no cristiana: *las misiones en África.* **5** Cualquier labor colectiva de ayuda realizada en otro país: *misión de paz, misión de ayuda.* **6** Expedición que realiza dicha labor y grupo de personas que la forman: *La misión con medicamentos, mantas y tiendas de campaña salió hacia Colombia.* **7** Expedición científica para la exploración o estudio de lugares o fenómenos de la naturaleza, y grupo de personas que la forman: *una misión al Pinatubo de Filipinas, una misión a la Antártida.* **8** Lugar donde viven y trabajan los miembros de una misión: *Los sacerdotes han edificado una nueva misión. El desbordamiento del río arrastró la sede de la misión arqueológica castellana.*

misionero, ra *adj.* **1** REL. De la misión evangélica: *orden misionera, las enseñanzas misioneras.* || *s. m. / f.* **2** Religioso que enseña y predica la religión cristiana en países poco desarrollados o no creyentes: *Hay muchas misioneras españolas por todo el mundo.* **3** REL. Religioso que predica el Evangelio.

misiva *s. f.* ELEVADO. Carta, escrito o mensaje que se envía: *Mario me envía todos los días alguna misiva por un vecino que trabaja con él.*

mismamente *adv.* **1** COLOQUIAL. Precisamente, ahora mismo: *Mismamente ahora hablábamos de ti.* **2** COLOQUIAL. Sin ir mas lejos, sin buscar más: *Tú mismamente has tenido problemas con él.* **3** COLOQUIAL. Exactamente: *Mismamente encima de aquella piedra está lo que buscas.*

mismidad *s. f.* **1** (no contable) FILOS.; RESTRINGIDO. Condición de ser uno mismo y la circunstancia por la que uno es uno mismo: *la mismidad del yo, la mismidad de Dios.* **2** FILOS.; RESTRINGIDO. Identidad personal: *A pesar de sus problemas mentales, consiguió no perder su mismidad.*

mismo, ma *adj. / pron.* **1** (antepuesto) [Persona, animal, cosa] que es una sola en distintas ocasiones o en distintos lugares: *Me encontré en Valladolid con los mismos excursionistas que en Soria.* **2** Que es igual o semejante: *Tenéis la misma estatura. Madre e hija tienen los mismos ojos.* || *adj.* **3** (antepuesto / pospuesto a un sustantivo; pospuesto a un pronombre) INTENSIFICADOR. Subraya la identidad del sustantivo o pronombre a los que se refiere: *El mismo príncipe lo dijo. El príncipe mismo lo dijo.* || *pron.* **4** (precedido de artículo) Señala que la persona animal o cosa a que se refiere no ha cambiado: *Es el mismo de siempre. –«¿Tiene todavía novia?» –«Hace años que sale con la misma».* || *adv.* **5** Pospuesto a un adverbio lo intensifica: *Vivo aquí mismo.* **6** Pospuesto a un pronombre personal o a un sustantivo equivale a *incluso, por ejemplo, entre otros*: *Yo mismo me sorprendí con la noticia. Puede acompañarte Santiago mismo. Carmen misma te lo dirá.* FR. Y LOC. **ahí* ~. dar* lo ~ so que arre. dar / ser lo ~** No importar ‹una cosa›: *Da lo mismo que estudie o no esta semana, está castigado. –«No te puedo pagar hasta la semana que viene.» –«No te preocupes, es lo mismo.»* **el ~ que viste y calza** COLOQUIAL. Expresión con que se reafirma la identidad de alguien: *Sí, soy yo, el mismo que viste y calza.* **¡eso*, eso!** o **¡eso ~! por lo ~** Por esa razón: *–«Mamá, estoy sin ganas de ir al cole». –«Hijo, por lo mismo, tienes que ir.»* **tres cuartos* de lo ~.**

misofobia *s. f.* (no contable) ELEVADO. Horror a la suciedad o a la contaminación: *Los que sufren misofobia tienen repugnancia a la suciedad más visible.*

misoginia *s. f.* (no contable) ELEVADO. Odio o aversión a las mujeres: *Es raro que un hombre o una institución confiese abiertamente su misoginia.*

misógino, na *adj. / s. m. / f.* **1** Que odia o siente antipatía por las mujeres, o no gusta de estar en su compañía: *El autor ha declarado que es un misógino.* **2** Que encierra o significa odio o aversión a las mujeres: *Los escritos y comportamientos misóginos no son raros en la sociedad.*

misoneísmo *s. m.* (no contable) ELEVADO; RESTRINGIDO. Odio o aversión a las novedades.

misoneísta *adj. / s. m.* y *f.* RESTRINGIDO. Que odia cualquier novedad: *actitud misoneísta. Los misoneístas nos llevarían otra vez a la Edad de Piedra.*

misquito, ta o **mísquito, ta** *adj. / s. m.* y *f.* De un pueblo amerindio que vive en la costa entre Nicaragua y Honduras: *el pueblo misquito, las tradiciones misquitas. Vivió una temporada con los misquitos.*

miss (plural *mises*) *s. f.* **1** COLOQUIAL. Título que se da a la ganadora de un concurso de belleza: *miss España, mis Venezuela, un concurso de mises.* **2** Tratamiento que se da a las mujeres solteras en los países de lengua inglesa.

mistela *s. f.* **1** Vino elaborado con alcohol y mosto de uva, sin proceso de fermentación. **2** Bebida elaborada con aguardiente, agua, azúcar y canela.

míster *s. m.* **1** COLOQUIAL. Título que se da al ganador de un concurso de belleza masculino: *míster universo.* **2** COLOQUIAL. DEP. Entrenador de fútbol: *El míster no quiere que los jugadores hagamos declaraciones a la prensa.* **3** Tratamiento equivalente a señor en los países de habla inglesa. **4** COL.; COLOQUIAL. Extranjero de aspecto germánico.

misterio *s. m.* **1** Hecho o cosa que se desconoce, que es difícil de conocer o que es inexplicable racionalmente: *Nadie sabe dónde está, es un misterio. Los misterios de la naturaleza son infinitos.* **2** (no contable) Circunstancia que se produce cuando se hace algo para que no se entere nadie: *La boda se hizo con mucho misterio.* SIN. discreción, reserva. **3** (no contable) Género literario o cinematográfico de intriga: *Sus películas favoritas son las de misterio.* SIN. intriga. **4** (preferentemente en plural) Doctrina o rito secreto de muchas religiones: *Al llegar a la adolescencia los jóvenes eran iniciados en los misterios de la secta.* **5** REL. En la religión cristiana, cada uno de los pasajes de la vida, muerte y resurrección de Jesucristo: *El catequista nos habló del misterio de la Resurrección de Jesús.* **6** REL. En la religión católica, cada parte del rosario en que se recuerda un pasaje de la vida de Jesucristo o de la Virgen: *En casa rezamos cada uno un misterio del rosario todas las tardes.* **7** REL. En la religión cristiana, verdad revelada por Dios: *el misterio de la Santísima Trinidad.* **8** LIT. Representación dramática medieval con escenas de la vida de Cristo y de la Virgen: *Es famoso el Misterio de Elche.*

misteriosamente *adv. modo* **1** De manera misteriosa, con misterio: *Su hijo desapareció misteriosamente.* || *adv. orac.* **2** Como por un misterio. OBSERVACIONES: Frente a *es un misterio (que)*, anuncia como novedoso, y no como sabido, el hecho mencionado, que se expresa en modo indicativo: *Misteriosamente, nadie sabe nada de él.* Contrástese con: *Es para mí un misterio que nadie sepa nada de él,* en que el subjuntivo es obligado.

misterioso, sa *adj.* **1** Que encierra misterio: *fuerza misteriosa, novela misteriosa, crimen misterioso. Mi vecino es una persona muy misteriosa.* || *adj. / s. m.* y *f.* **2** (estar) Que da a entender o sugiere cosas ocultas que, en realidad, no existen: *Susana está muy misteriosa últimamente.*

mística *s. f.* **1** (no contable) Parte de la Teología que trata de la vida espiritual y contemplativa y de la dirección de los espíritus: *La mística dirige el comportamiento de las personas hacia la perfección espiritual en su búsqueda de la divinidad.* **2** (no contable) Experiencia personal de lo divino: *La mística no puede ser alcanzada sino por muy pocos elegidos.* **3** (no contable) Expresión literaria de esta experiencia: *La mística española del Siglo de Oro es muy rica.* **4** VEN. Dedicación desinteresada al trabajo.

misticismo *s. m.* **1** (no contable) REL. Estado de perfección religiosa, a veces acompañado de éxtasis, que consiste en la unión íntima del alma con la divinidad: *Sólo unos pocos alcanzan el misticismo.* **2** (no contable) Doctrina religiosa que enseña la unión directa del hombre y la divinidad: *el misticismo de los libros de Santa Teresa.* **3** (no contable) Comportamiento o estado de la persona que se dedica mucho a Dios o a lo espiritual: *Todas las novicias del convento respiran misticismo.*

místico, ca *adj.* **1** De la mística: *pensamiento místico, experiencia mística.* || *adj. / s. m.* y *f.* **2** Que se dedica a la vida espiritual: *Santa Teresa es una de las grandes místicas de Occidente.* **3** Que escribe o trata de mística: *autor místico, poesía mística. San Juan de la Cruz es uno de los grandes místicos españoles.* **4** COL., CUBA, P. RICO; PEYORATIVO en Colombia; RESTRINGIDO y PEYORATIVO en España. Que muestra una delicadeza exagerada en el comportamiento o en las palabras.

mistificar o **mixtificar** *v. tr.* ELEVADO. Falsear ‹una persona› [una cosa de la realidad] con ánimo de engañar: *No es raro que un historiador mistifique las pruebas para apoyar una teoría.* ⇒**71.**

mistral *adj. / s. m.* (no contable) [Viento] que es seco y frío, viene del noroeste y sopla en el litoral mediterráneo francés.

mita *s. f.* HIST. En la América colonial, repartimiento forzado de indios para todos los trabajos públicos, y especialmente la minería.

mitad *s. f.* **1** Cada una de las dos partes iguales en que se divide algo: *a mitad de precio. Lo partí por la mitad.* **2** Punto que se encuentra a la misma distancia de sus dos extremos: *la mitad de la orilla, la mitad del camino.* SIN. medio. || *s. f.* **3** Cada una de las dos partes, más o menos iguales, en que se divide un todo: *Dividimos la tarta en dos mitades. Gano la mitad de dinero que tú.* **4** Punto que se encuentra a la misma distancia de los dos extremos u orillas de aquello de lo que hablamos: *El sol estaba en la mitad del cielo.* **5** Se usa como un elemento comparativo de desigualdad: *la mitad de bien, la mitad de bueno. Como la mitad que tú.* FR. Y LOC. **a ~ de** Se usa con nombres que suponen un proceso para indicar el punto medio: *Ese pueblo debe de estar a mitad de camino. Lo compré a mitad de precio. A mitad del viaje al niño le entraron ganas de ir al lavabo.* **en ~ de** 1 En medio de, en el centro de: *La abuela se cayó en mitad de la calle.* 2 En el transcurso de, a mitad de, durante: *Abandonaron la mesa en mitad de la cena.* **la ~ y otro tanto** Cantidad que no se sabe o no se quiere decir: *Me costó eso, la mitad y otro tanto.* **mitad... ~ ...** 1 Expresión que significa a partes iguales entre las personas o grupos que se mencionan: *La cena la pagó mitad la empresa mitad el sindicato.* 2 Se usa para indicar un estado intermedio o un estado que comparte ambas cualidades o circunstancias que se mencionan: *El fin de semana le había dejado mitad cansado mitad deprimido.* **mitad y ~** 1 A partes iguales: *¿Cómo reparten los beneficios? Mitad y mitad.* 2 A medias, o regular: *¿Has hecho un buen examen? Mitad y mitad.* **no saber* de la misa la media / ~. partir* por el eje** o **partir por la ~. plantar en (la) ~ del arroyo*.**

mítico, ca *adj.* **1** Que es propio del mito: *héroe mítico.* SIN. legendario, mitológico. **2** (antepuesto / pospuesto). Que es muy famoso: *Por fin hemos visto la mítica ciudad de Salamanca.*

miticultura *s. f.* (no contable) Mitilicultura.

mitificación *s. f.* RESTRINGIDO. Acción y resultado de mitificar: *la mitifcación de un personaje, la mitificación de un acontecimiento, la mitificación de la infancia.*

mitificar *v. tr.* **1** Convertir ‹una persona o una cosa› [un hecho natural] en mito o valorarlo excesivamente: *Con el tiempo y la imaginación, muchos mitifican su primer amor.* **2** Convertir ‹una persona o una cosa› [a una persona] en un mito: *Los aztecas mitificaron a Hernán Cortés.* SIN. divinizar. ⇒ **71.**

mitigación *s. f.* RESTRINGIDO. Acción y resultado de mitigar: *la mitigación de un picor, la mitigación de un dolor.*

mitigar *v. tr.* **1** Hacer ‹una persona o una cosa› más suave o soportable [una cosa]: *El calmante te mitigará el dolor de muelas.* SIN. calmar, aminorar. ‖ *v. prnl.* **2** Hacerse ‹una cosa› más suave o soportable: *Parece que el dolor se mitiga con la inyección.* SIN. calmarse, aminorarse. ⇒ **56.**

mitilicultura o **miticultura** *s. f.* (no contable) RESTRINGIDO. Actividad de criar mejillones: *La mitilicultura es importante en las rías gallegas.*

mitin (plural *mítines*) *s. m.* **1** Reunión popular pública donde un orador pronuncia un discurso político o social: *El presidente del partido celebrará un mitin el domingo.* **2** DEP. Reunión deportiva en el que se celebran diversas pruebas de atletismo: *Varios campeones europeos han confirmado su asistencia al mitin de la federación de Madrid.*

mitín *s. m.* AMÉR. Mitin.

mito *s. m.* **1** Narración que proporciona una explicación imaginativa y no racional de la realidad: *los mitos griegos, los mitos aztecas.* **2** Persona, hecho o cosa que por su trascendencia adquiere valor de prototipo o modelo: *Greta Garbo es un mito del cine.* **3** Cosa inventada para que se difunda como verdad o que existe sólo en la imaginación de una persona: *Lo de su ascenso es un mito.*

mitocondria *s. f.* BIOL. Pequeño órgano del citoplasma en el que se desarrolla la respiración celular.

mitografía *s. f.* (no contable) Ciencia que trata del origen y explicación de los mitos.

mitología *s. f.* **1** Conjunto de mitos de un pueblo o de una cultura: *la mitología griega, la mitología romana, la mitología escandinava.* **2** Estudio o tratado de los mitos.

mitológico, ca *adj.* De la mitología: *dioses mitológicos.* SIN. mítico.

mitomanía *s. f.* **1** (no contable) PSICOL. Inclinación patológica de una persona a la mentira y a la narración de historias imaginarias: *No podemos hacerle caso a Juan, porque su mitomanía lo traiciona.* **2** (no contable) Actitud de la persona que tiene una tendencia a mitificar a otras persona o a una cosa: *Su mitomanía es muy conocida en la familia.*

mitómano, na *adj. / s. m.* y *f.* RESTRINGIDO. Que padece mitomanía: *Camarón de la Isla es el ídolo de los mitómanos de la música flamenca.*

mitón *s. m.* **1** RESTRINGIDO. Guante que deja los dedos al descubierto. **2** ARG., COL., URUG. Manopla.

mitosis (plural *mitosis*) *s. f.* BIOL. Proceso de reproducción celular en el que mediante la división de la célula madre se originan dos células hijas con el mismo número de cromosomas e igual información genética.

mitote *s. m.* **1** AMÉR. Bulla, jaleo. **2** AMÉR. Fiesta casera.

mitotero, ra *adj. / s. m.* y *f.* **1** AMÉR. Que es bullanguero o amigo de mitotes. **2** MÉX. Que es chismoso.

mitra *s. f.* **1** Gorro formado por dos piezas terminadas en punta por su parte superior que usan los obispos y arzobispos en las ceremonias. **2** Título de arzobispo u obispo y territorio bajo su jurisdicción. **3** Conjunto de rentas y propiedades de una diócesis. **4** Gorro alto y puntiagudo propio de los antiguos persas y otros pueblos posteriores. **5** Rabadilla de las aves. **6** PERÚ; JERGAL. Cabeza.

mitrado, da *adj.* Que puede usar mitra: *abad mitrado.*

mitral *adj.* Se usa en la LOC. **válvula* ~.**

mixomatosis (plural *mixomatosis*) *s. f.* (no contable) VETER. Enfermedad infecciosa viral que ataca a los conejos: *La mixomatosis ha matado a muchos conejos.*

mixomiceto *adj.* **1** BOT. Hongo muy primitivo que se parece a las amebas, pero que se reproduce por esporas. ‖ *s. m.* **2** BOT. Clase de estos hongos.

mixtela *s. f.* Mistela.

mixtificar *v. tr.* Mistificar.

mixtilíneo, a *adj.* GEOM. [Figura] que tiene unos lados rectos y otros curvos. **ángulo* ~.**

mixto, ta *adj. / s. m.* **1** Que está formado por dos o más elementos distintos: *sandwich mixto, ensalada mixta.* ‖ *adj.* **2** Que está formado por personas de los dos sexos: *escuela mixta. Hoy se juega la final de parejas mixtas en Wimbledon.* **3** [Animal, vegetal] que procede del cruce de dos razas distintas: *raza mixta.* SIN. mestizo. ‖ *s. m.* **4** RESTRINGIDO. Cerilla: *Cómprame mixtos en el estanco.*

mixtura *s. f.* ELEVADO, RESTRINGIDO. Mezcla de cosas diversas: *El libro es una mixtura de realidad y fantasía.*

mízcalo *s. m.* **1** Níscalo. **2** BOT. Níscalo, hongo.

mnemónica o **nemónica** *s. f.* Mnemotecnia.

mnemotecnia, nemotecnia, nemotécnica o **mnemotécnica** *s. f.* (no contable) ELEVADO. Conjunto de métodos que ayudan a memorizar algo.

mnemotécnico, ca *adj.* Que sirve para ayudar a la memoria a retener ciertas cosas: *ejercicio mnemotécnico, regla mnemotécnica.*

moabdita *adj. / s. m.* y *f.* **1** De Moab, Arabia: *tienda moabdita, caudillo moabdita.* ‖ *s. m.* **2** LING. Lengua camito-semítica hablada en Moab.

moaré *s. m.* (no contable) Tela brillante y resistente que forma aguas o reflejos ondulados: *un vestido de fiesta de moaré.*

moaxaja *s. f.* LIT. Composición poética de la España medieval, escrita en árabe o en hebreo, con una jarcha o pequeña estrofa en mozárabe.

mobiliario *s. m.* Conjunto de muebles de un lugar: *Mis amigos han renovado el mobiliario de su casa.*

moca *s. m.* **1** Variedad de café muy estimada. **2** Crema de repostería elaborada con café, mantequilla, vainilla y azúcar: *helado de moca.*

mocárabe *s. m.* ARQ. Elemento arquitectónico árabe formado por la combinación geométrica de prismas con el extremo inferior cortado en forma cóncava.

mocasín *s. m.* **1** (macho y hembra) Género *Ancistrodon.* Serpiente de color rojizo con anillos oscuros, que se reproduce como los mamíferos y habita en América y Asia. **2** Calzado de piel sin curtir usado por los indios norteamericanos. **3** Calzado plano y flexible de características similares a la de estos zapatos.

mocear *v. intr.* RESTRINGIDO. Comportarse ‹una persona› como un joven.

mocedad *s. f.* COLOQUIAL. Periodo entre la adolescencia y la edad madura, y el conjunto de los que están en esa edad: *Ya está en la mocedad. En las fiestas del pueblo la mocedad se divirtió mucho.* SIN. juventud.

mochar *v. tr.* **1** COL. Amputar ‹una persona› una parte de [un miembro] de un cuerpo. **2** COL. Destituir ‹una persona› [a otra persona].

moche *adv.* Se usa en LOC. **a troche* y ~.**

mocheta *s. f.* **1** Parte gruesa que no está afilada de algunas herramientas cortantes: *la mocheta de un azadón, la mocheta de un hacha.* **2** Rebajo en el marco de una puerta o ventana donde encaja el renvalso. **3** ARQ. Ángulo que resulta de la unión de dos muros o de una pared vertical con el plano superior de un elemento arquitectónico.

mochila *s. f.* **1** Bolsa con tirantes o correas para poderla llevar a la espalda: *mochila de excursionista.* SIN. macuto. **2** Saco de cazadores y soldados. SIN. zurrón, morral.

mocho, cha *adj.* **1** Que no tiene punta, remate o terminación alguna aunque por su naturaleza debería tenerlo: *Es una vaca mocha. A raíz del bombardeo, la torre ha quedado mocha, ha perdido el chapitel.* **2** MÉX.; PEYORATIVO. [Persona] que es excesivamente conservadora o reaccionaria. **3** ARG., URUG., VEN.; COLOQUIAL. [Miembro] que está total o parcialmente cortado. || *s. m.* **4** Extremo grueso y sin punta de un instrumento: *el mocho de un fusil.* **5** COLOQUIAL; RESTRINGIDO. Fregona, utensilio de limpieza para fregar suelos.

mochuelo *s. m.* **1** (macho y hembra) Familia *Strigidae.* Ave nocturna de la misma familia que el búho pero más pequeña, con la cabeza achatada, el cuerpo grueso y el plumaje de color pardo y blanco. **2** COLOQUIAL. Trabajo o encargo molesto o difícil: *Nadie quería hacerlo y, al final, me tocó a mí el mochuelo.* SIN. muerto. **3** ART. GRÁF. Error en un texto, que consiste en la falta de alguna parte: *En una página descubrió un mochuelo de más de cinco líneas.* FR. Y LOC. **cargar* con el ~.** REFR. **Cada mochuelo a su olivo.** Se usa para indicar que cada uno esté donde deba estar o haga lo que tenga que hacer.

moción *s. f.* Propuesta o petición que se hace en una asamblea, congreso, junta, etc.: *En la asamblea de ayer se presentó la moción para cambiar las normas de funcionamiento.* SIN. proposición. **~ de censura** Proposición presentada en una asamblea política para expresar desacuerdo con el Gobierno.

mocionar *v. tr.* AMÉR. Presentar ‹una persona› [una moción] en una asamblea.

mocito, ta *adj. / s. m.* y *f.* a veces PEYORATIVO, DISGUSTO Y ENFADO. Que está en el comienzo de la mocedad o juventud: *Raúl es ya un mocito, y debe comprender ciertas cosas. Estás hecho un mocito.*

moco *s. m.* **1** Sustancia espesa segregada por algunas glándulas del cuerpo, sobre todo por las que están en la mucosa nasal: *El crío estaba constipado y se le caían los mocos.* SIN. mucosidad (ELEVADO). || **2 ~ de pavo** Especie de cresta que tiene el pavo sobre el pico. FR. Y LOC. **llorar* a ~ tendido. no ser ~ de pavo** COLOQUIAL; INTENSIFICADOR. No ser despreciable o de poco valor ‹una cosa›: *Conseguir ahorrar hoy día no es moco de pavo.* **tirarse el ~** VULGAR. Fanfarronear ‹una persona›: *Se tiró el moco diciendo que era capaz de escalar esa montaña.*

mocoso, sa *adj. / s. m.* y *f.* **1** (ser / estar) Que tiene mocos en la nariz: *¡Qué mocosa eres!, siempre con el pañuelo en la mano.* **2** PEYORATIVO. [Niño, joven] que es todavía poco experimentado para opinar, o se comporta con atrevimiento e impertinencia: *Cállate niño, que todavía eres un mocoso. Estas mocosas se creen que lo saben todo.*

moda *s. f.* **1** Conjunto de gustos, costumbres y tendencias propios de una época determinada: *la moda romántica.* SIN. uso, usanza. **2** Prendas de vestir, adornos, objetos que se usan en una época o en una temporada: *un desfile de moda.* **diseño de modas. tienda de ~. 3** En estadística, magnitud del elemento que se repite en una serie de datos. FR. Y LOC. **a la (última)~** o **a la última** o **de ~.** De acuerdo con el gusto del momento: *El local de moda está en la Plaza Mayor.* **pasar de ~** Quedar ‹una cosa› anticuada: *Este vestido se ha pasado de moda. Siempre va con unos modelos pasados de moda.*

modal *adj.* **1** GRAM. Del modo gramatical: *perífrasis modal.* || *s. m.* **2** (en plural) Gestos, comportamientos, expresiones habituales de una persona, considerados desde el punto de vista de su corrección o elegancia social: *Sus modales son ordinarios. Ese chico tiene buenos modales.* SIN. modos.

modalidad *s. f.* Cada uno de los diferentes tipos o variantes de una acción o una misma cosa: *una nueva modalidad de contrato de trabajo. Natalia es campeona de natación en la modalidad de cien metros mariposa.*

modelado *s. m.* (no contable) Acción o arte de modelar: *Todavía no dominas la técnica del modelado en arcilla.*

modelador *s. m.* ARG., URUG. Aparato para dar forma a los cabellos.

modelar *v. tr. / intr.* **1** Dar ‹una persona› forma artística a [una sustancia plástica]: *Este artista modela* ***en*** *arcilla.* SIN. moldear. **2** COL. Ejercer ‹una persona› la profesión de modelo de modas. || *v. tr.* **3** PINT. Dar ‹una persona o una cosa› volumen o relieve a [una pintura]: *El claroscuro modela las figuras.* **4** Hacer ‹una persona› que [otra persona] adquiera o desarrolle [determinadas cualidades morales]: *Su madre le modeló el carácter.* SIN. moldear, configurar. || *v. prnl.* **5** Desarrollarse ‹determinadas cualidades morales› en una persona. SIN. configurarse, conformarse.

modélico, ca *adj.* Que sirve o puede servir de modelo: *un hijo modélico, un texto modélico.*

modelismo *s. m.* (no contable) Técnica de construir modelos en tamaño reducido: *Me gusta mucho el modelismo de barcos.*

modelo *adj. / s. m.* y *f.* **1** Persona que tiene un comportamiento que puede servir como ejemplo: *Su hermana siempre ha sido un modelo para ella. Es un padre modelo. Laura es un modelo de bondad.* || *s. m. / f.* **2** Persona que tiene como profesión vestir y exhibir las novedades de la moda: *Julia se ha hecho modelo de alta costura. Ese modelo sale también en un anuncio de coches.* **3** Persona que posa para un artista: *No encontraba ninguna modelo para su escultura.* || *s. m.* **4** Aquello que sirve como ejemplo para imitarlo o hacer otro igual: *un modelo de redacción. El profesor nos dio tres modelos del examen. Me ha dejado un modelo para hacer el jersey.* **5** Cada clase o modalidad que existe de un grupo de objetos fabricados en serie: *Nos enseñaron varios modelos de ventanas, pero no nos gustó ninguno. Tiene que rellenar este modelo de impreso.* SIN. tipo. **6** Prenda de vestir, zapato, bolso o joya, de diseño exclusivo u original: *Me gustan mucho los modelos de ese diseñador. ¡Vaya modelo de zapatos que se ha comprado!* **7** Representación de un objeto a escala reducida: *En el laboratorio se hacen ensayos con modelos a escala.* **8** Esquema teórico que sirve de marco al desarrollo de una teoría científica: *El modelo tradicional de descripción del Universo está en crisis.* FR. Y LOC. **pase* de modelos.**

módem *s. m.* INFORM. Dispositivo que transforma señales digitales en analógicas para poder ser transmitidas por un canal de telecomunicaciones: *Conectar un módem al ordenador es muy sencillo.*

moderación *s. f.* **1** (no contable) Cualidad del que se comporta sin excesos: *moderación en la comida. A pesar de los nervios, hablaba con moderación.* SIN. mesura (ELEVADO). **2** (no contable) Acción y resultado de moderar o moderarse: *la moderación de la velocidad. El presentador del programa realizó también la moderación del debate.*

moderadamente *adv. modo* **1** Con moderación: *Actuaste muy moderadamente ayer.* ‖ *adv. modo / cant.* **2** Con moderación, referido a cantidades: *Bebo moderadamente.* ‖ *adv. cant.* **3** En grado moderado, un poco, algo: *Me siento moderadamente optimista.*

moderado, da *adj.* **1** (antepuesto / pospuesto) Que no es exagerado o extremo: *precio moderado, tono de voz moderado, una moderada intervención.* ‖ *adj. / s. m.* y *f.* **2** [Partido, política, persona] que tiene una ideología no extremista.

moderador, ra *s. m. / f.* Persona que dirige o preside un debate, una discusión pública o una asamblea: *El moderador debería controlar el tiempo de las intervenciones.*

moderantismo *s. m.* (no contable) RESTRINGIDO. Ideología y comportamiento de las personas y los partidos moderados.

moderar *v. tr.* **1** Hacer ‹una persona o una cosa› que disminuya la violencia o la exageración de [una cosa]: *Los baches nos obligaban a moderar la velocidad.* SIN. frenar. **2** Dirigir ‹una persona› [una asamblea o una reunión]: *Uno de los profesores moderó el coloquio.* ‖ *v. prnl.* **3** Disminuir la violencia o la exageración de ‹una cosa›. SIN. frenarse.

modernamente *adv. modo* **1** De forma acorde con los tiempos modernos, conforme a los gustos modernos: *una habitación modernamente decorada.* ‖ *adv. temp.* **2** En los tiempos recientes, en la época moderna, en nuestros días: *Modernamente, se ha intentado modificar esta tendencia.*

modernidad *s. f.* **1** (no contable) Conjunto de características de lo que se considera moderno. **2** (no contable) Conjunto de generaciones modernas: *La modernidad nunca muere.*

modernismo *s. m.* **1** (no contable) Movimiento literario español e hispanoamericano desarrollado entre 1880 y 1910 que se caracteriza por la búsqueda de lo exótico y lo refinado y por la renovación del lenguaje poético. **2** (no contable) Estilo artístico desarrollado entre finales del siglo XIX y principios del XX, de gran importancia en el campo de las artes menores y aplicadas, que introduce la línea curva. **3** (no contable) Carácter moderno o afición por todo lo moderno: *Todos critican su modernismo esnobista.*

modernista *adj.* **1** Del Modernismo: *mueble modernista, corriente modernista.* ‖ *adj. / s. m.* y *f.* **2** Que es partidario del Modernismo: *Los escritores y artistas modernistas eran abundantes en Madrid y Barcelona.*

modernizar *v. tr.* **1** Dar ‹una persona o una cosa› aspecto o carácter actual [a otra persona] o a [otra cosa]: *La traducción modernizó el texto antiguo.* SIN. actualizar, renovar. ‖ *v. prnl.* **2** Convertirse ‹una persona› en moderna desde el punto de vista de las costumbres o del pensamiento: *Tenemos que modernizarnos o nos arruinaremos.* ⇒ **19.**

moderno, na *adj.* **1** Que existe o ha sucedido hace poco tiempo. ANT. antiguo. **2** De la época moderna, período histórico que abarca desde los últimos años del siglo XV hasta el final del siglo XVIII: *La ciencia moderna se desarrolla desde finales del siglo XVII.* **edad* moderna.** ‖ *adj. / s. m.* y *f.* **2** (antepuesto / pospuesto) Que está de acuerdo con los procedimientos, gustos y conocimientos actuales: *una música moderna, un moderno hospital, una moderna visión del problema. Jaime se siente un moderno porque viste como si tuviera veinte años.* ANT. antiguo. **pentathlón* ~.**

modess *s. m.* ARG. Compresa femenina.

modestamente *adv. modo* **1** Con modestia, con humildad: *Elena siempre habla de sí modestamente.* OBSERVACIONES: ◊ Aplicado a actos de decir equivale a 'con toda modestia': *Modestamente le sugiero tenga a bien revisar mi expediente.* ◊ Cuando el verbo falta equivale a 'dicho con toda modestia' o 'sin ánimo de parecer inmodesto': *Modestamente, el modelo que yo diseñé era superior.* **2** Con sencillez, sin lujos: *Sus primos viven modestamente.*

modestia *s. f.* **1** (no contable) Actitud de la persona que no da importancia a sus cualidades o méritos y no presume de ellos: *La modestia es una de sus mejores cualidades.* **plural* de ~.** **2** (no contable) Sencillez, falta de lujo: *La modestia de su ropa y de su casa indican que el gran escritor vive con pocos recursos.* **3** (no contable) Estrechez, escasez de medios: *la modestia de sus recursos económicos. La modestia de su laboratorio llama la atención a otros científicos.* **4** (no contable) Recato, decencia: *Pilar siempre ha vestido con modestia, sin llamar la atención.*

modesto, ta *adj.* **1** (ser / estar) Que tiene modestia: *Rubén es muy modesto, nunca presume de sus méritos.* **2** Que está satisfecho con lo que tiene o se conforma con poca cosa: *Me gusta llevar una vida modesta, sin lujos innecesarios.* **3** (antepuesto / pospuesto) Que tiene pocos recursos económicos: *Tenemos una economía modesta.* **4** (antepuesto / pospuesto) De calidad media o regular o de cantidad escasa: *Ha sido un modesto resultado para nuestro equipo.*

módico, ca *adj.* (antepuesto / pospuesto) Que es moderado o escaso: *Te lo dejo por el módico precio de diez mil pesetas, aunque vale casi el doble.*

modificador *s. m.* GRAM. Palabra que determina o limita el significado de otra: *El adverbio puede funcionar como modificador de un adjetivo o del verbo.*

modificar *v. tr.* **1** Hacer ‹una persona o una cosa› que [otra persona u otra cosa] sea o aparezca distinta de como era: *Modificaron la decoración del dormitorio.* SIN. cambiar, transformar. **2** GRAM. Determinar ‹una palabra› el sentido de [otra palabra]: *El adjetivo modifica al sustantivo.* ‖ *v. prnl.* **3** Ser o aparecer ‹una persona o una cosa› distinta de como era: *Su hermano se modifica cuando está fuera de casa.* SIN. cambiarse, transformarse. ⇒ **71.**

modillón *s. m.* ARQ. Elemento arquitectónico o decorativo que sobresale del plano vertical y sostiene una cornisa, un alero o los extremos de un dintel.

modismo *s. m.* LING. Expresión propia de una lengua que el hablante aprende como una estructura fija y cuyo significado no se deduce de las palabras que la forman: *«A manos llenas» o «No dar pie con bola» son modismos españoles.*

modistilla *s. f.* RESTRINGIDO. Aprendiza u oficiala de modista.

modisto, ta *s. m. / f.* Persona que tiene por oficio diseñar o confeccionar prendas de vestir, generalmente de mujer: *modisto de alta costura.*

modo *s. m.* **1** Manera de ser o realizarse una cosa: *Hay varios modos de hacer el viaje: en tren o en avión.* **2** (no contable) RESTRINGIDO. Cuidado o moderación en las acciones o palabras: *Me gusta comer, pero con modo.* **3** GRAM. Categoría gramatical que expresa el punto de vista de la persona que habla con relación a la acción del verbo. **~ imperativo** Modo que expresa una orden o un deseo. **~ indicativo** Modo que expresa que la acción verbal se concibe como objetiva. **~ subjuntivo** Modo que expresa que la acción verbal se concibe como subjetiva, hipotética o subordinada. **4** LING. Locución equivalente a una parte de la oración: *modo adverbial.* **5** MÚS. Disposición de los tonos y semitonos de una escala musical. **6** LÓG. Cada una de las formas posibles de silogismo. **7** (en plural) Manera de comportarse una persona: *La secretaria me constestó de malos modos.* || **8 grosso ~. 9 ~ de articulación.** FR. Y LOC. **al / a ~** Como o semejantemente: *El mendigo se puso la manta a modo de capa.* **de cualquier ~** De cualquier manera. **de ~ que** Se usa para indicar consecuencia y resultado y equivale a 'por tanto': *No quieres atender a ningún consejo, de modo que no te quejes.* **de ningún ~** De ninguna manera: *No pienso hacerlo de ningún modo.* **de todos modos** A pesar de todo: *No me preocupo, de todos modos no me van a llamar.* **en ~ alguno** De ninguna manera: *No quiero en modo alguno perjudicarte.*

modorra *s. f.* (no contable) COLOQUIAL. Somnolencia invencible: *Ayer me pescó el profesor dormido en clase, pero tenía una modorra que no podía hacer nada.*

modoso, sa *adj.* (ser / estar) Que actúa con mesura y respeto, o que es comedido en su conducta y ademanes: *Maite es una chica muy modosa, un poco sosa quizás.*

modulación *s. f.* **1** Variación de la amplitud, la fase o la frecuencia de una onda eléctrica para la mejor transmisión de las señales. **2** Variación armónica de la voz al hablar o al cantar: *Sus modulaciones cuando recita son inimitables.*

modulador, ra *s. m.* TECNOL. Dispositivo electrónico que varía la amplitud, fase o frecuencia de una onda eléctrica.

modular *v. intr.* **1** Pasar ‹una persona› melódicamente de un tono a otro dentro del mismo fragmento musical: *La orquesta no acabó de agradar, porque los violines modulaban la melodía de una forma poco ajustada.* SIN. entonar. **2** Hacer variar ‹una persona› la amplitud, la fase o la frecuencia de la [onda portadora] según una determinada señal para su transmisión. || *v. intr. / tr.* **3** Cambiar ‹una persona› armoniosamente de tonalidad al hablar o al cantar: *El tenor modula su voz con facilidad.* SIN. entonar, vocalizar. FR. Y LOC. **frecuencia* modulada.**

modular *adj.* Del módulo o compuesto de módulos: *mueble modular, programas modulares, teoría modular.*

módulo *s. m.* **1** Cada una de las piezas o partes en que se divide algo y que puede funcionar independientemente: *Esas estanterías están formadas por siete módulos. En el motel preguntas por la habitación 14, que está en el módulo primero. Me he matriculado en el tercer módulo de un curso.* SIN. elemento. **2** Parte de una nave espacial que puede separarse del cuerpo principal y funcionar de forma independiente: *El módulo de la nave se separó en el momento preciso y funcionó perfectamente.* **3** Medida que se toma como unidad y sirve de modelo en la representación del cuerpo humano o en la construcción de un edificio: *El módulo de las esculturas modernas no se ajusta al módulo clásico.* **4** Cantidad que se toma como unidad en ciertas mediciones o cálculos: *Nuestro centro tiene ahora 50 módulos, porque este año el módulo es de veinticinco alumnos.* **5** Modelo o patrón que se repite en una serie: *Nosotros fabricamos tres módulos diferentes de armarios.*

mofa *s. f.* (no contable) ELEVADO. Burla humillante: *Como César es tan pedante, su error fue motivo de mofa general en la oficina.* SIN. escarnio.

mofarse *v. prnl.* Burlarse humillantemente ‹una persona› de [otra persona] o de [una cosa]: *No está bien que te mofes **de** los suspensos de los compañeros.*

mofeta *s. f.* **1** (macho y hembra) *Mephitis mephitis.* Mamífero carnívoro americano, pequeño, de cuerpo alargado, que segrega un líquido de muy mal olor para defenderse. **2** COLOQUIAL; INSULTO. Persona que despide mal olor: *Nadie quiere trabajar con Julián porque es una auténtica mofeta.*

mofle *s. m.* COL. Silenciador de un tubo de escape.

moflete *s. m.* Carrillo grueso y carnoso: *Las madres quieren ver a sus hijos con mofletes.*

mofletudo, da *adj.* Que tiene mofletes: *Pablo no parece que coma mucho, pero tiene una cara muy mofletuda.*

mogol *adj. / s. m.* y *f.* **1** Mongol. || **2 gran ~** Título de los soberanos de una dinastía mahometana que reinó en La India.

mogollón *s. m.* **1** (no contable) COLOQUIAL, JERGAL; INTENSIFICADOR. Gran cantidad de cosas o personas: *Había un mogollón de gente en el fútbol. Vino un mogollón de chicas a la fiesta.* **2** (no contable) COLOQUIAL, JERGAL; INTENSIFICADOR. Alboroto, jaleo: *A causa de los gritos de los vecinos se ha armado un buen mogollón.* || *adv. cant.* **3** COLOQUIAL, JERGAL; INTENSIFICADOR. Mucho: *Me divierto mogollón contigo.*

mogote *s. m.* **1** Montículo aislado en forma de cono sin punta. **2** RESTRINGIDO. Montón piramidal de gavillas.

mogrebí *adj.* Magrebí.

mohair (del inglés; pronunciamos *'moer'*) *s. m.* (no contable) Hilo elaborado con pelo de la cabra de Angora, o lana o tejido hechos con estos hilos: *una bufanda de mohair. Celia tiene un echarpe de mohair precioso.*

mohicano, na *adj. / s. m.* y *f.* HIST. De un pueblo amerindio que vivía en el noreste de América: *Con ese pelo pareces un mohicano de las películas.*

mohín *s. m.* Gesto que suele expresar enfado o disgusto: *El niño hizo un mohín de enfado cuando le quitaron la pelota.* SIN. mueca.

mohíno, na *adj.* (ser / estar) Que está triste, enfadado o disgustado: *gesto mohíno. El jefe está mohíno, con la cabeza baja. Su mirada es mohína y algo atravesada.*

moho *s. m.* **1** Hongo pluricelular que crece formando capas sobre la materia orgánica y produce su descomposición: *No me gusta el queso con moho.* **2** Capa que se forma sobre los cuerpos metálicos a causa de la humedad, como la herrumbre: *La cerradura está llena de moho.*

mohosearse *v. prnl.* VEN.; COLOQUIAL. Cubrirse ‹una cosa› de moho.

mohoso, sa *adj.* **1** (ser / estar) Que está cubierto de moho: *queso mohoso. El pan está mohoso.* **2** (ser / estar) Que está cubierto de herrumbre: *verja mohosa. Las latas están mohosas.*

moisés (plural *moisés*) *s. m.* Pequeño cesto con dos asas que se utiliza como cuna de bebés: *La niña está durmiendo en el moisés.*

mojado *s. m.* MEX.; COLOQUIAL. Trabajador que inmigra ilegalmente en los Estados Unidos de Norteamérica. SIN. espalda mojada.

mojador *s. m.* RESTRINGIDO. Recipiente pequeño ocupado con una esponja empapada en agua donde se mojan los sellos o las puntas de los dedos para contar billetes de banco: *Si quiere pegar el sello, utilice el mojador del mostrador.*

mojadura *s. f.* Acción y resultado de mojar o mojarse: *Estoy acatarrado porque me he pillado una mojadura en la excursión.*

mojama *s. f.* Tira de carne de atún seca y curada con sal: *En la zona mediterránea se come mucha mojama como aperitivo.*

mojamé *s. m.* COLOQUIAL; PEYORATIVO, a veces HUMORÍSTICO. Moro: *Con nosotros trabajan dos mojamés muy simpáticos.*

mojar *v. tr.* **1** Hacer ‹una persona› que un líquido toque la superficie de [un cuerpo] o penetre dentro de él: *Tienes que mojar bien el suelo para limpiarlo.* **2** Mojar ‹un líquido› la superficie de [un cuerpo] o penetrar dentro de él: *La lluvia ha mojado la ropa tendida.* SIN. humedecer. **3** Meter ‹una persona› [pan u otro alimento] en [un líquido comestible]: *Mojé el pan **en** la leche.* **4** COLOQUIAL. Celebrar ‹una persona› [una cosa] convidando a beber a los amigos: *Mañana mojamos el fin de carrera: os invito a una merienda.* **5** COLOQUIAL; EUFEMISMO. Expulsar ‹una persona› la orina en la cama: *Mi niño es pequeño, pero ya no moja la cama.* || *v. intr.* **6** Tomar parte ‹una persona› en [un asunto]: *No ha querido mojar **en** ese negocio.* SIN. participar. || *v. intr. / prnl.* **7** Quedar ‹un cuerpo› húmedo al tocar o penetrar [un líquido] en él: *Hemos dejado el balcón abierto y **se** ha mojado la mesa **con** la tormenta.* || *v. prnl.* **8** COLOQUIAL. Tomar ‹una persona› una decisión clara en un asunto conflictivo: *Para defender a su amigo se vio obligado a mojarse y aceptó firmar una declaración.* SIN. responsabilizarse. **9** COLOQUIAL. Participar ‹una persona› en un negocio ilícito: *Se rumorea que el gobernador se ha mojado en el asunto de los permisos de residencia.* FR. Y LOC. **estar para ~ en chocolate*. llover* sobre mojado. ~ la oreja*. mojarse el culo*. papel* mojado.**

mojarra *s. f.* **1** (macho y hembra) *Diplodus vulgaris.* Pez marino de la misma familia que el besugo, con grandes escamas y fuertes dientes, que habita en el Atlántico y el Mediterráneo y es apreciado como alimento. **2** VULGAR. Lengua: *Pepe tiene una mojarra larga y peligrosa.*

mojarrita *s. f.* AMÉR. Persona que siempre está alegre.

moje *s. m.* (no contable) COLOQUIAL. Salsa o caldo de un guiso: *A mí me gusta la carne con mucho moje.*

mojicón *s. m.* **1** COLOQUIAL. Golpe que se da en la cara con la mano abierta: *Mi tía siempre nos amenaza con mojicones, pero no nos toca ni un pelo.* **2** Tipo de bizcocho en forma de tronco de cono: *Me invitó a tomar un mojicón con chocolate.*

mojiganga *s. f.* **1** HIST. Fiesta popular con disfraces ridículos o grotescos, especialmente de animales: *Goya ha reflejado muy bien algunas mojigangas en sus lienzos.* **2** Representación teatral breve, de carácter burlesco, con figuras extravagantes. **3** Cosa ridícula con la que alguien se burla de otro: *La despedida fue una mojiganga.*

mojigatería *s. f.* **1** (no contable) Cualidad de mojigato: *la mojigatería de una película, la mojigatería de un escritor. La secretaria es una chica muy inteligente, con su mojigatería quiere conquistar al director y lograr una ascenso.* **2** Comportamiento o frase de mojigato: *Me parece una mojigatería prohibir los pantalones cortos masculinos en la oficina.*

mojigato, ta *adj. / s. m.* y *f.* **1** PEYORATIVO. Que tiene una moralidad exagerada, recatada y escrupulosa y se escandaliza muy fácilmente: *La fiesta no me gustó, era absolutamente mojigata. ¡Cómo se puede ser tan mojigato!* **2** Que aparenta sumisión y timidez para lograr sus objetivos: *No te fíes de ella, yo creo que es una mojigata peligrosa.*

mojo *s. m.* **1** RESTRINGIDO. Moje. **2** AMÉR. Sofrito de cebolla. || **3 ~ picón** Salsa propia de Canarias hecha con un sofrito de cebolla, ajo, perejil y pimentón que se emplea como condimento.

mojón *s. m.* **1** Piedra o poste que señala los límites de una propiedad o de un territorio: *Mi finca llega hasta aquel mojón.* **2** Señal que sirve de guía en un lugar despoblado: *La ruta en la montaña está señalada con unos mojones de granito en los cruces de camino.* **3** VEN.; VULGAR. Mentira.

moka *s. m.* Moca.

mol *s. m.* QUÍM. En el Sistema Internacional, cantidad de sustancia de un sistema que contiene tantas entidades elementales (átomos, moléculas, iones, etc.) como átomos de carbono hay en 12 gramos de carbono-12.

molar *v. intr.* **1** COLOQUIAL. Gustar ‹una persona o una cosa› a una persona: *Me mola tu camisa. La moto de Roberto mola muchísimo.* **2** COLOQUIAL. Presumir ‹una persona› de [una cosa que posee]: ***Con** este coche molas un montón.* SIN. fardar. **3** COLOQUIAL. Funcionar ‹una cosa›: *Este negocio no mola, vamos a tener que cerrar la tienda.*

molar *adj. / s. m.* **1** ANAT. Muela de los mamíferos: *Las piezas molares son fundamentales para masticar.* **diente* ~.** || *adj.* **2** De las muelas de la boca: *El niño arrastraba desde pequeño una malformación molar.*

molasa *s. f.* (no contable) Roca sedimentaria del grupo de las areniscas usada en la construcción.

molcajete *s. m.* MÉX. Almirez, mortero de tres pies.

moldavo, va *adj. / s. m.* y *f.* De Moldavia, país del este de Europa: *Los moldavos se dedican a la agricultura.*

molde *s. m.* **1** Pieza hueca que da su forma a la materia fundida o líquida que se vierte dentro: *el molde de la estatua, un molde de cocina para un flan.* **2** Instrumento que sirve para estampar o dar forma: *Necesitamos un molde para hacer todas las piezas iguales.* **3** Conjunto de letras o grabados dispuestos para imprimirse. **4** Huella dejada en hueco. **5** Esquema o norma: *Su actuación rompió con todos los moldes.* FR. Y LOC. **letra* de ~. pan* de ~.**

moldeable *adj.* Que puede ser moldeado: *material moldeable. Elvira tiene un carácter muy moldeable.*

moldeado *s. m.* **1** Fabricación por medio de moldes: *el moldeado de las piezas de una carrocería de automóvil, el moldeado de una escultura.* **2** Rizado muy estable del pelo, por medios artificiales: *Con este secador conseguirá un moldeado perfecto.*

moldear *v. tr.* **1** Obtener ‹una persona› [una figura] poniendo en un molde una materia blanda: *Los modernos juguetes de plástico se moldean industrialmente en fábricas y luego se pintan.* SIN. fundir, vaciar. **2** Sacar ‹una persona› un molde de [un objeto]: *moldear una campana.* **3** Dar ‹una persona› [forma artística] a [una sustancia plástica]: *El escultor moldeó una figura* ***en*** *barro.* SIN. modelar. **4** Formar ‹una persona› ondas o rizos en [el cabello de otra persona]: *En esta peluquería te moldean muy bien el cabello.* **5** Hacer ‹una persona o una cosa› que [otra persona] adquiera o desarrolle [determinadas cualidades]: *En este colegio se moldea la inteligencia y la personalidad del alumno.* **6** Hacer ‹una persona› molduras en [una cosa].

moldura *s. f.* **1** Adorno que consiste en una banda saliente o en relieve de diferentes perfiles en una fachada o en la unión de una pared con el techo. **2** Listón de madera de diferentes perfiles, usado como adorno o para tapar juntas: *La señal de la antigua cerradura se disimula bien con una moldura.* **3** Marco de un cuadro: *El cuadro no vale mucho, pero la moldura es del siglo pasado.*

moldurar *v. tr.* RESTRINGIDO. Hacer ‹una persona› molduras en [una cosa]: *Pedro se dedica a moldurar maderas en una fábrica.*

mole *s. f.* **1** Cosa muy grande y, generalmente, pesada: *Destacaba la mole del castillo sobre el monte. Ese pico es una mole que domina la cordillera.* **2** Corpulencia o gran volumen de un cuerpo: *El elefante era una mole de más de trescientos kilos. Paco es una mole al lado de Carlos.* || *s. m.* **3** MÉX. Salsa preparada con diversos chiles, chocolate, ajonjolí, canela, almendras, pasas, pimienta, clavo, comino, azúcar, galletas y consomé. **4** MÉX. Guisado de carne con salsa de chile, ajonjolí y otros ingredientes. || **5 ~ verde** MÉX. Guiso que se elabora con pimiento o chile verde.

molécula *s. f.* QUÍM. Partícula más pequeña de una sustancia pura que conserva íntegramente todas las propiedades químicas de dicha sustancia: *molécula de agua.*

molecular *adj.* De la molécula: *cohesión molecular, fórmula molecular.* **peso* ~. masa* ~.**

moledura *s. f.* **1** (no contable) RESTRINGIDO. Acción de moler: *la moledura del trigo.* **2** (no contable) COLOQUIAL, RESTRINGIDO. Molestia, cansancio: *Ha sido una moledura aguantar un concierto tan largo.*

moler *v. tr.* **1** Romper ‹una persona o una cosa› [una cosa] reduciéndola a partes muy pequeñas o a polvo: *Jorge, muele el café con cuidado.* || *v. tr. / intr.* **2** COLOQUIAL. Causar ‹una persona o una cosa› cansancio [a una persona]: *Este calor me muele. La abuela dice que los niños la muelen.* SIN. fatigar. **3** COLOQUIAL. Causar ‹una persona o una cosa› daño [a una persona]: *Estos zapatos me muelen los pies. María ha denunciado que su marido la molía* ***a*** *palos.* SIN. dañar, lastimar. **4** COLOQUIAL. Causar‹una persona o una cosa› aburrimiento o molestias [a una persona]: *Nos molió con un discurso interminable.* SIN. fastidiar. FR. Y LOC. **oro* molido. pimienta* molida.** ⇒ **52.**

molestamente *adv. modo* Con resultado de molestias para los demás, causando molestias, resultando molesto: *La luz del flexo se reflejaba molestamente en la pantalla.*

molestar *v. tr.* **1** Producir ‹una persona o una cosa› una impresión desagradable o una molestia [a una persona]: *Siempre me molesta no poder ayudar a la gente. María dice que el jefe la molesta* ***con*** *reiteradas visitas. –«¿Molesto?» –«No, por favor, pasa».* **2** Causar ‹una persona o una cosa› un agravio o un disgusto leves [a una persona]: *A Félix le molestó que no lo hubieran invitado.* **3** COL. Cortejar ‹un hombre› [a una mujer]. **4** COL.; COLOQUIAL. Tomar el pelo ‹una persona› [a otra persona]. || *v. prnl.* **5** Mostrar ‹una persona› enfado o disgusto por una persona o una cosa. SIN. Enfadarse. **6** Mostrar ‹una persona› interés por [hacer una cosa]: *Mi amigo se molestó* ***en*** *venir a buscarnos.*

molestia *s. f.* **1** (no contable) Cansancio, desagrado o falta de tranquilidad: *A mis años las molestias se evitan.* **2** Aquello que impide o disminuye el bienestar, comodidad o tranquilidad de una persona, produciéndole desagrado, obligándole a hacer cosas que no desea: *Este ruido es una molestia continua.* **3** (preferentemente en plural) Dolor poco intenso o malestar físico leve: *Después de la operación sentía algunas molestias.*

molesto, ta *adj.* **1** (antepuesto / pospuesto) Que causa molestia o disgusto: *Esto es muy molesto para mí, pero te lo tengo que decir. Tengo un molesto dolor de cabeza.* **2** (estar) Que tiene o siente molestia o disgusto: *Luisa está molesta* ***con****tigo porque no la invitaste a la boda. María está muy molesta por lo de ayer y la verdad es que tiene razón.*

molestoso, sa *adj.* VEN.; COLOQUIAL. Que molesta.

molibdeno *s. m. Mo.* Elemento químico metálico de gran dureza y resistencia que se emplea en la fabricación de aceros especiales y reactores nucleares.

molicie *s. f.* **1** (no contable) ELEVADO. Excesiva comodidad en la forma de vida: *La molicie ha perdido a los ejércitos.* **2** (no contable) ELEVADO. Blandura al tacto: *Me repugna la molicie de su cuerpo tan gordito.* ANT. dureza.

molienda *s. f.* **1** (no contable) Acción de moler: *la molienda del trigo.* **2** Cantidad de una cosa que se muele de una vez: *La molienda de centeno de esta mañana ha sido muy pequeña.* **3** (no contable) Temporada durante la cual se muele una cosa: *la molienda de la caña de azúcar. Trabajamos en la molienda de la aceituna.*

moliente *adj.* Que muele. FR. Y LOC. **corriente* y ~.**

molificar *v. tr.* ELEVADO. Poner ‹una persona o una cosa› blanda [una cosa]: *El grano se molifica con la pomada.* SIN. reblandecer. ⇒ **71.**

molinero, ra *s. m. / f.* RESTRINGIDO. Persona que era dueña de un molino o que trabajaba en él: *Los campesinos y los molineros mantenían disputas a menudo.*

molinete *s. m.* **1** Pequeña rueda de aspas que se coloca en puertas o ventanas para renovar el aire de los locales cerrados: *En muchas cocinas o restaurantes se instalan molinetes en las ventanas.* **2** Estructura giratoria formada por un eje provisto de una serie de brazos que se instala en el hueco de una puerta y permite pasar a las personas de una en una: *Los molinetes suelen instalarse en algunos lugares públicos.* SIN. torniquete. **3** Molinillo, juguete. **4** DEP. Ejercicio de gimnasia que consiste en girar alrededor de una barra o de un trapecio: *La prensa deportiva destacó la perfección de* *los molinetes del atleta en la barra fija.* **5** TAUROM. Pase de adorno en que el torero gira en sentido contrario al de la embestida del toro barriéndole los costillares con la muleta. **6** DEP. En esgrima, movimiento circular del arma alrededor de la cabeza.

molinillo *s. m.* **1** Aparato que sirve para moler: *molinillo de café , molinillo de pimienta.* **2** Macillo de madera con los extremos dentados utilizado para batir alimentos: *un molinillo de chocolate.* **3** Juguete formado por una vara o una caña con una ruedecilla de aspas de material flexible en su extremo que gira cuando sopla el viento.

molino *s. m.* **1** Máquina o artefacto que sirve para moler, desmenuzar o laminar alguna cosa: *molino de harina, molino de papel, molino hidráulico, la piedra de un molino.* **rueda* de ~.** **2** Construcción donde se instala uno de estos artefactos: *los molinos del río.* **~ de viento.** FR. Y LOC. **comulgar con ruedas* de ~. llevar el agua* a su ~. tragárselas como ruedas* de ~.**

molla *s. f.* **1** Parte magra de una pieza de carne. **2** COLOQUIAL. Abultamiento de carne o grasa en alguna parte del cuerpo: *A Santiago se le notan las mollas de la cintura.*

mollar *adj.* (ser / estar) Que es blando o fácil de partir: *Este pan está muy mollar. Mira qué muslos tan mollares tiene mi niño.*

molledo *s. m.* RESTRINGIDO. Parte blanda del centro del pan, miga: *Yo no como el molledo, sólo quiero la corteza.*

molleja *s. f.* **1** Estómago de las aves en el que se tritura el alimento. **2** Apéndice carnoso de las reses jóvenes, producido generalmente por infarto de una glándula, muy apreciado como alimento: *Pidieron una ración de mollejas rebozadas.*

mollera *s. f.* **1** COLOQUIAL. Parte más alta del cráneo: *El niño se dio un golpe en la mollera y le ha salido un chichón.* **2** (no contable) COLOQUIAL. Inteligencia, entendimiento: *Le estuve dando vueltas a la mollera hasta encontrar la solución.* FR. Y LOC. **metérsele* en la cabeza / ~. ser cerrado / duro de ~** 1 COLOQUIAL. Ser ‹una persona› poco inteligente: *No entiendes las ecuaciones porque eres cerrado de mollera.* 2 COLOQUIAL. Ser ‹una persona› muy obstinada: *Mi padre es duro de mollera y no hay manera de que cambie de opinión.*

molón, na *adj.* **1** COLOQUIAL. Que es bonito o vistoso: *Es un coche molón. Llevas una corbata muy molona.* **2** (ser / estar) COLOQUIAL. Que agrada o gusta: *Es una fiesta molona. Vas muy molón con esas botas. Esta chica no es muy guapa, pero tiene mucho éxito; es muy molona.*

molotov *s. m.* Se usa en la LOC. **cóctel* ~.**

molturación *s. f.* RESTRINGIDO. Acción y resultado de molturar: *la molturación de la remolacha, la molturación del maíz.*

molturar *v. tr.* Romper ‹una persona o una cosa› [una cosa] reduciéndola a partes muy pequeñas o a polvo: *En las fábricas modernas se molturan los granos o algunos frutos.* SIN. moler, triturar.

molusco *s. m.* **1** (macho y hembra) [Animal invertebrado] que tiene el cuerpo blando no segmentado, vive en tierra o en el agua y puede tener concha, como el mejillón, el caracol o la jibia. ‖ *s. m.* **2** (en plural) Tipo que forman estos animales: *Los mejillones son unos moluscos muy apreciados por los gastrónomos.*

momentáneamente *adv. temp.* **1** (preferentemente pospuesto al verbo) Durante un momento o durante períodos cortos de tiempo: *La estancia se iluminó momentáneamente. Les abandoné momentáneamente, pero enseguida volví.* **2** De momento, por el momento: *El encargado dijo que, momentáneamente, no los delataría, si no volvían a ensuciar las paredes. Momentáneamente, todo va bien. A mí, momentáneamente, no me interesan los coches. A mí no me interesan los diccionarios, al menos momentáneamente.*

momentáneo, a *adj.* Que dura muy poco tiempo o que es pasajero: *enfado momentáneo, solución momentánea, efecto momentáneo. Nuria ha tenido un mareo momentáneo, pero ya se le ha pasado.*

momento *s. m.* **1** Fracción muy breve de tiempo: *Me basta un momento para acabar. Lo vi sólo un momento.* SIN. instante. **2** Punto determinado en el tiempo: *Las líneas se cruzarán en un momento dado.* **3** Tiempo de duración indeterminada: *Pasaremos momentos muy felices, ya verás.* **4** Periodo, situación en la existencia de alguna persona o de alguna cosa: *En el poco tiempo que viví con aquel imbécil pasé los peores momentos de mi vida.* **5** Período de tiempo ocupado por sucesos, personas o cosas: *los poetas del momento. Aquéllos eran los coches del momento.* **6** Tiempo presente: *Vivo intensamente el momento, no me preocupo por el mañana.* **7** Oportunidad, ocasión propicia: *Cuando llegue mi momento le hablaré.* FR. Y LOC. **a cada ~** Con frecuencia, a cada instante: *Tu madre me preguntaba lo mismo a cada momento.* **al ~** Al instante, enseguida: *Llamamos al camarero y vino al momento.* **de ~** o **por el ~** Por ahora, provisionalmente: *Por el momento no hemos pensado casarnos.* **de un ~ a otro** Pronto: *El director llegará de un momento a otro.* **en el ~ menos pensado** Se usa para indicar temor o esperanza de que suceda algo: *En el momento menos pensado va a decirnos que se marcha.* **en el / un primer ~** En un principio: *En el primer momento no parecía que la situación fuera tan grave.* **por momentos** Sucesiva y continuamente: *Su estado de salud empeora por momentos.*

momia *s. f.* **1** Cadáver que se ha conservado sin descomponerse, de forma natural o por medios artificiales: *las momias egipcias, las momias indias.* **2** COLOQUIAL; INTENSIFICADOR. Persona muy delgada y desmejorada: *Con la dieta tan severa que Pedro lleva se ha quedado hecho una momia.*

momificación *s. f.* Acción y resultado de momificar un cadáver: *Los egipcios dominaban muy bien las técnicas de la momificación.*

momificar *v. tr.* Convertir ‹una persona› [un cadáver] en momia: *Las técnicas para momificar cadáveres son variadas.* SIN. embalsamar. ⇒ **71.**

momio *s. m.* COLOQUIAL. Aquello que resulta muy provechoso y se obtiene con poco esfuerzo: *Tengo un trabajo que es un momio.* SIN. chollo.

momo *s. m.* RESTRINGIDO. Gesto exagerado o ridículo para divertir: *Le han preparado a los niños un espectáculo de momos.*

mona *s. f.* **1** RESTRINGIDO. Pastel de Pascua adornado con un huevo o una figura de chocolate. **~ de Pascua.** **2** RESTRINGIDO. Figura de chocolate que adorna el pastel de Pascua. **3** COLOQUIAL. Borrachera: *Ayer por la noche bebimos mucho y pillamos una buena mona.* FR. Y LOC. **ir / mandar a freír monas** COLOQUIAL. Se usa para rechazar ‹una persona› de malos modos a otra persona: *No te aguanto más, ¡vete a* *freír monas!* **corrido* como una ~. dormir la ~** COLOQUIAL. Dormir ‹una persona› después de haberse emborrachado.

monacal *adj.* De los monjes o de los monasterios: *vida monacal, silencio monacal, sobriedad monacal.*

monacato *s. m.* **1** REL. Estado o profesión de monje: *Santa Teresa se inclinó por el monacato desde joven.* **2** Conjunto de instituciones propias de los monjes: *el monacato medieval. El monacato incluye formas de vida solitaria y formas de vida en comunidad.*

monada *s. f.* **1** COLOQUIAL. Persona, animal o cosa bonita y graciosa: *Ese vestido es una monada, me encanta. ¡Qué monada* **de** *perro!* SIN. monería . **2** COLOQUIAL. Acción o gesto gracioso de los niños pequeños: *Me gusta ver a los niños haciendo monadas con sus papás.* **3** COLOQUIAL. Acción o gesto ridículos o bobos: *Cuando los hombres quieren ligar se ponen muy divertidos, porque hacen monadas continuamente.* **4** RESTRINGIDO. Acción o gesto propio de los monos: *Nos divertimos en el zoo con las monadas de los micos.*

mónada *s. f.* FILOS. Cada una de las sustancias, simples, indivisibles, activas y dotadas de percepción que forman el Universo: *La idea de las mónadas es propia del pensamiento de Leibniz, filósofo alemán a caballo entre el siglo* XVII *y el* XVIII.

monago *s. m.* COLOQUIAL. Monaguillo.

monaguillo *s. m.* REL. Niño que ayuda al sacerdote católico en la celebración de la misa y en otros actos litúrgicos.

monarca *s. m./f.* Jefe de estado o soberano en una monarquía: *El monarca recibió a los embajadores.* SIN. rey.

monarquía *s. f.* **1** Forma de gobierno en que la jefatura del Estado corresponde a una sola persona y se transmite generalmente con carácter hereditario a un rey o príncipe: *La monarquía visigoda era electiva y no hereditaria.* **~ absoluta** Monarquía en la que el poder del monarca no está limitado por ninguna ley o institución: *En el siglo* XVIII *estuvieron en vigor las monarquías absolutas.* **~ constitucional** Monarquía en la que el poder de monarca está sometido a las normas supremas de una constitución: *La monarquía española es constitucional y parlamentaria.* **~ parlamentaria** Monarquía en la que el monarca reina, pero no gobierna, porque el poder emanado del pueblo reside el Parlamento. **3** Tiempo durante el que está vigente esta forma de gobierno: *Durante la monarquía absoluta el rey consideraba el Estado como patrimonio propio.*

monárquico, ca *adj.* **1** Del monarca o de la monarquía: *institución monárquica, régimen monárquico.* || *adj. / s. m.* y *f.* **2** Que es partidario de la monarquía: *partidos monárquicos. Soy un monárquico convencido.*

monarquismo *s. m.* (no contable) Ideología y comportamiento de los partidarios de la monarquía.

monasterio *s. m.* **1** REL. Edificio donde vive una comunidad de monjes o monjas, situado normalmente fuera de una población: *Muchos monasterios siguen en los sitios solitarios elegidos por los fundadores medievales.* **2** RESTRINGIDO. Casa de religiosos o religiosas: *Ha decidido irse a un monasterio.* SIN. convento.

monástico, ca *adj.* Del monasterio o de los monjes: *arquitectura monástica, vida monástica, regla monástica.*

monda *s. f.* **1** Cáscara que se quita a algunas frutas u hortalizas: *las mondas de las patatas, las mondas de la naranja.* **2** Acción y resultado de mondar: *Lo que más me molestaba de la mili era ir a la cocina a la monda de la patata.* FR. Y LOC. **ser la ~** 1 COLOQUIAL; INTENSIFICADOR. Ser ‹una persona o cosa› muy divertida: *Cuentas unos chistes que son la monda.* 2 COLOQUIAL; INTENSIFICADOR, a veces DISGUSTO Y ENFADO. Ser ‹una persona o cosa› extraña, en sentido positivo o negativo: *Tu compañera es la monda, se enfadó por una tontería y ya no me habla.*

mondadientes (plural *mondadientes*) *s. m.* Palillo pequeño y delgado acabado en punta que se usa para limpiar los restos de comida de entre los dientes: *La buena educación desaconseja usar mondadientes.*

mondar *v. tr.* **1** Quitar ‹una persona› la piel o la cáscara a [una fruta o una hortaliza]: *Hijo, no mondes la naranja con la mano.* SIN. pelar. **2** RESTRINGIDO. Quitar ‹una persona› el cieno o la suciedad del cauce de [un río o un pozo]: *Mi tío ha mondado las acequias de su huerta.* || *v. prnl.* **3** COLOQUIAL. Reírse ‹una persona› mucho: *Nos mondamos con sus chistes.* **mearse / mondarse / partirse / troncharse de risa*.**

mondo, da *adj.* **1** Que no tiene cosas mezcladas o añadidas: *Vive de la pensión monda. Le gustan los filetes mondos en el plato, sin guarnición.* **2** (estar) Que carece de algo que habitualmente suele existir en otros casos: *Las paredes están mondas, sin un cuadro. Estamos mondos, sin una perra.* FR. Y LOC. **~ y lirondo** COLOQUIAL. Que está limpio, vacío o sin cosas añadidas: *Sólo gano el sueldo mondo y lirondo. Cenamos un huevo frito mondo y lirondo.*

mondongo *s. m.* **1** Intestinos de un animal, sobre todo del cerdo. **2** (no contable) VULGAR; HUMORÍSTICO. Intestinos de las personas: *Le dio un navajazo y le dejó los mondongos al aire.* **3** Conjunto de carne picada de cerdo y otros ingredientes preparados para hacer embutidos: *Celia y María preparan muy bien el mondongo para hacer chorizo.* **4** COLOQUIAL; HUMORÍSTICO. Cosa o cuestión interesante o productiva: *En este proyecto hay mondongo, vamos a ganar mucho dinero.* **5** ARG., URUG. Callos de una res.

moneda *s. f.* **1** Pieza redonda de metal con un valor establecido en el sistema de dinero de un país: *una moneda de doscientas pesetas, acuñar moneda. No tengo monedas para llamar por teléfono.* **2** Unidad, metálica o en papel impreso, que emite un Estado y se acepta en una comunidad como medio de pago: *la cotización de la moneda, moneda extranjera, cambio de moneda. La moneda española hoy ha bajado.* **3** Unidad monetaria de un país: *La moneda italiana es la lira.* || **4 ~ corriente** 1 Moneda de curso legal. 2 Cosa desagradable que, ocurre de manera habitual: *Las riadas otoñales son moneda corriente en las zonas mediterráneas.* **5 ~ divisoria / fraccionaria** Moneda que equivale a una fracción exacta de la unidad monetaria de un país. **6 papel ~** Billete de banco. FR. Y LOC. **apreciación* de la ~. casa* de la ~. pagar* con / en la misma ~. y monedas** ARG., URUG.; COLOQUIAL. Y pico: *trescientas y monedas.*

monedera *s. f.* COL. Monedero, bolso.

monedero, ra *s. m./f.* **1** RESTRINGIDO. Persona que tenía por oficio fabricar moneda: *En la Edad Media los monederos del rey tenían muchos privilegios.* || *s. m.* **2** Bolsa o cartera para guardar el dinero, especialmente las monedas. SIN. portamonedas. **3** URUG. Teléfono público.

monegasco, ca *adj. / s. m.* y *f.* De Mónaco, país europeo: *el casino monegasco. Los monegascos tienen una potente industria turística.*

monema *s. m.* LING. Unidad mínima con significado: *La idea del monema es propia de algunas escuelas lingüísticas.*

monería *s. f.* COLOQUIAL. **1** Cosa mona, agradable o simpática: *Tienes un coche que es una monería. Ha dejado el apartamento hecho una monería.* **2** Acción o gesto gracioso propio de un niño: *Paula hace unas monerías simpatiquísimas.* **3** Cosa sin interés, impropia de personas maduras: *La directora está harta de las monerías absurdas de Luis: le ha dicho que o trabaja más o se irá a la calle.* **4** RESTRINGIDO. Acción o gesto propio de los monos: *las monerías de los micos, las monerías de los orangutanes.*

monetario, ria *adj.* **1** De la moneda: *sistema monetario, unidad monetaria, autoridad monetaria, crisis monetaria.* || *s. m.* **2** Colección ordenada de monedas o medallas.

monetarismo *s. m.* (no contable) ECON. Doctrina y práctica económica capitalista que defiende el control de la cantidad de dinero para regular la economía: *La oposición acusó al Ministro de guiarse sólo por el monetarismo.*

monetizar *v. tr.* **1** RESTRINGIDO. Dar ‹una persona› curso a [billetes de banco u otros instrumentos de pago] como moneda legal. **2** RESTRINGIDO. Convertir ‹una persona› [un metal] en moneda. SIN. acuñar, amonedar. ⇒ **19.**

mongol *adj. / s. m.* y *f.* **1** De un grupo de pueblos asiáticos que formó un poderoso imperio en el s. XIII, o de Mongolia, país asiático: *los caballos mongoles. Los mongoles eran grandes guerreros.* || *s. m.* **2** LING. Lengua de los mongoles.

mongólico, ca *adj. / s. m. y f.* **1** De Mongolia o de los mongoles: *imperio mongólico, invasión mongólica, economía mongólica.* **2** COLOQUIAL; a veces PEYORATIVO, INSULTO. Que tiene el síndrome de Down: *Mi vecina tiene un hijo mongólico. No seas mongólico y fíjate en lo que te dicen.*

mongolismo *s. m.* (no contable) COLOQUIAL. Enfermedad genética debida a una alteración en el número de cromosomas que produce alteraciones en el crecimiento y en la capacidad de inteligencia. SIN. síndrome de Down.

mongoloide *adj. / s. m.* y *f.* COLOQUIAL; PEYORATIVO. Que recuerda por sus ojos oblicuos y algún otro rasgo físico a los individuos de las razas mongólicas: *rasgos mongoloides.*

monicaco, ca *adj. / s. m.* y *f.* COLOQUIAL; INFANTIL, PEYORATIVO. Persona pequeña o de poco valor: *Carmen dice que estos monicacos no saben atarse los zapatos y ya empiezan a fumar.*

monición *s. f.* ELEVADO. Consejo que se da o advertencia que se hace a una persona: *Las moniciones reiteradas suelen disgustar a los que las escuchan.*

monigote *s. m.* **1** Muñeco o figura ridícula hecha en papel o en tela: *Los alumnos le habían pegado un monigote en la espalda.* **2** Pintura o escultura mal hechas: *En esa carpeta guardo todos los simpáticos monigotes de mi hijo.* **3** COLOQUIAL. Persona que no tiene criterios propios o que se deja dominar fácilmente: *Mi hermano es un monigote de su mujer.*

monipodio *s. m.* ELEVADO. Conjunto de personas organizadas para hacer negocios ilícitos: *El fiscal acusó al empresario encarcelado de haber organizado un monipodio y no un grupo empresarial.*

monís *s. m.* (preferentemente en plural) COLOQUIAL, RESTRINGIDO. Dinero: *Siempre sale por las noches con muchos monises en la cartera.*

monismo *s. m.* (no contable) FILOS. Doctrina filosófica que reduce la realidad a una sola sustancia.

monista *adj.* **1** FILOS. Del monismo: *concepción monista.* || *s. m. / f.* **2** FILOS. Persona que es partidaria del monismo: *Los monistas influyen en diferentes escuelas filosóficas.*

monitor, ra *s. m. / f.* **1** Persona que por oficio enseña a otros en algunos deportes y actividades: *monitora de esquí, monitor de pintura, monitora de auto-escuela.* || *s. m.* **2** Dispositivo que permite controlar el funcionamiento de un aparato o sistema informático: *Un sistema de monitores permite a los empleados vigilar todas las entradas y salidas del edificio.* **3** INFORM. Pantalla informática: *monitor de alta definición.*

monitos (plural) *s. m.* COL. Tira cómica o dibujos animados.

monje, ja *s. m. / f.* **1** REL. Persona que pertenece a una orden o a una congregación religiosa de la Iglesia católica: *Las celdas de los monjes están cerradas.* **2** Anacoreta, persona que se retira a hacer penitencia a un lugar solitario.

monjil *adj.* **1** De las monjas: *educación monjil, vida monjil.* **2** PEYORATIVO. Que es o aparenta ser exageradamente decente o recatado: *Silvia tiene unos modales muy monjiles.*

mono, na *s. m. / f.* **1** Mamífero primate. SIN. simio. || *adj.* **2** (ser / estar) a veces IRONÍA, AFECTIVO. Que es bonito, gracioso, lindo o atractivo: *¡Qué niño más mono, y tan chiquitín! Es un vestido muy mono. Estás muy mona con esa blusa.* **3** Se usa en tono cariñoso o irónico para dirigirse a una persona: *Anda, mono, deja de dar la lata.* **4** COL. [Pelo] rubio. **5** COL. [Persona] que tiene el pelo rubio. || *s. m.* **6** Prenda de vestir de una pieza: *el mono de un albañil, el mono de un esquiador.* **7** JERGAL. Síndrome de abstinencia: *Este heroinómano está con el mono.* **8** JERGAL. Necesidad que tiene una persona de consumir una sustancia a la que es adicta: *Llevo tres días sin fumar y tengo mono de tabaco.* **9** COLOQUIAL. Hombre feo o velludo || **10 el último ~** COLOQUIAL. La persona menos importante. **11 ~ de imitación / repetición** COLOQUIAL. Persona que imita en todo a otra. **12 ~ sabio** Monosabio. FR. Y LOC. **corrido* como una mona. tener monos en la cara** COLOQUIAL. Se usa para protestar ‹una persona› cuando nota que otra la mira de manera curiosa o impertinente: *¿Qué miras? ¿Es que tengo monos en la cara?* REFR. **Aunque la mona se vista de seda, mona se queda.** Se usa para indicar que es difícil cambiar la naturaleza o las inclinaciones naturales de las personas.

monoambiente *s. m.* ARG. Estudio, apartamento de un cuarto solo más baño.

monobásico, ca *adj.* [Compuesto químico] que posee una única función básica.

monoblock *s. m.* ARG. Monobloque.

monobloque *adj.* **1** Que está formado de un sólo bloque: *motor monobloque.* || *s. m.* **2** ARG. Cada uno de los edificios iguales que forman un complejo residencial.

monocameralismo *s. m.* RESTRINGIDO. Sistema parlamentario que funciona con una sola cámara.

monocarril *adj.* Monorraíl.

monociclo *s. m.* Vehículo de pedales formado por una rueda y un sillín: *El monociclo lo usan mucho los acróbatas en los circos.*

monocolor *adj.* **1** De un solo color: *No me gustan las camisetas de fútbol monocolores.* **2** [Gobierno] que está compuesto por una sola organización, grupo o partido político: *El Gobierno monocolor ha declarado su voluntad de pactar su programa con otros grupos.*

monocorde *adj.* 1 [Instrumento musical] que tiene una sola cuerda. 2 [Sucesión de sonidos] que repiten una misma nota: *canto monocorde.* 3 Que no cambia, no tiene variaciones, es monótono, repetitivo o insistente: *lamentos monocordes, voz monocorde, tono monocorde.*

monocotiledóneo, a *adj. / s. f.* 1 BOT. [Vegetal, planta] que tiene un embrión formado por un solo cotiledón. ‖ *s. f.* 2 (en plural) Grupo de estas plantas.

monocromo, ma *adj.* De un solo color: *pintura monocroma.*

monocular *adj.* 1 [Visión] que se realiza con un sólo ojo. 2 [Aparato] que permite la visión con un sólo ojo: *microscopio monocular. El catalejo es monocular.*

monóculo *s. m.* Lente redonda para un solo ojo: *Los hombres de la alta sociedad del siglo* XIX *solían llevar monóculo.*

monocultivador o **monocultor** *s. m.* Pequeño arado con motor utilizado en trabajos agrícolas sencillos.

monocultivo *s. m.* Sistema de producción agrícola de una región basado en el cultivo único o preferente de una sola especie vegetal: *La economía de la comarca se basa en el monocultivo de la caña de azúcar.*

monocultor *s. m.* Monocultivador.

monodia *s. f.* MÚS. Composición para una sola voz de gran desarrollo durante los siglos XVI y XVII.

monódico, ca *adj.* MÚS. De la monodia, o canto para una voz sin acompañamiento instrumental: *composición monódica.*

monofásico, ca *adj.* 1 [Corriente eléctrica] que es alterna y que tiene una sola fase: *corriente monofásica.* 2 [Máquina] que produce esta clase de corriente o que funciona con ella: *generador monofásico, motor monofásico.*

monogamia *s. f.* 1 (no contable) Cualidad de monógamo: *A los sacerdotes de algunas Iglesias cristianas se les permite la monogamia.* 2 (no contable) Régimen familiar que prohíbe tener más de una esposa a la vez: *La monogamia es la situación propia del mundo occidental contemporáneo.*

monógamo, ma *adj. / s. m.* y *f.* 1 Que está casado con una sola mujer: *Soy monógamo, mi religión no permite la poligamia.* 2 Que sólo se ha casado una vez: *Mi abuelo enviudó, pero siempre fue monógamo.* ‖ *adj.* 3 De la monogamia: *matrimonio monógamo.* 4 ZOOL. [Animal] que se aparea sólo con un individuo del otro sexo.

monogenismo *s. m.* (no contable) Doctrina antropológica según la cual todas las razas humanas descienden de un tipo único primitivo.

monografía *s. f.* Tratado o estudio que se ocupa de un solo tema: *Mi trabajo es una monografía sobre Lope de Vega.*

monográfico, ca *adj. / s. m.* De la monografía o que implica una monografía: *feria monográfica de la alimentación. La primera cadena de televisión emitirá un monográfico sobre Soria la próxima semana.*

monograma *s. f.* Figura o dibujo formados con varias letras del nombre de una persona o de una institución: *Los monogramas se emplean frecuentemente en sellos y escudos.*

monoico, ca *adj.* [Planta] que tiene flores masculinas y femeninas diferenciadas sobre el mismo pie.

monolingüe *adj. / s. m.* y *f.* 1 RESTRINGIDO. Que habla una sola lengua: *Hay pocos países que sean monolingües. Nosotros somos monolingües.* ‖ *adj.* 2 Que está escrito en una sola lengua: *edición monolingüe.* **diccionario ~.** 3 Que está basado en una sola lengua de comunicación: *escuela monolingüe. La educación monolingüe resulta menos rica que la bilingüe.*

monolítico, ca *adj.* 1 Que está hecho con una sola piedra: *escultura monolítica.* 2 Del monolito: *En esta zona han aparecido varios monumentos monolíticos.* 3 Que es compacto y sólido: *Santiago tiene una ideología monolítica y rígida.*

monolito *s. m.* Monumento formado por un único bloque de piedra: *Algunos obeliscos son monolitos.*

monologar *v. intr.* RESTRINGIDO. Decir o recitar monólogos ‹una persona›: *No es mal actor, siempre que no tenga que monologar, porque destroza la escena.* ⇒ **56.**

monólogo *s. m.* 1 Reflexión en voz alta y a solas: *Conocemos el monólogo del protagonista de la novela por la omnisciencia del autor.* SIN. soliloquio. 2 Reflexión en voz alta ante otras personas: *el monólogo de un político ante sus correligionarios. José convierte la conversación en un monólogo, no deja hablar a nadie.* 3 LIT. Obra literaria o parte de ella en la que sólo habla una persona: *«Cinco horas con Mario» de Miguel Delibes es el monólogo de una mujer que vela a su marido muerto.* **~ interior** LIT. Reproducción en primera persona de los pensamientos de un personaje, tal como se supone que pueden nacer en su conciencia: *Algunas obras modernas abusan del monólogo interior.*

monomanía *s. f.* (no contable) PSICOL., PSIQUIAT. Preocupación exagerada y obsesiva por una idea determinada: *Le ha entrado la monomanía de leer sólo biografías.*

monomio *s. m.* MAT. Expresión algebraica que consta de un solo término.

mononuclear *adj.* [Leucocito] Que tiene un sólo núcleo.

monopartidismo *s. m.* (no contable) Sistema político en el que hay o predomina un partido único: *Una mayoría absoluta repetida democráticamente no significa monopartidismo.*

monopartidista *adj.* 1 Del monopartidismo: *sistema monopartidista.* ‖ *s. m. / f.* 2 Persona partidaria del monopartidismo.

monopatín *s. m.* 1 Juguete formado por una plancha con ruedas para desplazarse: *Las bandas de jóvenes en monopatín pueden ser peligrosas para el tráfico.* 2 ARG., URUG. Patinete.

monopétalo, la *adj.* [Flor, corola] que tiene un solo pétalo.

monoplano, na *adj. / s. m.* [Avión] que tiene un par de alas que forman un mismo plano: *La mayoría de los aviones actuales son monoplanos.*

monoplaza *adj. / s. m.* [Vehículo] que sólo tiene una plaza o capacidad para una persona: *avión monoplaza, coche experimental monoplaza.*

monopolio *s. m.* 1 ECON. Forma de mercado en que una sola empresa tiene legalmente en exclusiva la fabricación o comercialización de un bien o servicio: *el monopolio de la Compañía Telefónica, el monopolio de Renfe.* 2 Privilegio exclusivo de una cosa: *Cree que tiene el monopolio de la verdad.* 3 Ejercicio o dominio de una actividad: *La oposición no tiene el monopolio de la crítica. El monopolio de la violencia no pertenece a ningún barrio concreto.*

monopolizar *v. tr.* 1 Tener o adquirir ‹una persona› el monopolio de [una cosa]: *La compañía monopoliza la pro-*

ducción de cemento del país. **2** Atraer ‹una persona› [la atención de otras personas]: *Con ese traje monopolizas las miradas.* ⇒ **19.**

monoquini *s. m.* COLOQUIAL. Prenda de baño femenina que consta de una sola pieza inferior o braga: *Durante el verano, en las playas proliferan los monoquinis y los tangas.*

monorraíl *adj. / s. m.* [Tren] que circula sobre un único raíl: *En la feria se instalará un monorraíl elevado.*

monorrimo, ma *adj.* METR. De una sola rima: *poema monorrimo, versos monorrimos, composición monorrima.* **tetrástrofo* ~.**

monosabio *adj. / s. m.* y *f.* **1** RESTRINGIDO. Niño que opina, sin que le pregunten, sobre los asuntos de los mayores: *Este hijo mío es un monosabio, a veces insoportable.* || *s. m.* **2** TAUROM. Mozo que ayuda al picador en la corrida de toros.

monosépalo, la *adj.* BOT. [Flor, cáliz] que sólo tiene un sépalo.

monosilábico, ca *adj.* Que sólo tiene una sílaba o está compuesto de monosílabos: *palabra monosilábica. El director nos daba respuestas monosilábicas.*

monosílabo, ba *adj. / s. m.* [Palabra] que sólo tiene una sílaba: *No me contestes con monosílabos, sí o no, dame una explicación completa y comprensible.*

monoteísmo *s. m.* (no contable) RES. Doctrina religiosa que admite un solo dios: *El monoteísmo está presente en las religiones basadas en la Biblia.* ANT. politeísmo.

monoteísta *adj.* **1** Del monoteísmo: *El Cristianismo, el Judaísmo y el Islam son doctrinas monoteístas.* **religión ~.** || *s. m. / f.* **2** Persona que es partidaria del monoteísmo.

monotipia *s. f.* **1** HIST. Máquina para componer textos que funde los tipos de uno en uno. **2** HIST. Técnica de composición con esta máquina.

monotonía *s. f.* **1** (no contable) Uniformidad en el tono de la voz: *El profesor nos duerme con la monotonía de su voz.* **2** (no contable) Falta de variedad: *La monotonía cotidiana es mala para la depresión. No me gusta la monotonía del trabajo.*

monótono, na *adj.* Que no cambia o no tiene variaciones, sino monotonía: *paisaje monótono, tono monótono, voz monótona. Llevo una vida monótona.*

monotrema *adj. / s. m.* ZOOL. [Mamífero] que no tiene placenta y tiene las mandíbulas alargadas en forma de pico: *El ornitorrinco es un monotrema.*

monovalente *adj.* QUÍM. [Elemento químico] que funciona con una sola valencia.

monóxido *s. m.* Se usa en la LOC. **~ de carbono** Gas inodoro e incoloro muy tóxico, resultado de la combustión incompleta del carbono.

monseñor *s. m.* **1** En la Iglesia católica, título honorífico que corresponde a los prelados y a algunos otros eclesiásticos: *Monseñor Riera se entrevistará hoy con el Papa.* **2** En determinados países, título aristocrático.

monserga *s. f.* (preferentemente en plural) COLOQUIAL. Explicación o petición pesada o poco convincente: *No me vengas con monsergas, no me creo nada.*

monstruo *s. m.* **1** Ser fantástico, de aspecto horrible, que aparece en la literatura o el cine o en la propia imaginación: *En la película aparecían monstruos con cabeza de cerdo y cuerpo de león.* **2** PEYORATIVO. Persona malvada: *Es un monstruo, ha intentado matar a su mujer.* **3** PEYORATIVO. Persona o animal muy feos o deformes: *Ese animal es un monstruo, ha nacido con dos cabezas. Se ha casado con un monstruo feísimo.* **4** COLOQUIAL. Persona que destaca en una actividad por su talento: *Pilar es un monstruo de los ordenadores.* SIN. genio. **5** COLOQUIAL; INTENSIFICADOR. Cosa muy grande: *Mira qué monstruo de edificio, tiene cuarenta pisos.*

monstruosidad *s. f.* **1** (no contable) Perturbación grave o exagerada en la proporción esperada de las cosas: *la monstruosidad de las ciudades modernas, La monstruosidad de sus cuadros llama la atención.* **2** (no contable) Fealdad exagerada física o moral: *la monstruosidad de una cara. La monstruosidad de su crimen es incalificable.* **3** Cosa monstruosa: *Este arquitecto lleva diseñando monstruosidades veinte años.*

monstruoso, sa *adj.* **1** (antepuesto / pospuesto) a veces HUMORÍSTICO. Que es contrario al orden de la naturaleza o que es propio de un monstruo: *Era un ser monstruoso. Esto es una monstruosa alteración genética.* **2** Que es excesivamente grande: *Es un edificio monstruoso.* **3** (ser / estar) Que es muy feo: *Estás monstruoso con ese abrigo. Julia se pasea con un perro monstruoso.* **4** (antepuesto / pospuesto) Que se debe condenar o aborrecer por ser contrario a las leyes de la razón o de la moral: *crimen monstruoso, monstruosa cobardía. Era una idea monstruosa, la eliminé de mi mente.*

monta *s. f.* **1** (no contable) Acción y resultado de montar una caballería: *Crían caballos de tiro y de monta.* **2** (no contable) Arte de montar a caballo: *La buena monta exige un entrenamiento diario.* SIN. equitación. FR. Y LOC. **de poca ~** De poca importancia: *He contraído una deuda de poca monta.*

montacargas (plural *montacargas*) *s. m.* **1** Ascensor para subir y bajar cosas: *el montacargas de un almacén. Subiremos los muebles en el montacargas.* **2** ARG., URUG. Carretilla elevadora.

montadero o **montador** *s. m.* RESTRINGIDO. Poyo para subir al caballo.

montado, da *adj.* **1** Que se desplaza a caballo: *policía montada.* **2** [Clara, nata] que se bate hasta que se esponja: *Hay que añadir la nata montada al resto de los ingredientes.* || *s. m.* **3** Bocadillo pequeño: *un montado de lomo.*

montador, ra *adj. / s. m.* y *f.* **1** Persona que tiene por oficio montar máquinas y aparatos: *Elvira es montadora en la fábrica de electrodomésticos.* **2** Persona que tiene por oficio montar películas: *Mi cuñada es la montadora de las películas de Aranda.* || *s. m.* **3** RESTRINGIDO. Montadero.

montaje *s. m.* **1** Acción y resultado de montar las diferentes piezas de una cosa: *el montaje de una página de una revista. Mi hermano es especialista en montajes de aparatos.* SIN. ensamblaje. **cadena de ~.** **2** Conjunto de mentiras preparadas para hacer creer a una persona una cosa que no es verdad, y obtener algún beneficio: *El accidente fue un montaje para cobrar el dinero del seguro.* SIN. farsa. **3** Técnica de seleccionar y unir las imágenes de una película: *Sólo falta el montaje para terminar la película.* **4** Coordinación de acuerdo con el director del aspecto externo de un espectáculo o de una obra teatral: *Lo más interesante del espectáculo ha sido el montaje de luces y sonido.* **5** COL. Conjunto de la maquinaria y el equipo de una fábrica o una empresa. || **6** **~ fotográfico** Combinación de imágenes fotográficas para conseguir una imagen artística: *Haz un montaje fotográfico con las flores del jardín como fondo.*

montanear *v. intr.* RESTRINGIDO. Pastar ‹un cerdo› bellotas o hayucos en el monte.

montanera *s. f.* **1** RESTRINGIDO. Pastoreo del ganado porcino en el monte para que coma bellotas o hayucos: *Todos los años los cerdos van algún mes a la montanera.* **2** RESTRINGIDO. Tiempo en que está el ganado porcino pastando en el monte. **3** RESTRINGIDO. Pasto de bellotas o hayucos que come el ganado porcino en el monte: *La montanera es buena para los cerdos.*

montano, na *adj.* Del monte.

montante *s. m.* **1** Suma, importe, cantidad total: *El montante de la cuenta es de 5.000 ptas.* SIN. total. **2** ARG. Ventana sobre una puerta: *La puerta del portal tiene un amplio montante.* **3** Elemento vertical que sirve como soporte o refuerzo de algo: *El tejado se sostenía sobre cuatro montantes.* SIN. poste.

montaña *s. f.* **1** Gran elevación natural del terreno. **cadena* de montañas** o **cadena montañosa. mal* de las alturas** o **mal de la ~. sistema* montañoso** o **sistema de montañas. 2** Territorio en que abundan estas elevaciones: *En vacaciones nos vamos a la montaña.* **3** COLOQUIAL. Gran número o cantidad de algo: *Hay una montaña de ropa para planchar. Tengo montañas de trabajo.* **4** COLOQUIAL. Dificultad o problema que parece no tener solución: *A Ricardo, la más mínima cosa se le hace una montaña.* ANT. insignificancia. **5** COL. Terreno extenso no cultivado con vegetación. || **6 ~ rusa** Diversión que hay en ferias y parques de atracciones consistente en unas vagonetas que van a mucha velocidad por una vía con pendientes fuertes, vueltas y revueltas: *En el parque de atracciones montaron en la montaña rusa.* FR. Y LOC. **de ~** [Cosa] apropiada para ir a la montaña: *Se ha comprado unas botas de montaña.* **hacer una ~ de un grano de arena** COLOQUIAL. Dar ‹una persona› mucha importancia a una cosa que no la tiene: *La enfermedad no es grave: no hagas una montaña de un grano de arena.* **refugio* de ~.**

montañero, ra *adj.* **1** De montaña: *Tenemos que comprar sacos y calcetines montañeros.* || *s. m. / f.* **2** Persona que practica el montañismo: *Un grupo de montañeras catalanas prepara una expedición al Himalaya.* **3** COL. Campesino.

montañés, sa *adj. / s. m.* y *f.* **1** De la montaña: *paisaje montañés. Yo soy montañesa, he nacido y he vivido siempre en la montaña.* **2** De la comarca santanderina de La Montaña. **3** De Cantabria.

montañismo *s. m.* (no contable) Deporte en que se realizan excursiones a pie y se asciende a las cumbres de las montañas.

montañoso, sa *adj.* Que tiene montañas o es propio de las montañas: *región montañosa, terreno montañoso.* **cadena* de montañas** o **cadena montañosa. macizo ~. sistema* ~** o **sistema de montañas.**

montaplatos (plural *montaplatos*) *s. m.* RESTRINGIDO. Montacargas pequeño que hay en muchos restaurantes para subir y bajar los platos y la comida desde la cocina al comedor y viceversa.

montar *v. tr.* **1** Poner ‹una persona› [una pieza] en su lugar: *El carpintero montó el armario en un momento.* **2** Poner ‹una persona› [una cosa] en [un lugar]: *Montaron misiles **en** la costa.* **3** Poner ‹una persona› [una piedra preciosa o una perla] en un soporte de metal: *El rubí me lo han montado en un anillo de mi madre.* **4** Hacer ‹una persona› el montaje de [las escenas de una película, una obra teatral o un espectáculo]: *La joven directora de cine está montando su nueva película.* **5** Establecer ‹una persona› [un negocio o una industria]: *María montó una empresa de importación y exportación hace años, pero ya la ha dejado.* **6** Preparar ‹una persona› [un sitio para vivir]: *Montaremos la casa en Madrid.* **7** Preparar ‹una persona› [un espectáculo] *La actriz ha asegurado que montará una nueva obra de teatro en otoño.* **8** Causar ‹una persona› [una cosa]: *Un par de borrachos montaron un escándalo en mitad de la calle.* **9** Batir ‹una persona› [la clara de huevo o la nata de leche] hasta que se pone esponjosa: *Para el pastel hay que montar las claras de tres huevos.* **10** Cubrir ‹el macho› [a la hembra]: *No conseguimos que el toro monte a las vacas.* **11** Dejar ‹una persona› [el mecanismo de un arma de fuego] listo para disparar: *La policía cargó y montó el arma.* **12** VEN.; COLOQUIAL. Poner a cocer ‹una persona› [los alimentos]. || *v. tr. / intr.* **13** Sumar o valer ‹una cosa› [una cantidad]: *El total de la venta monta mucho dinero. ¿**A** cuánto montan las pérdidas?* || *v. intr. / tr.* **14** Ir ‹una persona› sobre [una caballería]: *Mi madre montó **a** caballo en su juventud, pero ya lo ha dejado. Dos niños montaban **en** burro. Sabes montar muy bien.* **bota* de ~. silla* de ~. 15** Ir ‹una persona› conduciendo un vehículo de dos ruedas: *Yo no monto **en** moto.* || *v. intr. / prnl.* **16** Subir ‹una persona› a [un vehículo]: *Montó **en** el autobús y no lo volví a ver. **Se** montó en su coche y se fue.* **17** Subir ‹una persona› sobre [una cosa]: *Montamos **en** los columpios. Los chicos **se** montaron **en** la noria.* || *v. prnl.* **18** ARG., URG.; VULGAR. Tener relaciones sexuales ‹una persona› con otra. FR. Y LOC. **estar montado en el dólar** COLOQUIAL. Tener ‹una persona› mucho dinero. OBSERVACIONES: Se usa a veces para comentar la situación de una persona que antes no había disfrutado de una posición económica muy buena: *Julián está ahora montado en el dolar.* **~ el número* / numerito. ~ el show*. ~ en cólera** Experimentar ‹una persona› un enfado muy violento: *Montó en cólera al oír su respuesta.* **~ (la) guardia*. ~ una pirula*. montarse un chiringuito*. montárselo** COLOQUIAL. Saber ‹una persona› organizarse: *Si te lo montas bien, puedes pasar un fin de semana divertido.* **tanto monta** Se usa para indicar que no hay preferencia entre dos cosas o dos personas posibles: *Tanto monta que seas tú quien salga perjudicado como que lo sea yo. –«¿Prefieres salir a cenar con Jorge o con Andrés?» –«Tanto monta.»*

montaraz *adj.* ELEVADO. **1** Que se ha criado o vive en los montes, en libertad: *Este caballo es montaraz.* **2** Que tiene modales toscos, rudos o groseros: *Es una criatura bastante montaraz, nunca ha salido del pueblo.*

montazgo *s. m.* HIST. Impuesto, dinero que había que pagar en la Edad Media por la explotación de los bosques y los montes: *Los señores obtenían mucho dinero de los montazgos que cobraban a los vasallos.*

monte *s. m.* **1** Elevación del terreno de altura considerable. SIN. montaña. **2** Terreno sin cultivar cubierto de árboles, arbustos o matas. **~ alto** El poblado de árboles grandes. **~ bajo** El poblado de arbustos, matas o hierbas. **3** RESTRINGIDO. Cartas que en algunos juegos de naipes quedan para robar después de repartir a cada uno de los jugadores las que le corresponden. SIN. mazo. || **4 ~ de piedad** Establecimiento benéfico en que una persona consigue al empeñar una cosa un préstamo a bajo interés. **5 ~ de Venus** ELEVADO. Pubis de la mujer. FR. Y LOC. **echarse/tirarse al ~** COLOQUIAL. Huir de los sitios poblados escapando de la justicia o para hacer guerra de guerrillas. **no todo el ~ es orégano** COLOQUIAL. Se usa para dar a entender que no todo resulta fácil o bueno en un asunto: *Las cosas no son tan fáciles, no todo el monte es orégano.* **parto* de los montes.**

montear *v. tr.* **1** RESTRINGIDO. Ojear ‹una persona› [la caza] en el monte: *Los criados montean la caza hacia los puestos de los cazadores.* || *v. intr.* **2** URUG. Cortar ‹una persona› árboles.

montenegrino, na *adj./s. m.* y *f.* De Montenegro, república de la antigua Yugoslavia.

montepío *s. m.* **1** ADMINISTRATIVO. Fondo de dinero destinado a pensiones o ayudas para los trabajadores de un oficio y sus familias, que se obtiene de los descuentos aplicados periódicamente a sus sueldos: *Han aumentado la cuota mensual del montepío.* **2** ADMINISTRATIVO. Institución que se encarga de realizar esta labor: *Han creado un montepío para los hijos de los mineros.* **3** ADMINISTRATIVO. Pensión que paga dicha institución: *Gracias al montepío que han cobrado, han podido llevar una vida digna.*

montera *s. f.* **1** TAUROM. Gorro de terciopelo y seda típica del traje de luces que usan los toreros: *Brindó al público y dejó la montera en el ruedo.* **2** RESTRINGIDO. Mujer del montero. FR. Y LOC. **ponerse el mundo* por ~.**

montería *s. f.* **1** (no contable) Caza mayor de jabalíes, ciervos y otros animales, con armas y perros. **2** (no contable) Arte de la caza y conjunto de reglas que la rigen: *Libro de la Montería.* SIN. cinegética (ELEVADO).

montero *s. m.* RESTRINGIDO. Persona que persigue y ojea la caza en el monte: *Los cazadores esperaban la llegada del montero para empezar la caza.* **~ mayor** Oficial del Palacio que dirigía y organizaba las cacerías reales.

montés, sa (RESTRINGIDO en femenino). *adj.* Que se ha criado o vive en el monte, en libertad. **cabra ~. gato ~.**

montevideano, na *adj./s. m.* y *f.* De Montevideo, capital de Uruguay: *un niño montevideano. Los montevideanos bajaron del avión.*

montgomery *s. m.* ARG., URUG. Chaquetón o pelliza de hombre o de mujer.

montículo *s. m.* Monte pequeño y aislado, hecho por la naturaleza o por el hombre o los animales: *Se veían los montículos de piedras que se habían ido amontonando.*

montilla *s. m.* **1** (no contable) Vino fino blanco y oloroso de gran calidad, propio de esta zona de Córdoba. SIN. amontillado. **2** Copa de este vino: *Manolo, pon dos montillas, por favor.*

monto *s. m.* Suma final de varias partidas o cantidades de una cuenta: *El monto de la operación se estima en varios millones.* SIN. importe, total.

montonera *s. f.* HIST.; AMÉR. DEL S. En la época de las guerras civiles, partida de tiradores a caballo.

montonero, ra *adj./s. m.* y *f.* ARG. De un grupo peronista argentino que desde la década de los años setenta se convirtió en movimiento guerrillero clandestino.

montuno, na *adj.* COL., CUBA, VEN.; COLOQUIAL. Que es poco amigo de tratar con la gente o tiene modales groseros.

monumental *adj.* **1** Del monumento: *barrio monumental, fachada monumental, ciudad monumental.* **2** (antepuesto/pospuesto) COLOQUIAL. Que es muy grande o muy impresionante: *Lorenzo tiene un chalé monumental en la playa. Cogí una monumental borrachera.*

monumento *s. m.* **1** Obra de arquitectura o escultura que se levanta para recordar a una persona o un suceso. **~ conmemorativo. ~ funerario** Obra levantada para enterrar a un cadáver, erigida en su memoria. **2** Construcción de valor histórico, arqueológico o artístico. **~ histórico. ~ megalítico. ~ prehistórico. ~ religioso. ~ nacional** Obra o edificio artísticos protegidos por el Estado. **3** Obra literaria, artística o científica de gran importancia: *«El Quijote» es un monumento de la literatura universal.* **4** REL. Altar adornado en que se expone el Santísimo Sacramento el día de Jueves Santo: *recorrer monumentos.* **5** COLOQUIAL. Persona muy guapa: *Esa mujer es un monumento.*

monzón *s. m.* Cada uno de los vientos que soplan en el sudeste asiático: *monzón de invierno, monzón de verano.*

monzónico, ca *adj.* **1** De los monzones: *época monzónica, lluvia monzónica.* **2** [Clima] que es propio de Asia o de las zonas donde el verano se caracteriza por las lluvias torrenciales.

moña *s. f.* **1** COLOQUIAL. Borrachera: *Se agarró una moña terrible de ginebra.* **2** Lazo o adorno femenino, especialmente el hecho con cintas que se pone en el pelo: *Siempre peinaban a la niña con moñas bonitas y de mayor la llaman «Moña».* **3** Adorno que se coloca en lo alto de las divisas de los toros. **4** Lazo de cintas negras que sujeta la coleta de los toreros. **5** Rodete o pequeño moño de pelo que se hacen las mujeres a ambos lados de la cabeza. **6** RESTRINGIDO. Muñeca, especialmente la de trapo: *Lloraba porque se le había perdido su moña.* **7** URUG. Lazada de un cordón o una cinta.

moñiga *s. f.* COLOQUIAL. Boñiga.

moñigo *s. m.* COLOQUIAL. Boñigo.

moño *s. m.* **1** Recogido de pelo que se hace enrollándolo y sujetándolo con horquillas o de otro modo: *La peluquera le hizo un moño.* **2** Penacho de plumas que sobresale en la cabeza de algunas aves. **3** ARG. Lazada de un cordón o una cinta. FR. Y LOC. **hasta el ~** COLOQUIAL; INTENSIFICADOR. Muy harto: *El niño me tiene hasta el moño.* **ponérsele en el ~** COLOQUIAL. Antojársele ‹una cosa› a una persona: *Se le ha puesto en el moño salir de excursión aunque haga mal tiempo.*

mopa *s. f.* **1** Utensilio parecido a una fregona, pero que se usa en seco para sacar brillo al suelo. **2** VEN. Fregona.

moquear *v. intr.* **1** COLOQUIAL. Echar ‹una persona› mocos: *Tengo catarro y me paso el día moqueando.* **2** COL.; COLOQUIAL. Llorar ‹una persona› con muchos suspiros y aspavientos.

moquero *s. m.* COLOQUIAL. Pañuelo de tela de bolsillo: *Los moqueros se usan poco desde que han aparecido los kleenex.*

moqueta *s. f.* Tela fuerte de diversas clases que se pega al suelo o a las paredes de las habitaciones, como adorno y para protegerse del frío: *El director tiene un despacho con moqueta.*

moquillo *s. m.* (no contable) VETERIN. Enfermedad catarral producida por un virus que padecen algunos animales: *el moquillo de los perros.*

mora *s. f.* **1** Fruto del moral o de la morera. **2** Fruto de la zarzamora.

morabito *s. m.* **1** Ermitaño musulmán: *Los morabitos llevaban una vida parecida a la de los anacoretas cristianos.* **2** Ermita de los morabitos.

moráceo, a *adj.* **1** BOT. [Árbol, arbusto] con flores diferenciadas masculinas y femeninas y fruto seco o en drupa. || *s. f.* **2** (en plural) BOT. Familia de estas plantas.

morada *s. f.* **1** ELEVADO. Lugar donde vive una persona o un animal: *El oso esperaba paciente en su morada. Debería ser una exigencia que todas las personas dispusieran de una morada digna.* SIN. hogar. || **2 ~ eterna** o **última ~** El cementerio: *Sólo algunos amigos lo acompañaron a su última morada.* FR. Y LOC. **allanamiento* de ~.**

morado, da *adj. / s. m.* **1** [Color] que es el resultado de mezclar el rojo intenso y el azul: *El morado no me gusta.* || *s. m.* **2** COLOQUIAL. Moratón. FR. Y LOC. **pasarlas moradas** COLOQUIAL. Padecer ‹una persona› muchas dificultades: *Teníamos mucho miedo, las pasamos moradas para llegar a la costa, porque había mucha resaca y estábamos lejos.* **ponerse ~** COLOQUIAL. Disfrutar ‹una persona› mucho con algo que le gusta: *Julio se ha puesto morado **de** bombones.*

moradura *s. f.* COLOQUIAL. Cardenal en la piel. SIN. moratón.

moral *adj.* **1** De las costumbres o formas de comportamiento humanas: *valor moral, reglas morales, superioridad moral.* **2** Que no se funda en pruebas objetivas, sino en la conciencia de cada individuo: *Tenías la obligación moral de pagar.* **3** COLOQUIAL. Que es bueno o éticamente correcto: *Me parece que el comportamiento de tu tía no es muy moral.* || *s. f.* **4** (no contable) Ciencia que estudia y juzga el comportamiento humano respecto al bien o el mal: *Estudiar moral debería ser obligatorio.* **5** (no contable) Conjunto de principios que rigen y juzgan el comportamiento de una persona o una colectividad: *La moral de su proceder está fuera de toda duda.* SIN. ética, moralidad. **6** Cualidad de las acciones humanas respecto al bien o el mal: *La ausencia de moral en la sociedad no es positiva para la convivencia.* **7** (no contable) Estado de ánimo bueno o malo: *Los jugadores tenían la moral muy alta.* || *s. m.* **8** *Morus nigra.* Árbol moráceo, de tronco grueso hojas dentadas y flores unisexuales cuyo fruto es la mora. || **9 linchamiento* ~.** FR. Y LOC. **tener la ~ por los suelos** COLOQUIAL; INTENSIFICADOR. Estar ‹una persona› muy decaída y desanimada: *No encuentra ningún trabajo: Tiene la moral por los suelos.* **tener más ~ que el Alcoyano** COLOQUIAL; INTENSIFICADOR. Tener ‹una persona› mucho ánimo, sin desistir ante las dificultades: *Para pasarse todo el verano estudiando hay que tener más moral que el Alcoyano.*

moraleda *s. f.* Terreno plantado de morales o moreras.

moraleja *s. f.* Enseñanza que se deduce de un cuento, de una fábula o de una experiencia: *extraer moraleja, la moraleja de la película. La moraleja de la fábula es que siempre hay que ayudar a los demás, porque un día te ayudarán a ti.*

moralina *s. f.* **1** PEYORATIVO. Moralidad superficial o falsa: *una película con moralina.* **2** Moraleja simplista: *No me gustan los discursos con moralina.*

moralismo *s. m.* (no contable) Actitud de la persona y característica de la obra que da una importancia exagerada a la moral: *La vida libertina de ese escritor chocó con el moralismo de la época.*

moralista *adj. / s. m.* y *f.* Que es aficionado a hacer reflexiones morales: *Es un texto muy moralista.*

moralizar *v. tr.* **1** Hacer ‹una persona› moral [el comportamiento o las costumbres de otra]: *Para moralizar las costumbres hay que predicar poco y dar buen ejemplo.* || *v. intr.* **2** Defender ‹una persona› determinadas opciones morales explícita o implícitamente en una obra o un discurso: *Si no moraliza cuando habla no se queda contenta.* ⇒ **19.**

moralmente *adv. modo* **1** Conforme a las reglas y documentos morales, o con moralidad: *No has obrado moralmente.* || *adv. restrictivo* **2** Desde la perspectiva de la moral, desde el punto de vista de la moral: *Moralmente, esto es intolerable. Moralmente, tienes la obligación de devolverlo.* **3** En el aspecto de la actuación moral, en lo moral: *Intelectualmente no destaca, pero es un individuo moralmente intachable.* **4** En el aspecto anímico, desde el punto de vista anímico: *Moralmente, la derrota nos ha influido mucho. Están moralmente hundidos.* || *adv. orac. restrictivo* **5** Si nos atenemos a los principios morales, según los principios morales, con arreglo a los principios morales: *Moralmente, no tienes derecho a ello.*

morapio *s. m.* (no contable) COLOQUIAL; HUMORÍSTICO. Vino corriente, especialmente el tinto: *A ver, pon dos vasos de ese morapio de tu pueblo.*

morar *v. intr.* ELEVADO. Vivir ‹una persona› en [un lugar] habitualmente: *La presidenta mora **en** una casa suntuosa.* SIN. habitar, residir.

moratón o **moretón** *s. m.* COLOQUIAL. Cardenal en la piel: *Tengo tres moratones en la pierna por una caída.*

moratoria *s. f.* ADMINISTRATIVO. Ampliación del plazo para pagar una deuda: *Le han concedido una moratoria para pagar el coche.* SIN. aplazamiento, prórroga.

morbididad *s. f.* Morbilidad

mórbido, da *adj.* **1** LITERARIO. Que es suave, blando y delicado: *En el siglo* XVIII *se pintaban figuras femeninas mórbidas.* **2** Que produce o padece enfermedad.

morbilidad o **morbididad** *s. f.* (no contable) MED.; RESTRINGIDO. Proporción de personas que enferman en un lugar y en un periodo de tiempo determinado en relación con el número total de la población: *Este año ha disminuido la morbilidad de niños en la provincia.*

morbo *s. m.* **1** COLOQUIAL. Atractivo que despierta lo desagradable, cruel o lo prohibido: *Lo prohibido tiene mucho morbo. Es una chica misteriosa, con morbo.* **2** Enfermedad.

morbosidad *s. f.* **1** (no contable) Condición de algo o alguien que trata con gusto lo desagradable o la crueldad: *Algunas revistas tratan con morbosidad los asesinatos y las violaciones.* SIN. morbo (COLOQUIAL). **2** MED.; RESTRINGIDO. Conjunto de enfermedades y de enfermos que determinan el estado sanitario de un lugar: *la morbosidad infantil de un colegio, la morbosidad de zonas marginales.*

morboso, sa *adj.* **1** (antepuesto / pospuesto) Que tiende obsesivamente a lo desagradable, lo cruel o lo prohibido o siente una enorme atracción por ello: *película morbosa. Esos son morbosos comentarios que no vienen a cuento.* SIN. malsano. **2** De la enfermedad o que causa enfermedad: *clima morboso, agente morboso.*

morcilla *s. f.* **1** Embutido de sangre de cerdo cocida con cebolla y especias, o también con arroz, piñones u otros ingredientes que se consume generalmente frito o cocido.

~ **de arroz.** ~ **de cebolla. 2** COLOQUIAL. Palabras o frases que no están en el original intercaladas por un actor en su papel: *No es mal actor, pero no se aprende el papel y luego mete muchas morcillas.* FR. Y LOC. **¡que le den ~!** VULGAR; INSULTO. Se usa para indicar rechazo o para responder de manera insultante: *Mira, no quiero discutir contigo, que te den morcilla.*

morcillo, lla *adj.* **1** [Toro, caballo, yegua] que tiene color negro con tonos rojizos: *caballo morcillo, yegua morcilla.* || *s. m.* **2** Parte alta y carnosa de las patas de los animales vacunos: *Póngame cuarto de morcillo.*

morcón *s. m.* **1** Tripa gruesa que se emplea para hacer un tipo de embutido parecido al chorizo. **2** Embutido hecho en esta tripa: *El morcón es muy rico.*

mordacidad *s. f.* (no contable) Cualidad de mordaz: *la mordacidad de un comentario, la mordacidad de un estilo.*

mordaz *adj.* **1** Que hace comentarios hirientes con ingenio e ironía: *Tienes una lengua mordaz. Pablo es una persona muy mordaz.* **2** Que contiene ingenio hiriente e irónico: *artículo mordaz, estilo mordaz.*

mordaza *s. f.* **1** Instrumento o material que se pone en la boca para impedir hablar o gritar: *Lo encontraron atado y con una mordaza en la boca.* **2** Impedimento para que una persona o entidad se exprese con libertad: *La censura fue una mordaza durante muchos años.* **3** Dispositivo de dos piezas que, a modo de tenaza, sujeta un objeto.

morder *v. tr.* **1** Apretar ‹una persona o un animal› [una cosa] entre los dientes: *Antonio mordió una manzana distraídamente.* **2** COLOQUIAL. Besar ‹una persona› [a otra persona] o morderla suave y cariñosamente. **3** Atrapar ‹una máquina o un utensilio› [una cosa] entre sus engranajes o piezas: *Esta lavadora muerde la ropa cuando centrifuga.* **4** Quitar ‹una persona o una cosa› pequeñas porciones de [una cosa] lentamente: *Le han ido mordiendo poco a poco una fortuna.* **5** Corroer ‹un ácido› [una cosa]: *Ten cuidado con la lejía, que muerde los colores y te estropea la blusa.* SIN. raer. FR. Y LOC. **estar que muerde** COLOQUIAL; INTENSIFICADOR. Estar ‹una persona› muy enfadada: *No le digas nada, porque María está que muerde.* **hacer ~ el polvo*. morderse la lengua*. morderse los labios*. ser la pescadilla* que se muerde la cola. tragar / ~ / picar el anzuelo*. ⇒ 52.**

mordedura *s. f.* Acción y resultado de morder: *Ha muerto por una mordedura de serpiente.*

mordida *s. f.* ARG., COL., MÉX.; COLOQUIAL. Soborno a un empleado o a un funcionario, o beneficio que éste obtiene de un particular abusando de las atribuciones de su cargo.

mordido *s. m.* Acción o resultado de morder un ácido o con un ácido.

mordiente *s. m.* **1** Sustancia química que fija el tinte a las telas. **2** Agua fuerte que ataca o corroe una lámina o plancha para grabarla.

mordiscar *v. tr.* RESTRINGIDO. Mordisquear. **⇒ 71.**

mordisco *s. m.* **1** Acción de morder: *El perro de Miguel le dio un mordisco en una pierna.* **2** Trozo de algo que se arranca al morder: *Sólo tomé un pequeño mordisco de pan.* SIN. bocado. **3** VULGAR; HUMORÍSTICO, INTENSIFICADOR. Beso fuerte: *En la película aparecen buenos mordiscos.* **4** COLOQUIAL. Beneficio que se obtiene en un negocio o en un asunto: *Ha obtenido un buen mordisco en la venta de la casa.* FR. Y LOC. **a mordiscos 1** Dando mordiscos: *Niño, la naranja no se come a mordiscos.* **2** COLOQUIAL. De manera maleducada o violenta: *La dueña del piso ha dicho que nos echará a mordiscos.*

mordisquear *v. tr.* Morder ‹una persona o un animal› [una cosa] repetidamente y con poca fuerza, dando mordiscos muy pequeños: *Come bien la galleta, no la mordisquees, que se llena todo el suelo de migas.* SIN. mordiscar.

morena *s. m.* (macho y hembra) *Muraena helena.* Pez marino, muy apreciado como alimento, de cuerpo alargado, sin aletas y con fuertes dientes, que habita cerca de las costas y es un gran depredador.

morenez *s. f.* (no contable) Color moreno muy oscuro: *la morenez de la piel.*

moreno, na *adj. / s. m.* y *f.* **1** [Persona] que es de raza blanca y tiene el pelo o la piel oscura: *Tiene dos niños muy morenos y uno pelirrojo.* **2** CUBA. [Persona] que es de raza negra. || *adj.* **3** (estar) Que tiene la piel oscura por haberle dado mucho el sol: *Volví muy moreno de las vacaciones.* **4** [Alimento] que es una variedad de otro de color más claro: *ron moreno, pan moreno.* **azúcar* ~.**

morera *s. f. Morus alba.* Árbol moráceo de tronco delgado, hojas ovales que sirven de alimento a los gusanos de seda y cuyo fruto es una mora.

moreral *s. m.* Terreno plantado de moreras.

morería *s. f.* **1** Barrio medieval donde vivía la población mora en una ciudad cristiana: *En las ciudades cristianas solía haber una judería y una morería.* **2** RESTRINGIDO; a veces PEYORATIVO. Territorio o país habitado por los moros: *Ese empresario tiene un floreciente negocio: organiza viajes a la morería.*

moretón *s. m.* COLOQUIAL. Moratón.

morfar *v. tr. / intr.* ARG., URUG.; COLOQUIAL. Tomar ‹una persona› alimentos.

morfema *s. m.* LING. Unidad léxica mínima con significado gramatical: *morfema de número, morfema de tiempo.*

morfina *s. f.* (no contable) Alcaloide del opio empleado en medicina como analgésico o sedante: *Para combatir los dolores le ponen inyecciones de morfina.*

morfinismo *s. m.* (no contable) Estado patológico producido por el consumo excesivo de opio o de morfina.

morfinomanía *s. m.* (no contable) Adicción a la morfina.

morfinómano, na *adj. / s. m.* y *f.* Que es adicto a la morfina: *Para hablar de drogas han invitado al debate a un ex-morfinómano.*

morfología *s. f.* **1** (no contable) LING. Parte de la Lingüística que estudia la forma de las palabras y su estructura interna. **2** LING. Forma y estructura interna de las palabras: *Ha escrito un estudio sobre la morfología del verbo.* **3** (no contable) BIOL. Parte de la Biología que estudia la forma de los seres vivos y su evolución. **4** BIOL. Forma de los seres vivos: *Es un libro que habla de la morfología de las aves.* **5** (no contable) GEOL. Parte de la Geología que estudia las formas de la corteza terrestre, su origen y evolución. **6** GEOL. Forma y estructura del relieve o de las rocas: *la morfología de las rocas sedimentarias, la morfología de la meseta.*

morfosintaxis (plural *morfosintaxis*) *s. f.* LING. Parte de la Lingüística que combina el estudio de la morfología y la sintaxis: *Busco un libro de morfosintaxis.*

morganático, ca *adj.* **1** DER. [Matrimonio] que se celebra entre una persona de estirpe real con otra que no lo es.

2 DER. Que se vincula a una persona de estirpe real: *esposo morganático.*

morgue *s. f.* MED. Depósito de cadáveres: *Los cuerpos de las víctimas fueron trasladados por orden judicial a la morgue.*

moribundo, da *adj. / s. m.* y *f.* (estar) Que se está muriendo: *un enfermo moribundo. La moribunda llamó a sus hijos, los bendijo y entregó su alma al Señor.*

morigerar *v. tr.* **1** ELEVADO. Impedir ‹una persona› que se manifieste [un impulso o un sentimiento]: *Morigera un poco tus ímpetus, porque debemos dar una imagen de tranquilidad y prudencia.* SIN. refrenar, contener. || *v. prnl.* **2** ELEVADO. Hacerse ‹un impulso o un sentimiento› menos intenso: *Todas las pasiones se morigeran con los años.* SIN. refrenarse, contenerse.

moriles (plural *moriles*) *s. m.* **1** (no contable) Vino fino y oloroso, propio de ese pueblo de la provincia de Córdoba. **2** Copa o medida de este vino: *Tomaremos dos moriles.*

morillo *s. m.* Especie de trípode metálico para apoyar la leña en el hogar o en la chimenea: *Los morillos suelen usarse por parejas.*

morir *v. intr. / prnl.* **1** Llegar ‹un organismo que tiene vida› a su fin: *Mi hermano (**se**) murió el mes pasado. La presidenta murió **a** manos de un asesino a sueldo. El médico murió **de** la peste.* SIN. fallecer. **2** Terminar ‹una cosa›: *Cuando muere el amor es difícil reavivarlo.* SIN. concluir, acabar. **3** Experimentar ‹una persona› [un deseo, una necesidad o un sentimiento] intensamente: *Yo (**me**) moría **de** hambre. Eduardo **se** moría **por** lograr un ascenso.* || *v. intr.* **4** Acabar ‹una cosa› su curso o movimiento en [un lugar]: *El río muere **en** el océano. El desvío muere **a** la puerta de su finca.* **5** Apagarse ‹una luz o una llama›: *Moría la luz de la vela.* FR. Y LOC. **caer / ~ como chinches*. ~ con las botas* puestas. morirse de frío** COLOQUIAL; INTENSIFICADOR. Tener ‹una persona› mucho frío: *Necesito tomar una sopa caliente, porque me muero de frío.* **morir(se) de hambre*. ¡muera!** Se usa para manifestarse violentamente contra una persona o una cosa: *¡Mueran los traidores!* ⇒ **51.**

morisco, ca *adj. / s. m.* y *f.* HIST. Del grupo de musulmanes que vivía en los reinos cristianos en la Edad Media o del que se quedó en España después de la Reconquista: *los edificios moriscos, los artesanos moriscos. Los moriscos eran numerosos en Valencia, Andalucía y Aragón.* **novela* morisca.**

morisma *s. f.* (no contable) HIST.; PEYORATIVO. El conjunto de musulmanes visto como enemigo por los autores cristianos.

morisqueta *s. f.* RESTRINGIDO. Mueca, gesto de burla: *Algunos autores cristianos españoles acusaban a los conversos de hacer morisquetas mientras estaban en misa.*

morlaco *s. m.* TAUROM. Toro de lidia de gran tamaño: *El diestro se enfrentó a dos morlacos con su mejor voluntad.*

morley *s. m.* ARG., URUG. Tejido elástico que se usa en la confección de prendas como camisetas.

mormón, na *adj. / s. m.* y *f.* De un grupo religioso fundado en los Estados Unidos de América: *la religión mormona. Vinieron a verme dos mormones.*

moro, ra *adj. / s. m.* y *f.* **1** De la zona de Marruecos, en el norte de África: *las ciudades moras.* **2** De la población musulmana de la Andalucía medieval: *Los moros atacaron a los cristianos a las afueras de Úbeda.* **3** COLOQUIAL; a veces PEYORATIVO. Que es árabe o musulmán: *La carrera la han ganado dos moros.* || *s. m.* **4** COLOQUIAL. Hombre muy celoso o machista: *Ramón es un moro, no quiere que su novia salga con las amigas.* **5** JERGAL. Marruecos: *Han bajado al moro para comprar chocolate.* FR. Y LOC. **el oro* y el ~. haber moros en la costa** COLOQUIAL. Estar ‹una persona peligrosa› cerca de otra: *Puedes hablar, no está mi madre y no hay moros en la costa.* **oro* del que cagó el ~.**

morocho, cha *adj. / s. m.* y *f.* **1** VEN. Mellizo o gemelo. **2** AMÉR. Que es fuerte o robusto. **3** ARG., URUG. Que tiene la piel de color oscuro.

morosidad *s. f.* **1** (no contable) Falta de puntualidad en un pago debido: *La morosidad de la Administración para pagar a sus funcionarios es vergonzosa.* **2** (no contable) RESTRINGIDO. Lentitud: *En esta tienda despachan con una morosidad desesperante.*

moroso, sa *adj. / s. m.* y *f.* **1** Que no paga o devuelve una deuda en el plazo fijado: *Los clientes morosos están en una lista negra.* **2** RESTRINGIDO. Que tarda mucho en hacer las cosas: *En esta tasca los camareros son muy morosos, y se tarda mucho en comer.*

morral *s. m.* **1** Bolsa o saco que llevan los pastores, los cazadores o los soldados: *llevar el morral, guardar la caza en el morral.* SIN. zurrón. **2** RESTRINGIDO. Bolsa con pienso que se colgaba de la cabeza de las caballerías. **3** COL. Mochila.

morralla *s. f.* **1** Conjunto de cosas inútiles o de poco valor: *No vende más que morralla.* **2** PEYORATIVO. Grupo de personas de baja condición social: *Se reúne allí toda la morralla del barrio.* **3** Pescado pequeño: *Hoy en la pescadería no había más que morralla.* **4** Dinero en metálico: *No tengo más que morralla.* SIN. calderilla.

morrear *v. tr. / intr. / prnl.* VULGAR. Besar ‹una persona› [a otra persona] en la boca con insistencia: *La pareja **se** morrea a la vista de todos.*

morrena *s. f.* GEOL. Acumulación de materiales geológicos diversos erosionados, transportados y depositados por un glaciar.

morreo *s. m.* VULGAR. Conjunto prolongado de besos de una pareja: *Mi abuelo dice que se debería llamar la atención a las parejas que estén de morreo en los bancos del parque.*

morrillo *s. m.* **1** Parte carnosa que tienen algunas reses en la parte superior del cuello. **2** COLOQUIAL. Cogote abultado.

morriña *s. f.* COLOQUIAL. Tristeza, especialmente la que siente alguien al estar lejos de su tierra natal o de los suyos: *Los años que pasé trabajando fuera sentí mucha morriña.* SIN. nostalgia, añoranza.

morrión *s. m.* **1** Casco de armadura con los bordes levantados. **2** Antiguo gorro militar, alto y con visera.

morro *s. m.* **1** (puede usarse en plural con el significado de singular) Hocico de los animales. **2** (puede usarse en plural con el significado de singular) COLOQUIAL. Labios de una persona: *Me limpié el morro con la servilleta.* **3** Parte que sobresale de algunas cosas: *El morro del coche chocó contra una farola.* **4** (no contable) COLOQUIAL. Desvergüenza, descaro: *¡Vaya morro! Me deja todo el trabajo y va a divertirse.* **5** Roca o monte pequeño y redondeado. **6** Peñasco en la costa que sirve de referencia a los navegantes. **7** MÉX.; COLOQUIAL. Muchacho. FR. Y LOC. **beber a ~** COLOQUIAL. Beber ‹una persona› sin vaso, acercando la boca directamente al chorro o a la botella: *Bebimos de la botella a morro.*

dar(se) de narices / morros. de morros COLOQUIAL. Enfadado: *estar de morros, levantarse de morros. Carmen lleva toda la semana de morros.* **echarle ~** COLOQUIAL. Hacer ‹una persona› una cosa con descaro: *Ignacio le echa mucho morro; en todos los exámenes intenta copiar.* **partir / romper el ~** o **partir / romper los morros** COLOQUIAL; a veces amenaza. Pegar‹una persona› a otra persona: *Como vuelvas a hacerme una faena te parto los morros.* **poner morro** o **torcer el ~** COLOQUIAL. Poner ‹una persona› cara de enfado: *Cuando algo no le gusta, tuerce el morro y se queda tan contenta.* **por el ~** 1 COLOQUIAL. Gratis o sin hacer ningún esfuerzo: *Entramos en la discoteca por el morro.* 2 COLOQUIAL. Con mucho atrevimiento o descaro: *Le pidió dinero por el morro.* **tener ~** COLOQUIAL. Tener ‹una persona› descaro: *Tiene mucho morro; ya es la tercera vez que lo invito.*

morrocotudo, da *adj.* **1** COLOQUIAL. Que es grande, difícil o muy importante: *Te has dado un golpe morrocotudo. La sorpresa fue morrocotuda.* **2** ARG., URUG.; COLOQUIAL. [Persona] que es fuerte y corpulenta.

morrón *s. m.* **1** COLOQUIAL. Golpe, caída: *Cuando iba corriendo, se tropezó y se dio un buen morrón contra el suelo.* SIN. porrazo. || **2 pimiento* ~.**

morroñoso, sa *adj.* PERÚ; COLOQUIAL; AFECTIVO. Que es pequeño y ridículo.

morrudo, da *adj.* ARG., URUG. [Persona] que es fuerte y robusta.

morsa *s. f.* (macho y hembra) *Odobenus rosmarus.* Mamífero acuático sin orejas, con bigotes de grandes cerdas y un par de colmillos en los machos, que puede doblar su aleta posterior para marchar por tierra y habita en mares árticos.

morse *s. m.* **1** Método de telegrafía basado en un alfabeto que representa las letras mediante la combinación de rayas y puntos. **código* ~.** **2** Alfabeto que representa las letras mediante la combinación de rayas y puntos: *enviar un mensaje en morse, decodificar un mensaje en morse.*

mortadela *s. f.* Embutido grueso de pasta de carne de cerdo o vaca, fécula y pequeños trozos de grasa: *Al niño le gusta mucho la mortadela.*

mortaja *s. f.* Vestidura con la que se envuelve un cadáver para enterrarlo: *Antes las mujeres de la familia le preparaban la mortaja al difunto con el mejor traje que tenía.*

mortal *adj.* **1** Que está sujeto a la muerte: *Todos los seres vivos son mortales.* **2** Que produce o puede producir la muerte: *Estas heridas suelen ser mortales.* **enfermedad ~.** **3** Que tiene alguna propiedad de los muertos: *rigidez mortal. María apareció con una palidez mortal.* **4** Que desea la muerte de otro: *Se tienen un odio mortal.* **5** COLOQUIAL. Que produce mucho aburrimiento, angustia o fatiga: *La conferencia era mortal, insoportable.* **6** Que es muy fuerte o intenso: *La quiebra de la empresa ha sido un golpe mortal para la familia, no creo que se recupere.* || *s. m.* **7** (preferentemente en plural) ELEVADO. Cualquier persona: *Los mortales no sabemos a veces lo que queremos.* **8** (preferentemente en plural) IRONÍA. Persona que no es importante en relación con otra: *La gran estrella no se dignó a hablar con los mortales.* || **9 pecado* ~. 10 restos* mortales. 11 salto* ~.**

mortalidad *s. f.* **1** Relación que existe entre el número de muertes y la población total en un lugar y en un tiempo determinados: *La mortalidad infantil en Europa es ahora mucho más baja que hace cien años.* **2** (no contable) ELEVADO. Calidad de aquello que ha de morir, especialmente el ser humano: *Según las religiones, los dioses no están sujetos a la mortalidad.* ANT. inmortalidad.

mortalmente *adv. modo* **1** De muerte, con herida mortal. Implica, según los casos, que hubo, hay o habrá muerte: *Lo hirieron mortalmente.* **2** A muerte, con odio intensísimo: *A la pequeña el hermano mayor la odia mortalmente.*

mortandad *s. f.* Gran cantidad de muertes causadas por un fenómeno natural o por causas artificiales, como las guerras: *El volcán produjo una de las mayores mortandades de la historia de este país.* SIN. matanza.

mortecina *s. f.* COL. Cadáver descompuesto de un animal.

mortecino, na *adj.* Que no tiene vigor, viveza o energía: *luz mortecina, expresión mortecina, brillo mortecino.*

mortero *s. m.* **1** Utensilio de cocina formado por un recipiente con un mazo de madera para machacar alimentos o sustancias: *mortero de cocina, mortero de farmacia. Machaca los ajos en el mortero.* **2** Mezcla de cemento, arena y agua utilizada en la construcción: *Para unir los ladrillos tienes que poner menos mortero.* SIN. argamasa. **3** Arma de artillería de gran calibre y poco alcance. **4** Máquina para lanzar cohetes y artificios pirotécnicos.

mortífero, ra *adj.* Que causa o puede causar la muerte: *arma mortífera, trampa mortífera.* SIN. mortal.

mortificación *s. f.* **1** Acción y resultado de mortificar o mortificarse: *Todas las corrientes de espiritualidad consideran buena la mortificación.* **2** Cosa que mortifica: *Es una mortificación tener que escuchar a todas horas sus broncas.*

mortificar *v. tr. / prnl.* **1** Castigar ‹una persona› [el cuerpo de otra persona] físicamente como penitencia o sacrificio: ***Se** mortificó para expiar sus culpas.* SIN. disciplinar(se). || *v. tr.* **2** Producir ‹una cosa› dolor o inquietud [a una persona]. SIN. angustiar, inquietar. || *v. prnl.* **3** Experimentar ‹una persona› dolor o inquietud: *No te mortifiques, no pudiste evitarlo.* SIN. angustiarse, inquietarse. **⇒71.**

mortuoria *s. f.* COL. Testamentaría.

mortuorio, ria *adj.* Del muerto o de las honras funerarias: *rito mortuorio, esquela mortuoria.* **cámara* mortuoria.**

mórula *s. f.* BIOL. Estadio del desarrollo del embrión en que éste está formado por una masa esférica de células.

moruno, na *adj.* **1** Del Norte de África, la antigua Mauritania, o de sus habitantes: *alfanje moruno. Me gusta mucho el té moruno.* SIN. moro. || **2 pincho* ~.**

mosaico *s. m.* **1** Técnica artística que consiste en pegar sobre una superficie piezas pequeñas de diferentes materiales o colores, generalmente para formar un dibujo. **2** Obra hecha con esta técnica. **3** Cosa formada por elementos diferentes: *Este país es un mosaico de culturas y razas.* **4** COL. Cuadro en el que aparecen los nombres de los alumnos que obtienen su título el último año de una facultad o de un colegio.

mosaísmo *s. m.* (no contable) REL.; RESTRINGIDO. Ley de Moisés, conjunto de preceptos que Dios dio a Moisés: *Según los autores cristianos el Nuevo Testamento perfeccionó el mosaísmo.*

mosca *s. f* **1** (macho y hembra) *Musca domestica.* Insecto con dos alas y boca picadora y chupadora, que habita en todo el mundo y puede transmitir enfermedades. || *s. m. / f* **2** VEN. Escolta a pie, a caballo o motorizada que abre el camino a una autoridad o a una tropa. || *adj.* **3** (estar) COLOQUIAL. [Persona] que sospecha algo o está inquieta por algo: *Está un poco mosca con el coche porque cree que no funciona bien.* **4** (estar) COLOQUIAL. [Persona] que está enfadada: *Mi hermano está mosca conmigo porque no le he ayudado.* **5** (estar) Que desconfía, recela o sospecha vagamente, y está alerta por si ocurre alguna cosa: *Estoy mosca con este asunto, me da que van a tomar el pelo.* || **6 ~ de la fruta** Drosófila. **7 ~/mosquita muerta** (preferentemente en diminutivo) COLOQUIAL. Persona que parece muy ingenua o muy buena, pero en el fondo no es así: *Andrés parece una mosquita muerta, pero tiene bastante mala idea.* **8 pájaro* ~. 9 peso* ~. 10 ~ tsé-tsé** (macho y hembra) Género *Glossinia.* Insecto parecido a la mosca común, que habita en África tropical y con su picadura transmite la enfermedad del sueño. FR. Y LOC. **por si las moscas** COLOQUIAL. Por si pasa lo que se piensa, aunque sea poco probable: *Han dicho que no va a llover, pero por si las moscas me llevaré el paraguas.* **¿qué ~ te/le... ha picado?** COLOQUIAL. Se usa para indicar que ‹una persona› se ha puesto de repente inquieta o enfadada por algo: *No sé qué mosca le habrá picado, porque lleva un rato mirando por la ventana.* **tener/estar con la ~ detrás de la oreja** COLOQUIAL. Tener ‹una persona› la sospecha de algo: *No le habían dicho nada, pero tenía la mosca detrás de la oreja desde hacía tiempo.*

moscada *adj.* Se usa en la LOC. **nuez* ~.**

moscarda *s. f.* (macho y hembra) Insecto parecido a la mosca pero algo más grande y de color azul o verdoso, que en el estado de larva se alimenta de carne muerta. SIN. moscardón.

moscardón *s. m.* **1** (macho y hembra) Género *Gasterophilus.* Insecto parecido a la mosca pero de mayor tamaño, de color pardo oscuro y muy velloso, que suele poner los huevos entre el pelo del ganado caballar y vacuno. **2** (macho y hembra) Moscarda. **3** COLOQUIAL, Persona pesada o que resulta molesta, sobre todo el hombre que corteja insistentemente a las mujeres.

moscatel *adj./s. f.* **1** [Uva] que tiene el grano redondo y un sabor muy dulce. || *adj./s. m.* **2** [Vino] que se obtiene con esta uva después de tenerla al sol unos cuantos días. **vino ~ 3** [Viñedo] que produce estas uvas, propio de los países mediterráneos.

mosco *s. m.* (macho y hembra) COLOQUIAL. Mosca o mosquito.

moscón *s. m.* **1** (macho y hembra) Insecto parecido a la mosca, pero de mayor tamaño, que vuela con un zumbido fuerte. SIN. moscardón. **2** COLOQUIAL; PEYORATIVO. Hombre pesado y molesto que intenta relacionarse con las mujeres: *Me molestan los moscones en el trabajo.*

mosconear *v. intr.* COLOQUIAL. Andar ‹una persona› insistentemente alrededor de otra persona o de una cosa: *Ana lleva toda la semana mosconeando alrededor de Luis.* SIN. mariposear, revolotear.

moscovita *adj./s. m.* y *f.* **1** De Moscú, capital rusa: *la plaza moscovita. Los moscovitas salieron a la calle.* || *s. f.* **2** Mineral, muy resistente, de mica potásica, generalmente transparente y con una estructura hojosa, que se utiliza como aislante y en la industria del vidrio y el papel.

mosén *s. m.* **1** HIST. Título de los nobles de segunda clase en la Corona de Aragón: *Mosén Fernando desafió al rey.* **2** Título de los clérigos en los territorios de la antigua Corona de Aragón: *Mosén Antonio dirá la misa del domingo.*

mosquear *v. tr.* **1** COLOQUIAL. Hacer ‹una persona o una cosa› que [una persona] sospeche de una cosa o de otra persona: *Juan está mosqueado con nuestras reuniones.* SIN. recelar. **2** COLOQUIAL. Hacer ‹una persona o una cosa› que [una persona] se enfade: *Lucía ha conseguido mosquear a Roberto.* || *v. prnl.* **3** COLOQUIAL. Despertar ‹una cosa› las sospechas de [una persona]: *Me mosqueó ver la luz encendida a esas horas.* **4** COLOQUIAL. Mostrar ‹una persona› enfado por [una cosa]: *Se mosqueó* ***por*** *una tontería que dije.* SIN. enfadarse.

mosqueo *s. m.* **1** COLOQUIAL. Enfado superficial de una persona: *Me he pescado un mosqueo por el plantón de Lola. Marcos tiene un cierto mosqueo con nosotras porque no lo invitamos a la excursión.* **2** COLOQUIAL. Sospecha o desconfianza de una persona hacia otra persona o hacia una cosa: *No trabaja bien con el ordenador, porque tiene un mosqueo muy divertido* ***con*** *la máquina.*

mosquete *s. m.* Antigua arma de fuego parecida al fusil pero más larga y de mayor calibre.

mosquetero *s. m.* HIST. Soldado armado de mosquete.

mosquetón *s. m.* **1** Arma de fuego parecida a un fusil pero más corto: *Hace años el ejército usaba mosquetón.* **2** DEP. Anilla que se abre o se cierra con un muelle: *Los mosquetones los usan los alpinistas para sujetar las cuerdas.*

mosquita *s. f.* Se en la LOC. **mosca*/~ muerta.**

mosquitera *s. f.* Mosquitero.

mosquitero *s. m.* Gasa o tela metálica que se coloca en los huecos de las casas, como puertas o ventanas, o sobre las camas, a modo de colgadura o cortina, para impedir el paso de los insectos, y especialmente de los mosquitos: *En el trópico es imposible dormir en una tienda de campaña sin mosquitero.*

mosquito *s. m.* (macho y hembra) *Culex pipiens.* Insecto delgado y pequeño de patas largas, cuyas hembras tienen un órgano con el que chupan la sangre de los mamíferos y producen una picadura molesta.

mostacera *s. f.* RESTRINGIDO. Recipiente para servir la mostaza en la mesa.

mostacero *s. m.* Mostacera.

mostacho *s. m.* Bigote, especialmente cuando es muy espeso: *Jorge Negrete lucía un hermoso mostacho.*

mostaza *s. f.* **1** Planta herbácea de la familia de las crucíferas, tallo velloso, hojas alternas, grandes y dentadas, con flores amarillas y semillas negras por fuera y amarillas por dentro. **2** Semilla de esta planta, algo picante, que se usa para elaborar una salsa. **3** Salsa elaborada con estas semillas trituradas, aceite, vinagre y otros elementos, que se emplea como condimento: *La mostaza se usa para la carne o para las ensaladas.* || **4 gas* ~.**

mosto *s. m.* Zumo de uva sin fermentar: *El mosto es muy dulce.*

mostrador *s. m.* Mesa o tablero alargado y estrecho que hay en las tiendas para mostrar las mercancías, o en los bares, cafeterías y sitios similares para servir lo que piden los clientes: *En muchas tiendas ya no hay mostradores. Hay tanta gente en el bar que no se puede acercar nadie al mostrador.*

mostrar *v. tr.* **1** Poner ‹una persona› [una cosa] a la vista de [otra persona] o dejarla ver de forma involuntaria: *Me mostró la foto tan deprisa que no la pude ver.* SIN. presentar, enseñar. **2** Dar a conocer ‹una persona› [una cualidad o un estado de ánimo]: *Mi madre mostró su alegría por el feliz acontecimiento.* SIN. demostrar, manifestar. **3** Explicar ‹una persona› [una cosa] a [otra persona]: *Muéstrame cómo funciona.* SIN. enseñar, indicar. || *v. prnl.* **4** Comportarse ‹una persona› de [una determinada manera]: *El dependiente se muestra muy amable con todos los clientes.* FR. Y LOC. **enseñar / ~ los dientes*. ~ / sacar las uñas*. ⇒ 28.**

mostrenco, ca *adj. / s. m.* y *f.* **1** COLOQUIAL; PEYORATIVO. [Persona] que es poco inteligente o se comporta con mucha incultura: *Unos mostrencos han roto varios árboles de la calle.* **2** Persona excesivamente gruesa: *Sólo come pasteles y se ha puesto hecho un mostrenco.* || **3 bienes* mostrencos.**

mota *s. f.* **1** Mancha o porción muy pequeña de alguna cosa: *Pasé el trapo por encima de la mesa porque había motas de polvo.* **2** RESTRINGIDO. Pequeña elevación en un terreno llano. **3** ARG., URG.; COLOQUIAL. Porción de cabello corto y ensortijado como el de la raza negra. **4** CHILE. Bolita de lana. **5** MÉX.; VULGAR. Mariguana.

mote *s. m.* **1** Nombre, generalmente peyorativo, que se añade al nombre auténtico de una persona o que se le da para sustituir a éste: *Le han puesto el mote irónico de «el avispado» porque no es muy listo.* SIN. apodo. **2** HIST. Frase que adoptaban los caballeros como lema y la lucían en los torneos: *«Mis amores son reales» fue un mote famoso.* **3** AMÉR. Maíz cocido con sal.

motejar *v. tr.* ELEVADO. Aplicar ‹una persona› [un calificativo despectivo] [a otra persona]: *El autor motejó* **de** *anticuados a los poetas novecentistas.* SIN. tachar, tildar.

motel *s. m.* **1** Establecimiento hotelero que ofrece alojamiento en apartamentos o habitaciones independientes, generalmente distribuidas en un jardín o patio extenso: *Pasaremos todos las vacaciones en un apartamento de un motel de playa.* **2** URUG. Casa de citas.

motete *s. m.* MÚS. Composición musical breve, de tema religioso, que se suele cantar en las iglesias: *El coro del colegio amenizó la misa con motetes escogidos.*

motilar *v. tr.* COL.; COLOQUIAL. Cortar el pelo ‹una persona› [a otra persona].

motilidad *s. f.* (no contable) BIOL., PSICOL. Capacidad de los seres vivos de moverse como respuesta a estímulos determinados, especialmente si se hace con movimientos coordinados: *Con el accidente perdió mucha motilidad en su brazo derecho.*

motilón, na *adj. / s. m.* y *f.* De un pueblo amerindio que vive en Colombia y Venezuela: *los indios motilones. Vivió una temporada con los motilones.*

motín *s. m.* Rebelión violenta contra una autoridad establecida: *Los presos organizaron un motín en la prisión. La subida de precios ha provocado disturbios y motines en las ciudades del sur del país.* SIN. levantamiento, amotinamiento.

motivación *s. f.* **1** Causa de una cosa: *Es difícil averiguar las complejas motivaciones de un comportamiento.* **2** Ánimo, estímulo para hacer algo: *El profesor debe buscar la motivación del alumno.*

motivar *v. tr.* **1** Dar ‹una persona o una cosa› motivo o razón para [una cosa]: *La noticia motivó una gran preocupación.* SIN. causar, originar. **2** Hacer ‹una persona o una cosa› que [una persona] sienta interés o curiosidad por algo: *A mí el deporte no me motiva nada.* SIN. estimular. || *v. prnl.* **3** Mostrar ‹una persona› interés: *Se motivó al observar los buenos resultados de los exámenes.* SIN. estimularse.

motivo *s. m.* **1** Aquello que hace que alguien actúe de determinada manera o que algo ocurra de una cierta forma: *El ministro dimitió por motivos personales.* **2** MÚS. Melodía principal de una composición musical. **3** Dibujo o figura que se repite en una decoración: *cortina con motivos infantiles, chaqueta con motivos geométricos.*

moto *s. f.* Vehículo de dos ruedas movido por un motor de explosión: *moto de carreras, moto de trial, moto con sidecar, montar en moto, correr en moto.* FR. Y LOC. **(estar) como una ~** 1 COLOQUIAL. Estar ‹una persona› loca o enloquecida: *Este chico está como una moto, siempre haciendo el tonto.* 2 COLOQUIAL. Estar ‹una persona› muy nerviosa o con mucha tensión: *La jefa lleva una semana como una moto.*

motocarro *s. m.* Vehículo de tres ruedas, manillar y motor que se usa para transportar cargas ligeras: *En España quedan pocos motocarros.*

motocicleta *s. f.* Moto.

motociclismo o **motorismo** *s. m.* (no contable) Deporte que se practica con motocicletas en diversas modalidades: *una carrera de motociclismo.*

motociclista *s. m. / f.* Persona que conduce una motocicleta o practica el motociclismo: *En las grandes ciudades hay muchas motociclistas jóvenes.*

motociclo *s. m.* RESTRINGIDO. Vehículo de dos ruedas impulsado por un motor.

motocross (del inglés; pronunciamos *'motocros'*) *s. m.* (no contable) Modalidad de motociclismo que se practica por un terreno accidentado: *carrera de motocross.*

motocultor o **motocultivador** *s. m.* Arado de pequeño tamaño con motor, utilizado para labores agrícolas sencillas.

motonáutica *s. f.* (no contable) Deporte de navegación que se practica con embarcaciones de motor.

motonave *s. f.* Embarcación grande de motor: *La línea Valencia - Mahón está servida por dos motonaves.*

motoneta *s. f.* ARG., URUG. Scooter.

motor, ra *adj.* **1** (en femenino se usa también *motriz*) Que produce movimiento: *fuerza motora, músculo motor, órganos motores.* **2** Que hace que una cosa funcione o marche bien: *La actividad motora de la comarca es el turismo.* || *adj. / s. m.* **3** [Persona o cosa] que permite o impulsa el funcionamiento de algo: *El corazón es el motor del cuerpo. Yo soy el motor de esta empresa.* || *s. m.* **4** Máquina que produce movimiento a partir de cualquier otro tipo de energía: *motor de explosión, motor de reacción, motor Diesel.* **~ de arranque. ~ de / a reacción.** || *adj. / s. f.* **5** Embarcación pequeña con motor: *lancha motora.* **barca de / a ~.** FR. Y LOC. **vuelo* sin ~.**

motorismo *s. m.* (no contable) Motociclismo.

motorista *s. m. / f.* **1** Persona que conduce o viaja en motocicleta: *Los motoristas a veces adelantan por la izquierda.* SIN. motociclista. **2** Policía que patrulla en motocicleta: *Una motorista de la guardia urbana detuvo a los causantes de un aparatoso accidente.* SIN. motociclista. **3** AMÉR. Persona que maneja un vehículo.

motorización *s. f.* Equipamiento de una máquina con una clase de motor: *La carrocería resulta algo pesada para una motorización algo insuficiente.*

motorizado, da *adj. / s. m.* y *f.* VEN. Motorista.

motorizar *v. tr.* **1** Dotar ‹una persona› a [una máquina o un sistema] de motor: *Los ingenieros han motorizado el nuevo coche con cuidado.* ‖ *v. prnl.* **2** Adquirir ‹una persona› un vehículo: *Ahora todos estamos motorizados.* ⇒ **19.**

motoso, sa *adj.* **1** COL. [Pelo] que es rizado. **2** COL. [Tejido] que tiene bolitas. **3** PERÚ. Que habla español con acento de una lengua indígena.

motovelero *s. m.* Barco de vela que dispone de un motor.

motricidad *s. f.* **1** (no contable) Capacidad de moverse o producir movimientos: *Este eje transmite la motricidad a las ruedas.* **2** (no contable) FISIOL. Capacidad de algunos músculos para reaccionar ante diferentes estímulos: *motricidad muscular involuntaria. El accidente le redujo la motricidad de los músculos de la cara.* **3** (no contable) FISIOL. Capacidad de algunos centros nerviosos para hacer que un músculo produzca un movimiento de contracción: *motricidad artificial, motricidad por impulsos eléctricos.*

motriz *adj.* Que produce movimiento: *una fuerza motriz. La idea motriz es vender muy barato.* SIN. motora.

motu proprio *adv.* ELEVADO. Por propia voluntad: *El ladrón se presentó motu proprio en comisaría.*

mousse (del francés; pronunciamos *'mus'*) *s. f.* **1** Crema batida de algún producto alimenticio: *mousse de chocolate, mousse de limón.* **2** RESTRINGIDO. Crema espumosa de un producto de perfumería: *mousse de afeitar, mousse de belleza.*

mouton (del francés; pronunciamos *'mutón'*) *s. m.* **1** Piel de cordero curtida y preparada para hacer prendas de invierno: *Me han regalado un chaquetón de mouton.* **2** Prenda de este material: *La vecina siempre va con su mouton, haga frío o calor.*

movedizo, za *adj.* **1** Que es fácil de mover: *Esta peña no molesta, es movediza.* **2** Que no tiene firmeza o estabilidad, que ofrece inseguridad: *La casa está asentada en un terreno movedizo y corre el peligro de que se derrumbe. Estamos tratando con una clientela muy movediza y debemos ser prudentes.* **arenas* movedizas.**

mover *v. tr.* **1** Hacer ‹una persona o una cosa› que [un cuerpo o parte de él] cambie de lugar o de posición: *Moví la mesa para poder pasar. Movimos el cuadro* ***de*** *una pared* ***a*** *otra.* SIN. trasladar, desplazar. **2** Agitar ‹una persona› [una cosa]: *Movió la bandera en señal de bienvenida.* SIN. remover, menear. **3** Hacer ‹una persona o una cosa› que [una cosa] funcione: *El motor mueve la máquina.* SIN. accionar, activar. **4** Hacer ‹una persona o una cosa› que [una cosa] vaya más rápida o sea más eficaz: *El director movió el asunto con la ayuda de sus colaboradores.* SIN. activar, acelerar. **5** Dar ‹una persona o una cosa› motivos para que [una persona] haga [una cosa]: *Su pobreza me movió* ***a*** *ayudarla.* SIN. motivar. **6** Comunicar ‹una persona› entusiasmo o interés [a otra persona]: *Es un cantante que mueve masas.* SIN. enardecer. **7** Pegar ‹una persona› una paliza [a otra persona]. ‖ *v. intr.* **8** Dar lugar ‹una cosa› [a un estado de ánimo] en una persona: *Su desgracia mueve* ***a*** *compasión.* SIN. provocar. ‖ *v. prnl.* **9** Cambiar ‹un cuerpo o parte de él› de lugar o de posición: *Pedro se movió.* **10** Preocuparse ‹una persona› por hacer lo necesario para [conseguir o resolver una cosa]: *El jugador se movió* ***para*** *lograr un puesto en el equipo.* SIN. maniobrar. **11** Saber actuar ‹una persona› en [un determinado ambiente o una actividad]: *Marisa se mueve muy bien* ***en*** *la alta sociedad.* SIN. desenvolverse. FR. Y LOC. **menear / ~ el esqueleto*. no ~ un dedo*.** ⇒ **52.**

movible *adj.* Que se puede mover o cambiar. **fiesta* ~.**

movida *s. f.* **1** (no contable) COLOQUIAL. Animación grande o diversión animada y agradable: *Hemos estado toda la noche de movida.* **2** COLOQUIAL. Protesta o manifestación con jaleo, agitación, bronca o incidentes: *Los estudiantes organizaron una gran movida para protestar contra las tasas universitarias.* **3** VEN.; COLOQUIAL. Negocio sucio o asunto poco claro.

movido, da *adj.* **1** Que sucede con mucha agitación, suceso o trabajo: *Has tenido una jornada muy movida. La reunión resulto muy movida.* **2** [Fotografía] que ha salido borrosa: *La foto está movida.*

móvil *adj.* **1** Que puede moverse o ser movido: *Una unidad móvil se encuentra ya en el lugar del accidente. Es difícil acertar en un blanco móvil.* ANT. inmóvil. **parque* ~. 2** (estar) RESTRINGIDO. Que tiene poca estabilidad: *Ten cuidado, que la botella está móvil y puede caerse.* ‖ *s. m.* **3** Motivo, razón de una cosa: *el móvil del crimen. El móvil del asesino ha sido el dinero.* **4** Objeto compuesto por diferentes elementos o figuras que se mueven por la acción del viento o mediante algún dispositivo: *El aeropuerto está decorado con varios móviles interesantes.* **5** FÍS. Cuerpo en movimiento: *la velocidad de un móvil.*

movilidad *s. f.* (no contable) Capacidad de movimiento: *Creo que tengo más movilidad en la ciudad si voy en metro. Mi padre ya tiene poca movilidad, pasea poco.*

movilización *s. f.* **1** Acción y resultado de movilizar o movilizarse: *la movilización contra la droga, la movilización contra el paro, campaña de movilización contra la guerra.* **2** Llamamiento a filas de una quinta ya licenciada: *Se prepara la movilización de todas las quintas desde el ochenta y cinco.*

movilizar *v. tr.* **1** Poner ‹una persona o una cosa› [a un grupo de personas] en movimiento o actividad: *El jefe de bomberos ha movilizado todas las unidades contra el fuego.* **2** Incorporar ‹una persona› [a otra persona] a las filas del ejército: *El Gobierno decretará la movilización general si se recrudece el conflicto.* ‖ *v. prnl.* **3** Ponerse ‹un grupo de personas› en movimiento o actividad: *Las bases del partido se han movilizado para la próxima campaña.* ⇒ **19.**

movimiento *s. m.* **1** Cambio de posición o de lugar en el espacio respecto a un punto: *Me dijo que sí con un movimiento de cabeza. Los movimientos del elefante son muy lentos.* **2** Circulación o actividad indefinida de personas, animales o cosas: *Esta mañana hay mucho movimiento de gente en la oficina.* SIN. tráfico. **3** Conjunto de operaciones que se realizan en ciertas actividades humanas: *movimientos de la Bolsa, movimientos de dinero, el movimiento literario.* **4** Variación u operación en listas o documentos económicos como estadísticas, cuentas, balances: *El inspector revisó los últimos movimientos de la contabilidad.* **5** Conjunto de manifestaciones artísticas o políticas que tienen características comunes: *el movimiento obrero, el movimiento dadaísta, el movimiento romántico, el movimiento sindicalista, el movimiento antisionista.* SIN. corriente, tendencia. **6** POL. Rebelión de un sector de la población contra el Gobierno: *Después del Movimiento del 18 de julio de 1936 empezó la Guerra Civil en España.* **7** MÚS. Cada parte de una obra musical según las diferencias características de cada una: *La sinfonía tiene cuatro movimientos.* **8** (preferentemente en singular; no contable) Agilidad y variedad en el estilo de una obra artística: *Tienes que darle más movimiento al segundo capítulo.*

moviola (marca registrada) *s. f.* **1** Máquina usada en los estudios de cine y televisión que permite regular el movimiento de las imágenes para montarlas o comentarlas: *No es lo mismo arbitrar un partido que comentarlo después en la moviola.* **2** COLOQUIAL. Imagen controlada desde esta máquina: *Se puede comprobar la moviola del atraco perfectamente.*

moxte *s. m.* Se usa en la LOC. **sin decir* oxte ni ~.**

moza *s. f.* COL.; PEYORATIVO. Concubina, barragana.

mozalbete *s. m.* COLOQUIAL; a veces PEYORATIVO. Joven de pocos años: *Un grupo de mozalbetes se dedicaba a romper farolas en el barrio.*

mozambiqueño, ña *adj. / s. m.* y *f.* De Mozambique, país africano.

mozárabe *adj. / s. m.* y *f.* **1** HIST. De los cristianos que vivían en la Edad Media en un reino musulmán de la Península Ibérica: *Hizo un trabajo sobre los mozárabes.* || *adj.* **2** [Estilo arquitectónico] que floreció entre los siglos X y XII y se caracteriza por los rasgos visigóticos y árabes: *arte mozárabe, iglesia mozárabe.* || *s. m.* **3** LING. Variedad lingüística romance hablada por los mozárabes: *Probablemente en el siglo XII ya nadie hablaba mozárabe.*

mozo, za *adj.* **1** Del tiempo de la juventud: *Los años mozos pasan enseguida. La vida moza es alocada.* || *adj. / s. m.* y *f.* **2** RESTRINGIDO. [Persona] que es joven: *Es normal que las diversiones de los mozos no sean como las de los adultos.* **3** (ser / estar) RESTRINGIDO. [Persona] que está soltera: *María tiene cuarenta años y todavía está moza.* || *s. m.* **4** Joven que ha sido llamado al servicio militar y ha entrado en quintas: *En el último reemplazo ha disminuido el número de mozos que van a la mili.* SIN. recluta. **5** Persona que trabaja en una tienda o en una empresa haciendo recados o cargando y descargando mercancías: *mozo de carga. Dile al mozo de los recados que vaya a correos a llevar este paquete.* **6** Persona que en las estaciones se dedica a llevar las maletas y los paquetes de los viajeros: *Ahora quedan muy pocos mozos de estación.* **7** ARG., URUG; RESTRINGIDO en España. Camarero: *Llama al mozo para que nos cobre. ¡Mozo!, la cuenta, por favor.* || **8 ~ de estoques** TAUROM. Ayudante de confianza del matador de toros, que cuida de sus trastos de torear.

mozzarella (del italiano; pronunciamos *'mozarela'* o *'mosarela'*) *s. f.* Queso fresco elaborado con leche de vaca o de búfala que se usa en las pizzas: *En Lérida se crían búfalas para fabricar mozzarella.*

mu *s. m.* Se usa la LOC. **no decir ni ~** COLOQUIAL. No decir ‹una persona› nada, no hablar: *–«¿Qué te dijo cuando le devolviste el dinero?» –«Lo contó y no dijo ni mu.» Ayer en la reunión nadie dijo ni mu sobre el tema.*

muaré *s. m.* Moaré .

mucama *s. f.* **1** AMÉR. Camarera de las habitaciones en un hotel. **2** AMÉR. Empleada doméstica.

muceta *s. f.* RESTRINGIDO. Esclavina corta abotonada por delante que usan los clérigos y los doctores universitarios en ocasiones especiales: *El birrete y la muceta son los distintivos de los doctores universitarios.*

muchachada *s. f.* **1** Conjunto de jóvenes: *La muchachada del instituto se va de excursión el fin de semana.* **2** RESTRINGIDO. Comportamiento o palabras propios de un joven: *La directora consideró una muchachada que Olga le hiciera burla y sólo la ha castigado sin recreo.*

muchacho, cha *s. m. / f.* **1** Adolescente, joven de pocos años: *En la excursión conocimos a muchachos y muchachas de nuestra edad.* SIN. chico. **2** Persona, generalmente joven, que trabaja como aprendiz o recadero en un comercio o en un taller: *Ahora el muchacho le llevará las cosas a casa.* || *s. f.* **3** Mujer que trabaja como empleada del hogar en una casa: *Nos hemos quedado sin muchacha porque se ha ido al pueblo.* || *s. m.* **4** COL., VEN. Babilla de la vaca.

muchedumbre *s. f.* (no contable) Conjunto numeroso de personas: *Había una gran muchedumbre en el aeropuerto para darle la bienvenida al campeón.* SIN. gentío.

mucho, cha (apócope *muy*) *adj.* **1** Que es abundante, numeroso o intenso, o más abundante, numeroso o intenso de lo normal. OBSERVACIONES: ◊ Va siempre delante de nombres. ◊ Admite el uso del *de* partitivo: *Muchos de los actores de la película son conocidos. Hemos comprado muchos paquetes de galletas.* RELACIONES Y CONTRASTES: Igual que *poco*, y a diferencia de *más* y *menos*, *mucho* puede acompañar a un nombre precedido de artículo intercalándose entre ambos, excepto con *un*: *el mucho saber que ha acumulado, mucha gente, muchos coches.* ANT. poco. || *pron. cant.* **2** Gran cantidad de personas, animales o cosas, o mayor de lo normal: *Muchos decidieron quedarse en el albergue. Le gusta visitar iglesias porque muchas le recuerdan su ciudad natal.* ANT. poco. || *adv. cant.* **3** En gran cantidad o con mucha intensidad: *Sufrí mucho. Son muy fiables. Me gusta el tabaco muy fuerte.* ANT. poco. **4** Se antepone a expresiones comparativas adjetivas o adverbiales para matizar su alcance: *Hoy se han recibido muchas más llamadas que ayer. Enrique es mucho mejor que su hermano. Aquí trabajas mucho menos.* ANT. poco. **5** En la conversación, a veces equivale a una afirmación o confirmación de lo que se dice: *–«¿Ves la televisión?» –«Mucho.»* **6** Durante un largo período de tiempo: *Esa noche el bebé ha dormido mucho.* ANT. poco. FR. Y LOC. **como ~** Como límite máximo, a lo sumo: *Como mucho, tardaré dos horas.* **con ~** Con gran diferencia, a gran diferencia del resto: *Era, con mucho, el más conocido.* **con ~ gusto*. cuando* ~ / más. ~ es / sería que** Se usa para introducir un hecho que resulta extraño que no haya ocurrido como se indica: *Mucho sería que ya hubieran llegado todos los invitados.* **~ / tanto gusto*. muy ~** COLOQUIAL; INTENSIFICADOR. Muchísimo: *La próxima vez pensaré muy mucho si te invito a mi casa.* **ni con ~** Hablando de dos personas o cosas, resalta la diferencia que hay entre ambas: *Mi coche no es, ni con mucho, tan rápido como el tuyo.* **ni ~menos** Se usa para negar enérgicamente lo que alguien afirma o da por supuesto: *–«Hoy pagaré yo la cena». –«Ni mucho menos».* **por ~ (...) que...** Se usa para intensificar el sentido de *aunque*, añadiendo cuantificación: *Por mucho que trabajen, no acabarán dentro del plazo establecido.* **ser ~** 1 COLOQUIAL. Destacar ‹una persona por alguna cualidad o por algo que se da por sabido: *Tu abuelo es mucho, todo el mundo le adora.* 2 Se aplica también a objetos y materias: *Un poco de Jerez es mucho. Es mucho equipo este equipo.*

mucilaginoso, sa *adj.* RESTRINGIDO. Que tiene alguna propiedad del mucilago: *Vierta el polvo en el agua hasta que se forme una pasta de aspecto mucilaginoso.*

mucilago o **mucílago** *s. m.* 1 BOT. Sustancia viscosa más o menos transparente que se encuentra en algunos vegetales. 2 Sustancia viscosa producto de la disolución de goma en agua: *El mucilago se emplea para fabricar pegamentos.*

mucosidad *s. f.* (no contable) MED. Secreción viscosa parecida al moco que segregan las glándulas de una mucosa: *Tenía un resfriado con abundante mucosidad.* SIN. moco.

mucoso, sa *adj.* 1 Que es parecido al moco: *La babosa deja un rastro mucoso.* 2 Que tiene o segrega mucosidad: *La nariz tiene glándulas mucosas.* || *adj. / s. f.* 3 [Membrana] que recubre internamente los conductos y cavidades corporales que comunican con el exterior y produce mucosidad: *la mucosa nasal, la mucosa bucal, la mucosa de los labios.* **membrana* mucosa.**

muda *s. f.* 1 Conjunto de ropa interior que se cambia a la vez: *Todos los da días necesita una muda limpia.* 2 Proceso en el que los animales renuevan parcial o totalmente el tejido que los recubre y las plantas el follaje: *la muda de un pájaro.* 3 Tiempo cuando se produce esta renovación: *Llegó la época de la muda y la serpiente cambiará la piel.*

mudanza *s. f.* 1 Acción y resultado de mudar o mudarse, en especial de domicilio: *Llamamos a un transportista para la mudanza.* 2 RESTRINGIDO. Cambio de ideas, actitudes o sentimientos: *Me ha sorprendido la mudanza de Raúl con nosotros: ¿Estará enfadado por algo?* 3 Conjunto de movimientos que en bailes y danzas se hacen a compás. 4 MÉTR. En el zéjel o el villancico, estrofa que sigue al estribillo con rima diferente.

mudar *v. tr.* 1 Hacer ‹una persona o una cosa› que cambie el aspecto o el estado de [otra personas] o de [otra cosa]: *Algunos gusanos mudan su forma y se convierten en mariposa. El nuevo corte de pelo te muda el aspecto.* SIN. transformar. || *v. tr. / intr.* 2 Cambiar ‹un animal› [la piel, el pelo o las plumas]: *La serpiente mudó* ***de*** *piel.* 3 Cambiar ‹una persona› [su criterio, su actitud o sus sentimientos]: *Yo no he mudado* ***de*** *opinión.* 4 Cambiar ‹una persona› de voz: *El niño no puede cantar porque está mudando* ***de*** *voz.* 5 COL. Cambiar ‹un niño› los dientes. || *v. tr. / prnl.* 6 Trasladar ‹una persona› [a otra persona o una cosa] de [lugar]: *Natalia* ***se*** *mudó* ***de*** *casa al poco tiempo de llegar a Valencia. Tenemos que mudar todos estos papeles a otro armario.* || *v. intr.* 7 Cambiar ‹una persona o una cosa› [su aspecto o su estado]: *La tela ha mudado* ***de*** *color con el sol.* || *v. prnl.* 8 Cambiarse ‹una persona› [la ropa]: *Pedro se lavó y se mudó* ***de*** *ropa. Espérame, que me ducho y me mudo en un momento.* FR. Y LOC. **~ / cambiar de color*.**

mudéjar *adj. / s. m.* y *f.* 1 HIST. De los musulmanes que en la Edad Media mantenían su religión y sus costumbres y vivían en los territorios ocupados por los cristianos en la Península Ibérica: *barrio mudéjar. En Aragón había muchos mudéjares.* || *adj.* 2 [Estilo arquitectónico] que estuvo en vigor entre los siglos XIII y XV y reunía características cristianas y árabes: *iglesia mudéjar, palacio mudéjar. El estilo mudéjar se caracteriza por los elementos góticos o románicos, arcos de herradura y materiales como el yeso o el ladrillo.*

mudez *s. f.* 1 (no contable) Imposibilidad física de hablar: *La mudez puede ser congénita o producida por diversas causas.* 2 (no contable) RESTRINGIDO. Silencio deliberado y persistente. *Cuando Javier está enfadado lo demuestra con una mudez que puede durar días.*

mudo, da *adj. / s. m.* y *f.* 1 (ser / estar) Que no puede hablar por una incapacidad o por una lesión: *Su hija es muda de nacimiento. Sofía va a un colegio para mudos.* || *adj.* 2 (estar) Que está callado o en silencio: *Sergio permaneció mudo durante toda la fiesta. Durante años, la campana permaneció muda.* 3 [Cine, película] que no tiene sonido: *película muda.* **cine ~.** 4 LING. [Letra] que no se pronuncia: *La h, en español, es una letra muda.* 5 [Mapa] que no tiene ninguna indicación escrita: *En el examen nos pusieron un mapa mudo de la Edad Media para que lo comentáramos.*

mueble *s. m.* 1 Todo objeto que equipa o hace habitable una casa u otro espacio: *tienda de muebles, diseñador de muebles. Sólo falta llevar los muebles a la casa nueva.* **muebles de oficina.** 2 ARG., URUG.; COLOQUIAL. Casa de citas. || 3 **bienes* muebles.** 4 **cama* ~.** 5 **~ bar** Mueble con una parte especialmente preparada para guardar botellas.

mueca *s. f.* Gesto del rostro que expresa algún tipo de sentimiento o sensación: *Los chicos nos hacían muecas detrás del cristal.*

muela *s. f.* 1 Cada uno de los dientes anchos situados en los extremos de la mandíbula, que sirven para aplastar y deshacer la comida: *Tengo varias muelas picadas.* **~ del juicio** Muela que nace en la edad adulta en el extremo de la dentadura. 2 Rueda de piedra de los molinos tradicionales que giraba sobre otra fija para triturar el grano: *Los molinos actuales ya no muelen, pero se conservan algunas muelas.* 3 Disco de piedra de material abrasivo que se usa para afilar armas blancas y herramientas: *Las muelas de afilar pueden ser de diferentes tamaños.*

muelle *adj.* 1 ELEVADO. Que es blando, débil o fácil: *Es muy amigo de la vida muelle. Tu amigo tiene un carácter muy muelle, no aguanta las presiones.* || *s. m.* 2 Dispositivo elástico de metal, helicoidal o en espiral que soporta la deformación y recupera su forma inicial con fuerza: *el muelle de un amortiguador.* **colchón* de muelles.** 3 Construcción realizada en los puertos de mar o de río a orilla del agua para el embarque y desembarque de personas o de mercancías: *El barco a Ibiza está atracado en el muelle sur.* 4 Plataforma alta que hay en las estaciones de ferrocarril a la altura del suelo de los vagones, para la carga y descarga de los trenes: *El ganado se embarca en el muelle tres.*

muenda *s. f.* COL.; COLOQUIAL. Paliza, zurra.

muérdago *s. m.* *Viscum album.* Arbusto perenne, parásito de la corteza de algunos árboles, de tallo verde amarillento, hojas coriáceas y fruto en baya amarillento: *El muérdago es una planta que se asocia a la Navidad.*

muerdo *s. m.* 1 COLOQUIAL. Mordisco o bocado: *Dame un muerdo de la manzana. Pablito le ha dado un muerdo a Mónica y casi le arranca un trozo de oreja.* 2 VULGAR; HUMORÍSTICO. Beso: *Ahí hay una pareja que se está dando muerdos.*

muermo *s. m.* 1 (no contable) COLOQUIAL. Sensación de aburrimiento: *¡Menudo muermo! Chica, sacúdete el muermo, porque así no vas a ninguna parte.* 2 COLOQUIAL. Persona o cosa aburrida: *La fiesta fue un muermo. Este programa es un muermo.* 3 (no contable) COLOQUIAL. Estado de somnolencia: *Después de comer le entra el muermo.* 4 (no contable) VETER. Enfermedad contagiosa de las caballerías que puede transmitirse al hombre.

muerte *s. f.* **1** Final de la vida: *La muerte nos espera a todos.* SIN. defunción, fallecimiento. **~ natural. ~ súbita. ~ violenta. ~ dulce** Muerte sin dolor. **2** Acto de matar una persona a otra: *El delincuente fue acusado de dos muertes.* **3** Figura que simboliza la muerte: *El esqueleto con la guadaña representa a la muerte.* **4** Final o desaparición de una cosa: *la muerte de un imperio.* SIN. ruina. FR. Y LOC. **a ~** 1 [Enfrentamiento] que termina con la muerte o destrucción de una de las partes: *una lucha a muerte.* 2 Intensamente, sin paliativos: *Se odian a muerte.* **a vida* o ~. condena a ~. dar ~** Matar ‹una persona› [a otra persona o a un animal]: *El héroe dio muerte al dragón con su espada.* **danza* de la ~. de mala ~** COLOQUIAL; PEYORATIVO. [Cosa] de poco valor o mal aspecto: *Comimos en un bar de mala muerte.* **de ~** COLOQUIAL; INTENSIFICADOR. [Susto, disgusto] muy grandes: *Me has dado un susto de muerte.* **entre la vida* y la ~. estar a las puertas* de la ~. reo* de ~.**

muerto, ta *adj. / s. m.* y *f.* **1** (ser / estar) Que no tiene vida: *Está muerto, no hay nada que hacer. No aparece ni vivo ni muerto, llevamos ya más de dos semanas buscándolo.* ANT. vivo. || *adj.* **2** (ser / estar) Que no tiene viveza, energía, animación, actividad, fuerza o intensidad: *color muerto. Por la noche, esta ciudad está muerta. Estoy muerta, agotada, he subido doce pisos andando.* **3** (estar) Que siente o vive algo con mucha intensidad: *Yo me voy de aquí, estoy muerto de miedo. Estoy muerta de hambre, me comería un buey.* **~ de risa*.** **4** (en plural) Familiares o amigos fallecidos: *Honremos a nuestros muertos.* || *p.* Participio irregular de *morir.* || **5 ángulo* ~. 6 horas* muertas. 7 lengua* muerta. 8 letra* muerta. 9 mosca* muerta. 10 mosquita* muerta. 11 naturaleza* muerta. 12 obra* muerta. 13 punto* ~. 14 un ~ de hambre** PEYORATIVO. Persona que es muy pobre: *¡Qué tienes tú que decir si eres un muerto de hambre!* **15 tiempo* ~. 16 vía* muerta.** FR. Y LOC. **callarse* como un ~. cargar* con el ~. echarle el ~** COLOQUIAL. Hacer ‹una persona› que otra persona se haga responsable de un asunto o trabajo difícil o desagradable: *Atracamos el banco los tres, pero los otros quieren echarme a mí el muerto del vigilante herido.* **fondo* perdido / vitalicio / ~. hacer el ~** COLOQUIAL. Flotar ‹una persona› boca arriba en el agua, dejándose llevar. **hacer(se) el ~** COLOQUIAL. Fingir ‹una persona› que está muerta: *Se salvó, porque cuando dispararon los secuestradores se hizo el muerto.* **no tener dónde caerse* ~. tus muertos** VULGAR; DISGUSTO Y ENFADO. Se usa para contestar negativamente a una propuesta o para protestar airadamente: *–«¿No sabes conducir, cabrito?» –«¡Tus muertos!»* REFR. **El muerto al hoyo y el vivo al bollo.** Se usa para indicar que al morir una persona la vida de los demás acaba volviendo a la normalidad, como si nada hubiera ocurrido.

muesca *s. f.* **1** Hueco o recorte que se hace en una cosa para encajarla en otra: *La estantería no tiene tornillos, los estantes se encajan en los laterales en unas muescas.* **2** Corte que sirve de señal: *Mientras estuvo en la cárcel hacía una pequeña muesca cada día que pasaba en la pared.*

muestra *s. f.* **1** Parte que se separa de un conjunto y que se considera representativa del mismo: *De este modelo de zapatos sólo queda la muestra del escaparate.* **2** Pequeña cantidad de un producto o una mercancía que se ofrece gratuitamente para mostrar su calidad o sus propiedades: *Regalamos muestras de perfume como promoción.* **3** Parte de algo que se extrae para analizarla o someterla a pruebas: *una muestra de sangre.* **4** En estadística, selección de datos elegidos al azar, considerados representativos del conjunto al que pertenecen: *Nuestro cálculo se basa en una muestra telefónica.* **5** Modelo que se debe copiar o imitar: *Tenéis que pintar la muestra de dibujo que os ha dado la profesora.* **6** Exposición o feria: *una muestra de maquinaria agrícola, feria de muestras.* **7** Señal, prueba, demostración: *Nos recibió con muestras de afecto, moviendo mucho el rabo.* **8** Rótulo u objeto que se pone en el exterior de los comercio para indicar la actividad que desarrollan: *En la zapatería tenían una bota enorme como muestra.* **9** En la caza, parada que hace el perro indicando que ha encontrado la pieza, antes de levantarla: *Éste es un perro estupendo, ya verás cuántas muestras hace hoy.* FR. Y LOC. **botón* de ~. para ~ basta un botón** Se usa para indicar que como prueba de lo que se dice basta citar un solo argumento de los muchos que existen.

muestrario *s. m.* **1** Colección o relación de muestras de un producto comercial: *En un muestrario encontré la tela que buscaba.* **2** Conjunto variado dentro de un mismo tipo de personas o cosas: *En el café se reunía todo un muestrario de personajes pintorescos.* SIN. surtido.

muestreo *s. m.* **1** Selección de las muestras más representativas de un conjunto para observar las características del mismo: *Se han realizado muestreos entre la población para ver qué tipo de libros se leen actualmente.* **2** Técnica empleada en esta selección.

MUFACE (pronunciamos *'muface'*) *s. f.* Sigla de «Mutualidad General de Funcionarios Civiles del Estado», España.

muflón *s. m.* (macho y hembra) *Ovis musimon.* Mamífero rumiante parecido al carnero doméstico, de pelo largo, color castaño, que tiene unos grandes cuernos curvados hacia atrás: *En la serranía de Cuenca se crían muflones.*

mugido *s. m.* Voz característica del toro o de la vaca o ruido del viento: *el mugido de los toros, el mugido del viento en la tormenta.*

mugir *v. intr.* **1** Emitir ‹el toro o la vaca› su voz característica: *Las vacas se han pasado toda la noche mugiendo.* **2** Hacer ‹el viento o el mar› un ruido fuerte y ronco: *El viento mugía entre las velas.* SIN. bramar, rugir. ⇒ **78.**

mugre *s. f.* **1** Suciedad, generalmente grasienta: *La cocina está llena de mugre.* **2** ARG., URUG. Cosa de mala calidad.

mugriento, ta *adj.* (ser / estar) Que es muy sucio o está lleno de mugre: *El mendigo vestía ropas mugrientas. Es un tipo muy mugriento. Vive en una casa mugrienta.*

mugroso, sa *adj.* RESTRINGIDO. Mugriento.

mujer *s. f.* **1** Persona de sexo femenino: *la emancipación de la mujer. Hoy la mujer busca independencia.* **2** Persona de sexo femenino que ha alcanzado la madurez: *La niña que recordaba está hecha una mujer.* **3** Casada respecto de su marido: *La mujer de Carlos no podrá venir a la cena. Te presento a mi mujer.* || **4 ~ de campo** Campesina. **6 ~ de la calle** Prostituta. **7 ~ de la limpieza** Mujer contratada para hacer trabajos de limpieza en una casa, o en una empresa: *Hoy viene la mujer de la limpieza.* **8 ~ de su casa** Mujer dedicada al cuidado del hogar: *Ana es una mujer de su casa.* **9 ~ fácil** COLOQUIAL; PEYORATIVO. Mujer que acepta rápidamente tener relaciones sexuales con un hombre: *Es una* *mujer fácil, que se va con el primero que llega.* **10 ~ fatal** Mujer que por su aspecto y su actitud es irresistible a los hombres: *La mujer fatal ha sido la heroína de muchas películas y de algunas novelas.* **11 ~ objeto** Mujer utilizada o considerada como un objeto de placer. **12 ~ pública** o **~ de la vida** o **~ de mala vida** Prostituta. FR. Y LOC. **de mujer a ~** Con sinceridad, entre iguales: *De mujer a mujer, la locutora nos dijo que era difícil mantenerse en un programa de hombres.* **ser ~** Tener ‹una niña› la primera menstruación: *La madre debe preparar a su hija para cuando sea mujer.* **tomar ~** RESTRINGIDO. Contraer ‹un hombre› matrimonio con una mujer, casarse: *A tu edad deberías pensar en tomar mujer.*

mujeriego, ga *adj.* **1** RESTRINGIDO. De la mujer o como de mujer: *andares mujeriegos, costumbres mujeriegas.* || *adj. / s. m.* **2** [Hombre] que intenta siempre y en cualquier circunstancia conquistar a las mujeres: *Me he separado de mi marido porque es muy mujeriego.*

mujeril *adj.* a veces PEYORATIVO. De la mujer: *Las opiniones mujeriles son tan importantes como las de los hombres.*

mujerío *s. m.* a veces PEYORATIVO. Conjunto grande de mujeres: *No me gusta el mujerío del mercado cuando voy a comprar.*

mujik *s. m.* HIST. Campesino pobre de la Rusia zarista.

mújol *s. m.* (macho y hembra) *Mugil provensalis.* Pez marino de cuerpo alargado, labios gruesos con verrugas, que suele dar saltos por encima del agua, penetra a veces por la parte baja de los ríos y es apreciado por su carne y por sus huevas. SIN. lisa.

mula *s. f.* **1** COL. Carretilla, elevador de horquilla. **2** URUG. Mentira.

muladar *s. m.* **1** Lugar donde se tira el estiércol o la basura: *Los muladares de los pueblos sólo se pueden hacer en sitios determinados.* **2** Lugar muy sucio: *Esta habitación está hecha un muladar.* SIN. pocilga.

muladí *adj. / s. m.* y *f.* HIST. De los cristianos que se convirtieron al islamismo durante la dominación musulmana en España: *Los muladíes eran numerosos en el campo.*

mular *adj.* Del mulo o la mula: *ganado mular.*

mulato, ta *adj. / s. m.* y *f.* Que ha nacido de una pareja compuesta por una persona negra y otra blanca: *Mi hija es mulata. Mi novio es un mulato guapísimo.*

muleta *s. f.* **1** Bastón alto con una pieza para apoyar la axila o sujetar bien el brazo, utilizado por las personas que tienen dificultades para andar: *Se ha roto un pie y anda con muletas.* **2** TAUROM. Trozo de paño rojo sujeto a un palo que se usa para torear al toro en el último tercio de la lidia, antes de matarlo: *El diestro toreó muy bien con la muleta.*

mulero, ra *s. m. / f.* ARG., URUG. Persona que miente.

muletilla *s. f.* **1** TAUROM. Pequeña muleta de torear utilizada antiguamente. **2** Botón alargado de una prenda de vestir que se cose en el extremo de un cordón. **3** Palabra o frase innecesarias que, por costumbre, se repite en la conversación: *No utilices tantas muletillas al hablar.* SIN. coletilla, latiguillo.

muletón *s. m.* (no contable) Tela gruesa y mullida de algodón o fibra, que se usa como protección de la mesa debajo del mantel, como base para planchar o como aislante debajo de la sábana de la cama o de la cuna: *Tenemos que comprar muletón para poner debajo del mantel.*

mulillas (plural) *s. f.* TAUROM. Tiro de mulas, generalmente engalanadas, que arrastran a los toros y caballos muertos en una corrida de toros: *Las mulillas están dando la vuelta al ruedo.*

mulita *s. f.* **1** AMÉR. DEL S. Armadillo. **2** CHILE; COLOQUIAL. Insecto que corre por la superficie del agua.

mullido, da *adj.* **1** (ser / estar, antepuesto / pospuesto) Que es blando o esponjoso: *Nos apoyamos en los mullidos cojines.* || *s. m.* **2** Material blando usado para rellenar un almohadón, un cojín o un colchón: *Cambiaré el mullido del sillón.*

mullir *v. tr.* **1** Poner ‹una persona› [una cosa] blanda o esponjosa: *Siempre mullimos la almohada para dormir mejor.* **2** Cavar ‹una persona› [la tierra] para que se ablande y ahueque: *Hay que mullir la tierra de la viña para que se airee y empape mejor el agua.* ⇒ **53.**

mulo, la *s. m. / f.* **1** Animal, generalmente estéril, producto del cruce de yegua y asno, parecido al asno, pero de mayor tamaño y muy fuerte y resistente: *Para tirar de los carros los mulos son los más fuertes.* **2** COLOQUIAL. Persona que aguanta mucho, que trabaja mucho o que es muy fuerte: *Esa chica es una mula, estudia casi doce horas diarias.* **3** COLOQUIAL. Persona muy bruta o muy terca: *No se puede razonar contigo; eres una mula. Hablar con él es como hablar con un mula.*

multa *s. f.* **1** Castigo que se impone por no cumplir una norma, y que, generalmente, consiste en pagar una cantidad de dinero establecida: *Los guardias le han puesto una multa por exceso de velocidad. Tuvo que pagar una multa por fumar en el colegio.* **~ de tráfico. 2** Papel o recibo donde se indica que alguien no ha cumplido una norma, especialmente de circulación: *Ya me ha llegado la multa por haber aparcado el coche en un sitio prohibido.*

multicolor *adj.* De muchos colores: *un dibujo multicolor, un traje multicolor.*

multicopista *s. f.* Máquina que reproduce muchas copias de un original especialmente preparado en un cliché: *Las multicopistas han sido desterradas casi totalmente por la alianza del ordenador y la fotocopiadora.*

multigrado *adj.* (invariable) [Aceite lubricante] que no sufre ninguna alteración con los cambios de temperatura: *Todos nuestros aceites multigrado le darán a usted y a su coche plena satisfacción.*

multígrafo *s. m.* VEN. Multicopista.

multilateral *adj.* Que tiene varios lados, partes o aspectos: *política multilateral, ayuda multilateral al Tercer Mundo.*

multimedia *adj. / s. m.* (invariable) Sistema de reproducción o transmisión integrada de imagen, sonido y texto en un aparato electrónico: *la competencia entre los sistemas multimedia. Todos los multimedia que le ofrecemos tienen garantía de tres años.*

multimillonario, ria *adj. / s. m.* y *f.* Que tiene mucho dinero: *Es multimillonaria, su fortuna está valorada en muchos millones de pesetas.*

multinacional *adj.* **1** De varias naciones: *fuerzas multinacionales, ayuda multinacional.* || *adj. / s. f.* **2** [Sociedad mercantil o industrial] que tiene intereses y actividades en varios países: *empresa multinacional. El sector está controlado por las multinacionales.*

multípara *adj.* **1** MED..[Hembra] que tiene varios hijos en un solo parto. **2** MED. [Mujer] que ha tenido más de un parto.

múltiple *adj.* **1** Que encierra complejidad, diversidad o variedad, o se compone de elementos de diferente naturaleza: *actividad múltiple, aspecto múltiple. Tengo una rotura múltiple. La bomba es una trampa múltiple.* **2** (en plural; antepuesto / pospuesto) RESTRINGIDO. Muchos o varios: *Nos hemos enfrentado en múltiples ocasiones.* ‖ **3 telegrafía* ~.**

multiplicación *s. f.* **1** (no contable) MAT. Operación matemática que consiste en hallar el resultado de repetir un número tantas veces como indique otro: *La multiplicación es una suma abreviada.* **2** (no contable) Aumento rápido del número de algo: *En los últimos días se ha producido una multiplicación de conflictos laborales.*

multiplicador, ra *adj. / s. m.* y *f.* **1** Que multiplica: *La noticia tendrá un efecto multiplicador sobre nuestras ventas.* ‖ *s. m.* **2** MAT. En una multiplicación, número que indica el número de veces que debe sumarse el multiplicando para obtener el resultado de la operación: *Cuando se enseña la multiplicación en las escuelas españolas, el multiplicador se coloca debajo.* **3** Sustancia detonante que, activada por el cebo, prende la carga explosiva en los proyectiles: *La bomba no estalló porque el multiplicador se hallaba en malas condiciones.*

multiplicando *s. m.* MAT. En una multiplicación, número que debe sumarse tantas veces como indique el multiplicador para dar el producto de la operación.

multiplicar *v. tr.* **1** Hacer ‹una persona o una cosa› que aumente varias veces el número o la cantidad de [una cosa]: *La nueva dirección multiplicó las ventas.* SIN. incrementar. **2** MAT. Hallar ‹una persona› el producto de [dos números]: *No es difícil multiplicar dos cantidades tan pequeñas.* ‖ *v. prnl.* **3** Reproducirse ‹un ser vivo›: *Los roedores se multiplican con gran facilidad.* **4** Mostrar ‹una persona› mucho interés o afecto por [una persona o una cosa]: *La anfitriona se multiplicaba* ***para*** *atender a todos los invitados.* SIN. desvivirse. **5** Aumentar ‹una cosa› varias veces su número o su cantidad: *El déficit se multiplica semana tras semana.* SIN. incrementarse. ⇒ **71.**

multiplicativo, va *adj.* Que multiplica: *Triple es un adjetivo o pronombre multiplicativo.*

multiplicidad *s. f.* **1** (no contable) Cualidad de aquello que tiene muchos elementos y características: *la multiplicidad de la Naturaleza. La multiplicidad de la Humanidad es maravillosa.* **2** (no contable) Gran cantidad de cosas, acciones o personas diferentes dentro de cierta unidad: *la multiplicidad de razas. La ventaja de este ordenador es la multiplicidad de sus funciones.*

múltiplo, pla *adj. / s. m.* MAT. [Número, cantidad] que contiene a otro número u otra cantidad dos o más veces exactamente. *Diez es múltiplo de dos.* **mínimo común ~** El menor de los múltiplos comunes a varios números.

multipropiedad *s. f.* **1** ECON. Sistema de propiedad de un inmueble compartida entre varios propietarios que se reparten el disfrute del mismo según ciertas condiciones: *venta de apartamentos en régimen de multipropiedad.* **2** Inmueble o derecho adquirido mediante este sistema: *Mi multipropiedad me está creando muchos problemas.*

multitud *s. f.* **1** (no contable) Conjunto numeroso de personas reunidas en un lugar: *La multitud aplaudió el discurso del rey.* SIN. muchedumbre. **2** (no contable) INTENSIFICADOR. Cantidad muy numerosa de algo: *Había una multitud de coches.* FR. Y LOC. **en olor* de multitudes.**

multitudinario, ria *adj.* De la multitud o formado por ella: *recibimiento multitudinario, opinión multitudinaria.*

mundanal *adj.* (antepuesto / pospuesto) Del mundo, en cuanto opuesto al espíritu: *Me retiro a vivir lejos del mundanal ruido. Ha renunciado a los placeres mundanales. La vida mundanal no le atrae.* SIN. mundano.

mundano, na *adj.* **1** De la alta sociedad: *fiestas mundanas. Me gustan los halagos mundanos. Lucía es una persona muy mundana.* **2** Del mundo, de lo que puede morir en oposición a lo espiritual: *Sólo se preocupa de asuntos mundanos. La gula y la lujuria son placeres mundanos.* SIN. mundanal.

mundial *adj.* **1** De todo el mundo: *campeonato mundial. ¿Habrá una tercera guerra mundial?* ‖ *s. m.* **2** DEP. Competición deportiva en la que participan representantes de todo el mundo: *un mundial de esquí.*

mundialmente *adv. modo* A escala mundial, en todo el mundo: *un pintor mundialmente famoso. El cantante español es conocido mundialmente.*

mundillo *s. m.* **1** (no contable) COLOQUIAL. Grupo de personas que tienen una actividad en común: *el mundillo universitario, el mundillo de los toros. Está intentando entrar en el mundillo del cine.* SIN. ambiente. **2** ARTES. Almohadilla que se emplea para hacer encaje de bolillos.

mundo *s. m.* **1** Conjunto de todas las cosas materiales que existen: *la creación del mundo, el destino del mundo.* SIN. universo, cosmos. **2** La Tierra o planeta habitado por las personas: *El español se habla en varios países del mundo.* **bola* del ~. 3** Conjunto de países de este planeta: *Hemos visitado todos los países del mundo.* **~ desarrollado. ~ occidental. ~ oriental. partes* del ~. el Mundo Antiguo** o **el Viejo Mundo** Mundo conocido antes del descubrimiento de América. **el Nuevo Mundo** América. **el tercer ~** EUFEMISMO. Conjunto de los países subdesarrollados. **4** Cada una de las partes, reales o imaginarias, en que puede dividirse todo cuanto existe: *el mundo de los sueños, el mundo submarino, mundo poético.* **5** (no contable) La sociedad o la Humanidad entera: *El mundo entero está pendiente de las decisiones de la O.N.U.* **6** Parte de la sociedad: *el mundo universitario, el mundo del deporte. El mundo laboral está desconcertado.* **~ cristiano. ~ islámico. ~ marginal. ~ rural. ~ urbano. 7** (no contable) Ámbito: *el mundo de las letras, el mundo de la medicina, el mundo de la moda.* **8** REL. Entre los católicos, vida seglar por oposición a la monástica y religiosa: *Josefa se ha apartado del mundo y se ha retirado a un convento.* **9** COL. Montón. ‖ **10 el otro ~** El mundo de los muertos. **11 este ~** Mundo que vivimos: *los sufrimientos y las penas de este mundo.* **12 medio ~** INTENSIFICADOR. Mucha gente: *Medio mundo estaba en la fiesta.* **13 otros mundos** Otros planetas y sistemas planetarios: *No se sabe si hay vida en otros mundos.* FR. Y LOC. **caérsele / venírsele el ~ encima** COLOQUIAL; INTENSIFICADOR. Desmoralizar o abatir mucho una cosa a una persona: *Cuando le dijeron que estaba despedido, se le vino el mundo encima.* **correr / ver ~** COLOQUIAL. Recorrer ‹una persona› muchos países: *Me gustaría ver mundo: viajar por África y América.* **desde que el mundo es ~** COLOQUIAL; INTENSIFICADOR. Desde siempre: *Des-*

de que el mundo es mundo las riquezas han sido muy apreciadas. **echar / traer al ~** Parir ‹una mujer o una hembra›. **el ~ es un pañuelo** COLOQUIAL; SORPRESA. Se usa en los momentos en que una persona coincide con otra en un lugar: *No esperaba verte aquí, el mundo es un pañuelo.* **en el fin del ~** o **al fin del ~** INTENSIFICADOR. En un lugar muy alejado o en esa dirección: *Te compraré ese libro, aunque tenga que ir al fin del mundo a buscarlo.* **estar / andar el ~ revuelto** COLOQUIAL. Haber muchos enfrentamientos o guerras. **hacer un ~** COLOQUIAL; INTENSIFICADOR. Dar ‹una persona› demasiada importancia a una cosa que no es tan grave: *De cualquier problema haces un mundo.* **hombre* de ~. hundirse el ~** COLOQUIAL; INTENSIFICADOR. Ocurrir una gran catástrofe o desgracia: *Si no se hunde el mundo, iremos a verte a Argentina.* **irse* de este ~. lejos del ~** Lejos de la vida propia de los seglares: *En el convento los monjes viven lejos del mundo.* **meterse en su ~** COLOQUIAL. Estar ‹una persona› abstraída, sin ver lo que ocurre a su alrededor: *Te metes en tu mundo y no oyes a los demás.* **no ser el fin del ~** o **no acabarse el ~** COLOQUIAL. No ser ‹una cosa› tan grave como parece: *Por suspender una asignatura no se acaba el mundo.* **no ser nada del otro jueves / ~. ponerse el ~ por montera** COLOQUIAL. Arriesgarse ‹una persona› a hacer una cosa sin temor a las consecuencias, desafiar a la gente con un comportamiento: *El director de la escuela se puso el mundo por montera y admitió a varios niños africanos a pesar de las protestas de los padres.* **por nada del ~** o **(ni) por todo el oro del ~** COLOQUIAL; INTENSIFICADOR. Se usa para indicar la decisión de no hacer algo: *El abuelo no se iría de su pueblo ni por todo el oro del mundo.* **tener mucho ~** o **ser de ~** COLOQUIAL; INTENSIFICADOR. Tener ‹una persona› mucha experiencia en la vida: *Como tiene mucho mundo, no es fácil que le engañen.* **venir al ~** Nacer ‹una persona›: *Vino al mundo en diciembre.* **vivir en otro ~** COLOQUIAL. No darse cuenta ‹una persona› de nada de lo que ocurre a su alrededor: *Inés es muy ingenua, vive en otro mundo, pensando que todo la gente es buena.*

mundología *s. f.* (no contable) COLOQUIAL; HUMORÍSTICO. Experiencia del mundo y habilidad en el trato con personas: *Asiste a muchas fiestas y tiene mucha mundología para estar con ese tipo de gente.* SIN. mundo.

munición *s. f.* **1** (preferentemente en plural) Conjunto de provisiones y material de guerra de los ejércitos: *El presupuesto para municiones ha disminuido este año.* SIN. pertrechos. **2** Carga que disparan las armas de fuego: *la munición de la metralleta, la munición del mortero. Me he quedado sin municiones.*

municipal *adj.* **1** Del municipio: *régimen municipal, administración municipal.* || *s. m. / f.* **2** COLOQUIAL. Agente de la guardia urbana: *Los municipales me han puesto una multa por aparcar mal.* **guardia* ~ / urbano. policía* ~.** || *s. f.* **3** COL.; COLOQUIAL. Mujer que tiene relaciones amorosas con muchos hombres.

municipalidad *s. f.* RESTRINGIDO. Ayuntamiento de un municipio: *La municipalidad aprobó el presupuesto del año próximo.*

municipalizar *v. tr.* Hacer ‹una persona o un organismo› que [un servicio público que estaba en manos privadas] pase a depender del municipio: *El Alcalde ha prometido que municipalizará las guarderías.* ⇒**19.**

municipio *s. m.* **1** División administrativa menor del Estado, dirigida por un ayuntamiento: *El municipio no puede financiar él solo los gastos de explotación del metro.* **2** Territorio que corresponde a esta división administrativa: *El municipio de Cuenca es muy extenso.* **3** Conjunto de habitantes de este territorio: *El municipio de Salamanca se echó a la calle para honrar a su santo patrón.* **4** Ayuntamiento o corporación formada por un alcalde y varios concejales: *El municipio se renovará en las próximas elecciones.*

munificencia *s. f.* (no contable) ELEVADO. Generosidad grande y espléndida: *Siempre trató a sus invitados con una munificencia extraordinaria.*

munir *v. tr.* **1** URUG. Proveer ‹una persona› [a otra persona] de una cosa. || *v. prnl.* **2** ARG., URUG. Proveerse ‹una persona› de una cosa.

muñeca *s. f.* **1** Parte del brazo donde se articula la mano con el antebrazo: *Se ha roto la muñeca y no puede llevar peso.* **2** COLOQUIAL. Mujer joven y atractiva: *¿Qué quieres, muñeca? A muchas mujeres no les gusta que les llamen muñeca.* **3** PERÚ; COLOQUIAL. Serenidad en situaciones difíciles, autocontrol. FR. Y LOC. **tener ~** ARG., BOL., CHILE, PAR., URUG.; COLOQUIAL. Tener ‹una persona› contactos o relaciones influyentes.

muñeco, ca *s. m. / f.* **1** Juguete o adorno de figura humana o animal: *jugar* ***a*** *las muñecas, jugar* ***con*** *las muñecas, casa de muñecas, muñeco de trapo. Mis hijos tienen la habitación llena de muñecos.* **~ de nieve** Figura de nieve. **~ de papel** Figura de papel con forma humana, que solía colgarse como broma en la espalda de las personas. **2** COLOQUIAL. Niño de aspecto dulce: *Esa niña parece una muñeca.* || *s. m.* **3** COLOQUIAL. Hombre de poco carácter que se deja dominar por los demás: *Ernesto es el muñeco de su jefe.*

muñeira *s. f.* Composición musical popular gallega y baile que la acompaña, que se ejecuta con la gaita, el pandero y el tamboril: *Las muñeiras son típicas de Galicia.*

muñequear *v. tr.* **1** ARG., URUG.; COLOQUIAL. Tener ‹una persona› habilidad o capacidad de controlar [un asunto] en beneficio propio o de los amigos. || *v. prnl.* **2** PERÚ; COLOQUIAL. Ponerse ‹una persona› nerviosa.

muñequera *s. f.* Tira de cuero o banda elástica que se enrolla alrededor de la muñeca para sujetarla o para prevenir problemas articulares, especialmente si se han de realizar esfuerzos violentos: *una muñequera para jugar al tenis. Los levantadores de pesas llevan muñequera.*

muñir *v. tr.* ELEVADO, RESTRINGIDO. Influir ‹una persona› en [una persona o una cosa] en provecho propio mediante la astucia o por medios ilícitos: *En el siglo* XIX *era frecuente que se muñeran las votaciones.* SIN. manipular, amañar. ⇒ **53.**

muñón *s. m.* **1** Parte corporal de una extremidad que queda después de una amputación: *Con las técnicas ortopédicas modernas no se notarán los muñones de las manos.* **2** Parte del cuerpo que no se desarrolla y permanece atrofiada: *Su hijo ha nacido con dos muñones en vez de piernas.*

mural *s. m.* **1** Obra pictórica o escultórica, decorativa o informativa que se realiza sobre una pared o parte de ella: *Un mural gigantesco representa la historia del pueblo azteca.* **2** Periódico o letrero que se escribe o se cuelga sobre una pared: *En el colegio cada curso escribe sus propios murales. Un gran letrero mural exige silencio.* || *adj.* **3** Que se pone sobre un muro: *pintura mural, periódico mural.*

muralista *adj.* **1** Del muralismo: *técnica muralista.* || *s. m. / f.* **2** Artista que practica el muralismo: *Algunos pintores contemporáneos mejicanos son grandes muralistas.*

muralla *s. f.* Muro fuerte y elevado, generalmente con almenas y torres, que rodeaba y protegía un territorio o una ciudad: *Se han encontrado restos de la muralla ibérica de Tarragona. Es famosa la Gran Muralla china.* SIN. muro.

murciano, na *adj. / s. m.* y *f.* De Murcia, ciudad, provincia y comunidad autónoma española: *la huerta murciana. Los murcianos iniciaron la marcha de protesta.*

murciélago *s. m.* (macho y hembra) *Pipistrellus pipistrellus.* Mamífero volador pequeño, con una especie de ala que une las extremidades, el cuerpo y la cola, que tiene costumbres nocturnas, se guía en la oscuridad por ultrasonidos que emite y permanece en letargo durante el invierno: *El murciélago come muchos insectos dañinos de la huerta y por eso figura en el escudo de la ciudad de Valencia.*

murga *s. f.* **1** Banda de músicos callejeros no muy buenos: *Una murga animó el baile de la fiesta mayor.* **2** COLOQUIAL. Cosa pesada o molesta: *¡Vaya murga de discurso! Tener que ir a clase tan temprano es una murga.* **dar la ~.**

murmullo *s. m.* Ruido continuo y suave que no se distingue bien: *Le gustaba estar en la playa escuchando el murmullo de las olas.* SIN. rumor, susurro.

murmuración *s. f.* Comentario negativo sobre alguien que no está presente: *Lleva una vida muy normal para evitar murmuraciones.* SIN. cotilleo.

murmurar *v. intr.* **1** Hablar ‹una persona› mal de [una persona] o de [una cosa que no está presente]: *Siempre murmura* ***de*** *todos sus vecinos.* SIN. criticar. **2** Producir ‹una cosa› murmullo: *El aire fresco murmuraba entre las ramas.* SIN. susurrar. || *v. intr. / tr.* **3** Hablar ‹una persona› en voz baja y apenas sin vocalizar: *No murmures tonterías y dedícate a lo que te importa.* SIN. susurrar, musitar. || *v. prnl.* **4** Extenderse ‹una noticia o un rumor›: *Se murmura que el campeón correrá la vuelta ciclista a España.*

murmurón, na *adj. / s. m.* y *f.* AMÉR. Murmurador, chismoso.

muro *s. m.* **1** Pared gruesa: *Tuve que saltar el muro que rodea la casa. El patio del colegio estaba protegido por un alto muro.* **2** (preferentemente en plural) Muralla, obra defensiva que rodea un lugar: *los muros de una fortaleza, los muros de un castillo.* **3** Lo que sirve de incomunicación o aislamiento: *Su timidez es un muro difícil de pasar.*

murria *s. f.* **1** (no contable) COLOQUIAL. Tristeza, melancolía: *Marisol siente murria de su tierra. Tengo un sentimiento de murria.* **2** (no contable) Mal humor: *Hoy tiene una murria que no hay quien la aguante.*

murrio, rria *adj.* (ser / estar) RESTRINGIDO. Que tiene murria o tristeza: *¡Qué cara más murria! Estoy murrio.*

murtilla *s. f.* **1** CHILE. Arbusto mirtáceo de flores blancas y fruto en baya roja. **2** CHILE. Fruto de esta planta. **3** CHILE; RESTRINGIDO. Licor fermentado que se hace con este fruto.

mus *s. m.* **1** Juego de cartas por parejas en el que se hacen apuestas: *jugar al mus.* **2** Palabra con la que un jugador indica que desea descartarse en este juego.

musa *s. f.* **1** (preferentemente en plural) MIT. Cada una de las nueve diosas griegas protectoras de las artes y de las ciencias: *En la literatura clásica los artistas invocaban a las musas para pedir su protección.* **2** (no contable) ELEVADO. Inspiración de un poeta: *Su obra está inspirada en su musa más próxima, su mujer.*

musaraña *s. f.* (macho y hembra) *Crocidura russula.* Mamífero insectívoro de patas cortas y hocico largo y puntiagudo, que extermina muchos animales dañinos para los cultivos. FR. Y LOC. **pensar en las musarañas** COLOQUIAL. Estar ‹una persona› distraída, despistada o sin prestar atención: *Aquí estoy mirando por la ventana y pensando en las musarañas.*

musculación *s. f.* Desarrollo o cultivo de los músculos: *aparato de musculación, sala de musculación.*

muscular *v. intr. / tr. / prnl.* Adquirir ‹una persona› volumen o fuerza muscular en [una parte del cuerpo]: *Un amigo le aconsejó muscular****se*** *porque estaba muy delgado. Todas las tardes en el gimnasio hace ejercicios para muscular el abdomen.*

muscular *adj.* De los músculos: *contractura muscular.* **distrofia* ~.**

musculatura *s. f.* **1** Conjunto de los músculos del cuerpo: *propiedades de la musculatura humana.* **2** Grado de desarrollo de los músculos del cuerpo: *un atleta de gran musculatura.*

músculo *s. m.* **1** ANAT. Cada uno de los órganos compuestos por tejido fibroso, capaces de contraerse y estirarse, que permiten el movimiento y constituyen junto con los huesos y cartílagos el aparato locomotor del hombre y de los animales. **~ abductor. ~ aductor. ~ sartorio.** **2** (preferentemente en plural) Musculatura: *Nuestro campeón tiene mucho(s) músculo(s), pero necesita técnica y velocidad.* FR. Y LOC. **hacer músculos** COLOQUIAL. Desarrollar los músculos ‹una persona›: *La velocista todos los días va al gimnasio para hacer músculos.*

musculosa *s. f.* ARG., URUG. Camiseta.

musculoso, sa *adj.* **1** (ser / estar) [Persona] que tiene los músculos muy desarrollados: *De hacer culturismo mi hermano se está poniendo muy musculoso.* **2** (ser / estar) [Parte del cuerpo] que tiene unos músculos muy visibles y abultados: *Se notaban los brazos musculosos bajo la camiseta.*

museístico, ca *adj.* ADMINISTRATIVO. Del museo: *la organización museística, congreso museístico.*

muselina *s. f.* (no contable) Tela muy fina y transparente de algodón, seda o fibra artificial: *El cuerpo del vestido es de muselina blanca.*

museo *s. m.* **1** Institución dedicada a la adquisición, conservación, estudio y exposición de objetos con alguna característica común: *museo de cerámica, museo del papel, museo de antropología.* **2** Lugar donde se guardan, estudian y muestran colecciones de objetos de interés científico artístico o cultural: *Museo Británico, Museo del Prado, Museo de Ciencias Naturales, Museo Arqueológico.* **3** Lugar donde se guardan o exhiben objetos de interés: *La casa de Pedro es un museo, tiene muchos cuadros interesantes.*

museología *s. f.* (no contable) Ciencia que trata de la historia, organización, conservación y mejora de los museos y de sus colecciones: *Hay muchos alumnos interesados en museología.*

muserola *s. f.* RESTRINGIDO. Correa de la brida que rodea el morro del caballo por encima de la nariz y sirve para sujetar el bocado.

musgo *adj. / s. m.* **1** Planta de la familia de las briofitas que crece formando una capa espesa sobre cualquier superficie muy húmeda: *una roca cubierta de musgo, el musgo de los árboles.* || *s. m.* **2** (en plural) Género de estas plantas.

music-hall (del inglés; pronunciamos *'miúsic jol'*) *s. m.* Espectáculo de variedades en el que alternan los números musicales con los cómicos y los de magia: *Santiago quería trabajar como ilusionista en un music-hall.*

música *s. f.* **1** (no contable) Arte de combinar sonidos para producir un efecto estético o expresivo: *La música siempre ha interesado a los filósofos.* **2** (no contable) Composición o conjunto de composiciones de este arte: *El autor ha escrito la música y la letra de la canción.* **~ militar. ~ pop. ~ religiosa. ~ rock. ~ sinfónica. ~ ambiental** Música difundida por altavoces en algunos lugares para crear un ambiente más agradable: *la música ambiental de unos grandes almacenes.* **~ clásica** Música de tradición culta, especialmente la sinfónica y de cámara, caracterizada por la gran complejidad y riqueza de su forma. **~ de cámara** Música tocada por un pequeño grupo de músicos. **~ de fondo** Música o ruido que acompaña una escena o situación: *Mientras hablaban en la calle, tenían de música de fondo el ruido de los coches.* **~ enlatada** COLOQUIAL; PEYORATIVO. Música grabada: *Los espectadores han protestado por la música enlatada del ballet.* **~ instrumental** Música que se compone sólo para instrumentos. **~ ligera** Música moderna, generalmente melódica, dedicada a todos los públicos, que es difundida continuamente por la radio y la televisión. **~ ratonera** COLOQUIAL; PEYORATIVO. Música de poca calidad. **~ vocal** Música destinada a ser interpretada por voces, solas o acompañadas de instrumentos. || **3 ~ celestial** 1 (no contable) Conjunto de palabras a las que no se hace ningún caso: *Todas sus promesas me suenan a música celestial.* 2 (no contable) Conjunto de palabras que resulta muy agradable: *Tu felicitación me suena a música celestial.* FR. Y LOC. **caja* de ~. cadena* de ~. con la ~ a otra parte** COLOQUIAL; DISGUSTO Y ENFADO, HUMORÍSTICO. Irse ‹una persona› a otro lugar: *Como no tenía nada que hacer allí, me marché con la música a otra parte.*

musical *adj.* **1** De la música: *escala musical, instrumento musical, espectáculo musical.* **velada ~.** **2** Que es agradable al oído: *voz musical, sonido musical. Tiene una entonación muy musical.* || *adj. / s. m.* **3** [Género de películas] que equivale a la opereta teatral: *comedia musical. Soy una enamorada de los musicales americanos.*

musicar *v. tr.* **1** RESTRINGIDO. Poner ‹una persona› música a [un texto]: *Han musicado los poemas de Machado.* **2** Componer ‹una persona› música sobre [un tema determinado]: *El director del conservatorio local está acabando de musicar un nuevo concierto de guitarra.* **⇒71.**

músico, ca *adj.* **1** ELEVADO. De la música: *los instrumentos músicos, la notación música.* || *s. m. / f.* **2** Persona que por profesión o estudio se dedica a la música, especialmente la que toca un instrumento: *grupo de músicos, músico de jazz, músico de rock. Vicente es músico.*

musicógrafo, fa *s. m. / f.* RESTRINGIDO. Especialista que escribe sobre la música: *Una musicógrafa está investigando unas partituras nuevas que algunos atribuyen a Falla.*

musicología *s. f.* (no contable) Ciencia que estudia la teoría e historia de la música.

musicomanía *s. f.* (no contable) Pasión o afición exagerada por la música, especialmente la clásica: *La musicomanía de tu hermano es excesiva.* SIN. melomanía.

musiquero *s. m.* Mueble para guardar partituras o libros de música.

musiquilla *s. f.* **1** COLOQUIAL; PEYORATIVO, AFECTIVO. Música sencilla y facilona: *Se me ha pegado la musiquilla del programa.* **2** Tono o deje de la voz: *Habla con la musiquilla que caracteriza a la gente del norte.*

musitar *v. intr. / tr.* ELEVADO. Hablar ‹una persona› en voz baja y apenas sin vocalizar: *La niña no dejaba de musitar el nombre de su madre.* SIN. susurrar, murmurar.

muslamen *s. m.* (no contable) COLOQUIAL; INTENSIFICADOR. Conjunto de los dos muslos (normalmente) de una mujer, o muy gruesos o bien formados: *Mariano dice que no se atreve a enseñar el muslamen este verano.*

muslera *s. f.* Banda elástica que sujeta o protege el muslo: *Muchos jugadores de baloncesto llevan musleras.*

muslo *s. m.* **1** Parte de la pierna comprendida entre la cadera y la rodilla: *En los muslos se me está acumulando mucha grasa.* **2** Parte de la pata de algunos animales situada en la misma zona: *muslos de pollo.*

mustela *s. f.* Comadreja.

mustélido *adj. / s. m.* **1** (macho y hembra) ZOOL. [Animal] mamífero carnívoro de pequeño tamaño, cuerpo alargado y patas cortas, que es un feroz depredador, como la comadreja, la nutria o el visón. || *s. m.* **2** (en plural) ZOOL. Familia de estos animales.

mustiarse *v. prnl.* RESTRINGIDO. Perder ‹una planta› la frescura y la lozanía: *El rosal se está mustiando.* SIN. marchitarse.

mustio, tia *adj.* **1** (estar) [Planta, hoja, flor] que no tiene vigor o está marchita: *Estas flores están mustias, no les da la luz.* **2** (ser / estar) Que tiene un carácter melancólico, o está triste por alguna razón: *carácter mustio. Tengo el ánimo mustio esta mañana. El portero es muy mustio, siempre lo ha sido.*

musulmán, na *adj.* **1** De Mahoma o de la religión mahometana: *doctrina musulmana, sociedad musulmana.* **religión musulmana.** || *adj. / s. m.* y *f.* **2** Que sigue la religión del Islam: *Los musulmanes tienen en España varias mezquitas.*

mutación *s. f.* **1** BIOL. Alteración genética repentina e irreversible producida en los cromosomas de un ser vivo que da lugar a un carácter nuevo que se transmite a los descendientes según las leyes de la herencia: *La exposición a las radiaciones nucleares provoca mutaciones imprevisibles.* **2** Cambio genético producido por dicha alteración: *La cabeza sin orejas es una mutación de laboratorio.* **3** Cambio de decoración de un escenario teatral: *La mutación entre el acto segundo y el tercero exige tiempo y hay un descanso.* **4** METEOR.; RESTRINGIDO. Cambio fuerte de temperatura, o de estado del tiempo: *El tiempo ha sufrido una mutación clara estos últimos años.* **5** Acción y resultado de cambiar o mutar: *Este chico tiene mutaciones bruscas de carácter.*

mutante *adj.* **1** Que muda o ha sufrido una mutación: *un gen mutante, un virus mutante.* || *adj. / s. m.* **2** Que desciende de un mutante: *los ratones mutantes, las células mutantes, el comportamiento de los individuos mutantes, los mutantes de la película.*

mutar *v. tr.* **1** BIOL. Hacer ‹una persona o una cosa› que cambie la organización del material genético de [una célula]: *Varios científicos han conseguido mutar un gen responsable de la visión en las moscas.* SIN. transformar, mudar. || *v. prnl.* **2** ELEVADO. Cambiar ‹una persona o una cosa› su aspecto o su estado: *Las fiestas no se han mutado a lo largo de mucho tiempo.*

mutilación *s. f.* **1** Separación traumática de una parte del cuerpo: *la mutilación de una mano.* **2** Acción o resultado de mutilar o mutilarse: *Siempre me han dolido las mutilaciones de los libros.* SIN. amputación.

mutilado, da *s. m./f.* Persona que ha sufrido una mutilación: *asociación de mutilados de guerra.*

mutilar *v. tr./prnl.* **1** Quitar ‹una persona o una cosa› [una parte del cuerpo] [a un ser vivo]: *La máquina le mutiló la mano. La muchacha* **se** *mutiló una oreja para presionar a sus padres.* SIN. amputar. || *v. tr.* **2** Quitar ‹una persona› una o varias partes de [una cosa]: *La censura mutiló su obra. Un loco ha mutilado las estatuas de la Plaza Mayor.*

mutis (plural *mutis*) *s. m.* **1** Palabra que se emplea en la acotación de una obra de teatro para señalar la salida de un actor de escena: *mutis de la madre.* **2** Acción de salir de la escena un actor: *El mutis de don Juan de la primera escena quedó ridículo.* **3** Acción de marcharse o retirarse una persona de un lugar: *En cuanto nos vio hizo mutis.* FR. Y LOC. **hacer ~ por el foro** COLOQUIAL. Marcharse o retirarse ‹una persona› discretamente, sin llamar la atención: *Cuando vio que la reunión se ponía tensa, hizo mutis por el foro.*

mutismo *s. m.* (no contable) Actitud de la persona que rehúsa o que no puede hablar: *Los jugadores se encerraron en un mutismo total y decidieron no hacer ninguna declaración.* SIN. silencio.

mutua *s. f.* Mutualidad: *La mutua le abonó la reparación del coche. Me he apuntado a una mutua médica.*

mutual *s. f.* CHILE, PERÚ. Mutualidad.

mutualidad *s. f.* Asociación de ayuda mutua mediante la colaboración económica o de otro tipo de los socios: *mutualidad escolar, mutualidad de camioneros. La mutualidad de mineros ayudó a la familia del accidentado.* SIN. mutua.

mutualismo *s. m.* **1** (no contable) Régimen de colaboración y ayuda mutua entre los miembros de una comunidad: *El mutualismo está muy desarrollado en algunos países en los sistemas de seguros o de gestión de las casas.* **2** (no contable) BIOL. Forma de asociación de dos seres vivos de especies distintas en que los dos obtienen beneficio: *En el mundo animal hay ejemplos de mutualismo interesantes.*

mutualista *adj.* **1** De la mutualidad: *miembro mutualista, beneficios mutualistas.* || *adj./s. m.* y *f.* **2** [Persona] que pertenece a una mutualidad: *Las mutualistas quieren estar representadas en la junta directiva de la mutualidad.*

mutuamente *adv. modo* El uno al otro, los unos a los otros, con correspondencia recíproca: *Nos respetamos mutuamente. Los dos adversarios se observaban mutuamente.*

mutuo, tua *adj.* (antepuesto/pospuesto) Que se hace o se dice recíprocamente entre dos o más personas: *Los dos campeones se dirigieron una mutua sonrisa. Pedro y Carlos se tenían un odio mutuo.* SIN. recíproco.

muy (apócope de *mucho*) *adv. cant.* **1** En gran cantidad, intensidad o grado. OBSERVACIONES: ◊ Se usa como intensificador delante de adjetivos calificativos, participios y adverbios, e incluso de sustantivos y pronombres usados con función adjetiva: *muy mujer, muy tuyo, muy caro. La realidad es muy otra.* ◊ Se usa con valor superlativo delante de adjetivos o adverbios: *muy numeroso, muy ruidoso.* || **2 el/la/los/las ~** (seguido de adjetivo) COLOQUIAL; INTENSIFICADOR, PEYORATIVO. Se usa para presentar una cualidad peyorativa de una persona o animal. OBSERVACIONES: Puede aparecer como una coletilla o apéndice: *Y el muy sinvergüenza lo negó todo. No quiso venir, la muy testaruda.*

my *s. f.* Duodécima letra del alfabeto griego que se translitera por la «m» en español.

N

n *s. f.* Decimocuarta letra del alfabeto español que representa un sonido de articulación alveolar, nasal, sonora. Su nombre es *ene.*

N *abr.* «Norte».

nº *abr.* «Número».

nabiza *s. f.* (preferentemente en plural) Hoja tierna del nabo.

nabo, ba *s. m./f.* **1** Planta anual de la familia de las crucíferas, pequeña, con hojas partidas, rugosas y grandes, y flores amarillas, con raíz blanca comestible. **2** Raíz comestible de esta planta, que se emplea generalmente hervida: *Los nabos le dan muy buen sabor a los guisos.* **3** VULGAR. Pene. || *adj./s. m.* y *f.* **4** ARG., URUG.; COLOQUIAL; INSULTO. [Persona] que es majadera o boba. FR. Y LOC. **de chicha* y ~.**

naborí *s. m./f.* Naboría, criado indígena.

naboría *s. f.* **1** Reparto de los indígenas como criados en los primeros años de la conquista de América. || *s. m./f.* **2** Indígena sometido a este reparto. SIN. naborí.

nácar *s. m.* Sustancia blanca, brillante y con reflejos, que se forma en el interior de algunas conchas y se emplea en joyería y objetos de adorno: *unos pendientes de nácar. Los botones de prendas finas de vestir pueden ser de nácar.*

nacarado, da *adj.* **1** Que tiene el color o el brillo del nácar: *Tiene unos pendientes con reflejos nacarados.* **2** Que está adornado con nácar: *Me ha regalado una caja nacarada.*

nacarina *s. f.* Nácar producido artificialmente: *La púa es de nacarina.*

nacarino, na *adj.* ELEVADO. Que tiene alguna propiedad del nácar o se parece a él: *Sus uñas tienen un brillo nacarino.*

nacatamal *s. m.* AMÉR. C., MÉX. Tamal relleno de carne de cerdo.

nacer *v. intr.* **1** Salir ‹una persona o un animal vivíparo› del vientre materno: *Su hijo nació el día de San Antonio.* **2** Salir ‹un animal ovíparo› del huevo: *Los pollitos nacen después de romper el cascarón.* **3** Salir ‹un vegetal› de su semilla o de la tierra: *El trigo ya ha nacido este año.* **4** Salir ‹una cosa formada en el interior de otra› al exterior: *Me ha nacido una verruga **en** la mano.* **5** Brotar ‹una fuente o un río› en [un lugar]: *La fuente nace **en** una hondonada.* **6** RESTRINGIDO. Descender ‹una persona› de [una familia o un linaje determinados]: *El ilustre escritor nace **de** una familia de abogados.* SIN. proceder. **7** Empezar ‹una persona› su vida en [una clase social] o en [un ambiente determinado]: *El presidente nació **en** el seno de una familia humilde.* **8** Tener ‹una cosa› principio en [un lugar] o en [un momento determinado]: *Desde aquel momento nació una gran amistad entre nosotros. Allí nacía un nuevo partido político.* SIN. originarse. **9** Tener ‹una cosa› su origen en [otra cosa]: *Todos sus complejos nacen **de** su inseguridad.* **10** Aparecer ‹un astro› en el horizonte: *El Sol nace muy temprano en verano.* **11** Salir ‹una persona› de un peligro sin daño alguno: *Después del accidente has nacido.* **12** Empezar a realizar ‹una persona› [una actividad]: *Esta famosa bailarina nació **al** arte cuando apenas tenía catorce años.* **13** Tener ‹una persona› una gran capacidad para [una cosa]: *Yo creo que tú naciste **para** la música.* FR. Y LOC. **caer/~ de pie*. volver a ~** Salir ‹una persona› de un peligro sin daño alguno: *El otro día volví a nacer, tuve un accidente con la moto que pudo ser mortal.* ⇒ **5.**

naciente *adj.* **1** Que nace, o empieza a formarse o a manifestar su existencia o naturaleza: **sol* ~.** || *s. m.* **2** Este, punto cardinal. **3** ARG., URUG. Nacimiento de un río o arroyo.

nacimiento *s. m.* **1** Lugar donde nace o tiene su origen alguna cosa: *el nacimiento de un río.* **2** Acción y resultado de nacer: *el nacimiento de una revolución, el nacimiento de un partido. En los últimos años ha disminuido el número de nacimientos.* **acta* de ~. lugar* de ~.** **3** Conjunto de figuras que representan en una escena el nacimiento de Jesucristo y que se exponen en Navidad: *Las figuras de este nacimiento son de barro.* SIN. belén. **4** (no contable) Aparición de una nueva situación o entidad: *el nacimiento de una nueva amistad, el nacimiento de una nueva empresa.* FR. Y LOC. **de ~** 1 Desde el momento de salir del vientre materno: *Su tía es ciega de nacimiento.* 2 COLOQUIAL; INTENSIFICADOR, INSULTO. En alto grado, muy: *Eres tonto de nacimiento.*

nación *s. f.* **1** Conjunto de personas agrupadas en un Estado común: *Muchas naciones europeas se constituyeron en el siglo* XIX. **2** Territorio ocupado por este conjunto de personas: *La nación mexicana es más extensa que la nación española.* SIN. país. **3** Conjunto de personas, normalmente dentro de un mismo territorio, unidas por vínculos históricos, culturales, lingüísticos o religiosos que se sienten formando parte de una misma comunidad: *la nación catalana, la nación vasca, la nación gallega.* SIN. país. **4** Conjunto de personas con alguna característica común, como religión, lengua o cultura, que se consideran formando parte de la misma comunidad aunque no vivan en el mismo territorio: *la nación judía, la nación palestina, la nación armenia.*

nacional *adj.* **1** De una nación: *La renta nacional per cápita ha disminuido. Hoy es la fiesta nacional. La producción nacional de cítricos es muy elevada.* **himno* ~. producto* ~ bruto.** **2** Que pertenece al Estado o está administrado por él: *Biblioteca Nacional.* **monumento* ~. parador ~ de turismo. parque* ~. patrimonio* ~. policía* ~. reserva* ~. territorio* ~.** || *adj. / s. m.* y *f.* **3** [Persona] que era partidaria del general Franco en la guerra civil española de 1936-1939: *Los nacionales avanzaron rápidamente desde el sur hasta Madrid.* || **4 carretera* general/ ~. 5 documento* ~ de identidad.**

nacionalidad *s. f.* **1** Circunstancia de pertenecer legalmente a una nación: *Su novio tiene nacionalidad italiana, pero vive en Suiza.* **2** Nación que no posee Estado.

nacionalismo *s. m.* **1** (no contable) Exaltación y defensa de todo lo característico de una nación: *El nacionalismo es propio de todas las naciones.* **2** (no contable) Ideología y movimiento político que defiende el derecho de una nacionalidad a su autodeterminación para elegir la relación con el Estado.

nacionalista *adj.* **1** Del nacionalismo: *corriente nacionalista.* || *adj. / s. m.* y *f.* **2** Que es partidario del nacionalismo.

nacionalización *s. f.* Acción y resultado de nacionalizar o nacionalizarse: *la nacionalización de la banca.*

nacionalizar *v. tr.* **1** Conceder ‹las autoridades de un país› la nacionalidad [a una persona extranjera]: *Los dirigentes del club quieren nacionalizar al nuevo jugador argentino.* **2** Hacer ‹una persona o un Gobierno› que [determinados bienes o servicios de la empresa privada] pasen a manos del Estado: *Los nuevos dirigentes del país han nacionalizado la banca.* SIN. estatalizar. **3** Adoptar ‹una persona o un país› como nacional [una cosa o una costumbre que no lo es]: *Pronto los jóvenes nacionalizarán esta costumbre americana.* || *v. prnl.* **4** Adquirir ‹una persona› [la nacionalidad de un país que no es el propio]: *El escritor se nacionalizó chileno.* SIN. naturalizarse. ⇒ **19.**

nacionalmente *adv. modo* A escala nacional, en el ámbito nacional, con alcance nacional.

nacionalsocialismo *s. m.* (no contable) Movimiento político y social del partido que gobernó Alemania de 1933-1945, caracterizado por ser racista, antisemita, pangermanista y fascista. SIN. nazismo.

nacionalsocialista *adj.* **1** Del nacionalsocialismo: *doctrina nacionalsocialista.* || *adj. / s. m.* y *f.* **2** Que es partidario del nacionalsocialismo: *las juventudes nacionalsocialistas.*

naco *s. m.* **1** COL. Puré de patatas. **2** AMÉR. Tabaco de mascar. || *adj. / s. m.* **3** AMÉR. C., MÉX. Hombre que es un hortera o tiene mal gusto.

nada *s. f.* El no ser, la ausencia total: *¿Existe la nada? Flota en la nada, en el espacio.*

nada *pron. indef.* **1** Ninguna cosa. OBSERVACIONES: ◊ Invariable en género. ◊ Va siempre en enunciados negativos. ◊ Cuando *nada* se encuentra después del verbo, éste va en forma negativa; cuando va delante, el verbo va en la forma afirmativa: *No vieron nada. Nada le satisface. No esperaban nada de ti. No se parecen en nada.* ◊ Las oraciones de relativo que tienen como antecedente a *nada*, van en subjuntivo: *No encontrarás nada que te guste.* || *adv. cant.* **2** (a veces seguido de *de*) De ninguna manera, en absoluto: *No es nada de raro verle salir solo. Este pastel no está nada mal.* **3** Poco o muy poco: *Acabar el traje no costará nada. El golpe no fue nada.* FR. Y LOC. **a cada ~** AMÉR. C., CHILE, COL., VEN.; COLOQUIAL. A cada momento, constantemente. **ahí* es ~. antes* de/que ~. ¡casi* nada! como si ~** 1 Sin esfuerzo, sin mostrar interés o darle importancia: *Corre kilómetros y kilómetros como si nada. Eso lo arreglo yo como si nada.* 2 Sin obtener el resultado que se busca. OBSERVACIONES: Suele ir precedida de *y*: *Se lo dije y como si nada. Se lo advertí, pero como si nada.* **de eso* ~. de ~** 1 De muy poca importancia o valor: *una herida de nada, un premio de nada.* 2 Expresión de cortesía que se usa para responder a la persona que da las gracias: *–«Gracias por la cena.» –«De nada.»* **dentro* de ~. ¡nada!** Se usa para rechazar una cosa o desentenderse ‹una persona› de ello: *¡Nada, haremos lo que estaba acordado!* **~ como** o **~ mejor que** Se usa para resaltar una cosa que el hablante considera mejor que cualquier otra. OBSERVACIONES: Equivale a 'no hay nada como, no hay nada mejor que': *Nada como un baño cuando se está agotado.* **~ de** INTENSIFICADOR, NEGACIÓN. No es conveniente, no hay permiso para: *¡Nada de ir al cine! Nada de tonterías.* **~ de eso** Se usa para negar lo que ha dicho otra persona o decir que no a una petición: *–«Hoy pago yo el café.» –«Nada de eso.»* **~ más** Sólo: *Te doy mil pesetas nada más.* OBSERVACIONES: Presupone que, en ese contexto, la cantidad es poca cosa y se esperaría más. Por eso, puede usarse para manifestar extrañeza. *–«Me han pagado trescientas mil pesetas.» –«¡Nada más!»* **~ menos* que. ni ~** INTENSIFICADOR. Tras estructura formalmente negativa refuerza la idea sugerida: *¡Anda que no es pesado ni nada tu jefe!* **no conducir* a ~. no habérsele perdido* ~. no ser ~** 1 Carecer de importancia ‹una cosa›, especialmente si es algo negativo: *Descuida, no ha sido nada el golpe.* 2 Carecer de importancia social o profesional ‹una persona›: *Tú no eres nada en esta profesión.* **no ser ~ del otro mundo*. no servir* de ~. no tener (~) que envidiar*. para ~** AFECTADO; NEGACIÓN. No, en absoluto: *–«¿Te gusta el deporte?» –«Para nada.»* **por ~** 1 A cambio de nada: *Por nada del mundo dejaría este trabajo.* 2 Sin ningún motivo o sin un motivo importante: *Lloras por nada.* **por ~ del mundo*** o **ni por todo el oro del mundo.**

nadador, ra *s. m. / f.* Persona que practica el deporte de la natación por placer o para competir.

nadar *v. intr.* **1** Mantenerse y avanzar ‹una persona o un animal› en el agua, moviendo el cuerpo continuamente: *Nadamos un rato en el río.* **2** Flotar ‹una cosa› en [un líquido]: *Las patatas nadaban* ***en*** *aceite.* **3** Tener ‹una persona› gran cantidad de [una cosa]: *La empresa no va bien, nada* ***en*** *deudas.* FR. Y LOC. **~ entre dos aguas** Mantener ‹una persona› una actitud equívoca tratando de satisfacer simultáneamente a dos personas o dos actitudes opuestas: *No trates de nadar entre dos aguas, debes aceptar o rechazar el proyecto.* **~ y guardar la ropa** COLOQUIAL. Hacer ‹una persona› una cosa que produce beneficio tomando las medidas necesarias para no salir perjudicada: *No te preocupes por ella, es de las que saben nadar y guardar la ropa.*

nadería *s. f.* Cosa de poco valor o importancia: *Han discutido por una nadería. He traído una nadería de recuerdo.*

nadie *pron. indef.* Ninguna persona. OBSERVACIONES: ◊ Aparece siempre en enunciados negativos o que sugieren una idea de negación: *¿Qué sabe nadie lo que yo he sufrido?* ◊ Cuando *nadie* se encuentra después del verbo, éste va en forma negativa; cuando va delante, el verbo va en la forma afirmativa: *No encontraron a nadie. Nadie lo supo.* ◊ Las oraciones de relativo que tienen como antecedente a *nadie* van en subjuntivo: *No vio a nadie que la siguiera en la calle. Nadie que conozca su pasado puede hablar mal de ella.* FR. Y LOC. **don* ~. no casarse* con ~. no ser ~** COLOQUIAL. No ser ‹una persona› importante o tener mucha influencia: *Tú no eres nadie en el mundo de la medicina. Tú no eres nadie para tratarme así.* **tierra* de ~.**

nadir *s. m.* ASTRON. Punto de la esfera celeste opuesto diametralmente al cenit.

nadita *adv. cant.* MÉX. En absoluto, de ninguna manera.

nado *adv.* Se usa en la LOC. **a ~** Nadando: *Ha cruzado a nado el estrecho de Gibraltar.*

nafta *s. f.* **1** QUÍM. Hidrocarburo líquido, incoloro e inflamable, derivado del petróleo o de la hulla, que se utiliza como disolvente industrial. **2** AMÉR. Gasolina.

naftalina *s. f.* Hidrocarburo sólido muy aromático de color blanco cristalino, derivado del alquitrán de hulla, que se utiliza como insecticida: *He puesto bolas de naftalina en el armario para las polillas.*

nagual *s. m.* **1** AMÉR. C. Brujo, hechicero. **2** GUAT., HOND., NIC. Animal doméstico que se tiene como mascota. **3** MÉX. Según ciertas creencias, ser que protege a cada persona.

nahua o **náhuatl** *adj.* **1** Antiguo pueblo amerindio establecido en la meseta de Anáhuac antes de la llegada de los españoles: *cerámica nahua, gobernante nahua.* ‖ *s. m.* **2** LING. Lengua uto-azteca de los nahuas, hablada en México.

nahuatlismo *s. m.* Expresión o construcción propia de los náhuatls usadas en otras lenguas: *Varios nahuatlismos se han extendido por todo el dominio español.*

naif *adj.* **1** [Estilo, pintura] que pertenece a una corriente artística de principios del siglo XX, que surgió a raíz de la revalorización del arte espontáneo popular, caracterizada por la búsqueda de formas sencillas, colores vivos y el tratamiento ingenuo de la composición. ‖ *s. m.* **2** Pintor de esta escuela o estilo.

nailon o **nilón** o **nylon** *s. m.* (no contable) Fibra sintética elástica y resistente utilizada para confeccionar prendas de punto, diversos tejidos resistentes, objetos y cuerdas: *un forro de nailon, unas medias de nailon.*

naipe *s. m.* Pieza de cartulina rectangular que forma parte de una baraja y lleva en una de sus caras un dibujo uniforme y en la otra varias figuras impresas: *juego de naipes.* SIN. carta. FR. Y LOC. **hacer / levantar castillos* de naipes.**

naja *s. f.* Se usa en la LOC. **salir de ~** Escapar, salir ‹una persona› precipitadamente de un lugar: *Los gamberros se fueron de naja en cuanto apareció la policía en la discoteca.*

najarse *v. prnl.* Salir ‹una persona› de naja.

nalga *s. f.* (preferentemente en plural) Cada una de las dos partes carnosas y redondeadas situadas en la parte final de la espalda: *Varios niños con las nalgas al aire jugaban en el barro.*

namibiano, na *adj. / s. m.* y *f.* De Namibia, Estado de África.

nana *s. f.* **1** Canción con que se duerme a los niños: *Cántale una nana al bebé para que se duerma.* **2** Saco, generalmente cerrado con cremallera, para abrigar a los bebés: *Si tienes el niño en noviembre necesitarás una nana.* **3** RESTRINGIDO. Nodriza o niñera: *Me cuidó una nana hasta que pude ir al colegio.* **4** ARG., CHILE, PAR., URUG.; INFANTIL. Daño, dolor poco importante. **5** ARG., CHILE, PAR., URUG.; COLOQUIAL. Dolencia o enfermedad de poca importancia de la vejez. FR. Y LOC. **año* de la ~ / pera** o **año de maricastaña.**

nanay *interj.* COLOQUIAL. Se usa para negar ante una insistencia por el interlocutor: *–«No insistas, no te doy ni una peseta más.» –«Pero mamá.» –«He dicho que nanay.»*

nansa *s. f.* **1** Nasa. **2** Pequeño estanque con peces.

nao *s. f.* **1** Antigua embarcación de gran tamaño destinada al comercio. **2** LITERARIO. Nave o embarcación.

naos (plural *naos*) *s. m. / f.* ARQ. Parte principal del templo griego donde se colocaba la imagen del dios.

napa *s. f.* (no contable) Piel curtida de ciertos animales que se emplea para confeccionar prendas de vestir.

napalm *s. m.* Gel inflamable que se emplea como carga de proyectiles incendiarios: *bomba de napalm.*

napia *s. f.* (frecuentemente en plural) COLOQUIAL. Nariz, especialmente si es grande: *Ese presentador llama la atención por sus inconfundibles napias.*

napiudo, da *adj. / s. m.* y *f.* ARG., URUG.; COLOQUIAL; HUMORÍSTICO. [Persona] que tiene la nariz grande.

napoleónico, ca *adj.* De Napoleón, general y emperador francés entre los siglos XVIII y XIX: *imperio napoleónico.*

napolitana *s. f.* Pastel rectangular y plano relleno de crema: *Mi tía siempre merienda una napolitana con té.*

napolitano, na *adj. / s. m.* y *f.* De Nápoles, ciudad italiana o del antiguo reino de este nombre: *Los reyes napolitanos del siglo XVI fomentaron las artes y las letras.*

naranja *s. f.* **1** Fruto del naranjo, de piel rugosa y pulpa jugosa y agridulce dividida en gajos. **2** Naranjada. ‖ *adj. / s. m.* **3** [Color] que es semejante al color de este fruto: *unos manteles naranja. El naranja es una mezcla de rojo y amarillo.* ‖ **4 media ~** COLOQUIAL. Pareja sentimental de una persona: *Pepa se presentó en la cena con su media naranja.* FR. Y LOC. **¡naranjas de la China!** Se usa para indicar rechazo o desprecio hacia una propuesta o sugerencia: *Le pedí que se quedara y me respondió que ¡naranjas de la China!*

naranjada *s. f.* Bebida refrescante de zumo de naranja, agua y azúcar o refresco con sabor a naranja.

naranjero, ra *adj.* **1** De las naranjas o del naranjo: *industria naranjera, región naranjera.* ‖ *adj. / s. m.* y *f.* **2** Persona que por profesión cultiva o vende naranjas: *Las empresarias naranjeras han formado una asociación. Los naranjeros buscan nuevos mercados.* ‖ *s. m.* **3** RESTRINGIDO. Naranjo. **4** RESTRINGIDO. Fusil de épocas anteriores.

naranjillo *s. m.* AMÉR. DEL S. Árbol o arbusto de América del Sur parecido al naranjo.

naranjo *s. m.* *Citrus sinensis.* Árbol frutal de la familia de las rutáceas de hoja perenne, flores blancas y aromáticas cuyo fruto es la naranja: *La flor de azahar es la flor del naranjo.*

narcisismo *s. m.* (no contable) PEYORATIVO. Actitud de la persona que se admira excesivamente a sí misma: *El narcisismo era uno de sus grandes defectos.*

narcisista *adj.* **1** Del narcisismo: *No me gusta ese crítico porque cultiva una retórica muy narcisista.* ‖ *adj. / s. m.* y *f.* **2** Que siente una admiración exagerada por sí mismo: *Tu profesora es una narcisista insufrible.*

narciso *s. m.* **1** Planta bulbosa de hojas radicales y una flor única, muy olorosa que se cultiva como planta ornamental. **2** Persona que siente exagerada admiración por su aspecto físico: *Ese chico es un narciso.*

narco *s. m. / f.* COL. Narcotraficante: *Los narcos han exigido ser juzgados en su propio país.*

narcoanálisis *s. m.* Técnica de exploración de la mente de una persona que está bajo los efectos de una droga o narcótico.

narcocontrabando *s. m.* Contrabando de drogas narcóticas: *Ha llegado la hora del narcocontrabando.*

narcoproductor, ra *adj. / s. m.* y *f.* Que produce o elabora sustancias narcóticas: *La policía encontró la fábrica de los narcoproductores.*

narcosis (plural *narcosis*) *s. f.* (no contable) MED. Estado de sueño o pérdida de la conciencia a causa de un narcótico.

narcótico, ca *adj. / s. m.* **1** FARM. [Sustancia] que produce sopor, relajamiento muscular y pérdida de la sensibilidad, y se emplea para poder dormir o calmar los dolores: *El opio se emplea como narcótico. Esta planta tiene propiedades narcóticas.* **2** De la narcosis: *efectos narcóticos.*

narcotismo *s. m.* **1** (no contable) MED. Narcosis. **2** (no contable) MED. Adicción a los narcóticos: *Su madre tiene narcotismo y sólo puede dormir con pastillas.*

narcotraficante *s. m. / f.* Persona que se dedica por profesión a traficar ilegalmente con drogas o narcóticos: *Los narcotraficantes están implantados en todo el mundo.*

narcotráfico *s. m.* (no contable) Tráfico ilegal de drogas o narcóticos, especialmente de cocaína: *El dueño de aquel bar fue detenido por dedicarse al narcotráfico.*

nardo *s. m.* **1** *Polianthes tuberosa.* Planta ornamental de la familia de las liliáceas, de hojas radicales y flores blancas muy olorosas agrupadas en racimo, con aplicaciones en perfumería: *El perfume de nardo es muy apreciado.* **2** Flor de esta planta.

narguile *s. m.* Pipa propia de Oriente formada por un tubo flexible unido a un recipiente con agua perfumada por el que pasa el humo antes de aspirarse.

narigón *s. m.* COLOQUIAL; HUMORÍSTICO, PEYORATIVO. Nariz muy grande: *Pepe tiene un narigón que merece un premio.*

narigudo, da *adj. / s. m.* y *f.* COLOQUIAL; PEYORATIVO. Que tiene grande la nariz.

nariz *s. f.* **1** (puede usarse en plural con significado singular) Parte saliente de la cara situada entre los ojos y la boca en la que reside el sentido del olfato y que constituye la entrada del aparato respiratorio: *Se le posó una avispa en las narices.* **~ aguileña** Nariz delgada y curvada. **~ griega** Nariz de perfil recto que forma una línea que es continuación de la de la frente. **~ respingona** Nariz que tiene la punta hacia arriba. **2** (no contable) Sentido del olfato: *Tu marido no tiene nariz para los perfumes.* **3** (en plural) COLOQUIAL. Valor, coraje: *Para escalar esa montaña, hay que tener narices.* || *interj.* **4** (plural) COLOQUIAL. Se usa para negar rotundamente: *Quería que le dejara el coche y le dije que narices.* FR. Y LOC. **asomar las narices** COLOQUIAL. Aparecer ‹una persona› en un lugar: *El niño asomó las narices por la puerta.* **dar con la puerta* en las narices. dar en la ~** COLOQUIAL. Sospechar una ‹persona› una cosa que va a ocurrir: *Me da en la nariz que nos intentan timar.* **dar en las narices** COLOQUIAL. Fastidiar ‹una persona› a otra persona: *Le dijo eso para darle en las narices.* **dar(se)* de narices / morros. de las narices** COLOQUIAL; DISGUSTO Y ENFADO. [Persona o cosa] molesta o desagradable: *Otra vez está molestando el vecino de las narices.* **de (tres pares de) narices** COLOQUIAL; INTENSIFICADOR. Muy grande, de consideración: *Tengo un catarro de tres pares de narices.* **dejar con un palmo* de narices. en mis / tus / sus ... narices** En presencia de la persona de que se trata: *Miguel se ríe de él en sus narices.* **hasta las narices** INTENSIFICADOR, DISGUSTO Y ENFADO. Harto: *Estoy hasta las narices de este coche.* **hinchar las narices** COLOQUIAL; DISGUSTO Y ENFADO. Enfadar o hartar mucho ‹una cosa o una persona› a otra persona: *Estuvo soportándo al niño un buen rato hasta que se le hincharon las narices.* **hinchársele las narices** COLOQUIAL; DISGUSTO Y ENFADO. Ponerse ‹una persona› muy enfadada: *¡Cállate, que ya se me están hinchando las narices de oírte!* **meter las narices** COLOQUIAL. Entrometerse o curiosear ‹una persona› en una cosa o en un asunto: *Deja de meter las narices en lo que no te importa.* **no haber / tener más narices** COLOQUIAL. No haber otro remedio: *Si no hay más narices, tendré que claudicar.* **no ver más allá de sus narices** COLOQUIAL; PEYORATIVO. Ser ‹una persona› poco espabilada: *No sé si lo entenderá, porque no ve más allá de sus narices.* **pasar / restregar por las narices** COLOQUIAL; DISGUSTO Y ENFADO. Decir o mostrar ‹una persona› una cosa a otra persona de forma insistente para molestarla: *Los vecinos siempre nos están restregando por las narices que tienen mucho dinero.* **por narices** COLOQUIAL. Obligatoriamente, por fuerza: *Cuando se empeña en algo, hay que hacerlo por narices.* **quedar con un palmo* de narices** o **quedar con dos palmos de narices. salir de las narices** COLOQUIAL. Apetecer ‹una cosa› a una persona: *Si tu hermano no me ayuda, es porque no le sale de las narices.* **tener narices** COLOQUIAL; DISGUSTO Y ENFADO. Ser ‹una cosa› inaudita o sorprendente: *Tiene narices la cosa, hace más de una semana que espero su llamada.* **tocar las narices** COLOQUIAL. Hinchar las narices: *Que no le toquen las narices, porque está muy harta.* **tocarse las narices** COLOQUIAL; DISGUSTO Y ENFADO. Hacer el vago ‹una persona›: *Este chico lleva todo el día tocándose las narices.*

narizotas (plural *narizotas*) *s. m. / f.* COLOQUIAL; INSULTO. Persona que tiene la nariz muy grande: *Eres un narizotas.*

narración *s. f.* **1** Obra literaria en la que se cuenta una historia: *La novela y el cuento son los géneros donde la narración tiene su campo natural.* **2** Discurso oral o escrito de un suceso, generalmente contado cronológicamente: *Haz una narración detallada de lo que sucedió.*

narrador, ra *s. m. / f.* Persona o personaje que narra o cuenta algo: *Amparo es una narradora muy divertida.*

narrar *v. tr.* Decir o escribir ‹una persona› [una historia o un suceso]: *Mi abuelo me narró los sucesos de aquellos años. En la familia siempre se ha narrado así lo sucedido.*

narrativa *s. f.* **1** Género literario en prosa al que pertenecen la novela, la novela corta y el cuento: *La narrativa contemporánea es muy amplia.* **2** Habilidad para narrar: *Sin duda, el joven novelista no escribe muy bien, pero su narrativa tiene mucha imaginación y es sólida.*

narrativo, va *adj.* De la narración: *estilo narrativo, capacidad narrativa.*

nártex (plural *nártex*) *s. m.* ARQ. Pórtico construido a la entrada de las basílicas cristianas primitivas y bizantinas.

narval *s. m.* (macho y hembra) *Monodon monoceros.* Mamífero marino del Ártico, de color gris, con dos dientes, uno de ellos muy desarrollado en el macho y que sobresale recto y afilado.

nasa o **nansa** *s. f.* **1** Aparejo de pesca formado por un tubo de mimbre en forma de embudo en un extremo para atrapar los peces. **2** Aparejo de pesca parecido al anterior, formado por una red sostenida por aros. **3** Cesta de boca estrecha para echar los peces que se han pescado.

nasal *adj.* **1** De la nariz: *fosas nasales, pronunciación nasal, voz nasal.* **hemorragia ~.** || *adj. / s. f.* **2** FON. [Sonido] que se emite con el velo del paladar en posición baja y separado de la faringe con la entrada de la cavidad nasal abierta, de tal manera que la corriente de aire puede salir sólo por la nariz o por la nariz y la boca simultáneamente: *consonante nasal. Hay varias nasales en español.*

nasalizar *v. tr.* **1** FON. Pronunciar ‹una persona› [un sonido] como nasal: *Se nota que es portugués porque nasaliza mucho algunas palabras.* || *v. prnl.* **2** FON. Convertirse ‹un sonido› en nasal. *En ciertas zonas se nasalizan algunas vocales en contacto con las consonantes nasales.* ⇒ **19.**

nata *s. f.* **1** Capa cremosa que se produce en la superficie de la leche, y, también, cualquier capa semejante que se forma en la superficie de un líquido: *la nata de la leche.* **2** Crema de repostería elaborada con esta sustancia batida con azúcar: *un pastel de nata.* **3** Lo mejor y más escogido de un grupo de personas: *Al concierto asistió la nata de la sociedad bilbaína.* **la flor* y ~ . 4** MIN.; AMÉR. Sustancia que contiene las impurezas después del separar dos o más metales en estado líquido. **5** COLOQUIAL. Una bofetada, un golpe con la mano abierta en la cara: *Cuando se metió con su perro le soltó una nata tremenda.*

natación *s. f.* (no contable) DEP. Deporte que consiste en nadar: *El médico me ha recomendado la natación para el dolor de espalda.*

natal *adj.* Del lugar de nacimiento: *Siempre he vivido en mi ciudad natal. Mi país natal es Argentina.*

natalicio, cia *adj.* **1** ELEVADO. Del día del nacimiento: *fiestas natalicias.* || *s. m.* **2** ADMINISTRATIVO. Día del nacimiento de una persona y fiesta con que se celebra: *Hoy celebran su natalicio en nuestra ciudad varias personas.*

natalidad *s. f.* (no contable) Número de nacimientos que se producen en un lugar y en un tiempo determinados: *En España ha descendido la natalidad durante los últimos diez años.* ANT. mortalidad.

natatorio, ria *adj.* **1** De la natación: *técnica natatoria.* **2** Que sirve para nadar. **vejiga* natatoria.**

natilla *s. f.* **1** (en plural) Dulce cremoso que se prepara cociendo leche, huevos y azúcar y dejándolo enfriar. **2** COL. Plato típico de las fiestas navideñas que se hace con maíz cocido y molido, azúcar, leche, canela y otras especias.

natividad *s. f.* (no contable, preferentemente en mayúsculas) REL. Celebración del nacimiento de Jesucristo, de la Virgen María o de San Juan Bautista: *El 25 de diciembre se celebra la Natividad de Jesucristo.* SIN. nacimiento.

nativo, va *adj.* **1** Del lugar de nacimiento de una persona: *costumbres nativas, paisaje nativo.* || *adj. / s. m.* y *f.* **2** Que ha nacido en el lugar de que se trata: *Se busca una profesora nativa para dar clase de danés.*

nato, ta *adj.* **1** [Cualidad, defecto] que se tiene de nacimiento: *Tu amigo es un comediante nato.* **2** [Título honorífico, cargo] que se añade a una persona o al empleo o función que desempeña: *La directora de la sociedad es consejera nata de la revista.*

natura *s. f.* LITERARIO. Naturaleza: *La natura dotó a todas las personas de inteligencia.* FR. Y LOC. **contra ~** 1 Contra toda norma moral: *Matar a un hijo es un crimen contra natura.* 2 ELEVADO. Contra las leyes naturales: *Los moralistas clásicos decían que la homosexualidad es una relación contra natura.*

natural *adj.* **1** De la naturaleza o producido por la naturaleza, y no por el hombre: *fronteras naturales, recursos naturales. Me gusta la fruta natural, no la que viene en conserva. Las tormentas son un fenómeno natural.* **ciencias naturales. luz* ~. paisaje* ~. parque* ~. selección* ~. 2** Que está hecho sin mezcla ni composición alguna, o que no ha sufrido ninguna elaboración o transformación: *piel natural, cuero natural, seda natural.* **gas* ~. orden* ~. perla ~. 3** Que es inherente a la naturaleza de una persona o cosa, o que no es adquirido ni aprendido: *La bondad es algo natural en ella.* **4** Que imita a la naturaleza con acierto o habilidad: *Llevas un maquillaje muy natural.* **5** Que tiene explicación o respuesta según las leyes de la naturaleza: *causa natural.* **muerte* ~. 6** Que se basa en la naturaleza, y no en disposiciones legales. **derecho* ~. hijo* ~. ley* ~. 7** (ser / estar) Que tiene espontaneidad o sinceridad: *Esa modelo tiene una sonrisa muy natural. En las fotos de tu boda estás muy natural.* **8** Que es normal o lógico que ocurra o suceda: *¡Es natural, lo comprendo perfectamente! Es natural que te duela el estómago, te has comido una tableta de chocolate entera.* **9** MÚS. [Nota] que no está modificada por un sostenido ni por un bemol. || *adj. / s. m.* y *f.* **10** Que es originario de un pueblo, ciudad, región o nación: *A los naturales* **de** *Madrid se les llama familiarmente «gatos».* || *adj. / s. m.* **11** TAUROM. [Pase] que se realiza con la mano izquierda y sin el estoque: *El diestro fue muy aplaudido en una tanda de naturales.* **12** MAT. [Número] que es una abstracción que se utiliza para representar una cantidad. **número ~.** || *s. m.* **13** RESTRINGIDO. Forma de ser de una persona: *Su hija tiene un natural muy fuerte.* SIN. carácter, temperamento. **14** ARTE. Técnica artística que consiste en copiar directamente del modelo: *El profesor siempre pinta del natural. Este paisaje está tomado del natural.* || **15 crecimiento* ~ / vegetativo. 16 día* ~. 17 magia* blanca / ~. 18 tamaño* ~. 19 teología* ~.** FR. Y LOC. **al ~** Sin artificios ni elaboración alguna: *Está más guapo al natural que en las películas.*

naturaleza *s. f.* **1** Conjunto de todos los seres y cosas que forman el universo y en los cuales no ha intervenido el hombre: *Me gusta estar en contacto con la naturaleza.* **2** Principio considerado como fuerza que ordena y dispone todas las cosas: *La naturaleza la dotó de una gran inteligencia.* **3** Conjunto de propiedades características de un ser vivo o de una cosa: *Los médicos desconocen la naturaleza de la enfermedad. El emperador se creía de naturaleza divina.* **4** Tipo, clase: *Objetos de diferente naturaleza.* **5** Constitución física de una persona o de un animal: *naturaleza humana, naturaleza animal. Tiene una naturaleza muy fuerte.* SIN. complexión. **6** Carácter, temperamento: *Este perro es de naturaleza agresiva.* || **7 carta* de ~. 8 ~ muerta** ARTE. Representación pictórica de objetos, animales muertos, flores, frutas. SIN. bodegón.

naturalidad *s. f.* (no contable) Espontaneidad, normalidad: *Cuando la ministra sale en televisión, habla con mucha naturalidad.*

naturalismo *s. m.* **1** (no contable) Principio filosófico que atribuye todas las cosas a la naturaleza como el primer principio. **2** Corriente literaria surgida en Francia a finales del siglo XIX, de carácter determinista, que representa la realidad con toda crudeza: *Zola es una cumbre del naturalismo francés.*

naturalista *adj.* **1** Del naturalismo: *pintura naturalista, escultura naturalista.* || *adj. / s. m.* y *f.* **2** Que sigue la corriente naturalista: *pintor naturalista.* || *s. m.* y *f.* **3** Persona que se dedica profesionalmente al estudio de las ciencias naturales: *La escuela de naturalistas ingleses es muy famosa.*

naturalizar *v. tr.* **1** Conceder ‹las autoridades de un país› la nacionalidad [a una persona extranjera]. SIN. nacionalizar. **2** Adoptar ‹una persona o un país› como nacional [una cosa o una costumbre ajena]: *Este baile no es de aquí, pero el pueblo lo ha naturalizado.* **3** Acostumbrar ‹una persona› [a un animal o una planta a un medio natural o a un clima]: *Han conseguido naturalizar los aguacates* ***en*** *Almería.* SIN. adaptar. || *v. prnl.* **4** Adquirir ‹una persona› [la nacionalidad de un país que no es el propio]. SIN. nacionalizarse. **5** Ser adoptada en un país ‹una cosa o una costumbre ajena›: *El fútbol se ha naturalizado muy bien en Latinoamérica.* **6** Adaptarse ‹un animal o una planta› a un medio o a un clima que no es el propio: *Los gatos monteses se han naturalizado muy bien* ***a*** *estas montañas.* ⇒ **19.**

naturalmente *adv. modo* **1** De manera natural, con naturalidad: *Comportaos naturalmente.* **2** Por su natural, de naturaleza, de carácter, de por sí: *Ella es naturalmente tranquila.* || *adv. orac.* **3** Como es natural, claro. OBSERVACIONES: Se emplea frecuentemente en respuestas y expresiones de asentimiento a lo dicho por el interlocutor: *–«¿Lo pintaste tú?» –«Naturalmente.» –«Creo que me vas a reñir.» –«Naturalmente.»* RELACIONES Y CONTRASTES: ◊ Contrasta con la variante *es natural (que),* la cual presenta el hecho mentado como conocido y exige modo subjuntivo: *Naturalmente, falló. Falló, naturalmente. Es natural que fallara.* ◊ Como *claro,* puede preceder a cláusulas introducidas por *que: –«Son magníficas estas cerezas.» –«Naturalmente que lo son.» «Naturalmente que sí.»* **4** Tiene a veces un valor parecido al consecutivo: *Llovía a cántaros y, naturalmente, tuvimos que resguardarnos en los soportales de la plaza.*

naturismo *s. m.* (no contable) Ideología y comportamiento de los partidarios del empleo de medios naturales para conservar la salud y curar las enfermedades: *El naturismo está muy arraigado entre algunos grupos estudiantiles.*

naturista *adj.* **1** Del naturismo: *remedio naturista, alimento naturista, comercio naturista.* || *adj. / s. m.* y *f.* **2** Persona que es partidaria del naturismo: *médico naturista.*

naturópata *s. m. / f.* Médico que practica la medicina naturista.

naufragar *v. intr.* **1** Hundirse ‹una embarcación o las personas que viajan en ella›: *Los veleros han naufragado* ***en*** *el Caribe.* **2** No tener éxito ‹una persona› en un asunto: *Mi padre naufragó también* ***en*** *aquella empresa de papelería.* SIN. fracasar. ⇒ **56.**

naufragio *s. m.* **1** Pérdida de una embarcación en el mar, en el río o en un lago: *el naufragio de un mercante.* **2** Gran desgracia, desastre: *El naufragio de la empresa lo ha conducido a la desesperación. El naufragio de su matrimonio le amarga la existencia.* **3** ELEVADO. Restos de un buque naufragado: *Entre las peñas se destacaba el último naufragio.*

náufrago, ga *adj. / s. m.* y *f.* **1** [Persona] que ha sufrido un naufragio: *Los guardacostas tardaron varios días en encontrar a los náufragos.* **2** ARG.; COLOQUIAL. [Persona] que es distraída.

nauruano, na *adj. / s. m.* y *f.* De Nauro, Estado de Oceanía.

náusea *s. f.* **1** (preferentemente en plural) Ganas de vomitar: *Esa comida me da náuseas.* **2** (preferentemente en plural) Repugnancia que causa una situación o una persona: *Los hipócritas le producen náuseas.*

nauseabundo, da *adj.* (antepuesto / pospuesto) Que provoca náuseas o puede provocarlas por ser muy desagradable: *olor nauseabundo, una nauseabunda llaga.*

nauta *s. m.* LITERARIO. Marinero: *Los nautas helenos surcaban el Mediterráneo.*

náutica *s. f.* (no contable) Ciencia o técnica de navegar.

náutico, ca *adj.* **1** De la navegación o de la náutica: *arte náutica, federación náutica. La vela es un deporte náutico.* **esquí* acuático / ~. rosa* de los vientos** o **rosa náutica.** || *s. m.* **2** Especie de mocasín de sport, con suela de goma y cordones: *Los náuticos se llevan mucho en verano.*

nautilo *s. m.* (macho y hembra) *Nautilus pompilius.* Molusco de la misma clase que el calamar, con una concha exterior en espiral y tentáculos sin ventosas, que habita en aguas profundas del océano Pacífico.

nava *s. f.* GEOGR. Terreno bajo, llano, a veces pantanoso, situado normalmente entre montañas: *En la sierra de Gredos hay varias navas.*

navaja *s. f.* **1** *Solen siliquia.* Molusco lamelibranquio marino con la concha formada por dos piezas iguales y muy alargado, que es apreciado como alimento: *Las navajas se pueden preparar a la plancha.* **2** Instrumento cortante parecido a un cuchillo, cuya hoja se recoge dentro del mango: *El ladrón le atacó con una navaja. Pela la naranja con la navaja.* **3** AMÉR. Cortaplumas. || **4 ~ de afeitar** Navaja de filo agudo para afeitar la barba. SIN. navaja barbera.

navajazo *s. m.* Herida hecha con una navaja: *El ladrón le dio un navajazo al frutero y le robó la cartera.*

navajero, ra *s. m. / f.* **1** Delincuente armado con navaja: *Si sales de noche, ten cuidado con los navajeros.* || *s. m.* **2** Estuche donde se guarda la navaja de afeitar: *Le hemos regalado un navajero con dos navajas de afeitar.* **3** Taza con borde de caucho donde el barbero limpia la navaja.

navajo, ja *adj. / s. m.* y *f.* De un pueblo amerindio del grupo apache que vivía en el sector meridional de las montañas Rocosas: *un indio navajo.*

naval *adj.* De las naves o de la navegación: *escuela naval, ingeniero naval, combate naval.* **base* ~.**

navarro, rra *adj. / s. m.* y *f.* **1** De Navarra, comunidad autónoma español. **2** Del antiguo reino de Navarra.

navarroaragonés *adj.* **1** De Navarra y Aragón. || *s. m.* **2** LING. Variedad lingüística romance hablada en la Edad Media en Navarra y emparentada con el aragonés.

nave *s. f.* **1** Embarcación, especialmente la que tiene cubierta: *nave egipcia, nave fenicia.* **2** Aparato que puede navegar en el espacio: *La tripulación y los pasajeros de la nave se encuentran en perfecto estado.* **~ espacial** Vehículo que puede navegar en el espacio exterior. **~ nodriza** Nave que contiene otras más pequeñas: *En la versión de la película que yo conocía, la nave nodriza de los invasores aparecía en otra galaxia.* **3** ARQ. Cada uno de los espacios que en templos y otros edificios están separados por muros o filas de arcos: *nave central, naves laterales.* **~ principal. 4** Construcción grande sin divisiones y de un solo piso usada como fábrica o almacén: *Esta factoría dispone de grandes naves.* **~ industrial. 5** VEN.; JERGAL. Automóvil lujoso. || **6 ~ de san Pedro** Iglesia católica. FR. Y LOC. **quemar las naves** Tomar una decisión de la que no se puede volver atrás: *María está decidida a cambiar de empresa, ha quemado sus naves, porque ya ha ido a despedirse del director.*

navegabilidad *s. f.* Cualidad de navegable: *La navegabilidad de los ríos españoles es escasa.*

navegable *adj.* [Masa de agua] que permite ser navegada: *río navegable, canal navegable, lago navegable.*

navegación *s. f.* **1** (no contable) Arte y técnica de navegar: *Le gusta mucho la navegación y quiere ser capitán de un barco.* **~ aérea. puente* de mando / ~. ~ de altura** Navegación que se realiza lejos de la costa. **2** Viaje que se hace en una nave: *Tuvimos una navegación tranquila.* **3** Acción de navegar: *La navegación marítima y la navegación fluvial exigen barcos diferentes.*

navegante *adj. / s. m.* y *f.* Que tiene la costumbre de navegar por oficio o por placer: *Los portugueses son un pueblo de navegantes.*

navegar *v. intr.* **1** Viajar ‹una persona› en una embarcación: *El quinto participante navega* ***en*** *un vapor.* **2** Ir ‹una embarcación› por el agua: *El buque navegaba a gran velocidad.* **3** Manejar ‹una persona› una embarcación: *Estoy aprendiendo a navegar.* FR. Y LOC. **ir / ~ contra corriente*. ⇒ 56.**

naveta *s. f.* **1** Recipiente en forma de nave pequeña donde se guarda el incienso en las ceremonias del culto católico: *Iban dos monaguillos al lado del sacerdote, uno con un incensario y el otro con la naveta llena de incienso.* **2** ARQUEOL. Monumento megalítico funerario con forma de nave invertida, propio de las Baleares. **3** Cajón de un escritorio: *El escritorio tiene dos navetas.* SIN. gaveta.

navicular *adj.* Que tiene forma de nave o barca pequeñita: *hoja navicular, tallo navicular.*

navidad *s. f.* (se puede usar en plural; se suele escribir con mayúscula) Nacimiento de Jesús y fiesta cristiana que lo celebra: *vacaciones de Navidad, feliz Navidad, fiesta de Navidad. ¿Dónde pasarás las Navidades? Celebraremos la Navidad con mis hermanos.* FR. Y LOC. **árbol* de ~. paga de ~.**

navideño, ña *adj.* De las Navidades: *dulces navideños, días navideños, fiestas navideñas.*

naviero, ra *adj.* **1** De las naves o de la navegación: *reparaciones navieras, seguros navieros, negocio naviero.* || *adj./ s. m.* y *f.* **2** Empresa o persona propietaria de barcos: *La naviera ha vendido parte de su flota. La joven naviera será una de las personas más ricas de la isla.*

navío *s. m.* Embarcación con cubierta, de gran tamaño y solidez, para realizar largas navegaciones. SIN. buque. **~ de carga. ~ de guerra. ~ mercante.** FR. Y LOC. **alférez* de ~. teniente* de ~.**

náyade *s. f.* (preferentemente en plural) MIT. Diosa menor que vivía en los ríos y fuentes: *Las náyades del río Tajo y del río Tormes fueron siempre muy famosas.*

nazareno, na *adj. / s. m.* y *f.* **1** De Nazaret, ciudad de Galilea: *la población nazarena.* || *s. m.* **2** Penitente que participa en las procesiones de Semana Santa vestido con una túnica morada y un capirote: *En todas las procesiones hay nazarenos.* **3** Árbol americano, de gran tamaño y madera muy preciada en ebanistería. **4** (en plural) ARTE. Grupo de pintores prerrománticos alemanes de principios del siglo XIX, influidos por el Renacimiento italiano, con un sentimiento religioso claro. **5** En la Iglesia católica, imagen de Jesucristo vestido con túnica morada. FR. Y LOC. **timo* del ~.**

nazarí (plural *nazaríes* o *nazarís*) *adj. / s. m.* y *f.* De la dinastía árabe que reinó en Granada desde el siglo XIII al siglo XV: *arte nazarí, palacios nazaríes.* SIN. nazarita.

nazarita *adj.* Nazarí: *reyes nazaritas.*

nazi *adj.* **1** Del nacionalsocialismo: *ideología nazi.* || *adj. / s. m.* y *f.* **2** Que es partidario del nacionalsocialismo: *La muchedumbre nazi rugía frenética tras el discurso de su Führer.* **3** Que tiene teorías o actitudes que son parecidas a las del nacionalsocialismo: *Tus ideas me parecen un poco nazis.*

nazismo *s. m.* (no contable) Nacionalsocialismo.

nazista *adj. / s. m.* y *f.* RESTRINGIDO. Nacionalsocialista.

-ncia *suf.* **1** Significa 'cualidad de' y forma sustantivos a partir de adjetivos: *extravagante - extravagancia, insistente - insistencia, dependiente - dependencia.* **2** Significa 'acción y resultado de' y forma sustantivos a partir de verbos: *ganar - ganancia, asistir - asistencia.*

NE *abr.* «Nordeste».

neblí (plural *neblíes* o *neblís*) *s. m.* Ave de rapiña, un poco más pequeña que el halcón, empleada en cetrería, de plumaje pardo azulado en el lomo y blanco con manchas grises en el vientre, que vuela muy rápido.

neblina *s. f.* **1** Niebla ligera, poco espesa: *La neblina no permite ver con claridad la carretera.* **2** Atmósfera cargada de gases o humos: *Al entrar en el café la espesa neblina de humo casi nos cegó.*

neblinoso, sa *adj.* (ser / estar) ELEVADO. Que tiene neblina: *día neblinoso. La mañana está neblinosa.*

nebular *adj.* ASTRON. De las nebulosas: *anillo nebular.*

nebulizador *s. m.* Aparato que sirve para convertir un líquido en partículas muy finas que pueden formar una especie de nubecita: *Antes de entrar en el coche, mi padre siempre lo perfuma con el nebulizador.*

nebulosa *s. f.* ASTRON. Materia cósmica celeste, difusa y luminosa.

nebuloso, sa *adj.* **1** Que tiene niebla o está cubierto por ella: *paisaje nebuloso.* **2** (ser / estar) Que está poco claro o que es difícil de comprender: *Ese asunto de que me hablas está un poco nebuloso.*

necesariamente *adv. orac.* INTENSIFICADOR. Forzosamente, por necesidad, por fuerza, sin que pueda ser de otro modo: *Necesariamente era él, porque aquí nadie más habla ruso.* OBSERVACIONES: Frecuentemente con las perífrasis *tener que, haber de.* En el caso de *tener que*, el adverbio puede intercalarse: *Necesariamente tiene que haber llegado. Tiene necesariamente que estar aquí.*

necesario, ria *adj.* **1** (antepuesto / pospuesto) Que es indispensable para una persona o una cosa: *Esta candidata no tiene la necesaria preparación **para** este trabajo. El aire es necesario **para** respirar. Coge lo necesario **para** pasar la noche.* **2** (antepuesto / pospuesto) Que es útil o muy conveniente para una persona o una cosa: *Si queremos que la situación mejore, debemos adoptar las necesarias medidas de ajuste.* **3** (antepuesto / pospuesto) Que tiene que suceder inevitablemente: *Es necesario que no volvamos a vernos.*

neceser *s. m.* Estuche o caja para guardar diversos objetos, especialmente para el aseo personal: *neceser de aseo, neceser de costura. Llévate un neceser con las cosas de afeitar.*

necesidad *s. f.* **1** (no contable) Aquello que alguien o algo necesita: *Tengo necesidad de comer algo. El campo tiene mucha necesidad de agua.* **2** (preferentemente en plural) Carencia de lo necesario para vivir: *Durante la guerra pasaron muchas necesidades.* **3** (no contable) Situación difícil en que alguien se encuentra: *Estaba en un momento de gran necesidad y por eso robó.* SIN. apuro. **4** Deseo o ganas irresistibles de hacer una cosa: *Tenía la necesidad de irme una temporada de la ciudad, y me fui.* FR. Y LOC. **hacer sus necesidades** COLOQUIAL. Evacuar una persona la vejiga o el vientre.

necesitado, da *adj. / s. m.* y *f.* (estar) Que no tiene lo necesario para vivir: *Hay muchos pueblos necesitados en el Tercer Mundo. Su familia está muy necesitada de comida.*

necesitar *v. tr. / intr.* Tener ‹una persona› necesidad de [otra persona] o de [una cosa]: *Necesito **de** tu colaboración. Los pintores necesitan una escalera para pintar el techo.* FR. Y LOC. **costar / ~ Dios* y ayuda. no tener / ~ abuela*. para este viaje* no se necesitan alforjas. se necesita** 1 Se usa para intensificar la expresión que le sigue: *Se necesita ser bobo para hacerle caso.* 2 Aislada funciona como interjección de sorpresa o de rechazo con el significado de '¡qué tontería!': *–«Me han dicho que se va a casar con él.» –«¡Se necesita!»*

necio, cia *adj.* **1** ARG., P. RICO. Que es quisquilloso. || *adj. / s. m.* y *f.* **2** a veces INSULTO. Que es ignorante o imprudente: *Su colega es un poco necio.*

nécora *s. f. Portunus puber.* Crustáceo parecido al cangrejo de mar, de cuerpo liso, que habita en aguas costeras del Atlántico y el Mediterráneo, y es apreciado por su carne.

necrofagia *s. f.* (no contable) Acción de alimentarse de cadáveres o carroña: *Los buitres practican la necrofagia.*

necrofilia *s. f.* **1** (no contable) Gusto por todo lo relacionado con la muerte: *La necrofilia me resulta incomprensible.* **2** (no contable) PSIQUIAT. Comportamiento patológico que consiste en sentir atracción erótica por los cadáveres.

necrófilo, la *adj.* De la necrofilia: *costumbres necrófilas, decoración necrófila.*

necrología *s. f.* **1** Noticia o biografía breve sobre una persona que ha muerto recientemente: *El periódico ha publicado la necrología del científico salmantino.* **2** Relación o lista de personas muertas.

necrológica *s. f.* Noticia periodística que informa de la muerte de una persona: *Me enteré de la muerte de mi viejo profesor por la necrológica del periódico.*

necrológico, ca *adj.* De la necrología: *noticia necrológica.*

necromancia o **necromancía** *s. f.* Nigromancia.

necrópolis (plural *necrópolis*) *s. f.* ELEVADO. Lugar en el que existen enterramientos, especialmente si son antiguos: *una necrópolis visigoda, necrópolis griega.*

necrosis (plural *necrosis*) *s. f.* (no contable) MED. Muerte de una célula o de un tejido orgánico: *necrosis hepática.*

néctar *s. m.* **1** Jugo azucarado de las flores que sirve de alimento a los insectos: *Muchos insectos se alimentan del néctar de las flores.* **2** MIT. Licor de los dioses: *Los dioses clásicos bebían néctar.* **3** Licor suave y dulce: *néctar de naranja.*

nectarina *s. f.* Fruto rosado, de piel sin pelusa, producto del injerto de ciruelo y melocotonero.

nectario *s. m.* BOT. Glándula de las flores de algunas plantas que segrega néctar.

neerlandés, sa *adj.* **1** ADMINISTRATIVO. Holandés: *la compañía neerlandesa, los productos neerlandeses.* || *s. m.* **2** LING. Lengua germánica hablada en los Países Bajos.

nefando, da *adj.* Que merece un total desprecio o condena: *El asesinato de una madre es un hecho nefando. La rebelión contra el pueblo es un acto nefando.* **pecado* ~.**

nefasto, ta *adj.* **1** (antepuesto / pospuesto) Que causa, anuncia o contiene desgracia: *influencia nefasta. Antes de que se produjesen aquellos nefastos acontecimientos, éramos felices. Las consecuencias han sido nefastas.* **día* ~.** SIN. desgraciado. **2** Que no tiene ninguna habilidad o calidad: *Soy nefasto en la cocina.*

nefelio *s. m.* MED. Pequeña nube que se forma en la córnea del ojo.

nefregar *v. intr.* ARG.; COLOQUIAL. No importar ‹una cosa› [a una persona].

nefridio *s. m.* ZOOL. Órgano excretor de la mayor parte de los animales invertebrados.

nefrítico, ca *adj.* **1** De los riñones o la nefritis. **cólico ~.** || *adj. / s. m.* y *f.* **2** Que padece nefritis: *enfermo nefrítico.*

nefritis (plural *nefritis*) *s. f.* MED. Inflamación de los riñones: *Juan sufre nefritis.*

nefrología *s. f.* (no contable) MED. Parte de la Medicina que estudia y trata el riñón.

negación *s. f.* **1** (no contable) Acción y resultado de negar: *La respuesta fue una negación a su solicitud.* **2** GRAM. Palabra que se utiliza para negar: *«Nunca» es una negación.* **3** (no contable) Falta o carencia de una cualidad: *Ese camarero es la negación de la simpatía.* FR. Y LOC. **ser una ~** COLOQUIAL; PEYORATIVO. Ser muy torpe ‹una persona›: *Ramón es bueno en historia, pero una negación **en** informática.*

negado, da *adj. / s. m.* y *f.* Que es muy torpe para hacer una cosa: *Este alumno es muy negado para las matemáticas. Pepa es un negada con las manos.*

negar *v. tr.* **1** Decir ‹una persona› que [una cosa] no existe, no es verdad o no es correcta: *El muchacho negó que lo hubiera hecho. La funcionaria negaba la existencia de esos documentos.* **2** No conceder ‹una persona› [una cosa que otra le ha pedido]: *Las autoridades le negaron el pasaporte. Me han negado el permiso de residencia.* SIN. denegar. **3** No permitir ‹una persona› [una cosa] [a otra persona]: *El portero nos negó el acceso al local.* SIN. impedir. **4** No reconocer ‹una persona› la relación o la amistad que le une [a otra persona] o a [una cosa]: *Alberto es capaz de negar a su hermano.* || *v. prnl.* **5** No querer ‹una persona› [hacer una cosa]: *Nos negamos **a** abandonar la sala.* FR. Y LOC. **negarse en redondo** o **negar(se) de plano** No aceptar ‹una persona› hacer una cosa de ninguna manera: *Me niego en redondo a ir de excursión.* ⇒ **65.**

negativa *s. f.* **1** Acción de negar o negarse: *Se lamentaban de la negativa de los obreros a aceptar las nuevas condiciones laborales.* **2** Respuesta con que se niega: *Había solicitado una ayuda y obtuvo por respuesta una negativa.*

negativo, va *adj.* **1** Que niega: *respuesta negativa.* **2** Que es perjudicial o desfavorable: *efectos negativos para la salud.* **3** Que indica la falta de aquello que se busca o espera: *resultado negativo de la prueba.* **4** Que ve siempre el lado desfavorable de las cosas: *No seas negativo, todo saldrá bien.* **5** MAT. [Número, cantidad] que es menor de cero. **6** FÍS. [Carga eléctrica] que posee el electrón. ‖ *adj. / s. m.* **7** [Copia fotográfica] que presenta invertidos los tonos claros y oscuros o los colores complementarios de aquello que representa: *He perdido los negativos.*

negligé (del francés; pronunciamos *'negliyé'*) *s. m. / f.* RESTRINGIDO. Bata femenina que se usa al levantarse de la cama, elegante y algo atrevida.

negligencia *s. f.* (no contable) Falta de cuidado o de atención en lo que se hace, especialmente en el campo profesional: *Acusaron al conductor de negligencia.*

negligente *adj.* Que no cuida, no se ocupa o no se interesa como debe por las cosas o actividades que hace: *actitud negligente, comportamiento negligente.*

negociable *adj.* **1** Que se puede negociar: *Tu proposición es negociable.* **2** ECON. Que puede ser comprado o vendido en la Bolsa: *valor negociable en Bolsa.*

negociación *s. f.* Acción y resultado de negociar: *la negociación de un acuerdo entre naciones.*

negociado *s. m.* **1** Dependencia de una organización administrativa encargada de un determinado tipo de asuntos: *Entregó los documentos en el negociado.* **2** AMÉR. Negocio o asunto ilegal. **3** CHILE. Tienda, almacén.

negociante *adj. / s. m.* y *f.* **1** Que se dedica profesionalmente a los negocios: *un negociante de lanas.* **2** Que sirve o tiene mucha capacidad para hacer negocios: *Dicen que esa empresaria es muy buena negociante.* **3** PEYORATIVO. Que se preocupa principalmente de ganar dinero o de obtener beneficios en su profesión o en cualquier otra actividad: *Sebastián es un negociante, ten cuidado con él.*

negociar *v. intr.* **1** Comprar o vender ‹una persona› [mercancías o valores] para obtener una ganancia: *Ella negocia **con** papel. El terrateniente negociaba **en** granos.* ‖ *v. tr.* **2** Discutir ‹una persona› [un asunto] con [otra persona] para llegar a un acuerdo: *Los sindicatos están negociando un acuerdo.* SIN. acordar, pactar.

negocio *s. m.* **1** Operación económica, con la que se espera obtener algún beneficio: *Tengo un negocio de cocinas. Su mujer lleva el negocio. Mi padre no vale para los negocios.* **viaje de negocios.** **2** Beneficio o provecho obtenido: *Has hecho un buen negocio.* **3** Local comercial: *Montaremos un negocio en la galería comercial.* **4** (preferentemente en plural) a veces PEYORATIVO. Asunto, actividad: *No sé en qué negocios anda metido ahora.* FR. Y LOC. **encargado* de negocios.**

negra *s. f.* Nota musical representada por un círculo negro con un palote recto, cuya duración es la mitad de una blanca.

negrear *v. intr.* **1** RESTRINGIDO. Ponerse ‹una cosa› negra u oscura: *La noche empezó a negrear.* **2** RESTRINGIDO. Mostrar ‹una cosa› el color negro que posee o toma. ‖ *v. tr.* **3** URUG.; COLOQUIAL; PEYORATIVO. Aprovecharse ‹un patrón› de [un obrero] pagando poco y exigiendo mucho. **4** COL.; RESTRINGIDO. Humillar ‹una persona› [a otra persona]. **5** VEN.; COLOQUIAL. Excluir ‹una persona› [a otra persona] de algún asunto.

negrero, ra *adj. / s. m.* y *f.* **1** Que se dedicaba al tráfico o comercio de esclavos negros: *barco negrero, empresario negrero. El protagonista era un negrero.* ‖ *s. m.* **2** COL.; COLOQUIAL. Hombre blanco que gusta de mantener relaciones amorosas con mujeres de piel oscura.

negrilla *adj. / s. f.* Se usa en la LOC. **letra* negrita / ~.**

negrillo *s. m.* BOT.; COLOQUIAL. Olmo.

negrita *s. f.* **1** Diminutivo de *negra*, femenino de *negro.* **letra* ~ / negrilla.** **2** (en plural) VEN.; COLOQUIAL. Judías negras.

negrito *s. m.* (macho y hembra) *Lessonia rufa.* Ave parecida al canario, de color negro, que vive en América del Sur.

negritud *s. f.* Conjunto de las características sociales y culturales de la raza negra: *En las obras de algunos autores se exalta la negritud.*

negro, gra *adj.* **1** Que es más oscuro que otra cosa de su misma clase. **café* ~. cerveza* negra. oro* ~. pan* integral / ~. pimienta* negra. tabaco* ~. uva* negra.** **2** [Raza humana] que tiene la piel de color muy oscuro y algunos rasgos físicos característicos, como el pelo, la nariz o los labios: *La raza negra predomina en el continente africano.* **3** Que es poco favorable o que tiene mala solución: *He tenido una mañana negra. Este asunto lo veo muy negro. La firma del contrato está negra.* **4** Que tiene mala suerte: *Tengo una suerte negra, me toca otro domingo de guardia en la oficina.* **5** (estar) COLOQUIAL. Muy enfadado o molesto: *Estoy negra con mi nuevo trabajo. Me pone negro que no me escuches.* **6** (estar) COLOQUIAL; INTENSIFICADOR. Que está muy sucio: *Mi hija pone las camisetas negras del sudor.* **7** COLOQUIAL; INTENSIFICADOR. Que está muy tostado o quemado por el sol: *Como vayas más a la playa vas a ponerte negro.* **8** Que no está fiscalmente legalizado: *trabajo negro, dinero negro, economía negra.* ‖ *adj. / s. m.* **9** Que es totalmente oscuro y representa la ausencia de color, como el carbón o la noche sin luna ni estrellas: *Esta temporada se llevará el negro.* **buitre* ~.** ‖ *adj./ s. m.* y *f.* **10** [Persona] que pertenece a la raza negra: *Los negros son buenos atletas. Las modelos negras están muy solicitadas en la alta costura.* **11** [Persona] que pone su trabajo intelectual por dinero a nombre de otra persona: *Algunos autores importantes cuentan con negros que trabajan para ellos.* ‖ *s. m. / f.* **12** AMÉR. Tratamiento afectuoso utilizado entre personas de mucha confianza. ‖ **13 aguas* residuales / negras. 14 agujero* ~. 15 bandera* negra. 16 bestia* negra. 17 caja* negra. 18 calor* ~. 19 cine* ~. 20 continente* ~. 21 dinero* ~. 22 espada* negra. 23 humor* ~. 24 leyenda* negra. 25 lista* negra. 26 magia* negra. 27 marea* negra. 28 mercado* ~. 29 merienda* de negros. 30 misa* negra. 31 novela* negra. 32 obra* negra. 33 oso negro. 34 oveja* negra / descarriada. 35 piedra* negra. 36 pozo* ~. 37 punto* ~.** FR. Y LOC. **en blanco* y ~. fundido* en ~. no distinguir lo blanco* de lo ~. pasarlas negras** Sufrir muchas dificultades: *Ella las ha pasado negras en su vida, pero ha triunfado.* **tener la ne-**

gra Tener ‹una persona› mala suerte: *Tengo la negra, cuando voy a ir de excursión, llueve.* **verse ~** o **vérselas negras** Pasar ‹una persona› muchas dificultades: *Mis padres se veían negros para sacar adelante a todos los hijos. Me las he visto negras para acabar el trabajo en el plazo acordado.* **viuda* negra.**

negroide *adj. / s. m.* y *f.* PEYORATIVO. Que tiene algunas propiedades de la raza o la cultura negras: *No me gusta la música negroide. Tiene un estilo negroide en su escultura.*

negruzco, ca *adj.* Que tiende al color negro: *Unas nubes feas y negruzcas amenazaban tormenta.*

neis *s. m.* Gneis.

nel *adv.* MÉX.; VULGAR. No.

nematodo *adj. / s. m.* **1** [Gusano] que tiene el cuerpo cilíndrico y no dividido en segmentos, es generalmente parásito y suele transmitir enfermedades. ‖ *s. m.* **2** (en plural) ZOOL. Tipo que forman los gusanos nematodos.

neme *s. m.* COL. Asfalto propio del país.

nemertino *adj. / s. m.* **1** [Gusano] que tiene el cuerpo aplanado, no segmentado y con la boca en el extremo delantero, y vive en el fondo marino o entre algas. ‖ *s. m.* **2** (en plural) ZOOL. Tipo que forman estos gusanos.

nemónica *s. f.* Mnemónica.

nemotecnia o **nemotécnica** *s. f.* (no contable) Mnemotecnia.

nene, na *s. m. / f.* Niño pequeño.

nené *s. m. / f.* VEN.; COLOQUIAL. Niño pequeño.

nenúfar *s. m.* *Nymphoea alba.* Planta acuática de grandes hojas circulares que flotan en la superficie del agua, y una flor central blanca y perfumada.

neocapitalismo *s. m.* Ideología social y económica de la segunda mitad del siglo XX en la que la doctrina capitalista se hace más profunda, apoyándose en la revolución tecnológica y en la internacionalización de los mercados.

neocelandés *adj.* Neozelandés.

neoclasicismo *s. m.* (no contable) Estilo literario y artístico de mediados del siglo XVIII que propone una vuelta al clasicismo grecolatino.

neoclásico, ca *adj.* **1** Del neoclasicismo: *estilo neoclásico, pintura neoclásica.* ‖ *adj. / s. m.* y *f.* **2** Que profesa el neoclasicismo: *arquitecto neoclásico.*

neocolonialismo *s. m.* (no contable) POLÍT. Dominio político y económico de las grandes potencias sobre los países menos desarrollados.

neodimio *s. m.* *Nd.* Elemento químico metálico del grupo de los lantánidos, de aspecto brillante, que se utiliza en la fabricación de vidrios.

neoescolástica *s. f.* Neoescolasticismo.

neoescolasticismo *s. m.* Corriente filosófica católica que aspira a restaurar el escolasticismo medieval confrontándolo con la filosofía moderna.

neófito, ta *s. m. / f.* **1** Persona recién convertida a una religión: *neófito del cristianismo.* **2** ELEVADO. Persona que se acaba de unir a un grupo organizado de personas: *El entusiasmo de los neófitos es envidiable.*

neógeno, na *adj. / s. m.* GEOL. [Etapa] que es la última de la Era Terciaria o cenozoica: *etapa neógena.*

neoimpresionismo *s. m.* (no contable) ARTE. Puntillismo: *¿Conoces a algún pintor del neoimpresionismo?*

neoliberalismo *s. m.* Comportamiento e ideología de los partidarios en la década de los años ochenta de la doctrina económica liberal clásica, opuesta a cualquier intervención del Estado en la vida económica.

neolítico *adj. / s. m.* **1** [Periodo prehistórico] que se caracteriza por la piedra pulimentada, el nacimiento de la agricultura, la ganadería y los primeros asentamientos urbanos: *época neolítica. El niño está estudiando el neolítico.* ‖ *adj.* **2** De este periodo histórico: *poblado neolítico.*

neologismo *s. m.* Palabra, expresión o significado nuevos en una lengua: *Los neologismos aparecen por razones sociales.*

neomicina *s. f.* (no contable) MED. Antibiótico utilizado para combatir infecciones gastrointestinales.

neón *s. m.* *Ne.* Elemento químico gaseoso de gran conductividad eléctrica que emite una luz roja anaranjada, utilizado en tubos fluorescentes: *luces de neón.*

neonato, ta *s. m. / f.* Niño recién nacido.

neoplatónico, ca *adj.* **1** Del neoplatonismo: *doctrina neoplatónica, escuela neoplatónica.* **2** Que es partidario de la doctrina neoplatónica: *autores neoplatónicos.*

neoplatonismo *s. m.* (no contable) Filosofía inspirada en el pensamiento de Platón, que tuvo su apogeo en Alejandría durante los siglos II y III d. C.

neorrealismo *s. m.* **1** (no contable) Movimiento cinematográfico desarrollado en Italia después de la Segunda Guerra Mundial que utiliza escenarios naturales y las técnicas propias del documental para reflejar la realidad social del momento. **2** (no contable) Movimiento literario que pretende renovar el realismo.

neoyorquino, na *adj. / s. m.* y *f.* De Nueva York, ciudad de los Estados Unidos de América.

neozelandés, sa o **neocelandés, sa** *adj. / s. m.* y *f.* De Nueva Zelanda, país de Oceanía.

nepalés, sa *adj. / s. m.* y *f.* **1** De Nepal, país asiático. ‖ *s. m.* **2** LING. Lengua índica hablada en Nepal.

nepente *s. m.* Planta carnívora de hojas alternas cuyo limbo en forma de saco atrapa a los insectos.

neperiano, na *adj.* **1** MAT. [Logaritmo] que tiene como base el número *e.* **2** De John Neper, matemático inglés. ‖ **3 tablillas* neperianas.**

nepotismo *s. m.* (no contable) ELEVADO; PEYORATIVO. Práctica de favorecer injustamente una persona a sus parientes o amigos dándoles empleos u otras ventajas.

neptunio *s. m.* *Np.* Elemento químico radiactivo del grupo de los actínidos, de carácter metálico y brillo plateado que se obtiene artificialmente y reacciona con los ácidos y los halógenos.

nereida *s. f.* MIT. Cualquiera de las hijas del dios Nereo, ninfas que vivían en el mar y eran mitad mujer, mitad pez: *El viejo contaba fábulas sobre las nereidas.* SIN. sirena.

nerón *s. m.* ELEVADO. Hombre muy cruel: *No soporto su actitud de nerón.*

nervado, da *adj.* Que tiene nervios: *hoja nervada.*

nervadura o **nervatura** *s. f.* **1** Línea saliente en una superficie que recuerda la forma de los nervios o de los tendones cuando se marcan bajo la piel. **2** ARQ. Nervio de una bóveda, especialmente gótica. **3** ARQ., BOT., ZOOL. Conjunto de nervios: *la nervadura de una bóveda, la nervadura de un brazo.*

nerviación *s. f.* (no contable) BOT., ZOOL. Conjunto de nervios en una hoja vegetal o en un órgano animal: *la nerviación de una hoja.* SIN. nervadura.

nervio *s. m.* **1** ANAT. Cada una de las fibras finas que recorren todo el cuerpo y transmiten las órdenes del cerebro y las sensaciones: *nervio óptico.* **2** Tendón o tejido duro de la carne destinada al consumo: *Tu hijo compró unos filetes que tenían muchos nervios.* **3** Cada uno de los haces fibrosos que tiene el envés de las hojas de las plantas: *Los nervios de las hojas se ven muy bien al trasluz.* **4** Conjunto de fibras o pequeños tubitos que recorren las alas de los insectos: *Las alas de los insectos tienen una compleja red de nervios.* **5** ARQ. Moldura que constituye la estructura y sobresale en el interior de una bóveda o techo plano: *Los nervios de las iglesias góticas soportan el peso de la bóveda.* **6** Cordón que une los diversos cuadernillos de un libro: *El libro está bien conservado, aunque tiene varios nervios rotos.* **7** (no contable) Energía, fuerza: *La gitana bailó unas sevillanas con mucho nervio.* **8** (en plural) Estado de la persona alterada o intranquila: *A tu hermana la traicionaron los nervios y suspendió el examen.* SIN. nerviosismo. FR. Y LOC. **atacar / crispar los nervios** COLOQUIAL. Poner nerviosa ‹una persona o una cosa› a otra persona: *Ese chico tan pesado me ataca los nervios. No puedo conducir, el tráfico me ataca los nervios.* **estar de los nervios** 1 COLOQUIAL. Tener ‹una persona› algún problema de salud de tipo psicológico: *Su abuela está siguiendo un tratamiento médico porque está de los nervios.* 2 COLOQUIAL; INTENSIFICADOR. Estar ‹una persona› muy nerviosa: *Estoy de los nervios porque tengo que entregar hoy este trabajo.* **estar hecho un manojo* de nervios** o **ser un manojo de nervios. guerra* de nervios. perder los nervios** COLOQUIAL. Perder ‹una persona› la calma: *El entrenador recomendó a los jugadores que no perdieran los nervios.* **poner los nervios de punta** o **poner de los nervios** COLOQUIAL; INTENSIFICADOR. Poner ‹una persona o una cosa› nerviosa o irritada a otra persona: *La falta de puntualidad le pone de los nervios. Las mentiras me ponen los nervios de punta.* **ser un puro ~** COLOQUIAL; INTENSIFICADOR. Ser ‹una persona› muy nerviosa o inquieta: *La niña es un puro nervio, siempre está haciendo travesuras.* **tener los nervios de punta** COLOQUIAL; INTENSIFICADOR. Estar ‹una persona› muy nerviosa: *Desde que he visto esta mañana el accidente tengo los nervios de punta.*

nerviosismo *s. m.* (no contable) Estado de excitación en que una persona no se siente tranquila: *El nerviosismo me traiciona en los exámenes.*

nervioso, sa *adj.* **1** De los nervios: *tejido nervioso, sistema nervioso.* **centros* nerviosos. 2** (ser / estar) Que se excita fácilmente: *Estoy muy nervioso últimamente y no sé por qué. No me pongas nerviosa, ya te he dicho que no. Tu colega es muy nervioso y no trabajo a gusto con él.* **3** (ser / estar) Que no puede estarse quieto, que es muy intranquilo: *Eres muy nerviosa, deberías hacer ejercicio para descargar energía.* || **4 anorexia* nerviosa.**

nervura *s. f.* Conjunto de nervios de un libro encuadernado: *La nervura de este libro está muy deteriorada.*

netamente *adv. modo* **1** Claramente, con nitidez: *Desde allí pueden verse netamente las escamas de la Torre del Gallo.* || *adv. modo / cant.* **2** Antepuesto a algunos adjetivos calificativos, adquiere cierto matiz cuantitativo: *El saldo nos es netamente favorable.* OBSERVACIONES: Antepuesto a adjetivos como *español, francés*, en uno de sus usos, puede pasar a ser esencialmente cuantitativo y aproximarse a *totalmente, íntegramente, en su totalidad*: *Este proyecto es netamente francés, pero el capital no.*

neto, ta *adj.* **1** (antepuesto / pospuesto) Que está claro, limpio y bien definido: *los bordes netos del dibujo. Tengo un neto recuerdo de aquella fiesta.* || *adj. / s. m.* **2** [Valor, cantidad] que resulta de descontar los gastos, impuestos o complementos: *sueldo neto.* **3 peso ~** [Peso de una mercancía] que resulta de descontar el peso de los embalajes, envases y cosas que no son la mercancía misma: *El peso neto de la carga es de diez toneladas; el peso bruto, doce.*

neumático, ca *adj.* **1** FÍS. [Aparato] que está preparado para funcionar con aire: *martillo neumático.* **bomba* neumática. colchón* ~. colchoneta* neumática. martillo* ~. máquina* neumática.** || *s. m.* **2** Parte de la rueda que rodea a la llanta formada por un tubo de goma lleno de aire: *El autocar volcó porque se le reventó un neumático.*

neumococo *s. m.* BIOL. Bacteria que causa algunos tipos de neumonía.

neumología *s. f.* (no contable) Parte de la medicina que estudia y trata los pulmones y las vías respiratorias.

neumonía *s. f.* MED. Inflamación del pulmón, generalmente por una infección bacteriana: *La telefonista está en el hospital con una neumonía.* SIN. pulmonía.

neumopatía *s. f.* MED. Enfermedad de los pulmones.

neumotórax (plural *neumotórax*) *s. m.* **1** (no contable) MED. Enfermedad pulmonar producida por la entrada de aire entre las pleuras. **2** MED. Tratamiento terapéutico en el que se introduce artificialmente aire o también gases entre las pleuras.

neura *adj. / s. m.* y *f.* **1** COLOQUIAL. [Persona] excesivamente nerviosa: *Tranquilízate, no seas neura.* SIN. histérico. || *s. f.* **2** COLOQUIAL. Manía, obsesión: *Le ha dado la neura de coleccionar monedas.* SIN. chaladura. **3** (no contable) COLOQUIAL. Neurastenia: *Cuando está con la neura es insoportable.*

neural *adj.* ANAT. Relativo al sistema nervioso.

neuralgia *s. f.* MED. Dolor que recorre un nervio.

neurálgico, ca *adj.* **1** MED. De la neuralgia: *dolores neurálgicos.* **2** Que es especialmente delicado, importante y difícil de tratar: *La bomba ha destrozado el centro neurálgico de la fábrica.* || **3 punto* ~.**

neurastenia *s. f.* (no contable) Estado psíquico caracterizado por la sensación de agotamiento, la sensibilidad emotiva y la debilidad: *Lola tiene una neurastenia muy fuerte esta temporada.*

neurasténico, ca *adj.* **1** De la neurastenia: *tratamiento neurasténico, síntomas neurasténicos.* **2** Que padece neurastenia: *No me gusta salir con él, es un neurasténico insoportable.*

neurita *s. f.* ANAT. Axón, prolongación de una neurona.

neuritis (plural *neuritis*) *s. f.* MED. Inflamación degenerativa de un nervio.

neurocirugía *s. f.* (no contable) Parte de la medicina que estudia y trata de curar las enfermedades del sistema nervioso mediante operaciones.

neuroeje *s. m.* 1 Conjunto de órganos que constituyen el sistema nervioso central: *El encéfalo y la médula espinal forman el neuroeje.* 2 Axón, neurita.

neurología *s. f.* (no contable) Parte de la medicina que estudia el sistema nervioso: *Es una especialista en neurología.*

neurólogo, ga *s. m./f.* Médico especialista en neurología: *Me está tratando un neurólogo.*

neurona *s. f.* ANAT. Célula del sistema nervioso que transmite los impulsos fundamentales. FR. Y LOC. **patinar las neuronas** COLOQUIAL; HUMORÍSTICO. Pensar o actuar ‹una persona› sin lógica: *Dices cada tontería que yo creo que te patinan las neuronas.*

neuropsiquiatría *s. f.* (no contable) Parte de la medicina que estudia y trata los casos que son a la vez neurológicos y psiquiátricos.

neurosis (plural *neurosis*) *s. f.* (no contable) Alteración psíquica de causa no orgánica, reflejada en trastornos emocionales: *Las neurosis son difíciles de curar.*

neurótico, ca *adj.* 1 De la neurosis: *comportamiento neurótico.* || *adj./s. m.* y *f.* 2 Que padece neurosis: *Algunos neuróticos tienen graves problemas de relaciones personales.* 3 COLOQUIAL. Que tiene muchas manías o fobias: *Es un neurótico, está lleno de manías.* 4 (ser/estar) COLOQUIAL. Que se excita con facilidad en determinadas situaciones: *Reconozco que últimamente estoy un poco neurótica.*

neurovegetativo, va *adj.* 1 [Sistema nervioso] que regula las funciones vegetativas como la nutrición o el desarrollo. 2 [Función] que está controlada por este sistema.

neutral *adj.* 1 Que no se inclina por ninguna de dos partes opuestas o enfrentadas o no favorece a ninguna de ellas: *espectador neutral, actitud neutral, palabras neutrales.* SIN. imparcial. 2 [Nación, Estado] que no interviene en un conflicto armado en el que participan otros: *Nuestro país se mantendrá neutral en esta nueva guerra.*

neutralidad *s. f.* 1 Actitud de la persona neutral en un conflicto: *La neutralidad del árbitro no puede discutirse.* 2 Situación y actitud de la nación neutral: *España ha proclamado su neutralidad en el conflicto.*

neutralismo *s. m.* (no contable) POLÍT. Ideología y comportamiento de los partidarios de ser neutrales en un conflicto, sobre todo en un conflicto internacional.

neutralista *adj./s. m.* y *f.* Que es partidario del neutralismo: *publicación neutralista, propaganda neutralista.*

neutralización *s. f.* 1 Disminución o debilitamiento de un efecto con otro contrario: *El médico le aplicó un antídoto y consiguió la neutralización del veneno.* 2 QUÍM. Conversión de una disolución o una sustancia en neutra: *La neutralización de un ácido se consigue con una base.* 3 DEP. Acción y resultado de neutralizar un tiempo o un espacio para la clasificación: *El primer tramo de la carrera se correrá bajo la amenaza de la neutralización por el mal tiempo.*

neutralizar *v. tr.* 1 Disminuir o anular ‹una persona o una cosa› el efecto de [una acción o una influencia] con [otra]: ***Con** sus declaraciones la cantante neutralizó las consecuencias del escándalo. La selección neutralizó muy bien el ataque de los argentinos.* SIN. contrarrestar. 2 RESTRINGIDO. Declarar ‹un gobierno› neutral [un Estado o un territorio]: *El Gobierno ha neutralizado sus bases y ningún contendiente podrá usarlas.* 3 DEP. No contar ‹una persona› [un tiempo o un tramo determinado] en el resultado final de una carrera ciclista: *Los comisarios neutralizaron la primera parte de la etapa.* || *v. tr./prnl.* 4 QUÍM. Hacer ‹una persona› neutra [una sustancia química]: *Los ácidos se neutralizan con las bases.* ⇒ **19.**

neutro, tra *adj.* 1 Que no presenta ninguna de las dos características opuestas que puede presentar: *La solución que preparamos en el laboratorio es neutra porque no es ni ácida ni básica.* **alcohol* ~.** 2 Que no está bien definido o determinado: *un color neutro.* 3 Que no expresa ninguna emoción: *El testigo nos habló en un tono neutro. El viejo nos miró con ojos neutros.* 4 ELECTRIC. Que tiene iguales las cargas eléctricas positiva y negativa. 5 LING. [Palabra] que tiene género gramatical neutro: *En castellano, el artículo 'lo' de 'lo bueno' es neutro.* **artículo* ~.** || *adj./s.m.* 6 LING. [Género gramatical] que no es masculino ni femenino.

neutrón *s. m.* FÍS. Elemento atómico de masa ligera y sin carga eléctrica. || **2 bomba* de neutrones.**

nevada *s. f.* Acción y resultado de nevar: *Ha caído una buena nevada en la sierra.*

nevado, da *adj.* 1 (estar, antepuesto/pospuesto) Que está cubierto de nieve: *pueblo nevado, nevado paisaje. Las montañas de mi pueblo están nevadas.* 2 (antepuesto/pospuesto) Que tiene la blancura de la nieve: *sienes nevadas, nevados cabellos.*

nevar *v. impers.* 1 Caer nieve: *Este invierno ha nevado poco.* || *v. tr.* 2 RESTRINGIDO. Poner ‹una persona o una cosa› [una cosa] blanca al esparcir sobre ella el color blanco: *Para acabar, nievas la tarta con azúcar. El tiempo le ha nevado la barba.* ⇒ **58.**

nevasca *s. f.* RESTRINGIDO. Tormenta de nieve.

nevazón *s. f.* ARG. Tormenta de nieve acompañada generalmente por fuerte viento.

nevera *s. f.* 1 Electrodoméstico provisto de un dispositivo de frío artificial para la conservación de los alimentos: *Tengo sed, ¿qué tienes en la nevera?* SIN. frigorífico, refrigerador. 2 Caja o bolsa portátil para conservar fríos los alimentos y bebidas: *Para ir de excursión mi madre se lleva una nevera con bebidas.* 3 COLOQUIAL. Lugar cerrado muy frío: *Esta casa es una nevera.*

nevero *s. m.* 1 Lugar de las montañas elevadas donde se acumula la nieve: *En agosto subiremos al nevero de la sierra de Béjar.* 2 RESTRINGIDO. Nieve de los neveros.

nevisca *s. f.* Nevada corta y poco intensa: *Ha caído una nevisca, pero casi no ha cuajado.*

neviscar *v. impers.* Nevar con poca intensidad: *Está neviscando en la sierra.*

new wave (del inglés; pronunciamos *'niugüeif'*) *s. f.* RESTRINGIDO. Nueva ola, lo más nuevo en su género: *la new wave de la canción. Le gusta la new wave de la pintura.*

newton (pronunciamos *'niuton'*) *s. m.* FÍS. Unidad de fuerza en el Sistema Internacional.

nexo *s. m.* 1 Elemento que sirve para unir a otros: *La ideología común hace de nexo entre los dos grupos.* 2 Elemento lingüístico que sirve para unir a otros elementos presentes en el enunciado: *Te falta un nexo que enlace las dos frases.* **~ copulativo.**

ni *conj.* **1** (en oraciones o expresiones con negación) Equivale semánticamente a 'y + no' o 'y + nunca': *No bebo ni fumo. Nunca riñes ni protestas.* OBSERVACIONES: En preguntas muy emotivas y con implicación negativa, aparece *ni*, sin que le preceda negación formal, con el significado aparente de 'o', pero conlleva la idea de 'y no': *¿Te di yo dinero ni joya alguna?* **2** (en correlación) En el esquema *ni...ni...(ni)*, el *ni* inicial es partícula negativa anticipadora y predice la presencia de coordinación mediante la conjunción *ni*: *Ni comes ni dejas comer. No lo saben ni Celia ni Pablo.* || *adv.* **3** Pondera la negación añadiendo a la idea de 'no' la de 'incluso': *Tú no tienes ni idea de química. No me asusto ni aunque caigan bombas.* OBSERVACIONES: ◊ Admite por lo general el refuerzo de los intensificadores *siquiera* y *aun*, pero no admite *hasta* ni, de momento, salvo como anglicismo, *incluso*: *Ni aun los más fuertes sobrevivieron. Eso no lo hubiera acertado ni siquiera Einstein. Ni siquiera yo sé lo que me pasa.* ◊ Como hace referencia a seres, objetos o hechos que ocupan en una escala el lugar extremo, da frecuentemente lugar a hipérboles: *Ése no obedece ni aunque lo maten.* FR. Y LOC. **~ bien** AMÉR. En cuanto, tan pronto como. **~ que** 1 (con imperfecto o futuro pluscuamperfecto de subjuntivo) COLOQUIAL. Introduce una proposición en un contexto de reacción ante hechos o dichos para argumentar contra la coherencia, conveniencia o veracidad de aquello que ha motivado la reacción: *Ni que los demás fuéramos tontos.* 2 (con subjuntivo) COLOQUIAL; INTENSIFICADOR. Pondera el acierto y la perfección de cierto objeto o hecho destacando que supera la perfección que se hubiera conseguido de haberse dado determinada circunstancia: *Ni que te lo hubieran hecho a medida* (es decir *'Te queda tan bien que, aunque no te lo han hecho a medida, lo parece'*). **ni que... ~ que...** (con subjuntivo) Indica que dados dos supuestos, en ninguno de los dos sucederá el hecho que se expresa: *Ni que lo hagas bien ni que lo hagas mal te van a dar nada.*

nicaragüense *adj. / s. m.* y *f.* De Nicaragua, país americano: *Nos gusta la música nicaragüense.*

nicho *s. m.* **1** Hueco hecho en un muro para colocar una cosa: *En el muro del jardín hay varios nichos con jarrones.* **2** Cavidad especialmente construida en un muro vertical para enterrar un cadáver: *En las ciudades las sepulturas en tierra han sido sustituidas por hileras de nichos.*

nicotina *s. f.* QUÍM. Alcaloide venenoso que está presente en las hojas del tabaco: *cigarrillos bajos en nicotina.*

nicotinismo o **nicotismo** *s. m.* Conjunto de alteraciones producidas en el organismo por la nicotina: *El nicotinismo aparece en los fumadores.*

nicromo (marca registrada) *s. m.* Aleación de níquel y cromo utilizada en la fabricación de aparatos de calefacción.

nictálope *adj. / s. m.* y *f.* BIOL. [Persona, animal] que ve mejor de noche o en un sitio oscuro que de día: *Algunos animales son nictálopes.*

nictalopía *s. f.* BIOL. Cualidad o propiedad de nictálope.

nidación *s. f.* (no contable) BIOL. Acción de anidar las aves: *La nidación de las cigüeñas suele hacerse en los campanarios de las iglesias.*

nidada *s. f.* Conjunto de huevos o crías de un ave que están juntos en un nido: *Las nidadas varían mucho de especie a especie.*

nidal *s. m.* Lugar destinado para que las aves domésticas pongan sus huevos: *Las gallinas suelen poner los huevos casi siempre en los mismos nidales.* SIN. ponedero, nido.

nidero *s. m.* ARG., URUG.; RESTRINGIDO. Nidal.

nidificar *v. intr.* Hacer ‹un ave› un nido: *Las águilas suelen nidificar en zonas inaccesibles.* ⇒ **71.**

nidífugo, ga *adj.* ZOOL. [Ave] que abandona el nido poco tiempo después de salir del huevo, porque es capaz de caminar y conseguir alimento ella sola.

nido *s. m.* **1** Lecho o refugio construido por las aves para poner huevos y criar a los pollos: *el nido de una cigüeña.* **2** Lugar donde viven y se reproducen otros animales: *un nido de ratones.* **3** Lugar adonde acude la gallina u otras aves domésticas a poner sus huevos. SIN. nidal, ponedero. **4** Lugar donde están los recién nacidos en los hospitales. **5** AFECTADO. Casa, hogar: *Cuando los hijos se hacen mayores, salen del nido.* **6** Lugar en el que se juntan bastantes objetos parecidos: *Hemos encontrado en esta tienda un nido de oportunidades.* **7** Lugar donde se juntan personas de mala conducta: *Ese barrio tan elegante es un nido de prostitución.* **~ de víboras** Lugar donde se reúnen personas malvadas: *Ese bar es un auténtico nido de víboras.* **8** Origen de algo generalmente malo: *Ese callejón tan sucio es un nido de infecciones. Ese rincón es un nido de polvo.* || **9 cama* ~. 10 ~ de abeja** Tipo de bordado en una tela que imita las celdillas de las abejas: *Los abuelos le han comprado a la niña una blusa con la pechera de nido de abeja.* FR. Y LOC. **caerse de un ~** Ser ‹una persona› muy ingenua: *¿Te crees que me he caído de un nido?* **patearle el ~ a alguien** ARG., PAR., URUG. Desbaratarle ‹una persona› los planes a otra persona o ponerle impedimentos.

niebla *s. f.* **1** Nube blanquecina o grisácea, en contacto con el suelo, formada por gotas de agua muy pequeñas: *Circular con niebla es peligroso.* **~ meona** COLOQUIAL. Niebla muy menuda que parece llovizna: *Esta niebla meona te cala hasta los huesos.* **2** Confusión o misterio en torno a un asunto o a una persona: *Una espesa niebla rodea el crimen de la calle Mayor.* **3** Oscuridad mental: *Una niebla densa empezó a envolver su mente, aunque se esforzaba por razonar.*

nielado *s. m.* Labor realizada en hueco sobre metales preciosos que se rellena con un esmalte negro.

nieto, ta *s. m. / f.* Una persona respecto a los padres de sus padres: *Mi abuela tiene seis nietos y dos nietas.*

nieve *s. f.* **1** Agua helada que cae de la nube a la tierra en forma de copos blancos: *No hay bastante nieve para esquiar.* **agua* de ~. bola* de ~. cañón* de ~. muñeco* de ~. ~ virgen** Nieve que está sin pisar. **2** (plural) Nevada: *Las nieves este año escasean.* **3** Conjunto de interferencias en la pantalla de un televisor. **4** JERGAL. Cocaína: *La policía ha encontrado un cargamento de nieve de alta calidad.* **5** CUBA, MÉX., P. RICO. Sorbete helado. FR. Y LOC. **punto* de ~.**

NIF (pronunciamos *'nif'*) *s. m.* Sigla de «Número de Identificación Fiscal», España.

nigeriano, na *adj. / s. m.* y *f.* De Nigeria o de Níger, países africanos: *las tribus nigerianas.*

nigérrimo, ma *adj.* ELEVADO. Superlativo de *negro.*

night-club (del inglés; pronunciamos *'naitclub' o 'naitclab'*) *s. m.* Sala de fiestas nocturna.

nigromancia o **nigromancía** *s. f.* **1** Práctica que busca adivinar el futuro por medio de la invocación a los muertos: *¿Crees en la nigromancia?* SIN. necromancia. 2 COLOQUIAL. Magia negra. SIN. necromancia.

nigromante *s. m./f.* Persona que practica la nigromancia: *En la Edad Media y en la antigüedad había muchos nigromantes.*

nigromántico, ca *adj.* 1 De la nigromancia: *prácticas nigrománticas.* || *adj./s. m.* y *f.* 2 LITERARIO. Nigromante.

nigua *s. f.* (macho y hembra) *Tunga penetrans.* Insecto parecido a la pulga pero más pequeño y con la trompa más larga, que habita en América y África y vive como parásito de hombres y animales bajo la piel de los pies.

nihilismo *s. m.* (no contable) 1 FILOS. Doctrina o actitud que mantiene que nada existe permanentemente o nada puede conocerse. 2 FILOS. Doctrina o actitud que mantiene que los valores morales, políticos o sociales no tienen validez: *El nihilismo tiene cierto éxito entre algunos pensadores anarquistas.*

nihilista *adj.* 1 FILOS. Del nihilismo: *doctrina nihilista, actitud nihilista.* || *adj./s. m.* y *f.* 2 FILOS. Que es partidario del nihilismo: *pensador nihilista. A ese escritor le gustaba rodearse de nihilistas.*

nilón *s. m.* Nailon.

nimbo *s. m.* 1 Aro luminoso que rodea la cabeza de las imágenes religiosas: *el nimbo de la Virgen María, el nimbo de un santo.* SIN. aureola. 2 Círculo semejante que rodea a algunos astros: *el nimbo del Sol, el nimbo de la luna.* SIN. aureola. 3 METEOR. Nimboestrato.

nimboestrato *s. m.* METEOR. Capa de nubes bajas, de color gris y aspecto uniforme, que da lugar a lluvias, nieves o granizo: *Los nimboestratos suelen ser siempre señal de lluvia.*

nimiedad *s. f.* Pequeñez, insignificancia: *En vez de dejar trabajar con comodidad, molesta a la gente con nimiedades. No me preocupa que podamos perder una nimiedad en el contrato, sino que no lo podamos hacer bien.*

nimio, mia *adj.* (antepuesto/pospuesto) Que es muy pequeño y sin importancia: *El conferenciante hizo un comentario nimio. Siempre está obsesionado con nimias tonterías y no hace nada serio.*

ninfa *s. f.* 1 MIT. Diosa menor que vivía en los bosques, en las grutas o en las aguas: *Las ninfas protegían a los caminantes que pasaban por el bosque.* 2 ZOOL. Estado intermedio de un insecto entre larva e insecto adulto: *Algunos animales se alimentan con las ninfas de los insectos.* 3 COLOQUIAL; HUMORÍSTICO. Chicas jóvenes: *Aquí vienen nuestras dos ninfas.*

ninfómana *s. f.* MED. Mujer que experimenta un deseo sexual insaciable: *Parece que las ninfómanas tienen desequilibrios biológicos.*

ninfomanía *s. f.* (no contable) MED. Exageración patológica del deseo sexual en la mujer: *En su libro trata de la ninfomanía y sus causas.*

ningún *adj. indef.* Apócope de *ninguno.* OBSERVACIONES: ◊ Se usa delante de un sustantivo masculino singular. ◊ Puede intercalarse otro adjetivo entre *ningún* y el sustantivo: *ningún ordenador, ningún viaje, ningún otro banco.*

ningunear *v. tr.* MÉX., VEN.; COLOQUIAL. No tener en consideración ‹una persona› [a otra persona].

ninguno, na (el apócope de la forma masculina *ninguno* es *ningún*) *adj./pron. indef.* 1 (antepuesto/pospuesto) Ni una sola persona o cosa, o nada de aquello que indica la palabra a la que acompaña: *Ninguna persona quiso ayudarle. No saldrá ninguno. No tiene gracia ninguna. No se observa problema ninguno.* OBSERVACIONES: Puede construirse seguido de las preposiciones *de* o *entre: Ninguno de los invitados se dio cuenta. Ninguna entre vosotras podrá superar la prueba.* 2 (antepuesto) INTENSIFICADOR. Equivale a *un: La noticia no es ninguna exageración. No eras ninguna desconocida.*

ninot (plural *ninots*) *s. m.* RESTRINGIDO. Figura de una falla valenciana.

niña *s. f.* 1 RESTRINGIDO. Pupila. || 2 **~ de sus ojos** INTENSIFICADOR. Persona más querida para alguien: *De los tres hijos que tiene, la pequeña es la niña de sus ojos.* FR. Y LOC. **querer* como a las niñas de los ojos.**

niñato, ta *s. m./f.* 1 COLOQUIAL; PEYORATIVO. Joven desagradable que normalmente presume sin tener motivo para ello: *Llegó el niñato ese de la ciudad y quería enseñarnos a nosotros a sembrar.* 2 Persona joven sin experiencia en una profesión o en la vida: *Ya se tranquilizará esta niñata, en cuanto lleve dos meses trabajando.*

niñería *s. f.* 1 Cosa de poca importancia: *Siempre nos enfadamos por niñerías.* 2 Cosa propia de un niño: *No hagas más niñerías y ponte a estudiar.*

niñero, ra *adj.* 1 Que disfruta o se entiende muy bien con los niños: *Mi tía es muy niñera, siempre está rodeada de niños.* || *s. m./f.* 2 Persona que cuida a los niños en una casa: *Los vecinos buscan una niñera que tenga buenas referencias.*

niñez *s. f.* 1 Periodo de la vida humana, desde el nacimiento a la adolescencia: *Esta escritora vivió una niñez muy desgraciada.* SIN. infancia. 2 Primera etapa de alguna cosa: *La niñez del proyecto fue dura.*

niño, ña *adj./s. m.* y *f.* 1 Que está en el periodo de la niñez o tiene pocos años: *Eres demasiado niño para hacer esas cosas. De niña me gustaba mucho ver ordeñar las vacas.* 2 AFECTIVO. Que tiene poca experiencia, se comporta con ingenuidad o inmadurez o como si tuviera muy pocos años: *Mírale, tu marido es como un niño.* || *s. m./f.* 3 Hijo de corta edad: *Tengo dos niñas y un niño.* 4 AMÉR.; RESTRINGIDO. Tratamiento dado a las personas que eran consideradas socialmente superiores. || 5 **~ bonito** La persona preferida por otra en un conjunto: *Petra es la niña bonita de la clase.* 6 **~ burbuja** Niño que ha nacido sin defensas y tiene que vivir en un ambiente esterilizado. 7 **~ pera** Niño elegante y caprichoso, de buena familia: *Mi hermana tiene un novio que es un niño pera.* 8 **~ probeta** Niño que ha sido concebido por fecundación artificial en un laboratorio. FR. Y LOC. **estar* como ~ con zapatos nuevos. juego* de ~. ni qué ~ muerto** COLOQUIAL; INTENSIFICADOR. Se usa para rechazar una petición o una opinión del interlocutor: *–«Habéis tenido mucha suerte.» –«¡Qué suerte ni qué niño muerto!, hemos jugado mejor.»* **silla* de ~.**

niobio *s. m.* *Nb.* Elemento químico metálico de color gris, que se utiliza en aleaciones.

niple *s. m.* 1 ARG., COL., URUG. Tubo con rosca a ambos lados que se usa en las instalaciones de grifería o en la bomba de hinchar las ruedas de la bicicleta. 2 VEN. Explosivo casero.

nipón, na *adj./s. m.* y *f.* RESTRINGIDO. De Japón, país asiático: *El equipo nipón ganó con facilidad.* SIN. japonés.

níquel *s. m.* 1 *Ni.* Elemento químico metálico con un brillo plateado, maleable y resistente, que se utiliza en aleaciones para preservar los metales de la oxidación. **2** AMÉR. Cualquier moneda.

niquelado *s. m.* Baño de un metal con níquel: *El niquelado se usa para que los metales no se oxiden.*

niquelar *v. tr.* Cubrir ‹una persona› con níquel [una cosa de otro metal]: *Hemos niquelado otra vez el manillar de la bicicleta.*

niquelera *s. f.* COL.; COLOQUIAL. Monedero, bolso.

niqui *s. m.* RESTRINGIDO. Prenda de vestir deportiva, de tejido ligero, generalmente de manga corta, que llega hasta más abajo de la cintura, tiene diferentes formas de cuello y una abertura en el escote con dos o tres botones.

nirvana *s. m.* (no contable) **1** REL. Estado de bienaventuranza propio del budismo, en el que el individuo se incorpora a la esencia divina. **2** COLOQUIAL. Tranquilidad o serenidad grande: *Oír música cara al mar, con un buen vaso de naranja, es el nirvana.*

níscalo o **nízcalo** *s. m.* Hongo comestible de sombrerillo anaranjado o rojo.

níspero *s. m.* **1** Árbol de tronco ramificado y espinoso, hojas caducas lanceoladas, grandes flores blancas y frutos en baya anaranjada. **2** Fruto comestible de este árbol, pequeño y anaranjado, de piel lisa y carne jugosa.

nitidez *s. f.* **1** ELEVADO. Limpieza, claridad o transparencia: *la nitidez de los cristales, la nitidez de las aguas, la nitidez de su razonamiento.* **2** Precisión o exactitud: *la nitidez de sus cuentas. Dio en el blanco con toda nitidez.*

nítido, da *adj.* **1** (ser / estar) Que es completamente limpio o transparente: *El agua es nítida. La superficie del lago está nítida.* **2** (antepuesto / pospuesto) Que es preciso y claro: *una nítida respuesta, una explicación nítida, imagen nítida.* **3** Que es honrado o sincero: *una conducta nítida.*

nitrato *s. m.* **1** QUÍM. Sal de ácido nítrico. || **2 ~ de Chile** QUÍM. Abono nitrogenado natural procedente de la descomposición de los excrementos de algunas aves, que se encuentra en yacimientos al norte de Chile y en Perú. **3 ~ de potasio** QUÍM. Polvo cristalino de gran poder oxidante, soluble en agua, alcohol y glicerina, con numerosas aplicaciones industriales. **4 ~ de sodio** QUÍM. Derivado del nitrato de Chile que cristaliza en cubos y que, en caliente, tiene numerosas aplicaciones industriales.

nítrico, ca *adj.* QUÍM. Del nitro o del nitrógeno. **ácido* ~.**

nitrito *s. m.* QUÍM. Sal de ácido nitroso.

nitro *s. m.* QUÍM. Nitrato potásico que cristaliza en la superficie de terrenos húmedos y salados y se utiliza como abono o en la fabricación de pólvora. SIN. salitre.

nitrobenceno *s. m.* QUÍM. Compuesto químico derivado aceitoso del benceno, que se utiliza en la fabricación de colores sintéticos, explosivos y en perfumería.

nitrogenado, da *adj.* Que contiene nitrógeno.

nitrógeno *s. m.* *N.* Elemento químico gaseoso que constituye las cuatro quintas partes del aire atmosférico con aplicaciones en la industria del frío.

nitroglicerina *s. f.* QUÍM. Líquido aceitoso y explosivo derivado nítrico de la glicerina que, mezclado con un líquido absorbente, forma la dinamita.

nitroso, sa *adj.* **1** Que tiene nitro o alguna de sus propiedades. **2** QUÍM. [Compuesto oxidado del nitrógeno] que tiene menos nitrógeno que el ácido nítrico.

nivación *s. f.* (no contable) GEOL.; RESTRINGIDO. Conjunto de fenómenos producidos en la superficie de la tierra por causa de la nieve: *La vegetación de la zona sufrió mucho a causa de la nivación.*

nivel *s. m.* **1** Altura o grado en que está o al que llega una persona o cosa: *Tiene un buen nivel de ortografía. Los dos estantes tienen diferente nivel.* **paso* a ~.** **2** Instrumento que se utiliza para comprobar la horizontalidad o verticalidad de un plano: *Para instalar la estantería necesitamos un nivel.* **3** Piso o planta de una construcción, de una mina o de otra cosa por el estilo: *Ahora se extrae carbón del nivel más bajo.* || **4 ~ de vida** Condiciones económicas de un individuo o grupo: *El nivel de vida de los españoles ha aumentado estos últimos años.* FR. Y LOC. **a ~** En plano horizontal: *Tienes que poner el tablero a nivel.* **a ~ de** RESTRINGIDO. Atendiendo aquello que se expresa, de acuerdo con lo que se dice: *A nivel de vecinos no está bien vista esta propuesta.* **curva* de ~.**

nivelación *s. f.* Acción y resultado de nivelar o nivelarse: *la nivelación de los salarios, la nivelación del piso de una calle, la nivelación de una balanza.*

nivelar *v. tr.* **1** Hacer ‹una persona o una cosa› que [una superficie] quede llana u horizontal: *Los obreros nivelaron el terreno antes de construir en él.* SIN. allanar, aplanar, igualar. **2** Poner ‹una persona› [dos o más cosas] a la misma altura, grado o categoría: *Los ministerios han nivelado las dos categorías de funcionarios.* SIN. igualar. **3** Determinar ‹una persona› si existe o no igualdad de altura entre [dos o más planos] o comprobar si [una superficie] es horizontal: *Hay que nivelar los brazos de la balanza.* || *v. prnl.* **4** Quedar ‹una superficie› llana u horizontal. **5** Estar ‹dos o más cosas› a la misma altura, grado o categoría: *Me gustaría que las diferencias sociales se nivelaran.*

níveo, a *adj.* (antepuesto / pospuesto) ELEVADO. Que tiene una blancura parecida a la de la nieve: *la nívea piel del rostro, manos níveas, níveo paisaje.* SIN. blanco.

nixtamal *s. m.* AMÉR. C., MÉX.; RESTRINGIDO. Maíz cocido con agua de cal, con el que se hacen tortillas después de molerlo.

nízcalo *s. m.* Níscalo.

nn (pronunciamos *'ene-ene'*) *s. m. / f.* ARG., URUG.; HIST. Persona desaparecida durante las últimas dictaduras militares.

no (plural *noes* o *no*) *adv. neg.* **1** Expresa negación o rechazo en una respuesta: *–«¿Quieres un café?» –«No, gracias.» –«¿Ha llegado Pedro?» –«No.»* **2** Indica que no se cumple la acción del verbo: *No compramos el libro. No iremos de excursión mañana. No lo hemos visto.* **3** Indica que se espera una respuesta afirmativa a la pregunta: *¿No vienes a dar un paseo? Estuviste con ellos, ¿no?* **4** Se usa, también en preguntas, para pedir un permiso que se supone concedido o una confirmación de lo que se dice: *Mamá, puedo ir el domingo de excursión ¿no?* **5** (antepuesto a sustantivos o adjetivos) Se usa para cambiar el significado del sustantivo o adjetivo, a veces con valor de eufemismo: *los no creyentes* ('los infieles'), *los no violentos* ('los partidarios de la paz y enemigos del terrorismo'), *nombres no contables* ('nombres continuos o de masa'), *fuerzas no identificadas* ('fuerzas desconocidas'), *ciudadanos no votantes* ('abstencionistas'). || *s. m.* **6** Negación: *Pedí permiso pero me han dado un no por respuesta. Te llamo para salir a cenar esta* *noche, y yo no admito noes.* FR. Y LOC. **a ~ ser que** A menos que: *No podemos hacer nada, a no ser que ella nos lo pida.* **a que ~** COLOQUIAL. Indica desconfianza o desafío hacia el interlocutor: *Te apuesto a que no llegas antes que yo. ¿A que no consigues lo que te propones?* **cómo ~** Fórmula cortés intensificadora de afirmación o aceptación: *–«¿Salimos esta noche al cine?» –«¡Cómo no!»* **¡cuidado* ~! el ~ va* más. ~ bien** Tan pronto como: *No bien nos vio, el perro de María vino corriendo hacia nosotros moviendo la cola.* **~ más** 1 Solamente: *Quiero un café no más.* 2 Basta de: *No más discusiones, vamos al teatro.* **~ ya* ... sino** o **ya ~ ... sino. quiera* que ~.**

NO *abr.* «Noroeste».

nobel (plural *nobel*) *s. m.* **1** Premio de la fundación Alfred Nobel a científicos, hombres de letras o personas que se han destacado en ciertas actividades: *La fundación le ha dado el Nobel de Física.* **premio ~. 2** Persona ganadora de este premio: *Rigoberta Menchú es premio Nobel de la Paz.*

nobelio *s. m. No.* Elemento químico radiactivo del grupo de los actínidos que se obtiene artificialmente.

nobiliario, ria *adj.* De la nobleza: *estamento nobiliario, título nobiliario, casa nobiliaria.*

noble *adj. / s. m.* y *f.* **1** Que posee un título de nobleza o que pertenece a una familia que lo tiene por herencia: *Estoy leyendo un libro sobre las relaciones entre los nobles y la monarquía en el siglo* XV. || *adj.* **2** (antepuesto / pospuesto) Que merece estima o consideración por su generosidad, su honestidad o sus grandes cualidades morales: *El dueño de la casa es un hombre de nobles sentimientos. Ayúdanos, es por una noble causa. Ese joven tiene un corazón muy noble.* **3** [Animal] que es fiel amigo del hombre: *El caballo y el perro son animales nobles.* **~ bruto*. 4** [Material] que tiene una calidad especialmente fina, como ciertos metales o maderas: *Las puertas están todas hechas con maderas nobles.* **metal* ~. 5** Que tiene mucho prestigio: *barrio noble, profesión noble.* **6** QUÍM. [Sustancia] que no reacciona con otras y permanece inalterable: *gases nobles.*

nobleza *s. f.* **1** (no contable) Condición de las personas o de algunos animales que se comportan con sinceridad, honradez o lealtad: *la nobleza de un caballo. El director actuó con nobleza y reconoció que se había equivocado.* **2** (no contable) Clase social de las personas que en una monarquía poseen un título como conde, marqués, duque o hidalgo: *A la boda de los príncipes acudió toda la nobleza europea.* SIN. aristocracia. **3** HIST. Estamento del Antiguo Régimen formado por las personas que tenían un título y el fuero privilegiado que lo acompañaba: *Los nobles no pagaban tributos.* FR. Y LOC. **~ obliga** Comentario para indicar que una cosa se hace porque una persona tiene un carácter noble: *Me costó reconocer que él tenía razón, pero nobleza obliga y tuve que decírselo.*

noblote, ta *adj.* AFECTIVO. Que se comporta con nobleza o franqueza: *Tengo una chica muy noblota que trabaja en casa.*

noceda o **nocedal** *s. f.* RESTRINGIDO. Sitio plantado de nogales. SIN. nogueral.

noche *s. f.* **1** Espacio de tiempo desde que se pone el Sol hasta que amanece. **~ cerrada** 1 Noche muy oscura: *Íbamos por el campo y era una noche cerrada.* 2 Bien entrada la noche: *Era noche cerrada cuando llegó a casa.* **~ de perros** 1 Noche con mal tiempo meteorológico: *No podemos salir de casa con esta noche de perros, hace mucho frío.* 2 Noche que una persona ha pasado mal: *He pasado una noche de perros, no he dormido nada.* **~ toledana** Noche mala que una persona pasa sin dormir: *El niño ha estado enfermo y nos ha dado unas noches toledanas.* **~ vieja** La última noche del año. **2** Oscuridad que hay durante ese tiempo: *Aquel era un día de tormenta y ya era de noche a las cuatro de la tarde.* **3** Horas en que se duerme durante ese tiempo: *Mis noches son cortas, duermo poco.* **4** LITERARIO. Tristeza, melancolía: *Sólo alegra mis noches esta criatura.* || **5 ayer ~** Anoche. **6 buenas noches** 1 Despedida antes de irse a la cama: *Da las buenas noches a tus padres antes de ir a la cama.* 2 Saludo o despedida a últimas horas de la tarde, cuando ya se ha puesto el Sol y está oscuro, poco antes de cenar, o después: *Adiós, buenas noches, hasta mañana. Hola, buenas noches, ¿hace mucho que han llegado?* || **7 ~ buena** Nochebuena. FR. Y LOC. **cerrar la ~** Ponerse el Sol cuando ya no queda luz del día: *El crimen se produjo al cerrar la noche.* **dama* de ~. de la mañana* a la ~. de la ~ a la mañana** De pronto, en un espacio muy breve de tiempo: *De la noche a la mañana decidió dejar el trabajo.* **de ~** Cuando ya no hay luz del día: *Su novio trabaja de noche.* **día* y ~. galán* de día / ~. galán* de ~. hacer ~** Detenerse ‹una persona› en un lugar para dormir: *Hicimos noche* **en** *un motel de la carretera.* **hacerse de ~** Anochecer: *Vuelve antes de que se haga de noche.* **media ~** Medianoche. **mesa* de ~. ~ de los tiempos** Tiempo muy antiguo, hace mucho tiempo: *Esta costumbre se pierde en la noche de los tiempos.* **~ y día** Siempre: *Se queja noche y día.* **pasar en / de claro la ~** Pasar ‹una persona› la noche sin dormir: *Estaba tan nerviosa que me pasé en claro la noche.* **pasar la ~ en blanco** Pasar ‹una persona› la noche sin dormir: *Hemos pasado la noche en blanco porque hacía mucho calor.* **ser (como) la ~ y el día** o **parecerse como el día* a la ~** Ser ‹dos personas o cosas› completamente distintas: *Los dos restaurantes son la noche y el día: uno es barato y popular, y el otro caro e internacional.* **traje* de ~. vestido de ~.**

nochebuena *s. f.* (con mayúscula) Fiesta cristiana que celebra el nacimiento de Jesús la noche del veinticuatro de diciembre: *celebrar la Nochebuena, cena de Nochebuena.*

nochecita *s. f.* URUG.; COLOQUIAL. Puesta de Sol, caída de la tarde.

nocherniego, ga *adj.* ELEVADO. [Persona] que tiene costumbre de salir de casa o de divertirse por la noche.

nochero, ra *s. m. / f.* **1** ARG. Persona que está de guardia durante la noche en hospitales y otros establecimientos semejantes. **2** CHILE. Vigilante nocturno. || *adj. / s. m.* y *f.* **3** ARG. Noctámbulo || *s. m.* **4** COL.; COLOQUIAL. Mesilla de noche.

nochevieja *s. f.* (con mayúscula) Noche del treinta y uno de diciembre en que se celebra el final de un año y la llegada de otro: *En Nochevieja las familias suelen reunirse.*

noción *s. f.* **1** Idea o conocimiento de una cosa: *No tienes noción de lo que está pasando. Ha perdido la noción de las cosas.* **2** (preferentemente en plural) Conocimiento básico, elemental: *Tiene nociones de electricidad y de carpintería.*

nocional *adj.* [Adverbio] que limita la aplicación o el significado de una proposición o un verbo a un conjunto de ideas, cualidades o nociones.

nocividad *s. f.* Cualidad de nocivo: *la nocividad de un alimento. La nocividad del tabaco es evidente.*

nocivo, va *adj.* (antepuesto / pospuesto) Que causa daño: *una nociva costumbre para los niños. El tabaco puede resultar nocivo para la salud.* SIN. perjudicial.

noctambulismo *s. m.* **1** (no contable) COLOQUIAL. Costumbre de una persona de salir o de divertirse de noche. **2** Desarrollo de las principales actividades vitales por la noche: *El noctambulismo de los búhos.*

noctámbulo, la *adj. / s. m.* y *f.* **1** Que es aficionado a salir y divertirse de noche, o, actividades que habitualmente se hacen de día, las lleva a cabo de noche: *Tienes unos amigos muy noctámbulos.* **2** [Animal] que desarrolla las actividades fundamentales de su vida por la noche: *Los búhos son animales noctámbulos.* **3** Que se realizan o suceden por la noche.

nocturnidad *s. f.* **1** (no contable) ELEVADO. Cualidad de nocturno: *Su hijo pequeño aprovechó la nocturnidad para salir de casa sin ser visto.* **2** (no contable) DER. Circunstancia agravante de un delito: *La juez lo condenó a más años de cárcel por la nocturnidad y alevosía del delito.*

nocturno, na *adj.* **1** De la noche: *trabajo nocturno, horario nocturno.* **2** Que sucede o se desarrolla durante la coche: *tren nocturno, clase nocturna, sesión nocturna.* **tarifa nocturna.** **3** ZOOL. [Animal] que se oculta de día y busca el alimento durante la noche: *La lechuza es un animal nocturno.* **rapaz nocturna.** **4** [Planta] que abre sus flores sólo de noche. || *s. m.* **5** MÚS. Composición, instrumental o vocal, que, en el siglo XVIII, se ejecutaba al aire libre durante la noche. **6** Serenata en la que se cantan o se tocan composiciones de carácter sentimental: *nocturno de Schubert.*

nodo *s. m.* FÍS. En el movimiento ondulatorio, punto que no experimenta ninguna perturbación.

nodriza *s. f.* **1** Mujer contratada para que amamante a un niño que no es suyo: *En el siglo XIX las mujeres de la buena sociedad contrataban a nodrizas para sus bebés.* **2** Vehículo preparado para suministrar combustible a otro: *un avión nodriza.* || **3 avión* ~. 4 barco* ~. 5 buque* ~. 6 nave* ~.**

nódulo *s. m.* **1** Dureza pequeña y redondeada de un material: *Esta tabla tiene muchos nódulos.* **2** GEOL. Masa globular en el interior de algunas rocas, de naturaleza diferente a éstas. **3** MED. Masa de células o de fibras en forma de nudo, abultamiento o corpúsculo: *Tienen que quitarme un nódulo que me ha salido en el colon.*

nogal *s. m.* **1** *Luglans regia.* Árbol muy grande de hojas dentadas aromáticas y flores blancas, cuyo fruto es la nuez. **2** Madera de este árbol: *mesa de nogal.*

nogalina *s. f.* (no contable) Colorante obtenido de la cáscara de la nuez, utilizado en carpintería.

noguera *s. f.* RESTRINGIDO. *Luglans regia.* Nogal.

nogueral *s. m.* Terreno plantado de nogales. SIN. noceda.

nómada *adj. / s. m.* y *f.* Que no tiene una residencia fija y se desplaza de un lugar a otro: *tribu nómada, pueblo nómada, vida nómada, animal nómada.*

nómade *adj.* ARG., URUG.; COLOQUIAL. Nómada.

nomadismo *s. m.* (no contable) Forma de vida de los pueblos que no tienen un lugar fijo de residencia.

nombradía *s. f.* (no contable) ELEVADO. Prestigio y fama de una persona: *Es tan grande su nombradía que no pudo evitar que lo reconocieran en el hotel.*

nombrado, da *adj.* (antepuesto / pospuesto) Que es célebre o famoso: *Su hermano era un nombrado autor de teatro. Es un orgullo ir con una persona tan nombrada.*

nombramiento *s.m.* **1** Acción y resultado de nombrar: *el nombramiento de una embajadora, el nombramiento de un profesor.* **2** Documento que acredita oficialmente esta situación: *Tengo ya el nombramiento en casa.*

nombrar *v. tr.* **1** Decir ‹una persona› el nombre de [una persona o una cosa] o hacer referencia a ella: *En su libro nombra a varios científicos. Te han nombrado por el altavoz.* SIN. citar, mencionar. **2** Elegir ‹una persona› [a otra persona] para [un cargo o un título]: *Toda la junta directiva lo nombró presidente. Los delegados me nombrarán **para** el cargo de director.* **elegir / ~ a dedo*.** FR. Y LOC. **mentar / ~ la bicha*. ~ / mentar a la madre*.**

nombre *s. m.* **1** Palabra con la que se designa a un ser animado, un objeto, una idea o un conjunto: *¿Cuál es el nombre de esta planta?* **2** Palabra con la que se designa referencialmente a un sólo individuo: *Yo me llamo Carmen, ¿cuál es tu nombre? ¿Qué nombre le vais a poner al bebé?* **~ de guerra** Nombre que adopta una persona para realizar una actividad clandestina: *Su nombre de guerra era Isidoro.* **~ de pila** Nombre que se da a una persona: *Su nombre de pila es Ana.* **3** Título de una obra: *No recuerdo el nombre del libro.* **4** Fama, reputación: *El nuevo empleado se ha hecho un nombre en la empresa. Tus gamberradas han mancillado el buen nombre de la familia.* **5** GRAM. Clase de palabra dotada de género y flexión de número que designa una entidad y funciona como núcleo del sintagma nominal: *El nombre y el verbo concuerdan en número.* SIN. sustantivo. **~ abstracto** Sustantivo que se refiere a una cualidad de los seres sin existencia independiente propia. **~ animado** Sustantivo que se refiere a los seres vivos. **~ colectivo** Sustantivo que en singular se refiere a la vez a un grupo de individuos u objetos. **~ común** Sustantivo que no es propio. **~ concreto** Sustantivo que se refiere a los seres concretos del mundo real o imaginado. **~ contable** Sustantivo que se refiere a los seres o individuos que admiten la pluralidad. **~ individual** sustantivo que en singular se refiere a un ser u objeto sólo. **~ propio** Nombre sustantivo que se refiere a un ser para diferenciarlo de otro de su misma especie. **~ sustantivo** Sustantivo, clase de palabras. FR. Y LOC. **a ~ de** 1 De quien es una cosa: *El piso está a nombre de Juan.* 2 Para quien es una cosa: *El sobre viene a nombre de la empresa.* 3 A la dirección de una persona: *Te enviamos las fotos a nombre de tu madre.* **en ~ de** Se usa cuando una persona habla o actúa representando a otra u otras: *Dijo que hablaba en nombre del dueño.* **llamar las cosas por su ~** Hablar ‹una persona› claramente o con franqueza: *Señoras, llamemos las cosas por su nombre: este comportamiento es un caso claro de violación de los derechos humanos.* **no tener ~** COLOQUIAL. Ser indignante ‹una cosa›: *Lo que ha hecho tu hermano no tiene nombre.*

nombrete *s. m.* URUG.; COLOQUIAL. Mote.

nomenclátor *s. m.* Catálogo o lista de nombres: *un nomenclátor de nombres de pueblo, nomenclátor de calles.*

nomenclatura *s. f.* Conjunto de los términos técnicos de una disciplina científica: *la nomenclatura química. Busco un libro de nomenclatura médica.*

nomeolvides (plural *nomeolvides*) *s. m.* **1** Género de plantas con las flores azules, generalmente utilizadas en jardinería y ornamentación. **2** Pulsera con una placa en la que se suele grabar un nombre de persona, una fecha o alguna frase amorosa: *Jaime cree que los nomeolvides son una tontería.*

nómina *s. f.* **1** Sueldo mensual: *María está deseando cobrar la nómina porque ya no tiene dinero.* SIN. paga. **2** (no contable) Conjunto de trabajadores fijos de una empresa: *Han reducido la nómina de trabajadores en este último mes. Esa empresa cuenta con una nómina muy amplia.* SIN. plantilla. **3** Documento en el que se justifican las diferentes cantidades de que consta un sueldo y las retenciones: *Tengo que mirar la nómina para ver cuánto me han subido las retenciones.* **4** ELEVADO. Lista de nombres: *la nómina de los escritores premiados, la nómina de los próximos alumnos.*

nominación *s. f.* Nombramiento o propuesta para un premio: *la nominación para los premios Goya.*

nominal *adj.* **1** Que sólo existe de nombre, y no es efectivo o real: *cargo nominal.* **2** GRAM. [Oración, sintagma] que desempeña la misma función que un nombre. **3** [Predicado, complemento] que se refiere al nombre: *complemento nominal, predicado nominal.* || **4 valor* ~. 5 voto* ~.**

nominalismo *s. m.* (no contable) Doctrina filosófica surgida en la Edad Media que afirma que los conceptos generales no son más que nombres.

nominalista *adj.* **1** FILOS. Del nominalismo: *sistema nominalista, filósofo nominalista.* || *adj. / s. m.* y *f.* **2** FILOS. Que es partidario del nominalismo.

nominalización *s. f.* LING.; RESTRINGIDO. Transformación de una palabra en un nombre: *En la oración «fumar es malo» hay una nominalización de un verbo.* SIN. sustantivación.

nominalizar *v. tr. / prnl.* GRAM. Convertir ‹una persona› [una construcción o una palabra] en nombre o en sintagma nominal mediante procedimientos morfológicos o sintácticos: *En el refrán «al buen callar llaman Sancho», se ha nominalizado el infinitivo «callar».* ⇒ **19.**

nominalmente *adv. modo* **1** Por su nombre o por sus nombres, especificando los nombres correspondientes: *Todos y cada uno de los invitados fueron citados nominalmente.* **2** Como nombre, como si fuera nombre, en función nominal: *Se trata de un infinitivo usado aquí nominalmente.* **3** De palabra, no de forma efectiva. || *adv. restrictivo* **4** En cuanto al nombre, en el aspecto denominativo: *Nominalmente los apellidos sí coinciden.* **5** De nombre, por oposición a *real y efectivamente.* OBSERVACIONES: Suele emplearse con matiz próximo al de exclusividad ('sólo de nombre'): *Nominalmente, esta persona es rey.*

nominar *v. tr.* **1** Elegir ‹una persona› [a otra persona] para [un cargo o un título]. SIN. nombrar. **2** Proponer ‹una persona› [a otra persona] o [una cosa] para [un premio]: *El jurado ha nominado la película de Trueba* ***para*** *el Oscar.* **3** Dar ‹una persona› nombre [a otra persona] o [a una cosa]. SIN. denominar.

nominativo *adj.* **1** [Documento] que se extiende a nombre de una persona: *cheque nominativo.* SIN. nominal. || *s. m.* **2** GRAM. Caso gramatical de la declinación que indica la función de sujeto o de atributo: *Pon el sujeto en nominativo.* **caso ~.**

nomo o **gnomo** *s. m.* MIT. Personaje fantástico de la mitología nórdica, generalmente enano y con poderes mágicos. SIN. duende.

nomon o **gnomon** *s. m.* RESTRINGIDO. Barra que indica con su sombra las horas en los relojes de sol: *El nomon estaba torcido y marcaba mal las horas.*

nomónica *s. f.* (no contable) Gnomónica.

non *adj. / s. m.* [Número] que no es exactamente divisible por dos: *Tres y cinco son números nones.* SIN. impar. **pares* y nones.**

nonada *s. f.* Pequeñez, menudencia. SIN. nadería.

nonagenario, ria *adj. / s. m.* y *f.* Que tiene ya noventa años pero aún no ha cumplido los cien.

nonagésimo, ma *adj. num. ord. / s. m.* y *f.* **1** Que ocupa la posición número noventa: *la comunicación nonagésima.* OBSERVACIONES: Es más frecuente que se indique con la expresión *la posición número noventa.* || *adj. num. part.* **2** Cada una de las noventa partes iguales en que se divide un todo: *una nonagésima parte.* SIN. noventavo.

nonato, ta *adj.* Que no ha nacido en un parto natural sino mediante cesárea.

nones *adv.* COLOQUIAL; INTENSIFICADOR. No: *Dijo que nones, que no venía. –«¿Tomamos un café?» –«Nones, tengo mucho trabajo.»*

noningentésimo, ma *adj. num. ord. / s. m.* y *f.* **1** Que ocupa la posición número 900. OBSERVACIONES: Es más frecuente que se indique con la expresión *la posición número novecientos.* || *adj. num. part.* **2** Cada una de las novecientas partes iguales en que se divide un todo.

nonio o **nonius** *s. m.* Pieza o mecanismo graduado que se acopla a una regla para medir objetos muy pequeños.

nono, na *adj. num. ord. / s. m.* y *f.* **1** RESTRINGIDO. Noveno: *el Papa Pío nono.* || *s. f.* **2** Última de las cuatro partes iguales en que los romanos dividían el día. **3** REL. Última de las horas menores del oficio divino. || *s. m. / f.* **4** ARG., URUG., VEN. Abuelo.

nónuplo, pla *adj. num.* **1** [Número] que contiene exactamente nueve veces a otro número: *número nónuplo.* || *s. m.* **2** Número que contiene exactamente nueve veces a otro: *el nónuplo de nueve es ochenta y uno.* OBSERVACIONES: Es más frecuente, en el uso no matemático o técnico, la expresión *nueve veces: Tiene nueve veces más dinero,* en lugar de: *Tiene el nónuplo de veces.*

nopal *s. m.* Chumbera, planta.

noquear *v. tr.* DEP. Dejar ‹un boxeador› fuera de combate [a otro boxeador]: *El campeón noqueó al aspirante en el tercer asalto.*

norcoreano, na *adj. / s. m.* y *f.* De Corea del Norte, país asiático.

nordeste o **noreste** *s. m.* **1** (preferentemente con mayúscula) GEOGR. Punto del horizonte que se encuentra a igual distancia del Norte que del Este. **2** Parte de un país o región situada en la dirección de este punto: *el nordeste peninsular.* **3** METEOR. Viento que sopla desde este punto.

nórdico, ca *adj.* **1** RESTRINGIDO. Del norte de España: *La costa nórdica tiene estos días un gran temporal.* || **2** *adj. / s. m.* y *f.* De los pueblos del norte de Europa: *Este verano he conocido a unos nórdicos muy simpáticos. La nueva delegada es nórdica, de Noruega.*

nordista *adj. / s. m.* y *f.* Que era partidario de los Estados del norte en la guerra de Secesión de los Estados Unidos. SIN. federal.

noreste *s. m.* (preferentemente con mayúscula) Nordeste.

noria *s. f.* **1** Atracción de ferias formada por una rueda que gira verticalmente con cabinas donde suben las personas: *subir en la noria.* **2** Mecanismo que se utiliza para sacar agua de un pozo, formado por dos ruedas, una horizontal y otra vertical, encajadas, impulsadas por un animal o por un motor: *En las huertas tradicionales solía haber norias.*

norma *s. f.* **1** Regla, instrucción o modelo que debe seguirse para considerar correcta una actitud, una actividad o una acción cualquiera: *Lo hicimos siguiendo tus normas. Lo han construido según las normas europeas.* **2** DER. Precepto de un ordenamiento jurídico: *Es imperativo de la norma constitucional española la libertad de residencia de los ciudadanos.* **3** LING. Idea de corrección en la lengua que deriva de la legislación de un grupo de personas con autoridad o del comportamiento lingüístico general: *A veces no coincide la norma académica y la popular.*

normal *adj.* **1** Que es natural o lógico que suceda, o que ocurre como siempre, sin nada extraordinario: *El enfermo tiene un pulso normal.* **2** Que por su naturaleza, forma o magnitud, se atiene a ciertas normas fijadas de antemano: *Es un sobre normal, no tiene que llevar recargo.* **3** GEOM. [Línea, plano] que es perpendicular a otra recta o a otro plano. || **4 escuela* ~ 5 onda* ~.**

normalidad *s. f.* Cualidad de normal: *la normalidad de unas relaciones, la normalidad de un estado. La jornada de las elecciones ha transcurrido con normalidad.*

normalista *s. m. / f.* COL. Persona que ha obtenido el grado de maestro en una escuela normal.

normalización *s. f.* Acción y resultado de normalizar: *normalización de unas cuentas.*

normalizar *v. tr.* **1** Hacer ‹una persona› que [una cosa] se ajuste a una norma o a una regla: *Las autoridades de Correos normalizaron la medida de las etiquetas.* SIN. estandarizar. **2** Hacer ‹una persona o una cosa› que [una cosa] vuelva a la normalidad: *Los gestores consiguieron normalizar las cuentas de la compañía.* SIN. regularizar. || *v. prnl.* **3** Volver ‹una cosa› a la normalidad: *El tráfico se normalizó a primera hora de la tarde.* SIN. regularizarse. ⇒ **19.**

normalmente *adv. modo* **1** Con normalidad o como de costumbre: *El partido se desarrolló normalmente.* || *adv. temp.* **2** Ordinariamente, casi siempre: *Normalmente, conduce ella.* **3** En condiciones normales, si no ocurre nada anormal. OBSERVACIONES: Suele asociarse a contextos de previsión: *Normalmente, esta dosis, inyectada en vena, bastará para quitarle el dolor.*

normando, da *adj. / s. m.* y *f.* **1** De un grupo de pueblos escandinavos que se expandieron por gran parte de Europa en los siglos IX y X: *Los normandos asolaron las costas gallegas.* **2** De Normandía, región francesa: *la costa normanda.*

normativa *s. f.* Conjunto de normas de una materia o actividad: *Seguimos la normativa vigente.*

normativo, va *adj.* Que sirve de norma o que cumple unas normas determinadas: *declaración normativa, medidas normativas.* **gramática* normativa.**

nornordeste *s. m.* **1** (preferentemente con mayúscula) GEOGR. Punto del horizonte entre el Norte y el Noreste, a igual distancia de ambos. **2** METEOR. Viento que sopla desde este punto.

nornoroeste *s. m.* **1** (preferentemente con mayúscula) GEOGR. Punto del horizonte entre el Norte y el Noroeste, a igual distancia de ambos. **2** METEOR. Viento que sopla desde este punto.

noroeste *s. m.* **1** (preferentemente con mayúscula) GEOGR. Punto del horizonte que se encuentra a igual distancia del Norte que del Oeste. **2** Parte de un país o región situada en la dirección de este punto: *En el noroeste peninsular está Galicia.* **3** METEOR. Viento que viene de este punto.

norte *s. m.* **1** (preferentemente con mayúscula) GEOGR. Punto cardinal situado en la dirección del polo ártico y frente a un observador a cuya derecha se encuentre el Este: *Para orientarse en el campo es fundamental saber buscar el Norte.* **~ magnético** Dirección a la que apunta la aguja imantada de una brújula que corresponde al polo ártico. SIN. septentrión. **2** Parte de un territorio situada en la dirección de este punto: *En el norte de España llueve mucho.* SIN. septentrión. **3** METEOR. Viento que viene de este punto: *Cuando sopla el norte hace frío.* SIN. septentrión. **4** Meta, aspiración: *Su mujer tiene como norte dirigir la empresa.* **5** VEN. Lluvia que llega fuera de la estación lluviosa entre octubre y febrero. FR. Y LOC. **perder el ~** Estar ‹una persona› desorientada a causa de una impresión fuerte: *Cuando murió su padre en el accidente, Manuel perdió el norte.*

norteafricano, na *adj. / s. m.* y *f.* Del norte de África: *Argelia, Túnez y Marruecos son países norteafricanos.*

norteamericano, na *adj. / s. m.* y *f.* **1** De los Estados Unidos de América del Norte: *el estilo de vida norteamericano.* SIN. estadounidense. **2** RESTRINGIDO. De América del Norte: *México es un país norteamericano.*

norteño, ña *adj. / s. m.* y *f.* Del norte: *pueblo norteño.*

noruego, ga *adj. / s. m.* y *f.* **1** De Noruega, país europeo. || *s. m.* **2** Lengua germánica hablada por los noruegos.

nos *pron. pers.* (de primera persona; plural; masculino y femenino) **1** Pronombre personal complemento que se refiere a un grupo de personas entre las que se encuentra la persona que habla o escribe (*nosotros*). OBSERVACIONES: ◊ Funciona como complemento directo del verbo: *Nos recibieron en la entrada.* ◊ También como complemento indirecto: *Nos robaron el dinero.* ◊ Cuando coinciden ambos complementos en una frase, el indirecto *nos* va siempre antes del directo: *Nos lo enviarán por correo.* ◊ No lleva nunca preposición. **2** Funciona como pronombre reflexivo o con sentido recíproco con los verbos pronominales: *Nos acostamos pronto. Nos escribimos desde hace dos años.* **3** Tiene un valor intensificador o expresivo a veces: *Nos recorrimos varios kilómetros.* OBSERVACIONES: ◊ En las tres acepciones anteriores, normalmente se antepone al verbo: *Nos recogerán a las ocho*, excepto cuando va con un imperativo afirmativo, infinitivo o gerundio, con los que va inmediatamente después, unido a ellos: *Los chicos han estado llamándonos durante horas. Tus padres prometieron ayudarnos. Sacadnos de aquí.* ◊ En las tres acepciones anteriores, cuando va con otros pronombres átonos, se antepone a ellos, excepto cuando se trata de *te* y *se*: *Nos lo tienes que dar. Se nos escapó el perro.* **4** Sustituye a *me* como expresión de modestia, a veces: *El investigador afirmó: «Nos hemos expuesto a las críticas, pero pensamos que no podíamos callarnos».* **5** Antigua forma de tratamiento de primera persona del singular que actualmente se emplea en el lenguaje solemne de reyes o papas: *«Nos agradecemos al pueblo filipino su recibimiento», dijo el rey. Ruega por nos.*

noseología *s. f.* Gnoseología.

noseológico, ca *adj.* Gnoseológico.

nosocomio *s. m.* ARG.; ADMINISTRATIVO. Clínica u hospital.

nosotros, tras *pron. pers.* (de primera persona; plural; masculino y femenino; sujeto: *nosotros, nosotras*; complemento directo: *nos, a nosotros, a nosotras*; complemento indirecto: *nos, a nosotros, a nosotras*; complemento circunstancial: *nosotros, nosotras*) Pronombre con que se designa a un grupo de personas entre las cuales se encuentra el hablante. OBSERVACIONES: ◊ Funciona como sujeto y concierta con el verbo en plural: *Nosotras estamos en contra de ese proyecto*, o como complemento cuando es término de preposición: *a nosotras, de nosotros, con nosotros, hacia nosotras, para nosotras. Nos tocó a nosotros recoger los restos de la fiesta.* ◊ Cuando funciona como complemento directo o complemento indirecto se anticipa al verbo la forma *nos*: *El jurado nos eligió a nosotras para protagonizar la película.* ◊ A veces se emplea *nosotros* sustituyendo a *yo* como expresión de modestia: *«Nosotros creemos –dijo la doctora– que falta todavía mucho para conseguir una vacuna.»* FR. Y LOC. **entre* ~ / vosotros / ellos. para ~ mismos** Con verbos como *decir* y *pensar* indica que se hace algo sin mostrarlo o exteriorizarlo: *Antes de decir una barbaridad pensémosla para nosotros mismos.* **por ~** Indica que el grupo de personas del que se habla, entre los que se encuentra el hablante, no se opone a lo que se dice: *Por nosotras, podéis hacer lo que queráis.* **por ~ mismos** 1 Hablando de hacer algo, indica que lo hace el grupo de personas de que se habla, entre las cuales se encuentra el hablante, sin que necesiten para ello la ayuda de otras personas: *Conseguiremos llegar a la otra orilla por nosotras mismas.* 2 Para nuestro propio beneficio o placer: *Ayudamos a esta pobre gente por nosotros mismos, no para que el mundo hable bien de lo que hacemos.*

nostalgia *s. f.* Sentimiento o sensación de pena o de tristeza que siente una persona al estar lejos de su hogar o al recordar una cosa querida: *Me invade un sentimiento de nostalgia al recordar todo lo que vivimos juntos. Tengo nostalgia* ***de*** *mis paisajes infantiles.*

nostálgico, ca *adj.* 1 Que causa nostalgia: *recuerdo nostálgico, poema nostálgico.* || *adj. / s. m.* y *f.* 2 (ser / estar) Que siente nostalgia: *Su padre es un nostálgico* ***del*** *pasado. He estado muy nostálgico todo este verano.*

nosticismo *s. m.* Gnosticismo.

nóstico, ca *adj.* Gnóstico.

nota *s. f.* 1 Escrito breve en el que se avisa o se recuerda una cosa: *libro de notas, libreta de notas. El amigo le dejó una nota de despedida. No vi tu nota.* 2 (preferentemente en plural) Escrito que resume lo esencial: *Escribe con claridad las notas de la entrevista.* 3 Comentario o precisión que se hace en un texto: *notas a pie de página. El trabajo está corregido porque tiene notas en los márgenes.* 4 Escrito en el que consta lo que debe pagar una persona: *¿Me traerá la nota?* SIN. factura, cuenta. 5 Calificación de un examen o de un ejercicio: *Las faltas de ortografía bajan nota. Todavía no nos han dado la nota del último examen.* **boletín* de notas.** 6 Calificación muy positiva en un examen o prueba: *Yo me conformo con aprobar, no necesito nota.* 7 Rasgo, detalle: *La habitación necesita una nota de color, por ejemplo unas cortinas alegres. Siempre le gusta poner una nota de humor en sus conferencias.* 8 MÚS. Cada uno de los siete sonidos de la escala musical y su representación gráfica en el pentagrama: *Has confundido algunas notas al principio de la sonata.* 9 (sólo en plural) Libro, impreso o cuaderno con las calificaciones de un alumno: *Los niños entregan las notas a sus padres para que las firmen.* 10 VEN. Cosa que produce gusto o satisfacción. || 11 **~ discordante** 1 Nota musical que desentona en un acorde o composición. 2 Palabra o acción que desentona en una situación: *Todos iban muy elegantes, pero Carlos, con su pantalón vaquero, fue la nota discordante.* FR. Y LOC. **dar la ~** COLOQUIAL. Llamar ‹una persona› la atención: *Tu hermano siempre tiene que dar la nota. Con esa enorme pamela verde con flores la protagonista de la velada daba la nota.* **de mala ~** [Lugar, persona] que tiene mala fama: *La casa es agradable, aunque el barrio es de mala nota.* **ir para / por ~** Esforzarse ‹una persona› por conseguir buenas calificaciones: *Esta asignatura me gusta y voy por nota.*

notabilidad *s. f.* 1 Cualidad de notable: *La notabilidad de sus escritos ha sido reconocida públicamente.* 2 Persona que es notable por sus méritos o cualidades: *María es una notabilidad en el hospital.*

notable *adj.* 1 (antepuesto / pospuesto) Que llama la atención por sus méritos, interés, calidad o rareza: *Tu compañero tiene una notable habilidad para el dibujo. Esa profesora es notable* ***por*** *su inteligencia. El nuevo vecino es un músico notable.* 2 (antepuesto / pospuesto) Que se destaca con facilidad por su tamaño o importancia: *Entre las dos tiendas hay notables diferencias de precios. Tu madre siempre llega con un retraso notable.* || *s. m.* 3 Calificación académica que equivale a un siete o un ocho sobre diez: *He sacado un notable en química.* 4 (plural) Conjunto de personas más importantes de un grupo: *los notables de una ciudad.*

notablemente *adv. modo* 1 RESTRINGIDO. Notoriamente, visiblemente: *La actriz apareció notablemente enfadada.* || *adv. cant.* 2 En grado notable, bastante. OBSERVACIONES: En contextos abierta o encubiertamente comparativos: *La enferma ha mejorado notablemente.*

notación *s. f.* Conjunto de signos usados en una ciencia o en una técnica de acuerdo con unas reglas establecidas: *notación musical, notación matemática, notación química.*

notar *v. tr.* 1 Sentir ‹una persona› [una cosa] o tener conocimiento de ella: *¿Notas más calor? No notó que nos habíamos ido.* || *v. tr. / prnl.* 2 Encontrar ‹una persona› [a otra persona] en [un estado o forma determinados]: *Me noto cansada.* || *v. prnl.* 3 Ser ‹una cosa› visible o palpable en [una persona]: *Ya no se le nota la cicatriz.* FR. Y LOC. **hacer ~** Señalar, advertir ‹una persona› una cosa: *Nos hicieron notar que la fiesta era muy selecta.* **hacerse ~** Distinguirse ‹una persona o una cosa› entre otras o en un lugar donde está por su comportamiento o por una particularidad: *En las reuniones importantes se hace notar por su inteligencia y capacidad de análisis.* **ver / ~ a la legua*** o **ver / ~ a cien leguas.**

notaría *s. f.* 1 Oficio de notario: *La notaría es toda su vida.* SIN. notariado. 2 Despacho donde trabaja el notario: *La notaría está en la Plaza Mayor.*

notariado, da *adj.* 1 (estar) RESTRINGIDO. Que está visto y autorizado por un notario: *documento notariado. El resultado del concurso está notariado.* || *s. m.* 2 Profesión de notario: *Desde pequeña estaba destinada al notariado.* SIN. notaría. 3 Colectividad de notarios: *El notariado de la región se reunirá mañana.*

notarial *adj.* 1 Del notario: *firma notarial.* 2 Que está autorizado por el notario: *acta notarial.*

notario, ria *s. m. / f.* 1 RESTRINGIDO en femenino. Funcionario público que tiene la autoridad de dar fe o garantía de ciertos documentos: *sorteo hecho ante notario, certificado por una notario.* 2 RESTRINGIDO en femenino. Persona que es testigo de ciertos hechos y deja constancia de ellos: *La periodista estaba como notario del suceso.*

noticia *s. f.* 1 Información de un hecho reciente: *avance de noticias. Traigo buenas noticias del hospital. He leído la noticia en el periódico.* **~ / información de alcance*.** 2 Hecho reciente: *La noticia ha sucedido esta madrugada.* 3 Información o conocimiento: *No tenía noticia de tu boda. Hace mucho tiempo que no tengo noticias tuyas.* 4 (sólo en plural) COLOQUIAL. Conjunto de noticias de actualidad que se transmiten por radio o por televisión: *El abuelo siempre ve las noticias de las tres.*

noticiario *s. m.* Conjunto de noticias de actualidad que se transmiten por varios medios de comunicación, especialmente radio y televisión: *el noticiario de la noche.*

noticiero *s. m.* AMÉR. Programa de radio, televisión o cine en el que se difunden noticias de actualidad.

notición *s. m.* COLOQUIAL. Noticia muy importante o sensacional: *Tengo que darte un notición: me caso en mayo.*

noticioso, sa *adj.* 1 RESTRINGIDO. Que tiene noticias o sabe alguna noticia: *Un anónimo noticioso ha llamado a nuestra redacción.* || *s. m.* 2 AMÉR. Programa de radio, televisión o prensa en el que se difunden noticias de actualidad.

notificación *s. f.* 1 Acción y resultado de notificar: *la notificación de un juicio, la notificación de una noticia.* 2 Documento en el que consta esta comunicación: *He perdido la notificación de la multa y no puedo recurrir.*

notificar *v. tr.* 1 Comunicar ‹una persona con autoridad› [una cosa] [a otra persona] de forma oficial: *La jefe de personal le notificó el despido.* 2 Comunicar ‹una persona› [una cosa] [a otra persona]: *Le han notificado la muerte de su padre.* SIN. informar. ⇒ **71.**

notificativo, va *adj.* ADMINISTRATIVO. Que sirve para notificar o que tiene carácter de notificación: *nota notificativa.*

notoriamente *adv. modo* Claramente, a todas luces: *Se trata de una situación notoriamente ridícula.*

notoriedad *s. f.* 1 Fama: *Una médico de reconocida notoriedad lo ha operado.* 2 Cualidad de notorio, claro: *La notoriedad de las pruebas acusan a la detenida.*

notorio, ria *adj.* 1 (antepuesto / pospuesto) Que es conocido por todos o es famoso: *Su novia es hermana de una novelista notoria.* 2 (antepuesto / pospuesto) Que no permite dudas por ser muy claro o evidente: *Tiene una notoria afición a inventar historias. Es pública y notoria su afición al juego.*

nova *s. f.* ASTRON. Estrella que temporalmente aumenta de manera brusca la magnitud de su luz.

novatada *s. f.* 1 Broma, generalmente humillante, que gastan los que ya están integrados en un grupo o colectividad a los que acaban de llegar: *Las novatadas del colegio solían ser inofensivas. En la «mili» se hacen novatadas muy crueles.* 2 COLOQUIAL. Error que se comete por falta de experiencia en alguna actividad: *En su primer día de trabajo pagó la novatada de llegar antes de que abrieran la fábrica.*

novato, ta *adj. / s. m.* y *f.* 1 Que acaba de incorporarse a un grupo o colectividad: *estudiante novato.* 2 Que no tiene experiencia: *conductor novato. Los novatos me dan mucho miedo en la carretera.*

novecentismo *s. m.* (no contable) ARTE. Movimiento literario y artístico que surge en España en el primer tercio del siglo XX como reacción contra el Modernismo: *El Novecentismo tuvo nombres importantes en Cataluña.*

novecentista *adj.* 1 ARTE. Del Novecentismo: *pintura novecentista.* || *adj. / s. m.* y *f.* 2 Persona que es partidaria del Novecentismo: *Aquel cafetín se llenaba de novecentistas.*

novecientos, tas *adj. / pron. num. card. / s. m.* y *f.* 1 Cantidad que representa la cifra 900: *Se han matriculado más de novecientos alumnos.* || *adj. num. ord. / s. m.* y *f.* 2 Que ocupa la posición número 900: *el día novecientos de su reinado.* || *s. m.* 3 Signo lingüístico o matemático con que se representa esta cantidad.

novedad *s. f.* 1 Cualidad de nuevo: *La novedad de un coche gusta. La novedad de su presencia llamó mucho la atención.* 2 Cosa nueva o reciente: *las novedades de la cartelera de cine. Estos productos son una novedad. En esta tienda tienen las últimas novedades de música.* 3 Suceso recién ocurrido: *No hay ninguna novedad en las noticias.* 4 (preferentemente en plural) Mercancías de moda, especialmente de vestir: *Aquí tenemos todos los tejidos y novedades que usted quiera.* 5 Cambio, transformación: *No habrá ninguna novedad en el tiempo previsto para los próximos días. Su enfermedad evoluciona sin novedad alguna.* SIN. variación. 6 (plural) VEN.; COLOQUIAL. Síntomas de parto.

novedoso, sa *adj.* 1 (antepuesto / pospuesto) Que encierra o implica novedad: *técnica novedosa. Es una novedosa respuesta.* 2 AMÉR. Novelero, que gusta de lo nuevo.

novel *adj. / s. m.* y *f.* Que acaba de empezar en una actividad o profesión: *La autora de este libro es una escritora novel, pero de cierta fama. Pepe es novel, pero no conduce mal.*

novela *s. f.* 1 Obra literaria de cierta extensión, en prosa, en la que se narra una historia o un suceso, en gran medida inventados: *Estoy leyendo una novela muy interesante.* **~ bizantina** Novela de aventuras caracterizada por los encuentros y las pérdidas de los protagonistas hasta la reunión feliz al final. **~ de caballerías** Género literario medieval que narra aventuras de caballeros en un mundo fantástico e idealizado. **~ de tesis** Novela en la que los personajes son portadores ideológicos explícitos de un conjunto de ideas. **~ epistolar** Novela muy de moda en el siglo XVIII, de argumento amoroso que el lector descubre a través de un conjunto de cartas cruzadas entre varios personajes. **~ morisca** Novela breve sentimental del siglo XVI en la que los protagonistas árabes y cristianos aparecen como corteses y enamorados. **~ negra** Novela policíaca de crítica social en la que un detective investiga uno o varios asesinatos que acaban relacionando los bajos fondos con algunos personajes bien instalados en la sociedad. **~ pastoril** Novela que narra las aventuras y desventuras amorosas de los protagonistas, pastores ideales en una naturaleza idealizada. **~ picaresca** Novela en la que los protagonistas son los pícaros y su mundo. ~ **policíaca** Novela que narra las aventuras de uno o varios policías mientras investigan un crimen. ~ **rosa** Obra de argumento y estructura muy simple que narra las relaciones amorosas de dos personas y que tiene un final feliz. ~ **sentimental** Novela en la que se analizan los sentimientos de los protagonistas, sin más consideraciones hacia el mundo de la realidad. **2** Género literario al que pertenecen estas obras: *He dejado de leer ensayo para dedicarme a la novela.* **3** Conjunto de estas obras que tiene algún rasgo común: *la novela hispanoamericana, la novela del siglo* XIX, *la novela realista.* **4** Historia o narración poco creíble de la vida real: *No me cuentes novelas, que no hubo ningún problema en el aeropuerto.* **5** Historia o narración por capítulos en una emisora de radio: *La novela era un programa típico hace años.*

novelar *v. tr.* **1** Dar ‹una persona› forma y estructura de novela a [una narración o un relato]: *María está novelando la vida de Santa Teresa para una colección infantil* || *v. intr.* **2** Escribir ‹una persona› novelas: *Luis es un autor dramático, pero novela bien.*

novelear *v. intr.* COL.; COLOQUIAL. Fisgar, curiosear ‹una persona›.

novelería *s. f.* **1** Fantasía propia de las novelas o de la persona que lee novelas creyendo que son la realidad: *Se dice que Don Quijote se volvió loco por las novelerías que tenía en la cabeza.* **2** Habladuría, chisme: *Nadie se cree ese rumor, es una novelería estúpida.*

novelero, ra *adj.* **1** RESTRINGIDO. [Persona] que es muy aficionada a leer novelas: *Mi madre es muy novelera.* **2** PEYORATIVO. [Persona] que es muy aficionada a contar o creerse fantasías: *No creas nada de lo que te ha dicho Paco, que es muy novelero.*

novelesco, ca *adj.* **1** De la novela: *lenguaje novelesco, personaje novelesco.* **2** (antepuesto / pospuesto) Que resulta extraño o chocante porque parece propio de las novelas: *El viaje se convirtió en una novelesca aventura. Esa niña tiene una imaginación novelesca.*

novelista *s. m. / f.* Persona que escribe por afición o por profesión novelas: *En América hay muy buenos novelistas.*

novelística *s. f.* **1** LIT. Género literario al que pertenecen las novelas: *La novelística tiene ahora mucho vigor en el mundo hispánico.* SIN. novela. **2** LIT. Conjunto de novelas de una época, un país o un tema: *la novelística hispanoamericana, la novelística picaresca.* **3** LIT. Tratado histórico o preceptivo de la novela.

novelístico, ca *adj.* De la novela: *un estudio novelístico.*

novelón *s. m.* **1** COLOQUIAL; PEYORATIVO. Novela demasiado extensa de argumento dramático y complicado: *A mi hermana le gusta leer novelones.* **2** COLOQUIAL. Novela de gran calidad: *Ese autor ha escrito un novelón, no me extraña que haya ganado el premio.* **3** COLOQUIAL. Acumulación de acontecimientos desgraciados: *Su vida es un novelón, tiene una mala suerte increíble.*

novena *s. f.* **1** Conjunto de oraciones y prácticas religiosas que se hacen durante nueve días, dirigidas a Dios, la Virgen o los santos. **2** COL. Equipo de béisbol.

noveno, na *adj. num. ord. / s. m.* y *f.* **1** Que ocupa la posición número nueve: *el cuento noveno.* || *adj. num. part. / s. m.* **2** Cada una de las nueve partes iguales en que se divi de un todo: *Una novena parte del presupuesto es para libros.*

noventa *adj. / pron. num. card. / s. m.* **1** Cantidad que representa la cifra 90: *Este cliente ha hecho un pedido de noventa piezas.* OBSERVACIONES: Los números del 91 al 99 se escriben con *noventa* seguido de *y* más la cifra de la unidad: *noventa y tres.* || *adj. num. ord. / s. m.* **2** Nonagésimo: *el capítulo noventa.* || *s. m.* **3** Signo lingüístico o matemático con que se representa esta cantidad: *Vive en el número noventa de la calle.* || **4 los (años)** ~ Los años 1990 al 1999: *Los noventa son años de descenso de la natalidad en los países desarrollados.* **5 los** ~ **1** La edad de noventa años: *No llegaré a los noventa.* **2** Los años 90 al 99 de la edad: *Los noventa los pasó en una residencia.*

noventavo, va *adj. num. part. / s. m.* Cada una de las noventa partes iguales en que se divide un todo. OBSERVACIONES: Los partitivos del 91 al 99 se forman con el número cardinal seguido del sufijo *-avo*: *noventadosavo.*

noventayochista *adj. / s. m.* y *f.* De la generación de 1898, grupo intelectual español caracterizado por un cierto pesimismo y un deseo de regenerar la vida política: *Antonio Machado y Miguel de Unamuno son dos noventayochistas típicos.*

noventón, na *adj. / s. m.* y *f.* COLOQUIAL. Que tiene ya noventa años pero aún no ha cumplido los cien: *abuelo noventón. ¡Es una noventona jovencísima de espíritu!*

noviar *v. intr.* ARG., CHILE, PAR., URUG.; COLOQUIAL. Ser novia ‹una persona› de otra persona.

noviazgo *s. m.* **1** Relación que mantienen dos personas que tienen intención de casarse: *Desde que comenzó el noviazgo, Juan y María se ven casi todos los días.* **2** Tiempo que dura esta relación: *El noviazgo de Pedro y Marta fue muy corto.*

noviciado *s. m.* **1** Tiempo durante el cual se prepara a las personas que desean entrar en una orden religiosa católica. **2** Casa donde viven los novicios: *Los noviciados son más modestos que hace años.* **3** Conjunto de novicios: *El noviciado estaba compuesto por gente muy joven.* **4** RESTRINGIDO. Principio, aprendizaje de una actividad: *El noviciado en los negocios lo hice con mi padre.*

novicio, cia *s. m. / f.* **1** Persona que se prepara para hacer los votos religiosos en una orden católica: *las novicias del convento, maestro de novicios.* || *adj. / s. m.* y *f.* **2** Novato, persona sin experiencia: *El chico nuevo es novicio en los negocios, pero no es tonto.* SIN. novel.

noviembre *s. m.* Undécimo mes del año, que tiene treinta días.

novillada *s. f.* **1** Corrida de novillos: *Retransmitieron por la tele una novillada.* **2** Conjunto de novillos. *La novillada seleccionada se caracterizó por su bravura.*

novillero, ra *s. m. / f.* **1** TAUROM. Torero matador de novillos: *El novillero cuajó una buena actuación.* **2** TAUROM. Persona que cría novillos. || *s. m.* **3** RESTRINGIDO. Corral de novillos. || *adj. / s. m.* y *f.* **4** RESTRINGIDO. Estudiante que no suele ir a a clase.

novillo, lla *s. m. / f.* **1** Toro o vaca de dos o tres años: *He vendido un hermoso novillo en la feria de ganado de Salamanca.* || *s. m.* **2** ARG., COL., URUG., VEN. Animal vacuno castrado macho de hasta dos o tres años. FR. Y LOC. **hacer novillos** Faltar ‹un estudiante› a clase: *Alberto se pasó el curso haciendo novillos y ha suspendido todas las asignaturas.*

novilunio *s. m.* Fase de luna nueva, durante la cual no se ve la Luna desde la Tierra.

novio, via *s. m. / f.* **1** Persona que mantiene una relación amorosa con otra con intención de casarse con ella: *Manolo se casó con su novia de siempre.* **2** Pareja sentimental de una persona o que mantiene con ella cualquier tipo de relación amorosa: *Mi sobrina dice que tiene varios novios.* **3** Persona que va a casarse o se está casando: *Llegó el novio a la iglesia antes que la novia.* **prendido* de novia.** || *s. m.* **4** (en plural) Cada una de las personas que forman una pareja que se ha casado o se va a casar: *¡Vivan los novios!* **5** (preferentemente en plural) COLOQUIAL. Conjunto de aspirantes a comprar o conseguir una cosa: *Este trabajo tiene muchos novios.* FR. Y LOC. **quedarse compuesto* y sin novia** o **quedarse compuesta y sin ~.**

novísimo *s. m.* REL. En la religión católica, cada una de las últimas situaciones del hombre: muerte, juicio ante Dios, infierno y gloria o paraíso.

novohispano, na *adj.* ELEVADO. Natural del antiguo virreinato de la Nueva España, actualmente México: *los científicos novohispanos, las escritoras novohispanas.*

-nte *suf.* **1** Significa 'cualidad relacionada con' y forma adjetivos a partir de verbos: *ignorar - ignorante, cambiar - cambiante, sorprender - sorprendente, herir - hiriente.* **2** Significa 'persona que realiza la acción' y forma sustantivos a partir de verbos: *estudiar - estudiante, amar - amante, pretender - pretendiente, oír - oyente.*

nubarrón *s. m.* **1** Nube grande, densa y oscura: *Estos nubarrones que hay en el cielo presagian lluvia.* **2** Problema grande o complicación fuerte: *Un nubarrón amenaza la firma del acuerdo.*

nube *s. f.* **1** Acumulación de pequeñas gotas de agua suspendidas en la atmósfera que forman una masa gris o blanca: *Hoy el cielo ha amanecido con nubes.* **~ de lluvia. ~ de verano** 1 Nube típica de verano que suele presentarse con lluvia breve, fuerte y repentina. 2 Enfado de poca importancia y poco duradero: *Nuestras relaciones van bien, pues aunque ahora estamos enfadados, sólo es una nube de verano.* **2** Acumulación de una cosa con la misma forma de las nubes del cielo: *nube de mosquitos, nube de humo.* **3** Abundancia de personas o cosas, especialmente si son molestas: *Una nube de fotógrafos rodeó al ganador del torneo de tenis.* **4** Mancha pequeña blanquecina en el exterior de la córnea del ojo. **5** ELEVADO. Preocupación o disgusto: *Es risueña, aunque a veces una nube de nostalgia vela su rostro.* FR. Y LOC. **estar en las nubes** COLOQUIAL. Estar ‹una persona› despistada, distraída de la realidad: *Nunca oye las explicaciones del profesor porque está en las nubes.* **estar / ponerse por las nubes** INTENSIFICADOR. Tener ‹una cosa› un precio excesivo: *El salmón hoy está por las nubes.* **poner por las nubes** INTENSIFICADOR. Alabar mucho ‹una persona› a otra persona o a una cosa: *El jefe considera tu proyecto muy bueno: lo ha puesto por las nubes. María habló de las buenas cualidades de su amigo, lo puso por las nubes.*

núbil (preferentemente referido a mujeres) *adj.* ELEVADO. Que ha alcanzado la época de la madurez sexual y puede tener hijos: *edad núbil, mujer núbil.*

nublado, da *s. m.* **1** Nube que amenaza tormenta: *Con ese nublado encima no vamos a ir de excursión.* **2** Tormenta muy fuerte: *Un nublado ha destruido los frutales de la comarca.* || *adj.* **3** (estar) Que está cubierto de nubes: *un día nublado, una mañana nublada. El cielo está nublado.*

nublar *v. tr.* **1** Ocultar ‹las nubes› [el cielo o la luz de un astro]: *Unos nubarrones negros nublaron rápidamente el sol.* **2** Poner ‹una cosa› oscura o turbia [otra cosa de una persona]: *Al entrar en el café las gafas se empañaron y me nublaron la vista. Los méritos de la joven novelista han nublado la fama del ilustre académico.* **3** Causar ‹una cosa› confusión [a una persona]: *Aquel presentimiento nublaba su razón.* || *v. prnl.* **4** Quedar ‹el cielo o la luz de un astro› ocultos por las nubes: *El día amaneció claro, pero se nubló a media mañana.* **5** Ponerse ‹la vista o una cosa de una persona› turbia por una cosa: *Se me nubla la vista y me mareo. Todo su prestigio se ha nublado con las críticas que ha recibido de los especialistas.* **6** RESTRINGIDO. Quedar ‹una persona› confusa: *Lo siento, pero me nublo cuando la veo con otro.* SIN. perturbarse.

nublazón *s. m.* AMÉR. Nublado.

nubosidad *s. f.* Presencia de nubes en el cielo: *Los meteorólogos anuncian nubosidad variable en Castilla.*

nuboso, sa *adj.* (ser / estar) Que tiene nubes: *tiempo nuboso. El cielo está nuboso. El día está muy nuboso.*

nuca *s. f.* Parte alta posterior del cuello, donde la cabeza se une con la columna vertebral: *Los secuestradores lo mataron de un tiro en la nuca.*

nuclear *v. tr.* AMÉR. Reunir, agrupar ‹un grupo dirigente› [a personas de actividades afines].

nuclear *adj.* **1** FÍS. Del núcleo de los átomos: *fusión nuclear, energía nuclear, explosión nuclear.* **desintegración* ~. física* ~. fusión* ~. reacción* ~.** **2** Que funciona con energía nuclear: *bomba nuclear, submarino nuclear.* || **3 central* ~. 4 reactor* ~. 5 refugio* atómico / ~.**

nuclearización *s. f.* **1** Sustitución de una fuente de energía tradicional por una nuclear: *Se está realizando la nuclearización de todas las centrales eléctricas de la zona.* **2** Dotación de armas nucleares a unas fuerzas armadas: *La nuclearización de los países es peligrosa.*

nuclearizar *v. tr.* **1** Construir ‹una persona› centrales eléctricas en [un lugar]. **2** Dotar ‹una persona› de armas nucleares a [un ejército]: *El nuevo gobierno ha prometido que nuclearizará las fuerzas armadas.* ⇒ **19.**

nucleico *adj.* [Ácido] que está formado por sustancias orgánicas, es muy complejo y forma parte de las células de los seres vivos. **ácido ~.**

núcleo *s. m.* **1** (no contable) Capa más interna de la Tierra: *El núcleo de la Tierra es muy denso.* **2** Centro o parte fundamental de una cosa: *El núcleo más importante de sus empresas está en Argentina.* **3** Centro donde se concentra y desde donde se propaga un proceso o fenómeno: *núcleo intelectual, núcleo de pobreza.* SIN. foco. **4** ASTRON. Parte central y más luminosa de un astro: *El núcleo del astro se distingue con mucha claridad.* **5** BIOL. Órgano principal de las células que contiene los cromosomas: *núcleo celular.* **6** FÍS. Parte central del átomo formada por protones y neutrones: *núcleo atómico.* **7** LING. Palabra central que da nombre a un sintagma o construcción y rige sus elementos: *núcleo nominal, núcleo verbal. El verbo es el núcleo del sintagma verbal.* **8** Pequeño grupo independiente de personas con una organización y unos objetivos concretos: *núcleo de resistencia. Un núcleo disidente se ha separado del partido.* **9** Lugar habitado por el hombre: *núcleos rurales, núcleos urbanos, núcleos de población.*

nucléolo *s. m.* BIOL. Componente del núcleo de la célula constituido principalmente por proteínas y partículas de ácido ribonucleico.

nucleótido *s. m.* BIOQUÍM. Componente principal de los ácidos nucleicos.

nudillo *s. m.* (preferentemente en plural) Parte exterior de la articulación de las falanges de los dedos: *Por favor, deja de golpear la mesa con los nudillos.*

nudismo o **desnudismo** *s. m.* (no contable) Doctrina y comportamiento de los partidarios de estar desnudos en la playa o en el campo para sentirse en libertad y en contacto con la naturaleza: *Aquí se practica el nudismo.*

nudista o **desnudista** *adj.* **1** Del nudismo o de los nudistas: *campo nudista.* **2** Que es partidario del nudismo: *Los nudistas están abriendo cada vez más campos.*

nudo *s. m.* **1** Atadura hecha en una cuerda o cualquier objeto parecido que se aprieta cuando se tira de cualquiera de sus dos extremos: *Los alpinistas y los marineros saben hacer muchos tipos de nudos.* **2** Relación o unión fuerte entre personas: *Madre e hija están unidas por el nudo de las comunes tragedias familiares.* **3** Parte abultada del tronco o tallo de un árbol o planta de donde salen ramas u hojas: *los nudos de un tronco, los nudos de una rama.* **4** Abultamiento parecido a éste en cualquier superficie: *En la madera de la mesa se notan varios nudos.* **5** Lugar donde se unen o cruzan caminos, carreteras, ferrocarriles, ríos, cordilleras y otros accidentes geográficos: *un nudo de montañas ocupa el sur de la provincia. Medina del Campo era un importante nudo de ferrocarril. El accidente tuvo lugar en un nudo de autopistas en la salida hacia Andalucía.* **6** LIT. Situación en la que se complican los diferentes elementos que intervienen en una historia o narración literaria o cinematográfica: *La película no está mal en su planteamiento y en su nudo, pero después el desenlace es aburrido.* **7** Principal duda o dificultad de un asunto: *El nudo del problema es que nuestros socios no quieren firmar el contrato.* **8** Unidad marina de velocidad que equivale a una milla marina por hora: *El barco puede alcanzar los veinte nudos por hora.* **9** Angustia, miedo o emoción muy fuerte que siente una persona: *Cuando veo una foto de mi abuelita se me pone un nudo en la garganta. Antes de entrar en el examen, siento un nudo en el estómago insoportable.*

nudosidad *s. f.* **1** Parte más dura y rugosa de una superficie: *la nudosidad de un árbol, la nudosidad de una piel envejecida.* **2** Conjunto de nudos de una superficie: *la nudosidad de la madera.*

nudoso, sa *adj.* Que tiene nudos o nudosidades: *una madera nudosa. Esa planta tiene el tallo nudoso.*

nuera *s. f.* Mujer de un hijo con respecto a los padres de éste: *Entre nueras, hijos y nietos, en Navidad nos juntamos a comer veinticinco.*

nuero *s. m.* AMÉR.; COLOQUIAL, RESTRINGIDO. Yerno.

nuestro, tra *adj. / pron. pos.* **1** Indica que lo que expresa el nombre o grupo nominal pertenece a varios poseedores, entre los que está el hablante y puede o no estar el oyente: *nuestra ciudad, nuestro ordenador, nuestros jefes, nuestras novias. Esa televisión es nuestra. –«¿Cuál es vuestro coche?» –«Ése es el nuestro.»* Indica, entre otras cosas: **1**1 Propiedad: *nuestra casa.* **1**2 Parentesco o relación personal: *nuestros padres.* **1**3 Pertenencia a un grupo o comunidad: *nuestro equipo.* **1**4 Objetos o hechos asociados habitualmente a una persona: *nuestro programa.* **1**5 Relación con instituciones, entidades u organismos: *nuestro abogado, nuestro ministro de Economía.* OBSERVACIONES: ◊ Aparece después del nombre o del verbo *ser.* ◊ Concuerda en género y número con la cosa poseída, no con el poseedor: *nuestras tareas.* ◊ Antepuesto funciona como un artículo: *Nuestro equipo (el equipo nuestro).* FR. Y LOC. **ésta es la nuestra** Se usa para indicar que ha llegado la ocasión oportuna y favorable para que las personas entre las que se encuentra el hablante puedan hacer algo que persiguen o desean: *Viene solo: ésta es la nuestra, le daremos un susto.* **lo ~** 1 Lo que se considera característico o más adecuado para un grupo de personas entre las que se encuentra el hablante, o aquello que hace bien o en lo que destaca: *Lo nuestro es jugar al tenis, en lo demás somos un desastre.* 2 Nuestras pertenencias, nuestros asuntos: *Hemos dejado lo nuestro en tu casa. ¿Te hemos contado lo nuestro?* **los nuestros** Familiares, partidarios o cualquier otro grupo humano cercano o vinculado a las personas entre las que se encuentra el hablante: *Los nuestros podrán ganar el Campeonato. Ya eres uno de los nuestros.* **una / alguna / otra de las nuestras** Cualquier acción, normalmente de carácter negativo, de las que acostumbran a hacer las personas de las que se habla, entre las cuales se encuentra el hablante: *Cuando te cases te prepararemos una de las nuestras: nadie se libra de nuestras bromas.* **¡ya es ~!** Se usa cuando se consigue agarrar o sujetar algo, atrapar a alguien, superar una dificultad u otra situación similar: *¡Ya es nuestro! No lo sueltes –gritó Juan cuando picó el enorme pez. Corre un poco más que el tren ya es nuestro. Este contrato ya es nuestro, no podemos desanimarnos ahora.*

nueva *s. f.* (preferentemente en plural) Noticia o información muy reciente: *Ese soldado trae nuevas del frente. ¿Qué nuevas tienes de la sublevación popular?* **la buena ~** 1 Entre los cristianos, la doctrina de Jesucristo. 2 COLOQUIAL; HUMORÍSTICO. Noticia reciente: *«¿Ya sabes la buena nueva?»* FR. Y LOC. **hacerse* de nuevas.**

nuevamente *adv. temp.* Otra vez, de nuevo: *Nuevamente se han producido disturbios en el barrio.* OBSERVACIONES: Supone que el interlocutor conoce alguna información anterior.

nueve *adj. / pron. num. card. / s. m.* **1** Cantidad que representa la cifra 9: *¿Sólo te has leído nueve páginas?* || *adj. num. ord. / s. m.* **2** Noveno: *el capítulo nueve, el nueve de agosto.* || *s. m.* **3** Signo lingüístico o matemático con que se representa esta cantidad: *Te falta sumar el nueve.* || **4 las nueve** La novena hora del día o la novena después del mediodía: *Entro a trabajar a las nueve. Son las nueve.*

nuevo, va *adj.* **1** (estar) Que está poco usado, o que no está desgastado: *¿Cómo vas a tirar ese traje si está nuevo? El niño tiene los juguetes muy nuevos.* **2** (antepuesto / pospuesto) Que acaba de hacerse o fabricarse: *Los grandes almacenes han anunciado ya la nueva colección primavera-verano. Me he comprado un coche nuevo.* **3** (antepuesto / pospuesto) Que se ve o se oye por primera vez: *Esta periodista ha marcado un nuevo estilo en los informativos. He oído una canción nueva.* **4** (antepuesto / pospuesto) Que es distinto o diferente de lo que había o se sabía antes, o que sustituye a otra persona o cosa: *Este nuevo procedimiento es muy complicado. Esta situación es nueva para mí. Este* *médico utiliza una técnica nueva en la cirugía estética.* **5** (antepuesto / pospuesto) Que se repite o se añade a una cosa que había antes: *Tenemos nuevos problemas, ya te contaré. Además de las que ya tengo, debo soportar responsabilidades nuevas.* **Nuevo Testamento*.** **6** (estar) COLOQUIAL. Que está descansado y se encuentra en buena forma física: *Estaba agotada pero, después del baño, me he quedado nueva. He dormido una buena siesta y estoy nuevo.* **7** [Producto] que es de la cosecha del año que corre: *Ya han llegado las lentejas nuevas.* || *adj. / s. m.* y *f.* **8** (antepuesto / pospuesto) [Persona] que se acaba de incorporar a un trabajo, grupo o colectividad: *Soy nuevo en el grupo. María es la nueva presentadora de los informativos.Este año hay cuatro nuevos en ese curso.* || **9 año* ~. 10 cristiano* ~. 11 el Nuevo Mundo*. 12 luna* nueva. 13 ~ continente*.** FR. Y LOC. **borrón* y cuenta nueva. coger / pillar desprevenido*** o **coger / pillar de nuevas. como un chico* con zapatos nuevos. de ~** Otra vez: *Cuando lo veas de nuevo, dile que llame.* **de nuevas** 1 COLOQUIAL. Por primera vez: *Vengo aquí de nuevas.* 2 COLOQUIAL. Por sorpresa: *Esa noticia me pilla de nuevas.* **de ~ cuño*. día* de año ~.**

nuez *s. f.* **1** Fruto del nogal, de cáscara dura y leñosa y forma ovoide que contiene dos partes carnosas separadas por una membrana. **2** RESTRINGIDO. Porción de algo del tamaño de este fruto: *una nuez de manteca.* **3** Abultamiento que forma la laringe en la parte anterior del cuello en los varones, llamado también *bocado de Adán.* **4** (en plural) URUG.; COLOQUIAL; HUMORÍSTICO. Testículos. || **5 ~ moscada** Semilla de un árbol tropical que se usa como condimento. FR. Y LOC. **cascarón* de ~. mucho ruido* y pocas nueces.**

nugatorio, ria *adj.* ELEVADO, RESTRINGIDO. Que engaña o defrauda: *A este escritor le gusta prodigar en su libro las alabanzas nugatorias.*

nulamente *adv. modo* RESTRINGIDO. Sin validez: *La firma se realizó nulamente.*

nulidad *s. f.* **1** Cualidad de nulo: *la nulidad de un contrato, nulidad de un acuerdo.* **2** Incapacidad o incompetencia: *la nulidad de un profesor, la nulidad de un portero.* **3** Persona que tiene poca capacidad para una cosa: *Jaime es una nulidad para las relaciones públicas.*

nulo, la *adj.* **1** Que no tiene validez por ser contrario a las leyes o por no cumplir los requisitos formales: *documento nulo, contrato nulo, voto nulo.* **2** DEP. Que no cumple las condiciones reglamentarias: *lanzamiento nulo.* **3** Que no tiene ningún valor: *Su personalidad es nula. Este asunto tiene una importancia nula.* **4** DEP. [Combate de boxeo] que acaba en empate por decisión del árbitro que no puede nombrar un vencedor: *El árbitro declaró nulo el combate.* **5** Que no tiene capacidad o habilidad física o intelectual para algo: *Este chico es nulo para el dibujo.* **6** Que no tiene eficacia, o que no sirve para nada: *Tus gestiones han resultado nulas.*

núm. *abr.* «Número».

numantino, na *adj. / s. m.* y *f.* **1** De Numancia, antigua ciudad prerromana en la Península Ibérica: *Los numantinos lucharon a muerte con los romanos.* || *adj.* **2** Que es muy valiente y atrevido: *una defensa numantina. Ha dicho que no acepta este ultimátum numantino.*

numen *s. m.* **1** MIT. Cualquiera de los dioses de la mitología clásica. **2** (no contable) ELEVADO. Inspiración del artista: *En esta obra se puede ver el numen poético del autor.*

numeración *s. f.* **1** (no contable) Acción y resultado de numerar: *Estamos poniendo la numeración de las calles.* **2** MAT. Conjunto de signos necesarios para expresar cualquier cantidad o número: *En clase hemos aprendido un nuevo sistema de numeración.* **~ arábiga** Numeración cotidiana occidental, introducida por los árabes en Occidente. **~ binaria** Numeración en la que dos unidades de un orden equivalen a una de orden superior. **~ decimal** Numeración en la que diez unidades de un orden equivalen a una de orden superior. **~ romana** Numeración típica de los romanos, basada en el valor convencional de algunas letras de su alfabeto.

numerador *s. m.* MAT. En una fracción o quebrado, parte de la fracción que indica un número de partes iguales que se toma de un todo o unidad en una partición.

numeral *adj.* **1** Del número: *sistema numeral.* **2** GRAM. [Pronombre, adjetivo] que se refiere al número o que lo indica.

numerar *v. tr.* **1** Poner ‹una persona› un número a [cada elemento de un conjunto] para que quede ordenado: *Todavía no he numerado las fichas que copié el otro día. Tengo que numerar los diferentes ejercicios.* || *v. tr. / prnl.* **2** Contar ‹una persona› [los elementos de un conjunto] siguiendo el orden de los números: *Los soldados **se** numeraron después de ponerse en formación. Numera los diferentes paquetes para evitar confusiones.*

numerario, ria *adj. / s. m.* y *f.* **1** Que forma parte de un cuerpo o conjunto de funcionarios que tienen la misma profesión, con carácter fijo: *profesores numerarios, maestros de taller numerarios.* || *s. m.* **2** ADMINISTRATIVO. Dinero efectivo o moneda: *La empresa tiene dificultades porque no dispone de numerario para hacer frente a los acreedores.*

numéricamente *adv. restrictivo* En cuanto al número, cuantitativamente: *La actual plantilla es superior numéricamente, pero no en calidad.*

numérico, ca *adj.* **1** De los números: *valor numérico, importancia numérica.* **2** Que está compuesto, hecho o expresado con números: *expresión numérica.* **cálculo ~.**

numerito *s. m.* Se usa en la LOC. **montar el número* / ~.**

número *s. m.* **1** Concepto matemático que expresa una cantidad en relación con una unidad. **~ cardinal. ~ entero. ~ fraccionario. ~ impar. ~ natural. ~ ordinal. ~ par. ~ primo. ~ quebrado. ~ arábigo** Número que forma parte de la numeración arábiga. **~ romano** Número que se escribe con letras del alfabeto latino: *XV es un número romano que equivale a «quince».* **2** Símbolo o expresión que representa este concepto: *el número de un teléfono, el número de una calle, el número de una matrícula.* **3** Cantidad indeterminada de personas, animales o cosas: *Acudió un buen número de personas a la manifestación. La tienda de la esquina tiene un número escaso de clientes.* **4** Puesto que ocupa una persona en una serie ordenada: *Soy el número cuatro en la carnicería, no te muevas de la cola.* **5** Tirada temporal y cronológicamente diferenciada de una publicación periódica: *Me faltan varios números de esta revista.* **6** Billete de lotería o participación en un juego de azar: *He comprado un número para la lotería del sábado.* **7** Cada una de las partes diferenciadas en que se divide un espectáculo: *La actuación consta de un número musical, otro número de circo y un número de magia.* **8** En algunos cuerpos de seguridad, individuo sin graduación: *Lo detuvo un número de la policía que iba de paisano.* **9** Objeto de tamaño o cualidad diferenciada en una serie industrial: *Necesitamos clavos del número dos y lija del doble cero.* **10** Comportamiento de una persona para llamar la atención: *Tu padre siempre monta un número en el restaurante.* **11** GRAM. Variación de algunas palabras como sustantivos, adjetivos, pronombres y verbos que indican si se refieren a uno o a varios individuos o elementos: *«Mesa» es un sustantivo de género femenino y número singular.* **12** COL. Persona graciosa o ingeniosa. || **13 ~ atómico** FÍS., QUÍM. Número que expresa la cantidad de protones que hay en el núcleo del átomo de un elemento. **14 números rojos** Saldo negativo en una cuenta: *La empresa ha entrado esta temporada en números rojos.* **15 ~ uno** COLOQUIAL; INTENSIFICADOR. [Persona] que es la primera o la mejor en una actividad: *Pedro es el número uno en coches. Lo opera una doctora que es una número uno.* FR. Y LOC. **de ~** [Persona] que pertenece con todos los derechos a un conjunto cerrado de personas, numerario: *académica de número de la Academia de Ciencias Morales y Políticas, Catedrático de número de la Universidad de Salamanca.* **en números redondos** Ajustando la cantidad a una cifra clara y aproximada: *Nos cuesta 19.584 pesetas, en números redondos, veinte mil.* **hacer números** Calcular ‹una persona› una cosa: *Estamos haciendo números, a ver si podemos ir de vacaciones a Galicia.* **montar el ~ / numerito** 1 COLOQUIAL; PEYORATIVO. Llamar mucho la atención ‹una persona› por lo que hace o dice: *Jaime se puso a insultarlos en plena calle y montó el numerito.* 2 COLOQUIAL; PEYORATIVO. Tener ‹una persona› con respecto a otra un comportamiento muy irritado o violento: *Cuando el jefe nos pilla leyendo el periódico, siempre nos monta el número.* **sin ~** INTENSIFICADOR. En gran cantidad, en mucha abundancia: *Los camareros sirvieron bebidas sin número en la fiesta.*

numeroso, sa *adj.* **1** (antepuesto / pospuesto) Que está formado por un gran número de personas o cosas: *Un numeroso grupo de personas se agolpaba en la puerta para verlo salir. Este año somos una clase muy numerosa.* **familia* numerosa.** **2** (en plural; preferentemente antepuesto) Muchos: *He recibido numerosas cartas pidiéndome consejo.*

numismática *s. f.* **1** (no contable) Parte de la Historia que estudia las monedas y las medallas. **2** (no contable) Afición a coleccionar monedas y medallas.

numismático, ca *adj.* **1** De la numismática: *una feria numismática, un centro numismático.* || *adj. / s. m.* y *f.* **2** Persona que por afición o por profesión se dedica al estudio o colección de monedas o medallas: *María es una numismática especialista en el periodo visigodo.* **3** Persona que tiene una tienda de monedas o medallas.

nunca *adv. temp.* **1** En ningún momento. OBSERVACIONES: ◊ Cuando aparece detrás del verbo exige que el adverbio *no* u otra partícula negativa vaya delante de la forma verbal: *Ella no me ha dicho nunca nada.* ◊ Puede ir acompañado de otros adverbios, como *jamás* o *más,* que intensifican la negación: *Nunca jamás permitiré que lo hagan.* **2** En oraciones interrogativas, de duda o en las que ya dependen de una partícula negativa, no tiene valor negativo y equivale a *alguna vez*: *¿Has estado nunca en un restaurante tan elegante? Dudo que me llame nunca.* **3** INTENSIFICADOR. Niega la realización de la acción que se indica y equivale a 'no': *Su padre nunca va a la iglesia.* || **4 hasta* ~.** FR. Y LOC. **lo ~ visto*. tarde*, mal y ~.**

nunciatura *s. f.* **1** Cargo y oficio de nuncio: *El joven cardenal ha sido propuesto para la nunciatura chilena.* **2** Lugar donde vive o trabaja el nuncio: *La nunciatura se trasladará a un local más céntrico.*

nuncio *s. m.* **1** Representante diplómatico del Papa de Roma en un país: *nuncio apostólico.* **2** ELEVADO. Mensajero. **3** LITERARIO. Señal, anuncio.

nupcial *adj.* **1** ELEVADO, ADMINISTRATIVO. De las bodas o nupcias: *El cortejo nupcial hizo su entrada en el recinto. Sonó la marcha nupcial.* **cámara ~. suite* ~.** || **2 parada* ~.**

nupcialidad *s. f.* ADMINISTRATIVO. Número o proporción de bodas en un tiempo y lugar determinados: *La nupcialidad salmantina ha disminuido en el último quinquenio.*

nupcias *s. f.* (plural) ADMINISTRATIVO. Boda, casamiento: *María está casada en segundas nupcias con Paco.*

nurse (del inglés; pronunciamos *'ners'*) *s. f.* URUG. Enfermera de un hospital o de una clínica con tareas de responsabilidad.

nursery *s. f.* URUG. Lugar donde se atiende a los bebés recién nacidos en las clínicas y en los hospitales.

nutación *s. f.* ASTRON. Movimiento periódico de escasa amplitud del eje de rotación de la Tierra: *La luna produce el movimiento de nutación.*

nutria *s. f.* **1** (macho y hembra) *Lutra lutra.* Mamífero carnívoro de cuerpo alargado, pelaje denso y cola larga, que es un gran nadador y tiene una piel muy apreciada en peletería. **2** Piel de este animal.

nutrición *s. f.* **1** (no contable) Técnicas y acciones para alimentar a un ser vivo: *expertos en nutrición. Hay que conseguir una nutrición equilibrada.* **2** (no contable) BIOL.; ELEVADO. Proceso del organismo de asimilar las sustancias vitales para recuperar las energías necesarias para vivir.

nutrido, da *adj.* (antepuesto / pospuesto) Que es abundante o numeroso: *un nutrido grupo de gente. Una manifestación nutrida recorrió la calle principal.*

nutriente *adj. / s. m.* RESTRINGIDO. Que nutre.

nutrimento *s. m.* ELEVADO. Sustancia de los alimentos.

nutrir *v. tr. / prnl.* **1** Proporcionar ‹una persona o una cosa› alimento [a un organismo]: *El caracol **se** nutre de hojas.* SIN. alimentar. **2** Dar ‹una persona o una cosa› nuevas fuerzas [a una persona] o [una cosa] para que se mantenga: *La voluntad nutre a los pocos campesinos que quedan. El cine **se** nutre de los actores jóvenes.* **3** Llenar ‹personas o cosas› [una cosa o un lugar] totalmente: *Famosos actores nutren todas sus fiestas. La tertulia **se** nutre de los periodistas más famosos del momento.* || *v. tr.* **4** Proporcionar ‹una persona o una cosa› [una cosa] [a una persona]: *Esta gasolinera nutre **de** combustible a los ciudadanos.*

nutritivo, va *adj.* Que nutre o alimenta: *alimento muy nutritivo, crema nutritiva para pieles delicadas.*

nutriz *adj.* LITERARIO. Que nutre: *La naturaleza es la madre nutriz de todos, cuidémosla.*

ny *s. f.* Nombre de la decimotercera letra del alfabeto griego que se translitera por la «n» española.

nylon (del inglés; pronunciamos *'nailon'*) *s. m.* Nailon.

Ñ

ñ *s. f.* Decimoséptima letra del alfabeto español que representa un sonido de articulación palatal, nasal y sonora. Su nombre es «eñe».

ñacaniná *s. f.* ARG.; RESTRINGIDO. Víbora grande, no venenosa.

ñacaratiá *s. m.* ARG.; RESTRINGIDO. Árbol grande de tronco espinoso, cuyo fruto es comestible.

ñácate *interj.* ARG., URUG.; COLOQUIAL. ¡Zas!

ñaco *s. m.* CHILE; RESTRINGIDO. Masa blanda y semilíquida.

ñacurutú *s. m.* ARG., URUG. Ave nocturna, variedad de la lechuza.

ñame *s. m.* **1** *Dioscorea batatas.* Planta trepadora de hojas grandes en espiga y raíz tuberculosa comestible. **2** Raíz comestible de esta planta. **3** VEN.; COLOQUIAL. Pie muy grande.

ñandú (plural *ñandúes,* preferible a *ñandús*) *s. m.* (macho y hembra) *Rhea americana.* Ave americana, parecida al avestruz pero algo más pequeña y con el plumaje pardo.

ñandubay *s. m.* ARG., PAR., URUG. Árbol pequeño americano de madera rojiza muy dura e incorruptible.

ñandutí (plural *ñandutíes* o *ñandutís*) *s. m.* (no contable) ARG., PAR. Encaje muy fino que imita el tejido de la telaraña.

ñanga *s. f.* AMÉR. C. Terreno pantanoso.

ñangapichanga *s. m. / f.* ARG., URUG.; RESTRINGIDO en Argentina, COLOQUIAL en Uruguay. [Cosa] que parece más útil o valiosa de lo que es.

ñangapiré *s. m.* ARG., URUG.; RESTRINGIDO en Uruguay. Arbusto de madera fina con fruto en baya comestible, con cuyas hojas se hace una infusión astringente.

ñaña *s. f.* (preferentemente en plural) ARG.; COLOQUIAL. Comportamiento exagerado para mostrar que se tiene una enfermedad o un dolor.

ñaño, ña *s. m. / f.* **1** ARG., CHILE. Hermano, frecuentemente el mayor. **2** PERÚ; COLOQUIAL. Niño pequeño. **3** CHILE; RESTRINGIDO; AFECTIVO. Niñera.

ñañoso, sa *adj.* **1** ARG.; COLOQUIAL. Que tiende a quejarse con exageración. **2** ARG.; COLOQUIAL. Que es indeciso.

ñapa *s. f.* **1** VEN.; COLOQUIAL. Gratificación que se ofrece a una persona por un servicio. **2** COL., VEN.; RESTRINGIDO. Obsequio de escaso valor que hace un tendero a un cliente. FR. Y LOC. **de ~** VEN.; COLOQUIAL. Por añadidura.

ñapindá *s. m.* ARG., URUG. Planta parecida a la acacia.

ñata *s. f.* **1** ARG., PERÚ, URUG.; COLOQUIAL. Nariz. **2** (en plural) COL.; HUMORÍSTICO. Nariz.

ñato, ta *adj.* **1** AMÉR. De nariz chata. **2** COL.; RESTRINGIDO. De habla gangosa. **3** URUG.; COLOQUIAL. Tratamiento afectuoso entre conocidos. || *s. m.* **4** ARG.; COLOQUIAL. Tratamiento para dirigirse a una persona más joven o hablar de un tercero.

ñaupa Se usa en la LOC. **en tiempos* de ~.**

ñero, ra *s. m. / f.* COL., MÉX., VEN.; COLOQUIAL en Colombia, VULGAR en México. Tratamiento afectuoso que equivale a *compañero.*

ñeque *adj.* **1** AMÉR. Que es fuerte o robusto. **2** AMÉR. Que es valiente. || *s. m.* **3** AMÉR. Fuerza, energía.

ño, ña *s. m. / f.* AMÉR.; RESTRINGIDO. Tratamiento de respeto equivalente a *don* y *doña,* que se mantiene en algunas zonas rurales.

ñoclo *s. m.* Pastelillo del tamaño de una nuez, hecho con harina, azúcar, manteca, huevo, vino y anís.

ñoco, ca *adj.* **1** VEN.; COLOQUIAL, RESTRINGIDO. Que es manco. || *s. m.* **2** COL. Muñón de una parte del cuerpo amputada.

ñongo, ga *adj.* **1** VEN.; COLOQUIAL. [Situación] que es difícil y compleja. **2** VEN.; COLOQUIAL. [Persona] que es muy sensible y refinada o lo aparenta.

ñoña *s. f.* VEN.; COLOQUIAL. Excremento.

ñoñería *s. f.* Acción y palabras propias de una persona ñoña: *No le hagas caso a las ñonerías de tu madrina.*

ñoñez *s. f.* **1** Acción y palabras propias de una persona ñoña: *Es imposible mantener una conversación con tu primo, sólo dice ñoñeces.* **2** (no contable) Exceso de timidez social o intelectual: *Su ñoñez no tiene límites, sólo sale a la calle con su mamá.* **3** (no contable) Sosería intelectual o excesiva simplicidad mental: *Tiene una ñoñez preocupante.*

ñoño, ña *adj.* **1** COLOQUIAL. [Persona] que es demasiado asustadiza o de corta inteligencia: *La protagonista del cuento es una niña muy ñoña.* **2** Que tiene excesivos escrúpulos religiosos o morales: *Su hijo ha salido muy ñoño del colegio, todo le parece desvergonzado.* **3** De excesiva simplicidad o sosería intelectual o social: *Es un poema muy ñoño.*

ñoqui (del italiano) *s. m.* **1** Masa hecha con patatas, harina de trigo, mantequilla, huevo, leche y queso rallado, que se parte en trocitos y suele acompañarse con salsa de tomate, queso y carne. **2** ARG., URUG.; COLOQUIAL; HUMORÍSTICO. Golpe con el puño en la cara.

ñora *s. f.* Pimiento muy picante, guindilla.

ñu (plural *ñúes* o *ñus*) *s. m.* (macho y hembra) Género *Connochaetes.* Mamífero rumiante africano de la misma familia que el toro, con la cabeza grande, cuernos curvos y abundante crin.

O

o (plural *os* u *oes*) *s. f.* Decimosexta letra del alfabeto español que representa un sonido vocálico: *La palabra «loco» lleva dos os.* FR. Y LOC. **no saber hacer la ~ con un canuto** COLOQUIAL; PEYORATIVO. Tener ‹una persona› poca cultura: *No sé cómo lo han nombrado director, si no sabe hacer la «o» con un canuto.*

o *conj.* **1** Enlaza palabras, grupos de palabras o proposiciones, y establece una disyunción no excluyente, es decir, separa dos cosas sin que una excluya la otra: *Si te entra sed o hambre, aquí está el frigorífico. ¿Tienes libros o revistas allí?* **2** Enlaza palabras, grupos de palabras o proposiciones, y establece una disyunción excluyente, es decir, separa dos cosas excluyéndose una a la otra: *¿Estudias o trabajas? ¿Comes o no (comes)? Lo tomas o lo dejas.* **2_1** Puede anteponerse a los elementos contrapuestos anteriores al último: *O lo sabes o no lo sabes. El ganador será o Pedro o Pablo o Juan.* OBSERVACIONES: ◊ Esta correlación de *o* no es posible en la pregunta disyuntiva: *¿Estudias o trabajas? ¿Son buenas o no (son buenas)?* No es posible tampoco ante imperativos no coordinados con imperativos: *Tratadla bien o (,de lo contrario,) me la llevaré.* ◊ Es muy adecuada esta correlación para los actos de obligación no formulados mediante imperativo, especialmente si conllevan idea de amenaza o predicción negativa condicionales: *O lo sueltas o te pego. ('Si no lo sueltas, te pego'.) O la tratáis bien o me la llevo. ('Si no la tratáis bien, me la llevo'.)* **2_2** Puede intervenir en correlación con *bien, sea, fuera, ya sea, ya fuera...* OBSERVACIONES: Actúa como segundo miembro de la correlación: *Me gustaría que se presentara ante la asamblea, bien como militar o como simple ciudadano. Siempre surge alguna polémica, sea con unos o con otros. No te preocupes, que de alguna manera llegaré, ya sea en barco o en avión.* **2_3** Se usa como réplica a algo dicho, implicado o sugerido. OBSERVACIONES: ◊ Puede enlazar dos construcciones subjuntivas de sentido opuesto formando una cláusula hipotética compuesta con valor similar al concesivo, ya que se parte del supuesto de que aunque se dé un hecho desfavorable o no propicio, no será obstáculo para que se realice lo que se dice en la proposición principal: *Haga bueno o haga malo, iremos. ('Tanto si hace bueno como si hace malo, iremos.') Quieran o no quieran, vendrán conmigo. ('Tanto si quieren como si no quieren, vendrán conmigo.')* La segunda forma verbal puede suprimirse cuando se sobreentiende fácilmente: *Haga bueno o no (haga bueno), saldremos. Sean o no (sean) demócratas, tendrán que acatar la ley. Traigan pocas o (traigan) muchas, se lo agradeceré.* **2_4** Puede enlazar adjetivos o participios que dependen de verbos como *ser* o *estar*, pudiendo incluso desaparecer por completo la forma verbal: *Baratos o caros, te compraré los manuscritos. Cansado o no, tendrás que llevar la carta.* **3** Aporta idea de equivalencia: *las papas o patatas.* OBSERVACIONES: Puede reforzarse con indicaciones como *'lo que es lo mismo'*, a menudo utilizadas para aclarar: *El billete cuesta mil duros, o lo que es lo mismo, cinco mil pesetas.* **4** Se coloca entre cifras con acento gráfico para evitar la confusión con el cero: *6 ó 7, 25 ó 30.* OBSERVACIONES: Si estas cifras se escriben con letra, la conjunción *o* ya no llevará acento: *seis o siete.* Si la cifra que sigue a la conjunción es 8, 80 o similares, cuya pronunciación comienza por *o*, entonces seguirá la regla general que exige el empleo de *u*: *7 u 8.* **5** Puede enlazar con lo que dice el hablante, con la veracidad de un enunciado o con el empleo concreto de una expresión: *Ya no podía más, o al menos eso fue lo que me dijo. Eran urracas, o eso creía él.* OBSERVACIONES: Puede tratarse de una rectificación o precisión, casi siempre expresamente marcadas: *No me acordaba de nada, o* ***mejor dicho****, me acordaba, pero no era capaz de expresarlo. La alcaldesa dijo que nos apoyaría, o* ***más exactamente****, se comprometió a ayudarnos.* **6** COLOQUIAL. Puede sustituir a *y* en contextos de elección entre varias opciones concretas: *Entre dar golpes o que se los dieran, prefería lo primero. Miguel dudaba entre hacerlo él personalmente o pedirle a su hermano que lo hiciera.* **7** ELEVADO. Aparece en la amalgama *y/o.* OBSERVACIONES: *O* ocupa siempre el segundo lugar: *la posesión y/o consumo de drogas, los que poseen y/o comercian con armas atómicas.* RELACIONES Y CONTRASTES: Referido al uso general de la conjunción *o*, obsérvese la regla que dice que *o* será sustituida por *u* en el caso de que la palabra o segmento que le siga comience por *o-* u *ho-*: *uno u otro, ayer u hoy.*

O *abr.* «Oeste».

oasis (plural *oasis*) *s. m.* **1** GEOGR. Lugar con vegetación y agua en medio del desierto: *Después de andar varios días a través del desierto, llegaron a un extenso oasis.* **2** COLOQUIAL. Situación o lugar agradable: *Hija mía, esta casa en un oasis, en la mía no se puede parar con tantos niños.*

ob. cit. u **op. cit.** *abr.* «Obra citada».

obcecación *s. f.* (no contable) Acción y resultado de obcecar u obcecarse: *Su obcecación con ese negocio lo va a llevar a la ruina.*

obcecar *v. tr. / prnl.* **1** ELEVADO. Tener ‹una persona› [una idea o un sentimiento fijo]: *Su amiga **se** obceca **con** que ha sido culpa suya. No **te** obceques **con** la Física, el curso tiene varias asignaturas.* || *v. tr.* **2** ELEVADO. Impedir ‹una persona o una cosa› que [una persona] razone debidamente: *Las dudas la obcecaron.* || *v. prnl.* **3** ELEVADO. Mantener ‹una persona› [una opinión, una actitud o una decisión] a pesar de que existan razones en contra: *María se ha obcecado y no comprende ese negocio.* ⇒ **71.**

obedecer *v. tr.* **1** Hacer ‹una persona› lo que [otra persona] le manda o lo que establece [una norma o una ley]: *Obedece las órdenes que te den. Esta muchacha no obedece a nadie.* || *v. intr.* **2** Reaccionar ‹un animal o una cosa› a la acción de [una persona o una cosa]: *Los frenos no le obedecían. El caballo no obedecía a las riendas.* SIN. responder. **3** Ser ‹una cosa› consecuencia de [otra cosa]: *El fracaso del espectáculo obedece **al** cansancio del público. No sé **a** qué obedece su pasividad.* ⇒ **5.**

obediencia *s. f.* **1** (no contable) Acción y resultado de obedecer: *Los soldados de la película seguían con una obediencia ciega a sus mandos.* **2** (no contable) Calidad de la persona o animal que obedece: *Marta siempre ha presumido de la obediencia de su hijo.* ANT. desobediencia.

obediente *adj.* (ser / estar) Que obedece o acostumbra a obedecer: *Me gusta tu perro porque es obediente y dócil. La niña ha estado muy obediente todo el día y no es normal en ella.* ANT. desobediente.

obelisco *s. m.* ARQ. Monumento vertical muy alto, de base cuadrada, que acaba en una punta piramidal: *Se ha encontrado un obelisco egipcio con inscripciones jeroglíficas.*

obenque *s. m.* MAR. Cuerda o cabo grueso que sujeta el extremo más alto de un mástil o de un mastelero a los costados o a la cofa de una embarcación.

obertura *s. f.* MÚS. Parte instrumental con que se inicia una obra musical, especialmente una ópera, un oratorio o una suite: *la obertura de «La Flauta Mágica» de Mozart.*

obesidad *s. f.* (no contable) ELEVADO. Calidad de obeso: *La obesidad es un problema de las sociedades desarrolladas. Mi madre está siguiendo una dieta para combatir la obesidad.*

obeso, sa *adj. / s. m.* y *f.* (ser / estar; antepuesto / pospuesto) ELEVADO. Que es excesivamente gordo: *Juan es obeso, pero está agil. Su figura obesa iba y venía nerviosa por el pasillo. Los obesos suelen tener problemas de salud.*

óbice *s. m.* ELEVADO. (Se usa en oraciones negativas) Inconveniente u obstáculo: *El que llueva no es óbice para que salgas de casa.*

obispado *s. m.* **1** REL. Cargo y dignidad de obispo: *Aquel tío suyo ejerció el obispado durante quince años.* SIN. episcopado. **2** REL. Territorio que corresponde a la jurisdicción de un obispo: *el obispado de Toledo. Su obispado tiene muy pocas parroquias.* SIN. diócesis. **3** REL. Edificio donde trabaja la burocracia al servicio del obispo: *la biblioteca del obispado. Tengo que ir a las oficinas del obispado.*

obispillo *s. m.* **1** ZOOL. Parte del cuerpo de las aves situada en la base de la cola. **2** RESTRINGIDO. Morcilla grande y gruesa.

obispo *s. m.* **1** REL. Entre los cristianos, clérigo que ha recibido el grado más elevado del sacerdocio y está, generalmente, encargado del gobierno de una diócesis: *las visitas pastorales del obispo a las parroquías.* **2** RESTRINGIDO. Obispillo, morcilla.

óbito *s. m.* ELEVADO. Muerte de una persona: *El óbito del insigne filósofo se produjo a las 2,30 de la madrugada.* SIN. fallecimiento, defunción.

obituario *s. m.* **1** ADMINISTRACIÓN. Libro parroquial en el que se anotan las muertes y los entierros: *Los obituarios antiguos son una fuente muy importante de datos para los historiadores.* **2** RESTRINGIDO. Sección de una publicación en la que se informa de los fallecimientos.

objeción *s. f.* Argumento en contra de una idea o de una cosa: *El director de la obra presentó las objeciones al trabajo. Sólo tengo una objeción a lo que has dicho.* SIN. reparo. || **2 ~ de conciencia** Negativa a realizar algún trabajo o servicio por razones de moral o de ideas personales: *Ese médico no practica abortos por razones de objeción de conciencia. Ese joven invoca el derecho a la objeción de conciencia y no quiere hacer el servicio militar.*

objetar *v. tr.* **1** ELEVADO. Manifestar ‹una persona› [un argumento en contra de otra persona o de una idea]: *Después de que Pedro expusiera el proyecto, el director objetó que era demasiado caro. ¿Tienes algo que objetar a mi propuesta?* || *v. intr.* **2** Declarar o invocar ‹una persona› la objeción de conciencia: *Mi hermano ha objetado porque no está de acuerdo con el servicio militar.*

objetivación *s. f.* ELEVADO. Acción y resultado de considerar una cosa de manera objetiva: *La objetivación del hecho te hará ver que no es tan grave.*

objetivamente *adv. modo* **1** Con objetividad, de manera desapasionada: *Debemos abordarlo objetivamente.* || *adv. restrictivo* **2** En la realidad, en lo que se refiere a los hechos u objetos: *Habrá que ver si eso es objetivamente así, o es pura fantasía.* **3** Juzgando con objetividad, si nos atenemos a la realidad, juzgando desde una consideración objetiva: *Objetivamente, este equipo es muy superior a su rival.*

objetivar *v. tr.* ELEVADO. Considerar ‹una persona› [una cosa] de manera objetiva, sin tener en cuenta los intereses personales: *Objetivé mis sentimientos para poder sobreponerme al problema.*

objetividad *s. f.* (no contable) Calidad de objetivo: *la objetividad de una crítica. La objetividad es fundamental en un juez.* ANT. subjetividad.

objetivo, va *adj.* **1** Que no tiene en cuenta los pensamientos o consideraciones propios cuando actúa o juzga: *un juicio objetivo, una opinión objetiva.* ANT. subjetivo. **2** FILOS. Que existe realmente y no es fruto de la especulación: *conocimiento objetivo.* **3** LING. Del objeto o relacionado con el objeto: *genitivo objetivo.* || *s. m.* **4** Finalidad o propósito: *seguir un objetivo, plantearse un objetivo. El programa no ha logrado su objetivo. El objetivo de su viaje era aprender idiomas.* **5** Punto al que va dirigida una cosa: *El disparo no alcanzó su objetivo. El aeropuerto es un objetivo militar.* SIN. blanco. **6** Lente o sistema de lentes de un aparato óptico que se orienta hacia el objeto que se quiere enfocar: *el objetivo de la cámara de fotos. Se ha ensuciado el objetivo de la cámara de vídeo.*

objeto *s. m.* **1** Cuerpo inanimado con unidad material: *objeto alargado, objeto voluminoso, objetos de arte. Dejad todos los objetos de valor encima de la mesa.* **2** (no contable) Persona o cosa a la que va dirigida una acción o un pensamiento: *Fueron objeto de malos tratos. Los espectadores fueron objeto de agresiones por parte de los aficionados del* *equipo visitante.* 3 (no contable) ELEVADO. Finalidad o propósito de una acción o de una ciencia: *el objeto de una reflexión. El objeto de nuestra visita es saludar al enfermo. He venido con el objeto de llevarte conmigo.* 4 FILOS. Cosa que es pensada o percibida frente al sujeto que piensa o percibe: *el sujeto y el objeto.* || 5 **~ directo** GRAM. Complemento directo. 6 **~ indirecto** GRAM. Complemento indirecto. **7 hombre* ~. 8 mujer* ~.** FR. Y LOC. **con (el) ~ de (que)** Para (que): *Me han contratado con el objeto de que organice las finanzas de la empresa.*

objetor, ra *s. m. / f.* Persona que se niega a realizar algún trabajo o servicio por razones de moral o de ideas personales: *Muchos jóvenes son objetores.* **~ de conciencia** Persona que se niega a empuñar las armas.

oblación *s. f.* REL. Ofrenda y sacrificio que se hace a Dios: *En la Antigüedad se sacrificaban animales como oblación. En la misa católica la oblación es el pan y el vino.*

oblada *s. f.* (macho y hembra) *Oblada melanura.* Pez marino comestible, de la misma familia que el besugo, con los lados plateados, bandas negras a lo largo y manchas amarillas en la cabeza y en la cola.

oblar *v. tr.* ARG., URUG.; ADMINISTRATIVO. Pagar, abonar ‹una persona› [una cantidad de dinero] por un impuesto, una multa o cualquier otra cosa parecida.

oblato, ta *s. m. / f.* REL. Persona que pertenece a alguna de las congregaciones que se dan a sí mismas este nombre: *las oblatas del Santísimo Redentor.*

oblea *s. f.* 1 Hoja muy fina de pan ácimo o sin levadura: *De la oblea se hacen las hostias.* 2 Lámina de aspecto similar a las obleas, que se emplean en la elaboración de los sellos de farmacia. 3 Hoja muy delgada de masa de harina y azúcar: *Le gusta comerse la oblea de las tortas de turrón.* 4 CHILE. Sello de farmacia. 5 ARG., URUG. Galleta alargada rellena de crema.

oblicuángulo *adj.* GEOM. [Figura, poliedro] que no tiene ningún ángulo recto: *triángulo oblicuángulo.*

oblicuidad *s. f.* (no contable) ELEVADO. Posición inclinada o desviada de la horizontal y vertical: *La oblicuidad de ese edificio asusta.*

oblicuo, cua *adj.* 1 Que está inclinado o desviado de las posiciones o direcciones horizontal y vertical: *Píntale unos rayos oblicuos a la luna.* 2 GEOM. [Plano, línea] que forma con otro plano o línea un ángulo que no es recto. || *adj. / s. m.* y *f.* 3 ANAT. [Músculo] que tiene una posición inclinada.

obligación *s. f.* 1 Deber o compromiso de cualquier tipo que es necesario cumplir: *Su hermano se vio en la obligación de casarse. Su obligación es estar con su madre.* 2 (preferentemente en plural) ECON. Título de deuda amortizable, a un interés fijo, que emite una empresa o una institución: *obligaciones del Estado. Se va a lanzar una emisión de obligaciones de Renfe.* **bono / ~ del Tesoro.**

obligado, da *adj.* (antepuesto / pospuesto) Que es obligatorio o forzoso: *una celebración obligada. Las normas son de obligado cumplimiento.*

obligar *v. tr.* 1 Hacer ‹una persona o una cosa› que [una persona o un animal] realice [una cosa] o actúe de [determinada manera]: *Las circunstancias me obligaron **a** formar parte del grupo.* 2 Tener ‹una ley o una norma› fuerza o autoridad para imponer lo que ordena a [una persona o una entidad]: *Esta ley obliga a los mayores de 18 años.* SIN. afectar. 3 RESTRINGIDO. Hacer ‹una persona› fuerza sobre [una cosa] para producir el efecto que se desea: *Hay que obligar la ventana para que cierre. Ha obligado tanto la palanca que la ha roto.* || *v. prnl.* 4 Comprometerse ‹una persona› a [hacer una cosa]: *El funcionario se obligó **a** restituir el dinero robado. Me he obligado **a** seguir esta dieta para no tener problemas de salud.* FR. Y LOC. **nobleza* obliga.** ⇒ **56.**

obligatoriedad *s. f.* (no contable) Calidad de obligatorio: *La obligatoriedad de este plan de estudios afecta a todas las universidades de Andalucía.*

obligatorio, ria *adj.* Que tiene que hacerse o cumplirse, o que es una obligación: *Hay un solo requisito obligatorio y es bastante razonable. Es obligatorio ducharse antes de entrar en la piscina.* **escolaridad* obligatoria.**

obliterar *v. tr.* 1 MED. Hacer ‹una persona o una cosa› que se cierre [una cavidad o un conducto]: *El cirujano obliteró la vena.* || *v. prnl.* 2 MED. Cerrarse ‹una cavidad o un conducto›: *En el momento en que la arteria se obliteró, se produjo el paro cardíaco.*

oblongo, ga *adj.* (antepuesto / pospuesto) ELEVADO. Que es más largo que ancho: *objeto oblongo. Las oblongas hojas de aquella planta le daban un aspecto especial.*

obnubilación *s. f.* (no contable) ELEVADO. Acción y resultado de obnubilar u obnubilarse: *Su obnubilación llega a tal extremo que es imposible hacerla razonar.*

obnubilar *v. tr.* 1 ELEVADO. Impedir ‹una persona o una cosa› que [una persona] piense con claridad: *Tantas emociones nos obnubilaron, y no nos dejaron reaccionar.* 2 ELEVADO. Dejar ‹una persona o una cosa› fascinada o embelesada [a una persona]: *Ese hombre la tiene obnubilada. La posibilidad de conseguir el primer premio lo ha obnubilado.* 3 ELEVADO. Poner ‹una cosa› borrosa la visión de [una persona]: *El alcohol me había obnubilado y solo veía una niebla espesa.* || *v. prnl.* 4 ELEVADO. No pensar ‹una persona› con claridad: *Mi hermano se obnubila cuando ella le habla.* 5 ELEVADO. Quedar ‹una persona› fascinada o embelesada por [una persona o una cosa]: *Mi hija se obnubila **con** la televisión.*

oboe *s. m.* 1 MÚS. Instrumento musical de viento y madera, con embocadura cónica de lengüeta y orificios regulados por un sistema de llaves: *Luisa está aprendiendo a tocar el oboe.* || *s. m. / f.* 2 MÚS. Persona que toca el oboe: *Varios oboes de la orquesta se han puesto enfermos.*

óbolo *s. m.* 1 ELEVADO. Pequeño donativo o limosna: *Hermanos, con nuestros óbolos contribuimos a una causa justa.* 2 HIST. Antigua moneda y unidad de peso griegas.

obra *s. f.* 1 Acción y resultado producido por un agente: *Júzgame por mis obras. Estos desastres son obra de las lluvias torrenciales.* 2 Cosa producida por el ingenio de una persona , o que resulta de una actividad, especialmente de carácter creativo: *obra de arte. Hemos ido a ver una obra de teatro. Este busto es la obra de un gran escultor.* 3 Volumen o conjunto de volúmenes que contiene un trabajo literario completo: *Compré las obras completas de San Juan de la Cruz a muy buen precio.* 4 Edificio o terreno en construcción: *Pedro trabaja en una obra. He traído estos ladrillos de la obra.* 5 (preferentemente en plural) Conjunto de arreglos o cambios efectuados en una construcción: *Los vecinos están haciendo obras en el cuarto de baño.* 6 (no contable) Trabajo de albañilería: *Estamos dudando entre hacer una estantería de obra o de madera.* || **7 ~ de caridad** Acción realizada en bien del prójimo: *Colabora en la iglesia haciendo obras de caridad.* **8 ~ negra** COL. Estructura de un edifico. **9 ~ muerta** **9**1 MAR. Parte del casco de una embarcación por encima de la línea de flotación. **9**2 ARG. Conjunto de cosas como la pintura o las puertas, que constituyen el acabado de un edificio. **10 obras públicas** Obras realizadas para uso público, como caminos, puertos, etc. FR. Y LOC. **de ~** Material o físicamente: *Ese hombre pecó de pensamiento y de obra.* **mano* de ~.**

obrador *s. m.* **1** RESTRINGIDO. Taller de un artesano, especialmente el de las pastelerías: *En esa pastelería no tienen obrador, los dulces son de otros pasteleros.* **2** ARG. En las grandes obras, complejo de edificios para la dirección de una obra, almacén de materiales y sitio para los vehículos.

obraje *s. m.* ARG. Establecimiento de explotación forestal.

obrar *v. intr.* **1** ELEVADO. Realizar ‹una persona› una acción: *Hay que obrar y no limitarse a hablar.* **2** ELEVADO. Comportarse ‹una persona› de [una determinada manera]: *Tu padre no obró bien en ese asunto.* SIN. proceder. **3** ELEVADO. Hacer ‹una cosa› efecto: *El narcótico obró como se esperaba.* **4** RESTRINGIDO. Realizar ‹una persona› una obra de construcción: *Ya tengo el permiso para obrar.* SIN. edificar. **5** EUFEMISMO. Expulsar ‹una persona› los excrementos. SIN. defecar. || *v. tr.* **6** ELEVADO. Hacer ‹una persona o una cosa› [un milagro o un prodigio]: *La fe obra milagros.* FR. Y LOC. **~ en poder / en manos de** ELEVADO. Estar ‹una cosa› en poder de una persona: *El recibo obra en mi poder.*

obrerismo *s. m.* **1** (no contable) POLÍT. Ideología y movimiento social que pretende mejorar las condiciones de vida de los obreros: *El obrerismo era poderoso hace años.* **2** (no contable) POLÍT. Ideología que considera que la emancipación social y económica de los obreros debe ser realizada por ellos mismos: *El obrerismo ha sido un error de algunos políticos radicales.*

obrero, ra *adj.* **1** Del trabajador: *movimiento obrero, sindicatos obreros, clase obrera.* || *adj. / s. f.* **2** ZOOL. [Insecto social] que no es reproductor y se encarga de recoger y almacenar alimentos: *las abejas obreras.* || *s. m. / f.* **3** Persona que trabaja manualmente, para otra persona, a cambio de un sueldo: *Es obrero de la construcción.*

obscenidad *s. f.* **1** (no contable) Calidad de obsceno: *La obscenidad de sus palabras nos ofendió.* **2** Cosa obscena: *Contestó con una obscenidad. Me regaló una obscenidad que había comprado en una tienda de artículos de broma.*

obsceno, na *adj. / s. m.* y *f.* **1** ELEVADO. Que se refiere a temas sexuales de manera grosera y ofensiva: *Tu amiga hizo un comentario obsceno.*

obscuramente *adv.* Oscuramente.

obscurantismo *s. m.* Oscurantismo.

obscurantista *adj. / s. m.* y *f.* Oscurantista.

obscurecer *v. tr. / impers. / prnl.* Oscurecer. ⇒ **5.**

obscurecida *s. f.* ELEVADO. Oscurecida.

obscurecimiento *s. f.* (no contable) Oscurecimiento.

obscuridad *s. f.* (no contable) Oscuridad.

obscuro, ra *adj.* Oscuro.

obsequiar *v. tr.* Dedicar ‹una persona› [atenciones o regalos] a [otra persona]: *Sus padres le obsequiaron **con** una magnífica comida. Los organizadores van a obsequiar a los asistentes **con** un libro.*

obsequio *s. m.* ELEVADO. Cosa que se hace o se da a una persona con afecto o como agradecimiento: *La pluma es un obsequio del banco. He traído este obsequio para ti.* SIN. regalo. FR. Y LOC. **en ~ de / a** ELEVADO. En atención a: *En obsequio a su gran labor le fue entregado un galardón.*

obsequiosidad *s. f.* RESTRINGIDO. Calidad de obsequioso: *Tanta obsequiosidad por su parte me resulta sospechosa.*

obsequioso, sa *adj.* (ser / estar; antepuesto / pospuesto) ELEVADO. Que intenta agradar o tener atenciones con otras personas, a veces por hipocresía: *Pedro es muy obsequioso **con** los amigos. Tu hermana está demasiado obsequiosa estos últimos días, no sé si pretenderá conseguir algo.*

observación *s. f.* **1** (no contable) Acción y resultado de mirar o examinar con mucha atención: *Manuel es un chico con mucha capacidad de observación. Le encanta dedicarse a la observación de los pájaros.* **2** (no contable) ELEVADO. Acción y resultado de cumplir una norma: *La observación estricta de la ley nos evitará problemas con la justicia.* **3** Comentario o indicación que se hace para criticar o explicar una cosa: *Los periodistas encontraron un cuaderno con observaciones para explicar el proyecto.*

observador, ra *adj.* **1** Que observa con mucho detalle: *Jorge es muy observador y nunca se le escapa ningún detalle.* || *s. m. / f.* **2** Persona encargada de seguir un acontecimiento, especialmente político o militar: *Ocho parlamentarios españoles asistirán como observadores a las elecciones nicaragüenses.*

observancia *s. f.* (no contable) ELEVADO. Cumplimiento de lo dispuesto por la autoridad, la Ley o las normas sociales: *la observancia de las leyes, la observancia de las normas sociales.* SIN. acatamiento.

observar *v. tr.* **1** Mirar o examinar ‹una persona› [a otra persona o una cosa] atentamente: *Los zoólogos observan el comportamiento animal. La policía estuvo observando detenidamente el vídeo del atraco.* **2** Notar ‹una persona› [una cosa]: *Observé que estaban cansados. Desde aquí no se observa ninguna irregularidad.* SIN. advertir. **3** ELEVADO. Hacer ‹una persona› lo que establece [una autoridad, una norma o una ley]: *El grupo de visitantes observó todas las normas escrupulosamente.* SIN. cumplir.

observatorio *s. m.* Lugar con instrumentos apropiados para observar determinadas cosas: *observatorio meteorológico, observatorio astronómico.*

obsesión *s. f.* Idea o preocupación muy fuerte que trastorna la actividad normal de una persona: *Su padre vive con la obsesión de la guerra y no sale de casa. El ejercicio físico es una de sus obsesiones.* SIN. manía.

obsesionar *v. tr.* **1** Causar ‹una persona o una cosa› una idea o un sentimiento fijo en [una persona]: *El dinero obsesiona a las personas ambiciosas.* || *v. prnl.* **2** Tener ‹una persona› [una idea o un sentimiento fijo]: *El paciente se obsesionó **con** el recuerdo de aquel suceso. El protagonista de la película estaba obsesionado **por** esa mujer.*

obsesivo, va *adj.* **1** (antepuesto / pospuesto) Que obsesiona: *problema obsesivo. Las obsesivas lecturas sobre fenómenos paranormales le causaron problemas psicológicos.* || *adj. / s. m.* y *f.* **2** (antepuesto / pospuesto) Que se obsesiona con facilidad: *Su abuela es una persona muy obsesiva, que siempre cree que se va a poner enferma.*

obseso, sa *adj. / s. m. y f.* ELEVADO. Que está dominado por una obsesión: *obseso sexual, obseso* ***del*** *tabaco. Mi vecino es un hombre obseso* ***de*** *la salud y no consiente que nadie fume a su lado.*

obsidiana *s. f.* (no contable) Mineral negro o verde oscuro que se forma por el enfriamiento rápido de la lava: *La obsidiana se utilizó en la Prehistoria para hacer utensilios de caza.*

obsoleto, ta *adj.* (ser / estar) ELEVADO. Que no se usa desde hace mucho tiempo o que no se adecúa a las circunstancias que se requieren en el momento actual: *La tecnología obsoleta de estos ordenadores los hace inútiles. Esta palabra se ha quedado obsoleta. Esta organización está obsoleta.*

obstaculizar *v. tr.* Poner ‹una persona o una cosa› obstáculos [a otra persona u otra cosa]: *Los países vecinos obstaculizan el comercio del país. El sillón obstaculiza la entrada de la habitación.* SIN. dificultar. ⇒ **19.**

obstáculo *s. m.* **1** Cosa que impide o dificulta el paso: *La cómoda es un obstáculo en el pasillo. Los invidentes se entrenan para salvar los obstáculos con el bastón.* **2** Cosa que impide o dificulta el desarrollo de una acción o de una actividad: *La vida está llena de obstáculos. Ha sido muy difícil superar todos los obstáculos para conseguir este empleo.* SIN. dificultad. **3** DEP. Valla que hay que salvar en un recorrido deportivo: *carrera de obstáculos.*

obstante Se usa en la LOC. **no ~** 1 Introduce oraciones que indican una dificultad, obstáculo o contradicción que no llega a impedir que se cumpla lo expresado por otra oración: *El dueño no estaba de acuerdo, no obstante, nos dejó reunirnos allí.* 2 ELEVADO. A pesar de: *No obstante la oposición de la mayoría, intentaré hacer lo que yo quiero.*

obstar *v. intr.* ELEVADO. (Se usa en oraciones negativas) Ser ‹una cosa› un obstáculo o un inconveniente para [otra cosa]: *La mejoría* ***no*** *obsta* ***para*** *que, en lo sucesivo, trate usted de evitar el tabaco. Esta mala nota* ***no*** *obstará* ***para*** *que apruebes el examen final si sigues estudiando.*

obstetricia *s. f.* (no contable) MED. Parte de la Medicina que estudia y trata a las mujeres embarazadas, el parto y el periodo inmediatamente posterior a éste. SIN. tocología.

obstinación *s. f.* (no contable) Actitud de mantener una idea a pesar de las dificultades o de otras ideas contrarias: *Marta defendió sus opiniones con tanta obstinación que convenció a todos.* SIN. terquedad.

obstinado, da *adj.* Que no desiste hasta conseguir un propósito o idea: *Esta alumna es muy obstinada y no dejará de trabajar hasta que apruebe.* SIN. perseverante.

obstinarse *v. prnl.* **1** ELEVADO. Mantener ‹una persona› [una opinión, una actitud o una decisión] a pesar de que haya razones en contra: *Pedro se obstinó* ***en*** *acelerar la marcha de los acontecimientos. Carlos se ha obstinado* ***en*** *hacerlo sin pedir ayuda a nadie.* SIN. empeñarse. **2** VEN. Aburrirse ‹una persona› o cansarse de otra persona o de una cosa. ‖ *v. tr.* **3** VEN. Molestar ‹una persona› [a otra persona].

obstrucción *s. f.* **1** Acción y resultado de cerrar o taponar una cosa, especialmente un conducto o un camino: *El médico le dijo que tenía una obstrucción intestinal. Hay una obstrucción en la tubería y no pasa el agua.* SIN. atasco. **2** DEP. Acción y resultado de cerrar o impedir el paso antirreglamentariamente a un contrario: *El árbitro señaló penalti porque hubo una obstrucción dentro del área.* **3** (no contable) Actividad lícita pero irregular que un individuo o un grupo realiza para entorpecer el desarrollo normal de las diversas actividades democráticos de una sociedad: *La defensa practica la obstrucción del desarrollo procesal para alargar el juicio. La asamblea duró seis horas porque la oposición practicó la obstrucción sistemática.*

obstruccionismo *s. m.* (no contable) RESTRINGIDO; PEYORATIVO. Comportamiento de las personas que practican la obstrucción, sobre todo en la política o en la justicia.

obstruccionista *adj.* **1** PEYORATIVO. Del obstruccionismo: *comportamiento obstruccionista, maniobra obstruccionista.* ‖ *adj. / s. m. y f.* **2** RESTRINGIDO; PEYORATIVO. [Persona] que es partidaria del obstruccionismo: *parlamentario obstruccionista, político obstruccionista. Los obstruccionistas se pusieron de acuerdo para romper el pacto.*

obstruir *v. tr.* **1** Cerrar o impedir ‹una persona o una cosa› el paso por [un conducto o un camino]: *El canal estaba obstruido por varios troncos atravesados. Los estudiantes obstruyeron la calle con una barricada.* **2** Impedir o dificultar ‹una persona o una cosa› el desarrollo normal de [un proceso o una acción]: *La oposición obstruye la aprobación de esta ley.* SIN. estorbar. ‖ *v. prnl.* **3** Cerrarse el paso por ‹un conducto o un camino›: *La vía del tren se había obstruido* ***con*** *un deslizamiento de tierras.* ⇒ **46.**

obtención *s. f.* (no contable) Acción y resultado de obtener: *El equipo sólo piensa en la obtención del título de campeón. La obtención de la electricidad a partir de la energía atómica es un proceso complejo.*

obtener *v. tr.* **1** Llegar a tener ‹una persona› [una cosa]: *Pedro obtuvo una beca que no esperaba.* SIN. conseguir. **2** Extraer ‹una cosa› de [otra cosa]: *España obtiene muchas divisas* ***del*** *turismo. Paco nunca ha obtenido nada* ***de*** *todo su esfuerzo.* SIN. sacar. ‖ *v. prnl.* **3** Ser ‹una cosa› producto de [otra cosa]: *La gasolina se obtiene* ***del*** *petróleo. El aceite de oliva se obtiene* ***de*** *las aceitunas.* ⇒ **81.**

obturador, ra *adj. / s. m.* **1** ELEVADO. Que obtura o sirve para obturar: *una pieza obturadora, el obturador del mecanismo.* ‖ *s. m.* **2** FOT. Dispositivo de una máquina fotográfica que regula la entrada de luz en el objetivo: *El obturador de la máquina controla el tiempo de exposición de la película a la luz.*

obturar *v. tr.* **1** ELEVADO. Cerrar o impedir ‹una persona o una cosa› el paso por [un conducto o una abertura]: *Unos trapos obturaron el desagüe.* SIN. obstruir. ‖ *v. prnl.* **2** ELEVADO. Quedar ‹un conducto o una abertura› cerrado: *Las arterias se obturan* ***con*** *las placas de colesterol.* SIN. obstruirse.

obtusángulo *adj.* Se usa en la LOC. **triángulo* ~.**

obtuso, sa *adj.* **1** RESTRINGIDO. Que no tiene punta. SIN. romo. ‖ *adj. / s. m. y f.* **2** ELEVADO. Que comprende las cosas con lentitud y bastante dificultad: *Algunas mentes obtusas no comprenderán jamás lo que digo. Eres un poco obtuso, te lo he explicado ya mil veces.* ‖ **3 ángulo* ~.**

obús *s. m.* **1** MIL. Pieza de artillería para disparar granadas, de mayor calibre que un mortero y menor que el de un cañón: *La artillería situó varios obuses en las colinas.* **2** MIL. Proyectil disparado con esa pieza: *Los obuses caían sobre la ciudad constantemente.* **3** AUTOMOV. Pieza pequeña que cierra la válvula de un neumático.

obviamente *adv. modo* **1** De manera obvia, con obviedad: *No creí que se advirtiera tan obviamente.* || *adv. orac.* **2** Como es obvio: *Obviamente, no acerté.* OBSERVACIONES: ◊ Puede emplearse aislado en respuestas o en expresiones de asentimiento: –«*¿Son mejores?*» –«*Obviamente.*» –«*Aquéllas son más antiguas.*» –«*Obviamente.*» ◊ Algunos hablantes, por analogía con *es obvio que...*, lo utilizan precediendo a cláusulas encabezadas por *que*: *Obviamente que sí. Obviamente que son mejores.*

obviar *v. tr.* **1** ELEVADO. Evitar ‹una persona› [un obstáculo o un inconveniente]: *El presentador del programa obvió los detalles más escabrosos.* SIN. eludir. **2** ELEVADO. No decir o nombrar ‹una persona› [una cosa] por considerarla sabida o evidente: *El director ha obviado las dificultades económicas en sus comentarios.*

obvio, via *adj.* ELEVADO. Que se percibe o se entiende con claridad y sin dificultad: *Es obvio que está enfadado.*

oc Se usa en la LOC. **lengua* de ~.**

oca *s. f.* **1** (macho y hembra) ZOOL. Ganso, ave. **2** *Oxalis tuberosa.* Planta de hojas compuestas y flores amarillas con estrías rojas, cuya raíz es un tubérculo comestible de sabor parecido al de la castaña. **3** Raíz de esta planta. **4** JUEGOS. Juego de mesa que consiste en mover una ficha, según los puntos que marca un dado, por un tablero con 63 casillas en espiral: *jugar a la oca. Lo que menos me gusta de la oca es caer en el pozo.* **juego de la ~.**

ocapi *s. m.* ZOOL. Okapi.

ocarina *s. f.* MÚS. Instrumento musical de viento, de barro cocido, de forma ovoide y con ocho orificios, de timbre muy dulce: *La ocarina se inventó en el siglo* XIX *y tuvo cierto éxito popular.*

ocasión *s. f.* **1** Momento oportuno para hacer o decir una cosa: *Hay que aprovechar las ocasiones. Cuando el asesino vio la ocasión se escapó de la cárcel.* SIN. oportunidad. **2** Momento y circunstancias en que ocurre un hecho: *En aquella ocasión no pude hacer otra cosa.* FR. Y LOC. **con ~ de** Con motivo de, aprovechando la oportunidad: *Los niños hicieron fiesta en el colegio con ocasión de la visita de la Reina.* **de ~** Muy barato, con un precio especialmente bajo: *alfombras de ocasión, exposición de coches de ocasión.* **la ~ la pintan calva** COLOQUIAL. Se usa para indicar que un momento determinado no debe desaprovecharse: –«*Me han invitado a un crucero por el Caribe.*» –«*Pues chica, la ocasión la pintan calva.*»

ocasional *adj.* **1** Que ocurre por casualidad: *Ha sido un encuentro ocasional, ninguno de los dos lo esperábamos.* SIN. accidental. **2** Que se hace expresamente para una ocasión, o que no se hace de manera habitual: *Es un trabajo ocasional, sólo me durará los meses de verano.*

ocasionalmente *adv. modo* **1** RESTRINGIDO. Accidentalmente, de manera ocasional: *Nos vimos ocasionalmente en un paso de peatones.* || *adv. temp.* **2** Alguna que otra vez, de vez en cuando, esporádicamente: *Ocasionalmente se produce algún disparo, sobre todo en las afueras.*

ocasionar *v. tr.* Ser ‹una persona o una cosa› la causa, el motivo o el origen de [una cosa]: *Las lluvias ocasionaron grandes inundaciones.* SIN. causar.

ocaso *s. m.* **1** ELEVADO. Momento del día en que se pone el sol: *La tarde anunciaba un ocaso de película.* SIN. crepúsculo. **2** ELEVADO. Declive o decadencia: *el ocaso de Occidente.*

occidental *adj.* **1** Del Oeste u Occidente: *Sólo conozco la costa occidental de este territorio.* || *adj. / s. m.* y *f.* **2** De Occidente: *sociedades occidentales, cultura occidental. Toda mi familia es oriental, pero mi hermano se ha casado con una occidental.* **mundo ~.**

occidente *s. m.* **1** (preferentemente con mayúscula) Oeste, punto cardinal: *El barco navegaba rumbo a occidente.* **2** Lugar que respecto a otro está más próximo a este punto cardinal: *el Imperio Romano de Occidente.* **3** (con mayúscula) Conjunto de los países europeos o de raíces e influencia europeas que constituyen un bloque político y económico: *la defensa de Occidente. La economía capitalista caracteriza a Occidente.*

occipital *adj.* **1** ANAT. Del occipucio: *región occipital.* || *adj. / s. m.* **2** ANAT. [Hueso] que está situado en la parte posterior del cráneo, en la nuca: *El cadáver tenía un orificio en el occipital.*

occipucio *s. m.* ANAT. Nuca.

occitano, na *adj. / s. m.* y *f.* **1** De Occitania, región francesa: *la lengua occitana, poesía occitana. Los occitanos viven al sur de Francia.* || *s. m.* **2** LING. Lengua de Oc.

oceánico, ca *adj.* **1** Del océano: *región oceánica, ruta oceánica.* **dorsal oceánica.** **2** Que tiene alguna característica del océano: *profundidad oceánica, inmensidad oceánica.*

océano u **oceano** *s. m.* **1** (no contable) Gran extensión de agua salada que cubre la mayor parte de la superficie de la Tierra: *El océano cubre el 71% de la superficie terrestre.* SIN. mar. **2** Cada una de las cinco partes en que se divide esta extensión de agua: *el océano Pacífico, el océano Atlántico, el océano Índico, el océano Glacial Ártico, el océano Glacial Antártico.* **3** INTENSIFICADOR. Gran cantidad de una cosa: *Estoy sumida en un océano de dificultades.*

oceanografía *s. f.* (no contable) Ciencia que estudia los mares y océanos: *La oceanografía es apasionante. La oceanografía ha contribuido al estudio de los recursos marinos.*

oceanográfico, ca *adj.* De la oceanografía o que tiene relación con la oceanografía: *expedición oceanográfica, estudio oceanográfico, buque oceanográfico.*

ocelo *s. m.* **1** ZOOL. Ojo simple de los artrópodos que les permite percibir la luz pero no captar la imagen de los objetos. **2** ZOOL. Dibujo redondeado y bicolor de las alas, las plumas o la piel de algunos animales: *los ocelos de las alas de un insecto.*

ocelote *s. m.* (macho y hembra) ZOOL. *Felis pardalis.* Mamífero carnívoro americano de la misma familia que el leopardo, pero más pequeño, con el pelo de color marrón claro con manchas oscuras, que puede ser domesticado.

ochava *s. f.* **1** RESTRINGIDO. Octava parte de un todo. **2** ARG., URUG.; RESTRINGIDO en España. Chaflán o esquina cortada de un edificio.

ochavo *s. m.* Antigua moneda de cobre que llegó con diferentes valores hasta el siglo XIX. FR. Y LOC. **no tener un ~** COLOQUIAL, RESTRINGIDO. No tener ‹una persona› nada de dinero: *No podemos ir al cine porque no tenemos un ochavo.* SIN. chavo (RESTRINGIDO).

ochenta *adj. / pron. num. card. / s. m.* **1** Cantidad que representa la cifra 80: *El presupuesto era de ochenta millones de pesetas.* OBSERVACIONES: Los números del 81 al 89 se escriben con *ochenta* seguido de *y* más la cifra de la unidad: *ochenta y cinco.* || *adj. num. ord. / s. m.* y *f.* **2** Octogésimo: *el* *capítulo ochenta.* || *s. m.* **3** Signo lingüístico o matemático con que se representa esta cantidad: *Su matrícula acaba en ochenta.* || **4 los (años) ~** Los años 1980-89: *Los ochenta han sido años de prosperidad económica.* **5 los ~ 5₁** La edad de ochenta años: *cumplir los ochenta.* **5₂** Los años 80-89 de la edad: *Los ochenta los vivió en la cama postrado por una enfermedad* FR. Y LOC. **dar igual ocho* que ~.**

ochentavo, va *adj. num. part. / s. m.* Cada una de las ochenta partes iguales en que se divide un todo. OBSERVACIONES: El partitivo del 81 al 89 se forma con el número cardinal seguido del sufijo *-avo*: *ochentaunavo.*

ochentón, na *adj. / s. m.* y *f.* COLOQUIAL. Que tiene ya ochenta años pero aún no ha cumplido los noventa: *Mi abuelo es el ochentón más joven del mundo.* SIN. octogenario (ELEVADO).

ocho *adj. / pron. num. card. / s. m.* **1** Cantidad que representa la cifra 8: *Mi hija tiene ocho años.* || *adj. num. ord. / s. m.* y *f.* **2** Octavo: *el capítulo ocho, el ocho de octubre.* || *s. m.* **3** Signo lingüístico o matemático con que se representa esta cantidad: *Te falta sumar el ocho.* **4** ARG., URUG. Figura del tango en la que el hombre permanece quieto mientras la mujer forma un ocho con sus pasos. || **5 las ~** La octava hora del día o la octava después del mediodía: *Llegaré a las ocho de la mañana. El niño cena a las ocho. Son las ocho en punto.* FR. Y LOC. **dar igual ~ que ochenta** COLOQUIAL; PEYORATIVO. Ser ‹una cosa› indiferente para una persona: *A mí no me importa la decisión que tomes, me da igual ocho que ochenta.* **más chulo* que un ~.**

ochocientos, tas *adj. / pron. num. card. / s. m.* **1** Cantidad que representa la cantidad 800: *una entrada de ochocientas pesetas.* || *adj. num. ord. / s. m.* y *f.* **2** Que ocupa la posición número 800: *el verso ochocientos del cantar.* SIN. octingentésimo (ELEVADO).

ocio *s. m.* **1** (no contable) Tiempo libre que tiene una persona: *Carlos ocupa su ocio en leer y pasear.* **2** (no contable) Descanso o situación de inactividad: *Mi padre, desde que se jubiló, entretiene su ocio cultivando el jardín.*

ociosidad *s. f.* (no contable) Estado de quien está inactivo: *La ociosidad es la madre de todos los vicios.*

ocioso, sa *adj.* **1** (antepuesto / pospuesto) ELEVADO. Que es inútil o innecesario: *La ociosa discusión no nos aclaró nada. Mandar esta carta es ocioso, no creo que ni siquiera la lean.* **2** (estar) Que está inactivo temporal o permanentemente: *Tu hermana estuvo ociosa toda la tarde.* || *adj. / s. m.* y *f.* **3** Que es perezoso u holgazán: *Los ociosos no tienen sitio en nuestra empresa.*

ocluir *v. tr.* **1** MED. Cerrar ‹una persona o una cosa› [un conducto del cuerpo] de modo que no se pueda abrir por medios naturales: *El cirujano ocluyó una parte del intestino.* || *v. prnl.* **2** MED. Cerrarse ‹un conducto del cuerpo› de modo que no se puede abrir por medios naturales: *Se le ha ocluido el intestino.* ⇒ **46.**

oclusión *s. f.* **1** MED. Cierre anormal de alguno de los conductos del cuerpo: *oclusión intestinal, oclusión de las vías del corazón.* SIN. obstrucción. **2** FON. Cierre del canal vocal en la pronunciación de los sonidos oclusivos, representados en español por las letras *p, t, k, b, d y g: Para pronunciar la «b», primero se produce una oclusión y después una explosión.* **3** METEOR. Desplazamiento hacia arriba de una masa de aire caliente, empujada por una masa de aire frío: *La tormenta se produjo por una oclusión repentina.*

oclusivo, va *adj.* **1** MED. De la oclusión o que la provoca: *El enfermo ha sufrido un accidente oclusivo en el intestino.* **2** Que produce oclusión: *aparato oclusivo.* || *adj. / s. f.* **3** FON. [Sonido, consonante] que se pronuncia interrumpiendo la salida del aire espirado: *la articulación de las oclusivas. Los sonidos [p], [t], [k], son oclusivos.*

ocote *s. m.* **1** AMÉR. C., MÉX. *Pinus teocote.* Variedad muy resinosa del pino cuya madera se utiliza como tea. **2** ARG.; RESTRINGIDO. Intestino grueso, especialmente el del ganado vacuno.

ocre *adj. / s. m.* **1** (el adjetivo es invariable) De color amarillo oscuro: *Las paredes ocre no me gustan. Los ocres de sus cuadros son impresionantes.* || *s. m.* **2** (no contable) Mineral terroso de color amarillo oscuro, que se emplea en la fabricación de pinturas.

octaedro *s. m.* GEOM. Cuerpo geométrico de ocho lados.

octagonal u **octogonal** *adj.* GEOM. Del octágono o que tiene la forma del octágono: *pirámide octagonal.*

octágono u **octógono** *s. m.* GEOM. Figura geométrica de ocho ángulos y ocho lados.

octanaje *s. m.* (no contable) QUÍM. Cantidad de octanos que hay en la gasolina: *La gasolina de tu país tiene un octanaje mayor que la de aquí.*

octano *s. m.* **1** (no contable) QUÍM. Hidrocarburo líquido derivado del petróleo. **2** QUÍM. Unidad utilizada para expresar el poder antidetonante de la gasolina: *La gasolina normal tiene menos octanos que la súper.*

octanol *s. m.* (no contable) QUÍM. Alcohol oleoso y aromático derivado del octano, que se utiliza en productos de limpieza y en perfumería.

octava *s. f.* **1** MÉTR. Estrofa de ocho versos. **~ real** Estrofa de ocho versos endecasílabos con rima consonante, de tal manera que los seis primeros riman alternadamente y los dos últimos forman un pareado. **~ rima** Estrofa de ocho versos endecasílabos que riman alternados y acaban en un pareado. **2** MÚS. Serie de ocho notas formada por los siete sonidos de una escala y la repetición del primero de ellos. **3** REL. Período de ocho días en el cual la Iglesia católica celebra una fiesta solemne o conmemora un acontecimiento: *Mañana empieza la octava de Pascua.* **4** REL. Último día del período de ocho durante el cual la Iglesia católica celebra una fiesta solemne: *Hoy celebramos la octava de San Juan.*

octavilla *s. f.* **1** ART. GRÁF. Octava parte de un pliego de papel. **2** Papel pequeño en el que hay propaganda impresa: *octavillas subversivas, octavillas publicitarias. Los manifestantes repartían octavillas a los que miraban desde las aceras.* **3** MÉTR. Estrofa de ocho versos de arte menor que puede rimar de diferentes maneras, según la época y el autor.

octavo, va *adj. num. ord. / s. m.* y *f.* **1** Que ocupa la posición número ocho: *Mi sobrino vive en un octavo.* || *adj. num. part. / s. m.* **2** Cada una de las ocho partes iguales en que se divide un todo: *Un octavo de los beneficios es para ti.* || **3 octavos de final** DEP. Fase eliminatoria de un campeonato deportivo en la que sólo quedan dieciséis participantes en competición.

octeto *s. m.* **1** MÚS. Composición musical escrita para ocho voces u ocho instrumentos. **2** MÚS. Conjunto musical formado por ocho instrumentistas u ocho vocalistas.

octingentésimo, ma *adj. num. ord. / s. m.* y *f.* **1** ELEVADO. Que ocupa la posición número 800. OBSERVACIONES: Es más frecuente que se indique con la expresión: *la posición número ochocientos.* || *adj. num. part.* **2** ELEVADO. Cada una de las ochocientas partes iguales en que se divide un todo.

octogenario, ria *adj. / s. m.* y *f.* ELEVADO. Que tiene ya ochenta años pero aún no ha cumplido los noventa: *Mi abuela es octogenaria. Me siento un octogenario joven.* SIN. ochentón (COLOQUIAL).

octogésimo, ma *adj. num. ord. / s. m.* y *f.* **1** Que ocupa la posición número ochenta: *el octogésimo lugar en la carrera.* OBSERVACIONES: Es más frecuente que se indique con la expresión: *la posición número ochenta.* || *adj. num. part.* **2** Cada una de las ochenta partes iguales en que se divide un todo: *una octogésima parte.* SIN. ochentavo.

octogonal *adj.* GEOM. Octagonal.

octógono *s. m.* GEOM. Octágono.

octópodo, da *adj. / s. m.* **1** (macho y hembra) ZOOL. [Molusco] que tiene la boca rodeada de ocho tentáculos con ventosas y habita en el mar: *El pulpo es un octópodo.* **2** (en plural) ZOOL. Orden que forman los moluscos octópodos.

octosilábico, ca *adj.* **1** MÉTR. Del octosílabo o relacionado con los versos octosílabos: *estrofa octosilábica.* **2** MÉTR. Octosílabo.

octosílabo, ba *adj. / s. m.* MÉTR. [Verso] que tiene ocho sílabas: *Los romances están escritos en octosílabos.*

octubre *s. m.* Décimo mes del año, que tiene 31 días: *El mes de octubre está entre septiembre y noviembre.*

óctuple *adj. num. / s. m.* RESTRINGIDO. Óctuplo.

óctuplo, pla u **óctuple** *adj. num. / s. m.* RESTRINGIDO. Que contiene ocho veces una cantidad: *número óctuplo. Ochenta es el óctuplo de diez.* OBSERVACIONES: Es más frecuente, en el uso no matemático o técnico, la expresión *ocho veces*: *Pedro tiene ocho veces más dinero que Carlos,* en lugar de: *Pedro tiene el óctuplo de dinero que Carlos.*

OCU (pronunciamos *'ocu'*) *s. f.* Sigla de «Organización de Consumidores y Usuarios», España.

ocular *adj.* **1** MED. De los ojos: *nervio ocular, afección ocular.* **globo* ~.** || *s. m.* **2** ÓPT. Lente o sistema de lentes que amplía la imagen en algunos aparatos ópticos. || **3 inspección* ~. 4 testigo* presencial / ~.**

oculista *s. m. / f.* MED. Médico especialista en enfermedades de los ojos: *Voy al oculista a hacerme una revisión de la vista.* SIN. oftalmólogo.

ocultación *s. f.* Acción y resultado de ocultar o callar una cosa de forma voluntaria: *La ocultación de ingresos a la inspección fiscal se considera un delito.*

ocultar *v. tr. / prnl.* **1** Impedir ‹una persona o una cosa› que [otra persona u otra cosa] se vea, se note o se encuentre: *La colina ocultaba la ciudad. Luis ocultó el libro* ***a*** *su hermano. El ladrón* ***se*** *ocultó detrás de la casa.* SIN. esconder. || *v. tr.* **2** Callar ‹una persona› [una cosa] de forma voluntaria: *El testigo ocultó lo que sabía.*

ocultismo *s. m.* (no contable) Conjunto de conocimientos y prácticas mágicas y misteriosas que no son reconocidos ni por la ciencia ni por la religión: *Nos gusta hablar de temas de ocultismo.*

ocultista *adj.* Del ocultismo: *actividades ocultistas, prácticas ocultistas, secta ocultista.*

oculto, ta *adj.* **1** (estar) Que está escondido o tapado por algo y no se puede ver: *Su rostro quedaba oculto detrás de sus cabellos. El asesino está oculto en alguna parte, pero ya lo encontraremos.* **2** (antepuesto / pospuesto) Que contiene misterio, que no se comprende, o no se puede saber o averiguar: *deseo oculto, trama oculta. Siempre ha sentido una oculta antipatía hacia él. Su amor permaneció siempre oculto.* **ciencias* ocultas. mano* oculta.**

ocupa *s. m. / f.* Okupa.

ocupación *s. f.* **1** Trabajo o actividad en que una persona emplea su tiempo por obligación o por placer: *Los caballos son una de sus ocupaciones favoritas. Pedro se marchó a sus ocupaciones. Su padre tenía una ocupación muy buena en el Ministerio.* **2** (no contable) Utilización de una cosa: *Los hoteles registraron una ocupación del 100% en el mes de agosto.* **3** (no contable) Apropiación de un lugar de forma ilegal o repentina: *Los estudiantes no quieren abandonar la ocupación del Ministerio hasta que los responsables no acepten sus condiciones.* **4** MIL. Presencia de un ejército en un país extranjero: *la ocupación de Francia por los alemanes.* SIN. invasión.

ocupacional *adj.* De la ocupación o actividad laboral: *empleo ocupacional, plan ocupacional.* **terapia* ~.**

ocupante *adj. / s. m.* y *f.* Que ocupa un lugar, sitio o espacio: *Las fuerzas ocupantes están siendo atacadas. Los ocupantes de los últimos asientos resultaron heridos.*

ocupar *v. tr.* **1** Estar ‹una persona o una cosa› en [un lugar]: *Las flores ocupan la parte trasera del jardín. La nueva vecina ocupa el piso de arriba.* **2** Utilizar ‹una persona› [una cosa] de forma que nadie más pueda hacerlo: *María ocupó toda la mesa para preparar el trabajo. La secretaria va a ocupar la Sala de Juntas toda la mañana.* **3** Apoderarse ‹una persona› de [un lugar] o instalarse en él: *El ejército ocupó la región. En la casa, el invitado ocupaba un cuarto pequeño.* **4** Tener ‹una cosa› [una extensión o dimensiones espaciales o temporales determinadas]: *Elena busca un trabajo que no le ocupe las tardes. Su ropa ocupa todo el armario.* **5** Desempeñar ‹una persona› [un empleo o un cargo]: *Su mujer ocupa el cargo de directora en la empresa.* **6** Dedicar ‹una persona› tiempo a [una actividad]: *¿En qué ocupas tu tiempo libre?* **7** Proporcionar ‹una persona o una empresa› empleo o trabajo [a una persona]: *La fábrica de cemento ocupaba a media población.* SIN. emplear. **8** DER. Tomar ‹la autoridad competente› posesión de [una cosa que pertenece a una persona o está en su poder]: *La policía ocupó a los traficantes doscientos kilos de droga que llevaban camuflada en el coche.* SIN. confiscar. || *v. prnl.* **9** Atender ‹una persona› [a una persona, un animal o una cosa]: *Él se ocupa mucho* ***de*** *sus hijos. Me ocupo* ***en*** *escribir mi diario todas las tardes.* **10** Tratar ‹una persona o una cosa› de [un asunto]: *Las noticias se ocupan* ***de*** *las intrigas políticas. Yo ya no me ocupo* ***de*** *la administración de la empresa.*

ocurrencia *s. f.* Idea o dicho gracioso u original, normalmente inesperado: *Andrés tiene unas ocurrencias graciosísimas. El niño tuvo la ocurrencia de salir desnudo al balcón.* SIN. genialidad, salida (COLOQUIAL).

ocurrente *adj.* (ser / estar) Que tiene ocurrencias, o contiene agudeza, gracia o ingenio: *Me parece una frase muy ocurrente. Has estado muy ocurrente esta noche, nos hemos divertido mucho.* **2** (ser / estar) IRONÍA, PEYORATIVO. Que dice o hace cosas inoportunas o comprometedoras: *¡Qué niño más ocurrente!, ya podías haberte quedado calladito, porque nadie te ha preguntado nada.*

ocurrir *v. intr.* 1 Producirse ‹un suceso›: *Ha ocurrido una catástrofe.* SIN. suceder. ‖ *v. prnl.* 2 Venir ‹una idea› al pensamiento de [una persona]: *Se me ha ocurrido una solución para tu problema.* 3 MÉX. Concurrir, acudir ‹una persona› a un lugar o a un acto.

oda *s. f.* LIT. Composición poética del género lírico dividida en estrofas de asuntos muy diversos y de diferentes tonos y formas.

odalisca *s. f.* 1 HIST. Esclava o concubina turca: *Las odaliscas bailan en la película «la danza de los siete velos».* 2 RESTRINGIDO. Mujer bella y sensual: *Esa cantante es una odalisca.*

odeón *s. m.* 1 RESTRINGIDO. Teatro destinado a funciones musicales o a representaciones de ópera. 2 HIST. Teatro o lugar destinado a las representaciones musicales en la antigua Grecia.

odiar *v. tr.* Tener ‹una persona› odio a [otra persona o una cosa]: *Odio a las personas que son muy radicales. Carolina odia las películas violentas.*

odio *s. m.* (no contable) Sentimiento muy vivo de antipatía y rechazo hacia una persona o hacia una cosa: *El odio hacia ella no me deja ser objetivo.* SIN. aversión.

odioso, sa *adj.* 1 (antepuesto / pospuesto) Que merece ser odiado o que provoca odio: *Tu actitud es odiosa. Lo abandoné cuando descubrí sus odiosos propósitos. Él hacía el papel de un marido odioso.* SIN. detestable, aborrecible. 2 (antepuesto / pospuesto) INTENSIFICADOR. Que produce antipatía o desagrado: *Esa odiosa manía que tiene tu hermano de interrumpir a los demás lo hace insoportable.*

odisea *s. f.* 1 INTENSIFICADOR. Viaje lleno de aventuras y dificultades: *El regreso, sin dinero ni comida, fue una odisea.* 2 INTENSIFICADOR. Dificultades que una persona pasa antes de lograr su propósito: *Entrar en el concierto fue una odisea completa.*

odonato *adj. / s. m.* 1 (macho y hembra) ZOOL. [Insecto] que tiene el cuerpo alargado y dos pares de alas, y en estado de larva vive en el agua: *La libélula y el caballito del diablo son odonatos.* ‖ *s. m.* 2 (en plural) ZOOL. Orden que forman los insectos odonatos.

odontología *s. f.* (no contable) Parte de la Medicina que estudia y trata la dentadura: *Cuando acabó Medicina se especializó en odontología.*

odontológico, ca *adj.* MED. De la odontología o que tiene relación con la odontología: *un tratamiento odontológico, un gabinete odontológico. Desde pequeño, mi hijo tuvo problemas odontológicos.*

odontólogo, ga *s. m. / f.* MED. Médico especialista en odontología: *Tengo hora en el odontólogo para el martes.* SIN. dentista.

odorífero, ra *adj.* ELEVADO. Que huele bien, tiene fragancia o despide un olor agradable: *planta odorífera, hierba odorífera.* SIN. aromático.

odre *s. m.* Recipiente de piel, especialmente de cabra, para contener líquidos como el vino o el aceite: *Aún recuerdo los odres en los que mi abuelo guardaba el vino.* SIN. pellejo.

OEA (pronunciamos *'o-e-a'*) *s. f.* Sigla de «Organización de Estados Americanos».

oesnoroeste u **oesnorueste** *s. m.* 1 (preferentemente con mayúscula) GEOGR. Punto del horizonte situado entre el Oeste y el Noroeste, a igual distancia de ambos. 2 METEOR. Viento que sopla desde un punto del horizonte situado entre el Oeste y el Noroeste: *viento oesnoroeste.*

oeste *s. m.* 1 (preferentemente con mayúscula) GEOGR. Punto del horizonte que está hacia donde se pone el sol: *España limita al Oeste con Portugal.* 2 Lugar que está en el lado del horizonte donde se pone el sol, respecto de otro que se toma como referencia: *El ala oeste del hospital está de reformas.* 3 METEOR. Viento que sopla desde el punto del horizonte que está hacia donde se pone el sol: *viento oeste.* 4 (con mayúscula) Territorio de los actuales Estados Unidos situado entre los montes Apalaches y el océano Pacífico: *película del Oeste.*

oesudoeste u **oesudueste** *s. m.* (preferentemente con mayúscula) Oesuroeste.

oesuroeste u **oesurueste** *s. m.* 1 (preferentemente con mayúscula) GEOGR. Punto del horizonte situado entre el Oeste y el Suroeste, a igual distancia de ambos. 2 METEOR. Viento que sopla desde un punto del horizonte situado entre el Oeste y el Suroeste: *Hoy sopla el oesuroeste.*

ofender *v. tr.* 1 Hacer o decir ‹una persona› [una cosa que molesta o significa desprecio] hacia [otra persona o una cosa]: *Fui a decirle que me perdonase si **en** algo la había ofendido. Luis ofendió **de** palabra a su amigo. El profesor me ha ofendido **con** sus palabras.* ‖ *v. tr. / intr.* 2 Causar ‹una cosa› una impresión desagradable a [los sentidos de una persona]: *Ese cuadro ofende la vista.* ‖ *v. prnl.* 3 Mostrar ‹una persona› enfado por [una cosa]: *Él se ofendió **por** tu actitud negativa. Se ofende **por** nada.*

ofensa *s. f.* 1 Acción y resultado de ofender: *una ofensa a Dios, una ofensa a la autoridad. El héroe de la novela no descansará hasta que lave esa ofensa.* 2 Impresión desagradable a los sentidos o a la sensibilidad: *Esos chistes ofenden el buen gusto. El olor de la comida la ofendía.*

ofensiva *s. f.* 1 Acción decidida y contundente que se realiza para conseguir una cosa: *ofensiva diplomática. El partido ha iniciado una ofensiva política para contrarrestar los malos resultados de las encuestas.* 2 MIL. Ataque de una fuerza militar: *Las tropas emprendieron la ofensiva.*

ofensivo, va *adj.* 1 (antepuesto / pospuesto) Que ofende o puede ofender: *una ofensiva respuesta, unas declaraciones ofensivas.* 2 (antepuesto / pospuesto) Que ataca o sirve para atacar: *arma ofensiva. El entrenador sacó un equipo muy ofensivo. El ofensivo juego local arroyó a los visitantes.*

ofensor, ra *adj. / s. m.* y *f.* 1 [Persona] que ofende: *El ofensor y el ofendido se reconciliaron en presencia del juez.* 2 [Persona] que ataca: *El ejército ofensor ocupó toda la región en pocas horas.*

oferta *s. f.* 1 Ofrecimiento o propuesta de hacer, cumplir o dar una cosa: *Este periódico trae muchas ofertas de trabajo. La oferta cultural de esta primavera es inmejorable.* 2 COMERC. Anuncio y presentación de un producto para su venta, normalmente rebajado de precio: *En estos almacenes siempre hacen buenas ofertas. La compañía ha hecho una oferta a los accionistas, para cambiar tres acciones antiguas por dos nuevas.* 3 COMERC. Producto que está rebajado de precio: *En esta planta están las ofertas.* 4 (no contable) ECON. Cantidad de bienes, productos o servicios que se ofrecen en el mercado: *Cuando la oferta aumenta, los precios bajan. La oferta y la demanda son los principios que rigen la economía.*

ofertar *v. tr.* AMÉR.; RESTRINGIDO en España. Hacer ‹una persona› la oferta de [una cosa] a [otra persona]: *El dueño del edifi-*

cio nos ofertó un piso en alquiler. Esta agencia de viajes oferta programas para todos los gustos.

ofertorio *s. m.* **1** REL. Parte de la misa católica en la que el sacerdote ofrece a Dios el pan y el vino antes de consagrarlos. **2** REL. Breve oración que reza el sacerdote católico antes de ofrecer el pan y el vino.

off (del inglés; pronunciamos *'of'*) Se usa en la LOC. **en ~** CINE; TEATRO. [Voz] que no pertenece a ninguno de los personajes que aparecen en escena: *En la obra una voz en off iba narrando historias que no correspondían a las imágenes.* **~ the record** (pronunciamos *'of de récor'*) PERIOD. Se usa para referirse a la información que se da de forma confidencial, y que no puede considerarse oficial o de fuente acreditada: *Tu colega me ha explicado, off the record, cómo se desarrolló el Consejo de Ministros. Sabemos lo que pasó off de record, pero nos gustaría la confirmación oficial.*

office (del francés; pronunciamos *'ofis'*) *s. m.* Habitación situada al lado de la cocina: *El piso tiene una cocina con un office pequeñito.*

offset (del inglés; pronunciamos *'ófset'*) *s. m.* **1** (no contable) ART. GRÁF. Procedimiento de impresión en el cual el molde o plancha imprime sobre un rodillo de caucho, y éste sobre el papel. **2** ART. GRÁF. Máquina que emplea este procedimiento.

offside (del inglés; pronunciamos *'orsái, ofsái'*) *s. m.* DEP.; ARG., URUG.; RESTRINGIDO en España. Fuera de juego.

oficial *adj.* **1** Que procede de la autoridad derivada del Estado, o de un organismo público: *nombramiento oficial, documento oficial, noticia oficial, acto oficial, Boletín Oficial del Estado.* **hora* ~. parte ~. 2** Que se paga con fondos públicos y depende del Estado: *centros de investigación oficiales, organismo oficial, institución oficial.* **3** Que tiene carácter formal, o está reconocido o es aceptado por quien tiene autoridad para ello: *Ella lo presenta como su novio oficial. El osito es la mascota oficial del Campeonato Mundial de Esquí.* || *s. m. / f.* **4** (femenino *oficiala*) Persona que tiene un grado intermedio entre aprendiz y maestro en algunos oficios: *oficial montador, oficiala fresadora. En esta fábrica necesitan una oficiala.* **5** MIL. Persona empleada en el ejército, que posee el grado superior al de suboficial e inferior al de jefe: *comedor de oficiales. Los oficiales son el alférez, el teniente y el capitán.* **6** Funcionario público de grado intermedio entre auxiliar y jefe: *oficial de Sanidad, oficial de Hacienda.*

oficiala *s. f.* (masculino *oficial*) Mujer que tiene un grado intermedio entre aprendiza y maestra en algunos oficios: *oficiala costurera.*

oficialía *s. f.* **1** MIL.; RESTRINGIDO. Grado de oficial en el ejército: *Accedió a la oficialía después de quince años de servicio.* **2** RESTRINGIDO. Cargo de oficial en la Administración pública: *Manuel ha conseguido una oficialía en un ministerio.*

oficialidad *s. f.* **1** (no contable) Calidad de oficial: *La presencia de los monarcas dio un aire de oficialidad a la fiesta privada. La oficialidad de los resultados ha terminado con los rumores del fraude en la elección.* **2** (no contable) MIL. Conjunto de los oficiales de un cuerpo del ejército: *El general dio una fiesta para la oficialidad del cuartel.*

oficialismo *s. m.* AMÉR. Conjunto de personas o partidos que forman un gobierno o lo apoyan.

oficialista *adj. / s. m.* y *f.* AMÉR.; RESTRINGIDO en España. **1** Que pertenece al oficialismo. **2** Que defiende las ideas de un gobierno: *prensa oficialista, opiniones oficilistas.*

oficialmente *adv. modo* **1** De manera oficial o con carácter oficial: *En los próximos días se le comunicará oficialmente.* **2** Autorizadamente o con reconocimiento público en el orden privado: *Es ya, oficialmente, su prometida.* || *adv. orac. restrictivo* **3** Ateniéndonos a las disposiciones oficiales, de acuerdo con las disposiciones oficiales: *Oficialmente, el director soy yo.* **4** A efectos legales o administrativos, teniendo en cuenta sólo lo que figura en el papeleo oficial. RELACIONES Y CONTRASTES: Se contrapone a *realmente*: *Recuerda que, oficialmente, estoy en Barcelona, no aquí. Oficialmente, tú no has hablado conmigo, ¿de acuerdo?*

oficiante *adj. / s. m.* REL. Que oficia o celebra las ceremonias o ritos religiosos: *El sacerdote oficiante dirigió una pequeña homilia a los novios. El oficiante del rito diabólico se iba histerizando progresivamente.*

oficiar *v. tr.* **1** REL. Celebrar o dirigir ‹una persona› las ceremonias de [un servicio religioso]: *El sacerdote ofició la misa.* || *v. intr.* **2** Actuar ‹una persona› haciendo [un determinado papel]: *El general ofició* **de** *mediador en las negociaciones. Su hermano ha oficiado* **de** *anfitrión en la fiesta.*

oficina *s. f.* Lugar donde se realizan diversas tareas, sobre todo administrativas y de gestión: *Esta empresa ha comprado este edificio para oficinas. Roberto trabaja de secretario en una oficina.* **horario* de ~. muebles de ~. ~ de información. ~ de turismo.**

oficinista *s. m. / f.* Persona que trabaja en una oficina: *Esa chica es la nueva oficinista del departamento.*

oficio *s. m.* **1** Trabajo que requiere habilidad manual o esfuerzo físico para su desempeño: *Su novio tiene como oficio la albañilería.* **2** Profesión: *El oficio de maestro es socialmente muy importante.* **3** Habilidad de una persona en el desempeño de su profesión: *Este futbolista tiene mucho oficio.* **4** Función de una cosa: *El oficio de esos pilares es sujetar el techo.* **5** ADMINIST. Comunicación escrita oficial referida a asuntos del servicio, emitida por un organismo del Estado o por organismos privados: *Recibió un oficio del juzgado para que presentara la documentación.* **6** (en plural) REL. Ceremonia religiosa: *Los oficios de Semana Santa son muy emotivos.* **~ de difuntos** Ceremonia religiosa en la que se ruega por los muertos. **~ divino** Conjunto de rezos que deben hacer los religiosos cada día. || **7 buenos oficios** ELEVADO. Intervención de una persona en beneficio de otra persona o de una cosa: *Se firmó el tratado gracias a los buenos oficios del embajador chileno.* **8 gajes* del ~. 9 Santo Oficio** (con mayúscula) HIST. Tribunal de la Inquisición. FR. Y LOC. **abogado* de ~. de ~** 1 DER. Se usa para referirse a las diligencias judiciales que se inician sin que lo solicite ninguna de las partes interesadas: *El juez ha abierto una diligencia de oficio, porque le ha parecido que debía investigarse el caso.* 2 DER. Se usa para referirse al juez u otro funcionario que abre diligencias por ley, sin que nadie se lo demande: *El juez ha actuado de oficio en este caso.* **ser del ~** COLOQUIAL; EUFEMISMO. Ejercer la prostitución: *Todo el mundo sabe que esa mujer es del oficio.* **sin ~ ni beneficio** COLOQUIAL; PEYORATIVO. Que no tiene profesión reconocida: *Es un hombre sin oficio ni beneficio, incapaz de ganar una peseta honradamente.* **papel* de ~. turno* de ~.**

oficiosidad *s. f.* (no contable) Cualidad de lo que es oficioso: *La oficiosidad de la noticia nos hace ser prudentes.*

oficioso, sa *adj.* **1** [Información] que procede de una fuente autorizada pero no tiene carácter oficial: *Lo sé de fuente oficiosa. Los resultados oficiosos de las elecciones dan como vencedor a nuestro partido.* **2** PERIOD. [Medio de difusión] que refleja opiniones de alguna institución, grupo de poder o asociación, de forma extraoficial: *Este periódico ha sido el órgano oficioso del Gobierno.*

ofidio *adj. / s. m.* **1** ZOOL. [Reptil] que no dispone de extremidades, tiene la boca dilatable, el cuerpo largo y estrecho cubierto de una piel escamosa que muda todos los años y puede ser venenoso: *La víbora es un ofidio.* || *s. m.* **2** (en plural) ZOOL. Grupo formado por los ofidios.

ofimática *s. f.* **1** (no contable) INFORM. Conjunto de técnicas que se aplican para el aprovechamiento de los medios informáticos en la gestión: *Lola dijo que no quería estudiar programación, sino ofimática.* **2** (no contable) INFORM. Material informático de oficina: *Hemos encargado toda la ofimática a la misma casa.*

ofiuro *s. m.* **1** (macho y hembra) ZOOL. Animal equinodermo de cuerpo parecido al de la estrella de mar, pero con los brazos más delgados y sin ventosas: *Los ofiuros viven en los fondos marinos.* **2** (en plural) ZOOL. Grupo formado por los ofiuros.

ofrecer *v. tr.* **1** Presentar ‹una persona› [una cosa] [a otra persona] voluntariamente, para que ésta la tome o la use si quiere: *El policía me ofreció un cigarrillo. Mi jefe me ha ofrecido su ayuda para todo lo que necesite.* SIN. brindar. **2** Prometer dar o hacer ‹una persona› [una cosa] a [otra persona]: *El dueño ofreció una recompensa a quien encontrara el perro.* **3** Dedicar ‹una persona› [un sacrificio o una buena obra] a [una divinidad o un santo]: *Los familiares ofrecieron varias misas a Santa María por el alma de la abuela.* SIN. ofrendar. **4** Dar ‹una persona› [una fiesta o un banquete] en honor de [otra persona]: *Sus compañeros le ofrecieron un homenaje en reconocimiento a sus años de trabajo en la empresa.* **5** Decir ‹una persona› [la cantidad de dinero que está dispuesta a dar por una cosa]: *Le ofrezco mil pesetas **por** ese jarrón. ¿Cuánto le ofrecerás **por** la casa?* **6** Acercar o poner ‹una persona› [una cosa] ante [otra persona]: *El obispo me ofreció la mano para que le besara el anillo. Le he ofrecido mi mano en prueba de amistad, pero la ha rechazado.* SIN. tender. **7** Mostrar ‹una persona o una cosa› [un determinado aspecto]: *La casa ofrece una magnífica panorámica.* **8** Proporcionar ‹una cosa› [una oportunidad o una ocasión] para [una persona]: *La velada nos ofreció una buena ocasión para conocernos mejor.* || *v. prnl.* **9** Aparecer ‹un determinado aspecto de una cosa› ante [una persona]: *Ante nosotros se ofrece una perspectiva inmejorable.* **10** Mostrarse ‹una persona› dispuesta a [hacer una cosa]: *Tu padre se ofreció **a** llevarme él mismo. Me voy a ofrecer para hacer ese trabajo.* **11** RESTRINGIDO. Querer ‹una persona› [una cosa]: *¿Qué se le ofrece? Hay que estar siempre dispuesto para lo que a ella se le ofrezca.* **12** RESTRINGIDO. Suceder ‹una cosa› a [una persona]: *Tenemos que estar preparadas para lo que pueda ofrecerse.* SIN. acontecer, pasar. ⇒ **5.**

ofrecimiento *s. m.* Acción y resultado de ofrecer: *Estoy cansado de que rechace mis ofrecimientos de colaboración. María ha ido a la catedral para cumplir con el ofrecimiento que hizo a San Antonio si encontraba trabajo.*

ofrenda *s. f.* Cosa que se ofrece con amor y devoción a una divinidad: *En algunas culturas se sacrificaban a las jóvenes más bellas como ofrenda a los dioses.*

ofrendar *v. tr.* ELEVADO. Presentar ‹una persona› [una cosa] a [otra persona] voluntariamente, para que ésta la tome o la use si quiere: *Los Reyes de Oriente ofrendaron oro, incienso y mirra a Jesús.*

oftalmia u **oftalmía** *s. f.* MED. Inflamación del ojo: *El médico le diagnosticó una oftalmia.*

oftálmico, ca *adj.* MED. Del ojo: *El niño tiene que ponerse una pomada oftálmica para curarse la conjuntivitis.*

oftalmología *s. f.* (no contable) Parte de la Medicina que estudia y trata los ojos: *Este médico es especialista en oftalmología.*

oftalmológico, ca *adj.* MED. De la oftalmología o que tiene relación con la oftalmología: *Le han recomendado una revisión oftalmológica.*

oftalmólogo, ga *s. m. / f.* Médico especialista en oftalmología: *Mi abuela visita al oftalmólogo una vez al año para que le revise la vista.* SIN. oculista.

ofuscación *s. f.* (no contable) RESTRINGIDO. Ofuscamiento.

ofuscamiento *s. m.* (no contable) RESTRINGIDO. Acción y resultado de ofuscar u ofuscarse: *Nunca pensé que el amor pudiera ocasionarle un ofuscamiento tan grande. El ofuscamiento producido por los focos fue la causa del accidente.*

ofuscar *v. tr.* **1** ELEVADO. Impedir ‹una persona o una cosa› que [una persona] piense con claridad: *El dolor puede ofuscar a la persona más razonable.* **2** RESTRINGIDO. Impedir ‹un exceso de luz o brillo› la visión de [una persona]: *Los faros de su coche ofuscaban a todos los conductores con los que se cruzaba.* || *v. prnl.* **3** ELEVADO. No pensar ‹una persona› con claridad: *Pedro se ofusca en cuanto le llevan la contraria.* **4** RESTRINGIDO. No ver ‹una persona› bien a causa de un exceso de luz o brillo: *El testigo se ofuscó por la intensidad de las luces de aquel objeto volador, y ya no vio nada más.* **5** ELEVADO. Tener ‹una persona› [una idea o un sentimiento fijo]: *Marta se ofuscó **con** la idea de su viaje. Se ha ofuscado **con** la venganza y no piensa en otra cosa.* **6** URUG. Disgustarse ‹una persona› por una cosa. ⇒ **71.**

ogra *s. f.* RESTRINGIDO; HUMORÍSTICO. Mujer de mal carácter: *Tu suegra es una ogra.*

ogro *s. m. / f.* **1** LITERARIO. Ser fantástico y monstruoso de apariencia humana y tamaño gigantesco: *El ogro corrió detrás de los niños para comérselos.* **2** COLOQUIAL; PEYORATIVO. Persona cruel, de mal carácter: *Es un ogro, todo el día está riñendo a sus hijos.*

¡oh! *interj.* **1** Se usa para expresar sorpresa, admiración, miedo, dolor, alegría, etc.: *¡Oh, qué maravilla! ¡Oh, no!, ¡me olvidé de su cumpleaños!* **2** Se usa para insistir en la afirmación o negación que se hace: *–«¿Asistirán a la fiesta?» –«Oh, sí; por supuesto.»*

ohmio *s. m.* ELECTRIC. Unidad de resistencia eléctrica del Sistema Internacional.

oídas Se usa en la LOC. **de ~** Por haberlo oído de otra persona, y no por propia experiencia: *Lo sé de oídas. Conozco de oídas el documento, pero no lo he podido leer.*

-oide *suf.* PEYORATIVO referido a personas. Significa 'que se parece a', 'que tiene forma de', y forma sustantivos o adjetivos a partir de sustantivos, y adjetivos a partir de adjetivos: *rombo - romboide, metal - metaloide, huevo - ovoide, sentimental - sentimentaloide, humano - humanoide.*

oído *s. m.* **1** Sentido mediante el cual se perciben los sonidos: *Algunos animales tienen el sentido del oído más desarrollado que el hombre. A causa de la explosión perdió el oído y está completamente sordo.* **2** ANAT. Órgano que permite percibir los sonidos y que regula el sentido del equilibrio. **~ interno. ~ medio. ~ externo.** **3** Parte interior del aparato auditivo: *Me duelen los oídos. A mi hermano lo han operado del oído derecho.* **4** Aptitud para percibir fielmente los sonidos, especialmente los musicales: *No tengo oído musical. Este niño tiene buen oído para la música.* FR. Y LOC. **al ~** En voz baja, confidencialmente: *Si te da vergüenza, cuéntamelo al oído.* **dar / prestar oído(s)** Hacer caso ‹una persona› de lo que dice la gente, o creerlo: *No debes prestar oído a habladurías.* **de ~** Sin haber estudiado música de forma regular: *Su novia toca el piano de oído.* **duro de ~** Que no oye bien: *Grita un poco más porque mi abuelo es duro de oído.* **entrar por un ~ y salir por el otro** COLOQUIAL. No causar ‹una palabra› ninguna reacción en la persona que la oye: *Le digo que me ayude, pero por un oído le entra y por el otro le sale.* **llegar a oídos de** Enterarse ‹una persona› de una cosa: *Ha llegado a mis oídos que os casáis. No sé cómo ha llegado a oídos del director, pero lo cierto es que lo sabe.* **regalar el ~** o **regalar los oídos** Adular ‹una persona› a otra persona: *Ya sé que quiere que le digamos que está muy elegante, pero no estoy dispuesta a regalarle los oídos.* **ser todo oídos** COLOQUIAL. Escuchar ‹una persona› atentamente: *Cuéntame, soy todo oídos.*

oidor *s. m.* HIST. Juez que sentenciaba las causas y pleitos en las audiencias del reino.

oíl *s.f.* Se usa en la LOC. **lengua* de ~.**

oír *v. tr. / intr.* **1** Percibir ‹una persona o un animal› [sonidos]: *Oí el canto del gallo. No sé qué me pasa, pero no oigo nada.* || *v. tr.* **2** Prestar ‹una persona› atención a [una cosa que dice otra persona]: *Oí hablar de él en el restaurante. La periodista oyó esta noticia* ***de*** *fuente autorizada. No estoy equivocada, lo oí* ***con*** *mis propios oídos.* **3** DER. Atender ‹el juez› [las cosas que exponen las partes] antes de resolver en un caso: *El juez ya ha oído a los abogados de ambas partes.* FR. Y LOC. **como quien oye llover** COLOQUIAL; IRONÍA. Se usa para indicar que una persona no presta atención a otra persona o a una cosa: *Carlos atiende tus recomendaciones como quien oye llover.* **Dios* te oiga. las paredes* oyen. ni ~ hablar* de. ~ campanas y no saber dónde** Tener ‹una persona› una noticia vaga de una cosa: *No ha comprendido a fondo el problema, oye campanas y no sabe dónde. Sólo sé lo que escuché en el metro, aquellas mujeres habían oído campanas y no sabían dónde.* **¡oiga! / ¡oye!** COLOQUIAL. Se usa para llamar la atención, o para reforzar lo que se dice: *¡Oiga!, ¿me puede decir dónde está la calle Lope de Vega? ¡Oye, que yo estaba primero!* **~ misa*** ⇒ **54.**

ojal *s. m.* Abertura longitudinal, reforzada con un festón en los bordes, que se hace en una tela para pasar por ella un botón, o como adorno: *El padrino lleva un clavel en el ojal de la solapa.*

¡ojalá! *interj.* (se usa con verbo en subjuntivo) Se utiliza para expresar un fuerte deseo de que suceda u ocurra lo que se dice: *¡Ojalá se vayan pronto!* OBSERVACIONES: Admite oraciones con *que: ¡Ojalá que gane vuestro caballo!*

OJD (pronunciamos *'o-jota-de'*) *s. f.* Sigla de «Oficina de Justificación de la Difusión de la Prensa», España.

ojeada *s. f.* Mirada rápida y superficial: *Voy a dar una ojeada a lo que has escrito.*

ojeador, ra *s. m. / f.* CAZA. Persona que espanta la caza con ruidos o voces para que abandone su escondite: *Mi abuelo era ojeador y sabía dirigir muy bien la caza hacia donde estaban los cazadores.*

ojear *v. tr.* **1** Dirigir ‹una persona› la mirada hacia [un lugar] o pasarla rápida y superficialmente: *El director ojeó el periódico antes de empezar la reunión.* **2** CAZA. Hacer ‹una persona o un animal› que [la caza] abandone su escondite: *Este perro ojea muy bien la caza.* SIN. batir, levantar. **3** ARG., PERÚ, URUG.; COLOQUIAL; RESTRINGIDO en Perú. Aojar.

ojén *s. m.* **1** (no contable) Aguardiente de anís con azúcar. **2** Medida de ojén contenida en una copa: *Pónganos un ojén a cada uno.*

ojeo *s. m.* CAZA. Acción y resultado de ojear o espantar la caza para que salga de su escondite: *Cuando el ojeo se hacía bien, los cazadores cobraban muchas piezas.*

ojera *s. f.* (preferentemente en plural) Marca más o menos amoratada que aparece debajo del párpado inferior: *Le salieron ojeras por no haber dormido bien.*

ojeriza *s. f.* Antipatía que una persona tiene a otra persona: *Alfonso me tiene una ojeriza terrible desde que le quité el primer premio.*

ojeroso, sa *adj.* (ser / estar) Que tiene ojeras: *Es muy ojeroso, pero no es que esté enfermo, es que es así. Su mirada ojerosa delataba las noches sin dormir en el hospital.*

ojete *s. m.* **1** VULGAR. Ano. **2** Abertura circular reforzada con puntadas o con un aro en el borde, que se practica en una tela para pasar un cordón o cinta, o como adorno de un bordado: *Tienes que pasar los cordones por todos los ojetes del zapato.* **3** ARG., URUG.; COLOQUIAL. Buena suerte.

ojímetro *s. m.* COLOQUIAL. Capacidad de calcular con rapidez e instantáneamente: *Tengo buen ojímetro, me he equivocado poco en el peso de la bolsa.* FR. Y LOC. **a ~** COLOQUIAL. Con un cálculo aproximado: *Así a ojímetro, debe de haber unos cien kilómetros de distancia.*

ojito *s. m.* ARG., URUG.; COLOQUIAL. Se usa en la LOC. **de ~** De reojo, con disimulo.

ojiva *s. f.* **1** ARQ. Figura formada por dos arcos que se cortan haciendo un ángulo curvilíneo: *arco de ojiva.* **2** ARQ. Arco que tiene esta forma: *El estilo gótico utilizaba mucho la ojiva.* **3** MIL. Cabeza de un misil: *Los misiles con ojivas nucleares están siendo desmantelados.*

ojival *adj.* **1** ARQ. Que tiene figura de ojiva. **arco* ~.** **2** ARQ. [Estilo arquitectónico] que se caracteriza por el uso de la ojiva para los arcos: *El estilo ojival tuvo vigencia en los tres últimos siglos de la Edad Media europea.*

ojo *s. m.* **1** Órgano de la vista del hombre y los animales: *Lo han operado del ojo. El ojo humano está menos desarrollado que el de algunos animales.* **banco de ojos.** **2** Parte visible del órgano de la vista, especialmente el iris: ojos azules, ojos negros. **blanco* del ~. ojos rasgados. ojos tristes. rabillo* del ~. ~ a la funerala** u **~ a la virulé** COLOQUIAL. Ojo amoratado a consecuencia de un golpe: *Su hijo se peleó y le* *pusieron un ojo a la virulé.* **~ compuesto** Ojo de algunos insectos formado por varios simples. **ojos como platos** COLOQUIAL. Ojos muy abiertos por la sorpresa o la admiración: *El niño miraba a los trapecistas con los ojos como platos.* **ojos de besugo** u **ojos saltones** COLOQUIAL. Ojos más abultados de lo habitual: *No es feo, pero tiene los ojos saltones.* **ojos de carnero/cordero degollado** COLOQUIAL. Ojos tristes: *Me vino a ver con ojos de carnero degollado y no me pude negar a ayudarla.* **3** (no contable) COLOQUIAL. Mirada: *El abuelo no le quita el ojo a la tarta. Ese jovencito tiene los ojos fijos en ella.* **4** Agujero o abertura de algunos utensilios o herramientas: *el ojo de una aguja, el ojo de una cerradura, los ojos de las tijeras.* **5** Hueco o espacio entre los pilares de un puente: *El agua casi ha cubierto los ojos del puente.* **6** Agujero en una pasta o en una masa: *un queso con muchos ojos, los ojos del bizcocho.* **7** Mancha o dibujo en forma circular: *Los ojos que tiene el pavo real en la cola son muy bonitos.* **8** Corriente de agua que asoma en un llano: *los ojos del río Guadiana.* **9** (no contable) Cuidado al hacer una cosa: *Ten mucho ojo al cruzar la calle.* **10** (no contable) Habilidad o talento especial: *Isabel tiene buen ojo para los negocios.* || **11** *interj.* COLOQUIAL. Se usa para llamar la atención o avisar de un peligro: *¡Ojo, que aquí hay un agujero!* || **12 cuatro ojos** COLOQUIAL; INSULTO. Persona que usa gafas: *Luis le ha dado un puñetazo a tu hijo porque le ha llamado cuatro ojos.* **13 mal* de ~. 14 ~ clínico** 1 COLOQUIAL. Perspicacia para apreciar o valorar una cosa: *Pregúntale qué le parece esa persona, porque María tiene buen ojo clínico.* 2 COLOQUIAL; IRONÍA. Acierto en los diagnósticos profesionales de un médico: *Mi tía tenía buen ojo clínico como pediatra.* **15 ~ de buey** MAR. Ventana o claraboya circular de una embarcación: *El oleaje era tan fuerte, que el agua entraba por el ojo de buey.* **16 ~ de gallo/pollo** Callo redondeado que sale en los dedos del pie. **17 ~ del culo** VULGAR. Ano. **18 ~ del huracán** 1 METEOR. Parte central de un huracán. 2 INTENSIFICADOR. Centro de una situación polémica o conflictiva: *Con sus declaraciones, el ministro se ha puesto en el ojo del huracán.* FR. Y LOC. **a los ojos de** Según una persona: *A los ojos de Pedro, yo tuve la culpa.* **a ~ (de buen cubero)** COLOQUIAL. De forma aproximada, sin exactitud: *El albañil calculó a ojo de buen cubero la superficie de la habitación.* **a ojos cerrados** o **con los ojos cerrados** COLOQUIAL. Sin pensarlo: *Si me invita Andrés voy con los ojos cerrados.* **a ojos vistas** INTENSIFICADOR. De forma clara y palpable: *El niño está creciendo a ojos vistas.* **abrir el ~** o **abrir los ojos** 1 COLOQUIAL. Darse cuenta ‹una persona› de las cosas tal como son, para sacar provecho y evitar ser engañada: *Para que nadie te engañe, es mejor que abras bien los ojos.* 2 COLOQUIAL. Desengañar ‹una persona› a otra persona: *Hay que abrirle los ojos antes de que cometa esa locura.* 3 Descubrir ‹una persona› a otra persona una cosa que desconocía: *Cuando era pequeño, su padre le abrió los ojos al mundo de los animales.* **aguarse los ojos** Llenarse ‹los ojos› de lágrimas. **andar/ir con ~** o **con cien ojos** COLOQUIAL. Estar ‹una persona› en actitud de alerta: *En este camino tan peligroso hay que andarse con cien ojos. Anda con ojo, porque sé que el jefe quiere cazarte en una metedura de pata.* **caída* de ojos. cerrar los ojos** 1 Morir ‹una persona›: *Cerró los ojos a las once de la mañana del día cinco de junio.* 2 Lanzarse ‹una persona› a hacer una cosa olvidando los inconvenientes: *Aunque estaba mal de dinero, cerré los ojos y me compré el coche.* 3 Dormir ‹una persona›: *El niño está tan cansado que se le cierran los ojos.* **comer* con la vista** o **comer con los ojos. comerse con los ojos** COLOQUIAL; INTENSIFICADOR. Mirar ‹una persona› a otra persona con gran deseo, envidia u odio: *Cuando entró en la sala, se la comía con los ojos.* **con los ojos cerrados** 1 COLOQUIAL. De forma irreflexiva, sin pensar en los inconvenientes: *Haría lo que él quisiera con los ojos cerrados.* 2 COLOQUIAL. Sin vacilar, con toda seguridad: *El viejo conoce tan bien el camino que podría recorrerlo con los ojos cerrados.* **con los ojos fuera de las órbitas** COLOQUIAL; INTENSIFICADOR. Con los ojos muy abiertos por la sorpresa o el terror: *Lo encontramos en un rincón, temblando y con los ojos fuera de las órbitas.* **¡dichosos los ojos (que te ven)!** COLOQUIAL; INTENSIFICADOR. Se usa para indicar que a una persona hace mucho tiempo que no se la ve: *¡Cuánto tiempo sin verte! ¡Dichosos los ojos!* **donde pone el ~, pone la bala** COLOQUIAL; INTENSIFICADOR. Se usa para indicar que una persona tiene muy buena puntería: *Ese cazador es muy buen tirador, donde pone el ojo, pone la bala.* **echar el ~** COLOQUIAL. Fijarse ‹una persona› en otra persona o en una cosa que desea: *Jorge ha echado el ojo a un apartamento que venden en la sierra.* **echar un ~** COLOQUIAL. Mirar de vez en cuando ‹una persona› a otra persona o a una cosa para vigilarla: *Pepe, echa un ojo a la olla hasta que estén bien cocidas las lentejas, que yo tengo que irme.* **en un abrir y cerrar de ojos** COLOQUIAL; INTENSIFICADOR. Muy rápidamente: *Si viajas en avión, llegarás en un abrir y cerrar de ojos.* **entrar por el ~** o **entrar por los ojos** COLOQUIAL. Gustar ‹una persona o cosa› a otra persona por su apariencia: *Los dos vestidos eran bonitos, pero éste me entró por los ojos.* **hacer chiribitas* los ojos. írsele los ojos** COLOQUIAL. Mirar ‹una persona› con deseo a una persona o cosa: *Se le van los ojos tras los chicos guapos.* **meter por los ojos** COLOQUIAL; INTENSIFICADOR. Insistir ‹una persona› en la virtud o el mérito de una persona o de una cosa hasta convencer a otra persona: *Estas campañas publicitarias te meten por los ojos lo que quieren.* **mirar con ojos de** Mostrar ‹una persona› hacia otra persona una actitud determinada: *Ella lo mira con ojos de madre. Tú no puedes juzgar a Miguel, porque lo miras con ojos de amigo.* **mirar con otros ojos** Cambiar ‹una persona› el concepto que tiene sobre otra persona o sobre una cosa: *Desde que le presentamos el proyecto al jefe, nos mira con otros ojos.* **mirar con/por el rabillo* del ~. mirar/ver con buenos/malos ojos** COLOQUIAL. Sentir ‹una persona› simpatía o antipatía por una persona o cosa: *Tú no eres objetiva, porque miras con malos ojos sus iniciativas.* **no pegar ~** COLOQUIAL. No dormir ‹una persona›: *No he pegado ojo en toda la noche porque me desvelé.* **no quitar ~** COLOQUIAL; INTENSIFICADOR. Mirar ‹una persona› una cosa con insistencia: *Lola es muy celosa, y no le quita ojo a su marido.* **no tener ojos en la cara** COLOQUIAL. No darse cuenta ‹una persona› de lo que pasa: *¿Es que no tienes ojos en la cara para ver que te está engañando?* **no tener ojos más que para** Dedicar ‹una persona› toda su atención a una persona o una cosa: *No tiene ojos más que para su trabajo.* **¡ ~ al parche!** VULGAR. Se usa para avisar o advertir a una persona de una cosa: *¡Ojo al parche! Creo que estos gamberros están tramando algo.* **~ avizor** COLOQUIAL. En actitud vigilante: *Hay que estar ojo avizor para que nadie intente colarse.* **~ con** COLOQUIAL. Se usa para indicar aviso, advertencia o amenaza: *¡Ojo con lo que dices!* **parecerse en** el blanco* de los ojos. picar el ~ COL.; COLOQUIAL. Hacer ‹una persona› guiños a otra. **poner los ojos** Escoger ‹una persona› a una persona o una cosa para algo: *Miguel ha puesto los ojos en Alicia y acabará saliendo con ella. Merche ha puesto los ojos en ese coche y no quiere ver ningún otro.* **querer* como a las niñas de los ojos. saltar* a la vista** o **saltar a los ojos. saltar un ~** Cegar ‹una persona› un ojo a otra persona: *No juguéis con palos, que os vais a saltar un ojo.* **ser el ~ / ojito derecho** COLOQUIAL. Ser una persona la preferida o de máxima confianza [de otra]: *Julián es el ojito derecho de su abuelo.* **ser todo ojos** COLOQUIAL; INTENSIFICADOR. Mirar ‹una persona› con mucha atención: *Ahora enséñame tus dibujos, que soy todo ojos.* **sombra* de ojos. tener buen ~** Tener ‹una persona› agudeza o habilidad para algo: *Tiene buen ojo para los negocios.* **un ~ de la cara** COLOQUIAL; INTENSIFICADOR. Muy caro: *Esos zapatos cuestan un ojo de la cara.* **volver los ojos** Prestar ‹una persona› atención a una persona o una cosa: *Barcelona ha vuelto los ojos al mar y ha recuperado su fachada costera.* REFR. **Cuatro ojos ven más que dos.** Se usa para indicar que la valoración de varias personas es más fiable que la de una sola. **El ojo del amo engorda al caballo.** Se usa para indicar que la persona interesada en un asunto o negocio es la que debe preocuparse por él y vigilarlo si quiere que prospere. **Ojo por ojo, diente por diente.** Se usa para indicar que una persona debe recibir como castigo el mismo mal que ha causado. **Ojos que no ven, corazón que no siente.** Se usa para indicar que para no sufrir lo mejor es vivir alejado de las penas y desgracias.

ojota *s. f.* **1** AMÉR. Sandalia rústica de cuero, caucho o de otro material. **2** ARG., URUG. Chancla, chancleta .

okapi u **ocapi** *s. m.* (macho y hembra) *Okapia johnstoni.* Mamífero rumiante africano, de pelaje marrón oscuro con rayas claras en cuello y muslos y blanquecino en cabeza y patas, que tiene una lengua extensible, y cuernos pequeños, si es macho: *El okapi presenta muchas similitudes con la jirafa. El okapi vive en zonas forestales.*

okupa u **ocupa** *s. m. / f.* COLOQUIAL, JERGAL. **1** Persona que se instala ilegalmente en una vivienda desocupada, sin conocimiento del propietario: *Su hija y su novio están de okupas en un piso del casco antiguo de la ciudad.*

ola *s. f.* **1** Movimiento de ascenso y descenso del agua producido por el viento o las corrientes, con forma de onda: *El mar estaba revuelto y se habían levantado muchas olas. Le gusta ver cómo rompen las olas.* **2** METEOR. Fenómeno atmosférico que produce un cambio repentino en la temperatura de un lugar: *ola de calor, ola de frío.* **3** INTENSIFICADOR. Avalancha o aparición repentina de una gran cantidad de personas o cosas: *ola de turistas. La policía no sabe cómo parar la ola de crímenes que azota la ciudad.*

¡olé! u **¡ole!** *interj.* Se usa para expresar admiración o entusiasmo por la actuación de una persona, o alegría por algún hecho: *¡Olé, qué jugada! Todo el público coreaba al torero con gritos de ¡ole, ole!*

oleáceo, a *adj. / s. f.* [Árbol, arbusto] que tiene hojas opuestas, flores hermafroditas y que crece en lugares templados: *El olivo y el fresno son árboles oleáceos.* || *s. f.* **2** (preferentemente en plural) Familia de estas plantas.

oleada *s. f.* **1** Movimiento o golpe de una ola: *Se duerme muy bien en este hotel porque se oyen por la noche las oleadas contra las rocas.* **2** INTENSIFICADOR. Avalancha o aparición repentina de gran cantidad de personas o cosas: *una oleada de gripe, una oleada de simpatía. Una oleada de fans salía del concierto. Hubo una oleada de atracos.* SIN. ola.

oleaginoso, sa *adj.* **1** ELEVADO. Que tiene aceite o que está compuesto de él: *Una mancha oleaginosa flotaba en el agua.* SIN. oleoso. **2** ELEVADO. Que tiene alguna propiedad del aceite: *líquido oleaginoso, planta oleaginosa.* SIN. oleoso.

oleaje *s. m.* (no contable) Movimiento del agua que forma olas: *No nos pudimos bañar porque había mucho oleaje.*

oleicultura *s. f.* (no contable) Técnica del cultivo del olivo y la obtención del aceite: *Son necesarias más investigaciones en oleicultura para poder mejorar el rendimiento de los olivos y la producción de aceite.*

oleífero, ra *adj.* [Planta] que contiene aceite: *El maíz y el girasol son plantas oleíferas.*

óleo *s. m.* **1** (no contable) Pintura que se obtiene disolviendo materias para colorear en aceites que actúan como aglutinantes: *Compré varios tubos de óleo para continuar mi cuadro.* **2** (no contable) ARTE. Técnica pictórica que utiliza estas pinturas: *Pinto al óleo porque me encuentro más cómoda con esta técnica.* **pintura* al ~. 3** ARTE. Obra pictórica realizada con estas pinturas: *He comprado tres óleos en la subasta.* || **4 Santo ~** (preferentemente en plural) Entre los católicos, extremaunción: *A la abuela ya le han administrado los santos óleos.*

oleoducto *s. m.* INDUS. Tubería industrial para transportar petróleo: *Los oleoductos atraviesan todo el desierto.*

oleómetro *s. m.* RESTRINGIDO. Instrumento para medir la densidad de los aceites.

oleoso, sa *adj.* **1** ELEVADO. Que contiene aceite: *semillas oleosas.* SIN. aceitoso, oleaginoso. **2** ELEVADO. Que tiene alguna propiedad del aceite: *una crema oleosa, un líquido de apariencia oleosa.* SIN. aceitoso, oleaginoso.

oler *v. tr. / intr.* **1** Percibir ‹una persona o un animal› [olores]: *Huele **a** comida, y eso me está despertando el hambre.* **2** COLOQUIAL; PEYORATIVO. Intentar enterarse ‹una persona› de [una cosa]: *Le pillé oliendo en mis cosas.* SIN. husmear. || *v. tr. / prnl.* **3** COLOQUIAL. Sospechar ‹una persona› [una cosa]: ***Se** olió que íbamos a dar una fiesta y se presentó en casa. Me huelo que algo no anda bien en su matrimonio.* SIN. figurarse. || *v. intr.* **4** Producir ‹una cosa› [un olor]: *La casa huele **a** pino. Esas flores huelen muy bien.* **5** COLOQUIAL; PEYORATIVO. Tener ‹una persona o una cosa› [un aspecto o un carácter determinados]: *Este asunto huele **a** estafa. Su interés por venir a la fiesta no me huele bien.* FR. Y LOC. **~ a chamusquina** COLOQUIAL. Tener ‹un asunto› mal aspecto, o producir una mala sensación: *Me huele a chamusquina que estén reunidos todo el día.* **~ a cuerno* quemado. ~ a tigre** COLOQUIAL. Oler ‹una persona o un lugar› muy mal: *En esta habitación huele a tigre.* **~ / saber / sonar a demonios*. ~ / saber / sonar a diablos*. olerse la tostada*. ⇒ 55.**

olfa *adj.* ARG., PAR. Que es servil o adulador.

olfatear *v. tr. / prnl.* **1** ELEVADO. Aplicar ‹una persona o un animal› el olfato a [una persona, un animal o una cosa] haciendo inspiraciones de aire breves y ruidosas repetida e insistentemente: *Los dos animales **se** olfatearon. Los perros olfatearon al muchacho.* SIN. oler. || *v. tr. / intr.* **2** ELEVADO. Seguir ‹un animal› [el rastro de un olor]: *El león olfateó el ciervo herido. Este perro se pasa el día olfateando.* **3** RESTRIN-

GIDO; PEYORATIVO. Intentar enterarse ‹una persona› de [una cosa]: *Pedro siempre está olfateando* ***en*** *la vida de sus colegas.* SIN. curiosear, fisgar.

olfativo, va *adj.* Del olfato: *órgano olfativo, capacidad olfativa, sentido olfativo.*

olfato *s. m.* **1** (no contable) Sentido mediante el cual se perciben los olores: *Algunos animales tienen el sentido del olfato más desarrollado que el hombre. Estoy constipada y no tengo olfato.* **2** (no contable) COLOQUIAL. Habilidad o capacidad especial que tienen algunas personas para captar con rapidez las circunstancias o las cualidades de las personas o de las cosas: *Susana tiene olfato para los negocios. Fíate de sus consejos, tiene buen olfato.* SIN. intuición.

oligarca *s. m. / f.* Persona que pertenece a una oligarquía: *Este país está gobernado por un grupo de oligarcas.*

oligarquía *s. f.* **1** POLÍT. Forma de gobierno en la que el poder es ejercido por un grupo reducido de personas: *La oligarquía griega estaba formada por un pequeño grupo de familias aristocráticas.* **2** RESTRINGIDO. Grupo reducido de personas que controla una organización o una colectividad: *oligarquía financiera. Los estamentos deportivos están dominados por una oligarquía.*

oligárquico, ca *adj.* POLÍT. De la oligarquía: *poder oligárquico, grupo oligárquico.*

oligisto *s. m.* (no contable) Mineral opaco, de color gris o rojizo oscuro, duro y pesado formado por oxido de hierro, apreciado en siderurgia.

oligoceno, na *adj. / s. m.* **1** GEOL. [Periodo del Terciario] situado entre el Eoceno y el Mioceno. | *adj.* **2** De este periodo: *Esta cordillera es una formación oligocena.*

oligoclasa *s. f.* (no contable) MINERAL. Variedad de feldespato de calcio y sodio utilizada en la fabricación de cerámica.

oligoelemento *s. m.* BIOL. Elemento químico indispensable para el desarrollo de un organismo vivo que se halla en muy pequeña proporción en las células: *Los oligoelementos se encuentran en muchos alimentos vegetales.*

oligofrenia *s. f.* (no contable) MED. Deficiencia mental grave y congénita: *Existen diversos niveles de oligofrenia.*

oligofrénico, ca *adj.* **1** MED. De la oligofrenia o que tiene relación con la oligofrenia: *trastornos oligofrénicos.* || *adj. / s. m.* y *f.* **2** MED. Que padece oligofrenia: *Los oligofrénicos presentan deficiencias en su desarrollo intelectual.*

oligopolio *s. m.* ECON. Mercado caracterizado por la existencia de un número reducido de vendedores que lo acaparan y controlan: *El mercado del corcho en España es un oligopolio.*

oligoqueto *adj. / s. m.* **1** ZOOL. [Gusano] con cuerpo de forma cilíndrica, dividido en segmentos o anillos, cubierto por una piel fina y sin cabeza diferenciada, y que vive en lugares húmedos, como la lombriz de tierra. || *s. m.* **2** (en plural) ZOOL. Clase que forman los gusanos oligoquetos.

olimpiada u **olimpíada** *s. f.* **1** DEP. Periodo de cuatro años que transcurre entre dos juegos olímpicos: *Los Juegos Olímpicos de la XXV Olimpiada se celebraron en Barcelona.* **2** (preferentemente en plural) DEP. Juegos Olímpicos: *He comprado un libro sobre la historia de las Olimpiadas.* **3** HIST. Fiesta que se celebraba en la ciudad de Olimpia, en la antigua Grecia, cada cuatro años, y que incluía competiciones deportivas y literarias.

olímpicamente *adv. modo* **1** De manera olímpica o con actitud olímpica. **2** COLOQUIAL. Con altanería, sin la debida consideración: *Desprecia olímpicamente cuantos ofrecimientos le hacen.* || *adv. orac. restrictivo* **3** Desde un punto de vista olímpico: *Olímpicamente, Atenas representa mucho.*

olímpico, ca *adj.* **1** DEP. De las Olimpiadas o relacionado con las Olimpiadas: *llama olímpica, deporte olímpico, estadio olímpico, récord olímpico, campeón olímpico.* **piscina* olímpica. Juegos Olímpicos** (su abreviatura es *JJ. OO.*) Conjunto de competiciones deportivas internacionales que se celebran cada cuatro años en una ciudad seleccionada previamente: *los Juegos Olímpicos de Atlanta, la mascota de los Juegos Olímpicos, los Juegos Olímpicos de invierno.* **2** MIT. Del Olimpo: *dioses olímpicos.* **3** (antepuesto / pospuesto) COLOQUIAL; RESTRINGIDO. Que contiene altanería, soberbia o desdén: *Siento por él un olímpico desdén. Tu hermana me trata con un desprecio olímpico.* || *adj. / s. m.* y *f.* **4** DEP. Que ha participado en unos juegos olímpicos: *deportista olímpico, equipo olímpico. Nuestras olímpicas vuelven hoy con varias medallas de oro.*

olimpismo *s. m.* DEP. Movimiento olímpico: *El olimpismo ha adquirido una gran influencia política últimamente.*

olimpo *s. m.* **1** (no contable, con mayúscula) MIT.; ELEVADO. Lugar donde residían los dioses griegos: *Los dioses griegos bajaban del Olimpo para intervenir en la vida de los mortales.* **2** (no contable, con mayúscula) MIT.; ELEVADO. Conjunto de dioses de la mitología griega.

oliscar *v. tr.* Olisquear. ⇒ **71.**

olisquear *v. tr.* **1** Aplicar ‹una persona o un animal› el olfato a [una persona, un animal o una cosa] haciendo inspiraciones de aire breves y ruidosas repetida e insistentemente: *El perro, hambriento, olisqueaba las basuras.* SIN. olfatear. || *v. tr. / intr.* **2** COLOQUIAL; PEYORATIVO. Intentar enterarse ‹una persona› de [una cosa]: *El grupo de periodistas olisqueaba* ***en*** *los últimos acontecimientos del barrio.* SIN. oliscar, curiosear.

oliva *s. f.* **1** Aceituna: *aceite de oliva.* **2** BOT. Olivo.

oliváceo, a *adj.* Que tiene un color parecido al de la aceituna verde: *rostro oliváceo.*

olivar *s. m.* Lugar plantado de olivos: *Hemos heredado un olivar en Almería. Algunos olivares están abandonados.*

olivarda *s. f. Inula viscosa.* Planta herbácea de tronco leñoso, hojas alargadas con pelos que segregan una resina viscosa y flores muy olorosas agrupadas en racimos piramidales: *La olivarda tiene aplicaciones en medicina.*

olivarero, ra *adj.* **1** AGR. Del cultivo del olivo y de las industrias relacionadas con su aprovechamiento: *producción olivarera, sector olivarero.* || *s. m. / f.* **2** AGR. Persona que tiene por oficio el cultivo de los olivos o la comercialización del aceite.

olivero *s. m.* AGR. Lugar donde se guarda la cosecha de aceituna antes de ser molida.

olivicultura *s. f.* (no contable) AGR. Técnica del cultivo y mejora del olivo.

olivino *s. m.* (no contable) Mineral verde o amarillo formado por silicato de hierro y magnesio, usado en joyería.

olivo *s. m.* **1** *Olea europea.* Árbol perenne de tronco leñoso, hojas pequeñas lanceoladas y flores blancas agrupadas en racimos, cuyo fruto es la aceituna: *En Jaén abundan los* *olivos.* **2** (no contable) Madera del olivo: *Me han hecho una librería de olivo.* || **3 ~ silvestre** Acebuche, planta con menos ramas que el olivo cultivado y de hoja más pequeña.

olla *s. f.* **1** Recipiente redondo de cocina para cocer alimentos o calentar líquidos: *poner la olla al fuego. Mi madre me ha traído una olla de caldo.* **~ a presión** u **~ exprés** Olla metálica de cierre hermético en la que cuecen más rápidamente los alimentos. **2** (no contable) Guiso de carne, legumbres y hortalizas: *Cuando mi abuela hace olla, me harto de comer.* **~ podrida** Guiso en que, además de la carne, legumbres y hortalizas, se añade jamón, ave, embutidos y otras cosas. || **3 jaula* / ~ de grillos** COLOQUIAL; INTENSIFICADOR. Lugar donde hay mucho alboroto: *Aquí no se puede trabajar, esta casa es una olla de grillos.*

olma *s. f.* Olmo grande y frondoso.

olmeca *adj.* **1** HIST. De un antiguo pueblo que vivió en torno al Golfo de México: *escultura olmeca, edificios olmecas.* || *s. m.* **2** LING. Lengua de los olmecas.

olmeda *s. f.* Lugar donde hay muchos olmos: *La casa está detrás de aquella olmeda.* SIN. olmedo.

olmedo *s. m.* Olmeda.

olmo *s. m. Ulmus campester.* Árbol muy grande de tronco grueso y corteza dura y resquebrajada, de copa espesa, hojas aserradas y vellosas, flores agrupadas y fruto seco: *La corteza del olmo tiene propiedades medicinales.* FR. Y LOC. **pedir peras* al ~.**

ológrafo, fa u **hológrafo, fa** *adj. / s. m.* DER. [Testamento] que está escrito por el propio testador.

olor *s. m.* Sensación que producen sobre el olfato ciertas emanaciones: *el olor de un perfume, desprender buen olor. Esa rosa no tiene olor. Aquí hay mal olor. Este queso tiene un olor muy fuerte.* **jabón* de ~.** FR. Y LOC. **al ~ de** Por la atracción de una cosa: *Los acreedores acudieron al olor del dinero. Hemos venido al olor de la comida.* **en ~ de multitudes** Aclamado por la multitud: *El actor galardonado fue acogido en olor de multitudes.* **en ~ de santidad** REL. Con fama de santo: *El cura murió en olor de santidad.*

oloroso, sa *adj.* **1** (antepuesto / pospuesto) Que despide un olor agradable: *ropa olorosa, tabaco oloroso. Las olorosas flores del jardín despiden una fragancia que embriaga.* SIN. aromático. **junco ~.** || *s. m.* **2** (no contable) Vino de Jerez de color dorado fuerte y muy aromático: *El oloroso es el vino que más le gusta.*

olote *s. m.* AMÉR. C., MÉX. Parte dura y central que queda de la mazorca de maíz desgranada.

OLP (pronunciamos *'o-ele-pe'*) *s. f.* Sigla de la «Organización para la Liberación de Palestina», (en inglés *PLO*).

olvidadizo, za *adj.* (ser / estar; antepuesto / pospuesto) Que se olvida de las cosas con facilidad: *No lo ha hecho adrede, es que es muy olvidadizo. Últimamente estoy muy olvidadizo, creo que estoy perdiendo memoria. Nuestra olvidadiza vecina ha vuelto a dejarse las llaves dentro de su casa.*

olvidado, da *adj.* URUG. [Persona] que ha perdido la práctica o los conocimientos que tenía.

olvidar *v. tr. / prnl.* **1** Dejar de tener ‹una persona› [una cosa] en la memoria: *Nunca olvidaré su llegada aquel día de primavera.* ***Me** olvidé **del** día de su aniversario.* **2** No hacer ‹una persona› involuntariamente [una cosa que debería haber hecho]: *¿Has olvidado comprar el periódico? Luis **se** olvidó **de** recoger el traje en la tintorería.* **3** Dejar de sentir ‹una persona› afecto o interés por [otra persona o por una cosa]: *Ya he olvidado a aquel hombre que tantos disgustos me dio. No **me** olvido **de** mis maestros.* **4** Perdonar ‹una persona› [una ofensa o un daño recibido]: *José ha olvidado vuestras rencillas. Él **se** olvidó **de** todos los malos tratos recibidos.* || *v. tr.* **5** No acordarse ‹una persona› de recoger [una cosa] de [un lugar]: *Olvidé la cartera **en** el coche.*

olvido *s. m.* **1** (no contable) Ausencia de memoria: *Su amor cayó en el olvido. He rescatado del olvido esas viejas canciones.* **2** (no contable) Pérdida del afecto o interés por una persona o una cosa: *El olvido de su proyecto se debe a que tiene otras cosas más interesantes que hacer.* **3** Descuido de una cosa que se debía hacer: *María reconoce que fue imperdonable el olvido de tu santo.*

omaní *adj. / s. m.* y *f.* De Omán, país asiático: *estado omaní, costa omaní. En clase conocí a un ruso y a un omaní.*

ombligo *s. m.* **1** ANAT. Hoyo o botón redondeado que queda como cicatriz en el centro del vientre de los mamíferos al cortar el cordón umbilical: *Sonia se compró una camiseta que dejaba el ombligo al aire.* **2** IRONÍA. Centro o núcleo de una cosa: *Ese presumido se cree el ombligo del mundo.*

ombliguero *s. m.* RESTRINGIDO. Venda que protege el ombligo de los recién nacidos.

ombú (plural *ombúes,* preferible a *ombús*) *s. m. Phytolacca dioica.* Árbol grande, original de América del Sur, de tronco grueso y corteza gruesa y blanda, hojas caducas y flores blanquecinas, que se emplea como planta ornamental.

ombudsman (del sueco; pronunciamos *'ómbusman'*) *s. m.* RESTRINGIDO. Defensor del pueblo.

omega *s. f.* LING. Última letra del alfabeto griego, que equivale a una *o* larga: *La omega tiene dos grafías: la minúscula es* ω *y la mayúscula es* Ω. FR. Y LOC. **alfa* y ~.**

omeya *adj.* **1** HIST. De la primera dinastía islámica: *los palacios omeyas, el imperio omeya.* || *adj. / s. m.* y *f.* **2** HIST. [Persona] que pertenece a la primera dinastía islámica: *El poderío de los Omeyas acabó con la caída del Califato de Córdoba.*

ómicron *s. f.* LING. Decimoquinta letra del alfabeto griego, que equivale a una *o* breve.

ominoso, sa *adj.* (antepuesto / pospuesto) ELEVADO. Que merece ser condenado y despreciado: *comportamiento ominoso, crimen ominoso. El asesino fue condenado por las ominosas acciones que cometió.* SIN. abominable.

omisible *adj.* RESTRINGIDO. Que se puede omitir: *El nuevo descubrimiento es un dato omisible, que no aporta nada.*

omisión *s. f.* ELEVADO. Acción y resultado de omitir: *La omisión de algunos datos impide resolver el problema. El vecino es culpable por omisión, porque debía haber denunciado lo que estaba pasando.*

omiso, sa *adj.* Se usa en la LOC. **hacer caso ~** ELEVADO. No hacer ningún caso: *Le dije que no saliera de casa, pero ha hecho caso omiso y se ha ido con los amigos. La directora ha dicho que hará caso omiso de las críticas.*

omitir *v. tr.* **1** Dejar de decir ‹una persona› [una cosa que puede o debe decir]: *La policía ha omitido el nombre de sus informadores.* **2** Dejar de hacer ‹una persona› [una cosa que puede o debe hacer]: *La constructora ha omitido los trámites legales antes de empezar a construir el edificio.*

ómnibus (plural *ómnibus*) *s. m.* RESTRINGIDO. Autocar dedicado al transporte público entre poblaciones: *El ómnibus pasa cada media hora.* SIN. autobús. **tren ~.**

omnímodo, da *adj.* (antepuesto / pospuesto) ELEVADO. Que es total y completo: *el omnímodo poder de Dios, una sabiduría omnímoda.*

omnipotente *adj.* **1** (antepuesto / pospuesto) ELEVADO. Que todo lo puede: *El omnipotente dictador ha sido derrocado. Con su actitud omnipotente, el director crea malestar entre los compañeros.* || *s. m.* **2** (con mayúscula y precedido del artículo determinado) ELEVADO. Dios: *No ofendas al Omnipotente diciendo tonterías.* SIN. Todopoderoso.

omnipresencia *s. f.* (no contable) ELEVADO. **1** Cualidad de omnipresente: *la omnipresencia divina.* **2** Deseo de estar presente en muchos sitios: *Antes de las elecciones los candidatos multiplican su omnipresencia en todas las ciudades.*

omnipresente *adj.* **1** (ser / estar; antepuesto / pospuesto) ELEVADO. Que está en todos los lugares al mismo tiempo: *Dios es omnipresente. Recuerda que Dios está omnipresente. Siempre me ha dado miedo la omnipresente realidad de Dios.* **2** (estar) ELEVADO. Que está presente en muchos sitios: *Cuando llegan estas fechas el alcalde está onmipresente en todas las inauguraciones.* **3** (estar; antepuesto / pospuesto) ELEVADO. Que siempre está presente: *La búsqueda de la justicia está omnipresente en todos sus propósitos. La omnipresente obsesión de la vida después de la muerte recorre todo el libro.*

omnisapiente *adj.* (antepuesto / pospuesto) RESTRINGIDO. Omnisciente.

omnisciencia *s. f.* (no contable) ELEVADO. Calidad de omnisciente: *la omnisciencia divina.*

omnisciente *adj.* **1** ELEVADO. Que conoce todas las cosas reales y posibles: *Según los cristianos, sólo Dios es omnisciente.* **2** (antepuesto / pospuesto) LIT. Que sabe o conoce todo lo que hacen o piensan los personajes de un relato: *La novela realista supone que el narrador es omnisciente.*

ómnium *s. m.* **1** DEP. Competición ciclista sobre pista en la que se realizan diversas pruebas. **2** DEP. Carrera de caballos de cualquier edad.

omnívoro, ra *adj. / s. m.* [Animal] que se alimenta de comida animal y vegetal: *Los omnívoros se caracterizan por su aparato digestivo, adaptado a todo tipo de alimentos.*

omóplato u **omoplato** *s. m.* ANAT. Cada uno de los dos huesos triangulares situados en la parte posterior del hombro, donde se articulan las extremidades superiores. SIN. escápula (ELEVADO).

OMS (pronunciamos *'oms'*) *s. f.* Sigla de «Organización Mundial de la Salud», (en inglés *WHO*).

-ón, na *suf.* **1** Aumentativo, con valor peyorativo o afectivo, que forma sustantivos a partir de sustantivos, o adjetivos a partir de adjetivos: *noticia - notición, dulce - dulzón, fácil - facilón, fea - feona, mujer - mujerona.* **2** Significa 'persona que tiene la costumbre de' y forma sustantivos o adjetivos a partir de verbos: *tocar - tocón, tragar - tragón, preguntar - preguntona, responder - respondona, dormir - dormilona, mirar - mirona.* **3** Significa 'acción violenta o repentina' y forma sustantivos masculinos a partir de verbos: *empujar - empujón, tirar - tirón, pisotear - pisotón, estirar - estirón, apretar - apretón, bajar - bajón, apagar - apagón.* **4** Significa 'que tiene una cosa muy grande', 'abundancia' y forma adjetivos a partir de sustantivos que designan partes del cuerpo: *barriga - barrigón, tripa - tripón, cabeza - cabezón.* **5** Significa 'que no tiene una cosa o que la tiene en pequeña cantidad' y forma adjetivos a partir de sustantivos que designan partes del cuerpo: *pelo - pelón.* **6** PEYORATIVO. Se usa para indicar la edad de una persona y forma adjetivos o sustantivos a partir de numerales: *una cuarentona, un corredor cincuentón.*

onagra *s. f. Oneothera biennis.* Arbusto herbáceo de hojas dentadas, flores amarillas y aromáticas parecidas a la rosa, y raíz comestible.

onanismo *s. m.* **1** (no contable) ELEVADO. Masturbación. **2** (no contable) ELEVADO. Interrupción del acto sexual antes de la eyaculación: *El onanismo es un método anticonceptivo poco eficaz.*

onanista *adj.* **1** ELEVADO. Del onanismo: *prácticas onanistas, fase onanista.* || *adj. / s. m.* y *f.* **2** ELEVADO. Que practica el onanismo.

once *adj. / pron. num. card. / s. m.* **1** Cantidad que representa la cifra 11: *Sólo faltaron once personas. Hace once días que se fue de casa.* || *adj. num. ord. / s. m.* y *f.* **2** Undécimo: *el capítulo once, el once de diciembre.* || *s. m.* **3** Signo lingüístico o matemático que representa esta cantidad: *Te falta sumar el once. Tienes que poner dos onces, uno en cada casilla.* **4** DEP. Conjunto de once jugadores que forma un equipo de fútbol: *El once inicial del Salamanca ya está sobre la hierba.* **5** CHILE; COLOQUIAL. Merienda de media tarde. **6** (plural) COL., VEN. Refrigerio o comida ligera que se toma entre horas. || **7 las ~** La decimoprimera hora de la mañana o la decimoprimera después del mediodía: *Quedamos a las once. Son las once. Son las once y media.* FR. Y LOC. **meterse en camisa* de ~ varas.**

ONCE (pronunciamos *'once'*) *s. f.* Sigla de «Organización Nacional de Ciegos de España».

onceavo, va *adj. num. part. / s. m.* Cada una de las once partes iguales en que se divide un todo: *Le correspondió la onceava parte de la herencia.* OBSERVACIONES: Se usa en la lectura de números fraccionarios: *tres onceavos* (3/11). SIN. undécimo.

onceno, na *adj. num. ord. / s. m.* y *f.* RESTRINGIDO. Undécimo.

oncogén *s. m.* MED. Clase de gen que se desencadena por mutación dentro de la célula y que, por poseer un gran potencial transformador, ha sido relacionado con el cáncer: *Con el descubrimiento del oncogén se da un paso adelante en el conocimiento del cáncer y su futuro tratamiento.*

oncología *s. f.* (no contable) Parte de la Medicina que estudia y trata los tumores: *Lo ha operado la jefa de la sección de oncología del hospital.*

oncológico, ca *adj.* MED. De la oncología: *hospital oncológico, examen oncológico.*

onda *s. f.* **1** Serie de círculos concéntricos o de elevaciones y descensos que se forman en la superficie de una masa líquida al ser agitada: *Me gusta tirar piedras al agua y ver las ondas que se forman.* **2** Ondulación que se forma natural o artificialmente en un cuerpo sólido y flexible: *Ese cantante lleva una onda en el flequillo.* **3** Conjunto de semicírculos de adorno en el borde de una tela o de una prenda de vestir: *La mantelería tiene bordados en ondas.* **4** FÍS. Propagación de una perturbación o vibración a través de un determinado medio, o del vacío: *onda de luz.* **~ corta. ~ media/**

normal. ~ larga. FR. Y LOC. **captar / coger (la) ~** COLOQUIAL. Enterarse ‹una persona› de una cosa, comprenderla o aprenderla: *Tu hermano nunca coge la onda de mis chistes. ¡A ver si coges onda, que no te enteras!* **estar en la misma ~** COLOQUIAL. Coincidir ‹dos personas› en los gustos o en las opiniones: *Veo que estamos en la misma onda.* **estar en la ~** COLOQUIAL. Conocer ‹una persona› las últimas tendencias: *No le hables de ese tema, porque no está en la onda. Veo que no estás en la onda, ahora se cena en casa y se sale después de las doce de la noche.*

ondear *v. intr.* **1** Formar ‹un cuerpo flexible o una superficie› ondas que se mueven: *La bandera ondeaba en el mástil.* || *v. tr.* **2** Mover ‹una persona› [un pañuelo o una bandera] de manera que se formen en él ondas móviles: *Los pañuelos de los espectadores ondeaban en los graderíos.*

ondina *s. f.* MIT. Diosa menor con forma de mujer que habita en las aguas: *Las ondinas forman parte de los mitos del Modernismo literario.*

ondulación *s. f.* **1** Elevación redondeada de una superficie: *Los obreros tuvieron que allanar una ondulación del terreno.* **2** (no contable) FÍS. Movimiento en forma de onda que se extiende en un cuerpo: *Si mueves la lámina metálica se producen ondulaciones.* **3** Acción y resultado de ondular: *Le gusta cómo hacemos la ondulación del pelo.*

ondulado, da *adj.* (ser / estar; antepuesto / pospuesto) Que tiene o produce ondas: *Su pelo es ondulado. El papel está ondulado. Su ondulada melena le caía sobre los hombros. Se adivinaba la línea ondulada de las montañas.*

ondular *v. tr. / prnl.* **1** Formar ‹una persona o una cosa› ondas en [una cosa]: *El aire ondulaba la cortina. Mónica **se** onduló el pelo con un rizador.* || *v. intr.* **2** Formar ‹un cuerpo flexible o una superficie› ondas que se mueven: *La bandera ondulaba al viento.* SIN. ondear.

ondulatorio, ria *adj.* Que se extiende o propaga en forma de ondulaciones: *movimiento ondulatorio.*

oneroso, sa *adj.* **1** ELEVADO. Que es difícil de soportar: *Esta casa es una carga muy onerosa.* **2** ELEVADO. Que es caro o costoso: *impuesto oneroso, gastos onerosos.*

ónice u **ónix** *s. m.* (no contable) Mineral de cuarzo, variedad del ágata, listado en capas de colores, que se emplea en joyería y escultura.

onicofagia *s. f.* (no contable) MED. Tendencia a morderse y comerse las uñas: *La onicofagia es común en la infancia.*

onírico, ca *adj.* **1** ELEVADO. De los sueños: *imagen onírica.* **2** ELEVADO. Que se parece a un sueño: *atmósfera onírica.*

oniromancia u **oniromancía** *s. f.* RESTRINGIDO. Práctica de adivinar el futuro por medio de la interpretación de los sueños: *Algunos políticos creen en la oniromancia.*

ónix *s. m.* (no contable) MINERAL. Ónice.

onomancia u **onomancía** *s. f.* RESTRINGIDO. Práctica de adivinar el futuro por medio de la interpretación del nombre de una persona: *creer en la onomancia.*

onomasiología *s. f.* (no contable) LING. Parte de la Semántica que estudia el proceso por el cual un significado ha llegado a estar representado por uno o más significantes.

onomasiológico, ca *adj.* LING. De la onomasiología, o que tiene relación con la onomasiología: *estudio onomasiológico, diccionario onomasiológico.*

onomástica *s. f.* **1** ELEVADO. Día en que una persona celebra su santo: *Luis recibió las felicitaciones de sus compañeros el día de su onomástica.* SIN. santo. **2** (no contable) LING., HIST. Ciencia que estudia y cataloga los nombres propios.

onomástico, ca *adj.* LING., HIST.; RESTRINGIDO. De los nombres propios, y especialmente de los de las personas: *índice onomástico.*

onomatopeya *s. f.* LING. Palabra que imita el sonido de un animal o de una cosa: *«Tic-tac» es una onomatopeya del sonido de un reloj.*

onomatopéyico, ca *adj.* LING. Que esta formado por onomatopeya: *lenguaje onomatopéyico. «Ring» es una palabra onomatopéyica que imita el sonido de un timbre.*

onoquiles (plural *onoquiles*) *s. f. Alkana tinctorea.* Planta perenne de flores azules y fruto seco de cuya raíz se extrae tinte rojo empleado en confitería y perfumería: *El colorante de la onoquiles se usa para pintar los quesos de bola.*

ontogénesis (plural *ontogénesis*) *s. f.* BIOL. Ontogenia.

ontogenia u **ontogénesis** *s. f.* BIOL. Formación y desarrollo de un ser vivo considerado individualmente, con independencia de la especie.

ontología *s. f.* (no contable) FILOS. Parte de la metafísica que estudia el ser en general y sus propiedades trascendentales: *La ontología aparece separada de la metafísica después del siglo* XVI.

ontológico, ca *adj.* FILOS. De la ontología o del ser: *ensayo ontológico, crítica ontológica.* **argumento* ~.**

ontologismo *s. m.* (no contable) FILOS. Doctrina filosófica según la cual los objetos finitos se pueden conocer a partir de la intuición de Dios, que es infinito.

ONU (pronunciamos *'onu'*) *s. f.* Sigla de «Organización de las Naciones Unidas», (en inglés *UN*).

onubense *adj. / s. m.* y *f.* De Huelva, ciudad y provincia española: *la costa onubense. Los onubenses saltaron al terreno de juego.*

onza *s. f.* **1** RESTRINGIDO. Antigua medida de peso que equivale a 28,70 gramos. **2** Cada una de las porciones en que se divide una tableta de chocolate: *Se ha comido dos onzas de chocolate con la ensaimada.* **3** ZOOL. Guepardo. **4** HIST. Antigua moneda de oro.

onzavo, va *adj. num. part. / s. m.* RESTRINGIDO. Onceavo.

oogénesis (plural *oogénesis*) *s. f.* (no contable) BIOL. Proceso de formación de los óvulos. SIN. ovogénesis.

oogonia *s. f.* BIOL. Célula sexual femenina que da lugar a los óvulos tras sucesivas particiones.

oogonio *s. m.* BOT. Órgano reproductor sexual de las plantas superiores donde se forma la oosfera.

oosfera *s. f.* BOT. Célula sexual femenina de las plantas fanerógamas.

op. cit. u **ob. cit.** *abr.* «Obra citada».

opa *adj. / s. m.* y *f.* ARG., URUG.; COLOQUIAL; PEYORATIVO. [Persona] que es tonta o idiota.

OPA *s. f.* ECON. Sigla de «Oferta Pública de Adquisición», España: *Un banco ha lanzado una OPA contra otro.*

opacar *v. tr.* **1** ARG., URUG. Hacer ‹una persona› que [una actuación o un trabajo] se vuelva opaco y sin brillo. || *v. prnl.* **2** ARG., COL., URUG. Encapotarse o cubrirse ‹el cielo›.

opacidad *s. f.* (no contable) ELEVADO. Cualidad de opaco: *la opacidad de un cristal, la opacidad de una persiana.*

opaco, ca *adj.* 1 Que no deja pasar la luz: *La madera es un cuerpo opaco.* 2 Que tiene poco brillo: *color opaco. En el salón hay una luz opaca y suave.* 3 ELEVADO; RESTRINGIDO. Que no sobresale o no destaca en nada: *El profesor ha pronunciado una conferencia opaca.*

opal *s. m.* (no contable) Tela fina de algodón semejante a la batista o al percal.

opalescente *adj.* (antepuesto/pospuesto) LITERARIO. Que es parecido al ópalo en las irisaciones: *cuerpo opalescente. El opalescente brillo de las columnas.*

opalino, na *adj.* 1 MIN. Del ópalo o que tiene sus características: *brillo opalino.* 2 De color blanco azulado con reflejos irisados: *vidrio opalino.* 3 Que está fabricado con vidrio de color blanco azulado con reflejos irisados: *una figura opalina que representa un elefante.*

ópalo *s. m.* (no contable) MIN. Óxido de silicio hidratado, variedad del cuarzo, que se emplea para pulimentar y en joyería.

opción *s. f.* 1 Capacidad de elegir una cosa: *El presidente no tenía opción, tuvo que hacer lo que le ordenaron.* SIN. elección. 2 Cada una de las posibilidades entre las que se puede elegir: *Los de la agencia le dieron dos opciones, irse en barco o en avión.* 3 (no contable) Derecho o posibilidad real que una persona tiene para poder hacer una cosa: *Sólo tres personas tienen opción a ese cargo.*

opcional *adj.* Que no es obligatorio o que se puede elegir: *La organización ha preparado dos excursiones opcionales.*

open (del inglés) *s. m.* (invariable) DEP. Competición deportiva abierta, especialmente de tenis o de golf, en la que participan profesionales y aficionados: *Hoy comienza el open de tenis. Participa en el open de golf de la costa.*

OPEP (pronunciamos *'opep'*) *s. f.* Sigla de «Organización de Países Exportadores de Petróleo», (en inglés *OPEC*).

ópera *s. f.* 1 MÚS. Obra musical escrita para ser cantada y representada escénicamente con acompañamiento de orquesta: *«La Traviatta», es una de las óperas más famosas de Verdi.* 2 MÚS. Género musical formado por esta clase de obras: *Es un experto en ópera.* 3 MÚS. Teatro donde se representan las óperas: *Todos los sábados voy a la ópera.* FR. Y LOC. **~ prima** ELEVADO. Primer trabajo literario o artístico de un autor: *Su ópera prima es una película excelente.*

operable *adj.* 1 CIR. Que puede ser operado o intervenido quirúrgicamente: *Esta úlcera no es operable.* 2 RESTRINGIDO. Que puede suceder o tener lugar: *Hay que observar los cambios operables en el paciente.*

operación *s. f.* 1 Acción y resultado de hacer una cosa con cierta organización: *operación comercial, operación mercantil, operación militar. El jefe de obra dirigió la operación de colocar la estatua.* 2 MED. Intervención quirúrgica: *La operación de estómago duró tres horas.* 3 MAT. Cálculo que se realiza con números o expresiones de álgebra: *Sumar, restar, multiplicar y dividir son las cuatro operaciones básicas.* 4 ECON. Intercambio comercial: *La venta de las acciones ha sido una operación ruinosa.* 5 Conjunto de acciones coordinadas de las fuerzas policiales o militares: *una operación contra los contrabandistas.* 6 Conjunto de acciones delictivas organizadas: *La policía desbarató la operación del secuestro. Los delincuentes preparaban una gran operación contra un banco importante.*

operacional *adj.* 1 MIL. De las operaciones militares o estratégicas: *los nuevos supuestos operacionales del mando conjunto.* 2 MIL. Que está dispuesto o preparado para intervenir: *unidad militar operacional.* 3 MAT. De las operaciones matemáticas: *base operacional.*

operador, ra *s. m./f.* 1 CINE, TV. Persona que maneja profesionalmente las cámaras o el equipo de sonido de cine, vídeo o televisión: *Hemos contratado a un nuevo operador de sonido.* 2 COMUNIC. Persona que maneja profesionalmente una centralita telefónica: *Operadora, ¿podría ponerme con la habitación 174?* 3 INDUS. Persona especialista en el mantenimiento de ciertas máquinas: *La operadora del aire acondicionado no llega hasta mañana.* || *s. m.* 4 MAT. Símbolo matemático que indica la operación que hay que realizar: *Cuando el operador son dos puntos o una línea inclinada, indica división.* || **5 tour* ~.**

operando *s. m.* MAT. Elemento al que se aplica una operación matemática: *En 3 × 5, el operando es el 3.*

operar *v. intr.* 1 Realizar ‹una persona› una actividad: *Nuestros vendedores operan en la zona sur.* 2 ECON. Realizar ‹una persona› una compra o una venta: *Nuestra empresa opera **con** bancos extranjeros.* SIN. negociar. 3 MAT. Realizar ‹una persona o una cosa› cálculos con números y expresiones aritméticas o algebraicas: *Esta calculadora opera **con** decimales.* 4 INDUS. Realizar ‹una persona› una actividad o un proceso con máquinas o aparatos: *El técnico opera con máquinas de gran precisión.* 5 MIL. Realizar ‹un ejército› maniobras militares: *La flota regresó tras operar en el Atlántico.* 6 Realizar ‹un grupo de delincuentes› una actividad delictiva: *La banda de Charly opera en el barrio viejo.* || *v. tr.* 7 Producir ‹una cosa› [otra cosa]: *La crisis operó un cambio de costumbres. Este viaje ha operado un cambio en nuestras relaciones.* SIN. obrar. 8 MED. Realizar ‹un cirujano› en [el cuerpo de una persona o un animal] las acciones necesarias para restaurar o extirpar órganos y tejidos: *El médico le operó de anginas.* || *v. prnl.* 9 MED. Someterse ‹una persona› a las acciones necesarias para restaurar o extirpar órganos y tejidos mediante una intervención quirúrgica: *Mi padre tiene que operarse, pero no acaba de decidirse.*

operario, ria *s. m./f.* Persona que trabaja manualmente en la industria: *operaria textil, operario metalúrgico. Aquí trabajan doscientas operarias.* SIN. obrero.

operativamente *adv. modo* 1 De manera operativa: *Los sistemas de seguridad actúan poco operativamente.* || *adv. restrictivo.* 2 Desde el punto de vista operativo: *Operativamente ese programa es muy inferior.*

operatividad *s. f.* (no contable) Calidad de operativo: *La operatividad de estas medidas es dudosa.*

operativo, va *adj.* 1 Que produce el resultado que se espera: *Las reuniones de esta comisión son operativas.* 2 (estar) Que funciona o está en activo: *La línea 1 del metro está operativa. Se ha activado el dispositivo operativo para el control del tráfico.* **sistema* ~.** || *s. m.* 3 ARG., PAR., URUG.; RESTRINGIDO en España. Conjunto de acciones coordinadas para conseguir un fin, de carácter militar o policial.

operatorio, ria *adj.* MED. De las operaciones quirúrgicas: *medicina operatoria, proceso operatorio.*

opérculo *s. m.* BOT., ZOOL. Pieza que, a modo de tapadera, sirve para cerrar una abertura en algunos seres vivos, como la que cubre las agallas de los peces.

opereta *s. f.* MÚS., TEATRO. Obra de teatro cantada, de tema ligero o satírico, en la que alternan los fragmentos cantados y los dialogados: *La opereta era un género muy de moda en el siglo* XIX. FR. Y LOC. **de ~** COLOQUIAL; RESTRINGIDO. Que es malo: *El joven escritor ha escrito una novela de opereta. La reunión de la junta parecía de opereta.*

operístico, ca *adj.* MÚS. De la ópera, o que tiene relación con ella: *concierto operístico, género operístico.*

opiáceo, a *adj.* **1** FARM. Del opio: *compuestos opiáceos.* **2** FARM. Que calma como el opio: *efecto opiáceo.*

opinable *adj.* Que admite opiniones a favor y en contra: *Es opinable que el ministro deba dimitir.* SIN. discutible.

opinar *v. tr./intr.* **1** Formar ‹una persona› [una idea, un juicio o un concepto] sobre [una persona o una cosa]: *No sé qué opinas* ***del*** *tema. Este diputado opina lo mismo que yo* ***sobre*** *la pena de muerte.* SIN. pensar. **2** Expresar ‹una persona› [una idea, un juicio o un concepto] sobre [una persona o una cosa]: *Aquí opina todo el mundo* ***sobre*** *lo que quiere.*

opinión *s. f.* **1** Idea o concepto particular que se tiene sobre una persona o sobre una cosa: *Mi opinión es que no debemos hacerle caso. He escuchado varias opiniones sobre el tema.* **2** (no contable) RESTRINGIDO. Fama o reputación popular que una persona tiene entre las demás personas: *Ese chico no goza de muy buena opinión en el barrio.* **3 ~ pública** Parecer general, especialmente reflejado en los medios de comunicación: *La noticia ha causado gran revuelo entre la opinión pública.*

opio *s. m.* (no contable) FARM. Droga narcótica que se obtiene de la adormidera verde y de la que se extraen alcaloides como la morfina, la heroína y la codeína: *fumar opio.*

opíparamente *adv. modo* (se usa con el verbo *comer* y similares) Abundante y espléndidamente: *Comimos opíparamente. En este restaurante cenaremos opíparamente.*

opíparo, ra *adj.* (antepuesto / pospuesto) ELEVADO; INTENSIFICADOR. [Comida] que destaca por su calidad y abundancia: *El tío nos obsequió con un opíparo desayuno.*

opistódomo u **opistodomo** *s. m.* ARQ. Parte posterior del templo griego.

oploteca *s. f.* RESTRINGIDO. Colección de armas de interés artístico o arqueológico: *Su oploteca es una de las mejores del mundo.*

oponente *adj. / s. m.* y *f.* [Persona, grupo] que se opone u opina contrariamente a otra persona o grupo: *El partido oponente* ***al*** *nuestro, en estas elecciones, lleva ventaja en los sondeos. Los dos oponentes están ya en el ring.*

oponer *v. tr.* **1** Utilizar ‹una persona› [una cosa] contra [otra persona o contra una cosa] para impedir o contrarrestar su acción o efecto: *El delincuente opuso resistencia* ***a*** *los policías.* || *v. prnl.* **2** Sentir o manifestar ‹una persona› rechazo, disgusto o contrariedad por [una cosa]: *Su partido se opone* ***a*** *la subida de los impuestos. Los ciudadanos se han opuesto* ***a*** *la ampliación de los aparcamientos públicos.* **3** Ser ‹una persona o una cosa› contraria a [otra persona u otra cosa]: *La virtud se opone* ***al*** *vicio. Los sindicatos se oponen* ***a*** *la patronal.* SIN. contraponerse. **4** RESTRINGIDO. Estar ‹una cosa› situada frente a [otra cosa]: *En la calle principal se oponen los dos palacios modernistas en las dos aceras.* **5** Atacar, impugnar de palabra ‹una persona› [una opinión o un proyecto]: *El líder se opuso* ***a*** *que se hicieran declaraciones a los periodistas. Se opondrá con claridad* ***a*** *la propuesta de la directiva.* ⇒ **60.**

oporto *s. m.* **1** (no contable) Vino, de sabor ligeramente dulce, propio de esta localidad portuguesa y de su comarca, que se acostumbra a servir como aperitivo: *A Santi le gusta mucho el oporto.* **2** Medida de este vino contenida en una copa: *Si vas a conducir no bebas dos oportos.*

oportunamente *adv. modo* **1** De manera oportuna, con oportunidad: *Sucedió muy oportunamente.* || *adv. temp.* **2** A su debido tiempo, en el momento oportuno: *Oportunamente se les comunicará la fecha exacta de la reunión.*

oportunidad *s. f.* **1** (no contable) Cualidad de oportuno: *La oportunidad de la venta de la empresa ha evitado tener que declarar la quiebra. La policía llegó con gran oportunidad, y atrapó a los ladrones en pleno atraco.* **2** Posibilidad de hacer una cosa y momento o lugar en que se hace: *Hablé con Marta en la primera oportunidad que tuve.* SIN. ocasión. **3** (preferiblemente en plural; no contable) Venta de productos a bajo precio: *Este bolso me lo compré en la sección de oportunidades.* SIN. saldo.

oportunismo *s. m.* (no contable) PEYORATIVO. Comportamiento de la persona que sabe utilizar las circunstancias del momento para sacar el máximo beneficio, a veces de forma poco ética: *Su ascensión en el mundo de los negocios se debe a su oportunismo.*

oportunista *adj.* **1** (antepuesto / pospuesto) PEYORATIVO. Del oportunismo o que tiene relación con el oportunismo: *noticia oportunista, prensa oportunista. Las oportunistas declaraciones del político han sido rechazadas por sus colegas.* || *adj. / s. m.* y *f.* **2** (antepuesto / pospuesto) PEYORATIVO. Que actúa con oportunismo: *La oportunista fotografía del alcalde junto a los niños refugiados levantó protestas.*

oportuno, na *adj.* **1** (antepuesto / pospuesto) Que se hace o sucede en el momento o lugar adecuado: *Dijo las palabras oportunas, las que estábamos esperando. La oportuna llegada de los bomberos fue nuestra salvación.* **2** Que conviene o es adecuado para una cosa: *Me ha parecido oportuno llamarle la atención.* **3** (ser / estar) Que tiene ocurrencias, o tiene ingenio o gracia en la conversación: *dicho oportuno. Has estado muy oportuna con esa respuesta.*

oposición *s. f.* **1** Conjunto de exámenes que se hacen para seleccionar a una persona para un puesto, especialmente público: *Mi novia aprobó la oposición y está trabajando en un ministerio.* **concurso ~** Oposición en la que también se valoran los méritos de los participantes. **2** (no contable) POLÍT. Grupo político o social que está en contra de la política del Gobierno o de los dirigentes: *La oposición votó en contra de la propuesta del alcalde.* **3** (no contable) ELEVADO. Rechazo, negativa o disgusto que una persona siente por algo: *Nos hizo saber su oposición a ese tipo de películas.* **4** (no contable) ELEVADO. Resistencia contra una persona o una cosa: *Carlos aceptó venir de vacaciones sin mostrar oposición.* **5** ASTRON. Relación que existe entre dos astros cuando la Tierra está situada entre ambos.

opositar *v. intr.* Preparar ‹una persona› oposiciones para obtener [un empleo o un cargo]: *Nuestro profesor opositó* ***a*** *una cátedra. Pedro oposita* ***para*** *una plaza de Correos.*

opositor, ra *s. m. / f.* **1** Persona que se opone a otra persona o a una cosa: *opositor del régimen. Mi abuelo es un opositor decidido de las medidas del Gobierno.* **2** Persona que se presenta a unas oposiciones: *Los opositores deben identificarse antes de comenzar el examen.*

oposum *s. m.* (macho y hembra) Mamífero marsupial de Australia y América, de patas cortas y cola prensil: *El oposum vive en los árboles.*

opresión *s. f.* 1 (no contable) POLÍT. Eliminación de las libertades de un país por medio del abuso de autoridad: *Con el fin de la opresión, el país volvió a disfrutar de libertad. Los partidos progresistas luchaban contra la opresión del régimen.* SIN. represión. 2 (no contable) Molestia producida por una cosa que oprime: *Su abuelo sintió una opresión en el pecho y lo llevamos al hospital. El minero notaba la opresión de la viga sobre la pierna.* SIN. presión.

opresivo, va *adj.* (antepuesto / pospuesto) Que oprime: *institución opresiva, situación opresiva, vendaje opresivo. El opresivo ambiente de aquella fiesta me estaba ahogando.*

opresor, ra *adj. / s. m. y f.* (antepuesto / pospuesto) Que oprime o abusa del poder o de la fuerza: *La opresora sensación de violencia nos impedía salir a la calle. Las fuerzas opresoras no lograrán doblegarnos.*

oprimir *v. tr.* 1 Hacer ‹una persona o una cosa› fuerza sobre [otra persona o cosa]: *El técnico oprimió un botón para poner en marcha la máquina.* SIN. presionar. 2 Ejercer ‹una cosa› fuerza o presión sobre [una persona]: *El cinturón me oprime. El vendaje le oprimía la muñeca.* 3 Ejercer ‹una persona› dominio sobre [otra persona o un pueblo] limitándole o quitándole su libertad o sus derechos mediante la fuerza o el abuso de autoridad: *El dictador oprime a los ciudadanos. El ejército oprimía a todo el país.* SIN. someter. 4 Causar ‹una cosa› una sensación de angustia a [una persona]: *Me fui al campo porque la ciudad me oprimía.*

oprobio *s. m.* 1 ELEVADO. Vergüenza y deshonra pública: *No aguantó el oprobio de ser acusada del robo y desapareció de la empresa.* 2 ELEVADO. Cosa que produce vergüenza y deshonra pública: *Es un oprobio para todos sospechar que entre nosotros hay un traidor.*

optar *v. intr.* 1 Decidirse ‹una persona› por [una posibilidad] entre [varias]: ***Entre** ir al campo o quedarme en casa, he optado **por** no salir. Los bandidos optaron **por** refugiarse en los montes.* 2 Intentar lograr ‹una persona› [un cargo, un empleo o un puesto]: *Los dos optamos **a** la misma plaza. Este equipo opta **al** campeonato.* SIN. aspirar.

optativo, va *adj.* 1 Que se puede elegir sin estar obligado a ello: *solución optativa, asignatura optativa.* 2 LING. [Oración] que expresa deseo.

óptica *s. f.* 1 (no contable) ÓPT. Parte de la Física que estudia la luz: *Su hermano es especialista en óptica.* 2 (no contable) ÓPT. Técnica para fabricar lentes, microscopios y otros aparatos que corrigen o mejoran la visión: *Gracias a los avances de la óptica, se fabrican microscopios cada vez más potentes.* 3 ÓPT. Establecimiento donde se fabrican o se venden lentes y aparatos ópticos: *Necesito una óptica para que me reparen las gafas.* 4 ELEVADO. Punto de vista: *El conferenciante expuso el tema desde una óptica social.* SIN. perspectiva. || **5 telegrafía* ~.**

óptico, ca *adj.* 1 De la óptica: *instrumentos ópticos, lente óptica, nervio óptico.* **ángulo* ~. plano* ~.** 2 MED. De la visión o del ojo: *nervio óptico, reflejo óptico.* || *s. m. / f.* 3 ÓPT. Persona que fabrica o vende lentes o aparatos de óptica: *La óptica me ha recomendado que me ponga lentillas.*

optimación *s. f.* RESTRINGIDO. Optimización.

optimar *v. tr.* RESTRINGIDO. Optimizar.

optimate *s. m.* (preferentemente en plural) ELEVADO, RESTRINGIDO. Persona noble, ilustre o de elevada posición social: *los optimates de la ciudad.*

optimismo *s. m.* (no contable) Actitud de la persona que ve el aspecto más favorable de las cosas y espera que suceda lo mejor: *Su optimismo es injustificado. El delegado mantuvo el optimismo hasta el final.* ANT. pesimismo.

optimista *adj. / s. m.* y *f.* (ser / estar) Que se comporta con optimismo: *El famoso atleta es muy optimista. El médico está muy optimista con los resultados.* ANT. pesimista.

optimización u **optimación** *s. f.* ECON. Acción y resultado de optimizar: *La optimización del proceso de producción nos hará más competitivos.*

optimizar u **optimar** *v. tr.* RESTRINGIDO. 1 Hacer ‹una persona o una cosa› que [una cosa] sea lo mejor posible. 2 ECON. Conseguir ‹una persona› que [una cosa] dé los mejores resultados posibles: *Para que la empresa sea rentable es necesario optimizar los recursos.*

óptimo, ma *adj.* (antepuesto / pospuesto) ELEVADO. Que no puede ser mejor, muy bueno: *El barco tiene una forma óptima **para** la navegación. El coche está en óptimas condiciones. El abuelo tiene un óptimo humor últimamente.*

optometría *s. f.* ÓPT. Graduación o medición del índice de percepción visual, detección de los defectos de la vista y cálculo de las lentes adecuadas para corregirlos.

optómetro *s. m.* ÓPT. Instrumento óptico para medir la capacidad visual.

opuesto, ta *adj.* 1 Que se opone o es contrario a una persona o a una cosa: *personas opuestas, opiniones opuestas, ideas opuestas, actitudes opuestas, términos opuestos, intereses opuestos, gustos opuestos.* 2 Que está situado enfrente o en la posición más alejada de lo que se toma como referencia: *Tiene usted que cruzar a la acera opuesta. Mi casa está en la orilla opuesta. Vivo en el extremo opuesto de la ciudad.* 3 BOT. [Órganos] que crecen en una planta a uno y otro lado del tallo y al mismo nivel: *hojas opuestas, flores opuestas, ramas opuestas.*|| *p.* 4 Participio irregular de *oponer.* FR. Y LOC. **Los polos* opuestos se atraen.**

opulencia *s. f.* (no contable) ELEVADO. Riqueza o abundancia de una cosa: *Mi tía vivió siempre en la opulencia. La opulencia de sus comidas era conocida en la región. Mi madre siempre se caracterizó por la opulencia de sus formas.*

opulento, ta *adj.* (antepuesto / pospuesto) ELEVADO. Que tiene opulencia: *El dueño lucía una opulenta barriga. María vive en una casa muy opulenta.*

opus (plural *opus*) *s. m.* MÚS. Obra o conjunto de obras de la producción de un compositor, que se numeran dentro del conjunto total de sus obras: *Sinfonía número cuatro de Brahms en re menor, opus 164.*

opúsculo *s. m.* ELEVADO. Obra científica o ensayística de poca extensión: *Este autor ha publicado un opúsculo sobre los efectos del tabaco.*

oquedad *s. f.* 1 ELEVADO. Espacio vacío en el interior de un cuerpo sólido: *la oquedad de la roca, la oquedad del terreno. En la pared había una oquedad.* SIN. hueco. 2 ELEVADO. Vaciedad de conceptos de un discurso oral o escrito: *La oquedad de sus conferencias espanta al público.*

oquedal *s. m.* GEOGR. Monte que no tiene matas ni hierbas, sino sólo árboles altos.

-or, ra *suf.* 1 Significa 'agente' y forma adjetivos y sustantivos a partir de verbos: *lector, censora.* 2 Significa 'resultado de' y forma sustantivos masculinos a partir de verbos: *temblar - temblor, temer - temor, arder - ardor, amar - amor, escocer - escozor.* 3 Significa 'cualidad relacionada con' y forma sustantivos masculinos a partir de adjetivos: *dulce - dulzor, amargo - amargor, fresco - frescor.*

ora (diferente de *hora*) *conj. distr.* ELEVADO. Se usa para relacionar oraciones o elementos de la oración que indican posibilidades distintas o que se realizan alternativa o sucesivamente: *Los beduinos viajaban ora a pie, ora a caballo.*

oración *s. f.* 1 REL. Palabras o pensamientos que se dirigen a una divinidad, o a una persona santa, para alabarla, o pedirle o agradecerle una cosa determinada: *El sacerdote leyó una oración por la paz.* 2 (no contable) REL. Acción de rezar: *Cualquier sitio es bueno para la oración.* 3 RET. Discurso con ánimo de persuadir a los oyentes: *El abogado defensor pronunció una memorable oración.* 4 LING. Unidad de comunicación formada por una o varias palabras que tiene un sentido gramatical completo: *«La casa tiene ventanas» es una oración.* **~ activa. ~ adjetiva. ~ adverbial. ~ adversativa. ~ causal. ~ comparativa. ~ completiva. ~ compuesta. ~ concesiva. ~ condicional. ~ consecutiva. ~ coordinada. ~ copulativa. ~ distributiva. ~ disyuntiva. ~ enunciativa. ~ exclamativa. ~ final. ~ impersonal. ~ interrogativa. ~ intransitiva. ~ pasiva. ~ pasiva refleja. ~ predicativa. ~ principal. ~ recíproca. ~ reflexiva. ~ relativa. ~ simple. ~ subordinada. ~ sustantiva. ~ transitiva. partes* de la ~.**

oracional *adj.* 1 LING. De la oración gramatical: *cláusula oracional, estructura oracional.* 2 [Adverbio] que no indica sólo una circunstancia del verbo, sino que modifica la significación global de una oración.

oráculo *s. m.* 1 Mensaje que los dioses transmiten a los hombres, generalmente a través de sus sacerdotes o pitonisas: *Los oráculos de la Sibila fueron muy famosos en la Antigua Grecia.* 2 Imagen, lugar o templo donde un dios manifiesta las respuestas a las consultas de los hombres: *En todas las culturas existen oráculos.* 3 ELEVADO. Persona de gran autoridad o sabiduría cuyas opiniones o ideas se admiten o se siguen sin discusión: *Luis es el oráculo del grupo.*

orador, ra *s. m.* 1 Persona que habla en un acto público: *El orador llegó tarde a la conferencia.* 2 Persona que habla muy bien en público: *Esta diputada es una gran oradora.*

oral *adj.* 1 Que se expresa con la palabra hablada y no por escrito: *literatura oral, examen oral.* **fuentes orales. literatura* ~. tradición* ~.** 2 De la boca o que tiene relación con la boca. **por vía* ~.** || *adj. / s. f.* 3 FON. [Sonido] que se articula expulsando todo el aire por la boca: *Las consonantes nasales se diferencian de las orales por la posición de la úvula, que permite o impide que el aire salga por la nariz.*

órale *interj.* 1 MÉX.; VULGAR. Se usa para indicar acuerdo. 2 MÉX.; VULGAR; SORPRESA. Se usa para contestar a un empujón o golpe, equivale a *¿qué pasa?*

oralmente *adv. modo* 1 De palabra, de viva voz, con signos vocales: *No nos permitían comunicarnos oralmente, sólo por señas.* || *adv. lugar* 2 Por vía oral, por la boca: *Todos los fármacos le fueron administrados oralmente.*

orangután *s. m.* (macho y hembra) ZOOL. *Pongo pygmaeus.* Mamífero primate de gran tamaño, de cabeza alargada, con un abultamiento debajo de la boca en los machos, cuerpo robusto y miembros anteriores mucho más largos que los posteriores: *Los orangutanes pueden rebasar los 100 kilos de peso.*

orar *v. intr.* Dirigir ‹una persona› palabras a [una divinidad], mentalmente o en voz alta, para alabarla o pedirle una cosa: *Oremos **por** los difuntos.* SIN. rezar.

orate *s. m. / f.* ELEVADO. Persona que tiene poco juicio o muy imprudente. SIN. demente.

oratoria *s. f.* 1 (no contable) RET. Arte de hablar en público con elocuencia: *María está haciendo un curso de oratoria.* 2 (no contable) LIT. Género literario al que pertenecen el discurso, la disertación, el sermón y el panegírico.

oratorio, ria *adj.* 1 RET. De la oratoria o del orador: *arte oratorio, tono oratorio, estilo oratorio.* || *s. m.* 2 REL. Parte de una casa o de un edificio público destinada a la oración, donde puede celebrarse misa: *Este es el oratorio del palacio, donde la reina se retiraba a orar.* SIN. capilla. 3 MÚS. Composición musical extensa, para coro y orquesta, que carece de representación escénica: *Una fundación le ha encargado a nuestro ilustre paisano un oratorio por la paz.*

orbe *s. m.* 1 ELEVADO. Mundo o Universo: *No creemos que haya en todo el orbe un campo tan bonito como el de aquí.* 2 ELEVADO. Esfera celeste y terrestre: *En mis viajes por todo el orbe he conocido culturas y tierras diversas.*

orbicular *adj.* 1 Que describe una órbita: *movimiento orbicular.* 2 ELEVADO. Que es de forma circular o redonda: *cuerpo orbicular, figura orbicular.* || *adj. / s. m.* ANAT. 3 [Músculo] que rodea una estructura en forma de anillo, como los labios o los párpados.

órbita *s. f.* 1 ASTRON. Trayectoria elíptica que sigue un cuerpo en su movimiento: *Los científicos van a poner un satélite en órbita. La Luna está en la órbita terrestre.* 2 FÍS. Trayectoria imaginaria descrita por un electrón en su movimiento alrededor del núcleo. 3 ANAT. Cuenca del ojo: *Estaba aterrorizado y parecía que se le iban a salir los ojos de las órbitas.* 4 Área a que se extiende una actividad o influencia: *Es un país neutral, fuera de la órbita de las grandes potencias. Tus preguntas entran en la órbita de la ciencia.*

orbital *adj.* De la órbita: *línea orbital, trayectoria orbital.*

orca (diferente de *horca*) *s. f.* (macho y hembra) ZOOL. *Orcicus orca.* Mamífero marino de la misma familia que el delfín, de color negro con una mancha blanca en el vientre y otras dos detrás de los ojos, que tiene una poderosa mandíbula y es un gran depredador: *La orca tiene una aleta dorsal de gran tamaño. Hemos visto la orca del zoológico.*

orco u **horco** *s. m.* MIT. Lugar donde iban a parar los muertos, según la mitología latina: *El orco era el reino de las tinieblas y de la muerte.*

órdago *s. m.* JUEGOS. Apuesta que se hace en el mus de todo lo que falta para ganar la mano de cartas que se está jugando. FR. Y LOC. **de ~** COLOQUIAL; INTENSIFICADOR. Enorme, muy grande o muy bueno: *Hace un frío de órdago. Nos dimos una comida de órdago.*

ordalía *s. f.* HIST. Prueba medieval a la que se sometía un acusado para probar su inocencia: *La ordalía de agarrar un hierro al rojo vivo para comprobar si el acusado se quemaba o no estaba muy extendida.*

orden *s. m.* 1 (preferentemente en singular; no contable) Modo en que están colocadas las personas o las cosas, según un determinado criterio: *Nos colocaron en orden para* *salir. Tienes que poner en orden tu habitación. Las fichas están colocadas por orden alfabético. Los niños se pusieron por orden de edad.* **2** (preferentemente en singular; no contable) Circunstancia de sucederse los hechos de forma normal, regular y sin alteraciones: *Los autobuses se iban llenando por orden. La manifestación terminó en orden y sin que actuara la policía.* **fuerza* pública** o **fuerzas de ~ público. ~ establecido** Organización social, política, económica e ideológica enraizada en una colectividad: *Mi padre siempre ha sido partidario del orden establecido.* **~ natural** Manera de suceder las cosas según las leyes de la Naturaleza. **~ público** Situación normal de una colectividad en la que existen unas leyes que los ciudadanos y los poderes públicos respetan. **3** RESTRINGIDO. Clase o tipo: *Todos sus juguetes son pistolas, tanques y cosas de ese orden. En otro orden de cosas, y aunque no tenga nada que ver, deberíamos hacer planes para mañana.* **4** (no contable) REL. Entre los cristianos, sacramento del sacerdocio. **5** BIOL. Grupo de clasificación de las plantas y de los animales, situado entre la clase y la familia: *El gato es un ser de la clase de los mamíferos, del orden de los carnívoros y de la familia de los félidos.* **6** ARQ. Cada uno de los estilos de la arquitectura clásica. *Para la prueba tuve que aprender las características de los órdenes arquitectónicos clásicos.* **~ corintio. ~ dórico. ~ jónico. 7** MAT. Calificación que se da a una línea según el grado de la ecuación que la representa: *ecuación de primer orden.* || *s. f.* **8** Indicación o instrucción que se da a una persona, animal o cosa para que haga una cosa o deje de hacerla: *El general dio la orden de atacar. El perro obedece todas mis órdenes.* **9** Tipo de organización religiosa, civil o militar fundada para alguna finalidad concreta y que obedece a unas reglas aprobadas: *la orden de los carmelitas, la orden de Calatrava, la orden del Temple, la orden de Santiago, la orden de las clarisas.* **10** Condecoración o premio oficial que se concede a las personas que destacan por una acción o por una actividad positiva: *orden de Isabel la Católica, orden de Carlos III.* **11** (preferentemente en plural) REL. Cada uno de los grados que componen el orden sacerdotal y son recorridos por los aspiran a alcanzarlo: *órdenes sagradas. Antes de llegar al sacerdocio recibió todas las órdenes menores y las órdenes mayores.* **12** URUG. Ticket o volante de los afiliados de una mutualidad. || **13 ~ del día** RESTRINGIDO. Lista de asuntos que deben ser discutidos en una reunión: *Los organizadores han incluido tu petición en el orden del día de la asamblea de mañana.* **14 ~ sacerdotal** REL. El sexto sacramento de la Iglesia católica, por el cual un hombre llega a ser sacerdote: *Actualmente en la Iglesia católica el orden sacerdotal sólo se concede a los hombres.* FR. Y LOC. **¡a la ~!** o **¡a sus órdenes!** MIL. 1 Se usa para contestar un militar inferior a otro superior que lo haya llamado, a la vez que hace el gesto del saludo: *El general llamó al capitán y éste le dijo: « ¡a sus órdenes, mi general!* 2 COL., VEN.; CORTESÍA. A su disposición, para lo que usted mande o guste. **a su ~** COL., VEN. A sus órdenes. **de ~** Conservador y defensor de las normas e instituciones establecidas: *Don José es todo un hombre de orden.* **del ~ de** Aproximadamente, en torno a: *Habría allí del orden de dos mil ovejas.* **en ~ a** ELEVADO. Respecto a, para, con el fin de: *Lo importante en orden a la crisis mundial es reconocer la situación.* **estar a la ~ del día** Ser ‹una cosa› muy corriente o habitual: *Los robos a ancianos están a la orden del día en esta zona.* **llamar al ~** Advertir ‹una persona› a otra persona que deje de hacer una acción determinada o que no se comporte de una forma determinada: *El jefe nos ha llamado al orden por llegar tarde ayer al trabajo.* **sin ~ ni concierto** De cualquier modo: *No se puede realizar un trabajo sin orden ni concierto.*

ORDEN *s. f.* Sigla de «Organización Democrática Nacionalista», El Salvador.

ordenación *s. f.* **1** Disposición o colocación de las cosas según un método o sistema: *La ordenación alfabética de estos expedientes está mal hecha.* **2** REL. En el Cristianismo, ceremonia religiosa por la que algunas personas reciben las órdenes sagradas para convertirse en sacerdotes: *En su último viaje, el Papa presidió la ordenación de cincuenta sacerdotes.* || **3 ~ del suelo** URB. Conjunto de normas legales que regulan el uso urbano del suelo: *La nueva ordenación del suelo de la ciudad permite la construcción del hipermercado.* **4 ~ del territorio** GEOGR. Estudio de los recursos de una zona geográfica para obtener el máximo rendimiento: *El plan de ordenación del territorio prevé la construcción de una nueva carretera y de un canal para regadío.*

ordenada *s. f.* MAT. Coordenada vertical de un punto en el plano cartesiano: *La letra «y» se usa para representar a la ordenada.*

ordenado, da *adj.* **1** Que hace las cosas con orden: *Tu hermana es una persona muy ordenada.* || **2 par* ~.**

ordenador *adj. / s. m.* y *f.* **1** Que ordena o sirve para ordenar. || *s. m.* **2** INFORM. Máquina electrónica que puede almacenar gran cantidad de datos e información y diferentes programas para hacer operaciones con ellos: *Antes de procesar la información debes meter todos los datos en el ordenador. Voy a ampliar la memoria del ordenador.* SIN. computador. **~ personal** Ordenador para uso individual.

ordenamiento *s. m.* **1** (no contable) DER. Regulación del funcionamiento de una actividad o materia mediante un conjunto de leyes o normas: *Es necesario un ordenamiento de las actividades comerciales con países de fuera de la Unión.* **2** DER. Conjunto de leyes o normas para regular el funcionamiento de una actividad o materia: *ordenamiento jurídico, ordenamiento constitucional.* SIN. reglamento.

ordenancismo *s. m.* (no contable) RESTRINGIDO. Comportamiento de la persona que cumple o hace cumplir las normas de forma estricta: *El ordenancismo del nuevo director retrasa los asuntos del colegio.*

ordenando *s. m.* REL. En el Cristianismo, persona que va a recibir las órdenes sagradas: *El ordenando se acercó con recogimiento al altar.*

ordenanza *s. f.* **1** (preferentemente en plural) DER. Conjunto de normas que rige o regula el comportamiento de un grupo de personas o el funcionamiento de una actividad: *ordenanzas militares, ordenanzas del gremio de panaderos. Según las ordenanzas municipales, no se pueden llevar perros sueltos y sin bozal por la vía pública.* SIN. reglamento. || *s. m. / f.* **2** Persona que, en una oficina, es la encargada de hacer los recados o las funciones no especializadas: *El ordenanza acaba de traer el correo.* || *s. m.* **3** MIL. Soldado que está al servicio de un oficial: *Juan no hace guardias porque es el ordenanza de comandante.* SIN. asistente.

ordenar *v. tr.* **1** Poner ‹una persona› [a varias personas o cosas] en el lugar que les corresponde según un criterio o un método determinado: *La bibliotecaria ordenó los libros* ***en*** *filas. Los encargados han ordenado las fichas* ***por*** *materias.* SIN. organizar, disponer. **2** Decir ‹una persona con autoridad› [lo que debe o no debe hacer otra persona]: *Nos ordenaron que estuviéramos listos. Me han ordenado que monte guardia en el camión.* SIN. mandar. **3** RESTRINGIDO. Dirigir ‹una persona› [una cosa] a [un fin determinado]: *Ordené todos mis esfuerzos* ***a*** *salir de aquella situación embarazosa.* SIN. orientar. **4** REL. En el Cristianismo, administrar ‹un obispo› el sacramento de las órdenes sagradas a [otro sacerdote]: *El obispo ordenó a varios sacerdotes.* || *v. prnl.* **5** REL. En el Cristianismo, recibir ‹una persona› el sacramento de las órdenes sagradas: *Tu hermano se ordena hoy.* FR. Y LOC. **ordeno y mando** COLOQUIAL. Se usa para indicar que una persona ejerce su autoridad con demasiada severidad: *Desde que llegó el nuevo jefe, todo es ordeno y mando.*

ordeñadora *s. f.* GAN. Aparato para ordeñar mecánicamente las vacas.

ordeñar *v. tr.* **1** GAN. Extraer ‹una persona› la leche de [un animal hembra] exprimiendo sus ubres manual o mecánicamente: *Los mozos ordeñaban las vacas.* **2** AGR. Recoger ‹una persona› [un fruto de un árbol] pasando la mano por la rama con un gesto parecido al que se hace para extraer la leche de las ubres de los animales: *ordeñar los olivos.* **3** COLOQUIAL; RESTRINGIDO. Sacar ‹una persona› el máximo provecho de [otra persona o de una cosa]: *No me fío de Pepe, se dedica a ordeñar todo lo que puede a todos los compañeros de la oficina.* **4** URUG.; COLOQUIAL. Robar ‹una persona› combustible de un vehículo.

ordeño *s. m.* (no contable) GAN. Acción y resultado de ordeñar: *En esta granja el ordeño de las vacas es mecánico.*

ordinal *adj.* **1** GRAM. [Adjetivo] que indica orden o sucesión: *adjetivo numeral ordinal.* || *adj. / s. m.* **2** MAT. [Numero] natural que se utiliza para odenar los elementos de un conjunto: *«Primero, tercero» son ordinales.* **número ~.**

ordinariamente *adv. temp.* **1** Por lo común, generalmente, la mayoría de las veces: *Ordinariamente, suelo ir por el atajo.* || *adv. modo* **2** Groseramente, con ordinariez: *Se comportó muy ordinariamente.*

ordinariez *s. f.* **1** (no contable) Cualidad de la persona que se comporta de forma poco educada, utilizando expresiones o realizando acciones groseras o de mal gusto: *No entiendo cómo una mujer como ella puede aguantar la ordinariez de su marido.* SIN. vulgaridad. **2** Expresión o acción grosera o de mal gusto: *No hace más que decir ordinarieces.* SIN. vulgaridad.

ordinario, ria *adj.* **1** Que ocurre habitualmente, sin nada excepcional o extraordinario: *Hoy es un día ordinario. Estos son los trámites ordinarios.* **2** Que está hecho con materiales sencillos, sin refinamiento alguno: *El ricachón del piso de arriba antes llevaba camisas ordinarias, y ahora las lleva de seda.* **3** DER. [Juez, tribunal] que se ocupa en primera instancia de los casos y pleitos. **4** [Correo] que utiliza las vías normales para llegar a su destino, con la tarifa más barata: *¿Quiere el envío certificado o por correo ordinario?* || *adj. / s. m.* y *f.* **5** Que es poco educado y demuestra ordinariez, grosería o mal gusto: *modales ordinarios, gestos ordinarios. Hablas así porque eres una ordinaria.* FR. Y LOC. **de ~** 1 Con frecuencia, muchas veces: *De ordinario, suelo ir al campo los fines de semana.* 2 Habitualmente: *Señor, esté tranquilo, se hará todo como de ordinario.*

ordovícico, ca *adj. / s. m.* **1** GEOL. [Periodo del Primario] que está situado entre el Cámbrico y el Silúrico: *El Ordovícico se caracteriza por la actividad orogénica.* || *adj.* **2** GEOL. De este periodo: *Los primeros vertebrados son ordovícicos.*

oréade *s. f.* (preferentemente en plural) MIT. Cualquiera de las diosas menores que vivían en los bosques y en los montes: *Las oréades eran ninfas.*

orear *v. tr.* **1** RESTRINGIDO. Dejar ‹una persona› que el aire entre en [un lugar] o dé en [una cosa] para secarla, refrescarla o quitarle un olor: *Abre las ventanas para orear la casa.* SIN. airear. || *v. prnl.* **2** RESTRINGIDO. Ponerse ‹una persona› al aire libre para refrescarse o serenarse: *Déjalo que se oree, que está muy nervioso últimamente.* SIN. airearse. **3** RESTRINGIDO. Secarse o airearse, ‹un lugar o una cosa›: *He dejado abierto el garaje para que se oree, porque hay mucha humedad.* SIN. airearse, ventilarse.

orégano *s. m.* Conjunto de plantas herbáceas de la familia de las labiadas, de tallo velloso y flores purpúreas o rosadas, que son aromáticas y se usan como condimento y en perfumería: *El tomate con orégano está muy rico.* FR. Y LOC. **no todo el monte es ~** COLOQUIAL. No todas las cosas son fáciles ni cómodas: *Hemos tenido que trabajar mucho, no todo el monte es orégano.*

oreja *s. f.* **1** Cada uno de los dos cartílagos situados a los lados de la cabeza que recogen las ondas sonoras y las dirigen al interior del oído: *El maestro tenía la manía de tirar de las orejas a los niños. Lávate bien detrás de las orejas.* **orejas de soplillo** COLOQUIAL. Orejas grandes que están muy separadas de la cabeza: *El niño tiene las orejas de soplillo.* **pabellón* de la ~.** **2** Pieza con forma parecida a este cartílago de algunos objetos: *Jorge leía el periódico sentado en un sillón de orejas.* || *s. m. / f.* **3** EL SALVADOR, MÉX. Soplón, confidente de la autoridad. **4** ARG.; COLOQUIAL; PEYORATIVO. [Persona] que es aduladora. FR. Y LOC. **agachar / bajar las orejas** COLOQUIAL. Ceder ‹una persona› en una disputa o réplica: *Después de escuchar los reproches de su amigo, Luis agachó las orejas y se fue.* **calentar las orejas** COLOQUIAL; AMENAZA. Reprender o castigar ‹una persona› a otra persona: *Como se entere tu padre de lo que has hecho, te va a calentar las orejas.* **con las orejas gachas** COLOQUIAL. Avergonzado o sin haber conseguido lo que quería: *Tras la derrota, salió con las orejas gachas.* **de oreja a ~** COLOQUIAL. Se usa para referirse a la boca o a la sonrisa cuando son muy grandes: *Está muy contenta, tiene una sonrisa de oreja a oreja.* **enseñar / descubrir / vérsele la ~** COLOQUIAL. Mostrar una ‹persona› sus auténticas intenciones: *No me gusta Marisa, porque aunque es muy amable, se le ve la oreja.* **mojar la ~** COLOQUIAL. Desafiar ‹una persona› a otra persona: *A mí nadie me moja la oreja.* **planchar la ~** COLOQUIAL. Dormir ‹una persona›: *Me voy a planchar la oreja.* **poner las orejas coloradas** COLOQUIAL. Reprender o decir ‹una persona› palabras desagradables a otra persona. **ser un orejas** COLOQUIAL; INSULTO. Se usa para referirse a la persona que tiene las orejas grandes o despegadas de la cabeza. **sillón* de orejas.** **tener / estar con la mosca* detrás de la ~.** **tirar de las orejas** 1 COLOQUIAL. Tirar varias veces ‹una persona› a otra persona de la oreja para felicitarla: *Todos sus amigos le tiraron de las orejas porque era el día de su cumpleaños.* 2 Reprender ‹una persona› a otra persona: *Si no dejas de hacer travesuras, te voy a tirar de las orejas.* **ver las orejas al lobo** COLOQUIAL. Darse cuenta ‹una persona› de un peligro o dificultad que no había advertido antes: *Hasta que Jaime no suspendió el primer examen, no le vio las orejas al lobo.*

orejear *v. intr.* RESTRINGIDO. Mover ‹un animal› las orejas.

orejera *s. f.* **1** (preferentemente en plural) Pieza que llevan algunos gorros o cascos a cada lado para proteger las orejas, especialmente del frío: *Cuando hace tanto frío, echo de menos un gorro con orejeras.* **2** COL. Pendiente.

orejón, na *adj. / s. m.* y *f.* **1** COLOQUIAL; INSULTO, PEYORATIVO. Orejudo. || *adj.* **2** AMÉR. C., COL., MÉX.; COLOQUIAL en Colombia. Que es tosco o zafio. || *s. m.* **3** Melocotón o albaricoque secado al sol que se consume como un fruto seco: *Nos puso orejones y otros frutos secos como postre.*

orejudo, da *adj. / s. m.* y *f.* COLOQUIAL; INSULTO, PEYORATIVO. Que tiene las orejas grandes o despegadas de la cabeza: *La niña les ha salido un poco orejuda.*

orejuela *s. f.* RESTRINGIDO. Asa pequeña de las bandejas o de otros utensilios parecidos: *Se ha roto la orejuela de la bandeja de plata.*

orensano, na *adj. / s. m.* y *f.* **1** De Orense, ciudad y provincia española: *orujo orensano, las costumbres orensanas. Los orensanos ganaron la copa.* SIN. auriense (RESTRINGIDO).

oreo *s. m.* (no contable) RESTRINGIDO. Acción y resultado de orear u orearse: *La casa necesita un oreo, porque lleva mucho tiempo cerrada.*

orfanato *s. m.* Establecimiento que acoge a niños huérfanos: *Javier se crió en un orfanato.* SIN. orfelinato.

orfanatorio *s. m.* PERÚ. Orfanato.

orfandad *s. f.* **1** (no contable) Situación de los niños que han perdido a uno de sus padres o a los dos: *Muchos niños viven en la calle debido a la orfandad.* **2** (no contable) Pensión que reciben algunos niños huérfanos: *Carlota dejó de recibir la orfandad cuando encontró trabajo.*

orfebre *s. m. / f.* Persona que tiene por oficio fabricar objetos de orfebrería: *El orfebre trabajaba el oro y la plata en su taller.*

orfebrería *s. f.* **1** (no contable) Arte y oficio de trabajar metales como el oro o la plata para hacer objetos artísticos: *La orfebrería es un oficio artesanal.* **2** (no contable) Conjunto de este tipo de objetos: *En este pueblo la orfebrería es muy bonita.*

orfelinato *s. m.* VEN.; RESTRINGIDO en España. Orfanato.

orfeón *s. m.* MÚS. Grupo de personas que cantan en coro: *el Orfeón Catalán.* SIN. coral.

orfismo *s. m.* REL., MIT. Conjunto de misterios religiosos de la antigua Grecia, atribuidos a Orfeo, caracterizados por su creencia en la vida después de la muerte y en la metempsicosis.

organdí (plural *organdíes*, preferible a *organdís*) *s. m.* (no contable) Tela de algodón transparente y brillante, de consistencia rígida: *un vestido de Primera Comunión de organdí blanco.*

organicismo *s. m.* **1** (no contable) SOCIOL. Teoría que afirma que las sociedades son organismos semejantes a los seres vivos. **2** (no contable) MED. Teoría médica que atribuye cualquier enfermedad a una lesión orgánica.

orgánico, ca *adj.* **1** BIOL. Que tiene vida: *Un ser orgánico es un ser vivo.* ANT. Inorgánico. **2** BIOL. De los órganos o del organismo de los seres vivos: *función orgánica. Ese enfermo tiene una lesión orgánica.* **3** Que está formado por partes diferenciadas pero que desempeñan funciones coordinadas o constituyen un conjunto armónico: *estructura orgánica, reglamento orgánico.* **4** QUÍM. [Sustancia] que tiene el carbono como componente constante, el cual se combina con otros elementos. **química* orgánica.** **5** MED. [Síntoma, trastorno] que indica una alteración patológica de los órganos, que va acompañada de lesiones visibles y duraderas. ANT. funcional. || **6 ley* orgánica.**

organigrama *s. m.* Esquema de la organización de una empresa, una entidad o un sistema: *Nos dibujó el organigrama del ministerio. La orden afecta a todo el organigrama.*

organillero, ra *s. m. / f.* MÚS. Persona que toca el organillo: *La niña siempre se para ante el organillero de la esquina.*

organillo *s. m.* MÚS. Instrumento con forma de piano pequeño, que produce música mecánicamente al girar una manivela que impulsa un cilindro con púas que pulsan varias varillas mecánicas: *Mi abuelo tocaba el organillo.*

organismo *s. m.* **1** BIOL. Ser vivo: *organismo unicelular, organismo pluricelular.* **2** BIOL. Conjunto de órganos que forman un ser vivo: *Fumar es nocivo para el organismo. El organismo de este animal está deteriorado.* **3** Institución o entidad pública o privada que se ocupa de asuntos de interés general: *organismo internacional, organismo autónomo.*

organista *s. m. / f.* MÚS. Persona que toca el órgano, generalmente por profesión: *El organista tocó la marcha nupcial cuando entraban los novios.*

organización *s. f.* **1** (no contable) Capacidad para hacer las cosas de modo ordenado y eficiente: *Hay que pedirle más organización en su trabajo. La organización del concierto fue excelente.* ANT. desorganización. **2** Asociación de personas o entidades que se unen para conseguir un fin: *la Organización de las Naciones Unidas, la Organización Internacional del Trabajo.* **3** (no contable) BIOL. Disposición de los órganos del cuerpo de un ser vivo: *La organización del ser humano es muy compleja.*

organizar *v. tr.* **1** Colocar ‹una persona› [una serie de elementos] de modo que cada uno de ellos tenga un lugar o una función dentro del conjunto: *Los romanos organizaron el Imperio en provincias. Hemos organizado a los alumnos en cinco grupos.* SIN. estructurar. **2** Reunir ‹una persona› [a un conjunto de personas o países] estableciendo cómo deben actuar conjuntamente para lograr un objetivo: *Tenemos que organizar a todos los países mediterráneos para evitar la contaminación del mar.* **3** Poner ‹una persona› [a varias personas o cosas] en el lugar que les corresponde según un criterio o un método determinado: *La secretaria organizó las carpetas alfabéticamente.* **4** Preparar ‹una persona› [una cosa]: *Ellos van a organizar el próximo congreso.* **5** Hacer o producir ‹una persona o una cosa› [una cosa]: *Los estudiantes organizaron un escándalo.* || *v. prnl.* **6** Reunirse ‹un conjunto de personas o países› para lograr un objetivo: *Los trabajadores se organizaron en un sindicato.* SIN. agruparse. **7** Producirse ‹una cosa›: *Se organizó un atasco a causa del accidente.* **8** Imponerse ‹una persona› a sí misma orden en sus asuntos o actividades: *Si te organizas un poco, trabajarás más rápido.* ⇒ **19.**

órgano *s. m.* **1** BIOL. Cada una de las partes diferenciadas del cuerpo de un ser vivo: *los órganos del aparato digestivo, los órganos genitales.* **2** Parte de un conjunto con una función o finalidad: *los órganos de gobierno de la universidad. Hay que votar para constituir los órganos colegiados de la asociación médica.* **3** MÚS. Instrumento musical de viento y teclado. **~ electrónico.**

organogénesis (plural *organogénesis*) *s. f.* BIOL. Proceso de formación y desarrollo de los órganos de un ser vivo.

organogenia *s. f.* (no contable) BIOL. Estudio de la formación y desarrollo de los órganos de un ser vivo.

organografía *s. f.* (no contable) BIOL. Parte de la Biología que estudia los órganos vegetales o animales.

organología *s. f.* **1** (no contable) BIOL. Estudio de los órganos de los vegetales o los animales. **2** (no contable) MÚS. Estudio de la construcción de los instrumentos musicales y de su historia.

orgánulo *s. m.* BIOL. Parte o estructura de una célula que desempeña en ésta la función de un órgano.

organza *s. m.* (no contable) Organdí: *La nena llevaba un vestido de organza rosa.*

orgasmo *s. m.* Momento de mayor excitación de los órganos sexuales, en que se experimenta el placer más intenso: *tener un orgasmo, llegar al orgasmo.*

orgía *s. f.* **1** Fiesta en la que se exaltan los placeres relacionados con la comida, la bebida y el sexo: *organizar una orgía, participar en una orgía. Las orgías romanas fueron famosas.* **2** Satisfacción desenfrenada de los deseos y las pasiones: *En casa de Pepe, cada fiesta se convertía en una orgía.*

orgiástico, ca *adj.* ELEVADO. De la orgía o que tiene relación con la orgía: *fiestas orgiásticas, escenas orgiásticas.*

orgullo *s. m.* **1** (no contable) Satisfacción personal que se siente por algo propio o relacionado con uno mismo y que se considera digno de mérito: *Berta ha tenido el orgullo de ser la primera mujer en mandar un petrolero. El hijo mayor es el orgullo de su familia.* **2** (no contable) Sentimiento y actitud del que se considera superior a los demás: *No tienes que tener tanto orgullo. No soporto su orgullo. Deberías tragarte tu orgullo y pedirle disculpas a Carmen.* SIN. soberbia. ANT. humildad. **3** (no contable) Amor propio, estima y respeto hacia uno mismo: *Te falta orgullo para competir. Nunca debes perder tu orgullo. Su orgullo no le permitió desfallecer.* SIN. pundonor.

orgulloso, sa *adj.* **1** (estar; antepuesto / pospuesto) Que siente orgullo: *Estoy orgullosa **de** mí misma porque he conseguido lo que quería a fuerza de luchar mucho. La orgullosa madre mostraba la satisfacción por el premio de su hijo.* || *adj. / s. m.* y *f.* **2** (antepuesto / pospuesto) Que tiene orgullo o soberbia: *Su orgulloso carácter resulta antipático. Laura se dio la vuelta con un gesto orgulloso. El nuevo director no resulta simpático porque es un orgulloso y un arrogante.*

orientación *s. f.* **1** Consejo o información que se da a una persona: *Le di tres o cuatro orientaciones y ahora lleva la tienda ella sola.* SIN. instrucción. **2** Sentido o dirección que una persona da a sus acciones: *una empresa de orientación exportadora, la orientación moderada de un discurso. Después del accidente, le dio una orientación religiosa a su vida.* **3** (no contable) Capacidad para saber la dirección por donde ir o el lugar donde se está: *Las palomas mensajeras tienen una orientación excelente.* **sentido de la ~.** **4** Situación de una persona o una cosa respecto a los puntos cardinales: *La orientación de la fachada de la catedral es a occidente.* **5** Colocación de una cosa en una posición o de una manera determinada: *la orientación de una antena.*

oriental *adj.* **1** GEOGR. Del Este o del Oriente: *costa oriental, región oriental.* **mundo ~.** **2** URUG. Uruguayo. || *adj. / s. m.* y *f.* **3** De Asia o de los países asiáticos: *danza oriental, lengua oriental. Los orientales son especialistas en la meditación.* || **4 amatista* ~.**

orientalismo *s. m.* **1** (no contable) Conjunto de estudios y conocimientos sobre los pueblos asiáticos: *Ana es una de las mejores expertas en Orientalismo.* **2** (no contable) Afición a todo lo relacionado con los pueblos asiáticos: *En todos sus poemas aparece un orientalismo evidente.*

orientalista *adj. / s. m.* y *f.* **1** [Persona] que se dedica por profesión al Orientalismo: *congreso de orientalistas.* || *adj.* **2** Del Orientalismo: *publicación orientalista.*

orientar *v. tr.* **1** Situar ‹una persona› [a otra persona o una cosa] en [una determinada dirección] respecto a los puntos cardinales: *El técnico orientó la antena **hacia** el repetidor. Quieren orientar la casa **al** sur.* **2** Indicar ‹una persona› [a otra persona] el lugar en que se encuentra o la dirección que debe seguir para ir donde desea: *Los guardias orientaron a los excursionistas que se habían perdido. Queremos que nos oriente **sobre** cuál es el mejor camino para llegar a Ávila.* **3** Dirigir ‹una persona› [su actitud, su conducta o sus acciones] hacia [un objetivo]: *Mi hermana ha orientado su vida **hacia** la enseñanza. Este partido orienta la campaña electoral **hacia** los jóvenes y jubilados.* || *v. tr. / prnl.* **4** Dar ‹una persona› [a otra persona] información sobre [una cosa que ignora respecto a un asunto]: *El jefe de estudios orientó a los alumnos **sobre** cómo debían matricularse.* || *v. prnl.* **5** Dirigirse ‹la actitud, la conducta o las acciones de una persona› hacia [un objetivo]: *La política exterior española se ha orientado **hacia** los países iberoamericanos.* **6** Conocer ‹una persona o un animal› la dirección que debe seguir o el lugar en que se encuentra: *Pilar se orienta muy bien en cualquier ciudad.*

orientativo, va *adj.* Que sirve para comprender un hecho o un dato real: *El precio orientativo ronda las cinco mil pesetas. Esta información es sólo un dato orientativo.*

oriente *s. m.* **1** (preferentemente con mayúscula) GEOGR. Este, punto cardinal: *El paquebote puso rumbo a oriente.* **2** GEOGR. Lugar que, en comparación con otro, está más cercano a este punto: *el Imperio Romano de Oriente.* **3** (con mayúscula) GEOGR. Región que comprende Asia y las partes más próximas a ésta de Europa y África: *Los Reyes vuelven el lunes de su viaje a Oriente.* **4** Brillo de una perla por el que se sabe su valor. **5** POLÍT. Logia masónica de una provincia. || **6 Extremo / Lejano Oriente** GEOGR. Conjunto de países del Este de Asia. **7 Oriente Medio** GEOGR. Conjunto de países situados entre el noreste de África y el suroeste de Asia. **8 Oriente Próximo** o **Cercano Oriente** GEOGR. Oriente Medio.

orificar *v. tr.* RESTRINGIDO. Rellenar ‹el dentista› la caries de [una muela o diente] con oro. ⇒ **71.**

orífice *s. m.* RESTRINGIDO. Artesano que trabaja el oro.

orificio *s. m.* **1** Agujero pequeño, especialmente si se ha hecho intencionadamente o con una función determinada: *un orificio de bala.* **2** ANAT. Abertura del cuerpo que comunica un órgano interno con el exterior: *los orificios de la nariz.*

oriflama *s. f.* ELEVADO. Estandarte o bandera que ondea al viento.

origen *s. m.* **1** Principio o momento en que empieza una cosa: *el origen de la vida en la Tierra, en los orígenes del hombre.* SIN. comienzo. ANT. fin. **2** Causa, hecho o circunstancia que determina la aparición o la existencia de una cosa: *el origen de un mal. La embriaguez era el origen de su extraña conducta.* SIN. motivo. **3** Clase social y económica a la que pertenece la familia de una persona cuando ésta nace: *Su novio es un chico de origen humilde. Su origen aristocrático se notaba en sus costumbres.* **4** Lugar de procedencia de una persona o de una cosa: *Fuma tabaco de origen cubano. Estos productos llevan la denominación de origen.* **5** GEOM. Punto donde se cortan los ejes de coordenadas. FR. Y LOC. **dar ~ a** Causar o provocar ‹una persona o una cosa› una cosa: *Su comportamiento ha dado origen a comentarios desagradables.* **de ~** 1 Se usa para referirse al lugar del que procede una persona o una cosa, o a partir del cual comienza una cosa: *Ella era venezolana de origen.* 2 Se usa para referirse a lo que está en una persona o en una cosa desde el momento en que empieza a existir: *El coche tiene un fallo de origen.* **denominación* de ~.**

original *adj.* **1** Del origen: *Según la Biblia, Adán y Eva cometieron el pecado original. ¿Cuál es la causa original, el principio de todo? La idea original era hacer un parque, pero han hecho un aparcamiento.* **2** (antepuesto / pospuesto) Que es contrario a lo acostumbarado, o que sorprende por su singularidad: *¡Qué originales son tus pantalones! Su padre es un hombre muy original. Lo que propones es una original idea, pensaré en ella.* || *adj. / s. m.* **3** Que no copia, imita o traduce una cosa, sino que es una novedad o creación espontánea: *artista original, estilo original. Esta película se emite en versión original. Ésta es la firma original, y la de al lado la falsificada.* || *s. m.* **4** Escrito o texto que se da a la imprenta: *He entregado un original a la editora. Tengo un original de Pérez Galdós.* **5** Persona, animal o cosa que se reproduce en dibujo, pintura, escultura o fotografía: *Este retrato no se parece al original. No sirven fotocopias, necesitamos el documento original.*

originalidad *s. f.* **1** (no contable) Cualidad de original: *la originalidad de la película, la originalidad de su manera de pensar. Tu amiga siempre llama la atención por su originalidad en el vestir.* **2** Acción, actitud u obra poco comunes o que son extrañas: *Laura es amiga de originalidades.*

originalmente *adv. modo* **1** Con originalidad, de modo original: *Nunca he visto una escultura tan originalmente concebida.* || *adv. temp.* **2** Al principio, originariamente: *Originalmente, esta catedral fue una modesta capilla.* || *adv. restrictivo.* **3** En cuanto al origen: *Dos obras originalmente tan diversas tienen, no obstante, un gran parecido.*

originar *v. tr.* **1** Ser ‹una persona o una cosa› origen, motivo o causa de [una cosa]: *Su actitud ha originado muchos problemas.* SIN. causar. || *v. prnl.* **2** Dar ‹una cosa› comienzo: *¿Cómo se originó la vida en la Tierra?*

originariamente *adv. temp.* Al comienzo (de cierta cosa consabida), en su época inicial: *Originariamente, la casa estuvo destinada a menesteres menos nobles.*

originario, ria *adj.* **1** Que da origen o es el principio de una persona o de una cosa: *forma originaria. La causa originaria de su enfermedad fue una gripe mal curada.* **2** Que procede de un lugar determinado: *Sus abuelos son originarios de Marruecos, aunque él no nació allí. ¿De dónde es originario el cacao?* **3** Que es el primero de varios sucesivos: *Ésta es la fachada originaria de la iglesia. Hay que reivindicar los estatutos originarios de la sociedad.*

orilla *s. f.* **1** Línea que limita una superficie: *la orilla del papel. Mis tierras acaban en la orilla del río. El tren corre paralelo a la orilla del camino.* SIN. borde. **2** Parte de una cosa que está junto a la línea que limita su superficie: *las dos orillas del Atlántico. La barca se acercó lentamente a la orilla.* **3** (plural) ARG., MÉX., URUG. Arrabales de una población.

orillar *v. tr.* **1** RESTRINGIDO. Evitar ‹una persona› [un obstáculo o una dificultad]: *El camión orilló con dificultad al ciclista caído.* SIN. esquivar. **2** ELEVADO. Apartar ‹una persona› [a otra persona o una cosa]: *No podemos orillar en la empresa la situación del mercado.* **3** Reforzar ‹una persona› [el borde de una tela] con puntadas para que no se deshaga. || *v. intr. / prnl.* **4** RESTRINGIDO. Aproximarse ‹una persona› a la orilla: *El coche de la policía* ***se*** *orilló y nos obligó a pararnos.*

orillero, ra *adj. / s. m.* y *f.* ARG., CHILE. Que es propio de las afueras o de los arrabales de una ciudad o está allí.

orillo *s. m.* Borde de las piezas de tela tal como sale de la fábrica, de aspecto y consistencia más basto que el resto de la pieza.

orín *s. m.* **1** (no contable) Capa de óxido rojizo que se forma en la superficie del hierro por la acción de la humedad: *La cerradura de la verja no funciona porque está llena de orín.* **2** RESTRINGIDO. (no contable) Orina: *El suelo estaba lleno de orines de perros.*

orina *s. f.* (no contable) Líquido amarillo que se produce en los riñones de los vertebrados como producto del proceso de filtrar y purificar la sangre, y que se expulsa al exterior por la uretra: *un análisis de orina, la vejiga de la orina. El niño tiene una infección de orina.* **bolsa de la ~.**

orinal *s. m.* Recipiente para recoger la orina o los excrementos: *Su hijo es muy pequeño y todavía usa el orinal.*

orinar *v. intr.* **1** RESTRINGIDO. Expulsar ‹una persona o un animal› la orina del cuerpo: *El viajero se paró a orinar a un lado de la carretera.* SIN. mear (VULGAR). || *v. tr.* **2** RESTRINGIDO. Expulsar ‹una persona o un animal› [un líquido diferente de la orina] por la uretra: *El enfermo orinó sangre.* || *v. prnl.* **3** RESTRINGIDO. Expulsar ‹una persona› la orina del cuerpo involuntariamente: *Esta noche el niño se ha orinado en la cama.* SIN. mearse (VULGAR).

oriundo, da *adj. / s. m.* y *f.* Que procede de un lugar determinado: *Este queso es oriundo* ***de*** *Cabrales. Aquel jugador es un oriundo* ***de*** *Huesca.*

órix (plural *órix*) *s. m.* (macho y hembra) ZOOL. Género *Oryx.* Mamífero rumiante de cuerpo robusto, pelaje castaño o blanco y largos cuernos, que habita en las estepas áridas africanas.

orla *s. f.* **1** Franja de adorno que se pone en el borde de algunas cosas, como telas, cuadros, papeles: *la orla del vestido, la orla del cuadro, la orla de la tela.* **2** Cuadro que recoge las fotografías de los alumnos de una misma promoción académica y sus profesores: *El doctor ha colgado la orla en el despacho. Lupe está a mi lado en la orla del curso.*

orlar *v. tr.* ELEVADO. Poner ‹una persona› una orla alrededor de [una cosa]: *Las mujeres de la cofradía orlaron el altar de la Virgen de claveles rojos y blancos.*

orlón (marca registrada) *s. m.* (no contable) Fibra textil sintética similar a la lana: *La bufanda es de orlón.*

ormesí (plural *ormesíes*, preferible a *ormesís*) *s. m.* (no contable) Tela fuerte de seda muy tupida que hace aguas.

ornamentación *s. f.* **1** (no contable) ELEVADO. Colocación de las cosas que se ponen para adornar: *Los comercios han colaborado en la ornamentación de la calle.* SIN. ornamento. **2** (no contable) ELEVADO. Conjunto de cosas que se ponen para adornar: *La ornamentación de la ciudad para recibir al ilustre invitado es muy rica.* SIN. ornamento.

ornamental *adj.* **1** ELEVADO. Que sirve para adornar o decorar: *motivos ornamentales.* **2** ELEVADO. Que no tiene una función o un valor reales o necesarios, sino puramente superfluos: *Su cargo es puramente ornamental, no tiene ninguna capacidad de decisión.*

ornamentar *v. tr.* ELEVADO. Poner ‹una persona› adornos en [una cosa]: *Tenemos que ornamentar el árbol de Navidad.* SIN. adornar.

ornamento *s. m.* **1** ELEVADO. Aquello que se pone para embellecer o mejorar a una persona o una cosa: *La sala queda recargada con tantos ornamentos.* SIN. adorno. **2** (no contable) ELEVADO. Colocación de las cosas que se ponen para adornar: *Tenemos que dedicar una tarde al ornamento de la iglesia.* SIN. ornamentación. **3** (no contable) ELEVADO. Conjunto de cosas que se ponen para adornar: *Hemos comprado el ornamento para la fiesta.* SIN. ornamentación. **4** ELEVADO. Cualidades positivas de una persona: *La generosidad es uno de los muchos ornamentos que posee.* **5** (en plural) REL. Ropas que se pone el sacerdote católico para celebrar una ceremonia religiosa: *El sacerdote se puso los ornamentos antes de salir de la sacristía.*

ornar *v. tr.* **1** ELEVADO. Poner ‹una persona› adornos en [una cosa]: *Mi abuelo suele ornar sus historias de chistes finísimos.* SIN. adornar. **2** RESTRINGIDO. Adornar ‹una cualidad› [a una persona]: *La humildad y la hermosura ornaban a la princesita.* **3** ELEVADO. Adornar ‹una cosa› [otra cosa]: *Varios cientos de naranjas ornaban los salones del hotel.*

ornato *s. m.* ELEVADO. Ornamento.

ornitología *s. f.* (no contable) Parte de la Zoología que estudia las aves: *Su prima está especializada en ornitología.*

ornitológico, ca *adj.* ZOOL. De la ornitología: *estudio ornitológico.*

ornitólogo, ga *s. m/f.* ZOOL. Persona que se dedica por profesión al estudio de las aves: *Es ornitólogo aficionado. Su mujer es una ornitóloga de prestigio internacional.*

ornitomancia u **ornitomancía** *s. f.* RESTRINGIDO. Práctica de adivinar el futuro por medio de la interpretación del vuelo o el canto de las aves: *Los romanos creían en la ornitomancia.*

ornitorrinco *s. m.* (macho y hembra) *Ornithorhynchus anatinus.* Mamífero australiano de cuerpo aplanado, patas cortas, y hocico en forma de pico de pato, que se reproduce por huevos pero amamanta a sus crías como los demás mamíferos: *El ornitorrinco vive en profundas galerías que excava al lado de los ríos.*

oro *s. m.* **1** (no contable) *Au.* Elemento químico metálico, amarillo brillante, muy dúctil, maleable y resistente a la oxidación, que se usa en joyería: *pendientes de oro, pepitas de oro, lingote de oro, reloj de oro, oro de ley, chapado en oro.* **medalla de ~. 2** (no contable) Joyas y objetos de este metal: *Cuando sé que voy a llegar de madrugada, me quito todo el oro para que no me roben.* **3** (no contable) Dinero o riqueza: *Esta familia tiene mucho oro.* **4** DEP. Primer premio de una competición deportiva: *ganar el oro, conseguir el oro.* **5** (en plural) JUEGOS. Palo de la baraja española: *as de oros, rey de oros, sota de oros. ¿Ha salido ya el tres de oros?* ‖ *adj./s. m.* **6** Color amarillo brillante, parecido al de este metal: *La niña lo ha pintado de oro. El torero llevaba un traje de grana y oro.* ‖ **7 ~ batido** Lámina muy fina de oro. **8 ~ blanco** MINERAL. Aleación de oro con níquel o con paladio. **9 ~ molido 1** MINERAL. Oro en polvo. **2** COLOQUIAL; INTENSIFICADOR. Persona o cosa excelente: *Esta mujer es oro molido, sólo tiene virtudes.* **10 ~ negro** MINERAL. Petróleo. **11 patrón* ~. 12 vellocino* de ~.** FR. Y LOC. **a precio de ~** COLOQUIAL; INTENSIFICADOR. A un precio muy caro: *La carne está a precio de oro.* **batidor* de ~. bodas* de ~. broche* de ~. como los chorros* del ~. como ~ en paño** COLOQUIAL; INTENSIFICADOR. Con mucho cuidado o con mucho cariño: *Pedro guardó su foto como oro en paño.* **de ~** INTENSIFICADOR. Muy bueno: *Mi abuela tiene el corazón de oro. Marta tiene unas manos de oro, todo lo arregla. Este consejo es una regla de oro que nunca debes olvidar.* **edad* de ~** o **edad dorada. el ~ y el moro** COLOQUIAL; INTENSIFICADOR. Se usa para exagerar la cantidad o la cualidad de una cosa: *Parecía que nos iban a dar el oro y el moro en la empresa, pero resultó una tomadura de pelo.* **hacerse* de ~. la gallina* de los huevos de ~. libro* de ~. llave* de ~. no es ~ todo lo que reluce** COLOQUIAL. Se usa para indicar que la apariencia de una cosa puede engañar: *Parecía una buena persona, pero ya ves que no es oro todo lo que reluce.* **~ del que cagó el moro** VULGAR. Cosa de poca calidad o valor. **pan* de ~. pico* de ~. por nada del mundo*** o **(ni) por todo el ~ del mundo. regla* de ~. ser una mina* de ~. siglo* de ~. tener un corazón* de ~. toisón* de ~. valer su peso* en ~. vara* de ~.**

orobanca *s. f. Orobanche crenata.* Género de plantas parásitas que carecen de clorofila y tienen flores blancas en racimo: *La orobanca es una planta perenne.*

orogénesis (plural *orogénesis*) *s. f.* (no contable) GEOL. Conjunto de fenómenos relacionados con los movimientos tectónicos de la corteza terrestre que determinan la formación de las montañas y cordilleras: *Los Pirineos son un caso de orogénesis alpina.*

orogenia *s. f.* **1** (no contable) GEOL. Parte de la Geología que estudia la formación de las montañas. **2** (no contable) GEOL. Conjunto de movimientos tectónicos que originan la formación de montañas o cordilleras.

orogénico, ca *adj.* GEOL. De la orogenia: *movimiento orogénico, estudio orogénico, ciclo orogénico.*

orografía *s. f.* **1** (no contable) Parte de la Geografía que estudia el relieve de la Tierra: *Mi hijo estudia orografía porque se está especializando en Geografía Física.* **2** (no contable) GEOGR. Relieve montañoso de un lugar.

orográfico, ca *adj.* GEOGR. De la orografía: *relieve orográfico, estudio orográfico.*

orometría *s. f.* (no contable) Parte de la Geografía que se ocupa de la medición de las montañas.

orondo, da *adj.* **1** (ser/estar; antepuesto/pospuesto) COLOQUIAL; RESTRINGIDO. Que es gordo: *Tenía una oronda barriga. Su aspecto orondo es inconfundible.* **2** (estar) COLOQUIAL; RESTRINGIDO. Que está orgulloso o satisfecho consigo mismo:

El actor estaba orondo de satisfacción cuando lo aplaudieron. Después de decir esa tontería, Ana se quedó tan oronda.

oronimia *s. f.* (no contable) LING. Parte de la toponimia que estudia el origen y significado de los orónimos.

orónimo *s. m.* LING. Nombre de una montaña o de una cordillera: *El estudio de los orónimos puede ser una fuente de datos para la etnolingüística.*

oropel *s. m.* **1** RESTRINGIDO. Lámina fina de latón que imita al oro: *El salón relucía de oropeles.* **2** RESTRINGIDO; PEYORATIVO. Cosa de poco valor y mucha apariencia: *No debes dejarte llevar por los oropeles, sino trabajar con seriedad.* **3** (no contable) RESTRINGIDO; PEYORATIVO. Ostentación o exhibición de riqueza: *Fue una fiesta con mucho oropel.*

oropéndola *s. f.* (macho y hembra) ZOOL. *Oriulus oriulus.* Ave paseriforme de color generalmente amarillo y negro, más brillante en el macho, que tiene un canto muy característico, hace el nido colgándolo de las ramas de los árboles y habita en bosques cálidos de Eurasia y África: *Las oropéndolas viven ocultas en el follaje de los bosques.*

oroya *s. f.* PERÚ. Cesta que se desliza por un alambre para atravesar un río o un barranco.

orozuz *s. m.* BOT. Regaliz, planta.

orquesta *s. f.* **1** MÚS. Conjunto formado por instrumentistas e instrumentos de cuerda, viento y percusión que interpretan obras musicales: *orquesta de jazz, orquesta sinfónica.* **~ de cámara** Orquesta compuesta por un número reducido de músicos. **2** TEATRO. En el teatro, lugar destinado a los músicos, situado generalmente entre el patio de butacas y el escenario: *El incendio empezó en la orquesta.*

orquestación *s. f.* MÚS. Acción y resultado de orquestar una pieza musical: *La orquestación de estas canciones está muy bien hecha.*

orquestal *adj.* MÚS. De la orquesta sinfónica: *música orquestal, arreglos orquestales.*

orquestar *v. tr.* **1** MÚS. Preparar o arreglar ‹una persona› [una pieza de música] para que pueda ser interpretada por una orquesta: *El maestro está orquestando varias canciones del Siglo de Oro.* **2** Dirigir ‹una persona› [un plan, una actividad o un grupo] coordinando sus distintos elementos: *La oposición ha orquestado una campaña de desprestigio.* SIN. organizar.

orquestina *s. f.* MÚS. Agrupación musical de pocos y variados instrumentos que generalmente toca música de baile: *Bailamos todos los pasodobles que tocó la orquestina.*

orquidáceo, a *adj. / s. f.* **1** Orquídea. || *s. f.* **2** (en plural) Familia de estas plantas.

orquídea *adj. / s. f.* **1** Género de plantas monocotiledóneas de uso ornamental, cultivadas por los vistosos colores y las formas raras de sus flores. || *s. f.* **2** Flor de esta planta: *Felipe le regaló una orquídea el día de su santo.*

orquitis (plural *orquitis*) *s. f.* MED. Inflamación del testículo.

-orro, rra *suf.* Forma adjetivos con valor despectivo a partir de adjetivos, y sustantivos con valor despectivo a partir de sustantivos: *feo - feorro, vida - vidorra.*

orsay (del inglés) *s. m.* DEP.; RESTRINGIDO. Fuera de juego: *El árbitro pitó orsay y anuló el gol.* FR. Y LOC. **en ~** COLOQUIAL. Despistado o distraído o en situación ilegal: *La maestra le dijo a Juan que leyera, pero lo pilló en orsay y no pudo.*

ortega *s. f.* (macho y hembra) *Pterocles orientalis.* ZOOL. Ave parecida a la paloma, de cuerpo robusto, plumaje gris y amarillento, y alas largas y puntiagudas, que tiene un vuelo rápido y habita en terrenos pedregosos de la Península Ibérica.

ortiga *s. f. Urtica dioica.* Planta herbácea de flores en racimo y hojas agudas y aserradas recubiertas de pelos que segregan un líquido irritante para la piel: *He rozado una ortiga y me pica mucho la pierna.*

ortigal *s. m.* Lugar poblado de ortigas: *Si te metes en ese ortigal, vas a salir con las piernas destrozadas.*

orto *s. m.* **1** ELEVADO. Aparición del sol o de otro astro por el horizonte: *El orto del Sol se produjo hoy a las seis.* **2** ARG., URUG.; VULGAR. Ano.

ortocentro *s. m.* GEOM. Punto en el que se cortan las alturas de un triángulo.

ortoclasa *s. f.* (no contable) MIN. Ortosa.

ortodoncia *s. f.* **1** (no contable) MED. Parte de la Odontología que se ocupa del tratamiento y corrección de los dientes malformados o desplazados: *Este dentista es especialista en ortodoncia.* **2** MED. Tratamiento y corrección de las malformaciones y de los desplazamientos de la dentadura: *El dentista le hizo una ortodoncia.*

ortodoxia *s. f.* **1** (no contable) Conformidad con los dogmas o principios de una teoría o doctrina: *Este ministro sigue la más pura ortodoxia económica del liberalismo. El ballet moderno no se ajusta a la ortodoxia.* **2** REL. Conjunto de las iglesias cristianas ortodoxas: *En Grecia, Rumanía y Rusia predomina la ortodoxia.*

ortodoxo, xa *adj. / s. m.* y *f.* **1** (antepuesto / pospuesto) Que es partidario de los dogmas o principios de una teoría o doctrina: *Su hermano es un marxista ortodoxo. Los ortodoxos de la Iglesia católica cumplen con todas las obligaciones de su religión. La ortodoxa trayectoria de este político le da credibilidad.* ANT. heterodoxo. **2** REL. De la religión cristiana de la Europa oriental: *la Iglesia ortodoxa, los cristianos ortodoxos.* **religión ortodoxa.**

ortoedro *s. m.* GEOM. Prisma recto de base rectangular.

ortofonía *s. f.* **1** (no contable) FON. Pronunciación correcta de los sonidos de una lengua: *La ortofonía es esencial en un actor.* **2** Disciplina que estudia y trata la corrección de los defectos de la voz y de la pronunciación de los sonidos de una lengua: *En algunas facultades de Medicina se estudia ortofonía en colaboración con los especilistas de fonética.*

ortogénesis (en plural *ortogénesis*) *s. f.* (no contable) BIOL. Teoría evolutiva según la cual un organismo vivo tiende a desarrollar un determinado carácter: *La ortogénesis es posterior a la hipótesis de Darwin.*

ortogonal *adj.* GEOM. Que forma ángulo recto: *plano ortogonal.*

ortografía *s. f.* **1** (no contable) GRAM. Forma correcta de escribir las palabras y poner los signos de puntuación en un texto: *Antes de entregar el examen, Ana repasó la ortografía.* **2** (no contable) GRAM. Manera de escribir las palabras de una lengua y de puntuar un texto: *Este chico tiene muy mala ortografía. Has mejorado tu ortografía.* **3** (no contable) Parte de la gramática de una lengua que regula la escritura y la puntuación: *reglas de ortografía.*

ortográfico, ca *adj.* GRAM. De la ortografía: *Cada lengua tiene sus reglas ortográficas. El acento es un signo ortográfico.*

ortología *s. f.* **1** (no contable) FON. Arte de pronunciar los sonidos de una lengua correctamente y de hablar con corrección: *La ortología es algo que deben cuidar los maestros en clase.* **2** (no contable) Parte de la gramatica de una lengua que da las normas de la correcta pronunciación: *Algunas gramaticas descuidan la ortología.*

ortológico, ca *adj.* GRAM. De la ortología: *normas ortológicas, errores ortológicos.*

ortopedia *s. f.* **1** (no contable) Parte de la Medicina que estudia y trata las deformidades o desviaciones del cuerpo humano, especialmente de los huesos, tendones y músculos: *La ortopedia hace posible que muchas personas tengan una vida normal, gracias a las prótesis.* **2** Establecimiento especializado en aparatos y productos para corregir las deformidades y desviaciones del cuerpo humano: *Me han hecho unas plantillas para pies planos en la ortopedia.*

ortopédico, ca *adj.* **1** MED. De la ortopedia: *aparato ortopédico.* **bota* ortopédica. corsé* ~. plantilla* ortopédica.** **2** COLOQUIAL, RESTRINGIDO; PEYORATIVO. Que es artificial o que destaca en un conjunto como postizo: *Tu hermano le ha puesto al coche unos retrovisores ortopédicos. El gorro que lleva le queda muy ortopédico.*

ortóptero *adj. / s. m.* **1** (macho y hembra) ZOOL. [Insecto] que tiene el último par de patas adaptado al salto, y generalmente dos pares de alas: *El saltamontes y el grillo son insectos ortópteros.* ‖ *s. m.* **2** (en plural) ZOOL. Orden que forman los insectos ortópteros.

ortosa *s. f.* (no contable) MIN. Feldespato formado por silicato de aluminio y potasio, muy abundante en las rocas volcánicas, que se emplea en la fabricación de porcelanas o materiales refractarios: *El granito es rico en ortosa.* SIN. ortoclasa.

oruga *s. f.* **1** (macho y hembra) ZOOL. Larva o primera fase del desarrollo de los insectos del orden de la mariposa, en la que tienen forma de gusano y se alimentan de hojas. **2** MEC. Llanta continua y articulada que permite avanzar por terrenos accidentados: *Algunas excavadoras llevan orugas en vez de ruedas.* ‖ *s. m. / f.* **3** MEC. Vehículo que lleva llantas articuladas: *Los orugas del ejército trepaban por los montes.* **tractor ~.**

orujo *s. m.* **1** AGR. Residuo de huesos, pieles o pepitas que queda después de prensar las aceitunas, las uvas u otros productos y que se emplea generalmente como combustible. **2** (no contable) Aguardiente elaborado con los restos que quedan después de prensar la uva: *El orujo gallego es muy bueno.* **3** Medida de este aguardiente contenida en una copa: *Ya me he tomado dos orujos, no quiero más.*

orvallo *s. m.* (no contable) RESTRINGIDO. Lluvia fina y continua: *El orvallo te empapa sin que te des cuenta.*

orza *s. f.* **1** RESTRINGIDO. Recipiente de barro, alto y sin asas, parecido a una tinaja pequeña, especialmente utilizado para guardar miel o manteca: *Mi abuela tiene varias orzas de miel en la despensa.* **2** MAR. Pieza en forma de aleta que se fija en la quilla de una embarcación deportiva o en una tabla de windsurf para estabilizarlas.

orzaga *s. f. Atriplex halimus.* Arbusto de hojas alternas arrugadas y flores verdes en racimo: *La orzaga puede medir hasta dos metros de altura.*

orzar *v. intr.* MAR. Hacer ‹una persona› que la proa de una embarcación se incline hacia la parte de donde viene el viento. ⇒ **19.**

orzuelo *s. m.* MED. Pequeño grano o inflamación que aparece en un párpado: *En verano siempre le sale un orzuelo.*

os (de segunda persona; plural; masculino y femenino) *pron. pers.* **1** Pronombre personal complemento que se refiere a un grupo de personas entre los que se encuentra la persona a la que se habla o escribe. OBSERVACIONES: ◊ Funciona como complemento directo e indirecto del verbo: *Os saludó al entrar. Os envío la invitación.* ◊ Cuando coinciden ambos complementos en una frase, el indirecto *os* va siempre antes del directo: *Os lo advertí.* **2** Funciona como pronombre reflexivo o con sentido recíproco con los verbos pronominales: *¿Os bañaréis ahora o luego? Os queréis demasiado.* **3** Tiene un valor intensificador o expresivo a veces: *¡Os habéis terminado toda la comida!* OBSERVACIONES: En las tres acepciones: ◊ No lleva nunca preposición. ◊ Normalmente se antepone al verbo: *Os veré pronto,* excepto cuando va con un imperativo afirmativo, infinitivo o gerundio, con los que va inmediatamente después, unido a ellos: *La vecina disfruta cuidándoos.* ◊ Los imperativos que se anteponen a *os* pierden la *d* final: *Entreteneos.* ◊ Cuando va con otros pronombres átonos, se antepone a ellos, excepto cuando se trata de *se: Os la presentaré ahora. Se os comunicará el resultado.*

osadía *s. f.* ELEVADO. Imprudencia, atrevimiento o falta de respeto hacia una persona o una cosa: *Fue una osadía intentar robar delante del guarda.*

osado, da *adj.* (antepuesto / pospuesto) ELEVADO. Que se comporta con osadía o que la demuestra: *una persona osada. Tus afirmaciones son osadas y sin fundamento.*

osamenta *s. f.* Esqueleto o conjunto de huesos sueltos de una persona o animal: *La osamenta de un animal muerto estaba esparcida en el centro del camino.* **2** COLOQUIAL. Esqueleto: *Me duele toda la osamenta.*

osar *v. tr. / intr.* **1** ELEVADO. Atreverse ‹una persona› a [hacer una cosa] con valor o temeridad: *Tu sobrino osó desafiar a un chico más fuerte que él.* **2** ELEVADO. Atreverse ‹una persona› a [hacer una cosa que requiere descaro o falta de respeto]: *El contable quiso replicar a su jefe pero no osó.*

osario *s. m.* **1** ELEVADO. Lugar donde se encuentran huesos enterrados: *Se ha hallado un osario en un poblado ibérico.* **2** ELEVADO. Lugar de los cementerios donde se depositan los huesos que se sacan de las sepulturas temporales: *Si no renovamos la concesión del nicho, echarán al osario los restos de los familiares muertos.*

óscar (plural *óscars;* del inglés) *s. m.* CINE. Premio cinematográfico que concede la Academia Americana de Artes y Ciencias Cinematográficas todos los años: *Esta película tiene cinco nominaciones al óscar.*

oscense *adj. / s. m.* y *f.* De Huesca, ciudad y provincia española*: Su novia es oscense. Marcos conoció a dos oscenses.*

oscilación *s. f.* (no contable) RESTRINGIDO. Acción y resultado de oscilar: *La oscilación de la temperatura en esta región es muy grande.*

oscilador *s. m.* **1** ELEC. Dispositivo electrónico que convierte la energía eléctrica en ondas de radio. **2** FÍS. Dispositivo con un movimiento lateral regular: *Un péndulo es un oscilador.*

oscilar *v. intr.* **1** FÍS. Moverse ‹una cosa que está colgada o sujeta en un solo punto› alternativamente a un lado y a otro: *La lámpara oscila con el viento.* **2** Moverse ‹una cosa› continuamente sin llegar a desplazarse: *La llama de la vela* *oscila levemente.* **3** Crecer y disminuir ‹la intensidad o el tamaño de una cosa› alternativamente dentro de [unos límites determinados]: *La temperatura máxima de Barcelona osciló **entre** los 20 y los 25 grados el año pasado. La cotización de las acciones de nuestra sociedad ha oscilado **entre** las 2.500 y las 2.800 pesetas.* **4** ELEVADO. No estar ‹una persona› segura de [una cosa] o no saber qué hacer: *El interés de esta muchacha oscila **entre** Medicina y Geología.*

oscilatorio, ria *adj.* FÍS. [Movimiento] que oscila o se mueve sucesivamente de un lado a otro: *El péndulo del reloj tiene un movimiento oscilatorio.*

oscilógrafo *s. m.* FÍS. Aparato que registra en una gráfica los distintos tipos de movimientos oscilatorios: *Con el oscilógrafo se mide la intensidad de una corriente eléctrica, de un sonido, o las palpitaciones del corazón.*

osciloscopio *s. m.* FÍS. Instrumento que registra señales que varían muy rápidamente: *Con el osciloscopio se registran las oscilaciones de ondas.*

osco, ca (diferente de *hosco*) *adj. / s. m.* y *f.* **1** De uno de los antiguos pueblos de Italia central: *cultura osca, lengua osca.* || *s. m.* **2** LING. Lengua indoeuropea del grupo itálico hablada por los oscos: *El osco permite justificar la presencia en España de voces itálicas no latinas.*

ósculo *s. m.* LITERARIO. Beso: *el ósculo de la paz.*

oscuramente u **obscuramente** *adv. modo* **1** (referido a actos de habla) De manera oscura, sin claridad: *El director lo expuso tan oscuramente que casi no entendimos nada.* **2** De manera oculta o nebulosa: *Los dos hechos parecen estar oscuramente relacionados.* **3** Sin brillantez exterior, sin lucimiento, calladamente: *Pensad en la admirable tarea que oscuramente desarrolló durante tantos años.*

oscurantismo u **obscurantismo** *s. m.* **1** (no contable) POLÍT. Oposición a que se difunda la cultura y la educación entre el pueblo: *El oscurantismo es practicado por los regímenes dictatoriales.* **2** Tendencia a gobernar o a desempeñar un puesto de responsabilidad ocultando información a las demás personas y actuando de una manera individual: *El oscurantismo siempre favorece las decisiones arbitrarias del poder.*

oscurantista u **obscurantista** *adj.* **1** RESTRINGIDO. Del oscurantismo: *medidas oscurantistas, prensa oscurantista. La idea oscurantista de la cultura que tenían los gobernantes llevó al pueblo al analfabetismo.* || *adj. / s. m.* y *f.* **2** Que es partidario del oscurantismo: *político oscurantista. El régimen anterior era dogmático y oscurantista.*

oscurecer u **obscurecer** *v. tr.* **1** Hacer ‹una persona o una cosa› que disminuya la cantidad de luz de [una cosa o un lugar], o dejarlo sin luz: *La enfermera oscureció la habitación para que no le molestara la luz. Niño, oscurece la televisión, porque tiene mucho brillo.* **2** Hacer ‹una persona o una cosa› que [otra persona o cosa] parezca de menos valor o importancia: *La valía de este empleado oscurece la de los demás.* SIN. ensombrecer. **3** Hacer ‹una persona o una cosa› que sea difícil la comprensión de [una cosa]: *Esas expresiones oscurecen tu redacción.* **4** PINT., FOT. Dar ‹una persona› más sombra a [una pintura o una fotografía]: *Si oscureces el fondo, la imagen destacará más.* **5** Anular ‹una pasión› [la razón de una persona]: *Los celos oscurecen tu mente.* || *v. impers.* **6** Empezar a faltar la luz del día: *Oscurece muy pronto en invierno.* SIN. anochecer. || *v. prnl.* **7** Nublarse ‹el día, el cielo o el sol›: *El día se ha oscurecido de pronto; va a haber tormenta.* ⇒ **5.**

oscurecida u **obscurecida** *s. f.* ELEVADO. Hora en la que anochece: *Los excursionistas llegaron de oscurecida.*

oscurecimiento u **obscurecimiento** *s. m.* (no contable) Acción y resultado de oscurecer u oscurecerse: *Es necesario el oscurecimiento de la sala para poder proyectar las diapositivas. No es justo que una única equivocación sea la causa del oscurecimiento de una brillante trayectoria. El oscurecimiento del cielo se produjo en un momento.*

oscuridad u **obscuridad** *s. f.* **1** (no contable) Falta de luz: *La oscuridad de esta noche es total.* **2** (no contable) Lugar o circunstancia en el que hay muy poca o ninguna luz: *Aquí hay mucha oscuridad y no veo nada. Se perdió en la oscuridad y no lo volvimos a ver.* ANT. luz. **3** (no contable) RESTRINGIDO. Ignorancia o imposibilidad para entender o explicar las cosas: *Acusaba a los profesores de cierta oscuridad para explicar los temas.* **4** (no contable) RESTRINGIDO. Falta de noticias o confusión de la información que se tiene: *Seguimos en la más absoluta oscuridad sobre el asunto.* **5** Situación de una persona o de una cosa que no es conocida por los demás: *A pesar del premio, el director de la película murió en la más completa oscuridad.*

oscuro, ra u **obscuro, ra** *adj.* **1** (ser / estar; antepuesto / pospuesto) Que no tiene luz o tiene poca claridad: *Las habitaciones de su nueva casa son oscuras. Este lugar está muy oscuro, me da un poco de miedo. Avanzamos por un oscuro e interminable pasillo. Pasamos por un túnel oscuro.* **2** (ser / estar; antepuesto / pospuesto) [Cielo, día] que está nublado, o que pierde luz porque se acerca la noche: *Los días aquí suelen ser oscuros. Qué oscuro está el cielo, no va a tardar en llover. Llegó un oscuro día de noviembre.* ANT. claro. **3** (antepuesto / pospuesto) [Color] que tiende al negro o que, comparado con otro de su misma gama, está más cerca del negro: *El novio llevaba un traje oscuro. Los oscuros ojos de aquella mujer lo atraían irresistiblemente. Al testigo le pareció ver a un hombre de piel oscura.* **4** Que encierra confusión o imprecisión, que no puede ser entendido con facilidad o que no tiene claridad: *palabras oscuras, lenguaje oscuro. Hay varios puntos oscuros en este asunto.* ANT. claro. **5** (antepuesto / pospuesto) Que encierra sospecha, confusión o dudas: *En el fondo del asunto subyace una oscura trama de intereses financieros.* **6** (antepuesto / pospuesto) Que contiene incertidumbre, peligros o provoca temor: *Nos aguarda un oscuro porvenir. Esto se está poniendo oscuro, no me gusta nada.* **7** (antepuesto / pospuesto) Que se conoce poco o que tiene poca importancia: *hombre oscuro. La sucesión del rey es un suceso oscuro en la Historia de este país. El protagonista de esta trágica historia ha resultado ser un oscuro funcionario.* **8** RESTRINGIDO. Que tiene un origen humilde: *Su ascendencia es oscura.* SIN. modesto. || **9 cámara* oscura.** FR. Y LOC. **a oscuras** 1 Sin luz: *Estamos a oscuras, se nos ha ido la luz.* 2 COLOQUIAL. En la ignorancia, sin conocimiento o comprensión de una cosa: *En este tema, reconozco que estoy a oscuras.*

oseína u **osteína** *s. f.* BIOL. Sustancia orgánica que forma el tejido celular de los huesos y cartílagos de los animales.

óseo, a *adj.* **1** BIOL. Del hueso o que tiene relación con el hueso: *fractura ósea, esqueleto óseo.* **2** RESTRINGIDO. Que tiene o parece tener la naturaleza del hueso: *consistencia ósea.*

osera *s. f.* ZOOL. Guarida o refugio de los osos: *En la montaña hay varias oseras, donde invernan osos pardos.*

osezno *s. m.* (macho y hembra) ZOOL. Cría del oso: *Vimos dos oseznos en el zoológico, vigilados por la mamá osa.*

osificación *s. f.* (no contable) BIOL. Acción y resultado de osificarse: *El niño tiene problemas de osificación.*

osificarse *v. prnl.* **1** BIOL. Convertirse ‹un tejido del organismo› en hueso: *El médico me ha dicho que es normal que se haya osificado un cartílago.* **2** BIOL. Adquirir ‹una materia› consistencia o textura de hueso. ⇒ **71.**

osmio *s. m.* (no contable) *Os.* Elemento químico metálico parecido al platino, de gran dureza y densidad, que se emplea en la elaboración de aleaciones resistentes y circuitos eléctricos.

ósmosis u **osmosis** (plural *ósmosis*) *s. f.* **1** QUÍM. Fenómeno de difusión entre dos soluciones a través de un tabique o membrana semipermeable que las separa, de manera que solamente algunos componentes pasan de una solución a otra. **2** ELEVADO. Influencia recíproca.

oso, sa *s. m./f.* **1** ZOOL. Familia *ursidae.* Mamífero generalmente de gran tamaño, con hocico puntiagudo, fuertes garras y mucho pelo, que se alimenta de animales y plantas y es nómada: *Algunas clases de osos están amenazadas de extinción.* **~ negro. ~ pardo. ~ polar.** || *s. m.* **2** COLOQUIAL. Hombre que se parece al oso en alguna cosa, como el ser muy velludo o muy fuerte: *Ese hombre es un oso, tan grande y peludo.* || **3 ~ hormiguero** (macho y hembra) ZOOL. *Myrmecophaga tridactyla.* Mamífero de las selvas tropicales de América, que tiene un largo hocico y una larga lengua para alimentarse de hormigas, termitas y abejas: *El oso hormiguero posee potentes garras para romper los hormigueros.* **4 ~ marino** (macho y hembra) ZOOL. *Callorhinus ursinus.* Mamífero de pelo sedoso de color oscuro y bigote de gruesas cerdas, que vive en el Norte del océano Pacífico y en época de reproducción viaja a las costas de Alaska: *Los osos marinos tienen un tupido pelaje.* **5 ~ panda** (plural *osos panda*) Panda. FR. Y LOC. **¡anda la osa!** COLOQUIAL; SORPRESA. Se usa para expresar sorpresa ante un hecho: *¡Anda la osa, dijo que no quería patatas y no ha dejado ni una!* **hacer el ~** COLOQUIAL; PEYORATIVO. Comportarse ‹una persona› de manera poco seria: *No hagas más el oso y siéntate.*

-oso, sa *suf.* **1** Significa 'que tiene una cosa en grado notable o inapreciable' y forma adjetivos a partir de adjetivos o sustantivos: *aceite - aceitoso, arena - arenoso, voluntario - voluntarioso, verde - verdoso.* **2** Significa 'que provoca o produce' y forma adjetivos a partir de sustantivos o de verbos: *afrenta - afrentoso, resbalar - resbaloso.* **3** Significa 'que se parece a' y forma adjetivos a partir de sustantivos o de adjetivos: *esponja - esponjoso, verde - verdoso.* **4** Significa 'cualidad relacionada con' y forma adjetivos a partir de verbos: *borrar - borroso, apestar - apestoso.*

ossobuco (del italiano) *s. m.* Guiso italiano de pierna de vaca con hueso y médula cortada en rodajas, que suele servirse con arroz y tomate: *El ossobuco es mi plato favorito.*

¡oste! *interj.* RESTRINGIDO. ¡Oxte!

osteíctio *adj./s. m.* ZOOL. [Pez] que tiene el esqueleto total o parcialmente osificado o completamente recubierto de escamas. || *s. m.* (en plural) ZOOL. Clase de estos peces.

osteína *s. f.* BIOL. Oseína.

osteítis (plural *osteítis*) *s. f.* MED. Inflamación de los huesos, generalmente de carácter infeccioso.

ostensible *adj.* (antepuesto/pospuesto) ELEVADO. Que se nota o se percibe con sólo observarlo superficialmente: *Su amargura resultaba ostensible, aunque intentaba ocultarla.*

ostensiblemente *adv. modo* ELEVADO. Claramente, manifiestamente, visiblemente: *El tenista se dio un golpe en la cara y la tiene ostensiblemente hinchada.*

ostensivo, va *adj.* (antepuesto/pospuesto) ELEVADO. Que muestra una cosa con claridad: *manifestación ostensiva de riqueza. El hombre manifestaba un ostensivo enfado.*

ostensorio *s. m.* REL. Copa tallada donde se expone el Santísimo Sacramento en las iglesias católicas. SIN. custodia.

ostentación *s. f.* **1** (no contable) PEYORATIVO. Manifestación de riqueza: *La fiesta fue muy sencilla, sin ostentación alguna.* **2** (no contable) ELEVADO. Exhibición vanidosa de una cualidad o posesión: *La conferencia fue una ostentación de sus conocimientos de Biología.*

ostentar *v. tr.* **1** ELEVADO. Mostrar ‹una persona› [una cosa propia] de manera insistente, con orgullo o complacencia: *El general ostentaba una pechera llena de medallas.* SIN. exhibir. **2** ELEVADO. Mostrar ‹una persona› [una cosa] de manera bien visible: *Los asistentes a la reunión ostenteban un brazalete negro en el brazo en señal de luto.* SIN. lucir. **3** DER. Desempeñar u ocupar ‹una persona› legítimamente [un cargo o un título que da derechos, honores o poder]: *Su tío ostentaba el título de marqués.*

ostentoso, sa *adj.* **1** (antepuesto/pospuesto) ELEVADO. Que trata de aparentar, o de mostrar a los demás la riqueza o poder de que dispone: *Su novio vive en una casa rica, muy ostentosa.* **2** (antepuesto/pospuesto) ELEVADO. Que se hace o se muestra con la intención de que se note o se vea claramente: *Su colega tuvo un gesto ostentoso de desprecio.*

osteoblasto *s. m.* BIOL. Célula del tejido óseo que produce la oseína.

osteocito *s. m.* BIOL. Célula del tejido óseo.

osteoclastia *s. f.* MED. Fractura intencionada de un hueso para corregir una desviación o una deformidad.

osteogénesis (plural *osteogénesis*) *s. f.* (no contable) BIOL. Desarrollo de los huesos o del tejido óseo.

osteolito *s. m.* GEOL. Hueso fósil.

osteología *s. f.* (no contable) Parte de la Medicina que estudia los huesos.

osteoma *s. m.* MED. Tumor benigno formado por tejido óseo.

osteomalacia *s. f.* (no contable) MED. Reblandecimiento patológico de los huesos por falta de vitaminas.

osteomielitis (plural *osteomielitis*) *s. f.* (no contable) MED. Inflamación del hueso y de la médula ósea.

osteópata *s. m./f.* MED. Médico especializado en tratar osteopatías.

osteopatía *s. f.* (no contable) MED. Enfermedad de los huesos.

osteoporosis (plural *osteoporosis*) *s. f.* (no contable) MED. Enfermedad producida por la pérdida de tejido óseo en los huesos: *La osteoporosis suele afectar más a las mujeres.*

osteosarcoma *s. m.* MED. Tumor maligno formado por tejido óseo.

osteosíntesis (plural *osteosíntesis*) *s. f.* (no contable) MED. Unión de los extremos de un hueso fracturado.

osteosis (plural *osteosis*) *s. f.* (no contable) MED. Enfermedad no inflamatoria de los huesos.

ostra *s. f.* ZOOL. *Ostra edulis.* Molusco marino con la concha formada por dos piezas rugosas por fuera y de nácar por dentro, que vive en grandes bancos en el litoral y es muy apreciado: *Las ostras se cultivan en criaderos especiales.* FR. Y LOC. **aburrirse como una ~** COLOQUIAL; INTENSIFICADOR. Aburrirse mucho ‹una persona›: *Yo me lo pasé muy bien en la fiesta, pero María se aburrió como una ostra.* **¡ostras!** COLOQUIAL. Se usa para indicar sorpresa, disgusto, enfado: *¡Ostras, qué golpe se ha dado!*

ostracismo *s. m.* (no contable) ELEVADO. Aislamiento de una persona o grupo a causa de su comportamiento o ideas: *El partido le condenó al ostracismo por sus declaraciones.*

ostrera *s. f.* RESTRINGIDO. Criadero de ostras. SIN. ostrero.

ostrero, ra *s. m.* 1 (macho y hembra). ZOOL. *Haematopus ostralegus.* Ave de plumaje negro y blanco, y pico largo, recto y bastante grueso, adaptado para abrir ostras y otros moluscos, que vive en bandadas grandes y ruidosas en costas templadas y tropicales. **2** Criadero de ostras. **3** Criadero de perlas. || *s. m./f.* **4** Persona que tiene por oficio la recolección y venta de ostras.

ostricultura *s. f.* (no contable) RESTRINGIDO. Actividad de criar ostras.

ostrogodo, da *adj./s. m.* y *f.* HIST. Que pertenece a la rama oriental del pueblo germánico de los godos.

otalgia *s. f.* (no contable) MED. Dolor de oídos.

OTAN (pronunciamos *'otan'*) *s. f.* MIL. Sigla de «Organización del Tratado del Atlántico Norte», (en inglés *NATO*).

otario, ria *adj./s. m.* y *f.* ARG., URUG.; COLOQUIAL; INSULTO. [Persona] que es tonta o fácil de engañar.

-otas *suf.* -ote.

-ote, ta *suf.* Aumentativo, con valor peyorativo o afectivo, que forma sustantivos a partir de sustantivos, y adjetivos a partir de adjetivos: *papel - papelote, muchacho - muchachote, nariz - narizota, grande - grandota, bruto - brutote.*

otear *v. tr.* **1** ELEVADO. Mirar ‹una persona› hacia [un lugar lejano] desde un sitio alto: *Desde las empinadas cumbres oteamos los pueblecitos.* SIN. divisar. **2** ELEVADO. Mirar ‹una persona› atentamente para descubrir [una cosa].

otero *s. m.* Elevación aislada del terreno, menor que una montaña, en un llano extenso: *La ciudad estaba rodeada de oteros.*

OTI (pronunciamos *'oti'*) *s. f.* TV. Sigla de «Organización de Televisiones Iberoamericanas».

otitis *s. f.* (plural *otitis*) *s. f.* MED. Inflamación del oído: *El niño ha sufrido dos otitis en el último medio año.*

otología *s. f.* (no contable) Parte de la Medicina que estudia y trata el oído.

otomán *s. m.* (no contable) Tela gruesa y resistente, tejida formando cordoncillo en diagonal, empleada especialmente en tapicería: *Puse unas cortinas de otomán verde.*

otomana *s. f.* Mueble en forma de diván o de sofá para sentarse o tumbarse.

otomano, na *adj./s. m.* y *f.* ELEVADO. De Turquía, país europeo y asiático o del antiguo Imperio turco. SIN. turco.

otoñada *s. f.* **1** RESTRINGIDO. Época de otoño: *Ya llega la otoñada.* **2** GAN. Pasto de otoño: *Con las lluvias de septiembre, este año habrá buena otoñada.*

otoñal *adj.* **1** (antepuesto/pospuesto) Que es propio del otoño: *flor otoñal. La conocí una otoñal tarde de noviembre.* **2** (antepuesto/pospuesto) LITERARIO. De edad madura, próxima a la vejez: *Lo suyo es una pasión otoñal.*

otoñar *v. intr.* **1** RESTRINGIDO. Pasar ‹una persona› el otoño en [un lugar] o de [una manera determinada]: *El ejército del oeste decidió otoñar **en** una zona templada.*

otoño *s. m.* **1** Estación del año entre el verano y el invierno que comprende desde el 21 de septiembre al 22 de diciembre en el Hemisferio Norte y desde el 21 de marzo al 21 de junio en el Hemisferio Sur: *En España, el curso académico empieza en otoño.* **2** ELEVADO. Etapa de la vida humana próxima a la vejez: *Está en el otoño de sus días.*

otorgamiento *s. m.* **1** ELEVADO. Acción de otorgar una cosa a una persona: *El Parlamento aprobó el otorgamiento de la nueva ley de comercio.* SIN. concesión. ANT. denegación. **2** DER. Documento oficial que da validez a ciertas acciones legales, especialmente a las que se refieren a testamentos o entregas a otras personas: *Mi tío firmó el otorgamiento de su última voluntad ante el notario.*

otorgar *v. tr.* **1** ELEVADO. Dar ‹una persona› [una cosa] a [otra persona]: *Nos han otorgado un crédito importante.* **2** DER. Dar ‹una persona con autoridad› [una ley o un reglamento]: *El Parlamento tiene el poder de otorgar leyes.* SIN. promulgar. **3** DER. Establecer ‹una persona› [una cosa] en un documento: *Mi abuelo ha otorgado el testamento a mi favor.* **4** ELEVADO. Aceptar ‹una persona› [una cosa]: *Quien calla, otorga.* ⇒ **56.**

otorragia *s. f.* MED. Salida de sangre por el oído.

otorrino *s. m./f.* MED.; COLOQUIAL. Otorrinolaringólogo: *El otorrino me hizo una revisión de oídos y garganta.*

otorrinolaringología *s. f.* (no contable) Parte de la Medicina que estudia y trata la nariz, la garganta y los oídos: *La sección de otorrinolaringología de este hospital tiene muy buenos especialistas.*

otorrinolaringólogo *s. m./f.* MED. Médico especialista de enfermedades de nariz, garganta y oído: *La sinusitis me la está tratando el otorrinolaringólogo.* SIN. otorrino (COLOQUIAL).

otoscopia *s. f.* MED. Exploración del interior del oído: *El otorrino le hizo una otoscopia.*

otoscopio *s. m.* MED. Instrumento para examinar el oído interno.

otro, tra *adj./pron. indef.* **1** Hablando de una persona, animal o cosa de un determinado género o clase, señala a uno que es distinto del que se habla o se sobreentiende. OBSERVACIONES: ◊ Cuando se refiere a dos cosas mencionadas previamente, *otro* introduce el segundo elemento y puede ir precedido o no por el artículo determinado (*el, la*): *Hay dos regalos: uno para ti y otro para mí. –«¿De quién son estos coches?» –«Éste es del señor del primero y el otro del vecino del quinto».* ◊ Cuando se refiere a más de dos personas o cosas mencionadas previamente, no se emplea el artículo: *–«¿Qué hace toda esta gente en la estación?» –«Unos llegan, otros se van y otros trabajan aquí.»* ◊ Nunca va precedido de *un.* ◊ Cuando *otro* coincide con un adjetivo posesivo, éste le precede: *mi otra novia, tus otros trabajos,* pero cuando le acompaña otro adjetivo, *otro* va delante: *otras muchas* *personas, otras cuatro cartas.* **2** Equivale a 'un nuevo, un segundo', dada la semejanza que hay entre la persona o cosa de la que se habla y la que se toma como referencia: *Difícil será que veamos otro Picasso.* **3** Uno más: *¿Me sirve otro café, por favor?* **4** Precedido de artículo determinado (*el, la...*), y seguido de sustantivos y expresiones de tiempo (*día, noche, fin de semana...*), sitúa aquello de lo que se habla en un pasado reciente: *La otra noche estuvimos en el cine.* **5** COLOQUIAL. Precedido de *a* y artículo determinado (*el, la...*), y seguido de sustantivos y expresiones de tiempo (*día, fin de semana...*), equivale a '*siguiente*': *No llegan la semana que viene, sino a la otra.* **6** Expresa distinción, diferencia, con significado próximo al de *diferente* o *distinto*. OBSERVACIONES: En este uso admite intensificación con *muy*: *Las razones son muy otras.* FR. Y LOC. **(al) ~ día*. algún/alguno* que ~. con la música* a otra parte. con una mano* detrás/atrás y otra delante. de ~ modo** 1 De manera distinta: *¿No puedes caminar de otro modo?* 2 En caso contrario: *De otro modo, tendré que tomar medidas.* **de un día* a ~. el ~ barrio*. el ~ día*. el ~ mundo*. hablar por boca* de ~/ganso. hasta* otra. no ser ~ que** No ser otra cosa o persona sino: *La causa no fue otra que la falta de señalización.* **¡otra!** RESTRINGIDO. Se usa para expresar sorpresa o contrariedad ante un hecho o dicho: *¡Otra!, ¿pero no estabas en París?* **~ que tal baila** COLOQUIAL. Se usa para referirse a la manera de ser o al comportamiento de una persona, especialmente cuando es considerada negativa o enojosa por el hablante: *¡Mírala, otra que tal baila!, no para de fumar y está en la zona de no fumadores.* **~ tanto*. otros mundos*. por ~ lado** Se usa para poner una razón a continuación de otra con la que puede estar o no en oposición: *No sé que hacer, me apetece mucho hacer ese viaje, pero por otro lado creo que no debería irme en este momento.* **por una(s) cosa(s)* o por otra(s). una/alguna/otra de las nuestras*. una/alguna/otra de las suyas*. uno* tras ~.**

otrora *adv. temp.* LITERARIO. En otros tiempos: *De esta ciudad, otrora capital de un imperio, sólo quedan las ruinas.*

OUA (pronunciamos *'o-u-a'*) *s. f.* POLÍT. Sigla de «Organización para la Unidad Africana».

out (del inglés; pronunciamos *'aut'*) *adj.* **1** (invariable; estar) COLOQUIAL. Que desconoce la moda o la actualidad: *María no quiere salir con su hermano porque está out y no sabe lo que se lleva.* **2** (invariable; estar) COLOQUIAL. Que ignora o desconoce el tema de conversación o de discusión: *No le preguntes a Juan, porque está out y no sabrá responderte.* **3** (invariable; estar) COLOQUIAL. Que no está de moda: *Ese bar está absolutamente out, te voy a enseñar otro nuevo.* || *interj.* **4** DEP. Se usa en tenis para expresar que la pelota ha salido fuera del terreno de juego: *Cuando el juez gritó ¡out!, el tenista lanzó la raqueta enfadado contra el suelo.*

output (del inglés; pronunciamos *'autput'*) *s. m.* **1** Producción que resulta de un proceso. **2** INFORM. Salida de datos de un ordenador: *El output del ordenador está restringido a la pantalla, porque los otros periféricos se han estropeado.*

ova *s. f.* **1** *Enteromorpha intestinalis.* Alga verde de tallo filamentoso o de láminas estrechas que crece en agua dulce o salada: *En la literatura del Siglo de Oro se habla mucho de las ovas.* **2** (plural) RESTRINGIDO. Hueva, o masa que forman los huevecillos de algunos peces, contenida en una bolsa o membrana: *Las ovas tienen un sabor exquisito.*

ovación *s. f.* Aplauso ruidoso que un grupo de personas dedica a otra persona: *El público despidió a los actores con una gran ovación.*

ovacionar *v. tr.* ELEVADO. Dedicar ‹un grupo de personas› una ovación [a otra persona]: *Los espectadores empezaron a aplaudir tímidamente, pero acabaron por ovacionar al equipo.*

ovado, da *adj.* **1** (ser/estar) RESTRINGIDO. Que tiene forma de huevo. SIN. ovalado, oval. **2** (ser/estar) ZOOL. [Ave] que ha sido fecundada.

oval *adj.* RESTRINGIDO. Que tiene figura de óvalo: *hoja oval.* SIN. ovalado.

ovalado, da *adj.* (ser/estar; antepuesto/pospuesto) Que tiene forma de óvalo: *La cara es ovalada. La figura está ovalada. Su ovalado rostro la hacía increíblemente bella.*

ovalar *v. tr.* RESTRINGIDO. Dar ‹una persona› forma de óvalo a [una cosa]: *Con el agua caliente he ovalado el tubo de plástico y ahora entrará mejor en la tubería.*

óvalo *s. m.* GEOM. Curva cerrada con forma de huevo o de elipse: *Su cara era un óvalo perfecto.*

ovárico, ca *adj.* BIOL. Del ovario o relacionado con el ovario: *secreción ovárica, quiste ovárico.*

ovario *s. m.* **1** BIOL. Órgano del aparato reproductor femenino que produce los óvulos: *En la mujer, la glándula sexual es un órgano doble, formado por dos ovarios.* **2** BOT. Parte inferior del pistilo que contiene el embrión de la semilla.

oveja *s. f.* (macho *carnero*) ZOOL. *Ovis aries.* Mamífero rumiante de pelo largo y generalmente rizado, que se cría para aprovechar su carne y su lana. || **2 ~ negra/descarriada** COLOQUIAL. Persona que se diferencia del resto de su familia o grupo por su mala conducta: *Tu hermano es una oveja descarriada a la que hay que ayudar.* REFR. **Cada oveja con su pareja.** Las personas o las cosas deben unirse con otras parecidas.

ovejero, ra *adj./s. m. y f.* GAN. Que cuida de las ovejas: *perro ovejero. El tío Paco se ganaba la vida como ovejero.*

ovejo *s. m.* COL., VEN.; RESTRINGIDO. Carnero.

overbooking (del inglés; pronunciamos *'overbuquin'*) *s. m.* Contratación o reserva de más plazas de las disponibles, que realizan las compañías aéreas o los hoteles, en espera de la confirmación de las mismas: *En ese vuelo hay overbooking, así que tendremos que confirmar la vuelta.*

overo, ra *adj./s. m. y f.* GAN. [Animal] que tiene un color parecido al del melocotón.

overol *s. m.* AMÉR. Mono, traje entero de trabajo.

ovetense *adj./s. m. y f.* De Oviedo, ciudad española: *el comercio ovetense.*

óvido, da *adj./s. m.* **1** ZOOL. [Animal] que es mamífero rumiante del grupo de los bóvidos, generalmente cubierto de lana abundante, como la oveja o la cabra. || *s. m.* **2** (en plural) ZOOL. Grupo formado por los óvidos.

oviducto *s. m.* BIOL. Conducto por donde salen los óvulos del ovario.

ovillar *v. tr.* **1** Hacer ‹una persona o cosa› un ovillo con [hilo o cuerda]: *Esta máquina ovilla la lana a gran velocidad.* || *v. prnl.* **2** COLOQUIAL. Encogerse ‹una persona o un animal› para no perder el calor del cuerpo, o por otros motivos: *El perro se ovilló para no tener tanto frío.*

ovillo *s. m.* **1** Lana o hilo enrollado sobre sí mismo hasta formar una bola: *Compré unos ovillos para hacer un jersey.* **2** Bola formada enrollando un determinado material: *ovillo de lana, ovillo de hilo. Hizo un ovillo con los pantalones.* FR. Y LOC. **hacerse un ~** COLOQUIAL. Acurrucarse o encogerse ‹una persona›: *La niña está hecha un ovillo de miedo.* REFR. **Por el hilo se saca el ovillo.** Para expresar que a partir de un principio no muy importante se puede resolver un problema o iniciar una obra de mucho interés.

ovino, na *adj. / s. m.* **1** [Ganado, ganadería] del grupo de los óvidos. SIN. lanar. ‖ *s. m.* **2** (en plural) Óvido.

ovíparo, ra *adj. / s. m.* y *f.* ZOOL. [Especie animal] que pone huevos o se reproduce mediante huevos.

OVNI *s. m.* Sigla de «Objeto Volador No Identificado», España, (en inglés *UFO*): *Dice que ha visto un ovni.*

ovocito *s. m.* BIOL. Célula formada durante el proceso de ovogénesis.

ovogénesis (plural *ovogénesis*) *s. f.* (no contable) BIOL. Proceso de formación de los óvulos.

ovoide *adj. / s. m.* RESTRINGIDO. Que tiene figura de óvalo: *fruto ovoide.* SIN. oval, ovalado.

óvolo (diferente de *óbolo*) *s. m.* ARTE. Elemento arquitectónico decorativo con forma de huevo.

ovovivíparo, ra *adj. / s. m.* y *f.* ZOOL. [Animal ovíparo] que no sale del útero hasta que se abre el huevo.

ovulación *s. f.* BIOL. Expulsión de uno o varios óvulos maduros del ovario: *La ovulación de la mujer se produce cada 28 días aproximadamente.*

ovular *v. intr.* BIOL. Expulsar ‹la hembra de los mamíferos› el óvulo del ovario.

ovular *adj.* BIOL. Del óvulo o que tiene relación con el óvulo: *conducto ovular, fecundación ovular.*

óvulo *s. m.* **1** BIOL. Célula sexual femenina que se forma en el ovario: *Cuando el óvulo se libera, se introduce en la trompa que lo lleva al útero.* **2** BOT. Cuerpo en forma de saco que hay en el ovario de la planta, que se convierte en semilla después de la fecundación. **3** MED. Medicamento de forma ovalada que se administra por vía vaginal.

oxácido *s. m.* QUÍM. Oxoácido.

oxalato *s. m.* (no contable) QUÍM. Sal del ácido oxálico.

oxálico, ca *adj.* QUÍM. [Ácido] que es sólido, de color blanco, soluble en agua, y muy difundido en la naturaleza en forma de sales: *El ácido oxálico se encuentra en pequeñas cantidades en la orina de los animales.*

oxiácido *s. m.* QUÍM. Oxoácido.

oxidación *s. f.* **1** QUÍM. Aumento del número de átomos de oxígeno en una sustancia: *La síntesis del agua se produce a través de un oxidación.* **2** (no contable) Formación de una capa de óxido en un cuerpo por contacto con el oxígeno del aire: *La pintura de minio evita la oxidación.*

oxidante *adj. / s. m.* QUÍM. [Sustancia] que produce oxidación: *El oxígeno es un oxidante.*

oxidar *v. tr.* **1** Formar ‹una cosa› óxido en [un cuerpo]: *La humedad oxida las herramientas.* **2** QUÍM. Combinar ‹una persona› [un elemento] con el oxígeno. **3** COLOQUIAL. Estropear ‹una cosa› el normal funcionamiento de [una persona o una cosa]: *No pensar me ha oxidado las neuronas.* ‖ *v. prnl.* **4** Formarse óxido en ‹un cuerpo›: *La verja de la puerta se ha oxidado de la lluvia.* **5** COLOQUIAL. No funcionar bien ‹una persona o cosa›: *Me he oxidado de estar todo el día sentado frente al ordenador.*

óxido *s. m.* **1** QUÍM. Combinación de un elemento, metálico o no, con oxígeno: *óxido de carbono. Los gases nobles no pueden formar óxidos.* **2** (no contable) Capa que forma la combinación de un elemento, metálico o no, con el oxígeno, en la superficie de los metales por la acción del aire y de la humedad: *Antes de pintar la reja hay que rascar el óxido.*

oxigenación *s. f.* (no contable) Acción y resultado de oxigenar u oxigenarse: *Para la oxigenación de los pulmones, lo mejor es salir al campo y hacer deporte.*

oxigenado, da *adj.* **1** (ser / estar) Que contiene oxígeno. **agua* oxigenada.** **2** (ser / estar) COLOQUIAL. [Pelo] que se ha aclarado de color artificialmente: *El pelo que lleva está oxigenado. Ese vello rubio es oxigenado.*

oxigenar *v. tr.* **1** Hacer ‹una persona› que entre aire puro y limpio en [un lugar]: *Luis oxigenó la habitación antes de pintarla.* SIN. ventilar. **2** QUÍM. Combinar ‹una persona› [un elemento] con el oxígeno. SIN. oxidar. **3** QUÍM. Aumentar ‹una persona› el número de oxidación de [un elemento]. **4** COLOQUIAL. Hacer ‹una persona› más claro [el color del pelo] enjuagándolo con agua oxigenada: *Si sigues oxigenándote el pelo lo vas a estropear.* ‖ *v. prnl.* **5** COLOQUIAL. Ponerse ‹una persona› al aire libre para refrescarse o serenarse: *Me voy al campo porque necesito oxigenarme.*

oxígeno *s. m.* **1** *O.* Elemento químico gaseoso, esencial para la respiración, que se encuentra en la atmósfera y en un gran número de compuestos: *La combustión no se puede realizar sin la presencia del oxígeno.* **2** COLOQUIAL. Aire: *Me gusta subir hasta aquí y respirar oxígeno.* ‖ **3 balón* de ~.**

oxítono, na *adj. / s. m.* y *f.* **1** GRAM. [Palabra] que lleva el acento en la última sílaba: *La palabra «marrón» es oxítona.* SIN. agudo. **2** MÉTR. [Verso] que termina en una palabra que lleva el acento en la última sílaba.

oxiuro *s. m.* (macho y hembra) ZOOL. *Oxyuris vermicularis.* Gusano pequeño, de color blanco, parásito de varios animales, especialmente del hombre: *Los oxiuros se desarrollan en el intestino.*

oxoácido u **oxácido**, u **oxiácido** *s. m.* QUÍM. Ácido que contiene oxígeno en su molécula.

¡oxte! u **¡oste!** *interj.* RESTRINGIDO. Se usa para mostrar rechazo hacia una persona o una cosa que resulta molesta: *¡Oxte, déjame en paz!.* SIN. ¡oste!. FR. Y LOC. **sin decir ~ ni moxte** RESTRINGIDO. Sin decir nada: *Estuvo toda la cena sin decir oxte ni moxte.*

oyente *adj. / s. m.* y *f.* **1** Que oye: *Los oyentes de nuestro programa son, en su mayoría, jóvenes.* ‖ *s. m. / f.* **2** Alumno que asiste a un curso sin estar matriculado: *Fui de oyente a las clases de portugués.*

ozono *s. m.* (no contable) QUÍM. Gas oxidante, azulado y de fuerte olor, que se forma en la atmósfera por la acción de descargas eléctricas o de los rayos ultravioletas solares sobre el oxígeno. ‖ **2 capa de ~** GEOGR. Ozonosfera.

ozonosfera *s. f.* GEOGR. Capa de la atmósfera que comprende desde los quince hasta los cuarenta kilómetros de altura y se caracteriza por la presencia de ozono.

P

p *s. f.* Decimoséptima letra del alfabeto español que representa una consonante de articulación bilabial, oclusiva y sorda. Su nombre es «pe».

P°. *abr.* «Paseo».

P/. o **Pl.** *abr.* «Plaza».

pabellón *s. m.* **1** Construcción o edificio que depende de otro más importante o que forma con otros un conjunto: *los pabellones de una exposición, los pabellones de un hospital, los pabellones de un cuartel, el pabellón de recreo en el jardín de un palacio.* **2** Bandera de un estado o nación o de una institución: *El pabellón de la Comunidad Europea ondea desde ayer en la feria.* **3** Nacionalidad de un barco mercante: *Es frecuente que los barcos mercantes naveguen bajo pabellones de países con pocas exigencias fiscales.* **4** HIST. Tienda de campaña sostenida por un palo central y sujeta al terreno con cuerdas y estacas: *El rey cristiano plantó su pabellón en el centro de su hueste.* **5** Colgadura de tela, parecida a una tienda de campaña, que cubre una cama o un trono. **6** Ensanchamiento en forma de cono de la boca de algunos instrumentos musicales de viento: *el pabellón de la trompeta.* || **7 ~ de la oreja** ANAT. Parte externa del oído. FR. Y LOC. **dejar alto el ~** Conseguir ‹una persona›, gracias a su buena actuación, que el país o institución al que pertenece quede en un lugar destacado: *Nuestro equipo de fútbol ha dejado muy alto el pabellón de la ciudad en la pasada competición. El coro del colegio ha dejado muy alto el pabellón en los conciertos de primavera.* **quedar alto el ~** Quedar en un lugar destacado ‹un país o una institución› por la buena actuación de sus representantes: *Tenemos que esforzarnos para que el pabellón de nuestra ciudad quede muy alto en la próxima reunión de ciudades europeas. Ha quedado muy alto nuestro pabellón en los recientes juegos escolares.*

pábulo *s. m.* ELEVADO. Materia que sirve para alimentar suposiciones, ideas o acciones. FR. Y LOC. **dar ~ a** o **ser ~ de** ELEVADO. Alimentar, fomentar ‹una persona o una cosa› una idea: *Sus viajes daban pábulo a todas las suposiciones. Su conducta es pábulo de todas las críticas. Sus fotos en la revista han dado pábulo a las interpretaciones más sorprendentes. Sus declaraciones son siempre pábulo de cotilleos interesados.*

paca *s. f.* **1** Paquete grande de lana, paja u otro material, prensado y atado. SIN. fardo, bala. **2** (macho y hembra) Mamífero roedor del tamaño de una liebre que vive en los montes de América del Sur.

pacato, ta *adj. / s. m.* y *f.* **1** Que tiene un carácter muy tranquilo y actúa con excesiva prudencia o recato: *Francisco no es mal chico, pero es un poco pacato.* **2** Que tiene una moralidad exageradamente escrupulosa o se asusta y escandaliza fácilmente: *Las objeciones de los vecinos pacatos han impedido abrir la piscina esta temporada. Ni siquiera las asociaciones pacatas han atacado el proyecto de controlar la prostitución. Han aprobado un reglamento muy pacato en la escuela.*

pacay (plural *pacayes* o *pacaes*) *s. m.* AMÉR. DEL S. Árbol de América del Sur que se planta para dar sombra al café.

pacense *adj. / s. m.* y *f.* De Badajoz, ciudad y provincia española: *industria pacense. Los pacenses tienen un acento extremeño peculiar.*

paceño, ña *adj. / s. m.* y *f.* De la Paz, capital de Bolivia: *baile paceño. Los paceños gozan de uno de los climas más saludables de Bolivia.*

pacer *v. intr. / tr.* Comer ‹el ganado› la hierba del campo: *Las ovejas pacían en la ladera de la montaña. Las vacas pacían en paz.* pastar. ⇒ **5.**

pachá *s. m.* Bajá. FR. Y LOC. **vivir como un ~** COLOQUIAL; INTENSIFICADOR. Llevar ‹una persona› una vida muy cómoda y desahogada: *En la nueva empresa Manolo vive como un pachá, no lo controla nadie. Este año mi hija vive como un pachá: tiene muy poco que estudiar.*

pachaco, ca *adj. / s. m.* y *f.* AMÉR. C. [Persona] que es inútil, enclenque, enfermiza.

pachamanca *s. f.* AMÉR. DEL S. Carne asada entre piedras caldeadas o en un agujero abierto en la tierra y cubierto con piedras calientes.

pachanga *s. f.* **1** (no contable) COLOQUIAL. Diversión y baile animados y ruidosos: *¡Vámonos de pachanga!* **2** MÉX.; COLOQUIAL. Fiesta casera informal.

pachanguero, ra *adj.* **1** [Música] pegadiza y movida que suele tocarse en fiestas y bailes: *Fuimos a una discoteca en la que sólo ponían música pachanguera.* **2** PEYORATIVO. [Músico, partitura, orquesta] que ofrecen música fácil y de escasa calidad: *Esa orquesta es muy pachanguera. Sólo escribe partituras pachangueras.*

pacharán *s. m.* **1** (no contable) Licor de endrina, propio de la región de Navarra, España: *Aunque el pacharán es caro, se ha puesto de moda tomarlo después de comer.* **2** Medida de este licor contenida en un vaso o en una copa: *Luis tomó varios pacharanes en compañía de sus amigos.*

pachiche *adj. / s. m.* y *f.* MÉX.; COLOQUIAL. [Persona] que es vieja y está arrugada.

pacho, cha *adj.* AMÉR. C. Que es rechoncho o aplanado.

pachocha *s. f.* AMÉR.; COLOQUIAL. Indolencia, calma.

pachón, na *adj. / s. m.* y *f.* **1** COLOQUIAL. [Persona] que es tranquila y lenta: *Miguel es muy pachón, todo se lo toma con calma.* SIN. calmoso. || *adj.* **2** CHILE, HOND., MÉX., NIC.; RESTRINGIDO en Chile, COLOQUIAL en México. Que es peludo, lanudo. || *s. m.* **3** (macho y hembra) Perro perdiguero, de patas cortas y torcidas.

pachorra *s. f.* (no contable) COLOQUIAL. Calma y lentitud para hacer las cosas: *Ese perro se mueve siempre con mucha pachorra. Carmen tiene tanta pachorra para hacer las cosas que me pone nerviosa.*

pachotada *s. f.* AMÉR.; COLOQUIAL. Expresión inoportuna o vulgar.

pachucho, cha *adj.* **1** [Planta, fruto] que está excesivamente maduro o blando: *Estas fresas están un poco pachuchas. No me gustan nada los plátanos pachuchos.* **2** (estar) COLOQUIAL. Que no se encuentra bien de salud o está desanimado: *El abuelo está pachucho por la gripe. Pedro lleva unos días pachucho porque lo ha dejado su novia.*

pachuco, ca *s. m. / f.* MÉX.; COLOQUIAL. Persona que viste de forma llamativa y vulgar, con mal gusto.

pachulí (plural *pachulíes,* preferible a *pachulís*) *s. m.* **1** Planta muy olorosa de la familia de las labiadas, que procede de Asia y Oceanía. **2** (no contable) Perfume muy penetrante obtenido de los pachulíes.

paciencia *s. f.* **1** (no contable) Calma o tranquilidad en la espera de un suceso o en la solución de una situación: *Ten paciencia, porque el avión llega con una hora de retraso. No tengo paciencia para esperar el resultado de las pruebas.* ANT. impaciencia. **2** (no contable) Capacidad para aguantar un sufrimiento o alguna molestia: *Deberías tener más paciencia con tu madre. La paciencia es una gran virtud. Hay que tener paciencia en los momentos difíciles.* SIN. aguante. **3** (no contable) Constancia para hacer las cosas largas o minuciosas: *Tiene mucha paciencia para recortar todas esas miniaturas. Por favor, revisa con paciencia lo que escribas. Tu bisabuelo se entretiene en deshacer todos los nudos del paquete con paciencia.* **4** (no contable) Lentitud para hacer las cosas: *Termina rápido, no lo hagas todo con tanta paciencia.* FR. Y LOC. **acabar con la ~** Conseguir ‹una persona› que otra se enfade por una serie de actos repetitivos: *Como acabes con la paciencia del jefe, te va a despedir. Deja de tocar la trompeta, porque estás acabando con la paciencia de tu padre y te va a dar unos azotes. ¡Cómo no me voy a enfadar, si estos niños acaban con la paciencia de cualquiera!* **~ y barajar** Se usa para señalar que se necesita resignación ante un mal negocio o ante alguna cosa de la vida cotidiana que sale mal: *Paciencia y barajar, ya veremos cómo salvamos la multa. De momento, paciencia y barajar, a ver cómo está mañana la cotización de las acciones.*

paciente *adj. / s. m.* y *f.* **1** (ser / estar; antepuesto / pospuesto) Que tiene paciencia: *Has sido un negociador muy paciente, has sabido esperar. Jesús es un paciente conversador, escucha muy bien. He estado demasiado paciente con él, no debería haberle aguantado tanto. Está muy paciente con los niños esta temporada. Mi hija pequeña es muy paciente.* || *adj.* **2** (antepuesto / pospuesto) [Acción, situación] que exige tener paciencia: *Después de una paciente espera, le llegó a Carmina su oportunidad. Para este trabajo necesitamos una investigación discreta y paciente.* || *s. m. / f.* **3** Persona que recibe o necesita atención médica: *Aquí atendemos a pacientes tanto psíquicos como físicos. Los pacientes de asma han disminuido este año.*

pacienzudo, da *adj.* COLOQUIAL. Que tiene mucha paciencia: *Es un tipo muy pacienzudo.*

pacificación *s. f.* **1** (no contable) Conjunto de actividades diplomáticas para conseguir el final de una guerra o de un conflicto: *La conferencia internacional sólo es el principio de la pacificación de la región.* **2** (no contable) Tranquilidad, ausencia de conflictos: *Por fin se ha conseguido la pacificación de la zona. La pacificación del barrio no se puede lograr sólo expulsando a los vecinos más peligrosos.*

pacificador, ra *adj. / s. m.* y *f.* Que pacifica: *La tregua fue posible gracias a los esfuerzos pacificadores de la ONU.*

pacificar *v. tr.* **1** Imponer ‹una persona o una institución› paz o calma [a las partes que estaban enfrentadas]: *El alcalde ha firmado un bando para pacificar a los sindicatos del transporte. Los cascos azules de la ONU intentan pacificar a los contendientes. La Iglesia contribuirá a pacificar la zona, tras el acuerdo entre el ejército y la guerrilla. No es fácil pacificar a los manifestantes violentos.* SIN. apaciguar, calmar. || *v. prnl.* **2** Quedar ‹una persona o una cosa› tranquila o calmada: *Con el tiempo se pacificaron los ánimos.* SIN. tranquilizarse, calmarse. ⇒ **71.**

pacífico, ca *adj.* **1** (ser / estar) Que no provoca enfrentamientos o que no tiende a la violencia: *Desde que cambió de amigos Alfonso está mucho más pacífico, ya no arma esas broncas. Es una persona muy pacífica, nunca la he visto meterse en un lío.* SIN. sosegado. **2** Que está tranquilo, o que no está alterado por guerras o violencia: *Es difícil encontrar hoy un lugar que sea realmente pacífico, en casi todas partes hay disturbios o guerras.* **coexistencia* pacífica.**

pacifismo *s. m.* (no contable) Ideología y comportamiento de los partidarios de solucionar los conflictos de forma pacífica, sin recurrir a las armas. ANT. belicismo.

pacifista *adj.* **1** Del pacifismo: *campaña pacifista, partido pacifista.* || *adj. / s. m.* y *f.* **2** Que es partidario del pacifismo: *Ha habido una manifestación de pacifistas contra la guerra. Hoy sale a la calle una nueva revista pacifista. Ese político echó un discurso pacifista.*

pack (plural *packs*; del inglés; pronunciamos *'pac'*) *s. m.* Embalaje comercial que reúne varias unidades de un mismo producto: *Comprando un pack de ocho botellas de leche le sale el litro más barato. Al desembalar un pack de zumos me he hecho una herida en el dedo.*

paco, ca *adj. / s. m.* **1** AMÉR. DEL S. Color rojo o bermejo. || *s. m.* **2** BOL., CHILE, EC.; COLOQUIAL. Policía uniformado. **3** HIST. Francotirador de la guerra española de África, 1914-1921. **4** PERÚ; JERGAL. Paquete de droga. **5** (macho y hembra) Paca, animal.

pacota *s. f.* MÉX.; COLOQUIAL. Pacotilla.

pacotilla *s. f.* RESTRINGIDO. Mercancía que los tripulantes de un barco pueden cargar por su cuenta sin pagar por el transporte. FR. Y LOC. **de ~** COLOQUIAL. Que tiene poca calidad o valor: *Me ha comprado una máquina de fotos de pacotilla. Llevo un anillo de pacotilla. Ese escritor es un intelectual de pacotilla. He escrito esta semana un trabajo de pacotilla.*

pactar *v. tr.* Llegar ‹dos o más personas o entidades› a un acuerdo que se obligan a cumplir: *Los comerciantes pactaron no subir los precios este mes. Nuestro ejército pactó una tregua con el enemigo. Los profesores pactaron con sus alumnos la fecha de los exámenes.* SIN. convenir, acordar.

pactismo *s. m.* (no contable) POLÍT. Ideología y comportamiento de los políticos que para sacar adelante sus proyectos buscan pactar con otras fuerzas políticas: *El pactismo es propio de las democracias con tradición.*

pacto *s. m.* Acuerdo que se comprometen a cumplir dos o más personas, entidades o países: *Las partes en conflicto firmaron un pacto de no agresión. Los sindicatos no han llegado todavía a un pacto salarial.* **~ de/entre caballeros** Contrato verbal de respetarse que hacen varias partes: *Han hecho un pacto entre caballeros para no atacarse personalmente en la campaña electoral.* **~ social** Acuerdo entre el Gobierno, los empresarios y los sindicatos para negociar las orientaciones generales de la política económica, a cambio de un control de los salarios y de la conflictividad sindical.

padecer *v. tr./intr.* **1** Sufrir ‹una persona› [los sentimientos y las sensaciones que producen un dolor físico o psíquico]: *Pascual padece frecuentes dolores* ***de*** *muelas. Su madre padece* ***por*** *todos. Elena padece* ***en*** *su amor propio. El niño ha padecido mucho* ***con*** *la otitis.* **2** Tener ‹una persona› [una enfermedad]: *El abuelo hace tiempo que padece insomnio. Ese hombre padece tuberculosis. Tu amigo padece* ***del*** *corazón. Su tía padece una enfermedad de la piel.* ‖ *v. tr.* **3** Tener o sentir ‹una persona› [una necesidad]: *Esos niños padecen un hambre crónica. Nunca he padecido una sed tan grande.* **4** Ser ‹una persona o una cosa› objeto de [una acción perjudicial o dolorosa]: *La zona ha padecido varias inundaciones.* **5** Soportar ‹una persona› la acción o presencia de [otra persona o cosa molesta o perjudicial]: *Teresa padeció a ese pesado como compañero de viaje.* **6** RESTRINGIDO. Sufrir ‹una persona› [una equivocación o un desengaño]: *Padece usted una confusión comprensible; me confunde con mi hermano menor, pero es que nos parecemos mucho. El jefe padeció un desengaño tremendo con ese colaborador.* ‖ *v. intr.* **7** Estar ‹una cosa o una situación› sometida a un esfuerzo excesivo que puede estropearla: *No apuréis las marchas, que padece el motor.* FR. Y LOC. **pasar/sufrir/~ privaciones*.** ⇒ **5.**

padecimiento *s. m.* Sufrimiento físico o espiritual: *Carlos pasó muchos meses de padecimiento a causa de su enfermedad. Son inenarrables los padecimientos de los primeros exploradores del Polo. El amor a la Divinidad hacía a la madre Teresa soportar con alegría todos los padecimientos.*

padrastro *s. m.* **1** Para los hijos de una mujer, cualquier hombre, excepto su padre, que esté casado con ella. **2** PEYORATIVO. Padre que se porta mal con sus hijos: *La niña veía a su padre como un padrastro porque no se ocupaba nunca de ella.* **3** Trocito de piel que se levanta del borde que rodea las uñas y puede causar dolor.

padrazo *s. m.* COLOQUIAL. Padre muy cariñoso y excesivamente tolerante con sus hijos: *Ese hombre es un padrazo, los fines de semana va a jugar al fútbol con sus hijos.*

padre *s. m.* **1** Cualquier hombre respecto de sus propios hijos: *Tienes un padre estupendo.* **2** Animal macho con respecto a sus crías: *Mira, ese perro es el padre de nuestro Leo.* **3** Animal macho destinado a la reproducción, semental: *Este cerdo tiene muy buena estampa; lo dejaremos para padre.* **4** (con mayúscula) REL. En la doctrina católica, primera persona de la Santísima Trinidad: *El Padre es Dios, el Hijo es Dios, el Espíritu Santo es Dios.* **Dios Padre, Dios Hijo, Dios Espíritu Santo. Padre Celestial. 5** Autor de una cosa o idea o persona destacada en una rama del saber: *Einstein es el padre de la física moderna. Aquí tienes al padre de la ocurrencia.* **6** Cabeza de familia, de una descendencia: *Adán fue el padre de la raza humana.* **7** REL. Tratamiento dado a los sacerdotes y miembros de algunas órdenes religiosas: *¿Puedo hablar con el padre superior? El padre provincial no está en casa.* **8** (en plural) El padre y la madre: *En el colegio reunieron a los padres de los alumnos de quinto.* **9** (en plural) RESTRINGIDO. Antepasados. ‖ *adj.* **10** COLOQUIAL. Que es muy grande, excesivo o desproporcionado: *Como era de esperar, organizamos la juerga padre. Has armado el lío padre.* ‖ **11 la gran vida*** o **la vida ~. 12 ~ de la Iglesia** En el cristianismo, título de algunos doctores de la Iglesia latina y griega cuyas obras han sido muy importantes para la doctrina cristiana: *Las obras de San Agustín y de otros padres de la Iglesia son importantes en la Edad Media.* **13 ~ de la patria** RESTRINGIDO. Personaje muy influyente en algunos momentos de la vida política: *los padres de la patria que redactaron la Constitución. Los auténticos padres de la patria son los hijos que luchan en el frente.* **14 ~ político** Suegro. **15 ~ santo** o **santo ~** Tratamiento con el que se designa al Papa. FR. Y LOC. **de ~ y muy señor mío** COLOQUIAL; INTENSIFICADOR. Importante, muy grande: *Tengo un resfriado de padre y muy señor mío.* **no tener ~ ni madre ni perrito que le ladre** COLOQUIAL; HUMORÍSTICO. No disponer ‹una persona› de ningún apoyo: *Como no conozcas a alguien, no te contratarán, porque, chica, si no tenemos padre ni madre ni perrito que nos ladre, lo tenemos difícil. Ese chico vive completamente solo, no tiene padre ni madre ni perrito que le ladre.*

padrear *v. intr.* RESTRINGIDO. Ejercer ‹el macho› las funciones de la generación.

padrenuestro o **padre nuestro** *s. m.* REL. Oración cristiana que comienza con las palabras «Padre nuestro»: *Entró en la capilla y rezó un padrenuestro.*

padrillo *s. m.* AMÉR. DEL S. Caballo padre o semental.

padrinazgo *s. m.* **1** RESTRINGIDO. Función de una persona como padrino de otra: *Luis se toma su padrinazgo con mucha seriedad y se preocupa mucho por su ahijado.* **2** Protección que da una persona a otra: *Sin el padrinazgo de su paisano ese escritor no hubiera podido editar el libro.*

padrino *s. m.* **1** Entre los católicos, hombre que en determinados sacramentos o ceremonias representa o acompaña a otra: *Un tío del recién nacido fue su padrino cuando fue bautizado.* **2** Persona que presenta o introduce a otra en algunas instituciones o la acompaña en algunas ceremonias solemnes: *Ese profesor es el padrino del nuevo académico. Búscate un buen padrino si quieres que te admitan en el club.* **3** Persona que protege a otra y la ayuda profesionalmente: *Llegará lejos, tiene un buen padrino.* **4** (en plural) El padrino y la madrina: *Los novios entraron en la iglesia acompañados por los padrinos.*

padrón *s. m.* Relación o lista oficial de los habitantes de un municipio: *hacer el padrón de una población. ¿Te has inscrito en el padrón?* SIN. censo.

padrote *s. m.* 1 AMÉR. Semental. 2 MÉX.; VULGAR. Proxeneta, alcahuete.

paella *s. f.* Guiso valenciano de arroz, sin caldo, con legumbres, carne o pescado y azafrán: *paella valenciana, paella de pollo, paella de mariscos.* **~ mixta** Paella que lleva carne y marisco.

paellera *s. f.* Recipiente metálico de cocina con dos asas parecido a una sartén, que se usa para hacer paellas.

¡paf! *interj.* Se usa para indicar el ruido de una cosa que choca con otra o cae al suelo: *Y al salir, ¡paf!, se me escurrió el botijo y se rompió.*

pág. (plural *págs.*) *abr.* «Página».

paga *s. f.* 1 Cantidad de dinero que recibe una persona periódicamente por su trabajo: *Mi hermano nos ha invitado a una copa porque hoy le han dado su primera paga.* **~ de Navidad. ~ de verano. ~ extra / extraordinaria.** 2 Dinero para los gastos personales que los padres dan semanalmente a los hijos que no trabajan: *Hemos tenido que aumentar la paga al muchacho porque dice que necesita más dinero.*

pagadero, ra *adj.* Que debe pagarse en un plazo determinado: *Las letras son pagaderas mensualmente. Las condiciones del préstamo varían, según sea pagadero a cuatro, seis o nueve años.*

pagador, ra *adj. / s. m.* y *f.* 1 [Persona o institución] que paga una deuda: *Las empresas prefieren trabajar con clientes que sean buenos pagadores. Esa empresa tiene fama de mala pagadora.* 2 Persona que tiene por oficio pagar en una oficina pública o privada.

pagaduría *s. f.* RESTRINGIDO. Despacho u oficina, generalmente públicos, donde se realizan pagos: *la pagaduría de una empresa, la pagaduría de un ministerio.*

paganini *s. m. / f.* COLOQUIAL; HUMORÍSTICO. Persona que siempre paga o invita: *Ya está harto de ser el paganini.*

paganismo *s. m.* 1 (no contable) Ideología y religión de los no cristianos: *El paganismo de los griegos y romanos admitía dioses de distintas procedencias.* 2 (no contable) Conjunto de los no bautizados: *El paganismo avanza en el mundo de hoy.*

paganizar *v. tr. / prnl.* Introducir ‹una persona o una cosa› [ideas paganas] en la manera de vivir de los cristianos: *La televisión y el capitalismo están paganizando la tradicional generosidad cristiana de nuestras gentes.* ⇒ **19.**

pagano, na *adj. / s. m.* y *f.* 1 REL. Que no pertenece a la tradición judeocristiana: *Las creencias religiosas de los antiguos griegos y romanos eran paganas. Hoy se conservan muchas fiestas paganas. Hay muchos paganos todavía sin bautizar en el mundo.* 2 COLOQUIAL; HUMORÍSTICO. Que se siente obligado a invitar a los amigos o a pagar los gastos de los hijos: *En esta casa sólo me utilizáis como pagano. Vamos a tomar una caña, pero hoy te toca a ti ser pagano, yo no tengo dinero. ¡En mi casa la pagana es mi madre!* 3 COLOQUIAL. Que carga con las culpas ajenas: *Soy el pagano de la clase y no he hecho ahora nada, de verdad, señor profesor.*

pagar *v. tr.* 1 Dar ‹una persona› [una cantidad de dinero] [a otra persona] por una mercancía o un servicio: *Ester pagó su deuda a Andrés. El cliente pagó mil pesetas por las hechuras del traje. Luisa no pagó la factura en dinero, sino con tarjeta de crédito. Marta pagará una cena a sus amigos.* SIN. abonar. 2 Corresponder ‹una persona› [a otra persona] con [una acción o una actitud]: *La señora nos pagó el favor con una sonrisa. Ana te pagó muy mal lo que hiciste por ella. Os pagaré la ayuda con lo que pueda.* 3 Cumplir ‹una persona› [una pena o un castigo] por [un delito o una mala acción]: *El conductor pagó su falta con una multa. Exigen que el acusado pague la violación con una larga condena.* SIN. expiar. 4 Sufrir ‹una persona› [las consecuencias de un error]: *Pagarás el beber tanto con una enfermedad. Esa chica ha pagado su ingenuidad con creces. Pagarás más adelante el fumar tanto ahora.* ‖ *v. prnl.* 5 ELEVADO. Estar ‹una persona› muy orgullosa de sí misma o de sus cosas: *Juan se paga de ser el más listo.* SIN. vanagloriarse, enorgullecerse. FR. Y LOC. **Dios* te / se ... lo pague. pagado de (sí mismo)** ELEVADO. Satisfecho u orgulloso: *Están muy pagados de su perro, no se te ocurra decirles que no te gusta. Estaban muy pagados de sí mismos, pero se han tranquilizado tras perder el último partido.* **~ con / en la misma moneda*. ~ el pato*. ~ los platos / vidrios rotos** COLOQUIAL. Ser ‹una persona› culpada o castigada injustamente: *Sin saber nada del asunto, pagó los platos rotos.* **~ / pagarlas (todas juntas)** COLOQUIAL; AMENAZA. Sufrir ‹una persona› el castigo o las consecuencias de una mala acción: *Ya me necesitarás para algo y entonces me las pagarás por lo que has hecho.* **~ (por) sus pecados*.** ⇒ **56.**

pagaré *s. m.* Documento en el que alguien se compromete a pagar una cantidad de dinero en un tiempo determinado: *Te devolveré el dinero cuando cobre dentro de algunos días dos pagarés.* **~ del tesoro** Obligación que emite y subasta el Estado.

pagel *s. m.* (macho y hembra) Breca, pez.

página *s. f.* 1 Cada una de las caras de una hoja de papel: *Un libro de cien páginas. Deja la primera página en blanco. Pasa esa página y lee la siguiente. Resúmelo en dos o tres páginas. Voy por la primera página. Mirad el dibujo de la página tres.* 2 Texto escrito en las páginas: *Busca la película en la página de espectáculos. Mira la página de deportes. Lee la página de política internacional.* 3 Etapa o suceso destacado en la vida de una persona o de una comunidad: *Con la entrada en la universidad comenzó una nueva página de su vida. Argentina ha escrito una página gloriosa en el mundial de fútbol. Nuestra empresa ha empezado a escribir una nueva página con este tratado.* SIN. episodio. 4 INFORM. Cada una de las partes en que se organiza la memoria de un ordenador. ‖ **5 páginas amarillas** Guía de empresas y profesionales, con sus correspondientes teléfonos, agrupados por actividades, que edita la Compañía Telefónica: *Puede usted buscar en las páginas amarillas el número del hotel, de los taxis, de los restaurantes, de todo lo que necesite.*

paginación *s. f.* Numeración de un conjunto de páginas: *No es que falte una hoja, es que la paginación no está bien.*

paginar *v. tr.* Poner ‹una persona o una máquina› un número a las páginas de [un libro o un cuaderno]: *El programa me ha paginado el cuadernillo. Es la segunda vez que Juana pagina mal el texto.*

pago *s. m.* 1 Entrega de una cantidad de dinero que se debe: *Me reclaman un plazo del pago de la lavadora. Su padre le compró la moto en tres pagos. El primer pago subirá un poco más. Todos los pagos los efectuamos a partir del día veinte de cada mes.* **día(s)* de ~ .** 2 Satisfacción o recompensa por una acción: *Éste es el pago que me han dado después de lo que he hecho por ellos: me han mandado al asilo.*

En pago a sus servicios se le impone la medalla de oro de la empresa. **3** AGR. Cualquier zona del territorio de un pueblo, especialmente si está plantada de olivos o viñas: *Mi viña cae por el pago de arriba. La abuela ha comprado un olivar en el pago al lado del río.* **4** (en plural) COLOQUIAL, RESTRINGIDO. Lugar, región: *–«He estado en tu pueblo.» –«¿Y qué hacías tú por aquellos pagos?» –«¿Qué te trae por estos pagos?» –«Quiero ver a tu jefe.» Me alegro de que vayas a Galicia, hace tiempo que no has ido por aquellos pagos y te va a gustar ahora.* FR. Y LOC. **balanza* de pagos. papel* del Estado** o **papel de pagos al Estado. suspensión* de pagos. tarjeta* de ~.**

pagoda *s. f.* Templo oriental, propio del budismo, formado por varios pisos superpuestos separados por cornisas y tejados inclinados.

págs. *abr.* «Páginas».

paiche *s. m.* PERÚ. Pez de lagos y ríos del Amazonas.

paidofilia *s. f.* (no contable) Pedofilia.

paila *s. f.* AMÉR. Sartén.

pailebote (del inglés) *s. m.* Embarcación parecida a la goleta pero más pequeña y sin gavias.

paipay (plural *paipáis*) *s. m.* Abanico circular de palma, papel o cualquier material flexible.

pairo *s. m.* MAR. Estado de una nave, quieta y con las velas desplegadas. FR. Y LOC. **estar/quedarse al ~** Estar o quedarse ‹una persona› a la expectativa sin decidirse a actuar: *No sé cómo interpretar las palabras del jefe; de momento estoy al pairo, ya veremos. Ellos están preparando su campaña de ventas y nosotros estamos al pairo, creo que debemos tomar una determinación.*

país *s. m.* **1** Territorio formado por una unidad geográfica y cultural: *En los países latinos se valora mucho la tranquilidad en el trabajo. En el país del flamenco podemos exigir calidad en el cante. ¿En su país se trabaja el sábado? He visitado varios países del Oriente y estoy encantado.* **2** Estado independiente: *Muchos países de Europa pertenecen a la Unión Europea.* SIN. nación. **~ desarrollado. ~ en vías de desarrollo. ~ subdesarrollado.** **3** Cubierta superior de las varillas del abanico: *Un abanico con país de tela dura más que de papel.* FR. Y LOC. **¡qué ~ !** Se usa para quejarse de lo mal que funcionan las cosas en este país. REFR. **En el país de los ciegos, el tuerto es el rey.** Se usa para indicar que en un grupo de personas mediocres, la que destaca, aunque sea la mejor, no es muy buena.

paisa *adj. / s. m.* y *f.* **1** COL.; COLOQUIAL. De Antioquia, departamento de Colombia. **2** AMÉR. Paisano, compatriota.

paisaje *s. m.* **1** Extensión de terreno que se ve desde un sitio: *paisaje montañoso, paisaje de pradera. Le gusta ir a la montaña y contemplar el paisaje.* **~ natural** Paisaje que no ha sufrido la influencia del hombre. **2** Representación artística de los paisajes: *En esta exposición predominan los paisajes costeros.* **3** (no contable) PINT. Técnica artística para reproducir los paisajes: *Este pintor no hace malos retratos, pero domina mejor el paisaje.*

paisajismo *s. m.* (no contable) Pintura artística de paisajes: *Lo que más le gusta es el paisajismo.*

paisajista *adj. / s. m.* y *f.* Que pinta paisajes: *Los pintores paisajistas de la escuela castellana son sobrios de colores.*

paisajístico, ca *adj.* Del paisaje: *El artista retrata el entorno paisajístico de la región.*

paisanada *s. f.* ARG., PAR., URUG.; RESTRINGIDO en Argentina. Conjunto de campesinos.

paisanaje *s. m.* **1** (no contable) RESTRINGIDO. Relación que contraen las personas que nacen en un mismo lugar: *El paisanaje une mucho cuando se está lejos del propio pueblo. No hago caso del paisanaje; aunque nos conocimos en Francia no hemos entablado una gran amistad.* **2** (no contable) RESTRINGIDO. Conjunto de personas no militares: *Como había pocos militares, hubo que recurrir al paisanaje para limpiar el cuartel.*

paisano, na *adj. / s. m.* y *f.* **1** Que ha nacido en el mismo lugar que otra persona: *Éste es mi paisano. Ese chico es un joven paisano mío.* **2** RESTRINGIDO. Campesino. || *adj. / s. m.* **3** Que no es militar: *Todos, paisanos y militares, deben presentarse en el cuartel.* || **4 tortilla* paisana.** FR. Y LOC. **de ~** [Militar, agente] que no viste de uniforme: *Los soldados salieron del cuartel de paisano. Cuando sale a cenar con los amigos le gusta ir de paisano.*

paja *s. f.* **1** Tallo de un cereal cuando está seco y separado del grano. **2** (no contable) Conjunto de estos tallos: *El agricultor almacenó la paja en el cobertizo.* **3** Canuto delgado de plástico que se utiliza para sorber un líquido: *Águeda tomó la horchata con una paja.* **4** (no contable) Parte inútil y desechable de algo: *El conferenciante ha dicho cosas interesantes, pero ha metido demasiada paja. Si no hubiera sido por la paja, la entrevista hubiera durado media hora.* FR. Y LOC. **apartar el grano* de la ~ . hacerse una ~** VULGAR. Masturbarse ‹una persona›. **hombre* de ~ . limpio de polvo* y ~ . por un quítame allá esas pajas** COLOQUIAL. Sin motivo o por una causa muy pequeña: *Ten cuidado, porque como no le caigas simpático, por un quítame allá esas pajas deja de hablarte. Hemos reñido por un quítame allá esas pajas: yo quería ir a un cine y ella a otro.*

pajar *s. m.* Lugar cubierto donde se guarda la paja. FR. Y LOC. **buscar una aguja* en un ~ .**

pájara *s. f.* **1** Hembra del pájaro. **2** COLOQUIAL; PEYORATIVO. Mujer astuta en su trato con los hombres, normalmente de mala fama: *Tu tío se ha liado con una vecina que es una pájara peligrosa. Íbamos paseando tranquilamente y se nos acercó una pájara a contarnos que se había quedado viuda.* **3** DEP. Desfallecimiento que sufren los deportistas mientras están haciendo un esfuerzo grande, especialmente los ciclistas en una carrera: *No pude ganar la etapa, porque a doscientos metros de la meta me entró una pájara que me dejó clavado.*

pajarearse *v. prnl.* PERÚ; VULGAR. Equivocarse ‹una persona›.

pajarera *s. f.* Espacio, generalmente una jaula grande o una habitación, donde se guardan o crían pájaros.

pajarería *s. f.* Tienda donde se venden pájaros y otros animales.

pajarita *s. f.* **1** Adorno de tela en forma de lazo, que se coloca, como la corbata, en el cuello de la camisa: *A ese actor le gusta llevar pajarita. Borja se puso pajarita para la fiesta de cumpleaños.* **2** Hoja de papel plegada en forma de pájaro: *hacer una pajarita.*

pájaro, ra *adj. / s. m.* y *f.* **1** COLOQUIAL. Persona astuta, aprovechada o de malas intenciones, dispuesta a utilizar cualquier medio para conseguir lo que quiere: *¡Menudo pájaro está hecho su primo! Se ha quedado con la mayor par-*

te de la herencia. || *s. m.* **2** Ave voladora, sobre todo la de pequeño tamaño. **~ carpintero** (macho y hembra) Familia *Picidae.* Ave pequeña, generalmente negra con manchas blancas y rojas, de pico recto y fuerte, con el que agujerea el tronco de los árboles, y anida en él. **~ mosca** (macho y hembra) Colibrí. **3** (macho y hembra) Ave paseriforme. || **4 ~ bobo** (macho y hembra) Familia *Spheniscidae.* Ave de las regiones polares, de plumaje blanco y negro, que camina erguida, tiene las extremidades delanteras transformadas en aletas y está bien adaptada al medio acuático. **5 ~ de cuenta** COLOQUIAL. Persona en quien no se puede confiar porque es muy inteligente y poco escrupulosa defendiendo sus intereses: *Ten cuidado si te metes en negocios con Juan porque es un pájaro de cuenta. Rita está hecha una pájara de cuenta tremenda; nos devolvió el dinero enseguida y, además, nos aconsejó invertir en una cosa muy extraña.* FR. Y LOC. **a vista* de ~ . matar dos pájaros de un tiro** COLOQUIAL. Conseguir ‹una persona› dos objetivos de una sola vez: *Iba a saludarlo sólo, pero como estaba amable le he recomendado a Juanito para el año que viene; así he matado dos pájaros de un tiro. Mira, ya que vas a correos, cómprame sellos y así matamos dos pájaros de un tiro.* **ser ~ de mal agüero*. tener la cabeza* a pájaros. tener la cabeza* llena de pájaros.** REFR. **Más vale pájaro en mano que ciento volando.** Se usa para indicar que es mejor tener algo seguro aunque sea poco, que quedarse esperando algo mejor.

pajarón, na *adj.* CHILE; COLOQUIAL. Que es distraído o poco prudente.

pajarraco, ca *s. m.* **1** Pájaro grande, feo y desagradable: *Le han regalado un pajarraco que no para de chillar.* || *s. m. / f.* **2** COLOQUIAL; PEYORATIVO. Persona astuta o de mala intención, que actúa de forma ilícita o no deseable: *Rosa se asoció con un pajarraco que le dejó en la más absoluta miseria. ¡Menuda pajarraca!*

paje *s. m.* Muchacho que antiguamente trabajaba de criado en una casa noble o de la alta burguesía: *Un paje de la reina descubrió la jaula abierta. Los pajes estaban aprendiendo a poner la mesa del rey. Representamos a los Reyes Magos montados en sus camellos con tres pajes que les sujetan las riendas.*

pajizo, za *adj.* **1** Que tiene el color o el aspecto de la paja: *suelo pajizo, una tela pajiza.* **2** Que está hecho o cubierto de paja: *vivienda pajiza, tejado pajizo.*

pajolero, ra *adj.* COLOQUIAL; RESTRINGIDO. Que molesta o fastidia: *Ese tío es muy pajolero. Ese cacharro hace un ruido muy pajolero, que no me deja trabajar.* FR. Y LOC. **no tener ni pajolera / pastelera idea*.**

pajón *s. m.* AGR. Paja alta de los rastrojos.

pajonal *s. m.* AGR. Terreno cubierto de pajón.

pajudo, da *adj. / s. m.* y *f.* COL.; COLOQUIAL. Que es embustero o mentiroso.

pajuerano, na *adj. / s. m.* y *f.* ARG., BOL., URUG.; COLOQUIAL en Argentina. Que procede del campo y se conduce con torpeza en la ciudad.

pakistaní o **paquistaní** *adj. / s. m.* y *f.* De Pakistán, país de Asia meridional: *comida pakistaní, costumbres pakistaníes. Los paquistaníes han sufrido muchas invasiones a lo largo de su historia.*

pala *s. f.* **1** Herramienta formada por una plancha redondeada sujeta a un mango, que generalmente se usa para trasladar materia como arena o tierra: *Tardaron mucho en vaciar el hoyo, porque la pala era muy pequeña.* **~ de panadero** Pala de madera con un mango muy largo que se usa para el horno. **2** Utensilio de cocina parecido a una pala pequeña para servir el postre u otros alimentos a la mesa: *Por favor, trae la pala, que vamos a servir la tarta.* **3** Tabla de madera con un mango para golpear la pelota en ciertos juegos: *la pala de frontón.* **4** Parte más ancha de ciertos objetos: *la pala del remo, la pala de una hélice, la pala del timón.* **5** Cuchillo sin filo para partir el pescado: *Como tenemos confianza no pongo las palas para el pescado y seguimos con los cuchillos.* **6** (preferentemente en plural) Diente incisivo ancho y grande: *Al niño le están saliendo las palas.* SIN. paleta. || **7 ~ mecánica** Tractor o camión con una herramienta mecánica para hacer hoyos. FR. Y LOC. **a punta* (de) ~ . higuera* chumba** o **higuera de Indias / ~ / tuna.**

pala pala *s. m.* ARG. Danza folclórica.

palabra *s. f.* **1** Sonido o conjunto de sonidos que expresan una idea. **2** Representación gráfica de este conjunto de sonidos: *Escribe una lista de palabras.* **3** (no contable) Facultad de hablar de las personas: *El entrevistado se quedó sin palabra. La palabra es propia de la especie humana.* **4** (no contable) Conjunto de características propias del modo de expresarse de una persona: *Tiene facilidad de palabra.* **5** (no contable) Derecho o turno para hablar en una reunión o en una asamblea: *El diputado tomó la palabra.* **6** (no contable) Compromiso o promesa: *Laura me dio su palabra. Manuel no tiene palabra.* **7** Afirmación individual: *Es tu palabra contra la mía.* **8** (en plural) Exposición oral o escrita: *Las palabras del director fueron contundentes.* **9** (en plural) Expresión vacía e inútil: *Sólo fueron palabras.* SIN. palabrería. **10** (en plural) Expresión dura u ofensiva: *Tendré que decirle unas palabras a ese cretino.* **11** LING. Unidad lingüística mínima formada por uno o más morfemas constituidos por un conjunto de fonemas en secuencia lineal. || **12 buenas palabras** Promesas o esperanzas: *Muy buenas palabras, pero todavía no ha cumplido nada de lo que dijo.* **13 ~ compuesta** LING. Palabra formada por dos o más elementos independientes de la lengua. **14 ~ primitiva** LING. Palabra que no deriva de otra de la misma lengua. **15 palabras mayores 15**1 Insultos u ofensas: *No hace falta llegar a palabras mayores.* **15**2 Asunto de importancia o que requiere mucha atención: *Hablar de matrimonio ya son palabras mayores.* **16 última ~** Exposición o decisión final: *Tú tienes la última palabra. La última palabra es siempre del jefe.* FR. Y LOC. **a medias palabras** De manera incompleta: *Lo dijo todo a medias palabras.* **dejar con la ~ en la boca** Marcharse ‹una persona› antes de que otra persona termine de hablar: *Miguel me ha dejado con la palabra en la boca y ha salido corriendo. Mi madre me colgó el teléfono y me dejó con la palabra en la boca.* **dirigir la ~** Hablar ‹una persona› con otra persona: *Desde que nos enfadamos el portero no me dirige la palabra.* **en dos palabras** En resumen, rápidamente: *Te lo cuento en dos palabras.* **en toda la extensión* de la ~ . en una ~** RESUMIDOR FINAL. Se usa para resumir o poner fin a lo dicho: *En una palabra, que no quiere.* **faltarle las palabras** No poder o no saber ‹una persona› expresar sus pensamientos o sus sentimientos: *Me emocioné y me faltaron las palabras. Nos faltan las palabras para agradecerte todo lo que has hecho por nosotros.* **hombre* de ~ . juego* de palabras. medir sus palabras** Hablar ‹una persona› con cuidado: *Cuando hables conmigo mide tus palabras.* **~ de honor** Se usa para indicar que se asegura la verdad de lo expuesto o prometido: *Te doy mi palabra de honor de que iré.* **palabra por ~** Exactamente igual: *Te he escrito lo que dijo, palabra por palabra. La cita reproduce palabra por palabra la nota del consejero.* **quitar (la ~) de la boca*. ser de pocas palabras** Hablar ‹una persona› poco: *Mi marido no está enfadado, es que habla poco, porque es de pocas palabras.* **tomar / coger la ~** 1 Considerar ‹una persona› que las palabras de otra persona constituyen una promesa, e intentar que se cumplan: *–«Te tomo la palabra y te espero a cenar la semana que viene.» –«Yo he dicho que lo intentaré, no que vendré.» Yo no digo nada, que luego me tomas la palabra y te enfadas si no hago lo que quieres.* 2 Hablar ‹una persona› durante mucho tiempo: *Si toma la palabra, no se sabe cuándo va a acabar.* **tragarse* lo dicho** o **tragarse las palabras.**

palabrear *v. intr.* PERÚ; JERGAL. Hablar ‹una persona› con intención de convencer.

palabreja *s. f.* Palabra rara o que tiene una particularidad que llama la atención: *Cuando habla dice siempre unas palabrejas muy extrañas.* SIN. palabro.

palabrería *s. f.* (no contable) Expresión vacía e inútil: *Mucha palabrería pero nada más. Déjate de palabrerías. No te fíes de sus promesas, son pura palabrería. No dijo nada, todo fue una palabrería interminable.*

palabro *s. m.* **1** Palabra que llama la atención por ser rara o incorrecta: *Es un texto lleno de palabros filosóficos.* **2** COLOQUIAL; HUMORÍSTICO. Palabra grosera u ofensiva: *No digas palabros, que es de mala educación.*

palabrota *s. f.* Palabra grosera u ofensiva: *Ese hombre tiene costumbre de decir palabrotas.* SIN. taco (COLOQUIAL).

palacete *s. m.* Casa lujosa como un palacio, pero más pequeña, propia de la burguesía adinerada del siglo XIX y principios del XX: *Las modernas oficinas bancarias han sustituido a los antiguos palacetes del paseo de la Castellana de Madrid.*

palaciego, ga *adj.* Del palacio, de sus habitantes y de los que lo frecuentan: *residencia palaciega, conspiración palaciega, intrigas palaciegas, moda palaciega.*

palacio *s. m.* **1** Casa grande y lujosa que sirve de residencia a los reyes, a la nobleza, a algún alto cargo del gobierno o a instituciones públicas: *el Palacio Real, el Palacio de la Presidencia. Los reyes recibieron en el palacio de Oriente al embajador francés.* **~ arzobispal. ~ ducal. 2** Edificio público de grandes dimensiones. **Palacio de Comunicaciones. Palacio de Congresos. Palacio de Deportes. Palacio de Exposiciones. Palacio de Justicia.** FR. Y LOC. **en ~** En la residencia de los reyes: *Ayer hubo cena de gala en palacio.* REFR. **Las cosas de palacio van despacio.** Se usa para indicar que los trámites administrativos siempre son lentos.

palada *s. f.* **1** Cantidad que se sostiene o se traslada de una vez con una pala: *una palada de tierra, una palada de carbón.* **2** Movimiento hecho con la pala: *Espabílate, tienes que adquirir más velocidad en tu palada. Juan tiene una palada rapidísima; enseguida te tapará el agujero del jardín.* **3** Golpe de la pala del remo en el agua: *Ganaron las regatas porque su número de paladas era muy elevado.*

paladar *s. m.* **1** Parte interior y superior de la boca con forma de bóveda. **velo* del ~ . 2** Sensibilidad de una persona para apreciar el sabor de los alimentos: *Adela tiene un paladar muy exigente, sólo quiere vinagre de manzana. A pesar de los años, la abuela todavía tiene buen paladar y sabe apreciar un buen asado.* **3** Sensibilidad para apreciar cualquier manifestación artística o intelectual: *No te esfuerces mucho, porque Arturo no tiene paladar para la música barroca.*

paladear *v. tr.* **1** Ir removiendo ‹una persona› [una cosa que tiene en la boca] poco a poco para apreciar su sabor o para recrearse en ella: *Me gusta paladear las fresas con nata. Los platos delicados deben paladearse.* SIN. saborear. **2** Disfrutar ‹una persona› con [una sensación] especialmente: *Por primera vez el abuelo paladeaba el goce de considerarse útil. Ella paseaba sola y paladeaba la quietud en la playa a aquellas horas de la mañana.*

paladeo *s. m.* (no contable) Acción de paladear una cosa para apreciarla o disfrutarla mejor.

paladín *s. m.* **1** LITERARIO. Caballero valeroso que luchaba en un combate judicial o en un desafío defendiendo el honor ajeno o el de su propio grupo: *Hay un paladín dispuesto a defender el honor de la reina. Don Quijote creía ser un antiguo paladín.* **2** ELEVADO. Defensor de ideas nobles o justas: *Ese político se convirtió en el paladín de la justicia. El Presidente norteamericano quiere ser el paladín de la libertad.*

paladino, na *adj.* ELEVADO. Que se percibe de forma muy clara y evidente: *una verdad paladina.*

paladio *s. m. Pd.* Elemento químico metálico parecido al platino, dúctil y maleable, que se utiliza en algunas aleaciones para circuitos eléctricos, joyería y empastes dentales.

palafito *s. m.* Vivienda que se construye sobre pilotes o estacas encima del agua: *Los habitantes de algunas zonas brasileñas viven en palafitos.*

palafrén *s. m.* ELEVADO. Caballo manso en que montaban las damas y a veces los reyes y príncipes en los desfiles solemnes.

palafrenero *s. m.* **1** ELEVADO. Criado que llevaba el freno del caballo. **2** ELEVADO. Mozo que estaba al cuidado de los caballos. SIN. caballerizo.

palanca *s. f.* **1** Barra rígida apoyada en un punto que permite ejercer una fuerza en un extremo para poder mover un cuerpo situado en el extremo contrario. **~ de primer género. ~ de segundo género. ~ de tercer género. 2** Mando para accionar una máquina o mecanismo: *Dale a la palanca y se pondrá en marcha.* **~ de cambios** MEC. Dispositivo para accionar el cambio de marchas de un automóvil. **3** Plataforma desde la que los nadadores saltan al agua: *En los Juegos Olímpicos los saltos de palanca fueron espectaculares.* **4** Barra o pértiga utilizada para transportar una carga entre dos. FR. Y LOC. **hacer ~** Ejercer ‹una persona› una fuerza según los principios de la palanca: *Si no haces palanca, no podrás abrir el baúl.*

palancana *s. f.* Palangana, recipiente.

palangana *s. f.* **1** Recipiente redondo parecido a un plato pero más grande para lavarse o lavar: *Lávate las manos en la palangana.* **2** AMÉR.; COLOQUIAL. Persona charlatana, fanfarrona o pedante.

palanganear *v. intr.* AMÉR.; COLOQUIAL. Fanfarronear, presumir ‹una persona›.

palanganero *s. m.* Mueble o soporte especialmente hecho para colocar la palangana.

palangre *s. m.* Cuerda gruesa de la que cuelgan ramales con anzuelos para pescar: *El besugo o la merluza de palangre están muy caros hoy en el mercado.*

palangrero *adj. / s. m.* **1** Embarcación de pesca con palangre. **2** Pescador que utiliza el palangre.

palanquear *v. tr.* ARG.; COLOQUIAL. Usar ‹una persona› [los amigos o las amistades] para que otra persona consiga su fin.

palanqueta *s. f.* Pequeña barra de hierro para forzar puertas o cerraduras.

palanquín *s. m.* **1** Silla o litera orientales para transportar a brazo a las personas importantes. **2** MAR. Cabo o cuerda que une una vela mayor a la cruz de su verga.

palastro *s. m.* Chapa sobre la que se coloca el pestillo de una cerradura.

palatal *adj.* **1** Del paladar. || *adj. / s. f.* **2** FON. [Sonido] que se articula acercando el dorso de la lengua al paladar duro: *La «ñ» es una consonante palatal. La «i» es una palatal.*

palatalización *s. f.* FON. Pronunciación de un sonido como palatal: *La palatalización de la «l» produce una «ll».*

palatalizar *v. tr. / intr.* FON. Convertir ‹una persona› en palatal [un sonido que no lo era]: *En algunas zonas leonesas palatalizan la «l».* ⇒ **19.**

palatino, na *adj.* **1** Del paladar: *hueso palatino.* **bóveda* palatina.** **2** ELEVADO. De palacio: *cargo palatino.*

palco *s. m.* **1** Compartimento en forma de balcón de una sala de espectáculos, de una plaza de toros o de algunos recintos deportivos: *Los amigos nos hemos abonado a un palco del Liceo para toda la temporada.* **~ de autoridades. ~ de platea** Palco que está en la planta baja a la altura del patio de butacas en un teatro. || **2 ~ escénico** Escenario.

palenque *s. m.* **1** Valla de madera que delimita o cerca un terreno. **2** Terreno vallado de esta manera. **3** ARG., PAR., URUG.; RESTRINGIDO en Argentina. Poste clavado en la tierra al que se atan los animales. FR. Y LOC. **tener ~** ARG. Tener en qué apoyarse.

palenquear *v. tr.* ARG., URUG.; RESTRINGIDO en Argentina. Sujetar ‹una persona› [un animal] al palenque.

palentino, na *adj. / s. m.* y *f.* De Palencia, ciudad y provincia española: *ganadería palentina.*

paleoceno, na *adj. / s. m.* GEOL. [Periodo] que es el más antiguo de los cinco en que se divide el Terciario.

paleocristiano, na *adj. / s. m.* De las primeras comunidades cristianas: *restos paleocristianos, arte paleocristiano.*

paleografía *s. f.* (no contable) Ciencia que estudia la escritura de los libros y documentos antiguos.

paleógrafo, fa *s. m. / f.* Persona que tiene como profesión la paleografía.

paleolítico, ca *adj. / s. m.* **1** [Periodo] que es el primero de la Edad de Piedra: *En el Paleolítico Superior aparecen las primeras manifestaciones artísticas.* || *adj.* **2** De aquel periodo: *la cultura paleolítica. El arte paleolítico se extiende por toda la geografía europea.*

paleología *s. f.* (no contable) Estudio de las lenguas antiguas.

paleontografía *s. f.* (no contable) Ciencia que se dedica a la descripción de los animales y vegetales de los que sólo existen restos fósiles.

paleontología *s. f.* (no contable) Ciencia que estudia los seres vivos de otras épocas a partir de sus restos fósiles.

paleontólogo, ga *s. m. / f.* Persona que tiene por profesión la paleontología.

paleozoico, ca *adj. / s. m.* [Periodo] que es el segundo de la historia de la Tierra y el más antiguo de los sedimentarios.

palestino, na *adj. / s. m.* y *f.* De Palestina.

palestra *s. f.* HIST. Lugar donde antiguamente se celebraban torneos y combates. FR. Y LOC. **salir / saltar a la ~** 1 Participar ‹una persona› en una discusión o competición: *En el debate salieron a la palestra representantes de diversos partidos políticos.* 2 Darse a conocer ante el público ‹una persona o una cosa›: *Va a salir a la palestra muy pronto un nuevo grupo musical con unas melodías muy pegadizas.*

paleta *s. f.* **1** Pala pequeña. **2** Herramienta de albañil formada por una plancha metálica triangular con un mango perpendicular para manejar y extender la masa. **3** Tabla delgada con un agujero en uno de sus extremos para agarrarla con el dedo pulgar, en la que el pintor extiende los colores que va a utilizar. **4** (no contable) Colorido de un pintor: *la paleta de Goya, un pintor de rica paleta.* **5** Tabla redondeada de madera con un mango, para golpear la pelota en algunos juegos: *la paleta para jugar al pimpón.* **6** COLOQUIAL. Diente central superior: *La niña tiene unas paletas muy grandes.* SIN. pala. **7** Pieza, plana o curva, que gira sobre una rueda o un eje: *las paletas del ventilador, las paletas de la hélice.* **8** TAUROM. Parte delantera exterior del asta de un toro. **9** AMÉR. C., MÉX.; COLOQUIAL. Pirulí o polo helado.

paletada *s. f.* **1** COLOQUIAL. Comportamiento o acción propios de una persona paleta: *Esto que acabas de decir es una paletada.* **2** Porción que se sostiene o se traslada de una vez con una paleta o con una pala: *una paletada de cemento, una paletada de yeso.* **3** Golpe dado con la paleta: *El niño le ha dado a su amigo una paletada sin querer y le ha hecho una herida en la cabeza.* **4** Movimiento hecho al aplicar el material con la paleta: *El albañil mezcla el cemento con paletadas regulares.*

paletazo *s. m.* TAUROM. Golpe dado con la paleta del asta: *El toro le dio tal paletazo que el torero cayó al suelo.*

paletilla *s. f.* **1** Omóplato del hombre y los animales. **2** Carne que rodea este hueso: *Nos han servido una paletilla de cabrito. Tienen buenos jamones y buenas paletillas de cerdo en ese comercio.*

paleto, ta *adj. / s. m.* y *f.* PEYORATIVO. Que es propio de los habitantes del campo y de su educación no urbana: *Su vecina tiene una forma de vestir muy paleta. A esa discoteca acuden todos los paletos del pueblo.*

pali *s. m.* LING. Antigua lengua indoeuropea en la que predicó Buda.

paliar *v. tr.* **1** ELEVADO. Hacer ‹una persona o una cosa› menor [un dolor físico, una pena o los efectos perjudiciales de una cosa] a [una persona]: *Este jarabe no hace nada, pero me ayuda, por lo menos, a paliar el cansancio.* SIN. mitigar. **2** Disminuir ‹una persona› la importancia de [una cosa]: *Paliaron los efectos de la noticia con comentarios tranquilizadores.* SIN. suavizar. ⇒ **8.**

paliativo, va *adj. / s. m.* Que hace menor el dolor o los efectos perjudiciales de una cosa: *medidas paliativas. Le recetaron un remedio paliativo de su enfermedad. Hay que pensar en un escarmiento sin paliativos.*

palidecer *v. intr.* 1 Ponerse ‹una persona› pálida: *La madre palideció al ver llegar a su hijo con un brazo roto.* 2 Aparecer ‹una cosa› con menor brillantez de la que tiene o perderla: *Las previsiones palidecieron ante la realidad. El sol palidece ante el brillo de tus cabellos.* ⇒ **5.**

palidez *s. f.* (no contable) Pérdida del color natural del rostro o de otras cosas: *Su traje oscuro contrastaba con la extrema palidez de su cara.*

pálido, da *adj.* 1 Que ha perdido el color natural: *Tenía la cara pálida del susto.* 2 (antepuesto) Que es poco expresivo o brillante: *pálido reflejo de la realidad, pálido reconocimiento a sus méritos.* 3 [Color] que es poco intenso: *rosa pálido, amarillo pálido.*

palier *s. m.* MEC. Eje que transmite el movimiento a las ruedas motrices de un automóvil desde la caja diferencial: *No nos pasó nada, pero se nos partió el palier al volcar.*

palillero *s. m.* Recipiente u objeto apropiados para colocar los palillos.

palillo *s. m.* 1 Pequeño palo de madera, muy estrecho y puntiagudo por ambos extremos: *Pon unos palillos para pinchar las aceitunas.* **~ de dientes** Palillo para extraer los restos de comida de los dientes. 2 MÚS. Varita corta redondeada en su extremo para tocar el tambor. 3 Pequeño palo torneado para hacer encaje y pasamanería. SIN. bolillo. 4 COLOQUIAL. Persona muy delgada: *Silvia es un palillo. Estás hecho un palillo.* 5 (en plural) Par de palos, largos y estrechos, utilizados en algunos países orientales para llevar los alimentos a la boca: *No sé comer con palillos.* 6 (en plural) RESTRINGIDO. Castañuelas.

palimpsesto *s. m.* 1 Manuscrito antiguo que conserva bajo un texto escrito restos de anteriores escrituras, que fueron borradas generalmente para aprovechar el material de escritura: *Algunos palimpsestos han guardado obras clásicas muy interesantes.* 2 Tablilla antigua en la que se podía borrar lo escrito para volver a escribir.

palinodia *s. f.* ELEVADO. Rectificación pública de algo que se había dicho o escrito anteriormente: *Juan tuvo que cantar la palinodia y reconocer que los datos que había mostrado el día anterior estaban equivocados.*

palio *s. m.* 1 Entre los católicos, dosel portátil, sujeto por cuatro o más barras, bajo el que se coloca la Hostia consagrada, una imagen religiosa, o a una personalidad: *recibir a alguien bajo el palio, cubrir con el palio.* 2 HIST. Prenda principal del traje griego formada por un manto sujeto en el pecho. 3 CINE. Reflector metálico para la iluminación de exteriores.

palique *s. m.* (no contable) COLOQUIAL. Conversación poco importante: *Como le des palique estás perdido, te pasas allí toda la tarde. Esa vecina tiene mucho palique. A todos nos gusta el palique con los amigos. Pedro se pasa toda la tarde de palique y no hace nada.* SIN. cháchara. (COLOQUIAL).

palisandro *s. m.* Madera rojiza con vetas negras de algunos árboles tropicales muy apreciada para hacer muebles: *un armario de palisandro, un mueble de palisandro.*

palito *s. m.* ARG. Danza popular pampeana. FR. Y LOC. **pisar el ~** ARG. Caer en la trampa.

palitroque *s. m.* 1 Palo pequeño y tosco: *Niño, deja de jugar con ese palitroque, que te vas a sacar un ojo.* 2 TAUROM. Banderilla.

paliza *s. f.* 1 Conjunto de golpes dados a una persona o animal: *pegar una paliza, propinar una paliza, dar una paliza.* 2 COLOQUIAL. Trabajo físico o mental agotador: *Me di una buena paliza para terminar a tiempo. Ha sido una paliza el mes de mayo con los exámenes.* 3 COLOQUIAL. Derrota en una competición por una diferencia grande en el marcador: *¡Menuda paliza! El equipo local ha perdido por cinco goles a cero.* || *adj. / s. m.* y *f.* 4 (puede usarse *palizas* para singular y plural) Persona pesada o molesta: *Eres un paliza(s), déjame tranquilo. Tu hermana es una palizas. Tus hermanos son unos palizas.* FR. Y LOC. **dar la ~** COLOQUIAL. Aburrir ‹una persona› a otra con sus propuestas o peticiones repetidas: *El hijo pequeño no para de dar la paliza a sus padres para que le compren una moto.* **darse la ~** 1 COLOQUIAL. Trabajar ‹una persona› intensamente: *Mi madre se da la paliza a planchar todos los días, no lo comprendo.* 2 COLOQUIAL. Esforzarse o sufrir ‹una persona› mucho en alguna actividad: *Me doy la paliza para llegar en punto a clase todos los días, porque vivo fuera de Madrid.* 3 COLOQUIAL. Besarse y tocarse insistentemente ‹una pareja›.

palizada *s. f.* Valla de estacas o palos, especialmente la que encauza una corriente de agua.

pallador *s. m.* ARG., CHILE, URUG. Payador.

pallar *v. intr.* ARG., CHILE, URUG.; COLOQUIAL en Chile. Payar.

pallar *s. m.* 1 PERÚ. Guisante. 2 PERÚ. Lóbulo de la oreja.

palloza *s. f.* Choza circular de piedra con techo de paja, típica de las montañas de Galicia y León.

palma *s. f.* 1 Palmera, árbol. 2 Hoja de la palmera preparada para hacer diferentes objetos: *cestos de palma, escobas de palma, bolsos de palma.* 3 (en plural) Palmadas que se dan como muestra de agrado o para acompañar algunos bailes: *En la fiesta, unos cantaban y otros daban palmas. Después del primer toro hubo división de opiniones y se oyeron palmas y pitos.* || 4 **~ de la mano** Parte interior de la mano, cuando se cierra, desde la muñeca hasta el nacimiento de los dedos. FR. Y LOC. **batir / dar palmas** Aplaudir rítmicamente para acompañar a la música o para protestar: *Como tardaban en empezar, se puso todo el teatro a dar palmas.* **conocer como la ~ de la mano** COLOQUIAL; INTENSIFICADOR. Conocer ‹una persona› a una persona o una cosa muy bien: *El jefe de la policía conoce este territorio como la palma de la mano.* **llevar / tener / traer en palmas / palmitas** COLOQUIAL; INTENSIFICADOR. Tratar muy bien ‹una persona› a otra persona intentando complacerla: *En su casa, sus padres lo tienen en palmitas.* **llevarse la ~** frecuentemente PEYORATIVO. Ser ‹una persona› la que más destaca en algo: *Hijo mío, siempre te llevas la palma haciendo tonterías. Juan se lleva por derecho propio la palma de las desgracias. Contando chistes, Pablo se lleva la palma.*

palmada *s. f.* 1 Golpe que se da con la palma de la mano: *Su amigo le dio una palmada en el hombro para animarle.* 2 (preferentemente en plural) Ruido producido por el choque de las palmas de las manos entre sí: *Un vecino dio unas palmadas para avisar al sereno. Sonaron unas tímidas palmadas al final del primer acto.*

palmar *v. intr.* Se usa en la LOC. **palmarla** COLOQUIAL. Morir ‹una persona›: *Pasó lo que tenía que pasar: la palmó el año pasado al salirse de la carretera. Bueno, y si la palmamos, ¿qué pasa? De algo hay que morir.* SIN. diñarla. (COLOQUIAL).

palmar *s. m.* Palmeral.

palmarés (plural *palmarés*) *s. m.* **1** Lista de vencedores de una competición: *Por fin ha inscrito su nombre en el palmarés de Gijón. El palmarés del festival de Valladolid cuenta con numerosos actores extranjeros.* **2** Historial o currículum de una persona: *La ficha recoge el palmarés de sus películas. Ese futbolista tiene un palmarés deportivo muy brillante.*

palmario, ria *adj.* ELEVADO. Que contiene evidencia o certeza: *Una prueba palmaria de que no le importamos nada es que no ha vuelto por casa.*

palmatoria *s. f.* Soporte de una vela, generalmente en forma de platillo con un asa.

palmeado, da *adj.* **1** Que tiene forma de palmera. **2** BOT. Que tiene forma de mano abierta: *hoja palmeada, raíz palmeada.* **3** (ser / estar) ZOOL. Que tiene los dedos unidos por una membrana: *Los dedos son palmeados. Los dedos están palmeados. Los patos tienen los pies palmeados.*

palmear *v. intr.* **1** Dar ‹una persona› palmadas: *Palmeaban mientras se alzaba el telón.* || *v. tr. / intr.* **2** DEP. Introducir ‹un jugador de baloncesto› [el balón] en la cesta dándole al rebote con la palma de la mano: *El pívot consiguió los dos puntos al palmear un balón difícil.*

palmeo *s. m.* **1** Acompañamiento musical de palmas. **2** DEP. Golpe dado al balón con la palma de la mano: *El palmeo de los aleros ha dado la victoria al equipo local.*

palmera *s. f.* **1** Árbol de la familia de las palmas, con tronco cilíndrico, sin ramas, hojas largas y puntiagudas cuyo fruto es el dátil. **~ datilera.** **2** Bollo de repostería, hecho con hojaldre, en forma de corazón: *Me gustan las palmeras de chocolate.*

palmeral *s. m.* Lugar poblado de palmeras: *Se citaron en el palmeral.* SIN. palmar.

palmero, ra *s. m. / f.* **1** Persona que cuida de un palmeral o vende palmeras. **2** Persona que da palmas durante un cante o baile flamenco. || *adj. / s. m.* y *f.* **3** De La Palma, isla del archipiélago canario: *la costa palmera. Los palmeros conservan bonitas tradiciones.*

palmesano, na *adj. / s. m.* y *f.* De Palma de Mallorca, ciudad española: *aeropuerto palmesano. Los palmesanos tienen una bella catedral.*

palmeta *s. f.* RESTRINGIDO. Vara o regla que se utilizaba para golpear a los alumnos en las manos como castigo: *En nuestros colegios ya no se utiliza la palmeta para castigar.*

palmetazo *s. m.* **1** Golpe dado con la palmeta. **2** Reprensión o censura que se hace con malos modales: *Ese hombre está enloquecido: se dedica a propinar palmetazos a todo el mundo en el periódico dominical.*

palmípedo, da *adj. / s. f.* **1** ZOOL. [Ave] que está adaptada a la vida acuática, y tiene una membrana entre los dedos de las patas, como el pato o el ganso. || *s. f.* **2** (en plural) ZOOL. Grupo formado por estas aves.

palmito *s. m.* **1** *Chamaerops humulis.* Palmera de tronco muy corto y hojas en forma de abanico con las que se hacen productos de cestería. **2** Cogollo comestible de esta planta: *palmitos en vinagreta.* **3** COLOQUIAL. Figura esbelta de mujer: *Esa joven tiene buen palmito. No tiene mal palmito la chica.*

palmo *s. m.* **1** Medida de longitud, de unos 25 cm., que equivale a la distancia que hay entre el dedo meñique y el pulgar con la mano abierta. || **2 ~ de tierra** Espacio pequeño: *El delantero driblaba a los contrarios en un palmo de tierra.* FR. Y LOC. **con un ~ de lengua (fuera)** COLOQUIAL. Muy cansado: *Llegó a la meta con un palmo de lengua fuera.* **crecer a palmos** Crecer mucho en muy poco tiempo: *Este chico está creciendo a palmos.* **dejar con un ~ de narices** COLOQUIAL. Dejar ‹una persona› muy sorprendida a otra persona, privándola de una cosa que considera segura: *Pedro me había prometido unas invitaciones para el teatro, pero las ha regalado y me ha dejado con un palmo de narices.* **no adelantar / ganar un ~ de terreno** Adelantar ‹una persona› muy poco: *En estas dos semanas de negociaciones, no hemos ganado un palmo de terreno.* **palmo a ~** 1 Con lentitud o dificultad: *Avanzábamos palmo a palmo a través de la jungla.* 2 Muy bien: *Dolores conoce palmo a palmo los bosques de su comarca.* **quedar con un ~ de narices** o **quedar con dos palmos de narices** COLOQUIAL. Quedarse ‹una persona› muy sorprendida: *Cuando oyó su respuesta el profesor se quedó con dos palmos de narices.*

palmoteo *s. m.* (no contable) Acción de dar palmadas una persona repetidamente: *El público ovacionó a los actores con un sonoro palmoteo.*

palo *s. m.* **1** Trozo de madera alargado y cilíndrico: *el palo de la escoba.* **2** Golpe dado con este trozo de madera o con un objeto parecido: *A mi hermano anoche lo molieron a palos unos gamberros en esa calle.* **3** (no contable) Madera: *Utiliza la cuchara de palo. El pirata tenía una pata de palo.* **4** MAR. Madero colocado en posición vertical al que se sujetan las velas de una embarcación. SIN. mástil. **~ de mesana. ~ mayor.** MAR. El palo más alto de una nave. **5** MAR. Mástil o elemento parecido usado para otras funciones en embarcaciones que no son de vela. **6** Trazo recto vertical o inclinado hecho al escribir: *Haz el palo de la «d» más largo.* **7** DEP. Poste y travesaño de una portería: *La pelota ha rebotado en el palo.* **8** DEP. Instrumento con el que se golpea la pelota en algunos deportes como el béisbol o el golf: *palo de golf.* **9** COLOQUIAL. Daño, disgusto grande o cosa desagradable: *La muerte de su amigo fue un palo para él. Es un palo salir siempre con mi madre.* **10** Cada uno de los cuatro grupos en que se divide la baraja española: *Para ganar la partida tienes que tener el caballo y el rey del mismo palo.* **11** BOT.; AMÉR. Se usa para designar a diversos árboles o arbustos. **~ blanco. ~ borracho. ~ cajá.** **12** P. RICO, VEN.; COLOQUIAL. Trago de licor. || **13 jarabe* de ~.** **14 ~ de amasar** ARG. Rodillo de amasar. **15 ~ (de) brasil** Árbol de la familia de las papilonáceas, de madera rojiza y compacta del que se extrae un colorante. **16 ~ dulce** Paloduz. **17 ~ santo** Árbol tropical de madera negruzca y compacta, muy apreciada en ebanistería. FR. Y LOC. **a medio ~** VEN.; COLOQUIAL. Un poco borracho. **a ~ seco** COLOQUIAL. Solo, sin acompañamiento: *Amparo se bebe la ginebra a palo seco. Si no hay nada más, tendremos que comer el embutido a palo seco.* **dar / llevar / recibir / sacudir más palos que (a) una estera* (vieja).** **dar ~** COLOQUIAL. Darle a una persona pereza o vergüenza hacer una cosa: *Me da palo llegar tan tarde. Me da palo llamar por teléfono a tu casa.* **dar palos de ciego** COLOQUIAL. Hacer ‹una persona› una cosa sin pensar, sin saber o sin obtener resultados prácticos: *Los médicos no hacen más que dar palos de ciego con él porque no saben lo que tiene.* **dar un ~** COLOQUIAL. Cobrar ‹una persona› muy cara una cosa: *En ese restaurante nos dieron un palo. Nos dieron el palo con el recibo del agua.* **echar a palos** Echar de malas maneras ‹una persona› a otra persona de un sitio: *Nos echaron a palos de la discoteca.* **helado* de palito. más sucio que el ~ de un gallinero** COLOQUIAL. Muy sucio. **más tieso que un ~** COLOQUIAL. PEYORATIVO. Muy tieso o erguido: *Nati cuando sale con su novio va más tiesa que un palo.* **meter con cuchara* (de ~). meter un ~** COLOQUIAL. Imponer ‹una persona› un castigo a otra persona: *A ese chico le han metido un palo en el instituto por faltar tanto a clase.* **no dar un ~ al agua** COLOQUIAL. No trabajar ‹una persona›: *Mi tío vive como quiere y no da un palo al agua.* **que cada ~ aguante su vela** COLOQUIAL; RESUMIDOR FINAL. Se usa para indicar que cada persona debe responsabilizarse de sus actos u obligaciones: *Yo me voy, y sabéis lo que os digo, que cada palo aguante su vela.*

paloduz *s. m.* Trozo seco del tallo subterráneo de una planta llamada regaliz que se come o se chupa como golosina.

paloma *s. f.* **1** (macho *palomo*) Familia *Columbidae.* Ave de color generalmente grisáceo, cuello corto, cabeza pequeña y pico con un ligero abultamiento en la parte de arriba. **~ bravía / silvestre. ~ doméstica. ~ torcaz. ~ zurita. ~ mensajera** Paloma con un gran instinto para volver al palomar desde largas distancias, que se ha utilizado a veces para enviar mensajes. **2** Ave similar a la paloma, como la tórtola. || **3 ~ de la paz** Símbolo de la paz que consiste en la representación de una paloma con una ramita de olivo en el pico.

palomar *s. m.* Lugar donde se tienen y crían las palomas. FR. Y LOC. **alborotar el ~** COLOQUIAL; RESTRINGIDO. Alterar ‹una persona, un hecho› con palabras o acciones a un grupo de personas: *Cuando Héctor empezó a hablar de ese asunto, se alborotó el palomar.*

palometa *s. f.* **1** (macho y hembra) *Trachynotus ovatus.* Pez marino de color gris azulado con los bordes de las aletas oscuros, y de carne comestible. **2** Palomilla, soporte triangular o tuerca.

palomilla *s. f.* **1** (macho y hembra) *Sitotroga cerealella.* Insecto parecido a una mariposa, de color gris, que anida en los graneros y es dañino para los cereales. **2** Tuerca con dos alas laterales para enroscarla con los dedos. SIN. palometa. **3** Soporte en forma de triángulo rectángulo que se sujeta por uno de sus lados en una pared: *Una tabla sujeta con dos palomillas puede servirte de estantería.* SIN. palometa. **4** ZOOL. Fase de la metamorfosis de un insecto. **5** Parte anterior del anca de una caballería: *Este caballo es alto de palomilla.* **6** MÉX.; JERGAL. Grupo de personas que se reúnen para divertirse o que viven juntas. || *s. m. / f.* **7** PERÚ. Persona traviesa o avispada.

palomillada *s. f.* PERÚ. Travesura sin importancia.

palomino *s. m.* **1** (macho y hembra) Cría de la paloma silvestre. **2** RESTRINGIDO. Excremento de ave: *Aparcó debajo de un árbol y al volver tenía el coche lleno de palominos.* **3** COLOQUIAL; RESTRINGIDO. Mancha de excremento de una persona en su ropa interior. **4** COLOQUIAL; RESTRINGIDO. Persona sosa o atontada: *El palomino de Luis no se entera de nada. Esa muchacha hace las cosas al revés, parece un palomino atontado.* SIN. tonto.

palomita *s. f.* **1** (preferentemente en plural) Grano de maíz tostado que al reventar toma un aspecto esponjoso y que se puede consumir como aperitivo o, con azúcar o miel, como golosina: *Marina se comió una bolsa de palomitas en el cine.* **2** (no contable) Bebida que se hace con licor de anís y agua: *Ponme una palomita de anís en un vaso grande, con mucha agua y hielo.* **3** DEP. Estirada del portero hacia un lado de la portería, en algunos deportes como el fútbol.

palomo *s. m.* **1** Macho de la paloma. **2** Paloma torcaz.

palosanto *s. m.* Palo santo.

palote *s. m.* **1** Palo pequeño como el que se usa para tocar el tambor. **2** Trazo recto que se hace para aprender a escribir: *El nene ya hace palotes en el parvulario.* FR. Y LOC. **Perico* de los palotes.**

palpable *adj.* **1** Que puede tocarse con las manos: *Tengo un bulto palpable, toca y verás.* SIN. tangible. **2** (antepuesto / pospuesto) Que se puede percibir con claridad o certeza: *Su estado de ansiedad era palpable. Ésa es una prueba palpable, nadie dudaría de ella. Tu amigo tiene un palpable interés en ese tema.* SIN. patente, evidente.

palpablemente *adv. modo* Patente o claramente, sin duda y con evidencia, como si se palpara con las manos: *La situación ha mejorado palpablemente.*

palpación *s. f.* Acción de tocar algo con las manos para reconocerlo o examinarlo: *Tras la palpación del vientre del enfermo el médico diagnosticó una apendicitis.* SIN. palpamiento.

palpamiento *s. m.* RESTRINGIDO. Palpación.

palpar *v. tr.* **1** Tocar ‹una persona› [una cosa] con las manos o los dedos para reconocerla o examinarla: *El médico me palpó la garganta para ver si tenía ganglios.* **2** Percibir o experimentar ‹una persona› [una cosa o los efectos de algo]: *Ahora palpa esa chica el resultado de su inconsciencia. Se palpaba el descontento en el ambiente.* SIN. notar.

palpebral *adj.* De los párpados.

palpitación *s. f.* **1** (preferentemente en plural) Latido del corazón más rápido o fuerte de lo normal: *Al subir las escaleras le dan palpitaciones.* **2** Movimiento real o imaginado, regular e involuntario, de una parte del cuerpo: *Noto palpitaciones en la cabeza. Al perro le palpita un ojo cuando está nervioso. Tengo palpitaciones en un dedo.*

palpitante *adj.* **1** (ser / estar; antepuesto / pospuesto) Que es muy reciente o tiene mucho interés: *asunto palpitante, cuestión palpitante. Es un tema que está de palpitante actualidad. La información es palpitante.* **2** Que palpita: *corazón palpitante.*

palpitar *v. intr.* **1** Latir ‹el corazón›: *No nos damos cuenta de que el corazón palpita mientras dormimos.* **2** Aumentar ‹los movimientos del corazón› su frecuencia e intensidad: *Cuando la veo me palpita el corazón.* **3** Moverse ‹un órgano o un músculo del cuerpo› de manera rítmica e involuntaria: *Me palpita un ojo.* **4** Mostrarse ‹una cosa› de una manera clara y perceptible: *En su voz palpitaba la emoción.* SIN. latir.

pálpito *s. m.* (preferentemente con los verbos *dar* o *tener*) Corazonada o presentimiento: *Me ha dado un pálpito sobre lo que pasará.*

palpo *s. m.* ZOOL. Cada uno de los apéndices articulados que tienen algunos invertebrados alrededor de la boca para palpar y sujetar los alimentos.

palquista *s. m. / f.* Ladrón de casas que se introduce por balcones y ventanas.

palta *s. f.* **1** AMÉR. DEL S. Aguacate, fruto. **2** PERÚ; COLOQUIAL. Preocupación, problema.

palto *s. m.* AMÉR. Aguacate, árbol.

palúdico, ca *adj.* **1** MED. Del paludismo: *fiebre palúdica, vacuna palúdica.* **2** ELEVADO. Palustre. || *adj. / s. m.* y *f.* **3** Que padece paludismo: *enferma palúdica. El número de palúdicos está estabilizado.*

paludismo *s. m.* (no contable) MED. Enfermedad infecciosa transmitida al hombre por la picadura de los mosquitos anofeles hembras que produce anemia y fiebre alta. SIN. malaria.

palurdo, da *adj. / s. m.* y *f.* COLOQUIAL; PEYORATIVO. Que es propio de las personas de campo sin educación, toscas e ignorantes: *Son un conjunto de palurdos y no vamos a invitarlos más a casa.* SIN. paleto.

palustre *adj.* **1** ELEVADO. De la laguna o del pantano: *terreno palustre, vegetación palustre.* SIN. lacustre (ELEVADO). || *s. m.* **2** Paleta de albañil.

pamela *s. f.* Sombrero femenino de copa baja y ala grande y generalmente flexible.

pamema *s. f.* **1** Cosa sin importancia: *No hagas caso de esas pamemas. La directora nos llama al despacho y siempre está preocupada por pamemas.* SIN. pamplina. **2** Acto o frase de cortesía o de alabanza que no son sinceros: *No me vengas con pamemas, que yo sé que me salió mal la conferencia. Me gusta que me digan la verdad y no que me vengan con pamemas.* **3** Demostración exagerada de asco o disgusto: *Cuando hay algo que no le gusta de comida la niña se pone a hacer pamemas.*

pampa *s. f.* Llanura extensa sin vegetación arbórea existente en algunas zonas de América del Sur: *la pampa argentina.*

pámpano *s. m.* Brote tierno, verde y delgado de la vid.

pampeano, na *adj. / s. m.* y *f.* De la pampa o de la provincia argentina de la Pampa: *Ese biólogo estudió la fauna y la vegetación pampeanas. Güiraldes conocía muy bien las costumbres de los pampeanos.*

pampear *v. intr.* AMÉR. DEL S. Recorrer ‹una persona› la pampa.

pampero, ra *adj. / s. m.* y *f.* **1** Pampeano. || *s. m.* **2** ARG. Viento frío procedente de las pampas que suele soplar en el Río de la Plata. ⇒ **201.**

pamplina *s. f.* **1** (preferentemente en plural) COLOQUIAL. Manifestación exagerada de delicadeza, asco o disgusto: *Este niño siempre está con pamplinas, no le gusta ninguna comida.* SIN. pamema. **2** (preferentemente en plural) COLOQUIAL. Cosa de poca importancia o utilidad: *Basta ya de pamplinas y ponte a hacer tu trabajo.* SIN. pamema. **3** (preferentemente en plural) COLOQUIAL. Muestras de afecto poco sinceras: *A mí me interesa que estudies y no que vengas con pamplinas para tenerme contenta.* SIN. pamema. **4** *Hypecoum grandiflorum.* Planta silvestre de la familia de las papaveráceas de hojas divididas en cintas, flores amarillas de pétalos desiguales y fruto con muchas semillas, que invade los sembrados.

pan *s. m.* **1** (no contable) Masa de harina y agua fermentada con levadura y cocida al horno: *En ese horno hacen un pan buenísimo.* **~ tostado. ~ ácimo** (no contable) Pan hecho sin levadura. **~ de molde** (no contable) Pan de forma rectangular, cortado en rebanadas, de corteza fina y miga muy esponjosa. **~ de Viena** (no contable) Pan elaborado con harina blanca y leche, de corteza fina y crujiente, muy suave y algo dulce. **~ francés** (no contable) Pan muy esponjoso hecho con harina de trigo. **~ integral / negro** (no contable) Pan de color más oscuro que el normal porque contiene el salvado del cereal. **~ rallado** (no contable) Pan seco muy desmenuzado que se emplea para rebozar. **2** Pieza de este alimento, en especial la de forma redonda y grande que se hacía tradicionalmente en los pueblos: *La señora compró tres panes y dos longanizas.* **bolsa del ~. 3** Masa de otras sustancias, de aspecto semejante a este alimento: *pan de higos.* **~ de Cádiz** (no contable) Dulce parecido al mazapán, típico de Cádiz. **4** (no contable) El sustento diario: *Lidia se gana el pan con esfuerzo y tesón.* || **5 ~ de oro** Lámina muy fina de este metal que se emplea para dorar una superficie. **6 ~ eucarístico** Hostia consagrada. **7 ~ y quesillo 7**1 Flor de la acacia. **7**2 Planta de hojas estrechas y pequeñas flores blancas en panojas. FR. Y LOC. **a ~ y agua** Sin tomar otro alimento, como ayuno o castigo: *Los han encerrado a pan y agua en una celda de castigo. Tengo que controlar lo que como; voy a ponerme a pan y agua una semana.* **al pan, ~ y al vino, vino** COLOQUIAL; RESUMIDOR FINAL. Se usa para indicar la necesidad de hablar abiertamente y sin disimulo: *Voy a hablarte claro, porque al pan, pan y al vino, vino.* **con su ~ se lo coma** COLOQUIAL; RESUMIDOR FINAL. Se usa para indicar el desinterés hacia las consecuencias de los actos de otra persona: *Le he avisado repetidamente y no me escucha, así que, con su pan se lo coma. Oye, a mí no me gusta su novia, pero si se casa con ella, con su pan se lo coma.* **contigo ~ y cebolla** COLOQUIAL; HUMORÍSTICO. Se usa para indicar que a los enamorados les basta sólo su amor para estar unidos: *Para casarse se necesitan muchas cosas, no basta decir que contigo pan y cebolla.* **costar la torta* un ~. dame ~ y llámame tonto / perro** COLOQUIAL. Se usa para indicar que no importan las ofensas o desatenciones si con ello se obtiene alguna ventaja: *Ya sé que Elvira se porta mal conmigo, pero dame pan y llámame tonto.* **flauta* de ~. hacer un ~ como unas hostias** COLOQUIAL. Se usa para lamentarse de lo mal hecho que está algo. **más bueno que el ~** 1 COLOQUIAL; INTENSIFICADOR. Se usa para señalar que una persona tiene mucho atractivo físico: *Pepita está más buena que el pan.* 2 INTENSIFICADOR. [Persona] muy bondadosa: *Su padre es más bueno que el pan.* **no pedir ~** No estorbar en un sitio ‹una cosa› que puede ser útil en otro momento: *No tires esa mesa, en ese rincón no pide pan y puede servir.* **ser el ~ nuestro de cada día** Ser ‹un hecho› común o muy frecuente: *Las averías en las casas viejas son el pan nuestro de cada día.* **ser ~ comido** COLOQUIAL; ÁNIMO. Ser ‹una cosa› fácil de hacer, no presentar problemas: *Este asunto para ti es pan comido. Las matemáticas para ti son pan comido.* **ser un pedazo / trozo / cacho de ~** COLOQUIAL; INTENSIFICADOR. Ser ‹una persona› muy buena: *Su madre es un pedazo de pan: se desvive por él.* REFR. **A falta de pan buenas son tortas.** Se usa para indicar que ante una carencia debemos conformarnos con cualquier alternativa posible. **Quien da pan a perro ajeno, pierde el pan y pierde el perro.** Se usa para indicar que cuando se favorece a personas extrañas no se obtiene ni siquiera agradecimiento.

pan- *pref.* Significa 'total' y forma adjetivos a partir de adjetivos o sustantivos a partir de sustantivos: *europeo - pan-*

europeo, americano - panamericano, africanismo - panafricanismo, arabismo - panarabismo.

pana *s. f.* **1** (no contable) Tejido grueso de algodón parecido al terciopelo pero formando surcos paralelos: *pantalones de pana, camisa de pana.* **2** CHILE.; COLOQUIAL. Avería de un vehículo.

panacea *s. f.* (no contable) Solución o remedio para cualquier tipo de problema o asunto: *Nadie conoce la panacea para el problema del paro. Ya sé que ese medicamento no es ninguna panacea, pero por lo menos te aliviará algo.*

panaché *s. m.* (no contable) Guiso de varias clases de verduras cocidas y rehogadas: *panaché de verduras con setas.*

panadería *s. f.* Establecimiento donde se fabrica o vende pan.

panadero, ra *s. m./f.* Persona que por oficio fabrica o vende pan. **pala* de ~.**

panadizo *s. m.* Inflamación aguda del tejido celular de los dedos, principalmente alrededor de las uñas.

panafricanismo *s. m.* (no contable) Ideología y comportamiento de los partidarios de fomentar la unidad de todos los pueblos africanos.

panal *s. m.* **1** Estructura formada por celdillas hexagonales de cera que construyen las abejas para depositar la miel y los huevos: *un panal de miel.* **2** Construcción parecida hecha por las avispas y otros insectos.

panamá *s. m.* **1** (no contable) Tela de algodón con hilos gruesos que se emplea para bordar: *un mantel de panamá.* **2** Sombrero masculino de fibra de pita ligero y flexible, con el ala doblada hacia arriba.

panameño, ña *adj./s. m.* y *f.* De Panamá, país de América central: *selva panameña, escritor panameño. Las panameñas actuarán en segundo lugar.*

panamericanismo *s. m.* (no contable) Ideología y comportamiento de los partidarios de fomentar las relaciones entre todos los pueblos de América, bajo el liderazgo de los Estados Unidos, y de excluir otras relaciones e influencias.

panamericanista *adj.* **1** Del panamericanismo: *la doctrina panamericanista.* || *adj./s. m.* y *f.* **2** Que es partidario del panamericanismo.

panarabismo *s. m.* (no contable) Ideología y comportamiento de los partidarios de la unión de todos los pueblos árabes.

panarra *s. m./f.* COLOQUIAL; PEYORATIVO. Persona simple o sin voluntad: *No cuentes para nada con él, es un panarra.*

panavisión *s. f.* (no contable) CINE. Técnica de filmación y proyección en que se emplea película de 65 mm. y lentes especiales: *En este cine han puesto una pantalla de panavisión. Echan una película rodada en panavisión.*

pancarta *s. f.* Cartel grande de propaganda o de información: *Los manifestantes portaban pancartas contra el Gobierno. Los ciclistas pasaron bajo la pancarta de meta. Una pancarta con el inicio de El Quijote anuncia la Feria del Libro.*

panceta *s. f.* (no contable) Tocino de cerdo con vetas de carne.

panchito *s. m.* Cacahuete pelado y frito: *Le sirvió unos panchitos de aperitivo.*

pancho, cha *adj./s. m.* y *f.* **1** (ser/estar) COLOQUIAL. Tranquilo, que no se inquieta y suele quedarse satisfecho con todo: *¡Pero qué pancho eres, siempre esperas que te solucionen todo! Yo aquí pasándolo fatal y él tan pancho. ¡Qué pancha estás ahí sentada!* || *adj./s. m.* **2** ARG., PAR., URUG.; COLOQUIAL. Salchicha que se come con pan, perrito caliente. || *adj.* **3** COL.; COLOQUIAL. Que es ancho y aplastado.

pancismo *s. m.* (no contable) RESTRINGIDO; PEYORATIVO. Ideología y comportamiento de la persona que adapta su forma de pensar o actuar a lo que considera más provechoso desde el punto de vista material: *el pancismo de algunos políticos. El pancismo de muchos funcionarios es tradicional, les importa poco la gente.*

pancista *adj./s. m.* y *f.* RESTRINGIDO; PEYORATIVO. Que es partidario del pancismo: *Ese tío es un pancista, hace cualquier cosa por unos duros. No irá a la manifestación; como buen pancista sólo se preocupa de lo que le gusta a los jefes.*

páncreas (plural *páncreas*) *s. m.* Glándula situada debajo del estómago que contribuye a la digestión de los alimentos y produce la insulina.

pancreático, ca *adj.* Del páncreas: *jugo pancreático.*

pancreatina *s. f.* (no contable) Sustancia extraída del jugo pancreático de algunos animales que suple las insuficiencias de un páncreas enfermo.

pancreatitis (plural *pancreatitis*) *s. f.* MED. Inflamación del páncreas.

pancromático, ca *adj.* [Placa o película cinematográfica] que tiene aproximadamente la misma sensibilidad para los diferentes colores.

panda *s. m.* **1** (macho y hembra) Mamífero asiático prácticamente vegetariano, del que existen dos especies: el panda gigante, que tiene aspecto de oso, con el pelo blanco y negro, y el panda menor, con una larga cola y pelo castaño rojizo. **oso ~.** || *s. f.* **2** COLOQUIAL. Grupo de amigos, niños o jóvenes, que van juntos para divertirse: *Fui de excursión con la panda de mi hermano.* SIN. pandilla. **3** COLOQUIAL; PEYORATIVO. Grupo de personas: *una panda de malhechores, una panda de vagas. Esos que chillan son una panda de gamberros. Sus vecinos son una panda de indeseables.* SIN. pandilla, banda.

pandear *v. intr./prnl.* Tomar ‹una superficie› forma curva: *Los estantes se pandean con el peso de los libros. Esa tabla se ha pandeado por el peso de lo que tiene encima.* SIN. combar(se).

pandemia *s. f.* MED. Epidemia extendida a varios países o que ataca a todos los individuos de una población.

pandemónium *s. m.* (no contable) RESTRINGIDO. Ruido o confusión exagerados, o lugar donde lo hay: *La reunión de los estudiantes era un auténtico pandemónium.*

pandereta *s. f.* Pandero pequeño con sonajas o cascabeles, que se toca especialmente en las fiestas de Navidad: *Los niños iban por la calle tocando la pandereta y cantando villancicos.*

panderete *s. m.* Pared delgada: *En casa los tabiques son de panderete y oímos todas las riñas de los vecinos.* **tabique de ~.**

pandero *s. m.* **1** Instrumento musical de percusión formado por un aro cubierto con una piel fina y estirada: *tocar el pandero.* **2** COLOQUIAL; HUMORÍSTICO. Culo: *¡Vaya pandero, niña!* SIN. trasero (EUFEMISMO), pompis (AFECTADO).

pandilla *s. f.* **1** Grupo de amigos: *Los niños salen en pandilla y se lo pasan estupendamente. Nos fuimos con la pandilla* *de excursión.* SIN. panda. **2** COLOQUIAL; PEYORATIVO. Panda: *una pandilla de gamberros, una pandilla de ladrones.*

panegírico, ca *adj. / s. m.* [Exposición oral o escrita] que se hace en alabanza a una persona: *El poeta hizo un panegírico de su amigo en varios poemas. Hay personas que sólo hacen panegíricos cuando alguien se ha muerto.*

panel *s. m.* **1** Parte lisa cuadrada o rectangular en que se divide una superficie: *Abrieron una ventana en un panel lateral de la casa.* **2** Plancha prefabricada que se utiliza para dividir un espacio: *Todos los despachos están separados por paneles de madera.* **3** Tablón de anuncios: *La fecha del examen está puesta en el panel de la clase.* **4** ELEVADO. En un congreso científico, comunicación expuesta en un tablón de anuncios o grupo reducido de personas que participan en un debate sobre un tema especializado: *Ha presentado un panel en un congreso de Historia de la Ciencia. Los miembros del panel expresaron sus opiniones libremente.* **5** CUBA, P. RICO. Conjunto de personas que forman el jurado en un concurso: *Todavía no está decidido el presidente del panel.* ‖ **6 ~ de control** Tablero donde están los mandos o los aparatos indicadores de un sistema electrónico: *El electricista necesita los esquemas del panel de control del coche para arreglar la avería. El accidente se debió a un fallo del controlador del panel.*

panela *s. f.* **1** AMÉR. C., COL., EC., MÉX.; RESTRINGIDO. Azúcar sin refinar en forma prismática. **2** MÉX.; COLOQUIAL. Tipo de queso fresco de leche de vaca.

panera *s. f.* **1** Caja para guardar el pan, que suele tener una tapa curva corrediza: *El pan se conserva mejor en la panera.* **2** Recipiente o cestillo para servir el pan en la mesa: *Le pasó la panera para que se sirviera un trozo de pan.* **3** RESTRINGIDO. Lugar cerrado donde se almacena la harina o los cereales: *Un burro entró en nuestra panera y se comió un montón de centeno.*

panero, ra *adj.* **1** [Persona] que disfruta mucho comiendo pan: *Soy muy panero y, claro, así no adelgazo.* ‖ *s. m.* **2** Cesto grande para echar el pan que se saca del horno.

paneslavismo *s. m.* (no contable) Ideología y comportamiento de los que eran partidarios de la unión de todos los pueblos de origen eslavo.

paneslavista *adj.* **1** Del paneslavismo. ‖ *adj. / s. m.* y *f.* **2** Que es partidario del paneslavismo.

pánfilo, la *adj. / s. m.* y *f.* **1** (ser / estar) Que tarda mucho en comprender, darse cuenta de las cosas, moverse o reaccionar: *No seas pánfila, ¡espabila! ¡Ay, hijo, qué pánfilo estás últimamente!* **2** Que se lo cree todo o es fácil de engañar: *El muy pánfilo se lo ha creído. Eres un pánfilo, ¿cómo te puedes tragar semejante historia?*

panfletario, ria *adj.* Que tiene un estilo propio del panfleto: *artículo panfletario, tono panfletario, conferenciante panfletario. Ha sido un discurso panfletario.*

panfletista *s. m. / f.* Autor de un panfleto.

panfleto *s. m.* **1** PEYORATIVO. Escrito o discurso de estilo propagandístico agresivo: *Ese periodista no hace más que panfletos contra algunos políticos.* **2** Escrito de propaganda política: *Repartían panfletos a la entrada del mitin. Durante las campañas electorales las paredes de la ciudad se llenan de panfletos.*

pangaré *adj.* ARG., CHILE, URUG.; RESTRINGIDO en Argentina y Chile. [Caballo] que tiene la piel del color de los venados.

pangermanismo *s. m.* (no contable) Ideología y comportamiento de los que son partidarios de la unión de todos los pueblos germánicos.

pangolín *s. m.* (macho y hembra) Género *Manis.* Mamífero africano y asiático con el cuerpo cubierto de escamas colocadas en forma de tejas, que tiene una lengua larga con la que captura insectos y uñas fuertes que le permiten excavar con facilidad.

pangue o **pangui** *s. m.* CHILE. Planta de enormes hojas con fruto en drupa.

panhelenismo *s. m.* (no contable) Ideología y comportamiento de los que son partidarios de la unión de todos los pueblos griegos.

paniaguado, da *adj. / s. m.* y *f.* COLOQUIAL; PEYORATIVO. [Persona] que sin tener méritos reconocidos es protegida o favorecida por otra: *La vacante fue cubierta por uno de los paniaguados del jefe.* SIN. enchufado.

pánico *s. m.* (no contable) Miedo muy grande y especialmente el de una colectividad: *Almudena le tiene pánico a las alturas. Me dan pánico los aviones. Que no cunda el pánico. Cundió el pánico al incendiarse el local. Tras el bombardeo el pánico se apoderó de la ciudad. La mayoría de las víctimas del naufragio se debieron al pánico, pues había bastantes botes salvavidas.*

panícula *s. f.* BOT. Conjunto de ramas, flores o frutos que nacen de un mismo eje y se disponen en forma piramidal: *una panícula de maíz.* SIN. panocha, panoja.

panículo *s. m.* ANAT. Capa interior de la piel de los vertebrados formada por tejido adiposo. **~ adiposo.**

paniego, ga *adj.* **1** RESTRINGIDO. [Terreno] que produce trigo. ‖ *adj. / s. m.* y *f.* **2** RESTRINGIDO. Que disfruta mucho comiendo pan. SIN. panero.

panificable *adj.* Que se puede usar para hacer pan: *La producción de harina panificable ha disminuido este año.*

panificación *s. f.* (no contable) Fabricación de pan: *La panificación es un proceso muy antiguo.*

panificadora *s. f.* RESTRINGIDO. Fábrica de harina y de pan: *Ha montado una panificadora.*

panificar *v. tr.* Hacer ‹una persona› pan con [una determinada harina]: *En este horno sólo panifican harina de trigo de la mejor calidad.* ⇒ **71.**

panilla *s. f.* RESTRINGIDO. Medida para el aceite equivalente a un cuarto de litro.

panislamismo *s. m.* (no contable) Ideología y comportamiento de los partidarios de la unión de todos los pueblos islámicos.

panizo *s. m.* **1** *Setaria italica.* Planta de la familia de las gramíneas de tallos radicales, hojas planas y estrechas y flores en panojas grandes, cuya semilla, en grano, se emplea en alimentación. **2** Semilla de los panizos.

panocha o **panoja** *s. f.* **1** Espiga de maíz, mijo o panizo, de granos muy juntos entre sí formando una especie de cono. SIN. mazorca. **2** COL.; VULGAR. Vulva.

panocho, cha *adj. / s. m.* y *f.* **1** De la huerta murciana: *un agricultor panocho.* ‖ *s. m.* **2** LING. Variedad lingüística del castellano hablado en la huerta murciana: *Hay algunos vocabularios del panocho muy interesantes.*

panoja *s. f.* Panocha.

panoli *adj. / s. m.* y *f.* COLOQUIAL. Que es tonto o no tiene carácter o decisión: *Elena es tan panoli que se cree todo lo que le cuentan.*

panoplia *s. f.* **1** Armadura completa de guerrero. **2** Colección de armas. **3** Tabla, generalmente en forma de escudo, en la que se cuelgan distintas armas. **4** (no contable) Parte de la Arqueología que se ocupa del estudio de las armas y armaduras antiguas.

panorama *s. m.* **1** Vista de una amplia zona de terreno: *Desde esta ventana se ve un panorama precioso. La cámara desde el helicóptero mostró un panorama de todo el valle.* SIN. panorámica. **2** Aspecto o visión general de un tema, un asunto o una situación: *el panorama de la literatura barroca, el panorama de la literatura hispanoamericana, el panorama político. El panorama económico no es muy bueno. En casa están todos enfermos, así que menudo panorama para el fin de semana.* **3** Pintura realizada en el interior de una superficie cilíndrica que puede ser contemplada desde el interior. SIN. cosmorama.

panorámica *s. f.* **1** Toma realizada con la cámara que efectúa un amplio movimiento giratorio sin desplazarse: *El realizador nos ofrece ahora una panorámica del salón donde se celebra el recital poético.* **2** Vista de una amplia zona del terreno: *En la postal se veía una panorámica de la ciudad.* SIN. panorama.

panorámico, ca *adj.* Que permite contemplar el conjunto de lo que se quiere abarcar: *postal panorámica, pantalla panorámica.* **vista panorámica.**

panqué *s. m.* AMÉR. C., CUBA, MÉX.; COLOQUIAL en México. Panqueque.

panqueque *s. m.* AMÉR. Torta delgada de harina, leche y azúcar, rellena con ingredientes dulces o salados: *panqueque de frutas.*

pantagruélico, ca *adj.* [Comida, hambre] que es exagerada o excesiva: *festín pantagruélico, apetito pantagruélico.*

pantalán *s. m.* Embarcadero para barcos pequeños, que se adentra algo en el mar.

pantaletas (plural) *s. f.* AMÉR. Bragas.

pantalla *s. f.* **1** Superficie nítida sobre la que se proyectan imágenes cinematográficas o fotográficas, o parte de algunos aparatos donde aparece la imagen: *En el cine no conviene sentarse muy cerca de la pantalla. La pantalla del televisor produce radiaciones. La pantalla de mi ordenador es de cristal líquido.* **un astro de la ~.** **2** Lámina de distintas formas y materias que, colocada alrededor de un foco luminoso, orienta o suaviza la luz: *En la habitación del niño ha puesto una lamparita con la pantalla de tela.* **3** Plancha o estructura que se coloca delante de un foco de calor, radiaciones o ruido, para proteger un lugar de sus efectos: *Delante de la chimenea había una pantalla para que no molestara el calor. A los lados de la autopista han puesto unas pantallas acústicas.* **4** (no contable) Persona o cosa que se coloca delante de otra para ocultarla o hacerle sombra: *Había tanta luz que tuvo que hacer pantalla con la mano. Este plástico me sirve de pantalla.* **5** (no contable) Persona o cosa que sirve para atraer la atención que se quiere desviar de otra cosa o de algo que está ocurriendo: *La empresa de transportes les servía de pantalla para introducir la droga desde el país vecino. Esa cuenta corriente es sólo una pantalla que oculta a los auténticos responsables. La fiesta sirve de pantalla a su auténtico objetivo: hacer propaganda del nuevo producto.* **6** AMÉR. DEL S., C. RICA. Abanico, paipay. || **7 la pequeña ~** La televisión: *Esa actriz trabajó para la pequeña pantalla antes de dedicarse al teatro. Este programa podrán verlo ustedes en la pequeña pantalla antes del verano.*

pantalón *s. m.* (puede usarse en plural con el significado de singular) **1** Prenda de vestir que se ajusta a la cintura y cubre las piernas por separado: *Los pantalones que tengo están todos anticuados. Los pantalones que llevas hoy son preciosos. Quiero un pantalón granate que combine con esta chaqueta.* **~ corto.** **(~) vaquero*.** **pantalones bermudas.** **traje* ~.** || **2 faja* ~.** FR. Y LOC. **bajarse los pantalones** COLOQUIAL. Tener que ceder ‹una persona› o verse obligada a aceptar algo indeseado o indigno: *No querían trabajar con esa empresa, pero al final tuvieron que bajarse los pantalones y aceptar lo que les proponían.* **llevar / ponerse los pantalones** COLOQUIAL; HUMORÍSTICO. Mandar ‹una persona›, ser la organizadora, especialmente en una pareja o núcleo familiar: *En mi casa mi madre es la que lleva los pantalones. ¡Me tenéis harta; como me ponga los pantalones os vais a enterar!*

pantaloncillos (plural) *s. m.* COL.; COLOQUIAL. Calzoncillos.

pantalonero, ra *s. m. / f.* Persona que tiene por oficio la confección de pantalones.

pantanal *s. m.* Terreno pantanoso.

pantano *s. m.* **1** Extensión de terreno preparada artificialmente para acumular agua: *Los pantanos abastecen a varias poblaciones.* SIN. embalse. **2** Terreno cenagoso y poco profundo donde se estanca el agua: *Es peligroso andar por la zona de los pantanos.*

pantanoso, sa *adj.* [Terreno] que tiene muchos pantanos o zonas donde se estanca el agua: *Las regiones pantanosas no son aptas para el cultivo. No es agradable vivir en una zona pantanosa.*

panteísmo *s. m.* (no contable) Doctrina filosófica que identifica a Dios con la naturaleza del mundo.

panteísta *adj.* **1** Del panteísmo: *religión panteísta.* || *s. m. / f.* **2** Persona que es partidaria del panteísmo: *Ese filósofo es un panteísta convencido.*

panteón *s. m.* **1** Monumento funerario donde se entierra a varias personas: *panteón familiar. Visité el panteón de los reyes.* **2** Templo griego o romano dedicado a todos los dioses. **3** Conjunto de dioses de una religión politeísta o de una mitología: *El panteón greco-latino era más extenso que el egipcio o que el de algunos pueblos orientales.* **4** AMÉR. Cementerio.

pantera *s. f.* **1** (macho y hembra) Leopardo asiático negro o con manchas oscuras. **2** AMÉR. Jaguar.

panti *s. m.* (se usa mucho en plural con el significado de singular). Medias femeninas finas de una pieza que cubren hasta la cintura: *Llevo siempre pantis de seda.*

pantimedias (plural) *s. f.* MÉX.; COLOQUIAL. Panti.

pantocrátor *s. m.* ARTE. Representación de Cristo sentado en un trono y en actitud de bendecir, rodeado de los símbolos de los cuatro evangelistas: *El pantocrátor es propio del arte bizantino y románico.*

pantógrafo *s. m.* Instrumento formado por paralelogramos articulados para copiar, ampliar o reducir un dibujo.

pantómetro, tra *s. m./f.* 1 MAT. Instrumento parecido a un compás, con escalas marcadas en los brazos, que se usa para resolver algunos problemas matemáticos. 2 Instrumento de topografía para medir ángulos horizontales.

pantomima *s. f.* 1 Género teatral en el que los actores se expresan sólo mediante gestos y movimientos corporales. SIN. mimo. 2 Acción no sincera: *Su indignación es una pantomima. Andrea nos hizo la pantomima de ponerse a llorar, pero en el fondo no le importaba nada.* SIN. farsa.

pantoque *s. m.* MAR. Parte casi plana del casco que, junto a la quilla, forma el fondo de una embarcación.

pantorrilla *s. f.* Parte musculosa y abultada de la pierna, por debajo de la corva.

pantufla *s. f.* Zapatilla sin talón que se usa para estar por casa: *Elías me recibió en pantuflas, es muy llano de trato.*

panza *s. f.* 1 COLOQUIAL referido a personas. Vientre de una persona o animal, sobre todo si es abultado: *Como sigas comiendo tanto te va a crecer la panza.* SIN. barriga. 2 Parte abultada o semejante al vientre de los animales en algunos objetos: *la panza de una vasija, la panza de un avión.* 3 Primera de las cuatro cavidades del estómago de los rumiantes.

panzada *s. f.* 1 COLOQUIAL. Acción que realiza una persona con exceso: *una panzada de andar. Se dio una buena panzada de estudiar. Estaba muy deprimida y se dio una buena panzada de llorar.* 2 Golpe dado con la panza o en la panza: *Al tirarse al agua el niño se dio una panzada tremenda.* SIN. tripazo.

panzón *s. m.* Se usa en la LOC. **darse un ~** COLOQUIAL; INTENSIFICADOR. Hartarse ‹una persona› de hacer una cosa, hacer ‹una persona› algo en exceso: *Me di un panzón de reír con esa película.*

panzudo, da *adj.* Que tiene mucha panza: *un hombre panzudo, un jarrón panzudo. Mi madre no es muy panzuda, pero ha engordado un poco este verano.*

pañal *s. m.* Pieza de celulosa, gasa o tela absorbente que se pone a los bebés para empapar la orina. FR. Y LOC. **estar en pañales** 1 COLOQUIAL. Saber ‹una persona› muy poco o tener poca experiencia: *Tengo examen y estoy en pañales. Estoy en pañales como conductor.* 2 COLOQUIAL. Estar ‹una cosa› en sus principios: *El proyecto está todavía en pañales.*

pañería *s. f.* 1 Tienda donde se venden paños y artículos de vestir: *El padrino compró el paño en una pañería y un sastre le hizo el traje.* 2 (no contable) Conjunto de géneros de paño: *En la sección de pañería hay muchas telas para trajes de caballero.*

pañete *s. m.* 1 (no contable) Paño delgado o de calidad inferior al normal. 2 COL.; COLOQUIAL. Capa de yeso o estuco que se da a una pared.

pañito *s. m.* Trozo de tela o labor de ganchillo que se pone como adorno encima de una mesa, en una bandeja o en los brazos de un sillón. SIN. tapete.

paño *s. m.* 1 (no contable) Tejido de lana compacto: *Este traje tiene un paño muy bueno.* 2 Trozo de cualquier tejido: *Estos muebles se limpian muy bien simplemente con pasar un paño.* SIN. trapo. **~ de cocina.** 3 Trozo del ancho de una pieza de tela: *Esa falda te sale con dos paños.* SIN. largo. 4 Trozo de tela adornada: *los paños del altar, un paño de ganchillo.* 5 Trozo continuo de una pared: *En esa habitación sólo hace falta pintar un paño.* 6 Plancha de madera que forma parte de la estructura de un mueble: *Uno de los paños laterales del armario está arañado.* 7 Tapiz, colgadura o trozo de papel pintado que se pone en la pared. 8 Mancha oscura en la piel: *A algunas mujeres embarazadas les salen paños en la cara.* 9 Mancha o suciedad que disminuye la transparencia o brillo de un cristal. 10 (en plural) Vestiduras: *En el barroco las esculturas tenían paños con muchos pliegues.* || 11 **~ de lágrimas** (no contable) COLOQUIAL. Persona con la que otra puede desahogarse o consolarse: *Su hermana ha sido siempre su paño de lágrimas.* 12 **paños calientes** COLOQUIAL. Acciones o palabras con las que se pretende suavizar un hecho o situación negativa: *No me vengas con paños calientes y dime la verdad.* FR. Y LOC. **como oro* en ~. conocer el ~** COLOQUIAL. Saber ‹una persona› cómo es una cosa u otra persona: *No creo que tu jefa haga lo que dice, ya conozco yo el paño.* **en paños menores** COLOQUIAL. Semidesnudo, o en ropa interior: *Carlos abrió la puerta en paños menores.* **haber ~ / tela* que cortar.**

pañol *s. m.* MAR. Compartimento de un barco usado como almacén.

pañoleta *s. f.* 1 Prenda femenina de forma triangular y generalmente con flecos que se ponen algunas mujeres en los pueblos o con algunos trajes regionales: *Este año las pañoletas se han puesto de moda.* SIN. mantoncillo. 2 Corbata estrecha que usan los toreros con el traje de luces: *El torero tenía tal sofoco que tuvo que aflojarse la pañoleta.*

pañosa *s. f.* 1 RESTRINGIDO. Capa de paño. 2 TAUROM. Muleta: *Abanicó al bicho con la pañosa y lo mató.*

pañuelo *s. m.* 1 Pieza cuadrada de tela fina que se usa para sonarse la nariz o secarse las lágrimas o el sudor: *Ahora se usan mucho los pañuelos de papel.* **~ de bolsillo** Pañuelo que se lleva como adorno en el bolsillo superior de la chaqueta. 2 Pieza parecida a la anterior, de mayor tamaño, hecha de seda, gasa u otro tejido fino, que se pone al cuello o atado a la cabeza: *Ponte un pañuelo para no coger frío en la garganta.* FR. Y LOC. **El mundo* es un ~.**

papa *s. m.* 1 (preferentemente con mayúscula) Máxima autoridad de la Iglesia católica: *el Papa Juan XXIII.* || *s. f.* 2 AMÉR.; RESTRINGIDO en España. Patata. 3 (en plural) Papilla infantil de leche y harina. FR. Y LOC. **ser más papista* que el ~.**

papá o **papa** (preferentemente *papá*) *s. m.* 1 COLOQUIAL; AFECTIVO. Padre. 2 (en plural) COLOQUIAL; AFECTIVO. El padre y la madre. || 3 **~ grande** AMÉR.; COLOQUIAL. Abuelo.

papachar *v. tr.* CUBA, MÉX.; AFECTADO. Acariciar, mimar ‹una persona› [a otra persona].

papacho *s. m.* MÉX.; AFECTADO. Caricia.

papada *s. f.* 1 Abultamiento carnoso que se les forma a algunas personas debajo de la barbilla: *Miguel se puso muy gordo y le salió papada.* 2 Pliegue de piel que sobresale del cuello de algunos animales: *la papada del toro, la papada de la vaca.*

papadilla *s. f.* Papada de los animales.

papado *s. m.* 1 (no contable) Dignidad de Papa: *El papado exige mucho protocolo.* SIN. pontificado. 2 Tiempo que dura el mandato de un Papa: *El papado de Pío XII duró años.* SIN. pontificado. 3 (no contable) El Papa o el conjunto de Papas que ha habido a lo largo de la historia: *El papado ha intentado mediar en el conflicto. El papado ha defendido muchas veces a los más necesitados.*

papagayo *s. m.* 1 (macho y hembra) Ave de vistosos colores y pico curvo, que se tiene a menudo como animal de compañía y a veces imita el modo de hablar de las personas. **2** COLOQUIAL. Persona que habla mucho o repite las cosas de memoria sin entenderlas: *Al profesor no le gusta que aprendamos las cosas como papagayos. Su hija acaba de aprender a hablar y parece un papagayo.* SIN. loro. **3** VEN. Cometa, barrilete.

papal *adj.* **1** Del papa: *viaje papal.* **bendición ~. cámara ~.** || *s. m.* **2** COL.; RESTRINGIDO. Terreno sembrado de papas.

papalina *s. f.* **1** Gorro con dos prolongaciones para cubrir las orejas. **2** Gorro de tela fina que se ponían las mujeres antiguamente para dormir o para arreglarse. SIN. cofia.

papalote *s. m.* MÉX. Cometa, barrilete.

papalotear *v. intr.* MÉX.; COLOQUIAL. Distraerse, despistarse ‹una persona›.

papamoscas (plural *papamoscas*) *s. m.* **1** (macho y hembra) *Muscicapa striata.* Ave pequeña de plumaje gris oscuro con el pecho a rayas, que se alimenta de insectos y habita en bosques y jardines de Europa y África. || *s. m./f.* **2** COLOQUIAL. Papanatas.

papanatas (plural *papanatas*) *s. m./f.* COLOQUIAL. Persona fácil de engañar, que se lo cree todo o se asombra por cualquier cosa: *Ese tipo es una papanatas que se cree todo lo que lee en las revistas.*

papanatismo *s. m.* (no contable) PEYORATIVO. Actitud y comportamiento del papanatas: *Ese tipo de películas tiene gran éxito por el papanatismo de la gente.*

paparrucha o **paparruchada** *s. f.* COLOQUIAL. Cosa o dicho sin sentido o sin fundamento: *En ese programa no dicen más que paparruchadas.* SIN. majadería.

papaveráceo, a *adj./s. f.* **1** BOT. [Planta] que es dicotiledónea, de jugo lechoso y maloliente, hojas alternas, flores grandes y fruto con muchas semillas pequeñas, como la amapola o la adormidera. || *s. f.* **2** (preferentemente en plural) BOT. Planta que pertenece a la familia de las papaveráceas.

papaverina *s. f.* Alcaloide cristalino con propiedades medicinales que se extrae del opio.

papaya *s. f.* **1** Fruto del papayo, semejante al melón pero más pequeño, originario de Colombia. **2** PERÚ; JERGAL. Cosa muy fácil.

papayo *s. m. Carica papaya.* Árbol tropical de la familia de las caricáceas, de tronco fibroso coronado por grandes hojas palmeadas, cuyo fruto es la papaya.

papear *v. intr.* COLOQUIAL. Comer ‹una persona›: *Susana no piensa más que en papear. Cuando mi hermano está fuera de casa papea que da gusto verlo.*

papel *s. m.* **1** (no contable) Lámina, generalmente de fibras vegetales como la madera, con numerosas aplicaciones, sobre todo en papelería e imprenta: *hoja de papel, pañuelos de papel, servilletas de papel, platos de papel, banderitas de papel.* **muñeco* de ~. ~ (de) celofán. ~ de embalar. ~ de lija. ~ de periódico. ~ pintado*. ~ rayado. ~ reciclado. ~ secante. ~ tela. ~ biblia** Papel muy fino, pero resistente, que se emplea en libros de muchas páginas. **~ carbón** Papel de calco. **~ cebolla** Papel que es fino y casi transparente, que se emplea para calcar en él un dibujo. **~ charol** Papel brillante y fino, generalmente de colores. **~ continuo** Papel hecho a máquina en piezas de mucha longitud. **~ cuché** Papel muy satinado, que se emplea en revistas y libros que llevan fotografías o grabados. **~ de calco** Papel que está entintado por una cara y se utiliza para calcar algo en otra hoja. **~ de estraza** Papel que está sin blanquear, muy basto, de color pajizo o gris. **~ de filtro** Papel poroso y sin cola usado para filtrar. **~ de fumar** 1 Papel que se emplea para envolver el tabaco y hacer cigarrillos. 2 PEYORATIVO; INTENSIFICADOR. Papel u otra cosa excesivamente finos y poco consistentes: *En esta casa los tabiques son de papel de fumar.* **~ de regalo** Papel de color o con dibujos decorativos impresos, que se emplea para envolver regalos. **~ de seda** o **~ manila** Papel que es muy fino, flexible y casi transparente. **~ higiénico** Papel muy poroso en tiras largas enrolladas para su uso en el wáter. **~ maché** Cartel o papel machacados y humedecidos para realizar figuras y relieves. **~ vegetal** Papel transparente y duro, usado para calcar un dibujo. **~ verjurado** Papel que tiene una filigrana de rayitas horizontales y otras más separadas que las cortan perpendicularmente. **2** Hoja de este material: *papel cuadriculado, papel de folio. Escribe en un papel lo que yo te diga. Arranca una hoja de papel de la libreta.* **~ de oficio** 1 Papel timbrado que se usa en los organismos oficiales. 2 COL. Folio. **~ timbrado** Papel que lleva estampado un timbre o sello. **~ volante** Papel, generalmente de forma alargada y que en ocasiones se arranca de un talonario, en el que se recomienda, se pide o se hace constar algo en la forma precisa. **3** (preferentemente en plural) Documento: *Creo que he traído todos los papeles. ¿Tienes los papeles en regla? ¿Dónde he dejado los papeles del coche?* **4** (no contable; con el artículo *el*) Valores que se compran y venden en Bolsa: *Esta semana ha subido mucho el precio del papel.* **5** Actuación de un actor o personaje que un actor representa: *papel principal, papel secundario. El hombre hace el papel de bueno y la mujer interpreta el papel de mala.* **6** Función de una persona o modo de comportarse: *El pobre hombre se quedó viudo y tuvo que hacer el papel de padre y madre.* || **7 ~ (de) celo** (no contable) Cinta transparente y adhesiva por uno de sus lados. **8 ~ del Estado** o **~ de pagos al Estado** (no contable) Documento al que el Estado reconoce el valor que se ha pagado por él: *Al solicitar el título de licenciado hay que pagar en papel del Estado.* **9 ~ de plata/aluminio** (no contable) Lámina de estaño o aluminio que se emplea para envolver alimentos. **10 ~ mojado** Documento, resolución o cualquier otra manifestación que no sirve para nada: *El Ayuntamiento prometió mejorar el alumbrado pero al final todo quedó en papel mojado.* **11 ~ moneda** (no contable) Dinero. FR. Y LOC. **hacer buen/mal ~** COLOQUIAL. Resultar bien o mal la actuación de ‹una persona› en una situación: *El equipo español hizo bastante buen papel en el campeonato del mundo.* **hacer el ~** COLOQUIAL. Fingir ‹una persona› ante otra: *Conmigo no hace falta en absoluto que hagas el papel.* **perder los papeles** Perder ‹una persona› el control de sí misma o de una situación: *Juan estaba muy nervioso y perdió los papeles cuando Ana protestó.* **sobre el ~** En teoría: *Ese futbolista sobre el papel es muy bueno, pero hay que ver cómo juega en el campo.*

papela *s. f.* **1** COLOQUIAL. Documento de identidad. **2** JERGAL. Papelina de droga.

papeleo *s. m.* **1** Conjunto de trámites y documentos necesarios para resolver un asunto: *He reunido todo el papeleo que necesitaba para pedir el préstamo. Marta anda de pape-*

leo con la boda. **2** (no contable) Acción y efecto de remover papeles, generalmente en busca de una cosa: *El cajero está de papeleo intentando reunir todos los recibos de cobro.*

papelera *s. f.* **1** Recipiente para tirar papeles y otras cosas inservibles: *Todos esos sobres puedes tirarlos a la papelera. Los niños deben acostumbrarse a utilizar las papeleras en los parques.* ~ **pública. 2** Fábrica de papel.

papelería *s. f.* Tienda donde se vende papel y material de escritorio.

papelero, ra *adj.* Del papel: *industria papelera, industrial papelero, contaminación papelera.*

papeleta *s. f.* **1** Hoja pequeña de papel en la que aparece escrito un dato de interés: *Ahí te ha dejado una papeleta, encima de la mesa.* **2** Impreso con la candidatura de un partido político en las elecciones: *Al acabar la jornada electoral se hace el recuento de papeletas.* **3** Impreso oficial en el que se le comunica la calificación al alumno de una universidad: *En algunas universidades han desaparecido las papeletas.* **4** COLOQUIAL. Situación molesta, penosa o difícil de resolver: *Tiene una buena papeleta con una hija drogadicta. Menuda papeleta cuando echaron al marido del trabajo. Esto que planteas es una papeleta.*

papelillo *s. m.* RESTRINGIDO. Sobre pequeño que contiene un medicamento en polvo.

papelina *s. f.* JERGAL. Envoltorio pequeño de papel fino que contiene droga: *una papelina de heroína.* SIN. papela (JERGAL).

papelón *s. m.* (no contable) COLOQUIAL. Actuación o comportamiento ridículo de una persona en un lugar o en una situación: *Bebió más de la cuenta y menudo papelón hizo en el baile.*

papelorio *s. m.* (preferentemente en plural) PEYORATIVO. Conjunto de muchos papeles desordenados: *La jefa tiene la mesa llena de papelorios y es imposible encontrar nada.*

papelote *s. m.* **1** COLOQUIAL; PEYORATIVO. Escrito o papel que se considera poco importante: *Tiré un montón de papelotes a la basura. Tengo el escritorio lleno de papelotes.* **2** RESTRINGIDO. Papel usado que se vende para fabricar papel nuevo.

papeo *s. m.* (no contable) COLOQUIAL. Comida: *Este chico no piensa más que en el papeo.*

paperas (plural) *s. f.* (no contable) Enfermedad viral que produce una inflamación de las glándulas parótidas: *El niño está en la cama con paperas.*

papila *s. f.* **1** Pequeño abultamiento cónico de la piel y de las membranas animales o vegetales. || **2** ~ **gustativa** (preferentemente en plural) Pequeño abultamiento cónico de la lengua que sirve para apreciar los sabores: *Las papilas gustativas de la lengua son muy numerosas.*

papilionáceo, a *s. f.* **1** (preferentemente en plural) BOT. Familia de plantas dicotiledóneas de flores irregulares y fruto en vaina, como el guisante, la judía o el garbanzo. || *adj.* **2** BOT. [Planta] que pertenece a la familia de las papilionáceas.

papilla *s. f.* **1** Comida muy triturada y reducida a una masa más o menos espesa, propia de la alimentación infantil y de ciertas dietas: *papilla de cereales. La primera papilla que toman los bebés suele ser de frutas.* **2** MED. Sustancia opaca a los rayos X que deben tomar los pacientes antes de una exploración radiológica del aparato digestivo. FR. Y LOC. **hecho ~** COLOQUIAL. [Persona o cosa] que está destrozada o [persona] que está muy cansada, tanto física como moralmente: *En el accidente varios coches quedaron hechos papilla. La muerte de su hermano lo dejó hecho papilla.*

papiloma *s. m.* **1** MED. Tumor benigno que se forma en la piel o en las mucosas: *Las verrugas, los callos o los pólipos son algunos tipos de papilomas.* **2** (no contable) MED. Inflamación de las papilas.

papión *s. m.* (macho y hembra) Género *Papio.* Mamífero primate africano de mandíbula saliente, cola larga, cuerpo robusto y callosidades rojizas en las nalgas, que vive en grupos jerarquizados.

papiro *s. m.* **1** *Cyperus papyrus.* Planta perenne de la familia de las ciperáceas de tallo alargado y liso, usada en la antigüedad para escribir. **2** Escrito o dibujo hecho sobre hojas de papiro: *Tengo un cuadro con un papiro egipcio.*

papiroflexia *s. f.* (no contable) Arte de hacer diversas figuras doblando varias veces una hoja de papel: *Unamuno era un gran aficionado a la papiroflexia.*

papirología *s. f.* (no contable) Ciencia auxiliar de la Historia que estudia los papiros.

papirotada *s. f.* RESTRINGIDO. Papirotazo.

papirotazo *s. m.* RESTRINGIDO. Golpe que se da con un dedo cuando se suelta con fuerza después de retenerlo con el pulgar: *El profesor le dio un papirotazo en la cabeza.* SIN. papirotada.

papisa *s. f.* RESTRINGIDO. Femenino de *papa* que se ha usado únicamente para designar a un personaje legendario llamado «la papisa Juana».

papismo *s. m.* PEYORATIVO. Ideología y comportamiento de los papistas.

papista *adj.* / *s. m.* y *f.* PEYORATIVO. Que es partidario de la doctrina y gobierno del papa de Roma. FR. Y LOC. **ser más ~ que el papa** COLOQUIAL. Mostrar ‹una persona› en un asunto más interés o conocimiento que el propio interesado: *No hace falta ser tan estricta; no vas a ser tú más papista que el papa.*

papo *s. m.* **1** (no contable) COLOQUIAL. Pachorra, calma: *¡Vaya papo que tiene!* **2** Papada. **3** Buche de las aves. **4** (no contable) RESTRINGIDO. Bocio. **5** VULGAR. Genitales externos de la mujer.

paporreta *s. f.* PERÚ; COLOQUIAL. Memoria. FR. Y LOC. **saber de ~** PERÚ; COLOQUIAL. Saber ‹una persona› una cosa de memoria, sin pensarla.

paporretero, ra *adj.* PERÚ; COLOQUIAL. [Persona] que habla de paporreta.

páprika *s. f.* (no contable) Pimienta usada como condimento.

papú o **papúa** (plural de *papú, papúes*, preferible a *papús*) *adj.* / *s. m.* y *f.* **1** De un pueblo melanesio que se extiende por Papúa Nueva Guinea y las islas Fiji: *guerrero papú. Los papúes son un pueblo de ritos ancestrales.* || *s. m.* **2** LING. Lengua hablada por los papúes.

pápula *s. f.* MED. Lesión de la piel de pequeño tamaño semejante a un grano.

paquebote o **paquebot** (plural *paquebotes*) *s. m.* Barco que lleva correo y pasajeros de un puerto a otro: *Una línea regular de paquebotes une los diferentes puertos de las islas.*

paquete, ta *s. m.* **1** Objeto o conjunto de objetos envueltos o sujetos para facilitar su transporte o protegerlos: *un paquete de cartas, un paquete de ropa, un paquete de impresos, un paquete de libros.* **~ postal** Paquete que se envía por correo: *enviar un paquete postal, recoger un paquete postal.* **2** Embalaje comercial de un producto: *un paquete de café, un paquete de arroz, un paquete de azúcar, un paquete de sal, un paquete de detergente, un paquete de pañuelos de papel, un paquete de folios, un paquete de cigarrillos.* **3** Conjunto de cosas agrupadas: *No se puede vender este artículo solo, hay que adquirir todo el paquete.* **~ de acciones** Grupo de acciones que pertenecen a un solo titular. **~ informático** o **~ de programas** INFORM. Conjunto de programas de ordenador. **~ de medidas** Conjunto de acciones o disposiciones: *El paquete de medidas económicas acordado por el Gobierno no entrará en vigor hasta el próximo año.* **4** COLOQUIAL. Acompañante del conductor de una moto o de una bicicleta: *No me gusta ir de paquete. Me ha parecido que tu hermano iba de paquete en la moto que acaba de pasar.* **5** VULGAR. Abultamiento que producen los órganos genitales masculinos en el pantalón o el bañador: *La moda juvenil es ir de pantalones ajustados para marcar el paquete.* **6** MÉX.; COLOQUIAL. Asunto difícil. **7** MÉX. Presunción. *adj. / s. m.* y *f.* **8** AMÉR.; COLOQUIAL. Que va muy bien vestida o arreglada. FR. Y LOC. **meter un ~** COLOQUIAL. Imponer ‹una persona› un castigo o sanción a otra persona: *Le han metido un paquete por sus reiteradas faltas de asistencia al trabajo. Como llegue tarde al cuartel me meterán un paquete.*

paquetería *s. f.* **1** (no contable) Objetos pequeños de comercio que se guardan o se venden en paquetes: *Las cintas y los botones los encontrará en la sección de paquetería.* **2** AMÉR.; COLOQUIAL. Lujo, distinción.

paquidermo *adj. / s. m.* **1** (macho y hembra) ZOOL. [Animal mamífero] que puede ser omnívoro o herbívoro, tiene la piel gruesa y dura, y tres o cuatro dedos en cada extremidad: *El elefante es un paquidermo.* ‖ *s. m.* **2** (en plural) ZOOL. Grupo formado por los animales paquidermos.

paquistaní *adj. / s. m. y f.* Pakistaní.

par *adj. / s. m.* **1** [Número] que es exactamente divisible por dos: *Los números pares son divisibles por dos, los impares no.* **número ~.** ‖ *adj.* **2** [Órgano] que es simétrico de otro igual, como el ojo o el riñón. ‖ *s. m.* **3** Conjunto de dos unidades: *un par de zapatos, un par de gemelos. De los seis vasos que me regalaron sólo me queda un par.* SIN. pareja. **4** (no contable) Conjunto de varias personas o cosas, no muchas: *Tengo que hacerle un par de preguntas. He estado con un par de amigos.* **5** DEP. Número de golpes que se tienen como referencia para completar el recorrido del campo de golf o cada uno de sus hoyos: *El campeón está a dos golpes bajo par. El par del campo es de setenta golpes.* **6** Miembro de la Cámara de los Lores inglesa. **7** HIST. Dignidad que los reyes de algunos países concedían en la Edad Media a algunos vasallos: *par de Francia.* **8** Cada uno de los maderos de la armadura de un tejado que tienen la inclinación de éste. ‖ *s. f.* **9** ECON. Coincidencia en un título negociable, por ejemplo, una acción: *Las acciones del banco se cotizaron ayer a la par.* ‖ **10 ~ de fuerzas** FÍS. Conjunto de dos fuerzas paralelas, de igual intensidad, pero de signo contrario. **11 ~ ordenado** MAT. Conjunto de dos elementos colocados en un orden determinado. **12 pares y nones** Juego que consiste en adivinar si el número de elementos que una persona esconde en el puño es par o impar: *jugar a pares y nones, echar a pares y nones.* FR. Y LOC. **a la ~** 1 Simultáneamente, a un tiempo: *Los gemelos contestaron a la par. ¿Cómo puedes estudiar y ver la televisión a la par?* 2 Forma de cotizar títulos en Bolsa al mismo valor que el nominal: *Las acciones de ese banco cotizan a la par.* **a (la) ~** RESTRINGIDO. Cerca, al lado: *En la fiesta uno estaba a par* ***del*** *otro. Ven, ponte a la par* ***de*** *nosotros para salir en la foto.* **a pares** 1 De dos en dos: *Ha ido enviando los libros a pares.* 2 En mucha cantidad: *Ese niño tiene bolígrafos a pares.* **de (tres pares de) narices*. de par en ~** [Ventana, puerta] que está completamente abierta: *Cierra la puerta de abajo, que está de par en par. Has dejado la ventana de par en par. Abrimos puertas y ventanas de par en par. Con las puertas de par en par hay mucha corriente.* **ir a la ~** Dividir ‹varias personas› en partes iguales lo que ganan en un juego o en un negocio: *Si nos toca la lotería vamos a la par.* **ir / sentar como a un Cristo* un ~ de pistolas** o **ir / sentar como a un Cristo dos pistolas. no tener ~** No existir ‹una persona o una cosa› igual o semejante a otra persona o cosa: *Como médico Miguel no tiene par.* **sin ~** INTENSIFICADOR. Tan destacado que no existe otro igual o semejante: *Esa chica es de una belleza sin par.* **tener (un ~ de) cojones*.**

para *prep.* **1** Indica finalidad: *He llamado para felicitarte.* **1**1 Seguida de nombre de profesión, puede sobrentenderse el verbo *ser*: *Mi hermano estudia para (ser) ingeniero.* **1**2 Indica el destino o el uso que se da a una cosa: *alquilar un bici para ir de paseo. Tengo un mensaje para ti. Mamá prepara la fiambrera para la comida.* OBSERVACIONES: En los complementos del nombre puede sustituirse por *de*: *bar de / para estudiantes, pala de / para pescado.* **1**3 (COLOQUIAL). Seguida del nombre de un cargo o denominación, se aproxima al valor de *como*: *Nuestro candidato no salió para alcalde.* **2** Indica dirección a un determinado lugar. **2**1 Indica el lugar al que alguien se dirige: *un billete para Barcelona.* **2**2 Expresa dirección u orientación al lugar que se indica: *Te vi cuando iba para la facultad.* **2**3 Con verbos que indican cambio de dirección, indica la dirección que se toma: *Tuerce para la derecha cuando llegues al semáforo.* OBSERVACIONES: También se puede sustituir por *a*, con las expresiones fijas *a la derecha* y *a la izquierda.* SIN. hacia. **3** Se usa con expresiones de tiempo. **3**1 Indica duración: *Te dejaré mi apartamento para las vacaciones.* SIN. durante, por. **3**2 Indica el límite de un momento, fecha o época de manera aproximada: *Acabarán las obras para Semana Santa. Para Navidades ya estarás completamente curado.* **4** Seguida de *mí, ti,...*, y con verbos como *hablar, decir, pensar*, indica que la acción es interna y no se dirige a otra persona: *Aquel lugar era ideal, pensó el conde para sí. Me pongo nervioso al leer en voz alta, prefiero leer para mí.* **5** Con oraciones que expresan juicios u opiniones, señala la persona a la que pertenecen éstos: *Para ti, todo el mundo se equivoca. Para Antón, esta ciudad es todo lo que puede soñar cualquier persona.* **6** Establece una comparación entre dos hechos mostrando la correspondencia que se produce entre ellos a pesar de ser contrapuestos: *Gloria tiene muy buen aspecto para lo enferma que está. No hace demasiado calor para ser agosto.* OBSERVACIONES: A veces tiene valor concesivo y admite infinitivos: *Para ser profesionales juegan bastante mal. Para trabajar tan poco me pagan muy bien. Ese señor vive muy sencillamente para ser tan rico.* **7** Sirve para especificar la relación de cualidades como suficiencia, aptitud, bondad, utilidad, necesidad y sus contrarios, expresadas normalmente mediante adjetivos y verbos: *necesario para la vida, necesario para vivir, necesario para que te cures. Esa es una condición necesaria para tener derecho a ello. Ése no es motivo para despedirlo.* **8** Con verbos como *faltar, quedar, restar,* indica tiempo, espacio o cantidad que falta para llegar al momento, fecha, límite o cantidad que introduce *para*: *Faltan pocos kilómetros para llegar a la ciudad. Tan sólo quedan dos meses para las vacaciones.* **9** Introduce una circunstancia con intención de expresar ironía o desprecio, o quitar importancia a un hecho: *Para una vez que me invitas podía haber sido en un restaurante mejor. Para poca salud más vale morirse.* **10** En oraciones de sentido negativo, con verbos de estado, indica inoportunidad o falta de adecuación entre lo que introduce *para* y la circunstancia o estado del sujeto: *Estoy para pocas fiestas. No me encuentro demasiado bien para ir al trabajo. La oficina está para pocos gastos.* **11** a veces IRONÍA. En oraciones de sentido negativo o interrogativas con el verbo *ser* seguido de un nombre de cargo o título, introduce la falta de adecuación entre lo que es una persona y lo que hace: *¿Quién eres tú para darme órdenes? Tú no eres la persona indicada para hablar de ese asunto. ¡Buen amigo eres tú para confiarte un secreto!*

para- *pref.* **1** Significa 'que parece' y forma adjetivos a partir de adjetivos: *estatal - paraestatal, militar - paramilitar, policial - parapolicial.* **2** Significa 'más allá de' y forma adjetivos a partir de adjetivos y sustantivos a partir de sustantivos: *normal - paranormal, psicología - parapsicología.*

parabellum (pronunciamos *'parabelun'*) *s. f.* (no contable) Munición con calibre de nueve milímetros utilizada, generalmente, en armas cortas, llamada así por la marca de un arma de fuego: *En el lugar del atentado se encontraron casquillos de nueve milímetros parabellum.*

parabién *s. m.* (preferentemente en plural) Felicitación: *Sus compañeros le dieron toda clase de parabienes por su ascenso.* SIN. enhorabuena.

parábola *s. f.* **1** LIT. Narración de un hecho inventado de la que se deduce, por comparación o semejanza, una verdad importante o una enseñanza moral: *La Biblia enseña con parábolas. La parábola es un género literario muy arraigado en Oriente. A pesar de su tema policiaco, la película es una parábola del odio entre hermanos.* **2** GEOM. Curva abierta formada por dos ramas simétricas respecto de un eje en un mismo plano: *Las balas de las armas de fuego trazan una parábola en el aire.*

parabólico, ca *adj.* **1** Que tiene forma de parábola: *El cohete siguió una trayectoria parabólica.* ‖ *adj. / s. f.* **2** [Antena de televisión] que permite captar, gracias a los satélites, emisoras situadas a gran distancia: *Vemos varios canales extranjeros gracias a la antena parabólica. Entre todos los vecinos hemos puesto una parabólica.* **antena parabólica.**

parabolizar *v. tr. / intr.* **1** RESTRINGIDO. Expresar o explicar ‹una persona› [una cosa] utilizando parábolas: *En este último relato parabolizo la situación de mi país.* ‖ *v. tr.* **2** RESTRINGIDO. Dar ‹una persona› forma de parábola a [una cosa]: *Necesitan parabolizar el espejo.* ⇒ **19.**

parabrisas (plural *parabrisas*) *s. m.* Cristal delantero de un vehículo: *Limpia el parabrisas, porque está sucio y no se ve nada.*

paraca *s. f.* **1** AMÉR. Viento muy fuerte que sopla del océano Pacífico. ‖ *s. m. / f.* **2** (plural *paracas*) COLOQUIAL. Paracaidista.

paracaídas (plural *paracaídas*) *s. m.* **1** Dispositivo con una tela plegable que abierta tiene forma de media esfera u otra parecida y se usa para frenar la caída de un cuerpo: *tirarse en paracaídas, lanzarse en paracaídas, salto en paracaídas. No se le ha abierto el paracaídas.* **2** TECNOL. Dispositivo de seguridad de ascensores y aparatos semejantes, que impide la caída acelerada en caso de ruptura de cable.

paracaidismo *s. m.* (no contable) Actividad de lanzarse en paracaídas desde una gran altura: *escuela de paracaidismo, la práctica del paracaidismo.*

paracaidista *adj.* **1** Del paracaidismo: *brigada paracaidista.* ‖ *s. m. / f.* **2** [Persona] que salta en paracaídas desde un vehículo aéreo: *soldado paracaidista. Una de las paracaidistas cayó en el bosque.* **3** PERÚ; JERGAL. Persona que se presenta en una fiesta sin ser invitado.

paracentesis (plural *paracentesis*) *s. f.* MED. Pinchazo en una cavidad del cuerpo humano para extraer el líquido que contiene.

parachoques (plural *parachoques*) *s. m.* Pieza protectora en la parte delantera y trasera de un automóvil para amortiguar un golpe: *Sólo me han roto un poco el parachoques. Me han dado en el parachoques.*

parada *s. f.* **1** Acción de parar o pararse: *En el viaje a Santander hicieron una parada para comer.* **2** Lugar donde se detienen vehículos de transporte público para recoger o dejar viajeros: *parada de taxis, parada de autobuses.* **~ discrecional** Parada establecida donde el conductor de ciertas líneas de transporte se detiene sólo a petición de los viajeros. **3** Desfile o acto solemne de las tropas: *parada militar.* **4** PERÚ. Conjunto de puestos de un mercado al aire libre. ‖ **5 ~ nupcial** ZOOL. Comportamiento del macho de algunas especies animales, por ejemplo, algunas aves, durante la época de reproducción para conseguir la fecundación de la hembra.

parade (del inglés; pronunciamos *'pareit'*) *s. m.* Se usa en la LOC. **hit* ~.**

paradero *s. m.* **1** (no contable; preferentemente en contextos negativos) Lugar donde vive o donde va a parar una persona o cosa: *Los policías ignoran el paradero de los secuestradores. Mi vecino está en paradero desconocido.* **2** COL., PERÚ; COLOQUIAL. Parada de autobuses. **3** CUBA. Estación de tren.

paradigma *s. f.* **1** ELEVADO. Modelo o ejemplo de algo, normalmente positivo: *Ana es el paradigma de la belleza.* SIN. prototipo, canon. **2** LING. Conjunto ordenado de las diversas formas de ciertas palabras, como los verbos: *En el examen de latín nos pusieron el paradigma de varios verbos. Ése es el paradigma de la conjugación regular.* **3** LING. Conjunto de palabras que podrían aparecer en el mismo contexto: *Las palabras «mesa», «silla»,..., pueden estar en la frase «La_________es un mueble» y constituyen un paradigma.*

paradigmático *adj.* **1** Del paradigma o de los paradigmas lingüísticos: *la evolución paradigmática verbal.* **2** Que se puede considerar como modelo: *La evolución de este caso es paradigmático en las enfermedades intestinales. Éste es un actor paradigmático de su generación.*

paradisiaco, ca o **paradisíaco, ca** *adj.* Que es parecido al paraíso porque causa delicia, placer o bienestar: *paisaje paradisiaco, lugar paradisiaco, playas paradisiacas.*

parado, da *adj.* **1** [Persona] que está muy sorprendida y desconcertada: *Cuando su amigo lo vio se quedó parado. La noticia dejó a Nuria parada.* **2** (estar) AMÉR. Que está de pie. **3** CHILE; P. RICO; COLOQUIAL. Que es orgulloso o engreído. || *adj. / s. m. y f.* **4** COLOQUIAL. [Persona] que tiene poca iniciativa: *Carlos nunca conseguirá nada porque es muy parado.* **5** (ser / estar) Que no tiene trabajo: *Hay más mujeres paradas que hombres. Yo soy parado. Luis está parado desde hace dos años y busca trabajo todos los días.* || *s. m.* **6** CHILE; COLOQUIAL. Acción y efecto de ponerse en pie. FR. Y LOC. **salir bien / mal ~** Resultar ‹una persona› beneficiada o perjudicada en algo: *El acompañante es el que salió peor parado en el accidente. Si te metes en negocios con él, saldrás mal parada antes o después.*

paradoja *s. f.* **1** Expresión, acción o situación que aparentemente encierra una contradicción: *Por una paradoja de la vida, el ofensor resultó ser el agraviado. Es una paradoja, pero ahora tengo que entrevistar para un trabajo a un antiguo profesor mío.* **2** RET. Figura retórica que consiste en emplear expresiones que encierran una contradicción: *«Es hielo abrasador, es fuego helado», es una famosa paradoja de Santa Teresa.* **3** LÓG. Resultado contradictorio al que llega un razonamiento lógico.

paradójicamente *adv. modo* **1** De manera paradójica, con paradoja: *Ese autor siempre escribe paradójicamente.* || *adv. orac.* **2** Equivale a la expresión 'resulta / es paradójico (que)' + subjuntivo, pero aquí el hecho señalado como paradójico no se supone conocido, sino que se anuncia como nuevo: *Paradójicamente, mi amigo ganó más dinero que los otros = Resulta paradójico que mi amigo ganara más dinero que los otros.*

paradójico, ca *adj.* Que contiene o encierra paradoja: *Es una situación paradójica que yo tenga que invitarte siempre y tú tengas más dinero, ¿no crees? A veces eres una persona paradójica, dices que no y que sí al mismo tiempo.*

parador (marca registrada) *s. m.* Establecimiento hotelero situado en lugares de mucho interés turístico: *Han convertido este castillo en un parador.* **~ nacional de turismo.**

paraestatal *adj.* **1** [Organismo] que cuenta con la participación especial del Estado, pero no forma parte de la administración pública: *empresa paraestatal.* **2** [Actividad, organismo] que está organizado y apoyado por el Estado clandestinamente: *Se rumorea que los grupos paramilitares de ciertos países son también paraestatales. Hay ciertas actividades paraestatales que ningún Estado reconocerá nunca.*

parafernales (plural) *adj.* DER. [Bienes] que aporta la mujer al matrimonio pero que no forman parte de la dote, o aquéllos que recibe durante el matrimonio como herencia o donación.

parafernalia *s. f.* (no contable) COLOQUIAL. Formalismo exagerado o aparatoso que rodea a una persona, acto o ceremonia: *La boda se celebró con mucha parafernalia. Siempre que se inaugura el curso montamos esta parafernalia.*

parafina *s. f.* (no contable) Sustancia sólida de color blanco que se obtiene de la destilación del petróleo y se emplea para hacer velas, como aislante y en otros usos industriales y farmacéuticos.

parafinado, da *adj.* **1** Que está recubierto de una capa de parafina: *papel parafinado.* || *s. m.* **2** (no contable) Acción y resultado de cubrir algo con una capa de parafina: *El parafinado del cartón se hace en nuestras fábricas.*

paráfrasis (plural *paráfrasis*) *s. m.* Comentario ampliado de un texto: *la paráfrasis de los textos religiosos.*

paragoge *s. f.* LING. Adición de un sonido al final de una palabra: *El español acepta «film» o «filme» con la paragoge de la vocal «e» final.*

paragolpes (plural *paragolpes*) *s. m.* ARG., PAR., URUG., Parachoques.

paraguas (plural *paraguas*) *s. m.* Utensilio portátil formado por un bastón y una armadura extensible de varillas cubierta por una tela impermeable, para resguardarse de la lluvia: *abrir el paraguas, cerrar el paraguas, protegerse bajo el paraguas. No olvides el paraguas, porque está lloviendo.* **~ plegable.**

paraguaya *s. f.* Fruta con hueso de forma parecida a la del melocotón, pero más aplastada y de sabor similar.

paraguayo, ya *adj. / s. m. y f.* De Paraguay, país sudamericano: *artesanía paraguaya. Los paraguayos son mayoritariamente mestizos.*

paragüero, ra *s. m. / f.* **1** Persona que se dedica por oficio a arreglar paraguas. || *s. m.* **2** Mueble o recipiente de diferentes formas o materiales que se usa para colocar paraguas y bastones.

paraíso *s. m.* **1** (no contable) REL. Lugar donde según la Biblia vivieron Adán y Eva antes de su desobediencia. SIN. edén. **~ terrenal.** **2** (no contable) REL.; RESTRINGIDO. Lugar donde se goza de la presencia de Dios. SIN. cielo. **3** INTENSIFICADOR. Lugar muy bello o agradable: *Aquellas playas de arena finísima eran un paraíso.* SIN. edén. **4** INTENSIFICADOR. Lugar apropiado para el desarrollo de una actividad: *Esas montañas son el paraíso de los esquiadores. Suiza, Andorra y Mónaco son paraísos fiscales.* **5** RESTRINGIDO. Piso más alto de un teatro donde las localidades son más baratas. SIN. gallinero (COLOQUIAL). **6** CUBA. Árbol meliáceo. || **7 árbol* del Paraíso.** **8 ave* del ~.**

paraje *s. m.* Lugar, sobre todo si está lejano o aislado: *un paraje solitario. Nuestro hotel está enclavado en un paraje inimaginable. Venga ahora a disfrutar de uno de los parajes más bellos del Caribe.*

paralaje *s. m.* ASTRON. Diferencia entre las posiciones aparentes de un astro al ser observado desde distintos puntos.

paralela *s. f.* (en plural) Barras paralelas.

paralelamente *adv. modo* **1** De forma paralela, con paralelismo, en paralelo: *La carretera discurre paralelamente **a** la vía del ferrocarril = El ferrocarril va en paralelo **a** la carretera.* **2** De forma paralela el uno al otro: *Las dos líneas se prolongan paralelamente.* || *adv. orac.* **3** Al mismo tiempo que otro hecho que se acaba de contar: *Paralelamente, en otro lugar, varios grupos de jóvenes gritaban consignas con el mismo mensaje.* **4** Asimismo, de igual modo respecto de una cosa que se acaba de nombrar: *Paralelamente, la atención no puede estar centrada sólo **en** el paro.*

paralelepípedo *s. m.* GEOM. Cuerpo geométrico que tiene seis caras paralelas e iguales dos a dos: *El romboedro o el cubo son paralelepípedos.*

paralelismo *s. m.* **1** (no contable) Correspondencia o semejanza: *Existe un cierto paralelismo entre los argumentos* *de las dos películas.* **2** (no contable) GEOM. Circunstancia de ser equidistantes dos líneas o planos: *El paralelismo de las dos paredes no es perfecto.* **3** RET. Figura literaria que consiste en la repetición con leves variaciones de una misma oración o sintagma: *El paralelismo es un recurso propio de la poesía tradicional popular.*

paralelo, la *adj. / s. m.* y *f.* **1** [Líneas, planos] que permanecen siempre equidistantes entre sí y por más que se prolonguen no llegan a encontrarse: *calles paralelas, trayectorias paralelas. No sabía que vivías en una paralela a la mía.* ‖ *adj.* **2** Que ocurre de manera semejante: *Estamos viendo una situación paralela. Llevamos vidas paralelas.* **3** Que ocurre de manera correlativa, o que sucede al mismo tiempo: *La película cuenta varias historias paralelas.* ‖ *s. m.* **4** GEOGR. Cada una de las líneas imaginarias que rodea la Tierra por encima y debajo del ecuador: *Las líneas imaginarias que dividen la Tierra son los paralelos y los meridianos.* **5** MEC. Operación que se realiza en las ruedas móviles de un vehículo para que giren hacia los lados en paralelo: *El mecánico ha tenido que hacerle un paralelo a las ruedas.* ‖ **6 barras* paralelas.** FR. Y LOC. **en ~** Con paralelismo: *Construyeron una carretera que discurría en paralelo al río de la ciudad. Nuestras vidas discurrían en paralelo.*

paralelogramo *s. m.* GEOM. Figura geométrica de cuatro lados, paralelos dos a dos: *El cuadrado es un paralelogramo.*

paralís (plural *paralís*) *s. m.* COLOQUIAL. Parálisis.

parálisis (plural *parálisis*) *s. f.* **1** (no contable) MED. Pérdida total o parcial de la capacidad de movimiento de una parte del cuerpo: *La anciana sufre parálisis de los miembros inferiores.* **2** (no contable) COLOQUIAL. Inactividad, estancamiento: *El país vivía una situación de parálisis económica. Vive una parálisis creadora, no escribe nada.*

paralítico, ca *adj. / s. m.* y *f.* (ser / estar) Que padece parálisis: *Ese chico se quedó paralítico a consecuencia de un accidente de moto. El enfermo está paralítico sólo de las piernas. La niña es paralítica de nacimiento.*

paralización *s. f.* **1** (no contable) Pérdida de la capacidad de movimiento de una parte del cuerpo: *La paralización del lado derecho se le nota solamente un poco.* SIN. parálisis. **2** Detención de una cosa que estaba en acción o en movimiento: *El temporal obligó a la paralización de las obras. La paralización de la vida económica ha provocado un aumento del desempleo.*

paralizar *v. tr.* **1** Causar ‹una cosa› parálisis [a una persona]: *Este veneno paraliza los músculos.* SIN. inmovilizar. **2** Dejar ‹un sentimiento desagradable› inmóvil [a una persona]: *El miedo la paralizaba y no podía huir.* SIN. inmovilizar. **3** Hacer ‹una persona o una cosa› que se detenga [una cosa en acción o movimiento]: *La falta de presupuesto paralizó las obras.* SIN. parar, frenar. ‖ *v. prnl.* **4** Sufrir ‹una parte del cuerpo de una persona› parálisis: *Se le paralizaron las piernas.* **5** Detenerse ‹una cosa en acción o una cosa en movimiento›: *Las obras se paralizaron indefinidamente.* ⇒ **19.**

paralogismo *s. m.* ELEVADO. Razonamiento incorrecto o falso.

paramagnético, ca *adj.* FÍS. [Material] que tiene mayor permeabilidad magnética que el vacío y es ligeramente atraído por los imanes.

paramagnetismo *s. m.* (no contable) FÍS. Propiedad que tienen algunos materiales, como el hierro o el níquel, de magnetizarse al ser sometidos a la acción de un campo magnético.

paramecio *s. m.* BIOL. Protozoo de forma ovalada y recubierto de cilios que vive en aguas estancadas.

paramento *s. m.* **1** ELEVADO. Prenda o adorno con que se cubre una cosa: *Los paramentos sacerdotales para celebrar los oficios divinos suelen ser ricos. De las paredes colgaban vistosos paramentos de seda, que reproducían las banderas de los países participantes.* **2** ARQ. Cada una de las caras de una pared o de las piedras que forman un muro.

paramera *s. f.* Gran extensión de terreno donde abundan los páramos.

parámetro *s. m.* **1** Valor o dato fijo que se tiene en cuenta en el planteamiento o en el análisis de una cuestión: *Los parámetros vigentes no nos permiten asegurar que la crisis se acabe enseguida.* **2** MAT. Constante de ciertas ecuaciones cuyo valor se fija a voluntad. **3** PERÚ. Lineamiento.

paramilitar *adj.* **1** [Organización, ropa, disciplina civil] que imita a la militar: *grupo paramilitar, uniforme paramilitar.* **2** [Organización activista política] que está controlada clandestinamente por los militares: *Grupos paramilitares han atacado campos de refugiados. Se decía que la Triple A era una organización paramilitar.*

paramnesia *s. f.* (no contable) PSIQUIAT. Percepción que tiene una persona de un hecho nuevo como si lo recordara porque hubiera sucedido antes: *Debo padecer paramnesia, pues me parece que conozco a la gente que me presentan.*

páramo *s. m.* **1** Terreno sin cultivar, llano, elevado y de temperaturas extremas. **2** LITERARIO. Lugar frío y desprotegido. **3** AMÉR. DEL S. Llovizna.

parangón *s. m.* (no contable) ELEVADO. Comparación o semejanza: *Su fortaleza no admite parangón.*

parangonar *v. tr.* **1** ELEVADO. Establecer ‹una persona› una comparación entre [varias personas o cosas]: *Nunca he intentado parangonar las posibilidades de nuestros atletas con las de otros países.* SIN. comparar. **2** ART. GRÁF. Ajustar ‹una persona› [las letras de diferentes tamaños] en una línea.

paraninfo *s. m.* Salón de actos de una universidad o de otro centro de enseñanza.

paranoia *s. f.* **1** (no contable) PSIQUIAT. Trastorno mental en el cual el individuo conserva una aparente lógica y está obsesionado por una idea de tipo generalmente persecutorio. **2** COLOQUIAL. Idea obsesiva: *Mi vecina va a clases de kárate porque tiene la paranoia de que van a atracarla en la calle.*

paranoico, ca *adj.* **1** De la paranoia: *comportamiento paranoico.* ‖ *adj. / s. m.* y *f.* **2** (ser / estar) Que padece paranoia: *Estás un poco paranoico últimamente, menuda manía te ha entrado con no comer carne. Esta enferma es paranoica, sí, pero no es peligrosa. Ese periodista escribe artículos paranoicos.*

paranormal *adj.* [Fenómeno] que no tiene explicación científica razonable y reconocida.

parapente *s. m.* **1** (no contable) DEP. Deporte que consiste en lanzarse con un paracaídas rectangular y ya desplegado desde una pendiente pronunciada. **2** Tipo de paracaídas con el que se hace este salto.

parapetar *v. tr./prnl.* **1** Proteger ‹una persona› [a otra persona o una cosa] con parapetos: *Una tormenta sorprendió a los agricultores y* ***se*** *parapetaron* ***detrás*** *de sus carros.* SIN. atrincherar(se). ‖ *v. prnl.* **2** Utilizar ‹una persona› [a otra persona o una cosa] como protección o pretexto [para hacer o dejar de hacer una cosa]: *Elisa se parapeta tras cualquier pretexto* ***para*** *no hacer nada.* SIN. escudarse.

parapeto *s. m.* **1** Terraplén, muro o defensa hecha con sacos que, en un combate, resguarda a los soldados y les sirve de apoyo para disparar. **2** Amontonamiento de objetos grandes para impedir el paso: *Habían formado un parapeto detrás de la puerta para que no la abriera nadie.* **3** RESTRINGIDO. Pared o estructura formada de columnitas o barras paralelas, colocada como apoyo o protección a los lados de un puente o una escalera: *el parapeto del puente.* SIN. pretil, barandilla.

paraplejia o **paraplejía** *s. f.* (no contable) MED. Parálisis de la mitad inferior del cuerpo.

parapléjico, ca *adj.* **1** De la paraplejia. ‖ *adj./s. m.* y *f.* **2** (ser/estar) Que padece paraplejia: *Su hermano está parapléjico desde que sufrió ese terrible accidente. Ese chico es parapléjico, pero muy animoso.*

parapolicial *adj.* [Organización] que no es oficial y asume ilegítimamente funciones policiales, generalmente con fines políticos: *Las fuerzas parapoliciales del dictador atacaron una manifestación de la oposición.*

parapsicología *s. f.* (no contable) Estudio de fenómenos psicológicos que no se pueden explicar científicamente.

parapsicólogo, ga *s. m./f.* Especialista en parapsicología.

parar *v. intr./prnl.* **1** Dejar de tener ‹una persona, un animal o una cosa› movimiento o actividad: *El tren* ***(se)*** *para en todas las estaciones. El coche paró* ***a*** *la puerta de casa.* ‖ *v. intr.* **2** Llegar ‹una persona o una cosa› a [un estado determinado] después de varios sucesos o fases: *¿****En*** *qué pararon todos estos cambios?* **3** Estar ‹una persona› [en un lugar]: *Como de costumbre Javier para* ***en*** *el hotel principal de Granada.* **4** Hacer ‹una persona› huelga: *Han parado hoy los de la fábrica de coches.* ‖ *v. tr.* **5** Hacer ‹una persona o una cosa› que se interrumpa el movimiento o la actividad de [otra persona]: *El policía paró el tráfico.* **6** DEP. Detener o despejar ‹un jugador› [el balón] para evitar que entre en la portería: *El portero paró un penalti.* **7** DEP. Evitar ‹una persona que practica esgrima› [el golpe del contrario] con la espada: *Le paró una estocada.* **8** Mostrar o descubrir ‹el perro› [la caza]: *Hoy tu lebrero ha parado varias piezas.* **9** TAUROM. Frenar ‹un torero› [la embestida del toro], haciendo que fije la atención antes de embestir: *Al diestro le costó trabajo parar el toro.* ‖ *v. tr./prnl.* **10** AMÉR. Levantar, poner de pie. ‖ *v. prnl.* **11** AMÉR. Hacer huelga. **12** Considerar ‹una persona› [una cosa] detenidamente: *Gema hace las cosas a lo loco, sin pararse* ***a*** *pensar por qué las hace.* **13** TAUROM. Permanecer ‹el torero› quieto, sin cambiar la posición de los pies, mientras ejecuta la suerte. FR. Y LOC. **¡dónde va a ~!** COLOQUIAL. Se usa para destacar la diferencia que hay entre dos cosas: *No compare su trabajo con el mío, ¡dónde va a parar!* **ir/venir a ~** 1 Detenerse ‹una cosa› en [un lugar] después de un recorrido: *El coche fue a parar a un cementerio de coches.* 2 Pasar a pertenecer ‹una cosa› a una persona: *La herencia vino a parar a las manos del sobrino.* **ir/venir a ~ en** Convertirse ‹una persona o una cosa› en otra persona o cosa: *No sé* ***en*** *qué irá a parar todo esto. Pepito vino a parar, después de tantos años,* ***en*** *abogado.* **no ~ en casa*. ~ el golpe*. ~ los pies*. para ~ un tren*. ~/poner mientes*. sin (pararse a) pensar*. sin pararse/reparar en barras*.**

pararrayos (plural *pararrayos*) *s. m.* Dispositivo que protege de los rayos, formado por una barra metálica conectada a tierra que se coloca sobre una construcción.

parasimpático, ca *adj./s. m.* [Sistema nervioso vegetativo] que funciona contrariamente al sistema nervioso simpático: *La contracción de la pupila o la disminución del ritmo cardíaco son funciones del sistema parasimpático.*

parasíntesis (plural *parasíntesis*) *s. f.* LING. Procedimiento morfológico de formación de palabras en el que intervienen simultáneamente la composición y la derivación: *La palabra «ropavejero» se ha formado por el procedimiento de la parasíntesis.*

parasitario, ria *adj.* **1** Causado por parásitos: *enfermedades parasitarias.* **2** ZOOL. Relativo a los parásitos.

parasitismo *s. m.* **1** (no contable) PEYORATIVO. Comportamiento de las personas que viven y se aprovechan del esfuerzo de otras. **2** (no contable) BIOL. Asociación biológica de dos seres vivos en que uno de ellos se alimenta de otro al que perjudica.

parásito, ta *adj./s. m.* y *f.* **1** BIOL. [Organismo animal, organismo vegetal] que vive aprovechándose de otro de distinta especie, alimentándose de sus sustancias y debilitándolo, aunque sin llegar a producirle la muerte. **2** Que vive a costa de otro o aprovechándose de la sociedad: *Te comportas como un parásito, a ver cuándo empiezas a buscarte trabajo.* ‖ *adj./s. m.* **3** (en plural) [Ruidos, rayas, manchas] que perturban las transmisiones de radio o televisión: *Tenemos muchos parásitos porque hay dos emisoras de taxis en este barrio.*

parasitología *s. f.* (no contable) BIOL. Parte de la biología que estudia los parásitos.

parasitosis (plural *parasitosis*) *s. f.* (no contable) MED. Enfermedad causada por parásitos.

parasol *s. m.* **1** Utensilio portátil parecido a un paraguas, para protegerse del sol: *parasol de playa.* SIN. sombrilla. **2** Pieza rectangular en el interior de un automóvil, pegada a la luna delantera, que se orienta para evitar el deslumbramiento causado por el sol: *Con el sol de frente, el parasol muchas veces no sirve para nada.* **3** Dispositivo adaptable a la parte delantera del objetivo de una cámara fotográfica o cinematográfica que evita la entrada de luz que no provenga del objeto que se fotografía o filma.

parataxis (plural *parataxis*) *s. f.* GRAM. Relación entre dos o más sintagmas u oraciones de la misma categoría y función sintáctica. SIN. coordinación.

paratifoidea *adj./s. f.* (no contable) MED. Enfermedad infecciosa parecida al tifus: *El misionero ha cogido unas fiebres paratifoideas.*

parca *s. f.* **1** MIT. Cada una de las tres diosas infernales de la mitología romana. **2** (no contable) LITERARIO. Muerte.

parcasé *s. m.* MÉX. Parchís.

parcela *s. f.* **1** Porción de terreno: *Mi amigo se ha comprado una parcela para hacerse un chalé.* **2** Parte pequeña de una cosa: *parcelas del saber, parcela de poder.*

parcelable *adj.* Que se puede parcelar: *terreno parcelable.*

parcelación *s. f.* **1** División de un terreno en parcelas: *La nueva parcelación de las tierras del pueblo ayudará a mejorar su productividad.* **2** División de una cosa en apartados: *Están pensando en una nueva parcelación del aparato del partido.*

parcelar *v. tr.* Dividir ‹una persona› [un terreno] en parcelas: *Voy a parcelar mi finca para hacer una urbanización.*

parcelario, ria *adj.* De las parcelas: *distribución parcelaria.* **concentración* parcelaria.**

parchar *v. tr.* PERÚ. Remendar ‹una persona› [una cosa].

parche *s. m.* **1** Pieza o recorte de material, generalmente de tela o plástico, que se sujeta o cose sobre una cosa para cubrir un agujero o un desperfecto: *un parche de bicicleta para arreglar un pinchazo. Mireia se ha disfrazado de pirata con un pañuelo en la cabeza y un parche en el ojo. El niño lleva un parche porque se le han roto los pantalones.* **2** Añadido que desentona o estropea algo: *El último capítulo del libro es un parche. Esa figura pintada al fondo es un parche.* SIN. pegote. **3** Arreglo o remedio provisional: *El desagüe funciona a base de parches. Trabajamos, pero necesitamos reorganizar la empresa, no podemos seguir sobreviviendo con los parches.* SIN. remiendo. **4** Trozo de tela o de otro material, con una sustancia o producto terapéutico, que se aplica sobre una herida o la piel: *Mi nieto está intentando dejar de fumar con unos parches de nicotina que se pone.* **5** Piel del tambor y tambor. **6** TAUROM. Círculo de papel adornado con cintas que se ponía en la frente del toro como suerte de lidia. FR. Y LOC. **¡ojo* al ~!**

parchear *v. tr.* Poner ‹una persona› parches en [una cosa]: *A ver si parcheas mejor la cámara de la bici, porque se ha despegado el parche del otro día. Tenemos que reformar la economía, no podemos seguir parcheándola indefinidamente.*

parchís *s. m.* Juego de mesa que consiste en hacer avanzar una fichas por un tablero hasta llegar a una casilla central, según el número que marque un dado: *jugar al parchís, partida de parchís.*

parcial *adj.* **1** Que no es completo, o que sólo es una parte del todo. **eclipse ~.** **2** Que obra o juzga con parcialidad: *escritor parcial, juicio parcial. Eres parcial con este tema, eres muy injusta.* || *adj. / s. m.* **3** [Examen] de una parte de una asignatura: *Esta asignatura puede aprobarse por parciales.*

parcialidad *s. f.* **1** (no contable) Actitud de favorecer a una parte sin objetividad: *El público estaba descontento por la parcialidad que mostró el árbitro en el encuentro.* ANT. imparcialidad. **2** (no contable) Característica de lo que se refiere a una parte de algo: *El libro trata el tema con parcialidad, no lo estudia en todos sus aspectos.*

parcialmente *adv. modo* **1** Con parcialidad, sin la obligada justicia o equidad: *Está usted actuando parcialmente.* || *adv. modo / cant.* **2** En parte o en una extensión limitada del total: *El terreno está parcialmente lleno de escombros. No sé si los informes están total o parcialmente concluidos. Lo he examinado parcialmente.* || *adv. restrictivo* **3** En cuanto a una o más partes: *Los argumentos son parcialmente idénticos.*

parco, ca *adj.* Que es moderado y se atiene a lo imprescindible: *una comida muy parca. Es parco* ***en*** *palabras. Es parco* ***con*** *la comida.*

pardal *s. m.* **1** Gorrión. **2** Pardillo, ave.

pardear *v. intr.* Tomar o mostrar ‹una cosa› color pardo: *La tierra pardea en el otoño en Castilla.*

¡pardiez! *interj.* RESTRINGIDO; EUFEMISMO. Blasfemia eufemística que sustituyó a *¡Por Dios!* y se usa para expresar cólera, enfado o sorpresa por algo: *¡Pardiez, que has de pagar tu afrenta!*

pardillo, lla *adj. / s. m.* y *f.* **1** COLOQUIAL. Que es ingenuo, incauto o se deja engañar con gran facilidad: *El mundo está lleno de pardillos como yo. No seas pardilla, anda.* || *s. m.* **2** (macho y hembra) *Carduelis cannabina.* Ave pequeña de dorso pardo, que forma grandes bandadas, se alimenta especialmente de semillas de malas hierbas y habita en Eurasia y América. SIN. pardal.

pardo, da *adj.* **1** [Color] que resulta de mezclar el rojo, el negro y el amarillo o naranja: *El oso común es de color pardo.* **2** Oscuro: *unas nubes pardas.* **3** AMÉR. Mulato. || **4 gramática* parda.** **5 oso* ~.** FR. Y LOC. **de picos* pardos.**

pareado, da *s. m.* **1** MÉTR. [Estrofa] que está formada por dos versos que riman entre sí. || *adj.* **2** [Construcción] que está adosada a otra: *casas pareadas, chalés pareados.*

parear *v. tr.* **1** RESTRINGIDO. Unir ‹una persona› [personas o cosas] por pares. **2** TAUROM. Poner ‹un torero› banderillas a [un toro]. SIN. banderillear.

parecer *v. atr.* **1** Tener ‹una persona o una cosa› [un aspecto determinado] o producir [una impresión determinada]: *El coche parece nuevo desde que lo pintaste. El examen me pareció difícil.* || *v. impers.* **2** Haber indicios o señales de [una cosa]: *Parece que va a llover.* || *v. intr.* **3** Ser ‹una cosa› la opinión de [una persona]: *Me parece que no debemos esperar aquí.* SIN. creer, pensar. || *v. prnl.* **4** Tener ‹dos personas o dos cosas› semejanza: *Tu hermano y tu primo se parecen mucho. Ahora todos los coches vistos por detrás se parecen bastante.* FR. Y LOC. **estar / ~ fuera de lugar*. ~ mentira*. parecerse en el blanco* de los ojos. según parece** o **a lo que parece** Por lo que se puede saber, por lo que se sabe: *Según parece, no habrá acuerdo con los sindicatos hasta otoño.* **ser (como) el coño* de la Bernarda** o **~ el coño de la Bernarda. ser (como) la noche* y el día** o **parecerse como el día a la noche. ⇒ 5.**

parecer *s. m.* **1** Opinión: *No somos del mismo parecer. A nuestro parecer, deberías hablar con él. El profesor nos demostró que no tienen igual valor todos los pareceres.* **2** (no contable) Aspecto físico, generalmente agradable, de una persona: *Su padre es una persona de buen parecer. La novia no es de mal parecer, si te fijas bien en ella.* SIN. presencia.

parecido, da *adj.* **1** [Persona, cosa] que se parece a otra: *Tiene un vestido parecido al mío. Tu madre y tu hermana tienen los labios muy parecidos.* || *s. m.* **2** Similitud, semejanza: *Tiene un parecido extraordinario con su padre. Los familiares tienen algún parecido.* || **3 bien ~** [Persona] que tiene buena apariencia: *un hombre bien parecido.* **4 mal ~** [Persona] que tiene mala apariencia: *una mujer mal parecida.* FR. Y LOC. **¡habrá* cosa* igual / parecida!** o **¡habráse visto (cosa igual / parecida)!**

pared *s. f.* **1** Construcción vertical de albañilería que separa un espacio o sostiene un techo de una construcción: *empapelar una pared, colgar en la pared, colgar de la pared, poner en la pared, tirar una pared, pared de ladrillos, pared de piedra. Me gustan las paredes blancas.* **calendario de ~. re-**

loj de ~. ~ maestra Pared principal. **~ medianera** Pared que separa dos casas o dos propiedades. **2** Cara o parte lateral de un objeto: *las paredes de una caja, las paredes del estómago.* **3** DEP. En alpinismo, corte vertical en la cara de una montaña: *Escalaron la montaña por la pared sur.* **4** DEP. Jugada de apoyo que consiste en pasar la pelota a otro jugador que la devuelve rápidamente después de adelantar a un contrario, especialmente en fútbol. FR. Y LOC. **caérsele las paredes encima** Estar ‹una persona› muy cansada de un lugar porque tiene dificultades en él: *No quiero volver a casa después de trabajar, porque las paredes se me caen encima. Tengo que cambiar de trabajo, porque las paredes de la oficina se me caen encima.* **como si le hablara a la ~** COLOQUIAL. Indica el enfado o disgusto de una persona que está hablando con otra que no le hace caso: *Estábamos comentando las notas, pero como si le hablara a la pared, ni caso.* **darse con la cabeza* en la ~** o **darse con la cabeza en las paredes. darse de cabezadas* contra la ~. entre cuatro paredes** (estar) Encerrada, sin salir: *Estoy cansado porque me paso todo el día entre cuatro paredes y a mí me gusta trabajar en la calle.* **entre la espada* y la ~. las paredes oyen** Se usa para aconsejar prudencia cuando se está hablando de algo importante porque otra persona lo puede oír: *Ya me lo dirás en casa, que las paredes oyen.* **poner contra la ~** Obligar ‹una persona› a otra persona a tomar una decisión en un asunto difícil: *Me he cambiado de departamento porque me han puesto contra la pared: o aceptaba el nuevo destino o me apartaban de todos los ascensos posibles.* **subirse por las paredes** COLOQUIAL; INTENSIFICADOR. Enfadarse mucho ‹una persona›, o estar ‹una persona› de muy mal humor: *Mi hermana se sube por las paredes porque le ha tocado hacer la comida.*

paredón *s. m.* **1** Pared que queda de un edificio en ruinas. **2** Pared o muro de contención. **3** Muro contra el que se ponía a los que se iba a fusilar. FR. Y LOC. **llevar al ~** Poner ‹una persona› contra un paredón [a otra persona] para fusilarla: *Llevaban al detenido al paredón.*

pareja *s. f.* **1** Conjunto de dos personas, animales o cosas, especialmente el formado por un hombre y una mujer: *una pareja de calcetines, una pareja de guardias civiles. Una pareja de bueyes tira de la carreta. En el salón de baile había varias parejas.* **2** Compañero sentimental de una persona: *Javier se fue con su pareja de vacaciones.* **3** Cada uno de los integrantes de las parejas respecto al otro: *Este calcetín no tiene pareja.* **4** MÉX.; JERGAL. Compañero entre oficiales de la policía. FR. Y LOC. **por parejas** De dos en dos: *Los pollos salen más baratos comprados por parejas. Siempre venís por parejas, como la Guardia Civil.* **vivir en ~** Hacer ‹dos personas› vida familiar en una casa sin estar casados.

parejo, ja *adj.* **1** Que no tiene diferencias, es igual o semejante: *Son situaciones parejas. Un caso parejo ocurrió el año pasado.* **2** RESTRINGIDO. Que no tiene desniveles, es liso o uniforme: *Hijo, ando muy bien por esta calle porque tiene un suelo muy parejo. Tiene una fuerza muy pareja en toda la novela.*

paremia *s. f.* LING. Dicho de tradición popular que contiene una enseñanza moral o un consejo. SIN. refrán.

paremiología *s. f.* (no contable) Disciplina que estudia los refranes.

parénquima *s. m.* **1** (no contable) BOT. Tejido vegetal esponjoso que realiza funciones de fotosíntesis o almacenamiento. **2** (no contable) ANAT. Tejido que forma las glándulas del hombre y los animales.

parentela *s. f.* (preferentemente en singular; no contable) COLOQUIAL; PEYORATIVO, HUMORÍSTICO. Conjunto de parientes de una persona: *Llegó Lorenzo con toda su parentela. Lo peor del verano es que se va toda la parentela a la casa de la playa.*

parentesco *s. m.* **1** (no contable) Relación existente entre los individuos que pertenecen a una misma familia o que tienen un ascendiente común: *parentesco cercano. Santiago y yo tenemos algún parentesco, pero muy lejano.* **2** (no contable) Relación o vínculo entre diversas cosas: *El parentesco entre ambas teorías es indudable, sus dos inventores se formaron en la misma universidad.* **~ lingüístico** Relación que existe entre las lenguas que derivan de una lengua antepasada común: *El castellano, el catalán, el gallego y otras lenguas románicas tienen parentesco lingüístico porque derivan de la lengua latina.*

paréntesis (plural *paréntesis*) *s. m.* **1** Frase que se intercala en otra, la cual, sin embargo, permanece con su significado global inalterado: *Aquí pones un paréntesis de aclaración entre comas.* **2** Signo ortográfico formado por dos líneas verticales curvadas con las que se indica el principio y el final de la interrupción de una oración o con las que se encierran operaciones o aclaraciones: *poner entre paréntesis. Te falta un paréntesis que cierre la operación matemática. Las aclaraciones del diccionario van entre paréntesis.* **3** Interrupción, pausa: *Hice un paréntesis para tomar un café.* FR. Y LOC. **entre ~** Se usa para interrumpir el discurso e introducir un tema o una observación aparte: *Entre paréntesis, tengo que decirte que tu vecino es encantador.*

pareo *s. m.* Pañuelo femenino de gran tamaño que se enrolla alrededor del cuerpo o a partir de la cintura.

parestesia *s. f.* MED. Sensación anormal de cosquilleo, calor o frío.

parhelio *s. m.* METEOR. Fenómeno luminoso que consiste en la aparición simultánea de varias imágenes del Sol reflejadas en las nubes.

paria *s. m.* **1** Persona que pertenece a la casta inferior de la sociedad hindú: *Los parias no tienen derechos civiles ni religiosos.* **2** Persona a la que se considera inferior y a la que se discrimina en el trato: *Los drogadictos son los auténticos parias de nuestra sociedad. Lleva una vida de paria, trabaja de sol a sol.* **3** (en plural) HIST. Tributos que pagaba en la Edad Media un rey a otro.

parida *s. f.* **1** VULGAR. Palabras, acciones o cosas tontas o inconvenientes: *Sólo dicen paridas. No aguanto sus paridas. Vaya parida de canción. Pasamos cerca del guardia y se le ocurrió la parida de tocar el claxon.* SIN. chorrada, idiotez. || *adj.* / *s. f.* **2** COLOQUIAL. [Mujer] que acaba de parir: *¿Dónde se puede ver a la parida?*

paridad *s. f.* **1** (no contable) ECON. Relación de valor entre varias monedas: *Ha vuelto a subir la paridad de la peseta respecto al dólar. La paridad de las principales monedas no se ha modificado hoy.* **2** (no contable) ELEVADO. Igualdad entre dos cosas: *La perfecta paridad de oportunidades no se produce nunca. Los dos hermanos tienen paridad en casi todo.* ANT. diferencia.

parienta *s. f.* COLOQUIAL; HUMORÍSTICO. La esposa con respecto al marido: *No puedo llegar tarde porque se enfada la* *parienta. Mi parienta quiere que vayamos de vacaciones a Acapulco.*

pariente, ta *s. m. / f.* (*pariente* se usa para hombres y mujeres; *parienta* es restringido) Persona que es de la misma familia que otra: *pariente cercano, pariente lejana. Ella y yo somos parientes.*

parietal *adj. / s. m.* ANAT. Cada uno de los dos huesos situados en la parte superior de ambos lados del cráneo.

parihuela *s. f.* **1** (preferentemente en plural) Utensilio formado por dos palos paralelos con varios maderos atravesados para transportar cosas entre dos personas. **2** (en plural) RESTRINGIDO. Cama estrecha parecida a las parihuelas empleada para transportar enfermos: *Se lo llevan* ***en*** *parihuelas.*

paripé *s. m.* (no contable) COLOQUIAL; PEYORATIVO. Engaño o apariencia para que algo parezca lo que no es: *Cuando nos vio, hizo el paripé de que se alegraba mucho. Que no me venga con paripés, que a mí no me engaña, yo sé que no le caigo bien.*

parir *v. intr. / tr.* **1** aplicado a mujeres COLOQUIAL o JERGA MÉDICA. Expulsar ‹la hembra de los mamíferos› el feto que había gestado: *La yegua parió un potro hermosísimo. ¡Viva la madre que te parió! El médico dijo que le avisara cuando fuera a parir.* || *v. tr.* **2** COLOQUIAL. Ser ‹una persona o una cosa› origen, motivo o causa de [una cosa]: *Puedo parir enseguida otra novela.* LOC. **la madre* que me / te / le... parió. poner a ~** COLOQUIAL. Dirigir ‹una persona› críticas [a una persona o una cosa]: *Andrés puso a parir todos los proyectos. Ana me puso a parir porque no la llamé ayer.* **ponerse a ~** COLOQUIAL. Sentirse una ‹persona› muy enferma: *La cena me sentó mal y me puse a parir.*

parisién o **parisiense** *adj. / s. m.* y *f.* Parisino.

parisílabo, ba *adj. / s. m.* y *f.* [Palabra, verso] que tiene un número de sílabas par: *Los versos alejandrinos son parisílabos.*

parisino, na *adj. / s. m.* y *f.* De París, capital de Francia: *teatro parisino, moda parisina. Ayer conocí a una parisina.*

paritario, ria *adj.* [Organismo] que está formado por el mismo número de representantes de las partes que tienen intereses distintos y que busca solucionar los conflictos entre ellas: *comité paritario de padres, alumnos y profesores; la mesa paritaria de los empresarios y los sindicatos; la coordinadora paritaria de vecinos y policías del barrio.*

parka *s. f.* Especie de chaquetón con capucha, acolchado o forrado con piel.

parking (del inglés; pronunciamos '*parkin*') *s. m.* Aparcamiento.

párkinson *s. m.* (no contable) MED. Enfermedad neurológica degenerativa debida a una pérdida de células nerviosas que produce temblores y rigidez muscular.

parla *s. f.* **1** RESTRINGIDO. Acción y efecto de parlar. **2** RESTRINGIDO. Facilidad de palabra: *Ese presentador tiene mucha parla, pero nada más.*

parlamentar *v. intr.* Hablar ‹dos o más personas› entre sí para alcanzar un acuerdo o una solución: *Los sindicatos parlamentarán* ***con*** *la patronal. Si llega el caso, parlamentaremos* ***con*** *el enemigo.* SIN. dialogar.

parlamentario, ria *adj.* **1** Del parlamento: *representante parlamentario, sesión parlamentaria.* **inmunidad parlamentaria. 2** Del parlamentarismo: *régimen parlamentario.* **gobierno* ~. monarquía parlamentaria.** || *adj. / s. m.* y *f.* **3** Que ha sido elegido como miembro de un parlamento: *Las parlamentarias andaluzas se han reunido para discutir la situación de la mujer trabajadora.*

parlamentarismo *s. m.* (no contable) Ideología y sistema político en que el parlamento ejerce el poder legislativo y controla la actuación del ejecutivo.

parlamento *s. m.* **1** Órgano político legislativo encargado principalmente de elaborar y aprobar las leyes. **2** Edificio donde tiene su asiento este órgano: *Están arreglando el Parlamento.* **3** Conversación entre varias partes para negociar algunos problemas: *Ya estoy cansado de tantos parlamentos, pero todavía nos quedan muchas horas si queremos llegar a un acuerdo para comprar la empresa.* **4** Párrafo largo de un actor de teatro: *Le gusta el papel, pero cree que se luciría más si hubiera algún parlamento en el primer acto.*

parlanchín, na *adj. / s. m.* y *f.* (ser / estar) COLOQUIAL. Que habla mucho, o con indiscreción o imprudencia: *Tu amiga es muy maja, pero es un poco parlanchina. Has estado demasiado parlanchín, tienes que tener cuidado con lo que dices. ¡Qué parlanchín estás esta temporada!*

parlante *adj.* Que habla: *máquina parlante, muñeco parlante.*

parlar *v. intr. / tr.* **1** PEYORATIVO. Hablar ‹una persona› con desenvoltura: *El niño ya lo parla todo. Tu tía no sabrá nada, pero parlar, sí sabe.* || *v. intr.* **2** Emitir ‹un ave› sonidos semejantes a la voz humana.

parleta *s. f.* COLOQUIAL. Conversación poco importante, charla: *Venga, que estáis todo el día de parleta, a ver si hacéis algo.* SIN. cháchara (COLOQUIAL).

parlotear *v. intr.* COLOQUIAL. Hablar ‹una persona› mucho de [cosas sin importancia] y por pasar el rato: *La abuela se pasa la tarde parloteando, no calla. El niño está riquísimo, lo parlotea todo.*

parloteo *s. m.* COLOQUIAL. Acción de hablar una o varias personas sobre temas intrascendentes: *Julio estuvo un buen rato de parloteo con su compañera.*

parmesano, na *adj. / s. m.* y *f.* De Parma, ciudad y antiguo ducado italiano. **queso* ~.**

parnasianismo *s. m.* (no contable) Movimiento poético francés de la segunda mitad del siglo XIX caracterizado por la búsqueda de la perfección formal: *El parnasianismo se extendió a muchos países.*

parnasiano, na *adj. / s. m.* y *f.* De un movimiento poético iniciado en Francia en la década de 1866-1876: *la poesía parnasiana, una tertulia de parnasianos.*

parnaso *s. m.* **1** (no contable) LITERARIO. Conjunto de todos los poetas de un lugar o de una época: *El parnaso renacentista cuenta con poetas extraordinarios. En el parnaso hispánico Sor Juana Inés de la Cruz ocupa un lugar muy destacado.* **2** LIT. Antología poética de varios autores: *parnaso de la poesía romántica.*

parné *s. m.* (no contable) JERGAL. Dinero: *Esa familia tiene mucho parné.*

paro *s. m.* **1** Acción y efecto de parar o pararse: *el paro de las máquinas.* **~ cardiaco. 2** (no contable) Situación de las personas que están sin empleo: *Su marido ha estado en paro cinco meses.* **3** (no contable) Conjunto de estas personas: *El paro ha crecido en los últimos años. Me he apuntado al paro.* **4** (no contable) Dinero que perciben algunas personas desempleadas por haber trabajado: *Mi hermano está cobrando el paro. He solicitado el paro.* **5** Detención o cese voluntario en el trabajo por parte de los obreros y empleados: *Los trabajadores realizaron un paro de diez minutos para protestar por el último atentado.*

parodia *s. f.* **1** Imitación burlesca de una obra, un género o un autor: *« El Quijote» es una parodia de los libros de caballería.* **2** Imitación burlesca de una persona o de una cosa: *En su espectáculo incluye una parodia del Presidente del Gobierno.*

parodiar *v. tr.* **1** Hacer ‹una persona› una imitación burlesca de [una persona o de sus cualidades]: *Ese chico parodia muy bien al maestro. El secretario parodia a la perfección el aire distraído del jefe.* **2** Hacer ‹una persona› una imitación burlesca de [una obra literaria]: *Algunos escritores han parodiado sus propias obras.*

parónimo, ma *adj. / s. m.* [Palabra] que se parece a otra en su forma o sonido.

paronomasia *s. f.* **1** FON. Semejanza fonética entre dos o más palabras: *Señalar la paronomasia de palabras como «perífrasis» y «paráfrasis».* **2** RET. Figura retórica que consiste en utilizar intencionadamente parónimos.

parótida *s. f.* ANAT. Cada una de las dos glándulas principales de la boca que segregan la saliva.

parotiditis (plural *parotiditis*) *s. f.* (no contable) MED. Paperas.

paroxismo *s. m.* **1** (no contable) ELEVADO. Exaltación extrema de una pasión o sentimiento: *La furia de Agustín llegó al paroxismo. Es difícil hablar con ella, porque alcanza el paroxismo, tanto en el amor como en el odio.* **2** MED. Ataque o fase más grave de una enfermedad.

paroxístico, ca *adj.* Del paroxismo: *Tu novio sufre accesos paroxísticos de pasión.*

paroxítono, na *adj.* **1** [Palabra] que lleva el acento tónico en la penúltima sílaba: *vocablo paroxítono.* **2** MÉTR. [Verso] que acaba en una palabra de este tipo.

parpadear *v. intr.* **1** Abrir y cerrar ‹una persona› los párpados repetidamente y con rapidez. SIN. pestañear. **2** Apagarse y encenderse ‹una luz› o perder y ganar intensidad, de manera intermitente y rápida: *Se va a fundir el fluorescente de la cocina, porque ha empezado a parpadear.*

parpadeo *s. m.* **1** (no contable) Acción de abrir y cerrar los párpados varias veces y con rapidez: *Comprobó con un ligero parpadeo que no tenía nada extraño en el ojo.* **2** (no contable) Cambio repentino y repetido de la intensidad de una luz o encendido y apagado alternativos y rápidos de la misma: *El parpadeo de la lámpara indica que está estropeada. El parpadeo de la bombilla duró unos minutos, luego se apagó.*

párpado *s. m.* Pliegue de piel móvil que recubre y protege el ojo: *El enfermo cerró los párpados para intentar conciliar el sueño.*

parpar *v. intr.* RESTRINGIDO. Emitir ‹el pato› su voz.

parque *s. m.* **1** Terreno dentro de una población con jardines, árboles, bancos, arena, columpios: *Varios niños jugaban en el parque.* **2** Recinto pequeño con una red o malla como pared y un suelo blando donde se pone a los niños que todavía no andan para que jueguen. **3** Conjunto de medios y material destinados a un servicio público y lugar donde se guardan: *parque de bomberos, parque de la guardia urbana. La policía pide modernizar su parque de material antidisturbios.* || **4 ~ automovilístico** Conjunto de los automóviles de un organismo, país o área: *el parque automovilístico de España, el parque automovilístico de Sevilla, el parque automovilístico del Ministerio del Interior.* **5 ~ de artillería** Lugar donde se almacenan municiones, máquinas y otras cosas de la artillería. **6 ~ de atracciones** Lugar, generalmente de entrada controlada, con norias, tiovivos, coches de choque y otras atracciones. **7 ~ / jardín zoológico** Zoológico. **8 ~ móvil** Conjunto de vehículos destinados al servicio de algún ministerio u organismo oficial. **9 ~ nacional** Terreno extenso acotado por el Estado para proteger su vegetación, fauna y belleza natural. **10 ~ natural** Terreno declarado valioso por el Estado debido a su belleza natural.

parqué o **parquet** *s. m.* **1** (no contable) Suelo hecho de tablas de madera ensambladas: *suelo de parqué, pulir el parqué.* **2** Salón de la Bolsa: *Los inversores se han acercado poco al parqué el último día de la semana.*

parqueadero *s. m.* AMÉR. Parking.

parquear *v. tr.* AMÉR. Estacionar o aparcar ‹una persona› un automóvil.

parquedad *s. f.* (no contable) ELEVADO. Moderación y escasez en el gasto o en las cosas en general: *Pudieron ahorrar mucho porque vivían con parquedad. Es conocida la parquedad de su palabra, pero ha exagerado al decir sólo gracias.* SIN. sobriedad.

parquet *s. m.* Parqué.

parquímetro *s. m.* Aparato que mide el tiempo de estacionamiento de vehículos.

parra *s. f.* Variedad de vid de tronco leñoso y trepador. FR. Y LOC. **subirse a la ~** 1 COLOQUIAL. Darse ‹una persona› importancia o tomarse atribuciones que no le corresponden: *En cuanto Albertito ha cumplido los quince años se ha subido a la parra y no hace caso a nadie. No te subas a la parra, que todavía no te han nombrado jefe.* 2 COLOQUIAL. Tomarse ‹una persona› demasiadas confianzas con otra persona o pedir demasiado: *Yo no voy a ese comercio; en cuanto han tenido más clientes se han subido a la parra y tiene unos precios altísimos.* 3 COLOQUIAL. Enfurecerse ‹una persona›: *Chico, no te subas a la parra, que en esta vida hay que tener paciencia.*

parrafada *s. f.* **1** Conversación tranquila y confidencial: *En cuanto ves a tu amigo, ya tenéis que iros para echar vuestras parrafadas. Tú y yo tenemos que echar una parrafada, porque no me fío de lo que te hayan dicho.* **2** Demostración hecha a una persona de mucha confianza del desacuerdo con un comportamiento conocido por todos: *Ya echaremos una parrafada tú y yo como sigas sin estudiar. Tenemos que echar una parrafada, porque me han dicho que dejas la empresa.* **3** PEYORATIVO. Discurso largo pronunciado sin interrupción: *¡Menuda parrafada de bienvenida nos ha metido! El rector nos martirizó con una parrafada larguísima en la inauguración del nuevo curso.*

párrafo *s. m.* Cada una de las partes de un escrito separadas por un punto y aparte: *La profesora nos mandó leer los cinco primeros párrafos.*

parral *s. m.* 1 Lugar donde hay parras. 2 Parra o conjunto de parras sostenidas con un armazón: *Los Pérez han plantado unos parrales muy agradables a la puerta de su casa.*

parranda *s. f.* (no contable) COLOQUIAL. Juerga que consiste en ir por diferentes lugares, especialmente donde se sirven bebidas: *Estuvieron de parranda toda la noche por todos los bares del pueblo.*

parrandear *v. intr.* Ir ‹una persona› por diferentes lugares, especialmente donde se sirven bebidas, por diversión.

parrandeo *s. m.* (no contable) COLOQUIAL. Acción y efecto de parrandear.

parricida *s. m. / f.* Persona que asesina a uno de sus ascendientes o descendientes, o a su cónyuge: *Han detenido al parricida que mató a su mujer. La parricida negó haber matado a su hijo.*

parricidio *s. m.* Acción de matar una persona a uno de sus ascendientes o descendientes, o a su cónyuge: *Le condenaron a varios años de cárcel por un delito de parricidio, y después se demostró que era inocente.*

parrilla *s. f.* 1 Utensilio formado por un soporte de varillas metálicas paralelas, con mango y pies, sobre el que se ponen alimentos para asarlos al fuego: *carne a la parrilla, pescado a la parrilla, chorizo a la parrilla.* 2 RESTRINGIDO. Restaurante o merendero donde se sirve carne asada. 3 RESTRINGIDO. Conjunto total o parcial de los programas de una emisora de radio o de televisión: *La fuerte competencia hace que todas las emisoras presenten una parrilla parecida. En la parrilla de la tarde ponen los culebrones.* 4 AMÉR. Armazón que se coloca en la parte superior de los vehículos para transportar bultos. || 5 **~ de salida** Zona de un circuito deportivo donde se sitúan los vehículos para comenzar la carrera.

parrillada *s. f.* Plato de pescados y mariscos, o de varios tipos de carne, asados a la parrilla, que se sirve generalmente con alguna salsa aparte: *parrillada de carne, parrillada mixta.*

párroco *adj. / s. m.* REL. Sacerdote cristiano que está al cargo de una parroquia: *el cura párroco.*

parroquia *s. f.* 1 Entre los católicos, iglesia a la que le corresponde la atención de una zona de la diócesis: *Bautizaron al niño en la misma parroquia en la que se casaron los padres.* 2 Zona y conjunto de fieles correspondientes a las parroquias: *A esta parroquia pertenecen sólo tres mil personas.* 3 (no contable) COLOQUIAL; RESTRINGIDO. Conjunto de clientes habituales de un bar o comercio: *El frutero quiere tener contenta a su parroquia.* SIN. clientela.

parroquial *adj.* De una parroquia católica: *misa parroquial, grupo parroquial.*

parroquiano, na *adj. / s. m.* y *f.* 1 Que es cliente habitual de un comercio o de un bar: *Yo sólo trato bien a los parroquianos. Los grandes almacenes no pueden tener parroquianos, porque no conocen a sus clientes. ¿No hacéis una rebajita a los parroquianos?* 2 Que pertenece a una parroquia católica: *La próxima semana están convocados todos los parroquianos que quieran participar en la organización de las fiestas de nuestro santo.*

parsimonia *s. f.* Lentitud o calma que tiene una persona para hacer las cosas: *El profesor habla con una parsimonia que te quedas dormido. Luisa anda con una parsimonia que aburre.* SIN. tranquilidad. ANT. rapidez.

parsimonioso, sa *adj.* Que hace las cosas con excesiva lentitud o calma: *Eres muy parsimonioso haciendo las cosas, podías echarle un poco de energía al asunto.* SIN. calmoso.

parte *s. f.* 1 Elemento o cosa que contribuye a formar un todo o resulta de descomponerlo: *Una parte del grupo se separó. Dividieron el premio en partes. El niño guardó una parte del pastel. Se quemó parte del bosque.* **~ alícuota.** 2 Lugar o espacio de la Tierra o el cielo: *Vestido así no voy a ninguna parte. Esa lengua se habla en algunas partes de Europa. En la parte central del sistema solar no parece que haya vida.* 3 Lado de una cosa: *parte central, parte lateral, parte frontal, parte trasera, parte alta, parte baja del edificio, parte baja del autobús.* 4 Característica de una persona o cosa: *Todo el mundo tiene su parte buena. Siempre se fija en la parte negativa de las cosas.* 5 Aspecto o punto de vista: *Todo depende de la parte por donde lo mires.* SIN. perspectiva. 6 DER. Persona o grupo con un interés común en una situación en la que existen intereses contrapuestos: *No hubo un acuerdo entre las partes. El abogado de la víctima se personó como parte en el juicio.* **~ acusadora. ~ compradora. ~ contratante. ~ vendedora.** 7 Papel representado por un actor en una obra de teatro, radio o televisión: *Tú haces la parte de Don Juan y yo la de Doña Inés.* 8 (en plural) EUFEMISMO. Órganos genitales: *Le dieron un golpe en sus partes.* **partes pudendas.** || *s. m.* 9 Comunicación breve oral o escrita para dar noticia de algo: *Redactaron un parte del accidente para la compañía de seguros.* SIN. informe. **~ médico. ~ meteorológico. ~ oficial.** 10 RESTRINGIDO. Noticiario de radio o televisión: *Me gusta ver el parte mientras como.* || **11 la ~ del león** RESTRINGIDO. La porción mejor o más interesante en un reparto: *Las empresas locales se han quedado con la parte del león en el contrato de la autopista.* **12 partes de la oración** GRAM. Grupos en que la gramática tradicional clasifica las palabras de una lengua: *Las gramáticas escolares españolas distinguen las siguientes partes de la oración: artículo, nombre sustantivo, adjetivo, pronombre, verbo, adverbio, preposición, conjunción e interjección.* **13 partes del mundo** Continentes en que se divide el mundo. FR. Y LOC. **dar ~** Comunicar ‹una persona› una cosa a otra persona: *Dieron parte del robo a la policía.* **de / desde un tiempo* a esta ~. de ~ de** 1 A favor de una persona: *Verónica procuró poner a sus compañeros de su parte. Víctor se puso de parte de su hermano. Yo soy neutral y no estoy de parte de nadie.* 2 Procedente de una persona o en nombre de una persona: *Dile de mi parte que se dé prisa. Dale recuerdos de mi parte. Ese señor viene de parte de tu jefe.* 3 Se emplea para contestar una persona a otra que transmite saludos o envía recuerdos a una tercera persona: *–«Dale recuerdos a tus padres.» –«De tu parte.»* **en ~** De manera parcial o incompleta: *En parte tienes razón.* **hacer las partes** Dividir o partir ‹una persona› algo: *Han hecho las partes del negocio familiar.* **llevar la mejor / peor ~** Llevar ‹una persona o un grupo› ventaja o desventaja: *Llevan la mejor parte en la carrera armamentística.* **no ir a ninguna ~** No tener ninguna importancia: *Cuesta un poco más esta lavadora, pero dos mil pesetas no van a ninguna parte, y es mucho mejor.* **no llevar / conducir a ninguna ~** Ser inútil ‹una cosa›: *Las discusiones no llevan a ninguna parte.* **no tener arte* ni ~. poner de su ~** Hacer ‹una persona› todo lo posible en una situación: *Yo, de mi parte, pondré todos los medios de que dispongo.* **por ~ de** Con relación a una persona: *Son primos por parte de madre.* **por todas partes** Por todos los lugares: *Hay polvo por todas partes.* **por una parte ... por otra ~** Establece una distribución entre dos ideas que se contraponen: *Por una parte me gustaría salir este fin de semana, pero por otra parte tengo mucho que estudiar.* **ser juez* y ~. tomar ~** Interesarse ‹una persona› por una cosa o participar en algo: *Siempre toma parte en nuestros campeonatos algún famoso jugador.*

parteluz *s. m.* Columna delgada que divide en dos el hueco de una ventana.

partenaire (del francés; pronunciamos *'partener'*) *s. m. / f.* RESTRINGIDO. Persona que forma pareja con otra, especialmente en el mundo del espectáculo: *Rosario fue la mejor partenaire de Antonio.* SIN. compañero.

partenogénesis (plural *partenogénesis*) *s. f.* **1** (no contable) BIOL. Forma de reproducción de algunas especies animales en la que no hay fecundación por parte del macho. **2** (no contable.) BIOL. Reproducción asexual de algunas plantas.

partero, ra *s. m. / f.* RESTRINGIDO. Persona que ayuda a las mujeres en los partos: *La partera llegó a tiempo para atender el parto.*

parterre *s. m.* Parte de un jardín, normalmente rectangular, con flores y césped.

partesana *s. f.* Arma medieval parecida a una lanza, que tiene en la punta una cuchilla cruzada cortante por ambos lados y cruzada, en su base, por dos aletas puntiagudas o en forma de media luna.

partición *s. f.* División o reparto de alguna cosa en otras más pequeñas: *Ya han hecho las particiones de la finca de la abuela. La próxima semana haremos con el notario la partición de la herencia de mi tío.*

participación *s. f.* **1** (no contable) Intervención en algún asunto: *El trabajador negó su participación **en** la huelga. No han aceptado su participación **en** el campeonato en esas condiciones.* **2** Recibo o documento al portador en el que consta una cantidad de dinero que se juega a la lotería: *En ese pueblo se han vendido participaciones para el sorteo de Navidad. La carnicera siempre compra varios décimos y los regala en participaciones pequeñas.* **3** Cantidad de dinero que alguien juega en un recibo o en un décimo de lotería: *Llevo todas la semanas una pequeña participación de quinientas pesetas.* **4** Cantidad de dinero invertido en una empresa o actividad y parte que se recibe por esa cantidad: *El gran grupo multinacional ha tomado una participación muy elevada en la vieja empresa. Todos los socios tienen participación **en** los beneficios de la empresa.* **5** Comunicación formal, verbal o escrita: *Mi prima nos envió la participación de su próxima boda.*

participante *adj. / s. m.* y *f.* Que participa en algo: *Los equipos participantes acudieron a la inauguración del torneo. Los participantes en las pruebas deberán presentarse aquí mañana.*

participar *v. intr.* **1** Tomar ‹una persona› parte [en un asunto o una actividad realizados entre varias personas]: *He participado **en** la preparación de la fiesta. Para participar **en** el concurso hay que enviar una tarjeta.* SIN. colaborar, intervenir. **2** Dedicar ‹una persona› dinero a [una empresa o un negocio] con el fin de obtener un beneficio: *Un amigo mío participó **en** tu negocio inmobiliario.* SIN. invertir. **3** Tener ‹una persona o una cosa› las mismas ideas o características que [una persona o una cosa]: *Soy el único que no participa **de** las ideas del conferenciante.* SIN. compartir. || *v. tr.* **4** Dar ‹una persona› [noticias o datos][a otra persona]: *Te participo que hemos cambiado de domicilio. Ya me participó tu hermano que ha muerto tu padre, lo siento mucho, no sabía nada.* SIN. informar.

partícipe *adj. / s. m.* y *f.* RESTRINGIDO. Que participa en alguna cosa. FR. Y LOC. **hacer ~** Comunicar ‹una persona› una cosa a otra o compartir ‹una persona› una cosa con otra: *Quiere hacer partícipe **de** su alegría **a** toda la familia. Quiere hacernos partícipes **a** todos **de** sus éxitos.*

participio *s. m.* Forma no personal del verbo que equivale a un adjetivo verbal: *En español «-ado» en «amado» o «-ido» en «perdido» y «dormido» son terminaciones de participio.* **~ irregular. ~ regular. ~ activo** o **~ de presente** Participio que expresa una acción que transcurre al mismo tiempo que la del verbo de la oración: *El participio de presente en español está anticuado.* **~ pasivo / pretérito** o **~ de pasado** Participio que expresa el estado adquirido y la acción pasada anterior a la del verbo de la oración: *El llamado participio pasivo, o participio de pasado o de pretérito, responde a las formas en «-ado» e «-ido»: «amado», «perdido», «dormido».*

partícula *s. f.* **1** Parte muy pequeña de una cosa: *partículas radiactivas.* **2** Cuerpo muy pequeño: *partículas contaminantes. Hay muchas partículas de polvo en el aire.* **3** LING. Palabra invariable: *Las partículas del español son el adverbio, la preposición y la conjunción.* **~ prepositiva. 4** LING.; RESTRINGIDO. Prefijo o sufijo: *partículas prepositivas. El prefijo y el sufijo son partículas para formar nuevas palabras.* || **5 ~ alfa** FÍS. Núcleo de helio que procede de una desintegración o reacción nuclear. **6 ~ elemental** FÍS. Elemento de estructura interna desconocida que forma parte de un átomo.

particular *adj.* **1** Que es propio de una sola persona o cosa y no de otras: *Un rasgo particular suyo es la valentía. Mi opinión particular es que eso no está bien.* **2** Que es concreto, determinado o singular en contraposición a general o universal: *Es un caso muy particular, no es generalizable.* **3** Que es especial, extraordinario o raro, o que no es corriente o habitual: *Su mujer es una persona muy particular. Mi perro es muy particular, sólo ladra a los otros perros y hace fiestas a los ladrones.* **4** Que es sólo de una persona o que sólo lo usa ella: *Tengo un profesor particular de inglés.* **5** Que no es de propiedad o uso público sino privado: *propiedad particular. En mi urbanización tenemos piscinas particulares.* **médico* ~.** || *adj. / s. m.* **6** [Persona] que no tiene un cargo, título u otra característica que la distinga de las demás: *El ministro recibió numerosas cartas de personas particulares. En esa zona está prohibido el paso a los particulares.* || *s. m.* **7** Tema o asunto concreto del que se trata: *No hay nada nuevo sobre el particular. Sobre ese particular no tengo nada que decir.* SIN. cuestión, materia. FR. Y LOC. **de ~** Extraordinario, especial: *No ha dicho nada de particular. ¿Qué tendrá eso de particular?* **en ~** 1 En concreto, especialmente: *El profesor habló de los escritores del romanticismo y, en particular, de Bécquer.* 2 De manera reservada, aparte: *Quiero hablar contigo en particular.* **sin otro ~** 1 ADMINISTRATIVO; CORTESÍA. Sin más que decir o añadir: *Sin otro particular, y a la espera de sus noticias, le saluda atenta-*

mente. 2 RESTRINGIDO. Con un único objeto o fin: *Le he llamado sin otro particular que el de interesarme por su salud.*

particularidad *s. f.* **1** Característica que distingue a una persona o cosa del resto de su clase: *Esta obra presenta la particularidad de que es el único cuadro en tonos amarillos de la exposición. A este aparato le hemos incorporado varias particularidades interesantes: se para automáticamente en caso de avería y gasta la mitad de electricidad que los tradicionales.* **2** (preferentemente en plural) Cosa concreta y precisa de un todo, detalle: *El técnico explicó el programa de modo general, sin entrar en particularidades.* SIN. pormenor.

particularismo *s. m.* Hecho de prestar excesiva atención a personas o cosas concretas sin fijarse en lo general: *Preocúpate por el interés general de tu tierra y olvídate de los particularismos. Europa necesita preocupaciones generales y olvidar los particularismos.*

particularización *s. f.* **1** Exposición detallada que se hace de algo: *En ese libro se nota un esfuerzo de particularización en los temas de guerra.* **2** (preferentemente en plural) Detalle o característica concreta de algo: *Amelia nos habló de sus amigos en general, sin entrar en particularizaciones. Cuando os enseñe el caballo, lo comprenderéis mejor, porque no tiene sentido entrar ahora en más particularizaciones.*

particularizar *v. tr.* **1** Hablar ‹una persona› de [una cosa] señalando sus detalles particulares: *Tienes que particularizar los gastos en la próxima relación que nos envíes. En los informes de tus actividades particulariza las oficinas que has visitado, por favor.* SIN. precisar, concretar. **2** Distinguir ‹una cualidad o un rasgo propio› [a una persona o una cosa]: *El lenguaje popular es lo que particulariza las novelas de ese escritor.* SIN. singularizar, caracterizar. ‖ *v. tr. / intr.* **3** Referirse ‹una persona› [a otra persona o a una cosa] expresamente: *Todos tenemos la culpa, así que no particularices.* SIN. singularizar. ‖ *v. prnl.* **4** RESTRINGIDO. Distinguirse ‹una persona o una cosa› [por una cualidad o un rasgo propio]: *Luisa se particulariza* ***por*** *su buen humor. Argentina se particulariza* ***por*** *la simpatía de sus gentes.* SIN. caracterizarse. ⇒ **19.**

particularmente *adv. cant.* **1** En especial, especialmente, en grado especial: *Ese alumno se sentía particularmente motivado.* ‖ *adv. modo* **2** (preferentemente con verbos de referencia o señalamiento) En particular, de manera particular, de manera específica y concreta: *Me refiero particularmente a los que pudiendo hacerlo, no lo hacen. Hablo particularmente de los de mi edad.*

partida *s. f.* **1** (no contable) Acción de partir o marcharse de un lugar: *¿A qué hora tiene el tren la partida? Le quedó en su memoria el momento de la partida. Hemos llegado otra vez al punto de partida.* **2** Cantidad de una mercancía que se entrega, envía o recibe de una vez: *Ha venido una partida de melones muy dulces. Hemos devuelto una partida de sillas defectuosas. En esta partida nos ha salido un libro mal encuadernado.* **3** Cada uno de los apartados o cantidades anotadas por separado en una cuenta o presupuesto: *En la factura había una partida de gastos extraordinarios.* **4** Anotación en un registro de hechos relacionados con la vida de una persona. **5** Certificación de los datos de una persona, relacionados con el bautismo, el nacimiento, el matrimonio o la muerte, que constan en los registros oficiales: *partida de bautismo, partida de nacimiento, partida de matrimonio, partida de defunción. Me exigen la partida de nacimiento del niño para poderlo matricular en el colegio.* **6** Conjunto de jugadas de un juego o conjunto de juegos que terminan cuando alguien resulta ganador: *Jugaron una partida de mus. La partida de ajedrez duró dos horas.* **7** RESTRINGIDO. Grupo, cuadrilla: *una partida de cazadores, una partida de bandoleros.* FR. Y LOC. **andar / recorrer las siete partidas** RESTRINGIDO. Andar ‹una persona› mucho y por muchos sitios diferentes: *Le gusta recorrer las siete partidas antes de volver a casa, así que no puedo decirte en qué bar puedes encontrarlo.* **ganar la ~** Conseguir ‹una persona› una cosa que también quería otra persona: *Al final esa empresa nos ha ganado la partida y ha firmado el contrato que nos interesaba a nosotros.* **por ~ doble** Dos veces o repetido: *Le enviaron la información por partida doble. No le hagas caso a ése, que es tonto por partida doble.*

partidario, ria *adj. / s. m.* y *f.* Que sostiene, apoya o defiende determinados movimientos, partidos, personas, doctrinas u opiniones: *Soy partidario* ***de*** *la reducción de la jornada laboral. Gabriela no es muy partidaria* ***de*** *llevar a los niños a la guardería.*

partidismo *s. m.* **1** (no contable) Comportamiento excesivamente favorable a los intereses de un partido o de una ideología: *Los grupos políticos decidieron llegar a un acuerdo y dejar al margen cualquier partidismo. El partidismo cerrado impide tomar medidas que beneficien a toda la sociedad.* **2** (no contable) Parcialidad al juzgar o decidir algo: *El partidismo en sus decisiones es escandaloso.*

partidista *adj.* **1** Del partidismo político: *La política exageradamente partidista del Gobierno no beneficia el buen funcionamiento de las instituciones. El presidente del Senado no puede dejarse llevar por sus preferencias partidistas aunque pertenezcan al partido gubernamental.* ‖ *adj. / s. m.* y *f.* **2** Que actúa con partidismo o parcialidad: *Ese árbitro siempre ha sido muy partidista. Reconoce que el otro puede tener algo de razón, no seas tan partidista.*

partido, da *s. m.* **1** Agrupación de personas, constituida en organización política, con unas ideas e intereses comunes: *partidos conservadores, partidos progresistas, el partido del gobierno, el partido de la oposición, afiliarse a un partido, ser miembro de un partido, militar en un partido, votar a un partido.* **2** DEP. Competición en que se enfrentan dos jugadores o equipos: *un partido de fútbol, un partido de baloncesto, un partido de tenis, jugar un partido.* **~ amistoso. ~ de desempate. 3** (precedido generalmente de *buen*) COLOQUIAL. Persona con la que resulta ventajoso casarse por tener una buena posición económica: *Luisa se casará cuando encuentre un buen partido.* ‖ **4 cabeza* de ~. 5 ~ judicial** División territorial que comprende uno o varios municipios y sobre la que tiene competencia un juzgado de primera instancia e instrucción. FR. Y LOC. **sacar ~** Obtener ‹una persona› un beneficio o provecho de algo: *Enrique sabe sacar partido* ***de*** *sus cualidades. Laura saca mucho partido* ***a*** *su pelo. Ese chico siempre saca partido* ***de*** *todo lo que hace. El niño saca partido* ***a*** *las clases de idiomas.* **tomar ~** 1 Decidirse ‹una persona› entre varias posibilidades: *Yo vacilaba: no sabía por qué propuesta tomar partido. Tienes que tomar partido* ***por*** *una cosa o por otra.* 2 Mostrarse ‹una persona› a favor de una de las partes enfrentadas: *El padre* *optó por mantenerse al margen de la discusión y no tomar partido* ***por*** *ninguno. La madre siempre toma partido* ***por*** *su hijo menor.*

partiquino, na *s. m. / f.* RESTRINGIDO. Cantante que interpreta un papel poco importante en una ópera: *Se empieza siempre de partiquino.*

partir *v. tr.* **1** Hacer ‹una persona o una cosa› varias partes de [una cosa]: *Pedro parte leña.* **2** Cortar y separar ‹una persona› una parte de [una cosa]: *Párteme una raja de melón. Partidnos un trozo de pan.* **3** Romper ‹una persona o una cosa› [una cosa]: *Se colgó del árbol y le ha partido una rama. La piedra dio de lleno en el cristal, pero no lo partió.* **4** Distribuir ‹una persona› [una cosa que se ha dividido en partes] entre [varias personas]: *Partió el pastel* ***entre*** *los niños. Partió el premio* ***con*** *sus hermanos. San Martín partió su capa* ***con*** *un mendigo.* SIN. repartir. **5** COLOQUIAL. Causar ‹una persona o una cosa› un perjuicio o molestia [a una persona]: *Las visitas me han partido la tarde. Tenía a la vista un buen negocio, pero el retraso en la entrega de la fábrica me ha partido por la mitad, porque varios clientes dicen que no soy formal.* || *v. intr.* **6** Irse ‹una persona› desde un lugar hacia otro lugar: *El viajero partió a primera hora de la mañana* ***de*** *la estación principal. Partiremos* ***hacia*** *Colombia. Partieron* ***para*** *Grecia.* **7** Tener ‹una persona o una cosa› su origen o causa en [una cosa o un lugar]: *La idea partió* ***de*** *sus amigos. La broma partió* ***de*** *los alumnos de quinto.* SIN. surgir. **8** Tomar ‹una persona› como base [una cosa]: *Parto* ***de*** *la idea de que lo sabes.* || *v. tr. / prnl.* **9** Romper ‹una persona o una cosa› [una cosa]: *El perro ha partido el mármol de la mesa. Parte una nuez, por favor.* ***Me*** *he partido una pierna esquiando.* ***Se*** *ha partido la dirección del coche.* || *v. prnl.* **10** COLOQUIAL. Reírse ‹una persona› mucho: *La gente se parte* ***con*** *tus chistes. Esa historia es para partirse* ***de*** *risa.* SIN. troncharse. FR. Y LOC. **a ~ de** 1 Desde: *Vivo en la quinta casa a partir de la esquina.* 2 Tomando como base algo: *A partir de esa idea la filósofa elaboró una compleja teoría.* **estar a ~ un piñón*. mal rayo* te / le... parta** o **que te / le... parta un rayo. mearse / mondarse / partirse / troncharse de risa*. ~ la cara / boca** o **~ los dientes** COLOQUIAL; preferentemente AMENAZA. Golpear ‹una persona› a otra: *Fue tan insolente con él que le dieron ganas de partirle la cara. José me dijo que si volvía a criticarlo me partiría la boca.* **~ la(s) diferencia(s). ~ por el eje** o **~ por la mitad** Causar ‹una persona o una cosa› un perjuicio muy grande a una persona: *Me ha partido por el eje la pérdida de la cartera con los carnés. Las notas del chico nos han partido por la mitad, tenemos que quedarnos en casa todas las vacaciones para que prepare los exámenes de septiembre. La huelga de transportistas nos ha partido por la mitad.* **~ / romper corazones*. ~ / romper el alma / corazón** Causar ‹una persona o una cosa› pena fuerte o lástima a una persona: *Ese niño enfermo me parte el alma. Me partió el alma su situación deplorable. Ver cómo lloraba la anciana le ha partido el corazón.* **~ / romper el hocico*** o **partir / romper los hocicos. ~ / romper el morro*** o **~ / romper los morros. ~ / romper la crisma*. partirse el pecho*.** REFR. **El que parte y reparte se queda con la mejor parte.** Se usa para indicar que la persona que reparte u organiza algo tiende a reservarse lo mejor.

partisano, na *s. m. / f.* Combatiente que lucha en organizaciones irregulares contra un ejército invasor o contra un gobierno ilegítimo de su propio país: *Los partisanos franceses desempeñaron un papel importante en la Segunda Guerra Mundial.*

partitivo, va *adj. / s. m.* [Numeral] que indica una parte de un todo: *«Cuarto», «mitad» o «medio» son partitivos.*

partitura *s. f.* Texto escrito de una composición musical con la notación de todas las voces e instrumentos que intervienen en ella: *partitura para piano, partitura para guitarra. En solfeo lo primero que se aprende es a leer una partitura. Si te sabes la obra de memoria no necesitas la partitura.*

parto *s. m.* **1** Salida del feto del cuerpo de su madre al final del embarazo. **~ prematuro. ~ sin dolor.** **2** RESTRINGIDO. Producto de la mente humana: *El periodista estaba muy ocupado en el parto de su último artículo.* **3** LING. Antigua lengua que pertenece a la familia irania, hablada en el noroeste de Irán. || *adj. / s. m.* **4** HIST. De un antiguo pueblo que vivía en Persia septentrional: *el pueblo parto, el reino de los partos.* || **5 ~ de los montes** COLOQUIAL; RESTRINGIDO. Se usa para criticar una cosa sin importancia o ridícula que resulta de un trabajo anunciado como muy importante: *Chico, esta redacción es el parto de los montes, has estado toda la tarde para cinco líneas. La última película de nuestro gran director, después de dedicarse tantos años a la reflexión, selección de actores, búsqueda de escenarios naturales y de gastar tan alto presupuesto, parece el parto de los montes.*

parturienta *adj. / s. f.* [Mujer] que está de parto o acaba de parir: *Ahora no nos hacen tanto caso a las parturientas en el hospital.*

party (del inglés) *s. m.* AFECTADO. Fiesta particular: *Dieron un party en casa del novio.*

parva *s. f.* Mies extendida en la era para trillarla o para separar el grano de la paja.

parvulario *s. m.* **1** Lugar donde se educa a los párvulos: *parvulario municipal.* **2** (no contable) RESTRINGIDO. Conjunto de los párvulos: *El parvulario se alborota en primavera.*

parvulista *s. m. / f.* RESTRINGIDO. Persona que se dedica por profesión a la educación de los párvulos.

párvulo, la *adj. / s. m.* y *f.* **1** RESTRINGIDO. [Niño] que es pequeño. **2** [Niño] que asiste a un centro de educación preescolar: *Doy clases a párvulos.* **3** RESTRINGIDO. [Persona] que es inocente, sabe poco o es fácil de engañar: *Anda, calla, no seas párvulo. Esta niña es una parvulita.*

pasa *s. f.* Uva secada natural o artificialmente: *asado con pasas y piñones.* FR. Y LOC. **estar / quedarse como una ~** COLOQUIAL. Estar o quedarse ‹una persona› muy arrugada o envejecida: *Con los años, mi tía se quedó como una pasa.*

pasable *adj.* (ser / estar) Que se puede pasar o tolerar o resulta aceptable: *La tarta está pasable, no es una maravilla, pero se puede comer. Has hecho un examen pasable, aunque podrías haberlo hecho mucho mejor.*

pasablemente *adv. modo* RESTRINGIDO. No demasiado mal, aceptablemente: *–«¿Qué tal te salió?» –«Pasablemente.»*

pasabocas (plural *pasabocas*) *s. m.* COL.; COLOQUIAL. Pequeña porción de comida que se toma como acompañamiento de la bebida; tapa.

pasabola *s. f.* Jugada de billar en la que la bola impulsada por el jugador toca lateralmente a otra, da en la banda opuesta y vuelve para tocar a la tercera bola.

pasacalle *s. m.* Música con ritmo de marcha, generalmente tocada por una banda popular: *El desfile se inició con un pasacalle interpretado por la banda del pueblo. Los pasacalles tienen gran tradición aquí.*

pasada *s. f.* **1** Acción y efecto de pasar de una parte a otra: *La modista dio un par de pasadas con la aguja para asegurar la costura.* **2** Repaso o retoque en una tarea o trabajo: *Da otra pasada de pintura a la puerta. Mi padre dio una pasada al baño para que quedara limpio y reluciente.* **3** Vuelo realizado por un aparato volador sobre un lugar: *El avión realizó varias pasadas sobre el pueblo. El muchacho dio varias pasadas con la cometa sobre la torre, antes de conseguir engancharla en el tejado de la iglesia.* **4** (no contable) COLOQUIAL. Cosa o acción que sorprende porque es exagerada en algo: *Rafa se ha comprado una moto que es una pasada. Me parece una pasada que nos hayan invitado a todos a comer.* || **5 mala ~** Acción con la que se perjudica a una persona: *La suerte le ha jugado una mala pasada. Le jugaron una mala pasada dejándole plantado.* FR. Y LOC. **de ~** 1 Aprovechando una situación: *Si vas a la biblioteca, mira de pasada qué libros de Lingüística hay.* 2 Sin detenimiento: *Visitamos la ciudad muy de pasada.*

pasadera *s. f.* RESTRINGIDO. Piedra, u otra cosa, que se coloca como apoyo para atravesar una corriente de agua o un charco.

pasadizo *s. m.* Paso o camino estrecho para ir de un lugar a otro: *un pasadizo subterráneo, los pasadizos de los castillos medievales, los pasadizos de un refugio, los pasadizos del metro.*

pasado, da *adj.* **1** De un tiempo anterior al presente: *Es mejor olvidar los rencores pasados. La semana pasada me encontré con él.* **2** (estar) Que está gastado o estropeado: *El jersey está muy pasado y ya no abriga nada. Esa fruta está pasada.* **3** JERGAL. Que está bajo los efectos de la droga o el alcohol. || *adj. / s. m.* **4** [Tiempo] anterior al presente: *Hay gente que sigue pensando que cualquier tiempo pasado fue mejor. No puedes estar siempre pensando en el pasado.* **5** [Tiempo verbal] que indica una acción realizada: *En español hay varios tiempos pasados. Procura no utilizar tanto el pasado en la narración.* SIN. pretérito. || **6 huevo* ~ por agua. 7 ~ mañana*.** FR. Y LOC. **participio* pasivo / pretérito** o **participio de ~.**

pasador *s. m.* **1** Instrumento en forma de aguja para sujetar una prenda, un pequeño adorno o el pelo: *el pasador de la corbata, el pasador del pelo.* **2** Sistema de cierre para puertas o ventanas, formado por una barrita metálica que, mediante un agarradero, se hace correr dentro de un pequeño canal o ranura. SIN. pestillo, cerrojo. **3** Varilla metálica que atraviesa las piezas articuladas de un objeto como la bisagra y permite su movimiento. **4** RESTRINGIDO. Utensilio de cocina en forma de cono o media esfera que se utiliza para colar. SIN. colador.

pasaje *s. m.* **1** Calle estrecha y corta o paso entre dos calles por debajo de una casa: *Para llegar antes, fuimos por el pasaje de la plaza.* **2** Billete de barco o avión: *Salimos de viaje la próxima semana y todavía no tenemos los pasajes.* **3** (no contable) Conjunto de personas que viajan en un barco o en un avión: *El pasaje ya ha embarcado.* **4** Fragmento de una obra literaria o musical: *Nos leyó un pasaje de la Biblia. Escuchamos un pasaje de «Las noches en los jardines de España» de Falla.* **5** Acción de pasar de un lugar a otro.

pasajero, ra *adj.* **1** (antepuesto / pospuesto) Que pasa pronto o dura poco: *un pasajero malestar, un enfado pasajero. La felicidad es pasajera, no dura siempre.* ANT. duradero. || *s. m. / f.* **2** Persona que viaja en un vehículo sin conducirlo ella misma: *los pasajeros de un avión, los pasajeros de un barco. ¡Pasajeros al tren! El autocar hace varias paradas para recoger pasajeros.* SIN. viajero. **barco de pasajeros.** || *adj. / s. m.* y *f.* **3** [Ave] que no vive durante todo el año en el mismo lugar. SIN. migratorio.

pasamanería *s. f.* **1** (no contable) Tira de tejido bordado o trenza de hilos o cordones que se usa como adorno en ropas y tapicería: *Tenemos que renovar toda la pasamanería de las cortinas de la sala. Quiero hacerle a la niña una capa adornada con pasamanería dorada.* **2** RESTRINGIDO. Taller, tienda donde se hacen o venden estos adornos. **3** RESTRINGIDO. Arte y oficio de hacer estos adornos.

pasamano *s. m.* **1** Labor textil que se utiliza como adorno de prendas y ropajes. SIN. pasamanería. **2** Pasamanos: *Agárrate fuerte al pasamano, porque resbala la escalera.*

pasamanos (plural *pasamanos*) *s. m.* Barra o parte superior de una estructura colocada como protección o apoyo en balcones, escaleras o puentes: *El abuelo no quiere agarrarse al pasamanos y cualquier día se caerá.* SIN. pasamano.

pasamontañas (plural *pasamontañas*) *s. m.* Gorro que cubre la cabeza hasta el cuello, excepto los ojos y la nariz: *El atracador llevaba un pasamontañas rojo.*

pasante *s. m. / f.* Ayudante de un abogado que trabaja con él para aprender la profesión: *Cuando acabó la carrera de Derecho, mi amiga encontró trabajo de pasante.*

pasantía *s. f.* Oficio o puesto del pasante: *En cuanto acabe la carrera buscaré una pasantía.*

pasaportar *v. tr.* **1** RESTRINGIDO. Echar ‹una persona› [a otra persona] de un lugar: *La autoridad gubernativa ha pasaportado a los polizontes a su lugar de origen.* **2** COLOQUIAL; RESTRINGIDO. Matar ‹una persona› [a otra persona]: *Los de esa organización no se andan con bromas y en cuanto fallas te pasaportan.*

pasaporte *s. m.* Documento identificativo necesario para viajar por algunos países extranjeros: *Es necesario pasaporte para viajar a Estados Unidos.* **~ diplomático.** FR. Y LOC. **dar (el) ~** 1 COLOQUIAL. Echar ‹una persona› de un trabajo a otra persona: *Como el equipo no gane este partido van a darle el pasaporte al entrenador.* 2 COLOQUIAL. Matar ‹una persona› a otra persona: *Como ese mafioso no cambie de amistades le dan el pasaporte el día menos pensado.*

pasapurés (plural *pasapurés*) *s. m.* Utensilio de cocina, que sirve para triturar y colar comida hasta convertirla en una pasta homogénea.

pasar *v. tr.* **1** Llevar o mover ‹una persona› [a una persona o una cosa] de [un lugar] a [otro lugar]: *He pasado los libros **de** mi habitación **a** la biblioteca.* SIN. trasladar. **2** Hacer ‹una persona› que [otra persona o una cosa] entre en [un lugar]: *Me pasaron **al** despacho del director. Pasa una silla **a** mi cuarto.* SIN. introducir. **3** Cambiar ‹una persona› de posición [una cosa que está unida a otras iguales que ella] para ver la siguiente: *pasar las hojas de un libro, pasar diapositivas.* **4** Cruzar ‹una persona› [un río, una calle, una montaña]: *El montañero pasó el río a nado. El camión no tuvo ningún problema para pasar la frontera.* **5** Superar ‹una persona› [una prueba] con éxito: *Mi hija ha pasado* *la selectividad en junio. Nuestro equipo consiguió pasar la eliminatoria.* **6** Dar ‹una persona› [una cosa] [a otra persona] o ponerla a su disposición: *Mi vecino le ha pasado el alquiler a su hijo. Te pasaré toda la documentación que tenga sobre ese tema.* **7** Padecer ‹una persona› [un mal]: *De pequeño mi hermano pasó el sarampión. En la posguerra pasaron muchas privaciones. Aquí pasamos mucho frío. Eva pasó mucho miedo.* **8** Echar ‹una persona› [un líquido u otra sustancia] por [un colador o cedazo] para que queden en él las partes más gruesas: *pasar la harina por el tamiz. Pasa la leche **por** un colador para que no tenga nata.* **9** Tragar ‹una persona› [una cosa] a través de la boca: *El niño pasó el jarabe con dificultad.* **10** No rechazarle ‹una persona› [una cosa, una actitud o una acción] a [otra persona]: *No sé si te pasarán una instancia tan mal redactada.* **11** DEP. Entregar ‹un jugador› [el balón] a [otro jugador]: *El delantero pasó el balón al defensa y éste lanzó a portería.* **12** Introducir ‹una persona› [mercancías] en un país o en un lugar de manera no permitida: *Intentaron pasar droga por la frontera de Francia.* **13** Hacer ‹una persona› que [una noticia o una comunicación] llegue a [otra persona]: *La secretaria pasó el recado a su jefe.* **14** Transmitir ‹una persona› [una enfermedad] a [otra persona]: *Le pasaron la varicela en la escuela.* SIN. pegar (COLOQUIAL). **15** Proyectar ‹una persona› [diapositivas o una película cinematográfica]: *En el intermedio pasaron un reportaje publicitario.* || *v. tr. / prnl.* **16** Estar ‹una persona› durante [un tiempo] en [un lugar o un estado, o realizando una acción]: ***(Me)** pasé la tarde estudiando. Pasé un rato muy bueno en tu compañía. Lo pasamos muy bien.* || *v. intr. / prnl.* **17** Ir ‹una persona› a [un lugar]: *Intentaré pasar**(me) por** tu casa para hacerte una visita.* **18** Ir ‹una persona› de [un lugar] a [otro lugar]: *Yo paso **de** Madrid **a** Barcelona varias veces por semana.* **19** Terminar ‹una situación o un periodo de tiempo›: *Cuando **(se)** pase el invierno, iremos de excursión.* || *v. intr.* **20** Entrar ‹una persona› en [un lugar]: *El invitado pasó **a** la sala.* **21** Ir ‹una persona o un vehículo› por [un lugar]: *Acaba de pasar una ambulancia a toda velocidad **por** delante de nuestra casa.* **22** Ir ‹una persona› más allá de [un límite o un determinado punto]: *La factura pasó **de** mil pesetas.* **23** Experimentar ‹una persona› [una situación]: *Yo ya he pasado **por** algunos momentos difíciles.* **24** Ser considerada ‹una persona› de [una determinada manera]: *El chico pasa **por** ser el genio de la familia.* **25** Cambiar ‹una persona o una cosa› de [una situación o un estado] a [otra situación u otro estado]: *Ese hombre pasó **de** la riqueza **a** la pobreza.* **26** Cambiar ‹una cosa› de [un propietario] a [otro propietario]: *El manuscrito pasó **de** un coleccionista **a** otro. La empresa pasó **a** sus hijos.* **27** Suceder ‹un hecho›: *Nunca pasaba nada. Pero, ¿qué te pasa, que estás llorando? Eso sólo les pasa a los tontos.* SIN. ocurrir. **28** Dejar ‹una persona› un asunto para empezar [otro asunto]: *Pasamos **a** hablar de cine.* **29** Poder existir o conformarse ‹una persona› con [una cosa] o sin ella: *Pasaremos este mes **sin** coche.* SIN. arreglarse. **30** Estar ‹una cosa› en condiciones de ser admitida o usada: *Este vestido puede pasar este verano.* **31** Poder atravesar ‹una cosa› por [un espacio]: *Creo que este piano pasará **por** la puerta.* SIN. caber. **32** Resultar ‹una comida› difícil de tragar: *Este bocadillo no me pasa.* **33** Extenderse o comunicarse ‹una cosa› de [unas personas] a [otras personas]: *La noticia pasó **de** unos vecinos **a** otros.* **34** No intervenir ‹un jugador› en una jugada o no apostar en ella cuando le llega su turno: *Todos apostamos, pero él pasó.* **35** COLOQUIAL. No intervenir ‹una persona› en un asunto o no tener interés por [una persona o una cosa]: *Yo paso **de** esas cosas. Esa chica pasa totalmente **de** su familia.* || *v. prnl.* **36** Adoptar ‹una persona› [las ideas o posturas opuestas a las que antes tenía]: *Ese político se pasó **al** otro bando.* **37** Estropearse ‹un alimento›: *Estas peras se están pasando.* **38** Superar ‹una persona› [un límite] : *Se le pasó el turno. Procura no hablar tanto, que te estás pasando.* **39** No ser recordada ‹una cosa› por [una persona]: *Este año se me pasó felicitarte por tu cumpleaños.* FR. Y LOC. **entrar / ~ por el aro*. ir / ~ de un extremo* a otro. lo que pasa es que** ANTICIPADOR NARRATIVO. Se usa para explicar un inconveniente: *No creas que estoy enfadado, lo que pasa es que hay cosas que no están bien.* **~ a cuchillo*. ~ a la historia*. ~ a limpio*** o **poner en limpio. ir / ~ a mayores*. ~ a mejor vida*. ~ / cruzar el charco*. ~ de castaño oscuro** COLOQUIAL. Ser intolerable ‹una cosa›: *Esos insultos ya pasan de castaño oscuro, no hay por qué aguantarlo.* **~ de largo** No detenerse ‹una persona o una cosa› en un lugar: *Elena me vio y pasó de largo.* **~ de moda*. ~ el cepillo*. ~ el dinero*. ~ el rato*. ~ en / de claro la noche*. ~ / entregar la antorcha*. ~ la bandeja*. ~ la báscula*. ~ la bola*. ~ la noche* en blanco. ~ la vista* por. ~ las de Caín** o **pasarlas canutas** COLOQUIAL. Sufrir ‹una persona› mucho en una situación: *Se nos estropeó el coche en un puente y las pasamos canutas.* **~ lista*. ~ por alto** 1 No mencionar, callar: *Al contarnos su viaje, pasó por alto algunos detalles.* 2 No tener algo en consideración: *Le pasa por alto todos sus errores.* **~ por el tamiz*. ~ por el tubo*. ~ por encima** Hacer ‹una persona› lo que se proponía a pesar de los inconvenientes u obstáculos que le surjan: *Rafael fue directamente a hablar con el director y se pasó por encima todos los trámites burocráticos.* **~ por la piedra*. ~ por la vicaría*. ~ por las armas*. ~ / restregar por las narices*. ~ revista*. ~ / sufrir / padecer privaciones*. ~ un ángel*. pasarlas moradas*. pasarlas negras*. pasarlas putas*. pasarlo bomba*. pasar(se) de la raya*. pasarse de listo*. pasarse de rosca*. pasar(se) la pelota*. pasarse por la entrepierna*. pasársele por el pensamiento*. pase lo que pase** Se usa para indicar que se realizará una acción aunque surja algún inconveniente: *No te preocupes, te llamaré pase lo que pase.* **pasárselo por el forro* (de los caprichos / cojones). ¿qué pasa?** COLOQUIAL. Se usa al inicio de un saludo: *¿Qué pasa, Luis? ¡Cuánto tiempo sin verte!* **¿qué pasa contigo (tío / colega / tronco)?** 1 JERGAL. Se usa para saludar. 2 JERGAL. Se usa para pedir explicaciones: *¿Qué pasa contigo, que has llegado tan tarde?*

pasarela *s. f.* **1** Puente pequeño o provisional: *La acera estaba en obras y habían puesto una pasarela para entrar en casa.* **2** Paso estrecho y elevado por el que desfilan los modelos: *Lo primero que debe aprender una modelo es a moverse por la pasarela.* **3** Lugar donde tiene lugar un desfile de modelos: *Hoy se presentará la colección de primavera en la pasarela Cibeles. El desfile de Barcelona se hará en la pasarela de la Sagrada Familia.*

pasarrato *s. m.* GUAT., MÉX., P. RICO. Pasatiempo.

pasatiempo *s. m.* (preferentemente en plural) Entretenimiento o juego, por lo general mental, para pasar más agradablemente el rato: *Mi suegra siempre hace los pasa-*

tiempos del periódico. Me he comprado una revista de pasatiempos. No le gusta apostar en el juego, lo hace sólo por pasatiempo. Uno de mis pasatiempos preferidos es jugar al parchís.

pascana *s. f.* **1** AMÉR. DEL S. Etapa de un viaje que se hace en un día. **2** AMÉR. DEL S. Posada en un camino.

pascua *s. f.* **1** (con mayúscula) REL. Fiesta cristiana que conmemora la resurrección de Jesucristo: *celebrar la Pascua, lunes de Pascua, vacaciones de Pascua.* **huevo* de Pascua. mona* de Pascua. Pascua de Resurrección** o **Pascua florida. 2** (preferentemente con mayúscula) REL. Fiestas cristianas de Navidad, Epifanía y Pentecostés: *pasar las Pascuas en familia. Nos iremos a esquiar por Pascua.* **Pascua de Pentecostés. 3** Fiesta hebrea que conmemora la liberación del cautiverio judío en Egipto. FR. Y LOC. **como unas pascuas** COLOQUIAL. Muy contento o muy animado: *A mi hijo le han dado un premio y está como unas pascuas. Estoy como unas pascuas porque he aprobado la última asignatura para licenciarme.* **de Pascuas a Ramos** COLOQUIAL. De tarde en tarde: *Vamos al cine de Pascuas a Ramos. Nos vemos de Pascuas a Ramos.* **felices Pascuas (y próspero Año Nuevo)** Se usa para felicitar las Pascuas de Navidad: *felices Pascuas. Te deseo felices Pascuas y próspero Año Nuevo. Que tengas felices Pascuas.* **hacer la ~** COLOQUIAL. Perjudicar o molestar ‹una persona› a otra: *Como no nos arreglen el coche esta tarde nos van a hacer la pascua. Nos ha hecho la pascua por llegar tarde.* **¡santas pascuas!** COLOQUIAL; RESUMIDOR FINAL. Se usa para dar por finalizada una cosa o indicar que hay que conformarse con lo dicho o hecho: *Haré hasta donde pueda y ¡santas pascuas! Dile que no piensas ir y ¡santas pascuas!*

pascual *adj.* De la Pascua: *vigilia pascual.* **cordero* ~.**

pase *s. m.* **1** Cambio de un lugar o estado a otro: *El director tiene que autorizar el pase a otro departamento.* **2** Superación de una fase en una competición deportiva o en un concurso con pruebas eliminatorias: *Nuestro tenista no ha conseguido el pase a los octavos de final. El pase a la final será posible si ganamos hoy el partido. Mi hermano ha aprobado el COU y le han dado el pase a la selectividad. El tribunal le ha negado el pase al segundo ejercicio.* **3** DEP. Acción de entregar un balón un jugador a otro: *El base realizó un pase de balón al alero y éste encestó. Le dieron un buen pase al delantero y metió gol.* **4** Proyección de una película: *Esta tarde iremos al pase de las cinco.* **5** Desfile de modelos que lucen prendas de vestir: *La diseñadora acudió a un pase de vestidos de novia.* **~ de modelos. 6** Permiso especial dado por alguien que tiene autoridad o documento en el que se registra: *Para visitar la fábrica se necesita un pase especial.* **~ (de) pernocta.** MIL. Pase que se da a los soldados para que puedan ir a dormir a sus casas. **7** TAUROM. Cada una de las veces que el torero deja pasar al toro, después de haberlo llamado con la muleta por delante: *pase de muleta, pase de pecho.* **8** Movimiento de un mago o de un hipnotizador con un objeto o con sus manos mientras está actuando: *Yo daré un pase así y usted quedará dormido.* FR. Y LOC. **dar el ~** COLOQUIAL. Echar ‹una persona› a otra o hacerle cesar en un trabajo u otra actividad: *El director no era muy competente en su trabajo y le dieron el pase.* **tener un ~** COLOQUIAL. Ser aceptable o disculpable ‹una cosa›: *La obra de teatro que quieres ver no es excelente, pero tiene un pase. Que mi marido llegue tarde por el autobús, tiene un pase, pero que encima no entre ni a saludar, eso no tiene ninguna justificación.*

paseandero, ra *adj.* AMÉR. DEL S. Que tiene mucha afición a pasear.

pasear *v. intr. / prnl.* **1** Andar ‹una persona› despacio [por un lugar] para distraerse o descansar: *Pedro **(se)** paseaba **por** el parque todas las mañanas. Le gusta pasearse **por** el centro para ver tiendas.* **2** Dar ‹una persona› un paseo [a caballo, en coche o en bicicleta]: ***(Se)** paseaba **a** caballo todas las mañanas. Pedro pasea **en** bicicleta **por** el nuevo circuito del parque. A mi abuelo le gusta pasear **en** coche **por** las afueras.* ‖ *v. intr.* **3** Ir ‹un caballo› a paso lento. ‖ *v. tr.* **4** Llevar ‹una persona› de paseo [a una persona o un animal] para distraerlos o mostrarlos: *Procura pasear al niño todos los días. Su hermano se encarga de pasear al perro.* **5** Llevar ‹una persona› [una cosa] de un sitio a otro para mostrarla o sin ninguna finalidad: *Javier ha paseado su cartera nueva **por** la oficina para que la viera todo el mundo. Pasear los libros no te sirve de nada; tienes que ponerte a estudiar.* ‖ *v. prnl.* **6** Hablar ‹una persona› de [una cosa] o estudiarla sin profundizar en ella: *Esta chica se paseó **por** las matemáticas sin entrar a fondo en la materia.* **7** Ir ‹una persona› de un sitio a otro, no estarse quieta en un lugar: *A ver si te sientas de una vez: llevas toda la mañana paseándote.*

paseíllo *s. m.* TAUROM. Desfile de los toreros y sus cuadrillas por el ruedo antes de comenzar la corrida: *hacer el paseíllo. Los turistas llegaron a la plaza cuando empezaba el paseíllo.*

paseo *s. m.* **1** Acción y resultado de pasear o pasearse: *Me gusta dar un paseo por las mañanas.* **bicicleta de ~. 2** Lugar por donde se puede pasear: *A lo largo del paseo hay fuentes y palmeras.* **~ marítimo. 3** Calle, generalmente importante: *paseo de la Castellana, paseo de Gracia, paseo de La Habana. Mi tía vive en el paseo de la estación.* **4** (no contable) Distancia corta que se recorre en poco tiempo andando despacio: *De aquí al cine hay un paseo.* **5** (no contable) COLOQUIAL. Cosa fácil: *El partido de fútbol del jueves fue un paseo: nuestro equipo metió tres goles.* FR. Y LOC. **dar el ~** HIST.; COLOQUIAL. Se usa refiriéndose a la Guerra Civil Española para indicar que se llevaba a una persona a las afueras de una población para matarla: *Lo vinieron a buscar por la tarde y no lo volvimos a ver; aquel día le dieron el paseo.* **ir / mandar / echar / enviar a ~** COLOQUIAL. Se usa para rechazar una persona a otra persona o una cosa con decisión o brusquedad: *Vete a paseo, que no quiero volver a verte. Paca ha roto sus relaciones con el novio y lo ha mandado a paseo. Me he puesto a trabajar y he mandado la universidad a paseo, porque no la aguantaba. He enviado el coche a paseo y siempre voy andando o en metro.*

paseriforme *adj. / s. m.* **1** (macho y hembra) ZOOL. [Ave] generalmente de tamaño pequeño, que tiene en sus patas tres dedos hacia adelante y el pulgar, hacia atrás, de manera que puede sujetarse a las ramas. ‖ *s. m.* **2** (en plural) ZOOL. Orden de las aves paseriformes.

pasillo *s. m.* **1** Parte larga y estrecha del interior de un edificio que comunica unas habitaciones con otras: *Al final del pasillo encontrarás el servicio.* **2** Espacio estrecho y alargado entre un conjunto de personas o cosas: *Para llegar a* *la mesa del despacho sigues el pasillo entre los papeles y los libros del suelo, no los pises. No se puede abrir un pasillo entre la gente, porque empuja todo el mundo.*

pasión *s. f.* **1** Sentimiento muy intenso que domina el entendimiento o la voluntad de una persona: *la pasión del primer amor. La joven novia siente una pasión muy fogosa. Intenta dominar tus pasiones. Iván hace las cosas con pasión. El hombre de ese cuadro tiene una mirada de pasión. Alicia es una persona de pasiones violentas.* **2** Inclinación o preferencia muy grande por una persona o por una cosa: *Mi hermana siente pasión por los animales. Su hija es la pasión de su vida.* **3** (preferentemente con mayúscula) REL. Conjunto de padecimientos que sufrió Jesucristo desde su entrada en Jerusalén hasta su muerte en la cruz, narrados en los Evangelios. **4** Composición musical o representación teatral basadas en la narración evangélica de los sufrimientos de Jesucristo: *Tenemos entradas para la «Pasión según San Mateo». Este año iremos a la Pasión de Esparraguera.*

pasional *adj.* Que tiene o manifiesta una gran pasión, especialmente amorosa: *crimen pasional. Lucía es muy pasional, vive todo muy intensamente. Mi relación con David es muy pasional. Tuvieron una discusión pasional.*

pasionaria *s. f.* **1** *Passiflora caerulea.* Planta trepadora de hojas partidas, flores olorosas en forma de estrella y fruto redondo de color amarillo. **2** Flor de esta planta.

pasividad *s. f.* (no contable) Actitud de la persona pasiva que no hace nada ante una situación: *La pasividad de la gente permitió huir al ladrón. Criticas mucho al Gobierno, pero con tu pasividad nada cambiará.*

pasivo, va *adj.* **1** (ser / estar) Que deja que sean los demás quienes hagan las cosas: *un comportamiento pasivo. Luisa es muy pasiva. Hoy Mercedes está muy pasiva en clase.* **2** Que está relacionado con una situación en la que no se produce actividad por parte de la persona o cosa de que se trata: *El vocabulario pasivo está formado por las palabras que se entienden aunque no se usen.* || *adj. / s. f.* **3** GRAM. [Construcción, voz] que indica que el sujeto recibe la acción verbal y no el agente: *La voz pasiva es la principal construcción con sentido pasivo, aunque también hay adjetivos de sentido pasivo. «La lección es aprendida por el alumno» es una oración pasiva.* **pasiva refleja** Construcción de valor pasivo en español con el pronombre *se: «Se lavan coches aquí» es un ejemplo de la pasiva refleja equivalente a la oración pasiva «Los coches son lavados aquí».* || *s. m.* **4** (en plural; no contable) ECON. Conjunto de deudas de una persona o de una empresa: *No tiene dinero para hacer frente a su pasivo. La empresa está en quiebra financiera, porque el pasivo es muy superior al activo.* || **5 clases* pasivas. 6 derechos pasivos** Dinero que le corresponde a una persona por el trabajo o los servicios prestados con anterioridad. **7 eutanasia* pasiva. 8 participio* ~ / pretérito** o **participio de pasado.** FR. Y LOC. **por activa* y por pasiva.**

pasma *s. f.* (no contable) JERGAL. Policía: *¡Los atrapó un coche de la pasma! Ese tipo es uno de la pasma. Una vecina mía quiere entrar en la pasma.*

pasmado *adj. / s. m.* y *f.* COLOQUIAL. [Persona] que está distraída o atontada: *No seas pasmada y saluda a tu primo. Cada día nuestro hijo está más pasmado y hace peor los deberes.*

pasmar *v. tr.* **1** Causar ‹una cosa› un enfriamiento brusco [a una persona o una cosa]: *El viento serrano pasma a cualquiera a estas horas de la madrugada. En esta esquina corre un aire que te pasma.* **2** Hacer ‹una persona o una cosa› que [una persona] quede asombrada: *Me ha pasmado la dimensión de la catedral. Me pasma su capacidad de trabajo.* SIN. maravillar. || *v. prnl.* **3** Experimentar ‹una persona o una cosa› un enfriamiento brusco: *Como tengamos que esperar mucho nos vamos a pasmar de frío.* **4** Experimentar ‹una persona› asombro por [una persona o una cosa]: *Te vas a pasmar* ***de*** *lo que voy a contarte. Cuando veas lo que nos regaló el tío te vas a pasmar.* SIN. maravillarse.

pasmarote *s. m. / f.* COLOQUIAL. Persona atontada o ensimismada con una cosa: *No te quedes ahí como un pasmarote mirando los carteles. Paco se pone a estudiar, pero enseguida se queda como un pasmarote mirando las palomas del balcón.*

pasmo *s. m.* **1** COLOQUIAL. Enfriamiento : *Si sales así, con el frío que hace va a darte un pasmo.* **2** (no contable) Admiración y asombro muy grande, que dejan a una persona sin poder hablar ni actuar: *Di algo, ¿qué opinas, Pilar?, parece que te ha dado un pasmo.*

pasmoso, sa *adj.* (antepuesto / pospuesto) Que causa pasmo o gran admiración y asombro: *Jaime tiene la pasmosa cualidad de hacerme enfadar en cuanto habla. Alberto tiene una habilidad pasmosa para quedarse dormido en cualquier sitio. Esa trapecista hace un número de circo pasmoso. «El Buitre» metió un gol pasmoso.* SIN. asombroso.

paso *s. m.* **1** Movimiento que se realiza al andar, adelantando primero un pie y luego otro: *un paso a la derecha, un paso a la izquierda, un paso adelante, un paso al frente, un paso atrás. Dio unos cuantos pasos hasta llegar a la puerta.* **2** (no contable) Manera de andar: *paso firme, paso lento, paso rápido, paso seguro, paso sigiloso. Si vamos a paso ligero llegaremos en cinco minutos.* **~ gimnástico** Paso de carrera lenta. **~ ligero** Carrera suave, pero continuada. **3** Cada una de las variaciones en una danza o baile: *los pasos del vals, los pasos de la samba.* **4** Pisada o huella dejada al andar: *Para atrapar al león fueron tras sus pasos. Un viejo solitario caminaba por la playa dejando sus pasos en la arena.* **5** Progreso o avance en algo: *La ciencia ha dado grandes pasos con los últimos descubrimientos.* **6** (preferentemente en plural) Gestión o acción que se realiza para conseguir algo: *He dado los pasos necesarios para conseguir una beca de estudios.* **7** Acción o hecho importante que supone un cambio para una persona o cosa: *La decisión de casarse fue un paso decisivo en su vida.* **8** (no contable) Acción de pasar: *Contemplaban el paso del ejército por la ciudad. El paso de la niñez a la adolescencia es problemático.* **9** Lugar por donde se pasa de una parte a otra. **~ de peatones. ~ elevado. ~ subterráneo. ~ a nivel.** Zona por la que se puede cruzar una vía, especialmente de tren, al mismo nivel. **~ de cebra** Zona de una vía pública señalada con franjas blancas pintadas en la calzada por donde tienen preferencia para pasar los peatones. **10** GEOGR. Puerto de montaña. **11** GEOGR. Estrecho de mar: *paso de Calais.* **12** Cada uno de los avances de un aparato contador: *una llamada telefónica de diez pasos.* **13** REL.; RESTRINGIDO. Cada uno de los hechos más importantes de la pasión de Jesucristo. **14** Escultura o grupo escultórico que representa un suceso de la Pasión de Jesucristo: *Son conocidos los pasos de la Semana Santa* *de Sevilla.* **15** LIT. Pieza de teatro corta: *los pasos de Lope de Rueda.* **16** (en plural) DEP. Falta realizada en baloncesto o balonmano que consiste en avanzar más pasos de los permitidos con la pelota en la mano. || *adj.* **17** [Fruta] que se deseca poniéndola o extendiéndola al sol o por cualquier otro procedimiento: *fruto paso, higo paso, ciruela pasa, uva pasa.* || *interj.* **18** Se usa para abrirse camino entre la gente: *¡Paso, que llevamos a un herido!* || **19 ~ del Ecuador** Fiesta o viaje realizados por estudiantes universitarios en la mitad de su carrera. **20 un mal ~** o **un ~ en falso** Acción de la que se obtiene daño o perjuicio: *Piensa bien lo que vas a hacer antes de dar un paso en falso. Esa chica se arruinó por haber dado un mal paso.* **21 un ~ adelante / atrás** Progreso o retroceso en alguna actividad o en el desarrollo de algo de manera perceptible: *Se ha dado un paso adelante en la negociación. Las últimas protestas han supuesto un paso atrás en el acuerdo.* FR. Y LOC. **a cada ~** A cada momento o repetidamente: *A cada paso interrumpían al conferenciante para hacerle una pregunta. A cada paso encuentro más dificultades.* **a este / ese ~** INTENSIFICADOR. En el caso de que continúe la situación de que se trata: *A este paso no vamos a terminar nunca el trabajo.* **a ~ de tortuga** COLOQUIAL; INTENSIFICADOR. Muy lentamente: *Alcanzarás enseguida a Rosa, porque va a paso de tortuga.* **a pasos agigantados** INTENSIFICADOR. Con mucha rapidez: *La natalidad disminuye a pasos agigantados. Sonia está creciendo a pasos agigantados.* **a un ~** o **a dos pasos** INTENSIFICADOR. Muy cerca: *Estamos a un paso de mi casa. La cabina telefónica te pilla a dos pasos de aquí.* **abrir ~** Hacer que la gente se separe para que pueda pasar alguien: *¡Abran paso, por favor, que llevan a un herido!* **abrirse ~** 1 Hacer ‹una persona› que la gente se separe o separarse ‹la gente› para que puedan pasar otras personas: *La policía **se** abrió paso entre la multitud.* 2 Conseguir ‹una persona› una buena posición en algo o favorecer ‹una persona o una cosa› a una persona: *Carlos **se** ha abierto paso en el mundo de los negocios. La modelo tenía un apellido famoso y eso le abrió paso en el mundo del cine.* **al ~ que** Según la marcha de los acontecimientos: *Al paso que van las obras, la casa estará terminada dentro de un año. Al paso que vamos, cada vez habrá menos puestos de trabajo.* **apretar el ~** Ir una persona cada vez más deprisa: *Aprieta el paso, si quieres que lleguemos al cine.* **ave* de ~. ceder / dejar el ~** Dejar pasar antes ‹una persona› a otra persona o a otra cosa: *Por favor, dejen paso a la ambulancia. El conductor cedió el paso a los vehículos que venían por su derecha.* **coger / pillar de ~ / camino** Encontrarse ‹una cosa› cerca del lugar adonde una persona se dirige, en la misma dirección: *Aprovechando que el buzón me coge de paso, echaré la carta. Te llevo a casa en el coche porque me pilla de paso.* **dar el primer ~** o **dar los primeros pasos** Empezar ‹una persona› una cosa: *Han dado los primeros pasos para la integración de grupos marginales en la sociedad. Lo importante es que alguien dé el primer paso, luego los demás le seguirán.* **dar ~** Originar, hacer ‹una persona o una cosa› que ocurra algo: *Las protestas dieron paso a huelgas y manifestaciones.* **de ~** 1 Aprovechando la ocasión: *Ya que vienen a arreglar el televisor, diles de paso que miren el vídeo.* 2 Temporalmente, sin quedarse mucho tiempo: *Estamos de paso en la ciudad unos días.* **llevar buen ~** Ir ‹una persona› rápidamente a pie o en bicicleta: *El pelotón llevaba un buen paso.* **paso por ~** Poco a poco y con detalle: *El profesor explicó paso por paso el problema de matemáticas.* **salir al ~** 1 Desmentir ‹una persona› una información: *El portavoz de la familia ha salido al paso de las noticias publicadas en algunos periódicos y ha negado cualquier contacto con los secuestradores.* 2 Impedir ‹una persona› físicamente que otra avance para obligarla a mantener una conversación: *Cuando salía el responsable de la quiebra de la cárcel, un inversor le salió al paso y le pidió explicaciones. Después de los exámenes los alumnos nos salen al paso y nos pasamos la mañana en los pasillos.* **salir del ~** COLOQUIAL. Superar ‹una persona› una dificultad provisionalmente: *Tengo que acabar un trabajo para salir del paso.* **seguir los pasos** Imitar ‹una persona› a otra o hacer lo mismo que ella hacía: *El hijo siguió los pasos de su padre y se hizo también abogado.* **ser ave* de ~.**

pasodoble *s. m.* Música, canción y baile español de ritmo rápido y compás de cuatro por cuatro que se baila en pareja: *En las verbenas populares se bailan muchos pasodobles. La banda tocó un pasodoble durante la faena de muleta del torero.*

pasota *adj. / s. m.* y *f.* (ser / estar) COLOQUIAL; frecuentemente PEYORATIVO. Que manifiesta pasotismo: *Este chico es un pasota, no se preocupa por nada. Últimamente María está muy pasota, no quiere saber nada de nadie.*

pasotismo *s. m.* **1** (no contable) COLOQUIAL; frecuentemente PEYORATIVO. Actitud y comportamiento de la persona que se muestra indiferente a los problemas políticos, sociales o laborales: *El pasotismo de muchos jóvenes se debe a veces a la falta de perspectivas. El pasotismo juvenil es defensivo, el de los adultos egoísta.* **2** (no contable) PEYORATIVO. Fenómeno social generado por los pasotas: *No es fácil desarraigar el pasotismo de nuestra sociedad.*

paspadura *s. f.* ARG. Grieta en la piel causada por distintos factores como el frío, el sol o la humedad.

pasparse *v. prnl.* ARG. Causarse ‹paspaduras o grietas› en la piel.

paspartú *s. m.* Recuadro, generalmente de cartón o de tela, que se coloca entre una lámina o una fotografía y el marco: *El paspartú de esta lámina será blanco. Pondré el paspartú gris para que resalte la foto. Quiero que me enmarquen el grabado con un paspartú finito.*

pasquín *s. m.* Escrito anónimo que se pone en lugares públicos y que contiene críticas ofensivas contra el gobierno, contra una persona o contra una institución: *Los trabajadores repartieron pasquines contra la dirección de la fábrica. La hoja informativa de los estudiantes es un auténtico pasquín.*

pasta *s. f.* **1** (no contable) Sustancia elaborada mezclando agua u otro líquido con un sólido, generalmente pulverizado, como harina, carne, cal o cemento: *El albañil rellenó el agujero de la pared con una pasta especial. Luis hizo pasta para pegar el papel pintado. La cocinera preparó pasta para croquetas.* **2** (no contable) Masa de harina con manteca o aceite que sirve de base para elaborar pasteles, pizzas o empanadas: *pasta de hojaldre.* **3** (no contable) Masa de harina y agua que se deja secar y con la que se elaboran fideos, macarrones, espaguetis y otros alimentos semejantes: *Muy poca gente prepara en casa la pasta para los macarrones.* **4** Conjunto de los alimentos hechos con esa masa: *Como pasta una vez a la semana.* **5** Pastel pequeño en el que no se usan ingredientes frescos como crema o nata: *Fui-*

mos a merendar y nos pusieron un té con pastas. **6** (no contable) Masa para fabricar papel: *España es deficitaria en pasta de papel.* **7** Cubierta de libros o cuadernos hecha con cartones forrados generalmente de piel, tela o plástico: *A los niños les gustan los libros de pasta dura.* **8** COLOQUIAL. Carácter o modo de ser de una persona: *Esa chica tiene muy buena pasta. Su hermano es de muy buena pasta.* **9** (no contable) COLOQUIAL. Dinero: *Los futbolistas tienen mucha pasta.* **~ gansa** COLOQUIAL; INTENSIFICADOR. Dinero en abundancia. **10** (no contable) COLOQUIAL, RESTRINGIDO. Cachaza, pachorra: *Merche pone nervioso a cualquiera porque hace las cosas con demasiada pasta.* || **11 ~ de dientes** Sustancia cremosa que sirve para limpiar los dientes. FR. Y LOC. **aflojar / soltar la ~** COLOQUIAL. Dar ‹una persona› dinero a otra: *Papá, suelta la pasta, que tengo que ir al cine.* **ser la biblia* en ~ / verso.**

pastaflora *s. f.* (no contable) Pasta muy fina hecha con azúcar, harina y huevos.

pastafrola *s. f.* ARG. Pastel de harina relleno con dulce de membrillo.

pastar *v. intr. / tr.* Comer ‹el ganado› la hierba del campo: *Las vacas pastaban en los prados. A las ovejas les gusta pastar sobre todo la hierba tierna.* SIN. pacer.

pastear *v. tr. / intr.* PERÚ; VULGAR. Espiar ‹una persona› con malos fines.

pastel *s. m.* **1** Pieza dulce y esponjosa, de masa de harina, huevo, mantequilla y otros ingredientes, cocida al horno y recubierta de chocolate u otro ingrediente dulce: *un pastel de cumpleaños. Papá nos trajo una bandeja de pasteles.* **2** Masa de harina con carne picada, atún u otros ingredientes, cocida al horno: *pastel de merluza, pastel de carne.* **3** PINT. Barrita o lápiz de color hecha de polvo y agua que se utiliza para pintar, y técnica de pintura que emplea estas barritas: *Ese artista pinta mucho al pastel.* **4** (no contable) COLOQUIAL. Acuerdo o hecho que se pretende ocultar, porque es ilícito o contrario a lo debido: *Hicieron un chanchullo para asignar los proyectos, pero el jefe descubrió el pastel.* **5** (no contable) COLOQUIAL. Cosa mal hecha, chapuza: *Nos hicieron mal la pintura de la casa y nos dejaron con el pastel varios meses hasta que lo arreglaron.* **6** COLOQUIAL. Excremento de los niños u otra cosa que da repugnancia: *El niño se ha hecho caca, así que habrá que limpiarle el pastel. Alguien ha vomitado en el ascensor y ha dejado allí el pastel.* || *adj.* **7** [Color, tono] que es pálido: *Esta primavera dominan los tonos pastel en la moda.* FR. Y LOC. **descubrir el ~** COLOQUIAL. Averiguar ‹una persona› una cosa que otra u otras ocultaban por ser ilícita: *Los alumnos copiaron en el examen, pero el profesor descubrió el pastel.*

pastelear *v. intr.* **1** RESTRINGIDO. Ceder ‹una persona› en un asunto en beneficio de sus propios intereses: *A ti te gusta pastelear.* **2** COLOQUIAL, RESTRINGIDO. Preparar ‹una o varias personas› [una cosa] de forma encubierta: *Están pasteleando mucho esta temporada.* SIN. urdir, maquinar.

pasteleo *s. m.* COLOQUIAL. Manejo poco claro de ciertos asuntos, especialmente los económicos o políticos: *El nombramiento de Teresa fue un pasteleo descarado.*

pastelería *s. f.* **1** Establecimiento donde se hacen o venden pasteles y otros dulces. **2** (no contable) Conjunto de pasteles y dulces: *En este restaurante tienen una pastelería variada.* **3** (no contable) Arte y oficio de elaborar pasteles.

pastelero, ra *adj.* **1** De la pastelería: *industria pastelera.* || *s. m. / f.* **2** Que se emplea para hacer pasteles: *crema pastelera, manga pastelera.* FR. Y LOC. **no tener ni pajolera / pastelera idea*.**

pasterización *s. f.* Pasteurización.

pasterizar *v. tr.* Pasteurizar. ⇒ **19.**

pasteurización o **pasterización** *s. f.* (no contable) INDUS. Proceso para la esterilización de la leche y otros alimentos sin alterar su sabor y composición: *La pasteurización de la leche permite que se conserve mucho tiempo.*

pasteurizar o **pasterizar** *v. tr.* Esterilizar ‹una persona› [la leche u otros líquidos] según un determinado procedimiento: *leche pasteurizada, queso pasteurizado.* ⇒ **19.**

pastiche *s. m.* **1** Obra literaria o artística hecha a imitación de otras o mezclando elementos de otras: *Esa película es un pastiche de otras del mismo director.* **2** Mezcla desordenada de cosas diferentes: *Catalina ha pintado las paredes de la habitación de varios colores y le ha quedado hecha un pastiche.*

pastilla *s. f.* **1** Pieza pequeña de sustancia medicinal, generalmente de forma redonda para facilitar su ingestión: *Toma una pastilla cada seis horas para calmar el dolor.* **2** Pieza de pasta de diferentes materias, pequeña y de forma generalmente redonda o cuadrangular: *una pastilla de jabón, una pastilla de turrón, las pastillas de freno de un coche.* **~ de chocolate** Cada una de las porciones en que está dividida una tableta: *una tableta de chocolate de doce pastillas.* FR. Y LOC. **a toda ~** COLOQUIAL. Corriendo, muy deprisa: *Pedro se largó en su moto a toda pastilla.*

pastizal *s. m.* Extensión de terreno donde hay mucho pasto: *En el norte de España abundan más los pastizales.* SIN. pastos.

pasto *s. m.* **1** (preferentemente en plural) Lugar donde pasta el ganado: *A la salida del pueblo hay algunos pastos.* SIN. pastizal. **2** AMÉR. Césped, hierba.

pastón *s. m.* (no contable) COLOQUIAL; INTENSIFICADOR. Mucho dinero: *Este coche vale un pastón.*

pastor *s. m. / f.* **1** Persona que por oficio cuida ganado: *pastor de ovejas, pastor de cabras.* || *s. m.* **2** REL. Sacerdote, especialmente el de las Iglesias reformadas: *El pastor despide a los feligreses a la puerta de la iglesia.* || **3 ~ alemán / alsaciano** (macho y hembra) Perro de cierta raza. **4 ~ belga** (macho y hembra) Un tipo de perro. **5 perro* ~.** FR. Y LOC. **bolsa* de ~.**

pastoral *adj.* **1** Que refleja la vida de los pastores: *poesía pastoral.* **2** De los pastores de una iglesia: *la vida pastoral.* **báculo* ~. carta* ~. visita* ~.** || *s. f.* **3** LIT., MÚS. Composición literaria o musical que tiene como tema la vida de los pastores. **4** REL. Conjunto de actividades relacionadas con la atención de los fieles de una Iglesia: *La Conferencia Episcopal ha fijado las directrices de la pastoral juvenil.*

pastorear *v. tr.* **1** AMÉR. C., ARG., MÉX., URUG.; COLOQUIAL en Argentina y México. Acechar, vigilar, fisgonear ‹una persona› [a una persona o una cosa]. **2** ARG., PAR., URUG.; COLOQUIAL en Argentina. Cortejar ‹un hombre› [a una mujer].

pastorela *s. f.* **1** LIT. Composición poética que describe el encuentro y el enamoramiento de un caballero y una pastora. **2** MÚS. Música y canto de carácter sencillo y alegre.

pastoreo *s. m.* (no contable) Actividad de llevar el ganado al campo y cuidarlo: *Los habitantes de la región viven principalmente de la agricultura y el pastoreo.*

pastoril *adj.* De los pastores: *género pastoril.* **novela* ~.**

pastosidad *s. f.* (no contable) Carácter espeso o pegajoso de algo: *Con el tiempo aumenta la pastosidad de las pinturas.*

pastoso, sa *adj.* **1** Que es suave, blando al tacto y se puede moldear: *masa pastosa, sustancia pastosa.* **2** Que tiene las propiedades de la pasta: *Tengo la boca muy pastosa, necesito beber algo. Este puré te ha quedado un poco pastoso.* **3** [Voz] que es agradable y no tiene resonancias metálicas: *Me gusta su voz pastosa.* **4** AMÉR. [Terreno] que tiene buenos pastos.

pata *s. f.* **1** Extremidad de un animal: *las patas de un caballo, las patas del cangrejo, las patas de una cigüeña.* **2** COLOQUIAL. Pierna de una persona: *La tía se cayó por las escaleras y se rompió una pata.* **3** Pieza de un objeto, sobre todo de un mueble, que le sirve de base o apoyo en el suelo: *las patas de una mesa, las patas de una silla, las patas de un atril, las patas de una lavadora.* **4** PERÚ; COLOQUIAL. Amigo íntimo. **5** ARG.; COLOQUIAL. Persona bien dispuesta. || **6 la ~ chula** COLOQUIAL. Pierna dañada de una persona, que no puede ser usada normalmente: *No le han quitado todavía la escayola y va a tener que ir a la fiesta con la pata chula.* **7 mala ~** COLOQUIAL. Mala suerte: *Suspendió el examen por mala pata. ¡Qué mala pata tenemos; se ha puesto a llover ahora que vamos a salir!* **8 ~ de gallo** 1 (en plural) Dibujo de rombos o cuadros muy pequeños de algunas telas: *una falda de pata de gallo.* 2 (preferentemente en plural) Arrugas que se forman en el ángulo externo del ojo: *De cerca se le nota que tiene más edad por las patas de gallo.* **9 salir / irse por patas** COLOQUIAL. Escapar corriendo ‹una persona› de un peligro o una dificultad: *El joven se dio cuenta de que lo iban a atracar y tuvo que salir por patas.* FR. Y LOC. **a cuatro patas** COLOQUIAL. Apoyando las manos en el suelo: *El niño andaba por la casa a cuatro patas. El padre se puso a cuatro patas para jugar con el niño.* **a la ~ coja** COLOQUIAL. Con un pie en el aire y saltando con el otro: *Pilar se torció un pie y tuvo que ir a su casa a la pata coja.* **a la ~ la llana** COLOQUIAL. Forma espontánea y natural, sin afectación: *Olga es una actriz muy diva, pero con sus amigos se comporta a la pata la llana.* **a ~** COLOQUIAL. A pie: *Volvieron a casa a pata porque no había autobús.* **estirar la ~** COLOQUIAL; HUMORÍSTICO. Morirse ‹una persona o un animal›: *El perro tiene tantos años que está a punto de estirar la pata.* **jamón* de ~ negra. metedura* de ~. meter la ~** COLOQUIAL. Hacer ‹una persona› alguna cosa equivocada o inoportuna: *Mi compañera metió la pata en varias contestaciones del examen. Creo que he metido la pata con tu amiga y le he dicho lo que le ibas a regalar.* **patas arriba** 1 COLOQUIAL. En desorden: *Los niños se pusieron a jugar en el salón y lo dejaron todo patas arriba.* 2 COLOQUIAL. Totalmente cambiado: *Ha venido un jefe nuevo y ha puesto el departamento patas arriba.* **poner (de patitas) en la calle*. tirar / echar las patas por alto** COLOQUIAL. Mostrar ‹una persona› mucho enfado o desacuerdo sin contenerse: *Creyó que le iban a engañar y tiró las patas por alto.*

patache *s. m.* Barco mercante de pequeño tamaño.

patacón *s. m.* **1** Antigua moneda de plata. **2** Antigua moneda de cobre de poco valor. **3** COL., VEN.; COLOQUIAL en Colombia, RESTRINGIDO en Venezuela. Rebanada de plátano verde, espachurrado y frito.

patada *s. f.* **1** Golpe que da una persona con el pie o un animal con la pata: *El niño se entretiene dándole patadas a un balón. ¡Como te dé una patada el mulo, te aplasta!* **2** (en plural) COLOQUIAL. Paso que hay que dar o gestión que hay que hacer para conseguir algo: *Hay que dar muchas patadas para conseguir un trabajo.* FR. Y LOC. **a patadas** 1 COLOQUIAL. Mucho: *En la fiesta había comida a patadas.* 2 COLOQUIAL. De malos modos, con violencia: *No se puede tratar a la gente a patadas.* **caer / sentar como una ~ en los cojones / huevos** 1 VULGAR. Molestarle mucho ‹una cosa› a una persona: *Lo que le dijo ese tipo le sentó a Julio como una patada en los cojones.* 2 VULGAR. Hacerle daño a una persona ‹un alimento o una bebida›: *Nieves se tomó una copa de vino y le cayó como una patada en los huevos.* **dar cien patadas (en el estómago)** o **dar cien patadas (en la barriga)** COLOQUIAL. Resultarle ‹una persona o una cosa› muy desagradable a una persona: *Me da cien patadas tenerlo que invitar a la fiesta, pero no tengo más remedio.* **dar la ~** COLOQUIAL. Echar ‹una persona› a otra persona del trabajo o de otro sitio: *Como ya no lo necesitaban le han dado la patada en la empresa y está en el paro.*

patalear *v. intr.* **1** Mover ‹una persona› las piernas con rapidez o fuerza o dar golpes en el suelo u otro lugar con los pies: *El niño pataleaba al escuchar nuestras voces.* **2** Mover ‹un animal› las patas con rapidez o fuerza o dar golpes con ellas en el suelo: *El pobre perro pataleaba asustado cuando lo encontramos.* **3** COLOQUIAL. Protestar mucho ‹una persona›, generalmente para desahogarse o cuando ya no puede hacer otra cosa: *Por mucho que patalees no vas a conseguir que te devuelvan lo que se han llevado.*

pataleo *s. m.* **1** Acción y efecto de patalear: *La vecina oyó el pataleo de los niños en el piso de arriba.* **2** (no contable) COLOQUIAL. Protesta de una persona para desahogarse cuando ya no puede hacer otra cosa: *El pataleo es el único recurso que le queda.* **derecho al ~.**

pataleta *s. f.* COLOQUIAL. Demostración exagerada y pasajera de enfado, que en un adulto resulta infantil: *El niño se agarró una buena pataleta cuando le quitaron el juguete.* FR. Y LOC. **dar una ~** COLOQUIAL, RESTRINGIDO. Sufrir ‹una persona› convulsiones: *Le ha dado una pataleta a María, avisad a un médico.*

patán *adj. / s. m.* Que es ignorante o mal educado: *No seas patán. El director se comportó como un patán.*

pataplaf *interj.* Se usa para señalar el ruido que hace alguna cosa al caer o chocar contra otra: *El vaso se cayó y ¡pataplaf!, estalló. La ventana se abrió y ¡pataplaf!, contra la pared.*

patata *s. f.* **1** *Solanum tuberosum.* Planta herbácea anual, originaria de América y extendida por todo el mundo, con unos tubérculos gruesos comestibles. **2** Tubérculo comestible de las patatas, muy común en alimentación: *patatas fritas.* **tortilla* española** o **tortilla de patatas.** **3** COLOQUIAL. Cosa de mala calidad: *Este libro es una patata. Mi reloj es una auténtica patata.* || **4 escarabajo* de la ~.** FR. Y LOC. **ni ~** COLOQUIAL. Absolutamente nada: *No sé ni patata de inglés.*

patatal *s. m.* Terreno plantado de patatas.

patatero, ra *adj.* **1** De la patata: *producción patatera.* **2** Que le gusta comer muchas patatas: *Mi hijo es muy patatero, le pongas lo que le pongas, tiene que llevar patatas.* **3** COLOQUIAL. Poco elegante, sin calidad ni estilo: *La directora no sabe hablar en público; hace unos discursos muy pataterros.* || **4 rollo* ~.**

patatín Se usa en la LOC. **que ~ que patatán** o **que si ~ que si patatán** COLOQUIAL. Se usa para resumir las disculpas de una persona o un discurso considerado poco importante: *Teresa empezó que si patatín que si patatán y al final no nos ayudó. No me digas que si patatín que si patatán, porque no tienes disculpa.*

patatús (plural *patatús*) *s. m.* COLOQUIAL; INTENSIFICADOR. Desmayo, impresión muy fuerte o ataque que sufre una persona: *Cuando Vanesa se enteró de lo que había ocurrido, casi le da un patatús.*

paté (del francés) *s. m.* Pasta elaborada con hígado, carne o pescado triturado y condimentado con especias: *un bocadillo de paté de salmón.*

patear *v. intr. / tr.* **1** Dar ‹una persona› golpes en el suelo con los pies en señal de enfado o desaprobación: *La obra de teatro era muy mala y la gente pateó sin descanso hasta que cayó el telón. Patearon el estreno sin clemencia. El niño lleva toda la mañana pateando y llorando.* || *v. tr. / intr. / prnl.* **2** Ir ‹una persona› de un lugar a otro haciendo gestiones: *Para conseguir que te den un piso tendrás que patear bastante. He pateado todas las oficinas hasta que he conseguido arreglar los papeles. **Me** he pateado la ciudad para encontrarlo.* **3** Recorrer ‹una persona› [un lugar] detenidamente: ***Se** pateó toda la ciudad. Para conocer bien los pueblos hay que patearlos.* || *v. tr.* **4** Dar ‹una persona› golpes a [una cosa] con los pies: *Ese jugador patea muy bien el cuero. No patees la puerta, que ella no tiene la culpa, por favor.* **5** Tratar ‹una persona› [a otra persona] de manera desconsiderada y violenta: *A mí no me patea nadie.* **6** ARG., BOL., CHILE; COLOQUIAL en Argentina y Chile. Hacer daño ‹una comida o bebida›. **7** CHILE; COLOQUIAL. En una pareja de novios, abandonar ‹una persona› [a la otra persona]. FR. Y LOC. **patearle el nido***.

patena *s. f.* REL. Plato pequeño, generalmente de oro o de plata, en el que se coloca la hostia en la ceremonia católica de la misa. FR. Y LOC. **como una ~** o **más limpio que una ~** INTENSIFICADOR. Muy limpio: *Marcos tiene la casa como una patena. Antonio tiene la moto más limpia que una patena.*

patentar *v. tr.* Obtener o conceder ‹una persona› la patente de [una cosa]: *Patentaron el nuevo dispositivo. Ha patentado un ahuyentador electrónico de mosquitos.*

patente *adj.* **1** (ser / estar; antepuesto / pospuesto) Que es tan claro o evidente que no admite duda ni necesita explicación alguna: *Su disgusto es patente. Pudimos comprobar una vez más su patente fracaso. Su inteligencia está patente, pero también está patente su pereza.* || *s. f.* **2** Documento o título emitido por el Estado, a través del registro de la propiedad industrial, por el que se concede a una persona el derecho exclusivo a realizar y comercializar un invento por un periodo de tiempo de veinte años: *tener la patente (de invención), comprar la patente, vender la patente.* **3** Documento en el que se acredita una cualidad o un mérito o en el que se autoriza una cosa. **4** CHILE; COLOQUIAL. Matrícula de un vehículo. || **5 ~ de corso** 1 HIST. Documento que autorizaba al corsario a navegar y perseguir a los buques enemigos. 2 COLOQUIAL, RESTRINGIDO. Permiso que tiene o se toma una persona para hacer cosas que las demás no pueden: *Ese chico hace lo que quiere en su trabajo, parece que tiene patente de corso.*

patentemente *adv. modo* RESTRINGIDO. De forma clara y manifiesta: *Elisa se ha equivocado patentemente.*

patentización *s. f.* METAL. Procedimiento para estirar un alambre de acero mediante el calor y darle así más resistencia en una aplicación.

patentizar *v. tr.* RESTRINGIDO. Hacer ‹una persona o una cosa› patente [una cosa]: *Me ha patentizado repetidas veces su preocupación.* ⇒ **19.**

pateo *s. m.* (no contable) Acción de patear repetidamente en señal de enfado o desagrado: *En el estreno hubo un pateo prolongado.*

páter *s. m.* (sólo singular) COLOQUIAL. Sacerdote de un regimiento militar: *El capitán quiere ver al páter.*

patera *s. f.* Embarcación muy plana: *Cinco marroquíes cruzaron el Estrecho en una patera.*

paternal *adj.* Que es característico de los padres: *consejos paternales. Siente por mí un amor paternal.*

paternalismo *s. m.* (no contable) Actitud de autoridad y protección que algunas personas adoptan respecto a otras con el fin de dirigir su comportamiento e impedir que tomen sus propias decisiones: *el paternalismo del jefe de una empresa con sus subordinados. Algunos políticos se sienten tentados por el paternalismo.*

paternalista *adj.* **1** Del paternalismo: *actitud paternalista.* || *adj. / s. m.* y *f.* **2** (ser / estar) Que se comporta con paternalismo: *una profesora paternalista. Estás paternalista esta temporada, déjame tranquilo.*

paternidad *s. f.* (no contable) Estado o circunstancia de ser padre: *José ya no es el mismo: la reciente paternidad lo ha hecho más tranquilo.* **~ responsable. prueba* de la ~.**

paterno, na *adj.* **1** Del padre: *autoridad paterna, ayuda paterna.* **apellido ~. 2** Relacionado con la rama familiar del padre: *abuela paterna.*

patético, ca *adj.* **1** Que emociona o impresiona vivamente, o que expresa un sentimiento muy intenso, particularmente dolor, angustia, tristeza o melancolía: *Las autoridades sanitarias han hecho un llamamiento patético a la población para que done sangre.* **2** Que da pena por inadecuado o grotesco: *Guadalupe mentía tanto que su actitud era patética, daba pena.*

patetismo *s. m.* (no contable) Carácter de lo que expresa un dolor, tristeza o sentimiento muy intensos: *El comentarista avisó del patetismo de las imágenes del atentado. No podemos ignorar el patetismo de las guerras cotidianas.*

patí *s. m.* ARG. Pez grande de río de excelente carne.

patibulario, ria *adj.* **1** RESTRINGIDO. Del patíbulo. **2** RESTRINGIDO. Que por su aspecto o condición produce horror y espanto, como los condenados al patíbulo: *una mirada patibularia, tipos patibularios, drama patibulario.*

patíbulo *s. m.* **1** Lugar, formado generalmente por un tablado elevado, donde se ejecutaba a los condenados a muerte. **2** Pena de muerte: *Lo han condenado al patíbulo. Les espera el patíbulo. No somos partidarios del patíbulo.*

patidifuso, sa *adj.* (estar) COLOQUIAL. Que está muy sorprendido o asombrado por alguna cosa que ve u oye: *Estoy patidifuso, eso que me cuentas es extrañísimo. La noticia me dejó patidifusa.* SIN. patitieso (COLOQUIAL).

patilla *s. f.* **1** Pelos que crecen a cada lado de las mejillas unidos al cabello de la cabeza: *Por favor, súbame las patillas, no me gustan las patillas bajas. Recórteme un poco las patillas. Al afeitarme se me van bajando las patillas.* **2** Cada una de las varillas que llevan las gafas para apoyarlas en las orejas. **3** Pieza pequeña y delgada de algunas cosas que sirve para sujetarlas o encajarlas en otras: *la patilla de un rallador de queso, la patilla de la hebilla de un cinturón.* **4** COL., P. RICO; COLOQUIAL en Colombia. Sandía. **5** CHILE; COLOQUIAL. Esqueje para plantar de un vegetal.

patilludo, da *adj.* COLOQUIAL; PEYORATIVO. Que tiene patillas largas y espesas: *Me disgustan estos jóvenes patilludos, pero más me molestan los patilludos maduros.*

patín *s. m.* **1** Calzado o sistema adaptable a la suela del calzado, provisto de una cuchilla o de ruedas para deslizarse sobre una superficie dura y lisa: *Me he comprado unos patines de cuchilla para patinar sobre hielo. Luisito se ha caído con los patines.* **hockey* sobre patines.** **2** Patinete o monopatín. **3** Pequeña embarcación formada por dos flotadores paralelos impulsada a vela, con pedales o con remo, para pasear por lagos o zonas costeras del mar. **4** ZOOL. Ave palmípeda marina de plumaje negro en su parte superior y blanco en la inferior, que vive en bandadas y se alimenta de moluscos y peces. **5** MÉX.; COLOQUIAL. Pie. **6** MÉX. Patada, golpe dado con el pie. FR. Y LOC. **¿cuál es tu ~?** MÉX.; COLOQUIAL. ¿Qué proyectos o planes tienes?

pátina *s. f.* **1** (no contable) Capa de óxido verdoso que se forma en los metales por acción de la humedad. **2** (no contable) ELEVADO. Suavización del color por el paso del tiempo, especialmente en pinturas al óleo: *Una pátina ligera cubre todos los cuadros de la habitación.* **3** (no contable) ELEVADO. Carácter que adquieren las cosas con el paso del tiempo: *En la lejanía del tiempo, recordamos escenas vulgares con una pátina de sucesos maravillosos. Todo está en la memoria con una pátina encantadora.*

patinado *s. m.* (no contable) Tratamiento dado a un objeto para que parezca antiguo: *Este marco con un patinado quedará más bonito.*

patinador *adj. / s. m.* y *f.* [Persona] que patina: *una patinadora profesional. En España hay muchos patinadores **sobre** ruedas y pocos **sobre** hielo.*

patinaje *s. m.* (no contable) DEP. Deporte que consiste en patinar sobre hielo o sobre ruedas: *pista de patinaje, patinaje artístico, patinaje **de** velocidad. El patinaje sobre hielo es un deporte olímpico.*

patinar *v. intr.* **1** Deslizarse ‹una persona› con patines sobre hielo o sobre una superficie dura y lisa: *Prefiero patinar **sobre** hielo a patinar **sobre** ruedas.* **2** Perder ‹una persona o una cosa› su dirección o su posición al resbalar sobre una superficie: *El coche patinó **en** una curva. Volcamos porque patinamos **con** la arena.* **3** COLOQUIAL. Cometer ‹una persona› una equivocación: *He patinado completamente comprándome ese traje, porque me ha salido malísimo.* FR. Y LOC. **~ las neuronas*.**

patinazo *s. m.* **1** COLOQUIAL. Error o indiscreción que se comete al hablar o al hacer algo: *El otro día un señor dio un patinazo divertido: me confundió a mí con mi padre.* **2** Acción y resultado de perder la estabilidad de forma accidentada: *La bañera estaba mojada y me di un patinazo. El suelo estaba mojado y el motorista dio un patinazo en la curva.*

patinete *s. m.* Juguete formado por una plataforma alargada montada sobre dos ruedas con una barra perpendicular acabada en un manillar para conducirlo, que se utiliza poniendo un pie sobre la plataforma e impulsándose con el otro a intervalos contra el suelo. SIN. patín.

patio *s. m.* Espacio abierto en el interior de una casa o edificio: *En Andalucía, muchas casas tienen patios llenos de flores. Las ventanas de la cocina dan al patio.* **~ interior.** || **2 ~ de armas** Espacio al descubierto en el interior de un recinto amurallado, para el relevo o formación de las tropas: *el patio de armas del Palacio de Oriente.* **3 ~ de butacas** Planta baja del teatro donde están las butacas. FR. Y LOC. **¡cómo está el ~!** COLOQUIAL. Se usa para indicar el estado anormal, generalmente de enfado o nerviosismo, de un conjunto de personas: *Los campesinos han volcado un camión de leche francesa; eso demuestra cómo está el patio. ¡Cómo está el patio, ni me han saludado a la hora de comer!*

patitieso, sa (estar) COLOQUIAL. Que está muy sorprendido o asombrado por alguna cosa que ve u oye: *Me has dejado patitieso con esa noticia. Estoy patitiesa, no sé qué decir.* SIN. patidifuso (COLOQUIAL).

patizambo, ba *adj. / s. m.* y *f.* Que tiene las piernas torcidas hacia fuera y junta mucho las rodillas al andar: *Lo tienes que reconocer enseguida, porque es muy patizambo. Con tacón alto, Elena disimula que es algo patizamba.*

pato, ta *s. m. / f.* **1** Familia *Anatidae.* Ave acuática de pico aplanado y patas cortas. || *adj. / s. m.* **2** COLOQUIAL. Persona sosa y patosa: *A esa chica se le da muy mal la gimnasia porque es un pato.* **3** MÉX.; COLOQUIAL. Que es vago, holgazán. FR. Y LOC. **al agua* patos.** **estar ~** ARG.; COLOQUIAL. No tener ‹una persona› dinero. **hacerse ~** MÉX.; COLOQUIAL. Holgazanear ‹una persona›, no hacer ‹una persona› el trabajo que debe. **hecho un ~** COLOQUIAL. Completamente mojado: *Aparecieron los dos hechos unos patos.* **pagar el ~** COLOQUIAL. Sufrir ‹una persona› el castigo o las consecuencias de algo sin merecerlo: *El hermano pequeño era el más travieso y a veces pagaba el pato por cosas que habían hecho los demás. No sé cómo te arreglas, dices que no haces nunca nada, pero siempre que pasa algo pagas tú el pato.*

patochada *s. f.* COLOQUIAL. Comportamiento o frase tontos, disparatados o inoportunos: *Deja ya de decir patochadas. No hagas más patochadas y no vuelvas a tocar los timbres de las casas.*

patogenia *s. f.* **1** (no contable) MED. Parte de la medicina que se ocupa de estudiar el origen y desarrollo de las enfermedades. **2** Origen y desarrollo de una enfermedad.

patógeno, na *adj.* Que causa una enfermedad: *agente patógeno, gérmenes patógenos.*

patojo, ja *adj. / s. m.* y *f.* RESTRINGIDO; PEYORATIVO. Que tiene las piernas o pies torcidos y anda moviendo el cuerpo de un lado a otro como los patos.

patología *s. f.* **1** (no contable) Parte de la medicina que estudia las enfermedades. **2** Enfermedad: *El cáncer de mama es una patología frecuente. Mi madre dice que se encuentra mal, pero no le han encontrado ninguna patología.*

patológico, ca *adj.* **1** De la patología: *un estudio patológico.* **2** Que constituye una enfermedad o es síntoma de ella: *Esa chica tiene un miedo patológico a las alturas. El enfermo sufre una degeneración patológica de la piel.*

patoso *adj. / s. m.* y *f.* **1** (ser / estar) COLOQUIAL. Que es torpe en sus movimientos, o que no tiene agilidad: *Eres un poco patoso jugando al fútbol. Estás un poco patoso últimamente, no sé qué te pasa. Tu hermana es bastante patosa, pero esta mañana está más patosa de lo normal, ya ha roto tres platos.* **2** Que pretende ser gracioso y chistoso, pero no lo consigue y resulta más bien inoportuno: *Ayer estuviste de lo más patoso. ¿Cómo se te ocurrió decir eso? No conozco a nadie que sea tan patoso como tú contando chistes.* **3** Que no es discreto o no sabe comportarse de manera adecuada: *Eres un patoso, no debiste hablar de su mujer, porque se acaban de separar. No sé cómo pueden haber puesto una persona tan patosa en ese puesto.*

patota *s. f.* ARG., PAR., URUG.; COLOQUIAL en Argentina. Grupo o pandilla de jóvenes violentos.

patotear *v. intr.* ARG.; COLOQUIAL. Hacer ‹una persona› alarde de fuerza o intimidad.

patraña *s. f.* COLOQUIAL. Mentira que se intenta hacer pasar por verdad: *Nos dijo que había estado enfermo, pero era una patraña de las suyas.*

patria *s. f.* País donde ha nacido o está nacionalizada una persona: *Los soldados juraron defender la patria.* **~ chica** Lugar donde una persona ha nacido: *Arturo lleva muchos años fuera, pero aún se siente muy ligado a su patria chica.* || **2 la madre* ~. 3 padre* de la ~. 4 ~ potestad** Autoridad legal de los padres sobre los hijos no independizados. FR. Y LOC. **hacer ~** 1 Contribuir ‹una persona› con sus acciones o palabras a la exaltación o engrandecimiento de su patria: *Mis viajes a Europa son para hacer patria, no turismo.* 2 COLOQUIAL; HUMORÍSTICO. Buscar ‹una persona› su propio beneficio: *–«¿Qué haces comiendo a estas horas?» –«Ya ves, haciendo patria.»*

patriada *s. f.* ARG., URUG.; COLOQUIAL en Argentina. Hecho notable, acción valerosa.

patriarca *s. m.* **1** Miembro más respetable o con mayor autoridad en una familia o grupo de personas: *El abuelo es el patriarca de esta familia. El autor galardonado es uno de los patriarcas de las Letras hispánicas.* **2** REL. En el Antiguo Testamento, jefe de una familia que vivió mucho tiempo y tenía muchos hijos: *Abraham fue el primer patriarca.* **3** REL. Título que se da a algunos obispos cristianos, en especial de la Iglesia Oriental: *el patriarca de Constantinopla.* **4** REL. Título que se da a algunos superiores de órdenes religiosas. FR. Y LOC. **vivir como un ~** COLOQUIAL; HUMORÍSTICO. Vivir ‹una persona› cómodamente y mostrando gran autoridad: *El jefe no da ni golpe, vive como un patriarca.*

patriarcado *s. m.* **1** (no contable) Organización social basada en la autoridad del varón que se caracteriza por un sistema de descendencia y herencia por línea paterna: *El patriarcado ha dominado en la organización social de Occidente.* **2** (no contable) REL. Dignidad de un patriarca: *A su muerte, consiguió el patriarcado de Alejandría.* **3** Territorio que gobierna un patriarca: *Extendió su patriarcado a las provincias colindantes.* **4** Tiempo que dura el mandato de un patriarca: *Su patriarcado finalizó con una serie de luchas internas.*

patriarcal *adj.* **1** Del patriarca: *organización patriarcal, relación patriarcal, opiniones patriarcales.* **2** Que funciona según principios patriarcales: *Aquélla es una empresa familiar y los jefes tienen una autoridad patriarcal. El dueño prefiere dirigir la empresa con criterios patriarcales.*

patriciado *s. m.* **1** (no contable) HIST. Título de patricio. **2** (no contable) Conjunto o clase de los patricios: *el patriciado romano, el patriciado urbano.*

patricio, cia *adj. / s. m.* y *f.* **1** HIST. De la clase social formada por los descendientes de las familias más antiguas que participaron en la fundación de Roma y tenían importantes privilegios: *los patricios romanos, la educación patricia romana.* **2** Del grupo social rico y privilegiado de la sociedad: *Mañana contraerán matrimonio en la catedral los hijos de dos ilustres familias patricias de nuestra ciudad.*

patrimonial *adj.* **1** Del patrimonio: *bienes patrimoniales, incremento patrimonial.* **2** Que pertenece a una persona por ser de su país, de su padre o de sus antepasados: *Estas joyas son un bien patrimonial de la familia. Estas pinturas son bienes patrimoniales de todos los españoles.* **3** LING. [Palabra o construcción] que pertenece al fondo tradicional de una lengua y ha seguido las normas generales de evolución de ésta: *Ciertos neologismos son innecesarios si existen términos patrimoniales equivalentes.*

patrimonio *s. m.* **1** (no contable) Conjunto de bienes que pertenecen a una persona, una institución o un país: *Esa señora tiene un gran patrimonio que heredó de sus padres. Ese ministro ha hecho muchas cosas por el patrimonio cultural del país. Las ciudades históricas son ya patrimonio de la humanidad.* **2** ECON. Diferencia entre los bienes y las deudas de una persona o de una entidad: *Bajo nuestro mandato se ha incrementado el valor del patrimonio de nuestra sociedad.* **declaración* del ~.** || **3 ~ histórico-artístico** (no contable) Edificios y objetos de interés artístico o histórico de un país. **4 ~ nacional** (preferentemente con mayúscula; no contable) Organismo público independiente que administra diversos bienes artísticos de la colectividad: *El Palacio de La Granja, El Escorial o la Biblioteca del Palacio Real pertenecen al Patrimonio Nacional.*

patrio, tria *adj.* ELEVADO. De la patria: *los escritores patrios, la lengua patria, los paisajes patrios, el amor patrio.*

patriota *adj. / s. m.* y *f.* Que muestra amor a su patria y trata de serle útil: *un espíritu patriota, un acto patriota, la prensa patriota. Esa chica es una patriota.*

patriotería *s. f.* (no contable) PEYORATIVO. Patriotismo exagerado o superficial: *Hay situaciones en que la patriotería no conduce a nada.*

patrioterismo *s. m.* PEYORATIVO. Patriotismo exagerado o improcedente: *Se apoya en un patrioterismo trasnochado. El patrioterismo de sus escritos no es agradable.*

patriotero, ra *adj. / s. m.* y *f.* Que tiende a presumir de patriota y lo hace de un modo exagerado y superficial: *Las posturas patrioteras no llevan a ninguna parte.*

patriótico, ca *adj.* Que ensalza a la patria o muestra gran amor por ella: *sentimiento patriótico, acto patriótico, discurso patriótico.* ANT. antipatriótico.

patriotismo *s. m.* (no contable) Ideología y comportamiento de la persona que ama mucho a su patria y está dispuesta a defenderla: *En el servicio militar tratan de fomentar el patriotismo de los soldados.*

patrística *s. f.* (no contable) Entre los cristianos, rama de la teología que estudia la vida y la doctrina de los Padres de la Iglesia.

patrístico, ca *adj.* De la patrística o de los Padres de la Iglesia: *la doctrina patrística, los comentarios patrísticos.*

patrocinador, ra *adj. / s. m.* y *f.* Que patrocina a alguna persona o cosa: *Un banco es el patrocinador del equipo de baloncesto.*

patrocinar *v. tr.* **1** Dar ‹una persona o una entidad› apoyo o ayuda [a una persona o a un proyecto]: *La Fundación* *patrocinó los estudios sobre la comarca.* **2** Pagar ‹una empresa› los gastos que origina [un programa de radio o televisión, una competición deportiva u otra actividad], con un interés publicitario: *Una importante entidad patrocina la expedición a la Patagonia.* SIN. financiar.

patrocinio *s. m.* (no contable) Ayuda económica, o de otro tipo, generalmente con fines publicitarios, que se da a una persona para que pueda realizar una actividad: *El equipo disputará la copa de Europa con el patrocinio de una nueva marca de ropa deportiva.*

patrología *s. f.* **1** (no contable) Patrística: *En los seminarios católicos se estudia patrología.* **2** (no contable) Colección de escritos de los Padres de la Iglesia cristiana: *La patrología latina es tan importante como la patrología griega.*

patrón, na *s. m. / f.* **1** REL. Santo o advocación de la Virgen o de Jesucristo a los que se dedica una iglesia o se elige como protector de un lugar o de un grupo de personas: *La Virgen del Pilar es la patrona de la Hispanidad. El patrón de esta iglesia es el Cristo de Medinacelli. Santa Cecilia es la patrona de los músicos.* SIN. patrono. **2** (preferentemente en femenino) Propietario de la casa donde se aloja alguien: *Mi patrona no deja fumar en las habitaciones.* **3** Amo, señor: *Los esclavos debían obedecer en todo al patrón.* SIN. patrono. **4** Persona que contrata obreros: *el patrón de la obra.* SIN. patrono. **5** RESTRINGIDO. Santo del nombre de una persona: *Mi patrón es San Juan Bautista.* || *s. m.* **6** Persona que es propietaria de una fábrica o empresa, o la dirige: *Los patrones esperan siempre aumentar sus beneficios.* SIN. patrono. **7** Persona que dirige un barco: *patrón de un pesquero, patrón de un yate.* **8** Modelo que se utiliza para hacer una cosa igual o medir o valorar algo: *patrón de un vestido, patrón de una falda.* **9** ECON. Unidad que se toma como referencia para determinar el valor de la moneda de un país: *El dólar ha sido el patrón monetario.* **10** BIOL. Planta en la que se hace un injerto. || **11 ~ oro** Sistema económico que establece la equivalencia entre la moneda de un país y una cantidad de oro. FR. Y LOC. **cortado por el mismo ~** COLOQUIAL. [Persona o cosa] muy parecida a otra: *Su amigo tiene también muy mal genio, parece que están cortados por el mismo patrón. Los últimos asaltos a estos tres bancos están cortados por el mismo patrón, deben ser obra de la misma banda.* REFR. **Donde hay patrón no manda marinero.** Se usa para indicar que cuando hay un jefe los demás tienen que obedecerle y no merece la pena protestar.

patronal *adj.* **1** Del patrono o del patronato: *actividad patronal, reunión patronal, consejo patronal.* || *s. f.* **2** (no contable) Grupo de empresarios o patronos, normalmente organizados en una asociación: *la patronal de la construcción, la patronal del textil, la patronal del metal. Se han abierto las negociaciones entre la patronal y los sindicatos.*

patronato *s. m.* **1** Institución o asociación dedicada generalmente a fines benéficos: *El colegio de huérfanos pertenece a un patronato.* **2** Grupo de personas que realizan funciones de dirección, asesoramiento y vigilancia en una institución o fundación: *El patronato de esta fundación se reúne varias veces al año.* **3** (no contable) RESTRINGIDO. Poder o facultad del patrono: *Que el patronato del Apóstol Santiago nos ayude.*

patronazgo *s. m.* **1** Cargo y función de un patrono. SIN. patronato. **2** Hecho de estar un lugar bajo la protección de la Virgen o de un santo: *España está bajo el patronazgo del Apóstol Santiago.*

patronímico, ca *adj.* **1** [Nombre] que, entre los griegos y romanos, derivaba del que pertenecía al padre u otro antecesor y que, aplicado al hijo u otro descendiente, indicaba su pertenencia a dicha familia. || *adj. / s. m.* **2** [Nombre] que antiguamente se daba en España a los hijos, y que derivaba del nombre de sus padres: *Fernández es un patronímico y deriva de Fernando.*

patrono, na *s. m. / f.* **1** REL. Santo, Virgen o advocación de Jesucristo a los que se dedica una iglesia o que se elige como protector de un lugar o grupo de personas: *Celebran las fiestas del patrono del pueblo.* SIN. patrón. **2** Propietario de una casa de huéspedes. SIN. patrón. **3** Amo o señor. SIN. patrón. **4** Persona que contrata a otra u otras. SIN. patrón. **5** Persona que es propietaria de una fábrica o empresa, o la dirige: *A trabajar, que está a punto de llegar la patrona.* SIN. patrón. **6** Miembro de un patronato.

patrulla *s. f.* **1** Pequeño grupo de soldados o personas dotadas de los medios adecuados, que desempeñan tareas de vigilancia, mantenimiento del orden o ayuda: *Una patrulla rondaba el campamento noche y día. Ha formado una patrulla de rescate para buscar a los alpinistas perdidos.* **2** Grupo de aviones o barcos que vigilan un lugar. **3** (no contable) Acción de vigilar o defender un lugar, una persona o un grupo de personas armadas para ello: *Hoy les toca la patrulla a los soldados del primer barracón.* || **4 coche* ~.**

patrullar *v. intr. / tr.* Recorrer ‹una o varias personas› un lugar para vigilarlo, mantener el orden o realizar una misión militar: *Varios coches de policía patrullan* ***por*** *la zona. Un coche de policía patrullaba* ***en*** *los alrededores del estadio. Varias lanchas patrullarán las costas en verano.*

patrullera *s. f.* Embarcación rápida que se usa para patrullar y vigilar las costas: *una patrullera de la Marina.*

patrullero, ra *adj. / s. m.* y *f.* **1** Que está destinado a patrullar: *soldado patrullero, avión patrullero.* **barco ~.** || *s. m.* **2** MÉX.; COLOQUIAL. Policía que vigila en automóvil.

patuco *s. m.* Calzado de punto u otro tejido adaptable que usan los bebés antes de andar.

patulea *s. f.* **1** (no contable) COLOQUIAL. Grupo de personas, especialmente niños, que arman mucho jaleo: *Su hijo invitó a varios amigos y se juntó en casa una buena patulea.* **2** (no contable) COLOQUIAL, RESTRINGIDO. Tropa de soldados que no lleva ningún orden. **3** (no contable) COLOQUIAL, RESTRINGIDO. Grupo de maleantes o personas de mala condición: *Había allí una patulea de chorizos. En las escaleras se junta una patulea de drogatas.*

patuleco, ca *adj.* PERÚ; COLOQUIAL. Que anda con los pies hacia afuera.

paúl *s. m.* GEOGR. Terreno pantanoso y cubierto de hierba.

paulatino, na *adj.* (antepuesto / pospuesto) Que se produce despacio, lenta o gradualmente: *Hay que tender a la desaparición paulatina de las desigualdades entre los hombres. La sociedad ha experimentado un cambio paulatino de las costumbres. Se ha producido un paulatino deterioro del medio ambiente.*

paupérrimo, ma *adj.* (superlativo de *pobre*; antepuesto / pospuesto) ELEVADO. Que es muy pobre: *países paupérrimos, los paupérrimos resultados de nuestra gestión.*

pausa *s. f.* **1** Breve interrupción de una acción o de un movimiento: *pausa publicitaria. Se hizo una pausa en la reunión para reflexionar. Haremos una pausa de diez minutos entre clase y clase.* SIN. descanso. **2** FON. Silencio de duración variable que se produce al hablar y separa grupos fónicos, frases, partes de frases: *En español solemos hacer una breve pausa cada ocho sílabas.* **3** MÚS. Silencio breve entre algunos compases: *Para tocar bien esta pieza es necesario hacer bien las pausas.*

pausado, da *adj.* **1** Que se hace con lentitud: *El profesor tiene un hablar pausado.* **2** Que actúa con calma, sin precipitación: *Para ocupar un puesto de tanta responsabilidad hay que ser una persona pausada.*

pauta *s. f.* **1** ELEVADO. Cualquier cosa que sirve como norma o modelo para hacer algo: *Su padre le marcó unas pautas de comportamiento, y siempre las ha obedecido. El director me marcó la pauta y después seguí yo solo.* SIN. regla. **2** Raya o conjunto de rayas horizontales que se hacen en un papel para no desviarse al escribir, o para escribir los signos musicales: *El niño está aprendiendo a escribir y su padre le hace papeles con pautas para que escriba recto.* **3** MÚS. Instrumento con el que se realizan rayas horizontales y paralelas sobre las que se escriben los signos musicales. **4** RESTRINGIDO. Partitura.

pautado, da *adj.* [Papel] que tiene rayas paralelas para poder escribir sin torcerse o dibujar notas musicales.

pautar *v. intr.* RESTRINGIDO. Hacer ‹una persona o una maquina› pautas en un papel.

pava *s. f.* **1** COLOQUIAL. Colilla. **2** ARG., BOL., PAR., URUG. Tetera, recipiente en el que se calienta agua para el mate.

pavada *s. f.* **1** RESTRINGIDO. Conjunto de pavos que se crían juntos. **2** ARG., PAR., PERÚ, URUG.; COLOQUIAL. Tontería, desatino. **3** ARG.; COLOQUIAL. Cosa fácil de hacer.

pavana *s. f.* **1** Música cortesana de movimientos lentos y solemnes aparecida en el siglo XVI, recreada por algunos músicos de principios de este siglo: *Es famosa la pavana de Ravel. El Siglo de Oro nos ha dejado pavanas muy hermosas.* **2** Danza que se bailaba con esta música.

pavear *v. tr.* AMÉR. DEL S. Hacer ‹una persona› pavadas, cosas sin importancia.

pavero, ra *s. m. / f.* **1** Persona que tiene por oficio la cría y venta de pavos: *Los paveros hacen su agosto en diciembre.* || *s. m.* **2** Sombrero andaluz de ala ancha y recta con una copa en forma de medio cono.

pavés *s. m.* **1** HIST. Escudo medieval que protegía casi todo el cuerpo. **2** Pieza de vidrio moldeado para la construcción de techos o paredes transparentes.

pavesa *s. f.* Parte pequeña de una materia encendida que salta y acaba por convertirse en ceniza: *Cuidado con las pavesas que saltan del fuego. Se quemó la casa de mi tía y todo quedó reducido a pavesas.*

pavía *s. f.* **1** Variedad de melocotón, más tierno y jugoso que el normal pero menos sabroso. **2** Variedad del melocotonero.

pávido, da *adj.* (antepuesto / pospuesto) LITERARIO. Asustado, lleno de miedo: *su pávida mirada.* ANT. impávido.

pavimentación *s. f.* **1** (no contable) Acción y resultado de recubrir un suelo con asfalto, losas u otro material: *El Ayuntamiento va a iniciar la pavimentación de las principales callès del pueblo.* **2** RESTRINGIDO. Pavimento, suelo: *La pavimentación de algunas calles está en muy mal estado.*

pavimentar *v. tr.* Recubrir ‹una persona› [un suelo] con un pavimento: *Antes de empezar a construir los chalés van a pavimentar las calles de la urbanización.*

pavimento *s. m.* **1** Suelo recubierto de un material que lo hace más resistente o más liso: *pavimento de adoquines, pavimento de placas de corcho, pavimento de baldosas, pavimento asfáltico.* **2** Material utilizado para recubrir el suelo de esa manera: *En las nuevas autopistas han utilizado pavimentos antideslizantes.*

pavipollo *s. m.* **1** (macho y hembra) Cría del pavo. || *adj. / s. m.* **2** COLOQUIAL, RESTRINGIDO. [Persona] que está atontada o es sosa. SIN. pavisoso (COLOQUIAL).

pavisoso, sa *adj. / s. m.* y *f.* (ser / estar) COLOQUIAL. Que no tiene gracia ni viveza, o que es bastante soso: *¡Eres un pavisoso! ¡Menuda pavisosa estás hecha!*

pavo, va *s. m. / f.* **1** *Meleagris gallopavo.* Ave bastante grande, con la cabeza y el cuello sin plumas y con unas carnosidades rojas colgantes, que se cría para consumir su carne y, en algunos países, se asocia con las fiestas de Navidad. || *adj. / s. m.* y *f.* **2** (ser / estar) COLOQUIAL. [Persona] que es atontada, sosa o sin gracia: *No seas tan pava. Tu novia es un poco pava, nunca quiere bailar en las fiestas.* SIN. pavisoso. || *s. m.* **3** COLOQUIAL. Moneda de cinco pesetas: *Me debes tres pavos.* SIN. duro. || **4 ~ real** (macho y hembra) *Pavo cristatus.* Ave de la misma familia que el faisán, con una cola muy larga y de vistosos colores en el macho, que la abre en forma de abanico como reclamo sexual. FR. Y LOC. **edad* del ~. moco* de ~. no ser moco de ~. pelar la pava** 1 COLOQUIAL. Hablar de amor ‹los novios›: *Carlos y María se pasan la tarde pelando la pava.* 2 COLOQUIAL. Hablar ‹dos o más personas› de temas sin importancia por pasar el rato: *Perdieron la tarde pelando la pava en vez de estar trabajando.* **subírsele el ~** COLOQUIAL. Ponerse colorada ‹una persona› por vergüenza o timidez: *Le dijeron a Marta que estaba muy guapa y en seguida se le subió el pavo.*

pavón *s. m.* **1** (macho y hembra) Género *Saturnia.* Insecto del orden de las mariposas, bastante grande, que tiene las alas con manchas circulares de vistosos colores. **2** (no contable) Capa superficial del óxido, de color azulado con que se cubren algunos objetos de hierro o acero para mejorar su aspecto o evitar su corrosión.

pavonado, da *adj.* **1** Azul oscuro: *una pistola pavonada, un fusil pavonado.* || *s. m.* **2** (no contable) METAL. Acción y resultado de dar pavón a un objeto de hierro o acero: *El pavonado evita la corrosión de algunos objetos.*

pavonar *v. tr.* METAL. Cubrir ‹una persona› [un objeto de hierro o acero] con pavón.

pavonear *v. intr. / prnl.* Presumir ‹una persona› de una cualidad suya o de una cosa que posee: *Hugo* ***se*** *pavonea* ***de*** *tener el mejor coche.*

pavoneo *s. m.* (no contable) Presunción exagerada: *Resulta insoportable el pavoneo de Narciso cuando está en público.*

pavor *s. m.* (no contable) Miedo muy grande: *sentir pavor. Mercedes le tiene pavor a las alturas. Pasé momentos de pavor.* SIN. pánico.

pavoroso, sa *adj.* (antepuesto / pospuesto) Que causa pavor o un miedo muy intenso: *Se declaró un incendio pavoroso. La película tenía pavorosas escenas.*

paya *s. f.* ARG., CHILE, URUG. Composición poética que improvisan dialogando varios payadores, acompañados por algún instrumento musical.

payada *s. f.* ARG., CHILE, URUG.; COLOQUIAL en Chile. Canto improvisado por un payador.

payador o **pallador** *s. m.* ARG., CHILE, URUG. Cantor o poeta popular que va de un lugar a otro improvisando sus composiciones.

payar o **pallar** *v. intr.* ARG., CHILE, URUG.; COLOQUIAL en Chile. Cantar ‹un payador›.

payasada *s. f.* **1** PEYORATIVO. Acción, palabras u otras cosas ridículas o inoportunas o poco serias: *En ese programa no dicen más que payasadas. La conferencia ha sido una payasada.* **2** Acción o palabras graciosas propias de un payaso: *El padre hacía payasadas para que su niño comiera.*

payaso, sa *adj. / s. m.* y *f.* **1** PEYORATIVO, DISGUSTO, AFECTIVO. Que se comporta con poca seriedad y tiende a hacer reír a los demás con sus palabras o acciones aunque, normalmente, termina por cansar o molestar: *¡Qué niño más payaso, estáte quieto de una vez! Eres un poco payaso, hijo.* || *s. m.* **2** Artista de circo maquillado y vestido de manera llamativa que hace reír al público: *Charlie Rivel fue un payaso muy famoso.* SIN. clown.

payés, sa *s. m. / f.* RESTRINGIDO. Campesino de Cataluña o de las islas Baleares.

payo, ya *s. m. / f.* Para las personas gitanas, las personas que no son de su comunidad: *En ese barrio hay algunos conflictos entre payos y gitanos.*

paz *s. f.* **1** Situación en que no hay guerra: *Vivimos un periodo de paz entre dos guerras.* SIN. concordia. ANT. guerra. **paloma* de la ~.** **2** Acuerdo por el que las partes enfrentadas en una guerra ponen fin a ésta: *firmar la paz. Ambos generales firmaron los tratados de paz.* **3** Estado o situación de amistad y de entendimiento entre los miembros de un grupo o de una familia: *Convivimos todos en paz, respetándonos unos a otros. Un amigo trató de poner paz entre ellos.* SIN. armonía. **4** Tranquilidad, calma, silencio: *Lo que más me gustaba era la paz del campo. El abuelo vive en paz, dedicado a sus lecturas.* **5** REL. Ceremonia de la misa católica en que los sacerdotes y los fieles se dan la mano o hacen otro gesto como signo de reconciliación: *El sacerdote dio la paz a las personas de los primeros bancos.* || **6 ~ armada** Paz que existe entre países que están en equilibrio en cuanto al número de armamento: *La paz armada siempre es muy frágil.* **7 ~ octaviana** Tranquilidad pública, como la que existía en tiempos del emperador romano Octavio Augusto. FR. Y LOC. **aquí ~ y después gloria** COLOQUIAL; RESUMIDOR FINAL. Se usa para poner fin a una discusión o a un problema: *No discutáis; que cada uno coja lo suyo, y aquí paz y después gloria.* **dejar en ~** No molestar ‹una persona› a otra o no mover o tocar ‹una persona› una cosa: *Déjame en paz, que quiero estudiar. Deja en paz el tocadiscos.* **descansar en ~** 1 EUFEMISMO. Estar muerta ‹una persona›: *Vuestra abuela ya descansa en paz.* 2 Estar enterrada ‹una persona› en un lugar: *Sus restos descansan en paz en el cementerio del pueblo.* **estar en ~** No deberse nada ‹dos o más personas› las unas a las otras, haber pagado ya sus deudas: *Con esto termino de pagarte lo que te debía, así que ya estamos en paz.* **ir en ~** o **ir con la ~ de Dios** RESTRINGIDO. Se usa para despedir a una persona: *Vaya usted en paz.* **juez* de ~. que en ~ descanse** Se usa al referirse a una persona muerta: *Mi abuelo, que en paz descanse, siempre decía ese refrán.* **remanso* de ~. tengamos la fiesta* en ~. y en ~** COLOQUIAL; RESUMIDOR FINAL. Se usa para dar por terminado un asunto: *Dale lo que te está pidiendo, y en paz.*

pazguato, ta *adj. / s. m.* y *f.* Que es algo tonto o se admira o escandaliza por cualquier cosa.

pazo *s. m.* RESTRINGIDO. Casa grande y señorial típica de Galicia: *los pazos de Ulloa.*

PCE (pronunciamos *'pecé'* o *'pe-ce-e'*) *s. m.* **1** Sigla de «Partido Comunista de España». **2** Sigla de «Partido Conservador de Ecuador».

¡pche! o **¡pchs!** o **¡pss!** *interj.* **1** Se usa para indicar indiferencia, desinterés, duda o desprecio por algo o por alguien: *–«¿Saldrás esta noche? –«¡Pche, ya veremos!»* **2** VULGAR. Se usa para llamar la atención a alguien de manera poco educada: *¡Pss, tú! ¿Puedes acercarte?*

P. D. *abr.* «Por delegación».

PD. *abr.* «Posdata».

pe *s. f.* Nombre de la letra «p».

peaje *s. m.* **1** Cantidad de dinero que hay que pagar para poder circular o pasar por una autopista, una aduana u otro lugar parecido: *El peaje de esta autopista es bastante caro.* **autopista* de ~.** **2** Lugar de una autopista, aduana o sitio parecido donde se pagan los peajes: *Cuando llegamos al peaje, había muchos coches y tuvimos que esperar un buen rato.*

peal *s. m.* **1** RESTRINGIDO. Parte de la media que cubre el pie. **2** RESTRINGIDO. Media sin pie que se sujeta a éste con una tira. **3** AMÉR. Cuerda o lazo con que se enlanzan las patas de los animales.

peana *s. f.* **1** Soporte o plataforma sobre la que se asienta una figura o jarrón, especialmente una imagen religiosa: *la peana de la Virgen, la peana de una estatua. Puso el jarrón en el mueble sobre una peana de madera.* SIN. pedestal. **2** RESTRINGIDO. Madero horizontal inferior del marco de una ventana. **3** RESTRINGIDO. Tarima que hay delante del altar en una iglesia.

peatón, na *s. m. / f.* Persona que va a pie por la vía pública: *Los peatones tienen preferencia en los pasos de cebra.* SIN. transeúnte. FR. Y LOC. **paso de peatones.**

peatonal *adj.* De los peatones: *calle peatonal, paso peatonal, zona peatonal.*

pebete, ta *s. m. / f.* **1** ARG., URUG.; COLOQUIAL. Niño, niña. SIN. pibe. || *s. m.* **2** Pasta aromática que, encendida, produce un humo oloroso. **3** ARG. Cierta clase de pan para sándwich.

pebetero *s. m.* Recipiente donde se queman perfumes.

pebre *s. m. / f.* CHILE. Salsa picante con condimentos verdes, cebolla y tomate para acompañar a la carne salada.

peca *s. f.* Mancha pequeña de color marrón que aparece en la piel: *Cuando tomo el sol me salen pecas en la cara.*

pecado *s. m.* **1** REL. Acción, idea o palabra contrarias a la ley o voluntad de Dios y condenadas por los preceptos de la religión: *tener pecados. Matar, robar, mentir, son pecados. Confesó sus pecados y volvió a estar en gracia de Dios. Eso no es pecado.* **~ capital** En la religión cristiana, la ira, la gula, la lujuria, la avaricia, la pereza, la envidia y la soberbia, son pecados capitales. **~ mortal** En la religión cristiana, pecado grave que hace que la persona se separe totalmente de Dios: *Matar a una persona está considerado pecado mortal por la Iglesia.* **~ nefando** En la religión cristiana, la sodomía. **~ venial** En la religión cristiana, pecado leve contra la religión que hace que la persona no se separe totalmente de Dios. **2** (no contable) Estado del que ha ofendido a Dios o ha desobedecido las leyes de la religión: *vivir en pecado. Él creía que estaba en pecado y no comulgó.* ANT. gracia (de Dios). **3** COLOQUIAL. Cualquier hecho que se considera una falta o que afecta a la moral y a las costumbres: *Tratar tan mal a su madre es un pecado. Es un pecado decir que no le gusta la música de Falla. Es un pecado darle jamón al perro. Estropear los libros es un pecado.* SIN. barbaridad. FR. Y LOC. **de mis pecados** COLOQUIAL; IRONÍA. Se usa tras el nombre de una persona o cosa para indicar disgusto o impaciencia: *¡Ay Juanito de mis pecados, cuándo vas a cambiar!* **de ~** 1 COLOQUIAL. [Alimento] que está muy bueno: *Estos bombones están de pecado.* 2 COLOQUIAL. [Persona o cosa] que es muy guapa o bonita: *Tu casa es de pecado.* **llevar en el ~ la penitencia** Sufrir ‹una persona› las consecuencias de algo que ha hecho mal: *Ése es un egoísta, pero en el pecado llevará la penitencia, porque se quedará sin amigos.* **pagar (por) sus pecados** Sufrir ‹una persona› las consecuencias de algo que ha hecho mal: *Miguel ha sido toda la vida un antipático y ahora está pagando sus pecados, porque se ha quedado solo.*

pecador, ra *adj. / s. m.* y *f.* **1** [Persona] que comete pecados: *Los cristianos hablan de un Dios misericordioso con los pecadores.* || *adj. / s. f.* **2** COLOQUIAL. Prostituta.

pecaminoso, sa *adj.* **1** Del pecado o del pecador: *vida pecaminosa, comportamiento pecaminoso.* **2** Que es contrario a la moral, o que es reprobable, particularmente en el aspecto sexual: *Ese hombre tiene a veces ideas pecaminosas.*

pecar *v. intr.* **1** Cometer ‹una persona› un pecado: *pecar **con** la intención. Pecaron **de** palabra. Los herejes pecaron **contra** la ley de Dios.* **2** Cometer ‹una persona› [una falta o una equivocación]: *Si **en** algo he pecado, ha sido involuntariamente.* **3** Tener ‹una persona› [una cualidad] en exceso: *Tu amigo peca **de** ignorante. Leonor peca **por** exceso de interés.* ⇒ **71.**

pecarí (plural *pecaríes,* preferible a *pecarís*) *s. m.* (macho y hembra) Género *Tayassu.* Mamífero americano parecido al jabalí, con uñas afiladas y colmillos fuertes, que segrega una sustancia de olor fuerte y duradero.

pecblenda *s. f.* MIN. (no contable) Pechblenda.

pecera *s. f.* Recipiente de cristal, generalmente en forma de globo, que se llena de agua para tener peces vivos.

pechada *s. f.* ARG., CHILE, URUG.; COLOQUIAL. Costumbre de comer, vivir o divertirse a costa de los demás, gorroneo.

pechador, ra *s. m. / f.* AMÉR. Que tiene por costumbre vivir a costa de los demás.

pechar *v. intr.* **1** RESTRINGIDO. Asumir ‹una persona› [la responsabilidad o las consecuencias de una cosa]: *Ahora tienes que pechar **con** lo que hiciste.* SIN. apechugar, cargar. || *v. tr.* **2** DER., HIST. Pagar ‹una persona› [un tributo]. SIN. tributar. **3** CHILE. Vivir ‹una persona› a costa de los demás.

pechblenda o **pecblenda** *s. f.* MIN. (no contable) Mineral de uranio compuesto por varios metales, entre ellos el radio.

pechera *s. f.* **1** Parte de la camisa o de otras prendas de vestir que cubre el pecho: *Llevas una mancha en la pechera.* **2** (no contable) COLOQUIAL. Pecho de una mujer, especialmente cuando está muy desarrollado: *Amelia tiene una buena pechera.* **3** Adorno de encaje en la parte del pecho de una camisa u otra prenda de vestir. **4** Correa ancha forrada y acolchada que se pone a los caballos y mulos en el pecho para apoyar el tiro.

pechero *s. m.* **1** RESTRINGIDO. Babero. **2** RESTRINGIDO. Pieza independiente que se coloca sobre la zona del pecho de una prenda de vestir.

pechina *s. f.* **1** Concha vacía de un molusco: *Una pechina de la vieira es el símbolo de los peregrinos de Santiago.* **2** ARQ. Cada una de las cuatro partes triangulares y curvadas que forman el anillo de una cúpula con los arcos sobre los que se apoya.

pecho *s. m.* **1** (no contable) Parte del cuerpo situada entre el cuello y el vientre en cuyo interior están los pulmones y el corazón: *El abuelo tenía un fuerte dolor en el pecho y pensó que era un infarto.* **angina* de ~.** **2** (no contable) Zona exterior y delantera de esta parte del cuerpo: *La novia luce un colgante sobre el pecho. El escote del vestido le dejaba al aire parte del pecho.* **3** (no contable) Aparato respiratorio: *El médico auscultó detenidamente a Esther y le encontró un soplido extraño en el pecho. Le han recetado un jarabe para el pecho.* **4** Cada una de las mamas de la mujer o las dos juntas: *Esa jovencita tiene muy poco pecho. Tiene un tumor en un pecho.* **5** (no contable) Interior de una persona como lugar simbólico de los sentimientos: *En su pecho guarda Álvaro un gran rencor.* **6** HIST. Impuesto que se pagaba antiguamente al rey o al señor feudal: *Los campesinos medievales estaban obligados a pagar diferentes pechos.* FR. Y LOC. **a lo hecho*, ~. a ~ descubierto** 1 Sin armas defensivas: *Los soldados lucharon a pecho descubierto.* 2 Con sinceridad y nobleza: *Su amiga habló a pecho descubierto, sin ocultarle nada.* **abrir su ~** Contar ‹una persona› [a otra persona] sus sentimientos: *En un momento de sinceridad, su hija le abrió su pecho.* **dar el ~** Dar de mamar ‹una mujer› a un bebé: *Los pediatras afirman que es muy beneficioso que la madre dé el pecho al recién nacido.* **de pelo* en ~. echarse / meterse entre ~ y espalda** COLOQUIAL; INTENSIFICADOR. Tomar ‹una persona› una comida o bebida abundantes: *El niño se metió entre pecho y espalda un gran bocadillo de jamón.* **do* de ~. golpe* de ~. hombre* de pelo en ~. no caberle en el ~** Sentir ‹una persona› deseos irresistibles de manifestar un sentimiento: *Tenían una satisfacción tan grande que no les cabía en el pecho. La viuda no podía contenerse, el dolor no le cabía en el pecho.* **partirse el ~** COLOQUIAL; INTENSIFICADOR. Esforzarse mucho ‹una persona› por otra persona o cosa: *Ricardo se partió el pecho por defender a su amigo. Los jugadores se partieron el pecho en el campo pero no consiguieron ganar el partido.* **poner un puñal* en el ~. poner una pistola* en el ~. sacar ~** Ponerse ‹una persona› muy derecha, en actitud desafiante o presumida: *¡Saca pecho, hombre, para que se vea el cuerpo de deportista que tienes!* **tomar el ~** Mamar ‹un bebé› del pecho de una mujer: *Los recién nacidos deben tomar el pecho cada tres horas.* **tomar(se) a ~** 1 Ofenderse ‹una persona› por algo que no tiene mucha importancia: *Ha sido una broma; no te lo tomes tan a pecho.* 2 Tomar ‹una persona› [una cosa] con mucha seriedad y empeño: *Se toma sus es-*

tudios muy a pecho. REFR. **A lo hecho, pecho.** Se usa para indicar que cuando se toma una decisión no hay que seguir pensando en ella, sino aceptar las consecuencias.

pechón, na *adj.* MÉX.; COLOQUIAL. Que es gorrón, abusón o descarado.

pechuga *s. f.* **1** (no contable) Pecho de las aves. **2** Cada una de las dos partes en que está dividido el pecho de las aves: *Hemos comido pechugas de pollo al horno.* **3** (no contable) COLOQUIAL. Pechos de una persona, sobre todo de una mujer: *Con ese vestido llamas mucho la atención porque te resalta la pechuga.*

pechugón, na *adj. / s. f.* **1** COLOQUIAL. [Mujer] que tiene los pechos o las mamas muy abultadas: *¡Qué señora más pechugona, qué barbaridad!* || *adj.* **2** AMÉR. C., COL., MÉX., PERÚ, VEN.; COLOQUIAL en Colombia y México, VULGAR en Perú. Que actúa con descaro o desvergüenza. **3** VEN.; RESTRINGIDO. [Persona, animal] que hace las cosas con lentitud.

pecina *s. f.* (no contable) Barro negruzco que se forma en charcos y otras masas de agua donde hay materias orgánicas en descomposición.

pecio *s. m.* HIST.; RESTRINGIDO. Trozo o fragmento de una embarcación que ha naufragado o parte de lo que contenía: *En el Mediterráneo se han encontrado muchos pecios romanos con vasijas de barro.*

peciolado, da *adj.* BOT. [Hoja] que tiene peciolo.

peciolo o **pecíolo** *s. m.* Rabo pequeño de una hoja por el que se une al tallo.

pécora *s. f.* **1** INSULTO. Prostituta. **2** PERÚ; VULGAR. Mal olor del pie. || **3 mala ~** INSULTO. Mujer maleducada y de malas intenciones.

pecoso, sa *adj. / s. m.* y *f.* Que tiene pecas: *cara pecosa. Eva es pelirroja y muy pecosa.*

pectina *s. f.* Sustancia química de origen vegetal que se utiliza para añadirla a mermeladas y gelatinas y otras cosas: *pectina de manzana.*

pectiniforme *adj.* BIOL., ZOOL. Que tiene forma de peine o dientes como éste: *figura pectiniforme.*

pectoral *adj. / s. m.* **1** [Medicamento] que es beneficioso para el pecho o que combate la tos: *jarabe pectoral.* **2** Del pecho o relacionado con él: *cavidad pectoral, músculo pectoral. Esta chica tiene que fortalecer los pectorales. En el gimnasio hacemos muchos pectorales para fortalecer esa región.* || *s. m.* **3** Cruz que llevan sobre el pecho el Papa y otros prelados católicos. **4** Número en la parte delantera superior de las prendas deportivas.

pecuario, ria *adj.* Del ganado: *economía pecuaria.*

peculiar *adj.* **1** (antepuesto / pospuesto) Que es propio, característico o privativo de una persona o cosa: *La inseguridad es un rasgo peculiar de mi carácter. Ese trabajo tiene peculiares características.* **2** (antepuesto / pospuesto) [Persona o cosa] que tiene características propias: *Su mujer es una persona muy peculiar. Han hecho una peculiar propuesta para mejorar el medio ambiente.* SIN. particular.

peculiaridad *s. f.* Característica de una persona o cosa que la diferencia del resto: *Cada persona tiene sus peculiaridades.* SIN. particularidad.

peculio *s. m.* (no contable) RESTRINGIDO. Dinero o bienes que posee una persona: *Los gastos inesperados redujeron mucho su peculio.* SIN. patrimonio.

pecuniariamente *adv.* *restrictivo* RESTRINGIDO. En cuanto al dinero, en el aspecto pecuniario: *La situación es mala pecuniariamente. No estoy contento pecuniariamente.*

pecuniario, ria *adj.* ELEVADO. Del dinero en efectivo: *Exijo una compensación pecuniaria. En ese asunto sólo le mueve a Mario el interés pecuniario.*

pedagogía *s. f.* **1** Ciencia que trata de la enseñanza y educación de los niños y jóvenes: *La pedagogía se desarrolla mucho en el siglo* XVI. **2** Habilidad práctica para enseñar: *Ese libro es muy bueno para la pedagogía de nuestra escuela. Esa profesora tiene una pedagogía excelente.*

pedagógico, ca *adj.* **1** De la pedagogía: *congreso pedagógico, especialista pedagógico.* **2** Que está expuesto con la claridad necesaria para poder educar o enseñar: *métodos pedagógicos. Me parece muy pedagógica la enseñanza en este colegio. Esta editorial edita libros muy pedagógicos.* SIN. didáctico.

pedagogo, ga *s. m. / f.* **1** Especialista en la ciencia de la pedagogía. **2** Persona que se dedica a la enseñanza y educación y tiene habilidad para ello: *Ese profesor es un buen pedagogo: sabe cómo enseñar a sus alumnos.*

pedal *s. m.* **1** Pieza o palanca que, empujada con el pie, pone en movimiento un mecanismo: *los pedales de la bicicleta. Dale a los pedales. Si pisas el pedal, te saldrá el agua del surtidor.* **2** MÚS. Sistema mecánico que se acciona con el pie para modificar el sonido de algunos instrumentos: *el pedal del piano, el pedal del arpa.* **3** MÚS. Nota musical que se mantiene o repite a la vez que diferentes combinaciones musicales se van sucediendo: *La melodía se apoya en un pedal de violoncelo. Un pedal en sí sirve de apoyatura al primer movimiento de la sinfonía.* **4** COLOQUIAL. Borrachera: *Ese pobre hombre lleva un pedal que no se aguanta. Agarré un pedal de anís.* SIN. cogorza.

pedalada *s. f.* Cada movimiento del pedal con el pie: *las pedaladas rápidas o lentas de un ciclista.*

pedaleo *s. m.* (no contable) Acción de mover los pedales con los pies: *El ciclista subió el puerto con un pedaleo ágil, nervioso, regular.*

pedante *adj. / s. m.* y *f.* (ser / estar; antepuesto / pospuesto) Que presume o alardea de sus conocimientos: *Tiene Cristóbal un tono pedante e insoportable. ¡Qué pedante estás hoy! Pronunció una pedante conferencia sobre lo útil y lo bello en la sociedad moderna. Es verdad que Eduardo es listo, pero también es un pedante.*

pedantería *s. f.* **1** (no contable) Actitud de la persona que presume de conocimientos de forma inoportuna: *Cuando Pablo habla con las chicas lo hace con mucha pedantería para intentar impresionarlas. Su falta de sencillez y su pedantería hacen insoportable a Lola.* **2** (no contable) Expresión o actitud de la persona pedante: *El catedrático da unas clases ininteligibles y de una gran pedantería. Fue una pedantería por parte de Alex contar que le habían dado un premio científico.*

pedazo *s. m.* **1** Parte que se ha separado de un todo o resto de algo: *echar la carne en pedazos, cortar en pedazos, hacer pedazos una cosa. Cené un pedazo de pan con un poco de queso. Yo solamente quiero un pedazo pequeño de pastel.* || **2 ~ de alcornoque / animal** COLOQUIAL; INSULTO. Persona ignorante o con poca educación: *¡Pedazo de alcornoque, deberías saberte de memoria la tabla de multiplicar! ¡Pedazo* *de animal!, ¿cómo has podido romper la persiana?* FR. Y LOC. **caerse a pedazos** 1 COLOQUIAL; INTENSIFICADOR. Estar muy vieja ‹una cosa›: *El armario se cae a pedazos de los años que tiene.* 2 COLOQUIAL; INTENSIFICADOR. Estar muy cansada o deprimida ‹una persona›: *Cuando mi madre vuelve del trabajo, está que se cae a pedazos.* **estar hecho pedazos** 1 COLOQUIAL. Estar ‹una persona› muy cansada: *Hoy no salgo, que estoy hecha pedazos.* 2 COLOQUIAL. Estar ‹una persona› muy abatida: *Pilar está hecha pedazos por no haber aprobado la oposición.* **hacerse pedazos** 1 Romperse ‹una cosa›: *El espejo se ha hecho pedazos.* 2 COLOQUIAL. Poner ‹una persona› excesivo empeño en hacer algo: *Ese chico se ha hecho pedazos en el proyecto de su obra. Esa mujer se ha hecho pedazos en cuidar de sus hijos. Luis se ha hecho pedazos limpiando la casa.* **romper(se) en mil pedazos** Romper ‹una persona› una cosa o romperse ‹una cosa› en muchos trozos pequeños: *Rompí en mil pedazos la carta. El vaso se cayó y se rompió en mil pedazos.* **saltar* por los aires** o **saltar en pedazos. ser un ~ / trozo / cacho de pan*.**

peder *v. intr. / prnl.* Peer.

pederasta *s. m.* Persona que practica la pederastia.

pederastia *s. f.* **1** Abuso deshonesto cometido por un adulto contra un niño: *El detenido ha sido acusado de pederastia.* **2** RESTRINGIDO. Homosexualidad masculina.

pedernal *s. m.* **1** Variedad translúcida y amarillenta del cuarzo que, al ser golpeada con un eslabón, produce chispas. **2** Cosa muy dura: *Este pan está como un pedernal.*

pedestal *s. m.* **1** Base o soporte sobre el que se asienta una estatua o columna: *La estatua está sobre un pedestal. Sobre un pedestal de mármol han colocado la Venus griega.* SIN. peana. **2** Situación o circunstancia que se aprovecha para conseguir un objetivo: *Tu pedestal para la fama fue la televisión. Luis ha usado la empresa como pedestal para promocionarse.* FR. Y LOC. **en un ~** INTENSIFICADOR. En muy buena situación o consideración: *Es necesario que lo bajes del pedestal, porque no se merece tantos elogios. Estás muy enamorado de Luisa y la tienes en un pedestal. Todos los críticos ponen la película en un pedestal.*

pedestre *adj.* **1** [Deporte, carrera] que se hace a pie, andando o corriendo. **2** Que resulta ordinario, poco elegante: *palabra pedestre, estilo pedestre, lenguaje pedestre.*

pedestrismo *s. m.* (no contable) Conjunto de deportes pedestres: *Para practicar una especialidad de pedestrismo sólo se necesitan ganas.*

pediatra *s. m. / f.* Médico especialista en pediatría: *Pasamos ayer con nuestro bebé por la consulta del pediatra y lo encontró muy bien.*

pediatría *s. f.* (no contable) Parte de la medicina que estudia y trata de los niños.

pediculado, da *adj.* BOT. Que tiene pedículo.

pedículo *s. m.* **1** BOT. Pedúnculo de una hoja, de una flor o de un fruto. **2** (macho y hembra) ELEVADO. Piojo.

pediculosis (plural *pediculosis*) *s. f.* MED. Presencia de piojos en la piel y el pelo.

pedicuro, ra *s. m. / f.* Persona que por oficio cuida de los pies y los mantiene en buen estado: *Voy a tener que ir al pedicuro porque me duele mucho el uñero.* SIN. callista.

pedida *s. f.* (no contable) Acción de pedir la mano de una mujer: *El novio le regaló un anillo el día de la pedida. La costumbre de hacer la pedida está quedando anticuada.*

pedido *s. m.* Conjunto de productos que se encargan a un fabricante o vendedor: *Hice un pedido en el autoservicio por valor de cinco mil pesetas.*

pedigrí *s. m.* **1** (no contable) Genealogía de un animal de raza. **2** Documento en que consta esta genealogía. **3** COLOQUIAL; HUMORÍSTICO. Linaje de una persona: *Todos los jóvenes de la fiesta tenían un buen pedigrí.*

pedigüeño, ña *adj. / s. m.* y *f.* (ser/ estar) Que es muy aficionado a pedir: *Tienes unos amigos muy pedigüeños. Estás un poco pedigüeña desde que me hiciste aquel favor.*

pedinche *adj. / s. m.* y *f.* MÉX. [Persona] que pide con insistencia e impertinencia.

pedir *v. tr.* **1** Rogar ‹una persona› [a otra persona] que dé o haga [una cosa]: *Le he pedido que venga.* SIN. solicitar. **2** Poner ‹una persona› [precio] a [una cosa que vende]: *No me compré aquel traje porque me pedían sesenta mil pesetas **por** él.* **3** Querer o desear ‹una persona› [una cosa]: *Sólo pido que no llueva mañana.* **4** Necesitar ‹una persona o una cosa› [una cosa]: *Esta planta pide sol.* **5** Exponer ‹una persona› ante el juez [su derecho o acción contra otra persona]: *El demandante pide la expropiación de la finca de su hermano.* SIN. solicitar. ‖ *v. intr.* **6** Solicitar ‹una persona› una limosna: *Esa mujer pide a la puerta de la iglesia. Estos chicos piden **para** la Cruz Roja.* **7** En los juegos de cartas, solicitar ‹un jugador› una carta al que da o al que tiene la banca: *–«Pide una carta.» –«Paso.»* FR. Y LOC. **a ~ de boca*. buscar / ~ / querer guerra*. no ~ pan*. ~ a gritos*. ~ árnica*. ~ disculpas*. ~ el cuerpo*. ~ hora*. ~ la escupidera*. ~ la luna*. ~ peras* al olmo. ~ por esa boca* / boquita. ~ sangre*. ⇒ 57.**

pedo *s. m.* **1** Expulsión por el ano de gases acumulados en el intestino: *tirarse un pedo.* SIN. ventosidad (EUFEMISMO). **2** COLOQUIAL. Resultado de emborracharse o de estar bajo los efectos de alguna droga: *Javier ha agarrado un pedo de ginebra. Elvira se ha bebido una botella de vino y lleva un buen pedo encima.*

pedofilia o **paidofilia** *s. f.* (no contable) Atracción sexual que siente un adulto hacia niños de igual o distinto sexo.

pedorrear *v. intr.* **1** COLOQUIAL. Expulsar ‹una persona› los gases del intestino por el ano. **2** Hacer ‹una persona› pedorretas con la boca.

pedorreo *s. m.* **1** MÉX.; VULGAR. Burla. **2** MÉX.; VULGAR. Reprimenda, regañina.

pedorrera *s. f.* COLOQUIAL. Abundancia de ventosidades que se expulsan por el ano: *Después de comer las judías, le entró una buena pedorrera.*

pedorrero, ra *adj. / s. m.* y *f.* COLOQUIAL; INSULTO. Que despide ventosidades o se tira pedos con frecuencia y sin ninguna vergüenza: *Eres un poco pedorrero.* SIN. pedorro.

pedorreta *s. f.* Ruido que se hace con la boca semejante al de un pedo: *El niño se ríe cuando le hacen pedorretas.*

pedorro, rra *adj. / s. m.* y *f.* **1** (ser / estar) Que despide ventosidades con frecuencia y sin vergüenza ninguna. **2** COLOQUIAL; INSULTO. Que molesta o desagrada: *¡Qué chica más pedorra, no dice más que tonterías! Ese tipo es un pedorro, no lo soporto.*

pedrada *s. f.* **1** Acción de lanzar una piedra: *Algunos manifestantes violentos recibieron a la policía a pedradas.* **2** Golpe que se da con una piedra que se ha lanzado: *Rompieron el cristal de una pedrada.*

pedrea *s. f.* **1** COLOQUIAL. Conjunto de los premios menores de la lotería nacional: *Jugamos cinco mil pesetas en un décimo y sólo nos tocó la pedrea.* **2** AGR.; RESTRINGIDO. Tormenta de granizo, especialmente cuando es muy perjudicial para la agricultura: *Este año la pedrea ha destrozado toda la cosecha de cereza.* SIN. pedrisco, pedrisca.

pedregal *s. m.* Terreno cubierto de piedras: *No siembro ahí nada porque es un pedregal. Consiguió transformar el pedregal en olivar.*

pedregoso, sa *adj.* Que está cubierto de piedras: *camino pedregoso, ladera pedregosa.*

pedregullo *s. m.* ARG., CHILE, URUG.; ELEVADO en Chile. Grava, piedrezuela.

pedrería *s. f.* (no contable) Conjunto de piedras preciosas: *un broche de pedrería, un vestido con pedrería.*

pedrisca *s. f.* Pedrisco: *La pedrisca arruinó la cosecha.*

pedrisco *s. m.* Granizo grueso que cae en abundancia: *una tormenta de pedrisco. El pedrisco ha estropeado la uva de este año. La tormenta de pedrisco alcanzó los cerezos.* SIN. pedrisca.

pedrusco *s. m.* PEYORATIVO. Cualquier trozo de piedra sin labrar: *No sé cómo te gusta tanto ver los pedruscos de las catedrales.*

pedunculado, da *adj.* BOT. [Flor, fruto] que tiene pedúnculo.

pedúnculo *s. m.* **1** BOT. Rabo que une una hoja, flor o fruto al tallo. SIN. pedículo. **2** ZOOL. Prolongación del cuerpo mediante la cual están fijos al suelo algunos animales, como los percebes. **3** ZOOL. Pieza alargada que une un órgano terminal al resto del cuerpo.

peeling (del inglés; pronunciamos '*pilin*') *s. m.* Tratamiento que consiste en desprender las células muertas de la piel: *Esta tarde me hace un peeling mi vecina la peluquera.*

peer *v. intr. / prnl.* Expulsar ‹una persona› los gases del intestino por el ano.

pega *s. f.* **1** Dificultad u obstáculo que se opone a la realización de una cosa: *Le han puesto muchas pegas a la hora de admitirlo en el equipo. Han comprado un piso muy bueno; la única pega que tiene es que no tiene buena comunicación con el centro.* SIN. inconveniente. **2** COLOQUIAL. Pregunta difícil o rebuscada, generalmente a un estudiante: *un examen lleno de pegas.* **3** AMÉR. DEL S.; COLOQUIAL. Oficio o trabajo de una persona. FR. Y LOC. **de ~** De mentira, que induce a engaño: *Le he gastado una broma cambiándole los cigarrillos por otros de pega que explotan. Unos policías de pega desvalijaron el piso de la anciana.*

pegada *s. f.* ARG. Acción con suerte que consigue su objetivo.

pegadizo, za *adj.* **1** Que se queda en la memoria con facilidad: *canción pegadiza, música pegadiza, melodía pegadiza.* **2** Pegajoso.

pegado, da *adj.* COLOQUIAL. Que está asombrado o aturdido: *No podía reaccionar, la película me dejó pegado, es muy buena. La chica se quedó pegada, un tío la amenazaba con una navaja y le pedía el bolso y ella no hacía nada. Tu pregunta me ha dejado pegado. Yo estaba pegado viendo aquel atraco.* FR. Y LOC. **estar ~** COLOQUIAL. No tener ‹una persona› conocimientos suficientes de una materia: *En matemáticas estoy pegado, me van a suspender. No te puedo ayudar en eso, porque en astronomía estoy pegado.*

pegajoso, sa *adj.* **1** Que se pega o se adhiere con facilidad, sin necesidad de aplicar sustancia alguna: *líquido pegajoso, crema pegajosa. Tengo las manos pegajosas. Tengo los zapatos pegajosos porque no sé qué he pisado en la calle. Esta silla está pegajosa.* **2** (ser / estar) COLOQUIAL. Que es excesivamente cariñoso o amable, o que molesta con sus continuas caricias: *No te enfades, pero estás un poco pegajoso últimamente. Es muy pegajoso y, a veces, llega a molestar.* **3** DEP. [Defensor, marcaje] que es eficaz y molesto por lo cercano y lo atento: *El defensa anuló al delantero centro con un marcaje pegajoso. La defensa de este equipo es muy pegajosa.*

pegamento *s. m.* Sustancia para pegar: *frasco de pegamento, barra de pegamento, tubo de pegamento. Pegué el cenicero con un pegamento para cerámica. Pon un poco de pegamento en la esquina del paquete. Dale un poquito de pegamento al sobre.*

pegamoide *s. m.* (no contable) QUÍM. Sustancia compuesta de celulosa disuelta que se aplica sobre una tela o un papel para darle espesor y consistencia a imitación del cuero o del hule.

pegamoscas (plural *pegamoscas*) *s. f. Ononis natrix.* Arbusto de la familia de las papilionáceas de flores cubiertas de pelos pegajosos en los que se quedan pegados los insectos.

pegar *v. tr.* **1** Unir ‹una persona› [una cosa] a [otra cosa] con pegamento o cola para que no puedan separarse: *Corté un trozo de papel y lo pegué sobre la cubierta.* **2** Unir ‹una persona› [una cosa] a [otra cosa] atándola o cosiéndola: *Tengo que pegar un botón a la chaqueta.* **3** Poner ‹una persona› [una cosa] cerca de [otra cosa] de forma que entren en contacto: *Pega este sofá a la pared.* SIN. arrimar. **4** Dar ‹una persona› [una cosa] a [otra persona]: *Elena le pegó un susto a su padre. Me has pegado un disgusto.* **5** Realizar ‹una persona› [una acción]: *El niño pegó un salto tremendo. Cuando me enteré, pegué un bote. Pegaste un grito horrible.* **6** Hacer ‹una persona› que se transmita [el fuego] a [una cosa]: *Un loco le pegó fuego **a** la casa.* ‖ *v. tr. / prnl.* **7** Transmitir ‹una persona o un animal› [una enfermedad o una costumbre a otro]: *Los niños **se** pegaron el catarro.* SIN. contagiar. **8** Dar ‹una persona› golpes [a otra persona, un animal o una cosa]: *La madre le pegó dos bofetadas al niño. Pedro y Luis **se** pegan. Pegué un golpe **sobre** el tablero.* ‖ *v. intr.* **9** Estar ‹una cosa› en armonía [con otra cosa]: *Esta camisa pega bien **con** la falda.* **10** Estar ‹una cosa› próxima a [otra cosa]: *El colegio está pegando **a** mi casa.* **11** Alcanzar ‹la luz o los rayos solares› [una superficie]: *La luz pega **en** la pared de mi habitación. La luz de la lámpara pega **contra** el cristal y molesta un poco. ¡Cómo pega el sol a mediodía!* **12** COLOQUIAL. Rimar ‹los versos› entre sí: *Estos últimos versos no pegan.* **13** COLOQUIAL. Estar ‹una cosa› de moda: *Esta música es la que está pegando este verano.* ‖ *v. intr. / prnl.* **14** Dar o chocar ‹una persona o una cosa› contra [otra] con fuerza o intensidad: *Al salir del aparcamiento (**me**) he pegado **contra** una farola.* ‖ *v. prnl.* **15** Quedar ‹una cosa› unida a [otra cosa] mediante un pegamento o una cola: *No pudo separar las hojas porque se habían pegado.* SIN. adherirse. **16** Quemarse ‹la comida› o quedarse fija en el fondo del recipiente donde se está cocinando: *El arroz se ha pegado a la paellera.* **17** Unirse ‹una persona› a [otra persona o grupo de personas] sin ser invitada: *Víctor es un plasta: si se pega a vosotros, no os va a dejar en toda la tarde.* **18** Quedarse ‹una cosa› con facilidad en la memoria de [una persona]: *Se me ha pegado esa canción.* FR. Y LOC. **¡dale*! o ¡dale que dale! o ¡dale que te pego!** COLOQUIAL; INTENSIFICADOR. Se usa para indicar que una acción se realiza con energía o perseverancia: *Su madre le dijo que descansase, pero él, dale que te pego, no se fue a la cama hasta que acabó de leer todos los tebeos. Estás dale que te pego en el gimnasio desde principio de curso, te vas a poner hecho una fiera.* **dar / ~ brincos de alegría / contento. dar / ~ un bote. dar / ~ un brinco*. dar / ~ un frenazo*. dar / ~ un garrotazo*. darse / pegarse el lote*. ir con la hora* pegada al culo. no dar / ~ (ni) golpe*. no dar / ~ ni clavo*. no ~ ni chapa*. no ~ ni con cola*. no ~ ojo*. no ~ sello*. pegado a las faldas*. ~ fuerte** COLOQUIAL. Tener ‹una persona o una cosa› un éxito importante: *Esta canción viene pegando fuerte esta temporada. Pega fuerte el nuevo colaborador. Ese chico pega fuerte, va a ser un gran ciclista.* **~ la hebra*. ~ / picar el sol*. pegarle fuerte** COLOQUIAL. Dedicarse ‹una persona› intensamente a una afición o a una tarea: *Este verano Juan le pega fuerte a la natación. Le estamos pegando fuerte a las matemáticas.* **pegarse una castaña*. pegársela** 1 COLOQUIAL. Sufrir ‹una persona› una caída o un accidente: *En esta curva me la pegué hace un año con el coche.* 2 COLOQUIAL. Engañar ‹una persona› a otra persona: *Somos tan ingenuos que nos la pegan cada dos por tres.* **pegársele las sábanas*. ⇒ 56.**

pegatina *s. f.* Recorte de papel adhesivo con dibujos o textos impresos que, generalmente, se pega con fines publicitarios: *Hago colección de pegatinas. Todos llevaban la pegatina en la solapa con el anagrama del partido. Si sales en el descanso del concierto te dan una pegatina, pero si la pierdes no te dejan volver a entrar.*

pegmatita *s. f.* (no contable) Roca magmática con cristales de gran tamaño, que se compone fundamentalmente de cuarzo y feldespato.

pego *s. m.* Se usa en la LOC. **dar el ~** COLOQUIAL. Aparentar ‹una persona o una cosa› lo que no es: *El abrigo no es de piel, pero da el pego. Parece una sortija buena, pero no lo es, ¿verdad que da el pego?*

pegón, na *adj. / s. m. y f.* COLOQUIAL. Que tiende a dar golpes o castigar con ellos: *una niña muy pegona.*

pegote *s. m.* **1** Pasta de pez u otra sustancia pegajosa. **2** Añadido que no guarda coherencia con el resto, especialmente en una obra literaria o artística: *Este final es un pegote.* **3** COLOQUIAL. Cosa, especialmente un guiso, que es espesa y se pega: *Los macarrones están hechos un pegote.* **4** COLOQUIAL. Persona pesada que no se separa de otra: *Ése está ahí de pegote. Ten cuidado con Santiago, que como se te acerque no te dejará ni a sol ni a sombra, es un auténtico pegote.* **5** Cosa que se superpone para tapar un defecto: *Para que no se viera el hueco de la pared le puso un pegote de yeso.* **6** COLOQUIAL. Mentira para presumir: *No te tires pegotes, que no conoces Venezuela. A mí no me metas pegotes, queremos la verdad limpia.* SIN. farol. **7** COLOQUIAL. Cosa mal hecha: *Ese interruptor es un pegote, tienes que encajarlo bien. Este color aquí es un pegote, hay que pintarlo todo.*

pegujalero *s. m.* **1** RESTRINGIDO. Campesino que tiene poca tierra para labrar. **2** RESTRINGIDO. Ganadero que tiene poco ganado para criar.

pegujar *s. m.* **1** (no contable) RESTRINGIDO. Bienes que posee una persona: *Su tío consiguió amasar una fortunita en América, un pegujar modesto.* **2** RESTRINGIDO. Propiedad agraria pequeña: *En el pueblo me dejaron en herencia un pegujar sin importancia, dos tierras y cuatro ovejas.*

pegujón *s. m.* RESTRINGIDO. Lío de lanas o de pelos que se aprietan y pegan unos con otros: *Hay un pegujón de pelos del gato en el sofá.*

pehuenche *adj.* CHILE. De una raza nativa de la cordillera sureña de Chile.

peinado *s. m.* **1** Cada una de las distintas formas de colocarse y arreglarse el pelo: *Estoy harta de llevar siempre el mismo peinado.* **2** Acción de peinar o peinarse: *Pierdo mucho tiempo en el peinado diario de la niña, pero me gusta verla ir así, tan contenta con sus trenzas.* **3** Acción de un grupo de policías que consiste en examinar o rastrear cuidadosamente una zona para buscar a alguien: *Dos patrullas hicieron un peinado del monte en busca del fugado. La policía está planeando un peinado del puerto, porque cree que el secuestrado está en algún barco.*

peinador, ra *adj. / s. m. y f.* **1** RESTRINGIDO. Que peina. ‖ *s. m.* **2** Tela en forma de capa que se coloca sobre los hombros de la persona que se peina, corta el pelo o afeita. **3** AMÉR. Mueble bajo con cajones y con espejo en la parte superior.

peinadora *s. f.* **1** Máquina que peina las fibras textiles al hilar. **2** RESTRINGIDO. Mujer que tenía por oficio peinar a sus clientas en sus propias casas.

peinar *v. tr. / prnl.* **1** Arreglar o colocar ‹una persona› [el cabello de otra persona o el propio]: *La madre peina todos los días a su hijo. Marta **se** peinó antes de salir a la calle.* ‖ *v. tr.* **2** Arreglar ‹una persona› [el pelo de un animal o de una fibra]: *No hay quien peine la barriga de los gatos. Hay que peinar un poco la alfombra para que quede bien la lana.* **3** Rastrear ‹una persona› [un lugar] [en busca de una persona o una cosa]: *La policía peinó a fondo el barrio en busca de los terroristas.* FR. Y LOC. **~ canas*.**

peinazo *s. m.* Listón horizontal de una puerta o de una ventana que forma los cuarterones o divisiones de ésta.

peine *s. m.* **1** Instrumento formado por una serie de púas o dientes finos y estrechos, para desenredar y arreglar el cabello: *En la bolsa de aseo llevo siempre el peine y el cepillo.* **2** Cualquier objeto parecido al anterior por su forma o función. **3** Instrumento de dientes largos y acerados para peinar y limpiar una materia textil antes de hilarla. SIN. carda. **4** Pieza metálica que contiene los proyectiles en algunas armas de fuego, como el fusil. SIN. cargador. **5** Barra del telar con una serie de dientes por donde pasan los hilos de la urdimbre. FR. Y LOC. **enterarse de lo que vale un ~** COLOQUIAL; AMENAZA. Se usa para advertir a otra persona de las dificultades que puede tener en el futuro o las consecuencias negativas de algo: *Si no le haces caso, te vas a enterar de lo que vale un peine. Como no estudies ahora, te vas a enterar de lo que vale un peine en junio, pero entonces ya no habrá remedio. Poco tiempo después nos enteramos de lo que valía un peine, por no haber querido escuchar sus advertencias.* **saber cuantas púas* tiene un ~.**

peineta *s. f.* **1** Adorno alto y curvado que usan en ocasiones las mujeres para sujetar el peinado o el velo, o como adorno en algunas solemnidades: *Algunas mujeres van con* *peineta y mantilla a las procesiones.* **~ de teja** Peineta grande y calada que se utiliza para sostener en la cabeza un manto, generalmente de encaje. **2** Utensilio semejante a un peine pequeñito y curvado, que utilizan las mujeres como adorno para sujetar el cabello.

p. ej. *abr.* «Por ejemplo».

peje *s. m.* **1** (macho y hembra) RESTRINGIDO. Pez, animal. **2** COLOQUIAL, RESTRINGIDO. Persona sinvergüenza y astuta en quien no se puede confiar: *No te metas en negocios con él, es un peje de cuidado. Fuimos de excursión y tu amigo acabó comiendo nuestra merienda, le tuvimos que pagar el taxi, está hecho un buen peje.*

pejesapo *s. m.* (macho y hembra) Rape, pez.

pejiguera *s. f.* COLOQUIAL. Cosa que produce fastidio o molestia: *Con la pejiguera del traslado no he podido estudiar. ¡Menuda pejiguera, tener que salir tan temprano para no pillar el atasco del fin de semana!* SIN. lata (COLOQUIAL).

pejiguero, ra *adj. / s. m.* y *f.* COLOQUIAL. Que es molesto porque le pone defectos a todo: *No seas tan pejiguero y decide lo que vas a comer. Ese profesor es muy pejiguero: como tengas el más mínimo fallo te suspenderá.*

pela *s. f.* **1** COLOQUIAL. Peseta: *Gano muchas pelas.* **2** AMÉR. Paliza, azotaina.

pelada *s. f.* **1** ARG., PAR., URUG.; COLOQUIAL. Cabeza calva o con el pelo cortado al rape. **2** CHILE; COLOQUIAL. Calvicie.

peladilla *s. f.* Almendra lisa y redondeada cubierta con un baño de azúcar: *En Navidad me harté de comer turrones y peladillas.*

pelado, da *adj.* **1** (ser / estar) Que no tiene aquello que normalmente lo cubre, adorna o rodea: *comarca pelada, hueso pelado. Es un monte pelado lo que ves desde allí.* **2** [Número] que acaba en cero y no es decimal: *un veinte pelado, un treinta pelado.* **3** Que apenas cumple con lo necesario para su clase: *He sacado un aprobado pelado en el examen. El acto fue una tontería, un discurso pelado y nada más. Yo ando justo a fin de mes, sólo tengo el sueldo pelado.* || *adj. / s. m.* y *f.* **4** (estar) COLOQUIAL. Que no tiene dinero: *A final de mes siempre estoy pelado.* **5** MÉX.; RESTRINGIDO en España. [Persona] sencilla, que pertenece a las clases humildes de la sociedad: *Ese chico es un pelado simpático.* **6** MÉX.; COLOQUIAL. [Persona] que emplea palabras altisonantes. || *s. m.* **7** Acción de pelar las pieles. **8** COLOQUIAL; HUMORÍSTICO. Corte de pelo: *Le han hecho un buen pelado en la peluquería.* **9** COL., PAN.; COLOQUIAL. Adolescente, niño.

peladura *s. f.* **1** (no contable) RESTRINGIDO. Acción y efecto de pelar. **2** RESTRINGIDO. Piel o corteza de algo, especialmente de una fruta: *Paula tiró las peladuras de la naranja a la basura.* SIN. monda.

pelagatos (plural *pelagatos*) *s. m. / f.* COLOQUIAL; PEYORATIVO. Persona poco importante, sin posición social ni económica: *Ese tipo es un pelagatos: no tiene donde caerse muerto. Ese chico se ha casado con una pelagatos como él, no sé cómo van a salir adelante.* SIN. pelanas.

pelágico, ca *adj.* **1** ELEVADO. Del piélago o del mar: *corriente pelágica, la atracción pelágica.* **2** BIOL. [Animal o vegetal marino] que vive en zonas alejadas de la costa: *fauna pelágica.* **3** GEOL. [Sedimento] que se supone está depositado en las aguas profundas de antiguos mares.

pelagoscopio *s. m.* Aparato que sirve para estudiar el fondo marino.

pelagra *s. f.* MED. Enfermedad causada por la carencia de un tipo de vitamina que produce dermatitis, diarrea y demencia.

pelaire *s. m.* RESTRINGIDO. Persona que por oficio carda o prepara la lana que se va a tejer.

pelaje *s. m.* **1** (no contable) GAN. Características o cualidades del pelo o de la lana de un animal: *El pelaje de esas ovejas es muy suave. Mi gato tiene un pelaje color canela muy bonito.* **2** (no contable) COLOQUIAL; PEYORATIVO. Categoría o aspecto exterior de una persona: *No me gustan las personas de su pelaje. No tienen muy buen pelaje los que frecuentan ese bar.* **3** (no contable) COLOQUIAL, RESTRINGIDO; PEYORATIVO. Gran cantidad de pelo: *A ver si te cortas ese pelaje. ¡Vaya pelaje que traes!* SIN. pelambrera (COLOQUIAL).

pelambre *s. m. / f.* **1** (no contable) COLOQUIAL; PEYORATIVO. Cantidad abundante de pelo revuelto: *Ya es hora de que te cortes el pelambre ese que llevas.* SIN. pelambrera. **2** RESTRINGIDO. Conjunto de pieles que se han pelado. || *s. m.* **3** CHILE; COLOQUIAL. Murmuración o conversación negativa sobre una persona que está ausente.

pelambrera *s. f.* **1** (no contable) COLOQUIAL; PEYORATIVO. Pelo abundante y revuelto: *Deberías peinarte esa pelambrera.* **2** COLOQUIAL; PEYORATIVO, HUMORÍSTICO. Vello espeso y crecido: *Me depilé las piernas porque ya tenía una buena pelambrera.*

pelamen *s. m.* (no contable) COLOQUIAL; INTENSIFICADOR. Pelo abundante: *Con ese pelamen que tienes puedes hacerte una buena coleta.*

pelanas (plural *pelanas*) *s. m. / f.* COLOQUIAL; PEYORATIVO. Persona que habla más que trabaja, poco importante, sin posición social ni económica: *Luis nunca hará nada, no le hagas caso porque es un pelanas.* SIN. pelagatos (COLOQUIAL).

pelandusca *s. f.* **1** COLOQUIAL; PEYORATIVO. Prostituta: *Luis se ha liado con una pelandusca.* SIN. furcia. **2** COLOQUIAL; PEYORATIVO. Mujer sin posición social y de no muy buena fama: *No te fíes de ella, es una pelandusca de cuidado.*

pelar *v. tr. / prnl.* **1** COLOQUIAL. Cortar o arrancar ‹una persona› el pelo [a otra persona o un animal]: *–«¿**Te** has pelado?» –«No, me han pelado.»* || *v. tr.* **2** Quitar ‹una persona› las plumas a [un ave]: *pelar una gallina.* SIN. desplumar. **3** Quitar ‹una persona› la piel o la corteza de [un árbol o una fruta]: *Pelas las frutas de un modo elegante.* **4** COLOQUIAL. Quitar ‹una persona› dinero u otros bienes [a otra persona] con engaño o violencia: *Entraron unos ladrones en casa y le pelaron todas las joyas.* **5** COLOQUIAL. Criticar ‹una persona› [a otra persona o una cosa]: *Esos tipos en cuanto se quedan solos se dedican a pelar a los colegas.* SIN. despellejar. || *v. prnl.* **6** Caer la piel de ‹una persona› por haber tomado mucho el sol o por una quemadura: *Cuando vengo de la playa, me pelo.* **7** Perder ‹una persona› el pelo: *Me estoy pelando por momentos.* || *v. tr. / intr.* **8** AMÉR. Empuñar ‹una persona› un arma. FR. Y LOC. **correr* que se las pela. duro* de ~. hacer un frío* que pela. ~ el diente*. ~ la pava*. pelarse de frío** Sentir ‹una persona› mucho frío: *He encendido el fuego porque me pelaba de frío.*

pelargonio *s. m.* Geranio.

peldaño *s. m.* Parte de una escalera en la que se apoya el pie al subir o bajar por ella: *Hasta la puerta de mi casa hay diez peldaños.* SIN. escalón.

pelea *s. f.* **1** Discusión o enfrentamiento en el que se usa la violencia: *Los seguidores de los dos equipos se encontraron* *y se produjo una pelea impresionante. No ha sido nada grave, la típica pelea familiar.* SIN. disputa. **2** Lucha, combate: *Vamos a la pelea con el apoyo de todo nuestro pueblo.* **~ de gallos.** FR. Y LOC. **gallo* de ~.**

pelear *v. intr. / prnl.* **1** Luchar ‹dos o más personas o animales› entre sí: *Aquel general peleó en numerosas batallas. Tú pelea siempre con valentía. Los dos hermanos* ***se*** *pelean entre sí. Luis* ***se*** *peleó* ***con*** *Pedro* ***por*** *la herencia paterna.* **2** Discutir ‹dos o más personas›: *Los socios* ***se*** *pelearon acaloradamente* ***por*** *la marcha del negocio.* SIN. reñir. || *v. intr.* **3** Trabajar o esforzarse ‹una persona› para conseguir [una cosa]: *He peleado* ***por*** *tener una buena posición en la vida.* SIN. luchar. || *v. prnl.* **4** Romperse una amistad entre ‹dos o más personas›: *Mis primos no quieren verse porque se han peleado.* FR. Y LOC. **luchar / ~ a brazo* partido.**

pelechar *v. intr.* **1** Echar ‹un animal› pelo o pluma: *Los pollitos están feos ahora porque están pelechando.* **2** Cambiar ‹un ave› las plumas: *Los pájaros pelechan en primavera.* **3** COLOQUIAL; RESTRINGIDO. Perder ‹una piel o tela› el pelo.

pelele *s. m.* **1** Muñeco con figura humana, hecho de trapo o de paja, utilizado en algunas fiestas populares: *Son famosos los peleles de algunos dibujos de Goya.* **2** COLOQUIAL. Persona simple de poco carácter que se deja dominar: *El secretario es un pelele, hace solamente lo que le dice el administrador. Tienes que hablar con su mujer, que él es un pelele.* **3** Traje infantil de una sola pieza, especialmente el utilizado para dormir: *Le he regalado un pelele al bebé.*

peleón, na *adj. / s. m.* y *f.* **1** (ser / estar) Que tiende a pelear, discutir o armar escándalos: *Estás muy peleón esta noche. Elisa es muy peleona, le gusta discutir sobre cualquier cosa.* || **2 vino* ~.**

peletería *s. f.* **1** Tienda donde se venden prendas de piel: *Están muy rebajados los abrigos de visón en la peletería de la calle Mayor.* **2** (no contable) Oficio de hacer o vender prendas de piel: *Desde joven me he dedicado a la peletería. La peletería ocupa a bastante gente en esta ciudad. La peletería está creciendo en esta provincia.* **3** CUBA. Zapatería.

peletero, ra *adj.* **1** De la peletería: *congreso peletero, industria peletera, feria peletera, expansión peletera.* || *s. m. / f.* **2** Persona que por oficio fabrica, prepara o vende prendas de piel: *La peletera me hizo descuento en la cazadora. Ése es un peletero muy fino, ha ganado un premio en la última feria nacional.*

peliagudo, da *adj.* (antepuesto / pospuesto) COLOQUIAL. Que es difícil de entender o de resolver: *El país atraviesa una peliaguda situación económica. Estamos ante un problema peliagudo.*

pelícano o **pelicano** *s. m.* (macho y hembra) *Pelecanus onocratalus.* Ave acuática de plumaje blanco y pico muy largo y ancho, con una especie de bolsa debajo, donde deposita los peces de que se alimenta.

película *s. f.* **1** Capa fina y delgada que cubre algo: *El jarrón está cubierto por una fina película de barniz.* **2** Cinta de celuloide preparada para ser impresionada con imágenes fotográficas o cinematográficas: *Se ha velado la película, por eso las fotos no han salido.* **3** Cinta de celuloide impresionada que permite reproducir las imágenes proyectándolas sobre una pantalla u otra superficie: *película en blanco y negro, película en color. He alquilado una película de vídeo.* **4** Conjunto de imágenes proyectadas que componen una historia: *película de terror, película de ciencia ficción, película de aventuras, película de humor, película lacrimógena, película cómica, película del oeste, película de dibujos animados. Vimos una película el jueves.* FR. Y LOC. **¡allá* cuidados / películas!** COLOQUIAL. Se usa para indicar ‹una persona› que no se responsabiliza de lo que pueda suceder porque no se han seguido sus opiniones o sus consejos: *Con ese coche no podéis salir a la carretera, pero si os empeñáis en iros, allá películas. Yo he aconsejado que no se contrate a personas poco preparadas, pero allá películas, que decidan los del departamento de personal.* **de ~ 1** COLOQUIAL; INTENSIFICADOR. Muy bueno, sensacional, muy lujoso: *Vivo en un apartamento de película. Esos amores son de película.* **2** COLOQUIAL. Muy bien: *Bailas y cantas de película.*

peliculero, ra *adj.* **1** Que es propio de una película de cine: *ambiente peliculero.* || *adj. / s. m.* y *f.* **2** Que le gusta el cine y va a él con frecuencia: *Alicia es muy peliculera: todos los fines de semana va a la filmoteca.* **3** COLOQUIAL. Que tiene mucha fantasía, inventa o imagina historias: *¡Qué peliculero eres, siempre te estás imaginando viajes por unos países exóticos! Este niño es un peliculero, no le creas nada de lo que dice.* **4** PERÚ; COLOQUIAL. [Persona] que hace o dice fanfarronadas.

peliculina *s. f.* PERÚ; COLOQUIAL. Exhibicionismo.

peliculón *s. m.* COLOQUIAL; INTENSIFICADOR. Película de cine muy buena: *Esas películas tan románticas que echaban antes eran unos peliculones de verdad.*

peligrar *v. intr.* Estar ‹una persona, un animal o una cosa› en peligro: *Peligra su poder en aquella empresa. Peligran nuestras vacaciones con la devaluación de la moneda.*

peligro *s. m.* **1** Situación en la que es posible que ocurra algo malo: *especie en peligro de extinción. Su vida está en peligro. Ya pasó el peligro. Estás fuera de peligro. Si el balcón no tiene barandilla, el niño corre el peligro de caerse.* **2** Persona o cosa que puede causar peligros: *Los enchufes son un peligro para los niños. Ese conductor es un peligro.*

peligrosidad *s. f.* (no contable) Posibilidad de que se produzca un daño: *La lluvia aumenta la peligrosidad de las carreteras.*

peligroso, sa *adj.* **1** (ser / estar; antepuesto / pospuesto) Que encierra peligro: *Esto está muy peligroso para saltar, yo no me arriesgaría. Ten cuidado, esta playa es muy peligrosa. Realizó un peligroso ejercicio. El país vive una peligrosa situación.* **2** (antepuesto / pospuesto) Que puede ocasionar daño, o cometer actos delictivos: *Este que ves en la foto es un asesino muy peligroso, ya ha cometido varios crímenes. Un peligroso recluso se ha fugado hoy de la cárcel.*

pelillo *s. m.* Se usa en la LOC. **(echar) pelillos a la mar** COLOQUIAL. Reconciliarse ‹dos o mas personas› olvidando lo que motivó su enfado: *Dejemos a un lado nuestras diferencias y echemos pelillos a la mar. Pelillos a la mar, desde ahora colaboremos como es nuestra obligación.*

pelín *s. m.* Se usa en la LOC. **un ~** COLOQUIAL. Un poco: *Échame un pelín de sal en la comida. No tenías que haberme dado tanto dinero; te has pasado un pelín. Esa falda te queda un pelín larga.*

pelirrojo, ja *adj. / s. m.* y *f.* Que tiene el pelo de color rojizo: *Tiene el pelo y la barba pelirrojos. Es una pelirroja muy guapa.*

pelita *s. f.* Roca sedimentaria de grano muy fino, formada por la acumulación de partículas de arcilla.

pelitre *s. m. Pyrethrum cinerarioefolium.* Planta anual de la familia de las compuestas, de hojas partidas en cintas y flores muy vistosas cuya raíz se emplea como insecticida.

pella *s. f.* Masa de forma redondeada de cualquier material: *El albañil extendió sobre la pared una pella de yeso.* FR. Y LOC. **hacer pellas** COLOQUIAL. Faltar ‹un alumno› a clase sin causa justificada: *Dos estudiantes hicieron pellas y se fueron a jugar al billar.*

pelleja *s. f.* **1** RESTRINGIDO. Pellejo, piel del hombre y los animales. || *adj. / s. f.* **2** COLOQUIAL; INSULTO. Mujer antipática o de malas intenciones, que ha pasado la madurez: *Discutí en el autobús con una tía pelleja. Su madrina es una vieja pelleja inaguantable.*

pellejería *s. f.* CHILE, PERÚ; COLOQUIAL en Perú. Conjunto de padecimientos por la pobreza, hambre.

pellejo *s. m.* **1** Piel de un animal, sobre todo la que ha sido separada del cuerpo. **2** Piel de algunas frutas: *Antes de tomar las uvas, les quito el pellejo.* **3** Piel humana. **4** Trozo o porción pequeña y superficial de la piel humana: *Para hacerle la manicura le cortaron las uñas y le quitaron los pellejos de los dedos.* **5** Cuero cosido y untado de pez que se usa para guardar vino. SIN. odre. || *adj. / s. m.* **6** COLOQUIAL; INSULTO. Persona antipática o de malas intenciones: *Ese pellejo le ha jugado una mala pasada.* FR. Y LOC. **arriesgar(se) / jugarse el ~** COLOQUIAL. Poner ‹una persona› en peligro su vida: *Los bomberos se jugaron el pellejo para rescatar a los dos niños.* **estar / hallarse en mi / tu / su ... ~** COLOQUIAL. Estar o hallarse ‹una persona› en las mismas circunstancias que otra persona: *Si yo estuviera en su pellejo, tendría más cuidado.* **no caber en el ~** COLOQUIAL; INTENSIFICADOR. Estar ‹una persona› muy contenta o envanecida: *Cuando ganó el campeonato, no cabía en el pellejo.* **quedarse en el ~** o **quedarse en los pellejos** COLOQUIAL; INTENSIFICADOR. Adelgazar mucho ‹una persona›: *Apenas come y se ha quedado en el pellejo.* **quitar el ~** COLOQUIAL. Criticar ‹una persona› a otra persona: *Esos cotillas deben de estar quitando el pellejo a más de una.* **salvar el ~** COLOQUIAL. Salvar ‹una persona› la vida de un peligro: *Ese político sufrió un atentado, pero consiguió salvar el pellejo.*

pelliza *s. f.* **1** Prenda de abrigo hecha o forrada de pieles finas. SIN. zamarra. **2** Chaqueta o prenda de abrigo reforzada con pieles o con otra tela gruesa en el cuello y en el filo de las mangas.

pellizcar *v. tr. / prnl.* **1** Agarrar ‹una persona› con dos dedos un trozo de carne o de piel de [otra persona o un animal], apretándola o retorciéndola: *Ignacio pellizcó a su hermano. De cuando en cuando* **me** *pellizco para comprobar que no estoy soñando.* || *v. tr.* **2** Causar ‹una persona o una cosa› una herida leve en [una parte del cuerpo] de [una persona]: *El cajón se cerró de golpe y me pellizcó el dedo.* **3** Tomar ‹una persona› una pequeña cantidad de [una cosa]: *No pellizques el pan.* || *v. prnl.* **4** Sufrir ‹una persona› una herida en [una parte del cuerpo]: *Me pellizqué el dedo al cerrar la puerta del coche.* ⇒ **71.**

pellizco *s. m.* **1** Acción y efecto de pellizcar: *dar un pellizco.* **2** Señal que los pellizcos dejan en la carne o en la piel: *Se nota el pellizco en la mano.* **3** Pequeña cantidad que se toma de alguna cosa: *Eché un pellizco de sal a la verdura.* SIN. pizca. || **4 un buen ~** COLOQUIAL; INTENSIFICADOR. Mucha cantidad de dinero: *Nos ha tocado un buen pellizco a la lotería. Leonor gana un buen pellizco todos los meses.*

pellón *s. m.* AMÉR. Piel de animal curtida que se coloca en la montura del caballo.

pelma *adj. / s. m.* y *f.* COLOQUIAL. Que molesta o aburre: *Menudo pelma es ese chico. No voy a la primera clase porque es muy pelma.* FR. Y LOC. **dar la ~** COLOQUIAL, RESTRINGIDO. Aburrir ‹una persona› a otra persona porque repite lo mismo muchas veces: *Has estado todo el tiempo dándonos la pelma con tus vacaciones en los Andes.*

pelmazo, za *adj. / s. m.* y *f.* **1** COLOQUIAL; INTENSIFICADOR. [Persona] que es molesta o inoportuna: *No seas pelmazo y déjalo ya. Irene es una pelmaza que no me deja en paz.* SIN. pelma, pesado. **2** COLOQUIAL; INTENSIFICADOR. Que tarda mucho o es muy lento en hacer las cosas: *¡Qué pelmazo eres, date más prisa! Yo no espero al pelmazo de tu hermano.* SIN. calmoso.

pelo *s. m.* **1** Filamento que nace y crece entre los poros de la piel de los mamíferos. **2** (no contable) Conjunto de pelos: *Este animal tiene el cuerpo cubierto de pelo.* **3** (no contable) Conjunto de pelos de la cabeza humana: *pelo castaño, pelo negro, pelo rubio, pelo liso, pelo rizado, cortarse el pelo, lavarse el pelo, teñirse el pelo. Tienes una gran mata de pelo.* SIN. cabello. **~ de rata** (no contable) COLOQUIAL; PEYORATIVO. Cabello muy fino y poco abundante. **4** Hilos muy finos que sobresalen en la superficie de algunos tejidos: *Este jersey suelta muchos pelos.* SIN. pelusa. **5** Plumón, pluma muy fina de las aves. **6** (no contable) Vello que tienen algunas frutas o plantas: *el pelo del melocotón.* SIN. pelusa. **7** Sierra u hoja de acero muy fina que se utiliza en trabajos de marquetería. FR. Y LOC. **a ~** 1 Con la cabeza descubierta: *Mi padre siempre iba a pelo, sin sombrero.* 2 Sin ninguna protección: *Monté el caballo a pelo.* **así me / te / le... luce el ~** COLOQUIAL; RESUMIDOR FINAL. Se usa para indicar que quien no hace nada o lo hace mal, no obtendrá mucho provecho: *Te pasas todo el día sin hacer nada y así te luce el pelo.* **caérsele el ~** COLOQUIAL. Recibir ‹una persona› un castigo o reprimenda por algo que ha hecho: *Cuando se entere el jefe que no hemos llevado estos paquetes se nos puede caer el pelo.* **contar con pelos y señales** COLOQUIAL. Contar ‹una persona› una cosa con todos los detalles: *Conté con pelos y señales lo que había sucedido.* **cuando las ranas* críen ~. dar para el ~** COLOQUIAL; INFANTIL; AMENAZA. Dar ‹una persona› una azotaina a otra persona: *Como pegues a tu hermano, te voy a dar para el pelo.* **de medio ~** COLOQUIAL; PEYORATIVO. [Persona o cosa] de poca categoría o importancia: *Su hija empezó a salir con un galán de medio pelo.* **de ~ en pecho** COLOQUIAL. [Hombre] que es fuerte y valiente: *Tu novio demostró que es un hombre de pelo en pecho.* **estar hasta (la punta de) los pelos** COLOQUIAL; INTENSIFICADOR. Estar ‹una persona› muy harta: *Estoy hasta los pelos de este asunto.* **hombre* de ~ en pecho. mata* de ~. no tener pelos en la lengua** COLOQUIAL. Decir sin ningún reparo ‹una persona› lo que piensa: *Le dije que era un sinvergüenza porque yo no tengo pelos en la lengua.* **no tener un ~ de tonto** COLOQUIAL. Ser ‹una persona› inteligente: *Puedes entenderte bien con él, porque no tiene un pelo de tonto.* **no tocar (ni) un ~ de la ropa** COLOQUIAL. No causar ‹una persona› el más mínimo daño o perjuicio a otra persona. **no ver el ~** COLOQUIAL. No ver ‹una persona› a otra persona: *Hace más de un mes que* *no le vemos el pelo.* **poner los pelos de punta** Producir ‹una persona o una cosa› una gran impresión o un gran miedo a otra persona: *Sólo pensar en el accidente me pone los pelos de punta.* **ponérsele los pelos de punta** COLOQUIAL. Sentir ‹una persona› mucho miedo: *Cuando recordamos la escena, se nos ponen los pelos de punta.* **por los pelos** o **por un ~** COLOQUIAL. En el último instante, por un margen muy estrecho: *Aprobé el examen por los pelos. Llegaste a tiempo por los pelos.* **soltarse el ~** COLOQUIAL. Decidirse ‹una persona› a hablar o a actuar sin inhibiciones: *Eva era una chica muy modosita hasta que un día se soltó el pelo. El secretario amenaza con soltarse el pelo y contar todo lo que sabe.* **tirarse de los pelos** COLOQUIAL. Arrepentirse ‹una persona› de haber perdido o desaprovechado una buena oportunidad: *Me tiro de los pelos por no haber comprado esa ganga.* **tomada* de ~. tomadura* de ~. tomar el ~** COLOQUIAL. Burlarse ‹una persona› de otra persona: *Sus amigos le están tomando el pelo.* **traer por los pelos** Aludir ‹una persona que está hablando› a otra persona o un acontecimiento, porque quiere nombrarlos, sin que tengan relación con lo que está diciendo: *Siempre traes por los pelos anécdotas que no tienen nada que ver con el asunto. Ese ejemplo está traído por los pelos.* **venir al ~** COLOQUIAL. Convenir ‹una cosa› a una persona: *Me vino al pelo que me llevara en coche a casa. Me han venido al pelo estas pesetillas.*

pelón, na *adj. / s. m.* y *f.* **1** Que no tiene pelo o tiene muy poco pelo. **2** COLOQUIAL. Que lleva cortado el pelo al rape o al cero: *En la peluquería la han dejado pelona.*

pelota *s. f.* **1** Esfera o bola de material flexible para jugar: *pelota de fútbol, pelota de rugby, pelota de tenis, pelota de baloncesto, pelota de béisbol. Lanza la pelota. Tira la pelota.* SIN. balón. **2** Juego que se realiza con esta bola: *Vamos a jugar a la pelota. Ha sido una pelota muy corta.* **~ vasca** DEP. Juego que se practica lanzando la pelota, con la mano, o con una cesta, contra un frontón. **3** Bola que se hace moldeando una materia blanda: *pelota de barro, pelota de nieve.* **4** (en plural) VULGAR. Testículos. || *adj. / s. m.* y *f.* **5** COLOQUIAL. Que es excesivamente amable con otro para conseguir algún beneficio: *Mercedes es muy pelota con su jefe. Se pasa el día adulándolo porque es una pelota. En todos los trabajos hay un pelota. Cuando la jefa entró en la oficina, le presentaron al pelota de turno.* SIN. pelotero. FR. Y LOC. **dejar en pelotas** 1 VULGAR. Dejar ‹una persona› [a otra persona] sin nada o desnuda: *Lo han despedido y lo han dejado en pelotas. Lo han atracado y lo han dejado en pelotas.* 2 VULGAR. Dejar públicamente ‹una persona› a otra persona sin argumentos o sin nada que decir: *El periódico ha demostrado que los cálculos no eran correctos y ha dejado al responsable del proyecto en pelotas.* **devolver la ~** COLOQUIAL. Responder ‹una persona› a una acción con otra semejante: *Mi hermano no me ha dejado ir con él, pero pienso devolverle la pelota.* **en pelotas** o **en ~ picada** VULGAR. Desnudo: *Su vecino va en pelotas por casa. Los nudistas pasean por la playa en pelota picada.* **estar hasta las pelotas** VULGAR. Estar ‹una persona› muy harta: *Estoy hasta las pelotas* **de** *hacerlo todo yo.* **hacer la ~** COLOQUIAL. Adular ‹una persona› a otra persona, para conseguir algo: *Como mi hermana quiere que le deje el coche está todo el día haciéndome la pelota.* **pasar(se) la ~** COLOQUIAL. Evitar ‹una persona› responsabilidades, procurando que otra tome las decisiones necesarias: *No se ha resuelto el problema del aparcamiento en esa plaza, porque el Ayuntamiento y el Gobierno regional se están pasando la pelota.* **quedarse en pelotas** 1 VULGAR. Ponerse ‹una persona› desnuda: *Fuimos a la playa y nos quedamos en pelotas.* 2 VULGAR. Quedar ‹una persona› en mala posición económica, o en una situación desagradable: *He perdido todo lo que tenía en este negocio, me he quedado en pelotas.* **tocarse las pelotas** VULGAR. Holgazanear ‹una persona›, hacer el vago: *Esa tía se pasa el día tocándose las pelotas.*

pelotari *s. m. / f.* DEP. Persona que juega a la pelota vasca.

pelotazo *s. m.* **1** Golpe dado con una pelota: *Estábamos jugando al tenis y le dimos un pelotazo a un señor que pasaba por allí.* **2** COLOQUIAL. Copa o trago grande de una bebida alcohólica: *Cuando salimos por la noche, nos pegamos unos buenos pelotazos de ginebra con unos amigos.* SIN. lingotazo. **3** COLOQUIAL. Negocio de dudosa legalidad que produce mucho dinero: *En nuestro tiempo se ha puesto de moda la cultura del pelotazo, con tal de ganar dinero.* **4** JERGAL. Dosis de droga: *Ese chico se mete cada pelotazo que acabará mal.*

pelote *s. m.* Pelo de cabra que se utiliza como relleno en tapicería y en la industria textil.

pelotear *v. intr.* **1** Jugar ‹una persona› con una pelota fuera de un partido organizado: *Los jugadores están peloteando para calentarse antes de empezar el encuentro. Primero peloteamos un poco y luego ya empezamos a contar.* **2** Jugar ‹una persona› con [una cosa] lanzándola de un lugar a otro repetidamente: *Deja de pelotear* **con** *la bolita de papel.* || *v. prnl.* **3** Pasarse ‹un asunto, una responsabilidad› de una persona o una entidad a otra: *Este problema se lo están peloteando de un departamento a otro y ninguno lo soluciona.*

peloteo *s. m.* (no contable) COLOQUIAL. Adulación e intento de agradar una persona a otra para conseguir un beneficio: *Pepe ha logrado ese puesto porque se le da muy bien el peloteo.*

pelotera *s. f.* COLOQUIAL. Riña, discusión muy fuerte: *Todas las noches oímos alguna pelotera entre los vecinos de arriba. Cuando su hermano le contradice, montan unas peloteras de mucho cuidado. Como los dos querían llevarse el coche, tuvieron una buena pelotera.*

pelotero, ra *adj. / s. m.* y *f.* **1** COLOQUIAL, RESTRINGIDO. Persona que se muestra agradable con otra para conseguir algún beneficio: *Mi compañero es un pelotero, se ha pasado toda la mañana alabando al jefe.* SIN. pelota, pelotillero. || *s. m. / f.* **2** Persona que juega a la pelota, especialmente al fútbol o al béisbol. || **3 escarabajo* ~.**

pelotilla *s. f.* **1** (preferentemente en plural) COLOQUIAL. Bolita que se forma en algunos tejidos: *A este jersey le salen pelotillas.* **2** COLOQUIAL. Moco que se saca de la nariz y con el que se hace una bola: *La madre regañó al niño por hacer pelotillas.* FR. Y LOC. **hacer la ~** COLOQUIAL; preferentemente INFANTIL. Hacer la pelota ‹una persona› a otra persona: *Pepito le hace la pelotilla a la maestra para poder salir al patio el primero.*

pelotillero, ra *adj. / s. m.* y *f.* COLOQUIAL. Que se muestra agradable con alguien para conseguir un beneficio: *¡Qué pelotillero eres! Te pasas el día elogiándola. Es una pelotillera, me cae fatal.* SIN. pelota, pelotero (COLOQUIAL).

pelotón *s. m.* **1** DEP. Grupo de ciclistas que marchan todos juntos: *El pelotón cruzó la línea de meta.* **2** Grupo desordenado de personas: *Un pelotón de jóvenes entró en los gran-*

des almacenes. Un pelotón de gente se agolpaba a la salida del metro. **3** MIL. Pequeña unidad militar de infantería que suele estar a las órdenes de un sargento o cabo. || **4 el ~ de los torpes** COLOQUIAL. Grupo de personas que con respecto a otras quedan retrasadas en los estudios o en una actividad: *Ester era muy vaga para estudiar y por eso siempre formaba parte del pelotón de los torpes.*

pelotudo, da *adj. / s. m.* y *f.* AMÉR.; VULGAR. Que es imbécil, pendejo.

peltre *s. m.* (no contable) Aleación de cinc, plomo y estaño: *cuchara de peltre.*

peluca *s. f.* Cabellera o melena postiza: *Pilar se había puesto una peluca rubia y no la reconocían. En el siglo* XVIII *los hombres elegantes llevaban peluca.*

peluche *s. m.* **1** (no contable) Tejido de fibras de pelo largo que imita el pelo de los animales: *un osito de peluche.* **2** Muñeco, generalmente de figura animal, realizado con esta fibra: *He decorado la habitación de la niña con peluches.*

pelucón, na *adj.* PERÚ; COLOQUIAL. Que tiene el pelo largo.

pelucona *s. f.* Moneda del siglo XVIII que valía una onza de oro.

peludear *v. intr.* **1** ARG.; RESTRINGIDO. Recorrer ‹una persona› el campo cazando peludos. **2** ARG.; COLOQUIAL. Andar ‹una persona› con dificultad por el barro.

peludo, da *adj. / s. m.* y *f.* **1** (ser / estar) Que tiene mucho pelo o vello: *un perro peludo, un oso peludo. Victoria tiene que depilarse a menudo porque es muy peluda.* || *adj.* **2** AMÉR. DEL S.; COLOQUIAL. Que es difícil o costoso. || *s. m.* **3** ARG., BOL., PAR., URUG.; COLOQUIAL en Uruguay. Borrachera. **4** ARG., BOL., PAR., URUG. Armadillo .

peluquear *v. tr. / prnl.* COL., C. RICA, URUG., VEN.; COLOQUIAL en Colombia. Cortar ‹una persona› el pelo [a otra persona].

peluquería *s. f.* **1** Establecimiento donde se corta y arregla el cabello: *peluquería de señoras, peluquería de caballeros, peluquería unisex. Fui a la peluquería a hacerme un moño.* **2** (no contable) Conjunto de técnicas del oficio de peluquero: *He estudiado peluquería. La peluquería, como todo, tiene también sus secretos.*

peluquero, ra *s. m. / f.* Persona que tiene por oficio arreglar y cortar el pelo a la gente: *La peluquera me aconsejó que me hiciera la permanente.*

peluquín *s. m.* **1** Postizo de pelo que cubre sólo una parte de la cabeza: *Su padre ocultaba sus entradas con un peluquín. Con el viento se le voló el peluquín.* SIN. bisoñé. **2** HIST. Peluca con bucles y coleta utilizada a finales del siglo XVIII. FR. Y LOC. **ni hablar del ~** COLOQUIAL. Se usa para negar o prohibir algo: *De tirar la vieja cámara, ni hablar del peluquín. Ni hablar del peluquín, esta noche no sales de casa.*

pelusa *s. f.* **1** Vello muy fino y apenas perceptible: *la pelusa de la cabeza de un bebé, la pelusa de la piel del melocotón, la pelusa de un pollito.* **2** Pelo fino que desprenden algunos tejidos con el uso: *Este paño suelta pelusa.* **3** Polvo y suciedad que se forma en un lugar que no se limpia con frecuencia: *Debajo del armario se habían acumulado las pelusas.* **4** (no contable) COLOQUIAL; INFANTIL. Envidia o celos propios de los niños: *El crío tiene pelusa de su hermano pequeño.*

peluso *s. m.* JERGAL. Recluta.

pelviano, na *adj.* De la pelvis: *cavidad pelviana, zona pelviana, huesos pelvianos.*

pelvis (plural *pelvis*) *s. f.* **1** ANAT. Porción ósea situada en la parte inferior del tronco de los mamíferos que contiene la terminación del tubo digestivo, la vejiga urinaria y algunos órganos del aparato genital. || **2 ~ renal** Cavidad interior del riñón situada en la zona del principio del uréter.

pemex (pronunciamos *'pémex'*) *s. m.* Sigla de la empresa «Petróleos Mexicanos».

pena *s. f.* **1** DER. Castigo impuesto por una autoridad a la persona que ha cometido un delito o falta: *El juez le ha impuesto una pena de diez años de cárcel.* **~ capital** Pena de muerte: *En algunos países todavía existe la pena capital.* **remisión* de una ~.** **2** (no contable) Tristeza, dolor causado por un hecho o suceso no deseado: *Me dio mucha pena saber que tu padre había muerto. ¡Es una pena ver a esos niños tan enfermos! ¡Qué pena que no puedas venir con nosotros!* **3** (preferentemente en plural; no contable) Dificultad, esfuerzo: *Con muchas penas y fatigas llegamos a la meta. Mi padre pasó muchas penas antes de conseguir lo que quería.* SIN. penalidades. **4** (no contable) AMÉR. Vergüenza, timidez. FR. Y LOC. **a duras penas** Con mucho esfuerzo, con mucha dificultad: *Terminé la carrera de filología a duras penas. Con ese dinero llegamos a final de mes a duras penas.* **ahogar las penas** COLOQUIAL. Olvidar la tristeza o el dolor, generalmente tomando bebidas alcohólicas: *Intentó olvidarse del fracaso amoroso ahogando las penas* ***en*** *ron.* **alma* en ~.** **de ~** COLOQUIAL. Muy mal o muy malo: *No puedo seguir escuchándote: cantas de pena. Mi hermana decía que iba a limpiar y lo dejó todo de pena.* **de puta* ~.** **merecer / valer la ~** Resultar útil o interesante el esfuerzo que hace ‹una persona› para conseguir algo: *Mereció la pena que vinieras a conocer a Ana. No vale la pena que me llames: no quiero salir. Merece la pena que estudies un poco más.* **sin ~ ni gloria** PEYORATIVO. Sin destacar o sin resultar brillante: *Luis pasó por la universidad sin pena ni gloria. Eva se doctoró sin pena ni gloria.* **so ~ de** 1 ELEVADO. Bajo un castigo: *so pena de recibir veinte latigazos.* 2 ELEVADO. A menos que suceda algo o exista determinada situación: *Voy a comprar esa casa so pena de que ya la hayan vendido.*

penacho *s. m.* **1** Conjunto de plumas que tienen algunas aves en la cabeza: *el penacho del pavo real.* **2** Adorno de plumas que se pone en sombreros, cascos y otras cosas. **3** Cosa que tiene esta forma.

penado, da *s. m. / f.* ADMINISTRATIVO. Persona condenada a cumplir una pena: *Una comisión está inspeccionando la vida cotidiana de los penados.*

penal *s. m.* **1** Lugar donde los condenados cumplen las penas de privación de libertad: *cumplir condena en un penal.* SIN. prisión, presidio. || *adj.* **2** De las penas o de los delitos, y de las leyes, instituciones o acciones que tienen como objetivo perseguir crímenes o delitos: *Ese chico no tiene antecedentes penales, es la primera vez que lo detienen.* **acción* ~.** **código* ~.** **derecho* ~.** **figura* ~.**

penalidad *s. f.* (preferentemente en plural; no contable) Dificultad que hay que vencer con trabajo y sufrimiento: *Su carrera estuvo llena de penalidades y sacrificios. Tuvimos que pasar muchas penalidades antes de poder triunfar.*

penalista *adj. / s. m.* y *f.* Que se dedica como profesión al derecho penal: *un abogado penalista.*

penalización *s. f.* **1** (no contable) Acción de castigar una falta con una pena o sanción: *La penalización del delito de robo es general en todos los países.* ANT. despenalización. **2** Castigo o sanción: *El jugador sufrió una penalización de dos minutos. Existe una penalización para los que no pagan las letras a tiempo. La comunidad ha anunciado una penalización para los que no han respetado las normas.*

penalizar *v. tr.* Imponer ‹una persona› una pena o una sanción por [una falta cometida por otra persona o un equipo]: *Los comisarios de carrera han penalizado con quince segundos al líder, por empujar a los del equipo rival al llegar a la meta. Las autoridades penalizan nuestros productos con una tasa especial a la importación.* ⇒ **19.**

penalti o **penalty** *s. m.* DEP. Máxima sanción que se aplica a la falta cometida en defensa por un jugador dentro de su área, y consiste en un tiro libre contra la portería del equipo que cometió la falta: *cometer un penalti, tirar un penalti.* FR. Y LOC. **casarse de ~** COLOQUIAL; HUMORÍSTICO. Casarse ‹dos personas› porque la mujer ha quedado embarazada: *A los dieciocho años mis amigos se casaron de penalti.*

penar *v. tr.* **1** Imponer ‹una persona› una pena o sanción por [una falta cometida por otra persona]. SIN. sancionar, penalizar. **2** DER. Señalar ‹la ley› el castigo para [un acto o una omisión]. || *v. intr.* **3** Sufrir ‹una persona› un dolor o una pena: *Mi tía penó mucho* ***con*** *su hijo enfermo. He penado* ***con*** *la carrera, pero ya me he licenciado.* FR. Y LOC. **~ por** Desear ‹una persona› mucho una cosa: *Esa mujer pena* ***por*** *un abrigo de visón.*

penates (plural) *s. m.* MIT. Dioses romanos del hogar.

penca *s. f.* **1** Hoja carnosa de algunas plantas. **2** Nervio central y peciolo de las hojas de algunas plantas: *las pencas de la acelga, las pencas de la lechuga.* **3** CHILE; COLOQUIAL. Que por sus características o condiciones resulta desagradable o desdeñable. || *adv. modo* **4** CHILE; COLOQUIAL; PEYORATIVO. De manera desagradable o mediocre.

pencar *v. intr.* **1** COLOQUIAL. Trabajar ‹una persona› mucho: *No me asusta tener que pencar todos los domingos. Creo que pencas más de la cuenta.* **2** Admitir ‹una persona› [un trabajo o una responsabilidad] a pesar de las dificultades para realizarlo: *El hombre pencó* ***con*** *toda la responsabilidad, a la espera de la decisión de los jueces.* ⇒ **71.**

penco *s. m.* **1** (macho y hembra) Caballo flaco: *Ahora monto un penco viejo.* SIN. jamelgo. **2** COLOQUIAL. Persona holgazana e inútil: *Luis es un penco: no hace nada útil.*

pendejada *s. f.* AMÉR.; COLOQUIAL. Imbecilidad, tontería: *Llevas toda la semana diciendo pendejadas. A ver si sientas la cabeza y dejas de hacer pendejadas.*

pendejear *v. intr.* **1** COL., EC., MÉX.; COLOQUIAL en Colombia, VULGAR en México. Hacer o decir ‹una persona› tonterías. **2** MÉX.; VULGAR. Perder ‹una persona› el tiempo.

pendejo, ja *s. m. / f.* **1** COLOQUIAL; INSULTO. Persona de vida poco decente. SIN. pendón. **2** AMÉR. Persona poco inteligente, tonta o cobarde. **3** ARG. Persona joven. **4** ARG. Adulto con personalidad inmadura. **5** PERÚ; VULGAR. Vivo, astuto o bribón. || *s. m.* **6** Pelo del pubis y las ingles. **7** MÉX.; VULGAR. Cornudo, hombre cuya mujer tiene un amante. FR. Y LOC. **hacerse el ~** COL., EC., MÉX. Fingirse ‹una persona› distraída, hacerse la tonta.

pendencia *s. f.* ELEVADO. Pelea, riña de palabra o con violencia: *Ese tipo siempre está metido en alguna pendencia.*

pendenciero, ra *adj. / s. m.* y *f.* Que es aficionado a comenzar o tomar parte en riñas o pendencias: *individuo pendenciero. Una persona de naturaleza pendenciera enseguida busca peleas con los vecinos.*

pender *v. intr.* **1** Estar ‹una cosa› colgada, suspendida o inclinada en [un lugar]: ***De*** *los bordes pendían trozos de madera.* SIN. colgar. **2** Existir ‹una amenaza o un peligro› [sobre una persona]: *Una catástrofe pende* ***sobre*** *nosotros. Una amenaza pendía* ***sobre*** *sus cabezas.* **3** RESTRINGIDO. Estar ‹un pleito o asunto› aún por resolver o terminarse: *Todavía penden varias resoluciones judiciales* ***en*** *este caso.* FR. Y LOC. **~ / colgar de un hilo*.** ⇒ **80.**

pendiente *adj.* **1** (estar) Que está muy atento a algo que ocurre, o preocupado por algo que se espera que ocurra: *He estado todo el día pendiente de tu llamada. Estoy pendiente de su decisión.* **2** (estar) Que tiene que resolverse o terminarse: *Hay varios asuntos pendientes. Tu solicitud de admisión está pendiente de ser aprobada. Está pendiente todavía la cena de fin de curso.* **3** Que pende o cuelga: *Hay varios adornos pendientes del techo.* **4** Que está inclinado: *una llanura muy pendiente, un tejado pendiente, una calle pendiente.* || *s. m.* **5** Adorno que se lleva en la oreja: *pendientes de oro, pendientes de plata. Le han regalado para su cumpleaños unos pendientes.* || *s. f.* **6** Cuesta o inclinación de una superficie: *la pendiente de una montaña, la pendiente de una carretera.* **7** Cada plano inclinado de un tejado que facilita el desagüe: *La casa tiene un tejado de cuatro pendientes.* || **8 asignatura* ~.** FR. Y LOC. **la vida* en un hilo** o **la vida* ~ de un hilo.**

péndola *s. f.* **1** Varilla con un círculo metálico u otro adorno en la parte inferior, que con sus oscilaciones regula el movimiento de algunos relojes, especialmente de los de pared: *El niño se queda embobado mirando la péndola del reloj.* SIN. péndulo. **2** Cada una de las varillas verticales que sostienen un puente colgante u otra estructura.

pendolista *s. m. / f.* RESTRINGIDO. Persona que escribe con letra muy bien hecha: *Ese artesano escribe imitaciones de documentos antiguos con letra de pendolista.*

pendón, na *adj. / s. m.* y *f.* **1** (preferentemente en masculino) COLOQUIAL; PEYORATIVO. Mujer de vida poco decente: *Estuvimos en la discoteca y ligamos con dos pendones de cuidado. Esta chica es una pendona.* SIN. golfa. **2** (preferentemente en masculino para hombres y mujeres) COLOQUIAL; PEYORATIVO. Persona que es vaga o de vida desordenada: *–«Tu hija es un pendón: no hace nada.» –«Pues tu niño también es algo pendón.»* || *s. m.* **3** Bandera más larga que ancha como insignia distintiva de una región o un grupo militar, religioso o profesional: *el pendón de Castilla, el pendón de la cuarta compañía, el pendón de la Universidad, el pendón de la cofradía parroquial.*

pendoneo *s. m.* (no contable) COLOQUIAL; PEYORATIVO. Actividad de la persona que no hace nada provechoso o no quiere trabajar: *Sara dejó de estudiar y ahora se pasa todas las tardes de pendoneo. Le gusta ir de pendoneo con los amigos, pero no busca trabajo.* SIN. pindongueo (COLOQUIAL).

péndulo *s. m.* **1** Cuerpo sólido que, colgado de un punto fijo situado por encima de su centro de gravedad, oscila libremente por la acción de su propio peso. **2** Péndola de un reloj. **reloj de ~.**

pene *s. m.* Órgano sexual masculino que permite realizar la cópula. SIN. falo (ELEVADO).

penene *s. m./f.* Profesor de una escuela, un instituto o una universidad que tiene un contrato temporal: *Los penenes van a la huelga. Esa profesora está de penene en la escuela de mi barrio. Su padre es penene de universidad.*

penetrable *adj.* **1** RESTRINGIDO. Que se puede penetrar: *un cuerpo penetrable.* ANT. impenetrable. **2** Que se puede llegar a entender o descifrar: *Su padre es un misterio difícilmente penetrable.* ANT. impenetrable.

penetración *s. f.* **1** Acción y resultado de penetrar: *la penetración sexual. El ejército realizó una penetración en el territorio enemigo.* **2** DEP. Avance de un equipo o de un jugador hacia la portería contraria: *la penetración del jugador por la banda izquierda.* **3** (no contable) ELEVADO, RESTRINGIDO. Comprensión de una cosa difícil: *Ciertas actividades, como la literatura o la diplomacia, exigen una buena penetración de la conducta de los hombres. No es fácil la penetración del misterio de la pirámide.*

penetrante *adj.* **1** Que penetra o entra mucho en algo: *herida penetrante, calor penetrante, olor penetrante.* **2** [Sonido, voz, grito] que es alto o agudo: *El ruido era tan penetrante que le impedía oír.* **3** (antepuesto/pospuesto) Que comprende fácil o rápidamente, tiene agudeza o perspicacia: *inteligencia penetrante. El sociólogo hizo un penetrante análisis sobre la sociedad moderna.* **4** (antepuesto/pospuesto) [Humor, ironía, crítica] que tiene ingenio agudo y mordaz: *El artículo está hecho con una ironía penetrante.*

penetrar *v. tr./intr.* **1** Introducirse ‹un cuerpo› en [otro cuerpo]: *El agua penetra **en** la tierra. El aceite ha penetrado **en** el carburador del motor y hay que desmontarlo todo.* **2** Llegar a comprender ‹una persona› bien [una cosa]: *Lucía ha conseguido penetrar **en** ese razonamiento tan complicado.* SIN. entender. **3** Hacerse sentir ‹una impresión› en [una persona] muy intensamente: *Tu chillido penetró mis oídos. El frío nos penetraba **hasta** los huesos. Una sensación de calor penetró **en** su cuerpo.* **4** Causar ‹un dolor o un sentimiento› una emoción [a una persona]: *La tristeza le penetraba **hasta** lo más hondo de su alma. El dolor penetró **en** su corazón.* **5** Introducir ‹el hombre› el pene en [la vagina de la mujer] para realizar el acto sexual: *El acusado no llegó a penetrarla, pero es culpable de repetidos delitos de violación.* ‖ *v. intr./tr.* **6** Entrar ‹una persona› [en un espacio]: *Penetré **en** casa y recorrí todas las habitaciones.* **7** Entrar ‹una cosa› dentro de otra: *Las novedades penetraron en las ciudades. El humo penetró en el túnel del metro. La bala le penetró en el hueso.* ‖ *v. prnl.* **8** RESTRINGIDO. Comprender ‹una persona› [una cosa] en todos los detalles o en los aspectos más importantes: *Debes penetrarte bien **del** sentido de esas palabras.*

penibético, ca *adj.* De la cordillera Penibética.

penicilina *s. f.* (no contable) Antibiótico extraído de los cultivos de un hongo que combate las enfermedades causadas por ciertos microorganismos.

penillanura *s. f.* GEOGR. Superficie ondulada de escaso relieve, producida por una erosión prolongada: *La provincia está formada por una sucesión de penillanuras hasta las montañas del norte.*

península *s. f.* **1** GEOGR. Extensión de tierra rodeada de agua por todas partes excepto por una: *península Ibérica, península Itálica, península de Yucatán.* **2** (no contable) Territorio formado por España y Portugal, con exclusión de sus islas: *El parte meteorológico anuncia cielos despejados en la península.*

peninsular *adj./s. m.* y *f.* **1** De una península. **2** De la Península Ibérica en oposición a las islas Canarias: *El vuelo de Tenerife llegará a la una según el horario peninsular. Muchos peninsulares pasan sus vacaciones en Canarias.*

penique *s. m.* Moneda inglesa que vale una centésima parte de una libra esterlina.

penitencia *s. f.* **1** (no contable) REL. Sacramento cristiano por el que el sacerdote perdona los pecados en nombre de Cristo. **sacramento de la ~.** **2** Oración o acción que el sacerdote impone al que confiesa: *El confesor le puso de penitencia tres padrenuestros.* **3** Sacrificio que una persona se impone a sí misma por razones religiosas: *El cofrade se impuso como penitencia ir descalzo hasta la ermita.* **4** COLOQUIAL. Cosa molesta que una persona tiene que soportar: *Tener que escucharle es una auténtica penitencia.* FR. Y LOC. **llevar en el pecado* la ~.**

penitencial *adj.* De la penitencia o del sacramento de la penitencia. **celebración* ~.**

penitenciaría *s. f.* Cárcel donde los presos son recluidos para que cumplan condena. SIN. prisión.

penitenciario, ria *adj.* De la penitenciaría o cárcel: *instituciones penitenciarias, régimen penitenciario, sistema penitenciario, establecimiento penitenciario.*

penitente *s. m./f.* **1** Persona que hace penitencia: *Encontramos unos penitentes que iban a Santiago.* **2** Persona que va a confesarse: *El sacerdote absolvió al penitente.* **3** Persona que participa en las procesiones religiosas como penitencia, normalmente vestida con una túnica: *los penitentes de la Cofradía de la Virgen del Rosario.*

penol *s. m.* MAR. Extremo o punta de las vergas de una embarcación de vela.

penoso, sa *adj.* **1** (antepuesto/pospuesto) Que implica mucho trabajo o esfuerzo: *Fue una travesía penosa, pensamos que nunca llegaríamos. El ciclista inició la penosa ascensión al puerto.* SIN. trabajoso. **2** (antepuesto/pospuesto) Que causa pena o profundo desagrado: *El colegiado realizó un penoso arbitraje. Juan bebió más de la cuenta y dio un espectáculo penoso.* SIN. lamentable. **3** (antepuesto/pospuesto) Que no sirve para lo que debía servir o que no cumple la función que debería cumplir: *Tras las inundaciones, las calles han quedado en un estado penoso. Esas viviendas tienen las líneas telefónicas en una penosa situación. La organización empresarial es penosa.* SIN. lamentable.

pensado, da *adj.* Se usa en la LOC. **mal* ~.**

pensador, ra *s. m./f.* Persona que se dedica a difundir sus ideas sobre temas generales o filosóficos: *En su obra se aprecia la influencia de los pensadores del siglo* XVIII. *En el siglo* XX *destacan en España algunos pensadores vitalistas y otros neoescolásticos.*

pensamiento *s. m.* **1** (no contable) Capacidad o facultad de pensar: *El pensamiento distingue al hombre de los animales. Llevo esa idea en el pensamiento desde hace tiempo.* **2** Acción de pensar y lo que se piensa: *He tenido un pensamiento. Su hermetismo hace difícil conocer su pensamiento. Rehúye los malos pensamientos. Escribe tus pensamientos.* **3** Idea o sentencia más destacadas de un escrito o de un discurso: *El libro es una colección de pensamientos orientales.* **4** Conjunto de ideas de una persona o de una colectividad: *el pensamiento griego. Conozco bien el pensamiento de Marx. Ese político profundizó en el pensamiento liberal.* **5** Deseo, intención o proyecto: *Tengo el pensamiento de cambiarme de casa. Por el momento sólo son pensamientos míos.* **6** Planta de jardín de flores vistosas y aterciopeladas con manchas de colores. **7** Flor de esta planta: *pensamientos amarillos, pensamientos violetas.* FR. Y LOC. **como el ~** INTENSIFICADOR. Con mucha rapidez: *Quiero que vengas como el pensamiento.* **figura* de ~. leer el ~** Adivinar ‹una persona› lo que otra está pensando: *Llevamos tanto tiempo juntos que puedo leerte el pensamiento.* **pasársele por el ~** Ocurrírsele ‹una cosa› a una persona: *No se nos ha pasado por el pensamiento pedirte dinero por ese favor. Confesad que se os pasó por el pensamiento iros de vacaciones sin nosotros.*

pensante *adj.* RESTRINGIDO. Que piensa. **cabeza* ~.**

pensar *v. tr. / intr.* **1** Formar ‹una persona› [ideas y conceptos] en la mente, relacionándolos unos con otros: *El entrenador pensó (**en**) la próxima jugada. Antes de mover la pieza de ajedrez, piensa **sobre** el movimiento. No dijo nada Sofía, sólo lo pensó **para** sí.* **2** Examinar ‹una persona› [un asunto o una idea] con cuidado: *Piensa (**sobre**) lo que te he dicho antes de hacer nada. Piensa **en** el proyecto.* SIN. reflexionar. || *v. tr.* **3** Tomar ‹una persona› [una decisión] después de haber examinado la cuestión: *He pensado que iré a la fiesta.* SIN. determinar. **4** Tener ‹una persona› la intención de [hacer una cosa]: *Pienso pasarme el verano estudiando.* SIN. proyectar, planear. **5** Inventar ‹una persona› [un plan]: *Iván pensó una estratagema para conseguir su propósito. Él fue el cerebro que pensó el asalto al banco. He pensado todos los detalles.* SIN. idear. **6** Manifestar ‹una persona› [una opinión]: *Pienso que no tienes razón en este asunto.* SIN. creer, opinar. FR. Y LOC. **cuando menos lo / se piense** Se usa para indicar que una acción puede realizarse en cualquier momento: *Cuando menos lo pensemos, tendremos el regalo aquí. Cuando menos se piense, nos tocará la lotería.* **dar* que ~. en el momento* menos pensado. ni pensarlo** Se usa para indicar que se rechaza o se niega una cosa: *No creas que vas a coger el coche, ni pensarlo. Esta noche no sales de casa, que hace mucho frío, ni pensarlo.* **~ en las musarañas*. ~ mal** Interpretar ‹una persona› las acciones o palabras de otra de la manera más desfavorable: *No quiero pensar mal, pero creo que aquí pasa algo raro.* **sin (pararse a) ~** Se usa para indicar que una acción se hace precipitada o irreflexivamente: *Colgé el teléfono sin pensar. Tomamos esa decisión sin pararnos a pensar en las consecuencias.* REFR. **Piensa mal y acertarás.** Se usa para indicar que una persona suele estar en lo cierto cuando sospecha de las intenciones de otra. ⇒ **58.**

pensativo, va *adj.* **1** (estar) Que está muy distraído pensando intensamente en una cosa: *Me quedé pensativo al ver los resultados. No me extraña que Miguel no te salude por la calle, no debe de verte, porque siempre camina pensativo.* **2** Que es muy reflexivo y poco comunicativo: *Es un muchacho silencioso y pensativo.*

pensil o **pénsil** *s. m.* RESTRINGIDO. Jardín muy bonito y agradable.

pensión *s. f.* **1** Cantidad de dinero que recibe una persona todos los meses por encontrarse en determinadas circunstancias: *pensión de invalidez, pensión de viudedad. Han subido las pensiones de los jubilados. El padre no le pasa a su mujer la pensión alimenticia de sus hijos. El Gobierno ha aprobado pasar una pensión extraordinaria al ilustre poeta.* **plan* de pensiones. 2** Casa de huéspedes o alojamiento de poca categoría: *Cuando trabajé en Soria, me alojé en una pensión.* **3** Cantidad de dinero que se paga por alojarse en las pensiones: *La patrona me ha subido la pensión.* **4** AMÉR. Pena, angustia, dolor: *La muerte de su madre le produjo una pensión muy profunda.* SIN. pesar. || **5 media ~ 1** Régimen de alojamiento que incluye la habitación y una comida diaria: *En ese hotel hemos pagado media pensión.* **2** Régimen escolar en el que los niños reciben en el colegio, además de la enseñanza, la comida del mediodía: *Lo llevo a un colegio en régimen de media pensión y así no tengo que hacer la comida del mediodía.* **6 ~ completa** Régimen de alojamiento que incluye la habitación y todas las comidas del día: *Viajamos con pensión completa.*

pensionado *s. m.* RESTRINGIDO. Establecimiento de enseñanza en el que también viven los alumnos. SIN. internado.

pensionar *v. tr.* RESTRINGIDO. Conceder ‹una persona o una entidad› una pensión [a otra persona]: *La Universidad lo ha pensionado para que estudie los laboratorios de Portugal y Brasil.*

pensionista *s. m. / f.* **1** Persona que recibe una pensión: *Mi abuelo se retiró hace cinco años, ahora es pensionista.* **2** Persona que vive y come en una pensión: *Este muchacho es uno de mis pensionistas, pero come fuera.* SIN. huésped. **3** Alumno que come y duerme en el centro de enseñanza donde estudia: *El cuarto de los pensionistas es pequeño pero acogedor.* SIN. interno. FR. Y LOC. **hogar* del jubilado / ~.**

pentadáctilo, la *adj. / s. m.* y *f.* ZOOL. Que tiene cinco dedos.

pentadecágono, na *adj. / s. m.* GEOM. [Polígono] que tiene quince ángulos y quince lados.

pentaedro *s. m.* GEOM. Cuerpo geométrico que tiene cinco caras.

pentágono, na *adj. / s. m.* **1** GEOM. [Polígono] que tiene cinco lados y cinco ángulos: *Dibuja un pentágono regular en la pizarra.* || *s. m.* **2** (preferiblemente con mayúscula) Departamento de defensa de los Estados Unidos de América y edificio donde se aloja: *El Pentágono no ha desmentido oficialmente la noticia.*

pentagrama o **pentágrama** *s. m.* Conjunto de cinco líneas horizontales, paralelas y a la misma distancia, sobre las que se escriben las notas y otros signos que representan la música. SIN. pauta.

pentámero, ra *adj.* **1** BOT. [Verticilo, órgano floral] que tiene cinco piezas: *corola pentámera, flor pentámera.* || *adj. / s. m.* **2** ZOOL. [Insecto coleóptero] que tiene cinco artejos en cada pata.

pentámetro *adj. / s. m.* MÉTR. [Verso latino y griego] que se compone de cinco pies: *En algunos poemas clásicos se mezclan los versos hexámetros y los pentámetros.*

pentano *s. m.* Hidrocarburo saturado muy volátil, que se utiliza como disolvente industrial.

pentasílabo, ba *adj.* **1** [Palabra, vocablo] que tiene cinco sílabas: *La palabra «pentasílabo» es pentasílaba.* **2** MÉTR. [Verso] que tiene cinco sílabas: *El verso «con atención» es pentasílabo, porque acaba en sílaba aguda y por tanto se cuenta una más.*

pentathlon o **pentatlón** *s. m.* **1** (no contable) DEP. Conjunto de cinco pruebas que realizaba un mismo atleta en la antigua Grecia. || **2 ~ moderno** (no contable) DEP. Modalidad olímpica que comprende las pruebas de equitación, natación, tiro, esgrima y carrera de campo a través: *El atleta compitió en la modalidad de pentatlón.*

pentavalente *adj.* QUÍM. Que tiene cinco valencias.

pentecostés *s. m.* (con mayúscula) REL. Fiesta cristiana que conmemora la venida del Espíritu Santo a los apóstoles: *en Pentecostés, por Pentecostés, el lunes de Pentecostés.* **pascua de ~.**

pentotal *s. m.* (no contable) Droga compuesta de ácido barbitúrico bajo cuya acción el paciente no es consciente de lo que dice: *Los secuestradores le inyectaron pentotal para conseguir que confesase.*

penúltimo, ma *adj. / s. m.* y *f.* (ser / estar; antepuesto / pospuesto) Que está inmediatamente antes del último: *La prueba se hará en penúltimo lugar. Lara es la penúltima del equipo. Jaime está el penúltimo de la lista. Nos toca en la fila penúltima. Estamos en la penúltima fila. Siempre soy penúltimo en esta carrera. Somos las penúltimas en la cola.*

penumbra *s. f.* **1** (no contable) Sombra débil entre la luz y la oscuridad: *La habitación estaba en penumbra. Al entrar, en la penumbra del pub no se veía nada.* **2** (no contable) ASTRON. En los eclipses, zona parcialmente iluminada entre los espacios con luz plena y los que están totalmente oscuros.

penuria *s. f.* (no contable) Escasez, especialmente de las cosas más necesarias para vivir: *Durante la posguerra vivimos* ***en*** *la penuria. La penuria de aquellos tiempos era espantosa. Todavía muchas familias viven* ***en*** *la más completa penuria.* SIN. pobreza, miseria. ANT. abundancia.

peña *s. f.* **1** Piedra grande tal como se encuentra en la naturaleza: *Tras dos horas de caminata, me senté a descansar en una peña. Ésta es una tierra llena de peñas y encinas.* SIN. roca. **2** Monte de peñas grandes y elevadas: *Los montañeros decidieron escalar la peña principal.* **3** Asociación con fines deportivos o recreativos: *peña excursionista, peña ciclista. Es socio de una peña futbolística.* **4** COLOQUIAL. Grupo de amigos: *Nos juntamos toda la peña en casa de Luis. Me voy con mi peña. Salimos a cenar toda la peña.*

peñascal *s. m.* Terreno cubierto de peñascos.

peñasco *s. m.* **1** Peña grande y elevada: *Desde aquel peñasco puedes divisar todo el pueblo.* **2** ANAT. Parte del hueso temporal de los mamíferos donde se encuentra el oído interno.

peñazo *adj. / s. m.* y *f.* COLOQUIAL; INTENSIFICADOR. [Persona o cosa] que resulta aburrida o pesada: *Nos fuimos de la fiesta: era un peñazo. Aprenderse todo el libro es un auténtico peñazo. No seas tan peñazo. Esa mujer es un auténtico peñazo, no hay quien la soporte.* SIN. rollo, coñazo (VULGAR).

peñón *s. m.* Monte peñascoso: *el Peñón de Gibraltar.*

peón *s. m.* **1** Obrero que hace un trabajo no especializado: *peón de albañil. Trabajo de peón en la construcción. Los constructores buscan peones para arreglar el camino. Los agricultores piden peones para el campo. Los peones tendrán un aumento del 3% y los oficiales del 4%.* SIN. bracero, jornalero. **2** Pieza del ajedrez que al comenzar la partida se coloca en la fila delantera: *Le comí el alfil con un peón.* **3** HIST. Soldado de a pie. **4** Persona de total confianza con que cuenta alguien para conseguir un fin: *El presidente movilizó todos sus peones en el pasado congreso. La joven República ha movilizado todos sus peones para conseguir el reconocimiento internacional.* || **5 ~ caminero** Peón que estaba obligado a mantener en buen estado un tramo determinado de carretera: *Los peones camineros vivían en casillas con una pequeña huerta al lado de los caminos.* **6 ~ de brega** TAUROM. Torero subalterno que ayuda al matador durante la lidia.

peonada *s. f.* **1** Trabajo que un peón realiza en un día, en particular en labores agrícolas: *Este mes ha realizado veinte peonadas.* **2** (no contable) RESTRINGIDO. Conjunto de peones que trabajan en una obra: *¿Está descontenta la peonada?* SIN. peonaje.

peonaje *s. m.* (no contable) RESTRINGIDO. Conjunto de peones que trabajan en una obra: *Gran parte del peonaje se quedó sin trabajo.* SIN. peonada.

peonía *s. f.* **1** Planta perenne de la familia de las ranunculáceas de hojas divididas y flores grandes de color rojo que se cultiva como planta ornamental. **2** Flor de las peonías.

peonza *s. f.* Pequeño juguete de madera en forma de pera acabado en punta al que se enrolla una cuerda para lanzarlo y hacerlo girar: *El niño sabe bailar la peonza.* SIN. trompo. FR. Y LOC. **bailar como una ~** COLOQUIAL. Bailar ‹una persona› con agilidad y gracia: *El chiquillo baila como una peonza.*

peor *adj.* **1** (comparativo de *malo*) De inferior calidad con respecto a lo que se compara: *Isabel es peor estudiante que María. Esa tela es peor que esta otra.* ANT. mejor. || *adj. / s. m.* y *f.* **2** [Persona, animal o cosa] de inferior calidad dentro de un grupo: *Soy el peor del equipo. Ésta es la peor de las lavadoras.* ANT. mejor. || *adv.* **3** (comparativo de *mal*) En condiciones inferiores o menos buenas que aquello con lo que se compara o con lo que se tiene como referencia: *Veo peor que antes. Con esta lluvia se conduce peor. El enfermo está peor. Su matrimonio va a peor. Si no estudias, peor para ti.* ANT. mejor. FR. Y LOC. **ir* de mal en ~. peor que ~** Indica que lo que propone decir o hacer una persona estropea aún más una situación que es mala: *Si le dices eso, peor que peor. Si le obligas al niño a comer, peor que peor.* **ponerse* en lo ~. tanto ~** Mucho peor: *Si nieva malo, pero si hace frío y llueve, tanto peor. Si quiere que seamos educados, bien, pero si le gusta la guerra, tanto peor* ***para*** *todos.*

pepa *adj.* PERÚ; JERGAL. Atractivo.

pepe *s. m.* COLOQUIAL. Melón poco maduro. SIN. pepino. FR. Y LOC. **ponerse* como un ~.**

pepenar *v. tr.* **1** MÉX. Conseguir ‹una persona› cosas ilícitamente. **2** MÉX. Aprehender ‹una persona› [a un delincuente]. || *v. intr.* **3** AMÉR. C., MÉX. Hurgar ‹una persona› entre la basura o recoger ‹una persona› [cosas del suelo].

pepinazo *s. m.* **1** COLOQUIAL. Disparo de un arma pesada: *El tanque disparó un pepinazo y destruyó toda la pared.* **2** COLOQUIAL. Estallido de una bomba o de cualquier otro objeto similar: *La bombona de butano estaba mal y pegó un pepinazo que rompió todos los cristales.* SIN. explosión. **3** COLOQUIAL. Patada muy fuerte al balón: *El delantero le dio tal pepinazo que partió un palo de la portería.*

pepinillo *s. m.* Variedad de pepino pequeño que se consume conservado en vinagre.

pepino *s. m.* 1 Planta cucurbitácea, con el tallo rastrero, hojas pecioladas, flores amarillas y fruto carnoso. 2 Fruto de los pepinos, alargado, de color verde oscuro, que se consume crudo en ensalada. 3 COLOQUIAL. Melón que está poco maduro: *No me gustan los melones tan pepinos. ¡Menudo pepino me han vendido! Este melón es un auténtico pepino.* FR. Y LOC. **importar* un ~ / pimiento / pito.**

pepita *s. f.* 1 Semilla de algunas frutas: *El camarero partió la sandía y le quitó las pepitas.* SIN. pipa. 2 Trozo pequeño de oro u otros metales desprendido de la veta que se encuentra en los terrenos de aluvión: *En el cauce del río hay pepitas de oro.*

pepito *s. m.* 1 Bocadillo de filete de carne: *un pepito de ternera, un pepito de lomo.* 2 Bollo alargado, generalmente relleno de crema: *pepito frito, pepito de chocolate.*

pepitoria *s. f.* Guiso de carne o despojos de ave fritos en aceite y con una salsa que contiene yema de huevo: *pollo en pepitoria, gallina en pepitoria.*

pepla *s. f.* COLOQUIAL, RESTRINGIDO. Persona o cosa que hacen perder el tiempo o que molestan porque no funcionan bien: *Esta falda es una pepla, en cuanto te la pones una vez tienes que plancharla. Estás hecho una pepla, y no haces más que quejarte.* FR. Y LOC. **ir / venir con peplas** COLOQUIAL. Molestar ‹una persona› a otra persona con cuestiones sin solución, ser pesada: *Mi madre siempre viene con peplas y no me deja hacer nada.*

peplo *s. m.* Manto femenino usado en la antigua Grecia, amplio y sin mangas, que caía desde los hombros hasta la cintura formando dos picos por delante.

pepona *s. f.* 1 Muñeca grande, generalmente de cartón: *Le he comprado una pepona para su cumpleaños.* 2 COLOQUIAL. Mujer gorda con la cara sonrosada: *Luisita está hecha una pepona.*

pepónide o **pepónida** *s. f.* Fruto carnoso unido al cáliz, con una sola celdilla y muchas semillas dispersas en la pulpa o concentradas en una cavidad central, como la calabaza, el pepino y el melón.

pepsina *s. f.* BIOQUÍM. Fermento del jugo gástrico que interviene en la digestión de las proteínas.

péptido *s. m.* BIOQUÍM. Proteína formada por la unión de un número reducido de aminoácidos.

peptona *s. f.* BIOQUÍM. Compuesto complejo que procede de la digestión de las proteínas.

pequeñez *s. f.* 1 (no contable) Cualidad de pequeño: *La pequeñez de su nariz le afea la cara. No te invito por la pequeñez de mi casa, pero puedes ir a la de mis padres, que están fuera.* 2 Cosa de poca importancia o trascendencia: *Que Paco se haya ido sin despedirse es una pequeñez por la que no debes molestarte. No te enfadarás por esas pequeñeces, ¿verdad?* SIN. menudencia, insignificancia. 3 (no contable) RESTRINGIDO. Característica de la persona mezquina: *No soporto su pequeñez, tu amiga sólo quiere que la inviten.* SIN. mezquindad.

pequeño, ña *adj.* 1 (antepuesto / pospuesto) Que tiene poco tamaño o menos tamaño que otras cosas de la misma especie: *He conseguido ahorrar una pequeña suma de dinero. Tienes los ojos muy pequeños. Esta oficina se nos ha quedado pequeña. Necesito un tamaño más grande, éste es pequeño. Vivo en una pequeña ciudad de la costa.* ANT. grande. 2 (ser / estar) Que tiene poca estatura: *El niño está muy pequeño para su edad. La gimnasta es pequeña pero bien proporcionada.* SIN. bajo. 3 (antepuesto / pospuesto) Que tiene poca importancia, poca duración o poca intensidad: *Me di un pequeño golpe jugando al baloncesto. He tenido un pequeño contratiempo. Les hicimos una pequeña visita. Se oye un ruido pequeño pero muy molesto.* 4 (antepuesto / pospuesto) Que es modesto, de poca categoría: *El sueldo es pequeño, pero me basta para vivir. Los pequeños comerciantes protestaron por la subida de los impuestos. Asistió a una reunión de la pequeña y mediana empresa.* **pequeña empresa.** || *adj. / s. m.* y *f.* 5 De poca edad: *Los niños pequeños tienen que dormir mucho. Ése es un perro muy pequeño, un cachorro, no tengas miedo. ¡Los pequeños a la cama! Tengo un hermano más pequeño que yo.* || **6 la pequeña pantalla*.** FR. Y LOC. **en ~** Que reproduce o imita algo, pero en un tamaño más reducido: *Pareces Cantinflas en pequeño. Tengo un regalo para ti, es la puerta de Alcalá, pero en pequeño.*

pequinés, sa *adj. / s. m.* y *f.* 1 De Pequín, capital de China: *El restaurante está especializado en comida pequinesa.* 2 [Perro] de una raza de origen chino.

per- *pref.* Refuerza o modifica el significado del verbo, sustantivo o adjetivo al que se une: *seguir - perseguir, durar - perdurar, jurar - perjurar, durable - perdurable, vivencia - pervivencia.*

pera *s. f.* 1 Fruto del peral, verdoso y de piel lisa y pulpa dulce y acuosa. **~ de agua** Pera muy estimada, de abundante jugo. 2 Objeto de goma de forma semejante a las peras que se utiliza para impulsar aire o líquidos. 3 Interruptor de luz o timbre de forma semejante a la del fruto. 4 Perilla de la barba: *Mi novio se ha dejado una pera muy simpática.* || *adj.* 5 [Joven] que es cursi. **niño* ~. pollo* ~.** FR. Y LOC. **año* de la nana / ~** o **año de maricastaña. pedir peras al olmo** Pretender ‹una persona› algo imposible o muy difícil: *Esperar que estudies en verano es pedirle peras al olmo.* **poner las peras a cuarto** COLOQUIAL. Pedir cuentas severamente o echar una bronca ‹una persona› a otra persona: *Si no voy a clase, mi padre me pondrá las peras a cuarto. No nos han entregado la mercancía y vendrán a buscarla dentro de poco: llama al encargado de los mensajeros y ponle las peras a cuarto.* **ser la ~** COLOQUIAL; INTENSIFICADOR. Se usa para calificar algo muy positiva o negativamente: *Tu hijo es la pera: le he dejado un libro y lo ha perdido. Eva tiene una memoria que es la pera, se ha aprendido la lección en media hora.* **ser una ~ / perita en dulce** COLOQUIAL, RESTRINGIDO. Ser muy apreciada ‹una persona o una cosa› porque tiene muy buenas cualidades: *Su marido es una perita en dulce; él hace todos los trabajos de la casa. Ese trabajo es una perita en dulce: el horario es bueno y el sueldo también.*

peral *s. m.* 1 Género *Pyrus*. Árbol frutal de la familia de las rosáceas de hojas puntiagudas y flores blancas cuyo fruto es la pera. 2 (no contable) Madera de los perales: *El marco del espejo de la sala es de peral.*

peraleda *s. f.* Lugar poblado de perales.

peraltado, da *adj.* Que forma peralte o tiene peralte: *bóveda peraltada, curva peraltada.* **arco* ~.**

peraltar *v. tr.* 1 Dar ‹una persona› peralte a [un arco o una bóveda]: *Debemos peraltar un poco los arcos del puente.* 2 Dar ‹una persona› peralte a [una curva de un camino]: *peraltar las curvas de la carretera.*

peralte *s. m.* **1** Mayor elevación de la parte exterior de una curva en relación con la parte interior en una carretera o vía de tren: *Ten cuidado con la próxima curva, que tiene poco peralte.* **2** ARQ. Altura que supera lo que sería un semicírculo en la curva de un arco, una bóveda o una armadura: *Es útil que los arcos del puente tengan buen peralte.*

peralto *s. m.* GEOM. Altura de una figura geométrica.

perborato *s. m.* Sal de boro utilizada en farmacia.

perca *s. f.* (macho y hembra) Pez de agua dulce, con dos aletas dorsales, la primera espinosa, del que hay varias especies, algunas de interés en la pesca deportiva.

percal *s. m.* (no contable) Tejido fino de algodón, de calidad sencilla: *una blusita de percal.* FR. Y LOC. **conocer el ~** COLOQUIAL. Conocer bien ‹una persona› las características de otra persona o de una cosa: *No me engañarán, yo ya conozco el percal.*

percalina *s. f.* (no contable) Percal ligero y brillante usado generalmente para forrar prendas de vestir.

percance *s. m.* Accidente o suceso imprevisto que entorpece la marcha o la realización de una cosa: *Estaba bien la carretera, hemos llegado sin percances a casa. No sé qué percance dice que tuvo Juan el otro día con el coche, como es tan despistado.* SIN. contratiempo.

percatarse *v. prnl.* Darse ‹una persona› cuenta de [una cosa]: *Me percaté de que no me habían devuelto el cambio.*

percebe *s. m.* **1** *Pollicipes cornucopia.* Crustáceo de cuerpo oscuro y cilíndrico que tiene en un extremo un caparazón con seis pares de apéndices, vive fijo en las rocas del litoral atlántico y es muy apreciado como alimento. || *s. m./f.* **2** COLOQUIAL; INSULTO. Persona torpe o muy ignorante: *Estos chicos son bastantes percebes.*

percepción *s. f.* **1** (no contable) Captación y conocimiento del exterior a través de los sentidos: *percepción auditiva, percepción espacial. Después del accidente tenía problemas con su percepción espacial.* **2** Conocimiento de la realidad por medio de la inteligencia: *Mi percepción de la realidad es distinta de la tuya. Nuestra percepción del momento político no coincide con la del partido gobernante.* **3** (no contable) Acción y resultado de recibir algo: *percepción de la prima del seguro, percepción de la pensión de viudedad, percepción del subsidio de paro. El nuevo trabajo supone la percepción de más dinero.* || **4 ~ extrasensorial** PSICOL. Percepción que se realiza sin intervención de los sentidos.

perceptibilidad *s. f.* (no contable) ELEVADO. Posibilidad de ser percibida una cosa: *Ese pensador destaca por la perceptibilidad de sus objetivos.*

perceptible *adj.* **1** Que se puede percibir, comprender o apreciar con facilidad: *Los objetos son menos perceptibles con la niebla. Es claramente perceptible que has engordado.* ANT. imperceptible. **2** ADMINISTRATIVO. Que se puede cobrar: *El subsidio es perceptible desde el primer momento. Esta cantidad sólo es perceptible* ***por*** *el titular.*

perceptivo, va *adj.* ELEVADO. Que percibe o puede percibir: *capacidad perceptiva, tener un sentido perceptivo especial.*

perceptor, ra *adj./s. m.* y *f.* ADMINISTRATIVO. Que percibe algo: *El perceptor tiene que firmar el recibo. En cuanto salen de nuestra oficina, los responsables de la pérdida del dinero son los propios perceptores.*

percha *s. f.* **1** Objeto, generalmente triangular, con un gancho en su parte superior para colgar la ropa: *percha de madera, percha de tela, percha de plástico. Cuelga la chaqueta en la percha.* **2** Gancho o mueble con ganchos para colgar prendas y otros objetos: *Dejad los abrigos en la percha de la entrada.* SIN. perchero. **3** Madero largo y delgado que se atraviesa en otro para sostener alguna cosa: *Le han colocado una percha a la parra.* **4** Palo horizontal para que se posen las aves: *El periquito canta posado en la percha.* **5** Perca. FR. Y LOC. **tener buena ~** COLOQUIAL. Estar bien proporcionada ‹una persona alta›: *El traje le queda estupendamente porque tiene buena percha.*

perchar *v. tr.* RESTRINGIDO. Colgar ‹una persona› [un paño] y sacarle el pelo con la carda.

perchel *s. m.* Aparejo de pesca formado por uno o varios palos para colgar las redes.

perchero *s. m.* **1** Mueble con ganchos para colgar prendas y otros objetos: *Siempre me han gustado los percheros de pie. Colgad el bastón y los abrigos en el perchero.* SIN. percha. **2** Conjunto de perchas o lugar donde las hay: *El camarero nos ha dicho que ha llevado los abrigos al perchero.*

percherón, na *adj./s. m.* y *f.* [Caballo o yegua] que pertenece a una raza francesa que, por su fuerza o corpulencia, sirve para arrastrar grandes pesos: *Ese tipo quiere poner un negocio en el pueblo, con dos carros y dos percherones, para pasear turistas por el monte.* **caballo ~.**

percibir *v. tr.* **1** Conocer ‹una persona› [una cosa] por las sensaciones que recibe del exterior: *Este enfermo no es capaz de percibir los colores. Percibo una cierta ironía en sus palabras.* SIN. notar. **2** Recibir ‹una persona› [una cantidad de dinero]: *No percibo ningún dinero por lo que hago. Cumples todos los requisitos para percibir el subsidio. Mi tía percibe una renta que le permite vivir cómodamente.* SIN. cobrar. **3** Comprender ‹una persona› [una cosa]: *Todo el mundo percibe la importancia de la cuestión. No es fácil percibir el matiz que diferencia ambas palabras.* SIN. entender.

perciforme *adj./s. m.* **1** (macho y hembra) ZOOL. [Pez] que tiene el esqueleto duro y espinas en las aletas, como la perca, la caballa, el salmonete o el besugo. || *s. m.* **2** (en plural) ZOOL. Orden formado por los peces perciformes.

perclorato *s. m.* (no contable) Sal de cloro utilizada en la higiene dental.

percudir *v. tr./prnl.* RESTRINGIDO. Penetrar ‹la suciedad› en [una cosa] de modo que ya no pueda quedar completamente limpia: *La casa que han alquilado tiene la cocina completamente percudida. La ropa que echa a lavar se ha percudido tanto que no queda blanca ni con lejía.*

percusión *s. f.* **1** Conjunto de instrumentos musicales que se tocan golpeándolos o chocándolos entre sí: *La percusión no sonó bien en el concierto de ayer.* **instrumento* de ~.** **2** (no contable) MED. Forma de exploración que consiste en observar el sonido que se produce al golpear con un dedo sobre otro, puesto en la parte enferma: *La percusión es una forma de exploración de la medicina clásica.*

percusionista *s. m./f.* Músico que se dedica profesionalmente a tocar instrumentos de percusión.

percusor *s. m.* RESTRINGIDO. Percutor.

percutir *v. tr.* MED. Explorar ‹un médico› [una parte del cuerpo] golpeándola con un dedo sobre otro para ver el sonido que se produce: *El doctor percutió el pecho del enfermo.*

percutor *s. m.* Pieza que golpea en una máquina y especialmente la que provoca la explosión en un arma de fuego. SIN. percusor (RESTRINGIDO).

perdedor, ra *adj. / s. m.* y *f.* [Persona, animal] que pierde o fracasa en una cosa: *El equipo perdedor recibió un premio de consolación. Durante toda mi vida he sido un perdedor nato. En los enfrentamientos entre perros y gatos nunca se sabe quién es el perdedor.* ANT. ganador.

perder *v. tr.* **1** No saber ‹una persona› dónde está [una cosa o persona que tenía]: *He perdido un anillo. He perdido al niño en el mercado.* SIN. extraviar. **2** Dejar de tener ‹una persona› [una cosa que poseía]: *Luis perdió la vista a causa de una enfermedad. Su hermana perdió la vida en un desgraciado accidente. Con ese régimen de adelgazamiento, he perdido cinco kilos. El conductor perdió el control del vehículo.* **3** Dejar de tener ‹una persona› [una afición o un sentimiento o una sensación]: *He perdido la ilusión por los viajes. Perdieron la esperanza de encontrar con vida a los montañeros. El niño ha perdido el apetito.* **4** Quedarse ‹una persona› sin [otra persona querida] por su muerte, desaparición o desamor: *Elena perdió a su padre en un accidente. A causa de los celos, perdió a su marido para siempre.* **5** Emplear ‹una persona› [una cosa] mal o de manera inútil: *Perdimos nuestro tiempo y nuestro dinero en aquella empresa. Perdí tres años de mi vida intentando aprobar la oposición.* SIN. malgastar. **6** No conseguir realizar u obtener ‹una persona› [una cosa que deseaba]: *Perdimos nuestra mejor ocasión de ascenso. El delantero perdió la mejor ocasión de gol del partido.* SIN. desperdiciar. **7** No poder usar ‹una persona› [una cosa] por llegar tarde: *Pierdo el metro casi todos los días.* **8** Producir ‹una cosa› un perjuicio [a una persona]: *Su mal carácter le pierde. Vuestro complejo de superioridad os pierde.* SIN. perjudicar. **9** Dejar de mantener ‹una persona› [una actitud o un comportamiento respecto a [otra persona]: *Perdió el respeto a su padre. Perdimos, al fin, la vergüenza a tu familia. Ester se alteró mucho y perdió los modales.* **10** Dejar de percibir ‹una persona› [una cosa]: *Perdimos **de** vista vuestro barco. Hemos perdido la comunicación con la torre de control.* **11** No tener ‹una persona› noticias de [otra persona]: *Desde que se fue a Inglaterra, hemos perdido el contacto. A Luis hace tiempo que le perdí la pista.* || *v. tr. / intr.* **12** Desaparecer de ‹un recipiente› parte de [una cosa]: *Este depósito pierde aceite. No uses esta cantimplora porque pierde.* **13** Resultar ‹una persona› vencida en [una competición o una lucha]: *Perdieron **(en)** las últimas elecciones. El equipo perdió el partido **por** tres **a** cero.* || *v. intr.* **14** Disminuir ‹una cualidad de una cosa› con respecto a una situación anterior: *Esta serie de televisión ha perdido mucho.* SIN. decaer. **15** Estropearse o empeorar ‹una persona o una cosa›: *Las prendas de lana pierden al lavarlas.* || *v. prnl.* **16** No encontrar ‹una cosa que se poseía›: *Se me han perdido los guantes.* SIN. extraviarse. **17** Equivocar ‹una persona› el camino o la dirección que llevaba: *Nos perdimos al ir a tu casa. Los excursionistas se perdieron en la sierra.* SIN. extraviarse. **18** Olvidarse ‹una persona› de una cosa que iba a decir o no poder seguir un razonamiento: *El profesor se perdió cuando explicaba la raíz cuadrada. No sé por dónde estaba leyendo, me he perdido. Me perdí **en** disquisiciones y no traté el asunto directamente. Me pierdo **con** tantos datos.* **19** Dejarse llevar ‹una persona› por vicios: *Marta se perdió entre tanto holgazán. Su hijo se perdió por las malas compañías.* **20** Dejarse de percibir ‹una cosa›: *El ruido del coche se perdió en la lejanía.* **21** No aprovecharse ‹una cosa que podía ser útil›: *Sus consejos se perdieron en el aire.* FR. Y LOC. **dejar / ~ (hasta) la camisa*. donde Cristo* dio las tres voces** o **donde Cristo perdió el gorro / poncho. echarse* a ~. ganar / ~ puntos*. ganar / ~ terreno*. hacer ~ el sentido*** o **quitar el sentido. llevar* / tener las de ganar / ~. no habérsele perdido nada** COLOQUIAL. No tener ‹una persona› ningún motivo para estar en un lugar o participar en una cosa: *No se me ha perdido nada en esta fiesta. No se me ha perdido nada en esa casa.* **no ~ comba*. no ~ de vista*. no ~ ripio*. ~ año*. ~ de vista*. ~ el conocimiento*. ~ el control*. ~ el culo*. ~ el juicio*. ~ el norte*. ~ el seso*. ~ el sueño*. perder (el) tiempo*. ~ el último tren*. ~ la brújula*. ~ la cabeza*. ~ la chaveta*. ~ la cuenta*. ~ la razón*. ~ la vergüenza*. ~ los estribos*. ~ los nervios*. ~ los papeles*. ~ por K*. O. ¡piérdete!** COLOQUIAL; DISGUSTO y ENFADO. Se usa para ordenar a una persona que se vaya de un lugar: *¡Piérdete, deja ya de molestarme!* **tener* buen / mal ~. ⇒ 80.**

perdición *s. f.* **1** (no contable) Causa de daño o perjuicio grave: *El juego y el tabaco son tu perdición.* **2** (no contable) Daño o perjuicio grave: *Las malas compañías le llevarán a la perdición.* **3** (no contable) REL. Entre los cristianos, condenación eterna: *Los obispos dijeron que ese tipo de vida llevaba las almas a la perdición.* ANT. salvación. FR. Y LOC. **antro* de ~.**

perdida *s. f.* Prostituta: *Esa chica es una perdida, se ha ido a vivir a una casa de citas.*

pérdida *s. f.* **1** Privación de lo que se tenía: *Lo que más me inquieta es la pérdida del empleo. Ese hombre sufrió mucho a causa de la pérdida de su hijo.* **2** Daño que se produce en una cosa: *La sequía ha causado grandes pérdidas. No se han podido todavía evaluar las pérdidas causadas por el terremoto.* **3** Cantidad o cosa perdida: *Las pérdidas se calculan en tres millones de pesetas. Discutir sobre ese tema es una pérdida de tiempo. Hay que evitar pérdidas de energía en discusiones inútiles.* **4** Escape de un líquido o gas: *Hay pérdida de agua en la tubería. Hay una pérdida en el depósito de combustible.* **5** (preferentemente en plural) COLOQUIAL. Flujo de sangre procedente de la matriz: *Eva fue al ginecólogo porque tenía pérdidas.* FR. Y LOC. **no tener ~** Ser ‹una dirección o camino› fácil de encontrar: *Llegarás fácilmente a la Universidad: es un edificio que no tiene pérdida. Es una plaza que no tiene pérdida. Ese cine no tiene pérdida.*

perdidamente *adv. cant.* **1** (preferentemente con verbos que significan 'pasión') ELEVADO. Con gran intensidad y sin remedio; en exceso: *La profesora se enamoró perdidamente del director. El pobre chico está perdidamente enloquecido.* || *adv. modo* **2** RESTRINGIDO. Inútilmente: *Esto está trabajado perdidamente.*

perdido, da *adj.* **1** (ser / estar) COLOQUIAL; INTENSIFICADOR. Que tiene una cualidad en grado extremo: *Ésa está loca perdida. No te enteras de nada, eres tonto perdido.* || *s. m. / f.* **2** PEYORATIVO. Persona que es considerada viciosa o de malas costumbres: *Luis es un perdido sin oficio ni beneficio. Esa pobre perdida se dedica a pincharse por las esquinas.* || **3 bala* perdida. 4 caso* ~. 5 causa* perdida. 6 cosa* perdida. 7 fondo* ~ / vitalicio / muerto.** FR. Y LOC. **a fon-**

do* ~. a ratos* perdidos. de perdidos al río*. estar ~ Estar ‹una persona› muy enamorada: *Juan está perdido* ***por*** *María. Pilar está perdida* ***por*** *Santiago.* **ponerse ~** COLOQUIAL. Ensuciarse ‹una persona o una cosa› mucho: *La niña se puso perdida jugando con el barro. Me he puesto perdida la camisa. El vestido se me ha puesto perdido* ***de*** *tomate.*

perdigón *s. m.* **1** (macho y hembra) Cría de la perdiz: *Por el camino iba una perdiz con sus perdigones en fila.* **2** Pequeña pieza de plomo utilizada como munición en los cartuchos de caza: *La perdiz tenía varios perdigones en el ala, pero estaba viva.* **3** Munición pequeña de plomo para escopetas de aire comprimido: *En las ferias le gusta tirar al blanco con escopeta de perdigones.*

perdigonada *s. f.* **1** Tiro de cartucho de perdigones: *El cazador le soltó una perdigonada a la bandada de patos.* **2** Herida que produce este tiro: *La liebre tiene una perdigonada en la pata.*

perdiguero, ra *adj.* **1** [Animal] que caza perdices: *águila perdiguera.* || *adj. / s. m.* **2** (macho y hembra) [Perro] que tiene un tamaño mediano, hocico saliente y orejas caídas; posee muy buen olfato y se usa mucho para la caza: *perro perdiguero. Éste es el perdiguero con mejor olfato de todos los que he tenido.*

perdiz *s. f.* (macho y hembra) Ave de color pardo, con franjas castañas, blancas y negras, y pico y patas rojas, que anida en el suelo en zonas de matorral y es muy apreciada como pieza de caza y como alimento.

perdón *s. m.* **1** Acción y efecto de perdonar: *A pesar del daño ocasionado, conseguiste su perdón. Hice una buena confesión y obtuve el perdón de los pecados. Te pido perdón por haberme comportado así.* || *interj.* **2** CORTESÍA. Se usa para pedir disculpas: *¡Perdón!, ¿puedo interrumpir la conversación? ¡Perdón!, ¿podría repetir lo que ha dicho?* FR. Y LOC. **con ~** CORTESÍA. Se usa para disculparse por algo que se dice o se hace que puede resultar molesto a los demás: *Con perdón, tu amigo me parece un granuja. ¡Que se vaya a la mierda, con perdón!*

perdonable *adj.* Que puede ser perdonado o que merece perdón: *Yo creo que es una falta perdonable. Su despiste es perdonable, no conoce la ciudad.* ANT. imperdonable.

perdonar *v. tr.* **1** No tener ‹una persona› en cuenta [la falta que otra ha cometido]: *Mi amiga no quiso perdonarme. Perdona, te he empujado sin querer.* SIN. disculpar. **2** Liberar ‹una persona› [a otra] de [una deuda o una obligación]: *Te perdono las dos mil pesetas que me debes.* **3** Perder ‹una persona› una oportunidad de [una cosa]: *Después del hambre que he pasado, no perdono una comida.* || *v. intr.* **4** Liberar ‹una cosa o persona› de una pena, castigo o trabajo: *Mamá ha envejecido mucho, y es que los años no perdonan. Ese árbitro no perdona. El delantero centro de nuestro equipo nunca perdona, siempre marca en esa circunstancia.* FR. Y LOC. **Dios* me perdone, pero... ~ el bollo* por el coscorrón. ~ la vida*.**

perdonavidas (plural *perdonavidas*) *s. m. / f.* COLOQUIAL. Persona que hace alarde de valentía o de fuerza: *Mario tiene aires de perdonavidas y de chulo. Ése va por el mundo de perdonavidas. A veces te haces la mosca muerta, pero otras veces pareces una perdonavidas.*

perdulario, ria *adj. / s. m.* y *f.* RESTRINGIDO. Que es un vicioso incorregible: *un viejo perdulario.*

perdurabilidad *s. f.* (no contable) ELEVADO. Posibilidad de que una cosa perdure: *la perdurabilidad de una tradición.*

perdurable *adj.* ELEVADO. Que dura siempre: *sentimiento perdurable, afecto perdurable. Los cristianos piensan que la auténtica vida perdurable es la del paraíso.* SIN. perpetuo.

perdurar *v. intr.* Continuar o durar ‹una cosa› mucho tiempo o un tiempo indefinido: *Algunas costumbres aún perduran. Su deseo de venganza perdura.* SIN. persistir, mantenerse.

perecedero, ra *adj.* Que dura solamente cierto tiempo, o que no es eterno: *El camión transporta productos perecederos. Todo lo material es perecedero.*

perecer *v. intr.* **1** Perder ‹una persona› la vida, especialmente de forma violenta: *Un bombero pereció en el incendio del edificio.* SIN. morir. **2** Acabar ‹una cosa›: *Algunos piensan que todo lo terreno está destinado a perecer.* **3** No ofrecer ‹una persona› resistencia ante [otra persona] o ante [una cosa]: *Luisa pereció* ***ante*** *tus encantos.* ⇒ **5.**

peregrinación *s. f.* **1** Viaje que se hace a un santuario o lugar sagrado por motivos religiosos: *la peregrinación a La Meca.* SIN. peregrinaje. **2** COLOQUIAL. Acción de ir de un sitio a otro para hacer alguna gestión: *Para solicitar la beca tuve que empezar una peregrinación por varios departamentos de la universidad.* SIN. peregrinaje. **3** Recorrido que se hace por tierras extrañas: *–«¿Qué tal tu peregrinación por Ecuador y Colombia?» –«Maravillosa, pero un poco corta.»* SIN. peregrinaje.

peregrinaje *s. m.* Peregrinación.

peregrinar *v. intr.* **1** Ir ‹una persona› a [un santuario o lugar sagrado] por motivos religiosos: *Este año peregrinaremos* ***a*** *Guadalupe.* **2** Ir ‹una persona› de un lugar a otro para resolver un asunto: *El inmigrante marroquí peregrinó* ***por*** *varios organismos oficiales para conseguir el permiso de residencia.* **3** Viajar ‹una persona› por un país extraño: *Este año Santiago y yo pensamos peregrinar* ***por*** *la Patagonia en vacaciones.*

peregrino, na *s. m. / f.* **1** Persona que peregrina: *Muchos peregrinos van a Santiago de Compostela.* || *adj.* **2** [Ave] que está de paso, que se desplaza de un lugar a otro: *La cigüeña es un ave peregrina.* **3** (antepuesto / pospuesto) PEYORATIVO. Que sorprende por su rareza, falta de lógica o coherencia: *Raquel tuvo la peregrina idea de bañarse en la playa a las tres de la madrugada y se cogió un resfriado. ¿Cómo has tenido esa ocurrencia tan peregrina?* SIN. disparatado. **4** (antepuesto / pospuesto) LITERARIO. De gran hermosura o perfección: *El poeta alabó su belleza peregrina. Siempre he elogiado la peregrina perfección de tu rostro.*

perejil *s. m.* (no contable) Planta herbácea de hojas trifoliadas aromáticas y flores en umbela, que se emplea para dar sabor a las comidas: *Preparé los champiñones con ajo y perejil.* FR. Y LOC. **poner como hoja* de ~.**

perengano, na *s. m. / f.* (no contable) COLOQUIAL. Persona indeterminada, con frecuencia en correlación con *fulano* y *mengano*, o *zutano* : *No quiero ver a nadie: ni a fulano ni a mengano ni a zutano ni a perengano.*

perenne *adj.* **1** Que dura indefinidamente, que no se interrumpe o acaba: *una sonrisa perenne.* **2** [Planta, hoja] que vive más de dos años: *un árbol de hoja perenne.* **hoja ~. planta* ~.**

perennidad *s. f.* (no contable) ELEVADO. Característica de algo que puede durar siempre o mucho tiempo: *Hay países que sufren la perennidad de algunos males.*

perentoriedad *s. f.* **1** ELEVADO. (no contable) Imposibilidad de aplazar una cosa: *Me vi obligado a pagar la deuda por la perentoriedad del plazo.* **2** (no contable) ELEVADO. Urgencia de una cosa: *La perentoriedad de los problemas económicos exige una rápida solución.*

perentorio, ria *adj.* **1** [Plazo] que es el último que se concede para hacer alguna cosa: *Es un plazo perentorio, imposible de prorrogar.* **2** Que es urgente o no se puede aplazar: *necesidad perentoria.* **3** Que no va a cambiar, es decisivo o concluyente: *orden perentoria, determinación perentoria, resolución perentoria.*

pereza *s. f.* **1** (no contable) Falta de disposición para hacer una cosa: *No te he escrito por pereza. Tengo pereza de hacer la maleta ahora, ya la haré por la mañana. Me da pereza salir ahora.* SIN. vagancia (COLOQUIAL). ANT. diligencia. **2** (no contable) Descuido o tardanza en las acciones o en los movimientos: *Ese chico se mueve con pereza.* FR. Y LOC. **sacudir la ~** COLOQUIAL. No dejarse ganar ‹una persona› por la pereza: *Venga, empecemos a trabajar y sacudamos la pereza.*

perezoso, sa *adj. / s. m.* y *f.* **1** (ser / estar) Que tiene pereza o que no tiene ganas de moverse o de trabajar: *Soy muy perezoso, sobre todo para levantarme por la mañana. Estás hecho un auténtico perezoso, no hay quien te mueva. No seas perezosa y ponte a estudiar pronto.* SIN. diligente. || *s. m.* **2** (macho y hembra) Familia *Bradypodidae.* Mamífero de Sudamérica, con largas extremidades y manos con tres o dos dedos, adaptadas para vivir en los árboles, pelaje tupido y movimientos muy lentos. FR. Y LOC. **ni corto* ni ~.**

perfección *s. f.* (no contable) Cualidad de perfecto: *Tomás aspira a conseguir la perfección en su trabajo.* ANT. imperfección. FR. Y LOC. **a la ~** De forma perfecta: *La secretaria habla inglés a la perfección.*

perfeccionamiento *s. m.* (no contable) Acción de perfeccionar o perfeccionarse: *Los ingenieros trabajan en el perfeccionamiento de un nuevo modelo de coche. Aunque sé mecanografía, haré un curso de perfeccionamiento.*

perfeccionar *v. tr.* **1** Hacer ‹una persona o una cosa› que [una cosa] tenga mayor perfección o el mayor grado posible de perfección: *Los técnicos perfeccionaron el sistema de montaje. Voy a clases de natación para perfeccionar el estilo.* || *v. prnl.* **2** Alcanzar ‹una persona› mayor perfección [en la realización de una cosa]: *Me estoy perfeccionando **en** inglés.*

perfeccionismo *s. m.* (no contable) Actitud de la persona que quiere alcanzar la perfección en todo lo que hace, a veces exageradamente: *Sus continuos retoques demuestran su afán de perfeccionismo.*

perfeccionista *adj. / s. m.* y *f.* [Persona] que tiende al perfeccionismo: *En su trabajo el jefe es muy perfeccionista; nunca está satisfecho con los resultados.*

perfectamente *adv. modo* **1** De manera perfecta: *Lo has ejecutado perfectamente.* **2** Sin problema alguno, sin dificultad alguna: *Caben perfectamente seis personas.* **3** En estado perfecto o en perfecto estado: *Hoy me encuentro perfectamente. La maleta está perfectamente.* || *adv. modo / cant.* **4** Se aproxima a veces al valor de absolutamente o totalmente: *Has hecho un esfuerzo perfectamente inútil.* || *adv. orac.* **5** INTENSIFICADOR. Totalmente de acuerdo, muy bien. Expresa en una respuesta la aceptación total de una propuesta o afirmación previa: *–«Quizá fuera mejor que lo invitáramos.» –«Perfectamente.»*

perfectibilidad *s. f.* (no contable) ELEVADO. Posibilidad de ser mejorada o perfeccionada una cosa: *No está muy clara la perfectibilidad de ese trabajo. Yo creo en la perfectibilidad del espíritu humano.*

perfectible *adj.* ELEVADO. Que se puede perfeccionar o mejorar: *Todo es perfectible en esta vida.*

perfectivo, va *adj.* GRAM. [Verbo, aspecto, tiempo verbal] que indica que la acción acaba cuando se realiza: *«Morir» es un verbo perfectivo.*

perfecto, ta *adj.* **1** (ser / estar) Que tiene el mayor grado posible de bondad, calidad o estimación entre todas las cosas de su clase: *Ésta es la solución perfecta para todos mis problemas. Esto es perfecto, no busques nada más, es lo que estaba buscando. La redacción está perfecta, no tienes que añadirle ni quitarle nada.* **2** (estar) Que está en muy buenas condiciones o no está estropeado: *Claro que me sirve el abrigo, está en perfecto estado.* **3** (antepuesto) INTENSIFICADOR. Que tiene una cualidad en grado extremo: *Ese tipo es un perfecto idiota, no sé cómo lo aguantas. Eres un perfecto sinvergüenza, más no se puede ser. Después de tanto tiempo juntos, la mujer se dio cuenta de que eran dos perfectos desconocidos.* **4** GRAM. [Tiempo verbal] que indica una acción acabada: *futuro perfecto, pretérito perfecto. En español el perfecto incluye varios tiempos de la conjugación.* || **5 futuro* ~. 6 pretérito* ~. 7 pretérito* ~ simple.**

perfidia *s. f.* (no contable) ELEVADO. Traición, falta de lealtad: *A Juan le ha dolido mucho la perfidia de María al irse con Pedro.*

pérfido, da *adj. / s. m.* y *f.* (antepuesto / pospuesto) ELEVADO. Que es desleal, traidor: *Dejó entrever sus intenciones pérfidas. El rey descubrió las intrigas de su pérfido vasallo.*

perfil *s. m.* **1** Postura lateral desde la que es vista una persona o cosa: *Siempre salgo en las fotos **de** perfil. Este mueble visto **de** perfil no me gusta porque es demasiado ancho. Su perfil derecho es más proporcionado que el izquierdo.* **~ griego** Perfil de la persona que tiene nariz griega. **2** Línea que marca el contorno de algo, y dibujo que se obtiene con esa línea: *Estuvimos dibujando el perfil del coche para el anuncio. Desde la ventana se veía el perfil del barco en el horizonte.* **~ aerodinámico. 3** Conjunto de cualidades o características de una persona o cosa: *Esa revista ha publicado los perfiles de los candidatos. Sus méritos coinciden con el perfil de la plaza de director.* SIN. descripción. **~ psicológico. 4** GEOM. Figura que representa un cuerpo cortado por un plano vertical. **5** METAL. Barra metálica de diferentes formas y longitudes que se emplea en la construcción o en muchos trabajos artesanales: *Para las vigas se emplean perfiles especiales.*

perfilado, da *adj.* **1** (estar) Que está muy adelantado o muy estudiado: *He dejado el proyecto muy perfilado. El libro está ya muy perfilado.* **2** Que muestra el perfil de una cosa: *Eva lleva los labios perfilados de marrón.* **3** [Rostro o cara] que es delgado y largo: *una nariz muy perfilada.*

perfilar *v. tr. / prnl.* **1** Hacer ‹una persona› los perfiles de [una cosa]: *Perfilar un dibujo. **Me** perfilé los labios con un* *lápiz marrón.* SIN. delinear. || *v. tr.* **2** Dar ‹una persona› los últimos toques a [una cosa] para dejarla perfecta: *Nos dedicamos a perfilar los últimos detalles de la fiesta. Esta noche te perfilamos el proyecto.* SIN. rematar. || *v. prnl.* **3** Empezar ‹una cosa o situación› a ser visible: *Las montañas se perfilaban en la lejanía. El ciclista español se perfila como ganador de la etapa.* **4** TAUROM. Prepararse el diestro para entrar a matar.

perforación *s. f.* **1** Acción y efecto de perforar una cosa: *Han iniciado los trabajos de perforación del terreno buscando agua.* **2** MED. Rotura de las paredes de un órgano: *El enfermo sufrió una perforación del intestino.*

perforado, da *adj.* Que tiene uno o varios agujeros que lo atraviesan de un lado a otro. **cinta* perforada.**

perforadora *s. f.* Máquina que sirve para perforar: *Abrieron varios agujeros en el pavimento con una perforadora.*

perforar *v. tr.* **1** Hacer ‹una persona› un agujero que atraviese total o parcialmente [una cosa]: *Los albañiles perforaron el muro medianero. Ya han acabado de perforar el túnel.* SIN. horadar. || *v. tr. / prnl.* **2** MED. Romper las paredes de un órgano: ***Se** le perforó el estómago.*

perfumador *s. m.* Recipiente que contiene y esparce perfume.

perfumar *v. tr. / prnl.* Dar ‹una persona o cosa› olor agradable [a otra persona o cosa]: *Las plantas silvestres perfuman el aire. **Se** perfumó antes de salir de casa. Perfumé a la niña con su colonia favorita.*

perfume *s. m.* **1** Sustancia aromática concentrada especialmente utilizada por las personas para dar buen olor: *–«¿Qué perfume llevas?» –«Un perfume de jazmín». Me puse un poco de perfume antes de salir. Su novia le regaló un frasco de perfume.* **2** Olor agradable y penetrante: *el perfume de una rosa.* SIN. fragancia (ELEVADO), aroma.

perfumería *s. f.* Tienda donde se venden perfumes y productos de aseo.

perfusión *s. f.* **1** MED. Administración terapéutica de un medicamento de forma intravenosa o en el interior de una cavidad orgánica: *El médico aconsejó la perfusión de un antibiótico en el suero.* **2** MED.; RESTRINGIDO. Baño, untura.

pergamino *s. m.* **1** Piel de res estirada que se utilizaba para escribir: *La obra está escrita en pergamino.* **2** Documento escrito en esta piel: *El investigador leyó atentamente el pergamino.*

pergenio *s. m.* CHILE; COLOQUIAL; PEYORATIVO. Muchacho inmaduro o entrometido.

pergeñar *v. tr.* ELEVADO. Preparar ‹una persona› [una cosa] a grandes rasgos o rápidamente: *El profesor pergeñó en muy poco tiempo el esquema de la conferencia.*

pérgola *s. f.* Estructura que sostiene un tejadillo o una planta trepadora: *En el jardín había varias pérgolas con enredaderas.*

peri- *pref.* Significa 'alrededor de' y forma sustantivos a partir de sustantivos: *frase - perífrasis, metro - perímetro.*

periantio o **perianto** *s. m.* BOT. Conjunto formado por el cáliz y la corola de una flor.

pericardio *s. m.* ANAT. Tejido membranoso que recubre el corazón.

pericarpio *s. m.* BOT. Parte exterior del fruto que rodea a la semilla.

pericia *s. f.* (no contable) Habilidad o destreza en una ciencia, un arte o una actividad: *Su pericia como conductor evitó el accidente. La pericia del detective permitió la rápida averiguación de los hechos.* SIN. experiencia, maestría. ANT. impericia, inexperiencia.

pericial *adj.* Del perito: *prueba pericial, juicio pericial, tasación pericial.*

periclitar *v. intr.* ELEVADO. Perder ‹una cosa› fuerza o intensidad: *Algunas tradiciones han periclitado.*

perico *s. m.* **1** Papagayo, animal. **2** COL. Café con leche. **3** MÉX. Llave para tuercas parecida a la llave inglesa. **4** (no contable) JERGAL. Cocaína. || **5 Perico de los palotes** COLOQUIAL. Cualquier persona: *Puedes pedirle ayuda a Perico de los palotes, que no te va a servir de nada.*

pericón *s. m.* **1** Abanico muy grande. **2** Baile de ritmo muy vivo, popular de Uruguay y Argentina.

pericote *s. m.* **1** PERÚ; COLOQUIAL. Ratón. **2** PERÚ; COLOQUIAL. Ladronzuelo.

pericotear *v. tr. / intr.* PERÚ; COLOQUIAL. Robar ‹una persona› una cosa.

periferia *s. f.* Espacio que rodea a otro considerado núcleo: *Hay autobuses que comunican la periferia con el centro. En todas las sociedades hay un centro poderoso y una periferia desorganizada.*

periférico, ca *adj.* **1** De la periferia: *Vivo en un barrio periférico.* **2** Que es secundario o de importancia limitada: *Ese problema es periférico en esta situación.*

perifollo *s. m.* **1** *Anthriscus cerefolium.* Planta de la familia de las umbelíferas de flores blancas y fruto alargado cuyas hojas, muy aromáticas, se emplean como condimento. **2** (en plural) COLOQUIAL; PEYORATIVO. Adornos, especialmente los que resultan excesivos o de mal gusto: *Me gustan los vestidos clásicos, que no tengan demasiados perifollos.*

periforme *adj.* ELEVADO. Que tiene forma de pera: *figura periforme.*

perífrasis (plural *perífrasis*) *s. f.* **1** LIT. Figura retórica que consiste en expresar un concepto dando un rodeo para conseguir mayor belleza o fuerza en la expresión. SIN. circunlocución. **2** LING. Construcción formada por un verbo auxiliar más un infinitivo, gerundio o participio: *«Tener que» es una perífrasis de obligación.* **~ verbal.**

perigeo *s. m.* ASTRON. Punto más cercano a la Tierra en la órbita de la Luna o de cualquier satélite artificial terrestre.

periglaciar *adj.* [Erosión, relieve] producido por la acción del hielo.

perigonio *s. m.* BOT. Periantio.

perihelio *s. m.* ASTRON. Punto más próximo al Sol en la órbita de un cuerpo celeste.

perilla *s. f.* Barba que se dejan crecer los hombres en la barbilla: *Me he dejado bigote y perilla.* FR. Y LOC. **venir de perilla(s)** COLOQUIAL; INTENSIFICADOR. Ser ‹una persona o una cosa› muy oportuna: *Tu ayuda me vino de perilla. Tu hermano me viene de perilla estas vacaciones en el restaurante.*

perillán, na *adj. / s. m.* y *f.* RESTRINGIDO; AFECTIVO. Persona astuta y pícara, especialmente el niño de comportamiento listo y travieso: *Tu hermano es un perillán que se aprovecha de ser el pequeño de la casa.* SIN. pillo, granuja.

perímetro *s. m.* **1** GEOM. Contorno de una figura: *Estuve midiendo el perímetro de la mesa.* **2** Medida de ese contorno: *Esta circunferencia tiene mucho perímetro.*

perindola o **perinola** *s. f.* Pequeña peonza que se hace girar con un mango en su parte superior.

perineo o **periné** *s. m.* ANAT. Parte del cuerpo comprendida entre el ano y los órganos sexuales.

perinola *s. f.* Perindola.

periodicidad *s. f.* (no contable) Característica de lo que se hace o sucede cada cierto tiempo: *Algunos programas de televisión se reponen con cierta periodicidad.*

periódico, ca *adj.* **1** Que ocurre o se produce con intervalos de tiempo regulares: *Hay salidas periódicas de trenes hacia la costa. El enfermo debe hacerse reconocimientos periódicos.* || *s. m.* **2** Publicación informativa que se edita periódicamente: *Leo el periódico cada día.* **papel de ~.** || **3 sistema* ~. 4 tabla* periódica.**

periodismo *s. m.* **1** (no contable) Conjunto de actividades informativas desarrolladas a través de los medios de comunicación. **~ amarillo** (no contable) Periodismo sensacionalista y exagerado. **2** (no contable) Carrera o profesión dedicada a estas actividades: *Está estudiando periodismo.*

periodista *s. m./f.* Persona que se dedica al periodismo: *periodista deportivo, periodista político, periodista de televisión, periodista de radio.* **~ gráfico** Periodista que se dedica a obtener fotos, películas o vídeos.

periodístico, ca *adj.* De los periódicos y de los periodistas: *lenguaje periodístico, estilo periodístico.*

periodización *s. f.* División de un periodo de tiempo en otros más cortos: *Se han propuesto varias periodizaciones de la prehistoria.*

periodo o **período** *s. m.* **1** Espacio de tiempo durante el cual se desarrolla o evoluciona una cosa: *periodo de incubación, periodo paleolítico, periodo de aprendizaje, periodo de prueba.* **2** Menstruación: *estar con el periodo, tener el periodo.* SIN. regla. **3** FÍS. Tiempo en que una cosa vuelve al estado o posición que tenía al principio: *El periodo de la Tierra alrededor del Sol es de 365 días.* **4** MAT. Cifra o grupo de cifras que se repiten indefinidamente después del cociente entero: *un decimal con periodo.* **5** Conjunto de frases de extensión variable que tienen un sentido completo: *Hagan un análisis lingüístico del siguiente periodo.*

periostio *s. m.* ANAT. Membrana blanca y fibrosa que rodea el hueso.

periostitis *s. f.* MED. Inflamación del periostio.

peripatético, ca *adj.* **1** FILOS. De la filosofía o doctrina de Aristóteles. SIN. aristotélico. || *adj. / s. m.* y *f.* **2** Que es partidario de esta filosofía. SIN. aristotélico.

peripecia *s. f.* **1** Suceso imprevisto que le ocurre a una persona: *En el campamento les ocurrieron muchas peripecias.* **2** LIT. Cambio brusco de una situación en una narración o en una obra de teatro: *No me gusta la acumulación de peripecias de esta película.*

periplo *s. m.* **1** ELEVADO. Viaje muy largo o que recorre varios países y vuelve al punto de partida: *Este verano hemos hecho un periplo* ***por*** *Galicia y Extremadura. El año próximo organizaremos un periplo* ***por*** *América Central.* **2** Acción de navegar alrededor de un lugar: *el periplo de Juan Sebastián Elcano alrededor del mundo.*

períptero, ra *adj. / s. m.* ARQ. [Templo clásico] que está rodeado de columnas que están separadas del muro exterior: *El Partenón es un templo períptero.*

peripuesto, ta *adj.* COLOQUIAL. Que se arregla o viste con demasiado esmero y poca naturalidad: *Carmen va siempre muy peripuesta. ¿Dónde vas tan peripuesto?*

periquete *s. m.* Se usa en la LOC. **en un ~** COLOQUIAL; INTENSIFICADOR. En un espacio de tiempo muy breve: *Te lo traigo en un periquete. Preparé la comida en un periquete.*

periquito *s. m.* **1** (macho y hembra) *Melopsittacus undulatus.* Ave de plumaje ondulado, colores vistosos, alas largas y puntiagudas y cola fina, que se adapta bien a vivir como animal doméstico. **2** RESTRINGIDO. Aspersor.

periscopio *s. m.* Instrumento óptico formado por un tubo que permite desplazar verticalmente la línea de visión: *el periscopio de un submarino.*

perisodáctilo *adj. / s. m.* **1** (macho y hembra) ZOOL. [Mamífero herbívoro] que tiene la pata hendida y un número impar de dedos que están cubiertos cada uno con su uña: *El rinoceronte y el caballo son perisodáctilos.* || *s. m.* **2** (en plural) ZOOL. Orden formado por los perisodáctilos.

perista *s. m./f.* Persona que dentro de su actividad comercial admite comprar y vender objetos robados: *El ladrón contactó con un perista para pasarle las joyas del robo.*

peristáltico, ca *adj.* FISIOL. [Movimiento de contracción] que es realizado por los intestinos para impulsar los materiales de la digestión y arrojar los excrementos.

peristilo *s. m.* **1** ARQ. Galería de columnas que rodea un edificio o una parte del mismo: *el peristilo del Partenón.* **2** Patio interior rodeado de columnas.

peritación *s. f.* Peritaje: *El juez ordenó la peritación de los daños del vehículo.*

peritaje *s. m.* **1** Informe o trabajo que hace un perito: *La compañía de seguros no me pagará la factura del taller hasta que no tenga en sus manos el peritaje oficial de los daños del coche. Estamos esperando el peritaje de la pintura de la casa para empezar a trabajar.* SIN. peritación. **2** (no contable) Estudios o carrera de un perito: *Hizo la carrera de peritaje, pero nunca trabajó como perito.*

peritar *v. tr.* Hacer ‹una persona especialista› un estudio o un informe del valor de [una cosa]: *El técnico de la compañía no me ha peritado todavía los daños del coche. La compañía me ha peritado el piso en treinta millones.*

perito, ta *adj. / s. m.* y *f.* **1** Que es experto en una determinada materia, ciencia o arte: *Es un perito en el cultivo de agrios. Busqué el asesoramiento de un perito para que valorara los desperfectos que había causado el agua de la bañera del vecino. El médico compareció ante el juez en calidad de perito.* || *s. m./f.* **2** RESTRINGIDO. Persona que ha hecho estudios técnicos de grado medio: *Javier era perito industrial.* SIN. ingeniero técnico. **3** RESTRINGIDO. Persona que ha hecho estudios empresariales de grado medio: *La empresa contrató a un perito mercantil.*

peritoneo *s. m.* ANAT. Membrana que recubre los órganos internos del abdomen.

peritonitis (plural *peritonitis*) *s. f.* (no contable) MED. Inflamación del peritoneo: *César fue operado de peritonitis.*

perjudicar *v. tr.* **1** Causar ‹una persona o una cosa› daño [a otra persona o cosa]: *Sus adversarios intentan perjudicarle. Esta huelga perjudica los intereses de la empresa.* SIN. dañar. || *v. prnl.* **2** Sufrir ‹una persona o una cosa› un daño: *Fumando tanto te perjudicas. Si contratamos ahora este* *préstamo nos perjudicamos considerablemente, debemos esperar.* SIN. dañarse. ⇒ **71.**

perjudicial *adj.* Que perjudica o puede perjudicar: *Su compañía es perjudicial para ti. El estrés es perjudicial para la salud.*

perjuicio *s. m.* Daño que se le causa a una persona: *La rotura de la tubería principal nos ha causado grandes perjuicios a todos los vecinos. Tener que retrasar el viaje me causa un gran perjuicio. El demandante ha ganado el juicio y le han indemnizado por daños y perjuicios.* FR. Y LOC. **sin ~ de (que)** Dejando a salvo. Se usa para indicar que lo dicho no impide que se realice lo que se expresa después: *La sentencia es absolutoria, sin perjuicio de que se indemnice a la víctima. Continuaré en el mismo trabajo, sin perjuicio de que pueda desempeñar nuevas funciones.*

perjurar *v. intr.* **1** Jurar ‹una persona› en falso: *Perjuró ante el tribunal.* **2** Jurar ‹una persona› mucho para insistir en la certeza del juramento: *El joven juró y perjuró que no lo había hecho él.*

perjurio *s. m.* **1** Juramento en falso: *El principal testigo fue condenado porque cometió perjurio durante el juicio.* **2** Incumplimiento de un juramento: *Si paso por una carretera y no atiendo a un accidentado cometo en realidad perjurio, porque mi juramento como médico me obliga a ayudar a todos los necesitados de auxilio.*

perjuro, ra *adj. / s. m.* y *f.* ELEVADO. Que jura en falso o incumple un juramento que había hecho: *El juez abrió diligencias contra el testigo perjuro. La ley castiga a los perjuros. Si no vienes este año de vacaciones con nosotros eres un perjuro, porque prometiste que vendrías a pesar de todos tus compromisos.*

perla *s. f.* **1** Pequeña bola de nácar, utilizada en joyería, que se forma en el interior de las conchas de algunos moluscos. **~ artificial. ~ cultivada** Perla producida por la madreperla como defensa en torno a un cuerpo extraño introducido en ella por el hombre. **~ natural 2** AFECTADO; IRONÍA. Persona o cosa muy apreciada por sus cualidades: *El niño es la perla de la casa. El taladro que me has recomendado es una perla, todavía no he podido hacer un agujero con él.* **3** Píldora rellena de una sustancia medicinal o de otro tipo: *Tomó unas perlas de jalea real.* FR. Y LOC. **ir / venir de perlas** INTENSIFICADOR. Convenir ‹una persona o una cosa› mucho [a una persona o una cosa]: *Tu ayuda me viene de perlas. La tela que me regalaste le va de perlas al sillón de orejas. Me viene de perlas ese chico en el comercio, porque es muy trabajador. Me viene de perlas que te quedes a cenar, porque hoy estoy solo.*

perlado, da *adj.* **1** Que tiene el color o el brillo de la perla: *El color del coche es azul perlado.* **2** Que está adornado con perlas o bolas que parecen perlas: *La novia vestía un corpiño con un escote completamente perlado.*

perlar *v. tr.* **1** LITERARIO. Hacer ‹una persona o una cosa› que [una cosa] se cubra o se salpique con gotas de un líquido: *La tensión del examen le perlaba la frente de sudor.* || *v. prnl.* **2** LITERARIO. Quedar ‹una cosa› cubierta o salpicada con gotas de un líquido: *Se le perló la frente de sudor. Sentado en la proa de la barca se le iba perlando la piel con las salpicaduras del oleaje.* **3** Unirse ‹los electrodos de una bujía› impidiendo que salte la chispa.

perlé *s. m.* (no contable) Fibra o hilo de algodón algo brillante empleados para bordar o para tejer punto o hacer ganchillo: *Hice un jersey de perlé para el recién nacido.*

permanecer *v. intr.* **1** Mantenerse ‹una persona o una cosa› [en un lugar o una actividad]: *El procesado permanece **en** la cárcel. El fiscal todavía permanece **en** el cargo.* SIN. seguir, continuar. **2** Mantenerse ‹una persona o una cosa› en [un determinado estado o cualidad]: *El muchacho permanecía inmóvil. El cielo permanece cubierto.* SIN. seguir, continuar. ⇒ **5.**

permanencia *s. f.* (no contable) Acción de permanecer: *El diputado abandonó la política tras seis años de permanencia **en** el cargo. El equipo aseguró su permanencia **en** primera división con la última victoria. Su larga permanencia en el poder fue nefasta para el país.*

permanente *adj.* **1** (antepuesto / pospuesto) Que permanece, no cambia o dura mucho: *Su influencia es permanente en todos los sectores de la sociedad. Hay un permanente mal olor en el cuarto de baño.* || *s. f.* **2** Ondulación artificial del cabello que se mantiene mucho tiempo: *Fui a la peluquería para hacerme la permanente.* FR. Y LOC. **estar ~ como la funeraria*.**

permanganato *s. m.* QUÍM. Sal formada por la combinación del ácido derivado del manganeso y una base.

permeabilidad *s. f.* (no contable) Propiedad de un cuerpo de dejar pasar agua u otro fluido a través de él: *la permeabilidad de un tejido, la permeabilidad de un material.* ANT. impermeabilidad.

permeable *adj.* **1** Que puede ser traspasado por el agua u otro fluido: *terreno permeable, tejido permeable.* ANT. impermeable. **2** [Persona, grupo] que se deja influir por las ideas o los comportamientos ajenos: *La nueva dirección de la empresa es poco permeable a las propuestas de los sindicatos. La sociedad occidental no es muy permeable a las influencias orientales. ¿Tú crees que la cultura japonesa es permeable a las costumbres europeas?*

pérmico, ca *adj.* Que pertenece al último período de la Era Paleozoica.

permisible *adj.* Que se puede permitir o consentir: *Creo que no es permisible tu actitud: tienes que hacer tu trabajo más cuidadosamente.*

permisión *s. m.* **1** ELEVADO. Acción de permitir. **2** ELEVADO. Permiso para hacer algo.

permisividad *s. f.* (no contable) Tolerancia exagerada: *Algunas personas mayores critican la permisividad de los padres **con** los más jóvenes. Según algunos autores, la permisividad de la escuela es la causa de los problemas de la sociedad occidental.*

permisivo, va *adj.* Que permite o consiente: *Tengo un padre muy permisivo. La ley es permisiva **con** ese tipo de delincuentes.* SIN. tolerante.

permiso *s. m.* **1** Autorización para hacer una cosa: *Su padre le dio permiso para ir al viaje de fin de curso. Pidieron al dueño del local permiso para celebrar una fiesta.* **2** Posibilidad de dejar temporalmente el trabajo, el servicio militar u otra obligación: *Me he ido a Granada aprovechando que estaba de permiso. El preso consiguió un permiso de tres días.* **3** Documento en que consta la autorización para hacer algo: *Tengo que renovar el permiso de conducir. Muestre usted al policía su permiso de residencia.*

permitir *v. tr. / prnl.* 1 Dejar ‹una persona› que [otra persona] haga [una cosa]: *El médico le permitió fumar. **Me** permití gastar una broma.* ‖ *v. tr.* 2 No oponerse ‹una persona› a [una cosa que podría o debería impedir]: *El alcalde permitió toda clase de abusos durante el tiempo que estuvo en el cargo. Permitimos las tonterías de los chicos con la bici, pero en aquella carretera casi nunca hay tráfico.* SIN. tolerar, consentir. 3 Hacer ‹una persona o una cosa› posible [una cosa]: *La olla a presión permite hacer el guiso en pocos minutos. Este cable permite transmitir simultáneamente miles de conversaciones.* SIN. posibilitar. ‖ *v. prnl.* 4 CORTESÍA, IRONÍA. Tomarse ‹una persona› la libertad de hacer [una cosa]: *Me permito recordarle que aquí no se puede aparcar. Nos permitimos acompañarlo hasta su coche para que abandone el local.* FR. Y LOC. **permitirse el lujo*.**

permuta *s. f.* 1 ELEVADO. Cambio de una cosa por otra: *He hecho la permuta **de** unas fincas **con** mi primo. No merece la pena esa permuta **de** vacaciones que me propone el jefe.* 2 Intercambio voluntario de los destinos de dos funcionarios con el mismo empleo: *Si alguno quisiera hacerme una permuta, yo me iría a Valencia y él vendría a Murcia.*

permutación *s. f.* 1 RESTRINGIDO. Cambio de una cosa por otra. SIN. permuta. 2 MAT. Cada una de las formas de ordenar un número de elementos.

permutar *v. tr.* 1 Cambiar ‹una persona› [una cosa] por [otra cosa]: *Permuto mi puesto de trabajo **con** el tuyo. Vamos a permutarle a mi tía la casa del abuelo **por** el piso de mis padres.* 2 Cambiar ‹una persona› el orden de [dos o más cosas]: *Los organizadores permutaron la intervención de los ponentes.*

pernada *s. f.* MAR. Rama o ramal de cualquier objeto. FR. Y LOC. **derecho* de ~.**

pernear *v. intr.* RESTRINGIDO. Mover ‹una persona› las piernas con fuerza y repetidas veces: *El niño se pasa el tiempo perneando en la cuna.*

pernera *s. f.* Parte del pantalón que cubre la pierna: *Tienes un roto en la pernera del pantalón.*

pernicioso, sa *adj.* (antepuesto / pospuesto) Que causa mucho daño: *Las plagas son perniciosas para la agricultura. Hablamos de la perniciosa influencia de las malas compañías.* SIN. perjudicial, nocivo (ELEVADO).

pernil *s. m.* Anca y muslo de un animal, especialmente el del cerdo: *Hay unos perniles colgados en la despensa que huelen a gloria.*

pernio *s. m.* Pieza de metal articulada por un eje que une una puerta o una ventana al marco y permite su movimiento: *Engrasé el pernio de la puerta para que no chirriase.* SIN. gozne.

perniquebrar *v. tr.* 1 RESTRINGIDO. Romper ‹una persona o una cosa› [la pierna de una persona o la pata de un animal]. ‖ *v. prnl.* 2 RESTRINGIDO. Romperse ‹una persona› una pierna o ‹un animal› una pata. ⇒ **58.**

perno *s. m.* Pieza cilíndrica de metal, parecida a un tornillo, para asegurar dos piezas o afirmar una pieza de gran volumen.

pernocta *s. f.* (no contable) RESTRINGIDO. Acción de pernoctar. FR. Y LOC. **pase* (de) ~.**

pernoctar *v. intr.* Pasar ‹una persona› la noche en [un lugar que no es su domicilio]: *Pernoctaron **en** un hotel de las afueras. Lo importante es llegar pronto a la ciudad: hacemos los kilómetros que podamos y pernoctamos donde nos pille la noche.*

pero *conj.* 1 Conjunción adversativa que enlaza dos proposiciones que se contraponen: *Llovía muchísimo, pero no me mojé. Están francamente bien, pero los míos son mejores. Serán muy buenos, pero a mí no me gustan. Fui yo, pero no se lo digas a nadie.* OBSERVACIONES: ◊ Presenta siempre la segunda proposición como la más importante de las dos: *Perdí un millón, pero gané un amigo. A ése no, porque será muy buen jugador, pero es un sinvergüenza.* ◊ A veces, introduce un hecho o concepto que invita a obtener una conclusión o a adoptar una actitud distintas: *Vendrás con nosotros, pero no debes hacerte ilusiones. Estás cerca, pero el tráfico anda muy mal. Eva es poco inteligente, pero muy buena persona. Ya, pero no me importa. Daos prisa, pero tened cuidado.* ◊ La contraposición que *pero* establece puede referirse a una sola proposición o a todo un bloque: *Pero, al final, acabó como todo el mundo.* ◊ A menudo, en actitud de réplica, se refiere al discurso previo de otro hablante: *Pero tú haces precisamente lo contrario. Pero eso es mentira. Pero él los lleva a otro colegio, el muy cínico. Pero, ¡cómo te atreves a acusarme si yo no estaba allí! ¡Pero si no tienes ni media bofetada!* ◊ A veces, contrapone hechos no reflejados lingüísticamente, sino sólo observados o advertidos, sobre todo en contextos de sorpresa, extrañeza, reproche: *Pero, ¡tú por aquí! Pero, ¡ya has vuelto! ¡Pero hombre, pero hombre! ¡Pero si es Miguel de Cervantes! Pero, ¿quieres dejar de hacer ruido? ¡Pero bueno!* 1₁ La conjunción establece una contraposición sin otros valores añadidos: *Él es antipático, pero ella es simpatiquísima.* OBSERVACIONES: La contraposición puede reforzarse con locuciones como *en cambio, sin embargo como contrapartida* o *por contra: Fumaba muchísimo, pero, en cambio, beber, no bebía. En invierno engordaba, pero en verano, sin embargo, se quedaba en los huesos.* 1₂ La conjunción tiene además un valor concesivo: *Llovía mucho, pero salimos.* En estos casos un hecho o reconocimiento de un hecho tiene lugar a pesar del obstáculo representado en la proposición anterior: *Me ganaste, pero porque yo te dejé. Sí, es pobre, pero no debe nada a nadie. Ya, pero también fue ella la que lo estropeó. Lo hice, pero tú me obligaste.* OBSERVACIONES: A menudo el valor concesivo se refuerza con adverbios o locuciones como *sin embargo, no obstante, con todo* o *aun así*: *Llovía mucho, pero (,con todo,) salimos. Me dolía mucho la cabeza, pero (,a pesar de todo,) estudié.* También se refuerza mediante la propia repetición de la descripción del hecho: *Estaba enfermo, pero (,enfermo y todo,) siguió trabajando. Era de noche, pero (,aunque era de noche,) se veía bastante bien.* 1₃ La conjunción destaca el carácter ajustado y no exagerado de un adjetivo o de un adverbio que se acaba de usar: *Salieron buenas, pero buenas.* OBSERVACIONES: ◊ En estos casos es frecuente la aparición de elementos como *auténticamente, de verdad* y de llamadas de atención al oyente con interjecciones como *¡eh!* y *¡ojo!*: *Son horrorosas, pero (auténticamente) horrorosas. Iba deprisa, pero deprisa, ¡eh! Diluviaba, pero diluviaba, ¡ojo!* ◊ Si la segunda calificación es semánticamente superlativa, puede aparecer precedida de la conjunción *que*: *Está (muy) lejos, pero que muy lejos. Son buenísimas, pero que buenísimas. Allí se estaba fenomenal, pero que fenomenal.* ◊ Para lograr una mayor expresividad se omite la primera calificación: *Allí se está pero que feno-*

menal. Jugaron pero que muy mal. Estuviste pero que magnífico. ¡Pero que muy ocurrente! || *s. m.* **2** Objeción, pega: *Algún pero te pondrán.* **3** Defecto: *El proyecto no tiene un solo pero.* FR. Y LOC. **¡~ bueno!** Expresa una reacción de sorpresa o desaprobación ante un dicho o hecho que se acaba de producir: *–«Dicen que quieren entrar.» –«¡Pero bueno!»* **¡~ si...!** 1 Expresa extrañeza, sorpresa o incluso reproche: *¡Pero (cómo te atreves a reñirme) si tuviste tú la culpa, hombre! ¡Pero si yo no he hecho nada! –«¿Qué tal el fútbol?» –«Pero si no ha habido fútbol.»* OBSERVACIONES: Si no se hace hincapié en la marca de contraste, puede omitirse *pero: ¡Si tuviste tú la culpa, hombre!* 2 Expresa asombro o sorpresa ante un hecho súbitamente advertido que no se esperaba: *¡Pero si es mi hijo! ¡Pero si van desnudos! ¡Pero si ya es de noche!* OBSERVACIONES: También puede omitirse en estos casos la conjunción *pero*: *¡Si es mi hijo!* **poner peros** Poner pegas ‹una persona›, formular objeciones: *Antes de aceptar el proyecto, Orestes puso muchos peros.*

perogrullada *s. f.* COLOQUIAL. Cosa o verdad tan evidente o sabida que resulta tonto decirla: *No me comentes que ahora llueve porque es una perogrullada.*

perogrullesco, ca *adj.* COLOQUIAL; RESTRINGIDO. Que es tonto, o es una tontería: *Tienes ideas perogrullescas. Ernesto es un tío perogrullesco.*

perogrullo *s. m.* Se usa en la LOC. **(ser) una verdad de Perogrullo** Ser ‹una cosa› tan evidente que resulta tonto decirla: *Ya sé que no tenemos dinero, es una verdad de perogrullo, pero ¿qué hacemos? Aunque sea una verdad de perogrullo, te advierto que como se te caiga la taza se te rompe.*

perol *s. m.* Recipiente semiesférico de metal con dos asas para cocinar alimentos: *Ha dicho el sargento que debemos fregar los peroles antes de salir de paseo.*

perola *s. f.* Recipiente de cocina parecido a un perol pero más pequeño: *Puedes usar aquella perola de aluminio.*

peroné *s. m.* ANAT. Hueso largo y delgado de la pierna situado detrás de la tibia.

peronismo *s. m.* (no contable) POL. Ideología y movimiento político argentino fundado por el dirigente Juan Domingo Perón: *El peronismo tiene mucha fuerza en Argentina.*

peroración *s. f.* **1** RESTRINGIDO. Discurso o charla que suele resultar aburrido: *Me aburren profundamente las peroraciones del abuelo sobre la juventud actual.* SIN. perorata. **2** RET. Parte final de un discurso en la que se intenta mover el ánimo de los que escuchan.

perorar *v. intr.* **1** ELEVADO; PEYORATIVO. Pronunciar ‹una persona› una perorata: *Estoy cansado de que el profesor se dedique a perorar contra los vagos en vez de explicar la lección.* **2** RESTRINGIDO. Pronunciar ‹una persona› un discurso.

perorata *s. f.* PEYORATIVO. Discurso o charla que resulta molesto o aburrido: *Menuda perorata nos ha soltado tu madre. No voy a ver a las tías porque tienen la manía de echarme peroratas interminables sobre los peligros de la vida.*

perpendicular *adj. / s. f.* [Línea, plano] que forma ángulo recto con otra línea u otro plano: *Mi calle es perpendicular a la tuya. Voy a trazar una perpendicular en la pizarra.*

perpendicularidad *s. f.* (no contable) Situación de lo que es perpendicular respecto a algo: *la perpendicularidad de una recta respecto a un plano.*

perpendicularmente *adv. modo* De forma perpendicular, con perpendicularidad: *La línea se proyecta perpendicularmente* **al** *diámetro.*

perpetrar *v. tr.* Cometer ‹una persona› [un acto que se considera delito]: *Se ha perpetrado un asesinato en plena calle. El fugado perpetró un atraco a la luz del día.*

perpetua *s. f.* **1** Género de plantas cuyas flores conservan su aspecto y olor después de arrancadas. **2** Flor de las perpetuas.

perpetuación *s. f.* (no contable) RESTRINGIDO. Conservación de algo para siempre o para mucho tiempo: *La perpetuación de algunas especies animales está en peligro.*

perpetuar *v. tr.* **1** Hacer ‹una persona o cosa› que [una cosa] se prolongue, dure siempre o mucho tiempo: *Su última novela perpetuó su fama como escritora.* || *v. prnl.* **2** Durar ‹una cosa› siempre o mucho tiempo: *Su apellido merece perpetuarse. Nuestra familia se perpetúa desde los tiempos del Cid.* ⇒ **3.**

perpetuidad *s. f.* (no contable) RESTRINGIDO. Característica de lo que dura siempre o mucho tiempo: *La perpetuidad de su influencia puede ser importantísima, pero no será eterna.* FR. Y LOC. **a ~** Durante toda la vida de una persona: *El funcionario fue inhabilitado a perpetuidad.*

perpetuo, tua *adj.* **1** (antepuesto / pospuesto) Que dura siempre o dura mucho tiempo: *Vivimos en un perpetuo estado de histerismo en la oficina. Parece que están ahora en una situación de enfado perpetuo. En esa montaña hay nieves perpetuas.* **cadena* perpetua. calendario* ~. sepultura perpetua. 2** [Cargo / puesto] que puede ser desempeñado por una persona hasta su jubilación: *Ha aprobado las oposiciones y, mientras cumpla, ya tiene un puesto perpetuo.*

perpiaño *adj.* **1** ARQ. [Arco] que es resaltado, ceñido a la bóveda y transversal al eje de la nave. || *s. m.* **2** Piedra o ladrillo de una construcción que atraviesa el grosor de una pared.

perplejidad *s. f.* (no contable) Confusión o indecisión producida por algo sorprendente e inesperado: *Al ver a su madre allí, se quedó mirándola con perplejidad. Me decía tales cosas que me dominaba la perplejidad, no sabía si debía enfadarme con él o tomármelo a broma.* SIN. asombro.

perplejo, ja *adj.* (estar) Que manifiesta asombro, indecisión o confusión por algo sorprendente o inesperado: *La conversación que oí me dejó perplejo. Su mirada perpleja reflejaba su extrañeza. Estoy perpleja: ¿debo irme o quedarme aquí?*

perra *s. f.* **1** Cada una de las dos monedas españolas de poco valor que estuvieron en curso hace unos años. **~ chica. ~ gorda. 2** (en plural) COLOQUIAL. Dinero: *La abuela tiene unas perras ahorradas en el banco. Aunque lo veas mal vestido, tiene perras de sobra para irse de vacaciones a la Patagonia.* **3** COLOQUIAL. Deseo exagerado o manía: *¡Vaya perra que has cogido con que vayamos al cine esta tarde!* **4** COLOQUIAL; INFANTIL. Llanto fuerte y seguido: *El niño ha agarrado una perra porque quería un helado.* SIN. rabieta, berrinche. **5** COL.; COLOQUIAL. Embriaguez, borrachera. || **6 dos / tres / cuatro perras** COLOQUIAL; INTENSIFICADOR. Poco dinero: *Vendimos el coche por cuatro perras.* FR. Y LOC. **no tener una ~** COLOQUIAL. No tener ‹una persona› dinero: *Cuando compré el piso, me quedé sin una perra. Cuando Pedro vino, no tenía una perra.* **¡para ti la ~ gorda!** COLOQUIAL; RESUMIDOR FINAL.

Se usa para terminar una discusión dándole la razón a la otra persona porque es imposible hacerla razonar: *No quiero seguir discutiendo: ¡Para ti la perra gorda!*

perrada *s. f.* RESTRINGIDO. Perrería.

perrera *s. f.* **1** Lugar donde se encierra a los perros callejeros: *El perro vagabundo acabó en la perrera municipal.* **2** Furgoneta municipal que recoge los perros vagabundos.

perrería *s. f.* **1** COLOQUIAL. Acción o palabra malintencionadas que se dirigen contra una persona: *He cambiado de taller porque estoy harto de aguantar las perrerías de éste: cuando no me cobra de más, tengo que volver al poco tiempo. Al niño no le gusta venir a ver a su primo porque le dice muchas perrerías.* **2** (no contable) RESTRINGIDO. Conjunto de perros: *Saco por las tardes a pasear cuatro perros de una señora, una perrería completa.*

perrero, ra *s. m./f.* **1** Empleado de la perrera municipal: *El caniche mordió al perrero cuando quiso encerrarlo.* **2** Persona encargada de cuidar perros de caza.

perrito *s. m.* **1** Diminutivo de perro. ‖ **2 ~ caliente** Bocadillo de pan blando y alargado con una salchicha cocida dentro, sazonado generalmente con mostaza o quetchup: *Tomaron un perrito caliente a la salida del cine.* FR. Y LOC. **no tener padre* ni madre ni ~ que le ladre.**

perro, rra *s. m./f.* **1** *Canis familiaris.* Mamífero carnívoro doméstico del que hay gran variedad de razas, que tiene el olfato y el oído muy finos y es muy fiel al hombre. SIN. can (ELEVADO), chucho (COLOQUIAL). **~ sabueso*.** **~ de lanas** Perro de cierta raza de pelo largo parecido a la lana. **~ de presa** Dogo. **~ faldero** 1 COLOQUIAL. Perro pequeño de compañía. 2 COLOQUIAL; PEYORATIVO. Persona que muestra gran sumisión a otra: *Su secretario es su perro faldero.* **~ lazarillo** Perro adiestrado para guiar a los ciegos. **~ pastor** (macho y hembra) Perro de unas razas adiestradas en su origen para auxiliar a los pastores en la guía y manejo del ganado: *El perro pastor más popular es el pastor alemán.* **~ policía** Perro adiestrado para ayudar en tareas policiales. **~ salchicha** Teckel. **~ podenco** Perro de caza de muy buena vista y olfato agudo. ‖ *adj./s. m.* y *f.* **2** INSULTO. [Persona, comportamiento] que es malvado o despreciable: *Esa mujer es una perra, no sé cómo puede tratar tan mal a sus hijos.* ‖ *adj.* **3** COLOQUIAL. [Vida] que es muy desgraciada: *Ese pobre hombre ha llevado siempre una vida muy perra.* SIN. desdichado. **vida* aperrada/arrastrada** o **vida de perros.** ‖ **4 ~ viejo** COLOQUIAL. Persona desconfiada y difícil de engañar porque tiene mucha experiencia: *Luis lleva mucho tiempo en ese trabajo y ya es un perro viejo.* FR. Y LOC. **a otro ~ con ese hueso** COLOQUIAL; RESUMIDOR FINAL. Se usa para rechazar una proposición desventajosa o para mostrar incredulidad: *No me vengas con cuentos, a otro perro con ese hueso.* **atar los perros con longaniza** COLOQUIAL; IRONÍA. Se usa para destacar la ingenuidad de la persona que cree que en otro lugar se disfruta de un extraordinario bienestar: *Se fue del pueblo creyendo que en la ciudad atamos los perros con longaniza.* **cara* de ~. como el ~ y el gato** COLOQUIAL. Se usa para indicar que dos personas se llevan muy mal o están riñendo a menudo: *Sus hermanos están siempre como el perro y el gato, todo el día discutiendo.* **dame pan* y llámame tonto/~. de perros** COLOQUIAL; INTENSIFICADOR. [Tiempo, trabajo, humor] que es muy desagradable: *Hace una mañana de perros. Hoy vienes con un humor de perros.* **hijo* de perra. humor* de perros. noche* de perros.** REFR. **Al perro flaco todo se le vuelven pulgas.** Se usa para indicar que todos son problemas para los más débiles o necesitados. **El perro del hortelano, que ni come ni deja comer al amo.** Se usa para indicar que una persona ni hace ni deja que los demás hagan algo. **Muerto el perro se acabó la rabia.** Se usa para indicar que una vez suprimida la causa de algo, desaparecen los efectos que producía. **Perro ladrador poco mordedor.** Se usa para indicar que generalmente el que se muestra muy fiero y amenazador, no es tan peligroso como parece.

perruno, na *adj.* **1** PEYORATIVO. De perro o que parece de perro: *obediencia perruna, mirada perruna.* ‖ **2 tos* perruna.**

persa *adj./s. m.* y *f.* **1** De Persia, nación asiática: *ejército persa, gato persa, reina persa, el país de los persas.* ‖ *s. m.* **2** LING. Lengua indoeuropea que se habla en Irán.

persecución *s. f.* **1** Intento de alcanzar a una persona, animal o cosa: *La persecución del atracador duró varias horas. El pelotón inició la persecución del ciclista que estaba escapado.* **2** Acción de seguir a los miembros de una doctrina o grupo para causarles el mayor daño posible: *la persecución de los primeros cristianos, la persecución de las minorías.* **3** Continuas molestias que sufre una persona que se siente asediada por otra: *El cantante estaba harto de la persecución de sus fans.* **4** Intento de una persona de conseguir una cosa: *El equipo se ha propuesto la persecución de varios objetivos.* **5** Acción de proceder judicialmente contra una falta o delito: *la persecución del narcotráfico, la persecución de los delitos de terrorismo, la persecución del contrabando.*

persecutorio, ria *adj.* Que implica persecución o se refiere a ella. **manía* persecutoria.**

perseguidora *s. f.* PERÚ; COLOQUIAL. Resaca, malestar después de una noche de fiesta.

perseguir *v. tr.* **1** Seguir ‹una persona, un animal o máquina› [a otra] para alcanzarla: *La policía persigue a los fugitivos. El gato persigue al ratón. Ese coche nos persigue.* **2** Molestar ‹una persona› [a otra persona]: *Desde que entré en el Ministerio, Ángel me persigue por todas partes para que la invite a cenar.* **3** Intentar obtener ‹una persona› [una cosa] poniendo todos los medios para ello: *Verónica persigue una beca para poder continuar sus estudios. Los nacionalistas persiguen aprobar el proyecto con los votos de nuestro grupo.* SIN. buscar, pretender. **4** Repetirse ‹una cosa› con insistencia en la vida de [una persona]: *Esta obsesión me persigue, no me deja descansar.* **5** DER. Proceder ‹una persona› judicialmente contra [otra persona] o contra [una falta o un delito]: *El juez persigue los delitos relacionados con la droga. El delito de robo se persigue de oficio. En muchos países se persiguen los delitos de opinión pública.* ⇒ **74.**

perseverancia *s. f.* (no contable) Constancia en la realización de las cosas: *Hay que tener mucha perseverancia para conseguir lo que tú has conseguido.* ANT. inconstancia.

perseverante *adj.* (antepuesto/pospuesto) Que persevera: *Un luchador perseverante no se rinde fácilmente. Después de un perseverante trabajo, conseguiste lo que te proponías.* SIN. tenaz. ANT. inconstante.

perseverar *v. intr.* Mantenerse ‹una persona› firme o constante en [la realización o continuación de una cosa]:

Perseveraremos ***en*** *nuestro objetivo. Hay que perseverar hasta el fin para que esta dieta empiece a hacer efecto. Perseverar* ***en*** *un camino es más difícil que empezarlo* ANT. desistir.

persiana *s. f.* Estructura enrollable formada por tablillas o láminas que se coloca en una ventana o en una puerta para regular la entrada de la luz: *subir la persiana, bajar la persiana.*

persianero, ra *s. m. / f.* Persona que por oficio se dedica a fabricar, colocar o arreglar persianas: *Tenemos que llamar al persianero para que nos arregle la persiana del salón.*

persignar *v. tr. / prnl.* RÉL. Hacer ‹una persona› las tres cruces que hacen los católicos en la frente, la cara y el pecho [a otra persona]: *Muchas madres persignan a sus hijos antes de que se duerman. En la iglesia los fieles* ***se*** *persignaron antes de la lectura del evangelio.*

persistencia *s. f.* **1** (no contable) Firmeza o insistencia en una decisión: *Víctor consiguió que lo escucharan gracias a su persistencia. Su persistencia en hablar con el juez dio resultado.* SIN. perseverancia. **2** (no contable) Mantenimiento y duración de una actividad: *Estuvo lloviendo con persistencia toda la tarde. La persistencia de las heladas nocturnas puede ser nociva para los frutales.*

persistente *adj.* (antepuesto / pospuesto) Que persiste o es firme o constante en algo: *un hombre muy persistente. Hay que ser más persistente si se quiere conseguir algo. Le molestaba el persistente ruido del claxon. Una lluvia persistente nos caló hasta los huesos.*

persistir *v. intr.* **1** Mantenerse ‹una persona› firme o constante en [la realización o continuación de una cosa]: *Ana persiste* ***en*** *su deseo de dar la vuelta al mundo. Es difícil que lo consigan, pero ellos persisten.* SIN. perseverar, insistir. **2** Durar ‹una cosa› o seguir existiendo: *Persistirá el riesgo de inundaciones durante el fin de semana.* SIN. permanecer, continuar.

persona *s. f.* **1** Individuo de la especie humana, ya sea hombre o mujer: *El autocar tiene capacidad para cincuenta personas. Eduardo me parece buena persona.* **~ física** Persona capaz de tener derechos y obligaciones: *Presenté la declaración del Impuesto de las Personas Físicas.* **~ grata** o **non grata** ELEVADO. Persona bien / mal aceptada en un grupo o comunidad: *El presidente del club declaró a ese periodista persona non grata.* **tercera ~** Persona distinta de las que están interesadas en algo: *Me enteré de su infidelidad por terceras personas. Quiero hablar contigo, sin la mediación de terceras personas.* **2** LING. Accidente gramatical del verbo y del pronombre que designa las personas que intervienen en el discurso o coloquio: *«Pienso» es una primera persona del verbo pensar.* **primera ~** El individuo que habla. **segunda ~** Al que se habla. **tercera ~** Aquél que no interviene en el diálogo o aquello de que se habla. **3** Individuo de la especie humana que demuestra una prudencia o una madurez considerables que llaman la atención: *Muchacho, a ver cuándo te conviertes en una persona de verdad.* **4** TEOL. El Padre, el Hijo y el Espíritu Santo en la religión cristiana. || **5 ~ jurídica** Entidad a la que se reconoce capacidad para tener derechos u obligaciones: *Nuestra empresa es una persona jurídica con todos los papeles en regla.* FR. Y LOC. **en ~** Realizándolo uno mismo o estando presente: *Iré en persona. Me gustaría decírselo en persona. Entrégaselo a él en persona, y no a su secretaria.* **ser muy ~** COLOQUIAL, RESTRINGIDO. Ser ‹una persona› razonable y comprensiva: *Tenemos que reconocer que el jefe es muy persona.*

personación *s. f.* **1** ELEVADO. Acción de personarse una persona en un lugar: *Solicitaron la personación del ministro en la comisión de investigación.* **2** DER. Hecho de comparecer una persona como parte en un juicio: *En muchos procedimientos es necesaria la personación de un procurador.*

personaje *s. m.* **1** Persona destacada en la vida pública: *Acudieron a la fiesta personajes del mundo de la cultura.* **2** Cada uno de los seres que aparece en una película o en una obra literaria: *el personaje principal, el personaje femenino. El personaje más interesante de la película es el malo.* **3** (no contable) COLOQUIAL; IRONÍA. Persona que sorprende por su forma de actuar: *Ese tipo es todo un personaje, en verano siempre viene a trabajar con bufanda.*

personal *adj.* **1** Que es propio o particular de determinada persona o se refiere a ella: *Esto es para tu uso personal. Mis objetos personales están en la maleta. Quiero conocer tu opinión personal. Me ausenté por motivos personales. Me han citado mañana para una entrevista personal. Ese diseñador tiene un estilo muy personal. Estoy aprendiendo una técnica de defensa personal. No tengo nada personal contra ti, pero no me gusta tu forma de trabajar.* **cédula* ~. ordenador* ~.** **2** Que guarda relación con la persona gramatical. **forma* ~. forma* no ~.** **3** GRAM. [Pronombre] que sirve para señalar a un individuo, animal o cosa concretos, indicando qué persona es, y posee diversas formas según la función que desempeña. || *s. m.* **4** (no contable) Conjunto de trabajadores de una empresa, organización o establecimiento: *personal sanitario, personal administrativo. Esa empresa busca personal especializado en ordenadores. El martes se cierra por descanso del personal.* **5** (no contable) COLOQUIAL. Gente, grupo de personas: *Había demasiado personal en el cine. El personal nos exige que abramos los domingos, porque es cuando quiere ir de compras. El personal de mi clase va esta tarde al teatro.* **6** (no contable) COLOQUIAL; HUMORÍSTICO. Para hablar directamente con un grupo de gente: *–«A ver, ¿qué va a tomar el personal?» –«Queremos sangría y tortilla para todos.»* || *adj. / s. f.* **7** DEP. [Falta] que comete un jugador de baloncesto al tocar o empujar a otro del equipo contrario: *personal en ataque, personal en defensa. El árbitro pitó al pívot la tercera falta personal. Nuestro equipo está cargado de personales.*

personalidad *s. f.* **1** Conjunto de características y rasgos que configuran la forma de ser de una persona: *Cristina tiene una personalidad apocada. Eso no iba con su personalidad. Tiene una personalidad muy fuerte.* SIN. carácter. **2** Persona importante o que destaca en alguna materia o profesión: *Se sentó en el lugar reservado para personalidades. Acudieron a la recepción el presidente y otras personalidades. El periodista entrevistó a una personalidad del mundo de las letras.* FR. Y LOC. **tener ~** Tener ‹una persona› caracteres psicológicos fuertes y bien definidos: *un niño con mucha personalidad. Pilar tiene una personalidad muy fuerte. Vicente se deja influir por los demás porque no tiene personalidad.*

personalismo *s. m.* **1** (no contable) Adhesión a una persona, a sus ideas o intereses: *El personalismo es la ideología predominante en ese partido político.* **2** (no contable) Dominio o protagonismo del individuo sobre el grupo o institución: *El personalismo de algunos funcionarios impide una* *colaboración eficaz entre los diferentes departamentos del ministerio. Hicimos un trabajo en equipo, sin personalismos.*

personalizado, da *adj.* **1** Que está adaptado a las necesidades de cada persona en particular: *enseñanza personalizada. Los niños con retraso mental necesitan una atención personalizada.* **2** Que tiene alguna característica que manifiesta su pertenencia a una persona concreta: *coche personalizado. En las cartas emplea siempre sobre personalizados con su nombre y dirección.*

personalizar *v. intr.* **1** Referirse o dirigirse ‹una persona› a otra persona en particular: *No personalices, porque yo no he sido el responsable del retraso. No quiero personalizar, pero alguno de vosotros ha olvidado conectar la alarma del local. Hemos de hacer un análisis de la situación política sin personalizar.* || *v. tr.* **2** Dar ‹una persona› carácter personal a [una cosa] de otra persona: *Aquí personalizamos la decoración de su hogar según sus gustos. Nuestro programa le permite personalizar la pantalla de su ordenador. Aseguramos una enseñanza personalizada para cada alumno.* ⇒ **19.**

personalmente *adv. modo* **1** En persona, por sí mismo, sin ser reemplazado por otro: *Lo revisarás personalmente. Me ocuparé personalmente de ello.* **2** Físicamente, con presencia real: *No te conozco personalmente, pero me han hablado maravillas de ti.* **3** De manera personal, con individualismo: *El Presidente gobierna demasiado personalmente.* || *adv. restrictivo* **4** (para resaltar la importancia del sujeto *yo* frente a otros nombrados) Por lo que a mí respecta, en cuanto a mí: *Personalmente prefiero la langosta = (yo por mi parte prefiero la langosta).* **5** En el aspecto individual o personal y no en el oficial o profesional: *Personalmente, son individuos bastante corrientes. Es un buen escritor, pero personalmente es algo insoportable.* || *adv. orac. restrictivo* **6** En contextos de manifestación de opinión o gustos, equivale a incisos como *en mi opinión, para mí, a mi entender, a mi juicio*: *Personalmente, no me atrevería a decir tanto. Personalmente, creo que sois mejores. Personalmente, lo considero un crimen.*

personarse *v. prnl.* **1** Presentarse ‹una persona› [en un lugar]: *Señorita Martínez, persónese en la caja central del establecimiento. La policía se personó en el lugar de los hechos. Los periodistas se personaron en la calle del accidente a los diez minutos.* **2** DER. Comparecer ‹una persona› como parte interesada en un juicio o pleito: *Un abogado de las víctimas se personó en el proceso. La Asociación de Consumidores se personará en el proceso por el fraude de las dietas adelgazantes.*

personificación *s. f.* **1** (no contable) Persona que representa una idea o un sentimiento: *Otelo es la personificación de los celos. La Virgen María es la personificación de la pureza. El hijo mayor, tras la muerte de su padre, era la viva personificación del dolor.* **2** RET. Figura que consiste en dar rasgos humanos a animales o cosas: *En la fábula había una personificación de un oso.* SIN. prosopopeya.

personificar *v. tr.* **1** Representar ‹una persona› [una cualidad o una característica]: *Sócrates personifica la sabiduría. Venus personifica la belleza y el amor.* SIN. simbolizar, encarnar. **2** Hacer ‹un escritor o un artista› que [un personaje o un aspecto de una obra suya] sirva de ejemplo o representación de [una cosa]: *Calderón personifica el honor* ***en*** *Pedro Crespo, el alcalde de Zalamea.* ***En*** *el alargamiento de las figuras, el Greco personifica la elevación espiritual.* ***En*** *Don Quijote y Sancho Panza, Cervantes ha personificado la naturaleza humana.* **3** Atribuir ‹una persona› cualidades humanas [a un animal o una cosa]: *Los pueblos primitivos personifican muchos objetos de la naturaleza. Los románticos personifican con frecuencia el mar y el sol. Los fabulistas personifican a los animales para criticar el comportamiento humano.* ⇒ **71.**

personilla *s. f.* COLOQUIAL; AFECTIVO. Niño pequeño o persona muy querida: *Ayer iba paseando con una personilla de cinco años que me miraba con unos ojos muy atentos. Esa anciana es una personilla encantadora.*

perspectiva *s. f.* **1** ARTE. Técnica para reproducir en una superficie plana la tercera dimensión logrando una sensación de profundidad: *Los barrocos son unos maestros de la perspectiva.* **2** Representación o dibujo que emplean esta técnica. **3** Lo que abarca la vista desde una posición determinada: *Se divisa una buena perspectiva desde el mirador.* **~ aérea.** **4** Punto de vista o manera de considerar las cosas: *Es un buen libro, desde una perspectiva literaria.* **5** (preferentemente en plural) Evolución o cambio posible o previsible: *Este negocio tiene buenas perspectivas. La Bolsa no ofrece ahora buenas perspectivas.* **6** Objetividad en la consideración de algo que viene determinada por el distanciamiento temporal: *Me falta perspectiva para valorar estos últimos acontecimientos. Dentro de unos años podrás juzgar todo esto con mejor perspectiva.*

perspicacia *s. f.* (no contable) Cualidad de perspicaz: *Debes hacer las cosas con más perspicacia. Ese empresario es una persona con mucha perspicacia.*

perspicaz *adj.* **1** (antepuesto / pospuesto) Que entiende o se da cuenta de las cosas con extraordinaria facilidad o agudeza aunque sean complicadas o no estén claras: *inteligencia perspicaz, ingenio perspicaz. Hazle caso, es una persona perspicaz. Te agradezco tus perspicaces consejos.* **2** [Vista, mirada] que percibe las cosas a una gran distancia.

persuadir *v. tr. / prnl.* Conseguir ‹una persona› que [otra persona] haga o acepte [una cosa]: *Le persuadimos* ***para*** *que viniera con nosotros. Nos persuadieron* ***con*** *buenas razones. Pablo* ***se*** *persuadió* ***de*** *que era lo mejor para él.* SIN. convencer(se).

persuasión *s. f.* (no contable) Capacidad que tiene una persona para convencer a otra: *Ése es un mal vendedor, porque no tiene muchas dotes de persuasión.*

persuasivo, va *adj.* (antepuesto / pospuesto) Que tiene facilidad para persuadir: *vendedora persuasiva, persuasivas razones, persuasivos argumentos, carácter persuasivo.*

pertenecer *v. intr.* **1** Ser ‹una cosa› propiedad de [una persona]: *Este libro le pertenece.* **2** Formar ‹una cosa› parte de [otra cosa]: *Este párrafo pertenece* ***a*** *su última novela. La escena pertenece* ***a*** *un documental sobre la guerra.* **3** Ser ‹una cosa› competencia u obligación de [una persona o una entidad]: *Este asunto pertenece* ***a*** *la alcaldesa. Este permiso pertenece* ***al*** *negociado de al lado.* ⇒ **5.**

pertenencia *s. f.* **1** (preferentemente en plural; no contable) Cosa que pertenece a una persona o grupo: *Su hija se fue de casa con todas sus pertenencias. Cuando murió la chica le llevaron las pertenencias a su madre.* SIN. propiedad, bienes. **2** (no contable) Circunstancia de formar parte de un grupo, asociación o partido político: *No han confirma-*

*do la pertenencia de ese pastor **a** la Iglesia ortodoxa. Negó su pertenencia **a** la asociación de pescadores.*

pértiga *s. f.* Vara larga y resistente para diferentes usos, como impulsar una embarcación o transportar cargas, y especialmente, la de saltos de atletismo: *salto de pértiga.*

pertinacia *s. f.* (no contable) RESTRINGIDO. Cualidad de pertinaz: *La pertinacia de su postura me pareció errónea.*

pertinaz *adj.* **1** (antepuesto / pospuesto) Que dura mucho o se prolonga durante mucho tiempo: *tos pertinaz, lluvias pertinaces, pertinaz sequía, pertinaz vagancia.* SIN. persistente. **2** (antepuesto / pospuesto) Que defiende o mantiene sus opiniones o decisiones con obstinación o tenacidad: *Éste es un hombre pertinaz, lo conseguirá.*

pertinencia *s. f.* (no contable) ELEVADO. Carácter oportuno y conveniente de una cosa: *El médico destacó la pertinencia de las pruebas realizadas al paciente.*

pertinente *adj.* **1** Que pertenece o se refiere a la persona o cosa nombrada: *Hemos examinado todo lo pertinente al contrato.* **2** Que es oportuno y a propósito: *Tu advertencia fue muy pertinente. Son precauciones pertinentes cuando se trata de tanto dinero.* **3** LING. Que tiene capacidad diferenciadora: *La diferencia entre «r» y «rr» es pertinente en español, pero no en francés o inglés.*

pertrechar *v. tr. / prnl.* **1** Proporcionar ‹una persona› [a otra persona] [una cosa que necesita]: ***Nos** pertrechamos **de** comida para toda la semana. Me he pertrechado bien **de** argumentos para discutir con él.* SIN. abastecer(se), proveer(se). || *v. tr.* **2** RESTRINGIDO. Proporcionar ‹una persona› pertrechos [a un ejército]: *Se rumorea que varias empresas occidentales han pertrechado a la guerrilla separatista a espaldas de sus gobiernos.*

pertrechos (plural) *s. m.* **1** Instrumentos que se utilizan con un fin en una actividad: *pertrechos de pesca, pertrechos de caza. El secretario llegó con sus pertrechos de escritura.* **2** MIL. Equipamiento de un ejército en campaña: *El ejército está concentrando todos sus pertrechos en los montes que rodean la capital.*

perturbación *s. f.* **1** Alteración del estado normal o del desarrollo de algo: *Los atentados terroristas siempre producen una perturbación de la vida social.* || **2 ~ atmosférica** Alteración de la atmósfera de origen tormentoso: *Las perturbaciones atmosféricas de estos días pueden producir interferencias en sus aparatos de televisión.* **3 ~ de la aguja** MAR. Desviación de la aguja magnética producida por diferentes razones. **4 ~ mental** Trastorno de las facultades mentales de una persona.

perturbador *s. m.* TECNOL. Mecanismo usado en la aviación militar para hacer que se confundan las ondas emitidas por aparatos de radar.

perturbar *v. tr.* **1** Hacer ‹una persona o una cosa› que se altere el orden de [una cosa]: *La lluvia perturbó el programa de fiestas.* **2** Hacer ‹una persona o una cosa› que [una persona] se inquiete o se altere: *Las amenazas de su padre la perturbaron.* **3** Hacer ‹una persona o una cosa› que [una persona] pierda el juicio: *Las bombas de la guerra lo perturbaron por completo.* || *v. prnl.* **4** Alterarse ‹una persona›: *No me perturbo por unos cuantos gritos.* **5** Perder ‹una persona› el juicio: *El padre de Carlos se perturbó tras la muerte de su madre.*

peruano, na *adj. / s. m.* y *f.* De Perú, país sudamericano: *historia peruana, collar peruano. Los peruanos conservan muchas tradiciones de sus antepasados.*

perversidad *s. f.* (no contable) Condición de perverso; maldad muy grande: *Ese loco trataba a los animales con perversidad. Es conocida por todos la perversidad de esta banda.*

perversión *s. f.* **1** Conducta contraria a la razón o al orden esperado, especialmente en lo referente a la moral: *La perversión de su manera de vivir es un mal ejemplo. La perversión de los dirigentes no conduce a nada bueno.* SIN. depravación. **~ sexual** Conjunto de prácticas sexuales condenadas tradicionalmente por la sociedad. **2** Iniciación de los menores en prácticas moralmente perversas: *La perversión de menores está muy castigada por la ley.*

perverso, sa *adj. / s. m.* y *f.* **1** Que actúa con mucha maldad y disfruta del daño que hace a los demás: *un hombre perverso.* SIN. malvado. || *adj.* **2** (antepuesto / pospuesto) Que contiene maldad: *mirada perversa, sonrisa perversa, pensamiento perverso, perversos sentimientos, perversas intenciones.*

pervertir *v. tr.* **1** Hacer ‹una persona o una cosa› que [otra persona u otra cosa] vaya en contra de lo establecido por la moral: *Lo han castigado por pervertir a jóvenes idealistas.* || *v. prnl.* **2** Actuar ‹una persona› en contra de lo establecido por la moral: *Ese chico se ha pervertido hace tiempo.* SIN. depravarse. ⇒ **75.**

pervivencia *s. f.* (no contable) Permanencia de una cosa que sigue existiendo: *la pervivencia de una costumbre, la pervivencia de una tradición, la pervivencia de una doctrina.*

pervivir *v. intr.* Continuar o durar ‹una cosa› mucho tiempo o un tiempo indefinido: *En algunos pueblos españoles perviven algunas costumbres medievales.* SIN. perdurar.

pesa *s. f.* **1** Pieza metálica de peso establecido, que sirve de medida para equilibrar y determinar el de un objeto: *una pesa de medio kilo. Falta una pesa en la balanza.* **2** Pieza de peso que, suspendida de una cuerda o cadena, sirve para dar movimiento a un mecanismo, como el de ciertos relojes o el de una lámpara extensible: *las pesas de un reloj.* **3** DEP. Piezas de distintos pesos que se utilizan en gimnasia para desarrollar la musculatura: *Juan hace pesas todas las tardes en el gimnasio municipal. Ana levanta pesas de diez kilos con la pierna izquierda para recuperarse de la lesión.* **4** AMÉR. C. Carnicería, tienda. **5** CHILE; COLOQUIAL. Báscula.

pesabebés (plural *pesabebés*) *s. m.* Balanza especial para pesar bebés.

pesacartas (plural *pesacartas*) *s. m.* Instrumento para pesar cartas y paquetes pequeños en correos. **~ eléctrico.**

pesada *s. f.* **1** Acción y efecto de pesar: *El púgil ha dado en su pesada 56 kilos.* **2** Cantidad que se pesa de una sola vez: *una pesada de frutas.*

pesadez *s. f.* **1** (no contable) Cualidad de las personas o cosas molestas, lentas o aburridas: *¡Qué pesadez de vida!* **2** Cualquier persona o cosa molesta, lenta o aburrida: *La enfermedad es una pesadez. No hay quien soporte la pesadez de tu tío. Tener que revisar todo otra vez es una pesadez.* **3** (no contable) Sensación de peso o de cansancio que se tiene en algunas partes del cuerpo: *pesadez de los ojos, pesadez de la cabeza, pesadez de las piernas, pesadez de estómago.*

pesadilla *s. f.* **1** Sueño que provoca angustia y ansiedad: *Anoche tuve una pesadilla. Suelo tener pesadillas cuando ceno mucho.* **2** Preocupación que atormenta a una persona: *Su vida en el nuevo trabajo es para él una pesadilla. La convivencia con personas maniáticas puede degenerar en una auténtica pesadilla.*

pesado, da *adj.* **1** (antepuesto / pospuesto) Que pesa mucho: *Esta maleta es muy pesada. Todos íbamos con un pesado equipaje y no podíamos ayudarle.* **2** (ser / estar) Que está demasiado recargado de material o adornos: *La decoración del edificio es pesada. Es una descripción muy pesada.* **3** Que tiene muchas sustancias grasas: *La fabada es un plato muy pesado. En casa de mi tía siempre hacen comidas pesadas.* **4** (ser / estar) Que es lento o torpe de movimientos: *El abuelo está muy pesado últimamente, anda mal. El rinoceronte no es tan pesado como parece a primera vista.* **5** (ser / estar) [Tiempo] que produce una sensación de pesadez debido a la excesiva presión atmosférica: *El día está pesado. Todas las tardes de otoño son aquí bastante pesadas.* **6** (ser / estar) [Mecanismo, dispositivo] que es difícil de mover: *La puerta del garaje no se abre bien, está muy pesada, hay que engrasarla.* **7** (estar) [Ojo, cabeza, estómago] que se siente cargado: *Hoy leo mal, mi cabeza está muy pesada. Tengo el estómago pesado.* **8** (ser / estar) [Persona, animal] que es aburrido o molesto: *Luis está hoy muy pesado. María es pesadísima. Las moscas están pesadísimas esta tarde.* **9** [Cosa] que produce aburrimiento, molestia o cansancio: *Le gastó una broma pesada. El trabajo de ahora es realmente pesado. La película es más pesada que la novela.* || **10 día* ~. 11 industria* pesada. 12 peso* ~. 13 sueño* ~.**

pesadumbre *s. f.* **1** (no contable) Estado de ánimo de la persona que se encuentra muy triste o apenada: *En los momentos de pesadumbre no me apetece ver a nadie. Te veo muy triste, ¿a qué viene esa pesadumbre?* **2** Cualquier cosa que produce abatimiento o tristeza honda: *Sobre esta casa nos están cayendo todas las pesadumbres del mundo.*

pesaje *s. m.* **1** (no contable) Acción y resultado de pesar: *la báscula de pesaje. No pudo hacerse el pesaje del camión porque la báscula estaba cerrada.* **2** (no contable) DEP. Operación de pesar a las personas, coches o animales que participan en una competición deportiva: *El boxeador quedó descalificado y no pudo participar en la pelea, porque en el pesaje dio más kilos de los reglamentarios para su categoría.*

pésame *s. m.* Expresión con la que alguien manifiesta su sentimiento de tristeza por la muerte de un ser querido a un familiar del difunto: *Di el pésame a la familia. Le he mandado el pésame a la madre de Pedro. Mi más sentido pésame.*

pesar *v. intr.* **1** Tener ‹una persona o un animal o una cosa› [un determinado peso]: *La niña pesa ya siete kilos.* **2** Tener ‹una persona o un animal o una cosa› mucho peso: *Como has comprado tanto, el carro pesará.* **3** Tener ‹una persona o cosa› influencia en [otra persona o cosa]: *Su ejemplo pesa* ***en*** *todos los empleados.* **4** Causar ‹una cosa› arrepentimiento o dolor [a una persona]: *Me pesa haberla obligado a venir conmigo.* SIN. arrepentirse, doler. || *v. tr.* **5** Determinar ‹una persona› el peso de [otra persona, animal o cosa]: *Pesamos la carta antes de enviarla.* FR. Y LOC. **pese a** o **mal que le pese** o **pese a quien pese** Se usa para indicar que una cosa ocurrirá o se hará aunque disguste a una persona: *Lo conseguiré pese a todos. Pienso irme de casa pronto mal que les pese a mis padres. Mal que te pese, iremos de vacaciones a Galicia. Llegaré a mi meta, pese a quien pese.*

pesar *s. m.* **1** (no contable) Sentimiento de dolor y pena: *Marta tiene un gran pesar por la muerte de su padre.* **2** Cualquier cosa que causa dolor o pena: *No sabes lo que es vivir con una persona llena de pesares.* **3** (no contable) Arrepentimiento: *Sentí tanto pesar que le pedí perdón. Nos produjo gran pesar haberle hecho tanto daño.* SIN. remordimiento. FR. Y LOC. **a ~ de** 1 En contra de la voluntad o del deseo de una persona: *A pesar de lo que María había argumentado, se aprobó la propuesta. A pesar mío, los niños se han ido con esta lluvia.* 2 Contra la resistencia de una cosa, aunque exista cierta dificultad: *A pesar de nuestras diferencias, nos llevamos muy bien. A pesar de que hacía un día precioso, nos metimos en el cine.* **a ~ de los pesares** Con todos los inconvenientes y obstáculos: *A pesar de los pesares, Lola y Luis han rehecho la relación.*

pesaroso, sa *adj.* (estar) Que siente dolor o arrepentimiento, o está disgustado o triste por alguna cosa que ha dicho o ha hecho: *Óscar está pesaroso por lo que le dijo a su hermano, fue demasiado duro.* SIN. apesadumbrado.

pesca *s. f.* **1** Actividad de pescar: *pesca fluvial, pesca de río, pesca marítima, pesca de mar, pesca costera, pesca de litoral.* **barca de ~. ~ de altura** Pesca que se realiza en alta mar. **~ de arrastre** Pesca hecha por barcos que tiran las redes y las remolcan. **~ de bajura** Pesca que se realiza cerca de la costa. **2** (no contable) Conjunto de animales, especialmente peces, que se pescan o se han pescado: *Los barcos volvían al puerto cargados con la pesca. En el mar Cantábrico hay mucha pesca.* FR. Y LOC. **y toda la ~** 1 COLOQUIAL. Y todas las personas que suelen acompañar a otra: *A mi cumpleaños vinieron Ana y toda la pesca.* 2 COLOQUIAL. Y el resto de las cosas que suelen acompañar a otra: *Para pasar la aduana tuvimos que presentar el pasaporte y toda la pesca.*

pescada *s. f.* (macho y hembra) Merluza, pez.

pescadería *s. f.* Tienda donde se vende pescado.

pescadero, ra *s. m./f.* Persona que por oficio vende pescado.

pescadilla *s. f.* **1** (macho y hembra) Pez parecido a la merluza, pero de menor tamaño. **2** (macho y hembra) Cría de la merluza. FR. Y LOC. **ser la ~ que se muerde la cola** Se usa para expresar que una explicación o una actividad son imposibles porque llevan a un círculo vicioso: *No me dan el permiso de residencia porque no tengo contrato de trabajo, pero el empresario me dice que no puede hacerme un contrato si no tengo permiso de residencia: sí, es la pescadilla que se muerde la cola.*

pescado *s. m.* Pez comestible sacado del agua: *Hoy tenemos pescado al horno para cenar.* **~ azul** Pescado de piel más o menos azulada, que tiene mucha grasa, como la sardina o el besugo. **~ blanco** Pescado blanco o gris, poco graso, como la merluza o el lenguado. || **2 cola* de ~.** FR. Y LOC. **no ser ni carne* ni ~.**

pescador, ra *s. m./f.* Persona que por oficio o por deporte se dedica a pescar: *Los pescadores faenaban a pocos kilómetros de la costa.*

pescante *s. m.* **1** En los coches tirados por caballerías, asiento exterior desde donde el cochero las gobierna. **2** Tramoya que hace bajar o subir personajes y figuras en un escenario. **3** Brazo de una grúa.

pescar *v. tr.* **1** Sacar ‹una persona› del agua [peces u otros animales]: *He pescado una barracuda enorme.* **2** Sacar ‹una persona› a la superficie [una cosa sumergida en un líquido]: *pescamos una bota en el río.* **3** COLOQUIAL. Contraer ‹una persona› [una enfermedad]: *El explorador pescó unas fiebres raras en uno de sus viajes. He pescado un buen catarro.* SIN. agarrar, pillar. **4** COLOQUIAL. Conseguir ‹una persona› [una cosa que buscaba o deseaba]: *Eva pescó un buen partido. He pescado un premio pequeñito en la lotería.* **5** COLOQUIAL. Sorprender ‹una persona› [a otra persona] en una falta o realizando una cosa que quería mantener oculta: *Lo he pescado revolviendo en mis cosas. El profesor me pescó copiando y me echó del examen.* SIN. pillar. **6** COLOQUIAL. Localizar ‹una persona› [a otra]: *Lo pesqué cuando ya se iba de la oficina. Lo pescarás en casa a las diez de la noche. No hay manera de pescar a Julia esta temporada.* **7** COLOQUIAL. Intentar enterarse ‹una persona› de [una cosa]: *A ver si pesco lo que se traen entre manos. No pesco nada cuando me hablan en inglés.* SIN. cazar, pillar. FR. Y LOC. **caña* de ~. no saber* por dónde se anda / pesca. ⇒ 71.**

pescozón *s. m.* COLOQUIAL. Golpe que se da a una persona con la mano en el pescuezo o en la cabeza: *Le di un pescozón al niño por ser tan travieso.*

pescuezo *s. m.* **1** Parte posterior del cuello de un animal: *Se suele matar a los conejos con un golpe seco en el pescuezo.* **2** COLOQUIAL. Parte posterior del cuello de las personas: *Unos gamberros le dieron un golpe en el pescuezo y lo dejaron sin sentido.* FR. Y LOC. **retorcer el ~** COLOQUIAL; AMENAZA / HUMORÍSTICO. Matar ‹una persona› a otra persona: *Luis me dijo que me retorcería el pescuezo si no hacía bien el trabajo.*

pesebre *s. m.* **1** Pila o cajón de un establo donde comen los animales. **2** Lugar donde se echa la comida de los animales. **3** Belén, representación con figuras del nacimiento de Jesús.

pesera *s. f.* MÉX.; VULGAR. Prostituta.

pesero, ra *s. m.* **1** MÉX. Taxi colectivo con recorrido determinado y precio fijo. ‖ *s. m. / f.* **2** AMÉR. C. Carnicero, vendedor de carne.

peseta *s. f.* Unidad monetaria de España: *billete de mil pesetas, doscientas pesetas, cinco mil pesetas.* FR. Y LOC. **cambiar la ~** COLOQUIAL. Echar ‹una persona› lo contenido en el estómago a consecuencia de un mareo o de una borrachera: *El pasajero cambió la peseta durante la travesía.* **estar sin una ~** COLOQUIAL. No tener dinero o capital: *Estamos sin una peseta, no pensamos ir de vacaciones este año.* **mirar la ~** COLOQUIAL. Ser ahorrativa ‹una persona›, gastar poco dinero: *Mira mucho la peseta; se lo piensa dos veces antes de comprar cualquier cosa.* **no tener una ~** COLOQUIAL. No tener ‹una persona› dinero o capital: *No puedo cambiar de coche porque no tenemos ni una peseta. Invítame a un café, que me he dejado el dinero en casa y no tengo ni una peseta.*

pesetada *s. f.* AMÉR. DEL S. Chasco, engaño.

pesetero, ra *adj. / s. m.* y *f.* **1** (ser / estar) COLOQUIAL; PEYORATIVO. Que todo lo hace pensando en ganar dinero: *Desde que empezaste a trabajar en esto, estás cada vez más pesetero. Miguel es un pesetero, cuanto más tiene más quiere.* **2** (ser / estar) Que se disgusta cuando tiene que gastar dinero o que está obsesionado por gastar lo mínimo posible: *Está muy pesetero, no sale ni a tomar un café.*

pesimismo *s. m.* (no contable) Actitud de la persona que ve el aspecto más negativo o desfavorable de las cosas. ANT. optimismo.

pesimista *adj. / s. m.* y *f.* (ser/ estar) Que se comporta con pesimismo: *carácter pesimista, ideología pesimista, libro pesimista, ser un pesimista. Últimamente estás muy pesimista.*

pésimo, ma *adj.* (superlativo de *malo*; ser / estar; antepuesto / pospuesto) Que es muy malo o no puede ser peor: *Los resultados de las elecciones han sido pésimos para nuestro partido. Interrumpir a los demás cuando hablan es una pésima costumbre. Has estado pésimo en tu discurso.*

peso *s. m.* **1** FÍS. Fuerza de atracción que ejerce la Tierra u otro cuerpo celeste sobre la materia. **2** Popularmente, cantidad de materia que corresponde a las cosas por ley o por convenio: *un pan falto de peso. El peso de esa bolsa es de un kilo.* **~ atómico** QUÍM. Masa atómica. **~ bruto** Peso total, incluyendo la tara. **~ específico** FÍS. Peso de la unidad de volumen de un cuerpo. **~ molecular** QUÍM. Masa molecular. **~ neto** Peso sin la tara. **3** (no contable) Cosa que pesa mucho: *El traumatólogo me recomendó que no cargara con peso(s).* **4** Balanza u otro utensilio para pesar: *El frutero puso las naranjas en el peso.* **5** DEP. Categoría en que compiten los boxeadores, según el número de kilos que tengan. **~ gallo** Categoría de los boxeadores que pesan entre los 52 y 53 kilos. **~ ligero** Categoría de los boxeadores que pesan entre 58 y 61 kilos. **~ mosca** Categoría de los boxeadores que no sobrepasan los 51 kilos. **~ pesado** 1 Categoría de los boxeadores que pesan más de 86 kilos. 2 COLOQUIAL. Persona que tiene mucho poder, influencia o prestigio: *El secretario general es uno de los pesos pesados del partido. Ese médico es un peso pesado en cardiología.* **~ pluma** Categoría de los boxeadores que pesan entre 55 y 57 kilos. **6** DEP. Bola o esfera metálica que se lanza en algunos ejercicios atléticos: *Ana batió el récord en lanzamiento de peso.* **7** Unidad monetaria de algunos países: *el peso cubano, el peso mexicano, el peso filipino.* **8** (no contable) Fuerza, influencia: *Sus opiniones tienen mucho peso en la junta.* **9** Carga, preocupación: *el peso de la responsabilidad. Tengo ahora el peso de la operación de mi padre.* **10** Sensación de cansancio o molestia: *Teresa se encuentra mal porque siente un peso en la cabeza. Tengo un peso en las piernas.* FR. Y LOC. **caer de su ~** o **caer por su (propio) ~** Ser ‹una cosa› lógica o evidente: *Si tu hermano siempre te ha ayudado, cae por su peso que ahora le eches una mano.* **de ~** [Persona o cosa] importante: *una razón de peso, un argumento de peso. Tengo una razón de peso para tener contento a mi suegro, me va a dejar unos millones para un piso.* **levantamiento* de pesos. quitar un ~ de encima** COLOQUIAL. Quitar ‹una persona› una preocupación [a otra persona] o quitarse ‹una persona› [una preocupación]: *Cuando resolvió el problema, Ana se quitó un peso de encima. Cuando vimos entrar a los niños se nos quitó un peso de encima.* **valer su ~ en oro** Ser muy valioso: *Este libro vale su peso en oro.*

pespunte *s. m.* Costura realizada por medio de puntadas entrelazadas que aparecen una tras otra: *Rematé el bajo del pantalón con un pespunte. Los bolsillos de la chaqueta llevan un pespunte muy pequeño.*

pesquería *s. f.* **1** Lugar donde frecuentemente se pesca: *las pesquerías africanas, las pesquerías del norte.* **2** Conjunto de actividades relacionadas con la pesca: *La pesquería tiene un peso importante en la economía gallega.*

pesquero, ra *adj.* **1** De la pesca o de los pescadores: *barco pesquero, pueblo pesquero, industria pesquera, embarca-*

ción pesquera. **puerto marítimo / ~.** || *s. m.* **2** Embarcación de pesca: *Los pesqueros vuelven al puerto al atardecer.*

pesquis (plural *pesquis*) *s. m.* COLOQUIAL, RESTRINGIDO. Ingenio, perspicacia en el trato con las personas: *Alberto es un chico muy bueno, pero no tiene nada de pesquis. Te falta pesquis para tener al jefe contento.*

pesquisa *s. f.* (preferentemente en plural) Acción encaminada a averiguar la realidad de alguna cosa: *La policía inició las pesquisas para descubrir al ladrón.*

pestaña *s. f.* **1** Cada uno de los pelos que hay en el borde del párpado del ojo: *El niño tiene unas pestañas muy largas. Amelia se pinta las pestañas.* **2** Parte saliente y estrecha en el borde de alguna cosa: *la pestaña del cierre de una caja.* FR. Y LOC. **quemarse las pestañas** COLOQUIAL; INTENSIFICADOR. Trabajar ‹una persona› mucho en tareas en las que participa la vista: *Me he quemado las pestañas todo el año haciendo sus informes y ahora me dice que no eran necesarios. Luisa sacará buenas notas, porque se ha quemado las pestañas todas las noches con las matemáticas en vez de ver la tele.*

pestañear *v. intr.* Mover ‹una persona› los párpados: *Pestañeo porque me ha entrado algo en el ojo. Cuando Ana pestañea de esa manera es que está a punto de pedir algo.* FR. Y LOC. **sin ~** 1 Se usa para indicar que una persona presta mucha atención a otra persona o a una cosa: *Escuché el discurso sin pestañear.* 2 Se usa para indicar que una persona tiene un carácter fuerte o equilibrado y se deja influir poco por castigos, adversidades o premios: *Carlos recibe sin pestañear los mejores elogios y los peores insultos. El condenado aceptó la sentencia sin pestañear.* 3 Rápidamente, sin vacilaciones: *Al vernos llegar, nos llamó por nuestros nombres sin pestañear, como si nos conociéramos de toda la vida. El juez firmó la sentencia sin pestañear.*

pestañeo *s. m.* (no contable) Acción de mover los párpados repetidamente y con rapidez: *Después de ponerme las lentillas no puedo reprimir un ligero pestañeo.*

peste *s. f.* **1** (no contable) Enfermedad contagiosa que afecta a un gran número de personas o animales: *En la Edad Media la peste provocaba una gran mortandad.* **~ bovina. ~ equina. ~ porcina. ~ bubónica** (no contable) Peste que ataca a las personas caracterizada por la aparición de bubones o tumores de pus en el cuerpo. **2** (no contable) INTENSIFICADOR. Cualquier enfermedad que causa muchas muertes: *El sida es la peste de este final de siglo.* **3** (no contable) Mal olor: *¡Qué peste sale de esta habitación! ¡Menuda peste suelta el pescado: debe de estar podrido!* **4** (no contable) COLOQUIAL; INTENSIFICADOR. Persona o cosa muy molesta: *¡Qué peste de críos, llevan todo el día peleándose!* **5** COLOQUIAL. Gran abundancia de algo molesto o desagradable: *una peste de cucarachas.* FR. Y LOC. **echar / hablar / decir pestes** COLOQUIAL; INTENSIFICADOR. Hablar mal ‹una persona› de [otra persona o de una cosa]: *No es un compañero agradable; en cuanto te das la vuelta, se pone a echar pestes* ***de*** *ti. Manuela se pasa el día hablando pestes* ***de*** *su vecino. Algunos dicen pestes* ***de*** *ese colegio, pero no tienen razón.*

pesticida *s. m.* Sustancia química que elimina los animales o las plantas perjudiciales: *un pesticida para exterminar la plaga de langostas de la cosecha. Los pesticidas en el campo envenenan también a los pájaros.*

pestífero, a *adj.* **1** Que huele muy mal: *En esta cocina no se puede entrar, hay algo pestífero.* **2** (antepuesto / pospuesto) RESTRINGIDO. Que puede causar la peste o es muy malo: *una región pestífera, pestíferas lecturas, comida pestífera.*

pestilencia *s. f.* (no contable) Olor muy desagradable: *La pestilencia que hay en esa habitación es insoportable. La policía sospechó la presencia del cadáver por la pestilencia que invadió la casa.*

pestilente *adj.* Que huele muy mal: *habitación pestilente, calle pestilente, comida pestilente, olor pestilente.*

pestillo *s. m.* **1** Pasador o barrita metálica que sirve para cerrar o asegurar una puerta o ventana: *echar el pestillo a la puerta, correr el pestillo de la ventana.* SIN. cerrojo. **2** Pieza que, por la acción de la llave o de un muelle, sale de la cerradura y entra en el hueco del marco: *Cuando te vayas, no te olvides de echar el pestillo a la puerta.*

pestiño *s. m.* **1** Porción de masa de harina, agua y huevo muy frita y recubierta de miel. **2** COLOQUIAL. Persona o cosa pesada que aburre: *Tu amigo es un pestiño: siempre nos cuenta las mismas historias. ¡Menudo pestiño están poniendo en la televisión!* SIN. rollo (COLOQUIAL).

pestorejo *s. m.* RESTRINGIDO. Parte exterior de la cerviz, sobre todo cuando es gruesa y abultada: *Tu amigo está de buen humor: al pasar me ha dado una pescozada en el pestorejo.*

petaca *s. f.* **1** Estuche para el tabaco picado o los cigarrillos: *Tengo una petaca de cuero.* **2** Pequeño recipiente en forma de botella ancha y plana, para llevar licor: *Rafa siempre se lleva una petaca cuando va a una fiesta. Le voy a regalar una petaca de plata para su ron.* **3** AMÉR. C. Joroba, corcova. **4** MÉX.; COLOQUIAL. Maleta. **5** MÉX.; COLOQUIAL. Gran cantidad de billetes. **6** MÉX.; COLOQUIAL. Nalgas, asentaderas. FR. Y LOC. **hacer la ~** COLOQUIAL, RESTRINGIDO. Broma de colegio o de adolescentes que consiste en arreglar la cama de una persona colocando la sábana de arriba doblada, de manera que no le sea posible estirar las piernas al acostarse: *Anoche le hicimos la petaca a tu primo.*

pétalo *s. m.* Parte plana y de color que constituye la corola de una flor: *los pétalos de una rosa.*

petanca *s. f.* (no contable) Juego de destreza que consiste en lanzar una serie de bolas intentando acercarse a otra más pequeña que funciona como señal: *campeonato de petanca, partida de petanca. Unos jubilados jugaban a la petanca en el parque.*

petar *v. intr.* JERGAL. Gustar ‹una persona o una cosa› [a una persona]: *No me peta ir de excursión hoy.*

petardear *v. intr.* Hacer ‹una cosa› un ruido semejante al que hace un petardo: *La moto no está bien, petardeaba en la cuesta. Avisa al mecánico, porque petardea el motor de la noria y nos vamos a quedar sin agua en la huerta.*

petardo, da *adj. / s. m.* y *f.* **1** COLOQUIAL. [Persona o cosa] que es muy aburrida o pesada: *Juan es un petardo: no hay quien lo soporte. Este libro es muy petardo: no he pasado de la primera página. ¡Vaya tía petarda, no ha parado de hablar en toda la tarde!* || *s. m.* **2** COLOQUIAL. Persona o cosa fea o mala: *Víctor sale con una chica muy petardo. Me he comprado un coche, pero es un petardo.* **3** Tubo con pólvora u otro explosivo que, cuando se le prende fuego, estalla haciendo mucho ruido: *tirar petardos.* **4** JERGAL. Cigarrillo de hachís, marihuana o hierbas parecidas: *Algunos chicos se coloca-*

ban fumándose petardos. **5** COLOQUIAL, RESTRINGIDO. Estafa de poca importancia que, generalmente, consiste en no devolver lo que se pide prestado: *Ese tipo se ha ido y ha dejado en la tienda un petardo de quince mil pesetas.* **6** MÉX.; COLOQUIAL. Fracaso. **7** MÉX.; COLOQUIAL. Obra o trabajo malogrado.

petate *s. m.* **1** Lío de ropa y otros objetos personales, especialmente del soldado, marinero o preso, y bolsa o saco donde se lleva: *Carlos ha vuelto con el petate lleno de ropa sucia.* **2** Bulto de un viajero: *Si me da usted el petate, se lo coloco en su sitio.* **3** Esterilla de palma que se usa en los países cálidos para dormir sobre ella. FR. Y LOC. **liar el ~** COLOQUIAL. Marcharse ‹una persona› de un sitio: *Enfadada, Ana lió el petate y se marchó de casa.*

petatearse *v. prnl.* **1** MÉX.; COLOQUIAL. Fallecer, morir ‹una persona›. **2** MÉX.; COLOQUIAL. Fumar ‹una persona› marihuana.

petenera *s. f.* Variedad de cante flamenco de cuatro versos octosílabos y profunda intensidad dramática. FR. Y LOC. **salir por peteneras** COLOQUIAL. Hacer o decir ‹una persona› una cosa fuera de lugar o sin relación con lo que se trata: *No te salgas por peteneras y contéstame. En el examen me preguntaron algo que no sabía, pero he salido por peteneras y he escrito mucho, a lo mejor me aprueban.*

petequia *s. f.* MED. Pequeña mancha de color rojizo que aparece en la piel por una hemorragia subcutánea.

peteribí o **petiribí** *s. m.* ARG. Árbol de Misiones de madera muy apreciada en la construcción.

petición *s. f.* **1** Acción y resultado de pedir algo de palabra o por escrito: *Hice una petición de trabajo por escrito. No has contestado a mi petición.* || **2 ~ de mano** Acto familiar en el que los padres del novio solicitan formalmente que los padres de la novia la concedan en matrimonio: *Celebramos la petición de mano de Silvia, mi compañera de trabajo.* FR. Y LOC. **a ~ de** Por solicitud de una persona: *Ahora escucharán ustedes una pieza de Albéniz para piano a petición de nuestros oyentes de Albacete. Certificado expedido a petición del interesado.*

peticionario, ria *adj. / s. m.* y *f.* ADMINISTRATIVO. Que pide o solicita oficialmente algo: *El peticionario del permiso debe firmar debajo de la fecha.*

petifoque *s. m.* MAR. Vela triangular de una embarcación, más pequeña que el foque principal y que se orienta por fuera de éste.

petimetre *s. m. / f.* RESTRINGIDO; PEYORATIVO. Persona que viste o se arregla con excesivo cuidado y se preocupa mucho por seguir la moda: *Vistes como un petimetre.*

petiribí *s. m.* Peteribí.

petirrojo *s. m.* (macho y hembra) Pájaro de cuello y pecho rojo, de cuerpo redondeado.

petiso, sa *adj.* AMÉR. DEL S. Petizo.

petizo, za *adj. / s. m.* y *f.* **1** AMÉR. DEL S. [Persona] que es baja, de poca estatura. || *s. m.* **2** AMÉR. DEL S. Caballo de poca alzada.

peto *s. m.* **1** Prenda de vestir con una parte que va sobre el pecho o pieza de ella que lo cubre: *el peto del delantal, el peto del babero. Llevo una falda con peto. El uniforme de las niñas es un peto.* **2** HIST. Armadura o parte de ella que protege el pecho: *Los caballeros medievales vestían petos pesados.* **3** TAUROM. Recubrimiento acolchado que protege al caballo del picador de las embestidas del toro. **4** Parte opuesta a la pala de algunas herramientas como la podadera o el azadón. **5** CUBA. *Crenilabrus tinca.* Pez marino comestible, con el lomo azul. **6** ZOOL. Parte inferior del caparazón de los quelonios.

petrel *s. m.* (macho y hembra) Familia *Procelaridae* o *Hydrobatidae.* Ave marina palmípeda de color generalmente negro, que vive en alta mar y se alimenta de peces que caza nadando o volando sobre la superficie marina.

pétreo, a *adj.* **1** (antepuesto / pospuesto) ELEVADO. De piedra: *construcción pétrea.* **2** Que es similar a la piedra o tiene alguna de sus propiedades: *su pétreo corazón, una mirada pétrea, un ser pétreo. Esta escritora tiene páginas que son pétreas, compactas.*

petrificar *v. tr. / prnl.* **1** Hacer ‹una persona, una cosa› que [una cosa] se convierta en piedra o se endurezca: *En el laboratorio conseguimos petrificar imitaciones de fósiles, aunque la naturaleza ha tardado millones de años en hacer lo mismo.* **2** Dejar ‹una cosa› inmóvil [a una persona] por la sorpresa o el asombro: *La noticia lo petrificó.* || *v. prnl.* **3** Convertirse ‹una cosa› en piedra o endurecerse: *Los grandes bosques sepultados se petrificaron.* ⇒ **71.**

petrodólar *s. m.* (preferentemente en plural) Dinero procedente de los negocios petrolíferos que manejan los empresarios y financieros árabes: *Con la inversión de petrodólares en Europa, los árabes revitalizaron la economía del Viejo Continente.*

petrogénesis (plural *petrogénesis*) *s. f.* GEOL. Proceso geológico de formación de las rocas.

petroglifo *s. m.* ARTE. Dibujo prehistórico grabado en una piedra o en una roca.

petrografía *s. f.* (no contable) Ciencia que describe las rocas.

petrolear *v. tr.* **1** Rociar ‹una persona› [una cosa] con petróleo para limpiarla o desinfectarla: *Me han petroleado el motor de la moto en el taller y ahora está reluciente.* || *v. intr.* **2** Cargar ‹un buque› petróleo para su consumo.

petróleo *s. m.* (no contable) Mezcla de hidrocarburos que se encuentra en estado líquido en grandes yacimientos subterráneos, arde con facilidad y se utiliza como fuente de energía y de productos industriales: *lámpara de petróleo, un yacimiento de petróleo, un pozo de petróleo.* **barril* de ~. pozo* petrolífero** o **pozo de ~.**

petrolero, ra *adj.* **1** Del petróleo: *producción petrolera, industria petrolera.* || *s. m.* **2** Embarcación destinada al transporte de petróleo: *Los grandes petroleros son una amenaza para el mar.*

petrolífero, ra *adj.* Que contiene o produce petróleo: *pozo petrolífero, yacimiento petrolífero, explotación petrolífera.* **plataforma* petrolífera. pozo* ~** o **pozo de petróleo.**

petrología *s. f.* (no contable) Ciencia que estudia las rocas.

petroquímica *s. f.* (no contable) Ciencia, técnica o industria de los productos químicos derivados del petróleo.

petroquímico, ca *adj.* De la industria que utiliza el petróleo o el gas natural como materias primas para la obtención de productos químicos: *industria petroquímica, complejo petroquímico.*

petulancia *s. f.* (no contable) RESTRINGIDO; PEYORATIVO. Actitud y comportamiento presuntuosos de la persona que se cree superior a las demás: *Todos critican tu petulancia. Carlos es buen chico, pero se hace antipático por su petulancia. Este libro es de una petulancia ridícula.*

petulante *adj.* Que está convencido ridícula o presuntuosamente de su propia superioridad: *Gloria ha escrito unos artículos petulantes muy divertidos. No soporto a los tipos petulantes como él, que quieren presumir de lo que ignoran.*

petunia *s. f.* **1** Planta de jardín de la familia de las solanáceas de hojas alternas y flores grandes en forma de embudo. **2** BOT. Flor de las petunias.

peúco *s. m.* RESTRINGIDO. Calcetín o botita de lana que llevan los bebés. SIN. patuco.

peyorativo, va *adj.* [Palabra o expresión] que tiene un sentido negativo o despectivo: *La palabra «perifollo» en vez de «adorno», o «politicastro» en vez de «político» tienen un sentido peyorativo o negativo.*

peyote *s. m.* Planta de efectos narcóticos de la que se obtiene la mescalina.

pez *s. m.* **1** (macho y hembra) Animal vertebrado acuático, con el cuerpo generalmente cubierto de escamas y las extremidades en forma de aletas, que tiene sangre fría y se reproduce por huevos. **~ de colores** Pez pequeño de colores vistosos y generalmente de origen tropical, que se tiene como adorno en los acuarios. **~ espada** (macho y hembra) *Xiphias gladius.* Pez marino de tamaño grande y cuerpo negruzco sin escamas, que tiene la mandíbula superior saliente en forma de espada y es muy apreciado por su carne. **2** (en plural) ZOOL. Grupo formado por los peces. **3** (preferentemente en plural) Pez de río como alimento: *Hoy tenemos peces para comer. Me gustan mucho los peces.* || *s. f.* **4** Sustancia sólida, resinosa y oscura, derivada del petróleo que se emplea para hacer impermeable una superficie. || **5 ~ gordo** COLOQUIAL. Persona que tiene gran poder en un lugar o actividad: *El director del departamento de ingeniería es uno de los peces gordos de la empresa.* FR. Y LOC. **como ~ en el agua** COLOQUIAL. Encontrándose muy a gusto en un lugar o actividad: *Me encanta el deporte, así que en el partido estuve como pez en el agua.* **el ~ grande se come al chico.** Se usa para indicar que la persona o entidad que tiene más influencia o poder se impone sobre la que tiene menos: *Con los hipermercados han tenido que cerrar muchos pequeños comercios, porque el pez grande se come al chico.* **estar ~** COLOQUIAL. No saber ‹una persona› nada de alguna materia: *Paula ha estudiado poco y en matemáticas está pez.* **reírse de los peces de colores** 1 COLOQUIAL. No dar ‹una persona› importancia a una cosa: *Me río yo de los peces de colores.* 2 COLOQUIAL. Se usa para advertir a una persona del peligro que encierran una situación o persona aparentemente inofensivos: *Ríete de los peces de colores, pero él puede conseguir el ascenso, no te fíes*

pezón *s. m.* **1** Parte prominente y eréctil que sobresale en los pechos de los mamíferos: *El bebé succiona la leche de la madre por el pezón.* **2** Extremo o parte saliente de algunas cosas: *el pezón de goma del biberón.* **3** Rabillo que sostiene la hoja, la flor o el fruto en las plantas.

pezonera *s. f.* Pieza redonda con un orificio, que usan las mujeres que amamantan para proteger el pezón y ayudar al bebé a succionar la leche.

pezuña *s. f.* **1** Conjunto de los dedos de una pata cubiertos con sus uñas en algunos animales cuadrúpedos: *la pezuña de un caballo, la pezuña de la vaca.* **2** COLOQUIAL; PEYORATIVO. Pie de una persona: *No pongas las pezuñas encima de la mesa.* **3** PERÚ; VULGAR. Mal olor de pie.

pi *s. f.* **1** Decimosexta letra del alfabeto griego. **2** MAT. Nombre dado al número que equivale a 3,14159.

piadoso, sa *adj.* **1** (antepuesto / pospuesto) Que actúa o tiende a actuar con piedad o compasión: *Espero que la profesora sea piadosa y no ponga un examen difícil. El párroco es un piadoso sacerdote ya mayor. Las piadosas donaciones son aquí bien recibidas.* **mentira* piadosa.** **2** (ser / estar; antepuesto / pospuesto) Que es muy religioso o devoto: *una mujer muy piadosa, obras piadosas. Una piadosa mano nos ha socorrido.*

piafar *v. intr.* Levantar ‹un caballo› una y otra mano alternativamente dejándolas caer con fuerza y rapidez: *El caballo piafaba nervioso por salir al campo.*

piajeno *s. m.* PERÚ. Burro o asno.

pial *s. m.* AMÉR. Lazo que se le tira a un caballo o toro para sujetarlo cuando corre.

piamadre o **piamáter** *s. f.* ANAT. Meninge más interna.

pianista *s. m. / f.* Persona que se dedica a tocar el piano como profesional: *Juan se ganaba la vida como pianista en un cafetín de mala muerte.*

piano *s. m.* **1** Instrumento musical de diversas formas y tamaños, compuesto por diferentes cuerdas golpeadas por unos martillos controlados desde un teclado, que permite obtener distintos matices de sonido: *tocar el piano, afinar el piano, estudiar piano, concierto para piano y orquesta. Este piano está desafinado.* **~ de cola. ~ de media cola. ~ electrónico. ~ vertical.** || *adv.* **2** MÚS. Suavemente o con poca fuerza: *Este fragmento se toca piano.* **3** Bajo, sin que suene mucho: *Habla piano.* || **4 ~ de manubrio** Organillo. FR. Y LOC. **tocar el ~** COLOQUIAL; RESTRINGIDO. Fregar ‹una persona› los platos y cacharros después de comer.

pianoforte *s. m.* RESTRINGIDO. Piano.

pianola (marca registrada) *s. f.* **1** Piano que puede tocarse mecánicamente por medio de pedales o de corriente eléctrica: *tocar la pianola.* **2** Aparato que se acopla a un piano para tocar mecánicamente piezas musicales preparadas para su reproducción.

piante *adj. / s. m.* y *f.* (ser / estar) COLOQUIAL. Que se queja o protesta a menudo o en alguna ocasión determinada: *Estás muy piante últimamente, antes no eras así. Enrique es un piante, se queja por todo.*

piar *v. intr.* **1** Emitir ‹un ave› su voz: *Los pájaros pían en primavera.* **2** COLOQUIAL. Hablar ‹una persona›: *Tú escuchas y no pías.* FR. Y LOC. **piarla(s)** COLOQUIAL. Quejarse ‹una persona› mucho: *Aquí nos suben el sueldo sin que las piemos.* ⇒ **8.**

piara *s. f.* Conjunto de cerdos que se crían juntos: *En este pueblo tenemos una numerosa piara que aprovecha la bellota de las encinas.*

piastra *s. f.* Moneda o unidad monetaria de varios países.

PIB *s. m.* Sigla de «Producto Interior Bruto», España.

pibe, ba *s. m. / f.* ARG., PAR., URUG.; COLOQUIAL; JERGAL en España. Persona de corta edad, muchacho o muchacha, joven.

pica *s. f.* **1** Arma parecida a una lanza, formada por un asta con una punta aguda de metal, utilizada antiguamente por los soldados de infantería. **2** TAUROM. Vara larga con una punta aguda de metal para picar los toros desde el caballo.

SIN. puya. **3** (en plural) Palo de la baraja francesa: *el as de picas, la dama de picas.* FR. Y LOC. **poner una ~ en Flandes** Obtener ‹una persona› una cosa muy difícil de conseguir: *Si te recibe el director has puesto una pica en Flandes, porque no quiere ver a nadie.*

picacho *s. m.* Punta aguda, parecida a un pico, en que terminan algunos montes y riscos: *Los montañeros escalaron el picacho más alto.*

picadero *s. m.* **1** Lugar donde los picadores doman los caballos y las personas aprenden a montar. **2** JERGAL; VULGAR. Casa u otro lugar usado para tener relaciones amorosas, generalmente clandestinas: *Entre varios amigos alquilaron un piso y lo usaban al salir de la oficina como picadero.*

picadillo *s. m.* **1** Lomo de cerdo picado y adobado para hacer embutidos: *Mi abuela preparaba muy bien el picadillo de chorizo.* **2** Guiso de carne picada, tocino, ajos y otros ingredientes: *De segundo pedimos un picadillo que tenía muy buen aspecto.* **3** Cualquier alimento troceado muy fino: *picadillo de cebolla y ajo.* FR. Y LOC. **estar hecho ~** COLOQUIAL. Estar ‹una persona› destrozada, muy cansada: *Después de tantos ejercicios de gimnasia estoy hecha picadillo.* **hacer ~** COLOQUIAL; HUMORÍSTICO. Cortar ‹una persona› a otra persona en pedazos; se usa para amenazar a niños y a personas de confianza cuando han hecho algo mal: *Como no estudies la lección te haré picadillo. El jefe me ha asegurado que me hará picadillo si no termino el informe hoy.*

picado, da *adj.* **1** MÉX.; COLOQUIAL. Que es adicto al juego o a la bebida. **2** MÉX.; COLOQUIAL. Herido de arma blanca. ‖ **3 mar* picada.** FR. Y LOC. **en pelotas*** o **en pelota picada. ~ de viruelas*.**

picador, ra *s. m. / f.* **1** Persona que doma y adiestra caballos. ‖ *s. m.* **2** TAUROM. Hombre a caballo que pica con la puya a los toros en las corridas. **3** MIN. Persona que tiene por oficio arrancar el mineral en una mina.

picadura *s. f.* **1** Mordedura o pinchazo de algunos animales: *picadura de mosquito, picadura de avispa, picadura de serpiente.* **2** Principio de caries: *Fui al dentista porque tenía tres muelas con picaduras.* **3** Agujero o grieta pequeña: *Este espejo está lleno de picaduras. La carcoma ha llenado la madera de picaduras.* **4** (no contable) Tabaco picado para liar cigarrillos o para fumarlo en pipa: *A mí sólo me gusta fumar en pipa picadura.*

picajoso, sa *adj. / s. m.* y *f.* (ser / estar) COLOQUIAL. Que se ofende o se pica con facilidad por cosas sin importancia: *No seas picajoso. Estás muy picajosa, ¿qué te pasa? Juan es más picajoso que Pilar, todo le molesta.* SIN. quisquilloso (COLOQUIAL).

picamaderos (plural *picamaderos*) *s. m.* (macho y hembra) Pájaro carpintero.

picana *s. f.* **1** AMÉR. Vara para aguijar los bueyes. **2** AMÉR. Porra de alto voltaje usada como defensa por algunos cuerpos de seguridad. **3** AMÉR. Tortura realizada con las picanas: *golpes de picana.*

picanear *v. tr.* **1** AMÉR. Dar ‹una persona› a [los bueyes] con la picana. **2** AMÉR. Dar ‹una persona› [a otra persona] con la picana para torturarla. **3** ARG., CHILE, URUG.; COLOQUIAL en Chile. Provocar ‹una persona› de palabra [a otra persona] para buscar su reacción.

picante *adj.* **1** (ser / estar) Que pica en el paladar: *sabor picante, comida picante, sustancia picante.* **pimentón ~. salsa ~.** **2** COLOQUIAL. Que contiene intención maliciosa y hace referencia a lo sexual: *Los compañeros contaron un chiste picante. Le gustan las historias y las películas picantes.* **3** CHILE; COLOQUIAL. [Persona] que viste con mal gusto o de manera vulgar. ‖ *s. m.* **4** (no contable) Cualquier especia que produce picor en el paladar y proporciona un sabor fuerte a las comidas: *Me gustan los caracoles con mucho picante.* **5** AMÉR. DEL S. Plato cuya preparación se basa en el uso del ají. **6** BOL., CHILE, EC., PERÚ. Salsa picante.

picantería *s. f.* BOL., CHILE, PERÚ; COLOQUIAL en Chile. Establecimiento en el que se sirven comidas picantes y licores.

picapedrero *s. m.* Hombre que tiene por oficio picar piedras, normalmente para la construcción: *Son famosos los picapedreros de Galicia.*

picapica *s. m.* (no contable) COLOQUIAL. Sustancia vegetal o artificial en forma de polvo o pelusilla, que provoca picor o molestias al contacto con el cuerpo: *Alguien ha esparcido polvos de picapica. Con el picapica no puedes dejar de estornudar.* **polvos* de ~.**

picapleitos (plural *picapleitos*) *s. m. / f.* COLOQUIAL; PEYORATIVO. Abogado: *Me han dicho que quieres estudiar para picapleitos.*

picaporte *s. m.* **1** Cerradura o dispositivo para cerrar de golpe puertas y ventanas. **2** Palanca o dispositivo que abre los picaportes. **3** Pieza colocada en el exterior de la puerta usada para llamar.

picar *v. tr. / intr.* **1** Herir ‹un ave, reptil o insecto› [a una persona o un animal] con el pico, con la boca o con el aguijón: *La gallina picó **en** el dedo de la niña. La abeja me picó. Le han salido habones por haberle picado los mosquitos.* **2** Morder ‹un pez› [el cebo puesto en el anzuelo]: *La merluza pica con facilidad estos cebos. Los peces no pican esta tarde.* **3** COLOQUIAL. Caer ‹una persona› en [un engaño o en una trampa]: *Debido a la oferta, la gente picó y compró. Ana picó **en** la trampa.* **4** COLOQUIAL. Comer ‹una persona› una pequeña cantidad de [una o varias cosas]: *El niño picó **de** la tarta.* SIN. picotear, pellizcar. **5** MÉX. Apropiarse ‹una persona› de lo ajeno. **6** MÉX.; VULGAR. Tener ‹una persona› relaciones sexuales con [otra persona]. **7** PERÚ. Comer ‹una persona› la comida poco a poco como los pájaros. ‖ *v. tr.* **8** Tomar ‹un ave› [la comida] con el pico: *Las palomas del parque picaban las migas de pan que les daban los niños.* SIN. picotear. **9** Cortar ‹una persona› [una cosa] en trozos muy pequeños: *El cocinero picó los tomates y la lechuga para hacer la ensalada.* SIN. trocear. **10** Dar ‹una persona› golpes sobre [una materia dura] con un instrumento: *Picó la piedra hasta convertirla en arena.* **11** HÍPICA. Dar ‹una persona› golpes [a una caballería] con la espuela: *El jinete picó a su caballo y se alejó al galope.* SIN. espolear. **12** HÍPICA. Domar ‹un picador› [a un caballo]. **13** TAUROM. Clavar ‹un picador› la puya [al toro]: *Este picador lo está picando demasiado.* **14** Hacer ‹una persona› un agujero en [una entrada o en un billete]: *En el tren el revisor picó el billete.* SIN. perforar. **15** Hacer ‹una persona o un animal o una cosa› un agujero en [una cosa]: *Las palomas picaron el toldo.* SIN. perforar. **16** Hacer ‹una cosa› que [otra cosa] se consuma por el uso o el roce: *El agua ha picado la goma.* **17** Causar ‹una oxidación› la corrosión de [un metal]: *El óxido ha picado el espejo.* **18** Producir ‹una cosa› caries en [un diente de una persona]: *El azúcar pica los dientes.* SIN. cariar. **19** Dar ‹una persona› un golpe fuerte y seco en la parte de abajo de [una bola de billar] para que al chocar con otra retroceda: *Si quieres hacer carambola tienes que picar aquella bola de allí.* **20** MÚS. Hacer sonar ‹una persona› [una nota] claramente, dejando un silencio muy corto que la separe de la siguiente. || *v. tr. / prnl.* **21** COLOQUIAL. Decir o hacer ‹una persona› [una cosa] para provocar [a otra persona] o hacer que se enfade o moleste: *Luis **se** picó y llegó el primero. Sus compañeros lo picaron cuando le llamaron tacaño por no pagar las consumiciones.* || *v. intr.* **22** Calentar ‹el sol› mucho: *Desde muy temprano en la playa picaba el sol.* **23** Causar ‹una cosa› picor o escozor: *La guindilla pica mucho.* **24** Experimentar ‹una parte del cuerpo de una persona› picor o escozor: *Me pica la rodilla.* **25** COLOQUIAL. Probar ‹una persona› [varias disciplinas o actividades]: *Andrés picó **en** muchos trabajos sin asentarse en ninguno.* **26** Descender ‹un avión o un ave› al suelo casi perpendicularmente: *El piloto picó hasta casi tocar la pista.* || *v. prnl.* **27** COLOQUIAL. Enfadarse o molestarse ‹una persona› por una cosa: *Merce se picó cuando le hablé de este asunto.* SIN. mosquearse (COLOQUIAL). **28** Consumirse ‹una cosa› por el uso o el roce: *La piel de los guantes se ha picado.* **29** Agujerearse ‹un metal› a causa de la oxidación: *La chapa del coche se ha picado.* **30** Agujerearse ‹un diente› a causa de la caries: *La muela se ha picado.* SIN. cariarse. **31** Agujerearse ‹la ropa› por la polilla: *La sabana se picó debido a las polillas.* **32** Estropearse ‹un alimento›: *La fruta se ha picado.* **33** Ponerse ‹el vino› agrio: *Se picó el vino porque la botella llevaba mucho tiempo abierta.* **34** Ponerse ‹el mar› agitado: *La tormenta hizo que el mar se picara.* **35** JERGAL. Inyectarse ‹una persona› droga: *Había un yonqui en el parque picándose.* SIN. chutarse (JERGAL), pincharse. FR. Y LOC. **el que se pica, ajos* come. pegar / ~ el sol*. ~ el ojo*. ~ (muy) alto** COLOQUIAL. Intentar conseguir ‹una persona› una cosa que está muy por encima de sus posibilidades: *No conseguirá su objetivo porque ha picado muy alto.* **¿qué mosca* te / le... ha picado? tragar / morder / ~ el anzuelo*. ⇒ 71.**

picardear *v. tr.* **1** RESTRINGIDO. Enseñar ‹una persona› [a otra] a hacer o decir picardías: *No picardees al chaval, que es aún muy pequeño para saber esas cosas.* || *v. prnl.* **2** RESTRINGIDO. Volverse ‹una persona› pícara: *La chica se picardeó mucho con las malas compañías.* SIN. resabiarse.

picardía (plural) *s. f.* **1** Astucia y habilidad para disimular aquello que no conviene que se sepa o para sacar provecho de las cosas o de las situaciones: *Este niño hace las cosas con mucha picardía. Éste no tiene picardía: dice ingenuamente lo que piensa. Pregúntales con picardía.* ANT. ingenuidad. **2** Dicho o acción que implica cierta frescura o atrevimiento, normalmente con alguna nota obscena: *Se juntaron varios viejos y se pusieron a contar picardías. Su obsesión por contar picardías me molesta.* **3** Travesura de chiquillos: *Esos chicos han tramado una picardía divertida: le van a hacer creer a su hermano que se ha quedado sin gasolina.* || *s. m.* **4** (se usa siempre *picardías* para singular y plural) Camisón muy corto con unas bragas o pantalones cortos a juego: *No duermo nunca en camisón, uso un picardías.*

picardo, da *adj. / s. m.* y *f.* **1** De Picardía, región francesa: *influencia picarda, pintura picarda.* || *s. m.* **2** LING. Variedad lingüística hablada en esta región.

picaresca *s. f.* **1** (no contable) LIT. Género literario al que pertenecen las obras de carácter autobiográfico que narran las peripecias de los pícaros: *La obra «El Lazarillo de Tormes» pertenece al género de la picaresca.* **2** (no contable) Manera de vivir poco honrada, ruin y aprovechada: *Él se limita a sobrevivir con su picaresca.* **3** (no contable) Engaño y falta de honradez como los que se le atribuyen a los pícaros: *La prensa denunció la picaresca de algunos establecimientos que se habían aprovechado de los turistas.*

picaresco, ca *adj.* De los pícaros: *aventura picaresca, literatura picaresca, vida picaresca.* **novela picaresca**.

pícaro, ra *s. m. / f.* **1** LIT. Protagonista de la novela picaresca, que se caracteriza por sobrevivir por medio de engaños: *El pícaro más famoso de la literatura es Lázaro de Tormes.* || *adj. / s. m.* y *f.* **2** [Persona] que es descarada o maliciosa e intenta engañar a los demás o vivir a costa de otros: *Ese tipo es un pícaro peligroso; siempre consigue engañar a los demás para sacar algún beneficio. Es muy pícara: no trabaja hasta que no llega el jefe.* **3** COLOQUIAL; AFECTIVO. Que hace o dice picardías de poca importancia: *Esta niña es muy pícara y sabe ya dónde tengo las galletas. Este perro es un pícaro, sólo quiere comer golosinas.* || *adj.* **4** (antepuesto / pospuesto) RESTRINGIDO. Que se hace con picardía o para engañar en cosas poco importantes: *una pícara travesura, una actitud muy pícara.*

picarón, na *adj. / s. m.* y *f.* **1** COLOQUIAL; AFECTIVO, HUMORÍSTICO. Que tiene astucia o picardía: *una niña muy picarona. ¡Qué picarona eres! Eres un picarón muy simpático. Cristina ha escrito un cuento muy picarón.* || *s. m.* **2** (preferentemente en plural) PERÚ. Dulce criollo con camote y zapallo que se come caliente con miel.

picaronera *s. f.* PERÚ. Mujer que hace y vende picarones.

picatoste *s. m.* Rebanada pequeña o dado de pan frito o tostado: *sopa con picatostes.*

picazo *s. m.* COLOQUIAL, RESTRINGIDO. Acción y resultado de dar un golpe con una pica o con alguna otra cosa con pico o punta: *Me di un buen picazo con la aguja.* SIN. picotazo.

picazón *s. f.* **1** (no contable) Escozor o picor en alguna parte del cuerpo: *Este jersey me produce picazón.* **2** (no contable) Sentimiento de pesar por haber dicho o hecho una cosa inconveniente: *Siento una gran picazón por haberle ofendido.* SIN. desazón.

picea *s. f.* BOT. *Picea abies.* Género de árboles de la familia de las abietáceas parecidos al abeto pero con las piñas colgantes y más delgadas.

picha *s. f.* VULGAR. Pene.

pichanga *s. f.* **1** CHILE; COLOQUIAL. Juego de fútbol entre amigos en cancha improvisada. **2** CHILE. Picadillo con varias carnes o cecinas.

pichi *s. m.* **1** Vestido sin mangas y escotado que se lleva sobre una blusa o jersey: *Me gustan mucho los pichis de cuadros.* **2** CHILE. Arbusto de la familia de las solanáceas con flores blancas.

pichí *s. m.* AMÉR. DEL S.; COLOQUIAL. Pis, orina.

pichichi *s. m.* DEP. Máximo goleador de un partido, equi-po o campeonato: *¿Quién fue diez años pichichi de la liga española de fútbol? El pichichi de este torneo ha sido un defensa.*

pichin o **pidgin** (del inglés; pronunciamos *'pichin'*) *s. m.* LING. Lengua limitada, usada para ciertas funciones comerciales o cotidianas, que no tiene hablantes maternos, formada por la mezcla de una lengua de los colonizadores y alguna lengua indígena: *En muchas colonias se desarrollaron píchines a partir del portugués, inglés o español y varias lenguas indígenas. Los píchines más conocidos son los del inglés o portugués.*

pichincha *s. f.* ARG.; COLOQUIAL. Ganga, chollo.

pichiruche *adj.* CHILE, PAR., URUG.; COLOQUIAL. Que es insignificante o despreciable.

pichón, na *s. m. / f.* **1** COLOQUIAL, RESTRINGIDO, AFECTADO. Expresión cariñosa para dirigirse una mujer a un hombre o al revés. || *adj. / s. m.* y *f.* **2** ARG. Que tiene poca experiencia en algo. || *s. m.* **3** (macho y hembra) Pollo de la paloma doméstica. **tiro de ~.**

pichula *s. f.* VULGAR. Pene.

pichulear *v. intr.* **1** AMÉR. C., ARG., PAR., URUG.; COLOQUIAL. Hacer ‹una persona› negocios de poca importancia o de escasos resultados. **2** ARG.; COLOQUIAL. Regatear ‹una persona›.

Picio *s. m.* Se usa en la LOC. **ser más feo que ~** COLOQUIAL; INTENSIFICADOR. Ser ‹una persona› exageradamente fea: *Es más feo que Picio, pero muy simpático.*

picnic *s. m.* RESTRINGIDO. Comida o merienda en el campo: *El próximo domingo iremos de picnic los del colegio.*

pico *s. m.* **1** Órgano de las aves, formado por dos piezas córneas puntiagudas, con el cual toman el alimento. **2** COLOQUIAL. Boca, órgano de la palabra: *¡Qué bien habla! ¡Qué pico tiene ese niño! Estuve todo el tiempo sin abrir el pico.* **3** Cúspide aguda de una montaña. **4** Montaña de cumbre puntiaguda. **5** Parte puntiaguda que sobresale en la superficie o en el borde de una cosa: *Me di un golpe con el pico de la mesa.* **6** Punta acanalada que tienen en el borde algunas vasijas, candiles y velones: *el pico de una jarra.* **7** Herramienta compuesta de un mango de madera y una pieza metálica puntiaguda, como la que se utiliza para cavar. **8** Pañal triangular para los niños, generalmente de algodón o felpa. **9** JERGAL. Inyección de droga: *meterse un pico.* **10** ZOOL. Pinza de las patas delanteras de los crustáceos. **11** ZOOL. Órgano chupador de los hemípteros. **12** COL., GUAT., MÉX.; COLOQUIAL en Colombia, AFECTADO en México. Beso. **13** MÉX. Persona que es mentirosa o exagerada. || **14 ~ de oro 14₁** ‹Persona› que tiene mucha facilidad para expresarse: *Este chico es un pico de oro.* **14₂** Facilidad de palabra de una persona: *Con su pico de oro Paula es capaz de convencer a cualquiera.* FR. Y LOC. **cerrar el ~** COLOQUIAL. Callarse ‹una persona›: *Cierra el pico cuando te hable.* **darle al ~** COLOQUIAL; PEYORATIVO. Hablar mucho ‹una persona›: *Desde que llegó Maribel, no ha parado de darle al pico.* **darse el ~** COLOQUIAL. Besarse en la boca ‹dos personas›. **de picos pardos** COLOQUIAL. De juerga: *Estuvimos toda la noche de picos pardos.* **el ~** Cantidad que no está incluida en otra cantidad justa: *Tú pagas dos mil y yo pongo el pico. El pico del coche hasta completar las cien mil es un regalo mío.* **flauta* dulce** o **flauta de ~. hora* ~. hincar el ~** COLOQUIAL, RESTRINGIDO. Morir ‹una persona›: *Cuando hinque el pico el abuelo, nadie se ocupará del huerto.* **no abrir el ~** COLOQUIAL. No hablar una persona: *Mientras se lo explico, no se te ocurra abrir el pico.* **salir por un ~** COLOQUIAL. Costar ‹una cosa› bastante a [una persona]: *Esta reforma le ha salido por un pico.* **un ~** Cantidad indeterminada de dinero, por lo general un poco excesiva: *Me han cobrado un pico por este bañador. Me ha costado un pico el capricho. Me ha costado un buen pico el viaje de estudios del niño pequeño.* **y ~** Y un poco más: *Esta habitación mide tres metros y pico de ancho. Me han cobrado doscientas y pico. Estuve tres meses y pico de vacaciones. He engordado dos kilos y pico.*

picón, na *adj.* **1** PERÚ; COLOQUIAL. Que es sensible a la burla o a la crítica. || *s. m.* **2** (macho y hembra) *Raja oxyrhinchus.* Pez de la familia de la raya, de color gris o pardo con manchas blancas, que habita en el Nordeste. del Atlántico y en el Mediterráneo. **3** (no contable) Carbón vegetal muy menudo que se usaba en los braseros. **4** Burla. || **5 mojo* ~.** FR. Y LOC. **dar picones** MÉX.; COLOQUIAL. Provocar ‹una persona› los celos de otra: *Le está dando picones a la novia.*

picor *s. m.* **1** Sensación de irritación que se experimenta en alguna parte del cuerpo y que empuja a rascarse: *Siento un picor en el pie. Tengo un picor en la nariz que me va a hacer estornudar.* **2** Ardor o excitación que se siente en el paladar al tomar alimentos picantes o fuertes: *Las guindillas me han dejado un picor en la boca.*

picoso, sa *adj.* **1** MÉX. Picante, que pica. **2** MÉX.; COLOQUIAL. Que es vivaracho o mordaz.

picota *s. f.* **1** Columna en la que antiguamente se exponía la cabeza de los ajusticiados: *En algunas ciudades castellanas se puede ver todavía la picota medieval.* **2** Variedad de cereza muy carnosa y con poco pedúnculo. **3** Parte superior, en punta, de una torre o una montaña muy alta. **4** COLOQUIAL. Nariz. FR. Y LOC. **poner* en la ~.**

picotazo *s. m.* **1** Acción y resultado de picar un ave, un insecto o un reptil: *Las manzanas estaban llenas de los picotazos de los pájaros. Un ignorante se subió al árbol y las abejas le dieron muchos picotazos.* **2** Señal o huella que deja un picotazo: *Las ciruelas estaban llenas de picotazos de los pájaros. Tengo el brazo lleno de los picotazos de los mosquitos.*

picotear *v. tr.* **1** Tomar ‹un ave› [la comida] con el pico: *Mira cómo picotea el canario el alpiste.* SIN. picar. || *v. intr. / tr.* **2** COLOQUIAL. Tomar ‹una persona› una pequeña cantidad de una o varias cosas: *Picoteamos unos canapés.* SIN. picar.

picoteo *s. m.* **1** (no contable) Acción de picar repetidamente una cosa las aves: *Las cerezas tienen señales del picoteo de los pájaros.* **2** (no contable) COLOQUIAL. Acción de comer de diversas cosas en cantidades pequeñas: *Si no dejas el picoteo antes de comer, no puedes adelgazar.*

pictografía *s. f.* (no contable) Escritura ideográfica que consiste en dibujar los objetos que han de explicarse con palabras.

pictograma *s. m.* Signo que es la representación gráfica de un concepto en un sistema de figuras o símbolos. SIN. ideograma.

pictórico, ca *adj.* De la pintura: *arte pictórico, habilidad pictórica, técnica pictórica.*

picudo, da *adj. / s. m.* y *f.* **1** MÉX. [Persona] que es destacada en su oficio u ocupación. **2** MÉX. [Persona] que es influyente.

pidgin (del inglés; pronunciamos *'pichin'*) *s. m.* Pichin.

pídola *s. f.* Juego que consiste en saltar por encima de alguien que está agachado o doblado: *Antes los niños jugaban a la pídola.*

pidón, na *adj. / s. m.* y *f.* COLOQUIAL. Que es muy aficionado a pedir: *Eres un niño muy pidón.* SIN. pedigüeño.

pie *s. m.* **1** Extremidad de la pierna de las personas que se apoya en el suelo al andar. **~ cavo** Pie que tiene una curvatura excesiva. **~ plano** Pie que no tiene la curvatura normal de la planta: *Mi hijo usa unas botas especiales para los pies planos.* **2** Parte del cuerpo de muchos animales que tiene una función semejante a la de los pies: *el pie de un perro, el pie del caballo.* **3** Parte de una prenda de vestir que cubre los pies de una persona: *el pie de un calcetín, el pie de unas medias.* **4** Base o parte en que se apoyan algunas cosas: *los pies del sofá, el pie de una lámpara.* **5** Tronco o tallo de una planta. **6** (preferentemente en plural) Parte opuesta a la cabecera: *los pies de la cama.* **7** Parte final de un escrito y espacio en blanco que queda al final del papel: *Puse el sello al pie del documento.* **8** Texto explicativo que se pone debajo de algunas obras: *el pie de un grabado, el pie de una fotografía.* **9** MÉTR. Cada una de las partes compuestas de varias sílabas que forman un verso en función de la cantidad o el acento: *los pies de la poesía griega, los pies de la poesía latina, los pies de la poesía castellana.* **10** METROL. Medida de longitud usada en algunos países: *El pie anglosajón equivale a doce pulgadas.* ‖ **11 ~ de imprenta** ART. GRÁF. Conjunto de datos sobre la edición o la impresión de una publicación que figuran generalmente en la parte inferior de la portada o contraportada. **12 ~ quebrado** MÉTR. Verso corto que alterna con otros más largos en las llamadas coplas de pie quebrado. FR. Y LOC. **a los pies de** o **a sus pies** CORTESÍA. Al entero servicio de una persona, a su entero servicio: *Estoy a sus pies, señora.* **a ~** Andando: *Volvimos a casa a pie.* **a ~ / pies juntillas** Sin ninguna duda: *Lola se creyó a pies juntillas la historia que le conté.* **al ~ de** Junto a la base de una cosa: *Los caminantes descansaron un rato al pie de la montaña.* **al ~ de la letra** De forma literal: *Siguió sus instrucciones al pie de la letra.* **al ~ del cañón** COLOQUIAL. Atendiendo a las obligaciones sin abandonarlas: *El jefe está siempre al pie del cañón para resolver cualquier problema que surja.* **andar / ir con pies de plomo** COLOQUIAL. Poner ‹una persona› mucho cuidado y atención al hacer algo, tantear la situación: *Anda con pies de plomo a la hora de firmar tu contrato.* **arrastrarse a los pies de** Perder ‹una persona› la dignidad frente [a otra persona]: *El pobre chico se arrastró a los pies de su adversario.* **atar* de pies y manos. buscar tres / cinco pies al gato** COLOQUIAL. Empeñarse ‹una persona› en encontrar inconvenientes o complicaciones donde no los hay: *Lo he invitado a cenar, pero no quiere porque cree que le vamos a poner en un compromiso, siempre le busca tres pies al gato.* **caer / nacer de ~** COLOQUIAL. Tener suerte ‹una persona›: *Este chico ha caído de pie; acaba de llegar a la empresa y ya le han ascendido.* **caérsele el alma* a los pies. cojear del mismo ~** COLOQUIAL; PEYORATIVO. Tener ‹una persona› el mismo comportamiento o la misma idología que otra: *A ti tampoco te gusta estudiar, ya me imaginaba yo que cojeabas del mismo pie que Juan. Esos dos cojean del mismo pie, nunca conseguirás que lleguen en punto.* **con buen / mal ~** Con acierto y buena suerte, o al contrario: *El tenista empezó el torneo con buen pie.* **con el ~ derecho / izquierdo** Con buen o mal pie: *Me he levantado con el pie izquierdo, porque hoy todo me sale mal.* **con los pies** COLOQUIAL; PEYORATIVO. Sin razonar: *Piensas con los pies. Esta tontería la habrá hecho ese despistado con los pies.* **con los pies por delante** COLOQUIAL. Muerto: *Si quieren echarme de aquí, tendrán que sacarme con los pies por delante.* **con un ~ en** COLOQUIAL. A punto de ponerse o ser puesto en: *El pobre abuelo está ya con un pie en el hoyo. Tras la derrota, el equipo está con un pie en la segunda división. Los trabajadores de la fábrica están con un pie en la calle.* **dar el ~ y tomarse la mano** COLOQUIAL. Propasarse ‹una persona› a la que se ha dado alguna confianza: *A ese caradura, si le das el pie se toma la mano.* **dar ~** Dar ‹una persona o una cosa› ocasión o motivo para algo: *Su conducta dio pie a algunos comentarios.* **de a ~** 1 Que no usa caballo o coche: *la policía de a pie.* 2 [Persona] que no tiene responsabilidad especial y representa el tipo medio de un grupo: *El ciudadano de a pie está en contra de la violencia.* **de los pies a la cabeza** o **de pies a cabeza** Enteramente, por completo: *un caballero de los pies a la cabeza. Se mojó de pies a cabeza.* **de ~** Erguido, en posición vertical: *Se puso de pie para saludar a su colega.* **en ~** 1 De pie: *El público aplaudió en pie a los actores.* 2 Habiéndose levantado de la cama: *Llevo en pie desde las cinco de la mañana* 3 Firme, vigente: *Su invitación sigue en pie.* **en ~ de guerra** Preparado para la lucha o el enfrentamiento: *Los jornaleros están en pie de guerra.* **en ~ de igualdad** De igual a igual: *Han estado discutiendo ambas partes en pie de igualdad.* **hacer ~** Tocar ‹una persona› el fondo con los pies cuando está en el agua: *En esta parte de la piscina no hago pie.* **no dar ~ con bola** COLOQUIAL; INTENSIFICADOR. No acertar nada ‹una persona›, equivocarse muchas veces: *Creo que me suspenderán, porque no he dado pie con bola en el examen.* **no tener ni pies ni cabeza** o **sin pies ni cabeza** COLOQUIAL. No tener lógica o sentido ‹una cosa›: *Lo que me has dicho no tiene ni pies ni cabeza.* **no tenerse en / de ~** COLOQUIAL; INTENSIFICADOR. Sentir ‹una persona› un gran cansancio o debilidad: *Patricia se acuesta temprano porque a las once ya no se tiene en pie.* **parar los pies** COLOQUIAL. Detener o frenar ‹una persona› a otra persona en sus intenciones: *El portero se está tomando demasiadas confianzas; deberías pararle los pies.* **pies para qué os quiero** COLOQUIAL. Se usa para indicar que una persona se dispone a huir precipitadamente de un lugar. **poner los pies** (preferentemente en frases negativas) COLOQUIAL. Ir ‹una persona› a un lugar: *Desde que me fui del pueblo no he vuelto a poner los pies allí.* **poner pies en polvorosa** COLOQUIAL. Huir ‹una persona› de un lugar: *El ladrón puso pies en polvorosa para que no le atraparan.* **saber de qué ~ cojea** COLOQUIAL. Conocer bien ‹una persona› los defectos de otra: *Los dos saben de qué pie cojean porque llevan mucho tiempo juntos.* **sacar los pies del plato / tiesto** COLOQUIAL. Atreverse ‹una persona› a decir o hacer cosas que antes no hacía: *Nacho era muy tímido, pero ya está sacando los pies del tiesto.* **salir por pies** COLOQUIAL. Huir ‹una persona› precipitadamente de un lugar: *Quique se vio en un apuro y salió por pies.* **ser pies y manos** COLOQUIAL. Ser ‹una persona› muy necesaria para otra: *Su secretaria es sus pies y sus manos.* **tener los pies sobre la tierra** Ser ‹una persona› muy realista: *Sergio no es nada soñador, tiene los pies sobre la tierra.* **tomar* ~ de.**

piedad *s. f.* **1** (no contable) Fervor en las prácticas religiosas: *la piedad del cristiano.* **2** (no contable) Sentimiento de lástima hacia una persona que sufre y hacia sus sufrimientos: *¿No sientes piedad **de** él? Tenemos que sentir piedad **por** los pueblos oprimidos.* **3** (no contable) ELEVADO. Amor y respeto a una persona: *piedad filial. Todos debemos piedad a la tierra que nos vio nacer.* **4** ARTE. Pintura o escultura de la

Virgen sosteniendo a su hijo muerto descendido de la cruz: *la piedad de Berruguete*. FR. Y LOC. **monte* de ~.**

piedra *s. f.* **1** Materia mineral compacta sólida que forma la corteza terrestre: *Colecciono piedras. La geología es la ciencia que estudia las piedras.* **2** (no contable) Esta materia empleada en construcción: *casa de piedra, escalera de piedra, chimenea de piedra, puente de piedra.* **3** COLOQUIAL. Acumulación de sales cristalizadas en un órgano hueco: *Le operaron porque tenía piedras en el riñón. Usted tiene piedras en la vejiga.* SIN. cálculo (ELEVADO). **4** Granizo grueso: *La piedra destruyó la cosecha.* SIN. pedrisco. **5** Aleación de hierro y cerio que produce la chispa en un mechero: *Se ha gastado la piedra del mechero.* **6** Muela de molino. || **7 cartón* ~. 8 ~ angular 8**1 Piedra que forma la esquina en la unión de dos paredes. **8**2 Fundamento de una cosa: *La piedra angular de nuestra institución es la colaboración de todos los equipos. El voto universal y libre es la piedra angular de la democracia.* **9 ~ de afilar** Piedra que se usa para sacar punta o filo a los instrumentos cortantes. **10 ~ de chispa** Pedernal. **11 ~ de escándalo** Causa o motivo de un escándalo: *La infidelidad matrimonial ha sido la piedra de escándalo de la sociedad occidental.* **12 ~ de toque** 1 Variedad granate del jaspe. 2 Lo que sirve para comprobar o confirmar la cualidad o la eficacia de una cosa. **13 ~ falsa** Piedra que imita a una piedra preciosa. **14 ~ filosofal** HIST. Supuesta materia a la que se atribuía la capacidad mágica de convertir cualquier metal en oro. **15 ~ imán** Imán. **16 Piedra Negra** Meteorito conservado en La Meca, sagrado para los musulmanes. **17 ~ pómez** Piedra volcánica de color gris y aspecto esponjoso empleada para pulir y desgastar. **18 ~ (preciosa)** Cristal raro o piedra fina, muy dura y apreciada por su pureza, que se emplea en joyería: *Tiene un anillo con una piedra enorme.* FR. Y LOC. **a tiro* de ~. ablandar las piedras** Despertar ‹una persona o una cosa› compasión o conmover a todo el mundo: *Sus gritos de dolor ablandaban las piedras.* **carbón* mineral** o **carbón de ~. convidado* de ~. corazón* de ~. dejar / quedarse de ~** COLOQUIAL. Asombrarse ‹una persona›, quedarse sin reaccionar por algún acontecimiento o noticia poco agradable: *La noticia me ha dejado de piedra.* **edad* de ~. mal* de la ~. menos da una ~** COLOQUIAL. Expresión con la que una persona dice o aconseja conformarse con poco por ser más que nada: *Este dinero es poco, pero menos da una piedra.* **no dejar piedra sobre ~** COLOQUIAL. Arruinar ‹una cosa o una persona› a una cosa: *El ejército de ocupación no dejó piedra sobre piedra. La riada no dejó piedra sobre piedra del pintoresco pueblecito.* **no quedar piedra sobre ~** Quedar ‹una cosa› completamente en ruina: *Tras el terremoto no ha quedado piedra sobre piedra.* **pasar por la ~** 1 COLOQUIAL. Estar obligada ‹una persona› a hacer una cosa necesariamente: *En la mili todo el mundo pasa por la piedra.* 2 Obligar ‹una persona› a otra a hacer algo que no desea: *Si nos sentamos a negociar no pasaremos por la piedra a nadie.* **tirar la ~ y esconder la mano** COLOQUIAL. Comportarse ‹una persona› sin lealtad, mostrando afecto a la cara y trabajando en contra por detrás: *Lo siento si no te gusta, pero es lo que pienso, yo no tiro la piedra y escondo la mano como otros.* **tirar piedras a / contra su (propio) tejado** COLOQUIAL. Perjudicarse ‹una persona› a sí misma: *Si te enfadas con el jefe tirarás piedras contra tu propio tejado. No tiene sentido que en ese restaurante traten tan mal a los clientes, tiran piedras contra su tejado.*

piel *s. f.* **1** Cubierta exterior del cuerpo del ser humano y de los animales: *una persona de piel negra, una persona de piel blanca, una persona de piel amarilla.* **2** Cuero curtido: *una chaqueta de piel.* **3** Cuero curtido que conserva por fuera su pelo natural: *un abrigo de pieles, un chaquetón de piel, una capa forrada de pieles.* **4** Cubierta de la pulpa de algunas frutas: *la piel de una manzana.* || **5 carne* / ~ de gallina. 6 ~ roja** Miembro de cualquier tribu india de Estados Unidos y Canadá: *En las películas del Oeste siempre pierden los pieles rojas.* FR. Y LOC. **a flor* de ~. dejarse la ~** COLOQUIAL; INTENSIFICADOR. Esforzarse ‹una persona› mucho en alguna cosa: *Los albañiles se están dejando la piel* ***en*** *la obra, porque quieren acabar la casa antes de las vacaciones. Aunque nuestro equipo se dejó la piel* ***en*** *el campo, no pudo ganar.* **quitar / sacar la ~ a tiras** COLOQUIAL; INTENSIFICADOR. Criticar con mucha dureza ‹una persona› a otra persona: *En la crítica del domingo le quitan la piel a tiras a tu actor favorito.* **salvar la ~** COLOQUIAL. Salvar ‹una persona› la vida o salir bien parada de una situación difícil: *Cuando volcó el autocar no nos dimos cuenta de nada; luego vimos que habíamos salvado la piel de milagro.* **ser de la ~ de Barrabás** o **ser de la ~ del diablo** COLOQUIAL; INFANTIL, INTENSIFICADOR. Ser ‹una persona› muy traviesa: *Estos niños no paran de pelearse; son de la piel de Barrabás.*

piélago *s. m.* **1** LITERARIO. Mar, gran extensión de agua salada. **2** RESTRINGIDO. Parte del mar que dista mucho de la tierra. **3** RESTRINGIDO. Abundancia de difícil enumeración: *un piélago de dudas, un piélago de dificultades, un piélago de promesas incumplidas.*

pienso *s. m.* Alimento, especialmente el seco, para el ganado: *fábrica de piensos, pienso compuesto.*

pierna *s. f.* **1** Extremidad inferior del cuerpo humano comprendida entre la cadera y el pie. **2** Parte de esta extremidad que va desde la rodilla hasta el pie. **3** Muslo de las aves y cuadrúpedos: *Comimos una pierna de cordero asada.* FR. Y LOC. **cruzar las piernas** Poner ‹una persona› una pierna sobre la otra: *Se sentó y cruzó las piernas.* **dormir a ~ suelta / tendida** COLOQUIAL; INTENSIFICADOR. Dormir ‹una persona› tranquila y profundamente: *Estaba tan cansado que durmió a pierna suelta toda la noche.* **estirar las piernas** COLOQUIAL. Andar ‹una persona› por moverse un poco: *Llevaban una hora tomando el sol y decidieron dar una vuelta por la playa para estirar las piernas.* **irse / salir con el rabo* entre las piernas. por piernas** 1 Corriendo: *Estábamos en un café y tuvimos que salir por piernas porque querían pegarnos.* 2 Se usa para indicar que unas relaciones, normalmente profesionales, han tenido un final desagradable: *El año pasado trabajaba en esa empresa, pero salimos por piernas, porque querían organizarnos un lío. Espero que no tengas que salir por piernas de esa empresa.*

pierrot *s. m.* Personaje del teatro francés, inspirado en la comedia del arte italiana, que normalmente viste de blanco: *Mi hermano va vestido de pierrot en el carnaval.*

pietismo *s. m.* (no contable) REL. Doctrina reformista cristiana nacida en Alemania en el siglo XVII, que propone una religiosidad intimista.

pieza *s. f.* **1** Cada una de las partes que componen una cosa: *una pieza de la bicicleta, una pieza del televisor, una pieza de un mueble. Tengo todo el motor desmontado en piezas.* **2** Cada elemento de un conjunto de cosas o cada unidad:

una cristalería de 24 piezas, una vajilla de 120 piezas, un mecano de 48 piezas. **3** Sala o habitación de una casa: *Te enseñaré el salón y las otras piezas de la casa. Tenemos cinco piezas, baño y cocina.* **4** Trozo de tela que se pone como remiendo: *El pantalón tenía un agujero y le he puesto una pieza.* **5** Unidad, generalmente de comida: *Me comí tres piezas de fruta y dos piezas de pan.* **6** Animal obtenido en la caza o en la pesca: *Conseguimos cazar tres piezas.* **7** RESTRINGIDO. Moneda: *Sólo tengo piezas de calderilla. ¿Le viene bien que le dé una pieza de quinientas?* **8** LIT. Obra dramática, especialmente la de un solo acto: *Vamos a ver una pieza de Lope de Vega.* **9** MÚS. Composición musical: *Bailamos tres piezas y nos fuimos. Esa orquesta sólo toca piezas clásicas.* **10** Figura o ficha de ciertos juegos: *una pieza de ajedrez, una pieza de las damas.* **11** Porción de tela o de papel fabricada de una sola vez: *Se ha acabado la pieza de tela que me gustaba para el vestido. Aquí hay una pieza muy bonita para las cortinas.* **12** Objeto de valor o trabajado con arte: *Este jarrón es una pieza de museo. Le compré una pieza de plata de mucho valor.* **13** COLOQUIAL. Persona, especialmente de corta edad, revoltosa o traviesa: *¡Menuda pieza está hecho mi sobrino!* ‖ **14 ~ de artillería** Arma de fuego no portátil: *En el museo se exponen, sobre todo, piezas antiguas de artillería.* FR. Y LOC. **quedarse de una ~** COLOQUIAL. Quedarse ‹una persona› admirada o extrañada de algo o por algo: *Juan se quedó de una pieza cuando le dije que no quería casarme con él. Nos quedamos de una pieza al encontrarnos con ellos.*

piezoelectricidad *s. f.* (no contable) FÍS. Conjunto de fenómenos eléctricos que tiene lugar en algunos cuerpos sometidos a cierta presión u otra acción mecánica: *Esos profesores están haciendo estudios de piezoelectricidad aplicada a los metales.*

piezometría *s. f.* **1** FÍS. Medida de presiones, especialmente las elevadas. **2** (no contable) Parte de la física que estudia la capacidad de los líquidos para poderse comprimir o reducir a menor volumen.

piezómetro *s. m.* FÍS. Instrumento para medir el grado de compresibilidad de los líquidos.

pífano *s. m.* **1** Flautín de tono muy agudo, utilizado generalmente en las bandas militares. **2** Músico que toca este instrumento.

pifia *s. f.* **1** Golpe en falso que se da con el taco en la bola de billar. **2** Error o acción hecha con descuido: *El locutor hizo una pifia increíble, confundió los nombres de los dos nuevos ministros. ¡Vaya pifia en el partido del domingo! El delantero sólo ante el portero y envió el balón a las nubes. El electricista nos hizo una buena pifia: cambió los polos del enchufe y casi se quema la casa.* **3** PERÚ. Burla o protesta por medio de silbidos.

pifiar *v. intr.* **1** Cometer ‹un jugador de billar› una pifia: *La has pifiado, me toca a mí.* **2** Cometer ‹una persona› un error: *Intenté arreglar el coche, pero la he pifiado, porque no funciona.* ⇒ **8.**

pigargo *s. m.* (macho y hembra) *Haliaetus albicilla.* Ave rapaz bastante grande, de plumaje pardo, más claro en la cabeza y el cuello, que habita en costas rocosas, lagos y ríos grandes del Norte y Este de Europa y se alimenta de peces.

pigmentación *s. f.* **1** Presencia en la piel de una sustancia que le da color: *Me han salido unas manchas blancas en la cara por falta de pigmentación.* **2** (no contable) RESTRINGIDO. Acción y efecto de pigmentar o dar color: *No te fíes de la pigmentación rápida que te promete esta crema solar.*

pigmentar *v. tr.* **1** Dar ‹una persona› color a [una cosa]: *Los biólogos pigmentan los tejidos que examinan al microscopio.* **2** Producir ‹una cosa› una coloración anormal y prolongada [en la piel o en otros tejidos]: *La clorofila pigmenta **de** verde algunos tejidos.* ‖ *v. prnl.* **3** Sufrir ‹la piel u otro tejido› una coloración anormal y prolongada: *Se le ha pigmentado la piel **de** amarillo.*

pigmento *s. m.* **1** Sustancia de las células que da color a órganos y tejidos del cuerpo. **2** Sustancia colorante que se usa en la fabricación de pinturas: *En esta sección fabricamos pigmentos que vendemos a otras fábricas de pinturas.*

pigmeo, a *adj. / s. m.* y *f.* **1** De un grupo de pueblos diseminado por África y Asia, que se caracteriza por ser de muy baja estatura: *una tribu pigmea, un grupo de pigmeos.* **2** COLOQUIAL; PEYORATIVO. Que es muy pequeño o bajo de estatura: *Ese chico nuevo parece un pigmeo. Tengo un perro, pero es muy pequeñito, un pigmeo.*

pignoración *s. f.* (no contable) ELEVADO. Acción de dejar una cosa en prenda como garantía de que se va a cumplir una obligación.

pignorar *v. tr.* **1** ELEVADO. Dar ‹una persona› [una cosa] como prenda o garantía del cumplimiento de una obligación o un pago: *Hemos tenido que pignorar el piso para pagar las deudas de mi padre.* **2** RESTRINGIDO. Vender ‹una persona› [una cosa] en condiciones desventajosas: *Los hijos han pignorado la herencia de su padre y están arruinados. Hubo que pignorar un montón de acciones de telefónica.*

pigricia *s. f.* **1** ELEVADO. Pereza. **2** PERÚ. Pizca, poquito, pequeñez.

pijada *s. f.* **1** COLOQUIAL. Tontería, menudencia: *Nos enfadamos por una pijada.* SIN. insignificancia. **2** COLOQUIAL. Adorno que usa o lleva una persona pija: *Ese tipo lleva un montón de pijadas en el coche, desde un escudo con una calavera hasta una pata de conejo.* **3** COLOQUIAL. Dicho o hecho molesto, inoportuno o estúpido: *No digas más pijadas. Me aburre tener que escuchar tantas pijadas sobre la situación política.* SIN. chorrada (COLOQUIAL).

pijama *s. m.* Prenda compuesta de chaqueta y pantalón utilizada para dormir: *un pijama de rayas, pijama de verano, pijama de invierno.*

pijerío *s. m.* (no contable) COLOQUIAL; PEYORATIVO. Grupo o conjunto de pijos: *A esa discoteca acude todo el pijerío del barrio.*

pijez *s. f.* (no contable) COLOQUIAL; PEYORATIVO. Carácter pijo de una persona o cosa: *Lo que más me molesta es la pijez de estos nuevos intelectuales, tan bien vestiditos.*

pijo, ja *adj. / s. m.* y *f.* **1** COLOQUIAL; PEYORATIVO. [Persona] que da demasiada importancia a su aspecto exterior, suele pertenecer a una clase social elevada y demuestra satisfacción consigo misma: *Sus amigos son muy pijos. Ese bar está lleno de pijos. No se puede hablar con el nuevo profe, es un pijo insoportable, que se cree guapo y va en un descapotable hortera.* ‖ *s. m.* **2** VULGAR. Pene. FR. Y LOC. **(y) un ~** VULGAR. Se usa para introducir una negación fuerte al final de una enumeración o en una contestación: *–«Dice que le dejemos el coche» –«Y un pijo.» –«¿Quieres salir ahora?» –«Y un pijo.» –«Nuestro equipo es el mejor.» –«Y un pijo.» No oía-*

mos ni un pijo con aquel ruido. No me gustaba un pijo la comida esa. No he podido dormir un pijo, porque hacía mucho calor. No he estudiado un pijo para el examen, espero que sea fácil.

pijota *s. f.* (macho y hembra) RESTRINGIDO. Pescadilla.

pijotada *s. f.* **1** COLOQUIAL. Tontería, menudencia: *Eva no me habla por una pijotada.* SIN. chorrada (COLOQUIAL), pijada. **2** COLOQUIAL. Cosa que usa o lleva una persona pija: *Todo lo que se compra son pijotadas.* SIN. pijada. **3** COLOQUIAL. Dicho o hecho molesto, inoportuno o estúpido: *Deja de decir pijotadas y estupideces.* SIN. pijada, chorrada.

pijotería *s. f.* **1** COLOQUIAL. Tontería, menudencia: *No hagas caso de pijoterías.* SIN. pijada, pijotada, chorrada. **2** COLOQUIAL. Dicho o hecho molesto, insoportable o estúpido: *No dices nada más que pijoterías.* SIN. pijada, chorrada. **3** COLOQUIAL. Cosa que usa o lleva una persona pija: *Le gusta vestir con pijoterías.* SIN. pijada. **4** COLOQUIAL. Cualidad de pijo o pijotero: *Es muy importante la pijotería en el vestir para entrar en esa discoteca.* **5** COLOQUIAL. Conjunto de pijos: *En ese bar se reúne la pijotería del barrio.* SIN. pijerío.

pijotero, ra *adj. / s. m.* y *f.* (ser / estar) COLOQUIAL; PEYORATIVO. Que causa molestia o fastidio porque pone pegas o impedimentos a algo concreto o a cualquier cosa: *Eres muy pijotero con la comida, no te gusta nada. Estás muy pijotera con este asunto. El jefe está en un plan muy pijotero últimamente.*

pil pil o **pil-pil** *s. m.* (no contable) Se usa en la LOC. **bacalao* al pil pil**.

pila *s. f.* **1** Recipiente grande y profundo usado para recoger líquidos. **~ bautismal** Pila, generalmente de piedra, donde se bautiza a las personas en las iglesias. **~ de fregar** Pila de cocina donde se friega la vajilla a mano. **~ de lavar** Pila de las casas donde se echa el agua para lavar la ropa a mano. **2** COLOQUIAL. Montón de cosas que se colocan unas encima de otras: *una pila de cacharros de cocina, una pila de discos, una pila de libros. Tengo que ordenar estas pilas de carpetas.* **3** (no contable) COLOQUIAL. Cantidad grande de alguna cosa: *una pila de trabajo, una pila de dinero, una pila de años, una pila de gente.* **4** Generador de corriente eléctrica continua: *Tienes que cambiar la pila al reloj. La radio se ha quedado sin pilas.* **~ alcalina. ~ recargable. 5** ARQ. Cada uno de los pilares o columnas que sostienen dos arcos contiguos o los tramos metálicos de un puente. **6** PERÚ; COLOQUIAL. Micción. ‖ **7 ~ atómica** RESTRINGIDO. Reactor nuclear. FR. Y LOC. **nombre* de ~.**

pilada *s. f.* COLOQUIAL. Pila o montón: *pilada de papeles. Tengo una pilada de cosas que hacer. Había una pilada de comida.*

pilar *s. m.* **1** ARQ. Elemento prismático vertical, aislado o que sostiene a otros elementos o estructuras de una construcción: *los pilares de un templo. La voluminosa escultura descansa en un pilar de granito.* **2** Persona o cosa que sirve de apoyo o de fundamento: *los pilares de una religión, los pilares de una nación, los pilares de una creencia. La abuela es uno de los pilares de su familia.* **3** RESTRINGIDO. Hito o poste de piedra que se pone en los caminos.

pilastra *s. f.* **1** ARQ. Columna cuadrada. **2** ARQ. Pilar apoyado o colocado contra una pared.

pilca *s. f.* AMÉR. Tapia construida con piedras y barro.

pilcha *s. f.* ARG., CHILE, URUG.; RESTRINGIDO en Chile. Cualquier prenda de uso personal, especialmente la prenda de vestir gastada o pobre.

pilche *s. m.* EC., PERÚ. Recipiente hecho con la cáscara endurecida de un fruto.

píldora *s. f.* Pastilla de medicamento: *Tomé mis píldoras para la tensión arterial.* SIN. comprimido. **la ~** Anticonceptivo que se toma por vía oral: *tomar la píldora.* FR. Y LOC. **dorar la ~** Suavizar ‹una persona› una mala noticia o disgusto que se da a otra persona: *Mi jefe me doró la píldora antes de decirme que estaba despedido. Prefiero que me digas las cosas a las claras y que no me doren la píldora.* **tragarse la ~** RESTRINGIDO. Creerse ‹una persona› una mentira: *Los chicos nos han dicho que estuvieron toda la noche estudiando, pero no nos tragamos la píldora.*

pileta *s. f.* **1** Pila grande para productos industriales: *Se rompió una pileta de detergente y se ha inundado la calle que rodea la fábrica.* **2** ARG., PAR., URUG. Pila de cocina o de lavar. **3** ARG., URUG.; RESTRINGIDO en Uruguay. Abrevadero. **4** ARG., PAR., URUG. Piscina.

pilila *s. f.* COLOQUIAL. Pene: *¡Niño, lávate bien la pilila!*

pillaje *s. m.* (no contable) Robo o saqueo hecho por soldados en un país enemigo: *Los observadores extranjeros no pudieron evitar el pillaje de los vencedores al entrar en la ciudad.*

pillar *v. tr.* **1** COLOQUIAL. Agarrar o alcanzar ‹una persona o una cosa› [a una persona]: *Corre niño, a ver si te pillo. Seguro que no me pillas. La policía ha pillado por fin al ladrón de coches del barrio.* **2** Atropellar ‹una cosa› [a una persona]: *Cruza con cuidado la calle, que no te pille un coche.* **3** Quedar ‹una persona o una cosa› aprisionada o sujeta por [una cosa que le causa daño]: *El coche volcó y me pilló una pierna al intentar salir. Al derrumbarse la casa, una viga ha pillado a tres vecinas.* **4** COLOQUIAL. Hallar ‹una persona› [a otra persona] en [una determinada situación]: *Álvaro me pilló* ***en*** *pijama anoche. La explosión de la bomba me pilló* ***en*** *el ascensor. Los gritos me pillaron bajando por la escalera.* SIN. sorprender. **5** COLOQUIAL. Sorprender ‹una persona› [a otra persona] en un descuido o una mentira: *Lo pillé revolviéndome el bolso. Lo pillé cuando montaba en el autobús con ese amigo del pueblo.* **6** COLOQUIAL. Conseguir ‹una persona› [una cosa]: *Por fin pillé los apuntes que me faltaban.* **7** COLOQUIAL. Contraer ‹una persona› [una enfermedad]: *Con el frío, he pillado un resfriado.* SIN. pescar. **8** COLOQUIAL; RESTRINGIDO. Entender ‹una persona› [una cosa]: *No te cuento chistes porque no pillas ni uno.* SIN. pescar. **9** COLOQUIAL. Robar ‹una persona› [una cosa] a [otra persona]: *Me han pillado el bolso en el mercado. Nos pillaron el correo.* ‖ *v. tr. / intr.* **10** Encontrarse ‹un cosa› en [determinada situación] con respecto a [una persona o una cosa]: *Tu casa (me) pilla demasiado lejos.* ‖ *v. prnl.* **11** Sufrir ‹una persona o una cosa› daño al quedar aprisionada o sujeta por una cosa: *Me pillé el dedo con la puerta.* FR. Y LOC. **coger / agarrar / ~ por banda*. coger / ~ de paso* / camino. coger / ~ desprevenido*** o **coger / ~ de nuevas. coger / ~ in fraganti. cogerse / pillarse los dedos*. ~ de marrón*. ~ el toro*.**

pillastre *s. m. / f.* COLOQUIAL. Pillo: *Tu hermana es una pillastre: se negó la otra tarde a hacerme un recado después de pedirme dinero para un helado.*

pillería *s. f.* (no contable) COLOQUIAL. Acción o palabras de un pillo: *A ver si podéis jugar tranquilos con los chicos de la calle, sin romper nada, sin molestar a la gente ni hacer otras pillerías.*

pillo, lla *adj. / s. m.* y *f.* COLOQUIAL. [Niño, joven] que actúa con astucia buscando su provecho: *Eres una auténtica pilla que siempre consigue más golosinas que los demás. Mi hijo es un pillo con ojos preciosos.*

pilón *s. m.* **1** Pila grande de piedra junto a una fuente donde beben los animales o donde lavaban las mujeres. **2** COLOQUIAL. Montón o cantidad grande de una cosa: *Tengo un pilón de cosas que hacer. Ahí tienes un pilón de papeles para firmar.* **3** Pesa movible que cuelga del brazo horizontal de la balanza romana. **4** Pilono. **5** MÉX.; COLOQUIAL. Excedente que se regala en la compra de alguna mercancía. FR. Y LOC. **martillo* ~.**

piloncillo *s. m.* **1** MÉX.; COLOQUIAL. Azúcar sin refinar en forma de cono. **2** MÉX.; AFECTADO. Persona de trato amable, tierna.

pilonga *adj.* Se usa en la LOC. **castaña* ~.**

pilono *s. m.* ARTE. Portada de los antiguos templos egipcios formada por dos grandes bloques trapezoidales. SIN. pilón.

píloro *s. m.* Orificio que comunica el estómago con el duodeno.

pilosidad *s. f.* (no contable) Agrupamiento de pelos en la piel: *La pilosidad de algunas partes corporales puede indicar una enfermedad.*

piloso, sa *adj.* **1** Del pelo. **bulbo* ~. folículo ~.** **2** Que tiene mucho pelo: *cuerpo piloso.*

pilotaje *s. m.* **1** (no contable) Acción de pilotar: *El pilotaje de este avión es bastante difícil. Están revisando las normas para el pilotaje de los coches de carreras.* **2** (no contable) Ciencia y arte que enseñan lo necesario para el oficio de un piloto: *Hay muchos textos escritos sobre el pilotaje de los barcos.* **3** CONST. Conjunto de pilotes hundidos en tierra para consolidar los cimientos: *El puente se ha construido sobre un pilotaje, porque el terreno no permitía una cimentación tradicional.* **4** MAR.; RESTRINGIDO. Derecho que pagaban los barcos por utilizar un piloto práctico en puertos o ríos: *El barco encalló por no esperar al práctico del puerto, quizá para no pagar el pilotaje.*

pilotar *v. tr.* **1** Dirigir ‹una persona› [una embarcación]: *Con el título de patrón puedo ya pilotar mi propio yate.* **2** Guiar ‹una persona› [un automóvil, un avión o un globo]: *Le gusta mucho pilotar avionetas pequeñas.*

pilote *s. m.* ARQ. Pieza gruesa y alargada de madera u otros materiales, que se hunde en tierra para asegurar los cimientos de una construcción.

piloto *s. m. / f.* **1** Persona que conduce un automóvil o una aeronave: *piloto de línea, piloto de rally, piloto de fórmula uno.* **~ de pruebas** Piloto que prueba prototipos de vehículos. **2** Persona que dirige un barco: *la piloto de un velero, el piloto de un transatlántico.* SIN. timonel. **3** Persona que, después del patrón, tiene la máxima autoridad en un buque mercante. || *s. m.* **4** Pequeña bombilla en vehículos, aparatos eléctricos, que indica su puesta en marcha u otra circunstancia: *el piloto del aceite, el piloto de la gasolina.* **5** Pequeñas luces que lleva un vehículo en sus cuatro esquinas y que sirven para señalar a los otros la posición y las posibles maniobras: *Tiene usted fundido un piloto trasero. El piloto del intermitente derecho no le funciona. No se le enciende el piloto del freno.* **6** Llama permanente que sirve para encender los aparatos de gas: *el piloto del calentador, el piloto de la estufa.* || *adj.* **7** (invariable) [Piso, centro, lugar] que funciona como modelo o con carácter experimental: *instituto piloto, centro piloto. Han puesto en práctica varias experiencias piloto.* || **8 ~ automático** Dispositivo que mantiene el rumbo de un barco o de un avión sin la intervención de la persona que lo dirige: *Cuando el avión se precipitó en el Atlántico volaba con el piloto automático.*

piltra *s. f.* COLOQUIAL. Cama. FR. Y LOC. **irse a la ~** COLOQUIAL. Ir ‹una persona› a dormir: *Tengo mucho sueño y me voy ahora mismo a la piltra.*

piltrafa *s. f.* **1** (preferentemente en plural) Restos pequeños de comida y otras cosas que se desechan: *Un perro callejero comía las piltrafas de la basura.* **2** COLOQUIAL. Cosa muy estropeada o de mal aspecto: *El vestido está hecho una piltrafa de tanto usarlo. Trata mejor los libros, porque el diccionario lo tienes hecho una piltrafa.* **3** COLOQUIAL. Persona muy deteriorada físicamente o moralmente: *Desde que se murió su mujer, Luis no trabaja nada y el alcohol y el tabaco lo están convirtiendo en una piltrafa. Los prisioneros de los campos de concentración parecían piltrafas humanas.*

pilucho, cha *adj.* CHILE; COLOQUIAL. Que está desnudo.

pimental *s. m.* RESTRINGIDO. Terreno sembrado de pimientos.

pimentero *s. m.* **1** *Piper nigrum.* Arbusto tropical de troncos nudosos, hojas alternas y flores verdes en espiga, cuyo fruto es la pimienta. **2** Recipiente para servir la pimienta molida.

pimentón *s. m.* (no contable) Polvo de pimientos rojos secos usado como condimento. **~ dulce. ~ picante.**

pimienta *s. f.* (no contable) Fruto en baya del pimentero que contiene una semilla aromática y muy picante usada como condimento. **~ molida. ~ blanca** Pimienta a la que se le ha suprimido la corteza. **~ en grano** Pimienta entera, sin moler. **~ negra** Pimienta que conserva la corteza. FR. Y LOC. **sal* y ~.**

pimiento *s. m.* **1** Planta herbácea anual de fruto en baya hueca, generalmente cónico, verde primero y luego rojo. **2** Fruto de los pimientos de color rojo o verde, que puede consumirse crudo en ensalada, al horno, o frito en salsas y guarniciones: *pimientos rellenos con arroz blanco.* **~ morrón** Variedad de los pimientos más gruesa y dulce, de color rojo. FR. Y LOC. **importar* un pepino / ~ / pito. ponerse* como un ~ / tomate. ¡y un ~!** COLOQUIAL. Se usa para indicar rechazo o desprecio ante una propuesta o sugerencia: *–«¿Me invitas al cine?» –«¡Y un pimiento!» Querían que los acompañara con el coche hasta la playa, pero les dije que y un pimiento, que fueran en taxi.*

pimpampum *s. m.* Juego de feria que consiste en derribar, con una pelota, muñecos puestos en fila.

pimpante *adj.* **1** COLOQUIAL. Que se comporta con tranquilidad o despreocupación: *Este gato es un fresco, acaba de romper el jarrón y mira cómo se pasea ante nuestras narices tan pimpante. Ese hombre iba tan pimpante por la calle cuando lo detuvo la policía.* **2** COLOQUIAL. [Persona] que se comporta con satisfacción o garbo por su aspecto: *Mira el nene, qué pimpante va con sus zapatos nuevos. El chico iba tan pimpante con su traje nuevo y su corbata. Mira qué pimpante va con su novio.*

pimpinela *s. f.* Género *Sanguisorba.* Planta de la familia de las rosáceas de hojas compuestas dentadas y flores en espiga.

pimplar *v. tr. / prnl.* COLOQUIAL. Beber en exceso ‹una persona› [vinos o licores]: *Ese hombre* ***se*** *pimpló dos botellas de vino. Estamos preocupados con mi hermana porque pimpla muchísimo.*

pimpollada *s. f.* Pimpollar.

pimpollar *s. m.* RESTRINGIDO. Terreno plantado de pimpollos o árboles jóvenes.

pimpollo *s. m.* **1** Árbol o tallo nuevo de una planta: *He comprado varios pimpollos de pino. Le están saliendo algunos pimpollos al manzano.* **2** Rosa por abrir: *Me han regalado un ramo de pimpollos.* **3** COLOQUIAL; AFECTADO. Niño pequeño: *Mira qué pimpollo tenemos en casa.* **4** COLOQUIAL; AFECTADO. Persona joven atractiva o con gracia o persona que se conserva con aspecto joven: *Tu abuelo es un pimpollo. Fíjate en esas chicas, vaya pareja de pimpollos.*

pimpón o **ping-pong** *s. m.* Juego parecido al tenis que se practica sobre una mesa rectangular con una pelota ligera y palas pequeñas: *jugar al pimpón, partida de pimpón, campeonato de pimpón.* SIN. tenis de mesa.

pin (plural *pins*) *s. m.* **1** Insignia de adorno que se sujeta a las prendas de ropa con un alfiler: *Colecciono pins de las olimpiadas.* **2** INFORM. Patilla que se usa para conexiones eléctricas.

pinabete *s. m.* Abeto.

pinacate *s. m.* AMÉR. C. Escarabajo de color negro y muy mal olor que se cría en los lugares húmedos.

pináceo, a *adj.* **1** BOT. [Planta] que pertenece a la familia de las coníferas, con las hojas en forma de aguja y las semillas en piña, como el pino. || *s. f.* **2** (preferentemente en plural) BOT. Familia de las pináceas.

pinacle *s. m.* Juego de cartas que consiste en agrupar cartas correlativas de un mismo palo: *jugar al pinacle.*

pinacoteca *s. f.* ELEVADO. Galería o museo de pinturas: *El Museo del Prado es una de las pinacotecas más importantes del mundo.*

pináculo *s. m.* **1** Parte más alta de un edificio: *el pináculo del templo.* **2** ARTE. Remate ornamental en forma de pirámide o de cono, especialmente de la arquitectura gótica: *Los pináculos de la catedral de León se deterioran con el agua.* **3** ELEVADO. Parte más sublime o momento de mayor esplendor de una cosa inmaterial o de una ciencia: *Estás en el pináculo de tu carrera deportiva, pero tienes que cuidarte. Nuestro pintor ha alcanzado el pináculo de la fama.*

pinada *s. f.* Pinar.

pinar *s. m.* Lugar poblado de pinos. SIN. pinada, pinedo (AMÉR. DEL S.).

pincel *s. m.* **1** Utensilio formado por un haz de pelillos sujetos a un mango, utilizado para pintar o aplicar sustancias como barniz, cola o maquillaje en polvo: *Necesito un pincel fino, porque ya tengo varios gruesos y dos brochas.* **2** Actividad o estilo de un pintor: *Me gusta el pincel místico de El Greco. Ese cuadro te ha quedado como salido del pincel de Goya. Éste es un pintor de pincel ágil.*

pincelada *s. f.* **1** Toque dado con el pincel y trazo que deja: *Le faltan algunas pinceladas para terminar el cuadro. La pincelada de Velázquez es muy característica.* **2** Rasgo muy condensado de una idea o característico de un escritor: *El autor recrea el ambiente de la época con unas pocas pinceladas. En la última narración reaparecen las pinceladas propias de las primeras obras del autor.* FR. Y LOC. **dar la(s) última(s) pincelada(s)** Dar ‹una persona› el último retoque a una cosa: *El comentario está prácticamente terminado: sólo falta darle la última pincelada. El montaje de la obra de teatro ya está, sólo faltan las últimas pinceladas.*

pinchadiscos (plural *pinchadiscos*) *s. m.* Persona encargada de poner los discos en una discoteca: *Nuestras pinchadiscos le harán disfrutar con la mejor música. Soy el pinchadiscos de la discoteca de moda.*

pinchar *v. tr. / prnl.* **1** Introducir ‹una persona› la punta de una cosa aguda o punzante [en una persona o una cosa]: ***Me*** *he pinchado al coser el botón. Luisín le ha pinchado el globo a su hermana.* **2** Poner ‹una persona› inyecciones [a una persona o un animal]: *Esa enferma* ***se*** *pincha para combatir el dolor. Voy al practicante, que* ***me*** *estoy pinchando para la alergia.* || *v. tr.* **3** Sujetar ‹una persona› [una cosa] clavando un instrumento puntiagudo: *Antes de partir la carne, pínchala con el tenedor. No comas los caracoles con la mano, pínchalos con el palillo.* **4** COLOQUIAL. Dar ‹una persona› ánimos [a otra]: *La pincho para que estudie.* SIN. estimular. **5** COLOQUIAL. Hacer ‹una persona› que [otra persona] se moleste o se enoje: *Pasas el día pinchando a tu hermano diciéndole que no entiende nada de cine.* SIN. fastidiar. **6** COLOQUIAL. Poner ‹una persona› [un disco]: *El nuevo locutor pincha unos discos estupendos. Me gustan los discos que pinchan en el programa nocturno.* **7** Controlar ‹una persona› [las comunicaciones de otra persona] accediendo a sus líneas de teléfono, fax o correo electrónico: *Me han pinchado el teléfono, porque se oye un ruido rarísimo cuando descuelgo.* || *v. intr.* **8** Sufrir ‹el conductor de un vehículo› el pinchazo de una rueda: *Hemos pinchado, tenemos que cambiar la rueda. El ciclista pinchó en el kilómetro treinta de la carrera.* **9** COLOQUIAL. Perder ‹una persona› una prueba de una competición o dinero de un negocio de manera inesperada o clara, o cometer ‹una persona› un error grave: *La marca nacional de coches ha pinchado con el nuevo modelo, que casi no se ha vendido. Por primera vez, el partido laborista ha ganado las elecciones en este distrito; el liberal ha obtenido buenos resultados y el conservador ha pinchado en su feudo tradicional.* || *v. prnl.* **10** Inyectarse ‹una persona› droga: *Ese chico ha estado en un centro de desintoxicación, pero se sigue pinchando.* SIN. chutarse (JERGAL). FR. Y LOC. **dar / ~ en hueso*. ni ~ ni cortar** COLOQUIAL. Se usa para indicar que una persona o una cosa no cuentan ni influyen en un asunto: *Yo ni pincho ni corto en este asunto nuestro. Aquí el dinero ni pincha ni corta, es un problema de cariño familiar, simplemente.*

pinchaúvas (plural *pinchaúvas*) *s. m.* COLOQUIAL. **1** Persona que se comporta con poca responsabilidad personal o profesional y que no inspira confianza: *Óscar presume de sus estudios, pero es un pinchaúvas que no ha terminado la carrera.* **2** TAUROM. Torero que mata muy mal: *Torea bien, pero es un pinchaúvas.*

pinchazo *s. m.* **1** Herida hecha con algo que pincha: *Me di un pinchazo con una aguja.* **2** Señal que dejan los pinchazos: *La policía me miraba el brazo a ver si tenía algún pinchazo.* **3** Agujero o grieta en algunos objetos que tienen aire en su interior: *el pinchazo de una rueda, el pinchazo de* *un balón.* **4** Dolor agudo y breve: *Le dio un pinchazo en el costado. Los oídos me dan pinchazos.* **5** COLOQUIAL. Inyección que se pone a una persona: *Mi madre lleva cuatro pinchazos y todavía no se ha curado de la gripe.* **6** Intervención ilegal de una comunicación electrónica: *Mis amigos creen que su teléfono tiene un pinchazo.* **7** COLOQUIAL. Fracaso inesperado en un negocio o en cualquier competición: *La marca japonesa ha tenido un pinchazo tan grande con el nuevo modelo que lo va a retirar muy pronto de la venta. Según las encuestas, el partido del gobierno tendrá un pinchazo importante en estas elecciones.*

pinche *s. m. / f.* **1** Persona que por oficio ayuda a los cocineros en una cocina: *El pinche es el encargado de pelar las patatas.* || *adj. / s. m.* y *f.* **2** MÉX.; COLOQUIAL. Que es despreciable, ruin. **3** MÉX.; VULGAR. Que es insignificante o de calidad inferior.

pincho *s. m.* **1** Punta aguda de cualquier cosa: *los pinchos de los cardos, los pinchos de una alambrada, los pinchos de un erizo.* **2** Varilla metálica o de cualquier material con punta afilada: *el pincho de una aguja.* **3** Porción de comida que se toma normalmente como aperitivo y que suele servirse atravesada por un palillo: *Tomaremos unos pinchos de tortilla.* **~ moruno** Conjunto de trozos de carne sazonada y asada atravesados por un pincho largo.

pincullo *s. m.* PERÚ. Quena gigante.

pindonga *s. f.* COLOQUIAL; PEYORATIVO. Mujer que para poco en casa y lleva una vida que no se ajusta a lo que tradicionalmente se considera regular: *Tu vecina es una pindonga que está todo el día en la barra de los bares.*

pindonguear *v. intr.* COLOQUIAL. Estar ‹una persona› fuera de su casa o de su lugar de trabajo sin hacer nada, perdiendo el tiempo: *A ver si estudias, deja de pindonguear.*

pineal *adj.* Se usa en la LOC. **glándula* ~.**

pineda *s. f.* RESTRINGIDO. Pinar.

pinedo *s. m.* AMÉR. DEL S. Pinar.

ping-pong *s. m.* (no contable) Pimpón.

pingajo *s. m.* **1** COLOQUIAL. Roto o desgarro de tela que cuelga: *Se han puesto de moda los pingajos en los pantalones vaqueros.* **2** COLOQUIAL. Persona desmejorada físicamente: *Desde que vives solo estás hecho un pingajo.* **3** COLOQUIAL. Persona moral o socialmente poco apreciable: *Ese tipo es un miserable y un pingajo.* SIN. pingo.

pingar *v. intr.* **1** Estar ‹una cosa› colgada o inclinada: *Te pinga esa falda.* **2** Caer líquido de ‹una persona o una cosa empapada›: *Llegué a casa pingando. Ten cuidado que pinga la sartén en el suelo.* FR. Y LOC. **poner pingando** COLOQUIAL. Hablar ‹una persona› mal de otra o de una cosa: *Ester puso pingando a sus amigas. Esa revista ha puesto pingando el nuevo coche.* ⇒ **56.**

pingo *s. m.* **1** COLOQUIAL. Persona de vida poco decente u honesta: *Parece que sólo le gusta salir con pingos. Tu vecina es un pingo de cuidado. Ese tío es un pingo y un caradura.* SIN. pendón. **2** (en plural) COLOQUIAL. Ropa de mujer barata o de baja calidad: *Ana viste siempre con unos pingos horrorosos.* **3** COLOQUIAL. Pingajo de tela. **4** ARG.; RESTRINGIDO. Caballo de buenas condiciones, corredor. **5** MÉX.; COLOQUIAL. El diablo. **6** MÉX.; COLOQUIAL. Niño muy travieso. FR. Y LOC. **estar / salir de pingo(s)** COLOQUIAL. Estar ‹una persona› charlando o divirtiéndose: *Luis no ha llegado todavía; estará de pingo con sus amigos.* **poner como un ~** COLOQUIAL. Hablar mal ‹una persona› de otra o de una cosa: *Cuando te fuiste, Juan te puso como un pingo. María ha puesto como un pingo la nueva novela de su amigo.*

pingonear *v. intr.* COLOQUIAL, RESTRINGIDO. Estar ‹una persona› fuera de su casa o de su lugar de trabajo sin hacer nada, perdiendo el tiempo: *Hoy he estado pingoneando todo el día.*

pingoneo *s. m.* (no contable) COLOQUIAL. Actividad de charlar o divertirse una persona en vez de hacer algo provechoso: *Te pasas el día de pingoneo con tus amigas.*

pingorota *s. f.* RESTRINGIDO. Parte más alta y aguda de una montaña y otras cosas elevadas: *Le gusta subir a la pingorota de la sierra.*

pingüe *adj.* (antepuesto / pospuesto) ELEVADO. Que es grande o abundante: *inversiones pingües. El mío es un negocio pingüe. Hemos obtenido pingües beneficios. Vamos a tener una cosecha de aceituna muy pingüe este año.*

pingüino *s. m.* **1** Ave actualmente extinguida, que tenía el plumaje negro, con el vientre blanco, las patas palmeadas, y alas inservibles para volar, y que habitaba en costas de acantilados del Atlántico Norte. **2** Ave de aspecto y características parecidas a las de los pingüinos, como el pájaro bobo.

pinillo *s. m. Ajuga chamaepytis.* Planta anual de la familia de las labiadas de hojas partidas y flores pequeñas de color amarillo.

pinitos (plural) *s. m.* **1** COLOQUIAL; RESTRINGIDO. Primeros pasos inseguros de un niño o de una persona convaleciente. **2** COLOQUIAL. Primeros pasos en un arte, ciencia o actividad: *Víctor comenzó a hacer sus pinitos en pintura a la edad de diez años.*

pinnado, da *adj.* BOT. [Hoja] que tiene hojuelas insertas a los dos lados del peciolo.

pinnípedo, da *adj. / s. m.* **1** ZOOL. [Animal] que es mamífero acuático, con las extremidades transformadas en aletas y que vive en el mar, aunque necesita salir cada poco tiempo a la superficie para respirar, y tiene bajo la piel una capa de grasa, como la foca o la morsa. || *s. m.* **2** (en plural) ZOOL. Orden de estos mamíferos.

pino, na *s. m.* **1** Especie de árboles coníferos de la familia de las pináceas, de tronco resinoso, hojas agrupadas en forma de aguja y fruto en piña. **~ carrasco. ~ común/silvestre. ~ piñonero.** || *adj.* **2** (ser / estar) RESTRINGIDO. Que es muy pendiente: *Esa escalera está muy pina para que la suba la abuela. Ése es un camino muy pino.* FR. Y LOC. **como la copa* de un ~. en / hasta el quinto ~** COLOQUIAL; INTENSIFICADOR. Muy lejos: *He tenido que ir hasta el quinto pino a buscarlo. Vivo en el quinto pino.* **hacer el ~** Poner ‹una persona› el cuerpo vertical apoyándose en las manos.

pinocha *s. f.* Hoja del pino.

pinol o **pinole** *s. m.* AMÉR. Harina de maíz tostado disuelta en agua, que lleva a veces otros ingredientes.

pinolate *s. m.* AMÉR. C., MÉX. Bebida de pinole, agua y azúcar.

pinole *s. m.* Pinol.

pinrel *s. m.* (preferentemente en plural) COLOQUIAL; HUMORÍSTICO. Pie de una persona: *Cuando vuelvas de la playa lávate los pinreles, que los tienes llenos de arena. No encuentro número de zapato para los pinreles tan grandes que tengo.*

pinsapo *s. m. Abies pinsapo.* Árbol cónico de la familia de las pináceas, de corteza blanquecina, hojas en forma de aguja y fruto en piña que se cultiva como árbol ornamental.

pinta *s. f.* **1** Mancha o señal pequeña: *La piel de la pantera tiene pintas oscuras. Te han caído unas pintas de agua en la camiseta.* **2** Aspecto, apariencia: *¡Qué pintas tiene! ¡Menudas pintas traes! Tienes una pinta muy graciosa con ese vestido de tu madre. Manuel tiene pinta de estar enfermo. Esa casa tiene pinta de estar deshabitada.* **3** Medida de capacidad para líquidos en los países anglosajones: *una pinta de cerveza.* **4** En algunos juegos de naipes, carta que se descubre una vez repartidas las de los jugadores y que señala el palo de triunfos: *La pinta es el dos de copas.* **5** MÉX., NIC. Pintada, letrero. **6** MÉX. Hecho de hacer novillos un estudiante. || *adj.* **7** COLOQUIAL. Golfo, sinvergüenza: *Estás hecho un pinta de mucho cuidado.*

pintada *s. f.* **1** Letrero o escrito pintado en la pared: *En el metro hay pintadas políticas.* **2** (macho y hembra) Ave africana de cuerpo rechoncho, color pardo o azulado con lunares blancos, cabeza y cuello pelados, que es muy mala voladora y vive formando bandadas.

pintado, da *adj.* [Papel] que se usa generalmente para decorar las paredes: *Pondremos en el salón papel pintado.* **papel ~.** FR. Y LOC. **el más ~** COLOQUIAL. Cualquier persona, todo el mundo: *Esto le puede pasar al más pintado.* **que ni ~** COLOQUIAL. Muy adecuado, muy apropiado: *Estos insultos vienen que ni pintados para el vecino. Esta camiseta es que ni pintada para mi niño.*

pintalabios (plural *pintalabios*) *s. m.* Cosmético en forma de barra o crema que sirve para colorear los labios: *Elegí un pintalabios de color rojo.*

pintamonas (plural *pintamonas*) *s. m./f.* **1** COLOQUIAL; PEYORATIVO. Pintor de poca calidad: *En el ateneo hay una exposición horrorosa de un pintamonas amigo mío.* **2** COLOQUIAL. Persona poco importante que pretende destacar: *No soporto al pintamonas de mi primo. No le hagas caso, ésa presume mucho, pero es una pintamonas, su jefe no confía nada en ella.*

pintar *v. tr.* **1** Representar ‹una persona› [una cosa] en una superficie con las líneas y los colores convenientes: *Velázquez pintó «La rendición de Breda». Pinté varios cuadros **al** óleo.* **2** Cubrir ‹una persona› [la superficie de una cosa] con color: *Pedro pintó su casa **de** azul.* **3** Describir ‹una persona› [una cosa] con palabras: *La niña me pintó la excursión con todo lujo de detalles. En sus cuentos este escritor pinta muy bien el ambiente rural de Castilla.* || *v. intr.* **4** Dejar ‹un lápiz o un bolígrafo› señal: *Este bolígrafo que me regalaron no pinta.* **5** Indicar ‹una carta› que [el palo al que representa] es la pinta o triunfo: *Pintan oros. Pintan copas.* **6** COLOQUIAL. Ser ‹la participación o la presencia de una persona› importante para una cosa: *No le hagas caso porque ella no pinta nada **en** esta cuestión.* **7** MÉX. Morir, fallecer ‹una persona›. || *v. intr./prnl.* **8** RESTRINGIDO. Empezar a tomar color ‹un fruto›: *Las fresas ya **(se)** pintan.* || *v. prnl.* **9** Ponerse ‹una persona› color en ciertas partes de la cara con productos y utensilios adecuados: *Marta se miró en el espejo para pintarse.* **10** MÉX. Escaparse ‹una persona›: *Píntate antes de que lleguen.* FR. Y LOC. **la ocasión* la pintan calva. ~ bastos*. pintarse(las) solo** Tener ‹una persona› habilidad para una cosa: *Te pintas sola para engatusar a tus padres. Mi primo se las pinta solo para sacar dinero a mis tíos. Nos pintamos solos para ganar clientela en este barrio.*

pintarrajear *v. tr.* **1** COLOQUIAL. Dibujar o pintar ‹una persona› [una cosa] descuidadamente: *Mi hijo ha pintarrajeado todo el cuaderno.* SIN. emborronar. || *v. prnl.* **2** COLOQUIAL; PEYORATIVO. Ponerse ‹una persona› mucho maquillaje en la cara o pintarse mal: *Llamas la atención porque te pintarrajeas mucho.*

pintarrajo *s. m.* COLOQUIAL; PEYORATIVO. Pintura mal hecha o descuidada: *A mí eso no me parece una pintura, me parece un pintarrajo.*

pintarroja *s. f.* (macho y hembra) *Scylliorhinus canicula.* Pez marino de cuerpo alargado y tamaño mediano, que tiene una piel muy rasposa usada antiguamente para pulir. SIN. lija.

pintiparado, da *adj.* **1** COLOQUIAL. Que es muy a propósito y conveniente: *Este chaquetón es que ni pintiparado para el invierno. Te agradezco el regalo, porque el sillón es pintiparado para un rincón de mi estudio.* **2** RESTRINGIDO. Que es muy parecido a otro de la misma clase: *Tu estantería es pintiparada a una que yo tengo.*

pinto, ta *adj.* De diversos colores. **alubias pintas. judías pintas.**

pintón, na *adj.* PERÚ; JERGAL. Que tiene un aspecto agradable.

pintor, ra *s. m./f.* **1** Persona que practica el arte de la pintura: *los pintores renacentistas, pintor aficionado, pintora paisajista.* **2** Persona que por oficio pinta puertas, ventanas, edificios, etc.: *Tengo que llamar a los pintores para que me pinten la habitación.* **~ de brocha gorda.** COLOQUIAL; PEYORATIVO, HUMORÍSTICO. Pintor que no es artista.

pintoresco, ca *adj.* **1** Que interesa o llama la atención por su peculiaridad o tipismo: *Ese locutor tiene un lenguaje muy pintoresco. Éste es un paisaje pintoresco.* **2** (antepuesto/pospuesto) Que sorprende, causa extrañeza o llama la atención por ser gracioso, raro o desacostumbrado: *Esta fiesta es un tanto pintoresca. Tienes un pintoresco modo de ver la vida. Tengo un pintoresco perro, que hace reverencias como un mayordomo.*

pintura *s. f.* **1** (no contable) Arte y técnica de pintar: *Esa empresa tiene mucha experiencia en la pintura de interiores. Velázquez fue un maestro de la pintura.* **~ al fresco** Pintura que consiste en aplicar sobre una superficie todavía húmeda los colores disueltos en agua. **~ al óleo** Pintura que se obtiene disolviendo colorantes en un tipo de aceite. **2** Obra pintada: *El museo posee una buena colección de pinturas renacentistas.* SIN. cuadro. **pinturas rupestres.** **3** (no contable) Producto utilizado para pintar. **~ acrílica. ~ plástica. ~ al temple** Pintura preparada fundamentalmente con pigmento, cola y agua. **4** (no contable) LITERARIO. Descripción de algo con palabras: *El autor hace una pintura muy realista de la sociedad de la época.* FR. Y LOC. **no poder ver ni en ~** COLOQUIAL. Tener ‹una persona› mucha manía a otra persona o una cosa: *Al pesado de Julián no lo puedo ver ni en pintura. No me la nombres, no la puedo ver ni en pintura. No puedo ver la playa ni en pintura.*

pinturero, ra *adj./s. m.* y *f.* **1** COLOQUIAL. Que se arregla y presume de tener garbo y ser fino y elegante: *¡Qué pinturero va tu abuelo!* **2** TAUROM. [Torero, acción] que tiene arte y gracia: *un torero muy pinturero, una faena pinturera.*

pinza *s. f.* **1** Instrumento formado por dos soportes articulados por un muelle que, al ser presionados, se separan o abren para sujetar algo: *pinza de la ropa, pinza del pelo, pinza sujetapapeles.* **2** (preferentemente en plural) Instrumento metálico semejante a unas tenazas, cuyas puntas se aproximan por la presión de los dedos, para coger o arrancar cosas pequeñas o delicadas: *pinzas depilatorias, pinzas de hielo, pinzas de cirujano.* **3** ZOOL. Apéndice de las patas delanteras de ciertos artrópodos formado por dos piezas que se articulan para agarrar: *las pinzas de los centollos, las pinzas de las langostas.* **4** Pliegue cosido para estrechar ciertas partes de una prenda o como adorno: *No me gustan los pantalones de pinzas. Las pinzas no te favorecen porque te hacen más gorda.* FR. Y LOC. **coger / agarrar con pinzas** 1 Se usa para indicar que debe ‹una persona› agarrar una cosa con mucho cuidado porque está muy sucia o es muy delicada: *Me han traído un pantalón tan sucio que hay que cogerlo con pinzas.* 2 Se usa para indicar que ‹una persona› está muy cansada: *Tenéis que cogerme con pinzas, porque estoy muy cansado después del paseo.* **sacar con pinzas** Conseguir que ‹una persona› hable sobre un asunto con mucho esfuerzo: *Le hemos sacado a Miguel con pinzas que ayer estuvo durmiendo en casa de un amigo suyo.*

pinzamiento *s. m.* Opresión de cualquier órgano, nervio, músculo o parte de él: *Tengo un pinzamiento en un dedo y me duele mucho.*

pinzón *s. m.* (macho y hembra) Género *Fringilla.* Ave pequeña, de alas puntiagudas, cola larga, pico en forma de cono, y vistoso plumaje en los machos, que tiene un canto armonioso, y anida en árboles o arbustos de Europa y Asia. **~ real.**

piña *s. f.* **1** Fruto del pino y otras coníferas, compuesto de piezas leñosas triangulares donde se alojan los piñones. **2** Ananás. **3** COLOQUIAL. Grupo de personas o cosas apretadas o unidas estrechamente: *Tras el gol, los jugadores se abrazaron formando una piña. Esta familia es una piña.* **4** PERÚ; JERGAL. Persona desafortunada.

piñata *s. f.* Recipiente lleno de dulces que, en ciertas fiestas, se cuelga para jugar a romperlo con un palo llevando los ojos cerrados.

piño *s. m.* **1** (preferentemente en plural) JERGAL. Diente de la boca: *Ése se cayó de la moto y ha perdido dos piños.* **2** CHILE; RESTRINGIDO. Rebaño de ganado, especialmente el ovino.

piñón *s. m.* **1** Simiente de pino. **2** Semilla comestible del pino piñonero, de cáscara leñosa, que puede consumirse cruda o tostada: *tarta de almendras y piñones.* **3** Rueda pequeña y dentada que encaja con otra en un sistema de transmisión de movimiento en una máquina: *el piñón de una bicicleta, piñón fijo.* FR. Y LOC. **estar a partir un ~** COLOQUIAL. Tener ‹dos o más personas› muy buenas relaciones.

piñonero *adj.* Se usa en la LOC. **pino* ~.**

pío, a *adj.* **1** (ser / estar) [Persona] que vive con devoción o entusiasmo el sentimiento y la práctica de la religión y de todo lo relacionado con Dios y los santos: *Ese niño es muy pío. Mi abuela está muy pía desde su enfermedad.* **2** Que muestra o encierra misericordia o compasión: *costumbres pías, sentimientos píos, limosnas pías.* || *s. m.* **3** [Caballo, mulo, asno] que tiene el pelo blanco con manchas de otros colores. FR. Y LOC. **no decir ni ~** COLOQUIAL. No comentar nada ‹una persona› sobre un asunto o no hablar: *El jefe no dijo ni pío de las vacaciones, pero estaba enfadado.*

piocha *s. f.* Herramienta de albañilería semejante a un pico, con una boca cortante, utilizada generalmente para desprender los revoques de las paredes.

piojo *s. m.* (macho y hembra) Insecto muy pequeño, sin alas y con cuerpo aplanado, que es parásito del hombre y de los animales y se instala, sobre todo, en el pelo.

piojoso, sa *adj. / s. m.* y *f.* **1** Que tiene muchos piojos. **2** COLOQUIAL. Que es sucio y harapiento, o que es un miserable: *Eres un piojoso, das asco, no sé cómo puedes llevar siempre esa pinta.*

piola *s. f.* **1** AMÉR. Soga, maroma. **2** ARG.; COLOQUIAL. Persona lista o astuta. **3** Cuerda delgada, compuesta por dos o tres cordones retorcidos. SIN. cordel.

piolet *s. m.* Bastón de alpinista semejante a un pico pero con el extremo del mango afilado, utilizado para partir el hielo o asegurar las cuerdas en la ascensión.

piolín *s. m.* ARG.; COLOQUIAL. Piola delgada y retorcida.

pión *s. m.* FÍS. Partícula subatómica de la familia de los mesones.

pionero, ra *s. m. / f.* **1** Persona que explota territorios desconocidos: *los pioneros americanos.* **2** Persona que realiza los primeros descubrimientos o trabajos en una ciencia o actividad: *Celestino Mutis fue un pionero en la botánica hispanoamericana.*

piorrea *s. f.* MED. Enfermedad que se caracteriza por el flujo de pus que se forma, sobre todo, en las encías.

pipa *s. f.* **1** Utensilio para fumar formado por una cazoleta, donde se coloca el tabaco picado, y un tubo unido a ella, por donde se aspira el humo: *Papá fuma en pipa. Hago colección de pipas.* **tabaco de ~.** **2** RESTRINGIDO. Tonel para guardar líquidos: *Tengo dos pipas de jerez desde hace años.* **3** Semilla de algunas frutas: *las pipas de la sandía.* SIN. pepita. **4** Semilla del girasol o de calabaza que se come generalmente tostada: *Comimos una bolsa de pipas mientras veíamos la película.* **5** MÚS. Lengüeta o boquilla de las chirimías y otros instrumentos musicales, por donde se sopla. || *adv.* **6** COLOQUIAL. Estupendamente: *Aquí se está pipa. El domingo lo pasamos pipa. Cuando voy al cine me lo paso pipa.* || *adj.* **7** COLOQUIAL. Estupendo. SIN. chachi (COLOQUIAL).

pipeño *s. m.* CHILE; COLOQUIAL. Vino blanco del año, alto turbio, que se conserva en grandes pipas.

pipermín (marca registrada) *s. m.* **1** (no contable) Licor de menta. **2** Copa o vaso de este licor: *Me pones un pipermín, por favor, y un vaso de agua.*

pipero, ra *s. m. / f.* COLOQUIAL. Persona que vende pipas y golosinas en las calles: *Enfrente del colegio hay un pipero al que todos los niños compran chucherías.*

pipeta *s. f.* Tubo de vidrio con un ensanchamiento en el centro, que se utiliza en los laboratorios para trasladar, por aspiración, pequeñas cantidades de líquido de un recipiente a otro.

pipi *s. m.* (macho y hembra) COLOQUIAL. Piojo.

pipí *s. m.* COLOQUIAL; INFANTIL, AFECTADO. Orina: *El niño se ha hecho pipí. Tengo pipí.* SIN. pis.

pipiolo, la *s. m.* COLOQUIAL; PEYORATIVO. Persona muy joven y sin experiencia: *Las mayores del colegio estaban esperando a los pipiolos para gastarles bromas.*

pipirigallo *s. m. Onobrychis sativa.* Planta leguminosa de la familia de las papilionáceas de hojas compuestas y flores rojas que se cultiva para alimento del ganado.

pipirín *s. m.* MÉX.; COLOQUIAL. Comida diaria.

pipo *s. m.* Semilla de algunas frutas: *pipos de mandarina.*

pipón, na *adj. / s. m.* **1** AMÉR.; COLOQUIAL; PEYORATIVO. ‹Persona› que tiene el vientre muy grueso. **2** EC.; COLOQUIAL; PEYORATIVO. ‹Persona› que cobra un sueldo fijo sin trabajar. || *s. m. / f.* **3** P. RICO; COLOQUIAL. Niño.

pique *s. m.* **1** (no contable) COLOQUIAL. Sentimiento de enfado entre dos o más personas: *El pique de Carlos con Pepe fue por María, y no se hablan desde hace un año.* **2** (no contable) COLOQUIAL. Voluntad de hacer muy bien las cosas, generalmente para superar a alguien: *Hay mucho pique entre ellas para ver quién tiene más fuerza.* SIN. rivalidad. FR. Y LOC. **irse a ~** COLOQUIAL. Hundirse un ‹barco› o fracasar ‹algún proyecto o asunto›: *El negocio de los hermanos se fue a pique.*

piqué *s. m.* (no contable) Tejido de algodón con dibujos en relieve: *una mantelería de piqué.*

piquera *s. f.* **1** Abertura de una colmena para el paso de las abejas. **2** Abertura de toneles y alambiques para dar salida al líquido. **3** Abertura en la parte inferior de los altos hornos para dar salida al metal fundido. **4** MÉX. Taberna de baja categoría.

piqueta *s. f.* Herramienta de albañilería formada por una barra de hierro con un extremo plano y otro puntiagudo, ensartada en un mango, que se utiliza para derribar construcciones o para romper suelos duros. FR. Y LOC. **estar condenado a la ~** Estar ‹una construcción› destinada a ser demolida: *Ese edificio pronto estará condenado a la piqueta.*

piquete *s. m.* **1** Grupo de personas que en una huelga intenta que otras le sigan, pacífica o violentamente: *En la plaza había tres piquetes informativos convenciendo a la gente para que se unieran a ellos.* **2** MIL. Pequeño grupo de soldados destinados especialmente a un servicio extraordinario: *un piquete de fusilamiento.* **3** MÉX. Picadura de insecto. **4** MÉX. Herida de arma punzante. **5** MÉX. Pequeña cantidad de alguna bebida alcohólica que se añade al café.

piquituerto *s. m.* (macho y hembra) Género *Loxia.* Ave de cabeza grande, color pardo y rojizo, y pico ganchudo, que se alimenta de semillas de coníferas y vive en los bosques europeos.

pira *s. f.* **1** Hoguera donde quemaban los cuerpos de los difuntos o a las víctimas de los sacrificios: *morir quemado en la pira.* **2** ELEVADO. Hoguera: *Han hecho una pira con los trastos inútiles.*

pirado, da *adj. / s. m. y f.* **1** COLOQUIAL. Que está un poco loco: *No le hagas caso a su tío, está pirado. Ésa es una pirada, el otro día empezó a chillarme.* || *adj.* **2** (estar) MÉX.; VULGAR. Que está muerto.

piragua *s. f.* **1** Embarcación alargada y estrecha con remos, utilizada por los indios de América y Oceanía. **2** DEP. Embarcación parecida a la anterior que se utiliza en competición o para navegar en lugares tranquilos: *regata de piraguas.* **3** Canoa ligera.

piragüismo *s. m.* (no contable) Deporte náutico que se practica sobre piraguas, canoas o kayaks.

piramidal *adj.* **1** Que tiene figura de pirámide: *edificio piramidal.* **2** ANAT. [Músculos pares] que están situados uno en el vientre y el otro en la pelvis. **3** RESTRINGIDO. Que es muy grande o impresionante: *Se han dado un golpe piramidal. Me van a dar un suspenso piramidal.*

pirámide *s. f.* **1** Figura geométrica que tiene como base un polígono y como caras laterales triángulos que se juntan en un vértice. **2** Monumento que tiene la forma de esta figura geométrica: *pirámides egipcias, pirámides mejicanas.*

piramidón (marca registrada) *s. m.* RESTRINGIDO. Medicamento que se usaba como analgésico.

piraña *s. f.* (macho y hembra) *Serrasalmus piranya.* Pez pequeño carnívoro, que habita en los principales ríos de América del Sur y que ataca con rapidez, en bandadas numerosas, a animales grandes.

pirarse *v. prnl.* **1** COLOQUIAL; VULGAR en México. Irse ‹una persona› de [un lugar]: *En Navidad me piro **de** Madrid.* **2** COLOQUIAL. Escapar ‹una persona› de [un lugar]: *El ladrón se piró de la cárcel saliendo por la puerta principal.* **3** COLOQUIAL. Faltar ‹una persona› a un lugar o a una obligación: *Me he pirado la clase esta mañana.* **4** MÉX.; VULGAR. Morir ‹una persona›. FR. Y LOC. **pirárselas** COLOQUIAL. Marcharse ‹una persona›: *Me las piro, adiós. Mañana, en cuanto salgamos de trabajar, agarramos el coche y nos las piramos hasta después de vacaciones.*

pirata *adj. / s. m. y f.* **1** [Persona] que navega sin licencia y se dedica a asaltar y robar barcos en el mar y a saquear las costas: *capitán pirata. Los actuales piratas del mar no llevan pata de palo, pero son peligrosos.* SIN. corsario. **2** [Persona] que secuestra, bajo amenazas, un medio de transporte moderno y lo obliga a cambiar la ruta: *pirata marino. Los piratas aéreos son los más abundantes, aunque otros también han secuestrado barcos, trenes y autobuses.* **3** [Persona] que se apropia del trabajo intelectual de otras personas: *editor pirata.* **4** COLOQUIAL. [Emisora, publicación] que no tiene permiso legal: *una revista pirata.* SIN. ilegal. **emisora* ~. radio* ~.** **5** COLOQUIAL. Que se publica sin autorización de sus propietarios: *marca pirata, disco pirata, edición pirata.* || *adj.* **6** Que es propio de las personas que se dedican a asaltar barcos y saquear las costas: *bandera pirata, tripulación pirata, barco pirata.*

piratear *v. intr. / tr.* **1** Ejercer ‹una persona› la piratería en el mar o las costas: *Los filibusteros pirateaban cualquier barco que podían asaltar. Algunos corsarios pirateaban con la licencia de su rey.* **2** COLOQUIAL. Copiar o plagiar ‹una persona› [una idea o un producto de inteligencia] por lo que incurre en un delito: *Esos tipos me han pirateado un programa de informática. Esa editorial nos ha pirateado la edición de la gramática. Tu departamento nos ha pirateado un proyecto.*

pirateo *s. m.* (no contable) COLOQUIAL. Piratería: *Las empresas de software han conseguido una mayor protección legal contra el pirateo.*

piratería *s. f.* **1** (no contable) Actividad de los piratas: *La piratería aérea está castigada, pero deben castigar también la piratería audiovisual y la piratería editorial.* **2** Robo, destrucción de la propiedad: *Se ha puesto de moda la piratería en las urbanizaciones deshabitadas en invierno. Eso ha sido un auténtico acto de piratería.*

pirca *s. f.* AMÉR. DEL S. Pilca.

pirenaico, ca *adj. / s. m. y f.* De los Pirineos, cordillera situada entre Francia y España: *una estación pirenaica, un río pirenaico, valle pirenaico, cordillera pirenaica.*

pírex o **pyrex** (marca registrada) *s. m.* Variedad de vidrio capaz de soportar altas temperaturas: *Para el horno prefiero las fuentes de pírex; se friegan mejor que las de cerámica.*

piriforme *adj.* ELEVADO. Que tiene figura de pera.

piripi *adj.* (estar) COLOQUIAL. Que está algo borracho: *Estoy un poco piripi. Ayer llegaste a casa algo piripi.*

pirita *s. f.* Mineral de sulfuro de hierro muy duro y pesado, de color amarillo brillante, que se emplea en la fabricación de ácido sulfúrico y es mena del hierro y del azufre.

piróforo *s. m.* QUÍM. Materia que se inflama en contacto con el aire.

pirógeno, na *adj. / s. m.* **1** MED. Que produce fiebre: *virus pirógeno.* **2** GEOL. [Roca, mineral] que se forma por fusión ígnea.

pirograbado *s. m.* **1** (no contable) Procedimiento para grabar en madera mediante una punta de platino incandescente. **2** Grabado obtenido por este procedimiento: *Decoró el salón con varios pirograbados.*

pirograbador, ra *s. m.* **1** Aparato para hacer pirograbado. || *s. m. / f.* **2** Persona que se dedica por oficio a hacer pirograbados.

pirografía *s. f.* (no contable) Técnica y arte del pirograbado.

pirólisis (plural *pirólisis*) *s. f.* (no contable) FÍS. Proceso de descomposición de una sustancia por la acción del calor.

pirología *s. f.* Técnicas y conocimientos sobre el fuego y sus aplicaciones.

pirolusita *s. f.* Mineral de óxido de manganeso, de color gris oscuro y brillo metálico, del que se extrae el manganeso para usos industriales. SIN. manganesa.

piromanía *s. f.* (no contable) Alteración patológica que impulsa a provocar incendios: *La piromanía causa anualmente la pérdida de muchos bosques.*

pirómano, na *adj. / s. m.* y *f.* Que padece piromanía: *El incendio ha sido provocado por un pirómano. Ese médico tiene varios pacientes pirómanos.*

pirómetro *s. m.* Instrumento para medir temperaturas muy elevadas.

piropear *v. tr.* Decir ‹una persona› piropos [a otra persona]: *El jefe te dirigió muchos piropos el otro día.* SIN. galantear, lisonjear.

piropo *s. m.* **1** Palabra o expresión de alabanza normalmente en relación con el aspecto físico de una persona: *Los hombres le dicen piropos por la calle.* **2** MINERAL. Variedad de corindón, de color rojo vivo, brillo intenso y gran dureza.

pirosis (plural *pirosis*) *s. f.* MED. Sensación de ardor en el estómago o esófago.

pirotecnia *s. f.* (no contable) Técnica de la preparación y utilización de explosivos y fuegos artificiales: *Una empresa de pirotecnia comercializa petardos de forma ilegal. En Valencia tienen mucha afición a la pirotecnia.*

piroxeno o **piroxena** *s. m.* Mineral formado por silicatos de hierro y magnesio de color verde oscuro o negro y gran dureza, que se encuentra en las rocas volcánicas.

pirquinero *s. m.* CHILE; JERGAL. Minero artesanal que trabaja particularmente.

pirrar *v. intr. / prnl.* COLOQUIAL. Gustar ‹una persona o una cosa› mucho a [una persona]: *Pedro le pirra. Sí,* ***se*** *pirra* ***por*** *Pedro. En casa nos pirran las películas de terror. Nosotros también* ***nos*** *pirramos por ellas.* SIN. chiflar(se).

pírrico, ca *adj.* ELEVADO. [Triunfo] que ocasiona más daño para el vencedor que para el vencido: *Ésta ha sido una victoria pírrica, le ha ganado a su mejor amigo.*

pirueta *s. f.* **1** Movimiento ágil hecho con el cuerpo, para el que se necesita habilidad: *una pirueta de un bailarín. Los trapecistas hicieron difíciles piruetas. Este niño se va a caer como haga esas piruetas tan raras.* **2** Acción o palabras con que una persona resuelve hábilmente una situación difícil: *Tengo que hacer piruetas para que me llegue el sueldo a fin de mes. Haces mil piruetas, pero nunca contestas a lo que te preguntan.* SIN. malabarismos.

pirula *s. f.* COLOQUIAL; PEYORATIVO. Acción perjudicial: *Vicente me hizo dos pirulas y no he vuelto a confiar en él.* SIN. faena (COLOQUIAL). FR. Y LOC. **montar una ~** COLOQUIAL. Enfadarse mucho ‹una persona›: *No podemos ir más con él, bebió dos copas y nos montó una pirula en mitad de las Ramblas que tuvieron que venir dos policías.*

piruleta *s. f.* Caramelo circular, pinchado y sujeto en un palito.

pirulí *s. m.* Caramelo cónico, pinchado y sujeto en un palito: *No le des pirulís al niño antes de cenar.*

pis *s. m.* COLOQUIAL; INFANTIL. Orina: *hacerse pis. Tengo pis.* SIN. pipí, pichí (AMÉR. DEL S.).

pisada *s. f.* **1** Acción y resultado de pisar: *Me has dado una pisada tremenda en este pie.* **2** Huella de un pie en la tierra: *las pisadas sobre la arena. Ésa es una pisada de jabalí.*

pisado, da *adj. / s. m.* y *f.* PERÚ; COLOQUIAL. Que está dominado por su pareja.

pisapapeles (plural *pisapapeles*) *s. m.* Utensilio de despacho que se coloca sobre los papeles de una mesa para sujetarlos.

pisar *v. intr.* **1** Poner los pies alternativamente en el suelo al andar: *Pisa sin miedo, que está el suelo seco y no resbala.* || *v. tr.* **2** Poner ‹una persona› el pie sobre [otra persona] o sobre [una cosa]: *Has pisado un papel. Siempre me pisa cuando bailamos.* **3** Hacer ‹una persona› presión sobre [una cosa] con el pie o con un instrumento adecuado: *Pisé el freno al ver la curva.* **4** Hacer ‹una persona› presión sobre [las cuerdas o las teclas de un instrumento musical]: *Tienes que pisar la cuerda de la guitarra con el dedo correspondiente en el centro del traste.* **5** Cubrir ‹una cosa› parte de [otra]: *Ese mueble pisa la alfombra.* SIN. montar. **6** Tratar ‹una persona› [a otra persona] desconsideradamente: *Mi ex jefe pisó a todo aquél que interfirió en su carrera.* SIN. pisotear, maltratar. **7** COLOQUIAL. Anticiparse ‹una persona› en el aprovechamiento o realización de [una cosa] a [otra persona que también la pretendía]: *Me ha pisado la colocación. Me han pisado el reportaje sobre los cultivos de algas.* **8** Ir ‹una persona› a [un lugar]: *No piso una discoteca desde hace años.* **9** Cubrir ‹un ave macho› [a una hembra]. **10** No cumplir ‹una persona› [una ley o una obligación]: *Ha pisado todos los reglamentos de nuestra sociedad.* FR. Y LOC. **besar el suelo* por donde pisa. besar la tierra* que pisa. pisando huevos*. ~ el palito*. ~ el poncho*. ~ los calcañares*. ~ los talones*. saber el terreno* que pisa. tener un rostro* / morro que se lo pisa.**

pisaverde *s. m.* COLOQUIAL. Hombre presumido que se preocupa demasiado de su imagen o arreglo personal: *El pisaverde de mi hermano se pasa horas enteras en el baño.*

pisca *s. f.* RESTRINGIDO. Pizca.

piscatorio, ria *adj.* ELEVADO. De los pescadores o de la pesca: *arte piscatoria, libro piscatorio.*

piscicultor, ra *s. m. / f.* Persona que se dedica por oficio a la piscicultura.

piscicultura *s. f.* (no contable) Ciencia y técnica de criar peces y mariscos.

piscifactoría *s. f.* Lugar donde se crían peces y mariscos.

pisciforme *adj.* ELEVADO. Que tiene forma de pez: *Me han regalado una horrorosa escultura pisciforme.*

piscina *s. f.* **1** Estanque artificial que se destina al baño y a algunos deportes acuáticos: *Los turistas se bañaban en la piscina del hotel.* **~ cubierta. ~ climatizada** Piscina con agua caliente para el invierno. **~ olímpica** Piscina con unas medidas reglamentarias para el deporte de la natación. **2** Recinto con piscinas y otras instalaciones: *Fue a tomar el sol a una piscina municipal.* **3** Recipiente portátil que se llena de agua, destinado al baño como actividad de recreo: *Compró a su hijo una piscina para ponerla en el chalé.* **4** Estanque para peces.

piscis (plural *piscis*) *s. m.* **1** (con mayúscula) ASTRON. Una de las constelaciones del Zodiaco. **2** (preferentemente con mayúscula) ASTRON. Signo del Zodiaco que el Sol recorre aparentemente entre el 18 de febrero y el 20 de marzo. || *adj. / s. m.* y *f.* **3** (invariable) Persona nacida bajo este signo del Zodiaco: *las mujeres piscis, los hombres piscis. Yo no soy piscis, pero podría serlo.*

piscívoro, ra *adj. / s. m.* y *f.* ELEVADO. Que se alimenta de peces: *animal piscívoro.*

pisco *s. m.* AMÉR. Aguardiente de uva originario del Perú.

piscolabis (plural *piscolabis*) *s. m.* COLOQUIAL. Comida ligera: *Si no quieres comer, te preparo un piscolabis antes del viaje.* SIN. tentempié.

piso *s. m.* **1** Pavimento, suelo: *Hemos puesto el piso de la casa de parqué. El Ayuntamiento renovará en verano el piso de muchas aceras.* **2** Vivienda en una casa donde hay varias alturas: *He alquilado un piso cerca del trabajo.* **3** Cada altura de un edificio o de algunos vehículos: *Me gustaría vivir en un segundo piso.* SIN. planta. **autobús de dos pisos. tranvía de dos pisos.** **4** Nivel de una localidad en una sala de espectáculos públicos: *No hemos encontrado ni butacas de patio ni de primer piso, sólo de tercero.* **5** Capa superpuesta sobre otra: *un sándwich de dos pisos, una tarta de tres pisos.* **6** Suela del calzado: *piso de crepé. El piso de estas botas es de goma. Me gusta más el piso de suela.* **7** PERÚ. Pequeño mantel usado como centro en las mesas o debajo de objetos como ceniceros o floreros.

pisón *s. m.* **1** RESTRINGIDO. Utensilio pesado, generalmente de madera con forma de cono truncado, que se utiliza para apretar o apisonar la tierra. **2** RESTRINGIDO. Mazos de algunas máquinas textiles tradicionales para golpear los paños.

pisotear *v. tr.* **1** Poner ‹una persona› el pie sobre [una cosa] repetidamente: *Los niños pisotearon el césped.* **2** Tratar ‹una persona› [a otra persona] desconsideradamente: *Algunos viven pisoteando a los demás.* SIN. atropellar.

pisoteo *s. m.* (no contable) RESTRINGIDO. Acción de pisotear repetidamente a una persona física o moralmente: *Les perdono todo, excepto el pisoteo de mis sentimientos.*

pisotón *s. m.* COLOQUIAL. Pisada fuerte que se da a alguien o a algo: *Me has dado un pisotón tan fuerte que no puedo andar.*

pispajo *s. m.* COLOQUIAL. Persona pequeña y vivaracha, especialmente un niño: *¿Dónde se ha metido el pispajo de tu nieta?*

pispar *v. tr.* **1** COLOQUIAL. Quitar ‹una persona› una cosa [a otra persona]: *Le han pispado el bolso en el mercado.* || *v. prnl.* **2** COLOQUIAL. Emborracharse: *Se han pispado casi todos en el banquete.* || *v. intr.* **3** ARG. Pispear. **4** CHILE. Sospechar o vislumbrar ‹una persona› [una cosa].

pispear *v. tr.* ARG. Espiar, inquirir ‹una persona› [una cosa].

pista *s. f.* **1** Huella que deja una persona o animal por donde pasa: *Los habitantes del pueblo siguieron la pista del zorro. El detective sigue la pista del criminal.* SIN. rastro. **2** Información o datos que permiten averiguar algo: *Te voy a dar una pista para que aciertes el jeroglífico.* **3** Lugar preparado para una actividad: *pista de tenis, pista de baile, pista de atletismo, pista de patinaje, pista de esquí.* **~ de aterrizaje** Lugar para el aterrizaje y despegue de los aviones: *No pudimos aterrizar porque no había ninguna pista libre.* **4** Zona central del circo: *Los payasos están actuando en la pista.* **5** Camino en malas condiciones: *pista forestal. Hay una pista privada que se puede atravesar con permiso.* **6** Segmento de un disco microsurco o de una cinta magnetofónica donde se graba el sonido: *Esta cinta tiene varias pistas de grabación.*

pistache *s. m.* Dulce o helado elaborados con pistacho.

pistachero *s. m.* Árbol de tronco resinoso, hojas compuestas y flores en racimo, cuyo fruto es el pistacho.

pistacho *s. m.* Fruto del pistachero, parecido a la almendra, de cáscara dura y color verde, que se puede consumir crudo, o frito y salado.

pistear *v. intr.* **1** MÉX.; JERGAL. Ingerir ‹una persona› bebidas alcohólicas. **2** MÉX. Echarse ‹una persona› una siesta.

pistilo *s. m.* BOT. Órgano femenino de las plantas fanerógamas, situado en el centro de la flor, que está compuesto de ovario, estilo y estigma.

pisto *s. m.* (no contable) Guiso de tomate, pimiento, cebolla y calabacín troceados y fritos con ajo u otros condimentos. FR. Y LOC. **darse ~** COLOQUIAL; PEYORATIVO. Darse importancia, presumir ‹una persona›: *Ana se da mucho pisto con su nuevo coche. No te des tanto pisto porque tengas buen trabajo, que has tenido mucha suerte.*

pistola *s. f.* **1** Arma de fuego corta, ligera y de pequeño calibre, generalmente semiautomática con un cargador en la culata, que se maneja con una sola mano: *Me ha parecido oír un tiro de pistola.* **2** Arma que dispara cartuchos pirotécnicos para transmitir mensajes codificados o para iluminar en la noche. **3** Utensilio para proyectar líquidos a presión, especialmente pintura: *Se pinta a pistola.* **4** RESTRINGIDO. Barra de pan: *En casa consumimos cada día tres pistolas.* FR. Y LOC. **ir / sentar como a un Cristo* un par de pistolas. poner una ~ en el pecho** Obligar ‹una persona› a otra persona a hacer una cosa porque no tiene la posibilidad de elegir: *Gema sólo hará ese trabajo si le ponen una pistola en el pecho.*

pistolera *s. f.* Estuche o funda donde se guarda la pistola: *Algunos policías llevan la pistolera en el sobaco y otros en el tobillo.*

pistolerismo *s. m.* **1** (no contable) Presencia notable de pistoleros: *El pistolerismo es un mal desgraciadamente no desaparecido de algunas ciudades.* **2** (no contable) Comportamiento de los pistoleros: *El pistolerismo no puede entrar en las relaciones comerciales.*

pistolero, ra *s. m./f.* Delincuente que va armado con pistolas: *Dos pistoleros atracaron una agencia bancaria en Barcelona. Mi hermanita dice que cuando crezca quiere ser pistolera.*

pistoletazo *s. m.* **1** COLOQUIAL. Disparo de pistola, especialmente para marcar el inicio de alguna prueba deportiva u otra actividad: *Algunos corredores no oyeron el pistoletazo y salieron más tarde.* ‖ **2 ~ de salida** Principio, más o menos solemne de una actividad: *Ayer se dio oficialmente el pistoletazo de salida de las rebajas de enero. El Gobierno dio el pistoletazo de salida para la campaña electoral.*

pistón *s. m.* **1** Pieza móvil en el interior de una bomba o del cilindro de una máquina, que empuja un fluido en una dirección determinada o recibe su movimiento: *Tengo que cambiar los pistones del coche.* SIN. émbolo. **2** Llave en forma de émbolo que tienen algunos instrumentos musicales de viento: *Tienes que pisar el pistón con todo el dedo.* **trombón* de pistones.** **3** Parte central de la cápsula donde está el fulminante que hace estallar una carga explosiva.

pistonudo, da *adj.* COLOQUIAL; RESTRINGIDO. Que tiene mucho interés, funciona muy bien o es de calidad superior: *He salido con una chica pistonuda. Tienes una moto pistonuda. Hice un examen pistonudo. La comida está pistonuda.*

pita *s. f.* **1** *Agave americana.* Planta de hojas radicales, muy grandes y puntiagudas con espinas en el borde, cuya fibra se emplea para hacer tejidos y cuerdas. **2** Hilo que se hace con las hojas de las pitas: *una pamela de pita.* **3** COLOQUIAL. Voz que se repite para llamar a las gallinas: *Venid, pitas, pitas.* **4** Acción de pitar: *Los jugadores se ganaron una buena pita por su mala actuación.* SIN. pitada.

pitada *s. f.* **1** Conjunto de silbidos o pitidos que da el público de un espectáculo para protestar: *Al final, el público dedicó una sonora pitada al árbitro del encuentro.* **2** Sonido de un pito o bocina: *Dale una pitada a ver si se asoma a la ventana.* **3** ARG., PERÚ. Calada, chupada de cigarro.

pitagórico, ca *adj./s. m.* y *f.* **1** De Pitágoras, de su filosofía o de su escuela: *filósofo pitagórico, música pitagórica.* **tabla* pitagórica.** **2** Que profesa la filosofía de Pitágoras: *un pitagórico.*

pitagorismo *s. m.* (no contable) FILOS. Doctrina de Pitágoras, filósofo griego anterior a Cristo, o conjunto de pensamientos y prácticas de sus discípulos.

pitanza *s. f.* **1** RESTRINGIDO. Distribución de bienes y alimentos que se hacía entre los miembros de una comunidad o entre los pobres: *En la Edad Media los canónigos que no asistían al coro se quedaban sin su pitanza diaria.* **2** COLOQUIAL; HUMORÍSTICO. Comida: *Vamos de excursión, pero tú pones la pitanza.*

pitar *v. intr.* **1** Tocar ‹una persona› el pito: *El guardia urbano pitaba insistentemente.* **2** Sonar el pito de ‹una cosa›: *La olla pitaba desde hacía rato.* **3** COLOQUIAL. Dar ‹una persona o una cosa› el rendimiento que se deseaba de ella: *El negocio pita con este nuevo encargado.* ‖ *v. tr.* **4** DEP. Señalar ‹un árbitro› de una competición deportiva [una infracción del reglamento]: *El árbitro pitó un penalti al equipo visitante.* **5** Expresar ‹una persona› su descontento con [una persona o una cosa] con pitidos o silbidos: *El público pitó al torero por su mala faena.* SIN. silbar, abuchear. **6** AMÉR. Fumar cigarrillos. ‖ *v. tr./intr.* **7** DEP. Dirigir ‹una persona› [una competición deportiva] como juez de la misma: *En toda la temporada pasada este árbitro no pitó.* FR. Y LOC. **salir(se) / ir(se) / marchar(se) pitando** COLOQUIAL. Irse ‹una persona› deprisa de un lugar: *Salí pitando del cine porque había quedado con mi novia.*

pitazo *s. m.* MÉX.; VULGAR. Denuncia.

pitear *v. intr.* AMÉR.; COLOQUIAL. Protestar, reclamar ‹una persona›.

pitecántropo *s. m.* PALEONT. Fósil emparentado con los antropoides que es un eslabón intermedio entre los monos antropomórficos y el hombre, en la teoría evolucionista.

pitido *s. m.* **1** Sonido de un pito o bocina: *el sonido agudo de un pitido, el pitido de un tren, el último pitido de un partido.* **2** Cualquier sonido agudo y, frecuentemente, prolongado: *pitido de una olla exprés, el pitido de una alarma, el pitido de una sirena.*

pitillera *s. f.* Estuche para guardar cigarrillos: *Pedro tiene una pitillera de oro con las iniciales grabadas.*

pitillo *s. m.* **1** Cigarrillo: *Sólo fumo pitillos, nunca fumo puros.* SIN. pito (COLOQUIAL). **2** COL., VEN. Pajita o canuto delgado que se utiliza para sorber bebidas.

pítima *s. f.* Borrachera: *Carmen ha agarrado una pítima que no puede ponerse en pie.*

pitiminí (plural *pitiminíes,* preferible a *pitiminís*) *s. m.* **1** Variedad trepadora del rosal de rosas muy pequeñas. **2** Rosa de este rosal. **rosa de ~.**

pitipié *s. m.* RESTRINGIDO. Escala de un mapa o de un plano: *¿A qué pitipié está dibujado el plano?*

pito *s. m.* **1** Pequeño instrumento que produce un ruido agudo y prolongado al soplar en él: *Le han regalado un pito al niño en la frutería y hasta que se canse de soplar no hay quien aguante en casa.* **2** Sonido o voz muy fina y aguda: *Mi madre tiene voz de pito. No he oído el pito de la cafetera.* **3** Castañeta. **4** COLOQUIAL. Bocina de un automóvil: *No toques el pito, que es muy desagradable.* SIN. claxon. **5** COLOQUIAL. Cigarrillo: *¿Fumas? ¿Me das un pito?* SIN. pitillo. **6** VULGAR. Pene. **7** PERÚ; JERGAL. Cigarro de marihuana. FR. Y LOC. **cuando pitos flautas, cuando flautas pitos** Se usa para indicar que las cosas suceden al revés de lo que se espera: *Como ayer quería ir al restaurante, había reservado mesa para esta noche, pero hoy no le apetece salir de casa; ya sabes, mi madre ahora cuando pitos flautas y cuando flautas pitos.* **importar* un pepino / pimiento / ~. por pitos o por flautas** COLOQUIAL. Por un motivo o por otro: *Por pitos o por flautas nunca podemos irnos de vacaciones.* **tomar por el ~ del sereno** COLOQUIAL. No respetar no hacer caso ‹una persona› a otra: *Los alumnos han tomado al profesor por el pito del sereno. Los chicos no hacen ya caso a su padre y lo toman por el pito del sereno.*

pitón *s. m./f.* **1** (macho y hembra) Serpiente de las regiones ecuatoriales, generalmente de gran tamaño, carnívora, que clava los colmillos a sus víctimas, las mata luego por asfixia y al final las traga enteras. ‖ *s. m.* **2** TAUROM. Cuerno y punta del cuerno del toro: *El toro embistió por el pitón izquierdo. Este toro tiene dos buenos pitones.* **3** Cuerno que les empieza a salir a algunos animales. **4** VULGAR. Pechos femeninos: *Tiene dos buenos pitones esa chica.*

pitonisa *s. f.* **1** Mujer que puede adivinar el futuro: *Esa gitana dice que es pitonisa. Yo no creo en las pitonisas.* **2** Sacerdotisa del dios Apolo de la antigua Grecia, que daba oráculos.

pitorrearse *v. prnl.* COLOQUIAL. Hacer ‹una persona› burla de [otra persona o una cosa]: *No me acostumbraré nunca a que se me pitorreen en la cara. Os pitorreáis* ***de*** *mi corbata, porque es muy llamativa. Una vecina tiene un loro que parece pitorrearse* ***de*** *las visitas.*

pitorreo *s. m.* (no contable) COLOQUIAL. Burla, guasa: *Sus amigos están* ***de*** *pitorreo con su nuevo corte de pelo. Tamara se toma las clases de gimnasia* ***a*** *pitorreo. Juan es poco serio, todo se lo toma* ***a*** *pitorreo.*

pitorro *s. m.* **1** Pieza de botijos o porrones que sobresale en forma de tubo cónico, por donde se vierte al exterior el chorro pequeño de líquido: *No mames, inclina el pitorro y bebe a chorro.* **2** COLOQUIAL. Cualquier pieza en forma de tubo pequeño cónico que sobresale de otra mayor: *el pitorro de una cámara de bicicleta, el pitorro de un balón. ¿Para qué sirve ese pitorro al lado del volante? Esto no es un pitorro, es el mando del limpiaparabrisas trasero.*

pitote *s. m.* COLOQUIAL. Desorden con alboroto y confusión: *Montaron un pitote tan grande que tuvo que venir la policía. El profesor se equivocó al escribir una fórmula y mis compañeros aprovecharon para armar un pitote gordo, por eso nos castigaron a todos. ¡Qué pitote se armó el otro día cuando el árbitro no pitó el penalti!* SIN. follón.

pituco, ca *adj. / s. m.* y *f.* **1** ARG., CHILE, URUG.; PEYORATIVO. [Persona] que viste con pretensión de elegancia y resulta cursi. **2** PERÚ. Burgués pretencioso.

pituita *s. f.* MED. Mucosidad blanca que segregan algunos órganos como la nariz y los bronquios.

pituitario, ria *adj.* Que contiene o segrega pituita o moco. **glándula* pituitaria. membrana* pituitaria.**

pituso, sa *s. m. / f.* COLOQUIAL; AFECTIVO, INFANTIL. Niño o niña pequeños y graciosos: *¡Ven aquí, pituso! ¡Hola, pituso! ¿a qué juegas?*

pituto *s. m.* CHILE; COLOQUIAL. Cargo o beneficio conseguido por amistad o influencia.

pívot o **pivote** *s. m. / f.* DEP. Jugador de baloncesto, de los más altos del equipo, que juega cerca de la canasta rival para encestar y cazar rebotes: *Un pívot de 2,10 de altura nos vendría muy bien. La nueva pívot cogió un rebote de oro para su equipo en el último segundo.*

pivotar *v. intr.* **1** Girar ‹una cosa› sobre un pivote: *La barrera pivota sobre una pieza y se ha estropeado; dé usted la vuelta por la otra puerta, por favor. La plataforma puede llegar a pivotar trescientos sesenta grados.* **2** DEP. Girar ‹un jugador de baloncesto› sobre un pie para cambiar de posición: *El número dos pivotó inesperadamente, sorprendiendo al adversario.*

pivote *s. m.* **1** Pieza cilíndrica, fija o movible sobre la que otra da vueltas: *el pivote de una plataforma, el pivote de una barrera.* **2** DEP. Jugador de balonmano que ataca por el centro para romper la defensa rival y ayudar a los extremos. **3** Cualquier pieza metálica cilíndrica que tenga cierto movimiento: *Hay un pivote pequeñito en la máquina de escribir, que no sé para qué sirve, pero que ahora ha quedado colgando. Baja ese pivote que hay al lado de la ventanilla para que no se abra la puerta.* **4** Pívot.

piyama *s. m.* Pijama.

pizarra *s. f.* **1** Roca metamórfica de color gris o negro azulado que se divide en láminas planas utilizadas en la construcción de tejados y suelos: *tejado de pizarra, suelo de pizarra.* **2** Trozo pulimentado de esta roca, cuadrado o rectangular, sobre el que escribían los niños pequeños con un pizarrín. **3** Tablero grande negro o verde frente a los alumnos que se usa en las clases para escribir, normalmente con tiza: *Escriba en la pizarra. Sal a la pizarra. Borre la pizarra.* SIN. encerado.

pizarral *s. m.* Terreno donde abunda la pizarra.

pizarrín *s. m.* Barrita cilíndrica, generalmente de pizarra, para escribir en una pizarra infantil.

pizarrón *s. m.* AMÉR. Pizarra, encerado.

pizarroso, sa *adj.* **1** Que está formado por pizarra: *superficie pizarrosa, geografía pizarrosa.* **2** Que tiene alguna propiedad de la pizarra, como su estructura de láminas, su color: *roca pizarrosa, tejado pizarroso.*

pizca *s. f.* **1** Porción muy pequeña de una cosa: *Dame una pizca de tu pastel. Pásame una pizca de pan, por favor.* **2** MÉX.; COLOQUIAL. Cosecha, recolección. FR. Y LOC. **ni ~** Absolutamente nada: *No haces más que contar chistes y no tienes ni pizca de gracia. Tengo que comprar aceite porque no tengo ni pizca. Hasta que no pasen los exámenes no tengo ni pizca de tiempo, ni siquiera para ir a la peluquería.*

pizpireta *adj.* COLOQUIAL, AFECTADO. [Mujer] que es viva y coqueta: *Siempre va ella tan pizpireta con sus tacones altos. Eva es muy pizpireta, siempre va muy estirada y corriendo.*

pizza (del italiano; pronunciamos *'piza'* o *'pisa'*) *s. f.* Masa redonda de harina y agua sobre la que se ponen queso, tomate y otros productos y luego se cuece al horno.

pizzería (del italiano; pronunciamos *'pizería'* o *'pisería'*) *s. f.* Cafetería o restaurante en que se sirven comidas italianas y, especialmente, pizzas.

pizzicato (del italiano; pronunciamos *'pitsicato'*) *s. m.* MÚS. Sonido que se obtiene pellizcando con los dedos las cuerdas de los instrumentos de arco: *No tocas mal el violín, pero fallas en cuanto tienes que hacer algún pizzicato.*

placa *s. f.* **1** Película o lámina que se forma en una superficie: *En la carretera se han formado placas de hielo.* **2** Lámina o plancha con un letrero o inscripción puesta en un lugar público para informar de algo o para recordar un hecho: *No veo la placa con el nombre de la calle. Le falta la placa del número a esta casa. Se ha colocado solemnemente una placa en recuerdo de Azorín en la casa madrileña donde vivió. Una placa recuerda que aquí nació Santa Teresa. Desde ahora todos los hoteles pondrán placas bien visibles con las estrellas que indican su categoría. En el segundo piso, verás al salir del ascensor una placa que te señala el despacho.* **~ conmemorativa.** **3** Matrícula de un automóvil: *Tiene usted que usar el nuevo modelo de matrícula; pueden cambiarle las placas en cualquier garaje.* **4** Zonas blanquecinas o amarillentas de la boca o garganta por una infección: *No me extraña que tragues con dificultad, tienes una placas grandes. En cuanto me acatarro se me forman unas placas muy desagradables.* **5** Vidrio en que se obtiene una prueba negativa de una fotografía: *En el nuevo museo de la fotografía se guardan algunas placas interesantes.* **6** GEOL. Unidad en que se divide la litosfera: *Los terremotos se producen en los sitios de la tierra donde chocan las placas continentales. La zona más peligrosa es la unión entre la placa del Pacífico y la* *del Índico.* 7 ANAT. Estructura anatómica en forma de lámina. 8 Insignia que identifica a los agentes de policía: *En la película el policía enseña su placa con un estilo inimitable.* 9 Radiografía: *En las placas que le han hecho no se ve nada.* || **10 ~ de vitrocerámica** Cocina eléctrica recubierta con una plancha de vitrocerámica sobre la que se ponen los cacharros. **11 ~ dental** Acumulación de sarro sobre los dientes: *Hay que lavarse los dientes después de comer para evitar la placa dental. Para luchar contra la formación de la placa dental, enjuáguese la boca con un producto que tenga flúor antes de irse a la cama.* FR. Y LOC. **tectónica* de placas.**

placaje *s. m.* DEP. Acción de agarrar un jugador de rugby al contrario para que no pueda seguir avanzando.

placar *v. tr.* DEP. Agarrar o sujetar ‹un jugador de rugby› [a un contrario] para que no pueda seguir avanzando: *El árbitro ha expulsado al defensa y le ha pitado penalti, porque ha placado al delantero centro como si se tratara de rugby y, señores, estamos viendo un partido de fútbol.* ⇒ **71.**

placebo *s. m.* MED. Sustancia sin valor terapéutico por su composición que puede resultar útil si el enfermo cree que toma un medicamento eficaz: *Para probar el fármaco hicieron un estudio en el que veinticinco enfermos tomaron un placebo y otros tantos el nuevo medicamento.*

pláceme *s. m.* (preferentemente en plural) ELEVADO. Felicitación: *Le envié mis plácemes por el ascenso.*

placenta *s. f.* ANAT. Estructura que se forma durante la gestación en el útero de la mayor parte de los mamíferos, que sirve para la nutrición del embrión: *Las madres que fumen o beban deben pensar que a través de la placenta recibirá el feto todos los efectos negativos.*

placentario, ria *adj.* 1 Relacionado con la placenta: *cavidad placentaria, implantación placentaria.* || *adj. / s. m.* 2 ZOOL. [Animal] que se desarrolla casi totalmente en el interior del cuerpo de la madre, unido a ella a través de la placenta: *La mayoría de los mamíferos son placentarios.* || *s. m.* 3 (en plural) ZOOL. Grupo formado por estos animales.

placentero, ra *adj.* Que produce placer: *La excursión por el campo tan verde ha sido muy placentera. Es una sensación placentera contemplar las estrellas en esta noche de verano. La nuestra ha sido una conversación placentera.*

placer *v. intr.* Gustar o agradar ‹una persona o una cosa› [a una persona]: *Me place pasear. Me gustaría invitarle a café, si a usted le place.* SIN. complacer. ⇒ **5.**

placer *s. m.* 1 Sensación muy agradable, física o espiritual: *Me causa un gran placer oír música. Luis encuentra un gran placer en leer y estudiar. El placer de los sentidos, el placer de la buena mesa o los placeres sexuales no pueden compararse al placer que se siente o se tiene con la música barroca, con la pintura impresionista o con una hermosa puesta de sol.* 2 CORTESÍA. Gusto o agrado con que se hace una cosa: *Sería para mí un placer que me concediera este baile. Es un placer para mí saludarle. Me causaría un placer muy grande si vinieras a casa. Ayudarle no es ninguna molestia, sino un placer.* 3 Diversión, entretenimiento: *Germán vive entregado al placer. Ana sólo se dedica a la vida de placer. Alicia se da desenfrenadamente a los placeres y no piensa en nada.* **viaje de ~ .** 4 Banco de arena en que las aguas han depositado oro, platino o diamantes: *Todavía en la frontera entre Galicia y León hay gentes que se dedican a explotar los placeres auríferos.*

placera *s. f.* 1 PERÚ. Mujer que vende víveres en la plaza o mercado. 2 PERÚ; PEYORATIVO. Mujer grosera.

plácet *s. m.* Aprobación que da un gobierno al embajador ordinario que le envía otro país: *El Consejo de Ministros ha nombrado los nuevos embajadores en las Repúblicas Bálticas, que viajarán a sus nuevos destinos en cuanto reciban el plácet de los respectivos gobiernos.*

placidez *s. f.* (no contable) Carácter plácido de una cosa.

plácido, da *adj.* 1 (antepuesto / pospuesto) Que es tranquilo o agradable: *Tienes un sueño plácido. Éste ha sido un plácido paseo. El mar plácido se veía a lo lejos. La tarde plácida pasaba lentamente. Eva es de carácter plácido.* 2 (estar) Que se comporta sin violencia o sin agitación: *El enfermo ha estado muy nervioso, pero le hemos dado la pastilla y ahora está muy plácido. El mar estaba plácido esta mañana, pero ha ido empeorando después de la comida. La tarde no está nada plácida. No he tenido una semana muy plácida.*

plafón *s. m.* 1 Lámpara plana que se coloca pegada al techo: *Prefiero una lámpara que cuelgue, porque en una habitación de techos altos un plafón queda un poco perdido.* 2 Tablero o placa que cubre alguna cosa: *Voy a forrar la pared del balcón con unos plafones grises, de madera.* 3 ARQ. Plano inferior del saliente de una cornisa.

plaga *s. f.* 1 Desastre o calamidad que perjudica a mucha gente: *Las guerras son una auténtica plaga. El alcohol no parece plaga tan grave como la droga y el tabaco.* 2 Abundancia exagerada de animales o vegetales malos: *Una plaga de pulgones dañó las plantas. Una plaga incurable acaba con los olmos. El Mediterráneo del sur está siempre amenazado por las plagas de langosta.* 3 COLOQUIAL; INTENSIFICADOR, PEYORATIVO. Abundancia exagerada de personas o cosas: *Como venga la misma plaga turística que el año pasado, no sé de dónde vamos a sacar el agua que se necesita para tanta piscina. ¿Los músicos callejeros? Una auténtica plaga. Chico, más que una cosecha vas a tener una plaga de suspensos. Con la crisis hay una plaga de despidos en las empresas.*

plagado, da *adj.* (estar) Que está lleno: *Ese país estaba plagado* ***de*** *mosquitos. Ésta es una ciudad plagada* ***de*** *papeles sucios.*

plagar *v. tr.* 1 Llenar o cubrir ‹una persona o una cosa› [a una persona o cosa] de [una cosa perjudicial o desagradable]: *Me has plagado la casa* ***de*** *ceniceros llenos de colillas. Los chicos me plagaron la alfombra* ***de*** *cáscaras de pipas. Ahora mismo tengo la agenda plagada* ***de*** *compromisos.* || *v. prnl.* 2 Quedar ‹una persona o una cosa› llena o cubierta de [una cosa perjudicial o desagradable]: *Su cara se plagó* ***de*** *granos. Se plaga el barrio de jóvenes por las noches, son simpáticos, pero no nos dejan dormir.* ⇒ **56.**

plagiar *v. tr.* 1 Copiar ‹una persona› [una obra que ha hecho otra persona], presentándola como propia: *Nos plagiaste la canción.* 2 AMÉR. Secuestrar ‹una persona› [a otra persona] para obtener rescate.

plagio *s. m.* Apropiación que hace una persona de las ideas o proyectos ajenos: *La canción ganadora del festival ha sido acusada de plagio. Ha sido acusado de plagio el autor de la memoria para la reconstrucción del puente viejo.*

plagioclasa *s. f.* Mineral de brillo nacarado del grupo de los feldespatos, compuesto de sodio y calcio.

plaguicida *adj. / s. m.* [Sustancia] que combate las plagas del campo: *agente plaguicida. Los plaguicidas están destruyendo las colonias de pájaros.*

plan *s. m.* **1** Intención de hacer una cosa: *Teníamos el plan de ir a Chile, pero esperaremos al año que viene. Su plan de controlar la empresa no ha tenido éxito.* SIN. idea, propósito. **2** Conjunto de ideas, instrucciones y acciones que permiten realizar un proyecto. SIN. programa. **~ de adelgazamiento** Régimen de comida que se sigue para adelgazar. **~ de ahorro** Cuenta de ahorro, con especiales ventajas, que proponen algunos bancos y cajas de ahorro. **~ de desarrollo** Conjunto legal de medidas económicas para alcanzar unos objetivos de desarrollo. **~ de estudios** Asignaturas que debe estudiar un alumno para conseguir un título. **~ de pensiones** Cuenta de ahorro para la jubilación, con ventajas fiscales. **~ de viabilidad*.** **3** Forma de pasar el tiempo: *hacer planes, trazar un plan para las vacaciones, un plan de fin de semana. ¿Qué plan tienes para mañana?* **4** COLOQUIAL; PEYORATIVO. Persona con la que se tiene una relación amorosa pasajera: *Me voy a buscar un plan a la discoteca. No he encontrado plan.* SIN. ligue. **5** COLOQUIAL. Relación amorosa poco profunda y pasajera: *He tenido algunos planes estos años.* FR. Y LOC. **a todo ~** COLOQUIAL. Con todo lujo. **en ~ de** COLOQUIAL. En actitud o con la intención de: *Me hablas en plan de persona autosuficiente. Siempre hablas en plan de broma. Pedro va en plan de ligón.* **no ser ~** COLOQUIAL. No ser útil, agradable o conveniente ‹una cosa›: *No puedes llegar tan tarde a casa; no es plan. No es plan que yo me dedique a trabajar y tú a pasear. Si vamos a hacer sólo lo que a ti te gusta, no es plan, prefiero quedarme en casa.* **seguir un ~ de ataque** 1 Organizar ‹una persona› un trabajo: *Con el nuevo director vamos a seguir un plan de ataque para aumentar las ventas.* 2 Atacar ‹un grupo militar› de una manera acordada: *La operación fue un fracaso porque no se siguió el plan de ataque elaborado.*

plana *s. f.* **1** Cara o haz de una hoja de papel: *No escribas en la primera plana.* **2** Hoja escrita o impresa, especialmente de un periódico: *El error aparece en primera plana. La foto aparece en primera plana.* **3** Ejercicio infantil de escritura: *Ha escrito tres planas el nene.* || **4 ~ mayor** 1 Conjunto de jefes superiores de un regimiento o de una flota. 2 Conjunto de dirigentes de una empresa o de una organización: *La plana mayor de los socialistas se reunirá el fin de semana. Se entrevistarán en un lugar discreto las planas mayores de los dos bancos. Ahí llega toda la plana mayor del ministerio.* FR. Y LOC. **a toda ~** Ocupando toda la página de un periódico: *un reportaje a toda plana, una foto a toda plana.* **corregir / enmendar la ~** Corregir ‹una persona› lo que hace otra: *No eres quién para enmendar la plana al jefe.*

planaria *s. f. Planaria lugubris.* Gusano acuático carnívoro de cuerpo aplanado, capaz de volver a crecer si se le corta una parte, que se alimenta a través de un tubo que sale al exterior.

plancha *s. f.* **1** Pieza lisa de metal: *Un obrero murió aplastado bajo el peso de una plancha de metal de varias toneladas. El blindaje de la puerta se hace con una plancha fina de acero.* SIN. chapa. **2** Electrodoméstico de base acerada y triangular con un asa para planchar la ropa: *encender la plancha, apagar la plancha, quitar las arrugas con la plancha, pasar la plancha.* **3** (no contable) Ropa planchada o para planchar: *Tengo mucha plancha para el fin de semana. La chica no quiere trabajar en esa casa porque dice que hay mucha plancha.* **4** Acción y efecto de planchar la ropa: *No se te da bien la plancha. Estos pantalones necesitan una plancha.* **5** Placa metálica de cocina para asar o tostar alimentos: *carne a la plancha, lenguado a la plancha, bistec a la plancha. Hágamelo a la plancha, por favor.* **6** COLOQUIAL. Equivocación que deja en ridículo: *¡Menuda plancha! Estábamos saludando a un tipo que se parece mucho a Juan y no nos conocía.* **7** Posición del cuerpo tumbado de espaldas flotando en el agua con los brazos extendidos: *hacer la plancha.* **8** Reproducción preparada para imprimir. **9** DEP. Entrada que se hace al contrario con la planta del pie, en fútbol: *Lo expulsaron por entrar en plancha al delantero.*

planchado, da *adj.* **1** MÉX.; JERGAL. Que ha sido pegado o apaleado. **2** MÉX.; JERGAL. Que ha recibido un plantón. || *s. m.* **3** Pase de la plancha para eliminar las arrugas: *Esa camisa necesita un planchado.* **4** Acción y efecto de planchar: *El planchado no es tu especialidad. No me ha quedado bien hoy el planchado.*

planchador, ra *s. m. / f.* Persona que tiene por oficio planchar.

planchar *v. tr.* **1** Pasar ‹una persona› una plancha caliente sobre [la ropa] para dejarla estirada o sin arrugas. **tabla de ~.** **2** COLOQUIAL. Destruir ‹una persona o una cosa› [a una persona o una cosa] por completo: *La rueda del camión dejó planchada la caja sobre el asfalto.* **3** COLOQUIAL. Molestar o destruir ‹una persona o una cosa› [a una persona] psicológicamente: *La noticia de la muerte de su hermana lo ha dejado planchado para una temporada. He tenido varios suspensos y me he quedado planchado.* **4** PERÚ; COLOQUIAL. No recibir ‹una persona› [ninguna invitación a bailar] en una fiesta. **5** MÉX.; COLOQUIAL. Dejar ‹una persona› [a otra persona] esperando en una cita. **6** MÉX.; JERGAL. Mantener ‹una persona› relaciones sexuales con [otra persona]. FR. Y LOC. **~ la oreja*.**

planchazo *s. m.* **1** COLOQUIAL. Equivocación en la que alguien se queda en ridículo, confusión: *llevarse un planchazo, darse un planchazo. Se llevó un buen planchazo cuando confundió por teléfono a su padre con su amiga, pero tienen la misma voz. ¡Menudo planchazo! Se enteró de que su mejor amigo le estaba engañando.* **2** COLOQUIAL. Golpe que se da en el vientre una persona al tirarse al agua: *Mari Paz presumía de que sabía tirarse de cabeza, pero se daba unos planchazos horrorosos.*

planchista *s. m. / f.* Persona que trabaja profesionalmente con planchas metálicas.

plancton *s. m.* Conjunto de animales y vegetales diminutos que ocupan la superficie de las aguas saladas o dulces y son desplazados en ellas pasivamente: *Las ballenas se alimentan de plancton.*

planeador *s. m.* Avión sin motor que despega remolcado por otro y vuela aprovechando las corrientes de aire.

planeadora *s. f.* Fueraborda diseñada para que vaya muy rápida.

planear *v. tr.* **1** Hacer ‹una persona› el plan de [una cosa]: *Planeamos el itinerario de todo el viaje.* SIN. organizar. **2** Pensar ‹una persona› [hacer una cosa]: *El año que viene planeo viajar.* SIN. proyectar. || *v. intr.* **3** Volar ‹un avión› sin utilizar el motor: *Los reactores no pueden planear.* **4** Volar ‹un ave› con las alas extendidas y sin moverlas.

planeo *s. m.* **1** Movimiento o descenso de un avión en el aire sin la acción del motor. **2** Vuelo de un ave sin mover las alas: *el planeo del águila, el planeo del buitre.*

planeta *s. m.* Cuerpo celeste sólido sin luz propia, que gira alrededor de una estrella de la que recibe la luz que refleja: *La Tierra es un planeta.*

planetario, ria *adj.* **1** De los planetas: *sistema planetario.* **espacio ~. 2** Que abarca todo el universo humano o que es muy importante: *crisis planetaria, filosofía planetaria, aspiración planetaria.* || *s. m.* **3** Dispositivo o aparato que reproduce los movimientos de los planetas en una bóveda que representa el firmamento. **4** Sala donde está instalado este dispositivo: *Hoy los alumnos visitan el planetario.*

planicie *s. f.* ELEVADO. Llanura: *una planicie sin fin. Está formado el territorio por una planicie extensa y sin árboles.*

planificación *s. f.* Elaboración de un plan exacto y detallado para conseguir unos determinados objetivos: *Una buena planificación es importante en cualquier actividad.* **~ económica** Conjunto de normas y recomendaciones para alcanzar unos resultados económicos determinados, según el pensamiento y los fines de los planificadores: *planificación económica socialista, planificación económica para el desarrollo, planificación económica de la exportación.* **~ familiar** Estudio y aplicación de los medios para que una pareja pueda decidir el número de hijos que quiere y el momento de tenerlos: *centro de planificación familiar.*

planificar *v. tr.* Hacer ‹una persona› el plan exacto y detallado de [una cosa]: *Los mandos militares planificaron el ataque. Durante los años pasados la economía rusa se planificaba rígidamente.* SIN. organizar. **⇒ 71.**

planilla *s. f.* **1** AMÉR.; RESTRINGIDO. Nómina de los trabajadores de una empresa: *Este mes no nos han mandado la planilla para pagar a los empleados.* **2** AMÉR. Estado de cuentas: *El inspector estuvo revisando la planilla del último mes.*

planimetría *s. f.* **1** (no contable) Rama de la Topografía que estudia la representación de una parte de la Tierra en una superficie plana. **2** (no contable) Técnicas para representar en una superficie plana una parte de la Tierra.

planímetro *s. m.* Instrumento para medir áreas de figuras planas.

planisferio *s. m.* Mapa en que la esfera terrestre o la celeste está representada en un plano.

planning (plural *planning;* del inglés; pronunciamos '*planin*') *s. m.* Planificación privada o empresarial: *el planning de ventas de una empresa. Me he hecho un planning para aprovechar el tiempo mejor. Me gusta el planning de esta agenda.*

plano, na *adj.* **1** Que es liso y sin desigualdades: *una superficie plana, una pared plana, un suelo plano.* **espejo ~.** || *s. m.* **2** GEOM. Superficie que contiene todos los puntos de una línea recta, si contiene dos. **~ geométrico. 3** Representación gráfica a escala de un objeto o un terreno sobre una superficie: *el plano del coche, el plano de la ciudad, el plano de la casa, buscar una calle en el plano, seguir el plano.* **4** CINE; TV. Toma rodada de una sola vez: *plano general, primer plano, plano medio.* **5** Espacio imaginario que ocupan las figuras de las representaciones en dos dimensiones: *En el primer plano de la foto aparece tu madre. Me gusta siempre aparecer en segundo plano.* **6** Aspecto, punto de vista: *El problema se puede abordar desde diversos planos.* || **7 encefalograma* ~. 8 pie* ~. ~ óptico** Superficie del cuadro donde deben representarse los objetos y que se considera siempre como vertical. FR. Y LOC. **cantar* de ~. confesar* de ~ / pleno. de ~** Claramente o por completo: *Me equivoqué de plano con él. Diste de plano en el problema.* **negarse* en redondo** o **negar(se) de plano.**

planta *s. f.* **1** Vegetal, ser vivo con sensibilidad, pero sin movimiento voluntario: *podar las plantas. La botánica es la ciencia que estudia las plantas.* **~ anual. ~ arbustiva. ~ vivaz. ~ herbácea** Planta inferior, vegetal que se clasificaba en el antiguo grupo de las criptógamas. **~ perenne** Planta superior, vegetal que se clasificaba en el antiguo grupo de las fanerógamas. **~ trepadora** Planta que crece hacia arriba agarrada a otra o a un soporte como un muro. **2** Vegetal de cultivo, especialmente el que se tiene en un tiesto o maceta: *planta de exterior, planta de interior, planta de jardín, planta de adorno. Tengo la casa llena de plantas. No te olvides de regar las plantas y ponerlas al sol.* **3** Cada de una de las alturas de un edificio o construcción: *En la sexta planta de esos grandes almacenes está la perfumería. Esta casa tiene cuatro plantas. Vivo en una casa de dos plantas.* **~ baja** Piso de un edificio al mismo nivel que el suelo de la calle: *Información está en la planta baja.* **4** Instalación industrial: *planta química, planta siderúrgica, planta de energía eléctrica, planta de abonos, planta de congelados.* **5** Parte inferior del pie: *Me ha salido un grano muy molesto en la planta del pie. Levanta la planta del pie. Todo el mundo tiene cosquillas en la planta del pie.* **6** Constitución física o figura de una persona: *un chico con muy buena planta. Va a tener buena planta tu hija.* **7** Representación gráfica en un plano del corte horizontal de un edificio: *Os tengo que enseñar la planta de mi casita; cincuenta metros cuadrados bien aprovechados.* **8** Estructura horizontal de un edificio, tal como se ve en sus ruinas o cimientos: *En esta excavación se ve muy bien cómo era la planta de las casas romanas.* FR. Y LOC. **de (nueva) ~** Desde los cimientos, de nuevo: *El incendio ha dañado irreparablemente el teatro y se está pensando en levantar otro de nueva planta.*

plantación *s. f.* **1** Terreno extenso dedicado a un único cultivo, muy general en algunos países tropicales: *Son conocidas las plantaciones de café de Colombia, las plantaciones de plátanos de Guatemala y las plantaciones de caña de Cuba.* **2** Conjunto de plantas de una misma clase cultivadas en un terreno extenso: *Las tormentas han descargado sobre el girasol; están las plantaciones hechas una pena. En Andalucía siguen creciendo las plantaciones de olivos.*

plantar *v. tr.* **1** Meter ‹una persona› [una planta, un tallo o una semilla] en la tierra para que germine: *He plantado unos ajos en el huerto. Acabo de plantar un laurel.* **2** Poblar ‹una persona› [un terreno] de [plantas]: *Plantaron el monte* **de** *pinos. He plantado todo el jardín* **de** *rosas y claveles.* **3** Clavar ‹una persona› [una cosa] en el suelo: *Planta una estaca en el límite de la finca.* **4** Colocar ‹una persona› [una cosa] en el lugar que ha de ser utilizada: *Plantamos la tienda de campaña junto al arroyo. El Ayuntamiento no deja plantar ningún puesto ambulante en este paseo.* SIN. instalar. **5** COLOQUIAL. Mostrar ‹una persona› [expresiones de cariño o de desagrado] a [otra persona] de manera imprevista y repentina: *Su novia le plantó un bofetón. Nada más verme, Pablo me plantó dos besos.* SIN. propinar. **6** COLOQUIAL. Poner ‹una persona› [a otra persona] en [un lugar] contra su voluntad: *Ese hombre estaba bastante bebido, no le sirvieron y lo plantaron* ***en*** *la calle. Nos han despedido a todos: han plantado a toda la empresa* ***en*** *la calle.* **7** COLOQUIAL. Poner ‹una persona› [una cosa] en [un lugar donde desentona o no debe estar]: *Plantamos el sillón* ***en*** *medio del comedor. Cuando llega del colegio el niño, se planta* ***en*** *medio del salón con los coches y no deja pasar a nadie.* **8** COLOQUIAL. Dejar de mantener ‹una persona› una relación con [otra persona]: *Después de la discusión, plantó al novio. Estaba ya harto y los he plantado antes de hablar con ellos; voy a trabajar con unos portugueses muy simpáticos.* ‖ *v. prnl.* **9** Quedarse ‹una persona› quieta y erguida con los pies juntos: *Los soldados se plantaron ante la bandera.* SIN. cuadrarse. **10** Colocarse ‹una persona› en [un lugar] y permanecer en él: *Me planté* ***en*** *la cola del cine hasta que me tocó. Paco tiene mucha paciencia, se planta ante la puerta del jefe hasta que lo recibe. Mi gato se planta siempre* ***en*** *el mejor sillón de la casa.* **11** Llegar ‹una persona› a [un lugar] en [un corto espacio de tiempo]: *Me planté* ***en*** *Cádiz en sólo dos horas. Ahora con el avión te plantas* ***en*** *poco más de ocho horas en México.* **12** Mantenerse ‹una persona› firme en una decisión: *Carla se ha plantado y dice que no sale más con ese tonto. Me he plantado y no voy a fumar más.* **13** No pedir ‹un jugador› más cartas o no querer más: *–«Me planto, no necesito más cartas.» Que no te impresione, ése se ha plantado, pero tiene mal juego.* FR. Y LOC. **~ cara*. ~ en (la) mitad del arroyo*.**

plante *s. m.* Protesta colectiva de un grupo de personas que se niegan a hacer su trabajo u otra obligación, para exigir o rechazar una cosa: *un plante de funcionarios. Ha habido un plante de taxistas delante del Ayuntamiento para protestar por las nuevas licencias.*

planteamiento *s. m.* **1** Forma de entender, de presentar o de pensar una persona un problema o una situación: *No acepto tus planteamientos. Yo me había hecho otro planteamiento de este fin de semana. Me parece que el planteamiento que tú tienes del matrimonio lo comparte poca gente. Tienes unos planteamientos muy particulares de lo que significa la amistad.* **2** Organización inicial de los datos de un problema o de un proyecto: *Óscar no entendió el planteamiento del problema y se salió del examen. El planteamiento del ataque no está bien resuelto. El planteamiento del edificio no nos solucionará nada, necesitamos mucho más espacio.* **3** LIT. Exposición inicial de los elementos de una intriga de una obra literaria: *El planteamiento de la comedia no está mal, pero luego se pierde en los otros actos. El planteamiento de la novela es aceptable, pero después no sabe cómo resolverla. Tras el planteamiento, la película pierde interés.* SIN. presentación.

plantear *v. tr.* **1** Exponer ‹una persona› [un tema o un problema] para resolverlo: *Planteó un problema y acto seguido lo resolvió. Lo quieren los alumnos porque plantea muy bien los problemas.* SIN. formular. **2** Exponer ‹una persona› [un asunto o un problema] a [una persona]: *Os planteo la gravedad de la situación. El candidato nos planteó sus exigencias salariales.* **3** Dar ‹una persona› [una idea o una solución] respecto a un problema: *Planteo varios cambios en el negocio. El jugador de ajedrez planteó una buena defensa. Hemos planteado un reparto más racional de los espacios.* **4** Ser ‹una persona o una cosa› motivo o causa de [un problema]: *Sus enfados repentinos (nos) plantean muchas dificultades.* ‖ *v. prnl.* **5** Empezar a pensar ‹una persona› [una cosa]: *Me planteo cambiar de coche. Nos planteamos seriamente la posibilidad de irnos a vivir al campo. El partido en el poder se plantea instaurar un nuevo tipo de subsidio.*

plantel *s. m.* **1** RESTRINGIDO. Grupo de personas especialmente valiosas en un determinado campo o actividad: *un plantel de abogados. La película tiene un buen plantel de actores. Hemos conseguido reunir un buen plantel de profesores. Un plantel de especialistas lo asesorará.* **2** Criadero de plantas: *un plantel de palmeras.*

plantificar *v. tr.* **1** COLOQUIAL. Dar ‹una persona› [un golpe o una expresión de afecto] a [otra persona] de manera imprevista: *Su compañero le plantificó un beso.* SIN. plantar, propinar. **2** RESTRINGIDO. Poner ‹una persona› [a otra persona] en [un lugar] contra su voluntad: *Sus padres lo han plantificado en un internado para que se porte bien.* SIN. plantar. **3** RESTRINGIDO. Poner ‹una persona› [una cosa] en [un lugar donde desentona o no debe estar]: *Plantifiqué el coche* ***en*** *un paso de cebra. Como nadie las quería en mi casa, han plantificado* ***en*** *mi habitación estas cortinas.* SIN. plantar. ‖ *v. prnl.* **4** RESTRINGIDO. Llegar ‹una persona› a [un lugar] en [un corto espacio de tiempo]: *Luis se plantificó* ***en*** *el aeropuerto en un santiamén.* SIN. plantarse. ⇒ **71.**

plantígrado, da *adj. / s. m.* ZOOL. [Animal] que apoya la planta de los pies y las manos al andar: *El oso y el tejón son animales plantígrados.*

plantilla *s. f.* **1** Pieza con que se cubre, por dentro, la planta del calzado: *plantilla de piel, plantilla de tela. Me he puesto plantillas en los zapatos porque me están grandes.* **~ ortopédica** Plantilla que se coloca en el calzado para corregir un defecto del pie. **2** Suela sobre la que, los zapateros, arman el calzado. **3** Pieza utilizada como guía o modelo para hacer otras de la misma forma: *Haz una plantilla de papel y luego recortas las figuras de madera por la plantilla. La maestra hace plantillas de plástico para que los niños puedan dibujar animalitos.* **4** Conjunto de empleados de una empresa: *La plantilla de la fábrica se ha puesto en huelga. La cristalera piensa ampliar plantilla. Van a reducir la plantilla de la fábrica de coches, porque venden menos que el año pasado.* **5** DEP. Conjunto de jugadores de un equipo: *Han renovado la plantilla del equipo de fútbol. La plantilla del equipo de baloncesto cobrará menos el año que viene.* FR. Y LOC. **ajuste* de ~. estar en ~** o **ser de ~** Tener ‹una persona› un trabajo con contrato fijo: *Trabajo ya hace seis meses en esta empresa y me han prometido que el mes que viene estaré en plantilla. Yo soy de plantilla hace tiempo.*

plantío *s. m.* Lugar plantado, con frecuencia hace poco tiempo, de vegetales: *Tened cuidado, no me piséis el plantío de patatas.*

plantón *s. m.* **1** COLOQUIAL. No presentación a una cita o retraso grande en acudir a ella: *Me has dado un plantón mortal: llevo dos horas aquí aburrido y no ha aparecido nadie. Me pareces poco serio, has vuelto a darnos un plantón de una hora. No creo que esos chicos nos den plantón, porque estaban interesados en nuestro proyecto. Perdonadme el plantón, pero no ha sido culpa mía, estába el tráfico imposible.* SIN. plante (COLOQUIAL). **2** BOT. Árbol o planta jóvenes que han de ser trasplantados: *Tenemos que llevar un centenar de plantones al pueblo.* **3** Rama de árbol que se planta:

Este pino nació de un plantón de otro pino que tenemos en el jardín. FR. Y LOC. **estar / quedarse de ~** COLOQUIAL. Permanecer ‹una persona› en el mismo sitio, sin moverse, mucho tiempo: *Fíjate, el pobre chico tiene que hacer la guardia en la puerta principal y está allí de plantón dos horas. –«¿Sigues así de plantón desde esta mañana?» –«No hombre, acabo de llegar, pero es casualidad que nos encontremos dos veces en la misma esquina.»*

plántula *s. f.* BOT. Planta recién nacida.

plañidera *s. f.* HIST. Mujer contratada para llorar y dar muestras de dolor en los entierros: *Abrían y cerraban el entierro grupos de las mejores plañideras. Las plañideras lloraban la muerte de la reina desconsoladamente.*

plañidero, ra *adj.* ELEVADO. Que muestra lágrimas o pesar: *Siempre me saluda con gesto plañidero. Su abuela tiene una desagradable voz plañidera.*

plañir *v. intr. / prnl.* ELEVADO. Derramar ‹una persona› lágrimas y lanzar gemidos por un sentimiento o un dolor: *Un grupo de mujeres plañía en el sepelio del finado.*

plaqueta *s. f.* BIOL. Célula de la sangre sin núcleo que interviene en la coagulación: *En el análisis me han dicho que las plaquetas están bien, pero que me faltan hematíes.*

plasma *s. m.* **1** (no contable) Parte líquida de la sangre que queda al separar sus elementos sólidos: *En España mucho plasma sanguíneo se importa de otros países.* **2** FÍS. Gas con muchos iones que contiene el mismo número de cargas libres positivas y negativas: *Nuestros científicos pueden obtener el plasma necesario para la fabricación de la bomba de hidrógeno en cualquier momento.*

plasmación *s. f.* (no contable) Forma concreta que adquiere una idea, un sentimiento o un proyecto: *Esa escultura es una plasmación de su amor por la naturaleza. Ese sueño es la plasmación de tu manía de pelearte con la gente. Espero que tu libro no sea la plasmación de lo que piensas, porque tus amigos se van a enfadar bastante.*

plasmar *v. tr.* **1** Dar ‹una persona› forma concreta a [un sentimiento, idea, proyecto]: *Plasmé mis sentimientos **en** la carta. Mi idea de la amistad está plasmada perfectamente **en** esta novela. Nunca he plasmado mi idea de lo femenino **en** mis cuadros, por eso prefiero pintar jóvenes adolescentes.* SIN. expresar. || *v. prnl.* **2** Tomar ‹un sentimiento, idea, proyecto› forma concreta: *En esa fórmula se plasma sencillamente lo que sabemos del origen del universo. En esas formas se plasman todos los anhelos del escultor maduro.* SIN. expresarse.

plasta *s. f.* **1** PEYORATIVO. Cosa blanda y espesa: *La papilla del niño quedó hecha una plasta.* **2** PEYORATIVO. Cosa aplastada: *Al sacarlo de la maleta, el vestido estaba hecho una plasta.* **3** Excremento blando y aplastado: *Las calles del pueblo estaban llenas de plastas de vaca.* || *adj. / s. m.* y *f.* **4** COLOQUIAL; PEYORATIVO. Persona muy pesada: *Tus primos son unos plastas insoportables.* SIN. pelmazo. FR. Y LOC. **dar la ~** COLOQUIAL. Molestar o cansar ‹una persona› a otra persona: *Ese chico no para de darme la plasta llamándome todos los días.*

plaste *s. m.* (no contable) Masa hecha de un tipo de yeso y cola, para llenar los agujeros y grietas de una cosa que se ha de pintar.

plástica *s. f.* **1** (no contable) Arte y técnica de modelar los materiales que tienen plasticidad: *Nos han puesto una asignatura de plástica. En la clase de plástica usamos barro y plastilina para modelar.* **2** (no contable) RESTRINGIDO. Capacidad expresiva de una imagen: *Esa foto tiene una plástica impactante. Me gustó la plástica del montaje.*

plasticidad *s. f.* **1** (no contable) Característica propia de algunos materiales sólidos que cambian fácilmente de forma sin romperse: *estudios de plasticidad de los materiales derivados del petróleo. La arcilla se usa mucho en clase por su plasticidad. La plasticidad del yeso le ayudará a usted en sus trabajos de decoración.* **2** (no contable) Capacidad expresiva de una muestra artística: *La plasticidad de algunas imágenes del cine me llama siempre la atención. Me gusta la plasticidad de su descripción. Sus cuadros no tienen plasticidad. No llego a distinguir la plasticidad de la música de ese compositor.* SIN. expresividad. ANT. inexpresividad.

plástico, ca *adj.* **1** De la plástica o técnica de modelar: *El dibujo y la escultura son artes plásticas.* **artes* plásticas. pintura* plástica.** **2** [Material] que puede cambiar de forma y conservarla de modo permanente: *La arcilla es un material plástico.* **3** [Cirugía, cirujano] que se encarga de embellecer las formas exteriores del cuerpo y la cara corrigiendo ciertos defectos físicos: *Se hizo la cirugía plástica porque tenía mucha papada. Me ha operado la nariz uno de los mejores cirujanos plásticos de esta ciudad.* **cirugía* plástica.** **4** Que tiene mucha fuerza expresiva e ilustra con exactitud una imagen mental: *Tiene un estilo muy plástico. Sus descripciones son siempre muy plásticas.* || *adj. / s. m.* **5** [Material sintético] que es ligero, resistente, puede moldearse con facilidad y se utiliza en la fabricación de objetos de uso doméstico o industrial: *cuchara de plástico, vaso de plástico, plato de plástico. Prefiero los vasos de plástico porque duran más. Es una imitación hecha en plástico.* **6** [Explosivo] de mediana potencia que se activa con un detonador: *Hicieron estallar una carga plástica de cuatro kilos.*

plastificación *s. f.* (no contable) Recubrimiento de un papel, tela u otra superficie con una capa muy fina de plástico: *La plastificación se emplea para proteger algunos documentos.*

plastificar *v. tr.* **1** Recubrir ‹una persona o una máquina› [una cosa] con una lámina de material plástico: *Plastificamos el carné.* **2** Añadir ‹una persona o una máquina› un elemento plástico a [un material]: *Es una mesa plastificada que puede lavarse muy bien.* ⇒ **71.**

plastilina (marca registrada) *s. f.* (no contable) Material sintético de colores, con gran plasticidad, que usan los niños en las escuelas para hacer figuras: *El niño ya hace ovejas y cabras de plastilina, con sus cuernos y todo.*

plasto *s. m.* BOT. Orgánulo de la célula vegetal.

plata *s. f.* **1** (no contable) *Ag.* Elemento químico metálico de color blanco brillante, muy dúctil, inalterable al aire y buen conductor del calor y la electricidad, que se emplea en joyería y para la fabricación de circuitos eléctricos: *marco de plata, pendientes de plata, aros de plata, cubertería de plata, limpiar la plata.* **2** DEP. Segundo premio de una competición deportiva: *El equipo ha ganado la medalla de plata. La gimnasta obtuvo la plata en el mundial.* **medalla de ~.** **3** (no contable) AMÉR.; COLOQUIAL. Dinero: *No tengo plata para comprarlo.* FR. Y LOC. **bodas* de ~. hablar en ~** COLOQUIAL. Hablar ‹una persona› claramente y sin rodeos: *Hablando en plata, no me ha gustado nada tu actitud.* **papel* de ~ / aluminio.**

plataforma *s. f.* **1** Construcción plana en forma de tablado, elevada sobre el suelo: *Están levantando una plataforma en la plaza para que se ponga la orquesta en las fiestas.* **2** Vagón o vehículo de ferrocarril descubierto, con bordes de poca altura: *Necesitamos cuarenta plataformas para embarcar estos coches.* **3** Parte anterior y posterior sin asientos de un transporte público: *Iba de pie en la plataforma del autobús. Se puede fumar en la plataforma de un tren.* **4** Medio, generalmente interesado, para conseguir un fin: *Ese político utiliza el partido como plataforma para sus intereses personales. Considera que cualquier persona debe ser una plataforma para sus fines particulares.* **5** Organización que agrupa a personas con ideas comunes: *una plataforma por la paz, una plataforma estudiantil, una plataforma de barrio.* **6** Programa ideológico de un grupo, generalmente político o sindical: *la plataforma electoral de un partido. El sindicato presentó su plataforma de reivindicaciones salariales. Los alumnos han presentado una plataforma al rector para que mejoren las bibliotecas.* **7** ARG. Andén del ferrocarril. || **8 ~ continental** Fondo marino de relieve suave, que se extiende desde la costa hasta una profundidad de doscientos metros. **9 ~ de lanzamiento** Base desde donde se lanza un proyectil o un cohete. **10 ~ espacial** Satélite de grandes dimensiones que se envía al espacio como observatorio, centro de investigaciones o base para el lanzamiento de satélites más pequeños. **11 ~ petrolífera** Construcción metálica sobre el mar, para la perforación y explotación de un pozo de petróleo.

platanal o **platanar** *s. m.* Plantación de plátanos. SIN. platanera.

platanera *s. f.* Plantación de plátanos. SIN. platanar.

platanero, ra *adj.* **1** Del plátano: *Este año ha aumentado la producción platanera.* || *s. m. / f.* **2** Plátano, árbol que da el fruto de este mismo nombre.

plátano *s. m.* **1** *Musa paradisiaca.* Planta herbácea tropical o subtropical de grandes dimensiones que produce un fruto en forma de baya, muy apreciado. **2** Fruto de los plátanos, amarillo y de sabor dulce. **3** *Platanus orientalis.* Árbol ornamental de muchas ciudades, alto, de tronco redondo y sin ramas en la parte baja, con corteza clara, hojas palmeadas, y fruto de bolas colgantes, apreciado en ebanistería: *Son famosos los plátanos de Barcelona.*

platea *s. f.* Patio o planta baja de un teatro o de un cine: *asiento de platea, butaca de platea, localidad de platea.* **palco* de ~.**

plateado, da *adj.* **1** Que ha recibido un baño de plata: *Éste no es un trofeo de plata, pero es plateado. Los cubiertos son de acero, pero plateados y el baño que llevan dura muchos años.* **2** Que tiene el color o el brillo de la plata: *coche plateado, zapatos plateados, pintura plateada.* **3** ELEVADO. Que es blanco: *La abuela ya tiene ya el pelo plateado. Te sientan bien las sienes plateadas. El profesor lleva la barba plateada.*

platear *v. tr.* **1** Cubrir ‹una persona› [una cosa] con plata: *Platearon el marco de la foto.* || *v. intr.* **2** ELEVADO. Volverse ‹el cabello de una persona› blanco: *Te platean las sienes.*

platelminto *adj. / s. m.* **1** ZOOL. [Gusano] que tiene el cuerpo plano y no segmentado, y vive en el mar, en agua dulce o en el hombre u otros animales, como la tenia o la planaria. || *s. m.* **2** (en plural) ZOOL. Tipo que forman los gusanos platelmintos.

plateresco, ca *adj. / s. m.* ARQ. [Estilo] propio de España, de fines del siglo XV y principios del XVI, que se caracteriza por el mantenimiento de estructuras poéticas y la adopción de la decoración renacentista italiana.

platería *s. f.* **1** (no contable) Arte y oficio de labrar la plata. **2** Joyería. **3** Taller donde se trabaja la plata.

platero *s. m.* RESTRINGIDO. Persona que tiene por oficio trabajar la plata o vender joyas.

plática *s. f.* **1** RESTRINGIDO. Conversación, charla: *estar de plática. Vamos a tener tú y yo una plática uno de estos días. Siempre que os veo estáis de plática, parece que no tenéis nada que hacer.* **2** Discurso breve de tema religioso o moral: *Después de una breve plática sobre el fin del hombre, meditaréis hasta la hora de la comida.*

platicar *v. intr.* **1** RESTRINGIDO. Hablar ‹dos o más personas› entre sí: *Los viajeros platicaban animadamente.* **2** AMÉR. Hablar ‹dos o más personas› entre sí. SIN. conversar. **⇒ 71.**

platija *s. f.* (macho y hembra) *Platichtys flesus.* Pez marino parecido al lenguado pero con la piel rugosa que a menudo sube por el curso bajo de los ríos. SIN. acedía.

platillo *s. m.* **1** Pieza parecida a un plato pero de pequeño tamaño: *los platillos de la balanza, el platillo de la taza. Algunos mendigos explican su vida y luego te pasan el platillo para que les des limosna.* **2** MÚS. Instrumento de percusión formado por dos chapas metálicas redondas que se hacen chocar una contra otra: *tocar los platillos.* **3** MÉX. Plato, manjar preparado. || **4 ~ volador / volante** Objeto volador no identificado de origen extraterrestre: *Hace unos años estuvieron de moda los platillos volantes.* FR. Y LOC. **a bombo* y ~.**

platina *s. f.* **1** Parte del microscopio donde se coloca el portaobjetos. **2** Aparato magnetofónico que reproduce cintas de casete. **3** Disco plano, metálico o de vidrio, sobre el que se ajusta la campana de la máquina neumática. **4** ART. GRÁF. Superficie plana de una máquina de imprimir sobre la que se colocan las formas.

platino *s. m.* **1** *Pt.* Elemento químico metálico de color blanco brillante, muy pesado y maleable, con numerosas aplicaciones en medicina y joyería. || **2 rubio* ~.** FR. Y LOC. **disco* de ~.**

plato *s. m.* **1** Pieza de la vajilla de mesa poco honda que se usa para servir las raciones individuales de comida: *servir en el plato, poner los platos en la mesa, poner la comida en los platos, fregar los platos.* **~ de postre. ~ hondo. ~ llano. ~ sopero.** **2** Comida que se pone en los platos: *Nos hemos comido nosotros dos solos tres platos de arroz y dos de ensalada. Lo que me gusta es llegar y encontrarme con el plato en la mesa. La cena se compone de dos platos, además del postre.* **3** Alimento cocinado o preparado para ser servido: *Eres un cocinero excelente, preparas unos platos exquisitos. El plato típico de la región asturiana es la fabada.* **~ precocinado. ~ típico. primer ~. segundo ~. ~ combinado** Comida formada por varios alimentos servidos en un mismo plato: *Yo comeré el plato combinado número tres que lleva pollo, patatas y salchichas.* **~ del día** Menú del día. **~ fuerte** 1 Alimento principal de una comida: *Hoy, de plato fuerte tenemos churrasco.* 2 Lo más importante, lo principal de alguna cosa: *El plato fuerte del recital son los solos de piano.* **4** Objeto plano y redondo que se parece a los platos: *el plato de la balanza, el plato de la bicicleta, el plato del embra-*

gue, el plato de un tocadiscos. || **5 ~ de segunda (mano/ mesa)** COLOQUIAL; PEYORATIVO. Cosa que se desprecia por haber sido de otro: *En amor no me gusta ser plato de segunda mano. Yo no quiero ser plato de segunda mesa.* FR. Y LOC. **comer en un mismo ~** COLOQUIAL. Tener gran amistad ‹dos o más personas›: *Tú y yo nunca hemos comido en el mismo plato, pero nos conocemos bien.* **huevos* al ~. no haber roto nunca un ~** o **no haber roto en su vida un ~** COLOQUIAL. No haber hecho nunca nada malo ‹una persona›: *Parece que no has roto nunca un plato. Tu prima parece que no ha roto un plato en su vida.* **no ser ~ de gusto** COLOQUIAL. No agradarle ‹una persona o una cosa› a una persona: *Ella nunca fue plato de mi gusto.* **ojos* como platos. pagar* los platos/vidrios rotos. sacar los pies* del ~/tiesto. tiro* al ~.**

plató *s. m.* Escenario de cine o televisión en un estudio: *Os invitamos a los estudios centrales, al plató número once. Los cincuenta primeros que lleguen al plató nos acompañarán en directo el próximo programa y ganarán una entrada para el festival de la canción mediterránea en Alicante. Prefiere rodar en el plató a rodar en exteriores.*

platónico, ca *adj./s. m.* y *f.* **1** De Platón, filósofo griego anterior a Cristo, o de su escuela: *un filósofo platónico.* **2** Que tiene alguna propiedad de la espiritualidad, o que no llega a concretarse o realizarse: *sentimiento platónico.* **amor* ~.**

platonismo *s. m.* **1** (no contable) FILOS. Filosofía de Platón y de sus seguidores. **2** (no contable) Actitud platónica o característica de lo que es platónico: *el platonismo de sus sentimientos.*

platudo, da *adj.* PERÚ; COLOQUIAL. Que tiene mucho dinero, adinerado.

plausibilidad *s. f.* (no contable) RESTRINGIDO. Cualidad de las opiniones o acciones que parecen razonables o justificadas: *la plausibilidad de su iniciativa. La plausibilidad de sus hipótesis está fuera de toda duda.*

plausible *adj.* **1** Que merece ser aplaudido o alabado: *un trabajo plausible, una iniciativa plausible.* **2** Que se puede admitir o justificar: *comportamiento plausible. Es un motivo plausible, lo comprendo.*

playa *s. f.* **1** Extensión de terreno casi plana y cubierta normalmente de arena en la orilla del mar, de un lago o de un río grande. **bolsa de ~. 2** ARG., PAR., URUG. Espacio amplio, llano y despejado, destinado a un determinado uso, como el estacionamiento de vehículos en ciudades o industrias.

play-back (del inglés; pronunciamos *'plei- bac'*) *s. m.* Técnica empleada en cine, televisión y espectáculos en directo, que consiste en reproducir música u otro sonido previamente grabado, al que se acomodan con sus gestos y movimientos los cantantes, bailarines o actores: *El grupo musical cantó en play-back, porque las actuaciones en directo resultan más caras.*

playboy (del inglés; pronunciamos *'plaiboi'* o *'pleiboi'*) *s. m.* **1** Hombre atractivo, elegante, seductor y generalmente acomodado, que lleva una vida de ocio y frecuenta lugares de moda: *No me gusta el playboy de la portada de la revista, es demasiado artificial.* **2** COLOQUIAL. Hombre que pretende ser seductor y conquistador: *Tu hermano es un playboy: se liga a todas las chicas.*

playera *s. f.* Zapatilla deportiva de tela o fibra.

playero, ra *adj.* [Ropa o calzado] que es adecuado para estar en la playa: *prenda playera, falda playera, toalla playera, pantalón playero, vestido playero.*

playo, ya *adj.* ARG., URUG. Que no es hondo, en sentido material.

play-off (del inglés; pronunciamos *'plei-of'*) *s. m.* DEP. Partido, liga de desempate o fase final de una competición deportiva: *Hoy se juega la final del play-off de la liga de baloncesto.*

plaza *s. f.* **1** Espacio ancho y abierto, rodeado de edificios, dentro de una población, en el que suelen desembocar varias calles: *Me voy a la plaza con los niños todas las tardes. Hasta que no acaben el aparcamiento subterráneo no se podrá estar en la plaza.* **~ mayor** Plaza que en tiempos pasados fue la principal de una población: *En las ciudades españolas el Ayuntamiento solía estar en la plaza mayor.* **2** Espacio abierto en jardines y otros lugares: *Si vas a pasear, nos vemos en aquella especie de plaza al lado de la fuente, cuando empieza el pinar.* **3** RESTRINGIDO. Lugar donde se venden comestibles y otros artículos de consumo diario: *Prefiero comprar el pescado en la plaza porque es más fresco.* SIN. mercado. **4** Sitio que puede ocupar alguien o algo: *Hay dos plazas vacantes en este autocar. Lo siento, pero el taxi sólo es de cuatro plazas. Hemos comprado una plaza de aparcamiento en el garaje del nuevo edificio.* **5** Empleo o puesto de trabajo: *Se anuncian plazas vacantes para el cuerpo de policía. Estoy preparando una plaza de médico de la Seguridad Social. Miguel ha sacado una plaza de inspector de Hacienda. Hay que cubrir en esta oficina varias plazas de informático. Está libre la plaza de portero.* || **6 ~ de toros** Terreno redondo preparado para el toreo. **7 ~ fuerte** MIL. Lugar forticado, generalmente una ciudad amurallada, preparado para la defensa. FR. Y LOC. **hacer la ~** RESTRINGIDO. Comprar ‹una persona› en el mercado alimentos para el consumo diario: *Nosotros hacemos la plaza los martes y los viernes.*

plazo *s. m.* **1** Periodo de tiempo señalado para hacer alguna cosa: *un plazo de tres días, el plazo de entrega, vencer un plazo, a corto plazo, a largo plazo.* **2** Cada uno de los pagos en que se divide una cantidad que se ha de pagar en dos o más veces: *comprar a plazos, vender a plazos.*

plazoleta *s. f.* Plaza pequeña en un jardín o paseo: *Los niños se han ido a la fuente de la plazoleta. Mis hijos suelen montar en los columpios de una plazoleta cercana.*

pleamar *s. f.* **1** Estado más alto de la marea. **2** Periodo de tiempo que dura este estado.

plebe *s. f.* **1** (no contable) PEYORATIVO. Clase social baja, sin posición social ni económica destacada: *El descontento dio lugar a la sublevación de la plebe.* **2** HIST. Clase social de la antigua Roma formada por los ciudadanos que no eran patricios.

plebeyo, ya *adj.* **1** De la plebe: *gustos plebeyos.* **2** PEYORATIVO. Que no tiene delicadeza o finura o tiene poca educación: *Tienes unos modales muy plebeyos.*

plebiscito *s. m.* Consulta electoral directa que el Gobierno hace a todos los ciudadanos para que aprueben o rechacen una determinada cuestión.

plectro *s. m.* **1** Púa que se utilizaba para tocar determinados instrumentos de cuerda. **2** LITERARIO. Inspiración o estilo literario.

plegable *adj.* Que está fabricado para poder ser plegado: *silla plegable, mesa plegable, cama plegable, asiento plegable.* **paraguas* ~. silla* ~.**

plegadera *s. f.* Instrumento parecido a un cuchillo para plegar o cortar papel.

plegador *s. m.* Instrumento para plegar.

plegadora *s. f.* Máquina de imprenta que pliega el papel impreso.

plegamiento *s. m.* **1** GEOL. Proceso geológico de formación de pliegues del terreno por las presiones laterales que reciben: *El plegamiento alpino tuvo una importancia capital en el continente europeo.* **2** Pliegues que resultan de ese proceso geológico: *Viajamos a una zona de gran interés geológico y estuvimos observando los plegamientos del terreno.* **3** (no contable) ELEVADO; PEYORATIVO. Sumisión o rendición de una persona ante alguien más fuerte: *Raquel se dio cuenta de que María era superior y todos vimos su plegamiento ante ella.*

plegar *v. tr.* **1** Hacer ‹una persona› pliegues en [una cosa]: *Pliega la servilleta antes de guardarla.* **2** Doblar ‹una persona› [los pliegos de un libro o una revista] para obtener el formato y la disposición deseados. ‖ *v. prnl.* **3** Adaptarse ‹una persona› a [los deseos de una persona o a circunstancias poco satisfactorias]: *Su marido la obligaba a plegarse* ***a*** *todos sus caprichos.* ⇒ **65.**

plegaria *s. f.* REL. Petición que se hace a Dios, la Virgen o los santos: *La madre pidió a Dios que su hija mejorara y Él escuchó su plegaria.* SIN. súplica, oración.

pleistoceno *adj. / s. m.* GEOL. De la primera de las dos épocas en que se divide el Periodo Cuaternario.

pleita *s. f.* Tira de esparto trenzado que se utiliza para hacer sombreros y alfombras.

pleitear *v. intr.* Sostener ‹una persona› un pleito ante un juez o un tribunal: *Mi padre no se cansa de pleitear; en este momento está pleiteando* ***contra*** *un vecino. ¡Ah! Y también está pleiteando* ***con*** *el dueño del garaje.* SIN. litigar.

pleitesía *s. f.* ELEVADO. Muestra reverente de obediencia o cortesía: *Ahí los tienes, todas las mañanas pasan por el despacho del jefe a rendirle pleitesía. Te comportas con demasiada pleitesía.*

pleitista *adj. / s. m. y f.* Que es aficionado a provocar pleitos.

pleito *s. m.* Discusión o diferencia entre dos o más partes que se presenta ante un juez o tribunal para que éstos dicten sentencia y hagan justicia: *ganar un pleito, perder un pleito, poner un pleito. Como el inquilino no quería pagar al casero, tuvieron un pleito.*

plenamente *adv. cant.* Del todo, completamente, en todo: *Estoy plenamente convencido. Coincido plenamente contigo en tu apreciación.*

plenario, ria *adj.* **1** [Sesión o reunión] que reúne a todos los miembros de una entidad: *asamblea plenaria.* ‖ **2 indulgencia* plenaria.**

plenilunio *s. m.* Fase de luna llena.

plenipotenciario, ria *adj. / s. m. y f.* **1** [Persona] que es enviada por los jefes de Estado o de Gobierno a congresos, conferencias o a otros Estados, con poderes absolutos para tratar, negociar o resolver asuntos. ‖ **2 ministro* ~.**

plenitud *s. f.* **1** Cualidad de pleno o completo: *No es fácil alcanzar la plenitud en esta vida.* **2** Momento de mayor intensidad o perfección de una cosa: *plenitud creadora, plenitud de fuerzas. Ahora estás en la plenitud de la vida.* SIN. culminación, apogeo.

pleno, na *adj.* **1** (antepuesto) Que se produce en el centro de alguna cosa o en toda su intensidad: *a plena luz del día. Le di en plena cara. Llegas en plena discusión.* **2** Que está lleno o completo o que es total: *Tuvimos una experiencia plena. Llevo una vida plena. La emoción fue plena en aquel momento.* **plenos poderes*.** ‖ *s. m.* **3** Reunión o junta general de una corporación u organismo: *el pleno del Congreso. El martes de la semana próxima habrá pleno.* **4** Acierto de todos los resultados en un juego de azar: *Iván consiguió un pleno en las quinielas.* FR. Y LOC. **confesar* de plano / ~. de ~** Completamente: *El sol da de pleno.* **en ~** En su totalidad, con todos los miembros: *La junta en pleno aceptó la propuesta. El Gobierno en pleno se reunió.*

pleonasmo *s. m.* **1** RET. Figura retórica que consiste en utilizar en la oración palabras que no son imprescindibles para su significación nocional, aunque sí para el sentido global. **2** Abundancia innecesaria de palabras.

pleonástico, ca *adj.* GRAM. Que contiene pleonasmos: *una expresión pleonástica, frase pleonástica.*

plesiosauro *s. m.* (macho y hembra) Género *Plesiosaurus.* Reptil marino de gran tamaño con cabeza de lagarto, cuello largo, cuerpo abultado y extremidades transformadas en aletas, que vivió en la Era Secundaria.

pletina *s. f.* **1** Pieza metálica rectangular de poco espesor. **2** Platina de casete.

plétora *s. f.* **1** (no contable) MED. Exceso de sangre o de otro líquido en el cuerpo. **2** (no contable) RESTRINGIDO. Abundancia excesiva de alguna cosa: *No puedo contestar a la plétora de cartas que recibo. Una plétora de guardias los vigilan.*

pletórico, ca *adj.* **1** (estar) Que tiene abundancia de alguna cualidad buena: *Papá está pletórico de optimismo y felicidad. Estoy pletórico de salud.* **2** [Persona] que tiende al optimismo: *Ahí donde ves a Manuel, pues es un tipo muy pletórico, nunca ve las cosas negativas.*

pleura *s. f.* **1** ANAT. Cada una de las membranas que cubren las paredes de la cavidad torácica y la superficie de los pulmones. **2** (no contable) COLOQUIAL; RESTRINGIDO. Pleuresía.

pleuresía *s. f.* MED. Pleuritis.

pleuritis (plural *pleuritis*) *s. f.* MED. Inflamación de la pleura.

pleuronectiforme *adj. / s. m.* **1** (macho y hembra) ZOOL. [Pez] que tiene el cuerpo plano, con los ojos en uno de los lados, y que vive en el fondo del mar acostado sobre el otro lado, como el lenguado o el rodaballo. **2** (en plural) ZOOL. Orden formado por los peces pleuronectiformes.

plexiglás (marca registrada) (plural *plexiglás*) *s. f.* Resina sintética, transparente y flexible, que se usaba para fabricar telas y algunos objetos cotidianos.

plexo *s. m.* ANAT. Red formada por un entrecruzamiento de vasos o nervios: *plexo sacro, plexo solar, plexo hepático.*

pléyade *s. f.* (no contable) ELEVADO. Conjunto de artistas famosos de una época o de personas que comparten la misma actividad: *una pléyade de abogados, la pléyade de poetas del Siglo de Oro. El premio literario reúne una amplia pléyade de escritores. Tengo que dar clase a una pléyade de ignorantes.*

plica *s. f.* RESTRINGIDO. Sobre cerrado y lacrado en el que se guardan noticias o datos hasta la fecha u ocasión en que deben conocerse: *Abierta la plica del ganador se vio que correspondía a Juan Cruz, vencedor del premio de este año. Para la subasta, los participantes envíen los pliegos de condiciones en un sobre y en plica aparte los datos de la empresa.*

pliego *s. m.* **1** Porción cuadrangular de papel doblada por el medio. **2** Conjunto de dieciséis páginas que resultan de doblar una hoja impresa. **3** Documento, que, en tiempos se solía enviar cerrado, en el que se suele manifestar ante la autoridad algunas opiniones: *Le enviaremos un pliego de protesta a quien deba leerlo.* || **4 ~ de cargos** Lista de faltas en el expediente contra una persona, a la que se le comunican para que se defienda. **5 ~ de condiciones** Documento en el que constan las normas para participar en un contrato, en un concurso o en una subasta. **6 ~ de descargos** Documento en el que se contesta a un cargo o acusación.

pliegue *s. m.* **1** Doblez en una cosa flexible: *un pliegue en un papel, pliegue en una tela.* **2** GEOL. Curvatura de los estratos u ondulación del terreno resultado de las deformaciones plásticas de los materiales que los componen.

plinto *s. m.* **1** ARQ. Cuadrado en que se asienta la base de la columna. **2** DEP. Aparato de gimnasia rectangular con la superficie acolchada, formado de cajones de madera para saltos y otros ejercicios: *Los saltos de plinto los hago bien, pero fallo en potro.*

plioceno *adj. / s. m.* GEOL. De la quinta y última época en que se divide el Periodo Terciario: *Con el Plioceno termina el Terciario.*

plisado, da *adj.* **1** [Tejido o prenda] que tiene pliegues iguales y muy pequeños: *falda plisada.* || *s. m.* **2** Acción y resultado de plisar.

plisar *v. tr.* Hacer ‹una persona› pliegues iguales y muy pequeños en [una tela]: *Se plisan faldas y blusas a máquina.*

plomada *s. f.* **1** Utensilio de albañilería formado por una pesa de plomo suspendida de una cuerda, para señalar la línea vertical. **2** Cuerda con un peso de plomo para medir la profundidad de las aguas. **3** Piezas de plomo que se ponen en las redes de pesca.

plomazo *s. m.* COLOQUIAL; PEYORATIVO. Persona o cosa pesada o cargante: *Tu tía es un plomazo insoportable: siempre está diciendo las mismas cosas. Yo no la he leído, pero me han dicho que la poesía es un plomazo insoportable.*

plomería *s. f.* **1** Almacén y taller de plomos. **2** Cubierta de plomo utilizada en la construcción. **3** AMÉR. Oficio y conjunto de técnicas relacionados con la instalación, conservación y arreglo de cañerías y conducciones de agua.

plomero *s. m.* **1** Persona que tiene por oficio fabricar o arreglar objetos de plomo. **2** AMÉR. Fontanero.

plomizo, za *adj.* **1** Que es parecido al plomo en el color o en alguna otra de sus cualidades: *cielo plomizo, mar plomizo, material plomizo.* **2** Que tiene plomo: *Esta chapa es plomiza, sin duda.*

plomo *s. m.* **1** *Pb.* Elemento químico metálico de color gris, blando y pesado muy usado industrialmente: *tuberías de plomo, pintura de plomo, gasolina de plomo, soldadito de plomo.* **2** Trozo de este metal: *los plomos de la red de pescar.* **3** Plomada, utensilio de albañilería. **4** Bala o proyectil: *Le llenó el cuerpo de plomo.* **5** COLOQUIAL. Persona o cosa pesada: *Cállate ya, no seas plomo. Tu padre es un plomo. La clase ha sido un plomo. ¡Qué plomo de película, nos salimos a la mitad!* **6** (en plural) Fusible de una instalación eléctrica: *Se han fundido los plomos. Yo sé arreglar los plomos.* FR. Y LOC. **andar / ir con pies* de ~. caer a ~** 1 Caer ‹una cosa› verticalmente: *El castillo está edificado sobre un promontorio que cae a plomo sobre el mar en su pared oeste.* 2 COLOQUIAL. Caer ‹una persona› con todo el peso: *Estaba tan cansado que caí a plomo en el sofá.*

plomoso, sa *adj.* Plomizo.

pluma *s. f.* **1** Cada una de las piezas que cubren el cuerpo de las aves, formadas por un tubo fino con pequeños filamentos a los lados. **2** Relleno de plumas en prendas de abrigo para vestir o para la cama: *Tenemos un edredón de plumas maravilloso. No me gustan las almohadas de plumas.* **3** Utensilio terminado en una punta metálica que se utiliza para escribir. **~ estilográfica** Instrumento para escribir que tiene en su interior una carga o depósito de tinta. **~ fuente** MÉX.; VEN. Pluma estilográfica. **4** Escritor o actividad de escritor: *Fue una de las grandes plumas del Renacimiento.* **5** (no contable) Estilo literario: *una pluma barroca, una pluma elocuente, una pluma mordaz.* **6** Utensilio para escribir que se usaba antiguamente, cortando una pluma de ave. **7** (no contable) COLOQUIAL. Homosexualidad o afeminamiento: *Se le nota la pluma enseguida. Siempre han comentado que Carlos tiene pluma.* || *s. m.* **8** (se usa siempre *plumas* para singular y plural) COLOQUIAL. Chaquetón deportivo, de material sintético impermeable, relleno de pluma de ave, usado contra el frío en los deportes de montaña: *Yo ahora no voy a esquiar, pero uso el plumas cuando hace frío. Le han regalado a Eduardo un plumas muy bonito. Queremos dos plumas iguales, mamá.* SIN. plumífero. || **9 peso* ~.** FR. Y LOC. **dejar correr la ~** Escribir ‹una persona› espontáneamente, sin pararse a reflexionar.

plumaje *s. m.* **1** Conjunto de plumas de un ave: *un cisne de plumaje blanco. El plumaje de algunos pájaros cambia de color según las estaciones.* **2** Penacho de plumas que sirve de adorno en sombreros o en otros objetos.

plumazo *s. m.* Trazo fuerte hecho con la pluma, especialmente para tachar: *Al profesor no le gustó el trabajo y lo tachó de un plumazo.* FR. Y LOC. **de un ~** Se usa para expresar que algo se hace de forma rápida y brusca, sin respetar a nadie: *Nos han eliminado las horas extras de un plumazo.*

plúmbeo, a *adj.* **1** ELEVADO. De plomo: *material plúmbeo, protectores plúmbeos.* **2** Que pesa como el plomo. **3** (antepuesto / pospuesto) ELEVADO. Que es aburrido: *una persona plúmbea, una plúmbea reunión. Éste es un libro plúmbeo.*

plum-cake (del inglés; pronunciamos '*plunqueic*') *s. m.* Bizcocho rectangular con pasas y frutas confitadas.

plumero *s. m.* **1** Utensilio para limpiar el polvo formado por un conjunto de plumas sujetas a un mango. **2** Conjunto de plumas que adornan, generalmente, un sombrero o un casco: *En esas salas de fiestas, las bailarinas lucen bonitos plumeros en la cabeza.* SIN. penacho. FR. Y LOC. **vérsele el ~** COLOQUIAL. Descubrir ‹una persona› las verdaderas intenciones de otra persona, cuando intenta ocultarlas: *En cuanto le pides datos de su nuevo proyecto se le ve el plumero: nos hace hablar y él no dice nada.*

plumier *s. m.* Caja o estuche para guardar los utensilios de escritura: *Llevo un plumier con los lápices, las gomas, el sacapuntas, la pluma y el bolígrafo.*

plumífero *s. m.* Cazadora o anorak impermeable que está relleno de plumas de ave. SIN. plumas.

plumilla *s. f.* **1** Punta de la pluma de escribir. SIN. plumín. **2** BOT. Plúmula.

plumín *s. m.* Pieza metálica que forma la punta de la pluma de escribir: *Moja el plumín en la tinta.* SIN. plumilla.

plumón *s. m.* Cada una de las plumas cortas y finas que tienen las aves debajo del plumaje exterior: *una almohada de plumón.*

plúmula *s. f.* Yema pequeña del embrión de las plantas que origina el tallo.

plural *adj. / s. m.* **1** GRAM. [Número gramatical] que se refiere a dos o más personas o cosas: *El plural de mesa es mesas.* **~ de modestia** Uso del pronombre personal de primera persona en plural en vez de en singular cuando el que habla quiere quitarse importancia. **~ mayestático** Uso del pronombre personal de primera persona en plural en vez de en singular, para expresar la autoridad o dignidad del que habla: *El Papa empleó el plural mayestático.* || *adj.* **2** Que se presenta en más de un aspecto, que es variado: *Nuestra sociedad civil es una sociedad plural, que admite diferencias políticas, religiosas, de pensamiento.*

pluralidad *s. f.* **1** (no contable) Variedad grande: *pluralidad de opiniones, pluralidad de razas, pluralidad de criterios.* SIN. diversidad. **2** (no contable) RESTRINGIDO. Conjunto numeroso: *Lo siento, pero llega esta tarde una pluralidad de excursionistas y tiene usted que dejar su habitación libre. Se veía una pluralidad de bañistas que llenaban la playa.*

pluralismo *s. m.* (no contable) Coexistencia de varias ideologías o doctrinas: *Los sistemas democráticos garantizan el pluralismo político. Nuestros padres nos educaron en el pluralismo ideológico.*

pluralista *adj. / s. m.* y *f.* Que acepta o comprende personas de distintas ideas políticas o económico-sociales: *un parlamento pluralista, una revista pluralista, una asociación pluralista, un pluralista convencido.*

pluralizar *v. intr.* **1** Aplicar ‹una persona› a varias personas o cosas lo que es peculiar de una: *No pluralice, este problema sólo le afecta a usted. No pluralicemos, sólo va mal tu coche.* **2** Dar ‹una persona› número plural a [una palabra que normalmente no lo tiene]: *La prensa tiende a pluralizar indebidamente, en frases como «Los Peralta son todos grandes rejoneadores».* ⇒ **19.**

pluricelular *adj.* BIOL. [Planta o animal] que tiene el cuerpo formado por muchas células: *organismo pluricelular.*

pluriempleado, da *adj. / s. m.* y *f.* (ser / estar) [Persona] que tiene pluriempleo: *Está pluriempleado el pobre, trabaja en el bar y por la noche como vigilante del aparcamiento. Soy pluriempleado porque necesito ganar más dinero.*

pluriempleo *s. m.* Situación de la persona que tiene más de un empleo o trabajo: *El pluriempleo no está bien visto por los sindicatos. En los momentos de apuro económico hay que recurrir, si es posible, al pluriempleo. Con el pluriempleo se gana más, pero no se tiene tiempo de nada.*

plurilingüe *adj.* **1** Que habla o escribe varias lenguas: *secretaria plurilingüe.* **2** Que está escrito en varias lenguas: *documento plurilingüe, texto plurilingüe.*

pluripartidismo *s. m.* (no contable) Sistema político basado en la existencia de varios partidos: *El pluripartidismo es el sistema natural de la democracia.*

pluripartidista *adj.* **1** Del pluripartidismo: *congreso pluripartidista, propagandista pluripartidista.* || *adj. / s. m.* y *f.* **2** Que es partidario del pluripartidismo: *Soy un pluripartidista convencido.*

plurivalencia *s. f.* (no contable) Polivalencia.

plurivalente *adj.* Que tiene varios valores, aplicaciones o usos: *Ése es un jugador plurivalente, juega como defensa y como delantero. El mío es un coche plurivalente, sirve para ciudad y para carretera perfectamente.* SIN. polivalente.

plus *s. m.* Cantidad de dinero extraordinaria que se paga o se recibe además del sueldo: *El mes pasado trabajé muchas horas y mis jefes me han dado un plus. En esta empresa dan pluses por todo: por nocturnidad, por peligrosidad, por horas extras.* SIN. prima.

pluscuamperfecto *adj. / s. m.* Pretérito pluscuamperfecto.

plusmarca *s. f.* DEP. Récord deportivo reconocido oficialmente: *batir una plusmarca. Hoy se ha batido la vieja plusmarca mundial de los cien metros lisos. Este atleta ha mejorado la plusmarca nacional de lanzamiento de peso.*

plusmarquista *s. m. / f.* Deportista que ha conseguido un récord reconocido oficialmente.

plusvalía *s. f.* **1** Aumento del valor de una cosa por causas exteriores a ella: *Las plusvalías más importantes se han dado en el sector inmobiliario.* **2** Impuesto que se paga por la diferencia positiva entre el precio de compra y el de venta de un bien inmueble: *El comprador pagó la plusvalía por la venta del garaje.*

plutocracia *s. f.* **1** RESTRINGIDO. Sistema político en que el poder es ejercido o controlado por la clase social económica más poderosa. **2** RESTRINGIDO. Predominio de esta clase social: *En las sociedades orientales el peso de la plutocracia es tan importante como en las occidentales.*

plutónico, ca *adj.* GEOL. Del plutonismo: *roca plutónica.*

plutonio *s. m.* *Pu.* Elemento químico metálico, altamente tóxico y radiactivo, con propiedades parecidas a las del uranio, que se obtiene artificialmente y se utiliza como combustible nuclear.

plutonismo *s. m.* GEOL. Acción del fuego interior terrestre, manifestado en los volcanes.

pluvial *adj.* **1** De la lluvia: *agua pluvial, régimen pluvial.* || *s. m.* **2** (macho y hembra) *Pluvianus aegyptius.* Ave pequeña trepadora que se alimenta de insectos y habita en ríos y lagos de África tropical. || **3 capa* ~.**

pluviometría *s. f.* (no contable) Parte de la Meteorología que estudia la distribución de las precipitaciones en relación con el espacio geográfico y las estaciones del año.

pluviómetro *s. m.* Instrumento para medir la lluvia caída en un lugar: *En muchos pueblos hace años los niños construían el pluviómetro de la escuela.*

pluviosidad *s. f.* METEOR. Cantidad de lluvia de un lugar en un periodo determinado de tiempo: *pluviosidad anual, índice de pluviosidad. Ha aumentado la pluviosidad en esa parte del Caribe. La pluviosidad del norte peninsular es muy superior a la del sur.*

PM (pronunciamos *'pe-eme'*) *s. f.* Sigla de «Policía Militar», España (inglés *MP*).

P. O. *abr.* «Por orden».

poblacho *s. m.* PEYORATIVO. Pueblo pequeño o pobre: *Esto más que una ciudad parece un poblacho.*

población *s. f.* **1** Conjunto de personas que habitan la Tierra, un país o un lugar determinado: *la población andaluza.* **densidad* de ~.** **2** Lugar normalmente edificado, en el cual habita un conjunto de personas: *una población en el centro del valle.* SIN. pueblo, poblado. **3** Conjunto de seres vivos con alguna característica común: *La población de palmeras y encinas resiste mejor la contaminación urbana que las población de pinos. La población de conejos y cuervos ha vuelto a crecer en el campo castellano.* **4** Conjunto de individuos que constituyen el objeto de estudio de una encuesta y entre los que se extrae la muestra: *La encuesta se realizó sobre una población de mil individuos.* **5** Acción y efecto de poblar: *la población de las tierras colonizadas.* SIN. poblamiento. ‖ **6 ~ activa** Parte de la población de un país que trabaja o está buscando empleo. **7 ~ de derecho** En un censo, conjunto de personas que residen habitualmente en un área geográfica determinada. **8 ~ flotante** Conjunto de los habitantes temporales de un lugar: *La población flotante de las grandes ciudades suele ser muy alta.* FR. Y LOC. **radio* de ~.**

poblado, da *s. m.* **1** Lugar donde un conjunto de personas vive agrupado: *Varias familias indias habitaban el poblado.* **2** Núcleo de viviendas pobres o provisionales: *El Ayuntamiento ha instalado un poblado de chabolas para los inmigrantes. La UNESCO los ha alojado en un campo de refugiados, un inmenso poblado de tiendas de campaña que se levantaba al lado del río.*

poblamiento *s. m.* Proceso de establecerse un grupo de personas en algún lugar de la Tierra: *El poblamiento de las islas del Pacífico es muy antiguo. Tras la conquista de un país, los vencedores inician, pronto o tarde, su poblamiento.*

poblano, na *adj. / s. m.* y *f.* AMÉR. [Persona] que habitualmente vive en el campo.

poblar *v. tr.* **1** Llenar u ocupar ‹una persona› [un lugar] con personas u otros seres vivos para que habiten en él: *Los castellanos poblaban los territorios reconquistados a los árabes. Poblaron el monte* ***de*** *árboles.* SIN. repoblar. **2** Habitar o vivir ‹personas u otros seres vivos› en [un lugar]: *Pueblan ese bosque numerosas aves.* **3** Llenar ‹una cosa› [otra cosa]: *Seres fantásticos poblaban sus sueños.* ‖ *v. tr. / intr.* **4** Fundar ‹una persona› [uno o más pueblos] en un lugar: *Los colonizadores poblaron las tierras más agrestes.* ‖ *v. prnl.* **5** Llenarse ‹un lugar o una cosa› de [personas, animales o cosas]: *La charca se pobló* ***de*** *insectos. La selva se puebla de gritos nocturnos.* ⇒ **28.**

pobre *adj. / s. m.* y *f.* **1** Que no tiene lo necesario para vivir. **gente ~.** **2** Que pide limosna: *Llamó a la puerta un pobre. Se ven muchos pobres por la calle.* SIN. mendigo. ‖ *adj.* **3** (antepuesto) Que es infeliz o desgraciado: *El pobre niño se había perdido. Nada le sale bien al pobre hombre.* **4** Que tiene poco valor o calidad: *Ésta es una tela pobre para la decoración.* **5** Que resulta insuficiente: *pobre* ***de*** *recursos. La decoración es pobre* ***en*** *colorido.* SIN. escaso. ANT. rico. **6** [Tierra, sembrado] que es poco fértil: *Ahí sólo puedo sembrar viñas, es una parcela muy pobre.* **7** Que tiene pocos recursos económicos o naturales: *un país pobre, una organización pobre.* ‖ **8 pobres de espíritu** REL. Según la *Biblia*, grupo de bienaventurados que conseguirán el reino de los cielos. FR. Y LOC. **~ de mí** Se usa para quejarse: *Pobre de mí que estoy sola en el mundo.* **~ de ti / él...** COLOQUIAL. Se usa para amenazar: *Pobres de vosotros como me rompáis la máquina de fotos. Te dejo el coche, pero pobre de ti como lo rayes.* **ser un ~ diablo*.**

pobrete *adj. / s. m.* y *f.* COLOQUIAL; IRONÍA, HUMORÍSTICO. Se usa para compadecer a una persona que se lamenta sin motivo: *–«El médico me ha prohibido comer mucho.» –«Pobrete, qué delgadito te vas a quedar.»*

pobretería *s. f.* **1** (no contable) RESTRINGIDO. Conjunto de pobres: *En ese albergue acogen a la pobretería de la zona.* **2** (no contable) RESTRINGIDO. Escasez o pobreza: *Ocultan celosamente su pobretería, pero se les ve en apuros.* **3** (no contable) RESTRINGIDO. Tacañería de una persona: *Guárdate la pobretería para otras ocasiones e invítanos a cenar el día de tu cumpleaños. Fuera pobreterías y pide el mejor cava.*

pobreza *s. f.* **1** Falta de lo necesario para vivir o escasez de bienes o ingresos: *vivir en la pobreza. Llevas una vida de pobreza.* ANT. riqueza. **2** Escasez o falta de una cosa: *pobreza* ***de*** *espíritu. Tiene una pobreza* ***de*** *ideas increíble. La pobreza* ***de*** *su vocabulario es manifiesta. Es partidario de la pobreza* ***en*** *el vestir. La pobreza* ***de*** *la decoración se nota mucho.* ANT. riqueza. ‖ **3 bolsa* de ~.**

pocero *s. m.* **1** Persona que por oficio hace pozos o trabaja en ellos. **2** Persona que por oficio limpia pozos negros, cloacas y lugares parecidos: *Una emanación de gas, cuando limpiaban un pozo, acabó con la vida de dos poceros.*

pocha *s. f.* Judía blanca temprana que suele emplearse en varios platos típicos: *pochas con chorizo, pochas con almejas.*

pocho, cha *adj.* **1** (estar) Que está total o parcialmente podrido: *una manzana pocha.* **2** COLOQUIAL. Que está un poco enfermo: *Llevo todo el fin de semana pocho.* ‖ *adj. / s. m.* y *f.* **3** MÉX. [Chicano] que está muy integrado en la cultura norteamericana e imita las costumbres o el léxico estadounidense. ‖ *s. m.* **4** MÉX. Variedad de la lengua española, llena de interferencias inglesas.

pocholada *s. f.* COLOQUIAL, AFECTADO; AFECTIVO. Persona o cosa bonita: *Su hija es una pocholada. Su amigo le regaló una pluma que era una pocholada.*

pocholo, la *adj.* COLOQUIAL, AFECTADO. Que es bonito o tiene encanto gracioso: *Tienes un niño muy pocholo. Me he comprado un coche pequeño, muy pocholo. Mónica tiene una perrita muy pochola.*

pocilga *s. f.* **1** Lugar cubierto donde se guardan los cerdos. SIN. porqueriza. **2** COLOQUIAL. Lugar cubierto muy sucio: *Su cuarto está hecho una pocilga. Ese bar parece una pocilga.* SIN. cuadra.

pocillo *s. m.* **1** Recipiente empotrado en el suelo para recoger un líquido, especialmente el aceite o el vino en los molinos y lagares. **2** AMÉR. Taza pequeña de loza, especialmente la de chocolate: *pocillo de chocolate.*

pócima *s. f.* **1** LITERARIO. Preparado medicinal de productos vegetales hervidos: *Las brujas medievales preparaban pócimas y filtros para enamorados.* SIN. poción. **2** COLOQUIAL. Bebida extraña o de sabor desagradable: *El médico me ha recomendado una pócima que no hay quien la beba.*

poción *s. f.* Bebida preparada con intenciones mágicas o medicinales: *Las pociones eran uno de los medios favoritos para curar en la medicina tradicional.* SIN. pócima.

poco *adj.* **1** (antepuesto) Que tiene pequeña cantidad o número, o baja intensidad; o que tiene menos cantidad, número o intensidad de lo normal. **1ı** Va siempre delante de nombres cuando se les une sin el verbo *ser*. **1₂** Igual que *mucho* y a diferencia de *más* y *menos*, *poco* puede acompañar a un nombre precedido de artículo intercalándose entre ambos, excepto con *un*: *el poco interés que demuestra, la poca gracia que tiene.* OBSERVACIONES: *Un* exige el uso de la preposición *de*: *un poco* ***de*** *dinero, un poco* ***de*** *tiempo.* **2** (antepuesto) Que es una pequeña cantidad o intensidad: *Has comprado poca comida. A la puerta de la catedral había poca gente. Mi coche consume poca gasolina. Le dieron pocos caramelos. Había poca llama. Se presentaron muy pocos concursantes.* ANT. mucho. ‖ *pron.* **3** Cantidad pequeña de personas, animales o cosas, o menor de lo normal. OBSERVACIONES: Se construye a menudo con la forma partitiva del nombre: *Pocos de ellos se atreverían a saltar del avión. Pocos de los invitados conocían a la novia. Pocos se animaron a ir a la fiesta del pueblo.* ‖ *adv. cant.* **4** En pequeña cantidad, número o intensidad, o menos de lo considerado normal u ordinario. **4₁** Se aplica a verbos, adjetivos o adverbios, frente a *mucho*, que se sustituye por *muy* en la intensificación de cualidades o circunstancias. **4₂** Con un adjetivo o adverbio, *un poco* presenta una característica como negativa o como algo no deseado: *Es un poco alto. El piso es un poco raro.* En cambio, *poco* presenta algo como escaso o insuficiente: *El profesor era poco divertido. El coche es poco rápido. Comes poco. El timbre suena poco. Llueve poco.* **5** Se antepone a expresiones comparativas adjetivas o adverbiales para matizar su alcance: *Pues tú comes poco menos que yo. Eres poco más alto que yo.* **6** Con verbos que se refieren al tiempo, equivale a 'un corto periodo de tiempo': *Tardaré poco en acabar. Hace poco te llamaron por teléfono. Estaré aquí un poco.* ‖ *adv. modo* **7** En grado, cantidad o número pequeño: *Llueve poco en esta zona.* ANT. mucho. **8** De corta duración: *El espectáculo ha durado muy poco.* ANT. mucho. **9** Que ha ocurrido hace poco tiempo: *El juicio se celebró hace poco.* ANT. mucho. ‖ **10 poquita cosa*.** FR. Y LOC. **a ~ de** Poco tiempo después de: *A poco de producirse el incendio llegaron los bomberos.* **a ~ que** Añade a la idea de hipótesis condicional la de cantidad pequeña: *A poco que te esfuerces, conseguirás mejorar.* **como hay* pocos. como ~** Como mínimo: *Tenían que trabajar, como poco, diez horas al día.* **de a ~** ARG., PAR., URUG. Gradualmente, poco a poco. **dentro* de ~. muy ~** COLOQUIAL. Poquísimo: *Los vendedores tardaron muy poco en recibir el dinero.* **ni tanto* ni tan ~. poco a ~** ₁ Despacio, sin prisa: *Querían controlar el mercado discográfico poco a poco. Poco a poco hila la vieja el copo.* ₂ En pequeñas cantidades: *Echa la salsa poco a poco.* **~ más o menos** Aproximadamente: *La tertulia empezará a las cinco poco más o menos.* **por ~** Casi: *Por poco me toca la lotería.* **por ~ (...) que ...** Añade al sentido de *aunque* la idea de cuantificación mínima: *Por poco que se esfuerce, conseguirá mejorar.* **sobre ~ más o menos** COLOQUIAL. Poco más o menos. **tener* en ~.**

poda *s. f.* **1** (no contable) Sistema de avivar el crecimiento de las plantas y de controlar sus formas, cortándolas adecuadamente: *Gracias a la poda de los árboles urbanos, las calles se quedan sin sombra.* **2** (no contable) Tiempo o estación cuando se podan las plantas: *La poda de los árboles de la ciudad debe hacerse con precauciones en septiembre.*

podadera *s. f.* **1** Herramienta metálica de jardinería, en forma de hoz con mango de madera para podar. **2** Tijeras fuertes para podar.

podagra *s. f.* MED. Enfermedad de la gota, especialmente la del pie.

podar *v. tr.* Cortar o quitar ‹una persona› [las ramas superfluas de un árbol o una planta]: *Algunos jardineros creen que nunca deben podarse los árboles y otros los podan en cuanto nos descuidamos.*

podenco *adj. / s. m.* y *f.* Perro* podenco.

poder *v. tr.* **1** Tener ‹una persona› la capacidad, el tiempo o la posibilidad de [hacer una cosa]: *No puedo hablar. Tú puedes* ***con*** *la carga.* **2** Tener ‹una persona› derecho o autorización para [hacer una cosa]: *Con este título puedo ejercer la carrera. Ya puedo irme de casa, porque soy mayor de edad.* **3** Tener ‹una persona› la obligación moral de [hacer una cosa]: *No podemos portarnos así con él.* **4** Ser ‹una persona› capaz de vencer [a otra persona]: *Tú puedes a Ricardo. Andrés ya puede a sus amigos.* SIN. ganar. ‖ *v. impers.* **5** Ser posible que suceda [una cosa]: *Puede que este fin de semana vaya a Madrid.* FR. Y LOC. **a / hasta más no ~** Se usa para indicar que un hecho se produce en tal grado que ya no puede ser más: *Disfrutamos a más no poder.* **de ~** + infinitivo Se usa para indicar una condición: *De poder venir, será ya tarde.* **no ~ con su alma*. no ~ más** ₁ Estar ‹una persona› muy cansada: *No salgo de paseo, porque hoy no puedo más.* ₂ Estar ‹una persona› harta de otra persona o de una cosa: *Me voy de la empresa porque no puedo más.* **no ~ (ni) ver** Odiar ‹una persona› [a otra persona, a un animal o una cosa]: *Tengo tanta manía a las matemáticas que no las puedo ni ver.* **no ~ (por) menos de** No conseguir ‹una persona› evitar hacer o decir una cosa: *No pude por menos* ***de*** *expresarle mi disgusto.* **no ~ remediar*. no ~ respirar*. no ~ ver ni en pintura*. no ~ sacar ni con tenazas*. no ~ tragar** COLOQUIAL. Tener ‹una persona› mucha antipatía a otra persona: *No puedo tragar a mi jefe.* **no ~ coger / agarrar ni con tenazas*.** ⇒ **59.**

poder *s. m.* **1** Capacidad o posibilidad de hacer cierta cosa: *Tienes poder para convencer a los demás. No tengo poder suficiente para enfrentarme a él.* **2** Gobierno de un Estado: *El partido demócrata se hizo con el poder.* **3** Dominio, autoridad o influencia: *Lola aprovechó su poder para recomendar a un amigo. El poder real no controlaba todo en la Edad Media, competía con el poder de los nobles.* **4** Fuerza, capacidad, eficacia: *un detergente de gran poder limpiador. Es un ejército que tiene mucho poder.* **5** (preferentemente en plural) Autorización que una persona o entidad da a otra para representarla o ejecutar cierta cosa: *Le di poderes para que firmara por mí.* **plenos poderes** Poderes totales que tiene una persona por tener una autorización especial. **6** Posesión de alguna cosa: *La casa pasó a su poder.* ‖ **7 ~ absoluto** El poder político que se ejerce sin ninguna limitación, y en especial sin estar regulado por una Constitución. **8 ~ adquisitivo** Capacidad de una persona, o grupo de personas, de adquirir bienes y servicios: *el poder adquisitivo de los españoles.* **9 ~ ejecutivo** Poder que ejerce el gobierno del Estado. **10 ~ judicial** Poder que ejerce la administración de la justicia. **11 ~ legislativo** Poder que tiene la potestad de elaborar y reformar las leyes. **12 poderes fácticos** Sectores de la sociedad que tienen una gran influencia en la vida política y social de un país: *Los poderes fácticos, sobre todo la Iglesia y el Ejército, se han mostrado en desacuerdo con el nuevo giro político.* **13 poderes públicos** Conjunto de las autoridades que gobiernan un Estado.

FR. Y LOC. **de poder a ~** De igual a igual. **obrar* en ~ / manos de. por ~ / poderes** Con intervención de un apoderado o representante autorizado: *Mis abuelos se casaron por poderes.*

poderdante *s. m. / f.* DER. Persona que da su autorización a otra para que la represente legalmente: *Aquí hay que poner la firma del poderdante.*

poderhabiente *s. m. / f.* DER. Persona que tiene la autorización de otra para representarla legalmente: *Aquí hay que poner la firma del poderhabiente.*

poderío *s. m.* **1** Dominio, influencia: *el poderío de las multinacionales, el poderío de una persona. Ésta es una empresa de gran poderío en el sector.* **2** Fortaleza, fuerza: *El poderío de la nueva máquina es mucho mayor que el de la vieja. Aquí se ha demostrado el poderío del toro. En estos deportes se demuestra el poderío de los perros galgos.* **3** Riqueza, bienes: *Dicen que esa señora tiene mucho poderío en su pueblo.* SIN. fortuna, hacienda.

poderosamente *adv. modo* **1** De manera poderosa, potentemente: *Ese atleta domina su parcela poderosamente.* || *adv. modo / cant.* **2** En alto grado, intensamente, fuertemente: *Llama poderosamente la atención que los dos hermanos viajen juntos.*

poderoso, sa *adj. / s. m.* y *f.* **1** (antepuesto / pospuesto) Que tiene mucho poder o riquezas: *un país muy poderoso. Te hablo de una poderosa familia de los años veinte. Es difícil luchar contra los poderosos, porque no están dispuestos a ceder terreno.* || *adj.* **2** (antepuesto / pospuesto) Que es eficaz: *un remedio poderoso contra la fiebre. El médico me ha recetado un poderoso jarabe contra la tos.* **3** (antepuesto / pospuesto) Que tiene fuerza o decisión: *Ésa es una razón muy poderosa. Tengo poderosos motivos para no querer volver a verla. Tienes una voluntad muy poderosa.*

podiatra *s. m. / f.* MED.; AMÉR. Médico especialista en enfermedades de los pies.

podio o **pódium** *s. m.* **1** ARQ. Pedestal alargado sobre el que descansa una fila de columnas. **2** Plataforma o tarima a la que suben los vencedores de una prueba deportiva o el director de una orquesta: *Subir al podio es difícil en una prueba internacional. Una atleta española ha compartido el podio con las portuguesas.*

podología *s. f.* (no contable) MED. Parte de la Medicina que estudia y trata las enfermedades y deformidades de los pies.

podólogo, ga *adj. / s. m.* y *f.* Especialista en Podología.

podómetro *s. m.* Instrumento para contar el número de pasos dados y la distancia recorrida por la persona que lo lleva: *Los podómetros se han puesto muy de moda entre los ejecutivos maduros.*

podón *s. m.* **1** Podadera grande para podar y rozar. **2** Podadera con un extremo en forma de hacha y otro en forma de cuchillo.

podredumbre *s. f.* **1** Estado de putrefacción o descomposición de la materia orgánica: *La sala de disección huele a podredumbre. El sótano desprendía un olor de podredumbre insoportable.* SIN. pudrimiento, putrefacción. **2** Cosa o parte de ella que está podrida: *Quita la podredumbre de la manzana y aprovecha el resto. Hay que limpiar la podredumbre de la puerta de atrás, porque nos vamos a envenenar.* **3** Inmoralidad o corrupción: *La podredumbre juvenil se disculpa por la poca edad y la de los políticos y financieros por la mucha. En conclusión, el tiempo es podredumbre y nos corrompe.* SIN. inmoralidad.

podrido, da *p.* **1** Participio del verbo *podrir.* || **2 olla* podrida.**

podrir *v. tr.* Pudrir.

poema *s. m.* **1** LIT. Obra, oral o escrita, en verso. SIN. poesía. **~ dramático. ~ épico. ~ lírico. 2** LIT. Obra en prosa que, por sus características, se considera poética: *«Platero y Yo», del Nobel Juan Ramón Jiménez, es un texto que suele considerarse un poema en prosa. Algunos cuentos breves, de una prosa muy cuidada, se consideran también poemas en prosa.* || **3 ~ sinfónico** MÚS. Composición musical para orquesta, de forma libre, cuyo tema y desarrollo están inspirados en una idea poética o en una obra literaria. FR. Y LOC. **ser todo un ~** COLOQUIAL. Se usa para indicar el fracaso o la rareza de una persona o una situación: *El profesor es un tipo rarísimo, verlo entrar ya es todo un poema, con sus pantalones ajustados de flores y la camisa a rayas. Miguel estaba muy deprimido y lloroso ayer; era todo un poema verlo mirando por la ventana con el pañuelo en la mano.*

poemario *s. m.* LIT. Conjunto o colección de poemas: *Algunos de los poemarios más famosos son los cancioneros medievales o del Siglo de Oro, donde se recogen poemas de muchos autores.*

poesía *s. f.* **1** LIT. Arte de expresar la belleza o el sentimiento estético por medio de la palabra: *La poesía con la música y la pintura son, probablemente, las tres actividades más nobles de las personas. La poesía ha sido considerada siempre una de las Bellas Artes.* **2** LIT. Género literario al que pertenece cualquier obra escrita de acuerdo con las reglas de este arte: *Los tres géneros poéticos principales son poesía épica, lírica y dramática.* **3** LIT. Obra poética de género lírico, sobre todo en verso: *Garcilaso ha dejado poesías muy hermosas. Las poesías de la juventud de Neruda son conmovedoras.* SIN. poema. **4** LIT. Actividad poética: *La poesía de Celaya se desarrolla a lo largo de varias décadas. La poesía barroca desplaza a la poesía renacentista. La poesía romántica predomina en el siglo* XIX. **5** Fuerza expresiva o sensibilidad: *Sabes apreciar la poesía de la naturaleza. Yo no encuentro tanta poesía en los toros como dicen algunos. A mí la poesía que de verdad me gusta es la de la buena mesa.*

poeta *s. m.* **1** (femenino *poetisa*) Hombre que escribe poesías: *los poetas románticos, poeta amoroso, poeta clásico, poeta trágico.* **2** Persona que escribe poemas: *Entre los poetas románticos destaca Rosalía de Castro, poetisa gallega.*

poetastro *s. m.* PEYORATIVO. Poeta malo.

poética *s. f.* **1** (no contable) Conjunto de principios o reglas que siguen los autores según los géneros o escuelas literarias: *la poética de Garcilaso, la poética simbolista, las poéticas neoclásicas.* **2** (no contable) Ciencia que estudia el lenguaje, la naturaleza, los principios, los géneros y las reglas de la poesía. **3** Tratado sobre los principios o reglas de la poesía.

poético, ca *adj.* **1** Que es propio de la poesía: *estilo poético, lenguaje poético, talento poético, concurso poético.* **licencia* poética. 2** Que tiene alguna propiedad de la poesía, como belleza o delicadeza: *paisaje poético, encuentro poético, libro poético, palabras poéticas.*

poetisa *s. f.* (masculino *poeta*) Mujer que escribe poemas: *Gabriela Mistral fue una gran poetisa de América.*

poetización *s. f.* (no contable) Conversión en poesía de algo que no lo es: *Últimamente es frecuente la poetización de términos que no parecen propios de la poesía. La poetización que rodea al anuncio no oculta las verdaderas intenciones del anunciante.*

poetizar *v. tr.* **1** Hacer ‹una persona› que [una cosa] resulte poética: *El autor poetizó la puesta de sol. No me poetices el reparto de la herencia, que no me lo creo.* || *v. intr.* **2** Componer ‹una persona› versos u obras poéticas: *Últimamente se dedica a poetizar por encargo las ideas de los anunciantes.* SIN. versificar. ⇒ **19.**

pógrom o **pogromo** *s. m.* **1** ELEVADO. Matanza y robo a gente indefensa por una multitud: *Son famosos los pogromos contra los judíos, tanto los medievales como los de los regímenes totalitarios del siglo* XX. **2** ELEVADO. Matanza en masa de una minoría religiosa, racial o nacional: *Ha habido varios pogromos tristemente célebres en Suráfrica.*

pointer (del inglés) *s. m.* (macho y hembra) Perro de caza de cierta raza.

póker *s. m.* Póquer.

polaco, ca *adj. / s. m.* y *f.* **1** De Polonia, país europeo: *los coches polacos. Los obreros eran polacos. He conocido a dos polacas.* || *s. m.* **2** LING. Lengua eslava oficial de Polonia.

polar *adj.* **1** Del polo o de los polos: *La Tierra presenta achatamiento polar.* **aurora* ~. casquete* ~. círculo* ~. estrella* ~. oso ~. 2** Que es muy frío: *En invierno sopla aquí un viento polar insoportable. Hace un frío polar.*

polaridad *s. f.* **1** (no contable) FÍS. Capacidad de una molécula de ser atraída o repelida por cargas eléctricas, positivas o negativas. **2** (no contable) FÍS. Propiedad de los imanes y de otros cuerpos imantados de orientarse en dirección Norte-Sur en un campo de fuerzas magnéticas: *La polaridad de la brújula es la responsable de que podamos orientarnos.* **3** Cada uno de los polos, positivo o negativo, en un aparato eléctrico: *la polaridad de un cable. La calculadora no funciona porque no han respetado la polaridad de las pilas.*

polarización *s. f.* **1** (no contable) ELEVADO. Concentración de la atención o el interés en un problema, un asunto o en un punto determinado: *la polarización de la política ministerial en torno al problema del agua. Hubo una polarización de la reunión **en** los problemas del racismo.* **2** FÍS. Acción y resultado de polarizar o polarizarse las ondas o las cargas eléctricas: *la polarización de la luz a través de un prisma.*

polarizar *v. tr.* **1** FÍS. Modificar ‹una persona o una cosa› [las ondas transversales] para producir su polarización. **2** FÍS. Producir ‹una persona o una cosa› polarización eléctrica en [un cuerpo]. **3** Atraer ‹una persona o una cosa› [la atención de otra persona]: *La conferencia polarizó su atención.* **4** Dirigir ‹una persona› [una cosa] hacia un fin que se persigue. || *v. prnl.* **5** Resultar ‹las ondas transversales› modificadas al producirse polarización. **6** Sufrir ‹un cuerpo› polarización eléctrica. **7** Estar ‹la atención de una persona› concentrada en un asunto: *Yo ahora me he polarizado en la colección de sellos, y no me interesan más cosas.* **8** Estar ‹una cosa› centrada en [un asunto]: *La discusión se polarizó **en** problemas políticos.* ⇒ **19.**

polasta *s. f.* ARG.; COLOQUIAL. Energía, vitalidad para emprender cosas.

polca *s. f.* **1** Composición musical de ritmo rápido. **2** Danza de origen polaco que se baila a ritmo de polca. FR. Y LOC. **ser del año* de la ~.**

pólder (plural *pólders*) *s. m.* Terreno ganado al mar, muy bueno para la agricultura, propio de los Países Bajos: *Casi un tercio del suelo de los Países Bajos está formado por pólders. La formación de un pólder pasa por etapas diferentes: construcción de diques, desecación.*

polea *s. f.* **1** Máquina formada por una rueda vertical acanalada, que gira sujeta a un eje, por la que pasa una cuerda para elevar objetos. **2** Rueda metálica de llanta utilizada en las transmisiones por correas: *El motor ponía en marcha un sistema de poleas.*

polémica *s. f.* Discusión entre personas con ideas u opiniones diferentes, defendidas públicamente: *Hay un nuevo libro sobre la polémica de los agujeros negros del espacio. Ese colectivo ha avivado la polémica escribiendo muchas cartas al director.*

polémico, ca *adj.* **1** (antepuesto / pospuesto) Que provoca polémica: *actitud polémica, una personalidad polémica. El asunto se inició con unas polémicas declaraciones. Ése es un tema polémico, por supuesto. Tus opiniones son muy polémicas.* **2** Que disfruta con la polémica: *un personaje muy polémico. Tienes un carácter muy polémico. Tendrás problemas porque ella tiene un temperamento muy polémico.*

polemista *adj. / s. m.* y *f.* Persona que mantiene una polémica o es aficionada a mantenerlas: *No conozco una persona más polemista que mi padre.*

polemizar *v. intr.* Sostener ‹dos o más personas› una polémica sobre [una cosa]: *Polemizamos **sobre** la decadencia española. Siempre que puede Luis se dedica a polemizar **con** el vecino **sobre** la liga de fútbol, y así se entretienen. El presidente polemizó **con** el tesorero **sobre** el cobro de los recibos de los socios. Los socios polemizaron **con** la junta **sobre** las cuotas. Todos polemizaban **con** todos. Todos se creían con derecho a polemizar **sobre** todo.* ⇒ **19.**

polen *s. m.* (no contable) Conjunto de granos muy pequeños producidos en los estambres de las flores que contienen células reproductoras masculinas: *Las abejas liban el polen de las flores.*

polenta (del italiano) *s. f.* Guiso de harina de maíz parecido a las gachas: *La polenta es un plato típico italiano.*

poleo *s. m.* **1** *Mentha pulegium.* Planta herbácea labiada, pequeña, de tallo velloso, hojas húmedas y flores tirando a violeta, de olor muy fuerte que se encuentra en zonas húmedas. **2** (no contable) Infusión preparada con esta planta: *Después de cenar, en vez de un café prefiero un poleo.*

poli *s. m. / f.* COLOQUIAL. Policía: *Le ha detenido la poli.*

poli- *pref.* Significa 'varios' y forma sustantivos a partir de sustantivos y adjetivos a partir de adjetivos: *clínica - policlínica, cromado - policromado.*

poliamida *s. f.* Compuesto químico obtenido por condensación múltiple de ácidos y amidas, que se utiliza en la industria textil: *falda de poliamida.*

poliandria *s. f.* **1** Estado de la mujer casada con dos o más hombres a la vez: *Algunas tribus practican la poliandria.* **2** BOT. Característica de la flor con un número indefinido de estambres: *planta de flores poliandrias.* **3** ZOOL. Condición de la hembra fecunda que vive con varios machos.

polibán *s. m.* Bañera de menor tamaño que los normales, generalmente con un asiento en un lado.

polichinela *s. m.* TEATRO. Personaje burlesco del teatro italiano: *El polichinela ha sido el personaje más aplaudido de la obra. Ese niño va vestido de polichinela.*

policía *s. f.* **1** Cuerpo encargado de mantener la seguridad y el orden público: *policía antidisturbios, policía criminal, policía antiterrorista.* **cuerpo superior de ~. inspector de ~. puesto de ~. 2** Persona que pertenece a este cuerpo: *El policía nos pidió la documentación cuando pasamos la frontera.* SIN. agente. || **3 perro* ~. 4 ~ gubernativa** Cuerpo encargado de velar por el mantenimiento del orden público y la seguridad ciudadana, a las órdenes de las autoridades políticas. **5 ~ judicial** Policía dependiente de los jueces que investiga los delitos públicos y atrapa y persigue a los delincuentes. **6 ~ militar** Policía que vigila a los miembros del ejército. **7 ~ municipal** Policía, dependiente del Ayuntamiento, encargada del cumplimiento de las normas municipales. **8 ~ nacional** Policía española dependiente del Ministerio del Interior que se encarga de la seguridad y del orden de las grandes ciudades. **9 ~ secreta** Policía cuyos miembros no llevan uniforme para pasar inadvertidos.

policiaco, ca o **policíaco, ca** *adj.* De la policía o de los policías: *género policiaco, medidas policiacas.* **novela policiaca.**

policial *adj.* **1** De la policía: *protección policial.* SIN. policiaco. **2** Que está dominado por la policía: *estado policial.*

policlínica *s. f.* Establecimiento sanitario privado con diferentes especialidades.

policlínico *s. m.* Hospital o clínica en que hay servicios de varias especialidades médicas: *Trasladaron a los heridos al policlínico más cercano.*

policromar *v. tr.* Aplicar ‹una persona› varios colores a [una cosa]: *Estoy policromando una estatua de San José para mi parroquia.*

policromía *s. f.* Cualidad de policromo: *la policromía de una vidriera, la policromía de un estilo, la policromía de una escultura.*

policromo, ma *adj.* De varios colores: *una vidriera policroma.*

policultivo *s. m.* (no contable) Cultivo simultáneo de diversas especies vegetales en una misma explotación agrícola.

polideportivo, va *adj. / s. m.* [Lugar o instalación] que se utiliza para la práctica de varios deportes: *pabellón polideportivo, pista polideportiva.*

poliedro *s. m.* GEOM. Cuerpo geométrico que tiene varias caras: *Un cubo es un poliedro de seis caras.* **~ regular** Poliedro en el que todas las caras son regulares y todos los ángulos iguales.

poliéster *s. m.* Compuesto químico que se utiliza en la elaboración de fibras textiles: *camiseta de poliéster.*

polifacético, ca *adj.* Que se dedica a actividades muy variadas, o que tiene múltiples aptitudes: *Elena es muy polifacética.*

polifagia *s. f.* MED. Exagerado apetito que se manifiesta en algunas enfermedades.

polifásico, ca *adj.* **1** De varias fases. **2** ELECTRIC. [Corriente eléctrica alterna] que está constituida por la combinación de varias corrientes monofásicas del mismo periodo, pero cuyas fases no concuerdan.

polifonía *s. f.* MÚS. Música interpretada por varias voces o partes que suenan simultáneas, generalmente articuladas en contrapunto: *Es muy famosa la polifonía religiosa del siglo* XVI.

polifónico, ca *adj.* De la polifonía: *música polifónica.*

poligamia *s. f.* **1** Estado o condición de polígamo: *¿Eres partidario de la poligamia?* **2** Forma de relación conyugal en que una persona está unida a dos o más personas del sexo contrario: *En los países árabes se admite la poligamia masculina.*

polígamo, ma *adj. / s. m.* y *f.* **1** Que tiene varias mujeres o varios hombres a la vez. || *adj.* **2** BOT. [Planta] que tiene en uno o más pies flores masculinas, femeninas y hermafroditas: *El fresno es una planta polígama.* **3** ZOOL. [Animal macho] que aparea con varias hembras: *especie polígama.*

poligenismo *s. m.* (no contable) Doctrina que admite el origen simultáneo de la especie humana en varios puntos del planeta a la vez.

poliginia *s. f.* Matrimonio de un hombre con dos o más mujeres a la vez: *La poliginia en los países musulmanes es posible siempre y cuando se tenga una solvencia económica.*

políglota *s. f.* Biblia impresa en varios idiomas.

políglotO, ta o **poligloto, ta** *adj.* **1** Que está escrito en varias lenguas: *edición políglota.* || *adj. / s. m.* y *f.* **2** (coloquialmente y en el lenguaje corriente se usa *políglota* para referirse tanto al masculino como al femenino) Que conoce varias lenguas: *traductora políglota, intérprete políglota. Luisa es políglota. Pedro es políglоto.*

poligonáceo, a *adj. / s. f.* **1** BOT. Planta angiosperma dicotiledónea] que tiene tallo y ramos nudosos, hojas sencillas y alternas, flores hermafroditas o unisexuales y frutos con una sola semilla de albumen con almidón: *La acedera es una poligonácea.* || *s. f.* **2** (preferentemente en plural) BOT. Familia de las plantas poligonáceas.

polígono *s. m.* **1** Superficie de terreno destinada a fines diversos: *polígono industrial, polígono residencial.* **~ de tiro** Campo usado para prácticas de tiro: *En esta empresa disponemos de nuestro propio polígono de tiro.* **2** GEOM. Figura geométrica cerrada formada por tantos lados como vértices: *El hexágono es un polígono de seis lados.* **~ regular** Polígono que tiene sus lados y sus ángulos iguales.

poligrafía *s. f.* **1** Actividad de escribir sobre diversas materias. **2** RESTRINGIDO. Arte de escribir con ciertos procedimientos secretos, de manera que se requiera descifrar lo escrito: *En el siglo* XVII *se escribieron muchos tratados de poligrafía.* **3** RESTRINGIDO. Arte de descifrar estos escritos.

polígrafo, fa *s. m. / f.* **1** ELEVADO. Persona que ha escrito sobre varias materias: *Andrés Bello es uno de los más eminentes polígrafos en lengua española.* **2** Persona que estudia poligrafía, arte de descifrar textos secretos.

polilla *s. f.* **1** (macho y hembra) Insecto del orden de las mariposas, de color amarillento, que en fase de larva agujerea los tejidos de los que se alimenta: *Tienes que rociar bien la alfombra antes del verano, porque se la comerán las polillas.* **2** (macho y hembra) Insecto nocturno amarillento o grisáceo que vuela atraído por la luz.

polimerización *s. f.* (no contable) QUÍM. Proceso de formación de moléculas muy grandes a partir de moléculas más pequeñas, llamadas monómeros: *El producto se obtiene por un proceso de polimerización.*

polímero *s. m.* QUÍM. Compuesto químico, natural o sintético, que se obtiene por polimerización, constituido por la repetición indefinida de una cadena de moléculas.

polimetría *s. f.* MÉTR. Variedad de metros en una composición poética: *La polimetría es una característica fundamental de la estrofa llamada silva.*

poli-mili *s. m. / f.* COLOQUIAL. Miembro de la organización terrorista ETA en su facción político-militar.

polimorfismo *s. m.* **1** (no contable) Propiedad que tienen algunas especies de cambiar su aspecto morfológico. **2** (no contable) QUÍM. Propiedad de algunos minerales que tienen igual composición química, pero cristalizan en sistemas diferentes y dan distintas formas. **3** (no contable) LING. Coexistencia de formas con una misma función.

polimorfo, fa *adj.* QUÍM. Que puede tener varias formas con la misma composición química: *mineral polimorfo, cuerpo polimorfo, enzima polimorfa.*

polinesio, sia *adj. / s. m.* y *f.* **1** De Polinesia, archipiélago de Oceanía: *las costumbres polinesias, una tribu de polinesios. Mis vecinos son polinesios.* || *s. m.* **2** LING. Grupo de lenguas habladas en las islas Polinesias.

polinización *s. f.* Transporte del polen hasta el pistilo de las flores para su fecundación: *Algunos insectos son necesarios para la polinización.*

polinizar *v. tr.* Efectuar ‹un agente› el transporte de polen hasta el pistilo de [las flores]: *Los insectos o el viento polinizan los flores.* ⇒ **19.**

polinomio *s. m.* MAT. Expresión algebraica que constituye la suma o la resta ordenada de un número finito de monomios.

polinuclear *adj.* Que tiene varios núcleos: *célula polinuclear.*

polio *s. f.* (no contable) COLOQUIAL. Poliomielitis: *Adrián anda con muletas porque de pequeño tuvo la polio.*

poliomielítico, ca *adj.* **1** De la poliomielitis. || *adj. / s. m.* y *f.* **2** [Persona] que padece o ha padecido la poliomielitis: *He donado mi capital a los poliomielíticos infantiles.*

poliomielitis (plural *poliomielitis*) *s. f.* (no contable) MED. Enfermedad viral que daña la médula espinal y produce parálisis. SIN. polio (COLOQUIAL).

polipasto o **polispasto** *s. m.* Sistema formado por un mecanismo de poleas fijas y móviles.

polípero o **polipero** *s. m.* Formación caliza marina ramificada, producida por pólipos de una misma colonia de ciertos celentéreos, que puede formar arrecifes.

polipétalo, la *adj.* BOT. [Flor o corola] que tiene muchos pétalos.

pólipo *s. m.* **1** MED. Tumor de algunas membranas mucosas que se sujeta a éstas por medio de un pedúnculo: *un pólipo en la garganta, un pólipo en el útero.* **2** ZOOL. Animal celentéreo en una de las fases de su desarrollo, en la que tiene forma de saco con la abertura rodeada de tentáculos, y vive en el agua sujeto al fondo o a las rocas: *Las medusas y las actinias son pólipos.*

polipodio *s. m.* Helecho de hojas ramificadas que crece en todo tipo de superficies.

políptico *s. m.* ARTE. Pintura o relieve formado por varios paneles u hojas: *Son hermosos los polípticos románicos que representan diversas escenas de la vida de Cristo.*

poliqueto *adj. / s. m.* **1** ZOOL. [Gusano] que tiene el cuerpo dividido en segmentos o anillos con numerosas cerdas y habita en el mar. || *s. m.* **2** ZOOL. Clase que forman los gusanos poliquetos.

polis (plural *polis*) *s. f.* HIST. Ciudad-estado de la antigua Grecia: *En la polis griega tenía mucha importancia la asamblea de ciudadanos libres.*

polisacárido *s. m.* QUÍM. Hidrato de carbono formado por la unión de varias moléculas de azúcar: *El almidón y la celulosa son polisacáridos.*

polisario *s. m.* Sigla de «(Frente) Político de Liberación del Sáhara y Río de Oro».

polisemia *s. f.* LING. Fenómeno semántico por el cual un elemento léxico adquiere con el uso una diversidad de significados más o menos relacionados entre sí: *Un ejercicio de polisemia es distinguir los diferentes significados de la palabra «banco».*

polisépalo, la *adj.* BOT. [Flor o cáliz] que tiene muchos sépalos.

polisílabo, ba *adj. / s. m.* [Palabra] que tiene varias sílabas: *«Yo» no es un polisílabo, es un monosílabo. «Ventana» es una palabra polisílaba.*

polisíndeton *s. m.* RET. Figura retórica que consiste en utilizar repetidamente las conjunciones para dar fuerza a la expresión: *«Voy a salir a pasear y a tomar el aire y a tomar el sol y a respirar fuerte y a moverme», es un ejemplo de polisíndeton con la conjunción "y".*

polisíntesis (plural *polisíntesis*) *s. f.* GRAM. Procedimiento morfológico de formación de palabras que consiste en añadir uno o varios afijos a la raíz.

polisintético, ca *adj. / s. m.* y *f.* [Lengua] que utiliza un procedimiento morfológico en el que diferentes partes de frase se unen formando palabras largas.

polisón *s. m.* Armazón que, sujeto a la cintura, llevaban antiguamente las mujeres para dar mucho vuelo a los vestidos.

polispasto *s. m.* Polipasto.

polista *adj. / s. m.* y *f.* DEP. Jugador de polo: *las jóvenes polistas. Los polistas españoles tuvieron una buena actuación en el campeonato.*

polistilo, la *adj.* **1** ARQ. Que tiene muchas columnas: *templo polistilo, pórtico polistilo.* **2** BOT. [Flor] que tiene muchos estilos.

politburó *s. m.* Órgano directivo del comité central de algunos partidos comunistas de Europa oriental.

politécnico, ca *adj.* Que contiene o abarca diferentes ramas de la ciencia o de las artes: *escuela politécnica, instituto politécnico.*

politeísmo *s. m.* (no contable) Doctrina religiosa que admite muchos dioses. ANT. monoteísmo.

politeísta *adj.* **1** Del politeísmo: *creencia politeísta.* **religión ~.** || *adj. / s. m.* y *f.* **2** Que es partidario del politeísmo.

política *s. f.* **1** (no contable) Ciencia y doctrina acerca del gobierno y organización de las sociedades humanas, y especialmente de los países o Estados. **2** (no contable) Actividad de los que gobiernan o aspiran a conseguir el poder: *Interesado por los problemas del país, quise dedicarme a la política.* **3** (no contable) Forma de actuar de una persona o entidad: *La política de la empresa busca ampliar mercados.* || **4 ~ / táctica del avestruz*.**

politicastro, tra *s. m.* COLOQUIAL; PEYORATIVO. Mal político: *Esta decisión es propia de un politicastro.*

político, ca *adj. / s. m.* y *f.* **1** Que interviene en el gobierno o en la política de un Estado, comunidad o ciudad: *dirigente político. No todos los políticos son corruptos.* || *adj.* **2** De la doctrina o actividad política: *partido político, actividad política, reforma política, ideología política.* **intervención* política. régimen ~. vida política. 3** [Relación de parentesco] que se establece entre un cónyuge y los parientes del otro: *Eva es mi nuera o mi hija política, como prefieras.* **hermana* política. hermano* ~. hija* política. hijo* ~. madre* política. padre* ~.** || **4 animal* ~. 5 asilo* ~. 6 comisario* ~. 7 geografía* política. 8 mapa ~.**

politiquear *v. intr.* Actuar ‹una persona› en política con ligereza o con intrigas: *A Luis le gusta politiquear, pero así no llegará a nada.*

politiqueo *s. m.* (no contable) COLOQUIAL; PEYORATIVO. Participación en la política por medio de intrigas de poca trascendencia: *No le preocupan sus conciudadanos, sino las intrigas y el politiqueo para sacar algún provecho propio.*

politización *s. f.* (no contable) Contenido político que toma algo que corrientemente no lo tenía: *Muchos critican la politización de los medios de comunicación.*

politizar *v. tr.* **1** Dar ‹una persona› contenido o carácter político a [una cosa]: *No se puede hablar con ella, todo lo politiza, da igual que se trate de una cena que de un partido de fútbol.* || *v. tr. / prnl.* **2** Dar ‹una persona› formación política [a una o varias personas]: *Los chicos se han politizado mucho en el viaje por los países americanos.* ⇒ **19.**

politología *s. f.* (no contable) Ciencia que estudia la política.

politonalidad *s. f.* MÚS. Existencia de varias tonalidades usadas al mismo tiempo en un sistema musical: *La armonización de esa partitura es muy difícil por su politonalidad.*

poliuretano *s. m.* (no contable) Materia plástica que se usa en la fabricación de barnices, adhesivos, recubrimientos o aislantes térmicos: *pintura de poliuretano. La cancha de baloncesto tiene un suelo de poliuretano.*

polivalencia *s. f.* (no contable) Carácter polivalente de una persona o cosa: *la polivalencia de un elemento químico.* SIN. plurivalencia.

polivalente *adj.* **1** Que tiene varios valores, aplicaciones o usos: *El capitán es un jugador polivalente, juega bien de defensa y de delantero.* SIN. plurivalente. **2** MED. [Vacuna, suero] que actúa contra varios microbios. **3** QUÍM. [Cuerpo] que tiene varias valencias.

polivinilo *s. m.* (no contable) Material sintético muy usado como aislante o en revestimientos.

póliza *s. f.* **1** Documento justificativo de un contrato en el que se recogen sus condiciones y sus cláusulas: *suscribir una póliza de seguros, la póliza del coche.* **2** Sello con el que se pagaba el impuesto del timbre en algunos documentos oficiales: *Hace unos años cualquier petición o solicitud oficial necesitaba alguna póliza.*

polizón *s. m.* Persona que viaja a escondidas en un barco o en un avión: *Los polizones fueron descubiertos en la bodega del barco.*

polizonte *s. m.* COLOQUIAL, JERGAL. Agente de policía: *El polizonte me puso una multa por no llevar puesto el cinturón de seguridad.*

polla *s. f.* **1** Gallina joven. **2** VULGAR. Pene. **3** ARG., PERÚ. Apuesta total en un juego, que después se reparte entre los jugadores. **4** CHILE; COLOQUIAL. Lotería oficialmente autorizada con fines benéficos. **5** MÉX.; COLOQUIAL. Ponche frío con huevo, leche, canela y algún licor. || **6 ~ de agua** *Gallinula chloropus.* Ave de plumaje oscuro con rayas blancas en los lados, pico rojo con la punta amarilla y patas verdes, que habita en pantanos de zonas templadas y tropicales con mucha vegetación. FR. Y LOC. **ni pollas (en vinagre)** VULGAR; INTENSIFICADOR. Acentúa la negación de algo: *A mí que no me ofrezcan descuentos ni pollas en vinagre, que me den buena calidad. Ni amistad, ni disculpas, ni pollas en vinagre, sólo quiero que ustedes sean serios.*

pollada *s. f.* Conjunto de pollos, especialmente de la gallina, nacidos de una puesta.

pollear *v. intr.* Empezar ‹un muchacho o una muchacha› a hacer cosas propias de los jóvenes: *A mi hijo ya le gusta salir solo con sus amigos, está empezando a pollear.*

pollera *s. f.* **1** RESTRINGIDO. Lugar donde se crían los pollos: *Voy a la pollera a dar de comer a los pollos.* **2** AMÉR. Falda del vestido femenino. **3** AMÉR.; RESTRINGIDO. Cesta de mimbre o red para criar pollos y tenerlos guardados: *La mujer me quiso vender el pollo que llevaba en la pollera.*

pollería *s. f.* Tienda donde se venden aves, conejos y huevos: *Acércate a la pollería y compra un pollo.*

pollero, ra *s. m. / f.* Persona que tiene por oficio la cría o venta de pollos: *Los polleros de la ciudad han decidido unificar los precios.*

pollino, na *s. m. / f.* **1** Asno joven y sin domar. **2** Cualquier asno. || *adj. / s. m.* y *f.* **3** COLOQUIAL; INSULTO. ‹Persona› de escasa educación o muy ignorante: *No seas pollino y ayuda a tu tía.*

pollito *s. m.* Diminutivo de *pollo.* FR. Y LOC. **comerse un ~** MÉX.; COLOQUIAL. Ajustar ‹dos personas› cuentas: *Nos vamos a comer un pollito.*

pollo, lla *s. m. / f.* **1** (como s. f. preferentemente en diminutivo) COLOQUIAL. Muchacho o muchacha joven: *Ya no es una niña y hay que comprarle ropa de pollita.* || *s. m.* **2** COLOQUIAL. Gargajo. SIN. escupitajo. **3** (macho y hembra) Cría de las aves, especialmente, cría de las gallinas. **4** Gallo o gallina joven destinado para comer su carne. **~ tomatero*.** || **5 ~ pera** COLOQUIAL, RESTRINGIDO. Joven presumido que viste demasiado elegante con ropa cara y a la última moda. FR. Y LOC. **culo* de ~. ojo* de gallo / ~. sudar como un ~** COLOQUIAL; INTENSIFICADOR. Sudar ‹una persona› mucho: *Después del duro partido, Juan Francisco sudaba como un pollo.*

polo *s. m.* **1** Cada uno de los extremos del eje de rotación de un cuerpo redondo, especialmente los de la Tierra. **2** Región de la esfera terrestre inmediata a estos puntos: *polo norte, polo ártico, polo boreal, polo sur, polo antártico, polo austral.* **3** Helado alargado de hielo con un palo plano para sujetarlo: *polo de naranja, polo de limón, polo de fresa, comerse un polo.* **4** Prenda de punto parecida a una camiseta pero con el cuello abierto: *un polo de algodón. Ponte el polo azul.* **5** Deporte que se practica a caballo y consiste en impulsar con un mazo una bola pequeña: *jugar al polo.* **6** Persona o cosa de naturaleza muy diferente o contraria a otra: *Pedro y Pepe son dos polos (opuestos).* **7** Modalidad de cante flamenco. **8** Persona o cosa en la que se centra una reunión: *El tema del desarme fue el polo de las discusio-*

nes. **9** Cada uno de los bornes o extremos de un generador de energía a los que se conectan los conductores exteriores: *polo positivo, polo negativo.* **10** FÍS. Cada uno de los dos puntos opuestos de un cuerpo donde se acumula una mayor cantidad de energía: *los polos de un imán.* **11** GEOM. Cada uno de los dos puntos de un plano que se toma como referencia para trazar un eje de coordenadas polares. || **12 ~ acuático** Waterpolo. **13 ~ de desarrollo** o **~ industrial** Área elegida para el asentamiento de industrias. **14 ~ magnético** Cada uno de los dos puntos terrestres situados en las regiones polares hacia donde señala siempre una brújula o aguja imantada. FR. Y LOC. **de polo a ~** Se usa para manifestar la gran distancia entre dos posiciones o dos situaciones. **Los polos opuestos se atraen.** Se usa para manifestar que las cosas más diferentes se sienten atraídas.

polola *s. f.* EC. Muchacha coqueta, a la que le gusta ser cortejada.

pololear *v. intr.* CHILE; COLOQUIAL. Estar ‹dos personas› en relación amorosa informal antes de llegar al noviazgo.

pololo, la *s. m. / f.* **1** CHILE. Persona con quien se mantiene una relación amorosa informal. || *s. m.* **2** CHILE; COLOQUIAL. Trabajo ocasional. **3** (se usa mucho en plural con el significado de singular) Antigua prenda femenina que se asemeja a unos pantalones, normalmente de color blanco, sujetos por encima de la rodilla.

polonés, sa *adj. / s. m.* y *f.* Polaco.

polonesa *s. f.* **1** Composición musical que tiene su origen en una danza tradicional polaca. **2** Baile polaco de movimiento moderado y ritmo marcado, al compás de las polonesas.

polonio *s. m. Po.* Elemento químico metálico, muy radiactivo, de color plateado, que se utiliza como fuente de neutrones y partículas alfa.

poltrón, na *adj. / s. m.* y *f.* [Persona] que es excesivamente amante de la comodidad y partidaria de moverse poco: *No seas poltrón y acompáñame a dar un paseo. Eres una poltrona, debías haber puesto la lavadora mientras yo hacía la compra.*

poltrona *s. f.* **1** Butaca amplia y cómoda: *Hemos comprado dos poltronas para el salón.* **2** COLOQUIAL. Cargo político o administrativo apetecible del que no quiere desprenderse su titular: *Pocos ejecutivos están dispuestos a ceder su poltrona. Algunos en cuanto se sientan en la poltrona no hay quien los mueva.*

polución *s. f.* **1** Contaminación del agua y del aire, producida por los residuos de procesos industriales y otros elementos nocivos: *polución ambiental, polución fluvial, polución marina.* **2** FISIOL. Expulsión involuntaria del semen durante el sueño: *poluciones nocturnas.*

poluto, ta *adj.* ELEVADO. Que está sucio. ANT. impoluto.

polvareda *s. f.* **1** (no contable) Gran cantidad de polvo que se levanta del suelo: *Hacía mucho viento y se levantó una polvareda.* **2** (no contable) INTENSIFICADOR. Escándalo o gran agitación en la opinión pública: *Las nuevas medidas adoptadas por la empresa levantaron una gran polvareda.*

polvera *s. f.* Caja o estuche con los polvos de tocador y la borla con que se aplican.

polvillo *s. m.* AMÉR.; COLOQUIAL. Cualquier hongo que ataca a los cereales.

polvo *s. m.* **1** (no contable) Conjunto de partículas muy finas de tierra o de otros materiales que flotan en el aire y se posan sobre los objetos: *Limpié el polvo de los muebles.* **2** (no contable) Cualquier materia reducida a partículas muy pequeñas: *leche en polvo, canela en polvo.* **cacao* en ~. polvos de talco** Polvos de este mineral que se emplean en la higiene personal. **polvos de picapica** Polvos o pelusa de algunas sustancias vegetales que provocan picor y hacen estornudar. **3** VULGAR. Coito. **echar un ~.** **4** (en plural) Producto cosmético que se aplica en la cara. **polvos de arroz.** FR. Y LOC. **hacer morder el ~** 1 COLOQUIAL. Derribar o rendir ‹una persona› en una pelea a otra persona: *Los soldados hicieron morder el polvo al enemigo.* 2 COLOQUIAL. Humillar ‹una persona› a una persona en una discusión: *Mis amigos hicieron morder el polvo a aquel pedante.* **hacer ~** 1 COLOQUIAL. Causar ‹una persona o una cosa› un grave trastorno: *Me hace polvo que haya huelga de metro mañana.* 2 COLOQUIAL. Dejar abatida ‹una cosa› a una persona: *La muerte de su padre le ha hecho polvo.* 3 COLOQUIAL. Destrozar ‹una persona o una cosa› a otra persona o cosa: *Estas botas me hacen polvo los pies. Se cayó el reloj al suelo y se hizo polvo.* **hecho ~** 1 COLOQUIAL; INTENSIFICADOR. Muy cansado o con problemas de salud: *Desde que le operaron de la rodilla, Pedro se ha quedado hecho polvo. Con tanto trabajo, estoy hecha polvo.* 2 COLOQUIAL; INTENSIFICADOR. Muy abatido: *La noticia le dejó hecho polvo.* 3 COLOQUIAL; INTENSIFICADOR. Destruido o roto por completo: *El coche quedó hecho polvo después del accidente.* **limpio de ~ y paja** COLOQUIAL. Neto, descontados los gastos y cargas: *La ganancia limpia de polvo y paja es de cien mil pesetas.* **sacudir el ~** COLOQUIAL. Pegar o golpear ‹una persona› a otra persona: *Como hables más de la cuenta, te van a sacudir el polvo.*

pólvora *s. f.* **1** Mezcla explosiva que, en forma de grano, es el principal componente de la pirotecnia: *cohete de pólvora, explosivo de pólvora.* **2** Conjunto de fuegos artificiales. FR. Y LOC. **como un reguero* de ~. gastar (la) ~ en salvas** COLOQUIAL. Poner ‹una persona› mucho esfuerzo o empeño en cosas inútiles o de poca importancia: *No te enfades con él, porque es muy cabezota y no hace caso; es gastar pólvora en salvas. El señor diputado estuvo gastando pólvora en salvas atacando un proyecto que nadie defendía.* **gastar ~ en chimango** ARG. Dar ‹una persona› algo a alguien que no lo merece o que no puede usarlo. **no haber inventado la ~** COLOQUIAL. No decir ni hacer ‹una persona› nada nuevo: *Lo que Jaime nos ha dicho es lo que ya sabíamos y se cree que ha inventado la pólvora. Has escrito una tontería, no has inventado la pólvora.* **ser un barril* de ~.**

polvoriento, ta *adj.* (ser / estar; antepuesto / pospuesto) Que está lleno o cubierto de polvo: *El caminante vestía una polvorienta gabardina. El coche está completamente polvoriento, lávalo. La sala era polvorienta y oscura.*

polvorilla *s. m. / f.* COLOQUIAL. Persona muy movida e inquieta que hace las cosas muy deprisa o sin pensarlas: *Es un polvorilla que se lo lleva todo por delante. Está hecha una polvorilla, no puede estarse quieta.*

polvorín *s. m.* **1** Lugar donde se guardan la pólvora y otros explosivos. **2** COLOQUIAL. Situación conflictiva que puede estallar o sitio donde se produce: *Este mes mi casa es un polvorín, entre los exámenes del niño y el trabajo del padre, vamos a estallar todos. Las relaciones en nuestra oficina son tan tensas que aquello es un polvorín que puede es-*

tallar en cualquier momento. La oleada de huelgas ha convertido a la capital en un polvorín.

polvorón *s. m.* Dulce propio de las fiestas de Navidad, hecho de harina, manteca y azúcar, que se deshace fácilmente.

poma *s. f.* RESTRINGIDO. Manzana, especialmente la pequeña y chata de color verdoso.

pomada *s. f.* Mezcla de una sustancia grasa con otros ingredientes que se utiliza como medicamento de aplicación externa: *Date una pomada en la picadura.*

pomar *s. m.* RESTRINGIDO. Lugar donde hay árboles frutales, sobre todo manzanos.

pomarada *s. f.* RESTRINGIDO. Lugar poblado de manzanos.

pomelo *s. m.* **1** *Citrus paradis.* Árbol no muy grande de copa redondea y hojas ovaladas de color verde oscuro con flores blancas. **2** Fruto de esta planta, de sabor ácido y aspecto parecido a la naranja pero algo aplastado y de color amarillento.

pómez *s. f.* Se usa en la LOC. **piedra* ~.**

pomo *s. m.* **1** Pieza redondeada que se utiliza como tirador o agarradero: *el pomo de la puerta, el pomo del cajón, el pomo del bastón.* **2** Extremo redondeado de la guarnición o del puño de la espada. **3** RESTRINGIDO. Fruto carnoso cuyas semillas aparecen dispuestas en compartimentos, como la manzana o la pera.

pompa *s. f.* **1** Manifestación llamativa de riqueza e importancia: *La nuestra fue una boda con gran pompa y lujo.* **2** Esplendor y solemnidad de ciertas ceremonias: *la pompa de la ceremonia, la pompa real.* SIN. suntuosidad. **3** Esfera llena de aire formada por una fina capa de agua u otro líquido: *las pompas de jabón.* **4** Ahuecamiento que se forma en la ropa al ser hinchada por el aire: *La falda le hizo una pompa al pasar por encima de una salida de aire.* || **5 pompas fúnebres 5₁** Entierro de un difunto y ceremonias que se hacen con ese motivo. **5₂** Empresa que se encarga de estas ceremonias y del entierro: *Tengo que avisar a las pompas fúnebres para el entierro.* FR. Y LOC. **empresa* de pompas fúnebres.**

pompeyano, na *adj. / s. m.* y *f.* De Pompeya, ciudad de la antigua Italia: *ruinas pompeyanas, arte pompeyano. Los pompeyanos se vieron sorprendidos por el volcán.*

pompi (se usa mucho *pompis* para singular y plural) *s. m.* AFECTADO, EUFEMISMO. Nalgas, trasero. SIN. culo (COLOQUIAL).

pompón *s. m.* Bola de lana o hilo con la que se adornan los extremos de cordones, gorros infantiles u otras prendas: *una bufanda con pompones. Le regalé unas zapatillas con dos pompones rojos. Martita tiene un gorrito con un pompón azul.*

pomposidad *s. f.* **1** (no contable) RESTRINGIDO. Grandiosidad o solemnidad que tiene alguna cosa: *Los repartos de premios deben ser ceremonias sencillas, con menos pomposidad. El embajador extraordinario ha sido recibido con toda la pomposidad que muestra en estos casos nuestro Gobierno.* **2** (no contable) Característica de lo que resulta llamativo, generalmente por la abundancia de adornos: *La pomposidad de su discurso aburrió a los asistentes. La pomposidad de su estilo resulta forzada.*

pomposo, sa *adj.* **1** Que tiene pompa o esplendor o está hecho con esas características: *Fue muy pomposa la inauguración. La boda fue una ceremonia muy pomposa. La clausura del acto resultó excesivamente pomposa y algo pesada.* **2** Que tiene un tamaño exagerado, o es demasiado vistoso: *Llevas una corbata muy pomposa, con demasiados adornos.* **3** [Lenguaje, estilo] que es demasiado afectado: *Está acostumbrado a utilizar frases muy pomposas. A mí no me gusta el estilo pomposo y grandilocuente. Qué presentación tan pomposa; parecía que era él quien iba a dar la conferencia.*

pómulo *s. m.* **1** Parte saliente de la mejilla debajo de los ojos y a los lados de la nariz: *La modelo se pintó los ojos y después se empolvó los pómulos. Tienes unos pómulos muy marcados. Me sombreo los pómulos para que me resalten más.* **2** Hueso de cada una de las mejillas: *Le rompieron un pómulo en el combate del domingo y no podrá boxear durante una temporada.*

ponchada *s. f.* ARG., PAR., URUG. Cantidad grande de algo.

ponchado, da *adj.* MÉX. [Persona] que es fuerte, robusta y musculosa.

ponchar *v. tr. / prnl.* MÉX. Desinflarse ‹una rueda› por un pinchazo.

ponche *s. m.* (no contable) Bebida alcohólica elaborada con ron u otro licor, agua, limón y azúcar, que se sirve caliente: *Tened cuidado, que el ponche se sube mucho a la cabeza. Me gusta más el vino tinto que esos ponches que tú preparas.* **~ de huevo** Ponche al que se le añade además yema o clara de huevo y leche.

poncho *s. m.* Manta con un agujero central para introducir la cabeza que se lleva sobre los hombros como prenda de abrigo: *Vimos a los indios con sus ponchos multicolores. Mis amigos me han traído un poncho boliviano precioso.* FR. Y LOC. **pisar el ~** ARG. Agraviar, ofender ‹una persona› a otra persona.

ponderación *s. f.* **1** (no contable) ELEVADO. Prudencia o cuidado con que se hace o dice algo: *La crítica al Gobierno es justa y está hecha con ponderación. Siempre expresa sus opiniones con ponderación. La ponderación en el comer y en el beber son fundamentales para llegar a viejo.* **2** ELEVADO. Examen detenido y hecho con cuidado de una cosa: *Llegué a esa conclusión tras una detenida ponderación de las ventajas y los inconvenientes.* **3** Alabanza exagerada de una persona o cosa: *No es nueva la ponderación que hacemos de las virtudes del portero de la selección nacional de fútbol. Quien no vea en la entrevista una mal disimulada ponderación de los escasos méritos del candidato es que no quiere ver nada.*

ponderar *v. tr.* **1** Alabar ‹una persona› [a otra persona o una cosa]: *Ponderamos mucho esa novela. Me han ponderado mucho tus habilidades informáticas. El jefe no hace más que ponderar su sentido comercial.* SIN. elogiar. **2** RESTRINGIDO. Examinar ‹una persona› [un asunto o una actuación] con cuidado: *Pondéralos bien antes de decidirte. Hay que ponderar todas las posibilidades antes de decidirse. Sí, merece la pena ponderar ahora qué vas a hacer después de licenciarte.* **3** Dar ‹una persona› un peso o valor a [un elemento de un conjunto] para obtener la media ponderada.

ponderativo, va *adj.* **1** RESTRINGIDO. Que alaba o hace destacar una cosa: *análisis ponderativo, cálculo ponderativo, opinión ponderativa.* **2** [Persona] que tiende a alabar o hacer destacar una cosa exageradamente.

ponedero *s. m.* Lugar destinado para que las aves domésticas pongan sus huevos: *Hay que limpiar el ponedero de las gallinas.*

ponedora *adj.* [Ave] que pone huevos: *una gallina poco ponedora, una raza muy ponedora. Sólo tengo aves ponedoras, no me interesan las de carne.*

ponencia *s. f.* **1** Exposición de un tema que una persona hace en un congreso o en una asamblea: *He conseguido que me den una ponencia y no una comunicación. En el próximo congreso de lexicografía presentará una ponencia* ***sobre*** *los diccionarios.* **2** Persona o grupo de personas que estudian o exponen un mismo grupo de temas en un congreso o en una asamblea: *Nos hemos integrado en la ponencia de urbanismo. La ponencia de literatura tratará, sobre todo, los viajes fantásticos.* **3** Persona o personas elegidas por una institución para que investiguen o estudien un tema y sometan sus conclusiones a discusión pública: *La ponencia de asuntos exteriores del Senado pidió una explicación sobre los últimos viajes del ministro.*

ponente *s. m. / f.* Persona o grupo de personas que hacen una ponencia: *Me gustó el tema del ponente de la Universidad de Salamanca. Soy la ponente del grupo de estudios sobre infancia y literatura.*

poner *v. tr.* **1** Hacer ‹una persona o una cosa› que [otra persona u otra cosa] esté o exista en [un lugar] o de [una forma determinada]: *Pedro puso una manzana* ***en*** *la cesta. Tus bromas me ponen* ***de*** *mal humor. Alberto se ha puesto* ***de*** *mala uva porque le he puesto verdura para cenar.* **2** Hacer ‹una persona› que [un aparato u otra cosa] funcione: *Pon la lavadora en marcha. Por favor, no pongáis la tele.* **3** Escribir ‹una persona› [una cosa] en [un escrito]: *Puse* ***en*** *el examen todo lo que sabía. No hay que poner todo lo que a uno se le ocurra.* **4** Establecer ‹una persona› comunicación con [otra persona] mediante [un determinado medio]: *Mis padres me han puesto una carta urgente. Le pondremos un fax. Tenemos que ponerle una conferencia, pero cuando lleguen las diez, que entonces es más barato el teléfono.* **5** Dar ‹una persona› [un nombre] a [otra persona] o a [una cosa]: *Pilar le puso al niño un nombre bíblico. ¿Cómo le habéis puesto? Le hemos puesto Manuela, como su madre.* **6** Señalar ‹una persona› [una cosa]: *Pon tú las condiciones del contrato. Pon el precio que crees que vale y el coche es tuyo.* SIN. determinar. **7** Considerar ‹una persona› [una cosa]: *Pongamos que llueve, ¿qué hacemos? Estamos en casa de Juan; pero pongamos que no nos invita a cenar. ¿Nos vamos entonces o nos quedamos?* **8** Abrir ‹una persona› [un negocio]: *He puesto una tienda de muebles. Eva ha puesto una peluquería. Han puesto un quiosco en la esquina.* **9** Representar ‹una persona› [una obra de teatro o un espectáculo], proyectar [una película] o transmitir [un programa de radio o televisión]: *Hoy ponen una película de terror. Pone Juan Diego su Tenorio en el Español.* **10** Exponer ‹una persona› [a otra persona o una cosa] a [una acción o un efecto]: *Puse la ropa* ***al*** *sol. Pon la sartén al fuego.* **11** Aplicar ‹una persona› [una cosa] en [otra cosa]: *Ana puso todo su esfuerzo* ***en*** *la preparación de la fiesta. Inés puso su afán* ***en*** *acabar pronto los estudios. Luis puso toda su autoridad* ***en*** *el desafío.* SIN. emplear. **12** Añadir ‹una persona› [una cosa]: *Eso lo pones de tu invención.* **13** Preparar ‹una persona› [una cosa]: *Niños, poned la mesa.* **14** COLOQUIAL. Dar ‹una persona› [una opinión] sobre [una persona] o sobre [una cosa]: *Antonio puso mal a su jefe. Siempre que Carlos habla de ti te pone bien. No pone a nadie mal en público, es muy educado.* SIN. enjuiciar. **15** Hacer o causar ‹una persona o una cosa› [una cosa]: *Puse una reclamación.* **16** Imponer ‹una persona› [una obligación o un castigo] a [otra persona]: *El guardia le puso una multa.* **17** Presentar ‹una persona o una cosa› [una acción] con relación [a otra persona o cosa]: *Luis puso* ***de*** *manifiesto su desacuerdo. Pusieron* ***en*** *duda nuestra valía. Ese fallo pone* ***de*** *manifiesto el mal diseño de la máquina.* **18** Utilizar ‹una persona› [a otra persona o una cosa] de [una forma determinada]: *Pon* ***como*** *ejemplo una frase del texto. Puse* ***por*** *testigo a mi amigo.* **19** COLOQUIAL. Considerar ‹una persona› [a otra persona] de [una determinada forma]: *Lo puse* ***de*** *tonto hasta que me harté. Me ha puesto* ***como*** *tonto.* **20** Apostar ‹una persona› [una cantidad de dinero] a [una cosa]: *Puse mil pesetas* ***al*** *diez.* **21** Dar ‹una persona› [dinero] junto con otras personas [para un fin determinado]: *¿Cuánto quieres poner* ***para*** *el regalo de Luisa?* SIN. aportar. **22** RESTRINGIDO. Aumentar ‹una persona› [una determinada cantidad en el peso]: *El niño ha puesto doscientos gramos en una semana.* SIN. engordar. || *v. tr. / intr.* **23** Expeler ‹un ave› [el huevo ya formado]: *Estas gallinas ponen mucho.* || *v. tr. / prnl.* **24** Cubrir ‹una persona› [el cuerpo de otra persona] con [una prenda de vestir o un calzado]: ***Me*** *puse la chaqueta para salir. Le puse el gorro al niño.* **25** Dedicar ‹una persona› [a otra persona] a [un trabajo o una tarea]: *Le pusieron* ***de*** *monitor en el campamento.* ***Me*** *han puesto de portero.* **26** Empezar ‹una persona› [a realizar una acción]: *Puso* ***a*** *asar el pollo. Irene* ***se*** *puso* ***a*** *servir.* ***Se*** *puso* ***a*** *estudiar a las doce de la noche.* || *v. prnl.* **27** Estar o existir ‹una persona o una cosa› en [un lugar] o de [una forma determinada]: *Isa* ***se*** *puso enferma. Me he puesto algo mareado después de comer.* **28** Ocultarse ‹un astro› debajo del horizonte: *El sol se pone a las siete estos días.* **29** COLOQUIAL. Llegar ‹una persona› a [un lugar en un tiempo o forma determinados]: *Con el nuevo tren nos ponemos* ***en*** *Sevilla* ***en*** *tres horas.* SIN. plantarse (COLOQUIAL). **30** Estar ‹una persona o una cosa› [llena de una cosa]: *Me puse perdido* ***de*** *barro.* **31** RESTRINGIDO. Compararse ‹una persona› [con otra]: *Me pongo* ***con*** *quien sea.* **32.** Dedicarse ‹una persona› a [otra persona o a una cosa]: *Después me pondré* ***con*** *las matemáticas.* FR. Y LOC. **colocar / ~ sobre el tapete*. de quita* y pon. dejar / ~ / como un trapo*. Dios* es testigo** o **pongo a Dios por testigo** o **pongo al cielo por testigo. donde pone el ojo*, pone la bala. echar / ~ toda la carne* en el asador. estar / ~ en autos*. estar / ~ en un brete*. estar / ~ / tener al corriente*. estar / ponerse como un cesto*. estar / ponerse de hocicos*. estar / ponerse de uñas*. estar / ponerse por las nubes*. llevar a la práctica*** o **~ en práctica. llevar / ponerse los pantalones*. metérsele / ponérsele / tener entre ceja* y ceja. parar / ~ mientes*. pasar a limpio*** o **~ en limpio. ~ a caldo** COLOQUIAL. Insultar, reprender, o criticar a alguien: *Si no voy, mi jefe me pondrá a caldo.* **~ a cien** COLOQUIAL. Irritar ‹una persona› a otra persona o ponerla nerviosa o excitada: *Esta música me pone a cien.* **~ a parir*. ~ al corriente*. ~ buena / mala cara*. ~ como chupa* de dómine. ~ como hoja* de perejil. ~ como un estropajo*. ~ como un guiñapo. ~ como un pingo*. ~ contra la pared*. ~ coto*. ~ de manifiesto** Manifestar ‹una persona› una cosa: *Lo que has dicho pone de ma-*

nifiesto que tienes razón. Puso de manifiesto su gran interés por la literatura. **~ (de patitas) en la calle*. ~ de relieve*. ~ de su parte*. ~ de vuelta* y media. ~ el cascabel* al gato. ~ el dedo* en la llaga. ~ el grito* en el cielo. ~ en circulación** Hacer ‹una persona› que una cosa empiece a circular: *Se pondrán en circulación nuevos billetes de dos mil pesetas.* **~en claro*. ~ en cuestión** Cuestionar, poner en duda ‹una persona› algo. **~ en duda** Dudar ‹una persona› de una cosa: *Puse en duda la veracidad de los resultados de esa encuesta.* **~ en el disparadero** Hacer ‹una persona o una cosa› que una persona pierda la contención: *La discusión la puso en el disparadero.* **~ en escena** Preparar o representar ‹una o varias personas› en el teatro una obra teatral: *Este mes ponen en escena una obra de Lorca.* **~ en evidencia** Hacer ‹una persona› que quede al descubierto una falta de otra: *Me has puesto en evidencia delante de todo el mundo.* **~ en guardia** Llamar ‹una persona› la atención de otra sobre un peligro o una amenaza: *Puso en guardia a sus compañeros.* **~ en hora** Mover ‹una persona› las manecillas del reloj para que marque la misma hora que otro: *Mañana tendremos que poner en hora los relojes porque la adelantan.* **~ en juego** Arriesgar ‹una persona o una cosa› una cosa: *No pienso poner en juego nuestra amistad.* **~ en la calle*. ~ en la picota** Criticar ‹una persona› duramente el comportamiento o el trabajo de otra persona: *A la gran estrella la pondrán en la picota los periodistas por su divorcio. A ese escritor le han puesto en la picota porque dicen que su última obra es un plagio.* **~ en la puerta de la calle** Echar bruscamente a alguien de un sitio. **~ en los cuernos* de la luna. ~ en solfa** No hacer ‹una persona› caso de una cosa o ridiculizarla: *Tu compañera puso en solfa todo nuestro trabajo sin ninguna consideración.* **~ en su sitio** COLOQUIAL. Indicar ‹una persona› a otra persona cuál debe ser su posición para que no abuse o se tome excesiva confianza: *Los empleados se quejaban mucho y el jefe les puso en su sitio.* **~ en tela de juicio** Manifestar ‹una persona› sus dudas sobre una cosa: *Puso en tela de juicio nuestra opinión.* **~ en un altar** COLOQUIAL. Apreciar mucho ‹una persona› a otra: *Santiago te ha puesto en un altar, aprovéchate hasta que se canse.* **~/estar en antecedentes*. ~ firme(s)*. ~ la mano* encima. ~ la mesa*. ~ la proa*. ~ la vista*. ~ las cartas* boca arriba. ~ la(s) mano(s)* en el fuego. ~ las orejas* coloradas. ~ las peras* a cuarto. ~ los cinco sentidos*. ~ los cuernos*. ~ los dientes* largos. ~ los nervios* de punta** o **~ de los nervios. ~ los ojos*. ~ los pelos* de punta. ~ los pies*. ~ los puntos* sobre las íes. ~ mal cuerpo*. ~ manos* a la obra. ~ morro*** o **torcer el morro. ~ peros*. ~ pies* en polvorosa. ~ pingando*. ~ por caso*. ~ por las nubes*. ~ proa* a. ~ rabioso*. ~ rojo*. ~ sebo*. ~ sitio*. ~/tener la cabeza* como un bombo. ~ término*. ~ tierra* por medio. ~ un dique*. ~ un puñal* en el pecho. ~ una pica* en Flandes. ~ una pistola* en el pecho. ~ una vela* a Dios y otra al diablo** o **~ una vela a San Miguel y otra al diablo. ~ verde*. poner(se) a la cola** COLOQUIAL. Poner(se) ‹una persona› detrás de otras que están esperando su turno: *Me puse a la cola para sacar las entradas.* **ponerse a mal con. ponerse a parir*. ponerse colorado*. ponerse como/hecho un trompo*. ponerse como un pepe** COLOQUIAL. Comer ‹una persona› hasta hartarse: *Me puse como un pepe comiendo chuletas. Ayer te pusiste como un pepe con tu paella.* **ponerse como un pimiento/tomate** COLOQUIAL. Ponerse ‹una persona› con la cara colorada de vergüenza: *Le dijeron que iba muy guapa y se puso como un pimiento.* **ponerse de mil colores*. ponerse de largo** Vestir ‹una persona› de fiesta: *Nos pusimos de largo para asistir a la inauguración.* **ponerse el mundo* por montera. ponerse en camino*. ponerse en lo peor** Suponer ‹una persona› que va a suceder lo más desfavorable o perjudicial: *No te pongas en lo peor; seguro que tu hijo ha tenido una buena razón para retrasarse. No nos pongamos en lo peor; los chicos no han llegado porque había un gran atasco en la carretera.* **ponerse en su sitio** COLOQUIAL. Hacer ‹una persona› que los demás le consideren y le tengan respeto: *La profesora se puso en su sitio para que los alumnos no se burlaran de ella.* **ponerse/estar de punta*. ponerse gallito** COLOQUIAL. Desafiar a alguien de manera irrespetuosa: *El hijo se puso gallito cuando su padre lo riñó.* **ponerse hecho/como una sopa*. ponerse las botas*. ponerse morado*. ponerse perdido*. ponérsele en el moño*. ponérsele los cojones* de corbata. ponérsele los pelos* de punta. ponerse rojo*. sin quitar* ni ~. ⇒ 60.**

poney o **poni** (del inglés; pronunciamos *'poni'*) *s. m.* (macho y hembra) Caballo de tamaño pequeño, cabeza delgada y cuello fuerte, que tiene gran agilidad y resistencia: *En el parque hay dos poneys que tiran de un carro para niños.*

pongo *s. m.* **1** BOL., EC., PERÚ; RESTRINGIDO. Temporero de una plantación. **2** EC., PERÚ. Cañón estrecho y profundo de un río.

poni *s. m.* Poney.

poniente *s. m.* **1** Oeste, punto cardinal: *El sol sale por oriente y se pone por poniente. Las habitaciones de poniente son peores en verano, porque hace un calor insoportable. El piso está orientado a poniente.* **2** Viento que viene del Oeste: *El viento de poniente es desagradable, cuando sopla o hace poniente en verano no hay quien pare de calor.* || **3 sol* ~.**

pontaje *s. m.* HIST. Derechos que se pagaban por atravesar un puente.

pontevedrés, sa *adj. / s. m.* y *f.* De Pontevedra, ciudad y provincia española: *barco pontevedrés. Las pontevedresas participarán en la final del campeonato.*

pontificado *s. m.* **1** Dignidad o cargo de pontífice: *Todos los Papas llegan al pontificado a una edad avanzada.* **2** Tiempo en que un pontífice ostenta esta dignidad: *el pontificado de Juan XXIII.*

pontifical *adj.* **1** Del Papa o sumo pontífice. **2** De un obispo o arzobispo: *bendición pontifical.* || *s. m.* **3** (preferentemente en plural) REL. Conjunto de ornamentos que sirven al obispo para la celebración de los oficios divinos. **4** REL. Libro que contiene las ceremonias pontificias y las de las funciones episcopales.

pontificar *v. intr.* **1** RESTRINGIDO. Presentar ‹una persona› como indiscutibles [principios o doctrinas que no lo son] intentando mostrar una autoridad y sabiduría que no tiene: *Llevas semanas pontificando* ***sobre*** *lo que no sabes. Le gusta mucho más pontificar que hablar.* SIN. dogmatizar. **2** Celebrar ‹un obispo› funciones litúrgicas con rito pontifical. **⇒ 71.**

pontífice *s. m.* **1** Máxima autoridad de la Iglesia católica romana: *El pontífice de la Iglesia Católica ha visitado Guinea.* SIN. Papa. **2** Obispo o arzobispo de una diócesis. **3** HIST. Sacerdote de la antigua Roma que dirigía los ritos y ceremonias religiosas: *El emperador también tenía el título de pontífice.*

pontificio, cia *adj.* Relacionado con el pontífice o Papa: *los Estados Pontificios, la representación pontificia.* **solio* ~.**

ponto *s. m.* LITERARIO. Mar.

pontón *s. m.* **1** Puente formado por maderos o por una tabla. **2** Barco chato para cruzar un río, limpiar un puerto o construir puentes.

pontonero *s. m.* **1** MIL. Soldado que pertenece al arma de ingenieros encargada de caminos y puentes: *Los pontoneros consiguieron armar un puente de barcas en media hora.* **2** Persona que tiene por oficio manejar un barco chato o pontón.

ponzoña *s. f.* **1** ELEVADO. Sustancia venenosa o perjudicial para la salud: *¡Qué asco, si esto es pura ponzoña, no puede beberse! A mí el alcohol me parece ponzoña.* **2** ELEVADO. Doctrina o práctica que se considera perjudicial para la sociedad o la psicología de las personas: *Las doctrinas extremistas son como una ponzoña para la sociedad, la destruyen. El materialismo es la ponzoña mayor del siglo XX.*

ponzoñoso, sa *adj.* ELEVADO. Que contiene ponzoña o veneno: *sustancia ponzoñosa. Ese periodista escribe unas críticas ponzoñosas, con muy mala intención, que sólo buscan hacer daño. Ese libro es totalmente ponzoñoso.*

pool (plural *pools*; del inglés; pronunciamos '*pul*') *s. m.* **1** Agrupación temporal de empresas independientes: *Se ha formado un pool de empresas para pujar por la obra.* **2** Conjunto de personas, instrumentos o vehículos que prestan servicios a diversas empresas, departamentos de una misma empresa, grupos o individuos: *Su padre dirige uno de los pools más grandes de la construcción.*

pop *adj. / s. m.* [Estilo musical] que aparece en los países anglosajones en la década de los años cincuenta y tiene su origen en diferentes estilos musicales como el jazz, el rock o el folk: *movimiento pop, cantante pop, concierto pop. Soy un fanático del pop.* **música ~.**

popa *s. f.* Parte posterior o trasera de una embarcación. FR. Y LOC. **ir / marchar viento* en ~.**

pope *s. m.* **1** REL. Sacerdote de la Iglesia ortodoxa. **2** RESTRINGIDO. Persona de gran influencia en ciertos ambientes especializados, normalmente artísticos o académicos: *Este profesor es un pope de la filosofía, nadie publica sin su consentimiento. Ahora estás de pope en tu universidad, diriges el laboratorio más importante.*

popelín *s. m.* (no contable) Tela fina de algodón o seda, con algo de brillo: *una camisa de popelín, una blusa de popelín.*

popote *s. m.* **1** MÉX. Gramínea de tallo hueco, utilizada para hacer escobas. **2** MÉX. Paja hueca o canuto delgado que se emplea para sorber líquidos.

populachería *s. f.* (no contable) PEYORATIVO. Fama fácil que se consigue entre las clases sociales menos educadas adulándolas: *Uno de los programas que ha alcanzado más populachería es ése de humor grosero y simplón.*

populachero, ra *adj.* **1** PEYORATIVO. Del populacho: *costumbres populacheras, baile populachero.* **2** PEYORATIVO. Que adula al populacho e intenta así obtener su apoyo o aprobación: *político populachero, discurso populachero.*

populacho *s. m.* **1** PEYORATIVO. La capa menos educada y de menor prestigio social de una sociedad: *Andrea dice que no le gusta mezclarse con el populacho.* SIN. plebe. **2** PEYORATIVO. Multitud descontrolada que protesta o se divierte: *El populacho quería asaltar el Parlamento. En carnavales sale a la calle el populacho.*

popular *adj.* **1** Del pueblo: *canción popular, dicho popular, voluntad popular.* **alzamiento ~. ambiente ~. etimología* ~.** **2** Que se hace para las clases con menos recursos económicos: *viviendas populares, precios populares. Han publicado una edición popular de su novela, la otra es muy cara.* **3** (antepuesto / pospuesto) Que lo conoce mucha gente o tiene muchos partidarios o simpatizantes: *El fútbol es un deporte muy popular. ¿No lo conoces? Es un actor muy popular.* **4** Que agrada o gusta mucho a la gente: *cantante popular, moda popular, cocina popular. Esa chica es muy popular entre sus amigos por su alegría y buen humor.* || **5 milicia* ~.**

popularidad *s. f.* Fama y aceptación que tiene entre la gente alguna persona o alguna cosa: *índice de popularidad. El presidente perdió mucha popularidad por sus ataques a la prensa.* ANT. impopularidad.

popularismo *s. m.* (no contable) Afición a todo lo popular: *el popularismo en el arte, el popularismo en la arquitectura, el popularismo en la decoración.*

popularización *s. f.* **1** Acción y efecto de extender el conocimiento o la práctica de una cosa entre el público en general: *Los medios de comunicación han favorecido la popularización de términos económicos. En nuestro tiempo se ha extendido la popularización del deporte y la educación.* SIN. divulgación. **2** Hacer famoso a alguien o algo: *La televisión es esencial para la popularización de un cantante. Mi popularización se la debo a la radio.*

popularizar *v. tr.* **1** Hacer ‹una persona o una cosa› muy popular o muy conocida [a otra persona u otra cosa]: *La televisión popularizó el tenis.* **2** Dar ‹una persona› forma o carácter popular y sencillo a [una cosa]: *He popularizado mi música para que se entienda mejor.* || *v. prnl.* **3** Ser ‹una persona o una cosa› muy popular o muy conocida: *La cocina mejicana se ha popularizado en España.* ⇒ **19.**

popularmente *adv. restrictivo* **1** Entre la gente, desde la perspectiva de la gente: *una santa popularmente tenida por milagrera. Popularmente se cree que aquí nació el héroe local.* || *adv. modo* **2** De manera grata a la multitud: *Yo siempre escribo popularmente.* **3** Tumultuosamente, en gran multitud: *La fiesta se ha desarrollado popularmente.*

populismo *s. m.* (no contable) PEYORATIVO. Ideología y comportamiento de los políticos que defienden demagógicamente los intereses de las clases populares.

populista *adj.* **1** Del pueblo: *partido populista.* || *adj. / s. m. y f.* **2** Que es partidario del populismo: *político populista, mensaje populista, periódico populista.*

populoso, sa *adj.* (antepuesto / pospuesto) [Lugar] que está muy poblado: *ciudad populosa. El accidente se ha producido en un populoso barrio de la capital. Ésa es una zona populosa de América Central.*

popurrí *s. m.* **1** Unión de diferentes fragmentos de música o de canciones: *un popurrí de canciones de los años sesenta. La cantante ha hecho un popurrí con sus mejores canciones.* **2** Mezcla de cosas diversas o diferentes: *Me han suspendido, porque en vez de contestar algo concreto sobre el tema, escribí un popurrí algo desorganizado de diversas cuestiones.*

Marie y David se entienden haciendo un popurrí de francés e inglés. Me has contado un popurrí de anécdotas y no me he enterado de cuál era el problema.

poquedad *s. f.* **1** (no contable) RESTRINGIDO. Timidez, falta de carácter para tratar con la gente: *Vicente no pudo superar su poquedad y no habló con Marisa.* **2** (no contable) ELEVADO. Escasez, poca cantidad de una cosa: *La poquedad de medios técnicos es alarmante. La poquedad del presupuesto no nos permite atender todas las necesidades.* SIN. escasez.

póquer o **póker** *s. m.* Juego de naipes en el que se reparten cinco cartas de las cuales es posible cambiar cuatro para conseguir la mejor combinación posible: *jugar al póquer, partida de póquer, apostar al póquer, hacer un póquer, póquer de ases.* FR. Y LOC. **cara* de ~.**

poquitero, ra *adj. / s. m.* y *f.* **1** MÉX.; COLOQUIAL. [Persona] que arriesga poco en los juegos de azar. **2** MÉX.; COLOQUIAL. [Persona] que es tacaña o mezquina.

por *prep.* **1** En las oraciones en pasiva, introduce la persona agente: *El teatro fue construido por un buen arquitecto.* **2** Con nombres o expresiones de lugar: **2₁** Indica paso a través de un lugar: *ir a Madrid por Ávila. Cruzaremos por el primer puente.* OBSERVACIONES: Admite la matización con otras preposiciones. *Entre*: *pasar por entre las columnas, mirar por entre las rejas. Sobre*: *Disparó por sobre los arbustos.* **2₂** Localiza la acción que se indica: *subir por la calle Mayor, un paseo por la ciudad.* **2₃** Indica aproximación o indeterminación al hablar de un lugar: *El comando se ha escondido por algún pueblo de Zamora. Las llaves tienen que estar por aquí.* **3** Con expresiones asociables a la idea de tiempo: **3₁** Indica aproximación al hablar de un momento o época: *Volveré por Semana Santa.* **3₂** Indica el momento concreto en que se realiza una acción o transcurre un hecho: *Los jefes se reunirán por la mañana.* **3₃** En algunas expresiones, equivale a *durante*: *Los dueños necesitarán el apartamento por dos meses.* **3₄** Seguida de unidades de tiempo como *minuto, hora, día, mes, año,* etc., equivale a *en* o *a: ciento cincuenta kilómetros por hora.* **4** Introduce el canal o medio: *llamar por teléfono. Lo dije por gestos. Me enteré por la prensa. Lo he sabido por tu hermano.* SIN. por medio de, a través de. **5** Indica causa: *Detuvieron al alcalde por el asesinato de su mujer.* OBSERVACIONES: Puede ir precedida de un nombre, un adjetivo o un verbo en infinitivo: *morir por amor. Esto te pasa por desconfiado. El autocar chocó por ir demasiado rápido.* **5₁** Indica el motivo por el que se hace u ocurre algo: *El profesor ganó un premio por sus investigaciones.* **5₂** Con infinitivo, cuando la acción que expresa se realiza simultáneamente o antes que la expresada por el verbo regente: *Sus padres le castigaron por llegar tarde a casa.* **5₃** INTENSIFICADOR. Seguida del infinitivo del mismo verbo que el que precede a *por*: *Gritaba por gritar.* **5₄** Introduce aquello que permite obtener una conclusión o consecuencia: *Por la cara que traes, yo diría que estás enfadada.* **5₅** Precedida de *no*, tiene carácter concesivo: *No por mucho hablar te vas a ganar su confianza.* **6** Indica finalidad: **6₁** Con verbos de acción física o psíquica, o nombres que designan sentimiento o actitud humana positivos: *preocuparse por conseguir dinero, un viaje por placer.* **6₂** Seguida de infinitivo, indica acción posterior a la expresada antes de la preposición: *ponerse un mandil por no mancharse.* **6₃** Seguida de nombre, equivale a *para* + verbo: *Salí de allí por diversión.* **7** Con una expresión de cantidad seguida de *por* y un nombre indica que a cada uno le corresponde lo mismo en un reparto o distribución: *cinco entradas por persona, mil pesetas por niño.* **8** En matemáticas, equivale a 'multiplicado por': *cinco por veinte. Los beneficios se multiplicaron por cuarenta.* **9** Con verbos que implican cambio o transferencia: **9₁** Equivale a 'a cambio de': *Te doy mi coche por tu moto.* **9₂** Equivale a 'mediante el pago de', 'al precio de': *Inés se compró un piso por diez millones.* **9₃** Equivale a 'en compensación por': *Le regalaron un viaje por los favores realizados al jefe.* **9₄** Equivale a 'en sustitución de': *El jugador número dieciséis salió por el jugador número nueve.* **10** Con verbos que implican contacto, como *agarrar, sujetar, tocar* o *coger,* introduce aquello a través de lo cual se realiza el contacto: *agarrar por los hombros, sujetar por el asa.* **11** Indica la manera de hacer algo: *hacer algo por las buenas. La hija salió de casa por propia iniciativa.* **12** Equivale a 'por lo que se refiere a', 'en relación con': *Por mí, puedes quedarte sin comer el tiempo que quieras.* OBSERVACIONES: También con verbos que implican demanda de información como *preguntar* o *interesarse*: *Los socios preguntaron por el presupuesto.* **13** Indica el momento o etapa en que alguien o algo se encuentra: *Los ciclistas van por la mitad del trayecto.* **14** Equivale a 'en beneficio de', 'en favor de': *Ana se ha casado por su familia. Daría todo por ti. ¿Por quién es la misa?* **15** Indica la opinión, juicio o consideración que se tiene de algo: *dar por acabado, tener por tonto.* **16** Equivale a 'como', 'en calidad de': *tener por jefe, querer por esposo.* **17** Con verbos que implican 'dar un nombre', introduce el nombre que se le da: *Llámame por mi nombre.* **18** Con el verbo *estar*: **18₁** Con un sustantivo animado, indica disposición más o menos dudosa por parte de la persona: *Estuve por llamarte para que vinieras a cenar.* **18₂** Equivale a 'en favor de': *Estamos por la paz.* **19** Con expresiones de petición, ruego, promesa o juramento, introduce la persona, divinidad o cualquier otra cosa a la que invoca: *El ministro prometió por su vida. Te lo pido por Dios. Por lo que más quieras, hazme este favor.* **20** Con verbos como *destacar, distinguirse, lucirse*, etc., introduce una cualidad natural: *Eva destaca por su inteligencia.* **21** Con verbos que implican comienzo o final de algo y seguida de infinitivo, la acción que se indica se presenta como la primera o la última, respectivamente: *Empezaré por exponer el nuevo plan. Acabarán por despedirte.* **22** Con verbos que implican una elección, como *votar, decidir*, etc., introduce el término u objeto de esa elección: *Vota por los demócratas. Me he decidido por el coche blanco.* **23** Seguida de infinitivo, indica una acción futura o una acción que está pendiente de realización: *El futuro está por llegar. Tengo una novela por terminar.* OBSERVACIONES: En algunos casos, equivale a *sin*: *Me quedan varias cosas por comprar.* **24** Con verbos que implican posesión o sentimiento, y seguidos de un sustantivo de tipo afectivo, equivale a *hacia: sentir cariño por la gente.* **25** Con el mismo nombre antes y después de *por*, indica serie o sucesión de todos y cada uno de los elementos indicados: *Entrevisté a todos los candidatos uno por uno.* **26** Con verbos como *faltar, quedar*, etc., y seguido de infinitivo, indica ausencia o asunto pendiente: *Tienes muchos asuntos por resolver.* **27** Se usa con verbos como *ganar* o *perder,* pero no con los sustantivos derivados *ganancia* o *pérdida*, ni con el verbo *aventajar: Perdimos por cinco goles* *a uno.* FR. Y LOC. **a ~** Equivale a 'en busca de', 'a buscar': *Salí a por la prensa.* **dar* ~** + infinitivo. **ir* ~. ¿~?** COLOQUIAL. Conjunción final que equivale a *¿por qué?*: *–«Hoy no vendré a comer.» –«¿Por?»* **~** + adverbio / adjetivo + *que* Equivale a *aunque*: *Por mal que se haya portado tu hermano, no puedes dejar de hablarle. Por increíble que parezca nadie conoce la noticia.* OBSERVACIONES: Tiene valor concesivo. **~ ciento** Cada cien: *un descuento del quince por ciento.* **~ cierto*. ~ que** COLOQUIAL. Conjunción final que equivale a *para que*: *Cerré la puerta por que nadie escuchara lo que hablábamos.* OBSERVACIONES: El verbo va siempre en subjuntivo. **~ mil** Cada mil: *un tres por mil.* **~ qué** Adverbio interrogativo con el que se pregunta por la causa, razón o motivo. OBSERVACIONES: Se usa con interrogación o sin ella. **~ si** Indica finalidad y posibilidad al mismo tiempo: *Me llevaré el abrigo por si hace frío. Por si te interesa, mañana hay un concierto de órgano en la catedral.* **~ siempre* (jamás). ~ último*.**

porcelana *s. f.* **1** Loza fina y brillante: *jarrón de porcelana.* **~ china. 2** Recipiente o figura de esta loza. **3** Material cerámico usado para el aislamiento eléctrico. **4** Color blanco mezclado con azul.

porcentaje *s. m.* Número o cantidad que representa proporcionalmente una parte del total, tomando como referencia cien (se expresa con el signo %): *Le dan un porcentaje del 15 sobre las ventas.*

porche *s. m.* Espacio abierto y con columnas que tienen algunos edificios en la entrada o en alguno de los lados.

porcicultura *s. f.* (no contable) Actividad de criar cerdos.

porcino, na *adj.* Del puerco. **ganado* de cerdo** o **ganado ~. peste* porcina.**

porción *s. f.* **1** Parte de una cosa separada de otra mayor: *una porción de tarta, una porción de helado, tres porciones de chocolate, una porción de tierra.* **2** Parte que corresponde a cada persona en una distribución de algo: *Su porción de la herencia sirvió para ayudar a los pobres. No pude comer toda la porción de comida.*

pordiosear *v. intr.* **1** RESTRINGIDO. Pedir ‹una persona› limosna. SIN. mendigar. **2** RESTRINGIDO. Pedir ‹una persona› insistentemente y con humillación.

pordiosero, ra *adj. / s. m.* y *f.* **1** Que mendiga o pide limosna: *mendigo pordiosero. Una fila de pordioseros hacía cola mendigando un pedazo de pan.* ‖ *adj.* **2** Que viste con ropas sucias y rotas: *aspecto pordiosero. ¡Qué pinta tienes!, pareces un pordiosero.*

porfía *s. f.* **1** Discusión mantenida con insistencia y obstinación: *Los dos hermanos siempre están de porfía sobre quién juega mejor al ajedrez.* **2** (no contable) Insistencia o empeño obstinados: *Después de mucha porfía, el delantero consiguió arrebatar el balón.*

porfiar *v. intr.* **1** Mantener ‹una persona› [una opinión] con terquedad: *Lorena porfió* ***en*** *su postura intransigente.* SIN. obstinarse. **2** Pedir ‹una persona› con insistencia: *Por más que porfíes, no te lo daré.* SIN. insistir. **3** Seguir ‹una persona› en [el empeño] para conseguir [una cosa que resulta dificultosa]: *Un vecino porfió* ***en*** *su empeño de comprar la casa.* SIN. insistir, perseverar. ⇒ **8.**

pórfido *s. m.* Roca volcánica formada por un conglomerado de cristales de feldespato y cuarzo unidos por una pasta roja, utilizada en la decoración de edificios.

porfolio *s. m.* Conjunto de fotografías o de grabados que forman un tomo o un volumen encuadernable.

porífero *adj. / s. m.* **1** ZOOL. [Animal] invertebrado, que tiene una estructura de espinas duras y vive en mares cálidos o a veces en aguas dulces, como la esponja. ‖ *s. m.* **2** (en plural) ZOOL. Tipo que forman los animales poríferos.

pormenor *s. m.* **1** (preferentemente en plural) Detalle o circunstancia particular y concreta: *Los pormenores de la noticia los darán en el próximo parte.* **2** Punto o aspecto de poca importancia en un asunto: *Sólo quedan por concretar unos pormenores sin importancia.*

pormenorizar *v. tr.* Describir o representar ‹una persona› [una cosa] detalladamente. ⇒ **19.**

porno *adj.* (invariable; apócope de *pornográfico*) De la pornografía: *película porno, espectáculos porno, actor porno.*

pornografía *s. f.* (no contable) Cualquier manifestación o tipo de expresión explícita y sin pudor de todo lo relacionado con el sexo: *Han prohibido que se muestre publicidad de pornografía en los quioscos.*

pornográfico, ca *adj.* De la pornografía: *sala pornográfica, película pornográfica, actriz pornográfica.*

poro *s. m.* **1** Orificio invisible a simple vista que hay en la superficie corporal de los seres vivos: *los poros de la piel.* **2** Espacio muy pequeño que hay entre las partículas de los sólidos de estructura discontinua: *los poros del barro con el que se hacen botijos.*

porongo *s. m.* **1** PERÚ; RESTRINGIDO. Recipiente de barro cocido de forma redondeada. **2** ARG., PERÚ, URUG. Planta silvestre con un fruto parecido a la calabaza. **3** ARG., URUG. Recipiente hecho con esta planta que se usa para tomar el mate.

pororó *s. m.* AMÉR. Rosetas de maíz.

porosidad *s. f.* (no contable) Característica de lo poroso: *la porosidad de una piel. La porosidad de una tela permite la transpiración.*

poroso, sa *adj.* Que tiene poros: *Tengo la piel muy porosa. El botijo es muy poroso y rezuma el agua.*

poroto *s. m.* **1** AMÉR. DEL S. Variedad de alubia. **2** AMÉR. DEL S. Guiso elaborado con porotos.

porque *conj.* **1** Introduce de una manera neutra una proposición causal subordinada: *No puedo ir de excursión porque tengo que quedarme con el niño. No me esperéis para cenar, porque llegaré tarde.* OBSERVACIONES: Aparece en primer lugar de la frase cuando el hablante responde en desacuerdo a algo que se ha dicho antes: *Porque nos lo digas tú, no tenemos que creerlo. Porque llueva, no vamos a quedarnos encerrados.* **2** Introduce una proposición final subordinada: *Llámale, porque no crea que te has olvidado de él. Eso no se debe hacer: reza porque no te vean.* OBSERVACIONES: En estos casos es más general el uso simplemente de *que*: *Reza que no te vean. Relájate que no lo hagas mal.*

porqué *s. m.* Causa, razón, motivo: *Me pregunto el porqué de su actuación. No entiendo el porqué de su enfado. Siempre enumeras varios porqués cuando no nos convences con el primero.*

porquería *s. f.* **1** (no contable) COLOQUIAL. Suciedad, basura: *El suelo está lleno de porquería. Si no frotas bien la porquería no se va.* **2** (preferentemente en plural) COLOQUIAL. Cosa vieja, sucia o rota o conjunto de cosas con estas características: *Esta televisión es una porquería, no se ve na-*

da. A ver si tiráis todas las porquerías que hay en la cocina. Voy a quemar esa porquería de zapatos que llevas. **3** COLOQUIAL. Grosería: *No hagas caso de las porquerías que dice ese tipo. Mi abuelo se enfada muchísimo con las porquerías de los libros porno.* **4** COLOQUIAL. Cosa despreciable o de poco valor: *¡Qué porquería de música ponen en esta emisora!* **5** COLOQUIAL. Cosa de comer poco alimenticia y hasta perjudicial pero apetitosa: *No comas tantas porquerías, te engordan y no te alimentan.*

porqueriza *s. f.* Lugar cubierto donde se guardan los cerdos. SIN. pocilga.

porquerizo, za *s. m. / f.* RESTRINGIDO. Porquero.

porquero, ra *s. m. / f.* Persona que tenía por oficio cuidar cerdos: *En otoño el porquero llevaba los cerdos al campo para que comieran las bellotas de las encinas. Los porqueros solían ser niños en muchos casos.*

porra *s. f.* **1** Bastón corto y macizo, generalmente de goma, utilizado por policías y guardias como defensa: *pegar con la porra, golpear con la porra, dar con la porra.* **2** Palo tosco y fuerte, más grueso por uno de sus extremos. **3** Masa frita parecida a un churro pero más gruesa: *Desayunamos porras con chocolate.* **4** COLOQUIAL. Juego de apuestas en el que el ganador se lleva el dinero de todos. **5** ARG. Cabello abundante y largo. **6** ARG., BOL., URUG.; COLOQUIAL en Argentina. Mechón de pelo sobre la frente. FR. Y LOC. **mandar / enviar a la ~** 1 COLOQUIAL. Echar ‹una persona› de su presencia a otra con enfado: *Vete a la porra y déjame en paz.* 2 COLOQUIAL. No querer tener ninguna relación ‹una persona› con otra persona o con una cosa: *Que se vaya a la porra con sus consejos. El trabajo: que se vaya a la porra, es más importante tu salud.* **¡porras!** COLOQUIAL, AFECTADO; EUFEMISMO. Se usa para expresar enfado, disgusto o rechazo: *¡Porras! ¿Dónde he puesto el informe? ¿Dónde porras está el azúcar?*

porrada *s. f.* COLOQUIAL; INTENSIFICADOR. Gran cantidad: *Su novia gana una porrada **de** dinero. Ha llegado a nuestra ciudad una porrada **de** hinchas del equipo de fútbol.*

porrazo *s. m.* **1** COLOQUIAL. Golpe que recibe una persona al caerse o chocar contra algo duro: *No vi la puerta y me di un buen porrazo contra ella. El niño se cayó de la cama y se dio un porrazo.* **2** Golpe dado con una porra o con cualquier otra cosa: *Acusaron a la policía de dar porrazos a los estudiantes. Tengo ganas de darle dos porrazos cuando lo vea.* FR. Y LOC. **de golpe* (y ~).**

porrero, ra *adj. / s. m. y f.* JERGAL. Que fuma porros.

porreta *s. f.* Se usa en la LOC. **en porreta(s)** COLOQUIAL. Desnudo, sin vestidos: *No te pasees en porretas por el pasillo, que pueden verte los vecinos.*

porrillo *s. f.* Se usa en la LOC. **a ~** COLOQUIAL; INTENSIFICADOR. En gran cantidad: *Ese notario gana dinero a porrillo.*

porro *s. m.* COLOQUIAL. Cigarrillo de hachís o marihuana con tabaco: *fumarse un porro.*

porrón *s. m.* **1** Botella esférica con un cuello largo y algo encorvado usada para beber a chorro, por un pitón grande que le sale de la panza: *beber del porrón, beber en porrón, porrón de vino.* **2** Botijo.

porta *adj. / s. f.* ANAT. [Vena] que es gruesa y recibe la sangre del tubo digestivo y del bazo y la conduce al hígado. **vena ~.**

portaaeronaves (plural *portaaeronaves*) *s. m.* Portaaviones.

portaaviones (plural *portaaviones*) *s. m.* Embarcación de guerra para el transporte de aviones con la cubierta dispuesta para que despeguen o aterricen.

portabebés (plural *portabebés*) *s. m.* Cuna portátil con asas.

portada *s. f.* **1** Fachada o puerta principal, generalmente decorada, de algunos edificios: *la portada de una catedral.* **2** Primera plana de un libro o de una publicación: *la foto de portada, la portada del libro. La noticia aparece en portada.* **3** Cubierta o tapa de un libro o de una revista.

portadilla *s. f.* **1** Hoja cabecera, entre la cubierta y la portada de un libro. SIN. anteportada. **2** Hoja cabecera al principio de cada una de las partes en que se divide un libro, en la que sólo aparece impreso el título de ese apartado.

portador, ra *adj. / s. m. y f.* **1** Que lleva o transporta alguna enfermedad y puede contagiarla aunque no la padezca: *una persona portadora de anticuerpos del sida.* **2** [Persona] que lleva o transporta alguna cosa: *Te ruego que recibas al portador de mi tarjeta.* || *s. m. / f.* **3** Persona que posee un título o valor: *El portador juega en esta participación de la lotería nacional la cantidad de 1.000 pesetas.* FR. Y LOC. **al ~** Se usa para indicar que se debe efectuar el pago del importe reseñado en un documento a la persona que lleve éste: *Hágame el cheque al portador. Este décimo es un recibo al portador.*

portaequipaje (se usa mucho *portaequipajes* para singular y plural) *s. m.* **1** Parte del vehículo destinada al equipaje: *el portaequipajes de un coche.* **2** Malla o estructura metálica o de otro tipo donde se acomoda el equipaje en los transportes públicos como autocares, trenes o aviones.

portaestandarte *s. m.* Oficial encargado de llevar el estandarte de un regimiento de caballería.

portafiltros (plural *portafiltros*) *s. m.* **1** Soporte de material rígido donde se coloca el filtro de papel de cierto tipo de cafeteras. **2** RESTRINGIDO. Pieza de los aparatos de fotografía para colocar los filtros.

portafolio (se usa mucho *portafolios* para singular y plural) *s. m.* **1** Cartera de mano para llevar libros y papeles. **2** Funda de plástico usada para llevar papeles.

portafusil *s. m.* Correa para llevar un arma, especialmente un fusil, colgada a la espalda.

portahelicópteros (plural *portahelicópteros*) *s. m.* Embarcación de guerra para el transporte de helicópteros con la cubierta dispuesta para que despeguen y aterricen.

portal *s. m.* **1** Parte de la casa por donde se entra y está la puerta principal: *Vivo en el portal 43. En nuestro portal están los buzones de los vecinos y los contadores de la luz.* **2** (en plural) RESTRINGIDO. Arcadas de una calle o plaza: *Ese comercio está en los portales de la plaza mayor.* **3** Especie de casa o cueva donde se colocan las figuras principales del belén o nacimiento.

portalada *s. f.* Portada, generalmente monumental, que da acceso al patio de entrada de una casa señorial.

portalámpara (se usa mucho *portalámparas* para singular y plural) *s. m.* **1** Soporte metálico de una lámpara en el que se introduce el casquillo de la bombilla. **2** Pieza o aparato que sostiene una lámpara.

portalibros (plural *portalibros*) *s. m.* Conjunto de correas o cintas para sujetar y transportar los libros y cuadernos: *Los portalibros se han puesto de moda entre los escolares.*

portaligas (plural *portaligas*) *s. m.* ARG., CHILE, URUG. Liguero femenino.

portalón *s. m.* **1** Puerta grande que da acceso al patio descubierto de entrada de un palacio u otro edificio antiguo. **2** Abertura, a modo de puerta, en el costado de un buque.

portamaletas (plural *portamaletas*) *s. m.* RESTRINGIDO. Maletero de un vehículo.

portamantas (plural *portamantas*) *s. m.* RESTRINGIDO. Par de correas unidas por un asa para sujetar y transportar mantas y otros objetos de viaje.

portaminas (plural *portaminas*) *s. m.* Lápiz de plástico o metálico de mina recambiable.

portamonedas (plural *portamonedas*) *s. m.* Bolsita o cartera para llevar las monedas.

portante *s. m.* Se usa en la LOC. **agarrar / coger / tomar el ~** COLOQUIAL. Marcharse ‹una persona› de un sitio bruscamente: *Sergio estaba tan harto de todo, que agarró el portante ayer por la tarde y se fue sin dar explicaciones. La inquilina, sin avisarnos, tomó el portante.*

portaobjetivo *s. m.* Pieza frontal de una cámara fotográfica o de un proyector donde se acoplan los objetivos.

portaobjeto (se usa mucho *portaobjetos* para singular y plural) *s. m.* Lámina rectangular transparente que sirve de soporte a los cuerpos o preparaciones que se examinan en un microscopio.

portaplumas (plural *portaplumas*) *s. m.* RESTRINGIDO. Soporte en el que se ajustaba la plumilla metálica para escribir: *Hay portaplumas de madera y de marfil.*

portar *v. tr.* **1** Traer o llevar ‹una persona› [una cosa]: *El mozo portó las maletas hasta la estación.* **2** Traer ‹el perro› [la pieza cobrada al cazador]: *El perro está bien acostumbrado a portar las perdices.* || *v. prnl.* **3** Actuar ‹una persona› de [una determinada manera]: *Los chicos se portan bien en clase. Ana se portó muy mal con el perro.* SIN. comportarse. **4** COLOQUIAL. Responder ‹una persona› a lo que otras desean o esperan de ella: *Marta se ha portado, su ayuda ha sido decisiva para mí. Hija, a ver si se porta tu padrino y te hace un buen regalo.*

portarretrato (se usa mucho *portarretratos* para singular y plural) *s. m.* Marco para colocar retratos.

portarrollos (plural *portarrollos*) *s. m.* Utensilio que sirve para colocar un rollo de papel en la cocina o en el baño.

portátil *adj.* Que es fácil de transportar o llevar de un sitio a otro: *ordenador portátil, máquina de escribir portátil, impresora portátil.* **taladro ~.**

portavoz *s. m. / f.* **1** Persona que representa a un grupo de gente o habla en su nombre, autorizadamente: *el portavoz de los huelguistas, el portavoz del Gobierno, el portavoz de la empresa, el portavoz de la familia.* **2** Medio de comunicación que expresa oficialmente las opiniones de un partido o de una institución: *La emisora es la portavoz oficial del sindicato. Este periódico es el portavoz de los Colegios de Arquitectos.*

portazgo *s. m.* HIST. Derechos que se pagaban por pasar los ganados o ciertas mercancías por determinados sitios o ciudades o venderse en determinados mercados o lugares: *Los vecinos de las ciudades no pagaban portazgo por los productos que traían para su consumo.*

portazo *s. m.* **1** Golpe dado por una puerta al cerrarse con el viento. **2** Cierre brusco de una puerta dado por alguien para mostrar su enfado: *Los dos amigos no se pusieron de acuerdo y al marcharse del salón uno dio un portazo. Por favor, cuando llegues enfadado a casa cierra la puerta con cuidado, no des portazos, que la puerta no tiene la culpa.*

porte *s. m.* **1** Aspecto y figura de una persona o de una cosa que llama la atención favorablemente: *Mi vecino es un caballero de porte distinguido y señorial. Tengo un despacho de un porte moderno y elegante.* **2** (preferentemente en plural) Cantidad que se paga por llevar o transportar una cosa de un lugar a otro: *Los portes de la mercancía son aparte. Si nos compra usted el sofá más caro, no tiene que pagar los portes.* **3** Acción y efecto de portear: *Soy transportista, pero hago pequeños portes. Se hacen portes y mudanzas.* **4** Capacidad o tamaño: *un camión de gran porte, una furgoneta de pequeño porte.* **5** Clase o importancia: *En problemas de este porte hay que mantener la calma. Éste es un lío de tal porte que lo tiene que resolver el jefe directamente. A mí no me cuentes las quejas de ese porte, vete a ver directamente al jefe de personal.*

porteador, ra *adj. / s. m.* y *f.* RESTRINGIDO. Persona que tiene por oficio hacer pequeños portes: *En oriente hay muchos porteadores callejeros.*

portear *v. tr.* Llevar o transportar ‹una persona› [una cosa] [a un lugar] por un precio acordado: *Le puedo portear todos los bultos por un precio reducido.*

portento *s. m.* **1** Cosa, acción o suceso que, por su extrañeza, singularidad o novedad causa admiración o sorpresa: *Es un portento que estés vivo después del accidente.* SIN. milagro, prodigio. **2** Persona que sobresale por alguna cualidad extraordinaria: *Esa chica es un portento. Le han otorgado la beca porque es un portento en matemáticas.* SIN. prodigio.

portentoso, sa *adj.* (antepuesto / pospuesto) Que causa asombro o admiración por su singularidad: *El boxeador tenía una fuerza portentosa, fuera de lo normal. En ese momento el perro dio un portentoso salto y desapareció de mi vista. Quique tiene una inteligencia portentosa.* SIN. prodigioso.

porteño, ña *adj. / s. m.* y *f.* **1** De Buenos Aires, capital de Argentina: hotel porteño. *Muchas familias porteñas son de origen europeo.* **2** De Valparaíso, ciudad chilena: *industria porteña. Los porteños tienen una importante fuente de ingresos en el turismo.*

portería *s. f.* **1** Lugar situado a la entrada de un edificio desde donde el portero vigila a las personas que entran y salen. **2** Vivienda del portero. **3** Oficio de un portero: *He conseguido una portería para mi tía.* **4** DEP. Marco rectangular por el que tiene que entrar el balón o pelota para marcar tantos, en algunos deportes: *El balón entró por la escuadra de la portería.*

portero, ra *s. m. / f.* **1** Persona que tiene por oficio cuidar y vigilar el portal de los edificios y encargarse de algunas tareas como el correo y la información: *En el portal hemos instalado una garita para el portero. Pregúntale la dirección al portero.* **2** DEP. Jugador que defiende la portería en algunos deportes: *un portero de fútbol, un portero de balonmano, un portero de hockey.* SIN. guardameta. **3** Persona que vigila la entrada y la salida de la gente de algunos establecimientos públicos: *portero de un hotel, portero de un club.* || **4 ~ automático / electrónico** Mecanismo para abrir los portales desde el interior de las viviendas.

portezuela *s. f.* Puerta de un coche.

portezuelo *s. m.* ARG., CHILE; RESTRINGIDO. Camino público entre dos cerros o montañas.

porticado, da *adj.* (ser / estar) [Construcción] que tiene pórticos: *plaza porticada, galería porticada. La plaza mayor de Salamanca es porticada. Vamos por la calle mayor, que no nos mojaremos, está porticada.*

pórtico *s. m.* **1** Construcción con columnas situada delante de templos y otros edificios suntuosos: *un pórtico griego, pórtico de la catedral.* **2** Galería o pasillo con arcadas o con columnas a lo largo de un muro de fachada o de un patio: *El palacio tiene un pórtico muy hermoso.*

portilla *s. f.* **1** RESTRINGIDO. Paso o entrada de una finca rústica. **2** Ventana o abertura pequeña, cerrada con cristales, en los costados de un buque.

portillo *s. m.* **1** Postigo o puerta pequeña en otra mayor: *el portillo de la puerta de la ciudad. Cuando el restaurante está abierto no tienen cerrado el portillo del portón de la fachada.* **2** HIST.; RESTRINGIDO. Abertura o paso en una muralla o en una tapia. **3** RESTRINGIDO. Camino estrecho entre dos alturas del campo. **4** (no contable) Posibilidad abierta para conseguir una cosa, por descuido o por falta de medios: *Parece que la sentencia de la Audiencia de Valladolid ha abierto un portillo para que podamos exigirle a la Administración la paga extra de hace tres años. El director me ha abierto un portillo a la esperanza al decirme que hablaríamos con calma.*

portón *s. m.* Puerta grande que separa el portal del resto de la casa.

portor *s. m.* Artista de circo que sostiene o recoge a sus compañeros en las acrobacias de pista o aéreas.

portorriqueño, ña *adj. / s. m.* y *f.* Puertorriqueño.

portuario, ria *s. f.* Del puerto de mar: *instalaciones portuarias, autoridades portuarias, zona portuaria.*

portugués, sa *adj. / s. m.* y *f.* **1** De Portugal: *vino portugués, artesanía portuguesa.* || *s. m.* **2** LING. Lengua románica hablada en Portugal y en sus antiguas colonias.

portuguesismo *s. m.* Palabra o expresión de la lengua portuguesa empleadas en otras lenguas.

portulano *s. m.* Conjunto de planos de puertos encuadernados en forma de atlas.

porvenir *s. m.* **1** Hecho o tiempo futuro: *Nadie sabe lo que depara el porvenir. Las pitonisas dicen que te adivinan el porvenir, pero sólo conocen el pasado.* SIN. futuro. **2** Lo que le espera a una persona, a una institución o a una empresa: *¿Cuál es tu porvenir en esta ciudad? Esa chica es una persona sin porvenir. Cada uno debe labrarse su porvenir.*

pos- o **post-** *pref.* Significa 'después de', 'detrás de' y forma adjetivos a partir de adjetivos y sustantivos a partir de sustantivos: *palatal - pos(t)palatal, guerra - posguerra, moderno - pos(t)moderno.*

posada *s. f.* **1** RESTRINGIDO. Establecimiento popular donde se hospedan viajeros. **2** LITERARIO. Cobijo y alojamiento que se da a una persona: *Los pueblos campesinos se sienten obligados a dar posada al peregrino. Nos perdimos y nos dieron posada unos viejecitos muy simpáticos.* SIN. hospedaje.

posaderas (plural) *s. f.* COLOQUIAL. Nalgas: *Pon tus posaderas en el sillón y relájate un poco, que todavía no ha llegado el dentista.*

posadero, ra *s. m. / f.* Persona que era propietaria de una posada o la dirigía: *La posadera sirvió el vino muy rápidamente. ¡Es un posadero de confianza!* SIN. mesonero.

posar *v. tr.* **1** Poner ‹una persona› [una cosa] sobre [un lugar] suavemente: *Amelia posó su mano* ***sobre*** *mi hombro.* **2** Fijar ‹una persona› [los ojos, la mirada o la vista] en [una persona o una cosa]: *Posé la mirada* ***en*** *la lejanía.* **3** Dejar ‹una persona› [la carga] para descansar: *Posa las maletas en el suelo, que falta todavía un poco para irnos.* || *v. prnl.* **4** Detenerse ‹un ave o un avión› sobre [una superficie] tras un vuelo: *El pájaro se posó* ***en*** *la rama. Por fin, la nave se ha posado suavemente* ***en*** *una isla de Siberia.* **5** Depositarse ‹las partículas suspendidas en un líquido› en el fondo de un recipiente: *No agites la tetera, que se han posado los posos en el fondo.* || *v. intr.* **6** Permanecer ‹una persona› en una determinada postura para retratarse o para servir de modelo a un pintor o a un escultor: *El marqués ha posado tres meses para que le hagan este retrato. Esa mujer posó para muchos pintores en su juventud.*

posavasos (plural *posavasos*) *s. m.* Objeto plano que se coloca debajo de los vasos para proteger la mesa de roces o manchas: *posavasos de plástico, posavasos de cartón.*

posbélico, ca *adj.* Que es posterior a una guerra: *Los acuerdos posbélicos crearon un nuevo orden internacional.*

posdata *s. f.* Texto que se añade a una carta ya concluida y firmada: *Me acordé al final y se lo escribí en la posdata.*

posdorsal o **postdorsal** *adj.* FON. [Articulación o sonido] que se articula con la intervención de la parte posterior del dorso de la lengua.

pose *s. f.* **1** Postura, especialmente la que resulta poco natural o estudiada en una persona que es retratada: *En esta foto tienes una pose muy divertida y en esta otra se nota mucho la pose forzada.* **2** Actitud fingida o exagerada para producir determinado efecto: *Adoptas una pose de superioridad cuando hablas. Toda la historia de su vida es una pose para impresionarte, no te preocupes. No te va la pose de duro. No te conviene la pose de víctima.*

poseedor, ra *adj. / s. m.* y *f.* [Persona] que posee o tiene una cosa: *El poseedor del número premiado recibirá cien millones de pesetas.*

poseer *v. tr.* **1** Tener ‹una persona› [una cosa] en propiedad: *Poseo varias fincas.* **2** Disponer ‹una persona o una cosa› de [una cosa]: *Ese país posee una industria muy desarrollada. Posees buenas condiciones para la natación.* **3** Tener ‹un hombre› relaciones sexuales con [una mujer]: *Dice que ya la ha poseído.* ⇒ **49.**

poseído, da *adj. / s. m.* y *f.* **1** (estar) Que está dominado por una manía, pasión o idea: *Está poseído por la obsesión de la venganza.* **2** Poseso, dominado por algún espíritu malo.

posesión *s. f.* **1** (no contable) Acción y resultado de poseer o tener algo: *Siempre crees que estás en posesión de la verdad. La casa pasó a estar en posesión del hermano mayor.* **2** (preferentemente en plural) Cosas que se tienen, especialmente si son casas o tierras: *El país perdió sus posesiones en África después de la guerra. La viuda tuvo que vender muchas de sus posesiones en el pueblo para seguir viviendo.*

SIN. propiedades. **3** Ocupación temporal del espíritu de una persona por otro espíritu: *En la antigüedad, algunas enfermedades eran consideradas posesiones del demonio.* **~ diabólica / demoniaca.** FR. Y LOC. **tomar ~** Recibir ‹una persona› oficialmente un nombramiento, un cargo o unos bienes: *El hijo tomó posesión de la casa familiar. Pepe tomó posesión de su cargo de director.*

posesionarse *v. prnl.* Tomar ‹una persona› posesión de un cargo o de [una propiedad]: *El hijo se posesionó la herencia en cuanto pudo.*

posesivo, va *adj. / s. m.* **1** GRAM. [Adjetivo, pronombre] que indica o muestra posesión. **2** Que actúa de forma dominante y autoritaria hacia otra persona: *carácter posesivo. No seas tan posesivo y deja que tu amigo pasee solo si quiere.*

poseso, sa *adj. / s. m.* y *f.* **1** Que se comporta con furia o maldad exagerada porque, según ciertas creencias, está dominado por algún espíritu malo: *Sólo un poseso ha podido cometer tal crimen.* SIN. poseído. **2** Que se muestra excesivamente nervioso: *Estás muy nervioso, pareces un poseso. La enferma gritaba como una posesa y tuvimos que darle una taza de tila para que se tranquilizara.*

posesor *adj. / s. m.* y *f.* RESTRINGIDO. Poseedor.

posfijo o **postfijo** *s. m.* GRAM.; RESTRINGIDO. Afijo que se coloca al final del lexema. SIN. sufijo.

posgrado o **postgrado** *s. m.* (no contable) Estudios universitarios posteriores a la licenciatura que dan derecho a un certificado o un título de ese curso: *Para ese puesto se necesita una persona que tenga el título de posgrado.*

posguerra *s. f.* Tiempo inmediatamente posterior a una guerra: *La posguerra española fue muy dura.*

posibilidad *s. f.* **1** (no contable) Cualidad de ser algo posible: *Tuve la posibilidad de conocerla. No hay ninguna posibilidad de que lleguemos antes de tiempo.* ANT. imposibilidad. **2** (preferentemente en plural) Opciones que tiene alguien para hacer algo: *Había dos posibilidades: o me dejaba operar de la pierna o me quedaba cojo. Tienes dos posibilidades: o dejas de cantar o te vas a otra habitación.* **3** (preferentemente en plural; no contable) Medios necesarios para hacer algo, especialmente si es dinero u otras formas de propiedad: *Esta cadena de televisión tiene más posibilidades que la otra. Ese subsidio es una ayuda para personas sin posibilidades. Ésa es una familia sin posibilidades.* SIN. posibles (COLOQUIAL). **4** Ocasión o probabilidad: *Hay posibilidad de que mañana llueva. Tengo posibilidad de aprobar.* FR. Y LOC. **dentro de mis / tus / sus ... posibilidades** En todo lo que yo pueda hacer: *Viajar todos los fines de semana no está dentro de nuestras posibilidades.*

posibilismo *s. m.* (no contable) Ideología y comportamiento de los que aprovechan para conseguir sus objetivos las posibilidades que ofrecen las instituciones, doctrinas o circunstancias existentes, aunque no sean afines a esos objetivos: *No me gusta la doctrina del todo o nada, me parece mejor el posibilismo.*

posibilitar *v. tr.* Hacer ‹una persona o una cosa› posible [una cosa]: *Este tipo de beca posibilitó que muchos jóvenes estudiaran.* SIN. permitir.

posible *adj.* **1** (antepuesto / pospuesto) Que puede ocurrir o ser, o que se puede hacer o conseguir: *una posible solución, una solución posible. Es posible que sea así, como tú dices. El jefe me habló de un posible sustituto para el mes de junio. Es posible que vaya mañana, aunque no lo sé seguro. El acuerdo fue posible gracias a sus gestiones.* ‖ *s. m.* **2** (en plural) Bienes, posesiones o medios necesarios para hacer una cosa: *No dispongo de posibles para montar el negocio yo solo. La suya es una familia sin posibles.* FR. Y LOC. **dentro de lo ~** En la medida en que se pueda hacer una cosa: *Dentro de lo posible hay que intentar que el enfermo duerma.* **hacer (todo) lo ~** Poner ‹una persona› todos los medios a su alcance para conseguir una cosa: *Haré lo posible por ir a verte el día de la operación.* **lo antes* ~.**

posiblemente *adv. orac.* Se usa para indicar que el hecho a que se alude es probable o puede suceder: *Posiblemente venga sola. Posiblemente, los viajeros habrán salido ya. Estos planos son, posiblemente, los mejores. –«¿Vendrás a verme?» –«Posiblemente.»* OBSERVACIONES: Es semejante a *probablemente,* pero cuando precede al verbo las formas de presente y pasado de indicativo (*canta, cantaba, cantó, ha cantado y había cantado*) no suelen usarse con *posiblemente*: *Posiblemente / probablemente cantaré / cante mañana,* frente a: *Probablemente cantaba a las seis.*

posición *s. f.* **1** (no contable) Manera de colocarse o de estar una cosa o una persona: *Voy a levantarme, porque en esta posición estoy muy incómodo.* SIN. postura. **2** Lugar que ocupa una persona o una cosa: *El equipo está en cuarta posición. El disco está en última posición de ventas. Mi posición en la empresa no es muy interesante.* **3** Posición económica y social: *Su posición económica no es muy buena.* SIN. puesto, situación. **4** (no contable) Manera de pensar o de actuar respecto a algo: *Mantuve mi posición en contra de los demás.* SIN. actitud. **5** MIL. Lugar fortificado o defendido por un ejército: *La guerrilla no pudo llegar hasta las últimas posiciones militares.* FR. Y LOC. **coronar una ~** Tomar ‹una persona› una posición con tropas, después de expulsar a los defensores: *Los militares coronaron la posición tras duros enfrentamientos.* **luz* de ~. tabla* de posiciones.**

positivismo *s. m.* **1** (no contable) Filosofía de Auguste Comte y sus seguidores que sólo admite los hechos que pueden captarse por los sentidos y ser verificados por la experiencia. **2** (no contable) Actitud de la persona que busca lo más práctico o útil.

positivista *adj.* **1** Del positivismo filosófico: *pensamiento positivista, movimientos positivistas.* ‖ *adj. / s. m.* y *f.* **2** Que es partidario del positivismo filosófico: *artículo positivista. Es un positivista convencido.* **3** Que ve sólo el valor material o práctico de las cosas: *A mí, como buen positivista, no me interesan la literatura ni el latín, sólo me preocupo de la economía.*

positivo, va *adj.* **1** (antepuesto / pospuesto) Que es cierto: *mejoría positiva, hombre de positivo valor.* **2** Que indica la existencia de una cosa y no su falta: *saldo positivo. El test de embarazo dio positivo.* **3** Que es bueno o útil: *Su presencia en la clase es muy positiva.* **4** [Persona] que tiene muy en cuenta la realidad de las cosas, sobre todo en cuanto a los goces de la vida: *Juan evita los problemas, es muy positivo.* **5** Que afirma: *Nos diste una respuesta positiva.* **adjetivo* ~.** **6** [Derecho, ley] que ha sido promulgado: *El derecho positivo se contrapone al natural para algunos juristas.* **derecho* ~. ley positiva.** **7** MAT. [Número] que es mayor que el cero: *El uno es un número positivo.* **8** FÍS. [Polo, electrodo] que tiene menos electrones que otro y hacia el que se produce la corriente de éstos. **9** DEP. Punto que consigue un grupo deportivo. || *s. m.* **10** Copia fotográfica obtenida de un negativo que presenta los colores tal como son en la realidad: *Se nos han estropeado unos positivos, pero nos quedan todos los negativos.* || **11 discriminación* positiva.**

pósito *s. m.* **1** RESTRINGIDO. Asociación con fines cooperativos o de mutuo auxilio: *pósito de pescadores.* **2** RESTRINGIDO. Depósito de grano.

positrón *s. m.* FÍS. Partícula atómica elemental de idéntica masa que el electrón y carga eléctrica equivalente, pero positiva, que, a diferencia de este último, no aparece nunca libre.

posma *adj. / s. m.* y *f.* RESTRINGIDO. Persona lenta o pesada: *Tuve que aguantar toda la tarde a la posma de mi suegra.*

posmeridiano, na *adj.* RESTRINGIDO. Que es después del mediodía: *horario posmeridiano.*

posmodernidad o **postmodernidad** *s. f.* (no contable) Época cultural aparecida en Occidente hacia 1970 que se caracteriza por la búsqueda de formas de expresión nuevas, y por rechazar la cultura racionalista y el compromiso: *Hasta hace poco se creía que la posmodernidad era la forma de enfrentarse al cambio de siglo.*

posmoderno, na o **postmoderno, na** *adj. / s. m.* y *f.* De la posmodernidad: *moda posmoderna. Los posmodernos no suelen adoptar actitudes comprometidas.*

poso *s. m.* **1** Conjunto de partículas sólidas de un líquido que se depositan en el fondo del recipiente que lo contiene: *los posos del café. El agua tiene posos.* **2** Huella o repercusión que deja algo desagradable: *La conversación le dejó un poso de amargura. Es difícil hablar con él, vive con un poso de desconfianza tras el fracaso de su negocio.*

posología *s. f.* (no contable) MED. Indicación sobre cómo debe administrarse un medicamento: *La posología recomendada es de tres tabletas diarias.*

posoperatorio o **postoperatorio** *adj. / s. m.* [Proceso] que sigue a cualquier operación o intervención quirúrgica: *En el posoperatorio surgieron complicaciones.*

pospalatal o **postpalatal** *adj. / s. f.* FON. [Sonido] que se articula con la lengua chocando contra el límite entre el paladar duro y el blando.

posparto *s. m.* **1** Tiempo que sigue inmediatamente después al parto. **2** Estado de debilidad física que experimenta la mujer en este periodo.

posponer *v. tr.* **1** Dejar ‹una persona› [una cosa] para más tarde o más adelante: *Pospón este asunto para mañana.* SIN. aplazar. **2** RESTRINGIDO. Poner ‹una persona› [a otra persona o una cosa] en un lugar inferior al que debería ocupar: *Creo que no es justo posponer a los mayores en estas fiestas.* SIN. postergar ⇒ **60.**

posposición *s. f.* **1** RESTRINGIDO. Acción de dejar algo para más tarde: *La gripe le obligó a la posposición del viaje.* SIN. aplazamiento. **2** Acción de poner una cosa detrás de otra: *No todas las lenguas admiten la posposición del sujeto tras el verbo.*

pospositivo, va *adj.* LING.; RESTRINGIDO. Que se pospone a otra palabra.

pospuesto, ta *adj.* **1** (ser / estar) Que se coloca detrás de otra palabra o forma: *Algunos adjetivos van pospuestos en español. Esta palabra está pospuesta, pero suele ir antepuesta.* || *p.* **2** Participio irregular de *posponer.*

post- *pref.* Pos-.

posta *s. f.* **1** Conjunto de caballerías preparadas de trecho en trecho en los caminos para renovar a otras ya cansadas. **2** Lugar donde estaban las postas. FR. Y LOC. **silla* de ~.**

postal *s. f.* **1** Tarjeta con una imagen en una de sus caras y un espacio para el texto y los sellos en la otra que se suele enviar, sin sobre, como recuerdo de un viaje: *enviar una postal, escribir una postal, recibir una postal.* || *adj.* **2** Del servicio de Correos. **código ~. distrito ~. giro* ~ impreso ~. paquete*~. tamaño* ~. tarjeta* (~).**

postdorsal *adj.* Posdorsal.

poste *s. m.* **1** Elemento alargado que se coloca verticalmente como apoyo o señal: *un poste de madera, un poste del tendido eléctrico, un poste telegráfico, un poste indicador.* **2** DEP. Cada uno de los palos laterales de una portería: *La pelota ha dado en el poste.* FR. Y LOC. **ir / caminar / andar más tieso que un ~** COLOQUIAL. Ir ‹una persona› muy estirada: *Siempre caminas más tieso que un poste.*

postemilla *s. f.* AMÉR. Herida con pus en la encía.

póster (plural *pósters*) *s. m.* Cartel impreso que se cuelga para decorar: *colgar un póster.*

postergación *s. f.* Acción y efecto de postergar: *Ana es una chica inteligente, pero ha sufrido una postergación en el trabajo. La postergación de esa ley beneficia a todos.*

postergar *v. tr.* **1** Poner ‹una persona› [a otra persona o una cosa] en un lugar inferior al que debería ocupar: *En la empresa lo han postergado. No se puede postergar así como así a los jubilados.* **2** Dejar ‹una persona› [una cosa] para más tarde o más adelante: *Postergaremos la solución del problema para después de vacaciones.* SIN. posponer, aplazar. ⇒ **56.**

posteridad *s. f.* **1** (no contable) El tiempo que está por venir, el futuro: *Nos hicimos una foto de aquel momento para la posteridad. Este científico pasará a la posteridad por sus investigaciones sobre el sida.* **2** (no contable) RESTRINGIDO. Conjunto de personas que viven o vivirán después de un momento histórico nombrado: *La posteridad opinará sobre nuestras acciones. La posteridad ha juzgado ya la obra de Carlos III.*

posterior *adj.* **1** (antepuesto / pospuesto) Que ocurre después de alguna cosa: *Aquel accidente fue posterior a lo que te estoy contando. Esos aspectos los dejaremos para posteriores intervenciones. El día posterior a su boda yo también me había ido de viaje.* SIN. anterior. **2** Que está detrás o en la parte de atrás de alguna cosa: *Te espero en el jardín posterior de la casa. El herido iba en uno de los asientos posteriores.* **3** FON. [Sonido, articulación] que se produce en la zona del paladar blando o velo del paladar de la boca: *La «u» es una vocal posterior.* SIN. anterior.

posterioridad *s. f.* (no contable) Circunstancia de ser posterior una cosa respecto a otra. ANT. anterioridad. FR. Y LOC. **con ~** o **con ~ a** Después: *La rueda de prensa tuvo lugar con posterioridad **a** la reunión entre los dos líderes*

posteriormente *adv. temp.* **1** ELEVADO. Con posterioridad (a), después de. OBSERVACIONES: ◊ Si el complemento es una cláusula, se impone el modo subjuntivo no sólo en contextos de futuro, sino también en contextos de pasado: *Posteriormente a que se celebre la investidura. Posteriormente a* *que se produjera el incendio.* ◊ Al contrario que *después*, no admite matizaciones cuantitativas con *poco* o *mucho* (*Poco después de que tú llegaras*). **2** Con posterioridad a un hecho nombrado, después, luego. OBSERVACIONES: ◊ Puede actuar en descripciones del pasado (*Posteriormente, hicieron las paces*) o en predicciones, promesas o mandatos referidos al futuro (*El ministro inaugurará la ceremonia y posteriormente se trasladará a Zamora*). ◊ Frente a *después, luego, próximamente* o *antes*, no se emplea en el sentido de 'con posterioridad al momento en que se habla' salvo si el texto inmediatamente anterior describe ese momento: *Ahora los reyes están cenando; posteriormente, se dirigirán a la ópera.*

postfijo *s. m.* Posfijo.

postgrado *s. m.* Posgrado.

postigo *s. m.* **1** Tablero de madera o chapa, sujeto con bisagras al marco, por la parte exterior o interior de una puerta o ventana: *Tenía cerrados los postigos de las ventanas y no entraba nada de luz en la habitación. Por favor, ciérrame los postigos, que no me puedo dormir con luz.* **2** RESTRINGIDO. Puerta que se abre en otra mayor, generalmente monumental: *Las antiguas puertas de las ciudades y los grandes portones de los almacenes tienen un postigo para no tener que abrir continuamente las puertas grandes.* **3** Puerta secundaria que existía en algunos edificios o ciudades: *Los traidores siempre salían de noche por algún postigo.*

postilla *s. f.* Costra que se forma en un grano o herida: *No te quites las postillas de la herida, porque te va a quedar una marca.*

postillón *s. m.* Mozo que conducía carruajes montado en uno de los caballos delanteros.

postín *s. m.* RESTRINGIDO; PEYORATIVO. Actitud de la persona que gusta de presumir sin motivos. FR. Y LOC. **darse ~** COLOQUIAL; PEYORATIVO. Presumir ‹una persona› de vivir con lujo o de tener relaciones con personas importantes: *La jefa es una persona muy sencilla y no le gusta darse postín.* **de ~** Que es lujoso, distinguido: *Nuestros amigos nos dieron una comida de postín. Fue una recepción de (mucho) postín. Llevas una vida de postín.*

postizo, za *adj.* **1** Que no es auténtico o natural sino artificial, que es una imitación o un añadido: *Llevo uñas postizas. Acaba el acto con un final postizo que rompe con el resto de la obra.* **dentadura postiza. 2** Que no es adecuado o no va bien con alguna cosa: *Ése es un adorno postizo, no pega ni con cola. La del palacio es una portada postiza, sin ninguna justificación, contraria al espíritu del edificio.* || *s. m.* **3** Añadido de pelo, artificial o natural, que se usa en ciertos peinados o para disimular la calvicie: *llevar un postizo. Como tenía el pelo corto para hacerme un moño, me puse un postizo.*

postmodernidad *s. f.* Posmodernidad.

postmoderno, na *adj. / s. m.* y *f.* Posmoderno.

postónico, ca *adj.* GRAM. [Sílaba, letra] que sigue a la que lleva el acento: *En algunas zonas del español se pierden las vocales postónicas.* **sílaba* postónica.**

postoperatorio, ria *adj. / s. m.* Posoperatorio.

postor, ra *s. m. / f.* Persona que puja por algún objeto en una subasta: *adjudicado a la mejor postora.*

postpalatal *adj. / s. f.* Pospalatal.

postración *s. f.* (no contable) ELEVADO. Estado de desánimo en que alguien se encuentra por enfermedad o por tristeza: *El estado de postración en que se encontraba no ayudaba a su curación.*

postrar *v. tr.* **1** ELEVADO. Causar ‹una cosa› debilidad física o moral [a una persona]: *La fiebre lo postró en la cama durante una semana. He estado postrado en la cama dos semanas.* SIN. abatir. || *v. prnl.* **2** ELEVADO. Ponerse ‹una persona› de rodillas a los pies de otra en señal de respeto o súplica: *Señor Santiago, postrados* ***ante*** *ti, te pedimos lo mejor para el mundo. El caballero se postró ridículamente* ***ante*** *su dama y le pidió perdón. Hay que postrarse* ***ante*** *el altar.* SIN. arrodillarse. FR. Y LOC. **hincarse / postrarse de hinojos*.**

postre *s. m.* **1** Dulce, fruta u otro tipo de alimento que se sirve al final de la comida: *De postre tomaremos helado.* **plato de ~. 2** RESTRINGIDO. Último jugador que interviene en distintos juegos de cartas. FR. Y LOC. **a la ~** En último término, en definitiva: *A la postre, no ganamos nada con ello.* **al fin y al cabo** o **al fin y a la ~.**

postrer *adj.* (antepuesto a s. m.) Forma abreviada de *postrero.*

postrero, ra *adj. / s. m.* y *f.* (antepuesto / pospuesto) ELEVADO. Último en una serie: *el día postrero del año, en los postreros momentos de su vida.*

postrimería *s. f.* **1** (preferentemente en plural) ELEVADO. Última etapa o periodo de alguna cosa: *Nos encontramos en las postrimerías del siglo* XX. *En las postrimerías de su vida esa escritora se dedicó a las obras de piedad.* SIN. final. **2** (preferentemente en plural) RESTRINGIDO. En la doctrina católica, el infierno, el paraíso, la muerte, el juicio final de todos los hombres.

postrimero, ra *adj. / s. m.* y *f.* ELEVADO, RESTRINGIDO. Postrero.

postulación *s. f.* Colecta o petición de dinero con fines religiosos o benéficos: *la postulación de la Asociación Nacional contra el Cáncer.*

postulado *s. m.* **1** Idea o principio que defiende una persona, ideología o grupo: *Ese político defiende los postulados de su grupo en todas sus actuaciones. Si gana las elecciones, el nuevo equipo municipal pondrá enseguida en marcha sus postulados y cerrará al tráfico la parte antigua de la ciudad.* **2** Proposición que se admite sin demostración y que sirve de base a posteriores razonamientos o deducciones: *Al terminar de exponer los primeros postulados de su teoría había mucha gente que ya estaba en desacuerdo con él.*

postulante, ta *s. m. / f.* **1** RESTRINGIDO como s. f. Persona que pide donativos por la calle para un fin benéfico o religioso: *El día de la Cruz Roja suele haber postulantes por las calles pidiendo donativos.* **2** REL. Persona que quiere entrar en una orden religiosa y pasa un tiempo de prueba para ello: *Las postulantas deben dejar sus pertenencias personales fuera del convento.*

postular *v. tr.* **1** Defender ‹un grupo, una ideología› [una idea o un principio]: *En ese grupo postulan unas ideas ecológicas muy innovadoras. Los conservadores postulan una nueva ley de seguridad ciudadana.* **2** AMÉR. Proponer ‹una persona› [a otra persona] como candidata para un cargo electivo. || *v. tr. / intr.* **3** Pedir ‹una persona› donativos para [un fin benéfico o religioso]: *Postulamos* ***para*** *la Cruz Roja.*

póstumamente *adv. modo / temp.* RESTRINGIDO. Con posterioridad a la muerte del autor o padre de que se habla:

La novela apareció póstumamente. Su último hijo nació póstumamente.

póstumo, ma *adj.* **1** [Hijo] que nace después de la muerte de su padre: *Soy hija póstuma.* **2** Que aparece o se produce después de la muerte de su autor o de la persona a la que se dirige: *homenaje póstumo, novela póstuma, reconocimiento póstumo, gloria póstuma.*

postura *s. f.* **1** Manera de estar o de colocarse: *Ésa es una postura muy incómoda para el cuello. Se trata de encontrar la postura más cómoda.* SIN. posición. **2** Manera de pensar o de actuar: *Defiendes una postura muy moderada. Sigues una postura muy radical. Su postura no es clara, esa chica es muy cobarde.* SIN. posición, actitud. **3** Precio que el comprador ofrece por una cosa que se vende o se arrienda en una subasta: *Creo que es mi última postura, no me arriesgo más.* **4** Cantidad de dinero que en ciertos juegos pone el jugador. SIN. puesta. **5** RESTRINGIDO. Conjunto de huevos puestos de una vez por un ave: *La postura de las perdices es de cuatro huevos.* SIN. puesta. **6** RESTRINGIDO. Acción de poner los huevos un ave. SIN. puesta.

postventa o **posventa** *adj.* **1** (invariable; no contable) Que está relacionado con los artículos después de su venta: *departamento de postventa.* || **2 servicio* ~.**

postverbal o **posverbal** *adj. / s. m.* GRAM. [Palabra] que se deriva de una forma verbal: *En español son postverbales «llamada» de «llamar» o «madrugada» de «madrugar».* SIN. deverbal.

potabilidad *s. f.* (no contable) Característica de potable: *El Ayuntamiento está analizando la potabilidad de las aguas de los pozos.*

potabilizar *v. tr.* Hacer ‹una persona o una cosa› [un líquido] potable: *Si vas de acampada, llévate unas pastillas para potabilizar el agua de los ríos antes de beberla. La nueva planta podrá potabilizar toda el agua necesaria para el consumo de la comarca.* ⇒ **19.**

potable *adj.* **1** Que se puede beber porque no es perjudicial: *Esta agua no es potable, tendrás que comprar agua mineral embotellada.* **agua* ~. 2** (ser / estar) COLOQUIAL. Que se puede aceptar o está bastante bien: *Ésa no es una película maravillosa, pero está potable. Esta novela es potable, resulta entretenida. Esa chica no es una belleza, pero está potable.*

potaje *s. m.* **1** Guiso hecho con legumbres secas y algún otro condimento: *En Cuaresma es costumbre en algunas familias tomar potaje de garbanzos.* **2** COLOQUIAL. Lío, conjunto desordenado de cosas o personas: *No vuelvas a organizar esos potajes invitando a diferentes grupos de amigos, porque alguno no estará a gusto.*

potasa *s. f.* **1** (no contable) QUÍM. Sal de potasio. || **2 ~ cáustica** (no contable) QUÍM. Hidróxido de potasio que se emplea en la neutralización de disoluciones ácidas, formando sales potásicas, o en la fabricación de jabones blandos.

potásico, ca *adj.* QUÍM. Del potasio: *cloruro potásico.*

potasio *s. m.* (no contable) *K.* Elemento químico metálico de color plateado muy blando, que reacciona violentamente con el agua y se oxida en contacto con el aire. FR. Y LOC. **nitrato* de ~.**

pote *s. m.* **1** (no contable) Guiso gallego y asturiano bastante caldoso, hecho con carne, legumbres y verduras. **2** Recipiente tradicional de cocina, redondo, generalmente metálico, con dos asas y tres pies, para cocer alimentos en el fuego del suelo: *Pon las judías en un pote con agua y sal.* **3** Cualquier olla de cocina, más alta que ancha. **4** Vaso metálico, con asa, más alto que ancho: *Compraremos algunos potes para las excursiones.* FR. Y LOC. **darse ~** COLOQUIAL. Darse importancia ‹una persona›, presumir: *Joaquín se da mucho pote con su coche nuevo.*

potencia *s. f.* **1** (no contable) Fuerza de alguien o de algo para hacer una cosa y producir un resultado: *potencia sexual. Hago ejercicio para mejorar la potencia muscular. Las luces no tienen suficiente potencia para iluminar el salón.* **2** País que tiene mucha fuerza militar y económica: *Ha habido una reunión de las cuatro potencias más poderosas del mundo.* **3** (no contable) FÍS. Cantidad de trabajo realizado en una unidad de tiempo determinada: *La potencia eléctrica se mide en vatios.* **4** (no contable) FILOS. Posibilidad que existe en una cosa para convertirse en otra, según la filosofía de Aristóteles: *Para Aristóteles, la materia es el «ser en potencia» que se convierte en «ser en acto» cuando recibe una forma determinada.* **5** MAT. Resultado de multiplicar una cantidad por sí misma un número de veces determinado: *Si elevas 2 a la potencia 4 el resultado es 16.* **6** FILOS. Según algunas doctrinas, cada una de las tres facultades del espíritu del hombre: entendimiento, memoria y voluntad. FR. Y LOC. **en ~** Que todavía no es pero es muy posible que sea: *Antonio es un músico en potencia. Esta rama es un árbol en potencia.*

potenciación *s. f.* (no contable) Aumento de una cosa o crecimiento de su importancia: *Es necesaria una potenciación de la inversión para salir de la crisis. Esos programas ayudan a la potenciación de la afición por la lectura.*

potencial *adj.* **1** Que puede convertirse en realidad: *Son enemigos potenciales. No te fíes, porque ese empresario es tu competidor potencial.* || *s. m.* **2** (no contable) ELEVADO. Poder o fuerza de los que se puede disponer: *Ese país tiene un gran potencial militar.* **3** GRAM. Condicional*, tiempo verbal: *El potencial sirve para expresar deseos.* **4** (no contable) FÍS. Fuerza que hace circular una corriente eléctrica entre dos puntos de un circuito mediante un conductor: *Hemos cambiado el circuito para producir una diferencia de potencial.* **caída* de ~.** || **5 energía* ~.**

potencialidad *s. f.* RESTRINGIDO. Capacidad de que una cosa pueda llegar a ser o producirse: *La potencialidad de crecimiento de nuestra comarca es importante.*

potencialmente *adv. modo* **1** En potencia, no de hecho: *En estas semillas están potencialmente varios árboles.* || *adv. restrictivo* **2** En teoría: *Potencialmente, el número de estas combinaciones es infinito, pero en la práctica no podemos disponer de todas ellas.*

potenciar *v. tr.* Hacer ‹una persona o una cosa› que aumente la eficacia o la productividad de [una cosa]: *El caudal de los ríos ha potenciado la industria hidroeléctrica.*

potenciómetro *s. m.* **1** Aparato para medir las diferencias de potencial eléctrico. **2** Resistencia variable que controla las funciones de algunos aparatos eléctricos: *el potenciómetro del volumen, el potenciómetro del tono.*

potentado, da *s. m. / f.* PEYORATIVO. Persona rica y poderosa: *Ese empresario es un potentado de la industria farmacéutica. No soy ninguna potentada.*

potente *adj.* **1** (antepuesto / pospuesto) Que tiene potencia, fuerza o eficacia: *grito potente, un coche potente. Me he* *comprado un potente ordenador.* **2** Que tiene mucho poder o riqueza: *nación potente, empresa potente.* SIN. poderoso. **3** COLOQUIAL; INTENSIFICADOR. (antepuesto / pospuesto) Que es grande o abundante: *Esa chica tiene una nariz potente. Mis amigos nos han puesto una potente comida.*

poterna *s. f.* RESTRINGIDO. Puerta pequeña que da al foso de una fortaleza.

potestad *s. f.* **1** (no contable) Capacidad para mandar sobre alguien o para poder hacer ciertas cosas de responsabilidad: *La policía tiene potestad para detener a los sospechosos. El jefe tiene potestad sobre los empleados.* **patria* ~. 2** (en plural) Uno de los grupos en que se dividen los ángeles, según la religión católica: *Las Potestades del Cielo cantan la Gloria de Dios.*

potestativo, va *adj.* Que no es obligatorio: *Las pruebas son potestativas. Si usted quiere, puede aumentar su cuota de participación en el negocio, pero eso es potestativo.*

potingue *s. m.* **1** COLOQUIAL; PEYORATIVO. Producto cosmético: *Esa señora se echa un montón de potingues en la cara para parecer más joven.* **2** COLOQUIAL; PEYORATIVO. Preparado farmacéutico, sobre todo si es de consistencia líquida o pastosa: *Tomas una cantidad exagerada de potingues contra la hipertensión.* **3** COLOQUIAL; PEYORATIVO. Bebida o comida de sabor o aspecto desagradable: *¿Cómo no vas a tener mal el estómago si no tomas más que potingues?*

potito (marca registrada) *s. m.* Alimento infantil preparado que se vende envasado en pequeños tarros.

poto *s. m.* **1** Planta trepadora de hojas con manchas blancas o amarillas que se cultiva como planta ornamental. **2** PERÚ. Recipiente pequeño para líquidos. **3** CHILE, PERÚ; COLOQUIAL. Trasero, nalgas de una persona.

potosí (plural *potosíes*, preferible a *potosís*) *s. m.* RESTRINGIDO. Riqueza extraordinaria. FR. Y LOC. **valer un ~** COLOQUIAL. Valer mucho ‹una persona o una cosa›: *Este chico vale un potosí.*

potra *s. f.* (no contable) COLOQUIAL. Buena suerte: *¡Qué potra tuvo! Marcó un gol en el último minuto del partido.*

potrada *s. f.* Conjunto de potros que se crían juntos.

potranco, ca *s. m. / f.* Caballo o yegua que no tiene más de tres años: *En las carreras de potrancos participan magníficos ejemplares. Ese animal es una hermosa potranca.*

potrero *s. m.* **1** Persona que cuida potros: *Ramón es el potrero de la finca.* **2** Lugar donde pastan y se crían los potros. **3** ARG. Cualquier terreno baldío.

potro, tra *s. m. / f.* **1** Caballo o yegua que no ha cambiado todavía los dientes de leche, y tiene menos de cuatro años y medio. **2** COLOQUIAL. Niño o joven que se comporta de manera alocada: *Este niño está hecho un potro, no para un segundo quieto.* || *s. m.* **3** DEP. Aparato de gimnasia que sirve para realizar distintos ejercicios encima de él o saltándolo: *saltar al potro.*

potroso *adj.* COLOQUIAL, RESTRINGIDO. Que tiene mucha suerte: *¡Qué potroso es, ya le ha tocado la lotería varias veces!* SIN. suertudo (COLOQUIAL).

poyato *s. m.* RESTRINGIDO. Terreno para el cultivo dispuesto horizontalmente y como en escalera en la ladera de una montaña. SIN. terraza.

poyete *s. m.* Asiento o especie de escalón de piedra o de albañilería: *Puse varias macetas en el poyete de la ventana.*

poyo *s. m.* Asiento de piedra o de obra de albañilería colocado junto a la pared en la puerta de las casas de los pueblos: *Te espero sentado en el poyo de la puerta.*

poza *s. f.* **1** Hoyo o hueco donde hay agua detenida: *un terreno lleno de pozas.* **2** Zona de un río o de un lago más profunda que las otras de alrededor: *Es peligroso bañarse en ese río porque hay muchas pozas.* SIN. pozo (RESTRINGIDO).

pozal *s. m.* RESTRINGIDO. Cubo o recipiente con el que se saca agua de los pozos.

pozo *s. m.* **1** Hoyo profundo, especialmente el hecho en la tierra para encontrar agua: *La chica fue al pozo por agua.* **~ artesiano** Pozo que se hace para que el agua contenida entre dos capas subterráneas impermeables salga y suba por presión natural. **2** Hoyo hecho en una mina: *Los mineros abren los pozos para acceder a las galerías de las minas. Ha habido un accidente en uno de los pozos de la mina.* **3** RESTRINGIDO. Zona más profunda que el resto en un río o lago. SIN. poza. || **4 ~ negro** Hoyo preparado para recibir las aguas fecales cuando no hay alcantarillas. **5 ~ petrolífero** o **~ de petróleo** Perforación hecha para sacar petróleo. **6 ~ sin fondo** COLOQUIAL. Persona o cosa que continuamente está exigiendo o necesitando dinero: *Luis es un pozo sin fondo: todos los días me pide dinero. Las obras del metro de Sevilla son un pozo sin fondo, se han invertido en ellas muchos millones y todavía se necesitan muchos más para acabarlas.* FR. Y LOC. **echarse / tirarse de cabeza* a un ~. mi / tu / su ... gozo* en un ~. ser un ~ de sabiduría / ciencia / maldad** ELEVADO. Tener ‹una persona› mucha sabiduría, ciencia o maldad: *Sonia es un pozo de sabiduría, entiende de todo.*

pozol *s. m.* AMÉR. C., MÉX. Bebida elaborada con maíz y azúcar.

pozole *s. m.* MÉX. Guiso caldoso con granos de maíz, carne de cerdo o pollo, condimentado con orégano, rábanos y verduras.

PP (pronunciamos *'pe-pe'*) *s. m.* Sigla de «Partido Popular», España.

pp. *abr.* «Páginas».

práctica *s. f.* **1** (no contable) Realización continuada de una actividad o acción: *La práctica es lo que le enseñará el oficio. Susana acude con frecuencia a ejercicios espirituales y otras prácticas religiosas. La hechicería es una práctica supersticiosa.* **2** (no contable) Experiencia o habilidad que se obtiene con la realización de una actividad: *Necesito a alguien con más práctica en este trabajo.* **3** Ejercicio o prueba que, durante cierto tiempo y bajo la dirección de una persona, se realiza para adquirir habilidad en un trabajo o profesión: *Aprobé las prácticas de medicina.* **4** Conjunto de aspectos de un conocimiento que permiten su aplicación a hechos reales y concretos, y esta aplicación: *Conozco muchas prácticas que no se aprenden en los libros.* ANT. teoría. FR. Y LOC. **en la ~** En la realidad: *En la teoría esto se aprende en una hora, pero en la práctica requiere más tiempo.* **llevar a la ~** o **poner en ~** Realizar ‹una persona› alguna idea o algún plan: *Este proyecto lo llevará a la práctica un equipo de especialistas. Puse en práctica los consejos de mi amigo.*

practicable *adj.* **1** (ser / estar) [Camino] que reúne las condiciones suficientes para poder ser transitado sin dificultad: *un camino practicable. El camino no está practicable. La subida a esa montaña es difícilmente practicable.*

ANT. impracticable. **2** [Puerta, ventana] que está preparada para que se pueda abrir y cerrar: *Solamente son practicables algunas ventanas de la casa.* ANT. impracticable. **3** RESTRINGIDO. Que se puede realizar o poner en práctica: *Ésa me parece una solución poco practicable.* ANT. impracticable.

prácticamente *adv. modo* **1** Mediante la práctica, con la práctica, con ejercicios prácticos: *A cocinar se aprende prácticamente.* **2** De manera práctica: *Debes plantearlo más prácticamente.* || *adv. restrictivo* **3** En la realidad, en la práctica, de hecho, en el mundo no teórico: *Teóricamente, aprobar es sencillo, pero prácticamente no lo es.* SIN. de hecho, en la práctica. || *adv. cant.* **4** A efectos prácticos, si prescindimos de puntualizaciones teóricas: *Eso es prácticamente imposible. Prácticamente, somos igual de altos. El problema está prácticamente resuelto.*

practicanta *s. f.* RESTRINGIDO. Mujer practicante, ayudante sanitario.

practicante *adj. / s. m.* y *f.* **1** Que practica su religión: *Soy católico practicante.* || *s. m. / f.* **2** Persona que por profesión pone inyecciones y realiza otras tareas sanitarias como curas o controles de presión: *Me hizo el análisis un practicante muy competente.*

practicar *v. tr.* **1** Realizar ‹una persona› [una actividad] habitualmente: *Ana practica el tenis dos veces por semana.* **2** Ejercer habitualmente ‹una persona› [una actividad profesional]: *Desde que Sergio llegó a nuestra ciudad practica la Medicina. Practico la abogacía en varias provincias. Sandra practica el noble arte de retratista desde hace años.* **3** Hacer ‹una persona› [una cosa] con una finalidad: *Como el niño estaba en peligro, los médicos le practicaron una cesárea a la madre. Le practicaron una traqueotomía en el mismo lugar del accidente.* || *v. tr. / intr.* **4** Realizar ‹una persona› [una actividad] para perfeccionarla o adquirir habilidad en ella: *No dejes de estudiar inglés, debes practicar cada día.* **5** Seguir ‹una persona› las normas y los preceptos establecidos por [una religión]: *Practico el catolicismo. Soy creyente, pero no practico.* ⇒ **71.**

práctico, ca *adj.* **1** Que es útil o produce un provecho material inmediato: *Sí, esta mesa es muy bonita, pero esta otra es mucho más práctica. Estoy harta de que me digan que estudie algo práctico como la Economía; a mí me gusta la Literatura.* **2** Que actúa o se comporta de un modo muy realista, sin perder de vista la utilidad de las cosas: *Yo soy muy práctico. Deberías adoptar una actitud práctica en este tema.* SIN. pragmático (ELEVADO). **3** Que se relaciona con la práctica: *un curso práctico de informática.* **4** (estar) RESTRINGIDO. Que tiene experiencia en algo: *No estoy muy práctico **en** el manejo de estas nuevas sierras. Espero que no nos perdamos, pero no estoy muy práctico **en** estos caminos de montaña.* || *s. m.* **5** Persona que dirige las operaciones de entrada y salida de los barcos en un puerto. **6** Barco que utilizan los prácticos para realizar esta actividad.

practicón, na *adj.* RESTRINGIDO. Que ejercita una actividad porque la ha aprendido con la práctica, sin haber reflexionado sobre ella: *Ese tipo no sabe mucho de Medicina, pero es un buen practicón.*

pradera *s. f.* **1** Extensión de terreno de mayor tamaño que el prado, o conjunto de prados: *la pradera de San Isidro.* **2** Lugar con hierba: *En la piscina hay una pradera para tomar el sol.*

pradería *s. f.* (no contable) RESTRINGIDO. Conjunto de prados: *las praderías asturianas.*

prado *s. m.* Extensión de terreno húmedo, con hierba para que coman los animales: *En Asturias hay muchos prados.*

pragmática *s. f.* **1** HIST. Mandato dado por los reyes que tenía fuerza de ley, aunque no hubieran colaborado en él las Cortes u otros órganos de gobierno. **2** (no contable) LING. Disciplina que estudia el uso que hacen los hablantes de la lengua y las circunstancias y contextos en que se emplea: *El estudio de la pragmática ha adquirido gran interés dentro de la Lingüística.*

pragmáticamente *adv. modo* **1** Con pragmatismo, buscando el lado práctico o el que más beneficia al margen de idealismos o especulaciones teóricas: *Pedro se caracteriza por obrar siempre muy pragmáticamente.* **2** LING. Por medios pragmáticos o contextuales, en la situación contextual significativa: *Se trata de un significado pragmáticamente sugerido, no de un contenido de la oración en sí. El contrato que has firmado equivale pragmáticamente a la renuncia a tus derechos.* || *adv. restrictivo* **3** Desde la perspectiva de la metodología o de la ciencia pragmática: *Pragmáticamente, la calidad de este ensayo es discutible, pero retóricamente no. Se trata de un problema pragmáticamente interesante.*

pragmático, ca *adj.* **1** De la pragmática, disciplina lingüística: *A los que aprenden una segunda lengua les interesa mucho el uso pragmático de las expresiones.* || *adj. / s. m.* y *f.* **2** Que busca la utilidad de las cosas al margen de ideas previas: *un político pragmático. La tuya me parece una postura muy pragmática.* **3** DER.; RESTRINGIDO. [Jurista] que interpreta las leyes vigentes en un país.

pragmatismo *s. m.* **1** (no contable) Comportamiento de la persona práctica, que se adapta a las circunstancias de la realidad: *el pragmatismo político.* ANT. idealismo. **2** (no contable) FILOS. Doctrina filosófica según la cual el único criterio para juzgar la verdad de una teoría es su valor práctico.

pragmatista *adj.* **1** RESTRINGIDO. De la pragmática, disciplina lingüística. || *adj. / s. m.* y *f.* **2** RESTRINGIDO. Que es partidario del pragmatismo.

praliné *s. m.* (no contable) Crema de chocolate con almendras o avellanas: *bombones rellenos de praliné.*

praseodimio *s. m.* (no contable) *Pr.* Elemento químico metálico del grupo de los lantánidos que se emplea en la fabricación de cerámicas y vidrios coloreados.

praviana *s. f.* Canción popular asturiana.

praxis (plural *praxis*) *s. f.* **1** ELEVADO. Práctica, en oposición a la teoría: *La praxis médica tiene que confirmar los estudios del laboratorio.* **2** En la teoría marxista, la actividad del hombre sobre el mundo.

pre- *pref.* Significa 'antes de', 'delante de' y forma verbos a partir de verbos, sustantivos a partir de sustantivos y adjetivos a partir de adjetivos: *decir - predecir, ver - prever, juzgar - prejuzgar, historia - prehistoria, estreno - preestreno, palatal - prepalatal, cocinado - precocinado.*

preacuerdo *s. m.* Primer acuerdo entre varias personas en el que quedan algunos puntos pendientes para llegar al acuerdo definitivo: *La patronal y los sindicatos han llegado a un preacuerdo sobre el calendario laboral.*

preámbulo *s. m.* **1** Introducción a un escrito o a un discurso: *En el preámbulo de la obra se relaciona ésta con otras* *novelas del autor.* **2** Palabras o hechos que preceden a algo: *Dejémonos de preámbulos y centrémonos en el tema por el que nos hemos reunido.*

preaviso *s. m.* Aviso que se da antes de la realización de un acto: *Las empresas tienen una obligación de preaviso antes de despedir a un trabajador.*

prebenda *s. f.* **1** ELEVADO. Favor o beneficio, generalmente económico: *Ese estupendo trabajo es una prebenda que le ha conseguido su cuñada. Aquí todo el mundo es igual, no hay prebendas para nadie.* **2** ELEVADO. Renta o sueldo que tienen algunas dignidades eclesiásticas: *El obispo ha renunciado a varias prebendas para contribuir al sostenimiento de un centro de jóvenes.*

preboste *s. m.* **1** ELEVADO; PEYORATIVO. Presidente de algunas asociaciones o comunidades: *Al mitin acudieron los principales prebostes del partido.* SIN. dirigente. **2** ELEVADO; PEYORATIVO. Persona que tiene poder dentro de un grupo: *Ése es uno de los prebostes de la empresa.* SIN. mandamás. **3** Presidente de una asociación gremial, cofradía religiosa o comercial: *el preboste de los tejedores.*

precalentamiento *s. m.* Ejercicios o pruebas iniciales que hacen los deportistas para preparar los músculos antes de un esfuerzo duro: *Antes de cualquier actividad violenta, los médicos recomiendan ejercicios de precalentamiento suave.*

precámbrico, ca *adj. / s. m.* [Periodo geológico] que transcurre desde la formación de la corteza terrestre hasta hace aproximadamente seiscientos millones de años y en el que aparecen los primeros seres vivos.

precampaña *s. f.* Etapa anterior a una campaña electoral, en la que se desarrollan algunas actividades propias de la campaña: *El Gobierno ha perdido tanta credibilidad que el tiempo entre dos elecciones se transforma en precampaña.*

precariedad *s. f.* **1** (no contable) Falta o escasez de los medios o recursos necesarios: *La precariedad de su situación económica les hacía vivir angustiados.* **2** (no contable) Inseguridad o poca estabilidad de algo: *La precariedad en el empleo hace que los jóvenes tarden más en independizarse. La precariedad de su salud no le permite realizar cualquier actividad.* SIN. inestabilidad.

precario, ria *adj.* (antepuesto / pospuesto) Que tiene inseguridad, escasez de algo o poca estabilidad: *acuerdo precario, salud precaria, posición precaria. Afrontamos una precaria situación económica.* FR. Y LOC. **en ~** Con precariedad: *Ahora tengo un trabajo, pero muy en precario.*

precarización *s. f.* (no contable) RESTRINGIDO. Acción y resultado de poner en situación precaria un hecho social o político: *Los momentos de crisis favorecen la precarización de los contratos de trabajo.*

precaución *s. f.* (no contable) Actitud o acción prudente con que se pretende evitar un problema, un daño o un peligro: *Tuve la precaución de subir el toldo antes de que empezara la tormenta. Conduce con precaución.* SIN. prudencia. ANT. imprudencia. FR. Y LOC. **tomar precauciones** Hacer ‹una persona› lo necesario para evitar un problema, un daño o un peligro: *No creo que venga nadie a robar, pero por si acaso, tomaremos precauciones*

precautorio, ria *adj.* ADMINISTRATIVO. Que sirve de precaución: *El juez le prohibió salir del país como medida precautoria.*

precaver *v. tr. / prnl.* Tratar de evitar ‹una persona› [un mal, un peligro] actuando con prudencia: *El deportista **se** precavió **del** frío. **Nos** precavimos **contra** las dificultades.* SIN. prevenir(se).

precavido, da *adj.* (ser / estar) Que realiza lo necesario para tratar de evitar un mal o un peligro: *Marta es una mujer muy precavida. Hay que estar precavido por si acaso.*

precedencia *s. f.* (no contable) RESTRINGIDO. Circunstancia de preceder una persona o cosa a otra: *Si viene el ministro, tiene precedencia para presidir el acto.*

precedente *adj.* **1** RESTRINGIDO. Que precede: *Existe un caso precedente.* || *s. m.* **2** Cosa dicha o hecha en el pasado que sirve como norma, ejemplo o justificación de otras posteriores: *Los jefes le dejaron hacerlo porque había un precedente. Ésta ha sido una cumbre sin precedentes.* SIN. antecedente. FR. Y LOC. **sentar (un) ~** Realizar ‹una persona› una acción que sirve de ejemplo o justificación de otras: *Los padres sentaron precedente empezando a comer fuera y ahora ya nadie come en casa.* **sin que sirva de ~** Se usa para indicar que la acción de una persona o un hecho no significa que haya que permitir otros semejantes: *Voy a dejarte algo de dinero prestado, pero solamente por esta vez y sin que sirva de precedente.*

preceder *v. intr.* **1** Estar ‹una persona o una cosa› colocada delante de [otra]: *Su nombre precede **al** mío en la lista.* SIN. anteceder. **2** Ocurrir ‹una cosa› antes que [otra cosa]: *La reunión precedió **a** la ruptura.* SIN. anteceder. **3** RESTRINGIDO. Tener ‹una persona o una cosa› más importancia que [otra]: *Tu amigo precede **al** mío **en** categoría.* SIN. aventajar.

preceptista *adj. / s. m.* y *f.* LIT. Que le da mucha importancia a los preceptos literarios, los enseña, exige o cumple rigurosamente: *No me gustan los preceptistas cerrados. Los preceptistas clásicos tienen siempre algo que enseñarnos.*

preceptiva *s. f.* **1** ELEVADO. Conjunto de normas concretas que se aplican a una determinada materia: *La preceptiva sobre seguridad pública es muy exigente en ese asunto.* SIN. normativa, reglamentación. || **2 ~ literaria** Conjunto de preceptos que regulan los géneros literarios: *Hace muchos años, los estudiantes se aprendían la preceptiva literaria para hacer ejercicios de escritura y poesía.*

preceptivo, va *adj.* Que tiene que hacerse o cumplirse por estar así mandado: *Para los católicos la misa dominical es preceptiva.*

precepto *s. m.* Norma o ley que hay que cumplir: *El nuevo precepto sobre ese asunto es más justo que las normas anteriores.* FR. Y LOC. **día* / fiesta de ~ / guardar.**

preceptor, ra *s. m. / f.* (preferentemente en masculino) RESTRINGIDO. Persona que se ocupa de la educación de un niño en una casa: *el preceptor del príncipe.*

preceptuar *v. tr.* ELEVADO, RESTRINGIDO. Expresar ‹una persona o una ley› [una regla o un precepto]: *Esta ley preceptúa que sólo pueden trabajar las personas mayores de dieciocho años.* ⇒ **3.**

preces (plural) *s. f.* ELEVADO. Entre los católicos oraciones o ruegos dirigidos a Dios, la Virgen o los santos: *Le he rogado a Dios que nos diera una niña y ha escuchado nuestras preces. En la misa leyeron unas preces solemnes para dar gracias a nuestra Santa Patrona por la recuperación de la salud de nuestro Prelado.*

preciado, da *adj.* (antepuesto / pospuesto) Que tiene mucho valor: *un bien preciado. Mi hijo es mi bien más preciado. Eres mi más preciado amigo.*

preciarse *v. prnl.* Mostrarse ‹una persona› orgullosa de [una característica suya o de una cosa que posee]: *Jaime se preciaba **de** su poder. Te preciabas **de** valiente.*

precintar *v. tr.* **1** Poner ‹una persona› un precinto [a una cosa]: *En la aduana las autoridades precintaron la caja de tabaco.* **2** Poner ‹una autoridad› una señal en [un edificio o un lugar] para indicar que se ha cerrado por orden judicial: *Tras el incendio, precintaron el local.* SIN. clausurar.

precinto *s. m.* **1** (no contable) Acción y efecto de precintar: *Es obligatorio el precinto de algunos alimentos.* **2** Cualquier cosa como un sello, un envoltorio o una banda, que mantiene cerrado o intacto un objeto o un espacio: *precinto de garantía, precinto de seguridad, violación o levantamiento de precinto. Tengo que colocar el precinto a todos los paquetes. Han puesto un precinto en el lugar del crimen. En esa librería, todos los libros tienen precinto.*

precio *s. m.* **1** Cantidad de dinero que hay que pagar por una cosa: *El precio de este coche es barato. Los precios suben cada día más.* **ajuste* de precios. guerra* de precios.** **2** (no contable) Sacrificio que una persona hace para conseguir algo difícil: *Para conseguir ese puesto de trabajo Juana tuvo que pagar un precio muy alto: tuvo que separarse de su familia.* FR. Y LOC. **a cualquier ~** Con todos los esfuerzos y sacrificios posibles, de cualquier manera: *No estoy dispuesto a conseguir un ascenso a cualquier precio.* **a ~ de coste** Barato, por el precio que le cuesta al comerciante: *He comprado un abrigo estupendo a precio de coste.* **a ~ de oro** COLOQUIAL; INTENSIFICADOR. A un precio muy caro: *Te han vendido la carne a precio de oro.* **~ de fábrica** Precio de los artículos estipulado por el fabricante para los distribuidores. **no tener ~** Tener mucho valor ‹una persona o una cosa›: *Su ayuda y comprensión en estos días no tienen precio para mí.*

preciosamente *adv. modo* De manera muy bella, con gran acierto estético, con mucho primor: *Es un ejemplar preciosamente encuadernado.* OBSERVACIONES: ◊ Suele usarse ante participios de verbos transitivos. ◊ Como *fenomenalmente*, no admite intensificaciones ni atenuaciones de ningún tipo.

preciosidad *s. f.* **1** Persona o cosa muy bonita: *Ese pueblecito es una preciosidad. ¡Vaya dos preciosidades que pasan por ahí!* **2** (no contable) Belleza primorosa: *En el ensayo debe prevalecer la claridad sobre la preciosidad.*

preciosismo *s. m.* (no contable) Refinamiento exagerado en una obra literaria o artística: *La película, ambientada en el Brasil de principios de siglo, destaca por su preciosismo. Los escritores modernistas se caracterizan por el preciosismo del lenguaje.*

preciosista *adj. / s. m.* y *f.* Del preciosismo: *lenguaje preciosista. Los preciosistas cuidaban mucho el lenguaje.*

precioso, sa *adj.* **1** (ser / estar; antepuesto / pospuesto) Que tiene una gran belleza y perfección: *Esta mujer es preciosa. He leído una preciosa novela que te recomiendo. Estás preciosa esta noche.* **2** Que tiene mucho valor: *Cuida mucho tu salud, porque es el bien más precioso que tienes.* **metal* ~. piedra* preciosa.**

preciosura *s. f.* PERÚ Belleza delicada.

precipicio *s. m.* **1** Lugar alto con muchos peñascos y con gran pendiente: *Circulábamos por una carretera llena de curvas al borde de un precipicio.* **2** Situación de mucho peligro o riesgo: *El juego lo llevó a un precipicio sin fondo.*

precipitación *s. f.* **1** (no contable) Acción y resultado de actuar con demasiada prisa o sin pensar suficiente: *No quiero comprar las cosas con precipitación.* **2** (no contable) Hecho de desarrollarse algo con mucha rapidez o antes de lo previsto: *A todo el mundo le sorprendió la precipitación de los acontecimientos.* **3** (preferentemente en plural; no contable) Agua procedente de la atmósfera que, en forma sólida o líquida, cae en la Tierra: *La radio ha anunciado precipitaciones de nieve en todo el país.* **4** QUÍM. Acción de depositarse una sustancia en el fondo del recipiente separándose de su disolvente, en una reacción química: *Las sales se obtuvieron por precipitación.*

precipitado, da *adj.* **1** Que se hace con demasiada prisa o sin pensar lo suficiente: *Susana no quiso venir de viaje con nosotros porque le parecía muy precipitado.* ‖ *s. m.* **2** QUÍM. Producto sólido insoluble que se deposita en el fondo del recipiente al mezclar ciertas soluciones.

precipitar *v. tr.* **1** Lanzar ‹una persona› [a otra persona o una cosa] desde [un lugar alto]: *El niño dice que ha precipitado a su hermano por las escaleras dándole un empujón.* SIN. tirar. ‖ *v. tr.* **2** Hacer ‹una persona o una cosa› que [una cosa] ocurra antes o más deprisa: *Esa noticia precipitó mi vuelta.* SIN. acelerar, adelantar. ‖ *v. tr. / intr.* **3** QUÍM. Producir ‹una persona o una cosa› que [una sustancia contenida en un líquido] se deposite en el fondo del recipiente que la contiene. ‖ *v. prnl.* **4** Lanzarse ‹una persona› desde [un lugar alto]: *Se precipitó al mar desde el acantilado.* **5** Ocurrir ‹una cosa› antes o más deprisa de lo previsto: *Se han precipitado mucho los acontecimientos.* **6** Hacer o decir ‹una persona› una cosa irreflexivamente: *El sindicalista se precipitó al anunciar la fecha del acuerdo antes de ser firmado.* **7** Ir ‹una persona› hacia [un lugar] rápidamente: *Elvira se precipitó en la sala al oír los gritos.*

precisamente *adv. modo* **1** Con precisión, de manera precisa: *Yo no podría relatarlo tan precisamente como él.* ‖ *adv. orac.* **2** Se acerca a *justamente.* **2₁** Se usa como intensificador en contextos de discusión: *Precisamente por eso deberías atenderlo más. Precisamente fui yo quien te prestó el dinero.* **2₂** Se usa como respuesta a preguntas puras: *–«¿Vendrá?» –«Precisamente porque estás tú aquí, no creo que venga.» Precisamente esta mañana.* **2₃** Como reacción ante peticiones, insinuaciones o noticias: *–«¿Me das un cigarro?» –«Precisamente acabo de fumarme el último.» –«Acabo de ver al alcalde.» –«Precisamente estábamos hablando de él.»* **2₄** Como reacción ante hechos súbitos contextualmente evidentes: *¡Hombre! Precisamente te estaba buscando.* **2₅** Como inciso narrativo que comenta alguna cuestión relacionada con el contexto: *Precisamente no muy lejos de aquí vive el mecánico. Ése, precisamente, es el amigo de tu padre.*

precisar *v. tr. / intr.* **1** Describir ‹una persona› [una cosa] de forma exacta y completa: *No precisé cómo lo haría. Ana esbozó su estrategia, pero sin precisar.* **2** Tener ‹una persona o una cosa› necesidad de [otra]: *Este coche precisa una reparación. Creo que precisarán **de** tus servicios.*

precisión *s. f.* **1** (no contable) Característica de lo que es preciso o refleja con fidelidad o rigor algo: *Los relojes de* *cuarzo marcan la hora con gran precisión.* SIN. exactitud. **balanza de ~.** 2 (no contable) Concisión y exactitud grande del lenguaje: *Contesté con precisión a sus preguntas.* FR. Y LOC. **de ~** [Mecanismo, instrumento] que es muy preciso: *En esa fábrica emplean maquinaria de precisión.*

preciso, sa *adj.* 1 Que contiene exactitud, claridad o todos los datos necesarios para la comprensión o conocimiento de algo y no deja lugar a duda alguna: *Fue una descripción precisa de los hechos. Ese periodista es muy preciso en lo que cuenta.* 2 Que contiene concisión y exactitud: *lenguaje preciso, estilo preciso, texto muy preciso.* 3 Que es absolutamente necesario o indispensable para hacer o conseguir una cosa: *Es preciso que vengas, te necesito urgentemente. Aquí no disponemos de la ayuda precisa.* 4 Que sucede en el momento exacto o determinado: *Apareciste en el preciso instante en que yo me iba.*

preclaro, ra *adj.* (antepuesto / pospuesto) ELEVADO. Que sobresale o es famoso por sus cualidades, o merece admiración y respeto por la actividad a que se dedica: *investigador preclaro. Tienes una mente preclara. Félix ha seguido una preclara trayectoria.*

precocidad *s. f.* (no contable) Característica de lo que sucede antes de lo que corresponde a su desarrollo: *Aprender a andar a los nueve meses es un signo claro de precocidad.*

precocinado, da *adj.* [Alimento] que está ya algo elaborado y preparado para cocinarlo rápidamente: *Las tortillas precocinadas nada más hay que calentarlas diez minutos en el horno.* **plato* ~.**

precognición *s. f.* ELEVADO. Conocimiento anterior, anticipado.

precolombino, na *adj.* De la América anterior a Cristóbal Colón: *pueblos precolombinos, arte precolombino.*

preconcebido, da *adj.* [Idea, pensamiento] que se ha formado sin tener en cuenta las razones o la realidad: *No hay manera de hablar con él, porque tiene un montón de ideas preconcebidas.*

preconizar *v. tr.* ELEVADO. Dar ‹una persona› apoyo a [una cosa] públicamente para difundirla: *Preconizaba la utilidad de los viajes.* SIN. recomendar, promover. ⇒ **19.**

precontrato *s. m.* Contrato inicial en el cual dos personas se comprometen a firmar un contrato definitivo en un plazo determinado: *Los dos clubes han firmado un precontrato para el traspaso del delantero centro.*

precordial *adj.* ANAT. [Región del pecho] que corresponde al corazón: *En la clase de primeros auxilios nos han enseñado a practicar el masaje precordial.*

precoz *adj.* 1 (antepuesto / pospuesto) Que ocurre o se desarrolla antes de lo previsto: *una cosecha precoz. Las precoces lluvias de este año nos han pescado desprevenidos.* 2 Que está más desarrollado de lo normal para su edad: *una inteligencia precoz, un niño precoz.* 3 Que ocurre al principio de un proceso: *El diagnóstico precoz del cáncer ayuda a su curación. El socorro precoz puede salvar muchas vidas en una catástrofe.* || 4 **eyaculación* ~.**

precursor, ra *adj. / s. m.* y *f.* Que precede a alguna cosa o anuncia algo que se desarrollará en su totalidad en un momento posterior: *Ésta es una empresa precursora* ***de*** *la utilización de nuevas tecnologías. Ese poeta es un precursor* ***de*** *un nuevo movimiento literario.*

predecesor, ra *s. m. / f.* 1 Persona que ha ocupado con anterioridad el mismo puesto que ocupa otra: *Su predecesor en el cargo dejó gran parte de los problemas resueltos.* SIN. antecesor. 2 Persona de la familia de alguien que ha nacido antes que él: *Sus predecesores también se dedicaron al comercio de telas.* SIN. antepasado.

predecible *adj.* Que se puede predecir o anunciar que va a suceder: *Era predecible que esto sucediera así. Los malos resultados eran predecibles.* ANT. impredecible.

predecir *v. tr.* Anunciar ‹una persona› [una cosa que va a ocurrir] por adivinación, por ciencia o por suposición: *El estudio de las fotos de la atmósfera ayuda a predecir las temperaturas. Samuel enseñó la palma de la mano para que la gitana le predijera su destino.* ⇒ **61.**

predestinación *s. f.* 1 (no contable) Hecho de estar previamente fijado el destino de una persona sin que pueda hacer nada por cambiarlo: *El hombre que se siente libre no acepta la idea de la predestinación.* 2 (no contable) Según la religión cristiana, hecho de tener Dios elegidos y destinados a los que por su gracia divina han de lograr la salvación.

predestinado, da *adj.* 1 (estar) Que está destinado a una cosa sin posibilidad de cambio: *Estaba predestinado a trabajar con mi padre.* 2 (estar) Que, según la religión católica, está elegido por Dios para alcanzar la salvación eterna.

predestinar *v. tr.* 1 Destinar ‹una persona› anticipadamente [a otra persona o una cosa] para [un fin determinado]: *La empresa predestinó sus beneficios* ***a*** *nuevas inversiones.* 2 Disponer ‹Dios o el destino› el futuro de [una persona o una cosa] sin que pueda cambiarlo: *Hay hombres que se resisten a creer que una fuerza superior ha predestinado sus vidas.* 3 Elegir ‹Dios› [a las personas que conseguirán la gloria y salvación eternas].

predeterminación *s. f.* (no contable) Hecho de estar determinado o decidido algo antes, generalmente sin posibilidad de cambiarlo: *La predeterminación de la calidad de los materiales es importante antes de empezar a construir.*

predeterminar *v. tr.* Decidir ‹una persona› anticipadamente [una cosa]: *Es importante predeterminar con claridad las condiciones del contrato.*

prédica *s. f.* 1 RESTRINGIDO. Discurso de tema religioso o moral. SIN. sermón. 2 PEYORATIVO. Discurso de adoctrinamiento, particularmente el de tono apasionado: *Le aburren las prédicas de los políticos durante las campañas electorales.*

predicable *adj.* 1 Que puede ser dicho de una persona o cosa: *La cualidad de inteligente es predicable* ***de*** *un sujeto humano.* || *s. m.* 2 LÓG. Cada una de las cinco clases de predicados de la lógica aristotélica: género, especie, diferencia, individuo y nombre propio.

predicación *s. f.* 1 RESTRINGIDO. Acción de pronunciar un discurso o sermón: *No todas las personas tienen el arte de la predicación.* 2 Acción de predicar o enseñar una doctrina: *Las cartas de San Pablo reflejan parte de la predicación apostólica.* 3 LING., LÓG. Aquello que se dice o se expresa de un sujeto: *A cada tipo de predicación corresponde una entonación diferente.*

predicado *s. m.* 1 LING. Sintagma verbal que tiene como núcleo un verbo en forma personal que concierta con el sujeto en número y persona: *Una oración se compone de sujeto y predicado.* **~ nominal** Predicado formado por un verbo copulativo y un atributo. ~ **verbal** Predicado formado por un verbo no copulativo y sus complementos. **2** FILOS. Lo que se afirma o niega del sujeto en una proposición.

predicador *s. m.* **1** Sacerdote o religioso que predica la palabra de Dios. **2** Cualquier persona que habla en público de temas religiosos: *En la televisión americana es frecuente que aparezcan programas de predicadores.*

predicamento *s. m.* ELEVADO. Prestigio o influencia de una persona o cosa: *Ese novelista goza de gran predicamento **en** las esferas intelectuales, sobre todo **entre** los escritores. Estas vitaminas gozan de gran predicamento **en** la universidad **entre** los estudiantes más jóvenes.* SIN. autoridad.

predicar *v. tr. / intr.* **1** REL. Pronunciar ‹una persona› [un sermón]: *El sacerdote subió al púlpito y empezó a predicar.* **2** REL. Hacer ‹una persona› que [una doctrina religiosa] se extienda: *predicar el cristianismo.* **3** Dirigir ‹una persona› [críticas] a [otra persona] sobre su conducta o sus defectos: *Eva predicó **contra** los que criticaban su proyecto.* || *v. tr.* **4** Dar ‹una persona› [consejos] sobre una cosa: *Los políticos predicaron paciencia ante la crisis económica.* SIN. aconsejar, recomendar. **5** Hacer ‹una persona› pública [una cosa]: *No se puede ir por ahí predicando los asuntos de los demás.* || *v. intr.* **6** LING., LÓG. Referirse ‹varias palabras› a [una cosa de un sujeto]. FR. Y LOC. **~ / clamar en el desierto***. ⇒ **71.**

predicativo, va *adj. / s. m.* **1** GRAM. [Adjetivo, complemento, sintagma] que modifica a la vez al verbo y a un nombre en función de sujeto o complemento directo: *En la oración «Pedro trabaja contento», «contento» ejerce la función de predicativo.* || *adj.* **2** GRAM. [Oración] cuyo verbo no es atributivo.

predicción *s. f.* **1** (no contable) Acción y resultado de predecir: *predicción atmosférica, la predicción del tiempo (atmosférico).* SIN. pronóstico. **2** Cualquier expresión en la que se predica algo.

predicho, cha *p.* Participio irregular de *predecir.*

predilección *s. f.* Cariño o agrado especial con el que se diferencia a una persona o cosa entre otras: *El niño mostró su predilección por los caramelos de fresa.* SIN. preferencia.

predilecto, ta *adj. / s. m.* y *f.* [Persona o cosa] que es la más apreciada entre varias: *El flan es su postre predilecto. Luis es su sobrino predilecto.*

predio *s. m.* ELEVADO. Terreno o edificio. SIN. finca.

predisponer *v. tr.* **1** Hacer ‹una persona o una cosa› que [una persona] esté a favor o en contra de otra persona o de una cosa: *Le hablaron tan mal de Roberto que le predispusieron en contra suya. El informe de los expertos le predispuso a favor del proyecto.* **2** RESTRINGIDO. Preparar ‹una persona› [a otra persona o una cosa] con antelación para un fin determinado: *Predispuse la mesa para el banquete.* || *v. tr. / intr.* **3** Tener ‹una persona o una cosa› buena o mala disposición respecto a [otra persona u otra cosa]: *Su debilidad lo predispone a toda clase de enfermedades. ¿Tú crees que ese ambiente predispone a estudiar?* || *v. prnl.* **4** Ponerse ‹una persona› a favor o en contra de [otra persona o de una cosa]: *La colectividad se predispuso a favor del candidato.* ⇒ **60.**

predisposición *s. f.* Tendencia hacia algo: *Esa chica tiene una gran predisposición a los constipados. No tomo nunca pasteles porque tengo predisposición a engordar.*

predispuesto, ta *p.* Participio irregular de *predisponer*: *Juan me recibió con frialdad porque estaba predispuesto **en** contra mía. Soy una persona predispuesta **a** los resfriados.*

predominantemente *adv. modo / cant.* Con predominio, en situación de predominio, sobre todo: *una zona predominantemente industrial. Las ovejas son predominantemente blancas.*

predominar *v. intr.* **1** Ser ‹una cosa› más abundante que las demás en [un lugar]: ***En** Galicia predomina el elemento celta. **En** sus libros predominan los temas históricos.* SIN. dominar. **2** Ser ‹una persona o una cosa› superior a [otra cosa]: *En este cuadro se ve cómo el verde predomina **sobre** el azul.* SIN. dominar.

predominio *s. m.* (no contable) Circunstancia de predominar una persona o cosa: *En la fiesta había un predominio de gente mayor. El parte meteorológico anuncia un predominio de las bajas presiones.*

predorsal *adj.* **1** ANAT. Que está situado en la parte anterior de la espina dorsal. || *adj. / s. f.* **2** FON. [Sonido] que se articula con la participación de la parte de la lengua que está justo detrás del ápice.

preeminencia *s. f.* (no contable) ELEVADO. Cualidad de la persona o cosa que es superior a los demás en categoría o en importancia: *Nos dimos cuenta de su preeminencia en este tipo de operaciones. Esos problemas son más importantes y gozan de preeminencia.* SIN. primacía.

preeminente *adj.* Que sobresale entre otras cosas de su misma clase o es superior a ellas por su categoría o importancia: *Aspiro a ocupar un lugar preeminente en la literatura universal. Graciela ocupa un puesto preeminente en la empresa.*

preescolar *adj. / s. m.* [Educación] anterior a la enseñanza primaria: *Hice preescolar en ese colegio. La enseñanza preescolar también se llama enseñanza infantil.* **jardín* ~.**

preestablecido, da *adj.* Que por norma está establecido anteriormente: *Ésas son condiciones preestablecidas en todos los contratos.*

preestreno *s. m.* Exhibición de una película, obra de teatro u otro tipo de espectáculo, que se realiza ante un público restringido antes del estreno oficial: *Representantes de todos los sectores de la crítica asistieron al preestreno de la última película.*

preexistencia *s. f.* (no contable) Existencia anterior de una cosa.

preexistente *adj.* Que existe con anterioridad: *Hay que respetar los derechos preexistentes de los propietarios.*

preexistir *v. intr.* Existir ‹una cosa› antes de [un momento o una circunstancia determinados]: *Estas creencias preexistieron **a** esa época.* SIN. preceder.

prefabricado, da *adj.* (ser / estar) [Construcción, manufactura] que tiene sus elementos ya fabricados para montarlos en su lugar de emplazamiento definitivo: *casas prefabricadas, paneles prefabricados, barracones prefabricados.*

prefabricar *v. tr.* Construir ‹una persona› por separado [los elementos de una construcción que serán luego ajustados y montados]: *Aquí prefabricamos sólo ventanas y balcones.* ⇒ **71.**

prefacio *s. m.* **1** Texto o discurso preliminar que facilita la comprensión de una obra escrita o de una materia: *Ese fi-*

lósofo está escribiendo el prefacio de una obra de Ortega. SIN. proemio (ELEVADO), prólogo. **2** REL. En la Iglesia católica, parte de la misa que precede al canon.

prefecto, ta *s. m.* **1** HIST. Jefe militar o civil de la antigua Roma: *el prefecto de las Galias.* **2** Gobernador de un departamento francés. **3** REL. Presidente de una junta eclesiástica. || *s. m. / f.* **4** Persona que está al cargo de la disciplina en algunos colegios: *prefecto de un colegio.*

prefectura *s. f.* **1** (no contable) Título o cargo de prefecto. **2** Oficina o despacho del prefecto. **3** Territorio bajo la jurisdicción de un prefecto.

preferencia *s. f.* **1** (no contable) Circunstancia de tener una persona o cosa más derecho que otras a estar por delante de ellas o a ocupar un puesto mejor: *Tengo más puntos que tú y tengo preferencia para elegir destino en las oposiciones. Les han dado preferencia por ser mayores. Cuando hay un cruce, tienen preferencia los coches que vienen por la derecha.* SIN. prioridad. **2** (no contable) Hecho de sentir más inclinación hacia una persona o cosa que hacia las demás: *La madre tiene preferencia por su hija mayor. El profesor no muestra preferencia por ningún alumno, los trata a todos por igual. Sus amigos conocen su preferencia por los lugares tranquilos.* SIN. predilección. **3** (no contable) RESTRINGIDO. En algunos espectáculos públicos, el conjunto de los lugares que se consideran los mejores: *asiento de preferencia, butaca de preferencia. Tenemos dos entradas para preferencia.*

preferencial *adj.* Que tiene preferencia, preferente: *acuerdo preferencial entre dos países, relaciones preferenciales.*

preferente *adj.* Que tiene preferencia por su valor, importancia o méritos: *Éste es mi objetivo preferente. Sacamos un billete de tren en clase preferente.*

preferible *adj.* Que merece ser elegido entre otras cosas por ser mejor o más conveniente: *Es preferible ir en coche, porque andando tardaríamos mucho. Es preferible que dejemos de vernos. Siempre he pensado que es preferible estar solo **a** mal acompañado.*

preferiblemente *adv. orac.* Es preferible, con preferencia. OBSERVACIONES: Se antepone a adjetivos de varios tipos, a participios de verbos transitivos o intransitivos y a todo tipo de complementos. Es menos corriente su anteposición a verbos en forma personal, normalmente en contextos volitivos: *Consígueme una parcela, preferiblemente amplia, con riego y lugar alto. Preferiblemente, vas tú* (= «Es preferible que vayas tú»).

preferir *v. tr.* **1** Querer ‹una persona› [a una persona o una cosa] más que a [otra persona o cosa], gustarle o apetecerle más: *Prefiero el jersey rosa **al** azul. ¿Qué prefieres, zumo de piña o de naranja? De los dos hermanos, yo prefiero a Luis. Esta tarde prefiero quedarme en casa.* **2** Dar ‹una persona› preferencia [a otra persona] o a [una cosa]: *Para realizar este trabajo prefieren a personas tituladas.* ⇒ **75.**

prefiguración *s. f.* (no contable) Hecho de aparecer una cosa representada anticipadamente.

prefigurar *v. tr.* **1** Representar ‹una persona o una cosa› [una cosa] por anticipado: *Estas líneas prefiguran el tema del cuadro.* || *v. prnl.* **2** Representarse ‹una persona› [una cosa] en la imaginación por anticipado.

prefijación *s. f.* (no contable) GRAM. Procedimiento y resultado de formar nuevas palabras por medio de prefijos: *La prefijación en español es muy productiva. «Incomunicación» es una palabra formada por prefijación.*

prefijar *v. tr.* **1** Fijar ‹una persona› [una cosa] por anticipado: *Los participantes prefijaron los asuntos principales sobre los que trataría la reunión.* SIN. predeterminar, preestablecer. **2** Añadir ‹una persona› un prefijo a [una palabra] para formar otra nueva.

prefijo *s. m.* **1** GRAM. Afijo que se coloca al principio de una palabra: *El prefijo «anti-» forma palabras como anticonceptivo, anticonstitucional o antiinflamatorio.* **2** Conjunto de cifras o letras que se marcan antes del número de la persona a quien se llama por teléfono para seleccionar el país, la región o la ciudad: *Para llamar a esa localidad tienes que marcar antes el prefijo de la provincia.*

pregón *s. m.* **1** Discurso elogioso que se pronuncia antes de que empiecen unas fiestas y en el que se invita a los asistentes a participar en ellas: *Este año fue el presidente quien leyó el pregón de las fiestas de mi pueblo.* **2** Anuncio en voz alta, como el que hacía por las calles de un pueblo el pregonero o alguacil para publicar una noticia o un aviso oficial: *Han dicho en un pregón que esta tarde van a cortar el agua. He oído en un pregón que están vendiendo fruta en la plaza del pueblo.*

pregonar *v. tr.* **1** Anunciar ‹una persona› [una cosa] con un pregón: *El comerciante va pregonando por el pueblo los artículos que vende.* **2** Hacer ‹una persona› pública [una cosa que permanecía oculta]: *Luisa pregonó por todo el barrio mis secretos. Te voy a contar lo que ocurrió, pero no vayas por ahí pregonándolo.* SIN. divulgar. **3** Alabar ‹una persona› [las buenas cualidades de otra persona] o de [una cosa] públicamente: *El padre pregonó la valentía de su hijo por todo el pueblo.* SIN. elogiar.

pregonero, ra *s. m. / f.* **1** Persona que lee el pregón de las fiestas de una localidad: *La pregonera de las fiestas de este año va a ser una famosa actriz.* **2** Persona que antiguamente leía los bandos municipales por todo el pueblo: *Los pregoneros siempre empezaban diciendo: Por orden del señor alcalde, se hace saber.* || *adj. / s. m.* y *f.* **3** RESTRINGIDO. Que pregona, divulga o hace público algo que se ignoraba, estaba oculto o no debía saberse.

pregunta *s. f.* Acción de preguntar y frase o expresión con que se pregunta: *hacer una pregunta, formular una pregunta, responder a una pregunta, turno de preguntas, las preguntas de un examen, un cuestionario de preguntas. ¿Puedo hacerte una pregunta indiscreta? ¿Puede usted repetir la pregunta?* FR. Y LOC. **estar a la cuarta ~** COLOQUIAL. Estar ‹una persona› sin dinero o con muy poco dinero: *A final de mes estoy siempre a la cuarta pregunta.*

preguntar *v. tr. / intr. / prnl.* **1** Pedir ‹una persona› [a otra persona] que le resuelva [una duda] o le informe [sobre algo]: *Elena me preguntó qué hacías allí. He visto a Juan esta tarde y me ha preguntado **por** ti. ¿Qué te han preguntado en el examen? Pregunté **por** tu estado de salud. Los dos compañeros **se** preguntaban la lección.* || *v. prnl.* **2** Manifestar ‹una persona› su duda sobre alguna cosa o tratar de encontrar ‹una persona› la respuesta a una cosa por sí misma: *Me pregunto si habrá llegado Pedro. El escritor se pregunta en sus obras **por** el sentido de la vida.*

preguntón, na *adj.* PEYORATIVO. [Persona] que pregunta repetida o impertinentemente: *Los niños no deben ser preguntones.*

prehelénico, ca *adj.* [Civilización] que se desarrolló en la Grecia anterior al periodo de los antiguos helenos: *Las civilizaciones minoica o cretense son prehelénicas.*

prehispánico, ca *adj.* De la América anterior a la conquista y colonización españolas: *lenguas prehispánicas, pueblos prehispánicos.*

prehistoria *s. f.* **1** (no contable) Periodo de la vida de la humanidad que va desde los orígenes del hombre hasta los primeros documentos escritos. **2** (no contable) Parte de la Historia que estudia este periodo: *experto en Prehistoria.* **3** (no contable) Orígenes, periodo que es anterior a un momento esencial en la evolución de alguna cosa: *la prehistoria del motor, la prehistoria de la radio.*

prehistórico, ca *adj.* **1** De la Prehistoria. **monumento ~.** **2** PEYORATIVO, INTENSIFICADOR. Que es muy anticuado o pasado de moda: *Su máquina de escribir es prehistórica.*

preinscripción *s. f.* Reserva de plaza en un centro de enseñanza, que se realiza antes de la inscripción definitiva: *Antes del verano se hace la preinscripción en todos los colegios, y después del verano, la matrícula.*

preislámico, ca *adj.* Que es anterior al Islam: *arte preislámico.*

prejuicio *s. m.* Juicio que no está basado en la razón ni en el conocimiento sino en ideas preconcebidas: *prejuicios raciales, prejuicios machistas. La gente está cargada de prejuicios. Carlos tiene muchos prejuicios.*

prejuzgar *v. tr.* Juzgar ‹una persona› [una cosa] sin tener datos suficientes para ello: *No prejuzgues su comportamiento, porque no conoces los motivos que han llevado a tu amigo a actuar así.* ⇒ **56.**

prelacía *s. f.* ELEVADO, RESTRINGIDO. Prelatura.

prelación *s. f.* (no contable) ELEVADO. Preferencia de algo o alguien para ser considerado anterior y más importante que los demás de su clase: *Los impuestos tienen prelación sobre las otras obligaciones. Los contratados fueron llamados por orden de prelación.* SIN. prioridad.

prelado *s. m.* En la Iglesia católica, superior eclesiástico, especialmente el que ocupa un obispado, un arzobispado o ejerce de superior en un monasterio.

prelatura *s. f.* Cargo de prelado: *Ese sacerdote alcanzó la prelatura cuando fue nombrado obispo.*

prelavado *s. m.* Lavado preparatorio, sobre todo en las lavadoras automáticas: *La lavadora ha iniciado el prelavado. El friegaplatos tiene dos programas de prelavado.*

preliminar *adj.* **1** Que precede a otra cosa, sirve de preámbulo o preparación para ella: *intervención preliminar, escrito preliminar, informe preliminar, actos preliminares. Acatados los preliminares, los representantes pasaron a debatir el fondo de la cuestión.* ‖ *s. m.* **2** (preferentemente en plural) Ceremonias o palabras iniciales que sirven de preparación para los actos o discursos principales: *Hoy sólo se han estudiado los preliminares del tratado.*

preludiar *v. tr.* Anunciar ‹una cosa› [otra cosa]: *Hoy hace un viento frío que preludia el invierno.*

preludio *s. m.* **1** Aquello que sucede antes de una cosa y la anuncia, la prepara o la inicia: *preludios de guerra. Los temblores fueron el preludio del terrible terremoto. Las lluvias fueron el preludio del otoño.* SIN. anuncio. **2** Breve pieza musical que sirve de introducción a otras: *Primero escucharemos un preludio de Mozart.*

premamá *adj.* (invariable) COLOQUIAL. Que está relacionado con la mujer en estado de gestación o embarazada: *ropa premamá, tiendas premamá, modelo premamá.*

prematrimonial *adj.* Que se realiza inmediatamente antes del matrimonio, o como preparación a él: *relaciones prematrimoniales, cursillos prematrimoniales.*

prematuro, ra *adj.* **1** Que sucede antes del tiempo acostumbrado o conveniente: *nacimiento prematuro, muerte prematura. Es todavía prematuro adelantar acontecimientos, hay que esperar a confirmar los datos.* **parto ~.** ‖ *adj. / s. m.* y *f.* **2** [Niño] que nace antes del fin de la gestación: *Mi sobrino es un prematuro, por eso es tan chiquitín.*

premeditación *s. f.* **1** (no contable) DER. Intención y voluntad de hacer algún daño, circunstancia que agrava la responsabilidad de quien comete un delito: *El acusado fue condenado a más años porque se demostró que actuó con premeditación.* **2** (no contable) Acción y resultado de premeditar: *Se compró el coche después de haberlo pensado con mucha premeditación.* FR. Y LOC. **con ~ y alevosía** 1 DER. Con las circunstancias agravantes de premeditación y alevosía: *El acusado mató a la señora con premeditación y alevosía, simulando un accidente.* 2 COLOQUIAL; INTENSIFICADOR. Se usa para indicar que una cosa se ha preparado previamente, con intención de ocultarla: *Le pusieron de patitas en la calle con premeditación y alevosía.*

premeditar *v. tr.* Pensar ‹una persona› detenidamente [una cosa] antes de hacerla: *Si no ha venido Pilar a la fiesta no es casualidad, lo ha premeditado para que resultara así.*

premiar *v. tr.* Dar ‹una persona› una cosa [a otra persona] como premio: *Premiaron a los ganadores de la campaña de ventas* ***con*** *un viaje a Mallorca. Hemos premiado la fidelidad a nuestro banco* ***con*** *un sorteo de tres coches deportivos.*

premier *s. m. / f.* **1** POLÍT. Jefe de gobierno del Reino Unido y países de su área de influencia: *El premier australiano estará en España tres días en visita oficial. Nuestro presidente conversó con la premier británica en Bruselas.* ‖ *s. m.* **2** PERÚ. Presidente del consejo de ministros.

premio *s. m.* **1** Aquello que se entrega como reconocimiento al ganador de una competición o concurso: *primer premio, segundo premio, tercer premio, premio de consolación, reparto de premios, llevarse el premio. Le han dado un premio por su última novela. El que lo haga mejor se llevará un premio.* **~ extraordinario** Máxima calificación que puede obtenerse en una competición o en un juego: *El premio extraordinario este año es de quinientos millones.* **~ extraordinario fin de carrera** La máxima calificación que obtiene un licenciado en su graduación en una facultad. **2** Objeto o dinero que se sortea en un juego o concurso: *al primer premio de la lotería. Le ha tocado un premio en la tómbola. Con participar en la carrera ya tienes un premio.* **~ gordo.** **3** Competición literaria o deportiva: *Nuestra compañía se ha presentado a un premio de teatro.* **~ Cervantes.** **~ Nobel.** **4** Persona ganadora de esta competición: *El nuevo premio Nobel de física acaba de publicar un libro con sus investigaciones.*

premiosidad *s. f.* RESTRINGIDO. (no contable) Lentitud o torpeza para hacer algo: *Me desespera su premiosidad para arreglarse.*

premioso, sa *adj.* Que actúa o se expresa torpemente o con lentitud, o que no tiene espontaneidad: *movimientos premiosos, lenguaje premioso, estilo premioso.*

premisa *s. f.* **1** Idea que sirve de base para un razonamiento: *exponer las premisas de una teoría. Si partes de premisas falsas todo el razonamiento será erróneo. Establecidas las premisas, pasemos a centrar el tema.* **2** LÓG. Cada una de las dos primeras proposiciones de un silogismo, de donde se deduce la conclusión: *Me extraña que puedas llegar a conclusiones verdaderas partiendo de una premisa falsa.*

premolar *adj. / s. m.* [Diente] que está situado entre un colmillo y un molar, de raíz más sencilla que la de las muelas: *Tengo cuatro premolares arriba y cuatro abajo.*

premonición *s. f.* Intuición del futuro: *No fui al cine porque tuve la premonición de que no habría entradas. El capitán tuvo la premonición de que el barco se iba a hundir.* SIN. presentimiento, corazonada (COLOQUIAL).

premonitorio, ria *adj.* Que anuncia o presagia alguna cosa: *síntoma premonitorio, sensación premonitoria, sueño premonitorio, palabras premonitorias.*

premura *s. f.* ELEVADO. Prisa, urgencia: *pedir algo con premura, hacer las cosas con premura.* SIN. rapidez, prontitud.

prenatal *adj.* Que sucede antes del nacimiento.

prenda *s. f.* **1** Cualquier pieza de tela de la casa o que compone el vestido y calzado de una persona: *prendas de cama y mesa, prenda interior, prendas de lencería, prenda masculina, prenda femenina, prenda infantil, prenda de lana, prenda de gasa, prenda de abrigo, prenda de verano, prenda de entretiempo.* **2** Objeto que se entrega en prueba o garantía de algo, especialmente en las casas de empeño: *dar **en** prenda. He dejado mi anillo **en** prenda.* **3** Aquello que representa una garantía o demostración de algo: *dar prendas de fidelidad, prendas de cariño.* **4** Cualidad física o moral: *Su prenda es la alegría. Tienes buenas prendas. Todos aprecian las prendas de esa chica. Tu novio es un hombre de prendas.* **5** AMÉR. Joya, alhaja. **6** COLOQUIAL. Apelativo cariñoso, especialmente utilizado con familiares queridos como hijos o esposa: *Ven aquí, prenda.* **7** COLOQUIAL. Persona de dudosa reputación: *No te fíes de él, menuda prenda.* **8** (en plural) Juego en el que quien pierde o se equivoca debe entregar un objeto o realizar una acción como pena. **juego de las prendas.** FR. Y LOC. **en ~ de** Como prueba de algo: *En prenda de mi amor te regalo este reloj.* **no dolerle prendas** 1 Cumplir ‹alguien› fielmente unas obligaciones: *A la hora de estudiar no le duelen prendas.* 2 No escatimar esfuerzos ‹alguien› en un asunto o propósito: *No le dolían prendas con tal de conseguir ese trabajo.* **no soltar ~** COLOQUIAL. No hablar ‹alguien› sobre un asunto determinado: *Le he preguntado, pero no suelta prenda. El testigo sabe lo ocurrido, pero no soltará prenda.*

prendar *v. tr.* **1** Gustar ‹una persona o una cosa› mucho [a una persona]: *La cantante prendó a todos los asistentes.* SIN. cautivar, seducir. ‖ *v. prnl.* **2** Empezar a sentir ‹una persona› admiración o cariño por [otra persona o una cosa]: *Me prendé **de** su collar.*

prendedor, ra *adj. / s. m.* y *f.* **1** Que prende o sujeta. ‖ *s. m.* **2** Broche o pasador que sirve para prender o sujetar algo: *un prendedor de pelo, un prendedor de plata, un prendedor de nácar.* SIN. alfiler.

prender *v. tr.* **1** Agarrar o sujetar ‹una persona› [una cosa]: *Mi madre prendió fuertemente mi brazo.* SIN. asir, agarrar. **2** Sujetar ‹una persona› [una cosa] a [otra cosa]: *Prendí el broche **en** la solapa. Prendí el pañuelo **con** un alfiler.* **3** Apresar ‹una persona› [a otra] para encarcelarla: *Prendieron a los atracadores del banco.* **4** Encender ‹una persona› [una luz o fuego]: *Unos locos prendieron fuego a la casa. Prende la luz del comedor.* ‖ *v. intr.* **5** Echar ‹una planta› raíces: *Los geranios no han prendido en la tierra del jardín.* **6** Arder ‹una materia combustible›: *Esta leña no prende porque está verde.* **7** Encontrar ‹una idea o una opinión› acogida y apoyo en [una o varias personas]: *Su mensaje prendió **en** el público.* ‖ *v. prnl.* **8** Destruirse ‹una cosa› por el fuego: *Se prendieron los cortinajes del teatro.* SIN. quemarse. ⇒ **92.**

prendería *s. f.* RESTRINGIDO. Tienda de compra-venta de prendas y muebles usados.

prendido, da *s. m.* Adorno femenino que se sujeta en la cabeza o en la ropa: *un prendido de flores.* **~ de novia** Prendido, generalmente en forma de cofia o diadema, como adorno o para sujetar el velo. FR. Y LOC. **~ con alfileres*. quedar ~** 1 Quedar sujeta o atrapada ‹una persona o una cosa›: *El pañuelo quedó prendido **entre** las zarzas.* 2 Quedar cautivada ‹una persona›: *Todos quedamos prendidos **de** sus ojos. Quedé prendida **de** su encanto.*

prendimiento *s. m.* RESTRINGIDO. Acción de prender o capturar a una persona: *el prendimiento de un ladrón.*

prensa *s. f.* **1** Máquina para hacer presión o prensar: *una prensa de aceite, prensa de uva, prensa de sidra.* **~ hidráulica.** **2** Máquina para imprimir o estampar. **3** Conjunto de publicaciones periódicas, especialmente las diarias: *Todos los días se lee la prensa nacional.* **4** Conjunto de profesionales del periodismo: *La prensa no pudo entrar en el juicio.* **5** Periodismo: *Trabajo en la prensa.* **~ amarilla** Prensa sensacionalista. **~ del corazón** Prensa que publica intimidades sobre la gente popular. FR. Y LOC. **agencia* de ~. conferencia* de ~. dar a la ~** Imprimir y publicar una obra: *El profesor ha dado ya su nuevo libro a la prensa.* **(estar) en ~** (Estar) ‹un trabajo› en proceso de impresión y publicación: *El reportaje ya está en prensa.* **libertad* de ~. rueda* de ~. tener buena / mala ~** COLOQUIAL. Tener ‹una persona o una cosa› buena o mala fama o publicidad: *Ese bar tiene muy mala prensa.*

prensado *s. m.* Acción y efecto de prensar: *el prensado de la uva, el prensado de la aceituna, el prensado de una tela.*

prensadura *s. f.* Acción de prensar: *la prensadura de las aceitunas.*

prensar *v. tr.* Hacer ‹una persona o una cosa› presión sobre [una cosa]: *Prensaron la uva para obtener vino.*

prensil *adj.* Que sirve para prender, asir o agarrar: *cola prensil, trompa prensil.*

prensor, ra *adj. / s. f.* ZOOL. [Ave] que tiene la mandíbula robusta, la superior encorvada desde la base, y las patas con dos dedos hacia atrás: *El loro, el periquito o el guacamayo son aves prensoras.*

preñar *v. tr.* Fecundar ‹un macho› [a una hembra]: *Tenemos este año todas las vacas preñadas.*

preñez *s. f.* Estado de la mujer o de la hembra de un animal que va a tener un hijo.

preocupación *s. f.* **1** Pensamiento o idea que preocupa: *Tengo una gran preocupación por el futuro de mis hijos.* SIN. inquietud, cuidado. ANT. despreocupación. **2** (preferentemente en plural; no contable) Ocupaciones, responsabilidades: *En su nuevo trabajo mi marido tiene más preocupaciones que en el anterior.*

preocupante *adj.* (antepuesto/pospuesto) Que causa preocupación: *Notamos una preocupante falta de interés en su comportamiento. Ésos son hechos preocupantes.*

preocupar *v. tr.* **1** Causar ‹una persona o una cosa› intranquilidad o temor [a una persona]: *Me preocupa el problema de cambiar de casa.* SIN. intranquilizar, inquietar. **2** Tener ‹una persona o una cosa› valor o importancia para [una persona]: *Sólo te preocupa tu aspecto.* SIN. importar. ‖ *v. prnl.* **3** Dedicar ‹una persona› atención a [una persona o una cosa]: *Mi madre se preocupa* ***de*** *ordenar mi habitación.* **4** Sentir ‹una persona› intranquilidad o temor por [una persona o una cosa]: *Me preocupo* ***por*** *este chico: no sé qué le pasará. La abuela se preocupa* ***por*** *cualquier cosa.* SIN. intranquilizarse, inquietarse.

prepalatal *adj.* FON. [Articulación, sonido] pronunciado acercando la lengua a la parte anterior del paladar.

preparación *s. f.* **1** (no contable) Acción y resultado de preparar o prepararse: *la preparación de las vacaciones. Dedico todo el tiempo a la preparación de los exámenes.* SIN. organización. **2** (no contable) Cultura, conocimientos que posee una persona de una o varias materias: *Tenía una buena preparación en Física y aprobé el examen.* **3** Tejido o sustancia preparada para su observación con el microscopio: *preparación de células, preparación hecha con ácido del estómago.*

preparado, da *adj.* **1** (estar) Que está listo para ser consumido o utilizado: *comida preparada.* **2** (ser/estar) Que reúne las condiciones adecuadas para un determinado fin: *Samuel es un hombre preparado* ***para*** *este trabajo. María es una mujer muy preparada. Debes estudiar idiomas, porque no estás preparado* ***para*** *la vida moderna.* ‖ *s. m.* **3** Medicamento o producto dispuesto para su uso: *Uso un preparado farmacéutico para combatir la calvicie.*

preparador, ra *s. m./f.* **1** Persona que prepara alguna cosa o a alguien. **2** DEP. Persona que entrena a un equipo o a un deportista: *el preparador de la selección de fútbol.*

preparar *v. tr./prnl.* **1** Poner ‹una persona› [a otra persona o una cosa] en condiciones para [un determinado fin]: *El profesor preparó a su alumno* ***para*** *el examen de matemáticas. Prepárate* ***a*** *oír una buena noticia. Prepárate* ***para*** *el trabajo que se te avecina.* SIN. disponer. **2** Hacer ‹una persona› que [otra persona] adquiera habilidad para [el ejercicio de un deporte]: ***Me*** *preparé a fondo* ***para*** *el campeonato.* SIN. entrenar. **3** Estudiar ‹una persona› [una materia o una prueba]: *Preparé los exámenes de selectividad.* ‖ *v. tr.* **4** Disponer ‹una persona› [una cosa] para falsearla: *Recibió fuertes críticas porque preparó la pelea.* SIN. amañar, apañar. ‖ *v. prnl.* **5** Estar ‹una cosa› próxima a suceder: *Se prepara una tormenta.* SIN. avecinarse. FR. Y LOC. **~ el terreno*.**

preparativo, va *adj./s. m.* (preferentemente en plural) Que se hace para preparar alguna cosa: *Estoy ahora ocupada en los preparativos de la boda.*

preponderancia *s. f.* Superioridad: *Mira; actúa con preponderancia. Sus propuestas, por ser hijo de quien es, tienen preponderancia sobre las mías.* SIN. primacía, supremacía.

preponderante *adj.* Que domina, que tiene superioridad sobre el resto: *Ocupas una posición preponderante en la empresa.* SIN. predominante.

preponderar *v. intr.* RESTRINGIDO. Mostrar ‹una persona o una cosa› superioridad sobre el resto: *En el cuarto prepondera el color azul.* SIN. predominar, dominar.

preposición *s. f.* GRAM. Clase de palabra que sirve para relacionar palabras, sintagmas o proposiciones que pertenecen a la misma oración: *Las preposiciones en español son invariables y forman un grupo cerrado.*

preposicional *adj.* **1** [Sintagma o complemento] introducido por una preposición. SIN. prepositivo. **2** [Locución o expresión] que funciona como una preposición. SIN. prepositivo.

prepositivo, va *adj.* **1** Que tiene relación con la preposición: **sintagma ~.** **2** GRAM. [Locución, partícula] que funciona como una preposición.

prepósito *s. m.* REL. Superior de algunas comunidades u órdenes religiosas.

prepotencia *s. f.* (no contable) Actitud de quien presume o abusa de su poder: *Hablabas a los trabajadores con mucha prepotencia. No soporto la prepotencia de su padre.*

prepotente *adj.* Que tiene mucho poder o más poder que otros y abusa o presume de él: *autoridad prepotente, régimen prepotente, director prepotente, gobierno prepotente.*

prepucio *s. m.* Piel móvil que recubre el extremo del pene.

prerrafaelismo *s. m.* **1** (no contable) Movimiento artístico inglés de la segunda mitad del siglo XIX, que se inspira en los pintores anteriores a Rafael. **2** (no contable) Arte y estilo pictóricos anteriores a Rafael.

prerrogativa *s. f.* **1** Ventaja que alguien tiene sobre otro debido a su edad, cargo u otro motivo: *Los jefes de sección gozan aquí de algunas prerrogativas.* **2** Derecho exclusivo que tiene una autoridad: *La presentación de candidaturas es prerrogativa del presidente.*

prerromance *s. m.* **1** LING. Lengua anterior a la implantación del latín. **2** LING. Lengua anterior a la formación de las lenguas romances.

prerrománico, ca *adj./s. m.* [Conjunto de estilos artísticos] que se desarrolló en Europa occidental con anterioridad al románico, entre los siglos V y XI.

prerromano, na *adj.* Que es anterior a la civilización romana: *pueblo prerromano, arte prerromano, lenguas prerromanas, culturas prerromanas.*

prerromanticismo *s. m.* (no contable) Movimiento literario y artístico de transición al romanticismo.

prerromántico, ca *adj./s. m.* y *f.* Del prerromanticismo: *una novela prerromántica, los prerrománticos.*

presa *s. f.* **1** Persona, animal o cosa que puede ser atrapado o cazado: *El ladrón fue una presa fácil para la policía. El conejo huyó para no ser presa de los cazadores.* **2** Muro que se construye para detener una corriente de agua. **3** Lugar donde las aguas están detenidas o almacenadas. **4** Conducto o canal por donde se conduce el agua. FR. Y LOC. **ave rapaz*** o **ave de ~/rapiña. hacer ~** Prender, arraigar ‹un sentimiento› en una persona: *Ese hombre desconfiaba de su mujer, los celos hicieron presa en él.* **perro* de ~. ser ~** Padecer, sufrir ‹una persona o un animal› una determinada cosa: *ser presa del terror, ser presa de la angustia.*

presagiar *v. tr.* **1** Anunciar ‹una cosa› [otra cosa]: *Las nubes presagian tormenta.* **2** Experimentar ‹una persona› la sensación de que va a ocurrir [una cosa]: *Esa mujer presagió su propia muerte.* SIN. adivinar.

presagio *s. m.* **1** Señal que anuncia una cosa que va a suceder: *Que Luis no haya llamado todavía es un mal presa-*

gio. Que el enfermo ya haya empezado a comer es un buen presagio. Que no haya nubes es presagio de que hará buen día. SIN. anuncio. **2** Adivinación o presentimiento de lo que va a suceder: *Tengo el presagio de que va a pasar algo malo.* SIN. premonición.

presbicia *s. f.* (no contable) MED. Hipermetropía adquirida por efecto de la edad.

presbiterianismo *s. m.* (no contable) REL. Doctrina de las Iglesias reformadas que no reconocen la autoridad de los obispos sobre los presbíteros.

presbiterio *s. m.* **1** Parte de la iglesia donde está el altar mayor. **2** Reunión de sacerdotes con el obispo.

presbítero *s. m.* REL. Sacerdote cristiano. SIN. cura.

prescindir *v. intr.* **1** Decidir ‹una persona› no tener o no usar [una cosa]: *Prescindí **del** coche. Desde que despidieron a Jorge, han prescindido de todos los lujos y hasta de alguna cosa necesaria.* **2** No contar ‹una persona› con [otra persona]: *Prescindimos **del** entrenador.* **3** No citar ‹una persona› [una cosa]: *Prescinde **de** los datos menos importantes.*

prescribir *v. tr.* **1** Indicar ‹una persona› que [otra] tome o use [una cosa]: *Le prescribieron un jarabe para la tos.* SIN. recetar. **2** Ordenar ‹una persona o una ley› [una cosa]: *La ley prescribe pena de prisión para ese delito.* || *v. intr.* **3** Perder ‹un derecho o una responsabilidad› su validez por haber transcurrido [el tiempo señalado para él]: *No tuve que pagar la multa porque había prescrito.* ⇒ **91.**

prescripción *s. f.* **1** Receta o consejo médico: *La embarazada tiene que pasear todos los días por prescripción del médico.* **~ facultativa** Prescripción del médico. **2** Acción y resultado de prescribir: *Volvimos a firmar el contrato después de la prescripción de éste.* SIN. finalización.

prescrito, ta *p.* Participio irregular de *prescribir.*

presea *s. f.* ELEVADO. Objeto de mucho valor, precioso por la materia o por el trabajo. SIN. joya, alhaja.

preselección *s. f.* Selección previa, anterior a la que se considera definitiva: *La concursante fue descalificada en la preselección regional y no llegó a la final.*

preseleccionado, da *adj.* Que ha sido seleccionado previamente para participar en algo: *Fotografiaron al equipo de baloncesto preseleccionado para el campeonato de Europa.*

presencia *s. f.* **1** Circunstancia de estar una persona o una cosa en un lugar: *En su presencia no digamos nada de lo ocurrido. Echamos en falta tu presencia. Su presencia animó la reunión.* ANT. ausencia. **2** Circunstancia de existir o de ocurrir cierta cosa: *Los inspectores detectaron la presencia de un escape de gas. Los técnicos sospechan la presencia de un virus informático. No es un buen síntoma la presencia de pus en la herida.* ANT. ausencia. **3** Aspecto, apariencia exterior: *Su novio es un tipo de muy buena presencia. Ese plato no tiene la presencia que debemos exigir en nuestro restaurante. Ese coche engaña: tiene una presencia muy normal, pero corre mucho.* || **4 ~ de ánimo** Serenidad, entereza: *Laura demostró una gran presencia de ánimo cuando ocurrió el accidente. Tienes mucha presencia de ánimo en los momentos difíciles.* FR. Y LOC. **hacer acto* de ~.**

presencial *adj.* **1** Que presencia alguna cosa: *Fui testigo presencial de los hechos.* **testigo ~ / ocular.** **2** De la presencia: *acto presencial. Te exigen una asistencia presencial.*

presenciar *v. tr.* Ver ‹una persona› [un acontecimiento que sucede en su presencia]: *Presenció la pelea con disgusto. No presencié el accidente, oí el ruido, pero no me asomé a la ventana. No me gusta ir al campo de fútbol, pero presencio los partidos por televisión.*

presentable *adj.* Que reúne las condiciones suficientes para presentarse o ser presentado: *Me ha quedado un trabajo bastante presentable. Esa redacción no es presentable con esas faltas de ortografía. ¿Crees que estoy presentable con este vestido? Puedes decir lo que quieras, pero hoy, en un buen restaurante, nadie está presentable sin corbata.* ANT. impresentable.

presentación *s. f.* **1** Acción y resultado de presentar o presentarse: *presentación **en** público, presentación de un programa de televisión, presentación de una persona. La presentación del nuevo libro de Pedro fue un éxito.* **2** (no contable) Aspecto o forma externa de presentar algo: *presentación de la mesa, presentación de un plato. La presentación del informe estaba muy cuidada.*

presentador, ra *s. m./f.* Persona que presenta un programa de televisión, radio o un espectáculo: *la presentadora de un concurso, el presentador de informativos.*

presentar *v. tr.* **1** Poner ‹una persona› [una cosa] ante [otra persona] para que la vea o la examine: *El alumno me presentó un documento ilegible. Presenté el carné a los bibliotecarios cuando me lo pidieron.* SIN. enseñar, mostrar. **2** Mostrar ‹una persona o una cosa› [unos rasgos o unas características determinadas]: *La habitación presenta mejor aspecto que ayer. Este coche presenta mayor potencia que otros modelos. El enfermo presenta una mejoría notable.* **3** Dar a conocer ‹una persona› [a otra persona o una cosa]: *Pedro, preséntame a esta muchacha. Ayer presentó el libro a la prensa. Los concejales de urbanismo y tráfico han presentado los nuevos modelos de autobuses urbanos a la prensa.* **4** Conducir, anunciar o comentar ‹una persona› [un programa de radio o televisión o un espectáculo]: *Voy a presentar en la radio un programa de dietética. Esta primavera presentaremos nuestro nuevo programa sobre vocabulario en la primera cadena.* **5** Ofrecer ‹una persona› [sus excusas o sus respetos] a [una persona]: *Ana presentará sus excusas a tu amigo. Presente usted mis respetos a su señora.* || *v. tr./prnl.* **6** Proponer ‹una persona› [a otra persona] para [un cargo o un oficio]: *Presentaremos a Pepe **para** enlace sindical. El partido presentará a mi hermano **para** diputado por Asturias. Mi compañero **se** presentará **a** las elecciones.* **7** Dar ‹una persona› [el nombre de una persona] a [otra persona] para que se conozcan: *Presenté ayer a mi vecina Pilar a mi hermano Juan. En la fiesta no me presentaron a nadie. **Me** presenté yo mismo a los compañeros del trabajo, porque ninguno me conocía.* || *v. prnl.* **8** Producirse ‹una cosa› de repente: *Oportunidades como ésa no se presentan todos los días. Se le presentó la tentación y cometió el desfalco.* SIN. surgir, ocurrir. **9** Asistir ‹una persona› a [un acto o una prueba]: *¿Vas a presentarte **al** examen? Tengo que presentarme al juez todas las semanas porque tengo la libertad condicional.* **10** Aparecer ‹una persona o una cosa› en [un lugar o un momento inesperados]: *Se presentaron **en** casa varios amigos.* **11** Ofrecerse ‹una persona› [de manera voluntaria] a hacer [una cosa]: *José se presentó voluntario **al** servicio militar. Me he presentado **a** bombero forestal para este verano.* FR. Y LOC. **~ armas*. ~ la espada*. dar / ~ batalla*.**

presente *adj. / s. m.* y *f.* **1** (estar) Que está delante de alguien o algo, en su presencia o en el mismo sitio que él: *El personal de la empresa presente en esta reunión desea intervenir. Los sindicalistas presentes tienen el uso de la palabra. No todos los presentes pensamos lo mismo. El público presente aplaudió mucho. La invitación se hizo a los presentes en la reunión.* || *adj. / s. m.* **2** Que ocurre en el momento en que uno habla: *Hay que vivir el presente. Los acontecimientos presentes son preocupantes.* **3** [Tiempo verbal] que expresa una acción que se realiza en el momento en que se relata. **~ de indicativo. ~ de subjuntivo.** || *adj.* **4** (estar; antepuesto / pospuesto) Que está en el mismo sitio donde está u ocurre algo: *Estuve presente en el momento en que ocurrió la desgracia.* **5** Que sucede o transcurre en el tiempo en que se habla: *El momento presente está lleno de incertidumbres. En las presentes circunstancias es mejor callar.* SIN. actual. || *s. m.* **6** Regalo o cosa que se da por agradecimiento, afecto o respeto: *El embajador entregó valiosos presentes a los reyes. Han expuesto los presentes que ha recibido el Presidente durante su mandato.* || *s. f.* **7** (con el artículo *la*) ADMINISTRATIVO. Comunicación escrita: *Por la presente se le comunica que le ha sido concedido el permiso de obras. Por la presente se le comunica su nombramiento como presidente de la mesa electoral número trescientos veinticuatro.* FR. Y LOC. **de cuerpo* ~. hacer ~** Decir o recordar ‹una persona› algo a alguien: *Te hago presente que no estoy dispuesto a ceder.* **mejorando lo ~** COLOQUIAL; CORTESÍA. Se usa para alabar a una persona en presencia de otra u otras: *Tu hija es muy guapa, mejorando lo presente. Sus novelas son estupendas, mejorando lo presente.* **participio* activo** o **participio de ~. ¡~!** Modo tradicional de responder la persona que oía su nombre cuando pasaban lista en los colegios o en los cuarteles: –«*Pedro Rodríguez*». –«*¡Presente!*» **tener ~** Recordar ‹una persona› a otra persona o una cosa: *Aunque su esposo murió hace muchos años, siempre lo tiene presente en sus oraciones. Ten presentes mis consejos cuando estés fuera.*

presentimiento *s. m.* Sensación de que va a pasar algo o que va a pasar de una manera determinada: *Tuve el presentimiento de que ese número iba a salir premiado. Afortunadamente sus presentimientos sobre nuestro viaje no se cumplieron y todo ha sido muy agradable.* SIN. corazonada.

presentir *v. tr.* Experimentar ‹una persona› la sensación de que va a ocurrir [una cosa] o de que va a ocurrir de una manera determinada: *Presiento que va a llover. Al veros presentí que os acabaríais casando.*

preservación *s. f.* Acción y resultado de preservar: *No es fácil la preservación de la naturaleza, porque hay muchos intereses en juego. La preservación de las áreas de montaña debe ser un objetivo fundamental de nuestro país.*

preservar *v. tr. / prnl.* Proteger ‹una persona› [a una persona, un animal o una cosa] de un daño o un peligro: *Hay que preservar la naturaleza. Preservamos los muebles* ***de*** *la carcoma. El paraguas sirve para preservarse* ***de*** *la lluvia.*

preservativo, va *adj.* **1** Que protege o puede proteger: *medida preservativa.* || *s. m.* **2** Anticonceptivo masculino constituido por una funda fina de material elástico que, colocada sobre el pene, evita la fecundación y la transmisión de enfermedades sexuales. SIN. profiláctico.

presidencia *s. f.* **1** Lugar donde se sitúa el presidente o edificio donde trabaja: *En la presidencia de la mesa está el director de la empresa. En ese edificio antiguo está ahora la Presidencia.* **2** (no contable) Cargo o dignidad del presidente: *Este año la presidencia de la Asociación corresponde a Portugal. Llegó a la presidencia con los votos de varios partidos. Ha estado diez años en la presidencia.* **3** Tiempo durante el que un presidente ejerce su función: *Eso sucedió durante la presidencia de mi antecesor. Las presidencias de los liberales abarcaron quince años.* **4** Persona o conjunto de personas que presiden un acto o un grupo: *La presidencia del tribunal habló en nombre de todos.*

presidenciable *adj. / s. m.* y *f.* AMÉR. Que tiene posibilidades de ser nombrado presidente de un partido u organización, o candidato a presidente como representante de un partido en unas elecciones: *En fuentes cercanas al partido se baraja el nombre del secretario general entre los presidenciables para las próximas elecciones autonómicas.*

presidencial *adj.* De la presidencia o del presidente: *residencia presidencial. El candidato demócrata venció en las elecciones presidenciales.*

presidencialismo *s. m.* (no contable) Ideología y sistema político en que el presidente de una república es también jefe de gobierno.

presidencialista *adj.* **1** POLÍT. Del presidencialismo. || *adj. / s. m.* y *f.* **2** POLÍT. Que es partidario del presidencialismo: *Las democracias mexicanas o argentinas son presidencialistas.*

presidente, ta *s. m. / f.* **1** Persona que dirige o está al mando de un grupo de gente, organismo, entidad o institución: *presidente de la Asociación de Vecinos, presidenta de una empresa, presidenta de un tribunal.* **Presidente del Gobierno** Jefe de un gobierno estatal o nacional. **2** Jefe del Estado en una República: *el Presidente mexicano, el Presidente chileno.* || *adj. / s. m.* y *f.* **3** Que preside: *el presidente de una mesa, consejero presidente de una empresa.*

presidiario, ria *s. m. / f.* Persona que está en la cárcel cumpliendo una condena: *Los presidiarios iban esposados hacia la celda de castigo.*

presidio *s. m.* **1** Establecimiento penitenciario donde cumplen su pena los condenados a privación de libertad por delitos graves: *Lo han enviado al presidio de Ocaña.* SIN. cárcel. **2** (no contable) DER.; RESTRINGIDO. Pena de privación de libertad para delitos graves: *Ha sido condenado a treinta años de presidio.*

presidir *v. tr. / intr.* **1** Ocupar ‹una persona› el puesto más importante en [un organismo o una función]: *Hoy preside la sesión el vicepresidente. ¿Abuelo, presides tú la mesa?* || *v. tr.* **2** Estar ‹una cosa› en [un lugar importante]: *El retrato del Rey preside la sala. Un crucifijo preside su mesa de trabajo.* **3** Ser ‹una virtud o un defecto› dominante en [una persona o una cosa]: *La rectitud preside sus sentencias. La bondad preside sus actos.*

presilla *s. f.* **1** Tira doblada hecha con hilos entrelazados o tela que se cose en el borde de una prenda de vestir para abrochar en ella un botón o corchete: *Se rompió la presilla de la cintura del pantalón.* **2** Costura que, generalmente, se hace en los ojales para evitar que la tela se abra: *Tienes que hacerme una presilla en un ojal de la gabardina.*

presión *s. f.* **1** BIOL., FÍS. Fuerza que realiza un cuerpo sólido, líquido o un gas sobre una superficie: *pintura* ***a*** *presión. La presión del agua ha aumentado con las lluvias.* **~ atmosférica. ~ sanguínea. ~ arterial** Tensión arterial. **2** Fuerza o influencia que se ejerce sobre una persona o grupo: *Los Los padres hicieron mucha presión para echar al profesor.* **~ fiscal. ~ social** Conjunto de influencias directas o indirectas, manifiestas u ocultas, que cualquier sociedad ejerce sobre los individuos. FR. Y LOC. **a ~** Con mucha tensión, padeciendo mucho. **grupo* de ~. olla* a ~** u **olla exprés.**

presionar *v. tr.* **1** Ejercer ‹una persona o una cosa› fuerza sobre [otra persona u otra cosa]: *Presiona el botón para poner en marcha la lavadora.* SIN. apretar. **2** Ejercer ‹una persona o una cosa› coacción sobre [una persona]: *Aunque la presionaron, no confesó. Presionamos al profesor, pero no aprobó al niño.* **3** DEP. Vigilancia especial y destructiva que un jugador ejerce sobre las acciones de un contrario: *La presión de los defensas impidió que los delanteros del equipo líder marcaran un gol.*

preso, sa *adj.* **1** (ser / estar) Que está encerrado o sujeto con fuerza: *Me tiene presa en mi propia casa y no me deja salir. Estoy preso, me tiene agarradas las manos y los pies y no puedo escapar.* **2** (ser / estar) Que está dominado por un sentimiento: *Soy presa de tu amor. Ana lloraba presa de una angustia inexplicable. La gente corría presa del pánico.* || *adj. / s. m.* y *f.* **3** (ser / estar) Que está encarcelado o en prisión: *preso común, preso político. Estoy presa desde hace tres años. Se ha escapado un preso muy peligroso de la cárcel.* || *p.* **4** Participio irregular de *prender.* FR. Y LOC. **estar ~ en el engranaje*.**

presocrático, ca *adj. / s. m.* De los filósofos griegos anteriores a Sócrates: *filosofía presocrática, un presocrático.*

pressing (del inglés; pronunciamos *'presin'*) *s. m.* DEP. Presión que realiza un equipo para impedir o dificultar las jugadas del contrario: *En los últimos minutos todos los jugadores hicieron pressing para intentar robar la pelota.*

prestación *s. f.* **1** Acción y resultado de prestar un servicio o ayuda: *Gracias a la prestación del banco, pude acabar mis estudios.* **~ social** Ayuda social ofrecida por el Estado o por empresas. **2** Cualidades y servicios que ofrece una máquina, una empresa o un organismo: *Ese coche ofrece muy buenas prestaciones. Son muchas las prestaciones de la Seguridad Social.*

prestado *p.* Se usa en la FR. Y LOC. **de ~ 1** Por préstamo de una persona: *Este coche no es mío, lo uso de prestado.* **2** COLOQUIAL. De una manera precaria: *Vivo de prestado hasta que encuentre trabajo.*

prestamista *s. m. / f.* Persona que tiene por oficio prestar dinero con interés: *El prestamista nos prometió mejores condiciones que un banco.*

préstamo *s. m.* **1** Cantidad de dinero que se pide o se da en el mercado de dinero con la obligación de devolverlo con un interés: *Hemos pedido un préstamo al banco.* **2** LING. Palabra que una lengua toma de otra: *La palabra «boutique» es un préstamo del francés al español.* **3** Acción de prestar o cosa que se deja a alguien temporalmente: *En la biblioteca no funciona el préstamo de libros.*

prestancia *s. f.* Aspecto distinguido o elegante: *Con esos muebles la casa tiene más prestancia. Susana se mueve con gran prestancia.*

prestar *v. tr.* **1** Dar ‹una persona› [dinero u otra cosa] a [una persona] con la condición de que lo devuelva: *Una amiga me ha prestado el coche.* SIN. dejar. **2** Dar ‹una persona› [auxilio, colaboración o ayuda] a [otra persona]: *Presté auxilio al herido.* **3** AMÉR. Pedir ‹una persona› [una cosa] con la condición de devolverla. || *v. prnl.* **4** Ofrecerse ‹una persona› a [hacer una cosa] voluntariamente: *Miguel se prestó **a** llevarnos en su coche a la estación.* **5** Estar ‹una persona› de acuerdo en hacer [una cosa]: *No me prestaré **a** ese arreglo.* **6** Dar ‹una persona o una cosa› motivo para que ocurra [una cosa]: *Tus palabras se prestan **a** confusión.* SIN. inducir. FR. Y LOC. **dar / ~ oído(s)*. ~ atención*. ~ declaración*. ~ juramento*.**

prestatario, ria *adj. / s. m.* y *f.* Que toma dinero a préstamo: *entidad prestataria. ¿Quién es el prestatario de esta cantidad?*

preste *s. m* REL.; RESTRINGIDO. **1** Sacerdote que celebra misa ayudado por el diácono y el subdiácono. || **2 El ~ Juan de las Indias** Personaje fabuloso al que se remite el cumplimiento de una acción o un dicho en el que se confía poco: *Lo habrá dicho el preste Juan de las Indias.*

presteza *s. f.* (no contable) Rapidez para hacer las cosas: *Los bomberos acudieron con presteza a apagar el fuego. He respondido con presteza a todo lo que me han preguntado.* SIN. prontitud. ANT. lentitud.

prestidigitación *s. f.* (no contable) Técnica de producir efectos en apariencia imposibles por medio de juegos de manos y otros trucos.

prestidigitador, ra *s. m. / f.* [Artista] que domina la técnica de la prestidigitación: *Más que un conferenciante ese tipo parece un prestidigitador.* SIN. ilusionista, mago.

prestigiar *v. tr.* Dar ‹una persona o una cosa› prestigio [a otra persona u otra cosa]: *Su presencia prestigia nuestro congreso. Su nombre prestigia nuestra empresa. Sus diseños prestigian nuestros establecimientos.*

prestigio *s. m.* Buena fama, influencia: *Ésta es una marca de gran prestigio. Mi amigo es un médico de prestigio internacional.* ANT. desprestigio.

prestigioso, sa *adj.* (antepuesto / pospuesto) Que tiene prestigio: *Estoy casado con una prestigiosa arquitecta. Luis es un abogado muy prestigioso, te lo aconsejo.*

presto, ta *adj.* **1** (estar) ELEVADO. Que está preparado o dispuesto: *Estamos prestos **a** acompañarte. Míranos, a tus compañeros, prestos **a** defenderte.* **2** ELEVADO. Que es muy rápido: *Eva me dio una presta explicación.* || *s. m.* **3** MÚS. Tiempo musical rápido. **4** MÚS. Composición musical o parte de ella interpretada con este tiempo. || *adv. modo* **5** MÚS. Interpretando con este tiempo.

presumible *adj.* Que se puede presumir o sospechar: *Es presumible que ocurra como tú dices.*

presumiblemente *adv. orac.* Es presumible (que), probablemente: *Presumiblemente, el entrenador dimitirá mañana. El terrorista viaja en un coche presumiblemente robado. Silvia volverá presumiblemente mañana.*

presumido, da *adj. / s. m.* y *f.* Que presume o se arregla mucho: *un niño muy presumido.*

presumir *v. tr.* **1** Tener ‹una persona› sospecha de [una cosa]: *Presumo que mamá vendrá temprano.* SIN. sospechar, suponer. || *v. intr.* **2** Mostrarse ‹una persona› orgullosa de [una cualidad propia o una cosa que posee]: *Presumes **de** listo, pero no lo eres tanto. Juan presume **con** su nuevo coche una barbaridad.* **3** Cuidar ‹una persona› su aspecto externo excesivamente: *No sabes lo que presume cuando va por el paseo con su novio.*

presunción *s. f.* 1 (no contable) ELEVADO. Acción y resultado de presumir: *Su presunción le hacía despreciar a los demás.* SIN. vanidad. 2 Sospecha con cierto fundamento: *Que aquí se come bien es una presunción, porque veo que entra mucha gente todos los días, pero no lo sé.* 3 DER. Lo que legalmente es cierto mientras no haya pruebas en contra.

presuntamente *adv. modo* 1 DER. Por presunción, con imputación de autoría o participación, pero sin que se hayan probado judicialmente los hechos: *El individuo está presuntamente relacionado con el atraco del pasado lunes. Su marido está presuntamente implicado en un asunto de drogas.* || *adv. orac.* 2 Quizás. OBSERVACIONES: Se asemeja a *supuestamente.* Es neutral respecto de la probabilidad del acierto en la imputación, frente a *supuestamente*, que es o puede ser negativo, y al positivo *presumiblemente*: *Presuntamente, éste es el asesino.*

presunto, ta *adj.* (antepuesto) Que se supone o se presupone pero todavía no está probado o faltan datos para asegurarlo: *El presunto asesino tendrá que declarar mañana.*

presuntuoso, sa *adj. / s. m.* y *f.* 1 Que tiende a presumir y alardear de sus cualidades: *Es un presuntuoso, no le aguanto, me cae fatal.* || *adj.* 2 Que intenta inútilmente parecer elegante o lujoso: *Esta artista tiene una casa muy presuntuosa, con unos muebles de lo más barrocos y una decoración recargada.*

presuponer *v. tr.* 1 Dar ‹una persona› [una cosa] por cierta o conocida antes de tener datos suficientes para ello: *Presupongo su lealtad y por eso lo contrato.* SIN. suponer. 2 Ser ‹una cosa› necesaria para [otra cosa]: *Entender esta lección presupone que se ha estudiado la anterior.* SIN. suponer, implicar. ⇒ **60.**

presuposición *s. f.* 1 RESTRINGIDO. (no contable) Acción y resultado de suponer algo con antelación: *Le gustaba hacer presuposiciones de lo que nos pasaría a todos en el futuro.* SIN. suposición. 2 LÓG. Proposición previa, necesaria para considerar válida una afirmación: *El conferenciante llegó a resultados equivocados, porque partió de una presuposición falsa.*

presupuestar *v. tr.* Hacer ‹una persona› el presupuesto de [una cosa]: *Presupuestaron la obra en dos millones.* SIN. estimar, valorar.

presupuestario, ria *adj.* De los presupuestos y, más concretamente, de los del Estado: *déficit presupuestario, debate presupuestario.*

presupuesto, ta *s. m.* 1 Dinero que se calcula que puede ser necesario para un periodo de tiempo o para realizar algún gasto especial: *Se han aprobado los presupuestos del Estado para el año próximo. Hemos pedido presupuesto para pintar el piso.* 2 Dinero disponible para gastar en una cosa: *Este mes nos hemos pasado bastante del presupuesto.* 3 ELEVADO. Presuposición, algo supuesto con antelación: *Juzgasteis a María con presupuestos falsos y os habéis equivocado.* || *p.* 4 Participio irregular de *presuponer.*

presura *s. f.* 1 RESTRINGIDO. Apresuramiento, prisa: *No me gusta hacer las cosas con presura.* 2 RESTRINGIDO. Opresión: *Siento la presura del tiempo.*

presurizar *v. tr.* Mantener ‹una persona o una cosa› constante la presión de [un espacio cerrado]: *Las cabinas de los aviones están presurizadas.* ⇒ **19.**

presuroso, sa *adj.* Que hace una cosa con rapidez: *La señora se acercó a la puerta con pasos presurosos.*

prêt-à-porter (del francés; pronunciamos *'pretaporté'*) *adj. / s. m.* (invariable) [Ropa] que se vende confeccionada o hecha ya, a diferencia de la que se encarga a medida: *moda prêt-à-porter, un especialista del prêt-à-porter.*

pretenciosidad *s. f.* (no contable) Hecho de pretender ser o valer más de lo que corresponde: *Se notaba cierta pretenciosidad en la decoración de la casa.*

pretencioso, sa *adj. / s. m.* y *f.* Que intenta ser más de lo que es, o que intenta presumir de méritos que, en realidad, no le corresponden en su totalidad: *carácter pretencioso, lujo pretencioso. Eres un pretencioso, sin nuestra ayuda nunca lo hubieras conseguido.*

pretender *v. tr.* 1 Intentar conseguir ‹una persona› [una cosa]: *Ana pretende el puesto de directora general.* 2 Intentar aparentar ‹una persona› [una cosa que no es cierta]: *Mi hija pretende estar estudiando, pero está leyendo una revista.* SIN. simular, fingir. 3 Intentar conquistar ‹un hombre› [a una mujer]: *Mi hermano pretende a Luisa.* SIN. cortejar.

pretendidamente *adv. orac.* Se usa para indicar que lo que se expresa es una opinión defendida por alguien, pero dando a entender que la opinión no está bien fundamentada o que la correcta es la contraria. RELACIONES Y CONTRASTES: Frente a *supuestamente*, que tiene un significado más atenuado, no suele admitir la anteposición a la oración entera, sino sólo a ciertas construcciones no oracionales (preferentemente adjetivos): *Las suyas son, pretendidamente, mejores. Tales problemas, pretendidamente psicológicos, tienen una base innegablemente somática.*

pretendiente, ta *adj. / s. m.* y *f.* 1 Que pretende conseguir alguna cosa: *Hay demasiados pretendientes al puesto.* || *s. m.* 2 Hombre que intenta conquistar a una mujer: *Marisa es muy guapa y tiene muchos pretendientes.* || *s. m. / f.* 3 Persona que reclama para sí un trono vacante: *pretendiente **a** trono.*

pretensión *s. f.* 1 Acción y resultado de pretender, de tener intención de algo: *Este año tiene la pretensión de estudiar mucho.* SIN. propósito. 2 (no contable) Aspiraciones exageradas que se tienen sobre algo o sobre alguien: *pretensiones de grandeza. Inés tiene demasiadas pretensiones para sus hijos.* 3 Derecho que se cree tener sobre algo: *La princesa tiene pretensiones **al** trono.*

preterición *s. f.* 1 ELEVADO, RESTRINGIDO. Hecho de no tener en cuenta intencionadamente a una persona o cosa. 2 DER. Hecho de no mencionar en un testamento a un heredero forzoso.

preterintencionalidad *s. f.* (no contable) DER. Circunstancia atenuante de la responsabilidad criminal cuando se causa un mal superior al planeado.

preterir *v. tr.* 1 RESTRINGIDO. No considerar ‹una persona› [a otra persona o una cosa] intencionadamente. 2 DER. No mencionar ‹una persona› en su testamento [a un heredero forzoso]. ⇒ **75.**

pretérito *adj.* 1 (antepuesto/pospuesto) Que ya ha ocurrido o sucedido: *acontecimientos pretéritos, recuerdos pretéritos, días pretéritos, las pretéritas primaveras, pretéritas amistades.* SIN. pasado. || *adj. / s. m.* 2 [Tiempo verbal] que indica o expresa la acción que ya ha pasado o sucedido. SIN. pasado. **participio* pasivo / ~** o **participio de pasado. ~ anterior** Tiempo verbal compuesto del modo indicativo que presenta una acción como acabada inmediatamente antes que otra también pasada *(Tan pronto hubo terminado salió corriendo)*. ~ **imperfecto** Tiempo verbal simple que en el modo indicativo presenta una acción pasada pero no acabada o completa en ese momento del pasado *(Cuando bajaba las escaleras, me lo encontré)*, y en el modo subjuntivo puede expresar una acción presente o futura *(Si estuvieras aquí ahora... Me encantaría que hiciese sol mañana)*. ~ **indefinido** Pretérito perfecto simple. ~ **perfecto** Tiempo compuesto de modo indicativo o de modo subjuntivo. En indicativo expresa una acción que acaba de realizarse en el momento en que se habla o una acción pasada que tiene alguna relación con el presente *(Pedro se ha marchado hace algunos minutos. Ha llovido tanto que está todo encharcado)*. En subjuntivo expresa acciones acabadas en el presente o en el futuro que pueden tener cierto carácter de duda o irregularidad *(¡Ojalá haya venido Juan!)*. ~ **perfecto simple** Tiempo verbal simple del modo indicativo que expresa una acción pasada, acabada y completa en ese momento del pasado *(Lo vimos ayer)*. ~ **pluscuamperfecto** Tiempo compuesto del modo indicativo o del subjuntivo. En indicativo expresa una acción pasada cuya terminación es la de otra acción también pasada y completa *(Cuando llegué, ya había terminado la función)*. En subjuntivo expresa una acción pasada y acabada respecto al momento de la enunciación *(Esperé a que todos se hubieran ido para marcharme)*. || *s. m.* **3** RESTRINGIDO. Tiempo pasado: *El pretérito no tiene remedio.*

preternatural *adj.* Que está o sucede fuera o más allá del orden natural.

pretextar *v. tr.* Poner ‹una persona› [un pretexto] para [hacer o no una cosa]: *Marina pretextó una jaqueca para encerrarse en su habitación.*

pretexto *s. m.* Disculpa falsa que se da para evitar un compromiso u obligación: *No vino y puso el pretexto de que había estado enferma.* SIN. excusa. FR. Y LOC. **bajo ningún ~** De ninguna manera. **so ~ de** ELEVADO. Con el pretexto de: *Volvió so pretexto de haberse olvidado el bolso.*

pretil *s. m.* **1** Muro o estructura para evitar caídas, especialmente a ambos lados de un puente. **2** Paseo o camino a lo largo de este muro.

pretina *s. f.* Tira de tela que sirve para reforzar la parte central de los vestidos en la zona de los ojales o en la cintura.

pretónico, ca *adj.* GRAM. [Sílaba, letra] que en una palabra precede a la que lleva el acento. SIN. protónico. **sílaba* pretónica / protónica.**

pretor *s. m.* HIST. Magistrado de la antigua Roma que ejercía sus funciones en Roma o en las provincias.

pretorianismo *s. m.* (no contable) Influencia excesiva de un grupo militar en los asuntos políticos de un país.

pretoriano, na *adj. / s. m.* **1** [Soldado] que pertenecía a la guardia de los emperadores romanos. **2** Del pretor || **3 guardia* pretoriana.**

pretorio *s. m.* HIST. Palacio donde habitaban y donde juzgaban las causas los pretores romanos o los presidentes de una provincia.

preuniversitario, ria *adj.* **1** [Enseñanza] que estaba inmediatamente antes de la universidad. || *s. m.* **2** RESTRINGIDO. Hace un cierto tiempo, curso inmediatamente anterior a la universidad.

prevalecer *v. intr.* **1** Lograr ‹una persona o una cosa› imponerse sobre [otra persona o cosa]: *La justicia prevalecerá y los culpables serán castigados. Tu amigo prevalece* ***entre*** *sus compañeros. Ha de prevalecer la verdad* ***sobre*** *la mentira.* SIN. imperar. **2** Continuar existiendo ‹una cosa›: *Hay costumbres que prevalecen durante muchos años.* SIN. perdurar. **3** Arraigar ‹una planta› en la tierra: *Aquí prevalecen los cactus.* ⇒ **5.**

prevaler *v. intr.* **1** RESTRINGIDO. Prevalecer: *En esta casa prevale el caos. Su opinión prevalió* ***sobre*** *las demás.* || *v. prnl.* **2** Aprovecharse ‹una persona› de [una cosa] para [lograr una ventaja o un beneficio]: *Se prevale* ***de*** *mi buena fe para sacarme dinero.* SIN. valerse, servirse. ⇒ **85.**

prevaricación *s. f.* (no contable) DER. Acción y resultado de prevaricar: *El juez fue acusado de prevaricación por los abogados defensores.* **delito de ~.**

prevaricar *v. intr.* **1** Dictar ‹un funcionario o empleado público› [una resolución injusta] en el ejercicio de sus funciones. **2** RESTRINGIDO. Cometer ‹una persona› [un delito] en el ejercicio de sus funciones. ⇒ **71.**

prevención *s. f.* **1** (no contable) Acción y resultado de prevenir: *prevención de enfermedades, prevención de accidentes.* **2** Precaución ante un peligro o amenaza: *El electricista tuvo la prevención de apagar las luces para evitar una descarga eléctrica.* **3** (no contable) ELEVADO. Opinión desfavorable sobre una persona o cosa: *Emilio no vendrá porque tiene sus prevenciones sobre tus amigos.* **4** MIL. Guardia encargada del orden y vigilancia del cuartel o lugar donde está. **guardia* de ~.**

prevenir *v. tr. / intr. / prnl.* **1** Intentar evitar ‹una persona o una cosa› [un daño o un peligro] [a una persona]: *Este medicamento previene* ***(contra)*** *los resfriados. El montañero* ***se*** *previno* ***contra*** *el frío. Previne que había mucho tráfico y hemos venido en tren.* SIN. precaver. || *v. tr.* **2** Informar ‹una persona› [a otra persona] [de una cosa que puede causarle un daño o un peligro]: *Te prevengo* ***de*** *que es un mentiroso.* SIN. advertir. **3** Influir ‹una persona o una cosa› en [una persona] inclinándola a favor o en contra de [otra persona] o de [otra cosa]: *Su aspecto me previno* ***contra*** *él.* SIN. predisponer. || *v. tr. / prnl.* **4** Preparar ‹una persona› con anticipación [las cosas necesarias para un determinado fin]: *Previne todo lo necesario* ***para*** *el viaje.* ***Se*** *previno* ***para*** *la reunión con los padres.* || *v. prnl.* **5** Tomar ‹una persona› una actitud contraria a [otra persona o una cosa]: *Héctor se previno* ***contra*** *Jorge.* ⇒ **86.**

preventivo, va *adj.* Que previene o sirve para prevenir: *Hay que tomar medidas preventivas contra la epidemia.* **medicina preventiva. prisión* preventiva.**

prever *v. tr.* **1** Conocer ‹una persona› [una cosa que va a suceder] a partir de una serie de indicios: *Mi abuela había previsto que hoy iba a llover.* **2** Preparar ‹una persona› con anticipación [las cosas necesarias para un determinado fin]: *La profesora ha previsto todo lo necesario* ***para*** *la excursión.* SIN. disponer. ⇒ **87.**

previamente *adv. temp.* Con anterioridad, antes: *previamente* ***a*** *la boda, previamente* ***a*** *que se anunciara el acto. Mi compañera previamente había estado hablando con la otra.*

previo, via *adj.* **1** Que se realiza primero y sirve de preparación para lo que sigue: *Se hará una prueba previa* ***a*** *la redacción definitiva. No tenemos las declaraciones previas.*

2 Después de: *Se entregará el carnet, previo pago de la cuota (= se entregará el carnet, después del pago de la cuota). Se darán las prendas previa entrega del resguardo (= después de la entrega del resguardo).* || **3 materia* previa.**

previsible *adj.* Que se puede prever o conocer de antemano: *Era previsible que acabaran separándose, estaban todo el día discutiendo.* ANT. imprevisible.

previsiblemente *adv. orac.* Es de prever (que), se prevé (que): *Previsiblemente los exploradores se dirigen hacia el nacimiento del Amazonas.*

previsión *s. f.* **1** (no contable) Acción y resultado de prever: *Tuve la previsión de llamar por teléfono antes de venir.* SIN. precaución. **~ del tiempo** Pronóstico del tiempo atmosférico. **2** Planes o intenciones futuras: *Esos gastos no entraban dentro de mis previsiones.*

previsor, ra *adj. / s. m.* y *f.* Que prevé o previene las cosas: *medidas previsoras. Este año he sido previsor y he ahorrado algo por si las moscas.*

previsto, ta *adj.* **1** (estar) Que se sabe por anticipado o antes de que ocurra por ser algo lógico o natural: *Fue un acontecimiento previsto, no me sorprendió. Si hace el tiempo previsto, iremos de excursión.* ANT. imprevisto. **2** (estar) Que se dispone o planea con anticipación: *Éste no es el lugar previsto para la reunión. Lo siento, pero hoy tenía previsto quedarme en casa. Está todo previsto, puedes estar tranquilo. Espero que todo salga como está previsto. Nos encontramos a la hora y en el lugar previstos.* || *p.* **3** Participio irregular de *prever*.

prez *s. m.* ELEVADO. Prestigio, fama que proporciona una acción meritoria: *Su actuación dio prez a su familia.*

PRI *s. m.* Sigla de «Partido Revolucionario Institucional», México.

priapismo *s. m.* (no contable) MED. Erección continua y dolorosa del pene sin deseo sexual.

prieto, ta *adj.* **1** (ser / estar) Que está muy apretado o ceñido: *Los pantalones le están muy prietos a Paloma. La blusa tiene que ser prieta.* **2** (ser / estar) [Carne, parte del cuerpo] que está dura: *La gimnasta tiene unas piernas muy prietas.* **3** RESTRINGIDO. [Color] que es muy oscuro: *Su piel era prieta.*

prima *s. f.* **1** Cantidad de dinero extra que se paga a alguien como premio o como estímulo: *una prima a la exportación, una prima a la calidad agrícola, prima a la reconversión industrial. Este año ha cobrado dos primas por sus buenos resultados en las ventas.* SIN. gratificación. **2** Cantidad de dinero que paga una persona a su compañía de seguros: *la prima del seguro de incendios, la prima del seguro de accidentes. Tenemos que pagar la prima del seguro del coche.* **3** La primera de las cuatro partes en que los romanos dividían el día: *Las tropas se levantaron a la hora de prima.* **4** REL. Hora canónica que se reza a primera hora de la mañana, después de laudes. **5** Primera cuerda más delgada de algunos instrumentos musicales que produce un sonido muy agudo. || **6 materia* ~. 7 ópera* ~.**

prima donna o **primadona** *s. f.* Cantante femenina que interpreta el papel protagonista de una ópera: *La prima donna estuvo brillante en la representación de anoche.*

primacía *s. f.* **1** (no contable) Superioridad o prioridad de una persona o cosa en comparación con las demás: *La primacía del fútbol italiano en Europa no puede ser discutida. Para la ministra, los problemas de los niños tienen primacía sobre los demás. Este trabajo tiene primacía sobre los demás. En nuestro restaurante damos primacía a los grupos.* **2** (no contable) REL. Cargo o dignidad que, en la Iglesia católica, tiene el arzobispo primado de un país.

primada *s. f.* COLOQUIAL. Acción propia de una persona ingenua: *Iván hizo la primada de prestar la moto.*

primado *s. m.* REL. Superior de los arzobispos y obispos católicos de una región o país: *El cardenal primado de España es el arzobispo de Toledo.*

primadona *s. f.* Prima donna.

primal, la *adj. / s. m.* y *f.* RESTRINGIDO. [Cordero, cabra] que tiene más de un año y no llega a dos.

primar *v. tr.* **1** Dar ‹una persona› más importancia [a una persona o una cosa] que a [otra persona o cosa]: *En estas oposiciones el tribunal ha primado la antigüedad más que la preparación. En nuestro banco primamos la fidelidad del cliente y le ofrecemos préstamos a muy buen precio.* **2** Dar ‹una persona› una prima o un premio [a otra persona]: *Han primado a todos los investigadores de la empresa* ***con*** *una paga extraordinaria. Han primado a los mejores vendedores* ***con*** *un coche para sus hijos.* || *v. intr.* **3** Tener ‹una persona o una cosa› más importancia que [otra persona o cosa]: *Los intereses del país priman* ***sobre*** *los intereses personales.* SIN. predominar.

primaria *adj. / s. f.* Se usa en la LOC. **Enseñanza* ~.**

primariamente *adv. cant.* (preferentemente ante *adj.*) Fundamentalmente, principalmente: *Razones primariamente económicas y de política monetaria aconsejan mantener los tipos de interés. Las suyas son opiniones primariamente ideológicas.*

primario, ria *adj.* **1** Que es primero desde algún punto de vista: *Mi anhelo primario hoy por hoy es dormir mucho y tomar el sol, luego ya pensaré algo.* **elecciones* primarias. enseñanza* primaria. era* primaria de la Tierra.** **2** Que es muy importante, absolutamente necesario o fundamental: *No todos los individuos tienen cubiertas sus necesidades primarias. Los pasos primarios de esta danza son tres. Las reglas primarias del buen conductor son muy pocas.* **3** Que es primitivo o poco complicado técnicamente: *un mecanismo muy primario, un arte primario. Algunos curanderos practican una medicina primaria.* **4** Que se comporta con tosquedad, sin cultura o educación: *En la mesa tienes un comportamiento muy primario. No le gusta la cortesía porque él se considera un hombre primario.* **5** Que se comporta sin reflexión, de una manera muy impulsiva: *Manuel es muy primario en sus relaciones con los demás. A Enrique le ha vuelto a dejar la novia, porque es muy primario, siempre dice lo que piensa.* || **6 sector* ~.**

primate *adj. / s. m.* **1** (macho y hembra) ZOOL. [Animal] que es mamífero y se caracteriza por tener manos y pies con cinco dedos, el pulgar oponible, y cerebro generalmente muy desarrollado, como el lémur, el chimpancé y el hombre. SIN. mono (COLOQUIAL). || *s. m.* **2** (en plural) ZOOL. Orden de los primates.

primavera *s. f.* **1** Estación del año entre el invierno y el verano que comprende del 21 de marzo al 21 de junio en el Hemisferio Norte y del 23 de septiembre al 21 de diciembre en el Hemisferio Sur: *Las cigüeñas vuelven a España en primavera.* **2** Etapa de la vida en que la persona está en su plenitud: *Eva está en la primavera de su carrera. Estás en la primavera de la vida.* **3** (preferentemente en plural) Años, en particular de la gente joven: *Mi nieta tiene quince primaveras.* **4** Género *Primula.* Planta perenne de la familia de las primuláceas, de hojas arrugadas tendidas en el suelo y flores de color rojo o malva.

primaveral *adj.* De la primavera: *día primaveral, moda primaveral. Hace un tiempo primaveral.*

primer *adj. num. ord. / s. m.* y *f.* (antepuesto a un s. m. singular) **1** Primero: *Éste fue su primer libro.* **~ plato.** || **2 ~ espada*. 3 ~ mandatario*. 4 ~ ministro*. 5 ~ violín*.** FR. Y LOC. **en el / un ~ momento*. quemadura* de ~ grado.**

primeramente *adv. temp.* **1** Al comienzo [de cierta etapa o proceso conocidos]: *Primeramente, su marido se portaba muy bien con ella.* **2** Primero, antes, con anterioridad a cierto hecho conocido o previsto. OBSERVACIONES: Encierra una comparación: *Primeramente hay que resolver el otro asunto* (= «*Hay que resolver ese asunto antes que este otro*»). **3** En primer lugar, antes de nada: *Primeramente desfilaron los legionarios y a continuación los paracaidistas.* **4** En primer lugar, antes de nada, para empezar. OBSERVACIONES: ◊ Suele actuar como adverbio oracional modificando el acto mismo de decir: *Primeramente, yo no estaba allí, y en segundo lugar, yo no soy amigo suyo.* ◊ En ocasiones llega a aproximarse a 'diciéndolo en primer lugar y como principal razón': *No compres ese coche; primeramente, porque no te conviene y en segundo lugar, porque es muy caro.*

primerizo, za *adj. / s. m.* y *f.* **1** Que hace alguna cosa por primera vez o no tiene práctica o experiencia en un arte, profesión o actividad cualquiera: *No te enfades, hombre, que soy primerizo en esto. Los profesores primerizos suspenden más.* || *adj. / s. f.* **2** [Hembra] que pare por primera vez: *Soy primeriza y estoy un poco asustada. Mi mujer era primeriza entonces, pero estaba muy tranquila con su parto.* SIN. primípara (ELEVADO).

primero, ra *adj. / pron. num. ord. / s. m.* y *f.* **1** (ser / estar; antepuesto / pospuesto; ante s. m. singular se usa *primer*) Que va delante o precede a las demás personas o cosas de su especie en tiempo, lugar, orden, situación o categoría: *Me bajo en la primera parada. Ésa fue mi primera intención. Vivo en el primer piso. En primer lugar, no te creo y, en segundo lugar, hemos terminado. Soy el primero* **de** *la cola. Los últimos serán los primeros. Ese ciclista es primero en la clasificación general de la montaña. Allí vi la luz primera.* **2** (ante s. m. singular se usa *primer*) Que sobresale entre las demás personas o cosas de su especie por su calidad, sus méritos, su importancia o valor, su influencia o consideración: *el primer actor de la compañía. En este establecimiento sólo venden carne de primera calidad. Antonio está acostumbrado a ser el primero en todo lo que hace.* || *adj.* **3** Que es muy importante, o es la base o fundamento de algo: *Hasta los artículos de primera necesidad escasean. Tú eres la primera y la única persona que existe para mí.* || *adv. lug.* **4** (estar) Delante: *Estás tú primero, luego me toca a mí.* || *adv. temp.* **5** Antes de que se haga una cosa o que la haga otra persona, antes de todo: *Primero debes estudiar, ya tendrás tiempo de salir cuando pase el examen. El alcalde primero leyó el discurso y a continuación descubrió la placa.* SIN. primeramente, en primer lugar. **6** Antes que: *Llegué primero que tú (llegaras).* || *adv. orden.* **7** En el discurso precede al asunto que se desea marcar expresamente con el primer puesto: *Me quedo yo con la invitación para esa fiesta; primero, porque soy la mayor, y segundo, porque tú tienes que estudiar.* **8** Ante dos posibilidades, indica preferencia por una y excluye la otra, en equivalencia con *antes, mejor* o *preferentemente*: *Primero estar en casa que con malas compañías. Primero la muerte que la derrota.* || *adj. / s. f.* **9** MEC. La primera velocidad en el cambio de marchas de un vehículo: *Ahora mete primera.* || **10 cabo* ~. 11 primera comunión*. 12 primera dama*. 13 primera línea*. 14 primera magistratura*. 15 primera persona*. 16 primeras letras*. 17 sargento* ~.** FR. Y LOC. **a la primera** Al primer intento: *Lo acertamos a la primera.* **a la(s) primera(s) de cambio** COLOQUIAL. De repente y con la menor disculpa: *Tu hermano dejará este trabajo a las primeras de cambio.* **a primera / simple vista*. a primeros** En los días de una semana, mes o año que preceden a todos los demás de esa misma semana, mes o año: *La casera me pasa el recibo a primeros de mes.* **de buenas a primeras** COLOQUIAL. De repente, inesperadamente, sin motivo aparente: *De buenas a primeras la enferma empezó a gritar.* **de primera** COLOQUIAL. Muy bien o muy bueno, de gran clase o calidad: *Éste ha sido un partido de primera. En este taller trabajan de primera.* **de primera mano*. en primera fila*. lo primero es lo ~** Indica la necesidad de hacer lo que se dice: *–«¿Piensas seguir corriendo?» –«Naturalmente, lo primero es lo primero.» Ahora voy a comer y luego trabajaré, lo primero es lo primero.* **no ser el ~** Se usa para excusar una persona su responsabilidad: *No soy el primero que tira papeles en el parque.* **vagón* de primera / segunda. venir* rodado** o **venir de primera.**

primicia *s. f.* **1** (preferentemente en plural) Primer fruto o producto de una cosa: *las primicias de la huerta. Este dinero es la primicia de mi trabajo.* **2** Noticia que una persona da antes que nadie: *primicia informativa, una noticia en primicia. Esa información es una primicia de esta emisora.*

primigenio, nia *adj.* ELEVADO. Que muestra su estado o forma original o primitiva: *forma primigenia. La casa ha recuperado su estado primigenio. El arquitecto ha construido el pórtico primigenio. Vimos la cueva primigenia.* SIN. originario.

primípara *adj. / s. f.* ELEVADO. [Hembra] que pare por primera vez: *Esta oveja es primípara.* SIN. primeriza.

primitivamente *adv. modo* **1** De manera primitiva, con primitivismo: *Los hinchas no debieron comportarse tan primitivamente.* || *adv. temp.* **2** En los tiempos primitivos, al comienzo de la civilización: *Primitivamente, el hombre carecía de muchísimas cosas.* **3** Originariamente, al principio de algo consabido, en la primera etapa de algo: *Primitivamente, la idea era construir sólo una torre.*

primitivismo *s. m.* **1** (no contable) Estado de los pueblos primitivos: *Llama la atención el primitivismo de algunas tribus brasileñas, porque parece que produce felicidad. Los habitantes de la selva nos parecen a primera vista que viven en un primitivismo ingenuo, porque no descubrimos su refinada psicología.* **2** (no contable) Carácter primitivo de una obra: *el primitivismo de las primeras herramientas fabricadas por el hombre, el primitivismo de sus esculturas, el primitivismo de su pintura.* **3** Tosquedad o educación escasa de las personas: *El abuelo hace gala de un primitivismo espantoso en sus relaciones familiares.*

primitivo, va *adj.* **1** (antepuesto / pospuesto) Que pertenece al periodo inicial o a su estado original: *concepto primitivo.* **palabra* primitiva.** **2** (antepuesto / pospuesto) Que pertenece a los primeros tiempos de la historia: *arte primitivo, primitivas construcciones.* **3** De pueblos de civilización y cultura poco desarrolladas: *tribu primitiva, dioses primitivos.* **4** Que está poco desarrollado o avanzado: *Los primeros astrónomos utilizaban unos aparatos muy primitivos.* || *adj. / s. m.* y *f.* **5** Que es grosero o poco educado: *Tu comportamiento es primitivo.* || *adj. / s. m.* **6** RESTRINGIDO. Que pertenece al periodo anterior al considerado clásico: *Los artistas primitivos del occidente europeo son anteriores al Renacimiento.* FR. Y LOC. **lotería* primitiva.**

primo, ma *s. m. / f.* **1** Hijo del tío de una persona con respecto a ésta: *De mi tío Juan tengo cuatro primos y una prima.* **2** COLOQUIAL. Persona ingenua, sin malicia, que se deja engañar: *Como soy tan primo, estuve toda la tarde ayudándolos.* || *adj. / s. m.* **3** MAT. [Número] entero que sólo admite como divisores a sí mismo, a su opuesto, al 1 y al –1. **número ~.** FR. Y LOC. **hacer el ~** COLOQUIAL. Dejarse ‹una persona› engañar fácilmente.

primogénito, ta *adj. / s. m.* y *f.* [Hijo] que nace el primero: *Tú que eres la primogénita debes cuidar de tu hermano. El primogénito tenía en muchas culturas un derecho especial a la herencia.*

primogenitura *s. f.* (no contable) Conjunto de derechos que corresponden al primogénito.

primor *s. m.* **1** Cuidado y delicadeza con que se hace una cosa: *Haces las cosas con mucho primor. Elena le pone mucho primor a todo lo que hace. Mamá cocina con gran primor.* **2** Cosa hecha con cuidado y delicadeza: *Este cuento es un primor.* **3** Persona muy educada, simpática o de buenas cualidades: *Mi vecino es un primor, me ha ayudado a subir toda la compra.* **4** Persona, especialmente un niño, animal o cosa bonita o graciosa: *Este niño es un primor. Todos los bebés y los cachorros son un primor.*

primordial *adj.* Que es muy importante o necesario, o que es el fundamento de cualquier cosa: *Para nadar bien y no cansarte es primordial que aprendas a respirar. Es primordial para mí que me escuches.*

primoroso, sa *adj.* **1** (antepuesto / pospuesto) Que está hecho con primor o delicadeza: *encaje primoroso.* **2** (antepuesto / pospuesto) Que hace las cosas con primor: *un primoroso artista, un pintor primoroso.*

prímula *s. f.* Primavera, planta.

princesa *s. f.* **1** Esposa de un príncipe. **2** (masculino *príncipe*) Hija del rey. **3** (masculino *príncipe*) Mujer que rige un principado.

principado *s. m.* **1** Dignidad de príncipe o princesa. **2** Territorio que es o ha sido gobernado por un príncipe o una princesa: *principado de Asturias.*

principal *adj.* **1** (antepuesto / pospuesto) Que es esencial o más importante que el resto, o que se antepone o se prefiere a todo lo demás: *Lo principal, lo primero y más importante, es que te recuperes, lo demás es accesorio. El principal motivo de mi llamada es disculparme contigo.* SIN. fundamental. **nave ~.** || *adj. / s. f.* **2** GRAM. [Oración] de la que dependen sintácticamente una o varias oraciones subordinadas. || *adj. / s. m.* **3** RESTRINGIDO. [Piso] que en algunos edificios está encima del entresuelo.

principalmente *adv. cant.* **1** Fundamentalmente: *Su problema es principalmente psicológico.* || *adv. orden / cant.* **2** Primeramente, antes que nada o que ninguno, sobre todo: *Todos son culpables, pero principalmente el mayor.*

príncipe *s. m.* **1** (femenino *princesa*) Título que se da a algunos miembros de la familia real, en especial a los hijos del rey. **~ heredero.** **2** (femenino *princesa*) Título que se da a los soberanos de un principado: *el príncipe de Mónaco.* **3** (femenino *princesa*) Título honorífico para los miembros de antiguas casas imperiales, reales o principescas: *príncipe ruso, príncipe húngaro.* || **4 edición* ~.** **5 ~ azul** **5₁** Hombre ideal soñado por una mujer: *Lorena dice que si no encuentra a su príncipe azul no se casará.* **5₂** Príncipe que aparece en los cuentos de hadas. **6 ~ consorte** Título que recibe el marido de la reina soberana: *En el Reino Unido el duque de Edimburgo es el príncipe consorte.* **7 ~ de Gales** Tejido estampado a cuadros con tonos suaves: *Me he comprado un traje de chaqueta príncipe de Gales.* **8 ~ de la Iglesia** Cardenal, en la Iglesia Romana. **9 ~ de las tinieblas** Satanás, el diablo, entre los cristianos.

principesco, ca *adj.* **1** a veces PEYORATIVO. Que es o parece propio de un príncipe o una princesa: *vivienda principesca.* **2** a veces PEYORATIVO. Que está hecho con esplendor, o con gran lujo o riqueza: *vida principesca, modales principescos.*

principiante *adj. / s. m.* y *f.* Que empieza a estudiar, aprender o ejercer un oficio, arte, profesión o actividad cualquiera y todavía no tiene experiencia suficiente: *Para ser principiante, no lo haces mal del todo.*

principiar *v. tr. / intr.* RESTRINGIDO. Dar ‹una persona› comienzo a [una cosa]: *Principiamos la construcción del hotel el mes pasado. El verano principió con lluvias.* SIN. comenzar.

principio *s. m.* **1** Primer momento de la existencia de una persona o de una cosa: *Cuenta la historia desde el principio. Empieza por el principio. Todas las cosas tienen un principio y un fin.* SIN. comienzo. ANT. fin, final. **2** Primera parte de una cosa: *¿Dónde está el principio de la cuerda? Fue una actriz con mucho éxito, sobre todo al principio de su carrera. El principio de la película es muy bueno.* **3** Causa, origen: *El principio de la epidemia fue la falta de higiene.* **4** Concepto o idea fundamental en que se basa una disciplina, una obra, un razonamiento o una investigación: *los principios de la Física, los principios de la moral, el principio de Arquímedes.* **5** (preferentemente en plural) Noción, rudimento: *Tengo algunos principios de la lengua inglesa.* **6** Elemento básico de moral que guía el propio pensamiento o la propia conducta: *Una persona sin principios haría cualquier cosa por dinero. Su padre es una persona íntegra, con unos sólidos principios.* **7** Ley que explica el funcionamiento de una máquina o de un aparato: *Los alicates funcionan por el principio de la palanca.* **8** Cada uno de los componentes de un cuerpo o de una sustancia: *La nicotina es uno de los principios nocivos del tabaco.* **9** FILOS. Causa primitiva o primera de una cosa o aquello de lo que procede una cosa: *Dios es el principio de todas las cosas.* FR. Y LOC. **a principios de** En los primeros días del periodo al que se hace referencia: *Cobraremos; estamos a principios de mes. Empecé el tratamiento a principios de esta semana.* **al ~** En el primer momento, inicialmente: *Al principio la jefa se comportaba de forma totalmente diferente. Al principio me cayó muy bien.* **en ~** En un primer momento, de una forma general, provisional y sin un análisis profundo: *En principio me parece buena idea. En principio estamos de acuerdo, aunque debemos discutir algunos detalles.* **por ~** Siguiendo ciertas consideraciones o ideas personales invariables: *Me niego a hacerlo por principio.*

pringada *s. f.* RESTRINGIDO. Rebanada de pan untada en aceite o en grasa animal como la manteca o la mantequilla: *Están muy ricas las pringadas con chocolate.*

pringado, da *adj. / s. m.* y *f.* **1** (ser / estar) COLOQUIAL. Que hace los trabajos peores o que paga por las culpas de los demás: *No sé que hago, pero estoy todo el día pringado en esta oficina. Ahora en el trabajo somos tan pringados como los otros, ya no sirve de nada la antigüedad.* **2** (estar) Que tiene relación con algún asunto ilegal: *Dicen que ese poli está pringado en un asunto de contrabando de tabaco.* **3** COLOQUIAL. [Persona] que se deja engañar con cierta facilidad: *Javier es un pringado, siempre lo engañan en los negocios.*

pringar *v. tr. / prnl.* **1** Manchar ‹una persona o una cosa› [a otra persona o una cosa] con una sustancia grasa o pegajosa: *El mantel nuevo **se** pringó **de** mermelada. Este tarro de miel me ha pringado la bolsa de la compra. La lata de aceite ha pringado completamente el maletero del coche.* **2** COLOQUIAL. Comprometer ‹una persona› [a otra] en [un asunto sucio o dudoso]: *Su amigo **se** pringó hasta el fondo **en** el robo. Yo participo, pero no quiero pringarme **en** ningún negocio de Bolsa. A mí no me pringas otra vez para ir de excursión.* || *v. tr. / intr.* **3** Empapar ‹una persona› [un alimento] con una sustancia grasa o pegajosa: *Pringué el pan **en** (la) salsa de tomate. Pringa el pan **de** salsa, está buena. Pringa un poquito **de** esta salsa, está muy rica.* || *v. intr.* **4** COLOQUIAL. Pagar ‹una persona› las culpas de [otra persona]: *Aunque Nacho era inocente, él pringó **por** todos.* **5** COLOQUIAL. Hacer ‹una persona› los trabajos más duros sin recibir compensación o trabajar ‹una persona› duramente: *Gloria es la que más pringa de toda la empresa. Los nuevos somos los que pringamos más en el taller. A mí me toca pringar todos los fines de semana.* || *v. prnl.* **6** COLOQUIAL. Sacar ‹una persona› beneficio de un negocio indebidamente: *Te has pringado hasta las narices **en** el asunto ese.* FR. Y LOC. **pringarla** 1 COLOQUIAL. Morir ‹una persona›: *A los pocos días, la perra la pringó.* 2 COLOQUIAL. Cometer ‹una persona› un error o equivocación: *La pringaste el otro día al aparcar en la acera, nos han enviado la multa hoy a casa.* ⇒ **56.**

pringoso, sa *adj.* (ser / estar) Que tiene pringue o grasa, o está muy sucio y pegajoso: *Estás todo pringoso, ¿se puede saber qué has estado haciendo? No me gustan los huevos fritos de la abuela porque son muy pringosos. En este bar, no sé qué hacen, pero tienen una cocina desagradable, los platos siempre son pringosos.*

pringue *s. m.* **1** Sustancia grasienta o pegajosa, principalmente la que sueltan el tocino u otros alimentos al cocinarlos: *Hace años se aprovechaba el pringue en la cocina.* **2** COLOQUIAL. Suciedad pegajosa: *Son un poco cochinos, tienen el suelo de la cocina con un dedo de pringue, da asco entrar en ella.*

prior, ra *s. m. / f.* **1** Monje o monja que dirige un convento: *la madre priora.* **2** Monje o monja que tiene la mayor autoridad después del abad.

priorato *s. m.* **1** Cargo de prior o priora. SIN. priorazgo. **2** Territorio y comunidad que corresponde a la jurisdicción de éstos: *En la Edad Media algunos prioratos tenían una extensión y unas rentas considerables.*

priorazgo *s. m.* Priorato.

prioridad *s. f.* **1** (no contable) Preferencia de algunas personas o cosas sobre otras personas o cosas en el tiempo o en el espacio: *Las autoridades han dado prioridad absoluta a ese asunto. Las mujeres y los niños tienen prioridad.* **2** (no contable) Importancia superior: *Tienes prioridad sobre mí en la oficina. El general tiene prioridad sobre los capitanes. La prioridad en estos casos se rige por la jerarquía.* SIN. primacía. **3** Persona que reclama una atención especial o cosa que debe ser atendida antes que otra: *La creación de empleo es una de las prioridades del Gobierno. Mis prioridades actuales son los hijos y la familia, después pensaré en eso.*

prioritario, ria *adj.* Que tiene prioridad o preferencia por su valor o importancia: *objetivo prioritario **entre** los otros, acción prioritaria **de** las propuestas, medidas prioritarias **de** las aprobadas.*

prisa *s. f.* **1** Rapidez con que se hace una cosa: *Si lo haces con tanta prisa te olvidarás de algo. Las cosas no se pueden hacer con prisa.* **2** Deseo de hacer o ver que se hace una cosa con rapidez o con urgencia: *Voy con prisa. Llevo prisa, ya hablaremos otro día. No tengo prisa por volver a casa. ¿Tienes prisa?* FR. Y LOC. **a ~** Aprisa. **correr ~** Ser urgente ‹una cosa› para una persona: *Este encargo (me) corre mucha prisa.* **darse ~** Hacer ‹una persona› una cosa rápidamente: *Si no te das prisa no lo tendrás acabado a las ocho. Date prisa o me voy solo.* **de ~** Deprisa. **meter ~** COLOQUIAL. Intentar ‹una persona› que otra persona haga una cosa con rapidez: *Si me metes prisa me pongo más nerviosa y me equivoco.* REFR. **Vísteme despacio que tengo prisa.** Se usa para indicar que las cosas que deben hacerse con rapidez es mejor hacerlas sin nerviosismo, para no hacerlas mal y tener entonces que rectificar.

prisión *s. f.* **1** Lugar donde se encierra a los presos: *la prisión del Estado de Sonora.* SIN. cárcel. **2** Estado de las personas que se encuentran en las prisiones privadas de libertad. **3** DER. Pena de privación de libertad inferior a la de reclusión y mayor que la de arresto. **auto* de ~. ~ mayor** Pena de prisión entre seis años y un día y doce años. **~ menor** Pena de prisión entre seis meses y un día y seis años. **~ preventiva** Prisión en que puede permanecer un acusado hasta la celebración de un juicio: *Lleva ya seis meses en prisión preventiva.* **4** Situación o lugar en la que una persona se siente sin libertad: *Aquellos años que vivió en el pueblo fueron una verdadera prisión. El cuerpo es la prisión de nuestro espíritu.* **5** (en plural) Cadenas y otros instrumentos usados antiguamente para sujetar a los presos: *En la Edad Media había prisiones para las manos y para los pies.*

prisionero, ra *adj. / s. m.* y *f.* **1** Persona que no tiene libertad, en especial aquélla que ha sido capturada en tiempo de guerra o por motivos ideológicos: *prisionero de guerra, campo de prisioneros, hacer prisionero, liberar a un prisionero.* **2** Persona que está dominada por un sentimiento o pasión: *prisionero **de** la ambición, prisionero **de** la codicia. Estoy prisionera **de** mis propias contradicciones.*

prisma *s. m.* **1** GEOM. Cuerpo geométrico formado por dos bases iguales y paralelas y por tantos paralelogramos laterales como lados tengan estas bases: *El prisma octogonal tiene ocho caras y dos polígonos de ocho lados.* **2** ÓPT. Cuerpo transparente, normalmente de cristal, con bases triangulares, que desvía y descompone la luz en diferentes colores: *Un prisma de cristal produce la dispersión de la luz.* **3** ELEVADO. Punto de vista, perspectiva: *Siempre hablas* ***desde*** *el prisma de la política. Miras el problema* ***desde*** *un prisma muy particular.*

prismático, ca *adj.* **1** Que tiene forma de prisma: *un objeto prismático.* **2** RESTRINGIDO. Que tiene prismas: *anteojo prismático.*

prismáticos (plural) *s. m.* Instrumento óptico formado por dos anteojos unidos que se colocan uno delante de cada ojo para ver ampliada la imagen de los objetos lejanos: *Me he comprado unos prismáticos para ver la ópera desde mi palco.* SIN. gemelos.

prístino, na *adj.* (antepuesto / pospuesto) ELEVADO. Que se mantiene sin cambios o sigue siendo tal y como era en su forma primera u original: *la belleza prístina de este paisaje, la prístina decoración del palacio. Tenemos que recuperar las virtudes prístinas de nuestros pueblos.*

privacidad *s. f.* (no contable) RESTRINGIDO. Cualidad o condición de ser íntimo, privado: *La información debe respetar el derecho a la privacidad de las personas.* SIN. intimidad.

privación *s. f.* **1** (no contable) ELEVADO. Acción y resultado de privar o privarse: *privación de libertad. La privación de la vista le impedía llevar una vida normal. De pequeño este niño sufrió la privación del cariño de su madre.* **2** (preferentemente en plural; no contable) Escasez o falta de algo, especialmente lo necesario para vivir: *Esa familia sufre muchas privaciones desde que los padres están en paro. Los campesinos suelen pasar privaciones en muchos países.* **pasar / sufrir / padecer privaciones.**

privadamente *adv. modo* En privado o de manera no oficial: *El gobernador manifestó privadamente que no estaba de acuerdo.*

privado, da *adj.* **1** Que es personal o pertenece a alguna persona: *dominio privado, asuntos privados.* SIN. íntimo. **documento* ~. propiedad* privada. vida privada. 2** Que está reservado a unas determinadas personas: *club privado, fiesta privada, función privada de teatro.* **3** [Institución, servicio] que no pertenece al Estado o a alguna institución de carácter público: *clínica privada, playa privada, enseñanza privada, transporte privado.* ANT. público. **empresa privada. sector ~. televisión privada. 4** Que es independiente del cargo, negocio o trabajo que desempeña: *Los reyes llegaron a la isla en visita privada. Los ministros viajaron en coches privados. Un portavoz privado anunció la boda de la duquesa.* ANT. oficial. || *s. m.* **5** RESTRINGIDO. Hombre que tiene la confianza de un soberano o de una persona importante: *Ése es un privado del director del banco local. Este sacerdote es un privado de la familia. En la Edad Media los reyes gobernaban en muchos casos por medio de sus privados.* FR. Y LOC. **en ~** En la intimidad: *Los Jefes de Estado se vieron en privado antes de la reunión.*

privanza *s. f.* RESTRINGIDO. Situación o condición del privado de un soberano, de un gobernante o de un alto personaje: *Entrar en la privanza de un personaje importante era un medio de adquirir poder.*

privar *v. tr.* **1** Quitar ‹una persona o una cosa› [una cosa que poseía o disfrutaba] [otra persona]: *Los hijos nos privaron* ***de*** *libertad durante mucho tiempo. Un golpe lo ha privado* ***del*** *oído. Está privada* ***de*** *la vista.* **2** Impedir ‹una persona o una cosa› que [una persona] haga [una cosa]: *Sus padres le privaron* ***de*** *salir por las noches. El médico me ha privado* ***de*** *comer dulces. Mis kilos me privan* ***de*** *correr mucho.* **3** Apartar ‹una persona o una cosa› [a una persona] de [un empleo o un cargo]: *El director lo privó* ***de*** *su merecido ascenso. Un accidente lo ha privado de la medalla de plata.* || *v. intr.* **4** Gustar ‹una cosa› mucho [a una persona]: *Le privan los macarrones. Me priva el chocolate con churros.* SIN. encantar. **5** Estar ‹una cosa› de moda: *Este invierno privan los vestidos largos. El año que viene privará el color azul.* SIN. llevarse. **6** COLOQUIAL. Tomar ‹una persona› bebidas alcohólicas: *Esa chica priva de una manera increíble.* SIN. beber. || *v. prnl.* **7** RESTRINGIDO. Perder ‹una persona› el sentido: *De repente, una mujer se privó y cayó al suelo.* SIN. marearse. **8** Decidir ‹una persona› no tener o no usar [una cosa]: *Me privé* ***de*** *comer dulces. Me privaré desde ahora* ***de*** *gastarte bromas.* SIN. abstenerse. **9** COLOQUIAL. Desear ‹una persona› [una cosa] intensamente: *Jaime se priva* ***por*** *las motos de carreras. Me privo* ***por*** *ir de vacaciones a Perú.* SIN. pirrarse.

privativo, va *adj.* **1** Que es propio de una persona o cosa y no de otra: *privativo de las mujeres. Ésa es una facultad privativa del director.* **2** Que causa o supone privación: *pena privativa de libertad.*

privatización *s. f.* **1** Transferencia o traspaso de la propiedad o explotación de los bienes o servicios públicos al sector privado: *Algunos proponen la privatización de las empresas públicas para mejorar su productividad.* ANT. nacionalizar. **2** Uso de propiedades públicas en beneficio privado: *Deben castigar duramente la privatización de cualquier cañada.*

privatizar *v. tr.* **1** Hacer ‹una persona› que [una actividad del sector público] pase al sector privado: *Privatizaron algunas empresas estatales. Quieren privatizar las líneas aéreas.* **2** Convertir ilegalmente ‹una persona› [propiedades públicas] en privadas: *No es admisible que algunos propietarios privaticen las playas.* ⇒ **19.**

privilegiado, da *adj. / s. m.* y *f.* **1** Que disfruta de una situación jurídica, social o económica llena de ventajas: *clases privilegiadas, sociedad privilegiada, estamento privilegiado. Mi posición es privilegiada.* **2** (antepuesto / pospuesto) Que es muy superior o destaca mucho: *inteligencia privilegiada, información privilegiada. La casa tenía una privilegiada situación.*

privilegiar *v. tr.* **1** RESTRINGIDO. Dar ‹una persona› privilegios o ventajas [a otra persona] o a [una cosa]: *Con este acuerdo nuestro país privilegia a sus propios competidores.* **2** Dar ‹una persona› mucha importancia a [unos aspectos respecto a otros]: *En tu informe privilegias los factores psicológicos en la evolución histórica.*

privilegio *s. m.* **1** Conjunto de derechos, beneficios o ventajas especiales de los que disfruta solamente una persona, grupo o entidad: *En la Edad Media los señores feudales y el clero gozaban de privilegios.* **2** Documento en que consta la concesión de un derecho, beneficio o ventaja: *En el Archivo Municipal se guardan los privilegios que tenía la ciudad en la Edad Media.* **3** Circunstancia especial que produce agrado: *Considero un privilegio haber sido invitado a participar en el debate. Es un privilegio para mí poder estrechar su mano y hablar con usted.*

pro *prep.* 1 En favor, ayuda o beneficio de: *asociación pro derechos humanos. La gestora pro amnistía.* RELACIONES Y CONTRASTES: Frente a *en pro de* exige nombres sin artículo y no admite infinitivos ni oraciones con *que* y verbo en subjuntivo. ‖ **2 los pros y los contras** Ventajas y desventajas de una cosa: *Debemos estudiar los pros y los contras de comprarnos un piso.* FR. Y LOC. **de ~** RESTRINGIDO. [Persona] que es considerada importante o que muestra una conducta honrada o útil dentro de la sociedad en que vive: *El difunto don Marcial siempre fue hombre de pro.* **en ~ de** ELEVADO. En favor, defensa o ayuda de: *en pro de la supervivencia. En pro de un buen resultado es conveniente la colaboración de todo el mundo. Esa asociación luchaba en pro de que se aboliera la pena de muerte.*

pro- *pref.* 1 Significa 'delante de', 'hacia delante' y forma verbos a partir de verbos: *poner - proponer, clamar - proclamar, seguir - proseguir, mover - promover.* 2 Significa 'en lugar de' y forma sustantivos a partir de sustantivos: *nombre - pronombre, cónsul - procónsul.*

proa *s. f.* MAR. Parte delantera de una embarcación o de otros vehículos como los aviones. FR. Y LOC. **a ~** En la zona de proa: *Hay un incendio a proa.* **figurón* de ~. mascarón* de ~. poner la ~** COLOQUIAL. Ponerse ‹una persona› en contra de otra persona o una cosa: *Ten cuidado, porque como el jefe te ponga la proa, no descansará hasta que te vayas.* **poner ~ a** Dirigirse ‹una persona o un vehículo› a un lugar: *El barco puso proa a Málaga.*

probabilidad *s. f.* 1 Circunstancia que tiene algo de ser probable o posible: *Hay pocas probabilidades de que tengamos buen tiempo. Existía la probabilidad de que el avión llegara tarde.* SIN. posibilidad. 2 MAT. Cálculo de la posibilidad de que se produzca un hecho del azar: *probabilidad primaria, cálculo de probabilidades.*

probable *adj.* Que puede ocurrir: *acontecimiento probable. Es probable que Carlos no llame, yo creo que sigue enfadado.* SIN. posible. ANT. improbable.

probablemente *adv. orac.* Muy posiblemente, con fundada apariencia de verdad o de convertirse en un hecho, es probable (que). OBSERVACIONES: ◊ Antepuesto puede imitar a *es probable que* e imponer el subjuntivo: *Probablemente tus amigas hayan ido al cine. Probablemente ese libro no sea el más completo.* ◊ Pospuesto o antepuesto es compatible también con el futuro o con los usos normales del indicativo. La preferencia por estos últimos puede, en ocasiones, sugerir un mayor grado de proximidad a la certeza: *Probablemente le insultarían a él primero y por eso reaccionó así.* ◊ También aparece en oraciones condicionales o concesivas: *Aun así, hubiera, probablemente, ganado el más joven. Si me hubieran dejado, lo hubiera hecho igual de bien, probablemente.*

probadamente *adv. modo* (antepuesto a adj.) Con demostración experimental previa de por medio: *Es un método probadamente ineficaz.*

probado, da *adj.* 1 (estar; antepuesto / pospuesto) Que está demostrado por la experiencia y garantizado por ella: *producto de probada calidad, un crecepelo de eficacia probada.* 2 (ser / estar) [Aquello] cuya verdad se hace patente por estar documentada mediante pruebas: *El asesinato está probado. Está probado que copiaron en el examen. Es probado que disparó. Su participación es probada.*

probador *s. m.* Cuarto de las tiendas donde los clientes se prueban la ropa: *Entré en el probador para ver cómo me quedaba un vestido que me quería comprar.*

probar *v. tr.* 1 Demostrar ‹una persona› la verdad o la existencia de [una cosa] con razones, hechos o testigos: *Esta acusación tienes que probarla.* 2 Mostrar ‹una persona› que posee [una aptitud o una cualidad]: *Cristina probó su honradez.* SIN. demostrar. 3 Examinar ‹una persona› [a otra persona] para ver si sus características o sus cualidades son las adecuadas para un determinado fin: *Probaron a muchos actores antes de elegir al protagonista de la película.* 4 Tomar ‹una persona› [una comida o una bebida] para comprobar su sabor: *Prueba la sopa, a ver si está sosa.* SIN. catar. ‖ *v. tr. / prnl.* 5 Ponerse ‹una persona› [una prenda] para ver cómo le queda: *Pruébate este vestido, es de tu talla.* ‖ *v. intr.* 6 Intentar ‹una persona› [hacer una cosa]: *Prueba **a** cantar esta pieza.* SIN. intentar. 7 RESTRINGIDO. Ser ‹una cosa› buena para [una persona]: *Las vacaciones prueban a todo el mundo.* FR. Y LOC. **no ~** No comer o beber ‹una persona› una cosa: *No prueba el alcohol desde hace años. No pruebo el anís desde mi boda.* **~ suerte*. ~ ventura*. ⇒ 28.**

probatorio, ria *adj.* Que sirve para probar la verdad o la existencia de una cosa: *Encontraron unos documentos probatorios de su culpabilidad.*

probeta *s. f.* 1 Tubo o vaso de cristal, generalmente graduado, utilizado en los laboratorios para medir volúmenes. 2 Recipiente cuadrado y de poco fondo, utilizado en las operaciones de revelado de fotografías. SIN. cubeta. 3 Manómetro de mercurio para conocer el grado de enrarecimiento del aire en la máquina neumática. ‖ **4 niño* ~ .**

probidad *s. f.* (no contable) ELEVADO. Cualidad y comportamiento honrado de una persona: *Toda su vida y su trabajo fueron ejemplos de la más perfecta probidad.* SIN. honradez, rectitud.

problema *s. m.* 1 Cuestión que se intenta resolver o en la que hay una incógnita que averiguar: *resolver un problema. Me he comprado un libro de problemas de matemáticas. La solución al problema es veinticinco.* 2 Situación negativa o perjudicial de difícil solución: *Son prioritarios el problema del paro y el problema del racismo.* 3 Hecho o circunstancia que impide o dificulta una cosa: *El problema es que no hay nadie que nos pueda abrir la puerta. Yo no tengo problema en llevarte a casa.* 4 Disgusto, preocupación: *Emilia dice que sus hijos no le traen nada más que problemas. Esta niña no ha dado nunca un problema. No quiero más problemas.*

problemática *s. f.* Conjunto de cuestiones, dificultades o problemas que tienen relación con una clase determinada de cosas o personas: *la problemática de los parados. En el curso se analiza la problemática económica del país.*

problemático, ca *adj.* 1 Que provoca dudas e incertidumbre: *Es problemático que se reúna gente de ideologías tan dispares. Éste es un asunto problemático.* 2 Que causa problemas: *En el colegio me han dicho que mi hijo es un alumno problemático. No quiero más coches de esa marca porque siempre son problemáticos.*

problematización *s. f.* RESTRINGIDO. Acción y efecto de poner en cuestión algo: *La problematización de ciertos temas ayuda a entenderlos mejor.*

problematizar *v. tr.* RESTRINGIDO. Poner ‹una persona› en duda [una cosa]: *No podemos problematizar continuamente las decisiones que hemos adoptado.* ⇒ **19.**

probo, ba *adj.* (antepuesto / pospuesto) ELEVADO. Que es honrado o que tiene probidad: *Con este acto, homenajeamos hoy a unos probos ciudadanos que nos hacen la vida más agradable. Esa profesora era una persona íntegra, proba, comprometida consigo misma.* SIN. honesto.

probóscide *s. f.* ZOOL. Prolongación en forma de tubo de la nariz o de la boca de algunos animales: *la probóscide del elefante, la probóscide de algunos insectos.*

proboscídeo o **proboscidio** *adj. / s. m.* **1** (macho y hembra) ZOOL. [Mamífero ungulado] que tiene una trompa prensil e incisivos largos y curvados que sobresalen de la boca: *El elefante es un animal proboscídeo.* ‖ *s. m.* **2** (en plural) ZOOL. Orden formado por estos mamíferos.

procacidad *s. f.* **1** (no contable) ELEVADO. Desvergüenza y atrevimiento en las palabras o acciones relacionadas con el sexo: *No me gusta la procacidad de sus chistes. Ése es un espectáculo basado en la procacidad de algunas actuaciones. La procacidad de su poesía nos impide aconsejársela a los niños.* **2** (no contable) Comportamiento o modo de ser de quien dice o hace procacidades: *Le llamaron la atención por su procacidad en la reunión.* **3** Escrito o gesto obsceno o desvergonzado: *Le gusta escribir procacidades en su columna del periódico. María intenta provocar a sus compañeras con sus procacidades.*

procaz *adj.* ELEVADO. Que se comporta con desvergüenza y obscenidad en las cuestiones relacionadas con el sexo: *espectáculo procaz, escrito procaz, provocación procaz, autora procaz, actor procaz. Ignacio es un niño muy procaz.*

procedencia *s. f.* Origen, circunstancia o lugar del que proviene o sale una persona o cosa: *Su novio es un chico de procedencia campesina. La procedencia hispana de sus ideas es clara. Su formación es de procedencia tradicional. Se dice que su procedencia es noble. Esta joya es de procedencia oscura. El manuscrito es de procedencia desconocida. Devolvieron la carta a su procedencia.*

procedente *adj.* **1** Que procede o proviene de algo o alguien: *Prueben este café procedente de las mejores plantaciones de América. Se está produciendo una corriente inmigratoria procedente de varios países.* **2** Que se atiene a la prudencia, la razón, lo que conviene, la justicia o lo que está establecido: *demanda procedente, recurso procedente. Me parece una decisión procedente, estoy de acuerdo con ella.* ANT. improcedente.

proceder *v. intr.* **1** Tener ‹una persona o una cosa› su origen en [un lugar o una cosa]: *La gasolina procede **del** petróleo. Este tren procede **de** Madrid. La casa procede **de** la herencia del abuelo. Muchos antibióticos proceden **de** diversos hongos. Algunos altos cargos de la Administración proceden **de** universidades extranjeras.* SIN. provenir. **2** Actuar ‹una persona› de [una manera determinada]: *Procediste correctamente en ese asunto.* **3** Empezar ‹una persona› [la realización de una cosa]: *En unos instantes procederemos **a** la entrega de premios. Vamos a proceder **a** la votación.* **4** Estar ‹una cosa› justificada por la razón, el derecho o la ley: *Procede discutir con calma su propuesta y no enfadarnos.* SIN. corresponder. **5** Empezar ‹una persona› un procedimiento o un juicio contra [una persona]: *El Ayuntamiento procederá **contra** las empresas que contaminen las aguas.*

proceder *s. m.* Manera de actuar o de comportarse que tiene una persona en una situación concreta o en general: *No me gusta su proceder conmigo. Este proceder nos perjudica ahora. En las situaciones difíciles conviene un proceder tranquilo, buscando lo menos malo.*

procedimiento *s. m.* **1** Modo o método de hacer algo: *Resolviste el problema por un procedimiento diferente al mío. Para conquistar a su padre debes utilizar otros procedimientos más delicados. Se puede purificar el agua por varios procedimientos.* **2** DER. Conjunto de normas legales que se siguen para realizar alguna acción ante los organismos oficiales: *procedimiento legal. El juez desaprobó el procedimiento del caso. El procedimiento para trasladar tu expediente de universidad te lo explicarán en la secretaría del centro de origen.* ‖ **3 ~ ejecutivo** DER. Procedimiento judicial con el que se convierten en dinero bienes de una persona para pagar una deuda suya.

proceloso, sa *adj.* (antepuesto / pospuesto) LITERARIO. Que sufre borrasca o tempestad: *las olas procelosas. El proceloso mar agitaba su furia. Aquéllos fueron unos años procelosos de mi vida.*

prócer *adj. / s. m. y f.* **1** ELEVADO. [Persona] ilustre, famosa y respetada por sus méritos: *los próceres de la patria. Estamos agradecidos a este prócer de las finanzas que industrializó nuestra comarca.* ‖ *adj.* **2** (antepuesto / pospuesto) LITERARIO. Que es eminente o noble: *una prócer ciudad. Una familia prócer recogió al infante.*

procesado, da *adj. / s. m. y f.* DER. [Persona] que está sometida a un proceso o contra la que se ha dictado auto de procesamiento: *El procesado se sentó en el banquillo.*

procesador *s. m.* **1** INFORM. Dispositivo electrónico que procesa la información de un programa escrito en lenguaje máquina: *El procesador de mi ordenador es muy potente. Tengo un ordenador con un procesador muy lento.* **2** INFORM. Programa o dispositivo informático que controla y regula la sucesión de informaciones o instrucciones completas de un programa. **~ de datos. ~ de textos.**

procesal *adj.* **1** Del ‖ proceso. ‖ *adj. / s. m.* **2** DER. De los procesos judiciales: *costas procesales, alegaciones procesales, retraso procesal. El procesal se ocupa de los procedimientos civiles y criminales.*

procesamiento *s. m.* **1** INFORM. Realización o ejecución de programas de ordenador con los datos apropiados: *En clase de informática hemos aprendido el procesamiento de textos para trabajar con documentos.* **2** DER. Conjunto de acciones legales contra una persona por encontrar en ella sospecha de haber cometido un delito: *El juez decidió el procesamiento del director del periódico por haber mentido en sus declaraciones. El procesamiento no significa que el acusado sea culpable.* **auto* de ~. 3** Conjunto de acciones organizadas para obtener por medios físicos, químicos o biológicos algunos cambios en ciertos productos: *El procesamiento de las basuras en la nueva fábrica permitirá obtener energía eléctrica y abonos. Con el nuevo procesamiento de los derivados del petróleo se ahorrará mucha energía.*

procesar *v. tr.* **1** Dictar ‹un juez› auto de procesamiento contra [una persona]: *Existían varias pruebas en su contra y la procesaron. Lo han procesado por malversación de fondos.* **2** Someter ‹una persona› [una cosa] a un proceso de elaboración o transformación: *En esta fábrica procesamos* *las basuras.* **3** Someter ‹una persona› [un conjunto de datos] a un programa específico: *Los expertos procesaron los datos para analizarlos.* SIN. tratar.

procesión *s. f.* **1** Sucesión ordenada de personas que van desfilando por las calles, especialmente con un motivo religioso: *las procesiones de Semana Santa.* **2** COLOQUIAL. Fila de personas, animales o vehículos que van de un lugar a otro: *una procesión de coches, una procesión de orugas, una procesión de hormigas.* FR. Y LOC. **andar / ir / llevar la ~ por dentro** COLOQUIAL. Tener o mostrar ‹una persona› externamente un aspecto tranquilo, cuando internamente está muy preocupada: *Parece que no le ha afectado mucho la separación, pero la procesión va por dentro.*

procesional *adj.* **1** De la procesión: *La organización procesional corre a cargo de la cofradía.* **2** Organizado como una procesión: *manifestación procesional, peregrinación procesional, romería procesional.*

procesionaria *s. f.* (macho y hembra) Género *Thaumetopoea.* Insecto del orden de las mariposas, que hace grandes nidos en los árboles, en la fase de oruga se mueve en grandes grupos en fila y es muy dañino para los pinos y otras plantas: *La procesionaria abunda en los pinares.*

proceso *s. m.* **1** Sucesión de las diferentes fases o etapas de algo: *El proceso de crecimiento del niño fue muy rápido. El enfermo está en un proceso de recuperación.* **2** Conjunto de acciones sucesivas realizadas con la intención de conseguir un resultado: *el proceso de elaboración de un libro. Han inventado un proceso rápido para la obtención de agua potable.* **3** Desarrollo o transcurso de un tiempo: *En el proceso de un año se esperan mejoras.* **4** DER. Conjunto de actuaciones, debidamente documentadas, de una causa judicial: *un proceso civil, un proceso penal. Se le ha abierto un proceso judicial.* **5** INFORM. Secuencia de instrucciones de un ordenador que forman un subprograma. **6** INFORM. Conjunto de transformaciones a que se someten ciertos datos mediante un ordenador.

proclama *s. f.* **1** Escrito o discurso de carácter político o militar que se expone públicamente: *Varios intelectuales han leído una proclama en contra de la nueva república.* **2** RESTRINGIDO. Información pública y oficial: *la proclama de las amonestaciones de los que quieren casarse.*

proclamación *s. f.* **1** Acción y resultado de proclamar o de nombrar pública y oficialmente: *la proclamación del campeón del mundo, la proclamación de los candidatos a diputados. La proclamación de la reina de las fiestas se celebró ayer.* SIN. nombramiento. **2** Conjunto de actos públicos con los que comienza un reinado o un gobierno, etc.: *El uno de diciembre se celebrará la proclamación de la Monarquía Constitucional española.* SIN. instauración. **3** DER. Publicación solemne de una ley o un decreto: *la proclamación de la Constitución, proclamación del estado de guerra, proclamación del estado de sitio, proclamación del estado de emergencia.*

proclamar *v. tr.* **1** Decir ‹una persona› [una cosa] públicamente: *Los periodistas proclamaron la verdad a pesar de las presiones.* SIN. publicar, divulgar. **2** Declarar ‹una persona› [el principio del reinado de una persona o un periodo legislativo] pública y solemnemente: *Aquel año proclamaron la República. Proclamaremos un nuevo orden.* **3** Mostrar ‹una persona o una cosa› [una cosa]: *La forma de vestir de la chica proclamaba su precariedad económica.* SIN. revelar. ‖ *v. tr. / prnl.* **4** Otorgar ‹una persona› [un cargo o una dignidad] a [otra persona]: *La proclamaron reina de las fiestas. San Francisco **se** proclamó defensor de los pobres. Un español fue proclamado aspirante al título. Después de la reclamación he sido proclamada senadora por la provincia.* SIN. nombrar. ‖ *v. prnl.* **5** Lograr ‹una persona› un triunfo en alguna actividad: *El motorista español se proclamó campeón en la categoría de 75 c.c.*

proclisis *s. f.* GRAM. Unión de una palabra sin acento propio con la siguiente.

proclítico, ca *adj.* GRAM. [Palabra] que se pronuncia sin acento propio y forma una sola unidad con la palabra siguiente: *Artículos, pronombres posesivos antepuestos y algunas preposiciones son proclíticos en español.*

proclive *adj.* Que tiende a una cosa que, a menudo, es mala o perjudicial: *Eres proclive al engaño. Soy proclive a los catarros. Eres muy proclive a creer todas las tonterías que te cuentan, confía en tus colaboradores.*

proclividad *s. f.* (no contable) RESTRINGIDO. Tendencia o inclinación hacia algo, generalmente negativo: *Se le nota cierta proclividad **a** la melancolía.*

procomún *s. m.* RESTRINGIDO. Bien público o de utilidad pública: *El Gobierno dijo que sus decisiones buscaban el procomún.*

procónsul *s. m.* HIST. Magistrado que tenía las funciones de cónsul en algunas provincias de la antigua Roma: *Sirvió de procónsul en una provincia del Oriente.*

procreación *s. f.* (no contable) Producción por el macho y la hembra de otros seres de la misma especie: *En los últimos años han avanzado las técnicas para la procreación.*

procrear *v. tr.* Producir ‹el hombre y la mujer o el macho y la hembra› [individuos de su misma especie]: *Uno de los fines primordiales del matrimonio católico es procrear hijos.* SIN. engendrar.

proctólogo, ga *s. m. / f.* Médico especialista en enfermedades del recto.

procurador, ra *s. m. / f.* Representante legal de una persona ante los tribunales: *Mi abogada me ha buscado un procurador.*

procuraduría *s. f.* **1** Oficio o cargo de procurador. **2** Oficina donde trabaja un procurador: *La procuraduría está en la Plaza Mayor, al lado del Ayuntamiento.*

procurar *v. tr.* **1** Intentar ‹una persona› [hacer una cosa]: *Pedro procuró adoptar una actitud altiva. Procuro que no sufra. Siempre procuro lo mejor para ti.* SIN. intentar. ‖ *v. tr. / prnl.* **2** Proporcionar ‹una persona› [una cosa] [a una persona]: ***Me** procuré un libro. Te procuraré todos los medios que necesites para tu trabajo.*

prodigalidad *s. f.* **1** (no contable) ELEVADO. Gasto abundante y exagerado de los bienes propios: *Le gusta dar muestras de prodigalidad **con** los pobres.* **2** Gran abundancia de algo: *Su bodega es famosa por la prodigalidad de sus vinos. Si no has estado en su casa no puedes imaginar la prodigalidad de su mesa.*

prodigar *v. tr.* **1** Dar ‹una persona› [una cosa propia] a [otra persona] en gran cantidad o repetidamente: *Cuando vas a su casa te prodigan toda clase de atenciones. El padre prodiga a los niños un cariño ilimitado.* **2** Gastar ‹una persona› [una cosa] con exceso: *César prodiga su dinero alegremente.* SIN. derrochar, despilfarrar. **3** Dar ‹una persona› [elogios o alabanzas] a [otra persona] en gran cantidad o repetidamente: *La crítica te prodiga su admiración estos últimos días. La radio nos prodiga alabanzas numerosas.* || *v. prnl. / tr.* **4** Dejarse ver ‹una persona› muy a menudo en un lugar: *A ver si nos vienes a ver, que no te prodigas mucho por esta casa. El actor de moda está prodigándose últimamente en las revistas del corazón.* ⇒ **56.**

prodigio *s. m.* **1** Fenómeno o suceso que produce gran admiración o sorpresa y que no puede explicarse por causa natural: *Es un prodigio que hayas salido viva de tan aparatoso accidente. Es un prodigio poder vivir sólo con un pulmón.* **2** Persona, animal o cosa extraordinaria, que destaca por sus cualidades o por ser excelente en su género: *Beatriz es un prodigio, saca sobresalientes en todas las asignaturas. Como violinista eres un prodigio.* SIN. portento.

prodigioso, sa *adj.* **1** Que encierra prodigio o que no tiene explicación según las reglas naturales: *Te aseguro que fue una visión prodigiosa, no era natural aquello que veía. Su salvación ha sido prodigiosa, porque estaba prácticamente muerto.* SIN. extraordinario. **2** (antepuesto / pospuesto) Que produce admiración por sus cualidades extraordinarias: *Tienes una inteligencia prodigiosa. Miguel Ángel es un prodigioso pintor. Ese mecanismo tiene una fuerza prodigiosa; arrastra él solo un camión de cuatro toneladas.*

pródigo, ga *adj.* **1** Que produce mucho o en abundancia: *una tierra pródiga* ***en*** *minerales, una descripción pródiga* ***en*** *detalles.* || *adj. / s. m.* y *f.* **2** Que tiende a dar o a repartir con los demás lo que es suyo: *Pepa es pródiga con su familia y con sus amigos. Mi padre siempre era pródigo* ***con*** *sus hermanos.* **3** Que malgasta su dinero, derrocha o desperdicia sus bienes: *Agustín es un hombre muy pródigo y no está en condiciones de serlo.*

producción *s. f.* **1** (no contable) Acción de producir frutos o resultados de la naturaleza, la industria o la inteligencia: *la producción de trigo, la producción de textos escolares, la producción de tractores. Debemos incrementar la producción anual de libros.* **~ en serie** Fabricación automática de un gran número de unidades de un mismo producto: *La poesía no se ajusta a la producción en serie, como los coches.* **2** Conjunto de productos de la naturaleza, la industria o la inteligencia: *la producción de cereales, la producción maderera, producción eléctrica, producción lechera, producción de papel, producción automovilística.* **3** Conjunto de acciones que se llevan a cabo para realizar una película o un espectáculo, y el resultado de las mismas: *producción teatral, la producción musical de la orquesta provincial de Valladolid, el departamento de producción de una editorial, producción artística, una producción cinematográfica. La película es una producción hispano-francesa.* FR. Y LOC. **bienes* de ~. / equipo. equipo* de ~.**

producir *v. tr.* **1** Dar ‹la tierra o una planta› [fruto]: *Los árboles producen frutos.* **2** Obtener ‹una o varias personas› [bienes] de la naturaleza: *Este país produce gas natural. Aquí producimos mucho caolín.* **3** Crear ‹una cosa› a partir de [otra cosa] por medio del trabajo: *Esta fábrica produce automóviles. En Murcia se producen conservas vegetales.* **4** Causar ‹una cosa o una persona› [un estado de ánimo o un estado físico] a [una persona]: *Esa luz me produce dolor de cabeza. Tu suegra me produce auténtico malestar. El alcohol produce sed a los que lo toman.* **5** Causar ‹una persona o una cosa› [un efecto] en una cosa o en una persona: *El paseo en barco produce a veces mareo. El terremoto produjo daños irreparables. La tormenta produjo una alarma injustificada.* **6** Crear ‹una persona› [una obra artística]: *Picasso produjo obras precoces. Borges produjo obras inolvidables. Desde la muerte de su mujer, este escritor no produce nada.* **7** Proporcionar ‹una persona› los medios necesarios para realizar [una obra cinematográfica, discográfica o televisiva]: *Esa empresa produjo muchas películas de terror. Producimos nuevos musicales todos los años. Voy a producir una obra de teatro clásico.* || *v. tr. / intr.* **8** Dar ‹una cosa› [beneficios]: *En este banco el dinero produce más rendimiento. La finca que heredé me produce muy poco.* || *v. prnl.* **9** Ocurrir ‹una cosa›: *Después de sus palabras se produjo un gran silencio. El accidente se produjo por la niebla.* ⇒ **27.**

productividad *s. f.* **1** (no contable) Capacidad de producir o crear algo: *Esos abonos mejoran la productividad de los frutales. La productividad de ese escritor creció mucho en los últimos años.* **2** (no contable) Beneficios que produce algo: *En épocas de desarrollo aumenta la productividad de las empresas.*

productivo, va *adj.* **1** Que produce o crea: *idea productiva.* **2** Que proporciona mucha utilidad o ganancia: *La agricultura es una actividad productiva.* **3** ECON. Que produce beneficios económicos o que la diferencia entre precios y costes es muy favorable: *negocio productivo.*

producto *s. m.* **1** Lo que se consigue de trabajar la naturaleza, la industria o la inteligencia: *Aquí almacenamos productos industriales y varios productos agrícolas.* **2** Resultado o consecuencia: *Esta moto es el producto de mis buenas notas, porque me la ha regalado mi padre al terminar el curso. Este brazo roto es el producto de mi despiste, porque me atropellaron por no respetar el semáforo rojo.* **3** Beneficio o ganancia: *Este año hemos obtenido un buen producto con estas acciones.* **4** Resultado de una multiplicación: *El producto de tres por dos es seis.* || **5 frutos* / productos de la tierra. 6 ~ interior bruto** ECON. Suma del valor de todos los bienes y servicios producidos en un país durante un año. **7 ~ nacional bruto** ECON. El producto interior bruto menos la parte debida a factores productivos extranjeros y después de añadir el valor de lo producido fuera del país por factores productivos nacionales.

productor, ra *adj. / s. m.* y *f.* **1** Que produce: *empresa productora de planchas, los productores de petróleo, el primer país productor de plátanos. Los productores de papel están enfrentados con los intermediarios.* || *s. m. / f.* **2** Responsable de la financiación y comercialización de películas, de discos o de un espectáculo: *productor ejecutivo, productor de radio, productor de TV, productor de la película.*

productora *s. f.* Empresa dedicada a la producción de cine, vídeo o de espectáculos: *productora cinematográfica.*

proel *adj.* **1** MAR. De la proa o que está situado cerca de ella: *extremo proel de la quilla.* || *s. m.* **2** MAR. Marinero de un barco pequeño que hace su trabajo en la proa.

proemio *s. m.* ELEVADO. Texto o discurso preliminar que facilita la comprensión de una obra escrita.

proeza *s. f.* Acción admirable que requiere mucho valor y esfuerzo: *Un francés realizó la proeza de escalar el Aneto en solitario.*

profanación *s. f.* **1** Acción irreverente o irrespetuosa que se realiza hacia una cosa o lugar sagrado, o hacia los muertos: *Acusaron a unos gamberros de la profanación de las tumbas.* **2** Deshonra o falta de respeto hacia algo que lo merece: *Esos comentarios son una profanación de la memoria de su abuelo.*

profanar *v. tr.* **1** Atacar o destruir ‹una persona› [una cosa que merece ser respetada]: *Unos gamberros profanaron las sepulturas rompiendo las cruces. Han profanado una sinagoga robando sus objetos valiosos.* SIN. violar. **2** No respetar ‹una persona› [la memoria o el recuerdo de una persona]: *Han profanado la memoria del fundador de nuestro partido acusándolo de perseguir a los inocentes.* SIN. manchar, mancillar.

profano, na *adj.* **1** Que no es sagrado ni sirve para usos sagrados: *un lugar profano, un objeto profano, música profana, literatura profana.* || *adj. / s. m.* y *f.* **2** [Persona] que no está especializada en un asunto o materia: *Soy profano en temas de construcción. Eres una profana* ***en*** *problemas de electricidad. Yo soy profano* ***en*** *esa materia, pero creo que conviene meter la mano quemada en agua fría.*

profecía *s. f.* **1** REL. Don sobrenatural que se manifiesta en conocer por inspiración de Dios cosas futuras: *Los profetas tenían el don de la profecía.* **2** Predicción o anuncio hecho en virtud de este don sobrenatural: *las profecías del Antiguo Testamento.* **3** COLOQUIAL. Cualquier juicio o conjetura del futuro obtenidos por procedimientos más o menos razonables: *Las profecías de los sociólogos sobre la organización de la sociedad occidental sólo se han cumplido parcialmente. Los políticos suelen equivocarse en sus profecías.*

proferir *v. tr.* Pronunciar ‹una persona› [palabras] o emitir [sonidos] para expresar un sentimiento intenso: *La multitud profería vivas en su honor. Cuando se enfada profiere insultos contra todos.* SIN. lanzar. ⇒ **75.**

profesar *v. tr.* **1** Aceptar y seguir ‹una persona› [una doctrina o una creencia] voluntariamente: *Todos nuestros amigos profesan esta religión. Nuestra poetisa profesa un platonismo difuso.* **2** Tener ‹una persona› [un sentimiento] hacia [otra persona]: *Mercedes profesa un gran amor a sus padres. Profeso un odio tremendo al mundo del espectáculo.* **3** Ejercer ‹una persona› [una profesión]: *Ana profesa la abogacía como su padre. Profesas el periodismo con gran dignidad.* || *v. intr.* **4** REL. Hacer ‹una persona› los votos [en una orden religiosa]: *Mi tío profesó* ***en*** *los jesuitas. Una compañera ha profesado* ***en*** *las dominicas.*

profesión *s. f.* **1** Trabajo u oficio que una persona realiza con derecho a una retribución o remuneración por el mismo: *La profesión de Pedro es electricista. Eres una persona muy dedicada a tu profesión.* **~ liberal** Tradicionalmente, profesión por cuenta propia en la que no intervienen las habilidades manuales, como el derecho, la medicina o la enseñanza. **2** Aceptación pública y voluntaria de una idea o creencia: *El discurso del ministro ha sido una profesión renovada de los planes del Gobierno. Hice ante las cámaras de televisión profesión explícita de mi mexicanismo.* **3** RESTRINGIDO. Acción y resultado de profesar: *Mañana se cumplen diez años de la profesión de mi hija en las dominicas.*

profesional *adj.* **1** De la profesión: *Mi vida profesional es un desastre.* **deformación* ~. enfermedad ~. formación* ~. secreto* ~.** || *adj. / s. m.* y *f.* **2** Que hace su trabajo con eficacia y talento: *Eres un periodista muy profesional. Es poco profesional que Inés venga un día sí y dos no.* **3** Que se dedica a un deporte no por afición, sino por profesión: *Mario es un boxeador profesional, pero yo soy amateur.* **4** Que practica habitualmente una actividad, que puede ser incluso delictiva, y que vive de ella: *Ese tipo es un profesional del crimen. Pilar es una profesional de los negocios.*

profesionalidad *s. f.* (no contable) Actitud competente y honrada de una persona en el ejercicio de su profesión u oficio: *El director elogió la profesionalidad de todos sus empleados. La profesionalidad de este médico le obliga a no tener horario, te atiende siempre que lo necesitas.*

profesionalismo *s. m.* (no contable) Consideración de una actividad deportiva como profesión: *El profesionalismo en todos los deportes es la norma general. El profesionalismo ha eliminado a los aficionados en el atletismo.* ANT. amateurismo.

profesionalización *s. f.* (no contable) Acción de convertir a una persona o una actividad en profesional: *la profesionalización de los ciclistas. La profesionalización del atletismo está muy extendida.*

profesionalizar *v. tr.* **1** Dar ‹una persona› carácter profesional a [una actividad]: *La federación está pensando seriamente profesionalizar el arbitraje del fútbol.* || *v. prnl.* **2** Convertirse ‹una persona› en profesional: *Algunos ciclistas aficionados piensan profesionalizarse la temporada próxima. Yo era aficionado a la cocina, pero me he profesionalizado hace unos meses.* ⇒ **19.**

profesionalmente *adv. modo* **1** Con profesionalidad, con calidad y maneras propias de un profesional: *Este asunto merece ser abordado profesionalmente.* **2** En calidad de profesional, de manera profesional: *Es que yo me dedico profesionalmente a ello.* **3** DEP. En calidad de jugador profesional, y no de mero amateur o aficionado: *Clara no llegó a jugar profesionalmente en América, pero podría hacerlo sobradamente.* || *adv. restrictivo* **4** En cuanto a profesión, por lo que hace a la actividad o situación profesional: *Profesionalmente, me dedico a la venta de coches. Profesionalmente, he mejorado poco; económicamente, algo más. Profesionalmente ese cambio no me afecta.* **5** En el aspecto profesional, en la faceta de profesional: *Mi jefe es un individuo humana y profesionalmente admirable. Profesionalmente, esa chica no es nadie; te lo digo yo.*

profesionista *s. m. / f.* MÉX. Profesional.

profeso, sa *adj. / s. m.* y *f.* REL. [Persona] que ha profesado en una orden religiosa.

profesor, ra *s. m. / f.* **1** Persona que se dedica a la enseñanza por profesión: *profesor de escuela, profesor de instituto, profesor de universidad, profesora de matemáticas, profesor de dibujo, profesor titular, profesor sustituto, sala de profesores.* **2** Músico que toca en una orquesta: *Los profesores de la orquesta nacional están de huelga. Señores, aplaudan esta orquesta de nuestro circo, que está compuesta de quince famosos profesores.*

profesorado *s. m.* **1** (no contable) Conjunto de profesores: *Nuestro colegio tiene muy buen profesorado.* **2** (no contable) RESTRINGIDO. Oficio de profesor: *Lidia ha ejercido durante muchos años el profesorado universitario. Este investigador ejerció el profesorado en Argentina varios años.*

profeta, tisa *s. m. / f.* **1** REL. Persona que, en nombre de Dios, anuncia la voluntad de éste y predice lo que va a pasar en el futuro: *el profeta Jeremías. Mahoma es el último profeta para los musulmanes.* **2** Persona que hace predicciones sobre el futuro: *un profeta de la caída del Imperio Romano. Este autor ha sido el profeta de la crisis económica.* FR. Y LOC. **no ser ~ en su tierra** No tener ‹una persona› éxito en el lugar donde ha nacido: *Nadie es profeta en su tierra.*

profético, ca *adj.* De la profecía o del profeta: *pasajes proféticos de la Biblia, don profético. Sus juicios son, a menudo, proféticos.*

profetizar *v. tr.* Anunciar ‹una persona› [una cosa que va a suceder]: *Hay personas que profetizan el fin del mundo. Los profetas anunciaban a los israelitas la llegada del Mesías.* SIN. vaticinar, predecir. ⇒ **19.**

profiláctica *s. f.* MED. (no contable) Parte de la Medicina que trata de la prevención de las enfermedades.

profiláctico, ca *adj.* **1** MED. Que puede prevenir una enfermedad: *prácticas profilácticas. La higiene bucal es una medida profiláctica.* ‖ *s. m.* **2** Preservativo.

profilaxis *s. f.* (no contable) MED. Conjunto de medidas para prevenir una enfermedad: *La profilaxis del cólera exige, entre otras medidas, lavarse bien las manos, no beber agua contaminada y no comer alimentos sin cocer.*

prófugo, ga *adj. / s. m.* y *f.* **1** Que huye de la justicia o de la autoridad: *Una joven prófuga está siendo buscada por la policía. Soy un prófugo, en mi propio país no puedo quedarme. Te has convertido en un prófugo.* SIN. fugitivo. **2** Que se escapa del ejército o no acude al llamamiento a filas: *un joven prófugo.* SIN. desertor.

profundamente *adv. modo / cant.* De manera profunda y en grado intenso: *Lamento profundamente lo ocurrido.*

profundidad *s. f.* **1** Cualquier distancia existente entre la superficie y el fondo de algunos lugares: *¿Cuánta profundidad tiene este lago? Estos peces nadan a mucha profundidad. Aquí hay poca profundidad. La profundidad del pozo es de treinta metros.* **2** (no contable) En un objeto o lugar, distancia que hay desde donde se observa hasta la superficie opuesta: *un armario con 60 cm de profundidad. El salón tiene una profundidad de 6 metros desde la puerta hasta la pared de enfrente.* **3** (no contable) Intensidad o fortaleza de algunas ideas o algunos sentimientos, y forma de expresarlos: *La profundidad de su fe en Dios le ayudó a superar el accidente. La adolescente habló con mucha profundidad de sus problemas. Me gusta la profundidad de este silencio.* **4** (preferentemente en plural; no contable) Complicación, cosa trascendente o difícil de ser entendida: *¡Habla más claro, sin meterte en tantas profundidades! Cuando habláis de esas profundidades yo no os entiendo.* ‖ **5 ~ de campo** FOT., ÓPT. En el eje de un campo óptico, distancia máxima permitida para obtener imágenes buenas. FR. Y LOC. **en ~** De manera detenida y completa: *Estudiaremos el asunto en profundidad. Ya te lo contaré en profundidad. Hay que comprobar todos los datos en profundidad.*

profundización *s. f.* (no contable) Acción y efecto de profundizar en el conocimiento de alguna materia o en alguna actividad: *Tienes que leer varios libros para conseguir una mayor profundización.*

profundizar *v. tr. / intr.* **1** Hacer ‹una persona› [una cosa] más honda: *Para sacar las patatas bien tienes que profundizar más en la tierra.* SIN. ahondar. **2** Pensar ‹una persona› sobre [un asunto] detenidamente para llegar al mayor conocimiento posible de él: *La policía piensa profundizar **en** la hipótesis del homicidio.* **3** Continuar trabajando en una actividad para llegar a un mayor perfeccionamiento: *Hay que seguir profundizando en el desarrollo legal de la Constitución.* ⇒ **19.**

profundo, da *adj.* **1** Que hay mucha distancia entre el fondo y el borde de la cavidad o recipiente: *un agujero profundo, un abismo profundo. La cueva es muy profunda. La herida es profunda.* **2** (antepuesto / pospuesto) Que es muy grande o intenso: *una profunda tristeza, un profundo rencor, una profunda reverencia. Tengo el sueño muy profundo.* **3** Que penetra mucho: *raíces profundas.* **4** Que tiene una forma de pensar muy seria o difícil de entender: *un filósofo muy profundo, profundas intenciones, una persona muy profunda.* **5** [Conocimiento, idea] que es muy extenso o difícil de comprender: *La teoría de la relatividad es muy profunda para tus años.* **6** [Sonido, voz] que es fuerte y muy grave: *Habla con voz profunda.* **7** Que representa el modelo mítico de una comunidad: *la Galicia profunda. Ese caballero es un representante de la nobleza profunda.* **inspiración ~.**

profusión *s. f.* (no contable) Gran abundancia de algo: *profusión de anécdotas. Loli nos contó lo que había hecho con profusión de detalles. Hablé con profusión de ejemplos.*

profuso, sa *adj.* (antepuesto / pospuesto) ELEVADO. Que tiene abundancia de alguna cosa: *explicación profusa. El ministro demostró, tras una profusa enumeración de datos, que su decisión era correcta.*

progenie *s. f.* **1** ELEVADO. Conjunto de hijos de una persona: *Reunió a su progenie para sus bodas de plata.* **2** ELEVADO. Linaje, familia de la que desciende una persona.

progenitor, ra *s. m. / f.* **1** Padre o madre, antepasado directo. ‖ *s. m.* **2** (en plural) ELEVADO. El padre y la madre de una persona: *Doña Ana está orgullosa de sus ilustres progenitores.*

progesterona *s. f.* (no contable) BIOQUÍM. Hormona segregada por el ovario necesaria para que el útero reciba el óvulo fecundado.

prognatismo *s. m.* (no contable) MED. Característica de la persona que tiene la mandíbula inferior muy saliente: *Carlos V tenía un prognatismo claro.*

prognato, ta *adj. / s. m.* y *f.* Que tiene las mandíbulas salientes: *Los reyes españoles de los siglos* XVI *y* XVII *eran prognatos.*

programa *s. f.* **1** Exposición resumida y ordenada de las distintas partes que componen algo que se va a realizar o desarrollar más adelante: *programa del curso escolar, programa de fiestas del pueblo, programa de un partido político.* SIN. plan, proyecto. **2** Cada espacio emitido por una emisora de radio o de televisión: *un programa deportivo, un programa de variedades, un programa-concurso.* **3** Conjunto de instrucciones previas que se dan a una máquina para que realice un trabajo de una forma determinada: *un programa de ordenador para hacer estadísticas.* **4** Conjunto de operaciones que hace una máquina de una manera organizada: *un programa corto de lavadora para la ropa de color, un programa de lavavajillas para vajilla delicada.* **5** Cualquier impreso que da la información sobre programas: *un programa de cine, el programa de un viaje de vacaciones.* **~ de mano** Programa que se suele repartir por la calle. FR. Y LOC. **paquete* informático** o **paquete de programas**. **¿Qué ~**

tenemos? ¿Qué actividades nos esperan?: *¿Qué programa tenemos para la reunión de mañana?*

programable *adj.* [Objeto electrónico] que se puede programar: *vídeo programable, controlador programable.*

programación *s. f.* **1** Elaboración de un programa: *Al comienzo del año se realiza la programación de las actividades del año.* **2** Programa de las actividades que tiene que realizar una persona o grupo: *Ese espectáculo no figuraba en la programación de las fiestas que tenía yo.* **3** Conjunto de programas que se emiten por radio o televisión en un determinado periodo de tiempo: *En algunos periódicos publican la programación semanal de televisión.* **4** Elaboración de un programa informático. **5** Acción y efecto de preparar algunas máquinas para que realicen una tarea: *Tengo que leer las instrucciones de programación del vídeo.*

programador, ra *s. m. / f.* **1** INFORM. Persona que se dedica profesionalmente a hacer programas informáticos. **2** Instrumento electrónico que sirve para programar el funcionamiento de una máquina: *el programador de la caldera de la calefacción.*

programar *v. tr. / prnl.* **1** Hacer ‹una persona› el programa de [una actividad]: *Los alumnos programaron la excursión día a día. Pilar* ***se*** *programa su tiempo libre hora a hora.* SIN. planificar. || *v. tr.* **2** Preparar ‹una persona› [una máquina para que realice un trabajo con posterioridad]: *Programé el vídeo para grabar la película.* **3** Hacer ‹una persona› un programa informático: *Estoy programando ahora unas aplicaciones muy especializadas.* || *v. tr. / intr.* **4** Hacer ‹una persona› [la programación de una emisora de radio o televisión]: *El responsable de la primera emisora ha indicado que él programa con absoluta libertad. En verano programarán, sobre todo, películas.*

programático, ca *adj.* Del programa o de lo que se piensa hacer en alguna materia: *El partido de la oposición presentó ayer en rueda de prensa su manifiesto programático.*

progre *adj. / s. m.* y *f.* (apócope de *progresista*) COLOQUIAL. Que tiene ideas sociales y políticas avanzadas, o es partidario de los cambios y la evolución en todos los aspectos de la vida: *intelectual progre, pintura progre, música progre, novela progre. Tengo la suerte de tener unos padres muy progres. No me gustan las progres ni los progres.*

progresar *v. intr.* **1** Hacer ‹una persona o una cosa› progresos en una actividad o entre una población: *Progresas mucho* ***en*** *castellano. Este año el sida ha progresado alarmantemente* ***en*** *la población infantil. Las conversaciones de paz no progresan.* SIN. avanzar. **2** Avanzar ‹una persona o una cosa› en una dirección: *Los tanques progresan* ***hacia*** *la capital. Nuestro equipo tarda mucho en progresar* ***hacia*** *la canasta contraria.* SIN. avanzar.

progresía *s. f.* COLOQUIAL; a veces PEYORATIVO. Conjunto de progres: *La progresía llenaba la exposición.*

progresión *s. f.* **1** (no contable) ELEVADO. Acción y resultado de progresar: *La progresión ascendente del país es el objetivo principal del Gobierno.* SIN. progreso, avance. ANT. regresión. **2** MAT. Sucesión o serie de números ordenados según un criterio constante. **~ aritmética. ~ geométrica.**

progresismo *s. m.* (no contable) Ideología y comportamiento de las personas y los partidos que están a favor de las reformas políticas y sociales, aunque a veces rompan con la tradición.

progresista *adj.* **1** Del progresismo: *partido progresista.* || *adj. / s. m.* y *f.* **2** Que es partidario del progresismo: *prensa progresista.*

progresivamente *adv. modo* Con progresión: *El alumno fue mejorando progresivamente a lo largo del curso.*

progresividad *s. f.* (no contable) Característica de lo que crece o se desarrolla poco a poco e ininterrumpidamente: *la progresividad de la cuota tributaria. Al empezar el entrenamiento deportivo es importante hacerlo con progresividad.*

progresivo, va *adj.* **1** Que progresa o favorece el progreso: *sociedad progresiva.* **2** (antepuesto / pospuesto) Que progresa de forma continuada en cantidad o perfección: *avance progresivo, ascenso progresivo. Se espera un progresivo aumento de las temperaturas.* SIN. gradual.

progreso *s. m.* **1** Desarrollo favorable, mejora de un determinado aspecto de una persona o de una cosa: *los progresos de la Medicina, los progresos de la industria. Tienes que ver cada día un pequeño progreso en tu recuperación. No veo ningún progreso.* SIN. adelanto, avance. ANT. retroceso. **2** Avance o movimiento hacia el campo enemigo: *A nuestro equipo le cuesta trabajo el progreso con el balón en el campo contrario.*

prohibición *s. f.* Acción y efecto de prohibir algo: *La prohibición de fumar se ha extendido a todos los lugares públicos.*

prohibicionista *adj. / s. m.* y *f.* Que es partidario de establecer muchas prohibiciones o emplea muchas prohibiciones: *Los prohibicionistas defienden la intervención del Estado en más sectores de la vida social.*

prohibido, da *adj.* No permitido. **fruta* prohibida. fruto* ~.**

prohibir *v. tr.* No permitir ‹una persona o una cosa› que [una persona] haga [una cosa]: *El médico me ha prohibido que beba vino. Tengo prohibido conducir.* SIN. impedir. **⇒ 62.**

prohibitivo, va *adj.* **1** Que prohíbe: *Las medidas prohibitivas no tienen efectividad.* **2** [Precio] que no puede pagar la mayoría de la gente por ser demasiado alto: *Esos grandes almacenes tienen unos precios prohibitivos.*

prohijamiento *s. m.* (no contable) RESTRINGIDO. Acción y resultado de adoptar una persona a otra como hijo: *El prohijamiento exige unos trámites legales.*

prohijar *v. tr.* **1** Adoptar ‹una persona› [a otra persona] como hijo: *Queremos prohijar a un niño peruano.* **2** RESTRINGIDO. Aceptar y defender ‹una persona› como propias [ideas o doctrinas ajenas]: *Ese gramático está empeñado en prohijar las opiniones de la escuela tradicional española.*

prohombre *s. m.* ELEVADO. Hombre ilustre y respetado por sus cualidades y buenas obras: *Ese escultor fue un gran prohombre de las artes.* SIN. prócer (ELEVADO).

prójima *s. f.* **1** VULGAR. Prostituta: *Esa chica es una prójima que trabaja en el bar de la esquina.* **2** COLOQUIAL; HUMORÍSTICO. Esposa: *Me voy a casa, que me está esperando la prójima para cenar.* SIN. parienta (COLOQUIAL).

prójimo *s. m.* **1** (no contable) Una persona respecto a las demás: *Dice la Iglesia que hay que ayudar al prójimo.* **2** COLOQUIAL; PEYORATIVO. Cualquier hombre o mujer sin identificar: *Me encontré con dos prójimos que querían quitarme el abrigo.* SIN. fulano (COLOQUIAL).

prolapso *s. m.* MED. Desplazamiento de un órgano o de una parte de él: *prolapso del útero, prolapso de la vejiga.*

prole *s. f.* **1** Conjunto de los hijos de una persona, especialmente si son pequeños o jóvenes: *Llegaron los Martínez con toda su prole.* **2** COLOQUIAL. Conjunto numeroso de personas: *Ha llegado una prole de turistas japoneses.*

prolegómeno *s. m.* **1** (preferentemente en plural) Texto preliminar que recoge los principios fundamentales de la materia que se va a tratar, y, por extensión, tratado con los principios fundamentales de una materia: *En los prolegómenos el autor hace un esquema de las nuevas directrices de la Lingüística. Me he comprado los prolegómenos del marxismo.* **2** (en plural) Preparación o introducción excesiva: *Déjate ya de prolegómenos y explica lo que pasó. Cuando la profesora empieza con prolegómenos no sabemos lo que tardará.*

proletariado *s. m.* (no contable) Clase social formada por aquéllos que no poseen los medios de producción y ofrecen su fuerza de trabajo a cambio de un salario: *El proletariado desempeñó un papel fundamental en la Revolución Industrial.*

proletario, ria *adj.* **1** Del proletariado: *movimiento proletario, clase proletaria, luchas proletarias, organizaciones proletarias.* || *adj. / s. m.* y *f.* **2** [Persona] que no posee medios de producción y trabaja a cambio de salario: *Sus padres eran unos sencillos proletarios.*

proliferación *s. f.* **1** (no contable) Gran crecimiento del número de algo: *Hay que evitar la proliferación de las enfermedades contagiosas.* **2** Abundancia: *La proliferación de jóvenes bebidos los fines de semana es una causa seria de accidentes.*

proliferar *v. intr.* **1** Aumentar el número o la cantidad de ‹una cosa› en un lugar mucho y rápidamente: *Están proliferando las pastelerías de una manera increíble.* SIN. multiplicarse. **2** BIOL. Reproducirse ‹una célula o un organismo inferior› mediante división: *Las bacterias proliferan con mucha facilidad en este ambiente.*

prolífico, ca *adj.* **1** Que puede reproducirse o que se reproduce con mucha facilidad: *Las ratas y las palomas son animales muy prolíficos.* SIN. fecundo. **2** [Artista] que produce muchas obras: *una cineasta prolífica. Ésta es una escritora muy prolífica, en un año ha editado cinco novelas.*

prolijidad *s. f.* ELEVADO. Extensión excesiva de un discurso oral o escrito: *El libro tiene una prolijidad desacostumbrada en sus primeros capítulos. Es normal la prolijidad de su discurso. Es famosa la prolijidad de sus sermones.*

prolijo, ja *adj.* **1** (antepuesto / pospuesto) ELEVADO. [Explicación, relato] que es demasiado extenso o detallado: *un texto prolijo **en** detalles. Me aburren tus prolijas explicaciones y tus cuentos prolijos.* **2** Que es muy cuidadoso y minucioso: *un trabajador muy prolijo.* **3** ARG. Que es pulcro, limpio.

prologar *v. tr.* Escribir ‹una persona› el prólogo de [una obra]: *Nos prologará el libro un ilustre académico.* ⇒ **56.**

prólogo *s. m.* **1** Texto introductorio que encabeza un libro: *Hay autores que escriben sus prólogos y otros que los encargan a algún autor admirado.* **2** Cosa o acción que antecede a otra para la que sirve de presentación o preparación: *Como prólogo a la degustación del queso nos explicaron todo el proceso de elaboración.*

prolongación *s. f.* Acción y resultado de prolongar en el tiempo y en el espacio: *la prolongación de la carretera. El hijo fue una prolongación de las ilusiones del padre. Esta historia es una prolongación de la anterior.*

prolongamiento *s. m.* RESTRINGIDO. Acción y efecto de prolongar o prolongarse: *Está previsto el prolongamiento de varias líneas de metro.* SIN. prolongación.

prolongar *v. tr.* **1** Hacer ‹una persona o una cosa› que aumente la longitud o la duración de [una cosa]: *El director ha prolongado un cuarto de hora las clases de este mes.* SIN. alargar. || *v. prnl.* **2** Tener ‹una cosa› mayor longitud o duración: *Su sufrimiento se prolongó varios meses.* **3** Ocupar ‹una cosa› [un lugar]: *Esta vereda se prolonga hasta la falda de la montaña.* ⇒ **56.**

promediar *v. tr.* **1** Calcular ‹una persona› el promedio de [una cantidad]: *Tengo que promediar todas las notas del curso.* **2** Dividir ‹una persona› [una cosa] en dos partes iguales. || *v. intr.* **3** RESTRINGIDO. Llegar ‹un espacio de tiempo› a su mitad aproximadamente: *Cuando promediaba el mes de junio, llegamos al pueblo.* SIN. mediar.

promedio *s. m.* En un conjunto de varias cantidades, número que se obtiene sumando sus valores y dividiendo el resultado por el número de cantidades que forman el conjunto: *promedio de tiempos, promedio de notas, promedio de precios, hacer el promedio, sacar el promedio.*

promesa *s. f.* **1** Acción y efecto de prometer: *Inés me hizo la promesa de que volvería. Puedes fiarte de él, porque cumple sus promesas.* **2** Persona de la que se espera que llegue a triunfar en una actividad: *Esta novelista es algo más que una promesa.*

promesante *adj.* ARG. Peregrino que va a pedir una promesa.

promesar *v. tr.* ARG., CHILE; ELEVADO en Chile. Hacer ‹una persona› [promesas], por lo general piadosas.

prometedor, ra *adj.* [Persona o cosa] que parece que llegará a ser muy importante o muy buena: *Debido a sus buenas cualidades esta chica tiene un futuro prometedor.*

prometer *v. tr.* **1** Afirmar ‹una persona› con seguridad que realizará [una cosa]: *Prometo venir mañana.* **2** Asegurar ‹una persona› [a una persona] que es cierta [una cosa]: *Le prometo que digo la verdad.* **3** Declarar ‹una persona› que se compromete a cumplir los deberes de [un cargo]: *El nuevo ministro prometió su cargo ayer.* **4** Dar ‹una persona o una cosa› muestras de [una cosa]: *Esta película promete ser divertida.* || *v. intr.* **5** Ofrecer ‹una persona o una cosa› muestras o indicios de que va a ser importante o competente: *Esta chica promete mucho como cantante.* || *v. prnl.* **6** Darse ‹una pareja› promesa de matrimonio: *Nos hemos prometido ayer por la tarde.* SIN. comprometerse. **7** Confiar ‹una persona› en que ocurrirá [una cosa positiva]: *Ella se prometía que iban a pasar un buen rato.* FR. Y LOC. **prometérselas (muy) felices** COLOQUIAL. Tener ‹una persona› esperanzas de que ocurra una cosa buena o de que una cosa salga bien: *Te las prometías muy felices en este asunto, pero no te salió bien.*

prometido, da *s. m. / f.* **1** Novio o novia de una persona cuando tienen intención de casarse: *Su prometida le dejó dos días antes de la boda.* || **2 Tierra* Prometida** o **Tierra de Promisión.**

prometio *s. m. Pm.* Elemento químico metálico del grupo de los lantánidos, que se emplea en pinturas que despiden luz y en baterías especiales.

prominencia *s. f.* RESTRINGIDO. **1** Elevación de una parte del terreno. **2** Elevación o abultamiento de una cosa sobre las de alrededor: *Me están saliendo unas prominencias en el cuello.*

prominente *adj.* **1** (antepuesto / pospuesto) Que sobresale de lo que está a su alrededor: *Paco tiene una mandíbula prominente.* **2** (antepuesto / pospuesto) Que sobresale o destaca por su valor, importancia o cualidades: *un político prominente. Este profesor es un prominente biólogo.*

promiscuidad *s. f.* **1** (no contable) Convivencia y relaciones sexuales de una persona con muchas otras: *La promiscuidad aumenta el riesgo de contraer algunas enfermedades. En esa comuna viven en promiscuidad.* **2** RESTRINGIDO. Reunión o mezcla desordenada de cosas diferentes.

promiscuo, cua *adj.* **1** Que tiene relaciones sexuales con varias personas: *relaciones promiscuas, personas promiscuas. Los actores tienen fama de llevar una vida promiscua.* **2** RESTRINGIDO. Que está mezclado confusa o desordenadamente: *Mi barrio forma una colonia muy promiscua, con inmigrantes y nativos, jóvenes y viejos, ricos y pobres, viviendo en paz.*

promisión *s. f.* (no contable) RESTRINGIDO. Promesa, acción y resultado de prometer. FR. Y LOC. **Tierra* Prometida** o **Tierra* de Promisión.**

promisorio, ria *adj.* RESTRINGIDO. Que incluye una promesa: *juramento promisorio.*

promoción *s. f.* **1** Conjunto de personas que obtienen al mismo tiempo un título de estudios, un puesto de trabajo o un grado determinado: *la promoción de empleados, la promoción de militares. La promoción de estudiantes del 82 se reúne todos los años.* **2** (no contable) Acción y resultado de promover: *El banquero asumió la promoción del equipo de fútbol.* **3** Acción y resultado de promocionar o promocionarse: *En esa empresa es difícil la promoción a un puesto superior.* SIN. ascenso. **4** DEP. Torneo en que varios deportistas o equipos compiten por el ascenso a una categoría superior: *Los nuestros han quedado bien clasificados y jugarán la promoción.* ‖ **5 ~ de ventas** Campaña para vender en la cual un comercio ofrece algunas cosas más baratas: *Estos sofás fueron más baratos porque son de una promoción*

promocionar *v. tr.* **1** Hacer ‹una persona o una cosa› que [una persona] alcance una categoría más alta en su trabajo: *Creo que me van a promocionar.* SIN. promover. **2** Dar a conocer ‹una persona› [a otra persona o una co-sa] con fines publicitarios: *Promocionan a una nueva actriz.* ‖ *v. prnl.* **3** Conseguir ‹una persona› una categoría más alta en su trabajo: *Begoña se promocionó gracias a sus buenas relaciones en la empresa.*

promontorio *s. m.* **1** Elevación desde la que se ve gran extensión de terreno. **2** Elevación rocosa considerable que avanza en el mar: *Desde este promontorio se puede ver toda la costa.* **3** Cosa abultada o montón de cosas: *Encima de la mesa tienes un promontorio de papeles.*

promotor, ra *adj. / s. m.* y *f.* **1** Que promueve alguna cosa: *la empresa promotora del aparcamiento. ¿Quién es el promotor de esta idea?* ‖ *s. m. / f.* **2** Agente de un artista o escritor: *Eso debe hablarlo usted con mis promotores. El promotor del joven cantante debe aprender a tratar con los periodistas.*

promover *v. tr.* **1** Dar ‹una persona› su apoyo para que se realice [una cosa]: *Los vecinos promovieron un nuevo aparcamiento.* **2** Hacer ‹una persona o una cosa› que [una persona] alcance [una categoría más alta] en su trabajo: *Sus jefes le promovieron* ***al*** *puesto de vicepresidente.* SIN. promocionar. **3** Provocar ‹una persona o una cosa› [una cosa]: *Su comportamiento promovió fuertes polémicas.* **4** Iniciar ‹una persona› [un proceso administrativo o un pleito]: *Promueven un expediente contra los culpables del desfalco.* ⇒ **52.**

promulgación *s. f.* Acción y resultado de promulgar algo: *La promulgación de una ley nos afecta a todos.*

promulgar *v. tr.* **1** DER. Publicar ‹una autoridad› oficialmente que [una ley o una disposición] entra en vigor: *Mañana promulgarán el nuevo reglamento. Han promulgado la ley de objeción de conciencia.* **2** Publicar ‹una persona› solemnemente [una cosa]: *La Casa Real ha promulgado la boda del príncipe. El Ayuntamiento ha promulgado tres días de luto por la muerte del jovencísimo infante.* ⇒ **56.**

pronador *adj.* ANAT. [Músculo] que permite el giro de la muñeca de las personas.

prono, na *adj.* RESTRINGIDO. [Persona] que está echada sobre el vientre. **decúbito* ~.**

pronogradismo *s. m.* (no contable) RESTRINGIDO. Forma de andar con el dorso en posición horizontal propia de la mayoría de los animales de cuatro patas.

pronombre *s. m.* GRAM. Clase de palabra que desempeña las funciones gramaticales propias de un sustantivo o de un sintagma nominal y que tiene una significación puramente referencial: *sustituir los sintagmas por pronombres.* **~ demostrativo. ~ enclítico. ~ exclamativo. ~ indefinido. ~ interrogativo. ~ numeral. ~ personal. ~ posesivo. ~ proclítico. ~ recíproco. ~ reflexivo. ~ relativo.**

pronominal *adj.* GRAM. **1** Del pronombre o que funciona como pronombre o con pronombres. **2** [Verbo] que se conjuga en todas sus formas con los pronombres *me, te, se, nos y os,* de manera que el sujeto del verbo y el pronombre hacen referencia a la misma persona o cosa.

pronominalmente *adv. modo* En calidad de pronombre, como pronombre, en función de pronombre: *Aquí la palabra «otros» aparece usada pronominalmente.*

pronosticar *v. tr.* Decir ‹una persona› anticipadamente [una cosa que va a ocurrir]: *El Gobierno pronostica un año catastrófico. Los sindicatos agrarios pronostican una cosecha mala de cereales.* ⇒ **71.**

pronóstico *s. m.* **1** Anuncio anticipado basado en ciertos indicios o señales de algo que va a ocurrir: *El pronóstico del tiempo dice que subirán las temperaturas. Los expertos se equivocaron en sus pronósticos.* SIN. predicción. **2** MED. Juicio médico sobre la evolución de un enfermo. **~ reservado.** MED. Dictamen emitido por el médico cuando los indicios no son suficientes para formar un juicio seguro o cuando se prevé que pueda haber algún contratiempo. **3** Señal o indicio que permite formar opiniones sobre la posibilidad de que algo suceda: *Los pronósticos que nos llegan de Oriente permiten albergar alguna esperanza de paz.*

prontitud *s. f.* (no contable) Rapidez con que se realiza algo: *Decidí resolver el asunto con prontitud.*

pronto, ta *adj.* 1 (estar) RESTRINGIDO. Que está preparado para lo que se destina: *La procesión ya está pronta a salir.* 2 (antepuesto / pospuesto) Que ocurre rápidamente: *una pronta respuesta. Tienes reflejos prontos.* 3 (antepuesto) Que ocurre sin pasar mucho tiempo: *Espero tu pronta visita.* || *adv. temp.* 4 Sin que transcurra mucho tiempo. OBSERVACIONES: En oraciones en pasado equivale a 'poco tiempo después'; en oraciones en presente y futuro equivale a 'dentro de poco tiempo': *Conseguirás trabajo pronto. Recibí pronto la primera carta.* Admite grados: *muy pronto, demasiado pronto, bastante pronto.* SIN. rápidamente, enseguida. 5 Temprano, antes de la hora o del momento acostumbrado, fijado u oportuno: *Mi amigo llegó pronto a la cita y tuvo que esperar. Este mes la empresa ha pagado un poco pronto.* SIN. temprano. 6 En las primeras horas del día o de la noche: *Me levanté pronto para poder estudiar. La representación teatral acabó muy pronto.* SIN. temprano. ANT. tarde. || *s. m.* 7 COLOQUIAL. Reacción repentina: *A Juan le dio el pronto y se largó. Tienes unos prontos de histeria que son insoportables.* SIN. arranque, arrebato. 8 COLOQUIAL. Ataque repentino contra la salud física o mental: *Le dió un pronto y se quedó sin poder andar. Le dio un pronto y la pobre mujer se quedó diciendo tonterías hasta hoy.* FR. Y LOC. **al ~** 1 Al principio, en un primer momento: *Al pronto, te confundí con tu hermana.* 2 A primera vista: *Así, al pronto, todo parece estar en orden.* **de ~** De manera apresurada o inesperada: *El perro apareció de pronto en la puerta de la habitación.* **más ~ o más tarde** Indica que lo que se dice ocurrirá con toda seguridad, aunque no se sepa exactamente cuándo. Es preferible usar *tarde o temprano*: *Los dirigentes europeos llegarán a un acuerdo más pronto o más tarde.* **por de/lo ~** AFIRMACIÓN. Se usa para resaltar el hecho más próximo al momento presente, independientemente de lo que pueda suceder después. Por ahora, de momento: *Por de pronto vete a casa y más tarde ya hablaremos.* **tan ~ como** Enseguida que, en el mismo momento que: *Tan pronto como llame papá salimos de casa.*

prontuario *s. m.* Tratado breve y resumido de una materia: *prontuario de matemáticas, prontuario de geografía para excursionistas, prontuario de mecánica del automóvil, prontuario de gramática española.* SIN. compendio.

pronunciación *s. f.* 1 Emisión y articulación de los sonidos de una lengua: *Al final de la gramática vienen las normas de pronunciación.* 2 Forma de pronunciar los sonidos de una lengua: *Su pronunciación del inglés es muy buena.* 3 Exposición en voz alta de algo: *Todos aplaudieron tras la pronunciación del discurso.* 4 Manifestación pública a favor o en contra de una persona o cosa: *Los afectados están esperando la pronunciación de los tribunales sobre el tema.*

pronunciado, da *adj.* Que es fácil de percibir: *pendiente pronunciada.*

pronunciamiento *s. m.* 1 Rebelión de los militares para derribar al gobierno: *El pronunciamiento contra el Parlamento no tuvo éxito y sólo fue un susto para la democracia.* SIN. levantamiento, alzamiento. 2 Declaración pública formal en contra o a favor de algo: *El Presidente leyó un pronunciamiento para comunicar la admisión del nuevo país.* 3 Sentencia o decisión de un juez o un tribunal: *El pronunciamiento del juez ha sido favorable para nosotras.* SIN. fallo, resolución.

pronunciar *v. tr. / intr.* 1 Emitir y articular ‹una persona› [los sonidos de una lengua]: *Ahora pronuncias mejor.* SIN. vocalizar. || *v. tr.* 2 Decir ‹una persona› [una cosa] en voz alta: *Pronuncié un discurso durante el acto.* 3 Dictar ‹un juez o un tribunal› [una sentencia]: *El Tribunal Superior pronunciará hoy su sentencia sobre la lotería ilegal.* 4 Distinguir ‹una persona› [una cosa] entre otras: *Pronuncia las diferencias entre ellas.* || *v. prnl.* 5 Expresar ‹una persona› [su opinión sobre otra persona o una cosa] públicamente: *¿El claustro se pronunció **a favor** o **en contra** de la creación de una cátedra?* 6 Rebelarse ‹un militar› [contra un gobierno] para derrocarlo o presionarlo. SIN. alzarse, levantarse.

pronuncio *s. m.* REL. Eclesiástico que, de forma temporal, ejerce las funciones de nuncio apostólico pontificio.

propagación *s. f.* Extensión de algo a muchos lugares o a muchas personas: *Hay que evitar la propagación **de** esa enfermedad. La propagación **de** la noticia fue rápida.*

propagador, ra *adj. / s. m.* y *f.* Que propaga: *Luis ha sido el propagador de la noticia. La hembra del mosquito anofeles es la propagadora de la malaria con su picadura.*

propaganda *s. f.* 1 (no contable) Actividad en la que se da a conocer al público una persona o cosa intentando convencerle de sus cualidades y ventajas: *propaganda electoral. Gracias a la propaganda se consiguieron aumentar las ventas del libro.* 2 (no contable) Medio o material empleados en esta actividad: *repartir propaganda, propaganda televisiva. Han echado en el buzón propaganda de muebles.*

propagandista *adj. / s. m.* y *f.* Que hace propaganda, especialmente en materia ideológica y política: *Ese político es un propagandista de las ideas ecológicas.*

propagandístico, ca *adj.* Que está pensado para que sirva de propaganda, para dar a conocer una cosa: *interés propagandístico, programas de radio propagandísticos. La actividad de esta asociación tiene fines propagandísticos.*

propagar *v. tr.* 1 Hacer ‹una persona o una cosa› que [una cosa] llegue a muchos lugares o a muchas personas: *El viento propagó el fuego. La radio propagó la alarma. La prensa ha propagado la noticia de su dimisión.* SIN. extender. || *v. prnl.* 2 Extenderse ‹una cosa› a muchos lugares o a muchas personas: *Las malas noticias se propagan solas. El fuego se propaga sin control.* ⇒ **56.**

propalar *v. tr.* ELEVADO. Dar a conocer ‹una persona› a [una o varias personas] [una cosa que no se sabe con seguridad o está oculta]: *Los medios de comunicación propalaron la noticia de su muerte.* SIN. divulgar.

propano *s. m.* QUÍM. Hidrocarburo gaseoso derivado del petróleo que se emplea como combustible: *calefacción de propano.*

proparoxítono, na *adj.* 1 [Palabra] que lleva el acento en la antepenúltima sílaba: *vocablo proparoxítono.* SIN. esdrújulo. 2 MÉTR. [Verso] que termina en palabra de esta clase: *verso proparoxítono.*

propasar *v. tr. / prnl.* 1 Hacer ‹una persona› una cosa que va más allá de lo necesario, lo justo o lo razonable: *No te lo puedes imaginar, pero su falta de puntualidad propasa los límites de lo aceptable. Su vagancia propasa todas las medidas. Lucía fuma, pero nunca **se** propasa **con** el tabaco si hay gente delante.* || *v. prnl.* 2 Cometer ‹una persona› una falta de respeto hacia otra: *Lo acusan de propasarse **con** las alumnas. Juncal se propasa **con** los amigos, en cuanto te descuidas te pide dinero.*

propedéutica *s. f.* ELEVADO. Enseñanza preparatoria para el estudio de una determinada disciplina: *manual de propedéutica a la química experimental.*

propender *v. intr.* Tener ‹una persona o una cosa› tendencia hacia [otra]: *Tu amigo propende **a** la benevolencia. Con la edad, la abuela propende **a** caminar poco. Todos propendemos **a** la comodidad, **a** movernos poco.*

propensión *s. f.* (no contable) Tendencia a padecer o sufrir una cosa: *propensión **al** catarro, propensión **a** la hipertensión, propensión **a** la depresión. Ahora tengo una propensión grande **a** la gripe, la pesco siempre.*

propenso, sa *adj.* Que tiende a alguna cosa: *Soy propenso **a** los dolores de cabeza. Eres propensa **a** tener otitis.*

propergol *s. m.* Combustible de las naves espaciales que no necesita oxígeno para realizar la combustión.

propiamente *adv. modo* **1** Con propiedad. Se usa sobre todo en las expresiones *propiamente hablando*, que equivale a 'si hablamos con propiedad', y en la expresión *propiamente dicho,* que se aplica, siempre pospuesta, a sustantivos o a construcciones que restringen la clase nombrada a sólo los miembros que típica y auténticamente pueden llevar tal nombre: *El tocinillo de cielo propiamente dicho es menos empalagoso. Éste es el jazmín propiamente dicho, no el de flores amarillas.* || *adv. orac.* **2** En rigor, si hablamos con propiedad, en sentido estricto, exactamente: *Propiamente, ese animal no es un camello, sino un dromedario. Las tierras no son propiamente mías, sino de mi mujer.*

propiciar *v. tr.* **1** Ayudar ‹una persona o una cosa› a [la realización, el cumplimiento o la existencia de una cosa]: *Los desórdenes propiciaron la intervención de la policía. El ministerio propicia la calma, porque los ánimos están exaltados.* SIN. favorecer, patrocinar. **2** Hacer ‹una persona o una cosa› que [otra persona u otra cosa] sea favorable para una persona: *Su éxito propició su ascenso.* **3** AMÉR. Patrocinar ‹una persona› [una cosa].

propiciatorio, ria *adj.* REL. Que aplaca a la divinidad: *sacrificio propiciatorio, penitencia propiciatoria.*

propicio, cia *adj.* Que favorece o beneficia: *tiempos propicios **a** la melancolía. ¡Aleluya!, los dioses han sido propicios **a** nuestras peticiones. Las circunstancias han sido propicias **para** llevar a cabo el plan. Este tiempo es propicio **para** ir de excursión.*

propiedad *s. f.* **1** DER. Derecho de poseer alguien una cosa y poder disponer de ella dentro de los límites que establece la ley: *títulos de propiedad, la propiedad **de** los herederos.* **~ privada** Derecho por el que las personas tienen bienes propios. **2** Cosa poseída, sobre todo si son bienes inmuebles: *La huerta y la casa son propiedad de sus abuelos. El declarante hizo constar en el impreso sus propiedades.* SIN. posesión. **~ horizontal** Propiedad de una parte de un edificio que pertenece a muchos propietarios. **~ industrial** Derecho que tiene el inventor de una cosa para que no sea fabricado o explotado sin su permiso. **~ intelectual** Derecho del autor de una obra de arte o escrito para que no sea utilizado sin su permiso. **3** Cualidad o característica que es propia de alguien o de algo: *las propiedades de los números naturales, las propiedades de los números enteros, las propiedades de los números racionales, las propiedades de un medicamento, las propiedades de una sustancia química, las propiedades de un mineral, las propiedades curativas de una planta.* **~ conmutativa.** **~ asociativa** MAT. Característica de la suma y el producto, por la que se hace una agrupación parcial de operaciones. **~ distributiva** MAT. Propiedad por la que el producto de un número por una suma es igual a la suma del producto de dicho número por cada uno de los sumandos. **4** LING. Adecuación de las palabras o frases utilizadas al significado que se quiere expresar: *Al escribir el texto, he empleado las palabras con propiedad.* **5** Semejanza muy grande entre una cosa y otra que la imita o reproduce: *La grabación reproduce con gran propiedad el sonido de la lluvia.* SIN. fidelidad. FR. Y LOC. **cámara* de la ~.** **en ~** 1 Que pertenece a una persona: *Tengo casa en propiedad.* 2 Manera de ocupar alguien un cargo o empleo como titular: *Esa profesora tiene la cátedra en propiedad.*

propietario, ria *adj. / s. m.* y *f.* **1** Que tiene una o varias propiedades o pertenencias: *Soy propietario de varios terrenos y fincas. Tendrá que hablar usted con el propietario.* **2** RESTRINGIDO. [Profesor] que ocupa una plaza pública establemente: *Julián es maestro propietario.*

propileo *s. m.* ARQ. Pórtico con columnas de un templo clásico.

propina *s. f.* **1** Cantidad de dinero que se da voluntariamente a una persona por un servicio o favor recibido: *Le dimos al camarero una buena propina por atendernos muy bien. En su trabajo son más importantes las propinas que el sueldo.* **2** Pieza musical que se interpreta al final de un concierto, fuera de programa, como regalo del artista o la orquesta al público: *La orquesta interpretó una conocida sonata como propina.* FR. Y LOC. **de ~** Por añadidura, gratis: *Me han dado un paseo en barca de propina.*

propinar *v. tr.* **1** Dar ‹una persona› [un golpe] a [otra persona]: *Un loco le propinó un puñetazo en la mandíbula.* SIN. atizar, pegar. **2** Causar ‹una persona o una cosa› [una pena] a [otra persona]: *Me has propinado un susto de muerte, llama al entrar. A tu madre no haces más que propinarle disgustos, podrías estudiar algo.*

propio, pia *adj.* **1** [Cosa] que pertenece a una persona, o que es poseída por una persona: *Tienes vivienda propia. Para ese trabajo se requiere vehículo propio.* **2** Que es característico o peculiar de una persona o cosa: *La bondad es un rasgo propio de ella que la distingue del resto de las personas. Es propio de él no despedirse cuando se va. Las lluvias son propias de esta época del año.* **nombre* ~.** **3** INTENSIFICADOR. (antepuesto / pospuesto) De la misma persona que habla o a la que se hace referencia: *Lo hice en defensa propia. Sara me insultó en mi propia cara. El propio juez me dio la razón.* **amor* ~.** **4** Que es auténtico o natural, y no artificial o postizo: *Tengo dientes propios y no postizos.* **5** [Significado, uso] que es el origen de una palabra. **6** Que conviene, es adecuado o apropiado para alguna cosa: *Son las palabras propias para la ocasión.* **7** [Imagen] que se parece mucho a su modelo: *En esta foto estás muy propio. Has quedado muy propia en este retrato.*

proponer *v. tr.* **1** Exponer ‹una persona› [un plan o un proyecto] a [otra persona]: *Su amigo nos propuso que fuéramos al cine. Me han propuesto un ascenso, pero me tengo que cambiar de ciudad.* SIN. sugerir. **2** Presentar ‹una persona› [a otra] para [un cargo o un premio] o presentar ‹una persona› [un cargo] [a otra]: *¿Es verdad que te propusieron **para** ministro? Me propusieron la subdirección de ven-*

tas. **3** Presentar ‹una persona› [un problema o un ejercicio escolar] para que [otra persona] lo resuelva: *El profesor les propuso varios problemas de matemáticas. Nos propusieron un acertijo.* || *v. prnl.* **4** Tomar ‹una persona› la decisión de [hacer o conseguir una cosa]: *Me había propuesto visitarla lo menos posible.* SIN. pretender. ⇒ **60.**

proporción *s. f.* **1** (no contable) Relación equilibrada entre varios elementos de un conjunto: *la proporción de hombres y mujeres de la ciudad, la proporción de nacimientos y muertes. Los muebles del salón no guardan proporción entre sí.* **2** (en plural; no contable) Tamaño o medida: *las proporciones de un negocio, un estudio de grandes proporciones. Papá se ha comprado una mesa de proporciones ridículas, casi no puede escribir en ella.* **3** (preferentemente en plural; no contable) Intensidad o importancia de un fenómeno o suceso: *las proporciones de un escándalo, las proporciones de la catástrofe. Se produjo un incendio de proporciones insospechadas.* **4** MAT. Igualdad de dos razones. **~ aritmética. ~ geométrica.**

proporcionado, da *adj.* **1** (ser / estar) Que tiene unas dimensiones equilibradas y armónicas: *casa proporcionada, figura proporcionada, cuerpo proporcionado.* **2** Que guarda una relación justa o conveniente: *castigo proporcionado a la falta cometida. Tienes un sueldo proporcionado al trabajo que realizas.*

proporcional *adj.* **1** Que contiene proporción, o se hace con arreglo a una proporción: *En el contrato haremos un reparto proporcional de nuestras riquezas.* **representación* ~. 2** MAT. [Cantidad] que aumenta o disminuye de la misma manera o de manera contraria que otra relacionada con ella: *La oferta y la demanda son inversamente proporcionales. La tasa de nacimientos es directamente proporcional a la tasa de bodas.*

proporcionalidad *s. f.* (no contable) Característica de lo que es proporcional: *El reparto del dinero se hizo de acuerdo con un criterio de proporcionalidad. Los escaños en las elecciones se atribuyen con un criterio de proporcionalidad o de mayoría, según los países.*

proporcionalmente *adv. modo* **1** De manera proporcional, respetando un criterio de proporcionalidad: *Quiero que el reparto se haga proporcionalmente. La abundancia de zonas sin contaminación disminuye proporcionalmente **al** aumento de automóviles y fábricas sin control.* OBSERVACIONES: Suele preferirse la construcción *en proporción a*, que, además, permite la matización directa o inversa: *En proporción inversa o en proporción directa* **a** *lo que hayáis ganado.* || *adv. restrictivo* **2** En proporción (directa) a cierto dato o hecho consabidos, si atendemos a criterios de proporcionalidad: *Proporcionalmente, le corresponden más puntos al segundo. Proporcionalmente, me ha producido más la otra inversión.*

proporcionar *v. tr.* **1** Dar ‹una persona› a [otra persona] [una cosa que ésta necesita o desea]: *El Ayuntamiento les proporcionó una vivienda digna. Ellos me proporcionaron las referencias de ese comercio tan bueno.* **2** Ser ‹una cosa› causa o motivo de [otra]: *Este negocio proporciona actualmente mucho dinero. Hasta ahora el club sólo me ha proporcionado disgustos. El otoño me proporciona siempre un cierto desánimo.* SIN. producir.

proposición *s. f.* **1** Acción y resultado de proponer una cosa a una persona: *proposiciones de compra. Me han hecho una proposición de matrimonio.* SIN. propuesta. **~ deshonesta** Proposición sexual: *Ese tipo me ha hecho proposiciones deshonestas.* **2** GRAM. Estructura oracional que se une a otra u otras para formar una oración compuesta: *Esta oración está formada por dos proposiciones.* **3** LÓG. Enunciación de una verdad demostrada o que se quiere demostrar: *«La Tierra es redonda» es una proposición que no necesita demostrarse.* SIN. enunciado.

propósito *s. m.* **1** Deseo o voluntad de hacer una cosa: *el propósito **de** dejar de fumar. Tengo el propósito **de** hacer el doctorado cuando acabe la carrera. Siempre tengo buenos propósitos, pero no los cumplo.* SIN. intención. **2** Objeto, finalidad que se quiere alcanzar: *¿Cuál es el propósito de este viaje? El propósito de su visita era intercambiar opiniones. Traes muy buenos propósitos.* FR. Y LOC. **a ~** 1 Adecuado, oportuno: *La maleta nos vino muy a propósito para el viaje.* 2 De forma deliberada: *Lo dijiste a propósito para llamarme la atención.* 3 Se usa para indicar una cosa que se recuerda a partir de lo que se está hablando: *A propósito, ¿quién irá a buscar el material? A propósito, ¿cómo está tu hijo?* **a ~ de** En relación con: *Los amigos se pusieron a discutir los resultados de fútbol a propósito de la quiniela. A propósito de la situación económica ha habido una fuerte discusión en el Parlamento.* **fuera de ~** RESTRINGIDO. Inoportuno, fuera de lugar: *Está fuera de propósito el que vayamos este año de vacaciones. Su propuesta está fuera de propósito.*

propuesta *s. f.* **1** Aquello que se propone: *seguir una propuesta. Voy a hacerte una propuesta de trabajo. Me parece una propuesta muy interesante. Se presentan varias propuestas y se elige la más ventajosa.* SIN. proposición. **2** Proyecto que se presenta a una autoridad o a un consejo para que decida o no su aprobación: *El consejo directivo desestimó la propuesta de los nuevos planes. El responsable municipal de urbanismo no ha recibido todavía ninguna propuesta de los vecinos. Los padres del colegio no hacen muchas propuestas nuevas.* **3** Recomendación de una persona para un empleo o un cargo: *La propuesta de Félix como candidato ha sido muy bien acogida. La propuesta de Luisa como delegada cuenta con el apoyo general.*

propuesto, ta *p.* Participio irregular de *proponer.*

propugnación *s. f.* RESTRINGIDO. Defensa de una cosa que se considera conveniente por parte de una persona: *la propugnación de la reforma de una ley.*

propugnar *v. tr.* Defender y apoyar ‹una persona› [una cosa que juzga conveniente]: *Propugnan la reforma de las viejas leyes. Propugnan quitar algunas líneas de autobuses.* SIN. promover.

propulsar *v. tr.* Hacer ‹una persona o una cosa› que [una cosa] se mueva hacia adelante: *El mecanismo propulsó la nave espacial. Él es el responsable de propulsar el entendimiento entre los diferentes grupos. El ministro está preocupado por propulsar las ventas en el exterior.*

propulsión *s. f.* **1** (no contable) Acción y resultado de propulsar: *Los aviones que se mueven por propulsión son más rápidos.* || **2 ~ a chorro** Técnica utilizada para que un avión, cohete, proyectil, avance en el espacio.

propulsor, ra *adj. / s. m.* y *f.* Que propulsa algo: *una hélice propulsora. El economista expuso algunas medidas propulsoras de nuestra economía.*

prorrata *s. f.* Parte proporcional que se ha de pagar o recibir en un reparto entre varios.

prorratear *v. tr.* Repartir ‹una persona› [una cantidad] entre varias personas proporcionalmente: *Se prorratearán los bonos entre los inscritos en la lista.*

prorrateo *s. m.* (no contable) Reparto proporcional de una cantidad: *Si los solicitantes superan el número de acciones puestas a la venta, se acudirá al prorrateo. Las obligaciones se adjudicarán a prorrateo entre los posibles compradores.* FR. Y LOC. **a ~** Proporcionalmente.

prórroga *s. f.* **1** Acción de prorrogar: *Tenemos una semana más de prórroga para entregar el documento. Han dado prórroga para inscribirse en el club.* **2** DEP. Tiempo que se añade a la duración de un partido para deshacer el empate entre los que juegan: *Durante la prórroga del partido nos metieron un gol.* **3** Aplazamiento del servicio militar que se concede a los llamados a ese servicio: *Le concedieron una prórroga por estudios.*

prorrogable *adj.* Que se puede prorrogar: *plazo prorrogable, contrato prorrogable* ***por*** *un año.*

prorrogar *v. tr.* **1** Hacer ‹una persona› más larga la duración de [una cosa]: *Han prorrogado el plazo de inscripción unos días más. Se ha prorrogado el horario de la biblioteca hasta las diez.* **2** Dejar ‹una persona› [una cosa] para más tarde: *No puedes prorrogar indefinidamente tu decisión. El director va prorrogando la adopción de medidas duras peligrosamente.* ⇒ **56.**

prorrumpir *v. intr.* Emitir ‹una persona› [un sonido] repentinamente a causa de una emoción: *prorrumpir* ***en*** *aplausos, prorrumpir* ***en*** *silbidos. La hija de la enferma prorrumpía* ***en*** *sollozos cuando la veía. La muchedumbre prorrumpió* ***en*** *gritos cuando apareció el equipo nacional.*

prosa *s. f.* **1** LIT. Forma natural de expresión lingüística, sin rima ni medida. **2** Parte o aspecto más vulgar de una cosa: *Todas las profesiones tienen su lado bonito, pero también todas tienen su prosa.*

prosaico, ca *adj.* **1** De la prosa: *las formas prosaicas, la construcción prosaica del relato. Los personajes prosaicos no son los mismos que los poéticos.* **2** Que está escrito en verso pero no tiene las propiedades de la poesía como son la armonía y la entonación, la elegancia de la expresión o la nobleza del pensamiento: *verso prosaico, poema prosaico, obra prosaica.* **3** (antepuesto / pospuesto) Que no tiene elegancia o distinción, o que no tiene emoción o interés: *hombre prosaico, pensamiento prosaico, gusto prosaico, trabajo prosaico. Mantuvimos una prosaica conversación.*

prosaísmo *s. m.* **1** (no contable) RESTRINGIDO. Característica de lo que es prosaico o vulgar: *Él está tranquilo, aunque muchos critiquen el prosaísmo de su vida. No me molesta el prosaísmo de esta profesión.* **2** Característica de una obra en verso con poca armonía o entonación poéticas, o vulgaridad de la expresión o del contenido: *el prosaísmo de sus poemas. El prosaísmo de nuestro poeta local es conocido.*

prosapia *s. f.* ELEVADO. Ascendencia de una persona, especialmente si es ilustre o aristocrática: *No veo en su grosería nada de su famosa prosapia familiar.*

proscenio *s. m.* **1** Parte del escenario más cercana al público. **2** Lugar entre la escena y la orquesta donde actuaban los actores en los antiguos teatros griego y romano.

proscribir *v. tr.* **1** Echar ‹una persona› [a otra persona] de su país por causas políticas: *El gobierno proscribía a los disidentes.* **2** No permitir ‹una persona› [una cosa]: *Proscribieron el baile y la música. Su obra musical está proscrita en su patria. Hemos proscrito ese libro* ***de*** *nuestros catálogos.* SIN. prohibir. ⇒ **91.**

proscripción *s. f.* **1** ELEVADO. Acción y resultado de proscribir, prohibir: *Han ordenado la proscripción de las corridas de toros.* SIN. prohibición. **2** ELEVADO. Acción y resultado de desterrar fuera de la patria: *la proscripción de los presos políticos. La proscripción afectaba a todos ellos.* SIN. expatriación.

proscrito, ta *adj. / s. m.* y *f.* **1** Que ha sido desterrado o expulsado de un territorio: *Soy un proscrito de mi país.* **2** Que está prohibido: *En mi país ésa es una obra proscrita, no puede comprarse.* ‖ *p.* **3** Participio irregular de *proscribir.*

prosecución *s. f.* ELEVADO. Acción y resultado de proseguir, continuar: *Los sindicatos decidieron la prosecución* ***de*** *la huelga. Las autoridades han decidido la prosecución* ***de*** *las obras. Está pensando en la prosecución* ***de*** *sus estudios en la capital.* SIN. continuación.

proseguir *v. tr. / intr.* **1** Continuar ‹una persona› [una cosa que había empezado]: *Después de descansar proseguí (****con****) la tarea. Paloma proseguirá sus estudios en el mes de septiembre. Ese periódico no proseguirá* ***con*** *sus ataques a los otros periodistas.* ‖ *v. intr.* **2** Durar ‹una cosa›: *La lluvia proseguía sin cesar. En el frente prosigue la calma tensa.* ⇒ **74.**

proselitismo *s. m.* (no contable) Ideología y comportamiento de las personas que intentan ganar nuevos seguidores para una religión o doctrina: *Los maestros no deben hacer proselitismo político o religioso en clase.*

proselitista *adj. / s. m.* y *f.* Que practica el proselitismo: *Ése es un proselitista convencido de la meditación oriental. Los suyos son discursos muy proselitistas, pero poco concretos por lo general.*

prosélito *s. m.* Persona que sigue muy celosamente una religión, secta o doctrina: *Es frecuente que los prosélitos de algunas sectas sean bastante fanáticos.* SIN. adepto.

prosificación *s. f.* LIT. Acción y resultado de poner en prosa algo que estaba escrito en verso: *la prosificación de los Cantares de Gesta en las crónicas medievales.*

prosificar *v. tr.* LIT. Poner ‹una persona› [una composición poética] en prosa: *En la Edad Media se prosificaban en obras históricas algunos poemas sobre héroes guerreros.* ⇒ **71.**

prosista *s. m. / f.* LIT. Persona que escribe obras de prosa: *Pérez Galdós fue un gran prosista del siglo XIX. Actualmente viven en España varios prosistas admirables.*

prosístico, ca *adj.* De la prosa literaria: *El estilo prosístico de «Clarín» es inimitable. Su obra prosística supera en extensión a su obra poética.*

prosodia *s. f.* **1** (no contable) Parte de la gramática que da normas sobre la correcta pronunciación y acentuación: *En la escuela hay que enseñar a los niños una buena prosodia.* **2** (no contable) MÉTR. Estudio de los rasgos fónicos que afectan a la métrica: *La métrica latina cuenta con algunos elementos de la prosodia que no tiene en cuenta la métrica castellana.* **3** (no contable) LING. Parte de la fonología que estudia los rasgos fónicos de las unidades inferiores o superiores al fonema: *La entonación y el acento son los rasgos que estudia la prosodia.*

prosódico, ca *adj.* GRAM. De la prosodia o de la pronunciación: *acento prosódico, tratado prosódico.*

prosopopeya *s. f.* **1** Figura retórica que consiste en atribuir a las cosas inanimadas o abstractas acciones y cualidades propias de los seres animados o en atribuir a los seres irracionales acciones y cualidades propias de los seres humanos: *Los románticos utilizaban muchas prosopopeyas, haciendo hablar a los astros, al viento, al mar.* **2** RESTRINGIDO. Solemnidad artificiosa y estudiada en la manera de ser o de hablar de una persona: *Mi jefa usa una prosopopeya increíble cuando nos critica.*

prospección *s. f.* **1** Exploración científica del terreno para descubrir yacimientos minerales, arqueológicos o aguas subterráneas: *En las afueras de la ciudad se está realizando una prospección para encontrar agua. Las últimas prospecciones han descubierto un yacimiento de gas.* **2** Estudio de las condiciones presentes para conocer las posibilidades futuras: *una prospección de opinión. Antes de vender, tenemos que hacer una prospección de mercado. Los partidos han hecho una prospección de las tendencias de voto. Están haciendo una prospección para saber qué horario comercial prefieren los clientes.*

prospectiva *s. f.* Estudio que se hace de las condiciones técnicas, económicas o de otro tipo, del futuro con el fin de anticiparse a las mismas en el presente: *Con los datos disponibles de la actualidad, una prospectiva señala que dentro de cien años llevará gafas un 99% de la población.*

prospectivo, va *adj.* Que se refiere a las condiciones científicas, económicas o sociales del futuro: *estudio prospectivo, análisis prospectivo.*

prospecto *s. m.* **1** Folleto explicativo que acompaña a algunos productos, especialmente a los farmacéuticos: *Leí el prospecto del medicamento para ver su composición.* **2** Impreso de pequeño tamaño en que se anuncia o promociona una cosa: *Mi amiga reparte prospectos de propaganda en la salida del metro.*

prosperar *v. intr.* **1** Mejorar ‹una persona o una cosa›: *Económicamente, él había prosperado mucho. La región ha prosperado mucho* ***con*** *la llegada del turismo.* SIN. progresar. **2** Tener ‹una cosa› éxito o aceptación: *No ha prosperado la idea de ir de excursión. La enmienda no ha prosperado en el Senado.* SIN. triunfar.

prosperidad *s. f.* **1** (no contable) Desarrollo y bienestar económico: *Nunca le importó la prosperidad de su familia. En Navidad, la gente siempre nos desea paz en la familia y prosperidad en el negocio.* SIN. progreso. **2** Buena suerte, éxito en los proyectos: *Que tengáis mucha prosperidad el año que viene.*

próspero, ra *adj.* (antepuesto / pospuesto) Que mejora o progresa, se desarrolla favorablemente o causa ventura o felicidad: *país próspero. Es dueño de un negocio próspero. ¡Os deseo un próspero año nuevo!* FR. Y LOC. **felices Pascuas* (y ~ Año Nuevo).**

próstata *s. f.* Glándula sexual masculina situada debajo de la vejiga y alrededor de la uretra, que colabora en la formación del semen.

prosternarse *v. prnl.* RESTRINGIDO. Ponerse ‹una persona› de rodillas o inclinarse ante otra en señal de respeto, adoración o ruego: *Me prosterné* ***a*** *sus pies pidiendo perdón.*

prostíbulo *s. m.* Local donde se ejerce la prostitución. SIN. burdel, lupanar (RESTRINGIDO).

próstilo *adj.* ARQ. [Templo griego] que tenía planta rectangular y una sola hilera de columnas en el frente o entrada.

prostitución *s. f.* **1** (no contable) Actividad en la que una persona mantiene relaciones sexuales con otras, a cambio de dinero: *prostitución femenina, prostitución masculina. El Gobierno ha iniciado la lucha contra la prostitución de menores.* **2** (no contable) Acción y resultado de prostituir o prostituirse: *la prostitución de la inteligencia. Aceptar un soborno es una auténtica prostitución.*

prostituir *v. tr. / prnl.* **1** Hacer ‹una persona› que [una persona] se dedique a mantener con otras relaciones sexuales por dinero: *Ese delincuente prostituye a jóvenes que trae de países lejanos. La pobre chica* ***se*** *prostituyó para sobrevivir.* **2** Hacer ‹una persona o una cosa› vil y despreciable [a otra persona]: ***Se*** *prostituyó aceptando esos sobornos. Has prostituido tu pluma poniéndola al servicio de un partido político. Esa artista no canta ya las causas nobles; se ha prostituido y sólo actúa por dinero, por mucho dinero.* ⇒ **46.**

prostituto, ta *s. m. / f.* (se usa preferentemente como s. f.) Persona que ejerce la prostitución: *En las calles del barrio antiguo es frecuente encontrar prostitutas.*

prot- *pref.* proto-.

protagonismo *s. m.* **1** (no contable) Condición de protagonista: *El protagonismo de la película corresponde a dos jóvenes actores. La niña es muy envidiosa, todavía no acepta que el protagonismo del bautizo recaiga en su hermano pequeño.* **2** (no contable) PEYORATIVO. Actitud de la persona que pretende destacar de cualquier modo en una situación: *Todos critican su afán de protagonismo. En la oficina siempre chocarás con el fastidioso protagonismo de los protegidos del jefe.*

protagonista *s. m. / f.* **1** Personaje principal de un espectáculo, película o libro: *la protagonista de una película, el protagonista de una novela.* **2** Persona que representa este personaje en el teatro o en el cine: *El protagonista era un actor muy malo.* **3** Persona que tiene el papel más importante en algún acontecimiento: *El nuevo jugador ha sido el protagonista del partido. Tú con tus tonterías tienes que ser siempre la protagonista de la clase.*

protagonizar *v. tr.* **1** Representar ‹una persona› el papel de protagonista en [una obra de teatro o una película]: *El actor que protagoniza la obra es muy famoso.* **2** Ser ‹una persona o una cosa› protagonista de [un asunto o un suceso]: *Las huelgas de los transportes públicos han protagonizado el día de hoy. La bajada de interés ha protagonizado la sesión de Bolsa de hoy.* ⇒ **19.**

prótasis (plural *prótasis*) *s. f.* GRAM. Parte de la oración subordinada condicional en la que se expresa la condición necesaria de cuyo cumplimiento se deriva la apódosis: *Si hemos entendido la definición, se comprenderá que la prótasis de esta oración es la que está antes de la coma.*

protección *s. f.* **1** Persona, medida u objeto que protege: *la protección oficial. El casco es una buena protección* ***contra*** *los accidentes. La paciencia es la mejor protección* ***contra*** *los infartos.* **2** (no contable) Acción y resultado de proteger: *el factor de protección de una crema. La protección del Rey es una tarea difícil.* **3** Amparo y apoyo esencial que da una persona a otra de inferior categoría social o profesional: *La protección de mi tío me ha hecho subir en la empresa. Luis ha medrado con la protección de un antiguo profesor suyo.* || **4 ~ civil** (no contable) Servicio público de ayuda que actúa en caso de catástrofes: *En las inundaciones tuvo que intervenir el Servicio de Protección Civil.*

proteccionismo *s. m.* (no contable) Ideología y sistema económico que protege el comercio nacional controlando las importaciones y haciendo más costosa la entrada de productos extranjeros: *El proteccionismo es una tentación de todos los Estados.*

proteccionista *adj.* **1** Del proteccionismo: *política proteccionista, legislación proteccionista.* || *adj. / s. m.* y *f.* **2** Que es partidario del proteccionismo: *la ministra proteccionista, las naciones proteccionistas.*

protector, ra *adj. / s. m.* y *f.* **1** (ser / estar) Que protege: *crema protectora para el sol, un padre protector. Me hablas siempre en un tono protector. Si vas en moto, debes utilizar el casco protector. Estás demasiado protectora conmigo. Ese líder quiere ser el protector de la humanidad.* **sociedad protectora de animales.** || *s. m.* **2** DEP. Pieza que cubre y protege las partes del cuerpo más expuestas o sensibles, especialmente la que protege los dientes: *En el primer asalto, el boxeador perdió el protector de la boca.*

protectorado *s. m.* **1** Soberanía parcial que un Estado ejerce sobre otro territorio no incorporado plenamente a sus dominios, el cual conserva autoridades propias: *España tuvo un protectorado en el actual reino de Marruecos.* **2** Territorio donde se ejerce este tipo de soberanía.

proteger *v. tr.* **1** Evitar ‹una persona, un animal o una cosa› que [una persona, un animal o una cosa] sufra un daño: *Esta crema te protegerá* ***del*** *sol. Llevo siempre conmigo una foto de mi madre, porque creo que me protegerá. El gato protegía a sus crías.* **2** Dar ‹una persona› apoyo o ayuda [a otra persona o una cosa]: *Los centros culturales protegen las artes y las letras. Protegen la flora y la fauna.* || *v. prnl.* **3** Defenderse ‹una persona, un animal o una cosa› de un daño: *Abrimos el paraguas para protegernos* ***de*** *la lluvia. Tengo que protegerme* ***de*** *sus calumnias, pero no sé como.* ⇒ **23.**

protegido, da *adj.* **1** [Especie animal] que está amparada por disposiciones legales que impiden su captura: *La ballena es una especie protegida.* || *adj. / s. m.* y *f.* **2** [Persona] que está protegida o apoyada por otra: *Se nota que esa profesora tiene predilección por Luis: es su protegido.* SIN. favorito.

proteico, ca *adj.* **1** (antepuesto / pospuesto) LITERARIO. Que cambia continuamente: *el mar proteico.* **2** De las proteínas: *sustancias proteicas.*

proteína *s. f.* Compuesto químico formado por una unión de aminoácidos que es uno de los componentes fundamentales de la materia viva: *Una dieta equilibrada exige proteínas, pero también vitaminas e hidratos de carbono.*

protervo, va *adj.* (antepuesto / pospuesto) ELEVADO. Malvado: *proterva mirada, sonrisa proterva.*

protésico, ca *adj.* **1** De la prótesis o reparación artificial de un órgano. || *s. m.* y *f.* **2** Especialista en la fabricación y adaptación de prótesis para el cuerpo humano.

prótesis (plural *prótesis*) *s. f.* **1** Pieza artificial que sustituye a un órgano o parte del cuerpo humano: *Le pusieron una prótesis en el lugar del pie amputado.* **2** Procedimiento mediante el cual se coloca una de estas piezas: *Aquí solamente se hacen prótesis de las extremidades inferiores.* **3** GRAM. Adición de algún sonido al principio de una palabra: *Decir «amoto» por «moto» es un caso de prótesis.*

protesta *s. f.* **1** Acción y efecto de protestar: *Los vecinos del barrio organizaron una protesta por la falta de iluminación de las calles.* **2** Documento con que se protesta: *Todos firmamos la protesta que enviaron al Ayuntamiento.*

protestante *adj. / s. m.* y *f.* **1** Del protestantismo: *Iglesia protestante, liturgia protestante.* **religión ~.** **2** Que practica o sigue las doctrinas del protestantismo: *Los protestantes no aceptan la autoridad de la Iglesia Romana.*

protestantismo *s. m.* (no contable) Religión cristiana de las iglesias que proceden directa o indirectamente de la Reforma de Lutero en el siglo XVI: *El protestantismo considera que la fe es el único medio de salvación.*

protestar *v. intr.* **1** Mostrar ‹una persona› su desacuerdo o su descontento con [una cosa]: *Los vecinos protestaron* ***por*** *el corte del gas.* **2** Expresar ‹una persona› sus quejas contra [una persona o una cosa]: *Los alumnos protestaban* ***contra*** *las nuevas tasas académicas. Mientras los médicos le curaban no dejaba de protestar.* || *v. tr.* **3** Hacer ‹una persona o una entidad bancaria› el protesto de [una letra o un cheque]: *Tengo que ir al banco, porque me han protestado una letra que ya había pagado.* FR. Y LOC. **~ una letra*.**

protesto *s. m.* Declaración formal, generalmente hecha por un notario, en que se hace constar la negativa de aceptar o pagar una letra de cambio o un cheque.

protestón, na *adj. / s. m.* y *f.* COLOQUIAL; PEYORATIVO. Que tiene tendencia a protestar por cualquier cosa: *Eres una chica muy protestona. Sois unos protestones que criticáis siempre la comida, pero nunca ayudáis a prepararla.*

prótido *s. m.* BIOQUÍM. Proteína.

proto- o **prot-** *pref.* Significa 'primero', 'principal' y forma sustantivos a partir de sustantivos: *tipo - prototipo, historia - protohistoria, mártir - protomártir.*

protoactinio *s. m.* Elemento químico metálico de color gris del grupo de los actinios, con aplicaciones en física.

protocolario, ria *adj.* **1** (antepuesto / pospuesto) Que se atiene al protocolo: *normas protocolarias. Se le recibió con las protocolarias salvas de cañón.* **2** (antepuesto / pospuesto) Que se hace por compromiso o únicamente por cumplir las reglas de cortesía: *visita protocolaria. Tras un protocolario saludo nos pusimos a trabajar. Es una declaración protocolaria sin ningún interés político explícito.*

protocolizar *v. tr.* RESTRINGIDO, lenguaje médico-administrativo. Determinar la serie de fases que sigue un proceso: *No es fácil protocolizar el desarrollo de enfermedades como el cáncer o el sida.* ⇒ **19.**

protocolo *s. m.* **1** Conjunto de reglas o ceremonias establecidas para la celebración de actos oficiales o solemnes: *seguir el protocolo, las reglas de protocolo, jefe de protocolo. Tienes que ir vestido como exige el protocolo.* **2** Conjunto de reglas o usos que establece la costumbre en determinadas ocasiones: *El protocolo exige en estos casos que se siente el invitado principal a la derecha de la dueña de la casa.* **3** Conjunto de escrituras y otros documentos que un notario guarda o formaliza: *En muchas ciudades existe un Archivo Histórico de protocolos notariales.* **4** Acta o conjunto de actas de un acuerdo, una conferencia o un congreso diplomático: *Hemos firmado un protocolo de intenciones en el que demostramos que nuestra compañía quiere comprar este banco.*

protohistoria *s. f.* **1** Periodo inmediatamente posterior a la prehistoria, del que no se poseen documentos escritos, pero sí algunas referencias en tradiciones orales. **2** Estudio de este periodo.

protomártir *s. m.* REL. Entre los católicos, el primer mártir, San Esteban.

protón *s. m.* Partícula atómica elemental de carga equivalente a la del electrón pero positiva e indivisible, que, por sí sola, constituye el núcleo del átomo de hidrógeno.

protónico, ca *adj.* **1** GRAM. [Sílaba, letra] que en una palabra precede a la que lleva el acento. SIN. pretónico. **sílaba* pretónica/protónica.** **2** FÍS. Del protón o relacionado con él.

protoplasma *s. m.* BIOL. Sustancia contenida dentro de la membrana de una célula.

protórax (plural *protórax*) *s. m.* Primera de las tres partes en que se divide el tórax de los insectos.

prototipo *s. m.* **1** Primer modelo que sirve para hacer más ejemplares del mismo tipo siguiendo sus características: *Han presentado los prototipos de los nuevos ordenadores y algunos pueden hablar.* **2** Persona o cosa que tiene todas las características de su clase y puede ser el mejor ejemplo de ella: *el prototipo del egoísmo, el prototipo de la belleza, el prototipo de la fealdad, el prototipo de la profesionalidad.* SIN. paradigma.

protozoo *adj. / s. m.* **1** [Ser unicelular] que pertenece al reino protista, que vive en medios acuosos o en líquidos internos de organismos superiores. || *s. m.* **2** (en plural) Grupo constituido por estos seres.

protráctil *adj.* ZOOL. [Lengua] que tienen algunos animales, como el camaleón, que puede proyectarse mucho fuera de la boca.

protuberancia *s. f.* **1** Bulto o volumen que sobresale de algo con forma más o menos redonda: *Las raíces de algunos árboles tienen muchos nudos y protuberancias.* SIN. abultamiento. **2** (preferentemente en plural) ASTRON. Masa de vapores muy calientes que salen del Sol: *Las protuberancias son reacciones de helio e hidrógeno.*

protuberante *adj.* ELEVADO. Que sobresale más de lo normal: *una nariz muy protuberante. Ese chico tiene una frente ligeramente protuberante.*

provecho *s. m.* **1** Beneficio, utilidad: *sin ningún provecho. Éste ha sido un viaje sin provecho para nadie. Todo lo hace en su provecho. Sus consejos fueron de gran provecho para mí. Procuro sacar provecho de la situación.* **2** Efecto alimenticio que produce una comida o una bebida en el organismo: *Está demostrado el provecho que supone la lechuga para la salud.* **3** Avance, buen rendimiento: *estudiar con provecho, trabajar con provecho.* SIN. aprovechamiento. FR. Y LOC. **buen ~** Expresión de cortesía para desear a quien come que le siente bien la comida: *No es tan frecuente como en otros países desear en España buen provecho a los que comen.* **de ~** Útil: *Todos tenemos ganas de que crezca y se haga un hombre de provecho.*

provechosamente *adv. modo* Con provecho, con resultado de provecho: *Las dos hermanas asistieron provechosamente a mis clases.*

provechoso, sa *adj.* (antepuesto / pospuesto) Que causa provecho o es beneficioso o útil para alguna persona o para alguna cosa: *Sus opiniones y consejos fueron muy provechosos para mí.*

provecto, ta *adj.* **1** ELEVADO. [Edad] que es avanzada: *He entrado ya en la edad provecta, en la que el único deporte aconsejado es un buen paseo.* **2** ELEVADO. [Persona] que es de edad avanzada: *Ese hombre es un mendigo provecto, pero con mucho sentido del humor.*

proveedor, ra *adj. / s. m.* y *f.* [Persona, empresa] que provee o proporciona a otro lo que necesita: *El cajero pagó la factura del nuevo pedido a la empresa proveedora. Encargué algunas cosas al proveedor habitual.* SIN. abastecedor.

proveer *v. tr. / prnl.* **1** Proporcionar ‹una persona› [a una persona] [una cosa que necesita]: *Nos proveímos **de** todo lo necesario.* SIN. suministrar, abastecer(se). **2** Hacer ‹una persona› [las cosas necesarias] para un fin: *El conductor del camión **se** proveyó de lo más importante porque se iba al día siguiente.* || *v. tr.* **3** Cubrir ‹una persona› [un empleo o un cargo]: *Sólo van a proveer algunas vacantes.* **4** DER. Dictar ‹un juez o un tribunal› [una resolución]. FR. Y LOC. **Dios* proveerá.** ⇒ **33** y **92.**

proveniencia *s. f.* (no contable) RESTRINGIDO. Origen o procedencia de algo: *Aún no se conoce la proveniencia de esa enfermedad.*

provenir *v. intr.* Tener ‹una persona o una cosa› su causa o su origen en [una cosa o un lugar]: *Este vino proviene **de** Francia. Esta discusión proviene **de** un malentendido.* ⇒ **86.**

provenzal *adj. / s. m.* y *f.* **1** De Provenza, ciudad francesa: *el dialecto provenzal, la literatura provenzal.* || *s. m.* **2** LING. Variedad de la lengua de Oc, hablada en el Sur de Francia.

provenzalismo *s. m.* Palabra o expresión del provenzal empleadas en otra lengua.

proverbial *adj.* **1** Que contiene un proverbio o tiene relación con los proverbios: *frase proverbial.* **2** (antepuesto / pospuesto) Que todo el mundo conoce o sabe desde siempre: *característica proverbial. Luis nos recibió con su proverbial buen humor. La dueña del restaurante nos sirvió su proverbial cordero asado. No hay que repetir las exigencias proverbiales de los clientes españoles.*

proverbialmente *adv. modo* **1** En forma de proverbio o como proverbio: *Muchos de estos saberes fueron recogidos, proverbialmente y en verso, por un famoso rabino.* **2** (antepuesto a adj.) De manera muy generalizada o desde muy antiguo, de manera sabida por todos como si se tratara ya de materia propia de proverbios: *Su propensión al disparate involuntario es proverbialmente famosa entre los telespectadores. La calidad del garbanzo de Fuentesaúco es proverbialmente conocida.*

proverbio *s. m.* Dicho de origen popular que contiene una enseñanza, un consejo o una crítica: *proverbio popular. Según dice un proverbio popular.*

providencia *s. f.* **1** (con mayúscula, no contable) REL. Cuidado que tiene Dios de sus criaturas: *Lo dejó todo en manos de la Divina Providencia.* **2** (preferentemente en plural) RESTRINGIDO. Medida que se toma para evitar o remediar un posible daño o peligro: *Hay que tomar providencias para impedir la catástrofe. Como primera providencia, la Cruz Roja enviará al lugar del terremoto tiendas de campaña, mantas y antibióticos. Estoy tomando mis providencias por si me denuncian; ya he hablado con el testigo que vio el accidente.* **3** DER. Cada una de las resoluciones dictadas por el juez en la tramitación de un procedimiento: *El juez del caso ha dictado varias providencias para acelerar la instrucción del sumario.*

providencial *adj.* **1** De la providencia de Dios: *Sin su ayuda providencial no podríamos vivir.* **2** (antepuesto / pospuesto) [Suceso casual] que impide que ocurra un daño o perjuicio inminente: *La llegada providencial de un vecino lo salvó de morir asfixiado. Un providencial aguacero ayudó a los bomberos a controlar el fuego.*

providencialismo *s. m.* (no contable) REL. Doctrina de las personas que creen que todo sucede por disposición de Dios.

providencialmente *adv. modo* **1** De manera providencial: *Los montañeros fueron rescatados providencialmente.* **2** Por inmediata providencia: *Providencialmente, avisaremos al juez.* || *adv. orac.* **3** Se parece a la construcción *fue providencial (que)*, pero impone indicativo y presenta el hecho como novedoso y no como conocido: *Providencialmente, pasaba por allí un doctor,* frente a: *Fue providencial (el hecho de) que pasara por allí un doctor.*

próvido, da *adj.* (antepuesto / pospuesto) LITERARIO. Que tiende a proveer generosamente de lo necesario: *Su mano próvida no permite que nos falte nada.*

provincia *s. f.* **1** División territorial y administrativa de un país: *Torrijos es un pueblo de la provincia de Toledo. Las provincias españolas actuales se decidieron en el siglo* XIX. **2** Cada uno de los distritos en que dividen un territorio las órdenes religiosas: *La provincia jesuítica del Perú abarcaba un territorio muy extenso.* **3** (en plural) Las ciudades del país que no son la capital: *la gente de provincias. La compañía sale de gira por provincias. En provincias se ven las cosas de manera diferente.* **4** HIST. En la antigua Roma, territorio fuera de Italia administrado por un gobernador.

provincial *adj.* **1** De la provincia: *administración provincial.* **audiencia* ~. capítulo* ~. carretera ~. diputación* ~.** || *s. m. / f.* **2** REL. Religioso que gobierna las casas de la provincia de una orden: *el provincial de Castilla.*

provinciala *s. f.* Religiosa que gobierna las casas religiosas de una provincia: *Ha vuelto la provinciala de las Madres del Corazón de María en América Central.*

provincialismo *s. m.* Palabra o expresión que solamente se usa en una provincia o región de un dominio lingüístico: *En el español hay abundantes provincialismos, tanto en las provincias peninsulares como en las regiones americanas.*

provincianismo *s. m.* (no contable) PEYORATIVO. Actitud de la persona que está demasiado apegada a la mentalidad y costumbres de un lugar: *El provincianismo sentimental es agradable, pero el provincianismo intelectual suele resultar poco atractivo.*

provinciano, na *adj.* **1** De la provincia: *La naturaleza provinciana está mejor conservada que la urbana. Los horarios provincianos son más agradables que los de la capital.* **2** Que tiene gustos poco refinados y algo pasados de moda: *La secretaria viste de una manera muy provinciana. Mis tíos siguen con su cortesía provinciana.* **3** Que tiene un comportamiento o una mentalidad cerradas, influidas por el estrecho mundo de la provincia: *comercio provinciano, fiestas provincianas, sociedad provinciana, diversiones provincianas, universidad provinciana. Ése es un periódico provinciano.* || *adj. / s. m.* y *f.* **4** Que no está acostumbrado a la forma de vida de la gran ciudad: *Soy muy provinciano, no sé todavía cómo sacar los billetes del autobús.* **5** Que vive en una provincia y no en la capital del país: *Mis padres eran provincianos que acabaron desplazándose a la capital.*

provisión *s. f.* **1** (no contable) Acción y resultado de proveer: *Esa librería se encarga de la provisión de material del colegio. La expedición al Aconcagua se dedica esta semana a hacer provisión de todo el material necesario.* **2** (preferentemente en plural; no contable) Conjunto de alimentos u otras cosas que se preparan para casos de necesidad, se almacenan, se compran o venden: *la provisión de armas, las provisiones de agua. El avión transportó las provisiones hasta el campamento. Tenemos que bajar al súper a comprar provisiones para el fin de semana. Si le interesa a usted, tenemos gran provisión de toallas de playa muy baratas.* **3** ADMINISTRATIVO. Acuerdo de la autoridad para atribuir un empleo o unas obligaciones: *La provisión de plazas se hace de acuerdo con el baremo que fijaron el año pasado los sindicatos.* **4** DER. Resolución de un juez o de un tribunal: *La provisión del juez no dispone el ingreso en prisión del acusado.* || **5 ~ de fondos** Cantidad de dinero que adelanta el que utiliza ciertos servicios administrativos para pagar lo que cuestan: *El administrador de mi casa nos exige una provisión de fondos trimestral. Antes de redactar la escritura del piso he hecho una provisión de fondos de doscientas mil pesetas en la notaría.*

provisional *adj.* Que no es definitivo, sino que sólo dura un tiempo: *Esto es un arreglo provisional, sólo te va a durar unos meses, luego tendrás que volverlo a arreglar. Te ofrezco un trabajo provisional, tienes que sustituir a una persona que está enferma. Mi estancia aquí es provisional, dentro de una semana me mudo de casa.* **libertad* ~.**

provisionalmente *adv. modo* Con carácter provisional, durante un tiempo limitado y en espera de una situación definitiva: *Los colocaré, provisionalmente, aquí. Provisionalmente, nos alojaremos en una pensión. Ponlos ahí provisionalmente.*

provisorio, ria *adj.* AMÉR. Provisional.

provisto, ta *p.* Participio irregular de *proveer.*

provocación *s. f.* Acción, palabras o gestos con que se provoca a una persona: *El árbitro expulsó al jugador por sus continuas provocaciones. Las miradas que le dirigía esa chica eran toda una provocación. Cuando vayáis de excursión a otro sitio, no hagáis caso de las provocaciones de ningún tipo.*

provocador, ra *adj. / s. m.* y *f.* Que provoca: *Esas chicas son unas provocadoras: siempre están buscando jaleo. Ese vejestorio viste de forma provocadora.*

provocar *v. tr.* **1** Molestar ‹una persona› [a otra persona] con palabras o actos para que se enfade o para obligarla a pelear: *Es inútil que me provoques, no discutiré contigo.* SIN. enojar. **2** Influir ‹una persona› sobre [otra persona] para que haga [una cosa]: *El timonel provocaba a los marineros **a** la rebelión.* SIN. incitar, inducir. **3** Tratar ‹una persona› de despertar deseo sexual en [otra persona] mediante comportamientos o actitudes atrevidas: *Le gusta provocar a las bañistas con un bañador muy ajustado. El socorrista es un tipo divertido que cree que nos provoca con esas panzadas desde el trampolín.* || *v. tr. / intr.* **4** Causar ‹una persona o una cosa› [una cosa]: *Las lluvias provocaron grandes inundaciones. Sus declaraciones provocaron risa más que lástima.* || *v. intr.* **5** AMÉR.; COLOQUIAL. Apetecer. ⇒ **71.**

provocativo, va *adj.* Que provoca o puede provocar: *gesto provocativo, actitud provocativa, palabras provocativas, ropa provocativa.*

proxeneta *s. m./f.* Persona que obliga a otra a prostituirse o que vive de una prostituta: *Han descubierto una red de proxenetas.* SIN. chulo (COLOQUIAL).

proxenetismo *s. m.* (no contable) Oficio del proxeneta.

próximamente *adv. temp.* Dentro de poco tiempo, en fecha o momento futuro próximo al momento en que se habla: *Próximamente nos visitará la reina. Se lo comunicaremos próximamente.* RELACIONES Y CONTRASTES: Frente a *posteriormente*, su empleo es absoluto y no relativo: *Mis amigos fueron al cine y posteriormente tomaron una cerveza.*

proximidad *s. f.* **1** (no contable) Circunstancia de estar próximo o cercano: *Ante la proximidad de las elecciones, los políticos están preparándose. Prefiero este colegio por su proximidad a mi trabajo. Existe mucha proximidad entre ellos.* **2** (preferentemente en plural; no contable) Lugar cercano a otro: *Instalarán una fábrica en las proximidades de la piscina municipal. Mi hermano siempre lava el coche en un río que hay en las proximidades del pueblo.*

próximo, ma *adj.* **1** (estar) Que está cerca en el tiempo o en el espacio: *Está próxima la Navidad. Su casa está próxima.* **2** (antepuesto/pospuesto) Que sigue inmediatamente en el tiempo o en el espacio: *el próximo mes. La próxima vez que venga el jefe se lo decimos. Iremos la semana próxima. La próxima primavera nos veremos. Mi novia vive en la calle próxima. Hemos quedado en el próximo semáforo.* || **3 Oriente* Próximo** o **Cercano Oriente.**

proyección *s. f.* **1** Acción de proyectar una película, diapositiva u otra cosa parecida sobre una pantalla o superficie plana: *la proyección de diapositivas de arte. La policía prohibió la proyección de la película.* **2** Acción y resultado de proyectar: *La proyección de la sombra del árbol llegaba hasta la casa.* **3** (no contable) Importancia o trascendencia de una persona o de una cosa: *La figura del Rey tiene una proyección internacional. Esta novela ha alcanzado una gran proyección en la feria del libro.* SIN. alcance. **4** GEOM. Figura que resulta de proyectar un cuerpo sobre un plano: *La proyección de un cono es un triángulo.* **5** PSICOL. Mecanismo mental de las personas por el que atribuyen a otras o a algunos objetos los propios impulsos o sentimientos: *No me atribuyas los deseos que son simplemente la proyección de tus propias intenciones.*

proyectar *v. tr.* **1** Lanzar ‹una persona o una cosa› [una cosa] en una dirección a cierta distancia: *Esa fuente proyecta un chorro de agua muy alto.* SIN. arrojar. **2** Hacer ‹una persona› planes o proyectos para realizar [una cosa]: *Los novios proyectaban irse de viaje al Caribe.* SIN. planear. **3** Hacer ‹una persona› [un proyecto de arquitectura o ingeniería]: *El ingeniero proyectó un puente sobre el río Ebro.* SIN. diseñar. **4** Hacer ‹una cosa› visible [la figura o la silueta de una persona o una cosa] sobre [una superficie]: *La Luna proyectaba en la fachada la sombra de los chopos.* **5** Hacer ‹una persona o una cosa› visible la imagen óptica de [una película o una diapositiva]: *Proyectaron una película de dibujos animados.* **6** GEOM. Trazar ‹una persona› líneas rectas desde todos los puntos de [un cuerpo, una figura o una línea] hasta una superficie para obtener su representación: *Desarrollen la proyección de un cubo sobre un plano.* **7** Reflejar ‹una persona› [sus impulsos o sus sentimientos] [en un objeto o en una persona]: *Algunos niños proyectan su agresividad **en** el juego.* || *v. prnl.* **8** Hacerse visible ‹la figura o la silueta de una persona o una cosa› sobre [una superficie]: *Sobre la pared del salón se proyectaba la silueta alta y delgada del mayordomo.*

proyectil *s. m.* Cuerpo arrojadizo lanzado contra alguien o algo, especialmente el disparado con un arma de fuego. **~ atómico. ~ teledirigido.**

proyectista *s. m./f.* Persona que se dedica, profesionalmente, a dibujar proyectos de arquitectura o ingeniería: *Tengo que contratar un arquitecto proyectista.*

proyectivo, va *adj.* **1** RESTRINGIDO. De un proyecto o proyección: *estudio proyectivo.* **2** MAT. [Figura] que conserva sus propiedades cuando se proyectan sobre un plano.

proyecto *s. m.* **1** Pensamiento o propósito de hacer una cosa, o idea de cómo hacerlo: *Juana tiene el proyecto de viajar cuando acabe sus estudios.* SIN. plan, intención. **2** Conjunto de estudios, análisis o investigaciones necesarias para llevar a cabo un determinado trabajo o actividad: *Tengo que presentar el proyecto de fin de carrera.* **3** Conjunto de planos, cálculos e instrucciones relacionadas con la realización y coste de una obra o la construcción de una máquina: *He visto el proyecto del edificio.* || **4 ~ de ley** Propuesta de una ley hecha a la cámara legislativa por el Gobierno o el jefe del Estado: *Estos días se debate en el Congreso el proyecto de ley sobre la reforma educativa.*

proyector *s. m.* **1** Aparato que proyecta imágenes ópticas ampliadas sobre una pantalla o superficie. **~ de cine. ~ de diapositivas.** **2** Luz de gran potencia, generalmente dirigible, que concentra la intensidad de su luz sobre un punto concreto: *El escenario se iluminó con un juego de proyectores.* SIN. foco, reflector.

prudencia *s. f.* **1** Cuidado y reflexión al hacer o considerar una cosa, evitando cualquier daño o peligro: *actuar con prudencia, hablar con prudencia. Debes tener prudencia a la hora de elegir. Conduce con prudencia.* SIN. sensatez. **2** Moderación o comedimiento: *Hay que beber con prudencia.* SIN. mesura.

prudencial *adj.* **1** Que está calculado con aproximación y sin buscar la exactitud: *Hice un cálculo prudencial de cuánto me iba a costar amueblar la casa.* **2** Que es suficiente pero no es exagerado ni excesivo: *Tomé una cantidad prudencial de azúcar, lo justo para que no estuviera amargo el café. Esperé un tiempo prudencial y me fui.*

prudente *adj.* **1** (ser/estar; antepuesto/pospuesto) Que tiene prudencia o actúa con discreción o buen juicio: *Joaquín es muy prudente en sus juicios, nunca habla de más. Su novia es una prudente persona, muy comedida y discreta. Has estado demasiado prudente, yo no me hubiera callado.* **2** (antepuesto/pospuesto) Que contiene prudencia: *opinión prudente, juicio prudente. Ésa es una prudente y sabia decisión.* **3** Que actúa con prudencia: *Papá es muy prudente conduciendo.* ANT. imprudente.

prueba *s. f.* **1** Acción y efecto de probar: *Sus superiores pusieron a prueba sus conocimientos y destreza. Irene ha encargado un vestido y va hoy a la primera prueba.* **2** Forma de demostrar la verdad o falsedad de algo: *No hay luz en la casa y eso es una prueba de que no hay nadie.* **3** DER. Todo aquello que, basado en los medios que autoriza y reconoce la ley, sirve para atestiguar la verdad de un hecho: *El juez no admitió aquella prueba. La defensa presentó nuevas* *pruebas.* ~ **de la paternidad** Prueba para demostrar si una persona es hija de otra. **4** Señal o demostración de algo: *en prueba de nuestra amistad, como prueba de su lealtad. Este anillo es una prueba de amor.* **5** Situación o acción difícil: *Su enfermedad fue una dura prueba para él y los suyos.* **6** Examen para demostrar los conocimientos o capacidades: *prueba escrita, prueba oral. Mi hija ha superado las pruebas de inglés.* **7** Experimento o estudio para ver cómo funciona o cómo resultará algo: *pruebas de laboratorio. Esta máquina no ha pasado las pruebas reglamentarias.* **8** Análisis médico: *Le han hecho las pruebas de la alergia.* **9** DEP. Competición: *pruebas de atletismo, pruebas de natación.* **10** MAT. Operación en que se comprueba si está bien hecha otra operación anterior. **11** (preferentemente en plural) Muestra de texto impreso sobre la que se hacen las correcciones tipográficas antes de la impresión definitiva. **12** Muestra del grabado y de la fotografía o reproducción en papel de una imagen fotográfica. || **13** ~ **de fuego** Demostración decisiva: *La competición de hoy será la prueba de fuego que decidirá su futuro.* FR. Y LOC. **a** ~ De forma provisional: *En este trabajo le tienen quince días a prueba. Ese modelo está a prueba.* **a** ~ **de** Capaz de resistir y soportar una cosa: *a prueba de golpes, a prueba de bombas.* **a** ~ **de bomba** COLOQUIAL. Capaz de resistir lo máximo: *Los muebles de la habitación del niño están hechos a prueba de bomba.* **piloto* de pruebas.**

pruna *s. f.* RESTRINGIDO. Ciruela.

pruno *s. m.* RESTRINGIDO. Ciruelo.

prurigo *s. m.* (no contable) MED. Conjunto de enfermedades de la piel que se caracterizan por la aparición de pequeños granos que producen picor o escozor.

prurito *s. m.* **1** (no contable) MED. Picor en el cuerpo: *La urticaria produce prurito.* **2** (no contable) ELEVADO. Deseo exagerado de hacer una cosa lo mejor posible: *Olga está siempre insatisfecha de su trabajo por un prurito de perfección.* **3** ELEVADO. Deseo exagerado de distinguirse en algo: *Hay que dejarla tranquila con su prurito de originalidad. El director demuestra siempre un prurito de falsa modestia.*

prusiano, na *adj. / s. m.* y *f.* **1** De Prusia, antiguo estado del norte de Alemania: *el ejército prusiano. Hice un buen trabajo sobre los prusianos.* || *adj.* **2** COLOQUIAL, RESTRINGIDO. Que tiene un exagerado sentido de la disciplina: *Tienes un carácter muy prusiano. Me he impuesto un horario de estudio absolutamente prusiano para preparar los exámenes.*

PS. *abr.* **1** «Post Scriptum». **2** «Posdata».

pseudónimo *s. m.* Seudónimo.

psi *s. f.* Nombre de la vigésima tercera letra del alfabeto griego.

psicoanálisis (plural *psicoanálisis*) *s. m.* **1** Teoría y método de investigación psicológica basado en las teorías de Sigmund Freud que tiene en cuenta los procesos mentales inconscientes. **2** Práctica clínica de este método.

psicoanalista *adj.* **1** Del psicoanálisis. || *adj. / s. m.* y *f.* **2** [Psicólogo o médico] que practica el psicoanálisis.

psicoanalítico, ca *adj.* **1** Del psicoanálisis: *tratamiento psicoanalítico, método psicoanalítico.* || *adj. / s. m.* y *f.* **2** RESTRINGIDO. Que se dedica por profesión al psicoanálisis.

psicoanalizar *v. tr.* Aplicar ‹una persona› la técnica del psicoanálisis [a una persona]. ⇒ **19.**

psicodélico, ca *adj.* **1** RESTRINGIDO. De los estados psíquicos caracterizados por una alteración de la sensibilidad que se manifiesta con alucinaciones, euforia o depresión. **2** RESTRINGIDO. [Sustancia, droga] que causa este estado psíquico. **3** Que es raro o extravagante en formas, sonidos o colores, como lo que se percibe en algunas alucinaciones: *un bar psicodélico. Me he comprado una lámpara muy psicodélica. Le gusta la música psicodélica. Ésa es una pintura psicodélica.*

psicodrama *s. m.* PSICOL., PSIQUIAT. Técnica psicoanalítica empleada en la terapia de grupos que consiste en hacer que los pacientes representen situaciones dramáticas relacionadas con sus conflictos patológicos.

psicofisiología *s. f.* (no contable) PSICOL., PSIQUIAT. Fisiología de los procesos psíquicos.

psicogénico, ca *adj.* ELEVADO. Que se origina en la psique.

psicolingüística *s. f.* Ciencia que estudia el lenguaje en relación con los mecanismos psicológicos que lo hacen posible.

psicología *s. f.* **1** (no contable) Ciencia que estudia los procesos psíquicos del ser humano y su comportamiento: *facultad de Psicología.* **2** (no contable) PSICOL. Estudio científico de la conducta de los animales: *la psicología animal.* **3** (no contable) Forma de pensar y comportarse propia de un individuo o una colectividad: *la psicología de los perros de compañía, la psicología de los felinos. El programa de radio trató de la psicología del niño.* **4** (no contable) Aptitud especial para conocer el carácter o las reacciones de otra persona: *Pili es una chica intuitiva, con mucha psicología para tratar a la gente. Andrés tiene mucha psicología para vender bien.*

psicológicamente *adv. restrictivo* **1** Considerado desde la perspectiva de la psicología: *Psicológicamente, tu proposición es descabellada. Ésa es una hipótesis sociológica y psicológicamente muy atractiva.* **2** En el aspecto psíquico, en cuanto al estado mental: *Ni física ni psicológicamente me encuentro bien.* **3** En cuanto a capacidad psíquica o anímica: *un individuo psicológicamente débil.* **4** En lo mental, sobre la mente, en el ánimo: *Este hecho me influyó psicológicamente muchísimo. Me encuentro psicológicamente afectada.* || *adv. modo* **5** Por técnicas psicológicas o desde presupuestos y métodos psicológicos: *Ni psiquiátrica ni psicológicamente pudieron hacer nada por él: tenía cáncer en el cerebro. El problema habrá que abordarlo sociológica y psicológicamente.*

psicológico, ca *adj.* **1** De la psicología: *análisis psicológico, estudio psicológico.* **test ~.** **2** De la mente humana: *la organización psicológica de las personas, un juego psicológico. La droga te produce al principio una borrachera psicológica.* **perfil ~. trauma* ~.** **3** Que es más imaginado que real: *el efecto psicológico. La salida del nuevo portero ha buscado un golpe psicológico para los jugadores del equipo contrario.* || **4 guerra* psicológica.**

psicólogo, ga *s. m. / f.* **1** Persona que se dedica por profesión a la psicología. **2** Persona que sabe conocer muy bien el carácter de las personas y sus reacciones: *Ese comercial es un psicólogo estupendo, sabe perfectamente cuándo tiene que enseñar lo que vende. El profesor es un psicólogo ejemplar, después de dos minutos, ya sabe con quién está hablando.*

psicometría *s. f.* Rama de la psicología experimental que trata de la medida de los fenómenos psíquicos mediante métodos estadísticos o interviene en la elaboración de los tests: *gabinete de psicometría.*

psicomotricidad *s. f.* (no contable) PSICOL. Relación que existe entre la mente y la capacidad de movimiento del cuerpo: *psicomotricidad infantil, psicomotricidad de los accidentados, ejercicios de psicomotricidad.*

psicópata *s. m. / f.* Enfermo mental o que sufre alguna psicopatía: *La niña fue secuestrada por un psicópata.*

psicopatía *s. f.* **1** MED. Cualquier enfermedad mental. **2** MED. Enfermedad mental en que el individuo tiene una conducta violenta y antisocial como consecuencia de su inadaptación al medio.

psicosis (plural *psicosis*) *s. f.* **1** MED. Enfermedad psiquiátrica que produce una alteración grave de la personalidad. **~ maniaco-depresiva** MED. Psicosis en que alternan las fases de euforia y depresión. **2** COLOQUIAL. Miedo obsesivo a algo: *El temor a los atracos ha provocado una psicosis colectiva.*

psicosomático, ca *adj.* [Enfermedad, dolor] que puede tener su origen tanto en causas físicas como psíquicas o se desarrolla en esos aspectos: *Tengo dificultades para respirar pero no tengo nada orgánico, es psicosomático.*

psicotecnia *s. f.* (no contable) PSICOL. Parte de la psicología que trata de examinar y clasificar las aptitudes de los individuos mediante pruebas adecuadas: *Emilio trabaja en un laboratorio de psicotecnia empresarial.*

psicotécnico, ca *adj.* De la psicotecnia: *test psicotécnico, prueba psicotécnica, gabinete psicotécnico.*

psicoterapia *s. f.* (no contable) Tratamiento de algunas enfermedades o alteraciones de conducta por medio de técnicas psicológicas: *El psicoanálisis o la hipnosis pueden servir en ocasiones como psicoterapia efectiva. La enferma mejoró de su depresión después de unas cuantas sesiones de psicoterapia.*

psicótico, ca *adj.* Que padece o manifiesta una psicosis: *El forense afirma que el acusado no es responsable de su crimen porque tiene rasgos psicóticos muy marcados.*

psique *s. f.* PSICOL. Conjunto de actos y funciones mentales de las personas: *Tan importante como el cuerpo es la psique en la especie humana.*

psiquiatra *s. m. / f.* Médico especialista en psiquiatría. FR. Y LOC. **estar de ~** COLOQUIAL; HUMORÍSTICO. Encontrarse ‹una persona› con dificultades mentales: *Ese chico está de psiquiatra, últimamente no quiere hablar con nadie. Estoy de psiquiatra, llevo unos días que me olvido de todo.*

psiquiatría *s. f.* (no contable) MED. Parte de la medicina que estudia y trata las enfermedades mentales.

psiquiátrico, ca *adj.* **1** De la psiquiatría o de los psiquiatras: *tratamiento psiquiátrico, residencia psiquiátrica, preparación psiquiátrica.* || *s. m.* **2** Hospital para enfermos mentales. SIN. manicomio (COLOQUIAL), frenopático (RESTRINGIDO).

psíquico, ca *adj.* De la psique o de lo mental: *enfermedad psíquica, obsesión psíquica, manía psíquica, mejoría psíquica.*

psiquismo *s. m.* (no contable) Conjunto de caracteres y funciones de la mente humana y de los fenómenos relacionados con ella: *El psiquismo humano resulta todavía una fuente de sorpresas, a pesar de tantos estudios.* SIN. psique.

psitacosis (plural *psitacosis*) *s. f.* (no contable) MED. Enfermedad infecciosa respiratoria de las aves, que puede transmitirse al hombre.

PSOE (pronunciamos *'pesoe'* o *'soe'*) *s. m.* Sigla de «Partido Socialista Obrero Español».

psoriasis (plural *psoriasis*) *s. f.* Soriasis.

pta. (plural *pts. / ptas.*) *abr.* «Peseta».

ptas. *abr.* «Pesetas».

pteridofito, a *adj. / s. f.* **1** BOT. [Planta] que pertenece a la familia de las pteridofitas. || *s. f.* **2** (en plural) BOT. Familia de plantas criptógamas que viven en lugares húmedos y no producen semillas, como los helechos.

pterodáctilo *s. m.* (macho y hembra) Género *Pterodactylus.* Reptil volador que vivió en la Era Secundaria, con alas formadas por una membrana que unía sus extremidades.

ptialina o **tialina** *s. f.* Fermento de la saliva y del jugo pancreático que transforma el almidón en un azúcar.

pts. *abr.* **1** «Pesetas». **2** «Puntos».

púa *s. f.* **1** Cuerpo delgado y rígido afilado en punta: *la púa del peine, la púa de un erizo, las púas del alambre de una cerca. Me he clavado una púa en el dedo.* **2** Pequeña lámina triangular para tocar instrumentos de cuerda: *La bandurria y el laúd se suelen tocar con púa.* **3** BOT. Parte de una planta que se introduce en otra para hacer un injerto. **4** (preferentemente en plural) JERGAL. Peseta, moneda: *No voy al concierto porque cuesta cinco mil púas.* **5** COLOQUIAL; AFECTIVO, PEYORATIVO. Persona espabilada que sabe aprovecharse de los demás: *¡Buena púa estás hecho! Juan es una buena púa.* FR. Y LOC. **saber cuántas púas tiene un peine** COLOQUIAL. Ser ‹una persona› lista para no dejarse engañar: *No te preocupes porque no podamos ir a la entrevista, que Juan sabe cuántas púas tiene un peine.*

pub (plural *pubs*, preferible a *pubes;* del inglés; pronunciamos *'pab' o 'pub'*) *s. m.* Local donde se puede tomar bebidas y escuchar música, generalmente por la tarde o por la noche: *Después del cine fuimos a tomar una copa al nuevo pub del barrio.*

púber *adj. / s. m.* y *f.* (antepuesto / pospuesto) ELEVADO. Que ha llegado a la pubertad: *las púberes doncellas. Muchachas y muchachos púberes asisten a las fiestas.*

pubertad *s. f.* Primera etapa de la adolescencia, cuando comienzan los cambios físicos y psíquicos hacia la edad adulta.

pubis (plural *pubis*) *s. m.* **1** Parte inferior del vientre, de forma triangular, que se cubre de vello en la pubertad. **2** ANAT. Uno de los tres huesos que forman el hueso coxal.

publicación *s. f.* **1** (no contable) Acción y resultado de publicar: *Esta revista tiene una publicación mensual. La publicación de una novela es cada día más cara.* **2** Escrito difundido por cualquier procedimiento o medio técnico: *Ese departamento es famoso por sus publicaciones científicas. Ha salido una publicación nueva dedicada a la poesía. Ha dirigido un diario y diversas publicaciones semanales.* **3** Acción de poner en conocimiento de todos o de divulgar cualquier cosa: *la publicación de las encuestas electorales, la publicación de las conversaciones secretas de los espías.*

públicamente *adv. modo* En público, de manera pública: *Quiero manifestar públicamente mi oposición a este aberrante proyecto.*

publicano *s. m.* HIST. Recaudador de rentas públicas de la antigua Roma.

publicar *v. tr.* **1** Poner ‹una persona› [una cosa] en conocimiento del público: *El ilustre historiador ha confirmado que publicará todo lo que sabe del último ministro de Alfonso XII.* SIN. divulgar. **2** Hacer ‹una persona› pública [una cosa que permanecía oculta]: *Tu amigo se dedicó a publicar nuestros secretos. Ahora los testigos van por ahí publicando nuestros acuerdos.* SIN. divulgar, pregonar. **3** Imprimir y sacar ‹una persona o una editorial› [una obra] a la venta: *Una conocida editorial va a publicar su primera novela.* SIN. editar. || *v. tr. / intr.* **4** Conseguir ‹una persona› que se publique [su obra]: *Tu amigo ha publicado su libro. Benedetti publica otra novela.* ⇒ **71.**

publicidad *s. f.* **1** (no contable) Conjunto de técnicas y actividades utilizadas para vender servicios y productos o para difundir ideas a través de los medios de comunicación: *Trabajar en publicidad es apasionante. Cada año, la publicidad mueve más dinero. La publicidad política tiene tanta importancia como la comercial.* **2** (no contable) Cualquier medio que sirve para divulgar y vender un servicio, un producto o una idea: *¿Has visto la nueva publicidad de los relojes? Meten demasiada publicidad en los buzones de las casas. Ya han empezado con la publicidad navideña: hay demasiados spots de turrón y los periódicos están llenos de anuncios de colonias.* SIN. propaganda. **3** (no contable) Acción y resultado de que una noticia o un hecho pertenezcan al dominio público: *Las autoridades no han querido darle publicidad al asunto. La publicidad es siempre preferible al secreto.* SIN. divulgación.

publicista *s. m. / f.* **1** Persona que tiene como profesión la publicidad: *Para dar a conocer el producto necesitas el asesoramiento de un publicista.* SIN. publicitario (RESTRINGIDO). **2** RESTRINGIDO. Persona que escribe en una publicación periódica.

publicitario, ria *adj.* **1** De la publicidad: *cartel publicitario, anuncios publicitarios, consejos publicitarios.* **cuña* publicitaria. valla publicitaria.** || *s. m. / f.* **2** RESTRINGIDO. Publicista.

público, ca *adj.* **1** Que es de todos los ciudadanos o que está pensado para que todos los ciudadanos puedan utilizarlo o disponer de ello: *colegio público, teléfono público, parque público, establecimiento público, transporte público, servicio público. Esta tarde tendrá lugar un acto público de homenaje al poeta muerto en la mañana de ayer.* ANT. privado. **papelera pública. teléfono* ~. vía* pública.** **2** Que está administrado o controlado por el Estado o sus instituciones: *empresas públicas, organismos públicos.* **administración* pública. deuda* pública. empresa pública. hacienda* pública. obras* públicas. sector ~. tesoro* ~. título* ~.** **3** Que es conocido o sabido por todos, o puede serlo: *Es público y notorio que Jesús mintió para proteger sus intereses. Eso es del dominio público. Ese tipo es un estafador público.* **documento* ~.** **4** [Persona] que no tiene intimidad a causa de su profesión: *Los actores, los políticos y los deportistas son personajes públicos.* **5** [Persona] que trabaja en un organismo o institución públicos: *funcionario público, cargo público, trabajador público.* || *s. m.* **6** (no contable) Conjunto de personas que asisten a un espectáculo, a un acto: *Ese programa está dirigido al público infantil. El público que fue al concierto era muy joven.* **7** (no contable) Conjunto de posibles clientes de un negocio, servicio, o consumidores de un producto: *Este periódico tiene un público muy heterogéneo. La tienda cierra el martes* ***al*** *público por reforma.* || **8 el gran ~** El conjunto de personas sin formación especializada sobre un tema: *El gran público apreció la pintura realista.* **9. fe* pública. 10 fuerza* pública** o **fuerzas de orden ~. 11 hombre* ~. 12 ministerio* fiscal / ~. 13 mujer* pública** o **mujer de la vida** o **mujer de mala vida. 14 opinión* pública. 15 orden* ~. 16 poderes* públicos. 17 relaciones* públicas.** FR. Y LOC. **en ~** Públicamente de modo que todos puedan verlo u oírlo: *Elena dijo en público que se casaba, pero no lo ha hecho.* **ser de dominio* ~.**

¡pucha! *interj.* AMÉR. Expresa sorpresa, disgusto, rabia.

pucherazo *s. m.* **1** POLÍT.; COLOQUIAL; PEYORATIVO. Fraude electoral que altera el resultado de una elección: *En las elecciones sindicales se han hecho varias acusaciones de pucherazo. Los observadores internacionales evitarán que en las elecciones del país se produzca un pucherazo generalizado.* **2** RESTRINGIDO. Golpe dado con un puchero o con cualquier objeto duro: *Le dieron unos gamberros un pucherazo en la taberna el domingo pasado y lo dejaron sin sentido.*

pucherear *v. intr.* ARG.; COLOQUIAL. Comer ‹una persona› pobremente.

puchero *s. m.* **1** Cualquier recipiente, más alto que ancho, con asa y algo abombado, usado para cocinar. **2** Comida, especialmente la que se prepara cociendo legumbres u hortalizas con carne. **3** COLOQUIAL. Alimento o sustento diario: *Hay que ganarse el puchero. Con lo que trabaja no le llega ni para el puchero.* FR. Y LOC. **hacer pucheros** COLOQUIAL. Hacer ‹una persona› los gestos verdaderos o fingidos que preceden al llanto: *Si le regañas se pone a hacer pucheros.*

puches (plural) *s. m. / f.* Gachas.

pucho *s. m.* **1** AMÉR. DEL S. Colilla del cigarro. **2** AMÉR. DEL S., PERÚ. Resto, pequeña cantidad que sobra de una cosa. FR. Y LOC. **a puchos** AMÉR. DEL S. En pequeñas cantidades, poco a poco. **no valer un ~** AMÉR. DEL S. No valer nada. **sobre el ~** ARG., BOL., URUG. Inmediatamente, enseguida.

pudding (del inglés; pronunciamos *'pudin'*) *s. m.* Pudin.

pudendo, da *adj.* ELEVADO. Que causa o puede causar vergüenza. **partes* pudendas.**

pudibundez *s. f.* (no contable) ELEVADO; PEYORATIVO. Carácter excesivamente pudoroso de una persona o cosa.

pudibundo, da *adj.* ELEVADO. Que es demasiado pudoroso: *Mi tía es tan pudibunda que sólo se pone vestidos de manga larga aun en pleno verano. Carlos está suscrito a esa revista tan pudibunda de los antiguos alumnos.*

púdico, ca *adj.* Que tiene pudor o recato: *La joven se sentó en el sofá con actitud púdica. Para ir a la iglesia deberías ponerte un vestido más púdico. El chico miraba con ojos púdicos.* SIN. pudoroso, honesto. ANT. impúdico.

pudiente *adj. / s. m.* y *f.* COLOQUIAL. Que tiene poder o riquezas: *Pancho pertenece a una familia pudiente.*

pudin o **pudín** *s. m.* **1** Dulce, típico de Inglaterra, elaborado con harina, leche, huevos y trozos de fruta. **2** Plato de cualquier alimento salado, de presentación y consistencia parecidas a este dulce: *pudin de berenjenas, pudin de salmón, pudin de carne.*

pudinga *s. f.* GEOL. Roca sedimentaria formada por otras redondeadas, unidas por un cemento calcáreo o cuarzoso.

pudor *s. m.* **1** Sentimiento de vergüenza relacionado con el sexo o la desnudez del propio cuerpo: *Después del partido, Javier no se ducha con sus compañeros por pudor.* **2** Timidez o modestia: *Me cuesta trabajo vencer el pudor para hablar en público.* **3** Honestidad u honradez: *Si tuvieras algo de pudor no engañarías a tu propio padre. Pedro no tiene pudor si se atreve a presentarnos la factura después de lo hecho.*

pudoroso, sa *adj.* Que está lleno de pudor o recato: *conducta pudorosa, caricia pudorosa. Es muy pudoroso, no le gusta mostrar sus sentimientos.*

pudrición *s. f.* (no contable) RESTRINGIDO. Pudrimiento. SIN. putrefacción.

pudridero *s. m.* **1** Lugar donde se ponen los desperdicios para que se pudran o corrompan: *Con la huelga de limpieza la estación parece un pudridero.* **2** Cámara de los cementerios donde se colocan los cadáveres antes de enterrarlos en un panteón.

pudrimiento *s. m.* (no contable) Descomposición o corrupción de la materia orgánica. SIN. putrefacción.

pudrir *v. tr.* **1** Producir ‹una cosa› que [una materia orgánica] se altere y descomponga: *El agua va a pudrir la fruta. El calor pudre la carne.* **2** Causar ‹una persona o una cosa› degradación [a una persona o una cosa]: *La mentira pudre la vida política y social. La bebida va pudriendo poco a poco a esta mujer.* **3** Causar ‹una persona o una cosa› impaciencia o fastidio [a una persona]: *No puedo remediarlo, pero es que sus tonterías me pudren.* || *v. prnl.* **4** Alterarse y descomponerse ‹una materia orgánica›: *Si no metes la carne en la nevera se va a pudrir con el calor que hace.* SIN. corromperse. **5** Sentir ‹una persona› impaciencia o fastidio: *Me pudro con su tardanza.* FR. Y LOC. **así / ojalá te pudras** COLOQUIAL. Se usa cuando se tiene un ataque de ira para desear mal a una persona: *No te perdonaré nunca tu egoísmo, ojalá te pudras.* ⇒ **91.**

pudú *s. m.* CHILE. Ciervo de pequeño tamaño que vive hacia el sur, en las faldas de la cordillera andina.

pueblerino, na *adj. / s. m.* y *f.* **1** PEYORATIVO. Que tiene una mentalidad estrecha o que se hace de acuerdo con el espíritu de un pueblo pequeño: *El dueño es un tipo con una concepción totalmente pueblerina del negocio. La suya es una crítica pueblerina, la exposición no es tan mala. Me molestan la curiosidad pueblerina, las fiestas pueblerinas y las manías pueblerinas.* **2** [Persona] que no ha asimilado la educación o el comportamiento de los habitantes de las ciudades: *Eres un poco pueblerino, aquí no saludamos de esa manera. Yo soy muy pueblerino, todavía no me he acostumbrado al tráfico de la gran ciudad.*

pueblero, ra *adj. / s. m.* y *f.* **1** AMÉR. DEL S.; RESTRINGIDO. [Persona] que vive en un pueblo o ciudad. || *adj.* **2** AMÉR. DEL S. De las ciudades o pueblos, por oposición al campo.

pueblo *s. m.* **1** Población pequeña: *Las costumbres de las ciudades son menos tradicionales que las de los pueblos. Mucha gente de los pueblos vive de la agricultura.* **2** Conjunto de personas que viven en un lugar, región o país: *el pueblo andino, el pueblo valenciano, el pueblo santafecino, el pueblo mexicano.* **defensor* del ~.** **3** Conjunto de personas que por su origen, religión o cultura forman una comunidad: *el pueblo hebreo, el pueblo palestino, el pueblo kurdo, los pueblos latinos.* **4** Conjunto de personas de las clases sociales más bajas: *Las nuevas medidas políticas pretenden contentar al pueblo.*

puelche *adj. / s. m.* y *f.* **1** HIST.; ARG., CHILE. De cierto pueblo indígena que habitaba en la Pampa argentina y fue exterminado en el siglo XIX. || *s. m.* **2** CHILE; RESTRINGIDO. En el sur, viento helado que sopla desde la cordillera andina hacia el poniente.

puente *s. m.* **1** Construcción que permite pasar de una orilla a otra de un río o de un punto a otro de un terreno, separados por fosos, depresiones o accidentes parecidos: *cruzar un puente, pasar un puente.* **~ giratorio. ~ colgante** Puente sostenido por cables o cadenas. **~ de barcas** Puente provisional construido sobre barcas o flotadores, utilizado normalmente por un ejército para pasar un río. **~ levadizo** Puente sobre un foso de los antiguos castillos, que podía levantarse para impedir la entrada. **2** Día oficialmente laborable entre dos festivos, que se convierte de hecho también en festivo: *El viernes hacemos puente. Este puente me voy a esquiar. El lunes próximo es puente.* **día ~.** **3** Pieza que sujeta los dientes artificiales a los propios o naturales: *tener un puente, llevar un puente. Me tienen que poner un puente.* **4** Pieza central de la montura de las gafas que descansa sobre la nariz: *Se me ha roto el puente de las gafas.* **5** Conexión entre dos cables que permite el paso de la corriente eléctrica: *El coche no tenía las llaves puestas, pero hicieron un puente y se lo llevaron.* **6** MÚS. Pequeña pieza perpendicular a la madera que mantiene levantadas las cuerdas de los instrumentos musicales. **7** Curva o arco de la planta del pie. **8** Persona o cosa que sirve para acercarse a otras: *Pepe es un magnífico puente para acercarse a esos empresarios.* || **9. ~ aéreo** Sistema organizado de vuelos regulares y frecuentes entre dos puntos en el que no es necesaria la reserva previa del pasaje: *tomar el puente aéreo. Se ha creado un puente aéreo entre Madrid y Sevilla.* **10 ~ de mando / navegación** Plataforma en la parte alta de un barco, desde donde se dan las órdenes para gobernarlo. **11 ~ transbordador** Transbordador. FR. Y LOC. **tender un ~** Hacer algo ‹una persona› para acercarse a otra o tratar de que mejoren sus relaciones con ella: *El Gobierno le ha tendido un puente a los sindicatos para intentar llegar a un acuerdo.*

puentear *v. tr.* **1** No obedecer o respetar ‹una persona› la cadena jerárquica de órdenes o decisiones en una institución o en una empresa: *Usted no se puede puentear a su jefe directo y pedirle trabajo al director del departamento.* **2** Transmitir o recibir ‹una persona› una información en una institución sin respetar la organización regular acordada: *Si nos puentean nuestros propios jefes, no podremos mantener una posición fuerte ante la otra empresa.*

puerco, ca *adj. / s. m.* y *f.* **1** COLOQUIAL; INSULTO. [Persona] que es muy sucia o se comporta sin educación: *Ése es un tipo muy puerco; ¿cómo puede comer así?* **2** COLOQUIAL; INSULTO. [Persona] que se comporta con vileza o mezquindad, o que actúa movido por el interés: *Eres un puerco, ¿cómo has podido negar unas pesetas a tu mejor amigo?* || *s. m. / f.* **3** Cerdo. **4** Jabalí. || **5 ~ espín** o **~ espino** (macho y hembra) *Hystrix cristata.* Mamífero roedor de cuerpo rechoncho, que tiene la cabeza cubierta de pelos largos y el dorso y la cola de púas puntiagudas, con las que se defiende de sus enemigos. FR. Y LOC. **echar margaritas* a los puercos.**

puercoespín *s. m.* Puerco* espín.

puericultor, ra *s. m./f.* Persona que tiene como profesión la puericultura: *Ana es puericultora en un hospital. Hemos llevado al niño al puericultor porque tiene fiebre.*

puericultura *s. f.* (no contable) Estudio y práctica de los cuidados que deben darse a los niños para que tengan un desarrollo sano.

pueril *adj.* Que tiene características de los niños: *No es normal que tengas ideas pueriles, tienes veinte años. Es un enfado pueril, se le pasará pronto, no tiene malicia. Parece mentira que a tus años tengas esas ocurrencias tan pueriles.*

puerilidad *s. f.* (no contable) Carácter pueril de una persona o cosa: *la puerilidad de su argumentación, la puerilidad de su comportamiento.*

puérpera *s. f.* ELEVADO. Mujer que acaba de parir. SIN. parturienta.

puerperal *adj.* Del puerperio. **fiebre* ~.**

puerperio *s. m.* MED. Periodo que sigue inmediatamente al parto.

puerro *s. m.* Planta herbácea de la familia de las liliáceas con un bulbo comestible, parecido a la cebolla tierna pero de sabor más suave: *crema de puerros, lata de puerros.*

puerta *s. f.* **1** Hueco desde el suelo hasta una altura prudencial, en una pared o en una valla, para pasar de un lado a otro: *franquear la puerta, atravesar la puerta.* **2** Tabla u otra estructura generalmente sujeta con goznes o con raíles que cierra o abre el paso por este hueco u otros parecidos de algunos objetos como un armario o un coche: *abrir la puerta, cerrar la puerta, echar la llave a la puerta, escuchar detrás de la puerta, puerta de entrada, puerta de la habitación, puerta de la calle, puerta del garaje, puerta trasera, la puerta del armario, el pomo de la puerta. Tienes pegatinas en la puerta de la nevera. Llevas la puerta del coche abierta. Tienes la puerta mal cerrada. Los ladrones han tirado la puerta abajo.* **~ corredera. ~ de servicio** o **~ accesoria** Puerta diferente de la principal por donde entran o salen criados y vendedores en algunas casas y en establecimientos como hoteles o restaurantes. **~ escusada / excusada** RESTRINGIDO. Puerta disimulada que conduce a un lugar oculto o secreto. **~ giratoria** Puerta de dos o cuatro hojas montadas sobre un eje sobre el cual giran. **~ trasera** Puerta de una casa que se encuentra en una fachada opuesta a la principal. **3** Entrada monumental abierta en la muralla de una población. **4** Casa o edificio: *Vivo en la puerta de al lado. Luis vive en la puerta número cinco.* **5** Camino o medio para alcanzar una cosa: *Aquella canción nos abrió la puerta del éxito.* **6** DEP. Portería: *El balón no ha llegado a puerta.* **saque* de ~.** FR. Y LOC. **a las puertas** Muy próximo o cercano: *a las puertas de la muerte, a las puertas de la felicidad. Estás a las puertas de conseguirlo.* **a ~ cerrada** En privado o de forma no pública: *El juicio se celebra a puerta cerrada.* **abrir la ~** Facilitar ‹una persona o una cosa› las cosas a una persona: *Este acuerdo abre la puerta a nuevas negociaciones.* **cerrársele todas las puertas** No disponer ‹una persona› de ninguna oportunidad o solución: *Se me han cerrado todas las puertas, ya no sé dónde ir a buscar trabajo.* **coger / tomar la ~** COLOQUIAL. Marcharse ‹una persona› de forma repentina y sin explicaciones: *Si no te gusta coges la puerta y te vas.* **dar con la ~ en las narices** COLOQUIAL. Rechazar ‹una persona› a otra, desentenderse de ella. **de puerta a ~** Servicio de transporte directo del remitente al destinatario. **de puertas adentro** En la intimidad o en privado: *De puertas adentro papá es una persona con gran sentido del humor. Tus problemas familiares debes resolverlos de puertas adentro.* **de puertas afuera** En público o delante de gente poco conocida: *De puertas afuera María es totalmente diferente.* **en puertas** 1 A punto de que una cosa empiece: *Necesito un abrigo porque el invierno está en puertas.* 2 (preferentemente con los verbos *estar, quedar*) A punto de lograr o alcanzar una cosa: *Quedamos en puertas de conseguir el negocio. Estoy en puertas de ganar el campeonato.* **estar a las puertas de la muerte** Estar ‹una persona› próxima a la muerte. **franquear las puertas** 1 Abrir ‹una persona› las puertas de algún sitio: *El conde nos franqueó las puertas de su casa.* 2 Eliminar ‹una persona› los obstáculos que pueda tener otra persona: *Su amistad me franqueó todas las puertas.* **ir de puerta en ~** Ir ‹una persona› pidiendo o vendiendo por las casas. **llamar a la ~** Surgir o aparecer ‹una persona o una cosa›: *Si la oportunidad, la suerte, el amor llaman a tu puerta, no los dejes escapar.* **poner* en la ~ de la calle. por la ~ grande** 1 TAUROM. Triunfalmente: *El torero salió por la puerta grande.* 2 Con éxito, dignidad y orgullo: *Sus méritos fueron reconocidos en la empresa y cuando se marchó salió por la puerta grande.* **vivir / estar puerta con ~** Vivir ‹una persona› muy cerca de otra: *Las dos oficinas están puerta con puerta.* REFR. **Cuando una puerta se cierra, cien se abren.** Se usa para tranquilizar o animar una persona a otra persona cuando falla un negocio o un proyecto.

puerto *s. m.* **1** Lugar natural o construido artificialmente en la costa o en las orillas de un río para la carga y descarga de los barcos. **boca* de un ~. ~ deportivo. ~ marítimo / pesquero. ~ fluvial** Puerto de río. **~ franco** Puerto libre de impuestos y contribuciones de aduana. **2** Ciudad que tiene puerto o está al lado del mar: *Barcelona es puerto de mar.* **3** Lugar por donde es posible pasar entre montañas: *puerto de montaña.* **4** Montaña o cordillera donde están esos puertos. **5** LITERARIO. Persona o lugar que sirve de refugio. FR. Y LOC. **llegar a buen ~** RESTRINGIDO. Conseguir ‹una persona› lo que pretende superando situaciones difíciles.

puertorriqueñismo *s. m.* Palabra, locución o giro propio del habla de los puertorriqueños.

puertorriqueño, ña o **portorriqueño, ña** *adj. / s. m. y f.* De Puerto Rico, país de América central: *pintura puertorriqueña. En mi clase hay dos portorriqueños.*

pues *conj.* **1** Introduce un hecho nuevo que es la explicación causal de otro expresado previamente: *No se veía nada bien, pues se había hecho de noche. Juana no está aquí, pues yo no la veo por ninguna parte.* **2** RESTRINGIDO. Introduce un hecho evidente en el contexto como explicación o justificación de otro: *Pues el mal es ya irreparable, tómalo con paciencia. Pues venís descalzo, entrad. Sufre la pena, pues cometiste la culpa. Algo buscarás, pues has venido.* SIN. ya que, puesto que. OBSERVACIONES: En **1** y **2** *pues* es siempre un nexo explicativo y no simplemente causal. Su empleo supone que existe un hecho (por ejemplo, el haberse hecho de noche) que favorece, propicia o explica el que suceda otro (por ejemplo, el que no se vea bien). **3** (después de un punto, preferentemente en contextos de réplica) Introduce la consecuencia natural de lo que se acaba de expresar: *¿No querías trabajar? Pues trabaja. ¿No se* *creían ellos los más inteligentes? Pues que lo demuestren ahora. ¿Ves aquel cubo azul que está en la esquina? Pues lo llenas de agua y me lo traes. –«Tengo sed.» –«Pues bebe agua».* **4** (después de punto) Introduce un comentario inmediato que informa de algo al oyente: *–«He visto a Pepe.» –«Pues ya es capitán.» –«¿Te acuerdas de aquel chico tan amable que nos saluda siempre al bajar a la playa?» –«Pues es ingeniero».* **5** (reacción del interlocutor en un diálogo) Contrapone enfáticamente un hecho a otro: *–«A mí no me gustan.» –«Pues a mí me encantan.»* SIN. en cambio. **6** (reacción del interlocutor en un diálogo) Introduce un hecho no esperable que contrasta enfáticamente con el que se acaba de expresar: *–«¡Pero qué mal juegan!» –«Pues son los campeones actuales.» –«Este cuadro es magnífico.» –«Pues lo pinté yo.»* ANT. como que. RELACIONES Y CONTRASTES: Su significado es similar al de *y sin embargo*, y opuesto al de la locución *como que*. OBSERVACIONES: A veces es el propio hablante el que realiza la contraposición: *Te parecerá quizá que todo esto no es más que un rumor infundado; pues es una verdad como un templo.* **7** Introduce réplicas y comentarios de sorpresa ante el conocimiento de hechos que no se esperaban: *–«Venía a que le prestáramos dinero.» –«¿Pues no le había tocado la lotería?»* SIN. pero. **8** (en respuestas a un interlocutor o a uno mismo, a veces con matiz de reproche) Introduce una respuesta demasiado obvia: *–«¿Cómo se corta esto?» –«Pues con un cuchillo.» –«¿Por dónde entraste?» –«Pues por la puerta.»* **9** COLOQUIAL. (detrás de algunas proposiciones subordinadas y de algunas agrupaciones verbales) Refuerza lo que el hablante dice a continuación y da a entender que es lo más natural: *(...) y, si no quieren hacerte caso, pues te vuelves y se acabó. (...) y cuando los niños venían tan cansados, pues los acostábamos directamente y en paz. Los que midan más de seis centímetros los traes, que son para vender, y los que no, pues te quedas tú con ellos y ya está.* **10** (preferentemente en retrasos al dar la respuesta) Se emplea para mantener la comunicación con el interlocutor e indicarle que siga atento: *–«¿Cuál fue el gran descubrimiento de Kepler?» –«Pues... pues... Lo siento, no lo recuerdo.» –«¿Dónde está el Aconcagua?» –«Pues... ¡Ah, sí! En Chile.»* **11** (en muchas regiones) Se emplea como muletilla: *–«¿Pues qué te pasa?» –«Pues nada.»* ‖ *adv.* **12** Enlaza una proposición con otra que expresa una consecuencia de lo que se acaba de decir: *Se nos había hecho tarde; decidimos, pues, aplazarlo para el día siguiente.* SIN. por consiguiente, por tanto. OBSERVACIONES: ◊ No puede preceder a la proposición consecutiva entera. ◊ Aparece como inciso, preferentemente hacia el comienzo en proposiciones largas: *Los plátanos estaban demasiado altos; tuvimos, pues, que contentarnos con mirarlos.* FR. Y LOC. **~ que** RESTRINGIDO. Introduce una proposición causal explicativa: *Pues que no salen ellas entremos. Brindemos por Salamanca pues que en Salamanca estamos.* SIN. puesto que, ya que.

puesta *s. f.* **1** Acción y efecto de poner o ponerse. **~ de largo** 1 Fiesta de presentación de una joven en sociedad en la que viste su primer vestido largo: *Ayer se celebró en el casino la puesta de largo de un selecto grupo de bellas señoritas salmantinas.* 2 Situación o tiempo cuando se considera consolidada una empresa o una iniciativa: *El encargo que nos han hecho de Venezuela es la puesta de largo de nuestra cooperativa de ingenieros.* **~ a punto** Operación que consiste en revisar y ajustar un mecanismo o dispositivo: *Este coche necesita una puesta a punto.* **~ en escena** 1 Representación de una obra teatral. 2 Montaje, forma en que se representa una obra de teatro o una película. **2** Acción de ponerse un astro: *la puesta del Sol.* **3** Acción de poner los huevos un ave. **4** Cantidad de huevos que pone un ave en un periodo de tiempo determinado: *Con estos piensos las gallinas tienen unas puestas más grandes.*

puestero, ra *s. m. / f.* **1** AMÉR. Dueño o encargado de un puesto de venta en un mercado. **2** ARG., CHILE, PAR., URUG.; RESTRINGIDO en Uruguay. Peón que vive en una zona de la estancia y cuida del ganado y de la tierra de esa área.

puesto, ta *s. m.* **1** Lugar que corresponde a una persona o cosa: *Al invitado le dejaron el mejor puesto en la mesa. ¡Todo el mundo a sus puestos!* **2** Posición o lugar en una serie ordenada: *En la carrera quedó en el puesto tercero.* **3** Trabajo que desempeña una persona o el lugar que ocupa una persona en el desempeño del mismo: *crear puestos de trabajo, puesto de electricista, puesto de azafata.* SIN. empleo. **4** Cargo, categoría: *un puesto directivo. Tengo un buen puesto en esa fábrica.* **5** Lugar instalado en un mercado, galería o en la calle donde se venden mercancías al por menor: *En la galería de alimentación han abierto dos puestos.* **~ de flores. ~ (de venta) ambulante. ~ (de venta) callejero.** **6** Lugar donde se realizan algunas actividades. **~ de bomberos. ~ de policía. ~ de socorro. ~ de control.** **~ de mando** Lugar en que normalmente se encuentra la persona que ejerce el mando de una unidad militar. **7** ARG., CHILE, PAR., URUG.; RESTRINGIDO. Rancho o lugar, dentro de una estancia, donde está establecido el puestero. ‖ *p.* **8** Participio irregular de *poner*. FR. Y LOC. **a mesa* puesta. en el ~ de** 1 En la situación (de una persona): *Si Pepa estuviera en su puesto, le pediría explicaciones.* 2 En sustitución de alguien: *Carlos acudió en el puesto de su hermano porque estaba enfermo.* **estar / mantenerse en su ~** Estar o mantenerse ‹una persona› en la actitud que se espera de ella: *En la reunión Luisa supo estar en su puesto.* **morir con las botas* puestas. tener los cojones* cuadrados** o **tener los cojones* bien puestos.**

puf (plural *pufs*) *s. m.* Asiento cilíndrico y acolchado, sin respaldo ni patas.

¡puf! *interj.* Expresa molestia, repugnancia, cansancio, alivio u otro tipo de sensación física o psicológica o estado de ánimo: *¡Puf, qué frío! ¡Puf, qué mal huele en este lugar!*

pufo *s. m.* **1** COLOQUIAL. Estafa, engaño en algún negocio: *Ésos decían que eran vendedores de libros y todo era un pufo.* SIN. timo. **2** COLOQUIAL. Factura exageradamente elevada: *Estuvimos cenando en el nuevo restaurante y nos metieron un pufo tremendo.*

púgil *s. m.* **1** Boxeador. SIN. pugilista. **2** Gladiador romano que luchaba con los puños.

pugilato *s. m.* **1** Pelea con los puños entre dos personas, especialmente si se hace según unas normas deportivas: *Organizaron un pugilato entre los mozos del pueblo para ver quién desfilaría el primero.* SIN. combate. **2** ELEVADO. Enfrentamiento, o diferencia de puntos de vista entre personas o entre instituciones: *Los dos sindicatos mantienen su pugilato sobre las cifras de los parados.* SIN. pugna.

pugilismo *s. m.* (no contable) DEP. Técnica y organización de los combates entre púgiles.

pugilista *s. m.* DEP. Boxeador. SIN. púgil.

pugilístico, ca *adj.* Del boxeo: *Su afición pugilística le viene de familia.*

pugna *s. f.* **1** Oposición, de palabras o de ideas, entre personas o instituciones: *pugna entre los supermercados y el pequeño comercio, pugna entre monárquicos y republicanos.* SIN. enfrentamiento. ANT. acuerdo. **2** Lucha o pelea entre dos personas: *Julia y José mantienen su pugna por la dirección de la empresa.* SIN. enfrentamiento, rivalidad.

pugnar *v. intr.* **1** Luchar ‹dos o más personas› entre sí para [conseguir una misma cosa]: *Dos corredores pugnaban entre sí para conseguir el premio.* SIN. contender. **2** Hacer ‹una persona› esfuerzos para [realizar una cosa] intentando superar los obstáculos que se oponen: *Yo pugnaba **por** escapar de la mediocridad.*

puja *s. f.* **1** Acción de pujar, de ofrecer dinero por algo que se subasta: *Los dos estaban interesados en el cuadro y parecía que la puja no iba a terminar nunca.* **2** RESTRINGIDO. Cantidad de dinero que se ofrece por algo que se subasta: *Ese libro alcanzó una puja de dos millones.*

pujante *adj.* (ser / estar; antepuesto / pospuesto) Que tiene pujanza, vigor, o crece o avanza con mucha fuerza: *la vegetación pujante. Nuestra empresa está pujante. El negocio es pujante. Tienes una pujante inteligencia.*

pujanza *s. f.* Fuerza con que crece o se desarrolla una cosa o con que se ejecuta una acción: *Su empresa adquirió gran pujanza. A esa idea le falta pujanza. La tuya es una propuesta sin pujanza.* SIN. empuje.

pujar *v. intr.* **1** Ofrecer ‹una persona› una cantidad de dinero por [una cosa que se subasta]: *Un coleccionista pujó **por** el cuadro de Monet.* **2** Hacer ‹una persona› esfuerzos para [realizar una cosa], intentando superar los obstáculos que se oponen: *El pobre chico pujaba **por** salir de la miseria.*

pujo *s. m.* **1** (preferentemente en plural) Falsa necesidad de orinar o de defecar, acompañada de dolores o prurito intenso en la región anal. **2** (preferentemente en plural) RESTRINGIDO. Deseo repentino e incontenible de exteriorizar un sentimiento, dolor: *Me vino un intenso pujo de llorar.* **3** (preferentemente en plural) PEYORATIVO. Aspiración o pretensiones de ser alguna cosa sin serlo realmente: *No sé donde vas con esos pujos de marquesa.*

pulcritud *s. f.* (no contable) Esmero o limpieza muy grandes: *Hice el dibujo con una pulcritud extrema.*

pulcro, cra *adj.* **1** (ser / estar) Que es limpio o aseado: *El mayordomo es un señor muy pulcro. La habitación está pulcra y ordenada.* **2** Que hace las cosas con mucho cuidado: *Ése es un artesano muy pulcro.* **3** PEYORATIVO. Que es lo justo en su género pero no más: *Un salto pulcro le ha dado el título. Una dirección pulcra resuelve la película sin más ambiciones.*

pulga *s. f.* (macho y hembra) Insecto sin alas, parásito de animales y también del hombre a los que chupa la sangre y puede transmitirles enfermedades. FR. Y LOC. **sacudirse las pulgas** COLOQUIAL. Evitar ‹una persona› un trabajo o responsabilidad: *Le pedí que viniera a ayudarnos pero ella se sacudió las pulgas como pudo.* **tener malas pulgas** COLOQUIAL. Tener ‹una persona o un animal› mal carácter o estar de mal humor: *La jefa tiene hoy muy malas pulgas y no se le puede pedir nada. El conserje es buena persona, pero tiene malas pulgas.*

pulgada *s. f.* Medida de longitud que equivale a unos 23 milímetros: *un televisor de 21 pulgadas.*

pulgar *adj. / s. m.* [Dedo] que es el más grueso de la mano o del pie. **dedo* ~.**

pulgón *s. m.* (macho y hembra) Insecto de color verdoso, con forma de pera y dos pares de alas, que produce una sustancia que atrae a las hormigas y es perjudicial para los cultivos.

pulguero *s. m.* AMÉR. Calabozo.

pulido *s. m.* Acción y efecto de pulir una superficie: *Los técnicos procedieron al pulido del parqué.* SIN. pulimento.

pulimentación *s. f.* Acción de pulimentar una cosa: *la pulimentación de una superficie.* SIN. pulido.

pulimentado *s. m.* Acción y resultado de pulimentar: *Cuando termine el pulimentado del suelo hay que iniciar el abrillantado.*

pulimentar *v. tr.* Dar ‹una persona› brillo o tersura a la superficie de [una cosa]. SIN. pulir.

pulimento *s. m.* **1** Sustancia que sirve para pulimentar. **2** Acción y efecto de pulimentar: *el pulimento de la madera.* SIN. pulido.

pulir *v. tr.* **1** Dar ‹una persona› brillo o tersura a la superficie de [una cosa]: *Pulimos los suelos.* SIN. pulimentar. **2** Hacer ‹una persona› [una cosa] más pura o selecta: *Tienes que pulir tu estilo.* SIN. depurar. **3** Educar ‹una perso-na› [a otra persona] para que adquiera maneras refinadas y elegantes. **4** COLOQUIAL. Quitar ‹una persona› [una cosa] a [otra persona]: *Me han pulido el bolso en el metro.* SIN. hurtar. || *v. tr. / prnl.* **5** COLOQUIAL. Usar o gastar ‹una persona› [una cosa] inadecuadamente: *Elías **se** pulió la herencia de sus padres en unos meses.*

pulla *s. f.* Comentario ingenioso con el que se quiere atacar, criticar o provocar a alguien: *El día que le cortaron el pelo, Carlos tuvo que aguantar las pullas de sus hermanos.* SIN. puyazo (COLOQUIAL).

pullman (del inglés; pronunciamos '*pulman*') *s. m.* ARG., MÉX. Autocar moderno con diferentes comodidades. **coche* ~.**

pullover (del inglés; pronunciamos '*pulóver*') *s. m.* Jersey cerrado que se mete por la cabeza.

pulmón *s. m.* **1** Órgano de respiración del hombre y de los vertebrados que viven fuera del agua. **2** Órgano de respiración de los moluscos terrestres. || **3 ~ de acero** Cámara donde se introduce a un enfermo para provocar en él los movimientos respiratorios mediante cambios alternativos de la presión del aire regulados automáticamente. *Impresionaba mucho ver a Marta metida en el pulmón de acero, asomando sólo la cabeza.* **4 ~ del equipo** DEP. Jugador de un conjunto que tiene mucha resistencia y parece indispensable para que funcione el equipo: *El domingo, sin Pérez, que era el pulmón del equipo, el conjunto local lo pasó mal.* FR. Y LOC. **tener ~ / pulmones** Tener buena potencia de voz o capacidad de gritar mucho: *No sabe cantar, lo único que tiene son pulmones. ¡Tiene pulmones el nene!*

pulmonado *adj. / s. m.* **1** ZOOL. [Molusco] que respira mediante una cavidad pulmonar, como el caracol o la babosa. || *s. m.* **2** (en plural) ZOOL. Grupo que forman los moluscos pulmonados.

pulmonar *adj.* De los pulmones. **alvéolo ~. arteria ~. enfisema ~. embolia ~. tuberculosis ~.**

pulmonaria *s. f.* **1** *Pulmonaria officinalis.* Planta de la familia de las borragináceas de flores rojas en racimo y hojas ásperas con manchas blancas. **2** Liquen parásito de color pardo que vive sobre el tronco de los árboles.

pulmonía *s. f.* Inflamación del pulmón: *Si no te abrigas bien, vas a agarrar una pulmonía.* SIN. neumonía.

pulpa *s. f.* **1** (no contable) Masa carnosa y tierna de las legumbres y la fruta: *pulpa de la naranja. Estos melocotones tienen mucho hueso y poca pulpa.* **2** (no contable) Parte blanda de la carne, sin hueso ni ternilla. SIN. molla. **3** (no contable) Cualquier materia vegetal reducida a pasta: *la pulpa de la fresa para hacer mermelada, la pulpa de los árboles para hacer papel.* **4** (no contable) Residuos de la remolacha después de sacado el jugo de azúcar: *Con la pulpa de la remolacha se fabrican buenos piensos.* || **5 ~ dentaria** Tejido conjuntivo que forma el interior de los dientes.

pulpación *s. f.* (no contable) INDUS. Descomposición mecánica de las partes blandas de los vegetales hasta convertirlos en pulpa: *proceso industrial de pulpación.*

pulpejo *s. m.* **1** Parte carnosa de un miembro pequeño del cuerpo humano: *el pulpejo del lóbulo de la oreja, el pulpejo de los dedos.* **2** Parte blanda y flexible que tienen los cascos de las caballerías en la parte inferior y posterior.

pulpería *s. f.* AMÉR. Tienda donde se venden artículos de alimentación, limpieza y mercería y otros necesarios para la casa.

pulpeta *s. f.* RESTRINGIDO. Trozo largo y fino de carne con el que se enrolla y recubre cualquier relleno.

púlpito *s. m.* Plataforma elevada desde donde el sacerdote predica en las iglesias.

pulpo *s. m.* **1** (macho y hembra) *Octopus vulgaris.* Molusco marino cefalópodo, con el cuerpo en forma de saco, ojos grandes y ocho tentáculos con ventosas, que nada expulsando agua a chorro. **2** Cuerda o cordón elástico con ganchos en los extremos que se usa sobre todo para sujetar la carga en la baca de un vehículo. **3** COLOQUIAL; PEYORATIVO. Hombre que aprovecha cualquier motivo para tocar a las mujeres.

pulposo, sa *adj.* Que tiene pulpa o que parece como si la tuviera.

pulque *s. m.* MÉX. Bebida alcohólica de alta graduación que se obtiene fermentando el jugo de varias especies de maguey.

pulquería *s. f.* MÉX.; COLOQUIAL. Establecimiento donde se vende o se elabora el pulque.

pulsación *s. f.* **1** (preferentemente en plural) Cada uno de los golpes o latidos que produce la circulación de la sangre en las arterias: *Después de correr aumentan las pulsaciones.* **2** Cada uno de los golpes que se dan en el teclado de una máquina de escribir, de un ordenador o de un piano: *Para la nueva empresa exigen secretarios que den doscientas cincuenta pulsaciones por minuto.*

pulsador *s. m.* Pieza de transmisión, generalmente en forma de botón, que, al ser oprimida, conecta o desconecta un aparato o mecanismo: *el pulsador del timbre.* SIN. interruptor.

pulsar *v. tr.* **1** Ejercer ‹una persona› presión sobre [un botón que acciona un aparato o un mecanismo]: *Pulsa el timbre de la puerta para llamar.* **2** Tocar ‹una persona› [las cuerdas o las teclas de un instrumento musical o el teclado de una máquina]. **3** Intentar saber ‹una persona› cómo marcha [un asunto] o [la opinión de una persona]: *Pulsé la opinión de mis padres.* SIN. tantear.

púlsar *s. m.* ASTRON. Estrella de neutrones muy rápida que emite frecuencias en radio con un periodo muy regular.

pulsatila *s. f. Pulsatilla vulgaris.* Planta perenne de la familia de las ranunculáceas de hojas radicales divididas en tres y flor única de color violeta, que se cría en lugares elevados.

pulseada *s. f.* ARG., PAR., URUG. Acción de pulsear.

pulsear *v. intr.* RESTRINGIDO. Echar ‹una persona› un pulso.

pulsera *s. f.* **1** Aro o cadena de cualquier materia que se lleva en la muñeca, generalmente como adorno: *Antes de casarse, su novio le regaló una pulsera de pedida.* **2** Correa o cadena con la que se sujeta el reloj a la muñeca: *La pulsera del reloj era chapada en oro.* **reloj de ~.**

pulsión *s. f.* Impulso, estímulo.

pulso *s. m.* **1** (no contable) FISIOL. Latido intermitente producido por la circulación de la sangre en las arterias, que se percibe en varias partes del cuerpo: *Tienes alterado el pulso.* **2** (no contable) Parte de la muñeca donde se percibe el latido de la arteria. **3** (no contable) Seguridad en la mano para no moverla al hacer una cosa que requiere precisión: *Ana llevó las tazas de café sin derramarlas porque tiene buen pulso.* **4** (no contable) Oposición o enfrentamiento entre dos partes que están más o menos igualadas: *Continúa el pulso entre la patronal y los sindicatos de artes gráficas.* **5** (no contable) RESTRINGIDO. Prudencia o cuidado en un asunto: *Los embajadores trataron los temas más polémicos con mucho pulso.* **6** COL., CUBA. Pulsera, brazalete. FR. Y LOC. **a ~** 1 Levantando o sosteniendo un peso o una cosa con la mano sin apoyar los brazos en ninguna parte: *Levantamos el baúl a pulso.* 2 Con el esfuerzo de los brazos solamente: *Salí del agua y subí al barco a pulso.* 3 Con el propio esfuerzo, sin ayudas ni facilidades: *Todo lo que tengo lo he conseguido a pulso.* **echar un ~** 1 Cogerse ‹dos personas› la mano derecha y, apoyando los codos en algún sitio firme, hacer fuerza hasta tumbar el brazo del contrario. 2 Medir ‹una persona› sus fuerzas con otra, enfrentarse u oponerse a ella: *Quise echarle un pulso al jefe y me impuso una sanción.* **tomar el ~** 1 Apretar ‹una persona› en la muñeca de otra persona para ver la frecuencia y el ritmo de sus pulsaciones: *El médico le tomó el pulso.* 2 Tantear ‹una persona› un asunto o el estado de opinión de otras personas: *La nueva sociedad está tomando el pulso de los barrios del sur, para ver si merece la pena instalar el supermercado vinatero.*

pulular *v. intr.* **1** Ir y venir ‹muchas personas o animales› en [un lugar]: *Cientos de personas pululaban* ***por*** *la feria.* **2** Aparecer ‹los insectos o bichos› abundantemente en [un lugar]. SIN. proliferar.

pulverizable *adj.* Que se puede pulverizar.

pulverización *s. f.* **1** (no contable) Transformación de una cosa sólida en polvo. **2** (no contable) Esparcimiento de un líquido en gotas muy finas: *Para combatir estos parásitos, basta con una pulverización de insecticida.* **3** (no contable) Victoria total o destrucción completa: *La armada consiguió la pulverización de cualquier resistencia.*

pulverizador *s. m.* Utensilio o dispositivo que esparce un líquido en gotas muy finas: *Siempre compro la colonia en* *frascos con pulverizador, porque dura más.* SIN. espray, vaporizador.

pulverizar *v. tr. / prnl.* **1** Convertir ‹una persona o una cosa› [una cosa] en polvo: *Los obreros pulverizaron la roca con dinamita.* **2** Mojar ‹una persona o una cosa› [una cosa] con gotas muy finas de un líquido: *Pulverice con cuidado todos los rincones que frecuentan las cucarachas.* SIN. rociar. **3** Vencer ‹una persona› [a otra persona] por completo en una pelea o una competición: *El equipo local pulverizó a su rival.* **4** Destruir ‹una persona o una cosa› [a una persona o una cosa]: *El faro delantero del coche se ha pulverizado con el choque. Con sus críticas pulverizó todo mi razonamiento. El vencedor ha pulverizado el récord de la hora.* ⇒ **19.**

pum *interj.* **1** Se usa para imitar un ruido, explosión o golpe: *¡Pum! ¡Se cayó!* || *s. m.* **2** INFANTIL. Ventosidad, pedo: *El niño se ha tirado un pum.* FR. Y LOC. **hacer ~** INFANTIL. Hacer caca ‹un niño›. **ni ~** COLOQUIAL. Nada en absoluto: *Eres un vago; es que no has hecho ni pum.*

puma *s. m.* (macho y hembra) *Felis concolor.* Mamífero carnívoro americano de la misma familia que el leopardo, de color leonado uniforme con manchas blancas en la cara y los bigotes, que vive en solitario en bosques y praderas.

¡pumba! *interj.* INFANTIL. Se usa para imitar el ruido que produce una caída, un golpe o una explosión.

pumita *s. f.* GEOL. Piedra* pómez.

puna *s. f.* **1** Llanura elevada próxima a la cordillera de los Andes. **2** AMÉR. DEL S. Malestar que se siente en las grandes alturas por disminución de la presión atmosférica. SIN. soroche.

punch (del inglés) *s. m.* **1** DEP. Puñetazo de boxeo. **2** DEP. Fuerza de los golpes de un boxeador: *Ese boxeador tiene un gran punch.*

punching-ball (del inglés; pronunciamos *'punchinbol'*) *s. m.* DEP. Balón sujeto a un soporte flexible, usado por los boxeadores para entrenarse.

punción *s. f.* **1** MED. Acción de pinchar una parte del cuerpo para diagnosticar una enfermedad o administrar un medicamento: *El médico le hizo una punción lumbar para saber si tenía meningitis. Le han hecho una punción en la médula.* SIN. incisión. **2** RESTRINGIDO. Dolor intenso y breve: *Siento punciones en el brazo cada poco tiempo. Tengo que ir al médico, porque me dan unas punciones en el pecho que me tienen preocupada.* SIN. pinchazo, punzada.

pundonor *s. m.* ELEVADO. Sentimiento que mueve a una persona a cuidar su prestigio y buena fama y a intentar quedar bien ante sí mismo y ante los demás: *actuar con pundonor. Todo lo hacemos con gran pundonor. Nuestros jugadores van perdiendo, pero siguen peleando con pundonor.*

punga *s. m.* **1** CHILE; COLOQUIAL. Ladrón, ratero. **2** CHILE; COLOQUIAL. Persona ordinaria y de condición dudosa.

punguista *s. m. / f.* ARG.; JERGAL. Ladrón, ratero.

punible *adj.* Que merece castigo: *Las conductas punibles serán perseguidas con el rigor de la ley.*

punición *s. f.* (no contable) ELEVADO. Castigo que se impone: *La punición no puede ser el único medio para acabar con el gamberrismo.*

púnico, ca *adj. / s. m.* y *f.* **1** De la antigua Cartago: *guerras púnicas, reina púnica, arte púnico.* || *s. m.* **2** LING. Lengua fenicia, ya extinguida, que pertenecía a la familia semítica y era hablada por los cartagineses.

punir *v. tr.* RESTRINGIDO. Castigar ‹una persona› [una falta o delito que ha cometido otra persona].

punitivo, va *adj.* ELEVADO. Que castiga o tiene relación con el castigo: *acto punitivo, justicia punitiva.*

punk (del inglés; pronunciamos *'panc'* o *'punc'*) *adj. / s. m.* **1** [Estilo musical] que aparece a finales de la década de 1970 y se asocia a un movimiento que protesta o se opone a las actitudes o comportamientos convencionales: *música punk.* || *adj. / s. m.* y *f.* **2** Que es seguidor del estilo musical punk o tiene sus características: *moda punk, peinado punk.* SIN. punki.

punki (pronunciamos *'panqui'* o *'punqui'*) *adj. / s. m.* y *f.* Seguidor del estilo musical punk o que tiene sus características: *moda punki, peinado punki.*

punta *s. f.* **1** Extremo agudo o más fino de una cosa, generalmente alargado: *la punta de la navaja, la punta de la espada, la punta de la aguja, la punta de la barra, la punta del cuchillo, la punta del dardo, la punta del lápiz, la punta del destornillador.* **2** Extremo de cualquier cosa: *la punta del dedo, la punta del pie, la punta del zapato, la punta de la lengua, la punta de la nariz, la punta de la pirámide, la punta del pañuelo.* **3** Ángulo externo de algunos objetos: *Me he golpeado con la punta de la mesa. Al salir del coche te has dado con la punta de la puerta.* **4** Clavo pequeño y delgado: *Pon unas puntas para sujetar el cartel.* **5** Pequeña cantidad de alguna cosa: *A la comida le falta una punta de sal. Yo quiero sólo una punta de pastel. Miguel tiene una punta de excéntrico.* **6** DEP. Posición avanzada o de ataque en el fútbol y jugador que la ocupa: *El delantero ocupa siempre la punta de ataque. Ese equipo juega siempre con dos puntas.* **7** Trozo del extremo de un jamón: *He comprado unas puntas de jamón para el guiso.* **8** Asta de toro o cada una de las ramificaciones de la cornamenta de los ciervos. SIN. cuerno. **9** GEOGR. Porción de tierra, alargada y de poca extensión, que penetra en el mar. **10** (en plural) Zapatillas especiales de ballet con un pequeño refuerzo en su extremo: *Por favor, átate las puntas.* || **11 hora* ~. 12 ~ de diamante** Pequeño diamante encajado en una pieza de acero, que se utiliza para cortar vidrio y labrar materiales duros. **13 tecnología* ~.** FR. Y LOC. **a ~ de lanza** Severamente. **a ~ (de) pala** COLOQUIAL; INTENSIFICADOR. En abundancia o en gran cantidad: *Con la exposición empezarán a venir extranjeros a punta pala. Conozco sitios a punta pala. Tienes amigos a punta pala.* **acabar / terminar en ~** Acabar ‹una cosa› de manera brusca o inesperada: *La conferencia terminó en punta.* **caer los chuzos* de ~. de ~** INTENSIFICADOR. En posición vertical, recto o tieso: *Me levanto con los pelos de punta.* **de punta a ~** 1 De principio a fin: *Leí el libro de punta a punta.* 2 De un extremo a otro: *María y Luis viven de punta a punta de Madrid.* **de ~ en blanco** Muy bien vestido y arreglado: *Belén se presentó en la fiesta de punta en blanco.* **en la otra ~** COLOQUIAL. En el otro extremo, el más alejado: *Su casa está en la otra punta.* **estar hasta (la ~ de) los pelos*. poner los nervios* de ~** o **poner de los nervios. poner los pelos* de ~. ponerse / estar de ~** COLOQUIAL. Estar reñidas ‹dos o más personas› o ‹una persona› con otra: *Juan y Ana están de punta desde que discutieron por las vacaciones.* **sacar ~** 1 Sacar ‹una persona› filo a un lapicero. 2 Encontrar ‹una persona› un sentido malicioso en unas palabras o en una acción: *Siempre estás sacando punta a todos los comentarios que te hago.* **tener en la ~ de la lengua** COLOQUIAL. Estar a punto de decir algo que no acaba de venir a la memoria: *El apellido de Carmen lo tengo en la punta de la lengua.* **tener los nervios* de ~.**

puntada *s. f.* **1** Movimiento de la aguja para pasar una porción de hilo en una tela o material: *Da unas puntadas rapidísimas.* **2** Espacio ocupado por una de estas porciones: *Cóselo con puntadas pequeñitas. Haz las puntadas paralelas.* **3** Porción de hilo que forma cada una de estas pasadas: *Se soltaron las puntadas del bajo de la falda. Dame dos puntadas, que se va a soltar el botón.* **4** RESTRINGIDO. Dolor penetrante, punzada, y, especialmente, el pinchazo producido por el asta del toro. **5** MÉX. Agudeza, dicho ingenioso. FR. Y LOC. **tirar una ~** o **tirar puntadas** COLOQUIAL. Hacer ‹una persona› alusiones o insinuaciones malintencionadas a otra persona: *Sus compañeros están siempre tirándole puntadas por su falta de puntualidad.*

puntal *s. m.* **1** Madero o barra que sostiene provisionalmente una estructura o un edificio: *Pusieron puntales a la pared.* **2** Persona o cosa que sirve de apoyo o de ayuda: *Sus hijos pequeños son el puntal de su vejez.* **3** AMÉR. Refrigerio, comida ligera.

puntapié *s. m.* Golpe que se da con la punta del pie: *Le hiciste una herida en el tobillo al darle un puntapié.* FR. Y LOC. **a puntapiés** COLOQUIAL. De manera desconsiderada, muy mal: *Tratáis a todo el mundo a puntapiés.*

puntazo *s. m.* **1** Herida producida por cualquier objeto terminado en punta: *El herido recibió dos puntazos de arma blanca. Los atracadores le dieron un puntazo con un puñal.* **2** Herida de poca importancia producida por el cuerno de un toro o una vaca: *El toro cogió a Pedro y le dio tres puntazos sin importancia.* **3** COLOQUIAL. Frase o dicho ofensivo: *No soporto a Antón: siempre está tirando puntazos contra los amigos.* SIN. puntada, puyazo. **4** COLOQUIAL. Hecho muy bueno o de efectos divertidos y sorprendentes: *Fue un puntazo que pasara por allí su madre cuando él estaba con María. Habría sido un puntazo que viniera Carmen a vernos.*

puntear *v. tr.* **1** Marcar ‹una persona› un punto en [una superficie]: *Puntea el lugar donde quieres que cuelgue el cuadro.* **2** Dibujar, pintar o grabar ‹una persona› [una cosa] con puntos: *Puntea un gato en la página de la derecha, pégale los bigotes de la página izquierda.* **3** Tocar ‹una persona› [una cuerda u otro instrumento semejante] pulsando las cuerdas de una en una. **4** Comprobar ‹una persona› las distintas partes de [una cuenta] o los nombres de [una lista]: *Punteamos el balance con atención.* || *v. intr.* **5** ARG., COL., URUG. Marchar ‹una persona o un animal› a la cabeza de un grupo de personas o animales.

punteo *s. m.* **1** Acción de tocar un instrumento musical pulsando las cuerdas: *Es más difícil el punteo que rasguear la guitarra.* **2** Comprobación de los elementos de una lista uno a uno: *Haz el punteo de las listas de alzas y bajas a ver si aclaramos el error.* **3** Marca o dibujo hecho con puntos: *En los libros infantiles aparecen dibujos punteados que los niños rellenan.*

puntera *s. f.* **1** Parte del calzado o de las medias y calcetines que cubre la punta del pie. **2** Remiendo o añadido que cubre las punteras: *Se han puesto de moda las botas con puntera metálica.*

puntería *s. f.* **1** (no contable) RESTRINGIDO. Disposición o preparación de un arma, especialmente las de fuego, para que pueda alcanzar su objetivo: *Yo hago ejercicios de puntería.* **2** (no contable) Habilidad para acertar en el blanco con un tiro o lanzamiento: *Ese cazador no falla ningún disparo, tiene mucha puntería.* FR. Y LOC. **corregir / afinar la ~** Apuntar ‹una persona› mejor: *Tienes que afinar la puntería si quieres hacer blanco.* **tener buena / mala ~** Tener o no tener habilidad ‹una persona› para dar en el blanco.

puntero, ra *adj.* **1** Que aventaja a los de su misma clase: *Nuestra industria es puntera* ***en*** *el reciclado del cartón. Ése es un país puntero* ***en*** *agricultura tropical. Nunca hemos sido punteros en nada. Está haciendo investigaciones punteras* ***en*** *el cáncer.* **2** ARG., URUG. [Persona o animal] que va delante de los demás componentes de un grupo. **3** ARG., URUG. [Deportista] que ocupa la primera posición en una competición deportiva. || *s. m.* **4** Vara alargada utilizada para señalar: *El profesor iba señalando los verbos con el puntero. Si usted tiene que señalar algo en la pantalla, le vendrá muy bien nuestro puntero luminoso.* **5** Instrumento en forma de barra, de punta aguda y cabeza plana que se usa para labrar piedras muy duras. SIN. cincel.

puntiagudo, da *adj.* Que acaba en punta: *un palo puntiagudo. Me he hecho daño con la esquina de la mesa, que es muy puntiaguda.*

puntilla *s. f.* **1** (no contable) Tira de encaje que se pone en el borde de las prendas finas de lencería y en la ropa de casa como adorno: *un camisón con volantes y puntillas. Ahora mamá se dedica a comprar paños con puntillas para ponerlos debajo de los ceniceros.* **2** Puñal corto y agudo para rematar a las reses. FR. Y LOC. **dar la ~** 1 Matar ‹el puntillero› al toro. 2 COLOQUIAL. Causar ‹una persona› un daño muy grave a [otra persona] como remate de otros: *Jesús ha tenido mala suerte, después de la enfermedad de su mujer le han dado la puntilla en el trabajo con el despido. Nos han dado la puntilla: después de perder varios clientes, ahora nos niegan el nuevo crédito.* **de puntillas** Con las puntas de los pies: *Ando de puntillas para no hacer ruido.*

puntillero *s. m.* TAUROM. Hombre que remata al toro con la puntilla.

puntillismo *s. m.* (no contable) Movimiento pictórico derivado del impresionismo, que se caracteriza por las pinceladas de pequeños puntos de color puro. SIN. neoimpresionismo.

puntillista *adj.* **1** Del puntillismo: *técnica puntillista, cuadro puntillista.* || *adj. / s. m.* y *f.* **2** [Pintor] que practica el puntillismo: *un pintor puntillista.*

puntilloso, sa *adj.* **1** COLOQUIAL. Que se enfada con facilidad por cosas que no tienen importancia: *Ten cuidado con él, es muy puntilloso. Félix no aguanta las bromas, es muy puntilloso y enseguida se ofende.* SIN. susceptible. **2** Que tiene un amor propio exagerado y pone mucho cuidado en lo que hace: *Has acertado encargándole el trabajo a Lola, porque es puntillosa y te lo hace bien o perece en el intento.*

punto *s. m.* **1** Señal pequeña y redondeada que destaca en una superficie: *un estampado de puntos y estrellitas. Andrés se ha pintado unos puntitos rojos en la cara para disfrazarse de payaso.* **2** Signo ortográfico que señala una pausa e indica el final de una o más oraciones: *Al final de cada oración completa pon un punto.* **~ y aparte** Punto que se pone cuando acaba un párrafo y el texto continúa en otro renglón. **~ y seguido** Punto que se pone cuando acaba un periodo y el texto continúa en el mismo renglón. **3** Signo ortográfico que se pone sobre la «i» y sobre la «j», o al final de las abreviaturas que forman las siglas. **4** MAT. Signo de la operación aritmética de la multiplicación. **5** GEOM. Elemento de la recta, el plano o el espacio al que es posible asignar una posición pero que no posee dimensiones. **6** Lugar o zona: *Los defensas se situaron en puntos diferentes del campo de juego. Venimos de puntos diferentes de la ciudad.* **7** Momento, instante: *Llega un punto que ya no aguantas más; no sabes qué hacer.* **8** Grado de intensidad: *La temperatura ha alcanzado hoy su punto máximo en lo que va de verano.* **9** Grado de temperatura necesario: *punto de ebullición, punto de fusión, punto de solidificación.* **10** Aspecto, cuestión: *Algunos puntos de la teoría son bastante discutibles.* **11** Cada uno de los apartados en que se divide o se organiza un escrito o un discurso: *Hay que suprimir algunos puntos del trabajo que son redundantes. Si no hay preguntas pasaré al punto siguiente.* **12** Unidad que se utiliza para contar resultados o evaluar exámenes o concursos: *Esta pregunta vale cinco puntos. El pívot anotó veinte puntos.* **13** Jugador que marca el nivel de las apuestas. **14** Suerte o baza del mus. **15** Puntada que se da al coser una herida: *Le han dado cinco puntos en la ceja.* **16** Manera de enlazar y pasar el hilo al coser, al bordar o al tejer. **~ de arroz. ~ de cruz. ~ inglés. 17** Tejido que se hace enlazando y anudando un hilo de lana o de algodón: *hacer punto. Me he comprado una chaqueta de punto.* **aguja* de media** o **aguja de hacer ~. 18** Rotura que se hace en un tejido al soltarse uno de los nudos que entrelazan los hilos: *Esta chaqueta tiene un punto en la manga. Tengo un punto en la media. He visto un anuncio para coger puntos a las medias.* **19** Cada una de las partes en que se divide la punta de una pluma estilográfica. **20** RESTRINGIDO. Antigua parada de coches de alquiler: *Los turistas cogieron un coche de punto.* **21** Dolor intenso y breve: *Tengo un punto de dolor en la espalda.* **22** COLOQUIAL. Hecho muy bueno y favorable: *Sería un punto que nos fuéramos juntos de vacaciones.* ‖ **23 dos puntos** 1 Signo ortográfico que precede a una enumeración o introduce una cita textual. 2 MAT. Signo de la división. **24 ~ cardinal** Cada uno de los cuatro puntos fundamentales que dividen el horizonte en otras tantas direcciones y sirven de orientación: *Los cuatro puntos cardinales son: el norte, el sur, el este y el oeste.* **25 ~ crítico** Momento o situación muy difícil: *Ester está pasando por un punto crítico en su carrera.* **26 ~ de articulación*. 27 ~ de mira** 1 Pieza que sobresale del cañón de un arma y sirve para orientarla hacia el blanco: *Apunta bien fijando el punto de mira sobre el blanco.* 2 Objetivo sobre el que se quiere disparar. 3 Persona o cosa hacia la que se dirige la atención o la acción: *La política está en su punto de mira.* **28 ~ de nieve** Momento en el que la clara de huevo adquiere espesor, consistencia y homogeneidad: *batir las claras a punto de nieve.* **29 ~ de referencia** Dato o información importante. **30 ~ de vista** Manera de considerar o de juzgar una cosa: *Tenemos diferentes puntos de vista sobre el problema.* **31 ~ débil/flaco** Aspecto vulnerable: *La enfermedad ataca los puntos débiles del organismo. Su punto flaco es la bebida.* **32 ~ filipino** COLOQUIAL. Persona malintencionada o inmoral. **33 ~ final** Final: *El punto final lo puso la orquesta con una música de despedida. Y así llegamos al punto final de esta edición del telediario.* **34 ~ fuerte** Aspecto destacado: *Su punto fuerte no es la física. Mi punto fuerte son las manualidades.* **35 ~ muerto** 1 Posición de la palanca de cambios de un vehículo en la que el motor no engrana ninguna marcha: *Pon el coche en punto muerto cuando pares en el semáforo.* 2 Momento de interrupción: *Las negociaciones están ahora en un punto muerto.* **36 ~ negro** 1 Lugar peligroso o conflictivo, especialmente referido al tráfico. 2 Poro de la piel en el que se acumula grasa y suciedad. **37 ~ neurálgico** 1 Aspecto importante o delicado: *El punto neurálgico de la negociación son los terrenos fronterizos.* 2 Lugar importante: *La Plaza Mayor era el punto neurálgico de la ciudad.* **38 ~ y coma** Signo ortográfico formado por un punto con una coma debajo, que señala una pausa mayor que una coma y menor que un punto. **39 puntos suspensivos** Signo ortográfico formado por tres puntos uno detrás de otro, que indica que queda incompleto el sentido de una oración o que se suprime una parte. FR. Y LOC. **a ~** 1 Preparado: *Ya está todo a punto para la fiesta.* 2 Oportunamente: *Llegué a punto para comer.* **a ~ de** Se usa para expresar que falta poco para lo que se indica: *Mi madre está a punto de llegar. Estaba a punto de dormirme cuando sonó el teléfono.* **a ~ de caramelo** COLOQUIAL. Preparado o dispuesto para algo. **al ~** Rápidamente: *Salí y al punto me di cuenta de que me había dejado las llaves dentro.* **arco* de medio ~. bajo el ~ de vista** Desde un punto muy elevado con respecto a las cosas que se ven. **bóveda* de medio ~. calzar muchos/pocos puntos** Ser ‹una persona› muy inteligente o poco inteligente: *Tu amigo calza muchos puntos.* **con puntos y comas** COLOQUIAL. Con todo detalle: *Vicente me explicó lo ocurrido con puntos y comas.* **de todo ~** Enteramente: *Eso es de todo punto imposible.* **en ~** Exactamente: *Son las siete en punto.* **en su ~** Grado de perfección: *El pescado estaba en su punto.* **ganar/perder puntos** Ganar o perder ‹una persona› prestigio, importancia: *Con el éxito del proyecto has ganado muchos puntos con el jefe.* **poner los puntos sobre las íes** COLOQUIAL. Dejar claro ‹una persona› cómo tiene que ser una cosa o la actuación de otra persona: *Va a tener que venir alguien con más autoridad a poner los puntos sobre las íes. Para evitar nuevos malentendidos, el director puso los puntos sobre las íes.* **puesta* a ~. ~ en boca** COLOQUIAL. Se usa para pedir u ordenar silencio a una persona: *De todo lo que has oído tú punto en boca.* **punto por ~** Sin olvidar detalle: *Quiero saberlo todo punto por punto.* **y ~** COLOQUIAL; RESUMIDOR FINAL. Se usa para zanjar un asunto bruscamente: *Tu no vienes y punto.*

puntuable *adj.* [Prueba, ejercicio] que se tiene en cuenta para la calificación final en un conjunto de pruebas: *prueba (no) puntuable para el campeonato del mundo. Este trabajo es puntuable para la nota final de literatura.*

puntuación *s. f.* **1** Uso de los signos en un escrito: *¿Te das cuenta de tu puntuación? Tienes que mejorarla.* **2** (no contable) GRAM. Conjunto de signos ortográficos que sirven para puntuar un escrito: *Suspendiste el examen por la puntuación: no pusiste ni una coma.* **3** Calificación, número de puntos conseguidos: *La puntuación máxima de este examen es diez. Ese deportista tiene una puntuación mayor que la del año pasado.* SIN. nota.

puntual *adj.* **1** Que llega a un sitio en el tiempo acordado, o hace las cosas a tiempo: *entrega puntual. Mi compañera* *es muy puntual en sus obligaciones, muy cumplidor. Da gusto con él, es muy puntual, nunca lo tienes que esperar.* **2** Que está hecho con exactitud y precisión: *Me entregó un informe puntual de la situación laboral.* **3** Que solamente se refiere a un punto o aspecto: *Hiciste una observación muy puntual con la que todos estuvimos de acuerdo. Yo sólo presentaré datos puntuales y no me preocuparé de la organización general del proyecto.*

puntualidad *s. f.* (no contable) Cualidad de lo que es puntual: *Llegas con puntualidad británica; exactamente a la hora. Nunca llego con puntualidad. La puntualidad de los trenes ha mejorado en el país.* ANT. impuntualidad.

puntualización *s. f.* Explicación que da una persona para completar algo que le parece incompleto o para corregir una interpretación que considera inexacta: *En su turno de réplica el ministro hizo algunas puntualizaciones. No convencieron las puntualizaciones de la directora.*

puntualizar *v. tr.* **1** Dar ‹una persona› los datos precisos sobre [una persona o una cosa] para completarlos o evitar errores: *El ingeniero puntualizó los mínimos detalles del proyecto.* SIN. concretar. **2** Dar ‹una persona› datos nuevos o más precisos sobre [algunas palabras u opiniones dichas antes]: *Puntualicé las palabras que había dicho en la comida. El presidente del partido puntualizará las declaraciones de su portavoz a las tres. «No me he caído, me he tirado», puntualizó Javier.* ⇒ **19.**

puntualmente *adv. modo* **1** Con puntualidad, a la hora exacta: *Este tren nunca llega puntualmente.* ‖ *adv. lug. / temp.* **2** En algún punto o lugar determinado. Se contrapone a las ideas de abundancia y generalización: *En toda esta zona pueden producirse puntualmente borrascas de aguanieve.* **3** RESTRINGIDO. En alguna ocasión concreta o en algún momento esporádico: *Estaré toda la tarde fuera, aunque puntualmente haré acto de presencia en el despacho.*

puntuar *v. tr.* **1** Poner ‹una persona› los signos ortográficos de puntuación en [un escrito]: *Tienes que puntuar las redacciones o te pondrán mala nota.* ‖ *v. tr. / intr.* **2** Calificar ‹una persona› [un ejercicio o una prueba] con puntos: *El profesor puntuó muy bajo.* ‖ *v. intr.* **3** Obtener ‹una persona› puntos o tantos en un juego: *Nuestro equipo no ha conseguido puntuar en el partido del domingo.* **4** Entrar ‹un ejercicio o una prueba› en la puntuación de [una competición o un examen]: *Este partido no puntúa* ***para*** *la final. No sirve de nada la experiencia, aquí no te puntúa.* ⇒ **3.**

puntudo *adj.* CHILE; COLOQUIAL. Que es agresivo o se enfada con facilidad.

punzada *s. f.* **1** Dolor agudo y breve que suele repetirse cada pocos momentos: *Sentí una punzada en la nuca. Me da punzadas la rodilla.* SIN. pinchazo. **2** Herida punzante poco profunda que pincha: *Por suerte, el toro le dio sólo una punzada.* SIN. pinchazo. **3** (no contable) RESTRINGIDO. Sentimiento causado por algo que apena o angustia: *Gabriel tiene una punzada de remordimiento cada vez que recuerda lo sucedido.*

punzante *adj.* **1** Que punza o pincha: *objeto punzante, dolor punzante.* **herida ~** Herida producida por arma que punza como el puñal. **2** Que contiene ironía aguda e ingenio: *humor punzante, estilo punzante.*

punzar *v. tr.* **1** Hacer ‹una persona› una punción [a una persona o un animal] con un objeto agudo: *Tienen que punzarme todos los meses en el hospital.* **2** Causar ‹una persona o una cosa› daño o molestia [a una persona]: *El costado derecho está punzándome todo el día.* ‖ *v. intr.* **3** RESTRINGIDO. Producir ‹una cosa› un pinchazo: *Ten cuidado, que los alfileres punzan.* SIN. pinchar. ⇒ **19.**

punzón *s. m.* **1** Instrumento fino de acero de punta aguda, que se utiliza para hacer agujeros o grabar metales: *Con el punzón se pueden agujerear las telas o marcar las iniciales en las plumas.* **2** Instrumento de acero con una figura grabada en su extremo que se imprime por presión en el molde de medallas, monedas, botones.

puñado *s. m.* **1** Cantidad de algo que cabe en un puño: *un puñado de dólares, un puñado de tierra, un puñado de avellanas, un puñado de aceitunas.* **2** Poca cantidad de una cosa: *Había un puñado de arroz para todos y un puñado de ciruelas.* **3** Grupo muy pequeño de personas: *En la manifestación había sólo un puñado de gente. Los que rompen las papeleras son un puñado de niños del barrio.* ‖ *adv.* **4** COLOQUIAL. Mucho: *Ése sabe un puñado. –«¿Tiene dinero su familia?». –«Un puñado.» Comes un puñado. Estudio un puñado.* SIN. montón. FR. Y LOC. **a puñados** En gran número: *Había pájaros a puñados.*

puñal *s. m.* **1** Arma blanca de hoja corta y punzante, que sólo hiere de punta a otra persona. **2** MÉX.; VULGAR. Homosexual. **3** MÉX.; VULGAR. Cobarde, miedoso. FR. Y LOC. **poner un ~ en el pecho** Obligar ‹una persona› a otra persona a hacer una cosa porque no tiene la posibilidad de elegir: *Alicia se casa porque le han puesto un puñal en el pecho: o dentro o fuera, pero a medias, no. Me voy a trabajar a otra ciudad porque el jefe me ha puesto un puñal en el pecho: o aceptaba el ascenso y me iba o me ponía en la calle.*

puñalada *s. f.* **1** Golpe o herida de cualquier arma blanca corta, especialmente del puñal: *El asesino le dio varias puñaladas en el pecho con un cuchillo de cocina.* **2** Traición entre personas: *No te puedes fiar de él porque es muy hipócrita y te da una puñalada cuando menos te lo esperas. Me ha dolido mucho que no me invitaran; es una venganza tonta y una puñalada que no esperaba.* **~ trapera** COLOQUIAL; INTENSIFICADOR. Traición muy grande: *Nunca imaginé que mi amiga se atreviera a contarle mi vida privada al jefe; eso ha sido una auténtica puñalada trapera.* **3** RESTRINGIDO. Pena o tristeza muy grande: *Su muerte fue una puñalada para mí.* FR. Y LOC. **coser a puñaladas** COLOQUIAL. Dar ‹una persona› muchas puñaladas a otra persona.

puñeta *s. f.* **1** RESTRINGIDO. Adorno de puntillas y bordados colocado en el borde de las mangas de algunas vestimentas: *Las togas de los magistrados suelen llevar puñetas.* **2** COLOQUIAL. Cualquier cosa molesta o desagradable: *Este tiempo es una puñeta, tenemos que quedarnos en casa. Esta máquina es la puñeta: ya la he llevado tres veces a arreglar y sigue sin funcionar.* **3** (preferentemente en plural) COLOQUIAL. Objeto de poco valor, cosa sin interés: *Nada, no me han regalado nada por mi santo, sólo unas cuantas puñetas. Mi abuela se encaprichó con las puñetas de todos los años; me pasé toda la tarde arriba y abajo con los paquetitos de velitas y bolitas del árbol.* ‖ *interj.* **4** (preferentemente en plural) COLOQUIAL; DISGUSTO Y ENFADO. Se usa para expresar enfado o rechazo: *¡Ya estoy harta de ti, puñetas! ¡Cállate, puñetas, que no me dejas oír nada!* FR. Y LOC. **de la ~** o **de las puñetas** COLOQUIAL; INTENSIFICADOR. Muy intenso o muy grande: *Hace un frío de la puñeta.* **hacer la ~** COLOQUIAL. Fastidiar, molestar ‹una persona o cosa› a otra persona: *El retraso del avión me hizo la puñeta.* **irse a hacer puñetas** COLOQUIAL. Estropearse, fracasar ‹una cosa›: *Todas nuestras ilusiones se fueron a hacer puñetas.* **mandar a hacer puñetas** COLOQUIAL; DISGUSTO Y ENFADO. Despedir ‹una persona› a otra persona airadamente, de malos modos: *Molestó tanto que al final lo mandaron a hacer puñetas.* **no venir con puñetas** COLOQUIAL; DISGUSTO Y ENFADO. Exigir ‹una persona› airadamente que otra se decida a hacer lo que debe y la deje en paz: *Mira, no pienso ir a verlos, que no me vengan esos pesados con puñetas.*

puñetazo *s. m.* Golpe dado con el puño: *El abuelo, cuando se enfada mucho, da puñetazos en la mesa.* FR. Y LOC. **darse (de) puñetazos** COLOQUIAL. Pelearse ‹dos personas›: *Ahí están como unos tontos los dos gamberros dándose puñetazos.*

puñetería *s. f.* **1** COLOQUIAL. Molestia o fastidio: *Es una puñetería que se hayan roto las cañerías del agua el domingo.* **2** COLOQUIAL. Cosa de poca importancia: *Déjate de puñeterías y explícame lo que pasó.* **3** (no contable) COLOQUIAL. Actitud antipática y desagradable: *Tiene cierta puñetería tu amiguito. Damián no puede disimular la puñetería, el pobre.*

puñetero, ra *adj.* **1** (antepuesto / pospuesto) COLOQUIAL. Que fastidia o molesta: *Mariví tiene la puñetera manía de hacer ruiditos cuando come.* **2** COLOQUIAL. Que contiene dificultad o complicación: *Me han puesto un examen muy puñetero. Esta pregunta es puñetera.* || *adj. / s. m.* y *f.* **3** (ser / estar) COLOQUIAL. Que es difícil de contentar o satisfacer: *Mi mujer es una puñetera con la limpieza, para ella tiene que estar todo perfecto.* **4** COLOQUIAL. Que actúa con mala intención: *¡Qué puñetero eres!*.

puño *s. m.* **1** Mano cerrada: *El corredor levantó el puño en señal de victoria.* **2** Parte de la manga de las prendas de vestir que rodea la muñeca: *Ana llevaba una blusa blanca con los puños de encaje.* **3** Empuñadura, parte por donde se agarran algunas armas o utensilios: *el puño del paraguas, el puño del bastón, el puño de la espada.* FR. Y LOC. **comerse los puños** COLOQUIAL; INFANTIL. Acercar ‹un niño› los puños a la boca cuando está hambriento: *El niño se está comiendo los puños de hambre, prepárale el biberón.* **como puños** COLOQUIAL; INTENSIFICADOR. [Mentiras o verdades] muy grandes: *Tu padre no exagera: está diciendo verdades como puños.* **(escribir) de su propio ~** o **(escribir) de su ~ y letra** Escribir ‹una persona› una cosa a mano: *Esta carta es de puño y letra de Lope de Vega.* **estar con el corazón* en un ~** o **tener el corazón en un ~. tener en un ~** COLOQUIAL. Tener ‹una persona› dominada u oprimida a otra persona: *El hijo pequeño tiene a su familia en un puño y nadie toma decisiones sin contar con él.* **verdades* como puños.**

pupa *s. f.* **1** Ampolla que se forma en los labios. **2** INFANTIL. Daño o herida: *Mamá, me he caído y tengo pupa en la rodilla.* **3** Costra que se forma en un grano o herida. SIN. postilla. FR. Y LOC. **hacer ~** COLOQUIAL. Causar dolor o pesadumbre ‹una persona o una cosa› a otra persona: *El último ataque del equipo hizo pupa al contrario.*

pupila *s. f.* **1** Abertura central del iris que regula el paso de la luz al interior del ojo. SIN. niña (RESTRINGIDO). **2** RESTRINGIDO; COLOQUIAL. Prostituta: *La policía detuvo a una mujer que regentaba un prostíbulo y a sus pupilas.* FR. Y LOC. **tener mucha / buena ~** COLOQUIAL; HUMORÍSTICO. Tener ‹una persona› buen ojo: *La dueña tiene buena pupila para el negocio.*

pupilaje *s. m.* Aparcamiento de vehículos por un precio convenido semanal o mensual: *Se admiten coches a pupilaje.*

pupilo, la *s. m. / f.* **1** Huérfano menor de edad respecto de su tutor. **2** ELEVADO, LITERARIO; a veces HUMORÍSTICO. Alumno respecto de su profesor o educador: *Miguel es el pupilo del profesor Pérez.* **3** DEP. Deportista respecto de su entrenador: *Las chicas, que son pupilas aplicadas, han llegado a la final europea de baloncesto.*

pupitre *s. m.* Mueble que consta de una mesa y un asiento unidos, que se usa en muchos centros de enseñanza.

pupo *s. m.* ARG., CHILE, EC., PERÚ; RESTRINGIDO en Chile. Ombligo.

puquio *s. m.* AMÉR. DEL S. Fuente, manantial.

puramente *adv. modo* **1** Con pureza y sin mezcla de otra cosa: *A mí me gusta beber el vino puramente.* **2** DER. Sin condición, excepción, restricción ni plazo. || *adv. cant.* **3** (preferentemente antepuesto a adjetivos) Meramente, simplemente: *Esas flores son puramente ornamentales. Mi visita es puramente testimonial. Las razones no son puramente económicas.* RELACIONES Y CONTRASTES: Frente a *solamente*, no se pospone: *Córtale el bigote solamente.* Tampoco suele afectar a verbos (*Solamente sonrió*) ni a sujetos (*solamente tú*) ni a la mayoría de los complementos (*solamente a ti, solamente el bigote, solamente si fumas, solamente en Salamanca*).

purasangre *adj. / s. m.* [Caballo] que es de una raza que procede del cruce entre yeguas inglesas y sementales árabes: *Dedico la finca a la cría de purasangres.*

puré *s. m.* Crema más o menos espesa de alimentos cocidos y triturados: *puré de espinacas, puré de garbanzos.*

pureza *s. f.* **1** (no contable) Cualidad de las personas o cosas perfectas en su género: *la pureza del amor materno, la pureza de sus actos, la pureza de un diamante, la pureza de su amistad, la pureza de su voz, la pureza de su interpretación. Este equipo nuevo consigue una pureza de sonido increíble.* **2** (no contable) Cualidad de las personas o cosas que no tienen mezcla: *La pureza de las aguas y del aire son aquí especiales. La pureza de su sangre noble no se puede discutir. La pureza de este alcohol es de un 99%.* **3** (no contable) Virginidad: *La pureza de la Virgen María es un dogma de fe para los católicos.* **4** Inocencia en materia sexual: *la pureza de los niños.*

purga *s. f.* **1** Medicina que se toma para evacuar los excrementos y limpiar así el estómago. SIN. purgante. **2** Limpieza o eliminación de residuos: *He hecho una purga en la habitación y he tirado la mitad de los papeles.* **3** Expulsión o aniquilamiento de las personas de una organización por razones ideológicas: *El poder suele asegurarse la fidelidad de los funcionarios con purgas periódicas de los menos fieles.* SIN. depuración. || **4 la ~ de Benito** 1 COLOQUIAL. Se usa para criticar una solución o una medicina que se recomienda para todo y en la que se confía poco: *Eso parece la purga de Benito; a mí me recetó el médico lo mismo para la garganta.* 2 COLOQUIAL. Remedio que actúa con exagerada rapidez, de forma milagrosa: *–«El jarabe que empecé a tomar ayer no me ha hecho efecto.» –«Espera un poco, no es la purga de Benito.»*

purgación *s. f.* **1** (no contable) ELEVADO. Purificación por la penitencia o el sufrimiento: *Para poder entrar en el paraíso es necesaria la purgación del alma.* **2** (preferentemente en plural) VULGAR. Blenorragia.

purgante *adj. / s. m.* [Medicina] que sirve para purgar: *Estoy tomando un purgante.*

purgar *v. tr.* **1** Limpiar ‹una persona› [una cosa] eliminando las cosas malas o inútiles: *Los operarios purgaron de aire las tuberías de la calefacción.* **2** Sufrir ‹una persona› una pena o un castigo por [un delito cometido]: *El estafador va a purgar su condena en un penal de La Mancha.* || *v. tr. / prnl.* **3** Tomar ‹una persona› un medicamento o dárselo [a otra persona] para limpiar el vientre: *El médico lo ha purgado antes de operarlo. El enfermo* **se** *purgó como medida preventiva.* ⇒ **56.**

purgativo, va *adj.* Que purga o sirve para purgar. **vía* purgativa.**

purgatorio *s. m.* **1** REL. En la doctrina católica, lugar donde las almas de los que han muerto en gracia tienen que padecer por los pecados que cometieron en su vida, antes de entrar en el paraíso. **ánima* del ~.** **2** Lugar o situación donde se padecen penalidades: *Desde que trabajo aquí, mi vida es un purgatorio.* **3** Penalidad o sufrimiento que alguien padece: *Los Gómez están pasando un purgatorio con la enfermedad de su hijo.*

puridad *s. f.* Se usa en la LOC. **en ~** 1 ELEVADO. Claramente: *Te lo digo en puridad: No te presentes a esa oposición, tienes al tribunal en contra.* 2 ELEVADO. En realidad, estrictamente: *En puridad, no debíamos haberlo invitado.*

purificación *s. f.* **1** (no contable) Limpieza física o espiritual conseguidas con esfuerzo: *Los ecologistas han lanzado una campaña a favor de la purificación de los ríos. Estos filtros consiguen una purificación casi perfecta de la atmósfera de los talleres.* ANT. contaminación. **2** (con mayúscula) REL. Fiesta católica en la que se celebra la presentación de la Virgen María con su hijo Jesús en el Templo: *El dos de febrero es la fiesta de la Purificación.*

purificar *v. tr.* **1** Hacer ‹una persona o una cosa› más pura [a otra persona u otra cosa]: *La lluvia ha purificado el ambiente. El fuego purifica los metales. La penitencia nos purifica a los ojos de Dios.* SIN. limpiar. || *v. prnl.* **2** Hacerse ‹una persona o cosa› más pura: *Te aseguro que uno se purifica entre aquella gente tan bondadosa. El agua se purifica a medida que se va filtrando en el arenal.* ⇒ **71.**

purismo *s. m.* **1** (no contable) Actitud y comportamiento de la persona obsesionada con la pureza de la lengua, entendida como sometimiento a las normas de corrección gramatical y rechazo de neologismos o extranjerismos innecesarios: *El purismo que busca defender las lenguas acaba asfixiándolas.* **2** (no contable) Actitud y comportamiento de la persona que quiere mantener sin cambios los principios de una doctrina o técnica: *Hay que buscar otra vez el purismo en el cine.*

purista *adj. / s. m.* y *f.* Que sigue o practica las doctrinas del purismo lingüístico o doctrinal: *hablante purista, escritor purista, artesano purista, boxeador purista, estilo purista.*

puritanismo *s. m.* **1** (no contable) REL. Doctrina presbiteriana, nacida en Inglaterra, que defiende una moral muy rigurosa: *El puritanismo nace entre los anglicanos de los siglos* XVI *y* XVII *y quería desterrar cualquier resto litúrgico romano de sus prácticas.* **2** (no contable) PEYORATIVO. Actitud de la persona demasiado rigurosa en sus principios morales: *El puritanismo de Javier le hace chocar a menudo con sus compañeros.*

puritano, na *adj.* **1** Del puritanismo: *la doctrina puritana, la propaganda puritana.* || *adj. / s. m.* y *f.* **2** Que es partidario del puritanismo: *Los puritanos resultan a veces molestos.* **3** (ser / estar) PEYORATIVO. [Persona o actitud] que es excesivamente rigurosa en lo referente a la moral pública o privada: *Su hermana es muy puritana, nunca se pone en biquini. Estás tú muy puritano esta mañana.*

puro, ra *adj.* **1** (ser / estar) Que no tiene mezcla de cosas de naturaleza diferente: *agua pura, oro puro, aire puro, velocista puro. La atmósfera está hoy muy pura.* **2** (antepuesto) Que es exactamente lo que se dice, ni más ni menos: *Ésta es la pura verdad. Me lo encontré por pura casualidad.* **3** Que es perfecto en su género: *Tiene una voz de contralto purísima. Ya lo verás, es un dibujo puro y sencillo a la vez.* **4** Que es honrado o virtuoso: *un amor puro, un alma pura.* **5** [Lenguaje] que respeta perfectamente todas las reglas de la gramática: *Nuria habla un catalán muy puro. Escribes un castellano puro.* **6** (antepuesto) AMÉR. Solo, único: *Aquí se sirve la pura comida.* **7** MÉX.; COLOQUIAL. Que es idéntico, igual. **8** VEN.; RESTRINGIDO. [Persona] que se parece mucho a otra. || *adj. / s. m.* **9** Rollo de hojas de tabaco que se enciende por un extremo y se fuma: *cigarro puro, caja de puros. Gerardo se fumó un puro después de comer.* || *s. m.* **10** COLOQUIAL. Castigo, sanción: *Metieron un puro al recluta por llegar tarde al cuartel.* || **11 ciencias* puras.** **12 letras* puras.** FR. Y LOC. **de pura cepa*. ser un ~ nervio*.**

púrpura *adj. / s. m.* **1** [Color rojo] que es muy intenso y tira a violeta: *traje púrpura. No me gusta el púrpura. Los cardenales visten de púrpura.* || *s. f.* **2** Molusco marino que segrega un líquido amarillo que se vuelve rojizo al oxidarse y fue usado antiguamente como colorante.

purpurado *s. m.* ELEVADO. Cardenal de la Iglesia católica: *El Papa nombró cardenales el mes pasado a dos obispos españoles: los nuevos purpurados fueron recibidos por el Rey.*

purpúreo, a *adj.* ELEVADO. De color púrpura o que tira a púrpura: *Me gustaban más las butacas purpúreas, le daban mucho ambiente al teatro.*

purpurina *s. f.* **1** (no contable) Polvo muy fino de bronce o de metal blanco con el que se preparan pinturas doradas o plateadas. **2** (no contable) Pintura dorada o plateada preparada con este polvo: *Voy a pintar la bici vieja de purpurina plateada. He pintado las tuberías del baño de purpurina.*

purrela *s. f.* **1** (no contable) COLOQUIAL; PEYORATIVO. Conjunto de personas sucias y con poca educación: *¿Dónde va esa purrela de chiquillos? En el bar de la esquina se junta toda la purrela del barrio.* **2** (no contable) PEYORATIVO. Conjunto de cosas de poco valor o inútiles: *Al final de las rebajas sólo queda la purrela. Los libros rebajados son sólo purrela.*

purrete, ta *adj.* ARG. Chiquito, niño.

purria o **purriela** *s. f.* Purrela.

purrusalda *s. f.* Guiso vasco de patatas, puerros y bacalao hecho migas.

purulencia *s. f.* (no contable) MED. Salida o secreción de pus de una herida: *La herida ya está limpia y no tiene purulencias.* SIN. supuración.

purulento, ta *adj.* (ser / estar) Que tiene o segrega pus: *El grano es purulento. La herida está purulenta.*

pus *s. m.* (no contable) Líquido amarillento que se forma en los tejidos inflamados o infectados.

pusilánime *adj. / s. m.* y *f.* Que no tiene ánimo o valor para soportar las desgracias, hacer frente a los peligros o emprender cosas importantes: *carácter pusilánime.*

pusilanimidad *s. f.* (no contable) ELEVADO. Carácter pusilánime de una persona.

pústula *s. f.* Vejiga o ampolla con pus que se forma en la piel: *las pústulas de la varicela.*

puta *s. f.* **1** VULGAR. Mujer que ejerce la prostitución: *En ese bar sólo hay putas.* **casa* de putas. 2** VULGAR; PEYORATIVO. Mujer que a los ojos de quien habla se comporta con una excesiva libertad sexual. **3** VULGAR; INSULTO. Mujer que hace una mala pasada a otra. FR. Y LOC. **como ~ por rastrojo** VULGAR. En una situación difícil y apurada: *El nuevo director es muy exigente y nos trae como putas por rastrojo.* **de ~ madre** VULGAR; INTENSIFICADOR. Muy bien: *Me lo he pasado de puta madre. Las cosas me van de puta madre. Te encuentro de puta madre. El tuyo es un trabajo de puta madre.* **de ~ pena** VULGAR; INTENSIFICADOR. Muy mal: *Esto está de puta pena.* **hijo* de ~. ir de putas** VULGAR. Buscar ‹un hombre› relaciones con una prostituta. **me cago en la ~** VULGAR; DISGUSTO Y ENFADO. Se usa cuando algo sale mal. **pasarlas putas** VULGAR. Estar ‹una persona› en una situación difícil o arriesgada: *Las hemos pasado putas hasta que hemos encontrado trabajo.* **ser más ~ que las gallinas** VULGAR; INTENSIFICADOR, INSULTO. Se usa para referirse a una mujer que a los ojos del hablante se comporta con excesiva libertad sexual.

putada *s. f.* **1** VULGAR. Acción injusta y hecha con mala voluntad: *Romperle el bastón a ese anciano ha sido una putada. Carmen me ha hecho la putada de dejarme por Pedro.* **2** VULGAR. Situación desagradable que no tiene remedio: *Es una putada, pero no puedo ir esta tarde contigo al cine.*

putañear *v. intr.* VULGAR, RESTRINGIDO. Tener ‹un hombre› relaciones sexuales con prostitutas frecuentemente: *A ese le gusta putañear.* SIN. putear.

putañero *adj.* VULGAR, RESTRINGIDO. Que es aficionado a tratar o tener relación con prostitutas.

putativo, va *adj.* ELEVADO. Que tiene la consideración de pariente sin serlo, en muchos casos con el apoyo legal: *padre putativo, hermano putativo.*

putazo *s. m.* MÉX.; VULGAR. Golpe muy fuerte.

puteada *s. f.* ARG., CHILE, MÉX., PAR., URUG.; VULGAR. Palabrota, ofensa de palabra a una persona.

putear *v. intr.* **1** VULGAR. Causar ‹una persona o cosa› un daño o una molestia [a una persona]: *El jefe me ha estado puteando todo el tiempo y no me ha dejado levantar cabeza.* **2** VULGAR, RESTRINGIDO. Tener ‹un hombre› relaciones sexuales con prostitutas frecuentemente. SIN. putañear. **3** VULGAR, RESTRINGIDO. Ejercer ‹una persona› la prostitución.

puteo *s. m.* **1** (no contable) COLOQUIAL. Fastidio o perjuicio grande repetido: *No aguanto el puteo sistemático al que nos somete el jefe.* **2** (no contable) VULGAR. Actividad de ejercer la prostitución o tener relaciones con prostitutas: *A tu amigo le va la cosa del puteo.*

puterío *s. m.* **1** (no contable) VULGAR. Prostitución. **2** (no contable) VULGAR. Conjunto de prostitutas: *Aquel bar era el centro de reunión del puterío.*

putero, ra *adj. / s. m.* VULGAR. Que es aficionado a tratar o tener relación con prostitutas: *¡Qué putero eres! Jorge es un putero.*

puticlub (plural *puticlubs,* preferible a *puticlubes*) *s. m.* VULGAR. Local en el que las camareras o señoritas de compañía alternan con los clientes.

puto, ta *adj. / s. m.* y *f.* **1** VULGAR; IRONÍA, INSULTO / AFECTIVO. Que actúa con maldad, hipocresía o segundas intenciones: *¡Qué puto eres, y yo que confiaba en ti!* ‖ *adj.* **2** (antepuesto) VULGAR; INTENSIFICADOR. Se usa para expresar enfado violento o para insultar: *Me han echado a la puta calle. Todavía no he visto un puto duro del préstamo que te hice.* **3** VULGAR. Que contiene o encierra dificultad: *Trabaja en unas condiciones muy putas.* ‖ *s. m.* **4** VULGAR. Homosexual masculino que ejerce la prostitución: *A estas horas sólo quedan los putos en la calle.* FR. Y LOC. **no tener ni puta idea*.**

putón, na *s. m. / f.* **1** VULGAR. Mujer que a los ojos de quien habla se comporta con una excesiva libertad sexual: *Ésa es un auténtico putón, no creo que tenga inconveniente en salir contigo.* **~ verbenero** VULGAR; INTENSIFICADOR / HUMORÍSTICO. Putón. **2** VULGAR. Prostituta: *Ese bar está lleno de putones.*

putrefacción *s. f.* (no contable) Descomposición de la materia orgánica: *El olor era insoportable debido a la putrefacción de algunas frutas.*

putrescencia *s. f.* (no contable) ELEVADO. Estado de un cuerpo en descomposición: *La putrescencia de algunas de las víctimas dificulta su identificación.* SIN. putridez.

putridez *s. f.* (no contable) ELEVADO. Cualidad de pútrido: *la putridez de las aguas, la putridez de la atmósfera.*

pútrido, da *adj.* ELEVADO. Podrido: *aguas pútridas. Había allí una atmósfera pútrida.*

putsch (del inglés; pronunciamos *'pusch'*) *s. m.* Golpe de fuerza ejecutado con rapidez para hacerse con el poder de un Estado.

pututo *s. m.* PERÚ. Especie de trompeta campesina.

puya *s. f.* **1** Punta metálica afilada de la vara utilizada por picadores y vaqueros. SIN. pica. **2** Vara con esta punta. **3** COLOQUIAL. Palabra o frase con intención ofensiva o burlona: *No lances puyas a Roberto cuando cenemos con él, porque no volverá a salir con nosotros.* SIN. pulla, puyazo.

puyazo *s. m.* **1** TAUROM. Golpe y herida que se produce con la puya: *Después del segundo puyazo, el toro perdió la fuerza.* **2** (no contable) COLOQUIAL. Palabra o frase con intención ofensiva o burlona: *Laura se sintió muy triste por los puyazos que le tiró Pepe.* SIN. pulla, puntada. FR. Y LOC. **soltar / tirar / lanzar un ~** COLOQUIAL. Dirigir ‹una persona› puyazos contra una persona.

puyo *s. m.* ARG. Poncho grande de lana.

puzzle (del inglés; pronunciamos *'puzle'*) *s. m.* **1** Juego que consiste en reconstruir una figura dividida en piezas irregulares planas, combinando éstas después de haberlas desordenado: *hacer un puzzle, un puzzle de mil piezas.* SIN. rompecabezas. **2** Conjunto de elementos dispersos que hay que relacionar para reconstruir un hecho: *Este caso de asesinato ha exigido a la policía reconstruir un puzzle con las escasas piezas disponibles.*

PVP (pronunciamos *'pe-uve-pe'*) *s. m.* Sigla de «Precio de Venta al Público», España.

pyrex (marca registrada) *s. m.* Pírex.

Q

q *s. f.* Decimoctava letra del alfabeto español que representa un sonido de articulación oclusiva, velar y sorda. Su nombre es «cu».

qasida *s. f.* LIT. Casida.

qatarí *adj. / s. m.* y *f.* De Qatar, en Asia.

quanto *s. m.* FÍS. Cuanto.

quark *s. m.* FÍS. Cada una de las partículas básicas, supuestas por la Física teórica, que forman parte de las partículas elementales.

quásar *s. m.* ASTRON. Cuásar.

que *conj.* **1** Introduce una proposición subordinada sustantiva: **1.1** En función de sujeto o de complemento directo: *Me alegra que hayas venido. Dicen que va a nevar.* OBSERVACIONES: ◊ La conjunción *que* se antepone a oraciones interrogativas indirectas encabezadas por *si, cuándo, dónde...*, cuando el verbo principal implica idea de pregunta: *Dile que si arrancamos ya. Me contestó que si estaba loco.* Con el verbo *preguntar* la presencia de *que* no es necesaria para el sentido: *Pregúntale (que) si son auténticos.* ◊ Introduce proposiciones que expresan deseo: *Quiero que llueva. Mi deseo es que triunfes.* ◊ En algunas proposiciones de complemento directo se suprime *que* coloquialmente, sobre todo tras una forma verbal en primera persona y con los siguientes verbos: *esperar, desear, lamentar, sentir, suponer, parecer, creer...* Así: *Deseo te encuentres bien de salud. Espero hayas recibido mi carta. El asesino, que se supone (que) entró en la habitación a través de la ventana, parece no haber dejado huellas.* **1.2** Integrada en un sintagma preposicional, con diversas funciones sintácticas: *Huyó sin que nos diéramos cuenta. ¡Encima de que lo he invitado! Me alegro de que hayas venido. Independientemente de que sean míos.* **1.3** Precedida de la preposición *de,* encabeza una proposición sustantiva que funciona como complemento especificador del nombre: *el hecho* ***de*** *que hayas venido, la condición* ***de*** *que ha de devolverlo intacto.* OBSERVACIONES: La preposición *de* se omite a veces en el habla descuidada. **1.4** Encabeza una proposición que va precedida de un adverbio oracional: *Seguramente que tardarán / Seguramente tardarán. Evidentemente que están enfermos / Evidentemente, están enfermos.* OBSERVACIONES: La conjunción *que*, como herencia etimológica, aparece opcionalmente tras la interjección desiderativa *ojalá*: *Ojalá llueva / Ojalá que llueva.* RELACIONES Y CONTRASTES: Estas construcciones con adverbio tienen un matiz diferencial respecto de la forma con adjetivo: *Evidentemente que / Es evidente que... Seguramente que / Es seguro que ...* **1.5** Introduce proposiciones sin verbo regente: **1.5.1** (preferentemente con subjuntivo) proposiciones volitivas con carácter de imposición, sugerencia o deseo: *Que se siente todo el mundo. Que suene la música, por favor. Que lo paséis bien,* o con carácter hipotético, manifestando deseo, disuasión o reproche: *Que se porte bien y le compraré el regalo. Que lo estudie bien o, –de lo contrario–, no aprobará en junio. Que lo hubiera hecho bien y no tendría que repetirlo.* OBSERVACIONES: ◊ En el caso de las proposiciones de carácter hipotético, preferentemente con el enlace *y* o con *o.* ◊ Obsérvese que a veces para expresar reproche puede faltar la segunda proposición: *Que hubiera avisado.* **1.5.2** (extrañeza; contexto exclamativo; con subjuntivo) proposiciones que expresan injusticia, contradicción o decepción ante el hecho aludido: *¡Que tenga yo que rebajarme a esto por no hacerle daño!* **1.5.3** (con elisión de verbos como *jurar, prometer*) proposiciones que implican juramentos, promesas, vaticinios, etc.: *Por mi honor que lo solucionaré. Por Dios que me las pagarán. Por mis hijos, que lo haré.* **1.5.4** (aviso, advertencia) Introduce proposiciones que avisan o advierten al oyente con la intención de que actúe con urgencia: *¡Que viene mi madre! ¡Que viene el tren! ¡Que los vas a romper!* OBSERVACIONES: Al aviso o advertencia a veces sigue la reacción que el que avisa o advierte pide u ordena: *¡Que viene el vigilante! Escóndete.* **1.5.5** (en un contexto de diálogo) Introduce proposiciones completivas con cierto carácter hipotético o condicional: *Que te apetece ir al cine... pues te vas al cine.* RELACIONES Y CONTRASTES: *Que* impone indicativo y no admite subjuntivo, frente a los nexos condicionales, que admiten subjuntivo; así, *si* admite indicativo y subjuntivo, y otros nexos condicionales imponen el subjuntivo: *como falles, caso que llueva.* Frente a cualquier nexo condicional, *que* rechaza el enlace mediante conjunciones. Confróntese: *Si llueve, lo pasaremos mal,* con: *Que luego te apetece ir al cine... pues te vas al cine. Que no te apetece... pues no vas.* **2** Introduce una proposición causal como explicación justificativa de un acto: **2.1** un acto impositivo (orden, exigencia, sugerencia, ruego, súplica, petición, consejo, invitación...): *Salid, que ya pasó el peligro. Ven, que tengo que darte una cosa. No entre, que está el suelo mojado. ¿Quiere pasarme la sal, que yo no alcanzo? ¿Qué hora es, que no tengo la menor idea?* **2.2** la manifestación de un deseo: *¡Ojalá no llueva más, que ya está la tierra satura-*

da! **2**3 la manifestación de la conveniencia, oportunidad... o necesidad de algo: *Tienes que venir, que, si no (vienes), la gente pensará mal. Conviene que salgas, que la salud es muy importante. Hay que ahorrar, que no sabemos lo que pasará mañana.* **2**4 la manifestación de una decisión o de un acto volitivo: *Me voy, que me están esperando. No, que (si lo hiciera,) éstos se reirían de mí. Lo hago yo, que vosotros sois unos inútiles.* **2**5 la manifestación de una deducción o conjetura tajante o vaticinio: *Elisa está aquí, que la he visto yo. Lo que has cazado serán conejos, que aquí liebres no hay.* **2**6 el empleo concreto de una expresión del texto, al que le seguirá una proposición explicativa con carácter de paréntesis: *Las papas, que así las llaman, son entre ellos la comida habitual. Y al oírlo sonrieron todos; todos, menos la pobre Fidela, que así se llamaba la niña.* **2**7 la presentación como hecho presupuesto o que se puede presuponer, en cuyo caso, la proposición será un paréntesis por el cual el hablante expresa con énfasis una afirmación que quiere hacer notar al oyente: *Y si le falla el ordenador, que le puede fallar, que no venga echándome a mí la culpa. Y cuando la directora vuelva, que volverá, las cosas serán muy distintas.* **2**8 un hecho descrito, con participación emotiva del narrador; entonces *que* introduce una explicación enfática y emotiva: *Déjalo, hombre, que, después de todo, ¿cuándo volveremos a tener uno tan dócil? Ten mucho cuidado, hijo, que ¡cuántos han ido y no han podido contarlo!* **2**9 una fórmula que autoriza o tiene un carácter concesivo, presentada por un imperativo o el verbo *poder,* en cuyo caso la proposición introducida por *que* adquiere un valor indirectamente concesivo: *Di lo que te dé la gana, que no voy a hacerte caso. Ya puedes gritar cuanto quieras, que no te van a oír. Los compañeros pueden decir lo que sea, que yo no voy a cambiar.* **3** (con verbo en subjuntivo, situación de diálogo, lenguaje informal; contexto de ruego o mandato) Expresa finalidad y equivale a 'para que', pudiendo llegar a reemplazarlo: *Acércate, que pueda verte la herida. ¿Podrías acercar los apuntes un poco, que los leamos mejor?* OBSERVACIONES: ◊ Se parte de la presuposición de que aquello que se recomienda favorece el que se dé la acción presentada como fin. ◊ A la idea de finalidad puede unirse la de previsión o prevención de hechos tenidos por malos: *Átate los cordones bien, que no haya que andar luego parándose en el camino.* **4** (en correlación con elementos intensificadores como *tal, tan, tanto...*) Introduce proposiciones consecutivas, es decir, aquéllas en que se presenta un hecho como la consecuencia contextualmente inesperable de otro previamente aducido al que se le da mayor intensidad: *El águila voló tan alto que la perdimos de vista.* OBSERVACIONES: ◊ Obsérvese que en el lenguaje coloquial el *que* consecutivo se emplea en correlación con *cada: Dice cada tontería que no hay quien le soporte.* ◊ A menudo la proposición consecutiva que introduce *que* es una hipérbole, preferentemente en contextos lúdicos: *Era un hombre tan delgado tan delgado que, cuando se ponía de perfil, parecía que se había ido. Si me hubiera encontrado con ese hombre de noche hubiera huido tan rápido que ni un galgo me hubiera alcanzado.* RELACIONES Y CONTRASTES: Fórmulas como: *Mira / fíjate* (típicamente sin *en*) / *figurate... si* (o *el... que, la... que, lo... que* o *cómo..., cuánto..., qué..., etc.*) + futuro o condicional, se emplean en contexto de diálogo emotivo para introducir una consecuencia contextualmente inesperable e invitar al oyente a imaginarse o prestar mucha atención a aquello que se intensifica: *Fíjate si tendrán fuerza* (o *lo fuertes que serán* o *la fuerza que tendrán* o *cómo serán de fuertes*) *los forzudos de ese circo que pueden estrangular a un tigre.* **5** Introduce el segundo término de una estructura comparativa: *Sandra bebe más que tú. Tomás canta igual que tú. Susana es menos fuerte que tú. Llegaste después que yo. Tu hijo es igual de testarudo que tú.* OBSERVACIONES: La desigualdad puede concretarse cuantitativamente: la mitad, la tercera parte, el doble, el triple...: *Tu colegio no es ni la mitad de grande que éste. Tu televión tiene el doble de años que la mía.* RELACIONES Y CONTRASTES: ◊ Tiende a reemplazarse por *de* en los dos casos siguientes: - Ante expresiones cuantitativas, cuando el significado de la estructura comparativa es 'por encima de' o 'por debajo de' y no cuando el elemento que sigue realiza la acción del verbo: *Trabajas más de catorce horas diarias. Tu mujer gana más que todos juntos.* - Cuando la comparación se establece en relación con lo que se dice, parece, se puede, se debe, se necesita, se estipula, conviene, se necesita, se acuerda, se desea, se exige, se ruega... (que es o que sea), y no a lo que es: *Trabajan más / menos / el doble... de lo que decías / creíamos / parecía... (que trabajaban). Hacen menos de lo que quisiéramos / convendría / les dijimos... (que hicieran). No le pagues más de lo acordado / convenido / necesario / normal.* ◊ *Que* sustituye opcionalmente a la preposición *a* ante proposiciones sustantivas asociadas a *preferir* y *preferible* (*Es preferible reír a / que llorar. Prefiero subir a / que bajar*), y de manera obligatoria cuando la forma infinitiva está suprimida (*Prefiero comer pescado que carne. Prefiero ver a Pepe que a Paco. Prefiero cenar con él que con ella*). **6** (en combinación con la forma *otro, -a, -os, -as*) Desempeña función parecida a la comparativa: *Son otros métodos que los que yo aprendí. La respuesta fue muy otra que la que yo esperaba.* OBSERVACIONES: En contexto de negación puede llegar a desempeñar función similar a la de *sino* o *aparte*: *Carmela decoró la habitación sin otra ayuda que la de sus manos. No hay otra salida que la huelga. ¿Hay acaso otras deudas que las que tú originaste?* **7** (diálogo, emotividad) Enlaza en construcciones iniciales un pronombre personal con un nombre propio, un grupo sustantivo o un pronombre tónico de segunda o tercera persona, siempre en contexto de hipótesis irreal, y con el significado de '(actuando) en el lugar o puesto de (/ que)': *yo que Pedro..., yo que los jugadores..., yo que tú...* OBSERVACIONES: ◊ El hablante participa ante un hecho comentado en el diálogo o ante un hecho observado para incitar, advertir, reprochar o censurar: *Yo que tú lo dejaba plantado. Yo que algunos de los presentes no me precipitaría.* ◊ A veces el contexto de hipótesis irreal se formula expresamente: *Si fuera yo que tu padre, se iban a arrepentir.* ◊ Los hablantes de algunas regiones utilizan también la preposición *de*: *Yo de ti (/ Yo que tú), avisaba a la policía.* **8** Une proposiciones o grupos de palabras con valor copulativo al que se añade un matiz adversativo, de contraste, y causal de explicación: *No son "camellos", que son dromedarios.* OBSERVACIONES: La expresión que sigue a *que* suele ser una reacción ante lo que el hablante supone pensable, sospechado o esperado en el contexto: *Justicia pido, que no perdón. Suya es la culpa, que no mía. El ladrón le robó las joyas, que no la honra.* **9** En la expresión *quieras que no* ('al fin y al cabo', 'después de todo') funciona como una disyuntiva exclusiva, similar a *o*: *Quieras que no, la familia siempre tira mucho.* **10** En la estructura fija *alguno que otro,* de matiz cuantitativo, funciona como enlace. OBSERVACIONES: Repárese en las dos construcciones posibles: *algún disgusto que otro, algún que otro disgusto.* **11** En estructuras reiterativas: **11**$_1$ (intensificador) Colocada la conjunción entre dos formas verbales idénticas, tercera persona del singular del presente de indicativo, *que* pone de relieve la reiteración excesiva de la acción del verbo: *Te pasas el día charla que (te) charla con el vecino = 'Te pasas el día charlando sin parar con el vecino'.* OBSERVACIONES: La segunda forma verbal suele aparecer más en futuro precedida de una forma pronominal: *Todo el santo día canta que te cantarás.* **11**$_2$ (intensificador) Colocada la conjunción entre dos adjetivos para los que puede suponerse un contexto de supresión del verbo *estar* u otro similar: *Y el testarudo de él, firme que firme.* **11**$_3$ (intensificador) En la expresión *erre que erre,* expresa insistencia, obstinación y reiteración excesiva de la acción del verbo: *Ya le he dicho bien claro que no, pero él sigue erre que erre. Todo el santo día erre que erre con la dichosa política.* || *pron. rel.* (invariable) **12**$_1$ Único relativo posible en cláusulas especificativas con la función de sujeto o de complemento sin preposición, para personas y cosas: *la mujer que plantó aquel árbol, el árbol que plantaron aquellos hombres.* **12**$_2$ Precedido de artículo determinado (*el que* o *la que*...), que a veces no es necesario, puede usarse tras preposición en oraciones especificativas compitiendo con *quien, -es* (sólo personas) y con *el cual* o *la cual*...: *el escritor del que te hablo, la chica con la que se casó, la empresa para la que trabajo.* **12**$_3$ En oraciones explicativas, es la forma normal como sujeto o complemento sin preposición, pero puede remplazarse por *quien, -es* (sólo personas) o *el cual* o *la cual*...: *El hijo mayor, que estaba muy cansado, se fue a dormir.* OBSERVACIONES: Si el antecedente se refiere a la primera o segunda personas, *que* es el único sujeto posible: *Yo, que estaba dormida, me desperté asustada. Tú, que tienes experiencia, lo sabes muy bien.* **12**$_4$ Precedido de *el / la /*... se usa en sintagmas preposicionales en competencia con *quien* (sólo personas) y *el cual* o *la cual*...: *La novela, de la que ya se han hecho dos ediciones, es estupenda. Vendrá con su madre, a la que aún no conozco.* **12**$_5$ Como *quien, -es,* rechaza la presencia de construcciones absolutas como: *Terminado el cual, dio las gracias y se ausentó.* **12**$_6$ Precedido de *el / la*... es la única forma posible en oraciones apositivas de identificación que, en realidad, vienen a ser amalgamas de *el / la*... con una cláusula relativa especificativa: *Allí viene María, la que me ayudó a cambiar la rueda.* **12**$_7$ Precedido de *el / la*..., participa, como *quien* y frente a *el cual*, en perífrasis de relativo: *Fue ella la que gritó. De eso es de lo que quería hablarte. Lo que más me gusta es su mirada.* **12**$_8$ Precedido de *el / la*..., introduce, en competencia con *quien*, pero no con *el cual* o *la cual*..., oraciones de relativo sin antecente concreto (*El que la busca la encuentra. El que vive feliz muere feliz*) y, sin competencia de *quien*, oraciones con antecedente elidido (*De los cuatro muleros, el que lleva la mula torda es mi marido.*) **12**$_9$ Coloquialmente, sustituye a veces a la agrupación «preposición (+ art.) + *que*», especialmente tratándose de localización en el tiempo: *el día que tú naciste, la noche que te conocí.* **12**$_{10}$ Con un sentido y función próximos, en cierto modo, a los de adverbio relativo temporal, toma como antecedentes a algunos adverbios y expresiones adverbiales de tiempo, sea en estructura explicativa (*Ahora que vamos despacio, aprovecha para fotografiar el paisaje. Antes, que tenía miedo al avión, me tocaba viajar mucho y ahora, que se me ha quitado, apenas tengo ocasión de viajar*) o especificativa (*Siempre que vamos despacio me aburro*). **12**$_{11}$ Tras determinados verbos como *saber, decir* o *preguntar* y otros relacionados con ellos interviene en expresiones de valor interrogativo indirecto o similar: *Pregúntale lo que quiere ('qué quiere'). Sé lo que estás pensando. Dile los años que tienes. Sé muy bien las cosas que dice.* **12**$_{12}$ La expresión relativa puede adquirir valor ponderativo: *¡Lo graciosas que son! ('¡Qué graciosas son!') ¡Si supieras lo graciosas que son! ¡Fíjate (en) lo graciosas que son! No sabes lo graciosas que son. ¡Las ganas que tienen de armar jaleo!* **12**$_{13}$ Coloquialmente, sin las formas *el / la*..., aparece *que*, bien en función de atributo bien como complemento directo, en expresiones ponderativas que intentan aclarar al interlocutor un hecho sorprendente (explicación parecida a la que se introduce con *Es que*...). Si la explicación se refiere al propio hablante, se utiliza con frecuencia el pronombre *uno, una* (y la concordancia de tercera persona): *–«¡Qué bien has resuelto la situación, oye!» –«¡Inteligente que es uno!» ('Es que yo soy inteligente, no vayas a creer lo contrario'). –«Parece que los estudiantes están algo alboratados.» –«Ganas que tienen de armar jaleo.» ('Son simples ganas de armar jaleo').* FR. Y LOC. **a ~ no*. ¡a* ~!** o **¿a ~...? ¡ ¿a* ~ sí/no?/! ahora* ~. ahora* sí ~. así* ~. bien* ~. casi* ~. ¡con lo*... ~!** o **¡con lo ~! con tal* de ~. con tal* ~. desde* ~. lo cual* ~. más* ~. mientras* ~. ni* ~. ni* que... ni ~... por más* ~. por mucho* (...) ~... salvo* ~ / si. siempre* ~. supuesto* ~. tan*... ~ ... tanto es así* ~. tanto*..., ~. visto* ~. y eso* ~. ya* ~.**

qué *adj. / pron. int.* **1** Frente a *quién*, se usa para preguntar por objetos o cosas y, frente a *cuál*, no impone selección a partir de un conjunto: *¿Qué buscáis? No sabría qué decir. Dime qué debo hacer. Dile que qué vende.¿Qué decir de un hombre así? ¿Qué coche prefieres?* OBSERVACIONES: ◊ Como adjetivo, puede referirse también a personas: *¿Qué escritores triunfan hoy?* ◊ Coloquialmente se usa también para preguntar por la cantidad ('cuánto'): *–«¿Qué te costaron las botas?» –«Diez mil pesetas». ¿Qué dinero llevas?* || *adj. / pron. excl.* **2** Expresa ponderación, positiva o negativa: *¡Qué día (tan bonito)! ¡Qué suerte! ¡Qué vergüenza! ¡Qué cantidad de coches!* **3** Se usa *qué + de* para ponderar la gran cantidad o abundancia de lo que indica el sustantivo sin artículo: *¡Qué de gente! ¡Qué de coches! ¡Mira qué de gaviotas!* (= *la de gente, la de coches, la de gaviotas, cuánta gente, cuántos coches, cuántas gaviotas*). || *adv. excl.* **4** Aporta idea de cantidad, equivale a *cuán* y precede a adjetivos calificativos o a ciertos adverbios. OBSERVACIONES: Si la exclamación lleva verbo, es posible en algunos contextos coloquiales la anteposición al verbo de un nuevo *que* (átono), aparentemente sin significado concreto: *¡Qué buenas (que) son! ¡Qué guapa (que) estaba María! ¡Qué lejos queda ya aquello!* FR. Y LOC. **a mí* ~. (y) a ti* ~. ¿y eso* ~?**

quebracho *s. m.* ARG., BOL., COL., PAR., URUG. Conjunto de diferentes árboles de mucha altura, ramosos y de madera rojiza de gran dureza, que se emplea en construcción.

quebrada *s. f.* **1** GEOGR. Abertura estrecha entre montañas. **2** AMÉR. Riachuelo, arroyo. **3** ARG., URUG. En el tango, movimiento del que baila, cuando se dobla por la cintura.

quebradero *s. m.* Se usa en la LOC. **~ de cabeza** (preferentemente en plural) COLOQUIAL; INTENSIFICADOR. Cosa que preocupa a alguien: *Este trabajo me está dando muchos quebraderos de cabeza.*

quebradizo, za *adj.* **1** Que tiende a quebrarse con facilidad: *cristal quebradizo.* **2** Que tiende a estar delicado de salud: *salud quebradiza.* SIN. enfermizo. **3** Que tiene poca fortaleza moral: *Este chico tiene una moral muy quebradiza.*

quebrado, da *adj.* **1** (estar) [Terreno] que tiene altos y bajos o es muy desigual: *Entramos en una ladera muy quebrada.* **2** (ser/estar) [Línea] que está formada por varios segmentos con distinta dirección: *La maestra nos ha mandado dibujar una línea quebrada.* **3** VEN.; COLOQUIAL. [Asignatura] que está suspensa. **4** VEN.; COLOQUIAL. [Examen] que es muy difícil. || *adj./s. m.* **5** MAT. [Número] que indica el número de partes que se toman de una unidad dividida en partes iguales: *un problema de quebrados.* **número ~.** || **6 pie* ~. 7 verso* ~.**

quebramiento *s. m.* DER. Incumplimiento de una ley o de un contrato: *No se presentó al juez y lo acusaron de quebramiento de condena.* SIN. transgresión.

quebrantahuesos (plural *quebrantahuesos*) *s. m.* (macho y hembra) *Gypaetus barbatus.* Ave rapaz de gran tamaño, que se alimenta de animales muertos y de la sustancia que hay en el interior de los huesos, después de romperlos contra las rocas.

quebrantar *v. tr.* **1** Romper ‹una persona o una cosa› [una cosa dura] con violencia: *Las heladas quebrantan las rocas.* SIN. rajar. **2** Poner ‹una persona o una cosa› [una cosa] en situación de que se rompa más fácilmente: *El temporal ha quebrantado las ramas del árbol.* **3** No cumplir ‹una persona› [una ley o una obligación]: *Has quebrantado tu palabra de honor. Un empleado ha demandado a la empresa por quebrantar el contrato.* **4** Hacer ‹una persona o una cosa› más débil la fortaleza de [otra persona o cosa]: *El accidente quebrantó su salud. El despido ha quebrantado la resistencia de Consuelo.* || *v. prnl.* **5** Hacerse más débil la fortaleza de ‹una persona o una cosa›: *Pablo se está quebrantando con tanto trabajo.*

quebranto *s. m.* **1** (no contable) RESTRINGIDO. Acción y efecto de quebrantar o quebrantarse: *El quebranto que ha causado la tormenta en el puerto es importante.* **2** (no contable) Falta de fuerza o decaimiento: *quebranto de salud.* **3** (no contable) ELEVADO. Pérdida o daño importante: *La empresa ha sufrido un quebranto económico.* **4** (no contable) ELEVADO. Pena o dolor muy grande: *La muerte de la madre ha supuesto un gran quebranto para toda la familia.*

quebrar *v. tr.* **1** Romper ‹una persona o una cosa› [una cosa dura] con violencia: *El policía quebró la puerta de una patada.* **2** Doblar o torcer ‹una persona› [una cosa]: *El delantero quiebra muy bien la cintura y regatea con gracia.* **3** Hacer ‹una persona o una cosa› que se interrumpa [una cosa no material]: *El grito quebró el curso de sus ideas. La manifestación ha quebrado el desarrollo de la fiesta. La desconfianza quiebra cualquier posible acuerdo.* **4** Hacer ‹una persona o una cosa› que disminuya la fuerza o el rigor de [una cosa]: *El cansancio le quiebra la fuerza de la voz. Los desengaños le han quebrado su antigua fe en la gente.* || *v. intr.* **5** Cesar ‹una empresa› en la realización de una actividad comercial o industrial por no poder cumplir las obligaciones contraídas: *Su empresa ha quebrado.* **6** Terminar ‹una persona› la amistad con [otra persona]. || *v. tr./intr.* **7** COL.; JERGAL. Matar ‹una persona› [a otra persona]. || *v. prnl.* **8** Romperse ‹una cosa› dura con violencia: *Se ha quebrado una baldosa del portal.* **9** Interrumpirse la continuidad de ‹un terreno o una cordillera›: *La sierra se quiebra bruscamente al sur de la provincia y sigue en dirección este.* **10** RESTRINGIDO. Sufrir ‹una persona› una hernia. SIN. herniarse. FR. Y LOC. **~/rayar/romper el alba*. romperse/quebrarse la cabeza*.** ⇒ **58.**

quebrazón *s. f.* AMÉR. C., CHILE, COL., MÉX. Destrozo de objetos de loza y cristal.

quechar *v. tr.* DEP.; VEN. En béisbol, recibir ‹un jugador situado detrás del bateador› [la pelota enviada por el lanzador].

quechemarín *s. m.* Pequeña embarcación a vela de dos palos, típica de las costas bretonas y del norte de España.

quechua *adj./s. m.* y *f.* **1** De un conjunto de pueblos amerindios que viven en los Andes: *una costumbre quechua.* || *s. m.* **2** LING. Lengua andina, aún viva, hablada por los quechuas, que es oficial en el Perú.

queco *s. m.* ARG., URUG.; COLOQUIAL. Prostíbulo.

queda *s. f.* **1** Hora de la noche en la que los habitantes de un lugar deben recogerse en sus casas por imposición de la autoridad: *El ejército invasor impuso la queda.* **toque* de ~.** **2** Acción de recogerse en casa en estas circunstancias.

quedada *s. f.* (no contable) RESTRINGIDO. Acción de quedarse en un lugar.

quedado, da *adj./s. m.* y *f.* **1** ARG., CHILE, COL., MÉX., URUG.; COLOQUIAL. Que es perezoso, indolente o sin iniciativa. **2** VEN.; COLOQUIAL. Que es tímido. || *s. f.* **3** AMÉR. C., COL., MÉX., REP. DOM.; COLOQUIAL en Colombia, MÉXICO, REPÚBLICA DOMINICANA. Solterona.

quedar *v. intr./prnl.* **1** Estar o permanecer ‹una persona› en [un lugar]: *Mi hermano **se** ha quedado **en** casa.* **2** Permanecer ‹una persona o una cosa› en [un estado] o pasar a [otro]: *Mi pregunta quedó sin contestar. El conductor **se** quedó muy asustado después del accidente.* || *v. intr.* **3** Seguir existiendo ‹una parte de una cosa› en un lugar o en una situación: *Del mueble sólo quedan las patas. El incendio ha destruido la casa y sólo han quedado en pie dos muros.* **4** Encontrarse ‹una persona› en [una determinada situación por los actos que ha realizado]: *Julián quedó **por** valiente. Todos los alumnos participaron en la broma, pero yo he quedado como el organizador.* **5** Faltar ‹una cosa› para [otra cosa o una acción]: *Quedan **por** barrer la salita y el despacho. El pescadero quedó **a** deber el resto de la factura.* **6** Resultar ‹una cosa› en [otra cosa]: *Tanto esfuerzo quedó **en** nada.* SIN. acabar. **7** Manifestar ‹una persona› la decisión de [hacer una cosa]: *Pedro quedó **en** venir a cenar con nosotros.* SIN. acordar, convenir. **8** Tener ‹dos o más persona› una cita entre ellas: *Hemos quedado el lunes en una cafetería.* **9** Faltar ‹una cosa o una distancia› para llegar a [una situación o a un lugar]: *Quedan tres km **hasta** Castro Urdiales. Quedan dos semanas **para** las vacaciones.* **10** Estar ‹una cosa› situada en [un lugar]: *Por ese lado de la bahía quedaban los islotes.* **11** Dar ‹una persona› lugar a que se la considere de [una manera determinada]: *Pilar quedó estupendamente con el regalo que nos hizo.* || *v. prnl.* **12** Apoderarse ‹una persona› de [una cosa] o conservarla en su poder: *¿Me quedo* ***con*** *tu libro? Quédate esta foto como recuerdo.* **13** Retener ‹una persona› [una cosa] en la memoria: *Tiene mucha facilidad para quedarse* ***con*** *los números.* SIN. memorizar. **14** Morirse ‹una persona›: *La abuela se quedó en la operación.* **15** COLOQUIAL. Engañar ‹una persona› [a otra persona], generalmente en plan de broma: *¿No te das cuenta de que se está quedando contigo? Se ha quedado con nosotras, nos ha hecho creer que se había casado.* FR. Y LOC. **dejar/quedarse con la miel* en los labios. dejar/quedarse de piedra*. ¿en qué quedamos?** COLOQUIAL Se usa para incitar a una persona a aclarar una cosa o a acabar con una indecisión: *¿Piensas seguir o no?, ¿en qué quedamos?* **(estar/quedarse) a dos velas*. estar/quedarse al pairo*. estar/quedarse colgado*. estar/quedarse como una pasa*. estar/quedarse de plantón*. estar/quedarse de rodríguez*. estar/quedarse en cuadro*. no haber/~/tener más remedio*. no ir/irle/quedarse a la zaga*. no ~ ni el apuntador*. no ~ piedra* sobre piedra. no ~ títere* con cabeza. no ~ por** Realizarse ‹una cosa› por no oponerse o ayudar a ella [una persona o una cosa]: *Yo haré cuanto esté en mi mano, que por mí no quede. La fiesta se hará en casa, que por nosotras no quede.* **no saber a qué carta* quedarse. ~ al descubierto*. ~ alto el pabellón*. ~ atrás** Estar ‹una cosa› pasada o superada: *Han quedado atrás aquellas preocupaciones.* **~ con un palmo* de narices** o **~ con dos palmos de narices. ~/dejar a la altura* del betún. ~ prendido*. ~/quedarse en la estacada*. ~ todo en casa*. quedarse a la luna* de Valencia. quedarse compuesto* y sin novia** o **quedarse compuesta y sin novio. quedarse con la boca* abierta. quedarse corto*. quedarse de una pieza*. quedarse en el chasis*. quedarse en el cuerpo** COLOQUIAL. Callar ‹una persona› una cosa que tenía ganas de decir: *Dijo lo que pensaba de él, sin quedarse con nada en el cuerpo.* **quedarse en el espíritu*. quedarse en el pellejo*** o **quedarse en los pellejos. quedarse en el sitio** COLOQUIAL. Morirse ‹una persona› en el acto: *A causa de la descarga eléctrica se quedó en el sitio.* **quedarse en pelotas*. quedarse en tierra** COLOQUIAL. Perder ‹una persona› el medio de transporte que pensaba tomar: *Llegó tarde a la estación y se quedó en tierra.* **quedarse/estar sin un chavo*. quedarse frío/helado** 1 COLOQUIAL; INTENSIFICADOR. Quedarse impresionada ‹una persona›: *Cuando le dieron la noticia, se quedó frío.* 2 COLOQUIAL. Sentir ‹una persona› frío: *Ayer me quedé frío en tu casa.* **quedarse frito*. quedar(se) K*.O. quedarse para vestir santos*. quedarse rígido*. quedarse solo*. quedarse tan ancho** COLOQUIAL. Quedarse ‹una persona› tan tranquila, sin mostrar ninguna preocupación: *A Pedro le dijeron que no tendría vacaciones y se quedó tan ancho.* **quedarse tieso*.**

quedo, da *adj.* **1** ELEVADO. Que hace poco ruido: *voz queda, murmullo quedo.* || *adv. modo* **2** ELEVADO. En voz baja: *hablar quedo.*

quehacer *s. m.* Trabajo o actividad que tiene que realizar una persona: *Carlos está muy ocupado con los quehaceres de la casa.* SIN. tarea, faena.

queimada *s. f.* Bebida propia de Galicia, que se prepara quemando orujo y azúcar con café y corteza de limón: *Jesús prepara muy bien la queimada.*

queja *s. f.* **1** Expresión con que se muestra dolor o disgusto: *El dependiente escuchó con paciencia las quejas de los clientes. Las quejas de los heridos ponían nerviosos a los jóvenes voluntarios.* SIN. lamento. **2** Motivo para quejarse: *No tengo ninguna queja contra ti. La nueva directora no nos ha dado motivos de queja.*

quejarse *v. prnl.* **1** Expresar ‹una persona› verbalmente quejas por [un dolor o una desgracia]: *El niño se queja continuamente por la herida que tiene en la pierna. Juan se queja* ***de*** *su mala suerte.* **2** Expresar o exponer ‹una persona› quejas sobre [una persona o una cosa]: *Pilar se ha quejado* ***por*** *la deficiente información que recibe de sus colaboradores. Me he quejado a la policía* ***del*** *bar de la planta baja.* FR. Y LOC. **~ de vicio** COLOQUIAL. Expresar ‹una persona› quejas sin motivo: *No le hagas caso a Chema, se queja siempre de vicio.*

quejica *adj./s. m.* y *f.* COLOQUIAL. Que se queja con poco motivo y bastante facilidad: *No le hagas caso, María es una quejica. Me han salido unos hijos muy quejicas.*

quejido *s. m.* Palabra o sonido con que se expresa dolor o pena: *Se hizo tanto daño que no pudo aguantar un quejido.* SIN. gemido, lamento.

quejigo *s. m.* *Quercus lusitanica.* Árbol grande de la familia de las fagáceas de tronco grueso, hojas fuertes y fruto con forma de bellota: *Cerca de El Escorial hay muchos quejigos.*

quejoso, sa *adj.* (estar) Que tiene queja de alguien o de algo: *No hay razón para estar siempre quejosa* ***de*** *todo. Estoy quejoso* ***con*** *él por lo que me dijo ayer.*

quejumbroso, sa *adj.* **1** (ser/estar) ELEVADO. Que se queja con poco motivo y bastante facilidad: *Tu actitud es muy quejumbrosa, no te lamentes tanto. Últimamente, estás muy quejumbroso.* SIN. quejica (COLOQUIAL). **2** ELEVADO. Que expresa o manifiesta queja o dolor: *El recuerdo de su voz quejumbrosa no se apartaba de mi mente. De su boca no salían sino palabras quejumbrosas.* SIN. lastimero.

quelícero *s. m.* ZOOL. Apéndice de defensa y ataque propio de algunos artrópodos, formado por dos artejos que se encuentra delante de la boca.

quelonio *adj./s. m.* **1** (macho y hembra) ZOOL. Reptil que tiene el cuerpo protegido por un caparazón duro con unas aberturas por donde saca la cabeza, las patas y la cola, como la tortuga. || *s. m.* **2** (en plural) ZOOL. Orden formado por los reptiles quelonios.

queltehue *s. m.* CHILE. Pájaro grande, muy común en los valles centrales chilenos, cuyo grito peculiar anuncia las lluvias.

quema *s. f.* **1** Acción y resultado de quemar o quemarse: *Antes de abandonar el despacho procedió a la quema de sus papeles personales.* **2** Incendio, fuego: *No quedó nada después de la quema.* **3** ARG. Quemadero, lugar destinado a la quema de residuos. **4** URUG.; COLOQUIAL. Vergüenza, bochorno. FR. Y LOC. **huir* de la ~.**

quemadero *s. m.* Lugar donde se queman animales muertos, basuras y otras materias: *El Ayuntamiento ha prohibido todos los quemaderos en su término; a partir de ahora todas las basuras irán a la incineradora comarcal.*

quemado, da *adj.* **1** (estar) COLOQUIAL. Que está muy harto, descontento o resentido: *La jefa lo tenía muy quemado. Estoy muy quemada* ***con*** *esta relación. Se les ve quemados* ***con*** *el trabajo.* || *adj./s. m.* y *f.* **2** ARG., URUG.; COLOQUIAL. [Persona] que es o está moreno. || *s. m./f.* **3** Persona que ha sufrido quemaduras: *unidad de quemados. Los quemados evolucionan favorablemente.* || *s. m.* **4** Parte quemada de una comida: *Me gusta el quemado del arroz.*

quemador *s. m.* Dispositivo que regula la salida de combustible en las cocinas de gas o en las calderas y posibilita la combustión: *Me he comprado una cocina con cuatro quemadores. Los técnicos me han aconsejado que cambie los quemadores de la estufa.*

quemadura *s. f.* Lesión producida por el fuego o por algo que quema: *El fuego, el sol o algunas sustancias químicas pueden producir graves quemaduras.* **~ de primer grado** Quemadura leve. **~ de segundo grado** Quemadura de gravedad media. **~ de tercer grado** La quemadura de máxima gravedad.

quemar *v. tr.* **1** Hacer ‹una persona o una cosa› que se consuma o se destruya [una cosa] con fuego: *Quema ese papel. El fuego ha quemado una gran extensión de bosque.* **2** Calentar ‹una persona› [una cosa] excesivamente: *Vas a quemar el vaso de plástico como lo pongas al lado del radiador.* **3** Secar ‹el calor o el frío excesivos› [una planta]: *La helada ha quemado los naranjos.* **4** Estropear ‹una persona› [un alimento] por cocinarlo con demasiado calor: *Has quemado la carne. Así vas a quemar la tortilla.* **5** Destruir ‹un ácido u otra sustancia corrosiva› [una cosa]: *Ese líquido quitamanchas quema la ropa.* **6** Producir ‹una cosa muy caliente o picante› una sensación de dolor o picor en [una persona]: *El tequila te quema la garganta.* **7** Producir ‹el sol› heridas en [la piel de una persona]: *No estés mucho al sol, que te quemará la espalda.* **8** Usar o gastar ‹una persona› [una cosa] sin sacar provecho de ella: *Quemó su fortuna en pocos años.* SIN. liquidar. **9** COLOQUIAL. Hacer ‹una persona o una cosa› que [una persona] se enfade o se canse por [una cosa]: *Su madre se ha quemado este año con el niño porque no estudia.* **10** ARG., URUG.; COLOQUIAL. Descubrir ‹una persona› un secreto de [otra persona]. **11** ARG., URUG., VEN.; COLOQUIAL. Matar ‹una persona› [a otra persona] con un arma de fuego. || *v. tr./prnl.* **12** Producir ‹una persona› heridas [a otra persona] con fuego o con algo muy caliente: *Luisa **se** quemó con la sartén. **Me** quemé la pierna.* || *v. intr.* **13** Estar ‹una cosa› demasiado caliente: *Ten cuidado, que el café quema.* SIN. arder. || *v. prnl.* **14** Estropearse ‹un alimento› al ser cocinado con demasiado calor: *Se me quemó el arroz.* **15** Producirse heridas en ‹la piel de una persona› a causa del sol: *Se me han quemado los hombros.* **16** COLOQUIAL. Enfadarse o cansarse ‹una persona› por [una cosa]: *Se quemó con el proyecto **por** trabajar demasiado.* **15** Sentir ‹una persona› mucho calor: *Estoy quemada con este tiempo.* **17** COLOQUIAL. Sentir ‹una persona› mucha pasión o afecto por [una cosa]: *Pilar se ha quemado **por** lo que dijiste.* **18** COLOQUIAL. Estar ‹una persona› cerca de acertar una cosa o de encontrarla: *Si buscas las llaves, te vas a quemar, porque están en ese cajón.* FR. Y LOC. **encender / ~ la sangre*. oler a cuerno* quemado. ~ el último cartucho*. ~ etapas*. ~ las naves*. quemarse las pestañas*. saber a cuerno* quemado. tomar* por donde quema.**

quemarropa Se usa en la LOC. **a ~** 1 Muy cerca de aquello a lo que se dispara con un arma de fuego. 2 De manera brusca, sin rodeos: *Le hizo la pregunta a quemarropa.*

quemazón *s. f.* **1** Sensación de calor excesivo, picor o ardor: *Al entrar he sentido (una) quemazón en los pies. Tengo una quemazón en la mano por culpa de la alergia.* **2** Sentimiento de molestia o de incomodidad ante las críticas o las burlas de otras personas: *La periodista tiene cierta quemazón por los comentarios de sus colegas en este asunto.*

quemo *s. m.* ARG., URUG.; COLOQUIAL. Situación de ridículo o vergüenza.

quena *s. f.* Flauta de caña de sonido triste y melancólico, en su origen propia de los indígenas, típica de Ecuador, Perú, Bolivia y norte de Argentina.

q.e.p.d. *adv.* Abreviatura de «que en paz descanse».

quepis, kepí o **kepis** (plural *quepis, quepís* o *kepis*) *s. m.* Gorra militar de copa baja cilíndrica y visera.

queratina *s. f.* (no contable) BIOQUÍM. Proteína principal de la epidermis de los vertebrados y de las formaciones que nacen en ella como el pelo, las uñas, las plumas o los cuernos.

querella *s. f.* **1** DER. Documento por el que una persona promueve la persecución de un delito, constituyéndose como parte en el procedimiento: *poner una querella. El club ha presentado una querella contra su antiguo administrador.* **2** Discordia, conflicto: *Las querellas familiares son las peores.*

querellarse *v. prnl.* Presentar ‹una persona› una querella contra [otra persona] [ante un juez o un tribunal]: *La empresa se ha querellado **contra** sus antiguos gestores. La mujer ha asegurado que se querellará **contra** su ex-marido.*

quereme *s. m.* COL. Bebedizo.

querencia *s. f.* **1** (no contable) Inclinación o tendencia de una persona o un animal hacia otra persona o hacia algún lugar conocido: *Algunos animales tienen querencia por el sitio donde nacieron. Carlos tiene querencia por los gallegos.* **2** (no contable) TAUROM. Preferencia del toro hacia algunos lugares determinados de la plaza: *El toro tenía querencia por las tablas.*

querendón, na *adj.* ARG.; COLOQUIAL. [Persona] que es muy mimosa.

querer *v. tr.* **1** Desear tener ‹una persona› [una cosa]: *Quiero un coche nuevo.* **2** Sentir ‹una persona› amor o cariño por [una persona o una cosa]: *Quiero a Pedro por su sinceridad. La niña quiere mucho a su madrina.* SIN. amar. **3** Tomar ‹una persona› la decisión de [realizar una acción]: *Paula quería subir a lo más alto del monte. Mientras él no quiera, no entraremos en el club.* **4** Pedir ‹una persona› [una cantidad] por [una cosa]: *¿Cuánto quiere **por** esta sortija?* **5** Ser ‹una cosa› conveniente para [otra persona]: *Este traje quiere una corbata más oscura.* **6** Dar ‹una persona› motivo con sus acciones o sus palabras a que suceda [una cosa que puede perjudicarla]: *Esa señora que cruza la autopista quiere que la atropelle un coche.* **7** Aceptar ‹una persona› [una cosa que otra persona desea que haga]: *Tal vez él quiera acompañarte.* **8** Aceptar ‹un jugador› [una apuesta]: *–«Van dos mil.» –«No quiero».* **9** Estar ‹un suceso o la realización de una cosa› cercano o próximo: *Está nublado, parece que quiere llover.* FR. Y LOC. **buscar / pedir / ~ guerra*. como quien no quiere la cosa*. como quiera que** De cualquier manera. OBSERVACIONES: Se usa para indicar un modo determinado de hacer una cosa: *Como quiera que te vistas estarás bien.* **dejarse* ~. estar* como quiere. no ~ cuentas*. pies* para qué os quiero. (que) quieras / quiera que no** Tener que hacer ‹una persona› una cosa a la fuerza o contra su voluntad: *(Que) quieras que no, tendrás que ir.* **¡que si quieres!** COLOQUIAL. Se usa para indicar impaciencia o enfado al no conseguir una cosa: *Le estoy diciendo que se dé prisa, pero, ¡que si quieres!* **~ como a las niñas de los ojos** COLOQUIAL. Querer mucho ‹una persona› a una persona: *El abuelo quiere a su nieta pequeña como a las niñas de sus ojos.* **~ decir*. quiera Dios*** o **Dios lo quiera. sin ~** Se usa para indicar que se ha hecho una cosa de forma involuntaria o por casualidad: *Lo hice sin querer. El acusado confesó que había disparado sin querer.* ⇒ **63.**

querer *s. m.* Amor, cariño: *Las cosas del querer son muy complicadas.*

querido, da *s. m./f.* **1** COLOQUIAL; PEYORATIVO. [Persona] que mantiene relaciones amorosas con otra persona casada: *Se rumorea que la directora tiene un querido. Pepa es la querida del jefe.* **2** COL. Que es agradable de trato.

quermes *s. m.* Kermés.

quermés o **quermesse** *s. f.* Kermés.

querosén o **kerosén** *s. m.* AMÉR. Queroseno.

queroseno *s. m.* Mezcla líquida de hidrocarburos que se obtiene de la destilación del petróleo y se utiliza como combustible: *El queroseno es el combustible que se usa en los reactores.*

querube *s. m.* LITERARIO. Querubín: *los querubes del cielo.*

querubín *s. m.* **1** REL. En la doctrina cristiana, ángel que pertenece a un círculo o coro inferior al de los serafines: *Los querubines forman el segundo coro del cielo, muy próximos a la divinidad.* **2** Niño pequeño de gran belleza: *La nena es un querubín rubio y con los ojos azules.*

quesada *s. f.* Quesadilla.

quesadilla *s. f.* **1** Pastel de masa de harina y queso. **2** ARG., COL. Pastelillo relleno de almíbar o fruta en conserva.

quesero, ra *adj.* **1** Del queso: *producción quesera.* **2** Que es muy aficionado al queso: *Soy muy quesera, me gusta cualquier tipo de queso.* || *s. m./f.* **3** Persona que por oficio elabora o vende queso: *Las queseras de nuestra fábrica son especialistas artesanas.* || *s. f.* **4** Lugar donde se fabrican quesos: *la quesera asturiana.* SIN. quesería. **5** Plato con una tapa, generalmente de cristal o de cerámica, en forma de campana que sirve para guardar o servir queso: *En el restaurante había una quesera con veinte tipos de queso.*

quesillo *s. m.* Se usa en la LOC. **pan* y ~.**

queso *s. m.* **1** Alimento que se elabora cuajando la leche de algunos animales como la vaca, cabra u oveja, de gran variedad de formas, texturas y sabores: *queso fresco, queso seco.* **~ de bola** Queso de tipo holandés, de forma esférica y corteza roja. **~ de Burgos** Variedad de queso fresco de leche de vaca, típico de esta ciudad española. **~ manchego** Variedad de queso de leche de oveja, típico de La Mancha, región española. **~ parmesano** Variedad de queso de sabor fuerte, típico de la llanura de Lombardía. **2** (preferentemente en plural) VULGAR. Pie de una persona: *Chico, dúchate, porque te huelen mucho los quesos.* FR. Y LOC. **dármela/dártela/dársela... con ~** COLOQUIAL. Engañar ‹una persona› a otra persona: *Nos la han dado con queso: mientras nosotros estamos discutiendo el proyecto ellos están comiendo con el jefe para convencerlo. A mí no me la das con queso, anoche llegaste bebido a casa.*

quesquémil o **quesquemil** *s. m.* MÉX.; JERGAL. Especie de chal que cubre el pecho y la espalda de la mujer.

quetzal *s. m.* **1** (macho y hembra) *Pharamachrus mocinno.* Ave de vivos colores, con un penacho en la cabeza, alas cortas y cola muy larga, que habita en la selva tropical americana. **2** Moneda de Guatemala.

quevedos (plural) *s. m.* RESTRINGIDO. Antiguos lentes circulares que se sujetaban solamente en la nariz: *Muchos personajes del siglo* XIX *están retratados con sus quevedos.* SIN. anteojos.

¡quiá! *interj.* VULGAR. Expresión usada como respuesta, con que se niega o pone en duda lo que dice alguien: *–«Me lo darás mañana». –«¡Quiá, difícil lo veo!». ¿Cederle yo el paso a ese hombre? ¡Quiá, eso sería lo último!* SIN. ¡Ca! (VULGAR).

quiasmo *s. m.* RET. Figura retórica que consiste en la ordenación cruzada de los elementos de dos secuencias bimembres, de modo que en la segunda se repiten los de la primera en orden inverso, como si se reflejaran en un espejo: *La frase «Marta vive en Madrid, en Barcelona vive María» es un ejemplo de quiasmo.*

quibebe *s. m.* ARG., URUG.; COLOQUIAL en Uruguay, RESTRINGIDO en Argentina. Follón, situación confusa.

quibús *s. m.* Kibutz.

quiché *adj./s. m.* y *f.* **1** De un pueblo amerindio que vive en el oeste de Guatemala: *escultura quiché, joven quiché, las quichés.* || *s. m.* **2** LING. Lengua de la familia maya hablada en Guatemala.

quichua *adj./s. m.* y *f.* Quechua.

quicio *s. m.* **1** Parte de una puerta o de una ventana donde están los goznes o bisagras: *el quicio de la puerta, el quicio de la ventana.* **2** Ángulo que forman la puerta o la ventana con el muro por la parte en que éstas giran. FR. Y LOC. **(estar) fuera de ~** RESTRINGIDO. Estar sin orden o en un estado inhabitual: *Todo estaba fuera de quicio cuando llegamos a casa.* **sacar de ~** 1 COLOQUIAL. Exasperar o hacer ‹una persona o una cosa› que otra persona pierda la paciencia: *Mi amiga me saca de quicio con sus tonterías. Me saca de quicio que no me escuches cuando te hablo.* 2 Exagerar o deformar ‹una persona› una cosa: *Lucía saca las cosas de quicio y todo le parece un drama.*

quico o **kiko** *s. m.* COLOQUIAL. Maíz tostado: *Voy a comprar una bolsa de quicos. ¿Quieres kikos?*

quid *s. m.* Esencia, punto más importante o razón de una cosa o de un asunto: *Hay que llegar al quid de la cuestión. Ése es el quid del problema.*

quídam *s. m.* **1** COLOQUIAL; RESTRINGIDO; PEYORATIVO. Persona a la que se designa de manera indeterminada: *Un quídam quería vendernos una radio a la salida del metro.* SIN. sujeto. **2** COLOQUIAL; RESTRINGIDO; PEYORATIVO. Persona de poca importancia, de la que no se sabe el nombre o a la que no se quiere nombrar: *Estoy enfadada con un quídam de la oficina que prefiero no recordar.*

quiebra *s. f.* **1** Grieta o rotura de una cosa: *la quiebra de una tubería. La quiebra de una viga provocó el derrumbamiento de un edificio.* **2** Hendedura o abertura de la tierra en un monte o a causa de la lluvia: *Las últimas lluvias torrenciales han descubierto algunas quiebras en la ladera norte del túnel.* **3** Terminación de una actividad comercial por la falta de dinero para hacer frente a las deudas: *la quiebra de un comercio, la quiebra de una empresa.* **4** Pérdida o deterioro de una cosa: *la quiebra de los valores morales tradicionales, la quiebra de la unidad familiar, la quiebra de un sistema político.* **5** DER. Procedimiento para hacer frente a las deudas de una sociedad mercantil con los bienes que ésta posee: *El juez que ha declarado la quiebra del banco convocará mañana una reunión con los acreedores.*

quiebro *s. m.* **1** Movimiento rápido hacia un lado que se hace doblando el cuerpo por la cintura: *El jugador que llevaba el balón hizo un quiebro para burlar al defensa.* SIN. finta. **2** Cambio rápido de tono que se hace elevando la voz: *Los quiebros de esta cantante son perfectos.* SIN. gorgorito. **3** TAUROM. Lance en el que el torero pone el cuerpo fuera del alcance del toro con un movimiento rápido, sin mover los pies: *El banderillero clavó un par de banderillas memorables, hizo dos quiebros al toro que lo perseguía y saludó desde las tablas.*

quien (plural *quienes*) *pron. rel.* Se usa normalmente para referirse a personas. Equivale, según los casos, a *que, el que, la que, los que, las que*, o *el cual, la cual, los cuales, las cuales* o a '(la) persona que', y sólo puede usarse en estos cinco contextos lingüísticos: **1** En oraciones especificativas a condición de que vaya precedido de una preposición o locución prepositiva: *La señora de quien (= la que) te hablé. El ingeniero con quien (= el que) trabajaba. Las personas a quienes (= las que) visité.* **2** En oraciones explicativas, aunque no vaya precedido de preposición: *Entró Juana, quien (= que) acababa de regresar de Italia y de quien (= la que) se decía que no pararía mucho en casa.* OBSERVACIONES: Para algunas restricciones importantes (*según el cual, en lugar de las cuales, la mayoría de las cuales...*), véase *cual.* **3** En oraciones relativas sin antecedente (o de antecedente implícito), con el significado de 'la persona que', 'el individuo que', 'las personas que': *A quien pueda interesar. Quienes lo conocen lo aprecian.* OBSERVACIONES: ◊ Una variante de este uso es la que aparece en las perífrasis de relativo: *No es a ti a quien me refiero. A quien le gusta es a ella. De ella es de quien tengo quejas.* ◊ Admite, asimismo, un uso generalizador, que supone una especie de cuantificación universal (de hecho, no puede ir precedido de *todo*): *Quien mucho abarca poco aprieta. Quien la hace la paga.* **4** En oraciones relativas sin antecedente, equivale a 'persona(s) que', especialmente tras *haber*: *Hay quien cree que esto es fácil. No hay quien pueda con él. Todavía habrá quien diga que no lo intentamos.* **5** Con el significado señalado en el contexto 3, enlaza dos formas verbales idénticas y en subjuntivo: *Venga quien venga, lo haré. Caiga quien caiga, lo investigaremos. No me interesa, lo diga quien lo diga. Lo mande quien lo mande, hazlo. Lo mandara quien lo mandara, nosotros lo hacíamos.* RELACIONES Y CONTRASTES: En general, el uso de *quien*, sobre todo en competencia con *que* como sujeto de cláusulas relativas explicativas, es preferentemente culto y más propio del lenguaje escrito y frente a *el que, la que, los que, las que*, no admite cuantificación alguna. Contrástese: *Todo el que tiene boca se equivoca.* FR. Y LOC. **como ~ dice*** o **como si dijéramos. como ~ no quiere la cosa*. como ~ oye llover*.**

quién (plural *quiénes*) *pron. int. / excl.* **1** Se refiere a personas y siempre lleva acento gráfico: *¿Quién descubrió la penicilina? Dime con quién andas y te diré quién eres. Dile que quién garantiza eso. ¡Quién sabe dónde andarán!* **2** En las exclamaciones que implican deseo presupone la irrealidad del hecho apuntado (modo subjuntivo, tiempos pretérito imperfecto para el presente y pluscuamperfecto para el pasado): *¡Quién supiera escribir! ¡Quién hubiera estado allí!* || *pron. indef.* **3** RESTRINGIDO. Exige la estructura distributiva *–quién(es)... quién(es)...–*, cuyo significado es 'unos... otros...' Hoy sólo se usa en la locución *quién más quién menos.* FR. Y LOC. **con ~** COL. Se usa para contestar a una llamada telefónica, con el significado de '¿Dígame? ¿Diga? , ¿Sí?' **no ser ~** No tener uno capacidad o habilidad para hacer algo o, más corrientemente, no tener derecho o autoridad moral para ello. Exige la presencia de *para + infinitivo: Yo no soy quién para imponerle semejante cosa.* **~ más quién menos** Unos más, otros menos o, más exactamente, 'aunque unos más y otros menos'. OBSERVACIONES: Precede normalmente a una expresión cuantificadora universal referida a personas (*todos, todo el mundo*) a la que sigue un predicado: *Quién más quién menos, todos tenemos defectos.* El sentido del conjunto es que, admitiendo que es posible que no todos por igual, sin embargo, todos hacen, tienen o son cierta cosa. **~ quita*. ~ sabe*.**

quienesquiera *pron. indef.* Plural de *quienquiera.*

quienquiera (plural *quienesquiera*) *pron. indef.* Cualquier persona, cualquiera. OBSERVACIONES: ◊ Se usa como antecedente de una oración de relativo especificativa en subjuntivo, encabezada con *que*: *Quienquiera que lo desee, lo tendrá. Quienquiera que lo haya hecho sabía lo que hacía.* ◊ En el español peninsular es de registro elevado; en el español americano, en cambio, es de uso corriente: *A quienquiera que llamo le digo lo mismo.*

quietismo *s. m.* **1** (no contable) HIST. Doctrina mística del Siglo de Oro, considerada heterodoxa por la jerarquía católica, que considera el estado de contemplación pasiva de Dios y de indiferencia ante cualquier suceso como la suprema perfección del alma humana: *El quietismo gozaba de cierta simpatía entre algunos grupos españoles.* **2** (no contable) RESTRINGIDO. Falta de actividad o movimiento.

quieto, ta *adj.* **1** (estar) Que no se mueve o no puede moverse: *Se estuvo quieta para que no la vieran.* **2** (ser / estar) Que está tranquilo: *Quiero que os estéis quietos hasta que vuelva mamá. El viento está muy quieto. Esta niña es muy quieta. El mar de esta zona es muy quieto.*

quietud *s. f.* **1** (no contable) Falta de movimiento: *Es maravillosa la quietud del mar en esta playa. Se tumba al sol en el huerto, en la más completa quietud.* SIN. inmovilidad. **2** ELEVADO. (no contable) Calma, tranquilidad, sosiego: *la quietud de un monasterio, la quietud de la noche. Aquí se respira quietud. Fue un momento de quietud.* SIN. paz.

quijada *s. f.* Cada una de las dos mandíbulas de los vertebrados que tienen dientes, especialmente las de gran tamaño: *la quijada de un caballo, la quijada de una vaca.*

quijotada *s. f.* a veces PEYORATIVO. Acción noble, desinteresada e idealista: *Laura siempre está metida en quijotadas: ahora se dedica a ayudar a las reclusas que han sido madres.*

quijote *s. m.* **1** Pieza de la armadura que protegía el muslo. **2** Persona soñadora y con altos ideales que se compromete a luchar por lo que considera justo: *Ya no se llevan los quijotes, pero los voluntarios que trabajan con los refugiados de la guerra lo desmienten.*

quila *s. f.* BOT. Variedad de plantas gramíneas muy abundantes en el sur de Chile.

quilada *s. f.* ARG., URUG.; COLOQUIAL. Gran cantidad.

quilate *s. m.* **1** Unidad de masa que equivale a 0,2 gramos utilizada para pesar las piedras preciosas y las perlas: *un diamante de 200 quilates.* **2** Cada una de las veinticuatro partes de un peso de oro puro que contiene cualquier aleación de este metal: *oro de 18 quilates.* **3** (preferentemente en plural) Grado de perfección de alguna cosa inmaterial: *una bondad de muchos quilates.*

quilífero, ra *adj. / s. m.* [Vaso linfático] que está situado en los intestinos y que absorbe el quilo y lo conduce al canal torácico.

quilificar *v. tr.* **1** Convertir ‹el proceso de digestión› [un alimento] en quilo. || *v. prnl.* **2** Convertirse ‹el alimento› en quilo. ⇒ **71.**

quilla *s. f.* **1** Pieza que va de popa a proa por la parte inferior de la embarcación, en la que se asienta toda su estructura: *Tienen que reparar la quilla de la barca. La quilla del velero está averiada.* **2** Saliente que forma esta pieza: *La quilla ha rozado con una roca.* **3** ZOOL. Parte afilada y saliente del esternón de un ave o de un murciélago. **4** ZOOL. Parte saliente y afilada que tienen en la cola algunos peces. **5** URUG. Carrera de una media.

quillango *s. m.* ARG., CHILE, URUG.; RESTRINGIDO en Chile. Manta de pieles que usaban los indígenas.

quillay *s. m.* ARG., CHILE. Árbol rosáceo de gran tamaño, cuya madera hervida se aprovecha como detergente.

quilo *s. m.* **1** Kilo. **2** Líquido espeso de color blanco que resulta de la digestión de los alimentos en el intestino delgado. FR. Y LOC. **sudar el ~** COLOQUIAL, RESTRINGIDO. Trabajar ‹una persona› mucho y con gran esfuerzo: *Para conseguir el puesto tendrás que sudar el quilo.*

quilogramo *s. m.* Kilogramo.

quilombera *s. f.* ARG.; COLOQUIAL; PEYORATIVO. Prostituta.

quilombo *s. m.* **1** ARG., CHILE, PERÚ, URUG.; COLOQUIAL, RESTRINGIDO en Chile y Perú Prostíbulo. **2** ARG., URUG.; COLOQUIAL. Follón, desorden.

quilómetro *s. m.* Kilómetro.

quiltro *s. m.* CHILE; COLOQUIAL. Perro callejero o sin raza conocida.

quimbambas (plural) *s. f.* (no contable) RESTRINGIDO; INTENSIFICADOR. Lugar lejano e indeterminado: *Esa tienda está en las quimbambas.*

quimera *s. f.* **1** MIT. Monstruo fantástico con cabeza de león, cuerpo de cabra y cola de dragón. **2** (no contable) ELEVADO. Ilusión agradable que se cree posible, pero que no lo es: *Creer que le iban a regalar el coche para su cumpleaños era una quimera. Me parece una quimera el negocio que quiere montar: se va a llevar una desilusión muy fuerte.*

quimérico, ca *adj.* ELEVADO. Que es ilusorio o irreal, o es imaginado sin fundamento alguno: *Esas cuentas son quiméricas, vamos a gastar mucho más.*

química *s. f.* **1** (no contable) Ciencia que estudia la composición de las sustancias, y su transformación en otras. **~ inorgánica** Química de los cuerpos simples y compuestos que no tienen carbono en sus moléculas. **~ orgánica** Química de los compuestos que contienen carbono en sus moléculas. **2** (no contable) COLOQUIAL. Alimento artificial: *Esas porquerías que coméis los jóvenes son química.*

químicamente *adv. modo* **1** Con criterios y métodos de la Química, según la metodología química: *Lo analizaremos químicamente.* **2** Por procedimientos químicos: *Lo eliminaremos químicamente.* || *adv. restrictivo* **3** Considerado desde la perspectiva de la ciencia química: *Químicamente, el hallazgo no es tan sorprendente.* **4** En el aspecto de la estructuración o composición química, en cuanto a este plano: *agua química y bacteriológicamente pura. Químicamente, el diamante no es más que carbono.* || *adv. orac.* **5** Expresándolo en términos o conceptos de la Química o en su simbología: *Químicamente el agua es* H_2O.

químico, ca *adj.* **1** De la Química: *industria química, polígono químico.* **2** De la composición de las sustancias: *fórmula química, sustancia química* || *adj. s. m.* y *f.* **3** Persona que tiene un título superior en la Facultad de Ciencias Químicas: *Los laboratorios ofrecen dos puestos para dos personas licenciadas en Química orgánica.*

quimificar *v. tr.* Convertir ‹el proceso de digestión› [un alimento] en quimo. ⇒ **71.**

quimioterapia *s. f.* (no contable) MED. Tratamiento de las enfermedades mediante sustancias químicas: *Cuando le detectaron el tumor, empezaron a aplicarle quimioterapia.*

quimo *s. m.* (no contable) FISIOL. Pasta agria en que se transforman los alimentos en el estómago por la digestión.

quimono o **kimono** *s. m.* **1** Túnica cruzada por delante y ceñida por un ancho cinturón, de mangas largas y holgadas, propia del Japón. **2** Prenda deportiva compuesta de chaqueta y pantalón amplios, que se utiliza en las artes marciales: *El quimono de los yudokas es blanco y de algodón grueso.*

quina *s. f.* **1** Corteza del quino, de la que se extrae la quinina, usada contra la malaria. **2** Licor preparado con esta y otras sustancias, que se emplea como aperitivo: *Hace años a los niños les daban quina para abrirles las ganas de comer.* **3** Quinina. FR. Y LOC. **ser más malo que la ~** COLOQUIAL; INTENSIFICADOR. Ser ‹una persona o una cosa› muy mala: *Ese niño es más malo que la quina. Esta novela es aburridísima, es más mala que la quina.* **tragar ~** COLOQUIAL. Soportar o aguantar ‹una persona› una cosa o una situación desagradable disimulando el disgusto: *Mientras está el inspector central en la empresa el jefe tendrá que tragar quina. Tuve que tragar quina hasta que conseguí el trabajo.*

quinado, da *adj.* [Bebida, vino] que se prepara con quina y se usa como tónico o aperitivo: *El jerez quinado me gustaba mucho de pequeña. Este vino es quinado. Un quinado no puede sentarte mal.*

quinario, ria *adj. / s. m.* y *f.* RESTRINGIDO. Que tiene cinco elementos o unidades: *sistema quinario, conjunto quinario.*

quincalla *s. f.* **1** (no contable) Conjunto de objetos metálicos de poco valor: *No sé cómo se atreve Marta a ir con tanta quincalla colgada de la muñeca.* **2** COLOQUIAL. Cosa de poco valor: *Los efectos de la película son quincalla barata. No me gusta la poesía de ese autor, sus metáforas son quincalla brillante, pero quincalla.* **3** VEN. Mercería.

quincallería *s. f.* **1** RESTRINGIDO. Fábrica de quincalla. **2** RESTRINGIDO. Tienda donde se vende quincalla. **3** (no contable) Conjunto de quincalla: *En todos los discursos mete la misma quincallería.*

quince *adj. / pron. num. card. / s. m.* **1** Cantidad que representa la cifra 15: *Repitió lo mismo quince veces.* || *adj. num.*

ord. / *s. m.* y *f.* 2 Decimoquinto: *el capítulo quince, el quince de agosto.* || *s. m.* 3 Signo lingüístico o matemático con que se representa esta cantidad: *Te falta sumar el quince.*

quinceañero, ra *adj.* / *s. m.* y *f.* 1 [Adolescente] que tiene alrededor de quince años: *La cantante tiene mucha aceptación entre los quinceañeros.* || *adj.* 2 Que es propio o característico de estos adolescentes: *El barrio está lleno de locales quinceañeros. No soporto la música quinceañera.*

quinceavo, a *adj. num. part.* / *s. m.* 1 Se usa en la lectura de números fraccionarios: *El número 3 /15 se lee tres quinceavos.* 2 Cada una de las quince partes iguales en que se divide un todo. SIN. decimoquinto, quinzavo.

quincena *s. f.* 1 Espacio de tiempo que dura quince días: *Las vacaciones serán la segunda quincena de julio.* 2 RESTRINGIDO. Paga que se recibe cada quince días.

quincenal *adj.* 1 Que sucede o se repite cada quince días: *publicación quincenal.* 2 Que dura una quincena: *Vamos a hacer una promoción del producto, intensa y quincenal, a ver qué pasa.*

quincenalmente *adv. modo* / *cant.* / *temp.* 1 Una vez cada quince días, cada quince días: *Quincenalmente, nos envía un giro que cubre todos los gastos.* || *adv. modo* 2 Por quincenas o en plazos quincenales: *¿Preferís pagarlo quincenalmente, o por meses?*

quincha *s. f.* 1 AMÉR. DEL S. Entramado de juncos con que se refuerza un techo o pared de paja, cañas, etc. 2 AMÉR. DEL S. Pared hecha de cañas u otro material semejante, que suele cubrirse de barro.

quincho *s. m.* ARG. Construcción al aire libre donde se comen los asados.

quincuagena *s. f.* LITERARIO. Conjunto de cincuenta elementos de la misma clase: *Algunos textos clásicos se titulan quincuagenas.*

quincuagenario, ria *adj.* 1 RESTRINGIDO. Que está formado por cincuenta unidades. || *adj.* / *s. m.* y *f.* 2 ELEVADO. [Persona] que tiene más de cincuenta años y no ha cumplido sesenta: *Esta música os gusta a los quincuagenarios.*

quincuagésimo *adj. num. ord.* / *s. m.* y *f.* 1 Que ocupa la posición número cincuenta: *la quincuagésima entrevista.* OBSERVACIONES: Es más frecuente que se indique con la expresión: *la posición número cincuenta.* || *adj. num. part.* 2 Cada una de las cincuenta partes iguales en que se divide un todo: *la quincuagésima parte.* SIN. cincuentavo.

quingentésimo, ma *adj. num. ord.* / *s. m.* y *f.* 1 Que ocupa la posición número 500. OBSERVACIONES: Es más frecuente que se indique con la expresión: *la posición número quinientos.* || *adj. num. part.* 2 Cada una de las quinientas partes iguales en que se divide un todo.

quiniela *s. f.* 1 Juego de apuestas en el que se pronostican los resultados de algunas competiciones deportivas: *quiniela hípica. Jugaremos a las quinielas.* 2 Boleto en el que se realiza esta apuesta: *He perdido la quiniela de la semana pasada.* 3 Premio ganado con esta apuesta: *Le ha tocado una quiniela de doscientos millones.* 4 ARG., URUG. Juego de azar, especie de bonoloto.

quinielista *s. m.* / *f.* Persona que juega habitualmente a las quinielas: *Yo no soy quinielista.*

quinielístico, ca *adj.* De la quiniela: *jornada quinielística, premio quinielístico.*

quinientos, tas *adj.* / *pron. num. card.* / *s. m.* 1 Cantidad que representa la cifra 500: *quinientos manifestantes.* || *adj. num. ord.* / *s. m.* y *f.* 2 Que ocupa la posición número 500: *el capítulo quinientos.* SIN. quingentésimo. || *s. m.* 3 Signo lingüístico o matemático con que se representa esta cantidad: *Compra un décimo que acabe en quinientos.* FR. Y LOC. **las mil* y quinientas.**

quinina *s. f.* QUÍM. Alcaloide amargo con propiedades medicinales contra la malaria que se extrae de la quina.

quino *s. m.* Árbol perenne de la familia de las rubiáceas de flores rosadas en espiga y fruto en cápsula de numerosas semillas, de cuya corteza se extrae la quina.

quinqué (plural *quinqués*) *s. m.* Lámpara portátil con un tubo o pantalla de cristal alimentada con petróleo o aceite: *Los quinqués eran típicos de las estaciones de ferrocarril del siglo* XIX.

quinquenal *adj.* 1 Que dura un quinquenio: *Los planes quinquenales de la URSS son ya parte de la historia.* 2 Que sucede o se repite cada cinco años: *congreso quinquenal.*

quinquenio *s. m.* 1 Periodo de tiempo de cinco años: *En este quinquenio hemos remodelado nuestro comercio totalmente.* 2 Aumento de sueldo que corresponde a cada cinco años de trabajo: *Llevo muchos años en la empresa, ya tengo más de tres quinquenios.*

quinqui *s. m.* / *f.* COLOQUIAL; PEYORATIVO. Persona que pertenece a un grupo social marginado, que generalmente debe ganarse la vida con pequeñas acciones delictivas: *Unos quinquis nos han robado la radio del coche.*

quinta *s. f.* 1 Finca en el campo con una casa para sus propietarios: *Las quintas se han ido extendiendo fuera de la ciudad a lo largo del río.* 2 Conjunto de hombres que entran cada año en el ejército para hacer el servicio militar: *Manuel es de la quinta del 84.* 3 COLOQUIAL. Conjunto de personas que han nacido en el mismo año: *María y yo somos de la misma quinta. Esta señora es de la quinta de mi madre.* 4. MÚS. Intervalo musical de cinco grados. 5 COL., VEN. Casa elegante con jardines y terrazas. 6 ARG., URUG. Casa con huerto.

quintaesencia *s. f.* 1 ELEVADO. Lo mejor o lo más importante de algo: *la quintaesencia del teatro moderno, la quintaesencia de la música pop. Esta chica es la quintaesencia de la eficacia. Mi padre era la quintaesencia de la bondad castellana.* || 2 **quinta esencia*** o **quintaesencia.**

quintal *s. m.* 1 Unidad de masa castellana que equivale a 46 kilogramos. || 2 **~ métrico** En el sistema métrico decimal, unidad que equivale al peso de 100 kilogramos.

quintar *v. tr.* Sacar ‹una persona› [un elemento] de un grupo de cinco por sorteo: *En la Edad Media se quintaba el botín de guerra.*

quintero, ra *s. m.* / *f.* RESTRINGIDO. Arrendatario de una finca, que vive en ella y se ocupa de cultivar sus terrenos.

quinteto *s. m.* 1 MÉTR. Estrofa de cinco versos de arte mayor que riman en consonante de tal manera que no hay tres versos seguidos con la misma rima, los dos últimos no forman un pareado y no queda ninguno libre. 2 MÚS. Composición musical para cinco voces o cinco instrumentos. 3 MÚS. Conjunto musical de cinco instrumentos o cinco voces. 4 Conjunto de cinco elementos: *El quinteto atacante de nuestro equipo falló claramente.*

quintilla *s. f.* MÉTR. Estrofa de cinco versos de arte menor que riman en consonante, de tal manera que no hay tres versos seguidos con la misma rima, los dos últimos no forman un pareado y no queda ninguno libre.

quintillizo, za *adj. / s. m.* y *f.* [Niño, hermano] que ha nacido en un parto quíntuple: *Mi hermana ha tenido quintillizos. Las quintillizas están en perfecto estado.*

quinto, ta *adj. num. ord. / s. m.* y *f.* **1** Que ocupa la posición número cinco: *Vive en un quinto piso.* || *adj. num. part. / s. m.* **2** Cada una de las cinco partes iguales en que se divide un todo: *Un quinto del líquido es agua.* || *s. m.* **3** COLOQUIAL. Joven que ha sido sorteado para hacer el servicio militar: *Javier ya es quinto.* SIN. recluta. **4** COLOQUIAL. Joven que está haciendo la instrucción militar: *Esta semana los quintos de pueblo vienen de permiso. Los quintos juran bandera el veinticinco de agosto.* **5** Trozo de terreno, aunque no sea una de las cinco partes iguales en que se puede dividir. **6** COLOQUIAL. Botellín de cerveza: *Nos tomamos unos quintos en el bar.* **7** VEN. Participación de lotería: *un quinto.* || **7 quinta columna*. 8 quinta esencia*** o **quintaesencia.** FR. Y LOC. **al ~ infierno*. en / hasta el ~ infierno*. en / hasta el ~ pino*.**

quintral *s. m.* CHILE. Muérdago de flores rojas, cuyo fruto se usa para teñir.

quíntuple *s. m.* **1** Cantidad que equivale a cinco veces otra cantidad, sea numérica, de tamaño, de masa, de materia o cualitativa: *Se come el quíntuple de macarrones que su hermano.Trabajas el quíntuple que nosotros.* || *adj. num.* **2** Que equivale a cinco veces una cantidad, sea numérica, de tamaño, de masa, de materia o cualitativa: *Tiene quíntuple cantidad de trabajo que nosotros.*

quíntuplo, pla *adj. num. / s. m.* [Número] que contiene exactamente cinco veces a otro número: *¿Cuál es el quíntuplo de diez? Veinte es quíntuplo de cinco.* OBSERVACIONES: Es más frecuente, en el uso no matemático o técnico, la expresión *cinco veces*: *Tiene cinco veces más dinero.*

quinzavo, a *adj. num. part. / s. m.* Quinceavo.

quiñazo *s. m.* CHILE, PERÚ; COLOQUIAL. Encontronazo o empujón.

quiosco o **kiosco** *s. m.* **1** Construcción pequeña situada en la calle o lugares públicos donde se venden periódicos, revistas, flores u otras mercancías como caramelos: *quiosco de flores, quiosco de prensa.* **2** Pequeña construcción de estilo oriental, abierta por todos los lados, que se instala en parques o jardines: *La banda municipal toca todos los domingos en el quiosco del parque.*

quiosquero, ra *s. m. / f.* Persona que es propietaria de un quiosco o trabaja en él: *El quiosquero de la esquina me guarda el periódico todos los días.*

quipu *s. m.* (preferentemente en plural) PERÚ. Especie de ábaco de cuerda y nudos que usaban los indígenas del Perú para sus cálculos.

quiqui o **quique** *s. m.* COLOQUIAL. Quiquiriquí.

quiquirigüiqui *s. m.* VEN.; COLOQUIAL; HUMORÍSTICO. Asunto secreto o sospechoso.

quiquiriquí (plural *quiquiriquís*) *s. m.* **1** Sonido que hace el gallo al cantar: *Me han despertado los quiquiriquís de los gallos.* **2** COLOQUIAL. Mechón de pelo corto atado, rizado o de punta: *La niña llevaba un quiquiriquí muy gracioso prendido con un lazo.*

quirguiz *adj.* **1** De un pueblo de raza tártara que vive entre el Ural y el Irtich: *pintura quirguiz, agricultor quirguiz.* || *s. m.* **2** LING. Lengua emparentada con el turco hablada en la República de Kirguizia: *El quirguiz o quirguiso es hablado por dos millones de personas.*

quirófano *s. m.* Sala donde se realizan operaciones quirúrgicas: *El quirófano del hospital está dispuesto para la operación.*

quiromancia o **quiromancía** *s. f.* (no contable) Práctica de adivinar el futuro por medio de la interpretación de las líneas de la mano: *Me gustaría iniciarme en los secretos de la quiromancia.*

quiromántico, ca *adj.* **1** De la quiromancia: *Inés es muy aficionada a las sesiones quirománticas. A Manuel le encantan los libros quirománticos.* || *s. m. / f.* **2** Persona que practica la quiromancia: *Un quiromántico me ha indicado que me tocará la lotería.*

quiromasaje *s. m.* Masaje corporal que se da con las manos: *Me han dicho que el quiromasaje es un buen remedio para las jaquecas.*

quiróptero *adj. / s. m.* **1** (macho y hembra) ZOOL. [Animal] mamífero volador que tiene las extremidades anteriores unidas a las posteriores por una membrana y que vuela en la oscuridad orientándose gracias a unas ondas que emite, como el murciélago o el vampiro. || *s. m.* **2** (en plural) ZOOL. Orden de esos mamíferos.

quirquincho *s. m.* AMÉR. DEL S. Conjunto de mamíferos diferentes, cercanos al armadillo, con cuya concha se hacen charangos.

quirúrgicamente *adv. modo* **1** Por procedimientos quirúrgicos, mediante intervención quirúrgica: *Se lo solucionaron quirúrgicamente.* **2** ELEVADO. Modificando al verbo *intervenir,* normalmente en forma pasiva, equivale a *operar*: *El padre fue intervenido quirúrgicamente y gracias a eso salvó la vida.* || *adv. restrictivo* **3** Desde el punto de vista quirúrgico: *Quirúrgicamente, se trata de un descubrimiento importante.*

quirúrgico, ca *adj.* De la cirugía: *intervención quirúrgica, instrumental quirúrgico.* **aguja quirúrgica.**

quisco *s. m.* CHILE. Cactus con tallos gruesos en forma de cirios cubiertos de espinas y flores rojas muy vistosas.

quisicosa *s. f.* **1** COLOQUIAL; RESTRINGIDO. Acertijo o cosa difícil de averiguar: *No vengas con quisicosas y habla claro.* **2** COLOQUIAL. Cosa extraña o rara: *Siempre está con sus quisicosas, no lo entiendo.*

quisque o **quisqui** *s. m.* Cualquier persona. Se usa en la LOC. **cada ~** COLOQUIAL. Cada uno: *Que cada quisque se responsabilice de sus asuntos.* **todo ~** COLOQUIAL Todo el mundo: *En esta casa todo quisqui critica la comida.*

quisquilla *adj. / s. m.* y *f.* **1** COLOQUIAL. Que se ofende con facilidad por cosas sin importancia: *Eres un quisquilla, no se te puede decir nada.* SIN. quisquilloso. || *s. f.* **2** Camarón: *Las quisquillas suelen comerse como aperitivo.*

quisquilloso, sa *adj. / s. m.* y *f.* **1** (ser / estar) Que se ofende con facilidad por cosas sin importancia: *Nuria está muy quisquillosa últimamente.* SIN. susceptible, picajoso. **2** Que se preocupa excesivamente por cosas de poca importancia: *El nuevo jefe es muy quisquilloso, no le gusta que tengamos plantas en el despacho.*

quiste *s. m.* Cavidad formada patológicamente en un órgano que contiene líquido o parásitos: *Me ha salido un quiste en la espalda. Me han quitado un quiste del pecho. Le van a extirpar un quiste.* **~ hidatídico** MED. Quiste producido por una tenia que se localiza en el hígado o en los pulmones. **~ sebáceo** MED. Quiste formado por la retención de grasa de una glándula sebácea.

quita *s. f.* DER.; RESTRINGIDO. Perdón que se hace de una deuda o de parte de ella: *Jorge le debía mucho dinero a su hermano, pero éste le hizo una quita y le perdonó la mitad.*

quitaesmalte *s. m.* Líquido con acetona que se usa para limpiar el esmalte de las uñas: *Si no tienes quitaesmalte, puedes usar alcohol.*

quitamanchas (plural *quitamanchas*) *s. m.* Producto que quita las manchas, generalmente de la ropa: *Este quitamanchas es tan bueno que no deja rastro de suciedad.*

quitamiedos (plural *quitamiedos*) *s. m.* Barra, barandilla o cuerda que se coloca como protección o seguridad en algunos lugares peligrosos o elevados: *En las literas altas de los trenes hay quitamiedos. El puente de madera es estrecho, pero tiene un quitamiedos en el lado izquierdo.*

quitanieves (plural *quitanieves*) *s. f.* Máquina para retirar la nieve acumulada en una vía o camino: *El puerto ya está abierto porque las máquinas quitanieves han estado trabajando toda la mañana.*

quitanza *s. f.* RESTRINGIDO. Documento que se da al deudor cuando paga su deuda.

quitar *v. tr. / prnl.* **1** Separar o apartar ‹una persona› [una cosa] de [otra cosa o de un lugar en que está]: *Quita el libro **de** la mesa. El anciano **se** quitó la boina.* SIN. retirar(se). **2** Hacer desaparecer ‹una persona o una cosa› [una cosa] de [un lugar]: ***Se** me han quitado los granos **de** la cara. El aguarrás quita las manchas **de** pintura. El ministerio ha quitado la vigilancia **de** la biblioteca.* SIN. eliminar. **3** Impedir ‹una persona› que [otra persona] haga [una cosa]: *Fue ella quien me quitó **de** fumar. **Me** he quitado **de** beber.* || *v. tr.* **4** Dejar ‹una persona› [a otra persona] sin [una cosa o una persona que tenía]: *Le quité el dinero a Pedro. Elena le quitó el novio a María. Me han quitado la gabardina en la discoteca.* SIN. robar, arrebatar. **5** Ser ‹una cosa› obstáculo o impedimento para [otra cosa]: *Esto no quita que vayas a clase. Que no estemos de acuerdo en todo no quita que podamos ir de vacaciones juntos.* SIN. evitar. **6** Suprimir ‹una persona› [un empleo o un servicio]: *Han quitado esta línea de autobús.* || *v. prnl.* **7** Irse o apartarse ‹una persona› de [un lugar]: *Quítate **de** aquí.* SIN. marcharse. FR. Y LOC. **a calzón* quitado. de quita y pon** Se usa para indicar que una cosa está compuesta de piezas que se pueden quitar y poner: *Es un mecanismo de quita y pon.* **desnudar / ~ un santo* para vestir a otro. hacer perder el sentido*** o **~ el sentido. no ~ ojo*. por un quítame allá esas pajas*. quién quita** COLOQUIAL. Quién sabe, quizá. **¡quita (allá)!** COLOQUIAL Se usa para indicar rechazo o disgusto por una cosa: *¡Quita, no me digas que vas a comprarte este vestido!* **quitando** Se usa para indicar que se exceptúa ‹una cosa› de un conjunto: *Quitando dos o tres, todos están contentos.* **~ de la cabeza** COLOQUIAL. Disuadir a una persona de una cosa: *Si crees que vas a salir esta noche sin mi permiso, quítatelo de la cabeza. No se me quita de la cabeza lo mal que se portó con nosotros.* **~ de las manos** COLOQUIAL. Haber ‹muchas personas› interesadas en adquirir una misma cosa: *Los productos en oferta los quitan de las manos.* **~ hierro* a. ~ el hipo*. ~ el pellejo*. ~ el sueño*. ~ la careta*. ~ la mesa*. ~ (la palabra) de la boca*. ~ / sacar la piel* a tiras. ~ un peso* de encima. quitarse años*. quitar(se) de delante / encima** COLOQUIAL. Librarse ‹una persona› de una persona o de una cosa que molesta: *Se quitó de delante a los que protestaban. No sé cómo quitarme de encima este trabajo.* **quitarse de en medio** COLOQUIAL **1** Apartarse ‹una persona› de un lugar o un asunto: *Se quitó de en medio para no interrumpir nuestra conversación.* **2** Suicidarse ‹una persona›: *Se quitó de en medio abriéndose las venas.* **quitarse el sombrero*. quitar(se) la máscara*. sin ~ ni poner** COLOQUIAL Se usa para indicar una cosa que se expresa sin exagerar ni omitir nada: *Estas fueron sus palabras, sin quitar ni poner nada.*

quitasol *s. m.* Utensilio parecido a un paraguas para protegerse del sol: *En la playa alquilan quitasoles.* SIN. parasol, sombrilla.

quite *s. m.* TAUROM. Acción de atraer al toro un torero para librar a otro de una situación de peligro: *Cuando el banderillero estaba en el suelo, el diestro hizo un quite memorable.* FR. Y LOC. **estar al ~** COLOQUIAL Estar ‹una persona› preparada para acudir en defensa o en ayuda de otra persona: *Tú habla con tranquilidad, que nosotros estaremos al quite si te hacen preguntas comprometidas.* **ir / salir al ~** COLOQUIAL Moverse ‹una persona› rápidamente en ayuda o defensa de otra persona: *No puedes decir nada del niño, porque enseguida su madrina sale al quite.*

quiteño, ña *adj. / s. m.* y *f.* De Quito, capital de Ecuador.

quitina *s. f.* BIOL. Materia dura compuesta por hidratos de carbono nitrogenados que forma el caparazón de los artrópodos.

quitón *s. m.* (macho y hembra) Género *Chiton.* Molusco marino pequeño, con una concha ovalada de ocho piezas, que vive pegado a las rocas de la costa.

quivi *s. m.* Kiwi.

quizá o **quizás** *adv. duda* Indica la posibilidad de que suceda o sea cierto el hecho aludido: *Quizá estaba lloviendo. Son, quizá, los mejores de Europa. ¿Bebía, quizá? Estarán borrachos, quizá.* SIN. tal vez, posiblemente. OBSERVACIONES: Colocado delante del verbo, permite la aparición del subjuntivo, normalmente con cierta marca de menor probabilidad: *Quizá lo haga. Quizá estuviera nevando.*

quórum (plural *quórum.*) *s. m.* **1** (no contable) POLÍT. Número de personas que tienen que estar presentes para que se celebre una reunión o votación: *Como faltaba mucha gente y no había quórum, no se pudo celebrar la reunión.* **2** POLÍT. Número de votos favorables necesarios para que pueda aprobarse un acuerdo: *No pudo aprobarse la nueva ley porque no hubo quórum.*

R

r *s. f.* Decimonovena letra del alfabeto español que representa dos sonidos con valor fonológico diferente, uno simple, de una sola vibración apicoalveolar sonora, y otro múltiple, con dos o más vibraciones. Su nombre es «erre», pero se llama «ere» cuando se quiere hacer notar que representa un sonido simple: *La palabra «caro» se escribe con una «r», y «carro» con dos.*

raba *s. f.* Cebo de pesca hecho con huevas de bacalao.

rabadán *s. m.* **1** RESTRINGIDO. Pastor al mando de una cabaña de ganado que dirige a otros pastores. **2** RESTRINGIDO. Pastor de uno o más rebaños, a las órdenes de un mayoral.

rabadilla *s. f.* **1** ANAT. Extremo inferior de la columna vertebral formado por el cóccix y la última pieza del hueso sacro: *Al caer de espaldas se ha hecho daño en la rabadilla.* **2** ZOOL. Extremo móvil de la columna vertebral de las aves sobre el que están las plumas de la cola. **3** Pieza de carne de las ancas de vacuno en la zona entre la tapa y el lomo: *Mi abuela preparaba muy bien la carne de rabadilla.*

rabanera *s. f.* RESTRINGIDO. Recipiente en que se sirven los rábanos en la mesa.

rabanero, ra *adj.* **1** COLOQUIAL; PEYORATIVO. Que es ordinario o grosero: *modales rabaneros, gritos rabaneros.* || *adj. / s. m.* y *f.* **2** COLOQUIAL; PEYORATIVO. Que habla o se comporta con grosería, desvergüenza, ordinariez o descaro: *¡Qué descarado y qué rabanero eres! Eva tiene modales de rabanera.*

rabanillo *s. m.* **1** *Raphanus raphanistrum.* Arbusto de la familia de las crucíferas de hojas radicales carnosas y flores pequeñas blancas o amarillas, muy perjudicial para los sembrados. SIN. rábano silvestre.

rabanito *s. m.* ARG. Rábano.

rabaniza *s. f.* **1** BOT. Semilla del rábano. **2** *Diplotaxis erucoides.* Planta herbácea silvestre de la familia de las crucíferas de hojas radicales divididas, flores blancas y fruto seco con muchas semillas pequeñas.

rábano *s. m.* **1** *Raphanus sativus.* Planta herbácea crucífera de tallo erguido, hojas ásperas, flores grandes violetas o blancas y raíz cónica carnosa y comestible: *El rábano florece en mayo y junio.* **2** BOT. Raíz del rábano, muy apreciada en la alimentación: *Luis, siempre que puede, le echa unos rábanos a la ensalada.* || **3 ~ silvestre** BOT. Rabanillo. FR. Y LOC. **tomar / coger / agarrar el ~ por las hojas** COLOQUIAL. Interpretar ‹una persona› equivocadamente una cosa: *Cuidado con lo que le dices, porque Pepe no entiende las bromas y siempre agarra el rábano por las hojas.* **importar un ~** COLOQUIAL. No preocupar ‹una persona o cosa› nada a una persona: *Me importa un rábano lo que pueda pensar la gente. A mi sobrina le importan un rábano los inspectores.* **(y) un ~** COLOQUIAL; INTENSIFICADOR. Se usa para expresar negación o rechazo hacia una cosa: *Juan quería que fuéramos a cenar a su casa, pero le he contestado que un rábano.*

rabdomancia o **rabdomancía** *s. f.* (no contable) RESTRINGIDO. Búsqueda de yacimientos o manantiales por medio de objetos como varillas o péndulos.

rabear *v. intr.* Mover ‹un animal› el rabo: *La perrita rabea cuando está contenta.*

rabel *s. m.* Antiguo instrumento musical de tres cuerdas, parecido al laúd, que se tocaba con un arco corto y curvo: *El rabel aparece en la literatura pastoril.*

rabí (plural *rabíes,* preferible a *rabís*) *s. m.* Rabino.

rabia *s. f.* **1** (no contable) MED. Enfermedad contagiosa viral transmitida por la mordedura de algunos animales, como el perro: *El virus de la rabia ataca al sistema nervioso.* SIN. hidrofobia. **2** (no contable) COLOQUIAL. Enfado o disgusto grande: *Me da rabia no haber llegado a tiempo.* **3** (no contable) COLOQUIAL. Sentimiento de antipatía hacia una persona o una cosa: *Los dos hermanos se tienen una rabia increíble.* FR. Y LOC. **con ~** COLOQUIAL; INTENSIFICADOR. Con fuerza, intensamente: *Cuando el equipo estaba con un jugador menos empezó a jugar con rabia. Hijo mío, eres vago con rabia.* **coger / tener / tomar ~** Tener ‹una persona› odio a otra persona: *Le he cogido rabia a este profesor porque es muy injusto. Ese jugador le tiene rabia al entrenador. María le tomó rabia por los rumores que oía sobre sus costumbres.* **dar ~** Producir enfado ‹una cosa› a una persona: *Me da rabia que seas tan cabezota.* **¡qué ~!** Se usa para expresar enfado o ira grande: *¡Qué rabia! Perdimos el autobús.*

rabiar *v. intr.* **1** COLOQUIAL. Sentir ‹una persona› un violento enfado, disgusto o impotencia por una cosa: *Olga está que rabia. Paco rabia* ***contra*** *el jefe porque tiene que estar de guardia el sábado. Pepita rabia* ***de*** *envidia por los éxitos de su prima.* **2** COLOQUIAL. Sufrir ‹una persona› [un fuerte dolor]: *Discúlpame, ayer rabiaba* ***de*** *dolor de muelas y no pude atenderte bien.* **3** RESTRINGIDO. Padecer ‹una persona o un animal› la enfermedad de la rabia: *El horror al agua es una señal de que el perro se ha rabiado.* **4** COLOQUIAL. Desear ‹una persona› [una cosa] intensamente: *Raquel rabiaba* ***por*** *lucirse ante todos.* FR. Y LOC. **a ~** COLOQUIAL; INTENSIFICADOR. Con fuerza o intensamente: *Me gusta la bisutería a ra-*

biar. **estar a ~** COLOQUIAL. Estar ‹dos personas› enemistadas o ‹una persona› muy enfadada: *Mis cuñados están a rabiar. María está a rabiar* **con** *Pedro porque no la llama. El niño está a rabiar* **con** *la bicicleta porque dice que es muy fea.*

rabicorto, ta *adj.* COLOQUIAL. [Animal] que tiene el rabo corto: *Tienes una perrita muy linda, rabicorta y juguetona.*

rábida *s. f.* HIST. Fortaleza militar y religiosa musulmana, levantada en la frontera con los reinos cristianos.

rabieta *s. f.* COLOQUIAL. Enfado grande que generalmente dura poco y suele estar motivado por cosas de poca importancia: *El niño se cogió una rabieta porque no le habían comprado un juguete. Su hijo tiene rabietas constantemente.*

rabihorcado *s. m.* (macho y hembra) *Fregata magnificens.* Ave palmípeda de tronco alargado, con alas grandes, pico largo y ganchudo, y fuertes garras, que se alimenta de peces: *El rabihorcado macho tiene una bolsa hinchable de color rojo en la garganta.*

rabilargo, ga *adj.* **1** COLOQUIAL. [Animal] que tiene el rabo largo. || *s. m.* **2** (macho y hembra) *Cyanopica cyana.* Ave paseriforme de cola muy larga, plumaje pardo, con la cabeza negra y las alas y la cola azules, que habita en la península ibérica.

rabillo *s. m.* **1** Ramita o pecíolo que sostiene la hoja o el fruto de una planta. SIN. pedúnculo. **2** Prolongación alargada de una cosa: *El rabillo que hay sobre la lámpara de la mesa es el interruptor.* || **3 ~ del ojo** COLOQUIAL. Ángulo externo del ojo. FR. Y LOC. **mirar con / por el ~ del ojo** COLOQUIAL. Mirar ‹una persona› a otra persona o una cosa con disimulo: *Miré con el rabillo del ojo lo que escribía mi compañero.*

rabínico, ca *adj.* De los rabinos: *doctrina rabínica.*

rabino *s. m.* **1** Doctor de la ley judía: *Se ha celebrado una reunión internacional de rabinos en Toledo.* SIN. rabí. **2** REL. Jefe espiritual de una comunidad judía. SIN. rabí.

rabión *s. m.* GEOGR. Corriente muy impetuosa de un río, por el estrechamiento o la inclinación de su cauce. SIN. rápido.

rabiosamente *adv. modo* **1** Con rabia, con gran ira: *El joven se enfrentó rabiosamente con ellos.* || *adv. cant.* **2** AFECTADO. Intensamente, desmesuradamente, tremendamente. OBSERVACIONES: Se antepone a adjetivos calificativos, preferentemente de tipo valorativo positivo: *La sobrina, de ojos rasgados y mirada limpia, era rabiosamente guapa.*

rabioso, sa *adj.* **1** (antepuesto / pospuesto) COLOQUIAL; INTENSIFICADOR. Que es enorme, excesivo, intenso o muy violento: *dolor rabioso, deseo rabioso. Tengo unas rabiosas ganas de decirle cuatro cosas. Los escándalos financieros están de rabiosa actualidad. A esa chica siempre le gusta vestir de rojo rabioso.* || *adj. / s. m.* y *f.* **2** (estar) MED. Que padece rabia: *Este perro está rabioso.* **3** (ser / estar; antepuesto / pospuesto) COLOQUIAL. Que tiende a sentir cólera o está furioso por algún motivo determinado: *Su hija es una niña muy rabiosa. El político contestó a las críticas con un rabioso alegato a favor de la justicia. El portero está rabioso porque han perdido el partido. Paco es un rabioso y no se puede discutir con él.* FR. Y LOC. **poner ~** Hacer sentir ‹una persona o una cosa› rabia o cólera a otra persona: *Yo sé cómo ponerlo rabioso.*

rabiza *s. f.* **1** PESCA. Punta de la caña de pescar donde se coloca el sedal. **2** MAR. Cuerda corta y delgada atada a un objeto cualquiera para facilitar su manejo o sujeción. **3** LITERARIO. Prostituta.

rabo *s. m.* **1** Cola de algunos animales: *el rabo de un perro.* **2** Parte por la que se une la hoja, la flor o el fruto a la planta: *No sujetes la pera por el rabo.* SIN. pedúnculo. **3** COLOQUIAL. Cosa que cuelga: *En ese lazo uno de los rabos ha quedado más largo que el otro.* **4** VULGAR. Pene. **5** COL., VEN.; COLOQUIAL. Trasero. FR. Y LOC. **de cabo* a ~** . **irse / salir con el ~ entre las piernas** COLOQUIAL. Irse o salir ‹una persona› humillada o avergonzada: *Después de la bronca que le echaron, Mario salió de la oficina con el rabo entre las piernas.*

rabón, na *adj.* ZOOL. [Animal] que tiene el rabo más corto de lo que es normal en su especie, o no lo tiene: *Sus amigos tienen una perra rabona.*

rabonearse *v. prnl.* ARG., URUG.; COLOQUIAL. No asistir ‹un alumno› a clase, hacer novillos.

rabudo, da *adj.* Que tiene el rabo muy largo: *No me gusta ese gato porque es muy rabudo.*

rábula *s. m.* RESTRINGIDO; PEYORATIVO. Abogado ignorante y charlatán: *Me parece que no te pueden ir bien los asuntos mientras estés con esos rábulas amigos tuyos.*

racanear *v. intr.* **1** COLOQUIAL; PEYORATIVO. Comportarse ‹una persona› con tacañería: *Cuando salimos de juerga, Luis empieza a racanear para ver si pagan los otros.* **2** COLOQUIAL; PEYORATIVO. Trabajar ‹una persona› lo menos posible: *No racanees más y ayuda a descargar las bolsas del coche.*

racaneo *s. m.* (no contable) COLOQUIAL; PEYORATIVO. Racanería: *Gastarse tan poco en el regalo ha sido un racaneo.*

racanería *s. f.* (no contable) COLOQUIAL; PEYORATIVO. Acción y resultado de racanear: *No me vengas con racanerías y pon tu parte del dinero. Si Pedro empieza con racanerías no hará el trabajo o lo hará mal.*

rácano, na *adj. / s. m.* y *f.* **1** (ser / estar) COLOQUIAL; PEYORATIVO. Que es tacaño o poco amigo de gastar su propio dinero: *Tu jefe es muy rácano y no te invitará a nada. Ahora paga tú, que me parece que estás hoy muy rácana.* SIN. tacaño. **2** (ser / estar) COLOQUIAL; PEYORATIVO. Que evita el trabajo: *A éste no lo contrates, que es muy rácano. Levántate de la cama, que estás muy rácana esta mañana.* SIN. vago.

RACE *s. m.* Sigla de «Real Automóvil Club de España».

racha *s. f.* **1** METEOR. Golpe de viento, fuerte y de poca duración: *Vienen rachas del Norte.* SIN. ráfaga. **2** Periodo de tiempo en que suceden cosas buenas o malas: *El negocio pasa por una buena racha. He pasado una racha de mala suerte.* FR. Y LOC. **a rachas** De manera variable: *–«¿Cómo va tu salud?» –«A rachas, unas veces mejor y otras peor.»*

racheado, da *adj.* METEOR. [Viento, aire] que sopla a rachas: *vientos racheados del Norte.*

racial *adj.* De la raza: *discriminación racial, problemas raciales. Pepe dice que ésos son impulsos raciales.*

racimo *s. m.* **1** Conjunto de frutos que cuelgan de un tallo común, especialmente las uvas: *Los jornaleros ponían los racimos en grandes cestos.* **2** BOT. Conjunto de flores sostenidas por un eje común a intervalos regulares y con pedúnculos simples de longitud variable: *flores en racimo.* **3** Conjunto de cosas pequeñas colocadas de forma similar a como están las uvas en su tallo: *un colgante en racimo.* **4** RESTRINGIDO. Conjunto de personas: *Al acabar la reunión se formaron varios racimos de asambleístas que comentaban lo ocurrido.* SIN. grupo.

raciocinio *s. m.* **1** (no contable) Capacidad de pensar: *El raciocinio distingue al hombre de los demás animales.* **2** (no contable) Acción y resultado de razonar: *Después de varias horas de raciocinio los especialistas seguían sin estar de acuerdo.*

ración *s. f.* **1** Parte de comida que le corresponde a una persona o a un animal: *Ese bote de cocido contiene cuatro raciones.* **2** COLOQUIAL. Parte o porción de una cosa que se dosifica: *Mi ración diaria de sol no pasa de los 45 minutos. Hizo su ración de trabajo casero.* **3** Cantidad de un alimento que se vende o sirve en porciones o partes: *una ración de tortilla, una ración de jamón.* FR. Y LOC. **a media ~** Con poca comida o reducidos medios de subsistencia: *El grupo de chicos pasó el último fin de semana a media ración.*

racional *adj.* **1** De la razón: *capacidad racional.* **2** Que está de acuerdo con las normas de la razón: *leyes racionales.* ANT. irracional. ‖ *adj. / s. m.* y *f.* **3** Que está dotado de razón: *El hombre es un animal racional.* ANT. irracional.

racionalismo *s. m.* **1** (no contable) Doctrina filosófica basada en la autonomía y suficiencia de la razón como fuente de conocimiento: *el racionalismo cartesiano.* **2** (no contable) Actitud de la persona que sitúa la razón por encima de la intuición o los sentimientos: *Marta cultiva su racionalismo y nunca sigue sus impulsos.*

racionalista *adj.* **1** FILOS. Del racionalismo: *corriente racionalista, filosofía racionalista.* ‖ *adj. / s. m.* y *f.* **2** Que sitúa la razón por encima de la intuición: *Elena es muy racionalista, y seguro que quiere unos días para pensarlo.* ‖ *s. m. / f.* **3** FILOS. Persona que es partidaria del racionalismo.

racionalización *s. f.* Acción y resultado de racionalizar: *La racionalización de los gastos hará rentable el negocio. La racionalización de los problemas ayuda a solucionarlos.*

racionalizar *v. tr.* **1** Pensar o expresar ‹una persona› [una cosa] con conceptos racionales: *Si racionalizamos el problema, encontraremos alguna solución.* **2** Organizar ‹una persona› [una cosa] de tal modo que se obtengan los mejores resultados posibles con los menores costes o esfuerzos: *Mónica ha propuesto un plan para racionalizar los gastos de la oficina.* **3** MAT. Eliminar ‹una persona› [las raíces] del denominador de una fracción: *El primer paso es racionalizar la fracción.* ⇒ **19.**

racionalmente *adv. modo* **1** Conforme a razón, de manera racional: *Compórtate racionalmente.* **2** Por medio de la razón: *Creo que ese hecho puede explicarse racionalmente.*

racionamiento *s. m.* Acción y resultado de racionar: *La sequía motivó el racionamiento del agua.* **cartilla* de ~.**

racionar *v. tr.* **1** Repartir ‹una persona› [una cosa] de forma ordenada: *El campesino raciona el agua entre los diferentes bancales.* **2** Limitar ‹una autoridad› la cantidad que puede adquirirse de [un producto]: *Durante la posguerra, las autoridades racionaban los artículos de primera necesidad.* **3** Repartir ‹una persona› [una cosa] en raciones: *El cabo de cocina debe racionar la comida entre los soldados.* **4** Controlar ‹una persona› [una cosa]: *El médico me ha recomendado que racione más el tabaco.*

racismo *s. m.* (no contable) Ideología y comportamiento de las personas que desprecian o rechazan a las de otras razas: *He leído un artículo en el periódico sobre el racismo.*

racista *adj.* **1** Del racismo: *actitud racista.* ‖ *adj. / s. m.* y *f.* **2** Que es partidario del racismo: *publicación racista, manifestación racista. Un grupo racista incendió un bar donde suelen reunirse personas de raza gitana. Su novio es un racista.*

racor o **rácor** *s. m.* RESTRINGIDO. Pieza, con dos roscas internas o sin ellas, para unir dos tubos: *La bomba de la bicicleta lleva un racor que se enrosca a la válvula de la rueda.*

rada *s. f.* Bahía o lugar donde las embarcaciones pueden estar ancladas y protegidas de los vientos. SIN. ensenada.

radar *s. m.* **1** (no contable) COMUNIC. Sistema que permite determinar por medio de ondas radioeléctricas la posición y movimiento de un cuerpo en el espacio: *Cuando el sistema de radar no funciona no pueden volar los grandes aviones.* **2** Aparato que funciona mediante un sistema de ondas radioeléctricas que permite determinar la posición y movimiento de un cuerpo en el espacio: *No aparece ningún objeto en el radar. Los aeropuertos tienen radares modernos.*

radiación *s. f.* **1** FÍS. Acción y resultado de emitir un cuerpo luz, calor u otro tipo de energía: *Los radiólogos se protegen de las radiaciones con un delantal de plomo.* **radiaciones atómicas.** **2** (no contable) FÍS. Exposición a una radiación: *La radiación tiene muchas aplicaciones médicas.* **3** (no contable) Proyección o propagación de una cosa, especialmente del pensamiento o de la cultura: *Buenos Aires y Méjico son dos grandes centros de radiación cultural de América.* **4** (no contable) GEOM. Conjunto de las rectas y planos que pasan por un mismo punto.

radiactividad *s. f.* (no contable) FÍS. Propiedad que tienen los núcleos de ciertos elementos químicos de emitir radiaciones cuando se desintegran: *La radiactividad de algunas sustancias tarda miles de años en desaparecer.*

radiactivo, va *adj.* **1** FÍS. De la radiactividad: *una fuga radiactiva.* **2** FÍS. [Cuerpo, sustancia] que emite radiaciones atómicas: *El uranio es un mineral radiactivo.*

radiado, da *adj.* **1** BOT., ZOOL. Que tiene una distribución semejante a los radios de una circunferencia: *Los brazos de la estrella de mar son radiados.* **2** Radial, dispuesto como los radios de una circunferencia.

radiador *s. m.* **1** Aparato de calefacción formado por una serie de planchas o tubos huecos por donde circula agua caliente o vapor: *En casa hay calefacción central y todas las habitaciones tienen su radiador.* **~ eléctrico** Aparato eléctrico de calefacción: *Hemos comprado un radiador eléctrico para el despacho.* **2** MEC. Conjunto de tubos por los que circula agua o aceite para enfriar algunos motores de explosión: *Tengo que cambiar el agua del radiador del coche.*

radial *adj.* **1** GEOM. Del radio: *longitud radial.* **2** Que está dispuesto de forma similar al conjunto de radios de una circunferencia: *aletas radiales de un pez. España tiene una red de carreteras radial.* **3** [Neumático] que tiene surcos profundos con dibujos perpendiculares al sentido de la marcha, especialmente preparados para adherirse a la carretera: *El mecánico me ha aconsejado que ponga neumáticos radiales al coche.* **4** ARG., COL., URUG. De la radiodifusión.

radián *s. m.* GEOM. Unidad de medida de ángulos que corresponde al ángulo central de una circunferencia en el que la longitud del arco y la del radio son iguales.

radiante *adj.* **1** (ser / estar; antepuesto / pospuesto) Que brilla mucho: *El día era radiante. La mañana estaba radiante. Hacía un sol radiante. La actriz apareció con su radiante aspecto de siempre.* **2** (ser / estar; antepuesto / pospuesto) Que manifiesta mucha alegría: *Su sonrisa era radiante. La presentadora estaba radiante. El radiante novio repartía abrazos al salir de la iglesia.* ‖ **3 losa* ~ .**

radiar *v. tr.* **1** Transmitir ‹una emisora de radio› [noticias, programas o música]: *Esta emisora radia el partido de fútbol.* SIN. retransmitir. **2** FÍS. Emitir ‹una máquina o un cuerpo› [rayos o radiaciones]: *Algunos materiales radian peligrosas radiaciones.* **3** MED. Tratar ‹una persona› [una lesión o una enfermedad] con rayos X o con otra radiación: *Los tumores se radian en una planta muy moderna del hospital. Me tienen que radiar la rodilla con onda corta.* **4** ARG., URUG. Borrar o eliminar ‹una persona› [a otra persona] de un grupo. **5** ARG., URUG.; COLOQUIAL. Dejar fuera de servicio ‹una persona› [una máquina o un aparato].

radical *adj.* **1** De la raíz: *El morfema radical de «amar» es «am-».* **2** (antepuesto / pospuesto) Que se produce de manera total, sin ninguna limitación: *cambio radical. Las radicales reformas emprendidas por el Ayuntamiento han levantado protestas. Se ha producido un giro radical en la actitud de los negociadores.* **3** BOT. Que nace de la raíz: *hojas radicales.* || *adj. / s. m.* y *f.* **4** (ser / estar; antepuesto / pospuesto) Que no emplea términos medios en sus decisiones o afirmaciones: *María es muy radical en sus puntos de vista. Los sindicatos están más radicales ante este Gobierno que ante los anteriores. El radical partido de la oposición ha presentado una enmienda a la totalidad del proyecto de ley. Las discusiones en esas reuniones siempre se producen entre los radicales y el grupo de los conservadores.* || *s. m.* **5** MAT. Signo de la raíz cuadrada: *El signo del radical es* √. **6** MAT. Expresión que lleva el signo de la raíz cuadrada. **7** LING. Raíz de una palabra: *Una familia de palabras está compuesta por todas aquellas palabras con el mismo radical.* **8** QUÍM. Átomo o agrupación de átomos en que existe algún enlace libre sin saturar.

radicalismo *s. m.* **1** (no contable) Ideología y comportamiento de las personas intolerantes, que no admiten soluciones intermedias y a veces defienden sus ideas violentamente: *El radicalismo de unos jóvenes racistas provocó diversos incidentes.* **2** (no contable) Ideología de tipo progresista que busca un cambio profundo en los distintos campos de la vida social: *El radicalismo de los jóvenes del partido está obligando a la discusión de un nuevo programa.*

radicalizar *v. tr.* **1** Hacer ‹una persona o una cosa› que [una persona] tome carácter radical o inflexible: *Estos hechos han radicalizado la postura del partido.* || *v. prnl.* **2** Mostrarse ‹una persona› radical o inflexible: *Los estudiantes se radicalizaron y dijeron que no pensaban negociar. Mi tío se ha ido radicalizando con el tiempo.* ⇒ **19.**

radicalmente *adv. modo* **1** Con vehemencia radical: *El oponente defendió radicalmente su postura.* || *adv. modo / cant.* **2** De raíz y por completo: *Este país quiere extirpar radicalmente el terrorismo. Los dos hermanos son radicalmente opuestos.* || *adv. restrictivo* **3** En aspectos radicales, desde la raíz, hasta en las bases: *Su planteamiento difiere radicalmente del de su jefe.*

radicando *s. m.* MAT. Expresión de la que se extrae una raíz, que se sitúa bajo el signo radical.

radicar *v. intr.* **1** Tener ‹una cosa› su causa u origen en [otra cosa]: *La quiebra ha radicado **en** una mala gestión.* SIN. residir. **2** BOT. Echar ‹una planta› raíces. SIN. arraigar. **3** Hallarse ‹una persona o una cosa› en [un lugar]: *La dehesa radica **en** términos de Cáceres.* SIN. localizarse. || *v. prnl.* **4** RESTRINGIDO. Establecerse ‹una persona o una cosa› en [un lugar]: *La pintora se radicó **en** Soria hace años.* ⇒ **71.**

radicheta *s. f.* ARG. Achicoria tierna que se come en ensalada.

radicícola *adj.* BOT., ZOOL. [Animal, vegetal] que vive parásito sobre las raíces de una planta.

radícula *s. f.* BOT. Parte del embrión de las plantas que da lugar a la raíz. SIN. rejo.

radiestesia *s. f.* (no contable) RESTRINGIDO. Sensibilidad especial que se supone que tienen ciertas personas para captar radiaciones y descubrir manantiales o yacimientos subterráneos.

radio *s. m.* **1** GEOM. Línea recta que va desde el centro de una circunferencia hasta alguno de sus puntos: *El radio de esta circunferencia es de cinco centímetros. El radio es la mitad del diámetro.* **2** Espacio circular definido por esta línea: *No hay casas en un radio de veinticinco kilómetros.* **3** Varilla que une el eje con la llanta de una rueda: *Se ha partido un radio de la rueda de mi bicicleta.* **4** ANAT. Hueso del antebrazo situado junto al cúbito: *Mi hermano se ha caído de lado y se ha roto el radio y el cúbito.* **5** ZOOL. Pieza que sostiene y da consistencia a las aletas de los peces. **6** *Ra.* Elemento químico metálico de color blanco brillante parecido al bario, de elevada radiactividad, que se empaña en contacto con el aire. **7** RESTRINGIDO. Radiotelegrama. || *s. f.* **8** Radiodifusión: *Este locutor lleva veinticinco años haciendo radio.* **9** Emisora de radiodifusión: *Si vas a la radio te dan un regalo.* **~ macuto** COLOQUIAL; HUMORÍSTICO. Emisora de radio que no existe, y a la que se atribuyen los rumores o las noticias sin confirmar: *Según radio macuto, el profesor se va del colegio.* **~ pirata** COLOQUIAL. Emisora que emite sin licencia legal. **10** Radiorreceptor: *Mis padres me han regalado una radio estéreo con cascos.* || *s. m. / f.* **11** Radiotelegrafista. || **12 ~ de acción** Alcance de una cosa: *El terremoto ha tenido un radio de acción de doscientos kilómetros.* **13 ~ de población** Espacio que hay desde los muros o última casa del casco de la población hasta una distancia de 1.600 metros, medidos por la vía más corta, agregados en puertos de mar los muelles y salinas en toda su extensión. **14 ~ taxi** Radiotaxi.

radioaficionado, da *s. m. / f.* Persona que se dedica a establecer por afición comunicación con otras por medio de un aparato radioemisor: *Su madre es una experta radioaficionada. Gracias a los radioaficionados se pudo alertar a las autoridades del desastre.*

radioastronomía *s. f.* (no contable) Parte de la astronomía que estudia las ondas radioeléctricas que emiten los astros.

radiobaliza *s. f.* AER., MAR. Señalización de una ruta aérea o marítima mediante procedimientos radioeléctricos para orientar a los pilotos.

radiobiología *s. f.* (no contable) Ciencia que estudia los efectos de las radiaciones sobre los organismos vivos.

radiocasete *s. m.* Aparato musical formado por un receptor de radio y un casete: *Pon más alto el radiocasete.*

radiocomunicación *s. f.* Telecomunicación por medio de ondas radioeléctricas.

radiodiagnóstico *s. m.* MED. Diagnóstico establecido por técnicas radiológicas.

radiodifundir *v. tr.* RESTRINGIDO. Transmitir ‹una emisora de radio› [noticias o música]. SIN. radiar. ⇒ **92.**

radiodifusión *s. f.* **1** (no contable) Emisión de noticias, música y otros programas por medio de ondas radioeléctricas con destino al público en general. **2** (no contable) Conjunto de medios técnicos que permiten la emisión de programas por medio de ondas radioeléctricas: *La radiodifusión actual posee una moderna tecnología.* SIN. radio.

radioelectricidad *s. f.* **1** (no contable) Ciencia y técnica de la producción, propagación y recepción de las ondas hertzianas: *técnico en radioelectricidad.* **2** (no contable) Producción, propagación y recepción de las ondas hertzianas: *taller de radioelectricidad.*

radioemisor, ra *s. f.* Estación transmisora de comunicaciones mediante ondas eléctricas de radio o hertzianas.

radioescucha *s. m. / f.* RESTRINGIDO. Persona que escucha o recibe emisiones radiofónicas o radiotelegráficas: *La locutora dedicó una canción a sus radioescuchas. Roberto trabaja como radioescucha en el servicio central de la policía.*

radiofonía *s. f.* (no contable) Conjunto de procedimientos y técnicas de transmisión del sonido por medio de ondas hertzianas: *La radiodifusión y la radiotelefonía son dos aplicaciones de la radiofonía.*

radiofónico, ca *adj.* De la radiofonía: *serial radiofónico, programa radiofónico.*

radiogoniometría *s. f.* (no contable) FÍS. Determinación de la distancia y posición de una estación emisora de telecomunicación.

radiografía *s. f.* **1** (no contable) Procedimiento para hacer fotografías por medio de rayos X: *La radiografía es un método de diagnóstico médico.* **2** Negativo fotográfico obtenido por este método: *En las dos radiografías se veía con claridad la rotura de menisco.*

radiografiar *v. tr.* Obtener ‹una persona› [radiografías]: *El médico radiografió toda la zona lesionada.* ⇒ **8.**

radiográfico, ca *adj.* De la radiografía: *examen radiográfico, prueba radiográfica.*

radiola *s. f.* COL. Conjunto de radio y tocadiscos integrado en un mueble.

radiolario, ria *adj. / s. m.* **1** BIOL. [Protozoo marino microscópico] que pertenece a la clase de los rizópodos, tiene el esqueleto formado por agujas de sílice muy finas, el protoplasma dividido en dos zonas concéntricas, una de las cuales, la exterior, emite seudópodos unidos entre sí, y vive aislado. || *s. m.* **2** (en plural) ZOOL. Orden de estos protozoos.

radiología *s. f.* (no contable) Parte de la medicina que utiliza las radiaciones para diagnosticar o curar algunas enfermedades: *En el servicio de radiología usan rayos X.*

radiológico, ca *adj.* MED. De la radiología: *prueba radiológica, examen radiológico, diagnóstico radiológico.*

radiólogo, ga *s. m. / f.* Médico especialista en radiología.

radiometría *s. f.* **1** (no contable) Parte de la física que trata de la medición de la intensidad de las radiaciones. **2** (no contable) Técnica médica para determinar por medio de procedimientos radiológicos las dimensiones de estructuras y órganos del cuerpo.

radiómetro *s. m.* FÍS. Instrumento para medir la intensidad de las radiaciones electromagnéticas o acústicas: *radiómetro electromagnético, radiómetro acústico.*

radionovela *s. f.* Narración, generalmente de carácter melodramático, realizada para ser emitida por capítulos en la radio: *Las radionovelas tuvieron gran éxito en los setenta.*

radiopatrulla *s. f.* **1** VEN. Automóvil de vigilancia de un cuerpo de policía. **2** ARG. Conjunto de coches patrullas de la policía conectados a una emisora central.

radiorreceptor *s. m.* Aparato que recibe y transforma en señales o sonidos las ondas hertzianas emitidas por una estación transmisora. SIN. radio.

radioscopia *s. f.* Examen del interior del cuerpo humano y, en general, de los cuerpos opacos, por medio de rayos X: *La radioscopia se usa en el diagnóstico médico.*

radiotaxi *s. m.* **1** Aparato emisor-receptor de radio que llevan instalados muchos taxis para comunicarse con una estación central: *Mi vecino se ha puesto un radiotaxi para poder atender los servicios que reclaman los clientes por teléfono.* **2** Taxi que lleva instalado un aparato emisor-receptor de radio: *Me ha venido a recoger un radiotaxi a casa. En todas las grandes ciudades hay cooperativas de radiotaxis.*

radiotelefonía *s. f.* (no contable) Telefonía sin hilos, en la que el sonido se transmite mediante ondas hertzianas.

radioteléfono *s. m.* Teléfono sin hilos en el que la comunicación se establece por medio de ondas de radio o hertzianas: *Los radioteléfonos se están poniendo de moda.*

radiotelegrafía *s. f.* (no contable) Telegrafía sin hilos, en la que el mensaje se trasmite mediante ondas hertzianas.

radiotelegrafista *s. m. / f.* Persona que se ocupa de las instalaciones y de las comunicaciones de radiotelegrafía: *el radiotelegrafista de un barco. Carlos era radiotelegrafista en el Ejército.*

radiotelégrafo *s. m.* Aparato que transmite y recibe mensajes telegráficos por medio de señales eléctricas de radio o hertzianas.

radiotelegrama *s. m.* Telegrama transmitido por radio.

radiotelescopio *s. m.* ASTRON. Instrumento que detecta las señales eléctricas de radio emitidas por un cuerpo celeste: *Los radiotelescopios pueden explorar el fondo del Universo.*

radiotelevisión *s. f.* **1** (no contable) Transmisión de sonido e imágenes a distancia por medio de ondas electromagnéticas: *emisoras de radiotelevisión.* **2** Organismo que engloba servicios de radio y televisión: *El director de la radiotelevisión local introducirá grandes cambios en los programas.*

radioterapia *s. f.* (no contable) MED. Empleo de las radiaciones para el tratamiento de las enfermedades: *He recibido varias sesiones de radioterapia en la rodilla.*

radiotransmisor *s. m.* Aparato que envía mensajes telefónicos o telegráficos por medio de ondas eléctricas de radio o hertzianas.

radioyente *s. m. / f.* Persona que escucha emisiones radiofónicas: *Una radioyente acaba de llamar a la emisora.*

radón *s. m.* (no contable) *Rn.* Elemento químico gaseoso radiactivo de elevada toxicidad, que se forma por desintegración del radio y se emplea en el tratamiento quirúrgico del cáncer.

rádula *s. f.* ZOOL. Órgano de algunos moluscos, parecido a una lima, que les sirve para desmenuzar los alimentos.

RAE (pronunciamos '*rae*') *s. f.* Sigla de «Real Academia Española».

raedera *s. f.* **1** RESTRINGIDO. Instrumento para raer o raspar: *Hace años se usaba en las oficinas una cuchilla de afeitar co-*

mo raedera para borrar alguna letra de los papeles gruesos. **2** Tabla semicircular con la que el albañil extrae la masa pegada de un recipiente. **3** Herramienta parecida a la azada pero más pequeña y con la pala semicircular, utilizada en minería.

raedura *s. f.* (preferentemente en plural) Raspaduras que se desprenden al raer una cosa: *El aprendiz barre las raeduras metálicas de las piezas antes de cerrar el taller.*

raer *v. tr.* **1** RESTRINGIDO. Raspar ‹una persona› [una cosa] para limpiarla de sustancias adheridas: *Antes de pintar la verja hay que raerla bien.* **2** Gastar ‹una persona› [una cosa] por el uso: *Has raído ya la camisa de tanto lavarla.* **3** Igualar ‹una persona› [las medidas del trigo u otros productos semejantes] con el rasero. SIN. rasar. **4** RESTRINGIDO. Eliminar ‹una persona› [una cosa perjudicial] totalmente: *Hay que raer los malos pensamientos.* ⇒ **64.**

ráfaga *s. f.* **1** Golpe de viento, fuerte y de poca duración: *Una ráfaga de aire cerró la puerta.* **2** Golpe de luz, fuerte e instantáneo: *El conductor lanzó una ráfaga con las luces largas del coche.* **3** Conjunto de disparos que lanza un arma automática de una sola vez: *En la mili, los soldados se entrenan para disparar ráfagas cortas.*

rafia *s. f.* **1** Género *Raphia.* Palmera de hojas grandes, alargadas y fruto en racimo: *La rafia es propia del norte de África.* **2** Fibra muy resistente y flexible obtenida de las rafias: *un bolso de rafia, un sombrero de rafia.*

raglán o **ranglán** o **ranglan** *adj./s. m.* **1** [Abrigo] que es amplio, con las mangas que arrancan del cuello. ‖ **2 manga* ~.**

ragtime (del inglés; pronunciamos *'ragtaim'*) *s. m.* Género musical de origen afroamericano que, junto con el blues, forma la base del jazz.

ragú (plural *ragúes*, preferible a *ragús*) *s. m.* **1** Guiso de carne con verduras y patatas: *ragú de buey, ragú de ternera.* **2** URUG.; COLOQUIAL. Hambre fuerte.

raicilla *s. f.* BOT. Filamento que nace de la raíz principal de una planta.

raid *s. m.* Expedición militar rápida en territorio enemigo: *un raid aéreo, un raid de castigo.*

raído, da *adj.* (estar; antepuesto/pospuesto) [Tela, vestido] que está muy gastado: *El pobre viejo lleva el abrigo raído de tanto usarlo. El pañuelo está raído. La raída chaqueta le daba un aspecto deplorable.*

raigambre *s. f.* **1** (no contable) ELEVADO. Conjunto de las raíces entrelazadas de un vegetal: *La raigambre de esta planta ocupa toda la maceta.* **2** (no contable) ELEVADO. Circunstancia de estar una cosa, como ideas o hábitos, muy arraigada: *La costumbre de dormir la siesta tiene mucha raigambre en España.* SIN. arraigo. **3** (no contable) ELEVADO. Conjunto de antecedentes o tradiciones de una persona o una cosa: *La suya es una familia de raigambre monárquica.*

raigón *s. m.* ANAT. Raíz de las muelas y de los dientes.

raíl *s. m.* **1** (preferentemente en plural) Cada una de las guías metálicas o carriles de una vía férrea: *El tren se ha salido de los raíles.* **2** Guía o carril: *Los obreros montaron la puerta sobre raíles.* SIN. riel.

raíz *s. f.* **1** BOT. Parte de las plantas que crece en sentido contrario al tallo y por la cual la planta se fija al suelo y absorbe los alimentos que necesita: *Este árbol tiene las raíces muy profundas.* **2** Parte de una cosa por medio de la cual se fija en otra: *la raíz del pelo, la raíz de una muela.* **3** Origen o procedencia: *Por muchos años que viva fuera, no olvidaré mis raíces. La raíz del problema está en la falta de recursos económicos.* **4** LING. Parte básica de una palabra, después de eliminar las desinencias, los sufijos y los prefijos, que encierra la idea fundamental de su significado: *La raíz de «canto, cantante, cantas» es «cant-».* SIN. radical, lexema. **5** MAT. Cada uno de los valores que tiene la incógnita de una ecuación. **6** MAT. Cantidad que, multiplicada una o varias veces por sí misma, da un número determinado. **~ cuadrada** Cantidad que hay que multiplicar por sí misma una vez para obtener un número determinado: *Tres es la raíz cuadrada de nueve.* **~ cúbica** Cantidad que hay que multiplicar dos veces por sí misma para obtener un número determinado: *Dos es la raíz cúbica de ocho.* ‖ **7 bienes* inmuebles/raíces.** FR. Y LOC. **a ~ de** Inmediatamente después de, a consecuencia de: *A raíz de sus declaraciones, hubo una gran polémica.* **de ~** Completamente, desde su origen: *El ejército cortó de raíz cualquier intento de sublevación.* **echar raíces** 1 Asentarse ‹una persona› en un lugar de forma estable: *Su hermana encontró trabajo en León y allí echó raíces.* 2 Hacerse firme ‹una cosa› en un lugar: *Es difícil suprimir una costumbre que ha echado raíces.*

raja *s. f.* **1** Abertura o corte largo y fino: *un producto para disimular las rajas de la madera. El carnicero se ha hecho una raja en la mano.* **2** Porción de grosor uniforme o en forma de cuña que se corta de una cosa: *una raja de jamón, raja de queso, raja de limón. Quiero una raja de sandía.* FR. Y LOC. **a ~ tabla** A rajatabla.

rajá (plural *rajáes*, preferible a *rajás*) *s. m.* **1** HIST. Jefe de Estado o soberano de un país de La India. ‖ *s. m./f.* **2** COLOQUIAL; HUMORÍSTICO. Persona que es amiga de vivir bien y no se priva de nada: *Jesús vive como un rajá en la oficina. Mi tía siempre come como una rajá.* FR. Y LOC. **vivir como un ~.**

rajado, da *s. m./f.* **1** COLOQUIAL; PEYORATIVO. Persona que es muy cobarde: *Manolo es un rajado, siempre hace lo que le mandan.* ‖ *adj.* **2** VEN.; COLOQUIAL. Que es auténtico o legítimo.

rajar *v. tr.* **1** Partir ‹una persona› [una cosa] en rajas: *A ver quién raja el melón.* **2** Hacer ‹una persona› rajas en [una cosa]: *Unos gamberros me rajaron los neumáticos.* **3** JERGAL. Herir ‹una persona› [a otra persona] con arma blanca: *¡Dame la pasta, o te rajo!* **4** URUG.; COLOQUIAL. Echar ‹una persona› [a otra persona] de un cargo o de un trabajo. **5** COL.; COLOQUIAL. Suspender ‹un alumno› [una asignatura o un examen]. **6** Insultar ‹una persona› [a otra persona] con palabras soeces. ‖ *v. prnl.* **7** Quedar ‹una cosa› partida en rajas: *La calabaza se ha caído al suelo y se ha rajado.* **8** COLOQUIAL. Dejar de hacer o no hacer ‹una persona›, por miedo, por cansancio o por arrepentimiento, una cosa que había empezado: *No te rajes ahora y sigue corriendo, que ya falta poco para acabar la carrera. José no viene de excursión con nosotros porque se ha rajado a última hora.* ‖ *v. intr.* **9** ARG., URUG.; COLOQUIAL. Salir precipitadamente, huir ‹una persona› de un lugar. **10** COLOQUIAL. Hablar ‹una persona› mucho o más de la cuenta: *Se pasa toda la tarde rajando en el bar de la esquina.* **11** JERGAL. Decir ‹una persona› muchas mentiras para presumir de valiente: *No rajes tanto y demuestra lo que dices que eres capaz de hacer.* **12** CUBA, MÉX.; COLOQUIAL. Faltar ‹una persona› a la palabra. **13** PERÚ. Hablar mal ‹una persona› de otra persona. || *v. tr./intr.* **14** VEN.; COLOQUIAL Beber ‹una persona› [una bebida alcohólica].

rajatabla *s. f.* Se usa en la LOC. **a ~** COLOQUIAL. Rigurosamente y sin concesiones: *Quiero que cumplas mis órdenes a rajatabla. Le dije que no lo quería ver más por aquí y se tomó mis palabras a rajatabla.*

rajatablas *s. f.* COL.; COLOQUIAL. Bronca, reprimenda.

rajón, na *adj./s. m.* y *f.* AMÉR. C., MÉX.; COLOQUIAL. Que se desdice, que no cumple su palabra.

rajuela *s. f.* Piedra delgada y sin labrar utilizada en construcción.

ralea *s. f.* **1** COLOQUIAL, RESTRINGIDO; PEYORATIVO. Familia, especie: *Cuando aparece en el portal la vecina con toda su ralea no hay quien la soporte.* **2** COLOQUIAL; PEYORATIVO. Clase, naturaleza o manera de ser de una persona o de un animal: *Esos chicos son unos sinvergüenzas, no me fío de los de su ralea. La jefa tiene muy mala ralea.*

ralentí *s. m.* **1** (no contable) MEC. Régimen más débil del motor con el vehículo parado y sin la velocidad engranada: *Durante el atasco, el coche estuvo la mayor parte del tiempo al ralentí.* **2** (no contable) Actividad de una persona o máquina al mínimo rendimiento: *El equipo jugó al ralentí a partir del segundo gol.*

ralentizar *v. tr.* **1** Hacer ‹una persona o una cosa› más lenta [la actividad o el proceso de una cosa]: *La protesta de algunos sectores sociales ha ralentizado la reforma de la ley.* || *v. prnl.* **2** Desarrollarse ‹la actividad o el proceso de una cosa› lentamente: *El crecimiento económico se ralentizará con la crisis del petróleo.* ⇒ **19.**

rallador *s. m.* Utensilio de cocina formado por una chapa metálica curvada con agujeros de borde saliente, para desmenuzar o deshacer los alimentos: *un rallador de pan, un rallador de queso.*

ralladura *s. f.* Resultado de rallar un alimento: *Echa la ralladura del queso a los macarrones antes de gratinarlos.*

rallar *v. tr.* Deshacer ‹una persona› [un alimento u otra cosa] en trozos muy pequeños con un rallador: *Rallamos el pan para hacer la pasta.* **pan* rallado.**

rallo *s. m.* RESTRINGIDO. Rallador.

rally (plural *rallys;* del inglés; pronunciamos '*rali*' o '*ralli*') *s. m.* DEP. Carrera, generalmente de automóviles, por terrenos difíciles o fuera de un circuito: *un rally de coches, un rally de motos, rally París-Dakar, un rally por el desierto, participar en un rally, un rally de coches antiguos.*

ralo, la *adj.* (estar) Que está poco espeso o poblado: *barba rala, bosque ralo. Esta tela vieja ya está muy rala.*

rama *s. f.* **1** Parte de la planta que sale del tronco o del tallo, en la que nacen hojas, flores y frutos: *Podaremos luego las ramas del árbol del jardín.* **2** Parte de una ciencia o actividad: *Carmen estudió Filología en la rama de Literatura.* **3** Cada una de las divisiones secundarias de una parte o tronco principal: *la rama conservadora del partido, la rama tradicional de la sociedad.* **4** Grupo de personas o de lenguas con un origen común: *Las ramas lingüísticas que se derivan del tronco indoeuropeo son numerosas. No todos los Gutiérrez pertenecen a una misma rama familiar.* FR. Y LOC. **andarse/irse por las ramas** COLOQUIAL. Detenerse ‹una persona› en lo menos sustancial de un asunto, dejando lo más importante: *Contesta con brevedad y no te andes por las ramas.* **canela* en ~. de rama en ~** Cambiando constantemente, sin un objetivo fijo: *El chico no sabe qué estudiar, lleva una temporada despistado de rama en rama.* **en ~** 1 En estado natural o sin haber sido totalmente manufacturado: *algodón en rama.* 2 ART. GRÁF. Sin encuadernar: *He comprado en un librero de viejo un texto del siglo* XIX *en rama.*

ramada *s. f.* ARG., COL., URUG., VEN. Enramada, cobertizo.

ramadán *s. m.* REL. Noveno mes del año lunar de los musulmanes, durante el cual ayunan.

ramaje *s. f.* (no contable) Conjunto de ramas de un árbol: *El ramaje es muy espeso. Aligeraron los árboles de ramaje.*

ramal *s. m.* **1** Parte que se desvía de la línea principal de una cosa: *ramal de una cordillera, ramal de una acequia.* **2** Vía de comunicación que sale de otra principal: *Mi jefe vive en un ramal de la carretera principal. La empresa de transporte ha proyectado un ramal nuevo de la línea 2 del metro que llega a la estación.* **3** Cada uno de los tramos de una escalera que da al mismo rellano. **4** Cuerda pequeña y delgada con la que se hacen las trenzas o las sogas. **5** Cuerda o correa que sujeta la cabeza de las caballerías: *No sueltes al burro, llévalo del ramal.*

ramalazo *s. m.* **1** COLOQUIAL. Arrebato, impulso o sentimiento repentino: *En un ramalazo de ira Pepe le contestó una barbaridad a María. A Juan le ha dado un ramalazo y se ha vuelto ecologista.* **2** (no contable) COLOQUIAL; PEYORATIVO. Afeminamiento: *Dicen que el chico de Lola tiene ramalazo.* **3** COLOQUIAL. Dolor repentino y fuerte en una parte del cuerpo: *A Eva le dio un ramalazo en el costado.* SIN. pinchazo.

rambla *s. f.* **1** Lecho o cauce natural que forman las corrientes de agua de lluvia cuando caen abundantemente: *El agua arrastró por la rambla árboles desgajados.* **2** Avenida ancha y con árboles, generalmente con una acera en el centro: *Vamos a dar un paseo por la rambla.*

rameado, da *adj.* [Tela, papel] que tiene dibujos de ramos: *Los vecinos han empapelado la habitación con un papel crema rameado.*

ramera *s. f.* VULGAR. Prostituta.

ramificación *s. f.* **1** Acción y resultado de ramificarse: *Desde la ventana se veían las ramificaciones del río en su desembocadura.* **2** (preferentemente en plural) Conjunto de consecuencias necesarias de algún hecho: *Aquel error tuvo ramificaciones muy amplias.* SIN. derivación. **3** ANAT. División de las arterias, venas o nervios: *Las ramificaciones del sistema nervioso se distribuyen por todo el cuerpo.*

ramificarse *v. tr.* **1** Dividirse ‹una cosa› en ramas: *Las vías férreas se ramifican por todo el territorio nacional. El gabinete de abogados ha ramificado sus actividades y ahora también se ocupa de la defensa criminal, de los casos de divorcio y de asuntos tributarios.* **2** Extenderse ‹una cosa› de manera que sus consecuencias se propaguen: *La epidemia se ha ramificado y sus efectos ya se sienten en varias regiones.* ⇒ **71.**

ramillete *s. m.* **1** Ramo pequeño de flores o hierbas: *El niño formó un ramillete de flores para su madre.* **2** RESTRINGIDO. Conjunto o colección de personas o cosas selectas: *un ramillete de poemas, un ramillete de hierbas aromáticas. Había un magnífico ramillete de bellezas en la fiesta.*

ramio *s. m. Boehmeria nivea.* Planta de la familia de las urticáceas de hojas dentadas y puntiagudas y flores verdes, de cuyo tallo, de hasta tres metros, se extrae una fibra muy resistente a la humedad.

ramo *s. m.* **1** Conjunto de flores, ramas o hierbas cortadas y unidas: *un ramo de claveles, un ramo de rosas.* **2** Rama cortada del árbol: *El ramo de olivo simboliza la paz.* **3** Parte en que se divide una ciencia o actividad: *El sindicato del ramo textil ha firmado el convenio.* SIN. sector. || **4 domingo* de Ramos.** FR. Y LOC. **de Pascuas* a Ramos.**

ramonear *v. intr.* **1** Comer ‹un animal› las hojas o las puntas de las ramas de los árboles o arbustos: *Las jirafas ramoneaban en los árboles cercanos.* **2** Cortar ‹una persona› las puntas de las ramas de los árboles: *Mi tío está ramoneando el seto del jardín.*

rampa *s. f.* **1** Plano inclinado para subir y bajar por él: *En el mercado hay una rampa para subir y bajar los carros de la compra.* **2** Terreno en pendiente: *El camino está en rampa. Esa carretera acaba en una pronunciada rampa.*

rampante *adj.* **1** ARQ. [Arco, bóveda] que se apoya sobre impostas de distinto nivel. **2** [Animal, león] que, en un escudo de armas, está con la mano abierta y las garras extendidas: *El león rampante forma parte de muchos escudos.*

rampla *s. f.* **1** CHILE. Remolque de un camión. **2** COL., CHILE. Rampa.

ramplón, na *adj.* **1** COLOQUIAL; PEYORATIVO. Que no tiene buen gusto o distinción, sino que es vulgar: *La conocida actriz presentó los modelos con su habitual estilo ramplón.* **2** COLOQUIAL; PEYORATIVO. Que es excesivamente simple o es muy tosco: *Su hijo ha hecho un examen muy ramplón. Sus traducciones son ramplonas.* **aprobado* ~.**

ramplonería *s. f.* **1** (no contable) COLOQUIAL. Cualidad de la persona ramplona: *Su ramplonería en el vestir es muy conocida.* **2** COLOQUIAL, RESTRINGIDO. Dicho o hecho propios de una persona ramplona: *En clase sólo dice ramplonerías.*

rana *s. f.* **1** (macho y hembra) Género *Rana.* Anfibio de ojos saltones y piel suave y brillante, con una larga cola en la primera fase de su desarrollo que luego se transforma en extremidades adaptadas al salto: *Las ranas atrapan insectos con la lengua.* **2** Juego que consiste en meter monedas u otros objetos en una rana de metal y en unos agujeros hechos en una especie de mesa: *En algunos pueblos es muy popular el juego de la rana.* **3** (se usa preferentemente en diminutivo) Prenda de bebé de una sola pieza que cubre el cuerpo y deja descubiertas las piernas. **4** (en plural) MED., VETER. Ránula. || *adj. / s. m.* y *f.* **5** (*s. m.* en Argentina) ARG., URUG.; COLOQUIAL. Persona que es lista y astuta. || **6 hombre* ~ .** FR. Y LOC. **cuando las ranas críen pelo** COLOQUIAL. Nunca: *Luis te devolverá los libros cuando las ranas críen pelo.* **salir ~** COLOQUIAL. Resultar ‹una persona o una cosa› mal, o peor de lo que se esperaba: *El equipo había confiado mucho en ese jugador, pero le salió rana. Este coche me ha salido rana, no es tan bueno como parecía.*

ranchera *s. f.* **1** Canción popular mexicana: *Esta chica canta muy bien las rancheras. A mi mujer le gusta bailar rancheras.* **2** COLOQUIAL. Automóvil con la parte trasera especialmente espaciosa para transportar más pasajeros o más carga de lo habitual: *Mi madre se ha comprado una ranchera para que puedan viajar cómodos los tres perros.*

ranchería *s. f.* **1** VEN. Choza rústica y grande. **2** VEN. Conjunto de estas chozas.

rancherío *s. m.* ARG.; COLOQUIAL. Conjunto de ranchos que forman un lugar.

ranchero, ra *adj.* **1** Del rancho: *organización ranchera.* || *s. m. / f.* **2** Persona que administra o dirige un rancho. **3** Persona que trabaja o vive en un rancho. **4** Persona que guisa el rancho: *Mi tío estuvo de ranchero en el ejército.* || *adj. / s. m.* y *f.* **5** MÉX.; COLOQUIAL. [Persona] que es pueblerina o poco culta.

rancho *s. m.* **1** Granja americana donde se crían caballos, vacas y otros animales: *Los forajidos atacaron el rancho y ahuyentaron al ganado.* **2** (no contable) COLOQUIAL. Comida propia de los soldados: *Cada día les toca a varios soldados diferentes servir el rancho.* **3** COLOQUIAL; HUMORÍSTICO. Comida para varias personas: *¡Ya está listo el rancho!* **4** RESTRINGIDO. Lugar fuera de un centro de población donde viven personas: *un rancho de chabolas.* **5** MÉX. Propiedad rural o de campo. **6** ARG., PAR., URUG. Vivienda de campesinos. **7** COL. Comida en lata de conserva. **8** ARG., VEN. Chabola de una ciudad. FR. Y LOC. **hacer / formar ~ aparte** COLOQUIAL. Comportarse ‹una o varias personas› con independencia dentro de ciertas actividades comunes: *En la oficina Luis forma rancho aparte, no se relaciona con nosotros.*

rancio, cia *adj.* **1** (estar) [Alimento] que adquiere un olor o sabor más fuerte al pasar mucho tiempo desde su elaboración: *El vino está rancio porque no debía de estar bien tapado. La primera capa es grasa rancia.* **2** (antepuesto) ELEVADO. Que es muy antiguo: *Su familia es de rancia estirpe, de las más antiguas de la nobleza española.* **~ abolengo*.** **3** PEYORATIVO. Que tiene afición por las cosas antiguas: *Su abuela es una vieja muy rancia, que no admite que vaya con ningún chico si no son novios formales.* **4** PEYORATIVO. Que tiene un carácter muy seco o antipático: *Su novio es tan rancio de carácter que aún no lo he visto sonreír.* || *s. m.* **5** (no contable) RESTRINGIDO. Cualidad de las cosas que adquieren un olor o sabor fuerte al pasar mucho tiempo desde su elaboración: *Este queso aún no tiene el rancio suficiente.*

rand *s. m.* Unidad monetaria de la República de Sudáfrica.

randa *s. f.* **1** (no contable) RESTRINGIDO. Tira de encaje para adorno de vestidos o ropa blanca: *Me gustan las sábanas con embozo de randa fina.* **2** Encaje de bolillos. || *s. m. / f.* COLOQUIAL; PEYORATIVO. Persona que es pilla o ratera: *La niña es una randa, sin oficio ni beneficio, se dedica a cantar o pedir en el metro. María se ha casado con un buen randa.*

ranger (plural *rangers;* del inglés; pronunciamos *'ránye r'*) *s. m.* MIL. Soldado perteneciente a una unidad especial del ejército americano o de algunos países hispanoamericanos, entrenado para combatir las guerrillas.

ranglan o **ranglán** *adj.* Raglán.

rango *s. m.* **1** Categoría social o profesional de una persona: *Las damas de alto rango lucían sus joyas. María lleva un nivel de vida propio de su rango social. En la empresa está contento, ya ha alcanzado un rango intermedio y no está mal pagado.* SIN. estatus. **2** COL., VEN.; RESTRINGIDO. Caballo flaco, de poca categoría.

ranita de san Antón o **ranita de san Antonio** *s. f.* (macho y hembra) *Hyla arborea.* Anfibio parecido a la rana, de color verde muy vivo, que vive en charcas hasta que pone los huevos, y después emigra a los árboles.

ranking (plural *ranking;* del inglés; pronunciamos *'rankin'*) *s. m.* Clasificación por grados, de mayor a menor: *En el ranking de empresas, la suya ocupa el tercer lugar. Esta canción es el número uno en el ranking de éxitos.* SIN. lista.

ranquear *v. tr.* DEP.; COL. Clasificar ‹una persona› [a los deportistas] según su ranking.

ránula *s. f.* MED., VETER. Tumor blando que se forma debajo de la lengua.

ranunculáceo, a *adj./s. f.* **1** [Planta] que es dicotiledónea, de hojas simples, flores de colores brillantes y fruto seco o carnoso. || *s. f.* **2** (en plural) BOT. Familia de estas plantas.

ranura *s. f.* Hendidura estrecha que tienen algunos objetos sólidos y sirve para distintos fines: *Meta la moneda en la ranura. Los ordenadores tienen una ranura en la parte frontal para introducir el disquete.*

rap (del inglés) *s. m.* **1** MÚS. Composición musical moderna de ritmo muy marcado cuya letra se recita al compás de la música. **2** MÚS. Baile que se ejecuta al ritmo de esta música: *El rap se baila mucho en las discotecas.*

rapa *s. f.* RESTRINGIDO. Flor del olivo.

rapacería *s. f.* **1** (no contable) RESTRINGIDO. Rapacidad. **2** COLOQUIAL; PEYORATIVO. Acción y resultado de robar pocas cantidades de dinero u objetos de poco valor: *Aunque es muy joven, lo han detenido ya varias veces por sus rapacerías.*

rapacidad *s. f.* (no contable) RESTRINGIDO. Cualidad propia de las personas que roban o tienen tendencia a aprovecharse de los bienes ajenos: *La rapacidad de los intermediarios es atacada por los sociólogos.* SIN. rapacería.

rapapolvo *s. m.* COLOQUIAL. Reprimenda o regañina fuerte: *Mi padre me echará un rapapolvo si llego tarde.* SIN. bronca.

rapar *v. tr./prnl.* **1** RESTRINGIDO. Afeitar ‹una persona› la barba de [otra persona]: *Este barbero rapa muy bien la barba. Su mujer quiere que **se** rape todas esas barbas.* **2** COLOQUIAL. Cortar ‹una persona› mucho [el pelo de una persona o un animal]: *El peluquero te ha rapado como a un recluta. En verano **me** rapo el pelo al cero.*

rapaz *adj.* **1** RESTRINGIDO. [Persona] que tiene inclinación al robo: *No te puedes fiar de esos comerciantes rapaces.* || *adj./s. f.* **2** (macho y hembra) [Ave] que se alimenta fundamentalmente de carne y tiene alas fuertes, pico curvo, corto y fuerte, y garras afiladas y arqueadas, como el águila o el búho. **ave ~** o **ave de presa/rapiña. ~ diurna. ~ nocturna.** || *s. f.* **3** (en plural) Grupo formado por las aves rapaces.

rapaz, za *s. m./f.* COLOQUIAL; RESTRINGIDO. Joven, adolescente o persona de poca edad: *Pepe es un rapaz espabilado.*

rape *s. m.* **1** (macho y hembra) Género *Lophius.* Pez de cuerpo aplanado, cabeza grande y redondeada, y boca y aletas laterales también grandes, que vive en el Atlántico y el Mediterráneo y es muy apreciado por su carne: *He comprado medio kilo de rape en la pescadería.* **2** RESTRINGIDO. Afeitado de la barba hecho deprisa y sin cuidado. **3** Corte de pelo llamativo por lo corto o por lo malo: *Vaya rape que te han hecho.* FR. Y LOC. **al ~** [Corte de pelo] muy corto, a ras del cuero de la cabeza: *En la mili le cortaron el pelo al rape.*

rapé *s. m.* Tabaco en polvo que se aspiraba por la nariz: *Es típica la imagen de los aristócratas del* XVIII *aspirando rapé.*

rápel *s. m.* (no contable) DEP. Rappel.

rápidamente *adv. modo* **1** Con rapidez: *El pájaro voló rápidamente al nido.* **2** Con fugacidad, fugazmente, en poquísimo tiempo: *Sucedió rápidamente.* || *adv. temp.* **3** COLOQUIAL. Enseguida: *Rápidamente salgo.*

rapidez *s. f.* (no contable) Calidad de rápido: *La rapidez de sus respuestas ha gustado al tribunal. Ven con rapidez.*

rápido, da *adj.* **1** (antepuesto/pospuesto) Que se mueve o sucede muy deprisa: *un coche rápido. La semana ha pasado rápida. La operación fue rápida. La rápida sucesión de los sucesos no nos permitía tomar conciencia de lo que estaba pasando.* **2** (ser/estar; antepuesto/pospuesto) Que emplea poco tiempo en hacer una cosa: *un trabajador rápido y eficiente. Has estado muy rápido en la contestación. El rápido delantero del equipo visitante se plantó solo ante el portero.* **3** Que se hace sin cuidado: *Carlos le dio un vistazo rápido.* || *s. m.* **4** GEOGR. Corriente muy impetuosa de un río por el estrechamiento o inclinación de su cauce: *Los amigos de Luis se entrenan para descender en piragua los rápidos del río.* **5** Tren de viajeros que va a gran velocidad: *María ha tomado el rápido con destino a Barcelona.* **tren ~.** || *adv. temp./modo* **6** Muy deprisa, a gran velocidad: *Lo hice rápido. Quiero que vengas rápido a casa.* || **7 vía* rápida.**

rapiña *s. f.* (no contable) Robo o saqueo: *Esos maleantes vivían de la rapiña.* FR. Y LOC. **ave rapaz*** o **ave de presa/~.**

rapiñar *v. tr.* COLOQUIAL, RESTRINGIDO. Quitar ‹una persona› [una cosa] a [otra persona]: *El chico se ha metido en la tienda y ha rapiñado unos caramelos.*

raponazo *s. m.* COL.; COLOQUIAL. Tirón, robo de un objeto arrebatado violenta e inesperadamente a la persona que lo lleva.

raposera *s. f.* Guarida de raposos o zorros. SIN. zorrera.

raposería *s. f.* **1** (no contable) RESTRINGIDO. Astucia propia del zorro: *No es fácil cazar el zorro, con su raposería huye de las trampas.* SIN. zorrería. **2** Acción engañosa propia del zorro: *Las raposerías del zorro tienen a los granjeros muy enfadados.* **3** (no contable) RESTRINGIDO; PEYORATIVO. Astucia de una persona: *Me molesta la raposería de un colega.* **4** RESTRINGIDO. Acción engañosa propia de una persona: *El chico vive de trampas y raposerías, pero un día lo pillarán.*

raposo, sa *s. m./f.* Zorro, animal.

rappel o **rápel** (del francés; pronunciamos *'rápel'*) *s. m.* (no contable) DEP. En alpinismo, técnica de descenso rápido que consiste en deslizarse por una cuerda colgante: *Los montañeros descendieron en rappel tras coronar la vía.*

rapport (del francés; pronunciamos *'rapor'*) *s. m.* RESTRINGIDO. Exposición oral o escrita del estado de una cuestión: *Un rapport del jefe de ventas señala que hay un descenso notable en Andalucía.* SIN. informe.

rapsoda *s. m./f.* **1** ELEVADO. Persona que recita versos: *María es una mediana rapsoda, no sé por qué la han elegido para el acto del domingo.* **2** RESTRINGIDO. Poeta: *Las rapsodas galardonadas de la localidad recibieron anoche el homenaje de sus paisanos.* || *s. m.* **3** HIST., LIT. Recitador de la Antigua Grecia que iba por los pueblos cantando poemas.

rapsodia *s. f.* **1** LIT. Fragmento de un poema: *las rapsodias homéricas.* **2** MÚS. Pieza de música instrumental compuesta de diferentes temas de origen común, generalmente popular, tratados con libertad: *las rapsodias de Liszt, las rapsodias de Brahms.*

raptar *v. tr.* Llevarse ‹una persona› [a otra persona] violentamente o con engaños y retenerla contra su voluntad: *Los delincuentes raptaron a un empresario para exigir un rescate. Tres niñas han sido raptadas y no se tiene noticias de ellas.* SIN. secuestrar.

rapto *s. m.* 1 Acción y resultado de raptar: *El detenido fue acusado del rapto de una menor. El rapto duró más de seis meses.* 2 Impulso violento y repentino de un sentimiento que oscurece la razón: *Mariano le dio una mala contestación llevado por un rapto de ira.* 3 RESTRINGIDO. Estado del alma dominada por la unión mística con Dios.

raptor, ra *s. m. / f.* Persona que rapta a otra persona: *Una mujer ha sido acusada de ser la raptora de ese diplomático.*

raque *s. m.* RESTRINGIDO. Recogida en las costas de los restos de los naufragios: *ir al raque, andar al raque.*

raqueta *s. f.* 1 DEP. Utensilio en forma de pala formado por un mango unido a una pieza más o menos circular, para golpear la pelota en juegos como el tenis o el pimpón: *La raqueta de tenis se rompió al golpear el suelo con fuerza.* 2 Objeto formado por una pieza enrejada parecida a las raquetas que se sujeta al calzado para desplazarse sobre la nieve: *En invierno nieva mucho y sólo se puede andar en esta zona con raquetas.* 3 JUEGOS. Instrumento en forma de rastrillo sin púas, usado en las mesas de juego para mover el dinero o las fichas: *El crupier colocaba con la raqueta las fichas sobre el número apostado.* 4 Desvío lateral semicircular para realizar un cambio de sentido o dirección en una carretera: *Para llegar al estadio, tienes que hacer una raqueta y tomar la calle principal.* || *s. m. / f.* (el femenino, también para el masculino) 5 DEP. Persona que juega al tenis: *Este chico es hoy el mejor raqueta del país. Javier ha trabajado mucho para ser la mejor raqueta del campeonato. Su hija es una buena raqueta en el equipo nacional.*

raquialgia *s. f.* MED.; RESTRINGIDO. Dolor a lo largo del raquis o columna vertebral: *El enfermo padecía raquialgias.*

raquídeo, a *adj.* ANAT. Del raquis. **bulbo* ~. conducto* ~.**

raquis (plural *raquis*) *s. m.* 1 ANAT. Columna vertebral: *Las lesiones en el raquis son peligrosas.* SIN. espinazo. 2 ZOOL. Eje de una pluma de ave. 3 BOT. Eje de una espiga o de un racimo.

raquítico, ca *adj.* 1 (ser / estar; antepuesto / pospuesto) COLOQUIAL. Que tiene poca resistencia física o está poco desarrollado: *Julia está raquítica para su edad. Tienes que comer más, porque te estás quedando raquítico. Las raquíticas piernas de Luis dan pena.* 2 (antepuesto / pospuesto) COLOQUIAL. Que es escaso o muy pequeño: *sueldo raquítico. Nos pusieron unas raciones raquíticas. Sus raquíticas propinas hacen reír.* || *adj. / s. m.* y *f.* 3 MED. Que padece raquitismo: *Los niños raquíticos arrastran complicaciones fisiológicas toda la vida.*

raquitismo *s. m.* (no contable) MED. Enfermedad infantil debida a la falta de vitamina D, que produce retraso en el crecimiento y fragilidad y deformidad de los huesos.

raramente *adv. modo* 1 De un modo extraño: *Me miraba raramente, como si temiera algo de mí.* || *adv. temp.* 2 Raras veces, con poca frecuencia, casi nunca. OBSERVACIONES: ◊ No equivale a *de tarde en tarde* y expresiones similares. ◊ Suele anteponerse al sintagma verbal: *Raramente ponen más de dos huevos.* RELACIONES Y CONTRASTES: Frente a *extrañamente* (*Extrañamente, no ha llamado*), no actúa como adverbio oracional: *Raramente trae buenas noticias. Raramente lo verás contento.*

rareza *s. f.* 1 (no contable) Calidad de raro: *La rareza de su vestido llamó la atención. La rareza de la situación nos sorprendió a todas.* 2 Cosa rara: *Después del viaje, Luis llenó su casa de rarezas.* 3 Acción o palabra características de una persona rara: *Estoy harta de tus rarezas.* SIN. manía.

rarificar *v. tr.* 1 FÍS. Hacer ‹una persona o una cosa› que [un cuerpo gaseoso] sea menos denso. SIN. enrarecer. || *v. prnl.* 2 FÍS. Hacerse ‹un cuerpo gaseoso› menos denso. SIN. enrarecerse. ⇒ **71.**

raro, ra *adj.* 1 (antepuesto / pospuesto) Que sorprende por no ser normal o habitual: *Es raro que llegue tan tarde. El raro comportamiento del profesor extrañó a los alumnos.* SIN. extraño. 2 (ser / estar; antepuesto / pospuesto) Que se comporta de una manera poco común: *El protagonista de la película es un hombre muy raro. Últimamente Ruth está muy rara, no sé qué le pasa. Aquella rara mujer me hizo pensar que algo sucedía en el banco.* SIN. extraño. 3 (antepuesto) Que sucede con poca frecuencia: *La figura del retrato es de una rara belleza masculina.* **rara vez*.** 4 (antepuesto / pospuesto) Que es escaso en su clase o especie: *Este automóvil es un modelo raro, muy buscado por los coleccionistas. Este pájaro pertenece a una rara especie, que está protegida por la ley.* || **5 tierras* raras.**

rarón *adj. / s. m.* ARG., URUG.; COLOQUIAL; HUMORÍSTICO. Hombre homosexual.

ras *s. m.* (no contable) RESTRINGIDO. Igualdad en la altura o en la superficie que tiene una cosa: *el ras del agua, el ras del suelo, el ras de la arena.* SIN. nivel. FR. Y LOC. **a ~ de** Al mismo nivel que la superficie de otra cosa: *El cable del teléfono va a ras del suelo. La motora volaba a ras del agua.* **al ~** 1 Al mismo nivel que la superficie: *El jardinero cortó la hierba al ras ('casi a ras del suelo'). A mi madre le gusta llenar la cazuela al ras ('justo hasta el borde').* 2 Casi rozando: *La moto te ha pasado al ras. Las balas nos pasaban al ras.*

rasante *adj.* 1 Que se mueve o pasa rozando el suelo u otra superficie: *La avioneta impresionó a los espectadores con un vuelo rasante.* || *s. f.* 2 Línea del perfil de un camino o de una calle considerada en su inclinación o paralelismo respecto a la horizontal: *No se puede adelantar en un cambio de rasante.* || **3 tiro* ~.**

rasar *v. tr.* 1 RESTRINGIDO. Igualar ‹una persona› [las medidas de los áridos]: *Cuando estaba lleno el celemín se rasaba con la raedera.* SIN. raer. 2 RESTRINGIDO. Tocar ‹un cuerpo› [otro cuerpo] ligeramente: *El coche rasó varios árboles y chocó contra una farola.*

rasca *adj. / s. m.* y *f.* 1 URUG.; PEYORATIVO. Que es barato o de baja categoría. 2 ARG.; COLOQUIAL. Que es muy pobre. || *s. m. / f.* 3 COLOQUIAL. Frío: *Hace una rasca tremenda por las mañanas.* || *s. f.* 4 AMÉR.; COLOQUIAL. Borrachera, embriaguez.

rascacielos (plural *rascacielos*) *s. m.* Edificio muy alto y con muchos pisos: *Este rascacielos tiene cincuenta pisos.*

rascado, da *s. m.* 1 Acción de rascar, generalmente para desprender la capa de pintura vieja de la superficie que se va a pintar: *Puede sustituirse el rascado por un tratamiento con un producto abrasivo o decapante.* || *adj.* 2 AMÉR. C. De mal genio, irritable. 3 AMÉR. C. Audaz, atrevido. || *adj. / s. m.* y *f.* 4 AMÉR.; COLOQUIAL. Borracho.

rascador *s. m.* Utensilio de mango largo usado para rascarse una persona: *A mi abuela le hemos regalado un rascador portugués en forma de mano.*

rascar *v. tr. / prnl.* 1 Pasar ‹una persona› por [la piel] una cosa áspera o afilada: *A la niña le gustaba mucho que le rascaran la espalda. El detective **se** rascó la ceja con la uña.*

|| *v. tr.* **2** Frotar ‹una persona› [una cosa] con un objeto rígido para limpiar su superficie: *El albañil rascó el suelo para limpiarlo de pintura.* **3** COLOQUIAL. Tocar ‹una persona› [un instrumento musical de cuerda] defectuosamente: *Manuel, más que tocar el violín, yo diría que lo rasca.* **4** COLOQUIAL. Obtener ‹una persona› un beneficio de [una cosa]: *No sé qué esperas rascar en este negocio.* || *v. tr. / intr.* **5** COLOQUIAL. Producir ‹un objeto› un contacto desagradable en [la piel de una persona]: *La toalla le rasca la cara. La lana del jersey me rasca.* **6** COLOQUIAL. Resultar ‹un licor› áspero al beberlo: *Este vino es fuerte, rasca la garganta. Pedro opinaba que todos los aguardientes rascaban.* || *v. intr.* **7** COLOQUIAL. Tener ‹una persona› [una responsabilidad o importancia] en un asunto o en un lugar: *No puedo ayudarte, porque yo no rasco nada en la sección de contratos. Mi padre se ha enfadado, porque dice que no rasca nada en casa.* || *v. prnl.* **8** AMÉR.; COLOQUIAL. Emborracharse ‹una persona›. **9** ARG., URUG.; COLOQUIAL. Perder ‹una persona› el tiempo. FR. Y LOC. **rascarse el bolsillo** COLOQUIAL. Gastar ‹una persona› mucho dinero: *Si quieres comprarte este coche tendrás que rascarte el bolsillo.* **rascarse / tocarse la barriga*.** ⇒ **71.**

rascatripas (plural *rascatripas*) *s. m. / f.* COLOQUIAL; PEYORATIVO. Persona que toca mal un instrumento de cuerda: *¿Por qué no vas a ensayar a otro sitio, rascatripas?*

rascón, na *adj.* **1** RESTRINGIDO. Que es áspero o picante al paladar: *Este vino es rascón.* || *s. m.* **2** (macho y hembra) ZOOL. *Rallus aquaticus.* Ave de patas largas, plumaje marrón y pico muy largo, que habita en regiones pantanosas: *El rascón se alimenta de gusanos, moluscos e insectos.*

rasear *v. tr.* DEP. Lanzar o pasar ‹un jugador› [la pelota] a ras del suelo en algunos deportes: *Para controlar el balón es mejor rasearlo.*

rasera *s. f.* **1** AGR. Rasero. **2** COCINA. Espumadera, utensilio que se usa para retirar la espuma o escurrir los alimentos cocinados.

rasero *s. m.* AGR. Palo o tabla para igualar la altura de los áridos, como el trigo o los garbanzos, al ser medidos: *Con el rasero se rasa el celemín.* SIN. rasera. FR. Y LOC. **medir* con / por el mismo ~.**

rasgado, da *adj.* Que es más ancho o largo de lo normal: *boca rasgada.* **ojos rasgados.**

rasgar *v. tr.* **1** Romper ‹una persona› [una cosa poco consistente] con las manos: *El jefe ha rasgado las hojas y las ha tirado a la basura.* **2** MÚS. Tocar ‹una persona› [una guitarra u otro instrumento musical de cuerda] rozando varias cuerdas a la vez con la punta de los dedos: *Cuando el cantante empezó a rasgar su guitarra la atmósfera se llenó de magia.* SIN. rasguear. || *v. prnl.* **3** Romperse ‹una cosa› poco consistente: *Se me rasgó la falda al bajar del tren.* FR. Y LOC. **de rompe* y rasga. rasgarse las vestiduras*.** ⇒ **56.**

rasgo *s. m.* **1** Línea trazada al escribir: *Carmen tiene una letra de rasgos ovalados.* SIN. trazo. **2** Línea característica del rostro: *Los rasgos de la nariz son como los de tu hermana.* **3** Característica distintiva: *los rasgos principales del Romanticismo, los rasgos del Modernismo. La valentía es un rasgo del carácter de María.* **4** Acción que merece aprobación y alabanza: *un rasgo heroico.* SIN. gesto. FR. Y LOC. **a grandes rasgos** De manera general, sin entrar en detalles: *A grandes rasgos, éstos serán los contenidos del curso.*

rasgón *s. m.* RESTRINGIDO. Desgarrón o rotura en una tela: *Laura se hizo un rasgón en los vaqueros.*

rasguear *v. tr.* **1** Tocar ‹una persona› [una guitarra u otro instrumento musical de cuerda] rozando varias cuerdas a la vez con la punta de los dedos: *Rasguea una sevillana a ver si nos animamos.* SIN. rasgar. || *v. intr.* **2** RESTRINGIDO. Escribir ‹una persona› [una cosa] con cierta prisa: *Luis rasgueó una nota para echarla al correo.*

rasguñar *v. tr.* Hacer ‹una persona o una cosa› cortes poco profundos en la superficie de [una cosa]: *El gato ha rasguñado la cortina con las uñas.*

rasguño *s. m.* Arañazo, corte poco profundo en la piel: *El niño se había hecho un rasguño con una zarza.*

rasilla *s. f.* **1** (no contable) Tela fina de lana. **2** Ladrillo hueco más delgado que el corriente.

raso, sa *adj.* **1** Que es llano o liso, o no tiene desniveles, desigualdades ni asperezas: *terreno raso, campo raso, superficie rasa.* **2** (estar) [Atmósfera, cielo] que está despejado, sin nubes ni niebla: *Esta noche el cielo está raso y se ven todas las estrellas.* **3** Que pasa o se mueve a poca altura del suelo: *vuelo raso.* **4** Que está lleno, pero no desborda: *Hay que echar una cucharada rasa de azúcar.* **5** MIL. Que no tiene graduación: *soldado raso.* || *s. m.* **6** (no contable) Tipo de tejido, generalmente de seda, liso y brillante: *La novia llevaba un vestido de raso precioso.* || **7 cielo* ~. 8 tabla* rasa.** FR. Y LOC. **al ~** A la intemperie, a cielo descubierto: *Nos sorprendió la noche en la montaña, sin ningún refugio cerca, y tuvimos que pasarla al raso.* **hacer tabla* rasa.**

raspa *s. f.* **1** Espina del pescado, especialmente la espina dorsal: *Para que mi hijo se coma el pescado le quito las raspas.* **2** AGR. Mazorca de maíz desgranada. **3** AGR. Filamento áspero de la cáscara del grano de algunos cereales. **4** AMÉR.; COLOQUIAL. Reproche, reprimenda. **5** MÉX.; COLOQUIAL. Baile popular de México. **6** MÉX.; VULGAR. Operación que consiste en raspar algún órgano. || *s. m. / f.* **7** COLOQUIAL; PEYORATIVO. Persona antipática: *No es cierto que la telefonista sea una raspa. No sabía yo que este raspa era amigo tuyo.* **8** MÉX.; COLOQUIAL. [Persona] que es grosera o mal educada. || *s. m.* **9** ARG., PAR., URUG.; COLOQUIAL. Comida quemada que queda pegada a la cazuela. **10** ARG.; COLOQUIAL. Ladrón, ratero.

raspado *s. m.* **1** Acción y resultado de raspar o rasparse: *La pared necesita un buen raspado.* SIN. raspadura. **2** MED. Operación que consiste en raspar algún órgano, en especial, el útero: *Si no se detiene la hemorragia habrá que practicar un raspado.* **3** COL. Polo, helado.

raspadura *s. f.* **1** Acción y resultado de raspar o rasparse: *La raspadura del coche no tiene importancia.* SIN. raspado. **2** Conjunto de partículas que se sacan al raspar una superficie: *El suelo estaba cubierto de raspaduras de yeso. Hay que echarle a la tarta la raspadura de un limón.* **3** Señal que queda en una superficie al rasparla o rozarla: *El niño se hizo una raspadura en la rodilla. ¿Quién ha hecho esa raspadura en la pared?* SIN. raspón.

raspar *v. tr.* **1** Frotar ‹una persona› [una cosa] ligeramente con un objeto rígido para quitar parte de su superficie: *He raspado el tablero con una cuchilla para quitar el manchón de tinta.* SIN. rascar. **2** Causar ‹un licor› picor en [el paladar]: *No me gusta la ginebra sola porque me raspa la garganta.* **3** Pasar ‹una cosa› rozando [otra cosa] y dañar su superficie: *Niño, has raspado la pared con la bicicleta.*

4 AMÉR. Reprender, amonestar. 5 VEN.; COLOQUIAL. Suspender ‹un profesor› [a un alumno] en un examen. || *v. tr./intr.* 6 Producir ‹un objeto› un contacto desagradable en [la piel de una persona]: *La toalla me raspa la cara cuando me seco. Esta lana raspa.* SIN. rascar.

raspilla *s. f.* Planta herbácea de tallos espinosos tendidos, hojas ásperas y flores azules.

raspón *s. m.* 1 Señal o herida superficial producida por una cosa que raspa o roza: *Me he hecho un raspón en el brazo con un clavo de la silla.* 2 MÉX. Reprimenda.

rasponazo *s. m.* Raspón, señal o herida superficial: *Me he caído y tengo un rasponazo en la rodilla.*

rasposo, sa *adj.* 1 (ser/estar; antepuesto/pospuesto) Que es áspero al tacto o al paladar: *manos rasposas. La rasposa piel de aquel animal me desagradó. La toalla está rasposa. La cáscara del coco es rasposa.* 2 ARG., URUG.; COLOQUIAL. [Prenda de vestir] que está en mal estado o muy estropeada. 3 ARG., URUG.; COLOQUIAL. [Persona] que es sucia y descuidada. || *adj./s. m.* y *f.* 4 ARG., URUG. [Persona] que es tacaña.

rasqueta *s. f.* 1 Instrumento pequeño formado por una plancha metálica de cantos afilados y un mango, para rascar y limpiar superficies: *El albañil limpiaba los restos que estaban pegados en el suelo con una rasqueta.* 2 AMÉR. DEL S., CUBA, P. RICO. Instrumento que consta de una plancha dentada de hierro para limpiar el pelo de las caballerías.

rasquetear *v. tr.* AMÉR. DEL S. Pasar ‹una persona› [una esponja de acero duro o un instrumento parecido] sobre los pisos para quitarles la suciedad.

rastra *s. f.* 1 AGR. Apero de labranza, parecido a un rastrillo, utilizado para arrastrar la broza. SIN. rastro. 2 AGR. Apero de labranza de tracción animal o mecánica, para allanar la tierra después de arada. SIN. grada. 3 RESTRINGIDO. Cualquier cosa, generalmente una tela o un cajón, que se utiliza para arrastrar, colocados sobre ella, objetos de peso. 4 RESTRINGIDO. Cosa que va colgando o arrastrando: *El vestido acaba en una rastra de encajes.* 5 RESTRINGIDO. Serie de frutos secos colocados uno tras otro. SIN. ristra. 6 MAR. Instrumento para buscar o recoger objetos de un fondo acuático. 7 ARG., URUG. Adorno metálico delantero del cinturón ancho de los gauchos. FR. Y LOC. **a la ~** A la fuerza, de mala gana: *Los policías lo tuvieron que llevar a la rastra porque no quería ir.* **a rastras** 1 Arrastrando(se): *Traje la mesa a rastras. Se acercó a rastras.* 2 A la rastra. **con el culo* a rastras.**

rastreador, ra *adj./s. m.* y *f.* Que rastrea: *La policía tiene perros rastreadores muy bien entrenados. Mi tío fue rastreador del ejército.*

rastrear *v. tr.* 1 Buscar ‹una persona o un animal› [a una persona o un animal] siguiendo su rastro: *El perro rastreó las huellas que habían dejado los ladrones. Los empleados del zoo están rastreando las huellas del león escapado.* 2 Hacer ‹una persona› lo necesario para enterarse de [una cosa]: *El profesor rastreó las fuentes del «Quijote» en la literatura clásica.* 3 Llevar ‹una persona› arrastrando un utensilio por [el fondo del agua] para buscar una cosa o para pescar: *Los submarinistas rastrean el fondo del lago en busca del cuerpo de la persona desaparecida.* || *v. intr.* 4 Trabajar ‹una persona› con el rastro: *El jardinero estuvo rastreando en el jardín para recoger las hojas.* 5 Volar ‹un animal o un avión› casi a ras de tierra: *Las gaviotas tan pronto rastreaban como se remontaban hasta lo más alto.*

rastreo *s. m.* Acción y resultado de rastrear: *El rastreo de la policía dio sus frutos y pudieron encontrar la guarida de los secuestradores.*

rastrero, ra *adj.* 1 COLOQUIAL; PEYORATIVO. Que actúa con vileza o bajeza, o que tiene una conducta despreciable: *comportamiento rastrero. Lo que Olga hizo ayer fue un acto rastrero, verdaderamente miserable.* 2 Que se arrastra: *tallo rastrero, planta rastrera.*

rastrillada *s. f.* 1 AGR. Lo que se recoge de una vez con el rastrillo o rastro: *Su madre iba llenando un saco con rastrilladas de hojas.* 2 ARG., BOL., URUG. Rastro dejado en el campo por el paso de un grupo de animales o de jinetes. 3 URUG. Redada policial.

rastrillar *v. tr.* 1 Recoger, amontonar o limpiar ‹una persona› [una cosa] con el rastrillo: *El jardinero rastrilla las hojas del jardín todas las semanas.* 2 AGR. Allanar ‹una persona› [la tierra] con el rastrillo: *Te aconsejo que rastrilles bien el parterre antes de sembrarlo de nuevo.* 3 Limpiar ‹una persona› [el lino o el cáñamo] de la arista y la estopa. 4 URUG.; COLOQUIAL. Buscar ‹una persona› cuidadosamente [a otra persona o una cosa] en un lugar.

rastrillo *s. m.* 1 Apero de labranza o útil de jardinería formado por una fila de dientes paralelos ensartada en un mango alargado y perpendicular para arrastrar la broza o allanar la tierra: *Con el rastrillo recoge las hojas secas del suelo.* SIN. rastro. 2 Tabla con muchos dientes de alambre grueso, a modo de carda, para limpiar y separar las fibras del lino o del cáñamo. 3 Puerta formada por una reja levadiza que, a modo de contrapuerta, protege la entrada de una plaza de armas, una fortaleza o un penal: *Levantaron el rastrillo para que entraran los soldados. Las fortalezas medievales tenían un rastrillo en la entrada.* 4 Reja colocada en una corriente de agua, a modo de colador, para retener las cosas que arrastra: *Limpiaron el rastrillo de la acequia.* 5 Mercado callejero: *El rastrillo se celebra los jueves en esta plaza.*

rastro *s. m.* 1 Indicio o señal que deja una persona o un animal al pasar por un sitio: *Los perros perdieron el rastro de la pieza. La policía siguió el rastro del ladrón.* 2 Huella que deja tras de sí un hecho o acontecimiento: *Los científicos esperaban encontrar rastros de la civilización maya.* SIN. vestigios. 3 Mercado callejero donde se vende todo tipo de objetos antiguos y nuevos: *Julián se compró una chaqueta militar en el rastro.* 4 ARG. Cerrojo de un arma de fuego.

rastrojar *v. tr.* RESTRINGIDO. Arrancar ‹una persona› los rastrojos que quedan en [un campo].

rastrojo *s. m.* 1 AGR. Residuo de los tallos de la mies que queda en la tierra después de haber segado: *Los pájaros picoteaban entre los rastrojos.* 2 AGR. Campo en que se ha segado la mies antes de que sea plantado de nuevo: *Los agricultores fueron a comprobar si había nidos en los rastrojos.* 3 (en plural) AMÉR. Sobras. FR. Y LOC. **como puta* por ~.**

rasurar *v. tr./prnl.* AFECTADO. Quitar ‹una persona› [el pelo de una parte del cuerpo a otra persona]: *Mi abuelo **se** rasura la barba a navaja.* SIN. afeitar.

rata *s. f.* 1 (macho y hembra) Género *Rattus.* Mamífero roedor de pelo gris oscuro o pardo, con cola larga, cabeza pequeña, orejas tiesas y patas cortas, que vive en el campo y en las ciudades y puede transmitir enfermedades infecciosas: *Se ha dicho que las ratas son la gran plaga de nuestro* *tiempo.* ~ **campestre.** ~ **de agua.** ~ **de alcantarilla. 2** COLOQUIAL. Hembra del ratón. SIN. ratona. **3** COLOQUIAL; INSULTO. Persona vil y despreciable: *Pedro me ha demostrado que es una rata inmunda.* || *s. m. / f.* **4** COLOQUIAL; PEYORATIVO. Persona tacaña: *No seas rata, déjale un poco más de propina.* || **5 pelo* de ~. 6 ~ / ratón de biblioteca** COLOQUIAL. Persona que siempre está leyendo, estudiando o entre libros.

ratear *v. tr.* **1** COLOQUIAL. Robar ‹una persona› [cosas de poco valor] con habilidad: *Tu hijo ha rateado unos caramelos en el supermercado.* **2** ECON. Repartir ‹una persona› [una cosa] proporcionalmente. SIN. prorratear. **3** ECON. Disminuir ‹una persona› la proporción de [una cosa]. || *v. intr.* **4** RESTRINGIDO. Avanzar ‹una persona› arrastrando el cuerpo por el suelo: *En la mili nos enseñaban a ratear por debajo del alambre.* SIN. serpentear. **5** MEC. Fallar la marcha regular de ‹un motor de combustión interna›: *El motor de la avioneta empezó a ratear y al poco tiempo cayó al suelo.* || *v. prnl.* **6** ARG.; COLOQUIAL. Faltar ‹un estudiante› a clase sin autorización familiar.

ratería *s. f.* **1** COLOQUIAL; PEYORATIVO. Robo de pocas cantidades de dinero o de objetos de poco valor: *Descubrieron al chico haciendo algunas raterías en el supermercado.* **2** (no contable) COLOQUIAL; PEYORATIVO. Tacañería, forma de comportarse sin generosidad: *Ese regalo es una ratería.*

ratero, ra *adj. / s. m.* y *f.* COLOQUIAL; PEYORATIVO. Que roba con mucha maña y habilidad, pero sin violencia, cosas que tienen poco valor: *Ayer vi cómo un ratero sacaba del bolsillo de una señora una cartera sin que ella se enterara.*

raticida *s. m.* Producto que se utiliza para matar las ratas: *Su tía ha comprado un raticida para exterminar los ratones que hay en el patio.*

ratificación *s. f.* Acción y resultado de ratificar: *La ratificación de la ley por el Parlamento tardará unas semanas.*

ratificar *v. tr. / prnl.* Afirmar ‹una persona› la validez o la verdad de [una cosa dicha o hecha anteriormente]: *El Presidente ha ratificado las palabras del ministro. Pilar **se** ha ratificado **en** sus declaraciones de ayer y ha vuelto a repetir que debemos trabajar los sábados.* ⇒ **71.**

ratio *s. f.* ELEVADO. Relación que existe entre dos magnitudes: *Dicen que la ratio óptima entre alumnos y profesores no debe pasar de veinticinco.*

rato *s. m.* (no contable) Espacio de tiempo corto, sin una duración determinada: *Lo esperamos un rato. Cuando tenga un rato te llamo. Me voy un rato a la calle.* FR. Y LOC. **a cada ~** Con frecuencia: *A cada rato venía a pedirme ayuda.* **a ratos** o **de rato en ~** En algunas ocasiones: *Sólo va al cine de rato en rato.* **al (poco) ~** Al poco tiempo: *Al poco rato de llegar ya quería marcharse. Al rato de marcharte, llamó tu novia.* **de a ratos** ARG. De vez en cuando, algunas veces. **para ~** Para mucho tiempo: *Sentémonos, que hay para rato. ¿Vas para rato en el baño? La directora dice que nos vayamos, que tiene para rato.* **pasar el ~** Hacer ‹una persona› una cosa para no perder el tiempo: *Su abuela hace ganchillo para pasar el rato.* **(a) ratos perdidos** Tiempo en que una persona está libre y puede dedicarse a lo que quiere: *Su hermano construyó la casita del perro a ratos perdidos. Les hice la colcha en ratos perdidos.* **tener cuerda* para ~. un (buen) ~** o **un ~ largo** COLOQUIAL; INTENSIFICADOR. Mucho o muy: *Esta película dura un buen rato. La tarta está un rato buena. Su compañera sabe de coches un rato largo.*

ratón *s. m.* **1** (macho y hembra) Familia *Muridae.* Mamífero roedor parecido a la rata pero más pequeño, de pelaje gris pardusco, que es muy fecundo y vive en campos, parques y ciudades: *Carlos mató a un ratón de un escobazo.* ~ **de campo. 2** INFORM. Mando de un ordenador, separado del teclado, que se maneja moviéndolo por una superficie: *Es más fácil trabajar con el ratón que con el teclado.* **3** VEN.; COLOQUIAL. Resaca de alcohol o de tabaco. || **4 ~ almizclero** Especie de ratón pequeño, arborícola, nocturno, que huele ligeramente a almizcle y vive en Europa, pero no en la península ibérica. **5 ~ de biblioteca** COLOQUIAL. Rata de biblioteca. REFR. **Más vale ser cabeza de ratón que cola de león.** Es mejor mandar en una cosa poco importante que ser el último en otra de mayor importancia.

ratona *s. f.* COLOQUIAL. Hembra del ratón.

ratonera *s. f.* **1** Madriguera de ratones: *Debajo del mueble he descubierto una ratonera.* **2** Agujero hecho por los ratones en paredes u otros lugares para entrar y salir por él: *En la pared de la despensa los ratones han abierto una ratonera.* **3** Trampa usada para cazar ratones: *He puesto tres ratoneras en el patio.* **4** COLOQUIAL. Trampa dispuesta para engañar a una persona: *El asunto que le propusieron resultó ser una ratonera.* **5** COLOQUIAL; PEYORATIVO. Casa o habitación muy pequeña o pobre: *Tu amigo vive en una ratonera.* SIN. cuchitril. **6** *Forskahlea tenacissima.* Pequeño arbusto perenne, de hojas dentadas y espinosas por el borde, con flores axilares, blancas o rosáceas. **7** ARG. Avecilla que anda cerca de las casas. **8** COL.; COLOQUIAL. Lugar sórdido.

ratonero, ra *adj.* **1** De los ratones. **2** [Animal] que caza ratones: *águila ratonera.* **3** COLOQUIAL; PEYORATIVO. Que está mal hecho o ejecutado, o que tiene poca calidad: *Aquí impera la cultura ratonera.* **música* ratonera.**

raudal *s. m.* **1** ELEVADO. Masa de agua que corre rápidamente: *Un raudal de agua bajaba de la montaña después de la tormenta.* SIN. torrente. **2** ELEVADO. Gran cantidad de una cosa que aparece de repente: *Eva sugería un raudal de ideas para solucionar la situación. Raudales de coches congestionaban el centro de la ciudad.* FR. Y LOC. **a raudales** INTENSIFICADOR. Mucho, en gran abundancia: *Llegaban turistas a raudales. Llovía a raudales. El viejo tenía dinero a raudales.*

raudo, da *adj.* (antepuesto / pospuesto) ELEVADO. Que es o que va muy rápido: *El marido salió raudo a buscar al médico. El misterioso caballero subió en su raudo caballo y atravesó la pradera como un rayo.* SIN. veloz.

raulí *s. m.* CHILE. Árbol corpulento que llega a medir hasta 50 metros, de la familia de las fagáceas.

raviolis (plural *raviolis*)) *s. m.* (preferentemente en plural) Conjunto de pequeños cuadrados de pasta rellenos de carne picada o verduras, que se sirven hervidos con acompañamiento de salsa: *Los raviolis me gustan más que la lasaña.*

raya *s. f.* **1** (macho y hembra) Pez marino, carnívoro, de cuerpo plano en forma de rombo, con las aletas pectorales muy desarrolladas a los lados y cola larga y delgada: *Algunas rayas pueden llegar a medir hasta dos metros y medio de largo.* **2** Señal larga y estrecha que se hace o está marcada en un cuerpo cualquiera: *las rayas de la mano. Las rayas de la tela son muy anchas. El entrenador trazó una raya en el suelo del campo.* SIN. línea. **3** Línea que queda en el pelo al separar con el peine los cabellos: *El peluquero lo peinó con* *raya al medio.* **4** Línea que marca una división territorial: *El pueblo estaba en la raya de Lérida.* SIN. frontera. **5** LING. Signo ortográfico un poco más largo que el guión, que se usa, por ejemplo, para señalar el dialogo en un texto: *Las rayas marcan cambios de personaje.* **6** Cada una de las estrías grabadas en el interior del cañón de un arma de fuego. **7** FÍS. Cada una de las bandas en que se divide un espectro. **8** JERGAL. Dosis de droga en polvo, en especial cocaína, para inhalar: *El protagonista se pasa toda la película esnifando rayas de coca.* **9** MÉX.; COLOQUIAL. Paga, jornal. ‖ **10 cruz* y ~. 11 tres en ~** Juego que consiste en poner tres fichas en línea dentro de un tablero o cuadrícula; el jugador que lo consigue primero es el ganador. FR. Y LOC. **a rayas** Rayado, con dibujo de rayas: *Me gustan las camisas a rayas.* **pasar(se) de la ~** COLOQUIAL. Se usa para indicar que una persona se excede o se extralimita: *Esta vez te pasaste de la raya con tus declaraciones.* **tener / mantener a ~** COLOQUIAL. 1 Impedir ‹una persona› que otra persona avance o se exceda: *El atleta logró mantener a raya a sus perseguidores.* 2 Controlar ‹una persona› el avance o el desarrollo de una cosa: *Los técnicos no han conseguido mantener a raya la epidemia equina.*

rayadillo *s. m.* (no contable) RESTRINGIDO. Tela fina de algodón con rayas muy delgadas de color: *un traje de verano de rayadillo.*

rayado, da *adj.* **1** (ser / estar) Que tiene rayas: *una serpiente rayada, unos pantalones rayados.* **papel ~.** ‖ *adj. / s. m.* y *f.* **2** ARG., URUG.; COLOQUIAL. [Persona] que está chiflada. ‖ *s. m.* **3** Conjunto de rayas de una superficie: *el rayado de una pared, el rayado de un arma, el rayado de un papel.*

rayador *s. m.* **1** AMÉR. DEL S. Ave con el pico aplanado y delgado que al volar roza el agua como si la rayara. **2** MÉX.; COLOQUIAL. Pagador.

rayadura *s. f.* ARG., URUG.; COLOQUIAL. Chifladura, chaladura.

rayano, na *adj.* ELEVADO. Que se acerca o parece a otra cosa: *Su despiste es rayano* ***con*** *la mala educación o con la grosería.*

rayar *v. tr.* **1** Hacer o trazar ‹una persona› rayas sobre [una cosa]: *Sus alumnos rayan el papel para escribir mejor.* **2** Hacer ‹una persona› rayas sobre [un escrito] para suprimirlo o indicar que no vale: *El escritor ha rayado la primera parte porque no le gusta como queda.* SIN. tachar. **3** Hacer ‹una persona› rayas o cortes sobre [una superficie lisa]: *Vas a rayar el parqué con esos zapatones.* **4** MÚS. Hacer ‹una persona o una cosa› que se estropee [un disco fonográfico] al marcar una raya sobre la línea que corta los surcos: *Vas a rayar todos los discos si los dejas amontonados fuera de sus fundas.* **5** MÉX.; COLOQUIAL. Insultar ‹una persona› [a otra persona]. ‖ *v. intr.* **6** RESTRINGIDO. Tener ‹una cosa› límite o frontera común con [otra cosa]: *Su finca raya* ***con*** *la nuestra.* SIN. limitar. **7** ELEVADO. Llegar ‹una cosa› a parecerse mucho a [otra cosa]: *Su valentía rayaba* ***en*** *la imprudencia.* SIN. rozar. **8** LITERARIO. Empezar a aparecer ‹la luz del día›: *Al rayar el alba cantaron los gallos.* **quebrar / ~ / romper el alba*.** **9** ELEVADO. Sobresalir ‹una persona o una cosa› sobre el resto en cualidades o acciones: *Tu amigo raya a gran altura sobre la clase.* ‖ *v. prnl.* **10** Formarse rayas o cortes sobre ‹una superficie lisa›: *Se ha rayado el cristal.* **11** Formarse rayas en ‹un disco fonográfico›: *Se ha rayado el disco que me regalaste.* **12** ARG., URUG.; COLOQUIAL. Perder ‹una persona› el juicio. **13** ARG.; COLOQUIAL. Enfadarse ‹una persona› violenta y repentinamente.

rayo *s. m.* **1** Línea o franja de luz que procede de un cuerpo luminoso: *Algunos rayos de sol se filtraban entre las nubes.* **2** METEOR. Chispa eléctrica de gran intensidad producida por una descarga entre dos nubes o entre una nube y la tierra: *Al niño le asustan los rayos y los truenos.* **3** Línea, generalmente recta, que parte de un punto de energía: *El arma estaba equipada con un rayo láser que señalaba el punto en el que la bala hacía impacto.* **4** COLOQUIAL; INTENSIFICADOR. Cosa de efecto rápido y fulminante: *Aquella ley fue un rayo para acabar con el fraude.* **5** COLOQUIAL; INTENSIFICADOR. Persona rápida y veloz: *Tu amiga llegó como un rayo, dejó sus cosas y se fue.* **6** COLOQUIAL; INTENSIFICADOR. Persona muy lista y despierta: *La niña es un rayo* ***con*** *las matemáticas. Tu hermano es un rayo* ***en*** *el ajedrez.* **7** INTENSIFICADOR. Desgracia o castigo fuerte y repentino: *El terremoto fue un rayo que cayó como un castigo divino sobre nuestro pueblo.* **8** ARG., CHILE, URUG. Radio de una rueda. ‖ **9 rayos X** FÍS. Radiaciones electromagnéticas que se caracterizan por atravesar los cuerpos blandos: *Los rayos X tienen muchas aplicaciones en la medicina.* FR. Y LOC. **a rayos** COLOQUIAL; INTENSIFICADOR. Muy mal o muy desagradablemente: *Este guiso sabe a rayos. La basura olía a rayos.* **echar* rayos / centellas / fuego. mal ~ te / le... parta** o **que te / le... parta un ~** Se usa para maldecir a una persona, deseándole mal o exigiéndole tranquilidad: *Anda y que te parta un rayo, que menuda tarde me has hecho pasar.* **tubo* de rayos catódicos.**

rayón *s. m.* **1** (no contable) Fibra textil artificial, obtenida de la celulosa, que imita la seda. **2** (no contable) Tela fabricada con esta fibra: *un forro de rayón.*

rayuela *s. f.* **1** RESTRINGIDO. Juego de destreza que consiste en tirar monedas o piedras lo más cerca posible de una raya pintada en el suelo. **2** Juego infantil que consiste en llevar a la pata coja, impulsándola con el pie, una piedra plana por un circuito de casillas dibujadas en el suelo, sin pisar ninguna raya: *De pequeño jugaba a la rayuela.*

raza *s. f.* **1** Cada uno de los grupos en que se divide la especie humana: *En Europa predomina la raza blanca. Ese niño es de raza negra.* **2** Cada uno de los grupos en que se dividen algunas especies animales: *Los niños no saben de qué raza es el perro. Esas ovejas son de raza merina.* **3** (no contable) Grupo menor de personas o animales que tienen cualidades o características en común: *Toda su familia es de raza noble. Todos los hermanos tienen raza de campeones. Esas aves son de raza migratoria.* **4** (no contable) Temperamento o pundonor propio de una persona: *Los jugadores sacaron la raza y ganaron el partido.* FR. Y LOC. **de ~** Sin mezcla de otras razas: *Su padre le ha regalado un perro de raza.*

razia o **razzia** *s. f.* **1** MIL. Incursión rápida en terreno enemigo: *Las razias de los musulmanes eran temidas por los cristianos. Una razia de los jóvenes de otro barrio ha acabado con destrozos en varios escaparates y dos heridos.* **2** RESTRINGIDO. Redada de la policía: *La policía hizo anoche una razia en el barrio chino.*

razón *s. f.* **1** (no contable) Capacidad de pensar una persona, gracias a la cual elabora juicios y razonamientos: *Las personas se distinguen de los animales porque están dotadas de razón.* SIN. inteligencia. **uso* de ~.** **2** (preferentemente en plural) Conjunto de palabras con que se expresa un pensamiento: *Sus razones eran claras.* **3** (no contable) Verdad o acierto que hay en lo que una persona dice o hace: *Tienes razón, yo estaba equivocado.* **4** Causa o motivo: *No hay razón para que te enfades. Hay varias razones que justifican su comportamiento.* **5** Argumento con que se intenta demostrar una cosa: *Las razones del fiscal convencieron al jurado.* **6** (no contable) Explicación o información: *La razón de la venta del piso se la darán en la portería.* **7** MAT. Cociente de dos números y, en general, de dos magnitudes comparables. || **8 ~ de Estado** 1 POLÍT. Regla de actuación política que se rige por el interés o utilidad del Estado como suprema institución pública: *El portavoz del Gobierno ha dicho que no puede dar más información por razones de Estado.* 2 POLÍT. Motivo de interés superior que invoca un gobierno para hacer una cosa contraria a la Ley o al Derecho: *El ministro ha declarado que si se emplearon esos métodos fue por razón de Estado.* **9 ~ social** Nombre con que se conoce legalmente una sociedad mercantil: *Esta razón social no es conocida en el domicilio que indica la propaganda.* FR. Y LOC. **a ~ de** Se usa para introducir la cantidad que toca a cada parte en un reparto: *Tocamos a razón de mil pesetas cada uno.* **asistir la ~** ELEVADO. Tener ‹una persona› razón: *La razón asiste a tu hermano, así que no discutas más.* **atender* a razones. dar la ~** Indicar ‹una persona o una ley› qué persona ha acertado o tiene derecho: *La ley da la razón al inquilino. Los testigos han dado la razón al policía.* **dar ~** RESTRINGIDO. Informar ‹una persona o una cosa› de una cosa: *Ese cartel da razón de la nueva dirección de la empresa.* **entrar en ~** Convencerse ‹una persona› de una cosa que es razonable: *Por fin Don Antonio ha entrado en razón y ha admitido su equivocación.* **perder la ~** 1 PSICOL. Volverse ‹una persona› loca: *Su hermana perdió la razón y está en tratamiento psiquiátrico.* 2 Actuar ‹una persona› de manera insensata: *¿Pero, qué haces? ¿Has perdido la razón?*

razonable *adj.* **1** (ser / estar; antepuesto / pospuesto) Que se ajusta a la razón: *idea razonable, propuesta razonable. El director es muy razonable en sus juicios. Parece que estás más razonable que otras veces. El cliente contestó a sus razonables argumentos con una tontería.* **2** (antepuesto / pospuesto) Que supone bastante en cantidad o en calidad, pero que no es exagerado: *distancia razonable, precio razonable. Las razonables peticiones de los trabajadores fueron escuchadas por el ministro.*

razonablemente *adv. modo* **1** De manera razonable: *No obras razonablemente.* || *adv. cant.* **2** Más que medianamente. OBSERVACIONES: Se antepone a ciertos adjetivos y adverbios calificativos valorativos: *un plazo razonablemente largo. El violinista ejecutó la pieza razonablemente bien.*

razonado, da *adj.* (estar; antepuesto / pospuesto) Que está basado en razones y documentos: *análisis razonado. El ponente nos ha convencido con su razonada y clara argumentación. Su conclusión está razonada con mucho acierto.*

razonamiento *s. m.* **1** (no contable) Acción y resultado de razonar: *El razonamiento es una facultad humana.* **2** Serie de ideas encaminadas a demostrar una cosa o a persuadir a una persona: *Tus razonamientos no me convencen.* **3** (no contable) LÓG. Proceso mediante el cual el pensamiento deduce un enunciado nuevo, llamado *conclusión*, a partir de la relación entre dos o más enunciados llamados *premisas*: *El silogismo es una clase de razonamiento.*

razonar *v. intr.* **1** Formar ‹una persona› ideas y conceptos en la mente, relacionándolos unos con otros: *Hay que razonar para resolver el problema de matemáticas.* SIN. pensar. || *v. intr. / tr.* **2** Utilizar ‹una persona› la inteligencia para estructurar y exponer las ideas: *El sospechoso razonaba sus respuestas para que no lo consideraran culpable. Este alumno habla sin sentido porque no razona.*

razzia *s. f.* Razia.

re *s. m.* (invariable) MÚS. Nombre de la segunda nota o sonido de la escala musical: *sinfonía en re mayor, re bemol.*

re- *pref.* **1** Significa 'volver a' y forma verbos a partir de verbos: *poner - reponer, hacer - rehacer, elegir - reelegir.* **2** Tiene un cierto valor intensificador o aspectual unido a algunos verbos: *correr - recorrer, alzar - realzar, absorber - reabsorber.* **3** (se usa también la forma *requete-*) COLOQUIAL. Tiene valor intensificador unido a algunos adjetivos o adverbios: *peinado - re(quete)peinado, pintada - re(quete)pintada, guapo - re(quete)guapo, bien - re(quete)bién, mal - re(quete)mal.* **4** Significa 'hacia atrás' y forma verbos a partir de verbos: *fluir - refluir, verter - reverter.*

reabierto, ta *p.* Participio irregular de *reabrir.*

reabrir *v. tr. / prnl.* Volver a abrir ‹una persona› [una cosa]: *La policía ha reabierto el caso.* ***Se*** *reabrió la polémica a raíz de unas declaraciones.* ⇒ **91.**

reabsorber *v. tr.* Volver a absorber ‹un cuerpo› [a otro cuerpo]: *La tierra ha reabsorbido el agua que le sobraba.*

reacción *s. f.* **1** Acción que resiste o se opone a otra acción: *Los jóvenes actúan más por imitación que por reacción. El equipo tuvo una buena reacción cuando le marcaron el primer gol y acabó ganando el partido.* **2** PSICOL. Comportamiento o actuación en respuesta a un estímulo: *Nadie esperaba que tuviera esa reacción.* **3** (no contable) FISIOL. Acción orgánica que tiende a contrarrestar la influencia de un agente patógeno: *La vacuna le produjo una fuerte reacción.* **4** (no contable) Tendencia o movimiento político que se opone a las innovaciones: *La reacción intentará frenar cualquier reforma.* **5** (no contable) Conjunto de los partidarios de la tendencia o movimiento político que se opone a las innovaciones: *El secretario general de este partido se ha reunido con la reacción del país.* **6** QUÍM. Transformación de sustancias químicas en otras nuevas sin que se altere ni el número, ni la clase de átomos que las forman. **7** (no contable) AER., ASTRONÁUT. Sistema de propulsión en el que el movimiento se origina al despedir el motor un chorro de gases a gran presión en dirección contraria a la marcha. **avión de / a ~. motor de / a ~.** || **8 ~ en cadena** 1 FÍS. Reacción nuclear que se produce cuando la desintegración del primer átomo origina la desintegración de otro u otros, como en la fusión del uranio. 2 Conjunto de acontecimientos sucesivos que son consecuencia de otro acontecimiento: *La subida del dólar provocará una reacción en cadena en el comercio internacional.* **9 ~ nuclear** FÍS. Reacción que supone una transformación en el núcleo de los átomos.

reaccionar *v. intr.* **1** Responder ‹un ser vivo o una cosa› a [un estímulo]: *El protagonista de mi historia reaccionó* ***ante*** *las dificultades.* **2** MED. Volver ‹las funciones vitales de una persona› a la normalidad: *Con la inyección, el enfermo reaccionó.* **3** Volver a tener ‹una cosa› la actividad que parecía haber perdido: *La industria ha reaccionado con las nuevas medidas económicas.* SIN. reactivarse. **4** Protegerse ‹una persona o una cosa› de [un daño o de una cosa perjudicial]: *La artillería reaccionó **frente** a la fuerza enemiga.* **5** Manifestar ‹un persona› rechazo frente a [una cosa]: *Todo el pueblo reaccionó **contra** la orden del alcalde.* **6** FÍS. Producir ‹un cuerpo› una fuerza igual y contraria a [la que actúa sobre él]. **7** QUÍM. Producir ‹una sustancia› en combinación con [otra sustancia] una sustancia distinta: *El potasio reacciona **con** el agua y produce potasa.*

reaccionario, ria *adj. / s. m.* y *f.* Que es contrario a las innovaciones o al progreso: *ideología reaccionaria. Soy reaccionario **a** los cambios en general. Ese personaje es un reaccionario, ¿has oído su programa político?* SIN. retrógrado.

reacio, cia *adj.* (ser / estar) Que se resiste a hacer o aceptar una cosa: *Soy reacio a ese tipo de planteamientos. Ana está muy reacia a disculparse con él.* SIN. remiso (ELEVADO).

reactancia *s. f.* (no contable) ELECTRIC. Oposición que manifiestan los elementos de un circuito de corriente alterna al paso de la misma.

reactivar *v. tr.* **1** Volver a activar ‹una persona o una cosa› [una cosa] o darle mayor actividad: *Mi tío reactivó el negocio con los créditos que le concedieron.* SIN. revitalizar. || *v. prnl.* **2** Experimentar ‹una cosa› nueva o mayor actividad: *La economía se ha reactivado gracias al aumento de las exportaciones.* SIN. revitalizarse.

reactivo *adj. / s. m.* **1** Que produce reacción: *Su gran amor propio es un reactivo para él.* || *s. m.* **2** QUÍM. Sustancia utilizada para determinar, medir o examinar otras sustancias: *En nuestro laboratorio fabricamos reactivos para la industria farmaceútica.*

reactor *s. m.* **1** MEC. Motor de reacción: *Uno de los reactores del avión se paró inesperadamente.* **2** AER. Avión que funciona con un motor de reacción: *Varios reactores cruzan el cielo con un ruido ensordecedor.* **3** Aparato o dispositivo cerrado donde se produce una reacción, especialmente química o nuclear: *El reactor de la central nuclear no sufrió ningún accidente.* || **4 ~ nuclear** FÍS. Dispositivo donde se realiza, de forma controlada y estable, una reacción nuclear.

reacuñar *v. tr.* RESTRINGIDO. Volver a acuñar ‹una persona› [una moneda].

readaptar *v. tr.* **1** Hacer ‹una persona o una cosa› que [otra persona u otra cosa] se adapte a [un nuevo fin o una nueva situación]: *Las Fuerzas Armadas deben readaptar el ejército **a** las nuevas necesidades de una sociedad democrática.* || *v. prnl.* **2** Acomodarse ‹una persona o una cosa› a [un nuevo fin o una nueva situación]: *El elefante se readaptó pronto **a** la vida en el zoológico.*

readmisión *s. f.* Acción y resultado de readmitir: *El comité de huelga exige la readmisión de los despedidos.*

readmitir *v. tr.* Volver a admitir ‹una persona› [a una persona o una cosa] en un lugar o un grupo: *Tu empresa tendrá que readmitir a los trabajadores que despidió.*

readquirir *v. tr.* Volver a adquirir ‹una persona› [una cosa que le había pertenecido]: *El Ayuntamiento ha readquirido los terrenos que vendió a la inmobiliaria.* ⇒ **4.**

reafirmar *v. tr.* **1** Afirmar ‹una persona› [una cosa] de nuevo: *El Tribunal Supremo ha reafirmado la doctrina sobre las familias separadas y el derecho de los hijos.* SIN. confirmar. || *v. prnl.* **2** Mantenerse ‹una persona› firme en sus opiniones: *Todos esperan que el presidente se reafirme en su decisión de no dimitir.* SIN. ratificarse.

reagravar *v. tr.* **1** RESTRINGIDO. Volver a agravar o hacer más grave ‹una persona o una cosa› [una cosa o una situación]: *Esta nueva derrota va a reagravar la situación del equipo.* || *v. prnl.* **2** Hacerse ‹una cosa o una situación› grave de nuevo o más grave de lo que era: *La economía del país se ha reagravado con los frecuentes disturbios sociales.*

reagrupar *v. tr. / prnl.* Volver a agrupar o agrupar de forma distinta ‹una persona› [un conjunto de cosas]: *El general reagrupó sus fuerzas militares. Las organizaciones no gubernamentales **se** han reagrupado en un solo frente.*

reagudizar *v. tr.* **1** RESTRINGIDO. Hacer ‹una persona o una cosa› que se agudice o intensifique [una cosa que empezaba a suavizarse]: *Los problemas en la Bolsa reagudizaron la crisis económica.* || *v. prnl.* **2** RESTRINGIDO. Hacerse ‹una cosa› más aguda o intensa: *La enfermedad se ha reagudizado debido a una complicación hepática.* ⇒ **19.**

reajustar *v. tr.* **1** Volver a ajustar ‹una persona o una cosa› [una cosa]: *El mecánico reajustó las piezas del motor en el taller.* **2** Aumentar o disminuir ‹una persona o una institución› [los precios, los salarios o los impuestos] según las necesidades o las circunstancias del momento: *La crisis obligó a los empresarios a reajustar los salarios.*

reajuste *s. m.* Acción y resultado de reajustar una cosa: *El motor necesita un reajuste. Hubo un reajuste en el precio de la gasolina. La empresa realizó reajustes en la plantilla.*

real *adj.* **1** Que tiene existencia verdadera: *sentimiento real, dolor real. La pobreza es un problema real. Este personaje es muy real.* SIN. auténtico. ANT. irreal. **2** Del rey o de la familia del rey: *La boda real se siguió con mucho interés.* **cámara ~. casa* ~. guardia ~. ~ sitio*** o **sitio ~.** || *s. m.* **3** Moneda española que valía la cuarta parte de una peseta. **~ de vellón** Antigua moneda de plata española. **4** HIST. Lugar de un campamento donde acampa el rey, el general o todo el ejército. **sentar sus reales** Acampar un ejército. **5** Campo donde se celebra una feria. || **6 águila* ~. 7 derecho* ~. 8 foco* ~. 9 garza* ~. 10 jalea* ~. 11 octava* ~. 12 pavo* ~. 13 pinzón* ~. 14 ~ de minas** MÉX. Pueblo en que hay minas de plata. **15 ~ decreto*.** FR. Y LOC. **dar la (~) gana*. (ni) un ~** COLOQUIAL; INTENSIFICADOR, NEGACIÓN. Poco dinero: *Su vestido no vale ni un real. No tengo un real.* **por cuatro reales** COLOQUIAL; INTENSIFICADOR. Por poco dinero: *Mi vecino ha vendido su coche por cuatro reales.* **por ~ decreto*.**

realce *s. m.* **1** (no contable) Acción de realzar: *El maquillaje daba realce a sus ojos.* **2** Adorno o labor que sobresale del resto de la superficie: *El mantel tenía bordados unos bonitos realces de flores y frutas.* SIN. relieve. **3** (no contable) Importancia o esplendor: *La presencia de destacados artistas dio realce al programa.*

realengo, ga *adj.* **1** HIST. [Tierra, ciudad] que pertenecía a la Corona, en la Edad Media y Moderna: *Las ciudades de realengo eran más libres que las de señorío.* **2** [Terreno] que pertenece al Estado: *montes de realengo.* **3** P. RICO, VEN. Vago, holgazán. **4** P. RICO, MÉX.; RESTRINGIDO. [Animal] que no tiene dueño. **5** COL.; COLOQUIAL. Que no tiene cargas o no está sujeto a obligaciones.

realero *s. m.* **1** ARG., PAR., URUG. Taxista. **2** VEN.; COLOQUIAL. Cantidad grande de dinero.

realeza *s. f.* **1** (no contable) Dignidad propia de los reyes: *Cetro y corona son los atributos de la realeza.* **2** (no contable) RESTRINGIDO. Magnificencia y lujo de los reyes, o que parecen propios de ellos: *La realeza y esplendor de sus vestidos sorprendió a los invitados.* **3** Conjunto de personas emparentadas con los reyes: *A la boda asistió la realeza.*

realidad *s. f.* **1** (no contable) Existencia real, verdadera y efectiva de una cosa, en oposición a la apariencia: *La realidad es que su padre está peor de lo que él cree.* **~ virtual** INFORM. Realidad fingida informáticamente en la que un participante puede efectuar acciones que parecen suceder en el espacio real. **2** (no contable) Cosa que es práctica y efectiva, en oposición a la fantasía: *Su novio se dejaba llevar por las ilusiones y no aceptaba la realidad.* **3** Cosa que existe: *Estos dos países no tienen nada que ver, son dos realidades distintas.* FR. Y LOC. **en ~** Realmente, efectivamente, sin duda: *Él decía que lo sabía todo, pero, en realidad, no tenía ni idea.*

realimentación *s. f.* **1** (no contable) ELECTRÓN., INFORM. Utilización de la respuesta o salida de un dispositivo electrónico para controlar automáticamente su funcionamiento. **2** (no contable) INFORM. Retroalimentación.

realismo *s. m.* **1** (no contable) Doctrina literaria o artística que pretende reflejar lo más fielmente posible la realidad: *El realismo de Clarín permite conocer la sociedad española de la segunda mitad del* XIX *a través de sus novelas.* **~ mágico** Movimiento literario hispanoamericano surgido a mediados del siglo XX, caracterizado por la introducción de elementos fantásticos inmersos en una narrativa realista. **2** (no contable) Característica de una descripción, imagen u otra representación que intenta reflejar la realidad tal como es: *un reportaje de gran realismo.* **3** (no contable) Comportamiento de la persona que piensa o actúa teniendo en cuenta las circunstancias reales: *El presidente pidió a sus socios que analizaran con realismo la situación de la empresa.* **4** (no contable) Doctrina filosófica que admite que la realidad existe independientemente del sujeto que la percibe. **5** (no contable) HIST. Ideología y comportamiento de los partidarios en España de la monarquía absoluta: *El realismo tuvo partidarios durante todo el siglo* XIX.

realista *adj.* **1** ARTE. Del realismo en las obras artísticas y literarias: *escuela realista.* **2** Que se ciñe a la realidad: *un documental muy realista, un cálculo realista.* **3** Que actúa con sentido práctico o trata de ajustarse a la realidad: *Sonia es muy realista y se da cuenta de que no se puede hacer el trabajo en una semana.* || *adj. / s. m.* y *f.* **4** ARTE. Que es partidario del realismo artístico y literario: *Luis es un escritor realista. Los realistas pretenden reflejar las cosas objetivamente.*

realización *s. f.* **1** Acción y resultado de realizar: *La realización de las obras llevará varios meses. Logra la realización de tus deseos. La realización masiva de beneficios ha hecho que baje la Bolsa.* **2** TV., CINE. Cuidado y dirección de las tareas previas a la filmación o grabación: *La realización de esta película está muy cuidada.* **3** Satisfacción de una persona porque se encuentra en equilibrio y satisfecha por haber conseguido lo que se había propuesto: *Ese trabajo me ofrece la posibilidad de una realización personal.* **4** COL. Rebajas.

realizador, ra *s. m. / f.* TV., CINE. Persona que realiza o dirige la ejecución de un programa o una película: *Esta chica trabaja como realizadora en el mundo del cine.*

realizar *v. tr.* **1** Hacer ‹una persona› [una cosa]: *El Ayuntamiento realiza las comprobaciones en el banco de datos. Hemos realizado una incisión en la tráquea.* SIN. efectuar. **2** Hacer ‹una persona› realidad [proyectos, ideas o deseos]: *Mi abuelo por fin realizó el sueño dorado de ver Barcelona.* SIN. materializar. **3** COMERC. Conseguir ‹una persona› dinero a cambio de [una mercancía]: *El empresario pudo realizar todas las existencias del almacén rápidamente. Los accionistas han pensado que era el momento de realizar beneficios y se han producido muchas ventas.* **4** TV., CINE. Dirigir ‹una persona› [una película o un programa de televisión]: *Mi primo realizó un documental sobre Asia.* || *v. prnl.* **5** Hacerse realidad ‹los proyectos, las ideas o los sueños de una persona›: *Nadie pensaba que se realizaran sus planes.* SIN. materializarse. **6** Sentirse ‹una persona› satisfecha con una actividad por haber cumplido ésta sus aspiraciones: *En este nuevo trabajo me siento realizado.* ⇒ **19.**

realmente *adv. orac.* **1** De verdad, efectivamente. OBSERVACIONES: Suele actuar como adverbio reactivo, dándose por supuesto que el contenido que se aduce figuraba previamente en el ambiente como aserto, rumor, insinuación o sospecha: *Realmente son muy guapas. Si realmente ha sido él, que lo encarcelen.* RELACIONES Y CONTRASTES: ◊ Al contrario que *efectivamente*, no sirve para responder (–«*¿Vienen ya?*» –«*Efectivamente.*»), aunque sí para asentir: –«*¡Qué grandes son estas ciruelas!*» –«*Realmente.*» ◊ Ante adjetivos y adverbios calificativos, puede adquirir, como *francamente* o *de verdad*, matiz intensificador: *realmente buenas ('buenas de verdad'), realmente lejos ('lejos de verdad').* ◊ Por analogía con *claro, naturalmente* y *seguramente*, algunos hablantes lo usan antepuesto a cláusulas encabezadas por *que*: «*Realmente que la vida en esta región es muy cara.*» Dígase: *Realmente, la vida en esta región es muy cara*, o: *La vida en esta región es, realmente, muy cara*, o, si se prefiere reservar el efecto para el final: *La vida en esta región es muy cara, realmente.* **2** En realidad, en la realidad, de hecho. RELACIONES Y CONTRASTES: Señala lo que el hablante presenta, a la vez, como real y como hecho principal, por lo que, por un lado, suele contraponerse a *aparentemente (Aparentemente es fácil, pero realmente es muy difícil)* y a *teóricamente (Teóricamente debería haber ganado yo, pero realmente el que ganó fue él)* y, por otro, aparece muy frecuentemente en la proposición relevante de una estructura contrastiva, sea adversativa, como en los ejemplos anteriores, concesiva o cuasiconcesiva: *Aunque aparentemente es muy valiente y arriesgado, realmente no es más que un pobre hombre. Se empeña en aparentar que es un Einstein, cuando, realmente, es un investigador del montón.* **3** Tiene también valores exclusivamente pragmáticos, como, por ejemplo, el de introductor de reconocimientos espontáneos y confesiones no pedidas, con significado y función discursiva próximos a *la verdad es que: Realmente, el mérito no es mío. Realmente, así no podemos ganar.*

realquilado, da *adj. / s. m.* y *f.* (estar) Que vive de alquiler en una vivienda alquilada por otra persona: *Pepe estaba realquilado en casa de unos paisanos. El vecino del piso de arriba es un realquilado.*

realquilar *v. tr.* **1** DER. Dar en alquiler ‹una persona que tiene en alquiler un piso o un local› [ese piso o local] a [otra persona]: *El contrato de arrendamiento dice claramente que no se puede realquilar ninguna parte del local.* SIN. subarrendar. **2** DER. Tomar en alquiler ‹una persona› [un piso o un local] a [otra persona que tiene ese piso o local alquilado]: *He realquilado la habitación al inquilino del piso, sin que se entere el dueño.*

realzar *v. tr.* **1** Poner ‹una persona› de relieve [las cualidades o la importancia de una persona o una cosa]: *Se pintó los ojos para realzar la intensidad de la mirada.* **2** Levantar o elevar más ‹una persona› [una cosa]: *El decorador puso un bonito pedestal para realzar el busto.* **3** PINT. Destacar ‹una persona› [una figura o un objeto] por medio del claroscuro u otras técnicas semejantes: *Los pintores del Siglo de Oro realzan los rostros de sus personajes.* ⇒ **19.**

reanimación *s. f.* Acción y resultado de reanimar: *El paciente necesitó reanimación.*

reanimar *v. tr.* **1** Dar ‹una persona o una cosa› nuevas fuerzas [a una persona]: *Un poco de vino te reanimará mientras viene un médico.* **2** Dar ‹una persona o una cosa› ánimo y valor [a una persona que está triste o abatida]: *La ha reanimado tu visita.* SIN. animar. **3** Hacer ‹una persona o una cosa› que [una persona que había perdido el conocimiento] lo recupere: *La respiración boca a boca consiguió reanimar al niño.* ‖ *v. prnl.* **4** Tomar ‹una persona o una cosa› nuevas fuerzas: *El mercado se reanimó a la vista de los resultados.* SIN. revitalizarse. **5** Adquirir ‹una persona que estaba triste o abatida› ánimo y valor: *Los jugadores se reanimaron con las palabras de su entrenador.* SIN. animarse.

reanudación *s. f.* Acción y resultado de reanudar: *Todos esperan la pronta reanudación de la actividad diplomática. Se ofrecerá la reanudación del partido tras la publicidad.*

reanudar *v. tr.* Continuar ‹una persona› [una cosa que se había interrumpido]: *Los gobiernos reanudaron las conversaciones de paz.* SIN. reemprender.

reaparecer *v. intr.* Volver a aparecer ‹una persona o una cosa que había desaparecido o había dejado de verse›: *La famosa actriz ha reaparecido en los escenarios.* ⇒ **5.**

reapertura *s. f.* Acción de volver a abrir un establecimiento que había estado cerrado durante un tiempo: *Asistimos a la reapertura del museo.*

reargüir *v. tr. / intr.* **1** ELEVADO. Responder de nuevo ‹una persona› a un argumento o una objeción con [otro argumento ya expuesto]: *Los abogados rearguyeron la esquizofrenia de su defendido para pedir la absolución.* **2** ELEVADO. Utilizar ‹una persona› [el argumento de otra persona] para expresar lo contrario de lo que ésta dijo: *El portavoz de la oposición ha reargüido las opiniones del ministro para defender una política diferente.* SIN. redargüir. (ELEVADO). ⇒ **46.**

rearmar *v. tr.* **1** MIL. Volver a equipar ‹una persona› [a un ejército o una nación] con armamento, o mejorar el que tenía: *Las potencias han rearmado sus ejércitos en previsión de posibles enfrentamientos.* ‖ *v. prnl.* **2** MIL. Conseguir ‹un ejército o una nación› nuevo o mejor armamento: *El país se rearmó gracias a sus nuevas alianzas, y ganó la guerra.*

rearme *s. m.* MIL. Acción y resultado de rearmar o rearmarse: *Todos temen el rearme de los dos ejércitos.*

reaseguro *s. m.* DER. Contrato por el cual una compañía toma a su cargo, total o parcialmente, un riesgo ya cubierto por otra compañía, sin alterar en nada lo convenido entre ésta y el asegurado.

reasumir *v. tr.* **1** Tomar ‹una persona› de nuevo [una responsabilidad, una función o una actitud]: *Luis reasumió las tareas de inspección al volver del hospital.* **2** Tomar ‹una autoridad superior› [las facultades o poderes que tienen otras inferiores] en casos extraordinarios: *El director reasumió la contabilidad de la empresa mientras duró la crisis.*

reasunción *s. f.* (no contable) ELEVADO. Acción y resultado de reasumir: *Llevó a cabo la reasunción de sus tareas.*

reata *s. f.* **1** Cuerda o correa que une dos o más caballerías para que vayan en fila. **2** Conjunto de caballerías en fila, unidas por una cuerda o correa: *En la montaña el transporte se hacía con reatas de mulas.* **3** Mula tercera que se añadía como refuerzo delante del tiro de un carro o diligencia. **4** MÉX. Cuerda o soga característica empleada por el charro. **5** MÉX.; VULGAR. Órgano sexual masculino. **6** COL. Arriate. FR. Y LOC. **de / en ~** En hilera, uno detrás de otro: *Las mulas avanzaban en reata por el estrecho camino.*

reavivar *v. tr.* **1** Volver a avivar ‹una persona o una cosa› [a otra persona o cosa] o darle más vigor: *Tus comentarios han reavivado mi interés por el tema.* SIN. estimular. ‖ *v. prnl.* **2** Conseguir ‹una persona o una cosa› nuevo o mayor vigor: *Se reavivó el fuego en el monte. Se me reavivan las ganas de luchar cuando veo tantas injusticias.* SIN. estimularse.

rebaba *s. f.* Porción de materia sobrante en los bordes o en la superficie de algún objeto, o bien en una juntura: *Eva se cortó con la rebaba de una lata de sardinas mal abierta.*

rebaja *s. f.* **1** Reducción del precio de una cosa: *Nos hicieron una rebaja en el precio del coche.* SIN. descuento. **2** (en plural) Época del año en que los comercios ponen los precios más baratos de lo normal: *Cuando lleguen las rebajas de enero me compraré un abrigo. Esa tienda está de rebajas.* **3** (en plural; no contable) COMERC. Venta de productos por debajo de su precio habitual: *Me voy a las rebajas.*

rebajado, da *adj.* **1** (ser / estar) ARQ. [Arco, bóveda] que tiene una altura menor que la del semicírculo. ‖ *adj. / s. m.* **2** (estar) MIL. [Soldado] que está libre del servicio activo: *Eduardo está rebajado de guardia por orden del coronel.*

rebajar *v. tr.* **1** Hacer ‹una persona o una cosa› más bajo [el nivel o la superficie horizontal de una cosa]: *Los obreros rebajaron el terreno para construir la autopista.* **2** Bajar ‹una persona› [el precio o la cantidad de una cosa]: *Este establecimiento ha rebajado a la mitad el precio de todos los artículos de perfumería.* **3** Quitar ‹una persona o una cosa› fuerza, intensidad o brillo a [una cosa]: *Rebajad un poco el color rosa de la pared.* **4** Añadir ‹una persona› [una sustancia neutra] a una mezcla: *Yo siempre rebajo la graduación del vino añadiéndole un poco de agua.* **5** Hacer ‹una persona o una cosa› que disminuya la importancia o la categoría de [una persona]: *Mi madre piensa que algunas tareas rebajan a las personas.* **6** Humillar ‹una persona› [a otra persona]: *El jefe nos ha rebajado delante de todos insultándonos.* **7** ARQ. Disminuir ‹una persona› la altura de [un arco o una bóveda] hasta menos de un semicírculo. **8** Librar ‹una autoridad militar› de [un servicio o una actividad] [a otro militar]: *El capitán lo ha rebajado* **de** *guardia este mes.* ‖ *v. prnl.* **9** Quedar ‹el nivel o la superficie horizontal de una cosa› más bajo: *Según este análisis, no se ha rebajado el nivel de colesterol.* **10** Humillarse ‹una persona›: *Marta no se rebajará ante él.*

rebaje *s. m.* **1** Acción y resultado de disminuir el espesor o el nivel de una cosa: *Los dueños han metido una máquina en el campo para que haga un rebaje del terreno. Hay que hacer un rebaje en el borde de la puerta.* **2** Parte de una pieza de madera o de otra cosa donde se ha disminuido el espesor: *El marco tiene un rebaje para las bisagras de la puerta.*

rebajo *s. m.* Rebaje, parte rebajada de una pieza.

rebalsar *v. tr.* **1** RESTRINGIDO. Recoger o detener ‹una persona› [un líquido] de modo que forme una balsa: *Los campesinos rebalsan el agua del arroyo para aprovecharla en las huertas.* SIN. embalsar. || *v. prnl.* **2** RESTRINGIDO. Formar ‹un líquido› una balsa: *El agua se rebalsa en dos hondos charcos.* SIN. embalsarse. **3** ARG., URUG. Salirse ‹un líquido› por encima de los bordes de [un cauce o un recipiente que lo contiene].

rebanada *s. f.* Trozo ancho, largo y delgado que se corta de un alimento, especialmente del pan: *una rebanada de pan con mantequilla y mermelada.*

rebanar *v. tr.* **1** Hacer ‹una persona› rebanadas de [una cosa]: *Mi padre rebanó el pan antes de sentarse a comer.* || *v. tr. / prnl.* **2** Cortar ‹una persona› [una cosa] de parte a parte: *Casi **me** rebano un dedo cortando el queso. El misterioso caballero le rebanó una oreja en pleno combate.*

rebañar *v. tr.* **1** Recoger y comer ‹una persona o un animal› [los últimos restos de comida que quedan en un plato u otro recipiente]: *Es de mala educación rebañar el plato.* **2** COLOQUIAL. Apoderarse ‹una persona› de [una cosa] sin dejar nada de ella: *El gerente ha rebañado la caja fuerte, se ha fugado y no ha dejado ni una peseta.*

rebaño *s. m.* **1** Conjunto relativamente numeroso de animales domésticos iguales que están juntos, especialmente ovejas o cabras: *un rebaño de cabras.* SIN. hato. **2** REL.; RESTRINGIDO. Conjunto de fieles al cuidado de un sacerdote o pastor espiritual: *El sacerdote debe velar por las almas de su rebaño.* **3** COLOQUIAL; PEYORATIVO. Conjunto de personas que se dejan conducir por los criterios de otra persona: *Nunca me ha gustado hacer lo que hace el rebaño. Es muy cómodo ir con el rebaño, y no tener que tomar una decisión propia.*

rebasar *v. tr.* **1** Pasar ‹una persona o una cosa› [un límite, una marca o una señal]: *Hemos rebasado la velocidad permitida. La pelota rebasó la línea de fondo.* SIN. sobrepasar. **2** Dejar atrás ‹una persona o una cosa› [a otra persona o cosa] en una carrera o en una marcha: *El ciclista vasco rebasó al pelotón. Nuestro equipo ha rebasado a los otros y es líder en el campeonato.* SIN. adelantar. **3** Superar ‹una persona o una cosa› la competencia o la capacidad de [una persona]: *Ese problema rebasa mis posibilidades.*

rebatible *adj.* **1** RESTRINGIDO. Que se puede rebatir o refutar: *Tu propuesta es rebatible.* **2** ARG., URUG. [Asiento] abatible.

rebatiña *s. f.* COLOQUIAL; RESTRINGIDO. Pelea amistosa y ruidosa que se mantiene entre muchas personas, generalmente niños, para recoger una cosa que quieren todos: *En la cabalgata tiraban caramelos y los niños formaron una buena rebatiña.* FR. Y LOC. **a la ~** COLOQUIAL. 1 Peleando para quitarse las cosas de las manos: *Antiguamente, en los bautizos los padrinos nos tiraban caramelos y los niños andábamos a la rebatiña.* 2 Arrojado para que sea disputado por los interesados: *Los puestos parece que los han dado a la rebatiña.*

rebatir *v. tr.* Hacer ‹una persona› frente a [la opinión o la decisión de otra persona] con argumentos o razones: *A tu hermano le gusta rebatir cualquier propuesta.* SIN. refutar.

rebato Se usa en la LOC. **tocar a ~** 1 Dar ‹una persona› una señal de alarma por la proximidad de un peligro: *Las campanas tocaban a rebato porque se había declarado un fuego en un pajar del pueblo.* 2 COLOQUIAL. Meter ‹una persona› prisa a [otra persona] para que una cosa se haga rápidamente: *Todos a trabajar, que el jefe ha tocado a rebato.*

rebeca *s. f.* Chaqueta femenina de punto, sin cuello, abierta por delante y con botones: *Para salir la abuela se puso la rebeca sobre los hombros.*

rebeco *s. m.* Gamuza, animal.

rebelarse (diferente de *revelar*) *v. prnl.* **1** Negarse ‹una persona› a obedecer [a otra persona] o a cumplir [una orden o una ley]: *Pedro se rebeló **contra** su padre. Ella se rebeló **ante** la irracionalidad de aquella orden.* **2** Oponerse ‹una persona› a [una cosa] totalmente: *No podréis rebelaros **contra** vuestro destino.* **3** COLOQUIAL. Resultar ‹una cosa› difícil de manejar o controlar: *Este tejido se rebela al plancharlo. No me puedo peinar bien, el pelo se me rebela.*

rebelde *adj.* **1** (ser / estar) Que es difícil de educar o que no obedece o hace lo que le mandan: *caballo rebelde, perro rebelde. Este alumno es muy rebelde. ¡Qué rebelde está hoy esta chica!* **2** COLOQUIAL. Que no se puede dominar: *pelo rebelde, tos rebelde. Este material es rebelde y cuesta trabajo modelarlo.* **3** Que se resiste a un sentimiento, no cede o no se rinde con facilidad: *voluntad rebelde, corazón rebelde.* || *adj. / s. m.* y *f.* **4** Que se rebela o subleva contra una persona o una cosa: *Los militares rebeldes se dirigían a la capital. Los rebeldes se han rendido.* **ángel* caído / malo / ~.**

rebeldía *s. f.* **1** (no contable) Calidad o estado de la persona que no acepta las órdenes o instrucciones que se le han dado: *Los trabajadores animaron a los demás a la rebeldía.* **2** DER. Acción propia de una persona rebelde, especialmente contra las órdenes de un juez: *El acusado no se presentó al juicio y el tribunal lo declaró **en** rebeldía.*

rebelión *s. f.* **1** Acción y resultado de rebelarse: *La rebelión contra toda norma es propia de los jóvenes.* **2** DER. Delito que consiste en el levantamiento público contra los poderes del Estado.

rebenque *s. m.* **1** RESTRINGIDO. Antiguo látigo, de cuero o de cáñamo, con el que se azotaba a los galeotes. **2** Cuerda o cabo marinero corto. **3** Látigo largo y flexible.

reblandecer *v. tr.* **1** Poner ‹una persona o una cosa› blanda [una cosa]: *La lluvia reblandecerá la tierra.* SIN. ablandar. || *v. prnl.* **2** Ponerse ‹una cosa› blanda: *La madera se reblandeció con la lluvia.* **3** ARG., URUG.; COLOQUIAL. Volverse ‹una persona› mentalmente vieja. ⇒ **5.**

reblandecimiento *s. m.* Acción y resultado de reblandecer o reblandecerse: *Este producto se usa para el reblandecimiento de la pintura vieja.*

rebobinado *s. m.* Acción y resultado de rebobinar: *Existe un aparato para el rebobinado de las cintas de vídeo.*

rebobinar *v. tr.* Enrollar ‹una persona› [una cinta magnética o un carrete fotográfico] hacia atrás: *El fotógrafo rebobinó el carrete para colocar uno nuevo. Tienes que rebobinar la cinta, porque la canción que buscas está al principio.*

rebollo *s. m.* **1** *Quercus cerris.* Árbol de la familia de las fagáceas, variedad del roble. **2** BOT. Brote de las raíces de los robles.

reborde *s. m.* Parte que sobresale a lo largo del borde de una cosa: *La bandeja tenía un reborde para que no se cayera nada. El reborde de la piscina impedía que se saliera el agua.*

rebosante *adj.* (estar; antepuesto / pospuesto) Que rebosa: *una copa rebosante de champán. El camarero me sirvió un rebosante plato de lentejas. Estoy rebosante de felicidad.*

rebosar *v. intr.* **1** Salirse ‹un líquido› por encima de los bordes [del recipiente que lo contiene]: *Cierra el grifo, por-*

que va a rebosar el agua del baño. **2** Estar ‹un lugar› excesivamente lleno: *El campo rebosaba **de** aficionados. El local rebosa **de** gente todas las noches.* || *v. intr. / prnl.* **2** No admitir ‹un recipiente› más cantidad de [un líquido]: *El vaso rebosa. El plato **se** rebosó cuando le puse la carne.* || *v. intr. / tr.* **3** Tener ‹una persona o una cosa› mucho de [una cosa]: *Aquel hombre rebosaba salud. Esta familia rebosa (**de**) dinero.* **4** Experimentar ‹una persona› [un sentimiento o un estado de ánimo positivo] con mucha intensidad: *Eva rebosaba (**de**) satisfacción cuando recibió el premio.*

rebotado, da *adj.* **1** COLOQUIAL. [Persona] que ejerce una actividad o una profesión después de haber fracasado antes en otra: *La escritora declaró que era una novelista rebotada, que su primera vocación había sido la pintura.* **2** COLOQUIAL. [Persona] que antes ha pertenecido a una orden religiosa o a los clérigos: *Su hermana es una monja rebotada.* **3** COL.; COLOQUIAL. Que tiene un carácter violento.

rebotar *v. intr.* **1** Cambiar ‹un objeto en movimiento› de dirección a consecuencia del choque con [otro objeto]: *La pelota rebotó **en** el frontón.* **2** Dar ‹un cuerpo elástico› botes repetidamente al chocar contra otro cuerpo: *Las ruedas rebotaban por el mal estado del pavimento.* || *v. tr.* **3** Rechazar ‹un cuerpo› [otro cuerpo que ha chocado contra él]: *El blindaje rebotó la bala.* **4** COLOQUIAL. Causar ‹una persona o una cosa› enfado o disgusto a [una persona]: *Su actitud nos ha rebotado.* **5** ARG., URUG.; COLOQUIAL. Rechazar ‹una persona› [una cosa, como una solicitud o una petición] a otra persona. || *v. prnl.* **6** COLOQUIAL. Sentir ‹una persona› enfado o disgusto por una cosa: *Ya sabes que se rebota en cuanto le llevan la contraria.*

rebote *s. m.* **1** Acción de rebotar: *El balón dio un rebote en el poste y salió fuera.* **2** Bote posterior al primero que da una cosa que rebota: *Detuvo el balón al segundo rebote.* **3** DEP. Pelota que al lanzarla a la canasta de baloncesto rebota y cae hacia el terreno de juego: *Atrapó el rebote y encestó.* **4** COLOQUIAL. Enfado: *Se cogió un buen rebote contigo porque no lo llamaste.* SIN. cabreo (VULGAR). **5** ARG.; COLOQUIAL. Rechazo. FR. Y LOC. **de ~** 1 Después de rebotar: *La pelota entró en la portería de rebote.* 2 COLOQUIAL. A consecuencia de otra cosa: *Su fallo nos perjudicó a todos de rebote.*

reboteador, ra *adj.* **1** DEP. Del rebote: *capacidad reboteadora.* || *adj. / s. m. y f.* **2** DEP. [Jugador de baloncesto] que caza o realiza muchos rebotes: *El jugador número cuatro es un alero reboteador.*

rebotear *v. intr.* DEP. Ir a atrapar o cazar ‹un jugador de baloncesto› el rebote después de un lanzamiento a canasta: *Cuando los aleros tiran los pívots tienen que rebotear.*

rebotica *s. f.* **1** RESTRINGIDO. Cuarto interior de la farmacia. **2** Trastienda, cuarto trasero de una tienda: *En el siglo XIX solían organizarse tertulias en las reboticas de algunos establecimientos.*

rebozar *v. tr.* **1** COCINA. Cubrir ‹una persona› [un alimento] con huevo batido, harina y pan rallado para freírlo: *Mi padre rebozó la carne para que fuera más sabrosa. Me gustan las sardinas rebozadas.* SIN. empanar. **2** COLOQUIAL. Manchar ‹una persona› [a otra persona o una cosa] mucho: *Un taxi me rebozó todo el pantalón de barro.* || *v. prnl.* **3** COLOQUIAL. Resultar ‹una persona, un animal o una cosa› manchada con [una cosa]: *El perro se tiró a una charca y se rebozó **de** barro. Los niños están rebozados **de** arena.* ⇒ **19.**

rebozo *s. m.* **1** RESTRINGIDO. Parte de la capa o del manto con la que se tapa la cara hasta los ojos: *Ocultó su rostro bajo el rebozo.* **2** RESTRINGIDO. Pretexto. **3** AMÉR. Manto cuadrado que las mujeres de clase popular usan para abrigarse. FR. Y LOC. **sin rebozo(s)** ELEVADO. Abiertamente, con toda claridad: *Dímelo sin rebozos, que no me voy a enfadar.*

rebrincar *v. intr.* **1** RESTRINGIDO. Dar ‹una persona› brincos o saltos repetidamente en señal de entusiasmo: *Los niños rebrincaban en el patio.* **2** TAUROM. Embestir ‹el toro› de forma descompuesta, dando saltos y cabezadas. ⇒ **71.**

rebrotar *v. intr.* **1** Volver a brotar ‹una planta›: *Parece que la higuera está muerta, pero rebrota todas las primaveras.* SIN. retoñar. **2** Volver a surgir o manifestarse [una cosa que había desaparecido o se había reducido]: *Le ha rebrotado el sarampión. Después de unos meses de tensa calma, ha rebrotado la violencia en la zona del conflicto.*

rebudiar *v. intr.* ZOOL. Dar ‹un jabalí› ronquidos amenazadores cuando huele o siente la proximidad de la gente.

rebufo *s. m.* **1** RESTRINGIDO. Expansión del aire alrededor de la boca del cañón de un arma de fuego cuando se dispara. **2** COLOQUIAL. Rastro que origina en un fluido un cuerpo cuando avanza: *El piloto se puso al rebufo de la moto que iba en cabeza.*

rebujar *v. tr.* **1** COLOQUIAL. Colocar o doblar ‹una persona› [una cosa flexible] mal, de forma que queda arrugada: *Si rebujas la camisa y la metes así en la maleta, se arrugará.* SIN. arrebujar. || *v. tr. / prnl.* **2** COLOQUIAL. Cubrir y envolver ‹una persona› [a otra persona] con la ropa de la cama o con otra prenda: *El viajero **se** rebujó **con** el abrigo para no resfriarse. Luisa **se** rebujó **en** la cama.*

rebujo *s. m.* **1** COLOQUIAL. Paquete o envoltorio hecho descuidadamente: *El mendigo llevaba en la mano un rebujo de ropa.* **2** COLOQUIAL. Apelotonamiento de papeles, hilos, pelos o cosas semejantes: *En el costurero hay un rebujo de hilos que no puedo desenredar.* **3** COLOQUIAL. Cualquier cosa revuelta o arrugada: *La ropa quedó hecha un rebujo.*

rebullir *v. intr. / prnl.* **1** COLOQUIAL. Empezar a moverse ‹una persona o una cosa›: *El niño **se** rebulle porque está nervioso. Los cachorros **se** rebullían en la cesta.* SIN. agitarse. || *v. tr.* **2** COL. Remover ‹una persona› [un líquido]. ⇒ **53.**

rebusca *s. f.* **1** (no contable) AGR. Restos o frutos que quedan en los campos después de recoger la cosecha. **2** (no contable) Parte de peor calidad de una cosa: *Luis siempre trae la rebusca de la fruta, lo que no quiere nadie.*

rebuscado, da *adj.* **1** (antepuesto / pospuesto) Que no tiene naturalidad: *estilo rebuscado. El rebuscado lenguaje que utiliza en sus obras lo convierte en un autor poco popular.* **2** Que es complicado: *El final de la historia era un poco rebuscado. Laura es una persona muy rebuscada.*

rebuscador, ra *adj. / s. m. y f.* COL.; COLOQUIAL. [Persona] que es lista y espabilada para defender sus intereses.

rebuscamiento *s. m.* Exceso de atildamiento o de afectación tanto del lenguaje y estilo como de los modales y de las personas: *El orador vestía con una pulcritud y sencillez totalmente opuestas al rebuscamiento de su discurso.*

rebuscar *v. tr. / intr.* **1** Buscar ‹una persona› [una cosa] con cuidado y minuciosidad: *Rebuscando **entre** los papeles encontré los apuntes. Me gustaría saber qué rebuscabas **en** los cajones.* **2** Revolver ‹una persona o un animal› en [un lugar] para sacar [una cosa] o para curiosear: *No dejes que* *el gato rebusque* ***en*** *la basura.* **3** AGR. Recoger ‹una persona› [la fruta que queda en los campos] después de la cosecha: *La mujer rebuscaba las manzanas que se habían caído para darlas a los animales.* ⇒ **71.**

rebusque *s. m.* **1** ARG., URUG.; COLOQUIAL. Trabajo temporal y parcial. **2** ARG., URUG.; COLOQUIAL. Lío amoroso.

rebuznar *v. intr.* **1** Emitir ‹el asno› [su voz característica]: *El asno se puso a rebuznar.* ‖ *v. prnl.* **2** ARG., URUG.; COLOQUIAL. Llevarse bien ‹dos personas› por interés.

rebuzno *s. m.* Voz característica del asno y de otros animales semejantes: *Los rebuznos del asno se oían en la casa.*

recabar *v. tr.* **1** Pedir o reclamar ‹una persona o un país› [una cosa a la que cree tener derecho]: *Varios estados recabaron la independencia en la pasada reunión internacional.* **2** Pedir ‹una persona› [una cosa que le da otra persona] con ruegos o insistiendo mucho: *Recabaron dinero* ***de*** *los empresarios para construir un asilo. No podemos decidir sin recabar más información* ***sobre*** *esta empresa. Los vecinos han recabado nuestra ayuda para arreglar la escalera.*

recadería *s. f.* MÉX.; COLOQUIAL. Tienda donde se venden frutas, verduras y especias.

recadero, ra *s. m./f.* Persona que por oficio hace o lleva recados de un lugar a otro: *Carlos empezó como recadero del banco y hoy es el director de la sucursal.*

recado *s. m.* **1** Mensaje que una persona da o envía a otra: *Dale el recado a tu madre de que he venido a verla. El secretario coge los recados de la empresa por teléfono.* **2** Paquete que una persona envía a otra persona: *Te ha llegado un recado de Madrid.* **3** Compra, encargo o gestión que hace una persona: *Voy a hacer un recado, volveré a la hora de comer.* **4** RESTRINGIDO. Conjunto de objetos necesarios para una actividad: *En todos los buenos hoteles hay recado de escribir. El abuelo pide recado de fumar.* **5** AMÉR. Conjunto de elementos que componen los arreos de la montura.

recaer *v. intr.* **1** MED. Volver a padecer la misma enfermedad [una persona que parecía curada]: *Sonia sigue en casa por miedo a recaer.* **2** Caer ‹una persona› de nuevo en [un error o un vicio]: *Recayó* ***en*** *la bebida después de varios meses sin probarla. Quería dejar de fumar, pero he recaído hace poco.* **3** Corresponder ‹una cosa› a [una persona]: *El galardón ha recaído* ***en*** *un actor británico. La responsabilidad del accidente recae* ***en*** *el conductor.* **4** Tratar ‹una conversación o una discusión› sobre [un tema o un asunto]: *El debate recayó* ***sobre*** *política internacional.* SIN. versar (ELEVADO). **5** LING. Estar ‹el acento› sobre [una letra o una sílaba de una palabra]: *El acento recae* ***en*** *la penúltima sílaba.* ⇒ **18.**

recaída *s. f.* Acción y resultado de recaer: *Parecía que Mercedes estaba curada, pero tuvo una recaída terrible.*

recalada *s. f.* MAR. Acción de recalar un barco.

recalar *v. tr./prnl.* **1** Mojar ‹un líquido› [un cuerpo] lentamente: *La lluvia recaló la ropa. Esta noche el agua ha recalado bien la tierra. La pared* ***se*** *recala con el agua de la ducha.* ‖ *v. intr.* **2** MAR. Acercarse ‹una embarcación› a [un lugar o un puerto] para atracar en él o para reconocerlo: *El velero recaló* ***en*** *el puerto.* **3** COLOQUIAL. Aparecer o pasar ‹una persona› por [un lugar]: *En Navidad, su amigo recaló* ***por*** *su pueblo. Después de ir de un lado para otro, el pintor recaló finalmente* ***en*** *Valencia.* **4** Llegar ‹el viento o el mar› a [un punto determinado]: *El cierzo recaló* ***en*** *aquel lugar.* **5** AMÉR. Ir a parar ‹una persona› a un determinado lugar.

recalcadura *s. f.* ARG.; RESTRINGIDO. Dislocación de un hueso.

recalcar *v. tr.* **1** Pronunciar ‹una persona› [las palabras] con lentitud y fuerza para que no haya duda de lo que se dice con ellas: *El profesor recalcó algunas palabras para que no hubiera falsas interpretaciones.* **2** Destacar o repetir ‹una persona› [una cosa]: *El empresario recalcó la necesidad de una campaña publicitaria.* ‖ *v. prnl.* **3** ARG., URUG.; COLOQUIAL. Sufrir una persona la dislocación o luxación de un hueso. ⇒ **71.**

recalcificar *v. tr.* MED. Hacer ‹una persona o una cosa› que aumente el contenido de calcio [del organismo]: *Este tratamiento te recalcificará los huesos.* SIN. calcificar. ⇒ **71.**

recalcitrante *adj.* **1** (antepuesto/pospuesto) Que se aferra a sus opiniones o costumbres: *El orador convenció a los sectores más recalcitrantes de los accionistas de la necesidad de un cambio. El recalcitrante concejal impugnó la votación.* SIN. terco. **2** (antepuesto/pospuesto) Que vuelve a caer repetidamente en sus faltas o errores: *Si no fueras una desobediente recalcitrante no te pasarían esas cosas. Con su recalcitrante afán de destacar nos hacía reír a todos.*

recalentar *v. tr.* **1** Volver a calentar ‹una persona› [una cosa]: *Si llegas tarde tendré que recalentar el arroz.* **2** Hacer ‹una cosa› que [otra cosa] se caliente demasiado: *El viaje tan largo ha recalentado el motor.* ‖ *v. prnl.* **3** Calentarse ‹una cosa› demasiado: *El televisor se ha recalentado porque llevaba funcionando varios días sin parar.* **4** AGR. Estropearse ‹un fruto› por exceso de calor: *Este año el trigo se ha recalentado y la cosecha no ha sido tan buena.* ⇒ **58.**

recalentón *s. m.* COLOQUIAL. Calentamiento rápido y excesivo: *Estos recalentones estropean el motor. Le ha dado un recalentón a la moto y se ha quedado tirado.* SIN. calentón.

recalmón *s. m.* MAR. Pérdida repentina de la fuerza del viento o de la marejada.

recalzar *v. tr.* **1** AGR. Poner ‹una persona› tierra alrededor de [una planta o un árbol]. **2** Poner ‹una persona› refuerzos a [los cimientos de un edificio]. ⇒ **19.**

recamar *v. tr.* ELEVADO. Bordar ‹una persona› [una cosa] de realce: *María está haciendo una sábana recamada.*

recámara *s. f.* **1** Parte del cañón de un arma de fuego donde se coloca la munición: *la recámara de una pistola, la recámara de un fusil. La bala se quedó atascada en la recámara.* **2** COLOQUIAL, RESTRINGIDO. Cautela o segunda intención con la que una persona habla o actúa: *Pedro tiene mucha recámara, y siempre hay que pensar en la intención de sus palabras.* **3** MIN. Lugar donde se almacenan los explosivos en una mina. **4** RESTRINGIDO. Habitación pequeña junto a la principal: *El vestido está colgado en el armario de la recámara.* **5** AMÉR. Alcoba, dormitorio. **6** AMÉR. Fuegos artificiales.

recamarera *s. f.* MÉX. Camarera, empleada encargada de la limpieza de las habitaciones.

recambiar *v. tr.* **1** Cambiar ‹una persona› [una pieza] por otra de la misma clase: *Tuvieron que recambiar la correa del ventilador.* **2** Cambiar ‹una persona› [una cosa] por segunda vez: *Dice que no se cambia, sino que se recambia el coche.* **3** ECON. Volver a mandar ‹una persona› [una letra que no ha sido pagada].

recambio *s. m.* **1** Cambio o sustitución de una pieza por otra: *No hemos podido hacer el recambio de la rueda.* **2** Pieza con que se sustituye otra idéntica o de la misma clase:

Voy a comprar recambios para la pluma. Necesito un recambio de hojas para el cuaderno. **3** COLOQUIAL. Persona para sustituir a otra en un cargo o en una función: *La junta directiva ha confirmado que busca un recambio para el portero actual.* FR. Y LOC. **de ~** Como sustituto de otra cosa de la misma clase: *rueda de recambio. Es obligatorio llevar en el coche un juego de luces de recambio.* SIN. de repuesto.

recapacitar *v. tr. / intr.* Pensar ‹una persona› [una cosa] con atención y detenimiento: *Recapacita antes de tomar esa decisión. He recapacitado y no me compro el televisor.*

recapitulación *s. f.* Acción y resultado de recapitular: *El orador acabó con la recapitulación de lo que había dicho en su conferencia. No me ha molestado la asamblea, sino la recapitulación final, larga y confusa.*

recapitular *v. tr.* Hacer ‹una persona› un resumen oral o escrito de [una cosa que se ha expuesto más extensamente]: *Sagrario se ha comprometido a recapitular en dos folios los puntos fundamentales del plan. Recapitulemos antes de seguir adelante, porque me he perdido.* SIN. sintetizar.

recargable *adj.* Que se puede recargar. **pila ~.**

recargamiento *s. m.* Acumulación excesiva de elementos en una cosa: *El recargamiento ornamental es una característica del Rococó. El recargamiento de su estilo es algo molesto.*

recargar *v. tr.* **1** Volver a cargar ‹una persona› [una cosa]: *Tengo que recargar el mechero, porque se ha acabado el gas. Recarga la pluma.* **2** Poner ‹una persona› más carga o más peso del debido sobre [una cosa] o [en un lugar]: *Has recargado mucho la furgoneta. He recargado la maleta* ***de*** *libros. No recargues más la estantería, que se va a arquear.* **3** Poner ‹una persona› más trabajo del necesario sobre [una persona]: *La nueva dirección intenta recargarnos los horarios. La jefa de personal quiere recargarnos con nuevas obligaciones.* **4** Adornar ‹una persona› [a otra persona o una cosa] excesivamente: *El decorador recargó la habitación con tantos cuadros.* **5** Aumentar ‹una persona› [la cantidad que otra persona ha de pagar por una deuda o un impuesto]: *La Administración recarga los recibos que no se paguen dentro del plazo establecido.* **6** Hacer ‹una cosa› que [el aire de un lugar cerrado] sea menos puro o respirable: *El humo del tabaco recarga la atmósfera y la hace irrespirable.* ‖ *v. prnl.* **7** Hacerse ‹el aire de un lugar cerrado› menos puro o respirable: *Después de varias horas de reunión, el aire se había recargado mucho.* **8** MÉX. Apoyarse, recostarse. FR. Y LOC. **cargar / ~ las tintas*. ⇒ 56.**

recargo *s. m.* Aumento de la cantidad que se ha de pagar por una deuda o un impuesto: *Este recibo tiene un recargo del 15%. La multa lleva recargo por pagarla fuera de plazo.*

recatado, da *adj.* (antepuesto / pospuesto) Que se comporta con recato o lo tiene: *mujer recatada. Paco es un chico muy recatado. La recatada actitud de Mariano nos extrañó.*

recatar *v. tr. / prnl.* **1** ELEVADO. Ocultar ‹una persona› [una cosa que no quiere que se vea o se sepa]: *La actriz* ***se*** *recata mucho en su vida privada y no concede entrevistas.* ‖ *v. prnl.* **2** RESTRINGIDO. Actuar ‹una persona› con recelo o excesiva prudencia: *No te recates y di claramente lo que piensas.*

recato *s. m.* **1** (no contable) ELEVADO. Pudor o modestia: *Siempre se comporta con el debido recato.* **2** (no contable) ELEVADO. Cautela, prudencia o miramiento con que una persona habla o actúa: *Trataron el asunto con gran recato.*

recauchar *v. tr.* RESTRINGIDO. Recauchutar.

recauchutado, da *adj.* **1** (ser / estar) [Neumático] que ha sido recubierto de caucho: *Estas ruedas están recauchutadas. Los neumáticos recauchutados son más baratos.* ‖ *s. m.* **2** Acción y resultado de recauchutar: *Estas ruedas necesitan un recauchutado.*

recauchutar *v. tr.* **1** Volver a cubrir ‹una persona› [una cubierta desgastada] con caucho: *En este taller te recauchutan los neumáticos y te los garantizan por 20.000 km. Ya no suelen recauchutarse los neumáticos en los países industriales.* **2** ARG., URUG.; COLOQUIAL. Reparar ‹una persona› [una cosa vieja o estropeada].

recaudación *s. f.* **1** Acción y resultado de recaudar: *Se iniciará la recaudación de donativos.* **2** Cantidad recaudada: *La recaudación por multas de este año ha sido muy alta.*

recaudador, ra *adj.* **1** De la recaudación: *oficina recaudadora de Hacienda. La oposición ha criticado el afán recaudador del Gobierno.* ‖ *s. m. / f.* **2** Persona que tiene por oficio recaudar dinero: *Pilar ha ganado una plaza como recaudadora del Ayuntamiento.*

recaudar *v. tr.* Reunir ‹una persona› [una cantidad de dinero procedente de impuestos, pagos o donativos]: *Recaudaron poco dinero en la colecta de ayer. Hacienda espera recaudar un doce por ciento más este año.*

recaudería *s. f.* MÉX. Tienda donde se venden verduras, frutas y especias.

recaudo Se usa en la LOC. **a buen ~** Bien guardado o vigilado: *El ganador puso su dinero a buen recaudo. Los prisioneros están ya a buen recaudo.*

recazo *s. m.* **1** RESTRINGIDO. Parte de la espada entre la hoja y la empuñadura que protege la mano. **2** RESTRINGIDO. Parte de la hoja de un cuchillo opuesta al filo.

recebar *v. tr.* RESTRINGIDO. Echar ‹una persona› arena o grava sobre [el firme de una carretera] para igualarlo o consolidarlo.

recebo *s. m.* RESTRINGIDO. Arena o piedra pequeña que se extiende sobre una carretera para igualarla.

recelar *v. tr. / intr. / prnl.* No confiar ‹una persona› en [otra persona o en una cosa]: *Recelo que no ha dicho todo lo que sabe. Mi hermana recela* ***de*** *su vecino.*

recelo *s. m.* Sentimiento o actitud del que recela: *El protagonista miró con recelo a los que lo adulaban. Sus recelos estaban justificados.* SIN. desconfianza, sospecha.

receloso, sa *adj.* **1** (ser / estar) Que tiene o tiende a tener recelo o desconfianza: *Esta perra es muy recelosa. Veo que estás muy receloso conmigo. Isabel siempre tiene una actitud recelosa con nosotros.* **2** TAUROM. [Toro] que retrasa sus embestidas y acude con precauciones defensivas a la cita.

recensión *s. f.* ELEVADO. Comentario no muy extenso, oral o escrito, de una obra literaria o científica: *Debo hacer en clase una recensión de «La Celestina». Este alumno escribe recensiones de libros en la revista del colegio.*

recental *adj. / s. m.* GAN. [Cordero, ternero] que todavía no ha pastado y se alimenta de leche: *Estos corderos son todavía recentales.* SIN. lechal. **ternero ~.**

recepción *s. f.* **1** Acción y resultado de recibir: *El pago se efectuará a la recepción del encargo. La recepción de socios está abierta todo el año. El equipo está bien, pero todavía falla en la entrega y recepción de la pelota. Los nuevos alumnos han tenido buena recepción entre sus compañeros.* **2** Ceremonia o fiesta solemne oficial en honor de uno o varios personajes importantes: *El Rey dará una recepción el día de su santo.* **3** Fiesta de lujo en una casa particular: *Los novios ofrecen una recepción con motivo de su boda.* **4** Dependencia de una oficina, hotel u otro establecimiento donde el público se inscribe o recibe información: *Te dejaré la carta en recepción.* **5** FÍS. Acción de captar las ondas radioeléctricas mediante un receptor: *La tormenta impidió la recepción de algunas emisoras.*

recepcionar *v. tr.* ARG., URUG. Recibir ‹un aparato› [las ondas de radio o de televisión].

recepcionista *s. m./f.* Persona que atiende al público en una oficina de recepción: *Le preguntaré a la recepcionista del hotel. El recepcionista me ha dicho que usted me atenderá.*

receptáculo *s. m.* ELEVADO. Cavidad o hueco que contiene o puede contener una cosa: *Las celdillas de los panales son unos receptáculos donde las abejas ponen la miel.*

receptividad *s. f.* **1** (no contable) PSICOL. Capacidad de un ser vivo para recibir estímulos exteriores: *Pilar hace ejercicios con un psicólogo para aumentar su receptividad. La directora de personal ha demostrado no tener receptividad alguna ante las quejas de los trabajadores.* **2** (no contable) MED. Predisposición del organismo a padecer ciertas enfermedades: *A mi hermano le han confirmado su receptividad a enfermedades del riñón.*

receptivo, va *adj.* (ser/estar) Que capta o entiende con facilidad los conocimientos, sentimientos o sensaciones: *En clase tu hija es una alumna muy receptiva. El Gobierno está muy receptivo **a** las peticiones de los sindicatos.*

receptor, ra *adj./s. m.* y *f.* **1** Que recibe: *sujeto receptor, aparato receptor. Los médicos lo han incluido en la lista de espera de los receptores de un riñón. La receptora del paquete debe firmar aquí.* **2** LING. Persona que recibe el mensaje en un acto de comunicación: *En la comunicación oral los papeles de emisor y receptor son intercambiables.* || *s. m.* **3** FÍS. Aparato que recibe y transforma las ondas radioeléctricas emitidas por un aparato transmisor: *un receptor de teléfono, un receptor de televisión, un receptor de radio.*

recesar *v. intr.* **1** AMÉR.; ADMINISTRATIVO. Cesar temporalmente en sus actividades una empresa u organismo. || *v. tr.* **2** AMÉR.; ADMINISTRATIVO. Cerrar temporalmente ‹una autoridad› las actividades de [una institución como el Parlamento o la Universidad] .

recesión *s. f.* **1** ELEVADO. Acción y resultado de retirarse o retroceder: *Los síntomas de su enfermedad han entrado en una fase de recesión.* SIN. retroceso. **2** ECON. Disminución general de la actividad económica: *La recesión económica aún no ha tocado fondo.* SIN. depresión. **3** COL. Suspensión temporal de las actividades de una institución, como el Parlamento o la Universidad.

recesivo, va *adj.* **1** ECON. Que tiende a la recesión o la provoca: *tendencia recesiva, economía recesiva.* **2** BIOL. [Carácter hereditario] que no se manifiesta en la persona que lo posee, pero puede aparecer en sus descendientes: *El color de los ojos es un carácter recesivo.*

receso *s. m.* **1** ELEVADO. Alejamiento o separación: *Se ha producido un receso en las relaciones entre los dos Estados.* **2** ELEVADO. Interrupción o pausa en un trabajo o en un espectáculo: *El conferenciante hizo un receso para beber un poco de agua.* **3** VEN. Tiempo que dura esta interrupción. **4** ARG., URUG. Suspensión temporal de las actividades de una institución, como el Parlamento o la Universidad.

receta *s. f.* **1** MED. Nota en la que el médico indica el medicamento que debe tomar el enfermo: *El doctor me ha hecho una receta de un jarabe. Ese medicamento sólo se vende con receta médica.* **2** FARM. Relación de los ingredientes y las dosis de un preparado: *Tengo que llevar la receta a la farmacia para que me hagan el preparado.* **3** COCINA. Nota en la que se indican los ingredientes de un plato de cocina y la forma en que se prepara: *Me he comprado un libro de recetas manchegas. Dame la receta de este pollo.* **4** COLOQUIAL. Procedimiento adecuado para hacer o conseguir una cosa: *Tienes que darme tu receta para adelgazar.*

recetar *v. tr.* MED. Indicar ‹el médico› [al paciente] el medicamento que debe tomar y el tratamiento que debe seguir: *Me recetó el médico unas pastillas para la garganta.*

recetario *s. m.* **1** Colección de recetas o fórmulas para hacer una cosa: *un recetario de cocina.* **2** Colección de recetas médicas o fórmulas de medicamentos: *Los médicos siempre van con su recetario o vademécum.*

rechazar *v. tr.* **1** Mostrar ‹una persona› oposición hacia [una persona o una cosa]: *La presidenta rechazó la propuesta. Los inmigrantes denuncian que en algunas escuelas los otros padres rechazan a sus hijos.* **2** Hacer ‹una cosa› que [otra cosa] retroceda al entrar en contacto con ella: *El chaleco rechazó las balas.* SIN. repeler. **3** DEP. Enviar ‹un jugador› [la pelota] lejos de la propia área o meta: *El portero ha rechazado el balón con los puños.* SIN. despejar. **4** Resistir ‹un grupo de personas› el ataque [del enemigo] obligándolo a retroceder: *Los militares sitiados rechazaron el ataque de los rebeldes.* ⇒ **19.**

rechazo *s. m.* **1** (no contable) Oposición hacia una persona o hacia una cosa o no aceptación de ellas: *El empresario mostró su rechazo a la propuesta del sindicato. El pueblo manifestó su más enérgico rechazo al terrorismo.* **2** BIOL. Reacción natural de un organismo contra un órgano o tejido trasplantado en él procedente de otro individuo: *Mi hermana sigue un fuerte tratamiento para evitar el rechazo del trasplante de hígado.*

rechifla *s. f.* **1** COLOQUIAL. Conjunto de burlas o risas con las que un grupo de personas reacciona ante la actuación o palabras de otra persona: *La rechifla de los alumnos iba en aumento a medida que el director se iba enfadando.* **2** COLOQUIAL. Protesta de los asistentes a un acto público mediante silbidos o pitidos: *El público protestó con una gran rechifla por la falta de preparación de los actores.* SIN. bronca.

rechinar *v. intr.* **1** Hacer ‹una cosa› un ruido desagradable al rozar con otra cosa: *La puerta del jardín rechina.* || *v. tr.* **2** Causar ‹una persona› que [una cosa haga un ruido desagradable] al rozar o chocar con otra: *Daniel rechinó los dientes y cerró los párpados.*

rechistar *v. intr.* COLOQUIAL. Emitir ‹una persona› palabras o frases para protestar o para oponerse a los ruegos o mandatos: *Su madre no la deja ni rechistar. Si rechista Luis en la reunión, lo haces callar.*

rechoncho, cha *adj.* (ser/estar) COLOQUIAL. Que es grueso y bajo al mismo tiempo: *cuerpo rechoncho. Es muy guapa, pero está un poco rechoncha.*

rechupete Se usa en la LOC. **de ~** 1 COLOQUIAL. Muy bueno, agradable o extraordinario: *La comida me ha salido de rechupete.* 2 Muy bien: *Me lo pasé de rechupete en tu casa.*

reciario *s. m.* HIST. Gladiador del circo romano armado con una red.

recibí *s. m.* ADMINISTRATIVO. Fórmula que aparece en ciertos documentos o facturas delante de la firma y que expresa que se ha recibido lo que se indica.

recibidor *s. m.* Vestíbulo de un piso o de una casa: *Las llaves están sobre el mueble del recibidor.*

recibimiento *s. m.* Acogida que se da a una persona que llega: *La actriz, al bajar del avión, tuvo un caluroso recibimiento.* SIN. bienvenida, recepción.

recibir *v. tr.* **1** Tomar ‹una persona› [una cosa que otra persona le da, envía o transmite]: *Su tío recibía muchas revistas. La niña recibía regalos* ***de*** *su madre.* **2** Admitir ‹una cosa› dentro de sí [otra cosa]: *Este aeropuerto recibía pocos vuelos internacionales.* **3** Ser ‹una persona› receptora de [una cosa]: *El niño recibió una bofetada. Alicia ha recibido un premio literario.* **4** Salir ‹una persona› al encuentro de [otra persona que llega]: *Roberto fue a recibirla a la estación.* **5** Tratar ‹una persona› [a otra persona que llega] de [una determinada manera]: *Todos los habitantes del pueblo van a recibirlos con una banda de música.* **6** Admitir ‹un grupo o una comunidad› [a una persona]: *Toda la comunidad ha recibido con entusiasmo a los nuevos vecinos.* SIN. acoger. **7** Percibir ‹una persona› [una cantidad de dinero]: *La comisión recibirá entre tres y cuatro millones de pesetas.* **8** Tomar o aceptar ‹una persona› [una noticia o una opinión] de [una determinada manera]: Los *vecinos recibieron mal las propuestas del alcalde. Nuria no quiere recibir consejos de nadie.* **9** Aceptar ‹una persona› [a una persona o una cosa]: *Ignacio recibió el castigo con humildad. Pepe recibió a Laura* ***por*** *esposa.* **10** COMUNIC. Percibir ‹una persona› [las ondas o frecuencias de radio o televisión] a través de un aparato: *Esa emisora se recibe muy mal aquí.* **11** Asegurar ‹una persona› [una cosa que se introduce en una obra de albañilería] con yeso, argamasa o algún material semejante: *Recibe bien el marco de la ventana, que no quede flojo.* **12** Hacer frente ‹una persona› a [un ataque o un peligro] para resistirlo o rechazarlo: *Los muchachos recibieron el ataque de los enemigos con valentía.* **13** TAUROM. Citar ‹el torero› [al toro] mientras espera su embestida sin moverse para clavarle la espada: *El diestro mató recibiendo, de una manera muy clásica.* ‖ *v. tr./intr.* **14** RESTRINGIDO. Admitir ‹una persona› visitas de [otras personas] en [un día determinado]: *Tus padres reciben a los amigos los lunes. Ese médico sólo recibe los martes.* ‖ *v. prnl.* **15** ARG., URUG. RESTRINGIDO. Conseguir ‹una persona› [un título]: *Se recibió* ***de*** *abogado el año pasado.* SIN. titularse. FR. Y LOC. **dar/llevar/~/sacudir más palos que (a) una estera* (vieja). esperar/~ con los brazos* abiertos.**

recibo *s. m.* **1** Documento en que se declara haber recibido un dinero o haber hecho un pago: *Guardo aquí los recibos de la luz. El dependiente nos hizo un recibo de lo que habíamos pagado.* SIN. factura. **2** (no contable) Acción de recibir una cosa: *Con el recibo de esta entrega he terminado la colección.* SIN. recepción. **acuse* de ~ .** FR. Y LOC. **acusar ~** Comunicar ‹una persona› que ha recibido una cosa que le han enviado: *Acuso recibo de su carta. No sé si le habrá llegado el paquete, porque no me ha acusado recibo del envío.* **ser de ~** ELEVADO. Ser ‹una cosa› aceptable: *El trabajo que hizo no era de recibo para presentárselo a la jefa. No sería de recibo comunicárselo por teléfono.*

reciclado *adj.* **1** (ser/estar) [Material] que se fabrica con partes de objetos o restos de otros materiales que ya han sido utilizados: *Este vidrio está reciclado.* **papel ~ .** ‖ *s. m.* **2** Acción y resultado de reciclar: *El reciclado de papel salvará muchos bosques.* SIN. reciclaje.

reciclaje *s. m.* Acción y resultado de reciclar: *El reciclaje de los materiales usados supone un gran ahorro. Realiza unos cursos de reciclaje para poder ascender en su trabajo.*

reciclamiento *s. m.* Reciclaje.

reciclar *v. tr.* **1** Someter ‹una persona› [una materia o un objeto] a un proceso para que vuelva a ser utilizable: *Se reciclarán los residuos urbanos en una moderna fábrica. Los técnicos van a reciclar el papel y el cartón.* **2** Hacer ‹una persona o una cosa› que [otra persona u otra cosa] se modernice profesionalmente: *La nueva ley obliga a reciclarse a muchos maestros. La empresa va a reciclar a los empleados para que se familiaricen con los nuevos ordenadores.*

reciedumbre *s. f.* (no contable) ELEVADO. Fortaleza o vigor físico o moral: *Admiro la reciedumbre de tu carácter, pero a mí no me gustan las peleas. La reciedumbre de los campesinos es admirable, en un clima tan duro.* SIN. robustez.

recién *adv. temp.* **1** (antepuesto) Desde hace poco, hacía poco, hará poco. OBSERVACIONES: ◊ Sólo admite participio de pasado: *pan recién cocido.* ◊ Sólo se antepone a participios que expresan el resultado de un proceso que dura: Participios transitivos como *hacer, amasar, aprender, cocer, conocer* (pero no *saber* o *ignorar*), *conseguir* (pero no *intentar*), *construir, descubrir* (pero no *buscar* ni *indagar*), *divulgar, estrenar, galardonar* (pero no *alabar*), *pintar* y *terminar.* Participios de verbos pronominales como *afeitarse, bañarse, ducharse, lavarse* (pero no *alegrarse, olvidarse, reírse, vengarse*). Participios de verbos intransitivos como *acostarse, caer, casarse, dormirse, fallecer, levantarse, llegar, nacer, salir, venir, despertarse* (pero no *saltar, caminar, luchar, sonreír, asistir*). Puede aparecer en los sintagmas nominales entre el artículo y el participio: *como unos recién casados, como un recién nacido, un recién nacido, los recién casados.* RELACIONES Y CONTRASTES: ◊ No admite intensificaciones ni otras modificaciones, frente a *recientemente.* ◊ Interviene, como *apenas* o *no bien*, en construcciones absolutas de sentido global temporal, tanto con verbos transitivos (*Recién iniciada la charla, sonaron los primeros aplausos. Recién construida la torre, hubo que reforzarla),* como con intransitivos (*Recién llegado de la mili, se casó. Recién salidos del puerto, comenzó a relampaguear*) y en construcciones preposicionales (*con la cara lavada y recién peinada, con el pelo recién cortado, de recién casados*). **2** Se usa como *apenas* o *no bien*, con funciones que se aproximan a las de la de la conjunción temporal *en cuanto: Recién llegó Francisco, comenzaron los disparos.*

reciente *adj.* **1** (ser/estar) Que está hecho hace muy poco tiempo y está tierno y fresco: *bollo reciente. El pan está reciente.* **2** (ser/estar; antepuesto/pospuesto) Que ha ocurrido hace poco tiempo: *La desaparición es un suceso muy reciente, todavía se está investigando. Su muerte está demasiado reciente, todavía no he podido superarlo. Éstas son unas recientes declaraciones de la ministra.*

recientemente *adv. temp.* (antepuesto/pospuesto) En un tiempo reciente respecto del momento actual o de uno anterior o de uno futuro; hace, hacía, hará poco (la tercera posibilidad es rara). OBSERVACIONES: ◊ En los tres casos se refiere al momento unitario, concebido como un punto o como un globo, en que se produce el hecho, y no al estado durativo resultante del mismo o al periodo subsiguiente a él: *Los restos arqueológicos han sido descubiertos recientemente. El alijo de cocaína recientemente aprehendido era de gran pureza. Mi hermano ha venido de la mili recientemente. La casa había sido pintada recientemente. Recientemente, habrá nevado.* ◊ Ningún verbo es incompatible con *recientemente,* aunque muchos verbos exigen contextos especiales (por ejemplo, no se dice, salvo como ironía o chiste lingüístico, *vivió recientemente* ni *recientemente, murió;* pero sí, *vivió recientemente aquí* o *murió recientemente*): *Carlos estuvo recientemente aquí. Su padre había sido rector recientemente. Él me sonrió recientemente. Te busqué recientemente. Me despisté recientemente. El caballo saltó recientemente. La perra desapareció recientemente.* ◊ Admite intensificaciones (*muy recientemente,* 'hace muy poco') y otras modificaciones adverbiales (*sólo recientemente, sobre todo recientemente, al menos recientemente, sin duda recientemente*).

recinto *s. m.* Espacio comprendido dentro de unos límites y, por lo general, cerrado: *Hubo una exposición de cuadros dentro del recinto de la Cámara de Comercio.* **~ ferial.**

recio, cia *adj.* **1** (antepuesto / pospuesto) Que tiene fortaleza o vigor físico o mental: *un hombre recio. Las recias columnas cedieron como cañas. Nuestro campeón ganará, tiene un temperamento recio.* **2** (ser / estar) Que es grueso o abultado: *El hombre es alto y recio. El chico está más recio que el año pasado.* SIN. gordo. **3** Que es duro o difícil de soportar: *No soporto un trabajo tan recio. La muerte de su padre ha sido una prueba recia para él.* || *adv. modo* **4** Con dureza: *Trabaja recio para sacar este negocio adelante.*

recipiendario, ria *s. m. / f.* ELEVADO; RESTRINGIDO. Persona que es recibida solemnemente en una corporación para formar parte de ella: *El académico recipiendario agradeció la elección a sus compañeros.*

recipiente *s. m.* Utensilio formado por una cavidad para contener sustancias líquidas, sólidas o gaseosas: *recipiente de vidrio, recipiente de metal, recipiente de plástico, recipiente de cocina, recipiente hermético, recipiente a presión.*

recíprocamente *adv. modo* Mutuamente, con igual reciprocidad: *Recíprocamente se consolaron el uno al otro.*

reciprocidad *s. f.* **1** (no contable) Correspondencia mutua entre dos cosas o personas: *En reciprocidad a la visita del Rey de Marruecos, el Rey de España visitará el país vecino en primavera. Los dos clubes exigen reciprocidad en el trato a los directivos.* **2** GRAM. Intercambio de la acción entre dos o más sujetos que la ejecutan: *Los pronombres personales «nos», «os», «se» sirven para indicar reciprocidad.*

recíproco, ca *adj.* **1** (antepuesto / pospuesto) Que ocurre o se hace al mismo tiempo entre dos personas o cosas, de una a otra y viceversa: *sentimiento recíproco. El odio entre nosotros es recíproco. Entre los dos hay una recíproca simpatía.* **2** GRAM. [Pronombre, verbo, oración] que indica el intercambio de una acción entre varios sujetos que la hacen y la reciben a la vez: *La oración «María y Pedro se telefonean» es recíproca.* FR. Y LOC. **a la recíproca** De manera recíproca: *Yo te ayudo cuando tengas trabajo y a la recíproca.*

recitación *s. f.* Acción y resultado de recitar: *La recitación del poeta nos emocionó a todos. Los métodos pedagógicos basados en la recitación de memoria están superados.*

recitado *s. m.* **1** Acción y resultado de recitar: *El recitado es obligatorio en esta clase.* **2** Poema que se recita con música de fondo: *Mañana los alumnos de inglés ofrecerán un recitado de poetas del siglo XVII.*

recital *s. m.* **1** Concierto, instrumental o cantado, de un solista: *un recital de canto, un recital de piano.* **2** Lectura o recitación de poemas por un recitador: *un recital de poemas de Alberti.* FR. Y LOC. **dar un ~** COLOQUIAL. Actuar ‹una persona› de tal manera que demuestra su superioridad o sirve su actuación de ejemplo: *El portavoz de la oposición dio ayer un recital de cómo deben plantearse las preguntas al Gobierno. El campeón dio ayer un recital de tenis.*

recitar *v. tr.* **1** Decir ‹una persona› [un poema] en voz alta y con cierta entonación: *El poeta recitó lo que recordaba del poema.* **2** Decir ‹una persona› [una lección u otra cosa aprendida] en voz alta y de memoria: *Los niños recitaban todas las mañanas las tablas de multiplicar.*

recitativo *s. m.* MÚS. En una ópera o en otra composición, declamación o recitado musical de un texto que sirve de enlace entre las diferentes melodías y partes de un conjunto: *Los recitativos en las óperas dan sentido al argumento literario en que se basan.*

reclamación *s. f.* **1** Acción y resultado de reclamar: *La reclamación del penalti le valió al jugador una amonestación.* **2** Queja con que se expresa la oposición o descontento ante una cosa, en especial, la que se hace por escrito siguiendo ciertas formalidades: *Presentaré una reclamación.* **impreso / hoja / libro de reclamaciones** Impreso, hoja o libro que está en los establecimientos públicos a disposición del cliente para protestar de un mal servicio: *Hay un libro de reclamaciones a disposición del público.*

reclamar *v. tr.* **1** Pedir ‹una persona› [una cosa] a [otra persona] por considerar que tiene derecho a ella: *Mi hermana reclamó el sueldo* ***a*** *su jefe. El extranjero reclamaba* ***ante*** *un tribunal sus derechos. Mi mujer va a reclamar* ***para*** *sí la herencia.* **2** Llamar ‹una persona› [a otra persona] con autoridad o insistencia para que vaya a un lugar o realice una acción: *Tu empresa te reclama. Lo reclaman* ***en*** *el segundo piso.* SIN. requerir. **3** Mostrar ‹una persona o una cosa› necesidad de [una cosa]: *El problema reclama nuestra atención.* SIN. requerir. **4** DER. Pedir ‹el juez› [la presencia de una persona que ha huido]: *La jueza ha reclamado al famoso estafador.* **5** CAZA. Llamar ‹una persona› [a las aves] con un reclamo. || *v. intr.* **6** Protestar ‹una persona› contra [una cosa] u oponerse a ella: *He reclamado* ***contra*** *una multa, pero no me la han quitado.*

reclame *s. m.* ARG., URUG. Publicidad.

reclamo *s. m.* **1** Cosa con que se intenta atraer a una persona o incitarla a hacer una cosa: *Las ofertas son sólo un reclamo para la clientela.* **2** CAZA. Animal o instrumento artificial que imita su voz, que se utiliza para atraer la caza: *Una perdiz enjaulada servía de reclamo. Me he comprado dos reclamos que imitan muy bien la perdiz.* **3** Sonido con que un ave llama a otra ave de su especie: *Paseando por el campo oíamos los diferentes reclamos de los pájaros.* **4** Atracción que una persona o una cosa ejerce sobre una persona: *La protagonista acudió al reclamo de su tierra.* **5** Señal hecha en un texto para atraer la atención del lector: *Es incómoda la lectura de este texto, donde los reclamos remiten al final del capítulo.* **6** AMÉR. DEL S. Queja o reclamación.

reclinar *v. tr.* **1** Inclinar ‹una persona› [una cosa] apoyándola en [otra cosa]: *La criada reclinó la silla* ***contra*** *la pared.* || *v. tr. / prnl.* **2** Inclinar ‹una persona› [el cuerpo o parte de él] apoyándolo en [un lugar]: *La niña reclinó la cabeza* ***en*** *mi hombro.* ***Te*** *reclinaste* ***sobre*** *el sofá.* SIN. recostar(se). || *v. prnl.* **3** Quedar ‹una cosa› apoyada en [otra cosa]: *Al caer, el cojín se reclinó en la estantería.*

reclinatorio *s. m.* RESTRINGIDO. Mueble de iglesia en forma de silla muy baja, para arrodillarse: *Después de confesarse, Luisa se fue hacia el reclinatorio y se arrodilló para rezar.*

recluir *v. tr. / prnl.* Dejar encerrado ‹una persona› [a otra persona o un animal] en [un lugar]: *Los policías recluyeron a los presos* ***en*** *la cárcel. Cuando está triste, Andrés* ***se*** *recluye* ***en*** *un monasterio.* ⇒ **46.**

reclusión *s. f.* Encierro o posición voluntaria o forzada: *El protagonista eligió una vida de reclusión y soledad. El acusado fue condenado a tres meses de reclusión.*

recluso, sa *s. m. / f.* Persona que cumple condena en una cárcel: *Se ha escapado un recluso del penal.* SIN. preso.

recluta *s. m. / f.* **1** MIL. Persona joven alistada para hacer el servicio militar: *Han llegado los nuevos reclutas. Esta recluta actúa con mucha disciplina.* **caja* de reclutamiento** o **caja de ~ .** **2** MIL. Soldado novato: *Los veteranos siempre se ríen de los reclutas.*

reclutamiento *s. m.* **1** MIL. Acción y resultado de reclutar: *Yo soy del reclutamiento de 1993.* **caja* de ~** o **caja de recluta.** **2** MIL. Conjunto de los reclutas de un año: *El reclutamiento de este año ha sido muy bueno.*

reclutar *v. tr.* **1** MIL. Llamar ‹una autoridad› [a otra persona] para que se incorpore al ejército: *Cada vez el ejército recluta a más jóvenes voluntarios.* **2** Reunir ‹una persona› [a un grupo de personas] para hacer [una cosa]: *Los bomberos reclutaron voluntarios para apagar el incendio. Este partido recluta a sus militantes entre los adolescentes.*

recobrar *v. tr.* **1** Volver a tener ‹una persona› [una cosa que había perdido]: *El conferenciante recobró la voz después de beber agua. El país ha recobrado la calma después de los últimos disturbios.* SIN. recuperar. || *v. prnl.* **2** Volver ‹una persona› a su estado normal después de haber perdido la salud o el conocimiento: *Mi madre estuvo unos días con fiebre, pero se recobró en seguida. Mi compañero se ha desmayado esta mañana, y ha tardado bastante en recobrarse.* SIN. restablecerse. **3** Recuperarse ‹una persona› de una pérdida económica: *Mi jefe aún no se ha recobrado del desastre económico que supuso el cierre de la empresa.*

recocer *v. tr.* **1** Cocer ‹una persona› [una cosa] demasiado: *Si recueces el arroz no podremos comerlo.* || *v. prnl.* **2** Quedar ‹una cosa› demasiado cocida: *Estas judías están recocidas.* **3** COLOQUIAL. Estar ‹una persona› interiormente muy disgustada o enfadada sin que lo manifieste al exterior: *Mi madre se recuece con la pereza de mi hermano. Me recuecen las trabas que pone la empresa a las iniciativas de sus empleados.* ⇒ **21.**

recochinearse *v. prnl.* COLOQUIAL. Hacer o decir ‹una persona› [una cosa] con recochineo: *Le gusta recochinearse* ***de*** *los demás, pero a él que no le hagan ni una broma.*

recochineo *s. m.* (en singular; no contable) COLOQUIAL. Burla o ironía molestas que se añaden a alguna acción o a alguna palabra ya de por sí desagradables: *Ellos no me invitaron a salir y, con recochineo, me dijeron que era mejor para mí. A mi hermano lo castigaron sin cenar y, para más recochineo, le dijeron que así dormiría más ligero.*

recodo *s. m.* Ángulo o curva muy cerrados que forma una cosa alargada que cambia de dirección bruscamente: *En aquel recodo del camino me salí cuando iba en bicicleta.*

recogedor *s. m.* **1** Utensilio en forma de pala con un mango para recoger la basura del suelo: *Este recogedor con mango largo evita tener que agacharse.* SIN. cogedor. **2** RESTRINGIDO. Apero de labranza formado por una tabla inclinada que arrastra una caballería para recoger la parva.

recogepelotas (plural *recogepelotas*) *s. m. / f.* DEP. Persona joven que recoge las pelotas que salen fuera del terreno de juego, especialmente en las canchas de tenis y de fútbol: *El recogepelotas devolvió rápido el balón a uno de los jugadores.*

recoger *v. tr.* **1** Coger ‹una persona› [una cosa que se ha caído]: *Recoge los papeles.* **2** Reunir ‹una persona› [cosas que están dispersas o distantes unas de otras]: *El mendigo recogió bastante dinero entre los vecinos del barrio. Queremos recoger firmas para pedir al Ayuntamiento que pongan un semáforo en esta calle.* **3** Ir ‹una persona› a buscar [a otra persona o una cosa] al lugar en que se encuentra: *Pasaré a recogerte a las cinco. Tengo que recoger un paquete en Correos.* **4** Recibir ‹una persona› los efectos o las consecuencias de [una cosa realizada anteriormente]: *El estudiante recogió el fruto de tantos sacrificios.* **5** Acoger ‹una persona› [a otra persona o un animal] y proporcionarle alojamiento y comida: *Ana recogió los cachorros en su casa. Me recogiste cuando yo estaba solo y desamparado, y ahora quiero recompensarte.* **6** Recibir y retener ‹una persona o una cosa› [una cosa]: *Esta pared recoge mucha humedad. Este lago recoge toda el agua del valle.* **7** Tener ‹una persona› en cuenta [una cosa dicha por otra persona]: *He recogido tu idea en el informe, pero no la comparto.* **8** Retirar ‹una autoridad› [un libro o un impreso] de la circulación: *El juez mandó recoger la edición del mercado.* SIN. secuestrar. **9** TAUROM. Obligar ‹el torero› [al toro] a que se vuelva para embestir de nuevo la capa o la muleta: *El diestro recoge al toro una y otra vez en una de las mejores tandas de pases de la tarde.* **10** Ajustar ‹una persona› la cantidad o la extensión de una cosa: *Recoge las cortinas, porque arrastran.* || *v. tr. / intr.* **11** Reunir ‹una persona› [cosas] para guardarlas o colocarlas en su sitio después de utilizarlas: *Cuando acabes, quiero que recojas tus juguetes. Recoge antes de sentarte a la mesa.* || *v. tr. / prnl.* **12** Peinarse ‹una persona› [el cabello] de manera que quede reducido su volumen: ***Se*** *recogió el pelo en una trenza.* || *v. prnl.* **13** Irse ‹una persona o un animal› a descansar o a dormir: *Mis padres se recogen muy temprano. Me recogí cerca de las dos.* SIN. retirarse. **14** Irse ‹una persona› a [un lugar tranquilo] para reflexionar: *El escritor se recogió* ***en*** *una casa cerca del mar.* SIN. retirarse. FR. Y LOC. **~ la antorcha*.** **~ velas*.** ⇒ **23.**

recogida *s. f.* **1** (no contable) Acción y resultado de recoger o reunir cosas que están dispersas: *Los braceros han venido para la recogida de la aceituna.* **2** (no contable) Acción de irse una persona a descansar o a dormir: *Esta noche ya es hora de la recogida.*

recogido, da *adj.* **1** (ser / estar; antepuesto / pospuesto) ELEVADO. Que vive con recogimiento y tiene poco contacto con la gente: *Miguel lleva una vida recogida. El viejo está muy recogido en sí mismo. La recogida existencia que llevaba en las montañas lo convirtieron en un ser misterioso.* **2** (ser / estar) Que ocupa poco espacio o está poco extendido: *El ave llevaba las alas recogidas. Las hojas están recogidas encima de la mesa.* **3** (antepuesto / pospuesto) Que es acogedor: *un rincón recogido. Me resultaba muy agradable pasear por el recogido jardín de la casa.* || *s. m.* **4** Parte de una cosa, como tela o papel, que se junta o recoge formando un adorno: *El velo sale de un recogido en el pelo.*

recogimiento *s. m.* **1** (no contable) Acción y resultado de recogerse o concentrarse: *La paz del lugar incitaba al recogimiento.* **2** (no contable) Estado de la persona que se aísla para concentrarse en una actividad mental como el estudio o la oración: *Eva oía misa con recogimiento. El recogimiento en que vive le permite estudiar muchas horas.*

recolección *s. f.* **1** Acción y resultado de recolectar: *La recolección de la fruta atrae a muchos inmigrantes.* **2** (no contable) AGR. Conjunto de productos del campo recolectados: *Este año la recolección de patata ha sido buena.* SIN. cosecha. **3** AGR. Periodo del año en que se recolecta un determinado producto: *Luis vendrá para la recolección.*

recolectar *v. tr.* **1** AGR. Recoger ‹una persona› [la cosecha de productos del campo]: *En esta época se empieza a recolectar la uva.* SIN. cosechar. **2** Juntar ‹una persona› [a varias personas o cosas que estaban dispersas o procedían de distintos lugares]: *Los chicos de COU recolectaron mucho dinero para el viaje de fin de curso.*

recolector, ra *adj.* **1** AGR. De la recolección: *actividad recolectora.* || *adj. / s. m.* y *f.* **2** AGR. Que recolecta productos del campo: *Los pueblos recolectores alcanzaron pronto un gran desarrollo. Su novio trabaja como recolector de aceitunas.*

recoleto, ta *adj.* **1** (antepuesto / pospuesto) ELEVADO. [Lugar] que está apartado y solitario, y es acogedor: *Nos sentamos en un recoleto rincón del bosque.* || *adj. / s. m.* y *f.* **2** REL. [Religioso, orden] que vive con gran recogimiento: *Su hija ha entrado en las agustinas recoletas.* **3** REL. [Convento, lugar] que permite vivir con recogimiento.

recombinación *s. f.* BIOL. Aparición de genes, en la descendencia, que no existían en los padres.

recomendable *adj.* **1** Que puede o merece ser recomendado o aconsejado: *persona recomendable, hotel recomendable.* SIN. aconsejable. **2** Que es conveniente o prudente: *No es recomendable que vayas sola.* SIN. aconsejable.

recomendación *s. f.* **1** Acción y resultado de recomendar: *Debes seguir las recomendaciones del manual. Hice caso de tus recomendaciones.* **2** Ventaja que tiene una persona que está respaldada por otra para conseguir una cosa: *Le han dado el puesto a Javier porque tenía una recomendación.*

recomendado, da *s. m. / f.* **1** Persona que tiene recomendación o está recomendada por otra persona: *El trabajo será para algún recomendado.* || *adj.* **2** COL., PERÚ. [Carta, paquete] que está certificado.

recomendar *v. tr.* **1** Aconsejar o indicar ‹una persona› a [otra persona] [una cosa]: *El médico le recomendó tranquilidad.* **2** Hablar ‹una persona› en favor de [otra persona] ante [otra tercera persona] para ayudarla en [una cosa]: *Te recomendé al director para ocupar el puesto.* ⇒ **58.**

recomenzar *v. tr.* **1** Volver a comenzar ‹una persona› [una cosa que se había interrumpido]: *Recomenzaremos las obras en otoño.* SIN. reanudar. || *v. intr.* **2** Volver a comenzar ‹una cosa› que estaba interrumpida en su desarrollo: *La crisis ha recomenzado. La función recomenzará después de una interrupción técnica.* ⇒ **25.**

recomer *v. tr / prnl.* COLOQUIAL. Sentir ‹una persona› [disgusto, enfado o impaciencia] sin manifestarlo expresamente: *Pedro **se** recome **de** celos cuando ve tan enamorados a Pepe y María. La espera la recomía.* SIN. reconcomer(se).

recompensa *s. f.* **1** (no contable) Acción y resultado de recompensar: *La recompensa sólo debe utilizarse en casos muy especiales para que no pierda su efecto.* **2** Cosa que sirve para recompensar un esfuerzo o un favor: *La recompensa consistía en veinticinco millones de pesetas. Ana no obtuvo niguna recompensa por su esfuerzo.* SIN. gratificación.

recompensar *v. tr.* **1** Dar ‹una persona› [una cosa] a [otra persona] como premio por [una acción o un mérito]: *Te recompenso **con** esta bicicleta **por** tus buenas notas.* SIN. premiar. **2** Tener ‹una cosa› valor para [una persona]: *Este trabajo no ha recompensado a Pedro.* SIN. compensar.

recomponer *v. tr.* RESTRINGIDO. Arreglar ‹una persona› [una cosa]: *El padre recompuso los patines del niño.* SIN. reparar. ⇒ **60.**

recompra *s. f.* ECON. Operación comercial que consiste en comprar una persona una cosa que ella misma había vendido anteriormente: *La empresa inició una operación de recompra de las acciones que había sacado al mercado hacía meses.*

recompuesto, ta *p.* Participio irregular de *recomponer.*

reconcentrar *v. tr.* **1** QUÍM. Hacer ‹una persona o una cosa› que [una disolución] sea más densa: *Este desinfectante es más fuerte, porque está reconcentrado.* SIN. concentrar. **2** RESTRINGIDO. Hacer ‹una persona o una cosa› que [un sentimiento o una pasión] sea más intenso: *Cuando la abuela se quedó viuda reconcentró su cariño en su nieto.* || *v. prnl.* **3** RESTRINGIDO. Hacerse ‹un sentimiento o una pasión› más intenso: *Su envidia se reconcentró con los años.* **4** RESTRINGIDO. Dedicarse ‹una persona› a [una actividad] intensamente: *Paco se reconcentró **en** el estudio.* SIN. concentrarse.

reconciliación *s. f.* Acción y resultado de reconciliar o reconciliarse: *No parece posible la reconciliación, porque la situación entre ellos está muy deteriorada.*

reconciliar *v. tr. / prnl.* Hacer ‹una persona o una cosa› que [dos personas] vuelvan a tener la relación que antes mantenían: *Ella **se** reconcilió **con** sus padres antes de la boda. La hija ha conseguido reconciliar a sus padres.*

reconcomer *v. tr.* **1** COLOQUIAL. Producir ‹una persona o una cosa› [disgusto, enfado o impaciencia] a [una persona]: *Los nervios me reconcomen. Me reconcome la falta de puntualidad de Pedro.* SIN. recomer. || *v. prnl.* **2** COLOQUIAL. Sentir ‹una persona› [disgusto, enfado o impaciencia] ante una cosa sin manifestarlo expresamente: *Ana se reconcomía **de** envidia cuando la jefa te felicitaba.* SIN. recomerse.

reconcomio *s. m.* (no contable) COLOQUIAL; RESTRINGIDO. Sensación de la persona que se reconcome: *Cuando tienes ese reconcomio es porque algo malo habrás hecho.*

recóndito, ta *adj.* (antepuesto / pospuesto) ELEVADO. Que está muy escondido, apartado u oculto, o es difícil de encontrar: *El recóndito paraje escondía una belleza singular. Su casa está en un lugar recóndito.*

reconducir *v. tr.* **1** Llevar ‹una persona› [una cosa] al lugar de donde ha salido o ha sido traída: *Una impresionante escolta policial recondujo los cuadros recuperados de nuevo al museo.* **2** Hacer ‹una persona› que [una conversación o un debate] vuelva a centrarse en un determinado tema o punto: *El moderador ha reconducido el debate de nuevo hacia el tema central.* ⇒ **27.**

reconfortante *adj. / s. m.* (antepuesto / pospuesto) Que reconforta: *Sentir la suave brisa marina es una sensación reconfortante. Tomamos una reconfortante sopa caliente. El médico me ha recetado un reconfortante para recuperar la energía después de mi enfermedad.*

reconfortar *v. tr.* Dar ‹una persona o una cosa› ánimos [a una persona]: *Tus palabras lo reconfortaron. Me reconfortó mucho que me apretara la mano.* SIN. confortar.

reconocer *v. tr.* **1** Identificar ‹una persona› [a otra persona o una cosa] por unos rasgos o características ya conocidos: *La reconocí a pesar del tiempo transcurrido. He reconocido tu voz.* **2** Examinar ‹una persona› [a otra persona o una cosa] con cuidado para entenderla o comprobar su estado: *El médico reconoció a los enfermos.* **3** Examinar ‹una persona› [un lugar] cuidadosamente: *El capitán reconoció el lugar antes de instalar el campamento militar.* SIN. explorar. **4** Aceptar ‹un país› [un nuevo gobierno o un sistema político] como legítimo: *La comunidad internacional reconoció al nuevo Estado.* **5** Mostrar ‹una persona› gratitud por [un beneficio recibido]: *He querido reconocerle sus favores enviándole una caja de puros.* SIN. agradecer. **6** DER. Aceptar ‹una persona› una relación de parentesco con [otra persona] públicamente: *Manuel ha reconocido a los hijos que tuvo fuera de su matrimonio.* **7** Aceptar o admitir ‹una persona› [una firma] como legítima: *El empleado del banco debe reconocer la firma antes de abonar el importe del cheque.* **8** Aceptar ‹una persona› que [otra persona o una cosa] sea o tenga [una cosa o una cualidad]: *Su jefe reconoció la nobleza de sus actos. Los comentaristas deportivos la han reconocido mundialmente como la mejor tenista del momento.* **9** Ser [una cosa] patente a través de [acciones o señales]: *En estas ocasiones se reconoce a los amigos.* ‖ *v. tr. / prnl.* **10** Admitir ‹una persona› [una falta o un error]: *Carmen no ha querido reconocer su culpa. Él* ***se*** *reconoció autor del crimen.* ‖ *v. prnl.* **11** Ser ‹una persona› consciente de [sus cualidades o defectos]: *Me reconozco algo indeciso. Él mismo se reconoce como un jugador poco técnico.* SIN. confesar(se). **12** Encontrar ‹una persona› un gran parecido en [otra persona]: *Me reconozco* ***en*** *mi hijo.* ⇒ **5.**

reconocidamente *adv. modo* **1** Con reconocimiento o gratitud. ‖ *adv. orac.* **2** En opinión de la mayoría. OBSERVACIONES: Suele preceder a ciertos adjetivos calificativos (*Es un hombre reconocidamente ecuánime*) o relacionales (*Se trata de un problema reconocidamente técnico*). **3** A veces la opinión es la del propio emisor, como defensa frente a las posibles críticas: *En ese capítulo describo, de manera reconocidamente asistemática y no exhaustiva, los puntos de interés.*

reconocido, da *adj.* (estar) Que se siente muy agradecido: *Le estamos muy reconocidos por su colaboración.*

reconocimiento *s. m.* **1** (no contable) Acción y resultado de reconocer o reconocerse: *vuelo de reconocimiento, el reconocimiento del lugar, un reconocimiento médico. Lo más importante es el reconocimiento de las propias limitaciones.* **avión de ~. 2** DER. Acción y resultado de reconocer una relación de parentesco y los derechos y deberes que de ella derivan: *La Ley admite el reconocimiento de los hijos habidos fuera del matrimonio.* **3** Agradecimiento: *El secretario me ha enviado una carta de reconocimiento por los servicios prestados.* SIN. gratitud.

reconquista *s. f.* **1** Acción y resultado de reconquistar: *El primer objetivo de la empresa es la reconquista del mercado.* **2** (preferentemente con mayúscula) HIST. Periodo de la historia medieval de la península ibérica que abarca desde la llegada de los árabes en el año 711 hasta su salida del Reino de Granada en 1492, caracterizado por continuas luchas y batallas entre los musulmanes y los cristianos.

reconquistar *v. tr.* **1** MIL. Volver a conquistar ‹un grupo de personas› [los territorios que antes ocupaban]: *Los militares reconquistaron la ciudad.* **2** Volver a tener ‹una persona› [la opinión, el afecto o los bienes que antes tenía]: *Isabel reconquistó el cariño de sus padres al volver a casa. Jaime reconquistó la buena imagen que teníamos de él.*

reconsiderar *v. tr.* Volver a considerar ‹una persona› [una cosa]: *Adolfo reconsideró su decisión y se volvió atrás.*

reconstituir *v. tr.* **1** RESTRINGIDO. Volver a constituir o formar ‹una persona› [una cosa]: *Los testigos reconstituyeron la escena ante el juez.* **2** MED. Hacer ‹una persona o una cosa› que [un organismo] vuelva a estar en sus condiciones normales, o fortalecerlo: *Estos medicamentos reconstituyen el corazón y los nervios.* ‖ *v. prnl.* **3** Formarse ‹una cosa› de nuevo: *El partido político se ha reconstituido después de la crisis ocasionada por los resultados de las últimas elecciones.* **4** MED. Recuperar ‹un organismo› sus condiciones normales: *La hepatitis exige un largo proceso para que se reconstituya el hígado.*

reconstituyente *adj. / s. m.* FARM. Que reconstituye o fortalece: *Estoy tomando un reconstituyente porque me encontraba muy débil.* ⇒ **46.**

reconstrucción *s. f.* Acción y resultado de reconstruir: *La reconstrucción del puente que destruyó la riada duró un año. El juez exigió la reconstrucción de los hechos.*

reconstruir *v. tr.* **1** Rehacer ‹una persona› [un edificio o un monumento] en ruinas: *Los obreros reconstruyeron la parte incendiada del edificio. Los arqueólogos han reconstruido la casa romana.* SIN. restaurar. **2** Volver a hacer ‹una persona› [una cosa que se ha deshecho o roto]: *Hay piezas para reconstruir el jarrón. Reconstruyó el texto a partir de los fragmentos existentes.* **3** Reproducir ‹una persona› de manera completa [el desarrollo de unos acontecimientos] a través de indicios, recuerdos o declaraciones: *El testigo reconstruyó lo que pasó aquel día.* ⇒ **46.**

recontar *v. tr.* Volver a contar ‹una persona› el número de [personas o cosas que hay en un lugar]: *Después de que los funcionarios recontaran varias veces el número de presos se dieron cuenta de que se habían escapado dos.* ⇒ **28.**

reconvención *s. f.* ELEVADO. Reprensión que se dirige a una persona, dándole razones de por qué ha obrado mal: *Al jefe le gusta hacer reconvenciones a todo el mundo.*

reconvenir *v. tr.* ELEVADO. Decir ‹una persona› [a otra persona] que ha obrado mal en [una cosa], haciéndoselo ver con razones o argumentos: *Su padre lo reconvino* ***por*** *su altivez.* SIN. reñir. ⇒ **86.**

reconversión *s. f.* ECON. Transformación del sistema productivo en determinadas áreas económicas en crisis para adaptarlas a las exigencias del mercado: *España realizó una profunda reconversión industrial para integrarse en la Comunidad Económica Europea.*

reconvertir *v. tr.* ECON. Aplicar ‹una persona› una reforma a [un sector de la economía]: *El Gobierno se planteó la necesidad de reconvertir la siderurgia.* ⇒ **75.**

recopilación *s. f.* Acción y resultado de recopilar: *Tengo una recopilación de poemas del Romancero tradicional.*

recopilar *v. tr.* Recoger y juntar ‹una persona› [cosas que estaban dispersas]: *Sus editores recopilaron los cuentos de aquel autor en un solo volumen.* SIN. reunir.

recórcholis *interj.* COLOQUIAL; AFECTADO. Se usa para expresar sorpresa, extrañeza, enfado o admiración: *¡Recórcholis, no te esperaba tan pronto! Recórcholis con el niño, ¡se podrá callar! ¡Recórcholis, deja a la chiquilla en paz!*

récord (plural *récords;* del inglés; pronunciamos *'récor'*) *s. m.* **1** DEP. Marca deportiva que supera las anteriores del mismo género y en idénticas condiciones: *El atleta norteamericano consiguió el récord del mundo de velocidad en pista cubierta.* **batir* el ~ . 2** Persona que posee una marca deportiva no superada: *Este nadador es el récord del mundo de 100 m libres.* **3** Cualquier hecho o cosa que supera una realización precedente: *récord en el número de trasplantes de corazón, una cosecha récord, una potencia récord. Se ha conseguido un récord de participación en las elecciones.* FR. Y LOC. **en un tiempo ~** En muy poco tiempo, en un tiempo más corto de lo que podría pensarse: *El mecánico cambió la rueda del coche en un tiempo récord.* **off* de ~ .**

recordar *v. tr. / intr.* **1** Traer ‹una persona› [una cosa] a la memoria: *Uno de los heridos en el incendio no recuerda nada de lo que pasó aquella noche. Mi hijo recuerda muy bien las vacaciones pasadas.* **2** Hacer ‹una persona o una cosa› que [una persona] tenga presente [una cosa]: *Te recuerdo que mañana tienes que madrugar. Tus palabras me han recordado lo importante que es la amistad.* **3** Ser ‹una persona o una cosa› muy parecida a [otra persona o a otra cosa] para [una persona]: *Luis me recuerda* ***a*** *un charlatán de feria.* || *v. tr.* **4** AMÉR. Grabar discos fonográficos. ⇒ **28.**

recordatorio *s. m.* **1** RESTRINGIDO. Aviso o advertencia que sirve para recordar una cosa: *Te he dejado un recordatorio en el contestador del teléfono.* **2** Tarjeta impresa que conmemora un acontecimiento de la vida de una persona relacionada con la religión como el bautizo, la primera comunión, la boda o los funerales: *En el entierro se dieron recordatorios a los familiares y amigos.*

recorrer *v. tr.* **1** Ir ‹una persona o un animal› de [una parte a otra de un lugar]: *Recorro esa distancia en pocos minutos.* **2** Leer ‹una persona› [un escrito] sin prestar demasiada atención: *Luis apenas recorrió con la vista las cuartillas y ya sabía lo que decían.* **3** ART. GRÁF. Ajustar ‹una persona› [un texto dispuesto para la impresión] pasando letras de una línea a otra. FR. Y LOC. **andar / ~ las siete partidas*.**

recorrida *s. f.* **1** ARG., URUG. Recorrido, gira. **2** ARG. Patrulla de policías de una zona.

recorrido *s. m.* **1** Acción y resultado de recorrer: *A las ocho empezaremos el recorrido.* **2** Espacio que se recorre o se ha de recorrer: *El autobús ha modificado su recorrido habitual por las obras.* SIN. itinerario. **tren de largo ~ .**

recortable *s. m.* Hoja de papel o cartulina con figuras dibujadas para ser recortadas como juego o entretenimiento: *El niño está entretenido con unos recortables.*

recortado, da *adj.* **1** (ser / estar; antepuesto / pospuesto) Que tiene el borde con entrantes y salientes: *costa recortada, hoja recortada. Observa el recortado perfil del acantilado. La carretera está recortada en la roca.* || **2 escopeta* recortada.**

recortar *v. tr.* **1** Cortar ‹una persona› lo que sobra de [una cosa]: *Debes recortar los flecos más largos que sobresalgan de la cortina.* **2** Cortar ‹una persona› un papel u otra cosa para obtener [una determinada figura]: *Dibuja la silueta de una casa y recórtala.* **3** PINT. Señalar ‹una persona› los perfiles de [una figura]. **4** Disminuir ‹una persona› [una cosa]: *Recortamos los gastos al cambiar de trabajo.* || *v. prnl.* **5** Dibujarse el perfil de ‹una cosa› sobre [otra cosa]: *Las montañas se recortaban* ***en*** *el horizonte.*

recorte *s. m.* **1** Acción y resultado de recortar: *La mesa estaba llena de recortes de periódico.* **2** Disminución en la cantidad o tamaño de una cosa: *Se han anunciado recortes presupuestarios para el próximo año.*

recoser *v. tr.* **1** Coser ‹una persona› encima de [una cosa ya cosida]. **2** Hacer ‹una persona› un zurcido en [una prenda]: *Celia me ha recosido el forro del bolsillo.*

recostar *v. tr. / prnl.* **1** Inclinar y apoyar ‹una persona que está de pie o sentada› [la parte superior del cuerpo] en [un lugar]: *Mi abuela* ***se*** *recostó* ***en*** *el sofá. Recuésta****te sobre*** *mi hombro.* **2** Inclinar y apoyar ‹una persona› [una cosa] en [otra cosa]: *El electricista recostó la lámpara* ***en*** *la pared. Dejé el tablero recostado* ***sobre*** *la puerta.* SIN. reclinar. ⇒ **28.**

recova *s. f.* ARG. Soportal.

recoveco *s. m.* **1** Sitio escondido: *El perro se había escondido en un recoveco del garaje. Nos gusta pasear por los recovecos de las ciudades.* SIN. rincón. **2** (preferentemente en plural) COLOQUIAL. Manera complicada de comportarse o de hablar una persona: *Su vida está llena de recovecos, de misterios que nadie conoce. Nadie entendió lo que dijo, porque utilizó muchos recovecos.* **3** Conjunto de curvas pronunciadas en diferentes direcciones que forma la línea de una calle, de un camino, de un río o de otra cosa por el estilo: *Ha habido un choque en el recoveco de la carretera a la salida del pueblo.* SIN. recodo.

recrear *v. tr.* **1** Reproducir ‹una persona o una obra› [un ambiente o una época]: *La película recrea el Madrid de la posguerra.* **2** Hacer ‹una persona o una cosa› que [una persona] se divierta o disfrute mucho: *Le gusta ir al Prado porque le recrea la vista contemplar las obras maestras de la pintura.* SIN. deleitar. || *v. prnl.* **3** Hacer ‹una persona› [una cosa] con gusto, deteniéndose mucho en ello: *El arquitecto se ha recreado* ***en*** *el diseño de este edificio.* SIN. complacerse.

recreativo, va *adj.* Que recrea o distrae: *juegos recreativos, jornada recreativa, institución recreativa.*

recreo *s. m.* **1** (no contable) Diversión, entretenimiento o descanso: *viaje de recreo.* **2** Descanso entre clases escolares: *El bocadillo me lo comeré a la hora del recreo.* **3** Lugar para descansar o divertirse: *casa de recreo. Me dejé la pelota en el recreo.* **barco de ~. 4** (no contable) Gusto o placer de los sentidos: *Esta flor es un recreo para la vista.*

recriar *v. tr.* GAN. Alimentar ‹una persona› [animales domésticos que ha comprado] para venderlos: *Don Carlos se dedica a recriar potros ingleses.* ⇒ **8.**

recriminación *s. f.* Acción y resultado de recriminar: *Estoy cansado de oír las continuas recriminaciones de mi jefe.*

recriminar *v. tr.* **1** Dirigir ‹una persona› reproches o censuras a [otra persona] por [su conducta o sus acciones]: *Felisa me recriminó que no la hubiera ayudado. Los sindicatos recriminan al Gobierno que sólo ha negociado con los empresarios.* SIN. reprochar. || *v. tr. / prnl.* **2** Responder ‹una persona› a una acusación hecha por [otra persona] con una acusación semejante: *Los dos hermanos **se** recriminaron su falta de solidaridad.*

recristalización *s. f.* GEOL. Proceso mediante el cual los cristales de una roca se transforman en otros nuevos con distinta composición y estructura.

recrudecer *v. tr.* **1** Hacer ‹una persona o una cosa› que aumente la intensidad o el efecto de [una cosa perjudicial o desagradable que había empezado a disminuir]: *La tormenta recrudeció los problemas de alumbrado. La intervención de las potencias recrudeció la guerra.* SIN. agravar. || *v. prnl.* **2** Experimentar el efecto o el aumento de la intensidad ‹una cosa perjudicial o desagradable que había empezado a disminuir›: *Se ha recrudecido la crisis económica.* SIN. agravarse. ⇒ **5.**

recta *s. f.* **1** GEOM. Línea compuesta por una sucesión de puntos en una misma dirección: *La recta es la línea más corta posible entre dos puntos.* **2** Cosa que tiene la forma de una línea recta: *Los caballos entran ya en la recta final. Tienes que pasar una recta de unos cien metros y luego torcer.*

rectal *adj.* ANAT. Del intestino recto: *exploración rectal.*

rectangular *adj.* **1** [Figura geométrica] que tiene uno o más ángulos rectos: *tetraedro rectangular.* **2** Que tiene figura de rectángulo: *plaza rectangular, habitación rectangular.*

rectángulo *adj.* **1** [Figura geométrica] que tiene ángulos rectos. **triángulo ~** Triángulo que tiene un ángulo recto. || *s. m.* **2** Figura geométrica de cuatro lados, que tiene los ángulos rectos y los lados iguales dos a dos: *El rectángulo y el cuadrado son cuadriláteros.*

rectificación *s. f.* **1** Acción y resultado de rectificar: *Tengo que hacer una rectificación a sus palabras. Casi no se nota la rectificación del dibujo.* **2** ELECTRIC. Proceso que permite obtener una corriente continua a partir de otra alterna. **3** QUÍM. Proceso que permite purificar un líquido o separar sus componentes mediante destilación.

rectificar *v. tr.* **1** Corregir ‹una persona› las imperfecciones, los errores o los defectos de [una cosa]: *Ya he rectificado las faltas de la pintura del salón.* **2** Decir ‹una persona› [una cosa en oposición a lo manifestado por otra persona o un medio de comunicación]: *Los periódicos rectificaron las informaciones dadas el día anterior. El ministro rectificó los datos aparecidos en el informativo.* SIN. enmendar. **3** Poner ‹una persona› [una cosa] recta: *He conseguido rectificar la llave del coche que se me torció.* SIN. enderezar. **4** MEC. Corregir ‹una persona› las deformaciones o las desviaciones de [una pieza mecánica]: *El mecánico rectificó el motor del coche, pero aún no está bien ajustado.* **5** ELECTRIC. Convertir ‹un aparato› [una corriente eléctrica alterna] en continua. **6** GEOM. Hallar ‹una persona› [una recta cuya longitud sea igual a la de una curva]. **7** QUÍM. Quitar ‹una persona o una cosa› las impurezas de [un líquido]. || *v. tr. / prnl.* **8** Corregir ‹una persona› [su propia conducta o sus palabras]: *El joven no rectificó su conducta. El orador **se** rectificó cuando se dio cuenta de las consecuencias que podían tener aquellas declaraciones.* SIN. enmendar(se). ⇒ **71.**

rectilíneo, a *adj.* **1** Que está formado por líneas rectas o se desarrolla en línea recta: *movimiento rectilíneo, dibujo rectilíneo.* **2** [Carácter, comportamiento] que es recto y firme: *Este pensador tiene una trayectoria ideológica rectilínea y no admite crítica alguna.*

rectitud *s. f.* **1** (no contable) Calidad de la persona que actúa con justicia, honradez o firmeza, y de las cosas que hace: *Nadie puede dudar de la rectitud de este juez.* SIN. honestidad. **2** Comportamiento o actitud justos, honrados y firmes: *La rectitud de sus actos nos inspira a todos nosotros.* **3** (no contable) Calidad de las cosas que no se apartan de una dirección, o que no tienen inclinación, curvas o ángulos: *La rectitud del trazado de la carretera la hace monótona.*

recto, ta *adj.* **1** (ser / estar; antepuesto / pospuesto) Que no se aparta de una dirección, no se inclina a un lado ni a otro, o no forma curvas ni ángulos: *pasillo recto, calle recta. ¿El cuadro está recto o torcido? Ese coche viene recto hacia nosotros. El recto camino que llevaba hasta el castillo se perdía entre la niebla.* **línea* recta.** **2** (antepuesto / pospuesto) Que actúa con justicia, honradez o firmeza: *conducta recta. He tratado de ser recto en mis decisiones. El abogado ha llevado una recta trayectoria en su vida profesional.* **3** GRAM. [Sentido] que es el primero o literal que tiene una palabra, y no el figurado o metafórico: *Nunca sabes si habla en sentido recto o si hay una segunda intención en sus palabras. Cuando se dice que hay que congelar los sueldos, no se habla en sentido recto, porque nadie piensa en meter el dinero en la nevera.* || *s. m.* **4** ANAT. Última parte del intestino que termina en el ano: *El recto es el receptáculo de las heces, que son expulsadas a través del ano.* || **5 ángulo* ~.** FR. Y LOC. **todo ~** Derecho, sin torcerse o desviarse: *Siga usted todo recto y luego gire la segunda a la izquierda.*

rector, ra *adj.* **1** Que señala o marca la orientación: *principio rector.* **consejo ~ .** || *s. m. / f.* **2** Persona que dirige determinadas organizaciones o comunidades: *el rector del colegio, la rectora del hospital.* **3** Director o dirigente de una universidad: *La rectora inauguró el nuevo curso académico.* || *s. m.* **4** RESTRINGIDO. Párroco de una iglesia católica.

rectorado *s. m.* **1** (no contable) Cargo y oficio de rector: *La ilustre profesora ha llegado al rectorado después de una brillante vida académica.* **2** Oficina del rector: *La reunión se celebrará en el rectorado de la Universidad Autónoma.* **3** Periodo de tiempo en que un rector ocupa el cargo: *Su rectorado se ha caracterizado por la participación de todos los estamentos universitarios en la vida de la universidad.*

rectoral *adj.* Del rector o de la rectoría: *casa rectoral.*

rectoría *s. f.* RESTRINGIDO. Casa del párroco: *La rectoría está detrás de la iglesia.*

recua *s. f.* **1** Conjunto de animales de carga que transportan mercancías: *Hace unos años las mercancías llegaban a las poblaciones de las montañas en lentas recuas de mulas.* **2** COLOQUIAL; PEYORATIVO. Conjunto de personas o cosas que van una detrás de otra: *La policía tuvo que impedir que se acercase toda la recua de periodistas al lugar del atentado.*

recuadro *s. m.* **1** Línea o división en forma de cuadrado o de rectángulo que enmarca una cosa: *El niño encerró el dibujo en un recuadro.* **2** Superficie que queda enmarcada dentro de una línea en forma de cuadrado o de rectángulo:

Toda la noticia aparecía en un recuadro en la última página del periódico.

recubierto, ta *p.* Participio irregular de *recubrir.*

recubrimiento *s. m.* Acción y resultado de recubrir: *La madera se conserva mejor con un recubrimiento de pintura especial para exteriores. La caja tiene un recubrimiento de acero.*

recubrir *v. tr.* **1** Cubrir ‹una persona› [una cosa] con [otra cosa]: *Los albañiles recubrieron la pared* ***con*** *una capa de yeso. Falta recubrir el bizcocho* ***de*** *chocolate.* **2** Volver a cubrir ‹una persona› [una cosa]: *Si hace mucho calor recubriremos la terraza con el toldo del año pasado.* ⇒ **91.**

recuelo *s. m.* RESTRINGIDO. Café hecho con los posos de otro anterior: *Este bar es muy barato, aquí el café es de recuelo.*

recuento *s. m.* Acción y resultado de contar el número de personas o cosas que forman un conjunto: *En las elecciones, se procedió al recuento de votos después del cierre de los colegios electorales. El recuento de víctimas del terremoto aún no se ha completado.*

recuerdo *s. m.* **1** Acción y resultado de traer una cosa a la memoria: *No tengo un buen recuerdo de aquel día.* **2** Cosa recordada: *Tu recuerdo me acompaña siempre. Aquellos hechos son un recuerdo que preferiría olvidar.* **3** Objeto al que se atribuye la propiedad de hacer recordar a la persona lo que hace o que demuestra que ésta se ha acordado de la persona que lo recibe: *Cuando te vayas, ¿me dejarás un recuerdo? Me quedé su caja de música como recuerdo.* **4** Objeto que se adquiere con la finalidad de hacer recordar un lugar que se ha visitado: *recuerdo de París. Ésta es una tienda de recuerdos.* **5** (en plural) Saludo escrito u oral a través de otra tercera persona que envía una persona a otra: *Cuando veas a tu primo, le das recuerdos de mi parte. Blanca me ha enviado una carta en la que os manda recuerdos.*

recular *v. intr.* **1** COLOQUIAL. Andar o marchar ‹una persona, un animal o una cosa› hacia atrás: *El camión reculó para no interrumpir la circulación. El empuje de los enemigos hizo recular a nuestro ejército.* SIN. retroceder. **2** COLOQUIAL. Ceder ‹una persona› en una opinión o en una actitud que antes defendía: *El hombre tuvo que recular cuando salieron los amigotes del chico a defenderle.* SIN. retroceder.

reculón, na *adj.* TAUROM. [Toro] que anda hacia atrás por falta de valor o para preparar su embestida.

recuñar *v. tr.* MIN. Poner ‹una persona› cuñas en las grietas o hendiduras de [una mina o una cantera] para arrancar piedra o mineral.

recuperable *adj.* **1** Que puede o debe recuperarse para que pueda volver a utilizarse: *cristal recuperable, envase recuperable.* **2** Que puede volver a realizar las funciones que ya estuvo desarrollando: *Álvaro es un político recuperable para la vida pública del país, aunque haga varios años que está retirado.* **3** [Día, fiesta] que debe ser recuperado en el trabajo: *Hoy es fiesta recuperable, así que los viernes de las próximas semanas trabajaremos una hora más.*

recuperación *s. f.* **1** Acción y resultado de recuperar: *La recuperación de los territorios ocupados por el enemigo parece imposible. Tras la lesión, tuve una lenta recuperación. Se experimentan nuevos métodos para hacer posible la recuperación del plástico desechado. Tiene muy difícil la recuperación de todas las asignaturas. Se habla de síntomas de recuperación económica.* **2** Convocatoria de exámenes para los alumnos que han suspendido una asignatura: *No me presentaré a la recuperación de Física.* **3** Clases extraordinarias con el fin de aprobar una asignatura suspendida: *Durante este mes se darán en el instituto clases de recuperación.*

recuperar *v. tr.* **1** Volver a tener ‹una persona o una cosa› [una cosa que había perdido]: *Los viajeros recuperaron las tres maletas. Nadie piensa que los accionistas puedan recuperar su dinero.* SIN. recobrar. **2** Devolver ‹una persona› [a una persona o una cosa] el estado o el valor que merecía o tenía anteriormente: *En esta ciudad hemos recuperado varios monumentos románicos. El acusado espera aclarar todo en el juicio y recuperar así su libertad.* **3** Volver a poner ‹una persona› en servicio [una cosa que había quedado inutilizable]: *Las autoridades municipales han puesto unos contenedores para recuperar el vidrio.* SIN. reciclar. **4** Aprobar ‹una persona› [una asignatura o un examen] después de haberlo suspendido anteriormente: *Este verano tiene que recuperar cuatro asignaturas.* **5** Trabajar ‹una persona› [un tiempo especial] para completar el horario no trabajado: *Iré el sábado a la oficina para recuperar el permiso de la semana pasada.* || *v. prnl.* **6** Volver ‹una persona o una cosa› a su estado de normalidad después de haber pasado por una situación desfavorable o perjudicial: *El conductor se recuperó* ***del*** *susto y reanudó la marcha. María se ha mareado un poco, pero ya se ha recuperado.*

recurrente *adj.* Que se repite, vuelve a ocurrir o a aparecer después de un intervalo de tiempo: *fiebre recurrente. El miedo es un tema recurrente en su obra.*

recurrir *v. intr.* **1** Acudir ‹una persona› [a una persona o una cosa] en busca de [una cosa]: *Carmen recurrió* ***a*** *un somnífero* ***para*** *poder dormir. Recurro* ***a*** *él cuando tengo problemas.* **2** MED. Volver a aparecer ‹una enfermedad o sus síntomas› tras un periodo de mejoría: *Los síntomas de esta enfermedad remiten enseguida, pero recurren de vez en cuando.* || *v. intr. / tr.* **3** DER. Presentar ‹una persona› un recurso legal contra una sentencia o un mandato judicial: *A la letrada se le pasó el plazo para recurrir la sentencia. Me he enterado del resultado del expediente, pero no recurriré.*

recursivo, va *adj.* **1** RESTRINGIDO. Que puede repetirse indefinidamente: *elemento gramatical recursivo, estructura recursiva.* **2** COL. [Persona] que tiene recursos e ingenio para salir de cualquier situación. **3** COL. [Barrio de ciudad] que tiene muchos comercios.

recurso *s. m.* **1** Medio o solución que se tiene para conseguir una cosa o resolver una situación: *Estudiar idiomas era el único recurso que le quedaba para conseguir el puesto. Como último recurso, siempre podemos avisarlo para que nos solucione el problema.* **2** (en plural) Bienes o riquezas de que se dispone: *recursos económicos, recursos energéticos, recursos humanos, una persona con pocos recursos para convencer a nadie, una empresa con muchos recursos financieros. Las figuras retóricas son recursos estilísticos de los que se sirve el escritor.* **3** DER. Reclamación contra determinadas resoluciones o actos ante la autoridad que los realizó o ante otra jerárquicamente superior. **~ contencioso administrativo** Recurso que se interpone ante un tribunal una vez agotada la vía administrativa. **~ de alzada** Recurso administrativo que se interpone contra una resolución ante el superior del que la dictó, siempre que aquélla no ponga fin a la vía administrativa. **~ de amparo** Recurso por el que un ciudadano puede pedir del Tribunal Constitucional la protección de los derechos y libertades reconocidos en la Constitución. ~ **de apelación** Recurso en que se pretende que una resolución sea modificada total o parcialmente por un tribunal superior al que la dictó. ~ **de casación** Recurso que se interpone ante el Tribunal Supremo.

recusar *v. tr.* **1** ELEVADO. Mostrar ‹una persona› oposición hacia [una persona o una cosa]: *Él recusó el ofrecimiento que le hicieron.* SIN. rechazar, rehusar. **2** DER. Poner ‹una persona› un impedimento legítimo para la actuación de [un juez o un perito] en un juicio: *El presunto culpable ha recusado al juez de instrucción.* **3** DEP. Rechazar ‹una entidad deportiva› [a un árbitro] para que dirija sus partidos: *La junta directiva ha recusado al árbitro del domingo próximo porque considera que perjudica al equipo.*

red *s. f.* **1** (no contable) Tejido no muy espeso, hecho de cuerdas, hilos o alambres trabados o entrelazados: *El dueño del chalé tapó con red las ventanas.* **2** Objeto o instrumento hecho de este tejido: *red de pesca, red de tenis, red de circo.* **3** Conjunto organizado o interconectado de personas, establecimientos, vías de comunicación u otros elementos coordinados: *una red de supermercados, una red de espionaje, red telefónica, red eléctrica, red de transporte, red de carreteras, red de ventas.* **4** QUÍM. Disposición ordenada en tres dimensiones de las moléculas que constituyen un cristal formando figuras geométricas regulares con elementos de simetría. **5** Fuerte poder o atracción que una cosa o una persona ejerce sobre otra persona, generalmente dominándola o perjudicándola: *María tendió las redes de sus encantos y él no se pudo resistir. Nuestro jefe cree que pronto o tarde los consumidores caerán en la red de nuestros consejos.* FR. Y LOC. **caer* en la ~.**

redacción *s. f.* **1** Acción y resultado de redactar: *La redacción del libro duró cuatro años.* **2** Ejercicio escolar que consiste en una composición escrita: *El profesor mandó hacer una redacción sobre la paz.* **3** Conjunto de los redactores de un periódico: *El jefe de redacción ha decidido que esta noticia vaya en primera página.* **4** Despacho de los redactores de un periódico: *Lleva esta carta a la redacción.*

redactar *v. tr. / intr.* Expresar ‹una persona› [una idea o la narración de unos hechos] por escrito: *Celia redactó el informe que le pedí. Esta niña redacta con mucha dificultad.*

redactor, ra *s. m. / f.* **1** Persona que trabaja profesionalmente en la redacción de una editorial o de un periódico: *el redactor de un periódico. Olga es redactora en una editorial.* || **2** ~ **jefe** Persona que dirige la redacción de un periódico.

redada *s. f.* Operación realizada por la policía, que consiste en detener en un determinado lugar a un grupo de personas sospechosas: *La policía organizó una redada en esa famosa discoteca.*

redaño *s. m.* **1** ANAT. Mesenterio. **2** (en plural) COLOQUIAL. Fuerzas o valor: *Su madre tuvo redaños para sacar a su familia de la miseria.*

redargüir *v. tr.* ELEVADO. Utilizar ‹una persona› [el argumento de otra persona] para expresar lo contrario de lo que ésta dijo: *Ella redarguyó que los niños, que para él son la razón para no divorciarse, constituyen el motivo fundamental para el divorcio.* SIN. reargüir. ⇒ **46.**

redecilla *s. f.* **1** Red pequeña y fina para sujetar el peinado: *Le gustaba ponerse la redecilla en el pelo para dormir.* **2** ANAT. Segunda cavidad del estómago de los rumiantes.

redención *s. f.* **1** ELEVADO. Acción y resultado de redimir o redimirse: *La Orden de la Trinidad fue instituida para la redención de los cautivos. Encontrarte allí fue mi redención.* SIN. salvación. **2** REL. Entre los cristianos, salvación de los hombres por la pasión y muerte de Cristo: *La cruz es el símbolo de la redención.*

redentor *adj. / s. m.* y *f.* **1** (antepuesto / pospuesto) ELEVADO. Que redime: *perdón redentor. Las redentoras palabras de aquel hombre nos sacaron de nuestro fatal error. Siempre le gusta hacer el papel de redentor.* || *s. m.* **2** (en singular; con mayúscula) REL. Jesucristo, considerado por los cristianos como salvador de la Humanidad. FR. Y LOC. **meterse* a ~.**

redentorista *adj. / s. m.* REL. De la congregación de religiosos del Santísimo Redentor, fundada por San Alfonso María de Ligorio en 1732: *Los redentoristas tenían como objetivo la evangelización de los campesinos.*

redescuento *s. m.* COMERC. Nuevo descuento que hace un banco sobre valores o efectos comerciales ya descontados: *El Banco de España ha hecho un redescuento de algunas letras de cambio.*

redicho, cha *adj. / s. m.* y *f.* PEYORATIVO. Que habla intentando escoger las palabras más adecuadas o precisas y las pronuncia con exagerada perfección: *Ese profesor es demasiado redicho, y no hay quien lo soporte cuando habla. Ese niño, con siete años, es un redicho.*

rediez *interj.* COLOQUIAL; RESTRINGIDO; EUFEMISMO. Se usa para expresar enfado, disgusto, sorpresa o admiración: *¡Rediez, han vuelto a robarme la cartera!*

redil *s. m.* Lugar cercado donde los pastores recogen el ganado: *Las ovejas estaban en el redil.*

redimensionar *v. tr.* ARG. Reorganizar ‹una persona› [un aspecto de la Administración o del funcionamiento de una empresa o de una institución].

redimir *v. tr.* **1** ELEVADO. Sacar ‹una persona› [a otra persona] de [una situación desfavorable]: *Los compañeros de su padre muerto redimieron al huérfano **de** la pobreza. Cristo redimió **de** los pecados a los hombres.* SIN. liberar. **2** ELEVADO. Conseguir ‹una persona› la libertad de [otra persona] pagando una determinada cantidad por ella: *Los religiosos redimieron al esclavo.* **3** ECON. Dejar ‹una persona› [una cosa] libre de [la carga que pesa sobre ésta]: *El banco redimió la finca **de** la hipoteca.* || *v. prnl.* **4** ELEVADO. Superar ‹una persona› [una situación desfavorable]: *El reo se redimió gracias a su arrepentimiento y su buena conducta.*

rediós *interj.* COLOQUIAL; RESTRINGIDO. Se usa para expresar enfado, disgusto, sorpresa o admiración: *¡Rediós, qué mala suerte tengo! ¡Rediós, buena moza has tomado por esposa!*

redistribuir *v. tr.* Volver a distribuir ‹una persona› [una cosa]: *Las voluntarias redistribuyeron las prendas de abrigo entre los más necesitados.* ⇒ **46.**

rédito *s. m.* (preferentemente en plural) COMERC. Interés que produce el dinero: *El dinero que tenía en el banco le producía unos réditos muy altos.* SIN. renta.

redituar *v. tr.* ARG., URUG.; RESTRINGIDO en España. Producir ‹un capital› [réditos o intereses]. SIN. rentar. ⇒ **3.**

redivivo, va *adj.* ELEVADO. Que ha resucitado: *Cristo redivivo. Esta niña parece su abuela rediviva.*

redoblar *v. tr.* **1** Hacer ‹una persona o una cosa› que [una cosa] aumente el doble de lo que era antes: *Los empresarios* *redoblaron la ganancia en un año.* SIN. duplicar. **2** INTENSIFICADOR. Hacer ‹una persona o una cosa› que aumente el esfuerzo, la atención o la intensidad con que se realiza [una actividad]: *La policía redobló la vigilancia de la casa.* SIN. intensificar. **3** Doblar ‹una persona› [una cosa] sobre sí misma. || *v. intr.* **4** Tocar ‹una persona› redobles de tambor: *El tamoborilero redoblaba con fuerza.* || *v. prnl.* **5** Experimentar ‹una cosa› un aumento doble: *Se ha redoblado el número de demandas de empleo en este mes.* SIN. duplicarse.

redoble *s. m.* **1** RESTRINGIDO. Acción de redoblar: *Ni el redoble de la vigilancia pudo evitar que los presos escaparan.* **2** MÚS. Toque de tambor que se realiza haciendo rebotar los palillos rápidamente sobre éste: *El redoble de los tambores y el olor de la cera lo invadía todo durante la procesión.*

redoma *s. f.* QUÍM. Vasija de vidrio ancha en la base que se alarga y estrecha en la boca. SIN. matraz.

redomado, da *adj.* (antepuesto / pospuesto) INTENSIFICADOR. Que tiene en alto grado la cualidad negativa que se le atribuye: *Su novio es un tonto redomado. Tú no lo conoces bien, pero ese tipo es un redomado sinvergüenza.*

redondeado, da *adj.* (ser / estar; antepuesto / pospuesto) Que tiene una forma aproximadamente redonda: *El perfil es redondeado. Este adorno era cuadrado, pero ahora está redondeado. La redondeada forma de aquel paquete me hizo pensar que podía contener un sombrero.*

redondear *v. tr.* **1** Dar ‹una persona› forma redonda o curvada a [una cosa]: *Los ebanistas redondearon el borde de la mesa.* SIN. curvar. **2** Añadir o quitar ‹una persona› una pequeña cantidad a [otra cantidad] para que resulte una cifra más sencilla: *El precio era 3.515 pesetas, pero lo redondeó **en** 3.500.* **3** COLOQUIAL. Dar ‹una persona› los últimos toques a [un trabajo]: *Ya tengo la novela acabada, sólo me queda redondear algunos aspectos.*

redondel *s. m.* **1** COLOQUIAL. Línea circular cerrada: *Haz un redondel en el suelo con esa tiza.* SIN. circunferencia. **2** COLOQUIAL. Superficie contenida dentro de una línea circular cerrada: *El niño pintó de colores los redondeles.* SIN. círculo. **3** TAUROM. Ruedo de una plaza de toros: *Los mozos estaban preparando la arena del redondel.* SIN. coso.

redondela *s. f.* ARG. Redondel.

redondez *s. f.* **1** (no contable) Calidad de redondo: *Aceptar la redondez de la Tierra suponía romper con los esquemas tradicionales. La redondez de su cara era poco común.* **2** (no contable) Ausencia de ángulos o aristas: *La redondez de este coche le da una apariencia de vehículo del futuro.* **3** (preferentemente en plural) COLOQUIAL; HUMORÍSTICO. Pecho y nalgas de una mujer: *Las mujeres de bronce de aquel escultor se caracterizaban por sus redondeces.*

redondilla *s. f.* **1** MÉTR. Estrofa de cuatro versos de arte menor aconsonantados que riman el primero con el cuarto y el segundo con el tercero. || **2 letra* ~.**

redondo, da *adj.* **1** Que tiene una forma circular o esférica: *La pelota es redonda. El niño pintaba figuras redondas. La Tierra es redonda.* **2** (ser / estar) COLOQUIAL. Que ha resultado perfecto, completo o muy ventajoso: *un negocio redondo. La inversión ha sido redonda. He leído tu novela; déjala así, no la toques más que está redonda.* **3** [Cantidad, número] que se ha aproximado a las decenas o centenas exactas para facilitar su utilización: *Aunque me costó 2.578 pesetas, le cobré 2.500 redondas.* || *adj. / s. m.* y *f.* **4** ART. GRÁF. [Tipo de letra] que es la habitual, en oposición a la cursiva o negrita. || *s. m.* **5** Pieza de carne de vacuno casi cilíndrica: *Hoy he hecho redondo de ternera.* **6** Ración de carne de vacuno que forma parte de una pieza de carne cilíndrica: *De segundo, dos redondos, por favor.* || **7 bulto* ~. 8 mesa* redonda.** FR. Y LOC. **caer ~** COLOQUIAL. Caer ‹una persona› al suelo sin sentido: *Luis se desmayó y cayó redondo ante la sorpresa general.* **en números* redondos. en ~** 1 Dando una vuelta completa: *El perro giró en redondo y volvió a la casa.* 2 COLOQUIAL. De manera clara y definitiva: *El nuevo empleado se negó en redondo a hacer ese trabajo.* **negarse* en ~** o **negar(se) de plano.**

redorar *v. tr.* Volver a dorar ‹una persona› [una cosa].

reducción *s. f.* **1** Acción y resultado de reducir: *reducción de impuestos. El primer objetivo de la Jefatura de Tráfico es conseguir la reducción de la velocidad en las carreteras.* || **2 ~ al absurdo** LÓG. Prueba de la falsedad de una afirmación por la falsedad de sus consecuencias: *El político invalidó los argumentos de la oposición por reducción al absurdo.*

reducido, da *adj.* (antepuesto / pospuesto) Que es muy pequeño o estrecho: *tamaño reducido, espacio reducido. Las reducidas dimensiones del local impedían que entrara más gente.* **tarifa* reducida.**

reducidor, ra *s. m. / f.* ARG., URUG. Persona que negocia cosas robadas, perista.

reducir *v. tr.* **1** Hacer ‹una persona o una cosa› que disminuya el volumen, el tamaño o la intensidad de [una cosa]: *Los técnicos redujeron la fuerza de la máquina **a** la mitad.* **2** Convertir ‹una persona o una cosa› [una cosa] en [otra cosa más sencilla]: *Es muy difícil reducir la pintura **a** unos cuantos rasgos.* **3** Convertir ‹una persona o una cosa› [una cosa] en [otra de menos valor]: *Mi jefe ha reducido el problema **a** un enfrentamiento personal.* **4** Imponer ‹una persona› su dominio o autoridad [a una o más personas] por la fuerza o la violencia: *Los policías redujeron a los secuestradores en un ataque sorpresa.* **5** MAT. Expresar ‹una persona› [una medida] por medio de [otra medida más pequeña]: *Reduce los kilómetros **a** metros.* **6** MAT. Transformar ‹una persona› [una expresión matemática] en [otra más sencilla]: *El primer paso para operar es reducir las incógnitas de la ecuación.* **7** FÍS. Hacer ‹una persona o una cosa› que [un cuerpo en estado sólido] pase [al estado líquido o gaseoso] o a la inversa. **8** QUÍM. Descomponer ‹una persona› [una sustancia] en [sus elementos]. **9** QUÍM. Hacer ‹una persona o una cosa› que [un átomo o un ión] gane [electrones]. **10** MED.Volver a colocar ‹una persona› en su posición natural [un hueso fracturado o una parte herniada]. **11** ARG., URUG. Comerciar ‹una persona› con [cosas robadas]. || *v. intr.* **12** AUTOMOV. Cambiar ‹un conductor› de una marcha más larga a otra más corta: *Redujo de tercera a segunda cuando vio el semáforo rojo.* || *v. prnl.* **13** Disminuir ‹una cosa› su volumen, tamaño o intensidad: *El número de socios del club se redujo por los malos resultados del equipo.* **14** Resultar ‹una cosa› [otra de menos valor]: *La deuda se redujo gracias a una aportación extraordinaria de capital.* **15** Pasar ‹un cuerpo en estado sólido› [al estado líquido o gaseoso] o a la inversa: *El hierro se reduce del estado sólido al líquido a 1.535° C.* **16** Limitarse ‹una persona o una cosa› a [una cosa]: *El ponente se redujo **a** la propuesta y olvidó los temas pendientes.* SIN. ceñirse. FR. Y LOC. **~ a cenizas*** o **convertir en cenizas. ~ a la mínima ex-**

presión*. **~ al silencio** Hacer callar por completo a una persona o a una cosa: *El protagonista redujo al silencio a los matones.* ⇒ **27.**

reducto *s. m.* **1** Lugar o grupo donde permanecen costumbres, ideologías o culturas ya pasadas o en vías de extinción: *Granada fue el último reducto del Islam en la Península.* **2** Lugar que una persona o un grupo considera exclusivo o donde se encuentra protegido: *reducto cultural. Quedan algunos reductos de indios en el norte de América.* **3** Fortificación o lugar que tiene buenas condiciones para ser defendido. SIN. fortaleza.

reductor *adj. / s. m.* y *f.* **1** Que reduce o sirve para reducir: *técnica reductora, mecanismo reductor, crema reductora.* || *adj. / s. m.* **2** QUÍM. [Sustancia] que puede reducir o descomponer otra sustancia. || *s. m.* **3** QUÍM. Átomo, ión o grupo de átomos capaz de reducir un elemento químico.

redundancia *s. f.* **1** Repetición innecesaria de una palabra, expresión o idea: *Los fanáticos, llevados por su fanatismo, valga la redundancia, rompieron escaparates y quemaron autobuses.* **2** COMUNIC. Repetición de la información contenida en un mensaje, que permite reconstruir su contenido, aunque se haya perdido una parte del mismo: *Gracias a la redundancia podemos comunicarnos con más facilidad.*

redundante *adj.* Que contiene redundancia: *mensaje redundante, información redundante, expresión redundante.*

redundar *v. intr.* ELEVADO. Resultar ‹una cosa› en [beneficio o perjuicio] de [una persona o una cosa]: *Este acuerdo redundará **en** beneficio **de** todos.*

reduplicación *s. f.* **1** Acción y resultado de reduplicar: *La empresa ha pedido la reduplicación de esfuerzos para aumentar las ventas. Con este amplificador es posible la reduplicación de la intensidad del sonido.* **2** RET. Repetición consecutiva de una palabra o de una parte de la frase: *La reduplicación se utiliza mucho en poesía.*

reduplicar *v. tr.* **1** Hacer ‹una persona o una cosa› que [una cosa] aumente el doble de lo que era antes: *El Ayuntamiento ha reduplicado el importe de las multas.* SIN. duplicar. **2** Hacer ‹una persona o una cosa› que [una cosa] aumente varias veces el tamaño o la intensidad que tenía antes: *Con la nueva central eléctrica se reduplica la producción de este tipo de energía.* SIN. multiplicar. ⇒ **71.**

reedición *s. f.* Edición segunda o posterior de un impreso: *Han hecho una reedición de esa novela.*

reedificar *v. tr.* Volver a construir ‹una persona› [un edificio derruido] o edificar de nuevo en [un lugar que ya estuvo edificado]: *El Ayuntamiento va a tirar esas viejas casas para reedificar un hotel.* ⇒ **71.**

reeditar *v. tr.* Volver a editar ‹una persona› [una obra]: *La editorial va a reeditar las obras completas de Machado.*

reeducar *v. tr.* Volver a enseñar ‹una persona› [a otra persona] el uso de un miembro dañado por enfermedad o accidente: *Los médicos le están reeducando la mano después de una delicada operación en la muñeca.* ⇒ **71.**

reel (del inglés; pronunciamos *'ril'*) *s. m.* ARG., URUG. Carrete.

reelegible *adj.* Que puede ser reelegido: *El presidente del club no es reelegible según los estatutos nuevos.*

reelegir *v. tr.* Volver a elegir ‹una persona› [a una persona o una cosa]: *La asamblea ha reelegido al secretario general saliente por otros cuatro años.* ⇒ **66.**

reembarcar *v. tr. / prnl.* Volver a embarcar ‹una persona› [a una persona o una cosa] después de haber desembarcado: *Los cargadores han reembarcado la mercancía que habían desembarcado en este puerto por error. El explorador **se** reembarcó para seguir viaje.* ⇒ **71.**

reembolsable o **rembolsable** *adj.* Que puede o debe reembolsarse: *cantidad reembolsable.*

reembolsar o **rembolsar** *v. tr.* Devolver ‹una persona› [una cantidad de dinero] a [otra persona que la había desembolsado]: *Ellos me reembolsaron el importe total de la factura.* SIN. reintegrar.

reembolso o **rembolso** *s. m.* **1** Acción y resultado de reembolsar o reembolsarse. **2** Pago del importe de un objeto enviado por correo o por una agencia de transportes que el destinatario hace en el momento de recibirlo: *Hay que pagar el libro contra reembolso.* **contra ~.**

reemplazable o **remplazable** *adj.* Que puede ser reemplazado o sustituido: *Nadie es insustituible, todos somos reemplazables.* ANT. irremplazable.

reemplazar o **remplazar** *v. tr.* **1** Poner ‹una persona› [a otra persona o una cosa] en lugar de [otra cosa]: *Los mecánicos reemplazaron la pieza estropeada **por** una nueva. El director general reemplazará al subdirector **con** el actual secretario.* SIN. sustituir. **2** Ocupar ‹una persona o una cosa› el lugar de [otra persona u otra cosa]: *Luis reemplazó a Pedro **en** el cargo de jefe de estudios.* SIN. sustituir. ⇒ **19.**

reemplazo o **remplazo** *s. m.* **1** RESTRINGIDO. Acción y resultado de reemplazar. **2** MIL. Conjunto de mozos que entran en el ejército para prestar el servicio militar en un determinado año: *La víctima era un soldado de reemplazo.*

reemprender *v. tr.* Volver a emprender ‹una persona› [una cosa que se había interrumpido]: *Después de descansar, el caminante reemprendió la marcha.* SIN. reanudar.

reencarnación *s. f.* REL. Acción y resultado de reencarnar o reencarnarse: *Hay muchas personas que creen en la reencarnación de las almas.*

reencarnar *v. intr. / prnl.* Volver a encarnarse ‹un alma o un espíritu› en [un cuerpo diferente]: *Cuenta la leyenda que el niño **se** reencarnó **en** león.*

reencontrar o **rencontrar** *v. tr. / prnl.* Encontrar ‹una persona› [a una persona o una cosa] de nuevo: *Él **se** reencontró **con** sus amigos de la infancia. Alicia perdió el reloj, lo encontró, lo volvió a perder y lo volvió a reencontrar.* ⇒ **28.**

reencuentro o **rencuentro** *s. m.* Acción de reencontrar o reencontrarse: *un reencuentro feliz.*

reenganchar *v. tr. / prnl.* **1** MIL. Volver a alistar ‹una persona› en el ejército [a un soldado que ha terminado su servicio militar]: *Jorge **se** reenganchó dos años más. El sargento ha reenganchado al soldado.* || *v. prnl.* **2** COLOQUIAL. Volver a hacer ‹una persona› [una cosa]: *Acabo de venir de viaje, pero no me importaría reengancharme al vuestro e irme mañana otra vez.* **3** VEN. Emplear ‹una persona› de nuevo [a otra persona] que había sido despedida.

reenganche *s. m.* **1** MIL. Acción y resultado de volver a alistarse una persona en el ejército: *Está pensando en el reenganche, porque le gusta la vida militar.* **2** COLOQUIAL. Acción y resultado de volver a hacer una cosa por segunda vez: *Los que ya han dado una vuelta en el tiovivo que se bajen, porque aquí no hay reenganches.* **3** VEN., COLOQUIAL. Empleo que una empresa o un patrón le da otra vez a una persona despedida.

reestrenar *v. tr.* Volver a estrenar ‹una persona› [una obra de teatro, una película o un espectáculo]: *La compañía de teatro va a reestrenar «El alcalde de Zalamea».*

reestreno *s. m.* Acción y efecto de reestrenar.

reestructurar *v. tr.* Hacer ‹una persona o una cosa› que se modifique la estructura o la organización de [una cosa]: *La compra de nuevo material reestructuró nuestro trabajo. Los dueños van a reestructurar la empresa.* SIN. reorganizar.

reexpedir *v. tr.* Enviar ‹una persona› [una cosa que había recibido]: *Hemos reexpedido a los socios los paquetes que recibimos de la oficina central.* SIN. reenviar. ⇒ **57.**

reexportar *v. tr.* ECON. Exportar ‹una persona› [mercancías que se habían importado]: *Algunos países compran productos a otros y a su vez los reexportan, con lo que se convierten en intermediarios.*

refacción *s. f.* **1** ELEVADO. Comida que se toma para recuperar fuerzas. **2** AMÉR. Acción y resultado de refaccionar, arreglo: *la refacción del monumento.* **3** MÉX. Pieza de repuesto, recambio.

refaccionar *v. tr.* AMÉR. Reparar, arreglar o restaurar ‹una persona› [una cosa].

refajo *s. m.* Falda corta de abrigo que usaban las mujeres debajo de los vestidos.

refectorio *s. m.* Comedor de un convento o de una comunidad religiosa.

referee (del inglés; pronunciamos *'referí'*) DEP.; ARG., URUG. Árbitro de fútbol.

referencia *s. f.* **1** Alusión indirecta a una cosa: *En la reunión la secretaria hizo una referencia al viaje del jefe.* SIN. mención. **2** Indicación que relaciona una cosa con otra, o da información sobre ella: *En este libro hay muchas referencias a tu investigación sobre ese tema. Al pie de cada foto está el número de referencia.* **3** (preferentemente en plural) Informe positivo, firmado por una persona de responsabilidad, que presenta un aspirante a un puesto de trabajo: *El nuevo empleado trae muy buenas referencias del jefe de personal de la otra empresa.* **4** Información sobre una persona o una cosa: *En la inmobiliaria me han dado la referencia de un piso que venden. La periodista redactó una breve referencia del día del concurso.* || **5 punto* de ~.**

referendo *s. m.* Referéndum.

referéndum o **referendo** (plural *referéndums* o *referendos*) *s. m.* POLÍT. Mecanismo político por el que se somete a votación pública un asunto de especial trascendencia: *El Gobierno español sometió a referéndum la entrada en la OTAN.*

referente *adj.* **1** Que se refiere o hace relación a otra cosa o a otra persona: *El alcalde lo llamó por un asunto referente **a** la venta de unos terrenos. En lo referente **a** ti no tengo nada que decir.* || *s. m.* **2** LING. Elemento extralingüístico al que hace referencia una palabra o una construcción: *el referente de un pronombre, el referente de un deíctico textual. El sintagma nominal y la aposición tienen el mismo referente.*

referí *s. m.* DEP.; AMÉR. Árbitro de fútbol.

referir *v. tr.* **1** Narrar ‹una persona› [una historia o un suceso]: *Laura refirió concisamente el triste final de la historia. El testigo ha referido los acontecimientos con todos los detalles.* **2** Atribuir o aplicar ‹una persona› [una cosa] a [una persona, una idea o una época]: *El autor refiere la anécdota **al** reinado de Carlos I.* **3** RESTRINGIDO. Enviar ‹una nota de un libro› [al lector] a [otro lugar del libro] para encontrar la información que busca: *Algunas llamadas del texto refieren al lector **al** apéndice.* || *v. prnl.* **4** Aludir ‹una persona› [a una persona o una cosa] de forma expresa o implícita: *¿No te referirás **a** aquel muchacho?* ⇒ **75.**

refilón Se usa en la LOC. **de ~** 1 COLOQUIAL. De lado o de manera oblicua: *El sol daba de refilón en la casa.* 2 COLOQUIAL. De forma superficial, sin fijarse mucho: *No estoy seguro de si era él, porque sólo lo vi de refilón. He visto la noticia de refilón.*

refinado, da *adj.* **1** (antepuesto / pospuesto) Que es elegante y de buen gusto: *un refinado salón, unos modales refinados, un estilo refinado.* **2** (antepuesto / pospuesto) Que percibe o actúa con detalle, rapidez y penetración: *refinada inteligencia, crueldad refinada.* **3** (ser / estar) Que ha sido sometido a un proceso de refinamiento: *El aceite que utilizamos aquí es refinado. El azúcar está refinada.* || *s. m.* **4** Acción y resultado de refinar: *En una dependencia próxima al almacén se llevaba a cabo el refinado del azúcar.*

refinamiento *s. m.* Acción y resultado de refinar: *el refinamiento del petróleo, el refinamiento de una persona.*

refinar *v. tr.* **1** Hacer ‹una persona o una cosa› que [una cosa] sea más fina o pura: *La industria refina el azúcar para poder utilizarla con garantías.* SIN. purificar. **2** Hacer ‹una persona o una cosa› que [una cosa] tenga mayor perfección: *El chico refinó sus modales.* SIN. pulir. **3** GAN.; ARG. Cruzar ‹una persona› [animales] para mejorar la raza.

refinería *s. f.* Instalación industrial donde se realiza el proceso de refinado de un producto: *Los directivos decidieron construir una refinería de petróleo en Tarragona.*

refino *s. m.* RESTRINGIDO. Acción y resultado de refinar: *el refino del petróleo.* SIN. refinado.

refistolero, ra *adj. / s. m.* y *f.* VEN.; COLOQUIAL. Presuntuoso, presumido.

reflectante *adj.* Que reflecta: *señal reflectante.*

reflectar *v. tr. / intr.* FÍS. Rechazar ‹una superficie› [la luz, el calor, el sonido u otro tipo de radiación que llega a ella]: *El muro reflecta el calor. Estas gafas de sol reflectan mucho.* SIN. reflejar.

reflector, ra *adj.* **1** Que refleja: *cuerpo reflector, aparato reflector.* || *s. m.* **2** Aparato que refleja los rayos luminosos o caloríficos: *Los poderosos reflectores desviaban la luz del sol para concentrarla en un solo punto.* **2** Luz de gran potencia, generalmente dirigible, que concentra la intensidad de su luz sobre un punto concreto: *La policía nos enfocó con los reflectores.* SIN. foco.

reflejar *v. tr. / intr. / prnl.* **1** Rechazar ‹una superficie› [la luz, el calor, el sonido u otro tipo de radiación que llega a ella]: *El asfalto mojado reflejaba la luz del sol. El mar **se** refleja.* SIN. reflectar. || *v. tr. / prnl.* **2** Devolver ‹una superficie lisa y brillante› [la imagen de una persona o una cosa]: *El espejo refleja tu imagen. Me he visto reflejada en el agua del lago.* || *v. tr.* **3** Hacer patente ‹una persona o una cosa› [una cosa]: *Las noticias reflejan preocupación.* SIN. revelar. || *v. prnl.* **4** Aparecer ‹una cosa› en [otra cosa o un lugar diferente del que se originó]: *El dolor del cuello se me refleja **en** el hombro.* **5** Verse ‹la imagen de una persona o una cosa› en [una superficie lisa y brillante]: *Los árboles se reflejan **en** el río.*

reflejo, ja *adj.* **1** Que ha sido reflejado: *imagen refleja.* **2** FISIOL. [Dolor] que se manifiesta en un lugar del cuerpo diferente a aquel en el que se origina. || *s. m.* **3** (no contable) Luz reflejada: *Me he cegado por el reflejo del sol. La luna producía reflejos plateados sobre el mar.* SIN. destello. **4** Imagen reflejada: *Él veía el reflejo del paisaje en la ventana.* **5** Cosa que manifiesta, muestra o reproduce otra cosa: *La obra es un pálido reflejo de la realidad.* **6** (en plural) Capacidad para reaccionar con rapidez: *Para conducir hay que tener buenos reflejos.* || **7 acto* ~ . 8 pasiva* refleja.**

reflexión *s. f.* **1** (no contable) Acción y resultado de reflexionar: *El asunto nos merece una detenida reflexión.* SIN. meditación. **2** Razonamiento que una persona hace para inducirse a sí misma o a otra persona a obrar razonablemente: *Mi tutor me hizo una reflexión muy oportuna.* **3** LING. Funcionamiento del verbo reflexivo: *La reflexión puede atenuarse de modo que los pronombres no sean objeto directo ni objeto indirecto.* **4** FÍS. Cambio en la dirección o en el sentido de propagación de una onda cuando encuentra un obstáculo que no puede atravesar: *la reflexión de la luz.*

reflexionar *v. intr./tr.* Pensar o considerar ‹una persona› [una cosa] detenidamente: *Después de tu visita, reflexionó* ***sobre*** *tus palabras. Antes de tomar la palabra reflexionó el mensaje que quería transmitirnos.* SIN. meditar.

reflexivo, va *adj.* **1** [Superficie] que refleja o reflecta. **2** (ser / estar) Que se expresa o actúa con reflexión: *actitud reflexiva, opinión reflexiva. Tu marido es una persona muy reflexiva. Desde que cometió aquel error está muy reflexiva, y se piensa mucho las cosas antes de hacerlas.* || **3** GRAM. [Pronombre personal] que se refiere a la misma persona que el sujeto. **4** GRAM. [Verbo] que se construye con un pronombre reflexivo. **5** GRAM. [Oración] que se construye con un verbo reflexivo.

reflorecer *v. intr.* **1** BOT. Volver a florecer ‹una planta›. **2** RESTRINGIDO. Volver a tener ‹una cosa inmaterial› la importancia o la consideración que había perdido: *Hechas las paces, refloreció la amistad que los unía.* ⇒ **5.**

reflotar *v. tr.* **1** Volver a poner a flote ‹una persona› [una embarcación hundida o encallada]: *El ejército ha reflotado la patrullera hundida.* **2** ECON. Hacer ‹una persona o una cosa› que [una empresa o un negocio] vuelva a producir beneficios: *Un grupo de empresarios ha reflotado el banco.*

refluir *v. intr.* Ir ‹una corriente líquida› hacia atrás: *A estas horas, la marea refluye.* ⇒ **46.**

reflujo *s. m.* **1** Descenso de la marea: *Cuando hay reflujo es difícil salir del agua.* **2** Retroceso en una actividad: *Ha habido un reflujo en las ventas.*

refocilar *v. tr. / prnl.* **1** RESTRINGIDO. Divertir ‹una persona› [a otra persona] con [cosas groseras]: *El humorista refocila al público* ***con*** *sus gestos obscenos. Pepe* ***se*** *refocila* ***con*** *chistes de mal gusto.* || *v. intr.* **2** RESTRINGIDO. Mantener ‹dos personas› relaciones sexuales: *La policía los detuvo mientras refocilaban en un jardín.* || *v. prnl.* **3** RESTRINGIDO. Complacerse ‹una persona› en [las desgracias de otra persona] maliciosamente: *Esa persona se refocila* ***en*** *el mal ajeno. El vecino de arriba se refocila* ***con*** *las desgracias del pobre portero.*

refocilo *s. m.* ARG. Refucilo, relámpago.

reforestación *s. f.* Acción y resultado de reforestar: *La reforestación es necesaria para evitar la degradación del suelo.*

reforestar *v. tr.* Volver a plantar ‹una persona› árboles en [un terreno]: *ICONA ha reforestado los bosques que se quemaron el verano pasado.*

reforma *s. f.* **1** Acción y resultado de cambiar una cosa para mejorarla: *Las casas viejas necesitan reformas. Nadie confía en la reforma de su comportamiento.* **liquidación* por ~. 2** HIST. Movimiento religioso e intelectual del siglo XVI que originó la separación de las Iglesias protestantes de la Iglesia de Roma: *Lutero inició la Reforma en Alemania.*

reformar *v. tr.* **1** Cambiar ‹una persona› [una cosa] con la intención de mejorarla: *Van a reformar la estructura organizativa de la empresa.* || *v. tr. / prnl.* **2** Cambiar ‹una persona› [el comportamiento de otra persona] al hacer que abandone conductas o hábitos censurables o perjudiciales: *El psicólogo ha reformado el carácter de mi hijo, y ahora es mucho más afable. Su marido era un jugador empedernido, pero* ***se*** *ha reformado por completo.* SIN. corregir.

reformatorio *s. m.* Establecimiento penitenciario donde son recluidos los menores de edad que han cometido algún delito: *Los policías lo han pillado varias veces robando y lo han encerrado en un reformatorio.* SIN. correccional.

reformismo *s. m.* (no contable) POLÍT. Ideología y comportamiento de los partidarios de las reformas en una situación política, religiosa o social: *En el reformismo se agrupan aquellos políticos partidarios de reformas graduales y progresivas.* ANT. inmovilismo.

reformista *adj. / s. m.* y *f.* POLÍT. Que es partidario de hacer reformas: *Los reformistas sindicales proponen nuevos reglamentos. La corriente reformista del partido no está de acuerdo con la actual estrategia.*

reforzador *s. m.* FOT. Líquido utilizado para reforzar la imagen débil de un cliché.

reforzar *v. tr.* **1** Hacer ‹una persona o una cosa› que [una cosa] sea más fuerte o sólida al ponerle un refuerzo: *Los carpinteros reforzaron la puerta con una plancha metálica.* SIN. fortalecer. **2** Hacer ‹una persona o una cosa› que aumente la intensidad o la eficacia de [una cosa]: *Antes de su visita, las autoridades reforzaron la guardia de palacio. Van a reforzar el servicio de Correos estas Navidades.* **3** FOT. Dar ‹una persona› un baño a [los clichés] con un líquido especial para aumentar el contraste de las imágenes. ⇒ **41.**

refracción *s. f.* FÍS. Variación de dirección y velocidad que experimenta una onda al cambiar el medio de propagación: *Sonia hacía un experimento sobre la refracción de la luz.* **ángulo* de ~. doble ~** Propiedad que tienen ciertos cristales de duplicar las imágenes de los objetos.

refractar *v. tr.* **1** FÍS. Hacer ‹una persona o una cosa› que [un rayo de luz u otra radiación] cambie de dirección o de velocidad cuando pasa de un medio a otro. SIN. refringir. || *v. prnl.* **2** FÍS. Cambiar ‹un rayo de luz u otra radiación› de dirección o de velocidad cuando pasa de un medio a otro: *El sol se refracta en el estanque.* SIN. refringirse.

refractario, ria *adj.* **1** ELEVADO. Que se opone a una idea u opinión o le es difícil aceptar una costumbre o práctica: *No sé si lo convencerás, es bastante refractario* ***a*** *cualquier idea de ese tipo.* **2** [Material] que resiste la acción del fuego sin cambiar su estado ni descomponerse: *sustancias refractarias, placas refractarias, cuerpo refractario* ***al*** *fuego. Para hacer la chimenea han utilizado ladrillos refractarios.*

refrán *s. m.* Dicho de tradición popular que contiene una enseñanza o un consejo: *«Dime con quién andas, y te diré quién eres» es un refrán.* SIN. paremia (ELEVADO).

refranero *s. m.* 1 Colección de refranes: *He encontrado un refranero del s.* XVIII. 2 Conjunto de refranes de una lengua: *El refranero español es muy rico.*

refregar *v. tr.* Restregar. ⇒ **65.**

refreír *v. tr.* COCINA. Volver a freír ‹una persona› [una cosa] o freírla demasiado: *He refrito el arroz que sobró ayer.* ⇒ **42** y **92.**

refrenar *v. tr.* 1 Impedir ‹una persona o una cosa› que se manifieste [un impulso o un sentimiento]: *Miguel refrenó su alegría antes de partir.* SIN. controlar. 2 Sujetar y dominar ‹una persona› [una caballería] con el freno: *Debes refrenar el caballo cuando quiere salir al galope.* SIN. frenar.

refrendación *s. f.* RESTRINGIDO. Acción y resultado de refrendar. SIN. refrendo.

refrendar *v. tr.* 1 Dar ‹una persona› validez a [un documento] con su firma, responsabilizándose de él: *El acuerdo tiene que estar refrendado por el Parlamento.* 2 Confirmar y mantener ‹una persona› la validez o verdad de [actos, palabras o escritos]: *El pueblo refrendó la acción del Gobierno en las elecciones.* SIN. ratificar.

refrendario *s. m.* ELEVADO, RESTRINGIDO. Persona autorizada para refrendar o dar validez a un documento o a una orden: *El refrendario de todas las leyes es el Jefe del Estado.*

refrendo *s. m.* 1 Acción y resultado de refrendar: *El resultado electoral es un refrendo de los trabajadores a la política sindical.* SIN. refrendación. 2 Testimonio o firma con que se refrenda: *En el documento falta el refrendo del ministro.*

refrescada *s. f.* ARG., URUG.; COLOQUIAL. Chapuzón, remojón.

refrescante *adj.* 1 (antepuesto / pospuesto) Que refresca: *bebida refrescante. Esta colonia tiene un refrescante aroma.* 2 Que relaja o interesa intelectualmente: *libros refrescantes, una película refrescante.*

refrescar *v. tr.* 1 Hacer ‹una persona o una cosa› que disminuya la temperatura de [una cosa]: *La lluvia ha refrescado el ambiente. Refresca el agua con hielo.* SIN. enfriar. 2 COLOQUIAL. Hacer ‹una persona o una cosa› que [otra persona] recuerde [cosas olvidadas]: *Le he refrescado la memoria, ya no se acordaba de que me debía dinero.* 3 Recordar ‹una persona› [cosas olvidadas]: *Tendré que refrescar mis conocimientos de informática.* || *v. intr. / prnl.* 4 Descender la temperatura ‹del ambiente›: *Ha refrescado la tarde. Con el ventilador **se** ha refrescado el despacho.* 5 Descender la temperatura de ‹una cosa›: *Metí los pies en un barreño con agua fría para que refrescasen. Deja la fruta en la ventana para que **se** refresque.* SIN. enfriarse. 6 Quitarse ‹una persona› el calor tomando una bebida fría o mojándose: *Carlos se dio una ducha para refrescar**se**.* 7 Recuperar ‹una persona o un animal› las fuerzas: *Hicieron un alto para que **se** refrescaran los caballos.* SIN. reponerse. ⇒ **71.**

refresco *s. m.* 1 Bebida no alcohólica de propiedades refrescantes, que generalmente se sirve fría: *un refresco de cola. Ha pedido un refresco de naranja.* 2 Bebida y aperitivos que se sirven en una reunión: *Después de la reunión nos ofrecieron un refresco.* 3 VEN. Gaseosa. FR. Y LOC. **de ~** Nuevo, que sustituye a otro: *Llegaron tropas de refresco.*

refresquería *s. f.* AMÉR. C., MÉX. Tienda o lugar donde se venden helados y refrescos.

refriega *s. f.* Pelea o lucha entre dos personas o grupos de personas: *La refriega entre la policía y los manifestantes acabó con varios detenidos.* SIN. enfrentamiento.

refrigeración *s. f.* 1 (no contable) Acción y resultado de refrigerar: *Los pescaderos utilizan el hielo para la refrigeración del pescado.* 2 (no contable) Sistema técnico que se utiliza para refrigerar: *En la oficina hay refrigeración.*

refrigerador, ra *adj.* 1 Que refrigera o sirve para refrigerar: *un camión refrigerador, máquina refrigeradora.* || *s. m.* 2 INDUS. Electrodoméstico provisto de un dispositivo de frío artificial para la conservación de los alimentos: *Mete la carne en el refrigerador hasta mañana.* SIN. frigorífico, nevera.

refrigerar *v. tr.* Hacer ‹una persona o una cosa› que disminuya la temperatura de [un lugar o una cosa] por medios artificiales: *Este aparato de aire acondicionado refrigera el ambiente.* SIN. enfriar.

refrigerio *s. m.* ELEVADO. Comida ligera que se toma entre horas: *Hemos tomado un refrigerio y hemos vuelto al trabajo.* SIN. tentempié (COLOQUIAL).

refringir *v. tr. / prnl.* FÍS. Refractar. ⇒ **78.**

refrito, ta *s. m.* 1 (no contable) COCINA. Salsa de cebolla, tomate, ajo u otros elementos fritos en aceite: *Hasta que no esté hecho el refrito no eches los macarrones.* SIN. Sofrito. 2 COLOQUIAL; PEYORATIVO. Cosa refundida, hecha con mezcla de elementos de obras anteriores: *Toda su literatura es un refrito de otros autores. Ese artículo es un refrito de sus trabajos anteriores.* || *p.* 3 Participio irregular de *refreír.*

refucilar *v. impers.* ARG. Relampaguear.

refucilo *s. m.* ARG. Refusilo.

refuerzo *s. m.* 1 (no contable) Acción y resultado de reforzar: *Están planeando un refuerzo de los cimientos de la catedral. El entrenador busca un refuerzo para la delantera del equipo.* 2 Cosa que refuerza o hace más resistente o sólida otra cosa: *Le he puesto un refuerzo a las ventanas para que no se puedan abrir desde fuera.* 3 Ayuda o complemento: *Tu dieta necesita un refuerzo de vitaminas.* 4 (en plural) Conjunto de personas que se unen a otras personas para aunar sus fuerzas o incrementar su eficacia: *mandar refuerzos, pedir refuerzos. Los bomberos necesitaron refuerzos para apagar el fuego.* 5 ARG. Tentempié. 6 URUG. Bocadillo.

refugiado, da *s. m. / f.* Persona que se ve obligada a buscar asilo en un país extranjero: *El escritor fue acogido como refugiado político en México.*

refugiar *v. tr.* 1 Dar ‹una persona› protección o amparo [a otra persona] en [un lugar]: *Él refugió **en** su casa a los perseguidos.* SIN. cobijar. || *v. prnl.* 2 Protegerse ‹una persona o un animal› en [una cosa o un lugar]: *El niño se refugió **en** mis brazos. El pajarillo, asustado por la tormenta, se ha refugiado **en** aquel tronco hueco.* SIN. cobijarse.

refugio *s. m.* 1 (no contable) Acogida, amparo que se da a alguien: *Éste es un centro que se dedica a dar refugio a los pobres.* 2 Lugar donde alguien puede refugiarse: *Los excursionistas buscaron un refugio donde guarecerse de la lluvia. El refugio del oso era una cueva profunda.* SIN. cobijo. **~ antiaéreo** Refugio contra un ataque aéreo. **~ atómico / nuclear** Espacio habitable protegido de las explosiones nucleares y de las radiaciones producidas por éstas: *Los refugios nucleares suelen ser subterráneos.* **~ de montaña** Construcción o albergue que hay en algunos lugares de la montaña para acoger a montañeros y excursionistas. 3 Persona que da protección a otra: *Cuando se enfada mi padre, mi tío es el refugio de toda la familia.* SIN. cobijo. 4 ARG., URUG. Marquesina de las paradas de los autobuses o tranvías.

refulgente *adj.* (antepuesto / pospuesto) LITERARIO. Que refulge o despide destellos: *Las refulgentes estrellas iluminaban la noche. Los cascos refulgentes de los soldados brillaban a lo lejos.*

refulgir *v. intr.* LITERARIO. Despedir ‹una cosa› destellos: *Las estrellas refulgen.* SIN. brillar. ⇒ **78.**

refundición *s. f.* Acción y resultado de refundir: *Me han hecho esta pulsera de la refundición de todas las joyas de mi madre. En la refundición de la obra de teatro se cambió el final.*

refundir *v. tr.* **1** Volver a fundir ‹una persona› [un metal]: *Los ladrones han refundido las joyas robadas.* **2** Reunir ‹una persona› [varias cosas] en [una sola]: *En esa película refundieron las ideas de varios guionistas.* **3** Dar ‹una persona› nueva forma o estructura a [un escrito]: *Refundió la novela porque no le gustaba su estructura.* **4** MÉX.; COLOQUIAL. Conseguir ‹una persona› que [otra persona] vaya a la carcel por largo tiempo. **5** ARG., URUG.; COLOQUIAL. Dañar económicamente ‹una persona› [a otra persona]. **6** ARG., URUG.; COLOQUIAL. Perjudicar ‹una persona› de palabra o de obra [a otra persona]. ‖ *v. tr. / prnl.* **7** AMÉR. C., COL., MÉX., PERÚ; COLOQUIAL. Perder, extraviar ‹una persona› [una cosa].

refunfuñar *v. intr.* COLOQUIAL. Manifestar ‹una persona› enfado o disgusto con sonidos confusos o murmurando entre dientes: *Rosa siempre está refunfuñando.*

refusilo o **refucilo** *s. m.* ARG., EC. Relámpago.

refutar *v. tr.* ELEVADO. Hacer ‹una persona› frente a [la opinión o a la decisión de otra persona] con argumentos o razones: *El abogado defensor ha refutado una por una las acusaciones del fiscal.* SIN. rebatir.

regadera *s. f.* **1** Utensilio portátil de jardinería para regar, formado por un depósito con un tubo. **2** COL, MÉX., VEN. Ducha. **3** ARG.; COLOQUIAL. Discurso aburrido, rollo. FR. Y LOC. **estar como una ~** COLOQUIAL. 1 Padecer ‹una persona› locura: *Lo han encerrado en el psiquiátrico porque estaba como una regadera.* 2 Ser ‹una persona› extravagante: *No le hagas caso, que ese chico está como una regadera.*

regadío *s. m.* AGR. Terreno de cultivo que necesita riego abundante: *Las tierras de regadío abundan en las riberas de los ríos.* ANT. secano.

regador *s. m.* ARG., URUG.; COLOQUIAL. Aspersor de riego.

regalado, da *adj.* **1** (antepuesto / pospuesto) ELEVADO. [Vida] que es cómoda y agradable: *La regalada vida del conde lo sumía en el más absoluto aburrimiento. María disfrutaba en su casa de una existencia regalada y feliz.* **2** (ser / estar) COLOQUIAL. Que es muy barato: *Las rebajas de este año son regaladas. En estos grandes almacenes la ropa está regalada.*

regalar *v. tr.* **1** Dar ‹una persona› [una cosa] a [otra persona] como muestra de afecto o de agradecimiento: *Le voy a regalar unos libros para su cumpleaños.* SIN. obsequiar. **2** ELEVADO. Mostrar ‹una persona› aprecio [a otra persona] con caricias, halagos u otras expresiones de afecto: *Las dos hermanas atendían y regalaban a su madre.* SIN. agasajar (ELEVADO). **3** COLOQUIAL. Vender ‹una persona› [una cosa] muy barata: *En esa tienda regalan la ropa.* ‖ *v. tr. / prnl.* **4** ELEVADO. Agradar o divertir ‹una persona› [a otra persona]: *La prestigiosa actriz nos regaló a todos* ***con*** *su sonrisa. El dueño de la casa* ***se*** *regalaba* ***con*** *la lectura de sus poesías.* SIN. deleitar(se). ‖ *v. prnl.* **5** Proporcionarse ‹una persona› comodidades y caprichos: *Me he regalado una cadena de música por mi santo.* FR. Y LOC. **~ el oído*** o **~ los oídos.**

regalía *s. f.* **1** HIST. Derecho o privilegio exclusivo del rey en su reino por ser el soberano. **2** RESTRINGIDO. Privilegio de cualquier clase. **3** COL. Impuesto que pagan las explotaciones o exploraciones petrolíferas a las instituciones oficiales.

regalismo *s. m.* (no contable) HIST. Ideología y comportamiento de los partidarios de los privilegios de los reyes en asuntos eclesiásticos: *El regalismo tuvo mucha fuerza entre los ilustrados del siglo* XVIII.

regaliz *s. m.* **1** BOT. Planta papilionácea de hojas compuestas, flores azuladas en racimos y fruto en legumbre, cuyo rizoma seco se emplea como aromatizante. **2** (no contable) Trozo del rizoma de esta planta, que se chupa o se masca como golosina: *De niño me gustaba morder el palo de regaliz.* **3** Pasta de este rizoma, que se toma en barritas o en pastillas como golosina o medicina: *una cajita de pastillas de regaliz para la tos.*

regalo *s. m.* **1** Cosa que se regala: *Mis amigos me han hecho muchos regalos para mi cumpleaños. Ese libro es un regalo de mis padres.* SIN. obsequio. **papel* de ~** . **2** ELEVADO. Gusto o placer de los sentidos: *Este vino es un regalo para el paladar. Esta panorámica es un regalo para la vista.* **3** (no contable) ELEVADO. Comodidad o bienestar que una persona se procura o que otra persona le proporciona: *Carlos se ha criado con demasiado mimo y regalo.* **4** COLOQUIAL. Cosa muy barata: *Por ese precio, el coche es un regalo.* SIN. ganga.

regalón, na *adj. / s. m.* y *f.* ARG., CHILE; COLOQUIAL. [Persona] que se cría con excesivo mimo o regalo.

regañadientes Se usa en la LOC. **a ~** COLOQUIAL. A disgusto: *El niño se ha ido con su abuela a regañadientes.*

regañar *v. tr.* **1** Decir ‹una persona› [a otra persona] que ha obrado mal: *Mi madre me regaña si no estudio.* SIN. reñir. ‖ *v. intr.* **2** Pelear o discutir ‹dos personas› entre sí: *Siempre que veo a mis cuñados están regañando.* SIN. reñir. **3** Dejar de tener ‹una persona› relación con [otra persona]: *Ella ha regañado* ***con*** *su padre.* SIN. reñir. **4** RESTRINGIDO. Dar ‹una persona› muestras de enfado o mal humor con palabras y gestos: *Paloma se enfada por nada, regaña y me contradice.* SIN. refunfuñar (COLOQUIAL).

regañina *s. f.* COLOQUIAL. Reprimenda o bronca pequeñas que echa una persona a otra sobre la que tiene autoridad: *Mi padre me ha echado otra regañina por perder las llaves.*

regaño *s. m.* RESTRINGIDO. Regañina: *El profesor le echó un regaño por no haber llevado los deberes hechos.*

regar *v. tr.* **1** Echar ‹una persona› agua a [una planta] para que crezca, o sobre [un terreno] para hacerlo fértil: *Estuvimos regando los tomates al anochecer. Acuérdate de regar el bancal.* **2** Echar ‹una persona› agua sobre [una superficie] para limpiarla o refrescarla: *Cada día los barrenderos riegan el pavimento.* **3** FISIOL. Enviar ‹una arteria› [sangre] a [una parte del cuerpo]: *La arteria pulmonar riega* ***de*** *sangre los pulmones.* **4** Esparcir o derramar ‹una persona› [una cosa] sobre [una superficie]: *Los niños han regado la habitación* ***de*** *recortes de papel. Como todos los años, los Reyes Magos regarán el suelo de caramelos.* **5** Atravesar ‹una corriente de agua› [un territorio]: *El río Ebro riega los campos de Aragón.* ‖ *v. prnl.* **6** COL.; COLOQUIAL. Hablar con enfado. FR. Y LOC. **mear / ~ fuera del tiesto*.** ⇒ **65.**

regata *s. f.* **1** DEP. Competición deportiva entre embarcaciones: *una regata de veleros.* **2** AGR. Surco que conduce el agua de riego en huertas y jardines: *No se puede seguir re-*

gando las tierras por el sistema de regatas. **3** RESTRINGIDO. Surco estrecho que se abre en una pared u otra superficie para instalar o empotrar un tubo u otro elemento similar: *Abriré una regata para el cable del nuevo enchufe.* SIN. roza.

regate *s. m.* DEP. Movimiento brusco y rápido que hace el jugador con el cuerpo para esquivar al contrario o evitar que le quiten el balón: *El delantero hizo un regate al portero y lo dejó clavado. Hizo varios regates que levantaron los aplausos del público.*

regatear *v. tr. / intr.* **1** Discutir ‹el comprador y el vendedor› [el precio de una cosa]: *Mi padre siempre regatea. Aquí tienes que regatear, porque ponen el precio pensando que lo van a rebajar.* **2** DEP. Hacer ‹un jugador› un regate a [otro jugador]: *El jugador regateó con habilidad al defensa y se internó en el área.* **3** (preferentemente en frases negativas). Dar o utilizar ‹una persona› lo menos posible de [una cosa]: *Marta no regateó esfuerzos para conseguir sus propósitos.* SIN. escatimar. ‖ *v. intr.* **4** DEP. Competir ‹una persona› en una regata: *David regatea todos los veranos.*

regateo *s. m.* Discusión entre el comprador y el vendedor sobre el precio de la mercancía: *En los mercadillos se usa mucho el regateo.*

regatista *s. m. / f.* DEP. Deportista que participa en regatas náuticas.

regato *s. m.* ELEVADO. Arroyo pequeño: *Por el centro del pueblo corre un regato.*

regatón *s. m.* **1** RESTRINGIDO. Pieza que protege el extremo de los bastones o paraguas que está en contacto con el suelo. SIN. contera. **2** MAR. Pieza metálica en forma de ancla o de gancho que tienen los bicheros en uno de sus extremos.

regazo *s. m.* **1** ELEVADO. Parte del cuerpo de una persona sentada que va desde la cintura hasta las rodillas: *A los niños les gusta sentarse en el regazo de sus mayores.* **2** ELEVADO. Lugar en que se encuentra ayuda o protección: *Los creyentes buscan el consuelo en el regazo de la religión.*

regencia *s. f.* **1** (no contable) POLÍT. Gobierno ejercido por una persona o grupo de personas que actúan en nombre del rey durante el tiempo en que éste no puede hacerlo: *Hasta que el rey alcanzó la mayoría de edad, el país tuvo una regencia.* **2** POLÍT. Periodo de tiempo en que hay un gobierno ejercido por una persona o grupo de personas que actúan en nombre del rey durante el tiempo en que éste no puede hacerlo: *Durante la regencia, la vida política se desarrolló con normalidad.* **3** (no contable) Dirección o gobierno de un establecimiento: *Su padre le entregó la regencia de sus tres hoteles.*

regeneración *s. f.* Acción y resultado de regenerar: *El médico me ha dado un tratamiento para la regeneración de la epidermis. Trabaja en un centro dedicado a la regeneración de jóvenes drogadictos.*

regeneracionismo *s. m.* (no contable) HIST. Ideología y comportamiento de los partidarios de una renovación de la vida política española a finales del siglo XIX y principios del XX: *El Regeneracionismo fue un importante movimiento intelectual de la España contemporánea.*

regenerar *v. tr.* **1** Volver a poner ‹una persona o una cosa› en buen estado [una cosa gastada, estropeada o destruida]: *Este producto regenera el cutis. Aplicaron un tratamiento para regenerar la madera.* **2** Hacer ‹una persona o una cosa› que [una persona] abandone conductas o hábitos censurables o perjudiciales: *Su trabajo consiste en regenerar a jóvenes delincuentes.* SIN. rehabilitar. **3** Someter ‹una persona› [una materia o un objeto] a un proceso para que vuelva a ser utilizable: *En esta planta se regenera el uranio ya utilizado para ser devuelto al reactor.* SIN. reciclar. ‖ *v. prnl.* **4** Recuperar ‹una cosa gastada, estropeada o destruida› su buen estado: *La piel del zapato se ha regenerado gracias a la aplicación de grasas y betunes.* **5** Abandonar ‹una persona› conductas o hábitos censurables o perjudiciales: *Tu amigo se regeneró y rehizo su vida.* SIN. reformarse.

regenta *s. f.* RESTRINGIDO. Mujer del regente.

regentar *v. tr.* **1** Dirigir ‹una persona› [un negocio]: *Desde hace veinte años, su prima regenta una tienda de comestibles.* **2** Desempeñar ‹una persona› [un empleo o un cargo] temporalmente: *El Vicepresidente del Gobierno debe regentar la jefatura del Gobierno durante la ausencia del Presidente.*

regente *s. m. / f.* **1** POLÍT. Persona que ejerce la regencia de un Estado durante la minoría de edad del rey: *el príncipe regente, la reina regente.* **2** COMERC. Encargado de un establecimiento o negocio, especialmente una imprenta. **3** MÉX. Alcalde del Distrito Federal de México.

reggae (del inglés; pronunciamos *'reguei'* o *'rigui'*) *s. m.* **1** (no contable) Género musical popular jamaicano de ritmo simple y repetitivo: *Bob Marley es el representante más conocido de la música reggae.* **2** Tema musical que pertenece al género popular jamaicano: *Han tocado un reggae.*

regicida *adj. / s. m.* y *f.* ELEVADO. Que mata a un rey, reina o soberano, o atenta contra su vida: *El anarquista regicida fue detenido. Este personaje fue un famoso regicida.*

regidor, ra *s. m. / f.* **1** CINE, TV. Persona responsable de la realización y ordenación de los movimientos y efectos escénicos dispuestos por el director: *En este ensayo hay que atender especialmente al regidor.* **2** Miembro de un ayuntamiento o consejo municipal: *La mujer de Pepe es regidora del Ayuntamiento de Madrid.* SIN. concejal.

régimen (plural *regímenes*) *s. m.* **1** Conjunto de disposiciones que rigen o regulan una cosa: *El régimen económico de este matrimonio es el de separación de bienes.* **~ abierto** Régimen de los presos que pueden pasar el día fuera de la cárcel. **2** POLÍT. Sistema político por el que se gobierna un Estado: *régimen dictatorial, régimen monárquico, régimen republicano.* **~ político.** **3** MED. Conjunto de prescripciones sobre la alimentación que ha de seguir una persona: *El médico le puso un régimen de adelgazamiento. Desde que está a régimen no puede comer dulces.* SIN. dieta. **4** Modo habitual o regular de producirse una cosa: *El régimen de lluvias de esta región es muy irregular.* **5** MEC. Velocidad de funcionamiento o de rotación de un motor: *Ha descendido el régimen de vueltas de la turbina.* **6** LING. Hecho de regir un verbo, sustantivo u otra palabra un determinado complemento. **7** LING. Complemento regido: *El régimen del verbo «acordarse» es la preposición «de».*

regimentar *v. tr.* ARG. Poner orden ‹una persona› en [un lugar o en una institución] para controlarlos.

regimiento *s. m.* **1** MIL. Unidad del ejército al mando de un coronel: *Cumplí el servicio militar en un regimiento de Zamora.* **2** COLOQUIAL; INTENSIFICADOR. Conjunto numeroso de personas: *Mi madre preparó comida para un regimiento.*

regio, gia *adj.* **1** ELEVADO. Del rey o la realeza: *voluntad regia.* SIN. real. **2** (antepuesto / pospuesto) ELEVADO. Que es suntuoso, grandioso o espléndido: *comida regia. El actor vive en una regia mansión.*

región *s. f.* 1 GEOGR. Parte de un territorio que comparte determinadas características, y que puede coincidir o no con divisiones administrativas: *plato de la región, baile típico de la región, vinos de la región, la región murciana. La capital de la región riojana es Logroño.* 2 Parte relativamente extensa de un territorio: *Parece que el terremoto se ha sentido en una región muy amplia.* 3 MIL. Cada una de las circunscripciones militares del territorio nacional. **~ aérea. ~ marítima.** 4 ANAT. Cada una de las partes en que se considera dividido el cuerpo humano o animal: *región occipital, región torácica, región abdominal.*

regional *adj.* De una región: *costumbre regional, cocina regional.* **baile ~ . centro* ~ . danza ~ . tren ~.**

regionalismo *s. m.* 1 (no contable) Ideología y movimiento político que fundamentan la estructura y el desarrollo de una colectividad en la autonomía y los valores propios de las regiones que la constituyen: *El regionalismo es una tendencia muy arraigada en algunas zonas europeas.* 2 (no contable) Inclinación hacia una región y hacia las cosas relacionadas con ella: *El regionalismo es una actitud normal en los habitantes de una región.* 3 LING. Construcción o expresión propia de una región determinada: *La palabra «torre» con el significado de 'chalé' o 'casa de campo' es un regionalismo de Cataluña y otras zonas de España.*

regionalista *adj.* 1 Del regionalismo: *movimiento regionalista, tendencia regionalista.* || *adj. / s. m.* y *f.* 2 Que es partidario del regionalismo: *militante regionalista. Los regionalistas se manifestaron a favor de la autonomía.*

regir *v. tr.* 1 Dirigir ‹una persona› [a un grupo de personas]: *El director rige la empresa con métodos modernos.* 2 LING. Exigir ‹una palabra› la presencia de [otra u otras palabras] o tenerlas bajo su dependencia: *Cuando utilices este verbo ten en cuenta que rige la preposición «de».* || *v. intr.* 3 Tener ‹una ley o un precepto› validez: *En este país no rige esa ley.* 4 Funcionar ‹un mecanismo o un organismo› correctamente: *No te fíes del reloj de la torre, no rige desde hace meses. Este departamento rige perfectamente desde que le nombraron director.* SIN. marchar. 5 Tener ‹una persona› bien sus facultades mentales: *Mi abuela es muy vieja, pero todavía rige muy bien.* ⇒ **66.**

registrado, da *adj.* (estar) [Marca, modelo] que ha sido inscrito en el registro. **marca registrada.**

registrador, ra *adj. / s. m.* y *f.* 1 Que registra o anota datos de forma automática: *un aparato registrador, la aguja registradora. Luis se compró un registrador.* **barómetro ~ . caja* registradora.** || *s. m. / f.* 2 Persona que tiene la responsabilidad de un registro público.

registraduría *s. f.* COL. Organismo oficial donde se expiden los carnés de identidad.

registrar *v. tr.* 1 Examinar ‹una persona› [a otra persona, una cosa o un lugar] con cuidado y detenimiento: *La policía registró la casa del sospechoso. El servicio de seguridad registraba a todos los que entraban en el recinto.* 2 MÉX. Certificar ‹una persona› [una carta o un paquete] en correos. 3 MÉX.; COLOQUIAL. Robar ‹una persona› [un bolso]. || *v. tr. / prnl.* 4 Inscribir ‹una persona› [una firma, un nombre comercial o una propiedad] en un registro: *El funcionario tiene que registrar el nombre de los recién nacidos. Pedro* ***se*** *registró al llegar al hotel.* 5 Incluir ‹una cosa› [otra cosa]: *Los diccionarios registran muchas palabras de argot.* SIN. recoger. 6 Anotar o señalar ‹una persona o una cosa› [un fenómeno, una acción, o el número de veces que se produce]: *El sismógrafo registró la hora e intensidad del terremoto. La vibración* ***se*** *registró en el aparato.* SIN. recoger. 7 Grabar ‹una persona› [la imagen o el sonido de un acontecimiento]: *La policía ha registrado todas nuestras conversaciones. Las imágenes* ***se*** *registraron en la película de vídeo.* || *v. prnl.* 8 Producirse o suceder ‹una cosa que puede ser observada o medida›: *En estos últimos meses se ha registrado un aumento de accidentes.* SIN. apreciarse. FR. Y LOC. **a mí que me registren** COLOQUIAL. Se usa para declarar una persona su inocencia, o que está libre de responsabilidad: *Yo no he tocado nada de la mesa, ¡a mí que me registren!*

registro *s. m.* 1 Acción de registrar: *La policía necesita una orden de registro para entrar en una casa. El registro de los congresistas se hace en aquel mostrador. El registro de sonido es defectuoso. El registro de los datos debe hacerse con mucho cuidado.* 2 Lugar público en el que se anotan hechos, propiedades o patentes: *registro de la propiedad urbana. Aquí está el registro de la propiedad intelectual.* **~ civil** Registro en que se hacen constar por autoridades competentes los nacimientos, matrimonios, defunciones y demás hechos relativos al estado civil de las personas. 3 Libro o cuaderno en el que se anotan hechos, propiedades o patentes: *Los niños recién nacidos se inscriben en el registro civil. Los recién casados y los testigos firman en el registro.* 4 Escrito que queda al registrar hechos, propiedades o patentes: *Necesitas presentar el registro en el Ayuntamiento como comprobante. Las autoridades me piden un registro.* 5 Relación o lista de los habitantes de un lugar: *Usted no consta en el registro de la ciudad.* 6 MEC. Pieza de una máquina que sirve para regular o modificar su movimiento. 7 Abertura cubierta con una tapa que sirve para examinar, reparar o conservar lo que está bajo tierra o empotrado: *Los registros del gas están en el sótano.* 8 RESTRINGIDO. Señal que se pone entre las hojas de los libros. 9 LING. Variedad de una lengua que depende de la situación comunicativa en que se encuentra el hablante: *Cuando estoy con los amigos utilizo un registro coloquial, distinto del registro estándar, o incluso formal, que empleo para dirigirme a mi profesor.* 10 MÚS. Conjunto de notas o sonidos de la escala que abarca una voz o un instrumento musical: *registro grave, registro medio, registro agudo.* 11 MÚS. Conjunto de reglas de madera que controlan el paso del viento en los juegos del órgano. 12 Aspecto o faceta: *No conocía ese registro de tu carácter.* 13 INFORM. Unidad de almacenamiento de información: *Esta base de datos contiene más de once mil registros.* 14 INFORM. Soporte físico de una unidad de almacenamiento e información: *¿Qué debo hacer para eliminar este registro?* 15 COL. Estampa religiosa. || 16 **~ de conducir** ARG. Carnet de conducir. FR. Y LOC. **tocar muchos registros** o **tocar todos los registros** COLOQUIAL. Utilizar todos los medios posibles para conseguir una cosa: *He tocado todos los registros para conseguir ese puesto.*

regla *s. f.* 1 DIB. Instrumento rectangular alargado y con base plana que sirve para trazar líneas rectas o para medir distancias en el papel: *Déjame la regla para dibujar una torre. Puedes saber los kilómetros que hay entre dos ciudades si mides los centímetros en el plano con una regla.* **~ gradua-**

da. 2 Norma o expresión de las cosas que se deben hacer, y de cómo deben hacerse, para el buen orden y funcionamiento de una actividad: *las reglas del juego, las reglas del protocolo, reglas ortográficas, regla de formación del plural. Has transgredido las reglas del fútbol al tocar el balón con la mano.* SIN. reglamento. **~ de oro** Regla más importante de un grupo o una actividad: *El preparador físico nos decía que su regla de oro para entrenar bien era estar descansado.* **3** REL. Conjunto de normas que sigue una orden religiosa: *la regla de los franciscanos, la regla de las carmelitas.* **4** Modo regular de producirse o de repetirse un hecho o un fenómeno: *reglas físicas, reglas astronómicas. Ese fenómeno no sigue la regla general.* **5** COLOQUIAL. Menstruación, salida mensual de sangre de la matriz en la mujer y otras hembras de animales mamíferos: *Mi hermana está muy molesta por los dolores de la regla.* SIN. periodo. **6** RESTRINGIDO. Modo de comportarse sensatamente: *Hay que beber y comer con regla.* **7** MAT. Método matemático para realizar una operación: *regla de cálculo.* || **8 ~ de tres** MAT. Procedimiento matemático para hallar una cantidad por comparación y proporción con otras cantidades de su clase FR. Y LOC. **en (toda) ~** Correctamente, en la forma obligada o acostumbrada: *Los novios hicieron una boda en toda regla. Tengo que ir a poner estos papeles en regla.* **las cuatro reglas** 1 MAT. Cada una de las cuatro operaciones básicas: sumar, restar, multiplicar y dividir: *En la escuela le han enseñado las cuatro reglas.* 2 Principios básicos de una ciencia: *En el curso pasado ya verían ustedes las cuatro reglas de la Química orgánica.* **por ~ general** Casi siempre, por lo general, normalmente: *Por regla general salimos al campo todos los fines de semana.* REFR. **La excepción confirma la regla.** Indica que un elemento de un conjunto que se aparta en sus características o en su comportamiento de lo habitual en el conjunto, no destruye los caracteres del conjunto, sino que los refuerza: *–«Mi abuelo fumaba y bebía mucho y murió a los noventa y nueve años.» –«Bueno, ésa es la excepción que confirma la regla, pero no es lo normal.»*

reglaje *s. m.* **1** MEC. Reajuste de las piezas de un mecanismo para que siga funcionando con normalidad: *Las luces del coche necesitan un reglaje, porque las llevo demasiado altas.* **2** ART. GRÁF. Operación de reglar el papel. **3** ART. GRÁF. Conjunto de trazos o cuadrículas impresos en el papel.

reglamentación *s. f.* **1** Acción y resultado de reglamentar: *La reglamentación de los establecimientos hoteleros depende del Ayuntamiento.* **2** Conjunto de reglas o normas: *La nueva reglamentación fiscal es más dura que la del año pasado.* SIN. regulación. **~ del trabajo** Regulación de las condiciones mínimas a que han de ajustarse las relaciones laborales entre los empresarios y sus trabajadores.

reglamentar *v. tr.* Determinar ‹una persona› las normas a las que debe someterse [una cosa]: *Es difícil reglamentar la práctica de un deporte.* SIN. reglar.

reglamentariamente *adv. modo* **1** Sin incumplir el reglamento, de manera acorde con el reglamento: *Actué reglamentariamente.* || *adv. orac. restrictivo* **2** Ateniéndose al reglamento, de acuerdo con el reglamento, con el reglamento en la mano: *Reglamentariamente, fue un penalti claro.*

reglamentario, ria *adj.* **1** Del reglamento: *norma reglamentaria, disposición reglamentaria.* **2** Que se atiene al reglamento, que es conforme a lo que marca el reglamento: *El árbitro ha señalado el final del tiempo reglamentario.* **3** Que es obligatorio o que está mandado por un reglamento: *el uniforme reglamentario, sanción reglamentaria. El informe ya ha pasado los controles reglamentarios.*

reglamentista *adj.* Que cumple y hace cumplir con rigor los reglamentos: *Esta directora es muy reglamentista.*

reglamento *s. m.* **1** DER. Conjunto de normas jurídicas de importancia inferior a la ley cuya aplicación desarrollan o regulan: *Sólo falta aprobar el reglamento para el desarrollo de la ley.* **2** Colección de normas o reglas que organizan una actividad o un deporte: *el reglamento del voleibol, reglamento interno de una empresa.*

reglar *v. tr.* **1** Determinar ‹una persona› las normas a las que debe someterse [una cosa]: *Las instituciones sanitarias quieren reglar la donación de órganos humanos.* SIN. regular. **2** MEC. Ajustar ‹una persona› [un mecanismo]: *Tengo que reglar el motor, porque está desajustado.*

regleta *s. f.* **1** ART. GRÁF. Plancha metálica pequeña que se utilizaba en imprenta para espaciar o separar una cosa, especialmente los renglones. **2** ELECTRIC. Soporte aislante sobre el que se colocan los componentes de un circuito eléctrico.

reglón *s. m.* RESTRINGIDO. Regla grande utilizada por los albañiles para dejar planos los suelos y las paredes.

regocijar *v. tr.* **1** ELEVADO. Causar ‹una persona o una cosa› regocijo a [una persona]: *Observar como crecía su hijo le regocijaba.* || *v. prnl.* **2** ELEVADO. Alegrarse ‹una persona› por [una cosa]: *Jorge se regocijaba pensando que no tenía que trabajar más.*

regocijo *s. m.* ELEVADO. Sentimiento intenso de alegría o satisfaccción, que suele manifestarse exteriormente: *La noticia les causó gran regocijo.* SIN. júbilo (ELEVADO). ANT. pesar.

regodearse *v. prnl.* **1** COLOQUIAL; RESTRINGIDO. Sentir ‹una persona› placer con [una cosa muy agradable], recreándose en ella: *El niño se regodeaba pensando en el helado de fresa.* SIN. complacerse. **2** COLOQUIAL. Divertirse ‹una persona› por [un mal o un percance que le ocurre a otra]: *No te regodees* ***con*** *el suspenso de tu hermana, que todavía no te has examinado tú.* **3** AMÉR. DEL S.; COLOQUIAL. Mostrarse ‹una persona› demasiado remilgada o melindrosa.

regodeo *s. m.* **1** COLOQUIAL; RESTRINGIDO. Placer que se siente con una cosa que resulta agradable: *Las niñas comían el pastel con auténtico regodeo.* **2** COLOQUIAL. Complacencia que se siente ante un mal ajeno: *No comprendo tu regodeo por la avería del coche; hasta que llegue aquí la grúa pueden pasar varias horas.* **3** COLOQUIAL. Alegría o diversión: *El regodeo era general en la fiesta estudiantil.*

regoldar *v. intr.* RESTRINGIDO. Hacer ‹una persona› ruido al echar por la boca los gases del estómago: *Regoldar en público es de mala educación en nuestra cultura.* SIN. eructar.

regolfar *v. intr. / prnl.* **1** GEOGR. Formar ‹una corriente de agua› un remanso: *El río* ***se*** *regolfa en una curva, un poco más abajo.* SIN. remansarse. **2** GEOGR. Cambiar ‹el viento› de dirección al encontrar un obstáculo: *El viento* ***se*** *regolfa al chocar contra la cordillera.*

regolfo *s. m.* **1** GEOGR. Golfo pequeño comprendido entre dos cabos. **2** GEOGR. Vuelta o retroceso de una corriente de agua o de viento.

regordete, ta *adj.* (ser / estar) COLOQUIAL. [Persona, parte corporal] que es gruesa y corta: *Tengo los dedos regordetes. Inma ha sido siempre una chica regordeta. Luis está regordete, pero cuando pegue el estirón, ya verás como adelgaza.*

regresar *v. intr.* **1** Volver ‹una persona› [al lugar de donde salió]: *Ana regresó **a** casa a las dos.* || *v. tr.* **2** MÉX.; COLOQUIAL. Devolver, restituir ‹una persona› [una cosa].

regresión *s. f.* ELEVADO. Retroceso producido en el curso de un proceso: *El niño experimentó una regresión en sus hábitos de higiene. Las ventas experimentaron una rápida regresión en la primavera pasada.* SIN. recesión.

regresivo, va *adj.* ELEVADO. Que va o hace ir hacia atrás: *crecimiento regresivo de la economía.*

regreso *s. m.* Acción y resultado de regresar: *Pilar soñaba con el regreso a su patria.* SIN. vuelta.

regüeldo *s. m.* RESTRINGIDO. Ruido que se hace al echar por la boca los gases del estómago. SIN. eructo.

reguera *s. f.* Canal en la tierra para distribuir el agua del riego. SIN. reguero.

reguero *s. m.* **1** Línea o señal que deja un líquido u otra cosa que se va derramando: *un reguero de sangre, un reguero de pólvora. El reguero de lava bajaba desde el volcán. El criminal ha dejado tras de sí un reguero de muertes.* **2** Cauce pequeño por el que se conduce el agua que parte de un canal o acequia: *Los regueros llegan a los bancales.* FR. Y LOC. **como un ~ de pólvora** INTENSIFICADOR. Con mucha rapidez: *El rumor se extendió como un reguero de pólvora.*

regulación *s. f.* **1** Acción y resultado de regular: *La regulación del tráfico es difícil en este cruce. La regulación de los aparatos de gas es responsabilidad de la compañía.* || **2 expediente* de ~. 3 ~ de empleo** Acción de ajustar el número de trabajadores o las jornadas de trabajo de una empresa para reducir los costes de explotación y aumentar la competitividad en el mercado: *Los sindicatos han pactado con el Gobierno la nueva ley de regulación de empleo.*

regular *v. tr.* **1** Poner ‹una persona› [una cosa] en orden o en estado de normalidad: *Un guardia regula la circulación del cruce.* SIN. organizar. **2** Determinar ‹una persona› las normas a las que debe someterse [una cosa]: *Se ha regulado la venta de libros de importación. Estas leyes regulan las relaciones entre el Estado y los particulares en materia de comercio.* SIN. reglamentar. **3** Ajustar ‹una persona› [el funcionamiento de una máquina o de un sistema]: *Este técnico se encarga de regular la velocidad de la máquina.*

regular *adj.* **1** Que se atiene o ajusta a una regla: *Estos ingresos se han obtenido de forma absolutamente regular.* **2** Que se atiene o ajusta a un orden: *comportamiento regular. Llevo una vida muy regular.* **3** Que no tiene alteraciones, variaciones o cambios bruscos: *Los acontecimientos siguen su marcha regular. Tu hija es una alumna muy regular en sus resultados.* **4** GRAM. [Palabra] que se deriva de una palabra de acuerdo con una regla de formación general para todas las palabras de su misma clase. **5** GRAM. [Verbo, participio, conjugación] que se ajusta a las reglas generales. **6** (antepuesto/pospuesto) [Calidad, tamaño] que es mediano o intermedio: *El jardín tiene un tamaño regular, ni muy grande ni muy pequeño. Su nuevo disco tiene una regular aceptación entre la gente.* **7** (ser/estar; antepuesto/pospuesto) Que no es muy bueno, sino más bien mediocre, de mala calidad: *Esta carne es regular. El protagonista ha estado regular en su actuación. Su hermano es un jugador regular, como muchos otros. El niño es de regular inteligencia.* **8** GEOM. [Figura] que tiene los lados, ángulos o caras iguales entre sí. **hexaedro* ~ . poliedro* ~ . polígono ~ .** || *adj./s. m.* y *f.* **9** REL. Que se atiene a una regla o instituto religioso: *orden regular.* **clero* ~ .** || *s. m.* **10** (en plural) HIST. Unidades de tropas formadas por naturales del país que estaban al servicio de España en el antiguo Protectorado de Marruecos. **11** (en plural) MIL. Unidades de la infantería española de Ceuta y Melilla: *Hice el servicio militar en regulares.* || *adv. modo* **12** No muy bien: *Mi madre lleva unos días regular, no está bien del todo. El ejercicio lo has hecho regular; tienes que mejorar.* || **13 ejército* ~ .** FR. Y LOC. **por lo ~** Normalmente, por lo general, por regla general: *Por lo regular no suele salir por la tarde.*

regularidad *s. f.* **1** (no contable) Cualidad de regular: *Nos llamó la atención la regularidad de sus rasgos.* **2** Circunstancia de ajustarse una persona o una cosa a una regla o de suceder las cosas sin cambios o a intervalos regulares: *Yo tenía que hacerle un informe con regularidad. La regularidad de este equipo, sin altibajos, es su mejor arma.*

regularización *s. f.* Acción y resultado de regularizar: *la regularización de las comunicaciones telefónicas. Tras la huelga, la regularización del tráfico aéreo será completa mañana.*

regularizar *v. tr.* Poner ‹una persona› [una cosa] en orden o en estado de normalidad: *Los inmigrantes deben regularizar su situación en el país para obtener permiso de residencia.* ⇒ **19.**

regularmente *adv. modo* **1** Con regularidad, de manera regular, sin periodos de ruptura o de gran cambio: *Vengo jugando regularmente desde hace seis meses.* **2** En condiciones medias o inferiores a la media, bastante bien: *Allí vivíamos regularmente.* RELACIONES Y CONTRASTES: Es más normal el adverbio adjetival *regular.* || *adv. modo/temp.* **3** Por lo regular, generalmente, casi siempre: *Una vez por semana, regularmente el miércoles, venía el correo. Miguel va regularmente en coche.*

regulativo, va *adj./s. m.* y *f.* Que regula: *orden regulativa.*

régulo *s. m.* **1** ZOOL. Reyezuelo, ave. **2** QUÍM. Parte más pura de un mineral, después de separadas las impurezas. **3** ELEVADO. Señor o gobernante dominador de un Estado pequeño.

regurgitar *v. intr.* FISIOL. Echar ‹un animal o una persona› por la boca el contenido del esófago o del estómago, sin vómito: *Algunos pájaros regurgitan para alimentar a sus crías. Los bebés regurgitan con frecuencia.*

regusto *s. m.* **1** Sabor que deja un alimento o bebida: *Esa salsa deja un regusto picante. Aún noto el regusto ácido que me ha dejado esa naranja.* **2** Sensación o recuerdo impreciso, generalmente triste o desagradable, que queda después de cierta experiencia: *Aquel encuentro nos dejó un regusto amargo.* **3** Impresión de semejanza o relación que produce una cosa respecto a otra: *Esa obra tiene un regusto barroco.*

rehabilitación *s. f.* **1** Acción y resultado de rehabilitar o rehabilitarse: *Necesitaba la rehabilitación de mi propia estima. La rehabilitación de edificios antiguos es muy rentable para los constructores.* **2** DER. Acción de reintegrar de forma legal a una persona aquello de lo que se la había privado, como bienes o cargos: *La rehabilitación de los maestros destituidos en la posguerra fue rápida.* **3** (no contable) MED. Conjunto de técnicas encaminadas a la readquisición de una actividad o función perdida o disminuida por traumatismo o enfermedad: *sesiones de rehabilitación.*

rehabilitar *v. tr.* Devolver ‹una persona› [a otra persona o una cosa] su antiguo estado o situación: *Los arquitectos* *del Ayuntamiento rehabilitaron el edificio en ruinas. El ministerio lo ha rehabilitado en su cuerpo de funcionario después de la sentencia absolutoria.* SIN. restaurar.

rehacer *v. tr.* **1** Volver a hacer ‹una persona› [una cosa]: *Rehice el vestido porque me sentaba mal. Quiero rehacer mi vida en esta pequeña ciudad.* ‖ *v. tr./prnl.* **2** Recuperar ‹una persona› [la salud, las fuerzas o el ánimo]: *Su mujer rehizo su salud con rapidez. Carlos **se** rehizo pronto después del accidente.* SIN. restablecer(se). ⇒ **44.**

rehala *s. f.* **1** RESTRINGIDO. Rebaño de ganado lanar formado por animales de distintos dueños. **2** Jauría de perros empleada en la caza mayor.

rehecho, cha *p.* Participio irregular de *rehacer.*

rehén *s. m./f.* Persona retenida por alguien como garantía o prenda de que sus exigencias o condiciones serán cumplidas por otros: *Los rebeldes se acuartelaron en el Parlamento y tomaron a los diputados como rehenes. Los atracadores ya han matado a dos rehenes.*

rehilamiento *s. m.* LING. Vibración que se produce en el punto de articulación de algunas consonantes, como la «y» en la pronunciación de algunos hablantes: *Alfonso cantaba tangos imitando el típico rehilamiento porteño.*

rehilar *v. intr.* **1** LING. Pronunciar ‹una persona› algunas consonantes sonoras con rehilamiento: *En el habla argentina se suele rehilar la consonante palatal fricativa sonora.* **2** Producir ‹un arma arrojadiza› un zumbido cuando va por el aire: *Oí cómo la flecha rehilaba, pero no la vi.* ⇒ **6.**

rehilete *s. m.* **1** RESTRINGIDO. Dardo o pequeña flecha para tirar al blanco. **2** TAUROM. Banderilla. **3** DEP. Pelota de bádminton.

rehogar *v. tr.* COCINA. Freír ‹una persona› ligera y lentamente [un alimento] en aceite o mantequilla: *Rehogó el ajo y el arroz.* ⇒ **56.**

rehuir *v. tr./intr.* Evitar ‹una persona› [a otra persona o una cosa]: *Siempre que me ve, me rehúye. Es mejor rehuir los favores de quienes luego te piden algo a cambio.* ⇒ **46.**

rehusar *v. tr.* No querer aceptar o no querer realizar ‹una persona› [una cosa]: *La vecina rehusó mi ofrecimiento. Este empleado rehúsa hacer el turno de noche.* SIN. rechazar. ⇒ **13.**

reilón, na *adj.* VEN.; COLOQUIAL. Risueño.

reimplantar *v. tr.* **1** Volver a implantar ‹una persona› [una cosa] en un lugar: *La fuerza militar internacional ha reimplantado la democracia en el país y ha expulsado al dictador.* **2** CIR. Volver a colocar ‹un cirujano› [un órgano que había sido cortado o separado del cuerpo] en el lugar que le corresponde: *Le reimplantaron el dedo amputado en el accidente. César se ha sometido a una operación para que le reimplanten cabello.*

reimportar *v. tr.* ECON. Importar ‹una persona› [mercancías que habían sido exportadas]: *Los responsables de agricultura han tenido que reimportar otra vez trigo, porque habían calculado mal los excedentes de la cosecha.*

reimpresión *s. f.* **1** ART. GRÁF. Acción y resultado de reimprimir: *Esa editorial está especializada en la reimpresión de ejemplares antiguos. Este libro no es una reimpresión, sino una edición revisada.* **2** ART. GRÁF. Conjunto de ejemplares reimpresos de una vez.

reimpreso, sa *adj.* **1** (estar) ART. GRÁF. Que se ha vuelto a imprimir: *Este volumen está reimpreso en 1995.* ‖ *p.* **2** Participio irregular de *reimprimir.*

reimprimir *v. tr.* ART. GRÁF. Volver a imprimir ‹una persona› [un libro o un escrito]: *Cuando reimpriman la novela seré el primero en comprarla.* ⇒ **92.**

reina *s. f.* **1** Mujer que reina en un Estado por potestad real: *Isabel II fue reina de España en el siglo* XIX. SIN. soberana. **2** Esposa del rey: *La reina acaba de inaugurar la nueva exposición.* **3** ZOOL. Hembra de algunas comunidades de insectos, como las abejas, encargada de la reproducción: *la reina de un panal de abejas.* **4** JUEGOS. Pieza de ajedrez, que es la más importante después del rey, y que puede moverse como todas las demás excepto como el caballo. **5** Mujer, animal o cosa del género femenino que sobresale entre las de su clase: *La rosa es la reina de las flores.* **6** Mujer que preside honoríficamente ciertos actos o festejos: *Todos los del pueblo la eligieron reina de las fiestas.* ‖ **7 ~ madre** Madre de la persona que reina: *La reina madre está enterrada en el panteón real.* FR. Y LOC. **silla* de la ~ .**

reinado *s. m.* **1** Ejercicio de las funciones de un rey o una reina: *El rey asumió el reinado a la muerte de su padre.* **2** Periodo de tiempo en que gobierna un rey o una reina: *Su reinado fue muy breve. Durante el reinado de Carlos III se modernizó España.* **3** Tiempo en el que una persona o una cosa está de moda: *El reinado de la imagen se va a prolongar. El reinado del gran actor está llegando a su final.*

reinar *v. intr.* **1** Ejercer ‹un rey o una reina› sus funciones en un Estado: *Felipe II reinó en España durante el siglo* XVI. **2** Tener ‹una persona o una cosa› dominio o autoridad sobre [otra]: *El líder ha reinado este año en la liga sin ninguna oposición. El campeón reina en solitario desde hace dos años **en** las pruebas de pértiga.* **3** Existir ‹una cosa› de forma predominante en [un lugar o en un momento determinados]: *Reinaba completo silencio **en** la plaza. Tras los disparos, reinaba el terror **entre** la muchedumbre.*

reincidencia *s. f.* Repetición de una misma falta o error: *La reincidencia en el delito agrava la condena.*

reincidente *adj./s. m.* y *f.* Que reincide: *comportamiento reincidente. El ladrón es reincidente, le van a caer varios años de cárcel.*

reincidir *v. intr.* Volver a caer ‹una persona› en [una falta o un error]: *El chico ha reincidido **en** su mal comportamiento y lo han vuelto a castigar.*

reincorporación *s. f.* Acción y resultado de reincorporar o reincorporarse.

reincorporar *v. tr./prnl.* Volver a incorporar ‹una persona› [a otra persona o una cosa] [al lugar en que estaba]: *El entrenador ha reincorporado al portero **al** equipo tras recuperarse de la lesión. El director **se** reincorporó **a** su puesto tras unas largas vacaciones.*

reineta *adj./s. f.* [Manzana] que es achatada, de color pardo verdoso, piel arrugada, sabor algo ácido y muy aromática: *Compré un kilo de manzanas reinetas.* **manzana ~ .**

reingresar *v. tr.* **1** Volver a ingresar ‹una persona› [una cantidad de dinero] en [una cuenta o una entidad bancaria]: *Ya he reingresado **en** nuestra cuenta el dinero que había sacado.* ‖ *v. intr.* **2** Volver a ingresar ‹una persona› en [un organismo]: *Olga reingresó **en** el servicio activo después de tres años de excedencia.*

reino *s. m.* **1** Territorio o estado sobre el que reina un monarca: *España es un reino basado en una monarquía parlamentaria.* **2** Espacio o tiempo en que domina una cosa: *Los* *niños vivieron en el circo el reino de la ilusión. La primavera es el reino de las alergias.* **3** BIOL. Grupo superior de la clasificación taxonómica de los seres vivos. **4** Cada uno de los grandes grupos en que se han dividido tradicionalmente los seres y elementos de la Naturaleza: *reino animal, reino vegetal, reino mineral.* || **5 ~ de los cielos** REL. Cielo.

reinserción *s. f.* Acción y resultado de reinsertar: *Los programas de reinserción social necesitan la colaboración de los ciudadanos.*

reinsertar *v. tr. / prnl.* Volver a incorporar ‹una persona› [a otra persona que vive al margen de la sociedad] en [ella]: *Su hermana* ***se*** *reinsertó con la ayuda de la asistenta social. El fin último de las instituciones penitenciarias debe ser reinsertar a los delincuentes.* SIN. reintegrar(se).

reinstalar *v. tr. / prnl.* Volver a instalar ‹una persona› [a otra persona o una cosa] en [un lugar]: *Todos los veranos reinstalan las casetas de feria en la plaza del pueblo. Celia ha decidido reinstalar****se*** *en su casa de la costa.*

reintegrar *v. tr.* **1** Devolver ‹una persona› [una cosa] a [otra persona]: *Hacienda le ha reintegrado el dinero que tuvo que pagar.* **2** RESTRINGIDO. Poner ‹una persona› una póliza o una estampilla en [un documento oficial]: *Ahora ya no hace falta reintegrar cualquier impreso oficial.* SIN. timbrar. || *v. tr. / prnl.* **3** Volver a incorporar ‹una persona› [a otra persona] a [un trabajo o un medio]: *La empresa reintegrará* ***a*** *su antiguo puesto a los trabajadores despedidos. Tras ese curso,* ***me*** *reintegré* ***al*** *trabajo.* SIN. reincorporar(se).

reintegro *s. m.* **1** Acción y resultado de reintegrar o reintegrarse: *El reintegro social de los presos es muy difícil. El reintegro a sus ocupaciones habituales fue motivo de alegría.* **2** Pago de una deuda: *El reintegro se realizó el último día de plazo para el cobro.* **3** JUEGOS. Premio de la lotería equivalente a la cantidad jugada: *El reintegro es de cinco mil pesetas.* **4** RESTRINGIDO. Póliza o timbre de un documento: *A la instancia le falta el reintegro de cincuenta pesetas.*

reinversión *s. f.* ECON. Inversión de los beneficios obtenidos de una actividad productiva en el aumento del capital de la misma: *Los dueños pudieron mejorar la maquinaria gracias a la reinversión de los beneficios.*

reinvertir *v. tr.* ECON. Invertir ‹una persona› [los beneficios obtenidos en una actividad productiva]: *Los accionistas han decidido reinvertir una parte de los beneficios en modernizar la empresa.* ⇒ **75.**

reír *v. intr. / prnl.* **1** Mostrar ‹una persona› alegría y regocijo por [una cosa] mediante la expresión del rostro y ciertos sonidos característicos: *Este presentador* ***se*** *ríe* ***por*** *todo. El bebé es muy gracioso, y ríe* ***por*** *cualquier cosa.* || *v. intr.* **2** Mostrar ‹una cosa› un aspecto alegre: *El campo ríe en esta época del año.* || *v. tr. / prnl.* **3** Mostrar ‹una persona› con risas que [una cosa] resulta graciosa: *Ellos rieron mucho el chiste que les contó.* ***Me*** *río siempre* ***con*** *tus anécdotas. María* ***se*** *ríe* ***de*** *tus gracias continuamente.* || *v. prnl.* **4** Burlarse ‹una persona› de [otra persona o una cosa]: *No te rías* ***de*** *lo que te digo, el problema es grave. Estoy harto de que se rían* ***de*** *mí.* SIN. mofarse. **5** COLOQUIAL, RESTRINGIDO. Empezar a romperse ‹una cosa› por estar muy usada o ser de mala calidad: *Ella llevaba unos zapatos que se reían por todas partes.* FR. Y LOC. **~ a mandíbula batiente** Reír ‹una persona› a carcajadas: *Los chicos se reían a mandíbula batiente con los payasos.* **reírse de los peces* de colores.** ⇒ **67.**

reiteración *s. f.* Repetición de una cosa que ya se ha dicho o hecho antes otra vez: *Ya hemos oído lo que quieres, son innecesarias las reiteraciones. La reiteración de las llamadas telefónicas alertó a la policía.*

reiteradamente *adv. modo* Con reiteración, repetidas veces: *Esta petición es una exigencia reiteradamente formulada por el partido de la oposición.*

reiterado, da *adj.* (antepuesto / pospuesto) ELEVADO. Que ha sucedido repetidas veces: *Las reiteradas protestas de la oposición no han sido atendidas por el Gobierno. Las inundaciones son un suceso reiterado en esta zona del país.*

reiterar *v. tr. / prnl.* ELEVADO. Volver a decir o a hacer ‹una persona› [una cosa]: *El declarante se reiteró* ***en*** *su afirmación con certidumbre. Doña Isabel ha reiterado su opinión sobre este asunto, y ha anunciado que no cambiará de parecer.*

reiterativo, va *adj.* **1** ELEVADO. Que se repite: *proceso reiterativo, idea reiterativa.* **2** LING. Que indica repetición: *frase reiterativa. El prefijo «re-» es un elemento reiterativo.*

reivindicación *s. f.* Acción y resultado de reivindicar: *la reivindicación de un atentado, la reivindicación del buen nombre de nuestra familia. La enseñanza pública y gratuita es una reivindicación histórica de las clases populares.*

reivindicar *v. tr.* **1** Pedir ‹una persona› [una cosa] por considerar que tiene derecho a ella: *Ella reivindica el salario que le deben.* SIN. reclamar. **2** Atribuirse ‹una persona› la responsabilidad o la autoría de [un hecho]: *Un grupo terrorista reivindicó el secuestro. Todavía no ha sido reivindicado el atentado.* **3** Tratar de recuperar ‹una persona› [su buena fama o su reputación o la de otra persona]: *El conde reivindica la memoria de sus antepasados.* ⇒ **71.**

reja *s. f.* **1** Red de barras de hierro, generalmente entrecruzadas, que se coloca en ventanas y otras aberturas como protección o adorno: *las rejas de una cárcel, las rejas de un jardín, las rejas de un templo. He encargado una reja para la puerta.* **2** AGR. Pieza de hierro que forma parte del arado y se introduce en la tierra para removerla: *Esta tierra es muy dura, y cuesta mucho hundir la reja del arado.* FR. Y LOC. **entre rejas** COLOQUIAL. En la cárcel: *La policía lo metió entre rejas por atraco a mano armada. Estuvo seis años entre rejas.*

rejalgar *s. m.* MIN. Mineral rojo de aspecto resinoso formado por arsénico y azufre, que se emplea en pirotecnia.

rejego, ga *adj.* AMÉR. C., MÉX.; COLOQUIAL. [Persona] que es rebelde o testaruda.

rejería *s. f.* **1** (no contable) RESTRINGIDO. Técnica o arte de hacer rejas o verjas: *La rejería vasca tiene una larga tradición.* **2** Conjunto de obras realizadas con esta técnica: *la rejería andaluza, la rejería de la catedral de Salamanca.*

rejilla *s. f.* **1** Red metálica o de otro material que, generalmente, se coloca en una abertura para ver desde ella con discreción o para disimularla o protegerla: *la rejilla del confesionario, la rejilla de una ventana.* **2** Celosía de madera o de otro material que se usa para ocultar o disimular algunos objetos o muebles: *la rejilla del radiador.* **3** Tejido hecho con los tallos de algunas plantas, que se usa para respaldos y asientos de sillas: *Nos gustan los sillones con respaldo de rejilla.* **4** Red instalada sobre los asientos de los autocares o de los departamentos del tren para colocar bultos pequeños: *Deja las revistas en la rejilla.* **5** Estructura de barras, generalmente metálicas: *la rejilla del aire acondicionado, la rejilla del horno.* SIN. parrilla.

rejo *s. m.* **1** RESTRINGIDO. Punta de hierro. **2** ZOOL. Aguijón de la abeja. **3** BOT. Radícula, parte del embrión de las plantas que da lugar a la raíz. **4** COL., VEN.; RESTRINGIDO. Látigo o rienda.

rejón *s. m.* **1** Barra de hierro cortante, terminada en punta. **2** TAUROM. Palo de madera de metro y medio de largo con una cuchilla de acero en la punta, para rejonear.

rejoneador, ra *s. m./f.* TAUROM. Persona que torea a caballo: *Este chico es el mejor rejoneador del momento. En la corrida de esta tarde sólo actúan rejoneadoras.*

rejonear *v. tr.* **1** TAUROM. Herir ‹un torero a caballo› [al toro] con un rejón que se rompe, de manera que queda la punta clavada en el animal: *El diestro ha rejoneado al toro con mucha maestría.* **2** TAUROM. Torear ‹una persona› [un toro] a caballo: *Esta tarde se rejonearán seis toros.*

rejoneo *s. m.* **1** TAUROM. Acción y resultado de rejonear: *El rejoneo del toro hay que hacerlo con destreza.* **2** TAUROM. Modalidad de toreo hecho a caballo: *El famoso ganadero es uno de los mayores maestros del rejoneo.*

rejuvenecer *v. tr./intr.* **1** Dar ‹una persona o una cosa› las fuerzas o el aspecto propios de la juventud [a una persona]: *Las vacaciones rejuvenecen. Estar con tantos niños me ha rejuvenecido.* || *v. tr.* **2** Dar ‹una persona› cabida a un gran número de jóvenes dentro de [un colectivo]: *Los jefes rejuvenecieron la plantilla de la empresa.* **3** Dar ‹una persona o una cosa› apariencia moderna o actual a [una cosa que estaba anticuada u olvidada]: *La nueva jefa piensa rejuvenecer la oficina con muebles modernos y una iluminación más agradable.* SIN. modernizar. || *v. prnl.* **4** Conseguir ‹una persona› las fuerzas o el aspecto propios de la juventud: *Él se rejuveneció con aquel viaje. Desde que se ha vuelto a casar, se ha rejuvenecido veinte años.* ⇒ **5.**

relación *s. f.* **1** (no contable) Situación que se da entre dos ideas o dos cosas cuando existe alguna circunstancia que las une: *No hay ninguna relación entre el libro y la película.* **2** Trato o comunicación entre dos o más personas: *relación sentimental, relación de pareja, relación comercial. Los dos países han roto sus relaciones. No tenemos muy buena relación. Tenemos el mismo apellido, pero ninguna relación de parentesco.* **3** (preferentemente en plural) Personas influyentes o importantes con las que otra tiene buena amistad o un trato muy cercano: *Él tiene relaciones en el Ministerio.* SIN. contacto. **4** (en plural) Trato amoroso o sexual entre dos personas: *Nacho y Carmen mantienen relaciones hace tiempo.* **5** Relato o exposición de un hecho o de una situación: *El abogado expuso la relación de los hechos.* SIN. narración. **6** Lista de nombres o de elementos de cualquier clase: *La relación de los que han presentado la solicitud es muy larga.* **7** RESTRINGIDO. Informe, generalmente por escrito, que se presenta ante una autoridad: *Debo explicar en una relación la situación de la empresa.* **8** LING. Conexión o enlace entre dos o más términos de una misma oración: *relación de dependencia.* **9** MAT. Resultado de comparar dos cantidades expresadas en números: *Entre estas dos cantidades hay relación de desigualdad.* **10** ARG. Verso que en la pareja se dice uno al otro en algunos bailes folclóricos. || **11 relaciones públicas** 1 Actividad profesional basada en el trato personal, con la finalidad de difundir y promover la imagen pública de una persona o de una empresa: *Me gustaría trabajar de relaciones públicas en algún hotel de la costa.* 2 Persona que tiene la función de difundir y promover la imagen pública de una persona o de una empresa: *Ahora hablará usted con nuestra relaciones públicas.*

relacionar *v. tr.* **1** Poner ‹una persona› en relación [personas o cosas]: *Relacioné tu ausencia* ***con*** *el mal tiempo. No te asustes, ahora no hay que relacionar los telegramas* ***con*** *las malas noticias.* SIN. vincular. **2** ADMINISTRATIVO. Relatar ‹una persona› [un hecho]: *Relacione en breves líneas el motivo de su visita a este lugar.* SIN. contar. **3** Hacer ‹una persona› una lista de [varios elementos]: *El jefe me ha mandado que relacione los pedidos de la última semana.* || *v. prnl.* **4** Iniciar o mantener ‹una persona› relaciones de amistad o comerciales con otra persona: *El nuevo delegado se relaciona mucho desde que está en esta empresa.*

relacionista *s. m./f.* COL. Persona que hace de intermediario profesionalmente entre empresas y organismos.

relajación *s. f.* **1** Acción y resultado de relajar o relajarse: *Con este ejercicio se consigue la relajación de los músculos. Con la música barroca logro una buena relajación.* ANT. tensión. **2** (no contable) Disminución de la severidad en la aplicación de una norma o ley o también de la disciplina en la forma de actuar: *la relajación de la vida en vacaciones, la relajación de las costumbres en el siglo* XVIII. *Muchos moralistas alertan sobre la relajación de la moral.* SIN. relajo (COLOQUIAL). **3** (no contable) Técnica para conseguir el reposo muscular o psíquico mediante determinados ejercicios físicos y mentales: *Ángeles hace cursillos de relajación.*

relajado, da *adj.* LING. [Sonido] que se pronuncia con poca o con menos tensión muscular de lo normal. ANT. tenso.

relajamiento *s. m.* Relajación.

relajante *adj.* **1** (antepuesto/pospuesto) Que relaja: *medicamento relajante. Nadar es muy relajante. Éste ha sido un relajante fin de semana.* **2** ARG.; COLOQUIAL. Empalagoso.

relajar *v. tr.* **1** Hacer ‹una persona o una cosa› que [una cosa] esté floja o poco tensa: *El chiste relajó el ambiente. Después de tomar el calmante, el enfermo ha relajado su expresión.* **2** Hacer ‹una persona o una cosa› que [una persona] olvide una preocupación o un trabajo: *Hacer gimnasia la relaja.* **3** Hacer ‹una persona› [una ley o una norma] menos severa: *El Gobierno ha relajado la presión fiscal al bajar los impuestos.* SIN. suavizar. **4** ARG., URUG.; COLOQUIAL. Empalagar ‹un alimento o una bebida› [a una persona] || *v. prnl.* **5** Quedar ‹una cosa› floja o poco tensa: *La presión de la cuerda sobre sus muñecas se relajó con el movimiento. La tensión de los primeros momentos se relajaba con el paso de las horas.* **6** Conseguir olvidar ‹una persona› una preocupación o un trabajo: *Relájate y no pienses más en ello. Su carácter no la deja relajarse.* SIN. tranquilizarse. **7** Llevar ‹una persona› una vida poco ajustada al orden y a la moral sociales vigentes: *Ya trabaja poco, después del premio se ha relajado y no escribe, se dedica a ir de bar en bar.*

relajo *s. m.* **1** COLOQUIAL. Desorden o falta de seriedad: *El relajo de directivos en la gestión de la empresa la ha conducido a la quiebra.* **2** COLOQUIAL. Falta de rigor en el cumplimiento de las normas: *No se puede tomar la ley con tanto relajo.* **3** COLOQUIAL. Degradación de las costumbres de un individuo, grupo o sociedad: *Muchas personas piensan que el relajo de la sociedad actual se debe a la falta de valores.* **4** COLOQUIAL. Descanso, tranquilidad: *Me tomé unos días de relajo.* **5** ARG., CUBA, MÉX., P. RICO, URUG. Broma pesada, burla. **6** AMÉR. C., CUBA, MÉX., P. RICO; COLOQUIAL. Escándalo, alboroto.

relamer *v. tr.* **1** Volver a lamer ‹una persona o un animal› [una cosa]: *El gato relamía el plato de su comida.* || *v. prnl.* **2** Pasar ‹una persona o un animal› la lengua por los labios una o más veces: *A Pablito le ha gustado mucho el pastel, porque todavía se relame. El perro se relame mientras le preparo la comida.* **3** Sentir ‹una persona› mucho gusto o satisfacción pensando en una cosa: *Pedro se relame de gusto pensando en el viaje que les espera.*

relamido, da *adj. / s. m.* y *f.* COLOQUIAL; PEYORATIVO. De aspecto demasiado cuidado y poco natural: *No me gusta el novio de Ángela, es muy relamido. Me disgustan estas habitaciones, con estas láminas tan relamidas.*

relámpago *s. m.* **1** METEOR. Resplandor muy vivo y momentáneo que se produce en las nubes por una descarga eléctrica: *Los relámpagos iluminaban la habitación.* **2** ELEVADO. Cualquier resplandor repentino: *Un relámpago de luz hirió sus ojos.* SIN. destello. **3** Persona o cosa muy rápida: *El coche pasó como un relámpago. Luisa hizo un viaje relámpago.* || **4 cierre* ~.**

relampaguear *v. impers.* **1** METEOR. Producirse relámpagos: *Relampaguea, pero no llueve.* || *v. intr.* **2** Emitir ‹una cosa› luz o brillo de forma intermitente: *Sus ojos relampagueaban **de** furia. El fluorescente relampaguea al encenderse.*

relampagueo *s. m.* **1** Acción y resultado de relampaguear: *El relampagueo asustó al caballo.* **2** Emisión intermitente de luz: *El relampagueo de los focos de la discoteca me mareó.*

relanzar *v. tr.* Dar ‹una persona› un nuevo impulso [a otra persona] o a [una actividad]: *La editorial ha relanzado los libros de ese escritor. La compañía de discos prepara una campaña para relanzar a la cantante.* ⇒ **19.**

relapso, sa *adj. / s. m.* y *f.* **1** ELEVADO, RESTRINGIDO. Que vuelve otra vez a las conductas u opiniones consideradas erróneas que había abandonado: *Los relapsos eran juzgados por la Inquisición con especial severidad.* || *s. m.* **2** MED. Recaída de una enfermedad.

relatar *v. tr.* **1** Narrar ‹una persona› [una historia o un suceso]: *El autor relata su vida.* **2** DER. Hacer ‹una persona› la relación de [un proceso o un pleito].

relativamente *adv.* **1** RESTRINGIDO. En relación con, en cuanto a. OBSERVACIONES: ◊ Seguido de un complemento inherente forma, junto con él, sintagmas circunstanciales respectuales periféricos: *La casa es grande, relativamente a la anterior.* ◊ Puede llegar a constituirse, asociado con la preposición *a*, en locución prepositiva presentadora del tema oracional: *Relativamente a los negocios, el que sabe de eso es Juan.* || *adv. restrictivo* **2** Equivale a '*en términos relativos*', por oposición a *absolutamente* o *en términos absolutos: En términos absolutos, eso es mucho, pero, relativamente, es una cantidad normal e incluso pequeña.* **3** (antepuesto / pospuesto) COLOQUIAL. Equivale a '*en cierto modo*', '*hasta cierto punto*', o '*hasta cierto grado*': *Relativamente, tiene razón el niño. Así es, relativamente.* OBSERVACIONES: Puede aparecer como modificador antepuesto a un adjetivo o adverbio calificativos, a veces con el significado de '*bastante*' *(relativamente limpio, relativamente bien.)*, o solo, en respuestas: *–«¿Te parece bien?» –«Relativamente.» «Me corresponde a mí.» –«Relativamente.»*

relatividad *s. f.* **1** (no contable) Condición y circunstancia de las cosas que son relativas: *El gran filósofo nunca hace afirmaciones absolutas, sus palabras están siempre cargadas de cierta relatividad.* || **2 teoría de la ~** FÍS. Teoría contemporánea según la cual ciertas leyes dependen en todos los sistemas del movimiento relativo de los unos respecto de los otros. La teoría de la relatividad fue formulada por primera vez por el físico Albert Einstein.

relativismo *s. m.* **1** (no contable) FILOS. Doctrina filosófica que afirma que no hay verdades absolutas sino relativas: *El relativismo filosófico tiene una larga tradición.* **2** (no contable) Actitud de las personas que consideran que los valores morales, estéticos, o de otro tipo son relativos y dependen de las circunstancias: *Carmen es muy tranquila, todas las cosas las ve con cierto relativismo fatalista.*

relativista *adj.* **1** FÍS. De la relatividad: *teoría relativista.* **2** FILOS. Del relativismo: *doctrina relativista.* || *adj. / s. m. / f.* **3** FÍS. Persona que es partidaria de la relatividad: *Todos los físicos actuales son relativistas.* **4** FILOS. Persona que es partidaria del relativismo: *La autora de estos ensayos es una pensadora relativista.*

relativizar *v. tr.* Dar ‹una persona› a [un asunto] una importancia o un valor menor del que tenía: *El periodista quiso relativizar el problema y dijo que en todos los países de Europa estaba pasando lo mismo.* ⇒ **19.**

relativo, va *adj.* **1** Que se refiere a una persona o a una cosa: *Es una solución relativa al problema de los impuestos. El conferenciante nos ha dado una charla relativa al tema de la ecología.* **2** [Cualidad, valor] que depende o resulta de su relación con otra cualidad u otro valor: *importancia relativa, magnitud relativa.* ANT. absoluto. **3** (pospuesto) Que no es de mucha cantidad o intensidad: *Hay un silencio relativo en clase, porque se oye un murmullo molesto.* **4** (antepuesto) Que tiene cierta importancia: *Ellos viven con un relativo bienestar, pero sin grandes lujos.* || *adj. / s. m.* **5** GRAM. [Adjetivo, pronombre, adverbio] que, con antecedente expreso o no, introduce una proposición subordinada y a la vez realiza una función sintáctica. || *adj. / s. f.* **6** GRAM. [Proposición, oración] que es subordinada y está introducida por un pronombre o adverbio relativos. || **7 superlativo ~.**

relato *s. m.* **1** Acción o resultado de relatar: *El relato de sus nuevas operaciones financieras me estropeó la tarde. No lo soporto cuando se pone a explicar relatos de su vida.* **2** LIT. Narración breve: *A mi sobrino le regalé un libro de relatos.*

relator, ra *s. m. / f.* ARG., URUG. Comentarista. **~ deportivo. ~ de fútbol.**

relax (plural *relax*) *s. m.* (no contable) Relajación de una persona producida por la práctica de ejercicios físicos o por una situación de bienestar: *Después de un día de mucho trabajo, necesito un momento de relax. Me produce mucho relax escuchar esta música.*

relé *s. m.* ELECTRIC. Aparato que produce una modificación en un circuito eléctrico, dadas determinadas condiciones.

releer *v. tr.* Volver a leer ‹una persona› [una cosa]: *He releído la novela porque me entusiasma.* ⇒ **49.**

relegar *v. tr.* Dejar ‹una persona› de lado [a otra persona o una cosa]: *Tras la discusión, su jefe lo ha relegado. Vamos a relegar ese tema, porque no es tan importante.* ⇒ **56.**

relente *s. m.* Humedad fría que en las noches calmadas se nota en la atmósfera: *Para probar el saco de dormir ha pasado la noche al relente del jardín. Por la mañana aparecieron todos los coches mojados del relente.*

relevancia *s. f.* (no contable) Cualidad de relevante, importante o significativo: *La relevancia de su obra se aprecia al observar la influencia que ha ejercido sobre otros autores. Esas palabras no tienen relevancia.*

relevante *adj.* (antepuesto / pospuesto) Que sobresale por su importancia o significación: *Entrevistaron a una relevante personalidad del mundo de las Letras. El texto es una relevante aportación al conocimiento de la naturaleza. No hay nada relevante que te pueda contar ahora.*

relevar *v. tr.* **1** Dejar ‹una persona› libre de [una carga u obligación] [a otra persona]: *Julia quiere que la releven* ***de*** *los trabajos más duros.* SIN. liberar. **2** Apartar ‹una persona› [a otra persona] de [un empleo o un puesto]: *A José lo han relevado* ***del*** *cargo de delegado.* SIN. destituir. **3** DEP. Sustituir ‹una persona› [a otra de su mismo equipo] en el transcurso de una prueba: *La segunda atleta relevó a la primera y salió con el testigo sin perder tiempo.* ‖ *v. tr. / prnl.* **4** Sustituir ‹una persona› [a otra persona] en [un empleo o una función]: *El número doce relevó al delantero centro lesionado. Las dos amigas* ***se*** *relevan* ***en*** *las tareas de la casa.*

relevo *s. m.* **1** Acción y resultado de relevar o sustituir a una persona: *A las tres hay relevo de enfermeras. El hijo tomó el relevo del padre al frente del negocio.* **2** Persona o grupo que releva: *Ahora llegará el relevo. El relevo dio el santo y seña convenido.* **3** (plural) DEP. Competición deportiva por equipos en la que sus componentes se van sucediendo o relevando después de recorrer una determinada distancia. **carrera* de relevos.** **4** DEP. Acción de relevarse en una carrera de competición: *¡Preparaos para el relevo!* **5** DEP. Persona que releva a otra persona en una carrera: *Tu serás el cuarto relevo.*

relicario *s. m.* **1** REL. Lugar donde se guardan las reliquias: *El brazo incorrupto de Santa Teresa se guarda en un relicario.* **2** Estuche, generalmente en forma de medallón, donde se guarda un recuerdo: *Al cuello siempre lleva colgado un relicario con la foto de su hijo.*

relieve *s. m.* **1** Parte que sobresale en una superficie plana: *Hay que lijar bien los relieves de la puerta para que quede lisa.* **2** Elevación de la parte que sobresale de una superficie plana: *La figura tiene un centímetro de relieve.* **3** PINT. Sensación de realce o bulto que dan algunas cosas pintadas: *Observa el relieve de este cuadro.* **4** ESC. Obra escultórica con figuras o elementos que sobresalen más o menos del plano del fondo. **alto* ~. bajo* ~.** **5** GEOGR. Conjunto de montañas, valles, mesetas y otros accidentes similares que configuran la superficie de la Tierra: *relieve accidentado, relieve terrestre, relieve montañoso, relieve peninsular, relieve pirenaico.* **6** (no contable) Importancia o valor: *Este español es un investigador de gran relieve. Esta autora ha alcanzado un relieve mundial.* SIN. prestigio. **7** (en singular) RESTRINGIDO. Espesor o anchura que tiene una cosa: *La mesa tiene dos centímetros de relieve.* FR. Y LOC. **dar ~** Dar ‹una persona› importancia a una cosa: *Para dar más relieve al acto invitaron a varios artistas de cine.* **poner de ~** Destacar ‹una persona o una cosa› una cosa: *Las pérdidas económicas ponen de relieve la crisis que atraviesa la empresa.*

religión *s. f.* **1** REL. Conjunto de creencias y prácticas que ponen en relación al hombre con la divinidad. **~ budista. ~ católica. ~ cristiana. ~ judía. ~ monoteísta. ~ musulmana. ~ ortodoxa. ~politeísta. ~ protestante.** **2** Principio que se practica o cumple con mucha exactitud y rigor: *Su religión es decir siempre la verdad.* **3** REL. En la iglesia católica, orden o congregación religiosa. FR. Y LOC. **entrar en ~** REL. Entrar ‹una persona› en una orden o congregación religiosa: *María ha decidido entrar en religión.*

religiosamente *adv. modo* **1** Con religiosidad, con religión, de manera religiosa: *Vivió religiosamente sus últimos años.* **2** Con rigor o abnegación propios de religiosos, a la perfección: *Él siempre cumplió religiosamente con sus obligaciones.* **3** COLOQUIAL. Con puntualidad y exactitud. OBSERVACIONES: Suele asociarse con *pagar*: *El inquilino me ha venido pagando religiosamente los plazos.* ‖ *adv. restrictivo* **4** En el aspecto religioso, en lo religioso, en cuanto a la religión. OBSERVACIONES: Puede asociarse con otros adverbios restrictivos de campo parecido: *El tuyo es un país extraordinariamente variado, étnica, cultural y religiosamente. Paco y Manuel son políticamente muy afines, aunque religiosamente están algo distanciados. Una monja modélica tanto intelectual como religiosamente.*

religiosidad *s. f.* **1** (no contable) Práctica y cumplimiento de las obligaciones religiosas: *Es ejemplar ver con qué religiosidad está mi abuela en misa.* SIN. devoción. **2** (no contable) COLOQUIAL; RESTRINGIDO. Exactitud y puntualidad en hacer o cumplir una cosa: *El señor cumple su horario con escrupulosa religiosidad. Mi hijo te pagará con religiosidad.*

religioso, sa *adj.* **1** De la religión: *creencias religiosas.* **arquitectura religiosa. escepticismo ~. matrimonio* ~. monumento ~. música religiosa.** **2** Que profesa una religión y cumple con sus preceptos: *Su padre es un hombre muy religioso.* **3** (antepuesto / pospuesto) Que actúa o se hace con fidelidad y exactitud: *Este cliente paga con una puntualidad religiosa. Los compromisos se iban cumpliendo con religiosa exactitud.* ‖ *adj. / s. m.* y *f.* **4** Entre los católicos, que ha profesado en una orden religiosa.

relimpio, pia *adj.* (ser / estar) COLOQUIAL. Que tiene mucha limpieza o la produce: *Mi tía es muy relimpia, tiene la casa brillante. No te esfuerces más, está todo relimpio.*

relinchar *v. intr.* Emitir ‹el caballo› su voz: *Los caballos relinchaban asustados por la tormenta.*

relincho *s. m.* Voz propia del caballo: *Los relinchos de los caballos se oían desde la cuadra.*

relinga *s. f.* **1** RESTRINGIDO. Cuerda en la que se ponen los plomos y los corchos para que las redes no se hundan en el agua. **2** MAR. Cabo o cuerda con que se refuerza el borde de una vela.

reliquia *s. f.* **1** REL. Parte del cuerpo de un santo o de un objeto que ha estado en contacto con aquél, que es venerado por los creyentes: *Esta túnica es una reliquia de San Juan de Ávila.* **2** Huella o resto de cosas pasadas: *Algunas costumbres son reliquias del pasado.* **3** Objeto apreciado, normalmente por haber pertenecido a una persona querida: *Este reloj es una reliquia de mi abuela.* **4** Secuela que queda después de una enfermedad o un accidente: *El dolor que tiene en la cadera es una reliquia del accidente.* **5** COLOQUIAL; INTENSIFICADOR. Persona o cosa muy vieja o antigua: *Este televisor en blanco y negro es una reliquia.*

rellano *s. m.* **1** Plataforma o espacio llano entre dos tramos de escalera: *Cuando subo cargada tengo que descansar en el rellano.* SIN. descansillo. **2** Llano que interrumpe la pendiente de un terreno: *Os esperamos en aquel rellano.*

rellena *s. f.* COL., MÉX. Morcilla, embutido de cerdo.

rellenar *v. tr.* **1** Volver a llenar ‹una persona› [una cosa]: *La señora rellenó los recipientes* ***con*** *las conservas que había preparado. Rellené los cojines* ***con*** *lana.* **2** Llenar ‹una persona› [una cosa] por completo: *El bodeguero ha rellenado las cubas de vino.* **3** Llenar ‹una persona› el interior de [un alimento] con carne picada u otros ingredientes: *Cuando rellenes los canelones, los metes en el horno.* **4** Llenar ‹una persona› [un hueco] con [una cosa]: *Los albañiles rellenaron los agujeros* ***con*** *yeso.* **5** Escribir ‹una persona› en [los espacios en blanco de un impreso] los datos que se piden: *Debes rellenar la solicitud* ***con*** *el mayor número de datos que puedas proporcionar.* SIN. cumplimentar.

relleno, na *adj.* **1** (ser / estar) Que tiene su interior lleno de otra cosa: *Las aceitunas son rellenas. El pollo está relleno.* **2** (estar) COLOQUIAL. Que está un poco gordo: *Sandra está un poco rellenita. El portero es un señor bastante relleno.* ‖ *s. m.* **3** Acción y resultado de rellenar: *En este almacén se hacía el relleno ilegal de las latas de cerveza. El relleno de los baches es provisional.* **4** (no contable) COCINA. Comida con que se llena el interior de algunos alimentos: *El relleno del pavo era muy bueno. Ya tengo preparado el relleno de los canelones.* **5** COCINA. Mezcla amasada de miga de pan y huevo, de forma redonda u ovalada, que se pone a cocer con el cocido: *Lo que más le gustaba a mi padre del cocido era el relleno.* **6** Material con que se rellena una cosa: *Tenemos que arreglar el relleno del sofá, porque se sale.* **7** (no contable) COLOQUIAL. Parte innecesaria con que se alarga un discurso o un escrito: *Siempre hace lo mismo este profesor, pocas ideas y mucho relleno. Todo lo que te he tachado en el texto me parece relleno.* SIN. paja. FR. Y LOC. **de ~** COLOQUIAL. Que sirve solamente para alargar un discurso oral o escrito o para llenar lo que está vacío: *El trabajo te queda un poco corto, puedes poner más ejemplos de relleno.*

reloj *s. m.* Dispositivo o instrumento para medir el tiempo o dividir el día en horas, minutos y segundos: *mirar el reloj, dar cuerda al reloj. El reloj se ha parado. El reloj no funciona. Este reloj va retrasado. El reloj que me compraste se adelanta. Tu reloj atrasa.* **~ automático. ~ de bolsillo. ~ de cuerda. ~ de pared. ~ de péndulo. ~ de pulsera. ~ despertador. ~ de agua** Reloj que mide el tiempo por medio del agua que va cayendo de un vaso a otro. **~ de arena** Reloj formado por dos ampollas transparentes unidas por el cuello que mide el tiempo por medio de la arena que va cayendo de una a otra ampolla. **~ de cuco** Reloj de pared que tiene un cuclillo mecánico, que sale de la caja en las horas, las medias horas o los cuartos y que produce un sonido parecido al canto de esa ave. **~ de sol** Reloj que señala las horas por la sombra que proyecta un gnomon o barrita de hierro sobre una superficie. **~ digital** Reloj que indica la hora con números dígitos en una pantalla de cristal líquido. FR. Y LOC. **carrera* contra ~. contra ~** 1 DEP. Modalidad de carrera ciclista en la que los corredores salen de uno en uno e intentan llegar a la meta en el menor tiempo posible: *El ciclista quedó el segundo en la contra reloj. Este chico es un especialista en las carreras contra reloj.* 2 Muy rápidamente o en un plazo muy corto de tiempo: *Francisco trabaja contra reloj.* **ir / marchar como un ~** COLOQUIAL. 1 Funcionar ‹una cosa o una persona› muy bien o con perfecta precisión: *Este aparato de música marcha como un reloj.* 2 Se utiliza para indicar que las funciones intestinales de una persona funcionan con regularidad: *No necesito laxantes porque siempre voy como un reloj.* **ser un ~** COLOQUIAL. Ser ‹una persona o una cosa› muy puntual y exacta: *Es raro que Juan llegue tarde, porque es un reloj.*

relojear *v. tr.* ARG., URG.; COLOQUIAL. Espiar, escrutar ‹una persona› [a otra persona o una cosa].

relojería *s. f.* **1** Tienda donde se venden relojes: *He comprado este reloj en la relojería de la esquina.* **2** Taller donde se hacen o arreglan relojes: *He llevado el reloj a la relojería porque atrasaba mucho.* **3** Arte y técnica de hacer relojes: *La relojería japonesa ha invadido el mercado.* FR. Y LOC. **de ~** [Mecanismo] que funciona con un dispositivo regulado por un reloj: *bomba de relojería.*

relojera *s. f.* RESTRINGIDO. Estuche para guardar el reloj de bolsillo.

relojero, ra *s. m. / f.* Persona que tiene por oficio hacer, arreglar o vender relojes.

reluciente *adj.* (estar; antepuesto / pospuesto) Que reluce o brilla: *Las botas están relucientes. Tienes la casa reluciente. Tienes un reluciente aspecto, estás guapísima.*

relucir *v. intr.* **1** Despedir o reflejar ‹una cosa› luz.: *El coche reluce después del lavado.* SIN. resplandecer. **2** Sobresalir ‹una persona o una cosa› por [una determinada cualidad o circunstancia]: *Paco no reluce* ***por*** *su ingenio. Nuestra ciudad reluce entre todas* ***por*** *su variedad monumental.* SIN. destacar. FR. Y LOC. **no es oro* todo lo que reluce. sacar a ~** COLOQUIAL. Decir ‹una persona› [una cosa] de manera inesperada o inoportuna: *Tu amiga sacó a relucir todos tus defectos delante de sus amistades.* **sacar (a ~) los trapos* sucios. salir a ~** COLOQUIAL. Mencionarse ‹una cosa› de manera inesperada o inoportuna: *En la cena de* ayer *salieron a relucir nuestros problemas en la empresa.* ⇒ **50.**

reluctancia *s. f.* FÍS. Resistencia que ofrece un circuito a la fuerza magnética.

relumbrar *v. intr.* Despedir o reflejar ‹una cosa› luz intensa: *Las lámparas relumbran en el salón.* SIN. resplandecer.

relumbrón *s. m.* **1** Golpe de luz vivo y momentáneo: *El relumbrón de los faros de un coche los cegó un momento.* SIN. destello. **2** (no contable) COLOQUIAL. Ostentación o brillo que no se corresponde con un valor real: *A pesar de su juventud, no se dejó impresionar por el relumbrón de los buenos coches y elegantes vestidos.* FR. Y LOC. **de ~** COLOQUIAL. Más aparente o fingido que real o verdadero: *Creo que tu primo luce una inteligencia de relumbrón. Jaime presume de su fortuna, pero me parece que es de relumbrón.*

rem *s. m.* FÍS. Unidad que mide el daño causado por la radiación en el hombre.

remachar *v. tr.* **1** Golpear ‹una persona› [la cabeza o la punta de un clavo introducido en un lugar] aplastándolo para que quede más seguro: *Remacha bien los clavos del tacón, porque siempre lo pierdo.* **2** Golpear ‹una persona› [la cabeza de un remache o un roblón introducido en un agujero] para que quede bien sujeto: *Tienes que remachar el pantalón vaquero.* **3** Adornar ‹una persona› [una cosa] con remaches: *He llevado la correa al zapatero para que me la remache.* **4** COLOQUIAL. Insistir ‹una persona› en [una cosa]: *Remacharemos nuestra conclusión a ver si queda clara.* SIN. subrayar. FR. Y LOC. **~ el clavo*.**

remache *s. m.* **1** Acción y resultado de remachar: *El remache del clavo no ha quedado sujeto.* **2** Clavo cuya punta, una vez clavada, se remacha por el extremo opuesto: *los remaches de un baúl, los remaches de una tapicería. Se me están cayendo los remaches del pantalón.* **3** JUEGOS. Jugada de billar que consiste en golpear una bola contra otra pegada a la banda para hacer carambola con la tercera.

remanente *adj. / s. m.* Parte que queda de una cosa o que se separa de ella: *Es necesario un remanente de dinero para los imprevistos. La cantidad remanente, después de los últimos pagos, es de unas doscientas mil pesetas.* SIN. sobrante.

remangar o **arremangar** *v. tr. / prnl.* Recoger ‹una persona› hacia arriba las mangas u otra parte de [una prenda de vestir]: *Eloy* ***se*** *remangó para fregar. Remanga el jersey a tu hermano para que no se manche.* ⇒ **56.**

remansarse *v. prnl.* Formar ‹una corriente de agua› un remanso: *El agua se remansa después de aquella curva del río.*

remanso *s. m.* **1** Lugar donde se detiene o se hace más lenta una corriente de agua: *Nos bañamos en el remanso del río.* || **2 ~ de paz** Lugar tranquilo: *La casa de campo donde Sara se aislaba era un remanso de paz.*

remar *v. intr.* Mover ‹una persona› los remos de una embarcación para hacerla avanzar por el agua: *Eduardo estaba cansado y remaba con poca fuerza.* SIN. bogar (ELEVADO).

remarcar *v. tr.* **1** Volver a marcar ‹una persona› [una cosa]: *El profesor ha remarcado las palabras señaladas con un círculo. El detective remarcó la silueta de la figura con un trazo más grueso.* **2** Insistir ‹una persona› en [una cosa que se ha dicho o escrito]: *Ella remarcó claramente cuáles eran sus deseos.* SIN. recalcar. ⇒ **71.**

rematadamente *adv. modo* Completamente, totalmente, del todo, de remate, absolutamente, muy. OBSERVACIONES: Sólo se usa aplicado a adjetivos y a adverbios, siempre de valoración negativa: *Tu hermano está rematadamente loco. Me salió rematadamente mal.*

rematado, da *adj.* **1** (antepuesto / pospuesto; siempre como modificador de un sustantivo) COLOQUIAL; INTENSIFICADOR. Que es muy malo: *La actuación fue un rematado desastre. Ese chico es un tonto rematado que cree que el dinero cae del cielo. La película es una rematada birria.* **2** ARG., URUG.; COLOQUIAL. [Persona] que está muy cansada.

rematador, ra *s. m. / f.* RESTRINGIDO. Subastador.

rematante *s. m. / f.* RESTRINGIDO. Comprador al que se le adjudica el objeto de una subasta: *El rematante pagó por la pieza un millón de pesetas.*

rematar *v. tr.* **1** Acabar de matar ‹una persona› [a otra persona o un animal ya herido]: *El pistolero remató a la víctima.* **2** COLOQUIAL. Acabar de estropear o agravar ‹una persona o una cosa› [otra que ya estaba mal]: *Pilar remató el curso con un suspenso. El portero ha rematado una mala actuación con un fallo en el último minuto.* **3** Acabar ‹una persona› [una cosa] dándole los últimos toques: *El cantante siempre remata sus conciertos con varias propinas muy populares.* SIN. concluir. **4** Constituir ‹una cosa› el final o la extremidad de [otra cosa]: *Un campanario remataba la iglesia. Los puños de la camisa estaban rematados* ***por*** *un bordado.* **5** Asegurar ‹una persona› [la última puntada de una labor de costura] dando otras puntadas sobre ella o haciendo un nudo especial en el hilo: *Mi hermana siempre remata los botones que cose con un nudito.* **6** Dar ‹una persona› [una subasta] por terminada adjudicando un objeto a la persona que realizó la mejor oferta: *La cómoda se remató en dos millones.* **7** COMERC. Vender ‹una persona› lo último que queda de [una mercancía] a un precio más bajo: *Rematamos las últimas existencias a unos precios excepcionales.* SIN. liquidar. **8** Gastar o consumir ‹una persona› [una cosa] por completo: *En pocos días los excursionistas remataron las provisiones.* SIN. agotar. **9** COL. Subastar ‹una persona› [una mercancía]. || *v. tr. / intr.* **10** DEP. Poner ‹un jugador› fin a una serie de jugadas lanzando el balón contra la portería contraria: *El delantero remató* ***de*** *cabeza. El jugador se lesionó al rematar un saque de esquina.*

remate *s. m.* **1** Acción de rematar: *El pintor se preparaba con cuidado para el remate de su obra.* SIN. fin. **2** Final o conclusión de una cosa: *Las fiestas tuvieron buen comienzo y mal remate.* SIN. colofón (ELEVADO). **3** Parte final de una cosa que la adorna y le da aspecto de terminada, en especial los bordes de las prendas confeccionadas y los adornos de la parte superior de los edificios y de los muebles: *Una buena confección se distingue por los remates. El remate de la fachada es una bella crestería.* **4** DEP. Jugada de fútbol y otros deportes que consiste en rematar: *Con un buen remate, el delantero consiguió el gol de la victoria.* **5** COMERC. Liquidación: *remate de artículos de temporada.* **6** AMÉR. Subasta. FR. Y LOC. **de ~** COLOQUIAL; INTENSIFICADOR. Completamente, sin remedio: *tonta de remate.* **para / como ~** COLOQUIAL. Como final insoportable o insufrible: *Estoy muy fastidiada y para remate tengo que aguantarte. Yo tenía mucho trabajo hoy, y como remate el jefe me mandó preparar un informe.* **tonto* del bote / de la haba** o **tonto de ~.**

rembolsable *adj.* Reembolsable.

rembolsar *v. tr.* Reembolsar.

rembolso *s. m.* Reembolso.

remedar *v. tr.* **1** ELEVADO. Imitar ‹una cosa› a [otra cosa]: *Sus muebles remedan a los neoclásicos.* **2** ELEVADO. Burlarse ‹una persona› de [otra persona] haciendo sus mismos gestos o ademanes: *Ella siempre remeda a su hermana.* **3** RESTRINGIDO. Seguir ‹una persona› el ejemplo de [otra persona]: *El discípulo remeda en todo a su maestro.*

remediar *v. tr.* **1** Poner ‹una persona› remedio a [un daño o un perjuicio] con [una cosa]: *Mi jefe remedió las pérdidas del negocio* ***con*** *un crédito.* SIN. subsanar. **2** Ayudar ‹una persona› en [una necesidad o una urgencia] a [otra persona]: *Durante un tiempo mi hermano remediará nuestras necesidades económicas.* **3** Evitar ‹una persona› [una cosa]: *Si no lo remedia alguien, llegaremos tarde.* FR. Y LOC. **no poder ~** COLOQUIAL. No poder evitar ‹una persona› una cosa: *No he podido remediar que Lola se fuera a casa.*

remedio *s. m.* **1** Procedimiento que sirve para solucionar una cosa o evitar sus efectos negativos: *Tienes que fumar menos y poner remedio antes de que se te agrave la enfermedad. El error ya no tiene remedio, pero debemos analizarlo para que no se repita.* SIN. solución. **2** MED. Medicina o procedimiento para curar o aliviar una enfermedad: *Los medicamentos son un remedio eficaz contra las infecciones.* **3** (no contable) Ayuda o consuelo: *Busca remedio en tus amigos.* || **4 ~ casero** 1 Remedio popular para curar una dolencia sin recurrir a los productos farmacéuticos: *A María no le gusta tomar medicamentos, y prefiere los remedios caseros.* 2 Solución sencilla para resolver un problema: *Mi abuela conoce un remedio casero para limpiar las manchas de tinta.* FR. Y LOC. **no haber / quedar / tener más ~** 1 COLOQUIAL. Ser ‹una cosa› la única solución que existe para resolver un problema: *La rueda del coche está muy gastada; no hay más remedio que cambiarla.* 2 COLOQUIAL. Ser ‹una cosa› obligatoria: *No tengo más remedio que aceptar su invitación.* **no tener ~** COLOQUIAL. Ser ‹una persona o una cosa› incorregible o inservible: *No tiene remedio; siempre entrega su trabajo fuera de plazo. Este coche ya no tiene remedio, tengo que cambiarlo.* **¡qué ~!** COLOQUIAL. Se usa para expresar resignación ante una cosa que no se puede solucionar o evitar: *No me gusta vivir en esta casa tan pequeña, pero ¡qué remedio!* **ser peor el ~ que la enfermedad** COLOQUIAL. Se usa para indicar que la solución a un problema es más perjudicial que el problema mismo.

remedo *s. m.* **1** ELEVADO. Acción y resultado de remedar: *Su espectáculo es el remedo de varios personajes famosos.* **2** ELEVADO; PEYORATIVO. Imitación, especialmente cuando está mal hecha o resulta ridícula: *Su último libro es un remedo de su obra anterior.* SIN. copia.

remembranza *s. f.* ELEVADO. Recuerdo de una cosa pasada: *Nadie en el pueblo guarda la remembranza de aquella famosa sequía.*

rememorar *v. tr.* ELEVADO; RESTRINGIDO. Hacer recordar ‹una persona o una cosa› [una cosa] a [una persona]: *Aquel encuentro le rememoró su juventud en Salamanca.*

rememorativo, va *adj.* ELEVADO. Que recuerda o hace recordar: *discurso rememorativo, procedimiento rememorativo.*

remendar *v. tr.* **1** Arreglar ‹una persona› [una prenda de vestir que está vieja o gastada] con un parche o un trozo de tela nuevo: *Ahora está de moda remendar los pantalones con muchas piezas.* **2** Aplicar ‹una persona› una cosa a [otra cosa] para suplir lo que le falta: *Cuando éramos pequeños el zapatero nos remendaba las punteras de las botas.*

remendón, na *adj. / s. m.* y *f.* COLOQUIAL, RESTRINGIDO; PEYORATIVO. Que se dedica a remendar o arreglar prendas o zapatos viejos: *zapatero remendón, sastre remendón.*

remera *s. f.* **1** ARG. Camiseta. **2** URG. Niqui.

remero, ra *s. m./f.* Persona que rema: *Se ha caído un remero al agua. Vimos una carrera de remeros.*

remesa *s. f.* Envío de un conjunto de cosas: *Llegó al hospital una remesa de productos lácteos.*

remeter *v. tr.* **1** Volver a meter ‹una persona› [una cosa] en [un lugar] o meterla más adentro: *Remetió el clavo en la pared antes de colgar el cuadro.* **2** Empujar ‹una persona› [una cosa] para meterla en un lugar: *Remete las sábanas.*

remezón *s. m.* AMÉR. Terremoto poco intenso.

remiendo *s. m.* **1** Acción y resultado de remendar: *Echar un remiendo da más trabajo que coser un pantalón nuevo.* **2** Pedazo de tela con que se remienda una prenda de vestir: *El viejo llevaba un pantalón lleno de remiendos.* SIN. parche. **3** COLOQUIAL. Arreglo o añadido que se hace en cualquier cosa para remediar un desperfecto: *Con este remiendo el coche tirará otro añito. No quiero más remiendos a los problemas de la empresa, sino soluciones definitivas.* **4** COLOQUIAL. Obra de poca importancia hecha para añadir un complemento a otra obra: *Sólo lo llamaban para remiendos. Quiero poner el baño nuevo y necesito un albañil que se dedique a hacer remiendos.* SIN. apaño (COLOQUIAL).

remilgado, da *adj. / s. m.* y *f.* PEYORATIVO. Que se comporta con remilgos: *No seas tan remilgado comiendo. Las personas remilgadas me hacen sentir incómoda.*

remilgo *s. m.* Gesto o acción con que se muestra excesiva delicadeza, escrúpulo o asco: *El niño no dejó de hacer remilgos durante la cena y no comió nada.*

reminiscencia *s. f.* **1** (no contable) ELEVADO. Recuerdo impreciso y lejano de una cosa: *La película le traía algunas reminiscencias de su viaje a Colombia.* SIN. evocación (ELEVADO). **2** (preferentemente en plural) ARTE. Influencia de una obra artística o de un estilo en otra obra con características similares: *Esta iglesia tiene reminiscencias del arte románico.*

remirar *v. tr.* INTENSIFICADOR. Volver a mirar ‹una persona› [una cosa] o hacerlo intensamente: *La miro y la remiro, pero no le encuentro ningún parecido con tu hermana.*

remise *s. m.* ARG.; URUG. Coche de alquiler con conductor.

remisión *s. f.* **1** Acción y resultado de remitir: *Te ruego la rápida remisión de los documentos a la gestoría. Según los meteorólogos, no hay signos de remisión del calor.* **2** Nota o indicación que remite al lector a otra parte del escrito o a otro escrito diferente: *Las remisiones a pie de página son fáciles de consultar.* **3** MED. Desaparición de signos o síntomas de una enfermedad: *La remisión de la fiebre nos hizo concebir esperanzas. La remisión de los dolores es evidente.* || **4 ~ de una pena** DER. Perdón de un delito o culpa: *El abogado pidió la remisión condicional de la pena.* FR. Y LOC. **sin ~** Sin remedio: *Como Pedro siga así se irá a la calle sin remisión.* **sin ~ de causa** Sin remedio, obligatoriamente.

remiso, sa *adj.* (ser / estar) ELEVADO. Que se resiste a hacer o aceptar una cosa: *Mi jefe está remiso **a** aceptar mis propuestas. Él se mostró remiso **a** esos cambios.* SIN. reacio.

remite *s. m.* Nota escrita en un sobre o en un paquete que se envía por correo, en la que constan el nombre y las señas de la persona que realiza el envío: *La carta tiene el remite de tu madre. Escribe tus datos en el remite.*

remitente *adj. / s. m.* y *f.* Que remite o envía una cosa: *¿Quién es el remitente de esta carta? En el paquete no se especifica el remitente. La remitente parece que es la presidenta de la asociación.*

remitido *s. m.* RESTRINGIDO. Noticia o artículo que un particular envía a un periódico para que se publique mediante pago: *En un remitido del club se dan a conocer los plazos para solicitar los abonos anuales.*

remitir *v. tr.* **1** Enviar ‹una persona› [una cosa] a [otra persona]: *Le remitimos su pedido por correo.* SIN. mandar. **2** Trasladar ‹una persona› [la solución o la tramitación de un asunto] a [otra persona u otro departamento]: *Pedro remitió la petición de permiso de obras a sus superiores.* **3** DER. Perdonar ‹una persona› [la pena o la obligación que se había impuesto a otra persona]: *Las autoridades le remitieron la condena por buena conducta.* || *v. intr.* **4** Perder ‹una cosa› fuerza o intensidad: *Su venganza remitió con el tiempo. La lluvia ya remite.* **5** MED. Desaparecer ‹los síntomas de una enfermedad› total o parcialmente: *Cuando la afección remita disminuiremos la dosis de antibiótico.* || *v. tr. / intr.* **6** Hacer ‹una persona› en un escrito [una nota o una indicación] que envía [al lector a otra parte del mismo escrito]: *En la nota el autor remite **a** la bibliografía final.* || *v. prnl.* **7** Atenerse ‹una persona› a [una cosa]: *Para más detalles del asunto, me remito **a** lo dicho en mi primer libro.*

remo *s. m.* **1** MAR. Objeto en forma de pala alargada y estrecha que sirve para impulsar algunas embarcaciones haciendo fuerza en el agua: *empuñar el remo, darle al remo.*

barca de remos. 2 DEP. Deporte olímpico que se practica con una embarcación impulsada con remos: *Su hijo es medalla de oro en remo.* 3 (preferentemente en plural) Brazo o pierna de un cuadrúpedo: *Este toro es débil de remos.* 4 (preferentemente en plural) COLOQUIAL; HUMORÍSTICO. Brazo o pierna de una persona: *Como no muevas más los remos entrarás el último en la carrera del colegio.* 5 (preferentemente en plural) Ala de un ave. FR. Y LOC. **a ~** Usando los remos: *Fuimos a remo hasta la otra orilla del lago.*

remoción *s. f.* (no contable) DER. Privación legal de un empleo o de un cargo: *El tribunal ha dictado para el acusado la remoción de todos sus cargos y honores.*

remodelar *v. tr.* 1 ARQ. Cambiar ‹una persona› la forma o estructura de [una obra arquitectónica o de urbanismo]: *El Ayuntamiento remodeló la plaza.* 2 Cambiar ‹una persona› la composición de [una cosa]: *Los directivos quieren remodelar el equipo para la próxima temporada.*

remojar *v. tr.* 1 Mojar ‹una persona› [una cosa] totalmente: *Hay que remojar las judías seis horas para que se cuezan bien.* 2 COLOQUIAL. Celebrar ‹una persona› [una cosa] invitando a los amigos a beber: *Esta buena noticia hay que remojarla.* || *v. prnl.* 3 Quedar ‹una cosa› totalmente mojada: *El campo no se ha remojado mucho después de este chaparrón.* SIN. empaparse.

remojo *s. m.* 1 Acción y resultado de remojar o remojarse: *Estas lentejas son tan blandas que no necesitan remojo.* 2 AMÉR. Propina, gratificación. FR. Y LOC. **a/en ~** Dentro del agua u otro líquido para que se ablande, se disuelva o se limpie: *Pon la camisa a remojo en agua con lejía. Deja los garbanzos en remojo toda la noche.*

remojón *s. m.* COLOQUIAL. Mojadura, baño o chapuzón rápido: *Me he dado un remojón en la piscina.*

remolacha *s. f.* 1 *Beta vulgaris.* Planta herbácea, de tallo erecto, hojas grandes, flores verdosas y raíz carnosa: *La remolacha se cultiva en grandes extensiones.* 2 Raíz de esta planta, que puede consumirse cruda o en conserva, y de la que se extrae azúcar.

remolcador, ra *adj.* 1 Que sirve para remolcar: *El tren se ha averiado y está esperando una máquina remolcadora.* || *s. m.* 2 MAR. Embarcación que ayuda a maniobrar a los barcos dentro del puerto o los traslada cuando están averiados: *el remolcador del puerto.*

remolcar *v. tr.* 1 MAR. Llevar ‹una embarcación› [a otra embarcación u otra cosa] sobre el agua, tirando de ella por medio de cuerdas o cables: *El carguero remolcaba un pequeño pesquero que había tenido una avería mecánica.* SIN. arrastrar. 2 Llevar ‹una máquina, un animal o una persona› [un vehículo u otra cosa] por tierra, tirando de él: *Tuvimos que remolcar el coche porque se nos averió.* 3 COLOQUIAL. Obligar ‹una persona› [a otra persona] a hacer [una cosa que no desea]: *Hemos tenido que remolcar a Blanca, porque no quería venir.* SIN. arrastrar. ⇒ **71.**

remoler *v. tr.* 1 RESTRINGIDO. Moler ‹una persona› [una cosa] mucho. || *v. intr.* 2 CHILE, PERÚ. Salir ‹una persona› de juerga. ⇒ **52.**

remolienda *s. f.* CHILE, PERÚ; COLOQUIAL. Juerga, jarana donde abunda el alcohol.

remolinear *v. intr.* ARG., URUG.; COLOQUIAL. Deliberar larga y variadamente ‹una persona› antes de tomar una decisión.

remolino *s. m.* 1 Movimiento giratorio y rápido de un fluido: *remolino de aire, remolino de agua, remolino de polvo. Esa parte del río es peligrosa para nadar, porque hay remolinos. Un remolino de viento hizo rodar el sombrero del mendigo.* 2 Conjunto de pelos que salen en diferentes direcciones y son difíciles de alisar: *El niño tiene un remolino en la coronilla.* 3 Conjunto numeroso y desordenado de personas en movimiento: *Un remolino de gente rodeaba al cantante.* 4 COLOQUIAL. Confusión o jaleo producidos por una actividad desordenada y cambiante: *El joven actor se dejó arrastrar por el remolino de la vida social.*

remolón, na *adj./s. m.* y *f.* (ser/estar; antepuesto/pospuesto) COLOQUIAL. Que se resiste a hacer una cosa o a trabajar: *No soy remolón, lo que pasa es que no me encuentro bien. ¡Qué remolón estás, venga, hay que moverse! No te hagas la remolona, anda, que me tienes que ayudar. Atendían a los clientes remolones camareros a punto de jubilarse.*

remolonear *v. intr./prnl.* COLOQUIAL. Resistirse ‹una persona› a hacer [una cosa] por pereza: *No remolonees y ponte a hacer lo que te han mandado. Si no **te** remolonearas tanto ya habrías acabado el trabajo.*

remolque *s. m.* 1 Acción y resultado de remolcar o ser remolcado: *Tuve que pagar aparte el remolque de la embarcación encallada.* 2 Vehículo sin motor que se mueve arrastrado por otro: *un camión con remolque, un remolque de vacaciones.* 3 Cabo o soga con que se remolca una embarcación. FR. Y LOC. **a ~** 1 Remolcado o remolcando: *La grúa lleva a remolque los coches averiados o mal aparcados. Tuvimos que ir a remolque hasta Zaragoza.* 2 COLOQUIAL. A la fuerza, por presión o por insistencia de otra persona: *La niña viene un poco a remolque, porque dice que se aburre.*

remonta *s. f.* 1 MIL. Actividad de compra, cría y cuidado de los caballos para proveer al ejército. 2 MIL. Establecimiento en el que se realiza la cría y cuidado del ganado para el ejército. 3 MIL. Conjunto de caballos o mulas destinados a un cuerpo del ejército.

remontadora *s. f.* COL. Taller de reparación del calzado.

remontar *v. tr.* 1 Subir ‹una persona› [una pendiente]: *El forastero remontó la cuesta para ver el pueblo. Tenemos que remontar este camino para llegar hasta la ermita.* SIN. ascender. 2 Navegar o nadar ‹una persona› aguas arriba en [una corriente]: *Mis primos remontaron el río desde la desembocadura hasta el nacimiento.* 3 Elevar ‹una persona o un animal› [una cosa] en el aire: *El niño remontó con facilidad la cometa. El águila remontó el vuelo majestuosa.* 4 Superar ‹una persona› [un obstáculo o una dificultad]: *Mi novia remontó el bache en que se encontraba. El país hace esfuerzos para remontar la crisis.* 5 Avanzar ‹una persona› [puestos o posiciones]: *El corredor remontó posiciones hasta colocarse en cabeza.* || *v. prnl.* 6 Elevarse ‹una persona, un animal o una cosa› en el aire: *El avión se remontó a 3.000 pies de altura. El águila se remontaba hasta las crestas inalcanzables de las peñas.* 7 Retroceder ‹una persona› a [una época pasada] con el recuerdo: *Este historiador se ha remontado **a** la época medieval.* 8 Pertenecer ‹una cosa› a [una época bastante lejana]: *Estos manuscritos se remontan **al** siglo* XII. *Las ruinas se remontan a la época de los visigodos.* 9 RESTRINGIDO. Elevarse ‹una cantidad› a [una determinada cifra]: *Los gastos se remontan **a** un millón de pesetas.* SIN. alcanzar. 10 Volver ‹una persona› mentalmente a los principios o los fundamentos de [una cosa]: *El autor se remonta **a** las bases teóricas de la lógica.*

remonte *s. m.* **1** RESTRINGIDO. Acción y resultado de remontar o remontarse: *El remonte de la cuesta nos dejó sin respiración. El remonte de la corriente del río fue penoso y lento. El remonte de la crisis nerviosa lleva mucho tiempo.* **2** Aparato utilizado para remontar una pista de esquí, como el telesilla o el telesquí: *En esta pista están abiertos todos los remontes.* **3** DEP. Variedad del juego de pelota en la que se usa una cesta más corta y abierta que la normal: *Jugaremos un partido de remonte.* **4** DEP. Cesta más corta y abierta que la normal que se usa en una variedad del juego de la pelota.

remoquete *s. m.* COLOQUIAL; RESTRINGIDO. Apodo de una persona o de una cosa: *Este vino aquí tiene el remoquete de «matagigantes».*

rémora *s. f.* **1** (macho y hembra) Familia *Echeneidae.* Pez teleósteo marino de color grisaceo, que se une con una especie de ventosa que tiene en la cara superior de la cabeza a objetos flotantes o a otros peces mayores, con los que convive en régimen de comensalismo, y habita en mares cálidos. **2** ELEVADO. Persona o cosa que dificulta o impide a otra que progrese: *Mi abuelo veía muy mal y eso era una rémora para sus estudios. Este jugador es una rémora para todo el equipo, porque no está en buena forma.* SIN. lastre.

remorder *v. intr.* **1** Causar ‹una cosa› inquietud o pesar a [una persona] por considerar que ha sido mala o injusta para otra persona: *Nuria fue muy brusca con él y después le remordía la conciencia.* **2** Causar ‹un sentimiento intenso y contenido› perturbación o malestar interior a [una persona]: *La envidia le remuerde y no lo deja vivir.* ⇒ **52.**

remordimiento *s. m.* Pesar que siente una persona por haber hecho una cosa que considera mala o perjudicial para otra persona: *Tengo remordimientos de conciencia. Siento remordimientos por no haberla ayudado.*

remotamente *adv. lug. / temp.* **1** RESTRINGIDO. En un tiempo o lugar remotos: *Eso debió suceder remotamente.* ‖ *adv. modo* **2** De una manera imprecisa o vaga, vagamente. OBSERVACIONES: Se usa mucho con verbos de recuerdo y semejanza: *Este retrato me recuerda remotamente a un familiar mío. No se parece ni remotamente a su padre. No he pensado ni remotamente en esa posibilidad.*

remotidad *s. f.* **1** AMÉR. C. Lejanía o lugar distante.

remoto, ta *adj.* **1** (antepuesto / pospuesto) ELEVADO. Que está distante, muy apartado o lejano en el tiempo o en el espacio: *Este hecho sucedió en el confín más remoto del Imperio. Aquello ocurrió en una época remota. Han llegado señales de vida procedentes de un remoto planeta.* **2** (antepuesto / pospuesto) ELEVADO. Que no es probable que suceda o que sea verdad: *Hay un peligro remoto. Existe la remota posibilidad de que se haya perdido.* ‖ **3 control* ~.** FR. Y LOC. **no tener ni (la más remota) idea*.**

remover *v. tr.* **1** Mover ‹una persona› [una o varias cosas] agitándolas o dándoles vueltas: *Remueve el agua para que se disuelva la sustancia.* SIN. revolver. **2** Cambiar ‹una persona› [una cosa] de lugar o quitar [un obstáculo o un inconveniente]: *El guía removió las piedras que impedían el paso. Su tía removió los muebles y el piso no parecía el mismo.* **3** Volver a pensar ‹una persona› [un asunto que estaba olvidado o detenido]: *No remuevas más este tema tan desagradable. El juez ha removido todo el asunto de la corrupción, que ya parecía olvidado.* **4** RESTRINGIDO. Apartar ‹una persona› [a otra persona] de [su cargo o empleo]: *El nuevo secretario ha removido a los antiguos funcionarios de su departamento.* ‖ *v. intr.* **5** Investigar ‹una persona› [un asunto] para poner al descubierto una cosa: *La policía removió **en** sus negocios y encontró varias actividades ilegales.* SIN. indagar. ‖ *v. prnl.* **6** Moverse o darse la vuelta ‹una persona› en [un lugar]: *Daniel se removía nervioso **en** la cama.* FR. Y LOC. **~ cielo* y tierra.** ⇒ **52.**

remozar *v. tr.* Dar ‹una persona o una cosa› un aspecto más nuevo o moderno a [una cosa]: *Los albañiles han remozado la fachada del Ayuntamiento.* ⇒ **19.**

remplazable *adj.* Reemplazable.

remplazar *v. tr.* Reemplazar. ⇒ **19.**

remplazo *s. m.* Reemplazo.

remuneración *s. f.* **1** ELEVADO. Acción y resultado de remunerar o pagar un trabajo: *El administrador pidió permiso al director para efectuar la remuneración a los trabajadores.* SIN. pago. **2** ELEVADO. Dinero que se recibe por el trabajo realizado: *Mi madre cobra una pequeña remuneración que casi no le llega para vivir.* SIN. paga.

remunerar *v. tr.* **1** ELEVADO. Pagar ‹una persona› [a otra persona] por un trabajo: *La empresa ha remunerado generosamente mi trabajo.* SIN. retribuir. **2** ELEVADO. Dar ‹una persona› una recompensa o premio [a otra persona] por un servicio o un favor: *Los dueños remunerarán a quien encuentre y devuelva el perro.* SIN. gratificar. **3** ELEVADO. Producir ‹un trabajo› ganancia o provecho [a una persona]: *Este negocio no me remunera lo suficiente.* SIN. rendir.

remunerativo, va *adj.* ELEVADO. Que remunera o produce beneficios: *trabajo remunerativo.*

renacentista *adj.* **1** ARTE, HIST. Del Renacimiento: *cultura renacentista, una obra renacentista.* ‖ *adj. / s. m.* y *f.* **2** ARTE, HIST. Que cultiva el arte o conocimientos propios del Renacimiento: *un pintor renacentista, un grupo de renacentistas.*

renacer *v. intr.* **1** Volver a nacer o brotar ‹un ser vivo o una cosa›: *Cada primavera renacen las flores. Ha renacido el odio entre ellos.* SIN. rebrotar. **2** Tomar ‹una persona› nuevas fuerzas o energías: *Después de descansar, he renacido.* SIN. revivir. **3** Haber estado ‹una persona› a punto de morir: *Tras aquel accidente renací **a** la vida.* ⇒ **5.**

renacimiento *s. m.* **1** Acción y resultado de renacer: *el renacimiento de una institución académica. Aquel contrato millonario supuso el renacimiento de la empresa. El padre asistió impotente al renacimiento de las viejas rencillas.* SIN. resurgimiento. **2** (no contable; preferentemente con mayúscula) ARTE, HIST. Movimiento renovador del arte y la cultura occidental de los siglos XV y XVI que se inspira en la Antigüedad clásica grecolatina: *El Renacimiento se caracteriza por considerar al hombre como medida de todas las cosas.*

renacuajo, ja *s. m.* **1** (macho y hembra) ZOOL. Larva de la rana, que vive en el agua, respira por branquias, tiene cola y carece de patas. **2** (macho y hembra) ZOOL. Larva de cualquier anfibio. ‖ *s. m. / f.* **3** COLOQUIAL; AFECTIVO. Persona de muy corta edad, especialmente la que es vivaracha y muy inquieta: *La renacuaja ya ha empezado a andar.*

renal *adj.* MED. De los riñones: *infección renal, cólico renal.* **insuficiencia ~. pelvis* ~.**

rencilla *s. f.* (preferentemente en plural) Riña o discusión entre dos o más personas que produce una enemistad posterior entre ellas: *Las rencillas familiares deben solucionarse en casa.* SIN. disputa.

renco, ca *adj. / s. m.* y *f.* Rengo.

rencontrar *v. tr. / prnl.* Reencontrar. ⇒ **28.**

rencor *s. m.* (no contable) Sentimiento persistente de odio o antipatía hacia otra persona que ha causado un daño u ofensa voluntaria o involuntariamente: *No le guardes rencor, porque lo hizo sin intención. Mi hermano aún siente rencor contra Juan porque le quitó la novia cuando eran jóvenes.*

rencoroso, sa *adj. / s. m.* y *f.* (ser / estar) Que siente o tiende a sentir o guardar rencor hacia una persona: *Reconozco que soy muy rencoroso.Ten cuidado, Manuel es un rencoroso. Estás muy rencorosa conmigo.*

rencuentro *s. m.* Reencuentro.

rendibú *s. m.* RESTRINGIDO. Manifestación de respeto, sumisión o atención hacia una persona, generalmente por adulación: *Él siempre está haciendo el rendibú a su jefe.*

rendición *s. f.* (no contable) Acción y resultado de rendir o rendirse a la voluntad de una persona: *Un intenso bombardeo logró la rendición de la ciudad sitiada.*

rendidamente *adv. modo* Con sumisión y rendimiento: *Joaquín está rendidamente enamorado de ti.*

rendido, da *adj.* **1** (estar) Que está muy cansado: *Vengo rendido de trabajar. Estoy rendida de tanto subir y bajar.* **2** (estar; antepuesto / pospuesto) Que se somete voluntariamente a otra persona por amor o admiración: *Don Juan está rendido de amor. El anónimo galán firma la carta como «un rendido admirador».*

rendija *s. f.* Abertura estrecha y alargada que se produce en un cuerpo o que existe entre dos cosas próximas: *El niño espiaba por las rendijas de las ventanas.* SIN. ranura.

rendimiento *s. m.* **1** (no contable) Producto o utilidad de una persona o de una cosa en relación con lo que trabaja, gasta o cuesta: *El rendimiento de nuestra plantilla en el trabajo es alto. Le sacarás a la máquina un buen rendimiento.* **2** (no contable) ELEVADO. Amabilidad excesiva con que una persona trata a otra persona para complacerla o servirla: *Tanto rendimiento de su compañero acabó por irritarla.* SIN. sumisión.

rendir *v. tr.* **1** Vencer y obligar ‹un ejército› [a las tropas enemigas] a que se entreguen: *Los españoles rindieron a los turcos en la batalla de Lepanto.* **2** Entregar ‹una persona› [una cosa] a [otra persona]: *El soldado rindió su alma a Dios. El atracador rindió su arma a la policía.* **3** Dar ‹una persona› [culto] [a otra persona, a la divinidad o a una cosa]: *El héroe rindió culto a los dioses. Algunas personas rinden culto al dinero.* **~ culto.** **4** Hacer ‹una persona o una cosa› que [una persona] se agote: *Estos niños rinden a cualquiera. El americano ha rendido a los demás atletas con un ritmo muy vivo en las primeras vueltas.* SIN. agotar. **5** Realizar ‹un soldado› con las armas o la bandera [determinados actos en señal de homenaje o respeto]: *Los ejércitos rindieron armas al rey. Los legionarios han desfilado para rendir homenaje a la bandera.* || *v. tr. / prnl.* **6** Someter ‹una persona› a su voluntad o dominio [a otra persona]: *Él **se** rindió **a** sus halagos. ¿Crees que lo vas a rendir con tus ruegos?* || *v. tr. / intr.* **7** Producir ‹una persona o una cosa› [rendimiento o utilidad]: *Rinde más en tus estudios. Este negocio no rinde lo que esperábamos.* || *v. prnl.* **8** Dejar de oponer resistencia ‹una persona› [a otra persona o una cosa]: *Los asaltantes se rindieron **a** la policía.* **9** Verse ‹una persona› obligada a admitir [una cosa]: *Él se rindió **a** la evidencia.* **10** Fallar la resistencia física o moral de ‹una persona›: *No te rindas ahora que estás tan cerca de lograr lo que querías.* SIN. desfallecer. FR. Y LOC. **~ homenaje.** **~ tributo*.** ⇒ **57.**

renegado, da *adj. / s. m.* y *f.* Que rechaza o reniega de su raza, patria o creencias: *un cristiano renegado. En la guerras suelen aparecer siempre renegados en todos los bandos.*

renegar *v. tr.* **1** Negar ‹una persona› [una cosa] con insistencia: *El acusado niega y reniega que haya cometido el robo.* || *v. intr.* **2** No aceptar ‹una persona› [su religión, su raza, su patria o sus creencias]: *Javier renegó **de** sus ideas. El escritor ha renegado **de** su país.* SIN. abjurar (ELEVADO). **3** No aceptar ‹una persona› [a otra persona con la que tiene relación]: *El protagonista renegó **de** su hija porque se casó sin su permiso.* SIN. repudiar. **4** COLOQUIAL. Manifestar ‹una persona› enfado o disgusto por una cosa con sonidos confusos o murmurando entre dientes: *No reniegues tanto y haz lo que te mandan.* SIN. refunfuñar. ⇒ **65.**

renegrido, da *adj.* **1** (estar; antepuesto / pospuesto) Que ha adquirido un color muy oscuro: *piel renegrida. El techo está renegrido por el humo de la chimenea.* SIN. ennegrecido. || *s. m.* **2** ARG. Tordo negro con reflejos azulados.

RENFE (pronunciamos *'renfe'*) *s. f.* Sigla de la «Red Nacional de Ferrocarriles Españoles».

renglón *s. m.* **1** Serie de palabras o de caracteres escritos en línea recta: *Si haces la letra más pequeña te cabrá todo en el mismo renglón. El reglón se te está torciendo.* **2** Cada una de las líneas horizontales que tienen algunos papeles o algunos cuadernos para escribir recto: *libreta con renglones. Voy a trazar unos renglones en el papel para no torcerme.* **3** (en plural) COLOQUIAL. Escrito o impreso: *Te escribo estos cuatro renglones para felicitarte. Le he mandado unos renglones para explicarle que me voy de viaje.* FR. Y LOC. **a ~ seguido** A continuación: *Mi jefa me grita, y a renglón seguido me pide perdón.* **leer* entre líneas / renglones.**

rengo, ga *adj. / s. m.* y *f.* RESTRINGIDO. Que anda con alguna dificultad por una lesión de cadera: *El caballo que han comprado es rengo.*

renguear *v. intr.* AMÉR. Renquear.

reniego *s. m.* (preferentemente en plural) COLOQUIAL. Protesta que una persona manifiesta por tener que hacer una cosa: *Si no quieres oír sus reniegos no le mandes hacer nada.* SIN. queja.

renio *s. m.* QUÍM. *Re.* Elemento químico metálico de color blanco, brillante y de difícil fusión, con propiedades químicas parecidas al manganeso: *El renio tiene aplicaciones como catalizador.*

reno *s. m.* (macho y hembra) *Rangifer tarandus.* Mamífero rumiante de la misma familia que el ciervo, con el pelaje grisáceo y una gran cornamenta, que habita en las regiones frías del hemisferio Norte y se domestica para servir de animal de tiro.

renombrado, da *adj.* (antepuesto / pospuesto) Que es muy famoso por ser muy bueno en su clase: *un renombrado escritor, un médico renombrado.*

renombre *s. m.* (no contable) Celebridad o fama: *una marca de renombre. Su madre es una persona de mucho renombre en los círculos financieros.* SIN. prestigio.

renovable *adj.* Que puede renovarse: *permiso renovable por un año. Las energías renovables son una alternativa al petróleo.*

renovación *s. f.* Acción y resultado de renovar: *La renovación de los puestos vacantes va a dar más vitalidad al Gobierno. Los directivos están preparando la renovación de la maquinaria de la fábrica. Dime qué trámites son necesarios para la renovación del carné de identidad.*

renovar *v. tr.* **1** Hacer ‹una persona› que [otra persona o una cosa] vuelva a tener vitalidad o energía: *La canasta del empate renovó la emoción del partido. Después de un breve descanso, el caminante reemprendió el camino con renovados ánimos.* **2** Continuar ‹una persona› [una acción que se había interrumpido]: *Por la mañana, el enemigo renovó sus ataques. La caravana renovará la marcha al amanecer.* SIN. reanudar. **3** Cambiar ‹una persona› [una cosa vieja o anticuada] por [otra cosa nueva o moderna de la misma clase]: *Cuando Julián cambió de piso, renovó la vajilla.* **4** Cambiar ‹una persona› [una cosa cuyo plazo de validez o efectividad ha terminado] por otra nueva de la misma clase: *He renovado el permiso de conducir.* **5** Dar ‹una persona› aspecto o carácter actual a [una cosa]: *Rubén Darío renovó la poesía de su época. Jorge ha renovado su imagen con un nuevo peinado.* SIN. modernizar. **6** Arreglar ‹una persona› [una cosa que está vieja o en mal estado]: *El restaurador ha renovado ese viejo armario y parece nuevo. Van a renovar la fachada de la catedral.* SIN. restaurar. ⇒ **28.**

renquear *v. intr.* **1** Andar ‹una persona› con dificultad como un rengo: *Mi abuelo renquea desde que se rompió el fémur.* **2** COLOQUIAL. Seguir viviendo ‹una persona› o funcionando ‹un asunto›, aunque con dificultades y trabajosamente: *Vivimos renqueando en este pueblo. El negocio renquea, y aún no sabemos si saldrá adelante.*

renquera *s. f.* (no contable) AMÉR. Manera de caminar de un rengo.

renta *s. f.* **1** (no contable) ECON. Beneficio o interés periódico que produce el dinero o una propiedad: *Sus tierras le producían unas rentas anuales muy elevadas. La renta del dinero que tenía en el banco era muy baja.* SIN. rendimiento. **2** Cantidad de dinero que hay que pagar por el alquiler de una cosa: *Nos hemos cambiado de piso, porque la renta del anterior era muy alta.* SIN. alquiler. || **3 ~ per cápita** ECON. Renta que se obtiene al dividir la renta nacional por el número de habitantes de un país: *Ese país es muy pobre, tiene una renta per cápita muy baja.* **4 ~ vitalicia** ECON. Pensión que una persona tiene derecho a recibir durante toda su vida por una razón determinada: *El marqués les cedió el uso de la finca a cambio de una renta vitalicia.* FR. Y LOC. **declaración* de la ~. vivir de las rentas** COLOQUIAL; PEYORATIVO. Aprovecharse ‹una persona› de lo que ha conseguido en el pasado, y obtener un beneficio exagerado sin ningún esfuerzo: *Sus padres trabajaron mucho, pero ahora él vive de las rentas. Antes estudiaba mucho y adquirió una buena base, pero ahora vive de las rentas.*

rentabilidad *s. f.* ECON. Capacidad de rentar o producir beneficio una cosa o una empresa: *Su hijo ha vendido el negocio porque tenía poca rentabilidad.* SIN. productividad.

rentabilizar *v. tr.* ECON. Hacer ‹una persona o cosa› que los beneficios de [una empresa o industria] sean superiores a los costes y gastos que ocasionan: *El primer año, los inversores habrán rentabilizado la inversión inicial, porque además de amortizarla, sacarán un cinco por ciento de beneficio.* ⇒ **19.**

rentable *adj.* (antepuesto / pospuesto) Que produce renta o beneficio suficiente: *Ésta es una inversión rentable a corto plazo. Su amigo abandonó sus rentables negocios.*

rentado, da *adj.* ARG., URUG. Que se hace o que trabaja a cambio de un sueldo. SIN. retribuido, pagado.

rentar *v. tr. / intr.* **1** ECON. Dar ‹una cosa› [beneficios] a [una persona] periódicamente: *Estas acciones han rentado bastante este año. Sus empresas le rentan mensualmente varios millones.* || *v. tr.* **2** CHILE; ELEVADO. Dar o tomar en alquiler ‹una persona› [una cosa]. **3** MÉX. Tomar en alquiler ‹una persona› [una cosa].

rentero, ra *s. m. / f.* RESTRINGIDO. Persona que paga una renta por el arrendamiento o alquiler de una finca rural: *Los renteros de las fincas del abuelo las dejan el año que viene.*

rentista *s. m. / f.* Persona que vive de las rentas de sus bienes o propiedades: *Pepe no trabaja, es rentista, vive de los pisos que ha heredado de su padre.*

renuencia *s. f.* (no contable) ELEVADO. Resistencia u oposición que se tiene a hacer una cosa: *El jefe ha demostrado repetidamente su renuencia a negociar con esos amigos tuyos.*

renuente *adj.* (ser / estar) ELEVADO. Que se resiste a hacer o aceptar una cosa: *La directora general es renuente **a** la negociación. El jefe está muy renuente, no sé si conseguiremos algo.* SIN. reacio.

renuevo *s. m.* BOT. Brote de una planta o de un árbol después de ser podado o cortado: *El árbol que podamos ya ha echado renuevos.*

renuncia *s. f.* **1** Acción y resultado de renunciar: *la renuncia a una afición. Eso significará la renuncia al proyecto.* **2** Escrito o documento donde se expresa una renuncia: *El secretario presentará mañana la renuncia al cargo.*

renunciar *v. tr.* **1** Dejar ‹una persona› voluntariamente [una cosa que posee o a la que tiene derecho]: *El joven renunciará **a** la herencia. Su marido renunció **al** puesto que le correspondía en la dirección porque no quería responsabilidades.* **2** Dejar de hacer ‹una persona› [una cosa] por necesidad, obligación o sacrificio: *Tras su enfermedad, su padre renunció **al** tabaco. El tesorero renunció **a** su cargo porque se lo pidió el presidente.* **3** No querer aceptar ‹una persona› [una cosa]: *Renuncio **a** cualquier ayuda.*

renuncio *s. m.* **1** COLOQUIAL. Falta o contradicción en que se sorprende a una persona: *Paco dijo que él no bebía, pero lo pillé en un renuncio, con una copa de jerez en la mano.* **2** JUEGOS. Falta que comete un jugador de cartas al no seguir el palo o al echar una carta más baja.

renvalso *s. m.* RESTRINGIDO. Corte que se hace en los cantos de las hojas de puertas y ventanas para que encajen en sus marcos o unas con otras.

reñidero *s. m.* RESTRINGIDO. Lugar destinado a la riña o a la pelea de algunos animales, especialmente de los gallos.

reñido, da *adj.* **1** (estar) Que se ha enfadado con una persona y no quiere trato con ella: *Sus familias están reñidas.* **2** (ser / estar; antepuesto / pospuesto) COLOQUIAL. [Competición] que tiene el desenlace incierto por la igualdad de los oponentes: *El concurso está muy reñido. El partido ha sido muy reñido. La reñida partida de ajedrez acabó en tablas.* **3** (estar) [Cosa] que es contraria a otra y no puede aparecer a su lado: *La elegancia está reñida con la ostentosidad.*

reñir *v. tr.* **1** Decir ‹una persona› [a otra persona] que desaprueba una cosa que ha hecho mal: *El profesor nos ha re-*

*ñido **por** nuestro mal comportamiento. Cuando tu padre se entere de lo que habéis hecho os va a reñir.* SIN. regañar. **2** Realizar ‹una persona› [un combate o un desafío]: *El chico ha reñido una batalla familiar para conseguir que le compraran un coche.* SIN. librar (ELEVADO). ‖ *v. intr.* **3** Discutir ‹dos personas› entre sí: *Sus hermanos siempre riñen. Esta pareja riñe **por** tonterías.* **4** Dejar de mantener ‹una persona› trato o relación con [otra persona]: *He reñido definitivamente **con** Silvia.* SIN. romper. ⇒ **20.**

reo, a *adj.* **1** Culpable. **2** ARG., URUG.; COLOQUIAL. [Persona] que es descuidada o vulgar.

reo *s. m./f.* **1** Persona acusada de un delito en un proceso penal: *La reo no compareció en la vista de su proceso.* **2** Persona que es culpable de haber cometido un delito: *El fiscal señaló que el acusado era reo de alta traición.* **~ de muerte** Persona condenada a muerte. ‖ *s. m.* **3** (macho y hembra) *Salmo trutta trutta.* Pez, variedad de trucha, de color rosado, que habita en aguas saladas de la desembocadura de los ríos.

reoca Se usa en la LOC. **ser la ~** COLOQUIAL. Ser ‹una persona o una cosa› extraordinaria o fuera de lo común: *Eres la reoca, has montado un gran escándalo. Mi primo se ha comprado una casa que es la reoca, parece un palacio.*

reojo Se usa en la LOC. **mirar de ~** 1 Con disimulo, dirigiendo la vista por encima del hombro, hacia un lado, sin volver la cabeza: *David miraba de reojo el examen de su compañero para ver sus respuestas.* 2 Con desconfianza o desprecio: *Luis miraba de reojo porque pensaba que nos estábamos riendo de él a sus espaldas. Él nos miró de reojo y con aires de superioridad, como si no le interesáramos.*

reordenar *v. tr.* Volver a ordenar ‹una persona› [una cosa]: *El Ayuntamiento ha reordenado el plan de urbanismo y ha introducido más zonas verdes en el centro de la ciudad. La privatización de algunas empresas públicas va a reordenar el mercado.*

reorganizar *v. tr.* Organizar ‹una persona› de nuevo [una cosa] de manera distinta o más eficaz: *El Ayuntamiento ha reorganizado el servicio de limpieza. Los policías municipales han reorganizado la circulación y han cambiado el sentido de algunas calles.* ⇒ **19.**

reóstato *s. m.* ELECTRIC. Resistencia variable colocada en un circuito eléctrico con el fin de poder modificar la intensidad que circula por él o por alguna de sus ramas.

repajolero, ra *adj.* (antepuesto) COLOQUIAL; INTENSIFICADOR. Se usa para expresar hostilidad o desprecio del hablante hacia el sustantivo calificado por este adjetivo: *No me hizo ni repajolera gracia lo que dijo. Cállate, porque no tienes ni repajolera idea. Has sido un vago toda tu repajolera vida.*

repámpanos *interj.* COLOQUIAL; RESTRINGIDO. Expresa sorpresa, enfado o disgusto: *¡Repámpanos, nadie te imaginaba tan alto! ¡Repámpanos!, ¿por qué no me hiciste caso?*

repanchigarse o **repanchingarse** *v. prnl.* COLOQUIAL. Sentarse ‹una persona› en [un asiento] recostándose y extendiendo todo el cuerpo para mayor comodidad: *Le gusta repanchingarse en el sillón.* SIN. repantigarse. ⇒ **56.**

repanocha Se usa en la LOC. **ser la ~** COLOQUIAL. Ser ‹una persona o una cosa› extraordinaria o fuera de lo común: *Gema es la repanocha, se reía mientras el jefe le echaba una bronca. Este hombre es la repanocha, ha asistido a la recepción con una camisa de flores.*

repantigarse o **repantingarse** *v. prnl.* COLOQUIAL. Sentarse ‹una persona› en [un asiento] recostándose y extendiendo todo el cuerpo para mayor comodidad: *Se repantigó en el sofá y se quedó dormido.* SIN. repanchigarse. ⇒ **56.**

reparable *adj.* Que se puede reparar o remediar: *avería reparable, daño reparable, error reparable.* ANT. irreparable.

reparación *s. f.* **1** Acción y resultado de arreglar una cosa rota o estropeada: *La reparación del televisor sale muy cara. Estuve delante mientras duró la reparación de la avería.* SIN. arreglo. **2** (no contable) ELEVADO. Satisfacción completa de un daño o una ofensa: *La señora reclamó una reparación ante el encargado por el trato grosero de los dependientes.*

reparador, ra *adj.* **1** Que sirve para recuperar las fuerzas: *un descanso reparador, una ducha reparadora.* **2** RESTRINGIDO. Que sirve para compensar un daño o una ofensa: *una indemnización reparadora.* ‖ *adj./s. m.* y *f.* **3** Que repara o arregla: *Compré un líquido reparador para los muebles. El tapicero le aplicó un reparador y desapareció la mancha.*

reparar *v. tr.* **1** Arreglar ‹una persona› [una cosa que está rota o estropeada]: *Como el coche no arrancaba, lo he llevado a reparar. El fontanero ha reparado el grifo que goteaba.* **2** Corregir ‹una persona› [una falta, un error o un daño que se ha causado a otra persona]: *Debes reparar el daño que le has causado.* SIN. subsanar. **3** Recuperar ‹una persona› [la fuerza o la energía]: *Voy a comer algo porque necesito reparar fuerzas.* SIN. restablecer. ‖ *v. intr.* **4** ELEVADO. Considerar ‹una persona› [una acción] antes de ejecutarla: *Repara **en** todos los detalles antes de iniciar el proyecto.* **5** ELEVADO. Darse cuenta ‹una persona› de [una cosa que hay o sucede a su alrededor]: *No reparé **en** que la silla estaba rota. ¿No has reparado **en** la cara que ha puesto cuando nos ha visto?* SIN. percatarse. ‖ *v. tr./intr.* **6** VEN. Intentar recuperar ‹un alumno› [una asignatura suspendida] con un nuevo examen. FR. Y LOC. **sin pararse/~ en barras*.**

reparo *s. m.* **1** Objeción o comentario negativo que una persona hace sobre la acción de otra persona: *Ellos no pusieron ningún reparo a mi proyecto.* **2** (no contable) Dificultad para hacer una cosa por temer consecuencias negativas: *El médico tenía muchos reparos para contarles la verdad sobre la enfermedad de su hijo.* **3** ARG., URUG. Refugio.

repartición *s. f.* **1** Acción y resultado de repartir: *Las sucesivas reparticiones de tierras heredadas originaron el minifundio.* SIN. reparto. **2** AMÉR. Cada una de las secciones o dependencias de un organismo administrativo.

repartidor, ra *s. m./f.* Persona que tiene como profesión repartir o distribuir una cosa, generalmente un producto comercial, entre sus clientes: *Estoy sin butano, porque el repartidor del gas no ha venido en toda la semana.*

repartija *s. f.* ARG., URUG.; COLOQUIAL, PEYORATIVO. Reparto, generalmente de cargos o de cosas robadas.

repartimiento *s. m.* **1** RESTRINGIDO. Acción y resultado de repartir: *Se procedió al repartimiento de las tierras.* SIN. reparto. **2** DER. Cada una de las partes en que se divide una contribución o carga extraordinaria. **~ vecinal** HIST. División entre los vecinos de un tributo o contribución para completar los ingresos del municipio. **3** HIST. Sistema de repoblación utilizado en España en el siglo XIII, que consistía en la distribución de las tierras reconquistadas a los árabes entre los que habían tomado parte en la conquista: *Andalucía se repobló mediante repartimientos.*

repartir *v. tr.* **1** Entregar ‹una persona› [una cosa] en distintos lugares o a personas diferentes: *Por la mañana el cartero repartió el correo.* **2** Administrar ‹una persona› [una cosa]: *El tribunal repartió justicia.* **3** Asignar ‹una persona› a [cada persona] [la función o la colocación que le corresponde o le conviene]: *Los directores repartieron los papeles de la obra de teatro. Nos repartimos las tareas.* **4** COLOQUIAL. Dar ‹una persona› [golpes] a [distintas personas]: *Aquel hombre repartió bofetones a todo el que se puso delante.* **5** Esparcir o extender ‹una persona› [una cosa] sobre [una superficie] uniformemente: *La cocinera repartió bien el chocolate por toda la tarta.* || *v. tr. / prnl.* **6** Distribuir ‹una persona› [una cosa que se ha dividido en partes]: *El viejo repartió la herencia **entre** sus hijos. Él repartía la tarta **en** porciones. Los vencedores **se** repartieron el botín.* SIN. partir. **7** Colocar ‹una persona› [a varias personas o cosas] en [distintos lugares]: *Los marineros repartieron la carga **entre** las distintas bodegas del barco. Los invitados **se** repartieron **por** el jardín.* FR. Y LOC. **dar / ~/ arrear estopa*.**

reparto *s. m.* **1** Acción y resultado de repartir: *reparto a domicilio. Con esa furgoneta, su cuñado se dedica al reparto de la prensa. La maestra procedió al reparto de tareas entre los alumnos.* **2** CINE. Relación de los actores de una película o espectáculo y de los personajes que interpretan: *La película cuenta con un buen reparto.* SIN. elenco (ELEVADO).

repasador *s. m.* ARG., PAR., URUG. Paño de cocina.

repasar *v. tr.* **1** Volver a mirar ‹una persona› [una cosa] para comprobar si está bien y corregir sus posibles faltas: *Repasa el trabajo antes de entregarlo.* SIN. revisar. **2** Volver a leer ‹una persona› [una cosa que se ha estudiado] para fijarla en la memoria: *Mi hija ha estado repasando los temas de la oposición.* SIN. revisar. **3** Volver a explicar ‹el profesor› [una lección ya estudiada]: *La clase de hoy la vamos a dedicar a repasar lo que entra en el examen.* SIN. revisar. **4** Volver a coser ‹una persona› [una cosa que lo necesita]: *Repasa los botones antes de ponerte la chaqueta.* **5** Pasar ‹una persona› una o más veces [una cosa] por [el mismo lugar]: *Pasé y repasé el trapo **por** los muebles.* **6** Leer ‹una persona› [un escrito] por encima: *He repasado tu ejercicio y no he visto ningún fallo.* **7** Limpiar o arreglar ‹una persona› [una cosa] superficialmente: *Antes de salir, repasa un poco la habitación.* || *v. intr.* **8** Pasar ‹una persona› una o más veces por [el mismo lugar]: *Pasaba y repasaba **por** delante de la casa sin atreverse a entrar.*

repaso *s. m.* Acción y resultado de repasar: *Daré otro repaso a esta lección. Daremos un repaso a la pintura del piso este verano. Este pantalón necesita un repaso de plancha. Antes de entregar el artículo a la imprenta hay que darle un repaso.* FR. Y LOC. **dar un ~** COLOQUIAL. Reñir ‹una persona› a otra persona o demostrarle la propia superioridad: *La jefa nos ha dado un buen repaso. El entrenador visitante ha asegurado que su equipo nos dará un repaso el domingo.*

repatear *v. intr.* COLOQUIAL. Desagradar ‹una persona o una cosa› mucho a [una persona]: *Esas bromitas me repatean. No voy a tu casa porque tu primo me repatea.*

repatriación *s. f.* Acción y resultado de repatriar: *La embajada está organizando la repatriación de los españoles que están en la zona del conflicto.*

repatriar *v. tr. / prnl.* Hacer ‹una persona› que [otra persona o una cosa] vuelva a su patria, facilitando los medios para ello: *Las fuerzas de paz de la ONU han repatriado a todos los extranjeros. El intelectual **se** repatrió al acabar la guerra. No pueden repatriar**se** los capitales sin cumplir los requisitos de la legislación vigente.* ⇒ **8.** Se usa también la conjugación regular.

repechar *v. intr.* ARG., URUG.; COLOQUIAL. Experimentar ‹una persona o una cosa› un progreso o una mejora lenta y continuada.

repecho *s. m.* Cuesta bastante empinada y no muy larga: *El líder de la carrera adelantó a los demás ciclistas en un repecho de la carretera.*

repeinar *v. tr. / prnl.* **1** Volver a peinar o peinar repetidamente ‹una persona› [a otra persona]: *La princesa **se** repeina la hermosa cabellera una y otra vez.* **2** Peinar ‹una persona› [a otra persona] con mucho cuidado o esmero: *La actriz **se** repeinaba los tirabuzones con gran delicadeza. A Belén le gusta mucho repeinar a su hijo.*

repelar *v. tr.* **1** Cortar ‹una persona› [el pelo] a [otra persona o un animal] mucho o completamente: *A Miguel le repelaron el cogote.* SIN. rapar. **2** Cortar o quitar ‹una persona› parte de [una cosa]: *El viejo repeló la fruta antes de comérsela.* **3** MÉX.; COLOQUIAL. Poner ‹una persona› objeciones o reparos a [una cosa].

repelente *adj.* **1** (antepuesto / pospuesto) Que repele o produce repugnancia o asco: *sustancia repelente, una repelente sensación. Su cara tiene un repelente aspecto.* || *adj. / s. m.* y *f.* **2** (ser / estar) COLOQUIAL; PEYORATIVO. Que todo lo sabe, alardea de ello y resulta molesto o impertinente: *Su hija es una niña repelente. No entiendo por qué tu amiga está tan repelente estos días. Eres un repelente, tan pequeño y tan redicho.* || *s. m.* **3** Sustancia que se usa para alejar o repeler a los animales: *un repelente para los mosquitos.*

repeler *v. tr. / prnl.* **1** Apartar ‹una persona› [a otra persona o una cosa] de sí con impulso o violencia: *El policía repelió la agresión de los secuestradores. Los dos ejércitos **se** repelieron en una batalla sangrienta.* **2** Rechazar ‹una cosa› [otra cosa] lejos de sí: *El larguero repelió el balón. El escudo repelió la piedra. Dos cargas eléctricas de signo contrario **se** repelen.* || *v. tr.* **3** No admitir ‹una cosa› [otra cosa] en su masa o composición: *Esta tela impermeable repele el agua.* **4** Causar ‹una persona o una cosa› repugnancia o asco [a una persona]: *Su aspecto me repele. A todos los de casa nos repelen las mollejas.* SIN. desagradar.

repelo *s. m.* **1** RESTRINGIDO. Parte pequeña de una cosa que está levantada o arrancada parcialmente: *Me he pinchado con el repelo de la madera. Mi hija tenía la costumbre de morderse los repelos de las uñas.* **2** COLOQUIAL. Desagrado o asco que se demuestra al hacer una cosa: *Me da repelo recoger la basura.* SIN. repugnancia.

repelón *s. m.* RESTRINGIDO. Tirón que se da del pelo.

repeluco *s. m.* COLOQUIAL. Repelús.

repelús *s. m.* **1** (no contable) COLOQUIAL. Sensación indefinida de temor, repugnancia o asco: *Las tormentas me dan repelús.* **2** COLOQUIAL. Escalofrío producido por una sensación de temor, repugnancia o asco: *Me ha dado un repelús al oír rechinar la puerta.*

repeluzno *s. m.* COLOQUIAL. Repelús.

repensar *v. tr.* Volver a pensar ‹una persona› [una cosa] o pensar muchas veces en ella: *Repiensa tu decisión con cuidado.* ⇒ **58.**

repente *s. m.* COLOQUIAL. Impulso brusco e inesperado que lleva a hacer o decir una cosa: *Le dio un repente, se levantó y salió corriendo.* FR. Y LOC. **de ~** De manera inesperada o repentina: *De repente Pedro se puso a gritar como loco.*

repentino, na *adj.* (antepuesto / pospuesto) Que ocurre de forma inesperada, bruscamente y sin aviso alguno: *un ataque repentino. Su muerte ha sido repentina y dolorosa. María cayó al suelo tras un repentino mareo.*

repentista *s. m. / f.* RESTRINGIDO. Persona que repentiza o improvisa, especialmente en canto o música. SIN. improvisador.

repentizar *v. tr. / intr.* RESTRINGIDO. Hacer o decir ‹una persona› [una cosa] sin haberla preparado, inventándola a medida que se realiza: *Ese poeta tiene una gran facilidad para repentizar. El músico repentizó durante todo el concierto.* SIN. improvisar. ⇒ **19.**

repercusión *s. f.* **1** RESTRINGIDO. Acción y resultado de repercutir un sonido: *La repercusión de las explosiones dañó algunas casas.* **2** Efecto secundario que una cosa produce en otra cosa: *Aquel disgusto tuvo graves repercusiones en su salud.* SIN. consecuencias. **3** Circunstancia de tener mucha resonancia o divulgación una cosa: *El descubrimiento tuvo una repercusión internacional.* SIN. trascendencia.

repercutir *v. intr.* **1** RESTRINGIDO. Producir ‹una cosa› eco, o rebotar ‹el sonido› en [un lugar]: *Sus pisadas repercutían* ***por*** *toda la habitación.* SIN. resonar. **2** Producir ‹una cosa› un efecto secundario en [otra cosa]: *Aquello repercutió* ***en*** *su salud.* SIN. influir.

reperpero *s. m.* (no contable) C. RICA, P. RICO; COLOQUIAL. Desorden, jaleo, confusión.

repertorio *s. m.* **1** Libro que contiene datos ordenados de forma que resulta fácil encontrarlos: *En el repertorio de autores tiene que figurar su nombre. Un diccionario no es más que un repertorio de palabras de una lengua, sobre las que se da cierta información.* **2** Conjunto de obras o de textos de una misma clase: *Ese profesor tiene un gran repertorio de libros de arte. Te has hecho con un buen repertorio de música clásica.* **3** Conjunto de obras, espectáculos o números que un músico, un actor o una compañía tiene preparados para presentar o ejecutar ante el público: *Ese músico siempre toca el mismo repertorio de canciones.*

repesca *s. f.* **1** Acción y resultado de repescar: *La repesca de las viejas imágenes de archivo servirá para montar un interesante documental.* **2** COLOQUIAL. Examen especial al que pueden presentarse los alumnos que han suspendido una asignatura o parte de ella, y que se hace antes de dar la calificación final: *Preséntate a la repesca.*

repescar *v. tr.* **1** COLOQUIAL. Admitir ‹una persona› de nuevo [a otra persona que ha sido eliminada en un examen o una competición]: *Los profesores repescaron a varios alumnos en una prueba especial.* **2** COLOQUIAL. Recuperar ‹una persona› [a otra persona o una cosa que había sido desechada u olvidada]: *Ante la falta de programas, los organizadores repescan viejos éxitos.* SIN. rescatar. ⇒ **71.**

repetición *s. f.* **1** Acción y resultado de repetir o repetirse: *Vamos a retransmitir la repetición de las jugadas más importantes.* **2** RET. Figura retórica que consiste en repetir palabras o conceptos: *En las canciones de amigo hay diversos tipos de repetición.* FR. Y LOC. **de ~** Que repite su acción mecánicamente: *reloj de repetición, fusil de repetición.*

repetidamente *adv. modo / temp.* Varias veces, repetidas veces, en repetidas ocasiones: *El fenómeno se ha observado repetidamente en el Polo Sur.*

repetido, da *adj.* (estar) Que hay dos o más, o sucede dos o más veces: *Tengo un libro repetido.*

repetidor, ra *adj. / s. m.* y *f.* **1** COLOQUIAL. [Alumno] que repite un curso o una asignatura: *Este año tengo en clase cinco repetidores.* || *s. m.* **2** COMUNIC. Instalación de radiodifusión y televisión que recoge una señal procedente de una estación emisora y la retransmite automáticamente amplificada: *Un rayo ha dañado el repetidor y nos hemos quedado sin televisión en esta zona.* SIN. retransmisor.

repetir *v. tr.* **1** Volver a hacer o decir ‹una persona› [una cosa que ya se había hecho o dicho]: *Repite la redacción. Repite a esta señora lo que me has dicho antes.* **2** Hacer o decir ‹una persona› varias veces [la misma cosa con insistencia excesiva]: *La vecina de arriba siempre repite la misma canción. Si vas a repetirnos otra vez tu broma, nos vamos.* || *v. tr. / intr.* **3** COLOQUIAL. Volver a hacer ‹un estudiante› [un curso o una asignatura] por no haberlo aprobado: *Su hijo tiene que repetir curso. Carlos repite porque suspendió demasiadas asignaturas.* || *v. intr.* **4** Volver a servirse o tomar ‹una persona› una misma comida: *¿Alguien quiere repetir?* **5** COLOQUIAL. Venir el gusto de ‹una comida o una bebida› a la boca de [una persona]: *Me repite el pimiento crudo.* || *v. intr. / prnl.* **6** Volver a ocurrir ‹una misma cosa› a [una persona]: *Temía que le repitiera el ataque. Nunca* ***se*** *repiten las oportunidades de la misma manera.* ⇒ **57.**

repetitivo, va *adj.* (antepuesto / pospuesto) Que se repite: *estribillo repetitivo. La repetitiva frase va marcando el ritmo de la novela. Sus chistes resultan ya repetitivos.*

repicar *v. tr.* **1** Tocar ‹una persona› [las campanas u otro instrumento de percusión] repetidamente en señal de fiesta o alegría: *Los monaguillos repican las campanas para anunciar la Nochebuena.* SIN. repiquetear. || *v. intr.* **2** Sonar ‹las campanas u otro instrumento de percusión› repetidamente en señal de fiesta o alegría: *Todas las campanas repicaron cuando se supo que ya se había elegido un nuevo Papa.* SIN. repiquetear. **3** ARG. Taconear. ⇒ **71.**

repintar *v. tr.* **1** Volver a pintar ‹una persona› [una cosa]: *Van a repintar las rayas de la carretera.* || *v. prnl.* **2** Arreglarse o maquillarse ‹una persona› con cuidado o exageradamente: *No te repintes tanto, que pareces mayor.*

repipi *adj. / s. m.* y *f.* COLOQUIAL; PEYORATIVO. Que habla con pedantería, como si lo supiera todo: *¡Qué niño tan repipi! Su hija es una repipi, todo lo sabe.*

repique *s. m.* Acción y resultado de repicar: *El repique de las campanas anunciaba que empezaban las fiestas.*

repiquetear *v. tr.* **1** Tocar ‹una persona› [las campanas u otro instrumento de percusión] con fuerza: *A los niños les gustaba repiquetear las campanas.* || *v. intr.* **2** Sonar ‹las campanas u otro instrumento de percusión› con fuerza: *Las campanas repiqueteaban por la fiesta.* **3** Golpear ‹una persona o una cosa› sobre [una cosa] haciendo ruido: *La brisa hace repiquetear la persiana contra la baranda del balcón. Deja de repiquetear la mesa con el cuchillo.*

repiqueteo *s. m.* Acción y resultado de repiquetear: *El repiqueteo de las campanas anunciaba que era mediodía.*

repisa *s. f.* **1** Placa de cualquier material colocada horizontalmente contra la pared que sirve como soporte de objetos: *Te dejo el reloj en la repisa del salón.* SIN. estante. **2** ARQ. Elemento arquitectónico más largo que ancho, que sobresale de un muro y sirve de soporte de una estatua o de un balcón. **3** Placa que corre a lo largo del borde inferior externo de la campana de una chimenea y que sirve de soporte de objetos: *Pon adornos en la repisa de la chimenea.*

replantar *v. tr.* **1** Volver a plantar ‹una persona› [árboles u otras especies vegetales] en [un lugar que ha estado plantado anteriormente]: *Los jardineros del Ayuntamiento están replantando el parque una vez acabadas las obras.* **2** Trasladar ‹una persona› de lugar [una planta con sus raíces] para plantarla en otro lugar: *Voy a replantar estos geranios en el jardín, porque ya no caben en las macetas.*

replay (del inglés; pronunciamos *'repléi'*) *s. m.* **1** TV. Repetición de ciertos fragmentos de un programa: *En el replay se ve el penalti con más claridad.* **2** TV. Dispositivo con que se realizan estas repeticiones: *Dale al replay del vídeo para ver otra vez la escena.*

replegar *v. tr. / prnl.* **1** MIL. Hacer ‹una persona› que [las tropas] se retiren ordenadamente: *El general va a replegar sus tropas. Los soldados **se** replegaron a sus posiciones.* SIN. retroceder. **2** RESTRINGIDO. Plegar ‹una persona› [una cosa] repetidas veces: *El abuelo pliega y repliega el papel hasta que de sus manos sale un barquito.* FR. Y LOC. **replegarse en sí mismo** Encerrarse ‹una persona› en sí misma: *En las épocas de depresión, se repliega en sí mismo.* ⇒ **56.**

repleto, ta *adj.* (estar) Que está muy lleno o que ya no puede contener más: *Esta maleta está repleta. Llegamos a un bar repleto de gente. Estoy repleto, no puedo comer más.*

réplica *s. f.* **1** Respuesta contraria a las palabras o al escrito de otra persona: *Las declaraciones del Presidente han provocado la réplica enérgica de la oposición.* **2** ARTE. Copia exacta de una obra de arte: *Afortunadamente, la obra que robaron era una réplica del original.* SIN. reproducción. **3** TEATRO. Última frase de la intervención de un actor que sirve de guía para el que habla después: *El actor era malísimo en las réplicas y todos estaban enfadados con él.*

replicar *v. tr.* **1** Atacar o contradecir ‹una persona› [las afirmaciones de otra persona]: *Mi padre me dijo que estudiara más y yo le repliqué que ya lo hacía.* SIN. responder. **2** Poner ‹una persona› objeciones a [una cosa que se dice o manda]: *Haz lo que te digo y no repliques.* ⇒ **71.**

repliegue *s. m.* **1** MIL. Acción y resultado de replegarse un ejército: *El general ordenó el inmediato repliegue de las tropas.* **2** RESTRINGIDO. Pliegue irregular, en especial, el que hace un terreno o una membrana: *Hay que limpiar de secreciones todos los repliegues de la membrana.*

repoblación *s. f.* **1** Asentamiento de población nueva en un lugar: *La repoblación de las tierras conquistadas a los árabes fue llevada a cabo por los cristianos del Norte.* SIN. colonización. **2** Acción de replantar árboles y otras especies vegetales: *El pino es el árbol que predomina en la repoblación de los montes gallegos.* **~ forestal. 3** Conjunto de especies vegetales en un terreno replantado: *Al lado de la playa hay una repoblación de eucaliptos.*

repoblar *v. tr.* **1** Volver a poblar ‹un grupo de personas› [un lugar]: *Los emigrantes repoblaron las tierras del Norte.* **2** Volver a plantar ‹una persona› [árboles u otras especies vegetales] en [un lugar que ha estado plantado anteriormente]: *Repoblarán el bosque **de** pinos.* SIN. replantar. ⇒ **28.**

repodrido, da *p.* Participio irregular de *repudrir.*

repollo *s. m.* **1** Variedad de col, de hojas grandes y apretadas, que se consume generalmente como verdura: *repollo con patatas, ensalada de repollo.* **2** BOT. Conjunto apretado de hojas centrales que forman algunas plantas como la col o la lombarda.

reponer *v. tr.* **1** Poner ‹una persona› [una cosa igual a otra que falta] en un lugar: *Coge el dinero, pero repónlo luego. He cogido unos cigarrillos de tu paquete, y los repondré mañana, cuando compre más.* SIN. restituir. **2** Volver a poner ‹una persona› [a una persona o una cosa] en el mismo lugar o estado que antes tenía: *La directiva repuso al entrenador destituido en su cargo.* SIN. restituir. **3** Responder ‹una persona› a [una cosa que dice otra persona]: *Cuando se lo contamos, Cristina repuso que le daba igual.* SIN. replicar. **4** Volver a poner ‹una persona› [una obra, una película o un programa de radio o televisión]: *Van a reponer la serie «Fortunata y Jacinta» que pasaron en televisión hace unos años.* || *v. prnl.* **5** Recuperarse ‹una persona› tras una enfermedad, un fracaso económico, un esfuerzo, un susto o cualquier otro daño: *El corredor se repone lentamente del accidente. Espera un poco que me reponga, porque he subido por las escaleras y me falta aire. ¿Ya te has repuesto de la bronca del jefe?* ⇒ **60.**

reportaje *s. m.* Trabajo periodístico, televisivo o cinematográfico de carácter informativo: *En la televisión pasan unos reportajes sobre la Naturaleza muy interesantes. He leído un reportaje sobre los problemas raciales en Sudáfrica.* **~ gráfico** Conjunto de fotografías con un mismo tema: *La revista publica un reportaje gráfico sobre la boda.*

reportar *v. tr.* **1** Proporcionar ‹una persona o una cosa› [una cosa] a [a una persona]: *Ese negocio le ha reportado mucho dinero. Esa relación le reporta problemas.* SIN. producir. **2** AMÉR. Dar a conocer ‹una persona› [una información]. || *v. tr. / prnl.* **3** RESTRINGIDO. Impedir ‹una persona› que [otra persona] manifieste [un sentimiento]: *Reporta tus impulsos. Repórta**te** y no hables así.* SIN. contener.

reporte *s. m.* RESTRINGIDO. Noticia, informe.

reportear *v. tr.* **1** AMÉR. Realizar ‹una persona› [una entrevista periodística o un interrogatorio cuidadoso]. **2** AMÉR. Hacer ‹una persona› [fotos] para un reportaje gráfico.

reporterismo *s. m.* (no contable) PERIOD. Profesión de reportero: *El reporterismo de guerra es muy arriesgado.*

reportero, ra *adj. / s. m.* y *f.* PERIOD. Periodista que se dedica a redactar noticias y especialmente a elaborar reportajes: *El periódico ha enviado a un reportero para que haga un reportaje de la zona minera.* **~ gráfico** Persona que se dedica profesionalmente a hacer reportajes gráficos: *Silvia trabaja como reportera gráfica.*

reposacabezas (plural *reposacabezas*) *s. m.* Parte superior del asiento de un coche que sirve para apoyar la cabeza: *Los reposacabezas de estos coches son muy cómodos.*

reposado, da *adj.* Que es tranquilo o no hace actividad alguna: *Su padre es un hombre muy reposado. A mi edad me gustan, sobre todo, las actividades reposadas.*

reposapiés (plural *reposapiés*) *s. m.* Pieza de una motocicleta en la que el conductor o su acompañante apoya el pie: *Con la caída, se ha roto el reposapiés derecho de la moto.*

reposar *v. intr.* **1** Descansar ‹una persona› tras una actividad: *El pianista reposa ahora en el camerino y nunca conce-*

de entrevistas hasta el final del concierto. **2** Dormir ‹una persona›: *No hagáis ruido, que papá reposa. Después de comer le gusta reposar unos minutos.* **3** Estar ‹una persona› enterrada en [un lugar]: *Su cuerpo reposa* ***en*** *el panteón de hombres ilustres.* SIN. yacer (ELEVADO). ‖ *v. tr. / intr.* **4** Permanecer ‹una persona o una cosa› quieta, apoyada en otra: *Si te mareas, siéntate y reposa la cabeza sobre las piernas. El polvo reposa sobre la mesa.* ‖ *v. intr. / prnl.* **5** Depositarse las partículas sólidas que están en suspensión en ‹un líquido›: *El agua ya ha reposado y está más clara.* **6** Permanecer ‹una mezcla, una masa o un guiso› inmóvil para que se trabe, espese o consuma el líquido que contiene: *Deja que la paella repose unos minutos.* FR. Y LOC. **~ la comida*.**

reposera *s. f.* ARG., PAR., URUG. Tumbona o hamaca.

reposición *s. f.* **1** (no contable) Acción de reponer: *La reposición de los objetos robados se hizo en secreto. Miguel es el encargado de la reposición de los productos en el supermercado.* **2** Repetición de una película, programa de radio o de televisión o representación teatral, un tiempo después de su estreno: *La reposición de «Bodas de Sangre» tuvo mucho éxito. En este mes se han hecho varias reposiciones.*

reposo *s. m.* **1** (no contable) Acción y resultado de reposar: *El médico le ha recomendado reposo. Deberías hacer reposo. Tienes que guardar más reposo.* SIN. descanso. **2** (no contable) Tranquilidad: *El viejo profesor lleva una vida de reposo. Su alma no encuentra reposo.* **3** FÍS. Inmovilidad de un cuerpo respecto a un sistema de referencia.

repostar *v. tr. / intr.* Reponer ‹una persona› [provisiones o combustible]: *Aquí repostó por última vez la aventurera antes de cruzar el desierto, luego se le ha perdido la pista. En la próxima gasolinera pararemos a repostar gasolina.*

repostería *s. f.* **1** (no contable) Arte y oficio de hacer dulces, tartas y pasteles. **2** (no contable) Conjunto de este tipo de productos: *En ese establecimiento tienen una buena repostería.* **3** Tienda donde se venden estos productos y a veces también comidas saladas atractivas: *Algunas reposterías se han especializado en cocina preparada de alta calidad.*

repostero, ra *s. m. / f.* **1** Persona que tiene por oficio hacer o vender productos de repostería o pastelería: *Su hermano es uno de los reposteros más premiados en los concursos de gastronomía.* SIN. pastelero. ‖ *s. m.* **2** CHILE, PERÚ; RESTRINGIDO en Chile. Habitación al lado de la cocina que sirve de comedor habitual o de despensa. **3** PERÚ. Mueble donde se guarda la vajilla y los cubiertos.

reprender *v. tr.* ELEVADO. Decir ‹una persona› [a otra persona] que ha obrado mal con ánimo de corregirla: *Mi padre me reprende si no trabajo lo suficiente.* SIN. regañar.

reprensible *adj.* ELEVADO; RESTRINGIDO. Que merece ser reprendido: *Pintar en las paredes es reprensible.*

reprensión *s. f.* ELEVADO. Acción de reprender o corregir: *Lo importante de la reprensión es que sea justa y efectiva.*

represa *s. f.* **1** INGEN. Construcción, generalmente de cemento armado, que contiene o regula el curso de un caudal pequeño de agua: *Ha planeado el Ayuntamiento una represa en el cauce del arroyo para poder hacer la toma de aguas del pueblo.* **2** RESTRINGIDO. Lugar donde las aguas están detenidas, natural o artificialmente: *Los chicos se bañan en una represa del arroyo.* SIN. presa.

represalia *s. f.* (no contable) Daño que una persona causa a otra persona como respuesta a un daño anterior: *Los terroristas atacaron el cuartel como represalia a las acciones de la policía. El Ministro de Exteriores afirmó que su país tomaría represalias contra los atacantes de sus bases en la isla.*

represaliar *v. tr.* RESTRINGIDO. Tomar ‹una autoridad› medidas de castigo contra [una persona] por un comportamiento: *Los nuevos gobernantes han represaliado a los funcionarios leales al régimen anterior.*

represar *v. tr.* **1** RESTRINGIDO. Hacer ‹una persona o una cosa› que se detenga el curso de [una corriente de agua]: *Las autoridades han represado el río para poder regar los campos.* SIN. embalsar. ‖ *v. prnl.* **2** RESTRINGIDO. Detenerse el curso de ‹una corriente de agua›: *Al entrar en el valle el río se represa y forma un gran lago natural.* SIN. embalsarse.

representación *s. f.* **1** Figura, imagen o idea que sustituye a la realidad: *En la cueva había una representación muy esquemática de una escena de caza. Una letra no siempre es la representación de un sonido.* **2** Idea de la realidad que se tiene en la mente: *No logro hacerme una representación clara de lo ocurrido.* SIN. imagen. **3** Interpretación de una obra de teatro u otro espectáculo: *La compañía hace dos representaciones diarias de la obra de Zorrilla.* **4** Espectáculo que se representa: *Las representaciones teatrales forman parte de la oferta cultural.* SIN. función. **5** Persona o conjunto de personas que representa a otras personas o a una colectividad: *Una representación de los vecinos se entrevistó con el alcalde.* SIN. delegación. **6** Actuación oficial en nombre de otra o de otras personas: *La representación de los ayuntamientos ha recaído en el alcalde de Salamanca.* **~ mayoritaria** Procedimiento electoral por el que se eligen representantes a quienes tienen la mayoría de los votos. **~ proporcional** Procedimiento electoral que establece una proporción entre el número de los votos obtenidos y el número de los representantes elegidos. **7** Trabajo que consiste en promover comercialmente un producto: *La representación de esos productos de limpieza no la tenemos nosotros.* **8** Local u oficina donde tienen su sede oficialmente los encargados de este trabajo: *En nuestra representación le informaremos sobre nuestros productos.* **9** Autoridad o importancia de una persona: *Este autor tiene poca representación para clausurar nuestro congreso.* **10** Dibujo o gráfico de ciertas cosas: *una representación de una función matemática.* FR. Y LOC. **en ~** Representando a una persona o un grupo: *En representación del rey hará la ofrenda el príncipe.*

representante *adj. / s. m.* y *f.* **1** Que representa: *Esta cantante es la artista representante de España en el festival de Eurovisión.* ‖ *s. m. / f.* **2** Persona que representa legalmente a otra persona o a un grupo: *Manolo es el representante de la clase. La representante de la actriz se ha reunido con el director de la película.* **3** Persona que gestiona los contratos y los asuntos comerciales de diferentes grupos profesionales, como actores, músicos, deportistas o literatos: *el representante del actor, los representantes de los deportistas.* **4** COMERC. Persona contratada para la promoción y venta de los productos de una casa comercial: *Ana trabaja como representante comercial de un laboratorio.*

representar *v. tr.* **1** Ser ‹una cosa› imagen o símbolo de [otra cosa]: *El león representa la soberbia. El signo «$» representa el dólar.* SIN. simbolizar. **2** Ser ‹una persona o una cosa› ejemplo o modelo de [otra cosa]: *Góngora representa al escritor barroco.* **3** Actuar ‹una persona› en nombre de [otra persona] oficialmente: *En esta asamblea el secreta-*

rio representará a la presidenta. **4** Interpretar ‹una persona› [una obra de teatro o un espectáculo]: *Los actores de la compañía representaron «El sí de las niñas», de Moratín.* **5** Tener ‹una persona› el aspecto correspondiente a [una edad]: *Pilar es una mujer que representa la edad que tiene.* SIN. aparentar. **6** Tener ‹una persona› presente [a una persona o una cosa] en la imaginación: *No puedo representármelo vestido de etiqueta.* SIN. imaginar. **7** Tener ‹una persona o una cosa› [valor o importancia para una persona]: *Ese chico no representa nada* ***para*** *mí.* SIN. importar. **8** Equivaler ‹una cosa› [a otra cosa] para [una persona]: *Tu visita representó una gran alegría* ***para*** *mí.* SIN. significar. **9** Describir ‹una persona› [una cosa abstracta]: *No encuentro palabras para representar el dolor que sufrimos.*

representatividad *s. f.* **1** (no contable) Capacidad de una persona o una cosa de representar a otra: *La representatividad del Parlamento elegido democráticamente no puede ponerse en duda.* **2** (no contable) Cualidad de lo que es propio o característico de una persona o de una cosa: *El progreso científico es uno de los rasgos de mayor representatividad de los países industrializados de este siglo.*

representativo, va *adj.* **1** Que representa a una persona o a una cosa: *La junta de hoy es representativa de todos los socios.* **gobierno* ~.** **2** Que tiene significado o importancia en un conjunto: *Los datos son poco representativos. Éste es un caso representativo* ***de*** *lo que está sucediendo en nuestra ciudad.* **3** Que es propio de una cosa o de una persona: *La rapidez es un rasgo representativo de su servicio. La última novela es poco representativa del estilo del gran escritor.*

represión *s. f.* **1** POLÍT. Actividad destinada a contener o castigar con violencia actuaciones políticas o sociales: *La represión política es frecuente en los países no democráticos.* **2** (no contable) PSICOL. Acción y resultado de impedir la manifestación de los impulsos o los sentimientos: *La represión de los instintos es, según Freud, fuente de neurosis.*

represivo, va *adj.* (antepuesto / pospuesto) Que reprime o sirve para reprimir: *educación represiva, orden represiva, gobierno represivo. La represiva ley de prensa ha despertado las protestas de la opinión pública.*

represor, ra *adj. / s. m.* y *f.* Que reprime: *En los regímenes dictatoriales la policía se convierte en un organismo represor de las libertades.*

reprimenda *s. f.* Regañina o reprensión fuerte, bronca: *El guarda les echó una buena reprimenda por estar molestando a las señoras del parque.*

reprimir *v. tr.* **1** Impedir ‹una persona› que se manifieste [un impulso o un sentimiento]: *Luis reprimió su enfado para no discutir. No te reprimas y dime lo que te parezca.* **2** Impedir ‹una persona› [una rebelión o una protesta] por la fuerza: *La policía reprimió con dureza la manifestación.*

reprise (del francés; pronunciamos *'reprís'*) *s. m.* (no contable) MEC. Capacidad de un vehículo para pasar rápidamente de un régimen bajo de revoluciones del motor a otro superior: *un coche con gran reprise.* SIN. aceleración.

reprivatizar *v. tr.* ECON. Devolver ‹el Estado› al sector privado [empresas o propiedades que había nacionalizado anteriormente]: *El Gobierno quiere reprivatizar las industrias del grupo financiero que nacionalizó hace un año.* ⇒ **19.**

reprobable *adj.* ELEVADO. Que merece ser reprobado o censurado: *conducta reprobable.*

reprobación *s. f.* ELEVADO. Acción y resultado de reprobar: *La reprobación de la conducta del candidato presidencial ha sido unánime en la prensa.*

reprobar *v. tr.* **1** ELEVADO. Considerar ‹una persona› que [una cosa está mal hecha] o que [una persona ha obrado mal]: *Reprueba la conducta de tu amigo, pero con delicadeza. Me parece que debemos reprobar a todos los que intentan quebrantar la ley.* SIN. desaprobar. **2** ARG., COL., URUG. Suspender ‹un profesor› [a un alumno] en un examen. ⇒ **28.**

réprobo, ba *adj. / s. m.* y *f.* **1** ELEVADO. Que ha obrado mal o que merece ser reprobado: *conducta réproba.* **2** REL. En la religión católica, persona que está condenada al infierno: *Los réprobos no gozarán de la misericordia divina.*

reprochable *adj.* Que merece ser reprochado o censurado: *comportamiento reprochable.* ANT. irreprochable.

reprochar *v. tr. / prnl.* Dirigir ‹una persona› quejas o críticas a [otra persona] desaprobando [su conducta]: *Él teme que le reproche su actitud de ayer. No tengo nada que reprochar****me****, porque no pude hacer otra cosa.* SIN. censurar.

reproche *s. m.* Queja o crítica que una persona hace a otra persona o a sí misma por una mala acción: *No le hagas tantos reproches, no se dio cuenta del daño que te hacía.*

reproducción *s. f.* **1** Acción y resultado de reproducir: *Los nuevos métodos de reproducción del sonido son casi perfectos.* **2** Cosa que reproduce o copia un original: *Mi madre compró una reproducción de «Las Meninas».* **3** BIOL. Proceso por el que uno o dos organismos vivos dan lugar a un individuo nuevo de la misma especie. **~ asexual** Reproducción que suele tener lugar a partir de un solo individuo. **~ sexual** Reproducción que normalmente necesita de dos individuos. **4** Nueva aparición de una cosa o de un fenómeno negativo: *La reproducción de la epidemia preocupa a los veterinarios. La reproducción de las tensiones entre los dos pueblos provoca constantes peleas.*

reproducir *v. tr.* **1** Volver a producir ‹una persona o una cosa› [una cosa]: *El magnetófono reprodujo la conversación telefónica que había sido grabada.* SIN. repetir. **2** Volver a decir ‹una persona› [una cosa que ya se ha dicho]: *El comentarista reprodujo fielmente sus palabras. Quiero que me lo expliques con otras palabras, no que reproduzcas otra vez lo mismo.* SIN. repetir. **3** Sacar ‹una persona› copia de [una cosa], usando o no procedimientos mecánicos: *He reproducido el documento, porque hay que entregarlo por triplicado. Los copistas reproducían los textos manuscritos.* **4** Ser ‹una cosa› copia de [un original]: *Esta fotografía reproduce un cuadro famoso.* ‖ *v. prnl.* **5** Producirse ‹una cosa› de nuevo: *Ayer se reprodujeron los desórdenes estudiantiles.* SIN. repetirse. **6** BIOL. Producir ‹individuos de una especie animal o vegetal› otros seres de su misma especie: *La mayoría de las plantas se reproducen mediante semillas.* SIN. multiplicarse. ⇒ **27.**

reproductor, ra *adj. / s. m.* y *f.* Que reproduce o sirve para reproducir: *aparato reproductor. Los estudiantes han instalado un reproductor de señales acústicas.*

reprografía *s. f.* (no contable) ART. GRÁF. Conjunto de técnicas para reproducir documentos por medios mecánicos: *La fotografía, la fotocopia o el microfilm son sistemas utilizados en reprografía.*

reps (plural *reps*) *s. m.* (no contable) RESTRINGIDO. Tela fuerte de lana o de seda que se usa en tapicería.

reptar *v. intr.* Moverse ‹una persona o un animal› arrastrando el cuerpo: *Las culebras reptan. El soldado avanzó reptando hasta la trinchera.*

reptil *s. m.* **1** (macho y hembra) ZOOL. Animal vertebrado con el cuerpo cubierto de escamas y sangre fría, que generalmente se reproduce por huevos y se desplaza arrastrándose, como la serpiente, la tortuga o el cocodrilo. **2** (en plural) ZOOL. Clase formada por los reptiles. || **3 fondo* de reptiles.**

república *s. f.* **1** (no contable) POLÍT. Forma de gobierno en la que el jefe del Estado es un presidente elegido por el pueblo o por sus representantes, y que ejerce su cargo durante un periodo de tiempo limitado: *Después de la dictadura, se instauró la república.* **2** POLÍT. Periodo de tiempo en el que un Estado adopta este régimen de gobierno: *España ha tenido, a lo largo de su historia, dos repúblicas.* **3** POLÍT. Estado que tiene como forma de gobierno una república: *La República Francesa celebró su fiesta nacional.* || **4 ~ literaria** o **~ de las Letras** ELEVADO. Conjunto de los escritores de un país o de una época.

republicanismo *s. m.* (no contable) POLÍT. Ideología y sistema político de los partidarios de la república como forma de gobierno.

republicano, na *adj.* **1** POLÍT. De la república: *constitución republicana, himno republicano.* || *adj. / s. m.* y *f.* **2** POLÍT. Que es partidario de la república: *partido republicano, bando republicano. Su abuelo fue un republicano famoso.*

repudiable *adj.* ELEVADO. Que puede o debe ser repudiado o rechazado por considerarse contrario a las normas éticas o morales: *Creemos que el racismo siempre es repudiable.*

repudiar *v. tr.* **1** ELEVADO. No aceptar ‹una persona› [una cosa]: *Repudio la violencia.* SIN. censurar. **2** DER. Rechazar ‹el marido› [a la mujer] legalmente: *En las leyes antiguas el marido podía repudiar a la mujer adúltera. El Islam permite que se repudie a la esposa.*

repudrir *v. tr.* **1** Hacer ‹una cosa› que [una materia orgánica] se altere y descomponga totalmente: *El calor repudre todos los alimentos en verano.* SIN. descomponer, corromper. || *v. tr. / prnl.* **2** COLOQUIAL. Sufrir ‹una persona› por [una cosa que calla o disimula]: *Aunque no quiere confesarlo, ella **se** repudre **de** tristeza. A mi madre la repudría la soledad.* SIN. consumirse. || *v. prnl.* **3** Quedar ‹una materia orgánica› totalmente alterada y descompuesta: *Con este calor, la comida se repudre.* SIN. descomponerse. ⇒ **91.**

repuesto, ta *adj.* **1** (estar) Que ha recuperado la salud o se ha restablecido después de una enfermedad, un accidente, un disgusto o alguna cosa semejante: *Tu tío está muy repuesto después de la operación.* || *s. m.* **2** MEC. Pieza que se conserva para sustituir cuando es necesario a otra igual o parecida de un utensilio o de un aparato: *Necesito un repuesto de bujías para el coche. Aquí hay una tienda de repuestos de automóviles.* SIN. recambio. **3** RESTRINGIDO. Conjunto de alimentos que se tienen guardados para cuando sean necesarios: *Tenemos repuesto de fruta para toda la semana.* SIN. provisión. || *p.* **4** Participio irregular de *reponer.* FR. Y LOC. **de ~** De reserva, por si se estropea o gasta lo que se está utilizando: *He pinchado y he tenido que poner la rueda de repuesto. Me he traído unas medias de repuesto.*

repugnancia *s. f.* **1** (no contable) Malestar físico provocado por una cosa que resulta desagradable: *Las cucarachas le producen repugnancia. Este medicamento me produce tanta repugnancia que voy a vomitar.* SIN. asco. **2** (no contable) Odio o antipatía hacia las personas o las cosas: *Su comportamiento me causa repugnancia.* SIN. repulsión. **3** (no contable) Disgusto o desagrado con que se hace una cosa, o resistencia a hacerla: *Me produce repugnancia tener que actuar así con ellos.* **4** (no contable) FILOS. Incompatibilidad entre dos atributos de una misma cosa. ANT. compatibilidad.

repugnante *adj.* (ser / estar; antepuesto / pospuesto) Que produce repugnancia, asco o aversión: *sabor repugnante. Has tenido un comportamiento repugnante. Aquí hay un repugnante olor a alcantarilla. Ese pescado está repugnante.*

repugnar *v. intr.* **1** Causar ‹una cosa› repugnancia [a una persona]: *¿A quién no le repugnan esos olores pestilentes? Nos repugna recordar las imágenes de la guerra que han dado en televisión.* SIN. asquear. || *v. tr. / prnl.* **2** RESTRINGIDO. No admitir ‹una cosa› dentro de sí a [otra cosa]: *La virtud y el vicio **se** repugnan.* SIN. oponer(se), contradecir(se).

repujado *s. m.* **1** Acción y resultado de repujar: *Este artesano hace el repujado sobre cuero. Lo más bonito de esta arca es el repujado de los metales.* **2** Objeto que tiene este trabajo: *Este es un repujado que me regalaron hace años.*

repujar *v. tr.* Trabajar ‹una persona› con martillo, punzón y cincel [chapas de metal o cuero], de modo que en una de sus caras resulten figuras en relieve: *En Salamanca repujan muy bien el cuero. Me he comprado un sable repujado toledano.* SIN. labrar.

repulgo *s. m.* **1** RESTRINGIDO. Punto muy apretado con el que se cose el dobladillo de una tela. **2** COCINA. Reborde de masa con que se adornan las empanadas. **3** RESTRINGIDO. Costra que se forma en el borde de una herida o en el corte de un árbol. **4** (en plural) COLOQUIAL; RESTRINGIDO. Escrúpulos o miramientos: *No tengas tantos repulgos por una tontería.*

repulir *v. tr.* **1** Volver a pulir ‹una persona› [una cosa] o pulirla con insistencia: *El ebanista repule los muebles una y otra vez.* || *v. tr. / prnl.* **2** COLOQUIAL. Arreglar ‹una persona› [la figura y el rostro de otra persona] con demasiado cuidado: *No hace falta que **te** repulas, estás muy bien así.*

repulsa *s. f.* **1** Condena enérgica: *Todos expresaron su repulsa ante ese crimen.* SIN. rechazo. **2** RESTRINGIDO. Reprimenda severa: *La repulsa de la profesora le dejó preocupado.*

repulsión *s. f.* **1** (no contable) Repugnancia: *Su voz aguda me producía repulsión.* **2** Repulsa: *Toda la sociedad manifestó su profunda y total repulsión ante la explotación infantil.* **3** (no contable) FÍS. Fuerza que tiende a separar los cuerpos de igual polaridad eléctrica.

repulsivo, va *adj.* (antepuesto / pospuesto) Que causa repulsión: *Ese chico tiene una boca repulsiva. Sus repulsivas manos se posaron sobre mí. Esas imágenes son repulsivas.*

repuntar *v. intr.* **1** RESTRINGIDO. Empezar a manifestarse ‹una cosa›: *La gripe ya vuelve a repuntar.* **2** MAR. Comenzar a subir o bajar ‹la marea›. **3** AMÉR. Dar ‹una persona› señales de que existe, aparecer. || *v. prnl.* **4** Empezar a avinagrarse ‹el vino›.

repunte *s. m.* ECON. Alza de precios o de índices económicos: *La economía está teniendo un repunte al alza.*

reputación *s. f.* **1** (no contable) Opinión general sobre una persona: *Un político ha de cuidar su reputación. Esa persona tiene mala reputación.* SIN. fama. **2** (no contable)

Prestigio que alcanza una persona que sobresale en una ciencia, arte o profesión: *Su mujer es una científica de reputación mundial.* SIN. renombre.

reputado, da *adj.* (antepuesto / pospuesto) ELEVADO. Que es muy famoso por ser muy bueno en su especialidad: *Su padre es un reputado científico. Nuestro director está considerado como un profesional reputado.*

reputar *v. tr.* ELEVADO. Considerar ‹una persona› [la calidad de una persona o una cosa]: *La crítica reputa **como** excelente el cuadro. Los entendidos han reputado la joya **de** obra maestra.* SIN. estimar.

requebrar *v. tr.* ELEVADO. Decir ‹una persona› piropos a [otra persona]: *Él defendía la costumbre de requebrar a las mujeres.* SIN. piropear. ⇒ **58.**

requeche *s. m.* URUG.; COLOQUIAL. Resto de algo, especialmente de comida.

requechos (plural) *s. m.* ARG.; RESTRINGIDO. Restos de algo, especialmente de comida.

requemado, da *adj.* (estar) Que se ha puesto de un color oscuro por el fuego o el sol: *La carne está requemada. Por tomar mucho el sol, tienes la piel requemada.*

requemar *v. tr.* **1** Hacer ‹una persona o una cosa› que [una cosa] se queme o tueste de nuevo o en exceso: *El nuevo panadero requema el pan.* **2** Causar ‹una comida o una bebida› picor o ardor a [una persona]: *Ese licor me requema la garganta.* **3** Secar ‹una cosa› [las plantas]: *El sol ha requemado las flores del jardín.* **4** COLOQUIAL. Causar ‹una cosa que se calla o disimula› un sufrimiento interno a [una persona]: *Ese desengaño la requemaba por dentro.* SIN. reconcomer (COLOQUIAL). **5** COLOQUIAL. Causar ‹una cosa› impaciencia en [una persona]: *Su lentitud me requema.* ‖ *v. intr. / prnl.* **6** COLOQUIAL. Soportar ‹una persona› un sufrimiento interno por una cosa que calla o disimula: *Ella **se** requemaba **por** no poder hablar.* SIN. reconcomerse. ‖ *v. prnl.* **7** Quedar ‹una cosa› quemada o tostada en exceso: *El pollo se ha requemado en el horno.* **8** Sentir ‹una persona› picor o ardor: *Me requemé al tomar aquella salsa tan picante.* **9** Quedar ‹las plantas› secas: *No siembres nada en este terreno, porque se va a requemar.* **10** COLOQUIAL. Sentir ‹una persona› impaciencia por una cosa: *El muchacho se requema **por** verla de nuevo.*

requerimiento *s. m.* **1** ELEVADO. Acción y resultado de requerir o solicitar: *Espero que mis requerimientos sean atendidos.* **2** DER. Acto judicial por el que se obliga a que se haga o se deje de hacer una cosa: *El testigo se presentó a declarar a requerimiento del juez.*

requerir *v. tr.* **1** DER. Pedir ‹una autoridad› [una cosa] a [una persona]: *El juez requirió la presencia del acusado.* **2** ELEVADO. Tener ‹una persona o una cosa› necesidad de [una cosa]: *Este asunto requiere un análisis detallado.* SIN. necesitar. **3** RESTRINGIDO. Intentar conseguir ‹una persona› [una cosa] de [otra persona]: *El joven la requirió **en** matrimonio.* SIN. solicitar. FR. Y LOC. **~ de amores** RESTRINGIDO. Intentar conquistar ‹una persona› a otra persona: *Paco requiere de amores a todas las chicas que conoce.* ⇒ **75.**

requesón *s. m.* **1** (no contable) Masa blanca y mantecosa que se obtiene cuajando la leche, y que se consume fresca, sin fermentar: *requesón con miel.* **2** Pieza de este alimento, generalmente en forma de cono truncado: *He traído un requesón de la lechería.*

requeté *s. m.* **1** (no contable) HIST. Cuerpo de voluntarios carlistas que luchó en las guerras civiles españolas de los siglos XIX y XX. **2** HIST. Individuo de este cuerpo: *Los requetés se cubrían con boinas anchas.*

requete- *pref.* COLOQUIAL. re-.

requiebro *s. m.* ELEVADO. Palabra o expresión de alabanza: *A Susana le molestan los requiebros.* SIN. piropo.

réquiem (plural *réquiems*) *s. m.* **1** REL. Oración que se reza en la iglesia por los difuntos: *Rezaremos un réquiem por el descanso de su alma.* **2** MÚS. Composición musical escrita sobre el texto de la misa que se dedica a los difuntos: *El réquiem de Mozart es famoso.* FR. Y LOC. **misa* de difuntos / ~.**

requilorio *s. m.* **1** (preferentemente en plural) COLOQUIAL; RESTRINGIDO. Formalidad o rodeo innecesario: *Déjate de requilorios y vamos al grano.* **2** (preferentemente en plural) COLOQUIAL; RESTRINGIDO. Adorno innecesario o excesivo: *Tus amigos tienen la estantería llena de requilorios.*

requinto *s. m.* VEN. Instrumento musical de diez cuerdas, más pequeño que la guitarra, que se toca con púa.

requisa *s. f.* **1** URUG.; RESTRINGIDO en España. Acción de requisar: *una requisa de bienes.* **2** ARG., COL. Registro o inspección.

requisar *v. tr.* **1** Apoderarse ‹la autoridad› de [una cosa o de una mercancía producto de un delito]: *Los guardias de frontera requisaron un camión con tabaco de contrabando.* SIN. confiscar. **2** Apoderarse ‹la autoridad competente› de [cualquier bien] por considerarlo de utilidad general: *El ejército le requisó a mi abuelo una camioneta que tenía.* **3** COL. Registrar ‹una autoridad› [un local].

requisito *s. m.* Condición necesaria o exigida para una cosa: *Tienes que cumplir unos requisitos para entrar en el club. No reúnes todos los requisitos para el trabajo.*

requisitoria *s. f.* DER. Requerimiento que un juez hace a otro para que cumpla un mandato suyo.

res *s. f.* Animal cuadrúpedo de ganado vacuno, lanar y cabrío, y de algunas especies salvajes: *Mi tío posee un rebaño de más de mil reses, entre vacas y ovejas.*

resabiado, da *adj.* **1** (estar) [Caballería] que tiene una mala costumbre difícil de quitar: *caballo resabiado.* **2** (estar) TAUROM. [Res] que embiste con mala intención: *vaquilla resabiada, toro resabiado.* **3** (estar) [Persona] que no es ingenua y ya tiene experiencia de una cosa: *La muchacha está resabiada y no hace las cosas como a mí me gusta.*

resabiar *v. tr.* **1** RESTRINGIDO. Hacer ‹una persona o una cosa› que [una persona o un animal] adquiera un vicio o una mala costumbre o que [una persona] pierda su ingenuidad: *Los mozos han resabiado a la vaquilla y ahora no se deja torear.* ‖ *v. prnl.* **2** RESTRINGIDO. Adquirir ‹una persona o un animal› un vicio o una mala costumbre: *Los muchachos se resabian en el reformatorio.*

resabio *s. m.* **1** Sabor desagradable: *El limón me dejó un resabio ácido en la boca.* SIN. regusto. **2** RESTRINGIDO. Vicio o mala costumbre que proviene de experiencias anteriores: *Su novio tiene resabios de niño rico.*

resaca *s. f.* **1** (no contable) Movimiento de retroceso de las olas tras romper en la orilla: *No podemos bañarnos porque hay mucha resaca.* **2** COLOQUIAL. Malestar que siente una persona por haber tomado el día anterior demasiado alcohol: *Luis estuvo todo el día con resaca debido a la borrachera de la noche anterior.* **3** AMÉR. C. Aguardiente. **4** COLOQUIAL. Situación psicológica que experimenta una persona después de una exaltación o de un éxito: *Miguel todavía está con la resaca después de las buenas notas de los exámenes. La resaca del campeonato le ha durado al equipo cerca de un mes.*

resalado, da *adj.* (ser / estar) COLOQUIAL; AFECTIVO. Que es muy gracioso en sus gestos o palabras: *Tu hijo es muy resalado. La niña hoy está muy resalada.*

resaltar *v. intr. / tr.* **1** Distinguirse ‹una persona o una cosa› entre otras de manera notable: *La niña resalta en la clase por su inteligencia. El encargado resaltó las palabras del director y nos animó a cumplirlas.* SIN. destacar. **2** Sobresalir ‹un cuerpo o parte de él› en [un edificio o en una superficie]: *La cornisa resalta mucho **de** la fachada.*

resalte o **resalto** *s. m.* RESTRINGIDO. Parte que sobresale de la superficie de una cosa, en especial, de un muro: *El albañil que cayó del andamio pudo agarrarse a un resalte de la pared.* SIN. saliente. ANT. entrante.

resarcible *adj.* ELEVADO. Que se puede o se debe resarcir: *daño resarcible. Las pérdidas no son resarcibles.*

resarcir *v. tr. / prnl.* ELEVADO. Dar ‹una persona› [una cosa] [a otra persona] por haberle causado voluntaria o involuntariamente [un daño o perjuicio]: *El vecino me resarció **de** los daños y perjuicios que me causó con una importante suma de dinero. El equipo **se** resarció **de** su última derrota al ganar por cuatro a cero.* ⇒ **90.**

resbalada *s. f.* ARG., PAR., URUG.; COLOQUIAL en Chile. Resbalón, caída.

resbaladera *s. f.* VEN. Bebida casera refrescante de arroz cocido, azúcar, agua de azahar y canela.

resbaladizo, za *adj.* **1** (ser / estar; antepuesto / pospuesto) Que resbala o hace resbalar con facilidad: *superficie resbaladiza, terreno resbaladizo. Nos deslizamos por una resbaladiza pendiente. El suelo está resbaladizo.* **2** (antepuesto / pospuesto) Que es difícil de tratar porque puede comprometer, llevar a error o cometer indiscreción: *Éste es un asunto resbaladizo, yo que tú iría con mucho cuidado. El Parlamento está tratando estos días el resbaladizo tema del aborto.*

resbaladura *s. f.* Huella que deja en el suelo un resbalón: *Una resbaladura en la rampa nos dio la pista de por dónde había escapado el ladrón.*

resbalar *v. intr. / prnl.* **1** Desplazarse ‹una persona o una cosa› sobre una superficie, cayendo, perdiendo su dirección o su posición o el control de sus movimientos: *Aquel peatón **se** resbaló con una piel de plátano. El coche resbalaba sobre el hielo de la carretera.* SIN. patinar. || *v. intr.* **2** COLOQUIAL. Cometer ‹una persona› una equivocación: *El periodista resbaló con esta noticia.* SIN. colarse (COLOQUIAL). **3** Provocar ‹una superficie› la caída, el cambio de dirección o de posición o la pérdida del control de movimientos de una persona o una cosa: *Estos asientos resbalan. La carretera resbalaba porque tenía restos de aceite.* SIN. patinar. **4** Caer ‹una cosa› por [una superficie] lentamente: *Las gotas resbalaban **por** la superficie brillante.* **5** COLOQUIAL. Causar ‹una cosa› indiferencia a [una persona]: *Tus problemas me resbalan. Mis recomendaciones le resbalan a mi madre.*

resbalón *s. m.* **1** Acción y resultado de resbalar o resbalarse: *Mi madre dio un resbalón y se torció el pie.* **2** COLOQUIAL. Indiscreción o dicho inconveniente: *¡Menudo resbalón!, ¿cómo le hablaste de ese asunto, si sabes que se irrita? El político ha tenido un par de resbalones en la entrevista.*

resbaloso, sa *adj.* MÉX.; COLOQUIAL. [Persona] que es muy amiga de coquetear o de flirtear.

rescatar *v. tr.* **1** Recuperar ‹una persona› [a una persona o una cosa de la que otra persona se ha apoderado] mediante la fuerza o a cambio de dinero: *La policía ha rescatado a los rehenes.* SIN. liberar. **2** Librar ‹una persona› de [un peligro o un daño] [a otra persona]: *Los bomberos la rescataron **del** incendio. Los equipos de salvamento han rescatado a los excursionistas extraviados.* SIN. liberar. **3** Recuperar ‹una persona› [una cosa que se había olvidado o perdido]: *Este periodista rescata viejas noticias. En este ciclo se rescatan las viejas películas de siempre.*

rescate *s. m.* **1** Acción y resultado de rescatar: *una operación de rescate. El mal tiempo dificulta el rescate.* SIN. salvamento. **2** Precio que se pide o se paga para rescatar a una persona, en especial en un secuestro: *No se sabe si la familia pagó el rescate.* **3** JUEGOS. Juego infantil en que unos niños persiguen a otros, distribuidos en dos equipos, y en el que los niños atrapados pueden ser liberados por los compañeros de su mismo equipo.

rescindible *adj.* DER. Que se puede rescindir: *contrato rescindible.*

rescindir *v. tr.* DER. Dejar ‹una persona› sin validez [un contrato o una obligación]: *Rescindiremos el contrato del piso el próximo mes.*

rescisión *s. f.* (no contable) DER. Acción y resultado de rescindir: *El inquilino consiguió la rescisión del contrato.*

rescoldo *s. m.* **1** (no contable) Resto de brasa que queda bajo las cenizas: *El pastor se calentaba las manos en el rescoldo del brasero.* **2** (no contable) Resto que permanece de un sentimiento pasado: *Quizá aún quede algún rescoldo de la antigua pasión.*

resecar *v. tr.* **1** Hacer ‹una persona o una cosa› que [una cosa] se seque mucho: *El sol reseca la piel. El viento resecó sus labios.* **2** MED. Realizar ‹una persona› la resección de [un órgano]. SIN. extirpar. || *v. prnl.* **3** Secarse ‹una cosa› mucho: *Las plantas se resecaron de no regarlas.* ⇒ **71.**

resección *s. f.* MED. Operación que consiste en separar y cortar total o parcialmente tejidos u órganos.

reseco, ca *adj.* **1** (ser / estar) INTENSIFICADOR. Que está muy seco o falto de humedad: *Este terreno está reseco. Tengo la piel reseca. Este paisaje es árido y reseco.* **2** (estar) INTENSIFICADOR. Que está flaco o delgado: *Tu hermana está reseca, yo creo que debería engordar un poco.*

resembrar *v. tr.* RESTRINGIDO. Volver a sembrar ‹una persona› [un campo]: *Han resembrado los campos que bordean el camino.* ⇒ **58.**

resentido, da *adj. / s. m.* y *f.* (estar) Que está muy enfadado con una persona por una cosa que le han hecho o dicho: *Manolo está resentido **con** su padre porque le dijo que no valía para nada. No te fíes de él, porque es un resentido y sólo quiere ver fracasar a los demás.*

resentimiento *s. m.* Sentimiento contenido de pena de la persona que se siente maltratada, acompañado de rencor hacia los que cree culpables de ello: *El protagonista de la película actúa así movido por el resentimiento.*

resentirse *v. prnl.* **1** Perder ‹una persona o una cosa› fuerza: *Con la edad, la salud se resiente. Los cimientos del edificio se resentirán si excavas en el sótano.* **2** Sentir ‹una persona› dolor o molestia a causa de [una enfermedad o de una dolencia pasada]: *Aún me resiento **del** estómago. El jugador se resintió **de** su lesión.* 3 RESTRINGIDO. Sentir ‹una persona› disgusto por [una cosa que le han hecho o dicho]: *Gema se resiente **por** nuestra indiferencia. El niño se ha resentido mucho **de** pensar que ya no lo quieres.* ⇒ **75.**

reseña *s. f.* 1 Escrito que comenta y critica una obra literaria o científica, un tema o un acontecimiento: *reseña de un partido, reseña de los mejores hoteles, una reseña de un libro.* 2 Descripción de los rasgos distintivos de una persona o de una cosa: *La víctima hizo una reseña de su agresor.* 3 Narración breve: *Haré una rápida reseña del viaje para el jefe.*

reseñar *v. tr.* 1 Hacer ‹una persona› la descripción de [una cosa] por escrito: *Nuestro anfitrión ha hecho un plano y ha reseñado el camino que debemos seguir para llegar a su casa.* SIN. describir. 2 Hacer ‹una persona› un comentario crítico sobre [una obra literaria o científica] o sobre [un tema o un acontecimiento]: *La obra está reseñada en esta revista. El discurso del Presidente ha sido reseñado en todos los periódicos.*

reserva *s. f.* 1 Solicitud por adelantado de un servicio, especialmente una plaza en un medio de transporte o en un hotel: *Ya he hecho la reserva de las habitaciones. La agencia ha hecho la reserva de los billetes.* 2 Documento que acredita que un servicio, especialmente una plaza en un medio de transporte o en un lugar de hospedaje, se ha solicitado con antelación: *En la reserva pone que el asiento es de no fumador.* 3 (no contable) Conjunto de cosas que se tienen guardadas para cuando sea necesario: *Necesitaremos una reserva de leña para el invierno. Llevo agua de reserva.* 4 (no contable) Prudencia o discreción: *Habla sin reservas, nadie nos oye. Confío en tu reserva para que nadie más se entere.* 5 Duda, objeción o desacuerdo, especialmente el que se hace constar al emitir un voto, un acuerdo o una promesa: *El abogado ha dicho que me ayudará, pero con reservas. El director mostró muchas reservas sobre mi proyecto. Ellos aceptaron el pacto con reservas.* 6 (preferentemente en plural) ECON. Fondo de recursos económicos de una empresa u otra entidad para hacer frente a una situación de crisis o para financiar su expansión: *La empresa se ha quedado sin reservas debido a la crisis. El Banco de España ha aumentado sus reservas en el último año.* 7 (no contable) MIL. Parte del ejército que no está en servicio activo: *Varios oficiales han pasado, por su edad, a la reserva.* 8 (no contable) MIL. Situación de los militares que pertenecen a esta parte del ejército: *Por la edad debe de ser un oficial de la reserva.* 9 Territorio que se concede a una comunidad indígena en algunos países como Estados Unidos y Canadá: *una reserva india.* 10 BIOL. Grupo de sustancias que se almacenan en determinadas células de las plantas o de los animales y que son utilizadas por el organismo en caso necesario: *Está muy delgado, no tiene ninguna reserva de grasas.* || *s. m. / f.* 11 DEP. Persona que sustituye a otra persona en una competición: *jugador de reserva. El entrenador alineó a muchas reservas en el partido de baloncesto de ayer.* || *s. m.* 12 Vino que posee una crianza mínima de tres años: *El caballero pidió un reserva para cenar.* || **13 ~ mental** DER. Salvedad o restricción que se hace mentalmente al jurar, prometer o declarar una cosa. **14 ~ nacional** Parque nacional. FR. Y LOC. **a ~ de** RESTRINGIDO. Condicionado a: *A reserva de un análisis más profundo, tu proyecto me gusta.*

reservado, da *adj.* 1 (ser / estar) Que se comporta con reserva y cautela: *Mi jefe es un hombre muy reservado. Desde que lo traicionaron sus amigos, tu hermano está muy reservado.* 2 Que es secreto y confidencial: *Esta información es reservada. Los informes de los técnicos son reservados.* || *s. m.* 3 Habitación o compartimento para el uso de determinadas personas o acontecimientos: *Como Miguel es muy buen cliente, nos pusieron en el reservado del restaurante y estuvimos muy tranquilos.* 4 ARG. Hotel por horas o casa de citas. || **5 pronóstico* ~.**

reservar *v. tr.* 1 Hacer ‹una persona› una reserva de [una cosa]: *Carlos ha reservado habitación en el mejor hotel. Espero que reserves algo de dinero para el fin de semana.* 2 Hacer ‹una persona› que [una cosa] se destine para [el uso exclusivo de una o más personas]: *Reservan ese cuarto **para** su futuro hijo.* || *v. tr. / prnl.* 3 Esperar ‹una persona› una ocasión mejor para [hacer o decir una cosa]: *Reserva tus comentarios **para** el futuro. **Me** reservo **para** un torneo más importante. Lola reservó los dulces **para** el postre.*

resfriado, da *adj.* 1 (estar) Que tiene un resfriado: *Estoy muy resfriado y tendré que ir al médico.* || *s. m.* 2 MED. Enfermedad respiratoria leve que puede tener como síntomas mucosidad abundante, tos, estornudos, dolor de cabeza y fiebre moderada: *He agarrado un resfriado.* SIN. catarro.

resfriar *v. prnl.* 1 Coger ‹una persona› un resfriado: *Con estos cambios de temperatura, me he resfriado.* SIN. acatarrarse, constiparse. || *v. impers.* 2 RESTRINGIDO. Empezar a hacer frío: *Llévate una chaqueta, porque por las noches ya resfría un poco.* SIN. refrescar. ⇒ **8.**

resguardar *v. tr.* 1 Proteger ‹una persona o una cosa› [a otra persona u otra cosa] de un daño o un peligro: *La policía resguardó a los cantantes del público enardecido. El toldo resguardaba los puestos de flores.* || *v. intr. / prnl.* 2 Estar ‹una persona o una cosa› protegida de [un daño o un peligro]: *Ese muro resguarda **del** viento. **Me** resguardé **de** la lluvia bajo un soportal.*

resguardo *s. m.* 1 Cosa que sirve para resguardar: *El niño permaneció bajo el resguardo del tejado hasta que dejó de llover. Con este viento, lo mejor es buscar un buen resguardo.* 2 Documento que acredita que una persona ha hecho un pago, una entrega o una gestión: *Debemos conservar el resguardo de la compra hasta salir del comercio.*

residencia *s. f.* 1 RESTRINGIDO. Acción y resultado de residir o vivir en un sitio: *Durante su residencia en Santander, Manolo hizo muchos amigos.* **certificado de ~.** 2 Lugar donde una persona reside y vive: *Pedro tiene su residencia habitual en Córdoba. La actriz va a fijar su residencia en Caracas.* 3 Casa, especialmente si es lujosa: *La residencia del embajador está al otro lado de la ciudad.* 4 Casa donde viven personas que tienen alguna característica en común y que han de seguir unas normas: *residencia de estudiantes, residencia de ancianos.* 5 Conjunto de viviendas independientes para personas con una característica común, sobre todo la profesión: *residencia de profesores. La residencia de los militares está en la zona de los cuarteles.* 6 Establecimiento público donde se alojan viajeros o huéspedes: *Pasamos la noche en una residencia cerca de la estación.* 7 MED. Centro hospitalario: *Jorge ha estado una semana ingresado en la residencia de la Seguridad Social.* 8 COL. Hotel de poca categoría para citas amorosas. 9 REL. Casa de algunas comunidades religiosas: *la residencia de los jesuitas.*

residencial *adj.* 1 [Zona, barrio de una población] que está destinado para viviendas de las clases acomodadas: *Mi vecino ha comprado una casita en un barrio residencial.* || *s. m.* 2 ARG., CHILE. Casa de huéspedes, pensión barata. 3 AMÉR. DEL S. Edificio de apartamentos de alta categoría.

residente *adj. / s. m.* y *f.* 1 Que reside o vive en un lugar: *Juan y María son amigos y residentes en Albacete. Ese garaje es para los residentes.* 2 RESTRINGIDO. [Funcionario, empleado] que vive en el lugar donde trabaja: *médico residente.*

residir *v. intr.* 1 Vivir ‹una persona› en [un lugar] habitualmente: *Este poeta es español, pero reside* ***en*** *Ecuador desde hace años.* 2 Tener ‹una cosa› su causa o explicación en [otra cosa]: *El problema reside* ***en*** *la falta de acuerdo.* 3 Corresponder ‹una responsabilidad o un derecho› a [una persona o una cosa]: *El poder legislativo reside* ***en*** *las Cortes. En una democracia, la soberanía reside* ***en*** *el pueblo.*

residual *adj.* 1 De los residuos: *planta de reciclaje residual.* 2 Que queda como residuo: *Quedan por escrutar algunos votos, pero son votos residuales que no van a alterar los resultados.* **aguas* residuales / negras.**

residuo *s. m.* 1 RESTRINGIDO. Parte que queda o sobra de un todo: *Los residuos de material, una vez atendidos los pedidos, se almacenaban.* 2 MAT. Resultado de la operación de restar: *El residuo de esta resta está equivocado.* SIN. resto. 3 Material que resulta de la descomposición o destrucción de una cosa: *El orujo es el residuo de la uva.* 4 (en plural) Materiales que quedan como inservibles después de cualquier proceso u operación: *La ciencia moderna aún no ha resuelto qué hacer con los residuos radiactivos.*

resignación *s. f.* (no contable) Paciencia en las adversidades: *Mi abuela lleva su desgracia con resignación. Marta se ha tomado su fracaso con mucha resignación.*

resignarse *v. prnl.* Aceptar con paciencia ‹una persona› [una situación desfavorable]: *Luis se resignó* ***a*** *no hacer el viaje. No me resigno* ***a*** *perderlo todo.*

resina *s. f.* 1 Sustancia vegetal, amarilla o transparente, muy pegajosa: *Me he llenado las manos de resina al apoyarme en el pino.* 2 QUÍM. Sustancia sólida o de consistencia pastosa, que se obtiene artificialmente a partir de reacciones de polimerización y se utiliza en la fabricación de plásticos, colas y lacas.

resistencia *s. f.* 1 (no contable) Capacidad para aguantar o soportar una cosa: *Esta cuerda tiene mucha resistencia* ***al*** *rozamiento. El niño no tiene mucha resistencia* ***a*** *las enfermedades.* 2 ELECTRIC. Elemento que se coloca en un circuito para hacer más difícil el paso de la corriente eléctrica o para que ésta se transforme en calor: *La manta eléctrica tiene una resistencia dentro para producir calor.* 3 (no contable) Oposición de una persona o animal a hacer una cosa: *El delincuente opuso mucha resistencia a la policía.* 4 (no contable) MIL. Grupo de personas que se oponen a una invasión: *Durante la Segunda Guerra Mundial hubo muchos grupos de resistencia.* 5 (no contable) FÍS. Cualquier obstáculo que se opone a la acción de una fuerza mecánica, eléctrica, o de otro tipo: *La máquina encuentra mucha resistencia para funcionar correctamente. Como el coche es muy bajo, opone menos resistencia al aire.*

resistente *adj.* Que resiste o puede resistir: *bacteria resistente, material resistente, atleta resistente.*

resistir *v. tr. / intr.* 1 Tener ‹una persona o una cosa› sobre sí [un peso o una carga]: *El dique resistió la riada. Esa casa ya no resiste en pie.* 2 Sufrir ‹una persona› [un dolor o una dificultad]: *Resisto bien el calor. No resisto más.* || *v. tr. / prnl.* 3 Dominar ‹una persona› [un impulso o un sentimiento]: *No resistió la tentación y se dio un chapuzón. Si te apetece la tarta, no* ***te*** *resistas.* || *v. prnl.* 4 Oponerse ‹una persona› con fuerza a [hacer una cosa]: *Carmen se resiste* ***a*** *marcharse de aquí. El jefe no pensaba que se resistiría* ***a*** *dejar el cargo.* 5 COLOQUIAL. Resultar ‹una cosa› difícil de conseguir o de resolver para [una persona]: *Este problema se me resiste. El inglés se le resiste.*

resistividad *s. f.* (no contable) ELECTRIC. Resistencia proporcional de un conductor según su longitud y anchura: *Los técnicos han traído unos cables nuevos con una resistividad menor.*

resma *s. f.* ART. GRÁF. Conjunto de quinientos pliegos de papel.

resobar *v. tr.* COLOQUIAL; PEYORATIVO. Tocar ‹una persona› [a otra persona o una cosa] repetidas veces o con insistencia: *¡Deja de resobar las fotos!*

resol *s. m.* 1 (no contable) Reflejo del sol: *Teresa bajó las persianas para que no le molestara el resol.* 2 (no contable) Luz y calor producido por este reflejo: *El resol de la tarde les obligaba a encerrarse en sus casas hasta que oscurecía.*

resoli o **resolí** (plural *resolíes*, preferible a *resolís*) *s. m.* (no contable) Licor elaborado con aguardiente, canela, anís y otros ingredientes aromáticos, típico de Cuenca.

resollar *v. intr.* COLOQUIAL; INTENSIFICADOR. Respirar ‹una persona o un animal› con trabajo por el cansancio o el sofoco: *El muchacho resollaba por el esfuerzo. El caballo resuella porque ha estado galopando.* SIN. jadear. ⇒ **28.**

resolución *s. f.* 1 (no contable) Acción y resultado de resolver: *Siempre los jefes le encargaban la resolución de los casos más difíciles.* SIN. solución. 2 Cosa que se decide: *La resolución de vender las acciones fue acertada. El Consejo ha tomado varias resoluciones, entre ellas la de dimitir.* SIN. decisión. 3 (no contable) Capacidad de hacer o decir una cosa con energía o decisión: *Mi abuela siempre fue mujer de mucha resolución.* SIN. determinación. 4 DER. Decisión de una autoridad gubernativa o judicial: *Esperamos la resolución de los tribunales.*

resolutivo, va *adj.* 1 Que resuelve con rapidez y eficacia: *decisión resolutiva, reunión resolutiva.* || *adj. / s. m.* 2 MED. [Medicamento] que cura o puede curar con rapidez.

resolutorio, ria *adj.* DER. Que resuelve o decide: *cláusula resolutoria.*

resolver *v. tr.* 1 Hallar ‹una persona› la solución de [una duda o una dificultad]: *El detective resolvió el caso con facilidad. Cuando hayas resuelto el jeroglífico me lo dices.* SIN. solucionar. 2 Hacer ‹una persona o una cosa› que [una cosa] acabe o se solucione: *Ese punto resolvió el partido a nuestro favor. Los países van a resolver el conflicto negociando.* 3 Llevar a cabo ‹una persona› [un asunto o un negocio]: *Aún tengo gestiones que resolver antes del viaje.* SIN. solventar. || *v. tr. / prnl.* 4 Tomar ‹una persona› [una determinación]: *Los vecinos resolvieron volver a casa. No* ***me*** *resuelvo* ***a*** *salir con este tiempo.* || *v. prnl.* 5 Acabar o solucionarse ‹una cosa›: *El juicio se resolvió* ***con*** *la condena del acusado.* 6 RESTRINGIDO. Convertirse ‹una cosa› en [otra cosa más pequeña o de menor importancia]: *La tormenta que amenazaba se resolvió* ***en*** *cuatro gotas.* ⇒ **88.**

resonador, ra *adj.* Que resuena: *la caja resonadora de la guitarra. La boca actúa como un resonador en la producción de los sonidos humanos.*

resonancia *s. f.* **1** Sonido producido por repercusión de otro sonido: *No se oye bien, hay mucha resonancia.* **2** Prolongación de un sonido que se repite y va disminuyendo gradualmente: *Esta guitarra es la que tiene mejor resonancia.* **3** MÚS. Cada uno de los sonidos elementales que acompañan al principal en una nota musical. **4** Difusión e importancia que adquiere una cosa: *El suceso alcanzó una gran resonancia. La confrontación política actual está teniendo mucha resonancia en la prensa.* SIN. eco. **5** FÍS. Fenómeno que se produce cuando se ejerce sobre un sistema en oscilación un movimiento periódico de la misma frecuencia. FR. Y LOC. **cámara* de ~.**

resonar *v. intr.* **1** Sonar ‹una cosa› fuerte y claramente: *Las voces resuenan más porque el local está vacío.* SIN. retumbar. **2** Llenarse ‹un lugar› con un sonido que se reproduce o rebota en él: *La casa resuena* ***con*** *sus pisadas.* SIN. retumbar. **3** Reproducirse ‹un sonido o palabras› en [la memoria de una persona]: *Su voz resuena aún* ***en*** *mis oídos.* SIN. retumbar. ⇒ **28.**

resondrar *v. tr.* PERÚ. Amonestar, reñir verbalmente ‹una persona› [a otra persona].

resoplar *v. intr.* Respirar ‹una persona› con trabajo por el cansancio, el sofoco o el disgusto: *En cuanto Elena subía una escalera se ponía a resoplar por el asma que padecía. No resoples más y haz lo que te han mandado.*

resoplido *s. m.* Sonido que se hace al expulsar con fuerza el aire por la nariz o la boca, debido al cansancio o al enfado: *No sé a qué viene tanto resoplido. El caballo daba grandes resoplidos después de la larga carrera.*

resorte *s. m.* **1** MEC. Pieza elástica, generalmente en espiral, que puede soportar grandes deformaciones y recuperar de nuevo su posición y forma inicial: *Este reloj tiene una cuerda antigua de resorte.* SIN. muelle. **2** Medio para lograr un fin: *Agoté todos los resortes antes de abandonar el negocio.*

respaldar *v. tr.* **1** Dar ‹una persona o una cosa› apoyo o protección a [una persona o una cosa]: *Varios bancos respaldan la construcción de la autopista.* || *v. prnl.* **2** Apoyarse o protegerse ‹una persona o una cosa› en [otra persona u otra cosa]: *Él siempre se respalda* ***en*** *su familia. Antes se respaldaba* ***en*** *su dinero, pero ahora que se ha arruinado ya no tiene ningún apoyo.* **3** RESTRINGIDO. Apoyar y descansar ‹una persona› la espalda en [el respaldo de un asiento u otra superficie]: *El presidente se respaldó cómodamente* ***en*** *la butaca.* SIN. recostarse.

respaldo *s. m.* **1** Parte de un asiento donde se apoya la espalda: *el respaldo de una silla. La butaca tiene un respaldo muy cómodo. Éstos son asientos con respaldo abatible.* **2** Apoyo o protección que se da a una persona o a una cosa: *El candidato ha recibido el respaldo de todo su partido.*

respe o **résped** o **réspede** *s. m.* **1** ZOOL. Lengua de la culebra o de la víbora. **2** ZOOL. Aguijón de la abeja.

respectar *v. impers.* Referirse a [una persona o una cosa]: ***Por*** *lo que a mí respecta, no necesito tu ayuda.* ***En*** *lo que respecta a la integración de España en la Unión Europea, ha sido un gran avance para la normalización de sus relaciones internacionales.*

respectivamente *adv. orac.* Relatando con rigurosa correspondencia en cuanto al orden enumerativo de cada uno de los miembros de una serie que se aduce con otro de la serie que, según los casos, sigue o precede. OBSERVACIONES: ◊ Es adverbio encubiertamente deíctico y anafórico y siempre periférico respecto de la predicación principal. ◊ Siempre aparece seguido y precedido de pausa y, si no va en posición final, exige entonación ascendente: *El marido, la mujer y la niña tomaron, respectivamente, una cerveza, un batido y un helado de fresa. El mayor y el pequeño tienen veintisiete y dieciséis años, respectivamente.*

respectivo, va *adj.* (preferentemente en plural; antepuesto) [Miembro de una serie] que tiene correspondencia con un miembro de otra serie: *Los pilotos montaron en sus respectivas motos.* SIN. correspondiente.

respecto Se usa en la LOC. **al ~** En relación con la cosa de la que se trata: *No tengo nada que añadir al respecto.* **(con) ~ a / de** Por lo que se refiere a: *Y con respecto a la inmigración, creo que tenemos que ser más abiertos y tolerantes. Respecto a lo que tú dices, creo que no te equivocas. Respecto de lo hablado ayer, es evidente que la situación ha cambiado.*

résped o **réspede** *s. m.* Respe.

respetable *adj.* **1** (antepuesto / pospuesto) Que merece respeto: *Su postura es muy respetable. Su abuelo es un respetable anciano.* **2** (antepuesto / pospuesto) Que merece ser tenido en cuenta por ser lo suficientemente grande, curioso o importante: *Su premio es una suma respetable de dinero. Me encontraba situado a una respetable distancia.* SIN. considerable. || *s. m.* **3** (no contable) COLOQUIAL. Conjunto de personas que asiste a un espectáculo, especialmente al de los toros: *El torero dedicó el toro al respetable.*

respetar *v. tr.* **1** Tratar ‹una persona› [a una persona o una cosa] con consideración: *Este muchacho no respeta a nadie. Respeta las opiniones de los demás.* **2** Obedecer ‹una persona› [una orden o una ley]: *Mi padre siempre respeta las normas de circulación. Los tribunales se encargan de castigar a los que no respetan las leyes.* SIN. acatar. **3** Conservar ‹una persona› [una cosa]: *Por favor, respeten las plantas.*

respeto *s. m.* **1** (no contable) Acción o resultado de respetar o tener consideración a una persona o a una cosa: *demostrar mucho respeto, guardar el respeto a un lugar sagrado. Todo el mundo se merece un respeto. Debes tener un respeto por tu padre. Siento mucho respeto por ella.* **2** (no contable) Miedo o temor: *Las alturas me dan mucho respeto.* **3** (en plural) ELEVADO; SALUDO. Expresiones o manifestaciones de cortesía o de saludo: *Presente mis respetos a su madre.* FR. Y LOC. **campar* por sus respetos.**

respetuoso, sa *adj.* **1** (ser / estar; antepuesto / pospuesto) Que se comporta con cortesía y respeto: *Ese chico es muy respetuoso con las personas mayores. Su hija ha cambiado mucho, ahora está siempre muy respetuosa. Un respetuoso camarero nos acompañó hasta la mesa.* ANT. irrespetuoso. **2** (antepuesto / pospuesto) Que demuestra respeto: *lenguaje respetuoso, tono respetuoso. El comportamiento respetuoso de los asistentes dio calidad al acto. Las respetuosas muestras de dolor se repitieron ante el féretro durante todo el día.* ANT. irrespetuoso. FR. Y LOC. **a (respetuosa) distancia*.**

réspice *s. m.* **1** RESTRINGIDO. Contestación brusca y seca. **2** RESTRINGIDO. Reprimenda breve pero fuerte.

respingar *v. intr.* **1** COLOQUIAL. Sacudirse y gruñir ‹un animal› porque le molesta una cosa: *El perro respingaba porque los niños lo estaban molestando.* **2** COLOQUIAL. Sacudirse y protestar sordamente ‹una persona› porque no quiere hacer una cosa que le han mandado: *Esta tarde te quedas a estudiar, y no respingues.* || *v. intr. / prnl.* **3** Levantarse o quedar ‹una prenda de vestir› más corta por un lado que por otro: *La falda **se** respinga un poco por detrás.* ⇒ **56.**

respingo *s. m.* Sacudida brusca del cuerpo: *La abuela se asustó al oírnos llegar y dio un respingo.*

respingón, na *adj.* **1** [Prenda de vestir] que es más corta por un lado que por otro: *El vestido te queda un poco respingón.* || **2 nariz* respingona.**

respiración *s. f.* **1** (no contable) BIOL. Proceso por el cual los seres vivos intercambian gases con el ambiente que los rodea, absorbiendo oxígeno y desprendiendo dióxido de carbono: *Los mamíferos tienen respiración pulmonar. Algunos animales tienen respiración cutánea. El enfermo tenía la respiración agitada.* **~ artificial** Conjunto de técnicas para restablecer el ritmo respiratorio cuando éste falla: *Intenté hacerle la respiración artificial.* **~ asistida** Respiración artificial ayudada por aparatos mecánicos: *El herido no podría sobrevivir sin respiración asistida.* **2** (no contable) BIOL. Proceso por el cual cada una de las células de un ser vivo pluricelular adquiere energía, al romper las moléculas orgánicas, con desprendimiento de dióxido de carbono: *La respiración celular se realiza en las mitocondrias.* **3** (no contable) RESTRINGIDO. Entrada y salida de aire en un lugar cerrado: *La habitación tiene mala respiración.* SIN. ventilación. FR. Y LOC. **sin ~** 1 COLOQUIAL; INTENSIFICADOR. Sin poder hablar a causa del cansancio: *El mensajero llegó sin respiración.* 2 COLOQUIAL; INTENSIFICADOR. Muy asombrado o impresionado: *La noticia me dejó sin respiración.*

respiradero *s. m.* **1** Abertura por donde entra y sale el aire en un lugar cerrado: *el respiradero del cuarto de baño.* **2** Abertura de una cañería para dar salida al aire: *el respiradero del lavabo, el respiradero del bidé.* **3** MÍN. Pozo de una mina para dar salida a los gases nocivos: *El accidente se produjo porque hubo una avería en un respiradero de la mina.*

respirar *v. intr. / tr.* **1** Realizar ‹un ser vivo› el proceso de absorber y expulsar el aire: *Respira hondo, que se te limpien los pulmones. Respiraremos aire puro en la montaña.* || *v. intr.* **2** Sentirse ‹una persona› aliviada o tranquila después de una situación difícil: *Por fin podré respirar después de los exámenes.* **3** Descansar ‹una persona› después de un trabajo: *Voy a dar una vuelta, porque necesito respirar un poco.* **4** (generalmente en frases negativas) COLOQUIAL. Hablar ‹una persona›: *Antonio no respiró en toda la reunión.* **5** Estar ‹una persona o un animal› vivo: *La víctima aún respira.* SIN. vivir. **6** Ventilarse ‹una cosa›: *Abre las ventanas, que respire un poco la casa. La fruta tiene que respirar, sácala de la bolsa de plástico.* || *v. tr.* **7** Tener o mostrar ‹una persona o una cosa› [una cualidad o un estado]: *La noche respira paz. Te irán bien las cosas, porque respiras optimismo.* || *v. impers.* **8** RESTRINGIDO. Refrescar un poco el tiempo: *Durante el día hace mucho calor, pero por las noches respira un poco.* FR. Y LOC. **no dejar ~** COLOQUIAL. Estar ‹una persona› controlando continuamente a otra persona: *Mi jefe no me deja respirar, critica todas las cosas que hago.* **no poder ~** COLOQUIAL. Tener ‹una persona› mucho trabajo: *Tengo mucho trabajo, no puedo ni respirar.* **sin ~** COLOQUIAL. Se usa para indicar que una persona presta mucha atención a una cosa: *César escuchó la conferencia sin respirar.*

respiratorio, ria *adj.* De la respiración: *aparato respiratorio* **absorción* respiratoria. insuficiencia respiratoria.**

respiro *s. m.* **1** Descanso en un trabajo o actividad: *Carlos se tomó una hora de respiro y luego siguió estudiando.* **2** Alivio en una situación de angustia o preocupación: *No hay que pagar hasta enero, así que tienes un cierto respiro.*

resplandecer *v. intr.* **1** Brillar ‹una cosa›: *Las estrellas resplandecen en la noche.* **2** ELEVADO. Distinguirse ‹una persona o una cosa› entre otras de su clase: *Su belleza resplandecía entre todas las participantes.* SIN. resaltar. **3** ELEVADO. Mostrar ‹una persona› [una cualidad]: *Su cara resplandecía **de** felicidad.* ⇒ **5.**

resplandor *s. m.* **1** ELEVADO. Luz muy clara: *El resplandor del sol nos deslumbraba.* **2** ELEVADO. Brillo muy intenso: *el resplandor del oro. El resplandor de sus ojos me enamoró.*

responder *v. intr. / tr.* **1** Expresar ‹una persona› una cosa para satisfacer [una pregunta o una duda formulada por otra persona]: *Responderé con gusto **a** quienes soliciten una explicación. El testigo respondió **a** mis preguntas inmediatamente.* SIN. contestar. **2** Hacer saber ‹una persona o un animal› que ha oído una llamada de otra persona o de otro animal: *He llamado tres veces, pero nadie me ha respondido. No se puede dormir en este barrio, porque cuando ladra un perro otro le responde.* SIN. contestar. **3** Corresponder ‹una persona› a [un saludo o una carta]: *Los novios todavía no han respondido **a** mi felicitación. Los dueños han respondido **a** nuestra carta diciendo que enviarán cuanto antes el pedido.* SIN. contestar. **4** Atacar ‹una persona› [las afirmaciones de otra persona]: *Si no respondes **a** las acusaciones, te creerán culpable. Los sindicatos han afirmado que no responderán **a** las provocaciones de la patronal.* || *v. intr.* **5** Corresponder ‹una persona› a [una acción realizada por otra persona]: *El público respondió **a** su actuación con aplausos. La policía respondió con una carga **a** las gamberradas de los descontrolados.* **6** Experimentar ‹una persona o una cosa› [el resultado o el efecto de una cosa]: *El enfermo responde **al** tratamiento. Los mandos del coche no responden.* **7** Dar ‹una cosa› fruto o beneficio: *Si el negocio responde, me compraré una casa.* SIN. rendir. **8** Sufrir ‹una persona› un castigo por [un error o una falta que ha cometido]: *El asesino respondió **de** sus crímenes con la cárcel.* **9** Dar ‹una persona› garantías de [una persona o una cosa]: *Yo respondo **de** su honradez. Él responde **por** su amigo como si fuera su propio hermano.* **10** Hacerse ‹una persona› responsable de [una cosa]: *Cada cual responde **de** sus actos.* SIN. responsabilizarse.

respondón, na *adj. / s. m.* y *f.* (ser / estar) COLOQUIAL. Que tiende a replicar o responder con poco respeto: *¡Qué niño más respondón! Tu hija ha sido siempre muy respondona. Estás hoy muy respondón. Eres una respondona.*

responsabilidad *s. f.* **1** (no contable) Condición o circunstancia de responsable: *El conductor no tiene ninguna responsabilidad en el accidente. Yo tenía la responsabilidad de toda la oficina.* **2** Obligación o deber concreto respecto a una persona o una cosa: *Era responsabilidad tuya vigilar la puerta.* FR. Y LOC. **sociedad* (de ~) limitada.**

responsabilizar *v. tr. / prnl.* Hacer ‹una persona› responsable [a una persona o una institución] de [una cosa]: *Miguel responsabilizó a la empresa **de** su accidente. No **me** responsabilizo **de** lo que pueda ocurrir.* SIN. responder. ⇒ **19.**

responsable *adj.* **1** (ser / estar) Que es consciente de sus obligaciones y pone cuidado y atención en sus actos o decisiones: *Tu hijo es un niño responsable. Este último curso, Daniel está muy responsable.* ANT. irresponsable. **paternidad* ~.** || *adj. / s. m.* y *f.* **2** Que está encargado de una cosa o de una persona y responde por ella: *Los padres son los responsables de la educación de sus hijos. Soy responsable de la seguridad de este edificio. María es la responsable de este departamento. ¿Quién es aquí el responsable?* **3** Que es culpable de una cosa: *Los operarios responsables del accidente serán sancionados.* || **4 editor* ~.** FR. Y LOC. **hacerse ~** Asumir ‹una persona› la responsabilidad de una cosa: *Yo me hago responsable de que la entrega se haga puntualmente.*

responso *s. m.* **1** REL. Oración por los difuntos: *El sacerdote rezó un responso antes de depositar el féretro en la sepultura.* **2** COLOQUIAL. Regañina o reprimenda: *Sus padres le echaron un buen responso por llegar tan tarde.*

respuesta *s. f.* **1** Acción y resultado de responder: *Su respuesta fue errónea. Señale sobre el papel la respuesta adecuada.* **2** PSICOL. Reacción de un organismo a un estímulo: *La retina se contrae como respuesta a un aumento de la luz.* FR. Y LOC. **dar la callada* por ~.**

resquebrajadizo, za *adj.* Que se resquebraja fácilmente: *El yeso es muy resquebrajadizo.*

resquebrajadura *s. f.* Grieta: *Crecían las plantas en las resquebrajaduras de la pared.* SIN. raja.

resquebrajamiento *s. m.* Acción y resultado de resquebrajar o resquebrajarse: *El resquebrajamiento de un pilote del puente será investigado por los técnicos.*

resquebrajar *v. tr.* **1** Hacer ‹una persona o una cosa› rajas en [un cuerpo sólido]: *El sol resquebrajaba la tierra seca. El camión ha resquebrajado la acera.* SIN. agrietar. || *v. prnl.* **2** Producirse rajas en ‹un cuerpo sólido›: *Esta loza se resquebraja en el lavaplatos.* SIN. agrietarse.

resquebrar *v. intr. / prnl.* Empezar a romperse o rajarse ‹una cosa›: *El hielo de la superficie del lago **se** está resquebrando.* ⇒ **58.**

resquemor *s. m.* Resentimiento: *El fracaso amoroso le dejó a Pedro un profundo resquemor. Sandra ha dicho que no piensa tomar decisiones guiada por el resquemor.*

resquicio *s. m.* **1** Abertura estrecha entre el quicio y la puerta: *Entra frío por el resquicio de la puerta.* **2** Cualquier abertura estrecha por donde pasa o puede pasar una cosa: *El ratón se coló por un resquicio de la pared.* **3** Posibilidad, generalmente pequeña, de que haya u ocurra una cosa: *No me queda ni un resquicio de esperanza en esta empresa.*

resta *s. f.* **1** Operación aritmética que consiste en hallar la diferencia entre dos cantidades: *Haz las restas siguientes. Éste es un cuaderno de restas.* **2** Resultado de la operación aritmética que consiste en hallar la diferencia entre dos cantidades: *La resta de 20 menos 12 es 8.*

restablecer *v. tr.* **1** Devolver ‹una persona o una cosa› [a otra] al estado en que estaba antes: *Las buenas noticias restablecieron la calma. La llegada de la madre restableció la paz entre los niños.* || *v. prnl.* **2** Volver a encontrarse ‹una persona› bien después de [una enfermedad o un contratiempo]: *Ya se ha restablecido Pilar **del** accidente.* SIN. recuperarse. ⇒ **5.**

restablecimiento *s. m.* Acción y resultado de restablecer o restablecerse: *El restablecimiento de Ana nos ha alegrado a todos. El restablecimiento del diálogo entre las partes enfrentadas no es fácil.*

restallar *v. tr.* **1** Hacer ‹una persona› que [un látigo o una honda] produzcan un ruido seco al sacudirlos en el aire con violencia: *El domador restalla el látigo delante de los leones.* || *v. intr.* **2** Producir ‹un látigo o una honda› un ruido seco al ser sacudido en el aire con violencia: *El látigo restalló con violencia.*

restallido *s. m.* RESTRINGIDO. Ruido que produce una cosa al restallar: *El restallido del látigo asustó a los caballos.*

restañar *v. tr.* **1** MED. Detener ‹una persona› la salida de un líquido de una [parte del cuerpo]: *El médico restañó la herida del brazo.* **2** ELEVADO. Hacer ‹una persona o una cosa› que [una situación difícil o desagradable] sea menos dura: *Sólo el tiempo podrá restañar mi dolor.* || *v. prnl.* **3** ELEVADO. Hacerse ‹una situación difícil o desagradable› menos dura: *Sus heridas se restañaron al encontrar otra novia.*

restar *v. tr.* **1** MAT. Hallar ‹una persona› la diferencia entre [dos cantidades]: *Si restas 5 de 7, el resultado es 2.* SIN. sustraer. **2** Hacer ‹una persona o una cosa› que [una cosa] sea menor que antes: *Ese asunto le ha restado autoridad. El Gobierno restó importancia a la huelga.* SIN. quitar. **3** DEP. Devolver ‹un jugador de tenis u otro juego de raqueta› [el saque del jugador contrario]: *El tenista ecuatoriano ha restado con precisión.* || *v. intr.* **4** ELEVADO. Quedar ‹una parte de una cosa›: *Sólo me resta daros las gracias. Restan dos semanas para el fin de las clases.* SIN. quedar.

restauración *s. f.* **1** ARTE. Acción y resultado de restaurar: *la restauración de edificios antiguos. La restauración de un cuadro es tarea muy delicada.* **2** HIST. Restablecimiento en el poder de un régimen político y, en especial, de una monarquía derrocada: *La restauración de la monarquía exigía la renuncia del regente.* **3** HIST. Periodo histórico que comienza con el restablecimiento de una monarquía: *En España, el periodo de la Restauración comienza con el regreso del destierro de Alfonso XII, en 1874. El auge de la novela realista española tuvo lugar durante la Restauración.* **4** Rama de la hostelería que comprende los restaurantes y establecimientos de comidas: *Dentro de la hostelería, el sector de restauración ha sido el más castigado por la crisis.*

restaurador, ra *adj. / s. m.* y *f.* **1** Que restaura: *un impulso restaurador. Su madre es la restauradora de esa costumbre.* || *s. m. / f.* **2** Persona que tiene o dirige un restaurante: *El gremio de restauradores se queja de la retransmisión de partidos de fútbol los sábados por la noche. Maite es una famosa restauradora.* **3** ARTE. Persona que tiene por oficio restaurar objetos artísticos o de valor: *Un grupo de restauradores trabaja en la restauración de la catedral. Hacen falta más restauradores en el Museo del Prado.*

restaurante *s. m.* Establecimiento donde se sirven y se consumen comidas y bebidas: *Hemos ido a cenar a un buen restaurante.* **coche / vagón ~** En un tren, vagón que funciona como un restaurante.

restaurar *v. tr.* **1** ARTE. Reparar ‹una persona› [una obra de arte o un edificio antiguo que se ha deteriorado]: *Han restaurado varias pinturas del museo.* **2** Devolver ‹una persona› [una cosa] a su estado anterior: *La policía consiguió restaurar la tranquilidad en la zona dos días después del estallido de los disturbios.* SIN. restablecer. **3** Volver a instaurar ‹un gobierno› [el régimen político que existía en un país]: *Tras la guerra, restauraron la monarquía.* **4** RESTRINGIDO. Recuperar ‹una persona› [energías] tomando alimento: *Paramos a restaurar fuerzas antes de continuar el camino.* SIN. recobrar.

restinga *s. f.* GEOGR. Lengua o punta de arena o rocas que se encuentra debajo del agua a poca profundidad.

restitución *s. f.* ELEVADO. Acción y resultado de restituir: *La restitución de los cuadros robados al museo se hará en un acto público. El tratado de paz establece la restitución de los territorios conquistados por la fuerza.*

restituir *v. tr.* **1** ELEVADO. Devolver ‹una persona› [una cosa] a [la persona que la tenía antes]: *Los campesinos restituyeron la finca a su legítimo dueño.* SIN. reintegrar. **2** ELEVADO. Hacer ‹una persona o una cosa› que [una persona] recupere [una cosa inmaterial que tenía antes]: *El aire de la montaña le restituirá la salud.* SIN. restablecer. **3** ELEVADO. Hacer ‹una persona o una cosa› que [una cosa] vuelva [al estado que antes tenía]: *La nueva dueña de la casa restituyó la decoración del salón* ***a*** *su estilo primitivo.* ⇒ **46.**

resto *s. m.* **1** Parte que queda de un todo: *El resto de asignaturas las lleva bien. No le queda ni un resto de dignidad.* **2** MAT. Resultado de la operación de restar: *El resto de 5 menos 3 es 2.* **3** MAT. En una división, diferencia entre el dividendo y el producto del divisor por el cociente: *25 entre 4 da 6, y de resto 1.* **4** Cantidad que en algunos juegos de cartas se señala para jugar y apostar: *Pepa se jugó el resto a una sola carta.* **5** DEP. En el tenis y otros juegos de pelota, acción de restar o devolver el saque: *El resto de la española ha sido impresionante.* **6** (preferentemente en plural) Parte de una cosa que queda después de ser utilizada o separada de otra parte: *Echa los restos de los platos en la basura.* SIN. residuos. **7** (en plural) Cuerpo o parte del cuerpo de una persona o de un animal después de muertos: *Los restos de los soldados y de los caballos permanecían sobre el campo de batalla.* SIN. despojos. **8** (preferentemente en plural) ARQUEOL. Ruina o conjunto de objetos que proceden de una época anterior: *En Tarragona se encuentran con frecuencia restos romanos.* SIN. vestigios. || **9 restos mortales** Cadáver de una persona: *Sus restos mortales recibirán sepultura en el cementerio.* FR. Y LOC. **echar el ~** 1 JUEGOS. Poner ‹un jugador› toda la energía y fuerza de que dispone en la competición: *Aunque nuestro equipo echó ayer el resto, no pudo ganar el partido. Mañana echaremos el resto en la carrera.* 2 COLOQUIAL. Poner ‹una persona› todos los medios de que dispone para conseguir una cosa: *Tu hermano es de los que echa el resto la víspera del examen.*

restregar *v. tr./prnl.* **1** Pasar ‹una persona› [una cosa] sobre [otra cosa] con fuerza, repetida o insistentemente: *Restriega bien los sillones* ***con*** *el cepillo. Al gato le gusta restregar****se contra*** *las piernas. Los niños* ***se*** *restriegan las manos para entrar en calor.* || *v. tr.* **2** Decir ‹una persona› [una cosa que ofende o humilla a otra persona] insistentemente: *Olga le restregaba por la cara su infidelidad. A nadie le gusta que le restrieguen sus defectos. Mi madre me restriega que soy un vago.* FR. Y LOC. **pasar / ~ por las narices*.** ⇒ **56.**

restricción *s. f.* **1** (no contable) Acción y resultado de restringir: *Es necesaria la restricción del gasto público. Los vecinos han pedido la restricción de los horarios de apertura de las salas de fiesta.* SIN. disminución. **2** (preferentemente en plural) Limitación en el consumo de algunas cosas por la escasez o por otras causas: *Durante el verano son frecuentes las restricciones de agua.*

restrictivo, va *adj.* **1** Que restringe o sirve para restringir: *medida restrictiva, actitud restrictiva. La interpretación restrictiva de la ley que ha hecho el juez no nos favorece.* **2** GRAM. [Adverbio] que se utiliza para delimitar subjetivamente un punto de vista o para señalar objetivamente una restricción de la extensión de la palabra u oración a la que este adverbio complementa.

restringir *v. tr.* ELEVADO. Reducir ‹una persona› [una cosa] estableciendo unos límites: *Las autoridades restringirán el consumo de agua por persona.* SIN. limitar. FR. Y LOC. **sufragio* censitario / restringido.** ⇒ **78.**

resucitar *v. tr.* **1** Hacer ‹una persona o una cosa› que [un ser muerto] vuelva a la vida: *Según la Biblia, Jesús resucitó a varias personas muertas.* **2** COLOQUIAL. Hacer ‹una persona o una cosa› que [un ser aparentemente muerto] vuelva a la vida: *Entró muerto en urgencias, pero el doctor lo resucitó con un masaje cardiaco.* **3** Hacer ‹una persona o una cosa› que ‹una cosa› vuelva a tener vitalidad: *En este pueblo el alcalde ha resucitado antiguas tradiciones.* SIN. restaurar. **4** COLOQUIAL. Dar ‹una persona o una cosa› nuevas fuerzas [a una persona]: *Este licor te resucita. El caldo caliente me ha resucitado.* SIN. reavivar. || *v. intr.* **5** Volver ‹un ser muerto› a la vida: *Jesucristo resucitó de entre los muertos.*

resuello *s. m.* **1** Respiración fuerte, entrecortada y ruidosa: *La niña oía el resuello de los caballos que avanzaban al galope.* SIN. resoplido. **2** (no contable) COLOQUIAL. Fuerza o energía: *Llegamos al décimo piso sin resuello.* **3** ARG., URUG.; COLOQUIAL. Descanso, respiro, especialmente de comida.

resuelto, ta *adj.* **1** (ser / estar) Que tiene resolución, arrojo o capacidad de decisión: *Nos encaminamos con ánimo resuelto hacia nuevas aventuras. Estoy resuelto* ***a*** *lo que haga falta. Esta muchacha es muy resuelta y puede encargarse del negocio.* || *p.* **2** Participio irregular de *resolver.*

resulta *s. f.* (en plural) RESTRINGIDO. Resultado que se produce como consecuencia de otra operación o suceso: *Esta partida de dinero nos ha llegado a resultas de una renuncia de otro departamento.* FR. Y LOC. **de resultas** Como consecuencia o resultado de una cosa: *De resultas del disgusto tuvo un ataque al corazón.*

resultado *s. m.* **1** Efecto de una cosa: *Un invento es el resultado de años de colaboración y esfuerzo.* SIN. fruto. **2** Dato que se obtiene después de realizar una operación matemática o una investigación: *el resultado de la suma, los resultados de la encuesta.* **3** Manera de terminar una acción: *El resultado de la batalla fue desastroso.* **4** Rendimiento o beneficio: *una tela de buen resultado. La empresa ha tenido buenos resultados este año.* **5** DEP. Tanteo: *En este momento el resultado es de empate a dos goles.*

resultando *s. m.* DER. Cada uno de los fundamentos de hecho enumerados en sentencias o autos judiciales o en decisiones gubernativas.

resultante *adj. / s. f.* FÍS. [Fuerza] que equivale al conjunto de otras fuerzas.

resultar *v. intr.* **1** Producirse ‹una cosa› como consecuencia o efecto de [otra cosa]: ***De** aquel primer encuentro resultó una gran amistad. Todo este lío resulta **de** aquel malentendido.* SIN. surgir. **2** Tener ‹una cosa› [un resultado o un efecto determinados]: *La exposición resultó un éxito. El plan no va a resultar bien.* **3** Tener ‹una persona o una cosa› [una característica determinada]: *Esta casa resulta pequeña para tantos.* **4** Quedar ‹una persona o una cosa› en [un estado determinado] como consecuencia de una cosa: *Ignacio resultó ileso en el choque. El deportista ha resultado herido de gravedad en la caída.* **5** COLOQUIAL. Ser ‹una persona› atractiva: *Aunque el chico no es una belleza, resulta.* **6** Suceder o descubrirse ‹una cosa que no se esperaba o preveía›: *Al final resultó que aquella persona era una timadora.*

resultón, na *adj.* (ser / estar) COLOQUIAL. Que es muy agradable o atrae por alguna de sus cualidades: *Su hermana es una chica resultona, pero no guapa. Estás muy resultón con ese sombrero. Éste es un coche resultón, pero poco potente.*

resumen *s. m.* **1** Acción y resultado de resumir: *Tengo que hacer un resumen del proyecto.* **2** Exposición breve: *Tu resumen es demasiado largo. Un resumen debe contener sólo las ideas principales.* FR. Y LOC. **en ~** En conclusión: *En resumen, no podemos hacer nada más que esperar.*

resumidero *s. m.* ARG., URUG. Sumidero.

resumir *v. tr.* **1** Exponer ‹una persona› [una cosa] de forma breve, considerando sólo las ideas o rasgos más importantes: *Resúmeme la película en pocas palabras.* || *v. prnl.* **2** Tener ‹una cosa› [un resultado o un efecto determinados]: *El choque se resumió **en** un susto sin consecuencias. Los disturbios se han resumido, por desgracia, **en** varios heridos y un muerto.* FR. Y LOC. **en resumidas cuentas*.**

resurgencia *s. f.* GEOL. Reaparición en forma de manantial de las aguas de ríos o arroyos absorbidos en terrenos calcáreos.

resurgimiento *s. m.* RESTRINGIDO. Acción y resultado de resurgir: *Tras el bache, se espera con ansiedad el resurgimiento del equipo. El resurgimiento de la ideología liberal ha marcado las últimas elecciones.*

resurgir *v. intr.* **1** Volver a surgir ‹una persona o una cosa que había desaparecido o había dejado de verse›: *Tras un periodo de calma, resurgieron los combates. Han resurgido las viejas rencillas entre las derechas y las izquierdas.* SIN. renacer. **2** Volver a tener ‹una persona o una cosa› fuerza: *La industria ha resurgido con ímpetu. Todos esperan que la campeona resurja después de su grave enfermedad.* ⇒ **78.**

resurrección *s. f.* **1** REL. Acción de resucitar: *La Resurrección de Cristo alimenta nuestra esperanza. Ante sus hermanos tuvo lugar el milagro de la resurrección de Lázaro.* **2** (no contable) REL. Fiesta con que la iglesia católica celebra la resurrección de Cristo. **domingo* de Resurrección.** **3** COLOQUIAL. Vuelta a la actividad o a la actualidad de una cosa: *Los vecinos han dicho al alcalde que la resurrección del antiguo proyecto no les gusta. Nadie esperaba que se produjera una resurrección económica de esta magnitud.*

retablo *s. m.* **1** ARTE. Obra arquitectónica con representaciones talladas o pintadas que cubre y decora la pared del fondo de un altar. **2** ARTE. Conjunto de figuras pintadas o talladas que representa en serie una historia o suceso, especialmente de tema bíblico. **3** TEATRO. Pequeño escenario en que se representa una acción por medio de figurillas o títeres: *el retablo de don Cristobita.* **4** TEATRO; RESTRINGIDO. Representación teatral de tema religioso: *Los niños del colegio escenificaron el retablo de la Adoración de los Reyes.*

retacharse *v. prnl.* MÉX. Volverse, regresar ‹una persona› a un lugar.

retaco, ca *adj.* / *s. m.* y *f.* **1** COLOQUIAL; PEYORATIVO. Que es de baja estatura y grueso: *Su hermano es bastante retaco. María es una retaca. Este chico es un retaco.* || *s. m.* **2** RESTRINGIDO. Escopeta corta muy reforzada en la recámara. **3** DEP. Taco de billar corto y grueso.

retaguardia *s. f.* **1** MIL. Parte de un ejército que se mantiene o avanza en último lugar: *La retaguardia tiene que consolidar las posiciones.* ANT. vanguardia. **2** MIL. Parte más alejada del frente de batalla: *El protagonista pasó toda la guerra en la retaguardia.* **3** COLOQUIAL. Parte de atrás de una cosa: *El favorito corrió la etapa en la retaguardia del pelotón.*

retahíla *s. f.* COLOQUIAL. Serie de muchas cosas que se suceden monótonamente: *Cuando se enfada, Sofía suelta una retahíla de improperios e insultos.*

retal *s. m.* Trozo de tela o piel que sobra de una pieza mayor: *una colcha hecha con retales de colores. He comprado un retal para hacerme una bata.*

retaliación *s. f.* VEN. Represalia, desquite, venganza.

retama *s. f.* Arbusto silvestre de la familia de las papilionáceas, de ramas delgadas y flexibles, con pocas hojas, flores en racimo de color amarillo y fruto en legumbre: *Los campos en primavera están hermosos con la retama en flor.*

retamal o **retamar** *s. m.* Lugar poblado de retamas.

retamo *s. m.* ARG., CHILE, COL. Retama.

retar *v. tr.* **1** Provocar ‹una o más personas› [a otra u otras personas] para [competir o enfrentarse a ellas]: *Te reto **a** una carrera.* SIN. desafiar. **2** ARG., URUG. Regañar ‹una persona› [a otra persona].

retardado, da *adj.* **1** FÍS. [Movimiento] que tiene una velocidad que va disminuyendo: *movimiento uniformemente retardado.* **2** ARG., URUG.; PEYORATIVO. [Persona] que tiene escasa inteligencia.

retardar *v. tr.* **1** Hacer ‹una persona o una cosa› que [una cosa] suceda o se realice más tarde: *Su enfermedad retardó el viaje. El mal tiempo ha retardado la salida de los corredores.* SIN. retrasar. **2** Hacer ‹una persona o una cosa› que [una cosa] vaya o suceda más lenta: *La lluvia retardaba nuestra marcha.* SIN. frenar. || *v. prnl.* **3** Suceder o realizarse ‹una cosa› más tarde: *El despegue del avión se retardó por una avería mecánica.* SIN. retrasarse. **4** Ir o suceder ‹una cosa› más lentamente: *El escrutinio de los votos se retarda debido a los problemas en el censo.*

retardo *s. m.* ELEVADO. Acción y resultado de retardar: *El tren acumula un retardo de dos horas.* SIN. retraso.

retazar *v. tr.* **1** RESTRINGIDO. Hacer ‹una persona› piezas o pedazos de [una cosa]. **2** RESTRINGIDO. Dividir ‹una persona› [el rebaño] en hatajos. ⇒ **19.**

retazo *s. m.* **1** Retal o pedazo de tela de una pieza mayor: *Me ha quedado un retazo de la tela de las cortinas y pienso hacer un cojín.* **2** ELEVADO. Parte o trozo incompleto de una cosa: *Sólo recuerdo retazos de mi infancia.*

retejar *v. tr.* Poner ‹una persona› las tejas que faltan en [un tejado].

retel *s. m.* Aparejo de pesca formado por un aro con una red en forma de bolsa.

retemblar *v. intr.* Temblar ‹una persona, un animal o una cosa› repetidamente o con fuerza: *Los cristales retemblaban con la tormenta.* SIN. vibrar. ⇒ **58.**

retén *s. m.* **1** Conjunto de personas que están preparadas para actuar en caso de necesidad: *un retén de soldados. Un retén de bomberos se ha quedado en el lugar del incendio, por si se reaviva.* **2** Conjunto de cosas que se tienen guardadas para usarlas cuando sea necesario: *En la despensa la abuela tiene un retén de chocolatinas para cuando vienen los niños.* SIN. reserva. **3** VEN. Cárcel provisional, prevención.

retención *s. f.* **1** (no contable) Acción y resultado de retener: *Construyeron un muro de retención. El cónsul protestó ante las autoridades por la retención de los turistas. Estos ejercicios aumentan la capacidad de retención de la memoria.* **2** ECON. Parte que se retiene de un sueldo o capital, especialmente para el pago de impuestos: *La retención sobre su sueldo es de un 21%.* **3** (preferentemente en plural) Detención o marcha muy lenta de los vehículos: *Hay retenciones en varios puntos de la autopista.* **4** (no contable) MED. Detención, dentro del organismo, de una materia o líquido que debiera expulsarse: *retención de orina. Mi abuela no toma comidas saladas para evitar la retención de líquidos.*

retener *v. tr.* **1** Guardar ‹una persona› [una cosa] para sí: *No retengas tanto tiempo los apuntes que te han prestado.* **2** Guardar ‹una cosa› en sí [otra cosa]: *La esponja retiene el agua.* **3** Impedir ‹una persona o una cosa› que [una persona] se aleje de un lugar o se separe de otras: *Los policías lo retuvieron dos horas en comisaría. Los atracadores han retenido a los rehenes durante varias horas.* **4** Conservar ‹una persona› [una cosa] en la memoria: *Mi tía retiene las fechas de cumpleaños de todos sus sobrinos.* SIN. recordar. **5** Contener o controlar ‹una persona› [un sentimiento]: *Luisa parece fría porque retiene sus manifestaciones de afecto.* SIN. dominar. **6** Impedir o dificultar ‹una persona o una cosa› el curso normal de [una cosa]: *Los agentes de tráfico retuvieron la circulación para efectuar un control. La presa retiene el agua del río.* **7** ECON. Descontar ‹una persona› [una cantidad de dinero] de un pago o un cobro para destinarla a otro fin: *La empresa retiene una parte del sueldo de los empleados para pagar el seguro médico. Hacienda me retiene un 15 %.* **8** ECON. Apoderarse ‹una autoridad› de [un sueldo u otro haber que percibía una persona]: *El juez le ha retenido el sueldo hasta que pague la pensión de sus hijos.* || *v. prnl.* **9** Impedir ‹una persona› que se manifieste [un impulso o un sentimiento]: *Tienes que retenerte este genio tan vivo.* SIN. dominarse. ⇒ **81.**

retentiva *s. f.* (no contable) Capacidad para recordar las cosas durante mucho tiempo: *Este niño tiene mucha retentiva, aprende los números con sólo leerlos.*

retentivo, va *adj. / s. m.* y *f.* RESTRINGIDO. Que tiene la propiedad de retener: *memoria retentiva.*

reteñir *v. tr.* Volver a teñir ‹una persona› [una cosa] del mismo o de otro color: *He reteñido los zapatos de marrón, que era su color original.* ⇒ **20.**

RETEVISIÓN (pronunciamos '*retevisión*') *s. f.* Sigla de «Red Técnica Española de Televisión».

reticencia *s. f.* **1** (no contable) Desconfianza o falta de convencimiento para hacer una cosa: *Luis me prestó el coche con alguna reticencia. Al final mi jefe aceptó el cargo, pero lo hizo con muchas reticencias. Es posible que muestren reticencias si no les dices que vas de mi parte.* **2** Acción y resultado de decir una cosa sólo en parte o de dar a entender con malicia que se oculta una cosa que debería decirse: *No te andes con reticencias en casa, habla claro.* **3** RET. Figura retórica que consiste en dejar incompleta una frase, dando a entender el sentido de lo que se calla.

reticente *adj.* **1** (ser / estar) Que actúa con reticencia, reserva o dudas: *Mi jefe es muy reticente **a** conceder adelantos del sueldo. Hoy estás muy reticente **a** las opiniones de los demás. El ministro se mostró reticente **a** nuestras peticiones.* **2** (antepuesto / pospuesto) Que contiene o encierra reticencia: *expresión reticente. Mantuvo una postura reticente hasta el final. Las reticentes palabras del presidente nos dieron a entender que la propuesta no era de su agrado.*

rético, ca *adj.* **1** De Retia, antigua región de Europa, en los Alpes Centrales. SIN. retorrománico. || *s. m.* **2** LING. Lengua románica que se habla en la que fue la antigua Retia. SIN. retorrománico.

retícula *s. f.* **1** ÓPT. Tejido de hilos o líneas cruzadas que se ponen en el foco de algunos instrumentos ópticos para precisar la visión o calcular distancias o medidas. **2** Placa de cristal dividida en pequeños cuadrados que se emplea en topografía para determinar el área de una figura. **3** ART. GRÁF. Trama.

reticular *adj.* ELEVADO. Que tiene figura de red: *membrana reticular.*

retículo *s. m.* **1** (no contable) RESTRINGIDO. Tejido de red, especialmente el constituido por filamentos vegetales. **2** ZOOL. Segunda de las cuatro cavidades del estómago de los rumiantes. **3** ÓPT. Retícula de los instrumentos ópticos.

retina *s. f.* ANAT. Capa de células del interior del ojo que capta las impresiones luminosas y las transforma en impulsos nerviosos que transmite al cerebro: *Las afecciones de la retina pueden disminuir la agudeza visual.*

retinte *s. m.* RESTRINGIDO. Acción y resultado de reteñir: *Un cuidadoso retinte dejó los zapatos como nuevos.*

retintín *s. m.* **1** COLOQUIAL. Entonación irónica y maliciosa con la que se pretende molestar a una persona: *Carlos me lo dijo con un retintín que me molestó.* **2** COLOQUIAL. Sonido que deja en los oídos un objeto sonoro: *Tengo todavía el retintín del despertador sonándome en el oído.*

retinto, ta *adj.* **1** RESTRINGIDO. [Animal] que tiene un color castaño muy oscuro: *caballo retinto.* **2** ARG., URUG.; COLOQUIAL. [Pelo de una persona] que es negro.

retirada *s. f.* **1** Acción y resultado de retirarse: *Su retirada de la vida política ha sorprendido a la opinión pública.* **2** Recogida de una cosa que estaba tirada o abandonada en un lugar: *La retirada de muebles viejos la hace el Ayuntamiento una vez a la semana.* **3** MIL. Acción de retroceder los soldados de un ejército, alejándose del enemigo: *tocar retirada, la retirada de la tropa del frente.*

retirado, da *adj.* **1** (estar) Que está muy lejos o en un lugar solitario: *El albergue está muy retirado.* **2** (estar) Que ha dejado de desarrollar su actividad habitual: *La actriz estaba retirada hacía años.* **3** (estar) [Militar] que ha dejado oficialmente el servicio, pero conserva algunos derechos: *Mi padre era militar, pero ya está retirado.*

retirar *v. tr. / prnl.* **1** Quitar o separar ‹una persona› [a una persona o una cosa] de [un lugar]: *Los jóvenes retiraron la nieve **del** camino. Su madre retiró todo el dinero **de la***

*cuenta. Retírate un poco **de** la ventana, que me quitas la luz.* **2** Hacer ‹una persona› que [otra persona] deje de trabajar en su oficio o profesión, por razón de su edad o por imposibilidad, pasando a recibir la correspondiente pensión: *La empresa lo ha retirado dándole la jubilación anticipada. Mi padre **se** retiró cuando cumplió los sesenta años.* SIN. jubilar(se). **3** Hacer ‹una persona o una cosa› que [una persona] abandone [una competición o una actividad]: *Una lesión lo retiró **del** deporte. El atleta **se** retiró **de** la prueba al ser descalificado.* || *v. tr.* **4** Declarar ‹una persona› que no mantiene [una cosa que ha dicho]: *¡Retira esas palabras! El periodista ha retirado públicamente los insultos que profirió.* **5** Dejar de dar ‹una persona› [una cosa que hasta ese momento daba]: *Mi tío nos retiró su ayuda porque se enfadó con nosotros.* || *v. prnl.* **6** Apartarse ‹una persona› del trato con la gente: *Cuando me jubile, me retiraré **al** campo.* **7** AFECTADO. Irse ‹una persona› a dormir: *Voy a retirarme, estoy cansadísima. Tras el viaje, Lucía se retiró a descansar.* SIN. acostarse. **8** Irse ‹una persona› a casa: *Él se retiró pronto; los demás seguimos la juerga.* **9** Irse ‹una persona› de [un lugar]: *Los sindicatos se retiraron **de** la mesa de negociación.* **10** MIL. Retroceder ‹un ejército› en orden, abandonando el lugar de la lucha: *El batallón se retiró a las posiciones iniciales.* FR. Y LOC. **~ de la circulación*.**

retiro *s. m.* **1** RESTRINGIDO. Abandono de un oficio o profesión: *Esa lesión anticipó el retiro del jugador.* SIN. retirada. **2** Situación de la persona retirada de su profesión: *Desde que está en el retiro padece fuertes depresiones.* **3** Pensión que reciben las personas retiradas: *Mi abuela sólo cobra el retiro.* SIN. jubilación. **4** Lugar tranquilo, apartado del ruido y del bullicio: *Laura se fue a un retiro que tiene en el campo a reflexionar sobre su futuro.* **5** Alejamiento de un profesional público de su actividad: *El anuncio del retiro de la cantante ha sorprendido a la prensa.* SIN. retirada.

reto *s. m.* **1** Provocación que una persona hace a otra persona con palabras o con actos para obligarla a reñir o pelear: *Sus palabras fueron consideradas un reto para el ejército.* SIN. desafío. **2** Objetivo o acción difícil de realizar y que supone un estímulo para la persona que se plantea alcanzarlo: *Eliminar la pobreza fue el reto del Gobierno. El reto de su vida es ayudar a las personas ancianas.* SIN. desafío. **3** ARG., CHILE, URUG. Bronca, reprimenda.

retobado, da *adj.* **1** AMÉR. Que es obstinado, rebelde o poco dócil. **2** CHILE. Que está recluido o castigado.

retobar *v. tr.* **1** AMÉR. Forrar o cubrir ‹una persona› [una cosa] con cuero. **2** CHILE, PERÚ. Envolver o forrar ‹una persona› [fardos o mercancías] con cuero, arpillera u otro material. || *v. prnl.* **3** AMÉR. Resistirse ‹una persona› a obedecer.

retobo *s. m.* **1** AMÉR. Acción de retobar. **2** COL., HOND.; RESTRINGIDO. Desecho, desperdicio, cosa inútil. **3** CHILE. Material con que se retoba.

retocar *v. tr.* **1** Hacer ‹una persona› ligeras correcciones o añadidos en [una cosa ya acabada] para perfeccionarla: *El artista retocó un poco el dibujo. He retocado el proyecto teniendo en cuenta tus sugerencias.* **2** Tocar ‹una persona› [una cosa] repetidamente: *El viejo tocaba y retocaba los dibujos de la tela.* || *v. tr. / prnl.* **3** Arreglar o completar ‹una persona› [un maquillaje o un peinado] para perfeccionarlos: *Las modelos le pedían que les retocara el peinado antes de iniciar el desfile. Retócate la sombra de los ojos.* ⇒ **71.**

retomar *v. tr.* Continuar ‹una persona› [una cosa que se había interrumpido]: *Ellos retomaron la conversación cuando se quedaron solos.* SIN. reanudar.

retoñar *v. intr.* **1** BOT. Volver a echar ‹una planta› tallos o brotes. SIN. reverdecer. **2** ELEVADO. Tomar ‹una cosa› nuevas fuerzas o energías: *Al verla, retoñó en él el recuerdo de su amor.* SIN. renacer.

retoño *s. m.* **1** BOT. Brote nuevo de una planta: *Esta primavera saldrán nuevos retoños.* SIN. renuevo. **2** COLOQUIAL. Hijo, especialmente el de poca edad: *El actor no va a ningún sitio sin sus dos retoños.*

retoque *s. m.* Pequeño arreglo o cambio que se hace a una cosa para perfeccionarla o corregirla: *La peluquera dio los últimos retoques al peinado.*

retor *s. m.* (no contable) Tela de algodón fuerte y ordinaria en que los hilos están retorcidos.

retorcer *v. tr.* **1** Torcer ‹una persona› [una cosa] mucho dándole vueltas alrededor: *La chica retuerce la ropa lavada para escurrir el agua. Mi hija le retorció el brazo a tu niño.* **2** COLOQUIAL. Dar ‹una persona› una interpretación intencionadamente equivocada a [una cosa]: *No retuerzas lo que digo.* SIN. tergiversar (ELEVADO). || *v. prnl.* **3** Hacer ‹una persona› gestos o movimientos bruscos e irregulares con el cuerpo o parte de él, a consecuencia de un dolor: *Mario se retorcía de dolor por el cólico nefrítico.* **4** Quedar ‹una cosa› doblada: *El cable se retorció al soltarse.* FR. Y LOC. **~ el pescuezo*. retorcerse de risa** COLOQUIAL. Reírse ‹una persona› ruidosa e inconteniblemente: *Mónica se retorcía de risa porque la situación le parecía muy graciosa.* ⇒ **21.**

retorcido, da *adj.* **1** COLOQUIAL. [Lenguaje, estilo] que es confuso o de difícil comprensión: *Ese escritor usa un lenguaje retorcido.* || *adj. / s. m.* y *f.* **2** COLOQUIAL; PEYORATIVO. Que habla o actúa ocultando sus malos sentimientos o intenciones: *carácter retorcido, mente retorcida. Éste es un retorcido, así que ten cuidado con él.* **3** COLOQUIAL; PEYORATIVO. Que ve malas intenciones en todas las personas y en todas las cosas: *No pienses eso, ¿cómo puedes ser tan retorcida?* **tener el colmillo* ~** o **tener los colmillos retorcidos.**

retorcimiento *s. m.* **1** Acción y resultado de retorcer: *Tanta lágrima, tanto retorcimiento de manos, sonaba a algo fingido. Me asombra el retorcimiento del tronco de ese árbol.* **2** (no contable) Calidad o actitud del que habla o actúa ocultando sus sentimientos e intenciones, generalmente malos: *La hipocresía y el retorcimiento regían la vida cortesana.*

retórica *s. f.* **1** (no contable) Arte de escribir o hablar de forma correcta y elegantemente para convencer, conmover, agradar o entretener: *la retórica de un político, la retórica de un predicador, la retórica de un escritor.* **2** Tratado del arte de escribir o hablar correcta y elegantemente: *Aristóteles fue el autor de la primera Retórica.* **3** (no contable) PEYORATIVO. Manera de expresarse excesivamente culta, afectada o artificiosa: *No soporto la retórica de sus clases.* **4** (preferentemente en plural; no contable) COLOQUIAL; PEYORATIVO. Exceso de palabras o de razones inútiles: *No te andes con retóricas y dinos claramente lo que piensas.*

retórico, ca *adj.* **1** De la retórica: *estilo retórico, lenguaje retórico, procedimientos retóricos.* **figura* ~.** **2** Que abusa de expresiones o giros cultos: *un estilo demasiado retórico, un orador muy retórico.* || *adj. / s. m.* y *f.* **3** Que está dedicado al estudio de la Retórica.

retornable *adj.* Recuperable: *envase retornable.*

retornar *v. intr.* **1** Volver ‹una persona o una cosa› [al lugar o a la situación en que estaba]: *El escritor retornó **a** su patria.* SIN. regresar. **2** Volver a estar ‹una cosa› en poder o posesión de [la persona que la tenía]: *Las tierras retornaron a sus legítimos dueños.* ‖ *v. tr.* **3** Devolver ‹una persona› [una cosa] a [otra persona]: *El empresario retornó el dinero a quien se lo había prestado.* SIN. restituir.

retorno *s. m.* Acción y resultado de retornar: *El retorno a su país después de tantos años de exilio fue muy duro. La policía se ocupó del retorno de las joyas a sus propietarios.*

retorrománico, ca *adj.* **1** Rético. ‖ *s. m.* **2** LING. Lengua rética.

retorsión *s. f.* RESTRINGIDO. Acción y resultado de retorcer: *La retorsión de los hierros muestra la violencia del choque.*

retortero Se usa en la LOC. **traer al ~** COLOQUIAL. Tener ‹una persona› ocupadas o entretenidas injustificadamente a otras personas o una cosa, sin provecho para nadie: *Has tenido este mes los papeles al retortero sin solucionar nada, y ahora tengo que preparar yo la solicitud. El jefe me ha traído al retortero toda la mañana y no he podido hacer nada.*

retortijón *s. m.* COLOQUIAL. Dolor agudo y de corta duración en el abdomen: *Me ha dado un retortijón de tripas.*

retozar *v. intr.* **1** COLOQUIAL. Jugar ‹una persona o un animal de corta edad›, saltando y corriendo alegremente: *Los niños retozaban en el jardín.* SIN. juguetear. **2** COLOQUIAL. Entretenerse ‹una pareja› con juegos amorosos: *Era fácil ver a adolescentes retozando en los parques.* ⇒ **19.**

retozón, na *adj.* (ser / estar) COLOQUIAL. Que es aficionado a retozar: *Los cachorros son muy retozones. Los chicos están muy retozones esta tarde.*

retracción *s. f.* **1** RESTRINGIDO. Acción y resultado de retraer: *Se teme una retracción de los mercados.* **2** MED. Reducción de volumen en ciertos tejidos orgánicos.

retractarse *v. prnl.* ELEVADO. Declarar ‹una persona› que no mantiene [una cosa que ha dicho]: *La acusada se ha retractado públicamente **de** sus declaraciones hechas ante la policía.*

retráctil *adj.* ZOOL. Que puede retraerse u ocultarse del exterior: *Los leones y los gatos tienen uñas retráctiles.*

retracto *s. m.* DER. Opción del vendedor a recuperar el bien vendido, bajo ciertas condiciones.

retraer *v. tr.* **1** ELEVADO. Ocultar o retirar ‹una persona o un animal› [una cosa que forma parte de otra cosa] doblándola o encogiéndola: *El gato retrajo las uñas.* **2** ELEVADO. Hacer ‹una persona o una cosa› que [una persona] se aparte o se disuada de [un intento]: *La subida de tipos retrajo ayer a muchos inversores **de** acudir a la Bolsa.* ‖ *v. prnl.* **3** ELEVADO. No seguir ‹una persona› adelante en [un intento]: *Pablo se retrajo **de** llamarla por teléfono.* **4** ELEVADO. Apartarse ‹una persona› [del trato con la gente] voluntariamente: *Marta se ha retraído **del** mundo y **de** sus problemas.* **5** MIL. Retroceder ‹un ejército› hasta [el lugar que ocupaba antes]: *Esperando nuevas órdenes, los soldados **se** retrajeron **a** sus primeras posiciones.* SIN. retirarse. ⇒ **83.**

retraído, da *adj.* (ser / estar; antepuesto / pospuesto) Que es tímido y poco comunicativo: *Este muchacho es muy retraído. La niña está retraída porque no conoce a nadie. El retraído carácter de tu hijo le ocasiona problemas de relación.*

retraimiento *s. m.* **1** Acción y resultado de retraerse: *El retraimiento de la cabeza bajo el caparazón sirve a la tortuga para protegerse.* **2** (no contable) Condición o carácter de la persona tímida y poco comunicativa: *Su retraimiento le impide hacer amistades.* SIN. introversión.

retranca *s. f.* **1** COL.; RESTRINGIDO en España. Freno de un carruaje. **2** COLOQUIAL, RESTRINGIDO. Intención maliciosa que se oculta: *Ten cuidado, porque es una persona que hace las cosas con retranca.*

retransmisión *s. f.* COMUNIC. Acción y resultado de retransmitir: *La retransmisión del partido se hará en diferido. La retransmisión de señales se ha visto interrumpida por la tormenta.*

retransmisor *s. m.* COMUNIC. Repetidor.

retransmitir *v. tr.* **1** RESTRINGIDO. Volver a transmitir ‹una persona› [una cosa]. **2** COMUNIC. Emitir ‹una emisora de radio o de televisión› [un programa o espectáculo] desde el lugar donde se producen: *Las dos cadenas de televisión retransmitieron el partido de fútbol.* **3** COMUNIC. Transmitir ‹una emisora de radio o de televisión› [una emisión procedente de otra estación o lugar]: *La televisión autonómica conectará con Argentina para retransmitir el festival de La Plata.*

retrasado, da *adj.* **1** (estar) Que tiene un desarrollo menor que el que corresponde a su edad: *planta retrasada. El crecimiento del perro va retrasado.* ‖ *adj. / s. m.* y *f.* **2** PEYORATIVO. Que padece un retraso mental: *Han entrado varios retrasados en el taller. Su vecina tiene un niño retrasado.* SIN. deficiente. ‖ **3 ~ mental** 1 Retrasado. 2 COLOQUIAL; INSULTO. Se usa para insultar a la persona que ha cometido un error o una torpeza graves: *¡No quiero más relaciones con retrasados mentales como vosotros!*

retrasar *v. tr.* **1** Hacer ‹una persona o una cosa› que [una cosa] suceda o se realice más tarde: *Las lluvias han retrasado las obras. El juez de meta retrasó la salida de la prueba.* SIN. atrasar. **2** Dar ‹una persona› marcha atrás a [las agujas de un reloj]: *Él retrasó el reloj para ganar tiempo.* SIN. atrasar. **3** Hacer ‹una persona o una cosa› que [otra persona u otra cosa] vaya más lenta de lo debido: *Ese camión retrasa la circulación. Tu hermano me ha retrasado porque quería explicarme una cosa.* SIN. atrasar. ‖ *v. intr. / prnl.* **4** Ir ‹una persona o una cosa› más lenta de lo debido: *En esa asignatura **me** he retrasado.* SIN. atrasar(se). **5** Marchar ‹un reloj› a menos velocidad de la debida, por lo que indica un tiempo ya pasado: *El reloj de cuco retrasa. El reloj nuevo **se** retrasa.* SIN. atrasar(se). ‖ *v. prnl.* **6** Suceder o realizarse ‹una cosa› más tarde de lo previsto: *El concierto se retrasó porque hubo un apagón de luz.* SIN. atrasarse. **7** Llegar ‹una persona o una cosa› más tarde de lo convenido: *El tren se retrasó una hora. Me retrasé y perdí el avión.*

retraso *s. m.* **1** Acción y resultado de retrasar o retrasarse: *El vuelo ha sufrido un retraso. El tren llegó con diez minutos de retraso.* ANT. adelanto. **2** Desarrollo de las facultades físicas o mentales menor al habitual: *retraso mental. El médico dijo que el niño lleva un retraso de dos años.*

retratar *v. tr.* **1** ARTE, FOT. Reproducir ‹una persona› la figura de [una persona, un animal o una cosa] en dibujo, pintura o fotografía: *Durante siglos, los pintores de cámara retrataron a las familias reales.* **máquina* de ~. 2** Describir ‹una persona› [a otra persona o una cosa] detalladamente: *El periodista retrató fielmente la situación política del* *país.* || *v. prnl.* **3** ARTE, FOT. Hacer ‹una persona› que otra reproduzca su imagen en dibujo, pintura o fotografía: *Se puso el vestido nuevo para retratarse.* SIN. fotografiarse.

retratista *s. m. / f.* ARTE, FOT. Artista que hace retratos: *Este pintor es un magnífico retratista. Su hermano es un fotógrafo que se ha especializado como retratista.*

retrato *s. m.* **1** ARTE, FOT. Dibujo, pintura, escultura o fotografía que representa a una persona: *un retrato de tamaño natural, el retrato del Conde Duque de Olivares.* **2** Descripción exacta, física o moral, de una persona o colectividad: *La novelista hace un retrato muy vivo de la protagonista. Zola hace un retrato de la sociedad de la época.* **3** (no contable) ARTE, FOT. Arte y técnica de retratar: *Este fotógrafo cultiva el retrato.* || **4 ~ robot** Retrato de una persona que se elabora a partir de la descripción que hace otra persona: *La policía ha distribuido un retrato robot del secuestrador.* FR. Y LOC. **ser el vivo ~** COLOQUIAL. Parecerse mucho ‹una persona› a otra persona: *Eres el vivo retrato de tu padre.*

retrechero, ra *adj.* **1** P. RICO, VEN.; RESTRINGIDO. Tacaño. **2** COL. Desconfiado.

retreparse *v. prnl.* **1** RESTRINGIDO. Echar ‹una persona› hacia atrás la parte superior del cuerpo. **2** RESTRINGIDO. Apoyarse ‹una persona› en [el respaldo de un asiento], echándose hacia atrás, de modo que éste se incline a su vez: *El inspector se retrepó **en** el sillón.*

retreta *s. f.* **1** MIL. Llamada o toque militar para que una fuerza militar se retire o se recoja en el cuartel: *Han tocado retreta.* **2** AMÉR. Concierto de una banda militar en un parque o paseo públicos. **3** BOL., CUBA, EC., PERÚ, P. RICO; COLOQUIAL. Serie de cosas que están o se suceden una tras otra. **4** PERÚ. Fiesta popular en una plaza.

retrete *s. m.* **1** Recipiente con una tubería de desagüe y una cisterna con agua usado para evacuar el vientre o la vejiga: *El retrete está atascado y no se puede utilizar.* SIN. inodoro, wáter. **2** VULGAR. Habitación donde se encuentra el retrete y otros sanitarios. SIN. baño, servicio.

retribución *s. f.* RESTRINGIDO. Recompensa o pago por un trabajo o servicio realizado: *No habrá subida de las retribuciones salariales.* SIN. remuneración.

retribuir *v. tr.* RESTRINGIDO. Dar ‹una persona› [dinero u otra cosa] a [otra persona] como pago o recompensa por un trabajo o un servicio realizado: *La empresa retribuyó generosamente el esfuerzo de sus trabajadores.* SIN. pagar. ⇒ **46.**

retributivo, va *adj.* RESTRINGIDO. De la retribución o que la produce: *una negociación retributiva, un acuerdo retributivo. El tribunal concede un premio retributivo.*

retro *adj.* COLOQUIAL. Que es de un tiempo pasado, o lo recuerda: *moda retro. La música retro nos lleva de nuevo a los guateques de nuestros padres.*

retro- *pref.* Significa 'hacia atrás' y forma sustantivos a partir de sustantivos, adjetivos a partir de adjetivos y verbos a partir de verbos: *visor - retrovisor, activo - retroactivo, traer - retrotraer.*

retroacción *s. f.* **1** RESTRINGIDO. Retroceso. **2** (contable) Acción o resultado retroactivo: *El acuerdo sindical ha sufrido dos retroacciones.* **3** INFORM. Retroalimentación.

retroactividad *s. f.* (no contable) RESTRINGIDO. Cualidad de retroactivo: *Aunque estemos en mayo, la medida va a tener vigencia desde enero, debido a su retroactividad.*

retroactivo, va *adj.* RESTRINGIDO. Que tiene efecto sobre hechos o tiempos pasados: *una medida con efecto retroactivo.*

retroalimentación *s. f.* (no contable) INFORM. Método empleado en diversos campos, como la informática y la cibernética, que consiste en mantener la eficacia de un sistema mediante una revisión continua de los elementos del proceso y de sus resultados para introducir las modificaciones necesarias. SIN. realimentación.

retroceder *v. intr.* **1** Volver ‹una persona, un animal o una cosa› hacia atrás: *El tenista retrocedió **en** la clasificación general al perder el campeonato. Retrocedamos **a** la carretera general, hemos tomado un camino equivocado. Hay que retroceder **hacia** la casa para salir por el otro lado.* **2** Detenerse ‹una persona› ante [un peligro, un obstáculo o una dificultad]: *No retrocederé **ante** nada.* **3** Abandonar ‹una persona› [una idea o un proyecto]: *No esperes que retroceda **en** su negativa.*

retroceso *s. m.* **1** Acción de retroceder: *El tren inicia el retroceso para hacer la maniobra.* **2** Empeoramiento en la enfermedad de una persona: *El enfermo experimentó un alarmante retroceso.* **3** Impulso hacia atrás que se produce al disparar un arma de fuego: *Al disparar hay que sujetar bien el arma para aguantar el retroceso. Hay cañones sin retrocesos.*

retrógrado, da *adj.* **1** RESTRINGIDO. Que retrocede: *animal retrógrado.* || *adj. / s. m.* y *f.* **2** (antepuesto / pospuesto) ELEVADO. Que es partidario de ideas o instituciones políticas o sociales propias del pasado: *persona retrógrada. Las retrógradas ideas de sus amigos están fuera de lugar.*

retropropulsión *s. f.* MEC. Sistema de propulsión de un móvil en el que la fuerza que causa el movimiento se produce por reacción a la expulsión hacia atrás de un chorro, generalmente de gas, lanzado por el propio móvil: *El cohete se eleva mediante un sistema de retropropulsión.*

retrospección *s. f.* ELEVADO. Mirada o examen retrospectivo: *Una retrospección detenida hubiera puesto en claro aspectos de aquel suceso.*

retrospectivo, va *adj.* ELEVADO. Que se refiere a un tiempo pasado o lo recuerda: *imagen retrospectiva.*

retrotraer *v. tr. / prnl.* ELEVADO. Retroceder ‹una persona› con la memoria a [un tiempo o un hecho pasados]: *Él **se** retrotrajo a los tiempos de la niñez.* SIN. remontarse. ⇒ **83.**

retroventa *s. f.* DER. Cláusula que se puede incluir en un contrato de venta, por la que el vendedor se reserva la posibilidad de volver a comprar la cosa vendida por la cantidad en que la vendió.

retroversión *s. f.* MED. Desviación hacia atrás de un órgano del cuerpo: *La clavícula acompaña a la escápula en el movimiento de retroversión.*

retrovertido, da *adj.* MED. [Órgano] que está desviado hacia la parte de atrás del cuerpo.

retrovisor *s. m.* Espejo de un vehículo situado delante o a un lado del conductor, y que sirve para mirar lo que está detrás de él: *retrovisor interior, retrovisor exterior, el retrovisor de un camión, el retrovisor de una moto.* **espejo ~.**

retrucar *v. intr.* **1** DEP. Chocar ‹una bola de billar impulsada por otra› en la banda, de modo que vuelva y golpee después a la que la impulsó. **2** RESTRINGIDO. Volverse ‹un argumento utilizado por una persona› contra ella. **3** ARG., PAR., URUG., VEN.; COLOQUIAL. Responder ‹una persona› con acierto y energía. ⇒ **71.**

retruécano *s. m.* **1** RET. Figura retórica que consiste en poner a continuación de una proposición otra con los mismos términos u otros semejantes pero invertidos: *La frase «Hay que comer para vivir, y no vivir para comer» es un retruécano.* **2** COLOQUIAL, RESTRINGIDO. Juego de palabras: *No me vengas con retruécanos tan temprano, que estoy dormido.*

retruque *s. m.* **1** RESTRINGIDO. Acción y resultado de retrucar o utilizar contra una persona sus propios argumentos: *Su arma dialéctica preferida es el retruque.* **2** DEP. Jugada de billar que consiste en que una bola impulsada por otra choque en la banda de modo que vuelva y golpee después a la que la impulsó.

retumbar *v. intr.* **1** Hacer ‹una cosa› mucho ruido: *El trueno retumbó por toda la casa. Sus voces retumbaban en la sala.* **2** Sonar ‹una cosa› fuerte y claramente: *Las campanadas retumban en el silencio del salón.* **3** Llenarse ‹un lugar› con un sonido que se reproduce o rebota en él: *Las paredes retumbaron con la tormenta.* SIN. resonar. **4** Reproducirse ‹un sonido o palabras› en [la memoria de una persona]: *Sus últimas palabras retumbarán durante mucho tiempo* ***en*** *mi cabeza.* SIN. resonar.

reubicar *v. tr.* AMÉR.; RESTRINGIDO. Volver a ubicar ‹una persona› [a otra persona o una cosa] en [un lugar]: *Tenemos que reubicar las oficinas; porque el lugar donde estaban va a ser ocupado por la biblioteca.* ⇒ **71.**

reúma o **reuma** *s. m. / f.* COLOQUIAL. Reumatismo.

reumático, ca *adj.* **1** Del reumatismo: *tratamiento reumático, dolor reumático, fiebre reumática.* || *adj. / s. m.* y *f.* **2** Que padece reumatismo: *Este hospital es sólo para enfermos reumáticos. A los reumáticos no les favorece la humedad.*

reumatismo *s. m.* (no contable) MED. Conjunto de enfermedades de tipo inflamatorio y degenerativo de las articulaciones. SIN. reúma (COLOQUIAL).

reumatología *s. f.* (no contable) Parte de la medicina que estudia y trata el reumatismo: *Este médico es especialista en reumatología.*

reunificar *v. tr. / prnl.* Volver a unir ‹una persona o una cosa› [personas o cosas que estuvieron unidas]: *Las dos Alemanias* ***se*** *han reunificado.* ⇒ **71.**

reunión *s. f.* **1** Acción y resultado de reunir: *La reunión de las novelas de este autor es el primer objetivo de la biblioteca.* **2** Acto en el que se reúnen varias personas: *reunión con los amigos, reunión familiar. Ayer tuve tres reuniones de negocios.* **3** Conjunto de personas que se reúnen: *La reunión votó por unanimidad la continuidad de los cargos.*

reunir *v. tr.* **1** Juntar ‹una persona› [varias cosas]: *Los amigos reunieron el dinero necesario para comprar el regalo.* SIN. recoger. **2** Poseer ‹una persona o una cosa› [una cualidad o una característica]: *Esta solicitud no reúne los requisitos necesarios. Usted no reunía las características para el puesto vacante, y por eso ha sido eliminado.* SIN. cumplir. || *v. tr. / prnl.* **3** Juntar ‹una persona› [a varias personas] en [un lugar]: *El entrenador ha reunido a sus jugadores para un entrenamiento. El presidente* ***se*** *reunió esta mañana con los empleados.* **4** RESTRINGIDO. Volver a unir ‹una persona› [a personas o cosas que se habían separado]: *Los padres de Luis* ***se*** *reunieron tras cinco años de divorcio.* ⇒ **68.**

reválida *s. f.* **1** RESTRINGIDO. Acción y resultado de revalidar: *Pedro se presenta a la reválida del título. Estos exámenes no tienen reválida en septiembre.* **2** PEDAG. Examen que se hacía al acabar el bachillerato: *Recuerdo que tuve que estudiar mucho para pasar la reválida.*

revalidar *v. tr.* RESTRINGIDO. Volver a dar ‹una persona› validez o firmeza a [una cosa]: *El piloto revalidó su título con una nueva victoria.*

revalorización *s. f.* **1** ECON. Acción y resultado de revalorizar o revalorizarse: *La revalorización de la tierra es un efecto de la crisis.* **~ de divisas** Aumento del valor de una moneda en relación con otras. **2** ECON. Actualización de los elementos de un balance para compensar la inflación que sufre una moneda. **3** RESTRINGIDO. Recuperación del valor o la estimación de una cosa: *La revalorización de este autor ha disparado las ventas de sus novelas.*

revalorizar *v. tr.* **1** ECON. Hacer ‹una persona o una cosa› que aumente el valor de [una cosa]: *La fuerte demanda ha revalorizado los pisos.* SIN. revaluar. **2** RESTRINGIDO. Devolver ‹una persona› el valor o la estimación a [una cosa que lo había perdido]: *Los críticos han revalorizado su obra literaria.* || *v. prnl.* **3** ECON. Ganar ‹una cosa› valor: *El oro se ha revalorizado.* SIN. revaluarse. ⇒ **19.**

revaluación *s. f.* **1** ELEVADO. Acción y resultado de volver a evaluar: *Después del fracaso, se imponía una revaluación.* **2** ECON. Aumento del valor de la moneda de un país respecto a las de los demás países o al oro: *La revaluación del dólar alterará el sistema monetario europeo.* SIN. revalorización. ANT. devaluación.

revaluar *v. tr.* **1** RESTRINGIDO. Hacer ‹una persona o una cosa› que aumente el valor de [una cosa]: *Nuevos factores han revaluado la peseta.* ANT. devaluar. **2** RESTRINGIDO. Volver a evaluar ‹una persona› [una cosa]: *Hay que revaluar esos datos, porque los resultados no coinciden con los otros.* SIN. reconsiderar. || *v. prnl.* **3** RESTRINGIDO. Ganar ‹una cosa› valor: *La pintura impresionista se ha revaluado.* ⇒ **3.**

revancha *s. f.* Acción o situación en la que una persona derrotada u ofendida devuelve el daño o intenta borrar la antigua derrota: *Es vengativo, se tomará la revancha. Perdió la partida de ajedrez y le pidió la revancha al campeón.*

revanchismo *s. m.* (no contable). PEYORATIVO. Comportamiento de la persona que quiere tomarse la revancha: *El revanchismo es propio de los malos perdedores.*

revejido, da *adj.* PERÚ. [Niño] que adopta actitudes de adulto.

revelación *s. f.* **1** Acción de descubrir o manifestar lo secreto o ignorado: *Los documentos fueron destruidos para evitar la revelación de secretos de Estado. Las revelaciones sobre su vida privada lo obligaron a dimitir.* **2** Intuición, a veces provocada por algún estímulo, que nos lleva a conocer o imaginar una cosa: *De pronto tuve la revelación de que me engañaba. La lectura de sus poemas fue para mí una revelación.* **3** Persona, animal o cosa que inesperadamente destaca por sus cualidades o méritos: *El ciclista se convirtió en la revelación de la carrera.* **4** (no contable) REL. En la religión cristiana, manifestación de Dios y de sus designios a los hombres, hecha especialmente a través de la Biblia: *Los Evangelios son la principal fuente de la revelación.*

revelado *s. m.* **1** FOT. Acción y resultado de revelar las fotografías: *revelado en color, revelado en blanco y negro.* **2** FOT. Conjunto de operaciones necesarias para revelar una imagen fotográfica: *El proceso de revelado es minucioso.*

revelador, ra *adj.* **1** (antepuesto / pospuesto) Que revela o sirve para revelar una cosa: *un detalle revelador, una sonrisa reveladora de su personalidad. Aquel revelador indicio nos condujo a la solución del enigma.* ‖ *s. m.* **2** FOT. Líquido empleado para revelar la placa o película fotográfica.

revelar (diferente de *rebelarse*) *v. tr.* **1** Descubrir o manifestar ‹una persona› [una cosa desconocida, ignorada o secreta]: *Los policías no consiguieron que revelara la identidad de sus cómplices.* **2** Manifestar ‹una cosa› [otra cosa]: *Las facciones del anciano revelaban una gran bondad.* SIN. reflejar. **3** REL. Dar a conocer ‹Dios› a [los hombres] [su propio ser y existencia, y el plan de salvación que tiene respecto a ellos]. **4** FOT. Hacer ‹una persona› visible [la imagen impresa en una placa fotográfica]: *Quiero llevar a revelar el carrete.* ‖ *v. tr. / prnl.* **5** Dar ‹una persona o una cosa› muestras de [una cosa que no se sabía o no se conocía]: *Éste era un político desconocido, pero ha revelado ser un magnífico orador. Su hijo **se** reveló como un gran músico.* ‖ *v. prnl.* **6** Resultar ‹una acción› de [una determinada manera]: *Todos sus esfuerzos se han revelado inútiles.*

revendedor, ra *adj. / s. m.* y *f.* COL.; RESTRINGIDO. Persona que vende víveres en los mercados públicos.

revender *v. tr.* Volver a vender ‹una persona› [una cosa que ha comprado]: *Mi abuela revendió la casa por el doble de lo que le costó.*

revenirse *v. prnl.* **1** RESTRINGIDO. Ponerse ‹un alimento› blando y correoso por la humedad o el calor: *Guarda el pan en la bolsa, si no se reviene.* **2** RESTRINGIDO. Volverse ‹una conserva o un licor› agrio: *El vino se ha revenido.* SIN. agriarse. **3** RESTRINGIDO. Desprender ‹una cosa› la humedad que tenía: *La pintura ya se ha revenido.* ⇒ **86.**

reventa *s. f.* **1** Acción y resultado de revender: *La reventa de las entradas le produjo unos buenos beneficios.* **2** Centro oficialmente autorizado para vender, con recargo sobre su precio original, entradas para un espectáculo: *Compré las entradas en la oficina de la reventa, porque ya no quedaban en las taquillas del estadio.* **3** COLOQUIAL. Grupo de personas que, sin autorización oficial, se ocupan de revender entradas para un espectáculo: *En la reventa los precios se disparan.* ‖ *s. m. / f.* **4** COLOQUIAL. Persona que revende ilegalmente entradas: *Los reventas actuaban cerca de las taquillas.*

reventada *s. f.* **3** ARG.; COLOQUIAL; PEYORATIVO. Prostituta.

reventado, da *adj.* **1** (estar) COLOQUIAL. Que está muy cansado: *Cuando llego de trabajar estoy reventada.* ‖ *adj. / s. m.* **2** ARG.; COLOQUIAL; PEYORATIVO. Hombre homosexual.

reventador, ra *s. m. / f.* COLOQUIAL; RESTRINGIDO. Persona que asiste a espectáculos o a reuniones públicas con la intención de mostrar su desagrado de un modo ruidoso para provocar el fracaso de dichos actos: *A pesar de la presencia de unos cuantos reventadores, la representación fue un éxito.*

reventar *v. tr.* **1** Hacer ‹una persona o una cosa› que [la parte externa de una cosa] se rompa o se abra bruscamente: *Los niños han metido tanta arena en el saco que lo han reventado. Vas a reventar los pantalones si te agachas.* **2** Hacer ‹una persona o una cosa› que [una cosa] se deshaga o quede aplastada: *La bomba reventó el puente. Pisé el tomate y lo reventé.* **3** Hacer ‹una persona o una cosa› que [una cosa] se estropee o se rompa al forzarla mucho: *Las últimas heladas reventaron las tuberías. Luis ha reventado el motor por mantenerlo a demasiadas revoluciones.* **4** Hacer ‹una persona o una cosa› que [un caballo u otro animal] se canse mucho al correr o al trabajar excesivamente: *Si María sigue cabalgando así reventará al caballo.* **5** Hacer ‹una persona o una cosa› que [una persona] se canse mucho por estar sometida a un esfuerzo o a un trabajo: *Tengo que dejar ese trabajo o me van a reventar.* **6** COLOQUIAL. Hacer ‹una persona o una cosa› que [otra persona u otra cosa] reciba un daño grave o fracase: *Los gamberros reventaron el espectáculo.* ‖ *v. intr. / prnl.* **7** Romperse o abrirse ‹la parte externa de una cosa› de manera que su contenido sale al exterior bruscamente: *Si pinchas el globo, reventará. **Se** ha reventado una rueda.* SIN. estallar. **8** Deshacerse o aplastarse ‹una cosa› con violencia: *El huevo reventó al chocar contra el suelo. El tomate **se** reventó al pisarlo.* **9** Cansarse ‹un caballo u otro animal› mucho al correr o por un exceso de trabajo: *El caballo **se** reventó sin conseguir llegar donde deseaba.* **10** COLOQUIAL. Cansarse ‹una persona› mucho al estar sometida a un esfuerzo o a un trabajo: ***Se** revienta **a** trabajar para que sus hijos estudien. Si tu hermano sigue esforzándose así va a reventar.* ‖ *v. intr.* **11** Deshacerse ‹las olas del mar› en espuma: *Las olas del mar reventaban contra las rocas.* SIN. estallar. **12** Estropearse o romperse ‹una cosa› por apurarla o forzarla mucho: *Ten cuidado, o si no el motor reventará.* **13** COLOQUIAL. Sentir ‹una persona› deseos incontenibles de [decir o hacer una cosa]: *Manolo reventaba **por** contar sus últimas aventuras.* **14** COLOQUIAL. Mostrar ‹una persona› un sentimiento o un impulso que reprimía: *No pude soportar tanta injusticia y reventé.* SIN. explotar. **15** COLOQUIAL. Terminar ‹una cosa no material› de forma brusca y violenta: *Esta situación tiene que reventar algún día.* SIN. explotar. **16** COLOQUIAL. Manifestar ‹una persona› [una cualidad, un sentimiento o un estado]: *El niño reventó **de** risa tras contar el chiste. Nuria reventó **de** impaciencia, salió a esperarla.* **17** COLOQUIAL. Causar ‹una cosa› irritación a [una persona]: *Me revientan las personas violentas.* SIN. irritar. **18** COLOQUIAL. Estar ‹una persona› muy harta de comer hasta el punto de no poder más: *No puedo más, estoy que reviento.* **19** COLOQUIAL. Estar ‹una cosa› muy llena o cubierta de [otra cosa]: *El rosal reventaba **de** flores.* SIN. rebosar. **20** COLOQUIAL; PEYORATIVO. Morir ‹una persona› violentamente: *¡Así revientes, canalla! El día que reviente el viejo, Berta espera heredarlo todo.* ⇒ **58.**

reventón, na *adj.* **1** Que revienta o que se abre tanto que parece estar a punto de reventar: *ojos reventones, boca reventona.* **clavel* ~.** ‖ *s. m.* **2** Acción y resultado de reventar o reventarse: *Se produjo un reventón en la tubería.* **3** Rotura de la cubierta y la cámara de aire del neumático de un vehículo: *Un reventón fue la causa del accidente.* **4** COLOQUIAL. Actividad intensa que se hace en un momento de necesidad: *Me di el típico reventón con los exámenes.*

reverberar *v. intr.* **1** ELEVADO. Reflejarse ‹la luz› en [la superficie de una cosa] intensamente: *Los rayos de sol reverberan sobre las aguas del lago.* **2** ELEVADO. Brillar ‹una cosa› mucho al recibir la luz: *Las paredes blancas reverberaban en las tardes de verano.* **3** FÍS. Durar ‹un sonido› en el interior de un lugar cuando cesa su fuente de emisión.

reverbero *s. m.* **1** ELEVADO. Acción y resultado de reverberar: *El reverbero de los rayos de sol sobre los cristales de las galerías nos deslumbró.* **3** COL., VEN. Infiernillo de cocina.

reverdecer *v. tr.* **1** Hacer ‹una cosa› que [los campos, los árboles y las plantas que estaban mustios y secos] se pongan verdes de nuevo: *Las primeras lluvias reverdecerán los campos.* **2** Hacer ‹una persona o una cosa› que [otra persona u otra cosa] tome nuevo vigor o fuerza: *Este nuevo triunfo ha reverdecido su antigua fama.* || *v. intr.* **3** Volver a ponerse verdes ‹los campos, los árboles y las plantas que estaban mustios y secos›: *El paisaje reverdece con la primavera.* SIN. retoñar. **4** Tomar ‹una cosa› nuevo vigor o fuerza: *Al volver a verla, reverdecieron sus sueños.* SIN. renacer. ⇒ **5.**

reverencia *s. f.* **1** ELEVADO. (no contable) Respeto muy grande que se tiene a una persona o cosa: *Los alumnos tratan al viejo maestro con gran reverencia.* **2** Inclinación del cuerpo que se hace en señal de respeto, devoción o cortesía: *El duque hizo una reverencia ante el rey. El muchacho hizo tres o cuatro reverencias ante el obispo.* **3** (precedido de *su* o *vuestra*) Tratamiento que se da a los religiosos que tienen el título de *reverendo* o *reverendísimo*.

reverenciar *v. tr.* ELEVADO. Sentir o mostrar ‹una persona› devoción y respeto hacia [otra persona o una cosa]: *Los fieles reverencian la imagen de la Virgen.* SIN. venerar.

reverendísimo, ma *adj.* Fórmula de tratamiento que se da a cardenales, arzobispos y otros altos dignatarios eclesiásticos.

reverendo, da *adj. / s. m.* y *f.* (antepuesto) Fórmula de tratamiento que se da a sacerdotes y religiosos: *la reverenda madre, el reverendo padre. Los novios se dirigieron al reverendo para pedirle su bendición.*

reverente *adj.* ELEVADO. Que muestra reverencia: *Pilar es muy reverente con sus mayores.* SIN. respetuoso.

reversa *s. f.* AMÉR. Marcha atrás de un vehículo.

reversible *adj.* **1** ELEVADO. Que puede ser transformado o alterado para recuperar un estado o condición anterior: *situación reversible, función reversible.* ANT. irreversible. **2** [Prenda de vestir] que está pensada para que pueda usarse por el derecho o por el revés: *cazadora reversible.*

reversión *s. f.* ELEVADO. Acción y resultado de revertir: *La reversión de los inmuebles a los antiguos propietarios es un acto de justicia.* SIN. retorno.

reverso *s. m.* **1** ELEVADO. Lado o parte posterior u opuesta a la principal: *el reverso del sobre, el reverso de la moneda.* **2** COL. Marcha atrás de un automóvil.

revertir *v. intr.* **1** ELEVADO. Resultar ‹una cosa› en [beneficio o perjuicio de una persona o una cosa]: *Los esfuerzos realizados revertirán **en** nuestro beneficio.* SIN. redundar. **2** RESTRINGIDO. Volver ‹una cosa› al estado o condición que tenía antes. **3** RESTRINGIDO. Volver ‹una cosa› a [su antiguo propietario] o pasar a [un nuevo dueño]: *Las fincas revirtieron a sus antiguos propietarios. La herencia del abuelo ha revertido al banco, porque tenía muchas deudas.* ⇒ **75.**

revés *s. m.* **1** Lado o parte opuesta a la principal de una materia o de un objeto de dos dimensiones, como la tela o el papel: *El patrón de la prenda se dibuja por el revés de la tela.* **2** Golpe dado con el dorso de la mano: *El maestro le pegó un revés que lo tiró al suelo.* **3** DEP. Golpe cruzado que en los juegos de raqueta se da a la pelota cuando ésta viene por el lado contrario a la mano que tiene la raqueta o la pala: *El revés de la tenista salió fuera.* **4** Desgracia o contratiempo: *Su marido ha aprendido a aceptar los reveses de la vida. Su relación con Merche ha sufrido un revés.* FR. Y LOC. **al ~** 1 Del revés: *Llevas el jersey al revés.* 2 Al contrario: *Lo has entendido al revés. Tu hija todo lo tiene que hacer al revés.* **del ~** De manera opuesta a la normal, o en posición o en dirección contraria: *Te has puesto el pijama del revés.*

revestimiento *s. m.* **1** Acción y resultado de revestir: *El revestimiento del Coliseo duró mucho tiempo.* SIN. recubrimiento. **2** Capa de cualquier material que recubre la superficie de una cosa para protegerla o adornarla: *El portal del edificio tiene un revestimiento de madera.*

revestir *v. tr.* **1** Cubrir ‹una persona› [una cosa con otra cosa que actúa como protección o como adorno]: *Las monjas revistieron el suelo del patio **de** cemento. Los decoradores quieren revestir las paredes **con** corcho.* **2** ELEVADO. Disfrazar ‹una persona› [una cosa] adornándola o presentándola diferente de lo que es: *Ese chico reviste su falta de talento **con** discreción. Algunos políticos revisten sus pobres mensajes **con** un lenguaje pomposo.* || *v. tr. / prnl.* **3** Presentar ‹una cosa› [un aspecto, una cualidad o un carácter determinados]: *El Gobierno ha declarado que el suceso no reviste importancia. El acto **se** revistió **de** gran solemnidad.* **4** ELEVADO. Ponerse ‹una persona› [una prenda de vestir] sobre [otra prenda]: *El sacerdote **se** revistió y salió a decir misa.* || *v. prnl.* **5** ELEVADO. Llenarse ‹una persona o una cosa› de [una cosa]: *En primavera los árboles se revisten **de** hojas.* **6** ELEVADO. Tomar ‹una persona› [una actitud que le permita conseguir o soportar una cosa]: *Revístete **de** paciencia y espera a ver qué pasa.* SIN. armarse. **7** ELEVADO. Mostrar ‹una persona› [un carácter determinado]: *El príncipe se revistió **de** la dignidad que le confería su cargo.* ⇒ **57.**

reviejo, ja *adj.* **1** COLOQUIAL, RESTRINGIDO. Que es muy viejo: *Ese profesor es un viejo reviejo. Los osos vivían en una casa vieja revieja.* || *s. m.* **2** BOT. Rama reseca e inútil de un árbol.

revigorizar *v. tr.* RESTRINGIDO. Dar ‹una persona o una cosa› nuevo vigor o fuerza a [otra persona u otra cosa]. ⇒ **19.**

revirado, da *adj. / s. m.* y *f.* ARG.; URUG.; COLOQUIAL. [Persona] que tiene las facultades mentales perturbadas.

revirar *v. intr.* **1** MAR. Volver a virar ‹una embarcación›. || *v. tr.* **2** COL., MÉX. En ciertos juegos, doblar ‹una persona› la apuesta del contrario. || *v. prnl.* **3** ARG., CUBA, URUG.; COLOQUIAL. Contestar ‹ una persona› a otra persona con insolencia. **4** ARG.; COLOQUIAL. Volverse ‹una persona› loca.

revirón, na *adj.* **1** CUBA; COLOQUIAL. Propenso a rebelarse. || *s. m.* **2** CUBA; COLOQUIAL. Acción de rebelarse.

revisación *s. f.* ARG.; PAR., URUG. Revisión.

revisada *s. f.* AMÉR. Revisión, examen o repaso.

revisar *v. tr.* **1** Examinar ‹una persona› [una cosa] con atención y cuidado para comprobar si está correcta o completa: *Revisa el examen antes de entregarlo.* SIN. repasar. **2** Examinar ‹una persona› [una cosa] para comprobar si funciona correctamente: *Revisa el coche antes del viaje.*

revisión *s. f.* **1** Acción y resultado de revisar: *Tengo que pasar la revisión del coche. El Gobierno ha hecho una revisión de las estimaciones de la inflación.* **2** Examen médico: *revisión ginecológica.* SIN. reconocimiento. **~ médica.**

revisionismo *s. m.* **1** (no contable) Ideología y comportamiento de los partidarios de revisar doctrinas o métodos para actualizarlos o reformarlos: *El revisionismo de los postulados de las doctrinas del maestro está planteando problemas interesantes.* **2** HIST.; PEYORATIVO. Ideología y comportamiento de los que eran partidarios de revisar las doctrinas del marxismo: *El revisionismo era una grave acusación entre los marxistas leninistas.*

revisionista *adj.* 1 Del revisionismo: *tendencia revisionista.* || *adj. / s. m.* y *f.* 2 Que es partidario del revisionismo: *El grupo revisionista se negó a aceptar las condiciones. Los revisionistas son mayoría en nuestro grupo.*

revisor, ra *adj.* 1 Que está encargado de revisar o examinar con cuidado una cosa: *Las piezas pasan por un mecanismo revisor de rayos X.* || *s. m. / f.* 2 Persona que tiene por oficio revisar o comprobar una cosa: *Un revisor de la compañía del gas nos ha precintado la instalación.* SIN. inspector. 3 Persona que tiene por oficio controlar los billetes de los viajeros en los transportes públicos: *El revisor pidió el billete.*

revista *s. f.* 1 Publicación periódica, generalmente ilustrada: *hojear una revista, leer una revista, mirar una revista de moda, revista pornográfica, revista deportiva, revista de cine, revista de literatura, revista de decoración, revista científica, revista de actualidad.* ~ **del corazón** Revista que trata temas de sociedad. 2 RESTRINGIDO. Crítica de acontecimientos culturales que se publica o se transmite por radio o televisión. 3 Espectáculo teatral de variedades en el que alternan los números dialogados con los musicales: *revista musical. Se estrena una nueva revista.* 4 MIL. Formación de las tropas para que un superior las inspeccione: *¡La compañía está formada para la revista, mi teniente!* 5 Inspección de las personas o cosas que una persona tiene a su cargo: *El director hizo la revista de las nuevas instalaciones de la fábrica.* FR. Y LOC. **pasar ~** 1 MIL. Ejercer ‹un jefe› las funciones de inspección: *El general pasa revista al regimiento.* 2 MIL. Pasar ‹una autoridad› ante las tropas que le rinden honores: *El Presidente americano pasó revista a las tropas que formaban en el aeropuerto.* 3 Presentarse ‹una persona›, por obligación, en un lugar o ante otra persona: *Mañana tengo que ir a pasar revista a casa de mi abuela.* 4 Examinar ‹una persona› cuidadosa y detenidamente una cosa: *Vamos a pasar revista a los acontecimientos de la actualidad.*

revistar *v. tr.* MIL. Pasar ‹un jefe o una autoridad› revista a [una formación de tropas].

revistero *s. m.* Mueble para colocar revistas..

revitalización *s. f.* Acción y resultado de revitalizar: *El talante del nuevo líder ha logrado la revitalización de las negociaciones de paz.*

revitalizar *v. tr.* Dar ‹una persona o una cosa› más fuerza o vitalidad a [otra persona u otra cosa]: *Esas medidas económicas revitalizarán la industria.* ⇒ **19.**

revival (del inglés; pronunciamos *'riváival'*) *s. m.* RESTRINGIDO. Vuelta a la actualidad de una cosa que estuvo de moda en una época pasada: *Ese disco es un revival de la música de los años 60.*

revivificar *v. tr.* RESTRINGIDO. Dar ‹una persona o una cosa› más fuerza o vitalidad a [otra persona u otra cosa]: *La lluvia ha revivificado los cultivos.* SIN. revitalizar. ⇒ **71.**

revivir *v. intr.* 1 Volver ‹un ser muerto› a la vida: *Vi una película en la que los muertos revivían a causa de unas radiaciones.* SIN. resucitar. 2 Recobrar sus funciones vitales normales ‹un ser vivo que parecía muerto›: *Eché el pez al agua y revivió. En cuanto he regado las plantas han revivido.* 3 Volver a aparecer ‹una persona o una cosa que había desaparecido o había dejado de verse›: *Al volver a verlo, su antiguo amor revivió con fuerza.* || *v. tr.* 4 Traer ‹una persona› a la memoria o a la imaginación [a una persona o una cosa]: *Revivo aquellos días felices de abril.*

revocación *s. f.* 1 DER. Anulación de una orden o una disposición que dicta una autoridad, por otra autoridad distinta: *El acusado espera la revocación de la sentencia. La revocación de la ley nos ha favorecido.* SIN. derogación. 2 DER. Acto jurídico con el que una persona deja sin efecto otro anterior realizado por ella misma: *El abogado llamó al notario para la revocación del testamento.* SIN. anulación.

revocar *v. tr.* 1 DER. Dejar ‹una persona› sin efecto o validez [un mandato o una norma]: *Las autoridades revocaron la polémica ley.* SIN. invalidar. 2 PINT. Volver a pintar ‹una persona› [las paredes de un edificio]: *revocar la fachada.* SIN. repintar. || *v. tr. / intr.* 3 RESTRINGIDO. Hacer ‹una corriente de aire› que [una cosa] retroceda: *El viento revocó la caja. Dejé los papeles en el jardín y revocaron.* ⇒ **71.**

revocatoria *s. f.* AMÉR. Anulación de una ley, edicto, etc., por un juez o autoridad competente.

revoco *s. m.* PINT. Revoque, acción y resultado de revocar las casas y las paredes.

revolcar *v. tr.* 1 Tirar ‹una persona o una cosa› [a una persona] al suelo y pisotearla o hacerle dar vueltas: *El caballo revolcó al jinete inexperto. No revuelques mi chaqueta en la tierra.* 2 COLOQUIAL; RESTRINGIDO. No obtener ‹una persona› la puntuación necesaria para pasar [un examen]. || *v. prnl.* 3 Echarse ‹una persona o un animal› sobre [una cosa] o restregarse sobre ella: *Los niños se revolcaban **en** la arena. Los bueyes se revuelcan **por** el barro para refrescarse.* 4 VULGAR. Tener ‹una persona› una relación sexual con [otra persona]. ⇒ **71.**

revolcón *s. m.* 1 Acción y resultado de revolcar o revolcarse: *Al primer revolcón abandonó la doma del potro.* 2 COLOQUIAL. Acción de vencer al adversario humillándolo: *¡Vaya revolcón que le dieron a tu equipo!* 3 VULGAR. Relación sexual rápida: *Me gustaría darme un revolcón con él.*

revolear *v. intr.* AMÉR. Hacer giros con una cuerda, lazo, honda.

revolotear *v. intr.* 1 Volar ‹un ave› dando vueltas y haciendo giros en un pequeño espacio: *Los gorriones revoloteaban bajo los olmos sombríos.* 2 Moverse ‹una cosa› dando vueltas por el aire: *Las hojas revoloteaban en el parque.* 3 COLOQUIAL. Moverse ‹una persona› alrededor de [otra persona]: *Siempre tiene gente revoloteando a su alrededor.*

revoloteo *s. m.* 1 Acción y resultado de revolotear: *El ruido de los coches provocó el revoloteo de las palomas.* 2 COLOQUIAL. Movimiento duradero de una persona alrededor de otra: *Estoy harto de ver su revoloteo alrededor de mi hija.*

revoltijo o **revoltillo** *s. m.* 1 COLOQUIAL. Conjunto desordenado de muchas cosas, especialmente si no son muy grandes: *revoltijo de ropa, revoltijo de papeles, revoltijo de juguetes.* 2 COLOQUIAL. Situación de confusión y enredo: *Cuando hubo la pelea se organizó un revoltillo entre la gente.*

revoltoso, sa *adj. / s. m.* y *f.* (ser / estar; antepuesto / pospuesto) Que enreda o alborota: *¡Qué niño más revoltoso!, no para quieto ni un momento. Lo dejo contigo, pero ve con cuidado porque esta mañana está muy revoltoso. Su revoltoso gato te desmonta los armarios como los dejes abiertos.*

revolución *s. f.* 1 Cambio social, político y económico en un país, llevado a cabo con violencia: *la revolución francesa, la revolución rusa, la revolución china, la revolución cubana.* 2 Cambio profundo y brusco en cualquier cosa: *La revolución industrial fue débil en España. Las medidas de* *este presidente han sido una revolución para la empresa.* SIN. transformación. **3** Fuerte alteración en una persona o colectividad: *Su llegada produjo una auténtica revolución entre las jóvenes. Como la selección gane el Mundial se va a producir una revolución en las calles.* SIN. conmoción. **4** ASTRON. Cada una de las vueltas que da un astro alrededor de su órbita: *El grabado representa las revoluciones de los planetas.* **5** MEC. Giro de 360° que da una pieza sobre su eje: *Este motor puede alcanzar sólo mil revoluciones por minuto.* **6** GEOM. Rotación de 360°de una figura en torno a su eje: *Cilindro de revolución es el generado por la revolución completa de un rectángulo alrededor de uno de sus lados.*

revolucionar *v. tr.* **1** Hacer ‹una persona o una cosa› que se altere el orden o la tranquilidad de [una o varias personas]: *La nueva orden revolucionó el país. Cada vez que habla revoluciona la asamblea.* **2** Producir ‹una persona o una cosa› un cambio profundo o brusco en [una cosa]: *Su estancia en el extranjero revolucionó sus ideas. La informática ha revolucionado las comunicaciones.* SIN. transformar. **3** MEC. Dar ‹una persona› a [un cuerpo que gira o al mecanismo que produce el movimiento] más o menos revoluciones en un tiempo determinado: *No revoluciones tanto el motor y cambia a una velocidad más larga.*

revolucionario, ria *adj.* **1** POLÍT. De la revolución: *acontecimientos revolucionarios, ideas revolucionarias, propaganda revolucionaria.* **2** Que es una gran novedad o un cambio importante: *producto revolucionario, máquina revolucionaria, tecnología revolucionaria.* ‖ *adj. / s. m.* y *f.* **3** POLÍT. Que es partidario de la revolución o que participa en ella: *partido revolucionario. Mi tío fue un gran revolucionario.* ‖ **4 huelga* revolucionaria. 5 impuesto* ~.**

revolvedora *s. f.* MÉX. Hormigonera.

revolver (diferente de *revólver*) *v. tr.* **1** Mover ‹una persona› [una cosa] girándola o dándole vueltas: *Revuelve bien el café, que tienes el azúcar en el fondo.* **2** Hacer ‹una persona o una cosa› que [una persona] se altere o se indigne: *Estas tonterías me revuelven. La falsa modestia me revuelve la sangre.* **3** Producir ‹una cosa› náuseas a [una persona]: *El viaje en autobús me ha revuelto el estómago. Aquellas imágenes tan crueles me revolvieron el cuerpo.* **4** Pensar ‹una persona› en [un asunto] detenidamente: *Luisa revolvía ese asunto en la cabeza desde aquel día.* **5** Hacer ‹una persona o una cosa› que se altere el orden o la tranquilidad de [una o varias personas]: *Sus palabras han revuelto los ánimos.* ‖ *v. tr. / intr.* **6** Mover y separar ‹una persona› [varias cosas] de manera que quedan desordenadas: *Haz el favor de no revolver los cajones. Los niños revuelven mucho en una casa.* **7** Volver a tratar ‹una persona› [un asunto que estaba olvidado]: *No revuelvas determinadas cuestiones delante de tu padre. No debes revolver **en** tu pasado.* ‖ *v. prnl.* **8** Moverse ‹una persona› en [un lugar] agitadamente: *Su novia se revolvía **en** el sofá a causa del disgusto.* **9** Volverse ‹una persona o un animal› rápidamente para atacar o defenderse: *El jinete se revolvió para lanzarse de nuevo al ataque.* **10** Volverse ‹una persona› contra [otra persona o una cosa] para enfrentarse a ella: *Tu amigo se revolvió **contra** mí por mi negativa.* SIN. encararse. **11** (se usa en tercera persona) Ponerse ‹el tiempo› borrascoso o empeorar: *Se ha revuelto el día.* **12** (se usa en tercera persona) Agitarse ‹el sedimento o poso de un líquido›: *El fondo del río se ha revuelto y el agua se ha puesto turbia.* FR. Y LOC. **~ el estómago*. ~ las tripas*. revolverse en su tumba*. ⇒ 88.**

revólver (plural *revólveres*; diferente de *revolver*) *s. m.* Arma corta de fuego con varias recámaras para las balas dispuestas en un cilindro giratorio.

revoque *s. m.* **1** Acción y efecto de revocar las casas y las paredes: *El revoque de la fachada le da un aire nuevo al edificio.* SIN. revoco. **2** (no contable) Mezcla de cal y arena u otros materiales similares con los que se revoca una superficie: *El albañil le puso mucha arena al revoque.* SIN. revoco.

revuelo *s. m.* **1** Confusión o agitación: *La noticia provocó un gran revuelo entre los empleados.* SIN. alboroto. **2** Acción y resultado de revolotear: *El revuelo de los pájaros fue provocado por el sonido de un disparo.* SIN. revoloteo.

revuelta *s. f.* **1** Desorden en las calles por enfrentamientos entre los ciudadanos o contra las fuerzas de seguridad: *La decisión del gobierno provocó sangrientas revueltas. La huelga se convirtió en una serie de revueltas difíciles de controlar.* SIN. disturbio. **2** Cambio de dirección de una cosa: *las revueltas de los pasillos del hospital. Esta carretera tiene muchas revueltas.*

revuelto, ta *adj.* **1** (estar) Desordenado o mezclado: *Me has dejado el armario revuelto.* **2** (estar) Intranquilo o agitado: *El país está muy revuelto por los enfrentamientos étnicos. La familia anda un poco revuelta.* **3** (estar) METEOR. [Tiempo meteorológico] que es muy variable: *El día está muy revuelto.* **4** (estar) [Líquido] que se ha movido y se han levantado sus sedimentos: *El río está muy revuelto.* **5** (estar) [Estómago] que está alterado: *Estoy con el estómago revuelto.Tengo el estómago revuelto.* **6** (estar) [Persona] que tiene el estómago alterado: *Estoy un poco revuelto del viaje.* ‖ *s. m.* **7** COCINA. Comida que se hace revolviendo huevo con diferentes alimentos: *revuelto de gambas, revuelto de setas.* ‖ *p.* **8** Participio irregular de *revolver.* ‖ **9 huevos* revueltos.** FR. Y LOC. **estar / andar el mundo* ~.**

revulsivo, va *adj. / s. m.* **1** FARM. [Sustancia] que produce el vómito o vacía el estómago. **2** ELEVADO. Que provoca una reacción generalmente beneficiosa: *El gol en contra actuó como un revulsivo que hizo reaccionar al equipo.*

rey *s. m.* **1** (su femenino es *reina*) Jefe soberano de una monarquía: *el rey de España, la dinastía del Rey Sol, los Reyes Católicos. Una importante escolta acompaña al rey en sus viajes. La figura del rey aparece en las monedas y en los sellos.* **2** JUEGOS. Pieza principal del juego de ajedrez que puede moverse en todas direcciones pero sólo de una casilla a otra contigua: *mover el rey, jaque al rey.* **3** JUEGOS. Carta de la baraja representada con la figura de un rey: *el rey de copas.* **4** Hombre, animal o cosa del género masculino que sobresale por sus cualidades entre los demás de su especie: *El león es el rey de la selva. Este corredor es el rey de los 100 metros.* **5** COLOQUIAL; AFECTIVO. Apelativo cariñoso especialmente aplicado a los niños: *Ven aquí, mi rey. ¿Dónde está el rey de la casa?.* ‖ **6 Reyes Magos** Reyes de Oriente que adoraron a Jesús en Belén: *Los Reyes Magos son Melchor, Gaspar y Baltasar. He pedido juguetes a los Reyes Magos.* FR. Y LOC. **a cuerpo* de ~. cada uno es ~ en su casa** Se usa para indicar que cada persona manda en su casa.

reyerta *s. f.* ELEVADO. Enfrentamiento o riña violenta: *Hubo una reyerta callejera con navajas.*

reyezuelo *s. m.* (macho y hembra) *Regulus regulus.* Ave muy pequeña, con el cuerpo pardo claro, alas blancas y negras y la cabeza amarillenta, que habita en Europa y Asia: *El reyezuelo tiene una mancha amarilla o anaranjada sobre la cabeza, a modo de corona.* SIN. régulo.

rezagarse *v. prnl.* Retrasarse ‹una persona›: *Estábamos cansados y nos rezagamos.* SIN. atrasarse. ⇒ **56.**

rezar *v. tr.* **1** REL. Decir ‹una persona› [una oración]: *El cura rezó* ***por*** *los difuntos. Mi abuela reza cada noche el Padrenuestro.* **2** REL. Decir ‹un sacerdote› [la misa] hablando y no cantando: *Este sacerdote reza la misa los domingos.* ‖ *v. tr./intr.* **3** RESTRINGIDO. Decir o expresar ‹un escrito› [una cosa]: *El letrero reza lo siguiente: «Prohibido fumar». Como reza en el contrato, no se puede variar la renta hasta el año que viene.* ‖ *v. intr.* **4** REL. Dirigir ‹una persona› [alabanzas o peticiones] a [Dios, la Virgen o los santos] oral o mentalmente: *Marta rezó a la Virgen para que el examen le saliera bien.* SIN. orar. **5** COLOQUIAL, RESTRINGIDO. Manifestar ‹una persona› enfado o disgusto con sonidos confusos o murmurando [una cosa] entre dientes: *Deja de rezar y ponte a limpiar tu habitación, que siempre te estás quejando.* SIN. refunfuñar, rezongar. ⇒ **19.**

rezo *s. m.* **1** (no contable) REL. Acción de rezar: *Cualquier hora es buena para el rezo del rosario. El rezo de los viernes es colectivo para los musulmanes.* **2** REL. Cosa que se reza: *El Ave María es uno de los rezos más populares.* SIN. plegaria.

rezón *s. m.* MAR. Ancla pequeña de cuatro puntas, utilizada por las embarcaciones menores.

rezongar *v. intr.* **1** COLOQUIAL; PEYORATIVO. Manifestar ‹una persona› enfado o disgusto con sonidos confusos o murmurando una cosa entre dientes: *Tu hijo no puede hacer nada que le manden sin rezongar primero.* SIN. refunfuñar. **2** MÉX.; COLOQUIAL. Responder ‹una persona› groseramente a otra persona. ⇒ **56.**

rezumar *v. tr./prnl.* **1** ELEVADO. Dejar pasar ‹un cuerpo› [gotas de un líquido] por sus poros: *Las bóvedas de los túneles rezumaban agua. El cántaro* ***se*** *rezuma.* **2** ELEVADO. Salir ‹un líquido› al exterior, en forma de pequeñas gotas, a través de los poros de [un cuerpo]: *El agua rezumaba a través del jarrón. El vino* ***se*** *rezumaba* ***de*** *la vasija.* **3** ELEVADO. Tener ‹una persona o una cosa› [una cualidad o un sentimiento] en alto grado: *Su corazón rezuma generosidad.*

rho o **ro** *s. f.* Decimoséptima letra del alfabeto griego.

ría *s. f.* **1** Extensión de mar que entra en el curso bajo del valle de un río: *Las rías gallegas son preciosas.* **2** DEP. Estanque que se pone como obstáculo tras una valla en competiciones deportivas: *El caballo falló en la ría.*

riachuelo *s. m.* Río pequeño y de poco caudal: *Por el pueblo baja un riachuelo que a veces está seco.* SIN. arroyo.

riada *s. f.* Aumento muy grande del caudal de un río o arroyo: *Las últimas lluvias produjeron riadas importantes.*

rial *s. m.* Unidad monetaria de Irán.

ribazo *s. m.* **1** GEOGR. Terreno con elevación y una pendiente pronunciada: *Desde aquel ribazo se ve todo el pueblo.* **2** AGR. Franja prominente de terreno que separa dos fincas o cultivos, o permite dirigir el riego: *Mi finca llega hasta aquel ribazo.*

ribeiro *s. m.* **1** (no contable) Vino blanco o tinto, ácido y de poca graduación, propio de la comarca gallega de Ribeiro: *El ribeiro entra con suavidad.* **2** Medida de este líquido contenida en un vaso o tazón especial donde suele servirse este vino en Galicia: *Pónganos tres ribeiros, por favor.*

ribera (diferente de *rivera*) *s. f.* **1** Orilla del mar o de un río: *Desde la ribera, el pescador lanzaba una y otra vez la caña.* **2** Terreno que está cerca de un río: *la ribera del Segura.*

ribereño, ña *adj./s. m.* y *f.* De la ribera o que vive en ella: *Salou es un pueblo ribereño que atrae mucho turismo. Los ribereños defendieron su derecho al riego.*

ribero *s. m.* RESTRINGIDO. Vallado construido a la orilla de las presas para que no se salga ni derrame el agua.

ribete *s. m.* **1** Cinta o tira de la tela o piel que bordea la ropa o el calzado como adorno o refuerzo: *Me he comprado una americana con ribetes en el cuello.* **2** Adorno o remate de una cosa: *Yo creo que a la cortina se le podría poner un ribete.* **3** COLOQUIAL; RESTRINGIDO. Comentario o reflexión que se añade a un escrito o a la conversación: *Los ribetes que ha hecho el encargado de la edición son muy amenos.* **4** (en plural) COLOQUIAL. Rasgos, detalles o indicios de una cosa que se intuye: *El texto tiene sus ribetes poéticos.*

ribetear *v. tr.* Poner ‹una persona› ribetes que sirvan de adorno o de refuerzo: *La modista ha ribeteado el vestido.*

ribonucleico *adj.* Se usa en la LOC. **ácido* ~.**

ribosoma *s. m.* BIOL. Órgano de las células vivas en cuyo interior se lleva a cabo la síntesis de las proteínas.

ricamente *adv. modo* **1** Opulentamente, con abundancia, con riqueza, con lujo: *El antiguo alcalde vive ricamente en un pueblo de Badajoz.* **2** COLOQUIAL. Bien, a gusto, con comodidad. OBSERVACIONES: Suele seguir a un intensificador (*muy* o, sobre todo, *tan*): *He descansado muy ricamente. Se fue el dolor de muelas y ahora estoy tan ricamente. Prefiero quedarme en casa tan ricamente a irme sola de vacaciones.*

ricino *s. m. Ricinus communis.* Planta de grandes hojas alternas, palmeadas y con los bordes dentados y flores separadas, de cuyas semillas se extrae un aceite purgante: *El ricino crece espontáneamente en las costas cálidas.*

rico, ca *adj.* **1** (antepuesto/pospuesto) Que tiene muchos recursos económicos o naturales: *Éste es un país rico en materias primas. Aquélla es una rica y próspera nación.* **2** Que tiene muchas cosas útiles o beneficiosas: *Sigo una dieta rica en proteínas.* SIN. abundante. **3** (antepuesto/pospuesto) [Tierra] que produce mucho: *terrenos ricos. Las ricas tierras de los valles atraen a la población.* SIN. fértil. **4** (antepuesto/pospuesto) Que tiene cualidades que lo embellecen o lo hacen más perfecto o variado: *vegetación rica. Este escritor tiene un rico vocabulario.* **5** (antepuesto) Que tiene o aparenta mucho valor o un precio muy alto: *Tenía el salón cubierto con ricos tapices iraníes.* **6** (ser/estar) COLOQUIAL. Que tiene un sabor agradable al paladar: *Son muy ricos estos bombones. Estas lentejas están muy ricas.* **7** (ser/estar) COLOQUIAL; AFECTIVO. Que provoca cariño porque es bonito, simpático, tierno, agradable o gracioso: *¡Qué cachorrito tan rico! La cara de la pequeña protagonista es muy rica. Tu niño está muy rico.* **8** COLOQUIAL; IRONÍA. Que molesta, o causa enfado o disgusto: *¡Anda, rico, cállate; tú qué sabrás de lo que estamos hablando!* ‖ *adj./s. m.* y *f.* **9** (antepuesto/pospuesto) Que tiene mucho dinero o bienes: *¡Me ha tocado la lotería, soy rico! Su novio es un rico heredero. Paco sólo se relaciona con los ricos.* ANT. pobre. **gente rica.**

rictus (plural *rictus*) *s. m.* **1** ELEVADO. Contracción de los labios que deja al descubierto los dientes y da al rostro la expresión de una risa forzada: *La víctima quedó muerta con* *un rictus casi cómico.* **2** ELEVADO. Gesto del rostro de dolor o de otra sensación desagradable: *Un rictus de amargura se apreciaba en su rostro.*

ricura *s. f.* **1** (no contable) COLOQUIAL; AFECTIVO. Belleza, simpatía o gracia que hace a una persona agradable: *Esta muchacha tiene mucha ricura.* **2** COLOQUIAL; AFECTIVO. Persona o cosa que es agradable o simpática: *Tu hijo es una ricura. Este jarroncito que me han regalado es una ricura.*

ridiculez *s. f.* **1** PEYORATIVO. Cualidad de ridículo: *Lo que has dicho es una ridiculez. No te pongas esos pantalones, porque son una ridiculez.* **2** PEYORATIVO. Cosa pequeña o sin importancia: *Los hermanos se han peleado por una ridiculez.*

ridiculizar *v. tr. / prnl.* Hacer ‹una persona› que [una persona o una cosa] parezcan ridículas: *El maestro ridiculizó al alumno delante de sus compañeros.* ⇒ **19.**

ridículo, la *adj.* **1** (ser / estar; antepuesto / pospuesto) PEYORATIVO. Que produce o puede producir risa o burla por ser raro o extravagante: *La madrina se ha comprado un sombrero ridículo para la boda. Su ridículo lenguaje nos hizo reír. Las cosas que dice este periódico son ridículas. Estás ridículo con esa ropa.* **2** (antepuesto / pospuesto) PEYORATIVO. Que no tiene lógica, o es absurdo y estúpido: *Eso que dices es la cosa más ridícula que he oído en mi vida. ¡Anda, no seas ridículo! Aquel estudiante expuso una ridícula teoría sobre la formación del Universo.* **3** (antepuesto / pospuesto) PEYORATIVO. Que es muy pequeño, escaso o insuficiente: *Mi jefe me ofreció una cantidad de dinero ridícula. Los ridículos platos que nos han servido nos han dejado con hambre.* || *s. m.* **4** PEYORATIVO. Actuación o situación rara o humillante que provoca o puede provocar la burla de los demás: *Carlos decía que lo sabía todo, pero hizo el ridículo más espantoso. ¡Qué ridículo, le pidió la peseta que le había prestado!* FR. Y LOC. **en ~** Se usa para expresar que una persona está expuesta a la burla, desprecio o risas de los demás: *Te estás poniendo en ridículo. Me has dejado en ridículo, no te lo perdonaré nunca. Quedamos en ridículo delante de ellos.*

riego *s. m.* **1** Acción y resultado de regar: *Pedro se ocupa del riego de los jardines.* **boca* de ~. manga de ~. ~ por aspersión** Riego que se hace mediante un aspersor. **2** (no contable) Cantidad de agua disponible para regar: *El riego será restringido mientras no aumente el nivel de las reservas de agua en los pantanos.* **3** (no contable) FISIOL. Cantidad de sangre que llega a una zona del cuerpo. **~ sanguíneo.**

riel *s. m.* **1** RESTRINGIDO. Pieza alargada, generalmente metálica, con un mecanismo acoplado que se desliza a lo largo de ésta: *Cambié los rieles de la cortina.* **2** Carril de una vía férrea: *Los rieles del antiguo tranvía serán tapados este verano.* SIN. raíl. **3** METAL. Barra pequeña de metal en bruto.

rielar *v. intr.* ELEVADO. Reflejarse ‹una luz› sobre [una superficie] temblorosamente: *La luna riela **en** el mar.*

rielera *s. f.* METAL. Molde de hierro para hacer rieles o barras metálicas.

rienda *s. f.* **1** (preferentemente en plural) HÍPICA. Correa que, sujeta al bocado de una caballería, permite dirigirla. **2** (en plural) Gobierno o dirección de una cosa: *El sobrino lleva las riendas del negocio.* **3** (en frases negativas) Moderación en palabras y acciones: *La testigo habló sin rienda de todo lo sucedido.* FR. Y LOC. **a ~ suelta** 1 COLOQUIAL. Con violencia, bruscamente: *Se ha criado sin padres, a rienda suelta.* 2 Sin freno ni medida: *David empezó a reírse a rienda suelta.* **aflojar las riendas** COLOQUIAL. Disminuir ‹una persona› el trabajo o la vigilancia: *En este negocio nunca hay que aflojar las riendas.* **dar ~ suelta** o **soltar las riendas** COLOQUIAL. No poner ‹una persona› trabas, o no mantener control sobre una cosa: *El cliente me ha dado rienda suelta para que organice la decoración como quiera. Hay que soltar las riendas de la imaginación.* **tirar* de la ~.**

riesgo *s. m.* **1** (no contable) Proximidad o posibilidad de un daño o de un peligro: *La que te propongo es una operación garantizada y sin riesgo. Con este medicamento tienes el riesgo de quedarte dormido conduciendo.* **2** Cada uno de los imprevistos o hechos desafortunados que puede cubrir un seguro: *Ese riesgo no está recogido en la póliza.* FR. Y LOC. **a todo ~** Se usa para referirse al seguro que cubre cualquier daño o contratiempo: *Tengo el seguro del coche a todo riesgo.* **correr (un / el) ~** Estar expuesta ‹una persona› a un riesgo: *Corres un gran riesgo si adelantas en una curva. Tendrás que correr el riesgo de invertir para saber si el negocio es bueno o malo.* **por cuenta* (y ~) de.**

riesgoso, sa *adj.* AMÉR. Arriesgado, peligroso.

rifa *s. f.* **1** JUEGOS. Sorteo por medio de papeletas numeradas: *Dame más papeletas para la rifa.* **2** Lugar donde se celebra una rifa o sorteo: *Hay una rifa en la feria.*

rifar *v. tr.* **1** JUEGOS. Sortear ‹una persona› [una cosa] mediante una rifa: *En esa tienda rifan una cesta de Navidad.* **2** ARG. Liquidar ‹una persona› [una mercancía], venderla por debajo de su precio. || *v. prnl.* **3** COLOQUIAL. Disputarse ‹varias personas› [a una persona o una cosa muy deseada o codiciada]: *Al ser tan guapa, los chicos se la rifan. Todos los empleados de la oficina se rifan el puesto de cajero.*

rifirrafe *s. m.* COLOQUIAL. Riña o pelea sin importancia: *Tuvieron un pequeño rifirrafe por un malentendido.*

rifle *s. m.* Fusil de cañón estriado en espiral: *En el Oeste, todo hombre que se preciara tenía su rifle.*

rigidez *s. f.* (no contable) Cualidad de rígido: *La rigidez de este cartón es mayor de lo que pensaba. El golpe en la rodilla le ocasionó esa rigidez. Todo el mundo alaba la rigidez y la integridad del militar fallecido. La rigidez de los horarios impide que los trenes se adapten a las situaciones imprevistas.*

rígido, da *adj.* **1** (ser / estar; antepuesto / pospuesto) Que no se puede doblar o resulta difícil de doblar: *La barra es rígida. La pierna está rígida por una lesión. La rígida tela de que está hecha la cortina no servirá ni para trapos.* **2** Que no tiene articulaciones: *El brazo mecánico es rígido.* **3** (ser / estar; antepuesto / pospuesto) Que hace obedecer las normas ajustándose exactamente a lo que éstas disponen, y no admite variaciones por ningún motivo: *Mi padre es muy rígido con el horario de comidas. El profesor está muy rígido con nosotros últimamente. Parece imposible, pero el rígido teniente Almeida nos dio la tarde libre. El nuevo párroco es un sacerdote rígido e intransigente.* **4** (antepuesto / pospuesto) Que no se adapta fácilmente a los cambios: *horario rígido. El rígido programa que tienes en el ordenador te limita mucho.* **5** [Rostro, expresión] que no manifiesta ninguna emoción: *El nuevo vecino tenía un rostro rígido.* || **6 disco* duro / ~.** FR. Y LOC. **quedarse ~** Perder ‹una persona› la capacidad de moverse por el frío o por un accidente.

rigodón *s. m.* MÚS. Danza provenzal de carácter alegre y compás de dos por cuatro.

rigor *s. m.* **1** (no contable) Excesiva severidad o dureza: *El rigor del castigo parece desmesurado.* SIN. rigurosidad. **2** (no contable) Precisión o exactitud: *Vuestra tesis carecía de rigor científico.* SIN. rigurosidad. **3** (no contable) Crudeza o intensidad del clima: *He instalado el aire acondicionado para protegernos de los rigores del verano.* FR. Y LOC. **de ~** Obligatorio o indispensable: *Tuve que aguantar la bronca de rigor, como cada vez que llego tarde.* **ser el ~ de las desdichas** COLOQUIAL. Sufrir ‹una persona› muchas desgracias o contratiempos.

rigorismo *s. m.* (no contable) PEYORATIVO. Exceso de rigor en cuestiones morales o de disciplina: *El rigorismo es propio de los sectores extremistas.*

rigurosamente *adv. modo* **1** Con rigor, con severidad. *No debiste castigarla tan rigurososamente.* **2** Con precisión, con exactitud, sin apartarse un ápice: *La conversación fue rigurosamente transcrita por un compañero nuestro.* **3** Sin excepciones, sin contemplaciones, a rajatabla: *Este juez siempre aplicó la ley rigurosamente.* || *adv.modo / cant.* **4** Absolutamente, completamente, totalmente. OBSERVACIONES: Sólo se aplica a ciertos adjetivos calificativos positivos (*cierto, exacto, científico, fiel, calcado, exclusivo, privado, original...*), pero no a *falso, inexacto...*: *Eso es rigurosamente cierto. El diseño no es rigurosamente original.*

riguroso, sa *adj.* **1** (ser / estar; antepuesto / pospuesto) Que cumple o hace cumplir con severidad lo que está establecido, o que juzga o castiga con rigidez: *ética rigurosa, juez riguroso, padre riguroso. El árbitro ha estado muy riguroso durante la segunda parte. Lleva un riguroso luto.* SIN. severo. **2** (antepuesto / pospuesto) Que no tiene inexactitud ni vaguedades, o que está hecho con todo cuidado, teniendo en cuenta todos los detalles: *lógica rigurosa, trabajo riguroso, informe riguroso. Este ciéntifico es muy riguroso en sus razonamientos. Se ha llevado a cabo una rigurosa investigación.* SIN. preciso. **3** (antepuesto / pospuesto) [Tiempo] que es extremado o duro de soportar: *clima riguroso. Este año hemos sufrido un riguroso invierno.*

rija *s. f.* **1** MED. Conducto anormal que se forma debajo del lagrimal: *Han operado a mi abuelo de una rija que casi le tapaba el ojo.* **2** RESTRINGIDO. Pelea o riña: *Ha habido dos heridos en la rija que vimos anoche.*

rijoso, sa *adj.* **1** RESTRINGIDO. [Animal] que está excitado ante la presencia de la hembra: *La mayoría de los animales están rijosos en primavera.* || *adj. / s. m.* y *f.* PEYORATIVO. **2** Que muestra un deseo sexual exagerado: *Ese chico es un rijoso, anda detrás de todas las mujeres.* **3** RESTRINGIDO. Que está siempre dispuesto a la riña: *Tengo un gato muy rijoso.*

rilar *v. intr.* **1** RESTRINGIDO. Agitarse ‹una persona› con movimientos involuntarios y repetidos. SIN. temblar. || *v. prnl.* **2** COLOQUIAL. Abandonar ‹una persona› una cosa que tenía intención de hacer: *Ahora te toca a ti saltar, así que no te riles. Mi hermano se riló y no fue capaz de venir con nosotras.*

rima *s. f.* **1** RET. Igualdad o semejanza entre los sonidos de dos o más palabras a partir de la última sílaba acentuada. **~ asonante** Igualdad entre los sonidos vocálicos de dos o más palabras a partir de la última sílaba acentuada. **~ consonante** Igualdad entre todos los sonidos de dos o más palabras a partir de la última sílaba acentuada. **~ interna** Rima entre la última palabra y otra interior del mismo verso. **2** LIT. Composición poética de tono lírico: *Me encantan las «Rimas» de Bécquer.* **octava* ~. sexta* ~**

rimar *v. tr.* **1** Hacer ‹una persona› que exista rima entre [dos o más palabras]: *Este escritor es un poeta curioso, rima palabras extrañas que no aparecen en el diccionario.* || *v. intr.* **2** Existir rima entre ‹dos o más palabras›: *En esta composición, el segundo verso rima* ***con*** *el cuarto.* **3** Componer ‹una persona› en verso: *Esta autora rima muy bien.*

rimbombante *adj.* (antepuesto / pospuesto) COLOQUIAL. Que suena mucho o llama mucho la atención por ser complicado o exagerado: *lenguaje rimbombante, palabras rimbombantes. Ese libro tiene un título muy rimbombante. El académico pronunció un rimbombante discurso.*

rímel (marca registrada) *s. m.* (no contable) Cosmético que se aplica sobre las pestañas para darles color y consistencia: *Si lloras se te correrá el rímel.*

rimero *s. m.* ELEVADO. Montón de cosas colocadas unas encima de otras: *Carlos tenía rimeros de libros hasta en las sillas y no podíamos sentarnos.* SIN. pila (COLOQUIAL).

rin *s. m.* COL., VEN. Llanta, aro metálico que bordea la rueda de un vehículo.

rincón *s. m.* **1** Ángulo entrante que forman dos superficies, especialmente dos paredes: *el rincón de una habitación. Deja las cosas en un rincón. La encontré llorando en ese rincón.* **2** Lugar oculto o difícil de encontrar: *He mirado por todos los rincones del parque y no lo encuentro. Esta ciudad tiene rincones muy bonitos.* **3** COLOQUIAL. Lugar, generalmente apartado, donde una persona vive o pasa gran parte de su tiempo: *Suelo trabajar en este rincón.* **4** Espacio pequeño: *Te he dejado un rincón para poner tus cosas.*

rinconada *s. f.* Ángulo entrante que se forma en la unión de dos casas, calles o caminos: *En la rinconada hay un bar.*

rinconera *s. f.* **1** Mueble preparado para ser colocado en un rincón: *En aquella esquina vamos a poner una rinconera.* **2** ARQ. Parte de un muro comprendido entre un ángulo de la fachada y el hueco más próximo.

ring (del inglés; pronunciamos '*rin*') *s. m.* DEP. Cuadrilátero donde se celebran los combates de boxeo o de lucha: *El aspirante subió al ring y saludó al público.*

ringla *s. f.* RESTRINGIDO. Fila.

ringle *s. m.* RESTRINGIDO. Fila.

ringlera *s. f.* RESTRINGIDO. Serie de cosas colocadas en fila, unas tras otras: *El dependiente le extendió sobre el mostrador una ringlera larguísima de postales.*

ringlete *s. m.* COL. Molinillo, juguete infantil.

ringorrango *s. m.* (preferentemente en plural) COLOQUIAL; PEYORATIVO. Adorno exagerado y de mal gusto: *Siempre le gusta ir con blusas llenas de ringorrangos..*

rinitis (plural *rinitis*) *s. f.* MED. Inflamación de la mucosa nasal: *Con esa rinitis necesito llevar pañuelos.* **~ alérgica.**

rinoceronte *s. m.* (macho y hembra) Familia *Rhinocerontidae.* Mamífero de gran tamaño, con uno o dos cuernos sobre la nariz, piel gruesa, generalmente sin pelo, que habita en África y Asia.

rinofaringe *s. f.* ANAT. Parte de la faringe que se encuentra al lado de las fosas nasales encima del velo del paladar.

rinofaríngeo, a *adj.* ANAT. De la rinofaringe: *afección rinofaríngea.*

rinología *s. f.* (no contable) MED. Parte de la otorrinolaringología que estudia y trata las fosas nasales.

rinoplastia *s. f.* Cirugía plástica de la nariz.

rinoscopia *s. f.* MED. Exploración de las cavidades nasales con ayuda de un aparato óptico especial.

riña *s. f.* **1** Pelea o disputa: *No parece demasiado grave, sólo es una riña entre novios.* **2** Expresión de desaprobación que dirige una persona a otra sobre la que tiene autoridad: *Las riñas de su padre son terribles.* SIN. reprimenda.

riñón *s. m.* **1** ANAT. Cada uno de los dos órganos abdominales encargados de filtrar la sangre y eliminar sus impurezas: *Miguel está esperando un trasplante de riñón.* **2** (en plural) ANAT. Parte del cuerpo situada debajo de la espalda, que corresponde a la pelvis: *A Silvia le duelen los riñones por cargar con mucho peso.* **3** (plural) COLOQUIAL; EUFEMISMO. Valor, decisión: *A Pepe no se le asusta con facilidad, tiene riñones.* FR. Y LOC. **costar / valer un ~** COLOQUIAL; INTENSIFICADOR. Costar o valer mucho ‹una cosa›: *El anillo le costó un riñón.* **tener bien cubierto el ~** COLOQUIAL. Tener ‹una persona› bastante dinero: *Le tocó la lotería y ahora tiene bien cubierto el riñón.*

riñonada *s. f.* **1** (no contable) ANAT. Tejido adiposo que envuelve los riñones. **2** ANAT. Lugar del cuerpo en que están los riñones: *chuletas de riñonada.* **3** COCINA. Guiso de riñones: *Una riñonada encebollada es riquísima.*

riñonera *s. f.* **1** Faja que proteje los riñones: *Mi abuelo, si no se pone la riñonera, no puede ni caminar.* **2** CIR., MED. Pequeña cubeta en forma de riñón usada para renovar las curas. **3** Bolsa pequeña provista de correas que se ata a la cintura: *Llevo la cartera y los documentos en la riñonera.*

río *s. m.* **1** Corriente de agua que desemboca en otra, en un lago o en el mar: *El río Tajo es el río más largo de la península Ibérica. Nos estuvimos bañando en el río.* **brazo* de ~. cangrejo de ~.** **2** Cantidad grande de personas o de cosas: *Un río de gente avanzaba por la avenida hacia la plaza. Un río de cartas llega todos los días a la oficina.* FR. Y LOC. **correr tinta*** o **correr ríos de tinta. de perdidos al ~** COLOQUIAL. Se usa para indicar que, una vez empezado algo, hay que procurar terminarlo aceptando las consecuencias que pueda tener. **no llegar la sangre* al ~.** REFR. **A río revuelto, ganancia de pescadores.** Se usa para expresar que cuando una situación es confusa, siempre hay quien se aprovecha.

rioja *s. m.* **1** (no contable) Vino tinto o blanco procedente de esta región y muy apreciado por su calidad: *Bebimos un buen rioja en la cena.* **2** Medida de este líquido contenido en una copa o vaso: *¡Dos riojas para esta mesa, por favor!*

riojano, na *adj. / s. m.* y *f.* De La Rioja, comunidad autónoma y provincia española.

riostra *s. f.* Pieza inclinada que asegura una estructura o armazón.

RIP *s. m.* Sigla de «Requiescat in pace» ('Descanse en paz'): *En todas las lápidas del cementerio aparece el RIP.*

ripio *s. m.* **1** LIT. Palabra o frase innecesaria que sirve para completar la medida del verso o para ajustarse a las exigencias de la rima: *Pilar no es mala poetisa, pero de vez en cuando mete algunos ripios.* **2** Conjunto de fragmentos de ladrillos, piedras u otros materiales de albañilería desechados que se usa para rellenar huecos. FR. Y LOC. **no perder ~** COLOQUIAL. Observar o escuchar ‹una persona› muy atentamente para enterarse de todo: *La niña ha mejorado este trimestre, está en clase y no pierde ripio.*

ripostar *v. intr.* **1** VEN. Responder ‹una persona›. **2** COL., VEN. Devolver ‹un boxeador› los golpes.

riqueza *s. f.* **1** (no contable) Cualidad de rico: *La riqueza del mobiliario contrastaba con la humildad de la casa.* **2** (no contable) Abundancia de bienes y cosas valiosas: *Ella se dejó seducir por su riqueza.* SIN. fortuna. **3** (preferentemente en plural) Dinero y cosas valiosas: *El empresario atesoró grandes riquezas.* **4** (no contable) Abundancia de cualquier cosa material o espiritual que se considere valiosa: *riqueza de vocabulario, riqueza espiritual, riqueza agrícola.*

risa *s. f.* **1** (no contable) Movimiento de la boca y de la cara que se hace al reír: *Yo quería estar serio, pero se me escapó la risa.* **~ contagiosa.** **2** (no contable) Sonido que se hace al reír: *Le entró la risa y no pudo contenerse. Sus risas se oían desde abajo.* **3** (no contable) COLOQUIAL. Persona o cosa que hace reír: *Sus anécdotas son una risa.* || **4 ~ sardónica** MED. Enfermedad que provoca una contracción de los músculos de la cara parecida al gesto de la risa. FR. Y LOC. **de ~** COLOQUIAL 1 Cómico: *Le gustan las películas de risa.* 2 Increíble o ridículo: *Esa tienda tiene unos precios de risa.* **mearse / mondarse / partirse / troncharse de ~** COLOQUIAL; INTENSIFICADOR. Reír ‹una persona› con muchas ganas: *El público se parte de risa con sus chistes. Cuando empieza a hacer tonterías me troncho de risa con él.* **muerto de ~** COLOQUIAL. 1 Muy divertido: *Olga estaba muerta de risa escuchando sus historias.* 2 Olvidado o abandonado: *Desde que compró el ordenador, tiene la máquina de escribir muerta de risa.* **retorcerse* de ~. tomar a ~** COLOQUIAL. Burlarse o no dar valor ‹una persona› a una persona o a una cosa: *Se toma a risa sus consejos. La abuela ya no puede con el niño porque la toma a risa.*

riscal *s. m.* Terreno cubierto de riscos.

risco *s. m.* Roca alta y escarpada, difícil y peligrosa para andar por ella: *Las cabras huían subiéndose por los riscos.*

risible *adj.* ELEVADO. Que causa risa, o merece ser tomado a risa: *La tuya es una propuesta risible, sin fundamento.*

risotada *s. f.* Risa ruidosa y vulgar: *La duquesa soltó una risotada que nos dejó sorprendidos.* SIN. carcajada.

ristra *s. f.* **1** Trenza formada con los tallos de ajos o cebollas. **~ de ajos** Conjunto de cabezas de ajos que cuelgan de tallos entrelazados en forma de trenza. **2** COLOQUIAL. Conjunto de ciertas cosas colocadas unas tras otras: *una ristra de cohetes. Su hijo es muy mal hablado, y cada vez que abre la boca suelta una ristra de palabrotas.*

ristre *s. m.* RESTRINGIDO. Pieza de la armadura donde se apoyaba la lanza: *Los dos caballeros se colocaron uno frente al otro lanza en ristre.* FR. Y LOC. **en ~** COLOQUIAL. [Objeto] que está preparado para ser utilizado: *Él llegó con el cuaderno en ristre dispuesto a hacer el examen. Bolígrafo en ristre, la secretaria empezó a escribir.*

ristrel *s. m.* ARQ. Listón grueso de madera.

risueño, ña *adj.* **1** (antepuesto / pospuesto) Que contiene satisfacción, placer o alegría: *expresión risueña, semblante risueño. La risueña mirada de la niña demostraba que estaba muy ilusionada.* **2** (ser / estar; antepuesto / pospuesto) Que ríe o sonríe con facilidad: *Ella siempre es muy risueña. Estás muy risueña esta noche. Dos risueños muchachos nos explicaron cómo se iba al hotel.* **3** Que produce satisfacción, placer o alegría. **4** (antepuesto / pospuesto) Que parece apropiado, próspero o favorable: *perspectivas risueñas, ánimo risueño. Os espera un risueño porvenir.*

ritmar *v. tr.* RESTRINGIDO. Adaptar ‹una persona› [una cosa] a un ritmo determinado.

rítmico, ca *adj.* (antepuesto/pospuesto) Que obedece a un ritmo o compás: *paso rítmico, acento rítmico. Los rítmicos movimientos del péndulo me adormecían.* **gimnasia* rítmica.**

ritmo *s. m.* 1 MÚS. Orden a que se somete la sucesión de los sonidos musicales: *Para bailar sólo hace falta seguir el ritmo de la música con el cuerpo. Suena una música de ritmo muy lento.* 2 LING. Orden en forma de divisiones regulares que puede establecerse en una secuencia lingüística de acuerdo con el número de sílabas y la combinación de los acentos: *El ritmo de este poema es irrepetible.* 3 Orden en la sucesión de una cosa: *El latido del corazón sigue un ritmo de dos tiempos.* 4 Velocidad con que ocurre o se hace una cosa: *Yo no puedo llevar este ritmo de vida. Tienes que correr manteniendo un ritmo constante. El ritmo de trabajo es bueno. El ritmo de la película es un poco lento.*

rito *s. m.* 1 Costumbre muy arraigada que se repite siempre de la misma manera: *Los antropólogos estudian los ritos africanos. El visitar la tumba de algunos personajes ilustres se ha convertido en un rito. No le gustan las relaciones sociales que se han convertido en un rito.* **ritos agrícolas. ritos fúnebres. ritos satánicos.** 2 REL. Conjunto de reglas que rigen el culto y las ceremonias religiosas: *el rito cristiano, el rito ortodoxo, el rito de las sinagogas judías.*

ritornelo *s. m.* 1 MÚS. Fragmento musical que sirve de introducción o de conclusión a un fragmento cantado. 2 MÚS. Repetición o estribillo.

ritual *adj. / s. m.* 1 Que se hace según un rito: *canto ritual, baile ritual, ceremonia ritual. La cena en su casa constituyó un verdadero ritual.* **danza ~.** || *s. m.* 2 REL. Conjunto de ritos o ceremonias de una religión. FR. Y LOC. **ser de ~** RESTRINGIDO. Ser ‹una cosa› costumbre: *Aquí es de ritual ir todos los domingos a comer con la familia.*

ritualismo *s. m.* 1 (no contable) REL. Corriente o actitud partidaria de aumentar la importancia de los ritos en el culto. 2 (no contable) Exagerada sujeción a las formalidades y trámites reglamentarios en los actos jurídicos u oficiales.

rival *adj. / s. m.* y *f.* [Persona] que rivaliza o compite con otra persona para conseguir una misma cosa o para superarla: *Son rivales cuando juegan, pero fuera de la pista son buenos amigos. Este caballo es el mejor, no tiene rival.*

rivalidad *s. f.* (no contable) Competencia entre dos personas para conseguir un mismo fin: *La rivalidad entre estas dos empresas las lleva a bajar los precios.*

rivalizar *v. intr.* 1 Luchar ‹dos o más personas› entre sí para conseguir [una misma cosa]: *Pedro rivaliza* ***con*** *Juan* ***en*** *contar chistes. Los dos rivalizaban de jóvenes* ***por*** *la misma chica.* SIN. competir. 2 Tener ‹dos personas› unas condiciones parecidas: *Estos dos tenores rivalizan* ***en*** *calidad.* ⇒ **19.**

rivera (diferente de *ribera*) *s. f.* 1 Arroyo, pequeña corriente de agua. 2 Cauce por el que corre un arroyo: *En el pueblo tenemos una rivera, pero en verano está seca.*

riyal *s. m.* Unidad monetaria de Arabia Saudí y Qatar.

rizador *s. m.* 1 Aparato que sirve para rizar: *Con el rizador de pelo que me han regalado me puedo peinar yo misma.* 2 Sustancia que sirve para rizar el cabello.

rizar *v. tr.* 1 Hacer ‹una persona› ondas en [el pelo]: *La peluquera te rizó muy bien el pelo.* SIN. ondular. 2 MAR. Mover ‹el viento› [el mar], formando olas pequeñas: *El viento rizaba el agua. Según el pronóstico, la mar estará rizada.* 3 Hacer ‹una persona› pequeños dobleces en [una tela o un papel]: *Para hacer esa figura tienes que rizar el papel.* || *v. prnl.* 4 Formar ‹el pelo› ondas: *El pelo se me riza en cuanto lo dejo crecer un poco.* SIN. ondularse. 5 MAR. Formarse olas pequeñas en ‹el mar›: *La mar se riza siempre al atardecer.* **mar* rizada.** FR. Y LOC. **~ el rizo*.**

rizo *s. m.* 1 Mechón de pelo ensortijado: *Mi hermana ha ido a la peluquería para que le alisen el pelo y le quiten los rizos.* 2 Mechón de pelo en forma de bucle o tirabuzón: *Estrellita Castro llevaba un rizo en la frente.* 3 Acrobacia aérea que se realiza al hacer un giro vertical: *Los espectadores se emocionaban al ver los rizos de los aviones.* FR. Y LOC. **rizar el ~** COLOQUIAL. Hacer ‹una persona› una cosa mucho más difícil de lo que ya era: *Puede que te devuelvan el dinero, pero pretender que lo hagan con intereses es rizar el rizo.* ⇒ **19.**

rizófago, ga *adj. / s. m.* ZOOL. [Animal] que se alimenta de raíces.

rizófito, ta o **rizofito, ta** *adj. / s. m.* BOT. [Vegetal] que tiene raíces.

rizoma *s. m.* BOT. Tallo subterráneo, generalmente horizontal, que almacena sustancias de reserva.

RN (pronunciamos *'erre-ene'*) *s. f.* POLÍT. Sigla del partido «Renovación Nacional», Chile.

RNE *s. f.* (pronunciamos *'erre-ene-e'*) Sigla de «Radio Nacional de España».

ro *onom.* Se usa repetida para arrullar a los niños.

roano, na *adj.* [Caballo, yegua] que tiene el pelo mezclado de blanco, gris y bayo.

róbalo *s. m.* (macho y hembra) Lubina, pez.

robar *v. tr.* 1 Quitar a la fuerza o violentamente ‹una persona› [una cosa que pertenece a otra persona] contra su voluntad: *Me robaron el coche y nunca más lo volví a encontrar.* 2 Tomar ‹una persona› para sí [una cosa no material]: *No quiero robarle su tiempo, me iré enseguida. Los disgustos me han robado la salud.* 3 Quitar ‹una persona› [parte de una cosa]: *Hemos robado unos metros a la cocina para agrandar el salón. Julián le roba tiempo al sueño para estudiar.* 4 JUEGOS. Coger ‹una persona› [cartas o fichas], cuando corresponde por las reglas de juego: *Te toca robar.* 5 GEOGR. Arrastrar ‹una corriente de agua› [tierra de las orillas]: *El río nos roba todos los años un poquito de huerta.*

robinsón *s. m. / f.* Persona que es capaz de sobrevivir autosuficientemente lejos de la sociedad: *Ese amigo tuyo es un robinsón, vive sólo en su finca, lejos del pueblo, con sus animales, sin luz y comiendo sus productos.*

robinsonismo *s. m.* (no contable) RESTRINGIDO. Modo de vida propio de un robinsón: *En las sociedades despersonalizadas el robinsonismo se hace cada vez más frecuente.*

roble *s. m.* 1 *Quercus robur.* Árbol muy grande de la familia de las fagáceas, de hojas caducas y una bellota amarga por fruto, cuya madera es muy apreciada en la construcción. 2 Madera de este árbol: *un armario de roble. El roble es una madera muy resistente.* 3 COLOQUIAL. Persona o cosa fuerte y de gran resistencia: *Eva está hecha un roble, jamás se pone enferma. A mi edad, y estoy más fuerte que un roble.*

robleda *s. f.* Robledal.

robledal *s. m.* Robledo de gran extensión: *Esto era un hermoso robledal, pero se quemó hace un año.*

robledo *s. m.* Lugar poblado de robles.

roblón *s. m.* **1** RESTRINGIDO. Clavo cuya punta, una vez clavada, se remacha por el extremo opuesto formando cabeza. SIN. remache. **2** Lomo que forman las tejas en el tejado.

robo *s. m.* **1** Acción y resultado de robar: *La vecina denunció el robo de las joyas a la policía.* **2** Cosa robada: *El valor del robo asciende a un millón de pesetas.* **3** COLOQUIAL; INTENSIFICADOR. Estafa o precio excesivo que se pide por una cosa: *Pedir tantos millones por este piso tan pequeño es un robo.*

robot *s. m.* **1** Máquina electrónica que ejecuta automáticamente operaciones o movimientos previamente programados: *Los robots aún distan mucho de parecerse al ser humano.* **~ de cocina** Máquina con diversos accesorios para realizar tareas de cocina: *Con el robot de cocina pico las verduras y rallo la zanahoria.* **2** Persona que actúa maquinalmente o dirigida por otra persona: *José tiene un compañero que actúa como un robot, siempre hace lo que le dicen.* SIN. autómata. || **3 retrato* ~.**

robótica *s. f.* (no contable) Parte de la ingeniería que se ocupa de estudiar, construir y controlar los robots: *Los últimos adelantos en robótica se exponen en la feria.*

robustecer *v. tr.* **1** Hacer ‹una persona o una cosa› que [otra persona u otra cosa] sea robusta o más robusta: *Las reformas de los cimientos robustecerán la estabilidad del edificio.* SIN. reforzar. || *v. prnl.* **2** Hacerse ‹una persona o una cosa› robusta o más robusta: *La planta se ha robustecido con el nuevo abono.* SIN. fortalecerse. ⇒ **5.**

robusto, ta *adj.* **1** (antepuesto / pospuesto) Que es grueso y fuerte: *Una robusta columna sostenía el techo. El elefante tenía unas patas robustas.* **2** (ser / estar; antepuesto / pospuesto) Que tiene un cuerpo fuerte y buena salud: *En su familia son todos muy robustos. Tu chico está muy robusto. Unas robustas muchachas abrían la puerta a los visitantes.*

roca *s. f.* **1** GEOL. Materia mineral definida, que forma parte de la corteza y manto terrestre. **~ metamórfica. ~ sedimentaria. ~ volcánica.** **2** GEOL. Fragmento de esta materia: *He recogido unas rocas para estudiarlas. Hay inmensas rocas en lo alto de la montaña que amenazan con desprenderse.* **3** GEOGR. Monte de piedra o peñasco: *En lo alto de la roca hay un mirador.* **4** Persona o cosa resistente o inamovible: *Su hija se mantiene firme como una roca.* **5** Persona fría e insensible: *Alicia es una roca a la que no vas a conmover con tus lloros.* FR. Y LOC. **cristal* de ~.**

rocalla *s. f.* **1** MIN. Conjunto de trozos de roca desprendidos espontáneamente o al tallar las piedras: *El jardinero encargó un camión de rocalla.* **2** ARTE. Decoración no simétrica inspirada en el arte chino que imita contornos de piedras y conchas y que se utilizó como motivo característico del Rococó: *Una fuente de rocalla adornaba el jardín.*

rocambolesco, ca *adj.* (antepuesto / pospuesto) COLOQUIAL; INTENSIFICADOR. Que parece increíble de tan extraordinario, exagerado, espectacular o apasionante: *El viaje ha sido una aventura rocambolesca. El portero nos contó una rocambolesca historia.*

roce *s. m.* **1** Acción de rozar o rozarse: *El roce del zapato le ha hecho una herida en el talón. El roce de las pisadas ha desgastado el piso de cerámica.* **2** Señal que queda al rozar o rozarse: *Los puños de la camisa tienen algunos roces. Este producto hace desaparecer los roces de los muebles.* **3** (no contable) Trato continuado entre las personas: *Desde pequeño, el niño tuvo mucho roce con sus primos. El roce produce el cariño.* **4** Pequeña discusión: *Aunque los novios han tenido algunos roces, siguen llevándose bien.*

roche *s. f.* PERÚ; COLOQUIAL. Vergüenza.

rochela *s. f.* **1** AMÉR DEL S., P. RICO, VEN. Algazara, bullicio. **2** VEN.; RESTRINGIDO. Rebaño de ganado bravío.

rociada *s. f.* **1** Rocío: *La humedad de la rociada calaba los huesos. Una rociada de este perfume te dura varias horas.* **2** RESTRINGIDO. Conjunto de cosas que se esparcen al arrojarlas: *una rociada de piedras, una rociada de balas.* SIN. lluvia. **3** RESTRINGIDO. Serie de reproches, acusaciones o insultos dirigidos a una persona: *No hubo respuesta a las acusaciones, solamente una rociada de insultos.* SIN. sarta.

rociar *v. tr.* **1** Esparcir o derramar ‹una persona› [un líquido] sobre [otra persona u otra cosa]: *Su madre le roció la cabeza* ***con*** *colonia. Los herederos han rociado la casa* ***con*** *petróleo y le han prendido fuego.* **2** Lanzar ‹una persona› [cosas] de forma que caigan esparcidas sobre [una persona o una cosa]: *Rociaron a los recién casados* ***con*** *arroz.* **3** Beber ‹una persona› [una determinada bebida] mientras se come: *Este pescado hay que rociarlo con un buen vino.*

rocín, na *adj. / s. m. y f.* **1** RESTRINGIDO; PEYORATIVO. [Persona] que es ignorante o mal educada: *Hija mía, eres una rocina.* || *s. m.* **2** GAN. Caballo de mal aspecto y poca altura: *Venía subido en un rocín que parecía que no iba a aguantar su propio peso.* SIN. jamelgo. **3** GAN. Caballo de trabajo.

rocío *s. m.* **1** METEOR. Vapor que se condensa durante la noche en gotas muy pequeñas y se deposita sobre distintas superficies: *Los pétalos de la rosa están llenos de rocío. El rocío ha humedecido el coche.* **2** Conjunto de gotas menudas esparcidas sobre una superficie para humedecerla.

rock (del inglés; pronunciamos *'roc'*) *adj.* **1** MÚS. De un género musical derivado del rock and roll: *cantante rock.* **música ~.** || *s. m.* **2** MÚS. Cada uno de los diversos géneros musicales ligeros derivados del rock and roll: *grupo de rock, festival de rock.* **3** MÚS. Baile que se baila a este ritmo: *bailar un rock.* || **4 ~ and roll** (pronunciamos *'rocanrol'*) 1 Género musical de ritmo binario derivado del swing y del blues que alcanzó gran popularidad en los años cincuenta: *Elvis Presley es el cantante de rock and roll por excelencia. El rock and roll no ha pasado nunca de moda.* 2 Baile que se baila a este ritmo: *Bailan muy bien el rock and roll.*

rocker (del inglés; pronunciamos *'róquer'*) *s. m. / f.* **1** MÚS. Seguidor de rock and roll que imita la moda de la década de los años cincuenta: *Las rockers llevan tupé y pantalones vaqueros.* **2** MÚS. Intérprete de música de rock and roll: *Un grupo de rockers toca hoy en el club.*

rococó *adj. / s. m.* [Estilo artístico o decorativo] que es propio del siglo XVIII europeo y se caracteriza por su gusto refinado y abundancia de formas: *un salón rococó, una mesa rococó, muebles de estilo rococó. El Rococó resulta un estilo muy recargado para la sensibilidad artística actual.*

rocola *s. f.* PERÚ, VEN. Máquina de discos de un local público que funciona con monedas.

rocoso, sa *adj.* (antepuesto / pospuesto) Que está formado por rocas: *costa rocosa, playa rocosa. Los rocosos acantilados gallegos originan muchos accidentes.*

rocote *s. m.* AMÉR. Rocoto.

rocoto o **rocote** *s. m.* AMÉR. Ají poco picante.

roda *s. f.* MAR. Pieza gruesa y curva que forma la proa de la nave.

rodaballo *s. m.* (macho y hembra) Pez teleósteo marino del mismo grupo que el lenguado, pero de forma casi circular, que es apreciado por su carne: *Los rodaballos se alimentan de crustáceos y de moluscos.*

rodada *s. f.* **1** RESTRINGIDO. Rodera: *Las profundas rodadas delataban el paso de un carro pesado.* **2** ARG., URUG.; RESTRINGIDO en Argentina, COLOQUIAL en Uruguay. Caída del jinete y del caballo cuando van corriendo.

rodado, da *adj.* **1** De los vehículos de ruedas o de su transporte: *El transporte rodado es más caro que el fluvial. Este fin de semana se prevén problemas para el tráfico rodado.* **2** COLOQUIAL. Que se hace o se dice con facilidad y fluidez: *La frase te salió rodada. La escena ha salido rodada.* || **3 canto* ~.** || *s. m.* **4** ARG. Cualquier vehículo de ruedas. **5** CHILE; ELEVADO. Desprendimiento desde una altura de una masa de un terreno. FR. Y LOC. **venir* ~** o **venir de primera.**

rodador, ra *s. m./f.* DEP. Ciclista que corre mejor en el llano, que en la montaña: *Esta chica es una excelente rodadora, pero cuando llegan las cuestas pierde mucho gas.*

rodadura *s. f.* Acción y resultado de rodar: *la banda de rodadura de un neumático.*

rodaja *s. f.* **1** Trozo de alimento cortado en forma circular: *rodajas de mortadela, rodajas de piña. He comprado melocotón en rodajas.* **2** RESTRINGIDO. Pieza circular y plana. **3** RESTRINGIDO. Estrella de la espuela.

rodaje *s. m.* **1** CINE. Acción y resultado de impresionar películas cinematográficas: *Este actor ha participado en el rodaje de una película americana.* SIN. filmación. **2** (no contable) AUTOMOV. Situación en que se halla un vehículo mientras no ha rodado la distancia inicial prescrita por el fabricante: *Hacer el rodaje es indispensable para que el motor tenga un buen funcionamiento. No puedo correr mucho, porque el coche está en rodaje.* **3** (no contable) COLOQUIAL. Experiencia de una persona en una materia o actividad: *A tu hermano le falta mucho rodaje para ese cargo.* SIN. experiencia.

rodal *s. m.* Lugar o mancha redondeada que se distingue de lo que la rodea: *La alfombra tiene un rodal descolorido. Al perro le han salido rodales en la piel.*

rodamiento *s. m.* MEC. Pieza que permite o facilita que un dispositivo gire o dé vueltas: *Muchos rodamientos están formados por bolas de acero.* SIN. cojinete.

rodapié *s. m.* **1** Banda estrecha, generalmente de madera o de cerámica, que se coloca como decoración o como protección en la parte inferior de la pared: *El rodapié se está desprendiendo de la pared porque no está bien puesto.* SIN. zócalo. **2** RESTRINGIDO. Adorno o resguardo alrededor de las patas de un mueble. **3** RESTRINGIDO. Tabla o enrejado en la parte inferior de la barandilla de un balcón para que no se vean los pies de las personas.

rodar *v. intr.* **1** Moverse ‹una cosa› de un lugar a otro dando vueltas: *El aro rodó hacia la pared. Tenemos que hacer rodar el barril hasta aquel lado.* **2** Caer ‹una persona o una cosa› por [una pendiente]: *El esquiador rodó **por** la pista. La piedra rodó **desde** lo alto de la cumbre.* **3** Moverse ‹una cosa› por medio de ruedas: *El camión rodó cientos de kilómetros sin parar.* SIN. circular. **4** Girar ‹una cosa› alrededor de un eje: *Vimos rodar las aspas de un molino. La ruleta rueda de nuevo.* **5** COLOQUIAL. Ir ‹una cosa› de [un lado a otro]: *Este jarrón rueda **por** toda la casa. En aquella casa rueda el dinero.* **6** Ir ‹una persona› de [un lugar a otro]: *Tu primo ha rodado **por** toda América.* **7** COLOQUIAL. Funcionar ‹una cosa› con normalidad: *Este negocio no rueda.* || *v. tr.* **8** CINE. Tomar o impresionar ‹una persona› [una cosa] en película: *Los americanos han rodado una nueva película sobre dinosaurios. Rodé toda la boda con mi videocámara.* SIN. filmar. **9** CINE. Interpretar ‹un actor› [un papel] en una película: *Alfonso es un actor veterano que ha rodado ya más de treinta películas.* **10** AUTOMOV. Hacer funcionar ‹una persona› [un vehículo nuevo o recién reparado] sin forzar el motor hasta el momento en que esté a punto para rendir al máximo: *He hecho este viaje para rodar el coche.* **11** VEN. Apresar ‹una persona› [a otra persona]. FR. Y LOC. **echar a ~** COLOQUIAL. Estropear ‹una persona› una cosa: *Tu indiscreción echó a rodar todos nuestros proyectos.* **dejar que ruede la bola*. ~ cabezas ⇒ 28.**

rodear *v. tr.* **1** Poner ‹una persona› [una cosa] alrededor de [otra persona u otra cosa]: *El bailarín rodeó su cintura **con** un pañuelo de seda. La mujer lo rodeó **con** sus brazos.* SIN. ceñir. **2** Estar o colocarse ‹una o más personas o cosas› alrededor de [una persona o una cosa]: *Todos rodearon al sonámbulo. Una valla rodea el huerto.* **3** Evitar ‹una persona› [un asunto o un tema]: *Rodeamos los asuntos más espinosos.* SIN. eludir. **4** AMÉR. Reunir ‹una persona› [el ganado disperso] en [un lugar determinado]. || *v. tr. / intr.* **5** Seguir ‹una persona› [un camino indirecto] para llegar a un lugar: *Tenemos que rodear el lago para llegar a casa. Rodearon **por** el bosque hasta llegar al valle.* || *v. prnl.* **6** Reunir ‹una persona› [personas o cosas] a su alrededor: *Se rodeó **de** antigüedades. Me gusta rodearme **de** la familia en las fiestas.*

rodela *s. f.* RESTRINGIDO. Escudo redondo y delgado con el que, antiguamente, se protegía el pecho.

rodeo *s. m.* **1** Acción y resultado de rodear: *El rodeo del edificio por su parte exterior dura diez minutos.* **2** Desviación que se hace del camino directo: *Vamos a dar un rodeo para no encontrarnos con él.* SIN. vuelta. **3** (preferentemente en plural) Manera de hablar o de decir una cosa indirectamente, indicando lo que interesa de una manera poco clara, con más palabras de las necesarias: *En vez de decirle lo que piensa de él, Jorge se anda con rodeos. Déjate de rodeos y dime lo que ha pasado.* **4** (preferentemente en plural) RESTRINGIDO. Manera indirecta de hacer una cosa, tratando de evitar cualquier dificultad que se presenta: *No te andes con rodeos y soluciónalo ya.* **5** AMÉR. Deporte y espectáculo de algunos países de América que consiste en montar caballos y toros salvajes, arrojar el lazo y hacer otros ejercicios.

rodera *s. f.* Surco que queda marcado en un camino por el paso de las ruedas de los carros u otros vehículos: *Los grandes camiones han dejado en el carril izquierdo de la autopista unas roderas muy incómodas para circular.*

rodete *s. m.* **1** Objeto con forma de rueda o de rosca: *Apoyan la carga que llevan en la cabeza sobre un rodete.* **2** Moño, generalmente trenzado y a ambos lados de la cabeza. **3** RESTRINGIDO. Pieza de una cerradura donde se introduce la llave. **4** RESTRINGIDO. Rueda hidráulica horizontal con paletas planas.

rodilla *s. f.* **1** ANAT. Articulación que une el fémur y la tibia: *A Ignacio le han hecho una operación en la rodilla.* **2** ANAT.

Zona del cuerpo humano que rodea la articulación entre el fémur y la tibia: *La novia llevaba un vestido por encima de la rodilla. El niño se ha dado un golpe en la rodilla.* **3** ZOOL. Unión del antebrazo de los cuadrúpedos con la caña: *El caballo se rompió la rodilla al saltar la valla.* **4** RESTRINGIDO. Paño ordinario para limpiar en la cocina: *Los cubiertos los limpias con esta rodilla nueva.* FR. Y LOC. **de rodillas** 1 Con las rodillas en el suelo: *poner de rodillas, dejar de rodillas, estar de rodillas. Recuerdo una vez que me castigaron de rodillas, cara a la pared y con los brazos en cruz.* 2 En actitud humilde y suplicante: *Te lo pido de rodillas, ven a casa.* **doblar / hincar la ~** 1 Arrodillarse ‹una persona› apoyando una sola rodilla en el suelo: *El caballero hincó la rodilla ante su rey.* 2 Humillarse, rendirse o darse por vencida ‹una persona›: *El ajedrecista dobló la rodilla a las dos horas de iniciada la partida.* **hincarse* de rodillas.**

rodillera *s. f.* **1** Banda, pieza o tira elástica que se pone en la rodilla para protección: *El portero del equipo llevaba grandes rodilleras.* **2** Parche, remiendo o adorno que llevan algunos pantalones en la parte de la rodilla: *A este pantalón hay que ponerle rodilleras.* **3** Deformación o bolsa que se forma en en la zona de los pantalones que cubre la rodilla: *Las rodilleras en los pantalones hacen muy feo.*

rodillo *s. m.* **1** COCINA. Cilindro de madera utilizado en repostería o panadería para amasar: *un rodillo de cocina.* **2** Instrumento para pintar formado por un cilindro acolchado con un mango: *Pintó las paredes con rodillo en vez de con brocha.* **3** Cilindro muy pesado utilizado en la construcción para allanar y apretar la tierra: *El peón pasó el rodillo varias veces antes de echar el pavimento.* **4** Objeto cilíndrico que se hace rodar por el suelo para mover sobre él cuerpos muy pesados: *Los egipcios deslizaban los grandes bloques de piedra sobre rodillos de madera.* **5** Pieza cilíndrica y giratoria de un mecanismo: *Al rodillo de la prensa le falta tinta.* **6** COLOQUIAL. Modo de actuar de un contendiente aplastando a su adversario sin darle ninguna oportunidad: *El partido en el poder puso en marcha el rodillo parlamentario para no admitir ni una enmienda y sacar adelante la ley. El equipo visitante fue un rodillo para los locales.*

rodio *s. m. Rh.* Elemento químico metálico de brillo plateado, dúctil, maleable y muy resistente, que se emplea en industria y en joyería.

rododendro *s. m.* Arbusto ornamental de hojas perennes y flores grandes acampanadas o en forma de tubo.

rodrigón *s. m.* RESTRINGIDO. Caña o palo que se clava junto a una planta para sostener sus tallos y ramas.

rodríguez (plural *rodríguez*) *s. m.* COLOQUIAL; HUMORÍSTICO. Hombre casado que se queda en casa porque tiene que trabajar, mientras su familia se va de vacaciones: *En el mes de julio sólo quedan en la ciudad los rodríguez.* FR. Y LOC. **estar / quedarse de ~** COLOQUIAL. Quedarse ‹un hombre casado› trabajando mientras la familia está de vacaciones: *Este verano estaré de rodríguez.*

roedor, ra *adj.* **1** Que roe: *El ratón es un animal roedor.* || *adj. / s. m.* **2** ZOOL. [Mamífero] que es generalmente pequeño, de pelaje corto, muy fecundo y caracterizado por tener un único par de dientes incisivos de gran tamaño: *Los incisivos de los roedores tienen un crecimiento y desgaste continuos.* || *s. m.* **3** (en plural) ZOOL. Orden formado por estos mamíferos.

roedura *s. f.* **1** Acción de roer: *La roedura del ratón ha estropeado la pata del armario.* **2** Porción que se desprende al roer: *En el suelo están las roeduras del queso.* **3** Señal que queda en la cosa roída: *La pata de la silla tiene roeduras.*

roel *s. m.* RESTRINGIDO. Pieza redonda de un escudo de armas.

roela *s. f.* RESTRINGIDO. Disco de oro o de plata en bruto: *La roela se utiliza para acuñar medallas y monedas.*

roer *v. tr.* **1** Cortar ‹una persona o un animal› partes pequeñas y superficiales de [una cosa dura] con los dientes: *La rata ha roído la puerta. Si el ratón va a roer el queso, caerá en la trampa.* **2** Quitar ‹una persona o un animal› la carne de [un hueso] con los dientes: *A Carmen le gusta roer las chuletas de cordero.* **3** Gastar o quitar ‹una persona o una cosa› [una cosa] poco a poco: *Los impuestos le están royendo la pensión.* **4** Causar ‹una cosa› angustia, pena o disgusto a [una persona]: *A Pedro le roía la mala conciencia.* SIN. concomer. FR. Y LOC. **hueso* duro de ~.** ⇒ **69.**

rogar *v. tr. / intr.* **1** Pedir ‹una persona› [una cosa] a [otra persona] con súplicas o humildad: *Te ruego que me perdones. Ruega a Dios* ***por*** *mí.* SIN. suplicar. **2** ELEVADO. Solicitar ‹una persona› [una cosa] a [otra persona] formalmente: *Ruego a usted que atienda mi petición.* FR. Y LOC. **hacerse (de) ~** Resistirse ‹una persona› a hacer una cosa por el gusto de que se le ruegue que la haga: *A tu madre le gusta hacerse de rogar. No te hagas rogar y ven a la fiesta.* ⇒ **24.**

rogativa *s. f.* (preferentemente en plural) Oración pública para conseguir el remedio a una grave necesidad: *Los vecinos hicieron rogativas pidiendo la lluvia para la comarca.*

rogatoria *s. f.* (preferentemente en plural) AMÉR. Rogativa.

rojear *v. intr.* **1** RESTRINGIDO. Mostrar ‹una cosa› el color rojo que en sí tiene: *Ya rojean las fresas.* **2** RESTRINGIDO. Mostrar ‹una cosa› un color rojizo: *Después de lavada, esta tela rojea.*

rojez *s. f.* **1** (no contable) Cualidad de las cosas o las personas que son o están rojas: *la rojez de las manzanas. Le dio mucha vergüenza y todos vimos la rojez de su cara.* **2** MED. Mancha de color rojo en la piel: *La chica tenía rojeces y pecas en la cara.*

rojizo, za *adj.* (ser / estar; antepuesto / pospuesto) Que tira a rojo: *pelo rojizo. El cielo está rojizo. El rojizo barro de la mina cubría sus botas.*

rojo, ja *adj. / s. m.* **1** (ser / estar; antepuesto / pospuesto) Del color de la sangre o de las amapolas: *La marquesa llevaba un vestido rojo. Sus rojos labios eran irresistibles. El rojo te sienta bien.* || *adj. / s. m.* y *f.* **2** De ideología política de izquierdas: *El ejército rojo sucumbió ante las tropas fascistas. Los rojos dominan el sindicato.* || *adj.* **3** (antepuesto / pospuesto) [Cabello] que es rubio tirando a colorado: *La actriz tiene el pelo rojo. Jorge destaca por sus rojos cabellos.* **4** (estar) [Semáforo] que tiene encendida la luz roja: *No pases, que el semáforo está rojo.* || **5 alerta* roja. 6 farolillo* ~. 7 glóbulo* ~. 8 luz* roja. 9 marea* roja. 10 números* rojos. 11 piel* roja. 12 tarjeta roja.** FR. Y LOC. **al ~ (vivo)** 1 Incandescente: *El hierro debe estar al rojo para que se pueda trabajar.* 2 COLOQUIAL. Muy caliente: *No me puedo tomar la sopa porque está al rojo vivo.* 3 COLOQUIAL. Muy excitado, exaltado o emocionante: *El partido está al rojo vivo.* **poner ~** COLOQUIAL. Hacer ‹una persona› que otra persona se avergüence: *Lo he puesto rojo delante de todos al contar lo que hizo.* **ponerse ~** COLOQUIAL. Ruborizarse ‹una persona›: *Se puso rojo al ver que lo habían pillado robando.*

rol *s. m.* 1 Función que desempeña una persona, grupo o entidad: *Desde que llegó ha desempeñado el rol de líder del grupo.*2 Lista de nombres. 3 MAR. Licencia que lleva el capitán de un barco en la que consta la lista de la tripulación. 4 Conjunto de comportamientos que caracterizan una determinada posición social: *No me gusta nada el rol de vigilante que me atribuyen.*

rolar *v. intr.* 1 MAR. Dar ‹una embarcación› vueltas en círculo. 2 METEOR. Ir variando ‹el viento› de dirección. 3 CHILE, PERÚ. Alternar, tener relaciones ‹una persona›. 4 MÉX.; COLOQUIAL. Pasear o vagar ‹una persona›.

rollizo, za *adj.* (ser/estar) Que es grueso y tiene un aspecto robusto o saludable: *Le gustan los bebés rollizos. Este chico está muy rollizo.*

rollo *s. m.* 1 Tira de material enrollada alrededor de un eje o sobre sí misma: *rollo de alambre, rollo de cuerda, rollo de papel, rollo fotográfico.* 2 Cilindro formado por una cosa enrollada o que está destinado a recibir aquello que se enrolla, como el de una máquina de escribir. 3 Cilindro de materia dura: *La cocinera amasaba con el rollo de madera.* 4 COLOQUIAL. Persona o cosa aburrida o pesada: *El profesor soltó un rollo sobre política. No he invitado a mis primas porque son un rollo.* **~ patatero** COLOQUIAL; INTENSIFICADOR. Cosa aburrida o pesada: *La película es un rollo patatero.* 5 COLOQUIAL. Relación sentimental: *Estos dos han tenido un rollo. Me gustaría tener un rollo con él.* 6 COLOQUIAL. Sensación o sentimiento: *La película me dio un mal rollo y me deprimí mucho.* 7 JERGAL. Situación, actividad o ambiente en el que se mueve una persona: *Esta gente lleva un mal rollo. A mí no me va el rollo de la droga.* 8 (plural) ARG., URUG.; COLOQUIAL. Michelín de una persona. FR. Y LOC. **tener ~** COLOQUIAL. Hablar o escribir ‹una persona› mucho para decir muy poco: *No sé si iré a la conferencia, porque esa profesora tiene mucho rollo.*

rolo *s. m.* 1 COL., VEN.; RESTRINGIDO en Colombia. Rodillo de imprenta. 2 COL, VEN. Defensa, porra de la policía.

romadizo *s. m.* RESTRINGIDO. Catarro nasal.

romaico *adj.* 1 LING. De la lengua griega moderna. || *s. m.* 2 LING. Lengua griega moderna.

romana *s. f.* Instrumento tradicional para pesar, formado por una barra horizontal de dos brazos desiguales con el fiel entre ambos: del pequeño se suspende el cuerpo que se ha de pesar y por el mayor, con una escala graduada, se desplaza un pilón que marca, en el punto de equilibrio el peso: *pesar con la romana.*

romance *adj./s. m.* 1 LING. [Lengua] que procede del latín: *El español es una lengua romance. Sus poemas estaban escritos en romance. Actualmente las lenguas romances peninsulares son el catalán, castellano, portugués y gallego.* || *s. m.* 2 MÉTR. Estrofa de origen español formada por una serie indefinida de versos octosílabos en la que los pares tienen rima asonante: *Ese autor escribe muy buenos romances.* 3 Relación amorosa pasajera: *vivir un romance.* FR. Y LOC. **venir con romances** RESTRINGIDO. Distraer ‹una persona› a otra persona con tonterías o con historias sin sentido o sin solución: *No me vengas con romances y haz el trabajo para mañana.*

romancear *v. tr.* 1 HIST. Traducir ‹una persona› [un texto] al romance: *En la Edad Media algunos autores romancearon muchos textos.* 2 CHILE. Perder ‹una persona› el tiempo hablando. 3 CHILE. Cortejar ‹una persona› [a otra persona].

romancero *s. m.* LIT. Colección de romances: *El castellano tiene un romancero muy rico. He leído todas las composiciones de este romancero.*

romanche *adj.* Rético.

romancista *adj./s. m.* y *f.* HIST. Escritor de lengua romance, en oposición al que lo hacía en latín.

románico, ca *adj.* 1 LING. [Lengua] que deriva del latín: *El español, el italiano y el portugués son lenguas románicas.* 2 LING. De las lenguas que derivan del latín: *voces románicas, fonética románica.* 3 ARTE. Del estilo románico: *bóveda románica, iglesia románica.* || *adj./s. m.* 4 ARTE. [Estilo artístico] que se desarrolló en Europa occidental desde finales del siglo X hasta principios del siglo XIII: *arte románico, arquitectura románica, pintura románica, escultura románica. Esta obra corresponde a la última etapa del Románico.*

romanismo *s. m.* (no contable) Conjunto de instituciones, cultura o tendencias políticas de la antigua Roma.

romanista *adj./s. m.* y *f.* 1 DER. Especialista en Derecho romano. 2 FILOL. Especialista en lenguas y literaturas romances.

romanística *s. f.* 1 (no contable) DER. Estudio del Derecho romano. 2 (no contable) FILOL. Estudio de las lenguas y literaturas románicas.

romanización *s. f.* (no contable) HIST. Difusión de la civilización romana.

romanizar *v. tr.* 1 Difundir ‹una persona› la civilización romana en [un lugar]: *Romanizar los territorios conquistados era el principal objetivo de la expansión romana.* || *v. prnl.* 2 Adoptar ‹un pueblo o un lugar› la civilización romana: *Los pueblos ibéricos se romanizaron al entrar en contacto con una cultura más avanzada.* ⇒ **19.**

romano, na *adj./s. m.* y *f.* 1 De Roma, capital italiana: *Los romanos asistieron a la cena.* 2 HIT. De la antigua Roma y de su Imperio: *el ejército romano, el imperio romano. Mi hijo hizo un trabajo sobre los romanos.* || *adj.* 3 REL. De la religión católica: *la Iglesia romana, el Pontífice romano.* || **4 curia* romana. 5 derecho* ~. 6 numeración* romana. 7 número* ~.** FR. Y LOC. **a la romana** COCINA. Rebozado con huevo y pan rallado, y frito: *calamares a la romana.*

romanticismo *s. m.* 1 (no contable) Movimiento artístico e intelectual desarrollado entre finales del siglo XVIII y mediados del XIX, que defiende las formas libres y la individualidad del artista frente a las normas neoclásicas: *la poesía del Romanticismo.* 2 (no contable) COLOQUIAL. Carácter sentimental e idealista: *el romanticismo de una película, el romanticismo de un adolescente.*

romántico, ca *adj./s. m.* y *f.* 1 Del Romanticismo: *literatura romántica, música romántica, teatro romántico, pintor romántico. Mi profesor de música me está enseñando los románticos alemanes.* 2 (ser/estar; antepuesto/pospuesto) Que encierra sentimientos delicados o generosos, o expresa desinterés o idealismo: *amor romántico, paseo romántico, viaje romántico, hombre romántico. Las noches en que hay luna llena estoy más romántica. Venecia es una romántica ciudad. Laura es una romántica empedernida.*

romanza *s. f.* 1 MÚS. Aria de carácter sencillo y tierno, por lo general. 2 Composición instrumental del mismo carácter.

rombo *s. m.* Figura geométrica de cuatro lados iguales, paralelos dos a dos, y ángulos no rectos, iguales dos a dos: *Me gustan los jerseys de rombos.*

romboedro *s. m.* Cuerpo geométrico que tiene seis caras con forma de rombos iguales.

romboide *s. m.* Figura geométrica de cuatro lados desiguales, paralelos dos a dos, y que no tiene ángulos rectos.

romeo *s. m.* COLOQUIAL; HUMORÍSTICO. Joven enamorado: *Dile a tu hija que ahí llega su romeo.*

romería *s. f.* **1** REL. Marcha, por devoción, a un santuario: *ir en romería.* **2** REL. Fiesta popular junto a una ermita el día de la festividad religiosa de un lugar: *Este año queremos ir a la romería de mi pueblo.* **3** COLOQUIAL. Conjunto numeroso de personas que se agrupa en un lugar o pasa por él: *Esta calle es una romería los días de mercado.* **4** COLOQUIAL. Centro de trabajo poco organizado o poco tranquilo: *Esa biblioteca es una romería: la gente entra y sale, y no para de hablar.*

romero, ra *adj. / s. m.* y *f.* **1** Persona que participa en una romería: *Está de romero en el Rocío.* **2** Peregrino que va en peregrinación a un lugar santo: *los romeros de Tierra Santa, los romeros de Santiago de Compostela.* || *s. m.* **3** *Rosmarinus officinalis.* Arbusto de flores pequeñas de color azul y hojas muy aromáticas. Se usa en perfumería y en medicina.

romo, ma *adj.* **1** (ser / estar) Que no tiene filo o punta: *El borde es romo. El extremo del clavo está romo.* **2** ELEVADO. Que no tiene agudeza intelectual: *El director escribe unos artículos muy romos. Éste es un chico un poco romo.* **3** RESTRINGIDO. Que tiene la nariz pequeña y redondeada: *cara roma. Miguel tiene una nariz roma.* SIN. chato.

rompecabezas (plural *rompecabezas*) *s. m.* **1** Juego de habilidad y paciencia que consiste en formar una figura combinando varios cubos que tienen en sus diversas caras parte de aquélla: *hacer un rompecabezas.* **2** COLOQUIAL. Acertijo o problema de difícil solución: *Tengo que solucionar este rompecabezas de las cuentas, porque no me cuadran.* **3** RESTRINGIDO. Antigua arma ofensiva compuesta de dos bolas metálicas sujetas a los extremos de un mango flexible.

rompehielos (plural *rompehielos*) *s. m.* MAR. Embarcación de quilla reforzada especialmente construida para navegar por mares helados: *En los países nórdicos los rompehielos son fundamentales para garantizar la navegación.*

rompenueces (plural *rompenueces*) *s. m.* AMÉR. Cascanueces.

rompeolas (plural *rompeolas*) *s. m.* Dique que entra en el mar para proteger un puerto o una bahía.

romper *v. tr.* **1** Hacer ‹una persona o una cosa› trozos irregulares de [una cosa]: *El balón rompió el cristal. He roto el jarrón al tirarlo al suelo.* **2** Hacer ‹una persona, un animal o una cosa› un agujero o una raja en [un material flexible]: *Los niños rompieron el balón con una navaja. Los gatos han roto las cortinas de la ventana.* **3** Hacer ‹una persona o una cosa› que [una cosa] se estropee: *He roto la cerradura porque he metido una llave que no era.* **4** Hacer ‹una persona o una cosa› que se interrumpa la continuidad de [una cosa]: *La proyección de diapositivas rompió la monotonía de la clase.* || *v. tr. / intr.* **5** No cumplir ‹una persona› [un compromiso o una ley]: *El sindicato rompió el compromiso. Los novios han roto.* || *v. intr.* **6** Abrirse camino ‹una persona o una cosa› por [un lugar]: *El agua rompió **por** la parte baja del muro.* **7** Empezar ‹una cosa›: *Ya podemos salir porque rompe el alba.* SIN. despuntar. **quebrar / rayar / ~ el alba*. ~ el día*.** **8** Empezar ‹una persona› a [hacer una cosa]: *El niño rompió **a** llorar.* **9** No querer ‹una persona› tener más trato con [otra persona o una cosa]: *Ella ha roto **con** su novio. He roto **con** mi empresa y ahora busco trabajo.* **10** Deshacerse ‹las olas› en espuma al chocar contra las rocas u otra cosa: *Las olas rompen **sobre** el dique.* **11** COLOQUIAL. Tener ‹una persona o una cosa› mucho éxito: *Aquel disco rompió y se colocó en lo más alto de las listas de ventas.* **12** Abrirse ‹una flor›: *Las flores están a punto de romper.* **13** ARG. Molestar ‹una persona o una cosa› a [otra]. || *v. prnl.* **14** Partirse ‹una cosa› en trozos irregulares: *Él se ha roto la pierna por tres sitios. El vaso se rompió al caerse.* **15** Hacerse un agujero o una raja en ‹un material flexible›: *Este papel se rompe fácilmente. Las medias se me han roto.* **16** Estropearse ‹una cosa›: *Se ha roto la radio.* SIN. averiarse. **17** Interrumpirse la continuidad de ‹una cosa›: *Las conversaciones se rompieron por falta de consenso.* **18** No cumplir ‹un compromiso o una ley›: *Se rompió el acuerdo.* SIN. quebrantarse. FR. Y LOC. **abrir / ~ la cabeza*. calentarse / romperse los cascos*. de rompe y rasga** COLOQUIAL. Se usa para indicar que una persona tiene gran decisión y carácter: *Irene es una mujer de rompe y rasga.* **no haber roto nunca un plato*** o **no haber roto en su vida un plato. o jugamos todos o se rompe la baraja*. partir / ~ corazones*. partir / ~ el hocico*** o **partir / ~ los hocicos. partir / ~ el morro*** o **partir / ~ los morros. partir* / ~ el alma / corazón. partir / ~ la crisma*. ¿qué tripa* se te ha roto? ~ a hablar*. ~ aguas*. ~ el hielo*. ~ el silencio*. ~ filas*. ~ la baraja*. ~ la cara / boca** o **~ los dientes** COLOQUIAL; preferentemente AMENAZA. Golpear ‹una persona› a otra: *A éste le voy a romper la cara.* **~ las hostilidades*. ~ una lanza*** o **~ lanzas. romper(se) en mil pedazos*. romperse / quebrarse la cabeza*. romperse los cuernos*.** ⇒ **91.**

rompiente *s. m.* GEOGR. Bajo, escollo o costa donde rompen las olas y se levanta el agua: *Le gustaba contemplar la espuma de las olas contra los rompientes.*

rompope o **rompopo** *s. m.* AMER. C., MÉX. Bebida preparada con aguardiente, huevos, leche, azúcar y canela.

ron *s. m.* (no contable) Bebida alcohólica de olor y sabor fuertes, que se obtiene por la destilación de melazas y zumo de caña de azúcar.

roncar *v. intr.* **1** Emitir ‹una persona› un sonido ronco al respirar, cuando duerme: *Esta noche has roncado.* **2** ZOOL. Llamar ‹el gamo› a la hembra cuando está en celo. **3** PERÚ; JERGAL. Mandar, tener ‹una persona› autoridad. ⇒ **71.**

roncear *v. tr.* ARG., CHILE, MÉX. Mover ‹una persona› [una cosa pesada] con las manos o con palancas.

roncha *s. f.* **1** Bulto rojizo de la piel que produce picor, causado por algunas enfermedades o por la picadura de algunos insectos: *En cuanto cambia de aguas le salen ronchas. Esa roncha es de un tábano.* **2** Cardenal en la piel: *Con el golpe me salió una roncha.* SIN. moratón. **3** RESTRINGIDO. Rodaja pequeña: *Me he comido una roncha de chorizo.* FR. Y LOC. **levantar ronchas** COLOQUIAL. Molestar, disgustar ‹un comportamiento o unas palabras de una persona› a otra persona: *Sus palabras de reproche levantaron ronchas entre los amigos.*

ronchar *v. tr.* **1** RESTRINGIDO. Deshacer ‹una persona› [una cosa dura] partiéndola ruidosamente con los dientes. SIN. ronzar. || *v. intr.* **2** RESTRINGIDO. Hacer ‹un alimento› ruido cuando se masca: *Las patatas fritas ronchan.* **3** RESTRINGIDO. Causar ‹una cosa› ronchas en la piel de [una persona].

ronchón *s. m.* COLOQUIAL. Roncha en la piel: *Cuanto más te rasques el ronchón, más grande se hará.*

ronco, ca *adj.* **1** (estar) Que tiene ronquera: *Me quedo ronco en cuanto hablo un poco. No sé por qué está tan ronca.* **2** (antepuesto/pospuesto) [Voz, sonido] que es áspero y tiene poca sonoridad: *Su ronca voz era inconfundible. Los sonidos roncos de la sierra se oían en todo el pueblo.*

ronda *s. f.* **1** Recorrido de un lugar para vigilarlo: *La policía hace la ronda por la calle para evitar actos delictivos.* **2** Patrulla encargada de vigilar de noche: *Por ahí viene la ronda de los municipales en su recorrido habitual.* **3** COLOQUIAL. Cada conjunto de consumiciones que hace de una vez un grupo de personas en un bar: *La primera ronda la pago yo.* **4** DEP. Vuelta o carrera ciclista por etapas: *Los organizadores entregaron el trofeo al vencedor de la ronda francesa.* **5** Calle o paseo que rodea una ciudad o parte de ella: *Lo mejor es rodear Barcelona por la Ronda del Litoral.* **6** JUEGOS. Vuelta de todos los jugadores en algunos juegos de cartas: *Tú entras en el juego cuando acabe esta ronda. Después de esta ronda lo dejamos.* **7** Reunión nocturna de personas para cantar por la calle: *Esta noche vamos a ir de ronda a las casas de las compañeras de curso.* **8** ARG., CHILE, URUG. Juego del corro.

rondalla *s. f.* MÚS. Conjunto musical juvenil de instrumentos de cuerda que actúa en veladas y fiestas y, a veces, sale de ronda acompañando a algunos cantores: *La rondalla de Medicina rondará esta noche a la reina de las fiestas.*

rondar *v. intr./tr.* **1** Recorrer ‹una persona› una población o un lugar de noche, vigilando para impedir desórdenes: *Los vecinos rondaron las calles en busca de ladrones. La policía siempre ronda en parejas.* SIN. patrullar. **2** Salir ‹un hombre› a la calle cantando y tocando para cortejar a una mujer: *A la tuna le gusta rondar a las chicas bonitas.* **3** Pasear ‹una persona› por un lugar durante la noche: *Juan rondaba la calle de madrugada, porque el calor no le dejaba dormir.* **4** Ir ‹una persona› a un lugar frecuentemente: *Ese hombre ronda este bar todas las noches.* || *v. intr.* **5** Pasar ‹una idea› por la cabeza de [una persona] reiteradamente: *Me ronda que este negocio no marcha bien.* || *v. tr.* **6** Procurar agradar y atraer ‹una persona› [a otra persona]: *Hace tiempo que Jorge la ronda, pero no consigue que se fije en él.* **7** Intentar conseguir ‹una persona› una cosa de [otra persona]: *Mi sobrino lleva rondándome tres días, no sé qué querrá.* **8** Empezar a entrar ‹el sueño› a [una persona] o a manifestársele ‹una enfermedad›: *Me ronda un catarro.* **9** Aparecer ‹una idea o un propósito› en la mente de [una persona]: *A Rosa le ronda la idea de poner un negocio.*

rondel *s. m.* LIT. Composición poética corta, de origen francés, en la que se repite al final el primer verso o las primeras palabras.

rondeña *s. f.* FOLC. Copla y baile parecidos al fandango, típicos de Ronda.

rondín *s. m.* **1** ARG., BOL., CHILE. Vigilante nocturno. **2** BOL., EC., PERÚ. Instrumento de viento hecho de madera y con lengüetas metálicas para producir el sonido.

rondó *s. m.* MÚS. Composición instrumental procedente de la Edad Media cuyo tema principal se repite varias veces.

rondón *s. m.* Se usa en la LOC. **de ~** COLOQUIAL. Sin permiso, sin decir nada a nadie: *Se coló en la fiesta de rondón.*

rondpoint *s. m.* COL. Plaza circular.

ronquear *v. intr.* RESTRINGIDO. Estar ‹una persona› ronca.

ronquera *s. f.* MED. Afección de la laringe que cambia el timbre de la voz haciéndolo más áspero: *Mi familia padece de ronquera. Este mes ya he tenido dos ronqueras.*

ronquido *s. m.* Ruido que se hace al roncar: *Los ronquidos de su hermano no le dejan dormir.*

ronronear *v. intr.* **1** Producir ‹el gato› una especie de ronquido para manifestar que está satisfecho o a gusto: *Cuando le rasco la cabeza, mi gato se pone a ronronear.* **2** Producir ruido la trepidación de ‹un motor›: *El motor no cesa de ronronear.* **3** COLOQUIAL. Pasar ‹una idea› por la cabeza de [una persona] reiteradamente: *La idea de irse al campo a vivir le ronronea por la cabeza.* SIN. rondar.

ronroneo *s. m.* Acción y resultado de ronronear: *El ronroneo del gato puede resultar molesto.*

ronzal *s. m.* Cuerda que se ata al cuello o a la cabeza de las caballerías para conducirlas o sujetarlas.

ronzar *v. tr.* RESTRINGIDO. Deshacer ‹una persona› [una cosa dura] partiéndola ruidosamente con los dientes. SIN. ronchar. ⇒ **19.**

roña *adj./s. m.* y *f.* **1** (ser/estar) COLOQUIAL; PEYORATIVO. [Persona] que es roñosa o tacaña: *Es muy roña con su mujer, no le pasa apenas dinero. Paga tú ahora, hombre, que estás hoy muy roña. Al roña de tu primo no le dejo ni un duro más.* || *s. f.* **2** (no contable) COLOQUIAL; PEYORATIVO. Suciedad muy pegada: *Esa chica tiene los codos llenos de roña.* SIN. porquería. **3** (no contable) METAL. Orín de los metales: *Las rejas tienen roña porque hace dos años que no se pintan.* SIN. herrumbre. **4** (no contable) COLOQUIAL; PEYORATIVO. Tacañería: *No hagas las cosas con tanta roña, sé un poco más desprendido.* **5** (no contable) Sarna del ganado lanar.

roñica *adj. / s. m.* y *f.* COLOQUIAL; PEYORATIVO. [Persona] que es roñosa o tacaña: *Aunque le haya tocado la lotería, Paco sigue siendo roñica. Tu novio está más roñica que nunca; no ha pagado ni una ronda en toda la noche. Eres una roñica.*

roñosería *s. f.* (no contable) COLOQUIAL. Cualidad de roñoso: *Su roñosería alcanza límites inimaginables.*

roñoso, sa *adj.* **1** (ser/estar; antepuesto/pospuesto) COLOQUIAL; PEYORATIVO. Que tiene roña, mucha suciedad o porquería: *La habitación es roñosa, pero barata. ¡Qué asco! esto está roñoso. Me dio un peine roñoso que no me atrevía ni a tocarlo. Sus roñosas manos quedaron blancas y suaves después de lavarlas.* SIN. mugriento. **2** (ser/estar; antepuesto/pospuesto) Que está oxidado o cubierto de orín: *clavo roñoso. Los barrotes metálicos de la escalera están roñosos. Me dio aquellas roñosas tijeras que habían estado mojándose.* SIN. oxidado. || *adj./s. m.* y *f.* **3** (ser/estar) COLOQUIAL; PEYORATIVO. Que gasta o intenta gastar lo menos posible: *¡Menudo roñoso es!, no suelta un duro ni loco. Carlos está muy roñoso. Los roñosos me ponen nerviosa.* SIN. tacaño.

ropa *s. f.* **1** Prenda o conjunto de prendas de vestir o cualquier cosa hecha con tela, como la ropa del hogar: *ropas de abrigo, ropa de casa. Ya saqué la ropa de verano.* || **2 ~ blanca** Ropa de uso doméstico, como sábanas, toallas o manteles. **3 ~ interior** Ropa íntima, que se coloca directamente sobre la piel: *Le gusta llevar ropa interior de seda.* **4 ~ vieja** Guisado que se hace aprovechando la carne que ha sobrado de otros guisos. FR. Y LOC. **a quema ~** o **a quemarropa** 1 Sin avisar y con decisión: *preguntar algo a quema ropa.* 2 Desde muy cerca: *disparar a quema ropa. El jugador remató a quema ropa.* **haber ~ tendida** COLOQUIAL. Se usa para indicar que puede haber personas que no deben oír lo que se está hablando: *No sigas hablando, que hay ropa tendida.* **nadar* y guardar la ~. no tocar (ni) un pelo* de la ~. tentarse la ~** COLOQUIAL. Considerar ‹una persona› las cosas previamente, reflexionar: *Tiéntate la ropa antes de contestarle.*

ropaje *s. m.* **1** PEYORATIVO. Vestidura, sobre todo si es lujosa o excesiva: *¿Dónde vas con tanto ropaje? Nos recibió la anfitriona con unos ropajes estrambóticos.* **2** COLOQUIAL. Conjunto de ropas: *Cuando mis vecinos van de vacaciones cargan el coche de ropaje inútil.*

ropavejero, ra *s. m. / f.* RESTRINGIDO. Persona que se dedica a comprar y vender ropa usada.

ropavieja *s. f.* CUBA, MÉX.; COLOQUIAL. Guiso de carne de res con distintas verduras.

ropero *s. m.* **1** Armario o habitación donde se guarda la ropa: *guardar en el ropero, colgar en el ropero. He dejado tu abrigo en el ropero.* **2** (no contable) RESTRINGIDO. Conjunto de vestidos de una persona: *Sus amigas tienen un ropero muy variado.* **3** RESTRINGIDO. Asociación benéfica que proporciona ropa a los necesitados: *Llevaré lo que ya no me ponga al ropero de la parroquia.* **4** COL. Perchero. || *s. m. / f.* **5** RESTRINGIDO. Persona que tiene por oficio vender ropa hecha.

ropón *s. m.* RESTRINGIDO. Ropa larga y suelta que se ponía encima de las demás prendas de vestir.

roque *adj.* **1** (estar) COLOQUIAL. Que está o se ha quedado dormido: *Me he quedado roque. El niño está completamente roque.* || *s. m.* **2** JUEGOS. Torre del juego de ajedrez.

roqueda *s. f.* LITERARIO. Roquedal.

roquedal *s. m.* Terreno cubierto de rocas: *Estas montañas son un roquedal, y por eso están tan peladas.* SIN. roqueda.

roquedo *s. m.* LITERARIO. Roquedal.

roquefort *s. m.* Queso de oveja de sabor fuerte característico debido a su enmohecimiento parcial: *El roquefort es propio de la localidad francesa del mismo nombre.*

roquero, ra *adj. / s. m.* y *f.* Que es muy aficionado al rock o se dedica a él: *música roquera, un grupo de roqueros.*

roquete *s. m.* RESTRINGIDO. Sobrepelliz.

rorcual *s. m.* (macho y hembra) *Balaenoptera physalus.* Mamífero marino semejante a la ballena, que tiene una pequeña aleta dorsal, y unos surcos en la garganta, con los que puede dilatar la boca.

rorro *s. m.* COLOQUIAL. Niño recién nacido: *El rorro llora porque tiene hambre.* SIN. bebé.

ros *s. m.* Gorro militar con visera, duro y cilíndrico, más alto por delante.

rosa *adj. / s. m.* **1** [Color] que resulta de mezclar el rojo y el blanco: *Tradicionalmente el rosa ha sido el color de las niñas y el azul el de los niños. Pinté de rosa pálido mi habitación.* **maillot ~.** || *s. f.* **2** Flor del rosal, muy aromática y de intenso colorido, formada por muchos pétalos superpuestos: *un ramo de rosas rojas.* **~ de pitiminí. 3** Mancha redonda de color rosado que sale a veces en el cuerpo. **4** AMÉR. Rosal. || **5 novela* ~. 6 ~ de los vientos** 1 MIN. Variedad del yeso que cristaliza en forma de rosa. 2 MAR. Rosa náutica. **7 ~ de los vientos** o **~ náutica** MAR. Círculo que tiene marcados los treinta y dos rumbos en que se divide la vuelta del horizonte, o bien los nombres de los diferentes vientos. **8 ~ del azafrán** Flor del azafrán. **9 salsa* ~.** FR. Y LOC. **estar como una ~** COLOQUIAL. Tener ‹una persona› buen aspecto: *Tu abuelo está como una rosa.* **de color* de ~ .**

rosáceo, a *adj.* **1** [Color] que es parecido al rosa: *color rosáceo, pintura rosácea. El bebé tiene los ojos muy claros y la piel rosácea.* || *adj. / s. f.* **2** BOT. [Planta] que es dicotiledónea, de flores hermafroditas con corola de cinco pétalos y hojas dentadas. || *s. f.* (en plural) BOT. Familia de estas plantas.

rosado, da *adj.* **1** (ser / estar; antepuesto / pospuesto) Que tira a rosa: *El papel de la pared es rosado. La piel de la cicatriz está rosada. Su rosada cara sonreía. He comprado una tela rosada.* || *adj. / s. m.* **2** [Vino] que se obtiene de uvas tintas y blancas o de una variedad de uva tinta. **vino ~.**

rosal *s. m.* BOT. Arbusto de la familia de las rosáceas de tallos espinosos y hojas alternas cuya flor es la rosa.

rosaleda *s. f.* Lugar poblado de rosales: *Le gusta pasear por la rosaleda todas las tardes.*

rosario *s. m.* **1** REL. Rezo de los católicos en que se conmemoran los quince misterios principales de la vida de Jesucristo y de la Virgen: *misterios gozosos, misterios dolorosos, misterios gloriosos del rosario.* **2** REL. Este mismo rezo, pero más corto, formado sólo por cinco misterios: *En el colegio rezábamos el rosario.* **3** REL. Objeto religioso formado por una serie de cuentas ensartadas en un hilo, que se utiliza para este rezo: *rosario de plata.* **4** REL. Objeto similar usado por religiones no católicas para llevar la cuenta de sus oraciones: *rosario de musulmanes, rosario de budistas.* **5** COLOQUIAL. Serie de cosas, una detrás de otra: *Ha salido por su boca un rosario de mentiras. María padece un rosario de desdichas.* FR. Y LOC. **acabar* como el ~ de la aurora.**

rosbif *s. m.* Filete de carne de vaca poco asado por dentro.

rosca *s. f.* **1** Masa de pan o bollo en forma circular con un agujero central: *Me gustan más las roscas que las galletas.* **2** Canal en espiral de tornillos, tuercas y otras piezas, para acoplarlas, girando, a otra pieza u objeto: *tornillo de rosca, pendientes de rosca, tapón de rosca, apretar una rosca.* **3** Abultamiento en forma de anillo alrededor de un objeto o de una parte del cuerpo humano: *Ese hombre está tan gordo que tiene una rosca en las muñecas y en los tobillos.* **4** RESTRINGIDO. Objeto circular que, sobre la cabeza, servía de apoyo para transportar una carga: *Las mujeres de los pueblos se ponían una rosca sobre la cabeza para llevar el cántaro del agua.* **5** ARG., COL., URUG., VEN.; COLOQUIAL en Colombia. Camarilla, grupo de presión. FR. Y LOC. **hacer la ~** COLOQUIAL. Adular ‹una persona› a otra persona para conseguir algo de ella: *Mariano siempre le hace la rosca al jefe.* **hecho una ~** COLOQUIAL. Estar ‹una persona› con el cuerpo doblado o enroscado: *El niño está hecho una rosca porque tiene mucho frío.* **no comerse una ~** COLOQUIAL. No lograr ‹una persona› un propósito, especialmente de carácter amoroso: *Este verano no me comí una rosca en la playa.* **pasarse de ~** 1 Resbalar ‹la rosca de un tornillo›, no encajar bien: *Forzaste el tornillo y se pasó de rosca.* 2 COLOQUIAL. Volverse ‹una persona› un poco loca: *Como trabajes tanto y no descanses, vas a pasarte de rosca.* 3 COLOQUIAL. Cometer ‹una persona› una imprudencia o hacer una cosa no permitida o aceptable: *Te has pasado de rosca con estos chistes.*

roscado, da *adj.* (ser / estar) RESTRINGIDO. Que tiene forma de rosca: *pieza roscada.*

roscar *v. tr.* RESTRINGIDO. Hacer ‹una persona› la rosca de [un tornillo o una tuerca]: *En este taller pueden roscarte un tornillo para esa tuerca.* ⇒ **71.**

rosco *s. m.* 1 Rosca de pan o rosquilla: *Mi abuela hace unos roscos muy buenos.* 2 COLOQUIAL; HUMORÍSTICO. Un cero de calificación: *En el examen sacó un rosco.* FR. Y LOC. **no comerse un ~** COLOQUIAL. No comerse una rosca.

roscón *s. m.* Bollo grande en forma de rosca, especialmente el de algunas fiestas populares: *roscón de Reyes.*

rosedal *s. m.* ARG., URUG. Rosaleda.

roseola o **roséola** *s. f.* (no contable) MED. Erupción cutánea caracterizada por la aparición de pequeñas manchas rosáceas.

roseta *s. f.* 1 Mancha rosada en las mejillas: *En cuanto bebe un poco de vino le sale la roseta.* 2 Pieza de la regadera, llena de agujeros y que sirve para dispersar el agua. 3 Anillo o pendiente adornado con una piedra preciosa rodeada de otras pequeñas. 4 (preferentemente en plural) RESTRINGIDO. Palomitas de maíz: *Compré un cucurucho de rosetas.*

rosetón *s. m.* ARQ. Ventana circular calada, característica de las iglesias góticas: *El rosetón da luminosidad a las iglesias góticas.* 2 Adorno circular, parecido a una flor, que se coloca en el techo: *En el centro del techo había un rosetón de donde colgaba una magnífica lámpara.*

rosicler *s. m.* ELEVADO. Color rosado, claro y suave de la aurora.

rosquete *adj.* PERÚ; VULGAR. Homosexual.

rosquetón, na *adj.* PERÚ; VULGAR. Propio de homosexuales.

rosquilla *s. f.* Rosca pequeña, generalmente elaborada con masa de harina, frita en aceite y aromatizada. FR. Y LOC. **no comerse una ~** COLOQUIAL. No comerse una rosca.

rosticería *s. f.* MÉX. Tienda de pollos asados.

rostizado, da *adj.* MÉX. Asado.

rostrado, da *adj.* RESTRINGIDO. Que acaba en una punta semejante al pico del pájaro o al espolón de la nave.

rostral *adj.* Rostrado.

rostro *s. m.* 1 ELEVADO. Cara o semblante de una persona: *La niña venía con el rostro alegre.* 2 (no contable) COLOQUIAL. Descaro o desvergüenza: *¡Qué rostro! Se ha ido del bar sin pagar.* SIN. jeta. FR. Y LOC. **tener mucho ~** COLOQUIAL. Ser ‹una persona› muy descarada: *Si tu hermano quiere venir con nosotros, que trabaje como todos, porque lo conozco y sé que tiene mucho rostro.* **tener un ~ que se lo pisa** COLOQUIAL. Tener mucho rostro: *Me debe 20.000 ptas. desde hace seis meses, y es que tiene un rostro que se lo pisa.*

rotación *s. f.* 1 ASTRON., FÍS. Acción y resultado de rodar o dar vueltas un cuerpo sobre su eje: *la rotación de la Tierra.* || 2 **~ de cultivos** AGR. Sistema de cultivo en que alternan las especies vegetales que se siembran. FR. Y LOC. **eje* de ~.**

rotacismo *s. m.* LING. Conversión de la «s» en «r» en posición intervocálica.

rotar *v. intr.* 1 RESTRINGIDO. Dar ‹una cosa› vueltas alrededor de su eje: *Cuando el ventilador no rota, hay que llamar al técnico.* SIN girar. 2 Encargarse ‹varias personas› de un trabajo o una función sucesivamente y de manera cíclica: *Nosotros rotamos para establecer los turnos de manera equitativa.* SIN. turnarse. || *v. tr. / prnl.* 3 AGR. Alternar ‹una persona› [un cultivo]: *Los campesinos rotan ciertos cultivos. Los distintos productos* **se** *van rotando para no agotar la tierra.*

rotativa *s. f.* ART. GRÁF. Máquina que imprime mediante cilindros en los que están sujetas las planchas de estereotipia: *El periódico ha comprado una nueva rotativa.*

rotativo, va *adj. / s. f.* 1 ART. GRÁF. Que imprime mediante un dispositivo que da vueltas: *máquina rotativa.* || *s. m.* 2 Periódico: *Adela trabaja en un rotativo vespertino.*

rotatorio, ria *adj.* Que rota o da vueltas: *Esta pieza tiene un movimiento rotatorio. Hemos establecido un turno rotatorio de guardias, de manera que cada vez le toca a uno distinto hasta que todos la hayan hecho.*

rotisería *s. f.* ARG., CHILE, URUG. Tienda donde se venden fiambres, quesos y comidas preparadas.

roto, ta *adj.* 1 (estar) Que está quebrado en dos o más trozos: *Esa rama está rota. Tienes los zapatos rotos.* 2 (estar) COLOQUIAL. Que ha dejado de funcionar: *La nevera está rota y no funciona.* 3 (estar) COLOQUIAL. Que está muy cansado o agotado: *Los jugadores acabaron rotos el partido. Estoy roto y no puedo dar ni un paso más.* || *s. m.* 4 Desgarrón en la ropa o un tejido: *Tienes un roto en el pantalón.* SIN agujero. 5 ARG., CHILE. Persona que pertenece a las clases populares. || *p.* 6 Participio irregular de *romper.* FR. Y LOC. **haber un ~ para un descosido** COLOQUIAL. Se usa para indicar que para cada persona hay otra que le complementa: *No te vas a quedar soltero, siempre hay un roto para un descosido.* **no echar en saco* ~. servir / valer igual para un ~ que para un descosido** COLOQUIAL. Poder hacer ‹una persona o una cosa› cualquier función: *Este empleado está muy capacitado, e igual me sirve para un roto que para un descosido.*

rotograbado *s. m.* ART. GRÁF. Sistema de huecograbado rotativo.

rotonda *s. f.* 1 Plaza circular: *En la tercera rotonda debes girar a la derecha.* 2 ARQ. Edificio o sala de planta circular: *El pabellón del jardín es una rotonda.* 3 ARQ. Galería semicircular con cristalera.

rotor *s. m.* MEC. Parte giratoria de una máquina electromagnética o de una turbina: *Cuando el rotor del helicóptero empieza a girar se levanta mucho polvo.*

rotoso *adj.* AMÉR. [Persona] que es desharrapada o harapienta.

rótula *s. f.* 1 ANAT. Hueso plano triangular situado en la articulación de la rodilla: *El jugador se ha dado un golpe en la rótula.* 2 MEC. Unión articulada entre dos piezas que permite el movimiento de ambas.

rotulación *s. f.* Acción y resultado de rotular: *La rotulación de los planos es lo que más me cuesta. Hay que pensar en la rotulación del local.*

rotulador, ra *adj. / s. m.* y *f.* 1 ART. GRÁF. Rotulista. || *s. m.* 2 Instrumento para escribir o dibujar parecido a un bolígrafo, pero con tinta grasa y punta de fibra absorbente de trazo ancho: *dibujar con rotulador, pintar con rotulador. He comprado un estuche de rotuladores de colores para Inés.*

rotuladora *s. f.* ART. GRÁF. Máquina para rotular: *Señálalo con la rotuladora.*

rotular *v. tr.* 1 Poner ‹una persona› un rótulo a [una cosa]: *Han rotulado la nueva carretera. Hay discusiones sobre el diseño para volver a rotular las calles.* 2 Colocar ‹una persona› [las palabras que sirven como título para hacer determinadas indicaciones] dentro de un dibujo o un esquema: *El plano ya está dibujado, sólo falta rotularlo.*

rotulista *s. m. / f.* ART. GRÁF. Persona que tiene por oficio dibujar o poner rótulos: *la rotulista del periódico. Alberto trabaja de rotulista para una imprenta.*

rótulo *s. m.* **1** Letrero o cartel que sirve para indicar una cosa: *Fíjate en el rótulo siguiente, a ver si tenemos que tomar la próxima salida de la autopista.* **2** ART. GRÁF. Título de un escrito, o de una parte de un escrito.

rotundo, da *adj.* **1** (ser / estar; antepuesto / pospuesto) ELEVADO. Que no admite duda o discusión: *Sus palabras fueron rotundas. Estuviste muy rotundo en tus declaraciones. Espero que mis rotundas conclusiones no dejen dudas.* **2** (antepuesto / pospuesto) ELEVADO. Que es claro, preciso y sonoro: *Su rotunda voz se oía clara en toda la sala. Este político tiene un lenguaje rotundo que conecta muy bien con los electores.* **3** (antepuesto / pospuesto) ELEVADO. [Cuerpo] que es redondeado y voluminoso: *Mi bisabuela era una mujer de rotundas formas. Su cabeza rotunda destaca en la estatua.* **4** COLOQUIAL, RESTRINGIDO. [Comida] que es fuerte: *Quiero algo menos rotundo que la fabada asturiana. ¿Tiene usted una carne menos rotunda que el asado de cordero anunciado?*

rotura *s. f.* **1** Acción y resultado de romper o romperse: *La rotura del tobillo me impidió ir de excursión. La rotura de los frenos ocasionó el accidente.* **2** Raja o agujero que resulta de romperse una cosa: *El gas se escapaba por la rotura de la goma. Los pantalones vaqueros con roturas están de moda.*

roturar *v. tr.* AGR. Arar ‹una persona› [un terreno] por primera vez para dedicarlo al cultivo: *El Gobierno anima a los agricultores a que roturen nuevas tierras.*

roulotte (del francés; pronunciamos *'rulot'* o *'rulote'*) *s. f.* Remolque que se engancha a los automóviles y que funciona como una pequeña vivienda: *José se ha comprado una roulotte para llevársela de vacaciones.* SIN. caravana.

round (del inglés; pronunciamos *'raun'*) *s. m.* DEP. Asalto de boxeo: *Los boxeadores ya van por el tercer round.*

roya *s. f.* **1** BIOL. Hongo parásito de algunos cereales. **2** (no contable) MED. Enfermedad causada por estos hongos.

royalty (plural *royalties;* del inglés; pronunciamos *'royalti'*) *s. m.* Pago que una persona o empresa debe hacer al titular de una obra, patente, invento o cosa parecida, como derecho por explotarlos comercialmente.

roza *s. f.* **1** Surco o canal que se abre en una pared o techo para meter por ellos tuberías o cables: *Hay que hacer en el salón varias rozas para los cables de los nuevos enchufes.* **2** AGR. Técnica agrícola primitiva que se basa en la roturación de tierras en el interior de la selva: *La técnica de las rozas empobrece la tierra.*

rozadura *s. f.* **1** Herida superficial de la piel producida por haberse rozado con una cosa: *Los zapatos le han hecho rozaduras en los pies.* **2** Señal que queda en una cosa cuando se ha rozado con otra cosa: *La camisa tiene rozaduras en el cuello y en los puños.*

rozagante *adj.* **1** ELEVADO. Que está orgulloso y satisfecho: *Mira a la nena, qué rozagante va con sus zapatos nuevos.* **2** ELEVADO. Que tiene muy buen aspecto o un aspecto muy saludable: *Desde que riego las flores se han puesto muy rozagantes. Me he encontrado con tu madre, iba muy rozagante.*

rozamiento *s. m.* **1** (no contable) Acción y resultado de rozar o rozarse: *Si te pones una tirita evitarás el rozamiento del zapato en la herida.* SIN. roce. **2** (no contable) FÍS. Fuerza que se produce entre dos superficies en contacto y que provoca resistencia opuesta al movimiento de una sobre otra: *Su forma contrarresta el efecto de rozamiento del aire.*

rozar *v. intr. / tr.* **1** Tocar ‹una persona o una cosa› [a otra persona u otra cosa] ligeramente: *El balón rozó el poste. El niño me rozó en la herida y me hizo mucho daño. La bala le pasó rozando.* **2** ELEVADO. Llegar ‹una persona o una cosa› a parecerse o aproximarse mucho a [otra persona u otra cosa]: *Su manera de hablar roza* ***en*** *la pedantería. Tu marido roza la genialidad. El precio de ese traje roza las treinta mil pesetas.* SIN. rayar. || *v. tr.* **3** Gastar ‹una persona o una cosa› la superficie de [una cosa] por el uso: *Has rozado los bajos de los pantalones por llevarlos demasiado largos.* **4** Hacer ‹una cosa› un roce o una mancha a [una persona]: *Me rocé el pantalón* ***con*** *el bote de pintura. Estos zapatos me rozan.* **5** AGR. Limpiar ‹una persona› un terreno de hierbas y plantas para labrarlo: *El campo no sólo hay que sembrarlo, también hay que rozarlo.* || *v. prnl.* **6** Gastarse ‹una cosa› por el roce: *Se me han rozado todos los cuellos de los vestidos.* **7** COLOQUIAL. Tener ‹una persona› trato con [otra persona]: *No me rozo* ***con*** *los vecinos. No somos de la familia, pero nos hemos rozado mucho.* ⇒ **19.**

rpm *abr.* «Revoluciones por minuto».

rps *abr.* «Revoluciones por segundo».

RTVE o **TVE** *s. f.* Sigla de «(Radio) Televisión Española».

rúa *s. f.* RESTRINGIDO. Calle de una población.

ruana *s. f.* COL., VEN. Capote campesino o de monte, hecho de lana, un poco más ancho que largo, con una abertura en el centro por donde se mete la cabeza; sus orillas llegan hasta las muñecas. SIN. poncho.

ruandés, sa *adj. / s. m.* y *f.* **1** De Ruanda, país africano. || *s. m.* **2** LING. Lengua bantú hablada principalmente en este país.

ruano, na *adj.* GAN. Roano.

rubefacción *s. f.* MED. Enrojecimiento de la piel: *Esta pomada puede causar rubefacción de la piel.*

rubeola o **rubéola** *s. f.* (no contable) MED. Enfermedad viral propia de la infancia que se caracteriza por la aparición de ganglios y de unas manchas en la piel parecidas a las del sarampión: *La rubeola puede causar graves trastornos si se padece durante el embarazo.*

rubí (plural *rubíes*, preferible a *rubís*) *s. m.* Piedra preciosa, brillante y de gran dureza, variedad roja del corindón, que se utiliza en joyería: *unos pendientes de rubíes.*

rubia *s. f.* JERGAL; RESTRINGIDO. Peseta: *Me gasté mil rubias.*

rubiáceo, a *adj. / s. f.* **1** BOT. [Planta] que es dicotiledónea, con hojas simples y fruto en baya o drupa con semillas de albumen duro o carnoso, como el café. || *s. f.* **2** (en plural) Familia de estas plantas.

rubiales *adj. / s. m.* y *f.* COLOQUIAL; AFECTIVO. Que tiene el pelo rubio: *Sonia tiene una niña rubiales muy traviesa.*

rubidio *s. m.* (no contable) *Rb.* Elemento químico metálico del grupo de los alcalinos, de bajo punto de fusión, parecido al potasio pero más blanco y pesado, con aplicaciones principalmente industriales.

rubio, bia *adj. / s. m.* y *f.* **1** [Persona] que tiene el pelo amarillo dorado y la piel, generalmente clara: *Los nórdicos son muy rubios. En su colegio los rubios son una minoría.* **2** (ser / estar) [Pelo] que es amarillo dorado: *Su pelo es rubio. Antes Mónica tenía el pelo negro, pero ahora está rubia.* **~ platino** Rubio muy claro: *Aquella chica llevaba el pelo rubio platino.* || *adj. / s. m.* **3** [Tabaco] que tiene el color más claro y el sabor más suave que el tabaco negro: *He compra-*

do un cartón de rubio. **tabaco ~.** || *s. m.* **4** (macho y hembra) *Trigla lastoviza.* Pez marino de color rosado y con escamas duras que se prolongan en estrías. || **5 cerveza* rubia.**

rublo *s. m.* Unidad monetaria de Rusia y de la antigua Unión Soviética.

rubor *s. m.* **1** ELEVADO (no contable) Color rojo que aparece en el rostro de una persona cuando siente vergüenza: *El rubor de sus mejillas era muestra de su timidez.* **2** ELEVADO (no contable) Sentimiento de vergüenza: *Siente rubor al oír esas vulgaridades.* **3** ARG., URUG.; RESTRINGIDO en Uruguay. Colorete, maquillaje.

ruborizar *v. tr.* **1** ELEVADO. Causar ‹una persona o una cosa› rubor a [otra persona]: *Sus palabras me ruborizaron porque no lo creía capaz de decir algo así.* || *v. prnl.* **2** Cubrirse ‹una persona› de rubor: *Yo soy muy vergonzoso y me ruborizo por cualquier cosa.* ⇒ **19.**

rúbrica *s. f.* ELEVADO. Trazo o rasgo que acompaña a la firma de una persona: *Ésta es la rúbrica del director del banco.*

rubricar *v. tr.* **1** ELEVADO. Poner ‹una persona› su firma y su sello en [un documento]: *El presidente rubricó el documento para que entrara en vigor inmediatamente.* SIN. firmar. **2** ELEVADO. Asegurar ‹una persona› la veracidad de [una cosa] como testigo de ella: *Rubrico todo lo que has dicho, porque yo estaba delante y lo presencié todo.* ⇒ **71.**

rubro *s. m.* AMÉR. Título, rótulo.

ruca *s. f.* **1** ARG., CHILE. Choza, cabaña. **2** PERÚ; VULGAR. Muchacha de comportamiento excesivamente fresco.

rucio, cia *adj. / s. m.* y *f.* **1** [Animal] que tiene un color pardo claro, blanquecino o canoso. || *s. m.* **2** RESTRINGIDO. Asno: *Sancho cabalgaba en su rucio al lado de Don Quijote.*

rudeza *s. f.* (no contable) Cualidad de rudo: *Tratas con rudeza a tus empleados. La rudeza de sus modales me molesta.*

rudimentario, ria *adj.* **1** (antepuesto / pospuesto) Que no está suficientemente desarrollado: *Los rudimentarios ojos de los topos están casi ciegos. Aquel animal tenía unas orejas rudimentarias aunque, sin embargo, era capaz de oír a gran distancia.* **2** (antepuesto / pospuesto) Que es simple o poco refinado: *Las rudimentarias armas de los indios no les sirvieron para defenderse de los europeos. Los arqueólogos encontraron unas agujas de coser muy rudimentarias, que pertenecían a un pueblo ibérico.*

rudimento *s. m.* **1** BIOL. Embrión de un ser orgánico. **2** (en plural; no contable) ELEVADO. Conocimientos muy elementales sobre una ciencia o profesión: *rudimentos de informática.*

rudo, da *adj.* **1** (antepuesto / pospuesto) ELEVADO; PEYORATIVO. Que es grosero, poco cortés o educado: *Tus rudos modales descalifican tus razones. Tu vecino es una persona muy ruda, que dice barbaridades sin importarle si ofenden o no a la gente.* **2** (antepuesto / pospuesto) ELEVADO; PEYORATIVO. Que es duro o violento: *El director dio un rudo golpe encima de la mesa para imponer su autoridad. Yo no pensaba que sus palabras iban a ser tan rudas.* **3** (antepuesto / pospuesto) ELEVADO. [Material, objeto] que es basto o está sin refinar: *Las rudas telas con las que se visten las obtienen por procedimientos artesanales. Esa vieja cuchilla es un utensilio muy rudo.* **4** (antepuesto / pospuesto) ELEVADO. Que es duro o difícil de soportar: *El rudo trabajo a que éramos sometidos en el campo de concentración acabó con la mayoría de nosotros. Vivíamos en unas condiciones muy rudas.*

rueca *s. f.* Antiguo utensilio para hilar formado por una vara donde se colocaba la materia textil y un huso.

rueda *s. f.* **1** Objeto o mecanismo circular que puede girar sobre un eje para facilitar una transmisión o un desplazamiento: *la rueda de una bicicleta, la rueda de un coche, unos patines de ruedas, rueda delantera, rueda trasera, rueda de recambio, vehículo de dos ruedas, vehículo de cuatro ruedas.* **~ dentada. ~ hidráulica. silla* de ruedas. 2** Círculo formado por personas o cosas: *Los payasos actuaban en medio de una rueda de niños.* SIN. corro. **3** RESTRINGIDO. Rodaja de un alimento circular: *una rueda de piña, unas ruedas de merluza.* **4** Orden sucesivo de algunas acciones: *Se inicia una rueda de preguntas.* **5** Despliegue en abanico que hace el pavo con las plumas de la cola: *El pavo acaba de hacer la rueda.* **6** Artificio pirotécnico circular que, al quemarse, gira. **7** DEP. Ejercicio de gimnasia que consiste en girar lateralmente apoyando las dos manos en el suelo: *hacer la rueda.* **8** DEP. Ejercicio de calentamiento que se realiza en baloncesto y en el que los jugadores tiran a la canasta uno tras otro. || **9 ~ de la fortuna** 1 JUEGOS. Ruleta. 2 Sucesión imprevisible de los acontecimientos: *Yo espero que me den el trabajo, pero todos estamos sujetos a la rueda de la fortuna.* **10 ~ de molino** Muela de molino. **11 ~ de prensa** Conferencia de prensa. FR. Y LOC. **chupar ~** 1 DEP. Ir ‹un corredor› pegado a la rueda de otro para protegerse del viento y ahorrar energía: *El ciclista local fue toda la escapada chupando rueda y al final ganó la etapa.* 2 COLOQUIAL. Aprovecharse ‹una persona› del esfuerzo de otra persona: *Tu primo es un aprovechado: siempre va chupando rueda y nunca tiene una iniciativa.* **comulgar con ruedas de molino** 1 COLOQUIAL. Creer ‹una persona› las cosas más inverosímiles o exageradas: *Me parece bien que defiendas tus intereses, pero no me cuentes historias raras, que aquí no comulgamos con ruedas de molino.* 2 COLOQUIAL. Soportar ‹una persona› una ofensa o agravio. **ir sobre ruedas** COLOQUIAL. Funcionar ‹una cosa› muy bien, sin problemas de ningún tipo: *El negocio va sobre ruedas.* **tragárselas como ruedas de molino** COLOQUIAL. Comulgar con ruedas de molino.

ruedo *s. m.* **1** TAUROM. Círculo central de la plaza de toros, cubierto de arena, donde se desarrolla la lidia: *El torero, al terminar la faena, dio la vuelta al ruedo.* **2** RESTRINGIDO. Corro de personas: *Se formó un ruedo de personas alrededor del artista.* **3** VEN. Vuelta del pantalón.

ruego *s. m.* Acción y resultado de rogar o pedir una cosa con súplicas y humildad: *Su padre accedió a sus ruegos. Me hizo un ruego antes de morir, y debo cumplirlo.*

rufián *s. m.* **1** Hombre que vive de la estafa y del engaño: *Unos rufianes le robaron a Julián todos sus ahorros en una estafa.* SIN. sinvergüenza. **2** RESTRINGIDO. Proxeneta.

rugby (del inglés; pronunciamos '*rugbi*') *s. m.* (no contable) Deporte entre dos equipos de quince jugadores que consiste en disputar un balón ovalado para llevarlo tras la línea de fondo del campo contrario o pasarlo, de un puntapié, por encima del travesaño horizontal de la portería contraria: *partido de rugby, jugar al rugby.*

rugido *s. m.* **1** Voz del león, del tigre y de otros animales semejantes: *Los rugidos del león del zoo nos hacían temblar.* **2** LITERARIO. Ruido muy fuerte: *El rugido del viento asustaba a los niños.* **3** COLOQUIAL. Ruido que hacen las tripas: *Me daba vergüenza que todo el mundo oyera el rugido de mis tripas.* **4** COLOQUIAL; INTENSIFICADOR. Grito de la persona que está enfadada: *El profesor dio un rugido y nos callamos todos.*

rugir *v. intr.* **1** Emitir ‹un animal felino› su voz: *El tigre rugió de nuevo.* **2** LITERARIO. Producir ‹una cosa› un sonido fuerte y ronco: *El mar rugía embravecido.* SIN. bramar. **3** COLOQUIAL. Sonar las tripas de ‹una persona›: *Tengo que comer algo porque mis tripas rugen **de** hambre.* **4** COLOQUIAL; INTENSIFICADOR. Gritar ‹una persona› con furia: *El entrenador rugía al ver nuestro mal juego.* ⇒ **78.**

rugosidad *s. f.* **1** Arruga o pliegue en una superficie: *Si pasas la mano con cuidado notarás las rugosidades de esta tela. Mi abuelo tiene el cuello lleno de rugosidades.* **2** (no contable) Cualidad de una cosa que tiene arrugas: *Necesito un papel de menor rugosidad que la cartulina.*

rugoso, sa *adj.* (ser / estar; antepuesto / pospuesto) Que tiene una superficie irregular y es áspero al tacto: *cáscara rugosa. Esta superficie está rugosa. Sus rugosas manos se posaron sobre el libro.*

ruibarbo *s. m.* Planta herbácea, de hojas grandes y dentadas, flores en espiga y fruto seco con una sola semilla, cuyo rizoma se emplea como purgante.

ruido *s. m.* **1** Sonido inarticulado y confuso, más o menos fuerte: *Se oye ruido en la habitación. Los ruidos de la calle llegan hasta aquí. El coche hace unos ruidos raros.* ANT. silencio. **2** (no contable) Alboroto: *No metáis tanto ruido.* SIN. jaleo. **3** (no contable) COLOQUIAL. Interés o comentarios que provoca una cosa: *No creo que merezca tanto ruido una boda.* **4** COMUNIC. Cualquier alteración de la transmisión de un mensaje que provoca pérdida de información: *Los ruidos en la comunicación pueden ser de muchas clases: los sonidos raros de una radio, las rayas de una pantalla de televisión, las erratas de imprenta.* FR. Y LOC. **mucho ~ y pocas nueces** COLOQUIAL. Se usa para indicar que resulta insignificante o de poca importancia una cosa que se había presentado como muy importante: *Su último libro es una tontería, mucho ruido y pocas nueces. Mi padre amenaza mucho, pero no es peligroso: mucho ruido y pocas nueces.*

ruidoso, sa *adj.* **1** (ser / estar; antepuesto / pospuesto) Que produce mucho ruido: *máquina ruidosa, calle ruidosa, tráfico ruidoso. ¡No soporto esta ruidosa ciudad! Este niño está muy ruidoso.* **2** COLOQUIAL. [Suceso] que da mucho que hablar: *noticia ruidosa, boda ruidosa, acontecimiento ruidoso.*

ruin *adj.* **1** (antepuesto / pospuesto) ELEVADO. Que es malvado y despreciable: *Alicia es una persona ruin. Alberto me ha escrito una carta ruin. Tus ruines palabras se me quedaron grabadas en la memoria.* **2** ELEVADO. Que le cuesta dar o gastar su dinero: *Carlos era muy ruin y nunca le permitió un capricho a sus hijos.* SIN. avaro, tacaño.

ruina *s. f.* **1** (no contable) Destrucción o daño muy grande: *la ruina de un edificio, la ruina de un puente, la ruina de la salud.* **2** (no contable) Pérdida completa o casi completa de bienes y propiedades: *Nos vamos a la ruina. La empresa está en la ruina.* SIN. quiebra. **3** (no contable) Persona o cosa en muy mal estado: *Desde que Luis empezó a beber está hecho una ruina. La ruina del régimen político es absoluta.* **4** (en plural) Restos de un edificio destruido: *visitar las ruinas romanas de la ciudad. La casa está en ruinas.*

ruindad *s. f.* **1** (no contable) ELEVADO. Cualidad de lo que es malvado y despreciable: *No sospechaba que pudiera haber tanta ruindad en tu tía.* **2** ELEVADO. Cosa ruin: *Esta propina es una ruindad. Has hecho dos ruindades que yo no esperaba de ti: una no saludarlo; otra, criticarlo sin estar presente.*

ruinoso, sa *adj.* **1** (ser / estar; antepuesto / pospuesto) Que amenaza ruina o está parcialmente derruido: *La oscuridad y los ruinosos edificios terminaron por asustarme. El edificio de enfrente está ruinoso.* **2** (antepuesto / pospuesto) Que causa o puede causar la ruina económica, o que produce grandes pérdidas: *Me propuso que le comprase su ruinoso negocio. Se ha metido en un negocio ruinoso.*

ruiseñor *s. m.* (macho y hembra) Ave paseriforme de cuerpo rechoncho y plumaje pardo, con el vientre claro y la cola rojiza, que tiene un canto agradable y habita en solitario en regiones de mucha vegetación cercanas al agua.

rular *v. intr.* **1** COLOQUIAL; RESTRINGIDO. Moverse ‹una cosa› de un lugar a otro dando vueltas: *El coche empezó a rular él solo cuesta abajo. He bajado rulando los escalones.* **2** COLOQUIAL. Funcionar ‹una cosa›: *Esta máquina de fotos no rula.*

rulero *s. m.* PERÚ. Rulo de pelo.

ruleta *s. f.* **1** Juego de azar en el que se usa una rueda giratoria con 36 casillas numeradas y pintadas alternativamente de negro y rojo sobre la que se lanza una bola que, al detenerse, señala la combinación ganadora: *jugar a la ruleta, apostar en la ruleta.* **2** Rueda utilizada en el juego de la ruleta: *girar la ruleta.* || **3 ~ rusa** 1 Juego suicida que consiste en dispararse alternativamente varios jugadores en la sien con un revólver cargado con una sola bala. 2 Juego suicida que consiste en atravesar con un automóvil a toda velocidad las calles de una ciudad, a media noche, con los semáforos en rojo: *Los jóvenes jugaban a la ruleta rusa con el coche, hasta que uno de ellos se estrelló.*

ruletear *v. intr.* **1** AMÉR. C., MÉX. Conducir un taxi. || *v. intr. / tr.* **2** VEN. Trasladar de un sitio a otro innecesariamente ‹una persona› [a otra persona o una cosa].

ruletero, ra *s. m. / f.* **1** AMÉR. C., MÉX. Taxista. **2** VEN.; PEYORATIVO. Conductor de coches ilegales de alquiler.

rulo *s. m.* **1** Pequeño tubo hueco en el que se enrolla un mechón de pelo para rizarlo: *Me pongo los rulos para rizarme el pelo.* **2** RESTRINGIDO. Rizo de cabello: *Le caía un rulo sobre la frente.* **3** RESTRINGIDO. Rodillo para aplastar y allanar, por ejemplo un montón de tierra o de masa: *Los albañiles pasaron el rulo por la acera antes de poner las baldosas.*

ruma *s. f.* AMÉR. DEL S. Montón, pila de cosas.

rumano, na *adj. / s. m.* y *f.* **1** De Rumanía, país europeo: *un niño rumano. Los rumanos participaron en el congreso.* || *s. m.* **2** LING. Lengua de origen latino hablada en Rumanía y en algunas regiones fronterizas.

rumba *s. f.* **1** Música y baile en el que se mezclan elementos del folclore andaluz con ritmos afrocubanos: *bailar una rumba, cantar una rumba. La rumba catalana es muy popular en España.* **2** Baile y música populares antillanos.

rumbar *v. intr.* **1** CHILE; RESTRINGIDO. Tomar ‹una persona› el rumbo de un sitio, rumbear. || *v. prnl.* **2** COL.; COLOQUIAL. Irse ‹una persona› de un lugar. || *v. tr. / intr.* **3** COL. Producir ‹una persona o una cosa› [un zumbido como el de los moscardones].

rumbear *v. intr.* **1** AMÉR. DEL S. Orientarse ‹una persona›, encaminarse hacia un lugar. **2** AMÉR. DEL S.; COLOQUIAL. Ir ‹una persona› de juerga.

rumbero, ra *adj. / s. m.* y *f.* **1** De la rumba. **2** Que baila la rumba o es aficionado a ella.

rumbo *s. m.* **1** Dirección trazada en el plano del horizonte, que se sigue al caminar o al navegar: *navegar rumbo a Bra-*

sil. Caminamos rumbo nordeste. El avión vuela rumbo a Santiago. **2** Orientación o conducta: *Nadie puede cambiar el rumbo de los acontecimientos. Debes tomar otro rumbo, porque si sigues así no acabarás los estudios.* **3** RESTRINGIDO. Generosidad: *Se comporta con rumbo.* **4** RESTRINGIDO. Gran gasto y lujo: *Fue una fiesta de mucho rumbo.* SIN. pompa.

rumboso, sa *adj.* **1** (ser / estar) COLOQUIAL. Que gasta con generosidad en fiestas, regalos o en cualquier otra ocasión: *Tengo una familia muy rumbosa. ¡Estás muy rumboso!, ¿es que te ha tocado la lotería?* **2** COLOQUIAL. Que es suntuoso o espléndido: *fiesta rumbosa, celebración rumbosa.*

rumiante *adj. / s. m.* **1** (macho y hembra) ZOOL. [Animal mamífero] que tiene el estómago dividido en tres o cuatro partes, adaptado a la alimentación herbívora y que puede tener cuernos, como el ciervo, la cabra, el toro o la jirafa. || *s. m.* **2** (en plural) ZOOL. Grupo formado por estos mamíferos.

rumiar *v. tr.* **1** ZOOL. Volver a masticar ‹un animal rumiante› [los alimentos devueltos a la boca desde la panza]: *La vaca rumiaba la hierba con tranquilidad mientras el niño la acariciaba.* **2** COLOQUIAL. Pensar ‹una persona› [una cosa] detenidamente: *Elena rumió un plan perverso. He estado rumiando tu propuesta y no me interesa.* SIN. meditar. **3** COLOQUIAL. Manifestar ‹una persona› enfado o disgusto con sonidos confusos o murmurando [una cosa] entre dientes: *El viejo se fue de allí rumiando amenazas, porque no estaba de acuerdo con lo que le habían mandado hacer.*

rumor *s. m.* **1** Comentario incierto que circula entre la gente: *Corría el rumor de que iban a subir los precios. Ya se ha extendido el rumor de la boda.* **2** (no contable) ELEVADO. Ruido leve y continuo: *el rumor del viento, el rumor del mar, el rumor de las olas.* **3** Ruido confuso de voces: *No se oía lo que decía porque había un rumor continuo de voces.*

rumorear *v. tr. / impers.* Correr ‹un rumor› entre la gente: *Se rumorea que van a cambiar el director. Se rumorean muchas cosas, pero no me preocupa.*

runa *s. f.* **1** Cada uno de los caracteres de la escritura de los antiguos germanos orientales y nórdicos: *Se han conservado runas en piedra y en madera.* **2** ARG., BOL.; RESTRINGIDO. Patata de cáscara gruesa y cocción lenta. || *s. m.* **3** ARG., EC., PERÚ; PEYORATIVO. Indio.

runrún *s. m.* **1** COLOQUIAL. Rumor de voces: *El runrún lejano de la conversación llegaba a mi cuarto.* **2** (no contable) COLOQUIAL. Ruido continuado y ronco: *El runrún del motor se oía a lo lejos.* **3** COLOQUIAL. Noticia vaga y sin confirmar: *Corre el runrún de que os vais a separar.* SIN. rumor.

rupestre *adj.* **1** RESTRINGIDO. De las rocas. **2** ARTE. [Pinturas, dibujos] que hay en algunas rocas y cavernas y que fueron hechos en la Prehistoria: *Las pinturas rupestres de las cuevas de Altamira tienen gran interés.* **pinturas rupestres.**

rupia *s. f.* **1** Unidad monetaria de La India, Sri Lanka, Indonesia, Pakistán, Nepal, Maldivas, Mauricio y Seychelles. **2** JERGAL. Peseta: *El reloj me costó ocho mil rupias.*

ruptor *s. m.* **1** ELECTRIC. Dispositivo, electromagnético o mecánico, que abre o cierra sucesivamente un circuito eléctrico. **2** MEC. Dispositivo intermitente que produce la chispa en la bujía de un motor de explosión.

ruptura *s. f.* Acción y resultado de romper o romperse una relación o un compromiso: *La ruptura de las conversaciones entre los dos países no se ha confirmado.*

rural *adj.* Del campo, de sus labores o de sus gentes: *casa rural, novela rural, población rural, costumbres rurales.* ANT. urbano. **mundo ~.** || *s. f.* ARG. Furgoneta particular.

ruralismo *s. m. / prnl.* (no contable) Cualidad de rural: *El ruralismo de sus novelas no es aburrido.*

rusificar *v. tr. / prnl.* RESTRINGIDO. Dar ‹una persona› el carácter o las costumbres rusas a [otra persona o a una cosa]: *Tras vivir diez años en Rusia* ***se*** *rusificó.* ⇒ **71.**

ruso, sa *adj. / s. m.* y *f.* **1** De Rusia, antigura república federada de la URSS: *la revolución rusa, los políticos rusos. Los representantes rusos mantienen conversaciones con los de Ucrania. María ha conocido a dos rusos.* || *s. m.* **2** LING. Lengua eslava hablada en Rusia y Bielorrusia. || **3 ensaladilla* rusa. 4 montaña* rusa. 5 ruleta* rusa.**

rústico, ca *adj.* **1** (antepuesto / pospuesto) Del campo o de sus gentes: *costumbres rústicas, vida rústica, finca rústica, propiedad rústica. Su rústico mobiliario contrastaba con sus cuadros extremadamente urbanos.* **2** (antepuesto / pospuesto) Que es tosco o poco pulido: *Ésta es una tela muy rústica. El decorador colocó sobre la chimenea una rústica tabla de madera.* || *adj. / s. m.* y *f.* **3** (antepuesto / pospuesto) PEYORATIVO. Que tiene unos modales, unos gustos y una manera de hablar poco refinados: *Este hombre es muy rústico. Sus rústicos modales nos hacían reír. Llegaron unos rústicos a la ciudad.* **4** VEN. [Vehículo] que se usa como todo terreno.

ruta *s. f.* **1** Camino que se sigue o que se proyecta seguir en un viaje: *ruta marítima, ruta aérea. La ruta comercial del siglo* XVI *se desarrollaba por el Mediterráneo. Cada día hace la misma ruta para ir al trabajo.* **hoja* de ~. la ~ de las especias*.** **2** Conducta o línea de acción dirigidas a un fin: *Nada lo apartará de la ruta que se ha marcado.* SIN. trayectoria.

rutáceo, a *adj. / s. f.* **1** BOT. [Planta] que es dicotiledónea, generalmente leñosa, de hojas opuestas y flores amarillas o blancas, que crece en climas templados o tropicales, como el naranjo. || *s. f.* **2** (en plural) BOT. Familia de estas plantas.

rutenio *s. m.* (no contable) *Ru.* Elemento químico metálico, parecido al osmio pero con óxidos rojos, de gran dureza y resistencia, que se emplea en joyería y química.

rutilante *adj.* **1** (antepuesto / pospuesto) ELEVADO. Que brilla o resplandece: *Desde la ventana veía la luna rutilante sobre el mar. Las rutilantes estrellas presiden las noches de verano.* **2** (antepuesto / pospuesto) ELEVADO. Que destaca: *Esta abogada ha hecho una carrera rutilante. Intervendrán en el programa rutilantes estrellas del mundo de la música.*

rutilar *v. intr.* ELEVADO. Brillar ‹una cosa› mucho o despedir rayos de luz: *Las estrellas rutilan esta noche como nunca.* SIN. resplandecer.

rutilo *s. m.* (no contable) Mineral rojo de brillo muy intenso, formado por óxido de titanio.

rutina *s. f.* **1** (no contable) Acción que, por costumbre, se hace sin pensar, mecánicamente: *hacer una cosa por mera rutina, caer en la rutina, entrar en una rutina, la rutina de todos los días, apartarse de la rutina.* **2** INFORM. Serie de instrucciones que permiten que un ordenador controle una función o realice una operación de uso frecuente: *Estas instrucciones se las incorporaremos a la rutina del programa.*

rutinario, ria *adj.* **1** Que se hace por rutina: *paseo rutinario, costumbres rutinarias. La policía llamó al testigo para hacerle un interrogatorio rutinario.* || *adj. / s. m.* y *f.* **2** Que actúa por rutina: *Miguel me desespera, porque es muy rutinario y se enfada si no hace lo mismo de siempre.*

S

s *s. f.* **1** Vigésima letra del alfabeto español que representa un sonido apicoalveolar, o dorsoalveolar fricativo y sordo. **~ líquida** GRAM. *S* que empieza una palabra seguida de una consonante: *La palabra latina «spatha» (espada) empieza con s líquida. El español rechaza la s líquida.*

S *abr.* «Sur».

S. *abr.* «San».

S. A. *abr.* **1** «Su Alteza». || *s. f.* **2** (pronunciamos *'ese-a'*) Sigla de «Sociedad Anónima», España.

sábado *s. m.* Día de la semana, entre el viernes y el domingo: *Los sábados hacemos la compra en el supermercado.*

sabajón o **zabajón** *s. m.* COL. Licor espeso de yema de huevo y azúcar.

sábalo *s. m.* Pez marino teleósteo con el cuerpo alargado, de color azul verdoso en el dorso y plateado en el resto, que entra a desovar en los ríos en primavera: *El sábalo es apreciado en la cocina.*

sabana (diferente de *sábana*) *s. f.* **1** (no contable) Llanura o meseta intertropical donde crecen fundamentalmente plantas herbáceas, con arbustos y árboles aislados: *Las sabanas se extienden por África, Australia y América del Sur.* **2** Vegetación de las sabanas: *La sabana de África sirve de alimento a muchos animales herbívoros.*

sábana *s. f.* **1** Cada una de las dos piezas de tejido fino que se colocan sobre el colchón de una cama y entre las se acuesta una persona: *En invierno me gustan las sábanas de franela y en verano las de hilo.* **~ camera.** **~ bajera** Sábana que se coloca directamente sobre el colchón. **~ encimera** Sábana que queda encima del cuerpo y forma por arriba el embozo sobre las mantas o la colcha. **~ santa** REL. Sábana en la que envolvieron a Cristo para ponerlo en el sepulcro. **2** COLOQUIAL, RESTRINGIDO. Antiguo billete de mil pesetas que era muy grande. FR. Y LOC. **pegársele las sábanas** COLOQUIAL. Levantarse ‹una persona› de la cama tarde o con dificultad y pereza: *Siempre se le pegan las sábanas los lunes por la mañana.*

sabandija *s. f.* **1** (macho y hembra) Reptil o insecto muy pequeño: *El jardín está descuidado y lleno de sabandijas.* SIN. bicho. **2** COLOQUIAL. Persona que es despreciable y de malas intenciones: *Este chico es una sabandija que siempre está hablando mal de los demás.* || *s. m./f.* **3** ARG., URUG.; COLOQUIAL. Niño, persona de escasa edad, travieso y pícaro.

sabanear *v. intr.* AMÉR DEL S.; RESTRINGIDO. Recorrer ‹una persona› la sabana a caballo.

sabanero, ra *adj. / s. m.* y *f.* **1** Habitante de la sabana. || *adj.* **2** AMÉR. DEL S. De la sabana.

sabañón *s. m.* Hinchazón y enrojecimiento causado por el frío que aparece sobre todo en los dedos de las manos y de los pies o en las orejas, y produce picor intenso y desagradable: *Si lavo con agua caliente y luego uso la fría me salen sabañones.*

sabático, ca *adj.* Del sábado: *fiesta sabática, descanso sabático.* **año* ~.**

sabbat *s. m.* Aquelarre.

sábbat o **sabbat** *s. m.* Sábado, día semanal de fiesta de la religión judía: *Los judíos celebran el sábbat.*

sabeca *s. f.* Zabeca.

sabedor, ra *adj.* Que conoce bien un tema: *La delegada del Gobierno es una mujer sabedora de todos los problemas de la lucha contra los incendios forestales.*

sabelotodo *adj. / s. m.* y *f.* COLOQUIAL. Que presume de saberlo todo, de saber más que nadie o de tener más conocimientos de los que en realidad tiene: *¡Menudo sabelotodo estás hecho! Manuela es una sabelotodo, no se puede discutir con ella.* SIN. sabihondo.

saber *v. tr.* **1** Conocer ‹una persona› [una cosa]: *No sabía que estuviera casado. Ya me sé la lección.* **2** Tener ‹una persona o un animal› capacidad o habilidad para [hacer una cosa]: *El niño ya sabe nadar.* **3** Ser ‹una persona› capaz de [comportarse o de reaccionar de una determinada forma]: *Tu amiga no sabe perder. No sabes aguantar una broma.* **4** Estar ‹una persona› segura de [una cosa]: *Sé que me mintió.* **5** Conocer ‹una persona› el camino por el que [ir a un lugar]: *Creo que sabré llegar a tu casa. No sé cómo se va.* || *v. tr. / intr.* **6** Tener ‹una persona› conocimientos sobre [una materia]: *Ana sabe **de** barcos. Adolfo sabe mucha literatura.* **7** Tener ‹una persona› noticias de [otra persona o de un asunto]: *No sé **de** él desde hace un mes.* || *v. intr.* **8** a veces PEYORATIVO. Ser ‹una persona› muy lista o astuta: *Este chico sabe mucho para ser tan pequeño.* **9** Tener ‹una cosa› [un determinado sabor]: *Esta pasta sabe **a** queso. ¡Qué bien sabe esta sopa!* **10** Producir ‹una cosa› agrado o desagrado [a una persona]: *Me supo muy mal que no me saludara.* **11** ARG., EC., PERÚ; COLOQUIAL. Acostumbrar, soler. FR. Y LOC. **a ~** 1 Se utiliza para introducir una explicación o una enumeración: *Los continentes son cinco, a saber, Europa, Asia, África, América y Oceanía.* 2 Se utiliza para indicar duda o incredulidad: *A saber dónde lo habrá guardado.* **no ~ a qué**

carta quedarse Estar ‹una persona› indecisa: *Con tantas posibilidades no sabíamos a qué carta quedarnos.* **no ~ de la misa la media/mitad** COLOQUIAL. No estar ‹una persona› enterada de una cosa o desconocerla totalmente: *De este asunto tu madre no sabe de la misa la media.* **no ~ dónde meterse** COLOQUIAL. Sentir ‹una persona› mucha vergüenza: *Cuando el niño empezó a decir tonterías, yo no sabía dónde meterme.* **no ~ hacer la o* con un canuto. no ~ la cartilla*. no ~ por dónde se anda/pesca** COLOQUIAL. Estar ‹una persona› muy despistada o desacertada en un asunto: *En contabilidad no sabe por donde se pesca.* **no sé cuántos** COLOQUIAL. Se utiliza para sustituir un nombre que no se conoce o no se recuerda: *El jefe vino con Pedro no sé cuántos, no recuerdo su apellido.* **oír campanas* y no ~ dónde. oler/~ / sonar a demonios*. oler/~ /sonar a diablos*. quién sabe** Se utiliza para indicar duda: *Quién sabe si Luis vendrá al cine.* **~ a cuerno quemado** COLOQUIAL. Disgustar mucho ‹una cosa› a una persona: *Le supo a cuerno quemado que no la invitaran a la fiesta.* **~ a gloria** 1 COLOQUIAL; INTENSIFICADOR. Tener ‹una cosa› muy buen sabor: *Esos bombones (me) saben a gloria.* 2 COLOQUIAL; INTENSIFICADOR. Resultarle ‹una cosa› muy agradable a una persona: *El ascenso le supo a gloria.* **~ a poco** Ser ‹una cosa› insuficiente para una persona: *El aperitivo me supo a poco. He estado hablando dos horas con mi profesor, pero me ha sabido a poco, es un sabio.* **~ al dedillo** COLOQUIAL. Conocer ‹una persona› una cosa con todo detalle o sin dudar: *Me sé la lección al dedillo.* **~ cuántas púas* tiene un peine. ~ de paporreta** PERÚ; COLOQUIAL. Saber ‹una persona› una cosa sin pensarla, de memoria. **~ de qué pie* cojea. ~ dónde le aprieta el zapato** Conocer ‹una persona› bien las circunstancias en que se desenvuelve: *No te preocupes por ella, sabe bien dónde le aprieta el zapato.* **~ el terreno* que pisa. ~ de buena tinta*. ~ lo que es bueno*. ~ (mucho) latín*. saberse la cartilla*. sabérselas todas** COLOQUIAL. Ser ‹una persona› muy astuta o muy experimentada: *No podrás engañarla, se las sabe todas.* **según mi /nuestro leal ~ y entender** RESTRINGIDO. De acuerdo con lo que yo sé o nosotros sabemos: *Según mi leal saber y entender, eso es un timo.* **vete (tú) a ~** o **vaya usted a ~** COLOQUIAL. Se utiliza para indicar duda o desconfianza: *Vaya usted a saber qué material es éste.* ⇒ **70.**

saber *s. m.* Conocimiento, sabiduría: *Este libro recoge todo su saber. La Medicina es un saber muy antiguo.* **campos del ~.**

sabidillo, lla *adj./s. m.* y *f.* COLOQUIAL; PEYORATIVO. Que presume de saberlo todo, de saber más que nadie o de tener más conocimientos de los que en realidad tiene: *Es un chico muy sabidillo, no lo soporto.*

sabido, da *adj.* COL.; COLOQUIAL. [Persona] que es muy despierta o despabilada.

sabiduría *s. f.* **1** (no contable) Conjunto de conocimientos que se adquieren por el estudio o la experiencia: *Su sabiduría matemática es conocida en todo el país.* **2** Comportamiento prudente: *Llevó el asunto con mucha sabiduría.* FR. Y LOC. **ser un pozo* de ~/ciencia/maldad.**

sabiendas *adv.* Se usa en la LOC. **a ~** A propósito, con todo el conocimiento: *Aquel hombre lo atacó a sabiendas de que no podía defenderse.*

sabihondo, da *adj./s. m.* y *f.* Sabiondo.

sabina *s. f. Juniperus sabina.* Árbol o arbusto conífero de la familia de las crupesáceas, de hojas pequeñas con escamas, fruto redondo de color negro o rojo y madera olorosa: *En Burgos quedan algunos bosques de sabinas.*

sabio, bia *adj./s. m.* y *f.* **1** Que tiene muchos conocimientos sobre una o varias materias: *Esta profesora es una de las biólogas más sabias del mundo hispánico.* **2** (antepuesto/pospuesto) Que se comporta o expresa con inteligencia y prudencia: *una sabia decisión, una actitud muy sabia. Aquí se reunen todos los meses los sabios del pueblo.* ‖ *adj.* **3** [Animal] que tiene especiales habilidades o está muy bien amaestrado: *En esa casa tienen un perro y un gato sabios, que simulan un combate de boxeo.* ‖ **4 mono* ~.**

sabiondo, da *adj./s. m.* y *f.* COLOQUIAL; PEYORATIVO. Que presume de saber mucho sobre una cosa o de saber más de lo que en realidad sabe: *Tu hija es una sabionda.* SIN. sabihondo.

sablazo *s. m.* **1** Golpe dado con el sable: *El militar de un sablazo lo derribó del caballo.* **2** Herida causada con un sable: *El alférez tenía un sablazo en el muslo.* SIN. tajo. **3** COLOQUIAL. Petición de dinero que hace una persona, con insistencia y habilidad y sin intención de devolverlo: *Pepe vive de dar sablazos a los amigos.*

sable *s. m.* **1** Arma blanca parecida a la espada pero más larga, curva y de un solo filo: *El jinete desenvainó el sable y picó espuelas al caballo.* **2** ARG.; COLOQUIAL. Miembro viril. ‖ **3 ruido de sables** Conjunto de rumores o de indicios de que se prepara un golpe de Estado o una rebelión militar: *Ayer publicaba un periódico que en algunos cuarteles se ha oído ruido de sables.*

sablear *v. tr.* COLOQUIAL. Obtener ‹una persona› dinero de [otra persona], pidiéndolo con habilidad o insistencia y sin intención de devolverlo: *Luis tiene mucha costumbre de sablear a los amigos.*

saboneta *s. f.* RESTRINGIDO. Reloj de bolsillo cuya esfera, cubierta con una tapa, se descubre apretando un muelle.

sabor *s. m.* **1** Sensación que produce en el gusto una sustancia: *El guiso tiene un sabor picante. No me gusta el sabor salado.* **2** Cualidad de una sustancia que se percibe a través del sentido del gusto: *En este horno no se mezclan los sabores de los alimentos.* **3** Cada una de las posibles maneras en que se presenta esta cualidad: *El niño compró chicles con sabor a fresa y a menta.* **4** Impresión que deja alguna cosa en el ánimo: *Esta película deja un sabor triste. Me ha dejado un sabor amargo su despedida.* **5** Parecido que tiene una cosa con otra a la que recuerda en algo: *Sus novelas tienen un claro sabor romántico.* SIN. aire. FR. Y LOC. **dejar mal ~ de boca** Dejar ‹una cosa› un mal recuerdo: *La ruptura de su noviazgo le dejó mal sabor de boca.*

saborear *v. tr.* **1** Comer o beber ‹una persona› [un alimento o una bebida] con agrado para apreciar su sabor: *Ayer saboreé un asado excelente. Lupe nos ha invitado a la bodega a saborear el vino de su cosecha.* **2** Disfrutar ‹una persona› de [una cosa] con tranquilidad y detenimiento: *Él saboreaba aquellos momentos de felicidad intensamente.*

saborizante *s. m.* Producto que da un sabor determinado a los alimentos o lo aumenta: *La sopa tiene un saborizante cárnico.*

sabotaje *s. m.* **1** Daño producido intencionadamente en instalaciones, productos o servicios considerados enemigos para lograr un objetivo: *El descarrilamiento del tren fue debido a un sabotaje.* **2** Oposición u obstrucción disimuladas contra proyectos, ideas, órdenes o cosas similares: *Ya empiezo a creer en el sabotaje de nuestro proyecto en esta empresa.*

saboteador, ra *adj. / s. m.* y *f.* [Persona] que sabotea: *El presidente cree que los que no piensan como él son saboteadores.*

sabotear *v. tr.* Realizar ‹una persona› actos de sabotaje contra [una entidad o una persona]: *Los obreros llevan varias semanas saboteando las reuniones de los directivos.*

sabroso, sa *adj.* **1** (ser / estar) Que tiene un sabor agradable al paladar y bastante intenso: *¡Qué sabrosas son estas judías! El guiso está muy sabroso.* **2** (estar) COLOQUIAL. Que está algo salado: *Este puré está ligeramente sabroso, me he pasado un poco con la sal.* **3** (ser / estar, antepuesto / pospuesto) COLOQUIAL. Que tiene valor o interés: *El debate de ayer estuvo muy sabroso.* **4** Que tiene gracia o malicia: *chiste sabroso, anécdota sabrosa.* SIN. picante. **5** MÉX., P. RICO, PERÚ, REP. DOM. Sabrosón. **6** MÉX.; COLOQUIAL. Que es presuntuoso o fanfarrón.

sabrosón, na *adj.* **1** COL., CUBA, P. RICO, PERÚ, VEN.; COLOQUIAL en Colombia. Agradable, divertido, simpático. **2** COL., CUBA, P. RICO, PERÚ, VEN.; COLOQUIAL. [Baile, espectáculo] que es movido y sensual. **3** URUG. [Comida, bebida] que tiene un sabor agradable.

sabrosura *s. f.* **1** COL. Delicia, placer. **2** VEN. Frescura, desfachatez.

sabueso, sa *adj. / s. m.* **1** (macho y hembra) [Perro podenco] de mayor tamaño que el común. **perro ~.** || *s. m. / f.* **2** COLOQUIAL. Persona que tiene especial habilidad para investigar y descubrir algo: *Los sabuesos de la Brigada de Investigación detuvieron al criminal.*

saburra *s. f.* **1** (no contable) MED. Secreción mucosa que se acumula en las paredes del estómago en algunos trastornos gástricos. **2** (no contable) MED. Capa blanquecina que cubre la parte posterior de la lengua cuando está sucia.

saca *s. f.* **1** Bolsa o saco grande de tela fuerte: *una saca de algodón, una saca de harina.* **~ de correos** Saca que se utiliza en Correos para transportar la correpondencia: *Los ladrones han robado una saca de correos con correspondencia bancaria.*

sacable *adj.* **1** URUG.; COLOQUIAL. [Crucigrama, problema] que puede ser resuelto. **2** URUG.; COLOQUIAL. Que puede ser separado.

sacabocados o **sacabocado** (plural *sacabocados*) *s. m.* Herramienta de boca cortante con forma de punzón o de tenazas para hacer agujeros.

sacacorchos (plural *sacacorchos*) *s. m.* Instrumento formado por una espiral metálica con un mango, para quitar el tapón de corcho a una botella. SIN. descorchador. FR. Y LOC. **sacar* con ~.**

sacacuartos (plural *sacacuartos*) *s. m.* **1** COLOQUIAL. Espectáculo, objeto de poco valor o interés en que la gente malgasta su dinero: *Este libro no sirve para nada, es un simple sacacuartos.* SIN. sacaperras. || *s. m. / f.* **2** COLOQUIAL. Persona que tiene habilidad para conseguir dinero de otra: *Tu primo es un sacacuartos, me pide dinero todos los días.*

sacacuero *adj. / s. m.* y *f.* ARG.; COLOQUIAL; PEYORATIVO. Chismoso, que habla mal de los demás.

sacadineros (plural *sacadineros*) *s. m.* Sacacuartos.

sacaleches (plural *sacaleches*) *s. m.* Instrumento para extraer la leche de las glándulas mamarias: *El sacaleches se usaba para descargar el pecho de la recién parida.*

sacamantecas (plural *sacamantecas*) *s. m. / f.* COLOQUIAL. Criminal legendario que abría el cuerpo de sus víctimas y les sacaba las vísceras: *En ciertas zonas peninsulares se asustaba a los niños con el sacamantecas.*

sacamicas *s. m. / f.* COL.; COLOQUIAL; PEYORATIVO. Persona aduladora y servil.

sacamuelas (plural *sacamuelas*) *s. m. / f.* **1** COLOQUIAL; PEYORATIVO. Dentista: *Tengo la cara hinchada por culpa del sacamuelas ese.* **2** COLOQUIAL. Charlatán, persona que habla mucho y sin sustancia: *Casi llego tarde por culpa del sacamuelas de tu hermano.* **3** COLOQUIAL. Vendedor ambulante que hace propaganda continua y machaconamente de su mercancía, generalmente de poco valor: *Ahí ha llegado un sacamuelas que vende peines irrompibles.*

sacaperras (plural *sacaperras*) *s. m.* Sacacuartos.

sacapuntas (plural *sacapuntas*) *s. m.* Pequeño instrumento o aparato de oficina que sirve para sacar punta a un lápiz: *Afila el lápiz con el sacapuntas.*

sacar *v. tr.* **1** Poner o llevar ‹una persona› [a una persona o una cosa] fuera [del lugar en que estaba]: *El niño sacó la mano* ***por*** *la ventanilla. El comprador sacó el dinero* ***del*** *bolsillo. Mi vecina sacó el perro* ***a*** *la calle.* **2** Conseguir ‹una persona› [una cosa]: *En esta empresa mi marido saca una buena comisión.* SIN. obtener, lograr. **3** COLOQUIAL. Superar ‹una persona› [una cosa] con éxito: *Mi hermano sacó todos sus estudios en junio.* **4** Ganar ‹una persona› [un premio]: *Mi suegra sacó un premio de la lotería.* **5** COLOQUIAL. Extraer ‹una persona› [una cosa de otra]: *En la almazara sacamos el aceite de la aceituna. De la uva sacamos vino.* **6** Encontrar ‹una persona› la solución de [una cosa]: *No consigo sacar esta ecuación.* SIN. resolver, solucionar. **7** Comprar ‹una persona› [una entrada o un billete]: *Jorge sacó dos entradas de platea.* **8** Librar ‹una persona o una cosa› [a una persona] [de una mala situación]: *Este dinero me sacará* ***de*** *apuros.* **9** COLOQUIAL. Producir ‹una persona o una cosa› [una determinada cantidad de trabajo]: *Esta persona saca más de veinte folios diarios.* **10** Poner ‹una persona› [una cosa] en uso o en circulación: *El Banco de España ha sacado nuevas monedas de veinticinco.* **11** Hacer ‹una persona o una cosa› que [una cosa] se descubra: *Mi padre siempre saca faltas a los demás.* **12** COLOQUIAL. Hacer ‹una persona› [una fotografía o un retrato] [a una persona o una cosa]: *Sacamos fotos del castillo.* **13** COLOQUIAL. Hacer ‹una persona› que [una persona o una cosa] aparezca en [un medio de comunicación]: *Mi tía está contenta porque la van a sacar por la tele.* **14** Echar ‹un jugador› [una carta] o poner [una ficha]: *Mi madre sacó el as de copas y nos ganó.* **15** COLOQUIAL. Quitar ‹una persona› [una mancha]: *El nuevo detergente saca las manchas más rebeldes de grasa.* SIN. quitar. **16** Hacer ‹una persona› que [una cosa] sea más ancha o larga: *La modista tuvo que sacar el bajo de la falda.* **17** COLOQUIAL. Superar ‹una persona› [a otra persona] en [una cosa]: *Mi hijo ya le saca la cabeza a su padre.* || *v. tr. / intr.* **18** DEP. Lanzar ‹un jugador› [la pelota] al comienzo del juego o después de haber estado detenido: *El delantero sacó. El defensa sacó el córner.* **19** MÉX.; COLOQUIAL. No hacer frente ‹una persona› a [una situación]. || *v. tr. / prnl.*

20 Hacer ‹una persona› gestiones para obtener [un documento]: *Él pudo sacar el certificado antes que los demás. Ana **se** sacó el carné de conducir en Salamanca.* **21** AMÉR. Quitar una prenda de vestir. FR. Y LOC. **mostrar / ~ las uñas*. no poder ~ ni con tenazas*. quitar / ~ la piel* a tiras. ~ a bailar** Pedir ‹una persona› a otra persona que baile con ella: *Juan la sacó a bailar.* **~ a la luz** 1 Publicar ‹una persona› una obra. 2 Dar a conocer ‹una persona› una cosa que estaba oculta: *El acusado sacó a la luz toda la verdad sobre el caso.* **~ a relucir*. ~ (a relucir) los trapos* sucios. ~ adelante** 1 Mantener ‹una persona› a otra persona: *Su madre es una mujer de mucho valor, ella sola está sacando adelante a toda la familia.* 2 Hacer ‹una persona› que una cosa salga de una mala situación: *Luisa ha conseguido sacar adelante la tienda.* **~ baza*. ~ boleto*. ~ con pinzas*. ~ con sacacorchos** COLOQUIAL. Conseguir ‹una persona› con mucho esfuerzo que otra persona hable o diga lo que se pretende averiguar: *Siempre hay que sacarle las cosas con sacacorchos.* **~ de madre*. ~ de quicio*. ~ de sus casillas*. ~ el jugo*. ~ en claro / limpio** Obtener ‹una persona› una idea o una conclusión clara de una cosa: *Sólo conseguí sacar en claro que no querían venir a cenar.* **~ en conclusión*. ~ fuerzas* de flaqueza. ~ la cara*. ~ la conversación*. ~ la lengua*. ~ las castañas* de fuego. ~ las entrañas*. ~ los colores*. ~ los pies* del plato / tiesto. ~ partido*. ~ pecho*. ~ punta*. ~ tajada*. ~ / traer a colación*. sacarse de la manga** COLOQUIAL; PEYORATIVO. Decir ‹una persona› una cosa falsa o sin fundamento: *Mi compañero se sacó de la manga una excusa que nadie creyó.* **un clavo* saca otro clavo. usar / ~ / enseñar el látigo*. ⇒ 71.**

sacárido *s. m.* QUÍM. Hidrato de carbono.

sacarífero, ra *adj.* Que produce o contiene azúcar: *planta sacarífera.*

sacarificar *v. tr.* RESTRINGIDO. Convertir ‹una persona› mediante hidratación [sustancias] en azúcar. **⇒ 71.**

sacarina *s. f.* (no contable) Compuesto del carbono, blanco, dulce y de mucho poder edulcorante, que se emplea como sustituto del azúcar: *Ponme sacarina en el café.*

sacarosa *s. f.* QUÍM. Hidrato de carbono formado por una molécula de glucosa y otra de fructosa. SIN. azúcar.

sacerdocio *s. m.* **1** REL. Estado, cargo y ejercicio de sacerdote: *Su hermano ejerce el sacerdocio en una parroquia de barrio.* **2** Dedicación plena y sacrificada a algo: *Su trabajo en el hospital es un sacerdocio.*

sacerdotal *adj.* Del sacerdote: *vestidura sacerdotal, residencia sacerdotal.* **orden* ~.**

sacerdote, isa *s. m. / f.* **1** REL. Persona especialmente marcada o elegida en un grupo para ofrecer los sacrificios a una divinidad: *En todas las culturas hay alguna clase de sacerdotes. En Grecia había sacerdotisas.* || *s. m.* **2** REL. En la Iglesia católica, hombre consagrado a Dios que ha sido ordenado para celebrar el sacrificio de la misa y administrar todos los sacramentos excepto la confirmación: *El sacerdote celebra la misa a las doce. Los casó un sacerdote chileno.* **3** En otras iglesias, hombre de características parecidas a éstas. || **4 sumo ~** REL. Príncipe de los sacerdotes hebreos.

sachar *v. tr.* RESTRINGIDO. Limpiar ‹una persona› las malas hierbas de [un terreno sembrado].

sachet *s. m.* ARG., URUG. Envase de plástico flexible, de diferentes tamaños, que se usa para envasar líquidos como la leche, el champú o la mahonesa.

saciante *adj.* [Producto alimenticio] que está destinado a saciar artificialmente la sensación de hambre: *galletitas saciantes.*

saciar *v. tr. / prnl.* Satisfacer ‹una persona› [una necesidad o un deseo] totalmente: *Creo que nuestros invitados **se** saciarán con la comida que hemos preparado. No podemos permitir que una persona no pueda saciar su hambre o su sed. Esta niña devora las novelas, nunca **se** sacia **de** leer.* SIN. hartar(se).

saciedad *s. f.* (no contable) Sensación y circunstancia de estar harto o satisfecho de algo: *Dicen que es más sano acabar una comida sin sentir la sensación de saciedad.* SIN. hartura. FR. Y LOC. **hasta la ~** ELEVADO. Hasta no poder más, muchísimas veces, demasiado: *Mi abuelo me repitió hasta la saciedad por dónde tenía que venir, pero me perdí. Me siento fatal, anoche estuvimos bebiendo hasta la saciedad.*

saco *s. m.* **1** Receptáculo grande y rectangular de distintos materiales, utilizado, generalmente, para almacenar o transportar productos a granel: *un saco de plástico, un saco de lona, meter en el saco, el culo del saco.* **2** Contenido de esta bolsa: *sacos de arena, sacos de carbón. Necesito un saco de cemento. Ese camión transporta sacos de patatas.* **3** ANAT. Órgano con forma de bolsa: *saco lacrimal, saco vitelino.* **4** LITERARIO. Saqueo: *el saco de Roma en 1527.* **5** COLOQUIAL. Prenda de vestir muy holgada: *Todo lo que se pone son sacos.* **6** COLOQUIAL. Persona o cosa que tiene en abundancia la cualidad o pecularìedad que se indica: *saco de picardías, saco de problemas, saco de maldad, saco de huesos. Tu compañero es un saco de malicias.* **7** AMÉR. Chaqueta. SIN. americana. || **8 ~ de dormir** Bolsa alargada de tejido impermeable, generalmente con un cierre de cremallera, donde se mete una persona para dormir: *En el campo se duerme en sacos de dormir.* **9 ~ terrero**: Saco lleno de tierra que se usa como defensa contra las balas en una trinchera o en una fortificación. FR. Y LOC. **a ~** JERGAL. En cantidad: *Si me toca la lotería, haré viajes a saco.* **carrera* de sacos. entrar* a ~. hombre* del ~. meter*en el mismo~. no echar en ~ roto** 1 No olvidar ‹una persona› una cosa. 2 Tener en cuenta ‹una persona› una cosa: *Espero que no eches en saco roto mis consejos.* **tela* de ~. tener en el bote / ~** COLOQUIAL. Haber conquistado o convencido ‹una persona› a otra persona: *A mi padre ya lo tengo en el saco.*

sacoleva o **sacolevita** *s. f.* COL. Chaqué.

sacón *s. m.* ARG., URUG. Chaquetón.

sacralizar *v. tr.* Dar ‹una persona› carácter sagrado a [una cosa que no lo tenía]: *Los indígenas han sacralizado esa montaña.* **⇒ 19.**

sacramentado, da *adj.* RESTRINGIDO. Que ha recibido la extremaunción: *La abuela ya está sacramentada.*

sacramental *adj.* **1** REL. De los sacramentos. **2** Que está consagrado por la ley o la costumbre: *Y en medio de un silencio solemne, el sacerdote pronunció las palabras sacramentales.* || *s. f.* **3** REL. Cofradía dedicada al culto del Santísimo Sacramento. || **4 auto* ~. 5 especies* sacramentales.**

sacramentar *v. tr.* **1** RESTRINGIDO. Administrar ‹un sacerdote› los últimos sacramentos [a una persona]. *La abuela está muy mal, ella misma ha pedido que la sacramenten.* || *v. tr. / prnl.* **2** Entre los católicos, convertir ‹un sacerdote› [el pan y el vino] en el cuerpo y la sangre de Cristo en la Eucaristía: *El sacerdote sacramenta el pan y el vino en la misa.*

sacramento *s. m.* **1** REL. Entre los cristianos, signo sensible, establecido por Jesucristo, de un efecto interior y espiritual que Dios obra en las almas de los hombres: *Los niños han recibido el sacramento del bautizo.* **~ de la penitencia*. últimos sacramentos** Los sacramentos que se administran a una persona en peligro de muerte: *Los últimos sacramentos son la penitencia, la eucaristía y la extremaunción.* || **2 Santísimo Sacramento** o **~ del altar** REL. Jesucristo en la Eucaristía: *En el rosario de la parroquia de esta tarde se expondrá el Santísimo Sacramento.*

sacrificar *v. tr.* **1** REL. Ofrecer ‹una persona› [una cosa] a la divinidad: *Los griegos sacrificaban bueyes a los dioses.* SIN. ofrendar. **2** Matar ‹una persona› [reses] para el consumo humano: *Se sacrificarán varios corderos y muchos faisanes en la boda.* **3** Matar ‹una persona› [un animal enfermo o herido]: *Los criadores sacrificaron los caballos atacados por la peste.* **4** Poner ‹una persona› [a otra persona o una cosa] en situación desfavorable para conseguir [una ventaja]: *El dueño sacrificó a los empleados en bien de la empresa.* **5** Renunciar ‹una persona› a [una cosa deseable] por [otra cosa que se debe hacer]: *Carlos sacrificó sus vacaciones **para** acompañar a su hermana.* || *v. prnl.* **6** Realizar ‹una persona› [una cosa que disgusta o es difícil] para beneficiar [a otra persona o una cosa]: *Se sacrificó **por** su familia.* ⇒ **71.**

sacrificio *s. m.* **1** Acción de sacrificar o sacrificarse: *los sacrificios ofrecidos a los dioses. Esa actriz hizo grandes sacrificios para adelgazar. El veterinario ha aconsejado el sacrificio de los animales enfermos.* || **2 ~ del altar** En el Catolicismo, ceremonia incruenta en la que el sacerdote ofrece a Dios el cuerpo y la sangre de Cristo bajo las especies del pan y el vino.

sacrilegio *s. m.* **1** REL. Profanación de personas, cosas o lugares considerados sagrados: *Robar las imágenes de la iglesia es un sacrilegio.* SIN. profanación. **2** (no contable) COLOQUIAL; PEYORATIVO. Opinión contraria a la de la mayoría: *Decir que «Casablanca» es una película mala es un sacrilegio.* SIN. blasfemia.

sacrílego, ga *adj. / s. m.* y *f.* **1** Que comete sacrilegio: *ladrón sacrílego. El protagonista de la película era un sacrílego, porque había profanado las tumbas de sus antepasados.* || *adj.* **2** Que contiene sacrilegio: *atentado sacrílego, acto sacrílego, palabras sacrílegas.*

sacristán, tana *s. m.* **1** REL. Ayudante del sacerdote católico en el servicio de la misa, que, además, se encarga del cuidado de la iglesia: *A las ocho encontrarás al sacristán haciendo los preparativos para la misa.* || *s. f.* **2** Mujer del sacristán: *En los pueblos la sacristana limpiaba la iglesia.* **3** REL. Religiosa de un convento encargada del cuidado de la iglesia y de la sacristía: *La hermana sacristana preparará la iglesia para la ceremonia.*

sacristía *s. f.* REL. Parte de la iglesia donde se guardan las ropas y objetos necesarios para el culto y donde los sacerdotes se ponen las vestiduras para los actos religiosos: *Casi todas las iglesias tienen una sacristía con armarios para guardar las vestiduras litúrgicas y los objetos del culto.*

sacro, cra *adj.* **1** ELEVADO. Que está dedicado a la divinidad y a su culto: *música sacra, arte sacro.* SIN. sagrado. || *adj. / s. m.* **2** [Hueso, zona] que está situado en la parte inferior de la columna vertebral: *El jugador tenía una lesión en el sacro. Los médicos hicieron la incisión en la zona sacra.*

sacrosanto, ta *adj.* (antepuesto / pospuesto) ELEVADO. Que es sagrado y santo al mismo tiempo: *el cuerpo sacrosanto de Cristo. En su discurso, insistía una y otra vez en la sacrosanta unidad de la patria.*

sacudida *s. f.* **1** Movimiento brusco de una cosa: *El avión daba fuertes sacudidas por el viento.* **2** COLOQUIAL. Paso de corriente eléctrica al cuerpo de una persona que le produce un movimiento brusco: *No toques esos cables, que puede darte una sacudida.* SIN. calambre. **3** Fuerte impresión que recibe una persona: *La noticia de la enfermedad de su padre fue para él una fuerte sacudida.* SIN. golpe.

sacudimiento *s. m.* RESTRINGIDO. Sacudida.

sacudir *v. tr.* **1** Mover ‹una persona, un animal o una cosa› [a una persona, un animal o una cosa] de un lado a otro bruscamente: *El viento sacudía las persianas.* **2** COLOQUIAL. Pegar ‹una persona› [a otra persona]: *María sacudió a Pedro por su fechoría.* **3** Causar ‹una persona o una cosa› una emoción intensa [a una persona]: *Una gran alegría sacudió a los participantes.* || *v. tr. / prnl.* **4** Golpear o agitar ‹una persona› [a una persona o una cosa] para limpiarla: *Sacude el mantel en la terraza. Sacúde**te** la chaqueta.* **5** Apartar ‹una persona o un animal› de sí [una cosa molesta] bruscamente: *Las vacas **se** sacudían las moscas con el rabo.* **6** Deshacerse ‹una persona› de [otra persona o una cosa molestas]: *Todos **se** sacuden la responsabilidad.* **7** URUG.; COLOQUIAL. Espabilarse ‹una persona›. **8** ARG.; COLOQUIAL. Bailar ‹una persona› un baile movido. FR. Y LOC. **dar / llevar / recibir / ~ más palos que (a) una estera* (vieja). ~ el polvo*. ~ la pereza*. sacudirse el yugo*. sacudirse las pulgas*.**

sacudón *s. m.* AMÉR.; COLOQUIAL. Sacudida fuerte.

sáculo *s. m.* MED. Órgano membranoso del oído que comunica con el vestíbulo del caracol.

sádico, ca *adj.* **1** Del sadismo: *comportamiento sádico.* || *adj. / s. m.* y *f.* **2** Que experimenta placer haciendo o viendo sufrir a los demás: *La noticia hablaba de un sádico que maltrataba a su mujer.*

sadismo *s. m.* **1** (no contable) PSICOL. Comportamiento de la persona que disfruta eróticamente haciendo sufrir a otra: *Oí por la radio un programa sobre el sadismo.* **2** Crueldad refinada que provoca placer en el ejecutor: *El sadismo de los torturadores resulta difícil de entender.*

sadomasoquismo *s. m.* (no contable) PSICOL. Comportamiento sexual en el que se combina el sadismo y el masoquismo: *El tema de la película era el sadomasoquismo.*

sadomasoquista *adj.* **1** Del sadomasoquismo: *relación sadomasoquista.* || *adj. / s. m. y f.* **2** Persona que practica el sadomasoquismo: *Han fundado un club de sadomasoquistas.*

saduceo, a *adj. / s. m.* y *f.* HIST. De un grupo judío caracterizado por su admiración a la cultura griega, sus ideas religiosas conservadoras, su negación de la inmortalidad del alma y sus buenas relaciones con el poder romano: *Aquel personaje era un judío saduceo.*

saeta *s. f.* **1** ELEVADO. Arma arrojadiza formada por un asta delgada con una punta triangular afilada, que se dispara con un arco. SIN. flecha. **2** Manecilla de un reloj o una brújula: *Se han parado las saetas del reloj.* **3** Copla popular flamenca breve, de carácter religioso, que se canta sobre todo en las procesiones de Semana Santa: *Cuando pasó la Virgen junto a la catedral, una mujer entonó una saeta.* FR. Y LOC. **echar saetas** COLOQUIAL Mostrar ‹una persona› con palabras, gestos o acciones que está picado o resentido.

saetera *s. f.* Ventana estrecha en el muro de una fortificación por donde se disparaban las flechas. SIN. aspillera.

saetero, ra *s. m. / f.* **1** Persona que canta saetas. || *s. m.* **2** HIST.; RESTRINGIDO. Soldado armado de arco y saetas. SIN. arquero.

safari *s. m.* **1** Expedición de caza mayor que se realiza en terrenos africanos: *Este verano hacemos un safari por Kenia. Los vecinos han ido de safari.* **2** Expedición o excursión por lugares naturales con una finalidad concreta: *safari fotográfico. Los estudiantes preparan un safari geológico.* **3** Conjunto de personas y animales que forman estas expediciones: *El safari ha hecho noche en el poblado.* **4** Finca preparada como parque zoológico, para que vivan en libertad controlada los animales salvajes.

safena *adj. / s. f.* Se usa en la LOC. **vena* ~.**

sáfico, ca *adj. / s. m.* **1** MÉTR. [Verso clásico] que se compone de once sílabas distribuidas en cinco pies. **2** MÉTR. [Verso] que se compone de once sílabas, acentuado en cuarta y octava. || *adj.* **3** MÉTR. [Estrofa] que tiene alguno o algunos versos de esta clase: *estrofa sáfica menor, estrofa sáfica mayor.* **4** MÉTR. [Poema] que está compuesto en esta estrofa: *En el Siglo de Oro, Villegas escribió estupendos poemas sáficos.*

saga *s. f.* **1** MIT. Cada una de las leyendas poéticas de las dos colecciones de primitivas tradiciones heroicas y mitológicas de la antigua Escandinavia. **2** LIT. Narración de la historia de dos o más generaciones de la misma familia: *la saga de los Ríus, la saga de los Aviraneta.* **3** Familia entre cuyos miembros se transmite el poder o la influencia política, artística o cultural: *la saga de los Baroja, la saga de los Ortega.*

sagacidad *s. f.* (no contable) Condición de sagaz, astucia: *El detective encontró las huellas dando muestras de una excelente sagacidad.* SIN. perspicacia.

sagaz *adj.* **1** Que es capaz de prevenir las cosas o lograr con habilidad cualquier fin: *un policía muy sagaz.* SIN. astuto, perspicaz. **2** [Animal] que es capaz de localizar la caza siguiendo su rastro: *un perro sagaz.*

sagita *s. f.* GEOM. Segmento determinado por el punto medio de un arco de circunferencia y el punto medio de su cuerda.

sagital *adj.* **1** ELEVADO. Que tiene figura de saeta o flecha: *un diseño sagital.* **2** ANAT. [Línea] que une los dos bordes superiores de los huesos parietales.

sagitario *s. m.* **1** (con mayúscula) ASTRON. Una de las constelaciones del Zodiaco. **2** (prefrentemente con mayúscula) ASTRON. Signo del Zodiaco que el Sol recorre aparentemente entre el 22 de noviembre y el 21 de diciembre. || *adj. / s. m.* y *f.* **3** (invariable) Persona nacida bajo este signo: *las mujeres sagitario, los hombres sagitario.*

sagrado, da *adj.* **1** (antepuesto / pospuesto) REL. Que está dedicado a la divinidad o a su culto: *templo sagrado, libro sagrado.* SIN. sacro (ELEVADO). **historia* sagrada. lugar ~.** **2** (antepuesto / pospuesto) Que merece mucho respeto o veneración: *Su trabajo es sagrado.* || **3 última / santa / sagrada cena*.**

sagrario *s. m.* En las iglesias católicas, pequeño armario, o templete en el altar o cerca de él, donde se guardan el copón y las hostias consagradas: *El sagrario suele tener recubrimientos dorados.* SIN. tabernáculo (ELEVADO).

saguaipé *s. m.* ARG., URUG. Gusano parásito hermafrodita que vive en el hígado de ciertos animales y puede pasar al hombre.

sah *s. m.* Sha.

saharaui *adj. / s. m.* y *f.* De la República Árabe Saharaui, territorio del noroeste africano: *nómadas saharauis. He leído en un periódico que los saharauis quieren la independencia.* SIN. sahariano.

sahariana *s. f.* Chaqueta veraniega amplia, de tejido ligero, tonos normalmente claros y grandes bolsillos: *Le he regalado a mi padre una sahariana.*

sahariano, na *adj. / s. m.* y *f.* **1** Del desierto del Sahara: *costumbres saharianas. Recibieron a las periodistas con danzas saharianas.* || *adj. / s: m.* y *f.* **2** Saharaui.

sahumar *v. tr.* ELEVADO. Echar ‹una persona› humo aromático sobre [una cosa]: *Mi abuela sahumaba las habitaciones cuando alguien tenía gripe, quemando una mezcla de romero y tomillo.*

sahumerio *s. m.* **1** ELEVADO. Acción y resultado de sahumar. **2** Humo producido por una sustancia aromática: *El sahumerio de incienso le producía ganas de dormir.* **3** Sustancia aromática que se emplea para sahumar: *Juani colecciona sahumerios.*

S. A. I. *abr.* «Su Alteza Imperial».

saín *s. m.* RESTRINGIDO. Grasa, gordura de un animal.

sainete *s. m.* **1** LIT. Obra teatral corta, cómica y de carácter popular o costumbrista que se representaba en los entreactos de otras obras de teatro: *En el Siglo de Oro las funciones teatrales eran muy largas, porque empezaban con una loa, se representaban sainetes en los entreactos y se acababa con un baile.* **2** Obra teatral independiente, frecuentemente de carácter humorístico, popular y costumbrista, de uno o varios actos: *Son muy famosos los sainetes de los Quintero o los de Arniches.* **3** COLOQUIAL. Cosa o situación cómica o grotesca: *Su divorcio más que una tragedia parece un sainete.*

sainetero, ra *s. m. / f.* LIT. Sainetista.

sainetista *s. m. / f.* LIT. Escritor de sainetes. SIN. sainetero.

sajar *v. tr.* Hacer ‹una persona› un corte en [un grano o un quiste] para limpiarlo: *El cirujano le sajó ayer un quiste. Tendrán que sajarme este grano pues lo tengo infectado y me duele.*

sajón, na *adj. / s. m.* y *f.* De un pueblo germánico que invadió Gran Bretaña en el s. V: *los invasores sajones. María ha hecho un trabajo sobre los sajones.*

sake o **saki** *s. m.* (no contable) Bebida alcohólica japonesa elaborada por fermentación del arroz.

sal *s. f.* **1** (no contable) *Cloruro de sodio.* Sustancia blanca y cristalina que abunda en la naturaleza, en yacimientos o disuelta en el mar, y se utiliza para condimentar o para conservar los alimentos, así como en la industria química: *pan sin sal, un puñado de sal. No te olvides de echar sal a la comida.* **~ común** Sal utilizada generalmente en cocina. **~ gema** Sal común que procede de un yacimiento. **~ marina** Sal extraída en las salinas por desecación del agua del mar. **2** Compuesto químico que se forma por la reacción de un ácido con una base: *sal de ácido bórico.* **3** Gracia, ingenio o garbo que tiene una persona: *Esa niña tiene mucha sal para explicar las cosas.* SIN. salero. **4** (plural) Sustancia salina que contiene amoniaco y se utiliza para reanimar a una persona: *Hace unos años, cuando se mareaba una persona, se le ponía delante de la nariz un frasco con sales.* **5** Sustancia perfumada en forma de pequeños cristales que se disuelve en el agua de baño: *sales de baño.* || **6 la ~ de la vida** Conjunto de las pequeñas cosas o de los pequeños placeres que hacen la vida agradable y, por contraste, todo lo que permite apreciarlos: *Las peleas de los enamorados son la sal de la vida.* **7 ~ gorda** 1 Sal de cristales gruesos. 2 Humor basto, poco delicado: *una comedia de sal gorda.* **8 ~ y pimienta** COLOQUIAL. Gracia picante y maliciosa.

sala *s. f.* **1** Cuarto dedicado a un uso: *sala de juegos, sala de máquinas, sala de juntas, sala de espera.* **2** Local destinado a un espectáculo o acto: *La conferencia tendrá lugar en la sala del primer piso. Nuestra cadena abrirá pronto varias salas de cine en los barrios de la periferia.* **3** Conjunto de personas que asisten a un acto o espectáculo público: *El conferenciante fue aplaudido por la sala.* || **4 fútbol* ~. 5 ~ de fiestas** Local nocturno donde se pueden tomar bebidas, bailar y a veces también ver actuaciones: *El hotel dispone de sala de fiestas.* **6 ~ / salita de estar** Habitación de la casa donde las personas suelen pasar la mayor parte del día: *Siempre ven la tele en la sala de estar.* SIN. cuarto de estar.

salabre *s. m.* Aparejo de pesca menor formado por una red en forma de bolsa sujeta a un mango.

salacidad *s. f.* (no contable) ELEVADO. Lascivia, deseo sexual exagerado y sin medida: *Lo despidieron por la salacidad con la que ofendía a sus compañeras.* SIN. lujuria.

salacot *s. m.* Sombrero rígido y ligero, de copa redondeada, propio de países cálidos: *Los exploradores del siglo XIX aparecen en las películas con el típico salacot.*

saladamente *adv. modo* Con gracia o con atractivo: *¡Qué saladamente lo contabas!*

saladar *s. m.* **1** Terreno donde se sedimenta y acumula la sal en las marismas. **2** Terreno estéril por su riqueza en sal: *Estas tierras no producen nada, son un auténtico saladar.*

saladero *s. m.* RESTRINGIDO. Lugar donde se salan carnes o pescados. SIN. salador.

saladito *s. m.* **1** URUG. Canapé. **2** (plural) Conjunto de cosas saladas de un aperitivo o de una fiesta.

salado, da *adj.* **1** (ser / estar) [Alimento] que tiene demasiada sal: *El bacalao es salado. La sopa está salada.* **2** Que tiene gracia y desenfado: *Este niño es muy salado.* **3** AMÉR. Desgraciado, desafortunado. **4** ARG., CHILE, URUG. Caro, costoso. || *s. m.* **5** COL. Salina de donde se extrae la sal. || **6 agua* salada.**

salador *s. m.* RESTRINGIDO. Saladero.

salamandra *s. f.* **1** (macho y hembra). *Salamandra salamandra.* Anfibio de cuerpo alargado, cola larga y color negro con manchas amarillas, que tiene en su piel unas glándulas venenosas y habita en lugares húmedos y montañosos. **2** Estufa en la que se quema lentamente el combustible, generalmente un tipo de carbón: *Una salamandra calienta muy bien una habitación grande.*

salamanqueja *s. f.* CHILE; RESTRINGIDO. Lagartija.

salamanqués, sa *adj. / s. m. y f.* Salmantino.

salamanquesa *s. f.* (macho y hembra) *Tarentola mauritanica.* Reptil pequeño, gris, marrón, amarillo o blanquecino, con cola larga, cuatro patas y dedos aplastados que le permiten sujetarse en paredes y muros.

salami *s. m.* **1** Embutido de origen italiano parecido al salchichón pero de tamaño más grueso: *El salami le gusta mucho a los niños.* || *adj. / s. m. y f.* **2** ARG., URUG.; COLOQUIAL; PEYORATIVO. [Persona] que es tonta o majadera.

salar *v. tr.* **1** Poner ‹una persona› [carne o pescado] en sal para conservarlos: *Salamos el bacalao para guardarlo.* **2** Echar ‹una persona› sal en [la comida]: *Todavía no he salado el guiso.* **3** Poner ‹una persona› demasiada sal en [una comida]: *Espero que la cocinera no sale la paella como la otra vez.* **4** COL. Dar ‹una persona› sal a [los animales]. || *v. tr. / prnl.* AMÉR. Estropear, echar a perder. **5** VEN.; COLOQUIAL. Castigar, escarmentar ‹una persona› [a otra persona].

salarial *adj.* Del salario: *aumento salarial, convenio salarial, subida salarial, política salarial.*

salarialmente *adv. restrictivo* En cuanto a sueldo, en el aspecto salarial: *Salarialmente, sí hemos mejorado algo.*

salario *s. m.* Cantidad de dinero que recibe una persona, generalmente cada mes, por su trabajo en una empresa o en una institución: *Luis dejó el trabajo porque el salario era muy pequeño.* SIN. paga, sueldo. **horquilla de salarios. ~ / sueldo base** Parte de la cantidad que se cobra que corresponde al salario sin ningún complemento: *Gana mucho, pero el salario base es bajo.* **~ / sueldo mínimo** Retribución mínima, establecida por ley, que puede recibir un trabajador.

salazón *s. f.* **1** (no contable) Acción y efecto de curar o salar los alimentos: *La salazón de carnes requiere un clima frío.* **2** (preferentemente en plural) Las carnes y pescados salados para su conservación: *una tienda de salazones. Le prohibieron comer salazones.* **3** Industria dedicada a la elaboración de estos productos: *Todo el pueblo trabaja en la salazón.*

salchicha *s. f.* **1** Embutido de carne picada y especies de tripa estrecha y corta: *A ella no le gustan las salchichas fritas, prefiere las cocidas.* || **2 perro* ~.**

salchichería *s. f.* Tienda donde se venden embutidos: *La madre de Pepe tiene una salchichería en el mercado central.* SIN. charcutería.

salchichón *s. m.* Embutido de jamón, tocino y pimienta en grano, prensado y curado, que se consume generalmente crudo: *un bocadillo de salchichón.*

saldar *v. tr.* **1** Pagar ‹una persona› [una deuda] completamente: *El cliente saldó todas las facturas pendientes.* **2** Dar ‹una persona› [un asunto] por concluido: *Las delegaciones saldaron la cuestión con un acuerdo.* **3** Vender ‹una persona› [una mercancía] a precio muy bajo para terminarla: *Esos almacenes saldan la ropa de la temporada anterior.*

saldista *s. m. / f.* **1** Comerciante que salda o vende a bajo precio su mercancía para liquidarla: *Se compra la ropa en los saldistas.* **2** Persona que compra o vende saldos.

saldo *s. m.* **1** ECON. Diferencia entre gastos e ingresos de una cuenta: *Este mes el saldo de mi cuenta bancaria está a cero.* **2** (preferentemente en plural) COMERC. Conjunto de artículos que se vende a bajo precio: *Me he comprado unos saldos en las rebajas.* **3** DEP. Resultado final de un partido: *El partido terminó con un saldo favorable a los de casa.* FR. Y LOC. **de ~** COMERC. De oferta: *Compré estos zapatos de saldo.*

saledizo o **salidizo** *adj. / s. m.* [Elemento de construcción] que sobresale de la pared de un edificio: *balcón saledizo. Se ha desprendido el saledizo de la cornisa.*

salero *s. m.* **1** Recipiente para guardar o servir la sal: *Pásame el salero.* **2** COLOQUIAL. Gracia o desenfado para hablar y desenvolverse: *Esta chica tiene mucho salero para cantar.*

saleroso, sa *adj. / s. m.* y *f.* COLOQUIAL. Que tiene salero o gracia: *Su hija es una chiquilla muy salerosa.* SIN. salado.

salesa *adj. / s. f.* [Religiosa] que es miembro de la orden de la Visitación de Nuestra Señora, fundada en el siglo XVII, en Francia, por San Francisco de Sales.

salesiano, na *adj. / s. m.* y *f.* Que pertenece a la congregación religiosa fundada por San Juan Bosco en el s. XIX: *Mi hijo va a un colegio salesiano.*

salicáceo, a *s. f.* **1** (preferentemente en plural) BOT. Familia de plantas, generalmente árboles y arbustos, dicotiledóneas, de hojas simples, flores en espiga y fruto con muchas semillas, como el sauce y el álamo. ‖ *adj.* **2** BOT. [Planta] que pertenece a la familia de las salicáceas.

salicílico, ca *adj.* Se usa en la LOC. **ácido* ~.**

sálico, ca *adj.* **1** HIST. De los salios o francos. ‖ **2 ley* sálica.**

salicultura *s. f.* **1** RESTRINGIDO. Explotación de las salinas. **2** RESTRINGIDO. Industria de las salinas.

salida *s. f.* **1** Acción y resultado de salir o salirse: *salida a escena, la salida del sol. La salida del tren es a las ocho. Nos encontraremos en el bar a la salida del cine.* **2** Lugar por donde se sale: *puerta de salida, calle sin salida. El centro comercial está en la salida número dos de la autopista.* **~ de emergencia. 3** DEP. Punto desde el que se inicia una carrera y momento en que ésta da comienzo: *línea de salida. Todavía no han dado la salida.* **parrilla* de ~. ~ falsa** Falta cometida por un participante al adelantarse a la orden de iniciar la carrera. **4** Viaje o excursión: *Hay una salida al Pirineo este fin de semana. Mi abuela ha hecho varias salidas al extranjero.* **5** Solución: *Seguro que hay una salida al problema.* **6** Pretexto o argumento: *Siempre encuentra alguna salida para no hacerlo.* **7** COLOQUIAL. Dicho ocurrente y gracioso: *Mi jefe tiene salidas para todo.* **8** Posibilidad de venta de un producto: *Damos salida a todas nuestras existencias.* **9** Posibilidades favorables que ofrece una cosa, especialmente unos estudios: *Dicen que la Informática es una carrera con muchas salidas.* ‖ **10 callejón* sin ~. 11 pistoletazo* de ~. 12 ~ de tono** Dicho inoportuno. **13 ~ de baño** ARG., URUG. Albornoz de baño.

salidero *s. m.* COL.; COLOQUIAL. Sitio de donde sale o se saca algo.

salido, da *adj.* **1** Que sobresale más de lo normal: *dientes salidos. No me gusta la cara de ese actor, tiene los pómulos muy salidos.* **2** (estar) [Animal] que está en celo: *Los gatos salidos son insoportables, porque no paran de maullar.* **3** (ser / estar) VULGAR. Que siente un gran deseo sexual: *Eres un salido, siempre contando chistes verdes.* **4** VEN.; COLOQUIAL: Que es muy atrevido con los demás.

salidor, ra *adj.* **1** ARG., URUG.; COLOQUIAL. [Persona] que es muy amiga de salir por la noche. **2** VEN. [Número] que sale mucho en un juego de azar.

saliente *adj.* **1** Que sale: *El ministro saliente se despidió de sus colaboradores.* ‖ *adj. / s. m.* **2** Que sobresale de algo: *El motorista chocó con el saliente de la ventana.* ‖ *s. m.* **3** Parte de algo que sobresale: *Como llovía, nos metimos debajo de un saliente de la fachada.*

salificar *v. tr.* **1** Convertir ‹una persona› [una sustancia] en sal. ‖ *v. prnl.* **2** Convertirse ‹una sustancia› en sal. ⇒ **71.**

salina *s. f.* **1** Mina o yacimiento de sal. **2** (preferentemente en plural) Laguna o estanque poco profundos con aguas saladas, de los que se saca la sal.

salinidad *s. f.* (no contable) QUÍM. Proporción de sales contenida en el agua: *La salinidad de las aguas subterráneas ha aumentado por el exceso de pozos de estos últimos años.*

salino, na *adj.* **1** Que contiene sal: *terreno salino, solución salina.* **2** Que tiene alguna de las características de la sal.

salir *v. intr. / prnl.* **1** Pasar ‹una persona, un animal o una cosa› de [la parte de dentro a la de fuera de un lugar]: *Salí **a** la terraza. Los niños salieron **del** cine muy temprano. He engordado y este anillo no sale. Este tornillo **se** sale.* **2** Dejar de pertenecer ‹una persona› a [un grupo o una sociedad] o dejar de ocupar [un cargo]: *Eduardo **se** ha salido **del** club.* **3** Ir ‹una cosa› más allá de [un límite]: *Su actitud **se** sale **de** lo normal.* ‖ *v. intr.* **4** Partir ‹una persona o un vehículo› de un lugar:*¿Cuándo sale el tren? El viernes mis vecinos salen **de** vacaciones.* **5** Ir ‹una persona› a un lugar a divertirse: *Sólo salgo los fines de semana.* **6** Mantener ‹una persona› una relación sentimental con [otra]: *Mi hermano sale **con** esta chica desde hace varios meses.* **7** Superar ‹una persona› [una situación difícil] con éxito: *Por fin su marido salió **de** la droga.* **8** Empezar a mostrarse ‹una cosa›: *Al niño le han salido ya cinco dientes.* **9** Aparecer ‹una persona o una cosa› en [un libro o un medio de comunicación]: *Qué bien sales **en** las fotos.* **10** Desaparecer ‹una mancha› de un lugar: *No hay forma de que salga la mancha de rotulador.* **11** Estar ‹una cosa› más alta o más afuera que otra: *Esta cornisa sale demasiado.* **12** Aparecer ‹una publicación› con [una determinada frecuencia]: *Esta revista sale los miércoles.* **13** Tener ‹una cosa› su origen en [otra cosa]: *Los plásticos salen **del** petróleo.* **14** Costar ‹una cosa› [una determinada cantidad]: *El viaje nos salió **por** cien mil pesetas. El kilo sale **a** trescientas pesetas.* **15** Resultar ‹una persona o una cosa› de [una forma determinada]: *Sus hijas han salido muy estudiosas.* **16** Dar ‹una operación aritmética› un resultado: *Me ha salido la división.* **17** Ser resuelta ‹una cosa› de una determinada manera por [una persona]: *A Pilar no le salen bien las natillas.* **18** Ser ‹una persona o una cosa› elegida por sorteo o votación: *Salió su número en la lotería. Tu colega ha salido como diputada.* **19** Ser ‹una persona› la primera en intervenir en un juego: *Pablo salió **con** el as de copas.* **20** Tener ‹un lugar› salida a [otro lugar] o comenzar en él: *Esta calle sale **a** la plaza.* **21** Parecerse ‹una persona› a [otra persona]: *Este niño ha salido **a** su abuelo.* **22** COLOQUIAL. Decir o hacer ‹una persona› [una cosa que sorprende a otra persona]: *Ahora me sales **con** que no vienes.* **23** Intervenir ‹una persona› en defensa de [otra persona o una cosa]: *Menos mal que mamá salió **en** nuestra defensa.* **24** Representar ‹una persona› [un papel] en una obra: *Julia salía **de** hada madrina.* ‖ *v. prnl.* **25** Dejar escapar ‹un recipiente› el líquido o el gas que contiene: *Esta botella se sale.* FR. Y LOC. **a lo que salga** o **salga lo que salga** Se utiliza para indicar que se ha hecho una cosa con descuido: *Todo lo haces a lo que salga, sin preparar ni planear nada.* **entrar por un oído* y ~ por el otro. estar recién salido del cascarón. estar / ~ de pingo* / pingos. ir / ~ a pedir de boca*. ir / ~ al encuentro*. ir / ~ al quite*. ir / ~ como alma* que lleva el diablo. ir / ~ de acampada*. ir / ~ zumbando*. irse / marcharse / ~ con el bocado* en la boca. irse / ~ con el rabo* entre las piernas. irse / ~ por patas*.**

no entrar* ni ~. **~ a escena** Aparecer ‹una persona o una cosa› en público: *El protagonista ya ha salido a escena.* **~ a flote** COLOQUIAL. Superar ‹una persona› una situación grave o una dificultad: *María salió a flote tras la separación de su marido.* **~ a la luz*.** **~ a la superficie*.** **~ a relucir*.** **~ adelante** Superar ‹una persona› una situación grave o una dificultad: *El negocio sale adelante sin más capital.* **~ al paso*.** **~ bien/mal librado*.** **~ bien/mal parado*.** **~ de** COLOQUIAL. Hacer ‹una persona› una cosa voluntariamente: *Salió de él estudiar música.* **~ de cuentas*.** **~ de dudas*.** **~ de las narices*.** **~ de naja*.** **~ del paso*.** **~ el tiro* por la culata.** **~ ganando/perdiendo** Resultar ‹una persona› beneficiada o perjudicada en una cosa: *Salimos ganando al cambiar de piso.* **~ por peteneras*.** **~ por pies*.** **~ por un pico*.** **~ rana*.** **~ / saltar a la palestra*.** **salirle de los cojones*.** **salirle de los huevos*.** **salirse con la suya** COLOQUIAL. Conseguir ‹una persona› una cosa que se había propuesto: *Manolo se salió con la suya sin reparar en el daño que hacía.* **salirse de madre*.** **salirse de sus casillas*.** **salir(se)/ir(se)/marchar(se) pitando*.** **salirse/irse por la tangente*.** **⇒ 72.**

salitrado, da *adj.* RESTRINGIDO. Que está mezclado o compuesto de salitre.

salitral *s. m.* Lugar donde hay mucho salitre.

salitre *s. m.* **1** QUÍM. Nitrato potásico, que abunda en terrenos húmedos y salados. **2** Sustancia salina, especialmente la que se foma en suelos y paredes: *El muro del parque está cubierto de salitre.*

salitrero, ra *s. m./f.* RESTRINGIDO. Persona que tiene por oficio vender o trabajar con salitre.

saliva *s. f.* Líquido acuoso y alcalino segregado por las glándulas salivales de la boca, que reblandece los alimentos y los prepara para su digestión. FR. Y LOC. **gastar ~** COLOQUIAL. Hablar inútilmente ‹una persona›, generalmente intentando convencer a otra persona: *Seguir discutiendo es gastar saliva.* **tragar ~** COLOQUIAL. Soportar ‹una persona› en silencio una situación desagradable: *Le hubiera contestado cuatro cosas, pero tragué saliva por respeto.*

salivada *s. f.* VEN.; COLOQUIAL. Salivazo.

salivadera *s. f.* AMÉR. Escupidera.

salivajo *s. m.* Salivazo.

salival *adj.* De la saliva: *glándula salival.*

salivar *v. intr.* Segregar ‹una persona o un animal› saliva: *El perro está enfermo, porque saliva más de lo normal.*

salivazo *s. m.* Porción de saliva que se escupe de una vez: *Es de mala educación echar salivazos en la calle.*

salmantino, na *adj./s. m.* y *f.* De Salamanca, ciudad española: *la catedral salmantina. Mi familia es salmantina.*

salmer *s. m.* ARQ. Piedra cortada en plano inclinado de donde arranca un arco.

salmista *s. m./f.* Persona que escribe o canta salmos: *David es el salmista por antonomasia.*

salmo *s. m.* REL. Canto de alabanza a Dios: *Hemos estado leyendo los salmos del rey David.*

salmodia *s. f.* **1** Canto para los salmos: *la salmodia litúrgica de los salmos.* **2** LITERARIO. Canto monótono: *La música popular de esta zona es triste y monótona, se parece más a una salmodia que a un canto.*

salmodiar *v. tr.* **1** ELEVADO. Cantar ‹una persona› [una canción] con tono monótono: *Los marineros empezaron a salmodiar una canción melancólica cuando volvíamos al puerto.* || *v. intr.* **2** Cantar o rezar ‹una persona› salmos: *Los monjes salmodian al atardecer.*

salmón *s. m.* **1** (macho y hembra) *Salmo salar.* Pez de tamaño mediano, color gris azulado con manchas negras y carne rosada muy apreciada, que empieza su vida en el curso alto de los ríos, emigra al mar cuando es adulto y vuelve al río para la puesta de los huevos. **~ ahumado.** || *adj./s. m.* **2** Del color de la carne del salmón, entre rosa y anaranjado: *Mi madre tiene las paredes de su casa pintadas de color salmón.*

salmonella (pronunciamos *'salmonela'*) *s. f.* BIOL. Bacteria en forma de bacilo que provoca infecciones intestinales.

salmonelosis (plural *salmonelosis*) *s. f.* (no contable) MED. Intoxicación producida por la salmonella.

salmonete *s. m.* (macho y hembra) Género *Mullus.* Pez marino pequeño, de color rosado, con barbillas debajo de la boca, que es muy apreciado como alimento.

salmuera *s. f.* **1** Agua con la mayor concentración de sal posible. **2** Líquido preparado con sal para conservar alimentos. **3** Líquido que sueltan las cosas saladas.

salobre *adj.* **1** Que contiene sal: *agua salobre, terreno salobre.* **2** (antepuesto/pospuesto) Que sabe a sal: *Su piel tiene un sabor salobre.*

salobridad *s. f.* (no contable) RESTRINGIDO. Cualidad de salobre: *la salobridad del agua del mar.*

saloma *s. f.* RESTRINGIDO. Canto o voz rítmica con la que coordinan sus fuerzas y movimientos un grupo de personas que realiza un mismo trabajo.

salomónico, ca *adj.* **1** De Salomón. **juicio* ~.** **2** ARQ. [Columna] que tiene el fuste con forma espiral en torno a su eje vertical. **columna salomónica.**

salón *s. m.* **1** Local o sala grande de un edificio para diversos usos: *salones de boda. Dan una conferencia en el salón de actos del instituto.* **2** Habitación principal de una casa usada para recibir visitas y a veces como comedor y sala de estar: *Su casa tiene un salón amplio que da a una terraza.* **3** Conjunto de muebles de esta habitación: *Le regalaron un salón de nogal.* **4** Establecimiento que presta un servicio: *salón de masajes, salón de belleza.* **5** Exposición pública para promocionar algunos productos. **~ del automóvil.** **6** ARG., COL., URUG. Aula, clase. || **7 baile* de ~.** FR. Y LOC. **de ~** 1 [Zapato de mujer] cerrado y escotado en el empeine, y con tacón. 2 [Persona o cosa] frívola, mundana: *escritor de salón.*

salpicadera *s. f.* MÉX. Guardabarros.

salpicadero *s. m.* **1** MEC. Tablero interior de un automóvil, situado frente al conductor, en el que se hallan los indicadores y algunos mandos: *las luces del salpicadero.* **2** Tablero en el pescante de algunos coches de caballos que protegía de salpicaduras al conductor.

salpicadura *s. f.* **1** Acción y resultado de salpicar: *La salpicadura de manchas negras sobre el lienzo cerró la sesión de pintura.* **2** (preferentemente en plural) Mancha con que está salpicada una cosa: *Tienes salpicaduras de barro en el bajo del pantalón.*

salpicar *v. tr./intr./prnl.* **1** Hacer ‹una persona o una cosa› que salten gotas de un líquido sobre [otra persona] o sobre [una cosa]: *Me has salpicado al tirarte al agua. El coche la salpicó* ***de*** *barro. Mira, ya* ***te*** *has salpicado la corbata* *con la sopa. El escándalo nos va a salpicar a todos.* || *v. tr. / intr.* **2** Poner ‹una persona› [una cosa] dentro de [otra]: *He salpicado la sopa* ***con*** *perejil. Carlos salpicó* ***de*** *anécdotas la disertación. El profesor salpicó con pequeñas bromas la conferencia.* ⇒ **71.**

salpicón *s. m.* **1** COCINA. Plato de pescado o marisco cortado en trozos, aliñados o condimentados con cebolla, salsa vinagreta y otros ingredientes, que se consume frío como entrante: *salpicón de marisco.* **2** Acción y resultado de salpicar: *Ha pasado un coche por un charco y me ha llenado el abrigo de salpicones.* **3** COL., EC. Bebida refrescante con trozos de frutas.

salpimentar *v. tr.* **1** Añadir ‹una persona› sal y pimienta a [un alimento] para hacerlo más sabroso o conservarlo mejor: *El lomo se salpimenta un poco antes de freírlo.* **2** RESTRINGIDO. Hacer ‹una persona› más amena [una conversación o un discurso con toques de humor o de picardía]: *El concejal salpimenta sus discursos* ***con*** *chistes sin gracia.*

salsa *s. f.* **1** COCINA. Sustancia de consistencia líquida o pastosa, elaborada con alimentos triturados o deshechos, que se emplea para condimentar la comida, mezclada con ella o servida aparte: *calamares en salsa americana, caracoles en su salsa.* **~ blanca** ARG. Bechamel. **~ golf** ARG., URUG. Salsa rosa. **~ picante** COCINA. Salsa elaborada con especias picantes, como pimienta, guindilla y otras. **~ rosa** COCINA. Mayonesa con salsa de tomate y otros aditivos. **~ tártara** COCINA. Salsa elaborada con mayonesa y otros ingredientes , como alcaparras, pepinillos y cebollas triturados. **~ verde** COCINA. Salsa elaborada con harina y abundante perejil. **2** Jugo de un guiso: *Yo le vi mojar el pan en la salsa del pollo.* **3** COLOQUIAL. Lo que hace mas agradable una situación, la gracia de algo: *El amor es la salsa de la vida.* SIN. sal, gracia. **4** MÚS. Música bailable propia del Caribe, de ritmo alegre y reminiscencias afro-latinas: *A mí me gusta bailar salsa.* FR. Y LOC. **estar / encontrarse en su ~** COLOQUIAL. Estar o encontrarse ‹una persona› a gusto, en su ambiente: *En el casino, Maruja se encuentra en su salsa.*

salsamentaría *s. f.* COL. Salchichería, chacinería.

salsera *s. f.* Recipiente para servir la salsa en la mesa: *Pásame la salsera de tomate.*

saltador, ra *s. m. / f.* **1** DEP. Persona que practica un deporte de salto: *Su novia es una de las mejores saltadoras del equipo nacional.* || *s. m.* **2** Cuerda que se utiliza para saltar. SIN. comba.

saltamontes (plural *saltamontes*) *s. m.* **1** (macho y hembra) Género *Tetrix.* Insecto cilíndrico, generalmente de color pardo verdoso, con largas antenas, dos pares de alas y largas patas traseras, que puede dar grandes saltos y es perjudicial para la vegetación y los cultivos: *En las praderas suele haber muchos saltamontes.* **2** Langosta, insecto.

saltamontismo *s. m.* COL. Conducción de vehículos todoterreno por el campo.

saltar *v. intr.* **1** Levantarse ‹una persona, un animal o una cosa› con un impulso: *El gato saltó para atrapar la manzana.* **2** Lanzarse ‹una persona› de [un lugar alto] para caer fuera o más abajo: *El niño saltó* ***de*** *la ventana al suelo. El nadador saltó* ***desde*** *el trampolín. El aviador saltó* ***en*** *paracaídas. El jinete saltó* ***a*** *tierra.* **3** Levantarse ‹una persona› de [un lugar] repentinamente: *Julián salta siempre* ***de*** *la cama cuando oye el despertador.* **4** Lanzarse ‹una persona o un animal› sobre [otra persona u otro animal] para atacarlo: *El león saltó* ***sobre*** *la gacela.* **5** Salir ‹una cosa› disparada con fuerza: *Saltó el aceite y me quemé.* **6** Hacer ‹una cosa› explosión: *La leche estaba tan caliente que el vaso saltó.* SIN. estallar, explotar. **7** Salir ‹una persona› a [un lugar]: *Los jugadores saltaron* ***al*** *terreno de juego.* **8** COLOQUIAL. Perder ‹una persona› repentinamente un cargo o un puesto de trabajo: *Dicen que van a saltar todos los subdirectores.* **9** Mostrar ‹una persona› enfado, indignación o desacuerdo repentinamente: *Tu amigo salta por cualquier cosa.* SIN. estallar, explotar. **10** Decir ‹una persona› [una cosa] de forma repentina o inoportuna: *Luis saltó* ***con*** *que se iba del país.* **11** Venir ‹una cosa› a la imaginación o a la memoria: *De repente me saltó* ***a*** *la memoria la imagen del perro jugando con su hija.* || *v. intr. / tr. / prnl.* **12** Soltarse ‹una cosa› bruscamente: *Saltó la alarma cuando comenzó el incendio.* ***Se*** *me ha saltado un empaste.* || *v. tr.* **13** Pasar ‹una persona o un animal› por encima de [una cosa] para superarla: *El perro saltó limpiamente la verja.* **14** COL. Descargar ‹una persona› [las mercancías] de un barco. **15** ARG., URUG. Freír ‹una persona› [un alimento]. || *v. tr. / prnl.* **16** Dejar de decir o hacer ‹una persona› [una cosa]: ***Te*** *saltaste mi nombre al leer la lista.* SIN. omitir. **17** No cumplir ‹una persona› [una ley o una orden]: *El conductor* ***se*** *saltó un stop.* SIN. infringir. FR. Y LOC. **estar / andar a la que salta** COLOQUIAL. Estar ‹una persona› preparada para aprovechar la ocasión que se le presente: *Virginia no dejará pasar esta oportunidad, porque está a la que salta.* **que no se lo salta un gitano*. salir / ~ a la palestra*. ~ a la vista** o **~ a los ojos** Ser ‹una cosa› evidente: *La incapacidad de nuestro consejero salta a la vista.* **~ de la cama** Levantarse ‹una persona› con rapidez: *El estruendo le hizo saltar de la cama medio dormido.* **~ la banca*. ~ matojos*. ~ por los aires** o **~ en pedazos** Hacer ‹una cosa› explosión: *El coche que contenía la bomba saltó por los aires.* **~ un ojo*. saltarse a la torera** COLOQUIAL. No hacer caso ‹una persona› de una norma o de una cosa: *Mi padre es un peligro público conduciendo: se salta todas las normas a la torera.* **saltarse las lágrimas.**

saltarín, na *adj. / s. m.* y *f.* (ser / estar) Que tiende a saltar mucho y a no estarse quieto: *Esta niña de siempre ha sido muy saltarina. Tu hijo está hoy muy saltarín.*

salteador, ra *s. m. / f.* RESTRINGIDO. Persona que asalta o roba en caminos y descampados: *En la carretera puede encontrarse con una banda organizada de salteadores.*

saltear *v. tr.* **1** RESTRINGIDO. Robar ‹una persona› [a otra persona] en un lugar despoblado: *Son famosas las leyendas de los bandidos que salteaban a los viajeros en Sierra Morena.* **2** Hacer ‹una persona› [una cosa] de forma discontinua: *Pilar no aguanta mucho tiempo sentada: saltea siempre sus horas de estudio con paseos.* **3** Freír ‹una persona› [un alimento] ligeramente: *Saltea un poco la cebolla antes de añadir la carne.* SIN. sofreír, dorar.

salterio *s. m.* **1** Libro de los *Salmos* del Antiguo Testamento. **2** Libro de coro que sólo tiene salmos: *En muchas bibliotecas se conservan ricos salterios medievales.* **3** MÚS. Instrumento musical antiguo de cuerda de forma triangular o trapezoidal, que se tocaba normalmente pulsándolo.

saltimbanqui *s. m. / f.* **1** COLOQUIAL. Artista que realiza ejercicios de acrobacia en espectáculos al aire libre: *A los niños les gusta ver a los saltimbanquis en el parque.* **2** COLOQUIAL. Persona que no se está quieta en un lugar, que es inquieta o traviesa: *Este niño es un saltimbanqui, me agota.*

salto *s. m.* **1** Acción de saltar: *El perro daba saltos de alegría. El joven bajó las escaleras de un salto.* SIN. brinco, bote. **2** Deporte o ejercicio de acrobacia que consiste en saltar: *salto de altura, salto de longitud, salto de obstáculos.* **~ de garrocha** COL., URUG. Salto de pértiga. **~ mortal** Salto en el que el atleta se eleva, da una vuelta sobre sí mismo en el aire y vuelve a caer: *Dar un salto mortal sobre un trapecio es muy difícil.* **~ triple** o **triple ~** DEP. Salto de longitud en que el atleta se impulsa tres veces, cada una de ellas con una pierna distinta. **3** Distancia o espacio que hay entre el sitio desde el que se salta y el lugar al que se llega: *un salto de ocho metros.* **4** Diferencia grande ente dos cosas, sobre todo si van seguidas: *Entre el primero y el segundo libro de ese autor hay un salto importante.* **5** Parte del terreno en que hay un gran desnivel. SIN. corte, precipicio. **6** Cambio brusco de una cosa a otra distinta: *En su discurso el escritor hizo muchos saltos de un tema a otro.* **7** Paso de una parte o lugar a otro directamente sin pasar por los intermedios: *Esas páginas no le interesaban, así que el director dio un salto hasta la página veinte.* **8** Falta de parte de un escrito u otra cosa: *En ese texto hay un salto de varias líneas.* **9** Avance grande o paso a una situación mejor: *El premio supuso para él el salto a la fama.* **10** Palpitación brusca del corazón: *El corazón me dio un salto al oír la noticia.* SIN. vuelco. || **11 ~ atrás** Vuelta a una situación anterior: *Este fracaso es un salto atrás en nuestros planes.* **12 ~ de agua** Caída de una cantidad grande de agua producida por la existencia de un desnivel de terreno. **13 ~ de cama** Bata de mujer amplia y ligera que se usa al levantarse de la cama. FR. Y LOC. **a ~ de mata** 1 COLOQUIAL. Sin un orden o plan según lo que vaya pasando: *Leo libros, pero a salto de mata, cuando no tengo que atender a nadie.* 2 COLOQUIAL. Huyendo y ocultándose: *Maria vive a salto de mata desde hace años.*

saltón, na *adj.* **1** Que sobresale más de lo habitual y parece que va a salirse de su sitio: *dientes saltones.* **ojos* de besugo** u **ojos saltones. 2** CHILE, COL., VEN. [Alimento] poco hecho o medio crudo. **3** CHILE; COLOQUIAL. [Persona] que está muy vigilante o alerta por algún temor.

salubre *adj.* ELEVADO. Que es bueno para la salud: *una dieta salubre, vida salubre.* SIN. saludable, sano.

salubridad *s. f.* (no contable) ELEVADO. Carácter salubre de una cosa: *El restaurante no cumple las normas de salubridad exigidas.*

salud *s. f.* **1** (no contable) Buen funcionamiento del organismo de un ser vivo: *Lo principal para vivir feliz es tener salud.* **2** (no contable) Condiciones físicas en que se encuentra un organismo en un momento dado: *Le preocupa la salud de su padre.* **~ de hierro** (no contable) INTENSIFICADOR. Buena salud de una persona: *La abuela tiene una salud de hierro.* **3** (no contable) Buen estado o funcionamiento de una cosa: *Las instituciones democráticas gozan de buena salud.* || *interj.* **4** (usado también en frases enunciativas) Se usa para brindar: *Los alumnos brindaron a la salud de su antiguo maestro.* **5** RESTRINGIDO. Se usa para saludar: *Al entrar en el comedor dijo: «¡salud a todos!» y yo creo que estaba algo bebido.* || **6 casa* de ~.** FR. Y LOC. **curarse* en ~.**

saluda *s. m.* ADMINISTRATIVO. Impreso oficial que se usa para comunicar una breve noticia o una información: *El director de personal envió un saluda al nuevo jefe.*

saludable *adj.* **1** Que es bueno para la salud: *Hacer ejercicio es muy saludable.* SIN. sano. **2** Que tiene o aparenta tener buena salud: *Tienes un aspecto muy saludable.* **3** Que es beneficioso o provechoso para una persona o una cosa: *El diálogo es saludable* ***para*** *la vida en común.* ANT. perjudicial.

saludar *v. tr./prnl.* **1** Dirigir ‹una persona› palabras o gestos de cortesía [a otra persona] al encontrarse con ella o al despedirse: *Hijo, saluda a esta señora.* ***Nos*** *saludamos cada vez que nos vemos.* || *v. tr.* **2** Dirigir ‹una persona› palabras de cortesía, afecto o respeto [a otra persona] a través [de alguien o de una carta]: *Salúdala de mi parte.* **3** Realizar ‹un soldado o un policía› un gesto de respeto dirigido [a un superior o a la bandera]: *Cuando nos cruzamos con un superior tenemos obligación de saludarlo.* **4** Realizar ‹el ejército o la marina› [actos en honor de una persona o una cosa]: *Desde Capitanía saludaron el nacimiento del príncipe con veintiún cañonazos.* **5** Recibir ‹una persona› la llegada de [una cosa] o [un acontecimiento] de [una determinada manera]: *Los políticos saludaron la nueva ley como una importante conquista democrática.* FR. Y LOC. **no ~** COLOQUIAL. Estar ‹una persona› enemistada con otra persona: *No saludo a mi cuñado después de aquella discusión.*

saludo *s. m.* **1** Acción y resultado de saludar: *Me sienta fatal cuando no me responden al saludo.* **2** Palabra, gesto u otra acción con que se saluda: *La chica contestó al saludo levantando la mano.* FR. Y LOC. **saludos** o **un ~** CORTESÍA, AFECTO en despedidas. Expresión que se usa para despedirse de una persona, generalmente por carta o por teléfono, o para transmitir una muestra de cortesía hacia una persona a través de otra tercera: *–«Adios. Saludos a tus padres».*

salutación *s. f.* ELEVADO. Acción y resultado de saludar: *La retórica aconseja empezar a hablar en público con una salutación a los que nos van a escuchar.* **~ angélica** En la Biblia, el saludo que dirigió el arcángel Gabriel a la Virgen María.

salutífero, ra *adj.* ELEVADO. Saludable: *régimen salutífero.*

salva *s. f.* **1** (preferentemente en plural) Disparo o serie de disparos de arma de fuego, normalmente sólo de pólvora, como saludo o para rendir honores: *una salva de artillería. El ejército recibió al rey con salvas de cañón.* || **2 ~ de aplausos** Conjunto de aplausos abundantes o generalizados: *Una salva de aplausos iba acompañando al líder de la carrera.* FR. Y LOC. **gastar (la) pólvora* en salvas.**

salvabarros (plural *salvabarros*) *s. m.* RESTRINGIDO. Pieza que cubre las ruedas de un vehículo y lo protege de salpicaduras. SIN. guardabarros.

salvación *s. f.* **1** (no contable) Acción y resultado de salvar o salvarse de un peligro o de una destrucción: *La salvación de todos los niños dependía de ella.* **2** REL. En la religión cristiana, acción y resultado de conseguir la bienaventuranza eterna: *En aquellos momentos el condenado sólo pensaba en la salvación de su alma.* ANT. condenación. || **3 tabla* de ~.**

salvada *s. f.* ARG., URUG. Salvación.

salvado *s. m.* (no contable) Cáscara de los cereales convertida en polvo o harina después de la molienda: *salvado de trigo, harina de salvados molidos.*

salvador, ra *adj.* **1** Que salva: *medidas salvadoras.* || *s. m.* **2** (con mayúscula) Entre los cristianos, Jesucristo.

salvadoreño, ña *adj./s. m.* y *f.* De El Salvador, país americano: *una mujer salvadoreña. En clase había dos salvadoreños.*

salvaguarda *s. f.* Salvaguardia.

salvaguardar *v. tr.* Dar ‹una persona o una institución› garantías de [una cosa]: *La Constitución salvaguarda nuestros derechos.* SIN. amparar, defender.

salvaguardia o **salvaguarda** *s. f.* 1 (no contable) Protección, custodia: *Las autoridades dejaron un destacamento para salvaguardia del orden público.*

salvajada *s. f.* 1 Acción destructiva que realiza una persona o grupo de personas: *Es una salvajada quemar los bosques.* 2 Frase muy ofensiva o exageradamente fuera de razón: *No se puede consentir que se digan o escriban públicamente salvajadas racistas.*

salvaje *adj.* 1 [Planta] que se cría espontáneamente en la naturaleza, por sí sola, sin cultivo: *En la selva las plantas salvajes pueden crecer muchísimo.* SIN. silvestre. 2 [Animal] que no está domesticado o totalmente domado: *potro salvaje. El gato montés es un animal salvaje.* 3 [Terreno] que no está cultivado, es desigual o muy accidentado: *Ésta es una zona absolutamente salvaje.* 4 Que contiene violencia o descontrol: *grito salvaje, manifestación salvaje, huelga salvaje.* || *adj. / s. m.* y *f.* 5 Que pertenece a una organización social que no ha incorporado las consideradas formas civilizadas de vida: *civilización salvaje, pueblo salvaje. Los salvajes casi han desaparecido bajo el peso de la civilización.* 6 Que hace ostentación de excesiva fuerza o de vitalidad: *Con lo salvaje que es tu hermano, seguro que intenta levantar la piedra él sólo.* 7 Que se comporta con crueldad, violencia, o sin el menor respeto hacia los demás: *comportamiento salvaje. Algunos hinchas del fútbol son unos auténticos salvajes.* 8 INSULTO. Que tiene poca educación o cultura: *Estos niños son unos salvajes, no saben escribir una palabra sin faltas de ortografía.*

salvajismo *s. m.* 1 (no contable) Comportamiento salvaje: *el salvajismo de una banda de criminales.* 2 (no contable) Característica de las acciones salvajes: *El salvajimo de algunas imágenes impresionó a los espectadores.*

salvamanteles (plural *salvamanteles*) *s. m.* Pieza de diferentes materiales y formas que se coloca en la mesa, debajo de las fuentes o cazuelas calientes o debajo de las jarras, botellas, vinagreras u otros objetos de servicio, para proteger el mantel de las manchas o del calor: *Pon un salvamanteles debajo de la botella de vino.*

salvamento *s. m.* 1 Acción de salvar o de librar a una persona de un peligro o de un daño: *Varios helicópteros participaron en las labores de salvamento en la zona del terremoto.* SIN. rescate. 2 Acción de salvar o de librar una cosa de un peligro o de un daño: *Los responsables del patrimonio han iniciado el salvamento urgente de la catedral.*

salvar *v. tr. / prnl.* 1 Librar ‹una persona o una cosa› [a otra persona u otra cosa] de [un peligro o una amenaza]: *El maestro salvó a los niños **del** peligro inminente. El piloto **se** salvó gracias a sus reflejos.* 2 Librar ‹una persona o una cosa› [a una persona] [del pecado u otros males que le apartan de Dios]: *Las monjas la salvaron del pecado. **Se** salvó **de** la envidia.* || *v. tr.* 3 Superar ‹una persona› [un obstáculo o un impedimento]: *Los montañeros salvaron las dificultades que les iban surgiendo.* 4 Atravesar o pasar ‹una persona› [una cosa]: *El atleta salvó el listón.* 5 Indicar ‹una persona› que vale [una corrección] hecha en un documento o un escrito. 6 Evitar ‹una persona o una cosa› que [una cosa] se pierda, se destruya o se dañe: *Los monjes salvaron los manuscritos del incendio.* || *v. tr. / intr.* 7 Recorrer ‹una persona o una cosa› [una distancia considerable]: *Hay que salvar setenta kilómetros antes de llegar.* 8 RESTRINGIDO. Considerar ‹una persona› que [otra persona o una cosa] queda fuera de un grupo: *He salvado a Josefina del grupo que vamos a tu casa este domingo.* SIN. exceptuar. || *v. prnl.* 9 Conservarse ‹una cosa› tras haber superado un peligro o una catástrofe: *La cosecha **se** salvó, pese a la riada.* 10 Ser ‹una persona o una cosa› excluida de una consideración general negativa: *Toda su familia es horrible; él es el único que **se** salva.* FR. Y LOC. **~ el pellejo*. ~ la piel*.**

salvavidas (plural *salvavidas*) *s. m.* 1 Flotador, generalmente de forma redondeada, que mantiene en la superficie del agua a las personas que no saben nadar: *Todos los niños deben usar salvavidas.* 2 ARG., URUG. Socorrista en una zona de baño. || **3 bote / lancha* ~. 4 chaleco* ~.**

salve *s. f.* 1 Oración católica que comienza con las palabras «Dios te salve, Reina y Madre»: *El torero rezó a la Virgen una salve.* 2 Canto y composición musical para esta oración: *Es emocionante oír la salve marinera.* || *interj.* 3 ELEVADO, LITERARIO, RESTRINGIDO. Forma latina de saludo: *¡Salve, César!*

salvedad *s. f.* ELEVADO. Limitación, distinción, condición o excepción que se expresa acerca de algo dicho o que se va a decir: *Vendrán todos, con la salvedad de Juan y Pedro.*

salvia *s. f.* *Salvia officinalis.* Planta aromática de la familia de las labiadas que crece en terrenos áridos, cuyas hojas se emplean como condimento y como digestivo: *La salvia se usa mucho en la cocina mediterránea.*

salvilla *s. f.* 1 RESTRINGIDO. Bandeja con huecos en los que encajan objetos como vasos o tazas.

salvo, va *adj.* 1 (estar) Que no ha sufrido ningún daño: *Todos los pasajeros están sanos y salvos.* || *prep.* 2 Con excepción de, menos: *Salvo tú todos los demás ya han comido.* OBSERVACIONES: ◊ Se usa ante sintagmas sin artículo definido que indican hechos: *Esta es la deuda, salvo error u omisión.* ◊ Puede introducir oraciones con infinitivos y oraciones con *que* + verbo en subjuntivo o indicativo, siempre sin artículo: *Iremos a la montaña, salvo que llueva mucho. Salvo desastre monumental o que la nieve impida celebrar el partido, seremos líderes mañana.* ◊ Admite también oraciones condicionales, temporales, etc.: *Me gustan mucho las manzanas, salvo si son verdes. Mi hijo siempre se chupa el dedo, salvo cuando está dormido.* SIN. excepto. FR. Y LOC. **a ~** Seguro, fuera de peligro, libre de cualquier ataque: *Los pilotos del avión están a salvo. Está a salvo de contagios.* **salva sea la parte** COLOQUIAL. Eufemismo para referirse a partes del cuerpo que no se nombran en público: *No puedo sentarme, porque tengo un grano en salva sea la parte.* **sano* y ~.**

salvoconducto *s. m.* 1 Documento que permite circular libremente, en determinadas situaciones: *Necesitas un salvoconducto para viajar por países en guerra.* 2 Libertad para actuar o circular libremente: *Su cargo es un salvoconducto que le permite hacer y deshacer en la empresa.*

samario *s. m.* *Sm.* Elemento químico metálico, blanco grisáceo, del grupo de los lantánidos, cuyo óxido se emplea en la fabricación de vidrios especiales.

samaritano, na *adj. / s. m.* y *f.* 1 De Samaria, antigua región y ciudad de Palestina: *una mujer samaritana. Los samaritanos aparecen en la Biblia.* || *s. m. / f.* 2 Persona que ayuda a otra: *Hicimos auto-stop confiando en que algún buen samaritano nos llevara.*

samba *s. f.* Música y baile brasileños, parecidos a la rumba pero de ritmo más rápido: *No sé bailar la samba.*

sambenito *s. m.* **1** COLOQUIAL; PEYORATIVO. Calificativo deshonroso que se aplica a una persona: *Sus compañeros le pusieron el sambenito de vago y nunca consiguió quitárselo.* **2** HIST. Distintivo en forma de esclavina o escapulario que se ponía a los penitentes de la Inquisición: *La protagonista fue acusada de bruja y la sacaron a la calle con el sambenito puesto.*

samoano, na *adj. / s. m.* y *f.* **1** De Samoa occidental, estado insular en Polinesia. || *s. m.* **2** LING. Lengua polinesia hablada en estas islas.

samotana *s. f.* AMÉR. C. Bulla, jaleo grande.

samovar *s. m.* Utensilio formado por un recipiente de cobre con un infiernillo interior utilizado en Rusia para preparar el té: *El samovar es un objeto típico de toda la novelística rusa.*

samoyedo, da *adj.* **1** De un pueblo asentado en Siberia y en la Costa del Mar Blanco: *pueblo samoyedo, niños samoyedos.* **2** [Perro] que es de una raza muy fuerte, de pelaje espeso, generalmente blanco, que sirve para tirar de los trineos. || *s. m.* **3** LING. Lengua que pertenece a la familia urálica-yucaguira, hablada por los samoyedos.

sampablera *s. f.* VEN.; COLOQUIAL. Riña, discusión.

sampán *s. m.* Embarcación ligera, a remo y a vela, utilizada en Oriente para la navegación fluvial o como casa flotante: *Los sampanes forman una jungla típica a la entrada de algunos puertos orientales.*

samplegorio *s. m.* VEN.; COLOQUIAL. Desorden, alboroto.

samurái o **samuray** (plural *samuráis*) *s. m.* HIST. En el antiguo sistema feudal japonés, guerrero perteneciente a la nobleza baja: *El cine ha popularizado en Occidente la casta de los samuráis.*

san *adj.* **1** Forma apocopada de *santo* que se utiliza delante de los nombres propios de varón, a excepción de *Tomás, Tomé, Domingo* y *Toribio* a los que se antepone la forma *santo.* || *s. m.* **2** VEN. Sistema popular de ahorro a cuotas semanales. || **3 baile* de ~ Vito. 4 fogata* / hoguera de ~ Juan. 5 nave de ~ Pedro.**

san bernardo *s. m.* (macho y hembra) Perro robusto y de gran tamaño, que durante mucho tiempo se usó para socorrer a los viajeros perdidos en la nieve.

sanador, ra *s. m. / f.* Curandero.

sanamente *adv. modo* Sin malicia, con buena intención, con limpieza moral: *Yo siempre he envidiado sanamente tu gran capacidad de trabajo.*

sanandresito *s. m.* COL. Mercadillo tolerado por las autoridades de objetos de contrabando.

sanano, na *adj.* CUBA; COLOQUIAL. [Persona] que es tonta o ingenua.

sanar *v. tr.* **1** Curar ‹una persona o una cosa› [a una persona]: *El reposo la sanó en poco tiempo.* SIN. restablecer. || *v. intr.* **2** Recuperar ‹un enfermo› la salud: *Con este remedio sanarás pronto.* SIN. restablecer(se), reponerse.

sanata *s. f.* ARG.; COLOQUIAL. Charla sin sustancia.

sanatorio *s. m.* Establecimiento sanitario donde residen enfermos que requieren un tratamiento: *sanatorio mental, sanatorio antituberculoso.*

sanchopancesco, ca *adj.* **1** ELEVADO. Que tiene alguna característica de Sancho Panza, personaje literario: *Su figura es sanchopancesca.* **2** ELEVADO. Que sólo se interesa por la realidad material más inmediata, sin ningún tipo de idealismo: *Tu padre tiene un espíritu sanchopancesco.*

sanción *s. f.* **1** Pena o castigo impuesto por la ley o por cualquier persona que tiene autoridad sobre otras: *El tribunal ha confirmado la sanción al conductor borracho.* **2** DER. Aprobación o confirmación que se da a algo, y especialmente a una ley: *El Colegio de Médicos ha dado su sanción al proyecto del nuevo hospital. Las Cortes han dado su sanción solemne al tratado de amistad con el país vecino.*

sancionable *adj.* [Delito] que merece ser sancionado o castigado: *Desde ahora, serán sancionables con la pena máxima las perturbaciones graves del tráfico urbano.*

sancionar *v. tr.* **1** Imponer ‹una persona con autoridad› un castigo [a otra persona]: *El árbitro sancionó al jugador con la expulsión del campo.* **2** Autorizar o confirmar ‹una persona› [una ley o una práctica]: *El Rey sancionará solemnemente la reforma constitucional.*

sanco *s. m.* **1** ARG., CHILE; RESTRINGIDO. Guiso de harina tostada de trigo o maíz. **2** CHILE. Barro muy espeso.

sancochar *v. tr.* **1** AMÉR. Cocer ‹una persona› [un alimento] con agua y sal. **2** ARG., URUG.; RESTRINGIDO en Argentina, COLOQUIAL en Uruguay. Hacer ‹una persona› sin cuidado o mal [una cosa]. || *v. prnl.* **3** COL.; COLOQUIAL. Irritarse, molestarse ‹una persona›.

sancochería *s. f.* COL.; PEYORATIVO. Casa de comidas de baja categoría.

sancocho *s. m.* **1** RESTRINGIDO. Alimento a medio cocer. **2** COCINA; AMÉR. Guiso de carne o pescado, yuca, papas, plátano y otros ingredientes. **3** AMÉR.; COLOQUIAL. Cosa mal hecha, chapuza. **4** AMÉR.; COLOQUIAL. Lío, confusión, jaleo. **5** VEN. Reunión campestre e informal.

sanctasanctórum (plural *sanctasanctórum*) *s. m.* **1** ELEVADO. Parte más reservada o secreta de un lugar: *Su despacho es el sanctasanctórum de la casa.* **2** REL. En la Biblia, la parte interior y más sagrada del tabernáculo que construyó el pueblo de Israel, al que sólo tenían acceso los sacerdotes.

sandalia *s. f.* **1** Calzado ligero compuesto de la suela y unas tiras o bandas que la sujetan al pie. **2** Cualquier calzado abierto propio de la época veraniega.

sándalo *s. m.* **1** Árbol grande de hojas elípticas, flores pequeñas, fruto parecido a la cereza y madera compacta y olorosa usada en perfumería y en medicina. **2** Esencia que se obtiene de la destilación de la madera de este árbol: *Aquí huele a sándalo.*

sandez *s. f.* **1** Cualidad de sandio o tonto: *La sandez de sus escritos ya no escandaliza a nadie.* **2** Acción o dicho propio de un sandio o ignorante: *No dice nada más que sandeces.*

sandía *s. f.* **1** Planta herbácea de las cucurbitáceas que tiene tallo tendido y flexible, hojas lobuladas, flores amarillas y fruto comestible. **2** Fruto de esta planta, grande y generalmente esférico, con pulpa roja, dulce y jugosa: *La sandía es una fruta muy rica en vitaminas.* **3** COLOQUIAL. Cabeza: *No sé cómo no te rompes la sandía con esos golpes.*

sandinismo *s. m.* (no contable) Ideología y movimiento político de carácter cristiano y marxista que protagonizó la última revolución nicaragüense hasta que se celebraron elecciones parlamentarias.

sandio, dia *adj. / s. m.* y *f.* ELEVADO. [Persona] que es necia o tonta: *Este chico es un sandio total.*

sánduche *s. m.* COL., VEN. Sándwich, bocata.

sandunga *s. f.* 1 COLOQUIAL. Gracia o salero: *Mi vecina explica las cosas con mucha sandunga.* SIN. sal, donaire. ANT. malaje. 2 AMÉR. Juerga.

sándwich (plural *sandwiches*; del inglés; pronunciamos *'sángüich'*) *s. m.* 1 Bocadillo preparado con rebanadas de pan inglés o pan de molde: *un sándwich de jamón y queso, un sándwich mixto.* 2 AMÉR. Bocadillo.

sandwiche *s. m.* ARG., URG. Sándwich.

sandwichería *s. f.* Establecimiento donde se venden y se consumen principalmente sándwiches.

saneado, da *adj.* 1 (estar; antepuesto / pospuesto) [Bienes, renta] que está libre de cargas o descuentos: *Tenemos unas cuentas saneadas.* 2 (ser; antepuesto / pospuesto) [Economía, renta] que produce beneficios: *Sus primos tienen un saneado negocio familiar.*

saneamiento *s. m.* 1 Acción y resultado de sanear: *Con el saneamiento de los sótanos desaparecieron las cucarachas.* 2 Conjunto de técnicas e instalaciones higiénicas de un edificio: *El saneamiento del barrio antiguo sigue a buen ritmo.*

sanear *v. tr.* 1 Hacer ‹una persona› que mejoren las condiciones de salubridad o higiene de [una población o de un lugar]: *El nuevo alcalde ha prometido sanear la zona pantanosa de la costa.* 2 Hacer ‹una persona› que [la economía, los bienes o las rentas] dejen de producir pérdidas y comiencen a dar beneficios: *El ministro ha dicho que con este presupuesto la economía se saneará en tres años.*

sanedrín *s. m.* HIST. Antiguo consejo y tribunal supremo de los judíos durante la dominación romana.

sanfermines (sólo en plural) *s. m.* Fiestas populares que se celebran en Pamplona del siete al catorce de julio y que se caracterizan por los encierros de toros: *En los sanfermines no hemos dormido nada.*

sanfrancisco *s. m.* Bebida no alcohólica elaborada con zumos de distintas frutas y azúcar.

sangradera *s. f.* 1 RESTRINGIDO. Acequia secundaria de riego. 2 RESTRINGIDO. Compuerta para dar salida al agua que sobra de una acequia.

sangrado *s. m.* ART. GRÁF. Acción y resultado de sangrar o iniciar un párrafo o una línea más a la derecha que los demás: *Está desapareciendo la costumbre de eliminar el sangrado después de punto y aparte.*

sangradura *s. f.* 1 RESTRINGIDO. Salida que se da a las aguas de una acequia o de un canal. 2 RESTRINGIDO. Corte en una vena para que sangre. SIN. sangría.

sangrar *v. intr.* 1 Echar al exterior ‹una persona o un animal› sangre: *La herida ya no sangra.* 2 Causar ‹un daño o un perjuicio moral› dolor a [una persona]: *Las viejas ofensas nunca dejan de sangrar.* ‖ *v. tr.* 3 Sacar una persona ‹sangre› de otra persona con fines curativos: *Antiguamente sangraban a los enfermos para curarlos.* 4 Dar ‹una persona› salida a [un líquido] abriendo un agujero en el recipiente que lo contiene: *Hay que sangrar los radiadores, porque tienen que arreglar el circuito de la calefacción.* 5 Sacar ‹una persona› resina u otra sustancia de [un árbol] mediante cortes realizados en su corteza: *Sangran los pinos para sacarles la resina.* 6 COLOQUIAL. Sacar ‹una persona› provecho de [otra persona] con frecuencia y de forma abusiva: *Esos dos nietos son unos frescos: están sangrando a la abuela y cuando acaben con sus ahorros no le volverán a hacer caso.* 7 ART. GRÁF. Comenzar ‹una persona› [un renglón o un párrafo] más a la derecha que los demás o de lo que es habitual: *Sangra las citas y ponlas en cursiva.*

sangre *s. f.* 1 (no contable) Líquido rojo que circula por las venas y arterias de los vertebrados y que transporta oxígeno y otras sustancias: *una transfusión de sangre. El cocinero se cortó con un cuchillo y se hizo sangre.* **~ arterial. ~ venosa.** 2 (no contable) Líquido similar de los invertebrados, generalmente de color blanquecino. 3 (no contable) Parentesco, familia: *Miguel dice que todos los de su sangre han sido muy aventureros.* ‖ 4 **mala ~** (no contable) COLOQUIAL. Carácter perverso de una persona: *Esa chica tiene mala sangre: ha declarado contra la vecina sólo para hacerle daño.* 5 **~ azul** (no contable) Linaje de la nobleza: *Se casó con una chica de sangre azul.* 6 **~ fría** (no contable) Carácter sereno e impasible: *En aquella situación de peligro, el piloto del avión actuó con sangre fría.* FR. Y LOC. **a ~ fría** Con calma y premeditación: *un asesinato a sangre fría.* **a ~ y fuego** Con violencia y sin hacer ninguna concesión: *Los enemigos arrasaron la ciudad a sangre y fuego.* **animal* de ~ caliente. animal* de ~ fría. arder / bullir / hervir la ~** 1 COLOQUIAL. Apasionarse o alterarse ‹una persona› por algún motivo: *Cuando mi hermano ve una injusticia, le bulle la sangre.* 2 COLOQUIAL. Tener ‹una persona› el vigor y la vitalidad propios de la juventud: *Es normal que los jóvenes hagan tonterías, les hierve la sangre enseguida.* **banco* de ~. baño* de ~. chupar la ~** COLOQUIAL. Explotar ‹una persona› a otra persona, arruinarla poco a poco: *Ese sinvergüenza está chupando la sangre a toda la familia.* **correr ~** Haber muertos o heridos en un enfrentamiento: *En la reyerta corrió mucha sangre.* **dar la ~** INTENSIFICADOR. Morir o sacrificarse ‹una persona› por otra persona o por una cosa: *Rindieron homenaje a los que dieron su sangre por la patria.* **delito* de ~. encender / quemar la ~** COLOQUIAL; INTENSIFICADOR. Enfadar o irritar mucho ‹una persona o una cosa› a otra persona: *Los mentirosos me encienden la sangre.* **hacerse mala ~** COLOQUIAL. Atormentarse ‹una persona› por alguna cosa: *No te hagas mala sangre y olvida lo sucedido.* **hacer(se) ~** Causar ‹una persona o una cosa› una herida pequeña de la que sale sangre: *El niño se ha caído de la bici y se ha hecho sangre en una rodilla.* **hermano* de ~. limpieza* de ~. llevar / tener en la ~** Tener ‹una persona› una aptitud o una cualidad de nacimiento o de forma hereditaria: *Mi familia lleva en la sangre la afición a la música.* **llorar lágrimas* de ~. no llegar la ~ al río** COLOQUIAL. No tener una disputa consecuencias graves: *Al final los vecinos se pusieron de acuerdo y no llegó la sangre al río.* **no tener ~ en las venas** COLOQUIAL; INTENSIFICADOR, PEYORATIVO. Ser ‹una persona› impasible: *No tienes sangre en las venas si permites esa injusticia.* **pedir ~** COLOQUIAL. Exigir ‹una cosa› venganza: *Esa ofensa pide sangre.* **sudar ~** COLOQUIAL; INTENSIFICADOR. Esforzarse mucho ‹una persona› para lograr algo: *El corredor sudó sangre para llegar a la meta el primero.* **tener la ~ caliente** COLOQUIAL. Ser ‹una persona› apasionada o impetuosa: *Mariano tiene la sangre caliente y en seguida se irrita.* **tener ~ de horchata** COLOQUIAL; INTENSIFICADOR. Ser ‹una persona› muy tranquila y no alterarse por nada: *María no se preocupa por nada, tiene la sangre de horchata.*

sangrero *s. m.* VEN.; COLOQUIAL. Cantidad grande de sangre.

sangría *s. f.* **1** Acción y resultado de sangrar o sacar sangre: *Las sangrías ya no se usan en medicina.* **2** Pérdida, gasto o robo de pequeñas cantidades, sin que sea evidente: *El transporte es una sangría para cualquier sueldo.* **3** (no contable) Bebida refrescante elaborada con vino, azúcar y zumo de naranja o limón, a la que se puede añadir canela, trozos de fruta y otros ingredientes: *La sangría es una bebida muy agradable en verano.* **4** Medida de este líquido contenida en una jarra o vaso: *Por favor, tráiganos dos sangrías.* **5** Principio de una línea o de un párrafo más a la derecha de los otros: *Fíjate bien en las sangrías de las citas.*

sangriento, ta *adj.* **1** Que echa sangre: *herida sangrienta.* **2** Que está manchado o mezclado con sangre: *ropas sangrientas.* SIN. sanguinolento. **3** (antepuesto / pospuesto) Que produce derramamiento de sangre: *enfrentamiento sangriento, guerra sangrienta. Será difícil olvidar aquellos sangrientos acontecimientos.* **4** (antepuesto / pospuesto) Que tiene tendencia a la venganza, y disfruta hiriendo o matando: *asesino sangriento. Éste es uno de los más sangrientos dictadores que han existido.* SIN. sanguinario. **5** Del color de la sangre: *amanecer sangriento.* **6** Que ofende gravemente por su crueldad, injusticia o mala intención: *burla sangrienta, broma sangrienta.*

sangrón, na *adj. / s. m.* y *f.* CUBA, MÉX.; COLOQUIAL. [Persona] que es impertinente, molesta y antipática.

sanguijuela *s. f.* **1** *Hirudo medicinales.* Gusano de cuerpo dividido en segmentos o anillos, con unas ventosas en los extremos con las que se une a otros animales a los que chupa la sangre, usado en Medicina antiguamente para sacar sangre a los enfermos. **2** COLOQUIAL. Persona que se aprovecha poco a poco de otros: *El administrador es una sanguijuela, se está quedando con los bienes de toda la familia.*

sanguina *s. f.* **1** Lápiz rojo fabricado con hematites. **2** Dibujo al pastel hecho con este lápiz: *una sanguina de Laporta.* **3** Variedad de naranja con la pulpa rojiza.

sanguinaria *s. f.* Piedra del color de la sangre, parecida al ágata, a la que, antiguamente, se le atribuía la propiedad de detener hemorragias.

sanguinario, ria *adj.* **1** (antepuesto / pospuesto) Que tiene tendencia a la venganza, y disfruta hiriendo o matando: *sanguinario animal, asesino sanguinario.* **2** (antepuesto / pospuesto) Que contiene crueldad o ferocidad: *sanguinario crimen, comportamiento sanguinario.*

sanguíneo, a *adj.* **1** MED. De la sangre: *circulación sanguínea, torrente sanguíneo.* **grupo ~. presión sanguínea. riego ~.** **2** MED. Que contiene sangre: *vasos sanguíneos.* **3** Del color de la sangre: *No me gusta este zumo, parece un líquido sanguíneo.* || *adj. / s. m.* y *f.* **4** RESTRINGIDO. Que tiende a irritarse con facilidad: *Eva tiene un temperamento sanguíneo.*

sanguino, na *adj.* **1** Que tiene un color que se parece al de la sangre. SIN. sanguíneo. || *adj. / s. f.* **2** [Naranja] que tiene la pulpa roja como la sangre: *Me gustan mucho las naranjas sanguinas.*

sanguinolencia *s. f.* (no contable) Cualidad sanguinolenta de una cosa: *La sanguinolencia de algunas escenas impresionó a los telespectadores.*

sanguinolento, ta *adj.* **1** Que echa sangre: *herida sanguinolenta.* **2** Que está manchado o mezclado con sangre: *restos sanguinolentos, algodones sanguinolentos.* SIN. sangriento. **3** [Ojo] que está lleno de venas y capilares rojos: *Ella lo miraba borracha con ojos sanguinolentos.*

sanidad *s. f.* **1**(en singular; no contable) Conjunto de servicios e instalaciones coordinados para cuidar de la salud pública de una región o de un país: *Ministerio de Sanidad. Los presupuestos de este año conceden más dinero para gastos de sanidad.* **2** RESTRINGIDO. Calidad de sano: *La sanidad de la abuela es elevada, según los últimos análisis.*

sanitario *adj.* **1** De la sanidad: *medidas sanitarias, controles sanitarios. La reforma sanitaria es ya imprescindible.* **ciudad sanitaria.** || *adj. / s. m.* y *f.* **2** [Persona] que trabaja profesionalmente en los servicios de sanidad civiles o militares: *Los sanitarios de la Cruz Roja trabajaron toda la noche para rescatar a los heridos.* **auxiliar* técnico ~.** || *adj. / s. m.* **3** [Aparato o instalación de higiene] que está colocado en los cuartos de baño: *En el baño vamos a instalar sanitarios nuevos: lavabo, bañera, inodoro y bidet.* **artefacto ~.** || *s. m.* y *f.* **4** ARG., URUG. Fontanero. || *s. m.* **5** VEN.; ELEVADO. Retrete público. || **6 cordón* ~.**

sanjacobo *s. m.* Especie de escalope preparado con dos filetes finos de lomo o jamón y una loncha de queso en la mitad, rebozado y frito.

sanjuanada *s. f.* Fiesta que se celebra el 24 de junio, San Juan Bautista.

sanmartín *s. m.* **1** Época cercana a la festividad de San Martín, el once de noviembre, cuando se mata el cerdo. **2** La matanza del cerdo. FR. Y LOC. **llegarle / venirle su ~** COLOQUIAL. Indica al que vive feliz que llegará un día en que le tocará sufrir: *Disfruta, que ya te llegará tu sanmartín.*

sano, na *adj.* **1** (estar) Que no padece una enfermedad: *Su padre tiene el corazón muy sano. Su pelo está sano.* **2** Que es bueno para la salud: *El deporte es muy sano.* SIN. saludable. **3** Que no tiene vicios ni malas costumbres: *una juventud sana, una vida sana.* **4** Que es bueno para el desarrollo de la persona: *un ambiente sano.* **5** (estar) Que no está roto o podrido: *En la fiesta no quedó ni un plato sano.* **6** (antepuesto / pospuesto) Que es elevado o desinteresado: *Su nivel de vida me producía una envidia sana.* **7** VEN.; JERGAL. [Persona] que no consume drogas. FR. Y LOC. **cortar* por lo ~. ~ y salvo** Que no ha sufrido ningún daño: *Conseguimos llegar sanos y salvos, después de un accidentado viaje en autobús.*

sánscrito, ta *adj. / s. m.* LING. De la antigua lengua indoeuropea de los brahmanes indios: *un texto sánscrito, literatura sánscrita. El sánscrito es una lengua indoeuropea.*

sanseacabó *interj.* COLOQUIAL. Se usa para acabar una discusión o cerrar un tema de conversación: *He dicho que no sales de casa esta noche y sanseacabó.*

sansón *s. m.* COLOQUIAL. Hombre muy fuerte: *Miguel es un sansón, levanta 100 kilos él solo.* SIN. hércules.

santabárbara *s. f.* Compartimiento de una embarcación donde se guardan las municiones: *La santabárbara explotó y saltó el barco por los aires.*

santanderino, na *adj. / s. m.* y *f.* De Santander, ciudad y provincia españolas: *la costa santanderina. Los santanderinos celebraron su fiesta.*

santarrita *s. f.* ARG., URUG. Especie de buganvilla.

santateresa *s. f.* (macho y hembra) Mantis religiosa.

santelmo (con mayúscula) **fuego* de Santelmo.**

santería *s. f.* **1** (no contable) REL.; PEYORATIVO. Devoción exagerada o falsa. SIN. beatería. **2** (no contable) Forma de religión practicada por personas que creen tener contactos con diferentes tipos de espíritus: *En algunos países del Caribe se combinan las prácticas cristianas con las de la santería.* SIN. brujería. **3** AMÉR. Tienda donde se venden imágenes sagradas y otros objetos religiosos.

santero, ra *s. m. / f.* **1** Persona que cuidaba de un santuario o de una ermita: *En España quedan ya pocas ermitas con santero.* **2** Persona que pide limosna mostrando la imagen de un santo. **3** Persona que vende, esculpe o pinta figuras de santos. **4** Curandero que invoca al poder de los santos para curar: *El brazo se lo curó un santero del pueblo.*

santiagués, sa *adj. / s. m.* y *f.* De Santiago de Compostela, capital de la Comunidad Autónoma gallega: *monumentos santiagueses. Los santiagueses son muy simpáticos.*

santiaguino, na *adj. / s. m.* y *f.* De Santiago de Chile, capital chilena: *una mujer santiaguina. En el viaje, conocimos a un santiaguino.*

santiamén *s. m.* Se usa en la LOC. **en un ~** COLOQUIAL. Rápidamente: *En un santiamén me hicieron el pasaporte.*

santidad *s. f.* **1** (no contable, con mayúscula) Tratamiento que recibe el Papa: *el avión de Su Santidad el Papa. Los reyes han visitado a Su Santidad.* SIN. Sumo Pontífice. **2** (no contable) REL. Cualidad o estado de quien es considerado santo por la Iglesia católica: *El fundador de esta orden llegó a la santidad después de una vida dedicada al cuidado de los leprosos.* FR. Y LOC. **en olor* de ~.**

santificar *v. tr.* **1** Hacer ‹una persona› santa [a otra persona o una cosa]: *Un venerable varón santificó estos lugares.* **2** Celebrar ‹una persona› [una festividad religiosa]: *Los cristianos santifican los domingos y las fiestas que manda la Iglesia.* **3** Dar ‹una persona› culto [a un santo] o a [una cosa sagrada]: *Todo cristiano debe honrar y santificar el nombre de Dios.* ⇒ **71.**

santiguar *v. tr. / prnl.* **1** REL. Hacer ‹una persona› la señal de la cruz: *El monje **se** santiguó antes de acostarse.* || *v. prnl.* **2** COLOQUIAL. Mostrar ‹una persona› asombro o indignación ante una cosa: *El caballero se santiguó **ante** aquellas opiniones inauditas.* ⇒ **14.**

santísimo, ma *adj.* **1** (antepuesto / pospuesto) Superlativo de *santo*: *santísimo padre, santísima Virgen, ¡Virgen santísima!* || *s. m.* **2** (con mayúscula, precedido siempre del artículo *el*) REL. Jesucristo en la Eucaristía, hostia consagrada: *Las monjas han expuesto al Santísimo para ir a rezarle.* || **3 la Santísima Trinidad*. 4 ~ Sacramento*** o **~ del altar.** FR. Y LOC. **hacer la santísima** COLOQUIAL. Fastidiar ‹una persona o una cosa› a una persona: *El coche nos hizo anoche la santísima y nos dejó tirados en la carretera.*

santo, ta *adj. / s. m.* y *f.* **1** (delante de un nombre propio masculino –excepto Domingo, Tomás, Tomé, Toribio– se usa San) [Persona] que se dedicó a cumplir en su vida la ley de Dios con perfección y ha sido solemnemente canonizada por la Iglesia Católica: *Esta iglesia está consagrada a los santos Justo y Pastor.* **los santos mártires*. 2** INTENSIFICADOR. [Persona] que es muy buena, virtuosa, resignada y merece ser tomada como ejemplo: *Eres una santa, ¡qué paciencia tienes con ellos!* **~ varón*. 3** (antepuesto / pospuesto) Que se ajusta a la ley de la divinidad: *santo matrimonio, santos sacrificios.* **guerra* santa.** || *adj.* **4** De Dios, de una divinidad o de la religión: *los santos Evangelios, los santos Apóstoles.* **Dios* Padre, Dios Hijo, Dios Espíritu Santo. Espíritu* Santo. lugar ~. santos lugares*. Santo Sepulcro*. 5** (antepuesto / pospuesto) Que produce provecho o utilidad o que, por sus cualidades, puede curar alguna enfermedad: *santo remedio, hierba santa.* **6** (antepuesto) INTENSIFICADOR, PEYORATIVO. Se usa para calificar negativamente al sustantivo al que se refiere: *Que él haga lo que le dé la santa gana. Después de esperar todo el santo día nos dijeron que no nos recibían.* || *s. m.* **7** Entre los católicos, día del año en que una persona celebra la festividad de un santo del que ha tomado el nombre: *La he llamado para felicitarla por su santo. El 19 de marzo es el santo de José.* **8** (preferentemente en plural) COLOQUIAL. Grabado o fotografía de un libro o publicación: *No le gusta leer, sólo mira los santos.* || *s. m. / f.* **9** Imagen de los santos canonizados por la Iglesia: *Los mozos sacaron al santo en procesión.* || **10 año* ~. 11 campo* ~. 12 cardo* bendito / ~. 13 hueso* de ~. 14 padre* ~ o ~ padre. 15 palo* ~. 16 sábana* santa. 17 Santa Sede*. 18 Santo Oficio*. 19 ~ óleo*. 20 ~ y seña** Contraseña que permite a los que la conocen pasar por un puesto de guardia o de control. *¡Santo y seña o disparo!* **21 Semana* Santa. 22 Tierra* Santa. 23 Todos los Santos** Fiesta que celebra la Iglesia católica para recordar y honrar a todos los que han muerto y están en el paraíso. **24 última / santa / sagrada cena*.** FR. Y LOC. **¿a ~ de qué...?** COLOQUIAL; DISGUSTO Y ENFADO. Se usa para preguntar con desaprobación el motivo, la razón o la finalidad de algo: *¿A santo de qué me dices eso?* **alzarse / cargarse con el ~ y la limosna** Adueñarse ‹una persona› de lo suyo y lo ajeno: *Como no lo vigiléis, vuestro primo se alzará con el santo y la limosna de la herencia.* **comer(se) los santos** COLOQUIAL. Poner ‹una persona› mucha devoción en la práctica religiosa: *Ayer se comía los santos y hoy ni se acerca a la iglesia.* **comunión* de la Iglesia** o **comunión de los Santos. desnudar / quitar un ~ para vestir a otro** COLOQUIAL. Arreglar ‹una persona› una cosa o un problema creando otro problema o quitando otra cosa: *Si me dejas tu paraguas, te vas a empapar; no se trata de desnudar a un santo para vestir a otro.* **¡Dios* ~! / o ¡~ Dios! encomendarse* al ~ de mi / tu / su... devoción. hacer su santa voluntad*. hueso* de ~. írsele el ~ al cielo** COLOQUIAL; INTENSIFICADOR. Olvidársele a ‹una persona› lo que tenía que decir o hacer por estar entretenida o distraída: *Se le fue el santo al cielo y se le olvidó dar el recado a su amigo.* **llegar y besar el ~** COLOQUIAL. Lograr ‹una persona› rápidamente lo que pretende: *Fue llegar y besar el santo: en diez minutos tenía todos los papeles arreglados.* **mano* de ~. no ser ~ de mi / tu / su... devoción** COLOQUIAL. Ser antipática ‹una persona› a otra persona: *Ese amigo tuyo no es santo de mi devoción.* **por todos los santos** COLOQUIAL. Se usa para rogar ‹una persona› encarecidamente una cosa: *Por todos los santos, ¿quieres acabar de una vez el trabajo?* **quedarse para vestir santos** COLOQUIAL. Quedarse ‹una persona› soltera, especialmente una mujer. **¡santas pascuas*! (todo) el santo día*.**

santón *s. m.* **1** REL. Anacoreta o persona de vida austera de algunas religiones no cristianas: *Los santones viven apartados del mundo.* **2** Hombre hipócrita que aparenta religiosidad: *No me fío de los santones.* **3** Persona con una gran influencia moral, intelectual o ideológica en un grupo o en una comunidad: *los santones de la cultura oficial.*

santoral *s. m.* 1 En la Iglesia cristiana, libro que contiene la narración de la vida y las obras de los santos: *En el santoral se narran las historias y las aventuras de los santos.* 2 Relación o lista de los santos que se conmemoran en cada día del año: *Los niños se bautizaban tradicionalmente con algún nombre del santoral.* 3 En la Iglesia católica, libro de coro que contiene los oficios de los santos: *Muchas antífonas se toman de los oficios de los santos.*

santuario *s. m.* 1 Templo donde se venera una imagen religiosa o las reliquias de un santo: *el santuario de la Virgen de Covadonga.* 2 Lugar sagrado: *santuario celta.* 3 Lugar considerado especial: *un santurario de la cultura, un santuario del teatro, un santuario de la ópera.* 4 Refugio, protección: *el santuario de la guerrilla.*

santurrón, na *adj. / s. m.* y *f.* COLOQUIAL; PEYORATIVO. Que tiene una devoción o un fervor religioso exagerado o falso: *Mi tía es una santurrona.* SIN. beato.

saña *s. f.* 1 (preferentemente en singular; no contable) PEYORATIVO. Crueldad o rencor en el daño que alguien produce: *El protagonista le disparó tres tiros y volvió para rematarlo con saña.* 2 (preferentemente en singular; no contable) ELEVADO. Furia, fuerza y voluntad con que se lucha o se defiende algo: *El abogado defendió con saña la inocencia del chico, y ganaron.* SIN. coraje, vehemencia (ELEVADO).

sañudo, da *adj.* (ser / estar) RESTRINGIDO. Que se comporta con saña.

sapeada *s. f.* COL.; PEYORATIVO. Denuncia, delación.

sapear *v. tr.* 1 COL. Delatar, acusar ‹una persona› [a otra persona]. 2 CHILE; COLOQUIAL. Observar o vigilar disimuladamente ‹una persona› [a otra persona].

sapiencia *s. f.* 1 (no contable) ELEVADO. Conjunto de conocimientos profundos y extensos de alguna especialidad: *Su lección fue una demostración de sapiencia excepcional.* SIN. sabiduría, erudición (ELEVADO). ANT. ignorancia. 2 (no contable) ELEVADO. Prudencia experimentada: *Mi abuelo es una persona de mucha sapiencia, ha vivido mucho.*

sapiencial *adj.* De la sabiduría. **libro* ~.**

sapindáceo, a *s. f.* 1 (preferentemente en plural) BOT. Familia de plantas dicotiledóneas leñosas de hojas compuestas, flores en racimo y fruto en cápsula como el jaboncillo y el farolillo. || *adj.* 2 BOT. [Planta] que pertenece a la familia de las sapindáceas.

sapo *s. m.* 1 (macho y hembra) Anfibio parecido a la rana, con la piel cubierta de verrugas, que tiene sobre todo vida nocturna y del que existen muchas especies. 2 ARG., URUG. Juego de la rana. 3 PERÚ. Persona que es astuta. || 4 **sapos y culebras** COLOQUIAL. Palabras que se dicen en un tono muy enfadado, insultos, palabrotas: *El cliente estaba rabioso y soltó sapos y culebras contra los que le habían engañado.*

saponificar *v. tr.* 1 Convertir ‹una persona o una cosa› [una grasa] en jabón. || *v. prnl.* 2 Convertirse ‹una grasa› en jabón. ⇒ **71.**

saprófago, ga *adj.* [Ser vivo] que se alimenta de seres orgánicos en descomposición.

saprofito, ta o **saprófito, ta** *adj.* 1 BIOL. [Organismo] que obtiene materia orgánica en disolución a partir de tejidos muertos, o en descomposición, de plantas y animales. 2 [Microbio] que vive en el tubo digestivo de un organismo y se alimenta de las materias en descomposición: *bacteria saprofita.*

saque *s. m.* 1 Acción de sacar en cualquier juego de pelota: *En el tenis hay que practicar mucho el saque.* **~ de banda** DEP. Saque que se realiza desde la línea lateral del campo en el fútbol o en otros deportes. **~ de esquina** DEP. Córner. **~ de puerta** DEP. Saque que realiza el portero en el fútbol o en otros deportes. 2 Sitio desde donde se saca la pelota en un deporte. 3 (no contable) COLOQUIAL. Capacidad que tiene una persona para comer mucho: *Sus hijos tiene muy buen saque.* 4 ARG., URUG.; COLOQUIAL. Puñetazo.

saquear *v. tr.* 1 Apoderarse ‹un grupo de gente› de todo lo que encuentra en [un lugar] violentamente: *Los soldados saquearon la ciudad.* 2 COLOQUIAL. Robar o consumir ‹una persona› todo o casi todo lo que está guardado en [un lugar]: *Saquearon la nevera antes de irse a dormir.*

saqueo *s. m.* Acción y efecto de saquear: *La multitud se dedicó al saqueo de las tiendas de alimentación.*

saquero, ra *s. m. / f.* RESTRINGIDO. Persona que tenía por oficio hacer o vender sacos.

saquito *s. m.* COL. Chaqueta para bebés que se abrocha por delante.

SAR (pronunciamos *'sar'*) *s. m.* Sigla de «Servicio Aéreo de Rescate», España.

S. A. R. *abr.* «Su Alteza Real».

sarampión *s. m.* (no contable) Enfermedad infecciosa y contagiosa, frecuente en la infancia, que se caracteriza por la aparición de muchos granos y manchas rojas en la piel y picores intensos.

sarandí *s. m.* ARG. Arbusto euforbeáceo que crece en las costas.

sarao *s. m.* 1 Reunión o fiesta nocturna. 2 COLOQUIAL. Jaleo, follón: *El sarao se armó porque le pegó un empujón.*

sarape *s. m.* GUAT., MÉX. Manta de vivos colores y generalmente con una abertura para la cabeza que se emplea como prenda de abrigo.

sarasa *s. m.* COLOQUIAL; PEYORATIVO. Hombre homosexual o que adopta comportamientos considerados tradicionalmente femeninos: *A veces Pedro parece un sarasa.*

saraviado, da *adj.* COL. Moteado, lleno de pecas o pequeñas manchas.

sarazo, za *adj.* AMÉR. [Maíz, fruto] que no ha madurado bien.

sarcasmo *s. m.* 1 ELEVADO. Burla o ironía cruel con la que se hiere o se humilla a una persona: *Con sarcasmos no arregláréis vuestras relaciones.* 2 (no contable) ELEVADO. Ironía amarga con la que alguien se queja de alguna cosa con pesimismo: *El sarcasmo de sus palabras es insoportable.*

sarcástico, ca *adj.* 1 (antepuesto / pospuesto) Que contiene o encierra sarcasmo: *palabras sarcásticas, un sarcástico gesto.* 2 (ser / estar) Que emplea o tiende a emplear sarcasmos: *Estás muy sarcástico últimamente.*

sarcófago *s. m.* 1 Sepulcro o caja, normalmente de piedra, que contiene un cadáver: *el sarcófago del faraón.*

sarcoma *s. m.* (no contable) MED. Tumor maligno formado por tejido conjuntivo: *Le han diagnosticado un sarcoma.*

sardana *s. f.* 1 Danza popular catalana que bailan varias personas agarradas de la mano en corro: *bailar una sardana.* 2 Música que acompaña a esta danza.

sardina *s. f.* (macho y hembra) *Sardina pilchardus.* Pez marino de cuerpo alargado y color azulado y plateado, que es muy usado como alimento, fresco o en conserva. FR. Y LOC. **arrimar el ascua* a su ~. entierro* de la ~.**

sardinel *s. m.* VEN. Bordillo de la acera.

sardinero, ra *adj.* **1** De la sardina: *barco sardinero, pesca sardinera.* || *s. m./f.* **2** Persona que vende sardinas.

sardineta *s. f.* **1** Sardina pequeña: *Está prohibida la pesca de sardineta.* **2** COLOQUIAL. Golpe similar a un latigazo que se da con los dedos índice y medio de la mano extendidos y juntos: *Su hermano mayor le dió una sardineta en la mano.*

sardino, na *adj./s. m.* y *f.* COL.; COLOQUIAL. Adolescente, muchacho.

sardo, da *adj./s. m.* y *f.* **1** De Cerdeña, isla italiana: *playa sarda, amante sardo. Los sardos saltaron al terreno de juego.* || *s. m.* **2** LING. Lengua románica hablada en Cerdeña. **3** MÉX.; COLOQUIAL. Soldado, miembro del ejército.

sardónico, ca *adj.* **1** ARG., URUG. Sarcástico. || **2 risa* sardónica.**

sarga *s. f.* **1** (no contable) Tela cuyo tejido forma líneas diagonales. **2** *Salix incana.* Arbusto de la familia de las salicáceas de hojas estrechas y recortadas y ramas parecidas a las del mimbre, que crece en las orillas de los ríos.

sargento, ta *s. m./f.* **1** (se usa sólo en la forma masculina) Suboficial de grado inferior en la escala de mando de un ejército: *El sargento ha ordenado romper filas. María ha ascendido a sargento de la policía.* **~ primero** Suboficial de grado superior al de sargento e inferior al de brigada. **2** COLOQUIAL; PEYORATIVO. Persona autoritaria y de modales bruscos: *Su padre es un auténtico sargento. Mi jefa es una sargenta.*

sargentona *s. f.* COLOQUIAL; PEYORATIVO. Mujer de fuerte carácter a la que le gusta mandar: *Mi hermana pequeña está hecha una sargentona.* SIN. sargenta.

sari *s. m.* Traje femenino hecho de una sola pieza de tela, propio de la India: *Me ha traído un sari de la India.*

sarmentoso, sa *adj.* Que se parece a un sarmiento: *Mi abuela tiene unas manos huesudas y sarmentosas.*

sarmiento *s. m.* **1** BOT. Tallo nudoso de la vid, largo, delgado y flexible del que nacen las hojas y los racimos: *Los sarmientos secos arden muy bien en la chimenea.* **2** BOT. Tallo leñoso parecido al de la vid.

sarna *s. f.* (no contable) MED. Enfermedad contagiosa producida por un parásito que excava túneles bajo la piel y causa pústulas, enrojecimientos y un intenso picor. **arador* de la ~.** REFR. **Sarna con gusto no pica.** Se usa para expresar que cuando se hace algo voluntariamente no importan las molestias que ello ocasione.

sarnoso, sa *adj./s. m.* y *f.* (ser/estar) Que padece sarna: *Este animal está sarnoso. Pareces un sarnoso, no haces más que rascarte.* **2** ARG., URUG. [Persona] sucia y desaliñada.

sarong *s. m.* Vestido malayo que consiste en una pieza de tela con la que se envuelve el cuerpo.

sarpullido *s. m.* **1** Erupción leve de granitos o ronchas que aparecen en la piel: *Algo me ha sentado mal, porque me ha salido un sarpullido en el pecho.* **2** Conjunto de señales que dejan las picaduras de las pulgas en la piel.

sarraceno, na *adj./s. m.* y *f.* **1** HIST. De una tribu que vivía en el Norte de Arabia: *una mujer sarracena. Este alumno hizo un estudio sobre los sarracenos.* **2** REL. Que sigue la religión de Mahoma.

sarracina *s. f.* **1** RESTRINGIDO. Disputa o lucha de grandes dimensiones con resultado de personas muertas o heridas: *Las manifestaciones terminaron con una sarracina terrible de jóvenes y policías.* **2** COLOQUIAL; RESTRINGIDO. En los centros de enseñanza, castigo o suspenso generalizado: *El profesor de lengua ha hecho una sarracina de impresión.* SIN. escabechina (COLOQUIAL).

sarro *s. m.* **1** (no contable) Sustancia amarillenta que se adhiere al esmalte de los dientes: *Tienes los dientes muy feos, llenos de sarro.* **2** (no contable) Capa blanquecina que cubre el dorso de la lengua. SIN. saburra. **3** (no contable) Sedimento que dejan en los recipientes algunos líquidos que llevan sustancias en suspensión o disueltas: *La bañera está llena de sarro.*

sarta *s. f.* **1** Conjunto de cosas enlazadas una detrás de otra mediante un hilo, una cadena o una cuerda: *una sarta de perlas.* SIN. ristra, hilera. **2** Retahíla, sucesión: *Todo su discurso fue una sarta de disparates.* SIN. rosario.

sartén *s. f.* **1** Utensilio metálico de cocina, redondo, poco profundo y con un mango, para freír alimentos: *freír en la sartén, poner el aceite en la sartén, sacar de la sartén.* **2** Cantidad de comida que se fríe de una vez en este utensilio: *Se comieron tres sartenes de patatas fritas.* SIN. sartenada. FR. Y LOC. **fruta* de ~. tener la ~ por el mango** COLOQUIAL. Tener ‹una persona› el dominio de la situación: *Yo no puedo hacer nada, porque es él quien tiene la sartén por el mango.*

sartenada *s. f.* Cantidad de comida que cabe en una sartén: *Tu marido se comió una sartenada de pimientos verdes.*

sartenazo *s. m.* Golpe fuerte dado con un objeto cualquiera o con una sartén: *Le dieron un sartenazo en la cabeza.*

sartorio *adj./s. m.* **músculo* ~.**

sastre, tra *s. m./f.* **1** Persona que tiene por oficio hacer trajes, generalmente de hombre: *Mi padre ha ido al sastre a buscar su traje.* **2** Persona que cuida del vestuario de los actores. || *s. f.* **3** COLOQUIAL; RESTRINGIDO. Mujer del sastre. || *adj.* **4** (invariable; pospuesto) [Prenda femenina] que está hecha como las masculinas: *falda sastre, chaqueta sastre.* **traje* ~.** FR. Y LOC. **cajón* de ~. jabón* de ~.**

sastrería *s. f.* **1** (no contable) Oficio de hacer trajes de caballero: *La sastrería artesanal tiene mucha tradición en esta ciudad.* **2** Taller donde se hacen, venden o arreglan trajes de caballero: *La sastrería es en la puerta de al lado.*

satán *s. m.* Satanás.

satanás o **satán** (con mayúscula) *s. m.* **1** Nombre del príncipe de los demonios: *Satanás tentó a Cristo.* **2** COLOQUIAL. Se usa para insultar a los niños traviesos: *Eres más malo que Satanás, hijo.* SIN. Lucifer.

satánico, ca *adj.* **1** De Satanás. **ritos satánicos.** **2** Que contiene perversidad o es extraordinariamente astuto: *Se me ha ocurrido un plan satánico para fastidiarlos.* SIN. diabólico.

satanismo *s. m.* **1** (no contable) REL. Conjunto de ritos, creencias y prácticas de los que rinden culto a Satanás: *En la secta juvenil se practica el satanismo.* **2** Perversidad, maldad grande: *Se comenta mucho el satanismo de ese asesinato.*

satélite *s. m.* **1** ASTRON. Cuerpo celeste que gira alrededor de un planeta: *La Luna es el satélite natural de la Tierra.* **2** Estado independiente sometido económica, política o militarmente a otro más poderoso: *los países satélites de Estados Unidos.* **3** RESTRINGIDO. Persona que acompaña siempre a otra o depende de ella: *Apareció el jefe con sus inevitables* *satélites: Pepe y Juan.* || **4 ciudad* ~. 5 ~ artificial** Vehículo espacial que se pone en órbita alrededor de un planeta o de un satélite natural. **6 vía* ~.**

satén *s. m.* (no contable) Tela de seda o algodón brillante que se emplea generalmente para forrar otras prendas: *un forro de satén.*

satín *s. m.* AMÉR. Satén.

satinador, ra *adj. / s. f.* Que satina o da brillo: *una plancha satinadora. Dimos brillo a las fotos con la satinadora.*

satinar *v. tr.* Dar ‹una persona› brillo a [un papel o una tela], prensándolos.

sátira *s. f.* **1** Obra literaria, en prosa o en verso, que ridiculiza o censura a una persona o una cosa: *Es famosa su sátira contra los malos poetas.* **2** Obra, comentario o discurso que ridiculiza o censura a una persona o una cosa: *La película es una sátira contra los malos músicos.*

satírico, ca *adj.* De la sátira: *género satírico, poema satírico, escritor satírico.*

satirizar *v. tr.* Hacer ‹una persona› objeto de una sátira [a una persona o una cosa]: *Este escritor satiriza las costumbres contemporáneas.* ⇒ **19.**

sátiro *s. m.* **1** MIT. Personaje de la mitología griega, que se caracteriza por ser mitad hombre, mitad macho cabrío y por su excesiva lujuria: *Los sátiros eran unos genios que vivían en los bosques y perseguían a las ninfas.* **2** COLOQUIAL; PEYORATIVO. Hombre excesivamente lujurioso que molesta a las mujeres: *Paco es un sátiro en la oficina: va todo el día detrás de sus compañeras.*

satisfacción *s. f.* **1** Acción y resultado de satisfacer o satisfacerse: *Su triunfo significa la satisfacción de mis deseos.* **2** Cumplimiento de un deseo o gusto: *No pienso renunciar a las pocas satisfacciones que me queden en esta vida.* SIN. goce. **3** Gusto: *Su madre tiene cara de satisfacción.* **4** ELEVADO. Acto o palabra encaminados a remediar un daño u ofensa: *Sólo espero una pequeña satisfacción antes de recibirlo.* SIN. reparación, disculpa.

satisfacer *v. tr.* **1** Hacer ‹una persona o una cosa› que cese [una necesidad, un deseo o una pasión] proporcionando lo que necesita o desea: *Mi abuela satisfizo sus deseos de ver el mar poco antes de morir. Ya hemos satisfecho la sed.* **2** Realizar ‹una persona› [una aspiración o un deseo]: *Doña María ha satisfecho el sueño de su vida: conocer las Pirámides.* **3** Dar ‹una persona› respuesta o solución a [una pregunta o una duda]: *Yo satisfice sus dudas rápidamente.* **4** Tener ‹una persona o una cosa› [las condiciones o exigencias que se piden o necesitan]: *El candidato satisface todos los requisitos.* **5** Pagar ‹una persona› [una deuda]: *Hay que satisfacer las deudas a los acreedores.* **6** Compensar ‹una persona o una cosa› la pérdida, el agravio o el daño sufrido por [otra persona]: *Sus disculpas me han satisfecho.* **7** Gustar ‹una cosa› [a una persona]: *Me satisface tu éxito.* **8** Convencer ‹una cosa› [a una persona]: *Ninguna oferta lo satisfizo plenamente.* || *v. prnl.* **9** Conformarse ‹una persona› [con una cosa]: *Mi jefe es muy exigente y no se satisface **con** cualquier cosa.* **10** Vengarse ‹una persona› [de una ofensa o un agravio]: *Manolo meditaba el modo de satisfacerse **de** esa humillación.* ⇒ **73.**

satisfactorio, ria *adj.* Que satisface o puede satisfacer: *respuesta satisfactoria, resultados satisfactorios. La entrevista con el nuevo aspirante ha sido satisfactoria.*

satisfecho, cha *adj.* **1** (ser / estar) Que está complacido, conforme o contento: *Soy una persona satisfecha, no tengo de qué quejarme. Estoy satisfecho con mi nuevo trabajo.* **2** (ser / estar) Que ha saciado una necesidad o deseo: *deseo sexual satisfecho. He comido muy bien, me he quedado satisfecho.* **3** (estar) Que presume de sí mismo o está orgulloso: *La niña va muy satisfecha con sus zapatos nuevos.* || *p.* **4** Participio irregular de *satisfacer.*

sátrapa *s. m.* **1** ELEVADO. Persona que vive con gran lujo y comodidad: *Jaime vive como un sátrapa.* || *adj. / s. m.* y *f.* **2** ELEVADO; PEYORATIVO. Persona que abusa de su autoridad o poder en un cargo: *Es una sátrapa con los subordinados.* SIN. déspota, tirano, dictador. **3** HIST. Gobernador de una provincia de la antigua Persia.

saturado, da *adj.* QUÍM. (estar) [Compuesto químico orgánico] que tiene los enlaces sencillos.

saturar *v. tr. / prnl.* **1** Saciar, llenar ‹una comida› [a una persona]: *La comida nos ha saturado a todos. **Nos** hemos saturado de arroz y no queremos nada más.* || *v. tr.* **2** Llenar o utilizar ‹una persona o una cosa› [otra cosa] hasta el límite de su capacidad: *Los directivos saturaron el mercado **con** el nuevo producto. El nuevo director saturó **de** trabajo a los empleados.* **3** Penetrar ‹un líquido› los poros o huecos de [un cuerpo] hasta agotar la capacidad de asimilación de éste: *No riegues más el jardín, que está saturado.* **4** QUÍM. Combinar ‹una persona› [dos sustancias o elementos] en las proporciones atómicas máximas en que pueden unirse. || *v. prnl.* **5** Quedar ‹una cosa› totalmente llena de otra: *El mercado se ha saturado de productos de imitación.* **6** QUÍM. Combinarse ‹dos sustancias o elementos› en las proporciones atómicas máximas en que pueden unirse.

saturnal *adj.* **1** De Saturno. || *s. f.* **2** ELEVADO. Orgía: *En verano organizan unas saturnales escandalosas los fines de semana.* **3** (plural) HIST. Fiestas de la antigua Roma dedicadas al dios Saturno que se celebraban en el mes de diciembre.

saturnismo *s. m.* (no contable) MED. Enfermedad crónica producida por una intoxicación con sales de plomo: *El saturnismo era frecuente en algunas profesiones.*

sauce *s. m.* BOT. Conjunto de árboles de la familia de las salicáceas que crece en terrenos húmedos. **~ blanco** Sauce de tronco grisáceo y hojas muy pequeñas lanceoladas cubiertas de vello blanquecino. **~ llorón** Sauce de largas ramas colgantes y hojas muy pequeñas, que se cultiva como árbol ornamental.

saucedal o **sauceda** *s. m.* Lugar poblado de sauces: *Los saucedales suelen crecer al lado de los ríos.*

saúco *s. m.* **1** *Sambucus nigra.* Arbusto grande de corteza rugosa, hojas compuestas, de olor desagradable, inflorescencias blancas o amarillentas, con propiedades medicinales y fruto pequeño en bayas de color negro. **2** Segunda tapa de las que se componen los cascos de los caballos.

saudade *s. f.* LITERARIO. Nostalgia, añoranza o morriña: *Este poema expresa la saudade de la poetisa por su tierra natal.*

saudí (plural *saudíes* o *saudís*) *adj. / s. m.* y *f.* Saudita.

saudita *adj. / s. m.* y *f.* De Arabia Saudí, país asiático: *el desierto saudita. Los sauditas reservaron una planta del hotel para ellos solos.*

sauna *s. f.* **1** Baño de vapor, a elevadas temperaturas, que produce abundante sudor: *Con las saunas se eliminan las impurezas de la piel.* **2** Local donde se toman las saunas.

saurio *adj. / s. m.* **1** (macho y hembra) [Reptil] que tiene cuatro extremidades fuertes y cortas, mandíbulas con dientes, ojos salientes con párpados, cuerpo y cola largos y piel cubierta de escamas: *El cocodrilo es un saurio y el lagarto también.* || *s. m.* **2** (en plural) Grupo formado por los reptiles saurios.

savia *s. f.* **1** (no contable) BOT. Jugo que circula por los vasos de las plantas superiores, que lleva las sustancias que éstas necesitan para su alimentación. **2** Persona o cosa que da vitalidad o energía a algo: *Su incorporación al equipo ha traído savia nueva.*

saxo *s. m.* MÚS. Saxofón: *Enrique toca el saxo.*

saxofón o **saxófono** *s. m.* **1** MÚS. Instrumento musical de viento, formado por un tubo metálico cónico, curvado en su extremo inferior, y con una serie de llaves, muy utilizado en jazz: *Ese chico toca el saxofón en una banda de música.* SIN. saxo. || *s .m. / f.* **2** MÚS. Persona que toca este instrumento: *Es la saxofón de la banda de jazz del colegio.* SIN. saxofonista.

saxofonista *s. m. / f.* MÚS. Persona que toca el saxofón: *Esther quiere ser saxofonista cuando sea mayor.*

saxófono *s. m.* Saxofón.

saya *s. f.* RESTRINGIDO. Falda o enagua: *Mi abuela siempre llevaba varias sayas.*

sayal *s. m.* RESTRINGIDO. Tela de lana basta o prenda de vestir confeccionada con esta tela: *El sayal lo usaban las personas pobres o los que querían hacer penitencia.*

sayo *s. m.* RESTRINGIDO. Antigua prenda de vestir ancha y sin botones que llegaba desde el cuello hasta más abajo de las rodillas. FR. Y LOC. **hacer de su capa* un ~.**

sayón *s. m.* **1** Cofrade que en las procesiones de Semana Santa va vestido con una túnica larga. **2** COLOQUIAL; RESTRINGIDO. Hombre de aspecto fiero. **3** HIST. Oficial de justicia que, en la Edad Media, hacía las citaciones y ejecutaba los embargos. **4** HIST. Verdugo que ejecutaba las penas a los reos o condenados.

sazón *s. f.* **1** Estado de madurez o de perfección de una cosa que ha sufrido un desarrollo o un cambio: *Me gusta la fruta cuando está en sazón.* **2** Sabor que se le da a las comidas con los diversos ingredientes para hacerlas más sabrosas: *Echa sal y pimienta hasta darle el punto de sazón.* **3** RESTRINGIDO. Ocasión o momento oportuno para una cosa: *Tienes que encontrar la sazón apropiada para hablar.* FR. Y LOC. **a la ~** ELEVADO. Por entonces, en ese momento o época: *A la sazón el ilustre escritor había decidido no volver a escribir novelas de aventuras.*

sazonar *v. tr.* **1** Añadir ‹una persona› a [un alimento] sustancias que lo hagan más sabroso: *No te olvides de sazonar la ensalada.* SIN. aderezar. || *v. prnl.* **2** Llegar ‹una cosa› a su punto o estado de madurez o perfección: *Las uvas se sazonan en otoño.*

scay *s. m.* Skay.

scherzo (del italiano; pronunciamos *'esquerzo'*) *s. m.* MÚS. Pieza o movimiento de una sinfonía o de una sonata de ritmo vivo y carácter alegre.

-sco, ca o **-asco, ca** o **-esco, ca** o **-isco, ca** o **-izco, ca** o **-usco, ca** o **-uzco, ca** *suf.* **1** a veces PEYORATIVO. Significa 'cualidad relacionada con' y forma adjetivos a partir de sustantivos o de adjetivos: *burla - burlesco, libro - libresco, pardo - pardusco, moro - morisco, negro - negruzco.* **2** Forma sustantivos a partir de sustantivos con 'valor colectivo' o 'valor aumentativo': *rufián - rufianesco, peña - peñasco.*

scon *s. m.* ARG., URUG. Escón.

scooter (del inglés; pronunciamos *'escúter'*) *s. m.* Motocicleta de poca cilindrada con el motor cubierto y una pequeña plataforma inferior en la que el conductor, que no va a horcajadas, apoya los pies: *Los scooters se usan mucho en las ciudades.*

score *s. m.* DEP.; ARG. Tanteo, marcador.

script (del inglés; pronunciamos *'escrip'*) *s. m. / f.* CINE. Persona que se encarga de anotar todos los datos sobre las escenas filmadas en un rodaje cinematográfico: *Su mujer trabaja de meritoria en este rodaje como script.*

se (de tercera persona; singular; masculino y femenino) *pron. pers.* **1** Pronombre personal complemento que se refiere a la persona o grupo de personas de la que se habla o escribe, o a las que se da el tratamiento de *usted.* OBSERVACIONES: ◊ Funciona como complemento directo del verbo: *Jorge se afeitó en dos minutos*; y complemento indirecto: *Jorge se lavó los dientes.* Cuando coinciden ambos complementos en una frase, el indirecto va siempre antes del directo: *Jorge se los lava siempre después de comer.* ◊ También se usa con sentido recíproco: *Ellos se escribieron cartas durante años.* ◊ No lleva nunca preposición. ◊ Normalmente se antepone al verbo: *Luis y Carmen se encontraron en el cine;* excepto cuando va con un imperativo afirmativo, infinitivo o gerundio, con los que va inmediatamente después, unido a ellos: *El chico debe cortarse el pelo. Siéntese. Pasaron la tarde jugándose el dinero a las cartas.* ◊ Cuando va con otros pronombres átonos, se antepone a ellos: *Se me ha caído la cafetera. Se te nota alegre. Las instrucciones se os comunicarán oportunamente.* **2** Se utiliza para formar los verbos pronominales: *Mi padre se olvidó de mi cumpleaños. Elena se arrepiente de sus palabras.* **3** Tiene valor intensificador o expresivo a veces: *El niño se comió todas las alubias.* **4** Se usa para construir oraciones impersonales. OBSERVACIONES: Hay usos en que *se* no se refiere a un sujeto determinado sino al hablante mismo. *–«Ha sido una actuación expléndida.»– «¡Se le agradece el halago!» Se bebe demasiado en esta ciudad.* **5** Se usa para construir oraciones de pasiva refleja. OBSERVACIONES: ◊ Con los verbos transitivos: *Se alquilan bicicletas. Se ha confirmado el terremoto por una agencia de noticias. Se avisará a los accionistas. ¿Se me ve guapa?* ◊ Cuando introduce infinitivos seguidos de complemento directo: *Se pueden recoger los impresos en la oficina.* (COLOQUIAL) *Se pretende recoger ropas para los pobres.* (ELEVADO) ◊ Con los verbos intransitivos, el verbo va en tercera persona de singular: *En esta ciudad se vive mal.* ◊ Suelen usarse construcciones como: *Se vende pisos. Se repara televisores;* pero se prefieren las construcciones con concordancia: *Se venden pisos. Se reparan televisores.*

se (de tercera persona; singular; masculino y femenino) *pron. pers.* Pronombre personal que funciona como complemento indirecto cuando precede a los pronombres que funcionan como complemento directo como *lo(s)* y *la(s).* OBSERVACIONES: Cuando va con otros pronombres átonos, se antepone a ellos: *Se lo entregaron durante la fiesta. Se las traerán mañana;* porque no sería correcto: *Le(s) lo entregaron,* ni: *Le(s) las traerán,* ni: *Dílelo.*

SE *abr.* «Sureste».

S. E. *abr.* «Su Excelencia».

SEAT (pronunciamos '*seat*') *s. f.* Sigla de «Sociedad Española de Automóviles de Turismo».

sebáceo, a *adj.* **1** De sebo: *Había un olor sebáceo en la cocina.* **2** Que es parecido al sebo o tiene alguna de sus características: *pelo sebáceo.* **3** ANAT. [Glándula] que segrega la grasa que lubrica el pelo y la piel. **quiste* ~.**

sebo *s. m.* **1** Grasa sólida de algunos animales utilizada en la fabricación de velas o jabón: *Las velas de sebo huelen mal cuando se queman.* **2** Gordura o exceso de grasa: *Este cerdo tiene mucho sebo.* **3** Sustancia grasienta segregada por las glándulas sebáceas: *Ese hombre tiene el pelo lleno de sebo.* **4** Suciedad grasienta: *Da asco entrar en esta cocina: hay una dedo de sebo por todas partes.* FR. Y LOC. **poner ~** COL.; COLOQUIAL. Fastidiar ‹una persona› a otra persona.

seborragia *s. f.* RESTRINGIDO. Seborrea.

seborrea *s. f.* (no contable) Aumento anormal de la secreción de las glándulas sebáceas de la piel de la cabeza: *José usa un champú especial contra la seborrea.*

seboso, sa *adj.* **1** Que tiene mucho sebo: *tejido seboso.* || *adj. / s. m.* y *f.* **2** (ser / estar) COLOQUIAL; PEYORATIVO. Que está muy gordo, o tiene mucha grasa: *Miguel es un gordo seboso. Últimamente Lola está sebosa.* **3** Que es exageradamente atento o afectuoso en sus muestras de cortesía o amistad: *No soporto a las personas sebosas.*

sebucán *s. m.* **1** VEN. Colador de acero que se usa industrialmente. **2** P. RICO. Planta de estructura carnosa.

seca *s. f.* **1** RESTRINGIDO. Sequía: *Mi abuelo dice que seca como ésta nunca se había conocido.* **2** VEN.; COLOQUIAL. Inflamación dolorosa de un ganglio de la ingle o del sobaco.

secadero *s. m.* Lugar para secar frutos u otros productos: *secadero de tabaco, secadero de bacalao.*

secado *s. m.* Acción o resultado de secar o secarse: *el secado de la ropa, el secado del pelo, el secado de la pintura.*

secador, ra *adj. / s. m.* y *f.* [Máquina o aparato] que se usa para secar: *una máquina secadora, un secador de pelo.*

secamente *adv. modo* **1** Con pocas palabras, con sequedad en el decir: *El alcalde le expresó secamente sus sentimientos de pésame.* **2** Ásperamente, sin atención ni urbanidad: *La paciente se dirigió al doctor secamente.*

secamiento *s. m.* (no contable) Acción de secar o secarse una cosa: *La falta de riego provoca el secamiento de las plantas.*

secano *s. m.* Terreno de cultivo que no tiene riego y sólo recibe el agua de la lluvia: *En el secano se cultivan vid y cereales.* ANT. regadío.

secante *adj. / s. m.* **1** Que seca o sirve para secar: *papel secante. Necesito un secante, se me ha derramado la tinta.* **papel ~.** || *adj. / s. m.* y *f.* **2** DEP. Persona que en un juego está encargada de marcar continuamente a otra contraria: *Pilar jugó de secante de su mejor alero.* || *adj. / s. f.* **3** GEOM. [Línea, superficie] que corta a otra línea o superficie. || *s. m.* **4** Sustancia que se añade a una pintura para que se seque más rápidamente: *Mezcla con la pintura un secante.*

secar *v. tr.* **1** Sacar ‹una persona o una cosa› la humedad de [otra persona o una cosa]: *La niñera secó al niño con una toalla.* **2** DEP. Anular ‹un defensor de un equipo› [a un contrario]: *La defensa visitante secó a nuestro delantero centro.* **3** URUG.; COLOQUIAL. Causar ‹una persona› fastidio [a otra persona]. || *v. prnl.* **4** Quedarse [una corriente] sin agua: *La fuente de la plaza se ha secado hace dos meses.* **5** Perder ‹una planta› la fuerza y el verdor: *Se nos están secando las plantas.* SIN. marchitarse, agostarse. **6** Perder vigor o fuerza la imaginación. **7** Adelgazar ‹una persona›: *Niño, tienes que comer más, que te estás secando.* **8** Quedarse ‹la mente de una persona› sin ideas: *Se me ha secado la imaginación.* FR. Y LOC. **secarse el cerebro*. ⇒ 71.**

sección *s. f.* **1** Cada una de las partes en que se divide un todo, o un conjunto de personas, como un organismo, una empresa, o unos grandes almacenes: *Miguel trabaja en la sección de informática de esta empresa.* SIN. departamento. **2** MIL. Cada una de las partes en que se divide una unidad pequeña del ejército, mandada por un teniente o un alférez: *la sección de un escuadrón de caballería. Lo nombraron teniente de la segunda sección de la primera compañía.* **3** Dibujo de una persona o cosa como si estuviesen partidas por un plano para mostrar su interior: *sección de la región lumbar, sección longitudinal de una mina, sección transversal de un barco.* **4** GEOM. Figura que se forma por la intersección de las superficies de dos cuerpos: *Esto es una sección de un cono truncado.* **5** ELEVADO. Corte hecho en un cuerpo sólido para separar dos partes: *Una pequeña sección en el tronco es suficiente para que salga la resina del pino.*

seccional *s. f.* **1** COL. Dependencia u oficina correspondiente a un sector administrativo, subordinado a otra superior, delegación. **2** ARG., URUG. Comisaría.

seccionar *v. tr.* **1** ELEVADO. Cortar ‹una persona o una cosa› [a otra persona o una cosa] separándola por completo: *La cuchilla le seccionó el dedo al operario, pero se lo han implantado.* SIN. amputar, cercenar, cortar. **2** Dividir ‹una persona o una cosa› [una cosa] en secciones: *La máquina seccionaba el cartón en fragmentos iguales.* SIN. fragmentar.

secesión *s. f.* **1** POLÍT. Separación política de parte de la población y territorio de un país para independizarse o unirse a otro: *la Guerra de Secesión de los Estados Unidos. Ningún intento de secesión amenaza la unidad del país.* **2** Separación de un grupo de personas de otro grupo mayor, artístico, comercial o político del que formaba parte: *La secesión de un grupo de dadaístas dio lugar al Surrealismo.*

secesionismo *s. m.* (no contable) Ideología y comportamiento de los partidarios de que parte de un territorio se separe de la nación de que forma parte: *el secesionismo de los estados del sur de los Estados Unidos.*

secesionista *adj.* **1** Del secesionismo: *ideología secesionista, congreso secesionista.* || *s. m. / f.* **2** Persona que es partidaria del secesionismo: *los militares secesionistas.*

seco, ca *adj.* **1** (estar) Que no está mojado: *La ropa que tendí esta mañana ya está seca.* **2** (estar) Que no tiene agua o tiene muy poca: *El pantano está seco.* **dique* ~.** **3** [Fruto] que ha perdido su humedad para facilitar su conservación: *un higo seco.* **4** Que no contiene vapor de agua: *Dicen que el calor seco se soporta mejor que el húmedo. El aire es seco.* **5** [Tiempo atmosférico, época, país] que se caracteriza por la escasez o la ausencia de lluvias: *El sur de España es más seco que el norte.* **clima ~.** **6** [Bebida alcohólica, vino] que no tiene sabor dulce: *El aguardiente es muy seco.* **anís ~.** **7** (estar) [Planta, paisaje] que no está verde o está muerto: *La planta tiene tres hojas secas.* **8** [Pelo, piel] que no tiene grasa en exceso. **cabello ~. cutis ~.** ANT. graso. **9** [Tos] que se produce sin flemas ni secreciones: *Todas las* *mañanas oigo su tos seca de fumadora.* **tos seca.** **10** [Sonido, golpe] que se produce fuerte, rápido y sin resonancia: *El hombre dio un golpe seco en la puerta.* **11** Que es antipático y desagradable: *La secretaria tiene unas contestaciones muy secas.* **12** (estar) Muy sorprendido: *Miguel le dejó seco con la noticia.* **13** Que se hace o dice sin añadir nada más o sin explicaciones: *El director le respondió con un no seco.* **14** (estar) COLOQUIAL. Que ha perdido la capacidad de sentir o pensar: *Estoy seco, tengo que hacer una redacción y no me sale nada.* **15** (estar) COLOQUIAL. Muerto: *El dueño lo dejó seco de un tiro.* **16** CHILE; COLOQUIAL. [Persona] que es diestra en una actividad. || *s. m.* **17** COL. Plato principal de una comida. || **18 fruto* ~ . 19 ley* seca.** FR. Y LOC. **a palo* ~. a secas** Sin nada que lo haga más agradable, sin acompañamiento: *El niño comía pan a secas.* **en ~** De forma repentina e inesperada: *El autobús se paró en seco.* **en el dique* ~. estar ~** Tener ‹una persona› mucha sed: *Vamos a beber algo, porque estamos secos.* **limpieza* en ~.**

secoya *s. f.* BOT. Secuoya.

secreción *s. f.* **1** (no contable) FISIOL. Acción de secretar: *En circunstancias de nerviosismo aumenta la secreción de adrenalina.* **2** Sustancia segregada por las glándulas: *El desodorante elimina el mal olor de las secreciones corporales.* **~ externa** Secreción que es vertida al exterior del cuerpo, como el sudor. **~ interna** Secreción que no se vierte al exterior del cuerpo, como la tiroxina.

secretar *v. tr.* Segregar ‹una glándula› [una sustancia]: *Si las glándulas secretan hormonas en exceso se producen trastornos orgánicos.*

secretaría *s. f.* **1** Cargo de secretario: *Le han ofrecido la secretaría de la asociación a Pilar.* **2** Oficina del secretario: *La secretaría de la empresa está en el primer piso.* **3** Sección que se ocupa de tareas administrativas: *la secretaría de un colegio, la secretaría de la universidad.* || **4 Secretaría de Estado** Cargo y oficina del secretario de Estado.

secretariado *s. m.* **1** Estudios de secretario o secretaria: *Como Carmen quería ser mecanógrafa estudió secretariado.* **2** Puesto o cargo de secretario: *Francisco está buscando un secretariado de un club importante para trabajar.* **3** Conjunto de secretarios: *El nivel profesional del secretariado de nuestro país es muy elevado.* **4** Organismo central de carácter cultural, social, político, que dirige y coordina la actividad de diversas entidades dependientes del mismo: *Secretariado del Medio Ambiente.*

secretario, ria *s. m./f.* **1** Persona que se encarga de las tareas organizativas de una oficina o de una empresa: *Nuria trabaja de secretaria en un bufete de abogadas.* || **2 ~ de Estado** 1 POLÍT. En España, persona por debajo del ministro, encargada de dirigir una sección dentro de un ministerio: *la secretaria de Estado para el deporte.* 2 URUG. Ministro. **3 ~ general** POLÍT. Máximo dirigente de un partido político o de un sindicato: *la secretaria general de la Unión de Trabajadores, el secretario general de la asociación de antiguos alumnos.*

secretear *v. intr.* COLOQUIAL. Hablar ‹dos o más personas› en secreto o en voz baja para que las demás no se enteren: *Es de mala educación secretear delante de los compañeros.*

secreteo *s. m.* (no contable) Acción de secretear una persona con otra en voz baja.

secreter *s. m.* Escritorio con cajones pequeños para guardar los papeles.

secreto, ta *adj.* **1** Que se oculta para que los demás no lo conozcan o lo vean: *un arma secreta, una puerta secreta.* **policía* secreta. voto* ~.** || *s. m.* **2** Cosa escondida, difícil de conocer o que aún no se conoce: *los secretos del origen de la vida, los secretos del comportamiento humano. Esta receta es un secreto de cocina.* **3** Reserva, discreción: *Los compañeros han llevado el asunto con gran secreto.* || **4 ~ profesional** Secreto o reserva que ciertos profesionales tienen el derecho y el deber de mantener con los asuntos o las personas relacionados con su trabajo: *Ese periodista es muy celoso de lo que considera secreto profesional.* **5 ~ de confesión** REL. En la religión católica, el secreto que están obligados a guardar los sacerdotes de lo que oyen en el sacramento de la confesión. FR. Y LOC. **~ a voces** COLOQUIAL. Secreto que en realidad ya lo conoce mucha gente: *Lo de tu boda es ya un secreto a voces.*

secretor, ra *adj.* Que secreta o segrega: *órgano secretor.*

secta *s. f.* **1** Comunidad minoritaria religiosa o ideológica que en sus creencias o ritos se aparta de otra en la que estaba integrada: *Cuando una iglesia se escinde en dos, el grupo minoritario suele ser considerado una secta.* **2** PEYORATIVO. Conjunto de seguidores de una doctrina, filosofía o religión considerada falsa o peligrosa: *Hay sectas que anulan la personalidad del individuo.* **3** PEYORATIVO. Grupo ideológico, político o religioso de carácter cerrado y relativamente secreto, cuyos miembros se apoyan indiscriminadamente frente al resto de la sociedad: *Ese club funciona como una secta: su única ideología es el apoyo mutuo de los miembros entre sí.*

sectario, ria *adj. / s. m.* y *f.* **1** Que defiende con fanatismo o intransigencia una idea, partido o doctrina: *política sectaria, ideas sectarias.* **2** Que es miembro de una secta: *Si caes en manos de personas sectarias lo puedes pasar mal.*

sectarismo *s. m.* PEYORATIVO. Comportamiento dogmático de las personas que defienden a una secta o grupo: *El sectarismo de tus argumentos me asusta.*

sector *s. m.* **1** Parte de una ciudad o lugar: *El incendio afectó a un sector del edificio. Se han construido viviendas en el sector sur de Barcelona.* SIN. zona. **2** Parte de un grupo: *el sector más izquierdista del partido.* **3** Cada una de las distintas actividades: *el sector turístico, sector de la construcción.* **4** ECON. Conjunto de empresas y actividades productivas de un mismo tipo. **~ privado. ~ público. ~ cuaternario** Sector que comprende actividades relacionadas con el ocio, como los espectáculos, la gastronomía o el turismo. **~ primario** Sector que comprende la agricultura, ganadería, pesca, minería y los recursos forestales. **~ secundario** Sector que comprende las actividades relacionadas con la industria y la construcción. **~ servicios** Sector terciario. **~ terciario** Sector que comprende las actividades de servicio, como transporte, comercio, sanidad, cultura, administración. **5** GEOM. Porción de círculo comprendida entre un arco y los dos radios que pasan por sus extremos.

sectorial *adj.* **1** De un sector de la colectividad que presenta rasgos peculiares: *política sectorial, grupo sectorial.* **2** GEOM., MAT. Del sector: *análisis sectorial.*

sectorizar *v. tr.* **1** VEN. Organizar ‹una persona› [una cosa] dividiéndola en sectores o en zonas. || *v. tr. / prnl.* **2** ARG., URUG. Dividir ‹una persona› [un grupo de otras personas]. ⇒ **19.**

secuaz *s. m./f.* ELEVADO; PEYORATIVO. Seguidor de una persona o de sus ideas: *El jefe de la banda y sus secuaces habituales han sido detenidos.*

secuela *s. f.* Consecuencia o resultado, generalmente negativo, de un hecho, en especial, un accidente o una enfermedad: *La suya es una enfermedad que deja graves secuelas.*

secuencia *s. f.* **1** Elementos que se suceden con un orden determinado: *una secuencia de números pares, una secuencia de palabras.* SIN. serie, sucesión. **2** Sucesión de planos o escenas de una película o de una filmación que tienen unidad temática o estructural: *Esa película es mala, pero tiene algunas secuencias muy interesantes.*

secuencial *adj.* **1** De la secuencia: *orden secuencial.* **2** [Sistema de televisión en color] que transmite sucesivamente y no de modo simultáneo las tres imágenes que corresponden a los tres colores fundamentales.

secuenciar *v. tr.* Establecer ‹una persona› una sucesión de [cosas que tienen relación entre sí]: *Uno de los ejercicios era secuenciar varias figuras de diferentes series.*

secuestrador, ra *adj./s. m.* y *f.* [Persona] que comete o ha cometido un secuestro: *Han sido detenidos los secuestradores de la joven salmantina.*

secuestrar *v. tr.* **1** Detener o retener ‹una persona› por la fuerza [a otra persona] para pedir dinero u otra cosa por dejarla en libertad: *Han secuestrado a una muchacha en el barrio de Prosperidad.* SIN. raptar. **2** Tomar ‹una persona› el mando de [un vehículo] por las armas, reteniendo como rehenes a la tripulación y a los pasajeros para pedir un rescate o exigir que se cumplan ciertas condiciones: *Tres hombres han secuestrado un avión americano y exigen dinero y un helicóptero.* **3** Retirar ‹la autoridad› de la circulación [una cosa] por orden judicial: *El juez ordenó secuestrar la edición de ese periódico.*

secuestro *s. m.* **1** Acción de tomar como rehén a una persona o de retener un vehículo con pasajeros para pedir algo a cambio de su libertad: *El secuestro del avión ha acabado felizmente.* **2** Acción de retener una cosa o retirarla de la circulación por orden del juez: *El juez ordenó el secuestro de todas las armas encontradas en la trastienda.*

secular *adj.* **1** Que no es religioso o eclesiástico: *tribunal secular.* SIN. seglar. **2** [sacerdote católico] que no vive en ningún convento sujeto a una regla, o no es miembro de ninguna orden religiosa: *sacerdote secular.* **clero* ~.** **3** Que dura un siglo o existe desde hace siglos: *tradición secular.* **4** Que sucede o se repite cada siglo: *ciclo secular.*

secularización *s. f.* **1** REL. Autorización dada a un religioso para que pueda vivir fuera del convento, o pueda abandonar el cumplimiento de su regla: *El Papa puede permitir la secularización de los religiosos.* **2** (no contable) Proceso por el cual algo pierde su carácter religioso y adquiere un carácter laico: *la secularización de las costumbres, la secularización de los bienes eclesiásticos.*

secularizado, da *adj.* (estar) [Propiedad] que ha dejado de ser eclesiástica: *bienes secularizados.*

secularizar *v. tr.* **1** Hacer ‹una persona› que [una cosa] deje de ser eclesiástica: *En el siglo* XIX *los liberales secularizaron muchos bienes eclesiásticos.* **2** Autorizar ‹una persona› [a un religioso] a abandonar su orden o congregación: *El Papa puede secularizar a los religiosos.* **3** Hacer ‹una persona› que se abandonen [comportamientos y valores religiosos tradicionales]: *Muchas personas creen que la sociedad actual se está secularizando.* || *v. prnl.* **4** Abandonar ‹un religioso› su condición eclesiástica: *Mi hermano ya no es jesuita, se ha secularizado y está en una parroquia de Salamanca.* **5** Abandonar ‹una persona o un pueblo› comportamientos y valores religiosos tradicionales: *La vida moderna se ha secularizado con mucha rapidez.* ⇒ **19.**

secularmente *adv. temp.* Durante siglos, a lo largo de los siglos. OBSERVACIONES: ◊ Sólo se emplea en referencia al pasado y siempre medido desde el acto de habla. ◊ Admite, y aun prefiere, la anteposición a un participio pasivo, independiente o no: *Secularmente vetado a las mujeres, es ahora un centro de divulgación feminista.*

secundar *v. tr.* Ayudar ‹una persona› [a otra persona] para que ésta pueda realizar sus propósitos: *Todos los consejeros secundaron la propuesta del administrador.*

secundario, ria *adj.* **1** Que ocupa el segundo lugar en un orden determinado. **enseñanza* secundaria.** **2** Que no es el fundamento de algo o lo principal: *Interpreta un papel secundario en la obra. Ese es un objetivo secundario.* **3** GEOL. De la Era Mesozoica: *Creo haber leído que los terrenos secundarios abundan en la Península.* || **4 sector* ~.**

secuoya o **secoya** *s. f.* Árbol conífero muy grande de la familia de las crupesáceas, de copa estrecha y hojas persistentes, que vive muchos años.

sed *s. f.* **1** Necesidad o ganas de beber que tiene una persona o un animal: *Tengo sed. No consigo saciar la sed con nada. He pasado mucha sed en la sauna.* **2** Necesidad de agua que tienen algunas cosas, especialmente las plantas: *Esta hortensia tiene sed. El campo castellano tiene sed.* **3** Deseo intenso que tiene una persona de una cosa: *sed de venganza, sed de libertad, sed de cariño.*

seda *s. f.* **1** Sustancia viscosa en forma de hebras que segregan algunas larvas de insectos para elaborar sus capullos: *gusanos de seda, la industria de la seda.* **2** Hilo fino, suave y brillante formado con varias de estas hebras segregadas por el gusano de la mariposa de la seda. **3** Tejido confeccionado con estos hilos: *una blusa de seda, un pañuelo de seda.* || **4 ~ artificial.** Rayón. FR. Y LOC. **como una/la ~** COLOQUIAL. Muy bien, sin problemas ni dificultades: *El interrogatorio fue como una seda.* **de ~** Muy suave y agradable al tacto: *cutis de seda.* **gusano* de ~. papel* de ~** o **papel manila.**

sedal *s. m.* Hilo fino y resistente de las cañas de pescar: *Ten cuidado no se te enrede el sedal.*

sedán *s. m.* Modelo de automóvil de carrocería cerrada: *La familia subió en un sedán negro y salió a toda velocidad.*

sedante *adj./s. m.* Que seda o calma: *fármaco sedante. Esta música tiene sobre mí un efecto sedante.*

sedar *v. tr./prnl.* Calmar o tranquilizar ‹una persona› con un medicamento [a otra persona]: *Isabel se encarga por las noches de sedar a su padre para que el dolor no le impida dormir. Si estás muy nerviosa puedes sedar***te** *con una tila.*

sedativo, va *adj./s. m.* RESTRINGIDO. [Medicamento] que calma o puede calmar los dolores o la excitación nerviosa: *Si estás muy nervioso, tómate un sedativo suave.*

sede *s. f.* **1** Lugar donde tiene su domicilio un organismo o una entidad: *la sede de un partido político. La empresa tiene su sede central en Madrid.* **2** Diócesis y capital de la misma: *sede episcopal.* || **3 Santa Sede** El Vaticano: *La delegación ha firmado un concordato con la Santa Sede.*

sedentario, ria *adj.* 1 [Pueblo, tribu, animal] que se establece en un lugar determinado y vive allí siempre: *Los pueblos agricultores se hicieron sedentarios, pero los pastores siguieron siendo nómadas.* ANT. nómada. 2 [Oficio, actividad, vida] que tiene poco movimiento: *profesión sedentaria. La vida sedentaria es mala para la salud.*

sedente *adj.* ARTE; ELEVADO. [Representación artística] de una figura sentada: *escultura sedente.*

sedería *s. f.* 1 Conjunto de géneros o mercancías de seda: *La sedería china llena los comercios peninsulares.* 2 Fábrica o tienda de géneros o tejidos de seda. 3 Industria y comercio de la seda: *La sedería se asienta en el Levante español.*

sedero, ra *s. m. / f.* RESTRINGIDO. Persona que trabaja o comercia con seda.

sedicente *adj.* (sólo antepuesto) ELEVADO; IRONÍA. [Persona] que se atribuye a sí misma un título o condición, sin convenirla: *el sedicente poeta, la sedicente embajadora, los sedicentes representantes sindicales.*

sedición *s. f.* Levantamiento colectivo violento contra la autoridad o la disciplina militar establecida: *La sedición fue reprimida con mano dura.*

sedicioso, sa *adj. / s. m.* y *f.* 1 Que promueve una sedición o toma parte en ella: *Los sediciosos serán encarcelados.* 2 [Actos, palabras] que incitan a la sedición: *La celebración de ayer fue un acto sedicioso y como tal debe ser analizado.*

sediento, ta *adj. / s. m.* y *f.* 1 (estar) Que tiene sed: *animal sediento. Estoy sedienta.* || *adj.* 2 (estar) [Tierra, planta] que necesita agua: *vegetación sedienta. El campo está sediento este año.* 3 (estar) Que anhela o desea una cosa con mucha intensidad: *Ese tonto me las va a pagar: estoy sedienta de venganza.*

sedimentación *s. f.* Acción y resultado de sedimentar o sedimentarse: *Su madre tiene la velocidad de sedimentación de la sangre muy alta.*

sedimentar *v. tr. / intr.* 1 Dejar ‹un líquido› [una sustancia que contiene disuelta] en el fondo del recipiente que ocupa: *Las tuberías se atascan porque el agua de esta región sedimenta la cal en ellas. El líquido ya ha sedimentado.* || *v. prnl.* 2 Depositarse ‹las partículas suspendidas en un líquido›: *El limo se sedimenta en el fondo del lago.* 3 Acumularse y afianzarse ‹cosas no materiales›: *Esas tonterías que ven por la tele se sedimentan en el alma infantil.*

sedimentario, ria *adj.* 1 Del sedimento: *materias sedimentarias.* 2 Que se origina por la sedimentación: *cuenca sedimentaria, materias sedimentarias.* **roca sedimentaria.**

sedimento *s. m.* 1 Sustancia que, habiendo estado en suspensión en un líquido, se posa por acción de la gravedad en el fondo del recipiente o lugar en que ese líquido se encuentra: *El sedimento de arcilla quedó depositado en el fondo del vaso.* SIN. poso. 2 GEOL. Depósito de partículas transportadas por el viento o el agua y que se acumulan en un lugar, en especial en el fondo del mar: *sedimentos continentales, sendimentos marinos.* 3 LITERARIO. Recuerdo o consecuencia que deja algún acontecimiento: *La experiencia dejó en su alma un sedimento de amargura.* SIN. poso.

sedoso, sa *adj.* Que se parece a la seda, especialmente en su suavidad: *pelo sedoso, piel sedosa.*

seducción *s. f.* Acción y resultado de seducir: *la seducción del dinero, la seducción de una voz.*

seducir *v. tr.* 1 Ejercer ‹una persona o una cosa› una gran atracción sobre [una persona] por su aspecto físico o su comportamiento: *A Ismael le seducen las joyas. No me seduce la idea de pasar todas las vacaciones en la playa.* 2 Conseguir ‹una persona› que [otra persona] tenga relaciones sexuales con ella por su atractivo o mediante engaños: *Carolina seduce a todos sus compañeros con su aire ingenuo.* 3 Convencer ‹una persona› [a otra persona] para que haga una cosa con promesas o halagos: *El vendedor nos sedujo hablándonos de la eficacia del tratamiento.* SIN. embaucar. ⇒ **27.**

sefardí (plural *sefardíes* o *sefardís*) *adj. / s. m.* y *f.* 1 [Judío] que desciende de los judíos españoles o que practica los ritos judeoespañoles: *Los sefardíes descienden de los judíos expulsados por los Reyes Católicos.* || *adj.* 2 De los descendientes de los judíos españoles o de los que practican sus ritos: *las costumbres sefardís, comunidad sefardí.* || *s. m.* 3 LING. Dialecto romance hablado por los sefardíes: *El sefardí se parece mucho al castellano del siglo* XV.

sefardita *adj. / s. m.* y *f.* Sefardí.

segador, ra *adj. / s. m.* y *f.* 1 [Persona] que siega: *Los segadores formaban parte del paisaje del verano.* || *adj. / s. f.* 2 [Máquina] que sirve para segar.

segar *v. tr.* 1 Cortar ‹una persona› [la mies o la hierba] para recolectarla: *Para segar el trigo se usan máquinas cosechadoras.* 2 Cortar ‹una persona› [una cosa que sobresale]: *El caballero le segó la pluma del sombrero con la espada.* 3 LITERARIO. Interrumpir ‹una persona o una cosa› [una cosa] de manera brusca o violenta: *Aquel fracaso segó sus últimas esperanzas.* SIN. truncar. ⇒ **65.**

seglar *adj. / s. m.* y *f.* 1 Que no es religioso o eclesiástico, del mundo civil: *las leyes seglares, la vida seglar.* SIN. secular. 2 [Persona] que no ha recibido órdenes religiosas o eclesiásticas: *Los seglares no pueden intervenir en la elección de las autoridades eclesiásticas.* SIN. lego, laico.

segmentación *s. f.* División de algo en segmentos: *la segmentación de una recta.*

segmentado, da *adj.* 1 (ser / estar) ZOOL. Que tiene el cuerpo formado por segmentos dispuestos en línea: *El cangrejo es un animal segmentado.*

segmentar *v. tr.* 1 Cortar o dividir ‹una persona o una cosa› [una cosa] en segmentos: *El maestro nos exige segmentar varias rectas con unas condiciones complicadas.* || *v. prnl.* 2 Quedar ‹una cosa› cortada o dividida en segmentos: *Algunos organismos se reproducen al segmentarse.*

segmento *s. m.* 1 Cada una de las partes en que puede dividirse una cosa: *un segmento de carretera, un segmento de pared.* 2 GEOM. Parte de una recta que está entre dos puntos o parte de un círculo que está entre un arco y su cuerda: *segmento rectilíneo, segmento circular.* 3 ZOOL. Cada una de las partes que, colocadas en línea, forman el cuerpo o los miembros de algunos animales: *los segmentos de un insecto, los segmentos de la columna vertebral.*

segoviano, na *adj. / s. m.* y *f.* De Segovia, ciudad y provincia española: *Yo tenía un amigo segoviano. Los segovianos están orgullosos de su famoso acueducto.*

segoviense *adj. / s. m.* y *f.* Segoviano.

segregación *s. f.* 1 Marginación de un grupo social por su sexo, religión, raza o cultura. 2 Separación administrativa de una parte del territorio de una comunidad. 3 Expulsión de una sustancia por una glándula: *la segregación de la bilis, la segregación de la saliva.*

segregacionismo *s. m.* (no contable) POLÍT. Ideología y comportamiento de los partidarios de la segregación de un grupo de personas por su raza, religión o cultura: *El segregacionismo ha estado vigente en algunos países.*

segregacionista *adj.* **1** Del segregacionismo: *publicación segregacionista, campaña segregacionista.* || *s. m. / f.* **2** Persona que es partidaria del segregacionismo: *Él nunca conseguirá el voto de los segregacionistas.*

segregar *v. tr.* **1** Separar ‹una persona› [una cosa de otra de la que forma parte]: *La empresa quiere segregar la producción de motores.* **2** Apartar ‹una persona› de la convivencia común [a un grupo social] por razones de raza, religión, sexo o cultura: *Protestan porque no quieren que los niños gitanos sean segregados de la escuela.* SIN. discriminar. **3** Producir y expulsar ‹un órgano o una glángula› [una sustancia]: *Las glándulas sebáceas segregan uns sustancia grasienta.* SIN. secretar, excretar. || *v. prnl.* **4** Separarse ‹una cosa› [de otra de la que forma parte]: *El barrio se segregó **de** la ciudad y formó un municipio independiente.* SIN. independizarse. **5** Quedar ‹un grupo social› separado de la convivencia común por razones de raza, religión, sexo o cultura: *Los inmigrantes se segregan en sus barrios.* ⇒ **56.**

segueta *s. f.* Sierra de marquetería.

seguetear *v. intr.* RESTRINGIDO. Hacer ‹una persona› trabajos de marquetería con la segueta.

seguidamente *adv. temp.* A continuación, en la fase inmediatamente siguiente a un momento concreto consabido. RELACIONES Y CONTRASTES: ◊ Puede apoyarse en el momento mismo de hablar, como: *próximamente, ahora mismo* o *dentro de poco;* o en un hecho anterior o posterior previamente aludido en el texto como *posteriormente.* ◊ Al contrario que *a continuación* , *después* o *posteriormente,* hoy sólo se usa sin complemento preposicional (contrástese con *a continuación de la conferencia, después de la cena, posteriormente al brindis*): *Seguidamente, vamos a proceder a la entrega de los premios. El presidente saludó a la ministra y, seguidamente, procedió a la entrega de premios.*

seguidilla *s. f.* **1** Canción y baile español, de ritmo vivo, con numerosas variantes regionales: *bailar una seguidilla, seguidilla manchega, seguidilla flamenca, seguidilla murciana.* **2** LIT. Estrofa poética de cuatro o siete versos, heptasílabos o pentasílabos, muy usual en canciones populares. **3** ARG., URUG.; COLOQUIAL. Racha de mala suerte.

seguido, da *adj.* **1** Sin interrupción de espacio o tiempo: *Los novios viajaron toda la noche seguida. Los albañiles han hecho una tapia seguida en la calle.* **2** Uno detrás de otro, sin interrupción: *Jorge ha trabajado quince horas seguidas.* || *adv. modo* **3** En línea recta, sin cambiar de dirección, sin desviarse: *Al pueblo se va por esa carretera, todo seguido.* FR. Y LOC. **a renglón* ~. acto* ~. punto* y ~.**

seguidor, ra *adj. / s. m.* y *f.* **1** Que sigue a una persona o una cosa: *El ladrón logró despistar a sus seguidores.* **2** Que es partidario o admirador de una persona o una cosa: *los seguidores del cantante, las seguidoras de un movimiento político, los seguidores de una tendencia artística.*

seguimiento *s. m.* Acción o resultado de seguir: *El seguimiento de un sospechoso llevó a la policía hasta la casa donde estaban los secuestradores.*

seguir *v. tr. / intr.* **1** Ir o estar ‹una persona, un animal o una cosa› detrás o después de [una persona, un animal o una cosa]: *Después de hablar tú, seguiré yo. La escolta seguía **a** la carroza.* **2** Tomar ‹una persona› [un camino o una dirección]: *El ejército siguió hacia el río.* || *v. tr.* **3** Fijar ‹una persona› la vista sobre [una persona o una cosa que se mueve]: *El general siguió con atención los saltos de los paracaidistas.* **4** Perseguir ‹una persona o un animal› [a una persona o a un animal]: *Una patrulla de vigilancia seguía a los saboteadores.* **5** Acompañar ‹una persona› [a otra persona]: *El perro sigue a su amo a todas partes.* **6** Estudiar ‹una persona› [una ciencia o una profesión] o dedicarse a ella: *Ana piensa seguir la abogacía como su madre.* **7** Estar ‹una persona› atenta al desarrollo de [una situación o una serie de radio o televisión]: *No sigo las series de televisión.* **8** Comprender ‹una persona› [una explicación o un razonamiento]: *No he seguido tus explicaciones.* **9** Observar ‹una persona› [una huella o un rastro] para saber qué dirección o camino lleva [una persona, un animal o una cosa]: *Los cazadores siguieron las huellas del animal herido.* **10** Mostrar ‹una persona› predilección por [una persona o una tendencia]: *La pintora sigue las tendencias de la escuela de Salamanca.* **11** Actuar ‹una persona› conforme a los consejos o a las recomendaciones de [otra persona]: *Si sigues las instrucciones que te dieron los jefes nunca te equivocarás.* **12** Dejarse llevar ‹una persona› por [un sentimiento o un impulso]: *María sigue siempre sus propios instintos.* **13** Continuar ‹una persona› [una cosa que estaba haciendo otra persona o que había sido interrumpida]: *El nuevo empleado siguió el trabajo que otros habían comenzado.* **14** Tomar ‹una persona› [la vía, el camino o el procedimiento adecuado para realizar una cosa]: *Las solicitudes deben seguir ciertos trámites.* || *v. intr.* **15** Continuar ‹una persona› en [un determinado estado o haciendo una cosa]: *Él sigue deprimido.* **16** Extenderse o llegar ‹una cosa› [hasta un lugar]: *La finca sigue **hasta** la arboleda.* || *v. prnl.* **17** Deducirse o ser ‹una cosa› consecuencia de [otra cosa]: *De lo que pasó se sigue que nosotros teníamos razón.* FR. Y LOC. **a ~ bien** COLOQUIAL, RESTRINGIDO. Se utiliza para despedirse ‹una persona› de otra persona: *Hasta pronto, a seguir bien.* **llevar / ~ la corriente*. militar* bajo una bandera** o **~ la bandera. ~ adelante** Ser ‹una persona› constante en la realización o continuación de una cosa: *El científico siguió adelante **con** su invento.* **/ mantenerse / ~ en sus trece** COLOQUIAL. Mantener ‹una persona› una afirmación o una actitud obstinadamente: *Se lo hemos explicado con todo detalle, pero ella sigue en sus trece.* **~ las huellas*. ~ los pasos*. ~ su curso*. ~ un plan* de ataque. suma* y sigue.** ⇒ **74.**

seguiriya *s. f.* Variedad de cante flamenco de contenido triste con copla de cuatro versos, el tercero de ellos endecasílabo: *Begoña canta muy bien las seguiriyas.*

según *prep.* **1** De acuerdo con, en conformidad con. OBSERVACIONES: Generalmente con nombres o expresiones que hacen referencia a normas, leyes u opiniones: *Según las normas de la empresa, pueden despedirme si llego tarde cinco días seguidos.* SIN. con arreglo a. **2** De acuerdo con la opinión o manera de pensar de: *Según el Ministro de Economía, las medidas contra el paro no han sido efectivas.* OBSERVACIONES: En el lenguaje coloquial, se emplea a veces para dejar la responsabilidad de la afirmación a la persona o grupo que se indica, aunque el hablante no esté de acuerdo con ello: *Según tú, yo soy el peor estudiante de la clase.* **3** Dependiendo de, en función de. OBSERVACIONES: ◊ Con oraciones coordinadas disyuntivas (que indican una alternativa): *Según el tiempo que haga iremos a la playa o nos quedaremos en casa.* Normalmente ante estructuras que señalan una opción admite *que* + verbo, y *si* + verbo: *Creo que Jesús volverá temprano según que pueda hablar con los jefes o no.* ◊ Coloquialmente, a veces no aparece seguida de un frase, proposición o sintagma: *Cantaré o no, según.* **~ y conforme** Según: *Según y conforme me levante, trabajaré o no.* **4** (con términos que admiten cuantificación o gradación) En proporción con: *Ganarás según lo que trabajes.* **5** (seguida de verbo) Por el modo en que, a juzgar por: *Según la miraba María sospechó que quería decirle algo.* **6** (seguida de verbo) De la misma manera que: *Encontramos la habitación según la habíamos dejado.* SIN. como. **~ y como** De la misma manera que: *Me comporté según y como tú me dijiste.* **7** Como, a la vista de: *Según dice Fray Luis.* **8** (seguida de verbo) Indica el momento concreto y el inmediatamente posterior en que se desarrolla la acción principal: *Según abrí la puerta, observé que ya no había nadie.* SIN. cuando. **9** (seguida de verbo) Introduce una acción progresiva que tiene lugar al mismo tiempo o inmediatamente antes que otra: *Cuenta a los chicos según van entrando.* SIN. a medida que, conforme.

segundero *s. m.* Manecilla de un reloj que señala los segundos: *Este reloj no tiene pila: se le ha parado el segundero. No todos los relojes tienen segundero.*

segundo, da *adj. num. ord. / s. m.* y *f.* **1** Que ocupa la posición número dos: *La segunda parte de la obra es más lenta.* || *s. m.* **2** Persona que en una jerarquía viene después del jefe principal: *segundo de a bordo.* SIN. lugarteniente. **3** Cada una de las 60 partes iguales en que se divide el minuto de tiempo o el de circunferencia. **4** Fracción breve de tiempo: *Tardo un segundo en arreglarme y bajo.* || *s. f.* **5** Marcha en algunos vehículos de motor, de bastante potencia y poca velocidad, entre la primera y la tercera. **6** (preferentemente en plural) Intención oculta de algo que se ha dicho o hecho: *hablar con segundas, ir con segundas.* **doble / segunda intención***. || *adv. orden* **7** En el discurso, precede al asunto o argumento que se desea marcar en el lugar número dos: *Primero él no estaba allí y, segundo, aunque hubiera estado no hubiera hecho nada.* SIN. en segundo lugar. || **8 segunda lengua*. 9 segunda persona*. 10 ~ plato*. 11 sobrino* ~. tío* ~** o **tía segunda.** FR. Y LOC. **de segunda** De inferior categoría: *Nos alojaron en un hotel de segunda.* **de segunda mano*.**

segundogénito, ta *adj. / s. m.* y *f.* RESTRINGIDO. [Hijo, hija] que ha nacido después del primero o primogénito.

segundón, na *s. m. / f.* **1** COLOQUIAL; PEYORATIVO. Persona que ocupa habitaulamente el segundo puesto en una competición o en la jerarquía de los cargos de una empresa: *No hemos podido hablar con la directora, nos ha recibido la segundona de la empresa.* || *s. m.* **2** HIST. Segundo hijo de una familia, especialmente si tenía un mayorazgo.

segur *s. f.* RESTRINGIDO. Hacha grande.

seguramente *adv. orac.* A buen seguro (que), casi con toda seguridad, muy probablemente: *Seguramente, tu primo habrá perdido el avión. Seguramente nos veremos el domingo.* RELACIONES Y CONTRASTES: ◊ Por su proximidad semántica a *probable* y a *seguro*, muchos hablantes lo construyen con modo subjuntivo cuando precede al verbo sin pausa intermedia: *Ellos seguramente sean amigos.* ("Es muy probable que sean amigos.") ◊ Como *ciertamente*, puede actuar como adverbio de respuesta, sea ante preguntas: *«–¿Son amigos?» –«Seguramente»;* o ante meras afirmaciones *–«Esos vienen a pedirnos algo» –«Seguramente.»* ◊ Puede, asimismo, como *seguro*, preceder a cláusulas encabezadas por *que* (*seguramente que*), especialmente a las sintéticas *que sí* y *que no: Seguramente que no.* ◊ Como *probablemente*, no sirve para hacer preguntas. (Contrástese: *–«¿Ciertamente?.» –«Así es.» –«¿Realmente?» –«Sí.» –«¿Seguro?» –«Naturalmente que sí.».*)

seguridad *s. f.* **1** (no contable) Calidad o estado de ser o estar seguro: *Tengo la seguridad de que están robando en su casa. Esta pistola no ofrece ninguna seguridad. Siempre habla con una seguridad aplastante.* ANT. inseguridad. **2** (no contable) Garantía que se tiene sobre el cumplimiento de una obligación: *Patricia pidió tener alguna seguridad de que le guardarían el puesto.* || **3 Seguridad Social** Conjunto de servicios e instalaciones del Estado para ayudar a los ciudadanos frente a problemas como la enfermedad, el paro o la jubilación: *Algunos servicios del dentista no están incluidos en la Seguridad Social.* FR. Y LOC. **cinturón* de ~. válvula* de ~.**

seguro, ra *adj.* **1** (ser / estar) Que está libre de daño o peligro: *El avión es un medio de transporte seguro. Las joyas están seguras en el banco.* **2** Que ofrece seguridad o estabilidad a las personas y a las cosas: *El suyo es un trabajo seguro.* **3** Que no falla: *Éste es un método seguro **para** evitar los malos olores. Ella llora porque sabe que es una forma segura **de** conseguir lo que quiere.* **4** (ser / estar) Que no admite dudas o cambios: *Su participación es segura. Él está seguro **de** su decisión.* || *s. m.* **5** Tipo de contrato por el que una persona o entidad se compromete a pagar a otra una determinada cantidad de dinero por una pérdida o daño: *un seguro a todo riesgo, seguro de automóviles.* **actuario* de seguros. ~ de vida** Contrato por el cual el asegurador se obliga, mediante una cuenta estipulada, a entregar al contratante o al beneficiario un capital o una renta al verificarse el acontecimiento previsto o durante el término señalado. **6** Dispositivo o mecanismo que impide o evita que una máquina o un mecanismo se pongan en funcionamiento: *el seguro de una pistola.* **7** Seguridad, garantía: *Tu palabra es suficiente seguro para mí.* **8** En ciertos juegos de mesa, casilla o sitio donde la ficha de un jugador no puede ser eliminada por otras: *el seguro del parchís.* **9** COLOQUIAL. Seguridad Social: *Voy al seguro a ver si me hacen una recetas.* **10** AMÉR. C., MÉX. Imperdible, alfiler. || *adv.* **11** Con seguridad, sin duda: *Ella viene seguro.* **12** De manera bastante probable: *Seguro que él vendrá a cenar.* FR. Y LOC. **sobre ~** Sin correr ningún riesgo: *Ramón siempre iba sobre seguro en sus decisiones.* **tener* por ~.**

seibó *s. m.* VEN. Aparador.

seis *adj. / pron. num. card. / s. m.* **1** Cantidad que representa la cifra 6: *Maite estudia seis horas diarias.* || *adj. num. ord. / s. m.* y *f.* **2** Sexto: *el capítulo seis, el seis de junio.* || *s. m.* **3** Signo lingüístico o matemático con que se representa esta cantidad: *Te falta sumar el seis.* || **4 las ~** La sexta hora del día o la sexta después del mediodía: *Salgo a las seis de trabajar.*

seiscientos, tas *adj. / pron. num. card. / s. m.* 1 Cantidad que representa la cifra 600: *Han caído seiscientos litros de agua en una semana.* || *adj. num. ord. / s. m.* y *f.* 2 Que ocupa la posición número seiscientos: *el año seiscientos.* SIN. sexcentésimo (ELEVADO). || *s. m.* 3 Signo lingüístico o matemático con que se representa esta cantidad: *Si divides seiscientos por tres te saldrá un número exacto.* 4 HIST. El siglo XVII: *la cultura del seiscientos.* 5 Tipo de automóvil pequeño, utilitario, muy de moda en España en la década de los años sesenta y setenta: *El seiscientos era la ilusión de todas las familias españolas.*

seise *s. m.* RESTRINGIDO. Cada uno de los seis niños que cantan y bailan ante el altar, especialmente en la fiesta religiosa del Corpus de la catedral de Sevilla: *Hoy bailarán los seises en la catedral de Sevilla.*

seísmo o **sismo** *s. m.* GEOL. Temblor que se produce en la superficie de la tierra: *El epicentro del seísmo se encuentra a 40 km. de Manila.* SIN. terremoto.

seláceo *adj. / s. m.* 1 (macho y hembra) Elasmobranquio. || *s. m.* 2 (plural) ZOOL. Subclase constituida por estos peces.

selección *s. f.* 1 Acción y resultado de seleccionar: *Haremos una selección de los libros más interesantes.* 2 Conjunto de cosas o personas seleccionadas, en especial los deportistas elegidos para participar en alguna competición: *El entrenador presentará mañana la selección a los periodistas.* || 3 ~ **artificial** BIOL. Elección de reproductores o semillas encaminada a mejorar las especies. 4 ~ **natural** BIOL. En la teoría de la evolución de Darwin, proceso por el cual los seres vivos peor adaptados al medio tienden a desparecer.

seleccionado *s. m.* DEP.; ARG., URUG. Selección de un país.

seleccionador, ra *adj.* 1 Que selecciona: *un proceso seleccionador.* || *s. m. / f.* 2 DEP. Persona encargada de elegir y preparar a los deportistas que han de intervenir en una competición, especialmente internacional: *el seleccionador de baloncesto, la seleccionadora de gimnasia rítmica.*

seleccionar *v. tr.* Escoger o separar ‹una persona› [las personas o cosas que se consideran mejores o más adecuadas dentro de un conjunto] con una finalidad: *Los técnicos deportivos seleccionaron a los mejores atletas del país. Tenemos que seleccionar la ropa que llevamos de vacaciones.*

selectividad *s. f.* 1 Cualidad de selectivo: *La selectividad de esas pruebas deportivas es muy dura.* 2 Conjunto de exámenes para ingresar en la Universidad: *Este año han aprobado muchos alumnos la selectividad.* 3 Propiedad de los aparatos de radio para aislar una banda de frecuencia.

selectivo, va *adj.* Que selecciona o puede seleccionar: *memoria selectiva.*

selecto, ta *adj.* (antepuesto / pospuesto) Que es o se considera lo mejor, lo más delicado o exquisito entre las cosas de su especie: *una selecta educación, clientela selecta, música selecta, ambiente selecto, público selecto.*

selector, ra *adj. / s. m.* 1 Dispositivo de algunos aparatos o máquinas que sirve para seleccionar una función o una operación: *el selector de velocidad de una batidora, el selector de canales de un televisor.* || *s. m.* 2 MEC. Pieza de una motocicleta que transmite la acción del pedal de cambio a la caja de cambios. 3 Dispositivo de contacto que, al mover el disco, efectúa la conexión entre dos teléfonos.

selénico, ca *adj.* ASTRON. De la Luna o de sus movimientos.

selenio *s. m. Se.* Elemento químico de características parecidas a las del azufre, utilizado en la fabricación de vidrio y en las instalaciones electrónicas.

selenita *s. m. / f.* 1 LITERARIO. Supuesto habitante de la Luna: *Los selenitas se representaban en la literatura con antenas en la cabeza.* || *s. f.* 2 MIN.; RESTRINGIDO. Yeso cristalizado en láminas brillantes. SIN. espejuelo.

selenografía *s. f.* (no contable) Rama de la Astronomía que estudia y describe la Luna.

selenosis *s. f.* RESTRINGIDO. Mancha blanca de las uñas.

self-service (del inglés; pronunciamos *'self servis'*) *s. m.* Autoservicio.

sellar *v. tr.* 1 Estampar ‹una persona› uno o más sellos en [una carta, documento u otro escrito]: *He mandado al chico a sellar toda la correspondencia.* 2 Cerrar ‹una persona o una cosa› [una cosa] herméticamente o de forma que no se abra: *Los enterradores sellaron la tumba.* 3 Concluir o dar por terminada ‹una persona› [una cosa]. 4 Dejar ‹una persona o una cosa› huella en [una cosa] o comunicarle cierto carácter. FR. Y LOC. **~ los labios*.**

sello *s. m.* 1 Pequeño cuadrado o rectángulo de papel con un timbre oficial que se pega a los objetos que se envían por correo: *Necesitas un sello de cincuenta y cinco pesetas para enviar una carta al extranjero.* 2 Pequeño instrumento formado por una plancha con un mango para estampar lo que está grabado en su base: *La secretaria tiene un sello con el nombre de la empresa.* 3 Lo que queda estampado con este instrumento: *Falta la firma y el sello.* 4 Disco generalmente de lacre con que se asegura el cierre de una carta. 5 Sortija que lleva grabadas en su parte superior las iniciales o los escudos familiares de una persona, que se usaba para lacrar cartas o documentos: *El cardenal lleva un sello en el dedo anular de la mano derecha.* 6 Pequeño botón de oblea que encierra un medicamento para facilitar que se trague sin notar su sabor: *Los sellos se usan ahora poco en medicina.* 7 Aspecto peculiar o característica propia de una persona o de una cosa: *Sus clases tienen un sello muy personal.* 8 VEN. Cruz de una moneda. FR. Y LOC. **no pegar ~** COLOQUIAL. No trabajar ‹una persona› nada, o trabajar poco: *No sé para qué viene a clase, porque no pega sello.*

seltz *s. m.* (no contable) Agua carbónica elaborada artificialmente. **agua de ~.**

selva *s. f.* 1 Terreno extenso poblado de vegetación, con temperaturas elevadas y lluvias abundantes: *la selva tropical.* **~ virgen** Selva en la que no ha intervenido el hombre: *La selva virgen de Brasil retrocede cada año.* 2 (no contable) Lugar donde hay muchos peligros y dominan los más fuertes o capaces: *Esta ciudad es una selva.* SIN. jungla.

selvático, ca *adj.* De la selva: *terreno selvático.*

sema *s. m.* LING. Rasgo semántico mínimo diferenciador en el significado de una palabra: *los semas de la acepción de una palabra.*

semáforo *s. m.* 1 Aparato automático con luces indicadoras para regular la circulación en las vías públicas y ferroviarias: *ponerse el semáforo en rojo, detenerse en el semáforo, semáforo de peatones, semáforo en ámbar.* SIN. disco. 2 Aparato instalado en las costas para comunicarse con los barcos por medio de señales ópticas. 3 RESTRINGIDO. Sistema de brazos articulados colocado en las vías de ferrocarril para regular la circulación de los trenes.

semana *s. f.* **1** Espacio de tiempo que dura siete días consecutivos, empezando por el lunes y terminando el domingo: *semana corrida, semana grande o mayor.* **Semana Santa.** REL. Última semana de la Cuaresma, desde el domingo de Ramos hasta el de Resurrección. **2** Periodo de siete días consecutivos: *El trabajo le duró dos semanas.* **3** Paga que se cobra cada siete días: *Me deben dos semanas en el taller.* FR. Y LOC. **entre ~** De lunes a viernes: *Si quieres hablar con Mercedes, llámala entre semana a la oficina.* **fin* de ~. la ~ que no tenga viernes** COLOQUIAL Se usa para despedir a una persona, negándole lo que pretende, o para expresar la imposibilidad de que una cosa se realice.

semanal *adj.* **1** Que sucede o se repite cada siete días: *episodio semanal, suplemento semanal.* **2** Que dura una semana: *un abono semanal. He tenido un permiso semanal.*

semanalmente *adv. temp.* **1** Una vez por semana, todas las semanas, cada semana: *Nos visita semanalmente.* || *adv. modo* **2** Por semanas: *El alquiler se paga semanalmente.*

semanario *s. m.* Publicación semanal: *Estoy suscrito a un semanario de literatura y cine.*

semantema *s. m.* LING. Conjunto de semas que constituyen el significado léxico.

semántica *s. f.* (no contable) LING. Parte de la Lingüística que estudia el significado de las palabras.

semánticamente *adv. restrictivo* **1** Considerado desde la perpectiva de la metodología semántica: *Semánticamente, el estudio está mal enfocado.* **2** Desde la perspectiva, y con instrumental teórico, de la Semántica. OBSERVACIONES: Se usa preferentemente con verbos como *analizar, estudiar* y similares. Es, en cierto modo, mezcla de adverbio restrictivo e intrumental: *El texto fue estudiado semánticamente por el profesor Sánchez y pragmáticamente por un alumno suyo.* **3** En el aspecto del significado, desde el punto de vista del significado: «*Tengo un hermano soltero que no se ha casado» es una oración semánticamente anómala.* **4** En el aspecto del significado. OBSERVACIONES: Forma amalgama con verbos como *analizar, estudiar* y otros parecidos: *El anónimo ha sido estudiado gráfica, estilística y semánticamente sin resultados positivos.*

semántico, ca *adj.* Del significado de las palabras. **campo* ~.**

semantista *s. m. / f.* Lingüista especializado en Semántica: *Se ha celebrado un congreso de semantistas en Salamanca.*

semblante *s. m.* **1** Cara, expresión o reflejo de un estado de ánimo: *Al recibir la noticia, se le mudó el semblante.* SIN. rostro. **2** (no contable) RESTRINGIDO. Apariencia favorable o desfavorable de alguna cosa: *Me preocupa el semblante que está tomando este asunto.* SIN. cariz (ELEVADO).

semblantear *v. tr.* ARG., URUG.; COLOQUIAL. Mirar en el juego ‹una persona› cara a cara [a otra persona] para adivinar las intenciones.

semblanza *s. f.* ELEVADO. Descripción física o moral de una persona, o breve biografía: *Antes de ceder la palabra a nuestro invitado, haremos una breve semblanza.*

sembradío *s. m.* Tierra destinada a la siembra.

sembrado *s. m.* **1** Terreno donde se ha realizado la siembra: *En invierno no pueden pisarse los sembrados.* || *adj.* **2** (estar) COLOQUIAL, RESTRINGIDO. Que está muy gracioso y ocurrente: *Esta noche Pepe está sembrado, cuenta unas historias muy divertidas.*

sembrador, ra *adj. / s. m.* y *f.* Que siembra: *Los sembradores utilizan ahora máquinas.*

sembradora *s. f.* AGR. Máquina agrícola para sembrar.

sembrar *v. tr.* **1** Distribuir ‹una persona› [semillas] en un terreno preparado con el fin de que germinen. **2** Esparcir ‹una persona› [una cosa] por [un lugar]: *El abogado ha sembrado el escritorio* ***con*** *papeles. Los fumadores siembran el suelo* ***de*** *colillas.* **3** Dar ‹una persona o una cosa› origen o motivo a [una cosa] con una determinada acción o comportamiento: *El guerrero sembró la confusión para vencer.* SIN. causar, provocar. **4** Hacer ‹una persona› lo necesario para que [una cosa] pueda producir fruto o beneficio: *Los padres sembraron con su trabajo el bienestar que poseen ahora sus hijos.* FR. Y LOC. **meter/ ~ cizaña*.** REFR. **Quien siembra vientos recoge tempestades.** Se utiliza para indicar las consecuencias que acarrea el provocar enemistades o discordias: *No te lamentes, está comprobado que quien siembra vientos recoge tempestades.* ⇒ **58.**

semejante *adj.* **1** Que se asemeja o se parece a una persona o cosa: *Tenemos una estatura semejante.* **2** (antepuesto / pospuesto) De tal clase, de tal categoría: *Nunca he conocido semejante mentiroso como tú. No había visto nunca una belleza semejante.* || *s. m.* **3** (preferentemente en plural) Una persona con respecto a las demás: *Hay que respetar a todos nuestros semejantes.* SIN. prójimo.

semejantemente *adv. modo* RESTRINGIDO. De manera semejante. OBSERVACIONES: Frecuentemente precede a un sintagma modal en función sustantiva, encabezado por *como. Pilar prepara las ensaladas semejantemente* ***a*** *como lo hacía mi madre.* SIN. similarmente.

semejanza *s. f.* **1** Calidad de semejante: *¿Qué semejanza ves entre los dos jarrones? El pasatiempo consiste en señalar las semejanzas entre los dos dibujos.* **2** LIT. Símil.

semejar *v. tr. / prnl.* RESTRINGIDO. Ser ‹una persona o una cosa› parecida a [otra]: *Las pequeñas dificultades semejan problemas insolubles. La niña* ***se*** *semejaba* ***a*** *su madre.*

semen *s. m.* Líquido espeso de color blanco que contiene los espermatozoides y es segregado por las glándulas genitales masculinas. **banco de ~.** SIN. esperma.

semental *adj. / s. m.* [Animal macho] que se destina a la reproducción: *toro semental. Este caballo es un semental.*

sementera *s. f.* **1** RESTRINGIDO. Acción y resultado de sembrar: *La sementera no se ha hecho todavía este año.* SIN. siembra. **2** RESTRINGIDO. Terreno sembrado. SIN. sembrado, siembra (RESTRINGIDO). **3** RESTRINGIDO. Producto que se ha sembrado: *La sementera va bien este año.* **4** RESTRINGIDO. Tiempo en que se siembra: *La sementera de los cereales es en otoño.* SIN. siembra.

semestral *adj.* **1** Que sucede o se repite cada seis meses: *revista semestral, asamblea semestral, reunión semestral.* **2** Que dura un semestre: *asignatura semestral.*

semestralmente *adv. temp.* Una vez por semestre, cada semestre o por semestres: *Semestralmente, revisa todos los papeles acumulados. La hipoteca se paga semestralmente.*

semestre *s. m.* **1** Periodo de tiempo que dura seis meses: *El primer semestre del año próximo no estaré aquí.* **2** Cantidad de dinero que se recibe o se paga cada seis meses: *Tengo que pagar el semestre del club.* **3** Conjunto de números de un periódico o revista que se han publicado en seis meses: *Me faltan dos semestres de la revista del Ateneo.*

semicilindro *s. m.* GEOM. Cada una de las dos mitades del cilindro separadas por un plano que pasa por el eje: *El tunel tiene forma de semicilindro.*

semicircunferencia *s. f.* GEOM. Cada una de las dos mitades o arcos iguales en que queda dividida una circunferencia por uno de sus diámetros.

semiconductor, ra *adj. / s. m.* [Material o sustancia] que tiene una resistividad tendente a disminuir a medida que aumenta la temperatura: *propiedad semiconductora. Los semiconductores se utilizan en la fabricación de transistores.*

semiconserva *s. f.* COCINA. Alimento de origen animal o vegetal envasado herméticamente sin haber sido sometido a esterilización, que necesita ser conservado en frío: *Los productos en semiconserva han de mantenerse entre cero y cinco grados de temperatura.*

semiconsonante *adj. / s. f.* LING. [Sonido] que forma la parte inicial de un diptongo y tiene rasgos acústicos de las vocales y de las consonantes: *En las palabras «fiera» y «pueblo», los sonidos iniciales de las sílabas «ie-», «ue-» son semiconsonantes.*

semicorchea *s. f.* MÚS. Nota musical cuyo valor es la mitad de una corchea: *Una redonda equivale a dieciséis semicorcheas.*

semicultismo *s. m.* LING. Palabra procedente del latín que no ha tenido una evolución fonética tradicional regular: *La palabra «siglo» es un semicultismo en español.*

semidesnudo, da *adj.* Que está casi desnudo: *Cuando hace calor, la gente se queda en el parque semidesnuda.*

semidiámetro *s. m.* GEOM. Cada una de las dos mitades de un diámetro. SIN. radio.

semidios, sa *s. m. / f.* MIT. Descendiente de una divinidad y de un humano o héroe que es admitido entre los dioses por sus grandes hazañas.

semidormido, da *adj.* (estar) [Persona] que está casi dormida: *Discúlpame, pero estoy semidormida.*

semiesfera *s. f.* Cada una de las dos mitades en que queda dividida una esfera por un plano que pase por el centro.

semiespacio *s. m.* GEOM. Cada una de las dos mitades en que un plano divide el espacio.

semifinal *s. f.* Penúltima prueba de una competición, de un campeonato o de un concurso, que se gana por eliminación y no por puntos: *Hoy se juegan las semifinales europeas de baloncesto.*

semifinalista *adj. / s. m.* y *f.* [Persona] que participa o juega en una semifinal: *El representante español es semifinalista en el concurso de belleza.*

semifondo *s. m.* DEP. Carrera de media distancia, con las modalidades de 800 m., 1.500 m., 2.000 m. o una milla: *carrera de semifondo.* SIN. medio fondo.

semifusa *s. f.* MÚS. Nota musical cuyo valor es la mitad de una fusa.

semigrupo *s. m.* MAT. Estructura de un conjunto cuando en él se cumple la propiedad asociativa.

semihilo *s. m.* (no contable) Tela de hilo mezclada con otra fibra textil.

semilla *s. f.* **1** Parte del fruto de los vegetales en el que está contenido el óvulo fecundado y maduro que dará origen a la nueva planta, cuando germine: *El hueso del melocotón contiene la semilla.* **2** Origen o causa de alguna cosa: *Mi padre puso la semilla de este negocio.*

semillero *s. m.* **1** Lugar donde se siembran y crían plantas para trasplantarlas más tarde: *En el jardín tenemos un semillero de tomates y pimientos.* **2** Lugar donde se conservan semillas. **3** Origen de una cosa, normalmente mala: *semillero de discordias. La reunión resultó ser un semillero de enfrentamientos políticos.* SIN. fuente.

semilunar *adj.* **1** Que tiene figura de media luna: *La sala tiene un escenario semilunar.* || *adj. / s. m.* **2** ANAT. [Hueso] que ocupa el segundo lugar de la primera fila del carpo, en la muñeca.

semimetal *s. m.* QUÍM. Grupo de elementos químicos que comparten propiedades con los metales y con los no metales.

seminal *adj.* **1** Del semen: *líquido seminal.* **vesícula ~.** **2** De la semilla: *patologías seminales.*

seminario *s. m.* **1** REL. Centro donde se forman los que van a ser sacerdotes: *seminario diocesano, seminario pontificio.* **2** Conjunto de actividades que realizan en común profesores y alumnos para que éstos se formen en el estudio e investigación de ciertas materias: *seminario de literatura, seminario de historia de América, seminario de ciencias aplicadas.* **3** Lugar donde se realizan estas actividades: *El seminario de ciencias naturales está en el tercer piso.* **4** Conjunto de profesores de una materia de un centro de enseñanza: *el seminario de Historia, el seminario de Matemáticas.* **5** Lugar donde trabajan o estudian los profesores de una materia de un centro de enseñanza: *el seminario de biología molecular, el seminario de patología general.*

seminarista *s. m.* Alumno que estudia para sacerdote en un seminario: *En Salamanca hay un seminario de la diócesis y otros varios de algunas órdenes religiosas.*

seminífero, ra *adj.* **1** BIOL. Que produce o contiene semen: *glándula seminífera.* **2** BOT. [Órgano vegetal] que contiene o encierra las semillas.

seminívoro, ra *adj. / s. m.* y *f.* ZOOL. [Animal] que se alimenta de semillas: *aves seminívoras.*

semínola *adj. / s. m.* y *f.* De un grupo amerindio que vivía en la península de la Florida: *un poblado semínola. En la película los semínolas atacaban el fuerte.*

seminternado *s. m.* (no contable) RESTRINGIDO. Sistema de escolarización en el que los alumnos pasan el día en un centro de enseñanza, pero no duermen en él.

semiología *s. f.* (no contable) Semiótica.

semioruga *s. m.* Vehículo militar provisto de ruedas y orugas o cadenas.

semiótica *s. f.* **1** Ciencia que estudia los signos y sus sistemas: *La Lingüística forma parte de la Semiótica.* **2** MED. Sintomatología.

semipermeable *adj.* **1** Que es parcialmente permeable: *objeto semipermeable, cuerpo semipermeable.* **2** BIOL., FÍS. [Membrana] que sólo permite el paso de determinadas sustancias y ejerce así una función selectiva en el interior del organismo.

semipesado *adj. / s. m.* DEP. [Categoría de boxeo, boxeador] que está entre los 72,574 y los 79,378 kilogramos de peso: *El combate de los semipesados cerrará la velada.*

semiplano *s. m.* GEOM. Cada una de las dos mitades en que una recta divide a un plano.

semiproducto *s. m.* MAT. Mitad del producto de dos números.

semirrecta *s. f.* GEOM. Cada una de las dos mitades en que un punto divide a una recta.

semisótano *s. m.* Piso o local de un edificio situado en parte por debajo del nivel de la calle: *En muchos edificios del siglo* XIX *la vivienda del portero es un semisótano.*

semisuma *s. f.* MAT. Mitad de la suma de dos números.

semita *adj. / s. m.* y *f.* **1** [Conjunto de pueblos] que se estableció en Oriente Próximo entre el V y el I milenio a. C., con lenguas, cultura y religión emparentadas. **2** De este conjunto de pueblos: *las lenguas semitas.* **3** Hebreo, judío: *El pueblo semita se dispersó por el Mediterráneo después de la destrucción de Jerusalén por el ejército romano.*

semítico, ca *adj.* **1** De los semitas: *cultura semítica.* **2** LING. [Grupo lingüístico] que está formado por el hebreo, el árabe y el arameo y se asienta, sobre todo, en el Norte de África y en Asia suroccidental,

semitismo *s. m.* (no contable) Conjunto de doctrinas, instituciones y costumbres de los pueblos semíticos.

semitono *s. m.* MÚS. Cada una de las dos partes en que se divide el intervalo de un tono.

semivocal *adj. / s. f.* FON. **1** [Vocal i, u] que va situada al final de un diptongo o triptongo como en *aire, causa, averiguáis.* || *s. f.* **2** FON. Variante fonológica de una vocal que aparece como segundo elemento de un diptongo decreciente y se articula como una rápida transición entre la máxima abertura que corresponde a la vocal nuclear y la máxima cerrazón de una consonante.

sémola *s. f.* **1** (no contable) COCINA. Cereal triturado y reducido a un granos muy finos que se utiliza como pasta para sopas: *sémola de trigo, sémola de arroz.* **2** (no contable) COCINA. Sopa espesa de este producto.

sempiterno, na *adj.* **1** (antepuesto / pospuesto) ELEVADO. Que dura siempre o no acaba nunca: *su sempiterna alegría. Yo creo que esta enfermedad es sempiterna.* **2** (antepuesto / pospuesto) ELEVADO. Que sucede siempre así: *Entonces apareció él, con su sempiterna sonrisa.* SIN. eterno.

senado *s. m.* **1** (preferentemente con mayúscula) POLÍT. Órgano de representación territorial cuya función básica es la de confirmar, modificar o rechazar las resoluciones aprobadas en el Congreso de los Diputados: *En las elecciones al Senado nuestro partido no ha obtenido ningún escaño.* **2** Edificio en que celebran los senadores sus sesiones: *El senado se renovará el año próximo.* **3** HIST. Asamblea de los patricios que constituía el consejo supremo de la antigua Roma.

senador, ra *s. m. / f.* **1** Miembro de la Cámara Alta de las Cortes españolas: *Su tío es senador por Pontevedra.* **acta de ~.** **2** Miembro de un Senado: *un senador americano.*

senaduría *s. f.* Cargo o dignidad de senador: *La senaduría les otorga la inmunidad parlamentaria.*

senario, ria *adj.* Que tiene seis elementos o unidades: *conjunto senario, sistema senario.*

senatorial *adj.* Del senado o de los senadores: *la clase senatorial.*

sencillamente *adv. modo* **1** Con sencillez: *La hermana mayor vestía sencillamente, pero con mucha elegancia.* **2** Con facilidad, sin necesidad de grandes esfuerzos o complicaciones: *Eso se soluciona sencillamente.* || *adv. modo / orac.* **3** Con toda sencillez o con explicaciones fáciles de entender: *Sencillamente, ella es una persona extraordinaria.* OBSERVACIONES: Con frecuencia se añade el matiz de “no es más que eso”, “es simplemente eso”, “es sólo esa causa bien simple”, no exento, a veces, de connotaciones irónicas y aun sarcásticas. La proposición puede incluso estar inserta en un sintagma causal: *–«¿Por qué no vienes?» –«Sencillamente, porque no me da la gana.» No puede ser más joven, y no puede serlo, sencillamente, porque* (compárese: *por la sencilla razón de que*) *nació antes.* **3** Precediendo a adjetivos calificativos de valoración y a algunos participios, puede llegar a acercarse semánticamente al significado de *auténticamente* o *verdaderamente*, siempre con ponderación: *La jugada ha sido sencillamente sensacional.*

sencillez *s. f.* (no contable) Carácter sencillo de una persona o cosa: *Miguel decoró la casa con sencillez. Los problemas del examen eran de una gran sencillez.*

sencillo, lla *adj.* **1** (antepuesto / pospuesto) Que no tiene dificultad o complicación: *Éste es un sencillo acertijo. La suya es una elección sencilla.* SIN. fácil. ANT. complicado. **2** Que está poco decorado o no tiene mucho lujo o refinamiento: *Su hermana viste de una forma muy sencilla.* **3** [Estilo] que expresa las ideas con claridad sin utilizar muchos adornos: *Su forma de redactar es muy sencilla.* **4** Que tiene un carácter natural y espontáneo: *Me gusta estar con ella porque es muy sencilla.* **5** Que es para un solo uso o para una sóla persona: *un billete sencillo.* **6** Que tiene menos grosor o espesor que otros de su clase: *forro sencillo, tabique sencillo.* **7** Que pertenece a una clase social popular: la *gente sencilla del campo.* || **8** AMÉR. Dinero suelto. || **9 disco* ~.**

senda *s. f.* **1** Camino estrecho, formado generalmente por el paso de personas o animales: *Por esa senda se llega a la cabaña del pastor.* SIN. sendero. **2** Dirección que sigue alguien o algo: *Los dos primos estudiaron juntos en el instituto, pero luego siguieron sendas distintas en la vida.* SIN. camino. **3** Medio para lograr algo: *La literatura era la senda que lo conducía al éxito.* SIN. camino. **4** URUG. Carril de una carretera.

senderismo *s.m.* Actividad deportiva que consiste en recorrer o andar caminos en el campo y en la montaña: *El senderismo es una actividad muy sana.*

senderista *adj. / s. m.* y *f.* **1** Que practica el senderismo: *Me he apuntado a un grupo senderista.* **2** PERÚ. Del movimiento guerrillero Sendero Luminoso.

sendero *s. m.* Senda.

sendo, da *adj.* ARG., URUG.; COLOQUIAL. Importante.

sendos, as *adj. distr.* ELEVADO. Respecto de un grupo de dos o más elementos, uno para cada uno de ellos. OBSERVACIONES: Se usa cuando se ha indicado el número de elementos de un grupo y se quieren mencionar otros elementos destacando que son el mismo número del primer grupo y que cada uno de ellos corresponde a cada uno de los elementos que formaban dicho grupo. RELACIONES Y CONTRASTES: Distinto de *ambos* (“los dos”): *Los cinco excursionistas iban con sendas mochilas de colores.*

senectud *s. f.* (no contable) ELEVADO. Vejez, edad senil: *La senectud es una edad tranquila de la vida.* ANT. juventud.

senegalés, sa *adj. / s. m.* y *f.* De Senegal, país africano: *el folclore senegalés. Los senegaleses destacaron en la carrera.*

senequismo *s. m.* **1** (no contable) Filosofía de Séneca, filósofo romano, y de sus seguidores. **2** (no contable) Estoicismo de una persona, a semejanza de la filosofía de Séneca: *el senequismo de los autores españoles del Siglo de Oro.*

senequista *adj.* **1** De Séneca o del senequismo: *la filosofía senequista, el pensamiento senequista de esta escuela.* || *s. m./f.* **2** Persona que es partidaria del senequismo: *Quevedo era senequista.*

senescal *s. m.* **1** HIST. Mayordomo de palacio que se encargaba de presentar los platos al rey o al señor. **2** HIST. Oficial que ejercía la potestad real en un territorio. **3** HIST. Noble importante encargado, normalmente, de dirigir el ejército real.

senescalado *s. m.* **1** HIST. Territorio bajo la autoridad de un senescal. **2** HIST. Senescalía.

senescalía *s. f.* HIST. Cargo o dignidad de senescal. SIN. senescalado.

senil *adj.* (ser/estar) De los viejos o de la vejez: *El hombre está senil, lo poco que oye lo entiende al revés.* **demencia ~.**

senilidad *s. f.* (no contable) ELEVADO. Vejez o decadencia física propia de este periodo: *La senilidad de mi padre es evidente.* SIN. ancianidad, senectud. ANT. juventud.

sénior (plural *seniors* o *senior*) *adj.* **1** [Persona] que es mayor que otra de la misma familia y tiene su mismo nombre: *J. Gutiérrez sénior firmará ejemplares de su libro de poemas mañana por la mañana.* || *adj./s. m.* y *f.* **2** [Deportista] que tiene más de diecinueve años y ha dejado de pertenecer a la categoría júnior: *categoría sénior. Las sénior españolas han ganado el campeonato europeo de baloncesto.*

seno *s. m.* **1** Mama o pecho de la mujer: *La moderna cirugía permite el aumento o la disminución de los senos con ciertas garantías.* SIN. teta (VULGAR). **2** (no contable) Espacio que queda entre el pecho de la mujer y la ropa: *La mujer se guardó el dinero en el seno.* **3** (no contable) Matriz de la mujer o de las hembras de los mamíferos: *Ella pensaba en el hijo que llevaba en su seno.* **4** Concavidad o hueco: *El fregadero tiene sólo un seno.* **5** ANAT. Cavidad de algunos huesos: *seno frontal, seno maxilar.* **6** (no contable) Interior de algunas cosas materiales o inmateriales: *En el seno de la sociedad medieval convivían distintos estamentos.* **7** Hueco físico u organización jurídica o grupo social que sirve de refugio: *Eduardo sólo está contento en el seno de la familia. Se refugiaron en un seno de la montaña.* **8** GEOGR. Extensión de mar bastante grande rodeada de tierra. **9** MAT. Una de las razones trigonométricas; en un triángulo rectángulo, el seno del ángulo agudo es el cociente entre las longitudes del cateto opuesto al ángulo y la hipotenusa.

sensación *s. f.* **1** Impresión que producen las cosas en la mente a través de los sentidos: *sensación de frío, sensaciones visuales y olfativas.* **2** Estado emotivo poco definido: *sensación de malestar. Una extraña sensación de felicidad me embargaba.* **3** Intuición de algo: *Yo tenía la sensación de que me engañaba.* **4** COLOQUIAL. Efecto de sorpresa que produce algo fuera de lo común: *Su nuevo vestido causó sensación.*

sensacional *adj.* **1** (antepuesto/pospuesto) Que causa sensación o que llama poderosamente la atención: *noticia sensacional.* **2** (ser/estar) Que gusta mucho o es muy adecuado: *Esta película es sensacional, no te la pierdas. La tienda de enfrente está liquidando a precios sensacionales.*

sensacionalismo *s. m.* (no contable) PEYORATIVO. Comportamiento de los medios de comunicación que difunden las noticias que más impacto pueden causar en el público: *el sensacionalismo de un periódico, el sensacionalismo de unas imágenes. No me gusta el sensacionalismo de este periodista.*

sensacionalista *adj./s. m.* y *f.* Del sensacionalismo: *prensa sensacionalista. Eres una sensacionalista: siempre te gusta contar historias que llaman la atención.*

sensacionalmente *adv. modo* **1** De manera sensacional, magníficamente, muy bien. RELACIONES Y CONTRASTES: Como *fenomenalmente, magníficamente* o *preciosamente*, no admite intensificaciones: *Te has expresado sensacionalmente.* **2** (no recomendable) Algunos traductores y periodistas usan este adverbio con el sentido, de momento ajeno al uso español, de "sensacionalistamente", "de manera sensacionalista": *Quizá el único defecto es que está narrada demasiado sensacionalmente.* || *adv. modo/cant.* **3** Extraordinariamente, muy. OBSERVACIONES: Se usa ante adjetivos y adverbios calificativos positivos (siempre dentro de un contexto enfático):*Te felicito: lo has hecho sensacionalmente bien. El pastel está sensacionalmente bueno.*

sensatez *s. f.* (no contable) Actitud y comportamiento sensato de una persona: *La sensatez de esta chica tan joven llama la atención.* ANT. insensatez.

sensato, ta *adj.* (ser/estar; antepuesto/pospuesto) Que se comporta con prudencia o buen juicio: *Tu hijo es un chico sensato. Creo que has tomado una sensata decisión.* ANT. insensato.

sensibilidad *s. f.* **1** (no contable) Capacidad para percibir sensaciones: *Después del accidente, perdió mucha sensibilidad en los dedos.* SIN. tacto. ANT. insensibilidad. **2** (no contable) Capacidad de las personas para sentir afectos y emociones: *El autor nos dijo unas palabras cargadas de sensibilidad.* SIN. emoción. ANT. insensibilidad. **3** (no contable) Capacidad para sentir determinadas expresiones, especialmente artísticas: *Esta niña tiene una especial sensibilidad para la música clásica.* ANT. insensibilidad. **4** (no contable) FOT. Calidad propia de las películas para ser impresionada por la luz: *Para esas imágenes necesitas una película de alta sensibilidad.* **5** (no contable) ELECTRÓN., ÓPT. Grado de eficacia de ciertos aparatos ópticos o electrónicos: *Hemos comprado un medidor con una sensibilidad sorprendente.* SIN. precisión. ANT. imprecisión.

sensibilización *s. f.* **1** Aumento de la capacidad para experimentar sensaciones: *Su enfermedad le ha producido una fuerte sensibilización **a** los humos. Últimamente sufre una fuerte sensibilización **contra** la luz.* **2** Influencia sobre una persona para que se dé cuenta de la importancia o el valor de algo: *Esa campaña pretende la sensibilización del público **contra** el tabaco.* ANT. insensibilización.

sensibilizar *v. tr.* **1** Hacer ‹una persona o una cosa› que [una persona o una cosa] sea sensible o más sensible: *La música sensibiliza el oído.* **2** Hacer ‹una persona o una cosa› que [una persona] valore una cosa o se vuelva más compresiva: *La propaganda intenta sensibilizar a los jóvenes **ante** los peligros de la enfermedad.* **3** Hacer ‹una persona o una cosa› que [una materia] sea sensible a la luz: *El fotógrafo sensibiliza las placas con un líquido especial.* || *v. prnl.* **4** Hacerse ‹una persona o una cosa› más sensible: *La abuela se sensibilizó con los años **a** los ruidos.*⇒ **19.**

sensible *adj.* 1 Que tiene sensibilidad, puede percibir sensaciones o siente con mayor o menor intensidad una sensación externa: *Las plantas son seres sensibles. Unas personas son más sensibles que otras al dolor físico. Soy mucho más sensible* ***al*** *frío que* ***al*** *calor.* ANT. insensible. 2 Que cede fácilmente a la acción de ciertos agentes naturales o a ciertas sustancias: *Las películas fotográficas son sensibles* ***a*** *la luz. Soy sensible* ***a*** *una sustancia que se encuentra en algunas vitaminas.* 3 [Aparato] que está pensado para apreciar, medir o registrar fenómenos de muy poca intensidad o variaciones mínimas: *balanza sensible, termómetro sensible.* 4 (ser / estar) Que siente piedad, generosidad o amor por los demás, o es afectivamente muy rico y se impresiona o emociona fácilmente con el sufrimiento o la alegría de los demás, la bondad o la maldad, la belleza o la vulgaridad de las cosas: *Últimamente estoy muy sensible con el tema de la muerte. Me gustan las personas sensibles.* ANT. insensible. 5 Que es receptivo a ciertos asuntos que desea mejorar o solucionar: *Las sociedades desarrolladas no son sensibles* ***al*** *problema del medio ambiente.* 6 Que se percibe o se aprecia con facilidad por ser grande o importante: *Para los próximos meses se prevé un aumento sensible en el precio de los pisos.* SIN. notable, apreciable, importante. ANT. imperceptible. || *adj. / s. f.* 7 [Nota musical] que es la séptima de la escala diatónica.

sensiblemente *adv. modo* 1 RESTRINGIDO. Con dolor, pesar o pena: *Los familiares se han despedido sensiblemente.* || *adv. modo / cant.* 2 En un grado o medida o forma fácilmente apreciables por los sentidos o por el entendimiento. OBSERVACIONES: ◊ Normalmente aparecerá pospuesto a verbos o antepuesto a adjetivos y participios, en especial a los que abierta o encubiertamente conllevan idea de comparacion: *La economía ha mejorado sensiblemente. Se trata de una cantidad sensiblemente superior.* ◊ En muchos contextos funciona ya exclusivamente como adverbio de cantidad, con la significación vaga de "*bastante*": *Tu marido ha engordado sensiblemente.*

sensiblería *s. f.* (no contable) PEYORATIVO. Sensibilidad exagerada, generalmente sin motivo, o que no puede ser verdad: *La sensiblería de las telenovelas es insoportable.*

sensitiva *s. f. Mimosa perdica.* Arbusto ornamental de tallo espinoso, hojas compuestas y flores en espiga de color rosa que tienen la propiedad de ponerse como marchitas si se tocan.

sensitivo, va *adj.* 1 De las sensaciones que se producen en los sentidos: *órganos sensitivos, capacidad sensitiva.* 2 Que puede sentir las sensaciones producidas en los sentidos: *estado sensitivo.* 3 Que excita la sensibilidad: *música sensitiva.* 4 Que se impresiona fácilmente: *persona muy sensitiva.*

sensor *s. m.* TECNOL. Dispositivo formado por células sensibles que detectan determinados fenómenos o alteraciones en su entorno: *sensor de temperatura, sensor de presión.*

sensorial *adj.* De los sentidos: *órganos sensoriales, placer sensorial.*

sensual *adj.* 1 De las sensaciones: *conocimiento sensual.* 2 Que tiende a buscar y a satisfacer el deseo de los sentidos: *La decoración del apartamento es coqueta y muy sensual.* 3 Que despierta los sentidos o el deseo sexual: *boca sensual, mirada sensual.*

sensualidad *s. f.* 1 (no contable) Gusto exagerado por los placeres de los sentidos y dedicación exclusiva a ellos: *Olga busca la sensualidad en todos los detalles de su casa.* SIN. voluptuosidad (ELEVADO). 2 (no contable) Capacidad de sentir y expresar sensaciones: *Ella tiene una gran sensualidad. Ese anuncio de colonia tiene mucha sensualidad.* 3 Cualidad de sensual: *la sensualidad de su baile, la sensualidad de su mirada, la sensualidad de un cuadro.*

sensualismo *s. m.* 1 (no contable) RESTRINGIDO. Sensualidad. 2 (no contable) FILOS. Doctrina filosófica que sólo admite como fuente de conocimiento las sensaciones recibidas del exterior.

sentada *s. f.* 1 POLÍT., SOCIOL. Manifestación de protesta o de apoyo que realiza un grupo de personas sentándose durante mucho tiempo, generalmente donde causan molestias: *Los pequeños comerciantes hicieron una sentada de tres días delante del Ministerio para protestar por la subida de los impuestos.* 2 Tiempo durante el que una persona está sentada: *Alicia se daba unas buenas sentadas estudiando.* FR. Y LOC. **de una ~** COLOQUIAL. De una vez, de un tirón, sin levantarse y sin parar: *Isabel revisó todas las cuentas del año de una sentada. Jaime se comió dos kilos de uvas de una sentada.*

sentado, da *adj.* (estar) Que es muy sensato y juicioso: *Se nota que Gloria está ahora más sentada.*

sentador, ra *adj.* 1 ARG., CHILE, URUG.; COLOQUIAL. [Prenda, adorno] que sienta bien o que favorece. 2 ARG.; COLOQUIAL. [Comida, descanso] que sienta bien a una persona.

sentar *v. tr.* 1 Colocar ‹una persona› [a otra persona] en un lugar de forma que quede apoyada y descansando sobre las nalgas y la parte anterior de los muslos: *María sentó al niño en la silla.* 2 Establecer ‹una persona› las bases de [una cosa]: *Los ministros sentaron las bases de la economía del país.* || *v. intr.* 3 COLOQUIAL. Ser ‹una alimento› [bien o mal] digerido por [una persona]: *A mí no me sienta bien el picante.* 4 COLOQUIAL. Producir ‹una cosa› [beneficio o daño] a [una persona]: *Te sentará bien tomar el aire.* 5 COLOQUIAL. Quedar ‹una prenda de vestir› [bien o mal] a [una persona]: *Qué mal te sienta esta blusa.* 6 COLOQUIAL. Producir ‹una cosa› [buena o mala impresión] a [una persona]: *A la abuela le sentó mal que los niños se marcharan sin avisar.* 7 COLOQUIAL. Estar ‹una cosa› bien asegurada: *Para que sentara la mesa tuvimos que calzarla.* || *v. intr. / prnl.* 8 Volver ‹una cosa› a su estado normal después de haber sufrido cambios o alteraciones: *El tiempo* ***se*** *sentó tras las lluvias.* 9 Depositarse en el fondo de un recipiente ‹las sustancias disueltas en un líquido›: *Hasta que no siente el vino no conviene abrirlo. El vinagre se ha revuelto, déjalo que* ***se*** *siente.* || *v. prnl.* 10 Tomar ‹una persona› asiento: *La muchacha se sentó en la hierba.* FR. Y LOC. **caer / ~ como una patada* en los cojones / huevos. esperar* sentado. ~ cátedra*. ir / ~ como a un Cristo* un par de pistolas** o **ir / ~ como a un Cristo dos pistolas. ~ como un tiro** COLOQUIAL. Sentar muy mal: *Ese vestido le sienta como un tiro. Me sentó como un tiro tener que ir a trabajar el domingo.* **~ en el banquillo de los acusados** Acusar formalmente ‹una persona› a otra de una cosa. **~ la cabeza*. ~ plaza*. ~ sus reales*. ~ (un) precedente** Hacer ‹una persona› una cosa que puede obligar a obrar de la misma manera en otros casos semejantes: *El jefe sentó un precedente al readmitir a las personas despedidas.* **sentarse a la mesa** Sentarse, para comer, junto a la mesa preparada para ello. ⇒ **58.**

sentencia *s. f.* **1** Decisión o resolución del juez o del tribunal con la que se pone fin a un juicio o a un proceso: *dictar sentencia. No se conoce todavía la sentencia del juez.* **2** Dicho breve que expresa una opinión o un juicio: *Las sentencias populares eran muy apreciadas por los humanistas.* **3** Decisión de una persona acerca de una discusión o de una disputa con la que ésta se considera terminada o resuelta. **4** GRAM. Oración gramatical: *En algunas teorías, sentencia y oración gramatical son equivalentes.*

sentenciar *v. tr.* **1** Dictar ‹un juez› [una sentencia] contra [una persona]: *Los jueces la sentenciaron **a** muerte por matar a su marido.* **2** Condenar ‹una persona› [a otra persona]: *Tú ya me has sentenciado, sin dejar siquiera que te lo explique.* **3** Decir o pronunciar ‹una persona› [una sentencia o máxima]. ‖ *v. intr.* **4** Estar ‹una cosa› destinada al fracaso: *Aquella obra estaba sentenciada desde el mismo día de su presentación.*

sentencioso, sa *adj.* **1** Que contiene sentencias o máximas: *dicho sentencioso, escrito sentencioso.* **2** Que tiende a expresarse con afectada gravedad, como si hablara con sentencias: *tono sentencioso, persona sentenciosa.*

sentidamente *adv. modo* RESTRINGIDO. Con sentimiento interior y no fingido. RELACIONES Y CONTRASTES: Como *sinceramente*, puede afectar al acto mismo de decir: *Sentidamente, enhorabuena de nuevo por el éxito obtenido;* pero no puede referirse a la eventual contestación del oyente. (Compárese: *Sinceramente,¿fuiste tú?*)

sentido, da *adj.* **1** Que es muy sensible a una ofensa o falta de estimación: *niño muy sentido.* **2** (antepuesto / pospuesto) Que demuestra un sentimiento muy intenso o sincero: *mi más sentido pésame, un llanto muy sentido.* **3** ARG., URUG. Que tiene dolorida una parte del cuerpo. ‖ *s. m.* **4** Cada una de las funciones del hombre y de los animales por las que perciben, a través de órganos específicos, impresiones externas como el sonido o internas como el equilibrio: *el sentido del olfato, el sentido del gusto.* **5** Conocimiento del mundo exterior: *recobrar el sentido. El ciclista se ha dado un golpe y ha perdido el sentido.* SIN. conciencia. **6** Entendimiento, inteligencia: *Tienes que hacer las cosas con más sentido.* **7** Lógica, razón de ser: *No le veo sentido a lo que estamos haciendo.* **8** Capacidad de una persona para aquello respecto de lo que se está hablando: *Silvia tiene un gran sentido del ritmo.* **~ de la orientación.** **9** Manera particular en que una persona entiende o aprecia una cosa: *Mi hermana tiene un sentido de la amistad muy diferente al mío.* SIN. idea. **10** Aquello hacia lo que está dirigida la existencia de una persona: *No sé qué sentido tiene mi vida.* SIN. meta, objetivo. **11** Valor, importancia: *Sin él la vida para mí ya no tiene sentido.* SIN. interés. **12** Significado de las palabras: *Esta palabra tiene varios sentidos. Ese periodista juega con el sentido de las palabras.* SIN. significación. **13** Cada una de las interpretaciones que puede tener una frase o un texto: *señalar los sentidos del texto.Yo le veo otro sentido al poema.* SIN. lectura. **14** Cada una de las dos formas opuestas en que puede orientarse una línea o una dirección, desde un punto a otro: *Esta calle es de un solo sentido.* ‖ **15 doble ~** Sentido de algunas frases o de algunas palabras que admite varias interpretaciones distintas, una de ellas, a veces, obscena o grosera: *Ésta es una palabra de doble sentido. Aquélla fue una broma divertida, con doble sentido.* **16 ~ común** Capacidad de una persona para decidir y actuar acertada y razonablemente: *Tienes muy poco sentido común.* FR. Y LOC. **con los / mis / tus / sus... cinco sentidos** COLOQUIAL. Con mucho cuidado y atención: *Debes hacer las cosas con los cinco sentidos.* **de ~ común** Lógico, esperable: *Mi jefe ha tomado una decisión de sentido común.* **en ~ lato*.** **hacer perder el ~** o **quitar el ~** COLOQUIAL. Gustarle mucho a una persona ‹una persona o una cosa›: *Elisa le hace perder el sentido a Pepe.* **poner los cinco sentidos** COLOQUIAL. Dedicar extraordinaria atención: *Tienes que poner los cinco sentidos cuando haces un examen.*

sentimental *adj. / s. m.* y *f.* **1** Que se emociona con facilidad: *Julia es una persona emotiva y muy sentimental.* ‖ *adj.* **2** Que expresa sentimientos de ternura y afecto. **3** Que tiende a actuar por impulsos afectivos de una manera exagerada y no por razones o intereses: *Tendrías que tirar todos estos cacharros viejos, pero como eres una sentimental no lo harás.* ‖ **4 novela* ~.**

sentimentalismo *s. m.* (no contable) PEYORATIVO. Carácter demasiado sensible o sensiblero de una persona o de una obra: *Destaca en su personalidad un marcado sentimentalismo.*

sentimentalmente *adv. modo* **1** De manera sentimental, con sentimiento o con sentimentalismo. **2** Por lazos o factores de carácter sentimental: *Aunque sentimentalmente ligado a Sevilla, había nacido en un pueblecito de Soria.* ‖ *adv. rerstrictivo* **3** En el terreno sentimental, en el plano de los sentimientos y particualrmente en lo relativo al afecto o al amor: *Sentimentalmente, me siento plenanamente realizada ahora.*

sentimiento *s. m.* **1** Estado afectivo, en especial, el que tiene por objeto personas: *sentimiento de tristeza, sentimiento de alegría. Me inspira un sentimiento de ternura.* **2** Intuición más o menos confusa que no se sabe justificar racionalmente: *Se enseña mal aquello de lo que no se tiene un sentimiento vivo y directo.* SIN. sensación. **3** Parte afectiva del ser humano que se contrapone a razón o intelecto: *Él se deja arrastrar por los sentimientos.* **4** (preferentemente en plural) Capacidad que tiene una persona para querer comprender y compadecer a los demás: *No tienes sentimientos.* **buenos / malos sentimientos.** **5** (preferentemente en plural) Amor que siente una persona hacia otra: *Nunca le revelé mis sentimientos.* **6** (no contable) Aflicción: *El niño lloraba con mucho sentimiento.* SIN. pena. ‖ **7 sentido / ~ del deber** Circunstancia de tener preocupación por el deber o la responsabilidad: *Lo hice por sentimiento del deber.* FR. Y LOC. **acompañar en el ~** Se usa como fórmula de pésame: *Dile a tu madre que la acompaño en el sentimiento.*

sentina *s. f.* **1** Parte más baja de una embarcación donde se reúnen las aguas residuales que se filtran por los costados y cubiertas. **2** RESTRINGIDO. Lugar lleno de suciedad y mal olor: *Yo no vuelvo a esa sentina.* **3** RESTRINGIDO. Lugar considerado foco de vicios e inmoralidad.

sentir *v. tr.* **1** Percibir ‹una persona› [una sensación] a través de los sentidos: *Él sintió el roce de la seda en sus manos.* **2** Percibir ‹una persona› [una cosa] a través del oído: *No lo sentí entrar.* **3** Percibir ‹una persona› [un estado o una alteración del propio organismo]: *Sentíamos un hambre atroz.* **4** Experimentar ‹una persona› [una impresión o un sentimiento]: *Pedro sentía una extraña angustia.* **5** Tener ‹una persona› sensibilidad en [una parte del cuerpo]:

Se me ha dormido la pierna y no la siento. **6** Tener ‹una persona› pena o disgusto por [una cosa]: *Todos sintieron su marcha.* **7** Percibir ‹una persona› la emoción o el entusiasmo que comunica [una cosa]: *No siento lo que recita.* **8** Expresar ‹una persona› [su opinión]: *La niña dijo lo que sentía.* **9** Tener ‹una persona› la impresión de que [una cosa] va a ocurrir: *Siento que esta tarde habrá discusiones.* **10** COL. Enfadarse ‹una persona› con [otra persona] por una cosa. || *v. prnl.* **11** Encontrarse ‹una persona› en [un determinado estado físico]: *Juan se siente algo mareado.* **12** Considerarse ‹una persona› de [una determinada manera]: *Este chico se siente más importante que los demás.* FR. Y LOC. **dejarse ~** Hacerse ‹una cosa› muy perceptible o muy intensa: *El calor ya se deja sentir.* **sin ~** COLOQUIAL. Se utiliza para indicar que una persona ha realizado una acción sin darse cuenta de la magnitud o importancia de la misma: *Nos comimos un kilo de fresas sin sentir.* **ver / ~ crecer la hierba*.** ⇒ **75.**

sentir *s. m.* **1** Opinión que se tiene sobre una cosa: *Él me dio su sentir sobre lo que estábamos haciendo.* SIN. parecer, juicio. **2** Sentimiento: *No quiero herir tu sentir.*

seña *s. f.* **1** Gesto con que se trata de expresar algo: *Mi jefe me hizo una seña para que me callara.* **2** (en plural) Datos del lugar donde vive un persona o donde se encuentra un establecimiento: *Marta me dio sus señas para que le escribiera.* SIN. dirección. **3** (preferentemente en plural) Características de una persona o cosa por las que se la puede reconocer o distinguir: *Con las señas que me has dado me es muy difícil saber de quién se trata.* || **4 santo* y ~.** FR. Y LOC. **para / por más señas** ANTICIPADOR NARRATIVO. Expresión con la que se da una característica o dato complementario: *Para más señas te diré que ibas en un coche azul.*

señal *s. f.* **1** Aquello que tiene una persona o cosa o se pone en ella para reconocerla y distinguirla de otras: *Mi perro tiene una señal en la oreja.* **2** Aquello que indica la existencia de algo o demuestra alguna cosa: *Los glóbulos rojos bajos son señal de anemia.* **3** Lo que queda de alguna cosa, gracias a lo cual se tiene conocimiento de ella: *No ha quedado ninguna señal del frenazo de la moto en la carretera.* **4** Dibujo, desperfecto que deja en la piel una herida o un golpe: *Ya no me queda señal de la herida en la cara.* **5** Marca en una superficie: *El golpe ha dejado una señal en la puerta derecha del coche.* **6** Símbolo o acuerdo convenido entre varias personas para hacer o conocer algo: *La señal de que soy yo son cuatro timbrazos cortos.* **7** Cualquier aviso que se da de una manera convenida a alguien para que se comporte de una manera determinada: *A una señal del jefe, tres guardaespaldas empezaron a disparar al aire.* **8** Gesto con que se avisa o comunica alguna cosa: *El director nos hacía señales para que estuviéramos en silencio.* **9** Cualquier objeto que sirve para indicar alguna cosa: *El funcionario puso una señal en los portales donde había entregado ya las guías.* **10** Sonido que producen algunos aparatos de comunicación: *la señal de un teléfono. Al oír la señal, serán las siete.* **11** Cantidad de dinero que se paga como anticipo del coste total de algo: *Hoy hemos pagado una señal del nuevo coche.* || **12 ~ de la cruz** Gesto con que los cristianos recuerdan la cruz de Jesucristo. **13 ~ de tráfico / circulación** Cada una de las indicaciones que sirven para regular la circulación en calles y carreteras. FR. Y LOC. **código* de señales. contar* con pelos y señales. en ~** En prueba: *En señal **de** lo que te digo, te enseñaré las fotos.* **ni ~** No existe, no hay, ha desparecido, nada, no: *–«¿Has encontrado a Pedro?» –«Ni señal.»*

señaladamente *adv.* **1** Especialmente. OBSERVACIONES: Puede a veces pervivir la idea original de "*señalado*": *Un día señaladamente importante para nuestra comunidad.* **2** Claramente: *Su comportamiento es señaladamente grosero.*

señalado, da *adj.* Que es importante o famoso: *día señalado, suceso señalado.*

señalamiento *s. m.* DER. Acción y resultado de señalar, especialmente el día de un juicio oral o de la vista de una causa.

señalar *v. tr.* **1** Hacer o poner ‹una persona› señales en [una cosa] para reconocerla o distinguirla de las demás: *Mi abuelo señalaba los corderos con una pequeña marca en la oreja.* SIN. marcar. **2** Mostrar ‹una persona› [a otra persona o una cosa], dirigiendo el dedo hacia ella o por otros medios: *Niña, es de mala educación señalar a la gente con el dedo.* SIN. apuntar. **3** Ser ‹una cosa› la señal o el indicio de [otra cosa]: *La caída de las hojas señala la llegada del otoño.* **4** Indicar ‹una persona› [una cosa]: *Me señaló los errores del ejercicio.* SIN. apuntar, advertir. **5** Indicar ‹un instrumento o un dispositivo› [un dato]: *El termómetro señalaba 20 grados.* **6** Poner ‹una persona› de relieve [las cualidades o la importancia de otra persona o una cosa]: *En la conferencia el ponente señaló tres aspectos fundamentales del tema.* SIN. recalcar, subrayar. **7** Determinar ‹una persona› [el momento o el lugar de un acontecimiento]: *Aún no han señalado el día de la inauguración.* SIN. asignar, designar. **8** Fijar ‹una persona› [el valor de una cosa]: *Los propietarios señalaron el valor del apartamento en doce millones.* **9** Hacer ‹una persona o una cosa› heridas o dejar cicatrices en [una parte del cuerpo]: *El niño se hizo una herida que lo ha señalado para toda la vida.* **10** Dejar ‹una persona o una cosa › una señal en [una superficie]: *La máquina de taladrar señaló la mesa.* **11** Quitar ‹una cosa› el prestigio [a una persona]: *Aquella acción señaló al presidente de la compañía para siempre.* SIN. mancillar, manchar. || *v. prnl.* **12** Distinguirse ‹una persona o una cosa› de las demás: *En aquella campaña el diputado Pérez se señaló por su valor.* SIN. sobresalir, descollar. FR. Y LOC. **~ con el dedo*.**

señalero *s. m.* **1** ARG. Encargado de hacer las señales que indican que las vías del tren están libres. **2** URUG. Intermitente de una automóvil.

señalización *s. f.* **1** Acción de señalizar: *Un departamento del Ayuntamiento se encarga de la señalización de las vías urbanas.* **2** Conjunto de señales de tráfico u otro tipo de indicaciones puestas en calles, carreteras y otras vías de comunicación: *La señalización en las autopistas es muy buena.*

señalizar *v. tr.* Poner ‹una persona› señales de tráfico o indicaciones en [una vía de circulación]: *Señalizaron la carretera antes de inaugurarla. Los organizadores han señalizado el camino hasta el hotel con flechas.* ⇒ **19.**

señar *v. tr.* ARG., URUG. Dar ‹una persona› [una señal] en una compra o en un alquiler.

señera *s. f.* Bandera catalana: *La señera tiene cuatro barras rojas sobre amarillo.*

señero, ra *adj.* **1** ELEVADO. Que sobresale entre las demás cosas o personas de su especie por sus cualidades únicas, extraordinarias: *El autor es un nombre señero de la literatu-*

ra española. **2** LITERARIO. Que está solo, apartado o separado de las demás cosas de su especie; aislado, solitario: *Un árbol señero se erguía majestuoso en el desolado páramo.*

señor, ra *adj.* **1** (antepuesto) COLOQUIAL; INTENSIFICADOR. Muy bueno y grande: *una señora mesa. Mi vecino se ha comprado un señor coche. El niño se ha comido un señor filete.* || *s. m./f.* **2** Persona madura: *Búscalo en la planta de señoras, no en la planta joven. Ha venido un señor a hablar contigo.* SIN. hombre, mujer. **3** (no contable) Tratamiento de respeto que se utiliza para dirigirse a personas adultas: *Señor, se le ha caído la cartera.* **4** (no contable) Tratamiento que recibe el propietario de tierras o de una casa, por las personas que trabajan para él: *Celia tiene una señora que le paga muy bien.* **dueño* y ~.** **5** (no contable) Persona elegante o noble en su comportameinto o en su apariencia: *Alberto viste como un señor. Su abuela es toda una señora que inspira un gran respeto.* SIN. caballero. **6** REL.; TRATAMIENTO. Dios: *Señor, concédenos la paz.* **ministro* de Dios** o **ministro del Señor.** || *s. f.* **7** Esposa: *Mi señora no vino conmigo a la cena, porque estaba enferma.* SIN. mujer. **8** Mujer y no hombre: *En un naufragio las señoras y los niños se salvan primero.* || *s. m.* **9** RESTRINGIDO. Marido: *Tengo a mi señor en casa y no puedo retrasarme.* **10** Hombre y no mujer: *Los señores no pueden entrar en este recinto.* || **11 dama* / señora de compañía.** FR. Y LOC. **de padre* y muy ~ mío. de todo hay en la viña* del Señor.**

señorear *v. tr. / prnl.* **1** Mandar ‹una persona o un animal› en [una cosa]: *El niño **se** señoreó enseguida **de** la casa.* || *v. tr.* **2** RESTRINGIDO. Sobresalir ‹una cosa› por ser más alta o estar en una posición más elevada que [otra]: *El campanario señorea el pueblo.*

señoría *s. f.* **1** (no contable) DER., POLÍT. Tratamiento dado a personas con cierta dignidad, especialmente jueces y parlamentarios: *Con el permiso de su señoría.* **2** DER., POLÍT. Persona que recibe este tratamiento: *Su señoría parecía muy cansado durante el juicio.* **3** HIST. Antigua forma de gobierno de algunas ciudades italianas: *la señoría de Venecia.*

señorial *adj.* **1** Del señorío: *derecho señorial, jurisdicción señorial, rentas señoriales.* **2** Que es noble o majestuoso: *casa señorial, muebles señoriales.*

señorío *s. m.* **1** HIST. Dignidad del señor feudal. **2** HIST. Territorio que corresponde a la jurisdicción del señor feudal. **~ feudal.** **3** RESTRINGIDO. Dominio que se tiene sobre algo: *Don Ramón tiene el señorío de extensas comarcas de la provincia.* **4** (no contable) Aspecto y comportamiento elegante y refinado: *Su abuelo es una persona con mucho señorío.* **5** Conjunto de personas refinadas o distinguidas: *Está reunido todo el señorío del pueblo en el casino.*

señoritingo, ga *s. m./f.* **1** COLOQUIAL; PEYORATIVO. Joven excesivamente arreglado o presumido: *En ese bar se reúnen los señoritingos del pueblo.* **2** COLOQUIAL; PEYORATIVO. Joven que presume de su posición económica: *María es una señoritinga, pero no tiene tanto dinero como dice.*

señoritismo *s. m.* RESTRINGIDO; PEYORATIVO. Comportamiento y actitud, ociosa y presumida, propias de un señorito: *El hijo del dueño se comporta con mucho señoritismo.*

señorito, ta *adj. / s. m.* y *f.* **1** COLOQUIAL; PEYORATIVO. Que es excesivamente refinado o de gustos muy remilgados: *Tu amiga es muy señorita.* || *s. m./f.* **2** Hijo de un señor o de una persona importante o distinguida: *Los señoritos del pueblo organizan una fiesta en el casino.* **3** Tratamiento educado que dan los criados a los amos o a sus hijos: *La señorita no se ha levantado todavía.* **4** Joven de buena posición económica y social que no trabaja: *Germán ha estudiado Derecho, pero no trabaja, es un señorito.* || *s. f.* **5** Tratamiento dado a la mujer soltera: *la señorita Pilar.* **6** Tratamiento que los escolares dan a las maestras: *Mi señorita nos ha castigado sin recreo.* **7** Tratamiento que los clientes o el público da a dependientas de comercio, secretarias o funcionarias de oficinas: *Señorita, ¿puede decirme si la instancia se entrega aquí?* **8** VEN. Polea o garrocha.

señorón, na *adj. / s. m.* y *f.* COLOQUIAL; PEYORATIVO. Que aparenta tener la elegancia, educación o comportamiento propios de una persona de buena familia , o lo es en realidad: *No seas tan señorón. Ese club está lleno de señorones.*

señuelo *s. m.* **1** Instrumento que imita el canto de las aves para atraerlas: *He descubierto una tienda donde venden señuelos de muchos pájaros.* **2** Ave utilizada para atraer a otra: *Esta perdiz es muy buen señuelo.* **3** Cosa para atraer o convencer a alguien de alguna cosa, generalmente de forma engañosa: *Me intentó convencer con el señuelo de una gran paga.*

seo *s. f.* RESTRINGIDO. Catedral.

sépalo *s. m.* BOT. Cada una de las hojas que forman el cáliz de una flor.

separación *s. f.* **1** Acción y resultado de separar o separarse: *Me entristecía una separación tan larga.* **2** Distancia entre cosas separadas en el espacio o en el tiempo: *No hubo mucha separación entre los dos sucesos.* **3** DER. Interrupción de la vida conyugal por conformidad de las partes o fallo judicial, sin quedar extinguido el vínculo matrimonial: *Hace años no había divorcio, pero sí separación.* || **4 ~ de bienes** DER. Régimen de bienes en el matrimonio, en el cual cada uno de los cónyuges conserva sus bienes propios: *Al casarse hicieron separación de bienes.*

separadamente *adv. modo* **1** Con separación, sin contigüidad: *Colócalos separadamente.* **2** Por separado: *Los dos hermanos actúan siempre separadamente.*

separado, da *adj. / s. m.* y *f.* (ser / estar) Que ha obtenido la separación matrimonial: *Conozco muchas parejas separadas.* FR. Y LOC. **por ~** Considerando aparte las cosas o las personas de que se trata, uno a uno: *El jefe nos fue entrevistando a todos por separado. Prefiero hacer los trabajos por separado.*

separador *s. m.* COL. Lo que divide en una calzada las dos direcciones.

separar *v. tr. / prnl.* **1** Establecer ‹una persona› distancia entre [dos personas, animales o cosas que estaban juntos]: *Separa el armario **de** la pared. Juan no **se** separaba **de** su padre.* **2** Poner ‹una persona› [a otra persona, un animal o una cosa] fuera de un grupo: *El veterinario separó a los animales enfermos.* **3** Dejar ‹una persona› reservada [una cosa] para [otra persona]: *Le pedí al panadero que me separara tres barras.* **4** Formar ‹una persona› grupos con [cosas semejantes que estaban mezcladas con otras distintas]: *Separa las manzanas sanas **de** las podridas.* **5** Considerar ‹una persona› distintas [cosas que aparecen mezcladas o fundidas]: *En este asunto hay que separar varios aspectos.* **6** Hacer ‹una persona› que [otra persona] abandone [el cargo o la actividad que desempeña]: *Lo separaron **de** su puesto* *por problemas de salud.* || *v. prnl.* **7** Dejar ‹una persona› [el cargo o la actividad que desempeña]: *Carlos se separó **de** las tareas de director.* **8** Tomar ‹una persona, un animal o una cosa› un camino distinto al [del grupo en el que estaba]: *Juan y Miguel se separaron **del** grupo para llegar antes. El cordero se separó del rebaño en un descuido del pastor.* **9** Dejar de convivir ‹una persona› con [otra persona]: *Elsa se ha separado **de** su marido.* **10** Terminar ‹una persona› la relación que mantenía con [otra persona o un grupo]: *Alberto se ha separado **de** su socio.* **11** Abandonar ‹una persona› [una creencia o una postura]: *El poeta se separó **del** Modernismo ya en su juventud.* **12** Hacerse independiente ‹una comunidad política que pertenecía a otra]: *Algunos pueblos se separan **del** Estado al que pertenecían.*

separata *s. f.* Publicación independiente de un artículo o de un texto que ha aparecido incluido en un libro o en una revista: *Con la revista te envían veinte separatas.*

separatismo *s. m.* (no contable) Ideología y comportamiento de los partidarios de que un territorio se separe del Estado al que pertenece: *El separatismo de algunos grupos nacionalistas inquieta al Gobierno central.*

separatista *adj.* **1** Del separatismo: *ideología separatista.* || *adj. / s. m.* y *f.* **2** Que es partidario del separatismo: *revista separatista, partido separatista.*

sepelio *s. m.* ELEVADO. Enterramiento y ceremonias, religiosas o civiles, que lo acompañan: *El sepelio de las víctimas fue presidido por el Primer Ministro.*

sepia *adj.* **1** (invariable; pospuesto) De color ocre rojizo: *tinta sepia, sobre sepia, papeles sepia.* || *s. f.* **2** (macho y hembra) *Sepia elegans.* Molusco marino de cabeza muy grande con diez tentáculos y mandíbulas duras, que tiene dentro un hueso y una bolsa de tinta, habita en la costa y es muy apreciado como alimento. SIN. jibia. **3** Colorante que se saca de este molusco. || *s. m.* **4** Color ocre rojizo.

sepiolita *s. f.* MIN. Mineral blanco formado por silicato hidratado de magnesio, muy poroso y con muy poca densidad: *La sepiolita absorbe muy bien los olores.*

sepsis (plural *sepsis*) *s. f.* (no contable) MED. Enfermedad causada por el paso de gran número de agentes patógenos a la sangre. SIN. septicemia.

septembrino, na *adj.* **1** ELEVADO. Del mes de septiembre: *vacaciones septembrinas.* || *adj. / s. m.* y *f.* **2** HIST. [Movimiento revolucionario] que ocurre durante el mes de septiembre: *revolución septembrina, la Septembrina.*

septenario, ria *adj.* **1** Que tiene siete elementos o unidades: *conjunto septenario, sistema septenario.* || *s. m.* **2** ELEVADO. Espacio de tiempo de siete días. **3** REL. Conjunto de prácticas religiosas que duran siete días: *Hemos celebrado un septenario en honor del santo de la localidad.*

septenio *s. m.* ELEVADO. Espacio de siete años: *En el septenio de su reinado no sucedió nada digno de mención.*

septentrión *s. m.* **1** ELEVADO. Norte, punto cardinal. **2** ELEVADO. Región que está en el Norte: *los países del septentrión.* **3** ELEVADO. Viento del Norte.

septentrional *adj.* Del norte: *país septentrional, viento septentrional.*

septeto *s. m.* **1** MÚS. Composición musical para siete instrumentos o siete voces: *Los músicos van a interpretar el septeto para cuerda y clarinete número cuatro.* **2** MÚS. Conjunto de estos instrumentos o voces: *un septeto de cuerda.*

septicemia *s. f.* (no contable) MED. Sepsis.

séptico, ca *adj.* **1** Que produce putrefacción o es causado por ella. **2** Que tiene gérmenes patógenos o infecciosos. **fosa* septica.**

septiembre o **setiembre** *s. m.* Noveno mes del año que tiene 30 días.

séptimo, ma o **sétimo, ma** *adj. num. ord. / s. m.* y *f.* **1** Que ocupa la posición número siete: *El séptimo libro que me compro este mes.* || *adj. num. part. / s. m.* **2** Cada una de las siete partes iguales en que se divide un todo: *Una séptima parte del agua se desperdicia.* || *s. f.* **3** MÚS. Intervalo musical que comprende siete sonidos de la escala. || **4 ~ arte*.**

septingentésimo, ma *adj. num. ord. / s. m.* y *f.* **1** Que ocupa la posición número 700. OBSERVACIONES: Es más frecuente que se indique con la expresión: *la posición número setecientos.* || *adj. num. part.* **2** Cada una de las setecientas partes iguales en que se divide un todo.

septo *s. m.* ANAT. Pared delgada que separa dos cavidades como, por ejemplo, el tabique nasal.

septuagenario, ria *adj. / s. m.* y *f.* RESTRINGIDO. Que tiene ya setenta años pero aún no ha cumplido los ochenta: *Mi abuelo es septuagenario.*

septuagésimo, ma *adj. num. ord. / s. m.* y *f.* **1** Que ocupa la posición número setenta: *la septuagésima ficha.* OBSERVACIONES: Es más frecuente que se indique con la expresión: *la posición número setenta.* || *adj. num. part.* **2** Cada una de las setenta partes iguales en que se divide un todo: *la septuagésima parte.* SIN. setentavo.

septuplicar *v. tr.* **1** Aumentar ‹una persona o una cosa› siete veces la cantidad, número, tamaño o intensidad de [una cosa]: *Este año hemos conseguido septuplicar nuestras inversiones.* || *v. prnl.* **2** Resultar ‹una cosa› siete veces mayor de lo que era: *Los beneficios de la empresa se han septuplicado.* ⇒ **71.**

séptuplo, pla *adj. num. / s. m.* [Número] que contiene exactamente siete veces a otro número: *El veintiuno es un número séptuplo de tres.* OBSERVACIONES: Es más frecuente, en el uso no matemático o técnico, la expresión *siete veces*: *Tiene siete veces más dinero,* en lugar de: *Tiene el séptuplo de dinero.*

sepulcral *adj.* **1** Del sepulcro: *inscripción sepulcral.* **2** LITERARIO. Que es propio de un sepulcro: *silencio sepulcral, frío sepulcral.*

sepulcro *s. m.* **1** Construcción funeraria levantada del suelo para enterrar a uno o más cadáveres: *El sepulcro de mi familia está en el sector norte del cementerio.* **Santo Sepulcro** Sepulcro donde la tradición señala que se enterró a Jesucristo. **2** Hueco del altar donde se depositan las reliquias, que permanece cubierto y sellado.

sepultar *v. tr.* **1** Dar ‹una persona› entierro [a un cadáver]: *Sepultaron a los muertos del accidente en el cementerio de la pequeña localidad.* **2** Cubrir ‹una persona o una cosa› [a una persona o una cosa] de modo que quede totalmente tapada: *La avalancha de barro y tierra sepultó el vehículo.* **3** Hacer olvidar ‹una persona o una cosa› [a otra persona o una cosa]: *Sepulta los recuerdos del pasado y vive el presente.* **4** Producir ‹una cosa› dolor, inquietud o tristeza [a una persona]: *Los recuerdos acabarán sepultándote.* || *v. prnl.* **5** Quedar ‹una persona› inmersa [en un estado de ánimo]: *Él se sepultó **en** la tristeza.*

sepultura *s. f.* **1** Acción y resultado de sepultar: *La sepultura se realizó con una sencilla ceremonia.* **2** Hoyo hecho en la tierra para enterrar uno o más cadáveres: *Las sepulturas del pueblo las hace el sacristán.* SIN. fosa. **~ perpetua. ~ temporal. 3** Lugar donde está enterrada una persona: *La sepultura familiar está en Salamanca.* FR. Y LOC. **cavar* su propia ~/fosa/tumba. dar ~** Enterrar ‹una persona› a un cadáver: *Dieron sepultura al difunto ayer al mediodía.*

sepulturero, ra *s. m./f.* Persona que tiene por oficio enterrar a los muertos: *En mi pueblo el sepulturero y el alcalde son la misma persona.* SIN. enterrador.

sequedad *s. f.* **1** Cualidad de seco, falta de humedad: *la sequedad del ambiente, la sequedad de un terreno, la sequedad de la piel.* **2** Ausencia de simpatía o de amabilidad: *la sequedad de carácter de su madre, la sequedad de una carta.*

sequedal *s. m.* RESTRINGIDO. Terreno seco y sin vegetación: *En este sequedal no crece nada.*

sequía *s. f.* Falta de lluvias, periodo prolongado de tiempo seco: *Una larga sequía agostó los campos.*

sequillo *s. m.* Cualquier dulce seco de masa de harina recubierta de azúcar, de diversas formas y tamaños.

séquito *s. m.* **1** Conjunto de personas que acompañan o siguen a un personaje importante o famoso: *el séquito de admiradores de un cantante. Aparecieron los Reyes con su séquito.* **2** (no contable) ELEVADO. Consecuencias que ocasiona una acción o un suceso: *La guerra trajo consigo un séquito de penurias y calamidades para el pueblo.*

ser *v. atr.* **1** Tener ‹una persona o una cosa› [una cualidad o una circunstancia]: *El día era muy sosegado. Tu amiga es una chica muy simpática.* **2** Constituir ‹una cosa› la causa o la razón de [otra cosa]: *El juego fue su perdición.* SIN. causar, producir. **3** Tener ‹una persona› [un oficio o un cargo]: *Luisa es modista.* **4** Pertenecer ‹una cosa› a [una persona]: *Este libro es mío. Este coche es **de** Pedro.* **5** Formar ‹una persona› parte [de una comunidad o una sociedad]: *Tu amigo es masón. Carlos es **del** Partido Regionalista.* **6** Haber nacido o proceder ‹una persona› [de un lugar determinado]: *Mi madre es andaluza. Luis es **de** Madrid.* **7** Estar ‹una cosa› realizada con [un material determinado]: *La estructura es metálica. La escultura es **de** piedra.* **8** Parecer ‹una cosa› propia de [otra cosa] o pertenecer a ella: *Pelearse con los amigos es **de** tontos.* ‖ *v. intr.* **9** Correr ‹un día de la semana›: *Hoy es lunes.* **10** Constituir ‹una cifra› el resultado de [una operación matemática]: *Dos y dos son cuatro.* SIN. dar. **11** Existir ‹una persona o una cosa›: *Él se contaba entre los muchos filósofos que han sido en la Historia.* **12** Suceder ‹una cosa›: *Cuéntame cómo fue tu aventura.* SIN. ocurrir, acontecer. **13** Tener ‹una cosa› lugar en [un momento o un lugar determinados]: *¿Cuándo es tu cumpleaños?* SIN. celebrarse. **14** Valer ‹una cosa› [una determinada cantidad de dinero]: *La entrada son mil pesetas. ¿A cómo es el melón?* **15** Consistir ‹una cosa› en [otra cosa]: *Aprobar no es más que proponérselo.* **16** Afirmar ‹una cosa›: *Cierto, así es.* **17** Correr ‹una hora del día›: *Son las doce.* **18** RESTRINGIDO. Estar ‹una persona› de acuerdo [con otra persona]: *Soy **con** usted en todo lo que ha dicho.* **19** RESTRINGIDO. Atender ‹una persona› a [otra persona]: *Un momentito y soy **con** usted.* **20** Constituir ‹una cosa› una excusa o una muestra de disgusto: *Siento no haber llegado antes al trabajo, es **que** mi madre está enferma.* **21** Servir ‹una cosa› [para una función determinada]: *Este cuchillo es **para** cortar pan.* SIN. emplearse. **22** Resultar ‹una persona o una cosa› adecuada [para otra]: *Este chico no es **para** ti.* SIN. convenir. ‖ *v. impers.* **23** Se utiliza para introducir expresiones de tiempo: *Es tarde. Es **de** noche.* ‖ *v. aux.* **24** Se utiliza para formar la voz pasiva de los verbos seguido del participio pasado de éstos: *Los campos son arados por el labrador.* FR. Y LOC. **a no ~ que** Se utiliza para introducir una limitación o una condición a una cosa que se dice: *Vendré esta noche a no ser que surja un trabajo urgente.* **ahí* es nada. algo* es algo. así* es. ¡bendito sea Dios*! cada uno es rey* en su casa. cada* uno/cual es cada uno. causar/~ alta*. como dos* y dos son cuatro. como es debido*. como tres* y dos son cinco. ¿cuánto* es? dar pábulo*** a o **~ pábulo de. dar/~ lo mismo*. desde que el mundo* es mundo. Dios* es testigo** o **pongo a Dios por testigo** o **pongo al cielo por testigo. el gusto* es mío. érase una vez** o **érase que se era** Se utiliza par empezar algunos cuentos infantiles: *Érase una vez una princesa...* **ésa es otra canción*. eso* es. ésta es la nuestra*. ésta es la vuestra*. estar en plantilla*** o **~ de plantilla. estar hecho un manojo* de nervios** o **~ un manojo de nervios. esto* es. la veteranía* es un grado. lo primero* es lo primero. lo que pasa* es que. lo que sea sonará*. lo que son las cosas*. maldita* sea. mañana* será otro día. no decir esta boca* es mía. no es oro* todo lo que reluce. no sea cosa* que. no ~ el fin del mundo*** o **no acabarse el mundo. no ~ el primero*. no ~/encontrarse/estar muy allá*. no ~ nada del otro jueves / mundo** No resultar ‹una persona o una cosa› extraordinaria: *Su vestido no es nada del otro jueves. Su novio no es nada del otro mundo.* **no ~ (la cosa) para menos*. no ~ moco* de pavo. no ~ nada*. no ~ nadie*. no ~ ni carne* ni pescado. no ~ ni sombra* de lo que era. no ~ otro* que. no ~ plan*. no ~ plato* de gusto. no ~ profeta* en su tierra. no ~ quién*. no ~ santo* de mi/tu/su... devoción. no ~ trigo* limpio. no todo el monte* es orégano. por algo* será. ¿qué es de tu/su vida*? saber lo que es bueno*. salva* sea la parte. ~ agua* pasada. ~ alguien/algo** Ser ‹una persona› considerada importante dentro de la comunidad o grupo al que pertenece. **~ ave* de paso. ~ buena cuña*. ~ canela* (fina). ~ capítulo aparte. ~ cerrado/duro de mollera*. ~ (como) de casa*. ~ (como) el coño* de la Bernarda** o **parecer el coño de la Bernarda. ~ (como) la noche* y el día** o **parecerse como el día a la noche. ~/constituir una carga*. ~ cosa de** Tocar ‹una cosa› a una persona: *La limpieza es cosa de mi hermana.* **~ coser* y cantar. ~ cuestión* de. ~ dado* a. ~ de** + infinitivo Se utiliza para indicar disposición, suposición o proximidad de una acción: *Aquella reacción era de esperar.* **~ de antología*. ~ de armas* tomar. ~ de aupa*. ~ de bronce*. ~ de carne* y hueso. ~ de dominio* público. ~ de esperar*. ~ de fiar*. ~ de la acera* de enfrente** o **~ de la otra acera. ~ de la misma cuerda*. ~ de la piel* de Barrabás** o **~ de la piel del diablo. ~ de lo que no hay** Se utiliza para indicar que ‹una persona o una cosa› constituye un individuo o un ente singular o extraordinario: *Tu amigo es de lo que no hay.* **~ de lo que no se emparda*. ~ de mala yacija*. ~ de mi/tu/su ... (propia) cosecha*. ~ de pocas palabras*. ~ de recibo*. ~ de ritual*. ~ de suponer*. ~ del año* de la polca. ~ del oficio*. ~ digno de mención*. ~ dueño* de sí mismo. ~ duro de cerviz*. ~ el**

blanco* de todas las miradas. ~ el chocolate* del loro. ~ el colmo*. ~ el despiporre*. ~ el día*. ~ el espíritu* de la golosina. ~ el garbanzo* negro. ~ el ojo*/ojito derecho. ~ el pan* nuestro de cada día. ~ el rigor* de las desdichas. ~ el vivo retrato*. ~ fama*. ~ flor* de un día. ~ griego* o **hablar/escribir (en) griego. ~ habas* contadas. ~/haber/tener tela* (marinera). ~ harina* de otro costal. ~ juez* y parte. ~ la berza*. ~ la biblia* en pasta/verso. ~ la caraba*. ~ la carabina* de Ambrosio. ~ la flor* de la maravilla. ~ la gota* que colma el vaso. ~ la horma* de su zapato. ~ la leche*. ~ la monda*. ~ la pera*. ~ la pescadilla* que se muerde la cola. ~ la reoca*. ~ la repanocha*. ~ la segunda edición*. ~ la última gota*. ~ la (viva) estampa* de. ~ ligero de cascos*. ~ lo último*. ~ lobos* de la misma camada. ~ más*. ~ más él (mismo). ~ más ella (misma). ~ más ellos/ellas (mismos/mismas). ~ más feo que Picio*. ~ más fresco que una lechuga*. ~ más listo que el hambre*. ~ más malo que la quina*. ~ más papista* que el Papa. ~ más puta* que las gallinas. ~ más viejo que Matusalén*. ~ menos* que. ~ mucho*. ~ mujer*. ~ muy de su casa*. ~ (muy) dueño*. ~ (muy) gente*. ~ muy persona*. ~ muy suyo*. ~ otro cantar*. ~ pájaro de mal agüero*. ~ pan* comido. ~ pies* y manos. ~ presa. ~ todo un poema*. ~/trabajar como una máquina. ~ (toda) una institución*. ~ todo oídos*. ~ todo ojos*. ~ todo un hombre*. ~ todo* uno. ~ tonto de capirote*. ~ un alucine*. ~ un azogue*. ~ un balazo*. ~ un barril* de pólvora. ~ un cascabel*. ~ un caso*. ~ un censo*. ~ un cero* a la izquierda. ~ (un) crío*. ~ un espanto*. ~ un hacha*. ~ un lana*. ~ un orejas*. ~ un pedazo/trozo/cacho de pan*. ~ un pobre diablo*. ~ un pozo* de sabiduría/ciencia/maldad. ~ un puro nervio*. ~ un reloj*. ~ un tigre*. ~ un tirillas*. ~ un viva la Virgen*. ~ una bendición* (de Dios). ~ una mina* de oro. ~ una negación*. ~ una pera*/perita en dulce. ~ una tumba*. (~) una verdad de Perogrullo*. ~ uña* y carne. tener mucho mundo*** o **~ de mundo. un sí* es no es. tanto es así* que. un día* es un día. ya es decir*. ¡ya es mío*! ¡ya es nuestro*! ¡ya es vuestro*!** ⇒ **76.**

ser *s. m.* **1** Cualquier persona, animal o cosa, sea real o imaginaria: *ser vivo, ser inanimado, seres irracionales, seres fantásticos.* SIN. ente. **2** Persona: *La novela narra la historia de un ser que se siente exiliado entre los hombres.* **3** El hecho de existir: *Tus padres te dieron el ser.* SIN. existencia. **4** Aquello por lo cual algo es lo que es: *El ser del hombre es la racionalidad.* SIN. esencia. || **5 Ser Supremo** Se usa para referirse al Ser en sentido absoluto: Dios.

SER *s. f.* Sigla de la emisora «Sociedad Española de Radiodifusión».

sera *s. f.* Espuerta grande redonda y sin asas que se usaba para transportar materiales pesados de construcción, tierra, carbón o algunos otros semejantes: *Las seras han sido sustituidas por otros recipientes más modernos.*

seráfico, ca *adj.* **1** De los serafines o de los ángeles: *inteligencia seráfica.* **2** ELEVADO; a veces PEYORATIVO. Que es excepcionalmente bondadoso o amable: *No creo que este profesor tenga intenciones seráficas hacia nosotros. Mi abuela es una persona seráfica.* **3** (antepuesto con frecuencia) De San Francisco de Asís y su orden: *los escritos seráficos.*

serafín *s. m.* **1** Según la Biblia, espíritu celeste que tiene la jerarquía más alta entre los ángeles, un grado superior a los querubines: *Los serafines forman el primer círculo en torno del trono de la divinidad.* **2** RESTRINGIDO; AFECTADO. Niño o niña pequeños de gran belleza: *Su último hijo es guapísimo, es un serafín. Paula es un serafín auténtico.*

serba *s. f.* Fruto del serbal.

serbal *s. m.* *Sorbus domestica.* Árbol grande de la familia de las rosáceas de copa abierta, hojas compuestas, flores blancas y fruto comestible en forma de pera de color verde y rojizo.

serbio, bia o **servio, via** *adj./s. m.* y *f.* **1** De Serbia, país europeo: *una mujer serbia. Los serbios ganaron el partido.* || *s. m.* **2** LING. Dialecto del serbocroata hablado en Serbia.

serbocroata o **servocroata** *adj./s. m.* y *f.* **1** De Serbia y Croacia, países europeos: *el conflicto serbocroata, la población serbocroata.* || *s. m.* **2** LING. Lengua eslava hablada en gran parte de la antigua Yugoslavia.

serenar *v. tr.* **1** Hacer ‹una persona o una cosa› que [otra persona] se tranquilice o se comporte de forma sensata: *Este paisaje te serena.* SIN. sosegar, calmar. **2** VEN.; COLOQUIAL. Dejar ‹una persona› [una cosa, como la ropa o el agua] a la intemperie por la noche. || *v. intr./prnl.* **2** Volver ‹el tiempo› a su estado de calma o normalidad: *Saldremos cuando **se** serene la mar.* SIN. calmar(se), estabilizar(se). || *v. prnl.* **3** Ponerse ‹una persona› tranquila o comportarse de forma sensata: *Estuvo llorando un buen rato, pero después se serenó.* SIN. sosegarse, calmarse.

serenata *s. f.* **1** Composición musical que se interpreta por la noche y al aire libre en honor de una persona: *Por la noche Miguel fue a cantarle una serenata a su novia.* **2** Composición poética o musical que se escribe en honor de una persona. **3** Ruido molesto y continuado: *No puedo trabajar aquí con la serenata de las máquinas del edificio de al lado.* FR. Y LOC. **dar la ~** COLOQUIAL. Molestar o aburrir ‹una persona› a otra, generalmente insistiendo mucho en una cosa: *No me des más la serenata, hija, no te daré más dinero hoy.*

serenísimo, ma *adj.* **1** Tratamiento que se daba en España a los príncipes hijos de reyes. || *s. f.* **2** HIST. La República de Venecia en los siglos XV-XVI.

sereno, na *adj.* **1** (estar) Que no tiene nubes o está despejado: *El cielo está sereno.* **2** (ser/estar; antepuesto/pospuesto) Que tiene serenidad o tranquilidad: *una serena mirada. Tu padre es siempre muy sereno. El enfermo está sereno. El acusado se muestra muy sereno.* **3** (estar) Que no está borracho: *Teresa ya está serena, ya puede conducir.* || *s. m.* **4** Vigilante nocturno de las calles, que se encargaba de abrir y cerrar los portales de las casas: *Los serenos municipales han desaparecido de las ciudades hace poco tiempo.* FR. Y LOC. **al ~** Al fresco o al aire libre durante la noche: *Para que la carne de caza tenga buen sabor hay que dejarla al sereno dos o tres noches.* **tomar por el pito* del ~.**

serial *s. m.* **1** Obra radiofónica o televisiva que se emite por episodios, especialmente las de carácter sensiblero o folletinesco: *Lola llora siempre con los seriales de la radio.* **2** Película u obra dramática de características semejantes.

serialización *s. f.* **1** Transformación de un largometraje en una serie televisiva. **2** Producción en serie de un elemento de consumo.

seriamente *adv. modo* **1** Con seriedad o en serio: *Tengo que hablar muy seriamente contigo.* || *adv. modo/cant.*

2 Gravemente, de manera importante, intensamente: *Estoy seriamente preocupado.*

seriar *v. tr.* Formar ‹una persona› series con [varias cosas]: *Hemos seriado ya casi todos los papeles del archivo universitario.*

sericicultura *s. f.* Sericultura.

sericultura *s. f.* Industria dedicada a la obtención y producción de seda.

serie *s. f.* **1** Conjunto de cosas relacionadas entre sí que ocurren o se suceden una detrás de otra: *Los niños tenían que ordenar una serie de cubiletes según su tamaño.* **2** Conjunto de personas o cosas que guardan relación entre sí, pero no se suceden ordenadamente: *Ayer se produjeron una serie de actos violentos en el norte del país.* **3** Conjunto de cosas como sellos o billetes, que pertenecen a la misma emisión: *Me falta un sello para completar esta serie.* **4** Esta misma emisión: *Cuando venda estas dos series me marcho.* **5** Obra de radio o televisión dividida en capítulos que se emiten separadamente: *A Rafa le gusta ver la serie de las once.* SIN. serial. **6** Conjunto de cosas que, respecto de un modelo general, presenta variantes: *En la plaza he visto una serie de palomas con una pata rota.* **7** MAT. Sucesión de cantidades que se derivan una de otra según cierta ley: *Tienes que ordenar esta serie de números correctamente.* **8** QUÍM. Conjunto de sustancias que por su composición están relacionadas entre sí. **9** LING. Conjunto de fonemas de una lengua caracterizados por tener un mismo modo de articulación: *Él estuvo estudiando la serie de las oclusivas españolas.* FR. Y LOC. **fuera de ~** Extraordinario, muy destacado o importante: *He conocido a un chico fuera de serie.* **producción* en ~.**

serigrafía *s. f.* Procedimiento de impresión que consiste en trasladar el dibujo que se desea reproducir sobre una matriz constituida por tejido muy fino, como seda o hilos de metal, mediante un barniz especial, de manera que las mallas de la tela estén obturadas en las zonas que no deben imprimirse y abiertas en las partes del dibujo que deben reproducirse.

serio, ria *adj.* **1** (ser/estar) Que es poco alegre o divertido: *Tu marido siempre ha sido muy serio. Hoy estás muy serio.* **2** Que expresa enfado o preocupación: *El decano le dirigió una mirada muy seria.* **3** Que cumple con su obligación: *No te preocupes, este abogado es un hombre muy serio y no te fallará.* SIN. formal. **4** Que inspira confianza: *una empresa seria. Éste es un periódico muy serio.* **5** (antepuesto /pospuesto) Que es importante o grave: *un negocio serio, una enfermedad seria.* **5** Que no tiene colores llamativos o muchos adornos: *Su vestuario es muy serio.* **6** Que sirve para aprender o reflexionar y no para divertirse alegremente: *un espectáculo serio. Paula sólo ve programas serios.* **7** Que es muy solemne: *Hemos tenido que asistir a una recepción seria.* FR. Y LOC. **en ~** 1 Sin engaño ni burla: *Te lo digo muy en serio, tienes que creerme.* 2 Mucho: *Oscar trabajó en serio una larga temporada.* **no tomar* en ~.**

sermón *s. m.* **1** Discurso religioso o moral que pronuncia generalmente el sacerdote ante los fieles: *Durante el sermón el sacerdote habló sobre el Evangelio.* SIN. homilía. **2** COLOQUIAL; PEYORATIVO. Consejo o reprimenda que una persona dirige a otra, y que resulta largo y aburrido: *No me vengas con sermones, que yo sé lo que tengo que hacer.*

sermonario *s. m.* Colección de sermones: *Laura está estudiando los sermonarios del Siglo de Oro.*

sermonear *v. tr.* **1** PEYORATIVO. Dirigir ‹una persona› un sermón [a otra persona]: *En casa todos los días me sermonean mis padres.* || *v. intr.* **2** RESTRINGIDO. Pronunciar ‹una persona› sermones: *En la iglesia se sermonea ahora menos que antes. El cura sermonea sólo en la misa de la mañana.*

serología *s. f.* **1** (no contable) MED. Parte de la Medicina que estudia los sueros. **2** MED. Análisis del suero para determinar la presencia de anticuerpos.

serológico, ca *adj.* MED. De la serología: *Me han mandado un análisis serológico.*

serón *s. m.* Sera alargada, especialmente utilizada para transportar la carga en las caballerías.

seropositivo, va *adj./s. m. y f.* MED. [Persona] que tiene en su organismo anticuerpos del SIDA: *Estoy en la planta de los enfermos seropositivos.*

serosidad *s. f.* **1** MED. Líquido que segregan algunas membranas y que puede causar trastornos cuando se acumula por enfermedad: *Los médicos están preocupados con la serosidad que se desprende de la herida de la operación.* **2** MED. Líquido que se acumula en las ampollas de quemaduras o rozaduras formadas en la piel.

seroso, sa *adj.* **1** MED. Del suero o de las serosidades. **membrana* serosa.** **2** MED. Que produce serosidad: *ampollas serosas.*

seroterapia o **sueroterapia** *s. f.* (no contable) MED. Aplicación de sueros medicinales en el tratamiento de algunas enfermedades.

serpear *v. intr.* RESTRINGIDO. Serpentear.

serpentear *v. intr.* **1** Moverse ‹una persona, un animal o una cosa› formando vueltas y ondulaciones: *La cola de la cometa serpenteaba movida por el viento.* **2** Formar ‹un camino o un río› vueltas y ondulaciones: *El camino serpentea a través de campos llanos.*

serpenteo *s. m.* (no contable) Acción de serpentear: *el serpenteo del camino.*

serpentín *s. m.* Tubo alargado y en espiral que sirve para enfriar o calentar el vapor o el líquido que pasa por él: *el serpentín de un alambique, el serpentín de un calentador.*

serpentina *s. f.* **1** Tira de papel enrollada que se lanza desenrollada en las fiestas sobre otras personas: *En la fiesta todos tiramos serpentinas y confeti.* **2** Mineral verdoso de silicato de magnesio, de gran dureza, muy utilizado en decoración.

serpiente *s. f.* **1** (macho y hembra) Reptil del suborden de los ofidios, de cuerpo muy alargado y sin extremidades, que se mueve arrastrándose: *Algunas serpientes son capaces de engullir grandes presas.* **~ de cascabel** Serpiente venenosa caracterizada por tener al final de la cola un conjunto de anillos córneos que el animal hace vibrar al moverse. SIN. crótalo. **2** REL. En la Biblia y entre los cristianos, el demonio: *La serpiente tentó a Adán y Eva en el Paraíso.*

serrado, da *adj.* Que tiene la forma de una sierra: *En el horizonte se veía el perfil serrado de las montañas.*

serraduras (plural) *s. f.* RESTRINGIDO. Partículas que se desprenden de un material al serrarlo: *El aprendiz barría las serraduras antes de cerrar el taller.* SIN. serrín.

serrallo *s. m.* Parte de una vivienda musulmana destinada a vivienda de las mujeres: *Una famosa ópera se titula «El rapto del serrallo.»* SIN. harén.

serranía *s. f.* Terreno formado por montañas y sierras: *la serranía de Ronda, las serranías andaluzas.*

serranilla *s. f.* LIT. Composición poética que describe el encuentro entre un caballero y una serrana.

serrano, na *adj. / s. m.* y *f.* **1** De la sierra: *pueblo serrano. El caballero vio a una serrana que venía por el camino.* **2** LITERARIO. Que es hermoso o lozano: *cuerpo serrano, cara serrana.* || *s. f.* **3** Variedad de cante flamenco propia de la serranía de Ronda. || **4 jamón* ~.**

serrar *v. tr.* Cortar ‹una persona› [madera u otro material] con la sierra: *Mide bien la madera que vas a serrar.* SIN. aserrar. ⇒ **58.**

serrato *s. m.* ANAT. Cada uno de los tres músculos situados en el tórax y en el dorso y que, por tener varias inserciones en los huesos, presentan aspecto serrado.

serrería *s. f.* Taller donde se sierra la madera: *Yo mismo me hago los muebles: la madera la compro cortada en una serrería cerca de casa.* SIN. aserradero.

serreta *s. f.* (macho y hembra). Género *Mergus.* Ave acuática de la misma familia que el pato, de cuello delgado y generalmente con un penacho en la cabeza.

serrín *s. m.* Conjunto de partículas que se desprenden de la madera o de otro material parecido cuando se sierra: *Echa serrín en el suelo para que empape el agua de las pisadas.*

serrote *s. m.* MÉX. Serrucho.

serruchar *v. tr.* **1** AMÉR. Cortar ‹una persona› [una cosa] con el serrucho. **2** AMÉR. DEL S.; COLOQUIAL. Quedarse ‹una persona› astuta y hábilmente con [el cargo o el trabajo de otra persona].

serrucho *s. m.* **1** Sierra de hoja ancha con un mango: *Cortaré todos estos maderos con el serrucho.* **2** COL.; COLOQUIAL. Ganancia ilícita de un funcionario.

serventesio *s. m.* **1** LIT. Composición poética provenzal de tema moral, político o satírico. SIN. sirvientes. **2** MÉTR. Estrofa de cuatro versos de arte mayor en la que riman en consonante el primero con el tercero y el segundo con el cuarto.

servible *adj.* (ser / estar) Que puede servir: *No sé si me es servible este aparato.* ANT. inservible.

servicial *adj.* **1** (ser / estar) Que está siempre dispuesto a complacer o a hacer favores a los demás: *Es una persona muy servicial. Hoy estás muy servicial.* **2** Que sirve con cuidado y diligencia: *Este restaurante me gusta porque los camareros son muy serviciales.*

servicio *s. m.* **1** Acción y resultado de servir, en especial, como empleado o en un cargo: *servicio a domicilio. Jaime lleva cinco años de servicio en la empresa.* **~ activo** Situación del que no está jubilado de su cargo o empleo: *Me queda poco tiempo de servicio activo.* **~ militar** Servicio que presta un ciudadano a su país sirviendo como soldado en el ejército durante un periodo de tiempo: *Mi hijo tiene que hacer ahora el servicio militar.* **2** Organización y personal destinados a satisfacer necesidades: *servicio de limpieza, servicio de reparaciones, servicio de urgencias.* **3** Función que desempeñan estas organizaciones y personal: *El servicio de metro quedó interrumpido en esta línea.* **4** Grupo de agentes bajo las órdenes de un gobierno que se dedica a recoger información de manera más o menos secreta. **~ de inteligencia** Organización secreta en un Estado para organizar el espionaje. **5** Conjunto de personas que trabajan en tareas domésticas y la actividad que desempeñan. **~ doméstico. 6** Dependencias o accesos a una casa destinados a los trabajos domésticos: *zona de servicio.* **escalera de ~. puerta* de ~** o **puerta accesoria. 7** Favor o provecho obtenido de una persona o cosa: *Estos zapatos me han hecho un buen servicio.* **8** Conjunto de utensilios para servir o tomar una comida o bebida: *servicio de café, servicio de té.* **~ de mesa. 9** Cubierto que se pone a cada comensal: *En esta mesa faltan dos servicios.* **10** Habitación con los aparatos sanitarios: *Necesito ir al servicio.* SIN. aseo, cuarto de baño. **11** DEP. En el tenis, saque de pelota: *El servicio le corresponde ahora a la tenista española.* || **12 sector* servicios. 13 ~ discrecional** Servicio público que una empresa, autorizada para ello, realiza en función de sus intereses y de los de los usuarios. **14 ~ postventa** Servicio de mantenimiento de un artículo después de haber sido adquirido: *La casa comercial ofrece un servicio postventa a sus clientes.* FR. Y LOC. **a tu / su / vuestro ~** CORTESÍA. Se usa para indicar que una persona se pone a disposición de otra u otras: *Estoy a tu servicio. La empresa está a vuestro servicio.* **al ~ de** Trabajando para determinada persona o entidad: *al servicio de Su Majestad.* **comisión* de servicios. de ~** Estar, entrar o salir del desempeño de un trabajo o cargo durante un turno determinado: *Yo estoy de servicio de seis a diez. Me atendió el personal de servicio.* **en acto* de ~. estación* de ~. hacer el ~** Cumplir ‹una persona› el servicio militar: *Javier se ha colocado después de haber hecho el servicio.* **hacer un flaco ~ / favor** Causar a alguien un perjuicio, en especial, de forma involuntaria: *Ayudándolo tanto en las tareas escolares le haces un flaco servicio.* **hoja* de servicios.**

servidor, ra *s. m. / f.* **1** RESTRINGIDO. Persona que sirve a otra como criado: *Manolo entró de servidor en la casa de un conde.* SIN. sirviente. **2** Persona encargada del manejo de una maquinaria o de ciertas armas, especialmente de artillería: *Capturaron a los servidores de la batería de cañones.* **3** RESTRINGIDO. Expresión cortés para ofrecerse a otra persona: *–«¿Quién es el último?» –«Servidor.»*

servidumbre *s. f.* **1** Conjunto de criados que sirve en una casa: *La servidumbre entra por la puerta lateral.* SIN. servicio. **2** HIST. Condición de siervo y trabajo que realiza: *Los campesinos estaban sometidos a servidumbre en el sistema feudal.* **3** Carga pesada o dependencia excesiva que para alguien supone otra persona, un trabajo o una actividad: *No tiene ni un momento de descanso, es la servidumbre del cargo.* **4** Dependencia excesiva de una pasión, afecto o vicio: *Su afición por el juego se convirtió en una auténtica servidumbre.* SIN. esclavitud. **5** DER. Derecho real que grava una propiedad, como una finca, con la obligación de prestar determinados servicios en provecho exclusivo de una persona o de otra propiedad de distinto amo.

servil *adj.* **1** RESTRINGIDO. De los siervos o de los criados: *condición servil.* **2** [Trabajo, oficio] que es humilde y poco apreciado: *En mi vida he hecho de todo, desde las ocupaciones más serviles a los oficios más respetables.* **3** (antepuesto / pospuesto) PEYORATIVO. Que actúa con servilismo y se humilla ante los que tienen poder o autoridad, a veces para obtener un beneficio: *Su conducta es servil con todo el mundo.*

4 Que imita fiel y ciegamente a sus modelos: *Sus narraciones son poco imaginativas y serviles dentro de la escuela.*

servilismo *s. m.* **1** (no contable) PEYORATIVO. Comportamiento de las personas que se muestran excesivamente obedientes y obsequiosas con sus superiores: *El servilismo de Teresa con la jefa se comenta en la oficina.* **2** (no contable) PEYORATIVO. Actitud de la persona y característica de la obra que sigue fielmente un modelo o fuente y no aporta nada nuevo: *el servilismo de sus seguidores.*

servilleta *s. f.* Pieza pequeña de tela o papel que se usa en la mesa para limpiarse las manos o la boca: *La mantelería tiene unas servilletas bordadas preciosas.*

servilletero *s. m.* Objeto que se utiliza para recoger la servilleta: *Cada uno tenemos un servilletero con nuestro nombre.*

servio, via *adj. / s. m.* y *f.* Serbio.

servir *v. tr. / intr.* **1** Atender ‹una persona› realizando tareas domésticas [a otra persona]: *Manuel desde muy joven sirve **en** casa de mi tío.* **2** Realizar ‹una persona› un trabajo para [otra persona]: *El conde trata mal a los que le sirven. Mi suegro sirvió **en** la Administración durante treinta años. Él sirve **de** mozo de labranza en una finca. Mi hijo sirve **de** pasante **con** un abogado.* **3** Obrar ‹una persona› con lealtad o entrega al servicio de [otra persona o una cosa]: *El caballero acometió grandes hazañas por servir a su dama. Cada uno desde su puesto sirve **a** la causa.* || *v. tr.* **4** REL. Dar ‹una persona› culto [a Dios] y cumplir su voluntad y sus mandatos: *Los cristianos deben servir a Dios y cumplir sus mandamientos.* **5** Atender ‹un camarero› [a un cliente o una mesa] llevando la comida o las bebidas: *El camarero tardaba en servirle el café.* **6** Atender ‹una persona› [a un cliente] en un comercio o suministrarle [mercancías]: *Le serviremos el pedido en el acto.* **7** Proporcionar ‹una persona› [comida o bebida] a [otra persona]: *Sírvele una copa a tu invitado.* **8** Hacer ‹una persona› un favor [a otra persona] o prestarle un servicio voluntariamente: *Dígame en qué puedo servirle.* || *v. intr.* **9** Ser ‹una persona o una cosa› apta para [una función]: *Este muchacho sirve **para** tocar el piano. Este papel sirve **de** pantalla.* **10** DEP. Lanzar ‹un jugador› la pelota en la jugada del saque en algunos deportes: *Ahora sirve la tenista española.* **11** Seguir ‹un jugador de naipes› a otro que ha echado primero con una carta del mismo palo: *Hay que servir a oros.* **12** Estar ‹una persona› haciendo el servicio militar: *Paco sirve **en** infantería.* || *v. prnl.* **13** Ponerse ‹una persona› [comida o bebida] en su vaso o plato: *¿No se sirve usted más salsa?* **14** Utilizar ‹una persona› [a otra persona o una cosa] como medio o instrumento [para un fin]: *El presidente se sirvió **de** sus influencias **para** lograr el puesto.* **15** Hacer ‹una persona› [una cosa] por amabilidad o condescendencia: *Sírvase cerrar la puerta.* FR. Y LOC. **ir servido** COLOQUIAL. Se usa para indicar que ‹una persona› no va a lograr lo que pretende: *Carlos va servido si cree que le van a hacer caso.* **lo comido* por lo servido. no ~ de nada** Ser o resultar ‹una cosa› inútil: *No sirve de nada que intentes razonar con él.* **para servirle** o **para ~ a usted** RESTRINGIDO; CORTESÍA. Se utiliza para indicar que una persona se pone a disposición de otra: *–«¿Hablo con el señor González?» –«Para servirle.»* **~ de aviso*. ~ / poner en bandeja* (de plata). sin que sirva de precedente*.** ⇒ **57.**

servo *s. m.* **1** Servomecanismo. **2** Servomotor.

servocroata *adj. / s. m.* y *f.* Serbocroata.

servodirección *s. f.* MEC. Mecanismo auxiliar que, automáticamente, multiplica la acción de la dirección en un automóvil y facilita su manejo.

servofreno *s. m.* MEC. Mecanismo auxiliar que, automáticamente, multiplica la acción del freno en un automóvil.

servomecanismo *s. m.* Mecanismo que regula automáticamente su propia acción para corregir las deficiencias o variaciones que pueden producirse en el funcionamiento de una máquina o de otro mecanismo controlados por él.

servomotor *s. m.* **1** MEC. Motor auxiliar que, automáticamente, aumenta la potencia o energía disponible cuando es necesario. **2** Mecanismo que mueve el timón de una embarcación.

sesada *s. f.* **1** COCINA. Sesos fritos: *A mi tía le gusta la sesada del cordero.* **2** Sesos de un animal.

sésamo *s. m.* **1** BOT. Ajonjolí. **2** BOT. Semilla de esta planta. **3** Dulce de almendras, nueces o piñones con ajonjolí.

sesear *v. intr.* Pronunciar ‹una persona› la *c* ante *e, i,* o la *z,* como *s*: *Supe que ella era andaluza porque seseaba.*

sesenta *adj. / pron. num. card. / s. m.* **1** Cantidad que representa la cifra 60: *La entrevista duró sesenta minutos.* OBSERVACIONES: Del número 61al 69 se escribe *sesenta* seguido de *y* más la cifra de la unidad: *Sesenta y cuatro.* || *adj. num. ord. / s. m.* y *f.* **2** Sexagésimo: *capítulo sesenta.* || *s. m.* **3** Signo lingüístico o matemático con que se representa esta cantidad: *Estoy en la página número sesenta.* || **4 los (años) ~** Los años 1960-69: *Los sesenta fueron años de revolución cultural.* **5 los ~** 1 La edad de sesenta años: *Jubilarse a los sesenta es agradable.* 2 Los años 60-69 de la edad: *Los sesenta le trajeron muchas desgracias*

sesentavo, va *adj. num. part. / s. m.* Cada una de las sesenta partes iguales en que se divide un todo. OBSERVACIONES: Los partitivos del 61 al 69 se forman con el número cardinal seguido del sufijo *-avo*: *sesentadosavo.* SIN. sexcentésimo.

sesentón, na *adj. / s. m.* y *f.* COLOQUIAL; AFECTIVO, PEYORATIVO. Que tiene ya sesenta años, pero aún no ha cumplido los setenta: *Ya soy un sesentón.* SIN. sexagenario (ELEVADO).

seseo *s. m.* (no contable) Pronunciación de la *c* ante *e, i,* o la *z,* como *s*: *El seseo es habitual en Hispanoamérica y en muchas zonas de Andalucía.*

sesera *s. f.* **1** Parte de la cabeza del animal en que están los sesos. **2** Conjunto de los sesos: *Tienen unas seseras de cordero muy ricas en el mercado.* **3** COLOQUIAL. Cabeza de una persona: *Este niño cualquier día se rompe la sesera.* **4** COLOQUIAL. Inteligencia: *Cuando Paloma hace estos disparates, demuestra que tiene poca sesera.*

sesgado, da *adj.* **1** (estar) Que está colocado o cortado en diagonal: *El corte está sesgado. Las rayas del bolsillo quedan sesgadas.* **2** (ser / estar; antepuesto / pospuesto) Que es excesivamente parcial o subjetivo: *Que mi opinión sea sesgada no te da derecho a insultarme. Tu visión del problema está sesgada.*

sesgar *v. tr.* Cortar ‹una persona› [una cosa] en diagonal: *Para sacar los bolsillos del retal tienes que sesgarlo.* ⇒ **56.**

sesgo *s. m.* Orientación o dirección que toma un asunto: *el sesgo de los acontecimientos, el sesgo de una relación.* FR. Y LOC. **al ~** En diagonal, oblicuamente: *cortar al sesgo.*

sesión *s. f.* **1** Reunión oficial que se celebra para tratar determinados asuntos: *una sesión de evaluación. El Presidente no asistió a la sesión del Parlamento.* SIN. junta. **2** Cada una de las representaciones, proyecciones o actuaciones que se hacen en público a unas horas determinadas: *sesión de tarde, sesión de noche. Fuimos al cine a la sesión de las cinco.* **~ continua** Sesión de cine en la que se repite ininterrumpidamente un programa y el espectador puede permanecer en la sala el tiempo que quiera. **3** Espacio de tiempo dedicado a una actividad: *sesión de espiritismo, sesión de quimioterapia, sesión de fotografía.* FR. Y LOC. **abrir / levantar la ~** Empezar o terminar ‹una persona› una reunión oficial: *El presidente abrió la sesión con un discurso.*

seso *s. m.* **1** (preferentemente en plural) Cerebro del hombre o los animales: *Los sesos de algunos animales se comen.* **2** (no contable) Sensatez, madurez: *El vecino es un hombre de poco seso.* FR. Y LOC. **calentarse / devanarse los sesos** COLOQUIAL; INTENSIFICADOR. Pensar mucho ‹una persona› en una cosa: *Carmen se devanó los sesos buscando una solución al problema.* **perder el ~** COLOQUIAL. Perder el juicio ‹una persona›: *Daniel ha perdido el seso cuando su mujer lo abandonó.* **sorber el ~** o **tener sorbido el ~** COLOQUIAL; PEYORATIVO. Ejercer ‹una persona o cosa› una gran influencia sobre otra persona hasta llegar a dominarla: *Las motos y los coches le tienen sorbido el seso a Nuria.* **tapa* de los sesos.**

sesteadero *s. m.* RESTRINGIDO. Lugar donde sestea el ganado.

sestear *v. intr.* **1** Dormir ‹una persona› la siesta o descansar después de la comida: *Sesteo un poco todos los días después de comer.* **2** Trabajar ‹una persona› poco o de una manera poco innovadora: *Como tu sección siga sesteando os van a echar a todos a la calle.* **3** Recogerse ‹el ganado› en un lugar sombrío durante el día para descansar y evitar el calor: *Los toros sesteaban a la sombra de las encinas.*

sestercio *s. m.* HIST. Antigua moneda romana de plata que valía dos ases y medio.

set (plural *sets*) *s. m.* **1** DEP. Cada una de las partes en que se divide un partido en deportes como el tenis, el voleibol o el pimpón: *El español gana por tres sets a uno.* **2** Conjunto de elementos relacionados entre sí o con una función común: *Compraremos un set de herramientas.* **3** CINE. Plató cinematográfico. || **4 jet* ~.**

seta *s. f.* Hongo que tiene forma de sombrero sostenido por un pie y puede ser comestible o venenoso. **~ comestible. ~ de cardo. ~ venenosa.**

setecientos, tas *adj. / pron. num. card. / s. m.* **1** Cantidad que representa la cifra 700: *La Comunidad concedió setecientos millones de pesetas de indemnización.* || *adj. num. ord. / s. m.* y *f.* **2** Que ocupa la posición número setecientos: *la línea setecientas.* || *s. m.* **3** Signo lingüístico o matemático con que se representa esta cantidad: *Divide setecientos por dos.*

setenta *adj. / pron. num. card. / s. m.* **1** Cantidad que representa la cifra 70: *Recorrieron setenta kilómetros hasta encontar una gasolinera.* OBSERVACIONES: De los números 71 al 79 se escribe *setenta* seguido de *y* más la cifra de la unidad: *setenta y cuatro.* || *adj. num. ord. / s. m.* y *f.* **2** Septuagésimo: *el capítulo setenta.* || *s. m.* **3** Signo lingüístico o matemático con que se representa esta cantidad: *Acaba de entrar el número setenta en la consulta.* || **4 los (años) ~** Los años 1970-79: *Los años setenta fueron años felices.* **5 los ~** 1 La edad de setenta años: *Hoy cumple los setenta.* 2 Los años 70-79 de la edad: *Los setenta fueron sus años más tranquilos.*

setentavo, va *adj. num. part. / s. m.* Cada una de las setenta partes iguales en que se divide un todo. OBSERVACIONES: Los partitivos del 71 al 79 se forman con el número cardinal seguido del sufijo *-avo: Setentadosavo.*

setentón, na *adj. / s. m.* y *f.* COLOQUIAL; AFECTIVO / PEYORATIVO. Que tiene ya setenta años, pero aún no ha cumplido los ochenta: *Mi abuela es setentona.* SIN. septuagenario (ELEVADO).

setiembre *s. m.* Septiembre.

sétimo, ma *adj. num. ord. / s. m.* y *f.* Séptimo.

seto *s. m.* Valla o cerca de ramas o de plantas: *cortar el seto. Mi vecina tiene un seto en el jardín.* **~ vivo** Seto formado por plantas vivas.

setter (del inglés) *s. m.* (macho y hembra) Perro de caza de una raza inglesa.

seudohermafrodita *adj. / s. m.* y *f.* [Individuo] que presenta caracteres del sexo contrario, pero tiene la glándula sexual de su sexo verdadero.

seudohermafroditismo *s. m.* Cualidad de seudohermafrodita.

seudónimo o **pseudónimo** *s. m.* Nombre falso o supuesto que una persona utiliza en lugar del propio: *Muchos escritores usan seudónimos para firmar sus libros.*

seudópodo o **pseudópodo** *s. m.* ZOOL. Prolongación del protoplasma de algunos organismos unicelulares mediante la cual se desplazan y apresan los alimentos: *los seudópodos de la ameba.*

s. e. u. o. *abr.* «Salvo error u omisión».

severidad *s. f.* (no contable) Característica de severo: *El padre educa a sus hijos con severidad.* SIN. rigor, rigidez.

severo, ra *adj.* **1** (ser / estar) Que actúa con severidad, rigor, dureza o rigidez en su trato con los demás: *Eres demasiado severo* ***con*** *las opiniones de los demás.* **2** Que no contiene indulgencia o tolerancia: *horario severo, juicio severo, crítica severa, disciplina severa.* **3** Que cumple o hace cumplir con exactitud o puntualidad lo que está haciendo: *jurado severo, profesor severo.* **4** Que contiene gravedad o severidad: *gesto severo, actitud severa. Su padre tiene una expresión severa en el rostro.* **5** [Tiempo] que es extremado o duro de soportar: *invierno severo, temperaturas severas.* SIN. riguroso.

sevicia *s. f.* ELEVADO. Crueldad excesiva: *Un juez nunca puede actuar con sevicia.*

sevillana *s. f.* AMÉR. Navaja.

sevillano, na *adj. / s. m.* y *f.* **1** De Sevilla, ciudad y provincia española: *un grupo sevillano. Nací en un pueblo sevillano.* || *s. f.* **2** Baile de Sevilla y canción con que se acompaña, compuesta de seguidillas: *bailar una sevillana.*

sex appeal o **sexappeal** (del inglés; pronunciamos *'sexapil'*) *s. m.* Atractivo físico y sexual de una persona: *Julian es un chico con mucho sex appeal.*

sex shop o **sex-shop** (del inglés; pronunciamos *'sex sop'*) *s. m.* Tienda donde se venden artículos eróticos.

sex symbol (del inglés; pronunciamos *'sex símbol'*) *s. m. / f.* Persona que representa el ideal del atractivo erótico: *Esta actriz es la sex symbol de los noventa.*

sexagenario, ria *adj. / s. m.* y *f.* Que tiene ya sesenta años, pero aún no ha cumplido los setenta.

sexagesimal *adj.* [Sistema de numeración] que se basa en el número 60: *división sexagesimal.*

sexagésimo, ma *adj. num. ord. / s. m.* y *f.* **1** Que ocupa la posición número sesenta: *el episodio sexagésimo.* OBSERVACIONES: Es más frecuente que se indique con la expresión: *la posición número sesenta.* || *adj. num. part.* **2** Cada una de las sesenta partes iguales en que se divide un todo: *una sexagésima parte.* SIN. sesentavo.

sexappeal *s. m.* Sex appeal.

sexcentésimo, ma *adj. num. ord. / s. m.* y *f.* **1** Que ocupa la posición número 600. OBSERVACIONES: Es más frecuente que se indique con la expresión: *la posición número seiscientos.* || *adj. num. part.* **2** Cada una de las seiscientas partes iguales en que se divide un todo.

sexenio *s. m.* Espacio de tiempo de seis años: *el sexenio revolucionario.*

sexi *adj.* Sexy.

sexismo *s. m.* (no contable) PEYORATIVO. Actitud de las personas que valoran o discriminan a otras por razón del sexo: *El sexismo está arraigado en muchas sociedades.*

sexista *adj. / s. m.* y *f.* [Persona] que valora o discrimina a otras personas según el sexo que tienen: *El jefe es una persona muy sexista.*

sexo *s. m.* **1** Constitución orgánica que distingue al macho de la hembra en los seres vivos: *El sexo de muchos animales es difícil de diferenciar a simple vista.* **2** Conjunto de individuos de una especie que tienen una de las dos constituciones orgánicas. **~ débil** (no contable) Las mujeres. **~ femenino. ~ fuerte** (no contable) Los hombres. **~ masculino.** **3** Genitales, órganos sexuales externos. **4** (no contable) Sexualidad, actividad relacionada con la atracción y el placer sexual.

sexología *s. f.* (no contable) Ciencia que estudia la sexualidad humana desde el punto de vista psicológico y fisiológico.

sexológico, ca *adj.* Del sexo: *consulta sexológica, especialista sexológico.*

sextante *s. m.* ASTRON. Instrumento que consta de un sexto de círculo graduado, utilizado para calcular la altura de los astros y determinar así el rumbo de la navegación: *sextante marino, sextante de aviación.*

sexteto *s. m.* **1** Conjunto musical de seis instrumentos o seis voces: *Luis cantaba en el sexteto del colegio.* **2** Composición musical para un conjunto de este tipo: *Los clásicos han compuesto sextetos hermosos.* **3** MÉTR. Composición poética de seis versos de arte mayor de rima consonante.

sextilla *s. f.* MÉTR. Estrofa de seis versos de arte menor.

sextina *s. f.* MÉTR. **1** Composición poética formada por seis estrofas de seis versos endecasílabos y una de tres versos. **2** MÉTR. Estrofa de seis versos de esta composición.

sexto, ta *adj. num. ord. / s. m.* y *f.* **1** Que ocupa la posición número seis: *El capítulo sexto no tiene título.* || *adj. num. part. / s. m.* **2** Cada una de las seis partes iguales en que se divide un todo: *Me ha tocado una sexta parte de la herencia.* || *s. f.* **3** Tercera de las cuatro partes del día romano. **4** REL. Hora menor que se reza después de la tercia. || **5 sexta rima** MÉTR. Estrofa de seis versos endecasílabos que riman altenernados y acaba en un pareado.

sextuplicar *v. tr.* **1** Aumentar ‹una persona o una cosa› seis veces la cantidad, número, tamaño o intensidad de [otra cosa]. || *v. prnl.* **2** Resultar ‹una cosa› seis veces mayor de lo que era. ⇒ **71.**

séxtuplo, pla *adj. num. / s. m.* MAT. [Número] que contiene exactamente seis veces a otro número: *El séxtuplo de dos es doce.* OBSERVACIONES: Es más frecuente, en el uso no matemático o técnico, la expresión «seis veces»: *Tiene seis veces más dinero,* en lugar de: *Tiene el séxtuplo de dinero.*

sexuado, da *adj.* BIOL. [Planta, animal] que tiene órganos sexuales. ANT. asexuado.

sexual *adj.* **1** Del sexo o la sexualidad: *educación sexual, deseo sexual, hormonas sexuales, órganos sexuales, relaciones sexuales. Eres un obseso sexual.* **acoso* ~. acto* carnal / ~. vida* ~.** || **2 perversión* ~. 3 reproducción* ~.**

sexualidad *s. f.* **1** (no contable) MED. Conjunto de condiciones del cuerpo y de sus funciones que caracterizan a cada sexo: *sexualidad masculina, sexualidad femenina.* SIN. sexo. **2** Conjunto de acciones y características relacionadas con el sexo: *sexualidad satisfactoria, sexualidad infantil.*

sexualmente *adv. restrictivo* **1** Desde el punto de vista del sexo (como concepto psicofisiológico), en cuanto a la constitución sexual: *Estos insectos son animales sexualmente indiferenciados.* **2** Desde el punto de vista sexual, en el aspecto sexual erótico: *Sexualmente, este hombre es un perturbado.* **3** Modificando a verbos como *abusar, acosar, agredir* y otros por el estilo, forma amalgama significativa con ellos recogiendo de manera verbal el hecho nombrado por el sintagma nominal (*abuso sexual, acoso sexual, agresión sexual*) sobre el que aquélla está calcada: *Miguel abusó sexualmente de ella. Sonia le acosaba sexualmente.*

sexy (del inglés; pronunciamos *'sexi'*) *adj.* (ser / estar) Que tiene mucho atractivo físico o que provoca un deseo sexual: *Ese actor más que guapo es sexy.*

sfumato (del italiano; pronunciamos 'esfumato') *s. m.* (no contable) Técnica pictórica que consiste en suavizar el contorno de las figuras mediante el uso de tonos vagos y los juegos de sombras: *La técnica del sfumato fue creada por Leonardo da Vinci.*

sha o **sah** *s. m.* HIST. Título del antiguo soberano de Persia o Irán: *Los Reyes de España visitaron al Sha de Persia.*

shantung (del chino; pronunciamos *'chantún'* o *'santún'*) *s. m.* **1** (no contable) Tejido algo basto de seda originario de esta provincia china. **2** Tela de cualquier otra fibra, de apariencia semejante.

shérif o **chérif** o **shériff** (plural *shérifs;* del inglés; pronunciamos *'chérif'*) *s. m.* **1** Representante de la justicia encargado de mantener el orden y hacer cumplir la ley en ciertos condados norteamericanos. **2** En el Reino Unido, representante administrativo y judicial del poder central en un condado.

sherpa *adj. / s. m.* y *f.* De un pueblo que habita en Nepal, cuyos habitantes actúan como guías y porteadores de las expediciones al Himalaya: *Los sherpas son buenos escaladores y conocen bien la montaña.*

sherry (del inglés) *s. m.* **1** (no contable) RESTRINGIDO. Vino oloroso de Jerez. **2** AFECTADO. Medida de este líquido contenida en una copa: *Camarero, dos sherrys por favor.* SIN. jerez.

shetland (del inglés) *s. m.* (no contable) Tejido o punto hecho con lana escocesa.

shock (del inglés; pronunciamos *'soc'* o *'choc'*) *s. m.* **1** MED. Fuerte depresión nerviosa y circulatoria producida generalmente por una impresión. SIN. choque. **2** MED. Alteración semejante a la anterior producida por procedimientos eléctricos con fines terapéuticos. SIN. choque.

shogun o **sogún** (del japonés; pronunciamos *'sogún'*) *s. m.* HIST. Gobernador militar japonés nombrado por el emperador en los siglos XII al XIX.

short (plural *shorts*) *s. m.* **1** (puede usarse en plural con el significado de singular) Pantalón corto hasta la mitad del muslo: *Cristina se ha comprado un short verde.* ‖ **2 ~ de baño** ARG., URUG. Bañador masculino.

shot *s. m.* DEP.; ARG, URUG. En el fútbol, chut, tiro.

show (del inglés; pronunciamos *'sou'*) *s. m.* **1** Espectáculo o parte del mismo: *un show de magia. Este humorista presenta un nuevo show.* **2** COLOQUIAL. Situación ridícula o escandalosa que llama la atención: *La niña nos organizó un show en medio de la calle porque no quería entrar en el médico.* FR. Y LOC. **montar el ~** COLOQUIAL; PEYORATIVO. Llamar mucho la atención ‹una persona› por lo que hace o dice: *Una vieja muy bebida se puso a chillar en el metro y montó el show.*

showman (del inglés; pronunciamos *'souman'* o *'chouman'*) *s. m.* Presentador de un espectáculo del que es, a la vez, la estrella: *un showman de la tele.*

si (plural *si*) *s. m.* MÚS. Séptima nota o sonido de la escala musical: *sinfonía en si bemol.*

si *conj. cond.* **1** Introduce una proposición subordinada que expresa la condición o suposición necesaria para que se cumpla lo indicado por la principal: *Si te das prisa, podremos ir al cine esta tarde.* OBSERVACIONES: Puede tener cierto matiz causal: *Si ayer lo sabías, no puedes haberlo olvidado hoy.* **~ no** (diferente de *sino*) De lo contrario, de otra forma: *Cállate ya, si no, me marcho.* **2** Se usa para introducir oraciones con matiz de deseo: *¡Si tú quisieras decirme lo que pasó!* **3** En ciertos contextos, se usa para enfatizar lo que se expresa a continuación: *Mira si sera tonto que todavía no se ha enterado. ¡Si es que yo no he dicho eso!* ‖ *conj. distr.* **4** Se usa para contraponer un término a otro, conservando el matiz condicional: *Si se lo digo, mal; si no se lo digo, peor.* ‖ *conj. compl.* **5** Introduce oraciones interrogativas indirectas, a veces con matiz de duda: *Le pregunté si se había examinado.* FR. Y LOC. **a ver* ~. cerca* (de) ~. como / que ~** Se usa para formar construcciones comparativas: *Manolo conduce como si estuviera loco.* **como ~ nada*. como ~ tal cosa*. cual* ~. por* ~. por ~ acaso*. ~ acaso*. ~ bien*. tanto* si... como ~.**

sí (de tercera persona; masculino y femenino; singular y plural) *pron. pers.* **1** Pronombre personal reflexivo de tercera persona, que se usa siempre con preposición y funciona como complemento: *Mi jefe me pone nerviosa cuando empieza a hablar para sí.* **2** Va con *mismo* cuando se quiere resaltar el carácter reflexivo: *Mi madre se guardaba su pena para sí misma.* **3** Con la preposición *con* adopta la forma *consigo*: *Miguel estaba enfadado consigo mismo. El veterinario se llevo el perro consigo.* FR. Y LOC. **dar* de ~. de por ~** o **en ~** o **de ~** o **por ~** Hablando de algo, considerando independientemente las circunstancias que lo acompañan: *La situación es de por sí bastante compleja como para que tú pidas más cosas.* **fuera de ~** (Con verbos como *estar, ponerse, parecer* o similares) Excitado, enojado, enfadado o alterado por cualquier motivo o razón: *Hablar de la guerra le ponía fuera de sí.* **meterse* en ~ mismo. no caber* en ~ de gozo. pagado* de ~ (mismo). para ~ mismo** 1 (Con verbos como *pensar, decir* o similares) Sin decirlo en voz alta, mentalmente, sin comentarlo con nadie más: *Lea para sí mismo el siguiente texto.* 2 Para uno mismo: *Para sí mismo sólo se había comprado una chaqueta.* **por ~ mismo** Sin la ayuda de nadie: *Le costaba gran esfuerzo resolver los problemas domésticos por sí misma.* **por ~ solo** 1 Sin ayuda de nadie: *El niño ya caminaba por sí solo.* 2 Espontáneamente, sin que nada ni nadie lo cause o provoque: *La crisis no puede resolverse por sí sola.* **replegarse* en ~ mismo. tener ante ~** Tener ‹una persona o una cosa› algo delante: *Tuvo ante sí al rey.* **volver* en ~. volver* sobre ~.**

sí (plural *síes*) *adv. afirm.* **1** Se usa para responder afirmativamente a una pregunta. **2** Se usa para dar mayor énfasis a la afirmación expresada por el verbo: *Te lo daré, sí, pero antes recoge todos esos juguetes.* **3** A veces tiene la función de intensificar un juicio o una afirmación: *Esto sí que es vivir bien.* ‖ *s. m.* **4** Consentimiento, permiso: *Espero un sí por respuesta.* FR. Y LOC. **¡ / ¿a* que ~ / no? / ! ahora* ~ que. porque ~** COLOQUIAL. Sin motivo o razón, por simple voluntad o capricho: *He dicho que te pongas esta camisa porque sí.* **pues ~ (que)** COLOQUIAL. Expresión irónica con que se da a entender fastidio o disgusto: *–«Nos tenemos que ir ya.» –«Pues sí que os vais pronto.»* **un ~ es no es** 1 Se usa para hacer referencia a una cosa que no está muy definida o determinada. 2 Un poco de una cosa: *Ponme un sí es no es de azúcar.*

sial *s. m.* (no contable) GEOL. Capa exterior de la corteza terrestre compuesta principalmente de sílice y aluminio.

siamés, sa *adj.* **1** De Siam, la actual Thailandia: *templo siamés, pescador siamés.* **2** Raza de gatos originarios de Siam, nerviosos y estilizados, con la cabeza, patas y cola más oscuras que el resto del cuerpo. **gato ~.** ‖ *s. m.* **3** LING. Lengua thai hablada en Thailandia. ‖ *adj. / s. m. y f.* **4** (preferentemente en plural) [Hermanos gemelos] que nacen unidos por alguna parte del cuerpo.

sibarita *adj. / s. m.* y *f.* Que es aficionado a los lujos y placeres refinados: *una mujer muy sibarita. Mario es muy sibarita y no sabe comer sin un buen vino.*

sibaritismo *s. m.* (no contable) PEYORATIVO. Actitud de la persona aficionada a la buena vida y a los placeres: *Al sibaritismo se acostumbra uno pronto.*

siberiano, na *adj. / s. m.* y *f.* De Siberia, región de Asia: *una mujer siberiana. Los siberianos esperaban el correo.*

sibila *s. f.* HIST. Mujer a la que los antiguos griegos y romanos creían capaz de adivinar el futuro o de profetizar: *Las palabras de la sibila gozaban de gran autoridad.*

sibilante *adj. / s. f.* FON. [Sonido] que es parecido en su articulación a un silbido: *La «s» es una sibilante.*

sibilino, na *adj.* **1** De la sibila: *oráculos sibilinos.* **2** ELEVADO. Que encierra misterio o enigma: *expresión sibilina, tono sibilino.*

sic *adv.* ADMINISTRATIVO. Así, de esta manera.

sicalipsis (plural *sicalipsis*) *s. f.* RESTRINGIDO. Erotismo, picardía erótica o sexual: *la sicalipsis del espectáculo.*

sicario *s. m.* Asesino a sueldo: *Al protagonista lo mataron sus propios sicarios.* SIN. matón.

siciliano, na *adj. / s. m.* y *f.* **1** De Sicilia, isla italiana: *costas sicilianas. Los sicilianos cantaron bonitas canciones.* || *s. m.* **2** LING. Dialecto del italiano hablado en Sicilia.

sicodélico, ca *adj.* Psicodélico.

sicofante o **sicofanta** *s. m.* RESTRINGIDO. Calumniador, delator.

sicofisiología *s. f.* (no contable) PSICOL. Psicofisiología.

sicología *s. f.* (no contable) Psicología.

sicomoro o **sicómoro** *s. m. Ficus sycomorus.* Árbol de la familia de las moráceas, de tronco amarillento, hojas ásperas y ovales, fruto pequeño y blanquecino en forma de higo y madera muy resistente.

sicomotricidad *s. f.* Psicomotricidad.

sicono *s. m.* BOT. Fruto carnoso en forma de saco cónico con muchas semillas, como el higo.

sicopatía *s. f.* MED. Psicopatía.

sicosis (plural *sicosis*) *s. f.* (no contable). MED. Psicosis.

sicoterapia *s. f.* (no contable) PSIQUIAT. Psicoterapia.

SIDA o **sida** *s. m.* Sigla de «Síndrome de Inmuno-deficiencia Adquirida», España. Enfermedad viral grave transmitida por vía sexual y sanguínea que ataca al sistema de inmunidad del organismo (en inglés *AIDS*).

sidecar (plural *sidecares*) *s. m.* Especie de cochecito de un solo asiento con una rueda exterior, que se acopla en el lado de algunas motocicletas: *Ir en el sidecar es peligroso.*

sideral *adj.* De los astros. **año* ~. día* sidéreo / ~. espacio ~. tiempo sidéreo / ~.**

sidéreo, a *adj.* LITERARIO. Sideral: *las regiones sidéreas.* **día* ~ / sideral. tiempo* ~ / sideral.**

siderita *s. f.* Mineral gris formado por carbonato de hierro del que se extrae el hierro en siderurgia.

siderolito *s. m.* Meteorito formado sobre todo por una aleación de hierro y níquel.

siderurgia *s. f.* **1** (no contable) Conjunto de técnicas de la metalurgia para extraer y transformar industrialmente el hierro. **2** (no contable) Conjunto de empresas e instalaciones dedicadas a la extracción y transformación del hierro: *el proyecto para la reconversión de la siderurgia bilbaína.*

siderúrgico, ca *adj.* De la siderurgia: *sector siderúrgico, complejo siderúrgico, producción siderúrgica.*

sidítico, ca *adj. / s. m.* y *f.* MED. Sidoso.

sidoso, sa *adj. / s. m.* y *f.* MED. Que padece el sida o contiene anticuerpos producidos por esta enfermedad: *Los sidosos necesitan la comprensión y la ayuda de la sociedad .*

sidra *s. f.* (no contable) Bebida alcohólica obtenida por fermentación del zumo de manzana: *La sidra es una bebida que se consume mucho en Asturias.*

sidrería *s. f.* Establecimiento donde se vende o se sirve sidra.

sidrero, ra *s. m. / f.* Persona que vende o trabaja en la fabricación de la sidra.

siembra *s. f.* **1** Acción y resultado de sembrar: *La siembra se hace ahora con máquinas.* **2** Tiempo en que se siembra: *En la siembra los días se hacen muy cortos.* **3** RESTRINGIDO. Terreno sembrado: *Este año tenemos poca siembra de trigo.* **4** BIOL. Cultivo de microorganismos en un medio favorable de laboratorio para que se desarrollen y así estudiarlos adecuadamente: *Hasta que no sepa el médico el resultado de la siembra que han hecho no me recetará antibióticos.*

siempre *adv. temp.* **1** En todo momento o todo el tiempo: *El escritor siempre fumaba puros. Te echaré de menos siempre.* OBSERVACIONES: Normalmente se refiere al periodo de tiempo del que se habla o a uno que se da por consabido. **2** Puede expresar frecuencia, insistencia o reiteración: *Blanca siempre come verdura. Francisco siempre está hablando de fútbol.* OBSERVACIONES: A veces se acompaña o se aclara con una expresión de causa: *A causa del tráfico él siempre llega tarde.* **3** COLOQUIAL. En cualquier caso, en un momento dado: *El no era su jefe, pero siempre podría echarle una mano.* **4** AFIRMACIÓN. Resalta una cosa que se dice o refuerza una afirmación que no admite duda: *Siempre vivirás mejor solo que mal acompañado.* || *adv. modo* **5** AMÉR. Así y todo. **6** COL.; COLOQUIAL. De todos modos, decididamente. || **7 ¡hasta ~!** 1 Expresión de despedida que se dice cuando se supone que va a pasar mucho tiempo antes de que vuelva a encontrar a esa persona. 2 DESPEDIDA. Expresión que se dice cuando se quiere dar a entender que uno queda a disposición del despedido para verle o saludarle todas las veces que, en el futuro, le apetezca. FR. Y LOC. **de ~** 1 Desde hace mucho tiempo, de toda la vida, desde que se recuerda: *De siempre se ha dicho que el tabaco perjudica gravemente a la salud.* 2 Acostumbrado, cotidiano: *Yo tomaré el menú de siempre.* **desde ~** Desde que se recuerda o se sabe: *Manolo ha sido un aficionado al baloncesto desde siempre.* **para ~** Para toda la vida: *Me quedaré a vivir aquí para siempre.* **por ~ (jamás)** Eternamente o por tiempo sin fin: *Te querré por siempre jamás.* **~ que** 1 Cada vez que: *Francisco siempre que va a la cocina acaba comiendo cualquier cosa.* 2 Expresa condición necesaria y equivale a "siempre y cuando", "con tal que": *Iremos al cine siempre que me ayudes a terminar de fregar.* **~ y cuando** Expresa condición necesaria y equivale a "siempre que", "con tal que": *Estoy dispuesta a hacer las paces siempre y cuando él me llame primero.*

siempretieso *s. m.* Muñeco con un contrapeso en los pies que recupera siempre la posición vertical cuando se le tumba: *El nene tiene un siempretieso.* SIN. tentetieso.

siempreviva *s. f.* **1** Género de plantas herbáceas de hojas vellosas y flores de color rojo vivo. **2** Flor de estas plantas: *La siempreviva dura mucho tiempo sin marchitarse.*

sien *s. f.* Parte lateral de la cabeza situada entre la frente, la oreja y la mejilla: *Se ha dado un golpe en la sien.*

siena *adj. / s. m.* [Color] marrón muy claro, algo amarillento: *El siena de la fachada ha quedado muy bonito.*

sienita *s. f.* GEOL. Roca volcánica de color gris o rojo, compuesta fundamentalmente por feldespato y cuarzo.

sierpe *s. f.* **1** LITERARIO. Serpiente, culebra. **2** COLOQUIAL, RESTRINGIDO. Persona muy enfadada o irritada: *Tu padre estaba hecho una sierpe.* SIN. basilisco.

sierra *s. f.* **1** GEOGR. Cordillera de montañas con cimas picudas y abruptas. **2** Región montañosa: *Los domingos voy con mis amigos a la sierra.* **3** Herramienta formada por una hoja dentada de metal sujeta a un mango o armazón, para cortar madera y otros cuerpos duros. **~ circular. ~ continua. ~ de mano. ~ de marquetería. ~ mecánica.**

siervo, va *s. m. / f.* **1** Persona sometida o tiranizada por otra: *Ella se piensa que soy su siervo.* **2** REL. Miembro de algunas congregaciones religiosas que, por humildad, se denominan así: *las siervas de María, las siervas de San José.*

3 HIST. Esclavo, especialmente el que en la Edad Media pertenecía al señor feudal de las tierras en que vivía: *Los siervos no tenían libertad de movimiento.* || *s. f.* **4** ARG., URUG.; COLOQUIAL, PEYORATIVO. Chica de servicio de una casa, chacha. || **5 ~ de Dios** 1 REL. Persona muy devota y cumplidora de sus preceptos religiosos cristianos. 2 REL. Cristiano. **6 ~ de la gleba** HIST. En la Edad Media, campesino que tenía un estatuto jurídico muy cercano al de esclavo y estaba vinculado, por herencia, a la tierra: *Los siervos de la gleba y sus hijos pertenecían a los señores como los objetos.*

sieso *s. m.* VULGAR, RESTRINGIDO. Ano.

siesta *s. f.* **1** Tiempo y acción de dormir durante el día, especialmente después de comer: *dormir la siesta, echarse la siesta.* **2** Tiempo después del mediodía en que aprieta más el calor: *En verano a la hora de la siesta las calles están vacías.*

siete *adj. / pron. num. card. / s. m.* **1** Cantidad que representa la cifra 7: *Tardé siete minutos en llegar.* || *adj. num. ord. / s. m* y *f.* **2** Séptimo: *el capítulo siete, el siete de julio.* || *s. m.* **3** Signo lingüístico o matemático con que se representa esta cantidad: *Te falta sumar el siete.* **4** COLOQUIAL. Roto en una tela con forma de zigzag que imita a este número: *Se me ha enganchado la gabardina y me he hecho un siete.* || **5 las ~** La septima hora del día o la septima después del mediodía: *La cena es a las siete. Rafa se levanta a las siete. Son las siete.* **6 las ~ y media** Juego de cartas. FR. Y LOC. **bajo ~ llaves*. de ~ suelas*. tener ~ vidas* (como los gatos).**

sietecolores (plural *sietecolores*) *s. m.* ARG., CHILE. Pájaro pequeño de muchos colores que habita en la orilla de las lagunas.

sietemachos (plural *sietemachos*) *s. m.* COLOQUIAL; HUMORÍSTICO, PEYORATIVO. Matón, bravucón, chulo: *Tu hermano es un sietemachos, todo se le va por la boca.*

sietemesino, na *adj. / s. m.* y *f.* **1** Que nace a los siete meses y no a los nueve como es habitual: *bebé sietemesino, niño sietemesino.* **2** COLOQUIAL; PEYORATIVO. [Persona] que es desagradable o poco inteligente.

sífilis (plural *sífilis*) *s. f.* (no contable) MED. Enfermedad venérea que se caracteriza por la formación de chancros en la piel y la posible afectación del sistema nervioso y circulatorio: *La sífilis se cura con penicilina.*

sifilítico, ca *adj.* **1** MED. De la sífilis: *contagio sifilítico.* || *adj. / s. m.* y *f.* **2** MED. Que padece sífilis: *Los sifilíticos pueden tardar en darse cuenta de que padecen la enfermedad.*

sifón *s. m.* **1** Tubo curvo utilizado para trasvasar líquidos haciéndolos pasar por un punto superior a su nivel. **barómetro* de ~.** **2** Botella hermética con agua carbónica que deja pasar el líquido a presión por un tubo central que se abre pulsando un mecanismo del tapón: *Los sifones antiguos de vidrio son muy bonitos.* **3** (no contable) Agua carbónica contenida en este tipo de botellas: *vino con sifón.* **4** Tubería o parte de ella doblada en forma de U, especialmente la del desagüe de retretes y lavabos que impide el paso de olores desagradables: *El fontanero ha dicho que tenemos que cambiar el sifón del lavabo.* **5** ZOOL. Cada uno de los dos tubos alargados que tienen ciertos moluscos para absorber el agua. **6** COL. Cerveza de barril.

sifrino, na *adj. / s. m.* y *f.* VEN.; PEYORATIVO. [Persona] que tiene o imita modales y gustos presuntuosos y extranjeros.

sigilo *s. m.* **1** Secreto con que se hace o se trata una cosa: *Celia siempre hace las cosas con sigilo.* **2** Silencio: *Entra con mucho sigilo para no despertar al bebé.*

sigilografía *s. f.* (no contable) Ciencia auxiliar de la Historia que se ocupa de estudiar todo lo relacionado con los sellos antiguos que se empleaban en la documentación: *La sigilografía sirve, entre otras cosas, para fechar y valorar la autenticidad del documento.*

sigiloso, sa *adj.* (ser / estar) **1** Que guarda sigilo o secreto: *Su actitud era sigilosa. Jorge se acercó sigiloso y me asustó.* **2** Que se mueve sin hacer ruido: *El gato avanzaba sigiloso hacia el plato de pescado.*

sigla *s. f.* **1** Conjunto de letras iniciales de varias palabras que forman parte de una abreviatura: *¿Qué significan las siglas de RENFE?* **2** Nombre que se forma con estas letras: *SIDA es una sigla.*

siglo *s. m.* **1** Espacio de cien años en que se divide por convención el tiempo histórico: *el siglo* XX, *el siglo* III *a. C.* **2** Cien años sucesivos: *El bisabuelo ronda el siglo.* **3** Época que se ha caracterizado por una persona o un acontecimiento: *el siglo de Augusto, el Siglo de las Luces.* **4** Periodo de tiempo muy largo: *Hace siglos que no lo veo.* **5** ELEVADO, RESTRINGIDO. La vida en sociedad en contraposición a la vida religiosa: *Ricardo abandonó el siglo y se fue a las misiones.* || **6 Siglo de Oro** ARTE. Época de gran esplendor, y en especial la de la literatura española de los siglos XVI y XVII: *la literatura del Siglo de Oro, los autores del Siglo de Oro.* FR. Y LOC. **del ~** Que destaca sobre las otras cosas de su género: *robo del siglo, boda del siglo.* **en / por los siglos de los siglos** INTENSIFICADOR. Eternamente: *Espero no volver a verlo por los siglos de los siglos.*

sigma *s. f.* Nombre de la decimoctava letra del alfabeto griego, que se translitera por la «s» española.

signar *v. tr.* **1** RESTRINGIDO. Poner ‹una persona› un signo o un sello en [una cosa]: *Mi jefa siempre signa con un redondelito los documentos que debemos fotocopiar.* SIN. sellar, señalar. **2** ELEVADO. Poner ‹una persona› su firma en [una cosa]: *Hoy se signará solemnemente el acuerdo entre los dos países.* SIN. firmar, rubricar. **3** RESTRINGIDO. Hacer ‹una persona› la señal de la cruz sobre [otra persona o una cosa]: *Cuando era pequeña, su madre la signaba todas las noches antes de taparla.* SIN. persignar. || *v. prnl.* **4** Hacer ‹una persona› la señal de la cruz sobre sí misma. SIN. persignarse.

signatario, ria *adj. / s. m.* y *f.* ELEVADO. Que firma: *La signataria del contrato debe firmar aquí abajo.*

signatura *s. f.* **1** RESTRINGIDO. Acción o resultado de signar: *la signatura de un acuerdo.* **2** Señal de números y letras que se pone en un libro o en un documento para indicar su colocación en una biblioteca o en un archivo: *Este libro tiene la signatura de Historia.* **3** ART. GRÁF. Letra o número que se pone al pie de la primera página de cada pliego para guía del encuadernador.

significación *s. f.* **1** Acción y resultado de significar: *Eso es un saludo rutinario sin significación oculta.* SIN. significado. **2** Cosa significada, en especial, por una palabra o por una frase: *la significación de una palabra. Desconocemos la significación del barco que aparece en el cuadro.* SIN. significado. **3** Importancia o valor: *Éste es un regalo de gran significación para mí.* SIN. transcendencia.

significado, da *adj.* **1** (antepuesto) Que es conocido, importante o famoso: *Un significado miembro de la empresa afirma que se pactará con el sindicato.* || *s. m.* **2** Concepto o sentido representado por una cosa sensible o por un símbolo: *el significado de las señales de tráfico, el significado de un gesto.* SIN. significación. **3** LING. Concepto representado por un significante: *Dos palabras sinónimas son las que tienen el mismo significado.*

significante *s. m.* LING. Elemento constitutivo del signo lingüístico portador de la imagen acústica mediante una sucesión de fonemas en orden lineal: *El significante de las palabras es el conjunto de elementos sensibles, sonidos que se oyen o trazos que se ven, que podemos captar.*

significar *v. tr.* **1** Representar ‹un signo› [una cosa]: *La luz verde significa paso libre a los peatones.* **2** Ser ‹una palabra o una expresión› la representación de [una idea o una cosa]: *Busca en el diccionario lo que significa esta palabra.* **3** Causar ‹una cosa› [otra cosa] o equivaler a ella: *Eso significa el caos.* **4** Expresar ‹una persona› [su opinión]: *En varias ocasiones yo signifiqué mi oposición a esa norma.* || *v. intr.* **5** Tener ‹una persona o una cosa› mucha o poca importancia para [una persona]: *El dinero no significa nada* ***para*** *él.* || *v. prnl.* **6** Hacerse notar ‹una persona› por [una cualidad o circunstancia]: *Él pronto se significó* ***por*** *sus aptitudes para la música.* **7** Mostrarse ‹una persona› partidaria de [unas determinadas ideas]: *Pedro se significó como un convencido pacifista.* ⇒ **71.**

significativamente *adv. modo / cant.* **1** De un modo significativo. RELACIONES Y CONTRASTES: Puede llegar a sugerir idea de cantidad, con sentido próximo a *bastante*: *Mi alumno ha mejorado significativamente.* || *adv. orac.* **2** Es significativo (que). OBSERVACIONES: Impone indicativo y permite que el hecho mentado se presente como novedoso: *Significativamente, no le dio la mano al ministro.* || *adv. restrictivo* **3** En cuanto al significado, en el aspecto significativo: *Significativamente, sus discursos se parecen poco.*

significativo, va *adj.* **1** (antepuesto / pospuesto) Que significa o da a entender alguna cosa: *palabra significativa. Nos mostró su disgusto con un significativo gesto.* **2** (antepuesto / pospuesto) Que tiene importancia por significar o representar algún valor: *un significativo detalle. Ha sido muy significativo el que todos los alumnos colaboraran.*

signo *s. m.* **1** Cosa que, por una relación natural o convencional, representa o da a entender otra: *La cruz es el signo del Cristianismo.* **2** Cada uno de los caracteres utilizados en la escritura, la música o las artes gráficas: *los signos chinos.* **3** MAT. Cada una de las figuras utilizadas para expresar las cantidades o las operaciones que se realizan con ellas: *el signo de la división, el signo de la suma.* **4** Cada una de las doce partes en que se divide el Zodiaco: *el signo de Aries, el signo de Leo. ¿De qué signo eres?* **5** Cada una de las figuras que representan las doce partes en que se divide el Zodiaco. **6** Cosa por la cual se conoce, se adivina o se deduce otra: *Un coche deportivo es signo de riqueza.* **7** Gesto significativo: *El cura hizo con la mano el signo de la cruz para bendecir a los allí presentes.* || **8 ~ lingüístico** LING. Asociación de un significante y un significado.

sigüí (plural *sigüíes* o *sigüís*) *s. m. / f.* VEN.; COLOQUIAL. [Persona] que es aduladora.

siguiente *adj. / s. m.* y *f.* **1** (antepuesto / pospuesto) Que sigue, que está situado después, que es posterior: *Al día siguiente Alfonso tenía una resaca enorme. Las siguientes visitas es mejor que las atiendas tú. El siguiente en la lista eres tú.* || *adj.* **2** (antepuesto / pospuesto) Que se va a decir a continuación: *Vamos a debatir los puntos siguientes.*

sílaba *s. f.* FON. Unidad fónica que se pronuncia de una vez entre dos depresiones sucesivas de la emisión de voz: *dividir en sílabas, marcar las sílabas de una palabra.* **~ abierta / libre** Sílaba que termina en vocal. **~ aguda** Sílaba acentuada. **~ átona** Sílaba que no lleva acento prosódico. **~ breve** Sílaba de menor duración, en las lenguas en las que hay cantidad vocálica. **~ cerrada / trabada** Sílaba que termina en consonante. **~ larga** Sílaba de mayor duración, en las lenguas en las que hay cantidad vocálica. **~ postónica** Sílaba átona que sigue a una tónica. **~ pretónica / protónica** Sílaba átona que precede a una tónica. **~ tónica** Sílaba que lleva acento prosódico.

silabario *s. m.* Libro o lámina que contiene sílabas o palabras divididas en sílabas y que sirve para aprender a leer.

silabear *v. tr. / intr.* Pronunciar ‹una pesona› [palabras] marcando bien las sílabas: *El niño silabeó las palabras del primer párrafo.*

silabeo *s. m.* (no contable) Pronunciación de palabras separándolas en sílabas: *En clase de métrica hacían ejercicios de silabeo.*

silábico, ca *adj.* De la sílaba: *grupo silábico, escritura silábica.*

silba (diferente de *silva*) *s. f.* RESTRINGIDO. Acción de silbar como protesta: *Todo el campo le dedicó una gran silba al árbitro.* SIN. abucheo, pitada. ANT. ovación.

silbante *adj.* Que silba: *respiración silbante.*

silbar *v. intr.* **1** Dar ‹una persona› silbidos: *No sé silbar.* **2** Producir ‹una cosa› un sonido parecido al silbido al cortar o agitar el aire: *Las balas silbaban sobre su cabeza.* || *v. intr. / tr.* **3** Mostrar ‹un grupo de personas› su rechazo o desaprobación [a una persona o una cosa] mediante silbidos: *El público ha silbado la obra estrenada esta tarde.* SIN. pitar. || *v. tr.* **4** Reproducir ‹una persona› [una música] mediante el silbido: *El viejo silbaba una canción.*

silbatina *s. f.* ARG., CHILE, EC., PERÚ, URUG. Rechifla, pitada.

silbato *s. m.* Pequeño instrumento que produce un ruido agudo y prolongado al soplar en él: *el silbato del árbitro, el silbato del jefe de estación, el silbato de un guardia.*

silbido *s. m.* **1** Sonido agudo que se logra haciendo pasar con fuerza el aire a través de los labios fruncidos o de una abertura entre los dedos índice y anular con las puntas metidas en la boca: *El perro acudió al oír el silbido de su amo.* **2** Sonido agudo que se produce al hacer pasar con fuerza el aire a través de un cuerpo o instrumento hueco, como un silbato: *el silbido del tren. Dos enérgicos silbidos avisaron al jugador.* **3** Sonido agudo que hace el aire: *el silbido del viento entre los árboles.* **4** Voz aguda y vibrante de algunos animales como la serpiente.

silbo *s. m.* LITERARIO. Silbido: *el silbo de los aires.*

silenciador *s. m.* **1** Aparato o dispositivo que se acopla a ciertos mecanismos para amortiguar el ruido: *el silenciador del tubo de escape, el silenciador de un arma de fuego.* **2** TECNOL. Circuito de un receptor de radio que elimina los ruidos de recepción.

silenciar *v. tr.* **1** Guardar ‹una persona› silencio sobre [una cosa] o no comunicarla intencionadamente: *Los periódicos silenciarán nuestra participación en el acto.* **2** Hacer callar ‹una persona› [a otra persona]: *Los acusados han silenciado a los testigos con promesas de dinero.* **3** Hacer ‹una persona› que cese el fuego de [las armas del enemigo]: *La artillería silenció las posiciones enemigas.*

silencio *s. m.* **1** Hecho o situación de no estar hablando una o más personas: *Debes guardar silencio cuando otra persona hable. Estuvimos en silencio un buen rato.* **2** Falta total o parcial de ruido: *el silencio de la noche, el silencio de las montañas, el silencio de un monasterio.* SIN. sosiego. **3** Efecto de no manifestarse de palabra, ya sea hablada o escrita: *El silencio de la prensa se debe a la censura del dictador.* **4** Reserva, secreto: *El silencio que han mantenido sobre el tema lo hace muy sospechoso.* **5** MÚS. Pausa con una duración determinada y signo que la representa: *Detrás de la corchea va un silencio.* || *interj.* **6** Exclamación con que se manda callar o dejar de hacer ruido: *¡Silencio! Va a empezar la sesión.* || **7 ~ administrativo** Falta de respuesta o de solución por parte de la Administración a una petición o a un recurso en el plazo establecido, lo que se interpreta como una negativa o un rechazo. FR. Y LOC. **en ~** 1 Guardando silencio: *Entrad en la clase en silencio. Leed en silencio.* 2 Sin quejarse ni protestar: *La madre del soldado sufría en silencio.* **imponer ~** 1 Hacer callar a una o a más personas: *Cuando entres en la sala debes imponer silencio.* 2 Impedirle a una persona que se exprese o diga una cosa: *El secreto profesional impone silencio.* **reducir* al ~. romper el ~** Hablar o escribir ‹una persona› sobre un asunto después de haber estado mucho tiempo sin hacerlo: *Después de tantos años rompió el silencio y contó la verdad.*

silencioso, sa *adj.* **1** (ser/estar) Que guarda silencio o calla: *Permaneció silencioso y comprendí que quería que me fuera. Estás muy silencioso, ¿te pasa algo?* SIN. callado. **mayoría* silenciosa. 2** Que no hace ruido o hace lo menos posible: *lavadora silenciosa, motor silencioso, pasos silenciosos.* **3** Que encierra silencio y tranquilidad: *El jardín silencioso me llenaba de paz.*

silepsis *s. f.* **1** RET. Figura retórica que consiste en usar una misma palabra en sentido propio y figurado. **2** GRAM. Alteración de la concordancia gramatical de las palabras.

sílex (plural *sílex*) *s. m.* **1** GEOL. Variedad sedimentaria de cuarzo formada, fundamentalmente, por sílice. **2** HIST. Utensilio prehistórico fabricado con esta piedra: *los sílex del Paleolítico.*

sílfide *s. f.* **1** MIT. Personaje mitológico femenino de gran belleza que vivía en el aire. **2** Mujer muy esbelta y delgada: *Tu mujer es una sílfide, está delgadísima.*

silfo *s. m.* MIT. Espíritu o ser fantástico del aire.

silicato *s. m.* **1** QUÍM. Grupo de sales del ácido silícico. **2** Grupo de minerales que contienen sílice y que forman parte de la composición de casi todas las rocas.

sílice *s. f.* QUÍM. Compuesto formado por la combinación de silicio con oxígeno: *La sílice abunda en la naturaleza.*

silíceo, a *adj.* Mineral de sílice o parecido a ella: *roca silícea.*

silícico, ca *adj.* **1** Del silicio o de la sílice. **ácido ~** Ácido compuesto de silicio, oxígeno e hidrógeno.

silicio *s. m. Si.* Elemento químico metaloide de color amarillento, muy abundante en la corteza terrestre, aunque nunca libre, de estructura cristalina y gran dureza, con aplicaciones que se derivan de su carácter semiconductor: *El silicio se emplea para fabricar placas solares.*

silicona *s. f.* QUÍM. Compuesto sintético formado por silicio y oxígeno con diferentes aplicaciones industriales: *La silicona se usa para sellar las junturas de los baños o en cirugía estética, para aumentar el volumen de las mamas.*

silicosis (plural *silicosis*) *s. f.* (no contable) MED. Enfermedad pulmonar crónica producida por la inhalación de polvo de sílice: *Es frecuente que los mineros padezcan silicosis.*

silla *s. f.* **1** Asiento individual con respaldo: *silla de madera, silla de mimbre, silla de plástico. Acerca una silla y siéntate.* **~ de tijera** Silla plegable con un asiento generalmente de lona y patas cruzadas en aspa. **~ plegable** Silla que puede doblarse o hacerse más pequeña. || **2 ~ de la reina** Asiento que forman dos personas agarrándose los brazos por las muñecas, para transportar o llevar a una tercera persona. **3 ~ de manos** HIST. Antiguo vehículo con forma de caja de coche sostenida por dos largas varas o barras, que levantaban a brazo cuatro personas: *La silla de mano era un medio de transporte propio de los ambientes cortesanos.* **4 ~ de montar** Aparejo sobre el que se sienta el jinete para montar a caballo. **5 ~ de niño** Coche de ruedas, generalmente plegable, para llevar a los niños pequeños. **6 ~ de posta** HIST. Antiguo coche de caballos. **7 ~ de ruedas** Silla con dos ruedas laterales para las personas que no pueden andar: *Ese chico va en una silla de ruedas.* **8 ~ eléctrica** Silla preparada para ejecutar a los condenados a muerte mediante una descarga eléctrica: *El violador fue condenado a la silla eléctrica.* **9 ~ gestatoria** Silla portátil que usa el Papa en ciertos actos de gran ceremonia. FR. Y LOC. **juez* de ~.**

sillar *adj. / s. m.* Piedra labrada, generalmente rectangular, de una construcción: *El puente está construido con piedras sillares de regular tamaño.*

sillería *s. f.* **1** Conjunto de asientos unidos: *la sillería del coro de una catedral.* **2** Conjunto de asientos del mismo estilo, generamente sillas y sillones, con que se amuebla una habitación: *La sillería del salón rosa tiene que tapizarse de nuevo.* **3** RESTRINGIDO. Taller y tienda donde se hacen o venden sillas. **4** Oficio de sillero: *La sillería requiere muchos años de aprendizaje.* **5** Construcción hecha con sillares: *La catedral se empezó con obra de sillería, pero se acabó con ladrillos.*

sillero, ra *s. m./f.* RESTRINGIDO. Persona que trabaja arreglando o vendiendo sillas.

silleta *s. f.* COL., VEN. RESTRINGIDO. Silla.

silletazo *s. m.* Golpe dado con una silla: *No pude escapar del silletazo.* SIN. sillazo.

silletería *s. f.* COL. Conjunto de butacas de una sala de espectáculos.

sillín *s. m.* Asiento de bicicletas y otros vehículos parecidos: *Si no levantas el sillín irás muy incómodo.*

sillón *s. m.* Asiento individual con brazos y respaldo, muy confortable y descansado: *sentarse en el sillón, levantarse del sillón.* **~ de orejas.**

silo *s. m.* **1** Lugar donde se guarda el trigo u otras semillas o forrajes: *Los silos de la zona están llenos de cereales este año.* SIN. granero. **2** Depósito subterráneo de misiles.

silogismo *s. m.* LÓG. Argumento que consta de tres proposiciones, la última de las cuales, la *conclusión*, se deduce necesariamente de las otras dos, llamadas *premisas*: *La lógica tradicional argumentaba utilizando la estructura explícita del silogismo.*

silogística *s. f.* Teoría de la consecuencia lógica, analizada por primera vez por los filósofos griegos.

silogístico, ca *adj.* Del silogismo: *argumentación silogística.*

silogizar *v. intr.* Argüir, probar o poner ‹una persona› argumentos con silogismos, o hacerlos. ⇒ **19.**

silueta *s. f.* **1** Línea que marca el perfil de algo y dibujo que se obtiene con esa línea: *Se veían tres siluetas de animales, pero no pudimos identificarlas.* SIN. contorno. **2** Tipo o figura de una persona: *Ese vestido realza su silueta.* SIN. cuerpo. **3** Sombra de un objeto sobre un fondo más claro o un foco de luz: *En la pared se perfilaba su silueta.*

siluetear o **siluetar** *v. tr.* Dibujar ‹una persona› [una figura o un objeto] marcando su contorno: *Al niño le gusta siluetear los dibujos.*

silúrico, ca *adj. / s. m.* [Periodo geológico] que es el tercero de los seis que forman la Era Primaria o Paleozoica.

siluro *s. m.* (macho y hembra) Género *Silurus.* Pez de agua dulce parecido a la anguila, con una aleta larga en la parte de abajo, que es depredador de otros peces.

silva *s. f.* **1** MÉTR. Combinación métrica de rima consonante en la que alternan los versos endecasílabos con los heptasílabos y alguno queda suelto. **2** LIT. Composición poética escrita en esta combinación. **3** LIT. Colección de escritos diversos sin relación entre ellos.

silvano *s. m.* MIT. Semidiós de las selvas.

silvestre *adj.* **1** [Planta] que se cría espontáneamente, por sí sola, sin cultivo: *Ésta es una variedad silvestre de cardo.* **pino común / ~.** **2** Que es agreste o rústico: *campo silvestre, tierras silvestres.* || **3 gallo* ~.** **4 paloma* bravía / ~.** **5 rábano* ~.**

silvicultura *s. f.* **1** (no contable) Cultivo y explotación de los bosques y los montes: *La silvicultura es una actividad importante en las zonas de montaña.* **2** (no contable) Conjunto de conocimientos y técnicas relacionados con esta actividad: *Estudiar silvicultura se está poniendo de moda.*

silvina *s. f.* Mineral del grupo de los haluros parecido a la sal común, formado por cloruro potásico, soluble en agua, que se utiliza como fertilizante agrícola.

sima *s. f.* **1** (no contable) Grieta o cavidad terrestre grande y muy profunda: *Un grupo de deportistas está explorando la nueva sima descubierta.* || *s. m.* **2** GEOL. Capa de la corteza terrestre entre el sial y el núcleo, compuesta, fundamentalmente, por sílice y magnesio.

simasito *adv.* COL.; COLOQUIAL. Casi, por poco.

simba o **simpa** *s. f.* ARG., PERÚ. Trenza.

simbiosis (plural *simbiosis*) *s. f.* **1** Asociación de dos seres vivos de distintas especies, que se benefician uno al otro: *La simbiosis de hongos y algas producen los líquenes.* **2** Asociación de personas o entidades que se benefician una a otra: *Las dos empresas han llegado a una simbiosis que es buena para todos.* **3** Mezcla de varias cosas: *Su teoría es una simbiosis de conceptos muy distintos.*

simbólico, ca *adj.* **1** Del símbolo o que está expresado por medio de símbolos: *pintura simbólica, significado simbólico.* **2** Que no tiene valor en sí mismo, sino como representación de otra cosa: *gesto simbólico. Jaime recibió una cantidad simbólica como agradecimiento por su trabajo.*

simbolismo *s. m.* **1** (no contable) Carácter o significado simbólico de una cosa: *El autor habló sobre el simbolismo de los colores en su obra poética.* **2** Conjunto o sistema de símbolos: *el simbolismo religioso, el simbolismo amoroso.* SIN. simbología. **3** (no contable) Movimiento artístico y literario surgido en Francia a finales del siglo XIX que pretende evocar o sugerir los objetos mediante símbolos o imágenes: *El simbolismo musical es muy agradable.*

simbolista *adj.* **1** (antepuesto / pospuesto) Que está formado por símbolos: *literatura simbolista, una simbolista representación de imágenes.* || *adj. / s. m. y f.* **2** Que pertenece al movimiento simbolista o lo sigue: *la poesía simbolista, los pintores simbolistas.*

simbolizar *v. tr.* **1** Ser ‹una cosa› símbolo de [otra cosa]: *La bandera simboliza la patria.* **2** Representar ‹una persona› [una cosa] con [un símbolo]: *El artista ha simbolizado **con** esta matrona la República. El músico ha simbolizado **en** estas notas la lluvia.* || *v. prnl.* **3** Representarse ‹una cosa› con [un símbolo]: *El sodio **se** simboliza **con** Na.* ⇒ **19.**

símbolo *s. m.* **1** Cosa material que representa otra inmaterial por analogía o por convención: *La balanza es el símbolo de la Justicia. Una paloma blanca con un ramito de olivo en el pico es el símbolo de la Paz.* **2** Elemento utilizado por un artista para expresar una realidad diferente de lo que significa aquél habitualmente: *El reloj blando en algunos surrealistas es un símbolo muy complejo.* **3** QUÍM. Letra o grupo de letras que representa un elemento simple: *El símbolo del hierro es Fe.*

simbología *s. f.* **1** Conjunto o sistema de símbolos: *la simbología militar de los uniformes de los jóvenes.* SIN. simbolismo. **2** (no contable) Estudio de los símbolos: *Miguel se dedica a analizar la simbología de las bandas juveniles.*

simetría *s. f.* (no contable.) Disposición de varias cosas, o de varias partes de una cosa, colocadas de tal modo que dos o más se corresponden en posición, forma y dimensiones a uno y otro lado de un punto, de un eje o de un plano, como una imagen y su reflejo en un espejo: *Entre la parte izquierda y la derecha de un hombre hay simetría. Hay cierta simetría entre estos dos asuntos.* FR. Y LOC. **eje* de ~.**

simétrico, ca *adj.* De la simetría o que tiene simetría: *posición simétrica, línea simétrica, figura simétrica.*

símil *s. m.* **1** Semejanza o comparación entre dos personas o dos cosas: *No me parece correcto el símil que estableces entre tu caso y el mío.* **2** RET. Figura que consiste en comparar explícitamente dos cosas o dos personas para dar una idea más expresiva de una de ellas: *A veces los símiles traicionan la verdad científica.*

similar *adj.* Que tiene semejanza, analogía o parecido con una cosa: *Las características de los dos modelos son similares. Una medida similar ha sido ya aplicada antes.*

similarmente *adv.* RESTRINGIDO. Semejantemente.

similicadencia *s. f.* RET. Figura retórica que consiste en utilizar, al final de dos o más oraciones o cláusulas, palabras de sonido semejante: *En algunas obras del siglo* XV *la similicadencia se usaba mucho.*

similitud *s. f.* Calidad de similar o semejante: *¿Crees que hay alguna similitud entre su proyecto y el mío?* SIN. semejanza, parecido. ANT. diferencia.

similor *s. m.* Aleación de cinc y cobre, de aspecto parecido al oro.

simio, mia *s. m. / f.* **1** ZOOL. Mamífero primate caracterizado por tener la cabeza redondeada, cara muy expresiva, cerebro desarrollado, ojos de visión frontal y manos y pies con cinco dedos, como el chimpancé, el orangután, el gorila y el hombre. **2** Primate. || *s. m.* **3** (en plural) ZOOL. Grupo formado por los simios. SIN. antropoides.

simón *adj. / s. m.* **1** Antiguo coche de caballos de alquiler. || *adv.* **2** COL.; COLOQUIAL. Sí.

simonía *s. f.* ELEVADO. Acción o intención de negociar con cosas de la religión, como los sacramentos o los cargos eclesiásticos: *La simonía es considerada por los católicos un pecado muy grave.*

simpa *s. f.* ARG., PERÚ. Simba.

simpatía *s. f.* **1** Actitud o sentimiento de afecto, atracción o agrado que siente una persona hacia otra, o hacia animales o cosas: *Pilar siente gran simpatía por mi abuela. Recuerdo con simpatía mi primera clase.* ANT. antipatía. **2** Modo de ser o de actuar de una persona que la hace más atractiva o más agradable: *Lo que más me gusta de él es su simpatía.* **3** FÍS. Fenómeno por el que una onda sonora causada por la vibración de un cuerpo o por una explosión llega a provocar otra vibración o explosión de características semejantes. **4** MED. Relación patológica o fisiológica que se produce entre la actividad de algunos órganos que no están conectados entre sí directamente. **5** (sólo en plural) Apoyo, adhesión: *Este proyecto merece todas nuestras simpatías.*

simpático, ca *adj.* **1** (ser / estar; antepuesto / pospuesto) Que causa o inspira simpatía o agrado: *Tuviste un simpático gesto conmigo. Este profesor no siempre está así de simpático. Eva es una chica muy simpática, me cae muy bien.* SIN. agradable. ANT. antipático. **2** Que es gracioso o divertido: *Luis siempre cuenta cosas simpáticas.* **3** COL. Guapo, buen mozo. || *adj. / s. m.* **4** ANAT. [Sistema nervioso] que forma parte del sistema neurovegetativo en los animales superiores: *El simpático funciona al margen de la voluntad.* || **5 tinta* simpática.**

simpaticón, na *adj. / s. m.* y *f.* COLOQUIAL. Que provoca una simpatía superficial, sin mucha solidez: *Pepe no es una persona muy interesante, es simpaticón, pero nada más.*

simpatizante *adj. / s. m.* y *f.* Que simpatiza o se siente atraído por una ideología, movimiento, partido u opinión: *El movimiento ecológico tiene muchos simpatizantes.*

simpatizar *v. intr.* Sentir o mostrar ‹una persona› simpatía hacia [otra persona o una cosa]: *Mis vecinos son tan agradables que enseguida simpaticé* ***con*** *ellos. Los dos muchachos simpatizaron al cabo de pocas horas.* ⇒ **19.**

simple *adj.* **1** Que es fácil de hacer: *Dime un procedimiento simple* ***para*** *encender la calefacción.* SIN. sencillo. **2** Que no está muy recargado con adornos: *La decoración es muy simple.* SIN. sencillo. **3** (antepuesto) Que es sólo o único: *Dame una simple razón para obrar así.* **4** Que está formado por menos componentes que otro de la misma clase: *¿Quiere la maquinilla de afeitar simple o de doble hoja?* **5** QUÍM. [Sustancia] formada por una clase de átomos: *El hidrógeno es una sustancia simple.* **6** LING. [Palabra] que no se compone de otras de la misma lengua: *«Sacapuntas» no es una palabra simple sino compuesta.* **7** LING. [Forma verbal] que sólo consta de una palabra: *«Canté» es un perfecto simple y «he cantado», una forma compuesta.* **8** GRAM. [Oración] que tiene un solo predicado. **9** FILOS. Que es indivisible. **10** COL. [Alimento] que es soso. || *adj. / s. m. y f.* **11** [Persona] que es ingenua o no tiene malicia: *Hija no seas simple, no te creas todo lo que te cuentan.* **12** [Persona] que es un poco torpe: *Mi tía es un poco simple.* || **13 cuerpo* ~. 14 mayoría* ~. 15 tiempo* ~. 16 voto* ~.**

simplemente *adv. modo* **1** De manera simple: *Eso no se soluciona tan simplemente como tú crees.* **2** Absolutamente, sin condición alguna. || *adv. orac.* **3** Se usa con significado próximo al de *sólo*, a menudo con el matiz expreso de limitarse a algo y siempre con la adherencia pragmática de que el hecho (objeto, circunstancia, etc.) aludido no es gran cosa: *Lo tuyo es simplemente un catarro. Simplemente le dije que se fuera.* RELACIONES Y CONTRASTES: ◊ Frente a *sólo*, no suele anteponerse a cantidades numéricas. ◊ Como *sólo*, puede realmente no afectar al sintagma al que aparentemente afecta: *Simplemente por eso ya mereces que te contraten.* **4** Expresándolo con un simple dato o aduciendo este simple hecho. En este caso, se refiere al acto mismo de decir: *Sus modales son, simplemente, exquisitos.* OBSERVACIONES: ◊ Puede haber por medio una idea, pragmáticamente sugerida, de conexión causa-efecto entre lo que se aduce y el hecho previamente aludido en el contexto: *Simplemente, no me apetecía.* ◊ Puede incluso tratarse de una respuesta formalmente causal, con o sin elipsis de la proposición correspondiente al efecto: *Simplemente, porque no me dio la gana.* En estos casos, el hablante da a entender, no necesariamente sin ironía o sorna, que la causa sugerida o anunciada es, para él, razonable, sólo una y bien fácil de entender y de admitir. **5** Puede acercarse, precediendo a adjetivos calificativos de valoración intensificada y a algunos participios asimilables, al significado de *auténticamente*, siempre en sentido afectivo o intensificador: *Son simplemente geniales.*

simpleza *s. f.* **1** (no contable) Cualidad de ingenuo o poco inteligente: *La simpleza de sus respuestas desentonaba con sus alardes de entendido.* ANT. agudeza. **2** Cosa poco inteligente que se dice o hace: *Estoy harto de tus simplezas.* SIN. tontería. **3** COLOQUIAL. Cosa de poco valor o importancia: *No vamos a discutir por esa simpleza.*

simplicidad *s. f.* **1** (no contable) Carácter de una cosa simple, que carece de complicación: *Es sorprendente la simplicidad del funcionamiento de este aparato.* SIN. sencillez. ANT. complejidad. **2** (no contable) Característica de la persona simple o ingenua: *Sus amigos se reían de su simplicidad.* SIN. ingenuidad, candidez.

simplificación *s. f.* **1** Transformación de una cosa en otra más sencilla o menos complicada: *El ordenador hace posible la simplificación del trabajo.* **2** MAT. Reducción de una expresión a su forma más simple: *Los alumnos hicieron varios problemas de simplificación de fracciones.*

simplificar *v. tr.* **1** Hacer ‹una persona o una cosa› más simple la realización de [otra cosa]: *Simplificamos el procedimiento de obtención del producto.* **2** MAT. Convertir ‹una persona› [una expresión matemática] en otra más sencilla: *Tengo que simplificar varios quebrados.* ⇒ **71.**

simplismo *s. m.* (no contable) Carácter simplista: *El simplismo de su argumentación sorprendió a los espectadores.*

simplista *adj. / s. m.* y *f.* Que piensa o se comporta con exagerada simplicidad: *Tu colega es muy simplista, todo lo ve fácil. Sus planteamientos son muy simplistas.*

simplón, na *adj. / s. m.* y *f.* (aumentativo de *simple*) COLOQUIAL. Que se comporta con ingenuidad, inocencia, sin malicia o picardía: *No seas simplón, que te van a engañar.*

simposio *s. m.* ELEVADO. Reunión científica entre especialistas de una determinada materia: *Ayer comenzó el simposio de Medicina preventiva.*

simulación *s. f.* **1** Acción de simular: *Después de todo, la simulación de una crisis nerviosa no era difícil.* SIN. fingimiento. **2** Reproducción de un proceso o fenómeno mediante otro más sencillo o fácil de manejar, que evolucione de manera similar al primero: *El alumno observaba atentamente la simulación del vuelo en la pantalla.*

simulacro *s. m.* **1** Aquello que, sin serlo, se hace o se presenta como si fuera de verdad: *Los bomberos llevaron a cabo un simulacro de incendio.* **2** MIL. Acción de guerra simulada como ejercicio de adiestramiento: *un simulacro de ataque, simulacro de desembarco.* **3** Cosa falsa o fingida: *Su alegría era un simulacro para despistar a los periodistas.*

simulador *s. m.* Aparato o sistema que reproduce el funcionamiento de uno real. **~ de vuelo** TECNOL. Instalación que reproduce el puesto de pilotaje para la instrucción de los pilotos.

simular *v. tr.* Mostrar ‹una pesona o una cosa› [una cosa] como real: *Los decorados simulan una ciudad medieval.*

simultáneamente *adv. modo/temp.* **1** De manera simultánea, al mismo tiempo, a la vez: *Sonia atiende simultáneamente dos cosas.* **2** Con simultaneidad (respecto de algo), al mismo tiempo (que algo), a la vez (que algo). OBSERVACIONES: Si lleva complemento, normalmente alusivo a hechos y no a objetos o personas, impone la preposición *a*. Si no lo lleva, pasa obligatoriamente a ser adverbio deíctico anafórico ("al mismo tiempo, a la vez"): *Simultáneamente* ***a*** *la celebración de este homenaje tuvo lugar otro en su pueblo natal.* **3** RESTRINGIDO. Se emplea a veces en el sentido de *en unión* o *conjuntamente,* en cuyo caso rige complementos (alusivos a personas u objetos, y no a hechos) introducidos por *con* y no por *a*: *Entré simultáneamente* ***con*** *Marta.*

simultanear *v. tr.* Hacer ‹una persona› [dos actividades] al mismo tiempo: *Desde que se casó, Elena simultanea el trabajo y el estudio.* SIN. compaginar.

simultaneidad *s. f.* (no contable) Coincidencia en el tiempo de dos o más cosas: *El ordenador permite la simultaneidad de varias operaciones.*

simultáneo, a *adj.* Que se hace o sucede al mismo tiempo que otra cosa: *procesos simultáneos. Pensar en ti y que me llamaras por teléfono fue simultáneo.* **marcador* ~. traducción* simultánea.**

simún *s. m.* Viento muy caliente que sopla en los desiertos de África y Arabia.

sin *prep.* **1** Indica falta o carencia: *Estoy sin trabajo.* OBSERVACIONES: Admite infinitivo y oraciones con *que.* En el segundo caso, puede adquirir valor aditivo, y no meramente circunstancial: *El caballero salió sin que lo vieran.* **1₁** Con verbos resultativos y causativos, indica carencia de un objeto, instrumentos o cualquier otra cosa: *Abrí la puerta sin la llave.* **1₂** Precedida y seguida de nombre: *ciudad sin ley, cuerpo sin vida.* ANT. con. **2** (siempre seguida de sustantivos personales) En ausencia de, no contando con la ayuda, compañía o colaboración de: *Iré de vacaciones sin la familia. Toda su vida estudió sin maestro.* **3** Niega que la acción indicada se lleve a cabo. OBSERVACIONES: ◊ Delante de un infinitivo o de una oración subordinada: *El marqués vivió toda su vida sin trabajar.* ◊ También tiene carácter durativo: *Agustín ha estado un mes sin fumar.* **4** Detrás de nombres y verbos de estado y resultado, y seguido de infinitivos, indica un estado o resultado pendiente de realización: *misterios sin resolver. La cena está sin hacer.* **5** ELEVADO. Equivale a una afirmación atenuada. OBSERVACIONES: Precedida de *no*, equivale a "con": *Entré en la casa no sin cierto miedo.* **6** Aparte de, no incluido: *El juego de café cuesta 1.200 pesetas sin IVA.* **7** INTENSIFICADOR. Con términos como «excepción», «duda», «exclusión», «disputa», forma locuciones que resaltan la afirmación que se hace: *Estos jugadores son, sin duda, los mejores del país.* **8** En estructuras negativas, introduce un hecho que actúa como causa de la acción o que indica una circunstancia en la que se produce la acción verbal: *No me voy sin ver a Pepe.* **9** Indica la manera de hacer algo: *escribir sin faltas de ortografía, tocar sin miedo, enfadarse sin ton ni son, navegar sin rumbo fijo.* ‖ *adj.* **10** COLOQUIAL, RESTRINGIDO. [Cerveza] que no tiene alcohol: *Tomaré una cerveza sin.* FR. Y LOC. **~ antes** o **no ~ que antes** Se usa para indicar que no se realiza la acción del verbo principal hasta que no se cumple una condición o circunstancia: *El reo murió no sin antes confesar la verdad.* **~ embargo*. ~ más (ni más)** Sin ninguna razón: *Esa chica está loca, ha dejado el trabajo sin más ni más.*

sinagoga *s. f.* **1** REL. Edificio religioso destinado por los judíos al culto divino y a la enseñanza de la ley de Moisés: *En Toledo hay algunas sinagogas muy hermosas.* **2** Conjunto de fieles reunidos en este lugar.

sinalefa *s. f.* MÉTR. Unión de la vocal final de una palabra con la vocal inicial de la siguiente, de manera que se integran, a efectos fonéticos y métricos, en una sola sílaba: *Para leer correctamente los versos hay que tener en cuenta las sinalefas.*

sinalgia *s. f.* MED. Dolor en una zona alejada del lugar en que se encuentra la causa o la lesión que lo provoca.

sinapismo *s. m.* **1** RESTRINGIDO. Emplasto o cataplasma de mostaza. **2** COLOQUIAL, RESTRINGIDO; PEYORATIVO. Persona o cosa que fastidia: *Este niño es un sinapismo; no para de molestar.*

sinarca *s. m./f.* HIST. Gobernante o miembro de una sinarquía.

sinarquía *s. f.* **1** (no contable) HIST. Gobierno constituido por varios príncipes, cada uno de los cuales administra una parte del territorio. **2** (no contable) ELEVADO. Influencia que ejerce un grupo de empresas o de personas poderosas en los asuntos políticos y económicos de un país.

sinartrosis (plural *sinartrosis*) *s. f.* MED. Articulación no móvible como la de los huesos del cráneo.

sinceramente *adv. modo* Con sinceridad: *Te lo he dicho sinceramente.* OBSERVACIONES: Puede referirse al acto mismo de decir: *Sinceramente, yo no sé quién ha sido.* Y aun puede aludir a cómo ha de contestar el interlocutor a una pregunta que se le formula, posiblemente de manera retórica: *Sinceramente, ¿tú me harías eso a mí?*

sincerarse *v. prnl.* Hablar ‹una persona› con [otra persona] para confiarle o revelarle sus verdaderos pensamientos o sentimientos: *Mi nuera se sinceró* ***con****migo. Los padres se sinceraron* ***ante*** *el juez para librarse de su sentimiento de culpa.*

sinceridad *s. f.* (no contable) Falta de fingimiento, verdad en lo que una persona dice o hace: *Empecé a dudar de la sinceridad de sus palabras.* SIN. franqueza. ANT. hipocresía.

sincero, ra *adj.* (antepuesto/pospuesto) Que habla o actúa conforme a lo que piensa o siente, con franqueza y claridad, sin dobleces o hipocresías: *actitud sincera. Yo creo que es sincero, y está arrepentido de verdad.*

sinclinal *adj./s. m.* GEOL. [Pliegue] que tiene forma de V y en el que los estratos más antiguos envuelven a los más modernos.

síncopa *s. f.* 1 LING. Fenómeno de dicción que consiste en suprimir uno o más sonidos en el interior de una palabra: *Los poetas utilizan a veces la síncopa.* 2 MÚS. Alteración deliberada de la acentuación normal de un compás.

sincopado, da *adj.* 1 (ser / estar; antepuesto / pospuesto) MÚS. [Nota] que se coloca entre dos o más que valen juntas lo mismo que ella sola. 2 (ser / estar; antepuesto / pospuesto) MÚS. [Música, ritmo] que está compuesto por estas notas: *La orquesta tocaba una melodía de ritmo sincopado.*

sincopar *v. tr.* 1 Formar ‹una persona› síncopa en [una palabra o una nota musical]. 2 Hacer ‹una persona› más breve [una cosa]. SIN. abreviar, acortar.

síncope *s. m.* MED. Parada momentánea de los latidos del corazón y de la respiración que suele provocar un desmayo repentino: *En plena discusión le dio un síncope.*

sincretismo *s. m.* 1 (no contable) Doctrina que trata de conciliar ideas o teorías diferentes: *Su filosofía es un sincretismo de diferentes autores.* 2 (no contable) Unión o mezcla de cosas diversas: *un sincretismo de culturas.* 3 LING. Concentración de dos o más funciones gramaticales en una sola forma: *En la forma «mos» de cantábamos se da un sincretismo de los morfemas de persona y de número.*

sincronía *s. f.* 1 Coincidencia en el tiempo: *Hubo sincronía entre ambos hechos históricos.* 2 LING. Método de análisis que estudia las lenguas en su aspecto estático, en un momento concreto de su historia. ANT. diacronía.

sincrónicamente *adv. modo* 1 De manera sincrónica: *funcionar sincrónicamente.* || *adv. restrictivo* 2 Desde un punto de vista sincrónico: *Sincrónicamente, este fenómeno ofrece menos interés.* 3 Con *estudiar, abordar* y verbos asociables, se usa, formando amalgama con el verbo, para indicar que la investigación se refiere a la dimensión sincrónica de la lengua o lenguas en cuestión: *Este fenómeno lo he estudiado sincrónicamente* ("en su dimensión sincrónica").

sincrónico, ca *adj.* 1 FÍS. Que ocurre o se desarrolla exactamente al mismo tiempo que otra cosa: *proceso sincrónico, mecanismo sincrónico.* 2 De la sincronía: *lingüística sincrónica, perspectiva sincrónica, estudio sincrónico.*

sincronismo *s. m.* (no contable) Carácter o circunstancia de funcionar o ser realizadas dos o más cosas al mismo tiempo: *el sincronismo de varios motores, sincronismo de dos sucesos históricos.*

sincronización *s. f.* Acción y resultado de sincronizar: *La sincronización de las velocidades de las dos máquinas es importante para que salga bien el producto.*

sincronizar *v. tr.* Hacer ‹una persona› que [dos o más fenómenos o movimientos] coincidan en un momento dado: *Los alpinistas sincronizaron los relojes antes de iniciar la ascensión a la montaña.* ⇒ **19.**

sindéresis (plural *sindéresis*) *s. f.* ELEVADO. Aptitud o capacidad natural para juzgar acertadamente.

sindicación *s. f.* 1 Hecho de entrar a formar parte una persona de un sindicato: *En España la sindicación de los trabajadores es escasa.* 2 DER.; COL. Acusación.

sindicado, da *adj. / s. m.* y *f.* 1 (estar) Que pertenece a un sindicato: *obrero sindicado.* 2 DER.; COL. Acusado.

sindical *adj.* De los sindicatos: *movimiento sindical, organización sindical, delegado sindical.* **enlace* ~.**

sindicalismo *s. m.* (no contable) Organización de los trabajadores por medio de sindicatos: *El sindicalismo es una necesidad de los obreros.*

sindicalista *adj.* 1 Del sindicalismo: *partido sindicalista, junta sindicalista.* || *s. m. / f.* 2 Persona partidaria del sindicalismo o que es muy activo en un sindicato: *La empresa ha expulsado a varios sindicalistas.*

sindicar *v. tr. / prnl.* 1 Agrupar ‹una persona› [a personas de una misma profesión] para la defensa de sus intereses: *Los trabajadores del metal* **se** *sindicaron para actuar conjuntamente.* || *v. prnl.* 2 Entrar ‹una persona› a formar parte de un sindicato: *Julián no se sindica porque es muy individualista.* SIN. afiliarse. 3 DER.; ARG., COL., URUG. Acusar ‹una persona› de un delito [a otra persona]. ⇒ **71.**

sindicato *s. m.* Asociación de trabajadores formada para la defensa de los intereses económicos y profesionales de sus asociados: *afiliarse a un sindicato. Los sindicatos defienden los derechos de los obreros.* **~ vertical** Organización sindical fuertemente subordinada al poder superior.

sindicatura *s. f.* Cargo u oficio de síndico.

síndico *s. m.* HIST. Persona que era elegida por una corporación para representarla y defender sus intereses. **~ de la Bolsa.**

síndrome *s. m.* MED. Conjunto de síntomas y signos de una enfermedad. **~ de abstinencia** MED. Síndrome que padece un adicto a una droga cuando deja bruscamente de tomarla. **~ de Down** MED. Enfermedad genética debida a una alteración en el número de cromosomas que produce alteraciones en el crecimiento y en la capacidad de la inteligencia. SIN. mongolismo (COLOQUIAL). **~ de Estocolmo** PSICOL. Síndrome de los secuestrados que llegan a aceptar la conducta y el punto de vista de su secuestrador. **~ de inmunodeficiencia adquirida** MED. Sida.

sinécdoque *s. f.* RET. Figura retórica que consiste en alterar la significación de una palabra para referirse a un todo en lugar de a una parte o viceversa: *Decir que tiene un Velázquez en casa, en lugar de una pintura es una sinécdoque.*

sinecura *s. f.* ELEVADO. Cargo o empleo que requiere poco o ningún esfuerzo: *¿Cómo consigues esas sinecuras?*

sinéresis (plural *sinéresis*) *s. f.* 1 FON. Pronunciación en una sola sílaba de dos vocales que normalmente se pronuncian en sílabas distintas. 2 MÉTR. Licencia que consiste en la fusión de dos vocales contiguas, pertenecientes a sílabas distintas, en una sola sílaba.

sinestesia *s. f.* 1 FISIOL. Sensación secundaria o asociada que se produce en una parte del cuerpo a consecuencia de un estímulo aplicado en otra parte. 2 RET. Figura retórica que consiste en unir dos imágenes o sensaciones que proceden de campos sensoriales diferentes: *«Voces blancas» es un caso de sinestesia.* 3 PSICOL. Fenómeno de percepción por el cual un mismo estímulo proporciona simultáneamente dos sensaciones distintas.

sinfín *s. m.* (no contable) Infinidad, sinnúmero: *un sinfín de voces, un sinfín de llamadas, un sinfín de accidentes.*

sinfonía *s. f.* 1 Composición musical para orquesta que consta de más de un movimiento: *sinfonía número cuatro de Schubert en do menor.* 2 Composición instrumental que precede a ciertas óperas y otras obras teatrales. 3 Conjunto de voces, de instrumentos o de ambos que suenan a un mismo tiempo: *sinfonía vocal.* 4 Combinación agradable de varios elementos: *La sala es una sinfonía de luz y color.*

sinfónico, ca *adj.* 1 De la sinfonía: *concierto sinfónico.* **música sinfónica. poema* ~.** || *adj. / s. f.* 2 [Orquesta] que está formada por una gran variedad de instrumentos y un gran número de músicos: *Ayer fui a un concierto de la sinfónica de Madrid.*

sinfonola *s. f.* MÉX. Máquina tocadiscos que funciona con monedas.

singladura *s. f.* 1 Distancia que una nave ha recorrido en 24 horas: *una singladura de 100 millas.* 2 Cada uno de estos intervalos de 24 horas, empezando a contar desde las doce del mediodía. 3 Rumbo o navegación de una nave. SIN. derrota. 4 ELEVADO. Desarrollo: *Iniciar la singladura de un nuevo curso.*

single (del inglés; pronunciamos *'sínguel'*) *s. m.* MÚS. Disco con una sola o dos canciones en cada cara: *Me he comprado un single de los Bravos.* SIN. sencillo.

singular *adj.* 1 (antepuesto / pospuesto) Que es extraño o extraordinario: *un comentario singular. Aquel caballero le hizo una singular propuesta.* 2 Que es único o sin igual: *una posibilidad singular, un ejemplar singular.* || *adj. / s. m.* 3 LING. [Número de la palabra] que se refiere a un solo individuo o ejemplar: *el singular de los adjetivos.*

singularidad *s. f.* Característica y cualidad de ser singular o diferente: *La singularidad de esa casa es que no necesita calefacción.* SIN. particularidad.

singularizar *v. tr.* 1 Hacer ‹una persona o una cosa› que [una persona o una cosa] sea singular o distinta de las demás: *Ana tiene un modo de hacer las cosas que la singulariza.* 2 Dar ‹una persona› número singular a [una palabra] cuando generalmente va en plural: *No debes singularizar la palabra «vacaciones».* || *v. intr.* 3 Referirse ‹una persona› a una persona o una cosa en particular: *No singularices, porque no sólo yo tengo la culpa.* || *v. prnl.* 4 Distinguirse ‹una persona o una cosa› de las demás por alguna originalidad: *Este coche se singulariza por sus siete marchas.* ⇒ **19.**

singularmente *adv.modo* 1 Separadamente, aisladamente. || *adv. modo / cant.* 2 Muy especialmente, con intensidad singular, en grado singular, por encima del resto: *Me gusta singularmente el tercero.*

sinhueso *s. f.* (precedido del artículo *la*) COLOQUIAL. Lengua, órgano situado dentro de la boca: *No para de darle a la sinhueso.*

siniestra *s. f.* RESTRINGIDO. Mano izquierda.

siniestrado, da *adj. / s. m.* y *f.* Que ha sufrido un siniestro o daño grave: *El médico atendió a los siniestrados.*

siniestro, tra *adj.* 1 Que tiene malas intenciones: *una cara siniestra, una sonrisa siniestra, una persona siniestra.* 2 Que causa o implica una desgracia: *un viaje siniestro, unas vacaciones siniestras.* SIN. funesto. 3 Que está situado en el lado izquierdo: *la mano siniestra.* SIN. izquierdo. || *s. m.* 4 Pérdida o daño grave sufrido por personas o por propiedades, especialmente los que pueden ser indemnizados por una compañía de seguros: *Un perito debe valorar los destrozos del siniestro. ¿Cuál ha sido la causa del siniestro?* || *s. f.* 5 La mano izquierda: *Este niño escribe con la siniestra.* SIN. zurda. ANT. diestra. FR. Y LOC. **a diestro* y ~.**

sinnúmero *s. m.* (no contable) Cantidad muy elevada de algo: *un sinnúmero de asistentes, un sinnúmero de coches.* SIN. sinfín.

sino *s. m.* Destino o fuerza que dirige la vida de una persona o el desarrollo de un suceso: *Mi sino es perder siempre.*

sino (diferente de *si no*) *conj. advers.* 1 Se usa para contraponer a una cosa que se niega otra que se afirma: *Hoy no es mi cumpleaños, sino mi santo.* 2 Expresa también idea de excepción: *¿Quién sino tú llamaría a estas horas?* 3 (precedida de *no*) Tan sólo, solamente: *No hago sino lo que tú me mandas.* 4 En *no sólo... sino (también),* se usa para añadir otro u otros miembros a la frase: *No sólo era buen cocinero, sino también un fantástico anfitrión.* FR. Y LOC. **no ya* ... ~** o **ya no ... ~.**

sinodal *adj. / s. f.* REL. Del sínodo eclesiástico: *asamblea sinodal, reunión sinodal.*

sinódico, ca *adj.* 1 ASTRON. De una conjunción de astros. 2 Del sínodo.

sinofola *s. f.* MÉX. Máquina tocadiscos que funciona con monedas.

sinología *s. f.* (no contable) Conjunto de estudios sobre China.

sinólogo *s. m. / f.* Persona que se dedica a la Sinología.

sinónimo, ma *adj. / s. m.* [Vocablos, expresiones] que tienen una misma o parecida significación: *«Morir» es sinónimo de «fallecer».* **diccionario de sinónimos.**

sinopsis (plural *sinopsis*) *s. f.* 1 ELEVADO. Exposición de una materia por medio de esquema o resumen, de manera que se comprenda a primera vista: *El director nos hizo una sinopsis sobre la organización de la empresa.* 2 URUG. Tráiler de una película.

sinóptico, ca *adj.* Que tiene forma de sinopsis, o que permite ver el conjunto de una materia de una sola ojeada: *cuadro sinóptico.*

sinovia *s. f.* (no contable) FISIOL. Líquido transparente y viscoso que lubrica las articulaciones de los huesos.

sinovial *adj.* ANAT. Que contiene o segrega sinovia: *cápsula sinovial, membrana sinovial, líquido sinovial.* **bolsa ~.**

sinovitis (plural *sinovitis*) *s. f.* MED. Inflamación de la membrana sinovial de las articulaciones.

sinrazón *s. f.* Acción injusta o que no es razonable: *Cometió toda clase de atropellos y sinrazones.*

sinsabor *s. m.* (preferentemente en plural) Pesar, disgusto: *La vida está llena de sinsabores.*

sinsentido o **sin sentido** *s. m.* Cosa absurda, que carece de lógica: *Lo que te propones es un sinsentido.*

sintácticamente *adv. restrictivo* 1 Considerado desde la perpectiva de la metodología sintáctica: *Sintácticamente, el análisis es descabellado.* 2 (preferentemente con verbos como *analizar, estudiar* y similares) Desde la perspectiva, y con instrumental teórico, de la sintaxis: *Analícenlo sintácticamente.* 3 En el aspecto sintáctico, desde el punto de vista de la combinatoria y las relaciones sintácticas: *En sus novelas utiliza una estructura sintácticamente muy compleja.* 4 En el aspecto del dominio de la organización o estructuración sintáctica de los mensajes. OBSERVACIONES: Puede usarse con calificaciones y atribuciones referidas a personas, especialmente con las alusivas a madurez o inmadurez: *Al menos sintácticamente, no es un inviduo muy maduro.* 5 Se usa en semántica, modificando al adjetivo *ambigua,* para indicar que la ambigüedad semántica de una oración está en el hecho de que puedan señalársele diferentes estructuras sintácticas. OBSERVACIONES: Frecuentemente este hecho sucede en presencia de ambigüedad de origen léxico (términos polisémicos, parejas homonímicas): *La oración «Encontré el vaso roto» es sintácticamente ambigua.*

sintáctico, ca *adj.* De la sintaxis: *análisis sintáctico.*

sintagma *s. m.* LING. Unidad básica de la oración, compuesta de elementos lingüísticos dotados de coherencia sintáctica y significado unitario: *Divide esta oración en sintagmas.* **~ adjetivo. ~ adverbial. ~ nominal. ~ preposicional. ~ prepositivo. ~ verbal.**

sintagmático, ca *adj.* LING. Del sintagma: *relaciones sintagmáticas, reglas sintagmáticas.*

sintasol (marca registrada) *s. m.* Material plástico que se utiliza para fabricar recubrimientos de suelos: *piso de sintasol. En el piso viejo hemos puesto sintasol en el pasillo.*

sintaxis (plural *sintaxis*) *s. f.* **1** (no contable) Parte de la Gramática que trata de la relación de las oraciones y de las funciones de las palabras dentro de las mismas: *En el examen de lengua había varios ejercicios de sintaxis.* **2** Relación y orden de las frases de un discurso: *la sintaxis de un autor, la sintaxis de un discurso.* **3** INFORM. Conjunto de reglas que se utilizan en la construcción de expresiones o sentencias correctas para operar con un ordenador.

sinterizar *v. tr.* Producir ‹una persona› [piezas de gran resistencia y dureza] calentando, sin llegar a la temperatura de fusión, conglomerados de polvo metálico. ⇒ **19.**

síntesis (plural *síntesis*) *s. f.* **1** Resumen organizado de un asunto o una materia: *Tengo que preparar para mañana una síntesis de este artículo.* **2** Reunión de elementos que forman un todo: *El filósofo hizo una síntesis de todas sus ideas.* **3** FILOS. Proceso mental en que se va de las nociones simples a las complejas: *La síntesis y el análisis son los procesos fundamentales de los razonamientos.* ANT. análisis. **4** QUÍM. Formación de una sustancia compuesta mediante la combinación de elementos químicos o sustancias más simples: *la síntesis de proteínas.* **5** MED. Operación de cirugía que consiste en unir los fragmentos de una estructura lesionada. **6** BIOL. Proceso de producción de materias complejas a partir de moléculas más simples: *La síntesis de la vitamina D se produce gracias al efecto de la luz del sol sobre las células.* FR. Y LOC. **en ~** En resumen: *En síntesis, lo importante es ofrecer un buen producto a bajo precio.*

sintéticamente *adv. modo* **1** De manera sintética. || *adv. modo / orac.* **2** RESTRINGIDO. En síntesis, de forma sintética. OBSERVACIONES: Puede conllevar la idea de que no sólo se suprimen detalles descriptivos, sino datos pertinentes: *Sintéticamente, el director dispuso de un tema y unos autores inmejorables y no supo qué hacer con todo ello.*

sintético, ca *adj.* **1** De la síntesis: *juicio sintético.* **2** Que se obtiene mediante síntesis química o por procedimientos industriales que reproducen las cualidades de algunos productos naturales: *petróleo sintético, caucho sintético, fibra sintética.* **sonido* ~.** **3** Que tiene aptitudes o capacidad para la síntesis: *Soy muy sintético, en cambio tú eres más analítico.* **4** LING. [Lengua] que expresa sus relaciones gramaticales uniendo elementos a la raíz, como el latín.

sintetizador, ra *adj.* **1** Que sintetiza: *proceso sintetizador, documento sintetizador.* || *s. m.* **2** MÚS., TECNOL. Instrumento electrónico de música provisto de un teclado, capaz de reproducir y combinar sonidos de cualquier frecuencia e intensidad: *La música moderna utiliza mucho el sintetizador.*

sintetizar *v. tr.* **1** Obtener ‹una persona› [una sustancia] a partir de la fusión de sus componentes: *Los científicos están investigando la manera de sintetizar plasma sanguíneo.* **2** Exponer ‹una persona› lo esencial de [una cosa]: *El ilustre profesor sintetizó varias teorías en una ley general.* SIN. condensar, compendiar. ⇒ **19.**

sintoísmo *s. m.* (no contable) Religión tradicional de Japón, basada en el culto a los antepasados y a las fuerzas de la Naturaleza.

sintoísta *adj.* **1** Del sintoísmo: *enseñanza sintoísta.* || *s. m. / f.* **2** Persona que practica el sintoísmo.

síntoma *s. m.* **1** MED. Fenómeno subjetivo que revela una enfermedad: *El niño tiene todos los síntomas de una gripe.* **2** Indicio o señal de una cosa que está sucediendo o va a suceder: *La falta de confianza entre ellos es un síntoma de que su relación no marcha bien.* SIN. señal, signo.

sintomáticamente *adv. orac.* **1** Es sintomático (que). OBSERVACIONES: Impone indicativo, no subjuntivo, y permite que el hecho aludido se presente como novedoso, y no como presupuesto: *Sintomáticamente, el político se negó a hacer declaraciones.* || *adv. restrictivo* **2** En cuanto a los síntomas, en el aspecto sintomático: *Sintomáticamente, sí ofrecen cierto parecido, pero etiológicamente son dos padecimientos casi contrapuestos.*

sintomático, ca *adj.* Que constituye un síntoma o indicio: *Es muy sintomático que no haya llamado tu hermana.*

sintomatología *s. f.* (no contable) MED. Conjunto de síntomas de una enfermedad o de un estado patológico: *Por la sintomatología, parece que tienes una infección viral.*

sintonía *s. f.* **1** RADIO, TV. Melodía que actúa como señal sonora del principio o fin de un programa: *Me gusta mucho la sintonía de la cadena SER.* **2** ELECTRIC. Sintonización compartida entre un aparato emisor y otro receptor de ondas eléctricas, como ocurre entre el receptor de radio y la emisora: *La sintonía de esa emisora es deficiente en esta zona.* **3** FÍS. Igualdad de frecuencia o de tono entre dos sistema de vibraciones. **4** Adaptación de una persona o cosa a las características de otra u otras: *Ayer me sentí al momento en sintonía con tus amigos.*

sintónico, ca *adj.* Que está sintonizado.

sintonización *s. f.* (no contable) Acción y resultado de sintonizar: *la sintonización de una emisora de radio. En la amistad es importante la sintonización entre las personas.*

sintonizador, ra *adj.* **1** Que sintoniza: *un aparato sintonizador.* || *s. m.* **2** TECNOL. Sistema de un aparato receptor que permite aumentar o disminuir la longitud de onda para sintonizar con un aparato emisor: *el sintonizador de la radio.*

sintonizar *v. tr.* **1** ELECTRÓN. Ajustar ‹una persona› [dos o más circuitos] para que tengan la misma frecuencia. || *v. tr. / intr.* **2** Hacer ‹una persona› que [un aparato receptor] tenga la misma frecuencia de vibración que [una estación emisora] para captar su señal: *Sintoniza ~~con~~ la emisora local.* || *v. intr.* **3** Tener ‹dos o más personas› gustos o ideas similares: *No sintonizo con tu novio, lo siento.* ⇒ **19.**

sinuosidad *s. f.* **1** (no contable) Característica de sinuoso, curvo u ondulado: *la sinuosidad del camino.* **2** Concavidad o hueco que forma una cosa encorvada.

sinuoso, sa *adj.* **1** (antepuesto / pospuesto) Que tiene o forma ondulaciones, curvas o concavidades: *camino sinuoso, movimiento sinuoso. Una sinuosa carretera nos condujo* *a su finca.* **2** [Persona] que tiene un carácter muy reservado y se comporta ocultando sus objetivos o intenciones: *Rosa tiene un carácter sinuoso.* **3** (antepuesto / pospuesto) [Acción] que oculta o disimula su auténtica finalidad: *No me gustan nada sus propuestas, me parecen muy sinuosas.*

sinusitis (plural *sinusitis*) *s. f.* MED. Inflamación de los senos de la cara que comunican con la nariz: *El médico me ha dicho que tengo una sinusitis suave.*

sinvergonzón, na *adj. / s. m.* y *f.* (aumentativo de *sinvergüenza*) COLOQUIAL; AFECTIVO. Que actúa con mucha picardía o desvergüenza: *¡Qué sinvergonzón eres, menudas cosas se te ocurren!*

sinvergonzonería *s. f.* (no contable) Falta de vergüenza o de moralidad: *Le habían estafado varias veces y estaba irritado por tanta sinvergonzonería.*

sinvergüencería *s. f.* (no contable) COLOQUIAL; RESTRINGIDO. Sinvergonzonería.

sinvergüenza *adj. / s. m.* y *f.* **1** Que comete delitos, como robar o estafar en beneficio propio, o actúa sin ninguna ética o moral: *No seas sinvergüenza y devuélvele el dinero.* **2** Que actúa con descaro o desvergüenza: *Tu hermano es un sinvergüenza, cree que con la simpatía se paga todo.* **3** COLOQUIAL; AFECTIVO. Que actúa con picardía o astucia: *¡Qué sinvergüenza eres!, me decía siempre mi abuela.* SIN. granuja.

sinvergüenzada *s. f.* ARG., URUG.; COLOQUIAL. Sinvergonzonería.

sinvivir *s. m.* COLOQUIAL. Estado de intranquilidad y angustia en que se encuentra una persona: *Esta lucha es un sinvivir.*

sionismo *s. m.* (no contable) Ideología y comportamiento de los judíos que lucharon por crear un estado independiente israelí en Palestina o de los que desean la expansión del actual Estado: *El sionismo surgió en el siglo* XIX.

sionista *adj.* **1** Del sionismo: *propaganda sionista, ideología sionista.* || *s. m. / f.* **2** Persona que es partidaria del sionismo: *Los sionistas preparan una manifestación.*

sioux (plural *sioux*) *adj. / s. m.* y *f.* **1** De un grupo de pueblos amerindios que vivían en las llanuras centrales de los actuales Estados Unidos: *un jefe sioux. Los sioux viven actualmente en reservas.* || *s. m.* **2** LING. Lengua hablada por los sioux.

siquiatra *s. m. / f.* Psiquiatra.

siquiatría *s. f.* (no contable) MED. Psiquiatría.

síquico, ca *adj.* Psíquico.

siquiera *adv.* **1** (en contextos negativos) Se usa para intensificar la idea de negación: *Esas personas no tienen siquiera para comer.* RELACIONES Y CONTRASTES: ◊ En correlación con *ni* es suprimible, siempre que *ni* no exprese coordinación: *Se lo entregué y ni (siquiera) me dio las gracias. La niña no sabe ni (siquiera) sumar. La razón no es ni tuya, ni suya, ni mía siquiera.* ◊ Puede ser sustituido por *aun* cuando está en contacto con *ni* : *Ni (siquiera / aun) los más valientes se atreven a entrar.* ◊ En respuestas, réplicas y cortes en la conversación iniciados con *ni siquiera* puede suprimirse la palabra o grupo de palabras al que se refiere: *–«Te daría las gracias, supongo.» –«Ni siquiera (eso).»* ◊ Puede reforzarse con *tan: El hombre ni tan siquiera le pidió disculpas.* **tan* ~.** **2** (preferentemente para expresar un deseo o una pregunta) Se usa para establecer un mínimo referido a una cantidad o a un hecho: *Me gustaría tener siquiera dos. Come siquiera la fruta, hijo. ¿Le diste las gracias, siquiera?* OBSERVACIONES: Para evitar la cacofonía, tiende a no juntarse con la conjunción *si* : *¡Si estudiara siquiera!* (=*¡Si al menos estudiara!*) RELACIONES Y CONTRASTES: Puede reforzarse con *tan: Si tan siquiera me hubiera avisado.* SIN. por lo menos, al menos. **3** (preferentemente con las formas de subjuntivo de tercera persona *sea* y *fuera)* Forma parte de una proposición en la que se pide a alguien que ceda ante lo que se expresa en la proposición principal. Tiene un significado similar al de "aunque sólo sea porque": *Di algo, hombre, siquiera sea porque no hablen mal.* OBSERVACIONES: A veces se omite el verbo *ser*: *Siquiera por educación, deberías escribirle unas líneas.* || *adv.* **4** COL.; COLOQUIAL. Por suerte.

sir (del inglés; pronunciamos *'sir'*) *s. m.* **1** (no contable) RESTRINGIDO. Tratamiento honorífico que se da en el Reino Unido a los caballeros: *Sir Lawrence Olivier.* **2** Este título: *Al Primer Ministro le concederán el título de sir.*

sirena *s. f.* **1** Aparato que emite un fuerte sonido como señal de alarma o para avisar: *la sirena de los barcos, la sirena de una fábrica, la sirena de la policía.* **2** MIT. Personaje mitológico, mitad mujer, hasta la cintura, y mitad pez o pájaro: *Las sirenas atraían a los navegantes con sus canciones y los hacían naufragar entre las rocas.* **3** Niña o mujer que nada muy bien: *Tu hija es una sirenita, aprendió antes a nadar que a andar.* || **4 canto de ~** ELEVADO. Palabras o propuestas agradables que encierran inconvenientes o peligros que no se notan sin un examen profundo: *No te fíes de sus cantos de sirena.*

sirga *s. f.* MAR. Cuerda gruesa que, entre otros usos, sirve para tirar las redes o para remolcar embarcaciones fluviales desde tierra.

sirgar *v. tr.* RESTRINGIDO. Mover ‹una persona› [una embarcación] a la sirga, tirando de ella con maromas desde la orilla. ⇒ **56.**

siriaco, ca *adj. / s. m.* y *f.* Sirio.

sirimiri *s. m.* Lluvia fina y continua, que moja: *El sirimiri es propio de las zonas del norte peninsular.* SIN. calabobos (COLOQUIAL).

siringa *s. f.* LITERARIO. Instrumento musical de viento formado por cañas de distintos tamaños que forman escala musical. SIN. flauta de pan.

siringe *s. f.* ZOOL. Órgano de la voz de las aves, situado en la tráquea, que está muy desarrollado en las cantoras.

sirio, ria *adj. / s. m.* y *f.* **1** De Siria, país asiático: *la frontera siria. Los sirios asistieron al Parlamento.* || *s. m.* **2** LING. Dialecto del árabe que se habla en Siria.

sirla *s. f.* **1** JERGAL. Atraco con una navaja o con cualquier objeto que pueda hacer daño: *La pasma los pilló en plena sirla.* SIN. palo (JERGAL). **2** JERGAL. Instrumento cortante, parecido a un cuchillo, cuya hoja puede guardarse en el mango: *El atracador le hizo una herida en la cara con una sirla muy grande que tenía.* SIN. navaja, chaira (JERGAL), cheira (JERGAL).

sirle *s. m.* Excremento seco del ganado lanar y cabrío.

siroco *s. m.* Viento cálido y seco del sureste, procedente del continente africano que sopla en la Península.

sirope *s. m.* Jarabe concentrado muy azucarado que se emplea en repostería y para elaborar refrescos.

sirte *s. m.* GEOGR. Bajo de arena en el fondo marino.

sirventés *s. m.* LIT. Serventesio.

sirviente, ta *s. m. / f.* 1 Persona que sirve a otra: *En su casa, los marqueses tienen varios sirvientes.* SIN. servidor (RESTRINGIDO). || *s. m.* 2 Persona encargada del manejo de una maquinaria o de un arma, especialmente de artillería: *El bazoca sólo exige dos sirvientes.* || *s. f.* 3 Mujer que trabaja en una casa haciendo las tareas domésticas: *Antes tenían dos sirvientas, ahora sólo una y a media jornada.*

sisa *s. f.* 1 Pequeña cantidad que alguien roba del dinero o bienes que maneja por cuenta ajena, especialmente en la compra diaria: *Todos los niños quieren ir a hacer los recados de casa, porque así pueden hacer alguna sisa.* 2 Corte hecho en las prendas de vestir para que se ajusten bien al cuerpo, especialmente la abertura de la axila a la que se cose la manga: *El abrigo me ha quedado estrecho de sisa.*

sisal *s. m.* (no contable) Fibra de la pita empleada en la fabricación de cuerdas, sacos o esteras: *Hemos comprado una estera de sisal.*

sisar *v. tr.* 1 Robar ‹una persona› pequeñas cantidades de [una cosa]: *Todos los comerciantes sisaban un poquito en el peso.* SIN. hurtar. 2 Hacer ‹una persona› las sisas en [una prenda de vestir].

sisear *v. intr. / tr.* Emitir ‹una persona› un sonido parecido a la *s* o a la *ch* para llamar la atención de otra persona o para mostrar desagrado: *El publico siseó a los actores por su mala interpretación. Niño, es de mala educación sisear a la gente por la calle.*

sisebuta *adj. / s. f.* ARG., URUG.; PEYORATIVO. Mujer muy mandona.

siseo *s. m.* Acción y resultado de sisear: *Un enérgico siseo me obligó a callar.*

sismicidad *s. f.* (no contable) GEOL. Actividad sísmica: *la sismicidad de una región.*

sísmico, ca *adj.* De los seísmos: *actividad sísmica, epicentro sísmico.*

sismo *s. m.* GEOL. Seísmo.

sismógrafo *s. m.* GEOL. Instrumento que registra la intensidad y otras informaciones sobre las características de un seísmo o terremoto: *El sismógrafo del centro de Toledo registró el terremoto de Colombia.*

sismología *s. f.* (no contable) Parte de la Geología que estudia los seísmos.

sisón *s. m.* (macho y hembra) *Tetrax tetrax.* Ave zancuda de plumaje pardo, con el vientre blanco, que vive en grupos en llanuras y campos de cereales.

sistema *s. m.* 1 Conjunto organizado de principios, reglas, instituciones, que rigen una cosa: *sistema económico, sistema jurídico, sistema de gobierno.* 2 ANAT., BIOL. Conjunto de órganos conectados entre sí, que contribuyen a realizar una determinada función: *sistema circulatorio, sistema endocrino, sistema nervioso.* 3 Conjunto de elementos relacionados entre sí de modo que constituyen un todo estructurado o una unidad: *sistema de carreteras.* **~ internacional** Sistema de unidades internacionalmente admitidas, que se utilizan como patrón de medida de las distintas magnitudes físicas. **~ métrico** Sistema de pesas y medidas que tiene por base el metro. **~ métrico decimal. ~ montañoso** o **~ de montañas** GEOGR. Conjunto de montañas que forman una unidad geográfica. **~ periódico** QUÍM. Sistema de todos los elementos químicos dispuestos en orden creciente de su número atómico, de tal modo que queden agrupados los elementos con un comportamiento químico similar. **~ solar** ASTRON. Sistema formado por el Sol y sus planetas, satélites y cometas. 4 LING. La lengua o cada uno de sus aspectos (fonológico, léxico o gramatical), considerados como un conjunto organizado de elementos relacionados entre sí: *En el estructuralismo la lengua es vista como un sistema.* 5 FILOS. Doctrina o teoría que constituye un todo con coherencia interna: *sistema hegeliano, sistema aristotélico.* 6 Modo organizado de hacer o conseguir una cosa: *El mejor sistema para mantenerse en forma es hacer ejercicio.* 7 Modo en que está constituido un aparato, mecanismo o utensilio: *El sistema de esa lavadora es nuevo.* || 8 **~ de coordenadas** MAT. Correspondencia que asigna a cada punto de una recta, plano o espacio un conjunto de números, en especial, el formado por dos rectas perpendiculares entre sí, llamadas eje de ordenadas y eje de abscisas. 9 **~ operativo** INFORM. Programa o conjunto de programas que realizan la gestión de los procesos básicos de un sistema informático y permiten la normal ejecución del resto de las operaciones. FR. Y LOC. **por ~** Obstinándose siempre en hacer lo mismo sin razón alguna: *Por sistema te dirá siempre que no.*

sistemática *s. f.* 1 Ciencia de la clasificación: *Para clasificar animales o plantas hay que seguir la sistemática.* 2 Método o sistema de clasificación: *Usamos en este fichero una sistemática sencilla.*

sistemáticamente *adv. modo* 1 De manera sistemática, conforme a un sistema: *Tienes que trabajar sistemáticamente.* 2 Por sistema. OBSERVACIONES: Suele conllevar valoración negativa: *El director se opone a todo sistemáticamente.* 3 Invariablemente, como siguiendo una periodicidad programada: *El niño se despertaba sistemáticamente a las seis.*

sistemático, ca *adj.* 1 Que constituye un sistema o se ajusta a él: *estructura sistemática.* 2 [Persona] que se comporta de manera organizada, de acuerdo con un orden o un método: *Mi padre es muy sistemático, se levanta y se acuesta todos los días a la misma hora.*

sistematización *s. f.* Acción y resultado de sistematizar: *Después de recopilar los datos, procedió a su sistematización.* SIN. estructuración.

sistematizar *v. tr.* Organizar ‹una persona› [varias cosas] de acuerdo con un sistema: *El director quiere sistematizar los procesos de comercialización, almacenamiento y propaganda personal.* ⇒ **19.**

sistémico, ca *adj.* 1 De la totalidad de un sistema: *el funcionamiento sistémico.* 2 MED. De la circulación general de la sangre o del organismo en su conjunto.

sístole *s. f.* 1 FISIOL. Fase de contracción del corazón y de las arterias que sirve para expeler la sangre y, junto con la diástole, para impulsarla por el sistema circulatorio: *Los movimientos del corazón son sístole y diástole.* 2 RET. Utilización de una sílaba larga como breve, en poesía clásica.

sistro *s. m.* Antiguo instrumento musical de percusión, formado por una especie de herradura metálica atravesada por varias varillas con anillos, que se hacía sonar agitándolo.

sitar *s. m.* Instrumento musical de cuerda originario de La India, parecido al laúd, pero con más cuerdas y un mango alargado, que se toca con plectro.

sitial *s. m.* Asiento de ceremonia: *El obispo presidía la homilía desde un alto sitial situado en el altar mayor.*

sitiar *v. tr.* **1** Rodear ‹un grupo de personas› [un lugar] para atacarlo o apoderarse de él: *En vista de la resistencia, decidieron sitiar y atacar la ciudad.* SIN. asediar. **2** Perseguir ‹una persona› [a otra persona] hasta un lugar del que no pueda escapar: *La policía sitió al atracador en una casa cerca del puerto.* SIN. acorralar, acosar.

sitio *s. m.* **1** Lugar ocupado o que puede ser ocupado por una persona o por una cosa: *Hazle sitio a Alicia para que pueda sentarse. Este mueble ocupa mucho sitio. En el banco hay sitio para tres personas.* **2** Lugar o espacio concreto: *El salón es el sitio más alegre de la casa.* **3** Presencia o compañía de una persona o de una cosa en determinadas circunstancias: *El sitio de los padres está al lado del hijo.* **4** Acción y resultado de sitiar o cercar: *el sitio de Zaragoza. Los enemigos rompieron el sitio y huyeron a las montañas.* **5** PERÚ. Terreno vacío para construir. ‖ **6 real ~** o **~ real** Residencia de descanso de los reyes: *Los Reales Sitios de Aranjuez y La Granja son hermosos.* FR. Y LOC. **dejar en el ~** COLOQUIAL. Matar ‹una persona o una cosa› a otra persona en el acto: *Lo atropelló un coche y lo dejó en el sitio.* **poner en su ~** COLOQUIAL. Indicar ‹una persona› a otra persona cuál debe ser su posición para que no abuse o se tome excesiva confianza: *La nueva jefa supo poner a cada uno en su sitio.* **ponerse* en su ~. poner* ~. quedarse* en el ~. tener la cabeza* en su ~** o **tener la cabeza sobre los hombros.**

sito, ta *adj.* ADMINISTRATIVO. Que está situado: *Tiene usted que dirigirse a la agencia postal sita en la calle principal.*

situa *s. f.* COL.; COLOQUIAL. Situación.

situación *s. f.* **1** (no contable) Acción y resultado de situar o situarse: *El jefe de protocolo se ocupaba de la situación de los invitados en la ceremonia.* **2** Circunstancia de ocupar un lugar determinado una persona o una cosa: *En este plano verás la situación de la casa.* SIN. localización. **3** Manera de estar una cosa o una persona en cualquier aspecto: *situación comprometida, la conflictiva situación internacional. No estás en situación de negarte.* **4** Conjunto de realidades o circunstancias que se dan en un momento determinado y determinan la manera de estar una persona o una cosa: *La situación política no lo permite.* SIN. coyuntura. **~ límite** Situación de máximo peligro o gravedad: *La guerra diplomática está en una situación límite.* **5** Circunstancia social o económica en que vive una persona: *situación económica, situación social. Tu hermana se ha conseguido una situación envidiable en pocos años.* SIN. posición.

situado, da *adj.* (estar) Que disfruta de una situación económica estable: *Olga está bien situada.*

situar *v. tr.* **1** Poner ‹una persona› [a otra persona o una cosa] [en un lugar]: *El general situó las tropas* **en** *los alrededores de la ciudad.* SIN. emplazar. **2** Determinar ‹una persona› [el lugar que ocupa una cosa]: *Sitúa Dinamarca en el mapa.* ‖ *v. prnl.* **3** Ponerse ‹una persona› [en un lugar]: *La policía se situó alrededor de la casa.* SIN. emplazarse. **4** Llegar a tener ‹una persona o una entidad› una buena posición social o económica: *Mi hermano se ha situado bien.* ⇒ **3.**

siútico, ca *adj.* CHILE; COLOQUIAL. [Persona] que es presumida y afectada, cursi.

skateboard (del inglés; pronunciamos *'esqueitbor'*) *s. m.* Monopatín.

skay o **scay** (del inglés; pronunciamos *'escái'*) *s. m.* (no contable) Materia sintética que imita la piel o el cuero: *sofá de skay.*

sketch (del inglés; pronunciamos *'esquech'*) *s. m.* Escena breve, de carácter generalmente humorístico o satírico que se integra como unidad independiente en un espectáculo o representación: *A mi madre le gustan mucho los sketchs de esta pareja de humoristas.*

S. L. (pronunciamos *'ese-ele'*) *s. f.* Sigla de «Sociedad Limitada», España.

slalom *s. m.* Eslalon.

slip *s. m.* Eslip.

slogan *s. m.* Eslogan.

smash (del inglés; pronunciamos *'esmás'*) *s. m.* DEP. Golpe de tenis que se realiza dándole a la pelota de arriba abajo y con fuerza: *Ángeles es mala jugando al tenis, pero su smash es imparable.* SIN. mate.

SME (pronunciamos *'ese-eme-e'*) *s. m.* Sigla de «Sistema Monetario Europeo», España, (en inglés *EMS*).

smithsonita (del inglés; pronunciamos *'esmizsonita'*) *s. f.* Mineral, amarillo o gris, formado por carbonato de cinc, que se emplea en la fabricación de latón y otras aleaciones.

smog (del inglés; pronunciamos *'esmog'*) *s. m.* Niebla o nube con numerosas partículas contaminantes en suspensión que se forma sobre los núcleos urbanos o industriales: *Es famoso el smog londinense.*

s/n. *abr.* «Sin número».

snack-bar (del inglés; pronunciamos *'esnak bar'*) *s. m.* AFECTADO. Establecimiento que funciona como un bar y restaurante a la vez, donde se sirven comidas rápidas.

snif (pronunciamos *'esnif'*) *interj.* Para imitar el sollozo en publicaciones infantiles y tebeos: *Snif, snif, sollozaba la pobre niña.*

so *s. m./f.* COLOQUIAL; INTENSIFICADOR, PEYORATIVO. Se antepone a los adjetivos insultantes para exigir la atención del interlocutor o para reñirle por no haberse fijado en lo que hace: *¡Ten cuidado, so tonta, que casi me manchas!*

so *prep.* RESTRINGIDO. Bajo, debajo de. FR. Y LOC. **~ capa de** RESTRINGIDO. So pretexto de. **~ color de** So pretexto de. **~ pena de** 1 RESTRINGIDO. A menos que, excepto si: *Iré solo, so pena de que alguien me quiera acompañar.* 2 ELEVADO. Bajo castigo de: *No podemos salir so pena de un castigo muy fuerte.* **~ pretexto de** ELEVADO. Con el pretexto de: *Ella vino so pretexto de haberse olvidado el bolso.*

SO *abr.* «Suroeste».

¡so! (pronunciamos normalmente con una vocal *o* muy arrastrada y larga) *interj.* Se usa para hacer que paren o se detengan las caballerías: *¡So, caballo! ¡So, burro! ¡So, mula!* FR. Y LOC. **dar lo mismo ~ que arre** COLOQUIAL. No hacer caso ‹una persona› de las indicaciones que se le dan, no mostrar interés por ellas: *A este chico no le encargues nada, porque lo mismo le da so que arre.*

so- *pref.* Significa 'debajo' y forma verbos a partir de verbos y sustantivos a partir de sustantivos: *meter - someter, portal - soportal.*

soasar *v. tr.* RESTRINGIDO. Asar ‹una persona› [un alimento] ligeramente: *Se soasa la pierna de cordero en el horno durante un cuarto de hora.*

sobaco *s. m.* COLOQUIAL. Concavidad formada por el arranque del brazo y el cuerpo: *Me ha salido un golondrino en el sobaco.* SIN. axila.

sobadera *s. f.* COL.; COLOQUIAL. Molestia, fastidio.

sobado, da *adj.* **1** (estar) Que está muy usado o gastado: *Tenía los puños de la camisa muy sobados.* **2** (estar) [Tema, asunto] que está muy tratado: *Cambiemos de tema, que éste ya está muy sobado.* SIN. manido. **3** (estar) COLOQUIAL. Dormido: *quedarse sobado.* **4** COL.; COLOQUIAL. [Persona] de trato difícil. || *s. m.* y *f.* **5** Dulce que se elabora con abundante aceite o manteca, propio de Cantabria y el norte de la Península: *los sobados pasiegos.* SIN. sobao.

sobadora *s. f.* ARG., URUG. Máquina de la panadería para ablandar la masa.

sobao *s. m.* Sobado, dulce.

sobaquera *s. f.* **1** Pieza con que se refuerza o impermeabiliza una prenda en la parte de la axila. **2** Abertura que se deja en la parte de la axila de una prenda. **3** Estuche de cuero para la pistola que se coloca en la axila: *Muchos policías llevan la pistola en la sobaquera.*

sobaquillo *s. m.* Se usa en la LOC. **de ~** 1 [Lanzamiento de una piedra] moviendo el brazo hacia abajo, por debajo del sobaco. 2 TAUROM. [Puesta de banderillas] dejando pasar la cabeza del toro y clavándolas hacia atrás.

sobaquina *s. f.* (no contable) COLOQUIAL. Sudor de los sobacos de olor desagradable: *Aquí huele a sobaquina.*

sobar *v. tr.* **1** Tocar o apretar ‹una persona› [una cosa] de modo que ésta se ablande, se estropee o se ensucie: *No sobes la camisa antes de ponértela.* SIN. manosear. **2** PEYORATIVO. Tocar o acariciar ‹una persona› [a otra persona] insistentemente: *Ella se quejaba de que Don Miguel intentaba sobarla siempre que podía.* **3** COLOQUIAL. Golpear, pegar ‹una persona› [a otra persona]: *Hijo, estáte tranquilo, que no quiero sobarte.* SIN. sacudir. **4** COLOQUIAL. Vencer ‹una persona› [a otra persona] de forma aplastante: *El equipo local ha sobado bien al visitante.* **5** PERÚ; COLOQUIAL. Adular, halagar ‹una persona› [a otra persona]. || *v. tr. / intr.* **6** COL., VEN. Arreglar ‹una persona› [los huesos dislocados] con fricciones o masajes. **7** COL.; COLOQUIAL. Fastidiar ‹una persona› [a otra persona]. || *v. intr.* **8** COLOQUIAL. Dormir ‹una persona›: *Has estado sobando doce horas seguidas.* FR. Y LOC. **zurrar / ~ la badana** COLOQUIAL. Golpear, pegar ‹una persona› a otra persona: *Cuando el marido llega borracho a casa le soba la badana a toda la familia.*

soberanamente *adv. modo* **1** Con soberanía, de forma soberana. *El general gobierna soberanamente la isla.* **2** Extraordinariamente, maravillosamente. *El aria fue soberanamente interpretada por un joven tenor.* || *adv. modo / cant.* **3** Intensamente, muchísimo. OBSERVACIONES: Se aplica típicamente a *aburrirse: Me aburrí soberanamente.*

soberanía *s. f.* **1** Autoridad suprema del poder público: *La soberanía reside en el pueblo.* **2** Autoridad de un Estado sobre un territorio y sus pobladores: *El Imperio Británico mantenía su soberanía en estas islas.* **3** Condición de soberano o independiente: *La colonia obtuvo su soberanía.* **4** Cualidad de excelente o supremo: *Estas montañas se llevan la soberanía de las cumbres de nuestra geografía.*

soberano, na *adj.* **1** Que ejerce el máximo poder público: *el pueblo soberano, el poder soberano. El rey es el soberano en la monarquía.* **2** [País, nación] que no está sometido a otro: *una nación soberana.* **3** (antepuesto / pospuesto) COLOQUIAL. Que no puede superar su calidad: *una soberana interpretación, una belleza soberana.* SIN. soberbio. **4** (antepuesto / pospuesto) COLOQUIAL. Que es muy grande: *una soberana paliza, un fracaso soberano.* SIN. soberbio.

soberbia *s. f.* **1** Sentimiento y actitud de la persona que se cree superior a las demás y se muestra arrogante y despreciativa: *No soporto su soberbia.* SIN. orgullo, altivez. **2** Suntuosidad, magnificencia: *La soberbia del palacio causa admiración en sus visitantes.* SIN. majestad, fastuosidad.

soberbiamente *adv. modo* **1** Con soberbia, de modo soberbio: *Le contestó soberbiamente.* **2** Magníficamente, extraordinariamente bien: *Éste es un ejemplar soberbiamente encuadernado.* RELACIONES Y CONTRASTES: Como *magníficamente* o *preciosamente,* es incompatible, por el carácter ya intensivo del adjetivo de base, con *muy* y expresiones equivalentes.

soberbio, bia *adj. / s. m.* y *f.* **1** Que tiene soberbia: *No seas soberbio.* || *adj.* **2** Que tiene arrogancia o gallardía: *Su hijo tiene un aspecto soberbio con ese uniforme.* **3** (antepuesto / pospuesto) Que impresiona por sus cualidades: *El tenor tuvo una actuación soberbia.* SIN. grandioso. **4** (antepuesto / pospuesto) Que es muy grande, muy alto o muy fuerte: *Los profesores le han dado un soberbio disgusto. Esta empresa está en un edificio soberbio.* || *interj.* **5** Expresión de admiración o entusiasmo: *–«¿Qué te ha parecido el coche?» –« Soberbio.» –«¿Y la casa?» –«Soberbia.»*

sobetear *v. tr.* COLOQUIAL; RESTRINGIDO. Tocar o apretar ‹una persona› [una cosa] repetida e insistentemente: *No sobetees la fruta, que se estropea.* SIN. manosear, toquetear.

sobeteo *s. m.* (no contable) COLOQUIAL; PEYORATIVO. Acción de sobetear: *Con tanto sobeteo, vas a dejar el regalo hecho un churro. El jefe es un tocón: le gusta mucho el sobeteo.* SIN. manoseo.

sobón, na *adj.* **1** Que es muy aficionado a sobar o manosear las cosas: *Esta niña es una sobona, todo lo tiene que tocar y retocar.* || *adj. / s. m.* y *f.* **2** (ser / estar) COLOQUIAL. Que fastidia o molesta con sus repetidas caricias: *¡Qué niño más sobón! Estás muy sobona hoy.*

sobornar *v. tr.* Dar ‹una persona› dinero u otro tipo de recompensa [a otra persona] para que ésta haga algo ilícito o injusto: *El cantante sobornó al jurado para que lo eligieran ganador.*

soborno *s. m.* **1** Entrega de dinero o cualquier objeto o servicio que se hace a una persona para que realice una cosa injusta o inmoral: *El investigador consiguió esa información con sobornos.* **2** Cantidad de dinero o cualquier objeto o servicio que se entrega a alguien para que realice una cosa injusta o inmoral: *Primero dijo que él no aceptaba sobornos, pero después cogió el dinero y nos dejó entrar en el palacio.*

sobra *s. f.* **1** Exceso de una cosa: *La sobra de trigo hizo bajar su precio.* SIN. excedente. ANT. escasez. **2** (plural) Parte que queda después de consumir o utilizar algo: *Las sobras de la comida se las echan a los cerdos.* SIN. resto. FR. Y LOC. **de ~** Más de lo necesario, en abundancia: *Tienes vestidos de sobra. Lo sabes de sobra.* **estar de ~** Se usa para indicar que ‹una persona o una cosa› no es necesaria o conveniente: *Esas palabras están de sobra.*

sobradamente *adv. modo / cant.* De sobra, más que bien: *Lo conozco sobradamente.* OBSERVACIONES: Suele tener matiz cuantitativo: *Podría hacerlo sobradamente.*

sobrado, da *adj.* **1** PERÚ. [Persona] que es presumida. || *s. m.* **2** Desván.

sobrador, ra *adj. / s. m.* y *f.* ARG. [Persona] que es presumida y prepotente.

sobrar *v. intr.* 1 Quedar parte de ‹una cosa› después de usar o consumir lo necesario: *Una vez hecho el vestido le sobraron tres metros de tela.* 2 Haber de ‹una cosa› más de lo necesario: *Por lo visto parece que sobrarán camas.* 3 Ser ‹una persona› innecesaria o indeseable en una reunión: *No se dio cuenta de que él sobraba hasta que su hermano se lo insinuó.*|| *v. tr.* 4 ARG., URUG.; COLOQUIAL. Burlarse ‹una persona› de [otra persona] con aires de suficiencia.

sobrasada *s. f.* Embutido típico de las islas Baleares elaborado con carne de cerdo muy triturada y abundante pimentón molido.

sobre *s. m.* 1 Envoltorio plano, rectangular o cuadrangular, en el que se introducen documentos o papeles que quieren guardarse o enviarse por correo: *Las fotos las he clasificado por años y las he guardado en varios sobres.* 2 Pequeña bolsita parecida a los sobres que se usa para envolver cosas: *un sobre de té, un sobre de azúcar.* 3 COLOQUIAL. Cama: *Estoy muy cansado, tengo ganas de meterme en el sobre.* 4 ARG., URUG. Cartera, bolso femenino.

sobre *prep.* 1 Indica que una persona o una cosa está encima o más alto que lo que se indica, tocándolo o a cierta distancia: *las manos sobre las rodillas, posarse sobre la luna, volar sobre la ciudad, colocar el jarrón sobre la mesa, el puente sobre el río.* SIN. encima de. ANT. debajo de, bajo. 2 Próximo u orientado al lugar que se indica y situado en una posición superior: *La catedral se alzaba sobre la ciudad.* 3 (con expresiones que implican idea de superioridad) Introduce el nombre del término considerado inferior: *José destaca sobre los demás gracias a su ingenio.* SIN. por encima de. 4 Además de, por encima de: *Pagaré un millón más sobre lo acordado.* 5 (con palabras que significan poder, autoridad o influencia) Introduce el nombre de la persona o grupo respecto de los cuales se ejerce dicho poder, influencia o cualquier otra acción: *No tengo poder sobre vosotros. La crema actúa sobre la piel con gran rapidez.* 6₁ Hablando de superficies o actividades realizadas sobre ellas, equivale a "en": *El invitado derramó el café sobre el mantel.* 6₂ Indica el material sobre el que se hace algo: *pintar sobre tela.* 7 (con verbos que significan acción o movimiento violento) Precede al nombre de la persona o cosa en la que recae la acción: *Los atracadores dispararon sobre nosotros.* RELACIONES Y CONTRASTES: *Contra* resalta más el carácter violento de la acción; *sobre* indica, además, que la acción se realiza desde una posición más alta. 8 Acerca de, entorno a: *informe sobre las nuevas medidas económicas. No hablaré sobre mi futuro hasta que no acabe los estudios.* 9₁ (precedida y seguida por el mismo sustantivo) INTENSIFICADOR. Indica acumulación o repetición: *éxito sobre éxito, tontería sobre tontería, insulto sobre insulto.* SIN. tras. 9₂ (precedida y seguida por el mismo sustantivo que indica cantidad) COLOQUIAL. Expresa acumulación y meticulosidad: *duro sobre duro, controla moneda sobre moneda.* SIN. a. 10 Indica aproximación tratándose de una cantidad, medida, fecha u hora: *Los invitados llegarán sobre las diez.* SIN. aproximadamente, alrededor de, hacia. 11 (con verbos que significan "pedir" u "obtener dinero en préstamos") Poniendo como garantía de pago lo que se indica: *pedir un crédito sobre la hipoteca de la casa.* 12 [Impuesto] de obligado pago: *Impuesto sobre la renta.* 13 Siguiendo de cerca a una persona o una cosa: *La policía está sobre la pista del asesino.* 14 Con respecto a: *Los Reyes llegaron con cinco minutos de adelanto sobre la hora prevista.* 15 Indica la parte del cuerpo o punto que sirve de apoyo para realizar una acción o movimiento: *El perro andaba sobre dos patas.* 16 RESTRINGIDO. Además de, aparte de. OBSERVACIONES: Admite infinitivo, oraciones con *que* y adjetivos calificativos: *Sobre no hacer nada, estorbaba frecuentemente.*

sobre- *pref.* 1 Significa 'por encima de' y forma sustantivos a partir de sustantivos: *tela - sobretela, capa - sobrecapa, escrito - sobreescrito, dosis - sobredosis.* 2 Significa 'en exceso' y forma verbos a partir de verbos, sustantivos a partir de sustantivos y adjetivos a partir de adjetivos: *cargar - sobrecargar, entender - sobrentender, alimentación - sobrealimentación, humano - sobrehumano.* 3 Añade la idea de 'superar con éxito una dificultad' y forma verbos a partir de verbos: *vivir - sobrevivir, ponerse - sobreponerse.* 4 Indica idea de 'acción repentina' y forma verbos a partir de verbos: *coger - sobrecoger, saltar - sobresaltar.*

sobreabundancia *s. f.* (no contable) Superabundancia: *Había sobreabundancia de trigo.*

sobreabundar *v. intr.* RESTRINGIDO. Haber de ‹una cosa› más de lo necesario: *Parece que sobreabundan mucho aquí los sinvergüenzas.* SIN. superabundar, sobrar.

sobreagudo, da *adj. / s. m.* y *f.* MÚS. [Sonido] que es el más agudo del sistema musical o de un instrumento.

sobrealimentación *s. f.* 1 (no contable) Acción y resultado de sobrealimentar o sobrealimentarse: *La sobrealimentación puede ser perjudicial para la salud.* 2 (no contable) Régimen o dieta en el que se toma más alimento del que se necesita: *El médico le ha recomendado durante una temporada un régimen de sobrealimentación.*

sobrealimentar *v. tr.* 1 Dar ‹una persona› [a otra persona o un animal] más alimento del que necesita: *No es bueno sobrealimentar a los animales domésticos, porque se ponen gordos.* SIN. superalimentar. 2 MEC. Aumentar ‹una persona› la presión del combustible en [un motor de explosión] para incrementar su potencia. *Estos vehículos circulan con motores sobrealimentados.* SIN. superalimentar. || *v. prnl.* 3 Tomar ‹una persona o un animal› más alimento del que necesita: *El atleta se sobrealimenta para ganar la competición.* SIN. superalimentarse.

sobrealimento *s. m.* Alimento que se da como suplemento a la comida habitual o normal para incrementar la alimentación: *La niña toma un sobrealimento de leche con cacao, azúcar y vitaminas por recomendación del médico.*

sobreañadir *v. tr.* Añadir ‹una persona› [una cosa] a otra de nuevo o excesivamente: *No debes sobreañadir agua a la paella.*

sobreasar *v. tr.* Volver a poner ‹una persona› [un alimento ya asado o cocido] al fuego para que se tueste: *No es bueno sobreasar los alimentos.*

sobrecarga *s. f.* 1 Cantidad de carga excesiva: *El barco se hundió por una sobrecarga de grano.* 2 Exceso de carga en un mecanismo o máquina: *sobrecarga de las líneas telefónicas, sobrecargas eléctricas, sobrecarga muscular.* 3 Nuevo motivo de preocupación o dolor: *Y además ahora Adela tiene la sobrecarga de su marido enfermo.*

sobrecargar *v. tr.* 1 Cargar ‹una persona› [a otra persona o una cosa] con objetos muy grandes o pesados: *Estamos sobrecargando la camioneta* ***con*** *tantos sacos.* 2 Adornar ‹una persona› [una cosa o un lugar] excesivamente: *Sobre-*

cargas la habitación ***con*** *tantos cuadros y esculturas.* SIN. recargar. || *v. tr. / prnl.* **3** Utilizar ‹una persona› excesivamente [un sistema o una cosa]: *No debes sobrecargar las rodillas.* ***Se*** *ha sobrecargado la red eléctrica.* SIN. recargar. ⇒ **56.**

sobrecargo *s. m./f.* **1** Oficial de un buque mercante o de línea, responsable del cargamento y del pasaje: *El sobrecargo inspeccionó el cargamento antes de salir del puerto.* **2** Miembro de la tripulación de un avión comercial encargado del pasaje y de supervisar diferentes funciones auxiliares: *Señores pasajeros, el comandante Alonso y la sobrecargo Cisneros les damos la bienvenida a bordo.*

sobrecoger *v. tr.* **1** Causar ‹una persona o una cosa› una sorpresa o un sobresalto [a otra persona]: *Me sobrecoge mirar hacia abajo desde tanta altura.* || *v. prnl.* **2** Mostrar ‹una persona› sorpresa o sobresalto ante una cosa: *El abuelo se sobrecogió al oír un ruido extraño.* ⇒ **23.**

sobrecogimiento *s. m.* Fuerte impresión que causa una cosa: *La noticia del terremoto ha producido un sobrecogimiento en la población.*

sobrecubierta *s. f.* **1** Segunda cubierta que se pone a una cosa para protegerla: *la sobrecubierta de un libro.* **2** Cubierta de un barco situada sobre la principal.

sobrecuello *s. m.* **1** Cuello sobrepuesto al de una prenda de vestir. **2** Tira blanca y rígida que llevan los religiosos alrededor del cuello. SIN. alzacuello.

sobredicho, cha *adj.* ADMINISTRATIVO. Que ha sido dicho o mencionado con anterioridad: *Repito las palabras sobredichas.*

sobredimensionar *v. tr.* Hacer ‹una persona o una cosa› que [una cosa] tenga o parezca tener un tamaño o una importancia superior a los que debería tener: *La prensa ha sobredimensionado el asunto.* SIN. exagerar, magnificar.

sobredosis *s. f.* **1** Dosis excesiva de un medicamento: *Esta paciente se tomó una sobredosis de barbitúricos y le hicieron un lavado de estómago.* **2** Dosis excesiva de una droga que puede llevar a la muerte: *El joven murió por sobredosis.*

sobreentender *v. tr.* Sobrentender. ⇒ **80.**

sobreentendido, da *adj.* Sobrentendido.

sobreestimación *s. f.* Sobrestimación.

sobreestimar *v. tr. / prnl.* Sobrestimar.

sobreexceder o **sobrexceder** *v. tr.* Ser ‹una persona o una cosa› superior a [otra] [en una característica determinada]: *Juan sobrexcedía a todos* ***en*** *prudencia.*

sobreexcitación o **sobrexcitación** *s. f.* (no contable) Acción de sobreexcitar o sobreexcitarse un organismo vivo o una de sus partes.

sobreexcitar o **sobrexcitar** *v. tr.* **1** Causar ‹una persona o una cosa› un aumento excesivo de la actividad en [un organismo vivo]: *La música lo sobreexcita siempre.* || *v. prnl.* **2** Experimentar ‹un organismo vivo› un aumento excesivo de su actividad: *Este agente se sobreexcita mucho en los momentos de mayor peligro.*

sobrefalda *s. f.* Falda corta que se coloca sobre otra como adorno.

sobrefusión *s. f.* FÍS. Permanencia de un cuerpo en estado líquido a temperatura inferior a la de su fusión.

sobrehilado *s. m.* Conjunto de puntadas dadas en el borde de una tela para que no se deshilache.

sobrehilar *v. tr.* Dar ‹una persona› puntadas al borde de [una tela cortada] para que no se deshilache: *¿Es necesario sobrehilar las servilletas antes de bordarlas?* ⇒ **6.**

sobrehumano, na *adj.* Que por sus características parece que excede a la capacidad humana: *un esfuerzo sobrehumano.*

sobreimpresión *s. f.* Acción y resultado de sobreimprimir.

sobreimpreso, sa *p.* Participio irregular de *sobreimprimir.*

sobreimprimir *v. tr.* Imprimir ‹una persona› [una cosa] sobre un texto o una imagen gráfica: *La postal lleva sobreimpresas varias frases de escritores célebres.* ⇒ **92.**

sobrellevar *v. tr.* Soportar ‹una persona› [una carga o una desgracia] con valor o resignación: *Mi madre sobrellevaba las contrariedades con resignación.* SIN. sufrir.

sobremesa *s. f.* Tiempo después de la comida en el que se está a la mesa conversando: *El otro día la sobremesa se alargó hasta la hora de cenar.*

sobrenadar *v. intr.* Mantenerse ‹una cosa› sobre la superficie de [un líquido] sin hundirse o mezclarse con él: *El aceite sobrenada* ***en*** *el agua.*

sobrenatural *adj.* **1** Que no ocurre según las leyes naturales, o que no puede ser explicado de manera natural: *fenómeno sobrenatural, hecho sobrenatural.* **2** Que se relaciona con las creencias religiosas, con lo sagrado, y sobrecoge por su carácter extraordinario: *apariciones sobrenaturales, seres sobrenaturales. ¿Tú crees en la vida del otro mundo, en la vida sobrenatural?* **3** Que no tiene explicación o que es demasiado intenso para poder ser natural: *La modelo tenía una belleza sobrenatural.*

sobrenombre *s. m.* ELEVADO. Nombre por el que se conoce a una persona, además del suyo propio: *Leopoldo Alas tenía el sobrenombre de «Clarín».* SIN. pseudónimo.

sobrentender o **sobreentender** *v. tr.* **1** Entender ‹una persona› [una cosa] de manera implícita. *Yo he sobrentendido que cada uno pagaba lo suyo.* || *v. prnl.* **2** Entenderse ‹una cosa› de manera implícita: *En sus palabras se sobrentendía una velada amenaza.* ⇒ **80.**

sobrentendido, da o **sobreentendido, da** *adj. / s. m.* (estar) Que se sobrentiende: *Esto no hace falta que lo digas, está sobrentendido.*

sobrepaga *s. f.* Cantidad de dinero que se añade a la paga: *En la empresa nos dieron una sobrepaga por trabajar el sábado.* SIN. extra.

sobreparto *s. m.* Puerperio.

sobrepasar *v. tr.* **1** Pasar ‹una persona o una cosa› de [un límite, una cantidad o una medida]: *Sus ingresos sobrepasan el sueldo mínimo. No sobrepase la línea fronteriza.* **2** Ser ‹una persona› superior [a otra persona] en [una característica determinada]: *Me sobrepasa* ***en*** *altura.* SIN. superar.

sobrepelliz *s. f.* Vestimenta blanca y fina, con mangas holgadas, que llevan sobre la sotana los sacerdotes y algunos legos, como los sacristanes o los miembros del coro, en ciertas funciones litúrgicas: *Todos los miembros del coro vestidos con sobrepellices subieron al altar mayor.*

sobrepeso *s. m.* Exceso de peso: *Pagué un plus por sobrepeso de equipaje.* SIN. sobrecarga.

sobreponer *v. tr.* **1** RESTRINGIDO. Superponer. **2** RESTRINGIDO. Anteponer. || *v. prnl.* **3** Ser ‹una persona› capaz de superar [una situación angustiosa o adversa]: *El héroe se sobrepuso* ***a*** *la fatiga y al dolor.* ⇒ **60.**

sobreprecio *s. m.* ECON. Recargo sobre el precio normal: *Este artículo lleva un sobreprecio.*

sobrepuesto, ta *p.* Participio irregular de *sobreponer.*

sobrepujar *v. tr.* Ser ‹una persona o una cosa› superior [a otra] en [una característica determinada]: *Esta chica sobrepuja a todos* ***en*** *inteligencia.*

sobrero *adj. / s. m.* TAUROM. [Toro] que está de reserva para substituir en caso de necesidad a alguno de los de la corrida: *El segundo cojeaba y fue substituido por el sobrero.*

sobresaliente *adj.* **1** (antepuesto / pospuesto) Que sobresale o destaca: *Jorge es un alumno sobresaliente.* ‖ *s. m.* **2** Máxima calificación académica, después de la matrícula de honor: *El niño ha sacado tres sobresalientes.*

sobresalir *v. intr.* **1** Ser ‹una persona o una cosa› más alta o estar más hacia afuera: *Sobresale el alero en la techumbre.* **2** Distinguirse ‹una persona o una cosa› por [una cualidad que posee en gran medida o en mayor grado que las demás]: *El científico galardonado pronto sobresalió* ***por*** *su talento.* SIN. destacar, descollar. ⇒ **72.**

sobresaltar *v. tr.* **1** Causar ‹una persona o una cosa› un susto o una sorpresa [a una persona]: *Me sobresaltó una explosión.* SIN. asustar. ‖ *v. prnl.* **2** Experimentar ‹una persona› un susto o una sorpresa: *No te oí entrar y me sobresalté al verte.* SIN. asustarse.

sobresalto *s. m.* Susto, alteración o inquietud que un hecho, generalmente repentino o brusco, produce en una persona: *Con tantos teléfonos estoy en continuo sobresalto.*

sobresdrújulo, la *adj. / s. m.* [Palabra] que lleva el acento principal en la sílaba anterior a la antepenúltima: *«Tíramelo» es una palabra sobresdrújula.*

sobreseer *v. tr.* Suspender ‹un juez o un tribunal› la tramitación de [una causa], por considerar que no hay motivo para continuarla o por no existir pruebas suficientes: *El tribunal supremo ha sobreseído el juicio.* ⇒ **49.**

sobreseimiento *s. m.* DER. Acción y resultado de sobreseer: *El abogado ha comunicado el sobreseimiento del caso.*

sobrestante *s. m.* RESTRINGIDO. Capataz que dirige a un grupo de trabajadores bajo las órdenes de un técnico: *sobrestante de obras públicas.*

sobrestimación o **sobreestimación** *s. f.* (no contable) Estimación exagerada de una cosa.

sobrestimar o **sobreestimar** *v. tr. / prnl.* Considerar ‹una persona› [a otra persona o una cosa] más de lo que merece o vale: *Me parece que este empleado* ***se*** *sobrestima. Sobrestimas mucho la seguridad de tu coche.* SIN. supervalorar.

sobresueldo *s. m.* Cantidad de dinero extra que se añade al sueldo habitual: *Todos los meses cobra un sobresueldo por las clases de inglés.* SIN. plus, sobrepaga.

sobretensión *s. f.* Sobrecarga eléctrica de un circuito.

sobretodo *s. m.* RESTRINGIDO. Vestimenta amplia y larga que se lleva encima de las demás prendas de vestir como protección o abrigo.

sobrevenir *v. intr.* **1** Suceder ‹una cosa› de forma repentina e imprevista: *Al paciente le sobrevino otro de sus ataques.* **2** Suceder ‹una cosa› después o además de [otra]: *Sobrevino una explosión* ***tras*** *el silencio.* ⇒ **86.**

sobrevirar *v. intr.* Tener ‹un automóvil› tendencia a salirse por el exterior de una curva al empezar a tomarla: *El coche que he probado tiene tendencia a sobrevirar un poco.*

sobreviviente *adj. / s. m.* y *f.* Que sobrevive: *Los sobrevivientes de la catástrofe aérea han sido ya rescatados.* SIN. superviviente.

sobrevivir *v. intr.* **1** Seguir viviendo ‹una persona› después de la muerte de [otra persona] o después de [una fecha o un suceso]: *La abuela ha sobrevivido* ***a*** *nuestros padres. Mi hermano sobrevivió* ***al*** *accidente.* **2** Durar ‹una persona o una cosa› más que otra en [determinada circunstancia]: *Los que sobrevivan* ***a*** *la eliminatoria irán a la final.* **3** Vivir ‹una persona› con un mínimo necesario: *Conseguimos sobrevivir sólo con el sueldo de mi mujer.*

sobrevolar *v. tr.* Volar ‹una persona, un animal o una cosa› sobre [un lugar]: *La avioneta sobrevoló la zona.*

sobrexceder *v. tr.* Ser ‹una persona o una cosa› superior [a otra] en [una característica determinada]: *Arturo sobrexcedía a todos* ***en*** *prudencia.*

sobrexcitación *s. f.* Sobreexcitación.

sobrexcitar *v. tr.* Sobreexcitar.

sobriedad *s. f.* (no contable) Característica de sobrio: *la sobriedad de sus gustos, la sobriedad de sus costumbres, la sobriedad de estilo.* SIN. moderación, mesura. ANT. exuberancia.

sobrino, na *s. m. / f.* Respecto de una persona, hijo o hija de su hermano o de su hermana. **~ segundo** Respecto de una persona, hijo o hija de su primo o de su prima.

sobrio, bria *adj.* **1** Que se hace con moderación: *Tu abuelo es sobrio* ***de*** *conversación. Miguel es sobrio* ***en*** *comer y beber.* **2** (antepuesto / pospuesto) Que no está muy adornado o recargado o que no es llamativo o exagerado: *poesía sobria, sobrio estilo, una sobria decoración, un vestido sobrio.* SIN sencillo. **3** (estar) Que no está borracho: *Estoy sobrio, no te preocupes, yo conduciré.* **4** Que conserva la calma o la tranquilidad en ciertas situaciones difíciles: *Paco suele mantenerse sobrio en momentos de riesgo.*

socaire *s. m.* MAR. Resguardo que proporciona una cosa en el lado opuesto al viento. FR. Y LOC. **al ~** Con la ayuda, con el apoyo, con la disculpa: *Al socaire* ***de*** *su cargo, el director se dedica a fastidiar a los jóvenes.*

socaliña *s. f.* RESTRINGIDO. Habilidad con que una persona obtiene de otra lo que quiere: *Pedro consiguió que Pilar lo invitara con socaliñas y zalamerías.* SIN. artimaña.

socapar *v. tr.* BOL., EC., MÉX. Encubrir ‹una persona› faltas ajenas.

socarrar *v. tr.* **1** Quemar o tostar ‹una persona› [una cosa] superficialmente: *Has socarrado el arroz.* SIN. chamuscar. ‖ *v. prnl.* **2** Quedar ‹una cosa› quemada o tostada superficialmente: *Se nos han socarrado las lentejas.* SIN. chamuscarse.

socarrén *s. m.* Parte del alero del tejado que sobresale de la pared: *Mis vecinos tuvieron que reparar el socarrén del tejado después de la tormenta.*

socarrón, na *adj. / s. m.* y *f.* **1** (ser/ estar) Que tiende a actuar con socarronería o se burla con habilidad o disimulo de una persona: *¡Menudo socarrón es tu hermano!* ‖ *adj.* **2** Que contiene socarronería: *mirada socarrona, risa socarrona.*

socarronería *s. f.* **1** (no contable) Actitud y comportamiento del que se burla con disimulo y afán de ofender: *Carlos utiliza su socarronería para ocultar su propia inseguridad.* **2** Burla disimulada y ofensiva: *Estaba harta de sus socarronerías.* SIN. chanza.

socavar *v. tr.* **1** Excavar ‹una persona› [una cosa] por debajo, dejándola sin apoyo y expuesta a hundirse: *Los alba-*

ñiles socavaron los cimientos de la casa. **2** Hacer disminuir ‹una persona o una cosa› la fuerza moral de [otra persona]: *Esa propaganda socava su prestigio.*

socavón *s. m.* Hoyo o bache grande producido por hundimiento del suelo: *Dos camiones han quedado atrapados en un socavón de la carretera producido por las lluvias.*

sochantre *s. m.* RESTRINGIDO. Canónigo que dirige el canto en una catedral. SIN. chantre.

sociabilidad *s. f.* (no contable) Característica de sociable: *Hay una tendencia en el hombre a la sociabilidad.*

sociable *adj.* **1** Que tiende a vivir en sociedad por naturaleza: *El hombre es sociable por naturaleza.* **2** Que es amable y disfruta relacionándose con los demás: *Javier es muy sociable y tiene un montón de amigos.* ANT. insociable. **3** [Animal] que convive con el hombre y no rehuye su compañía: *El perro y el gato son animales sociables.*

social *adj.* **1** De la sociedad humana y de las relaciones entre los individuos y clases: *organización social, posición social, vida social, convenciones sociales.* **clase* (~).** **2** Que tiene relación con los problemas de la sociedad, o muestra interés o preocupación por ellos: *conciencia social, desigualdades sociales, luchas sociales. Este organismo está realizando una profunda labor social de ayuda a los más necesitados.* **3** De una compañía o sociedad o de sus miembros: *capital social, domicilio social.* || *s. f.* **4** (plural) Ciencias Sociales: *Estudia Sociales en la Universidad Central.* **Ciencias Sociales.** **5** (plural) ARG., URUG. Crónicas de sociedad en un periódico. || **6 asistente* ~. 7 cobertura* ~. 8 estratificación* ~. 9 pacto* ~. 10 presión* ~. 11 prestación* ~. 12 razón* ~. 13 seguridad* ~. 14 vida* ~.**

socialdemocracia *s. f.* POLÍT. Conjunto de teorías, movimientos y partidos de carácter socialista que defienden la transformación de la sociedad mediante reformas progresivas en una democracia parlamentaria.

socialismo *s. m.* **1** (no contable) Conjunto de doctrinas que proponen la organización de una sociedad igualitaria, que preste más atención a los intereses colectivos que a los particulares. **~ científico. ~ utópico.** **2** (no contable) Ideología y sistema político y económico de los países comunistas: *el socialismo soviético.* **3** (no contable) Ideología y movimiento político progresista de algunos partidos de los países capitalistas.

socialista *adj.* **1** POLÍT. Del socialismo: *política socialista.* || *adj. / s. m.* y *f.* **2** POLÍT. Que es partidario del socialismo: *partido socialista.*

socializar *v. tr.* **1** Hacer ‹el gobierno de un país› que [propiedades, bienes de producción u otras fuentes de riqueza en manos de particulares] pasen a manos del Estado u otro organismo colectivo. SIN. nacionalizar. **2** Proporcionar ‹una persona› los recursos necesarios para promover [una cosa]: *Socializaremos la medicina en aquel barrio.* ⇒ **19.**

sociata *s. m. / f.* JERGAL. Socialista: *Los amigos sociatas me han invitado a su fiesta.*

sociedad *s. f.* **1** Conjunto de los seres humanos: *El odio es un mal de la sociedad.* **2** Conjunto de personas con unas características comunes que se relacionan en un momento o espacio concreto: *sociedad medieval, sociedad contemporánea. Diversas clases sociales pueden distinguirse dentro de la sociedad actual.* **3** Trato o relación entre estas personas: *Hay que saber vivir en sociedad.* **4** Mundo al que pertenecen personas de posición elevada que se distinguen por su elegancia y el refinamiento en las costumbres: *Carlota se puso de largo para presentarse en sociedad.* **alta ~. baile de ~. ecos* de ~.** **5** Conjunto de animales que viven en un grupo en el que cada uno cumple una función: *Los hormigueros y colmenas son sociedades en las que cada insecto desempeña un trabajo.* **6** Asociación de personas, entidades, países, que cooperan en actividades comunes y tratan de conseguir un mismo fin: *la Sociedad de Naciones.* **~ protectora de animales.** **7** DER. Contrato por el que dos o más personas físicas o jurídicas se comprometen a poner en común dinero, bienes o trabajo, con la finalidad de repartir entre sí las ganancias: *Mi suegro y yo hemos formado una sociedad para la explotación de varios hoteles.* **~ anónima** Sociedad mercantil que tiene el capital dividido en acciones cuyo importe es entregado por los socios que las suscriben, y que no responden personalmente de las deudas sociales. **~ cooperativa** Sociedad formada por productores o consumidores en beneficio de los socios. **~ (de responsabilidad) limitada** Sociedad mercantil formada por un número reducido de socios que no responden personalmente de las deudas sociales, y cuyo capital se divide en participaciones de igual valor. **~ mercantil** Sociedad con fines comerciales. || **8 ~ de consumo** Tipo de sociedad humana en la que se fomenta la adquisición y el consumo excesivo de bienes: *La sociedad de consumo quizá sea la responsable de todos nuestros males.*

society (del inglés) *s. f.* Se usa en la LOC. **jet* ~.**

socio, cia *s. m. / f.* **1** Miembro de una sociedad o asociación: *socio fundador, hacerse socio. Los socios de la peña han organizado el festival.* SIN. asociado. **2** Persona que se asocia con otra con un fin, especialmente comercial: *Los dos hermanos son socios en un negocio de automóviles.* **~ capitalista** Socio que aporta el dinero en una empresa. **~ industrial** Socio que no aporta dinero, sino sus servicios o conocimientos. **3** COLOQUIAL. Amigo o compañero: *¿Qué pasa socio?* || *s. f.* **4** JERGAL; PEYORATIVO. Prostituta o mujer que tiene ese aspecto: *En el bar aparecieron tres socias con traje de noche.*

sociobiología *s. f.* Parte de la Sociología que estudia la base biológica de las formas de conducta social en todo tipo de seres, incluido el hombre.

sociocultural *adj.* Del estado cultural de una sociedad o grupo social: *sistema sociocultural, estudio sociocultural.*

socioeconómico, ca *adj.* Que tiene relación con lo social y lo económico a la vez: *encuesta socioeconómica, condiciones socioeconómicas.*

sociolingüística *s. f.* (no contable) Parte de la Lingüística que estudia las relaciones entre la lengua y la sociedad.

sociología *s. f.* (no contable) Ciencia que estudia la sociedad humana: *La Sociología es una ciencia muy compleja.*

sociólogo, ga *s. m. / f.* Persona que se dedica profesionalmente a la Sociología: *Los sociólogos están estudiando las formas de diversión de la juventud.*

soco *s. m.* COL. Muñón.

soconusco *s. m.* AMÉR.; RESTRINGIDO. Chocolate muy fino de buena calidad, al que se le añadían polvos aromáticos.

socorrer *v. tr.* Ayudar ‹una persona› [a otra persona en un peligro o en una necesidad]: *Los países enviaron víveres para socorrer a los damnificados.*

socorrido, da *adj.* (antepuesto / pospuesto) [Recurso, solución] que se usa o se hace fácilmente y con frecuencia: *tema muy socorrido, un socorrido primer plato.*

socorrismo *s. m.* (no contable) Conjunto de actividades y técnicas destinadas a prestar ayuda inmediata en caso de accidente, especialmente en el agua: *Todos los monitores de la piscina han hecho un curso de socorrismo.*

socorrista *s. m. / f.* Persona preparada para prestar socorro en caso de accidente: *los socorristas de la playa, el equipo de socorristas. El socorrista le salvó la vida.*

socorro *s. m.* **1** Acción y resultado de socorrer: *Dos policías prestaron socorro a un anciano.* SIN. ayuda. **casa* de ~. puesto* de ~.** **2** Aquello con que se socorre, como ropa, alimentos o medicinas: *Enviaron socorro a la zona siniestrada.* SIN. auxilio. || *interj.* **3** Se usa para pedir ayuda: *¡Socorro, que me ahogo! ¡Socorro, fuego!*

socrático, ca *adj.* **1** De Sócrates: *filosofía socrática, diálogos socráticos, método socrático.* || *adj. / s. m.* y *f.* **2** Que sigue la doctrina de Sócrates: *Ese autor es un socrático muy famoso.*

soda *s. f.* **1** (no contable) Bebida elaborada con agua y ácido carbónico, a la que se añade generalmente algún saborizante, como la esencia de limón. **2** Medida de este líquido contenida en una botella o botellín. || *adj.* **3** COL. Que es muy bueno. || **4 fuente* de ~.**

sódico, ca *adj.* Del sodio. **bicarbonato* ~. cloruro* ~** o **cloruro de sodio.**

sodio *s. m.* **1** *Na.* Elemento químico metálico, alcalino, blando y abundante en la naturaleza, que reacciona violentamente con el agua y se oxida en contacto con el aire. || **2 carbonato* de ~. 3 cloruro* sódico** o **cloruro de ~. 4 nitrato* de ~.**

sodomía *s. f.* **1** ELEVADO. Relación homosexual: *La Biblia condena la sodomía.* **2** ELEVADO. Coito anal: *La sodomía es práctica habitual en ciertas sociedades.*

sodomizar *v. tr.* ELEVADO. Someter ‹una persona› [a otra persona] a sodomía: *El jefe del campamento ha sido acusado de sodomizar a varios jóvenes.* ⇒ **19.**

soez *adj.* ELEVADO. Que se comporta con grosería y vulgaridad o la tiene: *persona soez. Ese cantante escandalizaba a las señoras con sus gestos soeces. Éste es un libro soez.*

sofá (plural *sofás*) *s. m.* **1** Asiento cómodo, con respaldo y brazos, para dos o más personas: *sentarse en el sofá, levantarse del sofá.* || **2 ~ cama** Sofá que puede convertirse en cama: *El niño duerme en el sofá-cama del salón.*

sófero, ra *adj.* PERÚ. Que es contundente o rotundo.

sofión *s. m.* **1** RESTRINGIDO. Respuesta o reproche brusco con que se demuestra enfado: *Nos hemos disculpado ante Elena por no haber ido ayer a la cita, pero nos ha contestado con un sofión tremendo.* **2** GEOL. Emisión natural de vapor de agua y otros gases a alta temperatura y presión.

sofisma *s. m.* LÓG. Argumento aparentemente lógico mediante el cual se quiere defender algo falso o confundir al interlocutor: *Lo que dices es ingenioso, pero me parece un sofisma poco convincente.*

sofista *adj. / s. m.* y *f.* **1** Que utiliza sofismas: *Eres un perfecto sofista.* || *s. m.* **2** HIST. Filósofo de la antigua Grecia que enseñaba el arte retórico de hablar en público defendiendo las teorías más contradictorias: *Los sofistas han tenido en muchos casos mala fama injustificada.*

sofisticación *s. f.* **1** (no contable) Refinamiento extremo de una persona o cosa: *Miguel viste con mucha sofisticación.* **2** (no contable) Complejidad de un aparato o técnica: *La sofistificación de estas máquinas es increíble.*

sofisticado, da *adj.* **1** (antepuesto / pospuesto) Que es elegante y de gustos muy caros o excéntricos: *una mujer sofisticada, un sofisticado caballero.* **2** (antepuesto / pospuesto) [Máquina, mecanismo] que es muy complicado en su estructura o manejo: *El nuevo avión es un arma muy sofisticada.*

sofisticar *v. tr.* **1** Dar ‹una persona› excesivo artificio o refinamiento [a otra persona] o a [una cosa], restándole naturalidad o sencillez: *Tanta modernidad sofistica su aspecto.* **2** Hacer ‹una persona› más complicada o perfecta [una cosa] utilizando métodos o tecnología muy avanzados: *Han sofisticado tanto el proceso informático, que ahora se precisa un especialista.* **3** RESTRINGIDO. Dar ‹una persona› argumentos para defender [un razonamiento falso]. ⇒ **71.**

sofístico, ca *adj.* **1** Del sofisma o que lo contiene: *argumento sofístico.* **2** De los sofistas o de su doctrina: *movimiento sofístico.*

soflama *s. f.* Discurso apasionado con que se intenta arrastrar a un grupo de personas para que hagan algo: *El líder lanzó una soflama a sus partidarios para que fueran a la manifestación.*

sofocación *s. f.* RESTRINGIDO. Acción y resultado de sofocar o sofocarse: *Los bomberos emplearon varias horas en la sofocación del incendio.*

sofocante *adj.* Que sofoca: *Hace un calor sofocante. La falta de espacio es sofocante. Este aire es sofocante.*

sofocar *v. tr.* **1** Producir ‹el calor excesivo u otra causa› sensación de ahogo [a una persona]: *Esta atmósfera sofoca a cualquiera.* **2** Impedir ‹una persona› que siga desarrollándose [una cosa]: *No tienes que sofocar tus sentimientos.* **3** Hacer ‹una persona o una cosa› que [otra persona] se ruborice o se avergüence: *Las palabras de mi madre me sofocan.* **4** Causar ‹una persona o una cosa› molestia o agobio [a otra persona]: *No sofoques al niño con los estudios, que está de vacaciones.* || *v. prnl.* **5** Experimentar ‹una persona› sensación de ahogo por [el calor excesivo u otra causa]: *El abuelo se sofoca subiendo escaleras.* **6** Experimentar ‹una persona› vergüenza o rubor a causa de [otra persona o una cosa]: *El joven es tímido y se sofoca con cualquier cosa.* **7** Manifestar ‹una persona› irritación o excitación por una cosa: *No menciones el tema, si no quieres que se sofoque.* **8** Sufrir ‹una persona› un sofoco o un disgusto: *No te sofoques, todo se arreglará.* ⇒ **71.**

sofoco *s. m.* **1** Sensación de ahogo: *Tengo sensación de sofoco. Si sigue corriendo le va a dar un sofoco.* **2** Sensación de calor, generalmente acompañada de enrojecimiento de la piel y sudor: *Tengo mucho sofoco.* **3** Disgusto grande: *Luis se va a llevar un sofoco cuando se entere.*

sofocón *s. m.* COLOQUIAL. Disgusto muy grande: *Mi padre se ha llevado un sofocón cuando ha visto el suspenso.*

sofoquina *s. f.* COLOQUIAL. Sofoco muy grande o intenso: *Tengo sofoquina de subir las escaleras.*

sófora *s. f. Sophora japonica.* Árbol leguminoso de la familia de las papilionáceas, de hojas compuestas y flores amarillas en racimos colgantes, muy resistente a la sequía.

sofreír *v. tr.* Freír ‹una persona› [un alimento] ligeramente: *Hay que sofreír una cebolla cortada muy menuda.* ⇒ **42** y **92.**

sofrenar *v. tr.* **1** Retener ‹una persona› [un caballo] tirando firmemente de las riendas: *Sofrena bien al caballo, no lo dejes suelto.* SIN. refrenar. **2** ELEVADO. Dominar ‹una persona› [una pasión o un impulso]: *Sofrena tu ira.* SIN. refrenar.

sofrito *s. m.* **1** (no contable) COCINA. Condimento elaborado con diversos ingredientes fritos, especialmente tomate, cebolla y especias: *sofrito de cebolla, preparar un sofrito.* ‖ *p.* **2** Participio irregular de *sofreír.*

sofrología *s. f.* Parte de la Psiquiatría que estudia los cambios de conciencia en el hombre y sus aplicaciones terapeúticas: *La sofrología puede ayudar a curar el estrés.*

software (del inglés; pronunciamos '*sofgüer*') *s. m.* INFORM. Conjunto de instrucciones y reglas que permiten al ordenador ejecutar sus programas: *Si compramos un ordenador nos regalan el software.*

soga *s. f.* Cuerda gruesa, trenzada o retorcida, de esparto: *Necesitamos una soga para atar bien el mueble antes de izarlo hasta el balcón.* SIN. maroma. FR. Y LOC. **con la ~ al cuello** COLOQUIAL. En situación muy difícil o apurada: *Con la crisis todo el mundo está con la soga al cuello.* REFR. **No hay que mentar la soga en casa del ahorcado.** Se utiliza como consejo para evitar decir cosas relacionadas con los interlocutores, porque éstos pueden molestarse.

sogún *s. m.* HIST. Shogun.

soja *s. f. Glycine max.* Planta leguminosa de la familia de las papilionáceas, de hojas compuestas, flores en racimo violetas y blancas y fruto en vaina con semillas que se emplean en alimentación y en la industria textil: *aceite de soja.*

sojuzgar *v. tr.* Dominar ‹una persona› [a otra persona o un país] con violencia: *Los habitantes de este país no se dejarán sojuzgar por otros pueblos.* SIN. someter, oprimir. ⇒ **56.**

soka-tira *s. m.* Deporte vasco en el que dos equipos separados por una línea tiran de los extremos de una cuerda intentando arrastrar al contrario hasta su propio campo: *A los niños les gusta practicar el soka-tira.*

sol *s. m.* **1** (en mayúscula) ASTRON. Estrella luminosa que constituye el centro del Sistema Solar: *El Sol proporciona luz y calor a la Tierra.* **~ naciente** Sol que empieza a dejarse ver en el horizonte. **~ poniente** Sol que se oculta debajo del horizonte. **2** Cualquier estrella alrededor de la cual gravita un sistema planetario: *En el universo hay millones de soles.* **3** Luz y calor que irradia el Sol sobre la Tierra: *Le gusta tomar el sol para ponerse morena. Aquí da el sol por la mañana.* **~ de justicia** COLOQUIAL; INTENSIFICADOR. Sol muy intenso: *El día está muy caluroso, hace un sol de justicia.* **4** Lugar con sol: *Ponte a la sombra, que al sol hace mucho calor.* **5** COLOQUIAL; AFECTIVO. Persona encantadora: *Sonia es un sol, se porta muy bien con todos.* **6** MÚS. Nombre de la quinta nota o sonido de la escala musical. **7** Unidad monetaria del Perú. ‖ **8 reloj* de ~. 9 ~ y sombra** Copa de anís y coñac. FR. Y LOC. **arrimarse al ~ que más calienta** Adular ‹una persona› a otra para poder obtener algún beneficio: *Pablo se arrima siempre al sol que más calienta.* **de sol a ~** INTENSIFICADOR. Durante todo el día, desde el amanecer hasta el anochecer: *trabajar de sol a sol.* **eclipse* solar** o **eclipse de ~. no dejar ni a ~ ni a sombra** INTENSIFICADOR. Acompañar o perseguir continuamente ‹una persona› a otra persona: *El niño no te deja ni a sol ni a sombra.* **pegar / picar el ~** COLOQUIAL; INTENSIFICADOR. Calentar mucho el sol: *Hoy pica el sol, no hay quien lo soporte.*

solado *s. m.* Revestimiento del suelo con baldosas u otro material: *Tenemos que cambiar el solado del baño.*

solador *s. m.* RESTRINGIDO. Albañil especializado en solar construcciones: *el solador de una obra.*

soladura *s. f.* Acción y resultado de solar pisos.

solamente *adv. modo* **1** RESTRINGIDO. De un modo solo, en una sola cosa, o sin otra cosa. ‖ *adv. cant.* **2** Sólo. OBSERVACIONES: ◊ Al contrario que *sólo*, no suele admitir la presencia del intensificador *tan.* Frente a: *Tan sólo dos, ni tan siquiera una,* véase: *Solamente me quedan tres. Come solamente vegetales.* –«*¿Solamente?*» –«*Solamente.*» ◊ Tiene un carácter encubiertamente negativo = "no... más que": *solamente gana mil* = *gana no más que mil.* ◊ Muchos hablantes, en el uso coloquial, lo utilizan en combinación con la partícula comparativa *que: Solamente hace que decir tonterías.* Es preferible decir: *No hace más que decir tonterías* o *Lo único que hace es decir tonterías* o, en registro intencionadamente culto: *No hace sino decir tonterías.* FR. Y LOC. **~ que** 1 Funciona como locución conjuntiva adversativa y equivale a *sólo que, con la única diferencia de que,* o *lo único que pasa (es) que* e incluso a veces, en cierto modo, a *pero.* No influye en el modo, que será normalmente indicativo o condicional salvo en los casos esperables (*poder, deber* + pluscuamperfecto de subjuntivo en apódosis encubiertas): *Es muy simpático, solamente que hoy está disgustado. Ésa no hubiera sido mala idea, solamente que hubiéramos* (o *habríamos*) *tenido menos tiempo de descanso.* 2 Funciona como locución conjuntiva condicional y equivale a *con el único requisito de que, con sólo que.* Impone subjuntivo y suele aparecer en cláusulas antepuestas: *Solamente que costara un millón menos, podría comprármela.* Es más frecuente *solamente con que* y *sólo con que* o *con sólo que: El perro sólo con que huela a su amo sale corriendo. Con sólo que vea a su amo sale corriendo.*

solana *s. f.* **1** Lugar donde el sol da de lleno: *Antes de comer paseamos por la solana de la Plaza Mayor.* SIN. solanera. **2** Terraza o pieza de la casa donde da el sol.

solanáceo, a *adj.* **1** BOT. [Planta] que es dicotiledónea, de hojas alternas, flores de forma acampanada, fruto carnoso con muchas semillas y, en muchas especies, rizomas comestibles, como la patata, el tabaco y la tomatera. ‖ *s. f.* **2** (preferentemente en plural) BOT. Familia de estas plantas.

solanera *s. f.* **1** (no contable) Exceso de sol: *¡Vaya solanera que hace hoy!* **2** Lugar donde da mucho el sol: *El viejo se sentó en plena solanera.* SIN. solana. **3** (no contable) Efecto perjudicial que suele producir en una persona la exposición prolongada a un sol intenso: *Llegó a casa con una solanera terrible.*

solano *s. m.* **1** Viento del este. **2** RESTRINGIDO. Viento cálido y sofocante.

solapa *s. f.* **1** Prolongación del cuello de una prenda de vestir que se dobla hacia fuera sobre el pecho: *la solapa de la chaqueta.* **2** Parte, generalmente triangular, por donde se dobla un sobre para cerrarlo: *El remite se escribe en las solapas de los sobres.* **3** Prolongación lateral de la cubierta o de la sobrecubierta de un libro que se dobla hacia dentro: *La foto y la biografía del autor aparecen en la solapa del libro.*

solapado, da *adj.* (ser / estar) ELEVADO. Que oculta con engaño sus intenciones o ideas con el fin de conseguir su propósito: *sonrisa solapada. Su manera de actuar era muy solapada.*

solapar *v. tr.* **1** Tapar ‹una persona o una cosa› [una cosa] total o parcialmente. **2** Disimular u ocultar ‹una persona› [un propósito o una actuación] engañosamente: *Solapaba sus perversas intenciones con amables palabras.* **3** MÉX. Disimular u ocultar ‹una persona› [errores o faltas ajenos]. || *v. intr.* **4** Quedar ‹una prenda de vestir› montada al hacer coincidir unas partes sobre otras: *Este chaleco solapa bien.* || *v. prnl.* **5** Estar ‹varias cosas› de modo que unas cubran parcialmente a otras: *Las escamas de un pez se solapan unas sobre otras.* **6** Coincidir ‹una circunstancia› [con otra]: *Eso se solapa con lo que dije antes.* **7** ARG. Despegarse parcialmente ‹una cosa que estaba pegada›.

solapero *s. m.* URUG. Tarjeta identificadora de solapa.

solar *v. tr. / intr.* **1** Cubrir ‹una persona› [un suelo] con ladrillos o baldosas: *Los albañiles nos solarán la terraza el lunes próximo. No sé cuanto pueden cobrar por solar* ***en*** *toda la casa.* **2** RESTRINGIDO. Poner ‹una persona› suelas a [los zapatos]: *Tenemos que solar las botas.* ⇒ **28.**

solar *adj.* **1** Del sol: *rayos solares, ciclo solar.* **día* ~. eclipse* ~** o **eclipse de sol. espectro* ~. sistema*~. tiempo* ~ / verdadero.** **2** Que protege del sol: *crema solar, gafas solares.* **3** Que funciona con el sol o con energía solar: *placas solares, planta solar, reloj solar.* **calculadora ~. central* ~.** || *s. m.* **4** Porción de terreno para edificar: *En este solar van a construir pisos de cinco alturas.*

solariego, ga *adj.* De linaje noble o antiguo: *escudo solariego, villa solariega.* **casa* solariega.**

solario *s. m.* Solárium.

solárium o **solario** *s. m.* Lugar reservado para tomar el sol: *Esta piscina tiene un buen solárium.*

solaz *s. m.* ELEVADO. Placer, distracción: *La lectura es mi único solaz. Pilar dice que la familia es el solaz más sano.*

solazar *v. tr.* **1** ELEVADO. Proporcionar ‹una persona o una cosa› solaz o distracción [a otra persona]: *Un paseo por el parque solaza a los niños.* || *v. prnl.* **2** Distraerse ‹una persona› [con otra persona o con una cosa]: *Ellos se solazaban* ***con*** *la música clásica.* ⇒ **19.**

solazo *s. m.* COLOQUIAL. Sol fuerte y riguroso: *El anciano tuvo que esperar el autobús aguantando el solazo del mediodía.*

soldada *s. f.* RESTRINGIDO. Sueldo, especialmente el que cobran los soldados: *La soldada en este trabajo no es mucha.*

soldadera *s. f.* HIST.; MÉX. Mujer que acompañaba a los soldados o se incorporaba al ejército durante la Revolución Mexicana.

soldadesco, ca *adj.* **1** PEYORATIVO. De los soldados: *la vida soldadesca, el lenguaje soldadesco.* || *s. f.* **2** PEYORATIVO. Conjunto de soldados, especialmente los que cometen abusos: *La soldadesca ha saqueado algunas viviendas.*

soldado *s. m.* **1** Militar sin graduación en el ejército: *En ese campo se entrenan los soldados.* **2** Profesional de un ejército: *El general es un gran soldado.* **3** Defensor de una idea: *soldado de la libertad.* FR. Y LOC. **hogar* del ~.**

soldador *s. m.* **1** Hombre que tiene por oficio soldar: *Un soldador se ha caído del andamio en los astilleros.* **2** Instrumento que sirve para soldar: *soldador eléctrico.*

soldadura *s. f.* **1** Acción y resultado de soldar: *la soldadura de una fractura ósea, la soldadura de una grieta. La soldadura de estas piezas es difícil.* **2** Lugar de unión entre dos cosas soldadas: *La bicicleta se rompió por la soldadura.* **3** Material que se usa para unir las cosas que se sueldan: *No he podido acabar porque me falta soldadura.* || **4 ~ autógena** Soldadura en la que no se utiliza una materia extraña, sino que se funden los bordes de las cosas que se sueldan.

soldar *v. tr.* **1** Unir ‹una persona› [dos o más cosas] fundiendo sus bordes o uniéndolos con otro material igual: *Hay que soldar el cuadro de la bicicleta.* || *v. prnl.* **2** Quedar ‹dos o más cosas› unidas fuertemente por sus bordes: *Los huesos se sueldan con reposo.* ⇒ **28.**

soleá (plural *soleares*) *s. f.* Baile y copla flamencas de carácter melancólico y compás de tres por ocho: *cantar una soleá.*

soleado, da *adj.* **1** (ser / estar) Que tiene mucho sol: *tarde soleada. El salón a estas horas está muy soleado.*

solear *v. tr.* **1** Tener ‹una persona› [una cosa] tendida al sol durante un tiempo: *Las mujeres de pueblo solean la ropa para que se ponga blanca.* || *v. prnl.* **2** Estar ‹una cosa› tendida al sol: *Se está soleando la colada.*

solecismo *s. m.* GRAM. Error que consiste en emplear una palabra o expresión incorrecta o sintácticamente mal construida: *Los gramáticos condenan los solecismos.*

soledad *s. f.* **1** (no contable) Tristeza que se siente por la ausencia, muerte o pérdida de una persona o cosa: *Pepe enfermó de soledad cuando murió su hermana.* SIN. melancolía. **2** (no contable) Ausencia voluntaria o involuntaria de compañía: *La soledad le permite pensar más en sus problemas.* SIN. aislamiento. **3** Lugar deshabitado y circunstancia de estarlo: *El alpinista murió en la soledad de la montaña.*

solemne *adj.* **1** (antepuesto / pospuesto) Que se celebra con esplendor y grandeza: *una solemne fiesta, un acto solemne.* **2** [Lenguaje, tono] que se emplea para decir cosas muy importantes o graves: *El novio usó un tono solemne para anunciar su compromiso.* **3** (antepuesto / pospuesto) Que es importante o grave: *un solemne juramento, una declaración solemne.* **4** Que es majestuoso o imponente: *El salón tenía un aspecto solemne.* **5** (antepuesto) Que es grande: *una solemne tontería, un solemne disparate.* || **6 voto* ~.**

solemnidad *s. f.* **1** (no contable) Calidad de solemne: *La locutora dio la noticia por televisión con excesiva solemnidad.* **2** Acto solemne o celebración, especialmente religiosa: *La inauguración del curso es una solemnidad académica.*

solemnizar *v. tr.* **1** Celebrar ‹una persona› [una cosa] de manera solemne: *Para solemnizar las bodas de plata de mis padres contrataremos una orquesta.* **2** Dar ‹una persona o una cosa› solemnidad o importancia a [una cosa]: *La presencia de las autoridades solemnizaba el acto.* ⇒ **19.**

solenoide *s. m.* ELECTRÓN. Hilo conductor arrollado en espiral por el que circula una corriente de determinada intensidad que crea un campo magnético inducido muy homogéneo o intenso: *Los solenoides se usan para fabricar electroimanes.*

sóleo *s. m.* ANAT. Músculo de la pantorrilla que se une a los gemelos para formar el tendón de Aquiles y sirve para elevar el talón y extender el pie.

soler *v. tr.* **1** Tener ‹una persona› por costumbre [hacer una cosa]: *Suelo venir aquí los martes.* SIN. acostumbrar.

2 Tener ‹una cosa› [una característica] habitualmente: *Estos melones suelen salir buenos.* SIN. acostumbrar. ⇒ **77.**

solera *s. f.* **1** Carácter tradicional de un lugar o de un grupo: *casa con solera, marca de solera. Éste es uno de los barrios con más solera de Madrid.* **2** Vejez de un vino: *Este vino no tiene solera.* **vino* de ~.** **3** RESTRINGIDO. Piedra fija del molino. **4** MÉX. Baldosa, ladrillo. **5** ARG. Vestido femenino de tirantes sin mangas y muy escotado que se usa en verano.

solfa *s. f.* COLOQUIAL. Paliza: *Le voy a meter una solfa cuando lo pille.* FR. Y LOC. **poner en ~** COLOQUIAL. Ridiculizar ‹una persona› a otra persona o una cosa: *El crítico de este periódico ha puesto en solfa la obra que se estrenó ayer.*

solfatara *s. f.* GEOL. Emisión de gases sulfurosos de las grietas de las zonas volcánicas: *las solfataras del Vesubio.*

solfear *v. tr. / intr.* Cantar ‹una persona› [una composición musical] marcando el compás y pronunciando el nombre de las notas: *Tengo todavía que solfear dos canciones.*

solfeo *s. m.* **1** MÚS. Técnica para leer un texto musical: *Antes de empezar a tocar un instrumento le exigen dominar el solfeo.* **2** MÚS. Estudios de música para aprender a leer un texto musical: *Mi hija estudia cuarto de solfeo.*

solicitar *v. tr.* **1** Pedir ‹una persona› [una cosa] de manera respetuosa o siguiendo los trámites necesarios: *Solicité una beca.* **2** Intentar conseguir ‹una persona› la presencia o la amistad de [otra persona]: *La solicitan en todas las fiestas.* SIN. requerir. **3** Intentar enamorar o conquistar ‹una persona› [a otra persona]: *Tu hijo está muy solicitado en su curso.* SIN. requerir, cortejar, pretender.

solícito, ta *adj.* Que actúa con diligencia o amabilidad por hacer un favor a alguna persona o cumplir una orden: *Ese vecino siempre ha sido muy solícito con todos nosotros.*

solicitud *s. f.* **1** Acción o efecto de solicitar: *Debo hacer la solicitud por escrito. En este momento no podemos atender su solicitud.* **2** Documento mediante el cual se solicita una cosa: *una solicitud de trabajo. Entregué mi solicitud en la ventanilla.* **3** Diligencia, amabilidad: *Nos atendió con gran solicitud.*

solidaridad *s. f.* (no contable) Apoyo temporal a los problemas o acciones de otros: *Carlos se unió a la huelga por solidaridad con sus compañeros.* ANT. insolidaridad.

solidario, ria *adj.* Que se solidariza con otras personas en una opinión, un ideal, una actitud, un comportamiento o una acción: *actitud solidaria. Me siento solidario* ***con*** *todos vosotros. Me hago solidario* ***de*** *esta causa.*

solidarizar *v. tr.* **1** Hacer ‹una persona o una cosa› que [otra persona] sea solidaria de [una tercera persona o de una cosa]: *El dictador ha conseguido que todos los pueblos se solidaricen* ***con*** *nosotros.* || *v. prnl.* **2** Mostrarse ‹una persona› solidaria con [una persona o una cosa]: *Él se solidarizó con sus compañeros.* ⇒ **19.**

solideo *s. m.* Casquete de tela, de diferentes colores según la jerarquía, utilizado por algunos religiosos para cubrirse la coronilla: *El Papa lleva el solideo de color blanco y los obispos violeta.*

solidez *s. f.* (no contable) Característica de sólido: *la solidez del terreno, la solidez de una relación, la solidez de sus argumentos, la solidez de un edificio.*

solidificación *s. f.* (no contable) FÍS. Acción y resultado de solidificar o solidificarse: *el proceso de solidificación del agua en hielo.*

solidificar *v. tr.* **1** Hacer ‹una persona o una cosa› que [un cuerpo] pase del estado líquido al sólido: *Para solidificar un líquido o un fluido se le somete a bajas temperaturas.* || *v. prnl.* **2** Pasar ‹un fluido› del estado líquido al sólido: *El agua se solidifica por la acción del frío.* ⇒ **71.**

sólido, da *adj. / s. m.* **1** FÍS. [Cuerpo] que tiene forma estable y ofrece resistencia a ser dividido: *El hielo es agua sólida.* **combustible ~.** || *adj.* **2** (antepuesto / pospuesto) Que es fuerte y resistente: *sólida estructura, colores sólidos, sólida relación.* **3** [Idea, pensamiento] que está defendido por razones bien fundamentadas: *teoría sólida.* || *s. m.* **4** GEOM. Cuerpo geométrico: *averiguar el área de este sólido.*

soliloquio *s. m.* LIT. Reflexión en voz alta y a solas: *soliloquios del alma con Dios, los soliloquios de un personaje en una obra de teatro.* SIN. monólogo.

solio *s. m.* Trono real con dosel: *el solio de un emperador.* || **2 ~ pontificio** Dignidad de Papa: *El cardenal ha asegurado que no aspira al solio pontificio.*

solipsismo *s. m.* (no contable) FILOS. Actitud filosófica de los que afirman que sólo existe o puede ser conocido el propio yo: *El solipsismo de su ideología no nos interesa.*

solista *s. m. / f.* **1** Músico o cantante que interpreta un solo musical: *un solista vocal, un solista instrumental.* **2** Cantante que no se acompaña de un grupo musical: *Se separó del grupo y ahora ha empezado una nueva carrera como solista.*

solitaria *s. f.* Tenia.

solitario, ria *adj.* **1** (ser / estar) Que está deshabitado o poco habitado o concurrido, desierto, sin amparo o protección: *Mi barrio es muy solitario. Esto está muy solitario, vámonos de aquí.* **lugar ~.** || *adj. / s. m.* y *f.* **2** (ser / estar) Que gusta de estar en soledad o que vive en soledad: *Pablo lleva una vida muy solitaria.* || *s. m.* **3** Brillante engarzado como única piedra en una joya. **4** Juego para una sola persona: *Los solitarios más frecuentes se hacen con la baraja.*

soliviantar *v. tr.* **1** Hacer ‹una persona› que [otra persona] adopte una actitud rebelde o violenta: *Los padres acusan al maestro de soliviantar a los niños* ***contra*** *sus familias.* **2** Causar ‹una persona o una cosa› irritación o inquietud [a una persona]: *Sus tonterías me soliviantan.* SIN. indignar. **3** Hacer ‹una persona› que [otra persona] conciba esperanzas infundadas o deseos insensatos: *Deja de soliviantarla con planes absurdos.* || *v. prnl.* **4** Adoptar ‹una persona› una actitud rebelde o violenta: *Rosa es una chica poco dócil, enseguida se solivianta en clase.* **5** Experimentar ‹una persona› irritación o inquietud: *Tranquilo, te soliviantas sin razón, nadie te está atacando ahora.* SIN. indignarse.

soliviar *v. tr.* ARG.; COLOQUIAL. Robar ‹una persona› [una cosa].

solla *s. f.* (macho y hembra) *Pleuronectes platessa.* Pez de cuerpo aplanado, con los dos ojos en un lado, y de piel suave grisácea con manchas anaranjadas, que vive en el Atlántico y en el Mediterráneo y es comestible.

sollado *s. m.* MAR. Cubierta interior de un barco, donde están los camarotes y los almacenes.

sollozar *v. intr.* Llorar ‹una persona› con respiración entrecortada y movimientos bruscos y temblorosos: *El niño sollozaba en la cama.* ⇒ **19.**

solo, la *adj.* **1** (estar) Que no tiene compañía: *Paco está solo en su habitación. María ha ido sola al concierto. ¿Qué haces ahí solo?* **2** (ser / estar) Que no tiene familia ni amigos, nadie que le ayude, proteja o consuele: *Soy un hombre solo, sin familia ni amigos.* **3** Que no está mezclado con nada o que no tiene ningún añadido: *Quiero un café solo. Me gusta el arroz solo, sin tomate ni nada.* **café* ~.** **4** (estar) Que está desierto o deshabitado: *La calle está sola. Tras la tormenta el parque se ha quedado solo.* **5** (antepuesto) Que es único en su especie: *Una sola razón le hacía venir a la reunión.* || *adv.* **6** (se puede escribir *sólo*) Solamente, únicamente. || *s. m.* **7** MÚS. Composición musical o parte de ella interpretada por una única voz o un único instrumento: *tocar un solo. En la canción hay un solo de violín.* **8** Danza o parte de ella que se baila sin pareja. FR. Y LOC. **a solas** 1 Sin compañía : *Marta pasó toda la noche a solas.* 2 Únicamente con las personas o cosas indicadas: *Le gusta estar a solas* ***con*** *sus pensamientos.* **pintarse* ~. por sí* ~. quedarse ~** COLOQUIAL. No tener ‹una persona› competidor o rival: *Cuando se pone a beber Marcos se queda solo.* **tan sólo** Solamente.

solomillo *s. m.* **1** Carne situada entre las costillas y el lomo de las reses destinadas al consumo: *El carnicero recibió los solomillos que había pedido.* **2** Filete de carne de esta parte de la res: *Un solomillo muy pasado, por favor.*

solsticio *s. m.* Momento del año en que la diferencia entre día y noche es mayor, tiene lugar el 21 ó 22 de junio y el 21 ó 22 de diciembre: *solsticio de verano, solsticio de invierno.*

soltar *v. tr.* **1** Hacer ‹una persona› que [una cosa que estaba atada o sujeta] deje de estarlo: *Suéltate el pelo en invierno.* **2** Dejar ‹una persona› en libertad [a otra persona, un animal o una cosa]: *Las autoridades soltaron a varios presos. No sueltes el agua del baño, que la aprovecharé para fregar el patio.* SIN. liberar, libertar. **3** Dejar salir ‹una cosa› [otra cosa] de su interior: *La carne ha soltado mucho jugo.* **4** Extender ‹una persona› [una cosa que estaba enrollada]: *Suelta más cable, que no llega hasta el enchufe.* **5** Dejar ‹una persona› [una cosa] más floja de lo que estaba: *Si te molesta, suéltate el cinturón.* **6** COLOQUIAL. Dar ‹una persona› [dinero]: *Tu padre nunca suelta una peseta.* **7** Dar ‹una persona o un animal› [un golpe]: *El caballo soltó una coz.* SIN. asestar, propinar. **8** Dejar salir ‹una persona› de sí [una manifestación fisiológica o la expresión de un sentimiento] de manera involuntaria: *Manolo soltó un grito al entrar en la cueva.* **9** Decir ‹una persona› [una cosa poco conveniente o aburrida]: *Espero que no suelte otro discurso.* SIN. largar (COLOQUIAL). || *v. tr. / prnl.* **10** Provocar ‹una persona o una cosa› la evacuación [del vientre]: *Mi abuela toma mucha fruta para soltar**se** el vientre.* || *v. prnl.* **11** Quedar ‹una persona, un animal o una cosa› libre de sujeción: *Se soltó la correa del ventilador.* **12** Comenzar ‹una persona› a [hacer una cosa]: *A los quince meses, el niño se soltó* ***a*** *andar.* SIN. empezar. **13** Adquirir ‹una persona› soltura en [una cosa]: *Ya empieza a soltarse* ***con*** *el inglés.* SIN. manejarse, desenvolverse. **14** Perder ‹una persona› la timidez o el apuro en el trato con los demás: *Andresito, en cuanto tomó confianza, empezó a soltarse y a ser maleducado.* FR. Y LOC. **aflojar / ~ la pasta*** o **la mosca. dar rienda* suelta** o **~ las riendas. no ~ prenda*. ~ amarras*. ~ / tirar / lanzar un puyazo*. soltarse el pelo*. soltarse la melena*. ~ / soltársele la lengua*** o **soltarse de la lengua. ⇒ 28.**

soltería *s. f.* (no contable) Estado en que se encuentra una persona soltera, que no se ha casado: *Elisa está muy bien en su soltería y no se casa.* SIN. celibato.

soltero, ra *adj. / s. m.* y *f.* Que no está casado: *Álvaro es un chico muy cariñoso, soltero y con trabajo, ¿qué mas quieres?* SIN. célibe. **despedida* de ~.**

solterón, na *adj. / s. m.* y *f.* **1** Que, según la opinión de algunas personas, debería haberse casado ya, dada la edad que tiene: *Soy un solterón empedernido.* || *s. m.* **2** COL. Galán de noche, percha.

soltura *s. f.* **1** Facilidad, agilidad: *Habla francés con soltura. Conduce con soltura.* **2** COL.; COLOQUIAL. Diarrea.

solubilidad *s. f.* (no contable) Capacidad de una cosa para disolverse: *Han presentado un café con una solubilidad instantánea.* SIN. disolubilidad. ANT. insolubilidad.

soluble *adj.* **1** Que se puede disolver: *sustancia soluble. El azúcar es soluble en un líquido cualquiera.* **2** ELEVADO. Que se puede resolver: *problema soluble.* ANT. insoluble.

solución *s. f.* **1** Acción y resultado de resolver una duda o dificultad: *La solución del conflicto llegó de forma inesperada.* SIN. arreglo. **2** Cosa que soluciona algo: *Huir de los problemas no es una buena solución.* **3** MAT. Cada una de las cantidades que son el resultado correcto de una operación aritmética o un problema matemático: *Al salir del examen de matemáticas comparamos las soluciones.* **4** Acción y resultado de disolver o diluir: *A continuación proceda a la solución de los polvos del primer frasco en el líquido del segundo.* SIN. disolución. **5** QUÍM. Mezcla homogénea obtenida al disolver una o más sustancias en un disolvente: *El medicamento se presentará bajo la forma de una solución de aspecto acuoso.* || **6 ~ de continuidad** Interrupción, falta de continuidad: *Pasamos del calor al frío sin solución de continuidad.*

solucionar *v. tr.* **1** Poner ‹una persona› fin a [una duda o una dificultad] de manera adecuada: *El jefe de ventas solucionó con rapidez el asunto pendiente.* SIN. solventar. || *v. prnl.* **2** Quedar ‹una duda o una dificultad› resuelta de manera adecuada: *Nuestros problemas no se solucionan con palabras.*

solvencia *s. f.* (no contable) ELEVADO. Capacidad para poder responder a las obligaciones económicas y sociales con formalidad: *Su solvencia económica es muy fuerte. Fuentes informativas de toda solvencia negaron la noticia.* ANT. insolvencia, incompetencia.

solventar *v. tr.* **1** ELEVADO. Poner ‹una persona› fin a [una duda o una dificultad] de manera adecuada: *Los dos departamentos han solventado sus diferencias con una negociación detallada.* SIN. solucionar. **2** Pagar ‹una persona› [una cuenta pendiente]: *Ya hemos solventado todas nuestras deudas.* SIN. satisfacer, liquidar.

solvente *adj.* **1** Que no tiene deudas o que puede pagarlas por tener recursos suficientes: *cliente solvente. Ésta es una empresa solvente.* **2** Que cumple con su obligación o cargo y lo hace con eficacia o interés: *un profesional solvente.*

soma *s. m.* BIOL. Conjunto de las células no reproductoras de un organismo vivo.

somalí (plural *somalíes* o *somalís*) *adj. / s. m.* y *f.* **1** De Somalia, país africano: *una mujer somalí. Los somalíes viven normalmente en situación pecaria* || *s. m.* **2** LING. Lengua que pertenece a la familia cusita, oficial en Somalía.

somanta *s. f.* COLOQUIAL. Paliza: *Jaime recibió una somanta de palos.*

somatén *s. m.* HIST. Grupo de vecinos armados de Cataluña que se movilizaba en caso de emergencia.

somático, ca *adj.* Del cuerpo o soma, en oposición a la mente o psique: *célula somática, enfermedad somática.*

somatización *s. f.* (no contable) PSICOL. Proceso por el cual un trastorno psíquico se convierte en una dolencia física: *La somatización de ciertas alteraciones psíquicas es normal.*

somatizar *v. tr.* Convertir ‹una persona› [un trastorno psíquico] en una dolencia física de forma inconsciente: *Has somatizado la angustia de diferentes maneras.* ⇒ **19.**

somatología *s. f.* Ciencia que estudia el cuerpo de los seres vivos, tanto su anatomía como su fisiología.

sombra *s. f.* **1** Falta o disminución de claridad producida por un cuerpo opaco situado ante un foco de luz: *Este toldo da poca sombra.* **2** Espacio que por esta razón está más oscuro y fresco: *Me gusta leer a la sombra de un buen árbol.* **3** Imagen oscura que proyecta sobre una superficie un cuerpo opaco colocado entre el foco luminoso y dicha superficie: *La sombra del perro se reflejaba en la pared.* SIN. silueta. **4** (preferentemente en plural) DIB., PINT. Representación mediante tonos oscuros de las partes que tienen menos luz: *Me gusta mucho como trata las sombras este pintor.* SIN. sombreado. **5** (preferentemente en plural) Oscuridad más o menos completa: *El detective se alejó en las sombras de la noche.* **6** Parte de una plaza de toros donde no da el sol al empezar la corrida: *Saqué dos entradas de sombra.* **7** TECNOL. Lugar o zona a la que no llega una señal transmitida por un aparato o estación. **8** Recuerdo vago o imagen que se conserva de una persona o una cosa: *Le perseguía la sombra del pasado.* SIN. memoria. **9** Espíritu o aparición de una persona muerta o ausente: *Una sombra se le apareció entre la niebla.* SIN. fantasma. **10** COLOQUIAL. Persona que sigue a otra por todas partes: *Esa nueva amiguita se ha convertido en su sombra.* **11** Lugar o circunstancia desde la que una persona puede actuar ocultamente: *El presidente dirigía la operación desde la sombra.* **12** Falta de conocimientos o información: *Lo siento, pero sobre ese tema tengo una gran sombra.* SIN. desconocimiento, desinformación. **13** (preferentemente en plural) Aspecto o cuestión que sigue sin resolver: *El periódico pretendía informar sobre las sombras que envolvían ese asunto.* SIN. misterio, enigma, incognita. **14** Defecto o imperfección: *Él tenía un expediente sin sombras.* SIN. mancha, tacha. **15** Mínima señal o muestra de una cosa: *Una sombra de tristeza recorrió su mirada.* SIN. indicio, asomo. ‖ **16 buena ~** 1 Buena suerte: *A ver cuando me llega mi buena sombra.* 2 Amabilidad: *No te preocupes, ella tiene muy buena sombra.* **17 mala ~** 1 COLOQUIAL. Mala suerte: *Me persigue la mala sombra.* 2 COLOQUIAL. Mala intención: *Ten cuidado con él porque tiene muy mala sombra.* **18 sol* y ~. 19 ~ de ojos** Producto de cosmética, generalmente en polvos, utilizado para dar color a los párpados. **20 sombras chinescas** Espectáculo y técnica teatral que consiste en proyectar sobre una superficie sombras de títeres o de figuras hechas con las manos , el cuerpo, etc. FR. Y LOC. **a la ~** COLOQUIAL. En la cárcel: *Se pasó varios años a la sombra.* **a la ~ de** Bajo la protección de: *Luis ha trabajado a la sombra de su profesor.* **hacer ~** Disminuir ‹una persona o una cosa› con sus cualidades la importancia o consideración de otra: *El ingenio de Lola hace sombra a la gracia de Alberto.* **no dejar* ni a sol ni a ~. no ser ni ~ de lo que era** COLOQUIAL. Haber cambiado ‹una persona o una cosa› para empeorar: *Cuando volví a ver el barco no era ni sombra de lo que había sido.*

sombrajo *s. m.* Conjunto de ramas, mimbres y otros materiales utilizados para hacer sombra: *Han instalado un sombrajo a la entrada de la casa y se está muy bien allí.*

sombrear *v. tr.* **1** Hacer ‹una persona› más oscura una zona de [una pintura o un dibujo]. **2** Dar ‹una cosa› sombra a [un lugar]: *Los álamos sombrean las ruinas en las horas de sol.* ‖ *v. tr. / prnl.* **3** Poner ‹una persona› sombra en [los párpados de los ojos]: *El maquillador sombreó los ojos de todas las modelos.*

sombrerazo *s. m.* Gesto de saludo que se hace quitándose el sombrero: *corteses sombrerazos.*

sombrerería *s. f.* **1** Establecimiento donde se hacen o venden sombreros. **2** (no contable) Oficio de hacer sombreros.

sombrerero, ra *s. m. / f.* **1** Persona que tiene por oficio hacer o vender sombreros. ‖ *s. f.* **2** Caja para guardar el sombrero: *Tengo todas las sombrereras encima del armario.*

sombrerete *s. m.* RESTRINGIDO. Pieza semejante a un sombrero que tapa o cubre alguna cosa: *el sombrerete de la chimenea.*

sombrerillo *s. m.* BOT. Parte ancha y abombada de los hongos, en cuya cara inferior se forman las esporas.

sombrero *s. m.* **1** Prenda de vestir que cubre la cabeza y que generalmente está formado por copa y ala. **~ tirolés. ~ apuntado** Sombrero de ala grande, recogida por los lados y sujeta con una puntada por encima de la copa, que se usa como prenda de algunos uniformes. **~ cordobés** Sombrero de fieltro de color oscuro, de ala ancha y plana y copa baja y recta. **~ de copa** Chistera. **2** Cualquier cosa de forma semejante utilizada para cubrir o rematar algo. **3** Parte superior de los hongos. **4** Cubierta del púlpito. FR. Y LOC. **quitarse el ~** COLOQUIAL. Demostrar gran admiración o respeto: *Yo me quito el sombrero ante ti por lo bien que lo hiciste.*

sombrilla *s. f.* **1** Instrumento portátil parecido a un paraguas para proteger del sol: *No olvides llevarte la sombrilla a la playa.* SIN. quitasol, parasol. **2** COL. Paraguas.

sombrío, a *adj.* **1** Que tiene sombra, oscuridad o poca luz: *lugar sombrío, habitación sombría, casa sombría.* **2** Que contiene melancolía, gravedad o tristeza: *respuesta sombría, expresión sombría, humor sombrío.* **3** Que contiene pesimismo: *destino sombrío, futuro sombrío.*

someramente *adv. modo* ELEVADO. De un modo somero, sin entrar en detalles: *Él describió someramente el caso.* OBSERVACIONES: Puede referirse al acto mismo de decir: *Someramente, un náufrago llega a una isla, es capturado por los nativos, se casa con la hija del rey y todos felices.*

somero, ra *adj.* **1** ELEVADO. Que se queda en la superficie, no tiene solidez ni profundidad, o está hecho sin reflexionar demasiado: *análisis somero. Éste es un estudio somero, poco detallado.* SIN. superficial. **2** ELEVADO. Que está muy cerca de la superficie, casi encima, o que tiene poca profundidad: *aguas someras.*

someter *v. tr.* **1** Imponer ‹una persona› su dominio o autoridad [a una o más personas] por la fuerza o la violencia: *Las tropas enemigas conquistaron la ciudad y sometieron a sus pobladores.* **2** Mostrar ‹una persona› [una cosa] a [otra persona] para que ésta dé su opinión o actúe en consecuencia: *El delegado sometió su conclusión a los expertos.* **3** Hacer ‹una persona› que [otra persona o una cosa] reciba [una acción determinada]: *Los técnicos sometieron el* *aparato **a** duras pruebas.* || *v. prnl.* **4** Recibir ‹una persona o una cosa› [una acción determinada]: *Pablo se sometió **a** un régimen de comidas muy severo.* **5** Dejar ‹una persona› de oponer resistencia a [una autoridad o dominio ajenos]: *Se sometió **a** los caprichos de su madre.*

sometimiento *s. m.* (no contable) Acción y efecto de someter o someterse: *el sometimiento de la ciudad, el sometimiento a la autoridad, el sometimiento a la ley, el sometimiento de la voluntad.* SIN. sumisión, supeditación.

somier (plural *somieres*) *s. m.* Soporte, generalmente de muelles o de láminas de madera, sobre el que se coloca el colchón: *Me he comprado un somier de láminas de madera.*

somnífero, ra *adj. / s. m.* Que causa sueño: *medicamento somnífero, una sobredosis de somníferos.*

somnolencia *s. f.* (no contable) Pesadez y embotamiento de los sentidos que preceden al sueño: *Las pastillas contra el mareo le produjeron una gran somnolencia.* SIN. sopor.

somontano, na *adj. / s. m.* y *f.* ELEVADO. Que está situado en la ladera de una montaña: *terreno somontano.*

somonte *s. m.* Terreno situado en la ladera de una montaña.

somormujo *s. m.* (macho y hembra) Género *Podiceps.* Ave acuática mala voladora, de cuello largo y pico puntiagudo, que tiene las patas muy atrás y anida en plataformas flotantes en lagos y embalses.

son *s. m.* **1** Sonido agradable y armonioso: *Se oía a lo lejos el son de las bandurrias.* **2** CUBA. Baile de origen africano. FR. Y LOC. **¿a qué ~?** ¿A son de qué?. **¿a ~ de qué?** Se usa para preguntar las causa de algo que se considera injustificable o inoportuno: *¿A son de qué me llama ahora?* **bailar*al ~ que tocan. en ~ de** En actitud de: *Los indios llegaban en son de paz. Paco me lo dijo en son de queja.* **sin ton* ni ~.**

sonado, da *adj.* **1** [Suceso, noticia] que es muy divulgado y famoso: *Su fiesta fue sonada.* **2** (estar) COLOQUIAL. [Boxeador] que ha perdido facultades mentales como consecuencia de los golpes recibidos en los combates. **3** (estar) COLOQUIAL. Que está un poco loco: *No le hagas caso, que está sonada.* **4** ARG., URUG. Que está estropeado o en una situación mala.

sonaja *s. f.* **1** Juego de chapas metálicas atravesadas por un alambre que, colocadas en juguetes o instrumentos, se agitan para hacerlas sonar. **2** (plural) Instrumento musical en forma de aro con esas chapas.

sonajero *s. m.* Juguete para entretener a un bebé que, al agitarse, produce un sonido.

sonambulismo *s. m.* (no contable) Estado de la persona que mientras está dormida se levanta, habla y anda.

sonámbulo, la *adj. / s. m.* y *f.* **1** (ser) Que padece sonambulismo: *No conviene despertar bruscamente a un sonámbulo.* **2** (estar) Que anda, habla o se mueve como si estuviera dormido: *Hoy estás sonambula, es mejor que descanses.*

sonante *adj.* Se usa en la LOC. **dinero* al contado** o **dinero contante y ~.**

sonar *v. intr.* **1** Producir ‹una cosa› sonido o ruido: *Una explosión estridente sonó fuera del parque.* **2** Tener ‹una letra› un determinado valor fónico: *La letra «hache» no suena. La «d» entre vocales suena fricativa.* **3** COLOQUIAL. Resultar ‹una persona o una cosa› vagamente conocida por [una persona]: *Me suena esa cara.* **4** COLOQUIAL. Resultar ‹una cosa› de [una forma determinada]: *Esa excusa sonó **a** cuento.* SIN. oler. **5** Ser ‹una cosa› citada o mencionada en [un lugar]: *Su nombre no suena **en** el mundo de las finanzas.* **6** Correr ‹un rumor› por [un lugar]: *Suena **por** ahí que va a dimitir.* SIN. rumorearse. **7** ARG., URUG.; COLOQUIAL; HUMORÍSTICO. Morir o padecer una enfermedad mortal ‹una persona›. **8** ARG., CHILE, PAR.; COLOQUIAL en Chile. Fracasar ‹una persona›. **9** ARG., CHILE; COLOQUIAL. Sufrir ‹una persona› las consecuencias negativas de [una cosa]. || *v. tr. / prnl.* **10** Limpiar ‹una persona› la nariz de mocos [a otra persona]: *Le escuece la nariz de tanto sonar**se**.* || *v. impers.* **11** Anunciar [el reloj] [una hora determinada]: *Acaban de sonar las nueve en el reloj del salón.* SIN. tocar. FR. Y LOC. **lo que sea sonará** COLOQUIAL. Se utiliza para indicar que ya se verá el fin de una cosa que está aún poco clara: *No intentes averiguar cómo acabará, lo que sea sonará.* **oler / saber / ~ a demonios*. oler / saber / ~ a diablos*. ~ la flauta* (por casualidad). ~ la hora* de. tal / así como suena** Se utiliza para indicar que una cosa se expresa tal como fue emitida, literalmente: *Nos dijo que no le daba la gana, así como suena.* ⇒ **28.**

sónar o **sonar** *s. m.* TECNOL. Aparato utilizado en navegación para determinar, por medio de ondas ultrasonoras, la posición y movimiento de un cuerpo debajo del agua.

sonata *s. f.* Composición musical, generalmente compuesta de cuatro movimientos, para ser interpretada por uno o más instrumentos: *sonata en fa mayor de Strauss.*

sonda *s. f.* **1** Instrumento y técnica utilizados para explorar zonas de difícil acceso. **2** Cuerda con un peso de plomo para medir la profundidad de las aguas y explorar el fondo. SIN. plomada. **3** MED. Tubo delgado que se introduce en el organismo como método de exploración o para suministrar sustancias: *El enfermo lleva una sonda para la orina.* **4** METEOR. Globo o cohete provisto de instrumentos de medida para el estudio y exploración de la atmósfera. **5** Acción y efecto de sondar: *la sonda del subsuelo, hacer una sonda gástrica.* || **6 ~ espacial / astronáutica** Vehículo espacial sin tripulación para la exploración del espacio. **7 globo* ~.**

sondaje *s. m.* Acción y efecto de sondar: *La enfermera practicó un sondaje al enfermo.*

sondar *v. tr.* **1** Introducir ‹una persona› una sonda en [una parte del cuerpo]. **2** Medir ‹una persona› la profundidad del agua utilizando una sonda: *Sondaron el lago antes de las pruebas de submarinismo.* SIN. sondear. **3** Estudiar ‹una persona› [el subsuelo] mediante una sonda. SIN. sondear.

sondear *v. tr.* **1** Medir ‹una persona› la profundidad del agua utilizando una sonda. SIN. sondar. **2** Estudiar ‹una persona› [el subsuelo] mediante una sonda. SIN. sondar. **3** Intentar enterarse ‹una persona› de [una cosa que sabe otra persona] con prudencia y disimulo: *Sondéala, a ver si averiguas qué quiere que le regalemos.* SIN. sonsacar, tantear. **4** Intentar averiguar ‹una persona› el estado o las circunstancias de [otra persona o una cosa]: *Sondea las posiblidades que tenemos de conseguir nuestro propósito.* SIN. pulsar.

sondeo *s. m.* **1** Procedimiento por el cual se pretende hacer una valoración de la opinión pública: *Antes de las elecciones hicieron un sondeo.* **2** Manera de enterarse con prudencia y disimulo de la forma de pensar de otro o de sus intenciones: *Ángel hizo un sondeo a sus amigos para ver si iban a la excursión.* **3** Perforación realizada para extraer muestras de un terreno y examinarlas. **4** Investigación de la atmósfera o el espacio por medio de globos, cohetes, etc.

sonería *s. f.* RESTRINGIDO. Mecanismo que hace sonar un reloj.

sonetillo *s. m.* MÉTR. Soneto compuesto en versos de arte menor.

soneto *s. m.* MÉTR. Composición poética de catorce versos endecasílabos distribuidos en cuatro estrofas, dos cuartetos y dos tercetos.

songa *s. f.* (preferentemente en singular) AMÉR.; COLOQUIAL. Broma, actitud o comportamiento poco serio para hacer reír o para divertirse: *No se puede hablar con él de nada serio, siempre está de songa.*

sonidista *s. m.* ARG., URUG. Técnico de sonido.

sonido *s. m.* **1** FISIOL. Sensación producida en el órgano del oído por las vibraciones de los cuerpos transmitidas a través del aire: *El perro percibía en la noche los más leves sonidos.* **2** FÍS. Conjunto de ondas porducidas por la vibración de un cuerpo, que crea una variación de presión en el medio que lo rodea: *la transmisión del sonido, técnicas de reprodución del sonido.* **~ sintético. 3** Cualquier emisión de voz: *emisión de sonidos, sonido articulado, sonido vocálico, la articulación de los sonidos.* **4** MÚS. Sensación auditiva que se distingue del ruido por la regularidad de sus vibraciones: *La música concreta trabaja con ruidos y no con sonidos.*

sonómetro *s. m.* Instrumento para medir y comparar los sonidos e intervalos musicales.

sonoridad *s. f.* **1** (no contable) Condición o calidad de ser sonoro: *Sus palabras tenían una sonoridad que llenaba la sala.* **2** FÍS. Intensidad con que se perciben los sonidos por el oído humano: *sonoridad perceptible, sonoridad estridente.*

sonorización *s. f.* Acción y resultado de sonorizar: *la sonorización de una sala. La sonorización de la película fue muy laboriosa.*

sonorizar *v. tr.* **1** Poner ‹una persona› en [un lugar] los aparatos o sistemas necesarios para producir sonido, aumentarlo o mejorar su calidad: *Los técnicos sonorizaron el local para que el sonido del concierto fuera perfecto.* **2** Poner ‹una persona› sonido a [una cinta cinematográfica]. **3** Convertir ‹una persona› [una consonante sorda] en sonora. || *v. prnl.* **4** Convertirse ‹una consonante sorda› en sonora: *En este contexto, la «s» se sonoriza.* ⇒ **19.**

sonoro, ra *adj.* **1** Que suena o puede sonar: *onda sonora. El niño da unos besos muy sonoros.* **banda* sonora. 2** Que produce un sonido agradable o intenso: *voz sonora.* **3** Que resuena: *cavidad sonora.* **4** [Película de cine] que tiene sonido: *El cine sonoro supuso el final para muchos actores.* **cine ~. 5** (antepuesto / pospuesto) [Lenguaje, estilo] que tiene armonía y grandilocuencia al mismo tiempo: *frase sonora. No es momento de sonoros discursos, sino de proponer soluciones.* || *adj. / s. f.* **6** [Fonema, sonido] que se articula con vibración de las cuerdas vocales: *La palabra «bodega» tiene tres consonantes sonoras.* || *s. m.* **7** CINE. Sistema que produce el sonido en una película cinematográfica.

sonotone (marca registrada) *s. m.* Aparato o dispositivo que se aplica al oído para mejorar la audición, utilizado por los enfermos de sordera. SIN. audífono.

sonreír *v. intr. / prnl.* **1** Reír ‹una persona› con suavidad, sin producir ningún sonido: *Él **se** sonrió al ver la escena. Guillermo sonríe cuando oye esas cosas y no dice nada.* || *v. intr.* **2** Ser ‹una cosa o una circunstancia› favorable para [una persona]: *Hoy el día nos sonríe.* ⇒ **67.**

sonriente *adj.* (ser / estar; antepuesto / pospuesto) Que sonríe: *En la foto tienes un gesto muy sonriente.*

sonrisa *s. f.* Gesto con el que se sonríe: *En su rostro se dibujaba una sonrisa de felicidad.*

sonrojar *v. tr.* **1** Hacer ‹una persona› que [a otra persona] se le ponga la cara roja de vergüenza: *El jefe nos ha sonrojado a todos con la bronca pública que nos ha echado.* SIN. ruborizar, enrojecer. || *v. prnl.* **2** Ponerse roja la cara de ‹una persona› a causa de la vergüenza: *Me sonrojo con facilidad porque soy muy tímido.* SIN. ruborizarse.

sonrojo *s. m.* Enrojecimiento de la cara por la vergüenza que se siente: *Las alabanzas públicas del jefe provocaron el sonrojo de todos los funcionarios.*

sonrosado, da *adj.* (antepuesto / pospuesto) De color rosado y buen aspecto: *cara sonrosada, sonrosadas mejillas.*

sonrosar *v. tr.* Causar ‹una cosa› que [otra cosa] se ponga rosada o roja: *El esfuerzo de subir la cuesta había sonrosado las mejillas del abuelo.*

sonsacar *v. tr.* Conseguir ‹una persona› [una cosa o una información] de [otra persona] con mucha habilidad o insistencia: *La policía lo interrogó detenidamente, pero no pudo sonsacarle nada.* ⇒ **71.**

sonsear *v. intr.* ARG., URUG. Zoncear.

sonsera *s. f.* ARG., URUG. Zoncera.

sonso, sa *adj. / s. m.* y *f.* ARG., URUG. Zonzo.

sonsonete *s. m.* **1** Sonido reiterado y monótono que resulta desagradable: *el sonsonete de las máquinas tragaperras.* **2** Tono desagradable y monótono con que alguien habla o lee: *Los actores recitaban los versos con sonsonete.* **3** Petición o queja que se repite con pesadez o insistencia: *¡Deja ya ese sonsonete! Te he dicho que no.*

soñador, ra *adj. / s. m.* y *f.* Que es amigo de soñar o imaginar cosas tal y como querría que fueran: *Es una chica agradable, pero muy soñadora. Tu padre es un soñador.*

soñar *v. intr. / tr.* **1** Representarse ‹una persona› en la imaginación [sucesos o imágenes], mientras está dormida: *El protagonista del cuento sueña **con** una bruja simpática. Este niño sueña en voz alta.* **2** Imaginar ‹una persona› [las cosas muy distintas de como son en la realidad]: *Alicia sueña **con** un mundo feliz. Él sueña **en** viajar al Nepal. Deja de soñar, nunca llegaremos a tiempo.* **3** Desear ‹una persona› [una cosa] intensamente: *Marta sueña **con** que su padre le regale un coche. El equipo sueña una gran victoria.* SIN. anhelar, ansiar. FR. Y LOC. **ni soñarlo** COLOQUIAL. Se utiliza para negar o rechazar con fuerza una petición o un deseo: *–«¿Me dejas el coche?» –«Ni soñarlo.»* **~ despierto** Imaginar ‹una persona› la realidad distinta de como es: *Laura soñaba despierta creyendo que vivía una especie de cuento de hadas.* ⇒ **28.**

soñarrera *s. f.* (no contable) COLOQUIAL. Ganas muy fuertes de dormir: *Me entró una soñarrera tan grande que tuve que acostarme.* SIN. somnolencia, soñera.

soñera *s. f.* (no contable) COLOQUIAL. Soñarrera.

soñoliento, ta *adj.* Que tiene o causa somnolencia: *estado soñoliento, ojos soñolientos. Ésta es una película muy soñolienta.*

sopa *s. f.* **1** (no contable) Caldo alimenticio con pasta, arroz, verduras o sémola cocidos en él: *sopa de pan, sopa de pescado.* **~ boba** HIST. Sopa que se daba a los pobres en los conventos e instituciones benéficas. **~ juliana** Sopa de verduras picadas finas. **2** (preferiblemente en plural) Trozo de pan mojado en salsa u otro líquido alimenticio: *No eches sopas en la salsa.* **3** Rebanadas o trozos de pan cocidos o remojados en caldo o leche y que se consumen junto con éste: *sopas de vino, sopas de leche.* FR. Y LOC. **a la ~ boba** COLOQUIAL. A costa de otro: *Elena todavía vive en casa de sus padres a la sopa boba.* **dar sopas con honda** COLOQUIAL. Demostrar superioridad ‹una persona› sobre otra persona: *Mi prima nos da a todos sopas con honda en Matemáticas.* **encontrar/haber hasta en la ~** COLOQUIAL. Encontrar ‹una persona› algo o estar ‹una cosa› en todas partes: *En Londres te encuentras españoles hasta en la sopa.* **estar ~** 1 COLOQUIAL. Quedarse ‹una persona› dormida: *Me quedé sopa en el cine porque estaba muy cansada.* 2 COLOQUIAL. Estar ‹una persona› borracha: *Estoy muy sopa ya.* **ponerse hecho/como una ~** COLOQUIAL. Mojarse o empaparse mucho ‹una persona›: *Hemos salido sin paraguas y nos hemos puesto como una sopa.*

sopaipilla *s. m.* CHILE; COLOQUIAL. Especie de buñuelo hecho con harina, manteca o aceite y zapallo, empapado en almíbar.

sopapa *s. f.* ARG., URUG. Desatascador de cañerías.

sopapo *s. m.* COLOQUIAL. Bofetada: *María no pudo contenerse y le dio un sopapo a Carlitos.* SIN. guantazo, soplamocos.

sopar *v. tr.* Sopear.

sopear o **sopar** *v. tr.* RESTRINGIDO. Mojar ‹una persona› [trozos de pan] en una salsa o en otra sustancia alimenticia: *Es de mala educación sopear en público, niño.*

sopera *s. f.* Recipiente hondo para servir la sopa en la mesa: *Unos amigos me han regalado una sopera inglesa preciosa.*

sopero, ra *adj.* **1** [Plato hondo] que sirve para tomar sopas, caldos o purés. **plato ~.** **2** [Cubierto] que es grande y está pensado para tomar o servir la sopa: *cuchara sopera, cucharón sopero, cubierto sopero.* ‖ *adj. / s. m.* y *f.* **3** [Persona] que le gusta mucho tomar sopa: *Soy muy sopera, todas las noches me tomo una sopa bien calentita.*

sopesar *v. tr.* **1** Calcular ‹una persona› el peso de [una cosa] de manera aproximada, levantándola o sosteniéndola con la mano: *El vendedor sopesaba los dos melones.* **2** Calcular ‹una persona› [las ventajas e inconvenientes de un asunto o una decisión]: *Francisco sopesó los pros y los contras del negocio y no lo aceptó.*

sopetón Se usa en la LOC. **de ~** Con brusquedad e inesperadamente: *Luis se nos presentó ayer de sopetón en casa.*

sopicaldo *s. m.* **1** Caldo claro al que se han añadido trozos o rebanadas de pan: *Por las noches siempre tomamos un sopicaldo en casa.* **2** COLOQUIAL. Sopa muy clara y de poco valor alimenticio: *Más que un puré parece un sopicaldo.*

sopla *interj.* COLOQUIAL. Indica sorpresa o admiración: *¡Sopla, vaya coche! ¡Sopla, qué caras están las almejas!*

soplado *s. m.* **1** Acción de moldear una materia fundida al fuego, como el vidrio, inyectándole aire: *El soplado del cristal se hace muy bien en Mallorca.* SIN. sopladura. ‖ *adj.* **2** (estar) COLOQUIAL. Que ha bebido demasiado alcohol: *Todos salimos soplados de la fiesta. Íbamos un poco soplados.* SIN. borracho. **2** COL.; COLOQUIAL. [Persona] que está enfadada ‖ *adv.* **3** COL.; COLOQUIAL. A mucha velocidad.

soplagaitas (plural *soplagaitas*) *adj.* COLOQUIAL; INSULTO. [Persona] que es tonta o estúpida.

soplamocos (plural *soplamocos*) *s. m.* COLOQUIAL. Bofetada: *Como no te calles, te voy a dar un soplamocos.* SIN. sopapo.

soplapollas (plural *soplapollas*) *adj. / s. m.* y *f.* VULGAR; INSULTO. [Persona] que es tonta, idiota.

soplar *v. intr. / tr.* **1** Despedir ‹una persona› aire por la boca, dejando entre los labios una pequeña abertura: *Sopla la comida, porque está caliente.* ‖ *v. intr.* **2** Expulsar ‹un instrumento› aire. **3** Moverse o correr ‹el viento›: *Soplaba un viento frío.* ‖ *v. intr. / prnl.* **4** COLOQUIAL. Tomar ‹una persona› bebidas alcohólicas en exceso: *Durante el banquete el novio sopló mucho.* SIN. beber(se). ‖ *v. tr.* **5** Hacer ‹una persona o una cosa› que [un instrumento] expulse aire sobre [otra cosa]: *Alfonso soplaba el carbón con el fuelle.* **6** Apartar ‹una persona› [una cosa] expulsando aire por la boca: *Sopla el polvo de la mesa.* **7** Llenar ‹una persona› [una cosa] con aire o gas: *El payaso sopló dos globos.* SIN. hinchar, inflar. **8** Inyectar ‹una persona› aire en [la pasta de vidrio] para obtener la forma deseada: *En esta fábrica soplan el cristal artesanalmente.* **9** COLOQUIAL. Contar ‹una persona› [una cosa que atañe o va en perjuicio de otra persona]: *Parece que sus cómplices le soplaron el atraco a la policía.* SIN. delatar, chivarse. **10** COLOQUIAL. Dar ‹una persona› una idea [a otra persona]: *Sóplame algo, que no se me ocurre nada.* **11** COLOQUIAL. Quitar ‹una persona› [una cosa] [a otra persona] sin que ésta se dé cuenta: *¡Me han soplado la cartera!* SIN. birlar, afanar. **12** Quitar ‹un jugador de damas› [la ficha con que el contrario debió comer y no lo hizo]: *Te soplo esta ficha por no comer.* ‖ *v. tr. / intr.* **13** COLOQUIAL. Decir ‹una persona› [una cosa] [a otra persona] con disimulo, cuando ésta no la sabe: *Manuel le sopló el examen entero.* **14** MÉX. Soportar ‹una persona› [una cosa]. FR. Y LOC. **¡sopla!** COLOQUIAL. Expresa sorpresa o admiración: *¡Sopla, lo que han subido los precios!*

soplete *s. m.* **1** Instrumento que produce una llama para soldar o fundir metales: *Los bomberos han tenido que usar un soplete para rescatar el cadáver de entre los hierros.* **2** Canuto por donde se hincha de aire la gaita gallega.

soplido *s. m.* Acción y resultado de soplar por la boca: *Victoria apagó todas las velas de un soplido.* SIN. soplo.

soplillo *s. m.* Instrumento circular, generalmente de esparto con un mango, para avivar el fuego: *El soplillo se usaba para avivar la lumbre de carbón.* SIN. aventador. FR. Y LOC. **orejas* de ~.**

soplo *s. m.* **1** Acción y resultado de soplar: *Un soplo de viento le llevó el sombrero.* **2** Espacio de tiempo muy breve: *La película se me ha pasado en un soplo.* **3** COLOQUIAL. Información secreta que se le da a la policía: *Lograron detener a los secuestradores gracias a un soplo.* **4** MED. Ruido anormal que se percibe al auscultar un órgano del cuerpo: *soplo cardiaco.*

soplón, na *adj. / s. m.* y *f.* COLOQUIAL. Que delata o acusa en secreto a una persona: *La niña no quiere jugar con su prima porque dice que es una chivata y una soplona.*

soponcio *s. m.* **1** COLOQUIAL. Desmayo, síncope: *Al ver la factura le dio un soponcio.* SIN. patatús. **2** COLOQUIAL. Ataque de nervios: *A mi madre le dará un soponcio en cuanto se entere de las notas.* SIN. patatús.

sopor *s. m.* **1** (no contable) Pesadez y embotamiento de la persona que empieza a tener sueño: *Qué sopor tengo.* SIN. somnolencia, amodorramiento. **2** MED. Estado de sueño profundo previo al coma, causado por una enfermedad: *El abuelo ha entrado en un sopor que no augura nada bueno.*

soporífero, ra *adj.* Que produce sueño por lo aburrido: *Las comidas familiares de los domingos son soporíferas.*

soportal *s. m.* (preferentemente en plural) Espacio cubierto alrededor de algunas plazas, delante o al lado de algunos edificios, que tiene arcos o columnas: *los soportales de la calle Mayor.*

soportar *v. tr.* **1** Tener ‹una persona o una cosa› [un peso o una carga] sobre sí: *Las columnas soportan el peso de la balconada.* SIN. sostener, sustentar. **2** Sufrir ‹una persona o un animal› [un dolor, una molestia o una enfermedad]: *Mi abuela soportó todas sus penas sin rechistar. ¿Cómo soportas que te digan eso?* SIN. aguantar.

soporte *s. m.* **1** Material u objeto que sostiene o sujeta una cosa: *Los soportes de este puente no parecen demasiado sólidos.* **2** Persona o cosa que protege o sirve de apoyo: *Pilar es el soporte de su familia. Este producto necesita un buen soporte publicitario.* **3** Superficie sobre la que se pinta: *Este joven pintor siempre pinta sobre soporte metálico.* **4** QUÍM. Sustancia utilizada en el revelado fotográfico para fijar la imagen. **5** INFORM. Medio material en el que está almacenada la información: *Los datos los tenemos en papel y en diferentes soportes informáticos, cinta y discos.* **6** Figura que sostiene un escudo heráldico.

soprano *s. m.* **1** MÚS. La voz más aguda de las voces humanas: *Sólo los niños y las mujeres tienen voz de soprano.* SIN. tiple. || *s. m. / f.* **2** MÚS. Mujer o niño que canta con esta voz: *En esta ópera la soprano es la protagonista.*

sóquet *s. m.* MÉX. Casquillo, portalámparas.

sor *s. f.* Tratamiento antepuesto al nombre de pila de una religiosa: *sor María, sor Pilar.* SIN. hermana.

sorber *v. tr. / intr.* **1** Beber ‹una persona› [un líquido] aspirándolo con los labios: *Sonia sorbía lentamente la horchata. Julián siempre sorbía* **de** *la cuchara.* || *v. tr.* **2** Atraer ‹una cosa› hacia su interior a [otra cosa]: *El desagüe sorbió rápidamente toda el agua de la bañera.* SIN. absorber. **3** Absorber ‹una cosa esponjosa o hueca› a [otra líquida o gaseosa]: *Esta esponja sorbe mucha agua.* SIN. embeber. || *v. tr. / intr. / prnl.* **4** Aspirar ‹una persona› por la nariz para retener [los mocos]: *El niño* ***se*** *sorbía los mocos.* FR. Y LOC. **~ el seso*** o **tener sorbido el seso.**

sorbete *s. m.* **1** Bebida refrescante elaborada con fruta triturada y helada, azúcar y agua: *sorbete de menta. En el restaurante tienen buenos sorbetes de limón.* **2** AMÉR. Pajilla para sorber líquidos.

sorbo *s. m.* **1** Acción y resultado de sorber una vez: *El niño tomo el jarabe de un sorbo.* **2** Cantidad de líquido que se sorbe de una vez: *Nuria bebió un sorbo de leche.* **3** Una pequeña cantidad de un líquido: *un sorbo de café.* SIN. gota.

sorche o **sorchi** *s. m.* JERGAL. Recluta: *A mí los sorchis me parecéis todos iguales.*

sordera *s. f.* (no contable) Pérdida total o parcial de la capacidad de oír: *La sordera puede estar relacionada con problemas neurológicos.*

sordez *s. f.* (no contable) LING. Cualidad de los sonidos sordos: *La sordez es un rasgo fonológico de algunas consonantes.* ANT. sonoridad.

sordidez *s. f.* (no contable) Característica de sórdido: *El autor describe en la novela la sordidez del ambiente de las chabolas.* SIN. miseria, pobreza.

sórdido, da *adj.* **1** (antepuesto / pospuesto) Que es muy pobre y sucio: *ambiente sórdido, habitación sórdida, sórdida compañía.* **2** Que es moralmente muy reprobable: *negocios sórdidos, conductas sórdidas.*

sordina *s. f.* Pieza que se coloca en un instrumento musical para disminuir la intensidad del sonido o variar su timbre: *Este músico toca la trompeta con sordina.* FR. Y LOC. **con ~** Silenciosa o disimuladamente: *Los cambios los hicieron con sordina y no nos enteramos nadie.*

sordo, da *adj. / s. m.* y *f.* **1** (ser / estar) Que no oye o no oye suficientemente bien: *Este niño es sordo desde que nació. Desde el accidente, Daniel está sordo.* || *adj.* **2** (antepuesto / pospuesto) Que se intenta ocultar o reprimir: *El dueño dejaba entrever una sorda cólera.* **3** (estar) Que no muestra interés por las peticiones o consejos que recibe: *Ella permaneció sorda* ***a*** *mis consejos. Él se mantuvo sordo* ***ante*** *su petición de ayuda.* **4** [Sonido] que es grave y como apagado: *un grito sordo, el ruido sordo de una explosión.* **5** Que es débil o se oye poco: *el ruido sordo del oleaje.* **6** [Sonido, consonante] que se pronuncia sin vibración de las cuerdas vocales: *La «p» es una consonante sorda.* **7** [Dolor] que es poco localizado y persistente. **dolor* ~.** FR. Y LOC. **diálogo de sordos** Diálogo de dos o más personas sobre un asunto sin escuchar los argumentos de las otras: *La reunión de los dos Ministros de Exteriores parece un diálogo de sordos.*

sordomudez *s. f.* (no contable) Sordera de nacimiento que dificulta el aprendizaje del habla: *La sordomudez exige una educación especial para aprender a leer en los labios.*

sordomudo, da *adj. / s. m.* y *f.* [Persona] que es sorda de nacimiento y no habla: *un colegio de sordomudos.*

sorete *s. m.* ARG., URUG.; COLOQUIAL Excremento humano sólido.

sorgo *s. m.* BOT. Cereal de la familia de las gramíneas de hojas planas y fruto redondo en espiga que se emplea como alimento de algunas aves y para hacer pan.

soriano, na *adj. / s. m.* y *f.* De Soria, ciudad y provincia española: *el clima soriano. Los sorianos sorprendieron por su juego ofensivo.*

soriasis o **psoriasis** (plural *soriasis*) *s. f.* (no contable) MED. Enfermedad de la piel que produce irritación y formación de escamas.

sorna *s. f.* (en singular) Ironía, tono de burla con que se dice o se hace algo: *Adolfo le dijo con sorna que el vestido era muy original.*

soro *s. m.* BOT. Agrupación de esporangios en el envés de las hojas de los helechos.

soroche o **sorocho** *s. m.* **1** AMÉR. DEL S. Mal de las alturas. SIN. puna. **2** CHILE; RESTRINGIDO. Rubor, vergüenza.

sorprendentemente *adv. orac.* Se emplea para calificar de sorprendente el hecho a cuya narración precede, por lo que recuerda la fórmula *resulta sorprendente.* RELACIONES Y CONTRASTES: Frente a *resulta sorprendente*, no impone modo subjuntivo ni carácter de consabido en lo narrado, que se anuncia como un hecho novedoso: *Sorprendentemente, no aceptó (indicativo) el dinero del premio.* Contrástese con: *Resulta sorprendente que no aceptara (subjuntivo) el dinero del premio.*

sorprender *v. tr.* **1** Causar ‹una persona o una cosa› sorpresa [a una persona]: *Me sorprendes **con** esa pregunta.* **2** Encontrar ‹una persona o una cosa› desprevenida [a una persona]: *La noche nos sorprendió en pleno campo.* SIN. pillar, pescar (COLOQUIAL). **3** Descubrir ‹una persona› [una cosa que otra persona trataba de ocultar o disimular]: *Sorprendimos el escondite de su dinero.* SIN. encontrar. || *v. prnl.* **4** Experimentar ‹una persona› sorpresa: *No sé por qué te sorprendes, ya te advertí que me marchaba enseguida.*

sorpresa *s. f.* **1** Impresión que causa una cosa inesperada, extraña o incomprensible: *¡Qué sorpresa encontrarnos en el restaurante! No quiero más sorpresas por esta noche.* **2** Aquello que hace que una persona se sorprenda: *Quiero darle una sorpresa.* **3** Pequeño regalo que se esconde en el interior de una cosa: *Estos huevos de Pascua llevan sorpresa.* **4** Operación militar realizada con rapidez para encontrar desprevenido al enemigo: *Aquél fue un ataque sorpresa. El enemigo atacó por sorpresa.* || **5 por ~** Sin avisar, de forma inesperada: *Me preguntaron por sorpresa y no me pude negar a responder.*

sorpresivo, va *adj.* AMÉR.; RESTRINGIDO en España. Que sorprende o se produce por sorpresa: *declaración sorpresiva, hecho sorpresivo.*

sortear *v. tr.* **1** Hacer ‹una persona› que la suerte decida sobre [una cosa]: *Sortean varias bicicletas en una rifa. Sortearemos qué coche utilizamos en la excursión.* **2** Evitar ‹una persona› [un obstáculo o un peligro] con habilidad: *Tuvimos que sortear el río.* SIN. eludir, salvar. **3** TAUROM. Lidiar ‹una persona› [un toro] o esquivar su embestida: *Los mozos sortearon al novillo al llegar a la plaza.* SIN. torear. **4** Decidir ‹una autoridad› en un sorteo el destino o el puesto de [otra persona] en el servicio militar: *Han sorteado a Antonio y le ha tocado Melilla.*

sorteo *s. m.* Acción y resultado de sortear: *el sorteo extraordinario de Navidad. El muchacho ya entra este año en el sorteo de la mili. Jaime ha sido elegido por sorteo para esta misión.*

sortija *s. f.* **1** Anillo, adorno de los dedos de la mano: *sortijas de oro.* **2** Rizo que forman los cabellos: *El pelo en forma de sortijas doradas le cae sobre las orejas.*

sortilegio *s. m.* **1** Adivinación por medio de la magia o la superstición: *El brujo hacía sortilegios para descubrir dónde habían enterrado el tesoro.* **2** Encantamiento, hechizo o embrujo: *deshacer un sortilegio. Nadie puede resistirse al sortilegio de la belleza.*

sos (plural *sos*) *s. m.* COLOQUIAL. S. O. S.

S. O. S. o **SOS** (plural *S. O. S* o *SOS*; pronunciamos 'ese-o-ese' o 'sos') *s. m.* **1** Señal internacional de socorro: *lanzar un S.O.S., recibir un S. O. S.* **2** COLOQUIAL. Petición de ayuda: *Nos ha lanzado un sos, que tiene mucho trabajo y necesita ayuda.*

sosa *s. f.* **1** QUÍM. Carbonato de sodio. || **2 ~ cáustica** QUÍM. Hidróxido de sodio.

sosaina *adj. / s. m.* y *f.* COLOQUIAL. Que no tiene gracia o viveza: *¡Qué sosaina eres, hay que ser un poco más saleroso! Sofía es una sosaina, me aburro mucho con ella.* SIN. soseras.

sosegado, da *adj.* **1** (antepuesto / pospuesto) Que es tranquilo y de trato agradable: *una sosegada apariencia, una persona sosegada.* **2** Que produce sosiego: *Hace tiempo que Luis lleva una vida sosegada y tranquila.*

sosegar *v. tr.* **1** Hacer ‹una persona o una cosa› que [una persona] se tranquilice: *Los camilleros sosegaron a las víctimas del accidente con palabras tranquilizadoras.* SIN. tranquilizar, calmar. || *v. intr. / prnl.* **2** Parar ‹una persona› en un trabajo o un esfuerzo para reponer fuerzas: *Con tanto ajetreo sólo **me** sosiego un poco al llegar a casa.* || *v. prnl.* **3** Quedar ‹una persona o una cosa› tranquila: *Las aguas se sosegaron al atardecer.* SIN. serenarse, tranquilizarse, calmarse. ⇒ **56.**

sosegate *s. m.* Se usa en la LOC. **dar un ~** ARG., URUG.; COLOQUIAL. Reprender o llamar la atención, sobre todo a un niño.

sosera *s. f.* Sosería.

soseras (plural *soseras*) *adj. / s. m.* y *f.* COLOQUIAL. Que no tiene gracia o viveza: *¡Qué soseras eres, no te mueve nadie de la butaca!* SIN. sosaina.

sosería *s. f.* **1** Falta de gracia o de salero: *El niño baila con una sosería terrible.* SIN. sosera. **2** Cosa sin gracia o poco atractiva: *Qué sosería de canción. La película es una sosería.* SIN. sosera.

sosia o **sosias** *s. m.* LITERARIO. Persona que guarda un gran parecido físico con otra: *Dicen que es mi sosia, que nos parecemos muchísimo.*

sosiego *s. m.* Tranquilidad, quietud: *Vicente trabaja todo el día sin un momento de sosiego.* SIN. calma.

soslayar *v. tr.* **1** ELEVADO. Evitar ‹una persona› [una dificultad o una situación comprometida] hábilmente: *El diputado soslayó todas las preguntas difíciles.* SIN. eludir. **2** ELEVADO. Poner ‹una persona› [una cosa] ladeada o inclinada para que pueda pasar por un sitio estrecho. SIN. ladear, torcer.

soslayo *s. m.* Se usa en la LOC. **de ~** 1 Inclinado o ladeado: *El cuadro está colocado de soslayo.* 2 De lado: *El camino de montaña tiene pasos difíciles, a veces hay que avanzar de soslayo.* 3 Superficialmente, por encima: *La cuestión fundamental fue tratada de soslayo en la conferencia.*

soso, sa *adj.* **1** (ser / estar) Que no tiene sal o tiene poca, o tiene escaso sabor: *Para mi gusto, este guiso te ha quedado un poco soso.* SIN. insípido. ANT. salado. || *adj. / s. m.* y *f.* **2** (ser / estar) Que no tiene gracia o viveza: *Es un soso, nunca le apetece ir a ningún sitio.* SIN. sosaina, soseras, insulso.

sospecha *s. f.* Acción y resultado de sospechar: *Tengo fundadas sospechas de que tu amigo nos engaña.* SIN. recelo. ANT. confianza.

sospechar *v. tr.* **1** Creer o imaginar ‹una persona› [una cosa] a partir de ciertos indicios o apariencias: *Sospecho que su simpática negativa a participar en la fiesta oculta un enfado importante.* SIN. suponer, conjeturar. || *v. intr.* **2** Creer ‹una persona› que [otra persona] es quien ha cometido un delito o una acción censurable: *Sospechan **del** cajero como autor del robo.*

sospechosamente *adv. orac.* **1** Resulta sospechoso (que). OBSERVACIONES: El contenido se anuncia como novedoso y el modo es el indicativo: *Sospechosamente, no se levantó (indicativo) cuando entró ella.* Contrástese con: *Resulta sospechoso que no se levantara (subjuntivo).* || *adv. modo* **2** De una manera, en una situación o con una actitud que levanta sospechas: *Él tenía la mano derecha sospechosamente pegada a la corbata.*

sospechoso, sa *adj.* **1** Que produce o inspira sospechas: *conducta sospechosa, aspecto sospechoso. Me siguieron unos tipos muy sospechosos. Me parece muy sospechoso que no haya llamado.* || *adj. / s. m.* y *f.* **2** [Persona] que es señalada por diferentes indicios o razonamientos como autora de un delito: *La sospechosa fue conducida a la comisaría más cercana.*

sostén *s. m.* **1** Prenda interior femenina que se usa para sujetar y levantar el pecho. SIN. sujetador. **2** Apoyo moral o protección: *El hermano mayor es el único sostén de la familia.* **3** Cosa que sirve de apoyo o refuerzo de otra: *el sostén del puente, el sostén de una viga. El sostén de esta casa son las paredes maestras.*

sostener *v. tr.* **1** Mantener ‹una persona o una cosa› sujeta o firme [a una persona o una cosa]: *Las vigas sostienen el techo. Sostén en brazos al niño un momento, que voy a buscar el coche.* SIN. sujetar. **2** Mantener o defender ‹una persona› [una proposición o una opinión]: *El director sostuvo que la reducción salarial era el único camino posible para salvar la empresa.* SIN. defender. **3** Tener ‹una persona› la intención de cumplir [una cosa que ha prometido o pactado]: *La embajada dice que sostiene su invitación.* **4** Dar ‹una persona› [a otra persona] lo necesario para vivir: *Carlos sostiene a su madre viuda y a sus hermanos.* SIN. sustentar. **5** Ayudar ‹una persona› [a otra persona] para que se mantenga en una posición o un cargo: *Manuel sigue en el puesto porque lo sostiene su amigo.* SIN. proteger, respaldar. **6** Hacer ‹una persona o una cosa› que [una persona] siga conservando el ánimo o las fuerzas: *La abuela está deprimida, sólo la sostiene el cariño de su nieto.* **7** Realizar ‹una persona› [una cosa] de forma continuada: *El director sostuvo una larga conversación con tu amigo.* SIN. mantener. ‖ *v. prnl.* **8** Mantenerse ‹una persona o una cosa› sujeta o firme: *No hay forma de que se me sostenga la trenza.* **9** Recibir ‹una persona› lo necesario para vivir de [otra persona]: *La familia se sostiene con las ayudas de los vecinos.* SIN. sustentarse. **10** Mantener ‹una persona› el ánimo o las fuerzas: *No sé cómo puedes sostenerte todo el día con un bocadillo.* **11** Mantenerse ‹una persona o una cosa› sin caer: *Está tan mareado que no se sostiene.* **12** Mantenerse ‹una persona› [en una situación determinada]: *Él se sostiene* ***en*** *su negativa.* FR. Y LOC. **aguantar / sujetar / ~ la vela*. ~ la mirada** Ser ‹una persona› capaz de mirar fijamente a los ojos de otra persona: *Teresa le sostuvo la mirada mientras le anunciaba su marcha.* **sostenerse en sus trece** Mantenerse ‹una persona› firme en lo que ha dicho o hecho. ⇒ **81.**

sostenido *adj.* **1** MÚS. [Nota] que tiene la entonación un semitono más alta que la de su sonido natural: *do sostenido.* ‖ *s. m.* **2** MÚS. Signo que indica que una nota musical es un semitono más alto que su sonido natural. **doble ~** Signo formado por una cruz en aspa o por dos sostenidos juntos, que representa esta doble alteración del sonido natural de la nota o notas a que se refiere.

sostenimiento *s. m.* **1** (no contable) Acción y efecto de sostener o sostenerse: *Las vigas sirven de sostenimiento al edificio.* **2** (no contable) Mantenimiento o sustento: *El chico contribuye al sostenimiento de la familia.*

sota *s. f.* **1** Décima carta de la baraja española que representa la figura de un paje que sostiene el símbolo del palo correspondiente: *sota de oros, sota de espadas. En el juego de la brisca la sota vale dos puntos.* **2** COLOQUIAL, RESTRINGIDO; PEYORATIVO. Mujer desvergonzada e insolente: *La secretaria dice que la mujer del jefe es una verdadera sota.* ‖ *s. m. / f.* **3** ARG., URUG.; COLOQUIAL. Persona majadera.

sotabanco *s. m.* Piso o vivienda colocado por encima de la cornisa general de un edificio: *En las casas tradicionales el sotabanco era una vivienda barata.* SIN. buhardilla.

sotabarba *s. f.* **1** Papada: *Pepe está gordo y tiene mucha sotabarba.* **2** Barba que se deja crecer debajo de la barbilla.

sotana *s. f.* Vestidura negra y larga abotonada desde el cuello hasta los pies propia de los clérigos: *Todavía algunos sacerdotes visten la sotana tradicional por la calle.*

sótano *s. m.* Piso o local de un edificio, situado por debajo del nivel de la calle: *Una empresa de tejidos ha alquilado el sótano para almacén.*

sotavento *s. m.* **1** MAR. Costado del barco opuesto a la parte de donde viene el viento: *Al virar dejaron la boya a sotavento.* **2** Ladera de una montaña opuesta a la que recibe el viento: *En el sotavento de la montaña hay huertas.*

sotechado *s. m.* RESTRINGIDO. Lugar cubierto o resguardado. SIN. cobertizo.

soterrado, da *adj.* (estar; antepuesto / pospuesto) ELEVADO. Que está oculto: *Su miedo está soterrado. Apenas puede disimular un soterrado deseo de competir.*

soterrar *v. tr.* **1** Poner ‹una persona› [una cosa] bajo tierra para que no sea vista: *Los ingenieros municipales han proyectado que la nueva vía vaya soterrada en su trayecto urbano.* SIN. enterrar. **2** Esconder ‹una persona› [una cosa] bajo tierra para que no sea encontrada: *Antes se soterraban los tesoros para que no los robaran los enemigos.* SIN. ocultar. **3** RESTRINGIDO. Olvidar ‹una persona› [una cosa] totalmente: *Soterra los recuerdos amargos.* SIN. enterrar, desterrar.

soto *s. m.* **1** Lugar poblado de árboles y arbustos a orillas de un río: *En las afueras del pueblo, al lado del río, hay un soto agradable donde íbamos de niñas.* **2** Lugar poblado de árboles, arbustos, matas y malezas: *Los marqueses tienen una extensa finca en Extremadura con muchas zonas de soto.*

sotobosque *s. m.* Vegetación de matas y arbustos que crece bajo los árboles de un bosque: *El cuidado del sotobosque es fundamental para evitar incendios forestales.*

soufflé (del francés; pronunciamos *'suflé'*) *s. m.* COCINA. Plato elaborado con cualquier alimento mezclado con claras de huevo batidas a punto de nieve y cocido al horno: *soufflé de espinacas, souffé de gambas.*

soul (del inglés; pronunciamos *'sul'*) *s. m.* Estilo musical surgido en Estados Unidos en los años sesenta, derivado de formas de música negra y caracterizado por un ritmo sincopado de instrumentos de viento: *música soul, cantante de soul.*

soutien (del francés; pronunciamos *'sutién'*) *s. m.* ARG., URUG. Sujetador femenino.

souvenir (del francés; pronunciamos *'suvenir'*) *s. m.* Recuerdo de un viaje, especialmente el que se fabrica para los turistas: *Te he traído un souvenir de París.*

soviet *s. m.* **1** HIST. Consejo obrero de la Revolución Rusa que se convirtió en la institución fundamental del sistema bolchevique. **2** HIST. Máximo órgano político de la antigua Unión Soviética integrado por dos cámaras.

soviético, ca *adj.* **1** De los soviets: *el poder soviético.* ‖ *adj. / s. m.* y *f.* **2** De la Unión de Repúblicas Socialistas Soviéticas (URSS): *economía soviética, cosmonauta soviético. Los soviéticos eran los mejores lanzadores de martillo.*

sovietizar *v. tr.* HIST.; RESTRINGIDO. Organizar ‹una persona› [un Estado] de acuerdo con los principios políticos y económicos del régimen soviético: *Los dirigentes rusos querían sovietizar todos los países amigos.* ⇒ **19.**

s. p. *abr.* «Servicio Público».

spaguetti (del italiano) *s. m.* Espagueti.

spanglish (del inglés; pronunciamos '*espanglis*') *s. m.* LING. Lengua española con fuertes interferencias del inglés que se habla en los ambientes hispanos de Estados Unidos.

spaniel (del inglés; pronunciamos '*espaniel*') *s. m.* (macho y hembra) Perro de una raza inglesa.

sparring (del inglés; pronunciamos '*esparrin*') *s. m.* DEP. Boxeador con el que se entrena otro boxeador: *El sparring está enfadado porque cree que le pagamos poco.*

speaker (del inglés; pronunciamos '*espíker*') *s. m.* URUG. Locutor de radio.

speech (plural *speech*; del inglés; pronunciamos '*espich*') *s. m.* COLOQUIAL; HUMORÍSTICO, PEYORATIVO a veces. Discurso breve: *No soporto los speech del jefe.*

spi (del inglés; pronunciamos '*espí*') *s. m.* Spinnaker.

spinnaker o **spi** (del inglés; pronunciamos '*espínaquer*') *s. m.* Vela triangular suplementaria utilizada, sobre todo, en los veleros de regata: *extender el spinnaker.*

spleen (del inglés) *s. m.* Esplín.

sponsor (del inglés; pronunciamos '*espónsor*') *s. m./f.* Espónsor.

sport (plural *sport*; del inglés; pronunciamos '*espor*') *adj.* [Indumentaria, ropa] que se utiliza para vestir de una manera cómoda o informal: *Me gusta llevar ropa de sport.*

spot o **espot** (del inglés; pronunciamos '*espot*') *s. m.* **1** Anuncio publicitario de radio o televisión: *Los espots de coches de este año no me gustan.* **2** ARG., URUG. Foco.

spray o **espray** (del inglés; pronunciamos '*espráì*') *s. m.* Envase hermético con una válvula que permite expulsar un líquido pulverizado: *desodorante en spray, un spray de pintura, laca en spray.* SIN. aerosol.

sprint (del inglés; pronunciamos '*esprín*') *s. m.* **1** DEP. Esfuerzo que hacen los corredores durante un corto tiempo para conseguir la máxima velocidad: *Los ciclistas iniciaron el sprint a pocos metros de la meta.* **2** Esfuerzo máximo que se hace al final de una actividad para poder terminar algo: *Realizaremos un pequeño sprint para terminar el trabajo.*

sprinter (plural *sprinters*; del inglés; pronunciamos '*esprínter*') *s. m./f.* DEP. Deportista especializado en sprints: *Esta corredora es la mejor sprinter europea.*

sputnik (del ruso; pronunciamos '*espútnic*') *s. m.* TECNOL. Cada uno de los primeros satélites artificiales lanzados al espacio por la desaparecida Unión Soviética.

squash (del inglés; pronunciamos '*escuás*') *s. m.* Deporte parecido al frontón, que se juega en una sala pequeña entre dos jugadores que lanzan con raquetas pequeñas una pelota de goma contra la pared.

squatter (del inglés; pronunciamos '*escuáter*') *s. m./f.* Okupa (JERGAL): *Unos squatters han sido desalojados de una casa de nuestra calle por la policía.*

Sr., Sra. *abr.* «Señor», «Señora».

Srta. *abr.* «Señorita».

S. S. *abr.* **1** «Seguridad Social». **2** «Su Santidad».

SS. MM. *abr.* «Sus Majestades».

stabat *s. m.* REL. Himno religioso cristiano dedicado al dolor de la Virgen María al lado de la cruz, que empieza con las palabras «*Stabat mater dolorosa*».

staccato (del italiano; pronunciamos '*estacato*') *s. m.* **1** MÚS. Signo que indica que una serie de notas breves sean tocadas con una marcada separación. **2** MÚS. Manera de tocar el conjunto de notas que tienen este signo.

staff (del inglés; pronunciamos '*estaf*') *s. m.* RESTRINGIDO. Conjunto de personas que dirigen una empresa o una entidad: *El staff de nuestra empresa goza de un sólido prestigio.*

stand (del inglés; pronunciamos '*están*') *s. m.* Caseta, pabellón o puesto de una feria donde se exponen o venden productos: *el stand de España en la feria del Oriente.*

standard *adj.* Estándar.

standing (del inglés; pronunciamos '*estandin*') *s. m.* Posición económica y social destacada de una persona o de un grupo social: *María soñaba con alcanzar un standing elevado. Es una zona de alto standing. Su novio es un ejecutivo de alto standing.*

star (del inglés; pronunciamos '*estar*') *s. f.* Artista que ha alcanzado el éxito y la popularidad en el mundo del espectáculo: *Verónica es una star del cine. Visitará Madrid una de las mayores stars del mundo de la canción.* SIN. estrella.

starter o **estárter** *s. m.* MEC. Dispositivo de un motor de explosión que regula la entrada del aire en el carburador y permite un arranque en frío: *cerrar el starter. Abre el starter, porque el coche está muy frío y si no, no podrás arrancar.*

statu quo *s. m.* DER. La situación tal como está: *El Gobierno ha declarado que debe defenderse el estatu quo de las fronteras actuales.*

status o **estatus** (plural *status*) *s. m.* Posición social y económica que ocupa una persona dentro de un grupo o sociedad: *Al ascender en la empresa, él ha cambiado de status social. Su status económico no es malo.*

sterilet (del inglés; pronunciamos '*esterilet*') *s. m.* RESTRINGIDO. Diu.

stick (del inglés; pronunciamos '*estic*') *s. m.* **1** DEP. Palo de hockey o de golf. **2** Palillo con una punta dentada para modelar el barro.

Sto., Sta. *abr.* «Santo», «Santa».

stock (del inglés; pronunciamos '*estoc*') *s. m.* Conjunto de mercancías que se tienen en depósito para su utilización o venta: *Tenemos demasiadas mercancías en stock.* SIN. existencias.

stop (del inglés; pronunciamos '*estop*') *s. m.* **1** Señal de tráfico que indica la obligación de detener el vehículo en un cruce: *La culpa del accidente fue del camión que se saltó el stop.* **2** RESTRINGIDO. Expresión que equivale al punto en los telegramas: *Llego a las ocho stop Pilar.*

stopper *s. m.* DEP.; ARG., URUG. Defensa, en el fútbol particularmente.

stradivarius (plural *stradivarius*) *s. m.* Instrumento musical de cuerda, especialmente el violín, fabricado por el taller de Stradivarius en Italia en los siglos XVI y XVII: *Los stradivarius son auténticas joyas.*

stress *s. m.* Estrés.

stretch (del inglés; pronunciamos '*estrich*') *adj.* ARG., URUG. De un tejido elástico.

strip-tease o **striptease** (del inglés; pronunciamos *'estríptis'*) *s. m.* **1** Espectáculo en el que una persona o un grupo se va desnudando poco a poco y de forma sugestiva al ritmo de la música: *strip-tease masculino, hacer strip-tease. La escena del strip-tease en la película está muy conseguida.* **2** Local en el que se realiza este espectáculo: *Para la despedida de soltera iremos a un strip-tease.*

stud *s. m.* ARG., URUG. Caballeriza de caballos de carrera.

stuka (pronunciamos *'estuca'*) *s. m.* HIST.; COLOQUIAL. Modelo de bombardero alemán, utilizado en la II Guerra Mundial.

stupa (pronunciamos *'estupa'*) *s. m.* Monumento funerario budista de base cilíndrica o cuadrada cubierto por una cúpula y rodeado de un cerco amurallado.

su (plural *sus*) *adj. pos.* (apócope de *suyo, suya, suyos, suyas;* antepuesto) **1** Sitúa el nombre con respecto a las personas a las que se refiere el hablante (él, ella, ello, ellos, ellas, usted o ustedes): *su discurso, su hocico, su sonrisa, sus tierras.* **1**1 Indica, entre otras cosas, propiedad: *sus camisas.* **1**2 Parentesco o relación personal: *sus abuelos.* **1**3 Pertenencia a un grupo o comunidad: *su pueblo.* **1**4 Objetos o hechos relacionados habitualmente con una persona: *sus costumbres.* **1**5 Relación con instituciones, entidades u organismos: *su hospital, su asesor.* OBSERVACIONES: ◊ Las ambigüedades que se producen por el uso de estos posesivos se pueden resolver con el uso de otros pronombres, como: *Raúl e Inés viven en casa del tío de aquél (o de ésta),* en lugar de: *Raúl e Inés viven en casa de su tío.* También con una ordenación sintáctica adecuada: *La policía encontró en su coche al ladrón,* en lugar de: *La policía encontró al ladrón en su coche.* ◊ A veces se añade una especificación con *de*: *Su casa de usted.* ◊ Deben evitarse frases como: *Tocó su oreja.* Se ha de decir, salvo que tenga otro sentido: *Él se tocó la oreja.* Se entiende que se trata de algo de la persona de quien se habla. Así: *Le han cortado un brazo,* y no: *Han cortado su brazo.* ◊ Es enfático el uso en frases como: *Un cocido con su buen chorizo.* ◊ Aparece en expresiones vulgares que indican la reacción de enfado o insultante del hablante: *¡Su puta madre!* RELACIONES Y CONTRASTES: Frente a *mi y tu, su y sus* también se utilizan cuando los poseedores son varios: *su vivienda (la de Paco y la de sus padres), sus preocupaciones (las de Juana y las de los hemanos de Juana).* **2** Con verbos que implican probabilidad, equivale a "más o menos": *Ese coche debe de costar sus tres millones de pesetas.*

su- *pref.* Sub-.

suahili o **swahili** (del árabe; pronunciamos *'suajili'*) *s. m.* LING. Lengua bantú, con influencias árabes, hablada en África Oriental.

suave *adj.* **1** (ser / estar; antepuesto / pospuesto) Que es liso y agradable al tacto: *una toalla suave, un suave pelo. El carpintero ha lijado el tablero y ha quedado muy suave.* **2** (antepuesto / pospuesto) Que es agradable: *una suave temperatura, un clima suave.* **3** (ser / estar; antepuesto / pospuesto) Que no es fuerte o violento: *colores suaves, un carácter suave, un suave movimiento. Los garbanzos están suaves de sabor.* **4** Que no exige esfuerzo o no ofrece resistencia: *una pendiente suave. El coche tiene una dirección muy suave.* **5** (estar) Que está muy tranquilo y dócil: *Después de la bronca se quedó muy suave.*

suavidad *s. f.* (no contable) Característica de suave: *la suavidad de la piel, la suavidad de las manos. Debes exponerle el problema con suavidad.* ANT. aspereza.

suavización *s. f.* (no contable) Acción y efecto de suavizar.

suavizador *s. m.* Correa con la que se suaviza o pule el filo de una navaja de afeitar.

suavizante *adj. / s. m.* **1** Que suaviza: *producto suavizante. El mejor suavizante de las tensiones es la música.* **2** [Producto] que se utiliza para suavizar la ropa o el pelo: *No me pongo suavizante en el pelo.*

suavizar *v. tr.* **1** Hacer ‹una persona o una cosa› que [una cosa] sea suave o más suave: *Date crema para suavizar la piel.* **2** Quitar ‹una persona› brusquedad o violencia [a otra persona o una cosa]: *Él suavizó su actitud ante la presencia del jefe.* **3** Quitar ‹una persona› contrastes en [una cosa]: *El dibujante extendió el color con el difumino para suavizar los contornos.* SIN. difuminar. ‖ *v. prnl.* **4** Ponerse ‹una cosa› suave o más suave: *El pelo se me ha suavizado con este champú.* **5** Hacerse ‹las relaciones entre varias personas› menos bruscas o violentas: *Las tensiones entre los dos países acabaron por suavizarse.* ⇒ **19.**

sub- o **su-** *pref.* **1** Significa 'debajo' y forma verbos a partir de verbos, sustantivos a partir de sustantivos y adjetivos a partir de adjetivos: *yacer - subyacer, sumir - subsumir, estrato - su(be)strato, suelo - subsuelo.* **2** Significa 'inferioridad, secundariedad, atenuación o disminución' y forma verbos a partir de verbos y sustantivos a partir de sustantivos: *teniente - subteniente, normal - subnormal, arrendar - subarrendar.*

suba *s. f.* ARG., PAR., URUG. Subida o alza de los precios.

subacuático, ca *adj.* Que se desarrolla o vive debajo del agua: *plantas subacuáticas.*

subafluente *s. m.* Corriente de agua que desemboca en un afluente: *El Zurguén es un subafluente del río Tormes.*

subalimentación *s. f.* (no contable) Carencia de proteínas o calorías en un régimen alimenticio: *La subalimentación amenaza a muchos niños del planeta.*

subalpino, na *adj.* Que está situado en la base de los Alpes: *tierras subalpinas, un pueblo subalpino.*

subalterno, na *adj.* **1** Que está en una posición inferior a alguna cosa o a alguna persona: *Eso tiene una importancia subalterna ahora. Analicemos los problemas principales y dejemos los subalternos para después.* ‖ *adj. / s. m.* y *f.* **2** [Persona] que trabaja a las órdenes de otra persona, o tiene una jerarquía inferior a la de otra persona: *Alicia se lleva muy bien con sus subalternos.* **3** [Trabajo, trabajador] que no necesita conocimientos técnicos: *Si no te preparas bien, estarás condenado a realizar trabajos subalternos. El personal subalterno ha decidido ir a la huelga.* ‖ *s. m.* **4** TAUROM. Torero que forma parte de la cuadrilla de un matador: *Los subalternos banderillearon muy bien.*

subálveo, a *adj. / s. m.* ELEVADO. Que está debajo del lecho de un río: *corriente subálvea.*

subarrendador, ra *adj. / s. m.* y *f.* Que da en subarriendo una cosa: *El contrato prohibe que seamos subarrendadores del apartamento.*

subarrendamiento *s. m.* Subarriendo.

subarrendar *v. tr.* **1** Dar ‹una persona› en arriendo [una cosa que tiene a su vez arrendada a otra persona]: *No po-*

demos subarrendar nuestro piso. SIN. realquilar. **2** Tomar ‹una persona› en arriendo [una cosa que tiene a su vez arrendada otra persona]: *Yo subarrendaría una habitación, pero nadie se atreve a alquilármela.* ⇒ **58.**

subarrendatario, ria *s. m. / f.* Persona que toma en subarriendo una cosa no a su propietario, sino a su arrendatario.

subarriendo o **subarrendamiento** *s. m.* **1** Acción y resultado de subarrendar: *La nueva ley de alquileres prohíbe los subarriendos.* **2** Contrato por el cual se subarrienda una cosa: *Este subarrendiendo carece de cualquier requisito legal.* **3** Precio en que se subarrienda una cosa: *El subarriendo del local supone un buen ingreso.*

subasta *s. f.* **1** Sistema de venta pública en el que se adjudica una mercancía al comprador que más dinero ofrece por ella: *subasta de objetos de arte, subasta de ganado subasta de pescado.* **2** Venta pública de propiedades embargadas: *la subasta de un inmueble, la subasta de coches.* **3** Sistema administrativo para adjudicar una obra o servicio públicos a la empresa que ofrezca las mejores condiciones: *El hospital de Zamora saca a subasta la contrata de limpieza para el año próximo.*

subastador, ra *s. m.* y *f.* Persona que se dedica profesionalmente a subastar cosas.

subastar *v. tr.* Vender ‹una persona› [una cosa] o contratar [servicios o arriendos] en pública subasta: *Los herederos subastaron varios cuadros impresionistas. La Administración subastará el próximo mes las obras del hospital.*

subastero, ra *adj. / s. m. y f.* Persona que se dedica a controlar ilegalmente subastas públicas de propiedades embargadas: *Ha sido desarticulada una red de subasteros.*

subatómico, ca *adj.* FÍS. De las partículas que componen el átomo y de los fenómenos relacionados con ellas: *los fenómenos subatómicos.*

subcampeón, na *s. m. / f.* Deportista o grupo de deportistas que ha quedado en el segundo lugar de una clasificación: *Él ha sido subcampeón de boxeo. El equipo femenino español es el subcampeón de gimnasia rítmica.*

subcelular *adj.* BIOL. Que tiene una estructura más elemental que la de la célula: *la organización subcelular.*

subclase *s. f.* BIOL. Cada uno de los grupos taxonómicos en que se dividen las clases de plantas y de animales.

subclavio, via *adj.* ANAT. Que está situado debajo de la clavícula: *arteria subclavia.* **vena subclavia.**

subcomisión *s. f.* Grupo de personas dentro de una comisión que tiene una determinada función: *Han prometido que se formarán subcomisiones para estudiar el tema.*

subconjunto *s. m.* MAT. Conjunto cuyos elementos pertenecen a otro conjunto superior: *El conjunto «mesas» es un subconjunto del conjunto «muebles».*

subconsciencia *s. f.* PSICOL. Estado de la conciencia en que, debido a la poca intensidad o duración de las percepciones, el sujeto no es plenamente consciente de ellas.

subconsciente *adj.* **1** De la subconsciencia: *deseos subconscientes.Todos recibimos y enviamos mensajes subconscientes en nuestra relación con los demás.* || *s. m.* **2** PSICOL. Conjunto de contenidos psíquicos que no están presentes en la conciencia y no son controlados por la persona, pero que pueden aflorar en ciertos momentos: *Freud demostró la importancia del subconsciente en el comportamiento.*

subconsumo *s. m.* ECON. Situación en la que la demanda de artículos de consumo es inferior a su producción: *El subconsumo origina un excedente de artículos y, a la larga, una bajada de los precios.*

subcontinente *s. m.* GEOGR. Parte extensa de un continente con características propias: *La India es un subcontinente de Asia.*

subcontratación *s. f.* Contrato que firma una empresa pequeña para realizar un trabajo especial o localizado para una empresa más grande que tiene un contrato general.

subcontratar *v. tr.* Firmar ‹una persona o una empresa› una subcontratación con [otra persona o empresa] para determinados servicios u obras: *Es normal que una empresa subcontrate a otras en los grandes proyectos de obras públicas.*

subcortical *adj.* Que está debajo de la corteza cerebral: *capas subcorticales, zona subcortical.*

subcostal *adj.* ANAT. Que está debajo de las costillas.

subcultura *s. f.* **1** Rama o subdivisión de una cultura general con la que presenta ciertas diferencias. **2** Cultura dirigida a los sectores populares y caracterizada por una gran simplicidad de forma y contenido: *la subcultura de los culebrones.*

subcutáneo, a *adj.* **1** Que está inmediatamente debajo de la piel: *tejido subcutáneo.* **2** Que se pone inmediatamente debajo de la piel: *cápsula subcutánea, inyección subcutánea.* SIN. hipodérmico (ELEVADO).

subdelegación *s. f.* **1** Conjunto de delegados o representantes de segunda categoría: *Nuestro país enviará una subdelegación a esa conferencia.* **2** Cada oficina que depende de una delegación: *Nuestra subdelegación depende de la delegación de Zamora.* **3** Cargo o empleo de la persona que rige una oficina de este tipo: *La subdelegación del Bierzo la lleva un primo mío.*

subdelegar *v. tr.* RESTRINGIDO. Transmitir ‹un delegado› [sus funciones] a [otra persona]: *El delegado elegido ha pedido poder subdelegar su representación en otro miembro de la junta en algunas ocasiones.* ⇒ **56.**

subdesarrollado, da *adj.* [País, zona] que se encuentra en una situación de subdesarrollo: *zonas subdesarrolladas, continentes subdesarrollados.* **país ~.**

subdesarrollo *s. m.* (no contable) Situación de una población, región o país que no alcanza determinados niveles económicos, sociales o culturales aceptados internacionalmente: *el subdesarrollo de los países del Tercer Mundo, el subdesarrollo económico, el subdesarrollo cultural.*

subdirección *s. f.* **1** Cargo de subdirector: *Han ofrecido a Rosa la subdirección de la empresa.* **2** Oficina donde trabaja el subdirector: *La subdirección está al final del pasillo.*

subdirector, ra *s. m. / f.* Persona que sustituye a un director o trabaja inmediatamente a sus órdenes: *el subdirector de la Biblioteca Nacional. La subdirectora de la empresa tiene su despacho en el segundo piso.*

subdistinguir *v. tr.* RESTRINGIDO. Hacer ‹una persona› una distinción dentro de [otra distinción]: *Dentro de una primera clasificación, subdistinguieron varios puntos.* ⇒ **35.**

súbdito, ta *adj. / s. m.* y *f.* **1** Que está sujeto a la autoridad de un superior: *Los nobles cargaban de tributos a los súbditos de sus estados.* || *s. m. / f.* **2** Ciudadano de un país que, en cuanto tal, debe obedecer a sus autoridades: *súbdito español, súbdita argentina.*

subdividir *v. tr.* **1** Hacer ‹una persona› una división en [una cosa que había sido dividida anteriormente]: *Somos muchos a la mesa, tienes que subdividir las raciones para que haya para todos.* || *v. prnl.* **2** Ser dividida ‹una parte de una cosa› nuevamente: *Cada una de las partes de la novela se subdivide en capítulos.*

subdivisión *s. f.* **1** Acción y resultado de subdividir o subdividirse: *la subdivisión de un distrito municipal, la subdivisión de un departamenteo comercial.* **2** Cualquier elemento que sirve para separar un espacio de otro: *En el salón se construyeron varios cuartos con subdivisiones que no llegaban al techo.* SIN. división. **3** Cada una de las partes que resultan de subdividir una cosa: *Nos tocó en herencia una parcelita, una subdivisión de un terreno de mi padre.*

subdominante *s. f.* MÚS. Cuarta nota de la escala diatónica.

subduplo, pla *adj.* MAT. [Número, cantidad] que es la mitad exacta de otro número u otra cantidad.

subempleo *s. m.* ECON. **1** (no contable) Situación en la que no está plenamente aprovechada la fuerza del trabajo: *El subempleo está muy extendido en nuestra sociedad.* **2** Puesto de trabajo mal remunerado o de cualificación inferior a la experiencia o titulación del que lo desempeña: *Muchos licenciados tienen un subempleo de peones.*

súber *s. m.* BOT. Tejido vegetal exterior formado por células muertas, corcho.

suberificarse *v. prnl.* BOT. Convertirse ‹la parte externa de la corteza de los árboles› en corcho: *La corteza del alcornoque se suberifica.* ⇒ **71.**

suberosis *s. f.* **1** MED. Trastornos respiratorios por la alergia al polvo de la madera. **2** BOT. Alteración de los tejidos externos de una planta, que se convierten en corcho.

subespecie *s. f.* BIOL. Grupo con características comunes dentro de una especie.

subestación *s. f.* Conjunto de instalaciones y aparatos de una red de suministro eléctrico destinados a la transformación y distribución de la corriente: *La avería se ha localizado en la subestación del oeste de la ciudad.*

subestimar *v. tr. / prnl.* Considerar ‹una persona› [a otra persona o una cosa] por debajo de su valor: *No **te** subestimes, eres capaz de hacerlo.*

subfamilia *s. f.* BIOL. Grupo de la clasificación de los animales o las plantas que es superior al género e inferior a la familia.

subfusil *s. m.* Arma individual de fuego, portátil y automática, de cañón más corto que el fusil, que puede disparar ráfagas: *El subfusil era arma reglamentaria de algunos cuerpos de seguridad.*

subgénero *s. m.* **1** ELEVADO. Cada una de las variantes que tiene un género artístico: *El género novelístico tiene muchos subgéneros.* **2** PEYORATIVO. Género artístico considerado de calidad inferior: *Algunos críticos consideraban el cabaret como un subgénero del teatro.* **3** BIOL. Grupo de la clasificación de los animales o las plantas que es inferior al género y abarca varias especies.

subgrupo *s. m.* **1** Cada una de las divisiones establecidas en un conjunto o grupo. **2** MAT. Subconjunto de un grupo que con las operaciones en él definidas tiene estructura de grupo: *La lección de matematicas de hoy trataba de los subgrupos.*

subida *s. f.* **1** Acción y resultado de subir o subirse: *Nora está muy nerviosa, ha tenido una subida de tensión por culpa de los problemas laborales. Se espera una subida generalizada de precios en diciembre.* **2** Camino o terreno que asciende o sube: *La subida a la Peña de Francia es incómoda.*

subido, da *adj.* **1** COLOQUIAL. [Cualidad] que es muy fuerte o intensa: *el cielo está de un azul subido. Tu novia es de un guapo subido.* **2** [Comentario, expresión] que es muy inconveniente o muy atrevido en relación con la moral sexual: *En las reuniones siempre hace algún comentario subido.* FR. Y LOC. **(ser / estar) ~ de tono** Ser ‹una palabra o una acción› muy atrevida en relación con la moral sexual: *Contó un chiste subido de tono.*

subíndice *s. m.* Letra o número que se pone en la parte inferior de un signo matemático, de una palabra o de una letra.

subinspección *s. f.* **1** (no contable) Cargo de subinspector: *la subinspección de policía.* **2** Oficina o despacho del subinspector: *La subinspección de la zona está en Toledo.*

subinspector, ra *s. m. / f.* Persona que sustituye a un inspector o trabaja inmediatamente a sus órdenes: *subinspector de policía, subinspectora de Hacienda.*

subintendente *s. m. / f.* Persona que sustituye a un intendente o trabaja inmediatamente a sus órdenes.

subir *v. tr.* **1** Ir ‹una persona› hacia arriba por [un lugar que está en pendiente]: *El niño subía las escaleras de dos en dos.* **2** Poner ‹una persona› [a otra persona o una cosa] en [un lugar más alto]: *Hemos subido los sillones viejos **al** desván.* **3** Poner ‹una persona› derecha [una cosa] que estaba inclinada: *Sube la cabeza.* SIN. enderezar, erguir. **4** Levantar o llevar hacia arriba ‹una persona› [a otra persona o a una cosa]: *Subimos las persianas para que entrara la luz.* **5** Poner ‹una persona› [a otra persona o una cosa] en [un vehículo] o sobre [una caballería]: *El mozo subió las maletas **al** tren.* SIN. montar. **6** Hacer ‹una persona› que aumente la cantidad, la intensidad o el valor de [una cosa]: *El panadero ha subido el pan.* **7** Hacer ‹una persona› que mejore [la situación profesional o económica de otra]: *La han vuelto a subir **de** categoría.* **8** Hacer ‹una persona› que el tono de [la voz o de un instrumento musical] sea más alto: *El fa está un poco bajo, tenemos que subirlo.* || *v. intr.* **9** Aumentar ‹una cosa› en cantidad, intensidad o valor: *Las temperaturas subirán la próxima semana.* SIN. ascender. **10** Pasar ‹una persona o un animal› [de un lugar] a [otro superior o más alto]: *Pedro subió **al** piso principal. La niña subió **del** sótano. El anciano subió **en** ascensor. Debes subir **por** la escalera hasta el descansillo.* **11** Mejorar ‹una persona› en [su situación profesional o económica]: *Lo único que le importa es subir **en** la empresa.* SIN. auparse. **12** Crecer la altura o el volumen de ‹una cosa›: *Ha subido el río tras la tormenta.* **13** Hacerse ‹la voz o el tono de un instrumento musical› más alto: *La voz sube por tonos y semitonos.* **14** Alcanzar ‹una cuenta o una factura› [una cantidad determinada]: *La deuda sube **a** cinco mil pesetas.* SIN. ascender. || *v. intr. / prnl.* **15** Ponerse ‹una persona› en [un vehículo] o sobre [una caballería]: *Los pasajeros subieron **al** barco. Ella **se** subió **al** caballo.* SIN. montar(se). || *v. prnl.* **16** Ir ‹una persona, un animal o una cosa› hacia [un lugar más alto]: *Los gatos se subieron **a** un árbol.* SIN. ascender, trepar. **17** COLOQUIAL. Causar ‹una bebida alcohólica› borrachera a una persona:

Cuidado con ese vino, que se sube. **18** Ser ‹un cargo› la causa de que [una persona] se envanezca: *El cargo se le ha subido.* **19** COLOQUIAL. Perder ‹una persona› el respeto [a otra]: *Ya estoy harto de que se me suba todo el mundo.* FR. Y LOC. **ir / llegar / ~ con la lengua* afuera. subirse a las barbas*. subirse a la parra*. subirse al tren*. subirse por las paredes*. subírsele a la cabeza** COLOQUIAL. 1 Poner ‹una bebida alcohólica› borracha a una persona: *Se le subió el cava a la cabeza después de tomar varias copas.* 2 Envanecer ‹un cargo o el dinero› a una persona: *A Luis se le ha subido el cargo a la cabeza. A Elena se le ha subido a la cabeza la posición económica de su hijo.* **subírsele a la chepa*. subírsele el pavo*. subírsele los humos*.**

súbitamente *adv. modo* De repente, de pronto, de manera súbita: *El coche apareció súbitamente en la carretera.* OBSERVACIONES: ◊ Sólo se usa con formas o perífrasis que expresan acciones puntuales; típicamente, comienzos de una acción, coincidan o no con su final. ◊ Es notable su uso como inciso para intensificar el valor de ruptura temporal de *cuando: Estaba el marqués cenando tranquilamente, cuando, súbitamente, se oyó un disparo.*

súbito, ta *adj.* **1** (antepuesto / pospuesto) Que ocurre de forma inesperada o repentina: *sufrió un súbito mareo, un cambio súbito de color.* **muerte* súbita.** || *adv.* **2** De repente, súbitamente. FR. Y LOC. **de ~** De repente, súbitamente: *El marido llegó de súbito a la casa.*

subjefe, fa *s. m. / f.* Persona que realiza las funciones de un jefe en su ausencia o que está inmediatamente bajo sus órdenes: *el subjefe de la empresa, la subjefa comercial.*

subjetividad *s. f.* (no contable) Característica de subjetivo: *Se dejó llevar por la subjetividad.* ANT. objetividad.

subjetivismo *s. m.* **1** (no contable) Predominio de lo subjetivo sobre cualquier otra consideración: *El subjetivismo de tus razones me desespera.* **2** FILOS. Tesis filosófica que no admite otra realidad que la conciencia individual de cada sujeto como principio de explicación del mundo.

subjetivo, va *adj.* (antepuesto / pospuesto) Que sólo tiene en cuenta su propia forma de pensar o sentir cuando actúa o juzga: *Esto que dices es muy subjetivo.*

subjuntivo *adj. / s. m.* [Modo verbal] que se utiliza para expresar idea de duda, posibilidad, deseo, temor, necesidad o algo semejante y se usa especialmente en oraciones subordinadas.

sublevación *s. f.* Acción de sublevar o sublevarse: *El ejército reprimió los intentos de sublevación.* SIN. rebelión, levantamiento.

sublevar *v. tr.* **1** Hacer ‹una persona› que [otra persona] se niegue a obedecer a una autoridad, resistiéndose por la fuerza: *El coronel ha conseguido sublevar su guarnición.* SIN. alzar, levantar. **2** Causar ‹una persona o una cosa› irritación o enfado [a una persona]: *Me subleva la injusticia.* SIN. indignar, enojar. || *v. prnl.* **3** Negarse ‹una persona› a obedecer a una autoridad, resistiéndose por la fuerza: *Los jovenes se sublevaron contra el tirano.* SIN. alzarse, levantarse. **4** Irritarse o enfadarse ‹una persona› [por una cosa]: *Tranquilízate, te sublevas por cualquier cosa.* SIN. indignarse, enojarse.

sublimación *s. f.* **1** Engrandecimiento o exaltación de una cosa: *la sublimación de la Naturaleza.* **2** PSICOL. Mecanismo inconsciente por el cual una persona transforma sus impulsos reprimidos en actos que se consideran superiores o más aceptables desde el punto de vista moral o intelectual: *la sublimación del deseo sexual.* **3** FÍS. Paso directo de un cuerpo del estado sólido al gaseoso y viceversa.

sublimado *s. m.* QUÍM. Sustancia obtenida al sublimar un cuerpo.

sublimar o **sublimizar** *v. tr.* **1** Alabar ‹una persona› las cualidades o las virtudes de [otra persona o una cosa]: *La crítica sublimó el estreno.* || *v. tr. / prnl.* **2** FÍS. Hacer pasar ‹una persona› directamente [un cuerpo] del estado sólido al gaseoso y viceversa. **3** PSICOL. Transformar ‹una persona› [los impulsos reprimidos] en actos que se consideran superiores o más aceptables desde el punto de vista intelectual o moral: *Ella sublimó su desesperación.*

sublime *adj.* (antepuesto / pospuesto) Que tiene gran belleza o calidad moral o intelectual: *una sublime composición musical, un orador sublime, un sublime escritor. Esta mujer realizaba una obra sublime con los pobres y enfermos.*

sublimidad *s. f.* (no contable) Característica de sublime: *Los críticos elogiaron la sublimidad de su obra.*

subliminal *adj.* Que ocurre por debajo del umbral de la conciencia: *mensaje subliminal, percepción subliminal.*

sublimizar *v. tr.* RESTRINGIDO. Sublimar. ⇒ **19.**

sublingual *adj.* ANAT. De la región inferior de la lengua: *arteria sublingual, glándula sublingual.*

submarinismo *s. m.* (no contable) Conjunto de técnicas y actividades que se realizan bajo la superficie del mar: *Miguel practica el submarinismo.*

submarinista *adj.* **1** Del submarinismo: *actividad submarinista.* || *s. m. / f.* **2** Persona que practica el submarinismo: *equipo de submarinista. Los submarinistas fueron atacados por un tiburón.* **3** Tripulante de un submarino.

submarino, na *adj.* **1** Que está o sucede bajo la superficie del mar: *pesca submarina, corriente submarina, relieve submarino, cable submarino.* **fusil* ~. mina* submarina.** || *s. m.* **2** Embarcación que puede sumergise y navegar bajo el agua, especialmente con fines militares: *hundir un submarino.* SIN. sumergible. **~ atómico.** **3** Individuo que se introduce en una organización política siendo militante de otra, para imponer la línea de su partido: *Ese tipo es un submarino.*

submaxilar *adj.* ANAT. Que está situado debajo de la mandíbula inferior: *región submaxilar.*

submúltiplo *adj. num. / s. m.* MAT. [Número, cantidad] que está contenido exactamente dos o más veces en otro número o cantidad: *Diez es submúltiplo de veinte.*

submundo *s. m.* Grupo social que actúa al margen de la sociedad y que no participa de sus mismos valores: *el submundo de la droga, el submundo nocturno de las ciudades.*

subnormal *adj. / s. m.* y *f.* [Persona] que padece una discapacidad psíquica de carácter patológico: *subnormal profundo. Tengo un hijo subnormal.*

subnormalidad *s. f.* (no contable) Discapacidad psíquica: *campaña de prevención de la subnormalidad.*

suboficial *s. m.* y *f.* Categoría militar que comprende los grados inferiores a oficial: *Antonia estudia para suboficial de la Armada.*

subordinación *s. f.* **1** (no contable) Acción y resultado de subordinar: *La subordinación a la disciplina militar mar-*

có su carácter. SIN. sometimiento. **2** (no contable) GRAM. Relación de dependencia entre dos elementos de categoría gramatical diferente: *Una parte de la sintaxis estudia los diversos tipos de subordinación oracional.*

subordinado, da *adj. / s. m.* y *f.* **1** Que está a las órdenes o depende de un superior: *El director se dirigió a sus subordinados.* **2** GRAM. [Oración, proposición] que, en una oración compuesta, funciona como complemento de la principal.

subordinante *s. f.* **1** GRAM. Oración principal. **2** GRAM. [Conjunción, elemento] que introduce una proposición subordinada.

subordinar *v. tr. / prnl.* **1** Hacer ‹una persona› que [una persona o una cosa] dependa de [otra persona u otra cosa considerada más importante]: *Victoria subordinó todo el departamento **a** la delegación provincial. Él **se** subordinó **a** la autoridad de sus superiores.* SIN. someter. **2** Considerar ‹una persona› [una cosa] menos importante que [otra]: *Mateo siempre subordinó su bienestar **al** de su familia.* SIN. supeditar. **3** LING. Hacer ‹una persona o un elemento de unión› que [un elemento lingüístico] sea dependiente de [otro]: *Esta proposición **se** subordina **a** la principal.*

subprefecto *s. m.* Funcionario francés inmediatamente inferior al prefecto o que administra una subdivisión de una prefectura: *Me gustaría hablar con el subprefecto.*

subproducto *s. m.* Producto secundario obtenido en un proceso de elaboración: *El alquitrán es un subproducto de la hulla.*

subproletariado *s. m.* (no contable) Lumpen.

subranquial *adj.* ZOOL. Que está situado debajo de las branquias: *aleta subranquial.*

subrayado, da *adj.* (estar) Que va en letra cursiva en un escrito: *Las obras que me interesan están subrayadas.*

subrayar *v. tr.* **1** Hacer ‹una persona› una raya horizontal debajo de [una letra, una palabra o una frase] para llamar la atención sobre ella o distinguirla: *Subraya los párrafos más interesantes.* **2** Poner ‹una persona› de relieve [las cualidades o la importancia de una persona o una cosa]: *Subrayó ante todos la importancia de la reunión.* SIN. destacar, recalcar.

subregión *s. f.* Zona geográfica con características propias dentro de otra más amplia.

subreino *s. m.* BIOL. Cada uno de los dos grupos en que se dividen el reino vegetal y animal: *El reino animal se divide en dos subreinos: el de los protozoos y el de los metazoos.*

subrepticiamente *adv. modo* ELEVADO. De manera subrepticia, ocultamente y a escondidas (real o figuradamente): *Subrepticiamente, logró imponer su criterio.*

subrepticio, cia *adj.* ELEVADO. Que se hace ocultamente, a escondidas, con malicia: *Olga todo lo ha conseguido con unas maniobras subrepticias.*

subrogación *s. f.* DER. Acción de subrogar o subrogarse: *La ley permitía la subrogación del contrato del inquilino a favor de sus descendientes.*

subrogar *v. tr.* DER. Poner ‹una persona› [a una persona o una cosa] en el lugar o la situación de [otra]: *El inquilino subrogó el contrato del alquiler en favor de su hijo.* ⇒ **56.**

subsanación *s. f.* Acción de subsanar una cosa: *Los informáticos trabajan en la subsanación de errores del programa.*

subsanar *v. tr.* **1** Resolver ‹una persona› [una dificultad]: *Subsanaron los problemas técnicos para continuar la emisión.* SIN. solucionar. **2** Dar ‹una persona› una justificación para disculpar [un error o un delito cometido por otra]: *Ella buscaba una excusa que pudiera subsanar su descuido.* SIN. excusar, perdonar. **3** Poner ‹una persona› remedio a [una falta cometida o un daño causado]: *El chico reconocía su defecto y quería subsanarlo.* SIN. remediar, enmendar.

subscripción *s. f.* Suscripción.

subscriptor, ra *adj.* Suscritor.

subscrito *p.* Suscrito.

subsecretaría *s. f.* **1** (no contable) Cargo de subsecretario: *La subsecretaría será ocupada por una persona competente.* **2** Oficina o despacho del subsecretario: *La subsecretaría se trasladará a otro edificio.*

subsecretario, ria *s. m. / f.* **1** Persona que ayuda o sustituye al secretario: *Hablé con el subsecretario, ya que el secretario había salido.* **2** Secretario general de un ministerio, cargo inferior al de ministro: *subsecretaria de Agricultura, subsecretario de Asuntos Exteriores.*

subsecuentemente *adv. temp.* ELEVADO. Subsiguientemente.

subseguir *v. intr. / prnl.* **1** RESTRINGIDO. Seguir ‹una cosa› inmediatamente a [otra]: *El contrato **se** subsigue **del** proyecto.* **2** ELEVADO. Deducirse ‹una cosa› de [otra cosa]: ***De** sus palabras no se subsigue que él no venga a la fiesta.* ⇒ **74.**

subsidiar *v. tr.* RESTRINGIDO. Conceder ‹una persona› un subsidio [a otra persona o una cosa]: *El ministerio subsidia programas educativos.* SIN. subvencionar.

subsidiario, ria *adj.* **1** Que se da como subsidio: *ayuda subsidiaria, pensión subsidiaria.* **2** DER. [Acción, responsabilidad] que completa a otra principal o, si es necesario, la sustituye: *responsable subsidiario, acción subsidiaria.*

subsidio *s. m.* ELEVADO. Ayuda económica de carácter oficial que se concede a una persona: *subsidio de invalidez, subsidio familiar. Desde que dejó de trabajar, Berta está cobrando el subsidio de desempleo.*

subsiguiente *adj.* Que sigue a otra cosa, viene inmediatamente después o se deriva de ella: *problemas subsiguientes, días subsiguientes.*

subsiguientemente *adv. temp.* ELEVADO. Inmediatamente, a continuación, acto seguido. RELACIONES Y CONTRASTES: Frente a *seguidamente* y *acto seguido*, sólo se usa con referencia a hechos del pasado: *Abrió el presidente la sesión y, subsiguientemente (a ello), dio la palabra al secretario.*

subsistencia *s. f.* **1** (no contable) ELEVADO. Vida de un ser humano: *Su tío le daba todo lo necesario para la subsistencia.* **2** (preferentemente en plural; no contable) ELEVADO. Conjunto de los alimentos y otras cosas necesarias para poder vivir: *Lola ha ido al pueblo a buscar más subsistencias.* SIN. provisiones. **economía de ~.**

subsistir *v. intr.* **1** Seguir existiendo ‹una cosa›: *En muchos pueblos subsisten costumbres tradicionales.* SIN. mantenerse. **2** Seguir viviendo ‹un ser vivo›: *En este bosque subsisten muy diversas especies de aves.* SIN. perdurar.

substancia *s. f.* Sustancia.

substanciación *s. f.* RESTRINGIDO. Sustanciación.

substancial *adj.* Sustancial.

substancialmente *adv.* Sustancialmente.

substancioso, sa *adj.* Sustancioso.

substantivación *s. f.* RESTRINGIDO. Sustantivación.

substantivo *s. m.* Sustantivo.

substitución *s. f.* Sustitución.

substituto, ta *adj.* Sustituto.

substracción *s. f.* Sustracción.

subsuelo *s. m.* **1** (no contable) GEOL. Terreno situado por debajo de la superficie terrestre: *Están buscando petróleo en el subsuelo.* **2** AMÉR. Parte habitable de un edificio que está por debajo del nivel del suelo, sótano.

subsumir *v. tr.* ELEVADO. Incluir ‹una persona› [una cosa] en [otra cosa o un conjunto]: *Su error fue subsumir los distintos aspectos dentro del enfoque general.* SIN. englobar.

subte *s. m.* ARG., URUG.; COLOQUIAL. Tren subterráneo, metropolitano.

subtender *v. tr.* GEOM. Unir ‹una línea recta› [los extremos de un arco o una línea quebrada]. ⇒ **80.**

subteniente *s. m.* y *f.* Categoría militar del cuerpo de suboficiales de grado superior: *Jorge ascendió de brigada a subteniente.*

subtensa *s. f.* GEOM. Cuerda de un arco.

subterfugio *s. m.* ELEVADO; PEYORATIVO. Excusa falsa que se da para evitar un compromiso u obligación: *Jaime se inventó un subterfugio para no hacer los deberes.* SIN. pretexto.

subterráneo, a *adj.* **1** Que está debajo de la tierra: *raíces subterráneas, túnel subterráneo.* **paso* ~. 2** Que está oculto o profundo: *sentimientos subterráneos, odios subterráneos.* ‖ *s.m.* **3** Conducto o pasillo bajo tierra: *Un subterráneo une el castillo con el río.* **4** ARG., URUG. Metropolitano, ferrocarril que circula bajo tierra.

subtipo *s. m.* BIOL. Grupo de la clasificación de animales o plantas en que se divide un tipo: *Los animales vertebrados son un subtipo de los cordados.*

subtitular *v. tr.* **1** Poner ‹una persona› un subtítulo a [una cosa]. ‖ *v. prnl.* **2** Tener ‹una cosa› [un subtítulo].

subtítulo *s. m.* **1** Título secundario o complementario que se añade al principal. **2** (preferentemente en plural) CINE. Rótulo sobreimpreso en el inferior de la pantalla que traduce los diálogos de las películas en versión original: *Me cansa leer los subtítulos de las películas extranjeras.*

subtropical *adj.* GEOGR. Que está cerca del trópico, pero en una latitud más elevada: *región subtropical, zona subtropical.*

suburbano, na *adj.* **1** Que está en los alrededores de una ciudad: *barrio suburbano, población suburbana.* **2** Del suburbio: *delincuencia suburbana.* ‖ *adj. / s. m.* **3** [Tren] que comunica el centro de la ciudad con su periferia: *Hay un tren suburbano para ir al aeropuerto.* **ferrocarril* ~.**

suburbial *adj.* RESTRINGIDO. Del suburbio o como de suburbio: *barrios suburbiales, vías suburbiales.*

suburbio *s. m.* Barrio urbano, situado normalmente en las afueras o en los alrededores de la ciudad, con una población de muy bajo nivel económico: *Aquel pobre mendigo vivía en una chabola en los suburbios de la ciudad.*

subvalorar *v. tr. / prnl.* Dar ‹una persona› menos valor o importancia [a otra persona o una cosa] de que la que tiene en realidad: *Subvaloras mucho su capacidad creativa. Tu amigo* ***se*** *subvalora* ***ante*** *sus superiores.*

subvención *s. f.* Ayuda económica de carácter oficial que se concede a una persona, a un organismo, a una empresa o a una actividad: *la subvención del campo. Ese colegio ha recibido una subvención para hacer una biblioteca.*

subvenir *v. intr.* ELEVADO. Pagar ‹una persona› el coste de [una cosa]: *Ramón subvino* ***a*** *la educación de los huérfanos.* ⇒ **86.**

subversión *s. f.* **1** Acción y efecto de subvertir o alterar algo: *La subversión de los valores es uno de los frutos del desarraigo.* **2** DER. Actuación dirigida contra el orden político y social, o las autoridades de un país: *El presidente recurrió al ejército para acabar con la subversión.* SIN. rebelión.

subversivo, va *adj.* Que altera o puede alterar el orden establecido: *panfleto subversivo, manifestaciones subversivas.*

subvertir *v. tr.* ELEVADO. Hacer ‹una persona o una cosa› que se altere el orden o la marcha de [una cosa]: *El joven estudiante fue acusado de subvertir los valores morales.* SIN. perturbar, trastornar. ⇒ **75.**

subyacer *v. intr.* **1** Estar ‹una cosa› oculta [tras otra cosa]: ***Tras*** *su apariencia tosca subyacía una gran sensibilidad.* SIN. ocultarse, esconderse. **2** Estar ‹una cosa› influida o determinada por [otra cosa]. ⇒ **89.**

subyugar *v. tr.* **1** ELEVADO. Imponer ‹una persona› su dominio o autoridad [a una o más personas] por la fuerza o la violencia: *Subyugaron al país por las armas.* SIN. someter. **2** ELEVADO. Dominar ‹una sensación, un sentimiento o una pasión› [a una persona]: *Esa música me subyuga.* SIN. cautivar. ⇒ **56.**

succión *s. f.* ELEVADO. (no contable) Acción de chupar o absorber: *el mecanismo de succión de una bomba o de un aspirador.*

succionar *v. tr.* **1** Extraer ‹una persona› [líquido] con los labios: *El bebé succionaba la leche del biberón.* SIN. sorber. **2** Absorber ‹un órgano o un mecanismo› [aire, líquido u otra cosa]: *Las raíces succionan el agua.*

sucedáneo, a *adj. / s. m.* **1** Producto que se puede usar en lugar de otro: *sucedáneo del chocolate. Me conformo con sucedáneos.* SIN. sustituto. ‖ *s. m.* **2** Imitación mala de una cosa: *Este libro es un sucedáneo de novela.*

suceder *v. intr.* **1** Producirse o desarrollarse ‹un hecho› espontáneamente: *¿En qué año sucedieron esos acontecimientos?* SIN. ocurrir, acontecer. **2** Ir o producirse ‹una cosa› a continuación de [otra]: *A una zona árida y pobre sucedía otra muy rica y productiva.* SIN. seguir. ‖ *v. tr.* **3** Ocupar ‹una persona› el cargo o posición dejado por [otra persona]: *José sucedió a su padre en la dirección de la fábrica.* **4** Recibir ‹una persona› la herencia de [otra persona]: *Como no tiene hijos le sucederán sus sobrinos.*

sucedido, da *s. m.* COLOQUIAL. Cosa que ha ocurrido o sucedido: *Nos explicó un sucedido de su último viaje.* SIN. suceso, hecho, acontecimiento.

sucesión *s. f.* **1** Acción y resultado de entrar una persona o cosa en lugar de otra: *La sucesión al trono está asegurada.* **2** (no contable) Continuación ordenada de personas, cosas o sucesos: *Desde entonces una sucesión de desgracias cayó sobre nosotros.* SIN. serie. **3** Descendencia directa: *Se casó tarde y no tuvo sucesión.* SIN. prole. **4** DER. Entrada como heredero en la posesión de los bienes de un difunto: *Los impuestos del derecho de sucesión son muy altos.* **5** DER. Conjunto de bienes, derechos y obligaciones que al morir una persona pasa a quienes los heredan. SIN. legado. **6** MAT. Conjunto ordenado de términos que cumplen una ley determinada: *La sucesión de término general* n^2+1 *es 2, 5, 10, 17.*

sucesivamente *adv. modo / temp.* **1** Uno detrás de otro, sucediendo o siguiendo una persona o cosa a otra: *Entra-*

ron sucesivamente el delegado, un sacerdote y una pareja de novios. || *adv. temp.* **2** RESTRINGIDO. A partir de este momento, en lo sucesivo, en adelante: *Sucesivamente, deberá usted tener más cuidado.* OBSERVACIONES: Es importante el uso de este adverbio en la expresión de cierre *y así sucesivamente*, próximo en el sentido a *etcétera: Primero eliges tú y luego yo, después tú otra vez y luego yo, y así sucesivamente.*

sucesivo, va *adj.* (antepuesto / pospuesto) Que sigue a otro de su misma clase: *en los sucesivos días, actuaciones sucesivas.* FR. Y LOC. **en lo ~** A partir del momento en que se habla: *En lo sucesivo espero no tener que venir.*

suceso *s. m.* **1** Acción inusual o importante que se produce o desarrolla: *Estos sucesos alarman a todos los ciudadanos.* **2** (en plural) Parte de un periódico donde se informa de delitos, accidentes o hechos dramáticos: *Leyó la noticia del atraco en los sucesos del periódico.*

sucesor, ra *adj. / s. m.* y *f.* Que sucede a otra persona en un cargo o dignidad o que es su heredero: *Encontraron pronto un sucesor para su cargo.*

sucesorio, ria *adj.* De la sucesión: *derecho sucesorio.*

suciedad *s. f.* **1** (no contable) Polvo, basura, manchas o cualquier otra cosa que ensucia: *Tenía tanta suciedad el coche, que tuvieron que lavarlo tres veces.* SIN. porquería. ANT. limpieza. **2** (no contable) Dicho o hecho inmoral u obsceno: *Tu amigo se comportó con mucha suciedad.* SIN. indecencia.

sucinto, ta *adj.* (antepuesto / pospuesto) ELEVADO. Que contiene brevedad o concisión: *Le he preparado un sucinto informe de lo que ha ocurrido a lo largo de estos días.*

sucio, cia *adj.* **1** (ser / estar) Que tiene manchas o impurezas: *Los cristales están sucios. El agua estancada es sucia.* ANT. limpio. **2** Que se ensucia con facilidad: *El color de este coche es muy sucio.* **3** Que no tiene cuidado de su aseo personal o de sus cosas: *Este chico es muy sucio.* SIN. desaseado. **4** Que produce suciedad: *Las fábricas de cementos son muy sucias.* **5** [Color] que está mezclado con gris o negro: *un color blanco sucio.* **6** [Palabra, acción] que es obscena: *Tu padre siempre está contando chistes sucios.* **7** Que es contrario a la legalidad o a la moralidad: *Él siempre hace el trabajo sucio.* **8** (estar) Que se siente culpable: *tener las manos sucias, tener la conciencia sucia.* ANT. limpio. || *adv.* **9** Sin respetar las normas: *Eso es jugar sucio.* FR. Y LOC. **dinero* ~. en ~** Que no es definitivo: *Primero lo escribe en sucio, después lo revisa.* **jugar* ~. lavar los trapos* sucios. más ~ que el palo* de un gallinero.**

sucre *s. m.* Unidad monetaria del Ecuador.

súcubo *adj.* LITERARIO. [Demonio] que bajo la apariencia de mujer tiene relaciones sexuales con un hombre: *En el Siglo de Oro muchos autores tratan el tema de los súcubos.*

sucucho *s. m.* ARG., PERÚ, URUG.; COLOQUIAL. Cuchitril, habitación de vivienda pequeña, generalmente sucia y desordenada.

suculento, ta *adj.* (ser / estar; antepuesto / pospuesto) Que es sustancioso, nutritivo o tiene buen sabor: *Su comida es suculenta. Esto está suculento, voy a repetir.*

sucumbir *v. intr.* **1** Dejar ‹un ejército o una plaza› de oponer resistencia al ataque de [los enemigos]: *La ciudad sucumbió* ***a*** *un ataque de Roma.* **2** Dejar ‹una persona› de oponer resistencia [a otra persona o una cosa]: *Manolo sucumbió* ***a*** *la tentación.* **3** Morir o desaparecer ‹una persona› en circunstancias impresionantes o extraordinarias: *Los viajeros sucumbieron en el accidente.* SIN. fallecer, perecer. **4** Desaparecer ‹una institución o una entidad› por [una circunstancia]: *La democracia sucumbió ante el golpe de Estado.* SIN. derrumbarse, hundirse.

sucursal *adj. / s. f.* [Establecimiento] que desempeña las mismas funciones que la central de la que depende, y que está situado en una población distinta o en un lugar distinto dentro de una misma población: *sucursal bancaria. Han abierto una nueva sucursal en mi calle.*

sudaca *adj. / s. m.* y *f.* COLOQUIAL; PEYORATIVO. Sudamericano: *Los que nos llaman sudacas no se acuerdan de las familias que tienen en Latinoamérica.*

sudación *s. f.* **1** Acción de rezumar o salir un líquido fuera de su continente: *La sudación de los recipientes porosos se ha utilizado como refrigeración.* SIN. exudación. **2** MED. Acción de sudar, en especial cuando se provoca con fines terapéuticos y el sudor es abundante: *Los medicamentos antitérmicos aumentan la sudación.*

sudadera *s. f.* **1** COLOQUIAL. Sudor abundante: *Qué sudadera me ha entrado con la clase de gimnasia.* **2** Prenda deportiva ancha que cubre hasta la cintura, puede ser de plástico o tela y con capucha, utilizada para dar calor o para provocar el sudor: *Siempre corre con la sudadera.*

sudafricano, na o **surafricano, na** *adj. / s. m.* y *f.* **1** Del sur de África: *fauna sudafricana, países sudafricanos.* **2** De la República Sudafricana, país del sur de África: *el presidente sudafricano, los conflictos de los sudafricanos.*

sudamericano, na o **suramericano, na** *adj. / s. m.* y *f.* De América del Sur: *literatura sudamericana. Los sudamericanos organizaron la reunión.*

sudanés, sa *adj. / s. m.* y *f.* De Sudán, país africano: *el folclore sudanés, una mujer sudanesa. Los sudaneses celebraron la victoria de su equipo.*

sudar *v. intr. / tr.* **1** Expulsar ‹una persona› el sudor a través de los poros de la piel: *Los viajeros del metro sudaban como si estuviesen metidos en un baño de vapor.* **2** Expeler ‹una planta› [un líquido o un jugo] a través de sus poros: *Los pinos sudan resina.* SIN. segregar. **3** Expulsar ‹una cosa› [agua] por contener demasiada humedad: *La pared suda cada vez que llueve.* **4** COLOQUIAL. Hacer ‹una persona› mucho esfuerzo para conseguir [una cosa]: *He sudado mucho para conseguir este puesto.* || *v. tr.* **5** Mojar ‹una persona› [una cosa] con sudor: *He sudado la camisa del calor. No puedo dormir, porque sudo las sábanas y me despierto.* FR. Y LOC. **echar / ~ la hiel*. ~ como un pollo*. ~ el quilo*. ~ la gota* gorda. ~ sangre*. ~ tinta*.**

sudario *s. m.* ELEVADO. Tela con que se envuelve a los cadáveres o con la que se les cubre la cara: *El sudario era una mortaja tradicional.*

sudeste o **sureste** *s. m.* **1** (preferentemente con mayúscula) GEOGR. Punto del horizonte que se encuentra a igual distancia del Sur que del Este. **2** Parte de un país o región situada en la dirección de este punto: *El sudeste peninsular es una zona turística.* **3** METEOR. Viento que sopla desde este punto: *El sudeste suele ser un viento cálido.*

sudista *adj. / s. m.* y *f.* Que era partidario de los Estados del sur en la Guerra de Secesión de Estados Unidos: *el ejército sudista. Los sudistas perdieron la guerra.*

sudoeste o **suroeste** *s. m.* **1** (preferentemente con mayúscula) GEOGR. Punto del horizonte situado a igual distancia del Sur que del Oeste. **2** Territorio que está en la dirección de este punto. **3** METEOR. Viento que sopla desde este punto: *El suroeste suele traer lluvia.*

sudor *s. m.* **1** Líquido transparente que segregan las glándulas sudoríparas de la piel: *gotas de sudor, oler a sudor. Tápate, que estás bañado en sudor. Tiene la frente cubierta de sudor.* **2** Gotas que aparecen en la superficie de las cosas que tienen humedad. **3** Líquido que segregan las plantas. **4** (preferentemente en plural) COLOQUIAL. Esfuerzo necesario para conseguir una cosa: *Ganó, pero le costó muchos sudores.* **5** (preferentemente en plural) COLOQUIAL. Sensación de angustia o de nerviosismo: *Me entran sudores sólo de pensar en el accidente.* **6** COL. Bebida caliente que hace sudar y se usa como medicina casera. || **7 ~ frío** Sudor que se produce en estados febriles o de gran nerviosismo: *Me corría un sudor frío mientras esperaba el resultado de la prueba.* FR. Y LOC. **con el ~ de mi / tu / su... frente** COLOQUIAL. Con gran esfuerzo o trabajo: *Todo lo que tengo me lo he ganado con el sudor de mi frente.*

sudoración *s. f.* Expulsión abundante de sudor: *El esfuerzo le producía una intensa sudoración.*

sudoriento, ta *adj.* RESTRINGIDO. Que está humedecido por el sudor: *Es desagradable la ropa sudorienta.*

sudorífero, ra *adj.* Que sirve para provocar sudor.

sudorífico, ca *adj. / s. m.* Que sirve para provocar sudor: *medicamento sudorífico. El médico me recetó un sudorífico.*

sudoríparo, ra *adj.* ANAT. [Glándula, folículo] que segrega sudor: *En la piel tenemos muchas glándulas sudoríparas.*

sudoroso, sa *adj.* **1** (estar) Que ha sudado o está sudando mucho: *Acabo de jugar un partido de fútbol y estoy muy sudoroso.* **2** Que tiende a sudar con facilidad: Yo *soy muy sudoroso, sobre todo en verano.*

sudsudeste o **sursureste** *s. m.* **1** (preferentemente con mayúscula) GEOGR. Punto del horizonte situado a la misma distancia del Sur que del Sudeste. **2** METEOR. Viento que sopla desde este punto.

sudsudoeste o **sursuroeste** *s. m.* **1** (preferentemente con mayúscula) GEOGR. Punto del horizonte situado a igual distancia del Sur que del Sudoeste. **2** METEOR. Viento que sopla desde este punto.

sueco, ca *adj. / s. m.* y *f.* **1** De Suecia, país europeo: *industria sueca, el paisaje sueco. Los suecos ganaron el partido.* || *s. m.* **2** LING. Lengua germánica hablada en Suecia. || **3 gimnasia* sueca.** FR. Y LOC. **hacerse el ~** COLOQUIAL; PEYORATIVO. Fingir ‹una persona› que no entiende, no se entera o no ve una cosa: *¡No te hagas el sueco y contéstame!*

suegro, gra *s. m. / f.* Padre o madre del cónyuge de una persona: *Mi suegro es un cocinero estupendo.*

suela *s. f.* **1** Parte inferior del calzado en contacto con el suelo: *la suela de los zapatos. Se me ha despegado la suela de las botas.* **2** Cuero curtido con que se confeccionan estas piezas: *Estos zapatos son de suela.* **3** Cuero o material parecido que se utiliza para otros usos: *Mi madre tiene unas sandalias de suela, muy juveniles.* **4** COLOQUIAL. Filete de carne muy fino y demasiado frito: *Este filete está como una suela.* || **5 media ~** (preferentemente en plural) Pieza, generalmente de cuero, con que se remienda la planta del calzado desde la punta hasta el estrechamiento anterior al tacón: *El zapatero me ha puesto medias suelas a las botas.* FR. Y LOC. **de siete suelas** COLOQUIAL; INTENSIFICADOR. Muy grande: *Ramón es un caradura de siete suelas.* **no llegarle a la ~ del zapato** COLOQUIAL. Ser ‹una persona› muy inferior a otra persona en una cualidad: *Escribiendo no le llegas a tu hermano ni a la suela del zapato.*

suelazo *s. m.* AMÉR. DEL S.; COLOQUIAL. Golpe contra el suelo al caer alguien o algo.

sueldo *s. m.* Cantidad de dinero que recibe regularmente una persona por su trabajo: *Aunque mi sueldo no es muy alto, todos los años cambio de coche.* SIN. paga, salario. **salario* / ~ base. salario* / ~ mínimo. ~ bruto** Sueldo completo sin haber aplicado las retenciones de los impuestos correspondientes. **suplemento* de ~.** FR. Y LOC. **a ~** 1 Con un sueldo regular y fijo: *El protagonista es un asesino a sueldo.* 2 Con un sueldo por trabajo hecho: *Begoña trabaja a sueldo como traductora.*

suelo *s. m.* **1** (no contable) Superficie de la corteza terrestre: *El suelo del occidente peninsular es granítico.* **2** Superficie cubierta con un material resistente para poder pisar: *El suelo de la escalera es de mármol. No entres en la cocina, que he fregado el suelo.* SIN. piso, pavimento. **3** (no contable) Terreno sobre el que viven las plantas: *Este suelo es apto para el cultivo.* **4** (no contable) Terreno destinado a la construcción: *El empresario ha comprado el suelo para construirse un chalé.* **5** (no contable) Territorio de un país: *suelo español. Ya estamos en suelo panameño.* **6** (no contable) Superficie inferior de algunas cosas: *el suelo de una vasija.* FR. Y LOC. **besar el ~** o **~ la tierra** COLOQUIAL; HUMORÍSTICO. Caerse ‹una persona› al suelo boca abajo: *El Presidente besó el suelo al bajar del avión.* **besar el ~ por donde pisa** AFECTADO en la actualidad; INTENSIFICADOR. Mostrar ‹una persona› gran admiración por otra: *Habla siempre muy bien de vosotros, besa el suelo por donde pisáis.* **dar en el ~ con** INTENSIFICADOR. Hacer perder ‹una cosa› a una persona las ilusiones o la esperanza que había depositado en otra cosa: *El despido lo ha desanimado y ha dado en el suelo con todos sus proyectos.* **dar consigo / con los huesos en el ~** Caerse ‹una persona›: *Esta mañana casi doy con los huesos en el suelo al bajar al metro.* **ordenación* del ~. por el ~** o **por los suelos** 1 INTENSIFICADOR. Muy barato: *El precio de ese coche está por los suelos.* 2 INTENSIFICADOR. En muy mala situación: *Como ha perdido todos los partidos, nuestro equipo tiene la moral por los suelos.* **tener la moral* por los suelos. tirar* por los suelos.**

suelta *s. f.* Acción y efecto de soltar: *una suelta de palomas, la suelta del ganado.*

suelto, ta *adj.* **1** (estar) Que no está sujeto: *Jorge llevaba el perro siempre suelto. Esos botones están sueltos.* **2** (estar) Que está separado de lo que forma parte: *Pedro encontró un ejemplar suelto de la colección.* **3** (estar) Que no forma una masa compacta: *Hoy el arroz de la paella ha quedado muy suelto.* **4** Que no está envasado: *En el comercio de la esquina venden el café suelto.* **5** (ser / estar) Que está poco ajustado: *Los lazos están demasiado sueltos. El vestido es suelto, pero se puede usar con cinturón.* **6** Que no se frena o controla: *Está enfadada con todo el mundo porque tiene la lengua muy suelta y ofende con facilidad.* **7** (estar) COLOQUIAL. Que padece diarrea: *El niño está suelto. La niña va suelta.* **8** (estar) Que es ágil o experimentado: *Se le ve muy suelto conduciendo.* **9** [Lenguaje, estilo] que es fácil o ameno. || *adj. / s. m.* **10** [Dinero] que está en moneda fraccionaria: *No tengo suelto para el taxi.* || *s. m.* **11** Escrito breve y sin firma que se incluye en un periódico: *Un suelto de nuestro colega vespertino nos insultaba abiertamente ayer.* || *p.* **12** Participio irregular del verbo *soltar.* || **13 cabo* ~. 14 verso* ~.** FR. Y LOC. **a rienda* suelta. andar / estar el diablo* ~. dar rienda* suelta** o **soltar las riendas. dormir a pierna* suelta / tendida.**

sueño *s. m.* **1** Ganas o necesidad de dormir: *Tengo sueño atrasado. Me caigo de sueño.* **cara de ~. 2** Estado en el que se encuentra la persona que está durmiendo: *Pablito tiene un sueño muy profundo.* **~ ligero. ~ pesado. 3** Conjunto de imágenes que se representan en la mente mientras se duerme: *He tenido un mal sueño.* **4** Objetivo o meta que ilusiona razonablemente a una persona: *Su sueño es vivir en el campo.* **~ dorado** Ilusión máxima de una persona: *Su sueño dorado era ver el mar.* **5** Persona o cosa muy hermosa o maravillosa: *Ese chico que nos has presentado es un sueño.* **6** (preferentemente en plural) Ilusión sin fundamento: *Déjate de sueños y trabaja un poco.* || **7 ~ eterno** ELEVADO. La muerte. FR. Y LOC. **conciliar el ~** Conseguir ‹una persona› dormir: *Estoy muy nerviosa y no puedo conciliar el sueño.* **descabezar un ~** Dormir ‹una persona› un rato sin acostarse en la cama: *Pilar descabeza todos los días un sueño en el sillón, después de comer.* **entre sueños** Medio dormido: *Me dijiste adiós entre sueños.* **ni en sueños** De ninguna manera, nunca: *Ni en sueños podía yo pensar que tendría tan buena suerte.* **perder el ~** Estar ‹una persona› muy nerviosa o inquieta por un problema: *No pierdas el sueño por lo que te he contado.* **quitar el ~** Preocupar ‹una cosa› a una persona: *Mira, a mí lo que haga Ángel no me quita el sueño, ya sabrá lo que hace.*

suero *s. m.* **1** Parte acuosa de algunos líquidos orgánicos, como la sangre o la linfa, que queda después de haberse coagulado éstos: *el suero de la sangre, el suero linfático.* **2** Parte acuosa que queda después de coagularse la leche: *El agua de este yogur es el suero que ha soltado la leche.* **3** Disolución salina y de otras sustancias que se administra a un enfermo para evitar la deshidratación de los tejidos o como alimento: *A Sofía le administran antibióticos con el suero.* **~ fisiológico. 4** Sustancia preparada con suero sanguíneo de una persona o de un animal para curar o inmunizar contra una enfermedad: *Le han inyectado suero contra la rabia.* || **5 ~ de la verdad** Pentotal.

sueroterapia *s. f.* (no contable) MED. Seroterapia.

suerte *s. f.* **1** Desarrollo o encadenamiento imprevisible e inevitable de los hechos: *El resultado del partido dependerá de la suerte. Te deseo buena suerte.* **2** Conjunto de hechos que se consideran positivos o negativos: *Es una suerte que estés aquí.* **3** Aquello que ocurrirá en el futuro: *No sabemos qué nos depara la suerte. No podemos abandonar el pobre perro a su suerte.* SIN. destino. **4** Estado o situación de una persona o de una cosa: *Santiago intenta mejorar su suerte.* **5** Clase o tipo: *Por su trabajo, Jaime conoce toda suerte de personas.* **6** ELEVADO; RESTRINGIDO. Modo de hacer una cosa: *Si le hablas de esa suerte no te entenderá nunca.* **7** TAUROM. Cada uno de los tercios en que se divide la lidia del toro: *suerte de varas, suerte de banderillas, suerte de matar.* **8** RESTRINGIDO. Partes que resultan de dividir la tierra de labor. **9** PERÚ. Lotería. FR. Y LOC. **caer / tocar en ~** 1 Corresponderle por sorteo ‹una cosa› a una persona: *Te ha tocado en suerte ser el primero en jugar.* 2 Tocar ‹una cosa›, generalmente desagradable o molesta a una persona: *A mí me ha tocado en suerte trabajar todo el verano.* **correr la ~** Arriesgarse ‹una persona›: *Correré la suerte de intentarlo.* **de (tal) ~ que** De tal modo, de tal manera que: *Hay que hacerlo de suerte que no se estropee.* **(echar) a suerte(s)** Decidir ‹una persona› una cosa con un procedimiento en el que interviene la casualidad o el azar: *Echaremos a suertes quién se examina primero.* **golpe* de fortuna / ~. por ~** Afortunadamente: *Por suerte, hemos llegado a tiempo.* **probar ~** 1 Jugar en los juegos de azar: *Probaremos suerte con las tragaperras.* 2 Intentar una cosa: *Probaremos suerte con la hermana.* **tentar la ~** Correr ‹una persona› un riesgo para lograr un fin: *No es bueno tentar la suerte.* REFR. **La suerte de la fea, la guapa la desea.** Se usa para recordar que en una mujer lo fundamental no es la belleza, sino la simpatía y la inteligencia.

suertudo, da *adj. / s. m.* y *f.* COLOQUIAL. Que tiene mucha suerte: *persona suertuda.*

sueste *s. m.* MAR. Sombrero impermeable marinero, de ala estrecha y levantada por delante y ancha y caída por detrás.

suéter *s. m.* **1** Jersey: *Miguel siempre lleva unos suéteres preciosos.* **2** COL. Chaqueta de punto, jersey abierto con botones.

suevo, va *adj. / s. m.* y *f.* De un grupo de pueblos germánicos, de origen escandinavo, que fundaron un reino independiente en el occidente de la Península Ibérica en el s. V d. C.: *Los suevos se establecieron en Galicia.*

sufí (plural *sufíes* o *sufís*) *adj.* **1** Del sufismo: *misticismo sufí.* || *adj. / s. m.* y *f.* **2** Que es partidario del sufismo: *Los sufíes tuvieron importancia en la Edad Media española.*

suficiencia *s. f.* **1** (no contable) Presunción, orgullo y soberbia que tiene una persona ante los demás: *Ella nos miró con suficiencia, como perdonándonos la vida.* **2** (no contable) Capacidad o aptitud para alguna cosa: *Merche ha demostrado durante años su suficiencia para llevar ella sola el departamento.* ANT. incapacidad,

suficiente *adj.* **1** (antepuesto / pospuesto) Que tiene la cantidad, calidad o grado que se necesita: *Hay comida suficiente, no te preocupes. Ya es suficiente, no te aguanto más impertinencias.* ANT. insuficiente. **2** Que habla o se comporta con pedantería y desprecio hacia los demás: *Él me dijo, muy suficiente, lo que debíamos hacer.* **3** Que tiene capacidad o aptitudes: *Es una persona suficiente, capaz de afrontar esa responsabilidad.* || *s. m.* **4** Calificación académica mínima para aprobar, entre cinco y 5,9 sobre diez: *He sacado suficiente en todo, pero he aprobado el curso.*

suficientemente *adv. cant.* En el grado suficiente, en la medida suficiente (en relación con algo), durante el tiempo suficiente, bastante (en relación con algo): *No he dormido suficientemente. El trabajo no está suficientemente limpio.* OBSERVACIONES: Modificando a calificativos (adjetivos o adverbios), antepuesto a ellos y precedido de *lo*, se combina con *como para* o sólo con *para* + verbo en infinitivo o + *que* + verbo en subjuntivo: *Mi hermana es lo suficientemente lista como para no caer en esa trampa.*

sufijación *s. f.* Formación de nuevas palabras con sufijos: *La sufijación es un procedimiento vivo y rico de la lengua española.*

sufijo, ja *adj. / s. m.* GRAM. [Morfema] que se añade al final de una palabra, para formar derivados: *De «jardín» formamos «jardincito» con el sufijo diminutivo «-cito».*

sufismo *s. m.* REL.; FILOS. Doctrina musulmana de tendencia mística procedente de Persia: *El sufismo llegó hasta Al-Andalus.*

sufragar *v. tr.* **1** Pagar ‹una persona› los gastos que ocasiona [una cosa]: *María trabaja para sufragarse los estudios.* **2** AMÉR. Votar ‹una persona› a un determinado candidato, propuesta o programa. ⇒ **56.**

sufragio *s. m.* **1** POLÍT. Sistema electoral por el cual una persona emite su voto dentro de una colectividad para la elección de los cargos públicos o para decidir sobre asuntos de interés público. **~ censitario / restringido** Sufragio típico del siglo XIX en el que sólo participan los ciudadanos que alcanzan un determinado nivel de renta. **~ universal** Sufragio en el que participan todos los ciudadanos mayores de edad: *El sistema actual de las democracias occidentales es el sufragio universal.* **2** Voto: *El recuento de sufragios duró hasta las tres de la madrugada.* **3** REL. Entre los católicos, oración o acto religioso que se ofrece por las almas de los difuntos: *Mañana se oficiará una misa en sufragio por las víctimas del terremoto.* **4** Ayuda o socorro para un grupo humano: *Desde mañana pueden enviarse los sufragios para las víctimas del terremoto.*

sufragismo *s. m.* (no contable) HIST. Ideología y comportamiento de los que eran partidarios de que la mujer pudiera votar: *El sufragismo nace en el siglo XIX.*

sufragista *adj.* **1** Del sufragismo: *manifestación sufragista.* || *s. m. / f.* **2** Persona que era partidaria del sufragismo: *Las sufragistas tuvieron que luchar duramente para conseguir el derecho al voto.*

sufrido, da *adj.* **1** Que sufre sin quejarse o con resignación: *Mi padre es un hombre poco sufrido.* **2** [Color] que disimula mucho la suciedad: *El blanco es un color poco sufrido.*

sufrimiento *s. m.* Sensación fuerte de dolor o tristeza: *Procuraremos aliviar el sufrimiento del enfermo.*

sufrir *v. tr. / intr.* **1** Experimentar ‹una persona› [un daño o un perjuicio]: *Muchos niños sufren agresiones en su propio hogar. Pedro sufre **de** gota.* SIN. padecer. **2** Aguantar ‹una persona› [a otra persona o una cosa molesta]: *A este hombre no hay quien lo sufra. Me salí del cine porque no sufría la película.* SIN. soportar. **3** Experimentar ‹una cosa› [una acción, un fenómeno o un cambio]: *Las temperaturas sufrirán un descenso.* || **pasar / ~ / padecer privaciones*.**

sugerencia *s. f.* Idea o solución que una persona propone a otra: *Si me permites una sugerencia, creo que ese collar no te va bien con ese traje. En el comercio han puesto un buzón de sugerencias.*

sugerente *adj.* (antepuesto / pospuesto) Que sugiere o invita a pensar: *una proposición muy sugerente, un sugerente libro de viajes.* SIN. sugestivo.

sugerir *v. tr.* **1** Hacer ‹una persona› que [otra persona] piense o considere [una idea o una actividad]: *La psicóloga me ha sugerido que cambie de trabajo. Señores, el chef les sugiere para empezar una ensalada de bacalao.* SIN. proponer. **2** Traer ‹una persona o una cosa› a la memoria o al pensamiento de [una persona] [una persona o una cosa con la que guarda relación]: *Esa lectura me ha sugerido muchos recuerdos de cuando estuvimos en China.* SIN. evocar, recordar. **3** Ser ‹una persona o una cosa› parecida a [otra cosa]: *Esa nube sugiere un león.* SIN. parecer, recordar. ⇒ **75.**

sugestión *s. f.* **1** Acción y resultado de sugestionar o sugestionarse: *Ese mago tiene gran poder de sugestión. Le duele la cabeza por pura sugestión.* **2** Sugerencia: *Pilar no atiende nunca a las sugestiones de nadie.* SIN. insinuación.

sugestionable *adj.* Que se deja sugestionar fácilmente: *No le hables mucho a Pedro de enfermedades, es muy sugestionable.*

sugestionar *v. tr.* **1** Influir ‹una persona› sobre la forma de pensar de [otra persona] haciéndola actuar o comportarse de una determinada manera: *Ese político tiene un gran poder para sugestionar a la gente.* SIN. persuadir. **2** Hacer ‹una persona o una cosa› que [una persona] se obsesione con ciertas ideas o sensaciones: *Como sigas hablando de muertes, la vas a sugestionar y no va a querer operarse.* || *v. prnl.* **3** Dejarse llevar ‹una persona› por una idea o una sensación: *Cuando piensa en los análisis de sangre se sugestiona y empieza a marearse.*

sugestivo, va *adj.* **1** (antepuesto / pospuesto) Que sugiere: *idea sugestiva, imagen sugestiva.* **2** (antepuesto / pospuesto) Que es emocionante o atractivo: *una sugestiva excursión. La tuya es una explicación muy sugestiva.*

suiche *s. m.* COL., MÉX. Llave o interruptor de un aparato o circuito eléctrico.

suicida *adj.* **1** Del suicidio: *intenciones suicidas.* **2** Que contiene riesgo o imprudencia y, prácticamente, ninguna posibilidad de éxito: *una misión militar suicida. El alpinismo me parece un deporte suicida.* || *adj. / s. m.* y *f.* **3** [Persona] que se ha suicidado o lo ha intentado: *El teléfono de la esperanza consigue salvar a muchos suicidas todos los años.*

suicidarse *v. prnl.* Quitarse ‹una persona› la vida voluntariamente: *En la carta que escribe al juez, Pepe confiesa que se suicida por un desengaño amoroso.* SIN. matarse.

suicidio *s. m.* **1** Acción y resultado de suicidarse: *La policía investigará si se trata de un suicidio o un crimen.* **2** Acción muy arriesgada o imprudente que puede perjudicar gravemente al que la realiza: *Un viaje sin guía por la selva sería un suicidio.*

suite *s. f.* **1** Conjunto de varias habitaciones de un hotel lujoso comunicadas entre sí: *El famoso cantante vivirá en una suite de un céntrico hotel.* **~ nupcial** Suite para recién casados. **2** MÚS. Conjunto de fragmentos de una obra musical extensa seleccionados para ejecutarlos en un concierto: *El pianista ofrecerá una suite de las danzas de Granados.* **3** Conjunto de danzas o piezas instrumentales de la misma tonalidad, pero de ritmo o carácter distinto: *Es famosa la «Suite Iberia» de Joaquín Turina.*

suizo *adj. / s. m.* y *f.* **1** De Suiza, país europeo: *un reloj suizo, chocolate suizo. Los suizos celebrarán su fiesta en su embajada.* || *s. m.* **2** Bollo esponjoso de harina, huevo y azúcar. **3** RESTRINGIDO. Chocolate a la taza con nata.

sujeción *s. f.* **1** (no contable) Acción de sujetar o sujetarse: *la sujeción del moño. La sujeción a las normas de disciplina del colegio me resultaba insoportable.* **2** Unión con que una cosa está sujeta: *Las vigas del edificio llevan una sujeción reforzada.* **3** Estado de la persona o colectividad que se encuentra sometida a otra: *Antiguamente la sujeción de las hijas a los padres se prolongaba hasta el matrimonio.*

sujetabuelos (plural *sujetabuelos*) *s. m.* (plural) COLOQUIAL; RESTRINGIDO. Prendedor para el pelo.

sujetador *s. m.* **1** Prenda interior femenina que sujeta el pecho. SIN. sostén. **2** Pieza superior del bikini que sujeta el pecho.

sujetalibros (plural *sujetalibros*) *s. m.* Objeto que se apoya contra los libros para mantenerlos de pie: *Me han regalado dos sujetalibros con la figura de Don Quijote.*

sujetapapeles (plural *sujetapapeles*) *s. m.* Objeto, generalmente en forma de pinza, para sujetar papeles.

sujetar *v. tr.* **1** Agarrar o asegurar ‹una persona› [a otra persona o una cosa] para que no se caiga, se suelte o se escape: *El nieto sujetaba con seguridad al abuelo mientras bajaban las escaleras.* **2** Hacer ‹una persona› que [otra persona o una cosa] se acomode o se ajuste [a una cosa]: *María ha dicho que todos los diseños se sujeten a sus normas.* SIN. ceñir. || *v. tr. / prnl.* **3** Hacer ‹una persona› que [otra persona] se someta [a un dominio o una disciplina]: *Debes sujetar**te a** las reglas del colegio. Yo no puedo ya sujetar a este niño.* || *v. prnl.* **4** Agarrarse ‹una persona› de [otra persona o una cosa] para no caerse: *Se sujetó **a** la barandilla para no resbalar.* **5** Acomodarse o ajustarse ‹una persona o una cosa› [a una cosa]: *Esto no se sujeta **a** lo que dijiste ayer.* FR. Y LOC. **aguantar / ~ / sostener la vela*.**

sujeto *adj.* **1** (estar) Que está expuesto a alguna cosa: *Este informe está sujeto **a** revisiones posteriores.* || *s. m.* **2** COLOQUIAL; PEYORATIVO. Persona sin especificar, sin identificar: *Ese sujeto me produce cierto nerviosismo. Nos abordaron dos sujetos y nos pidieron la cartera.* SIN. individuo. **3** GRAM. Palabra o palabras que en una frase concuerdan con el verbo en persona y número: *En la frase «la casa es de madera», «la casa» es el sujeto.* **~ agente** GRAM. Sujeto de una oración activa. **~ paciente** GRAM. Sujeto de una oración pasiva. **4** FILOS. El ser humano, considerado como el único capaz de conocer y sentir el mundo, que es el objeto: *La persona humana es el sujeto del conocimiento.* ANT. objeto.

sulfamida *s. f.* FARM. Sustancia empleada en quimioterapia por su acción bactericida.

sulfatación *s. f.* Acción y resultado de sulfatar o sulfatarse: *La sulfatación de los árboles frutales no puede hacerse en cualquier momento.*

sulfatar *v. tr.* Echar ‹una persona› sulfato sobre [las plantas] para preservarlas de ciertas enfermedades y de los parásitos: *Tenemos que sulfatar las viñas.*

sulfato *s. m.* QUÍM. Sal de ácido sulfúrico: *El sulfato tiene muchas aplicaciones industriales.*

sulfhídrico, ca *adj.* QUÍM. De las combinaciones del azufre con el hidrógeno. **ácido* ~** Ácido de dos volúmenes de hidrógeneo y uno de azufre, débil, venenoso y con olor a huevos podridos.

sulfito *s. m.* QUÍM. Sal de ácido sulfuroso.

sulfurado, da *adj.* **1** QUÍM. [Elemento] que se encuentra en estado de sulfuro: *hidrógeno sulfurado.* **2** (estar) COLOQUIAL, RESTRINGIDO. [Persona] que está muy enfadada: *No hables con Elena, que está muy sulfurada esta mañana.*

sulfurar *v. tr.* **1** Combinar ‹una persona› [una sustancia] con el azufre. **2** COLOQUIAL. Causar ‹una persona o una cosa› enfado o irritación [a una persona]: *Ángel se sulfura enseguida.* SIN. enojar, enfurecer. || *v. prnl.* **3** COLOQUIAL. Sentir ‹una persona› enfado o irritación a causa de una [persona o una cosa]: *Se sulfura cuando lo llaman gigantón.* SIN. enojarse, enfurecerse.

sulfúreo, a *adj.* QUÍM. **1** ELEVADO. De azufre: *vapor sulfúreo.* **2** Que tiene azufre: *compuesto sulfúreo.*

sulfúrico, ca *adj.* QUÍM. Del azufre. **ácido* ~.**

sulfuro *s. m.* QUÍM. Sal de ácido sulfhídrico.

sulfuroso, sa *adj.* QUÍM. Del azufre. **ácido* ~.**

sultán *s. m.* **1** Príncipe o gobernador musulmán. **2** COLOQUIAL. Persona que vive con gran lujo y comodidad: *No le falta nada, vive como un sultán.* **3** HIST. Jefe supremo del antiguo Imperio Otomano o turco.

sultana *s. f.* **1** Mujer del sultán o que goza de esa consideración. **2** HIST. Antigua embarcación utilizada por los turcos en la guerra.

sultanato *s. m.* **1** Dignidad de sultán: *Bajo el Imperio Otomano había varios sultanatos.* **2** Territorio bajo la autoridad de un sultán: *Algunos sultanatos eran extensísimos.* **3** Tiempo que dura el gobierno de un sultán: *El sultanato era vitalicio.*

suma *s. f.* **1** MAT. Operación aritmética que consiste en reunir varias cantidades en una: *Haz la suma y me dices el resultado.* **2** MAT. Resultado de esta operación: *Para saber rápidamente la suma de estas cantidades necesitamos una calculadora.* **3** Cantidad o conjunto, especialmente de dinero: *Le dieron una buena suma de dinero.* **4** RESTRINGIDO. Recopilación de las partes de una ciencia: *suma teológica.* **5** Resultado: *Este trabajo es la suma de muchos años de experiencia. La suma de tantos años de investigación ha sido un estrepitoso fracaso.* FR. Y LOC. **en ~** En resumen: *En suma, ¿a qué has venido?*

sumamente *adv. cant.* (antepuesto a adjetivos calificativos y adverbios de modo) INTENSIFICADOR. En sumo grado, muy: *El problema es sumamente difícil. Estoy sumamente interesado en ello.*

sumar *v. tr.* **1** Realizar ‹una persona› [la operación aritmética de la suma]: *Suma, para acabar, las dos cantidades.* **2** Tener ‹una operación aritmética de suma› [un determinado resultado]: *Dos y dos suman cuatro.* **3** Reunir ‹una persona› [cosas distintas]. **4** Ascender ‹una cuenta o una factura› [una determinada cantidad]: *Las dos cuentas suman una importante cantidad.* || *v. prnl.* **5** Quedar ‹varias cosas distintas› reunidas: *Los esfuerzos de los vecinos se han sumado contra los contrabandistas.* **6** Unirse ‹una persona› [a un grupo o a una doctrina]: *Luis se sumó **a** la fiesta cuando ya había empezado.* || **7 ~ y sigue** 1 Se utiliza para indicar que una suma sigue en las páginas siguientes de un libro. 2 COLOQUIAL. Se utiliza para indicar que una cosa desagradable o molesta no ha terminado todavía: *Tus disgustos no se han acabado, esto es un suma y sigue.*

sumarial *adj.* DER. Del sumario: *diligencias sumariales, proceso sumarial.*

sumario, ria *adj.* **1** (antepuesto / pospuesto) Que está resumido, expuesto brevemente, o que tiene poca extensión: *discurso sumario. Una sumaria bienvenida dará paso a la conferencia principal.* **2** DER. [Juicio civil] que no tiene en cuenta o prescinde de algunos trámites o formalidades del juicio ordinario. **jucio* ~.** || *s. m.* **3** DER. Conjunto de actuaciones preparatorias de un juicio criminal: *El juez que instruye el sumario levantará el secreto la próxima semana.* **4** Resumen, índice de un discurso oral o escrito: *El sumario del libro está al final.*

sumarísimo, ma *adj.* DER. [Juicio civil, criminal] que se tramita muy brevemente, según señala la ley, por ser muy claro, sencillo o muy grave. **juicio* ~.**

sumergible *adj.* **1** Que se puede sumergir: *cámara sumergible, reloj sumergible.* || *adj. / s. m.* **2** Que puede navegar por debajo del agua: *La película se desarrolla en un sumergible de la Segunda Guerra Mundial.* || *s. m.* **3** Submarino.

sumergido, da *adj.* **1** Que funciona ilegalmente para no pagar impuestos: *talleres sumergidos, empresa sumergida.* **economía* sumergida.** **2** ARG., URUG. [Persona] que tiene un salario muy bajo.

sumergimiento *s. m.* (no contable) RESTRINGIDO. Acción y efecto de sumergir o sumergirse: *el sumergimiento del submarino, el sumergimiento en una lectura.*

sumergir *v. tr. / prnl.* **1** Introducir ‹una persona› [a otra persona o una cosa] completamente en un líquido: *Los submarinistas **se** sumergieron en alta mar.* || *v. prnl.* **2** Poner ‹una persona› toda su atención [en una cosa]: *Pude sumergirme en mis pensamientos, a pesar del ruido que había en el bar.* ⇒ **78.**

sumerio, ria *adj.* **1** De la antigua región de Súmer, en Mesopotamia: *sacerdote sumerio. El arte sumerio alcanzó cierto esplendor entre los siglos* IV *y* III *antes de Cristo.* || *s. m.* **2** LING. Lengua hablada por los sumerios.

sumersión *s. f.* (no contable) RESTRINGIDO. Acción y resultado de sumergir o sumergirse: *La sumersión de un sólido en un líquido provoca un desplazamiento de éste.* SIN. inmersión. ANT. emersión.

sumida *s. f.* COL. Bollo, golpe en una superficie.

sumidero *s. m.* Canal o conducto por donde salen o se van las aguas sucias: *El sumidero de la pila no traga.*

sumido, da *adj.* ARG., URUG. Que es muy delgado.

sumiller *s. m.* **1** Empleado encargado de los vinos y licores de un hotel o de un restaurante: *El vino ha mejorado desde que han contratado a un nuevo sumiller.* **2** HIST. Jefe o responsable en varias dependencias del palacio real.

suministración *s. f.* (no contable) RESTRINGIDO. Acción y resultado de suministrar: *La suministración de material corre a cargo de la empresa.*

suministrar *v. tr.* Proporcionar ‹una persona› [una cosa] a [otra persona]: *Se rumorea que un confidente está suministrando datos falsos a la policía.*

suministro *s. m.* **1** Acción y resultado de suministrar: *El asedio interrumpió el suministro de víveres a la ciudad.* SIN. abastecimiento. **2** Aquello que se suministra: *El suministro de agua se cortará por la noche.*

sumir *v. tr.* **1** Hacer ‹una persona o una cosa› que [una persona o una cosa] quede bajo el agua, la tierra o en un lugar hondo: *El oleaje sumió la balsa en el fondo del mar.* SIN. sumergir. **2** Hacer ‹una persona o una cosa› que [una persona] se obsesione con [una cosa]: *El anuncio de la competencia ha sumido a nuestra empresa **en** una lucha por los precios.* SIN. abismar. **3** Hacer ‹una persona o una cosa› que [una persona] caiga [en un estado, generalmente negativo]: *La bancarrota lo sumió **en** la miseria.* || *v. prnl.* **4** Quedar ‹una persona o una cosa› bajo el agua, la tierra o en un lugar hondo: *Los cuerpos se sumieron en el fondo del pantano.* **5** Caer ‹una persona› [en un estado, generalmente negativo]: *La madre se sumió **en** la desesperación.* **6** Poner ‹una persona› toda su atención [en una cosa]: *Agustín se sumió **en** hondas reflexiones.*

sumisión *s. f.* **1** Acción de someter o someterse una persona a otra: *El rey consiguió la sumisión de los nobles con las armas.* SIN. sometimiento. **2** Acatamiento que se manifiesta con palabras y acciones: *Me recibió con gestos de sumisión y alegría.*

sumiso, sa *adj.* (ser / estar) Que tiene un carácter obediente o dócil o que, en alguna ocasión, se comporta con sumisión o humildad: *El perro es sumiso por naturaleza.*

súmmum *s. m.* ELEVADO. Punto máximo o límite al que llega una cosa: *El restaurante es barato, pero es el súmmum de la pulcritud. Hemos llegado al súmmum de la paciencia, no podemos seguir así en casa.* SIN. colmo.

sumo, ma *adj.* **1** (antepuesto) Que no tiene superior: *la suma autoridad en la empresa.* **~ sacerdote*.** **2** (antepuesto / pospuesto) Que es muy grande: *la suma alegría. Pilar hace gala de una discreción suma.* || *s. m.* **3** DEP. Modalidad de lucha japonesa que consiste en derribar al contrincante o echarlo fuera de un círculo trazado en el suelo: *Los luchadores de sumo siguen un régimen de vida para engordar.* FR. Y LOC. **a lo ~** Como máximo, como tope: *Esta tarde estudiaremos a lo sumo tres horas.*

suncho *s. m.* ARG. Arbolito muy frondoso de hojas verdes.

sunna o **zuna** *s. f.* REL. Libro que contiene hechos y enseñanzas de Mahoma y constituye una fuente fundamental del Islam.

sunnita o **sunní** *adj. / s. m.* y *f.* REL. De la rama ortodoxa y mayoritaria del Islam: *Los sunnitas son más numerosos que los chiitas.*

suntuario, ria *adj.* ELEVADO. Del lujo: *gastos suntuarios, impuestos suntuarios.*

suntuosidad *s. f.* Lujo o grandeza: *La suntuosidad de su casa es extraordinaria.*

suntuoso, sa *adj.* Que cuesta mucho dinero y tiene un lujo espléndido: *vida suntuosa, fiesta suntuosa.*

supeditación *s. f.* (no contable) RESTRINGIDO. **1** Acción y resultado de supeditar o supeditarse: *La supeditación de los propios intereses **a** los de la colectividad es necesaria en una sociedad bien organizada.* **2** Condicionamiento de una cosa a otra: *la supeditación del desarrollo industrial al respeto a la naturaleza.*

supeditar *v. tr.* **1** Hacer ‹una persona› que [una persona o una cosa] dependa de [otra persona u otra cosa]: *Él supedita siempre su interés **al** de sus hijos.* SIN. subordinar. || *v. prnl.* **2** Someterse ‹una persona o una cosa› a [otra]: *Ana es incapaz de supeditarse **a** un horario.* SIN. subordinarse, sujetarse.

súper *adj.* **1** (ser / estar) COLOQUIAL. Que es muy bueno, muy completo, espléndido o perfecto: *Esta moto es súper. Te ha quedado súper, me encanta.* || *adj. / s. f.* **2** [Gasolina] que tiene el octanaje más elevado que la normal: *El coche va con gasolina súper. Lléneme el depósito de súper.* || *s. m.* **3** COLOQUIAL. Supermercado: *Rosa ha ido al súper a comprar leche.* || *adv. modo* **4** COLOQUIAL. Muy bien, estupendamente, magníficamente: *Nos lo pasaremos súper.*

super- *pref.* **1** Significa "por encima de" y forma sustantivos a partir de sustantivos y verbos a partir de verbos: *estructura - superestructura, poner - superponer.* **2** Significa "preeminencia" y forma sustantivos a partir de sustantivos: *hombre - superhombre, intendente - superintendente.* **3** COLOQUIAL. Significa "muy" y forma adjetivos a partir de adjetivos y adverbios a partir de adverbios: *eficaz - supereficaz, bueno - superbueno, bien - superbién.*

superabundancia *s. f.* (no contable) Gran abundancia de alguna cosa: *Este año ha habido superabundancia de cereales.* SIN. sobreabundancia.

superabundar *v. intr.* RESTRINGIDO. Haber de ‹una cosa› más de lo necesario: *El verano pasado superabundaban las medusas en las playas de Barcelona.*

superación *s. f.* (no contable) Acción y resultado de superar o superarse: *Él consiguió la superación de sus propios complejos. La superación del límite de velocidad será muy castigada.*

superaleación *s. f.* Aleación muy resistente al calor y a la corrosión.

superalimentar *v. tr.* RESTRINGIDO. Sobrealimentar.

superar *v. tr.* **1** Ser superior ‹una persona o una cosa› [a otra persona u otra cosa]: *Carlos supera a sus colegas* ***en*** *inteligencia.* SIN. aventajar. **2** Pasar ‹una persona o una cosa› más allá de [un límite o una marca]: *Maite superó el tiempo fijado y consiguió trabajar doce horas diarias.* SIN. sobrepasar. **3** Pasar ‹una persona› [una prueba] con éxito: *Juan superó los exámenes de fin de carrera. Ana ha superado la primera selección para el nuevo trabajo.* || *v. prnl.* **4** Conseguir ‹una persona› ser mejor [en una actividad o en una habilidad]: *Estrella se ha superado* ***en*** *su nueva novela.*

superávit *s. m.* **1** ECON. Diferencia entre ingresos y gastos favorable a los primeros: *Hemos tenido este año un superávit superior al año pasado en un 3%.* ANT. déficit. **2** COLOQUIAL. Abundancia grande: *un superávit de ofertas.*

supercarburante *s. m.* Gasolina de alto octanaje.

superchería *s. f.* **1** Creencia religiosa manifiestamente falsa o superstición: *No pasa por debajo de una escalera porque tiene la superchería de que trae mala suerte.* **2** COLOQUIAL. Engaño, fraude o timo: *El robo fue una superchería para cobrar la póliza del seguro.*

superciliar *adj.* ANAT. Que está situado por encima de las cejas: *región superciliar.*

superconductividad *s. f.* (no contable). ELECTRÓN. Propiedad característica de los metales que pierden su resistencia eléctrica a muy bajas temperaturas y se transforman en conductores eléctricos perfectos: *La superconductividad ha significado una revolución en la electrónica.*

superconductor, ra *adj. / s. m.* Que tiene superconductividad: *material superconductor.*

superdominante *s. f.* MÚS. Nombre del sexto grado de la escala diatónica, desde el punto de vista tonal.

superdotado, da *adj. / s. m.* y *f.* (ser / estar) Que tiene unas cualidades superiores a lo normal: *Pepe es un superdotado para las matemáticas. Pilar tiene una inteligencia superdotada.*

superego *s. m.* Superyó.

superestrato *s. m.* **1** LING. Conjunto de rasgos lingüísticos que pasan de una lengua invasora a otra invadida: *El superestrato germánico en la Península Ibérica se encuentra en el vocabulario.* **2** LING. Lengua que ejerce un efecto dominante sobre otra de asentamiento más antiguo: *el superestrato árabe, el superestrato del castellano.*

superestructura *s. f.* **1** Parte de una construcción que queda por encima del nivel del suelo o del punto de apoyo: *la superestructura de un puente.* **2** Parte del barco que queda por encima de la cubierta: *La caña del timón está en la superestructura del velero.* **3** Conjunto de instituciones legales y políticas de una sociedad a las que corresponden ciertas formas de conciencia social: *la superestructura ideológica, la superestructura religiosa.*

superficial *adj.* **1** De la superficie: *quemadura superficial, capa superficial.* **2** Que no tiene solidez ni profundidad, o que se queda en la superficie: *amistad superficial, conversación superficial.* **3** COLOQUIAL; PEYORATIVO. Que tiene poca seriedad o poco interés o es excesivamente frívolo: *idea superficial, persona superficial.* SIN. frívolo. || **4 tensión ~.**

superficialidad *s. f.* (no contable) Característica de superficial: *Dada la superficialidad de la herida, no hizo falta que le dieran puntos. Me molestó la superficialidad con que se trató ese tema.* ANT. profundidad.

superficialmente *adv. modo* **1** Con superficialidad: *Has hablado demasiado superficialmente.* **2** Por encima. *–«¿Lo has leído?» –«Sólo superficialmente».* || *adv. restrictivo* **3** En cuanto a lo superficial, en lo exterior: *dos estructuras superficialmente idénticas.* || *adv. orac. restrictivo* **4** Si atendemos sólo a lo superficial, a juzgar por las meras apariencias: *Superficialmente, no hay entre ellos diferencia alguna.*

superficie *s. f.* **1** (preferentemente en singular) Parte exterior de un cuerpo que lo limita en toda su extensión: *la superficie de la Tierra, la superficie del agua. Han barnizado toda la superficie del suelo.* **2** Extensión de tierra: *La finca que se ha comprado ocupa una superficie de 500 metros cuadrados.* **3** GEOM. Espacio geométrico de dos dimensiones, longitud y anchura: *la superficie de un cuadrado, la superficie de un triángulo.* **4** (en singular) Aspecto exterior de las cosas: *Sólo conozco la superficie del problema, por eso no puedo ayudarte.* FR. Y LOC. **salir a la ~** Darse a conocer ‹una cosa› que era desconocida, secreta: *Después de muchos años, ha salido a la superficie la verdad de aquel asesinato.*

superfluamente *adv. modo* Con superfluidad, en cosas superfluas, en asuntos superfluos: *Has gastado medio millón superfluamente.*

superfluidad *s. f.* Cualidad de superfluo: *La superfluidad de tus observaciones se equilibra con el interés con que están hechas.*

superfluo, flua *adj.* Que no es necesario o no tiene utilidad: *Las últimas medidas del alcalde son superfluas. Todo lo gastas en cosas superfluas.*

superhombre *s. m.* Hombre de cualidades extraordinarias: *No puedo hacer lo que me pides, no soy un superhombre.*

superíndice *s. m.* Letra o número que se pone en la parte superior de un signo matemático, de una palabra o de una letra: *En el monomio* x^2, *el 2 es el superíndice.*

superintendencia *s. f.* **1** (no contable) Cargo del superintendente. **2** Oficina o despacho del superintendente.

superintendente *s. m. / f.* RESTRINGIDO. Persona que es la máxima responsable de una cosa o de una obra: *Todas las reparaciones deben ser aprobadas por la superintendente de la Fundación.*

superior *adj.* **1** Que está más alto o por encima de otra cosa de la misma clase: *estantería superior, piso superior, nivel superior.* **labio ~.** **2** Que sobresale entre las cosas de su misma clase por su calidad, importancia o categoría: *inteligencia superior. Siempre ha sido superior a mí en cualquier actividad.* **3** [Estudio, centro] que ocupa el último escalón de la jerarquía de la enseñanza o de los saberes: *centro de investigación superior, Escuela Superior de Caminos. La universidad es un centro de enseñanza superior.* **cuerpo ~ de policía. enseñanza* ~.** || *adj. / s. m.* **4** [Persona] que tiene a otras personas a su cargo o bajo su dirección: *Mis su-*

periores no me permiten abandonar el cuartel antes de las seis de la tarde. || *adj. / s. m.* y *f.* **5** (en femenino *superiora)* [Persona] que dirige una comunidad religiosa: *La madre superiora ha felicitado a todos los padres del colegio por el rendimiento de sus hijos.*

superioridad *s. f.* **1** (no contable) Importancia, prioridad o ventaja de una persona o cosa sobre otra: *Nuestro equipo ganó el concurso porque demostró una superioridad aplastante.* ANT. inferioridad. **2** (no contable) PEYORATIVO. Actitud del que pretende estar por encima de los demás: *¡No soporto a Andrés: siempre nos habla con una superioridad ofensiva!* SIN. suficiencia. **3** (no contable) Persona o conjunto de personas de autoridad superior: *Ninguna de esas ideas ha sido aprobada por la superioridad.*

superiormente *adv. modo / cant.* De modo superior o en grado superior.

superlativamente *adv. cant.* (antepuesto a adjetivos y adverbios calificativos) RESTRINGIDO. En grado superlativo, en muy alto grado, muy: *un individuo superlativamente necio. Mar es una mujer superlativamente inteligente.*

superlativo, va *adj.* **1** Muy grande o muy bueno en su clase: *El caserón es superlativo.* || *adj. / s. m.* **2** Del grado adjetivo en su máxima expresión: *«Óptimo» es el superlativo de «bueno».* **~ absoluto** Superlativo que califica sin establecer comparaciones. **~ relativo** Superlativo que califica con una comparación.

superligero *adj. / s. m.* DEP. Categoría de boxeo constituida por los boxeadores que pesan entre 61 y 63 kilos: *un combate de superligeros.*

supermán *s. m.* COLOQUIAL. Hombre de cualidades físicas extraordinarias: Los *supermanes sólo existen en las películas.*

supermercado *s. m.* Establecimiento en régimen de autoservicio, generalmente de grandes proporciones, donde se venden sobre todo productos alimenticios y de limpieza.

supernova *s. f.* ASTRON. Estrella en explosión que aumenta repentina y considerablemente la magnitud de su luz, en mayor medida que la nova.

superpoblación *s. f.* (no contable) Exceso de población: *En algunos países el problema de la superpoblación es acuciante.*

superpoblado, da *adj.* (estar) [Zona, país] que está muy poblado: *Las áreas de las grandes ciudades están superpobladas.*

superpoblar *v. tr.* **1** Hacer ‹una persona o una cosa› que aumente en exceso la densidad de población de [una zona o un país]: *La explosión demográfica y las posibilidades de trabajar han superpoblado las zonas urbanas.* || *v. prnl.* **2** Aumentar la densidad de población de ‹una zona o un país› en exceso: *Los países con menor nivel de vida se han superpoblado más.*

superponer *v. tr. / prnl.* **1** Poner ‹una persona› [una cosa] encima de [otra cosa]: *No superpongas un mantel sobre el otro, porque tardarán en secarse los dos. Su voz **se** superpuso **a** la mía.* **2** Considerar ‹una persona› [una cosa] más importante que [otra cosa]: *Sus decisiones siempren **se** superponen **a** las mías.* ⇒ **60.**

superposición *s. f.* Acción y efecto de superponer o superponerse: *Con el tiempo se va produciendo una superposición de estratos en el terreno y se forman estas estructuras caprichosas.*

superproducción *s. f.* **1** (no contable) ECON. Exceso de producción, en especial de productos agrícolas o industriales, en relación al consumo: *La superproducción de cereales ocasionó la baja de los precios.* **2** CINE. Película cinematográfica de gran presupuesto y espectacularidad: *Siempre premian una superproducción estilo americano.*

superpuesto, ta *p.* Participio irregular de *superponer.*

superrealismo *s. m.* (no contable) Surrealismo.

superrealista *adj.* Surrealista.

supersónico, ca *adj.* **1** [Velocidad] que es superior a la del sonido. **2** [Avión] que supera la velocidad del sonido. **avión ~.**

superstición *s. f.* **1** Creencia irracional en que ciertos signos o hechos producirán un resultado negativo o positivo: *Creer en supersticiones es irracional, pero todos tenemos alguna.* **2** Miedo a las cosas desconocidas o misteriosas.

supersticioso, sa *adj.* **1** De la superstición: *creencias supersticiosas, prácticas supersticiosas.* || *adj. / s. m.* y *f.* **2** Que cree que determinados objetos pueden influir favorable o desfavorablemente en las cosas de este mundo o en las personas: *Eres un supersticioso si crees que el número trece da mala suerte.*

supervalorar *v. tr. / prnl.* Considerar ‹una persona› [a otra persona o una cosa] más de lo que merece o vale: *Supervaloras la capacidad de tu hermano para ganar el campeonato de natación.* SIN. sobrestimar.

supervigilar *v. tr.* COL. Inspeccionar ‹una persona› superiormente [una cosa].

supervisar *v. tr.* Examinar ‹una persona› [una cosa sobre la que tiene responsabilidad]: *La inspectora supervisa las cuentas todos los meses.* SIN. revisar.

supervisión *s. f.* Acción y resultado de supervisar: *la supervisión de una obra, la supervisión de un manuscrito.*

supervisor, ra *adj. / s. m.* y *f.* Persona encargada profesionalmente de revisar o controlar la actividad o el trabajo de otra persona: *la supervisora de una cadena de montaje, la supervisora de un hospital.*

supervivencia *s. f.* (no contable) Capacidad para vivir en condiciones difíciles: *El aventurero hizo todo lo que pudo por su supervivencia en el desierto. Es difícil la supervivencia en ese barrio tan pobre.* SIN. subsistencia.

superviviente *adj. / s. m.* y *f.* Que sobrevive: *¿Cuántos supervivientes ha habido?* SIN. sobreviviente.

superyó *s. m.* PSICOL. Conjunto de valores, actitudes e ideas que, según la teoría psicoanalítica son extraídos del mundo exterior e interiorizados por el sujeto, que los convierte en modelo de conducta.

supinación *s. f.* **1** ELEVADO. Posición de una persona tendida sobre el dorso, o de la mano con la palma hacia arriba: *La postura del cadáver en supinación excluye que le empujaran por la espalda.* **2** Torsión del brazo cuando sirve para poner la mano con la palma hacia arriba: *Las tuercas y los tornillos se aprietan mediante movimientos de supinación.*

supinador *adj. / s. m.* ANAT. [Músculo] que está situado en la parte externa del antebrazo, que efectúa la supinación.

supino, na *adj.* **1** ELEVADO. Que está tendido con la espalda apoyada en el suelo: *colóquese en posición supina.* **decúbito* ~. 2** ELEVADO. Que es muy grande, enorme: *tontería supina, ignorancia supina.* || *s. m.* **3** GRAM. Forma no personal del verbo de algunas lenguas indoeuropeas.

suplantación *s. f.* Sustitución que una persona hace de otra ilegítimamente o contra su voluntad: *Lo acusaron de suplantación de personalidad.*

suplantar *v. tr.* Ocupar ‹una persona› el lugar de [otra persona] ilegalmente: *Miguel suplantó a su tío para cobrar la herencia.*

suplementario, ria *adj.* Que sirve para suplir, sustituir o completar una cosa: *argumento suplementario, esfuerzo suplementario, ingresos suplementarios.*

suplemento *s. m.* **1** Aquello que complementa o amplía una cosa: *La agenda incluye un calendario de mano como suplemento.* **~ de sueldo. 2** Publicación extra o anexa a otra, de carácter periódico o no, que recoge una relación de notas o la ampliación de temas complementarios o de actualidad: *El diccionario tiene un suplemento gramatical.* **~ dominical. 3** Cantidad extra que se añade a una tarifa ordinaria para disfrutar de un servicio no incluido: *suplemento de primera clase, suplemento por exceso de equipaje.* **4** LING. Sintagma preposicional regido o exigido por el verbo.

suplencia *s. f.* (no contable) Sustitución de una persona por otra en el trabajo, y tiempo que dura esta sustitución: *Marisa está enferma y esta chica está haciendo la suplencia.*

suplente *adj. / s. m.* y *f.* Que suple o sustituye: *Jugará el equipo suplente. Nombraremos un suplente, por si acaso.*

supletorio, ria *adj.* **1** Que sirve o puede servir como suplemento o para completar una cosa de su misma clase: *Vamos a necesitar una cama supletoria.* || *adj. / s. m.* **2** [Teléfono] que está conectado a otro principal: *Tengo un supletorio en la cocina.* || *s. m.* **3** Objeto o cosa que se añade a otra para complementarla: *La mesa tenía un supletorio para la impresora.*

súplica *s. f.* **1** Acción y resultado de suplicar: *La súplica siempre resulta humillante.* SIN. ruego. **2** Escrito o palabras con que se suplica algo: *Tus súplicas no me conmueven.* **3** Claúsula que aparece al final de un escrito jurídico o administrativo donde se solicita algo: *La súplica de la instancia aparecía subrayada.*

suplicante *adj. / s. m.* y *f.* **1** Que suplica: *No puedo ver a mis hermanos suplicantes.* **2** Que contiene súplica: *Álvaro me dijo en un tono suplicante que lo perdonase.*

suplicar *v. tr.* **1** Pedir ‹una persona› [una cosa] a [otra persona] con respeto, humildad o sumisión: *Le suplico un poco de comida.* SIN. rogar, implorar. **2** DER. Recurrir ‹una persona› ante un tribunal [el auto o la sentencia dictada por éste]. ⇒ **71.**

suplicatorio, ria *s. m. / f.* **1** DER. Carta o despacho que envía un tribunal o juez a otro superior. || *s. m.* **2** DER. Instancia que un tribunal o juez envía a un organismo legislativo para proceder contra una persona que tiene inmunidad parlamentaria: *El juez ha solicitado el suplicatorio al Parlamento para juzgar al diputado acusado del delito.*

suplicio *s. m.* **1** COLOQUIAL. Cosa o persona muy molesta, pesada o fastidiosa: *Aguantar a Carlos es un auténtico suplicio.* SIN. tortura (COLOQUIAL). ANT. delicia. **2** Sufrimiento físico, duro y prolongado que se aplica a una persona como castigo o para obligarla a confesar algún delito: *En algunos países la policía sigue sometiendo a suplicio a los delincuentes.* SIN. tormento, tortura. **3** COLOQUIAL. Sufrimiento físico prolongado e intenso de cualquier clase: *Algunos peinados de antes eran un suplicio para las mujeres.* SIN. tortura.

suplir *v. tr.* **1** Añadir ‹una persona› [una cosa que falta]: *Suplieron el dinero robado con el de su bolsillo.* SIN. reemplazar. **2** Hacer ‹una persona o una cosa› la función que [otra persona u otra cosa] realizaba: *Un ayudante suple al catedrático en sus clases.* SIN. reemplazar.

suponer *v. tr.* **1** Considerar ‹una persona› [una cosa] como cierta o posible: *Supongo que lo habrás hecho.* SIN. imaginar, creer. **2** Llevar ‹una cosa› [otra] consigo: *El cambio debe suponer mejora y no perjuicio.* SIN. conllevar, entrañar. **3** Valer ‹una cosa› [una cantidad de dinero]: *Cambiar de coche supone demasiado dinero.* SIN. significar. **4** Tener ‹una persona o una cosa› [un determinado valor]: *Esa amistad supone mucho para él.* SIN. significar. **5** Calcular ‹una persona› [el valor de una cosa] a partir de ciertos datos o indicios: *Se la supone única en su especie. Te suponía más inteligente.* FR. Y LOC. **ser de ~** Ser ‹una cosa› lógica, natural o probable: *Después de lo que hiciste, es de suponer que se haya molestado.* ⇒ **60.**

suposición *s. f.* Acción y efecto de suponer: *No son más que suposiciones sin fundamento.* SIN. conjetura.

supositorio *s. m.* Medicamento que se introduce en el recto o en la vagina y se disuelve con el calor del cuerpo.

supra- *pref.* Significa "por encima de" y forma adjetivos a partir de adjetivos: *nacional - supranacional, renal - suprarrenal.*

supraclavicular *adj.* ANAT. [Región] que está situada encima de las costillas.

supranacional *adj.* Que está por encima de una nación o afecta a más de una nación: *proyectos de colaboración supranacional, organismos supranacionales.*

suprarrenal *adj.* ANAT. Que está situado encima de los riñones. **glándula* ~.**

supremacía *s. f.* **1** (no contable) ELEVADO. Superioridad absoluta de una persona o cosa sobre las demás: *El equipo contrario no consiguió superar la supremacía de España en ese deporte.* SIN. primacía (ELEVADO). ANT. inferioridad. **2** (no contable) ELEVADO. Cargo más alto dentro de un sistema organizado o jerarquía: *El Presidente tiene la supremacía del país.* SIN. máxima autoridad. **3** (no contable) ELEVADO. Preferencia de una persona o cosa para ser atendida u obedecida antes que las demás: *En el accidente los niños y las mujeres tenían supremacía sobre los demás.* SIN. prioridad.

supremamente *adv.* En grado supremo. OBSERVACIONES: Suele usarse sólo como intensificador, precediendo a adjetivos y adverbios calificativos evaluativos: *En aquel país de ensueño se vivía supremamente bien.*

supremo, ma *adj.* **1** Que sobresale entre las cosas de su clase, es superior a ellas: *Este señor es el representante supremo de esta escuela.* **Tribunal* Supremo. 2** [Instante, momento] que es el último y tiene una importancia decisiva. **hora* suprema. || 3 Ser* Supremo.**

supresión *s. f.* (no contable) Acción y resultado de suprimir: *Se especula sobre la supresión de algunas cargas fiscales.* SIN. eliminación. ANT. instauración.

suprimir *v. tr.* **1** Hacer ‹una persona o una cosa› que [una cosa] desaparezca o deje de realizarse: *Han suprimido las telenovelas.* **2** No decir o no copiar ‹una persona› [una cosa]: *Suprime los detalles, ve al meollo de la cuestión.*

supuestamente *adv. orac.* Se usa para indicar que se ha supuesto o mantenido por parte de alguien que los hechos son así, pero distanciándose uno de tal tesis y aun, a veces, si el contexto lo propicia, insinuando que no es ése el caso: *Supuestamente, son mejores los suyos. Una correa supuestamente irrompible como la tuya no debería dar problemas.*

supuesto, ta *adj.* **1** (antepuesto) Que puede ser lo que se supone o pretende pero hay que probarlo o demostrarlo: *El supuesto asesino declarará mañana.* **2** Que es falso: *El ladrón actuó bajo un nombre supuesto.* || *s. m.* **3** Hipótesis, suposición: *En el supuesto de que hayan perdido el tren, ¿por qué no han llamado? Todo esto es un supuesto.* SIN. conjetura. || *p.* **5** Participio irregular de *suponer.* FR. Y LOC. **dar por ~** Creer que una cosa es cierta, que existe u ocurre realmente: *Doy por supuesto que esta lección ya os la habéis estudiado.* **por ~** Expresión que se emplea para asentir o afirmar: *–«¿Puedo sentarme?» –«Por supuesto».* **~ que** ELEVADO. Introduce una proposición causal explicativa: *No son admisibles, supuesto que ni siquiera son auténticas* SIN. puesto que.

supuración *s. f.* (no contable) MED. Acción y resultado de supurar: *la supuración de una herida.*

supurar *v. tr.* Formar y expeler ‹una herida› pus: *El dedo ya no me supura.*

sur *s. m.* **1** (preferentemente con mayúscula) GEOGR. Punto cardinal que queda en el polo antártico, detrás de un observador que tenga situado el Este a su derecha. **2** País o región de la tierra situados hacia ese punto: *el sur de España, los países del sur.* **cono* ~.** **3** METEOR. Viento que sopla desde ese punto: *El sur suele traer lluvias.*

sura (del árabe) *s. f.* REL. Cada uno de los capítulos en que se divide el Corán: *Hemos leído una de las suras del Corán.*

surafricano, na *adj. / s. m.* y *f.* Sudafricano.

suramericano, na *adj. / s. m.* y *f.* Sudamericano.

surcar *v. tr.* **1** Navegar ‹una embarcación› por [el mar, un río o un lago]: *El velero surca el lago.* **2** Atravesar ‹un ave o un avión› [el espacio] volando: *Las cigüeñas surcan el cielo.* **3** Haber ‹rayas o estrías› en [la piel de una persona o en una cosa]: *Profundas arrugas surcan sus mejillas.* ⇒ **71.**

surco *s. m.* **1** Hendidura que deja el arado en la tierra: *El campesino echó las semillas en el surco.* **2** Señal o huella en forma de hendidura que deja una cosa sobre otra: *los surcos de las ruedas en el barro.* SIN. marca. **3** Arruga profunda en la cara o en el cuerpo: *Dos surcos daban a su frente un aire adusto.* SIN. pliegue. **4** En un disco fonográfico, cada una de las ranuras por donde se desliza la aguja: *El disco se limpia con un cepillo que penetre bien en los surcos.*

surcoreano, na *adj. / s. m.* y *f.* **1** De Corea del Sur, país asiático: *una mujer surcoreana. Los surcoreanos celebraron una reunión.*

sureño, ña *adj. / s. m.* y *f.* **1** Del sur: *habitante sureño, acento sureño, paisaje sureño.* || *adj.* **2** Que está situado en la parte sur de un país: *provincias sureñas.*

sureste *s. m.* (preferentemente con mayúscula) Sudeste.

surf (del inglés; pronunciamos *'surf'*) *s. m.* DEP. Deporte acuático que consiste en deslizarse con una tabla sobre las olas: *practicar surf, hacer surf.*

surfing *s. m.* DEP. Surf.

surfista *s. m. / f.* Persona que practica el surf: *En el sur de la Península se reúnen muchos surfistas.*

surgir *v. intr.* **1** Brotar ‹agua u otro líquido› [en un lugar]: *Surgieron varios manantiales **en** la montaña.* SIN. surtir, manar. **2** Salir ‹una cosa› del interior [de otra]: *El humo surgía **de** la chimenea.* SIN. emanar. **3** Alcanzar ‹una cosa› una determinada altura, por lo que destaca de [lo que la rodea]: *Las agujas de la catedral surgían majestuosas **del** conjunto.* SIN. elevarse, alzarse. **4** Aparecer ‹una cosa› súbitamente: *Surgió una grave cuestión política cuando abdicó el rey.* SIN. presentarse, sobrevenir. ⇒ **78.**

surmenage *s. m.* ARG., URUG. Exceso de trabajo que causa fatiga mental.

suroeste *s. m.* (preferentemente con mayúscula) Sudoeste.

surrealismo *s. m.* **1** (no contable) Movimiento artístico de origen europeo, surgido en la segunda década del siglo XX, que quiere romper las barreras racionales que sujetan al artista, dejando libre por diferentes medios el subconsciente: *El surrealismo poético se apoya muchas veces en la escritura automática y en los sueños.* SIN. superrealismo. **2** COLOQUIAL. Comportamiento o frase incomprensible según los esquemas racionales habituales: *El surrealismo de sus proyectos va a conseguir que un día se enfade el jefe.*

surrealista *adj.* **1** Del Surrealismo: *manifiesto surrealista, técnica surrealista.* **2** COLOQUIAL. Que tiene difícil explicación según los esquemas racionales habituales: *El profesor nos ha puesto un examen surrealista, no ha preguntado nada de lo que hemos visto este año, y nos exigía cosas de otros años.* || *s. m. / f.* **2** ARTE, LIT. Persona que practica el surrealismo artístico o literario: *poeta surrealista, pintora surrealista.*

sursuncorda *s. m.* COLOQUIAL; HUMORÍSTICO. Supuesto personaje al que se le atribuye mucha importancia o autoridad: *Yo no lo hago, aunque lo mande el sursuncorda.*

surtidero *s. m.* **1** RESTRINGIDO. Canal por donde desaguan los estanques. **2** RESTRINGIDO. Chorro de agua que sale hacia arriba. SIN. surtidor.

surtido, da *adj.* **1** (estar) Que está bien provisto de una cosa: *Es un barrio muy bien surtido de tiendas.* **2** Que se compone de cosas distintas de la misma clase: *una caja de bombones surtidos, una cesta de fruta surtida.* || *s. m.* **3** Conjunto de cosas distintas de una misma especie o clase: *Me han regalado un surtido de bombones.* **4** Provisión de lo que se necesita: *Los proveedores han dicho que mañana tendremos aquí el surtido pedido.*

surtidor *s. m.* **1** Chorro de agua o de otro líquido que brota hacia arriba: *el surtidor de una fuente, los surtidores de Versalles.* **2** Aparato o mecanismo que extrae un líquido de un depósito, especialmente gasolina en una estación de servicio: *En esta gasolinera hay un surtidor de diesel y dos de súper.*

surtir *v. tr. / prnl.* **1** Proporcionar ‹una persona› [a otra persona] una cosa que ésta necesita: *Mi hermano me surte **de** corbatas. **Nos** surtimos **de** verduras en el mercado.* SIN. abastecer. || *v. intr.* **2** LITERARIO. Salir ‹un líquido› de un lugar: *El agua surtía **a** los cielos.* SIN. surgir. FR. Y LOC. **~ efecto** Producir ‹una cosa› el resultado esperado: *Ya no reñimos al niño, porque las broncas no le surten ningún efecto.*

susceptibilidad *s. f.* (no contable) Característica de la persona que es susceptible: *Tu hermano es de una susceptibilidad exagerada.*

susceptible *adj.* **1** Que puede ser modificado: *Este trabajo es susceptible **de** mejora.* **2** (ser / estar) Que tiende a ofenderse fácilmente: *No seas tan susceptible, no se te puede decir nada porque todo te lo tomas a mal.*

suscitar *v. tr.* Provocar ‹una persona o una cosa› [reacciones o sentimientos]: *Sus palabras suscitaron la risa general.* SIN. originar.

suscribir *v. tr.* **1** Firmar ‹una persona› al pie de [un escrito] en señal de aprobación: *El director suscribió la petición.* **2** Aceptar ‹una persona› [la opinión o la propuesta de otra persona]: *He suscrito todo lo dicho por mi compañero.* SIN. apoyar, respaldar. **3** Adquirir ‹una persona› [acciones u obligaciones de una sociedad mercantil o emitidas por el Estado]: *Suscribiremos bonos del Estado.* || *v. tr. / prnl.* **4** Abonar ‹una persona› [a otra persona] a [una publicación periódica]: *Andrés **se** suscribió **a** una revista de modas.* SIN. apuntar(se). **5** Inscribir ‹una persona› [a otra persona] en [una asociación u organismo para que colabore en él]: *Me suscribí **a** una asociación benéfica.* SIN. apuntar(se). ⇒ **91.**

suscripción o **subscripción** *s. f.* **1** Acción y efecto de suscribir o suscribirse a alguna publicación periódica o asociación: *Pilar ha conseguido cuatro suscripciones para nuestra revista de toros.* **2** Importe del abono a una publicación o de la colaboración económica periódica con alguna asociación: *La suscripción es muy barata.* SIN. cuota. **3** Compra de acciones u obligaciones mercantiles: *La suscripción de bonos se la anotaremos en su cuenta corriente.*

suscriptor, ra o **subscriptor, ra** *s. m. / f.* **1** Persona que ha hecho una suscripción: *Nosotros somos suscriptores de una revista ecológica.* **2** COL. Persona que es abonada de un servicio, como la Telefónica o la compañía de electricidad.

suscrito, ta o **subscrito, ta** *p.* Participio irregular de *suscribir.*

susodicho, cha *adj. / s. m.* y *f.* (antepuesto) DER. Que está citado o mencionado con anterioridad: *El susodicho individuo pretendía hacerse pasar por policía.*

suspender *v. tr.* **1** Levantar o sostener ‹una persona› [una cosa] en [un lugar alto] de manera que quede colgada: *El transportista suspendió la carga **de** una polea. Suspendieron la cesta **en** el aire.* **2** Interrumpir ‹una persona› [el desarrollo de una cosa] durante un cierto tiempo, o dejarla sin efecto temporal o definitivamente: *El partido se suspenderá si llueve mucho.* SIN. detener, aplazar. **3** Apartar ‹una persona› [a otra persona] de [su trabajo] temporalmente: *Le suspendieron **de** empleo y sueldo durante un mes.* **4** RESTRINGIDO. Causar ‹una persona o una cosa› admiración o entusiasmo [a una persona]: *La actuación del pianista suspendió a todo el público.* || *v. tr. / intr.* **5** No obtener ‹una persona› la puntuación necesaria para pasar [un examen]: *He suspendido las matemáticas y la química. Suspendí **en** dos asignaturas.* SIN. catear (COLOQUIAL). **6** No considerar ‹un profesor› bien preparado [a un alumno] en una materia: *El profesor de latín nos ha suspendido a casi todos.* ⇒ **92.**

suspense *s. m.* **1** (no contable) Misterio, emoción, incertidumbre: *Siempre cuenta las cosas con mucho suspense. El relato tiene mucho suspense y es emocionante.* **2** (no contable) Género cinematográfico o literario cuya característica principal es el misterio, la tensión o la intriga: *Han puesto un ciclo de películas **de** suspense.*

suspensión *s. f.* **1** Acción y efecto de suspender o suspenderse: *la suspensión de un vuelo, la suspensión de las pruebas. Acaban de anunciar por los altavoces la suspensión del servicio de autobuses. La suspensión de las clases no ha sido oficial.* **2** MEC. Conjunto de piezas o dispositivos de un automóvil que hacen más flexible el apoyo de la carrocería sobre el eje de las ruedas: *Le han cambiado la suspensión al coche.* SIN. amortiguación. **3** QUÍM. Mezcla no soluble de un sólido en polvo con un líquido: *El jarabe es una suspensión, hay que agitarlo convenientemente antes de tomar cada dosis.* **4** Estado de partículas flotando en un medio: *En el aire y en el agua hay polvo en suspensión.* **5** DEP. Posición de un jugador de baloncesto en el momento del salto para lanzar la pelota: *Una canasta en suspensión es muy espectacular.* || **6 ~ de garantías** RESTRINGIDO. Situación anormal en la que, por motivos de desorden público, quedan sin vigencia alguna de las garantías constitucionales. **7 ~ de pagos** Situación comercial en la que una empresa no puede pagar sus deudas: *Un portavoz de la fábrica ha declarado que próximamente esperan levantar la suspensión de pagos.*

suspensivo, va *adj.* RESTRINGIDO. Que puede suspender o interrumpir una cosa: *El gobernador ha dictado una orden suspensiva contra la obra de teatro.* **puntos* suspensivos.**

suspenso, sa *adj.* **1** Que no ha superado un examen: *Todos los alumnos suspensos nos veremos en septiembre.* **2** Que queda sin saber qué hacer o qué decir: *Estábamos todos suspensos de su relato.* || *s. m.* **3** Calificación académica que se obtiene cuando no se ha aprobado un examen: *Me han puesto un suspenso en Física.* SIN. insuficiente. **4** ARG., URUG. Suspense. || *p.* **5** Participio irregular de *suspender.* FR. Y LOC. **en ~** Para continuarse en un futuro: *Han dejado la reunión en suspenso hasta el próximo jueves.*

suspensores *s. m.* (plural) AMÉR. Tirantes para sostener los pantalones.

suspensorio, ria *adj.* **1** Que sirve para suspender o levantar en alto: *máquina suspensoria.* **2** ANAT. [Ligamento] que sostiene una determinada parte del cuerpo. || *s. m.* **3** Vendaje o bolsa que sostiene un órgano o una parte del cuerpo en algunas enfermedades, especialmente el escroto: *Al abuelo le hemos tenido que comprar un suspensorio.*

suspicaz *adj.* Que tiende a sentir sospecha o desconfianza: *Santiago es muy suspicaz: piensa que lo están engañando.*

suspirar *v. intr.* **1** Dar ‹una persona› suspiros: *La niña está muy triste, porque se pasa en su habitación dando suspiros toda la tarde.* **2** Querer ‹una persona› mucho [a otra persona]: *Este niño está muy mimado: ha estado suspirando **por** su mamá desde que salió por la puerta.* **3** Desear ‹una persona› [una cosa] intensamente: *Suspirábamos **por** un viaje al Caribe.*

suspiro *s. m.* **1** Acción de inspirar mucho aire y soltarlo después poco a poco, generalmente para expresar pena, cansancio, deseo o alivio: *¡Cuántos suspiros por una tontería!* **2** COLOQUIAL. Tiempo muy corto: *El niño se tomó la merienda en un suspiro.* **3** COLOQUIAL. Persona muy delgada: *Rosa se quedó hecha un suspiro después de la operación.* **4** Cosa que casi no se percibe: *El ladrón pasó como un suspiro y se llevó el bolso.* **5** COL.; COLOQUIAL. Merengue, dulce de azúcar y clara de huevo batida. FR. Y LOC. **dar / exhalar el último ~** Morir ‹una persona›: *Tras una larga agonía esta mañana el enfermo dio el último suspiro.*

sustancia o **substancia** *s. f.* **1** Materia que forma los cuerpos: *No sé de qué sustancia está compuesto el papel.* **2** FILOS. Esencia o naturaleza inherente a una cosa: *Todas las cosas se componen de sustancia y accidente para la filosofía tradicional.* **3** Parte nutritiva o sabor de un alimento: *El* *hueso de jamón le dará sustancia a la sopa.* **4** Contenido fundamental de un escrito o de un discurso: *Esto es en sustancia lo que ha dicho el ministro.* **5** Valor o provecho de una cosa: *Éste será un negocio de sustancia.* **6** COLOQUIAL. Juicio o madurez de una persona: *Eres un chica sin sustancia.* || **7 ~ blanca** ANAT. Conjunto de fibras nerviosas agrupadas en haces que forman el sistema nervioso central. **8 ~ gris** ANAT. Porción de la corteza cerebral en la que se realizan las principales funciones del cerebro.

sustanciación o **substanciación** *s. f.* DER. Acción y resultado de sustanciar: *la sustanciación de un juicio, la sustanciación de un proceso.*

sustancial o **substancial** *adj.* **1** De la sustancia: *rasgo sustancial, cualidad sustancial.* **2** Que tiene mucha importancia o es fundamental: *medida sustancial. Se podía haber ahorrado el discurso, no dijo nada sustancial.* SIN. esencial.

sustancialmente o **substancialmente** *adv. modo orac.* **1** En sustancia, centrándose en lo esencial, a grandes rasgos. OBSERVACIONES: Se refiere al acto mismo de decir y se emplea típicamente, aunque no en exclusiva, en la exposición abreviada de lo que otro ha narrado: *Sustancialmente, me dijo que estaba harto de ti y no quería volver a verte. Ésta es, sustancialmente, la propuesta que plantean.* || *adv. restrictivo* **2** En cuanto a la sustancia, en aspectos sustanciales: *Difieren formal y sustancialmente.* || *adv. cant.* **3** Considerablemente, bastante: *El nivel de los alumnos ha mejorado sustancialmente.*

sustanciar *v. tr.* **1** Llevar ‹una persona con autoridad› [un asunto o un juicio] por la vía procesal adecuada hasta que se encuentre en estado de sentencia: *El juez que sustanciará el caso está de vacaciones.* **2** RESTRINGIDO. Hacer ‹una persona› un resumen de [una cosa]: *Sustanciaron la conferencia en un breve párrafo.* SIN. resumir, extractar.

sustancioso, sa o **substancioso, sa** *adj.* **1** (antepuesto / pospuesto) Que tiene mucha importancia o valor: *ventajas sustanciosas, negocio sustancioso.* **2** Que tiene valor nutritivo: *caldo sustancioso. El jamón es muy sustancioso.*

sustantivación o **substantivación** *s. f.* (no contable) GRAM. Habilitación para que una parte de la oración que no es sustantivo pueda funcionar como éste: *Es frecuente la sustantivación de los adjetivos.*

sustantivar *v. tr.* Hacer ‹una persona› que [una palabra, un sintagma o una oración que no son sustantivos] desempeñen la función de éste: *Cuando decimos «qué bien viven los ricos», sustantivamos el adjetivo «rico».*

sustantividad *s. f.* Existencia real, independencia: *La sustantividad de los movimientos de protesta no puede olvidarse.*

sustantivo, va o **substantivo, va** *adj.* **1** Que es muy importante o fundamental: *La dificultad sustantiva es convencer a la madre para que venda su parte.* **2** De la sustancia: *Las cualidades sustantivas de esta planta son interesantes.* **3** GRAM. [Oración] que es subordinada y cumple en la oración principal la misma función que un sustantivo. || *s. m.* **4** GRAM. En español, clase de palabra dotada de género y de número, que designa una entidad, funciona como núcleo del sintagma nominal y puede hacer naturalmente la función de sujeto de una oración: *Los sustantivos pueden tener diferentes modificaciones formales en las distintas lenguas.* SIN. nombre. **nombre* ~.**

sustentable *adj.* Que se puede sustentar o defender con la razón: *tesis sustentable, opinión sustentable.*

sustentación *s. f.* **1** (no contable) Acción y efecto de sostener o mantener: *Pedro echaba mano de los más raros argumentos para la sustentación de sus teorías. La sustentación de la familia depende de sus ingresos.* **2** Cosa que sustenta: *Las bases de sustentación del edificio eran muy débiles.*

sustentáculo *s. m.* ELEVADO. Apoyo o soporte de una cosa: *El padre es el único sustentáculo de la familia, ya que sus hijos no trabajan.*

sustentar *v. tr.* **1** Sostener ‹una persona o cosa› [otra cosa], poniéndose debajo de ella para que no se caiga o se tuerza: *Cuatro maderos sustentaban el toldo.* SIN. sujetar, soportar. **2** Proporcionar ‹una persona› [a otra persona] lo necesario para vivir: *Desde muy joven Paula sustenta a toda su familia.* SIN. mantener. **3** Apoyar ‹una persona› [una opinión o una teoría] con [argumentos o motivos]: *Pilar sustenta sus afirmaciones **en** una antigua teoría.* SIN. basar, fundar. **4** Sostener o defender ‹una persona› [una opinión]: *Este político sustenta una nueva teoría sobre la nacionalidad.* || *v. tr. / prnl.* **5** No dejar ‹una persona o una cosa› que se acabe o desaparezca [una cosa]: *Su esperanza **se** sustenta **en** sus intenciones.* || *v. prnl.* **6** Sostenerse ‹una cosa› en [otra cosa]: *El puente se sustenta **en** sólidos pilares.* **7** Recibir ‹una persona› lo necesario para vivir: *Sus tías **se** sustentan gracias a la ayuda que les proporcionan sus amigos.* SIN. mantenerse. **8** Tener ‹una opinión o una teoría› su apoyo [en determinados argumentos o motivos]: *Esta teoría científica se sustenta **en** años de investigación.*

sustento *s. m.* **1** Alimento y conjunto de cosas necesarias para vivir: *Necesito muy poco para mi sustento.* **2** Apoyo o fundamento de una cosa o de una persona: *Tu opinión carece de sustento.*

sustitución o **substitución** *s. f.* **1** Acción de sustituir: *Nadie notó la sustitución del original por la copia.* **2** DER. Disposición testamentaria por la que se nombra un heredero en lugar de los que estaban designados: *En los últimos momentos de su vida efectuó una sustitución en el testamento.* **3** MAT. Método para resolver el sistema de ecuaciones, que consiste en despejar una incógnita de la ecuación y sustituir la incógnita de las demás ecuaciones por el resultado obtenido: *Tienes que aplicar el método de sustitución.*

sustituir *v. tr.* Poner ‹una persona› [a una persona o una cosa] en lugar de [otra]: *El entrenador se arriesgó y sustituyó a un defensa **por** otro delantero. El chico sustituía las cajas viejas **con** las nuevas.* SIN. reemplazar. ⇒ **46.**

sustitutivo, va *adj. / s. m.* [Cosa] que se puede usar en lugar de otra cosa: *La achicoria fue un sustitutivo del café durante la guerra.*

sustituto, ta o **substituto, ta** *adj. / s. m.* y *f.* [Persona] que sustituye a otra en sus funciones: *Él es el sustituto de la profesora. La sustituta del médico llegará pronto.*

susto *s. m.* **1** Impresión brusca y momentánea causada en una persona por el miedo o por la sorpresa: *Me has dado un susto de muerte.* **2** Preocupación muy grave y obsesiva por una cosa que se teme ocurra: *No podía quitarme el susto de la cabeza.* **3** COLOQUIAL. Miedo: *Qué susto pasamos. El niño traía cara de susto.* FR. Y LOC. **caerse del ~** COLOQUIAL. Llevarse ‹una persona› un susto muy grande: *Esa broma es para caerse del susto.* **no ganar* para sustos.**

sustracción o **substracción** *s. f.* **1** Acción y efecto de sustraer: *El conserje fue acusado de la sustracción de un objeto valioso y fue despedido.* ANT. robo. **2** MAT. Resta: *En la sustracción de quebrados podemos encontrar dos casos.*

sustraendo *s. m.* MAT. En una resta, la cantidad que debe quitarse de otra llamada *minuendo.*

sustraer *v. tr.* **1** Quitar ‹una persona› [una cosa] a [otra persona]: *Le sustrajeron el bolso en plena calle.* SIN. robar, hurtar. **2** Apartar o separar ‹una persona› [una parte de un conjunto]: *Sustrajeron varias papeletas* ***del*** *montón.* SIN. extraer. **3** Hallar ‹una persona› la diferencia entre [dos cantidades]. SIN. restar. ‖ *v. prnl.* **4** Evitar ‹una persona› [una obligación o una idea]: *Ella siempre procura sustraerse* ***de*** *todos los problemas.* SIN. escabullirse. ⇒ **83.**

sustrato *s. m.* **1** Terreno situado por debajo del que se considera: *Esta capa arenosa está localizada sobre un sustrato de pizarra.* **2** LING. Influencia que ejerce una lengua desaparecida sobre otra que se le impuso: *el sustrato celta del latín en castellano.* **3** LING. Conjunto de rasgos lingüísticos que la lengua desaparecida ha dejado en la lengua superviviente: *Según Menéndez Pidal la desaparición de la consonante «f» latina al principio de palabra es un rasgo del sustrato prerromano.* **4** Fondo o carácter de una cosa que se aprecia en un estado superficial y procede de otro más profundo: *el sustrato de una personalidad atormentada.* **5** BOT. Terreno o lugar que sirve de asiento a una planta o a un animal fijo. **6** QUÍM. Sustancia sobre la que actúa un fermento o enzima.

susurrar *v. tr. / intr.* **1** Decir ‹una persona› [una cosa] a [otra persona] en voz baja: *No susurres cuando estamos en el cine.* ‖ *v. tr.* **2** Producir ‹el viento o el agua› un ruido suave: *La fuente susurraba en el centro del parque.*

susurro *s. m.* **1** Ruido que se oye cuando alguien habla en voz muy baja: *Al fondo de la iglesia se oía el susurro de las viejas.* **2** (no contable) LITERARIO. Sonido suave: *el susurro del arroyo, el susurro del viento, el susurro lejano del mar.*

sutil *adj.* **1** Que es muy fino, suave y delicado: *La gasa es sutil.* **2** (antepuesto / pospuesto) Que tiene poca intensidad, pero gran penetración: *sutil perfume, aroma sutil.* **3** (antepuesto / pospuesto) Que tiene agudeza, ingenio o perspicacia: *Sus críticas y comentarios son muy sutiles.*

sutileza *s. f.* **1** Cualidad de sutil: *Admiraba, sin atreverse a tocarla, la sutileza de la tela.* SIN. levedad. ANT. tosquedad. **2** Dicho o concepto muy ingenioso, en especial, cuando esconde falsedad: *José trata de envolvernos con sutilezas.* SIN. ingeniosidad. **3** Ingenio: *El ministro rehuyó contestar con mucha sutileza.* SIN. habilidad, astucia.

sutilidad *s. f.* (no contable) Sutileza: *Nadie se molestaba porque ella decía las cosas con mucha sutilidad.*

sutilizar *v. tr.* ELEVADO. Expresar ‹una persona› [sus pensamientos] con mucho ingenio o agudeza: *No sutilices tanto tus argumentos, que no hay quien te entienda.* ⇒ **19.**

sutura *s. f.* **1** MED. Costura quirúrgica para cerrar los dos lados de un herida: *Luisito se hizo una brecha en la cabeza y le dieron siete puntos de sutura.* **2** ANAT. Borde por donde se unen los huesos del cráneo. **3** BOT. Línea de unión de la cáscara de un fruto.

suturar *v. tr.* Coser ‹una persona› [una herida]: *El médico suturó la herida con cinco puntos.*

suyo, ya *adj. / pron. pos.* **1** (detrás de un sustantivo o relacionado con él mediante el verbo *ser*) Indica que lo expresado por el sustantivo pertenece a una tercera persona que no es ni el hablante ni el oyente (*él, ella, ellos, ellas*) o a la segunda persona cuando viene representada por *usted* o *ustedes*: *La cartera suya apareció bajo el sofá. El perro es suyo, cuídelo usted. La noche es suya, diviértase.* OBSERVACIONES: Como pronombre: *–«Señor, el chico se encargará de los abrigos. Puede dejarle el suyo.» Mi trabajo sobre Cervantes no es genial, pero el suyo es una vergüenza.* Concuerda en género y número con la cosa poseída, no con el poseedor. ‖ *s. f.* **2** Expresión con que se indica que ha llegado la ocasión oportuna y favorable para que la persona o personas de que se habla puedan hacer algo que persiguen o desean: *Señores, ésta es la suya: podrán ganar muchísimo dinero invirtiendo en esta nueva compañía.* ‖ *s. m.* **3** (plural) Familiares, partidarios o cualquier grupo de personas cercanas a la persona o personas de que se habla (*él, ella, usted, ellos, ellas, ustedes*) o vinculadas a ellos: *Al senador le aconsejaron los suyos que dejara la política.* ‖ **4 lo ~** 1 Lo que se considera característico de la persona o personas de las que se habla, o aquello que hacen bien o en lo que destacan: *Lo suyo es la natación. Señora, se nota que lo suyo no son las teareas domésticas.* 2 (con el verbo *ser*) Indica lo que se considera más adecuado a una situación o lo más conveniente para conseguir aquello que se expresa: *Dejar una propina en los restaurantes es lo suyo. Si quieres aprobar, lo suyo sería que te pusieras a estudiar.* 3 Sus pertenencias, sus asuntos: *Cada uno debe ocuparse de lo suyo. Cada uno a lo suyo.* FR. Y LOC. **a cada* uno / cual lo ~. andar a lo ~** Ocuparse de lo suyo. **de ~** Por sí mismo, sin necesidad de más: *Nuestra situación económica ya es de suyo mala como para que encima tú nos pidas un préstamo.* **hacer ~** Decir ‹una persona› las palabras de otra mostrándo que está de acuerdo con ellas: *Pedro hizo suyas las palabras de su amigo.* **hacer alguna* (de las suyas). ir* a lo ~. salirse* con la suya. ser muy ~** Ser ‹una persona› muy reservada o tener un carácter un poco extraño. **tener* lo ~. una / alguna / otra de las suyas** Acción, normalmente de carácter negativo, como las que suele realizar la persona de que se habla: *Esa respuesta es una de las suyas.*

swahili *s. m.* Suahili.

swing (del inglés; pronunciamos *'suin'*) *s. m.* **1** DEP. Golpe de boxeo que se da en semicírculo para esquivar la postura de defensa del contrario. **2** MÚS. Estilo de jazz de ritmo bailable, que estuvo de moda en Estados Unidos hacia 1930. **3** Manera de interpretar la música de jazz con especial tensión emocional y flexibilidad rítmica.

switch (del inglés; pronunciamos *'suich'*) *s. m.* RESTRINGIDO. Dispositivo que permite cambiar la dirección de una corriente eléctrica o interrumpirla. SIN. conmutador.

T

t *s. f.* **1** Vigésima primera letra del alfabeto español que representa un sonido de articulación dental, oclusiva y sorda. Su nombre es «te». ‖ **2 hierro / viga de doble ~** Viga que tiene el perfil de dos «tes» mayúsculas unidas por la base.

taba *s. f.* **1** Astrágalo, hueso. **2** Conjunto de juegos que consisten en tirar al aire este hueso o un objeto parecido para ganar o perder según la posición en que caiga: *De niños jugábamos a las tabas.* **3** PERÚ. Zapato. **4** PERÚ. Compañía.

tabacal *s. m.* Sitio sembrado de tabaco: *En la vega hay extensos tabacales.*

tabacalero, ra *adj.* **1** Del tabaco y de su industria: *tabacalera canaria, la industria tabacalera.* ‖ *s. m. / f.* **2** Persona que cultiva, fabrica o vende tabaco: *la huelga de los campesinos tabacaleros.*

tabaco *s. m.* **1** *Nicotiana tabacum.* Planta narcótica y aromática de la familia de las solanáceas de tallo velloso, flores con forma de tubo en racimos y hojas grandes que contienen nicotina y se emplean para hacer cigarros o rapé: *plantación de tabaco.* **2** Hoja de esta planta: *Después de cortado, el tabaco se pone a secar.* **3** (no contable) Conjunto de productos elaborados con esta planta: *máquina de tabaco, cajetilla de tabaco. Voy a comprar tabaco.* **cartón* de ~. ~ de mascar. ~ de pipa. ~ negro** Tabaco más o menos natural preparado para ser consumido, de olor y sabor fuerte. **~ rubio** Tabaco que resulta de la mezcla de diferentes variedades y ciertas esencias, de color amarillo: *¿Fumas tabaco rubio o negro?* ‖ *adj. / s. m.* **4** (invariable; pospuesto) [Color] que es marrón como esta planta seca: *Tengo un traje de color tabaco.* **5** BOT. Enfermedad de los árboles por la que se descompone el interior del tronco en polvo.

tabacoso, sa *adj.* LITERARIO. Que está muy manchado de tabaco o huele a él: *No se puede entrar en su despacho, cerrado y tabacoso.*

tabal *s. m.* RESTRINGIDO. Barril donde se guardan los pescados que ya se han salado: *tabal de arenques.*

tabanco *s. m.* **1** RESTRINGIDO. Puesto o tenderete callejero para la venta de comestibles. **2** AMÉR. C. Buhardilla.

tábano *s. m.* **1** (macho y hembra) *Tabanus bobinus.* Insecto bastante grande, con manchas claras en el cuerpo y dos alas transparentes, que se alimenta de la sangre que chupa a mamíferos como vacas o caballos. **2** COLOQUIAL; RESTRINGIDO. Persona muy pesada y molesta: *Tu amigo es una auténtico tábano, qué pesado.*

tabanque *s. m.* Rueda que hacen girar con el pie los alfareros para mover el torno: *Tiene mucha destreza y rapidez con el tabanque.*

tabaquera *s. f.* Caja o bote para guardar el tabaco: *Le han regalado por su santo una tabaquera de plata.*

tabaquería *s. f.* ARG., URUG. Tienda en la que se vende tabaco y objetos de fumador.

tabaquero, ra *adj.* **1** Del tabaco: *el cultivo tabaquero, la producción tabaquera.* ‖ *s. m.* y *f.* **2** Persona que se dedica al cultivo, fabricación o comercialización del tabaco: *los tabaqueros extremeños.*

tabaquismo *s. m.* (no contable) MED. Intoxicaxión aguda o crónica causada por el abuso del tabaco: *El tabaquismo puede curarse si se deja de fumar.*

tabardillo *s. m.* **1** COLOQUIAL; RESTRINGIDO. Insolación que sufre una persona: *Se ha cogido un tabardillo en la playa.* **2** COLOQUIAL; RESTRINGIDO. Persona alocada, bulliciosa y molesta: *Estas chicas son unos tabardillos.*

tabardo *s. m.* **1** Abrigo ancho y largo de paño ordinario o tosco que utilizaban los campesinos: *Mi abuelo usaba un tabardo pesado en invierno.* **2** RESTRINGIDO. Gabán o abrigo sin mangas. **3** Chaquetón militar.

tabarra *s. f.* (no contable) COLOQUIAL. Molestia, pesadez: *No me gusta el trabajo que hago ahora, es una tabarra.* SIN. lata. FR. Y LOC. **dar la ~** COLOQUIAL. Molestar ‹una persona o una cosa› mucho a una persona: *El niño lleva todo el día dando la tabarra a sus padres.*

tabasco *s. m.* **1** Salsa típica mejicana, muy picante: *A Pilar le gusta la carne con mucho tabasco.* **2** Pimienta con que se elabora esta salsa.

tabasqueño, ña *adj.* De Tabasco, Estado mejicano.

taberna *s. f.* Establecimiento popular donde se venden y sirven bebidas y a veces también comidas: *Siempre echamos una partida de cartas en la taberna.* SIN. tasca.

tabernáculo *s. m.* **1** HIST. Tienda donde los antiguos hebreos llevaban el Arca de la Alianza mientras atravesaban el desierto. **2** HIST. Tienda donde habitaban los antiguos hebreos. **3** ELEVADO. En las iglesias católicas, sagrario, pequeño armario donde se guardan las sagradas formas: *En las iglesias arde una lámpara junto al tabernáculo, cerca del altar.*

tabernario, ria *adj.* **1** ELEVADO. De la taberna: *las canciones tabernarias latinas. Los sociólogos están estudiando los ambientes tabernarios.* **2** ELEVADO; PEYORATIVO. Que es grosero o vulgar: *Tu madre tiene un lenguaje tabernario.*

tabernero, ra *adj.* 1 RESTRINGIDO. Tabernario. || *s. m. / f.* 2 Persona que es dueña o empleada de una taberna: *el tabernero del pueblo, la tabernera de la esquina.*

tabica *s. f.* Tablilla que cubre un hueco como el del frente de un escalón de madera: *Tenemos que arreglar algunas tabicas de la escalera.*

tabicar *v. tr.* 1 Cerrar ‹una persona› [una puerta o una ventana] con un tabique: *Hemos tabicado la ventana del garaje para que no entren los gamberros.* SIN. tapiar. || *v. tr. / prnl.* 2 RESTRINGIDO. Cerrar ‹una cosa› [un orificio que debería estar abierto]: *Con el catarro* ***se*** *me ha tabicado la nariz.* SIN. taponar(se). FR. Y LOC. **bóveda* tabicada.** ⇒ **71.**

tabique *s. m.* 1 Pared delgada que separa los espacios interiores o las habitaciones de una construcción: *tirar un tabique, levantar un tabique.* **~ de panderete** Tabique muy débil, hecho con ladrillos colocados de canto: *Estos tabiques son de panderete: de una patada los derribas.* 2 División plana y delgada que separa dos espacios, especialmente dos cavidades de un órgano: *tabique nasal.*

tabla *s. f.* 1 Pieza alargada de madera o de otro material rígido, plana y de poco grosor: *tabla de mármol, tabla de lavar, tabla de cocina. Hemos comprado varias tablas para reparar la puerta del huerto.* **~ de planchar** Tabla forrada de punta ovalada, usada para planchar sobre ella. 2 DEP. Pieza alargada sobre la que se practican deportes: *tabla de windsurfing, tabla de esquiar.* 3 (plural) DEP. Esquís: *Mi padre me regalará unas tablas nuevas este invierno.* 4 Superficie ovalada con un hueco en el centro para sentarse sobre ella en el inodoro. 5 Doble pliegue ancho y plano que se hace en una tela o prenda de vestir: *falda con tablas.* 6 Índice o lista realizados de acuerdo con un orden o clasificación: *tabla de multiplicar, tabla de alimentos, tabla de pesos y medidas.* **~ periódica** QUÍM. Sistema periódico de los elementos. 7 PINT. Pintura hecha sobre una madera plana: *Se han descubierto en el viejo monasterio dos tablas flamencas del siglo* XVI. 8 AGR. Extensión de tierra cultivada limitada por dos filas de árboles o sembrada de verduras en una huerta: *He plantado una tabla de tomates y otra de pimientos.* 9 Cada división que se hace en un campo de labor para distribuir el riego. 10 (plural) GEOGR. Zona geográfica llana que suele inundarse: *las Tablas de Daimiel.* 11 (en plural) Estado en el juego de ajedrez o de damas en el que ninguno de los jugadores puede ganar la partida: *hacer tablas. El campeón le ha ofrecido tablas al aspirante en la décima partida.* 12 (plural) Empate entre competidores: *En el debate los dos políticos quedaron en tablas.* 13 TEATRO. Escenario de un teatro: *Pisó por primera vez las tablas a los doce años.* 14 TAUROM. Valla y zona cercana a ésta que delimita el ruedo en una plaza: *El toro se refugió en las tablas.* 15 Plato o fuente de alimentos variados de la misma clase: *tabla de quesos, tabla de patés, tabla de embutidos.* || 16 **~ de posiciones** ARG., URUG. Tabla de clasificación de un campeonato. 17 **~ pitagórica** Tabla de multiplicación de los números dispuesta en forma de cuadro. FR. Y LOC. **a raja ~** A rajatabla*. **hacer ~** ANTIGUO. Invitar ‹una persona› a comer. **hacer ~ rasa** Prescindir, no hacer caso ‹una persona› de alguna cosa: *En este libro el poeta ha hecho tabla rasa de sus estilos anteriores.* **~ de salvación** Último recurso para salir de un apuro o situación difícil: *No me abandones, tú eres mi tabla de salvación en el negocio.* **~ rasa** La que está preparada para la pintura pero no tiene aún nada pintado ni trazado. **tener tablas** 1 Tener ‹un actor› una gran experiencia: *Es un actor que tiene muchas tablas.* 2 COLOQUIAL. Tener ‹una persona› gran experiencia en una actividad: *Ese profesor tiene muchas tablas: lleva ya diez años dando clase.*

tablada *s. f.* ARG., URUG. Lugar donde se reúne el ganado del matadero para el reconocimiento del veterinario.

tablado *s. m.* 1 Suelo plano formado por tablas unidas por el canto: *En la casa del pueblo el tablado cruje por las noches.* 2 Superficie de tablas que queda elevada del suelo por un armazón: *En la plaza han levantado un tablado para que las autoridades presidan la fiesta.* 3 Suelo del escenario de un teatro o el escenario mismo: *El tablado de este teatro cruje mucho.* 4 Tablao.

tablao *s. m.* 1 Escenario para el cante y baile flamencos: *Este tablao no es bueno para el baile.* SIN. tablado. 2 Local para baile y cante flamencos: *En Sevilla fuimos a un tablao flamenco.* SIN. tablado.

tablazón *s. f.* 1 Conjunto de tablas unidas: *La tablazón de la caseta del perro está rota.* 2 Conjunto de tablas con que se hacían las cubiertas y los costados de las embarcaciones: *La tormenta ha dañado seriamente la tablazón de la barca.*

tableado *s. m.* Conjunto de tablas de un vestido: *La próxima primavera se llevarán los tableados en las faldas cortas.*

tablear *v. tr.* 1 Dividir ‹una persona› [un madero] en tablas: *En el aserradero se parten los troncos y se tablean los maderos.* 2 Hacer ‹una persona› tablas en [una tela]: *Esta modista tablea muy bien las faldas.*

tablero *s. m.* 1 Pieza de madera estrecha y más larga que ancha: *Me he comprado un tablero para ponerlo debajo del colchón.* SIN. tabla. 2 Conjunto de tablas unidas por uno de los lados: *el tablero de la puerta, el tablero de una ventana.* 3 Plancha de madera u otro material en la que se puede fijar alguna cosa: *María colgaba las fotos en un tablero que tenía en la pared.* 4 Tabla cuadrada para jugar a ciertos juegos de mesa: *tablero de ajedrez, tablero de parchís.* 5 Panel en el que se coloca alguna información: *tablero de anuncios. Anotaron el gol en el tablero.* SIN. tablón, marcador. 6 Tabla pintada de negro que se utiliza como pizarra: *¿Quién quiere salir al tablero?* 7 DEP. Plancha que sujeta la canasta de baloncesto: *tirar al tablero. La pelota rebotó en el tablero y salió fuera.* 8 AMÉR. En los automóviles, panel situado frente al conductor con los mandos y los indicadores. SIN. salpicadero. 9 COL. Esfera de un instrumento como el reloj, donde se lee lo que marca o mide.

tableta *s. f.* 1 Pastilla rectangular de tamaño medio, especialmente la de chocolate o turrón: *una tableta de turrón de Alicante.* **~ de chocolate** 2 Pastilla medicinal, generalmente redonda y plana, de mayor tamaño que el habitual: *¿Tienes una tableta para la garganta?*

tabletear *v. intr.* 1 RESTRINGIDO. Hacer ‹una persona› ruido golpeando tablas o piezas de madera. 2 Producir ‹una cosa› un ruido semejante al tableteo: *La ametralladora tableteaba mientras avanzaban los soldados.*

tableteo *s. m.* Ruido continuado como el de las tablas cuando chocan: *el tableteo de las ametralladoras.*

tablilla *s. f.* 1 Tabla pequeña. || 2 **tablillas neperianas** MAT. Tablas de logaritmos inventadas por Juan Néper.

tabloide *adj.* [Periódico] que tiene un formato más pequeño que el habitual: *Ha aparecido un nuevo tabloide deportivo.*

tablón *s. m.* 1 Tabla grande y gruesa: *el tablón de un trampolín, el tablón de un andamio.* 2 Tablero donde se cuelgan noticias o mensajes: *tablón de anuncios. En el tablón de la Facultad aparecerán las calificaciones dentro de unos días.* 3 COLOQUIAL. Borrachera: *Con el tablón que llevabas ayer no es raro que tengas este resacón.* SIN. cogorza. 4 COL., VEN.; RESTRINGIDO en Colombia. Terreno de unas medidas determinadas para sembrar un solo cultivo. SIN. tabla.

tabloncillo *s. m.* TAUROM.; RESTRINGIDO. Asiento de la fila más alta de las gradas y tendidos de la plaza de toros: *Tengo un abono de tabloncillo en la plaza de Salamanca.*

tabor *s. m.* HIST. En el siglo XIX, batallón al servicio del ejército español de Marruecos, formado por tropas indígenas.

tabú (plural *tabúes* o *tabús*) *s. m.* Aquello que no se puede hacer o decir por prejuicio o por convención: *tema tabú, palabra tabú, tabúes sexuales.*

tabuco *s. m.* RESTRINGIDO. Casa o habitación muy pequeña y estrecha: *Vivimos en un tabuco en el centro de la ciudad.*

tabulación *s. f.* 1 Acción y resultado de tabular. 2 Conjunto de topes puestos con un tabulador: *Puedes cambiar la tabulación de la página con facilidad.*

tabulador *s. m.* Dispositivo de una máquina de escribir o de un ordenador que fija los márgenes: *Puedes marcar las columnas con el tabulador.*

tabular *v. tr.* 1 Expresar ‹una persona› [un dato numérico] en forma de tabla: *En cuanto tabulemos los datos, tendremos el trabajo acabado.* 2 Señalar ‹una persona› los márgenes de [un escrito] con los tabuladores: *Dile al secretario que repita las tablas y me las tabule bien.*

tabular *adj.* 1 ELEVADO. Que tiene forma de tabla. 2 GEOGR. [Relieve] que tiene forma horizontal.

taburete *s. m.* 1 Asiento para una sola persona sin respaldo ni brazos: *taburete de cocina, los taburetes de la barra de un bar.* 2 Silla con respaldo muy pequeño. 3 Pequeño asiento sin respaldo o pequeña tarima que se pone delante de una silla para apoyar los pies: *Le hemos regalado un lujoso taburete a mi madre el día de su santo.* SIN. escabel (ELEVADO).

TAC (pronunciamos '*tac*') *s. m.* MED. Sigla del procedimiento médico de exploración por resonancia llamado «Tomografía Axial Computerizada», España. SIN. escáner.

tacada *s. f.* 1 JUEGOS. Golpe dado a la bola de billar con el taco. 2 Serie ininterrumpida de carambolas que hace un jugador de billar: *Ha hecho una tacada de veinte carambolas.* FR. Y LOC. **de una ~** COLOQUIAL. De un golpe, de una vez y sin parar: *Leyó el libro de una tacada.*

tacañear *v. intr.* COLOQUIAL. Actuar ‹una persona› como un tacaño: *No tacañees, y paga la cerveza.*

tacañería *s. f.* 1 (no contable) Calidad de tacaño: *La tacañería de mi abuela era proverbial.* 2 Acción tacaña: *Miguel tiene unas tacañerías desagradables.*

tacaño, ña *adj. / s. m.* y *f.* Que tiene tendencia exagerada a no gastar o no dar su dinero, ni aun en las ocasiones necesarias: *Es muy tacaño y nunca se permite un capricho.*

tacatá o **tacataca** *s. m.* Armazón amplio, con un asiento en el centro y ruedas, para que los niños aprendan a andar: *Pon al niño en el tacatá.* SIN. andador, andadera.

tacha *s. f.* 1 Defecto o falta que hace imperfecta una cosa o a una persona: *Este jarrón no tiene ninguna tacha.* SIN. imperfección, tara. 2 ELEVADO. Aquello que perjudica el honor o la buena fama de una persona o de una cosa: *La suya es una familia sin tacha.* SIN. mancha, mancilla.

tachadura *s. f.* Raya o borrón con que se tacha algo: *No se pueden hacer enmiendas ni tachaduras en los documentos oficiales.* SIN. tachón.

tachar *v. tr.* 1 Hacer ‹una persona› rayas sobre [una cosa escrita] para suprimirla o para indicar que no vale: *Tachen la contestación que no convenga.* 2 Atribuir ‹una persona› [un defecto o una cualidad negativa] [a otra persona o una cosa]: *Lo tacharon **de** tacaño.* SIN. tildar. 3 DER. Exponer ‹una persona› un motivo para desestimar o invalidar [la declaración de un testigo].

tachero, ra *s. m. / f.* ARG., URUG. Taxista.

tachines *s. m.* 1 (plural) COLOQUIAL. Pies de una persona: *Te huelen bastante los tachines.* 2 (plural) COLOQUIAL; HUMORÍSTICO. Testículos: *Dice que la chica se enfadó y le dio una patada en los tachines.*

tacho *s. m.* 1 AMÉR.; RESTRINGIDO en España. Cubo, o recipiente similar, para diversos usos, como, por ejemplo, fregar el suelo. 2 AMÉR. Cubo de la basura. FR. Y LOC. **irse al ~** 1 ARG., URUG.; COLOQUIAL. Fracasar ‹un proyecto›. 2 ARG.; COLOQUIAL; HUMORÍSTICO. Morirse ‹una persona›.

tachón *s. m.* 1 Tachadura muy visible, hecha con poco cuidado: *No puedes enviar una carta llena de tachones.* 2 Tachuela corta de cabeza dorada o plateada que se emplea como adorno: *poner tachones en un cofre.*

tachonar *v. tr.* 1 Adornar ‹una persona› [una cosa] con tachones: *Hemos tachonado la tapa del baúl con tachones dorados.* 2 RESTRINGIDO. Cubrir ‹una cosa› por completo la superficie de [otra cosa]: *un cielo tachonado de estrellas.*

tachonear *v. tr.* RESTRINGIDO. Tachonar.

tachuela *s. f.* Clavo corto y de cabeza grande: *poner tachuelas a las botas. Quiere poner tachuelas a la cazadora.*

tácitamente *adv. modo* De modo implícito, sin decirlo de manera expresa: *Tácitamente, pareció reconocer que sí había participado en la juerga.*

tácito, ta *adj.* Que no se expresa formal y abiertamente, sino que se supone o se puede inferir: *un acuerdo tácito.*

taciturno, na *adj.* 1 (ser / estar) Que tiene un temperamento triste o melancólico: *comportamiento taciturno, carácter taciturno. Pilar está muy taciturna últimamente, no sé qué le pasa.* 2 [Persona] que gusta de hablar poco, es callada o silenciosa: *Con los años, mi madre se ha vuelto taciturna.*

taco *s. m.* 1 Pedazo de madera o metal corto y grueso para tapar un hueco, unir dos partes o apoyar alguna cosa: *un taco redondo o cónico de pared. Pon un taco a la pata del mueble para que no se mueva.* 2 Piezas pequeñas cónicas o circulares que lleva la suela del calzado deportivo para no resbalar en el suelo: *Los tacos de las botas de fútbol son diferentes de los tacos de las zapatillas de atletismo.* 3 Palo cilíndrico, largo y estrecho que se utiliza para jugar al billar: *taco limpio o seco, taco de suela.* 4 RESTRINGIDO. Vara con que se aprieta la carga de un cañón. SIN. baqueta. 5 Conjunto de hojas o papeles generalmente bien colocados y apretados: *taco de billetes de metro, calendario de taco. Nos enseñó un taco de billetes de mil muy grueso.* **almanaque* de ~.** 6 COLOQUIAL. Palabra malsonante, juramento: *¡Si vuelves a soltar otro taco te lavo la boca con jabón!* SIN. palabrota. 7 COLOQUIAL. Lío, jaleo: *Se armó un gran taco en el bar cuan-*

do un cliente no quiso pagar su bebida. SIN. follón. **8** COLOQUIAL. Gran cantidad de personas o cosas: *Había un taco de gente en la fiesta.* **9** COLOQUIAL. (plural) Años de una persona: *Tiene treinta tacos.* **10** Trozo pequeño, generalmente cuadrado, en que se corta un alimento: *un taco de tortilla, un taco de queso.* **11** AMÉR. C., P. RICO. Miedo, temor, preocupación. **12** AMÉR. DEL S., P. RICO. Tacón de zapato. **13** MÉX. Tortilla de maíz enrollada, rellena de diversos alimentos. **14** COL. Cartucho. **15** VEN.; COLOQUIAL. Persona competente o experta en una materia. FR. Y LOC. **hacerse un ~** COLOQUIAL. Hacerse un lío, no comprender nada ‹una persona›: *Al salir del metro me he hecho un taco con las calles y me he perdido.*

tacómetro *s. m.* Aparato que mide la velocidad de revolución de un mecanismo, generalmente expresada en vueltas por minuto: *Muchos coches llevan tacómetros.* SIN. taquímetro.

tacón *s. m.* **1** Pieza, más o menos alta, que se coloca en el talón exterior del calzado para levantar el pie: *zapatos de tacón, botas de tacón, tacón alto.* **~ de aguja** Tacón muy fino y alto. **2** Calzado con esta pieza: *Nunca llevo tacones.* **3** Pedazo de material, generalmente cuero, que cubre esta pieza por la parte inferior que toca el suelo: *Tengo que echarle tacones a los zapatos.* SIN. tapa.

taconazo *s. m.* Golpe de tacón: *El delantero marcó gol de un taconazo.*

taconear *v. intr.* **1** Bailar ‹una persona› dando golpes en el suelo con los pies calzados: *Los bailarines de flamenco taconean muy bien.* SIN. zapatear. **2** Andar una persona dando taconazos: *No taconeéis en la escalera, que pueden molestarse los vecinos.*

taconeo *s. m.* Pisada fuerte y repetida de tacón: *Un taconeo inconfundible anunciaba que Pilar había llegado.*

táctica *s. f.* **1** Método con que se realiza una acción para conseguir algo: *El equipo siguió una táctica defensiva. La táctica de la oposición para derribar al gobierno parece que da resultado.* SIN. sistema, procedimiento. **2** MIL. Conjunto de reglas y procedimientos por los que se rigen las operaciones militares: *Todo oficial de infantería debe dominar perfectamente el manual de táctica de la Academia.* FR. Y LOC. **política / ~ del avestruz***.

tácticamente *adv. modo* **1** Con táctica, de forma táctica, con planificación y habilidad: *Eso había que haberlo hecho más tácticamente.* **2** En el aspecto táctico: *Su juego ha mejorado tácticamente en la segunda parte.* || *adv. restrictivo* **3** Considerado desde el punto de vista de la táctica como arte: *Tácticamente, aquel movimiento de Napoleón era insuperable.*

táctico, ca *adj.* **1** De la táctica: *plan táctico, maniobra táctica.* **arma táctica** Arma que puede utilizar un ejército desplegado sobre un terreno: *Las bombas nucleares tácticas tienen pequeña potencia y pueden usarse en batallas convencionales, a diferencia de las armas estratégicas.* || *adj. / s. m.* **2** Que es experto en táctica: *Un buen general no debe ser sólo un táctico, sino tambien un buen estratega.*

táctil *adj.* Del tacto o que posee cualidades que se perciben por el tacto: *sensación táctil.*

tacto *s. m.* **1** Sentido corporal mediante el cual se percibe la forma, el tamaño o la temperatura de los objetos gracias a unos órganos situados en la piel y en las mucosas: *Los invidentes tienen muy desarrollado el sentido del tacto.* **2** Manera en que se perciben las cualidades de los objetos a través de este sentido: *Qué tacto más suave tiene esta tela.* **3** Acción de tocar o utilizar este sentido: *Reconozco por el tacto las diferentes monedas.* **4** Habilidad para tratar con una persona o llevar un asunto delicado: *Tiene mucho tacto para soltar las verdades sin ofender a nadie.* SIN. delicadeza, cuidado. **5** MED. Método de exploración introduciendo uno o más dedos en una cavidad, especialmente en la vagina o en el recto: *El tacto rectal es necesario para la exploración de algunas anomalías de la próstata.*

tacuara *s. f.* ARG., URUG.; RESTRINGIDO en Argentina. Planta gramínea parecida al bambú.

tacuarembó *s. m.* AMÉR. DEL S. Caña maciza delgada y larga.

tacurú (plural *tacurúes,* en Uruguay *tacuruses*) *s. m.* **1** ARG., PAR., URUG.; RESTRINGIDO en Argentina. Hormiguero alto y en forma de cono hecho de tierra que se pone dura. **2** PAR., URUG.; RESTRINGIDO. Insecto que construye este hormiguero.

taekwondo (del coreano; pronunciamos *'taecuondo'*) *s. m.* Deporte coreano de lucha, parecido al kárate, que desarrolla sobre todo las técnicas de salto: *Las clases de taekwondo en los gimnasios están teniendo mucho éxito.*

tafeta *s. f.* ARG., URUG. Tafetán.

tafetán *s. m.* (no contable) Tela delgada y muy tupida de seda o tejido sintético: *una blusa de tafetán.*

tafilete *s. m.* (no contable) Piel curtida suave y adaptable que se emplea en encuadernación y en la fabricación de calzado: *Mi madre siempre calza zapatos de tafilete.*

tagalo, la *adj. / s. m.* y *f.* **1** De un pueblo filipino de origen malayo: *bailes tagalos.* || *s. m.* **2** LING. Lengua malayo-polinésica cooficial en Filipinas junto con el inglés.

tahalí (plural *tahalíes* o *tahalís*) *s. m.* RESTRINGIDO. Correa o banda de piel o de otra materia que desde el hombro cruza el pecho y la espalda hasta el lado opuesto de la cintura, donde se sujeta el sable, la espada o el tambor: *Los chicos llevan el tambor colgando de un tahalí.*

tahitiano, na *adj. / s. m.* y *f.* De Tahití, isla de Oceanía: *la flora tahitiana. Los tahitianos ganaron el campeonato de pesca submarina.*

tahona *s. f.* Establecimiento donde se hace y vende pan: *Compramos el pan en la tahona de unos amigos.* SIN. horno.

tahúr *s. m. / f.* **1** PEYORATIVO. Persona que juega habitualmente a las cartas o a los dados por dinero: *El marido es un tahúr, se gasta todo lo que gana en el juego.* **2** Jugador tramposo: *El protagonista de la película es un tahúr que va de pueblo en pueblo.* SIN. fullero.

taifa *s. f.* (preferentemente en plural) HIST. Cada uno de los reinos que surgieron en la España árabe al disgregarse el Califato de Córdoba en 1031: *Los reyes de las diferentes taifas favorecieron con sus rivalidades el avance de los reinos cristianos.*

taiga *s. f.* **1** (no contable) BOT. Formación vegetal del bosque de coníferas que crece en zonas muy frías del hemisferio norte: *La taiga es propia de Siberia o Finlandia.* **2** Extensión de terreno que comprende esta formación vegetal.

tailandés, sa o **thailandés, sa** *adj. / s. m.* y *f.* De Tailandia, país asiático: *el turismo tailandés, una bailarina tailandesa.*

tailleur (del francés; pronunciamos *'taller'*) *s. m.* URUG. Traje de chaqueta femenino.

taimado, da *adj.* ELEVADO. Que tiene gran habilidad para engañar y no ser engañado: *José es una persona taimada.*

taimarse *v. prnl.* ARG., CHILE; COLOQUIAL. Insistir malhumoradamente ‹una persona› en no relacionarse con las otras.

taíno, na *adj.* 1 De un antiguo pueblo amerindio, hoy extinguido, que habitaba en las Antillas cuando llegaron los españoles: *Los taínos se extinguieron relativamente pronto después de la llegada de los españoles.* || *s. m.* 2 LING. Lengua caribe hablada por los taínos.

taita *s. m.* 1 AMÉR. Tratamiento que se da al padre o jefe de la familia 2 HIST.; ARG. Guapo, valiente.

taiwanés, sa *adj. / s. m.* y *f.* De Taiwán, isla asiática.

tajada *s. f.* 1 COLOQUIAL. Trozo cortado de un alimento, generalmente carne: *¿Cuántas tajadas de pollo quieres?* 2 COLOQUIAL. Borrachera: *Lleva una tajada terrible, no puede tenerse en pie.* FR. Y LOC. **sacar ~** COLOQUIAL; PEYORATIVO. Obtener ‹una persona› beneficios de una cosa: *Todos pensaban sacar tajada de la construcción de la escuela.*

tajadera *s. f.* 1 Cuchillo en forma de media luna para cortar alimentos: *El camarero cortó el queso con la tajadera.* 2 Tabla de madera sobre la que se colocan los alimentos que se van a cortar: *Si quieres cortar el salchichón, hazlo sobre la tajadera.*

tajado, da *adj.* [Terreno] que está cortado verticalmente formando una pared: *Un acantilado rocoso, tajado sobre el mar, impide bajar a las pequeñas calas.* 2 (estar) COLOQUIAL. [Persona] que está muy borracha: *Creo que tu amigo está muy tajado, mejor es que os vayáis a casa.*

tajamar *s. m.* 1 MAR. Tablón curvado en el exterior de la proa de un barco que corta el agua al navegar. 2 ARQ. Construcción adosada a los pilares de un puente para cortar y repartir la corriente de agua a los lados: *Desde el puente nuevo se ven los imponentes tajamares del puente romano.* 3 CHILE, COL., EC.; RESTRINGIDO en Chile. Dique, muelle. 4 ARG., EC., URUG. Presa o balsa. 5 ARG. Zanja cavada en las orillas de los ríos para controlar los efectos de las crecidas.

tajante *adj.* 1 (antepuesto / pospuesto) Que concluye, convence, o es tan evidente que no deja lugar a dudas ni admite discusión alguna: *Nos dio una tajante negativa.* SIN. contundente, terminante. 2 (ser / estar) Que no admite término medio: *Es una persona demasiado tajante. Has estado demasiado tajante en la discusión de hoy.*

tajar *v. tr.* 1 RESTRINGIDO. Dividir ‹una persona› [una cosa] con un instrumento cortante: *tajar la carne. A Pepe le han tajado la cara en una pelea.* SIN. cortar. || *v. prnl.* 2 COLOQUIAL, RESTRINGIDO. Ponerse ‹una persona› ebria: *Anoche estuvimos cenando fuera de casa y Juan se tajó.* SIN. emborracharse.

tajeadura *s. f.* ARG., CHILE, PAR., URUG.; VULGAR en Chile. Cicatriz grande de instrumento cortante.

tajear *v. tr.* AMÉR. Tajar, cortar ‹una persona› [a otra persona o una cosa].

tajo *s. m.* 1 Corte, generalmente profundo, hecho con un instrumento cortante: *Le hizo un tajo en una pierna.* 2 Corte profundo y casi vertical en el terreno, como el que se forma a causa de un río: *El río corre entre profundos tajos.* 3 (no contable) COLOQUIAL. Trabajo: *Vamos al tajo, que ya es la hora.* 4 COLOQUIAL. Lugar donde se trabaja, en especial hasta donde llega sobre el terreno en su tarea un grupo de trabajadores: *Los segadores, a veces, dormían en el tajo.* 5 Filo de un instrumento cortante: *El tajo de este sable está afilado.* 6 Pedazo grueso de madera sobre el que se corta la carne y se parten los animales: *el tajo del carnicero.* 7 Asiento rústico de madera, de tres pies y sin respaldo: *En el pueblo nos sentábamos siempre en tajos.*

tal *adj.* 1 (antepuesto) De las características o cualidades como las que se han comentado, visto o experimentado: *Con tal clima no es prudente plantar rosas. Los tales insultos son un invento de mi tía. Tales mosquitos son frecuentes en esta huerta.* OBSERVACIONES: ◊ Se pospone con facilidad a sustantivos en plural: *En circunstancias tales, lo mejor es quedarse en casa.* ◊ Frecuentemente se usa para comentar una cualidad positiva o negativa en un grado muy elevado: *Nunca he visto tal desvergüenza como la de este chico. Espero no volver a ver jamás tales alborotos.* ◊ Se usa repetido en ciertas correlaciones con el significado de *exactamente como es... así también: De tal padre, tal hijo. De tal palo, tal astilla.* ◊ Puede referirse a una cosa ya nombrada con cierto grado de indeterminación: *Tú me dices: necesito tal cantidad, y yo te la presto.* ◊ (precedido de un artículo determinado y seguido de un nombre propio) Se refiere peyorativamente a una persona ya nombrada: *El tal Mariano me inspira poca confianza.* 2 INTENSIFICADOR. De una cualidad tan intensa. OBSERVACIONES: Se usa en un sintagma nominal de una oración principal seguida de una subordinada consecutiva, en correlación con *que: Comieron tales barbaridades que se pusieron enfermos. Hizo tal frío, que se congeló el agua de las tuberías.* || *pron. indef.* 3 RESTRINGIDO. De las características o cualidades como las que se han comentado, visto o experimentado: *–«¿Conoces ya al nuevo portero?» –«El tal no me cae simpático.»* OBSERVACIONES: Se prefiere *tal cosa*, cuando no se refiere a personas y es posible*: Nunca he afirmado tal. (Nunca he afirmado tal cosa.) Nunca nos dejarán hacer tal. (Nunca nos dejarán hacer tal cosa.)* || *adv.* 4 RESTRINGIDO. De tal manera: *Tal hablaba, como si no existieran los demás.* FR. Y LOC. **¿qué ~?** COLOQUIAL. Para saludar. Es una falsa pregunta, porque no exige respuesta; frecuentemente se responde igual o simplemente: *bien.* **como si ~ cosa*. con ~ de** o **con ~ (de) que** Conjunción condicional intensificadora: *Con tal de no trabajar es capaz de hacer lo que sea. Con tal (de) que no molestes, puedes quedarte en casa.* **que si ~ que si cual** COLOQUIAL. Para referirse peyorativamente a palabras de otras personas que no se cree necesario repetir: *Siempre anda quejándose: que si no gana bastante, que si tal que si cual.* **~ como** De la misma manera que. OBSERVACIONES: ◊ Introduce circunstanciales periféricos que se refieren a la modalidad de la frase. RELACIONES Y CONTRASTES: ◊ En contextos positivos descriptivos supone, frente a los encabezados por *según*, que el hablante asume el contenido de la proposición de que se trata. En unos casos, la cláusula modal afecta expresamente al acto mismo de decir: *Tal como dice Manolo, la vida es una tómbola. Tal como suele decirse, no hay dos sin tres.* En otros casos, se refiere al hecho mencionado en la proposición: *Tal como yo suponía, ganó el alazán.* ◊ En contextos de rechazo, rectificación o desmentido, la clásula modal se refiere sólo al bloque descartado: *Son dos mil millones, y no dos billones, tal como (,por error de traducción,) dijimos en la edición de ayer. No son blancas, tal como yo creía, sino azules.* ◊ En ambos casos el contenido de la cláusula modal puede contener valoraciones expresas del hablante, acordes con el resto del contenido oracional: *Esas restricciones no son pragmáticas, tal como erróneamente sostiene el autor, sino, como acertadamente ha señalado el profesor, puramente semánticas.* **~ cual** 1 Como se es o se está, sin cambios ni reacciones: *Me dijo que iba a suicidarse y me quedé tal cual.* 2 En sentido modal-comparativo admite correlación con el adverbio *así* en función anafórica (*tal cual B, así A*): *Tal cual te sientes tú, así me siento yo.* 3 RESTRINGIDO. Algún que otro: *Por la noche no viene nadie al café: tal cual noctámbulo despistado.* **~ para cual** Para comentar que ‹una persona› no tiene menos defectos que otra persona: *–«Mi amigo ha suspendido las matemáticas como yo.» –«Sois tal para cual.»* **~ que** COLOQUIAL, RESTRINGIDO. Como: *Me conformo con una merienda, tal que un bocadillo de jamón.* **tal y cual / ~** COLOQUIAL. Para referir de una manera indeterminada o confusa el relato de una persona: *Me contó cientos de cosas: la familia, la escuela, tal y cual, un lío, estuvo media hora hablando.* **un / una ~** COLOQUIAL; PEYORATIVO. Para referirse de una manera necesaria o voluntariamente indeterminada a otra persona: *Ha contratado para el colegio a una tal Isabel.* **~ vez** Quizá: *Tal vez vaya mañana. Son, tal vez, los más completos.*

tala *s. f.* **1** Acción y resultado de talar: *la tala de un bosque, la tala de un campo en la guerra.* **2** CHILE; RESTRINGIDO. Acción de pacer los ganados la hierba.

talabarte *s. m.* RESTRINGIDO. Cinturón de cuero, especialmente el que se usa para colgar la espada: *El abuelo guarda un talabarte hermoso de cuando era joven.*

talabartería *s. f.* RESTRINGIDO. Tienda donde se hacen y venden talabartes: «*Guarnicionería y talabartería*».

talabartero, ra *s. m./f.* RESTRINGIDO. Persona que tiene por oficio hacer talabartes y otras correas y objetos de cuero: *Los talabarteros son artesanos que se trasmiten el oficio familiarmente.*

taladradora *s. f.* Herramienta o instrumento que sirve para hacer agujeros: *Me han regalado una magnífica taladradora eléctrica.*

taladrar *v. tr.* **1** Hacer ‹una persona o una cosa› un agujero en [una cosa] con un taladro u otro instrumento: *El vecino está colgando cuadros y nos ha taladrado la pared del salón.* SIN. agujerear. **2** Producir ‹una cosa› un ruido muy molesto para [los oídos]: *La grúa de esa obra me taladra los oídos.*

taladro *s. m.* **1** Instrumento o herramienta para taladrar: *Si me prestas el taladro haré los agujeros para colgar estos cuadros.* **~ portátil. ~ de mano.** **2** Acción y resultado de taladrar: *El taladro con estas herramientas eléctricas es fácil.* **3** Agujero estrecho hecho con este instrumento: *He hecho dos taladros en la mesa para pasar los cables del ordenador.*

tálamo *s. m.* **1** BOT. Ensanchamiento del pedúnculo donde se insertan ciertas partes de las flores: *En el tálamo están el gineceo y el androceo de la flor.* **2** Cada una de las dos masas de tejido nervioso situadas a ambos lados del cerebro, que se encargan de regular las percepciones de los sentidos. **3** LITERARIO. Lecho matrimonial: *El sacerdote les recordó que el tálamo nupcial es un derecho y un deber de los casados.*

talanquera *s. f.* RESTRINGIDO. Valla, barrera o pared que sirve de protección o defensa: *El potro saltó la talanquera del corral y salió corriendo campo a través.*

talante *s. m.* **1** Estado de ánimo o actitud de una persona, en un momento dado o en general: *Hoy está de mal talante. Tu jefe tiene buen talante.* SIN. humor, carácter, genio. **2** Disposición, gusto o disgusto con que una persona hace una cosa: *Vino tu madre y me ayudó de muy buen talante. Juan hace las cosas de mal talante.* SIN. gana, agrado.

talar *v. tr.* **1** Cortar ‹una persona› [los árboles de un bosque] por la base: *Los vecinos han protestado porque querían talar los árboles del río.* **2** RESTRINGIDO. Destruir ‹una persona o una cosa› [los campos, los edificios o las poblaciones] de un lugar: *El enemigo taló todos los campos e incendió las ciudades.*

talar *adj.* ELEVADO. [Vestidura] que llega hasta los talones, como la sotana de los clérigos o la toga de los magistrados: *Los jueces y doctores usan las vestiduras talares en actos solemnes.*

talasocracia *s. f.* (no contable) ELEVADO. Dominio político o económico de los mares: *Los países del siglo XIX consideraban esencial la talasocracia.*

talasoterapia *s. f.* MED. Uso terapéutico de los baños o del aire del mar para tratar algunas enfermedades.

talayot o **talayote** *s. m.* Monumento megalítico parecido a una torre propio de las islas Baleares: *Los talayotes y las navetas son monumentos prehistóricos típicos de las islas Baleares.*

talco *s. m.* MIN. Mineral blando, suave al tacto, formado por silicato de magnesio que se utiliza en farmacia y cosmética reducido a polvo: *Ponle talco al bebé.* **polvos de ~.**

taled *s. m.* Especie de pequeño chal ritual de seda blanca con franjas, con el que los judíos se cubren la cabeza y los hombros cuando rezan.

talega *s. f.* **1** Bolsa corta y ancha para guardar objetos: *una talega de arroz, dos talegas de ropa sucia.* **2** Cantidad que cabe en esta bolsa: *Me han regalado una talega de lentejas.* **3** (preferentemente en plural) COLOQUIAL. Dinero: *Si me toca la lotería, me saldrán las talegas por las orejas.*

talegazo *s. m.* COLOQUIAL; RESTRINGIDO. Golpe que se da una persona con todo su cuerpo al caer al suelo: *Se ha dado un talegazo con la bici y lleva el brazo vendado.*

talego *s. m.* **1** Saco de tela largo: *Hemos comprado dos talegos de azúcar para el pueblo.* **2** JERGAL. Carcel: *Lo apresaron y ahora está en el talego.* SIN. trullo, trena. **3** JERGAL. Mil pesetas: *¿No tendrás un talego para prestarme?*

taleguilla *s. f.* TAUROM. Pantalón ajustado hasta debajo de las rodillas propio de los toreros: *El toro le rompió la taleguilla, pero no le hizo ni un rasguño.*

talento *s. m.* **1** Inteligencia, entendimiento: *Es una niña con mucho talento. Mi hermano es vago, pero tiene talento.* **2** Habilidad capacidad o disposición de una persona para una cosa: *Tiene talento para cantar. Los negocios exigen empresarios de talento.* SIN. aptitud. **3** Persona inteligente o que posee dicha capacidad o habilidad: *Es un talento para la música. Pilar es un talento para las finanzas.* **4** HIST. Antigua moneda utilizada por griegos y romanos.

talero *s. m.* ARG., CHILE, URUG.; RESTRINGIDO en Argentina y Chile. Rebenque corto y grueso.

TALGO *s. m.* (pronunciamos *'talgo'*) Sigla de «Tren Articulado Ligero Goicoechea-Oriol» (España).

talio *s. m.* *Tl.* Elemento químico metálico blando y maleable, que se emplea en sistemas de comunicación y como componente de insecticidas.

talión *s. m.* Se usa en la LOC. **ley del ~** Pena o castigo en el que alguien recibe el mismo daño que ha causado antes: *La ley del talión se resume en la frase «ojo por ojo y diente por diente».*

talismán *s. m.* Objeto o imagen a los que se atribuyen poderes mágicos o sobrenaturales: *No viajo si no llevo en el bolsillo mi talismán de la buena suerte.*

talla *s. f.* **1** Acción y resultado de tallar: *la talla de un diamante, la talla de un escultura.* **2** ARTE. Escultura tallada: *una talla románica, una talla de la Virgen. Una inmensa talla granítica del presidente domina el vestíbulo de la Fundación.* **3** Estatura de una persona: *medir la talla de alguien. Tiene una talla de metro sesenta.* SIN. altura. **4** Medida de una prenda de vestir: *talla pequeña, talla cuarenta y ocho. ¿Tiene la talla 38 de estos pantalones?* **5** Persona que tiene estas medidas: *Yo tengo una 40 de talla. Esta camisa no es de mi talla.* **6** ELEVADO. Valor moral o intelectual: *un escritor de gran talla. El concejal de cultura tiene una talla moral indiscutible.* **7** Instrumento para medir la estatura de hombres y caballos. **8** AMÉR. DEL S. Mentira, engaño. **9** CHILE; COLOQUIAL. Dicho ingenioso divertido o broma burlona. FR. Y LOC. **dar la ~** Poseer ‹una persona› las cualidades necesarias para hacer alguna cosa: *Cuando llegó la hora de la verdad, no dio la talla como solista.*

tallado *s. m.* Acción de tallar una escultura: *El tallado de la madera requiere mucho cuidado.*

tallar *v. tr.* **1** Trabajar ‹una persona› [un material] para hacer una escultura: *En la Escuela de Artes le enseñan a tallar el granito. A mí me gusta más tallar la madera, es más cálida.* **2** Marcar ‹una persona› un dibujo en [una superficie dura] con objetos punzantes: *Los excursionistas tallaron sus nombres en los troncos de los árboles.* **3** Medir ‹una persona› la estatura de [una persona] o la alzada de [una caballería]: *Mañana tallan en el Ayuntamiento a los mozos que tienen que ir a la mili.* || *v. intr.* **4** ARG., URUG. Tener poder o influencia ‹una persona›.

tallarín *s. m.* (preferentemente en plural) COCINA. Fideo plano y largo que se consume cocido, acompañado generalmente de salsa: *tallarines con salsa de tomate.*

talle *s. m.* **1** Cintura de una persona: *María tiene un talle pequeño, envidiable.* **~ de avispa** Cintura muy estrecha. **2** Parte de una prenda de vestir que corresponde a la cintura: *El talle de esta falda me está un poco estrecho. Este otoño se llevará el talle alto en las faldas y en los abrigos.* **3** ARG., URUG. Talla, tamaño de una prenda de vestir.

taller *s. m.* **1** Lugar donde se realiza un trabajo manual o artesanal o donde se enseñan estas técnicas: *un taller de cerámica, un taller de encuadernación. En la Edad Media hubo un importante desarrollo de los talleres artesanales.* **2** Lugar donde se reparan máquinas y aparatos, sobre todo automóviles: *Ha llevado el coche al taller.* **3** Parte de una industria o fábrica donde se realizan operaciones muy concretas: *taller de montaje, taller de pintura, taller de pruebas.* **4** Escuela o seminario de formación de una ciencia o de una técnica: *taller de edición. En el instituto han organizado un taller de teatro.* FR. Y LOC. **~ de compostura** ARG., URUG. Zapatería, lugar donde se arreglan zapatos.

tallista *s. m./f.* Artista que hace obras de talla, especialmente en madera o en piedras preciosas: *Hay una exposición de una tallista uruguaya en el Aula de Cultura.*

tallo *s. m.* **1** Parte de la planta que crece en sentido contrario a la raíz y sirve de soporte a hojas, flores y frutos: *El tallo del rosal tiene espinas.* **2** Vástago que echa el árbol después de haberlo podado. **3** Brote que nace de una semilla, bulbo o tubérculo: *La planta ha echado ya tallos.*

talludo, da *adj.* **1** Que ha echado un tallo grande o tiene muchos tallos: *planta talluda, árbol talludo.* **2** (frecuentemente en diminutivo) COLOQUIAL; PEYORATIVO. [Persona] que ya es crecida o madura, aunque se comporte como joven: *Hijo, ya eres talludito, podrías ser más responsable.*

talmente *adv.* **1** De manera exactamente tal, en un estado o situación exactamente tal, exactamente igual, más que parecidamente a. OBSERVACIONES: Se combina correlativamente con *como* comparativo (posterior e inmediato), constituyendo un conjunto modal-comparativo matizado con la idea de exactitud o precisión ('exactamente como','exactamente de la misma forma o en el mismo estado o de la misma configuración que'): *Lloraba talmente como si lo estuvieran matando. Se sentía talmente como un chaval.* **2** Popularmente, se emplea también en respuestas y expresiones de asentimiento a formulaciones modales comparativas con significado próximo, según los casos, al de 'exactamente', 'parecidísimamente' o 'más que aproximadamente': *–«¿Es como su padre?» –«Talmente (así).» –«Anda como los patos.» –«Talmente (así).» –«Parece un espantapájaros.» –«Talmente (eso).»* OBSERVACIONES: Algunos hablantes llegan a usarlo ante expresiones nominales atributivas: *Es talmente un ángel,* o cuasi atributivas: *Parecía talmente un espantapájaros*, con tal que sean indefinidas. RELACIONES Y CONTRASTES: Sustancialmente, podrá, a veces, parafrasearse por *exactamente como*, puesto que siempre se da por consabida una cierta identificación exagerada, pero, formalmente, el contenido nunca es el de 'exactamente como'.

talmud *s. m.* Libro que recoge la tradición oral judía y que constituye el código fundamental del Derecho hebreo junto con la Biblia.

talo *s. m.* BOT. Cuerpo de las plantas talofitas que equivale a la raíz, tallo y hojas de las metafitas.

talofito, ta *adj./s. m.* y *f.* BOT. [Planta] que tiene un talo que puede estar formado por una sola célula o por un conjunto de células dispuestas en forma de filamento o de lámina.

talón *s. m.* **1** Parte posterior del pie humano, de forma redondeada: *Me rompí el talón.* **2** Parte del calzado, la media o el calcetín que cubre esta zona del pie: *No me gustan los zapatos con el talón de otro color.* **3** Parte blanda y flexible del casco de las caballerías: *El caballo se ha hecho daño en el talón.* **4** Borde interior reforzado de la cubierta de un neumático que encaja en la llanta. **5** Documento constituido por la parte arrancada de la hoja de un cuadernillo, donde se conserva la otra parte como matriz y resguardo: *Los billetes de autobús suelen ser talones.* **6** Cheque bancario: *Extendió un talón por valor de cien mil pesetas.* || **7 ~ de Aquiles** Punto vulnerable de una persona o cosa: *El talón de Aquiles del equipo es la defensa.* FR. Y LOC. **pisar los talones** COLOQUIAL; INTENSIFICADOR. Seguir ‹una persona› a otra persona muy de cerca: *El atracador consiguió huir, pero la policía le pisaba los talones.*

talonario *s. m.* Cuaderno o taco formado por un conjunto de talones: *talonario de cheques, talonario de entradas.*

talonear *v. intr.* AMÉR.; RESTRINGIDO en España. Dar con los talones ‹el jinete› a la caballería para que se mueva o avance más rápida.

talque *s. m.* (no contable) Tierra refractaria rica en talco, que se usa para fabricar crisoles.

talud *s. m.* **1** Inclinación de un terreno o de un muro: *La muralla se asienta en su parte exterior en un talud muy pronunciado.* || **2 ~ continental** GEOGR. Gran pendiente marina que pone en contacto la plataforma continental con los fondos oceánicos profundos.

tamal *s. m.* AMER. DEL S. Empanada de maíz envuelta en hojas de mazorca o de plátano.

tamalero, ra *s. m./f.* **1** AMÉR. DEL S. Persona que tiene por oficio hacer o vender tamales.

tamangos *s. m.* (preferentemente en plural) ARG., CHILE, PAR., URUG.; COLOQUIAL en Argentina y Uruguay, RESTRINGIDO en Chile. Zapatos, especialmente los rústicos o ya muy usados.

tamañamente *adv. cant.* ELEVADO; INTENSIFICADOR. Tan grandemente, en tan gran medida, en tan alto grado, tanto, tan. OBSERVACIONES: ◊ Se supone que el elemento elegido como referencia comparativa que no suele mencionarse en el contexto posee en grado muy intenso la cualidad o circunstancia de que se habla. Encierra el sentido de 'muy grandemente' o 'muy': *Un triunfo tamañamente anhelado tardará en volver a verse en la empresa.* ◊ Caso de señalarse la referencia comparativa se hace o mediante las fórmulas *como éste, como el presente,* etc. o mediante sintagmas especificativos: *como el de la selección española, como el que estamos viendo,* etc.: *Una derrota tamañamente impensable como la que estamos viviendo nos hará reflexionar sobre nuestro baloncesto.*

tamaño, ña *adj.* **1** (antepuesto) ELEVADO; INTENSIFICADOR, PEYORATIVO. Tan grande, semejante, tal como la cosa que expresa: *tamaño atrevimiento. Tamaña afrenta no se puede consentir. Tamaño disparate sólo se te ocurre a ti.* || *s. m.* **2** Conjunto de las dimensiones de una persona, animal o cosa: *coche de gran tamaño. El perro es de tamaño mediano.* **~ natural** Tamaño real de una persona o cosa. **~ postal** Tamaño de las tarjetas postales. **3** Importancia de algo: *El tamaño de las acusaciones le obligó a responder.* SIN. magnitud.

tamarindo *s. m.* **1** *Tamarindus indica.* Árbol leguminoso muy grande de la familia de las papilionáceas, de tronco grueso, hojas compuestas, flores en espiga y fruto de sabor agradable y con propiedades laxantes. **2** Fruto de este árbol que se consume en confitura.

tamarugo *s. m.* CHILE. Árbol papilionáceo, especie de algarrobo de flores amarillas, que es el de mayor tamaño que crece en el desierto.

tambache *s. m.* **1** MÉX.; COLOQUIAL. Envoltorio de ropa. **2** MÉX.; COLOQUIAL. Maleta o equipaje. **3** MÉX.; COLOQUIAL. Conjunto de objetos.

tambalear *v. intr./prnl.* Moverse ‹una persona o una cosa› de un lado a otro por falta de equilibrio o por falta de fuerzas: ***Se*** *tambaleó por el golpe que había recibido. Las estanterías* ***se*** *tambalean con tanto peso.*

tambero, ra *adj.* **1** AMÉR. DEL S. Perteneciente o relativo al tambo. || *s. m./f.* **2** AMÉR. DEL S. Persona que tiene un tambo o trabaja en él.

también *adv. orac. afirm.* **1** Se usa para señalar que una frase o un tema entran en el dominio de una afirmación expresada en una oración anterior: *Pilar es mi prima; bueno, María también: en este pueblo tengo muchas primas. Si tú te vas, nosotros también.* OBSERVACIONES: Puede aparecer aislado en las respuestas: –*«Has visto varias películas, pero no la última de Almodóvar.»* –*«También.»* **2** Además: *Él fue médico y también un gran escritor.*

tambo *s. m.* **1** CHILE, COL., EC., PERÚ. Venta, posada. **2** ARG., PAR., URUG. Vaquería. **3** PERÚ. Tienda pequeña.

tambocha *s. f.* COL.; RESTRINGIDO. Hormiga carnívora de cabeza roja muy venenosa, que ataca en bandadas.

tambor *s. m.* **1** Instrumento musical de percusión que consta de una caja cilíndrica, hueca y cerrada en sus extremos, que se golpea con dos palillos: *tocar el tambor.* **2** Instrumento musical parecido a éste, como el bombo, el timbal o las mazas. **3** Músico que toca estos instrumentos: *los tambores de la banda.* **4** Objeto o pieza en forma de cilindro: *el tambor de la lavadora.* **5** Recipiente en forma cilíndrica, especialmente de gran tamaño: *tambor de detergente.* **6** Pieza cilíndrica giratoria de algunas armas de fuego en que se ponen las balas: *revólver de tambor.* **7** Pieza cilíndrica donde se enrolla un cable, provista de un mecanismo para poder tirar de él. **8** Aro de madera sobre el que se pone una tela para poder bordarla: *Cuando acabó el bordado, aflojó las clavijas del tambor para sacar el pañuelo.* **9** ARQ. Base cilíndrica de una cúpula. **10** ANAT. Tímpano del oído. **11** MEC. Disco de acero acoplado a la rueda de un vehículo en cuyo interior las zapatas del freno presionan la rueda impidiendo que gire: *el tambor de los frenos.*

tamborear *v. intr.* RESTRINGIDO. Imitar ‹una persona› el sonido del tambor dando golpes con los dedos sobre una cosa. SIN. tamborilear.

tamboril *s. m.* Tambor pequeño que se lleva colgado del brazo izquierdo y se toca con un solo palillo.

tamborilear *v. intr.* **1** Tocar ‹una persona› el tambor o el tamboril. **2** Imitar ‹una persona› el sonido del tambor dando golpes con los dedos sobre una cosa: *No tamborilees sobre la mesa, que me distraes.*

tamborilero, ra *s. m./f.* Persona que toca el tamboril.

tamiz *s. m.* **1** Cedazo de red o malla muy tupida: *pasar la harina por el tamiz.* SIN. criba. **2** ELEVADO. Selección o elección: *Las pruebas constituyen un tamiz para los aspirantes.* FR. Y LOC. **pasar por el ~** Examinar o seleccionar ‹una persona› una cosa con detalle: *El órgano encargado de conceder los permisos pasa por el tamiz la conducta de los presos los últimos dos años.*

tamizar *v. tr.* **1** Pasar ‹una persona› [una cosa] por un tamiz: *La harina normal es tamizada para elaborar la harina de cocina.* SIN. cribar. **2** Hacer ‹una persona› más suave [la luz o el color de una cosa] mediante un filtro o una pantalla: *Una pantalla amarilla tamiza la luz de la lámpara.* SIN. filtrar. **3** Separar o escoger ‹una persona› [una cosa] entre varias: *Los partidos políticos tamizan la información que pasan a los periodistas.* SIN. cribar. ⇒ **19.**

tamo *s. m.* **1** Pelusa que se desprende del lino, el algodón o la lana: *El tamo del jersey se pega a la ropa.* **2** Polvo o paja muy menuda de algunas semillas trilladas como el trigo: *En la era sólo queda el tamo.* **3** RESTRINGIDO. Pelusa que aparece debajo de los muebles por falta de limpieza.

támpax (plural *támpax;* marca registrada) *s. m.* COLOQUIAL. Tampón higiénico femenino: *una caja de támpax. Ángeles, ¿lleva un támpax en el bolso?*

tampoco *adv. orac. neg.* **1** Sirve para señalar que una frase o un tema entran en el dominio de una negación que se ha expresado en una oración anterior: *Pepa no ha comido y Juan tampoco.* OBSERVACIONES: Puede aparecer aislado en las respuestas: *–«No has visto ninguna película. ¿Y la última de Fernando Trueba?» –«Tampoco.» –«Es un chico muy raro, no le gusta hablar con nadie.» –«¿Y con su familia?» –«Tampoco.»* **2** Y además no: *–«¿Has llamado a Jorge?» –«No me he acordado y tampoco tengo su teléfono.»*

tampón *s. m.* **1** Pequeña almohada empapada de tinta usada para entintar sellos o estampillas: *El funcionario pasó el sello por el tampón y me selló el pasaporte.* **2** Pequeño cilindro compacto de material absorbente que las mujeres utilizan durante la menstruación: *tampón con aplicador.*

tamtan (plural *tamtanes;* pronunciamos *'tamtan'* o *'tamtán'*) *s. m.* **1** Tambor de gran tamaño que se toca con las manos , propio de África. **2** Redoble o toque de este tambor: *Al caer la noche, el tamtan resonó en la jungla.*

tamujo *s. m. Colmetroa buxifolia.* Arbusto de la familia de las euforbiáceas de ramas delgadas, flexibles y espinosas que se utiliza para hacer escobas.

tan (apócope de *tanto*) *adv. cant.* Intensifica el significado del adjetivo, adverbio o locución adverbial delante de la que va. OBSERVACIONES: No se usa delante de algunos comparativos, como *mejor* o *peor*: *No seas tan orgulloso. No esperaba hacer el examen tan bien. Le encanta portarse tan a lo loco.* FR. Y LOC. **~... como...** Establece una comparación de igualdad: *tan caro como el caviar.* **~... que...** Introduce el primer término de una correlación consecutiva: *Resultaba tan aburrida la película que se salió.* **(~) siquiera** Al menos, por lo menos: *Ayúdale tan siquiera a subir.* **~ sólo*.**

tanagra *s. f.* ARTE. Estatuilla de terracota griega.

tanate *s. m.* **1** HOND., MÉX. Zurrón o mochila de cuero o palma. **2** (plural) MÉX.; VULGAR. Testículos. FR. Y LOC. **cargar con los tanates** AMÉR. C.; COLOQUIAL. Marcharse ‹una persona›. **largarse con los tanates** AMÉR. C.; COLOQUIAL. Irse ‹una persona›.

tanatología *s. f.* **1** ELEVADO. Teoría sobre la muerte. **2** Conjunto de conocimientos que tratan de la muerte desde una perspectiva médica y legal: *La tanatología se estudia en algunas facultades de Medicina y de Derecho.*

tanatorio *s. m.* Edificio destinado a los servicios fúnebres como funerales, velatorios o cremación de cadáveres: *Los tanatorios municipales suelen ser muy modernos porque son de reciente construcción.*

tanda *s. f.* **1** Serie de cosas iguales o parecidas que se hacen o se dan sin interrupción: *una tanda de inyecciones, una tanda de ropa, una tanda de jugadas.* **2** Cada grupo de personas o animales que realiza una parte de un trabajo o cualquier actividad: *Dividieron a los niños en tres tandas para las duchas.* SIN. turno, serie. **3** TEATRO; AMÉR. Cada parte de una función de teatro SIN. acto. **4** ARG., URUG. Espacio publicitario.

tándem *s. m.* **1** Bicicleta con dos o más asientos y juegos de pedales para dos o más personas: *paseo en tándem, alquilar un tándem.* **2** Tiro de dos caballos enganchados uno detrás de otro. **3** Equipo de dos personas o grupos: *Los dos jugadores formaban un tándem invencible.* FR. Y LOC. **en ~** Manera de montar algunos aparatos para que funcionen simultánea o sucesivamente: *circuito eléctrico en tándem.*

tandeo *s. m.* CHILE; COLOQUIAL. Conjunto de burlas que resulta exagerado.

tanga *s. m.* **1** Juego del chito. **2** Braga del biquini femenino o bañador masculino muy pequeños: *ponerse un tanga.* **3** Braga o calzoncillos de parecidas características: *Se están poniendo de moda los tangas.*

tangana o **tángana** *s. f.* COLOQUIAL. Discusión de mucha gente, alboroto general, especialmente en algún espectáculo deportivo: *Los espectadores no aceptaron la decisión del árbitro y montaron una buena tangana.*

tangar *v. tr.* JERGAL. Robar ‹una persona› [a otra persona] con engaño: *Creo que me han tangado en el Rastro.* ⇒ **56.**

tangencial *adj.* **1** GEOM. De la tangente: *coordenadas tangenciales.* **2** Que se refiere a algo de manera parcial y no significativa: *Eso es un asunto tangencial: fijémonos en lo que nos importa.*

tangente *adj. / s. f.* GEOM. [Línea, superficie] que toca a otra o tiene puntos comunes con ella: *dos círculos tangentes.* FR. Y LOC. **salirse / irse por la ~** COLOQUIAL. Utilizar ‹una persona› evasivas para salir de una situación difícil o apurada: *Los periodistas le preguntaron al ministro sobre su dimisión, pero se salió por la tangente.*

tangerino, na *adj. / s. m.* y *f.* De Tánger, ciudad del norte de África.

tangible *adj.* **1** Que se puede tocar: *pruebas tangibles, resultados tangibles.* SIN. palpable, material. ANT. intangible. **2** Que se puede percibir con total claridad: *Son pruebas tangibles de su culpa.* SIN. evidente. ANT. intangible.

tango *s. m.* **1** Baile argentino por parejas de ritmo lento muy marcado: *bailar un tango. Me encantaría saber bailar tangos.* **2** Música y letra de este baile: *cantar un tango.* **3** Variedad del cante y baile flamencos de ritmo vivo muy marcado.

tanguear *v. intr.* ARG., URUG. Bailar o cantar ‹una persona› el tango.

tanguero, ra *adj.* ARG., URUG. Persona aficionada al tango.

tanguillo *s. m.* Variante de los tangos flamencos de Cádiz: *cantar un tanguillo.*

tanguista *s. m. / f.* **1** Cantante de tangos: *Tengo un casete de los mejores tanguistas argentinos.* ‖ *s. f.* **2** RESTRINGIDO. Mujer contratada para que baile con los clientes de un local o sala de fiestas.

tanino *s. m.* QUÍM. Sustancia ácida vegetal que se utiliza para curtir pieles y como astringente médico.

tano, na *adj. / s. m.* y *f.* ARG., URUG.; COLOQUIAL en Uruguay; PEYORATIVO en Argentina. Persona que desciende de italianos.

tanque *s. m.* **1** Vehículo acorazado terrestre de guerra, provisto de un cañón y de varias ametralladoras, que se desplaza sobre cadenas: *Una columna de tanques es imponente.* **2** Depósito de líquido, que se transporta en un vehículo: *un tanque de leche, un tanque de gasolina.* **3** Depósito de gran tamaño, generalmente cerrado, destinado a contener líquidos o gases: *un tanque de propano, un tanque de agua.* **4** Barco destinado al transporte de líquidos o gases: *Un tanque petrolero está ardiendo frente a las costas gallegas.* **5** COLOQUIAL. Vaso grande de una bebida: *En las fiestas* *se beben tanques de cerveza.* **6** AMÉR. Depósito de un vehículo automóvil.

tanquear *v. intr.* COL. Echar ‹una persona› gasolina en el depósito de un vehículo, repostar.

tanquero *s. m.* VEN. Barco petrolero.

tanqueta *s. f.* Vehículo blindado parecido al tanque pero más ligero y de mayor maniobrabilidad: *Los antidisturbios atacaron a los manifestantes con tanquetas.*

tantalio *s. m. Ta.* Elemento químico metálico, dúctil, maleable y muy resistente a la corrosión, que se utiliza en la fabricación de aceros especiales y material electrónico.

tántalo *s. m.* (macho y hembra) *Mycteria ibis.* Ave de patas altas y delgadas, cuello muy largo y cabeza pequeña, con un gran pico estrecho y puntiagudo de color vistoso, que vive en zonas pantanosas de África.

tanteada *s. f.* MÉX.; COLOQUIAL. Acción de engañar a una persona.

tantear *v. tr.* **1** Calcular ‹una persona› el valor, el peso, el tamaño o la cantidad de [una cosa] aproximadamente: *Antes de comprar un pollo vivo mi abuelo lo tanteba bien.* SIN. sopesar. **2** Ensayar ‹una persona› [una cosa] antes de llevarla a cabo: *Han tanteado varias soluciones, pero se han acabado divorciando.* SIN. considerar. **3** Intentar ‹una persona› descubrir las intenciones de [una persona] o las cualidades de [una cosa]: *Tantealo bien antes de contratarlo.* SIN. sondear. **4** PINT. Trazar ‹una persona› las primeras líneas de [un dibujo]. SIN. esbozar. || *v. tr. / intr.* **5** Anotar ‹una persona› los tantos que se obtienen en un juego: *Tu amigo fue el encargado de tantear durante toda la noche.* **6** Ir tocando ‹una persona› las cosas con los dedos para orientarse: *Se apagó la luz y tuvimos que bajar la escalera tanteando.* || *v. intr.* **7** DER. Ejercer ‹una persona› el derecho de tanteo. FR. Y LOC. **~ el terreno*.**

tanteo *s. m.* **1** Acción de tantear o probar: *De momento, sólo es un tanteo de las posibilidades.* SIN. ensayo. **2** Manera de evaluar o contar una cosa sin pesarla ni medirla: *Calculó el peso por tanteo sin equivocarse.* **3** Número de tantos que se consiguen en un juego o deporte: *el tanteo en el marcador.* **4** Derecho que alguien tiene de adquirir una cosa por el mismo precio en que ha sido adjudicada o vendida a otro en virtud de ciertas circunstancias establecidas por la ley: *Reclamó la finca haciendo valer el derecho de tanteo.*

tantico, ca *adj.* **1** COLOQUIAL. Escaso en cantidad o calidad: *No te vas a hartar con tantica leche.* || *s. m.* **2** COLOQUIAL. Pequeña cantidad de alguna cosa: *Dame un tantico de vino.*

tanto, ta *adj. / pron.* **1** (antepuesto) INTENSIFICADOR. Mucho, gran cantidad de. OBSERVACIONES: Se usa en correlación con *que* con sentido consecutivo: *Tomó tanto café que no pudo dormir. Tardó tanto tiempo en volver a verla, que no la reconoció. Vendieron tantos que tuvieron que cerrar a media tarde.* **2** Se usa en la correlación *tanto... tanto,* que tiene sentido de equiparación o equivalencia: *Tanto tienes, tanto vales.* OBSERVACIONES: En correlación con *como*, introduce el primer término de una comparación de igualdad: *Ha esperado tanto tiempo como tú. Disfruté tanto como vosotros.* Sin el segundo término de la comparación destaca el sentido intensificador: *Hemos trabajado tanto.* **3** (precedido de *y)* Expresa cantidad indefinida, próxima al significado de *alguno, unos cuántos*, pero siempre menos de diez. OBSERVACIONES: ◊ Se usa precedido de veinte, treinta... con los que se amalgama: *veintitantos años, cuarenta y tantos.* ◊ Al contrario que *y pico*, no va con centenas, millares, millones, etc. Compárese *setentaitantos* frente a *mil y pico, dos millones y pico.* || *pron. dem.* **4** Equivale a *eso* con sentido intensificador: *No llegues a tanto en tu enfado.* || *adv. cant.* **5** De tal manera, hasta tal punto: *No grites tanto. Comió tanto que le dio un corte de digestión.* OBSERVACIONES: En correlación con *como* y *cuanto*, establece una comparación de igualdad o de equivalencia: *Gastan tanto como quieren.* **6** Durante mucho tiempo: *Tardaron tanto en llegar que se fueron.* || *s. m.* **7** Cantidad determinada de algo, en particular de dinero: *Le dieron un tanto por el trabajo.* **8** DEP. En un juego o competición, punto que se anota a favor o en contra de un jugador: *Perdimos por dos tantos.* || *s. f.* **9** (en plural) COLOQUIAL. Horas, cuando se cree que es muy tarde: *Llegó a las tantas de la madrugada.* || **10 ~ por ciento*. 11 ~ por mil*.** FR. Y LOC. **al ~** 1 Informado o enterado de algo: *¿Estás al tanto* **de** *las últimas noticias?* 2 COLOQUIAL. Al cuidado de: *¿Quién se ha quedado al tanto* **de** *los niños? Vete con tranquilidad de vacaciones, que yo estoy al tanto por si pasa algo en casa.* **apuntarse un ~ (a su favor)** Tener un acierto o ventaja con respecto a otra persona: *Respondiendo tan rápidamente se apuntó un tanto ante el jefe.* **en ~ que** 1 (seguido del verbo en indicativo) ELEVADO. Hasta que: *Siéntense en tanto que llega el autocar. En tanto que esperamos podías comprar unas golosinas para el viaje.* 2 Mientras que: *Éstos son maravillosos, en tanto que los otros carecen de todo valor.* 3 Como: *En tanto que presidente, no lo hizo mal.* **entre ~** o **entretanto*. hasta ~ no** Hasta que. OBSERVACIONES: Exige una acción positiva: *Hasta tanto no se supere la crisis.* **la mitad* y otro ~. mejor* que mejor** o **~ mejor. mientras ~** Mientras sucede aquello a que se ha aludido: *Yo traigo la leña y, mientras tanto, tú vas preparando la ensalada.* **mucho / ~ gusto*. ni ~ ni tan calvo** COLOQUIAL. Ni un extremo ni el otro. **ni ~ ni tan poco** COLOQUIAL. Ni un extremo ni el otro. **ni ~ así** COLOQUIAL. Una cantidad que ni siquiera llega a la que físicamente se señala: *No se desvió ni tanto así.* **no ~... cuanto*... otro ~** 1 Lo mismo: *Él llegó una hora tarde, pero su mujer hizo otro tanto.* 2 RESTRINGIDO. Doble o mucho más: *Me comería otro tanto del pastel.* **por (lo) ~** Introduce una consecuencia: *Dejaste el examen en blanco, por lo tanto no esperes aprobar.* **~ como** 1Todo lo que: *Discutió tanto como quiso.* 2 Expresión con que se indica que la afirmación hecha anteriormente resulta exagerada o excesiva: –« *Por mi marido daría la vida.*» –«*¡Mujer, tanto como eso!*» **~ cuanto** Todo lo que: *Gastaba tanto cuanto quería.* **~ da*. ~ es así que** Tras la descripción de un hecho o la presentación de un dato, y previa pausa marcada, introduce como corroboración de lo dicho un hecho novedoso del que se supone que, normalmente, no tendría lugar de no producirse el primero: *Estabamos verdaderamente aterrados, tanto es así que incluso llamamos a la policía.* **~ monta*. ~ peor*. ~ ... que** Introduce una consecuencia o una confirmción de lo que se ha dicho anteriormente: *Se esforzaron tanto durante el partido que acabaron ganando.* **~ si... como si** Plantea dos casos posibles en los que la consecuencia o acción resultante sería la misma: *Se comerá la sopa tanto si quiere como si no quiere.* **tanto... ~...** Establece una equivalencia entre el primer y el segundo término: *Tanto trabajas, tanto ganas.* **un ~** Algo: *La se-*

ñora está un tanto triste. **un ~ así** Una cantidad como la que físicamente se señala: *Se comió un tanto así.* **uno de tantos** Una persona o cosa cualquiera sin distinciones con respecto a los demás: *una de tantas películas, uno de tantos enredos.* **¡y ~!** COLOQUIAL. Expresión enfática con que se confirma y da la razón a lo dicho por otra persona: *–«Le di una bofetada porque se lo merecía.» –«¡Y tanto!»*

tantrismo *s. m.* REL. Doctrina oriental religiosa relacionada con el hinduismo: *El tantrismo prefiere las divinidades femeninas.*

tanzano, na *adj. / s. m.* y *f.* De Tanzania, país africano.

tañer *v. tr.* **1** Tocar ‹una persona› [un instrumento musical de percusión o de cuerda]: *Tañe el arpa como los ángeles.* **2** Tocar ‹una persona› [las campanas]: *El sacristán no quiere tañer las campanas en días de difuntos.* ⇒ **79.**

tañido *s. m.* Sonido de un instrumento de percusión o de cuerda pulsada: *el tañido de las campanas, el tañido de la guitarra.*

taoísmo *s. m.* (no contable) REL. Sistema religioso y filosófico chino cuyos seguidores aspiran a unirse con el tao o principio fundamental del mundo y de la vida, mediante la meditación: *En el taoísmo se busca el equilibrio entre dos principios opuestos.*

taoísta *adj.* **1** Del taoísmo. ‖ *s. m. / f.* **2** Persona que es seguidora del taoísmo: *Los taoístas buscan el equilibrio de los contrarios.*

tapa *s. f.* **1** Pieza que cierra la abertura de un recipiente: *tapa de una cazuela, tapa de una caja, tapa del piano.* SIN. tapadera. **2** Cada una de las dos láminas de un libro encuadernado: *tapas de piel.* **3** Parte del tacón de un zapato que está en contacto con el suelo: *Tengo que llevar las botas al zapatero para que me cambie las tapas.* **4** Parte córnea que rodea los cascos de los caballos. **5** Pequeñas porciones de comida que se sirven de aperitivo: *unas tapas de jamón. Nos vamos de tapas.* **6** ARG., URUG. Pieza de carne que corresponde al centro de la pierna trasera de la ternera. **7** CHILE; COLOQUIAL. Manta para abrigarse. **8** PAR., URUG. Tapón o chapa de botellas, frascos o recipientes parecidos. ‖ **9 ~ de los sesos** COLOQUIAL. Cráneo: *Se voló la tapa de los sesos de un tiro.*

tapabarro *s. m.* CHILE, PERÚ. Guardabarros.

tapaboca *s. m.* **1** Golpe que se da con el botón de la espada en la esgrima. **2** (plural con igual significado que singular). RESTRINGIDO. Bufanda. **3** (plural con igual significado que singular) MIL. Taco cilíndrico de madera o botón de cuero que se usaba para proteger el cañón de las armas de fuego. **4** URUG. Mascarilla del médico y de las enfermeras.

tapacubos (plural *tapacubos*) *s. m.* Tapa metálica que cubre como adorno la parte lateral externa de la llanta de una rueda: *Me han robado un tapacubos del coche.*

tapaculo *s. m.* BOT.; COLOQUIAL. Fruto del escaramujo o rosal silvestre, carnoso y de color rojo, con propiedades astringentes.

tapadera *s. f.* **1** Pieza ancha y plana con un reborde que se ajusta a la boca de un recipiente para cerrarlo: *la tapadera de una cazuela, la tapadera de una fiambrera.* **2** COLOQUIAL. Persona o cosa que encubre o disimula las actividades de otra: *La agencia de viajes era la tapadera de sus actividades fraudulentas.*

tapadillo, lla *adj.* (diminutivo de tapado) Se usa en la LOC. **de ~** COLOQUIAL. A escondidas, con disimulo: *Tiene una novia de tapadillo. Los jefes se reúnen de tapadillo.*

tapado, da *adj. / s. m.* y *f.* **1** VEN.; COLOQUIAL. Persona que es torpe o corta de entendimiento. ‖ *s. m. / f.* **2** MÉX.; COLOQUIAL. Candidato designado de antemano por una sola persona para ocupar un puesto de elección popular: *El tapado es una institución propia de un país en el que se supone que el partido en el poder gana siempre las elecciones.* ‖ *s. m.* **3** ARG., URUG. Abrigo, prenda de vestir.

tapajuntas (plural *tapajuntas*) *s. m.* Listón o moldura estrecha de madera para cubrir la unión de diversos materiales de una construcción, especialmente la juntura del cerco de una puerta o de una ventana con la pared: *Están cambiando los tapajuntas del despacho.*

tapar *v. tr. / prnl.* **1** Cubrir ‹una persona o una cosa› [a otra] de modo que impida que ésta última sea vista: *La colcha tapa las mantas. El acusado **se** tapó la cara con la chaqueta al salir del juzgado.* **2** Poner ‹una persona› ropa encima de [otra persona o una cosa] para abrigarla o protegerla: *Tápa**te** bien con las mantas, que hace frío.* ‖ *v. tr.* **3** Impedir ‹una cosa› el paso por [un orificio]: *Una gran piedra tapaba la entrada de la cueva.* SIN. obstruir. **4** Cubrir o cerrar ‹una persona› [una cosa que estaba descubierta o abierta]: *Hemos tapado la terraza de la cocina.* **5** Disimular u ocultar ‹una persona› [una falta o una acción de otra]: *Roberto siempre tapa a su hermano y nunca sabemos dónde anda.* **6** ARG., URUG.; RESTRINGIDO en Argentina. Empastar ‹el dentista› [un diente o una muela]. **7** VEN; RESTRINGIDO. Plantar ‹una persona› [semillas]. FR. Y LOC. **~ la boca*.**

taparrabo *s. m.* Taparrabos.

taparrabos o **taparrabo** (plural *taparrabos*) *s. m.* **1** Pieza de tela o cuero con que se cubren los genitales los individuos de ciertas tribus o pueblos de cultura tradicional de zonas cálidas: *Vimos a unos indígenas pescando en taparrabos.* **2** COLOQUIAL. Traje de baño masculino muy corto: *Los taparrabos suelen ser un poco mayores que los tangas.*

tapatío, tía *adj. / s. m.* y *f.* MÉX. De Guadalajara, ciudad y estado mejicano.

tape *adj.* ARG., URUG.; COLOQUIAL en Uruguay, PEYORATIVO en Argentina. Persona que tiene rasgos de los pueblos indígenas.

tapera *s. f.* **1** ARG, URUG; COLOQUIAL. Rancho o casa ruinosa y abandonada. **2** ARG., URUG; PEYORATIVO. Vivienda muy pobre, chabola.

tapete *s. m.* **1** Cubierta de ganchillo, tela o hule que se coloca encima de las mesas o los muebles como adorno o como protección: *María ha bordado tapetes para todas las mesitas del salón.* **2** RESTRINGIDO. Alfombra pequeña. **3** COL. Moquete. **4** MÉX. Alfombra. FR. Y LOC. **colocar / poner sobre el ~** Exponer ‹una persona› los problemas o cuestiones que se han de resolver en una discusión o conversación: *Puso sobre el tapete la necesidad de reducir la plantilla.* **estar sobre el ~** Estar ‹un problema o una cuestión› discutiéndose o examinándose: *La reunión será tensa, porque sobre el tapete está el problema de los aumentos salariales.*

tapia *s. f.* **1** Pared o muro que sirve de valla o cerca: *saltar la tapia, la tapia del patio.* **2** RESTRINGIDO. Trozo de pared de barro o tierra secos: *En los pueblos de Castilla las casas tradicionales se hacían de tapia.* FR. Y LOC. **como una ~** o **más sordo que una ~** COLOQUIAL. Muy sordo: *Estoy más sorda que una tapia, no oigo nada.*

tapial *s. m.* 1 RESTRINGIDO. Muro o pared de barro o tierra secos: *La casa del pueblo tiene varios tapiales caídos.* 2 RESTRINGIDO. Tabla de los costados de un carro.

tapiar *v. tr.* 1 Cerrar o limitar ‹una persona› [una cosa o un lugar] con tapias: *El Ayuntamiento nos obliga a tapiar el aparcamiento de los coches.* 2 Tapar ‹una persona› [un hueco o un vano] con un muro o tabique: *Los albañiles están tapiando las ventanas de la antigua fábrica.*

tapicería *s. f.* 1 (no contable) Conjunto de telas que sirve para hacer cortinas, forrar muebles y en general para decorar un espacio: *Eligió una tapicería de flores para el sofá.* 2 Taller donde se tapiza: *Han llamado de la tapicería para saber las medidas de las ventanas.* 3 (no contable) Arte u oficio de hacer tapices o de tapizar: *El chico está aprendiendo tapicería en la Escuela de Artes Aplicadas.* 4 Conjunto de tapices: *Han restaurado la tapicería del palacio.*

tapicero, ra *s. m./f.* 1 Persona que tiene por oficio tapizar: *Mañana llevaré las sillas al tapicero.* 2 Artesano que teje tapices: *Los tapiceros del siglo* XVIII *se formaron en la escuela de La Granja de Segovia.*

tapilla *s. f.* CHILE; COLOQUIAL. Tapa del tacón de un zapato.

tapioca *s. f.* Fécula de la raíz de la mandioca que se emplea en alimentación: *Con la tapioca se hacen sopas o pastas.*

tapir *s. m.* (macho y hembra) Género *Tapirus.* Mamífero que tiene la cabeza en forma de cono con el labio superior y la nariz formando una corta trompa hacia abajo, y que habita cerca del agua en zonas tropicales de Sudamérica y Asia.

tapisca *s. f.* AMÉR. C., MÉX. Recolección del maíz.

tapiz *s. m.* 1 Paño, generalmente de gran tamaño, tejido con lana, seda u otros materiales que se utiliza para cubrir paredes o puertas y como decoración: *La catedral de Zamora tiene un buena colección de tapices flamencos.* 2 Cualquier cosa que cubra algo, especialmente el suelo: *Un tapiz verde cubría campos y montañas.*

tapizado *s. m.* 1 Acción y resultado de tapizar: *El tapizado lo hacen con mucho cuidado.* 2 Conjunto de telas o de otros materiales que se usan para tapizar: *El tapizado sintético del cine ardió con facilidad.*

tapizar *v. tr.* 1 Forrar ‹una persona› [una cosa] con tela: *Tenemos que tapizar el sofá.* 2 Cubrir ‹una persona› [una pared] con tapices: *Los reyes tenían la costumbre de tapizar los palacios con ricos tapices.* 3 Cubrir ‹una cosa› [una superficie]: *Miles de octavillas tapizaban las calles.* ⇒ **19.**

tapón *s. m.* 1 Pieza generalmente cilíndrica con que se tapan recipientes de boca estrecha, desagües y otros conductos: *tapón de corcho, tapón de rosca, tapón de una botella, tapón del depósito de gasolina.* 2 Cualquier persona o cosa que impide o entorpece alguna acción: *tapón administrativo. La pila está atascada: debe haber un tapón en la tubería.* SIN. obstáculo, atasco. 4 Acumulación de cera en el oído: *Llevé al médico al niño para que le sacara los tapones de los oídos.* 5 Conjunto de gasas o de algodones que se utiliza para obstruir o cubrir una herida o una cavidad del cuerpo: *Le han puesto un tapón en la nariz para que no sangre.* 6 COLOQUIAL. Embotellamiento de tráfico: *Tardé tres horas en llegar a mi casa por el tapón que había en la Gran Vía.* 7 DEP. Acción del baloncesto que consiste en interceptar el balón que el contrario ha lanzado a canasta, cuando aún está subiendo en el aire: *Este jugador tiene una media de cinco tapones por partido.* 8 COLOQUIAL. Persona baja y algo gruesa: *Mi primo es un tapón y tiene una bicicleta bastante pequeña.* 9 MÉX. Fusible de una instalación eléctrica. 10 ARG., URUG. Taco de la bota deportiva. 11 COL. Barniz de muebles.

taponadora *s. f.* Máquina que sirve para taponar botellas: *La cooperativa ha comprado una moderna taponadora.*

taponar *v. tr.* 1 Cerrar ‹una persona› [un orificio] con un tapón: *Tapona bien la pila, que se va el agua.* 2 Impedir ‹una persona› que siga saliendo sangre de [una herida]: *Los médicos le taponaron la herida con facilidad.* 3 Impedir ‹una persona o una cosa› el paso por [un conducto]: *Un camión volcado tapona la autopista. Los pelos taponan la tubería.* || *v. prnl.* 4 Cerrarse ‹un orificio›: *Se me ha taponado la nariz.*

taponazo *s. m.* Golpe y ruido que se produce al saltar el tapón de una botella de líquido espumoso: *Los taponazos de las botellas de cava animaban la fiesta.*

taponero, ra *adj.* Del tapón: *La industria taponera es importante en Cataluña.*

tapujo *s. m.* (preferentemente en plural) COLOQUIAL. Disimulo o engaño con que se oculta la realidad de una cosa: *Nos dijo toda la verdad, sin tapujos.*

taqué *s. m.* MEC. Vástago o varilla metálica que transmite el movimiento del árbol de levas a las válvulas de admisión y escape de los cilindros, en los motores de combustión interna.

taqueada *s. f.* COL.; COLOQUIAL. Reprimenda o regañina.

taquear *v. tr.* 1 COL.; COLOQUIAL. Regañar, reprender ‹una persona› [a otra persona]. 2 COL, VEN.; RESTRINGIDO. Abarrotar, llenar por completo ‹una cosa› [un recipiente o un lugar]. || *v. prnl.* 3 VEN. Llenarse ‹el estómago› de comida. || *v. intr.* 4 ARG., CHILE, PAR.; RESTRINGIDO en Chile. Taconear ‹una persona›. 5 ARG., MÉX., PERÚ. Jugar al billar ‹una persona›. 6 MÉX. Comer ‹una persona› tacos.

taquicardia *s. f.* MED. Aumento de la frecuencia de los latidos del corazón: *Con los nervios me da taquicardia.*

taquigrafía *s. f.* (no contable) Técnica de escribir a gran velocidad con ciertos signos y abreviaturas: *La taquigrafía se desarrolló mucho en el siglo* XIX.

taquigrafiar *v. tr.* Escribir ‹una persona› [un discurso o unas palabras que oye] con taquigrafía: *Las sesiones de las Cortes se taquigrafían oficialmente.*

taquigráfico, ca *adj.* 1 De la taquigrafía: *método taquigráfico moderno.* 2 Que está recogido o escrito en taquigrafía: *notas taquigráficas.* 3 Que es muy reducido o esquemático: *Escríbeme una redacción, pero que no sea taquigráfica.*

taquígrafo, fa *s. m./f.* Persona que se dedica profesionalmente a la taquigrafía: *Es taquígrafa del Senado.*

taquilla *s. f.* 1 Ventanilla o lugar donde se despachan billetes o entradas: *En la taquilla puedes adquirir el billete de tren.* 2 Dinero que se recauda en cines, teatros o espectáculos: *Obtuvieron una taquilla de varios millones.* 3 Armario individual que en algunos sitios hay para guardar la ropa y los objetos personales: *En el gimnasio cada uno tiene una taquilla.* 4 Armario o conjunto de estantes con casillas o cajones para guardar o clasificar papeles y documentos: *Cuelgue la llave en la taquilla de recepción.* 5 AMÉR. C. Taberna.

taquillaje *s. m.* **1** Conjunto de entradas que se venden en una taquilla: *El taquillaje de esta sesión de teatro es reducido, porque hay muchas invitaciones.* **2** Recaudación o dinero obtenido por esta venta: *El taquillaje de los últimos días ha sido muy pequeño.*

taquillero, ra *adj.* **1** COLOQUIAL. [Artista, espectáculo] que atrae al público y recauda mucho dinero: *película taquillera. Esta cantante es muy taquillera.*|| *s. m. / f.* **2** Persona que vende las entradas de un espectáculo en una taquilla: *el taquillero de un cine, la taquillera de un teatro.* **3** Armario individual para guardar objetos personales: *He alquilado un taquillero en el gimnasio.* **4** AMÉR. C. Tabernero.

taquillón *s. m.* Mueble de madera de poca altura y capacidad, que suele colocarse en el recibidor como adorno: *Siempre dejo las llaves encima del taquillón del pasillo.*

taquimecanografía *s. f.* (no contable) Actividad y conocimientos de la persona que domina la taquigrafía y la mecanografía: *Para ese trabajo es necesario saber taquimecanografía.*

taquimecanógrafo, fa *s. m. / f.* Persona que se dedica profesionalmente a la taquimecanografía: *Una buena taquimecanógrafa ganaba mucho dinero hace unos años.*

taquímetro *s. m.* **1** ÓPT. Instrumento óptico de precisión para medir a la vez ángulos horizontales y verticales y distancias. **2** Tacómetro.

taquiza *s. f.* MÉX.; COLOQUIAL. Comida en la que el plato principal está formado por tacos.

tara *s. f.* **1** Defecto físico o psíquico graves: *Muchas taras hereditarias se pueden conocer antes del parto.* **2** Defecto o falta grave de una cosa: *Estos vestidos tienen taras inapreciables y son muy baratos.* **3** Peso del vehículo o del embalaje que transporta o contiene una mercancía: *La tara de esta furgoneta es de ochocientos kilos.* **4** Peso que se pone en uno de los platillos de la balanza para equilibrarla o para facilitas una pesada.

tarabilla *s. m. / f.* **1** COLOQUIAL. Persona que habla mucho y muy deprisa: *Mi tía es una tarabilla que no deja hablar a nadie.* SIN. cotorra. || *s. f.* **2** Conjunto de palabras o frases dichas por esta persona: *No aguanto su tarabilla.* **3** Trocito de madera clavado en el marco de puertas y ventanas que gira para asegurarlas cuando se cierran. **4** Pieza de madera con que se retuerce la cuerda de la sierra para tensarla.

tarabita *s. f.* COL., VEN. Andarivel.

taracea *s. f.* (no contable) **1** Técnica de incrustar sobre madera trocitos de otros materiales formando figuras o dibujos: *Los árabes eran unos maestros en el arte de la taracea.* **2** Incrustación: *caja de taracea, una mesita de taracea.* **3** Entarimado de maderas finas de diversos colores: *El salón del palacio tiene un suelo de taracea muy valioso.* **4** ELEVADO. Obra elaborada con elementos tomados de diversos sitios: *En este trabajo ha hecho una buena labor de taracea.*

taradez *s. f.* ARG., URUG.; COLOQUIAL. Bobada, tontería.

tarado, da *adj.* **1** (estar) Que tiene una tara o defecto: *mercancía tarada.* **2** (ser / estar) COLOQUIAL; AFECTIVO, PEYORATIVO. Que es torpe o de corto entendimiento: *Esos violadores tienen que ser unos auténticos tarados.*

tarahumara *adj. / s. m.* y *f.* **1** De un pueblo amerindio asentado en las montañas de Durango y Chihuahua, en México: *vestido tarahumara, muchacha tarahumara.* || *s. m.* **2** LING. Lengua de una familia lingüística indígena mexicana hablada por los tarahumaras.

tarajallo, lla *s. m. / f.* VEN. Adolescente muy crecido y fuerte para su edad.

tarama *s. f.* VEN. Empuñadora de un arma blanca con protector para la mano.

tarambana *adj. / s. m.* y *f.* COLOQUIAL. Que tiene poca sensatez o cordura, se mueve o habla alocadamente o no tiene formalidad alguna: *No se puede contar con Alfredo, te da buenas palabras, pero no hace nada, es un tarambana.*

taranta *s. f.* **1** Cante flamenco andaluz y murciano. **2** ARG., C. RICA, EC. Locura, arrebato pasajero. **3** HOND. Desvanecimiento, aturdimiento.

tarantela *s. f.* **1** Baile napolitano de movimiento rápido. **2** Música de este baile.

tarántula *s. f.* Familia *Lycosidae.* Araña bastante grande, de color oscuro con rayas claras, que vive entre piedras o en agujeros y tiene una picadura venenosa y muy dolorosa: *Sobre la tarántula existen varias leyendas.*

tarar *v. tr.* RESTRINGIDO. Determinar ‹una persona› la tara en el peso total de [una mercancía].

tararear *v. tr.* Cantar ‹una persona› [una canción] en voz baja y sin articular palabras: Me *gusta tararear alguna canción mientras me afeito.* SIN. canturrear.

tarareo *s. m.* Acción y resultado de tararear: *No puedo concentrarme en el trabajo con ese tarareo.*

tararí *s. m.* **1** Ruido o toque de trompeta: *El agudo tararí nos despertó a todos.* || *interj.* **2** COLOQUIAL. Se usa para expresar incredulidad o rechazo a alguna opinión o propuesta: *–«¿Quieres que te ayude esta tarde?» –«Tararí.» Tararí que tú vas de Salamanca a Madrid con tu coche en menos de dos horas.* FR. Y LOC. **estar ~** COLOQUIAL, RESTRINGIDO. Estar ‹una persona› un poco loca: *Nuestro profe está tararí.*

tararira *s. f.* ARG.; RESTRINGIDO. Pez de agua dulce.

tararse *v. prnl.* ARG., URUG.; COLOQUIAL. Atontarse ‹una persona› y no saber reaccionar.

tarasca *s. f.* **1** COLOQUIAL. Mujer desagradable o que tiene muy mal genio: *La mujer de Pepe es una tarasca.* **2** Figura de serpiente mostruosa con una boca muy grande, que se saca en la procesión el día del Corpus Cristi en algunos lugares. **3** COL.; COLOQUIAL. Boca muy grande.

tarascada *s. f.* **1** Mordisco, golpe o arañazo rápido y violento: *El gato me ha lanzado una tarascada mientras jugábamos. Este niño es muy malo, le está dando buenas tarascadas al otro y lo hará llorar.* **2** COLOQUIAL. Respuesta brusca u ofensiva que le da una persona a otra: *La jefa no es mala persona, pero cuando está de mal humor te da unas tarascadas terribles.* **3** TAUROM. Derrote violento.

tarascón *s. m.* ARG., BOL., CHILE, URUG.; RESTRINGIDO en Chile. Tarascada, mordedura grande.

taray (plural *tarayes*) *s. m.* **1** *Tamarix gallica.* Arbusto de numerosas ramas, de corteza rojiza, hojas en aguja, flores blancas en racimo y fruto en cápsulas, que crece en las orillas de los ríos. **2** Fruto de este arbusto.

tarco *s. m.* ARG.; RESTRINGIDO. Árbol saxifragáceo que alcanza hasta diez metros de altura.

tardanza *s. f.* Acción y resultado de tardar: *Los padres de Susana no se preocupaban por su tardanza.*

tardar *v. intr.* **1** Emplear ‹una persona› tiempo [en hacer una cosa]: *¿Cuánto tardaste **en** llegar? De Madrid a Valencia tardamos cinco horas.* **2** Dejar pasar ‹una persona› más tiempo del necesario antes de [hacer una cosa]: *Todavía tardarán **en** empezar las obras.* FR. Y LOC. **a más ~** Se utiliza para indicar un máximo de tardanza para una cosa: *Volveré el lunes a más tardar.* **no ~ un minuto*.**

tarde *s. f.* **1** Tiempo que transcurre desde el mediodía hasta el anochecer: *Por la tarde, después de comer, paseo un poco. La tarde se ha quedado despejada.* **2** Últimas horas del día: *La última luz de la tarde ilumina las torres de la catedral.* SIN. anochecer. ANT. amanecer. **ayer* ~.** || *adv. temp.* **3** Después de la hora o del momento acostumbrado, fijado u oportuno: *Llegó tarde a la reunión. Nunca es tarde para empezar.* OBSERVACIONES: ◊ Admite grados: *muy tarde, bastante tarde, demasiado tarde.* ◊ Se usa pospuesto para expresar un tiempo de retraso: *Llegó treinta minutos tarde.* Es preferible: *Llegó con treinta minutos de retraso. Llegó con un retraso de treinta minutos.* ANT. pronto. **4** A hora avanzada de la mañana, de la tarde o de la noche: *Los domingos se levanta muy tarde. La fiesta terminó bastante tarde, a las tres de la mañana.* ANT. pronto, temprano. || FR. Y LOC. **buenas tardes** Saludo que se usa desde el mediodía, después de la hora de la comida, hasta que anochece. OBSERVACIONES: Se puede abreviar en *buenas* y tiene como variantes: *muy buenas tardes* y *muy buenas.* **de tarde en ~** Muy de vez en cuando, con muy poca frecuencia: *Visitaba a la familia muy de tarde en tarde.* **lucero* de la ~** o **lucero vespertino. más pronto* o más ~. más ~ o más temprano** o **~ o temprano** Expresa el convencimiento de que lo que se indica ha de suceder con toda seguridad, aunque no se sepa cuándo: *Más tarde o más temprano iré a visitar París.* **para luego es ~** Indica que debe hacerse alguna cosa deprisa: *Espabila, que para luego es tarde.* **~, mal y nunca** Se usa para expresar que una persona hace las cosas en momentos inoportunos y mal o que una cosa suceda cuando ya no conviene: *Ha terminado el trabajo tarde, mal y nunca.* REFR. **Más vale tarde que nunca.** Sirve para comentar que se acepta una cosa positiva que hubiera resultado mejor antes. **Nunca es tarde si la dicha es buena.** Sirve para comentar que nunca es demasiado tarde para recibir un beneficio o un favor.

tardío, a *adj.* **1** (antepuesto / pospuesto) Que llega más tarde de lo normal o conveniente: *la primavera tardía, una tardía decisión, amor tardío. Es un médico de vocación tardía.* **2** [Fruto] que madura más tarde de lo normal: *melones tardíos, peras tardías, uvas tardías.* **3** Que se encuentra en la última fase de su evolución: *un proceso tardío, latín tardío.*

tardo, da *adj.* **1** ELEVADO. Que está hecho con más lentitud de la normal: *Santiago tiene un hablar tardo.* **2** ELEVADO. Que es torpe para entender o expresar alguna cosa: *tardo **de** entendimiento.*

tardón, na *adj. / s. m.* y *f.* COLOQUIAL. Que tarda mucho en hacer una cosa: *¡Qué tardón eres, llevo media hora esperándote! Es un tardón, hace las cosas con mucha calma.*

tarea *s. f.* Cualquier tipo de trabajo o actividad, en especial, el que debe hacerse en un tiempo determinado: *tarea escolar. Las tareas del campo son muy duras.* SIN. labor.

tarifa *s. f.* **1** Lista de precios que se aplica a unos determinados servicios o ventas: *Las nuevas tarifas de Iberia entran en vigor el día uno de junio. En este hotel tenemos tarifas únicas: no distinguimos la temporada alta de la temporada baja.* **2** Precio unitario fijado por la autoridad competente para ciertos servicios: *tarifas eléctricas, tarifas telefónicas.* **~ nocturna. ~ reducida.**

tarifar *v. tr.* **1** Señalar o aplicar ‹una persona› una tarifa a [una cosa]: *El Colegio Oficial de Notarios ha tarifado los diferentes servicios.* || *v. intr.* **2** COLOQUIAL. Perder ‹una persona› la amistad o la relación [con otra persona]: *Antonio salió tarifando **con** todos los de la oficina.* **salir ta-rifando.**

tarifeño, ña *adj. / s. m.* y *f.* De Tarifa, ciudad de Andalucía.

tarima *s. f.* **1** Plataforma de madera no muy elevada del suelo: *El profesor se cayó de la tarima ayer.* **2** Suelo de una vivienda de tablas alargadas: *La tarima de los pisos antiguos es muy agradable, aunque suena mucho por la noche.*

tarja *s. f.* HIST. Escudo grande que llevaban los combatientes a caballo: *La tarja se embrazaba con el brazo izquierdo, mientras se sujetaba la lanza con la mano derecha.*

tarjeta *s. f.* **1** Cartulina pequeña rectangular en la que se imprime el nombre, la dirección y, frecuentemente, la profesión de una persona: *Vicente me ha dado su tarjeta.* **2** Cualquier cartulina de características parecidas, que se usa en diferentes situaciones con fines diversos: *Me ha enviado una tarjeta de felicitación con una caja de bombones. Me voy a hacer tarjetas de visita.* **3** DEP. Cartulina que utilizan los árbitros en el campo para señalar las sanciones fuertes a los jugadores. **~ amarilla** Tarjeta con la que el árbitro amonesta o sanciona a un jugador: *El árbitro ha sacado la tarjeta amarilla al defensa por jugar sucio.* **~ roja** Tarjeta con la que el árbitro expulsa a un jugador: *Le sacó la tarjeta roja y lo echó del campo.* || **4 (~) postal** Tarjeta con una ilustración o una foto por una cara y un espacio en blanco para escribir, por la otra, que se suele enviar por correo. **5 ~ de crédito** Tarjeta electrónica emitida por una entidad bancaria a nombre de una persona: *Las tarjetas de crédito están sustituyendo al dinero contante y sonante.* **6 ~ de indentidad** Documento que sirve para identificar a una persona o una cosa. **7 ~ de pago** Tarjeta parecida a la de crédito que emiten las entidades bancarias para poder pagar en muchos comercios con ella. **8 ~ electrónica / magnética** Tarjeta de material plástico con una banda magnética o con un chip que se utiliza en diferentes ocasiones para diferentes usos: *No puedo sacar libros de la biblioteca porque no he renovado la tarjeta. Tengo una tarjeta para fichar en la oficina.* **9 ~ perforada** INFORM. Cartulina que podía ser agujereada de difererentes maneras, que se usaba para introducir datos en las primeras computadoras: *Las tarjetas pertenecen a la historia de las máquinas electrónicas.*

tarjetazo *s. m.* PERÚ; COLOQUIAL. Recomendación.

tarjetera *s. f.* AMÉR. Tarjetero.

tarjetero *s. m.* Cartera o caja pequeña para guardar las tarjetas de visita: *El gerente sacó una tarjeta del tarjetero y nos pidió que lo llamásemos para vernos otro día.*

tarlatana *s. f.* (no contable) Tejido de algodón resistente y poco tupido que se emplea para hacer cortinas o mosquiteros y para otros usos.

tarot *s. m.* **1** Baraja especial de cartas utilizada para adivinar el futuro: *echar el tarot, una baraja de tarot.* **2** Práctica de adivinar el futuro por medio de estas cartas: *¿Crees en el tarot? Voy a ver qué me dice el tarot.*

tarquín *s. m.* Cieno que se deposita en las aguas estancadas o el que queda después de regar o inundarse los campos: *Los campos de frutales quedaron llenos de tarquín después de la inundación.* SIN. lodo.

tarra *s. m.* y *f.* COLOQUIAL, RESTRINGIDO; PEYORATIVO. Persona vieja: *Presume de joven, pero está hecho un tarra.*

tarraconense *adj. / s. m.* y *f.* **1** ELEVADO. De la antigua Tarraco, ciudad y provincia romana: *Hizo un trabajo sobre los tarraconenses.* **2** De la actual Tarragona, ciudad y provincia española: *la industria tarraconense, el alcalde tarraconense, los restos arqueológicos tarraconenses.*

tarrina *s. f.* Pequeño recipiente con tapa que se usa para envasar alimentos: *tarrina de caviar, tarrina de margarina.*

tarro *s. m.* **1** Recipiente cilíndrico, más alto que ancho, de porcelana, vidrio o barro, que suele usarse para envasar alimentos o productos de perfumería y cosmética: *un tarro de mermelada, un tarro de sales de baño, un tarro de fijador de pelo.* **2** COLOQUIAL; HUMORÍSTICO. Cabeza: *Yo creo que tu hermano está mal del tarro.* **3** (macho y hembra) Género *Tadorna.* Ave acuática que anida en las costas europeas o en charcas pequeñas o arroyos con poca vegetación. **4** ARG., COL., URUG. Bote de hojalata para envasar comestibles o líquidos. FR. Y LOC. **comer el ~** COLOQUIAL. Impulsar ‹una persona› a otra persona a que piense o se comporte de una determinadad manera: *A los chicos no nos gusta que los profes nos coman el tarro.* **comerse el ~** COLOQUIAL. Pensar mucho, preocuparse ‹una persona›: *No te comas más el tarro* ***con*** *el trabajo y vamos a pasear.*

tarsero *s. m.* (macho y hembra) Género *Tarsius.* Mamífero primate de muy pequeño tamaño, patas y dedos largos con discos adhesivos, y cabeza redonda con grandes ojos, que habita en bosques de algunas islas asiáticas.

tarso *s. m.* ANAT. **1** Conjunto de huesos cortos que forman parte de las extremidades posteriores de los batracios, reptiles y mamíferos: *El tarso del hombre está formado por varios huesos.* **2** Parte más delgada de las patas de las aves que une la tibia con los dedos. **3** Corvejón de los cuadrúpedos. **4** Último artejo de las patas de los insectos.

tarta *s. f.* **1** Pastel grande, generalmente redondo, con diferentes tipos de adornos comestibles: *tarta de nata, tarta de crema, tarta de fruta.* || **2 gráfico de ~** Gráfico que se organiza en sectores, en un diagrama circular.

tartaja *adj. / s. m.* y *f.* COLOQUIAL; PEYORATIVO. [Persona] que tartajea: *Mi primo es tartaja.*

tartajear *v. intr.* COLOQUIAL; PEYORATIVO. Hablar ‹una persona› con dificultad, entrecortadamente y repitiendo las sílabas o las palabras.

tartaleta *s. f.* Pastel compuesto por una base en forma de pequeña cazuela cocida al horno y rellena de ingredientes: *De postre he comprado tartaletas de frutas variadas.*

tartamudear *v. intr.* Hablar ‹una persona› con dificultad, entrecortadamente y repitiendo las sílabas o las palabras: *Jaime tartamudea en público.*

tartamudez *s. f.* (no contable) Trastorno del habla caracterizado por una alteración de la fluidez y del ritmo en el hablar: *La tartamudez suele obedecer en muchas ocasiones a conflictos psicológicos.*

tartamudo, da *adj. / s. m.* y *f.* [Persona] que tartamudea: *Casi todos los tartamudos consiguen con un buen entrenamiento superar su expresión entrecortada.*

tartán *s. m.* **1** (no contable) Tela de lana con cuadros o listas de varios colores, originaria de Escocia: *una falda de tartán.* **2** (marca registrada) Material resistente e inalterable al agua, formado por una mezcla de goma y asfalto que se emplea como superficie en las pistas de atletismo: *Las pistas de tartán son mejores para correr que las de ceniza.*

tartana *s. f.* **1** Carruaje, generalmente de dos ruedas, con toldo esférico: *De pequeños, mi tío nos montaba en la tartana y nos llevaba al campo.* **2** COLOQUIAL. Automóvil viejo y en mal estado: *Mi abuelo conduce una tartana de los años sesenta.* **3** MAR. Embarcación pequeña de vela latina con un solo palo en el centro, utilizada para la pesca y el transporte.

tártaro, ra *adj / s. m.* y *f.* **1** De un conjunto de pueblos de origen turco y mongol: *el imperio tártaro. Los tártaros eran buenos guerreros.* || *adj.* **2** [Alimento] que está preparado con diferentes especias. **salsa tártara** Salsa mahonesa con diferentes ingredientes picantes, como pimientos, pepinillos o alcaparras. || *s. m.* **3** LITERARIO. Infierno. **4** Sal blanca y cristalina, de sabor ácido y poco soluble en agua que se forma en las paredes de los toneles donde fermenta el vino y se usa en farmacia.

tartera *s. f.* Recipiente con un cierre hermético, preparado para llevar comida: *En la tartera pusimos una tortilla y pimientos verdes para ir de excursión.*

tartesio, sia *adj. / s. m.* y *f.* De un pueblo prerromano de Hispania que vivía en la vega baja del Guadalquivir: *un enterramiento tartesio. Los tartesios desarrollaron una floreciente cultura.*

tarugo, ga *adj.* **1** COLOQUIAL; PEYORATIVO. Persona que es poco inteligente o de modales toscos: *Eres un tarugo, otra vez se te ha olvidado comprar el pan.* **2** COLOQUIAL; PEYORATIVO. Persona gruesa de baja estatura: *Ahora tiene una novia muy simpática, pero un poco tarugo.* || *s. m.* **3** Trozo de madera corto y grueso: *un tarugo para la chimenea.* **4** Pedazo de pan grueso e irregular: *Con los tarugos de pan mi madre hacía sopas.* **5** COL; COLOQUIAL. Preocupación.

tarumba *adj.* (estar) COLOQUIAL. [Persona] que está atontada o aturdida: *Mi hermana está tarumba desde que trabaja.* FR. Y LOC. **volver(se) ~** COLOQUIAL. Aturdir, confundir, atontar ‹una cosa o una persona› a una persona: *El ruido de las máquinas nos vuelve tarumbas.*

tarúpido, da *adj. / s. m.* y *f.* ARG., URUG.; COLOQUIAL. Majadero, tontorrón.

tas *s. m.* Yunque de pequeño tamaño, usado por plateros y hojalateros.

tasa *s. f.* **1** Acción y resultado de tasar y valorar: *La tasa de los daños es muy elevada.* SIN. valoración. **2** ECON. Precio fijo puesto por la autoridad a algunos artículos en ciertas situaciones: *Se dice que el Gobierno modificará la tasa del pan.* **3** Cantidad que se paga por el uso o disfrute de un servicio público: *tasa del carné de conducir, tasa municipal de recogida de basuras. Han subido las tasas académicas.* **4** Relación o proporción entre dos magnitudes: *la tasa de mortalidad infantil, la tasa de paro, la tasa de inflación. La tasa de natalidad ha descendido en los últimos años.* FR. Y LOC. **sin ~** Sin limitación, sin medida: *Carlos gasta sin tasa.*

tasación *s. f.* Acción y resultado de tasar o calcular el valor de un trabajo, un bien o el activo de una empresa: *la tasación de un inmueble, la tasación de los activos de una sociedad. Los peritos de las compañías de seguros no se ponen de acuerdo en la tasación de los daños del accidente.*

tasador, ra *adj. / s. m.* y *f.* [Persona] que se dedica profesionalmente a tasar o que tiene la capacidad legal para ello: *La tasadora de la compañía de seguros ha inspeccionado ya el camión.*

tasajo *s. m.* **1** (no contable) Carne seca y salada para su conservación: *Además de hacer chorizos, con los lomos del ternero preparan tasajos para el verano.* **2** RESTRINGIDO. Cualquier trozo de carne cortado: *En la fiesta campestre los cocineros asaban las terneras y cortaban unos tasajos enormes.*

tasar *v. tr.* **1** Determinar ‹una persona experta o una autoridad› el valor de [una cosa]: *La compañía de seguros tasó las alhajas en tres millones de pesetas.* SIN. valorar. **2** Establecer ‹una persona autorizada› la paga o el precio que corresponde a [un trabajo realizado]: *La empresa ha tasado el informe en medio millón de pesetas.* SIN. valorar. **3** RESTRINGIDO. Limitar ‹una persona› el uso o el consumo de [una cosa] a [otra persona]: *Habrá que tasarte el tabaco, porque fumas demasiado.* SIN. restringir.

tasca *s. f.* COLOQUIAL. Taberna: *Voy a la tasca de la esquina.*

tascal *s. m.* MÉX.; COLOQUIAL. Recipiente de hoja de palma para guardar las tortillas.

tascar *v. tr.* **1** RESTRINGIDO. Golpear ‹una persona› [el lino o el cáñamo] para limpiar sus fibras: *El lino se tascaba con la agramadera.* **2** Romper ‹un animal› [la hierba] al pacer con un sonido característico. FR. Y LOC. **~ el freno** 1 Morder o mover ‹el caballo› el bocado cuando está inquieto: *El caballo tascó el freno.* 2 Soportar ‹una persona› con rabia contenida una cosa que se le impone: *Deja a los niños, ya tascarán el freno en el colegio con la disciplina.* ⇒ **71.**

tasquear *v. intr.* COLOQUIAL. Recorrer ‹una persona› tascas o tabernas para tomar unas copas: *Hemos quedado con los amigos a las ocho para tasquear antes de la cena.*

tastasiarse *v. prnl.* **1** COL. Chocar ‹dos bolas de billar›. **2** COL.; COLOQUIAL. Encontrarse ‹dos o más personas› por casualidad.

tatami *s. m.* DEP. Alfombra especial acolchada sobre la que se practican los deportes de lucha como el yudo y el kárate: *Sobre el tatami Guadalupe se transforma en una persona muy agresiva.*

tatarabuelo, la *s. m. / f.* En relación con una persona, bisabuelo o bisabuela de sus padres: *Mi tatarabuelo materno luchó en la guerra de Cuba.*

tataranieto, ta *s. m. / f.* En relación con una persona, bisnieto o bisnieta de sus hijos: *Mi madre dice que estaría encantada de conocer a sus tataranietos.*

¡tate! *interj.* **1** COLOQUIAL, RESTRINGIDO. Se usa para indicar que se acaba de entender o recordar algo: *¡Tate, ya entiendo lo que querías decir!* **2** COLOQUIAL, RESTRINGIDO. Se usa para llamar la atención de alguien o pedirle que tenga cuidado: *¡Tate, ya están aquí los invitados!* **3** COLOQUIAL, RESTRINGIDO. Expresa sorpresa o extrañeza: *¡Tate, esto es sospechoso!*

tatetí *s. m.* ARG., URUG. Tres en raya, juego.

tato, ta *s. m. / f.* **1** COLOQUIAL; INFANTIL. Hermano pequeño o niño: *El tato está muy enfadado esta mañana.* || *s. f.* **2** INFANTIL. Niñera: *La tata ha mandado al niño a la cama.* || *s. m.* **3** AMÉR. Padre, papá.

tatú *s. m.* ARG., URUG.; RESTRINGIDO. Conjunto de varias especies de armadillo.

tatuaje *s. m.* **1** Acción y resultado de tatuar: *El tatuaje es una delicada operación.* **2** Dibujo o palabra que quedan tatuados: *Llevaba un tatuaje con un nombre de mujer.*

tatuar *v. tr. / prnl.* Hacer ‹una persona› grabados en [la piel de otra] introduciendo sustancias colorantes bajo la epidermis: ***Se*** *tatuó los brazos durante su viaje al Caribe. Carmen quería que le tatuaran una flor en el hombro.* ⇒ **3.**

tau *s. f.* Decimonovena letra del alfabeto griego clásico que se translitera por la «t» española.

taula *s. f.* Monumento megalítico propio de las islas Baleares formado por dos piedras muy grandes en forma de T: *Las taulas pertenecen al grupo de monumentos prehistóricos típicos de las Baleares.*

taumaturgia *s. f.* (no contable) ELEVADO. Facultad de realizar prodigios o milagros: *Dios concede a algunos santos el poder de la taumaturgia.*

taumatúrgico, ca *adj.* ELEVADO. De la taumaturgia: *prodigios taumatúrgicos, capacidad taumatúrgica.*

taumaturgo, ga *s. m. / f.* ELEVADO. Persona que es capaz de realizar milagros o hechos extraordinarios: *Hace curaciones tan extraordinarias que la gente cree que es una taumaturga y no una médica.*

taurino, na *adj.* **1** Del toro o de las corridas de toros: *espectáculo taurino. La afición taurina en España es muy grande.* **2** ARG., URUG. Nacido bajo el signo Tauro.

tauro *s. m.* **1** (con mayúscula) ASTRON. Una de las constelaciones del Zodiaco. **2** (preferentemente con mayúscula) ASTRON. Signo del Zodiaco que el Sol recorre aparentemente entre el 20 de abril y el 20 de mayo. || *adj. / s. m.* y *f.* **3** (invariable) Persona nacida bajo este signo: *las mujeres tauro. Los tauro tienen mala semana.*

tauromaquia *s. f.* **1** (no contable) Técnica y arte de torear: *las reglas de la tauromaquia, el vocabulario de la tauromaquia.* **2** Libro que trata de este arte y sus reglas: *Joaquín está escribiendo una voluminosa tauromaquia.*

tautología *s. f.* **1** ELEVADO. Repetición innecesaria o redundante de un mismo concepto por medio de palabras distintas: *Muchas frases coloquiales son tautologías, como «subir arriba» o «bajar abajo».* **2** LÓG. Vicio lógico que consiste en presentar como dotada de sentido un proposición cuyo predicado no dice nada más que lo que dice el sujeto: *«Yo soy yo» y «nosotros somos nosotros» expresan tautologías lógicas.* **3** LÓG. Proposición compleja que siempre es verdadera por su forma, sea cual sea el valor que adquieren las proposiciones simples que la componen: *La lógica moderna se basa en este tipo de tautología.*

tautológico, ca *adj.* De la tautología: *definición tautológica, razonamiento tautológico.*

taxativo, va *adj.* Que se ajusta exactamente a unas condiciones determinadas o al sentido estricto de una palabra: *Se exigirá el cumplimiento taxativo de las normas.*

taxi *s. m.* **1** Coche de servicio público con conductor, provisto de un taxímetro que marca el importe de la carrera: *Iremos en taxi a casa.* **carril de ~.** || **2 radio* ~.**

taxidermia *s. f.* (no contable) Técnica de disecar animales muertos para conservarlos con un aspecto parecido al que tenían cuando estaban vivos: *Los laboratorios o gabinetes de taxidermia han inspirado varias películas de terror.*

taxidermista *s. m. / f.* Persona que se dedica profesionalmente a disecar animales: *El zoo dispone de una taxidermista oficial.*

taxímetro *s. m.* Aparato de los taxis que marca la distancia recorrida y la cantidad que se ha de pagar por el trayecto: *parar el taxímetro. El taxímetro marca 350 ptas.*

taxista *s. m. / f.* Persona que trabaja conduciendo un taxi: *Le han dado la licencia de taxista.*

taxonomía *s. f.* **1** (no contable) Disciplina que estudia y establece las normas, métodos y fines de la clasificación en las ciencias: *La taxonomía es un instrumento que se utiliza en muchas ciencias.* **2** Clasificación según estos principios aplicada a una ciencia, como la Zoología o la Botánica: *Las taxonomías botánica o biológica son las más conocidas.*

taxonómico, ca *adj.* ELEVADO. De la taxonomía: *los principios taxonómicos, sistemas taxonómicos.*

taza *s. f.* **1** Recipiente pequeño con un asa para beber, generalmente bebidas calientes: *taza de porcelana, tomar una taza de té.* **2** Cantidad que cabe en este recipiente: *Me he bebido dos tazas de café. Al final se le echa al caldo una taza de arroz.* **3** Receptáculo del retrete donde se evacúan los excrementos: *Tenemos que cambiar la taza del váter.* **4** Parte de la fuente donde cae el agua: *El agua de la fuente caía en la taza llena de musgo.* **5** Pieza esférica del puño de la espada que protege la mano: *la taza de un sable, la taza de una espada.* **6** ARG., URUG. Tapacubos. **7** COL. Tazón. FR. Y LOC. **chocolate* a la ~** o **chocolate caliente.**

tazón *s. m.* Recipiente de mayor tamaño que una taza, semiesférico y sin asas: *un tazón de leche, un tazón de caldo.*

te (de segunda persona; singular; masculino y femenino) *pron. pers.* **1** Pronombre personal complemento que se refiere a la persona que habla o escribe. OBSERVACIONES: ◊ Funciona como complemento directo del verbo (*Te llamaré mañana*) o complemento indirecto (*Te devolverán el dinero pronto*). Cuando coinciden ambos complementos en una frase, el indirecto va siempre antes del directo (*Te lo contaré*). ◊ No lleva nunca preposición. ◊ Normalmente se antepone al verbo (*Te vieron cerca del teatro*), excepto cuando va con un imperativo afirmativo, infinitivo o gerundio, con los que va inmediatamente después, unido a ellos: *Debes cuidarte. Cállate. Enfadándote no conseguirás nada.* ◊ Cuando va con otros pronombres átonos, se antepone a ellos, excepto cuando se trata de *se: Te lo traerán más tarde. Se te nota alegre.* **2** Se utiliza para formar los verbos pronominales: *Te arrepentirás de esto.* **3** Tiene un valor intensificador o expresivo a veces: *¿Te has bebido dos botellas de cava?.* || *s. f.* **4** Nombre de la letra *t.*

té *s. m.* **1** Árbusto de hojas perennes y lanceoladas, flores blancas pequeñas y fruto en cápsula, originario de China. **2** Hoja de este arbusto, seca y tostada ligeramente: *El té se importa de Oriente.* **3** (no contable) Infusión preparada con estas hojas: *Un té a media tarde es beneficioso.* **4** Medida de este líquido contenido en una taza: *He tomado dos tés esta mañana.* **5** Cualquier infusión semejante al de esta planta: *té de frutas, té de arroz, té de rosa.* **6** AFECTADO; HUMORÍSTICO. Reunión que se acostumbra a celebrar a media tarde en la que se toma esta infusión, generalmente acompañada de pastas o dulces: *Iremos al té de doña Matilde.*

tea *s. f.* **1** Palo o trozo de madera impregnada con resina que sirve para iluminar o encender fuego: *En el campamento nos alumbrábamos con teas.* **2** Cualquier cosa que arde bien: *En verano los bosques son una tea.* **3** COLOQUIAL. Borrachera: *Con la tea que lleva tenemos que meterlo en la cama enseguida.*

teatral *adj.* **1** Del teatro: *representación teatral, obra teatral, temporada teatral.* SIN. dramático. **2** PEYORATIVO. Que tiene un comportamiento o unos gestos exagerados para llamar la atención o causar un determinado efecto: *actitud teatral. No le hagas caso, es muy teatral.*

teatralidad *s. f.* **1** Cualidad o carácter de lo que es teatral: *La teatralidad del nuevo espectáculo es indudable.* **2** Cualidad del comportamiento o de los gestos exagerados o llamativos: *la teatralidad de sus discursos. Este árbitro no soporta la teatralidad de los jugadores que se fingen lesionados.*

teatralizar *v. tr.* **1** Dar ‹una persona› forma y estructura teatral a [un tema o un relato]: *El escritor ha confesado que está teatralizando un relato moderno de éxito.* || *v. tr. / intr.* **2** Dar ‹una persona› un carácter efectista o espectacular a [un suceso]: *Papá, no teatralices, que nadie te ha faltado al respeto.* ⇒ **19.**

teatralmente *adv. restrictivo* **1** Desde el punto de vista teatral: *Teatralmente, la representación es floja, pero su contenido erótico atrae a muchos.* || *adv. modo* **2** Por procedimientos y modos del teatro, por medio del teatro: *Consigo expresar teatralmente lo que cinematográficamente no podría.* **3** Con exageración y efectismo, con teatralidad, con modos de actor teatral pero en situación ajena al teatro: *El político expuso, algo teatralmente, la postura de su partido.*

teatrero, ra *adj.* **1** COLOQUIAL. Que es muy aficionado al teatro: *Mi hermana es muy teatrera, no se pierde una obra.* **2** COLOQUIAL. [Persona] que es amiga de llamar la atención o muy histriónica: *Estos hijos míos son muy teatreros.*

teatro *s. m.* **1** Edificio donde se representan obras y espectáculos propios de la escena: *Hemos ido al teatro a ver una obra de Lope de Vega.* **2** El público que asiste a los teatros: *El teatro aplaudió a los actores.* **3** Género literario al que pertenecen obras destinadas a ser representadas y el arte de representarlas: *actor de teatro, escritor de teatro, obra de teatro.* **4** Conjunto de obras de este género que corresponden a un autor, época, país: *el teatro chileno, el teatro de los Siglos de Oro, el teatro de Federico García Lorca.* **5** Conjunto de actividades o de organizaciones relacionadas con estas obras: *No es fácil vivir en el teatro.* **6** COLOQUIAL. Manera fingida y exagerada de actuar una persona: *No le duele nada, todo es teatro.* || **7 café* ~.**

tebano, na *adj. / s. m.* y *f.* HIST. De Tebas, ciudad de la antigua Grecia.

tebeo *s. m.* Revista infantil de historietas desarrolladas en un conjunto sucesivo de viñetas: *Los personajes del tebeo son famosos entre los niños.* FR. Y LOC. **más visto que el ~** COLOQUIAL. Poco original, demasiado visto: *Esos modelos están más vistos que el tebeo.* **de ~** COLOQUIAL, RESTRINGIDO. Poco serio: *Tienes unas ideas de tebeo.*

teca *s. f.* **1** BOT. Cada una de las dos mitades de la antera de las flores, formada por dos sacos que contienen polen. **2** *Tectona grandis.* Árbol de gran altura de tronco delgado, hojas opuestas casi redondas y flores blanquecinas en espiga, cuya madera, dura e incorruptible, es muy apreciada: *La teca es originaria de Asia tropical.* **3** Cubierta que sirve de protección a un organismo o a un grupo celular.

techar *v. tr.* Cubrir ‹una persona› [una construcción] con un techo: *Están techando las casas de la nueva urbanización.*

techo *s. m.* **1** Parte superior de un edificio o construcción que los cubre y cierra: *El techo de la casa será de teja.* SIN. cubierta, tejado. **2** Superficie que cierra interiormente en lo alto una habitación o espacio cerrado: *Pintaremos el techo del salón.* **falso ~.** **3** Casa, vivienda, lugar donde se vive: *Trabajó mucho para tener un techo donde vivir.* **4** Límite máximo al que alguien o algo puede llegar: *El partido de la oposición alcanzó en las elecciones pasadas el techo previsto. En esta asignatura el notable es mi techo.* **5** RESTRINGIDO. Persona o cosa más alta dentro de un grupo: *El americano es el techo de nuestro equipo de baloncesto.*

techumbre *s. f.* **1** Parte superior o estructura que cubre una construcción junto con el techo: *La techumbre de la casa será restaurada, y las tejas renovadas.* **2** Techo: *Son peligrosas las cabañas con la techumbre de paja.*

teckel *s. m.* Perro de cuerpo alargado y patas cortas de una raza alemana. SIN. perro salchicha.

tecla *s. f.* **1** Pieza corta y estrecha que se golpea con el dedo para hacer sonar algunos instrumentos musicales: *las teclas de un piano, las teclas de un clavecín.* **2** Pieza pequeña que al apretarla pone en marcha un mecanismo: *la tecla de retorno, la tecla de borrar. La tecla de la izquierda sirve para grabar.* **3** Pieza móvil que imprime o mueve una letra en una máquina de escribir, en un ordenador o en aparatos semejantes. **tocar las teclas** COLOQUIAL. Recurrir ‹una persona› a otra persona o a una cosa para solucionar un problema: *No te preocupes, yo sé qué teclas hay que tocar para salir de este lío.*

teclado *s. m.* **1** Conjunto de teclas de un instrumento musical o de un aparato o máquina: *el teclado de un ordenador, el teclado de un piano.* **2** INFORM. Unidad de un ordenador donde están las teclas.

teclear *v. tr.* **1** Pulsar ‹una persona› las teclas de [un instrumento musical o una máquina]: *Teclea con más cuidado.* **2** RESTRINGIDO. Intentar ‹una persona› conseguir una cosa por [distintos medios o recursos]: *Está tecleando a sus amigos en el ministerio, pero no parece que pueda resolver el problema.* || *v. intr.* **3** ARG., URUG. Encontrarase mal de salud ‹una persona›. **4** ARG., URUG. Encontrarse en una situación difícil ‹una persona›.

teclista *s. m./f.* **1** Persona que trabaja en artes gráficas con máquinas de componer con teclado. **2** Persona que toca un instrumento de música con teclado: *Necesitan un teclista en el grupo.*

tecnecio *s. m. Tc.* Elemento químico radiactivo del grupo del manganeso que se obtiene artificialmente.

técnica *s. f.* **1** Aplicación práctica de los métodos y conocimientos de las ciencias, en especial, por medio de instrumentos, aparatos y máquinas: *La técnica ha cambiado la vida del hombre.* SIN. tecnología. **2** Conjunto de procedimientos de que se sirve una ciencia, un arte u oficio y cada uno de ellos: *la técnica de la acuarela. Aprendió en Italia la técnica del claroscuro.* **3** Habilidad para usar los procedimientos de una ciencia, arte u oficio: *Tiene inspiración, pero le falta técnica.* SIN. destreza. **4** Procedimiento para hacer cualquier cosa: *Tiene una técnica especial para hacer bizcochos.*

técnicamente *adv. modo* **1** De modo técnico, con técnica, con habilidad técnica: *Juega muy técnicamente, pero le falta fuerza y agresividad.* **2** Con metodología técnica, con rigor técnico: *Le gusta abordar los problemas muy técnicamente.* **3** En términos técnicos, con lenguaje técnico: *Se expresa demasiado técnicamente.* **4** Por procedimientos y medios técnicos: *Eso debe solucionarse técnicamente, no como lo haces tú.* || *adv. restrictivo* **5** Desde el punto de vista de los saberes y normas técnicos: *El movimiento de brazos de esa nadadora no es técnicamente ortodoxo.* **6** En cuanto al dominio de la técnica, en el aspecto técnico, desde el punto de vista de lo técnico: *Técnicamente, no es bueno, pero físicamentes es espectacular. Fue un partido técnicamente mediocre, pero lleno de emoción.* || *adv. orac.* **7** Si nos atenemos estrictamente al aspecto técnico, visto desde el lado rigurosamente técnico. OBSERVACIONES: A menudo se usa en contexto donde el lado real o conductual y el técnico van por distinto camino: *Técnicamente, ese banco lleva en quiebra varios meses.*

tecnicismo *s. m.* **1** (no contable) Carácter técnico de una cosa: *El tecnicismo del discurso hacía difícil su comprensión.* **2** Palabra propia de una disciplina, arte o profesión: *'Necrosis' e 'isquemia' son dos tecnicismos médicos.*

técnico, ca *adj.* **1** De la técnica: *conocimientos técnicos, enseñanza técnica.* **diccionario ~.** **2** [Expresión] que es propia de una ciencia, arte y oficio: *palabras técnicas, fórmulas técnicas.* **3** [Carrera] que es universitaria, profesional y de menor duración que una licenciatura: *arquitectura técnica, ingeniería técnica.* **4** [Persona] que conoce muy bien un arte, ciencia u oficio y tiene mucha habilidad en ellos: *un actor muy técnico. Es una jugadora de tenis muy técnica.* || *s. m./f.* **5** Persona que posee conocimientos teóricos y prácticos de una ciencia o disciplina: *un técnico de coches. Hemos avisado a los técnicos para que nos arreglen el ascensor.* **6** Entrenador deportivo: *el técnico de la selección de baloncesto, el técnico del Valencia.* || **7 abstención* técnica. 8 arquitecto* ~. 9 auxiliar* ~ sanitario. 10 dibujo* ~. 11 escala* técnica. 12 ficha* técnica. 13 ingeniero* ~.**

tecnicolor (marca registrada) *s. m.* Procedimiento de cine en color inventado en los Estados Unidos de América.

tecnificar *v. tr.* **1** Proporcionar ‹una persona› medios técnicos a [una rama de la producción aún no industrializada]: *Se necesita tecnificar más la idustria textil para poder competir en el exterior.* **2** Mejorar ‹una cosa› los aspectos técnicos de [otra cosa]: *Los ordenadores tecnifican el trabajo de las oficinas.* ⇒ **71.**

tecno *s. m.* Variedad de música pop que utiliza instrumentos musicales electrónicos, especialmente sintetizadores: *Es un grupo que toca música tecno.*

tecnocracia *s. f.* **1** POLÍT. Sistema político que propone que los puestos dirigentes en el gobierno de un país sean ocupados por técnicos o especialistas en las diversas materias correspondientes a los distintos ministerios o gerencias: *La tecnocracia es una tentación política comprensible.* **2** Conjunto de personas que pertenecen al grupo de tecnócratas dirigentes: *La tecnocracia defiende sus privilegios.*

tecnócrata *adj./s. m.* y *f.* **1** Persona que pertenece a la tecnocracia o es partidaria de ella: *Los tecnócratas tienen una fe casi ciega en las soluciones técnicas.* || *s. m./f.* **2** Técnico que dirige una cosa de acuerdo con un principio de eficacia: *La empresa está dirigida por un tecnócrata americano.* **3** Técnico que antepone los aspectos técnicos de un problema económico a los humanos: *Los tecnócratas no pueden solucionar los problemas si sufren miles de personas.*

tecnología *s. f.* **1** Conjunto de conocimientos y medios técnicos encaminados al progreso y desarrollo de cualquier campo: *La empresa realizó una fuerte inversión en tecnología.* **~ punta** La tecnología más avanzada y moderna. **2** Conjunto de conocimientos y métodos de un determinado oficio o arte industrial: *tecnología industrial, tecnología militar, tecnología agraria.*

tecnológico, ca *adj.* De la tecnología: *investigación tecnológica, procedimientos tecnológicos.*

teco *s. m.* MIL.; ARG. Teniente coronel.

tecolote *adj.* **1** AMÉR. C., MÉX.; COLOQUIAL. [Persona] que es borracha o ebria. || *s. m.* **2** AMÉR. C., MÉX. Búho, lechuza. **3** MÉX.; COLOQUIAL. Agente de policía.

tectónica *s. f.* **1** (no contable) GEOL. Parte de la Geología que trata de la estructura de la superficie terrestre y los movimientos que la han originado: *Los plegamientos y seísmos son estudiados por la tectónica.* || **2 fosa* ~. 3 ~ de placas** GEOGR. Hipótesis actual sobre la formación de los continentes que sostiene que éstos están formados por placas rígidas que se desplazan.

tectónico, ca *adj.* GEOL. De la estructura de la corteza terrestre: *fosa tectónica.*

tedéum (plural *tedéum*) *s. m.* REL. Cántico de la Iglesia Católica para dar gracias a Dios: *En la catedral se celebró un solemne tedéum para conmemorar el final de la guerra.*

tedio *s. m.* **1** ELEVADO. Aburrimiento o cansancio que produce una cosa por la que no se tiene ningún interés: *Ha sido una noche de completo tedio.* SIN. hastío. **2** ELEVADO. Estado de ánimo de la persona que no siente interés por nada: *Estoy preocupado por mi padre: el tedio se ha apoderado de él.* SIN. hastío, apatía, desgana. ANT. ilusión.

teflón *s. m.* (marca registrada) Material plástico antiadherente, muy resistente al calor y a la corrosión, que se utiliza en la fabricación de revestimientos y utensilios de cocina: *una sartén de teflón.*

tegucigalpense *adj. / s. m.* y *f.* De Tegucigalpa, capital de Honduras, país americano.

tegumento *s. m.* **1** BIOL. Tejido que recubre el cuerpo o algún órgano interno de los animales. **2** BOT. Órgano vegetal que recubre o protege a otro.

teína *s. f.* QUÍM. Componente activo del té, químicamente idéntico a la cafeína: *La teína es un excitante.*

teísmo *s. m.* (no contable) REL. Creencia en un Dios personal y trascendente que ha creado el mundo y cuida de todas las criaturas. ANT. ateísmo.

teja *s. f.* **1** Pieza de barro cocido que cubre los tejados de las casas: *Las tejas de las casas españolas suelen ser acanaladas.* **2** Dulce hecho con harina, azúcar y otros ingredientes, cocido al horno, que tiene una forma parecida a la de las tejas acanaladas: *Las tejas se hacen con almendra.* || *adj. / s. m.* y *f.* **3** (invariable) Color marrón rojizo propio de las tejas: *un vestido teja, unos zapatos teja.* || **4 peineta* de ~. 5 sombrero* de ~.** FR. Y LOC. **a tocateja** o **a toca ~** COLOQUIAL. Inmediatamente, al contado: *He comprado la tele a tocateja.*

tejadillo *s. m.* Tejado de una sola vertiente que cubre una puerta o una ventana: *Los tejadillos suelen estar volados protegiendo las puertas o las ventanas.*

tejado *s. m.* **1** Parte superior de una construcción generalmente recubierta de tejas: *el tejado de una casa. Ha subido al tejado a cambiar la antena.* FR. Y LOC. **empezar la casa por el ~** COLOQUIAL. No empezar ‹una persona› las cosas por el principio: *Vamos a organizarnos, no se puede empezar la casa por el tejado.* **tirar piedras* a / contra su propio ~.**

tejano, na *adj. / s. m.* y *f.* **1** De Tejas, Estado de los Estados Unidos de Norteamérica: *Este coche tiene matrícula tejana.* || *s. m.* **2** (plural) Pantalones vaqueros: *Me he comprado unos tejanos.* **3** CUBA, GUAT., MÉX. Sombrero típico de los ganaderos y hombres de campo de Tejas, muy usado en México.

tejar *v. tr.* Poner ‹una persona› tejas en la cubierta de [una construcción]: *La casa ya está acabada, sólo falta tejarla.*

tejar *s. m.* Lugar donde se fabrican tejas y ladrillos: *Cerca de Salamanca hay varios tejares antiguos.*

tejedor, ra *adj. / s. m.* y *f.* **1** Persona que por oficio o por afición se dedica a tejer: *Los tejedores de Segovia eran muy famosos.* || *s. m.* **2** Insecto de cuerpo alargado con los dos pies delanteros cortos y los cuatro de atrás largos que se desliza sobre la superficie del agua.

tejedora *s. f.* Máquina que confecciona prendas de punto.

tejeduría *s. f.* **1** (no contable) INDUS. Taller donde están los telares en los que se teje: *Estos abrigos los han hecho en las tejedurías de aquí.* **2** (no contable) INDUS. Técnica y arte de tejer las telas: *Aprendió la tejeduría al lado de su padre.*

tejemaneje *s. m.* **1** COLOQUIAL. Actividad intensa o ajetreo que tiene una persona: *No sé qué tejemaneje se trae con tantos libros de un lado para otro.* **2** COLOQUIAL. Actividad que realiza una persona con finalidad poco honesta: *Con algunos tejemanejes logró que le admitieran en el club.* SIN. enredo, chanchullo.

tejer *v. tr.* **1** Combinar y entrelazar ‹una persona o una máquina› hilos para formar [un tejido]: *Ya no se teje a mano.* **2** Hacer ‹una araña o un gusano› [su tela o su capullo]: *Entre las ramitas tejen sus telas las arañas.* **3** RESTRINGIDO. Formar ‹una persona› [una idea o un plan] en su mente: *¿Qué estás tejiendo ahora?* SIN. idear. **4** AFECTADO. Trabajar y esforzarse ‹una persona› para conseguir y asegurarse [su felicidad o su porvenir]: *Si no estudias no podrás tejerte un futuro.* SIN. labrar. **5** Hacer ‹una o varias personas› un plan para preparar [una intriga o un engaño]: *La policía los detuvo cuando tejían un plan para asaltar un importante banco.* SIN. maquinar. || *v. tr. / intr.* **6** Hacer ‹una persona› [labores de punto o ganchillo]: *Mi madre me está tejiendo una bufanda.* FR. Y LOC. **~ y destejer** RESTRINGIDO. Avanzar y retroceder ‹una persona› en una actividad: *No terminarás nunca este cuadro, no haces más que tejer y destejer.*

tejero, ra *s. m. / f.* **1** RESTRINGIDO. Persona que tenía por oficio fabricar tejas o ladrillos. || *s. f.* **2** RESTRINGIDO. Tejar: *En la comarca hay varias tejeras.*

tejido *s. m.* **1** (no contable) Disposición de los hilos de una tela: *tejido al biés.* **2** Pieza que resulta de tejer hilos de cualquier material, especialmente los de fibras textiles: *un tejido de algodón.* **3** ANAT. Estructura constituida por células de un mismo origen y similar función en los seres vivos: *tejido adiposo, tejido nervioso.* **~ unitivo. ~ conjuntivo** Tejido que sirve para unir otros tejidos y órganos del cuerpo. **4** ARG., URUG. Tela metálica para cercas.

tejo *s. m.* **1** *Taxus baccata.* Árbol conífero siempre verde de ramas casi horizontales y hojas planas que se cultiva como planta ornamental y por su madera. **2** Rayuela. **3** Pieza redondeada de teja, metal o piedra que se utiliza en ciertos juegos: *La chita y el chito son juegos en los que se emplea el tejo.* FR. Y LOC. **tirar los tejos** COLOQUIAL. Insinuar ‹una persona› a otra persona que le gusta: *Durante toda la fiesta no paró de tirarle los tejos a Ángel.*

tejón *s. m.* (macho y hembra) *Meles meles.* Mamífero carnívoro pequeño, con franjas blancas y negras en la cabeza y hocico largo y puntiagudo, que se refugia en túneles excavados con sus fuertes patas: *El tejón vive en Europa y Asia.*

tejonera *s. f.* Madriguera o refugio de los tejones.

tejuelo *s. m.* **1** Trozo cuadrado, ovalado o rectangular de papel o de piel que se pega en el lomo de un libro para indicar su título o el número de orden: *Se ha despegado el tejuelo de este libro.* **2** Inscripción o números que están en este papel: *El tejuelo está equivocado.*

tela *s. f.* **1** Tejido formado por hilos, fabricado generalmente en un telar: *Me gustan las telas claras.* **2** Cualquier pieza tejida de alambre, fibras plásticas o cualquier otro material: *una tela metálica contra los mosquitos.* **3** Red que forman las arañas y otros insectos con el hilo que segregan. **4** Lienzo para pintar y pintura hecha sobre él: *Se han descubierto varias telas del pintor que tenían los herederos.* **5** Capa fina que envuelve la superficie de algo: *las telas que recubren los pulmones.* SIN. membrana. **6** (no contable) JERGAL. Dinero, especialmente si es abundante: *Aquí hay mucha tela que ganar. Mamá, dame tela.* **7** COLOQUIAL. Asunto que hay que tratar o trabajo que debe realizarse: *Hay tela para rato en este piso. Este proyecto tiene tela para hacerlo.* || **8 papel ~. 9 ~ adhesiva** ARG., URUG. Esparadrapo. **10 ~ asfáltica** Tela fina de material plástico o metalizado recubierto de asfalto que se usa para impermeabilizar tejados o terrazas: *Pondremos una tela asfáltica para evitar goteras en la terraza.* **11 ~ de carpa** ARG., URUG. Lona. **12 ~ de saco** Tela basta parecida a la que se emplea para fabricar sacos. FR. Y LOC. **haber ~ que cortar** COLOQUIAL. Haber ‹materia abundante› de cierto asunto para tratar de él: *Sobre este tema hay tela que cortar.* **poner* en ~ de juicio. ser/haber/tener ~ (marinera)** COLOQUIAL; INTENSIFICADOR. Se usa para indicar la importancia o la dificultad de algo: *Conseguir esto es tela marinera. El trabajo tiene tela.*

telar *s. m.* **1** Máquina textil para tejer. **~ automático. ~ de mano. ~ mecánico. 2** (preferentemente en plural) Fábrica de tejidos: *Los telares están desapareciendo de nuestra geografía.* **3** TEATRO. Parte superior del escenario donde se recogen los telones y las bambalinas.

telaraña *s. f.* **1** Tela que forma la araña con los hilos que ella misma segrega: *En el techo hay una telaraña.* **2** Nubosidad que se percibe debido a un defecto de la vista: *Veo telarañas.*

tele *s. f.* **1** COLOQUIAL. Televisión: *Se pasa toda la tarde pegado a la tele. ¿Qué ponen esta noche en la tele?* **2** COLOQUIAL. Televisor: *Se me ha estropeado la tele.*

tele- *pref.* Significa 'desde lejos', 'a distancia' y forma sustantivos a partir de sustantivos, verbos a partir de verbos y adjetivos a partir de adjetivos: *comunicación - telecomunicación, visión - televisión, tipo - teletipo, dirigido - teledirigido, dirigir - teledirigir.*

telecabina *s. f.* Sistema de transporte para salvar diferencias de altitud formado por una serie de cabinas o vehículos suspendidos de un único cable de tracción aéreo: *las telecabinas de las pistas de esquí.* SIN. teleférico.

telecomposición *s. f.* ART. GRÁF. Sistema de composición automática en que las máquinas encargadas de componer los textos funcionan dirigidas a partir de un punto central: *Nuevas técnicas como la telecomposición han sido incorporadas a la edición de periódicos.*

telecomunicación *s. f.* **1** Comunicación a distancia por medio de cables o a través de ondas electromagnéticas: *La telecomunicación ha cambiado el concepto de distancia.* **2** (preferentemente en plural) Conjunto de sistemas y medios de comunicación entre estaciones emisoras y receptoras distantes: *Los medios de transmisión empleados permiten la clasificación de las telecomunicaciones en diversos tipos.*

telecontrol *s. m.* TECNOL. Aparato electrónico para accionar o dirigir a distancia el funcionamiento de un mecanismo o máquina. SIN. telemando, mando a distancia.

telediario *s. m.* Programa de información de noticias de la actualidad emitido diariamente por televisión: *Me gusta el telediario nocturno de la segunda cadena.*

teledifusión *s. f.* Transmisión de imágenes de televisión por medio de ondas electromagnéticas.

teledirigir *v. tr.* Dirigir ‹una persona› [un aparato] a distancia por medio de ondas electromagnéticas: *Los cohetes espaciales son teledirigidos desde una base central.* **proyectil teledirigido. ⇒ 78.**

telediscado *s. m.* ARG., URUG. Servicio telefónico automático.

telefax (plural *telefax*) *s. m.* **1** TECNOL. Aparato que reproduce, por medio de ondas eléctricas de radio o hertzianas, textos o documentos a distancia: *Tenemos telefax en la oficina y en casa.* **2** Texto o documento reproducido por este sistema: *Envíanos un telefax con tus propuestas.* SIN. fax.

teleférico *s. m.* Sistema de transporte para salvar grandes diferencias de altitud, formado por una serie de cabinas o vehículos suspendidos de un cable de tracción aéreo: *Esperaremos el teleférico para subir al santuario.* SIN. telecabina.

telefilm *s. m.* Telefilme.

telefilme o **telefilm** *s. m.* Film realizado para ser emitido en televisión: *No me gustan los telefilmes sentimentales.*

telefonazo *s. m.* COLOQUIAL. Llamada telefónica breve: *Dame un telefonazo antes de salir y te esperaré en la calle.*

telefonear *v. tr./intr.* **1** Llamar ‹una persona› [a otra persona] por teléfono: *Deja de telefonear y ven a comer.* || *v. tr.* **2** Comunicar ‹una persona› [una cosa] a [otra persona] por teléfono: *Te telefonearé los resultados de los análisis en cuanto sepamos algo.*

telefonema *s. m.* RESTRINGIDO. Telegrama dado por teléfono.

telefonía *s. f.* (no contable) COMUNIC. Sistema de transmisión a distancia de la voz, por medio de corrientes eléctricas u ondas electromagnéticas: *Cuando la comunicación se hace por ondas electromagnéticas se llama 'telefonía sin hilos' o 'inalámbrica'.*

telefónico, ca *adj.* **1** De la telefonía. **2** A través del teléfono. **escucha* telefónica.**

telefonillo *s. m.* TECNOL. Instalación que permite la comunicación entre dos puntos de un mismo edificio, mediante aparatos análogos enlazados con cables: *Llama al telefonillo cuando llegues.* SIN. interfono.

telefonista *s. m. / f.* **1** Persona que se encarga de una centralita teléfonica: *Por favor, telefonista, ¿me puede poner con la extensión 2723?* SIN. operador. **2** Persona que está encargada del servicio de los aparatos telefónicos: *En la empresa trabajan varios telefonistas.*

teléfono *s. m.* **1** TECNOL. Sistema eléctrico de comunicación a distancia mediante aparatos e hilos que transmiten los sonidos: *llamar por teléfono, hablar por teléfono.* **~ automático. ~ interno. ~ público. ~ sin hilos** o **~ inalámbrico. 2** Aparato que transmite y recibe sonidos a través de este sistema: *descolgar el teléfono, coger el teléfono, ponerse al teléfono, el auricular del teléfono. Dame tu número de teléfono. Su teléfono está comunicando.* **disco* del ~. 3** Número o letras que identifican uno de estos aparatos: *Dadnos vuestro teléfono. ¿Tienes mi teléfono?* **4** (plural) RESTRINGIDO. Compañía encargada de la instalación y mantenimiento de este sistema de comunicación, y edificio en que se encuentra: *Voy a Teléfonos a poner una conferencia.* SIN. Telefónica. || **5 cabina* de ~.**

telefotografía *s. f.* **1** (no contable) Técnica para enviar y recibir fotografías por medio de ondas electromagnéticas: *La telefotografía se ha perfeccionado mucho con el uso de los ordenadores.* **2** Fotografía transmitida por este sistema. **3** (no contable) Técnica para obtener fotografías de objetos lejanos: *Los periodistas gráficos usan mucho la telefotografía.* **4** Fotografía tomada a distancia con esta técnica.

telegrafía *s. f.* **1** Sistema de comunicación a distancia para enviar mensajes utilizando un código de signos preestablecido, especialmente por medio de impulsos eléctricos. **~ inalámbrica** TECNOL. Radiotelegrafía. **~ múltiple** Telegrafía que permite la transmisión de varios mensajes por una misma línea. **~ óptica** Telegrafía que emplea señales ópticas. **2** Conjunto de instalaciones necesarias para enviar mensajes con este sistema.

telegrafiar *v. tr. / intr.* Comunicar ‹una persona› [una cosa] a [otra persona] por telégrafo: *Telegrafíanos la fecha de tu llegada.* ⇒ **8.**

telegráficamente *adv. modo* **1** Por medio del telégrafo y, más comúnmente, mediante el envío de un telegrama: *La noticia le fue comunicada telegráficamente.* **2** Con estilo telegráfico, con suma concisión: *Lo describiré telegráficamente.* OBSERVACIONES: Por referirse a actos narrativos, puede a veces modificar el acto mismo de decir y aun al acto que se pide al oyente como respuesta: *Telegráficamente, poco público, mal ambiente, mal juego y empate a dos.* || *adv. restrictivo* **3** Desde el punto de vista de la telegrafía: *Telegráficamente, este descubrimiento fue muy importante.*

telegráfico, ca *adj.* **1** Del telégrafo o de la telegrafía: *comunicación telegráfica.* **giro ~. línea telegráfica. 2** [Modo de hablar o escribir] que utiliza frases cortas y pocos elementos de unión, como en un telegrama: *mensaje telegráfico. Es muy telegráfico hablando.*

telegrafista *s. m. / f.* Persona que trabaja en la instalación o servicio de los aparatos telegráficos: *el telegrafista de un avión, el telegrafista de un barco.*

telégrafo *s. m.* **1** Sistema de comunicación a distancia por el que se transmiten y reciben con gran velocidad mensajes codificados. **~ sin hilos** Telégrafo en que las señales, que representan letras, se transmiten por medio de ondas de radio o hertzianas. SIN. radiotelégrafo. **2** TECNOL. Aparato que trasmite y recibe mensajes codificados mediante este sistema. **3** Administración de la que depende este sistema de comunicación y edificio en que se encuentra. || **4 ~ marino** Sistema de comunicación mediante señales visuales, como banderas, que utilizan los barcos para comunicarse.

telegrama *s. m.* **1** Comunicación transmitida por medio del telégrafo: *enviar un telegrama, recibir un telegrama.* **2** Papel normalizado en el que se recibe escrito el mensaje telegráfico: *Tienes un telegrama encima de la mesa.*

teleimpresor *s. m.* Teletipo, aparato telegráfico.

telekinesis o **telequinesis** o **telequinesia** (plural *telekinesis*) *s. f.* (no contable) Movimiento de los objetos utilizando únicamente el poder de la mente.

telele *s. m.* COLOQUIAL; INTENSIFICADOR. Desmayo o ataque de nervios: *Como suspenda el examen, me da el telele.*

telemando *s. m.* **1** (no contable) Sistema automático de control de un mecanismo o de un vehículo: *El vídeo tiene telemando.* **2** Aparato eléctrico para accionar o dirigir a distancia el funcionamiento de un mecanismo o máquina: *el telemando de la televisión, el telemando de la cadena musical.* SIN. telecontrol, mando a distancia.

telemática *s. f.* (no contable) Conjunto de técnicas y servicios que combinan las posibilidades de la Informática con las telecomunicaciones: *La telemática es fundamental en la oficina moderna.*

telemedición *s. f.* Procedimiento que permite conocer a distancia, mediante señales eléctricas, la indicación de un instrumento de medida, por ejemplo una sonda: *La telemedición se utiliza mucho en meteorología.*

telemetría *s. f.* **1** Técnica que permite medir distancias entre objetos lejanos. **2** Transmisión a distancia, normalmente por radio, de los datos obtenidos por aparatos de medida en lugares de difícil acceso y en la exploración del espacio: *La telemetría proporciona los datos que permiten controlar el estado de los reactores nucleares.*

telemétrico, ca *adj.* Del telémetro: *distancia telemétrica.*

telémetro *s. m.* ÓPT. Dispositivo o instrumento óptico para medir la distancia a la que se halla un objeto: *el telémetro de un arma de fuego. El telémetro es un instrumento importante en topografía.*

telencéfalo *s. m.* ANAT. Parte anterior del encéfalo de los vertebrados más alejada de la médula espinal, que contiene los hemisferios cerebrales y los lóbulos olfatorios.

telenovela *s. f.* Film muy largo realizado para ser emitido por capítulos en televisión, generalmente de carácter melodramático: *Las telenovelas tienen mucho éxito.*

teleobjetivo *s. m.* Dispositivo óptico formado por un sistema de lentes para fotografiar o filmar la imagen de los objetos lejanos: *el teleobjetivo de la cámara fotográfica, el teleobjetivo de un telescopio. Las fotos de la estrella en su piscina han sido sacadas con teleobjetivo.*

teleología *s. f.* **1** (no contable) FILOS. Estudio de las causas finales de las cosas. **2** ELEVADO. Finalidad, tendencia hacia un fin: *Los geólogos no admiten con facilidad la teleología de la evolución geológica.*

teleológico, ca *adj.* ELEVADO. De la teleología: *No es fácil explicar por causas o razones teleológicas toda la historia de los pueblos.*

teleósteo *adj. / s. m.* **1** (macho y hembra) ZOOL. [Pez] que es marino, que tiene el esqueleto duro, aleta de cola simétrica, radios que salen del extremo de la columna vertebral, mandíbula superior sujeta al cráneo sólo por el hocico y vejiga natatoria ‖ *s. m.* **2** (en plural) ZOOL. Grupo formado por este grupo de peces: *La mayoría de los peces pertenece a los teleósteos.*

telepatía *s. f.* (no contable) Percepción por parte de una persona del pensamiento o situación de otra sin que intervengan los órganos de los sentidos o el lenguaje: *Almudena dice que puede saber cómo están los niños por telepatía.*

telepático, ca *adj.* De la telepatía: *percepción telepática.*

teleprocesamiento *s. m.* Acción y resultado de procesar: *el teleprocesamiento de las calificaciones.*

teleprocesar *v. tr.* INFORM. Procesar ‹una persona› [datos] por teleproceso: *Desde las diferentes estaciones meteorológicas se teleprocesan los datos a la sede central.*

teleproceso *s. m.* INFORM. Procesamiento de datos a distancia mediante un ordenador conectado a una red informática con capacidad de entrada y salida: *El teleproceso nos permite cumplir las órdenes de todos nuestros clientes en cualquier momento.*

telequinesia *s. f.* Telekinesis.

telequinesis *s. f.* Telekinesis.

telera *s. f.* **1** Cada uno de los dos maderos paralelos de las prensas de carpinteros y encuadernadores. **2** RESTRINGIDO. Travesaño de metal o de madera que sirve para graduar la inclinación de la reja de un arado. **3** RESTRINGIDO. Sección móvil de un vallado de un redil. **4** MÉX.; RESTRINGIDO en España. Pan grande de forma ovalada.

telerruta *s. f.* (no contable) Servicio oficial que informa del estado de las carreteras a las personas que lo solicitan: *el teléfono permanente del servicio de Telerruta.*

telescópico, ca *adj.* **1** Del telescopio o desde el telescopio: *observaciones telescópicas.* **mira* telescópica.** **2** Que sólo se puede observar con ayuda del telescopio: *planetas telescópicos.* **3** [Objeto] que está formado por un conjunto de tubos alargados que encajan unos en otros y pueden extenderse o recogerse: *antenas telescópicas.*

telescopio *s. m.* Instrumento óptico en forma de tubo para ampliar la imagen de los objetos lejanos, especialmente utilizado para observar cuerpos celestes: *Los grandes telescopios modernos tienen lentes de varios metros de diámetro.*

telesilla *s. m.* Sistema de transporte formado por sillas suspendidas de un cable aéreo para subir hasta la parte más alta de las montañas: *Los telesillas se utilizan mucho en las pistas de esquí.*

telespectador, ra *s. m. / f.* Espectador que sigue un programa de televisión: *Las emisoras luchan por captar el mayor número posible de telespectadores.* SIN. televidente.

telesquí (plural *telesquís*) *s. m.* Instalación formada por un sistema de arrastre que permite subir sobre los esquís hasta la parte superior de las pistas: *El telesquí es el sistema más rápido de remonte para subir a las pistas.*

teletexto (marca registrada) *s. m.* **1** Servicio informativo de un canal de televisión en el que la información aparece como un texto escrito en la pantalla: *Le regalaré a mi padre un televisor con teletexto.* **2** Texto de esta información: *Me gusta leer el teletexto por las mañanas.*

teletipo (marca registrada) *s. m.* **1** Aparato telegráfico con teclado, que emite y recibe mensajes y los imprime: *La agencia dispone de modernos teletipos.* **2** Mensaje transmitido por este aparato: *El periodista leyó un teletipo que acababa de llegar.*

televidente *s. m. / f.* Espectador que sigue un programa de televisión: *Muchos televidentes llamaron para protestar por el error de la presentadora.* SIN. telespectador.

televisar *v. tr.* Emitir ‹una cadena› [imágenes de un suceso o un espectáculo] por televisión: *La primera cadena televisará la final del campeonato de natación.*

televisión *s. f.* **1** TECNOL. Sistema de transmisión de imágenes y sonidos a distancia por medio de ondas hertzianas: *programa de televisión, presentador de televisión, estudios de televisión. Veo poca televisión. Veo poco la televisión.* **cámara de ~.** SIN. tele (COLOQUIAL). **2** Conjunto técnico y empresarial dedicado a transmitir por este sistema: *Televisión Española. Es un programa subvencionado por la televisión autonómica.* **~ privada** Canal de televisión que no está financiado con dinero público. **3** COLOQUIAL. Televisor: *encender la televisión, poner la televisión. Sube la televisión, porque no se oye.* SIN. tele (COLOQUIAL).

televisivo, va *adj.* **1** De la televisión: *propaganda televisiva. Participará en un espacio televisivo.* **2** Que resulta interesante o atractivo en televisión: *noticia televisiva, serie televisiva, rostro televisivo.*

televisor *s. m.* TECNOL. Aparato que reproduce en su pantalla las imágenes transmitidas por televisión: *Me he comprado un televisor en color. Los televisores en blanco y negro son ahora de museo. Apaga el televisor.* SIN. tele (COLOQUIAL).

télex (marca registrada) (plural *télex*) *s. m.* **1** TECNOL. Servicio telegráfico directo entre usuarios, mediante teletipos conectados a través de una línea telefónica: *Los ordenadores y el fax están arrinconando el télex.* **2** Mensaje transmitido por este sistema: *Te enviaremos un télex esta tarde con el contrato.*

telina *s. f.* Molusco lamelibranquio marino con concha de colores brillantes, del tamaño de una almeja, que abunda en las costas españolas: *Las telinas son comestibles.*

telón *s. m.* Cortina corredera, o que sube y baja, que cubre el escenario de un teatro o la pantalla de un cine: *En los teatros el telón debe ser ignífugo.* ‖ **2 ~ de fondo** 1 Telón que cierra la escena formando el frente de la decoración: *El telón de fondo o telón de foro representa un paseo marítimo.* 2 Horizonte, zonas lejanas de un paisaje: *Como telón de fondo, las torres de la catedral se teñían con el rojo del atardecer.* 3 Circunstancias que rodean un acontecimiento: *Como telón de fondo estaba la guerra europea de 1914.*

telonero, ra *adj. / s. m.* y *f.* **1** COLOQUIAL. [Artista] que sale a escena en primer lugar en un concierto o espectáculo teatral o de variedades, antes de la actuación principal: *Han contratado dos buenos grupos teloneros.* **2** COLOQUIAL; HUMORÍSTICO. [Persona] que habla primero en una conferencia o en un mitin, por ser menos importante que las que intervienen después: *En el mitin de mañana hablará el presidente del partido y como teloneros intervendrán los tres presidentes provinciales de la comunidad.* ‖ *s. m. / f.* **3** Persona que hace telones o los maneja en un espectáculo: *El telonero está encargado de subir y bajar el telón.*

telson *s. m.* ZOOL. Segmento último del abdomen de los crustáceos, diferenciado de los restantes y provisto en ocasiones de dos apéndices.

telúrico, ca *adj.* **1** ELEVADO. Del planeta Tierra: *temblor telúrico.* **2** ELEVADO. Del telurismo: *paisaje telúrico* **3** ELEVADO;

RESTRINGIDO. Imponente o impresionante y sobrecogedor: *un terror telúrico, un escritor telúrico, poeta telúrico.*

telurio *s. m. Te.* Teluro.

telurismo *s. m.* (no contable) Influencia del suelo o de la configuración del terreno sobre los seres vivos: *El escritor habla del telurismo de esta tierra sobre sus hijos.*

teluro o **telurio** *s. m. Te.* Elemento químico metaloide con propiedades parecidas a las del azufre y el selenio, que se emplea en la elaboración de vidrios coloreados.

tema *s. m.* **1** Idea o asunto del que trata un texto, una obra de arte, una conversación o un discurso: *el tema del cuadro, el tema de la película. El tema que se tratará en la mesa redonda es la drogadicción. Prefiero no discutir sobre estos temas.* **2** COLOQUIAL. Asunto, cosa o cuestión que preocupa o que interesa, o sobre los que se habla, o sobre los que se negocia: *No me interesa el tema de los embutidos. A mí el tema de la Bolsa me gusta. Nuestro taller no trabaja el tema de las bicicletas.* **3** LING. Parte de la palabra situada entre la raíz y las desinencias, que la clasifica en un determinado paradigma o grupo: *Los verbos de tema en -a son los de la primera conjugación.* **4** MÚS. Melodía fundamental que se desarrolla en una composición musical: *Todos los temas de la novena sinfonía me fascinan.* **5** Canción o composición musical: *Tocó sólo un par de temas de su primer álbum.* **6** Cada una de las unidades de estudio de una asignatura o de una oposición: *En el examen entran treinta temas. Hoy hablaremos de las dudas del tema seis.* SIN. lección. FR. Y LOC. **variaciones* sobre el mismo ~.**

temario *s. m.* Conjunto de temas de una asignatura o de una oposición: *el temario de Derecho Civil, el temario de Biología. En el examen entra todo el temario.*

temática *s. f.* **1** Tema o conjunto de temas de una obra, autor o movimiento: *temática amorosa, temática de actualidad.* **2** COLOQUIAL. Conjunto de asuntos que preocupan o sirven de negociación: *la temática de los obreros parados, la temática de mi ascenso. Exportar mucho es otra temática.*

temático, ca *adj.* **1** Del tema o asunto: *exposición temática, el núcleo temático de una obra, variación temática.* **2** GRAM. [Elemento] que se añade a la raíz de un vocablo para unir a ella la terminación: *vocal temática.* **3** Que está dedicado a un conjunto de actividades relacionadas por una idea única o común: *En Sevilla se va a instalar un parque temático. Crearemos aquí un centro temático de investigación.*

tembladera *s. f.* COLOQUIAL. Temblor muy intenso del cuerpo o de una parte de él: *Me he quedado frío al salir de la ducha: me ha entrado una tembladera tremenda.*

tembladeral *s. m.* ARG., URUG. Tremedal.

temblar *v. intr.* **1** Agitarse ‹una persona o un animal› con movimientos involuntarios y repetidos a causa del frío o por miedo: *Cuando salió del lago, temblaba* ***de*** *frío. Me tiemblan las piernas.* **2** Moverse ‹una cosa› con sacudidas cortas y repetidas: *Las hojas tiemblan en el árbol.* **3** Sentir ‹una persona› miedo por [una cosa que puede ocurrir]: *Tiemblo* ***por*** *su vida. Tiemblo pensando lo que puede pasarles.* SIN. estremecerse. FR. Y LOC. **dejar temblando** COLOQUIAL. 1 Gastar o consumir ‹una persona› una cosa casi hasta el final: *Dejó la botella de vino temblando.* 2 Dejar ‹una persona› muy preocupada o asustada a otra persona: *El jefe nos ha dejado temblando esta mañana.* **quedar temblando** COLOQUIAL. 1 Acabarse o consumirse ‹una cosa› casi por completo: *El aceite se ha quedado temblando, tenemos que comprar más.* 2 Quedarse ‹una persona› muy asustada o preocupada: *Después de la conversación con el jefe nos hemos quedado temblando.* **~ la voz** Salir la voz de ‹una persona› entrecortada por una emoción: *Noté que se había impresionado porque le temblaba la voz.* ⇒ **58.**

tembleque *s. m.* **1** COLOQUIAL. Temblor del cuerpo: *Le entró un tembleque en las manos y se le cayó la copa al suelo.* ‖ *adj. / s. m.* y *f.* **2** ARG.; COLOQUIAL. Enclenque, enfermizo.

temblequear *v. intr.* COLOQUIAL; RESTRINGIDO. Agitarse ‹una persona o un animal› intensamente a causa del frío o por miedo: *Hijo, no temblequees, que no pasa nada.*

temblor *s. m.* **1** Movimiento involuntario y repetido del cuerpo o de una parte de él: *El frío, el nerviosismo, el miedo y la enfermedad le producían temblores.* **2** Movimiento semejante de cualquier cosa: *el temblor de las hojas de los árboles, el temblor del motor.* ‖ **3 ~ (de tierra)** Terremoto de poca intensidad: *Un pequeño temblor sacudió ayer la comarca de Tarragona.*

tembloroso, sa *adj.* **1** (ser / estar) Que tiembla: *¿Qué te ha pasado? Estás todo tembloroso.* **2** [Voz, expresión] que tiembla o está entrecortada por un sentimiento fuerte: *Su voz era temblorosa, los aplausos la habían emocionado.*

temer *v. tr. / intr.* **1** Sentir ‹una persona o un animal› miedo de [una persona, un animal o una cosa]: *No temas, todos tus problemas se solucionarán pronto. Teme* ***por*** *sus hijos.* ‖ *v. tr. / prnl.* **2** Pensar o creer ‹una persona› que [a otra persona o una cosa] puede ocurrirle [una cosa mala o perjudicial]: ***Me*** *temo lo peor. Temo que Pilar no llegue a tiempo.* ***Me*** *temo que no han encontrado las llaves.*

temerario, ria *adj.* **1** Que actúa con imprudencia y se arriesga sin reflexionar o sin examinar los peligros que le esperan: *conducción temeraria, adelantamiento temerario.* **imprudencia* temeraria.** **2** Que se dice, se hace o se piensa sin fundamento o base alguna: *juicio temerario.*

temeridad *s. f.* **1** Acción o dicho temerario: *Cruzar la calle así fue una temeridad.* **2** (no contable) Cualidad o actitud de temerario: *Hizo aquello con mucha temeridad.* SIN. insensatez.

temeroso, sa *adj.* **1** ELEVADO. Que causa temor o es digno de ser temido: *Estos fríos de invierno son temerosos.* **2** (ser / estar) ELEVADO. Que siente temor: *Últimamente estoy un poco temerosa. Ana es una persona temerosa* ***de*** *Dios.*

temible *adj.* Que produce temor o es digno de ser temido: *Eres temible; cuando sales por la noche nunca encuentras la hora de volver a casa.*

temor *s. m.* **1** Sentimiento de inquietud, angustia o incertidumbre que hace rechazar o evitar a aquellas personas o situaciones que se consideran perjudiciales o peligrosas: *Tengo temor a volar. Intenta superar todos tus temores.* SIN. miedo. **2** Sospecha de que una cosa mala o desfavorable haya sucedido, suceda o pueda suceder: *Tengo el temor de que les haya pasado algo malo.* ‖ **3 ~ de Dios** Entre los cristianos, miedo respetuoso hacia Dios que inspira un comportamiento justo: *Es un profesional justo y con temor de Dios.*

témpano *s. m.* **1** Plancha grande de hielo: *El estanque del parque está lleno de témpanos.* **2** RESTRINGIDO. Pieza plana y delgada de algún material duro: *el témpano de un tonel.*

SIN. lámina. FR. Y LOC. **como un ~** COLOQUIAL. Muy frío: *La casa estaba como un témpano.*

témpera *s. f.* **1** Técnica de pintura al temple que utiliza colores diluidos en agua más densos y menos transparentes que en la acuarela. **2** Obra realizada con esta técnica: *Begoña expone una colección de témperas de Salamanca.*

temperamental *adj.* **1** Del temperamento: *los cambios temperamentales, estudios temperamentales.* **2** Que tiene reacciones muy intensas, a veces violentas, o cambia con frecuencia su estado de ánimo: *persona temperamental, carácter temperamental, artista temperamental.*

temperamentalmente *adv. modo* **1** Con impulsividad o dejándose llevar por ella: *Has actuado demasiado temperamentalmente.* **2** Por temperamento, por carácter, por manera de ser: *Él es así temperamentalmente, no es que esté hoy especialmente agresivo.* || *adv. restrictivo* **3** En cuanto al temperamento, en la manera de ser y de reaccionar: *Física y temperamentalmente sí me recuerda algo a Lola Flores.*

temperamento *s. m.* **1** Aspecto de la personalidad de una persona que depende de factores constitucionales, relacionados principalmente con el sistema nervioso y hormonal: *Tiene un temperamento débil.* **2** Forma de ser habitual de una persona: *Tiene un temperamento muy fuerte. No tiene temperamento para imponerse.* SIN. carácter. **3** Modo de ser de la persona enérgica, emprendedora y creativa: *Es una mujer de mucho temperamento.* **4** AMÉR. Clima, temperatura de la atmósfera.

temperancia *s. f.* ELEVADO. Templanza, moderación: *La temperancia en la comida es buena para la salud.*

temperar *v. tr.* **1** MED. Disminuir ‹una persona› [la excitación de un enfermo] con antiespasmódicos o calmantes: *Los médicos han conseguido temperar su excitación.* || *v. tr. / prnl.* **2** RESTRINGIDO. Atemperar. || *v. intr.* **3** COL., VEN.; RESTRINGIDO en Venezuela. Cambiar ‹una persona› de aires, pasar las vacaciones ‹una persona› en algún lugar.

temperatura *s. f.* **1** FÍS. Magnitud física que mide la energía cinética media de las partículas de un cuerpo, origen de la sensaciones de frío y calor: *Es un especialista en algunos problemas de la temperatura.* **2** Grado de calor de un cuerpo o de la atmósfera: *El hierro se funde a elevadas temperaturas. Los gatos tienen más temperatura que las personas.* **~ ambiente** Temperatura de la atmósfera que rodea un cuerpo: *Sirvieron las bebidas a la temperatura ambiente.* **3** COLOQUIAL. Fiebre: *Le puso el termómetro a la niña para ver si le había subido la temperatura.*

tempero *s. m.* AGR. Estado de la tierra apropiado para sembrarla o trabajarla: *En este mes hay que aprovechar el tempero para sembrar.*

tempestad *s. f.* **1** Gran alteración de las aguas del mar causada por la fuerza y violencia del viento: *El barco naufragó a causa de la tempestad.* **2** Fuerte tormenta: *Nos refugiamos en el pueblo porque había una tempestad de viento y nieve.* **3** Manifestación ruidosa y violenta de aprobación o desaprobación: *La conferencia acabó con una tempestad de aplausos y vivas.* **4** Gran alteración o excitación en el estado de ánimo: *Su ira contenida estalló en una tempestad.*

tempestuoso, sa *adj.* **1** (ser / estar) [Tiempo] que produce tempestades, o que amenaza con que se produzcan: *Algunas tardes de verano son muy tempestuosas.* SIN. tormentoso. **2** (ser / estar) ELEVADO. Que encierra o anuncia tensión o agitación: *Mi vida ha sido muy tempestuosa; ahora, por fin, está tranquila.* **3** ELEVADO. Que es violento o agitado: *Tiene un carácter muy tempestuoso.*

templadamente *adv. modo* ELEVADO. Con templanza, con moderación y sobriedad.

templado, da *adj.* **1** (ser / estar) [Clima, temperatura] que no es ni frío ni caliente: *Desayuno un vaso de leche templada. La tarde está templada.* SIN. tibio. **clima ~. zona* templada.** **2** Que es moderado en su manera de vivir: *Pepe es una persona muy templada, nunca sale de noche.* **3** Que se comporta con valentía serena: *Pedro es muy templado, nos animó y estuvo muy tranquilo en la tormenta.* **4** [Material] que es resistente, sin transparencia ni brillo: *cristal templado, acero templado.* **5** COL., VEN. De carácter severo y enérgico. **6** PERÚ. [Persona] que está enamorada.

templanza *s. f.* **1** Moderación en los placeres de los sentidos, que constituye una de las virtudes cardinales para la religión católica: *actuar con templanza. Es una mujer de mucha templanza.* **2** ELEVADO. Suavidad y moderación del tiempo atmosférico: *La templanza del Mediterráneo es ideal para vivir.* **3** ARTE. Armonía y buena disposición de los colores: *Es un cuadro con mucha templanza.*

templar *v. prnl.* **1** Calentarse ‹una cosa› ligeramente: *A mediodía ya se habrá templado el agua del mar.* **2** Ponerse ‹una persona› tranquila: *Sus nervios se templaron cuando vio que había aprobado.* **3** Evitar ‹una persona› cometer excesos: *Témplate, no te excites, que luego te vas a arrepentir.* || *v. tr.* **4** Calentar ‹una persona› [una cosa] ligeramente: *Témplame un poco el café.* SIN. caldear. **5** Disminuir ‹una persona› la fuerza o la intensidad de [una cosa]: *Hay que templar la cólera.* SIN. temperar. **6** Dar ‹una persona› a [un metal o el cristal] dureza o elasticidad: *Se templa el acero para que tenga más resistencia.* **7** Poner ‹una persona› [una cosa] en tensión o presión moderadas. SIN. afinar. **8** Establecer ‹una persona› la relación correcta entre los diferentes sonidos que emite [un instrumento musical]: *Antes del concierto hay que templar muy bien la guitarra.* **9** Combinar ‹una persona› [los colores de una pintura] de forma armónica. **10** TAUROM. Ajustar ‹el torero› el movimiento de la capa o la muleta al modo de embestir [el toro]: *El diestro templó bien con la muleta.* || *v. intr. / prnl.* **11** Disminuir ‹un fenómeno atmosférico› en fuerza o intensidad: *El viento **se** templó tras la tempestad.* || *v. intr.* **12** VEN. Procesar ‹una persona› el jugo de la caña de azúcar. FR. Y LOC. **~ gaitas*.**

templario, ria *adj. / s. m.* HIST. De la orden religiosa militar del Temple, fundada en la Edad Media: *un caballero templario. Sobre los templarios corren muchas leyendas.*

temple *s. m.* **1** Carácter o estado de ánimo de una persona: *Tienes que tener mucho temple para que no te desanime. Es un hombre de temple optimista.* **2** Capacidad de una persona para no perder los nervios o el control en las situaciones difíciles: *Tuvo temple para salir del coche en llamas.* SIN. serenidad. **3** Proceso al que se someten ciertos materiales, como el acero o el vidrio, para mejorar sus propiedades físicas, calentándolos a altas temperaturas para enfriarlos después bruscamente: *hierro forjado al temple.* **4** Punto de dureza o elasticidad que se le da a los materiales como cristal o metales: *El temple de esta espada es bueno.* **5** Pintura preparada con pigmento, cola y agua: *pintu-*

ra al temple. Pintaremos al temple el muro interior de la casa. **6** MÚS.; RESTRINGIDO. Afinación de un instrumento musical: *El temple de los instrumentos de cuerda es muy delicado.* **7** (en mayúscula) HIST. Orden de los templarios. *El Temple tuvo una implantación importante en la Europa medieval.*

templén *s. m.* Pieza del telar que controla la anchura del tejido y lo mantiene tenso.

templete *s. m.* **1** Pabellón pequeño o quiosco formado por una cúpula sostenida por columnas: *el templete de la música. En el centro del lago hay un templete coronado por una estatua.* **2** Pequeña estructura en forma de templo que forma normalmente parte de un mueble o un altar para adornar, enmarcar o proteger una imagen: *Sobre un aparador del salón una cajita de música tiene cuatro bailarinas en un templete.*

templista *s. m. / f.* Persona que pinta profesionalmente al temple.

templo *s. m.* **1** REL. Edificio público destinado al culto religioso: *templo griego, templo musulmán, templo cristiano.* **2** Lugar donde se cultiva un arte o una ciencia: *París es el templo del Impresionismo.* FR. Y LOC. **una verdad* como un ~.**

tempo *s. m.* **1** MÚS. Tiempo, velocidad con que se interpreta una composición musical: *El tempo de una obra puede ser: largo, adagio, andante, allegro, presto.* **2** Ritmo con que se desarrolla una acción: *el tempo de la película. El tempo de la novela es muy lento.*

témpora *s. f.* (preferentemente en plural) REL. En la Iglesia Católica, tiempo de ayuno al comienzo de cada una de las cuatro estaciones del año. FR. Y LOC. **confundir el culo* con las témporas** COLOQUIAL, VULGAR. Equivocarse ‹una persona› totalmente por mala intención o por ignorancia: *El representante sindical está confundiendo el culo con las témporas.*

temporada *s. f.* **1** Periodo de tiempo indeterminado que se considera un conjunto: *Esta temporada casi no hemos hablado.* **2** Tiempo durante el cual se desarrolla una actividad: *temporada de pesca, temporada de ópera, temporada de lluvias.* **liquidación por fin de ~.** || **3 ~ alta** Época del año en la que la presencia de turistas es alta: *Los precios son más caros en la temporada alta.* **4 ~ baja** Época del año en que la presencia de turistas es baja: *En este hotel nunca tenemos temporada baja.* **5 ~ media** Época del año en la que la presencia de turistas es media. FR. Y LOC. **de ~** Propio de una determinada época: *fruta de temporada, traje de temporada.*

temporal *adj.* **1** Que ocurre en el tiempo. ANT. intemporal. **2** Que dura solamente cierto tiempo: *trabajo temporal, contrato temporal.* **sepultura ~.** **3** Que no es eterno: *bienes temporales.* SIN. transitorio, perecedero. **4** GRAM. Que sirve para expresar la idea de tiempo: *oración subordinada temporal, adverbio temporal, conjunción temporal.* **5** Que es profano y no eclesiástico o religioso: *el poder temporal del Papa.* SIN. secular. **6** ANAT. De las sienes y de los elementos anatómicos que las componen o están en sus inmediaciones: *músculos temporales.* **hueso* ~. lóbulo* ~.** || *s. m.* **7** Tormenta fuerte en la tierra o en el mar: *El temporal ha arrojado un pesquero contra los arrecifes en la costa gallega.* **8** Tiempo de lluvias continuas: *El fuerte temporal ha provocado inundaciones.* FR. Y LOC. **capear el ~** Resolver ‹una persona› una situación peligrosa o difícil con agobios y dificultades: *La empresa ha capeado el temporal de la crisis.*

temporalidad *s. f.* **1** ELEVADO. Cualidad de lo que pertenece al tiempo y se acaba o pasa con el tiempo: *la temporalidad de un trabajo, la temporalidad de la vida del hombre.* **2** ELEVADO. Calidad de lo que es profano y no religioso: *la temporalidad de su pensamiento, la temporalidad de su visión del mundo.*

temporalmente *adv. temp. / cant.* **1** Durante algún tiempo y no ilimitadamente: *La central estará parada temporalmente.* || *adv. temp. / cant. / modo* **2** Para un tiempo limitado, con carácter temporal: *Me han contratado temporalmente.*

temporario, ria *adj.* ARG., URUG. Temporal.

temporero, ra *adj. / s. m.* y *f.* [Trabajador del campo] que tiene un contrato o empleo temporal vigente mientras se realizan unas tareas concretas o dura la recolección de una cosecha: *En el campo suelen trabajar temporeros.*

temporizador *s. m.* Dispositivo eléctrico o electrónico que regula la acción o la actividad de un instrumento o de un mecanismo: *el temporizador de una cámara de fotos, el temporizador de un circuito de calefacción, el temporizador de una bomba.*

temporizar *v. intr.* RESTRINGIDO. Contemporizar. ⇒ **19.**

tempranamente *adv. temp.* Temprano, demasiado pronto: *Tempranamente han brotado los rosales.*

tempranero, ra *adj.* **1** (ser / estar) COLOQUIAL. Que se levanta o hace las cosas muy temprano: *costumbres tempraneras. ¡Qué tempranero estás últimamente!* SIN. madrugador. **2** Que se anticipa u ocurre antes del tiempo acostumbrado: *fruto tempranero, calores tempraneros.*

temprano, na *adj.* **1** Que se produce antes de lo normal o de lo que se acostumbra o espera: *fruta temprana. Se puso a trabajar a una edad muy temprana.* || *adv. temp.* **2** En las primeras horas del día o de la noche. OBSERVACIONES: Con la preposición *desde* indica el momento en que comienza la acción de que se habla: *Si quieren ir de caza tendrán que levantarse temprano. Han estado preparando el equipaje desde bien temprano.* SIN. pronto. ANT. tarde. **3** Antes de la hora o del momento acostumbrado, fijado u oportuno: *Volvió temprano a casa porque tenía invitados a cenar.* **4** Demasiado pronto: *Has llegado muy temprano, no hay nadie aún.* SIN. pronto. ANT. tarde. FR. Y LOC. **más tarde o más ~** o **tarde o ~** Expresa el convencimiento de que lo que se indica ha de suceder con toda seguridad, aunque no se sepa cuándo: *Tarde o temprano lo encontraremos.*

temu *s. m.* CHILE. Árbol mirtáceo de madera muy dura.

ten con ten (plural *ten con ten*) *s. m.* COLOQUIAL. Prudencia, tacto, equilibrio en el trato con las personas o en la resolución de situaciones conflictivas: *Hay que vivir en un ten con ten con los que nos rodean.*

tenacillas (plural *tenacillas*) *s. f.* Instrumento que tiene forma de tenazas pequeñas, que se usa para diferentes fines: *tenacillas para rizar el pelo, tenacillas para servir los terrones de azúcar.*

tenante *s. m.* RESTRINGIDO. Cada una de las figuras de ángel u hombre que sostiene un escudo heráldico.

tenaz *adj.* **1** Que no abandona lo que piensa o lo que está haciendo hasta que consigue su propósito: *Carolina encontrará lo que busca porque es muy tenaz.* SIN. perseverante. **2** Que es difícil de quitar o separar de una cosa: *un dolor tenaz, una mancha tenaz. Esta gotera es muy tenaz.* **3** RESTRINGIDO. Que se deforma o rompe con dificultad: *El hierro es un material tenaz.*

tenaza *s. f.* **1** (preferentemente en plural con igual significado que singular) Herramienta metálica formada por dos brazos unidos por un eje que permite abrirlos y cerrarlos para sujetar, arrancar o apretar una cosa: *tenazas de carpintero. Revuelve las brasas con las tenazas.* SIN. pinza, artejo. **2** ZOOL. Última parte de las patas de algunos artrópodos que les sirve como pinza: *las tenazas de un cangrejo.* FR. Y LOC. **no poder sacar ni con tenazas** COLOQUIAL. No poder conseguir ‹una persona› que otra persona diga una cosa que se le pide: *No han podido sacarle ni con tenazas con quién salió ayer.* **no poder coger/agarrar ni con tenazas** COLOQUIAL. Estar ‹una cosa o una persona› muy sucia: *Este trapo de cocina no puede cogerse ni con tenazas.*

tenca *s. f.* (macho y hembra) *Tinca tinca.* Pez de agua dulce, de cuerpo alargado, color verde oscuro y aletas grandes y redondeadas, que tiene barbillas debajo de la boca y es comestible: *La tenca suele criarse en las charcas y tiene un cierto sabor a barro, aunque es muy apreciada.*

tendal *s. m.* **1** Toldo o cubierta de tela para hacer sombra: *En el campo, con dos palos y una manta grande preparaban un tendal para dormir la siesta.* **2** Pieza grande de tela o plástico que se coloca debajo de los olivos para que caigan en ella las aceitunas. **3** RESTRINGIDO. Conjunto de cosas tendidas para que se sequen. **4** (no contable) ARG, URUG.; COLOQUIAL. Conjunto de personas animales o cosas que han quedado tendidas desordenadamente en el suelo por una causa violenta. **5** CHILE; COLOQUIAL. Tienda pequeña, y especialmente la de un puesto ambulante.

tendalada *s. f.* **1** (no contable) ARG., CHILE; COLOQUIAL. Conjunto de personas animales o cosas que han quedado tendidas desordenadamente en el suelo por una causa violenta. **2** CHILE; COLOQUIAL. Conjunto de cosas de la misma clase.

tendedero o **tendedor** *s. m.* **1** Lugar donde se tiende la ropa: *Deja el vestido en el tendedero para que se seque.* **2** Armazón o estructura con alambres o cuerdas para tender la ropa: *Hemos instalado un tendedero extensible.*

tendel *s. m.* **1** Cuerda que se tiende horizontalmente en la construcción para igualar las hiladas de piedras o ladrillos. **2** Capa de argamasa o yeso que se extiende sobre cada hilada de ladrillos de un muro para poner la siguiente.

tendencia *s. f.* **1** Dirección o fin al que una persona o una cosa apunta, por la que se siente atraída: *Tienes tendencia a irte hacia la derecha cuando conduces.* **2** Fuerza psíquica que conduce a una persona de forma habitual y constante hacia determinadas conductas o estados de ánimo: *Tiene tendencia a deprimirse. Tengo tendencia a dejarme llevar por los sentimientos.* SIN. predisposición, disposición. **3** (preferentemente en plural) Movimiento político, artístico, científico o estético orientado hacia una determinada dirección: *tendencia musical, las nuevas tendencias de la moda, tendencias surrealistas. Se apuntan nuevas tendencias en su forma de pensar.*

tendencioso, sa *adj.* Que no es imparcial en sus juicios o apreciaciones, sino que sigue claramente cierta ideología o pensamiento: *artículo tendencioso, información tendenciosa.*

tendente *adj.* Que tiende, se encamina, se dirige o se orienta a un fin determinado: *Es una iniciativa tendente **a** la reconciliación.*

tender *v. tr.* **1** Extender ‹una persona› [una cosa] horizontalmente: *Tendió el mantel sobre la mesa.* SIN. estirar. **2** Colocar o construir ‹una persona› [una cosa] para unir dos puntos: *Tendieron una línea férrea que cruzaba por mi propiedad.* || *v. tr./prnl.* **3** Colocar ‹una persona› [a otra o a un animal] extendido sobre una superficie: ***Se** tendió en la cama para descansar. El veterinario tendió el gato asustado sobre la camilla.* SIN. acostar(se). || *v. tr./intr.* **4** Colgar ‹una persona› [la ropa lavada o mojada] para que se seque: *¿Has tendido ya la camisa?* || *v. intr.* **5** Tener ‹una persona o una cosa› por sí misma una predisposición hacia [un fin o un objetivo]: *La situación tiende **a** estabilizarse.* SIN. propender. **6** Sentirse ‹una persona› inclinada a [actuar de una determinada manera]: *Ella tiende **a** reaccionar violentamente.* SIN. propender. **7** Tener ‹una persona o una cosa› [una característica de manera poco definida]: *un color que tiende **a** rojizo.* SIN. tirar. **8** MAT. Aproximarse ‹una variable o una función› a [un valor determinado] sin llegar nunca a alcanzarlo: *El coseno de la variable tiende **a** cero.* FR. Y LOC. **dormir a pierna* suelta/tendida. echar/lanzar/~ un cable*** o **echar/~ una mano. haber ropa* tendida. largo* y tendido. llorar* a moco tendido. ~ la mano. ~ la mesa*. ~ un puente*. ⇒ 80.**

ténder *s. m.* Remolque de las locomotoras de vapor con un depósito de agua y espacio para almacenar el carbón.

tenderete *s. m.* **1** Puesto de venta de poca importancia al aire libre: *Trabaja en un tenderete al lado del mercado.* **2** COLOQUIAL. Conjunto de cosas desordenadas: *Ha montado un tenderete en la habitación tremendo.*

tendero, ra *s. m./f.* Dueño o dependiente de una tienda, especialmente de comestibles: *el tendero de la esquina. Los tenderos del barrio son muy amables.*

tendido, da *adj.* **1** [Galope] que es muy fuerte. **a galope* ~. 2** TAUROM. [Estocada] que está más horizontal de lo normal: *El diestro metió una estocada tendida.* **3** MÉX. [Cosa] que se hace con mucha rapidez. **4** MÉX. [Persona] que es muy servicial. || *s. m.* **5** TAUROM. Conjunto de gradas descubiertas de una plaza de toros o el público que las ocupa: *Todo el tendido pidió una oreja para el torero. Estaban llenos tanto el tendido **de** sombra como el **de** sol.* **6** Conjunto de cables que constituyen una conducción eléctrica: *el tendido del hilo telefónico, el tendido de la luz.* **7** COL., EC., MÉX. Conjunto de ropa de cama. **8** MÉX.; COLOQUIAL. Puesto de venta callejero: *Está recogiendo el tendido.*

tendinitis (plural *tendinitis*) *s. f.* MED. Inflamación de un tendón: *Para la tendinitis es bueno meter el pie lesionado en agua caliente y fría alternativamente.*

tendinoso, sa *adj.* **1** De los tendones: *inflamación tendinosa.* **2** Que tiene tendones o se compone de ellos: *estructura tendinosa.*

tendón *s. m.* ANAT. Haz de tejido con estructura fibrosa que une el músculo al hueso. **~ de Aquiles** ANAT. Tendón de la parte posterior e inferior de la pierna que une el talón con la pantorrilla: *Se ha lesionado el tendón de Aquiles.*

tenebrismo *s. m.* (no contable) ARTE. Estilo pictórico barroco con fuertes contrastes entre luces y sombras: *El tenebrismo de la Escuela Española del siglo XVII es evidente.*

tenebrista *adj.* **1** Del tenebrismo: *estudios tenebristas, técnicas tenebristas.* || *adj./s. m.* y *f.* **2** [Pintor] que practica el tenebrismo: *pintor tenebrista, escuelas tenebristas.*

tenebrosidad *s. f.* Cualidad de tenebroso: *La tenebrosidad de las habitaciones no es buena para los niños.*

tenebroso, sa *adj.* **1** (ser / estar; antepuesto / pospuesto) Que está oscuro o en tinieblas: *bosque tenebroso. Esta habitación está muy tenebrosa, ¿no crees que le haría falta algo de luz?* **2** (antepuesto / pospuesto) Que anuncia desgracia: *asunto tenebroso, maquinaciones tenebrosas. Según las cartas del tarot, me espera un tenebroso porvenir.* SIN. tétrico, sombrío. **3** Que tiene intenciones ocultas y perversas: *maquinaciones tenebrosas, plan tenebroso, personaje tenebroso.*

tenedor, ra *adj.* **1** ECON. Persona que posee legítimamente un valor endosable, como una letra de cambio. **~ de libros** Contable de una empresa: *Mi hija es la tenedora de libros de la empresa.* || *s. m.* **2** Utensilio de mesa, que consta de un mango y una parte más ancha con tres o cuatro púas que sirve para pinchar o sostener los alimentos sólidos y llevarlos a la boca: *un tenedor de pescado, tenedor de carne, tenedor de postre.* **3** Representación de este utensilio que se usa para indicar la categoría de un restaurante: *Los restaurantes de cuatro tenedores son caros.*

teneduría *s. f.* **1** Oficio y cargo de contable de una empresa o negocio: *Durante años ha sido responsable de la teneduría de nuestro comercio.* SIN. contaduría. **~ de libros** Conjunto de técnicas para llevar los libros de contabilidad: *Con los nuevos programas informáticos de gestión la teneduría de libros ha perdido importancia.* **2** Oficina del contable: *La teneduría está en el primer piso.* SIN. contaduría.

tenencia *s. f.* **1** (no contable) Acción y resultado de tener o poseer una cosa: *tenencia ilícita de armas. Lo han arrestado por tenencia de drogas.* **2** (no contable) Cargo de teniente o delegado de algunos cargos: *Ha aceptado una tenencia de alcaldía de barrio.* **3** Lugar u oficina en que lo ejerce: *La tenencia de alcaldía está en la planta baja.*

tener *v. tr.* **1** Poseer ‹una persona› [una cosa]: *Tengo muchos libros.* **2** Poseer ‹una persona o una cosa› [una cualidad]: *Tiene los cabellos negros. Paloma tiene poca paciencia.* **3** Comprender ‹una cosa› [otra cosa] dentro de sí: *El apartamento tiene sólo una habitación.* **4** Poder utilizar ‹una persona› [a otra persona o una cosa]: *Tiene a mi amigo **como** ayudante. Él me tiene **de** secretario.* **5** Sentir o manifestar ‹una persona› [una actitud] hacia [otra persona o una cosa]: *Jaime tiene un especial cariño a su tío.* SIN. mostrar, demostrar. **6** Disfrutar o sufrir ‹una persona› [un estado de ánimo o de salud]: *Tengo dolor de estómago. Hoy no tengo bien la cabeza.* **7** Estar ‹una persona› en relación de parentesco con [otra persona]: *Él tiene cuatro tías en Cuba.* **8** Realizar ‹una persona› [una acción]: *Tengo clase de dibujo los viernes. Tenemos un examen mañana.* **9** Sujetar ‹una persona› [una cosa]: *Tened el cable por ese extremo. Ten la bicicleta un momento.* SIN. agarrar. **10** Guardar ‹una cosa› dentro de sí [otra cosa]: *Esos depósitos tienen gasolina. La cartera no tenía dinero.* **11** Recibir ‹una persona› [a otra persona] en [su casa]: *Ella tiene **en** casa a toda la familia.* **12** Recibir ‹una persona› [una cosa]: *Cuando llegue tu santo tendrás un regalito.* **13** Mantener ‹una persona› [relación o influencia en una persona o una cosa]: *Su madre tiene influencia **en** todos sus hermanos. Pablo tiene mucho poder **en** el comité.* **14** Alcanzar ‹una persona o una cosa› [una edad o una duración determinadas]: *Tiene doce años.* **15** Pasar ‹una persona› [un tiempo de una determinada manera]: *Ha tenido un año muy próspero. Hoy no he tenido buen día.* **16** Mantener ‹una persona› [a otra] en [un determinado estado o actitud]: *La maestra la tiene aterrorizada. El chico nuevo tiene muy contentos a los clientes.* || *v. tr. / prnl.* **17** Considerar ‹una persona› [a otra persona] de [una determinada manera]: ***Te** tienes **en** demasiada consideración. Ellos me tienen **por** una gran profesional.* || *v. prnl.* **18** RESTRINGIDO. Reprimir ‹una persona› sus impulsos: *Tente, chico, que te vas a caer.* **19** RESTRINGIDO. Ajustarse ‹una persona› a [una cosa]: *Me tengo **a** lo dicho.* SIN. ceñirse. || *v. aux.* **20** Ser preciso que ‹una persona› realice [una cosa]: *Tengo **que** ir mañana a comprar.* **21** Ser necesaria [una cosa]: *Tiene **que** llover pronto.* **22** Haber realizado ‹una persona› [una cosa]: *Ya lo tengo pensado.* FR. Y LOC. **agarrarse a buenas aldabas*** o **~ buenas aldabas. arar* con los bueyes que se tiene. coger / ~ / tomar rabia*. (conque) ¿esas tenemos?** COLOQUIAL. Se utiliza para indicar sorpresa o enfado por una cosa dicha o hecha por una persona: *No puedo creer que hayas dicho esto, conque ¿esas tenemos?* **dar / ~ cabida*. estar con el corazón* en un puño** o **~ el corazón en un puño. estar con la leche* en los labios** o **~ / traer la leche en los labios. estar de buena / mala leche*** o **~ buena / mala leche. estar de mala uva*** o **~ mala uva. estar / poner / ~ al corriente*. estar sin blanca*** o **no ~ blanca. estar sin chapa*** o **no ~ chapa. estar sin cinco*** o **no ~ ni cinco. garrotazo* y tente tieso. la semana* que no tenga viernes. llevar / ~ en la sangre*. llevar* / ~ las de ganar / perder. llevar / ~ / traer el palmas* / palmitas. meter(se) / ~ en el bolsillo*. metérsele / ponérse / ~ entre ceja* y ceja. ni que decir* tiene. no haber / quedar / ~ más remedio*. no haber / ~ más narices*. no haber / ~ por donde cogerlo* / agarrarlo. no ~ arte* ni parte. no ~ ciencia*** o **~ poca ciencia. no ~ cuerpo*. no ~ cura*. no ~ desperdicio*. no ~ dónde caerse* muerto. no ~ dos dedos* de frente. no ~ gollete*. no ~ / llegar (ni) para un diente*. no ~ más cojones*. no ~ (nada) que envidar*. no ~ nada que llevarse a la boca*. no ~ / necesitar abuela*. no ~ ni (la más remota) idea*. no ~ ni media bofetada* / galleta. no ~ ni pajolera / pastelera idea*. no ~ ni pies* ni cabeza** o **sin pies ni cabeza. no ~ ni puta idea*. no ~ ni zorra* (idea). no ~ nombre*. no ~ ojos* en la cara. no ~ ojos* más que para. no ~ padre* ni madre ni perrito que le ladre. no ~ par*. no ~ pelos* en la lengua*. no ~ pérdida. no ~ precio*. no ~ remedio*. no ~ sangre* en las venas. no ~ un chavo*. no ~ un pelo* de tonto. no ~ una perra*. no ~ vuelta* de hoja. no tenerlas todas consigo** COLOQUIAL. No estar ‹una persona› segura o en una buena situación: *No las tiene todas consigo para el examen.* **no tenerse en / de pie*. poner / ~ la cabeza* como un bombo. ¿Qué programa* tenemos? saber cuántas púas* tiene un peine. ser / haber / ~ tela* (marinera). sorber el seso*** o **~ sorbido el seso. ~ a bien** Dignarse o molestarse ‹una persona› en hacer una cosa: *Tuvo a bien presentarse ante nosotros.* **~ a gala*. ~ al alcance* de la mano. ~ ángel** Poseer ‹una persona› gracia o simpatía: *Esta chica tiene ángel.* **~ ánimo(s). ~ ante sí*. ~ atravesado en la garganta*. ~ banca*. ~ bemoles*. ~ bien cubierto el riñón. ~ buen diente*. ~ buen / mal perder** Aceptar ‹una persona› bien o mal una derrota: *Él tiene buen perder, no es rencoroso.* **~ buen ojo*. ~ buena / mala intención*. ~ buena / mala prensa*. ~ buena / mala puntería*. ~ buena percha*. ~ bula*. ~ carrete*. ~ chiste*. ~ correa*. ~ cuerda* para rato. ~ / darse (muchas) ínfulas*. ~ / echar tripa*. ~ el colmillo* retorcido** o **~ los colmillos retorcidos. ~ el**

demonio* en el cuerpo o **~ los demonios en el cuerpo. ~ el diablo* en el cuerpo** o **~ los diablos en el cuerpo. ~ el gusto*. ~ en carne* viva. ~ en cartera*. ~ en cuenta** Pensar ‹una persona› en otra persona o en una cosa: *Ten en cuenta que por la noche hará frío.* **~ en el saco*. ~ en la punta* de la lengua. ~ en mente*. ~ en poco** No mostrar aprecio por alguien o algo, concederle poca importancia o valor. **~ en un puño*. ~ encima** Tener ‹una persona› una carga o una responsabilidad muy grandes: *¡Hay que ver esa mujer lo que tienen encima con ese hijo!* **~ entre ceja* y ceja. ~ espolones*. ~/estar con la mosca* detrás de la oreja. ~ estudios*. ~ flojos los tornillos*. ~ fresco*. ~ frío*. ~ hasta el coño*. ~ huevos* la cosa. ~ imán*. ~ la cabeza* a pájaros. ~ la cabeza* en su sitio** o **~ la cabeza sobre los hombros. ~ la cabeza* llena de pájaros. ~ la guerra* declarada. ~ la lengua* muy larga. ~ la moral* por los suelos. ~ la negra*. ~ la sangre* caliente. ~ la sartén* por el mango. ~ las espaldas* cubiertas/guardadas. ~ las horas* contadas. ~ las manos* largas. ~/llevar/guardar un as* en la manga. ~/llevar una copa* de más. ~ lo suyo** Tener ‹una persona› una carga: *No quiero preocupar a María, porque sé que ella ya tiene lo suyo.* **~ los cojones* cuadrados** o **~ los cojones bien puestos. ~ los días* contados. ~ los labios* sellados. ~ los nervios* de punta. ~ los pies* sobre la tierra. ~ malas pulgas*. ~ lugar*. ~ mal/buen vino*. ~ mala boca*. ~ mala cabeza*. ~/mantener a raya*. ~ más moral* que el Alcoyano. ~/meter en el bote*. ~ monos* en la cara. ~ morro*. ~ mucha/buena pupila*. ~ muchas conchas*** o **~ más conchas que un galápago. ~ muchas horas* de vuelo. ~ mucho mundo*** o **ser de mundo. ~ mucho rostro*. ~ muchos entresijos*. ~ muchos golosos*. ~ muñeca*. ~ narices*. ~ palenque*. ~ personalidad*. ~ por seguro** Considerar ‹una persona› que algo va a suceder con toda seguridad: *Todavía no se han casado, pero su madre tiene por seguro que lo harán.* **~ presente*. ~ pulmón*/pulmones. ~ que ver** Estar ‹una persona o una cosa› relacionada con otra: *¿Y qué tiene que ver eso con lo que has dicho antes?* **~ rollo*. ~ sangre* de horchata. ~ siete vidas* (como los gatos). ~ tablas*. ~ todos los triunfos* en la mano. ~/tomar en consideración*. ~/traer consecuencias*. ~/traer en jaque*. ~/traer frito*. ~/traerse entre manos*. ~ trucha*. ~ un corazón* de oro. ~(un par de) cojones*. ~ un pase*. ~ un rostro*/morro que se lo pisa. ~ un tío* en América. ~ (unas) décimas** o **estar con décimas. ~ vara* alta. tenerla tomada*. tenerle ganas*. tenerlo/estar crudo*. tengamos la fiesta* en paz. traer/~ cola*. ⇒ 81.**

tenería *s. f.* Fábrica donde se curten pieles: *Las tenerías de Salamanca fueron famosas en otros tiempos.*

tenerifeño, ña *adj./s. m.* y *f.* Tinerfeño.

tenia *s. f.* Género *Taenia*. Gusano de cuerpo muy largo, plano y segmentado que es parásito de los vertebrados, y se fija en su aparato digestivo: *La tenia puede entrar en el hombre por comer carne en malas condiciones.* SIN. solitaria.

tenida *s. f.* **1** RESTRINGIDO. Reunión de una logia masónica. **2** AMÉR.; COLOQUIAL. Reunión, sesión. **3** CHILE; COLOQUIAL. Vestimenta, traje.

tenienta *s. f.* **1** RESTRINGIDO. Mujer del teniente **2** RESTRINGIDO. Teniente, oficial del ejército.

tenientazgo *s. m.* MIL.; RESTRINGIDO. Cargo de teniente.

teniente *adj.* **1** (estar) COLOQUIAL; HUMORÍSTICO. [Persona] que está algo sorda o que no oye muy bien: *Hay que chillarle, está un poco teniente.* || *s. m./f.* **2** MIL. Oficial del ejército cuyo grado es inmediatamente inferior al de capitán y superior al de alférez: *El teniente dictó la orden de arresto del soldado.* **3** Persona que ejerce un cargo en sustitución de otra: *el teniente (de) alcalde.* || **4 ~ coronel** MIL. Oficial del ejército cuyo grado es inmediatamente inferior al de coronel. **5 ~ de navío** MIL. Oficial de la armada con un empleo superior al de alférez de navío e inferior al de capitán de corbeta, equivalente al de capitán del ejército de tierra. **6 ~ general** MIL. Oficial general del ejército cuyo grado es superior al de general de división e inferior al de capitán general.

tenis (plural *tenis*) *s. m.* **1** DEP. Deporte en que dos jugadores o dos parejas lanzan una pelota con una raqueta por encima de una red que divide un campo de juego rectangular haciéndola botar en el terreno contrario: *jugar al tenis, cancha de tenis, open de tenis.* **2** COL. Zapatilla deportiva. || **3 ~ de mesa** Pimpón.

tenista *s. m./f.* Persona que practica el tenis: *Mi hermana es una tenista bastante buena.*

tenístico, ca *adj.* Del tenis: *dirigentes tenísticos, campeonatos tenísticos, resultados tenísticos.*

tenor *s. m.* **1** MÚS. Voz con un registro entre el contralto y el barítono. **2** Persona que tiene esta voz: *El tenor Alfredo Kraus inaugura la temporada de ópera.* **3** MÚS. Instrumento musical que, entre los de su clase, tiene el mismo tono que el del tenor: *saxo tenor.* **4** ELEVADO. Contenido literal de un escrito o frase: *El tenor de su carta decía así.* FR. Y LOC. **a/al ~ de** Según , de acuerdo con: *A tenor de lo visto, la exposición será muy buena.*

tenora *s. f.* MÚS. Instrumento de viento, algo más grande que el oboe y con pabellón de metal, propio de una cobla de sardanas.

tenorio *s. m.* LITERARIO. Hombre seductor de mujeres, amigo de riñas: *Mi abuelo en su juventud fue un tenorio.* SIN. donjuán.

tensar *v. tr.* Poner ‹una persona› [una cosa] tensa: *Tensa bien el arco antes de disparar la flecha.* SIN. templar, estirar.

tensímetro *s. m.* Instrumento para medir la tensión.

tensión *s. f.* **1** FÍS. Estado de un cuerpo elástico cuando dos o más fuerzas actúan sobre él: *Hay que darle más tensión a las cuerdas de la guitarra.* **~ superficial** FÍS. Fuerza que ejercen las moléculas del interior de un líquido sobre la superficie del mismo. **2** Actuación de esas dos fuerzas contrarias sobre un cuerpo: *Los tirantes del puente no aguantaron la tensión.* **3** Presión de un gas: *La compañía del gas ha quitado presión a las tuberías para hacer varias reparaciones.* **4** Voltaje con que se realiza una transferencia de energía eléctrica: *alta tensión, baja tensión.* **5** Situación de oposición o enfrentamiento entre personas, grupos de personas, países o instituciones: *las tensiones en la zona, tensiones en la familia, tensiones en la empresa.* **6** Estado emocional de la persona que experimenta emociones fuertes: *Ha sufrido muchas tensiones estos días de la boda.* **7** Estado de la persona que espera alguna cosa o se prepara para actuar: *La tensión antes de subir al escenario es muy fuerte.* **8** FON. En la pronunciación de un sonido, momento en el que los órganos de articulación están inmóviles, sometidos al equilibrio de las fuerzas que los harán cambiar: *En la pronunciación de las consonantes hay un momento de tensión y otro de distensión.* || **9 ~ (arterial)** Presión que ejerce la sangre sobre las paredes de las arterias: *Me mareé porque tuve una bajada de tensión.*

tensionar *v. tr.* ARG., COL., URUG. Poner ‹una persona› tensa o nerviosa [a otra persona].

tenso, sa *adj.* **1** (ser / estar) Que está en tensión por causa de fuerzas opuestas: *músculo tenso. La cuerda está tensa.* SIN. tirante. **2** (ser / estar) Que tiene impaciencia, angustia o excitación: *Había un ambiente tenso en la habitación. No te pongas tensa, el examen es fácil.* **3** (ser / estar; antepuesto / pospuesto) Que soporta fuerzas contrarias o enemigas: *La situación estaba cada vez más tensa.*

tensón o **tenzón** *s. f.* LIT. Composición poética provenzal que describe una controversia entre dos poetas sobre un tema determinado: *En los cancioneros castellanos del siglo* XV *hay varios ejemplos de tensones.*

tensor, ra *adj. / s. m.* y *f.* **1** Que tensa o sirve para tensar: *músculo tensor, mecanismo tensor. A este dispositivo le falta el tensor.* || *s. m.* **2** Mecanismo o dispositivo para tensar o estirar algo: *el tensor del cuello de una camisa. Estiremos el alambre con este tensor.*

tentación *s. f.* **1** Impulso o deseo espontáneo o provocado que lleva a hacer una cosa prohibida o perjudicial: *La tentación de beber es muy fuerte, sobre todo si voy a un bar.* **2** Impulso o deseo repentino que lleva a hacer alguna cosa: *Me dan tentaciones de irme al cine. Tuve la tentación de llamarte.* **3** Persona o cosa que tienta: *Los pasteles son una tentación. Este chico es una auténtica tentación.*

tentacular *adj.* Del tentáculo o de los tentáculos: *apéndices tentaculares. Las influencias tentaculares de los caciques llegan lejos.*

tentáculo *s. m.* **1** ZOOL. Cada uno de los apéndices móviles de algunos invertebrados que les sirven para moverse, tocar y agarrar sus presas: *los tentáculos del pulpo, los tentáculos del calamar.* **2** (en plural) Medios de que alguien dispone para extender su influencia o poder sobre algo: *Las grandes empresas tienen tentáculos en todos los ministerios.*

tentadero *s. m.* TAUROM. Corral o lugar cerrado donde se hace la tienta de los becerros: *En la finca tienen un tentadero para las vaquillas.*

tentador, ra *adj.* (ser / estar; antepuesto / pospuesto) Que tienta o lleva a la tentación: *ofertas tentadoras. No seas tentador con esas ideas. Esta tarta está tentadora.*

tentar *v. tr.* **1** Tocar ‹una persona› [una cosa] con las manos u otra parte del cuerpo, o con un objeto, para percibirla o examinarla mediante el tacto: *Como no había luz, buscaba la puerta tentando las paredes con el bastón.* **2** Inducir ‹una persona› [a otra persona] a hacer una cosa que no debe o no le conviene: *Está convencido de que el diablo tienta siempre a los mejores.* **3** Hacer ‹una persona o una cosa› que [una persona] sienta deseo o ganas de ella: *Me tienta ese viaje. No me tienta el dinero.* SIN. apetecer. **4** TAUROM. Probar ‹una persona› la bravura de [una res brava] para seleccionarla y cruzarla: *Ayer tentamos cerca de veinte becerras.* FR. Y LOC. **~ a la suerte*. tentarse la ropa*.** ⇒ **58.**

tentativa *s. f.* **1** Acción con que se intenta una cosa: *Ha sido descubierta una tentativa de fuga en la cárcel central. Es una tentativa de cambio.* SIN. intento, intención, propósito. **2** DER. Inicio de un delito sin practicar todos los actos de su ejecución por causa o accidente que no sea la propia voluntad del culpable: *Lo condenaron por tentativa de asesinato.*

tentempié *s. m.* **1** Refrigerio, aperitivo. **2** RESTRINGIDO. Tentetieso.

tentetieso *s. m.* Muñeco con un contrapeso interior en su base, de manera que siempre vuelve a la posición vertical cuando se le empuja: *Hemos comprado un tentetieso muy grande a nuestro sobrino.*

tenue *adj.* **1** (antepuesto / pospuesto) Que tiene poca intensidad o fuerza: *color tenue, luz tenue. Una tenue brisa me acariciaba el pelo.* **2** (antepuesto/ pospuesto) Que tiene poco espesor o densidad: *Un humo tenue, apenas perceptible, iba envolviéndolos lentamente.*

tenuidad *s. f.* (no contable) ELEVADO. Cualidad o característica de lo que es tenue: *tenuidad en las acciones, hablar con tenuidad.* SIN. delicadeza.

tenzón *s. f.* Tensón.

teñido *s. m.* Acción y resultado de teñir o teñirse: *el teñido del pelo, el teñido de los zapatos.*

teñir *v. tr.* **1** Dar ‹una persona› a [una cosa] un color distinto del que tenía mediante una sustancia: *María ha teñido* ***de*** *azul la chaqueta.* **cabello* teñido. 2** Dar ‹una persona› a [sus palabras, sus pensamientos o sus sentimientos] un carácter determinado: *Tiñó su discurso* ***de*** *pesimismo. El recuerdo de la propia vida tiñe todas las páginas del libro.* **3** PINT. Hacer ‹una persona o una cosa› que [un color] quede más apagado al mezclarlo con otros más oscuros: *Nuestro pintor tiñe los grises exageradamente.* ⇒ **82** y **92.**

teocracia *s. f.* ELEVADO, RESTRINGIDO. Sistema de gobierno que se supone sometido a la ley divina y, en consecuencia, a los ministros o representantes de Dios o los dioses en la tierra: *La teocracia es una tentación de todas las iglesias.*

teocrático, ca *adj.* De la teocracia: *régimen teocrático.*

teodicea *s. f.* (no contable) FILOS. Parte de la Metafísica que se ocupa de la existencia de Dios y de sus atributos. SIN. teología natural.

teodolito *s. m.* Instrumento óptico de precisión para medir ángulos de distintos planos, muy utilizado en Geodesia y Topografía: *Los topógrafos trabajan con el teodolito.*

teofanía *s. f.* ELEVADO. Aparición o manifestación de la divinidad al hombre: *Muchos hombres esperan una teofanía, pero la divinidad se esconde a los mortales.*

teogonía *s. f.* ELEVADO. Narración que expone el nacimiento o el origen de los dioses en las religiones no cristianas: *En las mitologías clásicas se escribieron varias teogonías.*

teologal *adj.* De la Teología: *estudios teologales, conocimientos teologales.* **virtud ~** En el Cristianismo, virtudes que tienen por fin fundamental a Dios: *La fe, la esperanza y la caridad son las tres virtudes teologales.*

teología *s. f.* (no contable) REL. Ciencia que trata de Dios y del conocimiento que el hombre puede alcanzar sobre él y sus obras, basándose en la revelación y contando con la reflexión y la razón: *Todas las religiones reveladas tienen su teología.* **~ natural** (no contable) FILOS. Teología que trata de Dios y sus atributos a partir de la propia razón, al margen de la revelación y la fe. SIN. teodicea. || **2 ~ de la liberación** (no contable) Movimiento teológico cristiano surgido en América del Sur que propone una nueva lectura del

Evangelio y se preocupa de aliviar o cambiar las condiciones de injusticia social: *La teología de la liberación está muy extendida en América del Sur.*

teologizar *v. intr.* Discurrir ‹una persona› sobre principios o razones teológicas. ⇒ **19.**

teólogo, ga *s. m./f.* Persona que se dedica profesionalmente al estudio de la Teología: *Entre los sacerdotes católicos hay muchos teólogos.*

teorema *s. m.* FILOS., MAT. Proposición que afirma una verdad demostrable racionalmente: *teorema de Arquímedes.*

teorético, ca *adj.* ELEVADO. De la teoría: *los planteamientos teoréticos.* SIN. teórico.

teoría *s. f.* **1** Conocimiento racional independiente de su aplicación práctica: *Los estudios universitarios profundizan en la teoría y dejan de lado la práctica.* **2** Conjunto organizado de reglas y principios que constituyen la base de una ciencia, de una doctrina o de un arte: *teoría doctrinal. Ha escrito un libro de teoría política.* **3** Conjunto de leyes o principios que sirven para dar explicación a un conjunto de fenómenos, deducidos a partir de la observación: *la teoría de la relatividad. La teoría de Darwin intenta explicar la diversidad de las especies.* **4** Razonamiento o conjunto de razonamientos con los que se trata de dar explicación a una cosa: *defender una teoría. Yo tengo la teoría de que esta niña no crecerá más.* SIN. hipótesis. || **5 ~ de la relatividad*.** FR. Y LOC. **en ~** Sin estar comprobado en la práctica: *En teoría cualquiera puede hacerlo, pero no todos lo hacemos.*

teórica *s. f.* **1** Teoría, conocimiento con independencia de su aplicación a la práctica: *La teórica es fundamental en todas las ciencias.* **2** Conjunto de conocimientos que forma parte de la instrucción de los aprendices de un arte práctico: *Me han suspendido en la teórica del carné de conducir.*

teóricamente *adv. restrictivo* **1** Desde un punto de vista teórico o en el aspecto teórico: *Teóricamente, nada tengo que objetar a su ejercicio.* || *adv. orac.* **2** En teoría, sobre el papel: *Hemos perdido ante un equipo teóricamente inferior.Teóricamente, podemos construir una frase correcta con dos mil palabras.* || *adv. modo* **3** De modo teórico: *No lo expliques sólo teóricamente, pon algún ejemplo.*

teórico, ca *adj.* **1** Relativo a la teoría o que la constituye en sí mismo: *fundamentos teóricos, planteamientos teóricos.* **2** Que parece razonable o posible, pero no está comprobado en la práctica, o no está experimentado: *Ése es un caso puramente teórico, en la realidad no ocurre así. Tiene muchos conocimientos teóricos, pero poca experiencia.* SIN. especulativo. || *adj./s. m.* y *f.* **3** Que cultiva los fundamentos abstractos y racionales de una ciencia o un arte, independientemente de sus aplicaciones: *Es un teórico de la Física cuántica. Es una de las grandes teóricas del marxismo.* **4** COLOQUIAL; PEYORATIVO. Que tiende a opinar o hablar de las cosas o de las teorías sin intentar o sin querer ponerlas en práctica: *Mi hijo es un teórico de la igualdad entre los sexos, pero en casa no hace nada.*

teorizar *v. tr./intr.* **1** Formular ‹una persona› [un asunto o un problema] con instrumentos teóricos apropiados: *Ha conseguido el Premio Nobel de Biología por teorizar el comportamiento de esas enzimas en la comunicación celular.* **2** Tratar ‹una persona› [un asunto] de manera general o abstracta y no concreta: *No teorices tanto, es mejor que busques una solución rápida.* ⇒ **19.**

teosofía *s. f.* ELEVADO. Conjunto de doctrinas filosóficas, religiosas y pseudocientíficas acumulado durante siglos y transmitido a los iniciados, que cuentan con la inspiración divina, según los autores partidarios de aquél.

teósofo, fa *adj.* Que es seguidor de la Teosofía.

tépalo *s. m.* BOT. Parte del periantio de ciertas flores que tiene características propias de pétalos y sépalos.

tepe *s. m.* RESTRINGIDO. Pedazo de tierra cubierto de césped, muy trabado por las raíces de la hierba y cortado prismáticamente que se emplea en paredes y malecones.

teporocho *s. m.* MÉX.; COLOQUIAL. Vagabundo muy bebedor.

tequila *s. m.* **1** MÉX. Aguardiente de alta graduación elaborado con una variedad de maguey: *El tequila es una bebida que siempre se asocia con Méjico.* **2** Medida de este líquido contenida en un vaso: *¡Dos tequilas para los señores!*

TER (pronunciamos '*ter*') *s. m.* Sigla de «Tren Español Rápido»: *Los ter están desapareciendo ya.*

terapeuta *adj./s. m.* y *f.* MED. Especialista en terapéutica: *Trabaja de terapeuta en una clínica veterinaria.*

terapéutica *s. f.* **1** (no contable) Parte de la Medicina, la Veterinaria y la Botánica que estudia el tratamiento de las enfermedades: *La terapeútica se preocupa de las enfermedades de todos los seres vivos y de sus remedios.* **2** Tratamiento de una enfermedad: *La enferma está respondiendo a la terapeútica que se le aplica.*

terapéuticamente *adv.* **1** Con fines terapéuticos, en terapéutica, para usos terapéuticos: *La raíz de esta plantita se usó terapéuticamente durante siglos.* **2** Desde la perspectiva de la terapéutica:*Terapéuticamente, esa técnica es inadmisible.* || *adv. restrictivo* **3** En el aspecto curativo o terapéutico: *Terapéuticamente, el hospital no mejora.*

terapéutico, ca *adj.* De la ciencia de la curación de las enfermedades y de su tratamiento: *tratamiento terapeútico, estudios terapeúticos, novedades terapeúticas.*

terapia *s. f.* **1** (no contable) MED. Terapéutica, parte de la Medicina. **2** Tratamiento de una enfermedad: *Los analgésicos son la única terapia eficaz para esa dolencia.* **~ de grupo** Tratamiento de algunas enfermedades psicológicas en que se trata a un conjunto de enfermos: *Las dramatizaciones son una técnica empleada en las terapias de grupo.* **~ ocupacional** Tratamiento de algunas enfermedades encaminado a readaptar al paciente a la vida diaria: *La terapia ocupacional es útil en el tratamiento de los drogadictos.*

teratología *s. f.* Ciencia que trata de las malformaciones del organismo animal o vegetal.

terbio *s. m. Tb.* Elemento químico metálico del grupo de los lantánidos muy activo, lo que exige que sea manipulado en atmósfera inerte.

tercer *adj. num. ord.* **1** (antepuesto a s. m. singular) Tercero: *El atleta local es el tercer corredor que llega a la meta.* **quemadura* de ~ grado.** || **2 el ~ mundo*.** **3 ~ estado** En el antiguo régimen, conjunto de hombres libres que no pertenecen al clero ni a la nobleza.

tercera *s. f.* **1** MEC. Marcha de un vehículo automóvil de más velocidad que la segunda y de más potencia que la cuarta: *Con este tráfico sólo se puede poner la tercera. Tengo que ir al mecánico, porque la tercera entra mal.* **2** MÚS. Intervalo entre dos tonos o un tono y un semitono.

terceramente *adv. orden* ADMINISTRATIVO, RESTRINGIDO. En tercer lugar: *Terceramente, vamos a examinar las causas.*

tercería *s. f.* 1 ELEVADO. Mediación: *Gracias a mi labor de tercería se reconciliaron las dos familias.* 2 ELEVADO. Oficio o actividad de la persona alcahueta: *Los amantes del siglo* XVI *recurrían a la tercería de una vieja celestina.*

tercerilla *s. f.* MÉTR. Estrofa de tres versos de arte menor en la que el primero y el tercero riman en consonante entre sí.

tercermundismo *s. m.* 1 (no contable) Situación de los países del Tercer Mundo: *El tercermundismo es una situación de solución difícil.* 2 (no contable) PEYORATIVO. Carácter tercermundista de una situación que sucede en países que no son del Tercer Mundo: *El tercermundismo de nuestro servicio de correos es preocupante.*

tercermundista *adj.* 1 Que pertenece a los países del Tercer Mundo: *la política tercermundista, los recursos tercermundistas.* 2 PEYORATIVO. Que tiene características parecidas a las que se producen en el Tercer Mundo: *una situación tercermundista. Este autobús es tercermundista.*

tercero, ra *adj. num. ord. / s. m.* y *f.* 1 (ante s. m. singular se usa *tercer*) Que ocupa la posición número tres: *el acto tercero. El tercer ejemplo es incorrecto. Él fue el tercero en llegar. La alemana quedó tercera en la prueba de lanzamiento.* || *adj. num. part. / s. m.* y *f.* 2 Cada una de las tres partes iguales en que se divide un todo: *la tercera parte de los asistentes. Yo me quedo con la tercera parte.* || *adj. / s. m.* y *f.* 3 Que media entre dos o más personas o intercede por ellas para resolver o decidir algo: *Necesitamos una tercera persona que nos ayude a resolver este conflicto. Tuvimos que recurrir a un tercero para llegar a un acuerdo.* **tercera persona*.** || *s. m. / f.* 4 RESTRINGIDO. Persona alcahueta: *Los terceros y las terceras tenían castigos fuertes en la Edad Media.* || **5 tercera persona*. 6 tercera edad*.** FR. Y LOC. **a la tercera** Al tercer intento: *Acertó a la tercera.* **a la tercera va la vencida** COLOQUIAL. Al tercer intento sale bien: *Bueno, esperemos que ahora acierte; además, a la tercera va la vencida.* **a terceros** Modalidad de un seguro que cubre los daños que el firmante de la póliza puede causar a otras personas: *El seguro del coche sólo lo tengo a terceros.*

tercerola *s. f.* 1 HIST. Arma de fuego más corta que la carabina utilizada por la caballería. 2 RESTRINGIDO. Barril de tamaño mediano. 3 MÚS. Flauta pequeña algo mayor que el flautín.

terceto *s. m.* 1 MÉTR. Estrofa de tres versos de arte mayor en la que riman en consonante el primero con el tercero, generalmente en combinanción con otras estrofas iguales. **~ encadenado.** 2 MÚS. Composición musical para tres voces o tres instrumentos. 3 MÚS. Conjunto organizado de tres voces o instrumentos.

tercia *s. f.* 1 HIST. Segunda de las cuatro partes del día para los romanos, desde la mañana hasta mediodía. 2 REL. En la Iglesia Católica, hora del oficio divino que se reza inmediatamente después de la prima.

terciado, da *adj.* 1 Que está cruzado o atravesado: *Siempre va con el rifle terciado a la espalda.* 2 Que es de tamaño mediano, tirando a pequeño: *Se ha comido un filete terciado. El toro era terciado.* 3 Que está bastante gastado por haber quedado reducido a la tercera parte de su volumen o capacidad: *El jamón del pueblo ya está terciado.*

terciana *s. f.* (preferentemente en plural) MED. Fiebre intermitente que se repite cada tres días: *Cecilia está asustada porque tiene miedo de agarrar las tercianas en la selva.*

terciar *v. intr.* 1 Intervenir ‹una persona› en una pelea o en una disputa entre dos o más personas para ponerlas de acuerdo o para tomar partido por una de ellas: *También terció la hermana para intentar calmarlo. El hombre manifestó que terciaría* ***entre*** *patronal y sindicatos para que negociaran.* SIN. mediar. 2 Intervenir ‹una persona› en [una cosa que estaban realizando otras]: *Tercié* ***en*** *la conversación y di mi opinión.* || *v. tr.* 3 Colocar ‹una persona› [una cosa] atravesada diagonalmente: *Se terció el rifle a la espalda y empezó a caminar .* || *v. prnl.* 4 COL. Cargar ‹una persona› una cosa a la espalda. FR. Y LOC. **terciarse** Presentarse ‹la oportunidad› de hacer una cosa: *Conviene estar preparados por lo que se pueda terciar. Iremos y, si se tercia la ocasión, visitaremos el museo.*

terciario, ria *adj.* 1 RESTRINGIDO. Que ocupa el tercer lugar en un orden determinado: *Para nosotros ocupa una prioridad terciaria el comprarnos coches.* || *adj. / s. m.* 2 [Periodo] que es el más antiguo de la Era Cenozoica, cuando comienza el movimiento orogénico alpino y el clima cada vez más frío que origina las glaciaciones cuaternarias. 3 ARG., URUG. De la enseñanza superior. || **4 sector ~** Conjunto de actividades económicas de una sociedad que no son directamente productivas: *Los transportes, la sanidad, la enseñanza y el ocio forman el sector terciario.*

tercio, cia *s. m.* 1 Cada una de las tres partes iguales en que se divide un todo: *Un tercio de la población se ha manifestado en contra y el resto se ha abstenido. Dos tercios de los animales que allí viven son salvajes.* 2 HIST. Regimiento de la infantería española en los siglos XVI y XVII: *los tercios de Flandes.* 3 MIL. Cuerpo o batallón de algunas secciones del ejercito español y de la Guardia Civil: *tercio de la Legión.* 4 TAUROM. Cada uno de los tres círculos en que se divide el ruedo: *En el ruedo se pueden distinguir tres tercios: el centro, los medios y las tablas.* 5 TAUROM. Cada una de las tres partes en que se divide la lidia de un toro: *El primer tercio es el de varas, el segundo el de banderillas y el tercero el de muerte.* 6 Parte de ciertos cantes flamencos. 7 VEN. Jugador, punto. || *s. m. / f.* 8 VEN.; PEYORATIVO. Individuo, sujeto, persona indeterminada. || *adj.* 9 RESTRINGIDO. Tercero.

terciopelo *s. m.* (no contable) Tela de seda u otro material con dos urdimbres y una trama cuyos hilos se cortan una vez tejidos para que quede una superficie suave y con pelo corto y espeso: *una capa de terciopelo negro, un traje de noche de terciopelo negro.*

terco, ca *adj.* 1 [Persona] que se mantiene en su actitud o en sus ideas aunque haya argumentos convincentes en contra: *No lo intentes convencer, porque es muy terco y no cambiará de opinión.* SIN. obstinado. 2 [Animal, cosa] que son más difíciles de dominar que otros de naturaleza parecida: *Este gato es muy terco.*

terebinto *s. m. Pistacia terebinthus.* Arbusto de hojas compuestas, flores en racimo y madera dura y compacta cuya corteza segrega gotas de trementina blancas y olorosas.

tereré *s. m.* ARG., PAR.; RESTRINGIDO. Bebida consistente en la infusión de la yerba mate en agua fría.

teresa *s. f.* (preferentemente en plural) COLOQUIAL, VULGAR; HUMORÍSTICO. Pechos femeninos: *En verano ellas están en las playas con las teresas al aire.*

teresiano, na *adj. / s. f.* Que pertenece a un instituto religioso que tiene por patrona a Santa Teresa de Jesús, religiosa española del siglo XVI: *una religiosa teresiana, una enseñanza teresiana. Estaba hablando con una teresiana.*

tergal *s. m.* (no contable; marca registrada) Fibra sintética de poliéster muy resistente, y tela tejida con ella: *una camisa blanca de tergal, una falda de tergal.*

tergiversación *s. f.* Acción y resultado de tergiversar: *La tergiversación de nuestros argumentos es evidente.*

tergiversar *v. tr.* Dar ‹una persona› una interpretación errónea, intencionadamente o no, a [las palabras o a las acciones de otra persona]: *El periodista tergiversó mis declaraciones.* SIN. falsear.

termal *adj.* **1** De las termas: *propiedades termales.* **2** [Agua] que brota caliente del manantial: *aguas termales.*

termas (plural) *s. f.* **1** Baños de aguas medicinales calientes: *En septiembre iremos de vacaciones a las termas de aguas sulfurosas.* **2** HIST. Baños públicos de los antiguos romanos: *En muchas antiguas ciudades romanas se conservan las termas.*

termes (plural *termes*) *s. m.* (macho y hembra) Termita.

térmico, ca *adj.* **1** Del calor o de la temperatura: *energía térmica.* **central* térmica.** **2** Que conserva la temperatura: *aislante térmico, manta térmica.* || **3 luneta* térmica.**

terminación *s. f.* **1** RESTRINGIDO. Final: *la terminación del curso. La terminación de las vacaciones está cerca. La terminación de la novela no me gusta, es un poco forzada.* **2** ARG., URUG. Acabado de un producto.

terminal *adj.* **1** Que está al final o indica el final de una cosa o de una serie de cosas: *Éstas son las obras terminales de la autopista.* **2** BOT. Que está en el extremo de una parte de la planta: *hoja terminal, rama terminal.* || *adj. / s. m.* **3** INFORM. [Unidad] que tiene un dispositivo de entrada, normalmente un teclado, una pantalla y, a veces, una impresora, y que se utiliza con un ordenador para introducir y recibir información: *En la oficina tenemos varios terminales del ordenador central.* **4** [Enfermo] que está en la última fase de una enfermedad incurable: *Éste es el pabellón de terminales. La fase terminal de la enfermedad llegará pronto.* **enfermo* ~.** || *s. m.* **5** ELECTRIC. Extremo de un conductor preparado para facilitar su conexión con un aparato. || *s. f.* **6** Estación donde comienza o termina una línea de transporte público: *terminal de autobuses.* **7** Dependencia destinada a la facturación de equipajes y mercancías y para acoger a los viajeros y mercancías en puertos y aeropuertos: *terminal nacional, terminal de carga.*

terminante *adj.* Que es tan evidente que no deja lugar a dudas ni admite discusión alguna: *Tengo órdenes terminantes de no dejar pasar a nadie.* SIN. tajante.

terminantemente *adv. modo* De manera terminante. OBSERVACIONES: Se usa sobre todo pospuesto a formas personales de *prohibir* y antepuesto a *prohibido*: *Queda terminantemente prohibido utilizar el fax.*

terminar *v. tr.* **1** Poner ‹una persona› fin a [una cosa] o hacerla completamente: *Por fin terminó los deberes. Hemos terminado* ***de*** *hacer el trabajo.* SIN. concluir, finalizar. || *v. tr. / prnl.* **2** Consumir o gastar ‹una persona› [una cosa]: ***Se*** *terminó el butano. He terminado un poco de jamón que quedaba en la nevera.* || *v. intr. / prnl.* **3** Tener ‹una cosa› fin o entrar en su última etapa: *La reunión* ***se*** *ha terminado. La película termina a las nueve.* SIN. concluir, finalizar. || *v. intr.* **4** Acabar ‹una persona› con [una cosa]: *No consigue terminar* ***con*** *las pesadillas.* **5** Tener ‹una cosa› [una determinada forma o una cosa] en un extremo: *El bastón termina* ***en*** *una figura de marfil. La película termina* ***con*** *un beso.* SIN. concluir, finalizar. **6** Hacer ‹una persona› [una cosa] finalmente: *Terminará* ***por*** *marcharse.* **7** ARG, URUG.; COLOQUIAL. Llegar al orgasmo ‹una persona›. FR. Y LOC. **acabar / ~ en punta*.**

término *s. m.* **1** Extremo, límite o final: *el término del viaje. El curso llega a su término.* SIN. fin. **2** Espacio limitado o determinado de tiempo: *En el término de una semana debe estar todo acabado.* SIN. plazo. **3** Límite de una determinada extensión de tierra, de un territorio o de una provincia: *El término de la finca está cercado. El término de Salamanca llega hasta aquí.* SIN. linde. **4** Territorio sometido a una jurisdicción, especialmente a la de un ayuntamiento: *término municipal.* **5** Palabra, especialmente la que es propia de una ciencia, un arte o una actividad: *Al expresarse utiliza muchos términos de argot. Los términos médicos no se entienden.* SIN. vocablo, palabra. **6** LING. Palabra o construcción que está introducida por una preposición o sobre la que recae la acción de un verbo: *el término de una preposición, el término de un verbo.* **7** Cada uno de los elementos o miembros de una correlación, una sucesión o una oposición: *los términos de una fracción, los términos de un silogismo, los términos del discurso.* SIN. parte. **8** Cada uno de los planos en que se considera dividida la escena o el espacio en una obra de teatro, cinematográfica o pictórica: *En primer término aparece la mesa y al fondo el armario.* **9** Situación en que se halla o a la que llega una persona o una cosa: *Llegados a este término tienes que tomar una decisión.* SIN. punto. **10** (sólo en plural) Condiciones establecidas en un contrato o en un acuerdo: *los términos del testamento. No se han cumplido los términos del contrato.* **11** (sólo en plural) Punto de vista con que se plantea un asunto: *Presentó la situación en unos términos muy optimistas. A mi no me hables en esos términos tan groseros.* || **12 ~ medio** Cantidad igual o aproximada a la media aritmética de un conjunto de cantidades: *El término medio de palabras que has definido por día es de sesenta.* FR. Y LOC. **en último ~** Como última solución: *En último término yo duermo en el sofá y vosotros en la cama.* **poner ~** Hacer ‹una persona› todo lo posible o lo necesario para que se acabe una cosa: *He decidido poner término a esta relación.*

terminología *s. f.* Conjunto de términos o palabras propias de una determinada ciencia, profesión o materia: *La mayoría de la terminología informática procede del inglés.*

terminológico, ca *adj.* De la terminología: *estudios terminológicos, centro terminológico.*

termita *s. f.* (macho y hembra) Insecto pequeño que vive en la madera, de la que algunas especies se alimentan, o en nidos bajo tierra: *Las termitas pueden acabar con las vigas de madera de un edificio.* SIN. termes, término (RESTRINGIDO).

térmite *s. f.* (macho y hembra) RESTRINGIDO. Termita.

termitero *s. m.* Nido de termitas: *La llanura aparece con los conos de tierra típicos de los termiteros.*

termo (marca registrada) *s. m.* Vasija con paredes dobles y cierre hermético que conserva la temperatura de los líquidos que contiene: *un termo de café. He echado la horchata en el termo.*

termocéfalo, la *adj.* PERÚ. [Persona] que es fanática o apasionada.

termocompresor *s. m.* **1** Aparato que aprovecha la energía sobrante de un sistema de vapor a alta presión para comprimir uno de baja presión. **2** Dispositivo provisto de una bomba de calor para vaporizar líquidos: *termocompresor de agua salada, termocompresor de jugos frutales.*

termoconductor *s. m.* Resistencia variable que se usa para medir o regular las variaciones de temperatura: *Los termoconductores se fabrican con semiconductores.*

termodinámica *s. f.* (no contable) Parte de la Física que estudia las variaciones de energía interna de un sistema que se producen en los intercambios de calor y trabajo de éste con el medio que lo rodea: *las leyes de la termodinámica.*

termoelasticidad *s. f.* **1** (no contable) FÍS. Propiedad de los cuerpos que experimentan variación en su forma por la acción del calor: *medición de la termoelasticidad.*

termoelectricidad *s. f.* **1** FÍS. Propiedad que poseen ciertos materiales de emitir electrones o de cederlos a otros cuerpos cuando se calientan. **2** (no contable) ELECTRIC. Ciencia que estudia la propiedad de los cuerpos de emitir energía eléctrica producida por el calor: *Este profesor está estudiando la termoelectricidad de algunos metales.*

termoestable *adj.* Que no se altera con facilidad por la acción del calor: *plástico termoestable.*

termófilo, la *adj.* **1** [Organismo] que necesita para su desarrollo normal temperaturas elevadas. **2** [Microorganismo] que tiene una temperatura óptima superior a los cuarenta y cinco grados centígrados.

termogénesis (plural *termogénesis*) *s. f.* BIOL. Producción de calor por los seres vivos, a causa del proceso de oxidación en su interior de las sustancias orgánicas .

termografía *s. f.* FÍS. Conjunto de técnicas para la obtención de imágenes de las radiaciones de calor o de las ondas infrarrojas que emiten los cuerpos: *La termografía tiene muchas aplicaciones prácticas.*

termolábil *adj.* FÍS. Que se altera fácilmente por la acción del calor: *materiales termolábiles.*

termología *s. f.* (no contable) FÍS. Parte de la Física que trata de los fenómenos en que interviene el calor.

termometría *s. f.* **1** FÍS. Parte de la termología que trata de la medición de la temperatura. **2** METEOR. Estudio de la acción del calor sobre la atmósfera.

termómetro *s. m.* Instrumento para medir la temperatura: *termómetro de mercurio, termómetro de alcohol.* **~ clínico** Termómetro que se usa para tomar la temperatura de las personas: *No te pongas el termómetro tantas veces.*

termonuclear *adj.* [Proceso de fusión nuclear] que ocurre en núcleos ligeros a temperaturas muy elevadas y con liberación de energía. **bomba ~.**

termoplástico *s. m.* Plástico que permite ser moldeado con calor: *Con los termoplásticos se consiguen formas asombrosas.*

termoquímica *s. f.* Parte de la Química que trata del calor que se absorbe o se desprende en los procesos químicos: *especialista en termoquímica, manual de termoquímica.*

termorregulación *s. f.* **1** Sistema de regulación automática de la temperatura: *Esta cámara dispone de un sistema de termorregulación.* **2** BIOL. Conjunto de mecanismos de naturaleza muscular o nerviosa de que disponen ciertos animales para mantener constante su temperatura interna: *El centro de la termorregulación se halla en el hipotálamo.*

termosfera *s. f.* METEOR. Capa atmosférica por encima de los 80 km. de altura, que alcanza temperaturas de hasta 1.500 °C.

termosifón *s. m.* **1** Aparato que sirve para calentar el agua de uso doméstico y distribuirla por tuberías: *La casa tiene el termosifón en la cocina.* **2** Aparato semejante que proporciona calefacción a las viviendas y locales de un edificio. **3** Aparato semejante que manda agua caliente a los elementos de una maquinaria para calentarlos.

termostato o **termóstato** *s. m.* TECNOL. Dispositivo graduable y sensible a las variaciones de la temperatura, que permite mantener constante la temperatura de un recinto o de un recipiente: *el termostato de la calefacción.*

termotanque *s. m.* ARG. Calentador de gas.

termotecnia *s. f.* (no contable) TECNOL. Técnica del tratamiento del calor.

terna *s. f.* **1** ADMINISTRATIVO. Conjunto de tres personas o cosas de entre las que se elige una: *El presidente ha seleccionado una terna de proyectos para que apoyemos el que nos parece mejor. Los miembros de la junta le propondrán a los socios una terna para que elijan al secretario.* **2** TAUROM. Conjunto de tres matadores que actúan en una corrida de toros: *No conozco a ningún torero de esta terna.*

ternario, ria *adj.* **1** Que tiene tres elementos o unidades: *conjunto ternario, sistema ternario.* || *s. m.* **2** REL.; RESTRINGIDO. Entre los católicos, conjunto de tres días dedicados a un ejercicio espiritual o a una devoción. || **compás ~** MUS. Compás que está compuesto por tres tiempos.

ternasco *s. m.* Cordero lechal: *El ternasco al horno es un plato de cocina típico de Castilla.*

terne *adj.* **1** ELEVADO. Que presume de valiente. **2** ELEVADO. Que es obstinado: *Con los años me he vuelto terne y cabezota.* **3** ELEVADO. Que tiene muy buena salud: *El abuelo tiene noventa años, pero sigue terne.*

ternero, ra *s. m./f.* **1** Cría de la vaca: *Ahora estamos criando varios terneros y terneras.* **~ recental*** || *s. f.* **2** Carne de este animal, muy apreciada como alimento: *un filete de ternera.* **falda* de ~.** **3** VEN. Fiesta popular en la que se consume carne de este animal.

terneza *s. f.* (preferentemente en plural) ELEVADO; IRÓNICO a veces. Frase o gesto cariñoso: *La mamá acunaba al niño mientras le decía ternezas. Como le digas tantas ternezas a tu hermana va a dejarte de hablar.*

ternilla *s. f.* COLOQUIAL. Cartílago: *Creo que se le ha roto la ternilla de la nariz.*

terno *s. m.* Traje masculino que consta de pantalón, chaleco y chaqueta del mismo paño o género: *Se compró un terno de lana. Viste un terno clásico gris de pata de gallo.*

ternura *s. f.* **1** (no contable) Calidad de los afectos tiernos: *la ternura de un comportamiento, la ternura de unas palabras, la ternura de un gesto.* **2** Cariño o muestra de afecto: *Mar cuida con mucha ternura de su perro.* **3** (no contable) Cualidad de lo que inspira o provoca el sentimiento de cariño o compasión por su dulzura, debilidad o delicadeza: *la ternura de los pinceles de Monet, la ternura de un poema, la ternura de la leona amamantando a sus cachorros.*

tero *s. m.* AMÉR. DEL S. Teruteru.

terquear *v. intr.* RESTRINGIDO. Mostrarse ‹una persona o un animal› terco: *Este gato terquea mucho.*

terquedad *s. f.* (no contable) Calidad y actitud de terco: *Mostró su terquedad negándose a ir al médico.*

terracota *s. f.* 1 Arcilla modelada y endurecida al horno: *cenicero de terracota, piso de terracota.* 2 ARTE. Escultura de esta arcilla endurecida: *En las excavaciones han aparecido varias terracotas romanas.*

terrado *s. m.* RESTRINGIDO. Azotea: *Todas las casas mediterráneas tienen terrado.*

terraja *s. f.* 1 Tabla recubierta de una chapa de metal para hacer moldes de yeso u otros materiales parecidos. 2 Herramienta donde se ajustan las piezas que sirven para labrar las roscas de los tornillos.

terramicina *s. f.* (no contable) MED. Tetraciclina.

terranova *adj. / s. m.* y *f.* (macho y hembra) Perro de cierta raza de gran tamaño y de pelo largo y espeso: *Se han comprado una perra terranova.*

terraplén *s. m.* 1 Montón de tierra apretada para rellenar un hueco o para levantar una defensa o salvar un desnivel: *Para facilitar el acceso se hará un terraplén.* 2 Desnivel del terreno con cierta pendiente: *El coche se salió de la carretera en una curva y cayó por un terraplén.*

terraplenar *v. tr.* 1 Llenar ‹una persona› de tierra [un hueco o un desnivel]: *Ya están terraplenando los campos por donde pasará la autopista.* 2 Juntar ‹una persona› [materiales] para hacer un terraplen: *Están terraplenando mucha tierra a la salida del pueblo.*

terráqueo, a *adj.* ELEVADO. De la tierra: *esfera terráquea.* **globo* ~ / terrestre.**

terrario o **terrarium** *s. m.* Instalación adecuada para mantener vivos reptiles, anfibios y otros animales parecidos: *En el terrario del zoo hay una exposición de serpientes.*

terrateniente *adj. / s. m.* y *f.* Propietario de grandes extensiones de tierra o fincas rurales: *aristocracia terrateniente. Proviene de una familia de terratenientes.*

terraza *s. f.* 1 Balcón grande: *Mi madre tiene muchas macetas en la terraza.* **~ cerrada. ~ descubierta.** 2 Cubierta llana de un edificio sobre la que se puede andar: *Como la terraza estaba en mal estado, había goteras en los últimos pisos.* SIN. azotea. 3 Espacio al aire libre que tienen algunos establecimientos para los clientes: *la terraza de un restaurante, la terraza de un bar, una terraza de verano.* 4 Parte aplanada de un terreno dispuesta escalonadamente a lo largo de la ladera de una montaña: *Los cultivos en terrazas son típicos de estas montañas centrales.* 5 GEOGR. Depósito de materiales de aluvión que se eleva en un valle sobre el cauce de un río: *En esta zona son famosas las terrazas del Tajo.* 6 COLOQUIAL; HUMORÍSTICO. Cabeza: *Pepe no anda bien de la terraza.*

terrazo *s. m.* 1 Material artificial compuesto por un aglomerado pulimentado de piedrecillas y trozos de mármol: *El piso de la casa es de terrazo* 2 PINT. Terreno que se representa en un paisaje.

terregoso, sa *adj.* ELEVADO. [Campo, terreno] que está lleno de terrones.

terremoto *s. m.* Seismo: *El terremoto causó muchas víctimas.*

terrenal *adj.* 1 De la tierra: *vida terrenal, nuestra existencia terrenal.* ANT. celestial. || 2 **paraíso ~** Según la Biblia, lugar donde vivieron Adán y Eva antes de pecar.

terreno *s. m.* 1 Extensión determinada de tierra: *terreno llano, terreno arenoso. Este terreno es bueno para plantar patatas.* 2 DEP. Campo de juego en muchos deportes: *Los equipos de fútbol ya han saltado al terreno.* 3 Ámbito de una ciencia o de una actividad: *En el terreno de las piedras preciosas Julia no tiene rival. En el terreno de la Medicina se han producido importantes avances.* SIN. campo, especialidad. 4 GEOL. Conjunto de características geológicas y minerales de una determinada parte de la corteza terrestre: *terreno calcáreo, terreno volcánico.* || *adj.* ELEVADO. 5 De la tierra y no del cielo: *vida terrena, preocupaciones terrenas.* SIN. terrenal. || 6 **~ abonado** Circunstancia o situación en la que se dan unas condiciones muy adecuadas para que algo se produzca: *Este barrio es terreno abonado para la delincuencia.* 7 **~ de juego** Campo de juego: *Los jugadores salieron al terreno de juego.* FR. Y LOC. **estar / hallarse / encontrarse en su propio ~** Estar, hallarse o encontrarse ‹una persona› en condiciones ventajosas: *Al estar en su propio terreno, dominó la conversación.* **ganar / perder ~** Avanzar o retroceder ‹una persona o un grupo› en una actividad: *Las exportaciones del país están perdiendo terreno en los mercados europeos.* **no adelantar / ganar un palmo* de ~. preparar el ~** 1 Conseguir ‹una persona› una situación favorable o ventajosa para otra persona: *Supo responder a las preguntas porque sus asesores le habían preparado el terreno.* 2 Crear ‹una persona› unas condiciones favorables para una cosa: *Prepararon el terreno para el debate con una intensa campaña de publicidad.* **llevar a su ~** 1 Conducir ‹una persona› a otra persona hacia su campo de acción o hacia sus opiniones para sacar algún provecho: *En las negociaciones no podemos dejarnos llevar a su terreno.* 2 Dirigir ‹una persona› un asunto hacia donde le interesa: *El acusado sabe llevar las cosas a su terreno.* **saber el ~ que pisa** Conocer bien ‹una persona› el asunto que trata: *Luis habló con mucha prudencia porque sabe el terreno que (se) pisa.* **sobre el ~** 1 En el lugar de que se trata: *Veremos sobre el terreno si es un gran jugador.* 2 Durante la realización concreta de algo: *Los fallos en el trabajo se irán viendo sobre el terreno.* **tantear el ~** Explorar ‹una persona› las intenciones de otra persona en un asunto o negocio: *Antes de decidirme a comprar tanteé el terreno a ver si me ofrecían un buen precio.*

térreo, a *adj.* ELEVADO. De la tierra o que tiene alguna característica de la tierra: *Los campesinos tienen un color térreo. Su carácter es como su paisaje, seco y térreo.*

terrera *s. f.* ZOOL. Alondra.

terrero, ra *adj.* 1 De la tierra o que contiene tierra. **saco* ~.** 2 RESTRINGIDO. Que va bajo o rasante: *Algunas aves tienen un vuelo terrero.* || *s. m.* 3 Montón de tierra o de broza, especialmente si se ha sacado de una mina.

terrestre *adj.* 1 De la Tierra: *atmósfera terrestre, superficie terrestre.* **corteza* ~. globo* terráqueo / ~.** 2 Que vive u ocurre en la tierra, y no en el aire o en el mar: *fauna terrestre, comunicaciones terrestres, vida terrestre.* **transporte aéreo / marítimo / ~.** 3 COLOQUIAL. Que es de esta vida y no de la vida eterna o espiritual: *Tienes unas ambiciones muy terrestres, poco elevadas.* SIN. terrenal.

terrible *adj.* 1 (antepuesto / pospuesto) Que produce terror, o que puede acarrear grandes males: *Anoche tuve una terrible pesadilla. Éste ha sido un año terrible para la economía española. El cáncer es una terrible enfermedad.* SIN. espantoso, atroz. **2** (antepuesto / pospuesto) Que es difícil de soportar por ser muy intenso o excesivo: *calor terrible, terrible sed, envidia terrible, terrible dolor, imagen terrible. Tengo una terrible sequedad en la piel. Todos los días, cuando llega la una, tengo un hambre terrible.* SIN. tremendo, horroroso. **3** (ser / estar) Que tiene un carácter desagradable: *Desde que ha dejado de fumar está terrible, no hay quien lo aguante. Tiene un carácter terrible.* **4** (ser / estar) COLOQUIAL. Que es muy travieso, o difícil de manejar: *El niño de mi vecina es terrible: no hay quien pueda con él. Mi sobrinito está terrible últimamente.* **5** COLOQUIAL. Que produce mucha tristeza: *Es terrible no poder contar con su amistad.*

terriblemente *adv. modo / cant.* De modo terrible o en grado terrible, enormemente, muchísimo. OBSERVACIONES: Suele preferir, propiamente, los procesos y accciones terribles (como el dolor), pero familiarmente se usa también como mero cuantificador intensivo de adjetivos y adverbios calificativos de valoración negativa (algunos hablantes lo aplican también a los de valoración neutral e incluso a los de valoración positiva): *Me dolía terriblemente la cabeza. Sois terriblemente pesados. Está terriblemente guapo.*

terrícola *s. m. / f.* **1** Habitante de la Tierra: *En la película, los extraterrestres sometían a los terrícolas.* ANT. extraterrestre, alienígena. || *adj.* **2** [Planta] que vive en la tierra y no en otros medios.

terrier *s. m.* Perro de pelo duro, de una raza de origen británico.

terrina *s. f.* **1** Vasija pequeña con forma de cono invertido destinada a envasar alimentos. **2** Tiesto de forma parecida: *Las terrinas suelen dedicarse a semilleros.*

territorial *adj.* Del territorio: *división territorial.* **aguas territoriales** Las aguas de las costas que se consideran jurisdicción de un Estado: *Las aguas territoriales serán próximamente ampliadas.* **audiencia* ~.**

territorialidad *s. f.* **1** (no contable) Identificación y defensa de un territorio por parte de una persona o de un animal: *Los osos delimitan su territorialidad marcando los árboles.* SIN. territorio. **2** (no contable) Calidad de ser algo territorial: *Quieren mantener la territorialidad de las emisiones de esa cadena de televisión.* **3** (no contable) DER. Circunstancia por la que las casas donde viven los diplomáticos y los medios en los que viajan se consideran pertenecientes a su país: *Por el principio de territorialidad no se puede detener a un diplomático en su automóvil.*

territorialismo *s. m.* Fenómeno por el que ciertos animales dividen la zona natural donde viven en territorios.

territorialmente *adv. restrictivo* En el aspecto territorial, desde el punto de vista geográfico: *una zona territorialmente contigua.*

territorio *s. m.* **1** Extensión de tierra delimitada geográfica, política o administrativamente: *territorios conquistados, territorio nacional, territorio de caza.* **2** Zona o extensión de una jurisdicción administrativa: *el territorio provincial, el territorio de una diócesis.* **3** ZOOL. Espacio habitado por un animal o grupo de animales, que defienden como propio: *Los machos defienden su territorio. Todos los animales marcan su territorio.* **4** Región de características determinadas en el interior de un Estado: *territorio federal, territorio asociado, territorio sometido, territorio administrado.* **ordenación* del ~.** || **5 ~ nacional** COL. Territorio sin autonomía administrativa que depende directamente del Gobierno central.

terrizo, za *s. m. / f.* **1** Barreño. || *adj.* **2** RESTRINGIDO. Que es de tierra o está hecho de tierra: *suelo terrizo, pasta terriza.*

terrón *s. m.* **1** Pequeño pedazo de tierra compacta: *La tierra sin arar se llena de terrones.* **2** Masa pequeña y compacta de cualquier sustancia en polvo o granulada: *terrón de azúcar.* **3** (preferentemente en plural) LITERARIO. Tierras labradas y de las que se vive: *Los campesinos abandonan los terrones y emigran a la ciudad.*

terror *s. m.* **1** Miedo intenso: *Le tiene terror a volar. Mi madre le tiene terror a los reptiles.* SIN. pánico, pavor. **2** Aquello que produce un miedo intenso: *Ese perro era el terror de la vecindad.* **3** Género literario o cinematográfico que busca provocar una sensación de miedo o de angustia en el lector o en el espectador: *película de terror, literatura de terror.* **cine de ~.**

terrorífico, ca *adj.* **1** Que causa terror: *Ayer vi una película terrorífica.* **2** COLOQUIAL; INTENSIFICADOR. Que llama mucho la atención, y puede causar cierto temor por ser muy intenso o excesivo: *Había una cola terrorífica en la peluquería, así que me marché.* SIN. tremendo, espantoso.

terrorismo *s. m.* (no contable) Empleo de la violencia por parte de un grupo para conseguir un objetivo político: *El terrorismo quiere conseguir con la violencia lo que no consigue democráticamente.* FR. Y LOC. **~ de Estado / institucional** Violencia que ejercen sobre los ciudadanos la policía, el ejército y ciertos grupos de funcionarios importantes en los regímenes no democráticos: *En las democracias no debería existir el terrorismo de Estado.*

terroso, sa *adj.* **1** Que tiene alguna propiedad de la tierra: *color terroso, textura terrosa, sabor terroso.* **2** (ser / estar) Que tiene mezcla de tierra: *Estos champiñones están terrosos.*

terruño *s. m.* **1** COLOQUIAL; RESTRINGIDO. Tierra en que una persona ha nacido: *Recuerdo con añoranza mi terruño.* **2** Terreno, espacio de tierra del que se vive: *Todas sus propiedades son un terruño en las afueras del pueblo.*

tersar *v. tr.* RESTRINGIDO. Poner ‹una persona› tersa [una cosa]: *Se tersa la cara en una clínica todos los años.*

terso, sa *adj.* **1** (ser / estar; antepuesto / pospuesto) Que no tiene arrugas o asperezas: *Tiene un cutis terso y suave. La piel de sus manos está todavía tersa.* **2** Que está limpio, lustroso o brillante: *superficie tersa.* **3** [Lengua, estilo] claro y natural: *El estilo de Fray Luis de Granada es terso.*

tersura *s. f.* Calidad de terso: *la tersura de una piel, la tersura de una superficie.*

tertulia *s. f.* **1** Reunión de personas que se juntan para hablar: *Las tertulias literarias de principio de siglo eran muy importantes.* **2** Conversación que llevan a cabo los miembros de esta reunión: *En la radio se han puesto de moda las tertulias.* **3** URUG. En un teatro, butaca de entresuelo.

tertuliano, na *adj. / s. m.* y *f.* COLOQUIAL; RESTRINGIDO. Que participa en una tertulia: *Los tertulianos se reúnen a la hora del café para hablar de política y literatura.* SIN. contertulio.

tertuliante *adj. / s. m.* y *f.* RESTRINGIDO. Tertuliano.

teruteru *s. m.* AMÉR. DEL S. Ave zancuda.

tesar *v. tr.* MAR. Poner ‹una persona› [los cabos o las velas] tirantes. SIN. tensar.

tesauro *s. m.* Diccionario o catálogos que reúnen una gran cantidad de términos, obras, etc. SIN. tesoro.

tesela *s. f.* ARTE. Cada una de las piezas que componen un mosaico: *En las excavaciones han aparecido varias teselas romanas.*

teselado, da *adj. / s. m.* ARTE. [Pavimento] que está formado por teselas: *La casa romana descubierta tiene un atrio con el piso teselado.*

tesina *s. f.* Estudio monográfico de menor extensión que una tesis, necesario hace años para la obtención del título de Licenciado: *La tesina de licenciatura ha desaparecido de muchas facultades.*

tesis (plural *tesis*) *s. f.* **1** Principio o enunciado que se intenta justificar por medio de razonamientos: *defender una tesis. Su tesis es muy forzada.* **2** ELEVADO. Opinión que se tiene sobre algo: *No comparto tu tesis. Me parece muy arriesgado y peligroso airear tales tesis.* **3** Trabajo de investigación para obtener el grado académico de Doctor: *la lectura de la tesis, el director de mi tesis. Tiene cinco años para preparar la tesis.* || **4 novela* de ~.**

tesista *s. m. / f.* VEN. Persona que prepara una tesis en la Universidad.

tesitura *s. f.* **1** ELEVADO. Situación, circunstancia: *Las relaciones se encuentran en una tesitura compleja.* SIN. coyuntura. **2** MÚS. Altura propia de cada voz o de cada instrumento: *tesitura grave, tesitura aguda.*

tesla *s. m.* FÍS. Unidad de inducción magnética en el Sistema Internacional.

teso, sa *adj.* **1** COL.; COLOQUIAL. Que es difícil o cuesta trabajo. || *s. m.* **2** GEOGR. Colina baja con un llano en la cima: *La feria de ganado se celebra en un teso.*

tesón *s. m.* Firmeza y constancia para hacer una cosa: *Todo se consigue con tesón.* SIN. perseverancia, empeño.

tesonero, ra *adj.* Persistente, tenaz.

tesorería *s. f.* **1** (no contable) Oficio o cargo del tesorero: *Pilar se ocupará de la tesorería del departamento.* **2** Oficina o despacho del tesorero: *Suba usted a la tesorería en la segunda planta.* **3** Parte del activo de una empresa o institución disponible en metálico: *La tesorería del club está en números rojos.*

tesorero, ra *s. m. / f.* Persona encargada de administrar, guardar y distribuir el dinero de una colectividad, de una institución o de una empresa: *el tesorero del Banco de España. Cualquier gasto debe ser aprobado por el tesorero.*

tesoro *s. m.* **1** Dinero, joyas u objetos de mucho valor reunidos y guardados en un lugar: *Parecía pobre, pero tenía un tesoro escondido en su casa. Es un coleccionista de arte y tiene un auténtico tesoro privado.* **2** Persona, hecho o cosa que tiene mucho valor: *Tu hijo es un tesoro, me ha traído en coche a casa. Este mapa antiguo es un tesoro.* **3** DER. Conjunto o conjuntos de dinero o de objetos preciosos escondidos, sin dueño conocido, que se descubren: *Han encontrado un tesoro de varias monedas de oro romanas.* **4** ECON. Fondos económicos del Estado: *Por primera vez en muchos años las cuentas del Tesoro no están en números rojos.* **bono / obligación del Tesoro. letra* del Tesoro. pagaré* del Tesoro.** **5** RESTRINGIDO. Diccionario enciclopédico, enciclopedia, antología de una ciencia o catálogos científico o literario que contiene mucha información: *tesoro de la Lengua Española, tesoro de clasificación de las plantas tropicales.* || **6 ~ público** ECON., POLÍT. Órgano de la Administración del Estado que se encarga de dirigir la política monetaria de un país: *El tesoro público ha anunciado la próxima emisión de bonos del Estado.*

test (plural *tests;* del inglés; pronunciamos *'tes'*) *s. m.* **1** Prueba psicológica para estudiar las funciones mentales o la capacidad psíquica de una persona: *El psicólogo de la empresa nos ha hecho un test a todos.* **~ psicológico.** **2** Prueba para comprobar algo u obtener un dato: *Me tuve que someter a un test de alcoholemia.* **3** Examen de respuestas breves: *El examen de Lógica es un test de quinientas preguntas.*

testa *s. f.* **1** ELEVADO; a veces IRONÍA. Cabeza del hombre y de los animales: *Tienes una hermosa testa con el pelo plateado. Salió el primer toro, con una testa imponente.* || **2 ~ coronada** ELEVADO. Monarca de un Estado: *Al entierro del soberano acudieron las testas coronadas de toda Europa.*

testáceo, a *adj.* ZOOL. [Animal] que tiene concha externa o interna.

testador, ra *s. m. / f.* ADMINISTRATIVO. Persona que hace testamento: *El testador estaba en perfecto estado mental.*

testaferro *s. m.* DER. Persona que aparece como titular o parte de un asunto jurídico que corresponde a otra persona: *Hace sus negocios en otros países mediante testaferros.*

testamentaría *s. f.* **1** Ejecución o cumplimiento de lo dispuesto en un testamento. **2** Bienes que constituyen una herencia desde que muere el testador hasta que quedan definitivamente en poder de los herederos. **3** Junta de testamentarios **4** Conjunto de papeles que se relacionan con el cumplimiento de la voluntad del testador: *La testamentaría se ha constituido en una notaría de Salamanca.*

testamentario, ria *adj.* Del testamento: *los consejeros testamentarios, los papeles testamentarios.* **tutor ~.**

testamento *s. m.* **1** Declaración de la última voluntad de una persona para después de morir: *En mi familia nadie hace testamento.* **2** Documento legalmente válido en el que consta esta declaración: *La apertura del testamento será mañana en una notaría de Madrid.* **3** Obra de un autor en el que refleja el sentido de su actividad o de su pensamiento para la posteridad: *Este cuadro se considera el testamento del autor.* **4** Disposiciones de una autoridad al abandonar su cargo: *El sentimiento de que la ciudad es de todos fue el testamento de nuestro viejo alcalde.* **5** COLOQUIAL; a veces PEYORATIVO. Escrito excesivamente largo: *Esta novela es un testamento interminable.* FR. Y LOC. **Antiguo / Viejo Testamento** (en mayúscula) Conjunto de libros de la Biblia escritos antes de la vida de Jesucristo. **Nuevo Testamento** (en mayúscula) Conjunto de libros de la Biblia escritos después de la vida de Jesucristo.

testar *v. intr.* **1** Hacer ‹una persona› testamento: *Ha muerto sin testar. Ha muerto testado. Mi padrino está pensando esta temporada en testar.* || *v. tr.* **2** RESTRINGIDO. Comprobar ‹una persona› [una cosa] sometiéndola a tests o pruebas: *Testaron el automóvil en el taller.* **3** RESTRINGIDO. Someter ‹una persona› [a otra persona] a un test.

testarazo *s. m.* **1** COLOQUIAL. Golpe recibido o dado por la cabeza: *No vio la persiana y se dio un testarazo.* SIN. cabezazo. **2** COLOQUIAL. Cualquier golpe o porrazo violento: *Mi hermano se ha dado un testarazo subiendo las escaleras.*

testarudez *s. f.* Cabezonería, terquedad: *La testarudez de mi gato es bastante grande.*

testarudo, da *adj. / s. m.* y *f.* Que mantiene una idea o actitud aunque tenga argumentos o hechos en contra: *No seas testarudo y reconoce que estabas equivocado.* SIN. terco, tozudo, cabezota.

testear *v. tr.* ARG., URUG. Probar [un aparato] ‹una persona›.

testera *s. f.* **1** Parte delantera principal de una cosa: *la testera de un mueble.* **2** Adorno que se pone en la frente de las caballerías. **3** Parte anterior y superior de la cabeza de un animal.

testículo *s. m.* ANAT. Cada una de las dos glándulas sexuales externas masculinas que producen los espermatozoides.

testificación *s. f.* Acción y resultado de testificar: *la testificación en un juicio, la testificación de un hecho.*

testifical *adj.* De los testigos: *prueba testifical de un juicio.*

testificar *v. tr. / intr.* **1** Declarar ‹una persona› como testigo [una cosa] en un acto judicial: *Ayer testificó la secretaria del acusado.* || *v. tr.* **2** Asegurar o probar ‹una persona› la veracidad de [una cosa] de acuerdo con testigos o pruebas documentales: *El fiscal testificó que la muerte fue un asesinato.* **3** Probar ‹una cosa› [unos hechos]: *Las huellas testifican la participación del acusado.* ⇒ **71.**

testigo *s. m. / f.* **1** Persona que da testimonio de una cosa, especialmente la que declara en un juicio: *hacer de testigo, la declaración del testigo. La vista no se pudo celebrar por falta de testigos.* **~ de cargo** DER. Testigo que declara en contra del acusado en un juicio. **~ de descargo** DER. Testigo que declara en favor del acusado en un juicio. **~ presencial / ocular** Persona que presencia un hecho: *Fue testigo presencial del accidente.* **2** DER. Persona que da fe en la celebración de un acto jurídico: *Pepe fue testigo en mi boda.* || *s. m.* **3** Prueba o testimonio de una cosa: *La muralla es testigo del asentamiento romano en Barcelona.* **4** DEP. Pequeño bastón u objeto que un corredor entrega a otro como prueba de que el relevo se ha realizado correctamente: *El equipo español fue descalificado porque en el segundo relevo no se pasaron el testigo correctamente.* || **5 cerro* ~. 6 ~ de Jehová** Persona que profesa una religión cristiana que se extendió a finales del siglo XIX por los Estados Unidos de Norteamérica, caracterizada por la interpretación literal de la Biblia: *Los testigos de Jehová no aceptan las transfusiones de sangre.* FR. Y LOC. **Dios es ~** o **pongo a Dios por ~** o **pongo al cielo por ~** COLOQUIAL, RESTRINGIDO. Se usa como juramento fuerte: *Dios es testigo de que no miento.*

testimonial *adj.* Que tiene valor de testimonio: *presencia testimonial, prueba testimonial.*

testimoniar *v. tr.* **1** RESTRINGIDO. Asegurar ‹una persona› la veracidad de [una cosa] como testigo de ella: *La testigo ha testimoniado que vio cómo el acusado amenazaba al joyero.* SIN. testificar. **2** Ser ‹una cosa› muestra o demostración de [otra cosa]: *Estas ruinas testimonian una antigua civilización.* **3** Dar ‹una persona› muestras de [una cosa] a [otra persona]: *Le testimonié mi agradecimiento.*

testimonio *s. m.* **1** Declaración que hace alguien asegurando una cosa: *El juez escuchó el testimonio del testigo.* **2** Aquello que prueba la existencia o veracidad de algo: *Su apoyo ha sido el mejor testimonio de su amistad.* **3** Documento legal en que se atestigua o confirma un hecho: *El tribunal cuenta con el testimonio de varios implicados.* || **4 falso ~** 1 Acusación falsa que se hace contra una persona: *El juez lo ha acusado de falso testimonio.* 2 Declaración falsa que hace una persona en un juicio mientras está bajo juramento. FR. Y LOC. **levantar falso ~** Calumniar ‹una persona› a otra persona: *No podemos hacerle caso, está levantando falsos testimonios.*

testosterona *s. f.* **1** (no contable) BIOQUÍM. Hormona sexual masculina que interviene en el desarrollo de los genitales y en la aparición de los caracteres sexuales secundarios: *La testosterona es la responsable de la voz grave y de la barba masculinas.* **2** COLOQUIAL; RESTRINGIDO. Violencia brutal que aparece en un espectáculo o en el cine: *Es una película con mucha testosterona.*

testuz *s. m. / f.* **1** Frente de algunos animales: *la testuz del caballo.* **2** Nuca de algunos animales: *la testuz del toro.*

teta *s. f.* **1** COLOQUIAL. Mama, órgano de las hembras de los mamíferos que segrega la leche para alimentar a las crías: *la teta de las vacas.* || *adj.* **2** (invariable) VULGAR. Muy bueno: *He leído una novela teta. Me he comprado unos zapatos teta.* || *adv.* **3** VULGAR. Muy bien: *Lo pasamos teta anoche con tus amigos. En ese restaurante se come teta.* FR. Y LOC. **de ~** COLOQUIAL; RESTRINGIDO. [Cría de mamífero] que está en periodo de lactancia: *Es una niña de teta.*

tetamen *s. m.* VULGAR; INTENSIFICADOR. Pechos de una mujer: *Me abofeteó cuando le dije que no tenía mal tetamen.*

tetánico, ca *adj.* Del tétanos: *infección tetánica.*

tétanos o **tétano** *s. m.* (no contable) MED. Enfermedad muy grave producida por un bacilo que penetra por las heridas y segrega una toxina que ataca al sistema nervioso: *Los casos del tétanos pueden prevenirse con la vacuna.*

tetelemeque PERÚ; COLOQUIAL. [Persona] que es tonta o tiene poca inteligencia.

tetera *s. f.* **1** Recipiente para hacer y servir el té: *tetera eléctrica, tetera de porcelana.* **2** AMÉR. Tetina.

tetero *s. m.* AMÉR. Biberón.

tetilla *s. f.* **1** Teta de los machos de los mamíferos: *Le ha salido un herpes en la tetilla derecha.* **2** Tetina.

tetina *s. f.* Especie de pezón de goma que se pone en el biberón para que el niño chupe por él: *Antes de poner la tetina en el biberón desinféctala.*

tetón *s. m.* **1** Trozo seco de rama podada que queda unido al tronco. **2** Resalte que sobresale de la superficie lisa de un arma. **3** VULGAR. Seno grande femenino.

tetraciclina *s. f.* (no contable) MED. Familia de antibióticos de amplio espectro que se usa en las infecciones de las vías respiratorias.

tetracordio *s. m.* MÚS. Serie de cuatro sonidos en que el primero y el último forman un intervalo de cuarta.

tétrada *s. f.* **1** ELEVADO. Conjunto de cuatro cosas iguales o muy relacionadas entre sí. **2** BOT. Conjunto de cuatro granos de polen nacidos de la misma madre y unidos entre sí.

tetraedro *s. m.* GEOM. Cuerpo geométrico que tiene cuatro caras con forma de triángulo.

tetrágono *adj. / s. m.* GEOM. [Polígono] que tiene cuatro lados y cuatro ángulos: *El cuadrado, el rombo o el rectángulo son tetrágonos.* SIN. cuadrilátero.

tetralogía *s. f.* **1** Conjunto de cuatro obras literarias o líricas de un autor que giran en torno a un mismo tema: *una tetralogía compuesta de cuatro novelas.* **2** HIST. Conjunto de cuatro obras trágicas de un mismo autor presentadas a un concurso en los juegos solemnes de la Grecia antigua.

tetramorfo *adj.* 1 HIST. [Animal fantástico] que los antiguos orientales simbolizaban con cabeza de hombre, alas de águila, pies delanteros de león y pies traseros de toro. 2 GEOL. De cuatro formas cristalográficas diferentes. || *s. m.* 3 ARTE. Representación de los cuatro Evangelistas propia de la iconografía medieval románica.

tetrápodo, da *adj.* 1 ZOOL. [Animal vertebrado] que posee dos pares de extremidades con cinco dedos. || *s. m.* 2 ZOOL. (plural) Conjunto de los grupos de estos animales: *Los anfibios, los reptiles, las aves y los mamíferos son tetrápodos.*

tetrasílabo, ba *adj. / s. m.* MÉTR. [Verso] que tiene cuatro sílabas: *El tetrasílabo alterna a menudo con el octosílabo.*

tetrástrofo, fa *adj.* 1 MÉTR. [Composición] que está formada por cuatro estrofas. 2 MÉTR. [Estrofa] que está formada por cuatro versos. **~ monorrimo** Estrofa propia de la poesía clerical española de la Edad Media, formada por cuatro versos de catorce sílabas y rima consonante única.

tétrico, ca *adj.* 1 (ser / estar; antepuesto / pospuesto) Que causa cierto temor, angustia o tristeza por su carácter sombrío o su relación con la muerte: *Esto está muy tétrico, encendamos alguna luz. Me sobrecogí al ver aquel tétrico paisaje.* 2 (ser / estar) Que es triste, muy serio y pesimista: *El viejo es tétrico y malhumorado. Hoy estás de un humor tétrico.*

tetuaní *adj. / s. m.* y *f.* De Tetuán, ciudad del norte de Marruecos.

tetudo, da *adj.* VULGAR; PEYORATIVO. Que tiene las tetas muy grandes: *hombre tetudo, mujer tetuda.*

teutón, na *adj. / s. m.* y *f.* 1 HIST. De un pueblo de raza germánica que habitó en el norte de Europa, cerca de la desembocadura del río Elba: *Los teutones pertenecían a los pueblos germánicos.* 2 ELEVADO. Alemán: *La selección teutona de fútbol ha ganado.*

textil *adj.* 1 [Materia] que puede reducirse a hilos y tejerse: *fibra textil.* 2 De los tejidos: *fábrica textil, sector textil.*

texto *s. m.* 1 Documento, escrito: *Busco un texto inglés del siglo XVI.* **comentario* de ~. procesador* de textos.** 2 Conjunto de palabras que constituyen el cuerpo de una obra, prescindiendo de notas o glosas: *Debajo de cada lámina hay un texto que la comenta.* 3 Pasaje citado de una obra: *En la hoja hay dos textos, uno de Góngora y otro de Quevedo.* 4 Obra escrita: *Tiene todos los textos de Miguel Hernández en su biblioteca.* **editor de textos.** 5 Libro que se utiliza como base de estudio. **libro* de ~.**

textual *adj.* 1 Del texto: *comentarios textuales, coherencia textual.* 2 [Expresión] que repite palabra por palabra otra original: *Tus palabras textuales fueron: «¡sal de aquí!», así que no mientas ahora.* SIN. exacto.

textualmente *adv. modo* 1 Ateniéndose fielmente al texto citado o reproducido, con precisión, con exactitud: *El capítulo dos reproduce textualmente un conocido artículo de 1926.* 2 Aduciendo las propias palabras originales y no sólo el contenido. OBSERVACIONES: Tiene el sentido aproximado de 'citando con toda precisión y fidelidad sus palabras': *Textualmente, dijo lo siguiente: «Soy, era y seré yo mismo.»* || *adv. restrictivo* 3 Desde el punto de vista textual, en el nivel textual: *Textualmente, esta partícula es importantísima.*

textura *s. f.* 1 Forma en que están dispuestos y entrelazados los hilos de una tela: *La textura de esta tapicería es agradable.* 2 Manera de estar combinados o unidos entre sí los elementos o partículas que forman una cosa: *la textura de un discurso.* 3 Sensación que produce al tacto una determinada materia: *una textura suave y agradable.* 4 GEOL. Conjunto de características de las rocas cristalinas en relación con la disposición de sus cristales.

texturizar *v. tr.* Tratar ‹una persona› [los hilos de una fibra sintética] para dar la apariencia de mayor volumen. ⇒ **19.**

tez *s. f.* (no contable) LITERARIO. Piel de la cara: *Tienen la tez curtida por el aire y el sol.* SIN. cutis.

tezontle *s. m.* MÉX. Piedra porosa de origen volcánico de color rojo oscuro, empleada en la construcción de edificios.

tfno. *abr.* «Teléfono».

thailandés, sa *adj. / s. m.* y *f.* Tailandés.

ti (de segunda persona; singular; masculino y femenino) *pron. pers.* 1 Se usa siempre con preposición y funciona como complemento. OBSERVACIONES: No se usa como segundo término de una comparación: *Son más guapos que tú.* RELACIONES Y CONTRASTES: *Tú* sustituye el uso de *ti* cuando va con las preposiciones *entre, excepto, salvo, incluso* y *según*: *Salvo tú todos han cobrado su cheque.* 2 Con verbos como *gustar, parecer*, etc., se usa para introducir el sujeto al que se aplica lo que se dice: *A ti no te parece bien que yo me vaya.* 3 Va con *mismo* cuando se quiere resaltar el carácter reflexivo: *Piensa en ti mismo.Te lo di a ti. A ti no te elegirán.* FR. Y LOC. **hoy* por ~ (y) mañana por mí. para ~** En tu opinión, según crees, a tu parecer: *Para ti, todo el mundo tiene cara de ladrón.* **para ~ mismo** Expresión con que se indica a la persona que se habla que lea mentalmente o hable en voz baja: *Lee para ti mismo, que me molestas.* **por ~** 1 Indica que la persona a la que se habla o escribe no se opone a lo que se dice: *Tu dijiste que por ti no había problemas si ocupábamos tu despacho.* 2 Indica que a la persona que se habla o escribe se desentiende o muestra indiferencia o desprecio por lo que se dice: *¡Por ti, como si se acaba el mundo mañana mismo!* **por ~ mismo** 1 Sin la ayuda de nadie: *Afronta el problema por ti mismo.* 2 Por tu propio beneficio o placer, o por tu propia iniciativa: *Debes hacerlo por ti mismo, no porque te lo mande tu madre.* **(y) a ~ qué** COLOQUIAL. Expresión descortés con que se dice a la persona con que se habla que algo no le importa ni le debe interesar: *¿Y a ti qué si llego tarde?* **yo* de ~ / usted / él...**

tialina *s. f.* Ptialina.

tianguis *s. m.* MÉX.; COLOQUIAL. Mercadillo o feria informal.

tiara *s. f.* 1 En la Iglesia Católica, prenda similar a un gorro alto ceñido por tres coronas que lleva el Sumo Pontífice como insignia de su autoridad suprema de Papa, obispo y rey: *la tiara pontificia.* 2 Dignidad de Sumo Pontífice de la Iglesia Católica. 3 HIST. Sombrero alto que usaban los antiguos persas.

tiberio *s. m.* COLOQUIAL. Confusión grande, alboroto: *Se montó un tiberio en la plaza.* SIN. alboroto.

tibetano, na *adj. / s. m.* y *f.* 1 Del Tibet, región de Asia: *un monje tibetano, cordilleras tibetanas. Los tibetanos tienen un bonito país.* || *s. m.* 2 LING. Lengua hablada en el Tíbet de la rama lingüística chino-tibetana.

tibia *s. f.* ANAT. Hueso de la parte anterior de la pierna situado entre la rodilla y el tarso, que forma junto con el peroné su esqueleto.

tibiar *v. tr.* COL. Templar ‹una persona› [una cosa].

tibiera *s. f.* VEN.; COLOQUIAL. Incomodidad, enfado callado.

tibio, bia *adj.* **1** (estar) Que no está ni caliente ni frío: *La leche está tibia.* SIN. templado. **2** (ser/estar) Que expresa poco entusiasmo o apasionamiento: *La relación con su familia era tibia.* **3** VEN. Colérico, enojado. FR. Y LOC. **no estar ni ~** COL.; COLOQUIAL. No tener ‹una persona› ni idea de una cosa.

tibor *s. m.* Vasija grande y decorada de barro cocido o porcelana, propia de China y Japón.

tiburón *s. m.* **1** (macho y hembra) Pez marino de cuerpo alargado, morro puntiagudo, aleta dorsal triangular, que tiene varias filas de dientes puntiagudos y es un gran depredador que a veces ataca al hombre. **2** ECON.; JERGAL. Persona que adquiere el suficiente número de acciones de una entidad, ocultando la intención de lograr el control sobre ella.

tic (plural *tics*) *s. m.* **1** Movimiento involuntario y repetido de una parte del cuerpo: *un tic en los ojos.* **2** Hábito o manía: *No puede quitarse el tic de tocarse el pelo mientras habla.* **3** Onomatopeya con que se imita un sonido seco y poco intenso.

tic-tac *s. m.* Tictac.

ticket (plural *tickets;* del inglés; pronunciamos '*tíquet*') *s. m.* Tique.

tictac o **tic-tac** *s. m.* **1** Sonido de un reloj: *El tictac del despertador no lo deja dormir.* **2** Sonido parecido al del reloj que produce otra cosa: *el tictac de una bomba, el tictac del corazón.*

tiempo *s. m.* **1** Duración de las cosas sujetas a cambio o de los seres cuya existencia no es infinita. **2** Periodo cuya duración se especifica; si no se determina se entiende que es largo: *Este trabajo les llevará poco tiempo. Esta película duró tiempo en cartel.* **3** Periodo del que se dispone para alguna cosa: *Todavía tengo tiempo de arreglarme.* **4** Momento oportuno para alguna cosa: *Ha llegado ya el tiempo de la cosecha.* **5** Época durante la que ocurre alguna cosa, vive una determinada persona o está caracterizada por ciertas condiciones: *Nació en tiempo de la República.* **6** Época del año, estación: *Hace mucho calor para este tiempo.* **7** Edad de los niños pequeños o de las crías de animales, que se mide normalmente en días, semanas o meses: *¿Cuánto tiempo tiene su niño?* **8** DEP. Cada una de las fases diferenciadas de un movimiento, acción, partido de fútbol, baloncesto y otros deportes similares: *El equipo no hizo cambios en el segundo tiempo.* **9** GRAM. Cada grupo de formas verbales que indican respectivamente que la acción se desarrolla en el momento que se habla, o es anterior o posterior a éste: *tiempo presente, tiempo pasado, tiempo futuro.* **10** GRAM. Morfema del verbo que expresa el momento en que se desarrolla la acción. **11** MÚS. Velocidad con que se ejecuta una pieza. **12** MÚS. Cada una de las partes en que se divide una composición: *sonatas en cuatro tiempos.* **13** MÚS. Cada una de las partes en que se divide un compás. **14** Conjunto de las circunstancias climatológicas, como la temperatura, la humedad, el viento, etc., que se dan en un momento o lugar determinados: *En primavera el tiempo invita a pasear por el campo.* **15** VEN. Atmósfera con señales de lluvia o tempestad. || **16 ~ compuesto** GRAM. Forma verbal constituida por el auxiliar *haber* y el participio del verbo que se conjuga: *«He cantado, había terminado» son tiempos compuestos.* **17 ~ litúrgico** REL. Cada una de las divisiones que hace la Iglesia Católica del año religioso. **18 ~ muerto** DEP. En baloncesto y otros deportes del estilo, suspensión momentánea del juego solicitada por el entrenador de uno de los equipos. **19 ~ sidéreo/sideral** ASTRON. Tiempo que se calcula por el movimiento aparente de la esfera terrestre. **20 ~ simple** GRAM. Tiempo constituido por una sola forma verbal, sin auxiliar: *«Cantaba, subí» son tiempos simples.* **21 ~ solar/verdadero** ASTRON. Tiempo que se mide por el movimiento aparente del Sol. FR. Y LOC. **a ~** Antes de que sea tarde, en el momento opotuno: *Llegamos a tiempo a la estación.* **a un ~** o **al (mismo) ~** Simultáneamente, a la vez: *Levantaron a un tiempo la mano.* **años/días/meses/~ atrás. con el ~** Después de un cierto tiempo: *Con el tiempo te gustará la lectura.* **dar ~** Conceder ‹una persona› el tiempo que necesite otra persona o una cosa para hacer algo: *Le di tiempo para que reflexionara.* **de /desde un ~ a esta parte** Desde un momento no determinado hasta el momento presente en que se habla. **del ~** 1 [Fruta] que se da en una estación determinada. 2 [Bebida] que se toma a temperatura ambiente. **en mis/tus/sus... tiempos** COLOQUIAL. Durante la juventud: *En mis tiempos no había vídeo.* **en tiempos de ñaupa*. en un ~ récord*. faltar ~ para** COLOQUIAL. Darse ‹una persona› mucha prisa en hacer una cosa: *Cuando se compró el coche le faltó tiempo para estrenarlo.* **fruta* del ~. hacer ~** COLOQUIAL. Entretenerse ‹una persona› en hacer una cosa mientras espera: *Llegué pronto e hice tiempo mirando escaparates.* **mapa* del ~. matar el ~** COLOQUIAL. Ocupar ‹una persona› el tiempo haciendo alguna cosa para que se haga menos pesada la espera, el paso de un periodo de tiempo, etc.: *Mata el tiempo haciendo solitarios.* **noche* de los tiempos. perder (el) ~** Dejarlo pasar sin hacer nada útil o provechoso: *No pierdas más el tiempo y estudia.* **previsión* del ~. tomarse ~** Emplear ‹una persona› el tiempo que necesita.

tienda *s. f.* **1** Lugar cubierto donde se venden artículos al público: *una tienda de muebles, una tienda de zapatos.* SIN. comercio. **~ de alimentación. ~ de moda** Tienda donde se vende ropa de actualidad. **~ de ultramarinos/comestibles** Tienda donde se venden artículos comestibles variados: *Fui a la tienda de ultramarinos a comprar latas de conserva.* **2** VEN. Establecimiento donde se venden telas. **3** COL. Tienda de ultramarinos. **4** Tela o lona colocada sobre unos palos o tubos, que se monta al aire libre y sirve para alojarse: *Los excursionistas llevaban varias tiendas para acampar en la montaña.* **~ de campaña.**

tienta *s. f.* TAUROM. Operación en que se prueba la bravura de los becerros para poder seleccionarlos y cruzarlos. FR. Y LOC. **a tientas** 1 Con incertidumbre, sin saber: *La policía anda a tientas con lo del secuestro.* 2 Valiéndose del tacto para reconocer las cosas, palpando con las manos: *Tuve que entrar a tientas porque no había luz en casa.*

tiento *s. m.* **1** Acción y resultado de tentar o palpar: *No pudo reconocerlo sólo por el tiento.* SIN. tanteo. **2** Habilidad o cuidado para tratar algún asunto o actuar: *Es un asunto resbaladizo, hay que andar con mucho tiento.* SIN. tacto. **3** Golpe o conjunto de golpes: *Mi abuelo me amenazaba con un tiento si me portaba mal.* SIN. palo. **4** RESTRINGIDO. Palo o bastón que emplean los invidentes para guiarse: *Movía nerviosamente el tiento buscando algún obstáculo.* **5** Palo que usan los equilibristas para ayudarse a mantener el equilibrio: *El tiento osciló violentamente.* SIN. balancín. **6** MÚS. Modalidad del cante flamenco derivado del tango, con su mismo compás aunque algo más lento: *Soleares, tientos, seguidiyas... son los cantes de la patria mía.* **7** (preferentemente en plural) ARG., CHILE; RESTRINGIDO. Cinta delgada de cuero que se utiliza para atar y hacer trenzas. FR. Y LOC. **dar un ~** COLOQUIAL. Se usa para indicar que alguien toma un trago de bebida, generalmente alcohólica, o una porción de algún alimento sólido: *Pasa la bota que le dé un tiento.*

tierno, na *adj.* **1** (ser / estar) Que es muy blando: *un filete tierno. Este pollo está muy tierno.* ANT. duro. **2** (ser / estar; antepuesto / pospuesto) Que expresa cariño y afecto: *una tierna mirada, una pareja muy tierna. Está muy tierno conmigo.* **3** Que es muy joven y delicado: *una tierna edad, unos tallos tiernos.* **4** Que llora con facilidad: *Estos jóvenes son muy tiernos.*

tierra *s. f.* **1** (en mayúscula y precedido del artículo *la*) Planeta del Sistema Solar habitado por las personas: *la Tierra.* **2** (no contable) Superficie de nuestro planeta no ocupada por el agua: *un viaje por tierra, mar y aire.* **temblor* (de ~).** **3** (no contable) Materia inorgánica que forma el suelo: *Se te han llenado los zapatos de tierra. La tierra se ha metido en el portal.* **4** (no contable) Suelo sobre el que crecen las plantas: *tierra fértil, tierra estéril, cultivar la tierra.* **~ de labor** Tierra de cultivo. **~ vegetal** Tierra que contiene gran cantidad de elementos orgánicos, por lo que es adecuada para el cultivo: *Tienes que echar en el tiesto tierra vegetal.* **5** (preferentemenete en plural) Terreno cultivable: *Su abuelo tiene unas tierras que todos los años dan una buena cosecha.* **6** (no contable) Suelo: *Cayó a tierra del empujón.* **7** (no contable) Lugar donde una persona ha nacido: *Deseaba volver a su tierra para visitar a su familia.* **8** REL. El mundo, en oposición al cielo o vida eterna: *Estamos muy pendientes de la tierra, alejados del espíritu.* ‖ **9 ~ de nadie** Territorio que permanece sin ocupar entre dos adversarios que la disputan. **10 ~ caliente** COL., VEN. Tierras bajas, cercanas a la costa. **11 ~ fría** COL., VEN. Tierras altas. **12 ~ firme** 1 Continente, extensión grande de tierra por oposición a la isla. 2 Tierra, en oposición a agua: *Tranquilo, pronto llegaremos a tierra firme.* 3 Terreno sólido, sobre el que se puede construir: *Han ahondado los cimientos hasta encontrar tierra firme.* **13 Tierra Prometida** o **Tierra de Promisión** 1 ELEVADO. Palestina, tierra que Dios prometió a Israel. 2 Zona fértil: *No todo es tierra de promisión en este país.* **14 Tierra Santa** Palestina, lugar donde nació, vivió y murió Jesucristo. **15 tierras raras** Lantánidos. FR. Y LOC. **besar la ~ que pisa** COLOQUIAL; AFECTADO, INTENSIFICADOR. Demostrar ‹una persona› mucho respeto o mucho agradecimiento a otra: *María besa la tierra que pisas.* **besar el suelo** o **besar la ~** RESTRINGIDO. Caer al suelo de cara: *Al salir de casa tropezó y besó la tierra.* **dar en ~** 1 Destruir ‹una persona› una cosa o tirarla a tierra: *Un jefe inepto ha dado en tierra* ***con*** *toda la organización. El gato ha dado en tierra* ***con*** *el jarrón.* 2 Derribar ‹una persona› a otra persona: *En el congreso dieron en tierra* ***con*** *el secretario general.* **dar ~** RESTRINGIDO. Enterrar ‹una persona› a otra persona: *Hoy hemos dado tierra a su padre.* **echar por ~** Hacer fracasar ‹una persona› una cosa: *Alicia ha echado por tierra mis ilusiones.* **echar ~** COLOQUIAL. Hacer ‹una persona› que no se vuelva a hablar más de un asunto: *Echaron tierra sobre el escándalo financiero para que no saliera a la luz.* **frutos / productos de la ~** Frutos, productos de un país, una región o una comarca. **haz* de ~. lengua* de ~. no ser profeta* en su ~. palmo* de ~. poner ~ por medio** COLOQUIAL. Alejarse, huir ‹una persona› de un sitio: *Decidieron poner tierra por medio y se marcharon al extranjero.* **quedarse* en ~ . remover cielo* y ~. tener los pies en la ~** COLOQUIAL. Ser ‹una persona› muy realista, sin dejarse llevar por la fantasía: *Ten los pies sobre la tierra y no dejes volar tu imaginación.* **~ adentro** En el interior, lejos de la costa: *Desembarcaron e instalaron el campamento tierra adentro.* **tirar* por ~. tirarse* por ~. tomar ~** Aterrizar ‹un avión, helicóptero o nave espacial›: *El avión está tomando tierra.* **¡trágame ~!** COLOQUIAL; INTENSIFICADOR. Expresión usada cuando una persona siente mucha vergüenza por algo y se muestra deseosa de salir de esa situación: *Cuando me encontré con la familia en el bar pensé «trágame tierra».* **tragarse la ~** COLOQUIAL. Desaparecer ‹una persona› sin que se sepa nada de ella: *¿Dónde estará Eugenio? Parece que se lo ha tragado la tierra.* REFR. **En tierra de ciegos, el tuerto es el rey.** Se usa para indicar que en un grupo de personas ignorantes, el que destaca un poco es el que manda.

tieso, sa *adj.* **1** Que está en tensión, tirante o erguido: *Este perro tiene el rabo y las orejas tiesas.* **2** (ser / estar) Que está rígido, no se puede doblar o tiene poca elasticidad: *Esta camisa tiene el cuello tieso.* **3** (estar) COLOQUIAL. Que tiene un aspecto saludable o fuerte: *Está usted muy tieso para la edad que tiene. ¡Qué tiesa está esa planta!* **4** (ser/ estar) COLOQUIAL. Que tiene una actitud excesivamente seria, fría o poco amable: *No me cae bien, es muy tieso.* **5** COLOQUIAL. Que está satisfecho u orgulloso de sí mismo: *¡Mírale, qué tieso va!* FR. Y LOC. **como una vela*** o **más derecho / ~ que una vela. dejar ~** COLOQUIAL. Matar ‹una persona› a otra persona o un animal: *El camión dejó tieso al pobre perro.* **garrotazo* y tente ~. 7 ir caminar / andar más ~ que un poste*. más ~ que un palo*. quedarse ~** COLOQUIAL. Morir ‹una persona›: *Inclinó la cabeza de repente y se quedó tieso sobre la mesa.*

tiestazo *s. m.* COL.; COLOQUIAL. Golpe muy fuerte que se da o que se recibe, porrazo.

tiesto *s. m.* **1** Maceta: *Tenemos que comprar tiestos para estas plantas.* **2** Planta que está en un tiesto: *Riégame los tiestos todos los días.* **3** CHILE; COLOQUIAL. Vasija de cualquier tipo o tamaño. FR. Y LOC. **mear / regar fuera del ~** COLOQUIAL. Decir o hacer ‹una persona› una cosa inoportuna: *Esto no es cierto, me parece que estás meando fuera del tiesto.* **sacar los pies* del plato / ~.**

tifoideo, a *adj.* Del tifus o con síntomas parecidos a los de esta enfermedad: *Tienen síntomas tifoideos.* **fiebre* tifoidea.**

tifón *s. m.* Ciclón tropical propio del mar de la China, de mucha violencia, que va acompañado de vientos fuertes y lluvias torrenciales: *Los tifones son muy violentos.*

tifus (plural *tifus*) *s. m.* (no contable) MED. Grupo de enfermedades que producen fiebre alta, diarrea y hemorragias intestinales: *Para ir a esos países hay que vacunarse contra el tifus.*

tigra *s. f.* COL., VEN. Tigre, jaguar.

tigre, gresa *s. m. / f.* **1** *Panthera tigris.* Mamífero carnívoro asiático, que tiene la piel amarillenta con rayas negras, poderosas zarpas y mandíbulas, gran fuerza muscular, agilidad para el salto y velocidad en la carrera. **2** RESTRINGIDO. Persona cruel y sanguinaria. || *s. m.* **3** COLOQUIAL, RESTRINGIDO. Retrete, cuarto de baño: *¿Sabes dónde tienen aquí el tigre?* **4** AMÉR. Jaguar. FR. Y LOC. **oler a ~** COLOQUIAL. Tener ‹una persona o un lugar› mal olor: *Hueles a tigre.* **ser un ~** ARG., URUG. Destacar ‹una persona› en una actividad.

tigrillo *s. m.* AMÉR. C., COL., EC., MÉX., VEN. Ocelote.

tijera (significado igual en singular y plural) *s. f.* **1** Utensilio para cortar formado por dos hojas con un solo filo unidas en forma de aspa por un eje que permite que se muevan: *las tijeras de sastre, tijeras de cocina. Corta la bolsa con la tijera.* **2** Aspa que sirve para apoyar un madero u otra cosa que se va a cortar. **3** DEP. Patada que se da al balón haciendo una tijereta: *Metió el gol de tijera.* **4** DEP. Llave de lucha que inmoviliza al contrario sujetándole las piernas. **5** DEP. Ejercicio gimnástico que consiste en cruzar repetidamente las piernas en el aire, con la espalda y los codos apoyados en el suelo. FR. Y LOC. **de ~** [Objeto] provisto de dos piezas articuladas en forma de tijeras: *mesa de tijera, silla de tijera.* **echar/meter la ~** COLOQUIAL. 1 Cortar con decisión: *Mete la tijera en la tela sin miedo.* 2 Censurar ‹una persona› una obra artística o literaria: *Hace años los censores metían la tijera sin piedad a las películas y a las novelas.* **escalera* de ~** o **escalera doble. silla* de ~.**

tijeral *s. m.* CHILE; JERGAL. Armazón que sostiene el techo de una construcción.

tijereta *s. f.* **1** (macho y hembra) *Forficula auricularia.* Insecto masticador nocturno, no volador, aunque con alas, que tiene el cuerpo alargado y terminado en una especie de pinza dentada, y vive en agujeros del terreno. **2** Salto que se da cruzando las piernas en el aire hacia arriba o hacia abajo. **3** Zarcillo que nace en los sarmientos de la vid. **4** ARG. Pájaro de colores vistosos.

tijeretazo *s. m.* **1** Movimiento enérgico hecho con la tijera, de una vez, para cortar: *Se cortó un mechón de pelo de un tijeretazo.* **2** Corte hecho con un solo movimiento enérgico de tijera: *Un gamberro me ha dado varios tijeretazos en la gabardina y me la ha destrozado.*

tijeretear *v. tr.* **1** Dar ‹una persona› cortes a [una cosa] con las tijeras sin orden ni finalidad: *Se enfadó y empezó a tijeretear las cortinas.* || *v. intr.* **2** ARG., URUG.; RESTRINGIDO en Argentina, COLOQUIAL en Uruguay. Murmurar, criticar ‹una persona›.

tila *s. f.* **1** (no contable) Flor del tilo: *Tenemos que comprar tila.* **2** (no contable) Infusión preparada con las flores de los tilos, de efectos sedantes: *Después de cenar siempre tomo tila.* **3** Medida de este líquido contenido en una taza o vaso: *Tómate una tila.*

tílburi *s. m.* RESTRINGIDO. Carro ligero para dos personas, sin cubierta, con dos ruedas grandes y tirado por un sólo caballo: *El tílburi era típico de los solteros elegantes.*

tildar *v. tr.* **1** Atribuir ‹una persona› [a otra persona] [un defecto o una cualidad negativa]: *Tildó a su interlocutor **de** ignorante.* SIN. tachar. **2** RESTRINGIDO. Poner ‹una persona› la tilde sobre [las letras en que sea necesario]. SIN. acentuar.

tilde *s. f.* Rasgo que acompaña a una letra, como el palito de la «ñ» o los acentos: *Jaime no pone nunca tildes.*

tiliche (preferentemente en plural) *s. m.* AMÉR. C., MÉX. Baratija, cachivache, trasto.

tilico, ca *adj.* **1** BOL., MÉX.; COLOQUIAL. [Persona] que está enclenque, flacucha, delgada. **2** MÉX.; COLOQUIAL. [Persona] que es apocada o débil.

tilín *s. m.* Sonido de una campanilla: *El tilín de la campanilla de la puerta la distrajo de su lectura.* FR. Y LOC. **hacer ~** COLOQUIAL; AFECTADO. Gustar ‹una persona› a otra persona: *A mi amigo le hace tilín tu hermana.*

tilingo, ga *adj.* ARG., MÉX., PAR., PERÚ, URUG.; COLOQUIAL en México. [Persona] que es superficial y dice muchas tonterías.

tilo *s. m.* Árbol grande de madera apreciada en ebanistería, con hojas en forma de corazón, flores amarillas y perfumadas con propiedades calmantes y fruto indehiscente: *Los paseos de tilos son muy agradables.*

timador, ra *adj.* Que tima: *No te fíes, es un timador.*

tímalo *s. m.* (macho y hembra) *Thymallus thymallus.* Pez de la familia del salmón, con una aleta dorsal roja y otra detrás más pequeña, que habita en corrientes rápidas de ríos y lagos de montaña, en el Norte y centro de Europa, y es apreciado como alimento.

timar *v. tr.* **1** Quitar ‹una persona› [una cosa] a [otra persona] con engaño: *Me han timado la cartera en el mercado.* **2** Engañar ‹una persona› [a otra persona] en una venta o en un trato: *Me han timado **con** este coche.* SIN. estafar. || *v. prnl.* **3** COLOQUIAL. Intercambiarse ‹una pareja› muestras de cariño con cierto disimulo: *El jefe está muy enfadado porque su secretaria se tima en las reuniones con Pepe.*

timba *s. f.* **1** COLOQUIAL. Partida de un juego de azar, especialmente de cartas: *¿Jugamos una timba de póquer?* **2** Casa de juego.

timbal *s. m.* **1** MÚS. Instrumento de percusión, parecido al tambor, con caja semiesférica, que se toca con dos palillos: *En todas las orquestas suele haber dos timbales.* **2** Tambor pequeño, típico de fiestas populares. SIN. tamboril. **3** Masa de harina y manteca rellena de carne con forma de vaso de boca ancha: *Yo quiero un timbal de pescado.* **4** Molde para hacer este plato.

timbalero, ra *s. m./f.* Persona que toca el timbal profesionalmente: *El timbalero de la orquesta es mi tío.*

timbear *v. intr.* PERÚ; COLOQUIAL. Participar ‹una persona› en juegos de azar.

timbero *adj.* ARG.; COLOQUIAL. Persona a la que le gusta participar en juegos de azar.

timbó *s. m.* ARG., PAR. Árbol de la familia de las leguminosas muy corpulento y cuya madera se utiliza para hacer canoas.

timbrado, da *adj.* **1** [Papel de cartas] que tiene membrete: *papel timbrado con el nombre de la empresa.* **papel ~** Papel oficial con sellos impresos de diferente valor que se usa para hacer pagos al Estado en ciertas oficinas: *Para sacar el título de doctor tiene que traer diez mil pesetas en papel timbrado.* **2** (antepuesto/pospuesto) [Voz] que tiene un timbre agradable: *Tiene una voz bien timbrada.*

timbrar *v. tr.* **1** RESTRINGIDO. Poner ‹una persona› un sello oficial o un timbre a [un documento]: *Hace unos años era necesario timbrar todas las instancias oficiales.* SIN. sellar. **2** ELEVADO. Dar ‹una persona› el timbre adecuado a [su voz]: *El profesor carraspeó, se ajustó las gafas, timbró la voz y nos deleitó con su conferencia.* **3** RESTRINGIDO. Poner ‹una persona› un timbre a [un escudo de armas]. || *v. intr.* **4** COL. Tocar ‹una persona› el timbre.

timbrazo *s. m.* Toque fuerte de timbre: *Dos potentes timbrazos me sobresaltaron.*

timbre *s. m.* **1** Dispositivo mecánico o eléctrico que produce un sonido y sirve para avisar o llamar: *el timbre de una bicicleta, el timbre de una casa, llamar al timbre. No he oído el timbre.* **2** FÍS. Cualidad de un sonido relacionada con los armónicos que lo diferencia de otros de igual tono o intensidad: *timbre abierto, timbre cerrado de una vocal.* **3** Manera propia y característica de sonar la voz de una persona o un instrumento musical: *El timbre grave es agradable en las voces varoniles. Me gusta el timbre del saxo.* **4** Sello que deben llevar ciertos documentos oficiales y que indica la cantidad que debe pagarse al Estado en concepto de derechos: *Para el título tiene usted que comprar timbres.* **5** Renta que cobra el Estado en sellos, pólizas o en metálico por la emisión o el uso de algunos documentos. **6** Emblema que se coloca encima del escudo de armas e indica el grado de nobleza. ‖ **7 ~ de gloria** RESTRINGIDO. Acción o cualidad que honra o ennoblece: *Eso no es precisamente un timbre de gloria para él.*

tímidamente *adv. modo* **1** Con timidez: *Me miró tímidamente.* ‖ *adv. modo / cant.* **2** En un pequeño grado, un poquito: *La Bolsa aumentó tímidamente al conocerse los nuevos tipos de interés. Ella bebe tímidamente.*

tímido, da *adj. / s. m.* y *f.* **1** (ser / estar) Que se siente incómodo hablando en público o relacionándose con gente que no conoce: *Es una chica muy tímida y por eso no habla con nadie.* ‖ *adj.* **2** (preferentemente antepuesto) Que se percibe con poca fuerza o claridad: *En su cara se dibujaba una tímida sonrisa. Las protestas han sido muy tímidas. Un tímido sol aparecía entre la niebla.* SIN. leve, ligero.

timo *s. m.* **1** COLOQUIAL; PEYORATIVO. Robo o engaño: *Intentó venderme una joya falsa, pero enseguida me di cuenta del timo.* **~ del nazareno. ~ de la estampita.** SIN. estafa. **2** COLOQUIAL; PEYORATIVO. Cualquier cosa que defrauda o no cumple lo que parecía ofrecer: *Esta película es un timo.* **3** ANAT. Glándula situada detrás del esternón que forma parte del sistema inmune y se atrofia prácticamente después de la adolescencia.

timón *s. m.* **1** Pieza móvil articulada situada en la parte baja de la popa de una embarcación que sirve para dirigirla: *El timón de los barcos de carga.* SIN. gobernalle. **2** Pieza parecida de otros aparatos: *timón de profundidad de un submarino, timón de un avión.* **3** Volante o palanca que permiten controlar esta pieza: *Sujeta fuerte el timón.* **4** Palo largo y recto de un arado al que se ata el tiro de animales. **5** RESTRINGIDO. Lanza del carro. **6** Vara delgada de un cohete que se utiliza como contrapeso y le marca la dirección. **7** ELEVADO. Gobierno o dirección de algo: *Lleva con firmeza el timón de su negocio.* SIN. mando. **8** AMÉR. Volante de un vehículo.

timonear *v. intr.* **1** Manejar ‹una persona› el timón: *Este chico conoce estos mares y timonea muy bien.* ‖ *v. tr.* **2** COL. Conducir ‹una persona› un vehículo.

timonel *s. m./f.* Persona que gobierna o maneja el timón de una embarcación: *el timonel de un barco.*

timonera *adj. / s. f.* [Pluma de ave] que es grande, está en la cola y sirve para estabilizar el vuelo: *pluma timonera.*

timorato, ta *adj. / s. m.* y *f.* **1** Que se escandaliza con facilidad por tener una moralidad exageramente estricta: *No es un espectáculo para gente timorata. Es un timorato, todo le asusta.* ‖ *adj.* **2** Que se comporta con timidez o actúa con indecisión: *Anda, no seas timorato y habla con él.*

timpanizarse *v. prnl.* Ponerse ‹la pared de una cavidad del cuerpo› tensa e hinchada: *Al enfermo se le timpanizó la pared del vientre.* ⇒ **19.**

tímpano *s. m.* **1** ANAT. Cavidad del oído medio. **2** ANAT. Membrana que separa el oído externo del oído medio: *La explosión le ha roto los tímpanos.* **3** ARQ. Espacio comprendido entre el dintel y las dos cornisas inclinadas de un frontón o entre el dintel y las arquivoltas de una portada: *Algunos tímpanos tienen preciosos bajorrelieves.* **4** Intrumento musical formado por varias láminas de vidrio de diferente longitud montadas sobre cuerdas, que se toca con un mazo pequeño. **5** Tamboril, timbal.

tina *s. f.* **1** Vasija grande en forma de media cuba o caldera: *Tráeme una tina de agua.* SIN. barreño, balde. **2** Tinaja. **3** RESTRINGIDO. Bañera.

tinaja *s. f.* **1** Vasija grande de barro, de boca ancha y con una panza redondeada en la mitad, utilizada normalmente para guardar líquidos como agua o aceite: *En la cocina de la abuela había tres tinajas de agua.* **2** Medida de líquido contenido en esta vasija: *una tinaja de aceite.*

tinca *s. f.* MÉX.; COLOQUIAL. Borrachera.

tincada *s. f.* CHILE., PERÚ; COLOQUIAL en Chile. Presentimiento, corazonada.

tincar *v. tr. / intr.* CHILE; COLOQUIAL. Tener ‹una persona› [una corazonada].

tinción *s. f.* ELEVADO. Acción y resultado de teñir: *Cada tejido requiere un procedimiento distinto de tinción.* SIN. teñido.

tinerfeño, ña *adj. / s. m.* y *f.* De Tenerife, isla del archipiélago canario: *la geografía tinerfeña. Mario es tinerfeño.*

tingitano, na *adj. / s. m.* y *f.* De la antigua Tingis, hoy Tánger: *la zona tingitana.*

tinglado *s. m.* **1** COLOQUIAL. Enredo, jaleo, desorden: *¡Vaya un tinglado que se ha armado en el vecindario! Tengo un tinglado de papeles encima de la mesa y no encuentro nada.* SIN. follón. **2** COLOQUIAL. Negocio u organización de oscura o confusa legalidad: *En la empresa tienen un tinglado raro con las facturas.* **3** Cobertizo: *En el muelle existen varios tinglados para las mercancías.* **4** Armazón construido a cierta altura del suelo: *En la plaza están levantado un tinglado para la orquesta de las fiestas.*

tiniebla *s. f.* **1** (preferentemente en plural) Oscuridad, falta de luz: *las tinieblas de la noche. La habitación estaba en tinieblas.* ANT. claridad. **2** (sólo en plural) ELEVADO. Situación de gran ignorancia o de confusión intelectual: *Quiso sacar al pueblo de sus tinieblas.* ‖ **3 príncipe* de las tineblas.**

tino *s. m.* **1** Habilidad o destreza para dar en el blanco: *En la caza lo más importante es el tino. Tengo mucho tino, donde pongo el ojo pongo la piedra.* SIN. puntería. **2** Capacidad o facilidad para calcular una cosa a ojo: *Tú que tienes más tino, divide el pastel en diez partes.* **3** Habilidad para acertar o alcanzar un objetivo: *Con un poco de tino te podría quedar un traje precioso.* **4** Prudencia, sentido común: *Demostró poco tino al obrar así.* SIN. juicio, sensatez. **5** Moderación: *Le gusta gastar sin tino.* SIN. medida, mesura.

tinta *s. f.* **1** Líquido de color utilizado para escribir o imprimir: *Necesito un recambio de tinta para la pluma. Este* *bolígrafo ya no tiene tinta.* **~ china** Tinta resistente al agua, hecha con negro de humo y utilizada para dibujar. **~ simpática** Tinta invisible hasta que se la somete a un reactivo: *Mi novio me escribe las cartas con tinta simpática para que no me las lea mi padre.* **2** ZOOL. Líquido oscuro que expulsan los calamares y otros cefalópodos como defensa: *Mi madre prepara muy bien los calamares en su tinta.* **3** (sólo en plural) Matices de color: *las tintas del cielo. No me gustan las tintas de estos grabados.* || **4 medias tintas** Expresión que se aplica a las palabras o a las actitudes imprecisas, ambiguas o indeterminadas: *Es muy amiga de las medias tintas: nunca dice algo claramente.* FR. Y LOC. **cargar / recargar las tintas** COLOQUIAL. Exagerar ‹una persona› una cosa: *No conviene cargar las tintas sobre los peligros de la noche, siempre ha habido delincuencia.* **correr ~** o **correr ríos de ~** Merecer ‹una noticia o un tema› mucha atención escrita: *Sobre la boda de ese actor ha corrido mucha tinta.* **saber de buena ~** COLOQUIAL. Saber ‹una persona› algo a través de una buena fuente de información o una fuente digna de confianza: *Mis informes son de buena tinta.* **sudar ~ (china)** COLOQUIAL. Conseguir ‹una persona› una cosa o superar una dificultad con mucho esfuerzo: *He sudado tinta para aprobar el examen.*

tintar *v. tr.* **1** RESTRINGIDO. Manchar ‹una persona› [una cosa] con tinta. SIN. entintar. **2** RESTRINGIDO. Dar ‹una persona› a [una cosa] un color distinto del que tenía mediante una sustancia. SIN. entintar.

tinte *s. m.* **1** Acción y resultado de teñir: *El tinte de estos pantalones no ha quedado bien.* SIN. teñido. **2** Sustancia o color con el que se tiñe una cosa: *tinte verde, tinte rubio para el pelo.* **3** Tintorería: *Llevaré este traje al tinte para limpiarlo.* **4** ELEVADO. Rasgo o característica que da un aspecto determinado a una cosa: *El artículo tiene un tinte científico.* **5** Cualidad superficial de una persona o de una cosa: *Engaña con su tinte de hombre educado y atento.*

tintero *s. m.* **1** Recipiente donde se pone la tinta de escribir: *El tintero está encima de la mesa del despacho.* **2** Depósito de la tinta de la máquina de imprimir: *recargar el tintero de la máquina.* FR. Y LOC. **dejarse en el ~** Olvidar ‹una persona› algo de lo que tenía que decir o escribir: *Después de lo dicho, no creo que me deje nada en el tintero.*

tintín *s. m.* Sonido de la campanilla o de otros objetos parecidos: *El tintín de la campanilla de la puerta nos avisa de cuándo entra alguien en casa.*

tintinar *v. intr.* Tintinear.

tintinear o **tintinar** *v. intr.* Producir ‹una campanilla u otro objeto› su sonido característico: *Te tintinean las monedas en el bolsillo.*

tintineo *s. m.* Acción y resultado de tintinear: *el tintineo de los cascabeles, el tintineo de la calderilla en el bolsillo.*

tinto, ta *adj. / s. m.* **1** RESTRINGIDO. De color rojo oscuro: *El vestido tiene un color tinto que te sentará bien.* **vino* ~.** || *adj.* **2** LITERARIO. Teñido: *El cuchillo estaba tinto en sangre.* || *s. m.* **3** COL., VEN. Café sólo. || *p.* **4** (sólo en construcciones absolutas) Participio irregular de *teñir.*

tintóreo, a *adj.* **1** [Planta] que produce sustancias colorantes: *Desde la antigüedad se han usado plantas tintóreas.* **2** [Sustancia] que se utiliza para teñir.

tintorera *s. f.* (macho y hembra) *Prionace glauca.* Pez marino del grupo de los tiburones, de color azul con el vientre claro, que tiene las aletas pectorales en forma de hoz y las de la cola alargadas.

tintorería *s. f.* Establecimiento donde se lavan, limpian o tiñen tejidos y prendas de vestir: *Te llevaré el traje a la tintorería.* SIN. tinte.

tintorero, ra *s. m. / f.* Persona que tiene por oficio teñir la ropa y lavarla: *Mi abuelo era tintorero.*

tintorro *s. m.* COLOQUIAL; AFECTIVO, PEYORATIVO. Vino tinto fuerte o de mala calidad: *Sírvenos ese tintorro tan bueno de tu pueblo. En ese bar te ponen un tintorro imbebible.*

tintura *s. f.* **1** Acción y resultado de teñir: *La tintura de los hilados se efectúa en otras fábricas.* SIN. tinte. **2** Sustancia con la que se tiñe una cosa: *tintura para zapatos, tintura para piel.* SIN. tinte. **3** Líquido con una sustancia disuelta que le da color: *tintura metálica, tintura dorada.* **4** Solución de una sustancia medicinal en un líquido: *tintura de yodo.* **5** ELEVADO; RESTRINGIDO. Conocimiento superficial sobre una cosa: *No sabe nada de economía, pero ha adquirido una tintura superficial para hablar en las tertulias.*

tiña *s. f.* **1** (no contable) MED. Enfermedad contagiosa de la piel, especialmente de la zona del cráneo, causada por hongos parásitos, que produce costras, escamas y caída del pelo. **2** Oruga que daña las colmenas y come la miel de los panales. **3** COLOQUIAL, RESTRINGIDO. Suciedad, porquería: *Tienen la casa llena de tiña, no friegan nunca.* **4** COLOQUIAL. Tacañería, mezquindad: *Mi padrino era de una tiña terrible: me daba una peseta por mi santo.*

tiñoso, sa *adj. / s. m.* y *f.* **1** PEYORATIVO. Que padece tiña. || *adj.* **2** COLOQUIAL, PEYORATIVO. Que es ruin o escaso: *Nos ha dado una comida muy tiñosa.*

tío, tía *s. m. / f.* **1** Con respecto a una persona, hermano o hermana de sus padres: *tía materna, tío paterno, tía paterna.* **2** RESTRINGIDO. Forma de tratamiento campesino para personas casadas de cierta edad: *el tío Juan. La tía Pilar ha vendido la cabra.* **3** COLOQUIAL; INTENSIFICADOR. Persona que despierta admiración o rechazo: *¡Qué tío, cómo habla tu profesor!* **4** COLOQUIAL; PEYORATIVO. Cualquier persona desconocida: *Un tío me pidió fuego el otro día en un bar. Se ha hecho novio de una tía interesante.* || **5 ~ abuelo** o **tía abuela** Con respecto a una persona, hermano o hermana de cualquiera de sus abuelos. **6 ~ segundo** o **tía segunda** Con respecto a una persona, primo o prima de sus padres. **7 ~ bueno** o **tía buena** COLOQUIAL; VULGAR. Persona con mucho atractivo físico: *Su novio es un tío bueno impresionante.* FR. Y LOC. **cuéntaselo a tu tía** COLOQUIAL. Se usa para manifestar con poca educación que no se cree lo que el interlocutor está diciendo: *Eso de que te pilló un atasco de tráfico cuéntaselo a tu tía.* **no hay tu tía** COLOQUIAL; INTENSIFICADOR. Se usa para indicar la dificultad de hacer o conseguir algo: *No hay tu tía, no me dan permiso para salir de casa.* **¿Qué pasa* contigo ~ / colega / tronco? tener un ~ en América** COLOQUIAL; IRONÍA. Se usa para comentar irónicamente la posesión de dinero de una persona que normalmente no lo tiene: *–«¿De dónde saca tanto dinero? ¿Tiene un tío en América?»*

tiovivo *s. m.* Atracción de feria para niños formada por una plataforma redonda giratoria sobre la que se encuentran caballitos y coches que también tienen un movimiento de subida y bajada: *A los niños les gusta montar en el tiovivo.*

tipario *s. m.* RESTRINGIDO. Conjunto de los tipos de una máquina de escribir.

tiparraco, ca *s. m. / f.* COLOQUIAL; PEYORATIVO. Persona despreciable o ridícula: *Tu vecina es una tiparraca insoportable. Salió del cine y lo atacaron unos tiparracos desagradables.* SIN. tipejo.

tipear *v. tr. / intr.* VEN. Escribir a máquina ‹una persona›.

tipejo, ja *s. m. / f.* COLOQUIAL; PEYORATIVO. Persona despreciable o ridícula: *La profesora es una tipeja maniática.*

tipi *s. m.* Tienda cónica de piel sostenida por una armadura de madera, propia de los pueblos indios de las grandes llanuras de América del Norte.

típicamente *adv. modo* **1** De manera típica, conforme a lo esperable en los casos normales, de manera no atípica: *No están reaccionando típicamente.* **2** Con estilo típico, con motivos típicos, con adornos típicos del lugar pertinente. OBSERVACIONES: Normalmente se pospone, pero ante participio usado pasivamente puede anteponerse: *La habían decorado típicamente. Los balcones estaban típicamente engalanados.* **3** En los casos más típicos o normales, con carácter típico. OBSERVACIONES: ◊ Se aproxima algo a ciertos adverbios como: *normalmente, corrientemente...*, pero no es sustituible por ellos. ◊ Puede modificar a oraciones, a predicados, a verbos e incluso a adjetivos calificativos o relacionales aspectivos y a las locuciones adjetivales pertinentes: *Las mujeres llevan, típicamente, la cara cubierta con un velo. Son hombres con la nariz típicamente grande. Las necesidades allí son típicamente económicas y sanitarias.* || *adv. restrictivo* **4** Antepuesto a ciertos adjetivos relacionales, especialmente de los que pueden emplearse como sustantivos (*español, conservador, protestante, burgués, machista, medieval, modernista*), los delimita y restringe su atribución a sólo aquellas entidades que reúnan todos los rasgos que se suponen característicos de la clase implicada: *un juego típicamente japonés, un coche típicamente norteamericano, un edificio típicamente medieval, una postura típicamente machista, un edificio típicamente modernista.* **5** RESTRINGIDO. Como de costumbre, como era esperable, como ya es típico de un individuo concreto: *Actuó, típicamente, mal.*

tipicidad *s. f.* **1** (no contable) DER. Adecuación de un hecho u omisión a algunos de los casos concretos castigados por la ley como delitos: *El fiscal señaló la clara tipicidad penal de los comportamientos de los acusados.* **2** (no contable) Cualidad de típico: *la tipicidad de una comida, la tipicidad de un paisaje. La tipicidad de estas danzas populares es única.*

típico, ca *adj.* **1** (antepuesto / pospuesto) Que reproduce con exactitud o fidelidad las características de un modelo: *Llevaba puesto el típico sombrero de principios de siglo. Este cuadro ofrece un modelo femenino típico del Renacimiento.* **2** (antepuesto / pospuesto) Que es peculiar o característico de una persona, cosa, región, país, época o cultura: *bailes y productos típicos de la región extremeña. Es muy típico de ella hablar mal de la gente.* **lugar ~. plato ~.**

tipificar *v. tr.* **1** Ajustar ‹una persona› [varias cosas semejantes] a un tipo o norma común: *Este tipo de conducta no está tipificado por el legislador como delito.* **2** Presentar ‹una persona, un animal o una cosa› las características de [la especie o clase a que pertenece]: *Esa forma de vestir tipifica a la juventud de ahora.* ⇒ **71.**

tipismo *s. m.* **1** (no contable) Carácter típico: *El tipismo de algunas fiestas populares está de moda.* **2** (no contable) Conjunto de rasgos típicos: *Tu profesor tiene mucho interés en el tipismo de esta región.*

tiple *s. m.* **1** La más aguda de las voces humanas: *Los niños y las mujeres suelen tener voz de tiple.* **2** Guitarra de pequeño tamaño y sonido agudo: *El tiple puede acompañar a otros instrumentos en las rondallas.* **3** Instrumento de viento, más pequeño que el oboe y de sonido más agudo que forma parte de una cobla de sardanas: *El sonido agudo del tiple es muy caraterístico.* || *s. m. / f.* **4** Persona que tiene la voz muy aguda: *las tiples de coro. El niño canta de tiple en una escolanía.* **5** Persona que toca el tiple.

tipo, pa *s. m. / f.* **1** COLOQUIAL; PEYORATIVO. Persona sin identificar, individuo: *Salió un tipo de la fila y se puso a gritar como si estuviera loco.* SIN. tío , tipejo (COLOQUIAL). || *s. m.* **2** Ejemplar, real o imaginado, que tiene las características de la clase a la que pertenece: *Alicia es el tipo de mujer que me gusta. Ése es el tipo de sofás que más se parece a los nuestros.* **3** Modelo o patrón que sirve para imitar: *un tipo de cuento, un tipo de carta, un tipo de documento.* **4** Grupo de personas, animales o cosas con características comunes: *Tenemos telas de muchos tipos y colores. Ya no fabrican relojes de ese tipo.* SIN. clase. **5** Figura y forma del cuerpo de una persona: *Los modelos tienen unos tipos estupendos.* **6** ART. GRÁF. Pieza metálica usada en las imprentas y en las máquinas de escribir que tiene una letra u otro signo en relieve: *La máquina tiene teclado inglés y no tiene el tipo de la eñe, ni el del acento.* **7** ART. GRÁF. Cada una de las clases de letra que se usan en las imprentas, en las máquinas de escribir o en los ordenadores: *Este libro está impreso en letra tipo «Times». La máquina de escribir no tiene tipos de negrita ni de cursiva.* **8** Personaje de una obra de ficción: *el tipo de seductor, el tipo de caballero, el tipo de celestina.* **9** BIOL. Grupo de clasificación de las plantas y de los animales, situado entre el reino y la clase: *El gato es un ser del reino animal, del tipo de los cordados, y de la familia de los félidos.* || **10 ~ de cambio** ECON. Relación de valores entre las monedas de diferentes países: *Han vuelto a subir los tipos de cambio europeos respecto a la peseta.* **11 ~ de interés** ECON. Interés económico, precio que se añade al dinero prestado, expresado en un porcentaje por unidad de tiempo: *El Banco de España ha autorizado una bajada en los tipos de interés para algunos préstamos.* FR. Y LOC. **jugarse el ~** COLOQUIAL. Arriesgarse ‹una persona› en una situación difícil o de peligro real o aparente: *Se jugó el tipo diciéndole a aquel tío que no lo soportaba.* **mantener el ~** COLOQUIAL. Saber ‹una persona› conservar la calma y salir con éxito de una situación de peligro: *Aunque todos estaban en contra, mantuvo el tipo él solo y consiguió lo que quería.*

tipografía *s. f.* **1** (no contable) Técnica de imprimir con formas que contienen los tipos y grabados en relieve, los cuales se cubren de tinta y se aplican directamente por presión sobre el papel: *Aquí hay varios establecimientos que siguen con las técnicas clásicas de la tipografía.* **2** Taller donde se imprime con esta técnica: *tipografía de Viuda de José Álvarez.*

tipográfico, ca *adj.* De la tipografía: *composición tipográfica, trabajo tipográfico.*

tipógrafo, fa *s. m. / f.* Persona que tiene por oficio componer los textos en una tipografía: *Pablo Iglesias, el fundador del Partido Socialista Obrero Español, era tipógrafo.*

tipoi o **tipoy** (plural *tipoís* o *tipois*) *s. m.* **1** ARG., URUG.; RESTRINGIDO en Argentina. Túnica femenina amplia y larga, sin cuello ni mangas.

tipología *s. f.* Estudio y clasificación de los tipos que se realiza en diversas ciencias: *la tipología de los delitos, la tipología de las ciudades, la tipología de los automovilistas.*

tipómetro *s. m.* Regla graduada para medir el tamaño de las letras, la separación entre líneas, el alto y ancho de las columnas y las demás cosas necesarias para la composición de la página: *¿Has visto mi tipómetro entre los papeles?*

tipoy *s. m.* Tipoi.

tique o **tíquet** o **ticket** (plural *tiques* o *tíquets*) *s. m.* **1** Papel impreso que acredita que una persona ha pagado lo exigido para presenciar un espectáculo o para utilizar un servicio público: *un tique de metro, el tique de autobús. Dos tiquets para la película de la sala uno, por favor.* SIN. entrada, billete. **2** Papel que sirve como resguardo para recoger un objeto en un establecimiento: *Para cambiar cualquier objeto es necesario presentar el tique de compra.*

tiquismiquis (plural *tiquismiquis*) *adj. / s. m.* y *f.* **1** COLOQUIAL. Persona muy remilgada y escrupulosa: *Niño, no seas tan tiquismiquis para comer.* SIN. melindroso. || *s. m.* **2** (preferentemente en plural) COLOQUIAL. Escrúpulos o reparos por una cosa sin importancia: *En las excursiones no me preocupo de tiquismiquis, si tengo que comer hormigas, pues las como.* **3** COLOQUIAL. Cuestión poco importante o sin interés: *Siempre discuten* ***por*** *tiquismiquis. Siempre está pendiente* ***de*** *tiquismiquis.* SIN. tonterías. **4** COLOQUIAL. Expresiones ridículas por ser demasiado cursis o afectadas: *Es un cursi que nos aburre con sus continuos tiquismiquis de cortesía.*

tira *s. f.* **1** Trozo alargado y estrecho de un material delgado: *tira de tela, tira de papel, tira de esparadrapo, tira adhesiva. Se ha comprado unos zapatos de tiras. En el escote pondré una tira bordada.* **2** Franja de viñetas que desarrolla una historia breve en un periódico o publicación semejante: *Siempre leo la tira de Viriato en el periódico.* **3** ARG., PERÚ, URUG.; COLOQUIAL en Argentina; PEYORATIVO en Uruguay. Policía secreta. || **4 la ~** COLOQUIAL. Gran cantidad de: *Se llevó la tira de premios. He ido la tira de veces a verlo.* **5 ~ bordada.** FR. Y LOC. **hacer tiras** COLOQUIAL. 1 Destrozar ‹una persona o un animal› una cosa: *El niño ha hecho tiras el libro. El gato hará tiras el sofá.* 2 COLOQUIAL. Matar ‹una persona o un animal› a otra persona o animal: *Mi madre me ha dicho que como no estudie me va a hacer tiras.* **quitar / sacar la piel* a tiras.**

tirabuzón *s. m.* Rizo de pelo, largo y que cae en forma de espiral: *Los niños con tirabuzones rubios y ojos azules eran los preferidos de mi madrina.*

tirachinas *s. m.* Instrumento en forma de Y con una tira de cuero atada a sus dos extremos superiores y que sirve para tirar objetos de pequeño tamaño: *Mi padre cazaba pájaros tirándoles piedras con un tirachinas.* SIN. tirador.

tirada *s. f.* **1** Acción y resultado de tirar. **2** COLOQUIAL. Distancia larga que hay de un lugar a otro: *Hay una buena tirada desde mi casa a la estación.* **3** Aquello que se dice o escribe de una sola vez: *tirada de versos.* **4** Cada uno de los movimientos que se hacen para iniciar algunos juegos: *tirada de dados, tirada de parchís.* **5** Acción y resultado de imprimir: *una tirada de 50.000 ejemplares.* **6** PEYORATIVO. Prostituta: *En ese bar sólo hay tiradas.* FR. Y LOC. **de / en una ~** COLOQUIAL. De una sola vez: *Hicimos todo el trayecto de una tirada.*

tiradera *s. f.* COL., VEN. Burla, broma o mofa persistente.

tirado, da *adj.* **1** (ser / estar) COLOQUIAL. Que es muy barato: *Estos precios son tirados. Esta camisa está tirada de precio.* **2** (estar) COLOQUIAL. Que es muy fácil de hacer o de conseguir: *El examen estaba tirado.* || *adj. / s. m.* y *f.* **3** COLOQUIAL; PEYORATIVO. [Persona] que es ruin o despreciable: *Su padre es un tirado que no se preocupa de los hijos.*

tirador, ra *s. m. / f.* **1** Persona que tira o dispara: *Miguel es sólo un tirador aficionado.* **2** Persona que trabaja estirando algo, por ejemplo los metales para transformarlos en hilos. || *s. m.* **3** Instrumento con que se estira. **4** Agarradero o pieza de la que se tira para abrir o cerrar una puerta o un cajón. **5** Cinta o cordón del que se estira para hacer sonar un timbre o una campanilla. **6** Tirachinas. **7** ARG., BOL., PAR., URUG. Cinturón ancho de los gauchos. **8** (preferentemente en plural) ARG., URUG. Tirante para sujetar los pantalones.

tirafondo *s. m.* **1** Tornillo para asegurar algunas piezas de hierro: *Tenemos que comprar tirafondos en la ferretería.* **2** MED. Instrumento quirúrgico para extraer de las heridas los cuerpos extraños.

tiragomas (plural *tiragomas*) *s. m.* Tirachinas: *De niños hacíamos concurso de puntería con los tiragomas.*

tiraje *s. m.* **1** ART. GRÁF. Acción y resultado de tirar o imprimir: *El tiraje de un libro es un negocio arriesgado.* SIN. tirada. **2** ART. GRÁF. Número de ejemplares de que consta una edición: *Se hizo una edición de tiraje reducido.* SIN. tirada. **3** ARG., CHILE, MÉX., NIC. Tiro de las chimeneas.

tiralevitas (plural *tiralevitas*) *s. m. / f.* COLOQUIAL; PEYORATIVO. Persona que adula a otra para conseguir una cosa de ella: *Me asquean los tiralevistas.*

tiralíneas *s. m.* Instrumento para trazar líneas con tinta formado por dos piezas metálicas a modo de pinzas que gradúan su apertura con un tornillo: *compás con tiralíneas. Deben traer el cartabón y el tiralíneas para la clase de dibujo de mañana.*

tiranía *s. f.* **1** (no contable) PEYORATIVO. Abuso de poder, autoridad, fuerza, etc: *Los sindicatos denunciaron la tiranía del empresario. Están sometidos a la tiranía de su madre.* **2** (no contable) PEYORATIVO. Poder absoluto que una pasión o un hábito ejerce sobre la voluntad de una persona: *Vive bajo la tiranía de la droga.* **3** POLÍT.; PEYORATIVO. Gobierno ejercido por un tirano o un dictador: *Los pueblos siempre han protestado contra la tiranía, aunque no siempre la han rechazado con fuerza.* SIN. autocracia. ANT. democracia. **4** HIST. Régimen del poder alcanzado ilegítimamente en la antigüedad: *En la Antigua Grecia, las ciudades evitaban caer en la tiranía.*

tiranicidio *s. m.* DER., POLÍT. Muerte que se da a un tirano: *Los rebeldes acordaron el tiranicidio del dictador.*

tiránico, ca *adj.* **1** De la tiranía: *régimen tiránico, gobierno tiránico, decisiones tiránicas.* **2** Que oprime o domina exageradamente y sin razón: *el carácter tiránico de la joven. En la empresa hay una organización tiránica.*

tiranizar *v. tr.* **1** Gobernar ‹un tirano› [un estado]: *Los gobernantes que han tiranizado a sus pueblos no son, por desgracia, escasos.* **2** Dominar ‹una persona o una cosa› [a otra persona] con tiranía: *Su padre las tiene tiranizadas: les exige estar en casa todos los días antes de las diez.* ⇒ **19.**

tirano, na *adj. / s. m.* y *f.* **1** Que gobierna un país sin tener en cuenta la voluntad o los derechos del pueblo: *El viejo tirano se dedica a pescar y a jugar al golf, mientras los ministros y sus parientes roban lo que pueden.* **2** Que somete a los demás a su capricho o voluntad: *Este niño es un tirano.* || *adj.* **3** [Pasión, sentimiento] que domina a una persona: *Soy víctima de un amor tirano.*

tiranosaurio *s. m.* (macho y hembra) Dinosaurio carnívoro de gran tamaño de la Era Secundaria, que se sostenía sobre las patas traseras, más fuertes y desarrolladas que las delanteras.

tirante *adj.* **1** Que tira: *Este pantalón me está muy tirante.* **2** (ser / estar) Que está en tensión sin arrugas ni dobleces porque está sometido a fuerzas opuestas que tiran hacia afuera de sus extremos: *cuerda tirante. El hilo está ya muy tirante, se va a romper.* SIN. tenso. **3** (ser / estar) Que tiene tensión, impaciencia o excitación, o la provoca: *La reunión ha sido muy tirante. Has estado un poco tirante con él.* **4** (ser / estar) [Relaciones de amistad] que pueden romperse en cualquier momento: *Las relaciones entre los dos países están algo tirantes.* **5** (ser / estar) Que tiene timidez, nerviosismo o los provoca o no sabe cómo comportarse: *Estábamos tirantes al principio, pero luego nos relajamos.* || *s. m.* **6** (preferentemente en plural) Cada una de las dos tiras de piel, tela o material elástico que pasan por los hombros y sujetan los pantalones y otras prendas: *los tirantes del bañador, una blusa de tirantes, los tirantes del delantal. Me gusta más sujetarme los pantalones con los tirantes que con el cinturón.* **7** MEC. Pieza destinada a soportar una tensión: *El puente nuevo será reforzado con tirantes de acero.* **8** Pieza o viga que impide que se separen los maderos paralelos a la inclinación del un tejado: *Estamos reforzando los tirantes del tejado.* **9** RESTRINGIDO. Cuerda o correa que se sujeta a las guarniciones de las caballerías y sirve para tirar de un carruaje: *Aprieta bien los tirantes, que así el carro irá mejor.* **10** Cada una de las tres cuerdas de una cometa: *Se ha enredado un tirante en el árbol.*

tirantez *s. f.* Cualidad de tirante: *la tirantez de una relación internacional, la tirantez de una situación, la tirantez de una tela, la excesiva tirantez de una cuerda, la escasa tirantez de un tirante del puente.*

tirantillo *s. m.* **1** Tira de piel o tela que no deja bajar la tapa de una maleta cuando está abierta: *Esta maleta no es perfecta: le faltan los tirantillos.* **2** Tirante pequeño.

tirar *v. tr.* **1** Lanzar ‹una persona› [una cosa que tiene en la mano] en [una dirección] o hacia [otra persona o una cosa]: *Los chicos tiraban piedras **al** tejado. Me tiró el balón.* SIN. arrojar. **2** Soltar o dejar caer ‹una persona› [una cosa]: *No tires papeles al suelo. Aquí todos tiran las cáscaras de las pipas al suelo.* SIN. arrojar. **3** Dejar ‹una persona› [una cosa que considera inútil]: *Este traje está ya para tirarlo. Deberíamos tirar estos sillones y comprar otros.* **4** Usar o gastar ‹una persona› [una cosa] sin sacar provecho de ella: *Ha tirado su dinero en tonterías. No tires el dinero jugando a la lotería.* **5** Hacer caer ‹una persona› [a una persona, un animal o una cosa]: *Al pasar tiró con el codo el jarrón de la mesa. Están tirando el antiguo edificio de Correos.* **6** COLOQUIAL. Eliminar ‹una persona› [a otra persona] en [una prueba o un examen]: *Tiraron a Pedro **en** el teórico. Creo que me van a tirar **en** latín.* SIN. catear. **7** Hacer ‹una persona› [una fotografía de otra persona o de una cosa] con una cámara fotográfica: *Hemos estado tirando fotos del barrio antiguo.* **8** Imprimir ‹una persona› [un libro o una revista]: *Tiraron muchos ejemplares de la novela.* **9** Dibujar ‹una persona› [una línea o una raya]: *Tira una línea aquí debajo.* SIN. trazar. || *v. tr. / intr.* **10** Producir ‹una persona o un animal› [un daño físico] a [otra persona o a otro animal]: *El perro le tiró un mordisco. La niña le tiró **de** la trenza.* **11** Disparar ‹una persona› [proyectiles] con un arma de fuego o lanzar [un artefacto explosivo]: *Tiraron un cañonazo en señal de bienvenida. El atracador tiró **a** matar.* **12** Hacer ‹un jugador› uso de [una pelota, un dado o una carta] para realizar una jugada: *Coloca el balón y tira **a** puerta.* || *v. intr.* **13** Hacer ‹una persona o una cosa› fuerza para arrastrar o atraer hacia sí [una cosa]: *El niño tiraba **de** la cuerda con mucha fuerza.* **14** COLOQUIAL. Gustar ‹una cosa› a [una persona]: *No le tira estudiar. A mí me tira mucho el campo.* **15** Quedar ‹una prenda de vestir› estrecha o apretada por [una parte] a [una persona]: *El vestido me tira **de** cintura.* **16** COLOQUIAL. Sacar o tomar ‹una persona› [un instrumetno o un arma] para usarlo: *Tiró **de** navaja al verse acorrolado.* **17** Manejar ‹una persona› [un arma] según una técnica: *Me enseñó a tirar **a** pistola.* **18** COLOQUIAL. Marchar ‹una cosa› bien: *Este coche tira muy bien en las subidas. El negocio no tira ya.* **19** Producir ‹una cosa que arde› una buena combustión: *Esta chimenea tira mucho. El horno tira mal. Este puro no tira.* **20** COLOQUIAL. Seguir subsistiendo ‹una persona o una cosa› trabajosamente: *Mi abuelo va tirando aunque está muy mayor.* **21** Ir ‹una persona› en [una dirección] o hacia [un lugar determinado]: *Cuando llegues al río, tira **a** la izquierda.* **22** COLOQUIAL. Sentir ‹una persona› inclinación por [una cosa]: *Este niño tira **para** cura.* **23** Mostrar ‹una persona o una cosa› [una cualidad], aunque no de una manera clara o completa: *Tiene unos ojos azules tirando **a** verdes.* **24** Parecerse ‹una persona o una cosa› a [otra persona]: *La pequeña tira **a** su madre.* **25** Animar ‹una persona› a otra persona: *El ciclista más experimentado tiraba **del** pelotón.* **26** Animar ‹una cosa› a otra cosa: *La construcción tira de la economía.* **27** Atraer ‹una cosa› a [otra cosa]: *El imán tira **del** hierro.* || *v. prnl.* **28** Lanzarse ‹una persona o un animal› a [un lugar] desde [una determinada altura]: *Se tiró **a** la piscina **desde** lo alto del trampolín.* SIN. arrojarse, saltar. **29** Tenderse ‹una persona› sobre [una superficie]: *Muerta de cansancio, se tiró **en** un diván.* **30** COLOQUIAL. Pasar ‹una persona› [un tiempo determinado realizando una cosa]: *Me he tirado la tarde arreglando el armario. Chico, te has tirado dos horas para escribir quince renglones.* **31** COLOQUIAL. Pasar ‹una persona› un tiempo determinado en un lugar: *Se tira horas y horas hablando por teléfono. Me voy a tirar una semana en la playa cuando lleguen las vacaciones.* **32** VULGAR. Mantener ‹una persona› relaciones sexuales con [otra persona]: *Estela presume de tirarse **a** su vecino.* SIN. cepillarse (VULGAR). FR. Y LOC. **a todo ~** Se utiliza para indicar un cálculo aproximado del que se señala el máximo alcanzable: *Tendremos leña, a todo tirar, para dos semanas.* **arrojar / echar / ~ por la borda*. echar / ~ / tumbar de espaldas*. echar / ~ la casa* por la ventana. echar / ~ por la calle* del medio** o **echar / ~ por la calle de en medio. echar / ~ / por la ventana*. echarse / tirarse al monte*. echarse / tirarse de cabeza* a un pozo. ir tirando** Mantenerse ‹una persona o una cosa› en una situación, sin grandes cambios: *El negocio va tirando. En el trabajo vamos tirando.* **soltar/~/lanzar un puyazo*. ¡tira! ¡tira adelante!** Se utiliza para indicar a ‹una persona› que se dé prisa o continúe la realización de una cosa: *¡Tira, no te entretengas más, no vamos a llegar nunca!* **~/arrojar la toalla*. ~ a matar** COLOQUIAL. Hacer o decir ‹una persona› una cosa con muy mala intención: *El portavoz de la oposición tiró a matar y pidió elecciones anticipadas.* **~ con bala*. ~ de espaldas** COLOQUIAL. Causar ‹una cosa o una persona› asombro: *Tiene un coche que tira de espaldas.* **~ de la cuerda** Abusar ‹una persona› de la resistencia de una cosa o de la paciencia de una persona: *No tires de la cuerda, porque estoy agotando mi paciencia.* **~ de la lengua** 1 COLOQUIAL. Intentar ‹una persona› que otra diga una cosa que sabe: *Me parece feo que los vecinos hayan estado tirando de la lengua al niño; si quieren saber algo de nosotros, que nos lo pregunten.* 2 COLOQUIAL. Intentar ‹una persona› que otra discuta con ella: *No me tires de la lengua, no quiero discutir contigo.* **~ de la levita*. ~ de la manta** COLOQUIAL. Descubrir ‹una persona› una cosa vergonzosa o censurable que se mantenía oculta: *El periodista tiró de la manta y explicó algunos casos de corrupción.* **~ de la rienda** COLOQUIAL. Sujetar ‹una persona› a otra: *Me tiró de la rienda para que no discutiera con mi jefe.* **~ de las orejas*. ~ de/por largo** 1 Gastar ‹una persona› una cosa sin cuidado: *Si tiras de largo, acabaremos enseguida el papel.* 2 Calcular ‹una persona› una cosa de forma aproximada, guiándose por las apariencias: *Tiró de largo al medir la cantidad de pintura que necesitamos.* **~ del carro*. ~/echar las patas* por alto. ~ la piedra* y esconder la mano. ~ los tejos*. ~ los trastos*. ~ piedras* a/contra su propio tejado. ~ por los suelos** Quitar o disminuir ‹una persona› la estimación de otra persona o una cosa: *Tiró por los suelos todo mi trabajo.* **~ por tierra** Hacer ‹una persona› que una cosa fracase: *Tiró por tierra sus esfuerzos de tantos años.* **~ una puntada* o ~ puntadas. tirarse el moco** VULGAR. Fanfarronear, presumir ‹una persona›: *Se ha tirado el moco, eso no es verdad.* **tirarse los trastos* (a la cabeza). tirarse de los pelos*. tirar(se) por tierra** Adoptar ‹una persona› una actitud de inferioridad respecto a una persona o una cosa: *No puedes tirarte por tierra ante tus jefes.* **un tira y afloja** Se utiliza para indicar una táctica en una negociación en la que se alternan los momentos de tensión con los de conciliación: *Aún no hemos llegado a un acuerdo, estamos en un tira y afloja.* REFR. **La cabra siempre tira al monte.** Se utiliza para indicar que una persona tiene inclinación a caer siempre en el mismo error o a hacer las mismas cosas.

tirilla *s. f.* **1** Tira de tela que une el cuello al escote de una camisa o que remata ésta si no tiene cuello: *Las tirillas se ensucian mucho en verano.* **2** (plural) COLOQUIAL. Persona de poca fortaleza física: *Chico, eres un tirillas, no puedes con esta maleta.* **ser un tirillas.**

tirio, ria *adj./s. m.* y *f.* HIST. De Tiro, ciudad fenicia.

tirita (marca registrada) *s. f.* Tira adhesiva con un trozo de gasa y un poco de desinfectante en el centro para proteger pequeñas heridas: *Ponte una tirita en el corte.*

tiritar *v. intr.* Temblar ‹una persona› por causa del frío o de la fiebre: *Llegó a casa tiritando.* SIN. estremecerse.

tiritera *s. f.* Tiritona.

tiritón *s. m.* RESTRINGIDO. Estremecimiento que siente la persona que tirita: *Le daban tiritones a causa de la fiebre.*

tiritona *s. f.* COLOQUIAL. Temblor producido por el frío o la fiebre: *Le entró tal tiritona que decidió meterse en la cama.* SIN. tiritera.

tiro *s. m.* **1** Acción y resultado de tirar: *Quiso darle con una piedra, pero falló el tiro.* SIN. lanzamiento. **2** Disparo de un arma de fuego: *Esa película es muy violenta, hay muchos tiros.* **~ de gracia** Tiro que se da a una persona o animal herido gravemente para matarlo. **3** Sonido que produce ese disparo: *Oyeron un tiro en la calle y llamaron a la policía.* **4** Señal o herida que produce el disparo de un arma de fuego: *Una persona resultó herida con un tiro de bala en una pierna.* **5** Distancia a que llega un arma arrojadiza o un disparo de arma de fuego: *El tiro de esta pistola es de dos mil metros.* SIN. alcance. **6** Conjunto de caballerías que tiran de un carruaje: *La princesa llegó en un carruaje con un tiro de caballos blancos.* **7** Correa sujeta a las guarniciones de las caballerías que sirve para tirar de un carruaje: *El caballo iba engalanado con un rico tiro.* SIN. tirante. **8** Corriente de aire que se produce en una chimenea o en un horno, y sirve para avivar el fuego: *Si la chimenea no tiene buen tiro no arde bien la leña.* **9** Distancia entre la parte en que se unen las piernas de un pantalón y la cinturilla: *Ese pijama es corto de tiro y no le vale al niño.* **10** Deporte que consiste en acertar en un blanco con un arma arrojadiza o con un arma de fuego. **~ al blanco. ~ al plato. ~ de pichón. 11** DEP. Lanzamiento de la pelota: *un tiro a puerta.* || **12 ~ de castigo** DEP. Lanzamiento de la pelota que hace un equipo por una falta que ha hecho el otro equipo. **13 ~ libre** DEP. Lanzamiento de baloncesto a balón parado y directo a canasta, que se hace como castigo a ciertas faltas. **14 ~ rasante** Tiro cuya trayectoria se aproxima lo más posible a la línea horizontal. FR. Y LOC. **a ~** 1 Al alcance de un arma de fuego: *El cazador tenía a tiro la pieza, pero no disparó.* 2 COLOQUIAL. Al alcance de una persona, en situación que permite que haga algo: *Si se pone a tiro le preguntaré sobre ese asunto.* **a ~ hecho** COLOQUIAL. Con una clara intención: *Fue a tiro hecho a comprar los zapatos que vio ayer.* **a ~ de piedra** COLOQUIAL. Cerca: *El río está a tiro de piedra del pueblo.* **andar* a golpes/tiros/gritos. como un ~** COLOQUIAL; INTENSIFICADOR. Sentar muy mal: *Ese vestido le sienta como un tiro. Me cayó como un tiro tener que repetir el trabajo.* **de tiros largos** COLOQUIAL. Con vestido de fiesta: *Para la cena de Navidad todos iban de tiros largos.* **ensalada* de tiros/balas. matar dos pájaros* de un ~. ni a tiros** COLOQUIAL; NEGACIÓN. De ninguna manera: *No quiere quedarse solo ni a tiros.* **no ir por ahí los tiros** COLOQUIAL. Se usa par indicar que lo que se dice sobre algo está equivocado: *Creían que estaba a disgusto por el trabajo, pero no iban por ahí los tiros.* **polígono* de ~. salir el ~ por la culata** COLOQUIAL. Resultar lo contrario de lo que una persona esperaba: *Había planeado irse de vacaciones, pero le salió el tiro por la culata.* **sentar* como un ~.**

tiroideo, a *adj.* MED. De la glándula tiroides: *enfermedad tiroidea.*

tiroides (plural *tiroides*) *adj./s. m.* **1** (no contable) ANAT. [Glándula] que es endocrina, está situada en la parte superior y anterior de la tráquea, en el cuerpo humano, y cuya secreción regula el metabolismo y el crecimiento. **2** (no contable) ANAT. [Cartílago] de gran tamaño, situado en la parte delantera del cuello, que está más desarrollado en el varón que en la mujer.

tirolés, sa *adj. / s. m.* y *f.* 1 Del Tirol, región de Austria e Italia: *los cantos tiroleses, las esquiadoras tirolesas.* **sombrero ~.** || *s. m.* 2 LING. Dialecto del alemán hablado en el Tirol.

tirón *s. m.* 1 Acción de tirar de una cosa de manera brusca o violenta: *Peina con cuidado a la niña para no darle tirones.* 2 COLOQUIAL. Robo de un bolso, de una cartera o de otra cosa por el estilo que se hace tirando de manera violenta y rápida: *Dos gamberros le dieron un tirón y salieron corriendo con el bolso.* 3 Movimiento brusco de un vehículo o de un motor: *El coche da muchos tirones cuando el motor está frío.* 4 DEP. Acelerón repentino que da un corredor para conseguir una ventaja respecto de otros: *El ciclista que iba el tercero dio un tirón y se distanció del grupo varios metros.* 5 COLOQUIAL. Atractivo especial que tiene una persona o cosa: *Ese grupo musical tiene tirón entre la gente joven.* SIN. gancho. 6 COLOQUIAL. Contracción de un músculo: *Le ha dado un tirón en la espalda y no puede ponerse derecho.* FR. Y LOC. **de un ~** COLOQUIAL. De una vez, sin parar: *Hicieron el viaje de un tirón. El crío se bebió la leche de un tirón.*

tironear *v. tr. / intr.* RESTRINGIDO. Dar ‹una persona› tirones.

tiroriro *s. m.* COLOQUIAL; a veces HUMORÍSTICO. Sonido de los instrumentos de viento: *Al oír el tirotiro de la dulzaina salimos a la plaza.*

tirotear *v. tr. / prnl.* Disparar ‹una persona› contra [otra persona o una cosa] con armas de fuego repetidamente: *Los enemigos* ***se*** *tirotearon. Han tiroteado la oficina del alcalde.* SIN. acribillar.

tiroteo *s. m.* Acción y resultado de tirotear: *Un tiroteo despertó a los vecinos. Desde aquí ya puede oírse el tiroteo.*

tiroxina *s. f.* (no contable) BIOQUÍM. Hormona principal de las segregadas por la glándula tiroides.

tirreno, na *adj. / s. m.* y *f.* 1 HIST. Etrusco. || *adj.* 2 Del mar que baña la península italiana entre Sicilia, Córcega y Cerdeña.

tirria *s. f.* COLOQUIAL. Manía o antipatía que se tiene a una persona o a una cosa: *Le tengo una tirria que no puedo ni verlo. Siento tirria por ese loro que no se calla.*

tirulo *s. m.* Tabaco que forma el contenido de un cigarro puro.

tisana *s. f.* Bebida obtenida de la cocción o infusión de ciertas hierbas: *una tisana de manzanilla y menta.*

tísico, ca *adj. / s. m.* y *f.* 1 Que padece tisis o tuberculosis: *Los tísicos pueden curarse muy bien.* 2 De la tisis: *Los tratamientos tísicos son eficaces.*

tisiología *s. f.* Parte de la Medicina que estudia y trata la tisis.

tisis (plural tisis) *s. f.* (no contable) MED. Tuberculosis pulmonar.

tissue (del inglés; pronunciamos '*tisú*') *s. m.* AFECTADO. Pañuelo de papel: *¿Tienes un tissue para limpiarme las gafas?*

tisú (plural *tisúes* o *tisús*) *s. m.* (no contable) Tela de seda entretejida con hilos de oro o plata: *una blusa de tisú.*

tisular *adj.* BIOL. De los tejidos orgánicos: *investigaciones tisulares, debilitamientos tisulares.*

titán *s. m.* 1 MIT. Gigante mitológico que quiso asaltar el cielo: *Los titanes quisieron robar el fuego del cielo y fueron castigados.* 2 COLOQUIAL. Persona que posee una fuerza extraordinaria o unas cualidades excepcionales: *Es un titán en el trabajo.*

titánico, ca *adj.* (antepuesto / pospuesto) Que es exageradamente grande o excesivo: *esfuerzo titánico.*

titanio *s. m. Ti.* Elemento químico metálico gris, de gran dureza y resistencia, que se emplea en la fabricación de aceros especiales y en la industria aeronáutica.

titear *v. intr.* Emitir ‹la perdiz› un sonido característico para llamar a los pollos.

titeo *s. m.* Acción y resultado de titear la perdiz.

títere *s. m.* 1 Muñeco que se mueve por hilos, metiendo dentro de él la mano o por algún otro dispositivo: *un títere de trapo, títere de cartón.* SIN. marioneta. 2 (plural) Espectáculo en que intervienen estos muñecos o volatineros: *Hoy vamos a ver los títeres con los niños.* 3 COLOQUIAL; PEYORATIVO. Persona u organización sin voluntad que se deja dominar: *Ese hombre es un títere en manos de su familia.* SIN. marioneta. FR. Y LOC. **no dejar ~ con cabeza** 1 COLOQUIAL. Destrozar completamente ‹una persona o una cosa› una cosa: *Los vándalos pasaron por el territorio sin dejar títere con cabeza.* 2 COLOQUIAL. Criticar ‹una persona› a un grupo de personas relacionadas con un asunto: *En sus declaraciones no dejaba títere con cabeza.* **no quedar ~ con cabeza** 1 COLOQUIAL. Quedar ‹una cosa completamente destrozada. 2 COLOQUIAL. Ser criticadas o resultar perjudicadas ‹todas las personas relacionadas con un asunto›.

titi *s. m. / f.* VULGAR. Persona joven, normalmente una mujer: *La titi del bar le robó hasta los pantalones.* FR. Y LOC. **el / la ~** VULGAR. Expresión que usa el hablante para referirse con chulería a sí mismo, hablando en tercera persona de singular: *Siempre decía mi primo: «el titi no lee el periódico en el trabajo, el titi se informa».*

tití (plural *titís*) *s. m.* (macho y hembra) Familia *Callitrichidae.* Mamífero primate pequeño, de cola larga y pelaje también largo y sedoso, que tiene garras en todos los dedos menos en el pulgar y vive en las selvas tropicales de América.

titilar *v. intr.* 1 ELEVADO. Moverse ‹una parte del cuerpo› con un ligero temblor: *Sus párpados titilaban cuando estaba muy nerviosa.* SIN. temblar. 2 ELEVADO. Brillar ‹la luz de un cuerpo luminoso› con un ligero temblor y oscilación: *En el pueblo comenzaban a titilar las primeras luces.*

titileo *s. m.* ELEVADO; RESTRINGIDO. Acción y resultado de titilar: *el titileo de las estrellas.*

titipuchal *s. m.* 1 MÉX. Multitud, tropel. 2 MÉX.; COLOQUIAL. Abundancia de objetos.

titiritaina *s. f.* COLOQUIAL; RESTRINGIDO. Ruido o bulla alegre: *la titiritaina de la fiesta.*

titiritar *v. intr.* RESTRINGIDO. Tiritar.

titiritero, ra *s. m. / f.* 1 Persona que maneja los títeres o hace espectáculos de títeres o marionetas: *El titiritero movía un muñeco que agarraba un garrote.* 2 Persona que hace ejercicios de acrobacia en un espectáculo ambulante: *Una compañía de titiriteros animaba la fiesta del pueblo.*

tito *s. m.* RESTRINGIDO. Hueso o pepita de la fruta: *No te tragues el tito de las cerezas.*

titubeante *adj.* Que titubea o vacila: *gesto titubeante.*

titubear *v. intr.* 1 Mostrarse ‹una persona› indecisa: *Como llovía, titubeó antes de salir.* SIN. vacilar, dudar. 2 Mostrarse ‹una persona› indecisa en [la elección o la pronunciación de las palabras]: *Hablando inglés titubea muchí-*

simo. SIN. balbucear. **3** Moverse ‹una persona o una cosa› de un lado a otro por falta de estabilidad: *El niño titubea mucho cuando anda.* SIN. tambalearse.

titubeo *s. m.* Acción y resultado de titubear: *Dime lo que quieras sin titubeos. Un titubeo al pasar por el control de policía lo delató.*

titulación *s. f.* **1** Título académico: *Su hijo ha obtenido la titulación de Doctor en Matemáticas.* **2** (no contable) RESTRINGIDO. Acción y resultado de titular: *Para acabar el libro falta la titulación de los capítulos.* **3** RESTRINGIDO. Conjunto de títulos de propiedad de una finca.

titulado, da *adj. / s. m.* y *f.* **1** Persona que ha obtenido un título académico: *María es titulada* ***en*** *Ciencias Económicas.* || *s. m.* **2** RESTRINGIDO. Persona que posee un título nobiliario: *La duquesa es el titulado más antiguo de España.* SIN. título.

titular *v. tr.* **1** Poner ‹una persona› título a [una cosa]: *¿Cómo pensáis titular esta película?* SIN. llamar. || *v. prnl.* **2** Obtener ‹una persona› un título académico: *Se tituló* ***en*** *Medicina por la Universidad de Salamanca.* **3** Tener ‹una cosa› [un título]: *El libro se titula «Hoy».*

titular *adj. / s. m.* y *f.* **1** [Persona] que tiene un título o nombramiento para ejercer u ocupar un cargo oficialmente: *la jueza titular. ¿Quién es el profesor titular de esta asignatura?* **2** [Persona] que tiene un documento a su nombre como propietaria o capacitada para disfrutar de un derecho o de un bien: *entidad titular. Soy el titular de esta cuenta.* || *s. m.* **3** Título de un periódico o de una revista compuesto en tipos de letras mayores: *La noticia ha aparecido en titulares.*

titularidad *s. f.* **1** Cualidad de titular: *La titularidad del juzgado es de la nueva jueza.* **2** Propiedad: *La titularidad del palacio es del municipio.*

titulatura *s. f.* RESTRINGIDO. Conjunto de títulos que posee una persona o una entidad: *En el currículum debes incluir tu titulatura.*

titulillo *s. m.* ART. GRÁF. Renglón que se pone en la parte superior de una página impresa para indicar la materia de que se trata.

título *s. m.* **1** Palabra o frase con la que se da a conocer el nombre de una obra o el nombre de cada una de las partes de un escrito: *Por el índice de títulos de los capítulos puedes buscar lo que te interesa.* **2** Nombre de una publicación o de una obra literaria, artística o cinematográfica: *índice de títulos de la colección, el título de una canción. Ponle un título sugerente a la redacción.* **3** Nombre de los apartados o de las divisiones mayores de una ley, de un código o de un estatuto: *el título tercero de la Ley de Comercio.* **4** Dignidad o tratamiento nobiliario: *Tiene el título de conde.* **5** Persona que goza de una dignidad nobiliaria: *Quieren casar a su hija con un título importante.* **6** Honor o distinción que alcanza una persona al ganar una competición o un concurso: *título de miss. Este año el título de liga será de nuestro equipo.* **7** Profesión, preparación o grado que posee una persona por haber realizado los estudios y los exámenes necesarios: *título de Ingeniero, título de Licenciado en Filología.* **8** Fundamento o justificación jurídica de un derecho o de una obligación: *No tiene título para quitarle la casa.* **9** Documento que acredita un derecho o una obligación: *título de propiedad.* **10** Documento sobre un derecho cuyo ejercicio está condicionado a la posesión real de dicho documento, como los cheques, las letras de cambio, los pagarés o las acciones: *Compra títulos de Telefónica.* **11** Cualidad o mérito que da derecho a una cosa: *Tiene títulos suficientes para ser el jefe de la sección.* || **12 ~ público** Título-valor emitido por el Estado, como deuda pública, para ser adquirido por los particulares: *Compre usted títulos públicos.* FR. Y LOC. **a ~ de** En calidad de: *Te doy un consejo a título de amigo.*

-tivo, va *suf.* -ivo.

tiza *s. f.* **1** Barrita de arcilla, generalmente de color blanco, para escribir en la pizarra: *caja de tizas, tizas de colores, escribir con tiza.* **2** Compuesto de yeso y arcilla para frotar el taco de billar: *Pon tiza al taco.*

tiznar *v. tr. / prnl. / intr.* **1** Manchar ‹una persona o una cosa› [a otra persona o una cosa] con una sustancia negruzca: ***Se*** *tiznó* ***con*** *el hollín de la chimenea. No* ***te*** *acerques a la sartén, que tizna. Has tiznado los puños de la camisa* ***con*** *la grasa del coche.* **2** Manchar ‹una persona› [a otra persona o una cosa] con una sustancia de cualquier color: *Los niños* ***se*** *tiznaron* ***con*** *las pinturas.* ***Te*** *has tiznado la nariz* ***de*** *chocolate.* SIN. ensuciarse. || *v. tr.* **3** Perjudicar ‹una persona› la buena fama de [otra persona]: *El asunto ha tiznado a varios directivos.* || *v. prnl.* **4** AMÉR. C., ARG. Emborracharse, embriagarse.

tizne *s. m. / f.* Humo que se pega a los utensilios que se ponen al fuego o están cerca de él: *el tizne de la chimenea. Tenía las manos manchadas del tizne de la sartén.*

tiznón *s. m.* Mancha de tizne u otra cosa similar de color negruzco: *Estás desgreñado y con la cara llena de tiznones.*

tizo *s. m.* Tizón, palo a medio quemar: *Apaga los tizos de la chimenea antes de acostarte.*

tizón *s. m.* **1** Palo a medio quemar: *Un tizón de la chimenea provocó el incendio.* SIN. tizo. **2** Lado más pequeño de un ladrillo. **3** Parte del ladrillo que se une con otros. **4** BOT. Hongo parásito del trigo y otros cereales: *El trigo está este año atacado del tizón.* FR. Y LOC. **a ~** Manera de colocar piedras y ladrillos de tal modo que su cara mayor quede perpendicular al plano de la cara del muro.

tizona *s. f.* LITERARIO. Espada: *Si tenemos que empuñar la tizona para defender la patria, la empuñaremos.*

tizonada *s. f.* RESTRINGIDO. Tizonazo.

tizonazo *s. m.* **1** RESTRINGIDO. Bofetada o cualquier golpe dado con una cosa: *Cuando nos portábamos mal la abuela nos daba un tizonazo.* **2** (preferentemente en plural) COLOQUIAL; HUMORÍSTICO. Entre los católicos, castigo del infierno: *Allí estará el diablo dándonos tizonazos toda la eternidad.*

tlaconete *s. m.* MÉX.; COLOQUIAL. Animal parecido a la babosa, invertebrado, hermafrodita, de cuerpo viscoso.

tlapalería *s. f.* MÉX. Tienda donde se venden materiales pequeños para la construcción, artículos de electricidad, herramientas y artículos de limpieza, ferretería.

tlascal *s. m.* MÉX. Tortilla de harina de maíz.

TLC (pronunciamos *'te-ele-ce'*) *s. m.* Sigla de «Tratado de Libre Comercio de América del Norte», entre Canadá, Estados Unidos y México (en inglés *NAFTA*).

toalla *s. f.* **1** Pieza de tela esponjosa y suave que se usa para secarse después de lavarse: *toalla de baño, toalla de pla-*

ya, toalla de rizo, un juego de toallas. **2** Tejido de rizo con que suelen hacerse estas piezas: *un albornoz de toalla, un paño de cocina de toalla.* || **3 ~ higiénica** ARG., URUG. Compresa femenina. FR. Y LOC. **tirar / arrojar la ~** 1 DEP. Rendirse ‹un boxeador› en un combate de boxeo: *El entrenador tiró la toalla en el quinto asalto.* 2 COLOQUIAL. Abandonar ‹una persona› una actividad o un proyecto por ser incapaz de realizarlos: *Ante la cantidad de dificultades que ponían los jefes a nuestro proyecto, tiramos la toalla.*

toallero *s. m.* Mueble o soporte para colgar toallas: *Hemos comprado un toallero moderno con resistencias eléctricas para secar las toallas.*

toba *s. f.* **1** GEOL. Piedra caliza, muy porosa y ligera, que se forma por la acumulación de la cal del agua: *Este terreno está lleno de toba.* **2** COLOQUIAL. Colilla: *El mendigo recogía las tobas y se las fumaba.* **3** COLOQUIAL. Golpe o gesto que se hace resbalando los dedos índice o corazón sobre el pulgar: *No me gusta que me den tobas en la cabeza.*

tobera *s. f.* **1** Tubo por donde se introduce el aire en un alto horno, en una forja o en algunas estufas, para alimentar la combustión: *Un ventilador mecánico proporciona aire por esta tobera a la fragua.* **2** MEC. Conducto que controla la salida de los gases o líquidos en algunos motores: *La tobera del cohete no funcionaba bien y han retrasado su lanzamiento.*

tobillera *s. f.* Venda elástica que sujeta y protege el tobillo cuando se hace deporte: *Desde que se lesionó, siempre juega con una tobillera.*

tobillero, ra *adj.* RESTRINGIDO. Que llega hasta los tobillos: *falda tobillera.*

tobillo *s. m.* Parte del cuerpo humano en la que se unen el pie y la pierna y en la que existen dos abultamientos formados por la tibia y el peroné: *Tengo el tobillo hinchado.*

tobogán *s. m.* **1** Rampa inclinada por la que se deslizan las persona para divertirse: *bajar por el tobogán, tobogán acuático. A los niños les gusta tirarse por el tobogán grande.* **2** Rampa inclinada o conducto descendente que se usa para el transporte de mercancías: *El camión se carga de ladrillos por este tobogán.* **3** Especie de trineo bajo formado por una armadura de acero cubierta por una plancha y montada sobre dos patines largos. **4** Pista de nieve por donde se deslizan estos trineos: *Los toboganes de las estaciones de esquí son muy emocionantes.*

toca *s. f.* **1** RESTRINGIDO. Antigua prenda femenina, parecida a un velo tupido, que cubría la cabeza: *En el Siglo de Oro todas las damas vestían toca.* **2** Prenda de tela de diversas formas que cubre la cabeza y usan las monjas católicas: *La forma de las tocas no es la misma en todas las órdenes religiosas.*

tocadiscos (plural *tocadiscos*) *s. m.* Aparato que reproduce el sonido grabado en un disco: *Pon el tocadiscos. Este tocadiscos se ha quedado anticuado. Bajad el tocadiscos, que está muy alto.*

tocado, da *adj.* **1** (estar) COLOQUIAL. [Persona] que está un poco loca: *No le hagas mucho caso porque está un poco tocado.* **2** (estar) DEP. [Boxeador] que está aturdido a causa de los golpes recibidos: *Desde el segundo asalto el aspirante estaba tocado.* **3** (estar) DEP. [Jugador] que está lesionado o enfermo: *No podré jugar el domingo porque estoy un poco tocado de la rodilla.* **4** (estar) Que está dañado o ha empezado a estropearse: *la fruta de ese cajón ya está tocada.* **5** (estar) Que tiene algo de una cualidad negativa: *Estoy algo tocado de celos.* || *s. m.* **6** Prenda o adorno que se lleva en la cabeza: *La novia llevó un tocado de tul prendido con perlitas.* **7** Peinado, manera de arreglarse el pelo: *La madrina tenía un tocado muy moderno.* FR. Y LOC. **estar mal / ~ de la cabeza*. estar ~ del ala*.**

tocador *s. m.* **1** Mueble en forma de mesa con espejo, usado para el arreglo personal: *Busca el peine en el tocador.* SIN. cómoda, coqueta. **2** Habitación usada para el arreglo y aseo personal, sobre todo en establecimientos públicos: *Se levantó de la mesa para ir al tocador.* || **3 jabón de ~** Jabón que se usa para el aseo y el arreglo personal: *El jabón de tocador huele muy bien.*

tocamiento *s. m.* Acción y resultado de tocar o tocarse: *El médico ha dicho que me cuide y que evite los tocamientos en la parte dolorida.*

tocante *adj.* Que toca a una cosa o actividad o que se relaciona con ella: *legislación tocante a robos.* FR. Y LOC. **en lo ~ a** En lo referente a, en relación a: *En lo tocante a mí, doy por olvidada la cuestión.*

tocar *v. tr.* **1** Entrar ‹una persona› en contacto con [otra persona, un animal o una cosa] a través de las manos u otra parte del cuerpo: *Lo toqué con las manos.* **2** Entrar ‹una persona› en contacto con [otra persona o una cosa] mediante [un objeto]: *El hada le tocó **con** una varita mágica.* **3** Encontrarse ‹un cuerpo› con [otro]: *La pelota tocó la red.* SIN. dar, golpear. **4** Mover ‹una persona› [una cosa]: *¡No toque mis papeles!* **5** Hacer sonar ‹una persona› [un instrumento musical]: *Toco la guitarra.* **6** Interpretar ‹una persona› [una melodía] con un instrumento musical: *La orquesta tocó un vals.* **7** Hacer ‹una persona› que [otra persona o una cosa] sea o parezca distinta de como era: *No lo toques más, está perfecto.* **8** Aludir ‹una persona› a [un asunto]: *No tocó para nada este tema.* SIN. mencionar. || *v. tr. / intr.* **9** Hacer sonar ‹una persona› [una campana, un timbre o una sirena] para avisar a otra persona: *Las campanas tocan **a** fuego.* SIN. tañer. **10** Provocar ‹una cosa› una impresión [a una persona]: *Esa escena le tocó en lo más hondo.* SIN. conmover. **11** Llegar ‹una embarcación› a [un lugar] sin quedarse en él: *El velero tocó **a** puerto.* || *v. tr. / intr. / prnl.* **12** Estar ‹una cosa› junto a [otra cosa] o en contacto con ella: *El armario toca **a** la pared. Las cajas **se** tocan.* || *v. intr.* **13** Ser ‹una cosa› obligación o responsabilidad de [una persona]: *A ti te toca decidir.* SIN. concernir, atañer. **14** Llegar el momento o el turno de ‹hacer una cosa› a [una persona]: *Me toca jugar a mí.* **15** Corresponder ‹una cosa› a [una persona] en un reparto o un sorteo: *Le ha tocado el gordo.* **16** Tener ‹una cosa› [una característica] de manera aproximada: *Esa ingenuidad toca **en** tontería.* SIN. rayar. || *v. prnl.* **17** Cubrirse ‹una persona› la cabeza con [un gorro o un sombrero]: *Se tocó **con** una pamela.* FR. Y LOC. **a tocateja*** o **a toca teja. bailar* al son que tocan. caer / ~ en suerte*. caerle / tocarle la lotería*. de mírame* y no me toques. en / por lo que toca a** En lo que depende de, en lo que se relaciona con: *En lo que a mí me toca, no pienso comprarle nada. Por lo que toca a nuestras acciones no te preocupes, las venderemos.* **los extremos* se tocan. no ~ (ni) un pelo* de la ropa. rascarse / tocarse la barriga*. ~ a ánimas*. ~ a rebato*. ~ de cerca** Experimentar ‹una persona› una cosa: *No se da uno cuenta de las cosas* *hasta que las toca de cerca.* **~ diana*. ~ el cielo* con las manos. ~ el piano*. ~ el violón*. ~ en la herida** Mencionar ‹una persona› a otra algo que le produce disgusto o enfado: *No le hables de su hijo el que se ha ido, que eso es tocarle en la herida.* **~ fondo*. ~ la china*. ~ las narices*. ~ las teclas*. ~ los cojones*. ~ los huevos*. ~ madera*. ~ muchos registros*** o **~ todos los registros. tocarse el coño*. tocarse las pelotas*. tocarse los cojones*.** ⇒ **71.**

tocata *s. m.* **1** COLOQUIAL. Tocadiscos: *Mis padres me han comprado un tocata muy moderno.* || *s. f.* **2** MÚS. Composición musical de estilo libre en un solo movimiento para instrumentos de teclado.

tocateja *s. f.* Se usa en la LOC. **a ~** o **a toca teja** COLOQUIAL. Se usa para indicar que debe pagarse una cosa al contado e inmediatamente: *Hay que pagar el televisor a tocateja, no hay plazos.*

tocayo, ya *s. m./f.* Persona que tiene el mismo nombre que otra: *Antonio Marín y Antonio López son tocayos.*

tocho, cha *adj.* **1** COLOQUIAL. [Persona] que es un poco torpe o necia: *Tu hermano es un tocho auténtico.* **2** COLOQUIAL. [Obra] que es aburrida o carece de interés: *La película era un tocho. ¡Vaya tocho que nos ha tocado leer!* SIN. tostón. || *s. m.* **3** Ladrillo tosco. **4** Barra o lingote de hierro.

tocinería *s. f.* RESTRINGIDO. Tienda donde se venden embutidos y productos de cerdo: *El lomo puedes comprarlo en la tocinería de nuestra calle.*

tocino, na *s. m.* **1** (no contable) Capa de grasa de los mamíferos, especialmente la del cerdo, que se usa en alimentación: *El médico nos ha prohibido que comamos tocino.* **~ entreverado** Tocino que tiene algunas hebras de magro. || *adj./s. m.* y *f.* **2** COLOQUIAL; PEYORATIVO. Que es torpe o de corto entendimiento: *Hijo, no seas tocino, apaga primero el gas y así no te quemarás.* || **3 ~ de cielo** Dulce elaborado con yema de huevo y almíbar generalmente cuajado en forma de cono truncado: *El tocino de cielo le gustó mucho.*

toco *s. m.* **1** ARG., URUG.; RESTRINGIDO en Argentina. Tocón de árbol. **2** VEN. Árbol de tronco alto que da una madera liviana, buena para fabricar muebles. **3** ARG., URUG. Cantidad grande de una cosa. **4** BOL. Taburete rústico. **5** COL.; RESTRTINGIDO. Abolladura.

tocología *s. f.* (no contable) MED. Obstetricia.

tocólogo, ga *s. m./f.* Médico especialista en Tocología: *El tocólogo me ha recomendado mucho reposo.*

tocomocho *s. m.* **1** COLOQUIAL. Estafa que consiste en conseguir dinero a cambio de algo que parece que tiene mucho valor y que realmente no vale nada: *El timo del tocomocho suele hacerse con un billete de lotería que no tiene premio.* **2** COLOQUIAL. Billete o décimo de loteria empleado en este timo o estafa: *Ese billete es un tocomocho.*

tocón, na *adj./s. m.* y *f.* **1** [Persona] que tiene la costumbre de tocar o sobar a las personas o las cosas que tiene al alcance de la mano: *Niño, no seas tocón: las cosas de la tienda se ven pero no se tocan. Es un tocón, en cuanto te encuentras a su lado te pone la mano encima.* || *s. m.* **2** Parte del tronco de un árbol que queda unida a la raíz al talarlo: *Da pena ver los tocones de árboles tan hermosos.*

tocuyo *s. m.* VEN. Tela ordinaria de algodón.

todavía *adv. temp.* **1** Hasta ahora o hasta el momento que se indica: *El niño todavía llora. Todavía no eres viejo. Todavía no hemos comido. Todavía no habían salido los jugadores al campo cuando el árbitro decidió suspenderlo.* SIN. aún. **2** Ahora o en un futuro inmediato: *No salgas todavía.* SIN. aún. **3** Expresa, además de tiempo, un matiz de ponderación o de énfasis: *Todavía quedan dos semanas para que acaben las vacaciones.* SIN. aún. **4** En contextos negativos no descarta la posibilidad de que pueda suceder el hecho al que se hace referencia: *–«¿Eres catedrático?» –«Todavía no».* SIN. aún. || *adv.* **5** En una comparación de superioridad o de inferioridad, resalta una cualidad o una característica que se da por supuesta en la otra persona o en la otra cosa: *Eres todavía más golosa que tu madre.* SIN. aún. **6** Corrige o matiza lo indicado anteriormente. OBSERVACIONES: Es un enlace con valor concesivo: *¿Para qué estudiar? Todavía si supiera que al acabar mi carrera iba a encontrar trabajo. ¿Para qué vamos a ir nosotros a ese concierto de rock? Tu hermano todavía, él es joven.* **7** Sin embargo, no obstante, a pesar de eso: *El trabajo está terminado y todavía se queja.*

todo, da *adj.* **1** (antepuesto y seguido de artículo determinado o un adjetivo demostrativo o posesivo, siempre encabeza el grupo nominal; pospuesto). Se refiere a un conjunto considerado en todas y cada una de sus diferentes unidades o a su suma o a una unidad entera y completa: *Todos los hombres son mortales. Toda la paella se ha quemado. Se ha inundado toda aquella finca. Toda su familia forma una piña alrededor de la madre. Las naciones todas debían buscar la paz.* **2** (antepuesto seguido de un artículo indeterminado) COLOQUIAL; INTENSIFICADOR. Indica que un adjetivo o sustantivo se debe tomar en su significación más auténtica y profunda: *Tu primo es todo un cochino, no te puedes fiar de él. Pilar es toda una mujer, se enfrentó ella sóla a los atracadores. No es fácil pasar todo un invierno en aquellas montañas.* **3** (en singular; antepuesto sin ir seguido de un artículo determinado o de un posesivo o demostrativo) Se refiere en general a un conjunto o a una clase y a cada uno de sus miembros, cualquiera y cada uno de ellos: *Todo hombre es mortal. Toda guerra es injusta.* **4** (plural; antepuesto, seguido de un artículo determinado o de un posesivo o demostrativo) Tiene sentido distributivo, cada: *Todos los días come pasteles. Todos los hijos necesitan el cariño de los padres.* || *pron.* **5** Se refiere a un conjunto considerado en todas y cada una de sus diferentes unidades o a su suma o a una unidad completa. OBSERVACIONES: ◊ En singular, referido a una cosa anterior: *Todo es hermoso en este paisaje. Todo es maravilloso.* ◊ Sin referencias previas, en plural, se refiere a personas: *Todas están guapísimas –nuestras hijas, las chicas del baile...– Todos estamos cansados.* ◊ Referido a personas o cosas nombradas anteriormente: *Han acusado a todos. –¿Has comprobado las sillas?» –«Todas están bien.» –«¿Estás contento con tus hijos?» –«Todos son bastante listos.»* || *s. m.* **6** Cosa entera de la que no se excluye nada o considerada como la suma de sus partes o elementos: *Un todo puede dividirse teóricamente en infinitas partes. La familia forma un todo.* || *adv.* **7** Por completo, enteramente: *La perra de Carmen es toda inteligencia y simpatía.* FR. Y LOC. **a ~** COLOQUIAL. Con el máximo esfuerzo o rendimiento, con la máxima rapidez: *Vino a todo correr. Pepe conduce a toda pastilla.* **a ~ esto** 1 Entre tanto, mientras tanto: *A todo esto, nosotros estábamos esperando muertos de frío en la esquina.* 2 Para retomar o introducir un tema en la conversación: *A todo esto, mañana te-*

nemos que ir a clase. **ahí* me las den todas. andar en boca* de todos. ante ~** Por encima de cualquier cosa, antes que nada: *Ante todo, conviene no perder la calma.* **así y ~** Sin embargo, no obstante, con todo, aun así. RELACIONES Y CONTRASTES: Al contrario que *sin embargo, no obstante* o *con todo*, y como *aun así*, precede necesariamente a toda la proposición a la que presenta: *Eran mucho más fuertes que nosotros; así y todo, les costó mucho vencernos.* **con ~ y con eso** Sin embargo: *Juan estudia poco; con todo y con eso no es mal chico. Ana se enfada mucho; con todo y con eso da gusto trabajar con ella.* **de todas todas** COLOQUIAL. Con seguridad, irremediablemente: *Tendrás que disculparte ante tu hermana de todas todas. Yo te presto el dinero, pero tú me lo pagarás de todas todas.* **del ~** Por completo: *La niña ya está dormida del todo. No he acabado el trabajo del todo.* **después* de ~. echarse* ~ encima. estar* en ~. haber de ~ como en botica*. jugarse el todo por el ~** Arriesgar ‹una persona› todo por conseguir o realizar una cosa que le interesa mucho: *El entrenador ha dicho que el equipo se jugará el todo por el todo el próximo domingo.* **jugárselo ~ a una carta*. no es oro* ~ lo que reluce. quedar ~ en casa*. sabérselas* todas. ser ~ uno** COLOQUIAL. 1 Ser ‹varias cosas que parecen diferentes› la misma: *Mira, insultarnos o no invitarnos es todo uno. Yo creo que es todo uno robar o no entregar lo robado.* 2 Resultar ‹una cosa› consecuencia de otra inevitablemente: *Comer y ponerse mala fue todo uno.* **sobre ~** Ante todo: *Sobre todo, tenéis que comer mucho para crecer.* **toda vez que** ELEVADO. Supuesto que, siendo así que: *No tienes de qué preocuparte, toda vez que las cosas están bajo control.* **~ lo más*. ~ se andará*. ~ se me/te/le ... vuelve*.**

todopoderoso, sa *adj./s. m.* **1** REL. (con mayúscula cuando va precedido de *el*) Que todo lo puede, Dios: *¡Dios todopoderoso, ayúdame! El Todopoderoso cuida de todos.* ‖ *adj.* **2** (antepuesto/pospuesto) IRONÍA. Que todo lo puede: *Aquí está mi todopoderoso jefe.*

todoterreno *adj./s. m.* Vehículo que está preparado para circular por un terreno accidentado: *Se compró una moto todoterreno. Tengo un todoterreno de segunda mano que parece nuevo.*

tofe *s. m.* Caramelo blando de café con leche: *Los tofes de Logroño son riquísimos.*

toga *s. f.* **1** Manto que llevaban los romanos. **2** Vestidura amplia y negra que se pone sobre el traje ordinario, propia de jueces y doctores universitarios: *Los profesores deberán asistir al acto académico con toga.*

togado, da *adj./s. m.* y *f.* Que viste toga. **juez ~** Magistrado superior.

toilete o **toilette** *s. f.* **1** AFECTADO. Peinado o arreglo personal: *hacerse la toilete.* **2** Servicio, lavabo, cuarto de aseo. **3** RESTRINGIDO. Tocador, mueble.

toisón *s. m.* **1** Orden de Caballería instituida en la Edad Media por Felipe el Bueno, Duque de Borgoña. **2** Insignia de esta orden. **~ de oro. 3** Persona condecorada con esta orden: *los caballeros del toisón.*

tojo *s. m. Ulex europaeus.* Arbusto leguminoso perenne, de la familia de las papilionáceas, de tallos y hojas espinosas, flores amarillas y perfumadas, con propiedades medicinales y frutos vellosos: *El terreno estaba lleno de tojos.* SIN. aliaga.

tolda *s. f.* **1** COL. Toldo. **2** VEN.; COLOQUIAL. Partido político o tendencia ideológica dentro de un partido.

toldería *s. f.* ARG., URUG.; RESTRINGIDO en Argentina. Conjunto de toldos de un asentamiento indígena.

toldilla *s. f.* **1** MAR. Cubierta parcial que tienen algunas embarcaciones a la altura de la borda, en la parte trasera.

toldillo *s. m.* COL., VEN.; RESTRINGIDO en Venezuela. Mosquitero.

toldo *s. m.* **1** Cubierta de lona que se puede extender o recoger y sirve para proteger del sol algún lugar: *el toldo de la terraza. Echa el toldo del escaparate. Recoge el toldo de la terraza. Baja el toldo.* **2** Cubierta de lona o cañas abovedada y sostenida por arcos que tapa un carro: *Los carros de los buhoneros llevaban un toldo con letreros en los laterales.* **3** MÉX. Capota o techo de un vehículo. **4** HIST.; AMÉR. DEL S. Tienda o choza de algunos pueblos indígenas hecha con pieles y ramas.

tole o **tole tole** o **toletole** *s. m.* (no contable) COLOQUIAL; RESTRINGIDO. Confusión con mucho ruido y muchos gritos: *La huelga terminó en un tole tole.* SIN. jaleo, follón (COLOQUIAL). FR. Y LOC. **agarrar/coger/tomar el ~** COLOQUIAL. Marcharse ‹una persona› muy deprisa de un lugar: *Cuando se cansó de la reunión, agarró el tole y se fue.*

toledano, na *adj./s. m.* y *f.* De Toledo, ciudad y provincia española: *la artesanía toledana. Los toledanos celebraron sus fiestas.* **concilio* ~. noche* toledana.**

tolerable *adj.* **1** Que se puede tolerar o disculpar sin permitirlo o aceptarlo expresamente: *No es una falta grave, yo creo que es tolerable. Es tolerable que los jóvenes quieran salir de noche.* ANT. intolerable. **2** Que se puede soportar: *Hay dolores más tolerables que otros.* SIN. llevadero, soportable.

tolerado, da *adj.* [Película, espectáculo] que es apropiado para los menores de edad: *Esta película no la puedes ver, porque no es tolerada.*

tolerancia *s. f.* **1** Acción y resultado de tolerar: *Su tolerancia es infinita, yo no le habría aguantado tantas cosas a ese hombre.* **2** Respeto a las opiniones y prácticas de los demás aunque no coincidan con las propias: *Te falta tolerancia.* ANT. intolerancia. **3** Diferencia que se permite entre la calidad o la cantidad de una cosa y la que debería o le correspondería tener: *Ese defecto tan pequeño se encuentra dentro del margen de tolerancia.* **4** Capacidad de un organismo para soportar determinados medicamentos o drogas: *tolerancia **a** la penicilina, tolerancia **a** los antibióticos.* ANT. intolerancia. **5** Condición que permite a un organismo con parásitos convivir con ellos sin sufrir graves daños: *Los gatos tienen cierta tolerancia a las pulgas.*

tolerante *adj.* (ser/estar) Que tiene o tiende a la tolerancia: *ánimo tolerante. Se ha hecho una persona más tolerante, antes era inflexible.* ANT. intolerante.

tolerantismo *s. m.* (no contable) RESTRINGIDO. Actitud tolerante en materia de religión: *El tolerantismo es propio de algunas sociedades modernas.*

tolerar *v. tr.* **1** Soportar ‹una persona› [a otra persona o una cosa]: *Ya he tolerado demasiadas ofensas.* SIN. aguantar. **2** Admitir ‹una persona› [ideas, opiniones o acciones diferentes de las propias]: *Me cuesta trabajo tolerar las opiniones radicales.* **3** Manifestar ‹una persona› que [otra persona] puede hacer [una cosa]: *No le tolero que diga eso. No toleraremos que falten al respeto a los ancianos.* SIN. permitir. **4** Admitir ‹un organismo› [alimentos o medicinas]: *Mi estómago no tolera la leche.*

toletazo *s. m.* COL., VEN.; RESTRINGIDO. Garrotazo.

tolete *s. m.* **1** Palo pequeño en el borde de la embarcación donde se sujeta el remo. **2** AMÉR. Garrote corto. **3** VEN.; COLOQUIAL. Palo de béisbol. **4** COL. Banco rústico. || *adj.* / *s. m.* y *f.* **5** COL., CUBA; PEYORATIVO. Persona torpe o de corta inteligencia.

toletole *s. m.* ARG., BOL., CHILE, PAR., URUG. Tole.

tolla *s. f.* **1** RESTRINGIDO. Terreno pantanoso. **2** CUBA. Recipiente para que beban los animales.

tollina *s. f.* COLOQUIAL; RESTRINGIDO. Zurra, paliza: *Mi abuela me ha amenazado con una tollina si me porto mal.*

tolmo *s. m.* Peñasco elevado parecido a un mojón.

toloache *s. m.* MÉX.; COLOQUIAL. Planta venenosa de la que se extrae un alcaloide que afecta al sistema nervioso central.

tolondro o **tolondrón** *s. m.* RESTRINGIDO. Bulto que sale en el cuerpo por un golpe: *Me he dado un golpe con la puerta y me ha salido un tolondrón en la frente.*

tolteca *adj.* / *s. m.* y *f.* **1** De un antiguo pueblo amerindio que vivía en el altiplano central de México: *escultura tolteca.* || *s. m.* **2** LING. Lengua hablada por los toltecas.

tolueno *s. m.* QUÍM. Hidrocarburo líquido parecido al benceno, que se obtiene artificialmente a partir del alquitrán de hulla y del petróleo y se utiliza como disolvente o en la fabricación de explosivos y medicamentos.

tolva *s. f.* **1** Caja en forma de pirámide o cono invertidos, abierta por debajo para que la sustancia que se ha echado dentro salga poco a poco: *la tolva de un molino. Una moderna tolva se usa para cargar la grava de la cantera en los camiones.* **2** Parte de la urna o del cepillo de una iglesia donde se encuentra la ranura.

tolvanera *s. f.* Remolino de polvo típico de zonas esteparias o desérticas: *¡Qué tolvanera tan incómoda se ha levantado!*

toma *s. f.* COL. Cauce, acequia.

tomacorriente *s. m.* AMÉR. Toma de corriente eléctrica, enchufe.

tomada *s. f.* ARG., URUG.; COLOQUIAL. Acción y resultado de tomar. **~ de pelo** Tomadura de pelo.

tomado, da *adj.* **1** (estar) [Voz] que está algo ronca: *Luis tiene la voz tomada porque está acatarrado.* **2** AMÉR. Borracho.

tomador, ra *s. m.* / *f.* **1** DER. Persona a cuya orden se gira o realiza el pago de una letra de cambio. **2** DER. Persona que suscribe un contrato o una póliza de seguro: *El tomador se compromete a respetar las decisiones de los tribunales.* || *adj.* **3** AMÉR. [Persona] que es muy aficionada a la bebida.

tomadura *s. f.* Acción y resultado de tomar. **~ de pelo** Burla o engaño: *Temía que la invitación fuese una tomadura de pelo.*

tomahawk o **tomawak** (del inglés; pronunciamos '*tomajauc*') *s. m.* Hacha de guerra propia de algunos pueblos indios de América del Norte: *El tomahawk nos resulta familiar por el cine.*

tomar *v. tr.* **1** Agarrar o sujetar ‹una persona› [una cosa] con la mano o con otros medios: *Tomó el libro* ***en*** *las manos. Toma la cazuela* ***con*** *un paño, que puedes quemarte. La abuela tomó al niño* ***entre*** *sus brazos.* **2** Aceptar ‹una persona› [una cosa que se le da o se le ofrece]: *Hija, toma lo que te da la madrina. El camarero no ha querido tomar la propina que le daba.* **3** Subir ‹una persona› en [un vehículo de transporte público]: *He tomado el tren para venir aquí.* **4** Adoptar ‹una persona› [una costumbre o una actitud]: *He tomado la actitud de dignidad que me corresponde.* **5** Adoptar ‹una persona› [una disposición o una determinación] sobre un asunto: *Tomó la decisión de marcharse a vivir al campo.* **6** Contratar ‹una persona› [a otra persona] para que realice un trabajo: *He tomado una asistenta.* **7** Adquirir o alquilar ‹una persona› [una cosa]: *Hemos tomado un apartamento para las vacaciones.* **8** Hacerse ‹una persona› cargo de [un proyecto o un negocio]: *Tomó las riendas del negocio.* **9** Adoptar ‹una persona› [un nombre]: *Tomó el apellido de su madre.* **10** Recibir ‹una persona› [una cosa]: *Tomó el sol en la terraza.* **11** Ocupar ‹un grupo de personas› [un lugar]: *Los rebeldes han tomado varias plazas importantes.* **12** Considerar ‹una persona› [a otra persona o una cosa] de [una determinada manera]: *Lo toman* ***por*** *tonto.* **13** Hacer ‹una persona› [una fotografía o una filmación]: *He tomado fotos de la catedral.* **14** Registrar ‹una persona› [una cosa] por escrito o en grabación: *Tomó apuntes durante la conferencia.* **15** Elegir ‹una persona› [una cosa] entre varias: *Tomo estas postales.* **16** Medir ‹una persona› [una magnitud]: *Tomó la temperatura del enfermo. Están tomando los datos del terremoto.* **17** RESTRINGIDO. Cubrir ‹el macho› [a la hembra]: *El nuevo toro no acaba de tomar la vaca.* || *v. tr.* / *prnl.* **18** Comer o beber ‹una persona› [una cosa]: *Aún no* ***me*** *he tomado el postre. He tomado mucha gaseosa.* **19** Hacer ‹una persona› uso de [una cosa]: *La asistenta* ***se*** *toma demasiadas libertades con el niño.* **20** Entender o interpretar ‹una persona› [una cosa] en [un determinado sentido]: *Él* ***se*** *toma todo* ***a*** *broma. Marta todo lo toma por el lado trágico.* || *v. tr.* / *intr.* **21** Dirigirse ‹una persona› hacia [un lugar]: *Tomé* ***por*** *la carretera nueva. He tomado el camino del atajo.* || *v. prnl.* **22** Ponerse ‹la voz› ronca: *Se me ha tomado la voz porque anoche hizo fresco.* || *v. intr.* **23** AMÉR. Beber ‹una persona› bebidas alcohólicas. FR. Y LOC. **a ~ viento(s)*. agarrar / coger / ~ el portante** COLOQUIAL. Irse ‹una persona› de un lugar: *Sin avisarnos, tomó el portante y se fue.* **coger / tener / ~ rabia*. coger / ~ la puerta*. coger / ~ el gusto*. coger / ~ el tole*. coger / ~ una curva*. dar el pie* y tomarse la mano. donde las dan* las toman. ir / mandar / enviar a ~ por (el) culo*. no ~ en serio** Dar ‹una persona› poca importancia o no prestar atención a una persona o a una cosa: *El dueño no tomó en serio nuestra propuesta.* **para dar* y ~. ser de armas ~** COLOQUIAL. Que tiene mucho carácter o es muy decidido, exigente o atrevido: *Es una mujer de armas tomar, no se detiene ante nada. El director es de armas tomar.* **tener / ~ en consideración*. tenerla tomada** COLOQUIAL. Estar empeñada ‹una persona› en mostrarse en contra de alguien o algo: *Tú es que la tienes tomada* ***con*** *mi libro.* **¡toma!** COLOQUIAL. 1 Se utiliza para indicar asombro o sorpresa: *¡Toma, qué bien, te has decidido a venir!* 2 Se utiliza para indicar la poca novedad o importancia de una cosa: *¡Toma, eso ya lo sabía yo!* 3 Se utiliza para indicar que una persona se da cuenta de una cosa que antes no comprendía: *¡Toma, ahora ya está todo claro!* 4 Se utiliza para indicar que una persona se merece una cosa desagradable que le ha ocurrido: *¿No querías gastarle una broma? Pues, ¡toma!* **¡toma castaña*! toma del frasco (Carrasco)** COLOQUIAL. Se utiliza para indicar que una persona se merecía una cosa desagradable que le ha ocurrido. **toma y daca** COLOQUIAL. Se utiliza para indicar que existe entre dos o más personas un intercambio de servicios o colaboraciones: *No puedes pretender que sólo trabaje yo en ello; esto ha de ser un toma y daca.* **~ a bien/mal** Interpretar ‹una persona› positiva o negativamente una cosa que le dicen o hacen: *No ha tomado a bien que queramos ayudarla. María se toma a mal todas las bromas.* **~ a risa*. ~ asiento*. ~ cartas* en el asunto. ~/coger la palabra*. ~ cuerpo*. ~ declaración*. ~ el aire*. ~ el freco*. ~ el hábito*** o **~ los hábitos. ~ el pecho*. ~ el pelo*. ~ el pulso*. ~ el rábano* por las hojas. ~ el velo*. ~ en cuenta** Considerar ‹una persona› [una cosa] o darle valor o significado: *No tomó en cuenta nuestro esfuerzo.* **~ impulso*. ~ la delantera*. ~ la iniciativa*. ~ la lección*. ~ las aguas*. ~ las armas*. ~ las de Villadiego** COLOQUIAL. Irse ‹una persona› de un lugar precipitadamente: *En cuanto oyó a la policía, tomó las de Villadiego.* **~ mujer*. ~ para el churrete*. ~ para la farra** ARG., PAR., URUG. Burlarse ‹una persona› de otra, tomarle el pelo. **~ parte*. ~ partido*. ~ pie de** Utilizar ‹una persona› [una cosa] como pretexto para justificar otra cosa: *Tomaron pie de nuestro error para justificar el suyo.* **~ por** Confundir ‹una persona› a una persona o una cosa con otra: *Te tomé por tu hermano.* **~ por donde quema** Interpretar ‹una persona› [una cosa] de manera ofensiva: *No tomes estas cosas por donde queman, deja de ser suspicaz.* **~ por el pito* del sereno. ~ posesión*. ~ precauciones*. ~ sus medidas*. ~ tierra*. ~ vuelo*. tomarla con** COLOQUIAL. 1 Tocar ‹una persona o un animal› una cosa u ocuparse de ella insistentemente: *El perro la ha tomado* ***con*** *mis pantalones.* 2 Mostrar ‹una persona o un animal› antipatía hacia otra persona: *No sé qué le pasa, pero el profesor la tiene tomada* ***con****migo.* **tomarle las medidas*. tomar(se) a pecho** 1 Entender o realizar ‹una persona› [una cosa] con empeño o amor propio: *Tomó a pecho sus tareas, no quiso que la ayudara.* 2 Entender o interpretar ‹una persona› [una cosa] con mucha seriedad u ofenderse con ella: *Tomó muy a pecho tus advertencias.* **tomarse el trabajo*. tomarse la justicia* por la mano*. tomarse la libertad*. tomarse muchas/ciertas libertades*. tomarse tiempo*. tomárselo a chacota*. ¡tómate ésa!** COLOQUIAL. Se utiliza para expresar una persona satisfacción cuando otra recibe un golpe o un castigo que se considera merecido: *No querías luchar, pues ¡tómate esa!*

tomatada *s. f.* COCINA. Guiso, fritada o ensalada de tomate: *En verano nos encantan las tomatadas.*

tomatazo *s. m.* Golpe dado con un tomate: *En la fiesta del pueblo nos liamos a tomatazos.*

tomate *s. m.* **1** Fruto de la tomatera, carnoso y jugoso, muy utilizado en alimentación, frito, en salsas o crudo como ensalada: *Me gusta mucho la ensalada de tomate.* **2** (preferentemente en plural) Tomatera: *Plantaré tomates en el huerto.* **3** COCINA. Salsa elaborada con este producto como ingrediente principal: *macarrones con tomate.* **4** COLOQUIAL. Agujero hecho en una prenda de punto: *Llevaba un tomate en los calcetines.* **5** COLOQUIAL. Lío, confusión o enredo oculto: *Aquí hay tomate. Los jefes todavía no se van de vacaciones porque tienen un tomate impresionante con las cuentas de la empresa.* **6** COLOQUIAL. Pelea, riña: *Se armó un tremendo tomate en el bar y llegó la policía.* FR. Y LOC. **ponerse como un pimiento/~** COLOQUIAL. Ruborizarse, ponerse colorada ‹una persona› de manera evidente: *Le dijimos un piropo a Juan y se puso como un tomate.*

tomatera *s. f.* **1** *Solanum Lycopersicum.* Planta herbácea de la familia de las solanáceas de hojas alternas y flores amarillas en forma de estrella cuyo fruto es el tomate: *En el jardín he plantado varias tomateras.* **2** COLOQUIAL. Agujero o conjunto de agujeros de los calcetines o medias: *Tienes unas buenas tomateras en los calcetines.*

tomatero, ra *adj.* **1** [Alimento] que es apropiado para ser cocinado con tomate. **pollo ~** Pollo pequeño y tierno, apto para ser cocinado con tomate. ‖ *s. m./f.* **2** RESTRINGIDO. Persona que vende o cultiva tomates.

tomavistas (plural *tomavistas*) *s. m.* RESTRINGIDO. Pequeña cámara de cine que usaban los no profesionales: *Los tomavistas han sido desterrados por los videos.*

tomawak *s. m.* Tomahawk.

tómbola *s. f.* **1** Rifa en que los premios son objetos y no dinero: *jugar en la tómbola. En el colegio hemos montado una tómbola para sacar dinero para el viaje de fin de curso.* **2** Caseta o local donde se celebra esta rifa: *En la feria hay varias tómbolas.*

tómbolo *s. m.* GEOGR. Trozo de tierra que une una antigua isla o un islote a la costa del continente o de otra isla mayor.

tomento *s. m.* **1** Vello suave y corto que cubre los órganos de algunas plantas. **2** Estopa que queda después de cardar el lino o el cáñamo.

tomillo *s. m.* *Thymus vulgaris.* Género de plantas de la familia de las labiadas, de tallos rastreros, flores blancas o rosadas y pequeñas hojas opuestas muy aromáticas que se emplean en perfumería y como condimento: *El tomillo abunda en el Mediterráneo.*

tomismo *s. m.* FILOS. Sistema filosófico escolástico de Santo Tomás de Aquino y de sus seguidores, basado en la interpretación de Aristóteles a la luz de la tradición cristiana: *El tomismo es una filosofía que ha tenido fuerte influencia en el clero católico.*

tomista *adj.* **1** De Santo Tomás de Aquino o del tomismo: *filosofía tomista.* ‖ *adj./s. m.* y *f.* **2** Que es partidario del tomismo: *Los dominicos han sido fervientes tomistas.*

tomo *s. m.* Cada una de las partes con paginación independiente en que suelen dividirse las obras impresas o manuscritas extensas y que generalmente están encuadernadas por separado: *El diccionario tiene dos tomos.* FR. Y LOC. **de ~ y lomo** COLOQUIAL. Muy importante o de mucha consideración: *Ha escrito una conferencia de tomo y lomo.*

tomografía *s. f.* MED. Técnica de registro gráfico de imágenes corporales correspondiente a un plano predeterminado.

tompeate o **tompiate** *s. m.* MÉX. Canasta pequeña tejida de palma.

ton *s. m.* Se usa en la LOC. **sin ~ ni son** COLOQUIAL. Sin razón aparente, sin motivo: *Se ha enfadado sin ton ni son.*

toná *s. f.* Variedad de cante flamenco que se interpreta sin ningún acompañamiento musical.

tonada *s. f.* **1** LIT. Composición poética escrita para ser cantada. **2** Música compuesta para acompañar a la composición poética. **3** Canción o melodía. **4** AMÉR. Entonación característica de un país, región, etc.

tonadilla *s. f.* **1** Canción popular española: *Es cantante de tonadillas.* **2** HIST. Canción de temática burlesca, amorosa o de sátira política de principios del siglo XVIII.

tonadillero, ra *adj.* Persona que compone o canta profesionalmente tonadillas: *nuestra mejor tonadillera.*

tonal *adj.* MÚS. Del tono o de la tonalidad: *escala tonal.*

tonalidad *s. f.* **1** Gama o gradación de colores y tonos: *la tonalidad del amarillo. Pintaron todas las casas con una tonalidad más clara.* SIN. tono. **2** MÚS. Conjunto de fenómenos melódicos y armónicos organizados en torno a la tónica de una composición musical: *la tonalidad de do mayor.* SIN. tono. **3** LING. Conjunto de los caracteres de la entonación –altura y timbre– de un enunciado o de una voz en relación con otros: *Dos enunciados de tonalidad diferente.* SIN. entonación.

tondero *s. m.* PERÚ. Baile típico del norte de Perú.

tonel *s. m.* **1** Recipiente cilíndrico algo abombado por el centro, formado por listones de madera, que se utiliza para guardar líquidos: *un tonel de vino, un tonel de aceite.* SIN. barril, barrica. **2** COLOQUIAL. Persona muy gruesa: *Tu primo es un tonel, casi no pasa por las puertas.* **3** COLOQUIAL. Persona borracha: *Está como un tonel, ha bebido mucho.*

tonelada *s. f.* **1** Medida de masa que equivale a 1.000 kilogramos. **~ métrica. 2** Unidad de masa y capacidad que sirve para calcular el desplazamiento de los buques: *Un carguero de dos mil toneladas ha naufragado en las costas gallegas.* || **3 una ~** COLOQUIAL; INTENSIFICADOR. Gran cantidad, mucho: *Se ha comido una tonelada de sardinas. Esta niña pesa una tonelada.*

tonelaje *s. m.* **1** Capacidad que tiene un vehículo de transporte, en especial, un buque mercante, medida en toneladas: *El tonelaje de estos barcos es escaso.* **2** Número de toneladas que suman en total un conjunto de barcos: *La escuadra española era superior en tonelaje.*

tonelería *s. f.* **1** INDUS. Taller y almacén de toneles, y conjunto de éstos: *Mi padre fue a tres tonelerías para buscar barriles para la bodega.* **2** (no contable) INDUS. Técnica de fabricar toneles y barriles: *Haré un curso de tonelería para saber cómo se fabrican los toneles y saber elegirlos.*

tonelete *s. m.* HIST. Falda corta de las armaduras antiguas.

tongada *s. f.* **1** RESTRINGIDO. Cada una de las capas que forman una serie de cosas superpuestas: *una tongada de troncos.* **2** RESTRINGIDO. Capa de una sustancia que se extiende sobre algo: *una tongada de alquitrán, una tongada de barniz.* **3** RESTRINGIDO. Montón, pila de cosas superpuestas: *Esto está lleno de tongadas de libros y papeles.*

tongo *s. m.* **1** DEP. Trampa o engaño en una competición deportiva que consiste en que uno de los contendientes o participantes se deja ganar a cambio de dinero o de otra compensación: *El público del combate de boxeo se dio cuenta de que había tongo.* **2** BOL., PERÚ; RESTRINGIDO. Sombrero hongo.

tonic *adj.* Se usa en la LOC. **gin* ~ .**

tonicidad *s. f.* (no contable) BIOL. Grado de tensión o de elasticidad de un órgano o tejido de un cuerpo: *Tiene que hacer ejercicio para recuperar la tonicidad de la zona abdominal.*

tónico, ca *adj. / s. m.* **1** Que entona o da fuerza y vigor: *tónico cardiaco, loción tónica para el cabello. Necesito un tónico para pieles cansadas. El médico me ha recetado un tónico para abrirme el apetito.* || *adj. / s. f.* **2** LING. [Vocal o sílaba] que recibe el impulso del acento prosódico. SIN. acentuado. **sílaba* tónica. 3** [Nota] que es la primera de una escala musical. || **4 agua tónica** Bebida refrescante elaborada con agua, gas y quinina.

tonificante *adj.* Que tonifica: *gel tonificante de la piel, bebida tonificante.*

tonificar *v. tr.* **1** Dar ‹una cosa› fuerza o vigor [al organismo o al sistema nervioso]: *Un rato de ejercicio tonifica los nervios.* SIN. vigorizar. || *v. prnl.* **2** Sentir ‹una persona› más fuerza o vigor: *Se dio una ducha para tonificarse.* ⇒ **71.**

tonillo *s. m.* **1** Tono monótono y desagradable de algunas personas: *Este actor tiene un tonillo insoportable. Esta niña recita con un tonillo divertido.* **2** Manera de hablar propia de una región o de un lugar: *El tonillo gallego se distingue fácilmente.* **3** Entonación irónica y maliciosa con la que se pretende molestar a una persona: *Lo has dicho con un tonillo que demuestra que te ha sentado mal la broma.* SIN. retintín.

tonina *s. f.* ARG., URUG.; RESTRINGIDO en Argentina. Delfín pequeño.

tono *s. m.* **1** Mayor o menor elevación del sonido: *Tenía un tono de voz muy grave.* SIN. intensidad. **2** Volumen de la voz o de un sonido: *Hablaba en un tono muy bajo y no se le oía.* **3** Manera de decir las cosas una persona según la intención o el estado de ánimo: *Siempre nos habla con un tono cariñoso. Sus palabras tenían un tono despectivo.* **4** Estilo de una obra literaria o de un escrito o discurso en general: *tono satírico, tono coloquial. Algunas obras de Quevedo tienen un tono burlesco.* **5** Grado de intensidad de un color: *tonos neutros, tonos calientes. Se ha comprado un jersey en tonos verdes y marrones.* **6** (no contable) Carácter de una conversación, de una reunión, de una actividad, etc.: *La discusión tenía un tono elevado. La asamblea adquirió un tono amistoso.* SIN. cariz (ELEVADO). **7** MÚS. Escala que se forma a partir de una nota básica: *La sinfonía estaba escrita en tono de do menor.* **~ mayor. ~ menor. 8** MÚS. Intervalo entre dos notas musicales consecutivas, excepto entre *mi* y *fa* o *si* y *do.* **9** MÚS. Modo. **10** (no contable) COLOQUIAL. Elegancia, clase, distinción: *Era una fiesta de mucho tono.* SIN. categoría. **11** Señal sonora que indica que se ha establecido la comunicación en ciertas instalaciones de telecomunicación como el teléfono. **12** Capacidad y energía de un organismo vivo para realizar sus funciones. FR. Y LOC. **a ~** o **a ~ con** COLOQUIAL. En consonancia con, de acuerdo o en armonía con otra cosa: *Las servilletas van a tono con el mantel. No llevo un vestido a tono con la fiesta.* **darse ~** COLOQUIAL. Darse importancia: *Siempre se da mucho tono porque su marido es el presidente del banco.* **de buen/mal ~** Propio de personas elegantes y distinguidas o al contrario: *Interrumpir las conversaciones es de mal tono.* **(estar) subido de ~** Grosero, inmoral, indecente: *La película que vimos era subida de tono.* **fuera de ~** Inoportuno, fuera de lugar: *Ese comentario estaba fuera de tono, le molestó mucho.* **salida* de ~.**

tonsura *s. f.* **1** REL. En la Iglesia Católica, ceremonia en la que se concedía a una persona el grado preparatorio para el sacerdocio y en la que se le cortaba el pelo de la coronilla: *La tonsura era hace años un acto solemne.* **2** Este mismo grado. **3** Coronilla afeitada de algunos sacerdotes y religiosos: *Antes todos los clérigos debían ir con su tonsura.*

tonsurar *v. tr.* **1** RESTRINGIDO. Cortar ‹una persona› el cabello de [otra persona] o la lana de [un animal]. **2** REL. Conceder ‹una autoridad eclesiástica› las órdenes sacerdotales menores [a una persona]: *El abad tonsurará el próximo domingo a dos estudiantes de Teología del monasterio.* **3** Afeitar ‹una persona› el pelo de la coronilla [a otra que ha recibido órdenes clericales menores]: *Los sacerdotes tenían la obligación de tonsurarse hasta hace poco tiempo.*

tontada *s. f.* COLOQUIAL. Tontería: *Deja de hacer tontadas.*

tontaina *adj. / s. m.* y *f.* COLOQUIAL. Persona tonta y sosa: *No los soporto, tus amigos son todos unos tontainas.*

tontamente *adv. modo* **1** De manera tonta, con tontería, con estupidez: *¡Qué tontamente me comporté contigo!* **2** Por una estupidez, sin verdadera causa o sin motivo real: *Lo perdí tontamente. Me lo ganó tontamente.* || *adv.orac.* **3** Incomprensiblemente, estúpidamente: *Tontamente, no exigió certificación escrita de la entrega.* **4** Sin darse cuenta, inconscientemente, sin buscarlo o planearlo: *Tontamente, nos dieron allí las tres de la mañana. Me he comido todas las patatas tontamente.*

tontear *v. intr.* **1** Hacer o decir ‹una persona› tonterías: *Papá, ya eres mayor para tontear. A esta niña le encanta gastar bromas y tontear.* **2** COLOQUIAL. Tratar ‹una persona› de agradar o atraer a [otra persona] con galanteos eróticos e intranscendentes: *Ya se sabe que los chicos y las chicas tontean a estas edades.* SIN. coquetear.

tontería *s. f.* **1** (no contable) Cualidad de tonto: *La tontería de tu hermano es preocupante.* SIN. estupidez, simpleza. **2** Dicho o acto tonto: *No digas tonterías. Me parece una tontería. Hice la tontería de no reservar mesa y no pudimos cenar.* SIN. simpleza. **3** Dicho, acción o cosa de poca importancia: *No nos vamos a enfadar por esa tontería.* **4** Remilgo, melindre: *No empieces con tonterías y come. Me parece que te han educado a ti con excesiva tontería.* **5** COLOQUIAL. Exigencia o requisito molesto o innecesario: *Para cualquier trámite te piden un montón de tonterías.* **6** Halago, mimo: *Le dices cuatro tonterías y verás como se le pasa el enfado.* SIN. zalamería.

tonto, ta *adj. / s. m.* y *f.* **1** Que es poco inteligente: *una respuesta tonta. Ernesto es un poco tonto y no te habrá entendido.* **ser ~ de capirote. ~ del bote / haba** o **~ de remate** COLOQUIAL; INTENSIFICADOR. Muy tonto: *Mi vecino es un tonto del haba. Su novia es tonta de remate.* **2** PEYORATIVO. Que padece deficiencia mental: *Señora, a mi niño nadie lo llama tonto.* **3** Que actúa con excesiva ingenuidad: *Ese chico es un poco tonto y no se da cuenta de lo que está pasando.* **4** Que se conmueve con facilidad: *Soy muy tonto y lloro con las películas de amor.* || *adj.* **5** Que es inútil y sin sentido: *¡Qué caída tan tonta! Hemos hecho un esfuerzo tonto, porque ahora hay que repetir el trabajo otra vez. El viaje ha sido bastante tonto, porque no he podido ver a nadie.* **6** Que no aprovecha situaciones que le son convenientes o favorables: *No seas tonta y díselo esta noche. Eres tonto si no compras ese piso.* **7** (ser / estar) Que es pesado o inoportuno o excesivamente mimoso: *No seas tonto y déjame trabajar tranquila. Hijo, si te pones tonto no te compraré el helado.* **8** (estar) Que es engreído, orgulloso: *Está muy tonto con su título de arquitecto.* **9** Que es chulo o insolente: *Se puso tonto y le dieron en las narices.* **10** Que se queda pasmado o fascinado: *Se queda tonto oyendo la tele. Esta niña se vuelve tonta leyendo las novelas clásicas.* || **11 caja* tonta / boba. 12 hora* tonta.** FR. Y LOC. **a lo ~** (frecuentemente repetido) COLOQUIAL; PEYORATIVO. Como sin querer, como sin darse cuenta: *A lo tonto a lo tonto, ya se ha licenciado en Derecho. A lo tonto me he agarrado un catarro desagradable.* **a tontas y a locas** COLOQUIAL. De una manera desorganizada, sin orden ni concierto: *Tienes que trabajar con método, no puedes actuar a tontas y a locas.* **dame pan* y llámame ~ / perro. no tener un pelo* de ~.**

tontorrón, na *adj.* COLOQUIAL; AFECTIVO. [Persona] que es muy tonta: *Hijo mío, eres un poco tontorrón. Isabel es buena chica, aunque algo tontorrona.*

tontuna *s. f.* **1** (no contable) COLOQUIAL. Estado o situación de atontamiento: *Me ha entrado una tontuna tremenda después de comer.* **2** Acción o dicho tonto: *Lo mejor es que te calles y no digas más tontunas.*

toña *s. f.* **1** Juego infantil que consiste en hacer saltar un palo dándole con otro en una de sus puntas , para después golpearlo cuando está en el aire: *La toña era un juego que divertía mucho a los chicos y chicas.* **2** Palo afilado que se utiliza en este juego. **3** COLOQUIAL. Puñetazo o golpe: *Se ha dado una toña con la moto.* **4** COLOQUIAL. Paliza: *Cuando éramos pequeños mi tío nos daba una toña si matábamos una gallina.* **5** COLOQUIAL. Borrachera: *Anoche se pescaron una toña de anís muy tonta.*

top *s. m.* Prenda de vestir femenina interior o exterior, parecida a un corpiño, que cubre sólo el pecho y deja al descubierto la cintura y , a veces, los hombros: *Este verano se llevan los tops alegres.*

topacio *s. m.* Mineral, generalmente amarillo, formado por silicato de aluminio, muy duro, transparente y resistente, que se utiliza en joyería: *El topacio es una piedra preciosa muy cotizada.*

topada *s. f.* Golpe que dan con la cabeza los toros o los carneros: *Una topada de una vaquilla puede ser peligrosa.*

topadora *s. f.* ARG., URUG. Pala mecánica.

topar *v. intr.* **1** Chocar ‹una cosa› con [otra cosa]: *El coche topó **con** la valla.* SIN. colisionar. **2** Dar ‹un animal con cuernos› golpes con la cabeza contra [una cosa]: *El toro topó **contra** la barrera.* SIN. topetar, topetear. || *v. intr. / prnl.* **3** Encontrar ‹una persona› a [otra persona o una cosa] por casualidad: *(**Me**) topé **con** él en el ascensor. Ya **me** he topado dos veces **con** el guardia de los aparcamientos rondando el coche.* **4** Encontrar ‹una persona› [un obstáculo o una dificultad] para realizar una cosa: *Al pagar (**nos**) topamos **con** que no teníamos dinero. No he aprobado el curso porque **me** he topado con las matemáticas.*

tope *s. m.* **1** COLOQUIAL. Parte saliente de una cosa, por donde puede topar con otra: *La puerta del garaje no puede abrirse más porque el cerrojo hace de tope y da en la pared.* **2** Pieza de un mecanismo que detiene su movimiento o que impide que pase de un determinado punto: *No fuerces el tope de la cuerda del reloj. La rosca tiene un tope.* **3** Pieza para detener o amortiguar un golpe: *el tope de las vías, el tope de los vagones de tren. Tienes que poner tacos en el suelo que sirvan de tope a las puertas para que no golpeen la pared.* **4** Material duro que se pone por dentro de la punta del calzado para que no se arrugue: *Guarda todos los zapatos con un tope.* SIN. refuerzo. **5** Extremo al que se puede llegar en una cosa: *fecha tope, precio tope. Él ha conseguido la puntuación tope.* **6** Tropiezo, dificultad: *No nos pusieron ningún tope a las condiciones que les exigimos para trabajar.* SIN. obstáculo, impedimento. **7** Extremo de cualquier madero o palo de una embarcación: *el tope del mástil.* || **8 ~ guay*.** FR. Y LOC. **a / al ~** COLOQUIAL. 1 Todo lo que se puede, al límite: *trabajar a tope, vivir a tope.* 2 Demasiado cargado o lleno: *La discoteca estaba a tope. El tren iba a tope.* **hasta el ~** o **hasta los topes** 1 Hasta donde se puede llegar: *Escalaron hasta el tope de la montaña.* 2 COLOQUIAL. Muy cargado o lleno: *Llenaron la furgoneta hasta los topes de material.*

topera *s. f.* Madriguera o refugio de los topos: *Mi vecino tiene el jardín lleno de toperas.*

topetada *s. f.* RESTRINGIDO. Topetazo.

topetar *v. intr. / prnl.* Dar ‹un animal con cuernos› golpes con la cabeza contra [una cosa]: *Él topetó **contra** la valla. Los dos machos **se** topetaron con fiereza.* SIN. topar.

topetazo *s. m.* 1 Golpe que da con la cabeza una persona o animal: *El carnero daba topetazos contra la puerta del corral.* 2 Golpe que da una persona o cosa al chocar contra otra: *Iba andando a oscuras y se dio un topetazo contra una mesa.*

topetón *s. m.* RESTRINGIDO. Topetazo.

tópico, ca *adj.* 1 [Tema, opinión, expresión] que se repite mucho por lo que pierde su originalidad: *La película de ayer estaba llena de tópicos, me pareció muy simplista. Utiliza muchos tópicos al hablar.* 2 [Medicamento] que se aplica externamente: *medicamento de uso tópico, pomada de uso tópico.* ‖ *s. m.* 3 Asunto o tema: *El tópico de esta película es muy nuevo. Ustedes deben dominar los tópicos de su asignatura.*

topless (plural *topless;* del inglés; pronunciamos '*top-les*') *s. m.* 1 Acción, práctica o situación de ir desnuda una mujer de cintura para arriba: *ponerse en topless. En esta playa nadie va en topless.* 2 Bar o local de espectáculos donde trabajan como camareras mujeres desnudas de cintura para arriba: *Fueron a tomar una copa a un topless.*

topo *s. m.* 1 (macho y hembra) *Talpa europaea.* Mamífero insectívoro de hocico puntiagudo, ojos muy pequeños y patas con fuertes uñas, con las que excava túneles que comunican con su madriguera: *Los topos pueden destruir un jardín rápidamente.* 2 COLOQUIAL. Persona que ve muy mal: *Es un topo, tiene que llevar siempre puestas las gafas.* SIN. cegato. 3 COLOQUIAL. Persona de poca inteligencia: *¡Hay que ser topo para no darse cuenta de lo que pasa!* SIN. zoquete. 4 Persona que está en una organización para actuar contra ella desde dentro: *En ese partido político hay algún topo que está dando información interna a la prensa.* SIN. infiltrado. 5 HIST. Individuos del bando republicano que vivieron escondidos en España muchos años después de 1939, al acabar la guerra civil: *Hasta hace pocos años todavía aparecían topos que habían vivido en sótanos o en pajares durante más de veinte años.* 6 RESTRINGIDO. Lunar, dibujo redondo de una tela: *una blusa blanca de topos azules.* 7 ARG., PERÚ; RESTRINGIDO. Alfiler grande con que las indias se sujetan el mantón. 8 COL. Pendiente pequeño esférico o semiesférico. 9 HIST.; PERU. Unidad de medida agraria prehispánica.

topografía *s. f.* 1 (no contable) Técnica de representar gráficamente la superficie de un terreno con todos sus accidentes y peculiaridades: *En el ejército estudió topografía* 2 (no contable) Conjunto de características que presenta la superficie de un lugar: *la topografía de los Andes.*

topográfico, ca *adj.* De la topografía: *servicio topográfico oficial.*

topógrafo, fa *s. m. / f.* Persona que se dedica profesionalmente a la topografía: *topógrafo del ejército.*

topología *s. f.* (no contable) MAT. Parte de las Matemáticas que estudia las propiedades del espacio y de las figuras geométricas independientemente de su forma o tamaño.

topometría *s. f.* (no contable) Parte de la topografía que trata de la medición de los terrenos.

toponimia *s. f.* 1 (no contable) Estudio del origen y significado de los nombres propios de lugar: *Nuestra hija estudia toponimia.* 2 Conjunto de los nombres propios que designan lugares y realidades o accidentes geográficos: *Escribió un artículo sobre la toponimia de la región.*

toponímico, ca *adj.* De la toponimia: *estudio toponímico.*

topónimo *s. m.* Nombre propio de un lugar geográfico: *En el libro se recogen todos los topónimos de origen árabe.*

toque *s. m.* 1 Acción de tocar una cosa momentáneamente y con poca fuerza: *Le dio un toque en el hombro para que se volviera.* 2 Sonido de algún instrumento, que se hace como señal, aviso o advertencia. **~ de diana** Toque de corneta con que se despierta a los soldados. **~ de difuntos.** 3 Pequeña aplicación de una sustancia sobre algo: *Date unos toques de alcohol en la herida.* 4 Matiz, característica: *Ese cuadro le da un toque de modernidad a la sala.* SIN. nota. 5 Retoque: *Sólo le faltan un par de toques para acabar el cuadro.* 6 COL.; COLOQUIAL. Chupada, calada de marihuana. ‖ 7 **piedra de ~ .** 8 **~ de atención** Advertencia que se le hace a una persona para que no siga haciendo algo: *Su jefe tuvo que darle un toque de atención por llegar tarde.* 9 **~ de queda** Prohibición que hacen las autoridades en circunstancias excepcionales de circular o permanecer en un lugar: *El Gobierno decretó el toque de queda en la zona del conflicto.* FR. Y LOC. **dar un ~** COLOQUIAL. Avisar ‹una persona› a otra o hacerle una advertencia: *Dale un toque a tu hermano para que baje.*

toquetear *v. tr.* 1 COLOQUIAL. Tocar ‹una persona› [una cosa] repetidas veces o con insistencia: *Niño, no toquetees el pan.* SIN. manosear. 2 COLOQUIAL. Tocar ‹una persona› [a otra persona] de manera reiterada o molesta: *No me gusta Pedro porque te toquetea continuamente.* SIN. sobar.

toquetón, na *adj. / s. m.* y *f.* ARG., URUG.; COLOQUIAL. [Persona] que tiene la costumbre de tocar o manosear todo lo que está a su alcance.

toquilla *s. f.* 1 Prenda de abrigo en forma de capa corta o triangular con que las mujeres se cubren los hombros o se envuelve a los recién nacidos: *Los niños pequeños ya no usan toquillas.* 2 Pañuelo, generalmente triangular, que se ponen las mujeres mayores de las zonas rurales en el cuello o en la cabeza: *La toquilla tradicional ha sido sustituida por los echarpes y los pañuelos modernos.* 3 AMÉR. Especie de palmera sin tronco, y paja que se obtiene de ésta para tejer sombreros.

tora *s. f.* RESTRINGIDO. Figura de toro que se quema en los fuegos artificiales de algunas fiestas populares.

torácico, ca *adj.* Del tórax: *cavidad torácica.* **aleta torácica.**

torada *s. f.* Conjunto de toros que se crían juntos: *Desde un alto se veía la torada descansando en la dehesa.*

toral *adj.* ARQ. Cada uno de los cuatro arcos en que estriba la media naranja de un edificio. **arco ~.**

tórax (plural *tórax*) *s. m.* **1** ANAT. Parte superior del tronco del hombre y los vertebrados, entre el cuello y el abdomen: *El nadador tiene un tórax muy desarrollado.* **2** ANAT. Cavidad situada en esa parte del cuerpo en la que se encuentran el corazón y los pulmones. **3** ZOOL. Parte central de las tres en que está dividido el cuerpo de los insectos, arácnidos y crustáceos.

torbellino *s. m.* **1** Remolino de viento: *Los torbellinos de polvo son muy desagradables.* **2** Abundancia de cosas que ocurren al mismo tiempo: *Un torbellino de atracos conmueve esta semana a nuestra ciudad.* **3** COLOQUIAL. Persona muy viva e inquieta: *Tu prima es un torbellino; en un cuarto de hora me revolvió toda la habitación.*

torca *s. f.* GEOGR. Hondonada circular en forma de embudo de un terreno, con bordes irregulares: *Las torcas pueden darse a gran altitud.*

torcaz *adj. / s. f.* Se usa en la LOC. **paloma* ~.**

torcecuello *s. m.* (macho y hembra) *Jynx torquilla.* Ave migratoria de plumaje gris, pardo y amarillento, que se alimenta principalmente de hormigas, trepa por los troncos de los árboles y anida en los huecos.

torcedor *s. m.* Huso con el que se tuerce el hilo en una rueca.

torcedora *s. f.* Máquina que tuerce los hilos metálicos en la fabricación de cables.

torcedura *s. f.* **1** Acción y resultado de torcer o torcerse: *El fuerte viento provocó la torcedura de varios postes.* **2** Distensión producida en las partes blandas que rodean las articulaciones: *Jaime sufrió una torcedura de tobillo bajando las escaleras.* **3** Desviación de un miembro del cuerpo de su dirección normal: *Tengo una torcedura de columna.*

torcer *v. tr.* **1** Dar ‹una persona› vueltas a los extremos de [una cosa flexible] en sentido inverso, o a uno de ellos manteniendo fijo el otro: *Tuerce bien el hilo para enhebrar la aguja.* SIN. retorcer. **2** Doblar ‹una persona› [una cosa recta]: *Ten cuidado con la vara, no la tuerzas.* SIN. curvar. **3** Hacer ‹una persona› que [una cosa] tome una dirección distinta de la que llevaba: *torcer la cabeza, torcer una trayectoria.* **4** Apartar ‹una persona› [a otra persona] de la conducta correcta: *Las malas compañías han torcido al chico.* **5** Hacer ‹una persona› que [otra persona] cambie de opinión o de propósito: *Cuando yo digo una cosa, no me tuerce nadie.* **6** Poner ‹una persona› en el rostro [una expresión de desagrado o enfado]: *Tomás torció el gesto cuando le dije que no.* **7** Dar ‹una persona› una interpretación errónea, intencionadamente o no, a [las palabras o a las acciones de otra persona]: *Si siempre tuerces lo que digo, es mejor que no sigamos hablando.* SIN. tergiversar. || *v. intr.* **8** Cambiar ‹un camino o una vía› de [dirección]: *La carretera tuerce* ***a*** *la derecha tras el paso a nivel.* SIN. girar, desviarse. **9** Cambiar ‹una persona o un vehículo› de [dirección] al marchar o al realizar un movimiento: *Para ir a la plaza hay que torcer* ***a*** *la izquierda.* SIN. girar, desviarse. || *v. prnl.* **10** Fracasar ‹un negocio o un proyecto›: *Se torció todo el proyecto de la tienda de ropa.* SIN. frustrarse, malograrse. **11** Quedar ‹una cosa flexible› con los extremos doblados: *Lo siento se me ha torcido la hoja.* **12** Doblarse ‹una cosa› recta: *Se ha torcido el estante.* **13** Tomar ‹una cosa› una dirección distinta de la que llevaba: *Se torció el pie al perder el tacón del zapato.* **14** No actuar ‹una persona› de manera correcta: *Se torció el muchacho por culpa de las malas compañías.* **15** Cambiar ‹una persona› de opinión o de propósito: *Me resulta difícil torcerme después de haber decidido algo.* FR. Y LOC. **no dar su brazo a ~** COLOQUIAL. Mantenerse ‹una persona› firme en una posición o una decisión: *Por mucho que insistimos, no quería venir al cine y no dio su brazo a torcer.* **poner morro*** o **~ el morro. ~ el gesto*. ~ el hocico*. ⇒ 21.**

torcida *s. f.* **1** AMÉR.; DEP. Conjunto de hinchas o seguidores de un equipo de fútbol: *Como perdió su equipo, la torcida protestó por las calles.* SIN. hinchada. **2** Mecha de algodón o trapo retorcido que se pone en los candiles y lámparas: *Aviva la torcida del candil.*

torcido, da *adj.* **1** (estar) Que no está recto o derecho: *una raya torcida, una pared torcida.* **2** [Persona] que no obra con rectitud. **3** AMÉR. C. Desdichado, desgraciado. **4** COL.; JERGAL. Que está bajo el efecto de una droga.

tórculo *s. m.* ARTE. Prensa, especialmente la que se usa para estampar grabados en cobre o acero: *Nuestro artista va a poner a trabajar el tórculo para tirar varios grabados.*

tordo, da *adj. / s. m.* y *f.* **1** [Caballería] que tiene el pelo mezclado de negro y blanco: *una mula torda. Le gustaban más los caballos tordos.* || *s. m.* **2** Zorzal, ave paseriforme de cuerpo grueso, pico delgado y lomo gris, muy común en España, que se alimenta de insectos y frutos.

torear *v. tr. / intr.* **1** Salvar ‹una persona› las acometidas de [un toro] y matarlo según el arte de la taruromaquia: *Hoy torean los mejores espadas del país.* SIN. lidiar. || *v .tr.* **2** Evitar ‹una persona› [a otra persona o una cosa]: *Desde que tiene deudas torea a los acreedores. Se emborrachó y empezó a torear los coches en mitad de la carretera.* SIN. eludir, esquivar. **3** COLOQUIAL. Mantener ‹una persona› las esperanzas de [otra persona] con engaños o mentiras: *El administrador promete muchas cosas, pero está toreando a los vecinos.* **4** COLOQUIAL. Burlarse ‹una persona› de [otra persona]: *Estos niños torean a su abuela y no le hacen ni caso.* **5** AMÉR. Provocar, hostigar ‹una persona› [a otra persona]. **6** ARG., URUG. COLOQUIAL. Ladrar ‹un perro› [a una persona].

toreo *s. m.* **1** Acción y resultado de torear: *El público aplaudió el toreo del primer novillo.* **2** (no contable) Tauromaquia: *Este diestro ha revolucionado el arte del toreo.*

torera *s. f.* Chaquetilla corta y sin botones ceñida al cuerpo: *Le gusta llevar una torera roja con una blusa blanca.*

torería *s. f.* **1** (no contable) TAUROM. Cualidad de un torero de ser valiente y bueno en su profesión: *Una vez más el torero volvió a dar lecciones de la torería más clásica.* SIN. valor. ANT. cobardía. **2** (no contable) TAUROM. Conjunto de toreros de un lugar: *La muerte de aquel torero causó mucho dolor entre toda la torería del país.*

torero, ra *adj.* **1** Del toreo o de los toreros o con las características de éstos: *andares toreros, aire torero, sangre torera.* || *s. m. / f.* **2** TAUROM. Persona que tiene por oficio torear o lidiar toros: *Pepe-Hillo fue un torero muy famoso y valiente. El toro ha corneado al torero.* SIN. diestro, espada. FR. Y LOC. **saltarse* a la torera.**

toril *s. m.* Corral o sitio de las plazas de toros donde se guarda el ganado que va a ser toreado: *El veterinario ha inspeccionado los toros en el toril.* **meseta* del ~.**

-torio, ria *suf.* 1 Significa 'cualidad relacionada con' y forma adjetivos a partir de verbos: *respirar - respiratorio, difamar - difamatorio, definir - definitorio.* || (sólo *-torio*) 2 Significa 'lugar' y forma sustantivos a partir de verbos: *dormir - dormitorio, reformar - reformatorio.*

torito *s. m.* 1 ARG., PERÚ. Escarabajo con un pequeño cuerno en la frente. 2 CUBA. Pez cofre con dos espinas a modo de cuerno. 3 CHILE. Ave paseriforme pequeña, de color verdoso y vientre tirando a blanco que se alimenta de insectos. 4 MÉX. Bebida que se hace con jugo de frutas y tequila. 5 MÉX.; COLOQUIAL. Pregunta que se hace a una persona para probar su ingenio. 6 MÉX., COLOQUIAL. Artificio de luces de colores que lleva una persona corriendo en las fiestas tradicionales.

tormenta *s. f.* 1 Fuerte alteración en la atmósfera manifestada en rayos, truenos, relámpagos y otros fenómenos: *Le asusta el aparato eléctrico de las tormentas. Enseguida dejará de llover, esto es sólo una tormenta de verano.* 2 Fuerte agitación o alteración del mar: *Las tormentas en el mar son terribles.* 3 Fuerte agitación o alteración de las personas o de algunos aspectos de la organización social: *La prensa anunció una tormenta monetaria. Mi vida es una auténtica tormenta. Una tormenta de ira me turbaba la vista.* 4 Discusión acalorada: *La reunión familiar acabó en tormenta.*

tormento *s. m.* 1 Sufrimiento físico muy intenso que se causa a un acusado para obligarle a confesar un delito o como castigo: *En épocas pasadas se usaba el tormento para arrancar la confesión de los acusados.* SIN. tortura. 2 COLOQUIAL. Sufrimiento, inquietud o preocupación muy intensa: *Pasa un verdadero tormento cuando tiene los exámenes.* SIN. tortura. ANT. placer. 3 Persona o cosa que produce este sufrimiento: *el tormento de los celos. Este trabajo es un tormento.* SIN. tortura, martirio, suplicio. ANT. placer. 4 Acción y resultado de atormentar o atormentarse: *El tormento es una actividad típicamente humana.* SIN. tortura.

tormentoso, sa *adj.* 1 (ser/estar) [Tiempo] que amenaza tormenta, o que se parece a la tormenta: *cielo tormentoso, nube tormentosa. El tiempo está tormentoso, no creo que podamos ir al campo.* 2 (antepuesto/pospuesto) Que encierra o anuncia agitación o tensión: *tormentoso carácter, tormentosas sesiones de la Bolsa. Su vida fue más intensa y tormentosa que la que interpretaba en la pantalla. Nuestras relaciones siempre han sido tormentosas.*

tormo *s. m.* 1 Masa pequeña de tierra compacta o de otra sustancia: *un tormo de sal.* SIN. terrón. 2 Peñasco aislado.

torna *s. f.* RESTRINGIDO. Acción de tornar o volver. FR. Y LOC. **volver/volverse las tornas** COLOQUIAL. Cambiar por completo una situación o el desarrollo de algo: *Se han vuelto las tornas y su amigo es ahora su enemigo.*

tornaboda *s. f.* 1 RESTRINGIDO. Día después de la boda. 2 RESTRINGIDO. Celebración de ese día: *Las bodas se celebran bien y la tornaboda mejor.*

tornachile *s. m.* MÉX.; COLOQUIAL. Variedad de chile o pimiento grueso.

tornado *s. m.* Tormenta violenta, con vientos en forma de espiral: *los tornados de América del Norte.* SIN. huracán.

tornar *v. tr.* 1 Cambiar ‹una cosa o un hecho› [la naturaleza, el carácter o el estado de una persona o una cosa]: *La cárcel lo tornó aún más rebelde.* SIN. convertir. || *v. intr.* 2 RESTRINGIDO. Volver ‹una persona› [al lugar o a la situación de partida]: *Al cabo de ese tiempo ha tornado **a** España.* SIN. retornar, regresar. 3 RESTRINGIDO. Volver a realizar ‹una persona› [una cosa]: *El acusado tornó **a** decir las mismas cosas.* || *v. prnl.* 4 ELEVADO. Cambiar ‹la naturaleza, el carácter o el estado de una persona o una cosa›: *Se ha tornado antipático desde que volvió del extranjero.*

tornasol *s. m.* 1 BOT. Girasol. 2 Reflejo o cambio de color que produce la luz en algunas telas o superficies brillantes: *los tornasoles de la seda, los tornasoles de algunos letreros de tiendas. No me gusta el tornasol de esta tela.* 3 QUÍM. Sustancia colorante azul tirando a violeta de origen vegetal que se utiliza como reactivo para reconocer los ácidos: *Los ácidos vuelven azul el papel de tornasol.*

tornasolado, da *adj.* Que tiene o hace tornasoles, reflejos o cambios de color: *tela tornasolada.*

tornavoz *s. m.* Dispositivo o estructura que evita la dispersión del sonido: *La concha de los apuntadores de teatro es un tornavoz.*

torneado, da *adj.* 1 [Parte del cuerpo humano] que tiene curvas suaves y bien configuradas: *Era una mujer de piernas largas y torneadas.* || *s. m.* 2 Acción y resultado de tornear: *El torneado requiere precisión y habilidad.*

tornear *v. tr.* Dar ‹una persona› forma a [una cosa] con el torno: *El carpintero torneaba las patas de un silla.*

torneo *s. m.* 1 DEP. Competición deportiva: *un torneo de tenis, un torneo de golf. Mañana empieza el torneo de fútbol.* 2 HIST. Combate medieval a caballo.

tornero, ra *s. m./f.* 1 Persona que trabaja con un torno. 2 Persona que hace tornos. || *s. f.* 3 Monja de clausura que se encarga del torno: *la hermana tornera.*

tornillería *s. f.* 1 (no contable) Conjunto de tornillos y otras piezas semejantes: *Han traído el nuevo mueble, pero no podemos montarlo porque no tienen la tornillería.* 2 (no contable) INDUS. Técnica y proceso de fabricación de tornillos: *Las fábricas vascas tienen una tornillería excelente.* 3 Fábrica o taller donde se hacen los tornillos.

tornillo *s. m.* 1 Pieza cilíndrica o cónica de metal con un resalte espiral en su superficie y una cabeza con una ranura para darle vueltas y meterla en la madera o en un agujero: *tornillo de cabeza redonda, tornillo de cabeza plana, tornillo de estrella.* 2 Herramienta de carpintería para sujetar los tableros encolados, formada por dos piezas, una fija y la otra móvil. 3 ARG., URUG.; COLOQUIAL. Frío fuerte. FR. Y LOC. **apretar* las clavijas** o **apretar los tornillos. faltar un ~** COLOQUIAL. Demostrar ‹una persona› poco juicio: *Chico, a ti te falta un tornillo, ¿cómo haces tales tonterías?* **tener flojos los tornillos** COLOQUIAL. Estar ‹una persona› un poco loca.

torniquete *s. m.* 1 Procedimiento para contener una hemorragia en una extremidad del cuerpo que consiste en una tira de tela que rodea y comprime la zona afectada: *Le hicieron un torniquete en el brazo y lo trasladaron rápidamente al hospital.* 2 Dispositivo en forma de cruz horizontal que gira sobre un eje y que se coloca en las entradas para que las personas sólo pasen de una en una: *Para pasar por el torniquete del metro hay que introducir primero el billete.*

torniscón *s. m.* COLOQUIAL; RESTRINGIDO. Acción de apretarle a alguien con los dedos un trozo de carne retorciéndosela. SIN. pellizco.

torno *s. m.* **1** Máquina simple formada por un cilindro horizontal que gira enrollando una cuerda para elevar o arrastrar objetos: *El agua se extrae del pozo con un cubo sujeto a un torno.* **2** Máquina o mecanismo que hace girar algún objeto sobre sí mismo: *el torno de alfarero, el torno del carpintero.* **3** MED. Instrumento eléctrico con un brazo articulado utilizado por los dentistas para limpiar o limar los dientes: *No me gusta nada el torno del dentista.* **4** Máquina para labrar objetos de sección circular: *Trabaja en un taller con un torno.* **5** Estructura giratoria empotrada en el hueco de una pared para pasar objetos de una parte a otra sin que las personas se vean: *el torno del convento.* **6** Instrumento parecido al anterior pero de mayor tamaño para que pasen las personas por una puerta de una en una: *Para entrar al zoológico hay un torno en la puerta.* FR. Y LOC. **en ~** Alrededor: *Pasearon en torno a la catedral.* **en ~ a** Aproximadamente: *Se reunieron en torno a mil personas. Han dicho que vendrán en torno a las seis.*

toro *s. m.* **1** (hembra *vaca*) *Bos taurus.* Mamífero rumiante de cabeza gruesa, con dos cuernos o astas curvos y puntiagudos, pelo corto y cola larga, que se cría sobre todo por su carne y su piel: *Los toros tienen una estampa muy bonita.* **~ bravo. ~ de lidia. 2** COLOQUIAL. Hombre muy fuerte y robusto: *Luis es un toro, no se constipa.* **3** (preferentemente con mayúscula) Tauro, signo del Zodiaco. **4** ARQ. Moldura convexa de forma semicircular. **5** Superficie engendrada por una circunferencia al girar sobre un eje exterior a ella. **6** (en plural) Corrida o festejo propio de España e Hispanoamérica en que se lidian los toros: *Los toros empezarán a las cinco de la tarde.* **plaza* de toros.** || **7 ~ de fuego** Armazón en forma de toro en que se colocan fuegos artificiales que se queman en algunas fiestas populares. FR. Y LOC. **coger/agarrar el ~ por los cuernos** COLOQUIAL. Enfrentarse ‹una persona› a una dificultad con decisión: *Tengo que hablar con el jefe: voy a agarrar el toro por los cuernos y a decirle lo que pienso.* **pillar el ~** COLOQUIAL. Verse agobiada ‹una persona›, por una dificultad, como un plazo que se acaba: *Creo que nos va a pillar el toro y no nos va a dar tiempo de acabar el trabajo para la fecha pactada.* **ver/mirar los toros desde la barrera** COLOQUIAL. Observar ‹una persona› un acontecimiento o un suceso sin intervenir en él: *Es muy fácil decir cómo hay que hacer las cosas cuando se ven los toros desde la barrera.*

toronja *s. f.* BOT. Fruto del toronjo o pomelo.

toronjil *s. m.* BOT. Melisa. SIN. toronjina.

toronjina *s. f.* BOT. Melisa. SIN. toronjil.

toronjo *s. m.* BOT. Pomelo.

torpe *adj.* **1** (ser/estar) Que es poco ágil o habilidoso: *Es un animal de movimientos torpes. El abuelo ya está muy torpe. Yo soy siempre muy torpe* **con** *las manos.* **2** Que tiene dificultad para comprender las cosas: *Este niño es un poco torpe.* **3** Que no tiene honestidad o pudor o que es inconveniente: *gesto torpe, palabras torpes, comportamiento torpe.* FR. Y LOC. **el pelotón* de los torpes.**

torpedear *v. tr.* **1** Atacar ‹una embarcación› a [otra] con torpedos: *Un submarino torpedeó a un barco de pasajeros.* **2** COLOQUIAL. Hacer ‹una persona› que fracase [un asunto o un proyecto]: *No sé por qué torpedeas todas mis iniciativas.* SIN. boicotear.

torpedero, ra *adj./s. m.* y *f.* [Barco, lancha] que está preparado para lanzar torpedos: *lancha torpedera. Se han construido cuatro nuevos torpederos.*

torpedo *s. m.* **1** Proyectil cilíndrico muy grande que lleva una carga de gran potencia y se lanza bajo el agua: *Los torpedos son las armas propias de los submarinos.* **2** (macho y hembra) Género *Torpedo.* Pez de cuerpo circular y aplanado, cola corta y piel lisa, que produce descargas eléctricas para paralizar a sus presas y habita en fondos cercanos al litoral atlántico y mediterráneo.

torpeza *s. f.* **1** (no contable) Cualidad de torpe: *la torpeza de su actuación. Aún se mueve con torpeza.* ANT. agilidad. **2** Acción o dicho torpe: *Cometió muchas torpezas. Es una torpeza no aceptar la invitación.* SIN. error. ANT. acierto.

torpón, na *adj.* (ser/estar) COLOQUIAL. Que no tiene mucha habilidad o destreza, o que es algo lento para entender o comprender las cosas: *Qué torpón estoy; todo lo que toco se me cae.*

torpor *s. m.* LITERARIO. Lentitud de movimiento de un miembro, un músculo o una fibra del cuerpo: *Carmen camina con torpor. La tía se mueve con torpor. Mueves el brazo con torpor.*

torrado *s. m.* Garbanzo tostado y salado: *Los garbanzos torrados se comían mucho hace años.*

torrar *v. tr./prnl.* **1** Tostar ‹una persona o una cosa› [a una persona o una cosa] excesivamente: *A San Lorenzo lo torraron en una parrilla.* ***Se*** *nos ha torrado el arroz.* || *v. prnl.* **2** COLOQUIAL. Ponerse ‹una persona› excesivamente morena al sol: *Te has torrado hoy en la playa.*

torre *s. f.* **1** Construcción más alta que ancha, de base cilíndrica, cuadrada o poligonal, que forma parte de otra construcción más amplia: *la torre de una muralla, la torre de un castillo, la torre de una iglesia.* **~ albarrana** HIST. Torre avanzada con respecto a la muralla, construida como defensa y lugar de vigilancia. **~ del homenaje** HIST. Torre más grande e importante de una fortaleza o de un castillo donde se hacía el juramento de defenderlos o guardarlos con fidelidad: *Los sublevados se encerraron en la torre del homenaje.* **2** Edificio de mucha altura y poca superficie: *Vive en una torre de diez pisos.* **3** Pieza del ajedrez de la forma de las torres de los castillos y fortalezas medievales: *La torre se coloca en la casilla del rincón.* **4** Estructura metálica de gran altura y escasa base: *Las torres se usan sobre todo para sostener cables de alta tensión o antenas de comunicaciones.* SIN. torreta. **5** En una industria química, columna en la que se realiza un proceso industrial determinado: *torre de fraccionamiento, torre de aireación, torre de desecación.* **6** Estructura elevada y acorazada sobre la que se coloca la artillería en un buque de guerra. SIN. torreta. **7** RESTRINGIDO. Casa de campo, chalet: *Han comprado una torre en la playa.* || **8 ~ de Babel** RESTRINGIDO; INTENSIFICADOR. Lugar o situación de mucha confusión: *La reunión se convirtió en una torre de Babel.* **9 ~ de control** Construcción elevada de un aeropuerto desde la que se observa las pistas y se regula la salida y la entrada de aviones. **10 ~ de marfil** ELEVADO; frecuentemente PEYORATIVO. Situación de aislamiento buscada o casual en la que se encuentra una persona sin contacto con la realidad que vive: *Vive encerrada en su torre de marfil y no le interesan los problemas de nuestro tiempo.*

torrefacción *s. f.* Acción y resultado de tostar el café: *Me mostró el horno donde se hacía la torrefacción del café.* SIN. tueste.

torrefacto, ta *adj.* Que está tostado al fuego. **café* ~.**

torreja *s. f.* AMÉR. Torrija.

torrencial *adj.* Que se parece al torrente: *Ayer cayó una lluvia torrencial, de mucha intensidad.*

torrencialmente *adv. modo* (sólo con *llover*) Con lluvia torrencial o de manera intensísima: *Llovió torrencialmente.*

torrente *s. m.* **1** Corriente abundante y violenta de agua que se origina en tiempo de muchas lluvias o deshielo: *Los torrentes violentos son una amenaza en el Levante español. Bajaban torrentes de la montaña.* SIN. torrentera. **2** Gran cantidad de personas o cosas que coinciden en un tiempo o en un lugar: *un torrente de cartas, un torrente de palabras, un torrente de espectadores. Llegó un torrente de peticiones.* **3** FISIOL. Sangre que corre por el aparato circulatorio: *torrente sanguíneo, torrente circulatorio.* || **4 ~ de voz** Voz potente y sonora que sale sin esfuerzo al cantar: *El tenor está en buen momento y sabe dosificar su torrente de voz.*

torrentera *s. f.* **1** Cauce de un torrente: *No se puede construir en las torrenteras, aunque estén secas.* **2** Torrente, corriente de agua: *Las torrenteras de la montaña crecen en primavera.*

torrentoso, sa *adj.* AMÉR. DEL S. Torrencial, impetuoso.

torreón *s. m.* Torre grande de una fortaleza o de un castillo: *El torreón del castillo se ha derrumbado.*

torrero, ra *s. m./f.* Responsable de una torre de observación o de un faro: *El oficio de torrero ha sido sustituido por un sistema de señales.*

torreta *s. f.* **1** Torre acorazada donde están colocadas las armas en los buques de guerra y en los tanques: *torreta de las ametralladoras, torreta del cañón. Las torretas de los tanques son giratorias.* **2** Estructura metálica de gran altura donde se concentran los hilos o las antenas de una red de telecomunicaciones: *torreta de teléfono, torreta eléctrica.*

torrezno *s. m.* Loncha de tocino frito o preparada para freír: *huevos con torreznos.*

tórrido, da *adj.* ELEVADO. Que es muy caluroso o ardiente: *noche tórrida, verano tórrido, clima tórrido.* **zona tórrida** GEOGR. Zona de la tierra entre los trópicos y el Ecuador.

torrija *s. f.* Dulce preparado con una rebanada de pan empapada en leche, rebozada, frita y espolvoreada con azúcar o cubierta de miel: *Las torrijas son típicas de Semana Santa.*

torsión *s. f.* **1** ELEVADO. Acción y resultado de torcer o torcerse una cosa: *la torsión de un hilo, la torsión de una barra. El tormento consistía en la brusca torsión de los miembros.* SIN. torcimiento. **2** INDUS. Característica de los hilos de un tejido que viene dada por el número de vueltas que tienen éstos por unidad de longitud. **3** MEC. Deformación de un cuerpo por la acción de dos pares de fuerzas opuestas y situadas en planos paralelos: *Todo eje en rotación está sometido a un esfuerzo de torsión.*

torso *s. m.* **1** Tronco del cuerpo humano. **2** Parte superior del tronco, situada entre el cuello y el abdomen: *Paseaba por la playa en pantalón corto y con el torso desnudo.* SIN. tórax. **3** ARTE. Estatua sin cabeza, brazos ni piernas: *Ha aparecido un torso romano masculino en la finca de Pilar.*

torta *s. f.* **1** Masa de harina y agua, generalmente de forma redondeada, cocida al horno: *torta de anís, torta de aceite.* **2** Cualquier otro dulce o masa con esa forma: *Mi madre hace unas tortas de carne muy buenas.* **3** COLOQUIAL. Bofetada: *Como el chico estaba histérico, su madre le dio dos tortas y lo tranquilizó.* **3** COLOQUIAL. Tortazo, golpe fuerte: *Se ha dado una torta con el coche y está en el hospital* **4** AMÉR. C. Tortilla española. || **5 ~ de huevos** MÉX. Tortilla española. FR. Y LOC. **costar la ~ un pan** COLOQUIAL, RESTRINGIDO. Mucho, en exceso para su calidad: *El coche de importación me costó la torta un pan.* **darse de bofetadas / tortas. ni ~** COLOQUIAL. Nada: *De noche no conduzco porque no veo ni torta.*

tortada *s. f.* RESTRINGIDO. Torta pequeña rellena de carne, dulce u otros ingredientes: *Para merendar, una tortada de nata.*

tortazo *s. m.* **1** COLOQUIAL. Golpe dado con la mano en la cara: *De un tortazo lo tiró al suelo. Niño, no le des más tortazos a tu hermano.* SIN. bofetada. **2** COLOQUIAL. Cualquier golpe fuerte: *Se dio un tortazo con la moto.*

tortel *s. m.* Dulce en forma de rosca, a veces relleno de crema, nata o cabello de ángel: *El tortel es muy popular en Cataluña.*

tortera *s. f.* Cacerola de barro casi plana para hacer tortas: *Pon la tortera al fuego con un poco de mantequilla.*

torticero, ra *adj.* ELEVADO; RESTRINGIDO. Que es injusto o no se ajusta a la legalidad: *políticos torticeros, leyes torticeras.*

tortícolis (plural *tortícolis*) *s. m./f.* (preferentemente en femenino) MED. Contracción dolorosa de los músculos del cuello que obliga a tenerlo torcido sin poderlo mover: *Ayer me entró una tortícolis y no puedo mover el cuello.*

tortilla *s. f.* **1** COCINA. Alimento preparado con huevos batidos y fritos en aceite en forma alargada o circular, que pueden contener algún otro ingrediente en su interior. **~ española** o **~ de patatas** Tortilla cuyos ingredientes principales son el huevo y la patata. **~ (a la) francesa** Tortilla que solamente se hace con huevo y generalmente de forma alargada u oval. **~ paisana** Tortilla que contiene pequeños trozos de verduras variadas. **2** AMÉR. C., ANTILLAS, MÉX. Torta de harina, generalmente de maíz, sin levadura, que se cuece en un recipiente de barro. **3** ARG., CHILE; COLOQUIAL. Pan de harina de trigo, redondo y plano, cocido encima de las brasas.. FR. Y LOC. **dar la vuelta a la ~** COLOQUIAL. Cambiar ‹una situación›: *En la oficina ha dado la vuelta la tortilla y los enchufados de antes se llevan mal con el nuevo jefe.* **hacer(se) ~** COLOQUIAL. Aplastar(se) una cosa o romperse totalmente: *El ciclista se hizo una tortilla contra el camión.*

tortillería *s. f.* MÉX.; COLOQUIAL. Establecimiento donde se hacen o venden tortillas.

tortillero, ra *s. f.* **1** VULGAR; INSULTO. Homosexual femenina: *Nuestras vecinas son tortilleras.* || *s. m./f.* **2** MEX.; COLOQUIAL. Persona que tiene por oficio hacer o vender tortillas. **3** MÉX.; COLOQUIAL. Persona que es habladora o chismosa.

tortita *s. f.* (plural) COLOQUIAL; INFANTIL. Juego de niños que consiste en dar palmadas cantando una canción: *Pablo, vamos a hacer tortitas.*

tórtola *s. f.* (macho *tórtolo*) Ave parecida a la paloma, de color gris claro con partes rojizas y cola oscura, que emite un sonido suave, lento y repetitivo: *Por las mañanas me despiertan los arrullos de las tórtolas del jardín.*

tórtolo *s. m.* **1** Macho de la tórtola: *Tiene varios tórtolos en casa.* **2** (preferentemente en diminutivo) COLOQUIAL, RES-

TRINGIDO. Hombre muy enamorado: *Pepe está hecho un tortolito muy simpático. Su marido es un tortolito.* **3** (en plural; preferentemente en diminutivo) COLOQUIAL, RESTRINGIDO. Pareja de enamorados: *Los dos tortolitos se fueron de viaje de novios nada más terminar el banquete.* **4** COL.; PEYORATIVO. Sujeto ingenuo o un poco tonto.

tortuga *s. f.* **1** (macho y hembra) Orden *Chelonia.* Reptil terrestre o marino con el cuerpo cubierto por un caparazón duro y abombado, bajo el que puede esconder su cabeza y patas, que se desplaza muy despacio y del que existen varias especies. **2** COLOQUIAL. Persona o vehículo muy lento: *Los trenes antiguos eran verdaderas tortugas.* || **3 ~ carey*.** FR. Y LOC. **a paso de ~** COLOQUIAL. Muy despacio: *Había muchos coches y se circulaba a paso de tortuga.*

tortuoso, sa *adj.* **1** (antepuesto/pospuesto) [Camino] que tiene muchas vueltas y rodeos: *Una tortuosa carretera asciende hasta el monasterio.* SIN. sinuoso. **2** (antepuesto/pospuesto) Que intenta conseguir sus objetivos sin mostrar claramente sus intenciones, y se comporta o actúa con mucho sigilo: *Nunca se sabe lo que pretende con ese comportamiento tan tortuoso. Tiene una mente tortuosa, llena de recovecos.*

tortura *s. f.* **1** DER. Sufrimiento físico o psíquico duro y prolongado que se aplica a una persona como castigo o para obligarla a confesar algún delito: *Amnistía Internacional volvió a denunciar la práctica de la tortura a los presos en muchos países.* SIN. tormento, suplicio. **2** Sufrimiento físico, psíquico o moral prolongado e intenso de cualquier clase: *Aguantar estos ruidos es una tortura. Ha sido una tortura no saber noticias de su hijo.* SIN. suplicio. ANT. alivio.

torturar *v. tr. / prnl.* Aplicar ‹una persona› tortura [a otra persona]: ***Se*** *torturaba pensando en las consecuencias de su conducta. En las democracias los delincuentes no suelen ser torturados.*

torunda *s. f.* Trozo de algodón envuelto en una gasa para curar heridas o detener una hemorragia: *En la herida apretaron varias torundas.*

toruno *s. m.* ARG., URUG. Buey.

torvisco *s. m. Daphnoe gnidium.* Arbusto ramoso de hojas alargadas, flores blancas en racimos y fruto rojo en baya con propiedades purgantes.

torvo, va *adj.* (antepuesto/pospuesto) ELEVADO. Que expresa mucho genio, fiereza o enfado: *una mirada torva.*

torzal *s. m.* **1** Cordón de varios hilos de seda trenzados o retorcidos unos con otros: *un torzal de algodón.* **2** AMÉR. DEL S.; RESTRINGIDO. Cuerda de cuero retorcido o trenzado.

tos *s. f.* (no contable) Expulsión ruidosa del aire de los pulmones provocada generalmente por una enfermedad respiratoria: *un ataque de tos, la tos de los fumadores. ¿Tienes tos por la mañana?* **~ convulsiva. ~ ferina** (no contable) MED. Enfermedad infecciosa propia sobre todo de los niños que provoca una tos muy intensa: *La tosferina es contagiosa.* **~ perruna** COLOQUIAL. Tos violenta e intensa. **~ seca** Tos sin expectoración.

toscano, na *adj. / s. m.* y *f.* **1** De Toscana, región italiana: *vino toscano, empresario toscano.* || *s. m.* **2** LING. Dialecto del italiano hablado en la Toscana. **3** ARG. Habano, puro.

tosco, ca *adj.* **1** Que está hecho con poco cuidado, sin pulir o con materiales de poco valor: *mueble tosco. Éste es un acabado tosco.* || *adj. / s. m.* y *f.* **2** (ser/estar) Que no tiene cultura, delicadeza o refinamiento alguno: *modales toscos. Es un hombre tosco. Tiene un estilo tosco pero muy eficaz.*

tosedera *s. f.* COL.; COLOQUIAL. Acceso de tos.

toser *v. intr.* **1** Tener ‹una persona› tos: *Toso mucho al levantarme.* **2** Hacer ‹una persona› fuerza con los órganos de la respiración para provocar la tos: *Tosí un poco para llamar su atención.* SIN. carraspear. FR. Y LOC. **no toserle** (generalmente en forma negativa) COLOQUIAL. Competir ‹una persona› con otra o ser capaz una persona de enseñarle una cosa a otra: *A mí no hay quien me tosa en coches. Ha vuelto a ganar la vuelta este año: al campeón no hay quien le tosa. Con el genio que tiene no hay quien le tosa.*

tósigo *s. m.* ELEVADO. Sustancia venenosa: *Se bebió un tósigo y se echó en la cama vestida con sus mejores galas.*

tosquedad *s. f.* Cualidad de tosco: *la tosquedad de un mueble, la tosquedad de un comportamiento.*

tostación *s. f.* **1** Calentamiento moderado de productos orgánicos, en especial semillas, para mejorar sus propiedades en los procesos posteriores, como el de la molienda: *Una adecuada tostación mejora el sabor de las almendras.* **2** METAL. Oxidación al aire, a temperaturas más o menos elevadas, de minerales metalíferos para transformarlos en óxidos.

tostada *s. f.* **1** Rebanada de pan tostado: *una tostada de pan con mantequilla.* **2** COLOQUIAL. Cosa pesada o molesta: *En el trabajo, Enrique le pasa la tostada a otro en cuanto puede y se queda con lo más fácil. La película de ayer era una tostada insoportable.* **3** COLOQUIAL. Lío, confusión o embrollo: *Se armó una buena tostada el otro día en la oficina.* FR. Y LOC. **olerse la ~** COLOQUIAL. Sospechar, adivinar ‹una persona› el peligro o el engaño: *En cuanto Paco se huele la tostada, desaparece y no te ayuda.*

tostadero *s. m.* **1** Lugar o instalación donde se tuesta algo: *tostadero de café.* **2** COLOQUIAL; INTENSIFICADOR. Lugar donde hace demasiado calor: *Esta sala es un tostadero: no se puede estar en ella.* SIN. horno, achicharradero. **3** COLOQUIAL; HUMORÍSTICO. Lugar donde se sufre o se pasa mal: *Entremos al tostadero, es hora del examen.*

tostado *adj.* **1** (invariable; pospuesto) [Color] que es más oscuro de lo normal: *marrón tostado, rosa tostado.* || *s. m.* **2** Acción de tostar: *Emplean una técnica especial para el tostado del café.*

tostador *s. m.* Electrodoméstico o instrumento para tostar, especialmente pan: *un tostador eléctrico de pan.*

tostadora *s. f.* Tostador.

tostar *v. tr.* **1** Poner ‹una persona› [una cosa] al fuego hasta que tome un color dorado, sin llegar a quemarse: *Me gusta tostar el pan.* SIN. dorar, torrar. **pan tostado. 2** Poner ‹el sol o el aire› morena [la piel del cuerpo]: *Este verano se ha tostado en la playa.* SIN. broncear. **3** COLOQUIAL. Quemar o producir‹una cosa› mucho calor [a una persona o una cosa]: *La estufa me está tostando este lado de la cara.* || *v. prnl.* **4** Tomar ‹una cosa› color dorado al ser sometida al fuego: *El pan se tostó enseguida.* SIN. dorarse, torrarse. **5** Tomar ‹la piel del cuerpo› color dorado: *Ya se te ha tostado la espalda.* SIN. broncearse. **6** Sentir ‹una persona› mucho calor: *Baja la calefacción, me estoy tostando.* ⇒ **28.**

tostón *s. m.* **1** (preferentemente en plural) Dado pequeño de pan frito que se añade a las sopas, purés o cremas frías: *¿Quieres tostones para la sopa?* **2** Cochinillo asado: *El tos-*

tón es el plato típico de Salamanca. 3 Garbanzo tostado: *De niños comíamos tostones en el cine.* 4 COLOQUIAL. Persona o cosa pesada, aburrida o molesta: *Esta película es un tostón. Pilar me ha confesado que tu primo es un auténtico tostón.*

total *adj.* 1 (antepuesto / pospuesto) Que abarca todos los aspectos de una cosa: *Es necesario un cambio total. Tengo una total confianza en él. No se oía ni una mosca, el silencio era total.* **eclipse ~.** 2 COLOQUIAL. Que es estupendo, o muy bueno o excelente: *¡Qué música más total! Alicia es total, te lo pasas genial con ella.* || *s. m.* 3 Totalidad: *Hay un total de doscientos votos a favor de la enmienda. Aprobó el total de los estudiantes.* 4 Resultado de sumar dos o más cantidades: *suma total. El total son quinientas pesetas.* SIN. suma. || *adv.* 5 En resumen. OBSERVACIONES: Se usa para resumir una serie de observaciones, una narración o un razonamiento: *Total, que Teresa se ha ido a vivir con otro.* 6 COLOQUIAL. En realidad. OBSERVACIONES: Indica el alejamiento del hablante de una cosa sobre la que habla: *Puedes llevarte la escalera, total, yo no voy a trabajar esta tarde.*

totalidad *s. f.* 1 (no contable) Conjunto de todas las personas o cosas que forman un grupo, clase o especie: *la totalidad de países, la totalidad de los asistentes.* SIN. conjunto. ANT. ningún. 2 (no contable) Todo completo, cosa íntegra: *la totalidad de la comida, la totalidad del rebaño.* SIN. todo.

totalitario, ria *adj.* Del totalitarismo: *régimen totalitario.*

totalitarismo *s. m.* (no contable) POL.; PEYORATIVO. Ideología y régimen político no democráticos en que todos los poderes están en manos de una persona, partido o grupo: *Ejemplos clásicos de totalitarismo son los regímenes de Hitler, Stalin o Franco.*

totalitarista *adj.* 1 Del totalitarismo: *amenazas totalitaristas.* SIN. totalitario. || *adj. / s. m.* y *f.* 2 Que es partidario del totalitarismo: *ideología totalitarista, régimen totalitarista.*

totalizador, ra *adj.* Que totaliza.

totalizar *v. tr.* Obtener ‹una persona› [una cantidad total] como resultado de sumar varias cantidades parciales: *El gimnasta totalizó ciento cuarenta puntos al final de las pruebas.* ⇒ **19.**

totalmente *adv. cant.* Completamente, del todo, íntegramente: *totalmente cierto, totalmente satisfecho, totalmente español. El incendio destruyó totalmente la torre.*

totazo *s. m.* COL.; COLOQUIAL. Golpe que se da una persona al caerse, tortazo.

tote *s. m.* COL. Rebuscapiés, cohete que se arrastra por el suelo mientras estalla.

totearse *v. prnl.* COL.; COLOQUIAL. Romperse ‹el envoltorio de una cosa›.

tótem (plural *tótems* o *tótemes*) *s. m.* 1 Ser u objeto de la Naturaleza que en la mitología de algunas sociedades se toma como símbolo o emblema protector: *El tótem de la tribu es sagrado.* 2 Representación pintada o tallada de este ser u objeto.

totémico, ca *adj.* Del tótem o del totemismo: *las creencias totémicas, la protección totémica.*

totemismo *s. m.* (no contable) REL. Creencias, prácticas y organización social de algunos pueblos que rinden culto a los tótems: *El totemismo es propio de culturas muy tradicionales y poco industrializadas.*

totora *s. f.* 1 ARG., BOL., CHILE, COL., EC., PERÚ; RESTRINGIDO. Especie de junco que nace en terrenos húmedos y se usa para fabricar embarcaciones, esteras, cestos y otros productos parecidos. 2 VEN.; COLOQUIAL, RESTRINGIDO. Cabeza o razón de una persona.

totovía *s. f.* (macho y hembra) *Lullula arborea.* Ave de la misma familia que la alondra, con la cola muy corta, pico fino, plumaje castaño y ocre, el borde de las alas de color blanco y negro, y cresta redondeada, que tiene un canto muy bello y anida en el suelo. SIN. cotovía.

tótum revolútum *s. m.* (en singular; no contable) COLOQUIAL; RESTRINGIDO. Conjunto de muchas cosas desordenadas: *Su habitación era un tótum revolútum.*

totuma *s. f.* COL., VEN. 1 Fruto del totumo. 2 COL., VEN. Vasija semiesférica hecha con este fruto.

totumo *s. m.* COL., VEN. *Crescentia Cujete.* Árbol tropical de tipo ornamental, cuyas semillas se aprovechan para hacer vasijas de diferentes tamaños.

tour (del francés; pronunciamos *'tur'*) *s. m.* 1 Excursión o viaje: *Hizo un tour por los países escandinavos.* SIN. tournée. 2 Gira artística: *El grupo musical iniciará un nuevo tour por Europa.* SIN. tournée. || 3 **~ de force** (pronunciamos *'tur de fors'*) ELEVADO. Demostración de fuerza, desafío: *Hacer ese trabajo en tan poco tiempo ha sido un tour de force para nosotros.* 4 **~ operador** Persona o empresa que organiza viajes colectivos: *La parte no científica del congreso está organizada por un tour operador internacional.*

tour-operator (del inglés; pronunciamos *'tur opereitor'*) *s. m.* Tour operador.

tournée (del francés; pronunciamos *'turné'*) *s. f.* 1 Viaje por diversos lugares: *Hizo una tournée por las principales ciudades europeas.* 2 Gira artística: *La cantante presentará un nuevo espectáculo en su próxima tournée.*

toxemia *s. f.* Presencia de toxinas o venenos en la sangre o estado anormal que origina: *Los médicos están preocupados porque le han encontrado una toxemia grave.*

toxicidad *s. f.* Calidad de tóxico: *la toxicidad de un medicamento, la toxicidad de un gas.*

tóxico, ca *adj. / s. m.* Que actúa como un veneno y puede producir intoxicación muy grave: *sustancia tóxica, gas tóxico. Aquella sustancia resultó ser un potente tóxico que casi nos envenena y mata.*

toxicología *s. f.* (no contable) Parte de la Medicina que estudia las sustancias tóxicas o venenosas y su efecto sobre los organismos vivos: *Instituto Municipal de Toxicología.*

toxicomanía *s. f.* (no contable) MED. Adicción a una droga: *Hay toxicomanías de muchas clases.* SIN. drogadicción.

toxicómano, na *adj. / s. m.* y *f.* Que es adicto a las drogas: *Mabel trabaja con jóvenes toxicómanas.*

toxina *s. f.* Sustancia elaborada por los seres vivos que resulta venenosa y que provoca transtornos fisiológicos: *Por el sudor y por la orina se eliminan toxinas.*

tozudo, da *adj. / s. m.* y *f.* 1 (ser / estar) Que mantiene una idea o actitud fijas con razón o sin ella, aunque vea argumentos o hechos en contra: *Hoy estás muy tozudo. Pilar siempre ha sido muy tozuda.* SIN. terco, testarudo, cabezota. 2 (ser / estar) [Animal] que no obedece con facilidad: *una mula tozuda. Este burro es muy tozudo.* SIN. terco.

traba *s. f.* 1 Impedimento que dificulta la realización de alguna cosa: *Le pusieron muchas trabas para concederle el* *permiso de residencia. El jefe no nos pone trabas en nuestro trabajo.* **2** COL.; JERGAL. Coloque, estado de alteración de una persona producido por una droga.

trabado, da *adj.* GRAM. [Sílaba] que tiene una consonante al final: *«Car-» es una sílaba trabada.* **sílaba cerrada / trabada.**

trabajado, da *adj.* **1** (estar) COLOQUIAL. Que tiene un aspecto muy cansado por haber sufrido o haberse esforzado mucho: *Mi madre está muy trabajada para los años que tiene.* SIN. castigado. **2** Que se ha hecho con mucho cuidado: *Este escritor tiene un estilo muy trabajado. Presentó un proyecto poco trabajado.* SIN. elaborado.

trabajador, ra *adj.* **1** Que trabaja mucho: *Tu hermana es una persona muy trabajadora.* || *s. m. / f.* **2** Persona que trabaja a cambio de un sueldo o paga: *despedir a un trabajador, sindicato de trabajadores, huelga de trabajadores, ser un buen trabajador, trabajador de la construcción.* **~ autónomo** Trabajador no asalariado y que trabaja por cuenta propia.

trabajar *v. intr.* **1** Realizar ‹una persona› una actividad que exige esfuerzo físico o intelectual durante un tiempo más o menos largo: *Elena trabaja* ***a*** *destajo. Él trabaja* ***por*** *horas para sacarse un sobresueldo. Trabaja* ***por*** *un sueldo mísero.* **2** Estar ‹una persona› empleada [en una empresa o una institución]: *Trabajo en una industria química.* **3** Ejercer ‹una persona› [una profesión o un oficio]: *Trabaja* ***como*** *secretaria en una oficina. Marta trabajaba* ***de*** *redactora en una editorial.* **4** Realizar ‹una máquina o un establecimiento› su actividad: *Los ordenadores han estado trabajando todo el día.* SIN. funcionar. **5** Mantener ‹una persona o una empresa› relaciones comerciales con [otra]: *Nuestra empresa trabaja mucho* ***con*** *la vuestra.* **6** Dar ‹la tierra o una planta› fruto: *Hay que abonar la tierra para que trabaje.* **7** Producir ‹una cosa inanimada› [un efecto apreciable]: *El tiempo trabaja* ***a*** *nuestro favor.* || *v. tr. / intr.* **8** Poner ‹una persona› esfuerzo, atención y cuidado en [una cosa]: *Ella trabajó su ascenso desde que llegó al despacho.* **9** Estudiar o ensayar ‹una persona› [una cosa]: *Este año ha trabajado las matemáticas. Ella trabajó* ***sobre*** *la radioactividad.* || *v. tr.* **10** Cultivar ‹una persona› [la tierra]: *Hay pocos jóvenes que trabajen el campo ahora.* SIN. laborar, labrar. **11** Dar ‹una persona› forma a [una materia o una sustancia]: *Él trabaja la arcilla para fabricar cerámicas.* **12** Dedicarse ‹una persona› al comercio o manufactura de [un artículo]: *Este modisto trabaja el cuero.* **13** Desarrollar ‹una persona› [un músculo o una parte del cuerpo] haciendo ejercicio físico: *Tomás, trabaja los abdominales.* || *v. prnl.* **14** COLOQUIAL. Intentar influir ‹una persona› en [otra persona] para conseguir una cosa de ella: *Sabe trabajarse a su jefe.* FR. Y LOC. **ser / ~ como una máquina*.**

trabajo *s. m.* **1** Actividad en la que se necesita esfuerzo físico o mental: *Tengo trabajo para una hora en la cocina.* SIN. tarea. **~ de chinos** COLOQUIAL. Trabajo que hay que realizar con mucho detalle o con mucho esfuerzo: *Limpiar los azulejos es un trabajo de chinos.* **trabajos forzados / forzosos** Trabajo físico que se le obliga a hacer a un preso como parte de la pena que tiene que cumplir: *A los presos políticos los condenaban a trabajos forzosos.* **2** Operación que realiza una máquina o un animal: *En la fábrica los ordenadores realizan los trabajos de control. El trabajo de mover la noria lo hace una mula.* **3** Actividad que realiza una persona de forma habitual y generalmente a cambio de un sueldo: *Begoña está buscando trabajo.* SIN. empleo. **4** Lugar donde trabaja una persona: *Su marido fue a buscarla al trabajo. Me han puesto teléfono en el trabajo.* **5** (no contable) Cosa en la que se trabaja: *Tengo ganas ya de acabar este trabajo.* **6** Resultado de la actividad intelectual o artística: *El pintor expuso sus mejores trabajos.* SIN. obra, creación. **7** Esfuerzo, aplicación o dedicación: *La música requiere mucho trabajo. El campeonato lo he conseguido con muchos entrenamientos, con mucho esfuerzo y con mucho trabajo.* **8** (no contable) FÍS. Magnitud física equivalente al producto escalar de una fuerza por la distancia que se desplaza su punto de aplicación. **9** (en plural) Dificultades, apuros: *Pasó muchos trabajos en su vida.* **10** ECON. Actividad humana que en la producción produce riqueza para satisfacer las necesidades del hombre: *El trabajo y el capital se necesitan mutuamente.* FR. Y LOC. **bolsa* de ~. costar ~** Ser ‹una cosa› difícil de conseguir o realizar: *Por las mañanas cuesta mucho trabajo que arranque el coche.* **grupo de ~. Magistratura* de Trabajo. mercado* de ~ . reglamentación* de ~. tomarse el ~** Hacer ‹una persona› una cosa que es molesta o resulta poco agradable: *El director se ha tomado el trabajo* ***de*** *avisarnos a todos.*

trabajoso, sa *adj.* Que cuesta o implica mucho trabajo: *Parece fácil, pero es muy trabajoso y requiere mucha paciencia. Ha sido trabajoso llegar hasta aquí.*

trabalenguas (plural *trabalenguas*) *s. m.* Juego de palabras que se pronuncia rápidamente: *«Un tigre, dos tigres, tres tigres triscan trigo en un trigal» es un trabalenguas.*

trabar *v. tr.* **1** Sujetar o agarrar ‹una persona› [a otra persona o una cosa] con fuerza: *Cuando el ratero huía, un señor lo trabó de la chaqueta.* **2** Unir o relacionar ‹una persona› [varias cosas]: *Traba las palabras para formar una oración. Hay que trabar bien las ideas para hacer un discurso.* **3** Impedir o dificultar ‹una cosa› la realización o el desarrollo de [otra cosa]: *La falta de consenso traba las negociaciones.* SIN. frenar, obstaculizar. **4** Dar ‹una persona› mayor consistencia a [una cosa]: *Echa un poco de limón y mueve bien la salsa para que se trabe.* **5** Sujetar o juntar ‹una persona› [varias cosas] entre sí: *Él trabó la puerta* ***con*** *una tranca.* **6** Empezar ‹dos o más personas› [una relación o una conversación]: *Trabaron amistad enseguida.* SIN. entablar. || *v. prnl.* **7** Tomar ‹una cosa› mayor consistencia: *Bate las claras hasta que se traben. Los polvos se traban con un poco de agua.* **8** Quedarse ‹una parte del cuerpo› atrapada o enganchada en una cosa: *Se le trabaron los pies en las escaleras mecánicas y se cayó al suelo.* **9** Hablar ‹una persona› de manera entrecortada, vacilante o repitiendo las sílabas: *Me trabé y no acertaba con la respuesta.* **10** Discutir o pelear ‹dos o más personas› entre sí: *Se trabaron en una lucha a muerte.* FR. Y LOC. **trabársele la lengua** Hablar ‹una persona› con dificultad: *Cuando se pone nervioso se le traba la lengua.*

trabazón *s. f.* **1** Unión o juntura de dos o más cosas: *La trabazón de los maderos parece resistente.* **2** Conexión de las ideas o partes de un discurso de modo que formen un conjunto organizado: *La trabazón entre los distintos episodios de la novela es evidente.* SIN. coherencia. **3** Espesor o consistencia de una masa o salsa cuando sus componentes están bien unidos: *Se continúa revolviendo la mahonesa hasta conseguir la trabazón de los ingredientes.*

trabe *s. f.* Viga larga y gruesa de madera.

trabilla *s. f.* 1 Tira de tela o cuero por donde se pasa el cinturón: *Este cinturón es demasiado ancho para pasarlo por las trabillas de los tejanos.* 2 Tira que algunas prendas de vestir llevan a la espalda para colgarlas o como adorno. 3 Tira que se pasa por debajo del pie para sujetar los bordes inferiores de algunas prendas como pantalones o polainas: *la trabilla de las mallas.*

trabucaire *s. m.* HIST. Bandolero catalán antiguo armado de trabuco.

trabucar *v. tr.* 1 Cambiar ‹una persona› el orden de [varias cosas]: *Por favor, no me toques la mesa, que luego todo se me trabuca.* SIN. desordenar, trastorcar. 2 Confundir ‹una persona› [datos, ideas o noticias] con otros diferentes o cambiar unos por otros: *He trabucado todas las fechas en el examen de Historia.* || *v. tr. / prnl.* 3 Escribir o pronunciar ‹una persona› [letras o palabras] equivocadamente: ***Me** trabuco mucho con el inglés.* SIN. confundir(se). || *v. prnl.* 4 Alterarse el orden en que estaban ‹varias cosas›: *Con el traslado los papeles se han trabucado.* SIN. desordenarse. 5 Confundirse o cambiarse ‹datos , ideas o noticias›: *En estas fichas se han trabucado los títulos de los libros.* SIN. embarullarse. ⇒ **71.**

trabucazo *s. m.* Disparo de trabuco o herida o daño que produce: *Con un trabucazo al aire dispersó a la gente.*

trabuco *s. m.* Antigua arma de fuego, de cañón corto ensanchado en la boca, de más calibre que una escopeta: *Las películas han popularizado la imagen del bandolero andaluz con trabuco y manta al hombro.*

traca *s. f.* 1 Artificio pirotécnico formado por una hilera de petardos o cohetes que estallan sucesivamente: *No sé por qué a este niño le gustan tanto las tracas.* 2 Gran explosión con que se cierra un espectáculo de fuegos artificiales: *Una impresionante traca final cerró los fuegos artificiales.* FR. Y LOC. **de ~** COLOQUIAL, PEYORATIVO. Llamativo por su poca formalidad, mal: *La reunión ha sido de traca. Todas las ocurrencias de tu amigo son de traca.*

trácala *s. f.* MÉX., P. RICO, VEN.; COLOQUIAL en México y Venezuela. Trampa, engaño.

tracalada *s. f.* AMÉR. S.; COLOQUIAL. Gran cantidad de personas o cosas.

tracción *s. f.* 1 Acción y resultado de tirar de alguna cosa para moverla o arrastrarla: *tracción eléctrica, tracción de vapor, un coche de tracción delantera. El uso de la tracción animal supuso un gran avance de la civilización.* 2 Acción de someter un cable, una construcción u otra cosa determinada a una fuerza de arrastre o empuje como prueba técnica de ensayo de materiales: *Los cables habían sido sometidos a las pruebas de tracción reglamentarias.*

tracería *s. f.* ARQ. Decoración arquitectónica formada por combinaciones de figuras geométricas.

tracio, cia *adj. / s. m.* y *f.* HIST. De Tracia, región histórica de Europa oriental: *Los romanos sometieron a los tracios.*

tracoma *s. m.* (no contable) MED. Conjuntivitis contagiosa que llega a causar ceguera.

tracto *s. m.* ANAT. Conducto entre dos partes del cuerpo: *tracto digestivo, tracto intestinal.*

tractomula *s. m.* COL. Camión muy grande o tráiler.

tractor, ra *adj.* 1 Que produce tracción: *ruedas tractoras.* || *s. m.* 2 AGR. Vehículo automóvil utilizado especialmente en las faenas agrícolas y para remolcar a otras máquinas: *tractores para obras públicas. Los tractores se emplean para arar o para transportar los remolques con las cargas agrícolas.* **~ forestal. ~ oruga.**

tractorista *s. m. / f.* Persona que tiene por oficio trabajar con un tractor: *Mi hijo es tractorista y trabaja en diferentes sitios cada año.*

tradición *s. f.* 1 Transmisión de creencias y costumbres heredadas de generación en generación: *tradición popular, fiel a la tradición, la tradición judía, la tradición cristiana.* **~ escrita. ~ oral.** 2 Conjunto de estas creencias y costumbres: *El judío es un pueblo con muchas tradiciones. Es una tradición familiar reunirse por Navidad.* 3 Desarrollo de un determinado arte o técnica: *la tradición artesanal, la tradición pastelera. Rusia tiene una gran tradición literaria.*

tradicional *adj.* 1 De la tradición: *Es tradicional comer turrón en Navidad.* 2 Que sigue ideas o costumbres o normas propias del pasado: *Él tiene un pensamiento tradicional.* 3 Que se ajusta a los gustos o usos más comunes: *Ella viste de una manera tradicional.* || **4 gramática* ~.**

tradicionalismo *s. m.* 1 (no contable) Ideología y comportamiento de los partidarios de mantener las costumbres, instituciones e ideas del pasado: *En toda sociedad es buena una cierta dosis de tradicionalismo.* 2 Sistema político surgido en Europa en el siglo XIX que defendía el mantenimiento o restablecimiento del antiguo régimen: *En España el partido carlista era partidario del tradicionalismo.*

tradicionalista *adj.* 1 Del tradicionalismo: *congreso tradicionalista.* || *adj. / s. m.* y *f.* 2 Que es partidario del tradicionalismo: *publicaciones tradicionalistas. El suyo es un grupo muy tradicionalista.*

tradicionalmente *adv. modo* 1 RESTRINGIDO. A la manera tradicional: *unos balcones tradicionalmente adornados.* || *adv. temp.* 2 Hasta hace poco o hasta ahora, a lo largo del periodo cubierto por lo que en este caso signifique la tradición: *Tradicionalmente, estas labores han estado asociadas con la mujer. Aquél ha sido un pueblo tradicionalmente belicoso.*

traducción *s. f.* 1 Acción y resultado de traducir: *Sonia se dedica a la traducción literaria. Gané un premio de traducción.* **~ automática** Traducción hecha por una máquina electrónica. **~ directa** Traducción de una lengua extranjera a la lengua materna del traductor. **~ inversa** Traducción de la lengua materna del traductor a una lengua extranjera. **~ simultánea** Traducción que se va haciendo a la vez que una persona habla o da una conferencia: *La traducción simultánea exige unos medios técnicos determinados. En las conferencias internacionales hay traducción simultánea.* 2 Obra, texto traducido: *una traducción de Cervantes al alemán, una traducción de «La Odisea».* 3 COLOQUIAL. Sentido o interpretación que se da a un texto: *En resumen: la traducción del discurso del jefe es que tenemos que trabajar los sábados.*

traducir *v. tr.* 1 Expresar ‹una persona› [una cosa dicha o escrita en una lengua] en [otra lengua]: *Helena ha traducido varias novelas **del** inglés **al** español.* 2 Exponer ‹una persona› [una cosa] de forma distinta a como se había hecho para que se comprenda: *Tienes que traducirme todas esas fórmulas matemáticas.* SIN. explicar. || *v. tr. / prnl.* 3 Convertir, transformar ‹una cosa› [otra cosa] en [otra tercera]: *Los propósitos no **se** traducen siempre **en** obras.* ⇒ **27.**

traductor, ra *adj. / s. m.* y *f.* **1** Que traduce o se dedica a traducir profesionalmente: *Ernesto es un buen traductor. Elena es traductora de francés.* || *s. f.* **2** Máquina electrónica que puede realizar traducciones de palabras y frases de una lengua a otra: *Las traductoras que existen son muy imperfectas.*

traer *v. tr.* **1** Llevar ‹una persona› [a otra persona o una cosa] hasta [un lugar] o hasta [donde se encuentra el hablante]: *Nuria nos trajo **a** casa en coche. Si vienes a cenar, trae una botella de vino.* **2** Causar ‹una cosa› [otra cosa]: *La suciedad puede traer muchas enfermedades.* SIN. originar, ocasionar. **3** Causar ‹una cosa› [un estado o una situación] en [una persona]: *Ese asunto me trae loco.* **4** Llevar ‹una persona› [una prenda de vestir]: *Ella hoy trae un vestido nuevo. Santiago siempre trae un sombrero de ala ancha.* **5** Experimentar ‹una persona› los efectos de [una sensación física o psíquica]: *Tomás trae un enfado de mucho cuidado.* **6** Tener ‹una publicación› [un contenido determinado]: *Esta revista trae reportajes muy interesantes.* SIN. incluir. || *v. prnl.* **7** Hacer ‹una persona› [un plan] de forma oculta: *Me gustaría saber qué se trae con tantas visitas.* SIN. tramar. FR. Y LOC. **echar / ~ al mundo*. estar con la leche* en los labios** o **tener / ~ la leche en los labios. llevar / tener / ~ en palmas* / palmitas. llevar / ~ escrito en la frente*. llevar / ~ por la calle* de la amargura. por la cuenta* que me / te / le... trae** COLOQUIAL. Se utiliza como amenaza para indicar a una persona la conveniencia de que haga una cosa: *Yo lo haré enseguida, por la cuenta que me trae. Por la cuenta que te trae, ordena tu habitación inmediatamente.* **sacar / ~ a colación*. tener / ~ consecuencias*. tener / ~ en jaque*. tener / ~ frito*. tener / traerse entre manos*. ~ a la memoria** 1 Recordar ‹una persona› una cosa: *Trajo a la memoria las vivencias del pasado.* 2 Hacer recordar ‹una persona o una cosa› otra cosa a una persona: *Estas calles me traen a la memoria el día de nuestra boda.* **traer a mal ~** COLOQUIAL. Causar ‹una persona o una cosa› molestias o enfado a otra persona: *Este niño me trae a mal traer.* **~ al fresco** COLOQUIAL. No importar ‹una persona o una cosa› a una persona: *A mí los chismes me traen al fresco.* **~ al retortero*. ~ consigo** Motivar ‹un hecho› una cosa: *Los hijos traen consigo alegrías y preocupaciones.* **~ cuenta** COLOQUIAL. Resultar ‹una cosa› provechosa para una persona: *Esta oferta no nos trae cuenta.* **~ de acá para allá** COLOQUIAL. Hacer ‹una persona› que otra persona vaya de un lugar a otro sin dejarla ni descansar: *Déjame tranquilo, no me traigas todo el día de acá para allá.* **~ de cabeza** COLOQUIAL. Causar ‹una persona o una cosa› mucha preocupación a una persona: *Este proyecto me trae de cabeza. La Física trae a la niña de cabeza.* **~ / llevar como un zarandillo*. ~ por los pelos*. ~ sin cuidado** COLOQUIAL. No importar ‹una persona o una cosa› a una persona: *Me traen sin cuidado tus disgustos. Ernesto es un egoísta: dice que le trae sin cuidado la sequía.* **~ / tener cola*. traerse entre manos** COLOQUIAL; PEYORATIVO. Tener ‹una persona› un plan sobre una cosa: *No sé qué se traen entre manos, pero seguro que no es nada bueno.* **traérsela floja** VULGAR. No importar ‹una persona o una cosa› a una persona: *Este asunto me la trae floja. Las matemáticas me la traen floja, sólo estudio literatura.* **traérselas** COLOQUIAL. Ser ‹una persona o una cosa› muy difícil o causante de dificultades: *Este examen se las trae.* **venir / ~ la cigüeña.** ⇒ **83.**

trafagar *v. intr.* RESTRINGIDO. Andar ‹una persona› con mucho trabajo: *Anda todo el día trafagando en la casa.* SIN. trajinar, faenar. ⇒ **56.**

tráfago *s. m.* **1** RESTRINGIDO. Actividad intensa con mucho movimiento de personas y cosas: *Los días de diario hay mucho tráfago en esta calle.* SIN. trajín, jaleo.

traficante *s. m. / f.* Persona que trafica con dinero o con mercancías irregularmente, sobre todo si lo hace de forma ilegal: *traficante de drogas, traficante de esclavos.*

traficar *v. intr.* **1** Hacer ‹una persona› comercio o negocio, generalmente de forma irregular o [con mercancías ilegales]: *Tomás trafica **con** drogas. El padre de Sofía ha traficado toda su vida **con** pieles.* **2** Utilizar ‹una persona› sentimientos o cosas nobles para obtener beneficios: *Nosotros nunca hemos traficado **con** vuestros sentimientos.* ⇒ **71.**

tráfico *s. m.* **1** Acción de traficar: *Se ha descubierto una red de tráfico de droga. El tráfico de objetos de arte robados es muy intenso.* SIN. comercio. **2** Circulación de vehículos en calles y carreteras: *Hay mucho tráfico en las horas punta. La Dirección General de Tráfico recomienda precaución en la operación de salida de vacaciones.* SIN. tránsito. **multa de ~. señal* de ~ / circulación. 3** Comunicación y transporte de personas, equipajes o mercancías: *tráfico de divisas, tráfico de personas.* || **4 ~ de influencias** Acción de conseguir cualquier beneficio o ventaja aprovechando la situación privilegiada que una persona tiene por su cargo político o por su relación con personas vinculadas al poder: *Está pendiente de juicio por un delito de tráfico de influencias.*

trafulcar *v. tr.* RESTRINGIDO. Confundir ‹una persona› [datos, ideas o noticias] con otros diferentes o cambiar unos por otros. SIN. trabucar. ⇒ **71.**

traga *s. f.* COL.; COLOQUIAL. Fuerte atracción amorosa.

tragabolas (plural *tragabolas*) *s. m.* Juguete en forma de muñeco con una boca muy grande en la que se deben meter unas bolas que se lanzan desde cierta distancia: *La niña se divierte mucho con su tragabolas.*

tragacanto *s. m.* **1** Arbusto leguminoso muy frondoso de la familia de las papilionáceas de hojas compuestas y flores blancas en espiga cuyo tronco y ramas segregan una goma blanca empleada en farmacia y en industria: *El tragacanto aparece en las recetas de la farmacia tradicional.* **2** Goma que segrega esta planta.

tragaderas (sólo plural) *s. f.* **1** COLOQUIAL, VULGAR. Faringe, garganta: *La niña tiene las tragaderas estropeadas de tanto helado.* **2** COLOQUIAL. Capacidad de comer mucho o de tragar cualquier cosa: *Le cuesta tomarse el jarabe porque tiene malas tragaderas. Mi hermana tiene buenas tragaderas, come de todo.* **3** COLOQUIAL; PEYORATIVO. Facilidad excesiva para aguantar o tolerar hechos o situaciones moralmente injustos o censurables: *No tengo tragaderas para participar en negocios ilícitos.* **4** COLOQUIAL. Credulidad de una persona: *No le digas esas cosas a mi tía, que tiene unas tragaderas muy grandes y todo se lo cree.* **5** COLOQUIAL. Gran capacidad para aguantar ofensas o situaciones difíciles: *Dicen que su marido tiene unas tragaderas muy amplias, porque ella sale con otros hombres.*

tragadero *s. m.* **1** COLOQUIAL. Agujero o conducto que traga alguna cosa: *el tragadero de la pila. El tragadero del baño está atascado.* **2** COLOQUIAL. Faringe, garganta: *Me he enfriado, porque me duele el tragadero.* **3** (plural) COLOQUIAL; RES-

TRINGIDO. Credulidad excesiva: *Chico, tienes unos tragaderos terribles: te crees todo lo que te cuentan.*

trágala *s. m.* **1** HIST. Canción de origen gaditano con que los liberales se burlaban de los absolutistas en el primer tercio del siglo XIX: *El pueblo cantaba en las calles el trágala.* **2** Hecho de obligar a una persona a aceptar o a soportar una cosa: *Los sindicatos han declarado que el documento de la patronal es un trágala inaceptable.*

tragaldabas (plural *tragaldabas*) *adj. / s. m.* y *f.* COLOQUIAL. Persona que come exageradamente: *Come muchísimo, es una tragaldabas.*

tragaleguas (plural *tragaleguas*) *s. m. / f.* COLOQUIAL. Persona que anda mucho y muy deprisa: *No consigo alcanzar al tragaleguas de tu hermano.*

tragaluz *s. m.* Ventana pequeña abierta en el techo o en la parte superior de una pared: *Los ladrones han entrado en la buhardilla por los tragaluces.*

tragamillas (plural *tragamillas*) *s. m. / f.* DEP. Deportista que recorre grandes distancias, especialmente en natación o atletismo: *Un tragamillas intentará mañana la travesía entre Barcelona y Palma de Mallorca.*

tragamonedas (plural *tragamonedas*) *s. m.* URUG. Máquina tragaperras.

tragantona *s. f.* **1** COLOQUIAL; RESTRINGIDO. Comilona, banquete. **2** COLOQUIAL. Acción de tragar haciendo esfuerzo.

tragaperras (plural *tragaperras*) *adj. / s. f.* COLOQUIAL. Máquina de juego que funciona automáticamente al introducir una moneda y que da premios en metálico: *Las máquinas tragaperras están en todos los bares.*

tragar *v. tr. / prnl.* **1** Hacer ‹una persona› que [una cosa] pase por la garganta: ***Me** he tragado el chicle. No **te** tragues la carne sin masticarla bien.* **2** Comer ‹una persona› mucho de [una cosa] o hacerlo con ansiedad: *Es capaz de tragar**se** una docena de pasteles. Este pájaro **se** traga todo lo que encuentra. Mi primo traga como una lima.* **3** COLOQUIAL. Creer ‹una persona› [una cosa] con facilidad: *No creas que **me** he tragado ese cuento.* **4** COLOQUIAL. Soportar ‹una persona› [una cosa repulsiva o insultante]: *Tuve que tragar**me** su desplante. No te quejes: eres joven y tendrás que tragar muchas cosas en la vida.* SIN. sufrir. **5** Disimular u ocultar ‹una persona› [una cosa]: ***Se** tragó su orgullo y nos pidió perdón.* SIN. contener, reprimir. **6** COLOQUIAL; INTENSIFICADOR. No poder vender ‹una persona› [una cosa o una idea]: *Nos tendremos que tragar el proyecto, porque al jefe no le gusta. Me parece que vamos a tragar**nos** esta temporada todos los abrigos, porque no se vende ni uno.* **7** Consumir ‹una cosa› [otra]: *Este coche traga mucha gasolina.* ‖ *v. tr. / intr.* **8** Hacer ‹una cosa› que [otra] pase a su interior o desaparezca en él: *Este desagüe no traga.* **9** ARG., URUG.; JERGAL. Estudiar ‹una persona› mucho. ‖ *v. intr.* **10** COLOQUIAL. Acceder ‹una persona› a una proposición que se le hace: *Si sigues insistiendo estoy segura de que acabará tragando.* ‖ *v. prnl.* **11** Desaparecer ‹una persona o una cosa› en el interior de [otra]: *Se lo tragó el mar.* **12** COLOQUIAL. Acabar o aguantar ‹una persona› [una cosa] por completo: *Se tragó tres libros en una tarde. Se traga todos los programas de televisión que ponen.* **13** COL.; COLOQUIAL. Enamorarse ‹una persona› de otra persona. FR. Y LOC. **no poder* ~. no ~** COLOQUIAL. No soportar ‹una persona› a otra persona o una cosa: *No lo trago porque es insoportable. No trago la música moderna.* **~ / morder / picar el anzuelo*. ¡trágame tierra*! ~ bilis*. ~ quina*. ~ saliva** COLOQUIAL. Aguantar ‹una persona› el comportamiento de otra sin decir nada: *El abuelo está bien, pero me obliga a tragar saliva para no contestarle muchas veces.* **tragarse la píldora*. tragarse la tierra*. tragarse lo dicho** o **tragarse las palabras** COLOQUIAL; AMENAZA, INTENSIFICADOR. Se usa para para indicar ‹una persona› que obligará a otra a retirar públicamente algunas palabras que ha dicho: *Eso que has dicho de mi familia te lo vas a tragar ahora mismo si no pides perdón.* **tragárselas como ruedas* de molino. ⇒ 56.**

tragasables (plural *tragasables*) *s. m.* COLOQUIAL. Artista de circo que se mete instrumentos cortantes por la boca: *El tragasables se introdujo un sable por la garganta.*

tragedia *s. f.* **1** TEATRO. Obra dramática, en verso o en prosa, que presenta un conflicto fatal conmovedor y tiene un final desdichado o funesto que provoca la purificación de las pasiones del espectador: *La actriz está representando una tragedia griega en el teatro Principal.* **2** LIT. Género dramático al que pertenecen las tragedias: *El teatro romano de Mérida se dedicará en verano a la tragedia.* **3** LIT. Composición lírica destinada a lamentar hechos desgraciados. **4** Hecho desgraciado de la vida real: *Este accidente ha sido una tragedia para muchas familias.*

trágico, ca *adj.* **1** De la tragedia: *una película trágica, una novela trágica, género trágico.* **2** (antepuesto / pospuesto) Que es muy triste, conmovedor o desgraciado: *Nos han comunicado una trágica noticia. Un error trágico ha producido el accidente. La situación no es tan trágica como la pintas.* **3** (ser / estar) COLOQUIAL. [Persona] que es muy pesimista y muy aficionada a ver sólo los aspectos negativos de la realidad: *Papá, no te pongas trágico, que por un suspenso no se hunde el mundo.* **4** [Persona] que representa profesionalmente tragedias: *actor trágico. Es una actriz trágica excelente.* ‖ *adj. / s. m.* y *f.* **5** Persona que escribe tragedias: *los autores trágicos, los trágicos griegos.*

tragicomedia *s. f.* **1** TEATRO. Obra dramática con rasgos de comedia y de tragedia: *«La Celestina» es una tragicomedia famosa.* **2** LIT. Género literario al que pertenecen estas obras dramáticas: *La película es una tragicomedia interesante.* **3** Hecho de la vida real trágico y cómico al mismo tiempo: *Las peleas familiares suelen ser tragicomedias.*

trago *s. m.* **1** Cantidad de líquido que se bebe de una sola vez: *Se lo bebió de un trago.* SIN. sorbo. **2** COLOQUIAL. Bebida alcohólica: *¿Te vienes a tomar un trago?* SIN. copa. **3** COLOQUIAL. Acción de tomar bebidas alcohólicas: *Le gusta mucho el trago.* SIN. pimple. **4** COLOQUIAL. Adversidad, situación difícil: *Pasó un mal trago con la muerte de su padre.*

tragón, na *adj. / s. m.* y *f.* (ser / estar) COLOQUIAL. Que traga o come mucho: *¡Qué niño más tragón! Eres un tragón. Qué tragona estoy hoy, no sé qué me pasa.*

tragonear *v. tr.* COLOQUIAL, RESTRINGIDO. Comer ‹una persona› mucho y con frecuencia [una cosa]: *Mi hermano está grueso porque tragonea todo lo que encuentra en casa.*

traición *s. f.* **1** Engaño que una persona hace a otra que confía en ella: *Quitarle la novia a su mejor amigo ha sido la peor traición que podía hacerle.* SIN. deslealtad. ANT. lealtad. **2** POLÍT. Delito contra el Estado al ayudar al enemigo: *Ha sido detenido por cometer un delito de traición a la patria.* **alta ~** Traición cometida contra el Estado poniendo en peligro la seguridad de la nación. FR. Y LOC. **a ~** Faltando a la confianza o lealtad, con engaño o cautela: *Le golpearon a traición. Ellos lo hicieron a traición.*

traicionar *v. tr.* **1** Hacer ‹una persona› traición [a otra persona o una cosa]. SIN. vender. **2** Ser ‹una persona o una cosa› la causa de que [una persona] fracase en un intento: *Su falta de experiencia le traicionó.* **3** Descubrir ‹una cosa› [una cosa que se desea ocultar]: *Su gesto traiciona sus intenciones.* **4** Ser ‹una persona› infiel [a su pareja]: *Traicionaba a su marido con otro.* SIN. engañar.

traicionero, ra *adj. / s. m.* y *f.* **1** Que comete traición: *amigo traicionero. Has sido muy traicionera conmigo.* SIN. traidor. || *adj.* **2** Que se hace a traición, o contiene o encierra falsedad: *palabras traicioneras, un golpe traicionero.* SIN. traidor.

traído, da *adj.* **1** (estar) COLOQUIAL. Que está muy gastado o se va haciendo viejo: *Esta ropa está muy traída.* || *s. f.* **2** Acción y efecto de traer: *La traída a casa de tan extraño objeto fue un acontecimiento.* || **3 traída de aguas** Conducción de agua. FR. Y LOC. **~ y llevado** 1 Que está muy usado. 2 Que está muy hablado: *Es un problema muy traído y llevado.*

traidor, ra *adj. / s. m.* y *f.* **1** Que comete traición: *un soldado traidor a la patria. Él es un traidor que nos ha engañado.* || *adj.* **2** Que implica engaño o perjuicio a otra persona: *una sonrisa traidora, un gesto traidor.* **3** Que parece inofensivo pero no lo es: *Ese vino tan dulce es muy traidor y enseguida te emborracha.* **4** (antepuesto / pospuesto) Que descubre algo que se quería mantener oculto: *unas lágrimas traidoras, unas traidoras canas.* **5** [Animal] que no es muy obediente o leal: *un perro traidor.*

traidoramente *adv. modo* RESTRINGIDO. A traición, con falsedad y alevosía: *El padre se ha quedado con el niño traidoramente.*

tráiler (plural *tráilers*) *s. m.* **1** Anuncio comercial de una película hecho con fragmentos de la misma: *He visto el tráiler del último premio del Festival de Valladolid.* **2** Remolque de un camión de grandes dimensiones: *llevar un tráiler. En carretera, lo que más miedo me da es adelantar a un tráiler.*

traílla o **treílla** *s. f.* **1** Cuerda o correa con la que se atan los perros en las cacerías: *Lleva a su perro atado con una traílla tradicional.* **2** Pareja o conjunto de perros atados con esa correa: *Los perros de la traílla ladraban con furia.* **3** AGR. Instrumento de labranza, de tracción animal o mecánica que se utiliza para allanar un terreno.

traillar *v. tr.* RESTRINGIDO. Poner ‹una persona› llana [la tierra] con una traílla.

traína *s. f.* Red de pesca marina en forma de bolsa grande con una boca abierta en su parte anterior, especialmente la utilizada para pescar sardina: *pescar con traína.*

trainera *adj. / s. f.* **1** Embarcación alargada de poco fondo, que se usa en el norte de España para la pesca con traína: *Las traineras se emplean en la pesca con redes de fondo.* **2** Embarcación de varios remos de competición: *Las regatas de traineras son muy populares en el Norte.*

traje *s. m.* **1** Vestido exterior completo de una persona: *Los trajes de verano son más ligeros que los de invierno.* **2** Vestido de hombre que consta de una chaqueta y un pantalón y, en ocasiones, un chaleco, todo a juego: *el hombre del traje gris. Me he comprado un traje azul marino.* **3** Traje de chaqueta femenino: *A la boda pienso ir con el traje que estrené el otro día.* **4** Vestido exterior femenino de una pieza: *Me pondré un traje largo para la fiesta.* **5** Vestido distintivo o característico de un grupo de personas, de una época o de un lugar: *traje andaluz, traje romano, traje de bombero, traje de militar.* || **6 ~ corto** El de chaquetilla corta y pantalón ajustado de talle alto, como el de los bailadores de flamenco o el de los toreros cuando torean sin traje de luces. **7 ~ de baño** Bañador. **8 ~ de ceremonia** Uniforme propio del cargo o de la dignidad de una persona o de algunas ocasiones especiales, como la boda. **9 ~ de chaqueta** Traje femenino de dos piezas que consta de chaqueta y falda a juego. **10 ~ de luces** Traje bordado de seda y con lentejuelas que usan los toreros para torear en las corridas. **11 ~ de noche** Vestido femenino largo o semilargo usado en fiestas y ocasiones especiales. **12 ~ pantalón** Traje femenino que consta de chaqueta y pantalón. **13 ~ sastre** Traje femenino de chaqueta: *A la jefa le gusta vestir siempre un traje sastre gris marengo.*

trajeado, da *adj.* Se usa en la LOC. **bien / mal ~** COLOQUIAL. [Persona] que va bien o mal arreglada en su manera de vestir: *En el mercado pide limosna un señor bien trajeado, casi elegante.*

trajear *v. tr. / prnl.* **1** RESTRINGIDO. Proporcionar ‹una persona› un traje [a otra persona]: ***Se*** *trajea en los mejores establecimientos del ramo.* **2** Vestir ‹una persona› [a otra persona] de manera más elegante de lo habitual: *Voy a trajear**me** un poco para la fiesta. La madre siempre trajea a las niñas para ir a ver a la abuelita.*

trajín *s. m.* **1** Acción de mover algo varias veces de un sitio a otro: *¡Qué trajín te traes con los libros de una mesa a otra!* **2** (no contable) Actividad o movimiento intenso: *La abuela no soporta el trajín de la ciudad.*

trajinar *v. intr.* **1** Desarrollar ‹una persona› una actividad intensa o moverse mucho de un lado a otro: *Mi madre no se cansa de trajinar por casa. Los sábados nos pasamos toda la tarde trajinando en el comercio.* || *v. tr. / prnl.* **2** VULGAR; PEYORATIVO. Mantener ‹una persona› relaciones sexuales con [otra persona]: ***(Se)*** *ha trajinado a todas las vecinas de su casa.* SIN. tirarse (VULGAR).

tralla *s. f.* **1** Trenza que se pone en el extremo del látigo para que restalle. **2** Látigo provisto de esta trenza: *Mi tío nos amenazaba con una tralla si nos portábamos mal.*

trallazo *s. m.* **1** Golpe dado con la tralla: *El arriero arreaba el mulo con fuertes trallazos.* SIN. latigazo. **2** Ruido seco que hace la tralla o algo parecido al golpear: *Los trallazos resonaban en un silencio cada vez más hostil.* SIN. chasquido. **3** DEP.; COLOQUIAL. Patada muy fuerte dada a la pelota en el fútbol: *El defensa marcó de un trallazo.*

trama *s. f.* **1** Conjunto de hilos colocados a lo ancho, que cruzados y entrelazados con los de la urdimbre forman una tela o tejido: *trama densa, trama muy suelta. La trama de esta tela es muy tupida.* **2** Disposición interna, estructura y forma en que se enlazan las distintas partes o acciones de un asunto: *La trama de la negociación está mal organizada.* **3** Argumento de una obra de teatro, novela o película: *La trama de esta novela es entretenida. No me gusta la trama de sus cuentos.* **4** Plan oculto, generalmente para conseguir alguna cosa de manera ilegal: *una trama de contraban-*

do. Se ha descubierto una trama golpista para atentar contra el Gobierno. **5** BIOL. Conjunto de células y fibras que constituyen la estructura de un tejido. **6** Conjunto de líneas que forman la imagen que se transmite por televisión: *Con la televisión de alta definición no se notará la trama de la imagen en la pantalla.*

tramado *s. m.* FOT. Red de puntos que en fotograbado reproduce la trama de una imagen: *un tramado grueso, un tramado fino.*

tramar *v. tr.* **1** Preparar ‹una persona› [un engaño o una traición]: *Han tramado una conspiración contra él.* SIN. urdir. **2** Pasar ‹una persona› [los hilos de la trama] por los de la urdimbre para hacer un tejido. SIN. tejer. **3** ART. GRÁF. Descomponer ‹una persona› [una imagen] en puntos.

trambucar *v. intr.* **1** COL. Hundirse ‹una embarcación›. || *v. intr. / prnl.* **2** VEN.; RESTRINGIDO. Enterrarse o hundirse ‹una cosa›. **3** VEN.; RESTRINGIDO. Ladearse ‹un animal o una cosa›. ⇒ **71.**

tramitación *s. f.* Acción y resultado de tramitar: *El alcalde ha pedido al Gobierno urgentemente la tramitación de las ayudas al campo. La tramitación de un crédito es ahora muy sencilla.*

tramitar *v. tr.* Hacer ‹una persona› las gestiones necesarias para resolver [un asunto]: *Estamos tramitando urgentemente su petición.*

trámite *s. m.* **1** Cada una de las gestiones que hay que realizar para resolver un asunto: *cumplir todos los trámites administrativos. Tienes que hacer tantos trámites que no vale la pena. Hice todos los trámites para la obtención del visado.* SIN. diligencia. **2** Procedimiento legal o administrativo que se sigue para resolver un asunto: *Me solucionaron el problema por trámite de urgencia.* SIN. vía, cauce, proceso. **3** Tramitación: *Admitieron a trámite mi demanda.*

tramo *s. m.* **1** Cada una de las partes en que puede dividirse una superficie: *Han arreglado un nuevo tramo de carretera. Se ha derrumbado un tramo de la pared oeste de la catedral.* **2** Conjunto de escalones entre dos descansillos de una escalera: *No puedo subir ni un tramo más de escalera.* **3** VEN. Anaquel o estante de un armario.

tramojo *s. m.* AMÉR. DEL S. Tranca de palo que se les pone a los animales en el cuello para que no puedan bajar el hocico.

tramontana *s. f.* Viento del norte, frío y seco que sopla en las costas francesas del golfo de León, en el valle catalán del Ampurdán y en la isla de Mallorca: *La tramontana es muy desagradable en el campo de Gerona.*

tramontano, na *adj.* RESTRINGIDO. Que está situado al otro lado de los montes: *valle tramontano, peregrino tramontano.*

tramoya *s. f.* **1** Maquinaria que se utiliza en los teatros para cambiar el decorado y producir los efectos especiales: *Están renovando la tramoya del teatro principal.* **2** Enredo que se prepara para engañar o perjudicar a una persona: *Han preparado una tramoya para engañar a los despistados.* **3** Parte que permanece oculta en un asunto: *El director ha dicho que no hay ninguna tramoya en lo que nos plantea.*

tramoyero, ra *adj.* URUG.; PEYORATIVO. Estafador, tramposo.

tramoyista *s. m. / f.* **1** Persona que diseña, construye o maneja las tramoyas de un teatro: *El tramoyista está enfermo y hoy ensayamos sin cambio de decorados.* || *adj. / s. m.* y *f.* **2** RESTRINGIDO. Persona que utiliza ficciones y engaños.

trampa *s. f.* **1** Lugar o aparato preparado para cazar animales mediante un engaño: *En la trampa había un ratón. Los cazadores pusieron trampas por todo el bosque.* **2** Plan para engañar a alguien: *Cayó en la trampa que le puso la policía.* **3** Engaño disimulado que se hace para sacar provecho de él en los juegos: *No se puede jugar con él, porque siempre hace trampas.* **4** Fraude voluntario a la ley para conseguir un beneficio: *Siempre hace trampas en la declaración de Hacienda.* **5** Puerta en el suelo o en el techo de una habitación que comunica con otra superior o inferior: *Debajo de la alfombra del pasillo tienen una trampa que conduce al sótano.*

trampantojo *s. m.* COLOQUIAL, RESTRINGIDO; PEYORATIVO. Trampa, engaño en el que una persona cree ver lo que no es: *Los magos no hacen milagros, simplemente dominan muy bien el arte de los trampantojos.*

trampear *v. intr.* **1** COLOQUIAL. Vivir ‹una persona› pidiendo dinero prestado con engaños para salir de apuros: *Durante años hemos vivido trampeando.* **2** COLOQUIAL. Vivir ‹una persona› sobrellevando y superando con apuros las dificultades: *–«¿Cómo vas, abuela?» –«Pues ya ves, trampeando con la vista y estas piernas.»* SIN. tirar.

trampero, ra *s. m. / f.* **1** Persona que utiliza trampas para cazar: *Los tramperos eran típicos de las tierras frías de Norteamérica.* || *s.m.* **2** URUG. Jaula para cazar pájaros.

trampilla *s. f.* **1** Puerta pequeña horizontal en el suelo o en el techo de una habitación: *En el pasillo hay una trampilla para subir al desván.* **2** Hueco en el suelo o en el techo de una habitación que permite el acceso a otra: *A la bodega se accede por una trampilla desde la cocina.*

trampolín *s. m.* **1** DEP. Tabla flexible sujeta por uno de sus extremos, desde la que los nadadores saltan para lanzarse al agua: *tirarse desde el trampolín.* **2** DEP. Tabla flexible inclinada sobre la que los gimnastas toman impulso para el salto: *El campeón ha botado poco en el trampoín y ha dado un mal salto.* **3** DEP. Plataforma inclinada que prolonga la pendiente de una montaña, utilizada para el salto de esquí: *Saltar desde el trampolín exige mucho entrenamiento.* **4** Circunstancia, persona o cosa que sirve a una persona para conseguir un fin: *Ese programa que presentó en televisión fue su trampolín hacia la fama.*

tramposo, sa *adj.* **1** Que hace trampas o tiende a hacerlas: *No me gusta jugar a las cartas con tu hermana porque es una tramposa.* **2** Que adquiere deudas sin intención de pagarlas: *A ver si pagas, porque no me gusta que nos llamen tramposos.*

tranca *s. f.* **1** Palo grueso y fuerte que se utiliza como bastón o para atacar o defenderse. SIN. estaca, garrote. **2** Palo o estaca gruesa que se atraviesa detrás de puertas y ventanas para cerrarlas y asegurarlas: *Pon la tranca a la puerta de la calle antes de acostarte.* **3** COLOQUIAL. Borrachera: *Lleva una tranca que no puede ni caminar.* SIN. cogorza, mona, melopea. **4** VULGAR. Órgano sexual masculino, pene. **5** VEN. Jugada de cierre en el juego del dominó. **7** VEN.; COLOQUIAL. Atasco del tráfico. FR. Y LOC. **a trancas y barrancas** COLOQUIAL. A duras penas, con dificultades o interrupciones: *Acabó la carrera a trancas y barrancas.*

trancada *s. f.* **1** DEP.; ARG., URUG.; COLOQUIAL. Zancadilla. **2** COL.; COLOQUIAL. Reprimenda o bronca.

trancado, da *adj.* 1 COL.; COLOQUIAL. [Persona] que es muy severa. 2 URUG.; COLOQUIAL. Que está temporalmente detenido por un obstáculo o dificultad.

trancar *v. tr.* 1 Cerrar ‹una persona› [una puerta] asegurándola con una tranca o con otro cierre: *Tranca la puerta si te vas de vacaciones.* SIN. atrancar. 2 DEP. URUG., ARG.; COLOQUIAL. Zancadillear ‹un jugador› [a otro jugador contrario]. 3 VEN. Interrumpir o entorpecer ‹una persona› el desarrollo de [una cosa]. ⇒ **71.**

trancazo *s. m.* 1 COLOQUIAL. Golpe dado con una tranca: *Siempre el que da la cara es el que recibe los trancazos.* SIN. estacazo (COLOQUIAL). 2 COLOQUIAL. Gripe o catarro fuerte, en especial cuando va acompañado de dolor de huesos: *Me duele todo, me parece que he pillado un trancazo.*

trance *s. m.* 1 Momento crítico, decisivo y difícil: *Está pasando por un trance difícil. Siempre es un trance desagradable despedir a una persona del trabajo.* SIN. aprieto, apuro, lance, brete. 2 Estado en que un médium manifiesta fenómenos paranormales: *El médium ha entrado en trance.* SIN. éxtasis. 3 Últimos momentos de la vida de una persona: *último trance, trance postrero, mortal trance.* FR. Y LOC. **a todo ~** Sea como sea, sin reparar en medios: *Ha dicho que irá a Santiago a todo trance. Quiere comprar la casa a todo trance.*

tranchete *s. m.* Cuchilla de zapatero. SIN. chaira, cheira, trinchete.

tranco *s. m.* 1 Paso o salto que se da abriendo mucho las piernas: *Subió la escalera a trancos. De tres trancos se ha plantado ante la portería contraria.* SIN. zancada. 2 RESTRINGIDO. Parte inferior del hueco de una puerta.

tranquera *s. f.* 1 Estacada, valla de estacas o empalizada. 2 AMÉR. DEL S. Puerta en forma de valla con travesaños horizontales.

tranquero *s. m.* 1 CHILE, COL., VEN.; RESTRINGIDO. Tranquera, puerta en forma de valla con travesaños horizontales. 2 ARG.; RESTRINGIDO. Encargado de vigilar una tranquera.

tranquilidad *s. f.* (no contable) Calidad o estado de tranquilo: *la tranquilidad del mar. Prefiero la tranquilidad. ¡Qué tranquilidad hay aquí! Me gusta la tranquilidad de las tardes de agosto.* SIN. calma. ANT. intranquilidad.

tranquilizante *adj. / s. m.* [Fármaco] que tranquiliza o seda: *Me han recetado tranquilizantes para dormir.*

tranquilizar *v. tr. / prnl.* Poner ‹una persona o una cosa› tranquila [a una persona]: *Se tranquilizó al oír la noticia. Me tranquiliza ver que estás mejor.* SIN. calmar(se). ⇒ **19.**

tranquillo *s. m.* Habilidad que se adquiere con la práctica: *Todo es difícil hasta que dominas el tranquillo.* FR. Y LOC. **coger el ~** COLOQUIAL. Dominar ‹una persona› las dificultades de una cosa o de una ctividad: *Una vez que le coges el tranquillo, es muy fácil escribir con el ordenador.* SIN. truco.

tranquilo, la *adj.* 1 (estar) Que está quieto o con su movimiento habitual: *El mar está tranquilo.* 2 (ser / estar) Que no tiene ruidos ni agitación que pueda molestar: *Es un lugar muy tranquilo* ***para*** *descansar. Las calles están tranquilas a esta hora de la noche.* 3 (estar) Que no está preocupado o nervioso: *Los padres están tranquilos* ***con*** *los estudios de la hija. Me gusta vivir tranquilo, sin problemas ni agobios.* 4 Que actúa sin prisa ni nerviosismo: *Él es siempre muy tranquilo y no se altera por nada. Tiene un carácter muy tranquilo.* 5 Que no se siente culpable: *Tiene la conciencia muy tranquila.* || *adj. / s. m.* y *f.* 6 Que es poco responsable y muy despreocupado: *Es un tranquilo que no tiene nunca el trabajo preparado.* 7 Que se toma las cosas con mucho tiempo, sin preocuparse demasiado por lo que tiene que hacer o por sus obligaciones hacia los demás: *Eres demasiado tranquila con tus obligaciones.* FR. Y LOC. **(esté / estate) ~** Expresión que se emplea para intentar tranquilizar o calmar a una persona que está inquieta o impaciente: *Tranquilo hombre, que todavía es pronto. Estén ustedes tranquilos, que no ha pasado nada.*

tranquiza *s. f.* MÉX., COL.; COLOQUIAL en México, RESTRINGIDO en Colombia. Paliza, zurra.

trans- *pref.* Tras.

transa *s. f.* ARG., URUG., COLOQUIAL. Acuerdo o negocio ilícito.

transacción *s. f.* 1 Acuerdo por el que se efectúa un intercambio comercial: *Las transacciones con América han experimentado un descenso. Este año hemos conseguido transacciones importantes con el Este.* SIN. negocio. 2 DER. Contrato mediante el cual las partes, haciéndose mutuas concesiones, evitan un pleito: *El juez consiguió que los litigantes firmasen una transacción.* 3 ELEVADO. Acción de transigir: *En un caso tan grave no es posible la transacción.* SIN. transigencia.

transalpino, na o **trasalpino, na** *adj.* De las regiones que, desde Italia, aparecen situadas al otro lado de los Alpes: *regiones transalpinas.*

transaminasa *s. f.* BIOQUÍM. Enzima que se encuentra principalmente en los animales y que realiza el transporte de un grupo amino de una célula a otra.

transandino, na o **trasandino, na** *adj.* 1 Del otro lado de la cordillera de los Andes: *regiones transandinas.* 2 Que atraviesa los Andes: *tráfico trasandino, comercio transandino, carretera trasandina.*

transar *v. intr.* 1 ARG., URUG., VEN. Transigir, aceptar ‹una persona› ciertas condiciones o exigencias. 2 AMÉR. DEL S. Negociar ‹una persona› [cuestiones comerciales o políticas].

transatlántico, ca o **trasatlántico, ca** *adj.* 1 De las regiones situadas en la otra orilla del Atlántico. 2 Del tráfico y del comercio que atraviesan el Atlántico: *cable transatlántico, correo transatlántico.* || 3 *s. m.* Embarcación de gran tamaño destinada a viajes largos de pasajeros: *un viaje en transatlántico, una travesía en transatlántico.*

transbordador, ra o **trasbordador, ra** *adj.* 1 Que transborda o sirve para transbordar: *una barcaza transbordadora.* || *s. m.* 2 Embarcación o vehículo que sirve de transporte entre dos puntos de una corriente de agua o entre dos puntos de tierra de diferente nivel. **~ funicular.** 3 Plataforma giratoria que translada lateralmente vagones y locomotoras de una vía a otra: *Con las locomotoras que marchan en ambas direcciones los trasbordadores tienen menos uso.* || 4 **puente* ~.** 5 **~ espacial** Nave espacial que despega verticalmente propulsada por unos cohetes y aterriza como un avión normal.

transbordar o **trasbordar** *v. tr. / intr.* Trasladar ‹una persona› [personas o cosas] de un vehículo a otro: *Transbordaremos en la próxima estación.*

transbordo o **trasbordo** *s. m.* Acción de trasladar o trasladarse personas o cosas de un vehículo a otro: *Para ir al centro hay que hacer un transbordo en la estación de la Avenida de América.*

transcendencia *s. f.* Trascendencia.

transcendental *adj.* Trascendental.

transcendentalismo *s. m.* (no contable) FILOS. Trascendentalismo.

transcendente *adj.* Trascendente.

transcender *v. tr.* Trascender. ⇒ **80.**

transcendido *s. m.* ARG., URUG. Trascendido.

transcontinental o **trascontinental** *adj.* Que atraviesa un continente: *vuelo transcontinental, tren transcontinental, carretera transcontinental.* **avión ~.**

transcribir o **trascribir** *v. tr.* 1 Copiar ‹una persona› [un escrito] utilizando el mismo sistema de escritura u otro distinto: *Transcribió el texto árabe en caracteres latinos.* SIN. trasladar. 2 Poner ‹una persona› [una cosa que oye] por escrito: *Transcribió una conversación. El secretario transcribe ahora las cintas de la conferencia.* 3 Hacer ‹una persona› una transcripción fonética o fonológica de [un texto oral o escrito]: *Transcribir lo que la gente dice no es tan fácil.* 4 Arreglar ‹una persona› [la música destinada a un instrumento] para otro distinto: *Está transcribiendo para piano una partitura de violín.* ⇒ **91.**

transcripción o **trascripción** *s. f.* 1 Acción y resultado de transcribir: *Estaba absorto en la transcripción de un manuscrito del siglo* XVI. 2 Cosa transcrita: *Le envío una transcripción del original.* 3 Pieza musical que resulta de transcribir otra: *Le encargaron una transcripción para guitarra de una polonesa.* ‖ 4 **~ fonética** LING. Representación mediante un alfabeto especial, llamado fonético, de un enunciado cualquiera de una lengua. 5 **~ fonológica** Representación de los elementos fonológicos de una lengua mediante un sistema de escritura.

transcrito o **trascrito** *p.* Participio irregular de *transcribir.*

transculturación *s. f.* ANTROP. Adopción y adaptación que hace un pueblo o grupo social de formas de cultura procedentes de otro: *El proceso de transculturación de los pueblos romanizados no fue uniforme.*

transcurrir o **trascurrir** *v. intr.* 1 Pasar ‹el tiempo›: *Han transcurrido siete horas desde que llamaron.* 2 Pasar ‹una acción que se desarrolla en el tiempo› de [una determinada manera]: *Las vacaciones transcurrieron muy divertidas. Mi infancia transcurrió en Sevilla.*

transcurso o **trascurso** *s. m.* 1 Acción de transcurrir el tiempo: *el transcurso de los días.* SIN. paso. 2 Paso de un periodo de tiempo determinado: *en el transcurso del año. Iré a veros en el transcurso del mes de mayo.*

transducción *s. f.* MED. Transformación de una vivencia psíquica en otra psicosomática: *Muchas jaquecas pueden ser resultado de un fenómeno de transducción.*

transductor *s. m.* 1 Dispositivo que convierte una forma de energía en otra. 2 BIOL. Entidad biológica, generamente un conjunto de proteínas o una sola, que lleva a cabo la transformación de una acción hormonal en una actividad enzimática.

transepto *s. m.* ARQ. En una iglesia, nave perpendicular a la principal que forma los brazos de una cruz latina.

transeúnte *adj. / s. m.* y *f.* 1 Que transita o pasa por algún lugar: *Un transeúnte murió ayer atropellado por un coche.* 2 Que reside temporalmente en un sitio o que está de paso: *La población transeúnte aumenta mucho en verano al lado del mar. Soy socio transeúnte del Ateneo.*

transexual *adj.* [Persona] que tiene un sentimiento fuerte de pertenecer al sexo contrario y desea adaptar a él su cuerpo, con tratamientos médicos y quirúrgicos: *Hay más hombres transexuales que mujeres.*

transexualidad *s. f.* (no contable) Transexualismo.

transexualismo *s. m.* (no contable) Condición de la persona que adquiere caracteres sexuales del sexo opuesto mediante un tratamiento hormonal y quirúrgico: *No oculta su transexualismo en ningún momento.* SIN. transexualidad.

transferencia o **trasferencia** *s. f.* 1 ELEVADO. Traslado o cambio de lugar de una persona o una cosa: *La dirección ha aprobado mi transferencia a otro departamento.* 2 Traspaso o cesión de un dominio o un derecho a otra persona: *El Gobierno central ha aprobado las transferencias de Economía y Educación a los gobiernos regionales.* 3 PSICOL. Vinculación afectiva que se establece en el psicoanálisis entre paciente y médico. ‖ 4 **~bancaria** ECON. Operación por la que se traslada dinero de una cuenta bancaria a otra: *Puede pagar con un cheque o con una transferencia a la cuenta de la tarjeta.*

transferir o **trasferir** *v. tr.* 1 Pasar ‹una persona› [a otra persona o una cosa] de [un lugar a otro]: *Lo han transferido **a** una sucursal de provincias.* SIN. trasladar. 2 Dar o dejar ‹una persona› voluntariamente [una cosa que posee] a [otra persona]: *Transfirió sus bienes a sus hijos.* SIN. traspasar, ceder. 3 Pasar ‹una persona› [una cantidad de dinero] de una cuenta bancaria a otra: *Mi padre me ha transferido ya el dinero de este mes.* ⇒ **75.**

transfiguración o **trasfiguración** *s. f.* 1 Acción y resultado de transfigurar o transfigurarse: *Sólo el amor podría producir una transfiguración tan sorprendente.* SIN. transformación. 2 REL. En la religión cristiana, cambio sobrenatural del aspecto humano de Jesucristo ante sus discípulos Pedro, Santiago y Juan: *La Transfiguración es la manifestación de la condición divina de Cristo.*

transfigurar o **trasfigurar** *v. tr.* 1 Causar ‹una persona o una cosa› un cambio muy visible en [la forma o el aspecto de otra]: *La alegría le transfiguraba el rostro.* SIN. transformar. ‖ *v. prnl.* 2 Cambiar ‹la forma o el aspecto de una persona o una cosa›: *Su rostro se transfiguró cuando lo vio llegar. Se transfiguró con el enfado **en** un ser peligroso.* SIN. transformarse.

transfixión o **trasfixión** *s. f.* 1 ELEVADO. En la Iglesia Católica, conjunto de los sufrimientos o dolores que padeció la Virgen en la pasión de Cristo como si la hubieran herido o pasado de parte a parte con un arma u objeto puntiagudo: *la transfixión de la Virgen María.* 2 ELEVADO. Acción de perforar o pasar de parte a parte con un arma u objeto puntiagudo: *la trasfixión de Santa Teresa.* SIN. transverberación.

transfluencia *s. f.* 1 GEOGR. Cambio que se produce en el curso de un río por llegar hasta el de otro, o por modificaciones en su cauce: *Aunque es el mismo río que vimos más arriba, es fácil ver que ha sufrido una transfluencia.* 2 GEOGR. Desbordamiento de un glaciar pasando de un valle a otro: *En este glaciar descubrimos un caso claro de transfluencia.*

transfocador *s. m.* CINE. Dispositivo óptico formado por un sistema de lentes que se adapta a una cámara fija y permite el avance o retroceso rápidos de la imagen.

transformable o **trasformable** *adj.* Que se puede transformar: *pasta transformable. Algunos muebles son transformables.*

transformación o **trasformación** *s. f.* **1** Acción o resultado de transformar o transformarse: *la transformación de una sociedad, la transformación de un paisaje, la transformación de una personalidad. La transformación de esta muchacha ha sido importante.* **2** BIOL. Fenómeno por el que unas células adquieren material genético de otras: *transformación celular.* **3** LING. Operación que establece formalmente una operación sintáctica entre dos frases de una lengua: *La relación entre las oraciones activas y pasivas se puede formalizar como una transformación.* **4** DEP. Jugada de rugby en la que el balón pasa por encima del palo horizontal de la portería entre los dos verticales: *El equipo visitante acaba de conseguir una transformación.*

transformacional o **trasformacional** *adj.* LING. Perteneciente a las transformaciones de la gramática. **gramática transformativa*** o **gramática ~.**

transformador, ra o **trasformador, ra** *adj.* **1** Que transforma: *idea transformadora, movimientos transformadores.* ‖ *s. m.* **2** Componente de los circuitos eléctricos que permite modificar la tensión eléctrica de una fuente de corriente alterna: *El barrio se ha quedado sin luz porque se ha estropeado un transformador de la zona.* **3** Aparato o dispositivo doméstico o industrial de funcionamiento parecido al anterior, que modifica el voltaje de la corriente eléctrica: *Necesito un transformador para enchufar la nevera de 125 voltios a la red de 220 voltios.*

transformar o **trasformar** *v. tr.* **1** Causar ‹una persona o una cosa› un cambio en [la forma, las características o el aspecto de otra]: *La paternidad ha transformado su manera de ser.* SIN. cambiar. **2** Causar ‹una persona o una cosa› un cambio en las costumbres o la manera de ser de [una persona]: *La televisión ha transformado la vida de muchas familias.* SIN. cambiar. **3** Convertir ‹una persona› [una cosa] en [otra] mediante un determinado proceso: *En la cooperativa seguimos todo el proceso para transformar las uvas en vino. El delantero ha transformado la falta en gol.* SIN. transmutar (ELEVADO). ‖ *v. prnl.* **4** Cambiar ‹la forma o el aspecto de una persona o una cosa›: *El renacuajo se transforma **en** rana.* SIN. convertirse. **5** Cambiar las costumbres o la manera de ser de ‹una persona›: *Patro se ha transformado desde que regresó de su largo viaje.* **6** Convertirse ‹una cosa› en [otra]: *La tormenta se ha transformado en mansa lluvia.* ‖ *v. intr.* **7** DEP. Conseguir ‹un jugador› una transformación con un lanzamiento de balón: *Nuestro equipo no consiguió transformar por esta vez.*

transformativo, va o **trasformativo, va** *adj.* **1** Que puede transformar: *ideas transformativas.* ‖ **2 gramática ~** o **gramática transformacional** Gramática generativa que establece que de un esquema oracional se pasa a otro u otros por la aplicación de determinadas reglas.

transformismo o **trasformismo** *s. m.* **1** (no contable) Teoría biológica que explica la aparición de las distintas especies como resultado de sucesivas transformaciones: *Las formulaciones más importantes del transformismo son las de Darwin.* **2** (no contable) Actividad del artista que cambia rápidamente de traje y aspecto para imitar a muchos tipos humanos y personajes: *El transformismo se practica mucho entre los artistas de televisión.* **3** COLOQUIAL; PEYORATIVO. Cambio rápido y poco justificado de ideas o partido de algunos personajes públicos: *El transformismo político es poco apreciado por los españoles.*

transformista o **trasformista** *adj.* **1** De la teoría del transformismo o de la aparición de las distintas especies: *las ideas transformistas, la difusión transformista.* ‖ *adj. / s. m.* y *f.* **2** Partidario de la teoría biológica del transformismo: *los transformistas españoles.* ‖ *s. m. / f.* **3** Artista que cambia rápidamente su aspecto imitando diferentes tipos o personajes famosos: *Esta noche actúan un transformista y un mago.* **4** VEN. Homosexual travestí.

tránsfuga o **trásfuga** *s. m. / f.* **1** Persona que huye de un lugar a otro: *Es un tránsfuga buscado por la justicia.* **2** Persona que abandona un grupo o un partido político para pasar a otro: *Es un tránsfuga del partido de la oposición.* SIN. tránsfugo.

tránsfugo o **trásfugo** *s. m.* Tránsfuga.

transfuguismo *s. m.* (no contable) POLÍT.; PEYORATIVO. Comportamiento de las personas que pasan de grupo a otro o de un partido político a otro: *El transfuguismo de los grandes ejecutivos es un hecho normal en las empresas importantes. El transfuguismo político irrita a los electores.*

transfundir o **trasfundir** *v. tr.* **1** RESTRINGIDO. Pasar ‹una persona› [un líquido] poco a poco de un lugar a otro: *El vino hay que transfundirlo lentamente.* **2** MED. Realizar ‹una persona› una transfusión de [sangre]: *Al enfermo le han transfundido dos litros de sangre.* ‖ *v. tr. / prnl.* **3** ELEVADO. Comunicar ‹una persona› [una cosa] a otras personas: *Tu madre nos transfundió la noticia en cuanto supo el resultado de los análisis.*

transfusión o **trasfusión** *s. f.* MED. Acción y resultado de introducir sangre o plasma de una persona en los vasos sanguíneos de otra, para reponer pérdidas debidas a hemorragias o anemia: *transfusión de sangre. Ha perdido mucha sangre, necesitará una transfusión.*

transgredir o **trasgredir** *v. tr.* DER. No cumplir ‹una persona› [un precepto o una ley]: *Irá a la cárcel por haber transgredido la ley.* SIN. infringir, quebrantar. ⇒ **1.**

transgresión o **trasgresión** *s. f.* Acción y resultado de transgredir: *Era comprensivo con las pequeñas transgresiones del reglamento interno de la empresa.*

transgresor, ra o **trasgresor, ra** *adj. / s. m.* y *f.* Que transgrede o quebranta una ley o precepto: *doctrina transgresora. Los transgresores de las leyes de respeto a la naturaleza serán severamente sancionados.*

transiberiano, na *adj. / s. m.* **1** Que atraviesa Siberia: *correo transiberiano, ferrocarril transiberiano, carretera transiberiana.* ‖ *s. m.* **2** Tren que atraviesa Siberia desde Moscú hasta el Pacífico: *Haremos el viaje en el transiberiano.*

transición *s. f.* **1** Acción de pasar de un estado, situación o modo de ser a otro distinto: *la transición del estado líquido al gaseoso. Con una brusca transición de tono se dirigió a mí.* SIN. cambio. **2** Estado intermedio entre uno más antiguo y otro al que se llega en un cambio: *Gótico de transición, transición al Renacimiento. Sin transición pasó de la risa al llanto.* **3** HIST., POLÍT. En España, periodo que comprende desde un poco antes de la muerte de Franco en 1975 hasta la proclamación de la nueva Constitución en 1978: *Este político fue una figura relevante de la transición a la democracia.*

transicional *adj.* ELEVADO. Que pasa de un estado o situación a otro: *Estas instituciones son transicionales.*

transido, da *adj.* (estar) ELEVADO. Que está muy angustiado por alguna penalidad o sufrimiento: *Estaba en la cama transido de dolor.*

transigente *adj.* (ser / estar) Que transige o tiende a transigir: *He llegado con ánimo transigente, pero ya me estás cansando.* ANT. intransigente.

transigir *v. intr.* **1** Aceptar ‹una persona› ideas u opiniones contrarias a los propios deseos o creencias para llegar a un acuerdo: *No querían comprarle la moto, pero al final transigieron.* SIN. ceder, acceder. **2** Dejar, consentir ‹una persona› que se haga [una cosa]: *No transige* ***con*** *la mentira. Mi madre ha transigido* ***con*** *la boda de mi hermana.* SIN. consentir. ⇒ **78.**

transistor *s. m.* **1** Componente electrónico formado por materiales semiconductores que se emplea en los aparatos eléctricos como amplificador, convertidor, interruptor o en otras funciones. **2** Receptor de radio que funciona con transistores: *Los transistores están muy de moda.*

transistorizado, da *adj.* Que funciona con transistores: *aparato de radio transistorizado.*

transitable *adj.* (ser / estar) [Sitio, lugar] que permite el tránsito: *Nuestra calle no está transitable en invierno.*

transitar *v. intr.* Ir o pasar ‹una persona› por [una vía pública]: *La gente apenas transitaba* ***por*** *las calles a aquella hora. Los camiones no pueden transitar por aquí.*

transitividad *s. f.* (no contable) LING. Cualidad o condición de ser transitivo un verbo: *transitividad verbal.*

transitivo, va *adj.* GRAM. [Verbo, oración] que tiene complemento directo: *El verbo «hacer» es transitivo en español.*

tránsito *s. m.* **1** Paso de personas o circulación de vehículos por una vía pública: *Zona de tránsito de ambulancias, prohibido aparcar. Van a cerrar al tránsito de camiones el centro de la plaza.* **2** Actividad y movimiento de personas y vehículos que pasan por una vía pública: *El puente soporta mucho tránsito en invierno. En estas calles nunca hay tránsito a estas horas.* **3** Paso por un empleo: *durante mi tránsito por la editorial. En su tránsito por el Ministerio destrozó la Enseñanza Media.* **4** RESTRINGIDO. Pasillo o corredor en las casas de religiosos: *Después de comer los profesores del seminario pasean por el tránsito del primer piso.* **5** ELEVADO. Muerte de una persona justa o santa, especialmente la de la Virgen María: *el tránsito de la Virgen.* ‖ FR. Y LOC. **de ~** Provisionalmente, de paso: *Estoy aquí de tránsito, mañana me voy.* **en ~** De paso en un aeropuesto, desembarcado de un avión para subir a otro: *Los pasajeros en tránsito para Canarias no necesitan pasar por la ventanilla de pasaportes.*

transitoriedad *s. f.* Cualidad de transitorio: *la transitoriedad de la vida humana, la transitoriedad de su dirección.*

transitorio, ria *adj.* **1** Que dura poco o sólo cierto tiempo: *estado transitorio, disposición legal transitoria.* SIN. temporal, pasajero. **2** Que morirá, dejará de existir o se extinguirá: *Todas las vidas son transitorias.*

translación *s. f.* Traslación.

translaticio, cia *adj.* Traslaticio.

translativo, va *adj.* Traslativo.

transliteración *s. f.* Acción y resultado de transliterar: *En español es más fácil la transliteración de los caracteres griegos que la de los árabes.*

transliterar *v. tr.* Representar ‹una persona› [los signos y caracteres de un sistema de escritura] mediante los signos y caracteres de otro diferente: *Un mismo sistema de escritura se puede transliterar de diferentes maneras a otro sistema.* SIN. trasladar.

translúcido, da *adj.* Traslúcido.

transluciente *adj.* Trasluciente.

translucir *v. tr. / prnl.* Traslucir. ⇒ **50.**

transmediterráneo, a o **trasmediterráneo, a** *adj.* Que atraviesa el mar Mediterráneo: *comercio transmediterráneo, Compañía Naviera Transmediterránea.*

transmigración o **trasmigración** *s. f.* Acción y resultado de pasar un alma de un cuerpo a otro tras la muerte: *La transmigración es defendida por ciertas filosofías y religiones orientales.*

transmigrar o **trasmigrar** *v. intr.* **1** RESTRINGIDO. Ir ‹una persona› a otro país para vivir en él: *Se cree que el pueblo gitano transmigró a Europa desde Oriente.* SIN. emigrar. **2** Pasar ‹un alma› de un cuerpo a otro tras la muerte: *Algunos creen que las almas trasmigran después de la muerte.*

transmisible o **trasmisible** *adj.* Que se puede transmitir.

transmisión o **trasmisión** *s. f.* **1** Acción y resultado de emitir una emisora de radio o televisión un programa: *La transmisión de noticias es lo más interesante de la televisión.* SIN. emisión. **2** Acción de contagiar una enfermedad: *enfermedades de transmisión sexual. Es preciso conocer las vías de transmisión del sida.* **3** Acción de ceder una cosa a otra persona: *transmisión de derechos.* SIN. traspaso. **~ de bienes** DER. Acción de dejar bienes en herencia: *Han subido los impuestos de transmisión de bienes.* **4** Acción de comunicar una persona una cosa a otra persona: *La transmisión de la orden de venta es ahora muy rápida con el fax.* **5** MEC. Dispositivo que transmite energía desde su origen hasta el punto en que debe aplicarse: *Se rompió la correa de transmisión del coche.* **6** (sólo en plural) MIL. Conjunto de servicios del ejército encargados de establecer una rápida y fácil comunicación entre las unidades combatientes y sus mandos: *Un fallo de las transmisiones ocasionó varias bajas. Mi hermano es capitán de transmisiones.*

transmisor, ra o **trasmisor, ra** *adj. / s. m.* y *f.* **1** Que transmite o puede transmitir: *aparato transmisor, virus transmisor.* ‖ *s. m.* **2** Cualquier aparato o dispositivo que transforma una onda acústica en una onda eléctrica o que produce señales para ser transmitidas por cable o por ondas electromagnéticas: *un transmisor de radio, un transmisor telegráfico. Parece que se ha estropeado el transmisor del teléfono.* **3** Aparato que sirve para transmitir las órdenes que dirigen el movimiento de las maquinas en maniobras de un barco o de los trenes.

transmitir o **trasmitir** *v. tr.* **1** Hacer llegar ‹una persona› [una noticia o un mensaje] a [otra persona]: *Le transmitió saludos de su amigo.* **2** Comunicar ‹una persona› [un mensaje] a [otra persona] por un medio de difusión: *Le hemos transmitido por fax la orden de que venda las acciones. Le he transmitido nuestra enhorabuena por teléfono.* SIN. enviado. **3** Emitir ‹una estación de radio o televisión› [un programa]: *La segunda cadena transmite el concierto desde Mérida.* SIN. retransmitir. **4** Comunicar por contagio ‹una persona, un animal o una cosa› [una enfermedad] a [otra persona u otro animal]: *El mosquito transmite el paludismo.* SIN. contagiar. **5** Comunicar ‹una persona o una cosa› [un sentimiento o un estado de ánimo]: *Nos ha transmitido enseguida su contento por estar entre nosotros.* **6** Renunciar ‹una persona› voluntariamente a [una cosa que posee] en favor de [otra persona]: *He transmitido mis derechos de autor a la UNICEF.* SIN. donar. **7** Ser ‹una cosa› el medio a través del cual se mueve [una onda física]: *El aire transmite el sonido.* SIN. conducir. **8** Comunicar ‹una máquina› [el movimiento de una pieza] a [otra]: *Ese mecanismo transmite el movimiento del motor a las ruedas del coche.*

transmutación o **trasmutación** *s. f.* **1** RESTRINGIDO. Acción y resultado de transmutar o transmutarse: *la transmutación del átomo. En los cuentos infantiles son frecuentes las transmutaciones.* SIN. transformación. **2** RESTRINGIDO. Operación mediante la cual los antiguos alquimistas pretendían convertir una materia en oro: *La transmutación era el sueño de los alquimistas.* **3** BIOL. Mutación cromosomática o estructural.

transmutar o **trasmutar** *v. tr.* **1** ELEVADO. Convertir ‹una persona› [una cosa] en [otra] mediante un determinado proceso: *El rey transmutaba **en** oro todo lo que tocaba.* SIN. transformar. || *v. prnl.* **2** ELEVADO. Convertirse ‹una cosa› en [otra cosa]: *La energía hidráulica se transmuta **en** energía eléctrica.*

transnacional *adj.* ARG., COL., URUG. [Empresa] multinacional. **empresa* ~.**

transoceánico, ca o **trasoceánico, ca** *adj.* **1** Que está al otro lado del océano: *regiones transoceánicas.* **2** Que atraviesa el océano: *ruta transoceánica, cable transoceánico.*

transpacífico, ca o **traspacífico, ca** *adj.* **1** Que está al otro lado del océano Pacífico: *el continente transpacífico, el mercado transpacífico, regiones transpacíficas.* **2** Que atraviesa el Pacífico: *ruta transpacífica, buque transpacífico, un vuelo transpacífico.*

transparencia o **trasparencia** *s. f.* **1** (no contable) FÍS. Cualidad del cuerpo que deja pasar la luz y permite ver también a través de él los objetos: *la transparencia de un papel muy fino, la transparencia de unas aguas muy limpias, la transparencia del cristal.* **2** (no contable) Característica propia de lo que se comprende o se ve fácilmente: *la transparencia de las palabras, la transparencia de un negocio, la transparencia de sus intenciones.* **3** Lámina de plástico transparente con imágenes o textos que se proyectan en una pantalla mediante una luz: *Nos explicó la circulación de la sangre con dibujos y gráficos hechos en transparencias.* **4** CINE. Técnica que consiste en utilizar imágenes fijas en una pantalla como fondo de las escenas rodadas en el exterior: *En esa película de romanos se nota que los monumentos son una transparencia.* **5** PINT. Técnica que consiste en ligeras pinceladas que dejan ver lo que cubren: *Son famosas las transparencias de las telas de Velázquez.*

transparentar o **trasparentar** *v. tr. / prnl.* **1** Permitir ‹un cuerpo› que sea visible a través de él [una cosa o la luz]: ***Se** transparentaba una lámpara verde a través del cristal. La fina camisa transparentaba un torso velludo y musculoso.* || *v. tr.* **2** Dejar ‹una persona› que se note [un sentimiento o un estado de ánimo]: *Cuando estás enfadado no puedes disimularlo, transparentas muy malhumor. A Pilar se le transparentaba una alegría contagiosa.* SIN. traslucir. || *v. intr. / prnl.* **3** Ser ‹un cuerpo› transparente: *Lleva un vestido que se transparenta.* || *v. prnl.* **4** Ser ‹un sentimiento o un estado de ánimo› visible: *Se transparentaba su preocupación.* **5** COLOQUIAL; HUMORÍSTICO. Estar ‹una persona› muy delgada: *A ver si comes más, porque te transparentas.*

transparente o **trasparente** *adj.* **1** [Cuerpo] que deja pasar la luz y deja distinguir cualquier objeto que hay detrás de él con claridad: *cristal transparente, agua transparente, aire transparente.* **2** [Cuerpo] que deja pasar la luz, pero no deja distinguir claramente lo que hay detrás: *tela transparente, pantalla transparente.* **3** (ser / estar; antepuesto / pospuesto) Que está limpio o claro: *agua transparente. La atmósfera está hoy muy transparente.* **4** Que se comprende con claridad o evidencia, o no contiene dudas ni ambigüedades: *razonamiento transparente. Mis intenciones son transparentes.* || *s. m.* **5** ARG. Tablón de anuncios.

transpiración o **traspiración** *s. f.* **1** Acción y resultado de transpirar. **2** BOT. Salida de vapor de agua, que se efectúa a través de las membranas de las células superficiales de las plantas, y especialmente por los estomas.

transpirar o **traspirar** *v. tr. / intr.* **1** Expulsar ‹una persona o un animal› [el sudor] a través de su piel: *Transpiramos más cuando hacemos ejercicio físico.* SIN. sudar. **2** Expulsar ‹una planta› [vapor de agua]. **3** Expulsar ‹una cosa› [líquido] a través de sus poros: *Tienes que dejar que el queso trasnpire un poco. Este botijo transpira mucho.* || *v. intr.* **4** Dejar pasar ‹una prenda de vestir› el sudor: *El algodón transpira mejor que el poliéster.*

transpirenaico, ca o **traspirenaico, ca** *adj.* **1** Que está al otro lado de los Pirineos: *regiones transpirenaicas, mercado transpirenaico.* **2** Que atraviesa los Pirineos: *comercio transpirenaico, trenes transpirenaicos.*

transpolar *adj.* [Recorrido, trayectoria] que pasa por un polo terrestre o sus proximidades: *ruta transpolar.*

transponer *v. tr. / prnl.* Trasponer. ⇒ **60.**

transportador, ra o **trasportador, ra** *adj. / s. m.* y *f.* **1** Que transporta: *El mineral es llevado hasta el muelle de carga por una cinta transportadora.* **cinta* transportadora.** || *s. m.* **2** Instrumento formado por un círculo o semicírculo graduado que sirve para medir o trazar los ángulos de un dibujo geométrico.

transportar o **trasportar** *v. tr.* **1** Llevar ‹una persona o un vehículo› [a otra persona o una cosa] de [un lugar a otro]: *El tren transporta mercancías. Ese camión transporta frutas y verduras **de** Barcelona **a** Madrid. Transportaron los materiales **en** camiones. Transportaron la camilla **a** hombros. El pastor transportaba el cordero **sobre** los hombros.* **2** Pasar ‹una persona› [una composición musical] de un tono a otro: *Tenemos que transportar esta partitura.* **3** Hacer ‹una cosa› que [una persona] tenga una imagen o una sensación de realidad respecto a [una cosa]: *Esa película te transporta **a** un mundo de aventuras y emociones.* **4** Producir ‹una persona o una cosa› placer o admiración [a una persona]: *La música de Falla me transporta. Entonces nos transportaba la poesía de Neruda o de César Vallejo.* SIN. arrobar. || *v. prnl.* **5** ELEVADO. Sentir ‹una persona o un animal› placer o admiración: *Se transportó al oír aquella música. Este perro se transporta en cuanto ve a su amo.*

transporte o **trasporte** *s. m.* **1** Acción y resultado de transportar personas o cosas: *El transporte de materias pe-*

ligrosas hay que hacerlo con cuidado. **medio* de locomoción/~.** 2 Vehículo usado para transportar: *Alquiló un transporte para llevar las mercancías. Siempre uso los transportes públicos.* **~ aéreo/marítimo/terrestre.** 3 GEOL. Acarreo de los materiales producidos por la erosión hasta la cuenca o lugar de sedimentación. 4 ARG., URUG. Ceja o cejilla de la guitarra que se ajusta en el mástil para elevar el tono.

transportista o **trasportista** *s. m./f.* 1 Persona que se dedica por oficio a transportar mercancías o personas: *un transportista de muebles. La huelga de transportistas ha provocado escasez de productos en algunas tiendas.* 2 Persona propietaria de una empresa de transportes.

transposición *s. f.* Trasposición.

transpositivo, va *adj.* Traspositivo.

transpositor, ra *adj.* Traspositor.

transpuesta *s. f.* Traspuesta.

transpuesto, ta *p.* Participio irregular de *transponer.*

transuránico, ca *adj./s. m.* QUÍM. [Elemento] que tiene un peso atómico mayor de 92, el del uranio.

transustanciación *s. f.* Acción y resultado de transustanciar o transustanciarse: *La transustanciación del pan en cuerpo de Cristo.*

transustanciar *v. tr./prnl.* REL. En la Iglesia Católica, convertir ‹un sacerdote› por la consagración [el pan y el vino] en cuerpo y sangre de Jesucristo: *En la Eucaristía el pan se transustancia **en** cuerpo de Jesucristo.*

transvasar *v. tr.* Trasvasar.

transvase *s. m.* Trasvase.

transverberación o **trasverberación** *s. f.* ELEVADO. Transfixión: *la transverberación del corazón de Santa Teresa de Jesús.*

transversal o **trasversal** *adj.* 1 Que atraviesa una cosa de un lado a otro perpendicularmente: *corte transversal. El torero presenta en el muslo una herida transversal de asta.* 2 Que está inclinado respecto a una dirección que se toma como referencia: *Nunca se echa recto en la cama, siempre transversal. La mesa está trasversal a la ventana.* 3 BIOL. [Sección de un órgano] que está hecha según un plano perpendicular al eje mayor. || *adj./s. f.* 4 [Calle] que corta a otra: *Vivimos en una transversal de la Gran Vía.* 5 GEOM. [Línea, plano] que corta a otros. **línea* ~/colateral.**

transverso, sa o **trasverso, sa** *adj.* RESTRINGIDO. Que está orientado o colocado en dirección transversal.

tranvía *s. m.* Tren eléctrico de superficie con pocas unidades para el transporte urbano, que recibe la energía de un tendido eléctrico por un trole o pértiga: *subir al tranvía. En algunas ciudades, los tranvías han sido sustituidos por los autobuses.* **~ de dos pisos.**

tranviario, ria *adj.* 1 De los tranvías: *servicio tranviario.* || *s. m./f.* 2 Empleado que trabaja en el servicio de tranvías. *Su abuela era tranviaria.*

tranza *s. m.* y *f.* MÉX.; COLOQUIAL. Persona que es tramposa.

trapacear *v. intr.* COLOQUIAL. Usar ‹una persona› trapacerías: *No puede ir bien la tienda, porque el dueño sólo se dedica a trapacear.* SIN. trapazar.

trapacería *s. f.* COLOQUIAL. Engaño o estafa que se hace, especialmente en una compra, en una venta o en un trato: *Su negocio va mal, sólo sabe hacer trapacerías.* SIN. estafa, trapaza (RESTRINGIDO).

trápala *s. f.* 1 (no contable) COLOQUIAL. Confusión, ruido y movimiento de gente: *Había una trápala impresionante en la plaza para celebrar que habíamos ganado.* 2 COLOQUIAL. Mentira, cuento: *No creas las trápalas que te cuente Juan.* SIN. tiberio. || *s. m./f.* 3 COLOQUIAL. Persona que habla mucho sin sentido o que es un embustero: *Cristina es una trápala: sólo habla y habla y no dice nada.*

trapalear *v. intr.* 1 Hacer ‹una persona› ruido con los pies al andar. 2 Decir o hacer ‹una persona› cosas sin interés.

trapalón, na *s. m./f.* COLOQUIAL, RESTRINGIDO; PEYORATIVO. Persona que habla mucho y sin sustancia o diciendo mentiras: *Ricardo es un trapalón.* SIN. trápala.

trapatiesta *s. f.* COLOQUIAL. Riña ruidosa, alboroto grande, desorden: *A la salida de la discoteca había una trapatiesta tremenda y la policía detuvo a quince chicos que estaban muy borrachos.* SIN. jaleo, gresca, bronca.

trapaza *s. f.* RESTRINGIDO. Trapacería, engaño o estafa en una compra, en una venta o en un negocio: *No me gusta la forma de actuar de tu primo, sólo hace trapazas.*

trapazar *v. intr.* Trapacear. **⇒ 19.**

trapeador *s. m.* COL. Fregona.

trapear *v. tr.* 1 COL. Fregar ‹una persona› el suelo con la fregona. 2 ARG., URUG.; RESTRINGIDO. Humillar ‹una persona› [a otra persona].

trapecio *s. m.* 1 Instalación o aparato de gimnasia formado por una barra horizontal suspendida de dos cuerdas sujetas a sus extremos: *El trapecio se usa mucho en el circo.* 2 GEOM. Cuadrilátero irregular con sólo dos de sus lados paralelos: *Dibujad un trapecio.* 3 ANAT. Cada uno de los músculos que tiene esta figura geométrica, que van de la parte superior de la espalda a la nuca: *Los dos trapecios permiten mover el hombro y girar y mover la cabeza.* 4 ANAT. Primer hueso de la segunda fila del carpo o muñeca.

trapecista *s. m./f.* Artista de circo que realiza ejercicios de equilibrio en el trapecio: *Fue emocionante el número de los trapecistas. Lola actúa de trapecista en un circo.*

trapería *s. f.* RESTRINGIDO. Lugar donde se venden trapos y otros objetos usados.

trapero, ra *s. m.* 1 Persona que recoge o compra trapos y objetos usados: *Mañana llevaré los periódicos al trapero.* SIN. ropavejero. || *s. m./f.* 2 COLOQUIAL. Persona que hace las cosas mal o de forma descuidada: *No seas trapero y haz bien la redacción.* SIN. chapucero. 3 ARG.; COLOQUIAL. Persona que tiene mucha ropa y está muy preocupada por los vestidos. || 4 **puñalada* trapera.**

trapezoedro *s. m.* GEOM. Cuerpo geométrico formado por 24 caras que son trapecios.

trapezoidal *adj.* 1 Del trapezoide: *perímetro trapezoidal.* 2 De forma de trapezoide o trapecio: *La habitación tiene forma trapezoidal.*

trapezoide *s. m.* 1 GEOM. Figura geométrica irregular de cuatro ángulos y cuatro lados que no son paralelos entre sí. 2 ANAT. Segundo hueso de la segunda fila del carpo o muñeca: *Jugando al tenis se rompió el trapezoide.*

trapiche *s. m.* 1 COLOQUIAL. Acción de buscar o idear medios, generalmente ilícitos, para conseguir una cosa: *No sé qué trapiches te traes entre manos.* 2 Molino para extraer el jugo de productos agrícolas, especialmente de la aceituna y de la caña de azúcar. 3 ARG., CHILE. Molino para triturar minerales.

trapichear *v. intr.* COLOQUIAL; PEYORATIVO. Usar ‹una persona› medios ilícitos para conseguir una cosa: *Mi primo se dedica a trapichear con coches de importación.*

trapicheo *s. m.* Acción y resultado de trapichear: *Nunca he querido saber en qué trapicheos anda metida.*

trapío *s. m.* **1** TAUROM. Buena planta de un toro de lidia: *Este toro tiene trapío. La corrida parecía con trapío, pero luego resultaron muy mansos los toros.* **2** COLOQUIAL. Gracia o garbo de una mujer: *Se ha casado con una señora de trapío.* **3** Conjunto de velas de una embarcación.

trapisonda *s. f.* **1** COLOQUIAL. Riña, pelea ruidosa: *Se formó tal trapisonda que tuvieron que llegar dos coches de policía para calmar la situación.* SIN. reyerta, rifirrafe (COLOQUIAL). **2** COLOQUIAL; PEYORATIVO. Trampa con mentiras para engañar a alguien: *Le prepararon una buena trapisonda: le hicieron invertir dinero en una empresa inexistente.* SIN. embuste, timo (COLOQUIAL). ‖ *adj. / s. m. y f.* **3** COLOQUIAL. Que es muy amigo de organizar embrollos, líos o enredos: *Eres una trapisonda, niña, estáte calladita y deja de ir a hablar con los vecinos.*

trapisondear *v. intr.* COLOQUIAL. Armar ‹una persona› enredos o embrollos: *Has conseguido enfrentar a todos los vecinos con tu gusto por trapisondear.*

trapo *s. m.* **1** Pedazo de tela viejo o inservible: *Guarda esos trapos para secar los cristales de las ventanas.* **2** Paño de uso doméstico que sirve para limpiar, secar o quitar el polvo: *el trapo del polvo. Tenemos que comprar trapos de cocina.* **3** Conjunto de velas de una embarcación: *Navegaban a todo trapo. Los piratas soltaron el trapo y se hicieron a la mar.* **4** TAUROM. Capote o muleta del torero: *El toro entraba bien al trapo.* **5** COLOQUIAL; HUMORÍSTICO. Prendas de vestir, especialmente las femeninas: *No tengo ningún trapo que ponerme.* FR. Y LOC. **a todo ~** COLOQUIAL. Muy deprisa, a toda vela: *Los dos coches chocaron cuando iban a todo trapo.* **dejar / poner como un ~** COLOQUIAL. Humillar, criticar o avergonzar ‹una persona› a otra persona: *Mi madre nos vio fumando y nos puso como un trapo. El periódico de la tarde deja como un trapo al concejal de cultura.* **hecho / como un ~** 1 COLOQUIAL. Vestido con muy mal gusto: *Tere va como un trapo.* 2 COLOQUIAL. Muy cansado: *Después de todo el día pintando estoy como un trapo.* **ir de trapos** COLOQUIAL. Ir de compras ‹una persona›: *Esta tarde vamos de trapos: he visto una tienda con unas rebajas fantásticas.* **lavar los trapos sucios** COLOQUIAL. Arreglar ‹dos personas o dos partes› los problemas o las diferencias: *A nosotros nos gusta lavar los trapos sucios en privado.* **lengua* de ~ / estropajo. sacar a relucir los trapos sucios** COLOQUIAL. Echar ‹una persona o una parte › en cara a otra sus faltas o avergonzarla: *Los herederos están sacando sus trapos sucios en la prensa local.* **tratar como un ~ sucio / viejo** COLOQUIAL. Tratar ‹una persona› a otra persona con desprecio y de forma humillante: *Pepe trata a Josefina como un trapo sucio.*

tráquea *s. f.* **1** ANAT. Conducto del aparato respiratorio que comunica la laringe con los bronquios: *Por la tráquea el aire llega a los pulmones.* **2** ZOOL. Órgano respiratorio de los insectos y otros artrópodos. **3** BOT. Vaso o conducto abierto formado por células alargadas y cilíndricas dispuestas en filas.

traqueado, da *adj.* [Artrópodo] que respira el aire de la atmósfera a través de las tráqueas.

traqueal *adj.* **1** De la tráquea: *infección traqueal.* **2** [Respiración] que se hace a través de la tráquea: *respiración traqueal.* **3** Traqueado.

traqueítis (plural *traqueítis*) *s. f.* MED. Inflamación de la tráquea.

traqueotomía *s. f.* MED. Abertura artificial que se hace en la tráquea para permitir la respiración: *Como el comensal se ahogaba con un trozo de carne, un médico le hizo una traqueotomía de urgencia.*

traquetear *v. tr. / prnl.* **1** Mover o agitar ‹una persona› [una cosa] de un lado a otro: *Deja ya la jaula del pájaro tranquila, no la traquetees más.* **2** COLOQUIAL. Tener ‹una persona› [mucha experiencia] o haber sufrido [muchas penalidades o dificultades]: *Yo estoy muy traqueteado por la vida.* ‖ *v. intr.* **3** Moverse ‹una cosa› de manera repetida y continuada con un ruido característico: *El tren corría traqueteando con un ruido monótono.*

traqueteo *s. m.* Movimiento y ruido característicos de una cosa que se mueve continuamente de un lado a otro: *el traqueteo del carro, el traqueteo del tren.*

traquilla *s. m. / f.* **1** CHILE; COLOQUIAL. Persona muy glotona. **2** CHILE; COLOQUIAL. Persona muy egoísta.

tras *prep.* **1** Después de: *Vi una película tras otra. Fumaba un cigarro tras otro.* **2** Detrás de: *Se escondió tras la puerta. Se protegieron de los disparos tras los camiones.* **3** Al otro lado de: *tras las montañas, tras las ventanas.* **4** En busca de, persiguiendo a: *El detective iba tras la mujer.* OBSERVACIONES: Acompañando normalmente a verbos de movimiento como *correr, andar,* etc. SIN. en pos de (RESTRINGIDO). **5** COLOQUIAL, VULGAR; INTENSIFICADOR. Además de, encima de: *Tras que hace frío, abre la ventana.*

tras- o **trans-** *pref.* **1** Significa 'más allá', 'al otro lado de', y forma verbos a partir de verbos: *pasar - traspasar, lucir - traslucir, portar - transportar, poner - tra(n)sponer.* **2** Significa 'a través de', 'al otro lado de' y forma adjetivos a partir de adjetivos: *alpino - transalpino, atlántico - transatlántico.* **3** Encierra sentido de 'transformación' o 'cambio' y forma adjetivos a partir de adjetivos y verbos a partir de verbos: *sexual - transexual, formar - transformar.*

trasalpino, na *adj.* Transalpino.

trasandino, na *adj.* Transandino.

trasatlántico, ca *adj. / s. m.* Transatlántico.

trasbocar *v. tr. / intr.* COL. Vomitar ‹una persona› [una cosa]. ⇒ **71.**

trasbordador, ra *adj.* Transbordador.

trasbordar *v. tr.* Transbordar.

trasbordo *s. m.* Transbordo.

trascacho *s. m.* RESTRINGIDO. Paraje resguardado del viento.

trascendencia o **transcendencia** *s. f.* (no contable) Consecuencia, valor o importancia de una persona o un hecho: *El accidente tuvo poca trascendencia. Sus palabras fueron de mucha trascendencia para mí.* SIN. significación, relevancia. ANT. intrascendencia.

trascendental o **transcendental** *adj.* **1** (antepuesto / pospuesto) Que es muy valioso, importante o interesante: *consecuencias trascendentales, trascendentales aportaciones. Esos contratos son trascendentales para nosotros.* **2** FILOS. Que traspasa los límites de la ciencia experimental o escapa a ellos: *La filosofía de Kant es trascendental.*

trascendentalismo o **transcendentalismo** *s. m.* (no contable) FILOS. Doctrina filosófica basada en el idealismo trascendental de Kant, filósofo alemán del siglo XVIII- XIX.

trascendente o **transcendente** *adj.* **1** ELEVADO. Que tienen mucha importancia: *suceso trascendente, conversación trascendente.* SIN. trascendental. **2** Que trasciende la experiencia inmediata: *ideas trascendentes.*

trascender o **transcender** *v. intr.* **1** Empezar a ser conocida ‹una noticia o un suceso que se mantenía oculto› por [un mayor número de personas]: *Procuraron que no trascendiera la noticia de su enfermedad. La noticia ha trascendido **a** la opinión pública.* SIN. divulgarse, difundirse. **2** Extenderse ‹los efectos o las consecuencias de una cosa› a [un ámbito mayor]: *La huelga de pilotos trascendió **a** otros departamentos.* || *v. intr. / tr.* **3** ELEVADO. Ir mas allá o pasar un límite ‹una persona o una cosa›: *El hombre trasciende la pura condición animal.* || *v. tr.* **4** ELEVADO. Llegar a comprender ‹una persona› [una cosa]: *Es imposible trascender las intenciones del autor.* ⇒ **80.**

trascendido o **transcendido** *s. m.* ARG., URUG. Noticia que se filtra por vía no oficial y adquiere carácter público.

trascontinental *adj.* Transcontinental.

trascordarse *v. prnl.* Perder la noticia puntual de una cosa por olvido o por confusión con otra. ⇒ **28.**

trascoro *s. m.* **1** ARQ. En las iglesias, lugar que queda detrás del coro. **2** ARQ. En las iglesias, muro, generalmente decorado, que separa el coro de las naves: *El trascoro de la catedral tiene ricas esculturas y bajorrelieves.*

trascribir *v. tr.* Transcribir. ⇒ **91.**

trascripción *s. f.* Transcripción.

trascrito, ta *p.* Participio irregular de *trascribir.*

trascurrir *v. intr.* Transcurrir.

trascurso *s. m.* Transcurso.

trasdós *s. m.* ARQ. Superficie exterior convexa de un arco o de una bóveda.

trasegar *v. tr.* **1** Cambiar ‹una persona› [una cosa] de lugar: *Cuando la abuela se pone nerviosa se dedica a trasegar todos los tiestos del salón. Estoy harto, llevamos todo el día trasegando los muebles viejos del desván.* **2** Trasladar ‹una persona› [un líquido] de un recipiente a otro: *Este vino no debe trasegarse una vez elaborado.* **3** COLOQUIAL. Tomar ‹una persona› [bebidas alcohólicas] en exceso: *Creo que anoche trasegamos mucho cava.* ⇒ **65.**

trasera *s. f.* Parte posterior o de atrás de una cosa: *Llevas muy sucia la trasera del pantalón. Tenemos que pintar la trasera de la casa.*

trasero, ra *adj.* **1** Que está detrás: *Me fui por la puerta trasera. Búscalo, está en el asiento trasero del coche.* || **2 cuarto* ~. 3 puerta* trasera.** || *s. m.* **2** EUFEMISMO. Nalgas: *María lo amenazó con darle una patada en el trasero si no la dejaba en paz y se fue.* SIN. culo (COLOQUIAL).

trasferencia *s. f.* Transferencia.

trasferir *v. tr.* Transferir. ⇒ **75.**

trasfiguración *s. f.* Transfiguración.

trasfigurar *v. tr.* Transfigurar.

trasfixión *s. f.* Transfixión.

trasfondo *s. m.* **1** Lo que está o parece estar más allá del fondo visible: *En el trasfondo del mar viven miles de microorganismos vivos.* **2** Aquello que se encuentra o que se esconde detrás de la apariencia externa de una persona o de una cosa, generalmente detrás de las intenciones o de las manifestaciones de una persona: *¿Cuál es el trasfondo del problema? Detrás de aquellas sonrisas había un trasfondo de amargura.* SIN. regusto, trastienda.

trasformable *adj.* Transformable.

trasformación *s. f.* Transformación.

trasformacional *adj.* Transformacional.

trasformador, ra *adj. / s. m.* Transformador.

trasformar *v. tr.* Transformar.

trasformativo, va *adj.* Transformativo.

trasformismo *s. m.* Transformismo.

trasformista *adj. / s. m.* y *f.* Transformista.

trásfuga *s. m. / f.* Tránsfuga.

trásfugo *s. m.* Tránsfugo.

trasfundir *v. tr. / prnl.* Transfundir.

trasfusión *s. f.* Transfusión.

trasgo *s. m.* Duende, espíritu bromista y caprichoso: *Según las tradiciones populares, los bosques de Galicia están habitados por trasgos y otros duendes.*

trasgredir *v. tr.* Transgredir. ⇒ **1.**

trasgresión *s. f.* Transgresión.

trasgresor, ra *adj. / s. m.* y *f.* Transgresor.

trashumancia *s. f.* Tipo de pastoreo estacional en el que el ganado se traslada de una región a otra en busca de los pastos de verano o de invierno, según las estaciones.

trashumante *adj.* Que trashuma: *ganadería trashumante, pastores trashumantes, pueblos trashumantes.*

trashumar *v. intr.* Trasladarse ‹el ganado y sus pastores› de los pastos de verano a los de invierno, y viceversa: *Los rebaños de ovejas castellanas trashuman desde hace siglos.*

trasiego *s. m.* **1** (no contable) COLOQUIAL. Jaleo, movimiento de personas de un lado a otro: *Los lunes por las mañanas hay un trasiego insoportable en la oficina: todo el mundo está nervioso.* **2** (no contable) Acción y resultado de trasegar, sobre todo líquidos: *Esteban es un experto en el trasiego del cava.*

trasijado, da *adj.* URUG.; COLOQUIAL. [Persona] que está muy cansada.

traslación o **translación** *s. f.* **1** Acción y resultado de trasladar o trasladarse, especialmente los astros: *la traslación de los astros.* **2** Movimiento de rotación de la Tierra alrededor del Sol: *La traslación de la Tierra alrededor del Sol dura un año.*

trasladar *v. tr. / prnl.* **1** Llevar ‹una persona› [a otra persona, un animal o una cosa] de [un lugar a otro]: *Esta semana **nos** trasladamos **de** casa. **Me** trasladé **a** Madrid para estudiar.* || *v. tr.* **2** Hacer pasar ‹una persona› [a otra persona] de [un puesto a otro de la misma categoría o a un lugar distinto del que estaba]: *Han trasladado a todos **de** sección.* **3** Cambiar ‹una persona› [la fecha o la hora] en que debía tener lugar [un acto o una reunión]: *Han trasladado la junta a la semana próxima.* **4** Traducir ‹una persona› [un texto] de [una lengua a otra]: *Trasladó la obra **del** griego **al** español.* SIN. verter. **5** ADMINISTRATIVO. Enviar ‹una persona› [un texto o un discurso] a otra persona: *He trasladado mi petición a la superioridad por vía reglamentaria.* **6** DER.; RESTRINGIDO. Hacer ‹una persona› una copia letra a letra de [un documento]: *El heredero ha pedido que le trasladen una copia del testamento.*

traslado *s. m.* **1** Acción y resultado de trasladar: *el traslado de puesto de un funcionario, el traslado de fecha. El próximo mes tengo que hacer el traslado de piso.* **2** Copia de una escritura: *Traslado autentificado de un escrito.*

traslaticio, cia o **translaticio, cia** *adj.* ELEVADO. [Sentido] que no es habitual u ordinario sino extendido o metafórico: *Las palabras toman con frecuencia sentidos o significados traslaticios.*

traslativo, va o **translativo, va** *adj.* DER. Que transfiere: *título traslativo de la propiedad de un terreno.*

traslúcido, da o **translúcido, da** *adj.* [Cuerpo] que deja pasar la luz, pero no deja ver claramente lo que hay detrás de él: *una vidriera traslúcida, un panel traslúcido.*

trasluciente o **transluciente** *adj.* ELEVADO. Traslúcido.

traslucir o **translucir** *v. tr. / prnl.* **1** Permitir ‹una cosa› que se perciba [otra cosa] a través de ella: *En sus modales se trasluce su buena educación. Su cara traslucía la decepción cuando leyó que no había conseguido el premio.* **2** Dejar notar ‹una persona› [un sentimiento o un estado de ánimo]: *Pedro y Luisa traslucían en sus palabras un desencanto completo.* || *v. prnl.* **3** Percibirse ‹un cuerpo› a través de un objeto traslúcido: *Detrás de las cortinas se traslucía una figura gigantesca.* ⇒ **50.**

trasluz *s. m.* Luz que pasa a través de un cuerpo traslúcido: *La mesa estaba iluminada débilmente por el trasluz de una mampara elegante.* FR. Y LOC. **al ~** Forma de observar un objeto poniéndolo entre la luz y el ojo: *Mira los negativos al trasluz y dime qué copias quieres que te haga.*

trasmallo *s. m.* Aparejo de pesca formado por tres redes superpuestas, de las cuales la central es más tupida, que se sujeta en su parte superior por boyas y, en su parte inferior, por piedras o plomos: *pescar a trasmallo. La pesca de trasmallo se prohíbe en ocasiones.*

trasmano *s. m.* Se usa en la LOC. **a ~** 1 Fuera del alcance habitual o cómodo de la mano: *Este modelo nuevo de ordenador tiene el botón de encendido a trasmano.* 2 Fuera de los sitios o caminos frecuentados por la gente: *No quiero ir a vivir a esa urbanización, porque todos los comercios te caen a trasmano.*

trasmediterráneo, a *adj.* Transmediterráneo.

trasmigración *s. f.* Transmigración.

trasmigrar *v. intr.* Transmigrar.

trasmisible *adj.* Transmisible.

trasmisión *s. f.* Transmisión.

trasmisor *adj. / s. m.* y *f.* Transmisor.

trasmitir *v. tr.* Transmitir.

trasmundo *s. m.* **1** ELEVADO. El más allá o aquello que se cree que existe después de la muerte: *No me gusta hablar del trasmundo.* **2** ELEVADO. Mundo fantástico o imaginario: *Silvia vive en un transmundo personal que no es la realidad.*

trasmutación *s. f.* Transmutación.

trasmutar *v. tr.* Transmutar.

trasnochado, da *adj.* (estar) Que está anticuado o pasado de moda: *estilo trasnochado, costumbres trasnochadas. La película cuenta una historia trasnochada.*

trasnochar *v. intr. / prnl.* COLOQUIAL. Pasar ‹una persona› la noche sin dormir o acostarse muy tarde: *Con los años he perdido la costumbre de trasnochar. Manuel es telefonista y trasnocha toda la semana.*

trasnoche *s. m.* **1** COLOQUIAL; RESTRINGIDO. Acción de trasnochar. **2** ARG. Sesión de cine de madrugada. **3** URUG. Programa de radio, espectáculos o tele de madrugada.

trasoceánico, ca *adj.* Transoceánico.

traspacífico, ca *adj.* Transpacífico.

traspapelar *v. tr.* **1** Perder ‹una persona› [un papel] por haberlo colocado en un lugar distinto al que le corresponde: *La archivera confiesa que ha traspapelado el expediente pedido. El abogado ha dicho que la Administración es responsable si se traspapelan las solicitudes.* || *v. prnl.* **2** Perderse ‹un papel› por haber sido colocado en un lugar distinto al que le corresponde: *Se traspapelaron todas las tarjetas de identificación.*

trasparencia *s. f.* Transparencia.

trasparentar *v. tr. / intr. / prnl.* Transparentar.

trasparente *adj.* Transparente.

traspasar *v. tr.* **1** Pasar ‹una persona o una cosa› por [un cuerpo], penetrándolo de parte a parte: *El clavo ha traspasado la madera. La bala entró de frente, traspasó el pulmón y salió por la espalda.* **2** Cruzar ‹una persona› [un camino o un río]: *El ejército traspasará el río por el vado situado antes de llegar a Salamanca.* **3** Pasar ‹una persona› más allá de [un límite o una barrera]: *El camión sospechoso traspasó la frontera ayer por la coche. El balón no había traspasado la línea de fondo cuando el árbitro pitó.* SIN. sobrepasar. **4** Producir ‹una cosa› [una impresión moral o una sensación física muy intensa]: *Este frío traspasa los huesos. La muerte de su padre la ha traspasado completamente.* **5** No cumplir ‹una persona› [una ley o un precepto]: *Ha traspasado el límite de velocidad.* **6** Dar o dejar ‹una persona› voluntariamente [una cosa que posee] a [otra persona]: *Mi tío me ha prometido que me traspasará su coche cuando se vaya a Argentina.* SIN. transferir, ceder. **7** Dar o dejar ‹una persona› [el alquiler de un local] a [otra persona] por un precio o venderle un negocio en funcionamiento: *Se traspasa este local. Quiero traspasar la frutería.* SIN. transferir, ceder. **8** Llevar ‹una persona› [una cosa] de un sitio a otro: *El nene ha traspasado todos los juguetes de su cama a la nuestra.*

traspaso *s. m.* **1** Acción de atravesar algo de un lado a otro: *Puso aislante para evitar el traspaso del agua en la pared.* **2** Acción de pasar personas o cosas de un sitio a otro: *Han ordenado el traspaso de parte del personal a otro departamento.* **3** Acción de ceder por dinero el alquiler o la propiedad de un negocio en funcionamiento: *Decidió el traspaso de la cafetería porque no podía atenderla.* **liquidación por ~.** **4** Negocio que se traspasa: *Un amigo se ha quedado con el traspaso.* **5** Precio que se paga por un negocio que se traspasa: *El traspaso de la frutería no ha sido caro.*

traspatio *s. m.* AMÉR. DEL S.; RESTRINGIDO. Patio de las casas de campo o de las afueras de las ciudades que suele estar detrás del principal o en el fondo de la vivienda.

traspié *s. m.* **1** Tropiezo o resbalón: *Ten cuidado, no vayas a dar un traspié y te caigas.* **2** COLOQUIAL. Equivocación, descuido: *Tuvo un importante traspié en el trabajo y lo echaron.*

traspiración *s. f.* Transpiración.

traspirar *v. tr. / intr.* Transpirar.

traspirenaico, ca *adj.* Transpirenaico.

trasplantar *v. tr.* **1** Cambiar ‹una persona› [una planta con sus raíces] de un lugar a otro: *Hemos trasplantado la begonia y está ahora muy bien.* **2** Hacer ‹un médico› la sustitución de [un órgano enfermo o dañado] por otro: *A Pepe le trasplantaron el riñón el año pasado.* **3** Introducir y establecer ‹una persona› en un lugar [ideas, costumbres o instituciones procedentes de otro]: *Los nuevos ministros quieren trasplantar aquí el sistema impositivo sueco.* SIN. implantar. ‖ *v. prnl.* **4** Introducirse ‹ideas, costumbres o instituciones procedentes de un país› en otro: *La ideas republicanas se trasplantaron a América Latina a principios del siglo* XIX *con gran velocidad.* SIN. implantarse.

trasplante *s. m.* Acción y resultado de trasplantar: *Hicieron el trasplante de las margaritas a otra maceta. El cirujano realizó un trasplante de riñón.*

trasponer o **transponer** *v. tr.* **1** Pasar ‹una persona o una cosa› al otro lado de [un obstáculo o una abertura]: *La niña traspuso el umbral con cuidado.* SIN. traspasar, atravesar. ‖ *v. tr. / prnl.* **2** COLOQUIAL; HUMORÍSTICO. Quedar ‹una persona› muy afectada o aturdida por una cosa o una idea contraria a sus creencias: *La periodista* ***se*** *traspone ante tanta violencia. La tontería de los ejecutivos me traspone.* **3** RESTRINGIDO. Quedar ‹el sol› oculto detrás de [las montañas o el horizonte]: *El sol se traspuso entre nubes rojizas.* SIN. ocultarse, ponerse. ‖ *v. prnl.* **4** Quedarse ‹una persona› medio dormida: *El abuelo se queda siempre traspuesto después de comer.* SIN. adormilarse. ⇒ **60.**

trasportador, ra *adj. / s. m.* y *f.* Transportador.

trasportar *v. tr.* Transportar.

trasporte *s. m.* Transporte.

trasportín *s. m.* **1** Asiento suplementario y plegable que algunos vehículos o salas de espectáculos tienen en el pasillo: *Los trasportines han desparecido de los autobuses.* **2** Soporte de una bicicleta o de una moto para llevar pequeñas cargas: *Puedes llevarme la bolsa en el trasportín.*

trasportista *s. m. / f.* Transportista.

trasposición o **transposición** *s. f.* **1** Acción y resultado de trasponer o trasponerse. **2** MÚS. Cambio de una tonalidad a otra de una obra musical o de un fragmento. **3** RET. Cambio del orden normal de las palabras en la oración: *La trasposición se utiliza mucho en el lenguaje poético.* **4** GRAM. Cambio de categoría de una palabra: *Mediante la trasposición un adjetivo puede funcionar como sustantivo.* **5** MED. Inversión respecto a un eje de los órganos normales: *la trasposición del corazón.*

traspositivo, va o **transpositivo, va** *adj.* **1** De la trasposición: *movimiento traspositivo.* **2** Que puede trasponerse.

traspositor, ra o **transpositor, ra** *adj.* **1** GRAM. [Elemento gramatical] que sirve para que las palabras cambien de categoría: *El artículo en español es un traspositor, porque las palabras a las que acompaña funcionan como un sustantivo.* ‖ *adj. / s.m.* **2** [Mecanismo] que está adaptado a ciertos instrumentos musicales, que permite tocar una composición en otro tono del que está escrita, sin cambio de clave ni de transcripción: *El traspositor de un armonio es un teclado móvil a derecha o a izquierda.*

traspuesta o **transpuesta** *s. f.* GEOGR. Elevación o pliegue del terreno que impide al observador ver lo que hay más allá.

traspuesto, ta o **transpuesto, ta** *adj.* **1** Que está un poco dormido o somnoliento: *Me quedé traspuesto después de comer.* ‖ *p.* **2** Participio irregular de *trasponer.*

traspunte *s. m. / f.* Persona encargada en el teatro de indicar a los actores las entradas y salidas del escenario y de recordarles las primeras palabras que tienen que decir: *El traspunte trabaja entre bastidores y debe estar muy pendiente de todos los que salen a escena.*

trasquilar *v. tr.* **1** Cortar ‹una persona› el pelo o la lana de [un animal]: *Hay que trasquilar las ovejas.* SIN. esquilar. **2** COLOQUIAL; HUMORÍSTICO. Cortar ‹una persona› el pelo de [otra persona] con desigualdades: *¿A ti quién te trasquila?*

trasquilón *s. m.* Desigualdad en el corte de pelo: *La niña le ha cortado el pelo a su hermanito y lo ha llenado de trasquilones.* FR. Y LOC. **a trasquilones** Desigualmente, sin cuidado: *Le cortó las trenzas a trasquilones.*

trastabillar *v. intr.* **1** Dar ‹una persona› un tropezón al encontrar un obstáculo o pisar mal. SIN. tropezar. **2** Mostrarse ‹una persona› indecisa. SIN. titubear. **3** Hablar ‹una persona› articulando las palabras de manera entrecortada o repitiendo las sílabas. SIN. tartamudear.

trastada *s. f.* **1** COLOQUIAL. Travesura hecha por un niño: *Es muy travieso, todo el día está haciendo trastadas.* **2** COLOQUIAL. Faena, mala pasada: *No me fío de mi primo, porque nos puede hacer una trastada.*

trastazo *s. m.* COLOQUIAL. Golpe fuerte: *La niña se pegó un trastazo al caer de la bicicleta. Al salir del garaje le di un buen trastazo al coche.* SIN. porrazo.

traste *s. m.* **1** Saliente horizontal, de metal o de hueso, colocado a lo largo del mástil de una guitarra o de otros instrumentos parecidos: *los trastes de la bandurria. Apoya los dedos en los trastes.* **2** COL., VEN.; COLOQUIAL en Colombia, RESTRINGIDO en Venezuela. Trasto, cacharro de casa. **3** ARG., CHILE, PAR., URUG.; COLOQUIAL. Trasero, nalgas. FR. Y LOC. **dar al ~** Destruir o estropear ‹una persona› una cosa: *Pedro dio al traste* ***con*** *la radio. Si sigues enfadándote así con tu mujer vas a dar al traste* ***con*** *tu matrimonio.* **irse al ~** Fracasar ‹una cosa›: *Su empresa se ha ido al traste.*

trasteado *s. m.* Conjunto de trastes de un instrumento musical.

trastear *v. intr.* **1** Cambiar ‹una persona› cosas de un lugar a otro: *Como mi tía no tiene nada que hacer, se pasa el día trasteando en su despacho.* **2** COLOQUIAL. Hacer ‹una persona› travesuras: *Es mejor que los niños tengan colegio, porque en vacaciones se pasan todo el día trasteando en casa.* ‖ *v. tr.* **3** MÚS. Pisar ‹una persona› las cuerdas de un instrumento de trastes: *Tienes que trastear mucho la guitarra para tocarla bien.* **4** MUS. Poner ‹una persona› los trastes a [un instrumento musical de cuerda]: *Tienen que trastearme la guitarra vieja.* **5** COLOQUIAL, RESTRINGIDO. Manejar ‹una persona› [a otra persona o una situación] con habilidad: *Creo que ya trasteo bien al nuevo jefe de la oficina.* **6** TAUROM. Dar ‹un torero› pases de muleta [al toro]: *El diestro no toreó el último toro, sólo lo trasteó y lo preparó para la estocada.*

trasteo *s. m.* COL. Mudanza de casa o habitación.

trastero *adj. / s. m.* Habitación de la casa donde se guardan objetos que no se usan: *cuarto trastero. Tengo la mesa de la abuela en el trastero.*

trastienda *s. f.* **1** Cuarto o habitación situado detrás de la tienda: *La trastienda es muy grande.* **2** (no contable) RESTRIN-

GIDO. Manera disimulada y falsa de actuar una persona: *Ten cuidado con ése, tiene mucha trastienda.* SIN. doblez.

trasto *s. m.* **1** COLOQUIAL. Mueble, objeto o aparato doméstico especialmente si está viejo, estropeado o que ocupa mucho espacio y estorba: *Esta televisión es un trasto. Tengo una habitación llena de trastos. Debería tirar todos esos trastos.* **2** Bastidor de un teatro que forma parte de la decoración. **3** (plural) Utensilios de una actividad u oficio: *Trastos de matar, trastos de pescar. No olvides los trastos de pintura y vete a clase.* || *adj. / s. m* y *f.* **4** COLOQUIAL. Persona informal y especialmente un niño revoltoso y travieso: *Es un trasto para trabajar. Su hija es un trasto terrible.* FR. Y LOC. **entregar los trastos** TAUROM. Dar la alternativa ‹un matador› a un novillero. **tirar los trastos** COLOQUIAL. Intentar conquistar ‹una persona› a otra persona] cortejándola: *El nuevo* jefe *le tira los trastos a su secretaria.* **tirarse los trastos (a la cabeza)** COLOQUIAL. Discutir o pelear ‹dos personas›: *Siempre que se ven, se tiran los trastos a la cabeza.*

trastocar *v. tr.* **1** Cambiar ‹una persona› [cosas] de un lugar a otro: *Has trastocado todas las fichas del fichero.* SIN. revolver. || *v. prnl.* **2** RESTRINGIDO. Perder ‹una persona› el juicio: *Se ha trastocado desde la muerte de su hijo.* SIN. perturbarse. ⇒ **71.**

trastornar *v. tr.* **1** Causar ‹una persona o una cosa› una gran molestia [a una persona]: *Estos cambios horarios trastornan a los niños.* **2** Causar ‹una persona o una cosa› inquietud o intranquilidad [a una persona]: *Me trastorna que no me haya llamado en todo este tiempo.* SIN. preocupar. **3** Cambiar ‹una persona› [cosas] de un lugar a otro: *Con tu manía de ordenar has trastornado toda la casa.* **4** Despertar ‹una persona› el amor en [otra] de forma vehemente: *Creo que estás trastornando a Félix.* **5** Causar ‹una persona o una cosa› una alteración del estado de ánimo o de las facultades mentales en [una persona]: *La muerte de su hijo la trastornó.* || *v. prnl.* **6** Alterarse el estado de ánimo o las facultades mentales de ‹una persona›: *Se trastorna cuando hay tormenta.*

trastorno *s. m.* **1** Molestia que se causa a una persona: *Si no es trastorno para vosotros, me quedaré a cenar.* **2** Alteración en una cosa: *La disminución de la capa de ozono puede provocar trastornos en el clima.* **3** Enfermedad o alteración en el funcionamiento de una parte del cuerpo. **~ digestivo. ~ mental.** **4** Acción y resultado de trastornar o trastornarse: *Los trastornos de los horarios son incómodos.*

trastrocar *v. tr. / prnl.* Causar ‹una persona o una cosa› un cambio en el orden o el sentido de [otra persona o cosa]: *La abuela trastroca todos los nombres y fechas.* ⇒ **71.**

trastrueque *s. m.* Acción y resultado de trastrocar o trastrocarse: *Se ha producido un trastrueque de valores en nuestro país en estos años.*

trasudar *v. intr.* RESTRINGIDO. Expulsar ‹una persona› trasudor: *Antes de entrar al examen empezó a trasudar.*

trasudor *s. m.* RESTRINGIDO. Sudor leve, generalmente producido por un temor o una fatiga.

trasunto *s. m.* **1** Copia o traslado que se saca de un escrito original: *Quiero un trasunto de los documentos que poseas.* **2** ELEVADO. Aquello que representa fielmente otra cosa o da una idea muy aproximada de ella: *Su obra es un trasunto de los problemas de la sociedad. El hijo es un trasunto de su madre.* SIN. reflejo, retrato.

trasuntar *v. tr.* ARG., URUG. Mostrar ‹una persona› [un sentimiento].

trasvasar o **transvasar** *v. tr.* Trasladar ‹una persona› [un líquido] de un recipiente a otro: *Trasvasar el agua de un río a otro exige obras muy costosas.* SIN. trasegar.

trasvase o **transvase** *s. m.* **1** Acción y resultado de trasvasar: *El trasvase de vino es una operación delicada.* **2** Conjunto de obras de canalización para efectuar el paso de toda o parte del agua de un río a otro: *el travase del agua de la cuenca del Tajo a la cuenca del Segura. Se ha aprobado un proyecto para el trasvase del Duero.*

trasvenarse *v. prnl.* RESTRINGIDO. Salir ‹sangre› de las venas.

trasverberación *s. f.* Transverberación.

trasversal *adj.* Transversal.

trasverso, sa *adj.* Transverso.

trata *s. f.* (no contable) Compra y venta de seres humanos para utilizarlos como esclavos: *Lo han acusado de trata de esclavos.* SIN. tráfico. FR. Y LOC. **~ de blancas** (no contable) Comercio de mujeres para destinarlas a la prostitución: *Han descubierto una red internacional de trata de blancas.*

tratable *adj.* **1** Que se puede tratar: *Ese tema no es tratable hoy por hoy.* **2** (ser / estar) Que es amable de trato o accesible: *Tu hermano es muy tratable.*

tratadista *s. m. / f.* Escritor de tratados: *tratadista de música, tratadista de economía.*

tratado *s. m.* **1** Obra que trata sobre una materia con profundidad: *un tratado de aritmética, un tratado de filosofía kantiana.* **2** Acuerdo importante entre Estados: *el tratado de cooperación, tratado de ayuda económica. Hay que negociar un tratado de paz.* **3** Documento en el que consta un acuerdo entre Estados: *tratado de no proliferación de armas nucleares, tratado de cooperación mutua.*

tratamiento *s. m.* **1** Manera de comportarse o de tratar una persona a otra persona o a un animal: *Recibió un tratamiento correcto de sus profesores. Todos los alumnos tenemos un tratamiento respetuoso con los compañeros.* SIN. trato. **2** Manera de nombrar o dirigirse a una persona según su categoría social, su edad u otras circunstancias: *El tratamiento que le corresponde es el de «señoría».* **3** Conjunto de cuidados que debe seguir una persona que está enferma o quiere corregir un defecto físico u orgánico: *El paciente responde bien al tratamiento.* **4** Proceso al que se somete una cosa para su transformación: *el tratamiento de los residuos tóxicos. El tratamiento de la lana se realizó con tintes naturales.* FR. Y LOC. **apear* el ~.**

tratante *s. m. / f.* Persona que se dedica a comprar géneros o ganado para luego revenderlos: *tratante de granos, tratante de ganado.*

tratar *v. tr.* **1** Hablar o comportarse ‹una persona› con [otra persona] de [una manera determinada]: *Me trató muy bien cuando estuve en su casa.* **2** Utilizar ‹una persona› [una cosa] de [una manera determinada]: *Te presto el coche, pero trátamelo bien.* **3** Dar ‹una persona› [a otra persona] [un tratamiento determinado]: *La tratamos **de** tú.* SIN. llamar. **4** Aplicar ‹una persona› [a otra persona] [un calificativo insultante o despectivo]: *Me trató **de** imbécil.* SIN. llamar, tildar. **5** Someter ‹una persona› a un determinado proceso [una cosa] para [obtener un resultado]: *Tratan el agua para hacerla potable.* **6** Someter ‹una persona› a un tratamiento médico [a otra persona]: *Lo trata uno de* *los mejores cardiólogos.* **7** INFORM. Procesar ‹una persona› [datos o textos]: *Esta empresa es especialista en tratar este tipo de datos.* **8** Discutir o negociar ‹una persona› [un asunto]: *Los sindicatos y la patronal han tratado un nuevo convenio.* || *v. tr. / intr. / prnl.* **9** Tener ‹una persona› amistad o relación con [otra persona]: *En mi profesión trato directamente **con** los clientes. No **te** trates **con** ellos.* SIN. frecuentar, relacionarse. || *v. intr.* **10** Hablar o escribir ‹una persona› sobre [un tema]: *El debate tratará **sobre** la droga. El libro trata **de** la vejez.* SIN. versar (ELEVADO). **11** Utilizar ‹una persona› [una cosa] con las manos: *Ponte los guantes para tratar **con** ácidos.* SIN. manipular. **12** Intentar ‹una persona› [conseguir una cosa]: *Si puedo, trataré **de** llamarte.* **13** Hacer ‹una persona› comercio con [un producto]: *Ese establecimiento trata **en** objetos de arte.* || *v. prnl.* **14** Ser ‹una persona o una cosa› la cuestión que interesa o de la que se habla: *Se trata de que lo aprendáis. Se trata de un viaje largo.* FR. Y LOC. **hablar / llamar / ~ de tú*. ~ como un estropajo*. ~ como un trapo sucio / viejo** COLOQUIAL. Tratar ‹una persona› a una persona muy mal, con desprecio o de forma humillante.

tratativa *s. f.* (preferentemente plural) ARG., PAR., URUG. Negociación, gestión.

trato *s. m.* **1** Acción y resultado de tratar o tratarse: *Siempre ha tenido un trato amable conmigo.* **2** Acuerdo entre dos o más personas o partes: *Creo que hemos hecho un trato ventajoso para las dos partes.* **3** Tratamiento de cortesía: *No sé qué trato darle, si de tú o usted.* || **4 ~ carnal** RESTRINGIDO. Relación sexual.

trauma *s. m.* **1** Choque emocional que marca la personalidad de una persona y deja su huella en el subconsciente: *Según los psicólogos la niña está bajo los efectos de un fuerte trauma.* **~ psicológico. 2** MED. Traumatismo.

traumático, ca *adj.* Relativo al traumatismo o al trauma emocional: *El choque ha sido muy traumático. Esta operación no es traumática para el paciente.*

traumatismo *s. m.* MED. Lesión de los tejidos orgánicos causada por agentes mecánicos: *traumatismo craneal. El motorista ha sufrido traumatismos múltiples.*

traumatizar *v. tr.* **1** Causar ‹una persona o una cosa› un trauma emocional [a una persona]: *El accidente ha traumatizado a todos los viajeros.* || *v. prnl.* **2** Sufrir ‹una persona› un trauma emocional: *Los niños se traumatizan con los castigos psicológicos.* ⇒ **19.**

traumatología *s. f.* (no contable) Parte de la Medicina que estudia y trata los traumatismos: *clínica de traumatología, especialista en traumatología.*

traumatólogo, ga *s. m. / f.* Médico especialista en traumatología: *Mis dos hijas son traumatólogas.*

travelling o **trávelin** o **traveling** (del inglés; pronunciamos *'trávelin'*) *s. m.* **1** CINE. Desplazamiento de la cámara montada sobre un soporte móvil para acercarla o alejarla de lo que se filma: *En la escuela de cine se aprende a trabajar con el travelling.* **2** Plano rodado mediante esta técnica cinematográfica: *Los travellings de la película son exagerados. Me marea tanto travelling en la televisión.*

través *s. m.* Inclinación, torcimiento. FR. Y LOC. **a ~ de** 1 Cruzando o pasando por en medio de un lado a otro: *La luz entraba a través de una claraboya.* 2 Utilizando el medio que se expresa o gracias a él: *Me enteré a través de un amigo.* **de ~** En dirección oblicua o trasversal.

travesaño *s. m.* **1** Pieza, generalmente en forma de barra o listón, que atraviesa una cosa de una parte a otra a modo de sujección o de unión: *el travesaño de la ventana, el travesaño de la cama.* **2** Peldaño de una escalera de mano. **3** DEP. Palo horizontal de una portería de fútbol: *La pelota dio en el travesaño.* **4** RESTRINGIDO. Almohada de cama que cubre toda la cabecera.

travesero, ra *adj.* Que se coloca o se pone de través. **flauta* travesera.**

travesía *s. f.* **1** Viaje, desplazamiento de un lugar a otro: *Emprendieron una larga travesía por el desierto.* **2** Callejuela o camino que une otros dos más importantes: *La travesía desemboca en una calle comercial.* **3** Parte de una carretera que pasa por el interior del casco urbano: *Una zona escolar está considerada una travesía peligrosa.*

travesti o **travestí** (plural *travestís*) *s. m. / f.* **1** Persona que tiene tendencia al travestismo: *Esa calle está llena de travestís por la noche.* SIN. travestido. **2** Persona que se viste con ropas del otro sexo por diversión o para actuar en un espectáculo: *En carnaval fue de travesti.* SIN. travestido.

travestido, da *s. m. / f.* Travesti.

travestirse *v. prnl.* Vestirse ‹una persona› con ropa del sexo contrario: *En muchas fiestas los hombres se travisten de mujer.* ⇒ **57.**

travestismo *s. m.* **1** (no contable) Adopción por parte de una persona de ropas y ademanes que se consideran propios del sexo opuesto: *El travestismo se vende bien en ciertos espectáculos.* **2** Tendencia psicológica a esta adopción: *El travestismo suele darse en ciertos grupos de homosexuales masculinos.*

travesura *s. f.* **1** Acción no permitida, peligrosa o perjudicial que realiza un niño para divertirse: *La vecina se ha enfadado por la travesura del otro día.* SIN. trastada. **2** Cualidad de travieso: *La travesura de Eva pasará con el tiempo.*

traviesa *s. f.* Cualquiera de los maderos o piezas de hierro y hormigón sobre los que se asientan los raíles de una vía férrea: *Las antiguas traviesas de madera se han sustituido por otras más modernas de hierro y hormigón.*

travieso, sa *adj.* **1** (ser / estar) Que no puede estarse quieto y alborota o hace travesuras: *Es un niño muy travieso.* || *adj. / s. m.* y *f.* **2** (ser/ estar; antepuesto / pospuesto) RESTRINGIDO. Que contiene malicia o picardía: *María tiene una sonrisa y unos ojos muy traviesos. Estás hoy muy travieso.* FR. Y LOC. **a campo* traviesa.**

trayecto *s. m.* **1** Espacio que se recorre de un punto a otro: *El trayecto entre ambas ciudades es corto.* SIN. recorrido. **2** Acción de recorrer un espacio: *Se mareó en el barco durante el corto trayecto de Barcelona a Tarragona. El trayecto de Madrid a Salamanca es cómodo.* SIN. recorrido.

trayectoria *s. f.* **1** Línea descrita en el espacio por algo que se mueve: *la trayectoria de una bala, la trayectoria de una pelota. En su trayectoria, la borrasca cruzará la Península.* **2** Evolución que se observa en una persona o en una cosa a lo largo del tiempo: *la trayectoria deportiva del conjunto local. La trayectoria profesional de este pianista es muy buena. La trayectoria de nuestro cine no es satisfactoria. Es un abogado de brillante trayectoria.*

traza *s. f.* **1** RESTRINGIDO. Diseño, plano o proyecto de una obra de construcción: *Aquí tengo la traza de la nueva casa.* SIN. trazado, planta. **2** (preferentemente en plural) Aspecto o apariencia de una persona o de una cosa: *¿A dónde vas con esas trazas? Este asunto lleva trazas de acabar muy mal.* **3** Señal o huella: *Había trazas de ladrones cuando entramos en casa. No hay trazas del perro desde hace varios días.* **4** Habilidad para hacer una cosa: *Víctor tiene poca traza para pintar. No te veo con trazas de cocinar.* SIN. maña. **5** GEOM. Intersección de una línea o una superficie con un plano de proyección.

trazado *s. m.* **1** Acción y resultado de trazar: *El trazado que nos ha hecho de su figura no es muy bueno.* **2** Diseño o plano para hacer una obra de construcción: *El trazado del edificio no está acabado.* SIN. traza. **3** Recorrido de un camino o de un canal sobre el terreno: *El trazado de carreteras peninsulares es radial.*

trazador, ra *adj.* **1** Que hace trazos o deja trazos: *bala trazadora.* || *s.m.* **2** MIL. Proyectil de trayectoria luminosa que sirve para corregir el tiro. **3** TECNOL. Isótopo radiactivo que permite detectar ciertas enfermedades.

trazar *v. tr.* **1** Dibujar ‹una persona› [líneas]: *La niña ya traza palotes en la escuela.* **2** Dibujar o representar ‹una persona› [una cosa] con líneas: *Ha trazado un plano. El Duero traza en torno a Soria una curva de ballesta.* **3** Hacer ‹una persona› [un proyecto o un plan]: *Trazaron el programa del congreso con tranquilidad.* SIN. idear, planear. **4** Describir ‹una persona› [los rasgos característicos de otra persona o una cosa] mediante palabras: *El conferenciante trazó los aspectos principales de la cuestión.* ⇒ **19.**

trazo *s. m.* **1** Línea o raya que se hace al escribir o al dibujar: *Con cuatro trazos Pilar te dibuja lo que quieras.* **2** Línea que compone el perfil o la forma de una cosa: *Es un rostro de trazos elegantes.* SIN. rasgo. **3** Cada una de las partes en que se considera dividida la letra manuscrita, según la forma de hacerla: *Haz los trazos más separados, porque así no se lee nada.*

trebe *s. m.* AMÉR. DEL S.; RESTRINGIDO. Trébedes.

trébedes (plural) *s. f.* Utensilio metálico de cocina con tres pies para poner los recipientes sobre el fuego en las cocinas tradicionales: *En las cocinas tradicionales de los pueblos las trébedes sujetaban la base de las sartenes o de los pucheros.*

trebejo (preferentemente en plural) *s. m.* **1** COLOQUIAL; RESTRINGIDO. Instrumento o utensilio de una actividad o de un oficio: *los trebejos de pintar. El próximo día traigo los trebejos del taller y te arreglo la moto.* **2** ELEVADO. Pieza de ajedrez: *Me gustan los trebejos de madera clásicos.*

trébol *s. m.* **1** BOT. *Trifolium pratense.* Género de plantas de la familia de las papilionáceas de hojas partidas en tres partes iguales y redondeadas y flores agrupadas, que se cultiva para alimento del ganado. **2** (preferentemente en plural) Uno de los palos de la baraja francesa: *el seis de tréboles, el rey de tréboles. Hace tiempo que no veo un trébol.*

trece *adj. / pron. num. card. / s. m.* **1** Cantidad que representa la cifra 13: *Sólo quedan trece días para mi cumpleaños.* || *adj. num. ord. / s. m.* y *f.* **2** Decimotercero: *el capítulo trece, el trece de enero.* || *s. m.* **3** Signo lingüístico o matemático que representa esta cantidad: *Te falta sumar el trece.* FR. Y LOC. **estar / mantenerse / seguir en sus ~** COLOQUIAL. No estar dispuesta ‹una persona› a cambiar de opinión o de actitud: *Se mantiene en sus trece de salir con esta lluvia.* **martes* y ~. sostenerse* en sus ~.**

treceavo, va o **trezavo, va** *adj. num. part. / s. m.* Cada una de las trece partes iguales en que se divide un todo: *Me ha tocado un treceavo de la herencia de mi madrina.*

trecho *s. m.* **1** Distancia que se recorre o que hay de un lugar a otro: *Hemos limpiado ya un trecho de camino.* **2** Espacio de tiempo que hay entre dos hechos o acontecimientos: *Hoy hemos caminado un buen trecho.* FR. Y LOC. **a trechos** RESTRINGIDO. De una manera discontinua: *Hablábamos a trechos.* **de trecho en ~** Con intervalos de espacio o de tiempo: *De trecho en trecho parábamos a descansar.*

trefilar *v. tr.* Pasar ‹una persona› [un metal] por la hilera para hacer varillas, alambre o hilos.

trefilería *s. f.* **1** (no contable) INDUS. Técnica, proceso y resultado de trefilar el hierro para convertirlo en alambre o en hilos: *Nos han enseñado la trefilería de los hierros para hacer verjas.* **2** INDUS. Fábrica o taller donde se trefila el hierro para convertirlo en alambre o en hilos: *El pueblo tenía una trefilería donde se elaboraba el alambre de la región.*

treílla *s. f.* Traílla.

treinta *adj. / pron. num. card. / s. m.* **1** Cantidad que representa la cifra 30. OBSERVACIONES: Del número 31 al 39 se escribe con *treinta* seguido de una *y* más la cifra correspondiente a la unidad *(treinta y uno): un grupo de treinta soldados. Hay treinta y dos personas delante mío en la cola.* || *adj. num. ord. / s. m.* y *f.* **2** Trigésimo: *el capítulo treinta.* || *s. m.* **3** Signo lingüístico o matemático con que se representa esta cantidad: *La colección ya va por el fascículo número treinta.* || **4 los (años) ~** Los años 1930-39: *Los treinta fueron años de guerra.* **5 los ~** 1 La edad de treinta años: *Pronto cumplirás los treinta.* 2 Los años 30-39 de la edad: *Con los treinta comienza la etapa de la madurez.*

treintañero, ra *adj. / s. m.* y *f.* COLOQUIAL. Que tiene ya treinta años pero aún no ha cumplido los cuarenta: *Los dos son treintañeros. Ya no soy un treintañero.*

treintavo, va *adj. num. part. / s. m.* Cada una de las treinta partes iguales en que se divide un todo. OBSERVACIONES: Los partitivos del 31 al 39 se forman con el número cardinal seguido del sufijo *-avo*: *treintadosavo.* SIN. trigésimo.

treintena *s. f.* Conjunto de treinta unidades o individuos: *Había una treintena de personas en la conferencia.*

trejo, ja *adj.* PERÚ. Pertinaz.

trematodo *adj. / s. m.* **1** ZOOL. [Gusano] que tiene el cuerpo plano, con una o varias ventosas por las que se une a otros animales, sobre todo peces, de los que es parásito. || *s. m.* **2** (en plural) ZOOL. Clase que forman los gusanos trematodos.

tremebundo, da *adj.* Que amenaza o asusta: *unos gritos tremebundos, unas palabras tremebundas.*

tremedal *s. m.* Terreno pantanoso de escasa consistencia que tiembla cuando se anda sobre él: *Cerca del río hay tremedales llenos de mosquitos.*

tremendamente *adv. cant.* Muchísimo, enormemente, muy. OBSERVACIONES: Cuantifica las acciones, estados, cualidades y circunstancias tenidas por negativas (*preocupar, dolido, testarudo, lejos*), pero coloquialmente se usa también en la cuantificación intensiva de cualidades y estados vistos como no negativos: *Me preocupa tremendamente tu salud. Me siento tremendamente feliz.*

tremendismo *s. m.* **1** (no contable) Tendencia a difundir o creer noticias o informaciones alarmantes: *A mi madre nunca le gustó el tremendismo de algunos periódicos.* **2** (no contable) Estilo artístico y literario desarrollado en España en el siglo XX que exagera los aspectos más crudos de la realidad. **3** TAUROM. Estilo de toreo que valora más la espectacularidad y el valor temerario que las reglas clásicas del arte: *Algunos aficionados dicen que el tremendismo es propio de los toreros que no dominan el arte de torear.*

tremendista *adj.* **1** Del tremendismo: *informaciones tremendistas, consejos tremendistas.* || *adj. / s. m.* y *f.* **2** Que practica el tremendismo: *Le gustaba rodearse de escritores y artistas tremendistas.* **3** Que es aficionado a contar noticias alarmantes: *Mi tía es muy tremendista: en cuanto le sale un grano te cuenta una historia de cáncer.*

tremendo, da *adj.* **1** (antepuesto / pospuesto) Que es muy grande o extraordinario: *La torre tiene una altura tremenda. Se llevó una tremenda alegría.* **2** (antepuesto / pospuesto) Que causa horror o susto: *una mueca tremenda. El accidente fue un tremendo espectáculo. Es de una violencia tremenda. Daba unas tremendas voces.* **3** Que hace o dice cosas sorprendentes: *Es tremendo y siempre está llamando la atención.* **4** COLOQUIAL. [Niño] que es muy travieso: *Esta niña es tremenda, le pega a todos los niños de su clase.* FR. Y LOC. **tomar por la tremenda** COLOQUIAL. Dar ‹una persona› a una cosa mayor importancia de la que tiene: *Le dije a Sara que no me había gustado el florero y se lo ha tomado por la tremenda: dice que soy muy grosero y está muy enfadada.*

trementina *s. f.* Resina vegetal amarilla muy aromática e inflamable, con aplicaciones en medicina e industria: *esencia de trementina.*

tremielga *s. f.* (macho y hembra) Torpedo, pez.

tremolar *v. tr.* **1** ELEVADO. Agitar ‹una persona› [una bandera o un estandarte] en el aire: *Los niños tremolaban banderitas con los colores del país del ilustre visitante.* || *v. intr.* **2** Agitarse ‹una bandera o un estandarte› en el aire: *Todas las banderas del barco tremolaban al viento.*

tremolina *s. f.* Ruido confuso de gente que grita o discute: *¡Menuda tremolina se armó en la clase cuando se fue el profesor!* SIN. jaleo, alboroto.

trémolo *s. m.* MÚS. Sucesión rápida de varias notas iguales de la misma duración: *El trémolo es propio de los instrumentos de cuerda.*

trémulo, la *adj.* (antepuesto / pospuesto) ELEVADO. Que tiembla: *voz trémula, luz trémula, el trémulo resplandor del candil.* SIN. tembloroso.

tren *s. m.* **1** Conjunto de coches o vagones enganchados que es arrastrado por una locomotora sobre railes: *accidente de tren, estación de tren, subir al tren. El tren de Zaragoza llega con retraso. Me encanta viajar en tren.* **~ correo** Tren que para en todas las estaciones y reparte la correspondencia. **~ de alta velocidad** Tren que circula por un tendido especial, a más de doscientos kilómetros por hora. **~ de cercanías. ~ de largo recorrido. ~ de mercancías. ~ de viajeros. ~ ómnibus. ~ regional. ~ directo** Tren que sólo para en la estación de destino. **~ expreso** Tren que circula a más velocidad de la normal. **~ rápido** Tren de viajeros que para sólo en las principales estaciones del recorrido. **2** Sistema de transporte constituido por un conjunto de trenes y todos los medios técnicos necesarios para que funcionen: *El tren llegará dentro de poco a las zonas más alejadas del centro peninsular.* **3** Conjunto de máquinas o dispositivos que funcionan de una manera coordinada al mismo tiempo para realizar una operación: *tren de lavado de una estación de servicio.* **~ de aterrizaje** Conjunto de estructuras apoyadas en el armazón del fuselaje o de las alas del avión, que tiene por objeto facilitar el aterrizaje y despegue. **4** Modo de vivir, especialmente si se hace con gran lujo: *Lleva un tren de vida muy elevado.* FR. Y LOC. **a todo ~** COLOQUIAL. 1 Gran lujo, sin reparar en gastos: *Le gusta vivir a todo tren. Hicieron un viaje de novios a todo tren.* 2 A toda velocidad: *Tenemos que preparar un informe a todo tren.* **estar como un ~** COLOQUIAL. Tener ‹una persona› un cuerpo muy atractivo: *Mi vecino está como un tren.* **estar en ~ de** ARG., PAR., URUG. Estar en proceso de llevar a cabo cierta cosa, estar trabajando para lograr cierto fin. **para parar un ~** COLOQUIAL. Mucho, muy intenso o muy abundante: *Aquí hay trabajo para parar un tren.* **perder el último ~** Perder ‹una persona› las últimas posibilidades de hacer una cosa: *No te desanimes, que todavía no has perdido el último tren: siempre habrá tiempo para estudiar.* **subirse al ~** Entrar ‹una persona› en un proyecto o en un negocio que han organizado otras personas para aprovecharse de las ventajas con poco esfuerzo o evitando los inconvenientes: *Ahora que nuestro plan funciona todos los jefes de la empresa se suben al tren y nos apoyan.*

trena *s. f.* JERGAL. Cárcel, lugar donde se encierra a los presos: *El vecino está en la trena por tráfico de drogas.* SIN. chirona (COLOQUIAL).

trenca *s. f.* Chaquetón de abrigo con capucha que suele abrocharse con una especie de palitos que se pasan por unas presillas: *La trenca estuvo muy de moda en la década de los años setenta.*

trencilla *s. f.* Cinta de algodón, seda o lana de tejido trenzado, usada como adorno de pasamanería y bordados: *La bocamanga tiene un ancla de trencilla.*

trenza *s. f.* **1** Peinado que se hace entretejiendo tres o más mechones de pelo: *Mi madre siempre se peinaba con una trenza recogida en un moño.* **2** Cualquier cosa que se hace entretejiendo o entrelazando cuerdas, hebras o cuerpos alargados: *Los presos se fugaron descolgándose por una trenza de sábanas.* **3** Bollo dulce que forma un dibujo de esta forma: *Entre todos los bollos que había para desayunar, escogió una trenza.* **4** VEN. Cordón de los zapatos. **5** ARG., URUG.; COLOQUIAL; PEYORATIVO. Grupo de presión, camarilla.

trenzado *s. m.* **1** Trenza: *Pilar lleva un trenzado muy largo.* **2** DANZA. Salto de danza cruzando los pies en el aire rápidamente: *Los trenzados del bailarín resultaron perfectos.* **3** HÍPICA. Paso que hace el caballo en equitación levantando alternativamente una y otra mano dejándolas caer con fuerza.

trenzar *v. tr.* **1** Hacer ‹una persona› trenzas con [una cosa]: *Hay que trenzar estas cuerdas para que resistan más.* || *v. intr.* **2** DANZA. Hacer ‹una persona› trenzados. **3** HÍPICA. Hacer ‹un caballo› trenzados. || *v. prnl.* **4** ARG., URUG.; COLOQUIAL. Liarse ‹una persona› en una disputa o en una pelea. ⇒ **19.**

trepa *adj. / s. m.* y *f.* **1** COLOQUIAL. Persona que, para progresar, aprovecha cualquier circunstancia o actúa sin escrúpulos: *Eres un trepa. Mi trabajo está lleno de trepas.* || *s. f.*

2 RESTRINGIDO. Acción y resultado de trepar: *La trepa a los árboles es una afición infantil.* SIN. subida. 3 Trepado. 4 Conjunto de ondulaciones que presenta la superficie de algunas maderas labradas.

trepado *s. m.* 1 Línea de puntos taladrados sobre un papel para cortarlo con facilidad: *Los niños deben recortar las figuras por el trepado.* 2 Adorno en forma de espiral que se pone en el borde de los vestidos.

trepador, ra *adj. / s. m.* y *f.* Que trepa: *un ave trepadora. Ha plantado varias trepadoras.* **planta* trepadora.**

trepanación *s. f.* CIR. Acción y resultado de trepanar el cráneo: *Las trepanaciones actuales son frecuentes y no resultan peligrosas como antes.*

trepanar *v. tr.* CIR. Hacer ‹un cirujano› un agujero en [el cráneo u otro hueso de una persona]: *Ahora es mucho más fácil que antes trepanar el cráneo.*

trépano *s. m.* 1 MED. Instrumento quirúrgico para perforar un hueso, especialmente el cráneo: *Los trépanos modernos tienen poco que ver con los instrumentos quirúrgicos tradicionales.* 2 Pieza de una taladradora que sustituye a la broca para hacer agujeros de mayor tamaño: *Se me ha roto el trépano de la taladradora.* 3 Máquina perforadora utilizada en las exploraciones del subsuelo: *Para hacer el pozo han traído un enorme trépano de Madrid.*

trepar *v. intr.* 1 Subir ‹una persona o un animal› a [un lugar alto] utilizando las extremidades: *El gato trepó* ***por*** *el árbol. De pequeña María trepaba* ***a*** *todos los árboles del jardín.* 2 Crecer ‹una planta› agarrándose o adhiriéndose a [otra planta o una cosa]: *La enredadera trepa* ***por*** *el porche.* 3 COLOQUIAL. Conseguir ‹una persona› [un puesto importante o una posición social elevada] utilizando toda clase de medios: *Con su habilidad ha trepado* ***hasta*** *la dirección de la empresa. No creo que pueda trepar mucho con ese carácter tan desagradable que tiene.*

treparriscos (plural *treparriscos*) *s. m.* (macho y hembra) *Tichodroma muraria.* Ave paseriforme de pico largo y curvado, plumaje gris, con el pecho negro y las alas negras y rojas, que vive en zonas montañosas de Europa y Asia.

trepatroncos (plural *trepatroncos*) *s. m.* 1 (macho y hembra) Herrerillo. 2 (macho y hembra) Ave paseriforme americana de tamaño mediano que trepa por los troncos de los árboles con la ayuda de la cola.

trepidante *adj.* 1 Que ocurre o se desarrolla con mucha rapidez o emoción: *Esta película tiene un ritmo trepidante.* 2 RESTRINGIDO. Que trepida: *un puente trepidante.*

trepidar *v. intr.* Temblar o vibrar ‹una cosa› fuertemente: *Al pasar el tren, trepidaban las paredes.*

tres *adj. / pron. num. card. / s. m.* 1 Cantidad que representa la cifra 3: *Faltan tres sillas.* || *adj. num. ord. / s. m.* y *f.* 2 Tercero: *el día tres, el tres de febrero.* OBSERVACIONES: Referido a los años de un siglo, el año siguiente al tercero del siglo en cuestión: *el año tres del siglo* XX. || *s. m.* 3 Signo lingüístico o matemático con que se representa esta cantidad. *Te falta restar el tres.* 4 VEN. Instrumento musical de cuerda típico de algunas zonas venezolanas, que consta de una caja parecida a la de la guitarra, un mástil largo y nueve clavijas para afinar las cuerdas de tres en tres. 5 COL. Baile popular. FR. Y LOC. **cada* dos por ~. como ~ y dos son cinco** COLOQUIAL; AFIRMACIÓN. Indiscutiblemente, con toda seguridad: *Nadie saldrá hasta que yo lo diga como tres y dos son cinco.* **de ~ al cuarto** COLOQUIAL. Malo, de poca calidad: *Te has comprado un abrigo de tres al cuarto.* **las ~** La tercera hora del día o la tercera después del mediodía: *Son las tres. No comeremos hasta las tres.* **en un dos* por ~. estar a ~** Indica el día del mes: *Estamos a tres de marzo.* **ni a la de ~** COLOQUIAL; NEGACIÓN. Refuerza la idea de dificultad o de imposibilidad de hacer una cosa o de que ocurra lo que se dice: *No llueve ni a la de tres. La batidora no funciona ni a la de tres.* **no ver ~ en un burro*. regla* de ~. ~ cuartos* de lo mismo. ~ en raya*.**

tresbolillo *adv.* Se usa en la LOC. **al ~** Ordenación de cosas o plantas en filas paralelas de tal modo que las de cada fila correspondan al medio del hueco de la fila anterior de manera que formen triángulos equiláteros: *Plantó los chopos al tresbolillo.*

trescientos, tas *adj. / pron. num. card. / s. m.* 1 Cantidad que representa la cifra 300: *el despido de trescientos trabajadores.* || *adj. num. ord. / s. m.* y *f.* 2 Que ocupa la posición número 300: *el candidato trescientos.* SIN. tricentésimo (ELEVADO). || *s. m.* 3 Signo lingüístico o matemático con que se representa esta cantidad: *Es el cliente número trescientos.*

tresillo *s. m.* 1 Sofá de tres plazas o conjunto de sofá y dos sillones a juego: *tresillo de piel. Han comprado un tresillo moderno para el salón.* 2 Juego de naipes entre tres jugadores que reciben nueve cartas cada uno: *Mi hermano jugaba mucho al tresillo en vacaciones.* 3 MÚS. Conjunto de tres notas musicales de igual duración que se tocan o cantan en el tiempo de dos: *Un tresillo de corcheas equivale a una negra.* 3 Sortija con tres piedras preciosas: *Tiene un tresillo muy bonito que le ha regalado su madrina.*

treta *s. f.* COLOQUIAL. Acción realizada con habilidad y astucia para conseguir una cosa: *Estoy pensando una treta para librarme de él.*

trezavo, va *adj. num. part. / s. m.* Treceavo.

triaca *s. f.* 1 LITERARIO. Antiguo preparado medicinal que se usaba como antídoto del veneno: *La triaca aparece mucho en las obras literarias del Siglo de Oro.* 2 ELEVADO. Remedio contra un mal: *Contra el mal de amores la mejor triaca es el trabajo.*

tríada *s. f.* 1 RESTRINGIDO. Conjunto de tres seres o elementos que tienen alguna relación entre sí: *Esa triada de profesores es muy buena.* 2 REL. En algunas religiones, conjunto de tres dioses a los que se dedica un mismo culto: *la triada de dioses del hinduismo, la triada de dioses babilónicos.*

trial *s. m.* DEP. Carrera de habilidad de motocicletas por recorridos difíciles de campo a través, en la que los participantes no pueden bajarse ni apoyarse en el suelo: *El siete veces campeón del mundo de trial está ante nuestros micrófonos. Las motocicletas de trial son especiales.*

triangular *v. tr.* 1 ARQ. Colocar ‹una persona› [las piezas de un armazón] de modo que formen uno o varios triángulos: *Elevan el andamio triangulando cuidadosamente las barras.* 2 Unir ‹una persona› determinados puntos de [un terreno] mediante triángulos para realizar el plano del mismo: *Mi hermano se dedica a triangular la provincia de Pontevedra para hacer un plano provincial.* 3 DEP. Pasarse ‹varios jugadores› [el balón] de modo que forme una trayectoria triangular: *El nuevo equipo triangula muy bien el balón, pero no tiene poder ofensivo.*

triangular *adj.* 1 Que tiene figura de triángulo o es parecido a ella: *base triangular, disposición triangular.* 2 Que se hace entre tres: *torneo triangular, conversaciones triangulares.*

triangularmente *adv. modo* En figura triangular: *Había un seto de boj dispuesto tringularmente.*

triángulo *s. m.* 1 GEOM. Figura geométrica de tres ángulos y tres lados. **~ equilátero*. ~ escaleno*. ~ isósceles*. ~ rectángulo*. ~ obtusángulo*** 2 Instrumento musical metálico de percusión que tiene esta forma geométrica, que se hace sonar golpeándolo con una varilla: *En la orquesta toca los platillos y el triángulo.* || 3 **~ amoroso** Conjunto de tres personas que tienen una relación amorosa: *El triángulo amoroso es la base de muchas comedias.* **~ de las Bermudas** Espacio geográfico situado en la zona de las islas Bermudas en la que se producen ciertos fenomenos extraños.

triásico, ca *adj. / s. m.* Del primero de los tres períodos de la Era Secundaria o Mesozoica, durante el cual aparecieron los primeros mamíferos: *el triásico, la fauna triásica.*

triates (en plural) *adj. / s. m.* MÉX. Trillizos.

triatlón *s. m.* DEP. Competición deportiva formada por tres pruebas: *El triatlón está formado por una carrera ciclista, otra pedestre y una de natación.*

tribal *adj.* De la tribu: *organización tribal, curandero tribal.*

tribalismo *s. m.* 1 (no contable) Organización social basada en la tribu: *El tribalismo es la organización propia de algunos pueblos tradicionales africanos o polinesios.* 2 COLOQUIAL; PEYORATIVO. Ideología que exalta exageradamente las virtudes del propio grupo, gremio o pueblo: *el tribalismo nacionalista, el tribalismo sindical, el tribalismo familiar.*

triboluminiscencia *s. f.* (no contable) FÍS. Luminiscencia que aparece por frotamiento entre dos cuerpos o provocada por un choque: *laboratorio de triboluminiscencia aplicada a la minería.*

tribu *s. f.* 1 Organización propia de pueblos primitivos, formada por individuos de un mismo origen, lengua y cultura, dirigidos por un jefe: *tribus nómadas, tribus de África.* 2 COLOQUIAL. Familia o grupo numeroso de personas con características comunes: *El domingo el padre se marchó con toda la tribu al campo. Su hijo pertenece a una tribu urbana.* 3 BIOL. Categoría taxonómica entre la subfamilia y el género.

tribulación *s. f.* 1 ELEVADO. Preocupación, disgusto o pena que padece una persona: *Su muerte me produjo una gran tribulación.* 2 Situación desfavorable que padece una persona: *La vida está llena de tribulaciones.* SIN. adversidad.

tríbulo *s. m.* BOT. Género de plantas espinosas.

tribuna *s. f.* 1 Plataforma elevada desde donde se habla en público: *la tribuna del Congreso. En el acto ocupaban la tribuna los embajadores y diplomáticos invitados.* 2 Localidad preferente en algunos espectáculos al aire libre o en los campos de deporte: *El presidente saludó a los jugadores desde la tribuna.* 3 Medio desde el que alguien se expresa o manifiesta sus opiniones: *El periódico fue su tribuna durante muchos años. Escribe en una tribuna de izquierdas.*

tribunado *s. m.* 1 HIST. En la antigua Roma, dignidad de tribuno. 2 HIST. Tiempo que duraba la magistratura de un tribuno. 3 HIST. Cuerpo legislativo del Consulado francés anterior al Imperio napoleónico.

tribunal *s. m.* 1 Órgano colegiado del Estado encargado de juzgar y hacer ejecutar lo juzgado, con arreglo a lo dispuesto en el ordenamiento jurídico: *El tribunal ofrece la máxima garantía de imparcialidad, porque no es un órgano personal.* 2 Edificio y lugar del mismo en que jueces y magistrados administran justicia: *Al salir del tribunal el abogado defensor manifestó su confianza en la justicia.* 3 Conjunto de personas reunidas para emitir un juicio u opinión sobre algo: *El fiscal recusó al tribunal.* 4 (plural) Vía judicial de solución de conflictos: *Si no se arregla la situación, tendrá que acudir a los tribunales.* || 5 **Tribunal Constitucional** Órgano establecido por algunos Estados para velar por el respeto a la Constitución, interpretarla y procurar que las leyes se ajusten a ella: *El tribunal Constitucional ha fallado que la nueva ley es anticonstitucional.* 6 **Tribunal de alzada** DER.; ARG., URUG. Tribunal de apelación inmediatamente superior. 7 **Tribunal de Cuentas** Órgano encargado del control de las cuentas y de la gestión económica del Estado y de las corporaciones, instituciones y organismos públicos en general. 8 **Tribunal de las Aguas** Órgano tradicional de algunos lugares cuyos miembros son elegidos por designación popular, que tiene competencia para resolver las cuestiones surgidas entre los usuarios de las aguas de aprovechamiento colectivo: *el Tribunal de las Aguas valenciano.* 9 **Tribunal Supremo** Órgano jurisdiccional superior de un país en todos los órdenes, excepto lo dispuesto en materia de garantías constitucionales: *En España el Tribunal Supremo es la máxima instancia a la que se puede apelar.* FR. Y LOC. **día* de los tribunales.**

tribunicio, cia *adj.* ELEVADO. Del tribuno: *potestades tribunicias, elocuencia tribunicia.*

tribuno *s. m.* 1 ELEVADO. Orador político muy elocuente: *Los tribunos actuales no igualan en elocuencia a sus antecesores del siglo* XIX. 2 HIST. Magistrado de la antigua Roma elegido por el pueblo para defender sus intereses frente a las magistraturas patricias: *Los tribunos de la plebe podían vetar las decisiones del Senado.* 3 HIST. Magistrado militar de la antigua Roma al mando de una tropa. 4 HIST. Antiguo miembro del Tribunado francés.

tributar *v. tr. / intr.* 1 Pagar ‹una persona› [un tributo]: *He tributado desde que comencé a trabajar.* 2 Manifestar ‹una persona› [un sentimiento favorable] a [otra persona]: *Le tributaba un gran respeto.* SIN. profesar.

tributario, ria *adj.* 1 Del tributo: *recaudación tributaria, deberes tributarios, declaración tributaria.* || *adj. / s. m.* y *f.* 2 Que paga o está obligado a pagar tributo: *población tributaria.* 3 RESTRINGIDO. [Corriente, río] que desemboca en otra corriente o extensión de agua: *Éstos son afluentes tributarios del Ebro. El Ebro es tributario del Mediterráneo.* 4 Que es consecuencia o resultado: *La crisis económica es tributaria de la alegría despilfarradora de otros tiempos.*

tributo *s. m.* 1 ECON. Cantidad de dinero que está obligado a pagar un ciudadano al Estado para hacer frente a los gastos públicos: *El Presidente defendió la necesidad de los tributos.* SIN. impuesto. 2 ELEVADO. Sacrificio o carga que una persona soporta para conseguir algo: *Tiene que ir al trabajo en coche: ése es el tributo por vivir en el campo.* SIN. precio. 3 HIST. En el antiguo régimen, dinero o cosas que tenía que entregar un vasallo al señor: *El régimen señorial imponía duros tributos a los vasallos.* 4 ELEVADO. Expresión de reconocimiento hacia una persona: *Le rindió un tributo de admiración a su maestro.* FR. Y LOC. **rendir ~** Mostrar ‹una persona› un sentimiento favorable hacia una persona o una cosa: *Con ese libro el autor ha querido rendir tributo a sus compañeros.*

trica *s. f.* MÉX.; COLOQUIAL. Borrachera.

tricéfalo, la *adj.* Que tiene tres cabezas: *serpiente tricéfala, monstruo tricéfalo.*

tricentenario, ria *adj.* **1** Que dura o tiene trescientos años: *esta fiesta tricentenaria. La catedral es tricentenaria.* || *s. m.* **2** Fecha en que se cumplen trescientos años de algún acontecimiento: *El tricentenario de la fundación de nuestra sociedad será en otoño.* **3** Fiestas con que se celebra esta fecha: *las fiestas del tricentenario. El tricentenario se celebrará adecuadamente.*

tricentésimo, ma *adj. num. ord. / s. m.* y *f.* **1** Que ocupa la posición número 300. OBSERVACIONES: Es más frecuente que se indique con la expresión: *la posición número trescientos.* || *adj. num. part. / s. m.* **2** Cada una de las trescientas partes iguales en que se divide un todo.

tríceps (plural *tríceps*) *s. m.* ANAT. Músculo formado por tres partes que se unen en un tendón común. **~ braquial** ANAT. Músculo que permite la extensión del antebrazo: *Con estos ejercicios fortaleces los bíceps, no los tríceps.* **~ femoral** Músculo unido al fémur y la tibia que al contraerse permite extender con fuerza la pierna.

triceratops (plural *triceratops*) *s. m.* (macho y hembra) Género *Triceratops.* Dinosaurio herbívoro del final del Cretácico, de tamaño considerable, caracterizado por los tres cuernos del cráneo, dos en la frente y uno en el morro.

triciclo *s. m.* Vehículo de tres ruedas, una delantera y dos traseras, especialmente el infantil impulsado por pedales: *montar en triciclo, llevar un triciclo.*

triclinio *s. m.* **1** HIST. Diván en el que los antiguos griegos y romanos se reclinaban para comer: *Los triclinios aparecen en todas las películas de romanos.* **2** HIST. Comedor de los antiguos griegos y romanos: *el triclinio de una casa de Pompeya.*

tricolor *adj.* De tres colores: *Llevas una bufanda tricolor.*

tricornio *s. m.* **1** Sombrero de hule negro de ala dura doblada formando tres picos, propio de la Guardia Civil: *El tricornio ha quedado como sombrero de gala.* **2** COLOQUIAL, RESTRINGIDO. Agente de la guardia Civil: *Los tricornios están en la zona.*

tricot *s. m.* (no contable) Tejido de punto: *Mi abuela me ha regalado una bufanda de tricot.*

tricota *s. f.* ARG., URUG. Prenda de abrigo de punto, de manga larga, que llega hasta la cintura y suele tener cuello alto.

tricotadora *s. f.* Máquina para tricotar o hacer tejido de punto: *Ha comprado una tricotadora y se dedica a hacer prendas de punto.* SIN. tricotosa.

tricotar *v. intr.* Hacer ‹una persona› punto a mano o a máquina: *A mi abuela le gustaba tricotar todas las noches.*

tricotomía *s. f.* **1** BOT. División de una rama en otras tres. **2** LÓG. Clasificación en que las divisiones y subdivisiones tienen tres partes.

tricotosa *s. f.* Máquina para tricotar o hacer tejido de punto: *Las tricotosas han estado de moda hace unos años.* SIN. tricotadora.

tricromía *s. f.* ART. GRÁF. Estampación o grabado hechos combinando tres tintas de diferentes colores.

tricúspide *adj.* **1** ELEVADO. Que tiene tres puntas. || **2 válvula* ~.**

tridáctilo, la *adj.* ZOOL. Que tiene tres dedos.

tridente *adj.* **1** ELEVADO. Que tiene tres dientes o puntas: *un tenedor tridente.* || *s. m.* **2** MIT. Cetro del dios Neptuno formado por un arpón con tres puntas: *En las estatuas se representa a Neptuno con su tridente en la mano.*

tridimensional *adj.* Que tiene tres dimensiones: *figura tridimensional, visión tridimensional.*

triduo *s. m.* REL. En la Iglesia Católica, conjunto de rezos o de celebraciones religiosas que se realizan durante tres días: *triduo solemne en honor de San Juan.*

triedro, dra *adj.* GEOM. Que tiene tres caras: *figura triedra.*

trienal *adj.* **1** Que se repite o sucede una vez cada tres años: *revisión trienal de ojos, revisión trienal de expedientes.* **2** Que dura tres años: *plan trienal de viviendas.*

trienio *s. m.* **1** Espacio de tiempo que dura tres años: *En el próximo trienio los precios se mantendrán.* **2** Aumento del sueldo que se produce cada tres años de servicio en una empresa u organismo: *Es un funcionario con muchos años de servicio y muchos trienios.*

trifásico, ca *adj.* **1** ELECTRIC. [Sistema] que tiene tres corrientes alternas iguales procedentes del mismo generador y desfasadas un tercio de período una de otra.

trífido, da *adj.* BOT. [Órgano vegetal] que está abierto por tres partes. || *s. m.* **2** URUG. Ladrón de corriente.

trifoliado, da *adj.* **1** BOT. [Hoja] que está formada por tres hojitas pequeñas: *La hoja del trébol es trifoliada.* **2** BOT. [Planta] que tiene estas hojas.

trifolio *s. m.* **1** BOT. Trébol. **2** ARQ. Motivo decorativo propio del Gótico formado por tres lóbulos o porciones de un círculo.

triforio *s. m.* ARQ. Galería que rodea interiormente la nave central de una iglesia sobre los arcos de las naves laterales: *El triforio de la catedral vieja tiene ventanas de tres huecos.*

trifulca *s. f.* COLOQUIAL. Pelea o discusión muy ruidosa: *Empezaron a hablar en broma y al final montaron una buena trifulca por culpa del coche.*

trifurcarse *v. prnl.* Dividirse ‹una cosa› en tres ramas, brazos o puntas: *Allí la carretera se trifurca.* ⇒ **71.**

trigal *s. m.* Campo sembrado de trigo: *El campo castellano está lleno de trigales.*

trigémino *s. m.* ANAT. Par nervioso del cráneo que sensibiliza la mayor parte de la cara e inerva los músculos masticadores: *Algunas lesiones del trigémino producen insensibilidad o parálisis de partes de la cara.*

trigésimo, ma *adj. num. ord. / s. m.* y *f.* **1** Que ocupa la posición número treinta: *El trigésimo lugar de la clasificación.* OBSERVACIONES: Los adjetivos y pronombres ordinales del 31 al 39 se forman añadiendo a *trigésimo* el ordinal de la unidad: *trigésimo primero.* || *adj. num. part.* **2** Cada una de las treinta partes iguales en que se divide un todo: *una trigésima parte.* SIN. treintavo.

triglifo *s. m.* ARQ. Motivo ornamental del friso dórico formado por un rectángulo saliente surcado verticalmente por tres canales o estrías: *En el friso los triglifos alternan con las metopas.*

trigo *s. m.* **1** BOT. *Triticum aestivum.* Cereal de la familia de las gramíneas de tallo hueco y fruto en espiga, con cuatro o más carreras de granos que se muelen para obtener harina: *pan de trigo, harina de trigo, un campo de trigo.* **2** BOT.

Grano de esta planta: *un saco de trigo.* **3** (preferentemente en plural) Terreno plantado de trigo: *Los trigos se extienden por toda la provincia.* FR. Y LOC. **no ser* ~ limpio.**

trigonometría *s. f.* (no contable) Parte de las Matemáticas que estudia las relaciones que se establecen entre los lados y los ángulos de un triángulo plano o esférico: *La trigonometría la estudiamos en tercero.*

trigueño, ña *adj.* Que tiene el color del trigo: *piel trigueña, pelo trigueño.*

triguero, ra *adj.* **1** Del trigo: *producción triguera.* **2** Que se cría entre el trigo. **espárrago ~. 3** [Terreno] que sirve para cultivar trigo o que produce trigo: *zona triguera.*

trilero, ra *adj. / s. m.* y *f.* JERGAL. [Persona] que dirige y manipula las triles, con intención de timar a los apostantes: *La policía perseguía a unos trileros.*

triles (sólo en plural) *s. f.* JERGAL. Juego de apuestas callejero que consiste en adivinar cuál de las tres cartas o chapas que están boca abajo es la que se ha visto antes de que las moviera rápidamente el que hace de banca: *Las triles están destinadas a timar a los despistados.*

trilingüe *adj.* **1** Que habla o escribe tres lenguas: *He tenido una educación trilingüe. Necesito una secretaria trilingüe.* **2** Que está escrito en tres lenguas: *traducción trilingüe, versión trilingüe, edición trilingüe.*

trilita *s. f. Trinitrotolueno.* Producto sólido amarillento, formado por un derivado del tolueno, que se utiliza como explosivo: *La trilita tiene una capacidad explosiva fuerte.*

trilito *s. m.* HIST. Monumento prehistórico formado por dos bloques verticales que sostienen un tercero horizontal.

trilla *s. f.* **1** Acción y resultado de trillar: *De pequeños íbamos a la trilla al pueblo.* **2** Tiempo en que se trilla: *La trilla se ha adelantado este año por los calores.* **3** COL., P. RICO.; COLOQUIAL. Paliza, tunda. **4** VEN. Sendero hecho por el paso frecuente de animales o personas.

trillado, da *adj.* **1** (ser / estar) Que es muy muy conocido o poco original: *En su conferencia habló de problemas muy trillados.* **2** (estar) COLOQUIAL; RESTRINGIDO. Que es muy fácil: *El examen estaba trillado.*

trilladora *s. f.* Máquina agrícola para trillar: *Las modernas trilladoras han desplazado los trillos tradicionales.*

trillar *v. tr.* **1** Limpiar ‹una persona› [la mies] con el trillo o la máquina trilladora para separar el grano de la paja: *Nos gustaba trillar de pequeños, sentados en el trillo mientras los bueyes daban la vuelta a la parva una y otra vez.* **2** COLOQUIAL. Utilizar o tratar ‹una persona› [un tema] de una manera continuada o en exceso: *Han trillado tanto este tema que ha perdido todo su interés.*

trillizo, za *adj. / s. m.* y *f.* [Niño, hermano] que ha nacido en un parto triple: *Desde que tuve los trillizos no duermo.*

trillo *s. m.* **1** Apero de labranza generalmente formado por un tablón con trozos de pedernal o cuchillas de acero, para triturar la mies en la era y separar el grano de la paja. SIN. trilla, trillador. **2** ARG., URUG.; RESTRINGIDO. Trilla, camino abierto.

trillón *s. m.* **1** Cantidad equivalente a un millón de billones. **2** Signo lingüístico o matemático con que se representa esta cantidad.

trilobite *s. m.* **1** Animal artrópodo marino de la Era Primaria, del que sólo quedan restos fósiles. **2** (en plural) Grupo que forman los trilobites.

trilobulado, da *adj.* Que tiene tres lóbulos.

trilogía *s. f.* Conjunto de tres obras literarias o cinematográficas de un autor sobre un mismo tema: *Almudena ha escrito una trilogía sobre la Primera República Española.*

trimarán *s. m.* Embarcación de vela formada por tres cascos alargados y planos unidos por una armadura rígida.

trimembre *adj.* De tres miembros o partes: *La estructura trimembre es normal en los esquemas literarios.*

trimensual *adj.* Que sucede o se repite tres veces al mes: *permisos trimensuales. En el sanatorio se permiten visitas trimensuales.*

trimestral *adj.* **1** Que sucede o se repite cada tres meses: *Hay un permiso trimestral.* **2** Que dura tres meses: *Este abono de metro es trimestral.*

trimestralmente *adv. modo / temp.* Una vez por trimestre, cada tres meses, por trimestres: *Trimestralmente reciben la visita del director general. Las cuotas se pagan trimestralmente.*

trimestre *s. m.* Periodo de tres meses: *Sólo falta un trimestre para que acabe el curso. El primer trimestre no trabajo mucho.*

trimotor *s. m.* Avión de tres motores: *El Atlántico lo pasaremos en un potente trimotor.*

trinar *v. intr.* **1** Hacer ‹un pájaro› trinos: *Los jilgueros y los canarios trinan.* **2** MÚS. Emitir ‹una persona› de manera rápida y alternada dos notas de igual duración, entre las que media la distancia de un tono o semitono: *La soprano trinaba en el escenario.* FR. Y LOC. **estar que trina** COLOQUIAL. Estar ‹una persona› muy enfadada o nerviosa: *No le pidas nada, porque está que trina.*

trinca *s. f.* HIST. Disputa o discusión académica entre los opositores a una cátedra universitaria: *En la universidad tradicional un ejercicio era la trinca de los méritos de los contrarios.*

trincar *v. tr.* **1** COLOQUIAL. Quitar ‹una persona› [una cosa] a [otra persona]: *Me han trincado el bolígrafo bonito en la biblioteca.* **2** COLOQUIAL. Detener ‹una persona› [a otra que ha cometido un delito]: *La policía los trincó al salir del banco.* SIN. pillar. **3** COLOQUIAL. Encontrar ‹una persona con autoridad› [a otra persona] [haciendo una cosa que no debía]: *Ten cuidado, que si te trincan los polis sin carné, te ponen una multa muy fuerte.* ‖ *v. tr. / intr.* **4** COLOQUIAL. Tomar ‹una persona› bebidas alcohólicas: *Trincaremos lo que haya.* **5** VULGAR. Mantener ‹una persona› relaciones sexuales con [otra persona]: *Dicen que la vecina se ha trincado a todo el barrio.* **⇒ 71.**

trincha *s. f.* Ajustador de hebillas o botones colocado por detrás a la altura de la cintura para ceñir una prenda: *la trincha de un chaleco, la trincha de un pantalón.*

trinchar *v. tr.* Partir ‹una persona› [la comida] en trozos para servirla, especialmente un animal asado entero: *¿Quién quiere trinchar el pavo?*

trinchera *s. f.* **1** Zanja excavada en el terreno donde se refugian o esconden los soldados para protegerse del enemigo: *Agazapado en una trinchera olvidada esperaba la muerte.* **2** Corte hecho en el terreno para el paso de una vía de comunicación, en especial una vía férrea, con taludes a ambos lados: *En este tramo hay muchas trincheras y túneles.* **3** Prenda de abrigo, parecida a una gabardina, con trabillas y cinturón semejante a una prenda militar: *Con aire de galán cinematográfico ajustó el cinturón de su trinchera.*

trinchero *s. m.* RESTRINGIDO. Mueble de comedor donde se trinchan los alimentos y se dejan o guardan los utensilios para el servicio de la mesa: *Hemos puesto en el comedor un trinchero muy bonito que nos ha regalado mi tía.*

trinchete *s. m.* Cuchilla de zapatero. SIN. chaira.

trineo *s. m.* Vehículo montado sobre cuchillas o esquís para deslizarse sobre la nieve o el hielo: *un trineo tirado por perros. Papá Noel llegará en su trineo.*

trinidad *s. f.* **1** (con mayúscula) REL. Misterio y dogma de fe de la religión cristiana según el cual hay tres personas divinas, el Padre, el Hijo y el Espíritu Santo, y un solo Dios: *El dogma de la Trinidad es inexplicable a los ojos de la razón humana.* **la Santísima Trinidad. 2** RESTRINGIDO; PEYORATIVO. Unión o asociación de tres personas.

trinitaria *s. f.* **1** Planta herbácea de jardín, común en España, que tiene muchos ramos delgados y pedúnculos de flores de cinco pétalos tricolores redondeados con una mancha central, generalmente púrpura. **2** Flor de esta planta.

trinitario, ria *adj. / s. m.* y *f.* **1** De la orden religiosa de la Trinidad, fundada en la Edad Media: *religioso trinitario.* **2** De Trinidad, isla de las Antillas.

trinitrotolueno *s. m.* QUÍM. Compuesto derivado del tolueno que forma un explosivo muy potente utilizado en la fabricación de armas.

trino, na *adj.* **1** ELEVADO. Que contiene en sí tres cosas distintas o participa de ellas: *Según la Biblia, Dios es uno y trino.* || *s. m.* **2** Sonido que emiten los pájaros al cantar: *El canario tiene un trino muy bonito.* SIN. gorjeo. **3** MÚS. Adorno hecho con la voz emitiendo dos notas cercanas de manera alternativa y rápida.

trinomio *s. m.* MAT. Expresión algebraica que tiene tres términos.

trinque *s. m.* COLOQUIAL. Afición exagerada a beber: *Le da al trinque muchísimo. No puede dejar el trinque.*

trinquete *s. m.* **1** Frontón cerrado para jugar a la pelota. **2** MAR. Palo vertical más cercano a la proa en las embarcaciones que tienen más de uno: *Una avería grande en un velero es la rotura del trinquete.* **3** MAR. Verga mayor que se cruza sobre este palo. **4** MAR. Vela que se sujeta en esta verga: *arriar la vela del trinquete.* **5** Frontón cerrado para jugar a la pelota. **6** Gancho o lengüeta que resbala sobre los dientes de una rueda impidiendo que retroceda. **7** MÉX., COLOQUIAL. Timo o soborno.

trío *s. m.* **1** Grupo de tres personas o cosas unidas por alguna relación: *trío de ases. Acompañaba al cantante un trío de bailarines.* **2** Conjunto musical de tres voces o instrumentos: *un trío de jazz, un trío de música de cámara.* **3** MÚS. Composición musical para tres voces o instrumentos: *El ilustre profesor ha estrenado un trío en el último festival.*

triodo *s. m.* Válvula electrónica de vacío que posee tres electrodos: *Los triodos se usan en la fabricación de amplificadores, osciladores o generadores.*

trip *s. m.* JERGAL. Efecto producido por un alucinógeno en la mente del consumidor. SIN. viaje.

tripa *s. f.* **1** COLOQUIAL. Parte del cuerpo comprendida entre el pecho y las inglés: *Al niño le duele la tripa.* SIN. abdomen, vientre. **2** COLOQUIAL. Abultamiento exterior de esta parte del cuerpo: *Sigue un régimen de adelgazamiento para reducir tripa.* SIN. barriga. **3** Conjunto de los intestinos o una parte de ellos: *Embutió carne picada en una tripa de cerdo para hacer chorizos. Quita las tripas del pescado.* **4** (en plural) COLOQUIAL. Lo que se encuentra en el interior de un objeto: *Desmontó la radio para verle las tripas.* **5** Parte abultada de una cosa: *la tripa de una vasija.* SIN. barriga. **6** COL., VEN.; RESTRINGIDO. Cámara de aire de un vehículo. **7** ARG., URUG.; VULGAR. Miembro viril, pene. FR. Y LOC. **echar las tripas** COLOQUIAL; INTENSIFICADOR. Vomitar ‹una persona›: *Ese jarabe tan asqueroso me va a hacer echar las tripas.* **hacer de tripas corazón** COLOQUIAL. Sobreponerse ‹una persona› para hacer algo que le repugna o le cuesta un gran esfuerzo: *Hizo de tripas corazón para no llorar delante de sus hijos.* **¿qué ~ se le ha roto?** COLOQUIAL; DISGUSTO Y ENFADO. Se usa para comentar ‹una persona› la urgencia con que otra persona reclama su atención: *Es la tercera vez que me llama: ¿Qué tripa se le habrá roto ahora?* **revolver las tripas** COLOQUIAL; INTENSIFICADOR. Causar ‹una persona o cosa› una gran repugnancia o incomodidad a otra persona: *Se me revuelven las tripas cada vez que tengo que hablar con él.* **tener / echar ~** COLOQUIAL. Tener o empezar a tener la tripa abultada ‹una persona›: *Desde que se dedica a la buena vida, está echando tripa. Aunque estoy delgado, tengo tripa.*

tripanosoma *s. m.* BIOL. Protozoo flagelado de medios acuáticos que puede ser parásito de la sangre de los seres humanos: *El tripanosoma causa la enfermedad del sueño.*

tripartición *s. f.* ELEVADO. División en tres partes: *la tripartición de un reino, la tripartición de una herencia, la tripartición del Imperio.*

tripartito, ta *adj.* **1** Que está dividido en tres partes o clases: *organización tripartita.* **2** Que está formado por tres partes: *contrato tripartito, conferencia tripartita.*

tripe *s. m.* (no contable) Tejido fuerte de esparto o lana utilizado especialmente para hacer alfombras.

tripear *v. intr.* COLOQUIAL. Comer ‹una persona› con glotonería: *A mi abuela le gusta tripear.* SIN. glotonear.

tripería *s. f.* **1** Tienda donde se venden tripas: *En la planta baja del mercado hay varias triperías.* **2** Conjunto de tripas: *La tripería de vaca bien preparada es un plato riquísimo.*

tripero, ra *adj. / s. m.* y *f.* **1** COLOQUIAL. Persona que come mucho: *Te estás haciendo un tripero, comes mucho.* || *s. m.* y *f.* **2** Persona que tenía por oficio vender tripas: *Esa familia siempre ha sido tripera, heredaron el oficio de sus padres.* || *s. m.* **3** VEN. Conjunto de las vísceras de un animal.

tripi o **tripis** *s. m.* JERGAL. Dosis de LSD o de un alucinógeno artificial parecido: *tomar un tripi, ir de tripis. En esa plaza venden tripis.*

triplano *s. m.* Avión que tiene tres pares de alas superpuestas y paralelas: *Los triplanos pertenecen a la historia de la aviación.*

triple *adj. num.* **1** (antepuesto / pospuesto) Que equivale a tres veces una cantidad, sea numérica, de tamaño, de masa, de materia o cualitativa: *Tienes triple cantidad de dinero que yo. Alfonso consiguió una cantidad triple de libros.* **2** (antepuesto / pospuesto) Que está formado por tres partes o elementos iguales o equiparables: *un triple adjetivo, una apuesta triple, un triple seco.* || *s. m.* **3** Cantidad que equivale a tres veces otra cantidad, sea numérica, de tamaño, de masa, de materia o cualitativa. OBSERVACIONES: Se usa precedido del artículo *el* y en contexto de comparación. Admite complementos con *de* en los que se exige el objeto, circunstancia o cualidad respecto de la cual se formula esta comparación: *el triple de bueno, el triple de veces, el triple de rápido que yo.* **4** ARG. Enchufe eléctrico múltiple. || *adj. / s. m.* **5** DEP. [Canasta] que tiene valor de tres puntos, en baloncesto: *meter un triple.* || **6 ~ salto*.**

triplemente *adv. cant.* RESTRINGIDO. Por triple motivo, por tres conceptos, en tres aspectos, con alcance en tres direcciones: *Me siento triplemente honrado: por el premio en sí, por el lugar en que lo recibo y, sobre todo, por el prestigio de la entidad que me lo concede.*

triplicado *s. m.* Tercer ejemplar o copia de un documento: *Tengo un triplicado de la llave. Necesito un triplicado del contrato.* FR. Y LOC. **por ~** En tres ejemplares: *Haz una copia por triplicado.*

triplicar *v. tr.* **1** Hacer ‹una persona› tres veces más grande el volumen o la cantidad de [una cosa]: *Queremos triplicar las ventas este año.* || *v. prnl.* **2** Aumentar ‹una cosa› tres veces su volumen o su cantidad: *Se ha triplicado el número de visitantes este verano.* ⇒ **71.**

triplo *s. m.* **1** MAT. Número que contiene exactamente tres veces a otro: *El triplo de cinco es quince. Quince es su triplo.* OBSERVACIONES: Es más frecuente, en el uso no matemático o técnico, la expresión *tres veces: Tiene tres veces más dinero,* en lugar de: *Tiene el triplo de dinero.* || *adj. num.* **2** MAT. [Número] que contiene exactamente tres veces a otro número: *Nueve es número triplo de tres.*

trípode *s. m.* **1** Soporte formado por tres largos pies, generalmente articulables y plegables, sobre el cual se montan o afirman diversos aparatos o instrumentos: *el trípode de la cámara fotográfica, el trípode de un cuadro, el trípode de un aparato medidor o topográfico.* **2** RESTRINGIDO. Mueble, generalmente una mesa o un asiento, de tres patas.

tripón, na *adj. / s. m.* y *f.* **1** COLOQUIAL; PEYORATIVO. Que tiene mucha tripa o barriga: *¡Qué tripón eres! Eres un tripón.* SIN. tripudo. **2** COLOQUIAL. Que come demasiado: *Eres demasiado tripona.* || *s. m.* **3** COLOQUIAL. Tripa o barriga muy grande: *Mi padre está echando un tripón tremendo.*

tríptico *s. m.* **1** Obra gráfica o de pintura realizado en tres partes unidas de tal manera que las laterales generalmente pueden doblarse o cerrarse sobre la central. **2** Libro, tratado, obra musical o escénica que consta de tres partes: *Las tres películas forman un tríptico. He escrito un tríptico poético de tres largos poemas.*

triptongo *s. m.* FON. Conjunto de tres vocales que forman una única sílaba: *En todo triptongo pueden distinguirse una semiconsonante, una vocal y una semivocal.*

tripudo, da *adj.* COLOQUIAL; PEYORATIVO. [Persona] que tiene la tripa muy abultada.

tripulación *s. f.* Conjunto de personas que en un barco, avión o nave espacial están encargadas del manejo de dichos aparatos y de atender a los pasajeros, si los hay: *la tripulación del transbordador espacial. La tripulación los atenderá.*

tripulante *s. m. / f.* Miembro de una tripulación: *el tripulante de un barco, los tripulantes de un avión. Los tripulantes de la nave espacial perecieron en el accidente.*

tripular *v. tr.* **1** Conducir ‹una persona› [un avión, una embarcación o una nave espacial]: *El chico quiere aprender a tripular avionetas.* **2** CHILE; RESTRINGIDO. Mezclar ‹una persona› [cosas heterogéneas, especialmente cereales].

trique o **triqui** *s. m.* COL., VEN.; RESTRINGIDO. Juego de tres en raya.

triquina *s. f.* (macho y hembra) Género *Trichina.* Gusano nematodo parásito que vive en los músculos de diversos mamíferos formando quistes y produce la triquinosis: *La triquina se trasmite a las personas que comen carne sin los oportunos controles sanitarios.*

triquinosis (plural *triquinosis*) *s. f.* (no contable) MED. Enfermedad parasitaria causada por la invasión de larvas de triquina, que se caracteriza por fiebre alta, dolores musculares agudos y vómitos o diarreas: *La triquinosis puede llegar a causar la muerte.*

triquiñuela *s. f.* COLOQUIAL. Engaño o acción hábil que se hace para conseguir algo: *No me vengas con triquiñuelas y devuélveme el cambio. Inventa cien triquiñuelas para aprobar sin estudiar.*

triquitraque *s. m.* Golpe y ruido producido por un movimiento desordenado y repetido: *La niña estaba tan cansada que se quedó dormida con el triquitraque del autobús.*

trirreme *s. m.* HIST. Embarcación del Mediterráneo que tenía tres hileras de remos a cada costado: *Los trirremes romanos solían ser embarcaciones militares.*

tris *s. m.* COLOQUIAL. Insignificancia, cosa muy pequeña: *Ha faltado un tris para que me atropellara un coche.* FR. Y LOC. **por un ~** COLOQUIAL. Por poco: *No me ha tocado el premio gordo de la lotería por un tris.* **en un ~** COLOQUIAL. A punto de: *He estado en un tris de irme a trabajar a Méjico*

trisar *v. intr.* Emitir ‹la golondrina u otros pájaros› su voz chirriante.

triscar *v. intr.* **1** Dar ‹una persona o un animal› saltos de un lugar a otro alegremente: *Las cabras triscan por las rocas. Los niños triscan en el parque.* **2** RESTRINGIDO. Juguetear ‹una persona› con una cosa: *Llevas toda la mañana triscando con el llavero.* ⇒ **71.**

trisemanal *adj.* **1** Que se repite tres veces por semana: *Las sesiones de cine son trisemanales en este pueblo.* **2** Que sucede cada tres semanas: *La visita a las fábricas es trisemanal.*

trisílabo, ba *adj. / s. m.* GRAM. Que tiene tres sílabas: *palabra trisílaba. El sustantivo «despacho» es trisílabo.*

triste *adj.* **1** (ser / estar) Que tiene un carácter melancólico o que, ocasionalmente, tiene o siente tristeza, pena o pesadumbre: *Desde que él murió, está muy triste. Soy una persona triste, tengo tendencia a estar melancólica.* ANT. alegre. **2** (antepuesto / pospuesto) Que contiene o produce melancolía o tristeza: *paisaje triste, suceso triste, historia triste, mirada triste. ¿A qué vienen esas caras tristes? Su rostro tenía una triste expresión de derrota. Tengo que daros una triste noticia.* ANT. alegre. **ojos tristes. 3** (antepuesto / pospuesto) Que produce dolor o pena, es difícil de soportar o no es justo: *Los refugiados se encuentran en una triste situación. ¡Triste destino el mío!* **4** (antepuesto) Que es modesto, humilde o sencillo: *Toda su vida fue un triste pastor de ovejas. Nos sirvieron un triste plato de garbanzos.* **5** (antepuesto) a veces INTENSIFICADOR. Que no sirve para mucho, o es más bien insignificante: *Ya sé que una buena pensión es un triste consuelo, pero algo es algo.* **6** (antepuesto) COLOQUIAL. Se utiliza como intensificador para expresar la falta total de algo: *No han dado ni una triste explicación de lo ocurrido.*

tristemente *adv. modo* **1** De manera triste o con tristeza: *Me despedí de todos y me alejé de ellos tristemente.* || *adv. orac.* **2** Lamentablemente, por desgracia, para tristeza nuestra, es triste (que). OBSERVACIONES: Se usa para dar a entender que el hecho nos resulta triste o nos entristece. Aparece sobre todo antepuesto a participios o a adjetivos: *Aludió a don Andrés, ya tristemente desaparecido.* RELACIONES Y CONTRASTES: ◊ Se usa poco precediendo a la oración entera (*Tristemente, ya no está con nosotros*), porque se prefiere *lamentablemente* o *desgraciadamente* o *por desgracia: Lamentablemente, ya no está con nosotros.* ◊ En algunos casos, la valoración llega a referirse también al origen o causas del hecho: *tristemente célebre, tristemente famoso.*

tristeza *s. f.* **1** (no contable) Sentimiento del que está deprimido, sin ánimo para hacer nada y con tendencia al llanto: *Su ausencia le produjo una gran tristeza. La tristeza de Juan preocupa a la familia.* ANT. alegría. **2** Cualidad de las cosas que producen este sentimiento: *la tristeza de un paisaje invernal. La tristeza de su cara nos conmovió.* **3** COLOQUIAL. Suceso desgraciado o penoso: *No estoy para escuchar tristezas.* SIN. desdichas. **4** Enfermedad de los cítricos. **5** URUG. Enfermedad del ganado vacuno.

tristón, na *adj.* (ser/ estar) COLOQUIAL. Que está un poco triste o que tiende a estar triste: *Es un día tristón. Lo noto tristón. Hoy estoy muy tristona, será el otoño.*

tritio *s. m.* FÍS. Isótopo pesado del hidrógeno que interviene en las reacciones nucleares de fusión.

tritón *s. m.* **1** FÍS. Núcleo del átomo de tritio. **2** (macho y hembra) Familia *Salamandridae.* Anfibio que habita en los lagos y charcas, semejante a la salamandra, de color pardo con manchas negras en el dorso y rojas en el vientre, cola aplastada lateralmente y una cresta que se prolonga, en los machos, a lo largo del lomo.

triturador, ra *adj.* Que tritura: *Tu hermano es un triturador de palomitas.*

trituradora *s. f.* Máquina para triturar, especialmente minerales o alimentos: *En la cantera han instalado una trituradora nueva para fabricar arenilla.*

triturar *v. tr.* Reducir ‹una persona› [una cosa sólida] a trozos muy pequeños, sin llegar a convertirla en polvo: *Ha triturado la carne con la picadora. Pepe me ha dicho que si vuelvo a ver a su hermana me tritura.* SIN. picar.

triunfal *adj.* **1** Del triunfo, o que sirve para celebrarlo: *vuelta triunfal, arco triunfal.* **2** (antepuesto / pospuesto) [Éxito, victoria] que supone un triunfo total y absoluto: *victoria triunfal. Tu triunfal actuación dejó a todos boquiabiertos.*

triunfalismo *s. m.* (no contable) PEYORATIVO. Actitud de seguridad y superioridad de la persona que confía excesivamente en su valía o en sus posibilidades de éxito: *El candidato fue muy criticado por el triunfalismo de su discurso.*

triunfalista *adj.* **1** Del triunfalismo: *crítica triunfalista.* || *adj. / s. m.* y *f.* **2** Que manifiesta triunfalismo: *Me molestan sus declaraciones tan triunfalistas.*

triunfante *adj.* **1** Que triunfa o consigue una victoria: *comitiva triunfante. Hemos salido triunfantes de esta situación.* **Iglesia ~** En la Iglesia católica, conjunto de fieles cristianos que están en el cielo o paraíso. **2** Que encierra o contiene triunfo: *palabras triunfantes, discurso triunfante.*

triunfar *v. intr.* **1** Resultar ‹una persona› ganadora en una lucha o en una competición: *Nuestro equipo lleva varios años triunfando en la liga.* SIN. vencer, ganar. **2** Tener ‹una persona› éxito en lo que se había propuesto: *Su sueño era triunfar en la pantalla. Esta chica ha triunfado siempre en todo lo que ha hecho.*

triunfo *s. m.* **1** Acción y resultado de triunfar: *Estoy segura de su triunfo en la vida.* **arco de ~. 2** Trofeo: *Tiene el salón con una vitrina llena de los triunfos conseguidos en su carrera deportiva.* **3** En algunos juegos de naipes, carta que por ser del mismo palo que la pinta, tiene más valor: *En esta mano hay que jugar al triunfo.* **3** ARG., PERÚ. Cierta danza popular de pareja suelta y ritmo vivo, que consiste en un zapateado. FR. Y LOC. **costar un ~** COLOQUIAL. Costar mucho esfuerzo alcanzar o hacer ‹una cosa›: *Me costó un triunfo esta entrevista.* **en ~** Entre aclamaciones y muestras públicas de entusiasmo: *El torero salió en triunfo de la plaza.* **tener todos los triunfos en la mano** COLOQUIAL. Tener ‹una persona› todos los elementos para resolver un asunto favorablemente: *El negocio es nuestro porque tenemos todos los triunfos en la mano.*

triunvirato *s. m.* **1** HIST. Gobierno de la antigua Roma formado por tres personas. **2** ELEVADO. Grupo de tres personas que dirigen o gobiernan una cosa: *El triunvirato de sindicalistas se sentó a negociar con la troica empresarial.*

triunviro *s. m.* HIST. Magistrado romano que formaba parte de un triunvirato.

trivalente *adj.* **1** Que tiene tres valores o usos: La *vacuna trivalente se pone contra la difteria, el tétanos y la tosferina.* **2** QUÍM. Que funciona con tres valencias.

trivial *adj.* **1** Que carece de importancia, novedad o interés: *Sus ideas arquitectónicas son triviales. Escribe cuentos triviales.* **2** Que es sabido y conocido de todos: *Nos ha proporcionado información trivial. Se llegaron a las conclusiones de siempre: triviales y sin interés.*

trivialidad *s. f.* **1** (no contable) Cualidad de trivial: *la trivialidad de su pensamiento.* **2** Cosa sabida de todos o sin importancia: *En el pueblo nunca pasa nada, sólo las trivialidades de siempre.* **3** Dicho o escrito trivial: *Sólo escribe trivialidades.*

trivializar *v. tr.* ELEVADO. Quitar ‹una persona› importancia a [un asunto o una situación]: *No puedes hablar nunca en serio con Miguel, todo lo trivializa.* ⇒ **19.**

trivio *s. m.* **1** (no contable) HIST. Conjunto que formaban en la enseñanza la Gramática, la Retórica y la Dialéctica durante la Edad Media: *Las tres disciplinas del trivio y las cuatro del cuadrivio constituían la formación inicial de un universitario.* SIN. trivium.

trivium *s. m.* (no contable) HIST. Trivio.

-triz *suf.* Forma el femenino de algunos sustantivos o adjetivos masculinos terminados en -tor o -dor: *emperador - emperatriz, actor - actriz, bisector - bisectriz.*

triza *s. f.* (preferentemente en plural) Pedazo muy pequeño de alguna cosa: *Se me ha caído un vaso y se ha hecho trizas.* FR. Y LOC. **hacer trizas** Romper o destruir ‹una persona› una cosa en trozos muy pequeños: *El perro me hizo trizas la camiseta.* **estar hecho trizas** COLOQUIAL. **1** Triste, desanimado: *Está hecho trizas por la muerte de su amigo.* **2** Muy cansado: *Estoy hecho trizas después de la excursión.*

trocaico, ca *adj.* **1** MÉTR. Del troqueo: *ritmo trocaico.* **2** MÉTR. [Verso] que es latino y consta de siete pies, unos troqueos y otros espondeos o yambos.

trocánter *s. m.* **1** ANAT. Abultamiento que tienen algunos huesos largos en su extremo: *el trocánter del fémur.* **2** ZOOL. La segunda de las cinco piezas de que constan las patas de los insectos.

trocar *v. tr.* **1** Cambiar ‹una persona› [una cosa] por [otra]: *Trocó la casa* ***por*** *el yate.* **2** RESTRINGIDO. Decir o interpretar ‹una persona› [una cosa] equivocadamente: *He trocado las fórmulas en el examen y no me ha salido el problema.* SIN. equivocar, confundir. **3** Convertir ‹una persona› [una cosa] en [otra]: *Trocó el amor* ***en*** *odio.* SIN. mudar. ‖ *v. prnl.* **4** Convertirse ‹una cosa› en [otra]: *Su tranquilidad se trocó* ***en*** *impaciencia.* ⇒ **84.**

trocar *s. m.* MED. Instrumento quirúrgico parecido a un punzón cilíndrico de punta triangular, que se utiliza para hacer punciones y extraer líquidos de las cavidades del organismo.

trocear *v. tr.* Cortar o dividir ‹una persona› [una cosa] en trozos: *Trocea el pollo antes de servirlo.* SIN. partir.

trocha *s. f.* **1** Camino estrecho abierto entre la maleza: *En la selva no hay ni trochas.* **2** Camino que sirve de atajo a otro principal: *No hace falta que sigas el camino hasta la carretera: a la izquierda sale una trocha mucho más corta.* **3** ARG., PAR., URUG. Ancho de la vía de los ferrocarriles.

troche *adv.* Se usa en la LOC. **a ~ y moche** COLOQUIAL. Abundantemente, sin orden ni medida, irracionalmente: *Habla a troche y moche. Es un loco, no puedes fiarte de él: ha repartido las invitaciones a troche y moche.*

trocisco *s. m.* HIST. Cada uno de los trozos compuestos de sustancias medicinales finamente pulverizadas de que se forman las píldoras.

tróclea *s. f.* ANAT. Articulación en que uno de los huesos forma una polea sobre la que rueda o se desliza otro hueso.

trocoide *s. m.* **1** ANAT. Articulación en la que gira un cilindro óseo dentro de otra pieza en la que encaja. **2** GEOM. Cicloide.

trofeo *s. m.* **1** Objeto que reciben el ganador o los primeros clasificados de una competición como premio o como recuerdo por su victoria o triunfo: *trofeo deportivo. Recibieron el trofeo de manos del presidente.* SIN. triunfo. **2** Cabeza disecada de un animal cazado: *trofeo de caza.* **3** Adorno formado por armas u otros objetos militares colgados en la pared: *Mi padre tiene varios trofeos de guerra.* **4** Monumento o insignia que conmemora una victoria: *Los arcos de triunfo romanos son trofeos levantados en honor de los vencedores.* **5** HIST. Prenda del enemigo vencido: *Los trofeos que los vencedores han buscado han variado con las épocas: desde la cabeza del enemigo hasta su fortuna, todo ha sido posible.*

trófico, ca *adj.* ELEVADO. De la nutrición: *las características tróficas.* **cadena trófica** Serie sucesiva de seres de la Naturaleza que se nutren unos de otros: *En la Naturaleza la cadena trófica está formada en la base por vegetales verdes que sirven de alimento a los animales herbívoros, que son comidos por los animales carnívoros: todos sirven de alimento a la especie humana.*

trofología *s. f.* Ciencia o tratado que estudia la nutrición.

trofólogo, ga *s. m./f.* Persona que se dedica profesionalmente a la trofología o tiene un título en esta ciencia: *Su novio es trofólogo, especialista en alimentación animal.*

troglodita *adj./s. m.* y *f.* **1** Que vivía o vive en cavernas: *Los trogloditas nos dejaron muchas pinturas.* **2** COLOQUIAL. [Persona] que es violenta, torpe o grosera: *Es un troglodita que no tiene un detalle amable con nadie.* **3** COLOQUIAL. Que tiene unas ideas desfasadas o poco modernas: *Mi padre es un poco troglodita, quiere que esté a las diez en casa.*

troglodítico, ca *adj.* De los trogloditas: *poblados trogloditicos.*

troica o **troika** *s. f.* **1** Trineo ruso sobre patines, del tamaño de un carro, tirado por tres caballos. **2** Tiro de tres caballos que se engancha a ese trineo. **3** HIST., POLÍT. Antiguo equipo dirigente de la Unión Soviética, formado por el Presidente de la República, el Jefe de Gobierno y el Secretario General del Partido Comunista: *La troica soviética ha vuelto a aparecer reunida en público.* **4** COLOQUIAL, RESTRINGIDO. Reunión o grupo de tres políticos o tres personas con cargos dirigentes importantes de una entidad o empresa: *la troica del Ministerio del Interior, la troica deportiva comunitaria. La troica de nuestra empresa tomará una decisión sobre los planes futuros la próxima semana.*

troj o **troje** *s. f.* Cuarto o habitación de las casas de campo donde se almacenan los frutos y cereales: *La troje está en muchas zonas en un piso elevado.*

troja *s. f.* **1** COL., VEN. Troj. **2** (no contable) URUG.; COLOQUIAL. Gran cantidad de una cosa.

trola *s. f.* **1** COLOQUIAL. Mentira: *Siempre nos dice que trabaja mucho y es una trola. ¡Nos contó unas buenas trolas sobre su novio! Eso no me lo creo, es una trola.* SIN. bola.

trole *s. m.* Barra o pértiga de hierro con un mecanismo deslizante en su extremo que sirve para transmitir a los vehículos de tracción eléctrica la corriente del cable aéreo conductor: *el trole de un tranvía, el trole de un trolebús.*

trolebús *s. m.* Autobús urbano movido por energía eléctrica que toma de un cable aéreo por un trole: *Los trolebuses tienen el techo del tranvía y las ruedas del autobús.*

trolero, ra *adj./s. m.* y *f.* COLOQUIAL. Que dice trolas o miente con frecuencia: *¡Qué trolera eres!, Eres un trolero, yo no te dije eso.* SIN. mentiroso.

trolo *s. m.* ARG., URUG.; COLOQUIAL; PEYORATIVO. Homosexual masculino.

troludo, da *adj./s. m.* y *f.* ARG.; COLOQUIAL; PEYORATIVO. Persona que tiene un comportamiento desagradable, torpe y poco inteligente.

tromba *s. f.* **1** INTENSIFICADOR. Chaparrón repentino y muy violento. **~ de agua.** **2** Masa de agua en forma de columna con movimiento giratorio que se levanta en el mar por efecto de un torbellino. **3** Gran cantidad, frecuentemente de sucesos violentos o bruscos: *El país ha sido sorprendido por una tromba de asesinatos. Nos ha llegado una tromba de epidemias.* FR. Y LOC. **en ~** COLOQUIAL. De golpe, violentamente: *Los jugadores se lanzaron en tromba al ataque.*

trombo *s. m.* MED. Coágulo de sangre formado en el interior de un vaso sanguíneo: *Mi tío tiene un trombo en una pierna y tienen que operarlo.*

trombocito *s. m.* MED. Plaqueta de la sangre.

tromboflebitis (plural *tromboflebitis*) *s. f.* MED. Inflamación de un vaso sanguíneo en el que se forma un trombo: *Tiene trombloflebitis en una pierna.*

trombón *s. m.* **1** Instrumento musical de viento parecido a una trompeta muy grande, formado por un tubo metálico en forma de U que termina en un pabellón acampanado: *tocar el trombón.* ~ **de pistones** Trombón con tres llaves o pistones. ~ **de varas** Trombón de tubo móvil extensible y acortable. ‖ *s. m./f.* **2** Persona que toca este instrumento: *Damián es el trombón de la banda del pueblo.*

trombosis (plural *trombosis*) *s. f.* MED. Formación de un trombo en el interior de un vaso sanguíneo o del corazón: *Le dio una trombosis y se quedó afásico.*

trome *adj.* PERÚ; COLOQUIAL. Muy hábil.

trompa *s. f.* **1** Prolongación hueca y flexible de la nariz de algunos animales con la que pueden agarrar o absorber cosas: *la trompa del elefante.* **2** Aparato chupador de algunos insectos: *la trompa de los mosquitos.* **3** Instrumento musical de viento formado por un tubo de metal enroscado circularmente que va ensanchándose desde la boquilla hasta el pabellón. **4** COLOQUIAL. Borrachera: *Anoche agarró tal trompa que iba tambaleándose.* SIN. cogorza, moña. **5** RESTRINGIDO. Trompo, peonza. **6** ARQ. Cada uno de los arcos abovedados en saliente sobre el ángulo recto que forman dos muros y que generalmente sirve para pasar de una planta cuadrangular a otra octogonal o circular. **7** AMÉR. DEL S.; COLOQUIAL. Morro, hocico de una persona o de un animal. ‖ *adj.* **8** COLOQUIAL. Borracho: *Bebió demasiado y llegó a casa trompa.* SIN. beodo, bebido. ‖ **9** *s. m./f.* Persona que toca la trompa: *Las trompas salieron airosas de su concierto de anoche.* ‖ **10 ligadura* de trompas. 11 ~ de Eustaquio** ANAT. Conducto que comunica el tímpano con la parte lateral y superior de la faringe. **12 ~ de Falopio** ANAT. Cada uno de los dos conductos que van de la matriz a los ovarios.

trompada *s. f.* **1** COLOQUIAL. Golpe fuerte: *Se dio una buena trompada contra la pared.* SIN. porrazo (COLOQUIAL). **2** COLOQUIAL. Puñetazo dado con violencia y a ciegas: *Siguieron la pelea a mordiscos y trompadas.* **3** COLOQUIAL. Golpe de frente de una persona con otra: *Corriendo se dio una trompada con otro niño.* SIN. encontronazo. **4** MÉX. Dulce típico elaborado con azúcar sin refinar. **5** MÉX.; COLOQUIAL. Cosa muy complicada.

trompazo *s. m.* COLOQUIAL. Golpe fuerte: *Baja de ahí, te vas a dar un trompazo.* SIN. trastazo.

trompear *v. tr./prnl.* AMÉR. DEL S.; COLOQUIAL. Dar trompazos o puñetazos ‹una persona› [a otra persona], pegar.

trompeta *s. f.* **1** Instrumento musical de viento formado por un tubo metálico con pistones, que se ensancha desde la boquilla hasta que termina en un pabellón acampanado: *tocar la trompeta.* **2** MÚS. Clarín. ‖ *s. m./f.* **3** Persona que toca aquel instrumento: *los trompetas de la orquesta.*

trompetazo *s. m.* **1** Sonido estridente o excesivamente fuerte de una trompeta o de otro instrumento de viento: *Llamaba la atención de los peatones con sonoros trompetazos.* **2** RESTRINGIDO. Golpe dado con una trompeta.

trompetería *s. f.* **1** (no contable) MÚS. Conjunto de las trompetas que tocan en una orquesta o en una banda: *La trompetería de la orquesta se reforzará.* **2** (no contable) MÚS. Conjunto de los registros metálicos de un órgano que imita el sonido de las trompetas: *Han restaurado toda la trompetería del órgano de la catedral y ahora suena de maravilla.*

trompetero, ra *s. m./f.* **1** Persona que tiene por oficio hacer trompetas: *Los trompeteros de esta ciudad son muy famosos.* **2** RESTRINGIDO. Persona que toca la trompeta. SIN. trompetista, trompeta.

trompetilla *s. f.* **1** Pequeño instrumento en forma de trompeta que se colocaban en el oído los enfermos de sordera para oír mejor. **2** MÉX.; VULGAR. Pedo, ventosidad. FR. Y LOC. **de ~** o **trompetero** [Mosquito] que produce un zumbido al volar.

trompetista *s. m./f.* MÚS. Persona que toca la trompeta: *Jorge es el trompetista de una banda de jazz.* SIN. trompeta.

trompicar *v. tr.* **1** Hacer tropezar ‹una persona› violentamente [a otra persona]: *Me ha castigado la maestra por trompicar a un niño.* ‖ *v. intr.* **2** Andar ‹una persona› tambaleándose o dando pasos vacilantes: *El hombre subió las escaleras del metro trompicando.* ⇒ **71.**

trompicón *s. m.* **1** Tropezón o paso tambaleante: *El borracho iba dando trompicones por la calle.* SIN. traspié. **2** Tumbo o vaivén de un vehículo: *Los repetidos trompicones del autobús hicieron caer los bultos de las rejillas.* **3** COLOQUIAL. Golpe fuerte: *Le tiró al suelo de un trompicón.* FR. Y LOC. **a trompicones** 1Tropezando: *Consiguió subir la maleta por la escalera a trompicones.* 2 COLOQUIAL. Con dificultades, de manera discontinua: *Hizo la carrera de Medicina a trompicones. El coche subía la cuesta a trompicones.*

trompillón *s. m.* ARQ. Piedra que sirve de clave en una trompa o en una bóveda circular.

trompiza *s. f.* AMÉR. DEL S.; COLOQUIAL. Riña o pelea a puñetazos.

trompo *s. m.* **1** Pequeño juguete en forma de pera terminado en una punta metálica, al que se enrolla una cuerda para lanzarlo y hacerlo girar: *Nunca lanzaba bien el trompo.* SIN. peonza. **2** Giro sobre sí mismo de un automóvil como consecuencia de un derrape: *El coche hizo un trompo y fue a chocar contra una farola.* **3** ZOOL. *Calliostoma zizyphinum.* Molusco gasterópodo de concha redondeada. FR. Y LOC. **ponerse como/hecho un ~** COLOQUIAL. Comer o beber ‹una persona› hasta hincharse.

trompudo, da *adj./s. m.* y *f.* AMÉR. DEL S.; COLOQUIAL. [Persona] de labios abultados y boca grande y saliente.

trona *s. f.* **1** Silla de altura regulable donde se sienta a los niños para comer. **2** VEN.; JERGAL. Estado del que está bajo los efectos de una droga.

tronada *s. f.* **1** Tormenta con muchos truenos: *Esta tarde ha habido una buena tronada.* **2** COL.; JERGAL. Estado del que está bajo los efectos de una droga.

tronado, da *adj.* (ser/estar) COLOQUIAL. [Persona] que está un poco loca: *Mi hermano está muy tronado, sólo piensa en escalar.*

tronar *v. impers.* **1** Haber truenos: *Tronó toda la noche.* ‖ *v. intr.* **2** Producir ‹una cosa› un sonido o un estampido muy fuerte: *Los cañones tronaron durante horas.* **3** Hablar o escribir ‹una persona› contra otra persona o una cosa con pasión y violencia: *El jefe tronaba contra su secretario por un simple error.* **4** MÉX. Acabar con disgusto ‹una persona› una relación con otra persona: *tronar con el novio.* ‖ *v. tr.* **5** MÉX. Suspender ‹un estudiante› [una asignatura]. **6** MÉX. Suspender ‹un profesor› [a un estudiante] en una asignatura.

troncal *adj.* **1** Del tronco: *las características troncales de estos árboles.* **2** RESTRINGIDO. Que es muy importante: *Las ideas troncales de su conferencia.* ⇒ **28.**

troncalidad *s. f.* (no contable) DER. Principio por el que los bienes de una persona muerta sin testamento y sin descendientes deben pasar al tronco o línea de parientes del que habían salido esos bienes: *aplicar el derecho de troncalidad.*

troncha *s. f.* PERÚ; JERGAL. Prebenda.

tronchante *adj.* 1 (ser / estar) COLOQUIAL. Que es muy gracioso o provoca mucha risa: *situación tronchante. Es un chiste tronchante. Has estado tronchante esta noche.* 2 PEYORATIVO. Que es poco serio en su trabajo: *Los funcionarios de ese país son tronchantes.* 3 PEYORATIVO. [Trabajo, organización] que funciona mal: *Como tengas que ir a esa oficina prepárate, porque es tronchante.*

tronchar *v. tr.* 1 Romper ‹una persona› el tronco, el tallo o las ramas de [una planta]: *No vayas por ahí porque me tronchas los claveles.* SIN. quebrar. 2 Impedir ‹una persona o una cosa› que se realice o se desarrolle [una cosa]: *Me has tronchado las ilusiones.* SIN. truncar. 3 COLOQUIAL. Dejar ‹una persona o una cosa› muy agotada [a una persona]: *Estoy tronchado después de pintar las paredes.* SIN. moler. 4 COL.; COLOQUIAL. Causar ‹una persona› la dislocación de un hueso. ‖ *v. prnl.* 5 Romperse el tronco, el tallo o las rama de ‹una planta›: *Los claveles se han tronchado con el granizo.* 6 Interrumpirse ‹una cosa›: *Sus ilusiones se troncharon al conocer el suceso.* 7 COLOQUIAL. Quedar ‹una persona› muy agotada: *Me he tronchado con la carrera.* 8 VEN.; RESTRINGIDO. Torcerse o dislocarse ‹una persona› un pie o una mano. 9 COL.; COLOQUIAL. Dislocarse ‹un hueso›. FR. Y LOC. **mearse / mondarse / partirse / troncharse de risa*.**

troncho, cha *s. m.* 1 Tallo carnoso de las hortalizas: *Corta bien el troncho de la lechuga.* ‖ *adj.* 2 ARG., COLOQUIAL. [Miembro] que está mutilado. 3 ARG.; COLOQUIAL. [Cosa, proyecto] que está incompleto o interrumpido.

tronco, ca *s. m.* 1 Tallo leñoso, fuerte y macizo de una planta: *el tronco de un árbol. Los robles tienen los troncos rugosos.* 2 Parte del cuerpo de una persona o animal sin la cabeza y las extremidades: *El cuerpo se divide en: cabeza, tronco y extremidades.* 3 GEOM. Parte de un cono o de una pirámide que resulta al cortarlos por un plano paralelo a la base. 4 Origen común del que se derivan varias ramas o familias: *Las lenguas románicas proceden de un tronco común. Esos dos linajes pertenecen al mismo tronco.* 5 Conducto o canal principal del que salen o en el que desembocan otros menores: *tronco arterial. Los bronquios se derivan del tronco de la tráquea.* ‖ *s. m. / f.* 6 JERGAL. Compañero, amigo: *Nos fuimos de marcha con unas troncas que conocimos ayer.* SIN. colega. FR. Y LOC. **dormir / estar como un ~** COLOQUIAL; INTENSIFICADOR. Estar profundamente dormida ‹una persona›: *No hagas ruido, que tu abuelo se ha quedado como un tronco en el sillón.* **¿Qué pasa* contigo tío / colega / ~?**

troncocónico, ca *adj.* GEOM. En forma de tronco de cono.

tronera *s. f.* 1 Abertura en el costado de un buque o de una muralla para disparar las armas de artillería: *Los cañones escupían fuego constantemente por las troneras de las murallas.* 2 Ventana pequeña y estrecha: *Una tronera pequeñísima da luz a la escalera.* 3 Cada uno de los agujeros de una mesa de billar: *Me gusta jugar al billar americano en una mesa de troneras.* ‖ *s. m. / f.* 4 COLOQUIAL; RESTRINGIDO. Persona desordenada y de costumbres socialmente censurables: *Mi compañero de piso era un tronera.*

tronío *s. m.* 1 COLOQUIAL. Manifestación exagerada en el gasto de dinero: *El empresario cuando va a su pueblo se porta con mucho tronío. Siempre vivió con mucho tronío.* 2 COLOQUIAL. Gracia, elegancia y señorío de una persona: *La cantante tenía un tronío sorprendente.*

trono *s. m.* 1 Asiento elevado y majestuoso, generalmente cubierto por un dosel, que usan los reyes y emperadores en el ejercicio solemne de sus funciones: *el trono pontificio, sentarse en el trono.* 2 Dignidad de rey o de soberano: *ocupar el trono, heredar el trono, aspirar al trono, los pretendientes al trono.* SIN. corona. 3 En las iglesias católicas, sagrario encima del altar donde se coloca al Santísimo Sacramento en determinadas celebraciones católicas: *En las exposiciones solemnes la custodia se expone en el trono.* 4 Lugar en que se coloca la imagen de un santo cuando se le honra con un culto solemne en la religión católica: *el trono de San Antonio.* 5 REL. (plural) Espíritus que forman el tercer coro o grado de la jerarquía angélica en la teología cristiana.

tronzadera *s. f.* Sierra larga con un mango en cada extremo para cortar árboles entre dos personas. SIN. tronzador.

tronzador *s. m.* 1 Tronzadera. 2 Sierra para cortar piedras duras, como el mármol. ‖ *s. m. / f.* 3 Persona que maneja esta sierra.

tronzar *v. tr.* Cortar ‹una persona› [una cosa dura] en trozos: *tronzar un madero, tronzar una barra metálica.* ⇒ **19.**

tropa *s. f.* 1 MIL. Conjunto de soldados, cabos y cabos primeros: *El capitán reunió a la tropa. La tropa no puede utilizar el comedor de suboficiales.* 2 COLOQUIAL; INTENSIFICADOR. Conjunto numeroso de personas: *Una tropa de niños se dirigía hacia el parque.* 3 (preferentemente en plural) Ejército: *las tropas enemigas.* 4 Conjunto de militares en oposición a los civiles: *La tropa no puede salir de la ciudad.* 5 ARG., PAR., URUG. Rebaño de ganado. 6 MÉX. Conjunto de animales de carga que va a un sitio.

tropear *v. intr.* ARG., PAR., URUG.; RESTRINGIDO. Conducir ‹una persona› tropas de ganado de un lugar a otro.

tropel *s. m.* 1 (no contable) Conjunto de personas que avanzan en desorden y con ruido: *La manifestación era un tropel de gente que gritaba.* 2 Conjunto de cosas amontonadas en desorden: *En su habitación había un tropel de libros y de discos.* FR. Y LOC. **en ~** COLOQUIAL. De repente y desordenadamente: *Las cartas llegaron en tropel. Los niños entraron en el colegio en tropel.*

tropelía *s. f.* ELEVADO; PEYORATIVO. Ilegalidad o acto violento cometido generalmente por quien abusa de su poder: *Fue una tropelía despedir así a los trabajadores. Durante la guerra, muchos militares cometieron tropelías con las mujeres.* SIN. abuso, exceso.

tropero *s. m.* ARG., URUG. Hombre que se dedica a arrear una tropa de ganado.

tropezar *v. intr.* 1 Dar ‹una persona› con los pies en un obstáculo o pisar mal: *He tropezado al bajar la escalera. Tropecé* ***con*** *una piedra.* 2 Encontrar ‹una persona o una cosa› [un obstáculo que hace que se detenga o cambie de dirección]: *La pelota tropezó* ***con*** *la pierna de un defensor y salió fuera. Nuestro proyecto ha tropezado* ***con*** *la oposición del director.* SIN. topar(se). 3 Equivocarse o cometer ‹una persona› una falta: *Creo que aprobaré el examen; tropecé en una fórmula, pero me salió el problema.* 4 Discutir ‹una persona› con [otra] u oponerse a lo que ella opina o dice: *Voy a pasarlo mal este año, he tropezado con el profe-*

sor de Física y las clases son incómodas. SIN. chocar. || *v. tr. / prnl.* **5** Encontrar ‹una persona› a [otra persona o una cosa] por casualidad: ***Me*** *tropecé* ***con*** *Pedro al salir del bar. Ayer* ***nos*** *tropezamos Gema y yo en la peluquería.* SIN. topar(se). ⇒ **25.**

tropezón, na *adj.* **1** [Caballería] que tropieza mucho: *caballo tropezón, mula tropezona.* || *s. m.* **2** Acción y resultado de tropezar o tropezarse: *He tenido un tropezón en la escalera y casi me caigo.* **3** COLOQUIAL. Encuentro desagradable con una persona o encuentro con una persona no deseada: *He tenido un tropezón con tu primo Pedro, es un pesado.* **4** COLOQUIAL. Equivocación o falta: *El portero tuvo un tropezón el domingo, pero hay que fijarse en todos sus partidos.* **5** COLOQUIAL. Trozo de alimento sólido que se pone en las sopas o gazpachos: *sopa con tropezones, gazpacho con tropezones de verduras.* FR. Y LOC. **a tropezones** COLOQUIAL. Con muchas dificultades o impedimentos: *Conseguimos llegar a la taquilla a tropezones.*

tropical *adj.* **1** Del trópico: *plantas tropicales, calor tropical.* **ciclón ~. clima ~. 2** COLOQUIAL. Que es exuberante, muy alegre, muy cálido o vivo: *fantasía tropical, música tropical, carácter tropical. Tiene una imaginación tropical.*

tropicalismo *s. m.* COL. Exuberancia o exageración en la manera de hablar o en la manifestación de los sentimientos.

trópico *s. m.* **1** GEOGR. Nombres de dos círculos terrestres menores paralelos al Ecuador. **Trópico de Cáncer. Trópico de Capricornio. 2** GEOGR. Región situada entre esos dos paralelos: *Ha pasado las vacaciones en el trópico.*

tropiezo *s. m.* **1** Acción de tropezar: *Dio un tropiezo y se torció un pie.* SIN. tropezón, traspié. **2** Dificultad que surge al realizar algo o en una situación: *Hicimos el viaje sin ningún tropiezo.* SIN. contratiempo. **3** Equivocación, fallo o descuido importante: *El equipo tuvo un tropiezo y perdió un punto importante.* SIN. desliz. **4** Enfrentamiento que tiene una persona con otra: *Ha tenido varios tropiezos con sus compañeros de trabajo.* SIN. choque, encontronazo. **5** COLOQUIAL; RESTRINGIDO; generalmente HUMORÍSTICO. Relación sexual fuera del matrimonio: *La mujer se ha enterado de un tropiezo de su marido y lo ha echado de casa.*

tropilla *s. f.* ARG., URUG. Conjunto de caballos guiados por una yegua madrina.

tropismo *s. m.* (no contable) BIOL. Movimiento realizado por las plantas o los microorganismos en respuesta a determinados estímulos externos: *el tropismo del girasol.*

tropo *s. m.* RET. Figura retórica que consiste en utilizar una palabra en un sentido distinto del que le corresponde, pero que tiene con éste alguna semejanza: *La metáfora, la metonimia y la sinécdoque son tropos.*

tropología *s. f.* **1** ELEVADO. Lenguaje figurado o alegórico: *La tropología del Corán es esencial para comprenderlo.* **2** ELEVADO. Sentido figurado de una palabra o expresión.

tropológico, ca *adj.* ELEVADO. De los tropos o de la tropología: *El sentido tropológico de un texto.*

tropopausa *s. f.* GEOGR. Límite entre la troposfera y la estratósfera.

troposfera *s. f.* GEOGR. Capa inferior de la atmósfera de diez kilómetros de espesor, donde tienen lugar la mayoría de los fenómenos meteorológicos.

troquel *s. m.* **1** Molde para acuñar o realizar estampaciones en piezas metálicas como monedas o medallas: *La edición de nuestras medallas es limitada: el troquel se ha destruido ante notario.* SIN. matriz, cuño. **2** Instrumento o máquina para recortar formas en materiales como cartón, cuero o planchas metálicas: *el troquel de una imprenta.*

troquelar *v. tr.* **1** Fabricar ‹una persona› [una moneda, un sello o una medalla] con un troquel: *Estas medallas especiales se troquelan artesanalmente en la Fábrica de Moneda y Timbre.* **2** Recortar ‹una persona› [una pieza de cuero o de cartón] con un troquel: *máquina de troquelar.*

troqueo *s. m.* **1** MÉTR. Pie de poesía griega y latina compuesto de dos sílabas, una larga y una breve. **2** MÉTR. Pie de la poesía española compuesto de una sílaba acentuada y una sílaba átona.

trotaconventos (plural *trotaconventos*) *s. f.* LITERARIO. Alcahueta o celestina: *En muchas obras teatrales del siglo* XVI *aparece una trotaconventos.*

trotador, ra *adj.* [Caballería] que trota mucho o muy bien: *una yegua trotadora.*

trotamundos (plural *trotamundos*) *s. m. / f.* COLOQUIAL. Persona que viaja mucho por afición y recorre muchos países: *Mi tía era una trotamundos empedernida.*

trotar *v. intr.* **1** Andar ‹una caballería› al trote: *Este burro trota mucho.* **2** Ir ‹una persona› a lomos de una caballería que va al trote: *Por las mañanas me gusta trotar un poco por el campo a lomos de mi caballo.* **3** COLOQUIAL. Andar ‹una persona› mucho o con mucha rapidez: *Hemos estado trotando todo el día de un lado para el otro.*

trote *s. m.* **1** Marcha de las caballerías a paso ligero, levantando a la vez el pie y la mano de lado opuesto: *Encabezaban el desfile varios caballos al trote.* **2** COLOQUIAL. Actividad muy intensa: *¡Menudo trote se ha dado Chema limpiando la cocina!* SIN. paliza, tute (COLOQUIAL). **3** COLOQUIAL. Mucho uso al que se somete una cosa: *Este abrigo está un poco viejo porque le he dado mucho trote. Esta máquina tengo que jubilarla, porque ya le he dado buen trote.* SIN. tute (COLOQUIAL). FR. Y LOC. **al ~** 1 Trotando: *El caballo iba al trote.* 2 COLOQUIAL. Muy deprisa: *Ha ido trotando a clase porque llegaba tarde.* **de / para todo ~** COLOQUIAL. De uso diario: *Esos zapatos son para todo trote.* **no estar para muchos trotes** COLOQUIAL. No poder soportar ‹una persona o una cosa› demasiada actividad o demasiado uso: *Este coche no está ya para muchos trotes.*

troupe (del francés; pronunciamos *'trup'* o *'trupe'*) *s. f.* Conjunto de personas que hacen un espectáculo de teatro o de circo: *una troupe de cómicos. Está actuando ahora la troupe de payasos.* SIN. compañía.

trousseau (del francés; pronunciamos *'trusó'* o *'truso'*) *s. m.* ARG. Conjunto de ropa interior femenina, especialmente la de su ajuar.

trova *s. f.* **1** LIT. Composición poética compuesta o cantada por los trovadores: *Los trovadores componían a menudo trovas para ensalzar secretamente a sus damas.* **2** LIT.; RESTRINGIDO. Obra, oral o escrita, en verso. SIN. poema, poesía. **3** LIT. Composición poética escrita para ser cantada: *En el colegio ha habido varios concursos de trovas y nuestra niña ha ganado el de trovas ecológicas.*

trovador, ra *s. m. / f.* **1** LITERARIO. Poeta: *Es el trovador del siglo* XX. || *s. m.* **2** HIST., LIT. Poeta medieval de una corte que trovaba o componía versos en lengua vulgar: *Los trovadores provenzales, gallegos y catalanes eran muy famosos.*

trovadoresco, ca *adj.* De los trovadores: *canciones trovadorescas, amor trovadoresco.*

trovar *v. intr.* ELEVADO. Componer ‹una persona› versos: *El arte de trovar estaba reglamentado rígidamente.* 2 Componer ‹una persona› trovas o canciones: *Ha compuesto trovas en honor de la Patrona del pueblo.*

trovero, ra *s. m./f.* 1 LIT. Poeta popular que improvisa y canta trovos: *En las fiestas del pueblo se han concentrado los troveros de la región.* || *s. m.* 2 HIST., LIT. Poeta medieval francés que trovaba o componía poemas en lengua de oíl.

trovo *s. m.* RESTRINGIDO. Composición poética popular de tema amoroso.

troyano, na *adj./s. m.* y *f.* De Troya, antigua ciudad de Asia Menor: *los guerreros troyanos.*

trozar *v. tr.* ARG., URUG. Dividir ‹una persona› [una cosa] en trozos. || *v. tr./prnl.* VEN. Dividir ‹una persona› [una cosa] en trozos. ⇒ **19.**

trozo *s. m.* 1 Porción o parte de una cosa separada del todo: *un trozo de papel. Se comió un trozo de tarta. Desde la ventana se veía un trozo de cielo y un trozo de mar.* SIN. pedazo, cacho (COLOQUIAL). 2 COL.; COLOQUIAL. Mujer muy hermosa y atractiva. FR. Y LOC. **ser un pedazo/~/cacho de pan*.**

truca *s. f.* 1 CINE. Cámara de cine especial para hacer los trucajes mediante descomposición de planos. || *s. m./f.* 2 CINE. Persona que maneja esta cámara.

trucaje *s. m.* 1 Acción y resultado de trucar: *Un hábil trucaje permite simular una tormenta marina con facilidad.* 2 Técnica para producir efectos ópticos, acústicos o de otro tipo de apariencia engañosa: *El vuelo de Supermán es un resultado del trucaje cinematográfico.*

trucar *v. tr.* 1 Preparar o manipular ‹una persona› [una cosa] para que produzca un efecto determinado: *Ha trucado el coche para que corra más.* 2 Lograr ‹una persona› un efecto fantástico o aparentemente real en [una cosa] mediante un determinado procedimiento: *La foto del ovni había sido trucada.* ⇒ **71.**

trucha *s. f.* 1 (macho y hembra) Género *Salmo.* Grupo de peces de color gris verdoso con pintas negras, con una pequeña aleta sin radios y carne blanca o rosada, que vive en aguas claras de ríos y lagos de montaña, y es apreciado como alimento: *Las truchas a la Navarra se encuentran en todos los restaurantes españoles.* 2 AMÉR. C. Tenducho o puesto portátil. 3 MÉX.; COLOQUIAL. Persona lista y taimada. 4 ARG., URUG.; COLOQUIAL. Cara o morros de una persona.

truchero, ra *adj.* 1 De las truchas o con mucha abundancia de truchas: *río truchero, comarca truchera.* 2 [Persona] que pesca o vende truchas: *Isabel es una pescadora truchera.*

trucho, cha *adj.* ARG., URUG.; COLOQUIAL. [Mercancía] que es falsa o ilegal.

truco *s. m.* 1 Procedimiento hábil o engañoso para lograr un fin. 2 Procedimiento para conseguir un efecto prodigioso con apariencia de verdad: *el truco de sacar la paloma del sombrero, el truco de atravesar con la espada a la mujer del cajón.* 3 Técnica concreta, habilidad o procedimiento de un arte o actividad: *Javier domina todos los trucos de la cocina.* 4 ARG., PAR., URUG. Juego de naipes muy popular que se juega con la baraja española. || **5 el ~ del almendruco** COLOQUIAL; HUMORÍSTICO, IRONÍA. Expresión que se usa para indicar que la solución propuesta a un problema es evidente y simple, imposible e, incluso, ridícula: *El jefe se cree muy listo porque trabajamos mucho con su sistema: es el truco del almendruco, si no trabajamos, nos despide.*

truculento, ta *adj.* ELEVADO. (antepuesto/pospuesto) Que exagera la crueldad, atrocidad o dramatismo de alguna cosa: *imágenes truculentas. Es una truculenta historia, de las que le gustan a él.*

trueno *s. m.* 1 Ruido fuerte que sigue al rayo en las tormentas, producido por la expansión del aire al paso de la descarga eléctrica: *Los truenos me asustan.* 2 Estampido similar producido por un arma de fuego o fuegos de artificio: *Los truenos de cañón se oían a lo lejos.* SIN. explosión.

trueque *s. m.* 1 Forma de comercio en la que se cambia directamente una cosa por otra sin intervención del dinero: *La economía de trueque se encuentra en los inicios históricos del comercio.* 2 Acción y resultado de trocar o trocarse: *Nos conviene el trueque de servicios entre nuestras empresas.* 3 (plural) COL., MÉX.; RESTRINGIDO. Cambio, vuelta de dinero.

trufa *s. f.* 1 Hongo aromático que nace bajo tierra y que se emplea como condimento: *En invierno se buscan en la provincia de Teruel las trufas.* 2 Dulce de chocolate en forma de bolita, que se consume generalmente helado: *Me han regalado una caja de trufas.* 3 Crema de chocolate amargo usada en repostería como relleno o como recubrimiento de los dulces: *helado de nata y trufa.* 4 Hocico del perro.

trufar *v. tr.* 1 Rellenar ‹una persona› [un alimento] con trufas para darle su sabor: *pavo trufado. Hay que asar y trufar la pierna de ternera.* 2 ELEVADO. Intercalar ‹una persona› en un [discurso o escrito] mentiras o anécdotas: *El conferenciante dictó su conferencia trufando con amenidad un tema muy árido.*

truhán, na *adj./s. m.* y *f.* 1 AFECTIVO; PEYORATIVO. [Persona] que no tiene vergüenza y vive de engañar o estafar a otras: *Esa frutera es una truhana, siempre nos estafa en el peso. ¡Este hijo mío es un truhán, sabe cómo sacarnos dinero!* 2 RESTRINGIDO. [Persona] que intenta hacer reír a otras personas con sus gracias, cuentos, burlas y gestos o muecas: *Una compañía de truhanes actúa en la fiestas del barrio.*

trujal *s. m.* 1 RESTRINGIDO. Prensa donde se estruja la uva o se exprime la aceituna. 2 RESTRINGIDO. Molino de aceite.

trullo *s. m.* 1 RESTRINGIDO. Lagar con un depósito inferior donde cae directamente el mosto al pisar la uva. 2 JERGAL. Cárcel, calabozo: *Le han metido en el trullo por robar.* 3 ZOOL. Ave palmípeda del tamaño de un pato, de cabeza negra con un moño, que se alimenta de peces.

truncadamente *adv. modo* Truncando las palabras o las frases: *El reo estuvo muy nervioso y contestó truncadamente.*

truncamiento *s. m.* Acción y resultado de truncar o truncarse: *el truncamiento de un cono.*

truncar *v. tr.* 1 Cortar ‹una persona o una cosa› una parte de [otra cosa]: *truncar la esquina de una mesa, truncar la rama de un árbol, truncar un cono.* 2 Interrumpir ‹una persona› [una frase o un texto] voluntaria o involuntariamente: *Ha truncado la novela porque no le gustaba cómo quedaba.* 3 Impedir ‹una persona o una cosa› que [una cosa] se realice: *Han truncado nuestras ilusiones de viajar.* || *v. prnl.* 4 Interrumpirse ‹una cosa›: *Se ha truncado la fiesta. Se ha truncado el ascenso de Luisa.* ⇒ **71.**

trusa *s. f.* 1 CUBA. Traje de baño. 2 MÉX.; COLOQUIAL. Calzoncillo. 3 PERÚ. Pantaleta, bragas. 4 ARG., URUG. Faja femenina.

trust (plural *trust*) *s. m.* ECON.; RESTRINGIDO. Unión estable de varias empresas con una única dirección.

tse-tse *s. f.* (macho y hembra) Mosca tse-tse.

tsunami *s. m.* GEOL. Ola gigantesca provocada por un seísmo submarino o una explosión volcánica, que avanza velozmente hasta miles de kilómetros de su lugar de origen: *Quizá un tsunami ocasionó el naufragio.*

tu *adj. pos.* **1** Apócope de *tuyo, tuya* que se usa sólo cuando va delante del nombre o grupo nominal. Sitúa al nombre con respecto a la persona que escucha (*tú*): *tu abrigo, tu revista, tus amables palabras.* **1**1 Indica propiedad: *tus zapatos.* **1**2 Indica parentesco o relación personal: *tus sobrinos.* **1**3 Indica pertenencia a un grupo o comunidad: *tu ciudad.* **1**4 Indica objetos o hechos asociados habitualmente a una persona: *tu asiento.* **1**5 Indica relación con instituciones, entidades u organismos: *tu médico, tu ministerio.* OBSERVACIONES: ◊ Debe evitarse: *Lava tu cara,* etc. Se ha de decir: *Lávate la cara, etc.* Se entiende que se habla de algo de la persona que habla. ◊ Lleva incorporada la idea de definitud como si estuviera presente el artículo determinado: *Tu casa* es igual que *la casa tuya.* ◊ Aparece vulgarmente en expresiones de enfado o insulto del que habla y en las reacciones del que contesta: *¡Tu padre! ¡Tu puta madre!*

tú (plural *vosotros;* de tercera persona; singular; masculino y femenino; sujeto: *tú;* complemento directo: *te, a ti;* complemento indirecto: *te, a ti;* complemento circunstancial: *contigo, ti*) *pron. pers.* **1** Pronombre con el que la persona que habla o escribe se refiere a la persona que escucha o a la que escribe. OBSERVACIONES: ◊ Funciona como sujeto: *¿Tú no quieres comer?* Como vocativo su uso es coloquial, incluso vulgar: *Eh, tú, el de la chaqueta. Oye, tú, ¿ qué haces ahí?* ◊ Se usa con valor impersonal cuando el que habla presenta lo que dice con valor general, incluyéndose a sí mismo y al interlocutor entre los sujetos posibles: *Delante del profesor tú no puedes dedicarte a contar chistes verdes.* RELACIONES Y CONTRASTES: Se emplea cuando se habla con una persona con la que se tiene relación de confianza; *usted*, en cambio, cuando se habla con alguien con el que se tiene una relación más formal: *Tú no sabes nadar. ¿Fuiste tú?* FR. Y LOC. **de tú a ~** COLOQUIAL. Referido al trato entre personas, de igual a igual, prescindiendo de formalidades o de un tratamiento respetuoso o deferente: *El equipo gallego trató de tú a tú al equipo madridista.* **hablar / llamar / tratar de ~** Tutear a alguien, tratarle como a un igual y no llamándole de usted: *Llámame de tú, que para mí eres casi como un hijo.* **llamar* a Dios de tú.**

tuareg (plural *tuareg* o *tuaregs*) *adj. / s. m.* y *f.* De un pueblo bereber nómada de las regiones desérticas del N. de África: *un campamento tuareg, las fiestas de los tuaregs.*

tuba *s. f.* Instrumento musical de viento, de gran tamaño y sonido grave, formado por un tubo metálico provisto de tres pistones: *En el Conservatorio toca la tuba.*

tuberculina *s. f.* (no contable) MED. Preparado obtenido con proteínas de la bacteria de la tuberculosis, que se usa en el diagnóstico de esta enfermedad.

tubérculo *s. m.* **1** BOT. Parte de un tallo subterráneo o de una raíz que se engrosa al acumular sustancias de reserva: *La patata es un tubérculo comestible.* **2** MED. Tumor localizado en un órgano del cuerpo, que en algunas enfermedades infecciosas se reblandece y llena de pus: *los tubérculos de la tuberculosis.* SIN. tuberosidad. **3** Protuberancia que tienen en la piel algunos animales.

tuberculosis (plural *tuberculosis*) *s. f.* (no contable) MED. Enfermedad infecciosa bacteriana producida por el bacilo de Koch que puede afectar a cualquier órgano o tejido. **~ pulmonar.**

tubería *s. f.* **1** Tubo alargado para la conducción de líquidos o gases: *las tuberías del desagüe. Las tuberías del baño están en muy mal estado.* SIN. cañería. **2** Conjunto de tubos que forman una instalación: *Tenemos que cambiar la tubería del gas.*

tuberosidad *s. f.* **1** MED. Tubérculo, tumor. **2** BOT. Engrosamiento en forma de tubérculo que se encuentra en los tallos y raíces.

tuberoso, sa *adj.* **1** MED. Que tiene tuberosidades: *formaciones tuberosas, aspecto tuberoso.* **2** Que tiene forma de tubérculo: *raíces tuberosas.*

tubo *s. m.* **1** Pieza cilíndrica, rígida, hueca y alargada, abierta por ambos extremos: *un tubo de desagüe, los tubos de una conducción de agua.* **2** Pequeño recipiente cilíndrico rígido y alargado: *No encuentro el tubo de aspirinas.* **3** Recipiente flexible alargado, cerrado por un extremo con un pliegue y por el otro con un tapón, que contiene sustancias blandas: *tubo de pomada, tubo de pegamento, tubo de pasta de dientes.* **4** ANAT. Parte del organismo animal con forma cilíndrica, alargada y hueca: *el tubo digestivo, tubo intestinal.* **5** JERGAL. Castigo, sanción: *Nos metió un tubo por no asistir a los entrenamientos.* SIN. puro, paquete. **6** JERGAL. Metro: *A estas horas no funciona el tubo.* **7** COLOQUIAL; RESTRINGIDO. Persona o cosa aburrida o pesada: *María dice que Pedro es un tubo.* **8** ARG., URUG. Auricular del teléfono. || **9 ~ de ensayo** Tubo de cristal cerrado por uno de sus extremos, que se utiliza en análisis y experimentos de laboratorio. **10 ~ de escape** Conducto por donde salen los gases producidos por la combustión de un vehículo: *Tengo que cambiar el tubo de escape del coche.* **11 ~ de rayos catódicos** Tubo de alto vacío en el que los electrones generados en un cátodo son dirigidos en forma de haz que incide sobre una pantalla y forma una imagen: *Las televisiones y las pantallas de los ordenadores tienen tubos de rayos catódicos.* FR. Y LOC. **pasar por el ~** COLOQUIAL. Obedecer ‹una persona› o aceptar órdenes o situaciones poco agradables: *Si viajas con una agencia no eres tan libre y en algunas cosas tienes que pasar por el tubo.* **por un ~** COLOQUIAL. Abundantemente, en gran cantidad: *Le gusta comer por un tubo.*

tubolux *s. m.* URUG. Fluorescente.

tubular *adj.* Que tiene figura de tubo o está formado por tubos: *conducto tubular, andamio tubular.*

túbulo *s. m.* ANAT. Conducto microscópico corporal: *En los riñones y en los testículos hay túbulos.*

tucán *s. m.* (macho y hembra) Género *Ramphastos.* Ave de plumaje negro con manchas blancas, rojas o amarillas, y pico muy grande, algo curvado en la punta y de vivos colores, que habita en regiones tropicales de América del Sur y Central.

tucano, na *adj. / s. m.* y *f.* **1** De un grupo de pueblos amerindios establecidos a orillas del Amazonas: *arte tucano, guerrero tucano.* || *s. m.* **2** LING. Familia lingüística cuyas lenguas son habladas por los tucanos.

tuciorismo *s. m.* ELEVADO. Doctrina de la teología moral que sigue la opinión más segura o más favorable a la ley en cuestiones discutibles o inseguras.

tuco, ca *adj. / s. m.* y *f.* **1** COL.; RESTRINGIDO. Persona que carece de algún miembro o parte de él. || *s. m.* **2** AMÉR.; RESTRINGIDO. Muñón. **3** ARG., PAR., PERÚ, URUG. Salsa espesa de tomate con carne, cebolla, orégano y otros condimentos con que se suelen aderezar los platos de pasta. **4** ARG., COL.; RESTRINGIDO. Insecto que, como el cocuyo, emite luz.

tucúquere *s. m.* CHILE. Búho de gran tamaño, excelente cazador de roedores.

tucura *s. f.* ARG., BOL., URUG. Especie de langosta pequeña y muy voraz.

-tud *suf.* -itud.

tudesco, ca *adj. / s. m.* y *f.* **1** De cierta región de la Sajonia inferior. **2** ELEVADO. Alemán. SIN. germano, teutón.

tuerca *s. f.* Pieza metálica, generalmente en forma de aro y con un surco espiral en su parte interior, que ajusta en una pieza o tornillo: *Los tornillos se enroscan en una tuerca de su mismo tamaño.*

tuercebotas (plural *tuercebotas*) *s. m.* **1** COLOQUIAL, RESTRINGIDO; PEYORATIVO. Persona poco importante: *Dice que en la oficina es el subdirector, pero no es más que un tuercebotas.* SIN. pelanas, pelagatos. **2** COLOQUIAL, RESTRINGIDO; PEYORATIVO. Persona torpe e inútil: *Déjalo, porque con lo tuercebotas que eres acabarás rompiéndolo.*

tuerto, ta *adj. / s. m.* y *f.* **1** (ser / estar) Que sólo ve por un ojo: *Se quedó tuerto en una pelea. Le dio limosna a un tuerto. Tenemos que arreglar un faro del coche, ahora está tuerto.* **2** RESTRINGIDO. Que está torcido: *Esta madera está tuerta.* FR. Y LOC. **parece que me / te / le... ha mirado un ~** COLOQUIAL. Se usa para indicar que una persona tiene mala suerte: *Parece que nos ha mirado un tuerto este año, todo nos sale mal.*

tueste *s. m.* Acción y resultado de tostar: *tueste diario de café, tueste natural.* SIN. tostado.

tuétano *s. m.* **1** (no contable) ANAT. Médula o sustancia blanca contenida en los huesos: *El tuétano de los huesos de ternera es riquísimo.* **2** Parte interna del tallo o raíz de una planta: *El tuétano de las plantas es delicado.* FR. Y LOC. **hasta los tuétanos** COLOQUIAL; INTENSIFICADOR. Hasta lo más profundo, en el aspecto físico o espiritual: *Está enamorado hasta los tuétanos. Se mojó y se caló hasta los tuétanos.*

tufarada *s. f.* Olor fuerte y desagradable que se percibe de pronto: *Al abrir la puerta me llegó de la escalera una tufarada de col hervida.*

tufillas (plural *tufillas*) *s. m. / f.* COLOQUIAL; RESTRINGIDO. Persona que se enfada fácilmente: *Eres una tufillas, no soportas que te digan nada.*

tufillo *s. m.* COLOQUIAL. Aire, rasgo aproximado: *Este programa tiene un cierto tufillo nostálgico.*

tufo *s. m.* **1** Emanación gaseosa que se desprende de las fermentaciones o de las combustiones imperfectas: *El tufo del brasero me levantó dolor de cabeza.* **2** Olor desagradable: *En verano hay un tufo insoportable a sudor en el metro.* SIN. peste. **3** COLOQUIAL. Sospecha de que existe o puede suceder una cosa mala que no se conoce: *Mi madre ya tenía el tufo de que mi hermana tenía novio y no lo había dicho en casa.* **4** (preferentemente en plural) COLOQUIAL; PEYORATIVO. Actitud que demuestra soberbia o vanidad: *Chico, no tengas tantos tufos, que no eres hijo de ningún marqués.* SIN. humo. **5** RESTRINGIDO. Mechón de pelo que cae sobre las orejas o la frente: *Los valientes del Siglo de Oro eran muy amigos de peinarse con tufos.*

tugurio *s. m.* **1** Local público de mal aspecto o mala fama: *Ese bar es un tugurio. No sé cómo os gusta comer en estos tugurios.* **2** Habitación o vivienda pequeña y pobre: *Vive en un tugurio.* SIN. cuchitril. **3** RESTRINGIDO. Choza de pastores.

tul *s. m.* (no contable) Tejido fino, algo rígido, delgado y transparente, de seda, algodón o hilo en forma de malla tejida diagonalmente: *un vestido de bailarina con la falda de tul rosa. La novia se cubría con un velo de tul.*

tula *s. f.* COL. Bolsa de viaje alargada con un asa en su parte superior.

tulio *s. m. Tm.* Elemento químico metálico del grupo de los lantánidos.

tulipa *s. f.* **1** Pantalla de una lámpara que imita un tulipán: *Se me ha roto una tulipa de la lámpara del comedor.* **2** BOT. Tulipán pequeño.

tulipán *s. m.* **1** Planta bulbosa de la familia de las liliáceas de hojas radicales y flor única, globosa, de seis pétalos. **2** BOT. Flor de esta planta: *Los tulipanes abundan en Holanda.*

tulipero *s. m. Liriodendron tulipifera.* Árbol de América del Norte de la familia de las magnoliáceas de hojas caducas y flores terminales de color amarillo, cuya madera se emplea en construcción.

tullido, da *adj. / s. m.* y *f.* **1** (ser / estar) PEYORATIVO. Que está incapacitado para moverse por enfermedad o accidente: *Su hermana está tullida de las piernas desde el accidente. Pepe es tullido desde muy pequeño.* **2** (ser / estar) PEYORATIVO. [Cuerpo o miembro] que no tiene movimiento por enfermedad o por accidente: *Tiene un brazo tullido. No puede moverse, sus piernas están tullidas.* **3** (estar) COLOQUIAL; RESTRINGIDO. Muy cansado: *Pepe acaba tullido la jornada.*

tullir *v. tr. / prnl.* RESTRINGIDO. Dejar ‹una persona o una cosa› inválida o lisiada [a una persona]: *Mi hermano* ***se*** *tullió en un accidente de moto.* ⇒ **53.**

tumba *s. f.* Lugar donde está enterrada una persona: *una tumba egipcia. En este cementerio sólo hay nichos, no tenemos sitio para abrir más tumbas en tierra.* **cavar* su propia sepultura / fosa / ~. lanzarse a ~ abierta** 1 DEP.; INTENSIFICADOR. Descender ‹un ciclista› a toda velocidad por una pendiente muy fuerte con grave riesgo de su vida: *El ganador de la etapa se lanzó a tumba abierta en el descenso del último puerto.* 2 COLOQUIAL; INTENSIFICADOR. Meterse decididamente y sin pensar mucho las consecuencias ‹una persona› en un asunto o actividad: *Está dispuesto a casarse con Elena y va a tumba abierta.* **revolverse en su ~** COLOQUIAL; INTENSIFICADOR. Se usa para indicar que a una persona ya muerta no le parecería bien algo que sucede o que alguien está haciendo: *Su abuelo tiene que revolverse en su tumba viendo cómo está hundiendo la empresa.* **ser una ~** COLOQUIAL; INTENSIFICADOR. Guardar ‹una persona› un secreto: *No se lo contaré a nadie: seré una tumba.*

tumbar *v. tr.* **1** Hacer caer ‹una persona o una cosa› [a otra persona u otra cosa]: *El viento tumbó una farola. El campeón tumbó al aspirante en el quinto asalto.* SIN. derribar. **2** COLOQUIAL. Matar ‹una persona› [a otra persona o a un animal]: *Mi tío tumbaba con la escopeta a un conejo co-*

rriendo a cien metros. **3** COLOQUIAL; INTENSIFICADOR. Dejar ‹una persona o una cosa› sin sentido [a una persona]: *Este olor tumba a cualquiera.* **4** COLOQUIAL. Declarar ‹una persona› no apta [a otra persona] en un examen: *El profesor de latín ha tumbado a media clase.* SIN. catear. **5** COL., VEN. Talar ‹una persona› [los árboles de un terreno]. || *v. tr./prnl.* **6** Poner ‹una persona› [a otra persona o una cosa] en posición horizontal: ***Se** tumbó en la camilla para que la examinaran. Tumben al herido boca arriba.* SIN. acostar(se), tender(se). || *v. prnl.* **7** Ponerse ‹una persona› en posición horizontal para dormir o descansar: *Siempre me tumbo un poco en verano después de comer. A mí me gusta tumbarme en la playa.* FR. Y LOC. **echar/tirar/~ de espaldas*.**

tumbo *s. m.* **1** Movimiento violento o sacudida: *El borracho caminaba dando tumbos. El avión de dos tumbos se salió de la pista.* **2** Voltereta: *El coche se salió de la carretera dando tumbos.* **3** COLOQUIAL. Dificultad, tropiezo: *Ha dado muchos tumbos en su vida.*

tumbona *s. f.* **1** Especie de hamaca o silla mullida de respaldo inclinable, utilizada para tumbarse o recostarse: *Me gusta estar toda la mañana en la playa tirado en la tumbona.*

tumefacción *s. f.* **1** MED. Hinchazón de una parte del cuerpo: *Una tumefacción en la mejilla le recordó la pelea.*

tumefacto, ta *adj.* MED. Que tiene hinchazón: *ojo tumefacto, rostro tumefacto, barbilla tumefacta.*

tumescencia *s. f.* MED. Hinchazón de una parte del cuerpo. SIN. tumefacción.

túmido, da *adj.* **1** ELEVADO. Hinchado o ampuloso: *Acabó el combate con el rostro túmido. Escribe con un estilo túmido insoportable.* **2** ARQ. [Arco, bóveda] que tiene más anchura en la mitad de su altura que en los arranques.

tumor *s. m.* MED. Masa de tejido formado en un órgano por un crecimiento anormal de sus células: *Le han diagnosticado un tumor en la faringe.* **~ benigno** MED. Tumor de crecimiento limitado que no invade los tejidos vecinos. **~ maligno** MED. Tumor que invade y destruye otros tejidos.

tumoración *s. f.* **1** MED. Tumor: *En la radiografía se advierte una tumoración en el pulmón derecho.* **2** MED. Hinchazón o abultamiento de una parte del cuerpo: *El tobillo lo tiene bien, no hay nada roto, sólo una tumoración producida por el golpe.*

túmulo *s. m.* **1** Sepulcro levantado sobre la tierra: *En la catedral se conservan varios túmulos reales de mucho mérito.* **2** Montículo de arena u otro material con que algunos pueblos cubrían una sepultura: *túmulos prehistóricos.* **3** Armazón con paños negros sobre la que se coloca el ataúd para celebrar algunos funerales: *Se ha levantado un túmulo en la plaza del Ayuntamiento para los funerales del alcalde.*

tumulto *s. m.* **1** Desorden, confusión y alboroto de mucha gente: *No aguanto el tumulto de las grandes ciudades. A mi madre le asusta el tumulto de los campos de fútbol.* **2** Disturbio o motín: *Los últimos tumultos públicos se han producido por la subida oficial del precio del pan.*

tumultuario, ria *adj.* (antepuesto/pospuesto) ELEVADO. Tumultuoso: *desórdenes tumultuarios, tumulturarias manifestaciones.*

tumultuoso, sa *adj.* **1** Que provoca tumulto o alboroto: *una protesta tumultuosa, una manifestación tumultuosa.* **2** Que se hace o realiza con alboroto o desorden: *una discusión tumultuosa, una reunión tumultuosa.*

tuna *s. f.* **1** Conjunto de estudiantes universitarios que canta y toca diversos instrumentos, generalmente de cuerda, vestido con trajes de época: *concurso de tunas, la tuna de Salamanca. La tuna universitaria amenizó el banquete de bodas.* SIN. estudiantina. **2** BOT. Nopal o chumbera. **higuera* chumba** o **higuera de Indias/pala/~.** **3** BOT. Fruto de esta planta.

tunante, ta *adj./s. m.* y *f.* COLOQUIAL; AFECTIVO/PEYORATIVO. Que actúa con picardía para engañar en interés propio: *¡Qué tunante es el tipo ese: siempre consigue los trabajos más fáciles! La nueva telefonista es una tunanta, nunca la encuentras en su sitio.* SIN. tuno, granuja.

tunda *s. f.* **1** COLOQUIAL. Castigo riguroso de golpes, palos o azotes: *Al pobre perro le dieron una tunda por morder a la vecina.* SIN. paliza, zurra. **2** COLOQUIAL. Trabajo o esfuerzo intenso o agotador: *Se dio una tunda de estudiar y no le sirvió de nada. ¡Nos hemos dado una buena tunda colocando cajas!* SIN. paliza.

tundidor, ra *s. m./f.* **1** Persona que tiene por oficio tundir o igualar los paños. || *adj./s. f.* **2** [Máquina] que tunde o iguala los paños: *máquina tundidora. Compró varias tundidoras para su empresa.*

tundidura *s. f.* Acción y resultado de tundir paños o pieles: *La mecanización de la tundidura ha abaratado el precio de los paños.*

tundir *v. tr.* **1** COLOQUIAL, RESTRINGIDO; INTENSIFICADOR. Dar ‹una persona› golpes o azotes [a otra persona]: *Mi tío me juraba que si no me portaba bien me tundiría a golpes.* **2** COLOQUIAL; INTENSIFICADOR. Causar ‹una persona o una cosa› cansancio [a una persona]: *Este trabajo me tunde.* **3** Cortar o igualar ‹una persona› [el pelo de los paños o pieles] con tijera o con tundidora: *Aquí se tunden los paños mecánicamente.*

tundra *s. f.* **1** Formación vegetal de musgos, líquenes y arbustos, que crece en el subsuelo helado: *la tundra siberiana.* **2** Extensión de terreno que comprende esta formación vegetal.

tunecí (plural *tunecíes* o *tunecís*) *adj./s. m.* y *f.* Tunecino.

tunecino, na *adj./s. m.* y *f.* De Túnez, país africano: *el vuelo tunecino. Los tunecinos organizaron una gran cena.*

túnel *s. m.* Paso subterráneo abierto artificialmente para establecer una comunicación a través de un monte o por debajo de un mar o un río o para acceder a un lugar subterráneo como una cueva o una mina: *el túnel del metro, el túnel del Canal de la Mancha, el Túnel de Guadarrama.*

tungsteno *s. m.* QUÍM. Volframio.

túnica *s. f.* **1** Vestidura interior amplia, larga y sin mangas que usaban los antiguos griegos y romanos. **2** Vestidura exterior parecida a aquélla que se usa actualmente: *las túnicas de los cofrades de Semana Santa. La actriz apareció con una túnica amplia ceñida con un cinturón.* **3** BOT. Telilla o membrana fina que está pegada a la cáscara de algunas frutas y bulbos. **4** Membrana fina que recubre algunas partes del cuerpo humano: *la túnica de las venas de los ojos.* **5** ZOOL. Capa de tejido parecido a la celulosa que cubre el cuerpo de los tunicados. **6** URUG. Guardapolvo, bata. || **7 ~ úvea** Membrana del ojo de forma parecida al hollejo de la uva.

tunicado, da *adj.* **1** ZOOL. [Animal] que es cordado y que sólo conserva la cuerda dorsal durante su etapa embrionaria y luego está protegido por una túnica de celulosa. || *s. m.* **2** (plural) Subtipo de estos animales.

tuno, na *adj. / s. m.* y *f.* **1** AFECTIVO, PEYORATIVO. Que no tiene vergüenza o que es listo, poco formal y travieso: *¡Menudo tuno estás hecho, hijo! No me fío nada de mi primo, es muy tuno.* SIN. tunante, granuja. || *s. m./f.* **2** Miembro de una agrupación musical estudiantil de una universidad: *Nos encontramos con un tuno de la Facultad de Medicina.*

tuntún *adv.* Se usa en la LOC. **al (buen) ~** COLOQUIAL. Al azar, sin pensar: *No puedes ir de viaje al buen tuntún.*

tupé *s. m.* **1** Mechón de pelo que se lleva muy peinado y levantado sobre la frente: *Se pasea por el barrio con un tupé como el de los cantantes de rock.* **2** Penacho de algunas aves.

tupí-guaraní *adj. / s. m.* y *f.* **1** De un pueblo amerindio que vivía en Paraguay y en el N. de Argentina y que después de la conquista española emigró hacia los Andes bolivianos, el alto Amazonas y las Guayanas: *un poblado tupí-guaraní. Hizo un estudio sobre los tupí-guaraníes.* || *s. m.* **2** LING. Lengua hablada en Paraguay y Brasil, la más importante de las autóctonas actuales por su extensión geográfica y número de hablantes.

tupido, da *adj.* **1** (ser / estar) Que tiene muy juntos los elementos que lo forman: *bosque tupido, tela tupida.* **2** (ser / estar) RESTRINGIDO. [Entendimiento, sentido] que es torpe: *Lo siento, pero hoy estoy un poco tupido, no entiendo nada. Tiene un entendimiento tupido.* **3** (estar) Que está obstruido: *una tubería tupida.* **4** URUG.; COLOQUIAL. Estreñido. || *adv.* **5** ARG., URUG.; COLOQUIAL. Frecuentemente, abundantemente.

tupir *v. tr.* **1** Apretar ‹una persona› [una cosa] mucho, de forma que quede más cerrada o espesa: *Tienes que tupir más el punto del jersey.* **2** URUG. Estreñir ‹un alimento› [a una persona] || *v. prnl.* **3** Quedar ‹una cosa› más cerrada y espesa: *Las cortinas se han tupido después de lavarlas. Me gustan las alfombras tupidas.* **4** COLOQUIAL; RESTRINGIDO. Comer ‹una persona› mucho hasta hartarse: *Me encuentro mal, me he tupido de mejillones. La abuela se queja, pero se tupe en cuanto puede.* **5** VEN.; COLOQUIAL. Obstruirse los intestinos o las fosas nasales. **6** COL.; COLOQUIAL. Avergonzarse o aturdirse ‹una persona›.

turba *s. f.* **1** (no contable) PEYORATIVO. Muchedumbre desordenada y desorganizada: *Las turbas asaltaron el palacio. Una turba variopinta llenaba la playa.* **2** MIN. Carbón natural formado en épocas geológicas recientes por la sedimentación y descomposición de restos vegetales acumulados en zonas pantanosas frías.

turbamulta *s. f.* (no contable) ELEVADO; PEYORATIVO. Multitud desordenada que no se puede controlar: *La manifestación era una turbamulta.*

turbante *s. m.* **1** Tocado oriental que consiste en una larga banda de tela que se enrolla en la cabeza: *El turbante es propio de muchos pueblos árabes.* **2** Tocado femenino parecido a aquél: *La estrella apareció con un turbante rojo.*

turbar *v. tr.* **1** Causar ‹una persona o una cosa› confusión o cambio en [una cosa]: *El hombre moderno turba el equilibrio del universo.* **2** Interrumpir ‹una persona o una cosa› [el silencio o la quietud de un lugar]: *El ruido de los coches turba la calma del monasterio. Tu música turba la paz de los vecinos.* **3** Causar ‹una persona o una cosa› una impresión en [una persona] de modo que no pueda hablar o reaccionar: *La noticia me ha turbado tanto que no puedo casi ni hablar.* || *v. prnl.* **4** Sufrir ‹una cosa› una alteración: *Se ha turbado el equilibrio de la Naturaleza con la industria moderna.* **5** Alterarse ‹el silencio o la quietud de un lugar›: *Se ha turbado la tranquilidad del pueblo con la llegada de los motoristas.* **6** Sufrir ‹una persona› una impresión: *Paloma está muy turbada con el accidente del piloto. Cuando Juanjo ve a Carmen se turba extraordinariamente.*

turbelario *adj. / s. m.* **1** ZOOL. [Gusano] que tiene pequeño tamaño, con el cuerpo cubierto de cilios, y que vive en fondos marinos o de aguas dulces, como la planaria. || *s. m.* **2** (en plural) ZOOL. Clase que forman los gusanos turbelarios.

turbera *s. f.* Yacimiento de turba o área pantanosa donde se encuentra: *Quieren hacer una urbanización en una turbera.*

turbina *s. f.* MEC. Máquina formada esencialmente por una rueda con paletas que giran por la presión de un fluido en el interior de un tambor, que convierte la energía cinética del fluido en energía mecánica: *la turbina de una central hidroeléctrica, la turbina de un avión, la turbina de un barco.* **turbina-compresor. ~ de vapor. ~ hidráulica.**

turbinto *s. m.* *Schinus molle.* Árbol de América del Sur de la familia de las anacardiáceas, de ramas colgantes, hojas compuestas, flores blanquecinas en racimo y fruto en baya con olor a pimienta con el que se prepara una bebida.

turbio, bia *adj.* **1** (ser / estar) Que ha perdido transparencia por estar mezclado o revuelto con alguna cosa: *líquido turbio. El agua está turbia.* **2** (ser / estar) Que encierra dificultades o que no ofrece seguridad o garantías de honradez o legalidad: *Sus intenciones son turbias. Ha estado involucrado en turbios negocios.* **3** Que contiene confusión o poca claridad: *lenguaje turbio. No sé si será que no llevo gafas o que he tomado unas copas, pero lo veo todo turbio.*

turbión *s. m.* **1** METEOR. Chaparrón repentino con viento fuerte: *Nos pescó un turbión en la carretera y nos asustamos.* **2** COLOQUIAL; INTENSIFICADOR. Gran cantidad de cosas o sucesos que ocurren juntos o de manera repentina: *Un turbión de problemas nos espera a la vuelta de vacaciones.*

turbo *s. m.* **1** MEC. Turbocompresor. || *adj. / s. m.* **2** Motor o vehículo provisto de un turbocompresor: *El próximo coche que me compre será un turbo. Conduce un turbo.*

turboalternador *s. m.* MEC. Dispositivo formado por un alternador eléctrico accionado por una turbina.

turbocompresor *s. m.* MEC. Dispositivo formado por un compresor de alta presión accionado por una turbina: *Es un motor equipado con un turbocompresor.*

turbogenerador *s. m.* Generador de electricidad accionado por una turbina: *turbogenerador hidráulico, turbogenerador de gas, turbogenerador de vapor.*

turbohélice *s. m.* MEC. Turbopropulsor.

turbomotor *s. m.* MEC. Motor formado por una turbina de vapor o de aire comprimido.

turbonada *s. f.* Turbión acompañado de truenos y relámpagos: *No se podía intentar el rescate en la montaña mientras durase la turbonada.*

turbopropulsor *s. m.* MEC. Motor formado por una turbina de gas que mueve la hélice de un avión.

turborreactor *s. m.* MEC. Motor de reacción de una aeronave formado por una turbina de gas que al expandirse produce la propulsión.

turbulencia *s. f.* **1** FÍS. Movimiento irregular y fuerte que se produce en el aire, en el agua, etc.: *Cuando volábamos sobre Jamaica, pasamos por una zona de turbulencias.* SIN. remolino, torbellino. ANT. calma. **2** SOCIOL. Confusión o desorden que altera la paz y la tranquilidad: *En aquellos momentos la democracia pasaba por fuertes turbulencias.* SIN. agitación, desorden. ANT. calma. **3** Calidad de turbio o de turbulento: *la turbulencia del agua.*

turbulento, ta *adj.* **1** (ser / estar) Que está muy agitado o revuelto: *Este mar es turbulento. El día amanece turbulento.* **2** (antepuesto / pospuesto) Que encierra confusión, alboroto o agitación: *noche turbulenta, actividad turbulenta. La turbulenta reunión acabó por agotamiento de los participantes.* || *adj. / s. m.* y *f.* **3** [Persona] que provoca desórdenes, turbulencias o agitaciones: *Los manifestantes son muy turbulentos.*

turco, ca *adj. / s. m.* y *f.* **1** De Turquía, país asiático: *la música turca, un mercado turco, un grupo de turcos.* **2** AMÉR. DEL S.; frecuentemente PEYORATIVO. [Inmigrante] que es de origen árabe. || *adj.* **3** Del Turkestán: *gorro turco, sultán turco.* || *s. m.* **4** LING. Lengua de la familia altaica hablada en Turquía. || **5 cama* turca.** FR. Y LOC. **cabeza* de ~.**

turcomano, na *adj. / s. m.* y *f.* De cierta rama de la raza Turca muy numerosa en Persia y otras regiones de Asia.

turdetano, na *adj. / s. m.* y *f.* HIST. De un pueblo hispánico prerromano que vivía en el valle inferior del Guadalquivir: *los enterramientos turdetanos. Hizo su tesis sobre los turdetanos.*

túrdiga *s. f.* RESTRINGIDO. Tira de pellejo.

ture *s. m.* VEN. Silla rústica baja de cuero que se apoya en una tijera de madera plegable.

turf (plural *turfs*) *s. m.* **1** Pista de un hipódromo. **2** ARG., URUG. Carreras de caballos.

turfístico, ca *adj.* Del turf o de las carreras de caballos.

turgente *adj.* **1** ELEVADO. (antepuesto / pospuesto) [Parte del cuerpo] que tiene volumen, tiende a levantarse o erguirse y está tirante: *pechos turgentes, turgentes ubres.* **2** MED. [Líquido orgánico] que produce hinchazón.

túrgido, da *adj.* LITERARIO. Turgente.

turíbulo *s. m.* LITERARIO. Incensario.

turiferario *s. m.* LITERARIO. Persona que lleva el incensario: *el turiferario de la catedral de Santiago.*

turismo *s. m.* **1** Práctica de viajar por placer a otros lugares, poblaciones y países: *Hacer turismo para conocer el mundo es agradable. Ir de turismo por la zona montañosa de la región es muy interesante.* **2** Actividad y organización de los medios, infraestructura y servicios dedicados a facilitar y atender estos viajes: *El pueblo vive del turismo. El turismo aporta divisas extranjeras.* **oficina de ~. parador nacional de ~. 3** Automóvil de uso particular de menos de nueve plazas: *Tiene un turismo.* **automóvil de ~.**

turista *s. m. / f.* **1** Persona que hace turismo: *Barcelona se llena de turistas en verano.* || **2 clase ~** Tarifa más barata de un hotel o de un transporte: *Viajo en clase turista.* FR. Y LOC. **de ~** De una manera relajada, sin intención de trabajar: *Como no tenía bolígrafo el profesor me dijo: «¿Ha venido usted a clase de turista?».*

turístico, ca *adj.* Del turismo o relacionado con el turismo: *sector turístico. Las playas son zonas turísticas.* **lugar ~. visita turística.**

turma *s. f.* **1** ELEVADO. Testículo. **2** VEN. Papa.

turmalina *s. f.* Mineral de diferentes variedades formado por silicato de aluminio y otros minerales, utilizado en joyería.

túrmix (plural *túrmix;* marca registrada) *s. f.* COLOQUIAL. Batidora eléctrica: *Haz la mayonesa con la túrmix.*

turnar *v. intr. / prnl.* Establecer ‹una persona› un turno con otras personas: *Cuando vamos de vacaciones* ***nos*** *turnamos al volante. ¿Quieres que* ***nos*** *turnemos con el niño?*

turnedó (del francés) *s. m.* **1** Pieza de carne de los extremos del solomillo. **2** Plato elaborado con esta parte de la res: *un turnedó con salsa de mostaza.*

turno *s. m.* **1** Orden en el que se suceden las personas en la realización de una actividad: *el turno de la panadería, el turno de una fábrica, el turno de los vigilantes. Soy del turno de noche. Comemos en el segundo turno.* **2** Tiempo u ocasión que le corresponde a alguien para hacer una cosa, siguiendo un orden determinado: *En el hospital hay tres turnos. Me toca el turno a mí: quiero un pan de kilo.* **3** En una cámara o en una asamblea, cada una de las intervenciones que permite el reglamento: *turno de preguntas, turno de réplica. El otro partido no quiso utilizar su turno para responder al Presidente.* || **4 ~ de oficio** DER. Orden seguido por los abogados en ejercicio para encargarse de los casos de las personas necesitadas: *En el turno de oficio le tocó una abogada joven pero excepcional.* FR. Y LOC. **de ~** Que está encargado de actuar o trabajar en un momento determinado: *En la comisaría sólo estaba el oficial de turno.* **droguería de ~.**

turolense *adj. / s. m.* y *f.* De Teruel, ciudad y provincia española: *el monumento turolense. Los turolenses celebran sus fiestas con alegría.*

turón *s. m.* (macho y hembra) *Mustela putorius.* Mamífero carnívoro pequeño, de cuerpo alargado con manchas blancas en el rostro, que segrega un líquido de muy mal olor para defenderse y habita en bosques y campos.

turquesa *s. f.* **1** Mineral muy duro, formado por fosfato hidratado de aluminio y cobre de color azul verdoso, utilizado en joyería: *un anillo de turquesas.* || *adj. / s. m.* **2** [Color] que es azul como el de este mineral. **azul ~.**

turra *s. f.* ARG.; COLOQUIAL, PEYORATIVO. Prostituta.

turro, rra *adj. / s. m.* y *f.* **1** URUG.; PEYORATIVO, INSULTO. Persona muy torpe. **2** ARG.; COLOQUIAL. [Persona] que destaca por alguna cualidad positiva. **3** ARG.; RESTRINGIDO; PEYORATIVO. [Persona] que se comporta con mala voluntad o vileza. **4** COL.; RESTRINGIDO en Venezuela. [Persona o animal] que es grueso y de corta estatura.

turrón *s. m.* (no contable) Dulce compacto de forma rectangular elaborado con mazapán o frutos secos, miel y otros ingredientes, propio de las fiestas de Navidad. **~ de Alicante** Turrón que se hace con almendras enteras. **~ de Jijona** Turrón que se hace con almendra molida.

turulato, ta *adj.* (estar) COLOQUIAL. Que está alelado, estupefacto o atónito por el asombro o la admiración: *Todavía estoy turulato, no me puedo creer que nos haya tocado la lotería. La noticia de su muerte me dejó turulata.*

turullo *s. m.* RESTRINGIDO. Instrumento hecho con un cuerno que utilizaban los pastores para llamar y reunir al ganado.

turulo, la *adj.* **1** URUG., ARG.; COLOQUIAL. Persona muy torpe. **2** URUG., ARG.; COLOQUIAL. Que tiene las facultades mentales un poco perturbadas.

¡tururú! *interj.* COLOQUIAL. Se usa para negarse rotundamente a hacer algo, para mostrar incredulidad ante algo que se cuenta o para burlarse de alguien: *Le pedí dinero, pero me dijo que ¡tururú!*

turuta *adj.* **1** (estar) COLOQUIAL. Que está loco o chiflado: *Tú estás turuta, no sabes ni lo que dices.* || *s. m.* **2** COLOQUIAL. Soldado que toca la corneta en un regimiento militar: *En la mili yo era el turuta de mi regimiento.*

tusa *s. f.* **1** COL., VEN., CUBA. Corazón de la mazorca de maíz, después de desgranada. **2** VEN.; COLOQUIAL. Persona poco inteligente.

tusígeno, na *adj. / s. m.* ELEVADO. Que provoca tos: *gas tusígeno. El polvo de la tiza es tusígeno.*

tute *s. m.* **1** Juego de cartas de la baraja española en el que se ganan puntos reuniendo un rey y un caballo del mismo palo, cuya jugada más importante y difícil consiste en reunir los cuatro reyes o caballos: *jugar al tute.* **2** Reunión de los cuatro reyes o caballos en este juego: *hacer tute, tute de caballos. Llevo tute de reyes.* **3** COLOQUIAL. Esfuerzo excesivo o muy intenso: *Nos hemos dado un tute de trabajar toda la mañana.* SIN. julepe. **4** COLOQUIAL. Desgaste o uso continuado de una cosa: *El niño le ha dado un buen tute a estos zapatos, en dos meses los ha roto.* SIN. julepe.

tutear *v. tr. / prnl.* Hablar ‹una persona› [a otra] de tú y no de usted: *Como tenemos confianza,* ***nos*** *tuteamos. Tutéame, por favor.*

tutela *s. f.* **1** Autoridad que se concede de acuerdo con la ley a una persona o a una institución para que cuide de un menor o de una persona legalmente incapacitada, así como de sus bienes: *Al quedar huérfano, pasó a estar bajo la tutela de la abuela.* **2** Cargo o función de tutor: *La tutela la ejerce su padrino.* **3** Cuidado y dirección: *Realizó la tesis doctoral bajo la tutela de un catedrático mejicano.*

tutelar *v. tr.* **1** Ejercer ‹una persona› la tutela de [otra persona]: *El padre tutela las acciones que los menores han heredado de la madre.* **2** Proteger o ayudar ‹una persona› [a otra persona o una cosa]: *Mi hermano siempre ha tutelado mis intereses.* SIN. apadrinar.

tutelar *adj.* **1** ELEVADO. Que guía, protege o sirve para defender: *diosa tutelar, medida tutelar, acción tutelar.* **2** DER. De la tutela: *juez tutelar, autoridad tutelar.*

tuteo *s. m.* Acción y resultado de tutear o tutearse: *El tuteo se ha generalizado en la Península entre personas jóvenes.*

tuti fruti *s. m.* (no contable) Tutifruti.

tutifruti o **tuti fruti** *s. m.* (no contable) Pasta de nata o crema y trocitos de fruta variada: *un helado de tutifruti, una tarta de tutifruti.*

tutiplén *s. m.* Se usa en la LOC. **a ~** COLOQUIAL; RESTRINGIDO. En abundancia, mucho, sin medida: *Han comido a tutiplén. Nos hemos divertido a tutiplén.*

tutor, ra *s. m. / f.* **1** Persona responsable de la tutela de una persona o de una cosa: *Vive con su tutor.* **~ legítimo. ~ testamentario. ~ dativo** Tutor nombrado por la autoridad competente a falta del legítimo y del testamentario. **2** Profesor encargado de orientar a los alumnos de un curso o de una asignatura: *el tutor de Literatura, el tutor del curso. Le comentó el problema de sus faltas a su tutor.* **3** RESTRINGIDO. Defensor, protector: *Los Reyes han sido nombrados tutores del museo.* SIN. valedor. **4** RESTRINGIDO. Profesor particular: *Repasa dos asignaturas con un tutor.*

tutoría *s. f.* **1** Cargo o ejercicio de un tutor: *La tutoría la desempeña la madrina.* **2** Tiempo dedicado por un profesor a ejercer como tutor: *En el colegio los profesores deben dedicar dos horas semanales a las tutorías.* **3** Tutela: *Le han retirado la tutoría de su hijo por malos tratos.*

tutú (plural *tutús*) *s. m.* Falda arrugada y con mucho vuelo propia del vestido de ballet, generalmente de tul o muselina blancos: *Hay que comprarle un tutú a la niña para sus clases de baile.*

tutuma *s. f.* VEN. Totuma.

tuya *s. f.* *Thuja occidentalis.* Árbol conífero muy grande de la familia de las cupresáceas, siempre verde, de hojas planas y fruto en piñas lisas.

tuyo, ya *adj. / pron. pos.* **1** (detrás de un sustantivo o relacionado con él mediante el verbo *ser*) Indica que lo expresado por el sustantivo pertenece a la persona a la que se dirige el hablante: *El coche tuyo no está preparado.* **1**1 Indica parentesco o relación personal: *los nietos tuyos.* **1**2 Indica pertenencia a un grupo o comunidad: *el equipo tuyo.* **1**3 Indica objetos o hechos asociados habitualmente a una persona: *la silla tuya.* **1**4 Relación con instituciones, entidades u organismos: *el banco tuyo.* OBSERVACIONES: Como pronombre concuerda en género y número con la cosa poseída, no con el poseedor: *Te presento a mi marido, ¿dónde está el tuyo?* || *s. m.* **2** (plural) Familiares, partidarios o cualquier grupo de personas cercanas a la persona con la que se habla (*tú*) o vinculada a él: *Es envidiable ver lo bien que te llevas con los tuyos.* || **3 la tuya** COLOQUIAL. Expresión con que se indica que ha llegado la ocasión oportuna y favorable para que la persona con la que se habla (*tú*), pueda hacer algo que persigue o desea: *Ésta es la tuya: si quieres triunfar como cantante, ahí tienes el escenario.* **4 lo ~** 1 COLOQUIAL. Lo que se considera más característico o adecuado para la persona a la que se habla (*tú*), o aquello que hace bien o en lo que destaca: *Lo tuyo son los idiomas.* 2 Tus pertenencias, tus asuntos: *Métete en lo tuyo, no en lo mío. Tú a lo tuyo y olvídate de todo lo demás.*

tuza *s. f.* AMÉR. C., MÉX. Roedor de pelaje oscuro que se alimenta de frutas y raíces y vive en galerías subterráneas.

TVE *s. f.* RTVE.

tweed (del inglés; pronunciamos *'tued'*) *s. m.* (no contable) Tejido escocés de lana virgen, cálido, fuerte e impermeable: *Se ha comprado una chaqueta de tweed preciosa. Se llevarán este invierno las faldas de tweed.*

twist (del inglés; pronunciamos *'tuis'*) *s. m.* Baile de moda en los años sesenta caracterizado por rítmicos movimientos de tobillos y caderas a derecha e izquierda: *bailar un twist. Prefiero bailar el twist.*

U

u *s. f.* Vigésima segunda letra del alfabeto español que representa el sonido vocálico velar más cerrado.

u *conj.* Equivale a *o*. OBSERVACIONES: Se emplea sólo ante palabras que comienzan por *o* u *ho*: *uno u otro, mujer u hombre, siete u ocho.*

ubérrimo, ma *adj.* (antepuesto / pospuesto) ELEVADO. Que es muy fértil o abundante: *cosecha ubérrima, tierra ubérrima, un ubérrimo jardín.*

ubicable *adj.* URUG. Que es fácil de encontrar.

ubicación *s. f.* ARG., URUG. Lugar o sitio donde está una cosa o una persona.

ubicar *v. tr.* **1** AMÉR. Situar o colocar ‹una persona› [a otra persona o una cosa] en un determinado espacio o lugar. ‖ *v. intr. / prnl.* **2** Estar ‹una persona o una cosa› situada [en un lugar]: *El colegio* ***se*** *ubica* ***en*** *un barrio residencial.* FR. Y LOC. **estar bien ubicado** ARG., URUG. Disfrutar ‹una persona› de un buen empleo. ⇒ **71.**

ubicuidad *s. f.* (no contable) ELEVADO. Calidad de poder estar en varios sitios al mismo tiempo: *Los cristianos creen que Dios tiene el don de la ubicuidad.* SIN. omnipresencia.

ubicuo, cua *adj.* **1** ELEVADO. Que está en todas partes a un mismo tiempo: *Sólo Dios es ubicuo.* **2** [Persona] que es muy activa porque quiere estar presente en todas partes o participar en todas las actividades.

ubre *s. f.* **1** Cada uno de los órganos glandulares de las hembras de los mamíferos: *las ubres de la vaca.* SIN. mama. **2** Conjunto de estos órganos: *La ubre de las vacas y la de las cabras son muy diferentes.*

ucase *s. m.* **1** RESTRINGIDO. Orden o norma relativamente arbitraria o injusta de cumplimiento tajante: *El director tiene dificultades en la sección porque sólo sabe mandar por ucase.* **2** Decreto del zar ruso.

-ucho, -cha *suf.* Forma sustantivos despectivos a partir de sustantivos, y adjetivos despectivos a partir de adjetivos: *papel - papelucho, médico - medicucho, blanda - blanducha.*

UCI (pronunciamos *'uci'*) *s. f.* Sigla de «Unidad de Cuidados Intensivos», sección de un hospital que se ocupa de los enfermos muy graves, que necesitan unos cuidados especiales: *Después de la operación, lo metieron en la UCI para vigilar su estado.* SIN. UVI.

-uco, ca *suf.* RESTRINGIDO. Diminutivo con valor afectivo que forma sustantivos a partir de sustantivos, y adjetivos: *mujer - mujeruca, feo - feúco.*

ucraniano, na o **ucranio, nia** *adj. / s. m.* y *f.* **1** De Ucrania, república de la antigua Unión Soviética: *trigo ucraniano, las instituciones ucranianas.* ‖ *s. m.* **2** LING. Lengua de la familia eslava septentrional hablada en Ucrania.

Ud. o **Vd.** (plural *uds., vds.*) *abr.* «Usted».

UDI (pronunciamos *'udi'*) *s. f.* Sigla del partido «Unión Democrática Independiente», Chile.

-udo, da *suf.* Significa 'abundancia, exceso de', a veces con valor despectivo, y forma adjetivos a partir de sustantivos que designan partes del cuerpo: *barba - barbudo, vello - velludo, panza - panzudo, fuerza - forzuda.*

UEFA (pronunciamos *'uefa'*) *s. f.* Sigla de «Unión Europea de Fútbol Asociación».

-uelo, la *suf.* Diminutivo con valor despectivo que forma sustantivos a partir de sustantivos, y adjetivos a partir de adjetivos: *chica - chicuela, escritor - escritorzuelo, rey - reyezuelo, gordo - gordezuelo.*

¡uf! *interj.* Expresa disgusto, molestia, repugnancia, cansancio, alivio u otro tipo de sensación física o psicológica o estado de ánimo: *¡Uf, qué cansancio! ¡Uf, qué mal huele aquí! ¡Uf, menos mal que me libré de Enrique!*

¡ufa! *interj.* ARG., URUG.; COLOQUIAL. Expresa desagrado o hastío.

ufanarse *v. prnl.* Mostrarse ‹una persona› superior a las demás por [una cosa]: *Los aficionados se ufanan* ***de*** *que han ganado la liga de fútbol. Gloria se ufana delante de todas las vecinas* ***con*** *la inteligencia de sus niños.*

ufano, na *adj.* **1** (estar) Que está muy contento y satisfecho: *El presidente estaba muy ufano* ***con*** *los resultados conseguidos. Pilar iba muy ufana en su coche nuevo.* **2** (estar) Que es engreído y presuntuoso: *El autor premiado se dirigió muy ufano al público. La joven actriz estaba muy ufana en su papel protagonista.* **3** Que es muy decidido: *Su madre iba toda ufana a preparar la comida, pero no encontró nada en la nevera.*

ufo *s. m.* (del inglés; siglas de *Unlenown Flying Object*) Objeto volador de origen y naturaleza desconocidos. SIN. ovni.

ufología *s. f.* (no contable) Estudio de los ufos u ovnis.

ugandés, sa *adj. / s. m.* y *f.* De Uganda, país africano: *una ciudad ugandesa, un grupo de ugandeses.*

ugrofinés, sa *adj. / s. m.* LING. De un grupo de lenguas procedente de los Urales y el Altai, región asiática: *El húngaro, el finlandés y el estonio son lenguas ugrofinesas.*

UGT (pronunciamos *'u-ge-te'*) *s. f.* Sigla del sindicato 'Unión General de Trabajadores', España.

UHF (pronunciamos *'u - hache - efe'*) *s. m./f.* (masculino o femenino indistintamente) Sigla del segundo canal de la televisión pública española.

ujier *s. m.* **1** Portero de un palacio o de un tribunal: *A la entrada del palacio dos ujieres recibían a los invitados.* **2** Funcionario subalterno de algunos organismos y tribunales del Estado: *Le entregué la documentación al ujier.*

ukelele *s. m.* Instrumento musical de cuerda, parecido a la guitarra pero más pequeño, con cuatro cuerdas y un mástil alargado: *El ukelele se usa en música de baile.*

ulano *s. m.* HIST. Soldado de caballería armado con una lanza, de los antiguos ejércitos alemán, austríaco y ruso.

úlcera *s. f.* **1** Lesión o herida de la piel o de las mucosas de difícil cicatrización. **~ gastroduodenal** Herida de la mucosa del estómago o del intestino. **2** BOT. Daño en la parte leñosa de las plantas que se manifiesta por la secreción de savia corrompida.

ulceración *s. f.* MED. Acción y resultado de ulcerar o ulcerarse algo: *Tiene ulceraciones por todo el cuerpo.*

ulcerar *v. tr.* **1** Producir ‹una cosa› úlceras en [una parte del cuerpo]: *Estos zapatos me ulceran los pies.* || *v. prnl.* **2** Formarse úlceras en ‹una cosa›: *Se me ha ulcerado la lengua con esta infección bucal.*

ulcerativo, va *adj.* Que produce o puede producir úlceras. SIN. ulcerante.

ulceroso, sa *adj.* (ser/estar) Que tiene úlceras: *Esta enfermedad ulcerosa es muy desagradable.*

ulema *s. m.* REL. Doctor de la ley islámica.

ulmo *s. m.* CHILE. Árbol de gran corpulencia, hoja perenne y flores blancas.

ulterior *adj.* **1** HIST. [Territorio] que pertenecía al imperio romano y era el más alejado de Roma en relación a otro de la misma región: *la Galia ulterior, Hispania ulterior.* **2** Que está más allá de un sitio o territorio: *la Europa ulterior **a** los Pirineos.* **3** ELEVADO. Que sucede, está o va después de otra cosa: *En la reunión ulterior se decidió no ir a la huelga.*

ulteriormente *adv. temp.* ELEVADO. Con posterioridad, después. OBSERVACIONES: ◊ En relación con un momento dado anterior o futuro. ◊ Raro en relación con el momento de hablar: *Ulteriormente, ascendió a general. Los prisioneros fueron condenados y ulteriormente amnistiados.*

ultimador, ra *s. m./f.* AMÉR. Asesino, criminal.

últimamente *adv. temp.* **1** En los últimos tiempos, desde hace algún tiempo: *Últimamente anda amargada.* **2** En tiempo reciente, recientemente. OBSERVACIONES: En relación con el tiempo actual: *Últimamente tuvo un buen detalle conmigo.* || *adv. orden* **3** RESTRINGIDO. En último lugar, al final de todo: *Últimamente, dieron gracias al cielo por los favores recibidos y abandonaron el templo.* **4** RESTRINGIDO. Para terminar, por último, diciéndolo en último lugar. OBSERVACIONES: Suele referirse directamente al acto mismo de decir: *Últimamente, yo no creo que el problema sea irresoluble.* || *adv. modo* **5** Si no hay otra salida, a falta de otro medio o solución, en último extremo, en último caso: *Últimamente, te echaré yo una mano con el préstamo.*

ultimar *v. tr.* AMÉR. Asesinar o matar ‹una persona› [a otra persona o un animal].

último, ma *adj./s. m. y f.* **1** (antepuesto/pospuesto) Que no tiene otra cosa o persona después o detrás de sí: *Éste es el último cumpleaños que celebramos juntos. He sido la última **en** llegar. ¿Quién es el último de la fila? La representación última de su obra de teatro fue la mejor.* **2** (antepuesto) Que es peor o menos importante que otra persona o cosa: *Ésa es la última solución que aplicaremos. Ése es el último lugar que escogería para vivir.* || *adj.* **3** (antepuesto) Que es lo más escondido, lejano o remoto: *Su hija se ha ido a vivir al último rincón del mundo.* **4** (antepuesto/pospuesto) Que es lo más reciente, o que acaba de suceder o de hacerse: *Estoy pendiente de las últimas noticias. Ésta es la información última que conocemos.* **5** (antepuesto/pospuesto) Que es lo más extremado o que no presenta alternativa posible: *En último caso, me iría yo. Lo tendré en cuenta como recurso último.* **6** (antepuesto/pospuesto) Que no se puede cambiar o modificar, o que es definitivo: *Ésta es mi oferta última, o la tomas o la dejas. Te lo digo por última vez.* **última palabra*.** **7** Que es lo más profundo o fundamental: *el fin último de la persona, el interés último de nuestra asociación.* || **8 última disposición*. 9 última/santa/sagrada cena*. 10 últimos sacramentos*.** FR. Y LOC. **a la (última) moda*** o **a la última** o **de moda. última hora*. ahora ~** CHILE. Recientemente. **de última hora*. estar a la última** COLOQUIAL. Estar muy preparada ‹una persona› en una cosa o conocer ‹una persona› las últimas novedades en una disciplina o en una ciencia: *Su fisioterapeuta está a la última en nuevas técnicas de masaje.* **estar en las últimas** 1 Estar ‹una persona› muriéndose: *El pobre está en las últimas.* 2 COLOQUIAL. Encontrarse ‹una persona› en una situación en la que los alimentos, el dinero o cualquier otra cosa de primera necesidad son cada vez menores o más escasas: *Los supervivientes estaban en las últimas.* 3 Estar acabándose o agotándose ‹una cosa›: *El café está en las últimas, tenemos que comprar esta tarde.* **por ~** Finalmente: *Y ya, por último, les hablaré de la pintura abstracta.* **ser lo ~** 1 COLOQUIAL. Ser ‹una cosa› lo más moderno o lo más reciente: *Esto es lo último en coches.* 2 Ser ‹una cosa› muy reprochable por inadecuada o por inoportuna: *Que me digas que no lo sientes, es ya lo último.*

ultra *adj./s. m.* y *f.* **1** COLOQUIAL. Que es de extrema derecha, tiene opiniones radicales y actúa con violencia: *Ayer hubo una manifestación de ultras que terminó con varios heridos.* **2** Que es un extremista en sus ideas o en su actuación: *Los ultras atacaron a los hinchas del equipo visitante.*

ultracentrifugación *s. f.* QUÍM. Técnica de someter a una centrifugación muy rápida algunos preparados químicos: *Los procesos de ultracentrifugación se usan para separar isótopos de distintos elementos químicos.*

ultracorrección *s. f.* LING. Fenómeno que consiste en deformar una palabra correcta, por considerar el hablante equivocadamente que es incorrecta: *Dice «bacalado» por «bacalao» y cae en la ultracorrección.* SIN. hipercorrección.

ultraísmo *s. m.* (no contable) LIT. Movimiento poético vanguardista español e hispanoamericano surgido en 1918: *Un representante del Ultraísmo fue el poeta Vicente Huidobro.*

ultrajante *adj.* (antepuesto/pospuesto) Que ultraja u ofende gravemente: *Ese señor se va a tener que tragar esas ultrajantes e injuriosas palabras.*

ultrajar *v. tr.* Ofender ‹una persona› [a otra persona o una cosa] gravemente de palabra o de obra: *El empresario ha ultrajado a sus colegas **con** sus opiniones.*

ultraje *s. m.* ELEVADO. Acción y resultado de ultrajar: *El ultraje a los símbolos de una comunidad está castigado por ley.*

ultraligero, ra *adj.* **1** Que es muy ligero: *Este ordenador portátil es ultraligero.* || *s. m.* **2** Avión muy ligero de fuselaje y motor simples, que vuela a baja altura: *Los ultraligeros necesitan pocos metros para despegar.*

ultramar *s. m.* **1** Terreno o región que está al otro lado del mar: *No he viajado nunca a ultramar.* **2** Conjunto de territorios coloniales que una metrópoli tiene al otro lado del mar: *los territorios de ultramar, las ciudades de ultramar.*

ultramarino, na *adj.* De ultramar: *productos ultramarinos, territorios ultramarinos.* FR. Y LOC. **tienda* de ultramarinos / comestibles.**

ultramicroscopio *s. m.* TECNOL. Microscopio de mayor precisión que el microscopio ordinario.

ultramontanismo *s. m.* Ideología conservadora que defiende el poder temporal del Papa y de la Iglesia sobre la Corona: *El ultramontanismo es una ideología antiliberal.*

ultramontano, na *adj.* **1** ELEVADO. Que está situado al otro lado de los montes o procede de allí: *pueblos ultramontanos, viento ultramontano.* || *adj. / s. m.* y *f.* **2** Que es partidario del ultramontanismo: *Las publicaciones ultramontanas abundaban en el siglo* XIX *español.*

ultranza *s. f.* Se usa en la LOC. **a ~** ELEVADO. De todas las maneras posibles, resueltamente: *La niña quería salir esta noche a ultranza, y se ha enfadado con su madre.*

ultrarradiación *s. f.* FÍS. Radiación cósmica.

ultrarrojo *adj. / s. m.* De la parte invisible del espectro luminoso que está más allá del color rojo.

ultrasónico, ca *adj.* Del ultrasonido: *frecuencia ultrasónica.*

ultrasonido *s. m.* FÍS. Onda sonora de elevada frecuencia que no puede ser percibida por el oído humano: *Los ultrasonidos se usan en algunos modernos aparatos de medición.*

ultratumba *s. f.* El más allá o aquello que se cree que existe después de la muerte: *la vida de ultratumba.*

ultravioleta *adj.* [Radiación electromagnética] que está situada en el espectro por encima del color violeta: *Los rayos ultravioletas pueden producir quemaduras.*

ulular *v. intr.* **1** Dar ‹un animal› aullidos: *Los lobos ululaban entre la nieve.* SIN. aullar. **2** Producir ‹una persona o una cosa› sonidos parecidos a los aullidos: *El viento ululaba entre los árboles.*

uma *s. m.* FÍS. Unidad de masa atómica en el Sistema Internacional.

umbela *s. f.* **1** BOT. Grupo de flores o de frutos que nacen en un mismo punto y crecen hasta una misma altura: *El perejil tiene flores en umbela.* **2** Tejado pequeño que sobresale en un edificio sobre una ventana o sobre un balcón.

umbelífero, ra *adj. / s. f.* **1** [Planta] que es herbácea, de hojas divididas, flores en umbela y fruto formado por dos partes con una semilla cada una, como la zanahoria, el apio, el perejil y la cicuta. || *s. f.* **2** (plural) BOT. Familia de estas plantas.

umbilicación *s. f.* (no contable) MED. Proceso de aparición de un hueco en la piel de una herida.

umbilicado, da *adj.* **1** Que tiene forma de ombligo. **2** [Órgano] que tiene un hoyo parecido al ombligo: *fruto umbilicado, cáliz umbilicado.*

umbilical *adj.* Del ombligo: *hernia umbilical.* **cordón* ~.**

umbráculo *s. m.* Lugar cubierto de ramas y otros materiales, para proteger a las plantas del sol o para dar sombra en algún lugar: *el umbráculo de un jardín.*

umbrela *s. f.* ZOOL. Parte superior del cuerpo de la medusa que tiene forma de sombrilla.

umbría *s. f.* Parte de un monte o terreno que está habitualmente en sombra.

umbrío, a *adj.* (ser / estar) Que está en sombra: *Su jardín es umbrío. El camino hoy está umbrío.*

umbro, bra *adj.* **1** Antiguo pueblo itálico asentado en Umbría: *ciudad umbra, juez umbro.* || *s. m.* **2** LING. Lengua indoeuropea de la rama itálica hablada por los umbros.

umbroso, sa *adj.* **1** Que está en sombra: *árbol umbroso.* SIN. sombrío, umbrío. **2** LITERARIO. Que da mucha sombra.

un, na (plural *unos, nas*) **1** *art. indet.* (antepuesto) Indica que el referente del sustantivo al que se antepone no es conocido por el emisor o por el receptor: *un camisón, una bicicleta.* || *adj. / pron. num. card.* **2** Uno.

unánime *adj.* **1** Que comparte un mismo sentimiento, opinión o actitud: *El jurado ha sido unánime.* **2** (antepuesto / pospuesto) Que es compartido por un grupo de personas: *unánime aprobación, sentimiento unánime.*

unánimemente *adv. modo* Por unanimidad, sin presencia de una sola opinión contraria. OBSERVACIONES: A menudo no expresa meramente modo, sino un matiz asociable con el modo que puede implicar la noción de agente: *Los diputados votaron unánimemente a favor de la propuesta. El proyecto fue unánimemente rechazado.*

unanimismo *s. m.* COL. Acuerdo interesado con las opiniones de los superiores.

unciforme *adj. / s. m.* ANAT. [Hueso] que está en la segunda fila del carpo en el hombre.

unción *s. f.* **1** (no contable) ELEVADO. Acción y resultado de untar o de uncir: *Los atletas griegos se aplicaban una unción de aceite. Cuando llegamos, los campesinos habían hecho ya la unción de los animales al arado.* **2** (no contable) REL. Sacramento de la Iglesia Católica que se da a las personas que se están muriendo: *El viejo supo que se iba a morir, porque llegó el cura para darle la unción.* SIN. extremaunción, unción de los enfermos. **3** (no contable) ELEVADO. Atención y dedicación con las que se hace algo: *Mi hermana toda su vida ha trabajado con unción en un campamento de refugiados.* **4** (no contable) ELEVADO. Devoción y recogimiento con los que una persona expresa un sentimiento o realiza un acto religioso: *Mi abuela siempre sigue la misa con mucha unción.*

uncir *v. tr.* Sujetar ‹una persona› [animales de tiro] [al yugo del carro o del arado]: *Antes del desayuno, mi abuelo entra en el establo y unce los bueyes **a** la carreta.* ⇒ **90.**

undécimo, ma *adj. num. ord. / s. m.* y *f.* **1** (antepuesto / pospuesto) Que ocupa la posición número once: *el undécimo problema, la serie undécima.* || *adj. num. part.* **2** Cada una de las once partes iguales en que se divide un todo: *una undécima parte de la carga.* SIN. onceavo.

undécuplo, pla *adj. num. / s. m.* Que contiene un número once veces exactamente: *El undécuplo de cuatro es cua-*

renta y cuatro. OBSERVACIONES: Es más frecuente, en el uso no matemático o técnico, la expresión *once veces: Tiene once veces más dinero,* en lugar de: *Tiene el undécuplo de dinero.*

underground (del inglés; pronunciamos *'andergraun'*) *adj. / s. m.* [Manifestación, movimiento artístico o literario] que se separa de la tradición o de las estructuras o modelos establecidos y difundidos por los canales regulares de comercialización: *película underground, literatura underground, escritor underground.*

UNED (pronunciamos *'uned'*) *s. f.* Sigla de «Universidad Nacional de Educación a Distancia», España.

ungir *v. tr. / prnl.* **1** Aplicar ‹una persona› un líquido graso a la piel de [una persona] o a la superficie de [una cosa]: *Después de ducharse, Sonia* ***se*** *unge con un bálsamo perfumado y regenerador de la piel.* || *v. tr.* **2** Aplicar ‹una persona› el óleo sagrado sobre una parte del cuerpo de [una persona] para administrarle un sacramento u otorgarle una dignidad: *En la antigüedad los sacerdotes ungían en la frente a los que eran elegidos reyes.* ⇒ **78.**

ungüento *s. m.* Sustancia líquida o pastosa, de propiedades curativas o cosméticas, que sirve para ungir o untar el cuerpo: *Mi padre después de lavarse la cabeza usa un ungüento contra la calvicie.* || **2 ~ amarillo** COLOQUIAL, RESTRINGIDO; IRONÍA. Cosa o acción que se considera remedio para todo: *Mi abuelo creía que el orujo era el ungüento amarillo, que curaba todo.*

unguiculado, da *adj. / s. m. y f.* ZOOL. Que tiene los dedos terminados en uñas.

unguis (plural *unguis*) *s. m.* ANAT. Hueso muy pequeño situado en la órbita del ojo.

ungulado, da *adj. / s. m.* **1** (macho y hembra) ZOOL. [Animal] que es mamífero y tiene un casco o pezuña, como el caballo o el toro. || *s. m.* **2** (en plural) Grupo formado por estos animales.

ungular *adj.* De la uña.

únicamente *adv. modo* **1** De manera única. || *adv. cant.* **2** Solamente, exclusivamente: *Su padre únicamente lee periódicos.* **~ que** 1 Sólo que, solamente que, lo único que pasa es que, con la única matización de que. RELACIONES Y CONTRASTES: Frente a *sólo que*, y como *solamente que*, no influye en el modo verbal: *Mi nueva televisión es como la tuya, únicamente que tiene treinta canales. Lo hubiera acertado igual, únicamente que habría tardado más tiempo.* 2 (exige verbo en subjuntivo) COLOQUIAL. Introduce reacciones subjetivas en el diálogo, suposiciones en un contexto de desconocimiento y búsqueda, un reproche mediante una hipótesis de irrealidad, o bien presenta una salida ante un problema o situación difíciles: *Únicamente que las haya dejado en el maletero. Únicamente que estuvieras loco.*

unicameral *adj.* [Poder legislativo] que está formado por una sola cámara de representantes: *En muchos países el sistema parlamentario es unicameral.*

unicameralismo *s. m.* Sistema democrático en el que solamente hay una cámara legislativa: *El unicameralismo es defendido por muchos autores.*

unicaule *adj.* BOT. [Planta] que tiene un solo tallo.

unicelular *adj.* Que está formado por una sola célula: *organismo unicelular.*

unicidad *s. f.* (no contable) Cualidad o condición de ser único: *La unicidad de este modelo está asegurada.*

único, ca *adj.* **1** (antepuesto / pospuesto) Que es solo en su especie: *Te daré un solo y único consejo: no vayas. Soy hijo único.* **2** (pospuesto) Que es extraordinario en su especie: *¡Vengan a ver este espectáculo, único en el mundo! «Don Quijote de la Mancha» es un libro único.*

unicolor *adj.* Que tiene un solo color.

unicornio *s. m.* MIT. Caballo imaginario que tiene un cuerno en mitad de la frente.

unidad *s. f.* **1** (preferentemente en plural) Cada elemento que forma un conjunto: *Ese paquete de caramelos trae veinte unidades.* **2** Característica de las personas o cosas que forman un conjunto uniforme, armonioso o que no pueden dividirse: *Ese matrimonio forma una unidad perfecta. Los muebles del salón tenían unidad de estilo.* **3** Conjunto unitario formado por varios elementos: *Todas las unidades didácticas del libro están formadas por dos partes: teoría y práctica. Ese país forma una unidad territorial.* **4** Cada parte o grupo independiente en que se divide una organización: *unidad de bomberos, unidad móvil de T.V. Llegaron dos unidades de policía.* **~ de vigilancia intensiva** Sección de un hospital en la que hay aparatos y personal especializado para la vigilancia y tratamiento de los enfermos que necesitan cuidados inmediatos y continuados. **5** FÍS. Cantidad que sirve para medir el tiempo, la temperatura, la masa, el peso y otras magnitudes físicas: *El segundo, el minuto, la hora son unidades de tiempo.* **6** (no contable) MAT. Primer número natural que se representa con el 1: *Todos los números negativos son menores que la unidad.* **7** INFORM. Cada uno de los elementos que forma parte de una red informática: *En esta oficina hay tres unidades de la red general.*

unidamente *adv. modo* RESTRINGIDO. Con unión o concordia, de forma unida: *Me alegra veros vivir unidamente.*

unidimensional *adj.* ELEVADO. Que tiene una sola dimensión: *Es un problema complejo, no tiene soluciones unidimensionales.*

unidireccional *adj.* **1** Que tiene una sola dirección: *calle unidireccional.* **2** [Corriente eléctrica] que circula por un conductor siempre en un mismo sentido.

unifamiliar *adj.* De una sola familia: *vivienda unifamiliar.*

unificación *s. f.* Acción y resultado de unir, unificar o unificarse: *la unificación de los servicios de correos.*

unificar *v. tr.* **1** Hacer ‹una persona› un todo de [varias cosas]: *Unificaremos nuestros esfuerzos por la paz.* **2** Hacer ‹una persona o una cosa› iguales [varias cosas]: *Con este tipo de paquetes unificaremos todos los envíos.* || *v. prnl.* **3** Formar ‹varias cosas› un todo: *Se han unificado las diferentes empresas en un gran grupo nacional.* **4** Hacerse ‹varias cosas› iguales: *El precio de este producto se unificó en todas las provincias.* ⇒ **71.**

uniformado *s. m.* ARG., COL., URUG. Agente de policía.

uniformar *v. tr.* **1** Hacer ‹una persona o una cosa› uniformes [varias cosas]: *Los adultos nos piden que uniformemos nuestros sistemas de valores.* **2** Hacer ‹una persona› que [otra] lleve uniforme: *La directora ha pedido permiso a los padres para uniformar a los alumnos del colegio.* || *v. prnl.* **3** Hacerse ‹varias cosas› uniformes: *Las características de los distintos centros se uniformaron últimamente.*

uniforme *adj.* **1** Que es muy parecido a otra cosa o persona o está formado por unidades o individuos de las mismas características: *Todos los alumnos del colegio tienen una manera muy uniforme de ver la vida. Las ovejas del rebaño son de un tamaño uniforme.* **2** Que no tiene variaciones o cambios en su conjunto o desarrollo: *paso uniforme, movimiento uniforme, color uniforme, tono uniforme. Este profesor lleva una vida muy uniforme.* || *s. m.* **3** Traje distintivo de un grupo o de una comunidad de personas: *museo de uniformes, uniforme militar.*

uniformidad *s. f.* Calidad de uniforme: *La uniformidad de sus costumbres se acerca al aburrimiento.*

uniformizar *v. tr.* **1** RESTRINGIDO. Hacer ‹una persona o una cosa› uniformes [varias cosas]: *Hay que uniformizar el mobiliario de la oficina.* SIN. uniformar. || *v. prnl.* **2** RESTRINGIDO. Hacerse ‹varias cosas› uniformes: *Los precios se uniformizan en nuestro mercado.* SIN. uniformarse. ⇒ **19.**

unigénito, ta *adj.* **1** ELEVADO. Que es hijo único: *Manuel quiere muchísimo a su hija unigénita.* || *adj. / s. m.* **2** (con mayúscula y precedido del articulo determinado) Entre los cristianos, Jesucristo.

unilateral *adj.* Que trata un solo aspecto de alguna cosa: *criterio unilateral, negociación unilateral.* **contrato* ~.**

unilateralmente *adv. modo* De forma unilateral, por parte de una sola de las partes implicadas: *El contrato ha sido rescindido unilateralmente.*

unión *s. f.* **1** Acción de unir o unirse dos o más elementos: *La unión de las dos empresas dará trabajo a más personas.* SIN. unificación. **2** Resultado producido por la unión de personas o elementos parecidos: *la Unión de Trabajadores del Campo, la Unión de Países Andinos.* SIN. asociación, federación. **3** Lugar donde se unen dos o más elementos: *El aparato no funcionaba porque estaban estropeadas las uniones de los cables.*

unionismo *s. m.* (no contable) POLÍT. Ideología y comportamiento de los partidarios de la unión política y económica entre varios territorios: *el unionismo que defiende la unión de Irlanda del Norte y Gran Bretaña.*

unípede *adj.* ELEVADO. De un solo pie.

unipersonal *adj.* **1** De una sola persona: *vivienda unipersonal.* **2** GRAM. Que corresponde o se refiere a una sola persona: *Los verbos unipersonales sólo tienen tercera persona de singular.* || *s. m.* **3** ARG., URUG. Sesión de un un espectáculo en el que actúa una sola persona.

unipolar *adj.* ELECTRIC. Que tiene un solo polo.

unir *v. tr.* **1** Hacer ‹una persona› que [varias cosas] formen una unidad: *Hemos conseguido unir todas las piezas rotas del jarrón. Hemos unido todas las tiendas en una gran cadena.* **2** Hacer ‹una persona o una cosa› que [varias personas] estén de acuerdo: *La muerte de la abuela ha unido a todos los hermanos.* **3** RESTRINGIDO. Casar ‹una persona› [a otras]: *Los ha unido un primo de su padre que es sacerdote.* **4** MED. Cerrar ‹una persona› los bordes de [una herida]: *Me han hecho una cura de urgencia para unirme la herida.* || *v. tr. / intr.* **5** Mezclar ‹una persona› cosas líquidas o pastosas para formar [una sola sustancia]: *Tienes que mover la salsa hasta que se una bien. El albañil no paró hasta que unió la mezcla como él quería.* || *v. prnl.* **6** Formar ‹varias cosas› una unidad: *La epidemia se une **a** la pobreza en esta región.* **7** Ponerse ‹varias personas› de acuerdo: *Se han unido todos los del taller **contra** el capataz.* **8** RESTRINGIDO. Casarse ‹dos personas›: *Los novios se unirán en una ermita del pueblo la próxima semana.* FR. Y LOC. **~ sus destinos*.**

unisex *adj.* (invariable) Que sirve igual para el hombre y para la mujer: *moda unisex, peluquería unisex.*

unisexuado, da *adj.* BIOL. Que tiene un solo sexo.

unisexual *adj.* [Individuo vegetal o animal] que tiene un solo sexo.

unisonancia *s. f.* **1** RESTRINGIDO. Cualidad de unísono: *la unisonancia de las voces al cantar.* **2** RESTRINGIDO. Forma de hablar manteniendo todo el tiempo el mismo tono de voz: *La unisonancia del conferenciante aburría a la audiencia.*

unísono, na *adj.* Que tiene el mismo tono que otra cosa o sonido: *instrumentos unísonos, voces unísonas.* FR. Y LOC. **al ~** 1 Con el mismo tono: *Los niños cantaron al unísono.* 2 Sin diferencias o discrepancias, con unanimidad: *Todas defendimos su postura al unísono.*

unitario, ria *adj.* **1** De la unidad: *El precio unitario de los bolígrafos es de doscientas cincuenta pesetas.* **2** Que tiene unidad o tiende a ella: *organización unitaria.*

unitarismo *s. m.* **1** (no contable) POLÍT. Ideología y comportamiento de los partidarios de la unidad política de varias regiones, naciones o Estados: *el unitarismo irlandés.* **2** (no contable) REL. Doctrina de los cristianos que no aceptan el dogma de la Trinidad.

unitivo, va *adj.* **1** Que une o sirve para unir. || **2 tejido* ~. 3 vía* unitiva.**

univalvo, va *adj.* **1** [Fruto] que tiene una sola juntura. || *adj. / s. m.* **2** [Molusco] que tiene una concha compuesta por una sola valva.

universal *adj.* **1** Del Universo: *Una exploración universal es imposible hoy por hoy.* **atracción* ~. gravitación ~.** **2** De todo el mundo, de todos los países o de todos los tiempos: *exposición universal, geografía universal. Homero es un escritor de fama universal.* **Diluvio* Universal. historia* ~. juicio* ~. sufragio* ~.** **3** LÓG. Que comprende a todos en su especie: *proposición universal.* || *s. m.* **4** LING. Rasgo constante y necesario del lenguaje humano: *La gramática generativa centra su visión de la lengua en los universales lingüísticos.* **5** (sólo en plural) FILOS. Ideas o conceptos formados por abstracción. || **6 concilio* ~ / ecuménico.**

universalidad *s. f.* Cualidad o carácter de lo que es universal: *la universalidad del pensamiento.*

universalismo *s. m.* (no contable) Carácter universal: *el universalismo de sus obras.* SIN. universalidad.

universalizar *v. tr.* **1** Hacer ‹una persona o una cosa› universal o general [una cosa]: *La televisión universaliza la cultura.* || *v. prnl.* **2** Hacerse ‹una cosa› universal o general: *Los pantalones vaqueros se han universalizado.* ⇒ **19.**

universalmente *adv. restrictivo* A escala universal, con alcance universal, en todo el universo, por parte de todos los miembros de un conjunto: *Cantinflas era un gran actor universalmente querido y admirado. La suya no es una tesis universalmente admitida.*

universidad *s. f.* **1** Institución dedicada a la enseñanza superior y a la investigación, formada por diversas facultades: *El autor de este libro es licenciado en Medicina por la Universidad de Salamanca. Mi hermana estudió en la universidad la carrera de Derecho.* **2** Conjunto de edificios y terrenos donde esta institución está instalada: *Puedes ir a la universidad en metro o en autobús.* **3** Conjunto de personas que forman parte de esta institución: *Toda la universidad apoyó la postura del rector.*

universitario, ria *adj.* **1** De la universidad: *enseñanza universitaria, título universitario.* **ambiente ~. ciudad universitaria.** || *adj. / s. m.* y *f.* **2** Que ha estudiado o estudia en la universidad: *las universitarias salmantinas.*

universo *s. m.* **1** (preferentemente con mayúscula) Conjunto de todas las cosas materiales que existen: *Los astrónomos estudian el Universo.* SIN. cosmos. **2** Conjunto unitario de cosas inmateriales: *el universo poético de Machado.* SIN. mundo. **3** Conjunto sobre el que se realiza un estudio estadístico: *La estadística ha sido realizada sobre un universo de dos mil vehículos.*

univocidad *s. f.* (no contable) LÓG. Cualidad o condición de unívoco: *Hay univocidad en la interpretación de la palabra «carretera», sólo significa una cosa.*

unívoco, ca *adj.* Que sólo tiene un significado o se toma en un sentido: *La interpretación del mensaje es unívoca.* **correspondencia unívoca.**

uno, na *adj. / pron. num. card.* **1** Cantidad que representa la cifra 1: *Pásame sólo una botella, por favor.* OBSERVACIONES: La forma apocopada *un* se emplea delante de un sustantivo masculino singular o de un sustantivo femenino que empieza por *a* o *ha* acentuada: *Quiero un kilo de tomates y un paquete de café.* || *adj. / pron. num. ord.* **2** Primero: *el día uno. Se cobra el uno de cada mes.* **número* ~.** || *s. m.* **3** Signo lingüístico o matemático con que se representa esta cantidad: *Te falta sumar el uno. Has olvidado escribir el uno.* || **4 cada* cual / ~. 5 la una** Una hora después de medianoche o una hora después de mediodía: *El paquete llegó a la una.* **6 ~ / una de tantos*.** FR. Y LOC. **a cada* ~ / cual lo suyo. cada* uno / cual es cada ~ . no dar* ni una. ser todo* ~. ~ tras otro** Sucesivamente o por orden sucesivo: *Los invitados fueron llegando uno tras otro.*

untada *s. f.* **1** COL., URUG.; COLOQUIAL en Colombia. Acción y resultado de untar o untarse. **2** COL, URUG.; COLOQUIAL. Gratificación a un funcionario.

untadura *s. f.* Untura.

untar *v. tr.* **1** Aplicar y extender ‹una persona› una sustancia sobre la superficie de [una cosa]: *Mamá, úntame la tostada con mantequilla.* **2** COLOQUIAL; PEYORATIVO. Comprar ‹una persona› [a otra]: *Algún periodista dice que el ganador había untado al árbitro.* || *v. prnl.* **3** Mancharse ‹una persona o una cosa› [con una sustancia]: *Te has untado la cara* ***con*** *la pintura.* **4** COLOQUIAL. Quedarse ‹una persona› fraudulentamente con parte de una cosa que administra: *Dicen que el administrador se ha untado todos estos años.*

untisal *s. m.* URUG. Linimento.

unto *s. m.* AMÉR. Pomada.

untuoso, sa *adj.* **1** Que es graso y pegajoso: *líquido untuoso, jabón untuoso.* **2** ELEVADO; PEYORATIVO. Que es excesivamente empalagoso o atento: *No me gusta Carmen, es demasiado untuosa.*

untura o **untadura** *s. f.* **1** RESTRINGIDO. Acción o efecto de untar o untarse: *La untura de las tostadas se hace con cuidado para no romperlas.* **2** Sustancia con que se unta: *Se da unas unturas en la cara todas las noches.*

uña *s. f.* **1** Lámina córnea que nace y crece en el extremo de los dedos: *Esta chica todavía se muerde las uñas. El gato le clavó las uñas.* **2** Casco o pezuña de algunos animales. **3** Punta corva en que termina la cola del alacrán y con la cual pica. **4** Muesca, corte o agujero pequeño que tienen algunas piezas para ser movidas: *La cajita tiene una uña para poder abrirla.* **5** Gancho o pequeña punta curvada que tienen algunos instrumentos: *La barra termina en una uña metálica.* **6** (plural) COL. Parachoques de un vehículo. FR. Y LOC. **afilarse* las uñas** o **afilarse los dientes. defender / luchar con uñas y dientes** INTENSIFICADOR. Defender o luchar ‹una persona› con la mayor intensidad posible: *La acusada defendió sus derechos con uñas y dientes.* **dejarse las uñas** COLOQUIAL; INTENSIFICADOR. Trabajar mucho ‹una persona› en una cosa: *Jorge se ha dejado las uñas restaurando un mueble antiguo.* **estar / ponerse de uñas** COLOQUIAL. Estar o ponerse ‹una persona› en actitud hostil con otra persona: *Charo estuvo de uñas toda la tarde con su madre.* **laca* de uñas. lima* de uñas. mostrar / sacar las uñas** COLOQUIAL. Demostrar ‹una persona› que está dispuesta a atacar o defenderse: *Es un chico agresivo que en seguida saca las uñas.* **ser ~ y carne** COLOQUIAL; INTENSIFICADOR. Estar muy unidas ‹dos o más personas›: *Esas dos vecinas son uña y carne.*

uñero *s. m.* **1** Inflamación en la raíz de la uña: *Tengo un uñero que me duele mucho.* **2** Herida que produce la uña cuando al crecer anormalmente se clava en la carne.

uñeta *s. f.* **1** Cincel de punta ancha utilizado por los canteros. **2** Dedal para tocar instrumentos de cuerda. || *s. m.* **3** (plural o singular) AMÉR. C., COL. Ladrón.

¡upa! *interj.* COLOQUIAL. INFANTIL. Aúpa, especialmente empleado por los niños al pedir que los levanten en brazos: *¡Mamá, upa!*

upaquización *s. f.* COL. Reajuste de la vida económica de acuerdo con el UPAC, índice oficial del coste de la vida.

upar *v. tr.* RESTRINGIDO; INFANTIL. Aupar.

uperisación o **uperización** *s. f.* INDUS. Esterilización de la leche mediante el uso de vapor para calentarla mucho durante un segundo de tiempo.

uperisar *v. tr.* Uperizar.

uperización *s. f.* Uperisación.

uperizar *v. tr.* Destruir ‹una persona› los gérmenes de [un alimento] mediante la inyección de vapor muy caliente: *La leche se uperiza en las fábricas.* ⇒ **19.**

-ura *suf.* **1** Significa 'cualidad propia de' y forma sustantivos a partir de adjetivos: *alto - altura, dulce - dulzura.* **2** (-dura, -tura) Significa 'resultado de' y forma sustantivos a partir de verbos: *calentar - calentura, andar - andadura, abreviar - abreviatura.* **3** (-dura, -tura) Se refiere a un objeto concreto y forma sustantivos a partir de verbos: *mondar - mondadura, envolver - envoltura.*

urajear *v. tr.* Emitir ‹el grajo o el cuervo› su voz.

uralita (marca registrada) *s. f.* Material de cemento y amianto que se utiliza en la fabricación de láminas onduladas para tejados, de tubos para tuberías o de cubiertas o planchas para otras obras de construcción.

uranio, nia *adj.* **1** ELEVADO. De los astros y el espacio celeste. || *s. m.* **2** *U.* Elemento químico metálico del grupo de los actínidos, dúctil y muy radiactivo, que se utiliza en la producción de energía nuclear.

uranografía *s. f.* Parte de la Astronomía que se dedica a estudiar los astros.

uranometría *s. f.* Parte de la Astronomía que se dedica a medir las distancias existentes entre los astros.

urape *s. m.* AMÉR. DEL S. *Bauhinia multinervia.* Arbusto leguminoso de tallo espinoso, hojas lobuladas y flores blancas que se emplea para hacer setos o cercas.

urato *s. m.* QUÍM. Cualquier sal del ácido úrico.

urbanidad *s. f.* Comportamiento correcto y educado en el trato social y en la actuación de las personas: *La urbanidad es esencial para una convivencia agradable.*

urbanismo *s. m.* (no contable) Conjunto de estudios y actividades sobre la planificación y modificación de los edificios y espacios de los núcleos de población.

urbanista *s. m./f.* Experto o profesional que se dedica al urbanismo: *Mi prima es urbanista del Ayuntamiento.*

urbanístico, ca *adj.* Del urbanismo: *El plan urbanístico promovido por el Ayuntamiento ha tenido el apoyo de todos.*

urbanización *s. f.* **1** Acción y resultado de urbanizar: *Han planeado la urbanización de la parte norte de la ciudad.* **2** Zona residencial formada por un conjunto de viviendas o de otras edificaciones que corresponden a un plan unitario: *Los vecinos de esta urbanización le exigen una escuela al alcalde.*

urbanizar *v. tr.* **1** Convertir ‹una persona› [un terreno] en un lugar apropiado para construir casas: *El concejal piensa urbanizar la zona al lado del río.* || *v. tr./prnl.* **2** Hacer ‹una persona› que [otra persona] aprenda las reglas de la urbanidad: *Los niños **se** han urbanizado mucho desde que van a ese colegio.* ⇒**19.**

urbano, na *adj.* **1** De la ciudad: *policía urbana, transporte urbano.* **guardia* municipal/~. mundo ~ . 2** RESTRINGIDO. Que es muy educado: *La directora nos dirigió unas palabras, frías, pero urbanas.*

urbe *s. f.* Ciudad, sobre todo si es grande: *El tráfico es un problema de las grandes urbes.*

urca *s. f.* Embarcación grande, muy ancha por el centro, destinada al transporte de mercancías.

urdidera *s. f.* Instrumento para devanar y preparar los hilos del telar.

urdidor, ra *adj./s. m.* y *f.* Que urde. || *s. m.* Urdidera.

urdir *v. tr.* **1** RESTRINGIDO. Preparar ‹una persona› [los hilos] en la urdidera para pasarlos por el telar. **2** Preparar ‹una persona› [una cosa] en secreto: *José ha urdido un plan infalible para ganar dinero en la Bolsa.* SIN. tramar.

urdu *s. m.* LING. Lengua índica septentrional oficial en Paquistán.

urea *s. f.* **1** Sustancia orgánica que contiene gran cantidad de nitrógeno y se elimina con la orina. **2** Sustancia química de nitrógeno, obtenida artificialmente, que se emplea en la fabricación de fertilizantes, plásticos y productos farmacéuticos.

uremia *s. f.* (no contable) MED. Insuficiencia renal que provoca una acumulación de sustancias perjudiciales en la sangre.

urente *adj.* MED.; ELEVADO. Que quema o escuece.

uréter *s. m.* ANAT. Cada uno de los dos conductos que transportan la orina desde los riñones hasta la vejiga.

uretra *s. f.* ANAT. Conducto del cuerpo por el que se expulsa la orina.

uretritis (plural *uretritis*) *s. f.* MED. Inflamación de la uretra.

uretroscopia *s. f.* MED. Exploración visual del interior de la uretra.

urgencia *s. f.* **1** (no contable) Cualidad de las cosas que tienen que hacerse con rapidez: *Dile que venga con urgencia a mi casa.* **2** (preferentemente en plural) Sección de los hospitales en la que se recibe a los enfermos y heridos que deben ser atendidos con rapidez: *Me corté en un dedo y tuvimos que ir a urgencias.* **3** Enfermedad o herida que exige atención rápida: *Esta noche he atendido tres urgencias en la clínica.* **4** Enfermo que llega con necesidad de atención rápida a un hospital: *Han llegado tres urgencias a la vez.* **5** (no contable) Necesidad grande de conseguir algo con rapidez: *urgencia de agua. Los viajeros tuvieron urgencia de comida.*

urgente *adj.* **1** Que urge: *problema urgente. Hay que tomar medidas urgentes.* **2** [Carta, telegrama] que se envía o se entrega al destinatario con un procedimiento preferente al habitual para que llegue rápidamente. **correo ~ .**

urgir *v. intr.* **1** Ser muy necesario conseguir una cosa o hacer algo inmediatamente o lo más pronto posible: *Nos urgen mucho estas obras. Urge que vayas a casa.* **2** RESTRINGIDO. Obligar a algo la ley o un precepto. ⇒ **78.**

úrico, ca *adj.* De la orina. **ácido* ~.**

urinario, ria *adj.* **1** De la orina: *aparato urinario.* **meato* ~. vejiga urinaria.** || *s. m.* **2** Lugar con las instalaciones necesarias para que las personas puedan orinar: **3** Retrete adosado a la pared, situado en los servicios de caballeros.

urinífero, ra *adj.* ANAT. Que sirve para conducir la orina: *conducto urinífero.*

urna *s. f.* **1** Caja o vasija donde se guarda algo: *En el museo se exponen varias urnas griegas.* **2** Caja donde se depositan las papeletas de una votación o los números de un sorteo. **3** Caja de material transparente para exponer objetos delicados o valiosos: *La corona está dentro de una urna.* **4** Caja o arca para contener los restos de un difunto: *urna funeraria.* **~ cineraria** Recipiente destinado a contener las cenizas de un difunto. FR. Y LOC. **ir/acudir a las urnas** Votar ‹una persona› en una elección: *El domingo todo el mundo debe acudir a las urnas.*

uro *s. m.* (macho y hembra) *Bos primigenius.* Mamífero rumiante, desaparecido en el siglo XVII, semejante al toro, pero de mayor tamaño y con cuernos más grandes, del que proceden probablemente las razas actuales de toros.

urogallo *s. m.* (macho y hembra) *Tetrao urogallus.* Ave silvestre, gallinácea de plumaje oscuro y cola en forma de abanico: *El urogallo abunda en las montañas asturianas.*

urografía *s. f.* MED. Radiografía del aparato urinario.

urología *s. f.* (no contable) Parte de la Medicina que estudia y trata el aparato urinario: *especialista en urología.*

urólogo, ga *adj./s. m.* y *f.* Médico que se dedica a la especialidad de la urología.

urpila *s. f.* ARG., BOL.; RESTRINGIDO en Argentina. Especie de paloma pequeña.

urraca *s. f.* **1** (macho y hembra) *Pica pica.* Ave de plumaje negro con manchas blancas y azuladas, y pico negro y fuerte, que suele guardar en su nido todo tipo de objetos brillantes, grita mucho y es fácilmente domesticable. **2** COLOQUIAL. Persona amiga de recoger y guardar todo tipo de objetos poco valiosos: *El abuelo es una urraca, viene a casa con todas las tonterías que encuentra en la calle.*

urso, sa *s. m. / f.* ARG., URUG.; COLOQUIAL. Persona fuerte y robusta.

URSS (pronunciamos *'urs'*) *s. f.* Sigla de «Unión de Repúblicas Socialistas Soviéticas».

ursulina *adj. / s. f.* **1** REL. Religiosa de la Congregación agustiniana de Santa Úrsula, fundada en el siglo XVI, dedicada a la educación de niñas y al cuidado de enfermos. || *s. f.* **2** COLOQUIAL. Mujer recatada y tímida: *Su hermana es un poco ursulina.*

urticáceo, a *adj.* **1** [Planta] que es dicotiledónea, de hojas simples cubiertas de un vello que irrita la piel, flores agrupadas sin pétalos y fruto en nuez, como la ortiga.|| *s. f.* **2** (preferentemente en plural) BOT. Familia de estas plantas.

urticante *adj.* ELEVADO. Que produce picor o escozor parecido al que causa una ortiga: *las afecciones urticantes.*

urticaria *s. f.* (no contable) MED. Enfermedad alérgica de la piel que se caracteriza por la aparición de ronchas o granos y manchas rojas, acompañada normalmente por intensos picores.

urú *s. m.* (macho y hembra) Ave parecida a la perdiz, de plumaje pardo, que habita en América del Sur.

urubú *s. m.* ARG., PAR., URUG. Ave rapaz parecida al buitre, de gran tamaño.

uruguayismo *s. m.* LING. Palabra o expresión propia de las variantes lingüísticas que hablan los uruguayos.

uruguayo *adj. / s. m.* y *f.* De Uruguay, país americano: *el folclore uruguayo. Los uruguayos quedaron semifinalistas.*

urunday o **urundey** *s. m.* AMÉR. DEL S. Árbol que alcanza hasta 20 m. de altura y tiene madera resinosa de color rojo oscuro, que se emplea en la construcción de casas y embarcaciones y en la fabricación de muebles.

usado, da *adj.* (estar) Que está envejecido o estropeado por el uso: *Los zapatos están muy usados.*

usanza *s. f.* ELEVADO. Uso, costumbre o moda: *Los concejales han organizado las fiestas a la antigua usanza.*

usar *v. tr. / intr.* **1** Servirse ‹una persona› de [otra persona o una cosa] con un objetivo: *Puedes llevarte el coche, hoy no pienso usarlo. Esa persona usa* **de** *malas artes para conseguir un contrato.* SIN. utilizar. || *v. tr.* **2** Gastar o consumir ‹una persona o una cosa› [una cosa]: *Sólo uso aceite de oliva. El motor del huerto usa energía eólica.* **3** Tener ‹una persona› costumbre de utilizar [una cosa]: *Mi padre siempre usa camiseta en invierno. En verano nunca uso calcetines.* **4** RESTRINGIDO. Realizar ‹una persona› [una acción] habitualmente: *Siempre usa estudiar por las noches.* SIN. soler. || *v. prnl.* **5** Ser ‹una cosa› muy frecuente: *Ahora ya no se usa escribir cartas.* FR. Y LOC. **~ / sacar / enseñar el látigo*.**

uscar *v. tr.* COL.; RESTRINGIDO. Azuzar ‹una persona› [los perros] contra otra persona.

-usco *suf.* -sco.

usía *s. f.* (no contable) Tratamiento de respeto dado a personas con una determinada dignidad o cargo: *Cumpliré las órdenes de usía.*

usina *s. f.* AMÉR. DEL S. Instalación industrial importante, sobre todo la destinada a la producción de gas y energía eléctrica.

uso (diferente de *huso*) *s. m.* **1** (no contable) Acción y resultado de usar: *La radio se ha estropeado con el uso.* **2** Aquello para lo que se usa algo: *Esta calculadora tiene varios usos.* **3** Modo de usar una cosa: *medicamento de uso externo o tópico.* **instrucciones de ~.** **4** (preferentemente en plural) Manera de actuar o costumbre que está de moda o es propia y característica de un país, de un grupo de personas o de una época determinada: *usos rurales. No me gustan los usos de tu familia.* **5** DER. Repetición de actos o comportamientos seguidos de manera uniforme por un grupo social, que sirve de base a la costumbre y que puede tener una repercusión jurídica: *En esta región sigue vigente este uso.* || **6 ~ de razón** Capacidad de juicio que adquiere una persona cuando pasa la primera niñez: *Según muchos autores, los niños no deben ser instruidos religiosamente hasta que no adquieran uso de razón.* FR. Y LOC. **al ~** Según la costumbre propia de una época o de un grupo de personas: *Los coches al uso de hace años eran más grandes.* **en ~** Que es usual o frecuente: *Esta costumbre está en uso.* **estar en buen ~** No estar estropeada ‹una cosa›, aunque se haya usado: *Este bolso está en buen uso.* **fuera de ~** Que no es habitual o frecuente: *Esta costumbre está fuera de uso.*

USO *s. f.* Sigla del sindicato «Unión Sindical Obrera», España.

usted (plural *ustedes*) *pron. pers.* **1** (en singular) Pronombre sujeto o complemento con el que el hablante se dirige o refiere a la persona con la que habla dándole un tratamiento cortés y respetuoso, que puede encubrir, sin embargo, la idea de distanciamiento o el mantenimiento de jerarquías y posiciones: *Si a ustedes les parece bien, nos veremos mañana. Le enviaremos a usted el contrato para que lo estudie.* OBSERVACIONES: ◊ Cuando hace función de sujeto se construye con el verbo y las formas pronominales en 3ª persona: *Usted puede pasar. Cuando ustedes digan. Usted es la persona indicada para hacer el trabajo.* ◊ En el español de América, el uso de *usted* es bastante más amplio. Así, la forma *usted* alterna con *tú* según el momento, la intención comunicativa, el estado de ánimo, el asunto del que se habla, la relación afectiva entre los interlocutores, etc. **2** COLOQUIAL; HUMORÍSTICO. Tratamiento equivalente a *tú* o *vosotros*: *La madre le dijo al niño: «¿se ha lavado usted las manos?».* **3** (en plural) En América, Andalucía y las islas Canarias, sustituye a *vosotros*. *¿Ustedes no sabíais que había que venir pronto?* OBSERVACIONES: El español americano sólo dispone de una forma para el plural, *ustedes*, que sustituye prácticamente el uso de *vosotros*. FR. Y LOC. **mira* (tú)** o **mire (~). yo* de ti / ~ / él ... yo* que tú / ~ / él...**

usual *adj.* Que se usa o se hace con frecuencia, o según es costumbre: *Yo le aconsejo que siga el procedimiento más usual en este caso. A veces sucede, pero no es algo usual.* SIN. corriente, habitual, normal. ANT. inusual.

usualmente *adv. modo* RESTRINGIDO. Generalmente, normalmente, ordinariamente: *Usualmente conduce ella.*

usuario, ria *adj. / s. m.* y *f.* [Persona] que usa habitual o normalmente una cosa o un servicio: *los usuarios de los transportes públicos.*

usufructo *s. m.* DER. Derecho real por el que una persona puede usar un bien ajeno y obtener los frutos o beneficios que éste produzca, con la obligación de conservar su forma y sustancia: *Tengo el usufructo de la finca, pero no la propiedad, que es de mi hija.*

usufructuar *v. tr.* DER. Tener ‹una persona› el usufructo de [una cosa]: *Los hijos han aceptado la herencia, pero le han dejado a su madre que usufructúe la casa.* ⇒ **3.**

usura *s. f.* **1** Acción de prestar o de dejar dinero con unos intereses demasiado altos o abusivos: *El vecino se ha comprado dos casas gracias a la usura que practica.* **2** Beneficio que se obtiene o consigue de préstamos abusivos: *Mi tío se enriqueció con la usura de los préstamos a los campesinos.*

usurero, ra *s. m. / f.* **1** Persona que se dedica a prestar dinero en condiciones abusivas: *Los usureros no gozan de buena opinión entre la gente.* **2** PEYORATIVO. Persona que, por cualquier medio, obtiene provecho o ganancia de un negocio: *No hagas negocios con ellos, son unos usureros.*

usurpación *s. f.* Acción y resultado de usurpar: *la usurpación de un cargo, la usurpación de una personalidad, la usurpación de unas funciones.*

usurpar *v. tr.* **1** Apoderarse ‹una persona› de [una cosa que legítimamente pertenece a otra] con violencia o intimidación: *Algunos terratenientes han declarado que las nuevas autoridades de la isla han usurpado muchas propiedades.* **2** Apoderarse ‹una persona› de [la dignidad, el empleo o las funciones de otra]: *El dictador ha usurpado la Presidencia de la República.*

usuta *s. f.* ARG., BOL., PERÚ; RESTRINGIDO. Especie de sandalia rústica.

utensilio *s. m.* Objeto de uso frecuente o instrumento manual: *utensilio de cocina, utensilios de limpieza.*

uterino, na *adj.* Del útero: *infección uterina.* **furor* ~ .**

útero *s. m.* ANAT. Órgano del aparato reproductor femenino de los mamíferos con placenta, situado en la pelvis, en el que se desarrolla el feto hasta el momento del parto. SIN. matriz.

útil *adj.* **1** (antepuesto / pospuesto) Que produce provecho o beneficio: *Me gusta ser útil* ***a*** *la sociedad. Es un libro muy útil, te lo recomiendo.¿Puedo serle útil* ***en*** *algo, señora? El vídeo contiene útiles consejos para hacer una cocina rápida.* **2** Que sirve o se puede utilizar para algo determinado: *Este cuchillo es útil* ***para*** *cortar la carne. Llévate esta loción antimosquitos, te será útil* ***en*** *el viaje.* **3** [Tiempo, plazo, día] que es apto o puede utilizarse para actuaciones judiciales o para resolver asuntos en las oficinas: *El sábado no es día útil en nuestra oficina.* SIN. hábil. ANT. inhábil. || *s. m.* **4** (preferentemente en plural) Utensilio o herramienta: *útiles de labranza, útiles de cocina.*

utilería *s. f.* **1** Utillaje. SIN. equipo. **2** Conjunto de elementos que se emplean en la escenografía teatral o cinematográfica: *No sé dónde está el jarrón chino, pregúntale al encargado de la utilería.*

utilero, ra *s. m. / f.* Persona que se encarga por profesión de la utilería de un teatro.

utilidad *s. f.* **1** (no contable) Cualidad de ser útil, de servir para algo: *Esas cintas no tienen ninguna utilidad. Tu madre no le ha dado ninguna utilidad a esa mesa. ¿Qué utilidad tiene esto?* **2** Provecho concreto o beneficio que se saca de algo: *la utilidad de una inversión.* SIN. rentabilidad.

utilitario, ria *adj.* **1** Que prefiere o da más importancia a la utilidad que a cualquier otra cualidad: *criterio utilitario.* || *s. m.* **2** Coche pequeño, de bajo consumo y precio asequible: *Me gustaría comprarme un utilitario.* **3** URUG. Vehículo con fin específico, como mercancía o viajeros.

utilitarismo *s. m.* **1** (no contable) Comportamiento de la persona que busca ante todo la utilidad: *No me gusta nada el utilitarismo de Ángel.* **2** (no contable) FILOS. Doctrina filosófica que considera como valor supremo la utilidad: *El utilitarismo está muy arraigado entre muchos políticos.*

utilitarista *adj.* **1** Del utilitarismo: *política utilitarista, ideología utilitarista.* || *adj. / s. m.* y *f.* **2** Que es partidario del utilitarismo: *Esa dirigente política es una utilitarista, sólo le gustan las cosas relacionadas con el dinero.*

utilización *s. f.* Acción y resultado de utilizar: *No he aprendido todavía la utilización del nuevo programa.*

utilizar *v. tr.* Servirse ‹una persona› de [otra persona o una cosa] con un objetivo: *Los utilizaron* ***como*** *rehenes. El grupo me utilizó* ***para*** *sus propios fines.* ⇒ **19.**

utillaje *s. m.* (no contable) Conjunto de objetos necesarios para realizar un trabajo: *El fontanero dejó todo su utillaje en la cocina.* SIN. equipo, herramientas.

utopía o **utopia** *s. f.* Doctrina o idea muy buena y atractiva, pero irrealizable en el momento en que se piensa.

utópico, ca *adj.* **1** De la utopía: *pensamiento utópico.* **socialismo ~.** || *adj. / s. m. y f.* **2** Que tiene tendencia a pensar o piensa utopías: *Eres un utópico si crees eso.*

uva *s. f.* **1** Fruto de la vid, esférico u ovalado, jugoso y muy dulce, que se presenta agrupado en racimos. **~ blanca. ~ negra.** || **2 mala ~** COLOQUIAL. Mala intención o mal carácter. FR. Y LOC. **de uvas / higos a brevas** COLOQUIAL. De tarde en tarde, en pocas ocasiones: *Nos vemos de uvas a brevas.* **estar de mala ~** o **tener mala ~** COLOQUIAL. Estar ‹una persona› de muy mal humor o tener ‹una persona› mal carácter o mala intención: *Merche está de mala uva porque tiene que trabajar el sábado.*

uve *s. f.* Nombre de la letra *v*. **~ doble** Nombre de la letra *w*.

uvero, ra *adj.* **1** De las uvas: *producción uvera.* || *s. m.* y *f.* **2** RESTRINGIDO. Persona que se dedica a vender uva.

UVI (pronunciamos *'uvi'*) *s. f.* MED. Sigla de «Unidad de Vigilancia Intensiva», España; sección de un hospital que se ocupa de los enfermos graves, que necesitan unos cuidados especiales: *Después de la operación, lo metieron en la UVI para vigilar su estado.* SIN. UCI.

úvula *s. f.* ANAT. Pequeña masa carnosa que cuelga en el centro del velo del paladar: *Este niño tiene la úvula inflamada.* SIN. campanilla.

uvular *adj.* **1** De la úvula. **2** FON. [Sonido] que se articula en la zona de la úvula: *La «r» francesa es uvular.*

uxoricidio *s. m.* DER. Muerte que da el marido a su esposa: *Ese loco cometió el uxoricidio porque su mujer fumaba.*

¡uy! *interj.* Expresa dolor físico, sorpresa, admiración o alegría: *¡Uy, me hace daño el zapato! ¡Uy, qué maravilla!*

uzbeko, ka *adj. / s. m.* y *f.* De un pueblo de origen turco y religión musulmana que habita en la antigua región soviética de Uzbekistán: *los pueblos uzbekos.*

-uzco *suf.* -sco.

V

v *s. f.* Vigésima tercera letra del alfabeto español que representa un sonido de articulación bilabial, oclusiva o fricativa y sonora, como la «b». Su nombre es «uve»: *Vacaciones se escribe con «v» de Valencia, no con «b» de Barcelona.* **~ baja** ARG. Letra uve.

vaca (diferente de *baca*) *s. f.* **1** ZOO. Hembra del toro. **2** (no contable) Carne de vaca que se usa como alimento: *He comido un estofado de vaca.* **3** Piel de vaca, después de curtida: *Estas botas son de vaca.* **4** COLOQUIAL, PEYORATIVO; INSULTO. Persona, especialmente mujer, muy gruesa: *José come mucho y está como una vaca.* **5** AMÉR. DEL S. Contrato en que las ganancias se reparten proporcionalmente a lo que cada individuo ha invertido. ‖ **6 las vacas flacas / gordas** Época de escasez o abundancia: *Ahora es tiempo de vacas gordas, y nadie se acuerda ya de las necesidades pasadas.* **7 ~ marina** Manatí, mamífero acuático.

vacación *s. f.* (preferentemente en plural) Periodo de tiempo previamente establecido en que una persona interrumpe su trabajo o estudios habituales: *Sonia se ha tomado unas vacaciones. Voy a la playa de vacaciones.*

vacacional *adj.* De las vacaciones o que tiene relación con las vacaciones: *periodo vacacional, temporada vacacional, actividad vacacional.*

vacada *s. f.* GAN. Conjunto o manada de vacas que están o se crían juntas: *En ese pueblo hay buenas vacadas.*

vacaje *s. m.* ARG., CHILE, URUG.; RESTRINGIDO. Vacada.

vacante *adj. / s. f.* **1** [Cargo, empleo] que está sin ocupar o cubrir, o que todavía no está destinado a nadie: *No hay ninguna vacante en la Administración.* **2** Que está destinado a ser ocupado, pero que todavía no lo está: *No hay ninguna cama vacante en todo el hospital. Cuando tengan una vacante me llamarán del gimnasio para iniciar la rehabilitación.*

vacar *v. intr.* RESTRINGIDO. Quedar ‹un puesto de trabajo o un empleo anteriormente ocupado› sin nadie que lo desempeñe o posea: *Dos plazas en la oficina del ministerio vacaron ayer.* ⇒ **71.**

vaciado, da *s. m.* **1** Acción de dejar vacía o hueca una cosa: *el vaciado de la piscina, el vaciado de un tronco de madera.* **2** ESC. Acción de formar un objeto echando en un molde una sustancia que se endurece: *Está aprendiendo la técnica del vaciado.* **3** ESC. Figura formada echando en un molde una sustancia que se endurece: *Una parte de la obra de ese escultor son vaciados.* **4** FILOL. Acción de sacar de un texto o discurso las partes que interesan: *Están haciendo un vaciado de las palabras coloquiales que aparecen en la prensa.* ‖ *adj. / s. m.* y *f.* **5** COL.; RESTRINGIDO. [Persona] que está sin dinero o que tiene muchas dificultades para subsistir.

vaciar *v. tr.* **1** Dejar ‹una persona› vacía [una cosa]: *Ya he vaciado el armario para que metas tus cosas.* **2** Sacar o verter ‹una persona› [el contenido de un recipiente]: *Han vaciado la piscina.* **3** ESC. Formar ‹una persona› [un objeto] echando [materia blanda] en un molde: *Verónica vacía todas sus figuras **en** bronce.* **4** ARQ. Formar ‹una persona› un hueco en [una cosa]: *Ella quiere vaciar la pared para empotrar una caja de caudales.* **5** FILOL. Reunir ‹una persona› organizadamente una parte de [un escrito o un discurso]: *Él ha vaciado los tecnicismos del diccionario.* **6** RESTRINGIDO. Afilar ‹una persona› [un instrumento cortante]: *vaciar una navaja.* ‖ *v. prnl.* **7** Quedar ‹una cosa› vacía: *Los pantanos se han vaciado después de dos años de sequía.* **8** Hacer ‹una persona› todo el esfuerzo de que es capaz: *Los jugadores se han vaciado en el encuentro.* **9** Revelar ‹una persona› todos sus secretos: *Me vacié con ella porque necesitaba explicarle a alguien lo que me ocurría.* ⇒ **8.**

vaciedad *s. f.* **1** Cualidad de vacío: *La vaciedad de su vida me preocupa.* **2** Estupidez o tontería que una persona dice: *Se cree que sabe algo, pero todo lo que dice son vaciedades.*

vacilación *s. f.* **1** Acción y resultado de vacilar o estar indeciso: *Una vacilación durante un rescate puede ser fatal para el accidentado.* **2** (no contable) Acción y resultado de vacilar o estar falto de estabilidad: *vacilación del paso.*

vacilada *s. f.* **1** (no contable) JERGAL. Vacile: *Lleva dos semanas dándose vaciladas con nosotros.* **2** MÉX.; COLOQUIAL. Juerga, jolgorio. **3** MÉX.; COLOQUIAL. Broma, jugarreta.

vacilante *adj.* **1** (ser / estar; antepuesto / pospuesto) Que vacila o está indeciso: *ánimo vacilante. Estoy vacilante, no sé qué hacer.* **2** (antepuesto / pospuesto) Que vacila o está falto de estabilidad: *pasos vacilantes.*

vacilar *v. intr.* **1** Estar ‹una persona› indecisa en [una cosa]: *Vaciló **en** la decisión. Tienes que tomarte la medicina sin vacilar.* SIN. titubear. **2** ELEVADO. Moverse ‹una persona, un animal o una cosa› a un lado y a otro por falta de estabilidad: *Noté que estaba mareado porque vacilaba al caminar.* **3** ELEVADO. Ser ‹una cosa› inestable: *El puente colgante vacila mucho.* **4** ELEVADO. Estar ‹una cosa› entre [dos formas, características o cualidades]: *Su manera de hablar vacila **entre** pedante y cursi.* SIN. fluctuar. **5** JERGAL. Destacar ‹una cosa› por sus cualidades: *Esa cadena de música vacila* *mucho.* **6** JERGAL. Causar ‹una persona› sensación con [una cosa]: *¡Cómo vacila **con** esa moto!* **7** JERGAL. Decir ‹una persona› [cosas absurdas o graciosas] en tono aparentemente serio con la intención de burlarse de [otra persona]: *Vete a vacilar **a** otro lado **con** esa historia, aquí no cuela.* **8** JERGAL. Presumir ‹una persona› con arrogancia o provocación ante [otra persona]: *A mí no me vaciles.* **9** GUAT., MÉX., P. RICO; COLOQUIAL. Divertirse ‹una persona› en una juerga. **10** MÉX.; COLOQUIAL. Gastar ‹una persona› una broma a [otra persona].

vacile *s. m.* (no contable) JERGAL. Actitud, acción o dicho propios de una persona vacilona: *Sofía está de vacile.*

vacilón, na *adj.* **1** JERGAL; INTENSIFICADOR. [Cosa] que llama la atención por sus cualidades: *¡Qué camisa tan vacilona!* ‖ *adj. / s. m.* y *f.* **2** (ser / estar) JERGAL. Que bromea o se burla de las personas: *Elena es muy vacilona, nunca se sabe si habla en serio. Eduardo está vacilón, así que no le hagas caso.* **3** (ser / estar) JERGAL; PEYORATIVO. Que presume de su valentía y provoca a otras personas: *Cuando él está vacilón se pone insoportable.* ‖ *s. m. / f.* **4** AMÉR. C., MÉX., VEN. Juerguista. ‖ *s. m.* **5** AMÉR. C., MÉX., VEN. Fiesta, juerga. **6** COL.; COLOQUIAL. Engaño divertido, broma.

vacío, a *adj.* **1** (estar) Que no tiene contenido, o no contiene nada: *recipiente vacío, espacio vacío. Esta caja te servirá, está vacía. Esto está vacío, aquí no hay nada. Tengo el estómago vacío.* ANT. lleno. **2** (estar) Que no está ocupado por nadie o por muy pocas personas: *casa vacía, calle vacía. El pueblo está vacío. Esta ciudad, en el mes de agosto, se queda vacía.* ANT. lleno. **3** (estar) Que no tiene ilusiones o deseos, ánimo o aliento: *Sin ti, estoy vacío. Me encuentro vacía, que me haga seguir adelante.* **4** (ser / estar; antepuesto / pospuesto) Que se queda en la superficie, o no tiene solidez, profundidad o contenido alguno: *Su discurso estaba vacío de contenido. Sus vacíos comentarios no aportaron nada a la reunión.* SIN. superficial. **5** (estar) Que no tiene madurez, y se comporta con frivolidad: *Es una persona vacía, no se puede hablar con él de nada serio.* ‖ *s. m.* **6** (no contable) Precipicio o espacio libre: *arrojarse al vacío, lanzarse al vacío.* **7** Hueco existente en una cosa: *En la estantería queda un vacío para colocar algunos libros.* **8** (no contable) Sensación de tristeza producida por la ausencia de una persona o la falta de una cosa: *Cada verano, la marcha de Amalia me deja un gran vacío.* **9** ARG., URUG. Corte de carne de vacuno entre las costillas y los cuartos traseros que se consume asada. FR. Y LOC. **caer* en el ~. con las manos* vacías. de ~** 1 Sin haber conseguido lo que se pretendía: *Raquel fue a la biblioteca a sacar un libro, pero como no lo tenían, se fue de vacío.* 2 Sin carga: *El camionero fue a Pamplona con un cargamento de fruta, pero hizo la vuelta de vacío.* **hacer el ~** Dejar ‹una persona› de lado a otra persona, no hacerle caso: *Los amigos le hicieron tal vacío que decidió marcharse.*

vacuidad *s. f.* (no contable) ELEVADO. Cualidad o condición de ser vacuo, sin contenido intelectual: *Habló durante mucho tiempo, pero no dijo más que vacuidades.* SIN. vaciedad.

vacuna *s. f.* Medicamento preparado con gérmenes muertos o atenuados que se administra a un individuo para que desarrolle una inmunidad contra éstos y no contraiga la enfermedad: *Todos los años se pone la vacuna de la alergia.*

vacunación *s. f.* MED. Acción y resultado de vacunar o vacunarse: *El programa de vacunaciones se inicia mañana.*

vacunar *v. tr. / prnl.* **1** MED. Introducir ‹una persona› un virus en [otra persona o un animal] para inmunizarla contra [una enfermedad] o para cultivar el virus: *El médico me ha vacunado **de** la hepatitis B. Antonio **se** vacunó **contra** el sarampión.* **2** RESTRINGIDO. Servir ‹una experiencia o una situación› para preparar a [una persona] ante la adversidad: *Estar en aquel país me ha vacunado **contra** el conformismo. Ella **se** vacunó **contra** la vanidad.*

vacuno, na *adj. / s. m.* GAN. Del ganado bovino o que tiene relación con el ganado bovino: *ganado vacuno. El vacuno argentino es de muy buena calidad.*

vacuo, cua *adj.* (antepuesto / pospuesto) ELEVADO. Que siente, piensa o expresa cosas poco interesantes o serias: *una persona muy vacua, un pensamiento vacuo. Ni me acuerdo de sus vacuas palabras.* SIN. frívolo.

vacuola *s. f.* BIOL. Cavidad del citoplasma de las células delimitada por una membrana: *Las vacuolas son muy importantes para los organismos unicelulares.*

vade *s. m.* **1** RESTRINGIDO. Carpeta para llevar papeles o documentos. **2** RESTRINGIDO. Carpeta que se coloca sobre la mesa para guardar papeles y escribir encima. **3** RESTRINGIDO. Mueble para guardar libros o papeles con una tapa inclinada sobre la que se puede escribir.

vadear *v. tr.* **1** Atravesar ‹una persona› [una corriente de agua] por un tramo poco profundo: *Por aquí no podemos vadear el río, porque la corriente es muy fuerte.* **2** ELEVADO. Vencer ‹una persona› [una dificultad]: *Tenemos que vadear los problemas y no discutir más.* ‖ *v. prnl.* **3** RESTRINGIDO. Saber ‹una persona› obrar adecuadamente: *Podemos confiar en él, porque siempre se ha vadeado muy bien.* SIN. bandearse.

vademécum *s. m.* Tratado breve que contiene las nociones más importantes de una materia: *El médico consultó los componentes de ese medicamento en el vademécum.*

vado *s. m.* **1** GEOGR. Parte de un río con fondo firme, llano y poco profundo, por donde se puede pasar a pie, a caballo o en algún vehículo: *Buscamos un vado para pasar el río.* **2** Parte de aceras o bordillos que se han rebajado o modificado para facilitar el acceso de vehículos a determinados lugares: *Está prohibido aparcar en el vado de un garaje.*

vagabundear *v. intr.* **1** Hacer ‹una persona› vida de vagabundo: *Ha vagabundeado desde que volvió de la mili.* **2** Ir ‹una persona o un animal› de un lugar a otro sin rumbo fijo: *Me dediqué a vagabundear toda la tarde.* SIN. vagar.

vagabundo, da *adj. / s. m.* y *f.* **1** [Persona] que no tiene trabajo ni sitio fijo donde vivir: *En las estaciones del metro duermen algunos vagabundos.* **2** Que va de un sitio a otro sin destino ni rumbo fijo: *El pueblo está lleno de perros vagabundos.*

vagamente *adv. modo / cant.* Con vaguedad, de manera borrosa y vaga, o sin gran exactitud y precisión. OBSERVACIONES: Suele asociarse a contextos de recuerdo, remembranza, parecido, intuición o expresión: *Me acuerdo vagamente de su sonrisa. Vagamente vino a decir que no.*

vagancia *s. f.* **1** (no contable) COLOQUIAL. Cualidad de vago o perezoso: *La vagancia de algunos ha molestado al profesor.* SIN. gandulería, holgazanería. **2** (no contable) COLOQUIAL. Comportamiento de la persona que se deja llevar por la comodidad y la pereza y no está dispuesta a realizar ningún esfuerzo: *¡Qué vagancia da salir ahora con este frío! Por vagancia Paco no se haría la comida y no comería.*

vagar *v. intr.* 1 Ir ‹una persona o un animal› por [un lugar] sin rumbo fijo: *He vagado* ***por*** *la ciudad.* SIN. vagabundear. 2 Ir ‹una persona› por [un lugar] buscando [una cosa que no encuentra]: *Vagamos* ***por*** *el monte buscando dónde acampar. Vagamos buscando una heladería.* 3 ELEVADO. Avanzar ‹el pensamiento› sin un orden determinado: *Mi mente vagaba libre.* ⇒ **56.**

vagar *s. m.* 1 RESTRINGIDO. Tiempo libre: *Tengo mucho trabajo y no tengo vagar para hacer nada.* 2 RESTRINGIDO. Tranquilidad, lentitud: *La abuela hace las cosas con mucho vagar.*

vagaroso, sa *adj.* LITERARIO. Que se mueve continuamente o que no tiene estabilidad: *pensamientos vagarosos, nubes vagarosas.*

vagido *s. m.* Gemido o llanto del recién nacido: *Los vagidos que llegaban de la habitación sobresaltaron al padre.*

vagina *s. f.* ANAT. Conducto de las hembras de los mamíferos que va desde la vulva hasta el útero: *La vagina está recubierta de mucosa.*

vaginal *adj.* ANAT. De la vagina: *orgasmo vaginal, flujo vaginal, infección vaginal.*

vaginalmente *adv. lugar* Por vía vaginal, por la vagina, a través de la vagina: *El forense mantiene que fue violada vaginalmente.*

vaginitis (plural *vaginitis*) *s. f.* MED. Inflamación de la vagina: *Le han diagnosticado una vaginitis.*

vago, ga *adj.* 1 (antepuesto / pospuesto) Que no está bien definido o determinado: *un vago parecido, una vaga idea del tema. Le dio una explicación muy vaga del suceso.* 2 MED. [Ojo] que realiza su función con mucha dificultad: *La función de un ojo vago debe recuperarse tapando el otro ojo.* ‖ *adj. / s. m. y f.* 3 (ser / estar) PEYORATIVO. Que no tiene afición a trabajar o que no es partidario de hacer ningún esfuerzo: *Esther es una persona muy vaga. Estás hecho un vago.* SIN. holgazán.

vagón *s. m.* Vehículo sin motor que se mueve sobre raíles y es remolcado por otro: *vagón de metro, vagón de ferrocarril, vagón de fumadores. Viajamos en distintos vagones. El último vagón descarriló.* **coche / vagón-restaurante*. ~ de mercancías. ~ de primera. ~ de segunda. ~ isotermo.**

vagoneta *s. f.* Vagón pequeño y descubierto para el transporte de mercancías: *Las vagonetas salían de la mina cargadas de carbón.*

vaguada *s. f.* GEOGR. Parte más honda de un valle por donde circulan las aguas: *Cuando llueve mucho, las casas que están al lado de la vaguada se inundan.*

vaguear *v. intr.* COLOQUIAL; PEYORATIVO. Estar ‹una persona› voluntariamente ociosa: *Estoy harto de verla vaguear. He estado vagueando todo el día.* SIN. holgazanear.

vaguedad *s. f.* 1 (no contable) Cualidad o condición de vago o impreciso: *La vaguedad de sus palabras impidió saber de quién hablaba.* ANT. exactitud. 2 Expresión imprecisa: *Dijo dos o tres vaguedades y no entendimos nada.*

vaguería *s. f.* (no contable) COLOQUIAL. Condición y comportamiento de la persona vaga y perezosa: *Rosa tiene una vaguería desesperante.* SIN. vagancia.

vahído *s. m.* Pérdida momentánea del conocimiento o mareo pasajero: *Tras la carrera, le dio un vahído en la meta.*

vaho *s. m.* 1 (no contable) Vapor que despiden los cuerpos en determinadas condiciones: *Los cristales están llenos de vaho.* 2 (en plural; no contable) MED. Método tradicional para curar las enfermedades de las vías respiratorias que consiste en aspirar el vapor de sustancias aromáticas: *Mi hermana hace vahos de eucalipto todos los días.*

vaina *s. f.* 1 Funda en que se guardan las armas o las herramientas afiladas: *la vaina de la espada, la vaina de un puñal. Mete el cuchillo de monte en su vaina.* 2 BOT. Cáscara larga y tierna que contiene las semillas de algunas plantas: *la vaina del guisante, la vaina de la judía.* 3 BOT. Ensanchamiento del peciolo o de la hoja que envuelve el tallo. 4 COLOQUIAL. Cosa poco importante, pero que causa fastidio o molestia: *Es una vaina tener que madrugar tanto el fin de semana.* SIN. lata. ‖ *s. m. / f.* 5 COLOQUIAL. Persona poco seria o responsable: *Este chico es un vaina; sólo piensa en divertirse.* FR. Y LOC. **echar vainas** COL.; COLOQUIAL. Molestar, ofender o fastidiar ‹una persona› a otra con indirectas.

vainica *s. f.* Costura que se realiza sacando varios hilos paralelos de la tela y sujetándolos por grupos con una especie de nudo en el borde. **~ ciega** Vainica que se realiza sin sacar previamente los hilos.

vainilla *s. f.* 1 *Vanilla planifolia.* Planta trepadora de tallo carnoso, flores en racimo y fruto en cápsula: *La vainilla es originaria de México.* 2 BOT. Fruto de la vainilla, usado como condimento, y en repostería, como aromatizador: *crema de vainilla, un helado de vainilla.*

vaivén *s. m.* 1 Movimiento alternativo de un cuerpo en un sentido y en otro: *El viaje en barco fue un vaivén constante.* 2 Cambio inesperado de las situaciones: *Los vaivenes de la vida son impredecibles.*

vaivoda *s. m.* HIST. Voivoda.

vajilla *s. f.* Conjunto de platos, fuentes, tazas, vasos y otros objetos semejantes, destinado al servicio de la mesa: *Les regalaron la vajilla cuando se casaron.*

valdense *adj. / s. m. y f.* HIST. De un grupo cristiano que nació en el siglo XII en el sur de Francia con la predicación de Pedro de Valdo.

valdepeñas *s. m.* 1 (no contable) Vino propio de esta ciudad castellana. 2 Medida de este vino: *En cuanto me tomo un valdepeñas me mareo.*

vale *s. m.* 1 Papel que se canjea o cambia por el objeto o la cantidad que en él aparece: *Tengo un vale para un detergente. Al cambiar el regalo me firmó un vale porque no me gustaba nada lo que vendían.* 2 Nota firmada que se da a la persona que entrega una cosa para que después justifique esta entrega: *¿Me firma el vale de entrega, por favor?* 3 DER. Documento mercantil en el que una persona se compromete a pagar una cantidad de dinero: *En algunas cooperativas pagan con vales.* 4 Entrada gratuita para un espectáculo: *Me han dado un vale para el concierto de esta noche.* 5 COL., MÉX., REP. DOM., VEN.; COLOQUIAL. Amigo, camarada, compañero.

valedero, ra *adj.* Que tiene validez o valor por un determinado tiempo o para una determinada cosa: *Este cheque es valedero* ***hasta*** *finales de mes. Esta prueba es valedera* ***para*** *el campeonato del mundo.*

valedor, ra *s. m. / f.* 1 Persona que ayuda o protege a otra: *La directora es su valedora mayor, así que no temáis que lo echen.* ‖ *s. m.* 2 MÉX. Amigo, camarada, compañero.

valencia *s. f.* QUÍM. Número positivo que caracteriza la capacidad de combinación de un elemento químico con otros elementos para formar moléculas: *El concepto de valencia va unido al de enlace químico.*

valenciana *s. f.* MÉX. Vuelta del pantalón.

valencianismo *s. m.* **1** LING. Expresión o construcción del valenciano usada en otra lengua: *El castellano de Valencia tiene valencianismos.* **2** (no contable) POLÍT. Nacionalismo valenciano.

valenciano, na *adj. / s. m.* y *f.* **1** De Valencia, ciudad, provincia y comunidad autónoma española: *la huerta valenciana, la comunidad valenciana, arroz valenciano.* || *s. m.* **2** LING. Variedad de la lengua catalana hablada en gran parte de la Comunidad Valenciana: *El valenciano y el castellano son las lenguas que se hablan en la Comunidad Valenciana.*

valentía *s. f.* (no contable) Valor y resistencia en situaciones peligrosas o difíciles: *Aunque se quedó sola, ella demostró tener mucha valentía defendiendo sus ideas ante el tribunal.* ANT. cobardía.

valentón, na *adj. / s. m.* y *f.* (ser / estar) COLOQUIAL; PEYORATIVO. Que presume de ser muy valiente y está siempre preparado para empezar una pelea: *Este chico se hace el valentón con sus amigos, pero cuando va solo es un cobarde.*

valentonada *s. f.* **1** COLOQUIAL. Exageración engreída o presuntuosa que una persona hace de su propia valentía: *Siempre cuentas valentonadas que nadie se cree.* SIN. bravuconada. **2** COLOQUIAL. Dicho, hecho o actitud propia de un valentón: *Es molesto tener que aguantar tus valentonadas.*

valer *s. m.* (no contable) Valor, valía: *Él no sabe apreciar el valer de una persona. Tiene mucho valer esta señora.*

valer *v. tr.* **1** Tener ‹una cosa› [un precio]: *¿Cuánto vale el periódico? El billete del autobús vale 125 ptas.* SIN. costar. **2** Tener ‹una cosa› el mismo valor que [otra cosa]: *Un franco vale ciento veinticinco pesetas.* **3** Ser ‹una cosa› causa de [otra cosa]: *La protesta nos valió un castigo.* **4** Ser ‹una cosa› digna de [otra cosa]: *Esta noticia bien vale una celebración.* **5** RESTRINGIDO. Proteger ‹una persona› [a otra persona]: *¡Que Dios me valga! ¡Válgame el cielo!* **6** RESTRINGIDO. Ser ‹una cosa› igual a [otra cosa]: *Cinco más tres valen ocho.* || *v. intr.* **7** Tener ‹una persona› mérito: *Esa muchacha vale mucho.* **8** Ser ‹una persona o una cosa› útil o adecuada para [una tarea]: *Tu hijo no vale **para** el despacho.* **9** Tener ‹una cosa› el tamaño adecuado para [una persona]: *Esos pantalones no te valen, te van pequeños.* **10** Tener ‹una cosa› validez: *El yogur ya no vale, ha caducado.* **11** Servir ‹una cosa› de ayuda o defensa: *Sus trucos no le valdrán conmigo.* **12** Tener ‹una cosa› un valor equivalente al de [otra cosa]: *Este libro vale **por** mil.* || *v. prnl.* **13** Utilizar ‹una persona› a [otra persona o una cosa] para [conseguir un objetivo]: *Sonia se valió **de** sus amistades **para** recomendar a su hijo.* **14** Ser ‹una persona› capaz de desenvolverse sin ayuda: *Mi abuela todavía se vale.* FR. Y LOC. **costar / ~ un riñón*. enterarse de lo que vale un peine*. hacer ~** Hacer ‹una persona› que una cosa se tenga en cuenta: *Eduardo hizo valer su poder en la empresa para contratar a su sobrino.* **merecer / ~ la pena*. no ~ un pito*. no ~ un pucho*. servir / ~ igual para un roto* que para un descosido. vale** COLOQUIAL. Se usa para indicar que una persona está de acuerdo con otra: *Vale, nos veremos a las tres.* **~ su peso* en oro. ~ un potosí*. ¡válgame Dios*!** ⇒ **85.**

valeriana *s. f. Valeriana officinalis.* Planta herbácea de tallos huecos y vellosos, hojas partidas y flores en racimo cuya raíz tiene propiedades medicinales: *La valeriana tiene efectos tranquilizantes y es un tónico cardiaco.*

valeroso, sa *adj.* (ser / estar; antepuesto / pospuesto) Que tiene valentía: *comportamiento valeroso. Su marido fue un valeroso soldado **en** la batalla.* SIN. valiente.

valet (del francés; diferente de *ballet*) *s. m.* **1** JUEGOS. Carta de la baraja francesa en la que aparece un sirviente de armas y una J. **2** RESTRINGIDO. Sirviente o criado.

valetudinario, ria *adj. / s. m.* y *f.* ELEVADO. [Persona] que tiene la salud débil por la edad avanzada: *Mi tío es un simpático valetudinario.*

valí (plural *valíes*, preferible a *valís*) *s. m.* HIST. Gobernador provincial de un Estado musulmán.

valía *s. f.* **1** (no contable) ELEVADO. Valor o precio de una cosa: *La valía de las cosas robadas no supera las tres mil pesetas.* **2** (no contable) ELEVADO. Cualidad de la persona que vale por sus condiciones o características: *Los otros científicos han reconocido su valía en la investigación.*

valiato *s. m.* **1** HIST. Cargo o autoridad de un valí. **2** HIST. Territorio bajo la autoridad de un valí.

válidamente *adv. modo* Con validez legal o reglamentaria, o con validez real: *Estos dos obispos, válida aunque ilegítimamente ordenados, podrían a su vez ordenar a otros.*

validar *v. tr.* ADMINISTRATIVO. Hacer ‹una persona con autoridad› válida [una cosa]: *La embajada validó los documentos.*

validez *s. f.* **1** (no contable) Calidad de la cosa que produce efecto legal: *Estas monedas ya no tienen validez.* **2** (no contable) Cualidad de la persona que tiene capacidad para hacer una cosa: *Desconfían de su validez para dirigir el negocio.*

valido (diferente de *balido* y *válido*) *s. m.* HIST. Persona muy cercana al rey, que ejercía una gran influencia política y gobernaba en la práctica: *El valido del rey es una figura típica del siglo* XVII *español.*

válido, da *adj.* Que tiene los requisitos necesarios para ser correcto o legal: *documento válido, respuesta válida, billete válido. El gol no ha sido válido.*

valiente *adj. / s. m.* y *f.* **1** (ser / estar; antepuesto / pospuesto) Que tiene o demuestra valentía: *Es un chico muy valiente, no se acobarda por nada. Has tomado una valiente decisión. Has estado muy valiente.* SIN. valeroso. ANT. cobarde. **2** Valentón: *Julián va por ahí de valiente.* || *adj.* **3** (antepuesto) INTENSIFICADOR, IRONÍA. Que no es cierto o no es como se espera que sea o como se ha dicho que es. OBSERVACIONES: Marca la opinión contraria del que habla respecto a lo que dice: *¡Valiente excusa has puesto! ¡Valiente mentiroso estás hecho! ¡Valiente belleza es su novio!*

valija *s. f.* **1** ADMINISTRATIVO. Saco para llevar la correspondencia: *Los atracadores se han apropiado de todas las valijas del vagón de correos en la estación.* **2** ADMINISTRATIVO. Correo que va en ese saco: *Se han perdido las valijas de Barcelona.* **3** ARG., URUG.; RESTRINGIDO en España. Maleta. || **4 ~ diplomática 1** ADMINISTRATIVO. Cartera o maleta precintada en la que se transporta la correspondencia diplomática: *La valija diplomática se ha extraviado.* **2** ADMINISTRATIVO. Correspondencia diplomática.

valijería *s. f.* ARG. Departamento de las grandes tiendas donde venden valijas.

valijero, ra *s. m. / f.* ADMINISTRATIVO. Funcionario responsable de la correspondencia diplomática entre un Estado y sus representantes en el extranjero.

valimiento *s. f.* (no contable) ELEVADO. Favor, ayuda, gracia o protección que una persona recibe de otra persona, en especial de un superior: *Parece que Manuel tiene algún valimiento especial del jefe, porque ya cobra más que yo y entró después en la empresa.*

valioso, sa *adj.* (antepuesto / pospuesto) Que tiene mucho valor: *Le agradezco mucho su valioso consejo. Le regaló una sortija muy valiosa.*

valkiria *s. f.* (preferentemente en plural) MIT. Valquiria.

valla (diferente de *vaya* y *baya*) *s. f.* **1** Cerca colocada alrededor de un lugar para cerrarlo, protegerlo o limitarlo: *Mi finca llega hasta la valla.* **2** Estructura que soporta una cartelera publicitaria: *A lo largo de la autopista han instalado vallas con anuncios.* **~ publicitaria. 3** DEP. Obstáculo colocado en el recorrido de una prueba atlética: *Ella ha sido medalla de oro en los 100 metros vallas.* **4** DEP.; ARG., URUG. Portería.

valladar *s. m.* **1** RESTRINGIDO. Cerca: *el valladar de una finca.* **2** ELEVADO. Dificultad, obstáculo: *La Administración siempre pone cortapisas y valladares a nuestros proyectos.*

vallado *s. m.* Cerca de alambre o de otro material que impide el paso al interior de un lugar: *El niño ha saltado el vallado y se ha enganchado un pie.*

vallar *v. tr.* Rodear ‹una persona› [una cosa] con una valla: *Hemos vallado el terreno para que no pasen los animales.*

valle *s. m.* **1** Terreno llano o cóncavo situado entre montañas o alturas: *Entre aquellas montañas hay un valle precioso.* **2** Conjunto de casas o habitantes de los valles: *El valle de Arán habla un dialecto gascón.* **3** Cuenca de un río: *El valle del Ebro es muy fértil.* **4** Parte más baja de una cosa, especialmente si se representa por una línea: *En las encuestas de aceptación del Gobierno aparece un valle en el grupo de los jóvenes. En el puente aéreo son más baratos los billetes del valle horario.* || **5 ~ de lágrimas** INTENSIFICADOR. El mundo, lugar donde se sufre mucho: *¿Para qué hemos venido a este valle de lágrimas?*

vallenato (diferente de *ballenato*) *s. m.* COL.; RESTRINGIDO. Baile popular típico de zonas colombianas, acompañado por el acordeón.

vallisoletano, na *adj. / s. m. y f.* De Valladolid, ciudad y provincia española: *el río vallisoletano. Los vallisoletanos celebraron sus fiestas.*

valón, na o **walón, na** (diferente de *balón*) *adj. / s. m. y f.* **1** De Valonia, región belga: *cerveza valona. Los valones habitan en Bélgica y en los departamentos franceses contiguos a la Valonia belga.* || *s. m.* **2** LING. Variedad lingüística del francés hablado por los valones.

valona *s. f.* **1** Cuello grande, vuelto sobre la espalda y el pecho, de moda en los siglos XVI y XVII. **2** COL., EC., VEN. Conjunto de las crines recortadas que cubren el cuello de una caballería. FR. Y LOC. **hacer la ~** MÉX.; COLOQUIAL. Hacer ‹una persona› un servicio o favor.

valonar *v. tr.* COL., VEN. Recortar ‹una persona› [las crines de una caballería].

valor *s. m.* **1** (preferentemente en singular; no contable) Cantidad de dinero que hay que pagar por una cosa: *El valor de los pisos es cada día más alto. Es un reloj de mucho valor.* SIN. precio. **2** Cualidad por la que destaca una persona o cosa: *Su amabilidad es su mayor valor. El gran valor de la novela es el retrato de los personajes.* SIN. mérito. **3** (preferentemente en singular; no contable) Importancia o utilidad de una cosa o de un hecho: *El acuerdo entre los sindicatos tiene un valor fundamental para el desarrollo del país.* SIN. interés. **4** (preferentemente en singular; no contable) DER. Validez legal de una cosa: *Este contrato ya no tiene valor, porque está caducado.* **5** (preferentemente en singular; no contable) Cualidad propia de una persona valiente: *El torero demostró no tener nada de valor. Se necesita mucho valor para entrar en una casa ardiendo para salvar a alguien.* SIN. valentía. ANT. cobardía. **6** (en singular; no contable) Atrevimiento, desvergüenza, falta de consideración: *¿Cómo tienes el valor de decirme que no me quieres?* SIN. cara (COLOQUIAL). **7** (preferentemente en plural) Conjunto de ideas o principios éticos y morales por los que se rige una persona o una sociedad: *Dicen que nuestra sociedad ha perdido sus valores fundamentales. Los valores a los que concede mayor importancia son la honradez y la sinceridad.* **8** (en plural) ECON. Título que representa dinero invertido en una empresa pública o privada: *bolsa de valores. Han subido los valores de Telefónica y los hemos vendido.* **mercado de valores. ~ nominal** Cantidad que figura en un título mercantil: *El valor nominal de estos títulos se ha multiplicado por diez en este año.* **9** Persona que tiene muy buenas cualidades para una actividad: *Han descubierto tres nuevos valores de la danza clásica.* SIN. promesa. **10** MAT. Cantidad que representa una variable: *x tiene un valor de 8, y z tiene un valor de -3.* **11** MÚS. Duración del sonido de una nota: *La redonda tiene el valor de dos blancas, cuatro negras u ocho corcheas.* || **12 ~ absoluto** En matemáticas, el valor absoluto de un número es el número con signo positivo. **13 ~ agregado** ARG. Valor añadido. **14 ~ añadido** ECON. Aumento del valor de una mercancía en cada etapa de su producción, transporte o comercialización: *Es obligatorio pagar el Impuesto del Valor Añadido.* FR. Y LOC. **armarse de ~** Reunir ‹una persona› fuerza y ánimo para realizar una cosa difícil: *Sergio se armó de valor y fue a hablar con el padre de su novia.* **de ~** Muy valioso o muy importante: *Los arqueólogos han hecho un descubrimiento de valor.* **juicio* de ~.**

valoración *s. f.* **1** Fijación del precio de una cosa: *Para que la valoración de la finca sea objetiva, es mejor que venga un perito.* **2** Consideración o reconocimiento del valor de una cosa: *Eres injusto en tus valoraciones sobre los demás.*

valorar *v. tr.* **1** Fijar ‹una persona› el precio de [una cosa]: *Valora su casa en quince millones, pero creo que ese precio está por encima del real.* **2** Dar ‹una persona› valor a [otra persona o una cosa]: *Tú no valoras nada la amistad.* **3** Tener ‹una persona› en cuenta [una cosa]: *Debes valorar todas las ventajas e inconvenientes de lo que vas a hacer.* **4** RESTRINGIDO. Hacer ‹una cosa› que aumente el valor de [otra cosa]: *La construcción del puerto ha valorado toda la zona.* SIN. revalorizar.

valorativo, va *adj.* Que valora: *Le pedimos una opinión valorativa de este manuscrito.*

valorización *s. m.* RESTRINGIDO. Valoración.

valorizar *v. tr.* **1** RESTRINGIDO. Hacer ‹una cosa› que aumente el valor de [otra cosa]: *Las últimas maniobras especulativas han valorizado las acciones.* SIN. revalorizar. **2** RESTRINGIDO. Fijar ‹una persona› el precio de [una cosa]: *El perito ha valorizado el coche en quinientas mil pesetas.* SIN. valorar. ⇒ **19.**

valquiria o **walkiria** o **valkiria** *s. f.* (preferentemente en plural) MIT. Divinidad femenina de la mitología escandinava que decidía qué guerrero tenía que morir en el combate: *Las valquirias estaban encargadas de elaborar los hilos del destino.*

vals (plural *valses*) *s. m.* **1** Baile por parejas, de movimiento rápido y giratorio: *El vals es un baile de origen austríaco.* **2** Música de este baile: *tocar un vals. Escuché un vals y me dieron ganas de bailar.*

valsar *v. intr.* RESTRINGIDO. Bailar ‹una persona› el vals.

valuar *v. tr.* RESTRINGIDO. Dar ‹una persona› valor a [una cosa]. SIN. valorar. ⇒ **3.**

valva *s. f.* **1** ZOOL. Cada una de las piezas duras y movibles que forman la concha de algunos moluscos y de otros invertebrados: *las valvas de los mejillones, las valvas de las almejas.* **2** BOT. Cada una de las partes de la cáscara de algunos frutos que unidas entre sí encierran las semillas: *las valvas de las habas.*

válvula *s. f.* **1** MEC. Dispositivo colocado en una abertura para impedir o dar paso a un líquido o a un gas: *Se ha producido un escape en una válvula. Se ha perdido el tapón de la válvula de la rueda del coche.* **2** ANAT. Pliegue membranoso entre las venas y el corazón que hace posible el movimiento de la sangre en una sola dirección: *En el corazón existen cuatro válvulas.* **~ mitral** Válvula del corazón que comunica la aurícula y el ventrículo izquierdos, llamada así porque su forma recuerda a una mitra. **~ tricúspide** Válvula del corazón que comunica la aurícula derecha con el ventrículo derecho y está formada por tres membranas. **3** Dispositivo electrónico que formaba parte de los circuitos de aparatos de radio o televisores: *Esta antigua radio no se puede arreglar porque ya no se fabrican válvulas como éstas.* || **4 ~ de escape** 1 MEC. Válvula que da salida a los gases de la combustión. 2 COLOQUIAL. Actividad a la que una persona recurre para evadirse o desahogarse: *Utiliza el deporte como válvula de escape.* **5 ~ de seguridad** MEC. Válvula de una máquina que se abre cuando la presión de un fluido es muy grande o resulta excesiva.

vamos *interj.* **1** Se usa para incitar a hacer una cosa: *¡Vamos, sujeta la cuerda de una vez!* **2** ÁNIMO. Se usa para dar ánimos: *¡Vamos, vamos, un poco más y el premio es tuyo!*

vampiresa *s. f.* COLOQUIAL; PEYORATIVO. Mujer que se sirve de su atractivo para seducir a los hombres y sacar de ellos algún beneficio: *Es una vampiresa, dejó a un amigo mío en la ruina.*

vampirismo *s. m.* **1** (no contable) Creencia en los vampiros: *El vampirismo ha dejado muchos testimonios en el cine.* **2** (no contable) PEYORATIVO. Comportamiento de la persona que intenta sacar provecho del dinero o del trabajo de otros: *Estoy harto del vampirismo de esta empresa.*

vampiro *s. m. / f.* **1** Persona imaginaria, muerto viviente, que sale por las noches para alimentarse con la sangre que chupa a otras personas: *Cuando le enseñaban la cruz, el vampiro de la película se tapaba los ojos y retrocedía con grandes gritos.* **2** COLOQUIAL; PEYORATIVO. Persona que se enriquece explotando a otras personas: *Dicen que el empresario es un vampiro, pero a mí me parece honrado.* || *s. m.* **3** (macho y hembra) ZOOL. *Desmondus rotundus.* Mamífero americano, parecido al murciélago, con dos largos incisivos con los que muerde para chupar la sangre de otros mamíferos y aves domésticas: *El vampiro es del tamaño de un ratón.*

vanadio *s. m.* (no contable) *V.* Elemento químico metálico parecido a la plata, muy maleable y resistente a la corrosión del agua, que se usa para la fabricación de aceros especiales o de aleaciones de aluminio y titanio.

vanagloria *s. f.* (no contable) ELEVADO. Vanidad y alabanza excesiva de las propias cualidades: *Susana siempre habla con mucha vanagloria de las notas de su carrera.*

vanagloriarse *v. prnl.* ELEVADO. Presumir ‹una persona› de [una cosa] ante [otra persona]: *Ella se vanagloriaba* ***de*** *sus triunfos. Vanagloriarse* ***ante*** *los demás es muestra de poca inteligencia.* SIN. jactarse.

vanamente *adv. modo* **1** (preferiblemente antepuesto) ELEVADO. En vano, inútilmente: *Vanamente me esforcé en persuadirlo.* **2** Con vanidad, con arrogancia, con chulería. OBSERVACIONES: Suele aplicarse a verbos como *jactarse, presumir, blasonar* y similares: *El marqués presumía vanamente de su linaje.* **3** Sin fundamento o realidad: *Él vanamente defendía que la razón era de todos.*

vanarse *v. prnl.* CHILE, COL., VEN.; RESTRINGIDO en Chile. Estropearse ‹un fruto› por no llegar a madurar o por otra cosa.

vandalaje *s. m.* (no contable) AMÉR. Vandalismo, bandidaje.

vandálico, ca *adj.* (antepuesto / pospuesto) De los vándalos o del vandalismo: *actos vandálicos. Las vandálicas acciones de los grupos ultras fueron controladas por la policía.*

vandalismo *s. m.* **1** (no contable) Comportamiento de personas que sin ningún escrúpulo destrozan bienes públicos o privados: *El vandalismo se apoderó de las calles de la ciudad.* SIN. barbarie. **2** (no contable) Acción violenta y destructiva contra bienes públicos o privados: *Unos gamberros cometieron actos de vandalismo rompiendo cabinas telefónicas.* SIN. barbarie.

vándalo, la *adj. / s. m.* y *f.* **1** HIST. De un pueblo de la Germania antigua que invadió la España romana junto con suevos y alanos. **2** PEYORATIVO. Que se comporta con violencia o brutalidad, armando escándalos o destruyendo cosas: *No seas vándalo, no incendies papeleras.*

vanguardia *s. f.* **1** MIL. Parte de una fuerza armada que va delante del cuerpo principal: *La vanguardia del ejército entró en contacto con el enemigo a primeras horas de la mañana.* **2** Movimiento artístico, literario o ideológico, más avanzado y renovador que los de su época: *La vanguardia de la moda está en París.* FR. Y LOC. **a la ~** De acuerdo con las últimas tendencias o adelantos: *Este automóvil está a la vanguardia del diseño.*

vanguardismo *s. m.* (no contable) ARTE. Tendencia innovadora y experimental en el campo artístico, literario o ideológico: *Los vanguardismos aparecen a comienzos del siglo* XX. *El vanguardismo renueva la estética tradicional.*

vanguardista *adj.* **1** ARTE. Del Vanguardismo o que tiene relación con la vanguardia: *arte vanguardista, manifiesto vanguardista.* || *adj. / s. m.* y *f.* **2** Que es partidario del Vanguardismo o de la vanguardia: *Gómez de la Serna es considerado un vanguardista.*

vanidad *s. f.* **1** (no contable) ELEVADO. Deseo exagerado de mostrar las propias cualidades y ser alabado por los demás: *Todos tenemos algo de vanidad.* **2** (preferentemente en plural) ELEVADO. Cosa superficial, que es apariencia de bienestar y poder, y que no corresponde a los sentimientos o valores humanos más nobles: *En ese club no hablan más* *que de vanidades.* **3** (no contable) Cualidad y circunstancia de ser vano: *La vanidad de su vida me da pena.*

vanidoso, sa *adj.* (ser / estar; antepuesto / pospuesto) ELEVADO; PEYORATIVO. Que se comporta con vanidad o la demuestra: *Últimamente está muy vanidoso, antes no era así. Ernesto es más vanidoso que un pavo real.*

vano, na *adj.* **1** (antepuesto / pospuesto) ELEVADO. Que no tiene fundamento o no es real: *Pronto se dio cuenta de que sus ilusiones eran vanas.* **2** (antepuesto / pospuesto) ELEVADO. Que no tiene resultado: *Se deshizo en vanos esfuerzos. Sus propósitos fueron vanos y no consiguió lo que quería.* **3** (antepuesto / pospuesto) ELEVADO. Que es vacío o no tiene contenido: *palabras vanas. Su vano discurso no aportó nada nuevo.* **4** ELEVADO; PEYORATIVO. Que muestra vanidad: *Es un hombre vano y presuntuoso.* **5** (estar) RESTRINGIDO. [Fruto con cáscara] que tiene su interior seco o vacío: *Estas avellanas están vanas.* || *s. m.* **6** ARQ. Hueco abierto en un muro o pared para una puerta o una ventana: *Los grandes vanos con hermosas cristaleras llenan la catedral de luz y color.* FR. Y LOC. **en ~** Sin resultado o inútilmente: *Has venido en vano, porque ya he solucionado el problema.*

vapor *s. m.* **1** FÍS. Gas que procede de un líquido o de un sólido transformado por la acción del calor: *El vapor sale por este tubo y mueve la turbina.* **~ de agua.** **2** (en plural) Sustancias gaseosas y volátiles que desprende un cuerpo: *Sergio se desmayó por los vapores que salían de la letrina.* **3** MAR. Barco movido por una máquina de vapor: *Me gustaba ver el vapor cuando subía por el río.* **barco de ~.** || **4 caballo* de ~.** **5 máquina* de ~.** **6 turbina* de ~.** FR. Y LOC. **al ~** COCINA. Modo de cocinar los alimentos con su propio jugo, sin añadir agua: *mejillones al vapor. Esta batería es para cocinar al vapor.*

vapora *s. f.* COLOQUIAL. Lancha con un motor de vapor: *En el río maniobraban las vaporas.*

vaporar *v. tr.* **1** RESTRINGIDO. Convertir ‹una persona o una cosa› [un líquido] en vapor por la acción del calor. SIN. evaporar. || *v. prnl.* **2** RESTRINGIDO. Convertirse ‹un líquido› en vapor. SIN. evaporarse.

vaporizador *s. m.* **1** Aparato que sirve para esparcir pequeñas gotas de un líquido: *El limpiacristales lleva un vaporizador recargable.* **2** Aparato que sirve para convertir un líquido en vapor: *el vaporizador de un plancha.*

vaporizar *v. tr.* **1** FÍS. Convertir ‹una persona o una cosa› [un líquido] en vapor por la acción del calor: *El joyero vaporizó el mercurio y sólo quedó el oro.* SIN. evaporar. **2** Esparcir ‹una persona› pequeñas gotas de [un líquido]: *Vaporiza el ambientador por la habitación para que huela bien.* SIN. pulverizar. || *v. prnl.* **3** FÍS. Convertirse ‹un líquido› en vapor: *El agua **se** vaporizó.* SIN. evaporarse. ⇒ **19.**

vaporoso, sa *adj.* **1** Que emite o produce vapores: *fuente vaporosa.* **2** (antepuesto / pospuesto) [Tela, prenda de vestir] que es muy fina y ligera: *Laura llevaba una vaporosa falda de gasa azul y blanca.*

vapulear *v. tr.* **1** Golpear ‹una persona› [a otra persona o un animal]: *Me salieron unos ladrones y me vapulearon hasta que les di lo que llevaba.* **2** COLOQUIAL; INTENSIFICADOR. Dirigir ‹una persona› críticas o reproches [a otra persona]: *En el debate televisado, la oposición vapuleó al ministro.* **3** COLOQUIAL; INTENSIFICADOR. Vencer ‹una persona› [a otra persona] de forma contundente: *El equipo de casa vapuleó al líder.*

vapuleo *s. m.* (no contable) Acción y resultado de vapulear: *Me metí en aquella pelea y me dieron un vapuleo de los que no se olvidan.*

vaquería *s. f.* **1** GAN. Lugar donde se guardan las vacas: *Al anochecer, encierran todas las vacas en la vaquería.* **2** GAN. Lugar donde se vende leche fresca de vaca: *Mis padres tenían una vaquería .* **3** ARG. Tienda donde se venden prendas vaqueras. **4** COL. Vacada. **5** COL. Oficio del vaquero.

vaqueriza *s. f.* GAN. Lugar donde se guarda el ganado vacuno en el invierno.

vaquero, ra *adj.* **1** De los pastores de ganado vacuno o de este ganado: *regiones vaqueras, casas vaqueras.* **2** [Tela] que es de algodón, gruesa y resistente, y generalmente de color azul: *Me he comprado este bolso de tela vaquera.* **3** [Prenda] que está hecha con una tela de algodón gruesa y resistente, y generalmente de color azul: *Prefiero una falda vaquera.* **(pantalón) ~** Tipo de pantalón confeccionado en tela vaquera: *Siempre viste con vaqueros. Estos pantalones vaqueros son de marca.* || *s. m. / f.* **4** Pastor de reses vacunas. **5** Jinete que conducía y cuidaba el ganado vacuno en el Oeste americano: *El protagonista de la película era un vaquero que se enfrentaba a los ladrones de ganado.* **6** PERÚ; COLOQUIAL. Estudiante que hace novillos o falta a clase. || *s. m.* **7** (plural o singular indistintamente) Pantalones vaqueros.

vaqueta (diferente de baqueta) *s. f.* Cuero de ternera curtido.

vaquilla *s. f.* **1** GAN. Vaca de corta edad, especialmente la que se dedica al toreo en corridas poco importantes o a festejos en fiestas populares: *Los mozos quieren una vaquilla para correr delante de ella en las fiestas.* **2** (en plural) Fiesta popular que consiste en torear vacas jóvenes o correr delante de ellas: *Lo que más me gusta de la Fiesta Mayor son las vaquillas.* **3** CHILE, NIC.; RESTRINGIDO en Chile. Ternera de año y medio a dos años.

vaquillona *s. f.* ARG., CHILE, NIC.; RESTRINGIDO en Argentina y Chile. Vaca de dos a tres años.

vara *s. f.* **1** Rama larga, delgada y sin hojas: *La vara de avellano es muy flexible.* **2** Palo largo y delgado: *Me pegó con una vara.* **3** TAUROM. Palo alargado terminado en puya que usa el picador para herir al toro en la lidia: *la suerte de varas, vara larga.* **4** TAUROM. Puyazo dado al toro: *El toro ya ha recibido dos varas, y el público pide el cambio de tercio.* **5** Bastón de mando de una autoridad: *vara de alcalde.* **6** RESTRINGIDO. Autoridad o dignidad representada por el bastón de mando: *La vara de nuestro ayuntamiento ha tomado esta decisión.* **7** BOT. Tallo central de una planta del que brotan las flores: *una vara de azucena.* **8** HIST. Antigua medida de longitud de diversas zonas peninsulares: *medir por varas.* **9** HIST. Patrón o modelo de estas antiguas medidas. **10** RESTRINGIDO. Cada una de las dos piezas alargadas en la parte delantera de un carro entre las que se enganchan los animales que tienen que tirar de aquél: *Has enganchado mal el caballo: la vara de la izquierda ha quedado muy floja.* **11** PERÚ. Autoridad, influencia. || **12 ~ de oro** *Solidago virgaurea.* Planta perenne de la familia de las compuestas, de hojas ásperas y flores amarillas en racimo, de la que se obtiene un colorante: *La vara de oro crece en zonas montañosas de la Península Ibérica.* FR. Y LOC. **meterse en camisa* de once varas. tener ~ alta** RESTRINGIDO. Tener ‹una persona› autoridad o influencia sobre otras: *Su mujer tiene vara alta en el negocio.* **trombón* de varas.**

varadero *s. m.* MAR. Zona fuera del agua donde se ponen las embarcaciones para protegerlas, limpiarlas o arreglarlas: *El varadero estaba lleno de gaviotas.*

varado, da *adj.* **1** (estar) MAR. Que ha encallado o está encallado: *El barco está varado en la playa.* **2** ARG., COL., URUG. [Vehículo] que está atascado o averiado. ‖ *adj. / s. m.* y *f.* **3** AMÉR. [Persona] que no tiene recursos económicos ni ocupación fija.

varal *s. m.* **1** RESTRINGIDO. Vara larga y gruesa: *Tenemos que arreglar los varales de la cerca.* **2** RESTRINGIDO. Cada uno de los dos palos redondos donde se encajan las estacas que forman los costados de un carro: *El carro volcó y se partió el varal derecho.* **3** COLOQUIAL; RESTRINGIDO. Persona muy alta: *Esta muchacha está hecha un varal.*

varano *s. m.* (macho y hembra) Género *Varanus.* Reptil del grupo de los lagartos, de gran tamaño y lengua partida en dos, que anda muy deprisa, es un gran depredador y habita en África, Asia y Australia.

varapalo *s. m.* **1** RESTRINGIDO. Palo largo o vara. **2** Golpe o paliza dados con un palo: *Al protagonista de la película le dieron un montón de varapalos, y luego se levantó tan tranquilo.* **3** COLOQUIAL. Castigo o reprimenda fuerte: *El maestro nos dio un buen varapalo por no hacer los deberes.* **4** COLOQUIAL. Crítica pública y negativa de un trabajo o de una persona: *El crítico del periódico local le ha dado un buen varapalo al último estreno teatral.*

varar *v. intr.* **1** MAR. Quedar ‹una embarcación› detenida al tocar su fondo en las rocas, en un banco de arena o en la playa: *El barco ha varado en la bahía.* SIN. embarrancar. **2** RESTRINGIDO. Quedar ‹un asunto› detenido. ‖ *v. tr.* **3** MAR. Sacar ‹una persona› [una embarcación] a la playa para resguardarla de la resaca o para repararla: *Vararon el yate para limpiar el casco.* ‖ *v. prnl.* **4** AMÉR. Quedarse detenido ‹un vehículo› por una avería.

varear *v. tr.* **1** AGR. Golpear ‹una persona› [los frutos de los árboles] con una vara para derribarlos: *Mañana empezamos a varear las aceitunas.* **2** Golpear ‹una persona› [una cosa] con una vara: *Tengo que varear la alfombra para limpiar el polvo.* **3** RESTRINGIDO. Mover ‹una persona› [el grano] con una vara para airearlo o limpiarlo de insectos. **4** Herir ‹una persona› [a un animal] con una vara: *El picador vareó al toro sin compasión.* **5** HÍPICA; ARG., URUG. Entrenar ‹una persona› [un caballo de carreras].

varenga *s. f.* MAR. Pieza curva que, atravesada sobre la quilla, forma la cuaderna de una embarcación.

varetazo *s. m.* TAUROM. Golpe que da el toro con el cuerno, de lado: *Creíamos que era una cornada, pero sólo fue un varetazo.*

vareto *s. m.* COL.; JERGAL. Cigarrillo de marihuana.

vargueño *s. m.* RESTRINGIDO. Bargueño.

variabilidad *s. f.* Calidad de variable: *La variabilidad del tiempo hace que aún no nos hayamos decidido a salir de viaje. Temo la variabilidad de su carácter.*

variable *adj.* **1** Que varía o puede variar: *precio variable, tamaño variable. El horario del desayuno es variable.* ANT. invariable. **2** (ser / estar; antepuesto / pospuesto) Que varía con facilidad o frecuencia: *El tiempo está muy variable últimamente. Tiene un carácter muy variable.* SIN. inestable.

variación *s. f.* **1** Cambio o modificación: *Tuvimos que hacer algunas variaciones en los planes.* **2** (preferentemente en plural) MÚS. Cada una de las formas diferentes en que se presenta un tema o estructura musical: *Son famosas algunas variaciones de Bach.* **variaciones sobre el mismo tema** 1 Variaciones musicales. Imitación melódica de un mismo tema. 2 Se usa para expresar insistencia sobre el mismo asunto.

variado, da *adj.* **1** (antepuesto / pospuesto) Que tiene variedad: *pasteles variados. La variada oferta de estos almacenes hace imposible que salgas sin comprar algo.*

variamente *adv. modo* RESTRINGIDO. De un modo vario, diversamente.

variante *s. f.* **1** Cada una de las diversas formas en que se presenta una cosa: *las variantes dialectales de una palabra. Es un problema con muchas variantes.* **2** Distinción o diferencia: *Entre una y otra edición hay pocas variantes.* SIN. variación. **3** Desviación de un tramo de carretera o de un camino: *Tienes que seguir la variante de la autopista a la carretera nacional.* **4** (preferentemente en plural) DEP. Cada uno de los signos que en una quiniela de fútbol indican el empate (x) o el triunfo (2) del equipo visitante: *La quiniela de esta semana ha tenido muy pocas variantes.*

variar *v. tr.* **1** Hacer ‹una persona› que [una cosa] sea diferente de como era antes: *He variado las cifras del presupuesto y ahora se ciñen más a lo que tú me pedías.* **2** Dar ‹una persona› variedad a [una cosa]: *Tienes que variar más tu alimentación.* ‖ *v. intr.* **3** Cambiar ‹una persona o una cosa› la forma, estado o cualidad de [otra cosa]: *Has variado **de** gustos desde entonces.* **4** Ser ‹una cosa› diferente de [otra cosa]: *Los resultados de los exámenes de este año han variado **de** los del año pasado.* SIN. diferir. ⇒ **8.**

varice o **várice** *s. f.* MED. Variz.

varicela *s. f.* (no contable) MED. Enfermedad viral benigna que afecta sobre todo a los niños, que produce fiebre alta y vesículas en la piel: *La varicela produce mucho picor.*

varicoso, sa *adj.* MED. De las varices o que tiene relación con las varices: *venas varicosas, apariencia varicosa.*

variedad *s. f.* **1** (no contable) Calidad de una cosa que tiene elementos y características diferentes: *la variedad del paisaje. La variedad en la alimentación es la clave de una buena salud.* SIN. diversidad. **2** (no contable) Conjunto de cosas, animales o personas diferentes dentro de cierta unidad: *variedad de ordenadores personales, variedad de animales. En esta zona hay una gran variedad de frutas.* SIN. diversidad. **3** Cada una de las clases diferentes que hay dentro de un grupo mayor, especialmente de animales y plantas: *una variedad de rosa africana. Es una variedad de perro lobo.* **4** (en plural) Espectáculo ligero con actuaciones de diversos tipos: *Éste es un teatro de variedades.* SIN. varietés.

varietés *s. f.* RESTRINGIDO. Espectáculo de variedades: *ir a ver un espectáculo de varietés.*

varilarguero *s. m.* TAUROM. Picador de toros.

varilla *s. f.* **1** Pieza larga y delgada que, generalmente, forma parte de una estructura o armazón: *Se ha roto una de las varillas del paraguas. Al abanico le falta una varilla.* **2** Tira de material rígido que tienen algunas prendas de vestir: *la varilla del sujetador, la varilla del bañador.*

varillaje *s. m.* Armazón o estructura de varillas: *el varillaje de un paraguas, el varillaje de un abanico.*

vario, ria (diferente de *bario*) *adj. / pron. indef.* 1 (se usa más en plural; antepuesto) Que es diverso o diferente: *Me gustan varios sabores. Le dieron varias recetas.* 2 (en plural; antepuesto) Algunos, más de dos, dos o más: *Tráeme varios modelos. Ha vendido varios coches. Le esperaban varias personas a la entrada. Son varias las razones que lo impulsaron a hacerlo.* || *s. m.* 3 (plural) Apartado o sección que reúne textos u objetos diferentes o heterogéneos: *–«No sé dónde clasificar estos papeles». –«Ponlos en varios». En la sección de varios quizá esté lo que buscas.*

variólico, ca *adj.* De la viruela: *epidemia variólica.*

variopinto, ta *adj.* (antepuesto / pospuesto) ELEVADO. Que tiene mezcla, combinación, diversidad o heterogeneidad: *Es una familia muy variopinta, cada uno es completamente diferente del otro.*

varita (diferente de *barita*) *s. f.* 1 Vara delgada. 2 ARG.; COLOQUIAL. Agente urbano de circulación. || 3 **~ mágica** Varita a la que se atribuyen poderes extraordinarios, utilizada por los ilusionistas o las hadas: *Cuando el hada tocó la calabaza con la varita mágica, se convirtió en una carroza.*

variz o **varice** o **várice** *s. f.* MED. Dilatación permanente de una vena: *Lo han operado de las varices.*

varo *s. m.* 1 MÉX.; VULGAR. Billete de un peso. 2 MÉX.; VULGAR. Dinero.

varón (diferente de *barón*) *s. m.* Persona del sexo masculino: *Tiene ocho hijos: cuatro varones y cuatro mujeres.* SIN. hombre. **santo ~** Hombre muy bueno y con mucha paciencia: *Mi marido es un santo varón, todo bondad y comprensión.*

varonil *adj.* 1 Del varón: *rasgo varonil. Ese actor llevaba un bigote muy varonil.* SIN. viril. 2 (antepuesto / pospuesto) Que es parecido al varón en algunos rasgos que, tradicionalmente, se atribuyen al sexo masculino: *gesto varonil. Su varonil aspecto causó estragos entre las muchachas.* SIN. viril.

varsoviano, na *adj. / s. m.* y *f.* De Varsovia, capital de Polonia.

vasallaje *s. m.* 1 (no contable) HIST. Relación de fidelidad entre un vasallo y su señor en la sociedad feudal: *Las relaciones de vasallaje son típicas de la Edad Media europea.* 2 (no contable) HIST. Impuesto que el vasallo pagaba al señor: *Cuando había sequía, muchos campesinos no podían pagar el vasallaje.* 3 (no contable) PEYORATIVO. Obediencia excesiva de una persona a otra: *Cuando salía de la empresa, se liberaba del vasallaje a su jefe.* SIN. servilismo.

vasallo, lla *adj. / s. m.* y *f.* 1 HIST. [Persona] que está sujeta a un señor feudal por un vínculo de fidelidad: *pueblos vasallos, Estados vasallos. El señor alojaba a sus vasallos en las inmediaciones del castillo.* || *s. m. / f.* 2 Súbdito de un soberano o de un Estado señorial: *vasallo del rey. El rey prometió respetar la voluntad de sus vasallos.* 3 PEYORATIVO. Persona que muestra hacia otra excesiva obediencia por considerarla superior: *Luis es el vasallo de su hermano mayor.*

vasar (diferente de *basar*) *s. m.* Estante o repisa en la pared de cocinas o despensas para poner utensilios de cocina: *Coloca los vasos y los platos en el vasar.*

vasco, ca *adj. / s. m.* y *f.* 1 Del País Vasco: *los deportes de los vascos, la industria vasca.* **pelota* vasca.** *Los pescadores vascos han protestado.* || *s. m.* 2 LING. Euskera, vascuence.

vascofrancés, sa *adj. / s. m.* y *f.* Del País Vasco francés, o que tiene relación con el País Vasco francés: *territorio vascofrancés. Bayona es la capital del país vascofrancés.*

vascón, na *adj. / s. m.* y *f.* HIST. De Vasconia, antigua región de la Hispania tarraconense: *Los vascones se extendían por el actual País Vasco, Navarra, La Rioja y norte de Aragón.*

vascongado, da *adj. / s. m.* y *f.* Del País Vasco español, o que tiene relación con el País Vasco español: *las tierras vascongadas, la política vascongada.* SIN. vasco.

vascuence *adj. / s. m.* [Lengua] que no tiene parientes conocidos y se habla en el País Vasco y en Navarra: *El vascuence no es una lengua indoeuropea.* SIN. euskera, vasco.

vascular (diferente de *bascular*) *adj.* BIOL. De los vasos del cuerpo animal o vegetal: *sistema vascular, conducto vascular, problemas vasculares.*

vasectomía *s. f.* CIR. Sección quirúrgica de algunos conductos genitales para esterilizar al varón: *La vasectomía se realiza bajo anestesia local y no presenta efectos secundarios.*

vaselina (marca registrada) *s. f.* 1 Sustancia grasa derivada de la parafina y de aceites del petróleo, utilizada en farmacia, perfumería y como lubricante: *Ponte vaselina en los labios si los tienes cortados.* 2 COLOQUIAL. Cautela o prudencia: *Pon un poco de vaselina al decírselo. Este encargado sabe tratar a sus empleados con vaselina.* 3 DEP.; COLOQUIAL. En algunos deportes como el fútbol, lanzamiento suave por encima del portero: *Metió un gol de vaselina, porque el portero estaba muy adelantado.*

vaselino *s. m.* COL.; COLOQUIAL. Hombre muy preocupado por su arreglo personal.

vasija *s. f.* Objeto cóncavo destinado a contener líquidos o alimentos: *vasija de barro, vasija precolombina.*

vaso *s. m.* 1 Recipiente que se usa para beber: *vaso de cristal, vaso de plástico. Beber de la botella es de mala educación, usa un vaso.* 2 Cantidad de líquido que contiene este recipiente: *No te bebas todo el vaso de aguardiente.* 3 Cualquier recipiente que sirve para contener un líquido: *Mide el líquido en ese vaso graduado.* 4 BIOL. Conducto por el que circula un líquido orgánico en los animales o en las plantas: *vaso sanguíneo, vaso linfático, vaso capilar, vaso de savia, vaso leñoso.* 5 Obra de escultura en forma de recipiente que se usa como elemento decorativo de edificios y jardines: *A la entrada del parque han puesto dos vasos enormes y preciosos, uno a cada lado de la puerta.* || 6 **vasos comunicantes** Recipientes unidos por conductos que permiten el paso de un líquido: *Si echas un líquido en los vasos comunicantes, alcanzará la misma altura en los dos vasos.* FR. Y LOC. **ahogarse en un ~ de agua** COLOQUIAL. Preocuparse y agobiarse ‹una persona› por cosas menos graves de lo que piensa: *No tiene experiencia y se ahoga en un vaso de agua.* **culo* de ~. ser la gota* que colma el ~.**

vasoconstricción *s. f.* (no contable) MED. Estrechamiento de las venas y otras vías similares que produce un aumento de la presión sanguínea: *Con el frío se produce la vasoconstricción de las venas de la cara.* ANT. vasodilatación.

vasodilatación *s. f.* (no contable) MED. Ensanchamiento de las venas y de otras vías similares que produce una disminución de la presión sanguínea: *En verano, la vasodilatación sirve para refrescar el cuerpo.* ANT. vasoconstricción.

vástago *s. m.* 1 BOT. Renuevo o rama nueva que brota de una planta: *Corta el vástago de la planta.* 2 BOT. Conjunto del tallo y las hojas: *He trasplantado el vástago aquí.* 3 ELEVADO. Hijo o descendiente: *Dejó a sus vástagos un importante* *legado.* **4** MEC. Varilla metálica que sirve para articular o sostener otras piezas: *Si quitas los vástagos de las bisagras la puerta no se sostendrá.* **5** COL., C. RICA, VEN. Tallo del plátano.

vastedad (diferente de *bastedad*) *s. f.* (no contable) ELEVADO. Amplitud o grandiosidad: *Quedó impresionado por la vastedad de estos campos.*

vasto, ta (diferente de *basto*) *adj.* (preferentemente antepuesto) [Espacio] que es muy amplio o grande: *una vasta extensión para el cultivo, un vasto panorama. Domina una parcela muy vasta de la ciencia económica.*

vate *s. m.* (diferente de *bate*) **1** ELEVADO. Poeta: *Los vates clásicos respetaban la tradición.* **2** LITERARIO. Adivino.

váter *s. m.* Water.

vaticano, na *adj.* **1** Del Estado de Ciudad del Vaticano: *el banco vaticano, la radio vaticana.* **2** Del Papa o de la curia pontificia: *Estuvimos en Roma y vimos la guardia vaticana.* || *s. m.* **3** (en mayúscula; no contable) El Estado Ciudad del Vaticano: *los museos del Vaticano, la basílica de San Pedro del Vaticano, visitar el Vaticano.* **4** (en mayúscula; no contable) REL. La Iglesia católica y la autoridad del Papa: *El Vaticano ha instado a los contendientes a que cese la guerra.*

vaticinar *v. tr.* ELEVADO. Anunciar ‹una persona› [una cosa que va a suceder]: *El ministro ha vaticinado que en los próximos tres años saldremos de la crisis.* SIN. predecir.

vaticinio *s. m.* ELEVADO. Anuncio de una cosa que va a suceder: *Los vaticinios de la prensa sensacionalista no se han cumplido.* SIN. predicción, pronóstico.

vatímetro *s. m.* Instrumento para medir en vatios la potencia de una corriente eléctrica.

vatio *s. m.* Unidad de potencia eléctrica en el Sistema Internacional.

vaudeville (del francés; pronunciamos '*vodevil*') *s. m.* TEATRO. Vodevil.

vaya *interj.* Se usa para indicar sorpresa, contrariedad o disgusto: *Vaya* ***con*** *el tiempo, qué frío. Vaya* ***con*** *tu amiga, qué simpática.* FR. Y LOC. **¡~ por Dios*!**

V.° B.° *abr.* «Visto bueno.»

Vd. o **Ud.** (plural *vds.*) *abr.* «Usted».

vda. *s. f. abr.* «Viuda».

vecinal *adj.* Del vecindario o de los vecinos: *propiedad vecinal. Ayer se elaboró el padrón vecinal.* **camino* ~.**

vecindad *s. f.* **1** Conjunto de los vecinos de una casa, calle, barrio o población: *Es una vecindad muy grande. La vecindad se unió contra el alcalde.* SIN. vecindario. **2** (no contable) Relación que mantienen entre sí todos los vecinos de una casa, una calle, un barrio o una población: *Siempre hemos tenido muy buena vecindad aquí.* **3** (no contable) Cercanías, alrededores de un lugar: *las fincas de la vecindad.* FR. Y LOC. **casa* de ~ / vecinos.**

vecindario *s. m.* Conjunto de los vecinos de una casa, calle, barrio o población: *Es un vecindario muy tranquilo.*

vecino, na *adj.* **1** (antepuesto / pospuesto) Que está cercano o próximo en el espacio: *pueblos vecinos, países vecinos. El equipo de la vecina ciudad de Zamora ha resultado campeón.* **2** Que es parecido o semejante a otra cosa: *soluciones vecinas, opiniones vecinas, ideas vecinas.* || *adj. / s. m. y f.* **3** Que vive o habita con otras personas en una misma casa, calle, barrio o población: *Somos vecinos desde hace muchos años.* **4** Que vive o tiene casa en una población y paga contribución o carga: *Los vecinos de este pueblo se han manifestado en contra de la construcción de un pantano.* FR. Y LOC. **casa* de vecindad / vecinos. como cualquier / cada / todo hijo* de ~.**

vector *s. m.* FÍS., GEOM. Representación de una magnitud que se caracteriza por tener una dirección, un sentido y un módulo como velocidad, aceleración o fuerza: *Dibuja un vector que represente la velocidad.*

vectorial *adj.* FÍS., GEOM. De los vectores o relacionado con los vectores: *espacio vectorial.* **magnitud* ~.**

veda *s. f.* **1** Acción y resultado de vedar: *Parece que se ha levantado la veda para insultar a los famosos.* **2** CAZA, PESCA. Tiempo durante el cual está prohibido cazar o pescar: *La veda de la perdiz empieza la semana que viene.* || *s. m.* **3** (en plural; con mayúscula) REL. Cada uno de los libros sagrados de la tradición religiosa de la India.

vedado *s. m.* Lugar acotado o cerrado en el que se mantiene una prohibición: *vedado de caza.* SIN. coto.

vedar *v. tr.* **1** DER. Prohibir ‹una autoridad competente› [una cosa]: *El ministerio ha vedado abrir pozos privados en las zonas secas.* **2** ELEVADO. Impedir ‹una persona o una cosa› [una cosa]: *Una puerta y una valla vedan el paso a la finca del cantante.*

vedette (del francés; pronunciamos '*vedete*' o '*vedet*') *s. f.* **1** Mujer que interpreta el papel principal en un espectáculo de variedades: *la vedette del Molino.* **2** COLOQUIAL; INTENSIFICADOR. Persona que destaca y es admirada en algún ámbito: *El jugador americano es la vedette del equipo de baloncesto. Pepe es una vedette de las finanzas.* SIN. as.

védico, ca *adj.* REL. De los Vedas, los libros sagrados hindúes: *la literatura védica.*

vedija *s. f.* **1** RESTRINGIDO. Mechón de lana o de pelo enredado del cuerpo del animal. **2** RESTRINGIDO. Mata de pelo enredado y ensortijado.

vedismo *s. m.* Religión hindú contenida en los libros Vedas.

veedor *s. m.* HIST. Funcionario público que antiguamente inspeccionaba y controlaba el cumplimiento de algunas ordenanzas o leyes.

vega *s. f.* **1** GEOGR. Terreno bajo y fértil, generalmente regado por un río: *la vega del Duero. Las huertas más fértiles están en la vega del Segura.* **2** CUBA. Terreno sembrado de tabaco. **3** CHILE; RESTRINGIDO. Terreno muy húmedo.

vegetación *s. f.* **1** BOT. Conjunto de vegetales propios de un lugar o de un clima: *la vegetación del trópico, la vegetación mediterránea.* **2** (en plural; no contable) MED. Crecimiento excesivo de las amígdalas faríngea y nasal, situadas en la faringe: *De pequeño, me operaron de vegetaciones.*

vegetal *adj.* **1** De las plantas o de los vegetales: *célula vegetal, aceite vegetal, comida vegetal. Estoy estudiando el reino vegetal.* **carbón* ~** o **carbón de leña. tierra* ~.** || *s. m.* **2** BOT. Ser vivo que crece fijado al suelo, carece de movimiento voluntario y de sensibilidad superior: *La mayoría de los vegetales realizan la fotosíntesis.* SIN. planta. **3** COLOQUIAL. Persona que aparentemente sólo vive con las funciones vegetativas como las plantas: *Desde el accidente, mi padre se ha convertido en un vegetal.* || **4 papel* ~.**

vegetar *v. intr.* **1** BOT. Brotar, nutrirse y crecer ‹una planta›: *Este tipo de plantas vegetan en terrenos muy secos.* **2** COLOQUIAL; PEYORATIVO. Vivir ‹una persona› una vida meramente orgánica, sin interés intelectual o espiritual: *Lleva toda la vida vegetando, sin querer hacer el mínimo esfuerzo.* **3** COLOQUIAL; PEYORATIVO. Vivir ‹una persona› una vida tranquila: *Desde que le tocó la lotería se dedicó a vegetar, sin preocupaciones, sin nervios, sin tensiones.*

vegetarianismo *s. m.* (no contable) Doctrina y régimen dietético de los partidarios de una alimentación basada exclusivamente en productos de origen vegetal: *Mi hermano se ha pasado al vegetarianismo y ya no prueba la carne.*

vegetariano, na *adj.* **1** De un régimen de alimentación que se compone exclusivamente de productos de origen vegetal: *alimentación vegetariana, restaurante vegetariano.* || *adj. / s. m. y f.* **2** Que es partidario de este régimen de alimentación: *He hecho una cena para vegetarianos.*

vegetativo, va *adj.* **1** Que vegeta o puede vegetar: *organismo vegetativo.* **2** BIOL. Que tiene relación con las funciones vitales básicas de la nutrición, desarrollo y reproducción: *aparato vegetativo, órgano vegetativo.* || **3 crecimiento* natural / ~. 4 vida* vegetativa.**

veguero, ra *s. m.* **1** Cigarro puro de una sola hoja de tabaco enrollada: *Después de comer siempre fuma un veguero.* || *s. m. / f.* **2** Persona que trabaja en el cultivo de una vega, en especial de tabaco: *los vegueros granadinos.*

vehemencia *s. f.* (no contable) ELEVADO. Ímpetu o pasión en la forma de actuar: *Tu vehemencia te ciega.*

vehemente *adj.* **1** (ser / estar; antepuesto / pospuesto) ELEVADO. Que se expresa, siente u obra con ímpetu, pasión, entusiasmo o viveza: *escritor vehemente, mujer vehemente. Me recibió con vehementes muestras de afecto.* **2** (antepuesto / pospuesto) ELEVADO. Que se siente o expresa con pasión o fuerza: *una vehemente expresión de odio, un deseo vehemente.* **3** (antepuesto / pospuesto) ELEVADO. Que es irreflexivo e impetuoso: *vehementes palabras, una persona vehemente.*

vehículo *s. m.* **1** Medio de transporte, especialmente el automóvil: *vehículo de carreras, vehículo terrestre, vehículo aéreo, vehículo automóvil, vehículo marítimo. El conductor del vehículo resultó gravemente herido.* **~ espacial. 2** Objeto o medio que sirve para conducir fácilmente una cosa: *El agua es un buen vehículo de la electricidad.*

veintavo, va *adj. num. part. / s. m.* (antepuesto / pospuesto) Veinteavo.

veinte *adj. / pron. num. card. / s. m.* **1** (antepuesto) Cantidad que representa la cifra 20: *Tuve que esperarle veinte minutos.* || *adj. num. ord. / s. m. y f.* **2** Vigésimo: *el capítulo veinte.* || *s. m.* **3** Signo lingüístico o matemático con que se representa esta cantidad: *No me gusta el número veinte.* || **4 los (años) ~** Los años 1920-29: *En los años veinte comienzan los primeros movimientos feministas.* **5 los ~** 1 La edad de veinte años: *Acaba de cumplir los veinte.* 2 Los años 20 a 29 de la edad de una persona: *Los veinte son los mejores.*

veinteavo, va *adj. num. part. / s. m.* (antepuesto) Cada una de las veinte partes iguales en que se divide un todo: *Él ha recibido una veinteava parte del premio.* OBSERVACIONES: Se usa en la lectura de los números fraccionarios: *tres veinteavos, 3/20.* Los partitivos del 21 al 29 se forman con el número cardinal seguido del sufijo -avo: *veintiunavo, veintidosavo.* SIN. vigésimo, veintavo.

veintena *s. f.* Conjunto de veinte unidades: *Sólo había una veintena de alumnos en la clase.*

veinteno, na *adj. num. ord. / s. m. y f.* **1** (antepuesto / pospuesto) RESTRINGIDO. Vigésimo. || *adj. num. part. / s. m.* **2** (antepuesto) Veinteavo.

veinticinco *adj. / pron. num. card. / s. m.* **1** (antepuesto) Cantidad que representa la cifra 25: *Sólo llevo veinticinco pesetas.* || *adj. num. ord. / s. m. y f.* **2** Vigésimo quinto: *el capítulo veinticinco.* || *s. m. y f.* **3** Signo lingüístico o matemático con que se representa esta cantidad: *Veinticinco es el número de mi habitación.*

veinticuatro *adj. / pron. num. card. / s. m.* **1** (antepuesto) Cantidad que representa la cifra 24: *La antología recoge veinticuatro relatos.* || *adj. num. ord. / s. m. y f.* **2** Vigésimo cuarto: *el capítulo veinticuatro.* || *s. m.* **3** Signo lingüístico o matemático con que se representa esta cantidad: *A mí la resta me da veinticuatro.*

veintidós *adj. / pron. num. card. / s. m.* **1** (antepuesto) Cantidad que representa la cifra 22: *Hay veintidós invitados.* || *adj. num. ord. / s. m. y f.* **2** Vigésimo segundo: *capítulo veintidós.* || *s. m.* **3** Signo lingüístico o matemático con que se representa esta cantidad: *El veintidós es un número capicúa.*

veintinueve *adj. / pron. num. card. / s. m.* **1** (antepuesto) Cantidad que representa la cifra 29: *Quiere que haga una redacción de veintinueve líneas.* || *adj. num. ord. / s. m. y f.* **2** Vigésimo noveno: *el capítulo veintinueve.* || *s. m.* **3** Signo lingüístico o matemático con que se representa esta cantidad: *El número extraordinario de la lotería acaba en veintinueve.*

veintiocho *adj. / pron. num. card. / s. m.* **1** (antepuesto) Cantidad que representa la cifra 28: *La habitación tiene veintiocho metros cuadrados.* || *adj. num. ord. / s. m. y f.* **2** Vigésimo octavo: *el capítulo veintiocho.* || *s. m.* **3** Signo lingüístico o matemático con que se representa esta cantidad: *Ha ganado el caballo número veintiocho.*

veintiséis *adj. / pron. num. card. / s. m.* **1** (antepuesto) Cantidad que representa la cifra 26: *una mansión con veintiséis habitaciones.* || *adj. num. ord. / s. m. y f.* **2** Vigésimo sexto: *el capítulo veintiséis.* || *s. m.* **3** Signo lingüístico o matemático con que se representa esta cantidad: *Mi portal es el número veintiséis.*

veintisiete *adj. / pron. num. card. / s. m.* **1** (antepuesto) Cantidad que representa la cifra 27: *Es una chica de veintisiete años.* || *adj. num. ord. / s. m. y f.* **2** Vigésimo séptimo: *el capítulo veintisiete.* || *s. m.* **3** Signo lingüístico o matemático con que se representa esta cantidad: *El veintisiete es el número del caballo al que he apostado.*

veintitantos, tas *adj. / pron. num.* (antepuesto) COLOQUIAL. Más de veinte sin llegar a treinta: *Debe de tener veintitantos años.*

veintitrés *adj. / pron. num. card. / s. m.* **1** (antepuesto) Cantidad que representa la cifra 23: *Ha costado veintitrés pesetas.* || *adj. num. ord. / s. m. y f.* **2** Vigésimo tercero: *el capítulo veintitrés, el veintitrés de febrero.* || *s. m.* **3** Signo lingüístico o matemático con que se representa esta cantidad: *El veintitrés es mi número de la suerte.*

veintiún *adj. num. card.* (antepuesto; se usa delante de un sustantivo masculino, y de un sustantivo femenino que empieza por *a* tónica) Veintiuno: *Vinieron veintiún amigos a casa. Es un grupo de veintiún japoneses.*

veintiúnico, ca *adj.* COL.; COLOQUIAL. [Persona, cosa] que es única.

veintiuno, na (ante s. m. y s. f. que empiece por *a* tónica se usa *veintiún*) *adj. / pron. num. card. / s. m.* **1** (antepuesto) Cantidad que representa la cifra 21: *–«¿Cuántos años tienes?» –«Veintiuno». Ha llegado al hotel una excursión de veintiuna argentinas.* || *adj. num. ord. / s. m.* y *f.* **2** Vigésimo primero: *la poesía veintiuna, el capítulo veintiuno.* || *s. m.* **3** Signo lingüístico con que se representa esta cantidad: *El número veintiuno colgaba de la puerta de su habitación.*

vejación *s. f.* ELEVADO. Acción y resultado de vejar: *Las vejaciones sufridas por los prisioneros son inadmisibles.*

vejamen *s. m.* RESTRINGIDO. Vejación.

vejar *v. tr.* ELEVADO. Maltratar ‹una persona› [a otra persona] humillándola: *La policía fue acusada de vejar a los detenidos, que estuvieron dos días incomunicados.*

vejatorio, ria *adj.* ELEVADO. Que veja o puede vejar: *trato vejatorio. Los gestos vejatorios del público molestaron a los jugadores.*

vejestorio *s. m.* COLOQUIAL; PEYORATIVO. Persona muy vieja: *El novio de Pepita es un vejestorio.*

vejete, ta *adj. / s. m.* (ser / estar) COLOQUIAL. Diminutivo de viejo, generalmente cariñoso: *Está ya muy vejete, el pobre portero. La telefonista es una vejeta encantadora.*

vejez *s. f.* **1** (no contable) Periodo último de la vida de un animal o de una persona: *Cuando llegó a la vejez ya no tenía ganas de ver a nadie. Le da miedo la vejez.* ANT. juventud. **2** (no contable) Condición o estado de la persona o animal que tiene muchos años: *No podía subir a un avión por su extremada vejez.* **3** (plural) RESTRINGIDO. Achaques o enfermedades de una persona o animal causados por la edad: *Este gato está lleno de vejeces.* **4** (no contable) Condición de las cosas que no son nuevas o están gastadas: *La vejez de estos vehículos hace recomendable que se desguacen.* REFR. **A la vejez, viruelas** Se usa para expresar que una persona mayor hace cosas que no se corresponderían normalmente con su edad: *Toda la vida ha estado soltero, y ahora, con 80 años, se va a casar: a la vejez, viruelas.*

vejiga *s. f.* **1** ANAT. Órgano en forma de bolsa en donde se almacena la orina producida por los riñones. **~ urinaria.** **2** Ampolla que sale en la piel: *La quemadura le produjo vejigas en la mano.* **3** Bolsita llena de gas o de líquido que se forma en una superficie. || **4 ~ natatoria** ZOOL. Órgano de los peces que consiste en un saco lleno de aire que les permite ascender o descender en el agua.

vela *s. f.* **1** MAR. Pieza de tela fuerte u otro material parecido que recibe el impulso del viento y hace que una embarcación se mueva. **~ cangreja*.** **~ cuadrada** Vela de forma cuadrangular o trapezoidal, colocada perpendicularmente respecto al eje longitudinal de la embarcación. **~ de cuchillo** Vela que se coloca longitudinalmente respecto al eje más largo de la embarcación. **~ latina** Vela triangular colocada sobre una verga larga y encorvada, que suele usarse en pequeñas embarcaciones. **~ mayor** Vela principal, que va colocada en el palo mayor. **2** DEP. Deporte náutico que se practica con barcos de vela: *En mis ratos libres practico la vela.* **3** LITERARIO. Barco de vela. SIN. velero. **4** Cilindro de materia grasa, generalmente cera, con un cordón interior que arde para dar luz: *el pabilo de una vela. Se ha ido la luz, enciende una vela. Ponedle una vela a la Virgen.* **5** RESTRINGIDO. Acción y resultado de velar o estar sin dormir, por vigilar o por acompañar a un difunto: *la vela de un difunto, la vela de los guardias de la fortaleza.* **6** RESTRINGIDO. Tiempo que dura la acción de velar: *Estuve con la familia durante toda la vela.* **7** REL. En la religión católica, turno de oración y adoración delante del Santísimo Sacramento. **8** TAUROM. Cuerno del toro. **9** (en plural) COLOQUIAL. Mocos que cuelgan de la nariz: *Ese niño siempre lleva las velas colgando.* FR. Y LOC. **a toda ~** 1 MAR. Con todas las velas desplegadas: *Este barco a toda vela alcanza buena velocidad.* 2 COLOQUIAL. Con gran velocidad: *Tenemos que acabar este ejercicio a toda vela.* **aguantar / sujetar / sostener la ~** COLOQUIAL. Salir ‹una persona› con una pareja de novios para que no se queden a solas. **alzar velas** 1 MAR. Disponerse ‹una persona o una embarcación› para navegar. 2 COLOQUIAL; RESTRINGIDO. Salir ‹una persona› repentinamente de un lugar: *Voy a alzar las velas, porque veo que mi presencia aquí no es muy bien recibida.* **barco* de ~** o **barco velero.** **como una ~** o **más derecho / tieso que una ~** COLOQUIAL. Muy erguido: *Va por la calle como una vela.* **dar ~ en un entierro** COLOQUIAL. No tener ‹una persona› permiso para intervenir: *Y a ti ¿quién te ha dado vela en este entierro?* **en ~** Sin dormir: *Me he pasado toda la noche en vela estudiando.* **(estar / quedarse) a dos velas** 1 COLOQUIAL. Quedarse ‹una persona› sin comprender nada: *He llegado tarde y me he quedado toda la conferencia a dos velas.* 2 COLOQUIAL. Estar o quedarse ‹una persona› sin dinero: *Después del recibo del teléfono me he quedado a dos velas.* **poner una ~ a Dios y otra al diablo** o **poner una ~ a San Miguel y otra al diablo** COLOQUIAL. Procurar ‹una persona› estar a bien con personas o situaciones contrarias para sacar provecho de ellas. **que cada palo* aguante su ~.** **recoger velas** Volverse atrás ‹una persona› en una actitud o en una cosa que había dicho: *Los competidores nos habían demandado ante el juez, pero han recogido velas porque no tenían pruebas.*

velación *s. f.* (preferentemente en plural) HIST., REL. En la religión católica, ceremonia para solemnizar un matrimonio que se celebraba en la misa posterior a la boda, y en que se cubría con un velo los hombros del varón y la cabeza de la mujer: *Las velaciones reales eran muy importantes.*

velada *s. f.* **1** Reunión nocturna de varias personas para divertirse: *Pasamos una divertida velada jugando a las cartas.* **2** Fiesta literaria, musical, deportiva o relacionada con otro tipo de actividad cultural, organizada por la noche. **~ cinematográfica. ~ literaria. ~ musical.**

velador *s. m.* **1** Mesa pequeña, generalmente redonda, con un solo pie: *El café ha restaurado los veladores modernistas que tenía.* **2** AMÉR. Mesa de noche. **3** ARG. Lamparita de mesilla de noche. **4** MÉX.; COLOQUIAL. Vigilante nocturno.

veladora *s. f.* **1** COL., MÉX.; COLOQUIAL en México. Vela de parafina gruesa y corta que se enciende a los santos. **2** MÉX., URUG.; COLOQUIAL. Lamparita de mesilla de noche.

veladura *s. f.* PINTURA. Capa transparente de pintura que se da a los cuadros para suavizar el tono de los colores.

velamen *s. m.* MAR. Conjunto de velas de una embarcación: *El huracán destrozó el velamen de la fragata.*

velar *v. intr.* **1** Permanecer ‹una persona› voluntariamente despierta durante la noche: *Velamos toda la noche porque teníamos que estudiar.* **2** Cuidar ‹una persona› de [otra persona o una cosa] con mucha atención: *Vicente vela* ***por*** *la seguridad de los suyos.* **3** REL. Hacer ‹una persona› turnos de adoración delante del Santísimo Sacramento: *Mañana* *velamos los de la parroquia en la catedral.* || *v. tr.* **4** Cuidar ‹una persona› [a un enfermo] durante la noche: *Esta noche me quedo yo a velar al abuelo en el hospital.* **5** Estar ‹una persona› junto [al cadáver de otra persona] durante la noche: *Toda la familia estuvo velando al difunto en el tanatorio.* **6** FOT. Borrar ‹una persona› [la imagen de una placa o de una película] exponiéndola a la luz: *Has velado la película al abrir la cámara en la calle.* **7** Ocultar o disimular ‹una persona o una cosa› [una cosa]: *Sus palabras velaban una amenaza.* **8** Mirar ‹una persona o un animal› con intensidad [una cosa que desean]. || *v. tr. / prnl.* **9** RESTRINGIDO. Cubrir ‹una persona› [a otra persona o una cosa] con un velo: *Los prometidos* ***se*** *velaron en la capilla real.* || *v. prnl.* **10** FOT. Borrarse ‹la imagen de una placa o de una película›. FR. Y LOC. **~ las armas*.**

velar *adj.* **1** ANAT. Del velo del paladar. || *adj. / s. f.* **2** FON. [Sonido] que se articula con el dorso de la lengua cerca del paladar blando o en contacto con él: *consonante velar.*

velarizar *v. tr.* **1** FON. Pronunciar ‹una persona› [un sonido, una consonante o una vocal no velar] con articulación velar: *Los gallegos y los catalanes hablan el castellano velarizando la «l».* || *v. prnl.* **2** FON. Convertirse ‹un sonido, una consonante o una vocal no velar› en velar. ⇒ **19.**

velatorio *s. m.* **1** Acción de acompañar a una persona muerta hasta que la entierran: *El velatorio duró un día y una noche.* **2** Lugar en que se acompaña a una persona muerta hasta que la entierran: *Luego iré al velatorio.* **3** COLOQUIAL. Reunión de personas tristes o muy aburridas: *Después de la discusión la fiesta parecía un velatorio.*

velay *interj.* RESTRINGIDO. Se usa normalmente para marcar la indiferencia o la falta de una explicación por algo que se dice o se pregunta: *«¿Por qué no sales a cenar?» –«Velay.»*

veleidad *s. f.* **1** (no contable) ELEVADO. Carácter cambiante y caprichoso: *No sabía lo que quería, sus veleidades lo hacían insoportable.* SIN. volubilidad (ELEVADO). ANT. firmeza. **2** ELEVADO. Capricho o cambio repentino de ánimo sin razón aparente: *Sus veleidades políticas lo ponen en evidencia.* SIN. antojo.

veleidoso, sa *adj.* (antepuesto / pospuesto) ELEVADO. Que es poco constante y cambia con facilidad: *Su veleidoso carácter demuestra su escasa personalidad.*

velero, ra *s. m.* **1** MAR. Embarcación de vela: *viajar en velero. Dio la vuelta al mundo en un velero.* **barco* de vela** o **barco ~.** **2** Avión sin motor que despega remolcado por otro avión y vuela aprovechando las corrientes de aire: *Volar en velero es emocionante.* SIN. planeador.

veleta *s. f.* **1** Pieza giratoria, generalmente metálica y con forma de flecha, que, en lo alto de un edificio, indica la dirección del viento: *La veleta de la catedral tiene forma de gallo.* **2** PESCA. Pieza flotante que se coloca en el hilo de pescar para saber cuándo ha picado un pez: *La veleta se movía con insistencia, y entonces recogí el hilo y saqué un pez enorme.* SIN. boya. || *adj. / s. m. y f.* **3** COLOQUIAL. Persona inconstante que cambia continuamente de opinión o de gustos: *No te fíes de él porque es un veleta, y cada cinco minutos cambia de forma de pensar.*

veleto, ta *adj.* TAUROM. [Toro, res] que tiene los cuernos muy altos.

vello (diferente de *bello*) *s. m.* **1** (no contable) Pelo más corto y fino que el de la cabeza y la barba, que nace en algunas partes del cuerpo humano: *El nacimiento de vello en el pubis y las axilas es un rasgo de la pubertad.* **2** (no contable) ELEVADO. Pelusa que cubre algunas frutas o plantas: *Nuria no soporta el vello de la piel del melocotón.*

vellocino *s. m.* **1** (no contable) GAN. Toda la lana de una oveja o de un carnero después de esquilados. **~ de oro** En la mitología griega, vellocino de un carnero fabuloso que fueron a buscar a Colcos los héroes griegos. **2** RESTRINGIDO. Piel del carnero o de la oveja curtida con su lana.

vellón (no contable) **1** Vellocino. **2** Mechón de lana: *un colchón relleno de vellones de oveja.* **3** HIST. Aleación de plata y cobre con la que se hacían las monedas. **4** HIST. Moneda de cobre que sustituyó a la de plata. FR. Y LOC. **real* de ~.**

vellosidad *s. f.* (no contable) ELEVADO. Pelo del cuerpo, especialmente si es mucho: *Tiene tanta vellosidad que parece un oso.* SIN. vello.

velloso, sa *adj.* Que tiene vello: *Las hojas de algunas plantas son vellosas.*

velludo *adj.* Que tiene mucho vello: *Su pecho velludo llama la atención.* SIN. peludo.

velo *s. m.* **1** Tela fina y transparente que cubre el rostro o el pelo de las mujeres en algunas ceremonias: *el velo del vestido de novia, un velo de viuda.* **2** Manto con el que algunas religiosas se cubren el rostro, la cabeza o la parte superior del cuerpo. **3** Cosa ligera que oculta o cubre otra cosa: *Un velo de niebla cubre el valle.* **4** Cosa con la que se intenta ocultar u oscurecer la realidad: *Un velo de misterio envolvía sus recuerdos.* || **5 ~ del paladar** ANAT. Cortina muscular o membrana que separa la cavidad de la boca de la faringe. FR. Y LOC. **correr / echar un tupido ~** COLOQUIAL. Intentar ocultar u olvidar ‹una persona› una cosa que no es agradable o conveniente recordar: *Es mejor correr un tupido velo sobre su pasado.* **tomar el ~** REL. Profesar ‹una monja›.

velocidad *s. f.* **1** (no contable) Rapidez o prontitud en el movimiento o en la acción: *velocidad máxima, reducción de velocidad. No puedo escribir a más velocidad.* ANT. lentitud. **2** MEC. Combinación de los engranajes de la caja de cambios de un vehículo: *reducir la velocidad, meter la primera velocidad. Este coche tiene cinco velocidades.* SIN. marcha. **3** FÍS. Relación entre el espacio y el tiempo utilizado para recorrerlo: *la velocidad de la luz. La velocidad del sonido es alcanzada por los aviones.* || **4 ~ de crucero** Velocidad máxima que alcanza un vehículo con el mínimo gasto de combustible: *la velocidad de crucero de un barco.* FR. Y LOC. **tren* de alta ~.**

velocímetro *s. m.* FÍS. Instrumento o dispositivo que indica la velocidad de un vehículo: *Según el velocímetro, en este momento circulamos al 100 km. por hora.*

velocípedo *s. m.* RESTRINGIDO. Vehículo de dos o tres ruedas impulsado por pedales, en el que la rueda delantera, de mayor tamaño, es a la vez directriz y motriz: *Recuerdo el velocípedo que tenía mi abuelo en el granero.* SIN. biciclo.

velocista *s. m. / f.* DEP. Deportista que participa en pruebas de velocidad, en especial atléticas y ciclistas: *velocista de los 100 m. lisos. Este corredor es un buen velocista, pero falla en los puertos de montaña.*

velódromo *s. m.* DEP. Pista para carreras y otras pruebas de bicicleta: *El Mundial de ciclismo en pista se celebró en el velódromo de la ciudad.*

velomotor *s. m.* **1** MEC. Ciclomotor: *Los velomotores no pueden superar los 49 centrimetros cubicos de cilindrada.* **2** RESTRINGIDO. Bicicleta con un pequeño motor.

velón, na *s. m.* **1** RESTRINGIDO. Lámpara metálica de aceite, con uno o varios mecheros, que se sostiene sobre un pie giratorio y termina arriba en un asa para colgarla o transportarla. ‖ *adj. / s. m.* y *f.* **2** COL.; COLOQUIAL. Que pide intensamente con la mirada una cosa que desea, generalmente comida.

velorio *s. m.* **1** RESTRINGIDO. Ceremonia en que toma el velo una religiosa. **2** RESTRINGIDO. Fiesta nocturna que se celebra en los pueblos con ocasión de alguna faena agrícola o doméstica. **3** ARG., URUG.; PEYORATIVO en España. Velatorio.

veloz *adj.* (antepuesto / pospuesto) Que corre o se mueve muy deprisa: *Tu padre tenía un veloz caballo. Es una atleta muy veloz.* SIN. rápido.

vena *s. f.* **1** ANAT. Vaso sanguíneo que conduce la sangre al corazón o a otro vaso mayor. **~ cava*. ~ porta. ~ safena. ~ subclavia. ~ yugular. 2** MIN. Filón de un mineral: *En esta galería hay una vena de cobre muy importante.* SIN. veta. **3** Faja o lista que por sus características se distingue de la materia que la rodea: *La madera presenta una vena de color más oscuro.* SIN. veta. **4** BOT. Nervio de una hoja. **5** Conducto natural por donde circulan las aguas subterráneas: *Perforamos el pozo aquí porque pasa una vena de agua muy importante.* **6** (no contable) Disposición de una persona para una determinada actividad: *El niño tiene una vena artística indudable.* **7** (no contable) Estado de ánimo: *Intenté averiguar de qué vena estaba el director aquella mañana.* FR. Y LOC. **dar / entrar la ~** COLOQUIAL. Sentir ‹una persona› un impulso repentino que le lleva a comportarse o a actuar de una manera sorprendente: *Cuando le da la vena, no quiere hablar con nadie.* **estar en ~** COLOQUIAL. Estar inspirada ‹una persona› para hacer una cosa: *El equipo está en vena de aciertos; ya ha marcado dos goles.* **no tener sangre* en las venas.**

venablo *s. m.* HIST. Arma arrojadiza antigua parecida a una flecha o lanza corta: *En el asalto del castillo arrojaron venablos y uno hirió al conde.* FR. Y LOC. **echar venablos** RESTRINGIDO. Expresarse ‹una persona› con enfado o cólera: *Carlos lleva toda la mañana echando venablos por la boca.*

venada *s. f.* COLOQUIAL. Ataque de locura: *Cuando le da la venada, más vale dejarlo tranquilo.*

venado, da *adj. / s. m.* **1** (estar) COLOQUIAL. Que está loco o se comporta como si estuviera loco: *No le hagas caso a ése, que está venado.* ‖ *s. m.* **2** Ciervo o cualquier animal de caza mayor: *Cazó un venado hembra.*

venatorio, ria *adj.* De la caza mayor: *arte venatoria.*

vencedor, ra *adj. / s. m.* y *f.* Que vence o ha vencido: *La candidatura vencedora ha sido la presentada por nosotros.*

vencejo *s. m.* **1** (macho y hembra) *Apus apus.* Ave insectívora de color oscuro, alas muy largas y curvadas hacia atrás, con una mancha blanca en la garganta, de pico delgado y cola partida en forma de horquilla, que vuela muy rápido durante mucho tiempo, y es capaz de descansar en superficies verticales: *El vencejo es muy común en Europa durante el verano.* **2** RESTRINGIDO. Atadura con que se agrupan o atan las gavillas de las mieses.

vencer *v. tr.* **1** Quedar ‹una persona› en mejor lugar que [otra persona] con la que compite: *El saltador cubano venció a sus rivales con claridad.* SIN. derrotar. **2** Estar ‹una persona› por encima de [otra persona] en [una cosa]: ***A** contar chistes nadie la vence. Nadie te vence **en** valentía. Juana es la única que lo vence **al** ajedrez.* **3** Llegar ‹una cosa› a imponerse o a triunfar sobre [otra cosa]: *Al final venció el sentido común.* **4** Dominar ‹una persona› [sus deseos o sus sentimientos]: *vencer la tentación. Cuando vencí la tristeza que me produjo su marcha, lo vi todo más claro.* **5** Producir ‹una cosa› su efecto en [una persona]: *Lo venció el sueño, y no pudo ver la película que daban de madrugada.* **6** Superar ‹una persona› [obstáculos o dificultades]: *Han vencido todos los problemas y por fin han logrado abrir el negocio. Los ingenieros vencieron el desnivel con un puente.* **7** Doblar ‹el peso de una cosa› [a una persona o una cosa]: *El peso de los libros ha vencido la madera de la estantería. Lo ha vencido la vida tan dura que lleva.* ‖ *v. intr.* **8** Llegar el momento o el final de ‹un plazo›: *El plazo para hacer la declaración de Hacienda vence el día veinte.* **9** Terminar ‹un contrato o una deuda› por cumplirse lo establecido: *El contrato del jugador vence al final de esta temporada.* **10** Conseguir ‹una persona› lo que deseaba en una pelea o una discusión: *En el debate venció el candidato de la oposición.* SIN. triunfar. ‖ *v. prnl.* **11** Doblarse ‹una persona o una cosa› por el peso de una cosa: *La tabla se venció con el peso.* ‖ *v. intr. / prnl.* **12** ARG., URUG. Caducar ‹un producto alimenticio›. FR. Y LOC. **a la tercera va la vencida** Se usa para indicar que después de varios intentos se consigue lo que se desea. ⇒ **29.**

vencimiento *s. m.* **1** DER. Finalización del tiempo establecido para cumplir con una deuda una obligación o un contrato: *Tengo que pagar el préstamo antes de que llegue el vencimiento.* **2** (preferentemente en singular) RESTRINGIDO. Inclinación o deformación de una cosa, generalmente por efecto del peso de otra cosa que está encima: *La casa se hundió por el vencimiento de las vigas.* **3** Acción y resultado de vencer o vencerse.

venda *s. f.* **1** Tira, generalmente de gasa, que se enrolla en una parte del cuerpo para protegerla o inmovilizarla: *Laura lleva una venda porque se ha roto la mano. He comprado un paquete de vendas para el botiquín.* **~ de gasa. ~ esterilizada. 2** Cosa que impide que una persona se dé cuenta de la verdad: *Tiene una venda en los ojos. Nadie se atreve a quitarle la venda de los ojos.*

vendaje *s. m.* **1** MED. Conjunto de vendas y medicamentos que se ponen en una zona dañada del cuerpo: *Se le aflojaron los vendajes de la pierna porque no dejaba de moverse.* **2** Acción y resultado de vendar: *En la escuela de enfermería hacen prácticas de vendaje.*

vendar *v. tr.* Cubrir ‹una persona› [una parte del cuerpo] con una venda: *Le han vendado la muñeca para que no le duela. Le vendaron el dedo en el que se hizo el corte.*

vendaval *s. m.* **1** RESTRINGIDO. Viento fuerte que sopla del Sur. **2** Viento fuerte que no llega a ser temporal: *Varios árboles fueron derribados a causa del vendaval..*

vendedor, ra *adj. / s. m.* y *f.* **1** Que vende: *Los establecimientos vendedores de alcohol están sujetos a fuertes impuestos.* **parte vendedora. 2** Persona que se dedica profesionalmente a vender: *Teresa trabaja de vendedora en unos grandes almacenes.*

vender *v. tr.* **1** Ofrecer o proporcionar ‹una persona› [una cosa] por [un precio convenido]: *Venden la unidad **a***

mil pesetas. Me venden el coche ***por*** *dos millones.* **2** PEYORATIVO. Obtener ‹una persona› dinero u otro beneficio por [una cosa que no es o no debe ser objeto de comercio]: *Victoria vendió información a la empresa rival de la suya.* **3** PEYORATIVO. Acusar o traicionar ‹una persona› [a otra persona]: *Él ha vendido a sus compañeros para salir en libertad.* || *v. prnl.* **4** Hacer o decir ‹una persona› una cosa con la que descubre involuntariamente lo que quiere mantener oculto: *Se vendió al hacer aquel gesto que revelaba sus verdaderas intenciones.* **5** PEYORATIVO. Obrar ‹una persona› de manera indigna para obtener un provecho material: *El árbitro fue acusado de haberse vendido.* FR. Y LOC. **no / sin ~ una escoba*. venderse por** RESTRINGIDO. Atribuirse ‹una persona› una cualidad que no tiene: *Tu amigo se vende por cumplidor y aún no me ha pagado.*

vendetta (del italiano; pronunciamos '*vendeta*') *s. f.* Venganza por la muerte u ofensa de una familia o un grupo a otro: *Las muertes parecen ser consecuencia de una vendetta entre traficantes de droga.* SIN. ajuste de cuentas.

vendible *adj.* [Mercancía] que puede ser vendida: *Es un coche vendible sólo a personas de un alto nivel económico.*

vendimia *s. f.* **1** AGR. Recolección de la uva: *La vendimia se hace en septiembre.* **2** AGR. Tiempo durante el cual se recolecta la uva: *Todos los años, durante la vendimia, cientos de aves atraviesan esta región.*

vendimiar *v. tr. / intr.* AGR. Recoger ‹una persona› [el fruto de las viñas]: *El año pasado fue a vendimiar* ***a*** *Francia.*

veneciano, na *adj. / s. m.* y *f.* **1** De Venecia, ciudad italiana: *máscara veneciana, vidrio veneciano, gondolero veneciano. Son famosos los carnavales venecianos.* || *s. m.* **2** LING. Variante del italiano hablada en la región del Véneto.

venencia *s. f.* RESTRINGIDO. Utensilio formado por un pequeño recipiente en forma de vaso o cacillo con un mango alargado, utilizado para sacar pequeñas cantidades de vino o mosto de una cuba: *Con la venencia, el bodeguero sacó una muestra de mosto.*

veneno *s. m.* **1** Sustancia nociva que ocasiona la muerte o graves transtornos en el organismo: *ingerir veneno, inyectar veneno. Le puso veneno en la comida.* **2** Cosa perjudicial para la salud o la moral: *El alcohol y el tabaco son dos venenos socialmente permitidos.* **3** Mala intención con la que se dice o hace una cosa: *Esa pregunta lleva mucho veneno.* **4** Envidia, odio, rencor u otro mal sentimiento: *Sus ojos estaban llenos de veneno, porque no soportaba verse superado por su contrincante.*

venenoso, sa *adj.* **1** Que contiene veneno o que puede envenenar: *líquido venenoso, gas venenoso, vapor venenoso. Una sustancia venenosa no identificada causó la muerte de varios invitados.* **seta venenosa. 2** (antepuesto / pospuesto) Que hiere o calumnia a los demás con palabras malintencionadas: *Te aconsejo que no te relaciones mucho con ese periodista, es venenoso.*

venera *s. f.* **1** RESTRINGIDO. Concha de la vieira, estriada y semicircular, que llevaban los peregrinos del camino de Santiago. **2** ARQ. Adorno formado por una valva convexa parecida a la de la vieira. **3** Cruz o insiginia que llevan en el pecho los caballeros de las órdenes militares: *la venera de Santiago, la venera de Calatrava, la venera de Alcántara.*

venerable *adj.* **1** (antepuesto / pospuesto) ELEVADO. Que merece ser venerado o respetado: *dama venerable. La Academia es una institución venerable.* **2** [Católico] que ha muerto con fama de santo: *la venerable Felisa Rodríguez, el venerable Ruiz.*

veneración *s. f.* (no contable) ELEVADO. Acción y resultado de venerar: *Sergio siente veneración por su padre.*

venerando, da *adj.* ELEVADO. Venerable, digno de veneración: *lugares venerandos.*

venerar *v. tr.* **1** ELEVADO. Sentir y mostrar ‹una persona› respeto y devoción por [otra persona o una cosa]: *Veneraba a su mujer, y se quedó vacío y roto tras su muerte.* **2** REL. Dar ‹una persona› culto [a Dios, los santos o las cosas sagradas]: *Esta familia venera a Santa Cecilia, patrona de la música.*

venéreo, a *adj.* **1** MED. [Enfermedad contagiosa] que se transmite por contacto sexual. **enfermedad venérea. 2** RESTRINGIDO. Del placer o del acto sexual: *apetito venéreo.*

venereología *s. f.* (no contable) Parte de la Medicina que estudia y trata las enfermedades venéreas.

venero *s. m.* **1** ELEVADO. Manantial de agua. **2** ELEVADO. Persona o cosa que produce una cosa en abundancia: *Su mente es un venero de ideas.* **3** MIN. Yacimiento mineral. **4** RESTRINGIDO. Línea horaria de un reloj de sol.

venezolano, na *adj. / s. m.* y *f.* De Venezuela, país sudamericano.

venga *interj.* **1** COLOQUIAL. Se usa para animar o meter prisa a una persona o animal: *¡Venga, hombre; muévete! ¡Venga, hasta mañana!* **2** COLOQUIAL. Se usa para expresar incredulidad o desacuerdo ante una cosa: *¡Venga, hombre; ahora invéntate otra excusa más creíble!*

venganza *s. f.* Daño que se causa a una persona como respuesta a otra ofensa o daño anteriores causados por ella: *No la dejaba jugar con él, y la niña, en venganza, le rompió todos los juguetes.* SIN. represalia.

vengar *v. tr. / prnl.* Causar ‹una persona› un daño como respuesta a [otra ofensa o daño]: *Por fin pudo vengar la muerte de su padre. Paco* ***se*** *vengó* ***de*** *los traidores. Él* ***se*** *vengó* ***en*** *el hijo del ofensor.* ⇒ **56.**

vengativo, va *adj. / s. m.* y *f.* Que tiende a vengarse de cualquier ofensa: *Las personas vengativas como ella nunca perdonan.* SIN. vindicativo (ELEVADO).

venia *s. f.* **1** (no contable) DER. Consentimiento o permiso para hacer una cosa, concedido por una persona u organismo con autoridad: *Pido la palabra, con la venia del señor presidente.* **2** ARG., URUG. Saludo militar.

venial *adj.* ELEVADO. Que incumple levemente un precepto o ley: *La falta venial cometida por el alumno no debe ser tenida en cuenta.* **pecado* ~.**

venida *s. f.* **1** Acción de venir: *la venida del apóstol Santiago a la Península. La venida hasta aquí estuvo llena de aventuras.* **idas* y venidas. 2** Llegada o comienzo: *Esperamos ansiosos su venida.* **3** Regreso: *Me acompañó al ir, pero la venida la hice solo.* SIN. vuelta. **4** Aumento repentino del caudal de un río: *Este río tiene fuertes venidas.*

venidero, ra *adj.* Que está por venir o suceder: *Las generaciones venideras nos lo agradecerán.*

venir *v. intr. / prnl.* **1** Andar o moverse ‹una persona o un animal› de [un lugar] a [otro lugar en el que está la persona que habla]: *Vicente vino* ***de*** *otra región.* ***Se*** *ha venido* ***de*** *su tierra con toda la familia.* || *v. intr.* **2** Llegar ‹una persona o un animal› al lugar en el que está el que habla: *Dijo que vendría a las cinco.* **3** Llegar o aproximarse ‹una cosa›: *Pronto vendrá la primavera.* **4** Ocurrir ‹una cosa› a [una persona]: *Me vienen mareos al levantarme.* **5** Tener ‹una persona o una cosa› su origen en [otra persona u otra cosa]: *Ella viene **de** noble linaje. Esta enfermedad viene **de** aquel resfriado mal curado.* **6** Pasar ‹una cosa› de [una persona] a [otra persona]: *Ese genio le viene **de** familia.* **7** Aparecer ‹una idea, un sentimiento o un deseo› en [una persona]: *Le ha venido la idea de reunirnos a todos, y hasta que no lo consiga no parará.* **8** Causar ‹una cosa› [un efecto] a [una persona o una cosa]: *El tapón viene justo a la botella. El traje te viene ancho.* **9** Aparecer ‹una cosa› en [un escrito]: *La dirección y el teléfono vienen **en** la guía.* **10** Volver a tratar ‹una persona› [un asunto] después de una interrupción: *Vengamos **al** punto principal.* **11** RESTRINGIDO. Caer ‹una cosa› sobre [otra cosa]: *Vino **sobre** la tierra una lluvia de granizo.* **12** Presentarse ‹una persona› ante [otra persona]: *Vino **ante** el rey pidiendo justicia.* **13** COLOQUIAL. Decir ‹una persona› [tonterías u otra cosa nombrada con desprecio] a [otra persona]: *María me vino **con** el cuento de que no tenía dinero.* **14** Llevar ‹una cosa› incorporada [otra cosa]: *La nómina de este mes viene **con** los atrasos.* **15** RESTRINGIDO. Empezar a tener ‹una persona› [una cosa]: *Viendo un pastel tan apetitoso Ricardo vino **en** deseo de probarlo.* **16** Ser ‹una cosa› adecuada o conveniente para [otra cosa]: *¿**A** qué vienen esas palabras groseras?* **17** Estar ‹dos personas o dos cosas› próximas en [una cosa]: *Vienen **a tener** la misma edad.* **18** RESTRINGIDO. Llegar ‹una persona› a [realizar o cumplir una cosa]: *Con el tiempo, vino **a ser** millonario.* **19** RESTRINGIDO. Realizar ‹una persona› [una acción]: *Venimos **en** aprobar este decreto.* FR. Y LOC. **¿a* qué (viene)... ? bajado/venido/llovido del cielo*. caérsele/venírsele el mundo* encima. hacer/~ al caso*. ir/~ a parar* en. ir/~ con peplas*. ir/~ de perlas*. ir* y ~. llegar/~ a las manos*. llegarle/venirle su sanmartín*. no ir* ni ~. no ~ con puñetas*. ~** + gerundio Seguir ocurriendo ‹una cosa›: *Aquí vienen sucediendo cosas muy raras.* **~** + participio Se usa para expresar un sentido pasivo: *Estas heladas vienen motivadas por el viento del norte.* **~ a colación*. ~ a cuento*. ~ a menos** Pasar ‹una persona o una cosa› de una buena posición a otra inferior: *Jesús pertenece a una familia noble venida a menos.* **~ al pelo*. ~ al mundo*. ~ ancho** COLOQUIAL. Ser ‹una cosa› excesiva para la capacidad o mérito de una persona: *Este trabajo le viene ancho.* **~ como anillo al dedo** COLOQUIAL. Ser muy oportuna ‹una persona o una cosa›: *Este dinero me viene como anillo al dedo.* **~ con comedias*. ~ con romances*. ~ de perilla(s)*. ~ Dios* a ver. ~ rodado** o **~ de primera** INTENSIFICADOR. Ocurrir ‹una cosa que resulta conveniente› sin haberla planeado: *El nuevo trabajo vino rodado. Aquellas cien mil pesetas me vinieron de primera.* **~/traer la cigüeña*. ⇒ 86.**

venoso, sa *adj.* **1** ANAT. De las venas, o que tiene relación con las venas: *circulación venosa.* **sangre venosa. 2** Que tiene muchas venas: *Tu novio tiene los brazos fuertes y venosos.*

venta *s. f.* **1** Acción y resultado de vender: *la venta de un piso, la venta de un libro. Con el dinero de la venta de la finca pudo pagar sus deudas.* ANT. compra. **puesto (de ~) ambulante. puesto (de ~) callejero. 2** Cantidad de cosas que se venden: *Hoy sólo he hecho una venta importante.* ANT. compra. **3** HIST. Establecimiento de caminos y despoblados para hospedar a los viajeros: *Los caminos reales estaban llenos de ventas en siglos pasados.* FR. Y LOC. **en ~** En situación de ser vendido: *La casa está en venta.* **promoción* de ventas.**

ventaja *s. f.* **1** Hecho de superar una persona o una cosa a otra en algún aspecto: *Este coche tiene más ventajas que el que teníamos. ¿Cuáles son las ventajas de este proyecto? Esta situación tiene más ventajas que inconvenientes.* **2** Cualidad, condición o circunstancia favorable de una persona o de una cosa: *Tienes la ventaja de vivir al lado del trabajo.* ANT. desventaja. **3** Provecho o utilidad: *Alguna ventaja le sacaremos a todo esto.* **4** Ganancia que una persona concede de antemano a otra en una competición para compensar la superioridad en destreza o en cualidades que aquél posee o se atribuye: *Le dio tres metros de ventaja en la carrera.* **5** DEP. Distancia en puntuación o en tiempo que un deportista o un equipo acumula por encima de su contrario en una prueba o una competición: *Le sacan tres puntos de ventaja.* **6** DEP. En los deportes por equipos, beneficio que se obtiene cuando el contrario comete una falta. **7** DEP. En tenis, punto que desempata el tanteo de cuarenta iguales. **8** ARG., URUG.; COLOQUIAL. Margen de beneficio que deja una actividad comercial. FR. Y LOC. **ley* de la ~.**

ventajear *v. tr.* **1** AMÉR. Tomar ventaja, aventajar ‹una persona› [a otra persona]. **2** AMÉR. Sacar provecho ‹una persona› de [otra persona].

ventajero, ra *adj. / s. m.* y *f.* AMÉR. Ventajista.

ventajismo *s. m.* (no contable) RESTRINGIDO; PEYORATIVO. Comportamiento de la persona que intenta obtener ventaja en cualquier situación: *No hay cosa que odie más que el ventajismo de determinados políticos.*

ventajista *adj. / s. m.* y *f.* PEYORATIVO. Que aprovecha cualquier situación para obtener ventaja o sacar provecho: *Es un ventajista, actúa sin escrúpulos con tal de salir ganando.*

ventajoso, sa *adj.* **1** (antepuesto/pospuesto) Que tiene o produce ventaja: *Este acuerdo es ventajoso para la empresa.* SIN. beneficioso. **2** COL.; COLOQUIAL. Ventajista.

ventana *s. f.* **1** Abertura en una pared, elevada del suelo, para proporcionar luz y ventilación al interior: *En esta pared tenemos que abrir una ventana. Los ladrones huyeron por la ventana.* **2** Marco de madera o de metal, con una o más hojas, generalmente con cristales, para cerrar la abertura que en una pared proporciona ventilación y luz al interior: *Hemos cambiado las ventanas de madera y las hemos puesto de aluminio.* **~ corredera. 3** Orificio exterior de la nariz: *Le dilataron las ventanas de la nariz para operarle el tabique nasal.* FR. Y LOC. **echar/tirar por la ~** COLOQUIAL. Desperdiciar ‹una persona› una cosa: *De esa manera ha tirado por la ventana diez años de trabajo.* **echar/tirar la casa* por la ~.**

ventanaje *s. m.* **1** (no contable) Conjunto o distribución de las ventanas de un edificio: *Hay que cambiar todo el ventanaje de la casa.* **2** (no contable) Conjunto de elementos que forman una ventana.

ventanal *s. m.* Ventana grande: *La casa está orientada al mar, y el ventanal tiene una vista espléndida.*

ventanazo *s. m.* Golpe de una ventana al cerrarse con fuerza: *Había mucho viento y se oyeron ventanazos y portazos.*

ventanilla *s. f.* **1** Ventana de un vehículo: *Por la ventanilla del tren veía todos los paisajes de Castilla. Cierra la ven-*

tanilla del coche, que tengo frío. **2** Abertura pequeña en una pared o tabique a través de la cual los empleados de oficinas, bancos o despachos de localidades atienden al público: *Para reclamaciones, diríjase a la ventanilla del fondo.* **3** Abertura rectangular que en algunos sobres permite ver la dirección escrita en la carta interior: *He comprado quinientos sobres con ventanilla.*

ventanillo *s. m.* **1** RESTRINGIDO. Ventana pequeña en una puerta o en una ventana: *Abre sólo el ventanillo para que entre un poco de luz.* **2** RESTRINGIDO. Ventana o abertura para ver o para hablar sin abrir la puerta: *Mira quién es por el ventanillo.* SIN. mirilla. **3** RESTRINGIDO. Puerta en el suelo para acceder al piso inferior o a un sótano: *Al almacén se accede a través de este ventanillo.*

ventano *s. m.* RESTRINGIDO. Ventana pequeña.

ventarrón *s. m.* (no contable) INTENSIFICADOR. Viento muy fuerte: *Con este ventarrón no se puede salir a la calle.* SIN. ventisca.

ventear *v. impers. / intr.* **1** Soplar ‹el viento›: *Venteaba con furia la tramontana.* || *v. tr. / intr.* **2** Oler ‹los animales› [el aire] para orientarse: *El lobo venteaba buscando una pieza.* || *v. prnl.* **3** RESTRINGIDO. Salir ‹una persona› a tomar el aire, a relajarse.

ventero, ra *s. m. / f.* Persona que es propietaria o encargada de una venta o posada: *El ventero sirvió el vino.*

ventilación *s. f.* **1** Abertura que sirve para ventilar un lugar cerrado: *Taparon la ventilación del cuarto de baño y ahora se llena todo de vapor.* SIN. respiradero. **2** (no contable) Corriente de aire que se establece al ventilarse un lugar cerrado: *Al garaje le falta ventilación.* **3** (no contable) Sistema o instalación para ventilar un lugar cerrado: *La ventilación de este edificio funciona muy bien y nunca hace calor.* **4** (no contable) Proceso de ventilación de un lugar cerrado: *Ya han terminado con la ventilación del hospital después de pintarlo.* SIN. aireación.

ventilador *s. m.* **1** Aparato provisto de una rueda con aspas que, al girar, impulsa una corriente de aire: *Pon el ventilador, que hace mucho calor. Se ha roto la correa del ventilador.* **2** Conducto o abertura hacia el exterior para renovar el aire de una habitación.

ventilar *v. tr.* **1** Hacer entrar o circular ‹una persona› el aire en [un lugar]: *Antonio ventiló la habitación abriendo todas las ventanas.* **2** Sacar o mover ‹una persona› [una cosa] al aire libre para que se le vaya el olor, la humedad o el polvo: *Tenemos que sacar los colchones y extenderlos para ventilarlos.* SIN. orear. **3** COLOQUIAL. Tratar o resolver ‹una persona› [un asunto] con [otra persona]: *Tengo que ventilar este asunto* ***con*** *el director.* **4** COLOQUIAL. Dar a conocer ‹una persona› [un asunto íntimo o privado] públicamente: *No debían haber ventilado sus disputas, sino resolverlas entre ellos.* || *v. tr. / prnl.* **5** COLOQUIAL. Matar ‹una persona› [a otra persona o a un animal]: *El detective* ***se*** *ventiló a los mafiosos sin mediar palabra.* SIN. cargarse. **6** COLOQUIAL. Comer o beber ‹una persona› [una cosa] con avidez: *Santiago* ***se*** *ventiló el bocata en dos minutos.* **7** VULGAR. Poseer ‹una persona› [a otra persona] sexualmente: *David decía que* ***se*** *ventilaba los sábados a la vecina.* **8** COLOQUIAL. Acabar ‹una persona› [una cosa] rápidamente: *Susana* ***se*** *ventiló el trabajo en un santiamén.* || *v. prnl.* **9** Entrar o circular el aire en ‹un lugar›: *Este local está bien ventilado.* SIN. orearse. **10** Irse ‹la humedad, el polvo o el olor› de [una cosa que está al aire libre]: *Recoge la alfombra, ya se ha ventilado.* SIN. orearse.

ventisca *s. f.* **1** Tempestad de viento o de viento y nieve: *Acudieron al refugio de montaña a guarecerse de la ventisca.* **2** Viento muy fuerte: *La ventisca los sorprendió en alta mar.* SIN. ventarrón.

ventiscar *v. impers.* **1** Nevar con fuerte viento. **2** Levantarse ‹la nieve› del suelo por la violencia del viento: *Ayer estuvo ventiscando todo el día.* ⇒ **71.**

ventisquear *v. impers.* Ventiscar.

ventisquero *s. m.* **1** Lugar en la montaña donde se acumula y conserva la nieve y el hielo: *El ventisquero no se puede atravesar en esta época del año.* **2** Masa de nieve o hielo acumulada en los ventisqueros: *Este año el ventisquero es mayor, porque el invierno ha sido más frío.* **3** Lugar en la montaña muy expuesto a las ventiscas: *En el ventisquero hay un pequeño refugio.*

vento *s. m.* (no contable) ARG., PERÚ., URUG. Dinero.

ventolada *s. f.* P. RICO. Vendaval, viento fuerte.

ventolera *s. f.* **1** Golpe de viento fuerte y breve: *Con esta ventolera no se puede abrir el paraguas.* **2** COLOQUIAL; PEYORATIVO. Idea repentina y extraña: *Cuando le da la ventolera es mejor no llevarle la contraria.*

ventorrillo *s. m.* **1** RESTRINGIDO; PEYORATIVO. Ventorro. **2** RESTRINGIDO. Casa de comidas a la salida de una población. **3** COL. Puesto de venta callejero.

ventorro *s. m.* RESTRINGIDO; PEYORATIVO. Venta o posada pequeña y miserable: *Solían merendar en un ventorro al lado del río.*

ventosa *s. f.* **1** Objeto de goma, generalmente cóncavo, con una hendidura, que por presión se adhiere a una superficie lisa y produce un vacío: *He puesto una ventosa sobre la baldosa para colgar el paño de cocina.* **2** ZOOL. Órgano que tienen la sanguijuela y algunos animales acuáticos para succionar o sujetarse mediante el vacío: *las ventosas del pulpo.* **3** Abertura para la ventilación o el paso del aire, especialmente la de las alcantarillas y cañerías. **4** Antiguo instrumento en forma de campana o vaso de vidrio que se calentaba y se aplicaba sobre la piel para succionar o producir una irritación local: *Las ventosas se utilizaban en la medicina tradicional para producir sangrías en los enfermos.*

ventosear *v. intr / prnl.* EUFEMISMO. Expulsar ‹una persona o un animal› ventosidades: *El médico le recomendó que no evitara ventosear, porque tenía muchos gases intestinales.*

ventosidad *s. f.* EUFEMISMO. Gas que se acumula en el intestino y se expulsa por el ano: *Después de comer algunos alimentos, se expulsan muchas ventosidades.* SIN. pedo (VULGAR).

ventoso, sa *adj.* (antepuesto / pospuesto) Con mucho viento: *Llegamos un ventoso día de noviembre.*

ventral *adj.* ANAT. Del vientre o que tiene relación con el vientre: *aorta ventral, cavidad ventral, movimientos ventrales.*

ventrecha *s. f.* Ventresca.

ventresca o **ventrecha** *s. f.* Vientre de los pescados.

ventricular *adj.* ANAT. Del ventrículo: *contracción ventricular, cavidad ventricular.*

ventrículo *s. m.* **1** ANAT. Cavidad inferior del corazón por la que sale la sangre hacia las arterias. **~ derecho. ~ iz-**

quierdo. 2 ANAT. Cavidades del encéfalo de los vertebrados: *El encéfalo de los vertebrados tiene cuatro ventrículos.*

ventrílocuo, cua *adj. / s. m.* y *f.* [Persona] que puede hablar sin mover los labios, e imita distintos sonidos, de manera que parece que es otra persona la que lo hace: *De mayor, quiero ser ventrílocuo.*

ventriloquia *s. f.* (no contable) Habilidad de la persona que habla sin mover los labios e imita otras voces o tonos: *Se dedica a la ventriloquia y está obteniendo un gran éxito con sus simpáticos muñecos.*

ventrudo, da *adj.* Que tiene mucho vientre: *Un personaje ventrudo apareció en el escenario.*

ventura *s. f.* **1** (no contable) ELEVADO. Dicha o felicidad: *Te deseo ventura en tu nueva vida.* **2** (no contable) ELEVADO. Suerte o fortuna: *Por mi mala ventura me encuentro sin trabajo.* **3** (no contable) ELEVADO. Azar o casualidad: *La ventura quiso que nos encontráramos.* FR. Y LOC. **a la (buena) ~** RESTRINGIDO. Sin un propósito concreto, a lo que la suerte depare: *Alicia abandonó a sus hijos a la buena ventura.* **por ~** ELEVADO. Quizá, por casualidad: *Por ventura, ¿no estará por ahí mi maletín?* **probar ~** RESTRINGIDO. Probar fortuna: *Voy a probar ventura con el máster a ver si encuentro trabajo.*

venturoso, sa *adj.* (antepuesto / pospuesto) ELEVADO. Que causa ventura o felicidad: *Ayer celebramos el venturoso acontecimiento de nuestra boda.* SIN. afortunado. ANT. desgraciado.

vénula *s. f.* ANAT. Vena pequeña o ramificación venosa.

venus *s. f.* **1** (no contable; preferentemente con mayúscula) MIT. Diosa del amor y de la belleza en la mitología romana: *Venus le pidió a Eneas que abandonara Troya.* **2** ARQUEOL. Escultura que representa a la diosa Venus, en forma de desnudo femenino: *Han encontrado una venus en las últimas excavaciones.* **3** ELEVADO; INTENSIFICADOR. Mujer muy hermosa: *Sus ojos se quedaron prendados de aquella venus.* FR. Y LOC. **espejo* de ~.**

venusiano, na *adj.* ASTRON. Del planeta Venus: *la órbita venusiana.*

ver *v. tr. / intr.* **1** Percibir ‹una persona o un animal› [a una persona, un animal o una cosa] por el sentido de la vista: *Le entró arena en los ojos y no veía nada.* **2** JUEGOS. Hacer ‹una persona› [la misma apuesta que otro jugador], obligándole a mostrar sus cartas, en los naipes: *Veo. La veo.* || *v. tr.* **3** Mirar ‹una persona› [una cosa] con atención para comprenderla: *Esta cuestión hay que verla despacio.* **4** Entender ‹una persona› [una cosa]: *No veo claro por qué no quiere venir. Ya veo lo que me quieres decir.* **5** Saber ‹una persona› [una cosa] por experiencia directa o por otros medios: *Nunca se vio nada igual.* **6** Hacer ‹una persona› lo necesario para enterarse de [una cosa]: *Voy a ver si han traído la comida.* **7** Ir ‹una persona› a [un espectáculo] y seguir su desarrollo: *Estuve viendo una obra de teatro.* **8** Tener ‹una persona› un presentimiento acerca de [una cosa]: *Estoy viendo que me voy a quedar sin comer.* **9** Tratar ‹una persona› [un tema] en una clase o en una conferencia: *Mañana veremos este tema.* **10** Reconocer ‹una persona› el estado físico de [otra persona o un animal]: *He llevado al perro al veterinario para que lo vea.* SIN. visitar. **11** Ser ‹un lugar› escenario de [un acontecimiento]: *Estos muros han visto escenas históricas.* || *v. tr. / prnl.* **12** Considerar ‹una persona› [a una persona o una cosa] de [una manera]: *Yo no lo veo tan mal.* ***Te*** *ves bastante bien.* **13** Hacer ‹una persona› una visita a [otra persona]: *Fui a ver a Amalia a su casa.* ***Nos*** *vimos la semana pasada.* **14** Imaginar ‹una persona› [una cosa]: *Yo no lo veo como presidente. Él* ***se*** *ve en la cumbre de su carrera.* || *v. intr.* **15** Intentar ‹una persona› [realizar una cosa]: *Veré* ***de*** *conseguirte una entrada.* || *v. prnl.* **16** Encontrarse o imaginarse ‹una persona› en [una situación]: *Nunca me vi* ***en*** *otra igual.* FR. Y LOC. **a ~ si** Se usa para indicar curiosidad, temor o interés: *A ver si te vas a caer y te vas a hacer daño.* **correr / ~ mundo*. dejarse* ~. ¡dichosos los ojos* (que te ven)! echar* de ~. enseñar / descubrir / vérsele la oreja*. estar* por ~. estar / verse en las delgaditas*. ¡habrá cosa* igual / parecida!** o **¡habráse visto (cosa igual / parecida)! hasta* más ~. hay que ~** COLOQUIAL; INTENSIFICADOR. Se usa para expresar sorpresa o incredulidad: *¡Hay que ver cuánto trabajo tiene!* **más visto que el tebeo*. mirar / ~ con buenos / malos ojos*. no poder* (ni) ~. no poder ~ ni en pintura*. no ~ el pelo*. no ~ la hora* de. no ~ más allá de sus narices*. no ~ tres en un burro*. (que) no veas** COLOQUIAL; INTENSIFICADOR. Se usa para acentuar una cosa: *¡Hace un frío que no veas!* **que no veo / ves / ve...** COLOQUIAL; INTENSIFICADOR. Se usa para exagerar el hambre o el sueño que tiene una persona: *Tengo un hambre que no veo. Tenía un sueño que no veía.* **tener* que ~. venir Dios* a ~. ~ (el) chiste*. ~ el cielo* abierto** o **~ los cielos abiertos. ~ las estrellas*. ~ las orejas* al lobo. ~ / mirar los toros* desde la barrera. ~ / notar a la legua*** o **~ / notar a cien leguas. ~ / sentir crecer la hierba*. ~ visiones*. verás** COLOQUIAL. Se usa para introducir una explicación: *Verás, venía para acá, cuando se me estropeó el coche.* **verse las caras*. verse negro*** o **vérselas negras. vérselas con** COLOQUIAL; AMENAZA. Hacer ‹una persona› frente a otra persona: *Tendrás que vértelas conmigo.* **vérselas y deseárselas** COLOQUIAL. Poner ‹una persona› mucho esfuerzo o dedicación para hacer o lograr una cosa: *Daniel se las ve y se las desea para aprobar.* **vérsele el plumero*. vivir* para ~. (ya) veremos** 1 COLOQUIAL. Se usa para no comprometerse a hacer o decir una cosa: *Ya veremos si puedo ir a tu fiesta.* 2 COLOQUIAL. Se usa para expresar una duda acerca de la realización o del resultado de una cosa: *Veremos si cumple lo que ha prometido.* ⇒ **87.**

ver *s. m.* **1** (no contable) Sentido de la vista: *El ver de cerca no es un problema para ella, sino el ver de lejos.* SIN. visión. **2** (no contable) Aspecto o apariencia externa: *Es mayor, pero todavía está de buen ver.* FR. Y LOC. **a mi / tu / su ~** COLOQUIAL; RESTRINGIDO. Según la opinión o parecer de: *A mi ver creo que deberíamos dejar la excursión para otro día.*

vera *s. f.* Orilla, margen: *la vera del río, la vera del camino.* FR. Y LOC. **a la ~ de** o **a mi / tu / su ~** Junto a, al lado de: *Lo encontré a la vera de su madre, como siempre.*

veracidad *s. f.* (no contable) ELEVADO. Cualidad de lo que es verdad: *No dudo de la veracidad de sus palabras.*

veraneadero *s. m.* COL. Zona, sitio de veraneo.

veranear *v. intr.* Pasar ‹una persona› las vacaciones de verano en [un lugar]: *Tienen la costumbre de veranear en Mallorca. El año pasado veraneé en Tenerife.*

veraneo *s. m.* Acción y resultado de veranear: *¿Dónde vais a ir de veraneo?*

veraniego, ga *adj.* Que es propio del verano: *temperaturas veraniegas, actividades veraniegas, vacaciones veranie-*

gas. FR. Y LOC. **ir muy ~** Llevar ‹una persona› ropa muy ligera, propia del verano: *Vas muy veraniego en este tiempo, vas a pasar frío.*

veranillo *s. m.* **1** COLOQUIAL. Época breve durante el otoño en que hace calor como si fuera verano. **~ de San Miguel.** **2** AMÉR. C. Tiempo durante la estación de lluvias en que no llueve.

verano *s. m.* **1** METEOR. Estación del año entre la primavera y el otoño, que se extiende desde el 21 de junio al 21 de septiembre en el Hemisferio Norte y del 21 de diciembre al 21 de marzo en el Hemisferio Sur: *El verano es la estación más calurosa.* **2** METEOR. Estación calurosa y sin lluvia de las regiones ecuatoriales, que dura seis meses. FR. Y LOC. **nube* de ~.**

veras (plural) *s. f.* RESTRINGIDO. Verdad de lo que se dice: *Lo dijo entre bromas y veras. De veras, me tengo de ir.*

veraz *adj.* (antepuesto / pospuesto) ELEVADO. Que expresa la verdad: *unas noticias muy veraces. Es un informador veraz.*

verba *s. f.* (no contable) ELEVADO; PEYORATIVO. Verborrea, abundancia de palabras inútiles: *Cree que engaña a alguien con su verba pedante.*

verbal *adj.* **1** GRAM. [Sintagma, grupo de palabras] que tiene como núcleo un verbo en forma personal. **locución ~. perífrasis ~. predicado* ~. sintagma ~.** **2** GRAM. [Palabra] que se deriva de un verbo: *Hazme una lista de los adjetivos verbales que conozcas.* **3** GRAM. De las palabras o por medio de las palabras: *expresión verbal, comunicación verbal.* **4** DER. [Contrato] que se hace sólo de palabra y no por escrito. SIN. oral.

verbalismo *s. m.* **1** (no contable) PEYORATIVO. Tendencia a basar el razonamiento más en las palabras que en los conceptos. **2** (no contable) PEDAG. Procedimiento de enseñanza en que se desarrolla primordialmente la memoria verbal.

verbalmente *adv. modo* **1** De palabra, oralmente, mediante signos verbales orales. RELACIONES Y CONTRASTES: Se opone a *por escrito*: *Se lo comuniqué verbalmente.* **2** Por medio de palabras, sean orales o escritas. RELACIONES Y CONTRASTES: Se opone a *por signos no lingüísticos, sin palabras*: *¿Habrá allí seres capaces de comunicarse verbalmente?* **3** Se combina con algunos verbos reflejando, no propiamente una circunstancia de modo, sino más bien el carácter de la acción de que se trata y el orden a que pertenece: *Lucas y Olivares se enfrentaron verbalmente por el polémico asunto de las dietas.* || *adv. modo* **4** En función de verbo, como verbo: *Ese infinitivo aparece usado, en el mismo párrafo, nominal y verbalmente.*

verbena *s. f.* **1** FOLC. Fiesta popular al aire libre que se celebra la noche anterior a ciertas festividades: *verbena de la Paloma.* **2** *Verbena officinalis.* Planta herbácea de hojas opuestas y flores en espigas alargadas con propiedades medicinales: *La verbena se utiliza para bajar la fiebre.*

verbenero, ra *adj.* **1** De las verbenas o fiestas populares: *música verbenera. Prepárate para una noche verbenera inolvidable.* **putón* ~.** || *adj. / s. m.* y *f.* **2** Que es aficionado a acudir a las verbenas: *Tu hijo es muy verbenero.* **3** Que es alegre o bullicioso: *Tomás tiene un carácter verbenero.*

verbigracia *adv.* ELEVADO. Por ejemplo: *Tiene muchas virtudes, verbigracia, la discreción y la sencillez.*

verbo *s. m.* **1** GRAM. Clase de palabra con flexión de persona que desempeña la función de núcleo del predicado: *El verbo está en pasado. Cambia la persona del verbo.* **~ atributivo. ~ defectivo. ~ impersonal. ~ intransitivo. ~ irregular. ~ iterativo. ~ pronominal. ~ recíproco. ~ reflexivo. ~ regular. ~ transitivo. ~ auxiliar** Verbo que se emplea en la formación de la voz pasiva y de los tiempos compuestos de la activa: *«Haber» y «ser» son verbos auxiliares.* **~ deponente** Verbo latino que se conjuga en voz pasiva aunque tiene significado activo: *En castellano no hay verbos deponentes.* **2** (no contable) ELEVADO. Manera de expresarse oralmente: *el verbo de Pablo Neruda.* **3** ELEVADO. Unidad lingüística formada por uno o más morfemas constituidos por un conjunto de fonemas en secuencia lineal: *Sabe encontrar el verbo más expresivo.* SIN. palabra. **4** REL. Segunda persona de la Santísima Trinidad entre los cristianos: *El Verbo se hizo carne.* **5** REL. Entre los cristianos, palabra creadora de Dios. **6** MÉX.; COLOQUIAL. Elocuencia.

verborrea *s. f.* (no contable) PEYORATIVO. Verbosidad: *la verborrea de los políticos. La verborrea de algunos vendedores es insoportable.*

verbosidad *s. f.* (no contable) RESTRINGIDO; PEYORATIVO. Uso exagerado e innecesario de palabras: *A Pedro le gusta mucho la verbosidad, pero en realidad no dice nada.*

verboso, sa *adj.* (ser / estar) RESTRINGIDO; PEYORATIVO. Que emplea más palabras de las necesarias para expresarse: *estilo verboso. El secretario de la asociación es muy verboso y no hay quien lo aguante cuando toma la palabra.*

verdad *s. f.* **1** (no contable) Lo que es u ocurre en la realidad: *Se sorprendió al descubrir la verdad de lo ocurrido.* **2** (no contable) Correspondencia entre lo que se dice y lo que se piensa o siente: *Di la verdad: ¿qué opinas sobre ese tema?* **3** Afirmación que se considera válida: *verdad absoluta, verdad científica. Es tan verdad como que a la noche le sigue el día.* **4** Cosa que se dice con razón o motivo: *Es verdad que en el autobús llegas antes.* **5** (preferentemente en plural) Cosa que se dice de forma clara y directa para corregir o regañar a una persona: *Como se burle de él, le voy a decir cuatro verdades.* FR. Y LOC. **a decir ~** Se usa para expresar que una persona confiesa o reconoce su auténtico parecer o sentimiento: *A decir verdad, hace mucho frío en la calle.* **de ~** Se usa para asegurar la certeza y realidad de una cosa: *¿De verdad que no sabías nada?* **en ~** Verdaderamente: *En verdad, no tienes razón.* **(ser) una ~ de Perogrullo*. suero* de la ~. una ~ como un templo** COLOQUIAL; INTENSIFICADOR. Verdad indudable: *Es una verdad como un templo que te ha estado engañando.* **¿verdad?** Se usa para buscar el asentimiento del oyente: *Es tarde ¿verdad?* **verdades como puños** COLOQUIAL; INTENSIFICADOR. Verdades evidentes: *Aunque no te guste oírlo, te está diciendo verdades como puños.*

verdaderamente *adv. orac.* **1** De verdad: *Verdaderamente, no son nada del otro mundo.* OBSERVACIONES: Equivale a *la verdad es que* o *hay que reconocer que*: *Verdaderamente, aquí se pasa el tiempo volando.* RELACIONES Y CONTRASTES: Como *realmente*, y al contrario que *ciertamente* o *efectivamente*, no sirve para responder de forma aislada (–*«¿Son suyas?.»* –*«Ciertamente.»*), aunque sí para asentir: –*«¡Qué sucio está todo!»* –*«Verdaderamente.»* **2** Aplicado a adjetivos calificativos *(penoso)* o relacionales *(físico)* y a adverbios calificativos *(lejos)* o a locuciones equivalentes, realza la autenticidad y plenitud de la cualidad, estado o circunstancia en cuestión: *Es verdaderamente penoso. Está verda-*

deramente lejos. OBSERVACIONES: Si el adjetivo o el adverbio son calificativos, puede ejercer, además, sobre ellos, como *francamente* o *realmente*, funciones próximas a la de intensificación pura.

verdadero, ra *adj.* **1** (antepuesto / pospuesto) Que es verdad o contiene certeza: *Os voy a contar la verdadera historia de Felipe II.* **2** (antepuesto) INTENSIFICADOR. Que es realmente lo que parece ser o lo que indica su nombre: *Es un verdadero experto en electrónica. Este Velázquez de mi cuarto es el verdadero, el otro es una imitación.* SIN. auténtico. **3 tiempo* solar / ~.**

verde *adj.* **1** (estar) [Planta, árbol] que no está seco: *Aquellos geranios parecían secos, pero mira qué verdes están.* **2** (estar) [Leña, forraje] que conserva la frescura o la humedad natural: *Esos troncos están verdes, y por eso no arden.* **3** [Legumbre] que se consume fresca, sin ningún tratamiento de conservación: *judías verdes.* **4** (estar) [Fruto] que aún no está maduro: *Esas peras están verdes.* **5** (estar) COLOQUIAL. [Persona] que tiene poca experiencia o que está poco preparada: *Ese futbolista es muy joven y está aún un poco verde.* **6** (estar) COLOQUIAL. [Cosa] que está en sus comienzos o poco perfeccionada: *Esa teoría está aún muy verde para ser presentada a la comunidad científica.* **7** COLOQUIAL. Que es indecente o que molesta al pudor: *Siempre le gusta contar chistes verdes.* **8** [Lugar] que está destinado a parques o jardines, y no a edificar: *Todo este terreno es zona verde, y pronto empezarán a construir equipamientos.* || *adj. / s. m.* y *f.* **9** (como sustantivo preferentemente en plural) POLÍT. [Organización, partido] que defiende el ecologismo: *El partido verde espera tener representación parlamentaria. Voy a votar a los verdes.* || *adj. / s. m.* **10** (ser / estar; antepuesto / pospuesto) [Color] que es semejante al de la hierba fresca: *Los calcetines son verdes. El semáforo está verde. El verde es mi color preferido.* **11** (antepuesto) [Color] que tiene un tono de verde semejante al de las cosas que designa el sustantivo que lo acompaña. **~ botella** Color verde intenso oscuro. **~ esmeralda.** || *s. m.* **12** Hierba o césped: *Todas las tardes Pilar riega el verde para que esté fresco y no se seque.* || **13 (billete) ~** COLOQUIAL. Billete de mil pesetas: *He pagado tres billetes verdes por entrar aquí. Te lo doy por un verde.* **14 luz* ~. 15 maillot ~. 16 ~ mar** Verdemar. **17 mole* ~. 18 salsa* ~. 19 viejo* ~. 20 zona* ~.** FR. Y LOC. **poner ~** COLOQUIAL. Hablar ‹una persona› mal de otra persona: *Le pregunté por ella y la puso verde delante de todos.*

verdear *v. intr.* **1** Mostrar ‹una cosa› el color verde: *Este amarillo verdea demasiado para mi gusto.* **2** Ir tomando ‹una cosa› el color verde: *La pared va verdeando a causa de la humedad.* **3** Empezar a ponerse ‹el campo› verde: *Los árboles empezarán a verdear dentro de poco.* SIN. reverdecer.

verdecer *v. intr.* RESTRINGIDO. Empezar a ponerse ‹el campo› verde: *En España, las plantas empiezan a verdecer a finales de febrero.* SIN. verdear. ⇒ **5.**

verdecillo *s. m.* (macho y hembra) *Serinus serinus.* Ave pequeña de cuerpo rechoncho, pico corto y ancho, y plumaje amarillo verdoso y pardo, que habita en campos de cultivo, bosques claros y jardines de Europa, Asia y el Norte de África: *Para algunos ornitólogos, el verdecillo es una forma silvestre del canario.*

verdegay *adj. / s. m.* y *f.* RESTRINGIDO. De color verde claro.

verdemar o **verde mar** *adj. / s. m.* [Color] que se parece al verdoso que, a veces, tiene el mar: *Sus ojos de color verdemar eran profundos y sinceros.*

verderón o **verderol** *s. m.* (macho y hembra) *Carduelis chloris.* Ave pequeña, de color verde con manchas amarillentas, que emite un canto agradable, habita en Europa y Asia y se adapta bien a la vida en cautividad: *El verderón se distingue del jilguero por el color de las plumas.*

verdial *adj. / s. f.* **1** AGR. [Aceituna] que conserva el color verde después de madurar: *Estos campos de olivos son de aceitunas verdiales.* || *s. m.* **2** (en plural) FOLC. Fandango malagueño: *Se arrancó con unos verdiales.*

verdín *s. m.* **1** (no contable) BOT. Capa verde de algas y plantas criptógamas que se forma en lugares húmedos o en la superficie del agua estancada: *El agua del depósito estaba llena de verdín, porque hacía meses que no se renovaba.* **2** (no contable) BOT. Capa verde que se forma en la superficie de algunos frutos cuando se pudren: *Quedan unos limones y unas naranjas en el frutero, pero tienen un poco de verdín.* **3** (no contable) Mancha verde que deja el frotamiento o el contacto con una planta: *Tienes el pantalón lleno de verdín por haber estado jugando en la hierba.* **4** (no contable) BOT. Primer color verde que tienen las plantas que no han llegado a su madurez. **5** (no contable) BOT. Planta que no ha llegado a su madurez. **6** (no contable) Cardenillo, sustancia venenosa: *El verdín del caldero de cobre es peligroso.*

verdinegro, gra *adj.* **1** De color verde oscuro que tira a negro. **2** De color verde y negro: *La indumentaria de este equipo es verdinegra.* || *adj. / s. m.* y *f.* **3** DEP. [Persona, equipo] que viste un uniforme verde y negro: *Los verdinegros han hecho una mala temporada.*

verdolaga *s. f. Portulaca oleracea.* Planta de hojas carnosas comestibles, flores amarillas y fruto con muchas semillas negras: *La verdolaga se suele consumir cruda, como ensalada, y tiene propiedades medicinales.*

verdor *s. m.* **1** (no contable) Color verde, especialmente si es intenso: *¡Qué verdor tiene el campo en primavera!* SIN. verdura. **2** (no contable) Lozanía y vigor de las plantas, manifestados en su color verde: *El verdor del césped es una prueba de que está bien cuidado.*

verdoso, sa *adj.* (ser / estar) Que se asemeja al color verde: *vestido azul verdoso. La superficie verdosa de la roca parece resbaladiza.*

verdugada *s. f.* Hilada de ladrillos en una obra: *Cuando acabe esta verdugada paramos la obra para almorzar.* SIN. verdugo.

verdugo *s. m.* **1** Funcionario judicial que ejecuta las penas de muerte y las torturas: *El verdugo le puso la soga al cuello.* SIN. sayón. **2** PEYORATIVO. Persona que es cruel y maltrata a otras personas: *Me marché de ese trabajo porque el jefe era un verdugo.* SIN. tirano. **3** Cosa que molesta o duele mucho: *Esta artritis es mi verdugo.* SIN. tormento. **4** Gorro de punto que cubre toda la cabeza, excepto los ojos, la nariz y la boca: *Los niños no quieren ponerse el verdugo para ir al colegio.* **5** BOT. Renuevo de un árbol o planta. SIN. vástago, verdugón. **6** Estoque muy delgado. **7** Verdugada.

verdugón *s. m.* **1** Señal hinchada y enrojecida que deja en la piel el azote con un látigo o con un instrumento parecido: *Aquel esclavo tenía la espalda llena de verdugones.*

2 BOT. Renuevo de un árbol o planta: *Al llegar la primavera empiezan a aparecer los verdugones en los árboles.* SIN. vástago, verdugo.

verduguear *v. tr.* ARG., URUG.; COLOQUIAL. Humillar ‹una persona› [a otra persona] de palabra o de obra.

verduguillo *s. m.* **1** TAUROM. Espada muy delgada y fina, especialmente la utilizada para el descabello del toro: *El torero se acercó a la barrera para que le dieran el verduguillo del descabello.* **2** BOT. Alteración, en forma de mancha o hinchazón, que se forma en las hojas de algunas plantas. **3** Pendiente en forma de aro. SIN. arete.

verdulería *s. f.* **1** Establecimiento en el que se venden verduras: *Aún tengo que pasar por la verdulería a comprar judías verdes.* **2** COLOQUIAL. Calidad de verde u obsceno: *La verdulería de ese chiste las puso violentas.* **3** COLOQUIAL. Dicho o hecho obsceno: *Estos niños siempre hacen o dicen alguna verdulería.*

verdulero, ra *s. m./f.* **1** Persona que es propietaria o encargada de una verdulería: *El verdulero del mercado tiene buenos tomates.* || *s. m./f.* **2** COLOQUIAL; INSULTO. Persona descarada y mal educada: *Se comporta como una verdulera.*

verdura *s. f.* **1** (no contable) Hortaliza, generalmente de color verde, que se consume cocida, como la col o las espinacas: *El médico me recomienda comer verdura. He comido una verduras de primer plato.* **2** (no contable) LITERARIO. Verdor. **3** (no contable) LITERARIO. Follaje o espesura de la vegetación: *La verdura del campo es agradable en verano.*

verdusco, ca *adj.* (ser/estar) Que tira a verde oscuro: *Es una tela verdusca. Las piedras están verduscas por el moho.*

verecundia *s. f.* (no contable) ELEVADO. Vergüenza o timidez.

vereda *s. f.* **1** ELEVADO. Camino estrecho, formado generalmente por el paso de personas y animales: *Le gustaba pasear todas las tardes por la vereda que lleva al río.* SIN. senda. **2** GAN. Camino para el ganado trashumante. SIN. cañada. **3** AMÉR. Acera de una calle. FR. Y LOC. **entrar/meter en ~** COLOQUIAL. Obligar ‹una persona› a otra persona a cumplir con un deber o a llevar un modo de vida ordenado y regular: *Tanta disciplina lo hizo entrar en vereda.*

veredicto *s. m.* **1** DER. Decisión de un jurado pronunciada sobre un hecho o persona sometidos a juicio: *El jurado emitió un veredicto de culpabilidad.* **2** Opinión o juicio dado por un experto: *El veredicto de la crítica ha sido muy positivo.*

verga *s. f.* **1** Palo delgado: *Me pegó con una verga.* SIN. vara. **2** MAR. Palo colocado horizontalmente en un mástil que sirve para sostener una vela. **3** VULGAR. Órgano genital de los mamíferos machos. **4** VULGAR. Órgano genital del hombre SIN. pene.

vergajazo *s. m.* Golpe dado con el vergajo, azote: *Le dieron veinte vergajazos por mentiroso.*

vergajo *s. m.* **1** Látigo corto de material flexible: *El vergajo produce mucho dolor.* || *adj./s. m.* y *f.* **2** COL. Ruin, sinvergüenza.

vergel *s. m.* LITERARIO. Huerto, jardín o lugar con gran abundancia y variedad de flores y árboles frutales: *La doncella paseaba por un florido vergel.*

verglás *s. m.* (no contable) Capa muy fina de hielo que cubre el suelo o una superficie sólida: *El granizo ha cuajado en una capa de verglás.*

vergonzosamente *adv. modo* **1** Con vergüenza, mostrando vergüenza y timidez: *Levantó los ojos vergonzosamente y me pidió comida.* **2** De manera vergonzosa, de un modo que produce vergüenza, indignamente: *Se portó vergonzosamente con ella.* || *adv. orac.* **3** Se usa para calificar un hecho como vergonzoso. RELACIONES Y CONTRASTES: Al contrario que con *es una vergüenza* o *es vergonzoso*, el verbo no va en subjuntivo y el hecho no se presenta como consabido, sino que se anuncia como nuevo: *Vergonzosamente, nadie se paró siquiera a consolarlo.* En una de sus extensiones, puede adquirir el matiz de 'para vergüenza de todos'.

vergonzoso, sa *adj.* **1** (antepuesto/pospuesto) Que causa vergüenza: *La vergonzosa escena de la agresión fue retransmitida por todas las televisiones.* || *adj./s. m.* y *f.* **2** (ser/estar; antepuesto/pospuesto) Que siente vergüenza con facilidad: *Siempre has sido un vergonzoso. ¡Qué vergonzoso estás últimamente! Se pone colorado porque es muy vergonzoso.*

vergüenza *s. f.* **1** (no contable) Timidez o pudor que una persona siente en una determinada situación, y que le impide o dificulta hacer o decir una cosa: *Me da vergüenza hablar ante tanta gente. No tengas vergüenza y come cuanto quieras.* **2** (no contable) Sentimiento de pérdida de la propia estima causado por una humillación, una ofensa o por el temor al ridículo o a la deshonra: *Qué vergüenza pasé cuando mi madre le gritó al médico. ¿No te da vergüenza ir vestida así?* SIN. apuro. **3** (no contable) Valoración de la propia dignidad que lleva a una persona a actuar de la forma que se considera más honrosa, decente o correcta: *No tiene vergüenza, dejar a sus hijos en la miseria.* SIN. decencia. **4** Acción o suceso que provoca indignación, escándalo o rechazo: *Es una vergüenza maltratar a los animales.* **5** (no contable) Deshonor o deshonra: *Lo que has hecho me llena de vergüenza. Su conducta es una vergüenza para la empresa.* ANT. orgullo. **6** (no contable) Persona o cosa que causa deshonor o deshonra: *Es la vergüenza de la familia.* ANT. orgullo. **7** RESTRINGIDO. Pena o castigo que consistía en exponer al reo a las burlas y afrentas de la gente con una señal que indicaba su delito. **8** (en plural) AFECTADO, COLOQUIAL. Órganos sexuales: *Tápate las vergüenzas. El actor salió enseñando sus vergüenzas.* || **9 ~ ajena** Vergüenza que siente una persona como propia, por una cosa que hace o dice otra persona: *Sentí vergüenza ajena al ver aquellas imágenes de los campos de refugiados.* FR. Y LOC. **caérsele la cara* de ~. perder la ~** 1 Superar ‹una persona› la timidez: *He perdido la vergüenza de hablar en público.* 2 Deshonrarse o perder ‹una persona› la dignidad: *Pablo perdió la vergüenza y se dedicó a estafar a la gente.*

vericueto *s. m.* **1** (preferentemente en plural) ELEVADO. Camino o lugar por el que es difícil andar: *Nos llevó por unos extraños vericuetos para llegar a su casa.* **2** (en plural) ELEVADO. Aspecto complicado: *Conoce todos los vericuetos de ese asunto.*

verídico, ca *adj.* ELEVADO. Que tiene grandes posibilidades de ser verdadero: *Los hechos relatados en esta novela son verídicos y sorprenderán a los lectores.*

verificación *s. f.* ELEVADO. Acción y resultado de verificar: *El experimento aún está pendiente de verificación. Todos los productos pasan por un riguroso proceso de verificación antes de ponerse a la venta.*

verificar *v. tr.* 1 Demostrar ‹una persona› que [una cosa] es auténtica o verdadera: *La policía verificó su identidad con el pasaporte.* 2 ELEVADO. Comprobar ‹una persona› la verdad o la exactitud de [una teoría, un resultado o un documento]: *Los científicos han verificado la vacuna en pacientes voluntarios.* ‖ *v. tr. / prnl.* 3 ELEVADO. Realizar ‹una persona› [una cosa prevista o establecida de antemano]: *Los funcionarios de Hacienda verificaron las inspecciones previstas. La firma del acuerdo **se** verificó ante el notario.* ‖ *v. prnl.* 4 ELEVADO. Resultar ‹una cosa prevista o anunciada› verdadera o cierta: *Se han verificado los temores sobre la gravedad de la epidemia.* SIN. cumplirse. ⇒ **71.**

verigüeto *s. m. Venus verrucosa.* Molusco marino de la familia de la almeja, que tiene estrías y abultamientos en su concha y es muy apreciado como alimento.

verismo *s. m.* (no contable) ELEVADO. Realismo en la representación de las cosas: *el verismo de una obra literaria. Su pintura es de un gran verismo.*

verja *s. f.* Reja que sirve para cercar un terreno, cubrir el hueco de una ventana o cerrar una puerta: *Cada día esperaba a su novia en la verja de su casa. El niño saltó la verja para recuperar la pelota.*

verjurado, da *adj.* [Papel] que tiene una filigrana de rayitas horizontales y otras más separadas que las cortan perpendicularmente. **papel ~.**

verme *s. m.* MED. Gusano, especialmente el que es parásito en el intestino de algunos animales vertebrados: *Este jarabe va bien para los vermes. Tienes vermes en el intestino.*

vermicida *adj. / s. m.* FARM. [Medicamento] que sirve para expulsar las lombrices intestinales: *fármaco vermicida. Me han recetado un vermicida.* SIN. vermífugo.

vermicular *adj.* 1 Que tiene alguna característica propia de los gusanos: *formas vermiculares.* 2 Que tiene gusanos o los produce: *corrupción vermicular, materia vermicular.*

vermiforme *adj.* RESTRINGIDO. Que tiene forma de gusano: *figura vermiforme.* **apéndice* ~.**

vermífugo, ga *adj. / s. m.* FARM. [Medicamento] que sirve para expulsar las lombrices intestinales: *sustancia vermífuga, jarabe vermífugo.* SIN. vermicida.

vermis (plural *vermis*) *s. m.* ANAT. Lóbulo medio del cerebelo, situado entre ambos lóbulos o hemisferios.

vermívoro *adj.* ZOOL. [Animal] que se alimenta de gusanos: *Muchos pájaros son vermívoros.*

vermú *s. m.* Vermut.

vermut o **vermú** (plural *vermuts* o *vermús*) *s. m.* 1 (no contable) Bebida alcohólica elaborada con vino blanco o rosado, ajenjo y otras sustancias amargas y tónicas, que se bebe como aperitivo: *Tenemos que comprar una botella de vermut blanco y otra de vermut rojo.* 2 Medida de este líquido contenida en un vaso: *Yo tomaré un vermú con sifón.* 3 COLOQUIAL. Aperitivo de cualquier tipo que se toma antes de comer: *Tomaremos el vermut en la terraza.*

vernáculo, la *adj.* LING. [Lengua] que es propia de un país o región: *Lo he escrito en mi lengua vernácula. El catalán es la lengua vernácula de Cataluña.*

verónica *s. f.* 1 Planta herbácea de hojas opuestas dentadas y flores azules solitarias o en racimo. 2 TAUROM. Pase del toreo que consiste en esperar la acometida del toro, de frente, sosteniendo el torero con las dos manos adelantadas la capa extendida. **media ~.**

verosímil *adj.* Que se puede creer o que puede ser verdad porque no contiene ningún indicio de falsedad: *relato verosímil. Di algo que sea verosímil.* ANT. inverosímil.

verosimilitud *s. f.* (no contable) ELEVADO. Cualidad de lo que es verosímil: *A esta historia le falta versomilitud, no hay quien se la crea.*

verosímilmente *adv. modo* 1 ELEVADO. Con verosimilitud, de manera verosímil: *Lo que cuenta es un enredo tan verosímilmente narrado que uno llega a creérselo.* ‖ *adv. orac.* 2 ELEVADO; RESTRINGIDO. Casi con seguridad, es casi seguro (que): *La obra, verosímilmente escrita por encargo, tiene pasajes deliciosos. –«¿Habrá sido él?» –«Verosímilmente.»*

verraco, ca *s. m.* 1 GAN. Cerdo que se utiliza como semental: *Compraron un verraco para aumentar la cabaña porcina.* 2 ARTE. Escultura de los últimos siglos antes de Cristo que representa un animal, probablemente un toro o un cerdo: *A la entrada del puente romano de Salamanca hay una escultura que representa a un verraco ibérico.* ‖ *adj.* 3 COL.; COLOQUIAL. Persona que sobresale por su fuerza, por su habilidad o por su talento.

verraquear *v. intr.* 1 COLOQUIAL; RESTRINGIDO. Llorar ‹un niño› ruidosamente y con rabia: *El niño ha estado verraqueando un buen rato, y al final se ha quedado dormido.* 2 COLOQUIAL; RESTRINGIDO. Expresar ‹una persona› su enfado en voz baja.

verraquera *s. f.* 1 COL. Situación, conflicto de difícil solución. 2 COL.; COLOQUIAL. Valor, energía. 3 COL.; VULGAR. Excitación sexual.

verriondera s. *f.* COL.; COLOQUIAL. Disgusto o enfado fuerte.

verruga *s. f.* 1 Bulto generalmente redondeado que crece en la superficie de la piel: *El cirujano me ha quemado una verruga que tenía en la mano.* 2 BOT. Abultamiento producido en alguna parte de la planta por acumulación de savia.

verrugosidad *s. f.* 1 (no contable) MED. Calidad de tener verrugas en la piel: *La verrugosidad de sus manos es muy desagradable.* 2 Verruga: *Tenía verrugosidades en la cara.*

versación *s. f.* (no contable) ARG., CHILE, MÉX., URUG. Conocimiento profundo de una materia, erudición.

versado, da *adj.* (ser / estar) ELEVADO. Que está especializado o tiene grandes conocimientos en una materia: *Su hermano es un abogado versado **en** Derecho mercantil.*

versal *adj. / s. f.* ART. GRÁF. [Letra] que es mayúscula. **letra* mayúscula / ~.**

versalita *adj. / s. f.* ART. GRÁF. [Letra mayúscula] que tiene el mismo tamaño que la minúscula. **letra ~.**

versallesco, ca *adj.* 1 De Versalles, palacio y sitio real francés: *Visitamos los jardines versallescos del exterior del Palacio.* 2 Que imita el estilo del palacio de Versalles: *una decoración versallesca, unos jardines versallescos.* 3 Que pertenece a la corte francesa del s. XVIII, establecida en este lugar: *fiestas versallescas, estilo versallesco.*

versar *v. tr.* ELEVADO. Tratar ‹un escrito o un discurso› sobre [un tema]: *La conferencia versó **sobre** arquitectura actual.*

versátil *adj.* 1 (antepuesto / pospuesto) ELEVADO. Que cambia con frecuencia o facilidad su carácter, sus sentimientos o sus ideas: *No te puedes fiar de un carácter tan versátil.* ANT. constante. 2 ELEVADO. Que tiene varias aplicaciones o sirve para cosas distintas: *Es un vehículo versátil, que igual* *sirve como turismo que como furgoneta.* **3** ZOOL. [Dedos de las aves] que pueden girar hacia atrás o hacia delante.

versatilidad *s. f.* (no contable) ELEVADO. Cualidad de versátil: *La versatilidad de su forma de pensar es increíble.*

versear *v. tr.* ARG., URUG.; COLOQUIAL. Engañar ‹una persona› [a otra persona] para conseguir una cosa.

versículo *s. m.* **1** Cada una de las partes en que se dividen los capítulos de algunos libros, especialmente los religiosos: *Me he leído el versículo 14 del primer capítulo del Libro de Job.* **2** MÉTR. Verso de extensión variable de la poesía moderna que no sigue ninguna rima: *En la clase de Literatura analizamos un poema escrito en versículos.*

versificar *v. tr.* **1** RET. Poner ‹una persona› [una cosa] en verso: *Primero escribió el texto en prosa, y luego lo versificó en octosílabos.* || *v. intr.* **2** RET. Escribir o componer ‹una persona› versos: *Este poeta versifica como nadie.* ⇒ **71.**

versión *s. m.* **1** Traducción: *Sólo queda la versión francesa del libro.* **2** Manera particular de narrar un hecho: *Cada testigo ha dado su versión del suceso.* **3** Interpretación o variación de una obra, o de un tema artístico o musical: *Han hecho una versión de un tema de los Beatles. Ella ve las películas en versión original subtitulada.*

verso *s. m.* **1** MÉTR. Conjunto de palabras combinadas según un ritmo y, a menudo, una medida, conforme a unas reglas: *Esta estrofa es de cuatro versos.* **~ agudo** Verso que termina en palabra aguda. **~ blanco** Verso que no tiene rima dentro de una estrofa o composición poética, pero sí sigue las demás reglas. **~ de arte mayor** Verso que tiene más de ocho sílabas. **~ de arte menor** Verso que no supera las ocho sílabas. **~ esdrújulo** Verso que termina en palabra esdrújula. **~ espondaico** Verso hexámetro que tiene espondeos en determinados lugares. **~ libre** Verso que está dentro de una composición poética que no se ajusta a las formas tradicionales ni presenta uniformidad. **~ quebrado** Verso de cuatro sílabas cuando alterna con otros más largos. **~ suelto** Verso que no tiene rima dentro de una estrofa o composición poética rimada. **2** (no contable) LIT. Género al que pertenecen las obras compuestas de acuerdo con las reglas de una teoría métrica: *Este autor también ha cultivado el verso.* **3** ARG., URUG.; COLOQUIAL. Exageración de la realidad, bola. || **4 folio ~** ART. GRÁF. Dorso o segunda página de un folio cuando se numera por folios y no por páginas. FR. Y LOC. **ser la biblia* en pasta / ~.**

versolari *s. m.* RESTRINGIDO. Hombre que en el País Vasco va de pueblo en pueblo recitando coplas o versos.

versus *prep.* **1** ELEVADO. Hacia: *«Cristo versus Arizona» es el título de una novela de Cela.* **2** RESTRINGIDO. Frente a, contra: *El debate trataba del tema «Trabajo versus vacaciones».*

vértebra *s. f.* ANAT. Cada uno de los huesos cortos que se articulan para formar la columna vertebral: *Teresa tiene una lesión entre la segunda y tercera vértebras.*

vertebrado, da *adj. / s. m.* **1** (macho y hembra) ZOOL. [Animal] que tiene un eje formado por unos huesos llamados *vértebras*, que recubren el cordón nervioso central: *Todos los mamíferos son vertebrados.* ANT. invertebrado. || *s. m.* **2** (en plural) ZOOL. Grupo que forman los animales vertebrados.

vertebral *adj.* **1** ANAT. De las vértebras. || **2 columna* ~.**

vertebrar *v. tr.* Dar ‹una persona o una cosa› estructura y organización a [una cosa]: *La Constitución vertebra el régimen de libertades. Este jugador vertebra el juego del equipo.*

vertedera *s. f.* AGR. Pieza del arado que voltea y extiende la tierra levantada.

vertedero *s. m.* Lugar donde se arrojan escombros, desperdicios y aguas residuales: *Fuimos a arrojar los escombros de la obra al vertedero municipal.*

vertedor *s. m.* RESTRINGIDO. Canal o conducto para dar salida a las aguas y a inmundicias: *El Ayuntamiento ha eliminado los vertedores de las fábricas.*

verter *v. tr.* **1** Dejar caer ‹una persona o un animal› [un líquido o pequeñas partículas de una cosa] de un recipiente: *Alfredo ha vertido el vino en el mantel. Esta empresa vierte residuos tóxicos en el río.* **2** Echar ‹una persona› [un líquido o pequeñas partículas de una cosa] de [un recipiente a otro]: *Vierte el trigo **del** saco **en** el granero.* **3** ELEVADO. Expresar ‹una persona› [ideas, pensamientos o sentimientos]: *En aquella conversación Pilar vertió todas sus dudas sobre el proyecto.* **4** ELEVADO. Traducir ‹una persona› [un texto] de una lengua a [otra lengua]: *Vicente vertió el libro **al** español.* || *v. intr.* **5** RESTRINGIDO. Ir a parar ‹una corriente de agua› a [otra corriente más importante o al mar]: *El Gallego vierte **al** Ebro por la derecha.* || *v. prnl.* **6** Caer ‹un líquido o pequeñas partículas de una cosa› de un recipiente: *La leche se ha vertido en el suelo.* ⇒ **80.**

vertical *adj.* **1** (ser / estar) Que es perpendicular a una línea o plano horizontal: *Mantén tu cuerpo en una posición vertical.* **2** [Organización, estructura] que está fuertemente jerarquizada, donde las partes inferiores dependen estrechamente del máximo nivel: *El ejército tiene una organización vertical.* **sindicato* ~.** || *adj. / s. f.* **3** GEOM. [Recta, plano] que es perpendicular a una recta o plano horizontal: *Traza una vertical a esta línea.* || *s. m.* **4** GEOGR. Cada uno de los semicírculos máximos perpendiculares al horizonte que se consideran en una esfera terrestre. || **5 piano* ~.**

verticalidad *s. f.* (no contable) Cualidad de lo que es perpendicular a una línea o plano horizontal: *La torre de Pisa pierde su verticalidad por la inestabilidad del terreno.*

verticalismo *s. m.* (no contable) RESTRINGIDO. Organización vertical o jerarquizada del poder: *el verticalismo de los sindicatos bajo el régimen de Franco.*

vértice *s. m.* **1** GEOM. Punto en el que se unen los dos lados de un ángulo, o las aristas de tres o más planos de un poliedro: *el vértice de una pirámide, el vértice de un cono. El triángulo tiene tres vértices.* **2** GEOM. Punto de una curva en el que la curvatura es máxima o mínima. SIN. cúspide. **3** Extremo más alto o prominente de una cosa: *Había nieve sólo en el vértice de la montaña.*

verticilado, da *adj.* BOT. Que forma verticilo.

verticilo *s. m.* BOT. Conjunto de hojas, flores y otros órganos vegetales que están en un mismo plano alrededor del tallo.

vertido, da *s. m.* **1** (no contable) Acción y resultado de verter: *El vertido de basuras y desperdicios se realiza en vertederos.* **2** Cosa que se vierte: *Los vertidos tóxicos deben ser eliminados totalmente.*

vertiente *s. f.* **1** Inclinación por donde corre o puede correr el agua: *Las vertientes del tejado están poco inclinadas. El Ebro es el río más importante de la vertiente mediterránea.* **2** GEOGR. Lado de una montaña, desde la cima hasta el pie: *La vertiente norte de la montaña está helada todo el año.* **3** ELEVADO. Modo de considerar una cosa: *Examinaremos el asunto desde varias vertientes.* SIN. perspectiva.

vertiginoso, sa *adj.* Que causa vértigo: *altura vertiginosa.* **2** (antepuesto/pospuesto) INTENSIFICADOR. Que alcanza una velocidad muy grande o tiene un movimiento muy rápido: *No puedo soportar la vertiginosa velocidad del tren de la feria. Los precios subieron de una manera vertiginosa.*

vértigo *s. m.* **1** (no contable) Trastorno del sentido del equilibrio en que el individuo siente mareo y tiene la sensación de que los objetos giran a su alrededor: *Las alturas le producen vértigo.* **2** (no contable) PSIQUIAT. Turbación repentina y pasajera de la razón: *Hablar con su marido le produce vértigo.* **3** (no contable) Sensación de incertidumbre e inquietud: *Pensar en el futuro me da vértigo.* **4** (no contable) Ritmo muy intenso con que se desarrolla una cosa: *Felipe fue al campo huyendo del vértigo de la gran ciudad.* SIN. ajetreo.

vesícula *s. f.* **1** ANAT. Órgano hueco en forma de saco que contiene líquido o aire. **~ biliar. ~ seminal.** **2** MED. Ampolla pequeña llena de suero que se forma en la piel: *Las vesículas de la viruela no deben reventarse.* **3** BOT. Ampolla llena de aire o líquido que tienen algunas plantas aromáticas.

véspero *s. m.* **1** LITERARIO. El planeta Venus como lucero de la tarde. **2** LITERARIO. Últimas horas de la tarde, anochecer.

vespertino, na *adj.* **1** De la tarde: *prensa vespertina, edición vespertina, sesión vespertina.* **lucero* de la tarde** o **lucero ~.** || *s. m.* **2** Diario que sale por la tarde: *El vespertino de hoy trae una importante exclusiva.*

vestíbulo *s. m.* Parte de una vivienda o edificio situada a la entrada: *Te espero en el vestíbulo del hotel. El vestíbulo de la casa es pequeñito.*

vestido *s. m.* **1** Prenda exterior de piel o tela para cubrir o abrigar el cuerpo: *Tienes que cuidar más el vestido, y no ponerte cualquier cosa.* **2** Prenda de vestir femenina de una sola pieza, desde los hombros hasta más arriba o abajo de las rodillas: *Se compró un vestido estampado.* **~ de noche.** **3** COL. Traje de caballero.

vestidor *s. m.* Habitación para vestirse y arreglarse: *Todas las habitaciones tienen baño y vestidor con armario amplio.*

vestidura *s. f.* **1** (preferentemente en plural) Vestido: *Las vestiduras de los nobles eran muy ricas.* **2** (preferentemente en plural) REL. Vestido que el sacerdote se pone para celebrar el culto. FR. Y LOC. **rasgarse las vestiduras** COLOQUIAL. Indignarse ‹una persona› por una cosa, generalmente con hipocresía: *Tampoco hay que rasgarse las vestiduras ahora, porque todos sabíamos qué iba a pasar.*

vestier *s. m* COL. Lugar para vestirse, vestuario.

vestigio *s. m.* **1** ELEVADO. Señal o recuerdo de una cosa que ha pasado: *Aquellas fotos eran vestigios de su juventud.* **2** (preferentemente en plural) ARQUEOL. Ruina de una civilización anterior: *Hemos visitado los vestigios de la antigua ciudad romana.* **3** Indicio por el que se deduce o investiga una cosa: *No hay vestigios del arma homicida.*

vestiglo *s. m.* RESTRINGIDO. Monstruo fantástico horrible y terrorífico: *El vestiglo atemorizaba a los habitantes de la aldea.*

vestimenta *s. f.* Vestidura: *las vestimentas sacerdotales, las vestimentas sagradas. ¿A dónde vas con esa vestimenta?*

vestir *v. tr./prnl.* **1** Cubrir ‹una persona› el cuerpo de [otra persona] con un vestido: *Para el carnaval, vestí a mi hijo de vampiro. Por la mañana **se** viste muy deprisa.* || *v. tr.* **2** Proporcionar ‹una persona› vestidos [a otra persona]: *Esta empresa viste a sus empleados.* **3** Hacer ‹una persona› vestidos para [otra persona]: *A Pilar la viste esta modista.* **4** ELEVADO. Cubrir o adornar ‹una cosa› [otra cosa]: *Hay que vestir las paredes con algunos cuadros.* **5** ELEVADO. Disimular ‹una persona› [la realidad de una cosa] con [otra cosa]: *Vestía su maldad **de** inocencia.* || *v. tr./intr.* **6** Llevar ‹una persona› [un vestido]: *Ella siempre viste pantalones tejanos. El torero vestía **de** rojo y oro. Verónica vestía **a** la moda.* || *v. intr.* **7** Ser ‹un vestido o un tejido› elegante o apropiado: *Este traje viste más que el que llevabas ayer.* **8** COLOQUIAL. Dar ‹una cosa› prestigio: *Algunos piensan que un título universitario viste mucho.* || *v. prnl.* **9** Comprar ‹una persona› sus vestidos en [el establecimiento acostumbrado]: *Se viste **en** los grandes almacenes.* FR. Y LOC. **de ~** COLOQUIAL. Se usa para referirse a la ropa que es elegante: *Me he comprado unos pantalones de vestir para la boda.* **desnudar/quitar un santo* para ~ a otro. el mismo* que viste y calza. quedarse para ~ santos*. ~/ir de gala*.** ⇒ **57.**

vestón *s. m.* CHILE; COLOQUIAL. Saco, chaqueta.

vestuario *s. m.* **1** Conjunto de vestidos o prendas de vestir: *Tienes un vestuario muy amplio.* **2** CINE, TEATRO. Conjunto de los trajes que se usan en una película o espectáculo: *óscar al mejor vestuario. Esta obra de teatro tiene un vestuario muy caro.* **3** Dependencia para cambiarse de ropa en instalaciones públicas como las deportivas o los teatros: *vestuario local, vestuario visitante, el vestuario de la estrella. Los jugadores aún no han salido del vestuario.*

veta (diferente de *beta*) *s. f.* **1** Franja que se distingue en una materia: *las vetas del jamón, las vetas de la madera, una veta de color.* **2** MIN. Estrato alargado de mineral en el hueco de una grieta rocosa: *una veta mineral. Han encontrado una veta de oro.* **3** Propensión o tendencia hacia una cosa: *Tomás tiene una veta de loco.*

vetar *v. tr.* Poner ‹una persona› veto [a otra persona o a una cosa]: *La junta directiva ha vetado la entrada de los jóvenes al bar.*

veteado, da *adj.* Que tiene vetas: *madera veteada.*

vetear *v. tr.* RESTRINGIDO. Dibujar o pintar ‹una persona› vetas en [una cosa]: *Vamos a vetear las columnas del porche.*

veteranía *s. f.* (no contable) Calidad o condición de la persona que tiene mucha experiencia en un oficio o una actividad: *Al final reconocen su veteranía y le conceden algunos privilegios.* FR. Y LOC. **la ~ es un grado** 1 COLOQUIAL. Se usa para expresar que la experiencia tiene mucho valor: *Resolviendo el problema el abuelo demostró que la veteranía es un grado.* 2 MIL. Se usa para expresar que la experiencia de un militar vale casi tanto como si se añadiera un grado al que realmente se posee: *El sargento demostró en las maniobras que la veteranía es un grado.*

veterano, na *adj./s. m.* y *f.* **1** (antepuesto/pospuesto) Que tiene mucha experiencia en un oficio o una actividad: *El veterano escritor ha publicado una nueva novela. Es un veterano en el mundo del deporte.* **2** (antepuesto/pospuesto) [Militar] que lleva mucho tiempo en el ejército o ha participado en una guerra: *Hoy celebran un homenaje a los veteranos de la Segunda Guerra Mundial.*

veterinaria *s. f.* (no contable) Ciencia que trata de la prevención, diagnóstico y tratamiento de las enfermedades de los animales: *La chica quiere estudiar Veterinaria en la Universidad de León.*

veterinario, ria *adj.* **1** De la Veterinaria: *auxiliar veterinario, clínica veterinaria, médico veterinario.* || *s. m./f.* **2** Persona que tiene por profesión curar a los animales: *veterinario de gatos, veterinario de ganado. Voy a llevar el perro al veterinario para vacunarlo.*

veto *s. m.* **1** DER. Derecho que tiene una persona o entidad de prohibir o impedir una cosa: *España ejerció su derecho a veto en la reunión de ministros europeos.* **2** Prohibición: *La comunidad internacional ha levantado el veto de comerciar con la República Surafricana.*

vetusto, ta *adj.* (ser / estar; antepuesto / pospuesto) ELEVADO; HUMORÍSTICO a veces con objetos cotidianos. Que es muy viejo, antiguo o anticuado: *costumbres vetustas. Es un mueble vetusto, pero muy bonito. La vetusta ciudad se despertaba tranquila. La pobre bici está bastante vetusta.*

vez *s. f.* **1** Ocasión en que se realiza o sucede una acción o un hecho que se repite en momentos y circunstancias diferentes: *Sofía se ducha dos veces al día. Aquélla fue la primera vez que vio el mar.* **2** Tiempo u ocasión en que sucede o se realiza una cosa: *Aquella vez estaba yo muy enamorado. Dejó las cosas pequeñas para otra vez.* **3** (no contable) Tiempo u ocasión que le corresponde a una persona para hacer una cosa, siguiendo un orden determinado: *Cuando llegó su vez dijo que tenía que marcharse. Ha venido una señora para pedir la vez. Le he dado la vez al chico.* SIN. turno. FR. Y LOC. **a la ~** Simultáneamente, al mismo tiempo: *No habléis todos a la vez.* **a veces** En algunas ocasiones, de vez en cuando, de vez en vez: *Es muy simpática, pero a veces dice unas bobadas increíbles.* **cada ~ más / menos** Progresivamente más o menos: *Los dolores eran cada vez más agudos.* **cada ~ que** Siempre que, todas las veces que: *Cada vez que lo llaman está reunido.* **de cuando* en cuando** o **de ~ en cuando** o **de vez en ~. de una ~** Definitivamente o sin interrupción o pausa: *Luisa le pidió que la dejara en paz de una vez. Sergio se comió toda la tarta de una vez.* **en ~ de** En lugar de, en sustitución de: *El camarero trajo un té en vez de un café.* **érase* una ~** o **érase que se era. hacer las veces** Hacer ‹una persona o una cosa› las funciones de otra persona o de otra cosa: *Manolo hace las veces de secretario hasta que venga Pedro. El sofá le hacía las veces de cama.* **rara ~** Casi nunca, de forma muy ocasional: *No sé casi nada de Soledad, rara vez viene a vernos.* **tal ~** Quizá, posiblemente: *Ahora no está en casa, tal vez venga más tarde.* **toda ~ que** ELEVADO. Se usa para introducir una explicación como causa de un hecho o de una deducción presentados anteriormente: *El caserón se estaba deteriorando, toda vez que ya nadie lo habitaba.* **una ~ que** 1 Después de que. OBSERVACIONES: Introduce una expresión e indica un tiempo anterior al expresado en la oración principal: *Una vez que hayas firmado el contrato, el puesto será tuyo. Lo haré una vez que aprenda a hacerlo bien.* No admite el verbo en futuro ni en modo condicional. RELACIONES Y CONTRASTES: 1 Frente a *después que* y *después de que*, no admite la supresión del verbo y no es modificable por adverbios. 2 Se usa para introducir una explicación que indica la causa o justificación de una sugerencia, una propuesta o una decisión: *Una vez que estamos aquí, podríamos aprovechar para ver buen baloncesto.* SIN. ya que. 3 En cierta ocasión en la cual: *Recuerdo que una vez que me quedé sin gasolina, tuve que recorrer a pie cinco kilómetros.* **~ que** PERÚ. Cada vez que.

v. gr. *abr.* «Verbi gratia», por ejemplo.

vía *s. f.* **1** Espacio por donde una persona o un vehículo va de un sitio a otro: *La nueva carretera constituye una importante vía para llegar a Andalucía.* **~ pública. ~ rápida** Carretera con una sola calzada, sin cruces ni acceso a las propiedades colindantes. **2** Cada uno de los dos carriles sobre los que circulan los trenes: *El tren descarriló porque las tormentas habían acumulado rocas sobre las vías.* **~ férrea.** **3** Conjunto que forman estos dos carriles junto con otros elementos: *Están renovando la vía de Salamanca a Zamora.* **~ estrecha** Vía formada por raíles situados a una distancia menor que los de la red principal: *Los ferrocarriles de vía estrecha corresponden a líneas secundarias o de corto recorrido.* **~ muerta** Vía que no tiene salida y sirve para apartar de la circulación vagones y máquinas. **4** Procedimiento de transporte o comunicación: *Manuel mandó el paquete por vía aérea.* **vías de comunicación. ~ satélite** Transmisión de comunicaciones de una parte a otra de la Tierra a través de un satélite de telecomunicaciones puesto en órbita: *Estas imágenes de televisión nos llegan vía satélite.* **5** Forma de realizar o conseguir una cosa: *la vía de la negociación. Ahora han desconvocado las huelgas y van a seguir la vía del diálogo.* **6** MED. Forma de administrar un medicamento. **por ~ intravenosa** Por la vena. **por ~ oral** Por la boca. **7** ANAT. Conducto del cuerpo que permite la salida o entrada de un fluido: *las vías respiratorias, las vías urinarias.* **8** LITERARIO, REL. Cada una de las etapas que siguen las personas religiosas que buscan la perfección espiritual. **~ iluminativa** En la doctrina cristiana, la etapa segunda, en la que la divinidad concede la ayuda mental al que se ha sacrificado, para que comprenda mejor los misterios divinos. **~ purgativa** En la doctrina cristiana, la etapa inicial de sacrificio que purifica el alma. **~ unitiva** En la doctrina cristiana, etapa final de perfección, conseguida por muy pocos, en la que la persona recibe favores místicos y experimenta la presencia directa de la divinidad. || *prep.* **9** A través de: *Es más rápido ir a Roma vía Madrid que esperar un avión directo.* || **10 cuaderna* ~. 11 ~ de agua** MAR. Rotura por donde entra agua en una embarcación: *Al buque se le abrió una vía de agua al chocar contra unas rocas.* **12 ~ ejecutiva** DER. Procedimiento judicial para el cobro de deudas, multas, sanciones, etc. FR. Y LOC. **cambio* de ~. de ~ estrecha** COLOQUIAL; PEYORATIVO. De poca categoría o importancia: *Éste es un galán de vía estrecha.* **dejar ~ libre** COLOQUIAL. No poner ‹una persona› obstáculos a otra persona o a una cosa: *En ese asunto sus jefes le han dejado vía libre.* **en ~ muerta** En situación de permanecer estancado, sin avanzar: *El proyecto ha entrado en vía muerta.* **en vías de** A punto de, cerca de: *en vías de recuperación. El incendio está en vías de extinción.* **país* en vías de desarrollo.**

vía crucis (plural *vía crucis*) *s. m.* **1** En la Iglesia Católica, recorrido que se hace parando delante de una serie de cruces, altares o imágenes en memoria de los pasos que dio Jesucristo hacia el Calvario: *Todos los viernes de Semana Santa hay vía crucis en la iglesia.* **2** Conjunto de catorce cuadros, cruces o altares que recuerdan el camino de Jesucristo hasta el monte Calvario: *En el pueblo han levantado un vía crucis hasta el monte cercano.* **3** Conjunto de rezos que se hace en el recorrido de estas paradas: *A mi tía le gusta rezar el vía crucis.* **4** (no contable) COLOQUIAL. Sufrimiento prolongado: *Pepe pasó un auténtico vía crucis hasta que consiguió dejar las drogas.*

viabilidad *s. f.* **1** (no contable) Calidad de poder ser realizado: *El proyecto ha sido desestimado porque hay dudas sobre su viabilidad.* **2** (no contable) Probabilidad de vivir: *Según los médicos, la viabilidad del feto es mínima.* FR. Y LOC. **plan de ~** Proyecto de medidas concretas para relanzar económicamente la actividad de una empresa en crisis: *El Gobierno ha dado el visto bueno al plan de viabilidad presentado por los nuevos gestores de la empresa.*

viable *adj.* **1** Que reúne condiciones para poder ser realizado: *proyecto viable, acuerdo viable. La reforma del metro es viable.* SIN. posible. ANT. inviable. **2** Que puede vivir: *No te preocupes, es un feto viable.* **3** Que se puede transitar: *Es un camino viable sólo para vehículos todo terreno.*

viaducto *s. m.* Construcción parecida a un puente para el paso de una carretera o una vía de tren sobre una hondonada: *Construyeron un viaducto espectacular para salvar el desnivel del terreno y facilitar el paso de la autopista.*

viajante *s. m. / f.* COMERC. Persona que por oficio visita comercios y empresas para negociar compras y ventas: *El lunes le mandaremos al viajante con nuestras nuevas ofertas.* SIN. representante.

viajar *v. intr.* **1** Visitar ‹una persona› diferentes lugares: *Helena ha viajado* ***por*** *toda Europa. Siempre le gustó viajar.* **2** Recorrer ‹un medio de transporte› una distancia o un trayecto: *Estos aviones viajan a gran velocidad.* **3** JERGAL. Estar ‹una persona› bajo los efectos de drogas alucinógenas: *Esta mierda es la mejor para un viaje largo.*

viaje *s. m.* **1** Acción y resultado de viajar: *Este año hemos hecho varios viajes. Mañana nos vamos de viaje.* **bolsa / bolso de ~. buen / feliz ~. ~ de negocios. ~ de placer.** **2** Acción de ir de un lugar a otro llevando una cosa: *Tendremos que hacer varios viajes para bajar todas las maletas.* **3** Carga que se lleva de una vez de un lugar a otro: *Para encender la chimenea necesitaremos varios viajes de leña.* **4** JERGAL. Efecto que producen algunas drogas: *Yo huiría de estos viajes alucinantes a base de pico.* **5** COLOQUIAL. Corte profundo y grande: *Me he dado un viaje con el cuchillo mientras partía el tomate y casi me arranco el dedo.* SIN. tajo. **6** COLOQUIAL. Golpe dado a una persona: *Me he dado un viaje con la puerta.* **7** COLOQUIAL. Acción de herir o atacar a una persona con un cuchillo o un arma parecida: *Le tiró un viaje con la navaja. El gato me ha dado dos viajes y mira qué arañazos.* **8** TAUROM. Cornada que lanza el toro levantando la cabeza: *Como pesque el toro al novillero en uno de esos viajes, lo destroza.* FR. Y LOC. **agarrar (un) ~** ARG., URUG.; COLOQUIAL. Aceptar ‹una persona› una proposición o una invitación. **de un ~** AMÉR. De una vez. **para este ~ no se necesitan alforjas** RESUMIDOR FINAL. Se usa para expresar que una cosa no resulta suficiente o es menos interesante de lo esperado: *Le dijeron que algún día le arreglarían la avería; pero para ese viaje no se necesitan alforjas. Tanta propaganda para no decir nada en la rueda de prensa: yo creo que para este viaje no se necesitaban alforjas.*

viajero, ra *adj. / s. m.* y *f.* Que viaja: *Tu hermana es una persona muy viajera. Teresa tiene un espíritu viajero. ¡Viajeros, al tren!* FR. Y LOC. **tren de viajeros.**

vial *adj.* **1** De la vía pública: *La seguridad vial es competencia del Ministerio.* || *s. m.* **2** FARM. Pequeño recipiente, de vidrio o de plástico, que contiene un líquido, generalmente un medicamento inyectable, del que se van extrayendo sucesivas dosis: *Sólo queda un vial de la vitamina.* SIN. ampolla. **3** Camino formado por dos filas paralelas de árboles o plantas.

vianda *s. f.* **1** (preferentemente en plural; no contable) RESTRINGIDO. Alimento, comida en general: *Las viandas del banquete fueron servidas por uno de los mejores restaurantes madrileños. En su mesa no falta nunca ninguna vianda.* **2** ARG., URUG. Comida que se lleva al trabajo. **3** ARG., URUG. Recipiente para guardar y transportar la comida, fiambrera.

viandante *s. m. / f.* Peatón: *Los viandantes también deben conocer las normas de circulación.*

viaraza *s. f.* **1** AMÉR. Acción irreflexiva y repentina. **2** ARG., URUG. Ataque de cólera.

viario, ria *adj.* De los caminos y carreteras: *red viaria. La estructura viaria del país ha mejorado mucho.*

VIASA (pronunciamos *'viasa'*) *s. f.* Sigla de la compañía «Venezolana Internacional de Aviación, Sociedad Anónima».

viaticar *v. tr.* **1** RESTRINGIDO. En la Iglesia Católica, administrar ‹un sacerdote› el viático [a una persona]. || *v. intr.* **2** COL.; COLOQUIAL. Viajar ‹un funcionario› con cargo a fondos públicos. ⇒ **71.**

viático *s. m.* REL. En la Iglesia Católica, sacramento de la eucaristía que se administra a los enfermos que están en peligro de muerte: *Es recomendable que los enfermos reciban el viático si así lo desean.*

víbora *s. f.* **1** (macho y hembra) Familia *Viperidae.* Serpiente muy venenosa de cabeza triangular, lengua partida en dos y generalmente color grisáceo con una línea oscura en zigzag: *Las víboras rara vez superan el metro de longitud.* **2** COLOQUIAL; PEYORATIVO. Persona astuta y con muy mala intención: *No te fíes nada de Pepón, es una víbora auténtica.* FR. Y LOC. **lengua* viperina** o **lengua de ~. nido* de víboras.**

viborear *v. intr.* **1** ARG., URUG. Serpentear. **2** CUBA, MÉX. Criticar ‹una persona› a [otra persona].

vibración *s. f.* **1** (no contable) Acción y resultado de vibrar: *Los animales notaron la vibración del cañonazo. La vibración de las cuerdas vocales es fundamental para el habla.* **2** (preferentemente en plural; no contable) COLOQUIAL. Relación, positiva o negativa, entre dos o más personas: *Cuando se vieron sintieron muy buenas vibraciones entre ellos.*

vibrador, ra *adj.* **1** Que vibra: *superficie vibradora.* || *s. m.* **2** Aparato o dispositivo que transmite vibraciones eléctricas. **3** MEC. Interruptor automático formado por un electroimán y una placa vibrante. **4** VULGAR. Aparato de forma cilíndrica cuyas vibraciones pueden ser aprovechadas para la masturbación femenina.

vibráfono *s. m.* Instrumento musical de percusión parecido al xilófono, formado por una fila de láminas metálicas vibrantes que se golpean con unas pequeñas mazas.

vibrante *adj.* **1** (antepuesto / pospuesto) Que vibra: *el vibrante sonido del arpa, voz vibrante.* **2** (antepuesto / pospuesto) Que vibra o se emociona, o que hace vibrar: *Aquél era un público vibrante de entusiasmo. Teresa tuvo una vibrante intervención.* || *adj. / s. f.* **3** FON. [Sonido] que se articula con el ápice de la lengua en contacto breve y repetido con los alvéolos. En castellano, hay una *r* vibrante simple como en *noria* y una doble como en *perro* o *rosa*: *consonante vibrante. Las vibrantes españolas son líquidas.*

vibrar *v. intr.* **1** Moverse ‹una cosa› con un movimiento rápido y alternativo: *El cristal vibró al pasar el camión.* **2** Sonar ‹la voz› con un sonido trémulo: *Su voz vibraba por la emoción.* **3** Sentir ‹una persona› emoción: *El público vibró con el gol del delantero local.* **4** MEC. Experimentar ‹un cuerpo elástico› cambios alternativos de tal modo que sus puntos oscilen sincrónicamente en torno a sus posiciones de equilibrio sin que el cuerpo cambie de lugar.

vibrátil *adj.* **1** RESTRINGIDO. Que puede vibrar: *Las pestañas son vibrátiles.* **2** BIOL. [Movimiento] que hacen o provocan las células que tienen muchos cilios.

vibratorio, ria *adj.* Que vibra o puede vibrar: *cama vibratoria, movimiento vibratorio.*

vibrio *s. m.* BIOL. Bacteria con forma de coma y generalmente flagelada: *Algunas especies de vibrios transmiten el cólera.*

vibrisa *s. f.* **1** (preferentemente en plural) ZOOL. Pelo táctil que tienen en el hocico ciertos mamíferos carnívoros y roedores: *El gato, la morsa y la rata tienen vibrisas en el hocico.* **2** (preferentemente en plural) ZOOL. Pluma con función táctil que algunas aves tienen junto al pico.

vicaría *s. f.* **1** Lugar o despacho donde trabaja el vicario. **2** (no contable) REL. Cargo de vicario. **3** Territorio bajo la jurisdicción de un vicario. FR. Y LOC. **pasar por la ~** COLOQUIAL; HUMORÍSTICO. Casarse ‹dos personas› por la Iglesia: *Creo que pronto pasaremos por la vicaría.*

vicario, ria *adj. / s. m.* y *f.* **1** RESTRINGIDO. Que sustituye a una persona en determinados asuntos o funciones: *La han nombrado secretaria vicaria de la exposición.* || *s. m.* **2** REL. Eclesiástico que está bajo la autoridad del párroco de la parroquia: *Hoy sólo confiesa el vicario.* **3** REL. Sacerdote nombrado por las autoridades eclesiásticas para que sea juez ordinario: *el vicario de la diócesis.* || **4 ~ apostólico** REL. Eclesiástico elegido por el Vaticano para gobernar una región donde aún no se ha establecido la jerarquía eclesiástica: *Lo han nombrado vicario en una región amazónica.* **5 ~ de Cristo** REL. Papa.

vice- o **vi-** o **viz-** *pref.* Significa 'cargo que está por debajo de o que hace las veces de' y forma sustantivos a partir de sustantivos: *presidente - vicepresidente, ministra - viceministra, rey - virrey, conde - vizconde.*

vicealmirante *s. m.* Oficial del ejercito de grado inmediatamente inferior al almirante: *El vicealmirante de la primera región del Ejército del Aire.*

vicecónsul *s. m. / f.* Diplomático de categoría inmediatamente inferior al cónsul: *El vicecónsul recibió al Presidente.*

vicepresidente, ta *s. m. / f.* Persona que ocupa el cargo inmediatamente inferior al presidente y le sustituye en determinadas circunstancias: *Debido al viaje del presidente, el vicepresidente inauguró la exposición.*

vicerrector, ra *s. m. / f.* Persona que ocupa el cargo inmediatamente inferior al rector y lo sustituye en determinadas circunstancias: *El vicerrector habló con los estudiantes.*

vicesecretario, ria *s. m. / f.* Persona que puede ejercer las funciones del secretario: *la vicesecretaria del Ministerio de Cultura.*

vicetiple *s. f.* **1** MÚS. Cantante femenina de voz más grave que la soprano. **2** MÚS. Cantante de zarzuela, operetas, y obras semejantes que participa en los números de conjunto: *Las vicetiples tenían fama de poco serias a principios de siglo.*

viceversa *adv.* Se usa para indicar que deben invertirse los términos de lo que se dice: *Cuando él quiere salir, ella no quiere, y viceversa.*

vichear *v. tr.* ARG., URUG. Espiar, observar a escondidas ‹una persona› [a otra persona o una cosa].

vichy *s. m.* (no contable) Tela fuerte de algodón, de rayas o cuadros, que se usa en la confección de batas, delantales y prendas similares: *En el cole los niños llevan babis de vichy.*

viciar *v. tr.* **1** Hacer adquirir ‹una persona› un vicio [a otra persona]: *A mi hijo lo han viciado con la bebida.* SIN. enviciar. **2** Hacer ‹una cosa o una persona› que [una cosa] se deforme: *De tanto apretar la tuerca, la has viciado y ahora no enrosca.* **3** Cambiar ‹una persona o una cosa› el sentido de [una cosa]: *La prensa vició mis declaraciones.* **4** DER. Ser ‹una persona o una cosa› causa de que [un acto público o un documento] pierda validez: *La falta de la firma en uno de los documentos vicia el procedimiento y hay que volver a iniciar las diligencias.* || *v. prnl.* **5** Adquirir ‹una persona› un vicio: *Susana se ha viciado con el café.* SIN. enviciarse. **6** Perder ‹una cosa› su forma: *Las puertas se han viciado por la humedad.* **7** Cambiar el sentido de ‹una cosa›: *La idea que propusimos se vició por una mala interpretación.*

vicio *s. m.* **1** Afición excesiva a una cosa, generalmente perjudicial: *Fumar es un vicio. Beatriz bebe por vicio.* **2** Cosa a la que es fácil aficionarse en exceso: *Para mí salir de compras es un vicio. Comer pipas es un vicio.* SIN. tentación. **3** Rasgo o costumbre de carácter censurable: *Ella tiene el vicio de morderse las uñas. La pereza es un vicio.* **4** Mala costumbre que adquiere a veces una persona o un animal: *Aprendí a conducir por mi cuenta y tengo muchos vicios.* **5** (no contable) Deformación de una superficie o de una cosa: *Con la humedad las puertas tienen vicio y no encajan en el marco.* **6** DER. Falta o defecto que tienen algunas cosas, especialmente un documento o un acto de carácter público: *Este contrato tiene un vicio de forma.* **7** RESTRINGIDO. Exceso de mimo con que se educa a un niño: *Juanito ha sido educado con mucho vicio.* **8** BOT. Frondosidad, desarrollo excesivo y perjudicial de una planta: *Estas plantas han crecido con mucho vicio y se comen los sembrados.* || **9 ~ de dicción** LING. Uso incorrecto del idioma: *Los barbarismos, los solecismos, las cacofonías y las anfibologías son vicios de dicción.* FR. Y LOC. **de ~** 1 COLOQUIAL; INTENSIFICADOR. Muy bueno o muy bien: *Estos pasteles están de vicio.* 2 COLOQUIAL. Sin motivo: *Se queja de vicio.* **quejarse* de ~.**

vicioso, sa *adj.* **1** Que tiene algún vicio, error o defecto: *razonamiento vicioso. Esto se ha producido por el funcionamiento vicioso del sistema.* **círculo* ~.** || *adj. / s. m.* y *f.* **2** PEYORATIVO. Que tiene algún vicio o mala costumbre: *Estás hecho un viejo vicioso. Soy una viciosa del tabaco.*

vicisitud *s. f.* **1** (preferentemente en plural) ELEVADO. Suceso contrario a la marcha o al desarrollo de una cosa: *A pesar de todas las vicisitudes que tuvimos que pasar, conseguimos llegar.* SIN. contrariedad. **2** (preferentemente en plural) ELEVADO. Alternancia de hechos favorables y desfavorables en la marcha de una cosa: *Las vicisitudes de la vida te hacen pasar momentos felices e infelices.* SIN. avatar.

víctima *s. f.* **1** Persona o animal que sufre daño por azar o por culpa de otros: *Ella ha sido víctima de un atraco.* **2** Persona o animal que muere por azar o por culpa de otros: *Ha habido tres víctimas en el accidente de circulación de esta tarde.* **3** RESTRINGIDO. Persona o animal que va a ser sacrificada a los dioses: *La víctima era escogida entre las muchachas más bonitas del poblado.* FR. Y LOC. **hacerse la ~** COLOQUIAL. Quejarse ‹una persona› sin tener motivo: *Aunque hayas perdido, no te hagas la víctima.*

victimar *v. tr.* AMÉR. Asesinar, matar ‹una persona› [a otra persona].

victimario *s. m.* AMÉR. Asesino, criminal.

victimismo *s. m.* (no contable) RESTRINGIDO; PEYORATIVO. Actitud de la persona que sin motivos suficientes se considera la más perjudicada de una situación: *Basta ya de victimismo, y vamos a trabajar para que la situación cambie.*

victoria *s. f.* **1** Acción y resultado de vencer: *La victoria ha sido para el equipo local. Lucharemos por la victoria.* ANT. derrota. **2** HIST. Coche de caballos con dos asientos, abierto y con capota plegable. FR. Y LOC. **cantar ~** Conseguir ‹una persona› un triunfo y celebrarlo: *Hasta el final de la competición no cantéis victoria.*

victoriano, na *adj.* HIST. Que tiene relación con la reina Victoria de Inglaterra o con su época: *costumbres victorianas, casa victoriana, decoración victoriana.*

victorioso, sa *adj.* **1** (antepuesto / pospuesto) Que ha conseguido una victoria: *El ejército victorioso entró en la ciudad. La victoriosa jugadora española fue recibida en el aeropuerto por miles de aficionados.* **2** (antepuesto / pospuesto) [Acción] que acaba en victoria: *lucha victoriosa. La película narra la victoriosa batalla de Lepanto.*

vicuña *s. f.* **1** (macho y hembra) *Vicugna vicugna.* Mamífero de cuello alargado y cuerpo cubierto de pelo largo y suave, que vive en los Andes: *La vicuña vive por encima de los 4.000 m. de altitud.* **2** (no contable) Lana de este animal: *La vicuña es una lana de extraordinaria calidad.* **3** (no contable) Tejido que se hace con esta lana: *Sonia se ha comprado un abrigo de vicuña.*

vid *s. f.* BOT. Género de plantas trepadoras de tronco leñoso y retorcido, hojas recortadas brillantes y pequeñas flores verdes, cuyo fruto es la uva: *En esta comarca hay muchas vides. La vid es un cultivo tradicional del Mediterráneo.*

vida *s. f.* **1** (no contable) Propiedad de los seres orgánicos por la cual crecen, se reproducen y se relacionan con el medio ambiente: *Perdió la vida en un atentado. Mientras hay vida, hay esperanza.* **2** (no contable) Hecho de existir seres vivos en un lugar: *No hay vida en la Luna.* **3** Espacio de tiempo entre el nacimiento y la muerte de un ser vivo: *Tuvo una vida larga. Dicen que los gatos tienen siete vidas.* SIN. existencia. **4** (no contable) Duración de las cosas: *La vida de este motor es de unos cinco años.* **5** Historia de los hechos más importantes de la existencia de una persona: *En el camino me contó su vida. Han publicado un libro sobre la vida de Unamuno.* **6** Actividad humana: *Su vida profesional es muy activa.* **~ familiar. ~ política. ~ privada. ~ sexual. ~ social.** **7** (no contable) Manera de vivir o circunstancias de una persona: *Luis lleva una vida muy ordenada. Su vida fue una aventura constante.* SIN. existencia. **la buena ~** (no contable) Vida cómoda y placentera: *Él es un hombre sibarita, aficionado a la buena vida.* **la gran ~** o **la ~ padre** COLOQUIAL; INTENSIFICADOR. La buena vida: *Se daba la gran vida mientras los demás trabajábamos.* **mala ~** 1 EUFEMISMO. Vida dedicada a las consideradas malas costumbres: *Al quedarse en paro su padre se echó a la mala vida. Esther es una mujer de mala vida, que se dedica a la prostitución.* 2 Vida en malas condiciones o con muchas penas: *Su marido le da muy mala vida.* **~ aperreada / arrastrada** o **~ de perros** COLOQUIAL; INTENSIFICADOR. Vida con muchas penalidades y sufrimientos: *Mi abuelo siempre llevó una vida aperreada.* **8** (no contable) Conjunto de todas las cosas que necesita una persona para vivir: *Le resulta difícil ahorrar porque la vida está muy cara.* **9** (no contable) Cosa que es la más importante y da valor a la existencia de una persona: *El baile es su vida.* **10** (no contable) Vitalidad o animación: *Es una mujer llena de vida. El pueblo tiene mucha vida en verano.* || **11 la otra ~** o **la ~ eterna** REL. Existencia del alma después de la muerte. **12 ~ vegetativa** Conjunto de procesos fisiológicos involuntarios necesarios para el mantenimiento de las funciones vitales. **13 ~ y milagros** COLOQUIAL; INTENSIFICADOR. Conjunto de todos los hechos de la vida de una persona: *Las revistas del corazón cuentan la vida y milagros de los famosos.* FR. Y LOC. **a ~ o muerte** INTENSIFICADOR. [Operación quirúrgica] que se realiza a un enfermo muy grave, cuando ya no existe otra solución: *Le hicieron una operación del corazón a vida o muerte.* **amargar la ~** COLOQUIAL. Atormentar, hacer desagradable la vida ‹una persona› a otra persona: *Su hijo mayor le amarga la vida.* **buscarse la ~** COLOQUIAL. Encontrar ‹una persona› la manera de vivir o de conseguir una cosa: *Ella se buscó la vida para conseguir las entradas del concierto. Desde pequeño Luis tuvo que buscarse la vida para sobrevivir.* **calidad* de ~. complicar la ~** 1 COLOQUIAL. Dar ‹una persona o una cosa› preocupaciones y trabajos a otra persona: *Este problema me está complicando la vida.* 2 COLOQUIAL. Hacer ‹una persona› cosas que le dan trabajos o preocupaciones: *Comprarse ese piso es complicarse la vida.* **costar la ~** INTENSIFICADOR. Ser ‹una cosa› la causa de que una persona muera: *Su afición a las motos le costó la vida.* **dar la ~** Sacrificarse ‹una persona› muriendo por otra persona o por una cosa: *El protagonista dio la vida por defender sus ideas.* **de mi / tu / su... ~** Perfecto, ideal: *En un viaje a Canarias, ella encontró al hombre de su vida.* **de mi ~** (pospuesto a un nombre de persona) COLOQUIAL; INTENSIFICADOR. Expresa afecto o enfado: *¡Hijo de mi vida! ¿Dónde has estado?* **de por ~** Durante el tiempo que dure la vida de una persona: *Se quedó ciego de por vida.* **de toda la ~** COLOQUIAL. Desde hace mucho tiempo: *Son amigos de toda la vida.* **de ~ alegre** 1 Poco respetable moralmente: *Los vecinos son gente de vida alegre. Éste es un local de vida alegre.* 2 [Mujer] frívola o, en ocasiones, prostituta: *La dueña es una mujer de vida alegre.* **dejarse la ~** 1 COLOQUIAL; INTENSIFICADOR. Perder la vida ‹una persona›: *Muchos jóvenes se dejan la vida en la carretera los fines de semana.* 2 COLOQUIAL; INTENSIFICADOR. Poner ‹una persona› todas sus energías en una cosa: *Mientras él se deja la vida trabajando, sus hijos están en casa sin hacer nada.* **echarse a la ~** EUFEMISMO. Dedicarse ‹una mujer› a la prostitución. **en la / mi / tu / su ~** INTENSIFICADOR. Nunca, jamás: *En mi vida había visto una cosa igual.* **en ~** Mientras vive una persona: *Su padre arregló en vida todos los problemas de la herencia.* **enterrarse* en ~. entre la ~ y la muerte** En peligro grave de morir: *El herido se debatía entre la vida y la muerte.* **es-**

peranza* de ~. ¡esto (sí que) es ~! COLOQUIAL; INTENSIFICADOR. Se usa para expresar una sensación de gran bienestar o comodidad: *En la playa, de vacaciones, sin preocupaciones, y echado al sol comiendo un helado: ¡Esto sí que es vida!* **ganarse la ~** Trabajar ‹una persona› para vivir: *Su padre se gana la vida como albañil.* **hacer la ~ imposible** INTENSIFICADOR. Molestar o hacer sufrir ‹una persona› a otra persona continuamente: *María acabó por divorciarse, porque el marido le hacía la vida imposible.* **irle la ~** COLOQUIAL; INTENSIFICADOR. Ser una cosa muy importante para una persona: *Tengo que resolver este asunto porque en ello me va la vida.* **jamás* en la ~. jugarse la ~** COLOQUIAL. Arriesgar mucho ‹una persona› su vida: *Al intentar apagar el incendio, los bomberos se jugaron la vida.* **¡la bolsa* o la ~ ! la flor* de la ~. la sal* de la ~. la ~ en un hilo** o **la ~ pendiente de un hilo** COLOQUIAL; INTENSIFICADOR. En grave peligro de morir: *Su vida está pendiente de un hilo.* **mi ~** o **~ mía** AFECTADO; AFECTIVO. Forma cariñosa de dirigirse a una persona. **mujer* pública** o **mujer de la ~** o **mujer de mala ~. nivel* de ~. no haber roto nunca un plato*** o **no haber roto en su ~ un plato. pasar a mejor ~** EUFEMISMO. 1 Morir: *Pasó a mejor vida.* 2 Dejar de estar en uso o en vigor ‹una cosa›: *Este coche ya está a punto de pasar a mejor vida.* **perdonar la ~** COLOQUIAL. Mirar con antipatía o desprecio ‹una persona› a otra: *Me echa unas miradas que parece que me está perdonando la vida.* **¿qué es de tu/su... ~?** COLOQUIAL. Se usa para interesarse por una persona a la que no se ve desde hace tiempo. **seguro* de ~. tener siete vidas (como los gatos)** COLOQUIAL. Salir ‹una persona› sin daño de un percance o enfermedad: *Su hermano ha tenido varios accidentes y no le ha pasado nada; parece que tiene siete vidas.*

vidala *s. f.* Vidalita.

vidalita o **vidala** *s. f.* FOLC. Canción popular argentina de carácter melancólico, generalmente de tema amoroso.

vidente *adj.* **1** Que tiene capacidad para ver: *Los invidentes desarrollan los sentidos que las personas videntes tenemos atrofiados.* || *s. m./f.* Persona que puede adivinar el futuro o conocer cosas ocultas: *Consultaron con una vidente para que los pusiera en contacto con el espíritu de su padre.*

vídeo *s. m.* **1** (no contable) Técnica o sistema electrónico de grabación y reproducción de imágenes y sonidos en una cinta magnética, mediante una cámara, un magnetoscopio y un televisor: *grabar en vídeo. Filmaron en vídeo toda la ceremonia.* **2** Filmación hecha con este sistema: *Vimos el vídeo del bautizo.* **3** Aparato para grabar y reproducir películas de vídeo o imágenes de televisión: *Me he comprado un vídeo y un televisor nuevos.* **4** COLOQUIAL. Videocasete, cinta de vídeo: *Sergio se ha llevado un vídeo de animales que tenía guardado.* || **5 juego de ~** Videojuego.

videoaficionado, da *s. m./f.* Persona a la que le gusta realizar películas de vídeo: *¿Viste el programa de televisión en el que pasaban películas de videoaficionados?*

videoarte *s. m.* ARTE. Técnica de vídeo utilizada para la expresión artística.

videocámara *s. f.* Cámara de vídeo.

videocasete *s. f.* Cinta de vídeo, parecida a una de sonido pero más grande, en la que se registran imágenes y sonidos que se reproducen en un vídeo y se ve en un televisor: *Quería grabar la película de anoche, pero no me quedaban videocasetes.*

videocinta *s. f.* Videocasete.

videoclip (plural *videoclips*) *s. m.* Filmación de vídeo producida para promocionar una canción, a un cantante o un grupo musical: *Los domingos por la mañana en televisión dan programas musicales de videoclips.*

videoclub (plural *videoclubs* o *videoclubes*) *s. m.* Establecimiento donde se alquilan o venden cintas de vídeo: *Fui al videoclub a alquilar dos películas para el fin de semana.*

videocontrol *s. m.* (no contable) Vigilancia de un lugar mediante un circuito cerrado de televisión: *Para mayor seguridad, instalaron un sistema de videocontrol.*

videodisco *s. m.* Disco en el que se registran imágenes y sonidos que se reproducen en un vídeo y se ven en un televisor.

videofonía o **videotelefonía** *s. f.* (no contable) Sistema de comunicación mediante el videófono, para combinar la imagen con la voz: *Con la videofonía también podemos ver a las personas con las que hablamos.*

videófono o **videoteléfono** *s. m.* Aparato telefónico con una pantalla que permite ver al interlocutor: *Los videófonos son frecuentes en los sistemas de apertura automática de las porterías de las viviendas.*

videofrecuencia *s. f.* Frecuencia de onda empleada en la transmisión de imágenes de televisión.

videograbadora *s. f.* COL., MÉX. Vídeo, aparato reproductor de cintas y de señales televisivas.

videojuego *s. m.* Juego electrónico sobre una pantalla: *un local de videojuegos. Es un gran aficionado a los videojuegos.*

videotape *s. m.* ARG., URUG. Videocasete.

videoteca *s. f.* **1** Colección de grabaciones de vídeo: *Tomás tiene una magnífica videoteca de cine fantástico.* **2** Lugar donde se guardan las grabaciones de vídeo: *La videoteca del museo está reservada a los especialistas.*

videotelefonía *s. f.* (no contable) Videofonía.

videoteléfono *s. m.* Videófono.

videotexto *s. m.* Sistema de transmisión de datos e informaciones diversas a través de la pantalla del televisor: *Gracias al videotexto estoy informado al instante de la marcha de la Bolsa.*

vidorra *s. f.* (no contable) COLOQUIAL. Vida placentera, llena de comodidades: *¡Se pega una vidorra, el tío!*

vidriado *s. m.* **1** (no contable) ARTE. Acción de recubrir un objeto de barro o loza con un barniz que, fundido al horno, parece vidrio: *El vidriado metálico lo hacen muy bien en Valencia.* **2** (no contable) ARTE. Barniz que se usa para recubrir objetos de barro o loza: *El vidriado azul es muy difícil de conseguir.*

vidriar *v. tr.* **1** ARTE. Cubrir ‹una persona› [un objeto de barro o loza] con un barniz que, fundido al horno, toma la transparencia y brillantez del vidrio: *platos vidriados. En esta parte vidriamos los cacharros antes de cocerlos.* || *v. prnl.* **2** RESTRINGIDO. Ponerse ‹una cosa› vidriosa: *Su mirada se ha vidriado desde que ha entrado en coma.*

vidriera *s. f.* **1** Conjunto de vidrios montado sobre un marco para cerrar una puerta o ventana que permiten el paso de la luz: *Las vidrieras de la catedral son preciosas.* **2** AMÉR. Escaparate de una tienda.

vidriería *s. f.* RESTRINGIDO. Establecimiento donde se fabrican o venden objetos de vidrio: *He comprado estos recipientes en la vidriería del mercado.*

vidriero, ra *s. m. / f.* Persona que por oficio se dedica a la colocación de vidrios o los fabrica y vende: *Tengo que llamar al vidriero para que nos ponga el cristal del balcón.*

vidrio *s. m.* **1** (no contable) Material transparente y frágil que se utiliza para hacer recipientes y otros objetos: *botella de vidrio, vidrios de colores, vasos de vidrio verde, el vidrio de las gafas, vidrio óptico.* SIN. cristal. **2** Objeto de este material: *Trabaja en la fábrica del vidrio.* SIN. cristal. **3** RESTRINGIDO. Trozo de vidrio: *No vayas descalzo, que se rotο esa jarra y te vas a clavar un vidrio.* SIN. cristal. **4** AMÉR.; RESTRINGIDO en España. Cristal de la ventanilla de un vehículo: *Sube el vidrio, que a tanta velocidad me entra frío.* SIN. cristal. FR. Y LOC. **fibra* de ~. pagar* los platos / vidrios rotos.**

vidrioso, sa *adj.* **1** Que se quiebra fácilmente, como el vidrio: *un material vidrioso.* **2** (ser / estar) [Mirada, ojos] que están cubiertos por una película líquida y parecen no mirar, como los de los muertos: *Sus ojos estaban vidriosos por la enfermedad.* **3** (antepuesto / pospuesto) RESTRINGIDO. Que debe tratarse con mucho cuidado, por su delicadeza o porque es difícil de resolver: *Es una vidriosa cuestión a la que debemos enfrentarnos.* **4** RESTRINGIDO. [Persona] que por su carácter se enfada o se ofende con facilidad: *A tu amigo no se le puede gastar ninguna broma, porque tiene un carácter vidrioso.* **5** (estar) [Suelo] que es muy resbaladizo porque está helado: *No corras, que el pavimento está muy vidrioso por las heladas.* **6** ARG., URUG.; COLOQUIAL. Que es difícil de realizar.

vieira *s. f.* **1** Género *Pecten.* Molusco marino comestible que tiene una concha de dos piezas con estrías y alerones: *Las vieiras gallegas son muy preciadas.* **2** Concha de la vieira: *La vieira es el símbolo de los peregrinos del Camino de Santiago.* SIN. venera.

viejales (plural *viejales*) *s. m.* COLOQUIAL; PEYORATIVO, HUMORÍSTICO. Persona muy vieja, especialmente de carácter alegre: *¡Tu abuelo es un simpático viejales! No sé cómo puede salir Rosa con ese viejales.*

viejo, ja *adj.* **1** (estar) Que aparenta más edad de la que tiene: *He visto a Pedro muy viejo. Ernesto está viejo para su edad.* **2** (antepuesto) Que sucede o existe desde hace mucho tiempo: *Los viejos paisajes de siempre me recuerdan mi infancia.* SIN. antiguo. **cristiano* ~.** **3** (estar; antepuesto / pospuesto) Que está muy usado o estropeado: *Luis llevaba puesto un viejo sombrero. Tiramos la lavadora vieja. Este coche sólo tiene tres años, pero está muy viejo por el mal uso que ha llevado.* || *adj. / s. m.* y *f.* **4** (antepuesto / pospuesto) Que tiene muchos años: *Es una vieja gata. Le gusta escuchar las historias de los viejos del pueblo.* || *s. m. / f.* **5** COLOQUIAL. Amigo: *¿Qué hay de nuevo, viejo?* **6** ARG., URUG.; COLOQUIAL; JERGAL en España. Padre o madre: *Mi vieja me ha prohibido salir de casa este fin de semana.* || **7 año* ~. 8 el Mundo* Antiguo** o **el Viejo Mundo. 9 noche* vieja. 10 perro* ~. 11 ropa* vieja. 12 Viejo Continente*. 13 ~ verde** COLOQUIAL; PEYORATIVO. Persona que tiene un deseo sexual que se considera impropio de su edad: *Mi jefe es un viejo verde, siempre me mira las piernas.* FR. Y LOC. **caerse* de ~. de ~** Se usa para referirse a las tiendas donde se venden artículos ya usados, a las personas que los venden, o a esos mismos artículos: *librería de viejo. Le gusta ir a las paradas de viejo a ver qué encuentra.* **la cuenta* de la vieja. ser más ~ que Matusalén*.**

vienense *adj. / s. m.* y *f.* Vienés.

vienés *adj. / s. m.* y *f.* De Viena, capital austriaca.

viento *s. m.* **1** (no contable) METEOR. Corriente de aire producida en la atmósfera por una diferencia de presión entre distintas áreas: *viento del Norte, viento suave, viento frío, viento a favor, ráfaga de viento. Espera a que el viento amaine.* **~ de mil demonios** COLOQUIAL; INTENSIFICADOR. Viento muy fuerte y desagradable. **2** (no contable) MÚS. Conjunto de los instrumentos de una orquesta que se tocan soplando con la boca: *El viento lleva la melodía principal en esta partitura.* **3** Cuerda o alambre que se ata a una cosa para mantenerla firme o moverla hacia un lado con seguridad: *Hay que asegurar bien los vientos de la tienda de campaña, porque hace mucho aire.* **4** MAR. Rumbo de una embarcación. **5** (no contable) Corriente o estilo que supone un cambio respecto a la situación establecida: *Soplan vientos de renovación en la cúpula del partido.* **6** EUFEMISMO. Ventosidad. FR. Y LOC. **a tomar viento(s)** 1 COLOQUIAL; DISGUSTO Y ENFADO. Se usa para decir de forma grosera a una persona que se vaya: *Vete a tomar viento.* 2 COLOQUIAL; DISGUSTO Y ENFADO. Se usa para expresar que una cosa ha salido mal: *Los planes de ir a la sierra se fueron a tomar vientos.* **beber los vientos** COLOQUIAL. Estar ‹una persona› muy enamorada de otra persona: *Emilio bebe los vientos por Luisa.* **buñuelo* de ~. contra ~ y marea** INTENSIFICADOR. A pesar de todos los inconvenientes: *Sonia luchó contra viento y marea por conseguir el puesto de trabajo.* **correr malos vientos** RESTRINGIDO. Ser ‹las circunstancias› desfavorables: *Corren malos vientos para la industria del país.* **gritar* a los cuatro vientos. instrumento* de ~. ir / marchar ~ en popa** COLOQUIAL; INTENSIFICADOR. Ir ‹una cosa› muy bien: *Las ventas van viento en popa.* **llevarse el ~** No permanecer ‹una cosa›: *Pon por escrito tu reclamación, porque las palabras se las lleva el viento.* **mandar con ~ fresco** COLOQUIAL; DISGUSTO Y ENFADO. Forma grosera de despedir a una persona: *Beatriz lo mandó con viento fresco, porque se estaba poniendo muy pesado.* **molino* de ~. rosa* de los vientos** o **rosa náutica.**

vientre *s. m.* **1** ANAT. Abdomen de los vertebrados: *El médico palpó el vientre del niño.* SIN. tripa (COLOQUIAL). **bajo ~** 1 Hipogastrio. 2 EUFEMISMO. Órganos sexuales: *las pasiones del bajo vientre. El jugador recibió una patada en el bajo vientre que lo dejó doblado.* **2** Conjunto de órganos y vísceras que se encuentran en la cavidad del abdomen: *La infección hacía que tuviera el vientre hinchado.* **3** RESTRINGIDO. Parte más ancha y abultada de una vasija o de otros objetos similares. SIN. panza. FR. Y LOC. **danza* del ~. evacuar / exonerar el ~** EUFEMISMO. Expulsar ‹una persona› los excrementos por el ano. **hacer de ~** COLOQUIAL. Evacuar el vientre.

viernes (plural *viernes*) *s. m.* Día de la semana entre el jueves y el sábado. FR. Y LOC. **la semana* que no tenga ~.**

vierteaguas (plural *vierteaguas*) *s. m.* Resguardo o saliente encima de puertas y ventanas para que escurra el agua de lluvia.

vietnamita *adj. / s. m.* y *f.* **1** De Vietnam: *comida vietnamita, el ejército vietnamita.* || *s. m.* **2** LING. Lengua del grupo jemer que se habla en el Sur y el Norte de Vietnam.

viga (diferente de *biga*) *s. f.* **1** Madero o pieza larga y gruesa que se emplea para construir techos y sostener estructuras: *un techo de vigas de madera, una viga de hierro. Se han caído tres vigas.* **~ maestra** Viga principal en la que se apoyan otras o los pisos superiores de un edificio. **2** Prensa tradicional para exprimir la aceituna o el vino.

vigencia *s. f.* (no contable) Situación de estar vigente una ley o costumbre: *Esta ley tiene vigencia desde el pasado mes de mayo. La vigencia de estos modelos no durará mucho.*

vigente *adj.* (estar; antepuesto / pospuesto) [Ley, costumbre] que está en vigor o tiene validez: *estilo vigente, moda vigente. La vigente legislación prohíbe esas prácticas.*

vigesimal *adj.* MAT. [Sistema de numeración] que tiene como base el número veinte.

vigésimo, ma *adj. num. ord.* / *s. m.* y *f.* **1** Que ocupa la posición número veinte: *la vigésima vez.* OBSERVACIONES: Los adjetivos y pronombres ordinales del 21 al 29 tienen dos formas: *vigésimo primero* y *vigésimoprimero.* SIN. veinteno. || *adj. num. part.* / *s. m.* y *f.* **2** Cada una de las veinte partes iguales en que se divide un todo: *la vigésima parte.* SIN. veinteavo.

vigía *s. m.* y *f.* **1** Persona que vigila desde un lugar alto: *el vigía de un barco, el vigía de una torre. Los vigías alertaron de la llegada de los enemigos.* SIN. vigilante. || *s. f.* **2** RESTRINGIDO. Torre alta desde la que se vigila. SIN. atalaya.

vigilancia *s. f.* **1** (no contable) Acción y resultado de vigilar: *Se encarga de la vigilancia del edificio. Hay que organizar la vigilancia de la fiesta.* **2** Conjunto de personas o medios dispuestos para vigilar: *En el estadio había mucha vigilancia.* **unidad* de ~ intensiva.**

vigilante *adj.* **1** (ser / estar) Que vigila, está alerta o atento: *ánimo vigilante. Estad vigilantes, no la perdáis de vista.* || *s. m.* / *f.* **2** Persona que vigila algún lugar o a una persona: *el vigilante de un museo. El detenido pidió un cigarrillo a su vigilante.* SIN. guardián. **3** ARG. Cadena de seguridad de una puerta. || **4 ~ jurado** Empleado de una empresa privada de seguridad: *Había una pareja de vigilantes jurados en la entrada del banco.*

vigilar *v. tr.* / *intr.* Observar ‹una persona› [a otra persona, un animal o una cosa] para evitar que cause o reciba un daño: *El tribunal vigila el cumplimiento de las leyes.*

vigilia *s. f.* **1** (no contable) Estado de la persona que permanece despierta en horas que suelen destinarse a dormir: *Ella pasa las noches en vigilia.* **2** REL. Víspera de una festividad de la Iglesia Católica: *la vigilia de la Inmaculada. En la vigilia de San Juan se hacen enormes hogueras para celebrar el solsticio de verano.* **3** (no contable) REL. Abstinencia de comer carne los viernes y otros días del año por mandato de la Iglesia Católica: *Los viernes de Cuaresma son días de vigilia.*

vigor *s. m.* **1** (no contable) Fuerza o capacidad de una persona o de una cosa para superar dificultades o realizar actividades que exigen esfuerzo: *Es una persona con mucho vigor. Con el abono la planta crecerá con más vigor.* SIN. fortaleza, energía. **2** (no contable) Fuerza mental o psicológica: *El jefe siempre ha dado muestras de un vigor envidiable.* **3** (no contable) Hecho o circunstancia de tener validez o actualidad una ley, una costumbre o una moda: *Esta disposición tendrá vigor a partir del día siguiente al de su publicación en el Boletín Oficial del Estado.* **4** (no contable) Expresión, entonación o estilo enérgico que tiene una obra artística: *una novela de mucho vigor. El vigor de los colores sorprende.* FR. Y LOC. **en ~** Vigente: *La nueva ley que acaba de entrar en vigor recoge este supuesto.*

vigorizar *v. tr.* **1** Dar ‹una cosa› vigor [a un ser vivo o a otra cosa]: *El masaje vigoriza los músculos. Esta loción vigoriza el cabello.* SIN. fortalece. || *v. prnl.* **2** Adquirir ‹un ser vivo› vigor: *El niño se ha vigorizado gracias a esta vitamina.* SIN. fortalecerse. ⇒ **19.**

vigoroso, sa *adj.* (ser / estar; antepuesto / pospuesto) Que tiene vigor: *Este autor tiene un estilo muy vigoroso. Sus vigorosos gritos ahuyentaban a los animales. Mi abuela tiene un carácter muy vigoroso.*

viguería *s. f.* Conjunto de vigas de una obra o construcción: *La viguería se desplomó durante la ceremonia.*

vigueta *s. f.* Barra de hierro laminado que se emplea en construcción: *Las viguetas de mi chalé son valencianas.*

VIH *s. m.* MED. Sigla de «Virus de Inmuno-deficiencia Humana», España.

vihuela *s. f.* MÚS. Antiguo instrumento musical de cuerda, parecido a la guitarra: *La vihuela se empleó mucho en el Siglo de Oro español.*

vikingo, ga *adj.* / *s. m.* y *f.* De un pueblo de navegantes escandinavos que, entre los siglos VIII y XI, hicieron numerosas expediciones por las islas del Atlántico y casi toda Europa occidental: *arte vikingo, civilización vikinga. Los vikingos eran grandes navegantes y temidos guerreros.*

vil *adj.* **1** (antepuesto / pospuesto) Que merece desprecio por no tener honradez y sinceridad, sino cobardía, falsedad y maldad: *Era una bruja vil y malvada. Eres vil y despreciable.* || **2 el ~ metal*. 3 garrote* ~.**

vilano *s. m.* BOT. Apéndice de pelos o filamentos que rodea algunas semillas y facilita su transporte con ayuda del viento: *Con tanto viento, el aire se llenó de vilanos.*

vileza *s. f.* **1** (no contable) ELEVADO. Condición de ser vil, indigno o innoble: *Se portó con una vileza indigna de una persona con corazón.* SIN. bajeza. **2** ELEVADO. Acción o dicho que tiene esta condición: *Abandonar así a su padre es una vileza.*

vilipendiar *v. tr.* ELEVADO. Ofender ‹una persona› [a otra persona] con palabras o actos: *El periódico de la capital se dedica a vilipendiar a nuestros poetas locales.*

villa *s. f.* **1** Casa independiente con jardín, situada normalmente en el campo: *Los indianos construyeron lujosas villas al volver a la Península.* **2** Población que tiene algunos privilegios o cierta importancia histórica: *La villa de Madrid es la capital de España.* || **3 casa* de la ~.**

villadiego Se usa en la LOC. **tomar las de Villadiego** COLOQUIAL. Irse ‹una persona› de un lugar precipitadamente: *En cuanto oyó a la policía, tomó las de Villadiego.*

villanaje *s. m.* (no contable) RESTRINGIDO. Conjunto de villanos o personas que habitaban en una villa: *El villanaje se rebeló contra las injusticias del alguacil.*

villancico *s. m.* **1** Canción popular que se canta en Navidad, cuyo tema es el nacimiento de Jesucristo: *Algunos villancicos hablan de llevarle regalos al niño Jesús a Belén.* **2** Canción popular breve que servía de estribillo. **3** LIT. Composición poética tradicional de arte menor con estribillo. **4** MÚS. Forma musical de la polifonía profana del Renacimiento.

villanía *s. f.* 1 (no contable) ELEVADO; PEYORATIVO. Condición de la persona innoble e indigna: *Se comportó con villanía al quitarle todos sus derechos.* 2 ELEVADO. Acción o expresión indigna e indecente: *Tratar así a su madre fue una villanía.*

villano, na *adj. / s. m* y *f.* 1 RESTRINGIDO. [Persona] que en el antiguo régimen habitaba una villa, en oposición a noble o hidalgo: *Los villanos se quejaban al rey de los abusos de los nobles.* **caballería* villana.** 2 RESTRINGIDO. [Persona] que comete o es capaz de cometer una acción vil o innoble: *Te dije que no te fiaras de él, que era un maldito villano.* 3 RESTRINGIDO. Que es grosero o maleducado: *Sus palabras villanas me sentaron muy mal.* ‖ *s. m.* 4 RESTRINGIDO. Personaje cruel o malvado de una historia: *Este actor siempre hace papeles de villano.*

villero, ra *s. m. / f.* ARG. Habitante de un barrio de chabolas.

villorrio *s. m.* PEYORATIVO. Población pequeña y con pocas casas: *Vicente vive en un villorrio perdido en el monte.*

vilo *s. m.* Se usa en la LOC. **en ~** 1 Sin el apoyo o la estabilidad necesarias: *Mi trabajo está en vilo, porque dicen que va a cerrar la empresa.* 2 Con inquietud, zozobra, intranquilidad o impaciencia: *Me has tenido en vilo todo el día, sin saber nada de ti.* **estar* con el alma / corazón en ~** o **estar con el alma / corazón en un hilo.**

vilorta *s. f.* 1 Vara flexible, generalmente de madera, para hacer aros. SIN. vilorto. 2 AGR. Pieza de hierro en forma de anillo, que sujeta la cama del arado al timón. 3 Pequeño aro de metal que evita el roce entre dos piezas. SIN. arandela. 4 BOT. Variante de la clemátide, de hojas más anchas y flores sin olor. SIN. vilorto.

vilorto *s. m.* 1 Vara flexible, generalmente de madera, para hacer aros. SIN. vilorta. 2 BOT. Variante de la clemátide, de hojas más anchas y flores sin olor. SIN. vilorta.

vina (diferente de *bina*) *s. f.* Instrumento musical de cuatro cuerdas, parecido a la cítara, propio de la India.

vinacha *s. f.* (no contable) COLOQUIAL; PEYORATIVO. Vino de mala calidad.

vinagre *s. m.* 1 (no contable) Líquido procedente de la fermentación ácida del vino u otras bebidas alcohólicas, de sabor fuerte y agrio: *Aliño la ensalada con aceite y vinagre.* 2 COLOQUIAL. Mal carácter o irritación: *Tienes un vinagre que no se puede aguantar.* **cara* de ~.** FR. Y LOC. **ni pollas* (en ~).**

vinagrera *s. f.* 1 Recipiente que contiene el vinagre de uso diario: *La vinagrera está vacía.* 2 (en plural) Utensilio para el servicio de mesa con recipientes para el aceite, el vinagre, la sal y la pimienta: *Me han regalado unas vinagreras nuevas, porque se rompió el salero de las antiguas.*

vinagrería *s. f.* RESTRINGIDO. Industria del vinagre: *Los viticultores pueden también dedicarse a la vinagrería.*

vinagrero, ra *s. m. / f.* Persona que se dedica por oficio a la elaboración o venta de vinagre.

vinagreta *s. f.* Salsa elaborada con aceite, vinagre, sal, cebolla y perejil picados, sazonados con alguna especia, que puede consumirse cruda como aliño o cocida con otros alimentos: *espárragos con vinagreta, codornices a la vinagreta. Para la ensalada ¿quiere salsa rosa o vinagreta?*

vinagrillo *s. m.* 1 (no contable) RESTRINGIDO. Vinagre de poca fuerza. 2 (no contable) RESTRINGIDO. Mezcla que contiene vinagre.

vinajera *s. f.* 1 REL. Recipiente que se emplea en la misa católica para servir el agua o el vino. 2 (en plural) REL. Conjunto formado por los recipientes que se emplean en la misa católica para servir el agua o el vino y la bandeja donde se colocan.

vinatería *s. f.* 1 RESTRINGIDO. Establecimiento donde se vende vino. SIN. bodega. 2 RESTRINGIDO. Comercio del vino.

vinatero, ra *adj. / s. m.* y *f.* AGR. Del vino: *empresa vinatera, actividad vinatera, industriales vinateros.*

vinaza *s. f.* (no contable) Vino de baja calidad que se obtiene de los posos.

vinazo *s. m.* (no contable) Vino muy fuerte y espeso.

vinca o **vincapervinca** *s. f.* BOT. Planta silvestre de hojas brillantes, siempre verdes, y flores terminales de color azul o malva.

vincha *s. f.* AMÉR. Cinta o diadema de pelo.

vinchuca *s. f.* AMÉR. Insecto hemíptero que se aloja en paredes y techos de viviendas pobres y transmite la enfermedad de Chagas.

vinculación *s. f.* (no contable) Unión o relación que se establece por un vínculo: *Está muy clara la vinculación de la Bolsa con la marcha de la economía americana.*

vincular *v. tr.* 1 Unir ‹una persona o una cosa› [a varias personas o varias cosas]: *El destino vinculó sus vidas.* 2 Hacer ‹una persona› que [una cosa] dependa de [otra cosa]: *No debes vincular tus esperanzas **a** vagas promesas.* 3 Someter ‹una cosa› a una obligación [a una persona]: *El resultado de la votación vincula a todos los asistentes a la asamblea.* ‖ *v. prnl.* 4 Unirse ‹varias personas o varias cosas›: *Con la firma del acuerdo, los dos países se han vinculado en su política exterior.*

vínculo *s. m.* 1 Unión o relación entre dos personas o dos cosas: *vínculo amoroso, vínculo familiar, vínculo económico. Nos une un vínculo de amistad.* 2 DER., HIST. Sujeción de los bienes o rentas a determinadas personas privándolas de la posibilidad de partirlos o enajenarlos o imponiéndoles ciertas condiciones en los casos permitidos por la ley.

vindicar *v. tr.* 1 ELEVADO. Causar ‹una persona› un daño como respuesta a [un agravio]: *Se ha propuesto vindicar la ofensa que recibió.* 2 ELEVADO. Defender ‹una persona› [a otra persona] que ha sido injustamente atacada: *Ella escribió una carta al periódico para vindicar la buena fama de su padre.* 3 ELEVADO. Tratar de recuperar ‹una persona› [una cosa que le pertenece]: *Adolfo acudió a los tribunales para vindicar sus derechos.* ⇒ **71.**

vindicativo, va *adj.* 1 ELEVADO. Vengativo: *actitud vindicativa.* 2 ELEVADO. [Escrito, discurso] que vindica o defiende a una persona injustamente atacada. SIN. vindicatorio.

vindicatorio, ria *adj.* ELEVADO. Vindicativo.

vinería *s. f.* ARG., URUG. Bodega de vino y alcoholes.

vinícola *adj.* AGR. De la fabricación del vino: *región vinícola.*

vinicultor, ra *s. m. / f.* AGR. Persona que se dedica a la vinicultura: *Los vinicultores de la comarca se reunieron el domingo.*

vinicultura *s. f.* (no contable) AGR. Actividad de elaborar y criar vinos: *Posee una finca dedicada a la vinicultura.*

vinífero, ra *adj.* AGR. [Planta, fruto] que produce vino: *La uva es el fruto vinífero por excelencia.*

vinificación *s. f.* (no contable) AGR. Proceso de elaboración del vino: *En algunas regiones conservan la vinificación casera.*

vinilo *s. m.* **1** QUÍM. Etileno. **2** MÚS.; JERGAL. Disco musical: *Este grupo ha grabado su segundo vinilo.*

vino *s. m.* **1** (no contable) Bebida alcohólica obtenida por fermentación de la uva. **~ clarete. ~ espumoso. ~ rosado. ~ blanco** Vino obtenido de la uva blanca, de color dorado más o menos fuerte. **~ de la casa** Vino que sirven en los restaurantes habitualmente, el propio de cada establecimiento. **~ de mesa** Vino común, que se bebe habitualmente para acompañar las comidas. **~ de solera** Vino añejo y generoso que se mezcla con el nuevo para darle más sabor y fuerza. **~ dulce** Vino que tiene sabor dulce, por un proceso especial de fermentación o por haberle añadido azúcares. **~ generoso** Vino más fuerte y añejo que el vino común. **~ moscatel*. ~ peleón** COLOQUIAL. Vino de mala calidad. **~ tinto** Vino obtenido por fermentación de la uva negra, de color rojo oscuro, casi negro. **2** Medida de vino contenida en un vaso o copa: *Sírvanos unos vinos, por favor. Yo tomaré un vino.* **3** (no contable) Bebida alcohólica obtenida por fermentación de cualquier producto, aunque no sea uva: *vino de arroz, vino de manzana, vino de coco.* || *adj.* **4** De color rojo oscuro, semejante al del vino tinto: *unos zapatos color vino.* FR. Y LOC. **al pan*, pan y al vino, ~. bautizar el ~** COLOQUIAL. Añadir ‹una persona› agua al vino, aguarlo. **copa* de ~ español. tener mal/buen ~** COLOQUIAL. Comportarse ‹una persona› bien / mal bajo los efectos del vino o de cualquier bebida alcohólica: *Tomás tiene mal vino, y en cuanto bebe un poco se pone de mal humor.*

viña *s. f.* AGR. Terreno plantado de vides. SIN. viñedo. FR. Y LOC. **de todo hay en la ~ del Señor** COLOQUIAL. Se usa para indicar que entre las personas, las hay buenas y malas.

viñador, ra *s. m./f.* AGR. Persona que tiene por oficio el cultivo de las viñas.

viñatero, ra *adj.* **1** AMÉR. De la vid. || *s. m./f.* **2** AMÉR. Persona que posee una viña, trabaja en ella o se dedica a la elaboración de vinos.

viñedo *s. m.* AGR. Terreno plantado de vides: *Aquel viñedo da la uva más dulce de la comarca.* SIN. viña.

viñeta *s. f.* **1** Recuadro ilustrado con dibujos que, junto con el texto, está incluido en una sucesión que compone una historieta: *La historia se desarrolla en cinco viñetas.* **2** Dibujo humorístico impreso que aparece en un libro o en un periódico acompañado de un texto o de un comentario: *Daniel dibuja viñetas que parodian hechos políticos o de actualidad.* **3** Dibujo pequeño que se pone como adorno al principio o al final de un capítulo, alrededor de una página o en las cubiertas de un libro.

viola *s. f.* **1** Instrumento musical de cuerda y arco, parecido al violín pero más grande, de cuerdas más gruesas y sonido más grave. **2** (en plural) Antigua familia de instrumentos de cuerda y arco, parecida a la del violín, pero de seis cuerdas y sonido más suave. || *s. m./f.* **3** Persona que toca la viola.

violáceo, a *adj.* **1** De color violeta: *La herida empezó a ponerse violácea.* || *adj./s. m.* **2** Violeta: *El violáceo es un color triste.* || *adj./s. f.* **3** BOT. Planta dicotiledónea de hojas alternas, flores de cinco pétalos y fruto con muchas semillas. || *s. f.* **4** (en plural) BOT. Familia de estas plantas.

violación *s. f.* **1** Delito que comete la persona que obliga a otra persona a mantener relaciones sexuales por la fuerza: *Detuvieron al autor de las violaciones porque fue reconocido por dos mujeres.* **2** Delito que comete la persona que no respeta un derecho o norma: *violación de la intimidad, violación de los derechos humanos, violación del acuerdo, violación de la ley.* SIN. vulneración (ELEVADO).

violado, da *adj.* RESTRINGIDO. De color violeta: *Laura le dio un tono violado a la pintura.*

violar *v. tr.* **1** Obrar ‹una persona› en contra de lo dispuesto en [una ley, precepto o norma]: *El médico violó el secreto profesional al dar a conocer datos de sus pacientes. Las tropas invasoras han violado el alto el fuego.* **2** Obligar ‹una persona› [a otra persona] a mantener relaciones sexuales por la fuerza: *Él está acusado de violar a cinco mujeres.* **3** Atacar o destruir ‹una persona› [una cosa que merece ser respetada]: *Esta noche han violado varias tumbas en el cementerio municipal.* SIN. profanar.

violencia *s. f.* **1** (no contable) Calidad de lo que sucede con brusquedad, ímpetu, fuerza o intensidad: *la violencia de una discusión, la violencia de una tormenta.* **2** (no contable) Acción o serie de acciones en que se usa la fuerza física para destruir una cosa, hacer daño a una persona u obligarla a hacer una cosa: *No hace falta emplear la violencia. Luis la ha golpeado con violencia.* **3** (no contable) Acción y resultado de estar una persona en una situación incómoda o embarazosa: *Me causa violencia tener que pedirle el dinero que me debe.* SIN. reparo.

violentar *v. tr./prnl.* **1** Utilizar ‹una persona› la fuerza para vencer la resistencia de [otra persona o una cosa]: *Sólo violentándolo conseguí que me dijera lo que quería saber.* || *v. tr.* **2** Poner ‹una cosa› [a una persona] en una situación en la que no sabe qué hacer ni cómo actuar: *Aquella situación violentaba tanto a Marta que decidió marcharse sin decir nada.* **3** Poner ‹una persona o una cosa› enfadada o molesta [a una persona]: *Sus palabras nos han violentado a todos.* **4** RESTRINGIDO. Cometer ‹una persona› un delito de violación contra [otra persona]: *Ese hombre está acusado de violentar a más de diez menores.* SIN. violar. **5** RESTRINGIDO. Dar ‹una persona› una interpretación forzada o falsa a [un escrito o un dicho]: *La oposición ha violentado las palabras del Presidente sacándolas de contexto.* || *v. prnl.* **6** Quedarse ‹una persona› sin saber qué hacer ni cómo actuar: *Se violentó cuando le presentaron a su nueva jefa.* **7** Ponerse ‹una persona› enfadada o molesta: *Te violentas en cuanto alguien te lleva la contraria.*

violento, ta *adj.* **1** (ser/estar; antepuesto/pospuesto) Que sucede o se hace con enorme brusquedad, ímpetu, fuerza o intensidad: *gesto violento, enfrentamiento violento, imágenes violentas. Nuestras discusiones siempre son violentas. Se ha producido una violenta explosión en tu casa.* **muerte violenta. 2** (antepuesto/pospuesto) Que se hace o se consigue utilizando la fuerza y no la razón: *Son medidas violentas, que no conducen a nada.* **3** Que no se hace u ocurre de una forma espontánea sino forzada, o contra la tendencia natural: *Si te sientas así, obligas al cuerpo a adoptar una postura violenta.* **4** (ser/estar; antepuesto/pospuesto) Que actúa con ímpetu y se deja llevar por la ira, y tiende a enfadarse o irritarse con los demás: *carácter violento. Es una persona muy violenta, mejor no discutir con él. Su violenta respuesta nos dejó a todas sorprendidas.* **5** [Situación] que es incómoda o embarazosa: *Me resulta muy violento decirte esto, pero tengo que hacerlo.* **6** (estar) [Persona] que está en una situación incómoda o embarazosa: *Si te sientes violenta, dímelo y cambiamos de conversación.*

violero, ra *adj. / s. m* y *f.* MÚS. Persona que fabrica instrumentos de cuerda.

violeta *adj. / s. m.* **1** [Color] que es morado claro, semejante al de las flores llamadas violetas: *una tela violeta. El violeta no me gusta.* || *s. f.* **2** *Viola odorata.* Planta silvestre de hojas con forma de corazón y flores solitarias de pétalos desiguales y olor suave. **3** BOT. Flor de la violeta.

violetera *s. f.* Vendedora de ramos de violetas: *En la verbena había unas violeteras que daban un ambiente tradicional a la fiesta.*

violetero *s. m.* Recipiente pequeño en forma de vaso, para poner flores no muy grandes como las violetas. SIN. florero.

violín *s. m.* **1** Instrumento musical de cuerda frotada con arco, de registro agudo, que se toca sosteniéndolo horizontalmente con el hombro y la barbilla: *tocar el violín, concierto para violín y orquesta. Carmen estudia la carrera de violín.* **2** Familia de instrumentos musicales de cuerda y arco.|| *s. m. / f.* **3** MÚS. Persona que toca el violín. **primer ~** Persona que toca los solos de violín en una orquesta. || **4 ~ de Ingres** RESTRINGIDO. Distracción o pasatiempo favorito.

violinista *s. m. / f.* Persona que se dedica profesionalmente a tocar el violín: *Las violinistas fueron muy aplaudidas.*

violón *s. m.* **1** Contrabajo, instrumento. || *s. m. / f.* **2** RESTRINGIDO. Persona que se dedica profesionalmente a tocar este instrumento: *El violón desafinaba un poco.* FR. Y LOC. **tocar el ~** COLOQUIAL. Hablar u obrar ‹una persona› de forma inoportuna o confundir las ideas por distracción o embobamiento.

violoncelista *s. m. / f.* Violonchelista.

violoncelo *s. m.* Violonchelo.

violonchelista *s. m. / f.* Persona que se dedica profesionalmente a tocar el violonchelo: *Los violonchelistas se despistaron en el concierto de ayer.*

violonchelo *s. m.* **1** Instrumento musical de cuerda y arco, de la familia del violín, de cuatro cuerdas y registro grave: *El violonchelo es más grande que la viola y más pequeño que el contrabajo.* || *s. m. / f.* **2** Persona que toca el violonchelo.

vip o **v.i.p.** *s. m. / f.* Sigla de «Very important person», inglés, persona influyente y famosa: *Era una fiesta sólo para vips.*

viperino, na *adj.* **1** De la víbora: *veneno viperino.* **2** Que se parece en alguna cosa a la víbora. **3** ELEVADO; PEYORATIVO. Que pretende hacer daño o desacreditar a una persona: *crítica viperina. Sus comentarios viperinos pueden hundir a un director.* **lengua* viperina** o **lengua de víbora.**

vira *s. f.* **1** RESTRINGIDO. Tira de refuerzo que se pone entre la suela interior y la pala de un calzado. **2** RESTRINGIDO. Flecha delgada de punta muy aguda. SIN. saeta.

virador *s. m.* (no contable) CINE. Líquido que se utiliza para virar una película cinematográfica.

virago *s. f.* LITERARIO. Mujer que por su aspecto físico o sus modales parece un hombre: *andar como una virago.* SIN. marimacho (COLOQUIAL).

viraje *s. m.* **1** Cambio brusco de dirección: *De repente, el conductor dio un viraje y se salió de la carretera.* **2** RESTRINGIDO. Cambio de ideas o de manera de actuar: *La política internacional ha dado un viraje después de la caída del muro de Berlín.* **3** FOT. Cambio de color o tono de una fotografía: *Hace fotos muy originales, con varios virajes.*

viral *adj.* BIOL. Del virus: *El herpes es una infección viral.* SIN. vírico.

virar *v. intr. / tr.* **1** Girar ‹un vehículo› cambiando de dirección: *Viré la nave para no embarrancar.* || *v. intr.* **2** Cambiar ‹una persona› de ideas o de comportamiento: *Su conducta viró radicalmente a partir del momento en que cambió de trabajo.* || *v. tr.* **3** FOT. Someter ‹una persona› [una prueba fotográfica] a la acción de ciertas sustancias químicas para fijar su color.

virazón *s. m.* **1** RESTRINGIDO. Viento que sopla en las costas de la parte del mar durante el día, alternando con el terral, que sopla de noche. **2** RESTRINGIDO. Cambio repentino de viento.

virgen *adj.* **1** (ser / estar) Que conserva sus características originales y todavía no ha sido utilizado o transformado: *Aún mantiene su voluntad virgen y no se deja doblegar. La cinta de vídeo está virgen.* **aceite ~. cera* ~. lana* ~. miel* ~. nieve* ~.** **2** (ser / estar) [Tierra] que aún no ha sido explotada por el hombre: *Se dedicaban a explorar las tierras vírgenes de África. Esta tierra aún está virgen.* **selva* ~.** || *adj. / s. m.* y *f.* **3** [Persona] que no ha tenido relaciones sexuales: *ser virgen. Según las costumbres más tradicionales la mujer debe llegar virgen al matrimonio.* || *s. f.* **4** (con mayúscula) REL. María, la madre de Jesucristo: *rezar a la Virgen.* **5** (con mayúscula) La Virgen María en cada una de las advocaciones: *la Virgen del Pilar, la Virgen de la Macarena.* **6** REL. Imagen o figura que representa a la Virgen María: *Han robado de la catedral una virgen de plata.* FR. Y LOC. **fíate de la Virgen, y no corras** COLOQUIAL. Se usa para indicar que no hay que confiar demasiado en los demás, sino poner uno mismo los medios para conseguir una cosa. **ser un viva la Virgen** COLOQUIAL; PEYORATIVO. Vivalavirgen.

virgiliano, na *adj.* LIT. De Virgilio, poeta latino, o de su obra: *tradición virgiliana, influencia virgiliana.*

virginal *adj.* **1** ELEVADO. De las personas vírgenes: *pensamiento virginal, amor virginal.* **2** (antepuesto / pospuesto) ELEVADO. Que es puro y sin mancha: *inocencia virginal, la blancura virginal de la nieve. Él miraba absorto el virginal rostro de su amada.* **3** (antepuesto / pospuesto) REL. De la Virgen: *Beatriz besó la virginal imagen.*

virginidad *s. f.* (no contable) Calidad o estado de la persona que es virgen: *conservar la virginidad, perder la virginidad.*

virgo *adj. / s. m.* y *f.* **1** (antepuesto; invariable como adjetivo) [Persona] que ha nacido entre el 22 de agosto y el 22 de septiembre: *las mujeres virgo, los hombres virgo. No soy Virgo, sino Leo.* || *s. m.* **2** (preferentemente con mayúscula) ASTRON. Signo del Zodiaco que el Sol recorre aparentemente entre el 22 de agosto y el 21 de septiembre. **3** RESTRINGIDO. Himen.

virguería *s. f.* **1** COLOQUIAL. Adorno o detalle exagerado o innecesario que se añade a una cosa: *Tomás tiene el coche lleno de virguerías.* **2** COLOQUIAL. Cosa o acción realizada con gran perfección o habilidad: *Ese cirujano hace virguerías con el bisturí.*

virguero, ra *adj.* 1 (ser / estar) COLOQUIAL. Que es muy bueno o extraordinario: *espectáculo virguero. Los trabajos son muy virgueros. Los percebes están virgueros.* || *adj. / s. m.* y *f.* 2 (ser / estar) COLOQUIAL. Que hace una cosa con gran calidad, perfección o detalle: *Es un dibujante virguero.*

vírgula *s. f.* 1 RESTRINGIDO. Raya o línea corta y muy fina. 2 MED. Bacilo transmisor del cólera morbo.

virgulilla *s. f.* RESTRINGIDO. Cualquier signo ortográfico de trazo pequeño y fino: *La coma, el acento o la raya de encima de la «ñ» son virgulillas.*

vírico, ca *adj.* BIOL. Del virus: *infección vírica, enfermedad vírica.* SIN. viral.

viril *adj.* 1 Del varón: *carácter viril, educación viril.* SIN. varonil. **miembro* ~.** 2 Que tiene alguna de las características que, tradicionalmente, se atribuyen a los hombres: *aspecto viril, comportamiento viril, rasgos viriles.* SIN. varonil. || *s. m.* 3 RESTRINGIDO. Vidrio o estuche transparente en forma de campana que protege una cosa sin ocultarla. 4 En las iglesias católicas estuche o caja de cristal que contiene la hostia consagrada dentro de la custodia o que contiene las reliquias en un relicario: *Muchos viriles son de oro o plata.*

virilidad *s. f.* 1 (no contable) Conjunto de cualidades que tradicionalmente se atribuyen a los hombres: *muestra de virilidad. Nacho no consentía que nadie cuestionara su virilidad.* SIN. masculinidad. 2 (no contable) Edad viril o adulta del varón: *Ahora los jóvenes tardan más en llegar a la virilidad.*

virilismo *s. m.* (no contable) MED. Trastorno hormonal que se caracteriza por el desarrollo de caracteres sexuales secundarios masculinos en la mujer: *El aumento del vello o la voz grave son síntomas de virilismo.*

virilizarse *v. prnl.* MED. Adquirir ‹una mujer› caracteres sexuales masculinos. ⇒ **19.**

viringo, ga *adj.* COL.; RESTRINGIDO. Desnudo, sin ropa.

virola *s. f.* RESTRINGIDO. Anillo ancho o pieza de metal que se usa como adorno o como protección en el extremo de algunos instrumentos: *la virola de una navaja, la virola del paraguas. Se ha caído la virola del bastón.*

virología *s. f.* (no contable) BIOL. Parte de la microbiología que estudia los virus.

virósico, ca *adj.* ARG.; URUG. Viral o vírico.

virosis (plural *virosis*) *s. f.* MED. Enfermedad causada por un virus.

virote *s. m.* 1 HIST. Especie de saeta provista de un casquillo. 2 MÉX.; COLOQUIAL. Pan duro.

virreina (masculino *virrey*) *s. f.* 1 Mujer que gobierna un virreinato: *la virreina de Sicilia.* 2 Esposa de un virrey.

virreinal *adj.* 1 Del virrey o del virreinato: *administración virreinal, palacio virreinal.* 2 HIST. De la época americana del dominio hispánico, antes de la independencia: *arte virreinal, arquitectura virreinal, literatura virreinal.*

virreinato *s. m.* 1 Cargo de la persona que gobierna como virrey: *Ella era muy joven cuando ocupó el virreinato.* 2 Territorio donde gobierna un virrey: *Él gobernaba un extenso virreinato.* 3 Tiempo que dura un virrey en su cargo: *Durante su virreinato se produjeron grandes progresos.*

virrey (femenino *virreina*) *s. m.* Persona que gobierna un territorio en nombre del rey, con los mismos poderes y funciones que éste: *el virrey de Nápoles.*

virtual *adj.* 1 (antepuesto / pospuesto) Que no se concreta en la realidad aunque reúne las condiciones para ello: *Es el ganador virtual de las elecciones.* SIN. posible, potencial. 2 Que tiene existencia aparente y no real: *La informática permite la creación de mundos virtuales.* **foco* ~. imagen* ~. realidad* ~.**

virtualidad *s. f.* (no contable) Calidad de virtual: *La virtualidad de sus propuestas no convence a los socios.*

virtualmente *adv. modo* 1 De un modo virtual, en potencia, potencialmente: *Esta regla contiene virtualmente miles de secuencias.* || *adv. modo* 2 Tácitamente, implícitamente: *Es el que gobierna virtualmente.* 3 Con existencia virtual o en una realidad virtual: *El autor sostiene que ciertos objetos que la Física describe sólo existen virtualmente.* || *adv. orac. restrictivo* 4 En teoría, teóricamente, sobre el papel, potencialmente: *Tales combinaciones son, virtualmente, infinitas.* 5 Para el caso, para los efectos, si nos atenemos sólo a lo aquí pertinente o a lo que realmente interesa: *Es, virtualmente, una solución tan mala como la anterior.* 6 Prácticamente, materialmente, casi: *El partido está virtualmente terminado.*

virtud *s. f.* 1 Cualidad o característica positiva de una persona o de una cosa: *Este trabajo tiene la virtud de que te permite aprender muchas cosas. Esta muchacha tiene muchas virtudes.* 2 (preferentemente en plural) Facultad o capacidad de una persona o de una cosa para producir un efecto determinado: *Esta planta tiene virtudes curativas.* 3 IRONÍA. Cualidad o característica negativa de una persona o cosa: *Este niño tiene la virtud de despertarse siempre a las cuatro de la mañana.* || 4 **~ cardinal** REL. Cualquiera de las virtudes que componen el conjunto formado por la prudencia, la justicia, la fortaleza y la templanza en la Iglesia Católica. 5 **~ teologal** REL. Cualquiera de las virtudes que componen el conjunto formado por la fe, la esperanza y la caridad en la religión católica. FR. Y LOC. **en / por ~ de** ELEVADO. A consecuencia de, como resultado de: *Se ha firmado el convenio en virtud del cual se eliminarán las fronteras entre los dos países.*

virtuosismo *s. m.* (no contable) ELEVADO. Dominio extraordinario de un arte o técnica: *El virtuosismo del violinista levantó grandes aplausos.*

virtuoso, sa *adj.* 1 (antepuesto / pospuesto) [Comportamiento, acción] que encierra virtudes: *Su virtuoso comportamiento fue un modelo para todos.* || *adj. / s. m.* y *f.* 2 Que practica la virtud: *Mi abuelo fue siempre un hombre muy virtuoso.* 3 ELEVADO. Que domina la técnica de su profesión: *Zabaleta es un virtuoso del arpa.*

viruela *s. f.* 1 (no contable) MED. Enfermedad viral grave que se manifiesta con fiebre alta y ampollas en la piel que dejan señal al cicatrizar. 2 MED. Ampolla con pus producida por esta enfermedad. FR. Y LOC. **picado de viruelas** Que tiene señales de la viruela: *Su novio tenía la cara picada de viruelas.*

virulé *adj.* Se usa en la LOC. **ojo* a la funerala** u **ojo a la ~.**

virulencia *s. f.* 1 (no contable) Violencia o saña dirigida a hacer daño: *La campaña electoral se ha caracterizado por la virulencia de las críticas al Gobierno.* 2 (no contable) MED. Intensidad con que se manifiesta una enfermedad: *La virulencia de la epidemia está diezmando la población.*

virulento, ta *adj.* 1 (antepuesto / pospuesto) Que contiene violencia, acritud o saña: *palabras virulentas. Los virulentos ataques de la artillería han causado muchas bajas.* 2 MED. [Enfermedad] que se manifiesta con gran intensidad o violencia: *Un cólico muy virulento lo dejó al borde de la muerte.* 3 MED. Que tiene pus o está infectado: *Tiene un herida virulenta con muy mal aspecto.* 4 MED. Que tiene alguna propiedad de virus, o que se produce por un virus.

virus (plural *virus*) *s. m.* 1 BIOL. Microorganismo causante de muchas enfermedades, que necesita multiplicarse dentro de las células: *el virus del sida, el virus de la varicela.* 2 INFORM. Programa que se introduce y se transmite a través de disquetes o de la red informática de comunicación entre ordenadores, y causa daño a la información almacenada: *Tengo un programa para detectar los virus.*

viruta *s. f.* 1 Lámina fina de madera o metal, generalmente en espiral: *El carpintero de al lado de casa nos regala las virutas para la estufa si le barremos el taller.* 2 (no contable) Conjunto de estas espirales: *La viruta de metal puede ser peligrosa.* FR. Y LOC. **echando virutas** COLOQUIAL. Muy rápido, muy deprisa: *Saludamos a tu tía, pero nos vamos echando virutas.*

visa *s. f.* AMÉR. Visado.

visado *s. m.* 1 Validación de un documento mediante la certificación de un funcionario público: *En aquella ventanilla me han hecho el visado.* 2 Certificación que se pone en un documento para probar su validez: *Me falta el visado de la embajada en mi pasaporte.*

visaje *s. m.* Expresión exagerada o cómica hecha con la cara: *Ese actor es muy exagerado, hace demasiados visajes. Niño no hagas visajes, que es de mala educación.* SIN. mueca.

visar *v. tr.* 1 Examinar ‹una persona› [un documento] y poner en él la certificación necesaria para que tenga validez: *Aquel funcionario me ha visado el pasaporte.* 2 MEC., MIL. Dirigir ‹una persona› la puntería o la visual hacia [una cosa]: *Primero tienes que visar el blanco, y luego disparar.*

víscera *s. f.* ANAT. Órgano contenido en las principales cavidades del cuerpo del hombre y los animales: *El herido tenía las vísceras al aire. No me pongas riñones, ya sabes que no me gustan las vísceras de cerdo.*

visceral *adj.* 1 ANAT. De las vísceras: *las cavidades viscerales, anatomía visceral.* 2 [Impresión, sentimiento] que es intenso, profundo y arraigado: *Elena tiene un carácter muy visceral.* 3 Que muestra sus sentimientos de una manera intensa y apasionada: *Reconozco que soy una persona muy visceral, me apasiono y razono poco.*

viscosa *s. f.* 1 (no contable) QUÍM. Materia procedente de la celulosa mezclada con algodón y lana: *La viscosa se emplea para la fabricación de tejidos.*

viscosidad *s. f.* 1 (no contable) ELEVADO. Cualidad o condición de ser o estar viscoso: *La viscosidad del lubricante es indispensable para proteger el motor.* 2 (no contable) ELEVADO. Sustancia o materia viscosa o pegajosa: *El caracol suelta una viscosidad para poder moverse mejor.* 3 FÍS. Propiedad de los fluidos de oponer resistencia al deslizamiento, causada por la cohesión de sus moléculas.

viscosilla *s. f.* 1 (no contable) QUÍM. Viscosa. 2 (no contable) Tela fabricada a partir de la celulosa, mezclada con algodón y lana: *La viscosilla se arruga mucho.*

viscosímetro *s. m.* FÍS. Instrumento para medir la viscosidad de un fluido.

viscoso, sa *adj.* (ser / estar) [Sustancia] que es muy espesa y pegajosa: *Por la comisura de sus labios salía un líquido viscoso. Esta sustancia está muy viscosa.*

visera *s. f.* 1 Parte sobresaliente de una gorra que protege la cara o los ojos del sol: *La visera de la gorra es de otro color.* 2 Pieza suelta parecida a la anterior, que se sujeta con una cinta o goma en la cabeza: *llevar visera. En el bar le regalaron una visera con publicidad de una marca de refrescos.* 3 Pequeña pieza alargada y movible situada en la parte interna del parabrisas de un automóvil para proteger del sol al conductor y al acompañante: *Si no me da el sol de cara nunca bajo la visera.* 4 Tejadillo o pieza que sobresale en una construcción. 5 Anteojera o pieza para tapar los ojos de una caballería. 6 HIST. Parte del yelmo que cubría los ojos de la cara: *Con la visera los caballeros tenían poco campo de visión.*

visibilidad *s. f.* 1 (no contable) Grado de visión posible según la distancia y las condiciones atmosféricas: *Sólo teníamos visibilidad a cien metros. La visibilidad se reduce con la lluvia.* 2 (no contable) RESTRINGIDO. Calidad de visible: *Los fantasmas carecen de visibilidad. Las bicicletas llevan unos cristales reflectantes para aumentar su visibilidad.*

visibilizar *v. tr.* RESTRINGIDO. Hacer ‹una persona› visible [una cosa] artificialmente: *Con el microscopio se visibilizan organismos que no se ven a simple vista. El protagonista de la película visibilizó al hombre invisible con un jarabe.* SIN. visualizar. ⇒ **19.**

visible *adj.* 1 Que se puede ver: *Las bacterias son visibles gracias al microscopio.* ANT. invisible. 2 (antepuesto / pospuesto) Que es tan evidente que no admite duda: *Con visible emoción se despidió de sus amigos. Su sufrimiento era muy visible.* 3 (estar) COLOQUIAL; HUMORÍSTICO. Que está vestido: *¡Adelante, ya puedes entrar, ya estoy visible!*

visiblemente *adv. modo* A ojos vistas, de una manera, en un grado o con un ritmo que hacen que el hecho sea visible. OBSERVACIONES: Prefiere verbos de cambio (*adelgazar, crecer, mejorar, empeorar...*) o adjetivos (y participios) estativos (*nervioso, molesto, contento, satisfecho...*), en este caso, siempre en anteposición a ellos: *Ha mejorado visiblemente. Ernesto está visiblemente nervioso y fatigado.*

visigodo, da *adj. / s. m.* y *f.* HIST. De la rama occidental de los godos que fundó un reino en España en el siglo V: *el reino visigodo. Toledo fue la capital visigoda.*

visigótico, ca *adj.* 1 HIST. De los visigodos: *arquitectura visigótica, catedral visigótica.* 2 LING. [Escritura] que fue usada en la Península desde la segunda mitad del s. VII hasta el s. X: *La escritura visigótica fue sustituida por la carolina.*

visillo *s. m.* Cortina de tela fina que se coloca en la parte interior de una ventana: *Voy a poner unos visillos para que no entre tanta luz en el salón.*

visión *s. f.* 1 (no contable) Capacidad de ver: *problemas de visión. Tienes una visión perfecta en los dos ojos.* SIN. vista. 2 (no contable) Capacidad para comprender las cosas y tomar buenas decisiones: *visión para los negocios. Quiero tener una visión de conjunto.* 3 Interpretación u opinión sobre una persona o una cosa: *Tienes una visión del mundo un poco particular. Son dos visiones distintas del mismo fenómeno.* 4 Imagen falsa creada por el cerebro bajo los efectos de algún producto o alguna situación concreta: *Cuando bebe tiene visiones.* SIN. alucinación. **5** (no contable) Contemplación de una cosa: *La visión de aquel paisaje le permitía evadirse del mundo real.* **6** Persona o cosa que se ve: *Aquel ser era una visión horripilante.* FR. Y LOC. **ver visiones** Creer ‹una persona› que ve una cosa que no es real: *Doctor, estoy muy nervioso, creo que veo visiones.*

visionar *v. tr.* CINE, TV. Ver ‹una persona› [imágenes cinematográficas o televisivas] en una sesión de trabajo: *Hemos visionado las imágenes del partido y no se aprecian irregularidades arbitrales.*

visionario, ria *adj. / s. m.* y *f.* Que imagina con facilidad fantasías o ilusiones, cree tener visiones o tiene ideas algo raras o extravagantes: *loco visionario, escritor visionario. No le hagas caso, es un visionario. Muchos visionarios han acabado en la hoguera a lo largo de la historia.*

visir *s. m.* POLÍT. Primer ministro de los soberanos musulmanes: *El visir subió los impuestos de los mercaderes extranjeros.*

visirato *s. m.* **1** HIST. Cargo o dignidad de un visir. **2** HIST. Tiempo que dura un visir en su cargo.

visita *s. f.* **1** Acción y resultado de visitar a una persona o un lugar: *Fuimos a hacerle una visita a mi tía. Organizaron una visita a Toledo.* **~ cultural. ~ turística. ~ domiciliaria** Visita que realiza un médico al domicilio del enfermo. **~ pastoral** REL. Visita que realiza el obispo a las parroquias de su diócesis. **2** Persona o grupo de personas que visitan a otra o un lugar: *Ese museo recibe muchas visitas.* **3** MED. Consulta del médico: *El médico pasa visita a las doce.*

visitación *s. f.* (no contable; con mayúscula.) En la Iglesia Católica, fiesta que celebra la visita de María a su prima Isabel: *Mañana celebramos la fiesta de la Visitación.*

visitador, ra *s. m. / f.* **1** RESTRINGIDO. Persona que realiza visitas de inspección. **2** MED. Persona que presenta los productos de un laboratorio a médicos y facultativos. **~ médico. 3** REL. En algunas órdenes religiosas, religioso encargado de visitar e inspeccionar las casas o los conventos.

visitante *adj. / s. m.* y *f.* Que visita un lugar o a una persona: *Demos la bienvenida al equipo visitante. Los visitantes suelen hacer excursiones por los alrededores de la ciudad.*

visitar *v. tr.* **1** Ir a ver ‹una persona› [a otra persona] a un sitio: *Tengo que visitar a un pariente en el hospital.* **2** Ir a conocer ‹una persona› [un lugar]: *Ayer visitamos El Escorial y hoy vamos a Segovia.* **3** Ir ‹una persona› a [un lugar] con frecuencia: *Con este coche, casi todos los meses tengo que visitar el taller.* **4** Ir ‹el médico› a casa de [un paciente] para examinarlo: *El médico no está en la consulta porque ha salido a visitar a un enfermo.* **5** Examinar ‹el médico› [a los pacientes]: *La dentista me visitará el martes.* **6** Ir a examinar ‹una persona› [una cosa]: *El arquitecto visitó las obras que están en marcha.* **7** Ir ‹una persona› a [un lugar sagrado]: *Queremos visitar los Santos Lugares.* **8** AMÉR. Hacerse visitar por un médico.

visiteo *s. m.* PEYORATIVO. Acción de hacer o recibir muchas visitas: *A los jóvenes modernos les encanta el visiteo.*

visivo, va *adj.* RESTRINGIDO. De la vista o de la visión: *capacidad visiva, potencia visiva.* SIN. visual.

vislumbrar *v. tr.* **1** Ver ‹una persona› [una cosa] de manera imprecisa: *Al fondo, entre los árboles, se vislumbra la casa.* **2** Percibir ‹una persona› [una cosa] de manera imprecisa: *Después de varias horas de discusión, por fin parece que se vislumbra la solución al problema.*

vislumbre *s. f.* **1** RESTRINGIDO. Reflejo o débil resplandor de luz debido a la distancia a la que se encuentra el foco de donde proviene: *Ya veo la vislumbre de las luces del pueblo.* SIN. viso. **2** RESTRINGIDO. Sospecha, intuición o conocimiento imperfecto de una cosa: *No tenía ninguna vislumbre de que fuera una cosa positiva.* **3** (no contable) RESTRINGIDO. Apariencia o pequeña semejanza: *Tiene vislumbres de ser un engaño.* SIN. similitud.

viso *s. m.* **1** (preferentemente en plural) RESTRINGIDO. Brillo o reflejo que tiene un tejido u otras cosas según les da la luz: *Esta tela hace visos.* **2** (preferentemente en plural) ELEVADO. Aspecto o apariencia de una cosa: *La situación tiene visos de empeorar. Lo que dice tiene visos de ser cierto.* **3** RESTRINGIDO. Prenda de vestir interior femenina de una pieza o forro que se ponen debajo de los vestidos transparentes: *El viso se usa poco ya en las ciudades.*

visón *s. m.* **1** (macho y hembra) *Mustela vison.* Mamífero carnívoro pequeño, que vive en las orillas de ríos y lagos y tiene el cuerpo alargado, piel de color castaño oscuro, suave y brillante: *La piel del visón es muy apreciada en peletería.* **2** (no contable) Piel del visón: *Teresa tiene un chaquetón de visón.* **3** Prenda de abrigo realizada con piel de visón: *La señora llevaba un elegante visón.*

visor *s. m.* **1** FOT. Dispositivo óptico de una cámara fotográfica que sirve para enfocar el objeto: *ajustar el visor.* **2** FOT. Instrumento óptico formado por lentes de aumento que se utiliza para ver diapositivas o ver una película en el momento en que se está montando. **3** TV. Dispositivo óptico de una cámara de televisión que permite ver la imagen captada. **4** MIL. Dispositivo óptico de algunas armas de fuego que permite afinar o corregir la puntería.

víspera *s. f.* **1** Día que antecede inmediatamente a otro día, en particular si es fiesta: *la víspera de Reyes, la víspera de fiesta. Nochebuena es la víspera de Navidad.* **2** (preferentemente en plural) Tiempo anterior a un hecho: *las vísperas de su coronación. El accidente fue en vísperas de nuestra boda.* **3** (en plural) REL. Una de las horas menores que se reza al anochecer, después de la nona.

vista *s. f.* **1** (en singular) Sentido corporal localizado en los ojos mediante el cual, por la acción de la luz, se perciben las formas y colores de los objetos: *Algunos animales tienen el sentido de la vista más desarrollado que el hombre. He perdido mucha vista.* **2** (en singular) Acción y resultado de ver: *La vista del paisaje es muy relajante.* **3** (en singular) Mirada: *Le dio vergüenza y bajó la vista. Tenía la vista fija en un punto.* **4** (en singular) Ojo o par de ojos de una persona: *Me duele la vista. Virtudes tiene un defecto en la vista.* **5** (no contable) Aspecto o apariencia de una cosa: *Este pastel tiene una vista muy apetitosa.* SIN. pinta. **6** (no contable) Habilidad o capacidad para darse cuenta con rapidez de una cosa o para saber lo que más conviene en una situación: *Tu jefe tiene vista para los negocios. Tienes que hablar con más vista.* **7** Extensión de terreno o de cosas que pueden verse desde un lugar: *La terraza tiene una vista maravillosa.* SIN. panorámica. **~ panorámica. 8** (preferentemente en plural) Posibilidad de ver una cosa, especialmente un paisaje, desde un lugar: *Es un apartamento con vistas al mar.* **9** Cuadro, fotografía o grabado que representa un lugar: *Pablo pinta unas vistas preciosas.* **10** RESTRINGIDO. Parte de una cosa que queda visible cuando se encuentra en posición normal: *la vista de los puños de una camisa.* **11** DER. Actuación en que se desarrolla un juicio oyendo a las partes que acuden al mismo: *Hoy se celebra la vista del caso de robo a la sucursal bancaria. El juez ha aplazado la vista.* || *s. m.* **12** Empleado de aduana encargado de registrar las mercancías o los géneros que pasan por ella: *vista de aduanas.* || **13 ~ cansada** MED. Vista de la persona que tiene hipermetropía: *El oculista me ha dicho que tengo vista cansada.* **14 ~ corta** MED. Vista de la persona que tiene miopía. **15 ~ de águila** INTENSIFICADOR. Vista de la persona que puede ver una cosa a mucha distancia: *De joven Luis tenía una vista de águila.* **16 ~ de lince** INTENSIFICADOR. Vista muy aguda. FR. Y LOC. **a días* fecha / ~. a la ~** 1 De manera que pueda ser visto: *No deberías tener el dinero a la vista.* 2 De manera evidente y clara: *Salta a la vista quién es el mayor. Está a la vista que son hermanos.* 3 DER. Se usa para indicar que un documento ha de pagarse a su presentación. 4 En perspectiva: *Hay muchos proyectos a la vista.* **a la ~ de** Viendo una cosa, en presencia de una cosa, o considerando una cosa: *A la vista de lo que ocurra ya pensaré lo que hago.* **a ojos* vistas. a primera / simple ~** Sin fijarse o sin detenerse mucho en una cosa: *A primera vista parece que se llevan bien. La reconoció a primera vista.* **a ~ de pájaro** 1 Se usa para referirse a la visión que se tiene de una cosa desde un punto muy elevado: *Desde el avión se veía la ciudad a vista de pájaro.* 2 COLOQUIAL. Con una mirada superficial: *A vista de pájaro todo parece estar en orden.* **bajo el punto* de ~. comer* con la ~** o **comer con los ojos. conocer(se)* de ~. corto* de ~. dinero* a la ~. echar la ~ a** COLOQUIAL. Elegir ‹una persona› mentalmente una cosa: *Yo ya le he echado la vista a unos pantalones del escaparate.* **echar la ~ (encima)** COLOQUIAL. Conseguir ‹una persona› ver a otra persona cuando la estaba buscando: *Al fin te echo la vista encima.* **en ~ de** En consideración a una cosa, o a causa de una cosa: *En vista del tiempo que hacía decidimos salir a pasear.* **golpe* de ~. hacer la ~ gorda** COLOQUIAL. Simular ‹una persona› que no ha visto o no sabe una cosa que no es del todo lícita: *Ellos lo sobornaban para que hiciera la vista gorda con la entrada de inmigrantes ilegales.* **hasta la ~** COLOQUIAL. Se usa como fórmula de despedida. **no perder de ~** 1 Vigilar ‹una persona› a otra persona o una cosa: *No pierdas de vista a tu hermano pequeño.* 2 Tener en cuenta ‹una persona› una cosa, no olvidarla: *No pierdas de vista lo que te he dicho.* **pasar la ~ por** Mirar ‹una persona› una cosa superficialmente: *He pasado la vista por la circular, pero no la he leído.* **perder de ~** COLOQUIAL. Dejar de ver ‹una persona› a otra persona por haberse alejado: *Tengo muchas ganas de perderte de vista.* **poner la ~** Fijarse ‹una persona› en otra persona o una cosa por alguna razón: *Creo que Luis ha puesto la vista en mí porque le gusto.* **punto* de ~. volver la ~ atrás** 1 Mirar ‹una persona› hacia atrás: *Volvió la vista atrás y vio a sus perseguidores.* 2 Recordar ‹una persona› hechos pasados: *No me gusta volver la vista atrás.*

vistazo *s. m.* (se usa generalmente con los verbos *dar* o *echar*) Mirada o examen rápido y superficial de una cosa: *Como tenía mucha prisa, solo le echó un vistazo a la casa y se fue.* SIN. ojeada.

vistillas (plural) *s. f.* RESTRINGIDO. Lugar alto desde el que se puede ver una amplia zona.

visto, ta *adj.* **1** (se usa generalmente precedido de *muy;* estar) Que es poco original porque lo usa, lo lleva o lo conoce mucha gente: *Este tema está ya muy visto, hablemos de otra cosa.* **2** (se usa precedido de *bien* o *mal*; ser / estar) Que puede tener o no la aprobación de la gente, que está bien o mal considerado: *Esa costumbre no es bien vista aquí.* **3** DER. [Fórmula] que el juez utiliza para dar por concluida una vista pública o anunciar el pronunciamiento de un fallo: *Visto para sentencia.* || *p.* **4** Participio irregular de *ver.* || **5 ~ bueno** (su abreviatura es *V.º B.º*) Se usa como fórmula al pie de un escrito o documento con la firma de la persona que lo autoriza o aprueba. FR. Y LOC. **dar el ~ bueno** Autorizar ‹una persona› una cosa: *El Gobierno no ha dado el visto bueno a esa ley.* **está ~** COLOQUIAL. Se usa para expresar que una cosa es segura o cierta: *Está visto que hoy no es mi día.* **lo nunca ~** COLOQUIAL; INTENSIFICADOR. Que asombra o sorprende porque no sucede con frecuencia o no es corriente, sino que resulta imprevisto, raro o inaceptable: *¡Qué cosa más rara, es lo nunca visto! Esto es lo nunca visto, ¿cómo se te ocurre hacer una cosa así?* **por lo ~** Al parecer, según parece: *Por lo visto, ya no significo nada para ti.* **~ que** Puesto que: *Visto que ya no pinto nada aquí, me marcho.* **visto y no ~** COLOQUIAL; INTENSIFICADOR. Muy rápidamente: *Fue visto y no visto, cuando me quise dar cuenta había desaparecido.*

vistosidad *s. f.* (no contable) Calidad de lo que es vistoso: *La vistosidad de los escaparates de esta tienda hace que todo el mundo se pare a contemplarlos.*

vistoso, sa *adj.* (ser / estar; antepuesto / pospuesto) Que llama mucho la atención por sus colores o su apariencia agradable u ostentosa: *Ha colocado unas vistosas cortinas que dan alegría a la habitación.*

visual *adj.* **1** De la vista: *capacidad visual, ángulo visual. Este autor utiliza un lenguaje muy visual.* **campo* ~.** || *s. f.* **2** Línea recta imaginaria que une el ojo con el objeto visto: *El jugador estaba en la visual del árbitro, y no vio la jugada.*

visualidad *s. f.* (no contable) ELEVADO. Efecto agradable que produce ver algo vistoso: *La visualidad del edificio del nuevo museo es indiscutible.*

visualización *s. f.* Acción y resultado de visualizar: *Los gráficos facilitan la visualización de los datos.*

visualizar *v. tr.* **1** ELEVADO. Hacer ‹una persona› visible [una cosa] artificialmente: *El doctor visualizó las células malignas con la aplicación de sustancias colorantes.* SIN. visibilizar. **2** ELEVADO. Representar ‹una persona› [fenómenos que no pueden ser apreciados por el sentido de la vista] mediante gráficos o imágenes: *El ingeniero ha visulaizado las características del puente en esta lámina.* **3** ELEVADO. Imaginar ‹una persona› la representación visual de [un concepto abstracto]: *He visualizado el esquema que debe regir la administración de la empresa.* **4** RESTRINGIDO. Imaginar ‹una persona› [una cosa que no tiene a la vista]: *En aquel sueño, visualicé lo que iba a pasar.* **5** AMÉR. Distinguir o divisar ‹una persona› a lo lejos [a otra persona o una cosa]. ⇒ **19.**

visualmente *adv. modo* **1** De manera visual, con la vista: *Dijo que prefería comprobarlo visualmente.* || *adv. restrictivo* **2** En cuanto a la vista: *Olfativamente es muy superior la capacidad del perro, pero visualmente no.* **3** En cuanto a las imágenes, en el aspecto de la imagen visual: *Visualmente, el espectáculo era inmejorable.*

vital *adj.* **1** De la vida: *Se mantienen, dentro de la gravedad, las constantes vitales.* **2** (antepuesto / pospuesto) INTENSIFICADOR. Que tiene mucha importancia o trascendencia: *Es de vital interés para la empresa que haya una negociación. Es vital para mí conseguir ese puesto.* **3** Que tiene vitalidad o energía: *Alicia es una persona muy vital, por eso me gusta.* || **4 espacio* ~.**

vitalicio, cia *adj.* **1** DER. [Cargo, renta] que dura o está destinado a durar desde que se obtiene hasta el fin de la vida. **renta vitalicia. 2** DER. Que tiene un cargo para toda la vida: *senador vitalicio, cónsul vitalicio.* || *s. m.* **3** DER. Seguro de vida. **4** DER. Pensión que dura hasta el final de la vida de una persona. || **5 fondo* perdido / ~ / muerto.**

vitalidad *s. f.* **1** (no contable) Energía para vivir o desarrollar una actividad: *Bebe leche, que te dará mucha vitalidad.* **2** Circunstancia o condición de ser una cosa vital o muy importante: *El problema no era de tanta vitalidad como pensábamos.* SIN. trascendencia.

vitalismo *s. m.* **1** (no contable) Actitud de la persona optimista y animosa: *Esa reacción pesimista contrasta con su vitalismo habitual.* **2** (no contable) BIOL., FILOS. Doctrina filosófica y científica que defiende la existencia de un principio vital que no puede reducirse a procesos físico-químicos.

vitalista *adj.* **1** Del vitalismo o de sus partidarios: *los principios vitalistas, filósofo vitalista.* || *adj. / s. m.* y *f.* **2** Que es muy alegre y activo: *Es una persona muy vitalista.*

vitalizar *v. tr.* Dar ‹una cosa› vitalidad o energía [a una persona o una cosa]: *Este acuerdo vitalizará las relaciones entre los dos países.* ⇒ **19.**

vitamina *s. f.* BIOL. Sustancia orgánica que forma parte en cantidades muy pequeñas de la mayoría de los alimentos y que es indispensable para el crecimiento y desarrollo normal de las principales funciones vitales: *La carencia de vitamina D produce raquitismo. Tienes que tomar vitaminas.*

vitaminado, da *adj.* (ser / estar) [Alimento, medicamento] que tiene vitaminas incorporadas: *Me gusta comprar leche y mantequilla vitaminadas.*

vitamínico, ca *adj.* **1** De las vitaminas: *sustancias vitamínicas.* **2** Que contiene vitaminas: *El médico le ha recetado un complejo vitamínico.*

vitelina *adj.* **1** BIOL. Del vitelo: *materia vitelina.* || *adj. / s. f.* **2 membrana* ~.**

vitelo *s. m.* BIOL. Citoplasma del huevo de los animales.

vitícola *adj.* AGR. De la viticultura: *cultivo vitícola, región vitícola.*

viticultor, ra *s. m. / f.* AGR. Persona que se dedica a la viticultura: *la protesta de los viticultores manchegos.*

viticultura *s. f.* **1** (no contable) AGR. Cultivo de la vid: *La viticultura es una actividad tradicional de los países mediterráneos.* **2** (no contable) AGR. Técnica del cultivo de la vid: *Ha hecho un cursillo de viticultura.*

vitivinícola *adj.* AGR. De la vitivinicultura: *técnica vitivinícola, industria vitivinícola.*

vitivinicultor, ra *s. m. / f.* AGR. Persona que se dedica a la vitivinicultura.

vitivinicultura *s. f.* (no contable) AGR. Técnica del cultivo de la vid y la obtención del vino: *La vitivinicultura está muy avanzada en La Rioja.*

vito *s. m.* **1** FOLC. Música y baile andaluces de ritmo muy alegre y movimiento muy rápido. **2** FOLC. Letra cantada con esta música. FR. Y LOC. **baile* de san Vito.**

vitola *s. f.* **1** Anillo de papel con el distintivo de la marca que tienen los cigarros puros: *Colecciona las vitolas de los cigarros.* **2** Cada uno de los diferentes modelos de los cigarros puros según su forma y longitud. **3** ELEVADO. Aspecto de una persona o cosa e impresión que provoca: *María llegó a la Facultad con la vitola de niña rica. Manolo mantiene la vitola de ligón del barrio.*

vítor *s. m.* (preferentemente en plural) ELEVADO. Expresión de alabanza: *Los vítores de los espectadores emocionados obligaron a salir de nuevo a los actores a escena.*

vitorear *v. tr.* Dar ‹una persona› vítores en honor de [otra persona]: *La afición vitoreó al torero.* SIN. ovacionar.

vitoriano, na *adj. / s. m.* y *f.* De Vitoria, ciudad española, capital de la provincia de Álava: *las instituciones vitorianas, los vitorianos celebraron su Patrón.*

vitral *s. m.* ARTE. Vidriera de colores, especialmente la de una iglesia o la de una catedral: *los vitrales de la catedral de León.*

vitreaux (del francés; pronunciamos '*vitró*') *s. m.* ARG., URUG. Vitral.

vítreo, a *adj.* **1** ELEVADO. De vidrio o parecido al vidrio: *un brillo vítreo, sustancia vítrea.* || **2 humor* ~.**

vitrificación *s. f.* RESTRINGIDO. Acción y resultado de vitrificar: *La vitrificación de la cerámica mejora su resistencia.*

vitrificar *v. tr.* **1** RESTRINGIDO. Convertir ‹una persona o una cosa› [una sustancia o una materia] en vidrio: *vitrificar la cerámica.* **2** RESTRINGIDO. Dar ‹una persona o una cosa› el aspecto del vidrio a [una cosa]: *Los alfareros vitrifican sus piezas con un barniz especial.* **3** RESTRINGIDO. Cubrir ‹una persona› [un entarimado] con una sustancia plástica para darle brillo y protegerlo: *Esas ceras sirven para vitrificar la madera del suelo.* **4** RESTRINGIDO. Fundir ‹una persona› el vidriado de [las piezas de loza o alfarería] al horno. || *v. prnl.* **5** RESTRINGIDO. Convertirse ‹una sustancia o una materia› en vidrio. **6** RESTRINGIDO. Tomar ‹una cosa› el aspecto del vidrio.⇒ **71.**

vitrina *s. f.* **1** Armario o caja con puertas o tapa de cristal para exponer objetos: *exponer en una vitrina, objetos protegidos por una vitrina.* **2** AMÉR. Escaparate.

vitriolo *s. m.* QUÍM. Nombre antiguo de los sulfatos. FR. Y LOC. **aceite de ~** QUÍM. Ácido sulfúrico.

vitrocerámica *adj. / s. f.* **1** [Cocina] que está constituida por una placa de cerámica con las propiedades del vidrio: *Desde que me pusieron la vitrocerámica todo se ensucia menos.* **placa de ~.** || *s. f.* **2** (no contable) Cerámica que tiene las propiedades del vidrio: *La vitrocerámica es muy resistente a las altas temperaturas.*

vitualla *s. f.* (preferentemente en plural) ELEVADO. Conjunto de alimentos necesarios para un grupo de personas: *Tenemos que preparar las vituallas para la excursión.*

vituperar *v. tr.* ELEVADO. Hablar ‹una persona› mal de [otra persona o de una cosa]: *El entrenador ha sido vituperado por el presidente del club. Fue vituperada por su mala gestión.*

vituperio *s. m.* ELEVADO. Censura y crítica severa contra una persona o cosa: *Después de haber recibido tantos vituperios, ha decidido dimitir.* ANT. alabanza, elogio.

viudedad *s. f.* **1** (no contable) ELEVADO. Estado en que se encuentra una persona viuda: *Llevó su viudedad con mucha resignación.* SIN. viudez. **2** (no contable) Pensión que recibe una persona por ser viuda: *Le aumentaron 5.000 pesetas mensuales la viudedad.*

viudez *s. f.* (no contable) Estado en que se encuentra una persona viuda: *Aunque ya hace diez años que murió su mujer, no se acostumbra a la viudez.* SIN. viudedad.

viudo, da *adj. / s. m.* y *f.* **1** Que ha perdido a su cónyuge por defunción y no se ha vuelto a casar: *Mi vecina es viuda desde hace dos meses.* **2** COLOQUIAL, RESTRINGIDO. [Legumbres, patatas] que se comen solas sin acompañamiento de carne: *Cuando éramos pequeños todas las noches cenábamos patatas viudas.* || **3 viuda negra** (macho y hembra) *Latrodectus mactans.* Araña de picadura muy venenosa, que habita en regiones cálidas americanas: *La viuda negra hembra devora al macho después del apareamiento.*

viva *interj.* **1** Se usa para expresar alegría o infundir ánimo: *¡Viva la novia! ¡Viva el Betis! ¡Viva!, hemos conseguido el premio.* || **2 ¡~ la Pepa!** COLOQUIAL; RESTRINGIDO. Se usa para referirse a una situación de despreocupación: *A él todo le da igual, y si lo echan del trabajo, pues ¡viva la Pepa!* FR. Y LOC. **ser un ~ la Virgen*.**

vivac o **vivaque** (plural *vivaques*) *s. m.* **1** RESTRINGIDO. Campamento que se instala de manera provisional para pasar la noche al aire libre: *Al lado del río montaremos el vivac para esta noche.* **2** MIL. Paraje donde las tropas pasan la noche al raso.

vivace (plural *vivace;* del italiano; pronunciamos '*vivache*') *s. m.* **1** MÚS. Movimiento o aire musical rápido y vivo: *La orquesta falló un poco en los vivace.* **2** MÚS. Composición musical interpretada con este movimiento. || *adv. modo* **3** MÚS. Con tiempo rápido y vivo.

vivacidad *s. f.* (no contable) Condición o cualidad de vivaz: *El niño tiene mucha vivacidad. La vivacidad de sus ojos captan la atención de todos.* SIN. viveza, dinamismo.

vivalavirgen *s. m. / f.* COLOQUIAL; PEYORATIVO. Persona despreocupada e irresponsable que sólo piensa en divertirse: *No confío en tu primo, es un vivalavirgen.*

vivales (plural *vivales*) *s. m. / f.* COLOQUIAL; PEYORATIVO. Persona lista y espabilada que sabe sacar provecho de todo: *Tu amiga es una vivales de la que no me fío nada.*

vivamente *adv. modo* **1** Con intensidad, energía y viveza. OBSERVACIONES: Se usa preferentemente, aunque no en exclusiva, con *desear* ('fervientemente'), *recomendar* ('encarecidamente y con entusiasmo'), con el participio de *interesar –sentirse interesado, estar interesado, parecer interesado–* ('profundamente') y con algunos otros verbos directa o contextualmente emotivos (*criticar, replicar...*): *Deseo vivamente su pronta curación. Les recomiendo vivamente este artículo.* **2** Con mucha fidelidad o semejanza: *El menor reproduce vivamente la imagen de su padre.*

vivanco, ca *adj. / s. m.* y *f.* ARG., URUG.; COLOQUIAL; PEYORATIVO. Vivales.

vivaque *s. m.* Vivac.

vivaquear *v. intr.* RESTRINGIDO. Pasar ‹una persona› la noche en un campamento provisional al aire libre: *En las maniobras los soldados vivaquearán en la montaña.*

vivar *v. tr. / intr.* AMÉR. Vitorear o dar vivas ‹una persona› [a otra persona].

vivaracho, cha *adj. / s. m.* y *f.* (ser / estar) COLOQUIAL. Que tiene un temperamento despierto, un carácter alegre o vivaz: *Es un niño vivaracho. Tiene una expresión muy vivaracha en la cara. ¡Qué vivaracho estás hoy!*

vivario *s. m.* ZOOL. Instalación para la conservación de animales vivos, que imita las condiciones ambientales adecuadas.

vivaz *adj.* **1** (antepuesto / pospuesto) ELEVADO. Que es ingenioso y dinámico: *una persona muy vivaz. Su vivaz personalidad me atrapa.* **2** (antepuesto / pospuesto) ELEVADO. Que tiene intensidad, energía o fuerza: *Siempre utiliza colores muy vivaces.* **3** BOT. [Planta] que vive más de dos años, pero cuyos órganos aéreos mueren cada dos años: *Las plantas vivaces suelen tener bulbos o rizomas.* **planta ~.**

vivencia *s. f.* (no contable) ELEVADO. Experiencia que una persona tiene de una cosa y que pasa a formar parte de su propia personalidad: *Aquellas vivencias en Japón marcaron su forma de pensar.*

vivencial *adj.* ELEVADO. De la vivencia, o que contiene una vivencia: *experiencia vivencial.*

víveres (plural) *s. m.* (no contable) Alimentos, conjunto de productos destinados a la alimentación humana, especialmente cuando se almacenan o distribuyen: *Las autoridades han pedido ayuda internacional, sobre todo, víveres y medicinas.* SIN. provisiones.

vivero *s. m.* **1** BOT. Terreno donde se crían plantas para transplantarlas después a su lugar definitivo: *He comprado dos cerezos y un arce en el vivero.* **2** Lugar donde se mantienen o se crían dentro del agua peces y otros animales: *Han instalado un vivero de marisco en la ría.* **3** ELEVADO. Origen o causa: *vivero de discordias. Este problema es un vivero de enfrentamientos.*

viveza *s. f.* **1** (no contable) Rapidez y agilidad en las acciones o en la forma de entender las cosas: *El niño es muy activo y hace las cosas con mucha viveza.* SIN. vivacidad. **2** (no contable) Energía y pasión en las palabras: *En sus discusiones defiende sus ideas con mucha viveza.* SIN. ardor. **3** (no contable) Esplendor y brillantez de una cosa: *Los colores de muchas casas del Mediterráneo son muy alegres y de mucha viveza.* **4** (no contable) Expresividad especial que una persona tiene en la forma de mirar o de mover los ojos: *Se dice que muchas mujeres de Andalucía tienen una viveza muy atractiva en sus miradas.* SIN. gracia.

vívido, da *adj.* (antepuesto / pospuesto) ELEVADO. Que se expresa con vivacidad y realismo: *Nos hizo un vívido retrato de aquel personaje. Ha sido una descripción muy vívida.*

vividor, ra *adj. / s. m.* y *f.* **1** COLOQUIAL; PEYORATIVO. Que vive disfrutando de los placeres que ofrece la vida: *Él es muy vividor. No quiero saber nada de ese tío vividor.* **2** COLOQUIAL; PEYORATIVO. Que sabe desenvolverse muy bien en cualquier situación debido a la experiencia adquirida: *No te preocupes por ella, porque es una vividora y sabe valerse por sí misma.* **3** COL.; COLOQUIAL. Gorrón.

vivienda *s. f.* Casa o lugar preparado para poder vivir: *Sergio se dedica a la construcción de viviendas. Quiero comprar una vivienda unifamiliar.*

viviente *adj. / s. m.* y *f.* **1** Que vive: *seres vivientes, muertos vivientes. No había un alma viviente en todo el lugar, absolutamente nadie.* || **2 bicho* ~.**

vivificar *v. tr.* **1** Dar ‹una cosa› fuerza o energía a [una persona, un animal o una cosa]: *Su entusiasmo va a vivifi-*

car nuestros ánimos. **2** Dar ‹una persona o una cosa› vida a [una persona o una cosa]: *La gracia de Jesús vivifica a los cristianos.* ⇒ **71.**

vivíparo, ra *adj.* **1** BOT. [Planta] que produce órganos de multiplicación vegetativa como yemas, en lugar de semillas y frutos. ‖ *adj. / s. m.* y *f.* **2** ZOOL. [Animal] que desarrolla su embrión dentro del cuerpo materno: *Los mamíferos son vivíparos.*

vivir *v. intr.* **1** Tener ‹una persona, un animal o una planta› vida: *Mi padre ya no vive. Mi perro vivió doce años. Virginia vive* ***de*** *milagro. Victor vive gracias a la medicina.* **2** Tener ‹una persona› lo necesario para subsistir: *Vive* ***de*** *su trabajo. Con este sueldo no puedo vivir.* **3** Pasar ‹una persona› la vida o parte de ella en [un lugar]: *Durante su juventud vivió* ***en*** *París.* **4** Permanecer ‹el recuerdo de una persona, un animal o una cosa› en la memoria de [una persona]: *Su recuerdo vive* ***en*** *mí.* **5** RESTRINGIDO. Seguir existiendo o influyendo ‹una cosa›: *El romanticismo vive aún en nuestros días.* **6** Llevar ‹una persona› [cierto género de vida]: *No me dejan vivir tranquilo.* ‖ *v. tr.* **7** Pasar ‹una persona› por [una experiencia]: *Esta familia ha vivido una tragedia. Están viviendo un gran romance.* **8** Sentirse ‹una persona› muy identificada con [una actividad o una situación]: *Hemos vivido muy de cerca la crisis.* FR. Y LOC. **gente* de mal ~. no dejar ~** COLOQUIAL. No dejar ‹una persona o una cosa› tranquila a una persona: *Este ruido no me deja vivir. Este hombre no me deja vivir.* **no ~** COLOQUIAL. Estar ‹una persona› agobiada o nerviosa: *Con tanto trabajo, tu madre no vive.* **~ al día*. ~ como Dios*. ~ como un pachá*. ~ como un patriarca*. ~ de las rentas*. ~ en otro mundo*. ~ en pareja*. ~ / estar puerta* con puerta. ~ para ver** COLOQUIAL; SORPRESA. Se usa para indicar asombro: *¡Quién iba a imaginar que se comportaría tan mal!, vivir para ver.*

vivisección *s. f.* BIOL. Examen de los tejidos de los animales vivos para descubrir enfermedades o experimentar medicinas: *En clase hemos hecho la vivisección de una rana.*

vivo, va *adj.* **1** (estar) Que tiene vida: *órgano vivo. Es un ser vivo. La quemaron viva porque la acusaban de herejía. Este tipo está más muerto que vivo.* ANT. muerto. **2** (antepuesto / pospuesto) Que no ha desaparecido, y sigue existiendo con toda su fuerza: *Esta costumbre todavía está viva.* **3** (estar) Que no ha desaparecido, sino que permanece en la memoria de las personas: *suceso vivo, acontecimiento vivo. Sus últimas palabras siempre estarán vivas en nuestros corazones.* **4** (estar) [Fuego, llama] que está encendido: *Échale agua al fuego, que aún está vivo y podría ocasionar un incendio.* **5** (antepuesto / pospuesto) Que tiene mucha intensidad o fuerza: *Esta música tiene un ritmo muy vivo. Me cegó un vivo resplandor.* **6** (ser / estar; antepuesto / pospuesto) [Deseo, interés, sentimiento] que es muy grande: *Mi deseo de verla aún está vivo. Tu hijo tiene una curiosidad muy viva por todo. Es un sentimiento muy vivo. Todavía siento un vivo dolor cuando me acuerdo.* **7** [Color] que tiene mucha intensidad y no tiene apenas mezcla: *Es un rojo muy vivo, creo que te gustará.* **8** (antepuesto / pospuesto) Que tiene ingenio o agudeza, se expresa o reacciona con decisión, o es rápido para comprender o percibir las cosas: *una viva imaginación, una inteligencia muy viva. Es un niño muy vivo, lo pilla todo al instante.* **9** Que tiene mucha vitalidad o se mueve con rapidez o agilidad: *Tu abuelo tiene el paso muy vivo. Los ciclistas llevan un ritmo muy vivo.* **10** (antepuesto / pospuesto) Que está expresado con mucha viveza o realismo: *lenguaje vivo, escena viva. La viva descripción que hizo nos permitía imaginar todo con detalle.* **11** Que se excita o se enfada con facilidad: *Tiene un genio muy vivo.* ‖ *adj. / s. m.* y *f.* **12** Que es listo o astuto, y tiene habilidad para ver lo que más le conviene y actuar en beneficio propio: *Es muy viva para los negocios. Es un vivo, ten cuidado con él.* ‖ *s. m.* **13** (en plural) Conjunto de las personas que tienen vida: *Ya no pertenece al mundo de los vivos.* ‖ **14 cal* viva. 15 fuerzas* vivas. 16 lengua* viva. 17 seto* ~. 18 ~ ejemplo*.** FR. Y LOC. **al rojo* (~). comer(se)* ~. en cueros* (vivos). en ~** 1 RADIO, TV. En directo, a la vez que ocurre: *Han dado un concierto en vivo.* 2 En persona: *En el aeropuerto he visto en vivo a mi cantante preferida.* **vivito y coleando** COLOQUIAL. Con vida: *El gato se cayó del tercer piso y ahí lo tienes, vivito y coleando.*

viyela (marca registrada) *s. f.* Tela de algodón con poliéster que se usa para confeccionar camisas.

viz- *pref.* Vice-.

vizcacha *s. f.* (macho y hembra) *Langostomus maximus.* Mamífero roedor de cola larga, pelaje grisáceo con el vientre blanco, patas posteriores más desarrolladas, que excava galerías subterráneas: *La vizcacha habita en las pampas de América del Sur.*

vizcachera *s. f.* **1** AMÉR. Madriguera o refugio de las vizcachas **2** ARG., URUG.; COLOQUIAL. Habitación pequeña, llena de trastos y desordenada. **3** CHILE; RESTRINGIDO. Conjunto de saquitos de acero que se colocan en la silla de montar.

vizcaíno, na *adj. / s. m.* y *f.* **1** De Vizcaya, provincia española: *el equipo vizcaíno, un grupo de vizcaínos. Bilbao es la capital vizcaína.* ‖ *s. m.* **2** LING. Dialecto del euskera hablado en la mayor parte de Vizcaya.

vizcondado *s. m.* **1** Título de vizconde: *Hector heredó el vizcondado de un tío materno.* **2** Territorio que era propiedad de un vizconde: *Poseían un vizcondado muy extenso.*

vizconde, desa *s. m. / f.* **1** Persona que posee un título nobiliario inferior al de conde: *Esta mansión pertenece a un vizconde.* **2** HIST. Persona que un conde dejaba como sustituto para que ejerciera su autoridad en un territorio. ‖ *s. f.* **3** Esposa de un vizconde: *La nueva vizcondesa es muy elegante.*

vocablo *s. m.* Palabra.

vocabulario *s. m.* **1** Conjunto formado por las palabras de una lengua: *vocabulario español. El vocabulario catalán está recogido en este diccionario.* SIN. léxico. **2** Conjunto de palabras de una lengua que se usan en una región, en una actividad concreta o en un nivel social: *vocabulario andaluz, vocabulario médico, vocabulario vulgar, vocabulario culto.* SIN. léxico. **3** Conjunto de palabras que usa o conoce una determinada persona: *El vocabulario de este escritor es riquísimo.* SIN. léxico. **4** Libro o lista en que está contenido un conjunto de palabras ordenadas según un determinado criterio, frecuentemente con definiciones o explicaciones breves: *Al final del libro hay un vocabulario con las palabras difíciles.* SIN. glosario.

vocación *s. f.* **1** Inclinación de una persona hacia una profesión, una forma de vida o una actividad: *Es enfermera por vocación. Si no tienes vocación para cantar mejor será que lo dejes.* **2** REL. Llamada de Dios que siente una persona para llevar una forma de vida, especialmente para ingresar en una orden religiosa: *sentir vocación.* **3** (preferentemente en plural) REL. Persona que quiere ser sacerdote o ingresar en una orden religiosa: *Este año ha aumentado el número de vocaciones.*

vocacional *adj.* Que se hace por vocación o inclinación fuerte: *Su dedicación a la Medicina es vocacional.*

vocacionalmente *adv. modo* **1** Por vocación. RELACIONES Y CONTRASTES: Se contrapone a la idea de *por obligación* y a la de *por interés*: *Se sentía vocacionalmente atraído hacia la milicia.* || *adv. restrictivo* **2** En cuanto a vocación, en lo que respecta a las tendencias y aptitudes profesionales de una persona: *Vocacionalmente, no se ha definido todavía.*

vocal *adj.* **1** De la voz o que se expresa por la voz. **cuerdas* vocales. música* ~.** || *s. m. / f.* **2** Persona que ha sido elegida o nombrada para una junta o para un consejo sin ocupar ningún cargo específico: *La Junta de accionistas está formada por el presidente, el secretario, el tesorero y seis vocales.* || *s. f.* **3** FON. Sonido del lenguaje humano que se produce al ser expulsado el aire libremente por la boca, con vibración de las cuerdas vocales. **~ abierta. ~ anterior. ~ breve. ~ cerrada. ~ fuerte. ~ larga.** **4** Letra que representa a un sonido vocálico: *En español hay cinco vocales.*

vocálico, ca *adj.* De la vocal: *sonido vocálico, sistema vocálico.*

vocalismo *s. m.* **1** FON. Sistema vocálico de una lengua: *el vocalismo tónico, el vocalismo átono. El vocalismo del andaluz es diferente del castellano.* **2** LING. Manera de presentarse las vocales en cualquier elemento lingüístico.

vocalista *s. m. / f.* MÚS. Cantante de un grupo musical: *Es el vocalista de un grupo de rock.*

vocalización *s. f.* **1** (no contable) Pronunciación cuidadosa: *Antonio tiene una vocalización perfecta y lee muy bien en público.* **2** MÚS. Ejercicio de canto en el que se pronuncia repetidas veces alguna de las vocales: *La vocalización es un precalentamiento necesario para empezar a cantar.* **3** FON. Transformación de una consonante en una vocal: *Algunas consonantes del latín sufren una vocalización al pasar al español.*

vocalizar *v. tr. / intr.* **1** Pronunciar ‹una persona› las vocales y las consonantes de las palabras de manera clara y diferenciada: *Tienes que vocalizar mejor las erres.* **2** FILOL. Añadir ‹una persona› vocales a [los textos escritos únicamente con consonantes]: *Como ejercicio de clase nos mandan vocalizar un documento árabe.* || *v. intr.* **3** Realizar ‹una persona› ejercicios de vocalización: *Los cantantes de ópera tienen que vocalizar todos los días durante cierto tiempo.* **4** MÚS. Solfear ‹una persona› sin decir las notas, empleando una vocal, generalmente la *a.* || *v. intr. / prnl.* **5** FON. Convertirse ‹una consonante› en [vocal]: *La «l» latina se vocaliza* **en** *«u» al pasar al castellano en ciertas circunstancias.* ⇒ **19.**

vocalmente *adv. modo* **1** Con la voz o por medio de ella: *Los niños disfrutan expresándose vocalmente.* || *adv. restrictivo* **2** En el aspecto vocal, en cuanto a la voz o a las voces: *Es un grupo vocalmente muy deficiente.*

vocativo *s. m.* **1** LING. Función que desempeña la expresión que se utiliza para llamar o interpelar a una persona o a una cosa personificada. **2** LING. Expresión que se utiliza para llamar o interpelar a una persona o a una cosa personificada: *En muchas ocasiones los diminutivos españoles son auténticos vocativos.* || **3 caso ~** LING. Caso que en las lenguas con declinación tiene la palabra que se utiliza para llamar o interpelar a una persona o a una cosa personificada: *En la declinación latina hay vocativos.*

voceador, ra *adj. / s. m.* y *f.* **1** (ser / estar) Que vocea: *Tu madre es muy voceadora. Desde que le ocurrió el accidente está muy voceadora, y en seguida grita.* **2** COL., MÉX. Persona que se dedica a la venta callejera de periódicos.

vocear *v. intr.* **1** Dar ‹una persona› voces: *Se puso a vocear y entonces todos nos enfadamos. ¿No sabes hablar sin vocear?* || *v. tr.* **2** Decir ‹una persona› [una cosa] a voces: *La pescadera voceaba los precios del pescado.* **3** Llamar ‹una persona› [a otra persona] a voces: *Te he voceado desde el otro lado de la calle, pero no me has oído.* **4** Dar ‹una multitud› voces en honor de [una persona]: *Las espectadoras vocearon el nombre de su ídolo.* **5** COLOQUIAL. Hacer saber ‹una persona› [una cosa que debería callar]: *Le dije que nadie debía saberlo, y lo ha voceado por todo el barrio.* SIN. pregonar. **6** COLOQUIAL. Manifestar ‹una cosa› [otra cosa] claramente: *Sus ojos vocean la falta de cariño que siente.*

voceras (plural *voceras*) *s. m. / f.* Boceras.

vocerío *s. m.* (no contable) Conjunto de voces y gritos confusos: *A la salida del colegio siempre hay un gran vocerío. En el pabellón, el vocerío era ensordecedor.* SIN. griterío.

vocero *s. m. / f.* ARG., COL., URUG. Persona que habla en representación de otra u otras personas, portavoz.

vociferar *v. intr.* PEYORATIVO. Dar ‹una persona› voces: *Cuando se enfada se pone a vociferar como un energúmeno.* SIN. vocear.

vocinglero, ra *adj. / s. m.* y *f.* **1** Que da muchas voces o habla muy alto: *Josefina es muy vocinglera.* **2** PEYORATIVO. Que habla mucho sin decir nada importante: *No podemos fiarnos de los políticos vocingleros.*

vodca *s. m. / f.* Vodka.

vodevil o **vaudeville** *s. m.* TEATRO. Comedia de argumento intranscendente, ligera, divertida y algo picante: *Los vodeviles han tenido cierto éxito en el teatro español de principios de siglo y en algunas películas.*

vodka o **vodca** *s. m. / f.* **1** (no contable) Aguardiente de centeno, maíz o cebada, de alta graduación, propio de los países de Europa Oriental: *un combinado de vodka con naranja. Quiero un vodka con hielo.* **2** Medida de este líquido contenida en un vaso o copa: *Ya me he tomado tres vodkas.*

voivoda o **vaivoda** *s. m.* HIST. Gobernador militar o civil de los países eslavos y Polonia durante la Edad Media y la Moderna.

voivodato *s. m.* **1** HIST. Territorio de los países eslavos que en la Edad Media y la Moderna era gobernado por un voivoda. **2** División administrativa mayor de Polonia.

volada *s. f.* **1** Vuelo corto o que se hace de una vez: *El pajarillo ha dado una volada y en seguida ha vuelto al nido.* **2** AMÉR. C., MÉX., PERÚ; COLOQUIAL. Rumor, falsa noticia. **3** ARG. Ocasión favorable. **4** COL. Jugarreta que se le gasta a una persona.

voladito, ta *adj.* ART. GRÁF. [Letra, número] que tiene un tamaño pequeño, se coloca en la parte superior del cuerpo del tipo y sirve para indicar referencias y abreviaturas.

voladizo, za *adj. / s. m.* ARQ. [Elemento de construcción] que sobresale de la pared de un edificio: *Se ha derrumbado parte del voladizo de la torre del castillo.*

volado, da *adj.* 1 ARQ. [Parte de un edificio] que sobresale de un muro o pared sin tener otro elemento que la soporte: *balcón volado, cornisa volada.* 2 ART. GRÁF. Voladito. 3 COLOQUIAL. Que está intranquilo o con mucha prisa: *Voy volado porque he dejado al niño solo.* 4 (estar) JERGAL. Que está bajo los efectos de un estimulante: *La policía detuvo a dos drogadictos que estaban volados, y no los pudo interrogar hasta que estuvieron serenos.* 5 COL.; COLOQUIAL. Irreflexivo, atontado. 6 ARG., COL., MÉX. Enfadado, irritado. 7 CUBA, GUAT., MÉX. Enamorado, ilusionado. ‖ *adj. / s. m.* y *f.* 8 (ser / estar) COLOQUIAL. Que está loco: *No le hagas caso de lo que te diga, porque está volado y no dice más que disparates.* ‖ *s. m.* 9 AMÉR. C. Rumor o noticia falsa. 10 MÉX. Aventura, generalmente amorosa. 11 ARG. Volante o tela fruncida en los vestidos. FR. Y LOC. **echar un ~** MÉX. Echar a cara o cruz, lanzando una moneda al aire. **irse de volada** MÉX. Marcharse ‹una persona› con rapidez de un sitio.

volador *adj.* 1 Que vuela o puede volar: *un animal volador, un aparato volador.* ‖ *s. m.* 2 Cohete que se utiliza en los fuegos artificiales. 3 (macho y hembra) ZOOL. Pez marino con extensas aletas pectorales que le permiten realizar breves vuelos al saltar sobre las aguas. 4 (macho y hembra) ZOOL. Molusco marino parecido al calamar, también comestible pero de menos calidad. ‖ **5 dragón* ~. 6 platillo* ~ / volante.**

voladora *s. f.* COL. Lancha fueraborda.

voladura *s. f.* Acción y resultado de volar o hacer saltar en pedazos una cosa mediante explosivos: *Consiguieron la voladura del puente con muchos explosivos.*

volandas *adv.* Se usa en la LOC. **en ~** Por el aire, levantado del suelo como si volara: *Llevaron al herido en volandas y lo metieron en la ambulancia.*

volandera *s. f.* 1 RESTRINGIDO. Muela de molino. 2 MEC. Aro colocado entre dos piezas para evitar roces. SIN. arandela.

volandero, ra *adj.* 1 Que no se detiene en ningún lugar o que dura poco tiempo: *palabras volanderas. Antonio es un hombre volandero.* 2 RESTRINGIDO. Que se mueve con facilidad de un lado para otro: *rama volandera, hoja volandera.*

volanta *s. f.* 1 AMÉR. Carruaje antiguo de cuatro ruedas tirado por caballos.

volantazo *s. m.* Giro rápido y violento que se le da al volante de un vehículo: *Cuando vio al perro en mitad de la carretera tuvo que dar un volantazo para no matarlo.*

volante *adj.* 1 Que vuela: *platillo volante. Se ha detectado un objeto volante no identificado.* 2 Que va o se traslada de una parte a otra o no está fijo en ningún sitio: *sede volante. Estamos en el estudio volante que establecemos en el final de cada etapa.* ‖ *s. m.* 3 Tira fruncida de tela puesta como adorno en prendas de ropa y obras de tapicería: *el volante de la cortina. La blusa lleva un volante en la manga.* 4 Pieza en forma de aro que permite controlar los movimientos de un vehículo: *girar el volante, ponerse al volante, el volante de un coche.* 5 Deporte automovilístico: *Él es el rey del volante.* 6 Hoja en la que se recomienda, se pide o se hace constar una cosa: *un volante para el especialista.* **papel* ~.** 7 MEC. Rueda grande y pesada que sirve para regularizar el movimiento de una máquina y, generalmente, para transmitir dicho movimiento al resto del mecanismo. 8 MEC. Rueda pequeña con dos topes que transmite su movimiento regular al mecanismo de un reloj. 9 DEP. Especie de pelota con plumas. 10 ARG., URUG. Octavilla. ‖ **11 ciervo* ~. 12 platillo* volador / ~.**

volantín *s. m.* 1 Aparejo de pesca formado por un cordel con uno o varios anzuelos. 2 ARG., CHILE, P. RICO, CUBA; RESTRINGIDO en Argentina. Cometa pequeña de papel.

volapié *s. m.* 1 TAUROM. Suerte de matar en la que el torero se lanza sobre el toro clavándole el estoque al mismo tiempo que le da salida con la muleta hacia su derecha. 2 TAUROM. Estocada dada en esta suerte. FR. Y LOC. **a ~** TAUROM. Entrando a matar de esta manera: *El diestro entró a matar a volapié.*

volar *v. intr.* 1 Moverse ‹un ave, un insecto o un aparato mecánico› por el aire: *El pájaro volaba de rama en rama. Este avión vuela a gran velocidad.* 2 Viajar ‹una persona› a [un lugar] en [un aparato de aviación]: *Ayer volé **a** Barcelona. Me gusta volar **en** avión. Volamos **a** 500 metros.* 3 Conducir ‹una persona› un aparato de aviación: *Aprendió a volar en la Escuela de pilotos de Salamanca.* 4 Ir ‹una cosa que se ha lanzado con violencia› por el aire: *La pelota, lanzada por el portero, vuela hasta el medio campo.* 5 COLOQUIAL. Desaparecer ‹una persona, un animal o una cosa› rápida e inesperadamente: *El dinero voló de encima de la mesa. Cuando llegó la policía, los atracadores ya habían volado.* 6 COLOQUIAL. Ir ‹una persona› muy deprisa a [un lugar]: *Voy volando **a** casa.* 7 COLOQUIAL. Hacer ‹una persona› [una cosa] muy deprisa: *Carmén voló **a** decírselo a todo el mundo. He tenido que comer volando porque se me hacía tarde.* 8 Hacerse ‹una noticia› pública rápidamente: *El rumor ha volado y a estas horas es de dominio público.* 9 Pasar ‹el tiempo› rápidamente: *El tiempo vuela.* 10 COLOQUIAL. Dejar ‹los jóvenes› la casa de sus padres: *Cuando se hacen mayores, los hijos vuelan **de** casa para vivir solos.* 11 Saltar ‹una cosa o una persona› por los aires por una explosión o causa similar: *Tras el violento choque, el motorista voló **por** los aires.* ‖ *v. tr.* 12 Hacer saltar ‹una persona› [una cosa] en pedazos: *Los soldados han volado el puente.* 13 ARG., URUG. Despedir ‹una persona› [a otra persona] 14 MÉX.; COLOQUIAL. Robar ‹una persona› [una cosa]. 15 ART. GRÁF. Hacer ‹una persona› que [un signo] quede volado: *Tienes que volar los números de las notas.* 16 CAZA. Hacer ‹una persona o un animal› que [el ave] se levante y alce el vuelo.‖ *v. prnl.* 17 AMÉR. Enfadarse mucho, irritarse ‹una persona›. ‖ *v. intr. / prnl.* 18 Elevarse y moverse ‹una cosa› por el aire: ***Se** han volado todos los papeles. A aquel hombre **se** le voló la peluca.* FR. Y LOC. **(aquí) el que no corre* vuela. ⇒ 28.**

volate *s. m.* COL.; COLOQUIAL. Follón, jaleo.

volatería *s. f.* 1 (no contable) Caza de aves que se realiza con otras amaestradas: *Los halcones se emplean en volatería.* 2 (no contable) RESTRINGIDO. Conjunto de aves, especialmente las comestibles: *La especialidad de la cocina de esta región es la volatería.*

volátil *adj.* 1 FÍS. [Líquido] que se volatiliza rápidamente si está en un recipiente destapado: *La gasolina es un líquido muy volátil.* 2 ELEVADO. Que se mueve por el aire: *máquinas volátiles.* 3 RESTRINGIDO. Que cambia con mucha facilidad o es inconstante: *La moda es muy volátil.* ‖ *adj. / s. m.* y *f.* 4 ELEVADO. Que vuela o puede volar: *animal volátil.*

volatilizar *v. tr.* 1 FÍS. Convertir ‹una persona o una cosa› [una sustancia líquida o sólida] en vapor o en gas: *El calor* *ha volatilizado el agua que contenía el plato.* || *v. prnl.* **2** FÍS. Convertirse ‹una sustancia líquida o sólida› en vapor o en gas: *El alcohol se ha volatilizado porque la botella estaba abierta.* **3** COLOQUIAL. Desaparecer ‹una persona, un animal o una cosa› rápida e inesperadamente: *En cuanto Juan vio que había trabajo, se volatilizó. Parece que los caramelos se han volatilizado.* ⇒ **19.**

volatín *s. m.* **1** Salto o ejercicio de habilidad, como los que hacen algunos artistas de circo sobre un alambre: *Los volatines les gustan a los niños.* SIN. acrobacia. **2** Volatinero.

volatinero, ra *s. m./f.* Persona que realiza ejercicios de equilibrio sobre una cuerda o alambre: *Los volatineros del circo despertaban mucha admiración.*

volcán *s. m.* **1** GEOL. Abertura en la tierra, sobre todo en una montaña, por la que ascienden humo, gases y materiales en estado de fusión: *volcán apagado, volcán encendido. Visitamos el cráter del volcán.* **2** GEOL. Elevación formada por la acumulación de los materiales volcánicos expulsados en distintas erupciones: *El volcán es la más alta de las montañas que se ven desde aquí.* **3** LITERARIO. Sentimiento ardiente o violento: *Su corazón era un volcán de pasiones. El amor es un volcán.* **4** COL.; RESTRINGIDO. Precipicio o derrumbe de tierras. **4** HOND., GUAT., P. RICO. Montón de cosas. FR. Y LOC. **estar sobre un ~** Estar ‹una persona› en una situación muy difícil: *En la empresa desde que ha llegado el jefe nuevo, estoy sobre un volcán.*

volcánico, ca *adj.* **1** GEOL. Del volcán: *lava volcánica, erupción volcánica.* **bomba* volcánica. roca volcánica. 2** COLOQUIAL; INTENSIFICADOR. [Sentimiento] que es muy ardiente o fogoso: *amor volcánico, pasión volcánica. Tiene un temperamento volcánico.*

volcar *v. tr.* **1** Hacer ‹una persona, un animal o una cosa› que [una cosa] pierda la posición que tenía: *El gato ha volcado el jarrón. Si no colocas bien la cafetera puede volcarse.* **2** Hacer ‹una persona, un animal o una cosa› que se caiga o se derrame [el contenido de un recipiente]: *Le di un golpe al vaso y volqué la leche en el mantel.* || *v. intr./prnl.* **3** Perder ‹una cosa› la posición que tenía: *El autobús ha volcado en la curva. El coche* ***se*** *volcó.* || *v. prnl.* **4** Caer o derramarse ‹el contenido de un recipiente›: *Deja de jugar con la jarra, que se volcará el agua.* **5** COLOQUIAL. Hacer ‹una persona› todo lo posible para agradar a [otra persona]: *Ese profesor se vuelca* ***con*** *sus alumnos.* **6** COLOQUIAL. Concentrarse ‹una persona› en una actividad: *Está volcado* ***en*** *la pintura desde hace años.* ⇒ **84.**

volea *s. f.* DEP. Golpe que se da en ciertos deportes a la pelota antes de que toque el suelo: *Esa tenista tiene una volea muy buena. La volea del delantero resultó imparable.*

volear (diferente de *bolear*) *v. tr./intr.* **1** Golpear ‹una persona› [una cosa] en el aire para impulsarla: *El jugador del equipo local ha voleado la pelota con tanta fuerza que ha salido fuera de la pista.* **2** AGR. Sembrar ‹una persona› [un terreno] esparciendo la semilla en el aire: *El campesino voleó.*

volei *s. m.* COLOQUIAL. Voleibol.

voleibol o **volei** *s. m.* DEP. Deporte entre dos equipos de seis jugadores que consiste en lanzar, con las manos o los brazos, una pelota por encima de una red alta que divide el campo de cada equipo: *jugar al voleibol. Han sido campeonas en la liga nacional de voleibol.* SIN. balonvolea.

voleo *s. m.* COL. Trabajo, oficio. FR. Y LOC. **a ~ 1** COLOQUIAL. Arbitrariamente, sin pararse a pensar: *He escrito dos números a voleo, a ver si acierto.* **2** AGR. Se usa para referirse al método de siembra que consiste en esparcir la semilla arrojándola con la mano al aire.

volero *s. m.* COL. Volante del vestido femenino.

volframio o **wolframio** o **wolfram** *s. m.* (no contable) *W.* Elemento químico metálico de gran dureza y densidad, con un punto de fusión elevado, que se utiliza en la fabricación de aleaciones y de productos eléctricos.

volframita o **wolframita** *s. f.* (no contable) Mineral en forma de cristales, compuesto por volframio, oxígeno, hierro y manganeso: *La volframita es de color negro.*

volición *s. f.* **1** ELEVADO. Deseo fuerte de una cosa o intención: *No tengo ni voliciones ni deseos.* **2** FILOS. Acto de la voluntad: *El ser humano tiene voliciones de distinta naturaleza que las de los animales.*

volitivo, va *adj.* FILOS. De la volición o de la voluntad: *acto volitivo, fenómeno volitivo.*

volován *s. m.* Pastelillo de hojaldre hueco y redondeado que se rellena de diversos ingredientes: *De primero, un volován de marisco.*

volqueta *s. f.* COL., EC. Volquete.

volquete *s. m.* Vehículo de carga provisto de una caja articulada que se puede volcar mecánicamente para vaciar su contenido: *Trajeron la arena para la obra en un volquete.*

voltaico, ca *adj.* **1** [Electricidad] que se produce mediante pilas. || **2 arco ~** ELECTRIC. Descarga eléctrica, luminosa y calorífica, de gran intensidad, que se crea entre dos electrodos separados por un aislante: *El arco voltaico se emplea como fuente de calor en las soldaduras autógenas.*

voltaje *s. m.* ELECTRIC. Diferencia de potencial eléctrico entre los extremos de un conductor: *Como en este pueblo hay un voltaje de 125, necesitaremos un transformador para la radio.* SIN. tensión.

voltamperio *s. m.* ELECTRIC. Unidad de medida de la potencia aparente de una corriente eléctrica.

voltario, ria *adj.* CHILE. [Persona] que es voluntariosa o caprichosa.

volteada *s. f.* ARG., URUG. Acción que consiste en agrupar el ganado y llevarlo a un lugar, corriéndolo a caballo. FR. Y LOC. **caer* en la ~.**

volteado COL.; PEYORATIVO. Homosexual masculino.

voltear *v. tr.* **1** Hacer dar ‹una persona o un animal› una o más vueltas a [una persona, un animal o una cosa]: *En el juego de la gallina ciega, hay que voltear a quien tiene los ojos tapados para que se desoriente. El primer toro volteó al diestro.* **2** RESTRINGIDO. Cambiar o mudar ‹una cosa› el estado de [otra cosa]: *El nuevo reglamento volteará las aspiraciones de muchos profesionales.* **3** Tocar ‹una persona› [las campanas] dándoles vueltas: *El sacristán nos deja subir a la torre a voltear las campanas.* **4** CHILE; RESTRINGIDO. Girar ‹una persona› [una parte del cuerpo]. || *v. intr.* **5** Cambiar, torcer ‹una persona o un vehículo› su dirección. || *v. tr./prnl.* **6** AMÉR. Volcar o tirar ‹una persona› [un recipiente] haciendo que se caiga o derrame lo que contiene. || *v. intr./prnl.* **7** COL., MÉX., P. RICO. Volver, dar la vuelta ‹una persona›. || *v. prnl.* **8** AMÉR. Cambiar ‹una persona› de orientación ideológica política. **9** ARG.; VULGAR. Tener ‹una persona› relaciones sexuales con otra persona.

voltereta *s. f.* Vuelta que da una persona con el cuerpo enroscado y la cabeza doblada hacia las piernas: *Él dio una voltereta en el aire y cayó a la piscina.*

volterianismo *s. m.* **1** (no contable) FILOS. Doctrina de Voltaire, filósofo francés del siglo XVIII, y de sus seguidores: *El volterianismo estuvo muy de moda en el siglo XVIII.* **2** (no contable) FILOS. Actitud crítica y escéptica semejante a la de Voltaire y sus seguidores: *El volterianismo intelectual es una fuente de sabiduría.*

volteriano, na *adj.* **1** FILOS. De Voltaire o del volterianismo: *filosofía volteriana.* || *adj. / s. m.* y *f.* **2** FILOS. Que es partidario del volterianismo: *Fernando es siempre muy volteriano en sus opiniones.*

voltímetro *s. m.* ELECTRIC. Aparato o instrumento para medir en voltios la diferencia de potencial eléctrico.

voltio *s. m.* **1** ELECTRIC. Unidad de potencial eléctrico en el Sistema Internacional. **2** COLOQUIAL; HUMORÍSTICO. Paseo corto: *¿Te vienes a dar un voltio?* SIN. vuelta.

voluble *adj.* **1** ELEVADO. [Persona, carácter] que cambia con frecuencia o facilidad: *voluble en sus sentimientos, voluble en sus opiniones. Carmen es muy voluble en el amor.* ANT. constante. **2** BOT. [Tallo] que crece enrollándose alrededor de un soporte.

volumen *s. m.* **1** (en singular) Espacio ocupado por un cuerpo: *Con ese volumen, no sé si va a caber en la caja.* SIN. tamaño. **2** GEOM. Espacio geométrico de tres dimensiones: *el volumen de un cubo.* **3** Obra escrita que se encuaderna en un solo libro: *Se compró una enciclopedia de arte en diez volúmenes. Es un diccionario en un solo volumen.* SIN. tomo. **4** (no contable) FÍS. Intensidad de un sonido: *Baja el volumen de la radio. Escucha la música a unos volúmenes altísimos.* **5** (no contable) Importancia o magnitud de un hecho o de un negocio: *Esa empresa ha aumentado el volumen de ventas en el extranjero.*

volumetría *s. f.* (no contable) FÍS., GEOM. Ciencia que se ocupa de la determinación y medida de los volúmenes.

voluminoso, sa *adj.* (antepuesto / pospuesto) Que tiene mucho volumen, o que ocupa mucho sitio: *Tengo la barriga cada vez más voluminosa. Estos papeles son demasiado voluminosos, no me caben en el cajón.*

voluntad *s. f.* **1** Intención o deseo de hacer una cosa: *Tengo la voluntad de irme de vacaciones. Rosa lo hizo para cumplir la voluntad de su jefe.* **2** (no contable) Capacidad del hombre para tomar libremente decisiones y elegir una forma de conducta: *Decidí irme de casa por mi voluntad. Estoy aquí por mi voluntad.* **3** (no contable) Capacidad de una persona para llevar a cabo una cosa que supone un esfuerzo: *Tienes que tener mucha fuerza de voluntad para dejar de fumar.* **4** (no contable) Consentimiento o permiso para hacer una cosa: *Prefiero contar con tu voluntad antes de marcharme.* **5** (no contable) Elección realizada teniendo en cuenta únicamente los propios criterios: *Que conste que lo hago por propia voluntad.* || **6 buena ~** 1 Buena disposición para hacer una cosa: *Se puede llegar a un acuerdo si hay buena voluntad por parte de los dos.* 2 Deseo de hacer bien una cosa o hacer una cosa buena: *Sólo hay que poner buena voluntad. No quedó bien, pero yo lo hice con toda la buena voluntad del mundo.* FR. Y LOC. **fuerza* de ~. hacer su santa ~** COLOQUIAL. Hacer ‹una persona› lo que ella quiere, sin tener en cuenta la opinión de las demás: *En su casa hace su santa voluntad y los demás la obedecen.*

voluntariado *s. m.* **1** (no contable) Conjunto de personas que se ofrecen como voluntarias para hacer una cosa: *voluntariado religioso, voluntariado social. Todos los enfermos tuvieron asistencia médica gracias al voluntariado.* **2** (no contable) MIL. Alistamiento voluntario para el servicio militar: *El voluntariado es esencial para los cuerpos de élite.*

voluntariedad *s. f.* **1** (no contable) Calidad o condición de ser una persona o una cosa voluntaria: *Su voluntariedad sorprendió a los compañeros. La voluntariedad de los impuestos es imposible.* **2** RESTRINGIDO. Deseo que se tiene por capricho: *El difunto tuvo la voluntariedad de descansar en el cementerio de su pueblo.*

voluntario, ria *adj.* **1** Que se hace por propia voluntad, y no por fuerza u obligación: *renuncia voluntaria.* || *adj. / s. m.* y *f.* **2** Que hace una cosa por propia voluntad: *Trabajo como voluntario en la Cruz Roja.* || *s. m. / f.* **3** MIL. Persona que se presenta para hacer el servicio militar antes de ser llamada: *Algunos cuerpos se nutren sólo de voluntarios.*

voluntarioso, sa *adj.* (ser / estar) Que es constante y se esfuerza en hacer las cosas o en cumplir con sus obligaciones: *No es muy listo, pero es voluntarioso y aprobará.*

voluntarismo *s. m.* **1** (no contable) Doctrina filosófica que sostiene la primacía de la voluntad sobre el entendimiento. **2** (no contable) Actitud de la persona que cree que puede conseguir una cosa por un mero esfuerzo de voluntad, sin tener en cuenta otros factores: *En el discurso ha mostrado su voluntarismo, pero ha dado pocas muestras de conocer la realidad.*

voluptuosidad *s. f.* (no contable) ELEVADO. Calidad de voluptuoso: *Con la música, con las luces, con el perfume, consigue crear en su casa una atmósfera de voluptuosidad muy agradable.*

voluptuoso, sa *adj.* **1** (antepuesto / pospuesto) ELEVADO. Que causa placer en los sentidos: *aroma voluptuoso, música voluptuosa, una voluptuosa sensación.* SIN. sensual. || *adj. / s. m.* y *f.* **2** ELEVADO. Que gusta de los placeres sensuales: *Mónica es una mujer voluptuosa, a quien le gusta disfrutar cada momento.*

voluta *s. f.* **1** ARQ. Adorno en espiral de los capiteles jónico y corintio. **2** RESTRINGIDO. Objeto que tiene forma de espiral.

volver *v. intr. / prnl.* **1** Ir ‹una persona› a [un lugar en el que ya ha estado]: ***Me** volví **a** casa. Él volvió **de** la aldea. Pepe ha ido al pueblo, pero **se** ha vuelto en seguida.* SIN. regresar. || *v. intr.* **2** Llegar ‹una cosa› de nuevo: *La felicidad volvió cuando nació su segundo hijo.* **3** (seguido de *a* + infinitivo) Hacer o decir ‹una persona› otra vez [lo que ya ha hecho o dicho]: *Volví **a** leer el artículo. Antonio ha vuelto **a** quedar**se** sin gasolina.* **4** ELEVADO. Devolver ‹una persona› [a otra persona o una cosa] a su sitio inicial: *Volveré el libro a la biblioteca mañana, porque nos lo han reclamado.* || *v. tr.* **5** Dar ‹una persona› la vuelta a [una cosa]: *Ella volvió la carta para que yo no viera lo que ponía. Nunca vuelve la cabeza cuando lo llaman en la calle.* **6** Poner ‹una persona› [una prenda de vestir] de modo que quede por fuera la parte interior, o al revés: *Vuelve el suéter, que lo llevas al revés.* **7** Pasar ‹una persona› [la hoja de un libro abierto]: *Él va volviendo las hojas, pero estoy seguro de que no entiende lo que lee.* **8** Cambiar ‹una persona o una cosa› [a otra persona u otra cosa] de dirección: *Volvió la bicicleta para regresar a su casa.* **9** Hacer ‹una persona o una cosa› que [otra persona u otra cosa] cambie: *Los fracasos lo volvieron más desconfiado.* || *v. prnl.* **10** Cambiar ‹una persona o una cosa› de dirección: *Cuando Marta iba por la mitad del camino, se volvió porque se había olvidado la cartera.* **11** Cambiar ‹una persona o una cosa›: *Con los años él se ha vuelto más antipático. El pan se ha vuelto duro.* FR. Y LOC. **todo se me / te / le... vuelve** Se usa para indicar que toda la actividad o la actitud de una persona se centra en lo que sigue: *Cuando le sale algo mal, todo se le vuelve quejarse.* **~ a la carga*. ~ a las andadas*. ~ a nacer** COLOQUIAL. Salvarse ‹una persona› de un peligro de muerte: *Después del accidente que has tenido, puedes decir que has vuelto a nacer.* **~ en sí** Recobrar ‹una persona› el conocimiento: *El accidentado volvió en sí.* **~ la espalda*. ~ la hoja*. ~ la vista* atrás. ~ las aguas* a su cauce. ~ loco*. ~ los ojos*. ~ por los fueros* de. ~ por sus fueros*. ~ sobre sí** Hacer ‹una persona› reflexión sobre sus propios actos, para su reconocimiento o enmienda. **volverse tarumba*. volverse atrás** No cumplir ‹una persona› lo que había dicho o prometido: *Él prometió ayudarnos, pero se volvió atrás.* **~ / volverse las tornas*. volverse mico*. ⇒ 88.**

vómer *s. m.* ANAT. Hueso que forma la parte posterior del tabique de las fosas nasales.

vomitar *v. tr. / intr.* **1** Echar ‹una persona o un animal› [el contenido del estómago] violentamente por la boca: *La niña no pudo vomitar. Cuando Laura bebe alcohol acaba vomitando.* SIN. devolver (COLOQUIAL). || *v. tr.* **2** Manchar ‹una persona o un animal› [una cosa] con vómito: *El niño me ha vomitado toda la camisa.* **3** ELEVADO. Echar ‹una cosa› [otra que tiene dentro de sí]: *El cañón vomitaba fuego.* **4** Dirigir ‹una persona› [insultos o maldiciones] a [otra persona]: *El viejo se puso a vomitar insultos contra todos.* **5** Decir ‹una persona› [una cosa que mantenía en secreto]: *El chico no pudo callar por más tiempo, y vomitó todo lo que sabía.*

vomitivo, va *adj.* **1** COLOQUIAL; PEYORATIVO. Que es repugnante o muy desagradable: *El olor del río es vomitivo.* || *adj. / s. m.* **2** FARM. [Sustancia] que produce vómito: *En el hospital le dieron un vomitivo.* SIN. emético.

vómito *s. m.* **1** Expulsión por la boca de los alimentos contenidos en el estómago: *Hemos llamado al médico porque Jaime tenía vómitos.* **2** Cosa vomitada: *Cuidado, no pises el vómito que hay en el lavabo.*

vomitona *s. f.* **1** COLOQUIAL. Vómito grande o repetido: *Cuando le entra la vomitona lo pasa fatal.* **2** COLOQUIAL. Cantidad grande de materia vomitada: *En el pasillo hay una vomitona del gato.*

vomitorio, ria *adj. / s. m.* **1** Que produce vómito: *sustancia vomitoria.* || *s. m.* **2** Entrada de acceso a los antiguos circos y teatros, o a las gradas de estadios o plazas de toros modernos: *Había tanta gente que hasta los vomitorios estaban llenos.*

voracidad *s. f.* **1** (no contable) ELEVADO. Cualidad de voraz en la comida: *Temo su voracidad, porque es capaz de acabar con todo y no dejarnos comer nada a los demás.* **2** Ansia exagerada de consumir cosas o de dominar una actividad: *la voracidad de los compradores de rebajas. La voracidad de las llamas destruyó completamente el bosque en pocos minutos.*

vorágine *s. f.* **1** ELEVADO. Corriente fuerte de agua que gira en espiral: *La barca volcó en la vorágine del río.* **2** (no contable) ELEVADO. Mezcla incontrolada y confusa de sentimientos o ideas: *La dominaba una vorágine de celos y envidias.* **3** (no contable) ELEVADO. Muchos sucesos, personas o cosas en movimiento: *Él se sentía aprisionado en la vorágine de la gran ciudad.*

voraz *adj.* **1** (antepuesto / pospuesto) ELEVADO. Que come mucho y con rapidez: *La termita es un insecto muy voraz. Ella es una persona muy voraz.* **2** (antepuesto / pospuesto) ELEVADO. [Hambre, forma de comer] que se manifiesta con mucha ansiedad: *Tomás tiene un voraz apetito.* **3** (antepuesto / pospuesto) ELEVADO. Que destruye con rapidez: *un voraz incendió, una plaga voraz.* **4** (antepuesto / pospuesto) Que quiere controlar todo política, social o económicamente: *empresario voraz, político voraz, voraz financiero. El moderno Estado es voraz e insaciable.*

vórtice *s. m.* **1** METEOR. Corriente fuerte de aire o agua que gira en espiral. **2** METEOR. Centro de un huracán.

vos *pron. pers.* **1** En parte de Hispanoamérica, forma de tratamiento de confianza equivalente a *tú.* OBSERVACIONES: Se emplea en Argentina, Paraguay, Uruguay y en la zona que va de Chiapas (México) hasta Colombia. Convive de diferentes maneras con *tú* en Colombia, Ecuador y Chile. Aquí, incluso, es de registro casi vulgar. La repetición del mismo pronombre como complemento se hace con forma correspondiente a *tú: Vos te arrepentirás de esto.* **2** Antigua forma de tratamiento de 2ª persona del singular, que concertaba con el verbo en 2ª persona del plural. OBSERVACIONES: Actualmente se emplea como arcaísmo en algunas oraciones religiosas y expresiones hechas: *Por ser vos quien sois.* Es la forma habitual y obligada en los tratamientos solemnes: *Vos, Majestad, tenéis la última palabra.*

vosear *v. tr.* **1** Usar ‹una persona› el pronombre *vos* en lugar de *tú* al tratar a [otra persona]: *En muchos países hispanoamericanos se vosea.* **2** HIST. Tratar ‹una persona› [a otra persona] de vos: *En el Siglo de Oro español los amos voseaban a los criados.*

voseo *s. m.* Acción y resultado de vosear: *El voseo es el tratamiento normal de muchos países sudamericanos.*

vosotros, tras (de segunda persona; plural; masculino y femenino; sujeto: *vosotros;* complemento directo: *os, a vosotros;* complemento indirecto: *os, a vosotros;* complemento circunstancial: *vosotros*) pron. *pers.* **1** Pronombre con el que se designa al grupo de personas con el que se está hablando. **1**1 Funciona como sujeto: *¿Cuándo estaréis listos vosotros?,* o como complemento cuando es término de preposición: *a vosotros, de vosotros, con vosotros, hacia vosotros, para vosotros, por vosotros,* etc. **1**2 Cuando funciona como complemento directo o complemento indirecto se antepone al verbo la forma *os: A vosotros os avisarán pronto.* **2** En parte de Hispanoamérica, es forma de tratamiento de confianza equivanlente a *tú.* OBSERVACIONES: ◊ Se emplea en Argentina y en la zona que va de Chiapas (México) hasta Colombia, aunque en este último país no se emplee. en estos países *tú* pertenece al registro culto. En Chile, incluso, *vos* es es de registro vulgar. ◊ Normalmente, la repetición del mismo pronombre como complemento se hace con la forma correspondiente a *tú: Vos te arrepentirás de esto.* ◊ En la zona de Argentina el uso de *vos* forma parte de la lengua familiar y se construye como en las formas *vos amás* y *vos amáis.* Las formas verbales en presente de indicativo son parecidas a las de *tú,* pero el acento tónico lo tiene siempre en la terminación, que en algunos casos se regulariza: *vos pensás, vos querés.* ◊ En la zona de Uruguay, *tú* sustituye a *vos* y se mantiene la forma verbal correspondiente al uso de *vos: tú amás.* ◊ En la zona de Ecuador, se emplea la forma híbrida *vos amas.* **3** Antigua forma de tratamiento de segunda persona del singular, que concertaba con el verbo en segunda persona del plural. Actualmente se emplea como arcaísmo en algunas oraciones religiosas, expresiones hechas y tratamientos solemnes: *Por ser vos quien sois. Vos, Majestad, tenéis la última palabra.* FR. Y LOC. **entre* nosotros / ~ / ellos. para ~ mismos** Indica que se hace algo sin mostrarlo o exteriorizarlo: *Guardad para vosotros mismos las quejas que tenéis contra mí.* **por ~** Indica que el grupo de personas al que se habla no se opone a lo que se dice o no trata de hacer algo: *Por vosotras, como si se acabara el mundo.* **por ~ mismos** Para vuestro beneficio o placer: *Si lo hacéis, hacedlo por vosotros mismos, no para quedar bien conmigo.* **~ mismos** Indica que la responsabilidad de lo que hace o piensa el grupo de personas al que se habla debe asumirla él mismo sin ayuda de otras personas: *Tenéis que acabar el trabajo vosotras mismas.* **¡ ~!** COLOQUIAL. Se usa para llamar coloquialmente a un grupo de personas del que se ignora o se evita decir el nombre: *¡Eh, vosotros!, ¿qué hacéis aquí?*

votación *s. f.* Acción y resultado de votar: *Las votaciones han sido impugnadas.*

votante *adj. / s. m.* y *f.* Que vota: *población votante. El número de votantes ha disminuido estas últimas elecciones.*

votar (diferente de *botar*) *v. tr. / intr.* **1** Dar ‹una persona› su voto [a otra persona o a una opción]: *Podrás votar **a** los dieciocho años. Votaré **por** el mejor. Votaré **al** partido de la oposición.* **2** Aprobar ‹un grupo de personas› [una cosa] por votación: *Han votado que no habrá cena mañana.* FR. Y LOC. **¡voto a...!** RESTRINGIDO. Se usa para expresar enfado o sorpresa: *¡Voto a...!, ¿por qué me engañas?* **¡voto a bríos*!**

voto (diferente de *boto*) *s. m.* **1** Decisión o dictamen de una persona sobre las opciones que se presentan en una elección o en una consulta: *Ganó mi partido por nueve votos a favor y tres en contra.* **2** Papeleta en la que figura la opción tomada en una elección o consulta: *Ahora llegan los votos por correo. Ha habido tres votos en blanco.* **3** Derecho a votar: *El voto femenino ha sido un logro de nuestra sociedad.* **4** (preferentemente en plural) REL. Promesa u ofrecimiento hecho a Dios, a la Virgen o a un santo, especialmente si lo hace un religioso: *Él hizo sus votos a la orden de los franciscanos.* **5** REL. Cosa que se ofrece como signo de una promesa hecha a Dios, a la Virgen o a un santo como agradecimiento o por alguna gracia: *Fueron caminando descalzos hasta la ermita como voto por haberse recuperado de la operación.* SIN. ofrenda. **6** (preferentemente en plural) REL. Ruego o petición a Dios: *Hizo votos a Dios por su pronta mejoría.* **7** (preferentemente en plural) ELEVADO. Deseo que una persona expresa: *Ella expresó a los recién casados sus votos de felicidad.* **8** ELEVADO. Juramento o maldición que se realiza con ira: *Hizo el voto de matarlo si lo volvía a encontrar en su camino.* || **9 ~ cantado** ARG.; URUG. Voto que no es secreto. **10 ~ de calidad** Voto que da la persona de mayor autoridad y que vale por dos en una situación de empate. **11 ~ de confianza** 1 Voto con el que una asamblea apoya la actuación de la persona elegida por ella para una función de dirección, o que autoriza a la misma para una actuación: *Le dieron un voto de confianza al secretario para que se encargara de todos los trámites.* 2 Confianza que se deposita en una persona para que actúe libremente en relación con un asunto: *Yo te doy mi voto de confianza respecto al contrato de los nuevos trabajadores.* **12 ~ nominal** Voto en que se conoce el nombre de la persona que vota: *Son votaciones de voto nominal.* **13 ~ secreto** Voto en que no se puede conocer qué es lo que vota cada persona: *En las elecciones el voto es secreto.* **14 ~ simple** REL. Voto que se hace a Dios sin solemnidad exterior. **15 ~ solemne** REL. Voto que se hace a Dios públicamente y con las formalidades establecidas. FR. Y LOC. **hacer votos** ELEVADO. Expresar ‹una persona› un deseo: *Hacemos votos por tu rápida recuperación.*

vox pópuli *adj.* Que es conocido o sabido por todos: *Es vox pópuli que se casarán en septiembre.*

voyeur (del francés; pronunciamos *'boyer'* o *'buayer'*) *s. m. / f.* RESTRINGIDO. Persona aficionada a mirar a otras personas en situaciones excitantes para estimularse sexualmente: *El protagonista de la película es un voyeur que siempre mira por la ventana cómo se desnuda su vecina.*

voyeurismo (del francés; pronunciamos *'boyerismo'* o *'buayerismo'*) *s. m.* (no contable) PSICOL.; RESTRINGIDO. Comportamiento patológico de la persona que busca la estimulación sexual observando escenas eróticas.

voz *s. f.* **1** Sonido producido al pasar el aire de los pulmones por la laringe y hacer vibrar las cuerdas vocales: *Ese hombre tiene una voz muy ronca. Baja la voz, que si no nos oirán todos.* **2** Grito que da una persona: *Él la llamó a voces para que le oyera.* **3** Manera de expresarse un grupo de personas o una cosa que no habla: *La revista del colegio es la voz de los alumnos. Hay que escuchar la voz del corazón.* **4** Derecho a opinar en una reunión: *Él asistió a la junta de vecinos con voz pero sin voto.* **5** Rumor u opinión: *Circula la voz de que van a subir los precios. Aún no hemos oído tu voz en esta reunión.* **6** LING. Palabra: *Algunas voces del diccionario son de poco uso.* **7** MÚS. Cantante: *Es una de las más importantes voces de la música española.* **8** MÚS. Cada una de las líneas melódicas de una composición musical: *El coro interpretó una canción a cuatro voces.* **9** LING. Morfema verbal que indica la relación entre la acción expresada por el verbo y el sujeto. **~ activa** Morfema verbal que indica que el sujeto realiza la acción expresada por el verbo, como en «Los bomberos apagaron el fuego». **~ media** Modo de significar de ciertos verbos que expresa que la acción la realiza el sujeto y le afecta también a él, como en: «Jaime se levantó de la cama». **~ pasiva** Morfema verbal que indica que el sujeto recibe los efectos de la acción expresada por el verbo, como en «El fuego fue apagado por los bomberos». || **10 ~ de mando** Voz que dirige la acción de una persona o de un animal. FR. Y LOC. **a media ~** En voz más baja de lo habitual: *Belén es muy tímida, y dijo su nombre a media voz.* **a ~ en grito** COLOQUIAL. En voz muy alta o gritando: *Ella se puso a protestar a voz en grito.* **de viva ~** Oralmente, con la voz: *David dijo de viva voz todo lo que hasta ese momento no se había atrevido ni a escribir.* **donde Cristo* dio las tres voces** o **donde Cristo perdió el gorro. en ~ alta** De manera que se oiga: *Di en voz alta lo que estabas hablando con tu compañero.* **en ~ baja** De manera que casi no se oiga: *Dímelo en voz baja para que nadie se entere.*

levantar / alzar la ~ Hablar ‹una persona› en voz muy alta y con desconsideración hacia la persona a quien se dirige: *No te tolero que me levantes la voz.* **llevar la ~ cantante** Ser ‹una persona› quien dirige un grupo o habla en nombre de él: *El pequeño es quien lleva la voz cantante en los juegos.* **secreto* a voces. temblar la ~** Salir la voz de ‹una persona› entrecortada por una emoción: *Noté que se había impresionado porque le temblaba la voz.* **torrente* de ~.**

voznear *v. intr.* ZOOL. Emitir ‹el cisne› su voz.

vudú (plural *vudúes*, preferible a *vudús*) *s. m.* **1** (no contable) Religión y culto animista en el cual se mezclan elementos de brujería africana y liturgia católica: *El vudú está extendido en América.* **2** Divinidad del culto vudú. **3** Práctica que consiste en clavar alfileres en un muñeco para producir mal a una persona.

vuduismo *s. m.* (no contable) REL. Vudú, religión o culto.

vuecencia *s. f.* (no contable) RESTRINGIDO. Tratamiento de respeto: *¿Vuecencia da su permiso?*

vuelco *s. m.* **1** Acción y resultado de volcar una cosa: *El vuelco del camión originó un gran atasco.* **2** Cambio brusco en una actividad o de una situación: *Su negocio ha dado un vuelco y está casi en la ruina.* FR. Y LOC. **darle un ~ el corazón** COLOQUIAL. Alterarse ‹el ritmo cardiaco› a una persona de manera repentina y pasajera, por una impresión: *Carlos creyó que había perdido el dinero y le dio un vuelco el corazón.*

vuelillo *s. m.* Adorno, generalmente de encaje, en el puño o bocamanga de algunas prendas: *el vuelillo de las togas de magistrados y catedráticos.*

vuelo *s. m.* **1** Acción de volar: *Las gaviotas tienen un vuelo lento. El avión tuvo una avería en pleno vuelo.* **~ sin motor** Vuelo realizado en un aparato sin motor, como el ala delta o el planeador. **2** Viaje que realiza un avión o un helicóptero: *El próximo vuelo sale a las cinco.* **simulador* de ~. 3** (no contable) Amplitud de una prenda de vestir o de un tela fruncida: *Laura lleva una falda con mucho vuelo.* **4** (preferentemente en plural) Plumas o alas de las aves que les sirven para volar. **5** ARQ. Parte de una construcción que sobresale del muro o pared que lo sostiene: *No se pueden construir terrazas con tanto vuelo.* FR. Y LOC. **al ~** 1 Volando: *Él cazó la mosca al vuelo.* 2 (se usa generalmente con los verbos *entender, cazar, pillar, pescar*) COLOQUIAL. Con mucha rapidez: *No tienes que explicarle mucho las cosas porque las caza al vuelo.* 3 COLOQUIAL. Al pasar, de casualidad: *Vimos la catedral al vuelo según salíamos de la ciudad.* **cortar los vuelos** COLOQUIAL. Contener ‹una persona o cosa› a otra persona en sus pretensiones: *Ese chico pide demasiado, habrá que cortarle los vuelos.* **de altos / muchos vuelos** COLOQUIAL. De mucha importancia: *Teresa tiene un proyecto de altos vuelos.* **echar las campanas* al ~. levantar / alzar / emprender el ~** 1 Iniciar el vuelo ‹un ave o un vehículo aéreo›. 2 COLOQUIAL. Irse ‹una persona› de un lugar: *En cuanto pudo levantó el vuelo y se fue del pueblo.* **tener muchas horas* de ~. tomar ~** Crecer o hacerse más importante ‹una cosa›: *En pocos años su negocio tomó vuelo.*

vuelta *s. f.* **1** (no contable) Acción y resultado de volver: *A la ida fuimos en tren y a la vuelta en autocar.* SIN. regreso. **2** Movimiento de una persona o cosa alrededor de un punto o sobre su propio eje: *La Tierra da vueltas alrededor del Sol.* **~ entera. media ~** Vuelta en la que la persona o cosa queda orientada hacia la parte contraria a la que estaba. **~ de campana** Vuelta que da una cosa o una persona para volver a quedar en la misma posición en la que estaba: *El coche cayó por el terraplén y dio tres vueltas de campana.* **3** Movimiento que coloca a una persona o una cosa en la posición opuesta a la que tenía: *Óscar oyó a alguien a su espalda y se dio la vuelta.* **4** Parte de una cosa opuesta a la que se ve: *la vuelta de un folio.* SIN. reverso. **5** Paseo: *Le gusta darse una vuelta para despejarse.* **6** (no contable) Dinero que se devuelve porque sobra al pagar algo: *El cliente entregó un billete de cinco mil pesetas y el dependiente le dio la vuelta.* **7** Cada una de las partes en que se divide una actividad en la que hay varias fases: *En la primera vuelta de las elecciones se ha producido una elevada abstención.* **8** Curva en un camino o línea: *Se mareaba por las vueltas de la carretera.* **9** DEP. Carrera por etapas en que se recorren distintos lugares: *la vuelta ciclista a España.* **10** MÚS. Repetición de la primera parte de una composición musical. **11** Tira de tela que se pone encima del resto, en el borde de las mangas o en otras partes de una prenda: *Tienes una mancha en la vuelta de la chaqueta.* **12** Cada una de las series de puntos paralelos que se tejen de una pasada. **13** MÉTR. En algunas composiciones poéticas, verso o versos finales de una estrofa que riman con el estribillo. **14** ARG., URUG. Ronda. FR. Y LOC. **a la ~ de la esquina** 1 COLOQUIAL. Al torcer o doblar la esquina: *El bar está a la vuelta de la esquina.* 2 COLOQUIAL. Muy cerca o muy pronto: *A la vuelta de la esquina están las vacaciones de Navidad.* **a ~ de correo** Inmediatamente después de recibir una cosa por correo: *Contestaré a vuelta de correo.* **buscar las vueltas** COLOQUIAL. Intentar sorprender ‹una persona› a otra persona en una falta para perjudicarla: *Los directivos le están buscando las vueltas para ver si se va del equipo.* **dar la ~ a la tortilla*. dar vueltas** 1 Andar ‹una persona› de un sitio a otro buscando una cosa: *Ella estuvo dando vueltas por el centro buscando una tienda de antigüedades.* 2 Girar ‹una persona o una cosa›: *La noria daba vueltas.* 3 COLOQUIAL. Pensar ‹una persona› mucho una cosa: *Nuria no para de darle vueltas a la idea de hacer un viaje por Europa.* 4 COLOQUIAL. Superar ‹una persona o una cosa› a otra en mucho: *Tú me das cien mil vueltas en física.* **darle vueltas la cabeza** COLOQUIAL. Sentir ‹una persona› sensación de mareo: *Helena había bebido un poco y le daba vueltas la cabeza.* **dar(se) una ~** 1 Pasear ‹una persona› por un lugar: *Dimos una vuelta por la playa al atardecer.* 2 Ir ‹una persona› a un lugar sin quedarse mucho tiempo en él: *Luego me daré una vuelta por tu casa para ver cómo estáis.* 3 Ir ‹una persona› a un lugar para controlar o vigilar: *El vigilante se dio una vuelta por la empresa para comprobar que todo estaba en orden.* **estar de ~** COLOQUIAL. Tener ‹una persona› una experiencia tal que la lleva a no inquietarse por las cosas: *No le extrañará nada de lo que le cuenten porque está de vuelta de todo.* **hasta la ~** DESPEDIDA. Hasta que vuelva otra vez: *¡Hasta la vuelta, Amalia, y no tardes en regresar!* **no tener ~ de hoja** COLOQUIAL. Ser ‹una cosa› de una manera determinada, sin admitir discusión: *No discutáis, este asunto no tiene vuelta de hoja.* **poner de ~ y media** COLOQUIAL. Hablar muy mal de una persona, insultarla: *Aquel chico la puso de vuelta y media delante de todos.*

vuelto, ta *s. m.* **1** AMÉR. Dinero que se devuelve al pagar algo con más de lo necesario. ‖ *p.* **2** Participio irregular de *volver.* ‖ **3 folio* ~.**

vuelvepiedras (plural *vuelvepiedras*) *s. m.* (macho y hembra) *Arenaria interpres*. Ave de plumaje pardo rojizo, con partes blancas y negras, y pico corto y algo curvado hacia arriba, que remueve algas y piedras en busca de alimento: *El vuelvepiedras habita en el Ártico y emigra en invierno a las costas de España y el Norte de África.*

vuestro, tra *adj. / pron. pos.* **1** Indica que lo que expresa el nombre pertenece a varios poseedores, entre los que se encuentra la persona a la que se dirige el hablante: *vuestro disco, vuestra facultad.* **1₁** Indica propiedad: *vuestra casa de campo.* **1₂** Indica parentesco o relación personal: *vuestros hermanos.* **1₃** Indica pertenencia a un grupo o comunidad: *vuestra organización.* **1₄** Indica objetos, hechos, asociados habitualmente a una persona: *vuestros goles.* **1₅** Indica relación con instituciones, entidades u organismos: *vuestro médico.* OBSERVACIONES: Como pronombre, concuerda en género y número con la cosa poseída, no con el poseedor: *Esa maleta es la vuestra. Estas chocolatinas son vuestras.* Lleva incorporada la idea de definitud como si estuviera presente el artículo determinado: *Vuestro bolso* es igual que *el bolso vuestro.* **2** (con tratamiento como *majestad, ilustrísima, señoría, excelencia, eminencia*) Forma de respeto cuando se refiere a la segunda persona: *Majestad, vuestra voluntad es una orden para nosotros.* || *s. m.* **3** (plural) Familiares, partidarios o cualquier otro grupo humano cercano a las personas entre las que se encuentra el oyente, o vinculado a ellos: *Si los vuestros no os votan, ¿quién os va a votar?.* || **4 lo ~** 1 Lo que se considera característico o adecuado para las personas a las que se dirige el hablante, aquello que hacen bien o en lo que destacan: *No cambiaréis nunca, lo vuestro es buscar problemas.* 2 Vuestras pertenencias, vuestros asuntos: *Lo vuestro está en el armario. Paco y tú, a lo vuestro.* FR. Y LOC. **esta es la vuestra** Expresión con que se indica que ha llegado la ocasión oportuna y favorable para que las personas entre las que se encuentra aquélla a la que se dirige el hablante, puedan hacer algo que persiguen o desean: *Si deseáis algo, ésta es la vuestra: me encontráis de buen humor.* **una / alguna / otra de las vuestras** Cualquier acción, normalmente de carácter negativo, de las que acostumbran a hacer las personas de las que se habla, entre las cuales se encuentra aquella a la que se dirige el hablante: *Niños, ¿ya habéis hecho una de las vuestras?* **¡ya es ~!** Exclamación que se le dice a las personas entre las que está la persona con la que se habla cuando consiguen agarrar o sujetar algo, atrapar a alguien, superar una dificultad u otra situación similar: *¡El ladrón ya es vuestro!*

vulcanismo *s. m.* (no contable) GEOL. Conjunto de fenómenos y procesos relacionados con los volcanes: *El vulcanismo de estas islas es muy elevado.*

vulcanita *s. f.* GEOL. Grupo de rocas eruptivas arrojadas por un volcán.

vulcanizar *v. tr.* INDUS. Añadir ‹una persona› azufre [al caucho] para darle más elasticidad, impermeabilidad y duración: *Es necesario vulcanizar el caucho para aprovecharlo industrialmente.* ⇒ **19.**

vulcanología *s. f.* (no contable) Parte de la Geología que estudia los fenómenos volcánicos.

vulcanólogo, ga *adj. / s. m.* y *f.* [Persona] que se dedica profesionalmente a la vulcanología: *Los vulcanólogos internacionales están estudiando el volcán colombiano.*

vulgar *adj.* **1** PEYORATIVO. Que es poco elegante: *Mario tiene un estilo muy vulgar. Teresa tiene unos gustos muy vulgares.* SIN. ordinario. **2** PEYORATIVO. Que no destaca por nada especial: *Él tuvo una idea muy vulgar.* SIN. corriente. **3** Que no es técnico ni científico: *El nombre vulgar del triticum es trigo.* **4** LING. [Palabra, lenguaje] que pertenece a un nivel de lengua inferior al considerado común, socialmente poco apreciado: *Las palabras vulgares sólo pueden usarse en determinadas situaciones.* || *adj. / s. m.* y *f.* **5** De mal gusto, sin refinamiento o distinción alguna: *Patricia se ha casado con un hombre muy vulgar.* || **6 latín* ~.**

vulgaridad *s. f.* **1** (no contable) Calidad de vulgar: *La vulgaridad de sus gestos nos molestó a todos.* **2** Acciones, cosas o palabras vulgares: *Jaime sólo piensa vulgaridades..*

vulgarismo *s. m.* LING. Palabra o construcción que no se consideran de la norma común: *Decir «cocreta» en lugar de «croqueta» es un vulgarismo.*

vulgarizar *v. tr. / prnl.* **1** PEYORATIVO. Hacer ‹una cosa› vulgar [a una persona o una cosa]: *Desde que trabaja con esa gente* ***se*** *ha vulgarizado mucho.* **2** Hacer ‹una persona› comprensible [una materia científica o técnica]: *Los periódicos han vulgarizado.* **3** RESTRINGIDO. Hacer ‹una cosa› de uso muy general [otra cosa]: *Los ordenadores personales han vulgarizado la informática.* ⇒ **19.**

vulgarmente *adv. modo* **1** PEYORATIVO. De manera vulgar o con vulgaridad: *Habla y viste muy vulgarmente.* **2** En lenguaje no técnico o corriente: *Vulgarmente denominada flor de lobo.* OBSERVACIONES: Puede suprimirse el verbo y adquiere el sentido de 'diciéndolo en lenguaje corriente': *Son hemorroides, vulgarmente, almorranas.* **3** (antepuesto al verbo) Llega a incorporar las ideas de experimentador y generalización, de modo similar a lo que ocurre con *popularmente*: *Estas setas no son venenosas como vulgarmente se cree* ('como generalizadamente cree la gente que no es experta en esto'). FR. Y LOC. **como ~ se dice** Se usa, aplicándola al acto mismo de decir para atenuar y rectificar la dureza y vulgaridad, en la forma o en el contenido, de un dicho: *Como vulgarmente se dice, se cagaban de miedo.*

vulgo *s. m.* (no contable) PEYORATIVO. Conjunto de personas del pueblo, sin cultura, educación ni posición social destacada: *No le importan las opiniones del vulgo.*

vulnerable *adj.* (antepuesto / pospuesto) ELEVADO. Que puede ser vulnerado, dañado o herido física o moralmente: *Los jóvenes son vulnerables a las críticas. Este niño es muy vulnerable a los virus.*

vulnerar *v. tr.* **1** ELEVADO. No cumplir ‹una persona› [una ley, una norma o un mandato]: *Ese artículo vulnera la Constitución.* **2** ELEVADO. Dañar ‹una persona o una cosa› [un aspecto moral o material de una persona]: *Esos rumores vulneran la imagen del político.*

vulneraria *s. f. Anthyllis vulneraria.* Planta leguminosa de la familia de las papilionáceas de tallo sencillo, hojas compuestas y flores amarillas que se utiliza como forraje.

vulpeja *s. f.* (macho y hembra) ZOOL. Zorro común, animal.

vulpino, na *adj.* ELEVADO. De la zorra: *costumbres vulpinas.*

vulva *s. f.* ANAT. Parte externa del aparato genital de las hembras de los mamíferos: *La vulva constituye la abertura de la vagina.*

vulvitis (plural *vulvitis*) *s. f.* MED. Inflamación de la vulva: *El ginecólogo le ha diagnosticado una vulvitis.*

W

w *s. f.* Vigésima cuarta letra del alfabeto español que sólo se emplea en palabras de procedencia extranjera. En las que están perfectamente incorporadas al español se pronuncia como la *b*. Su nombre es «uve doble».

wadi *s.m.* GEOGR. Curso de agua intermitente característico de África del Norte y Arabia.

waffle (del inglés; pronunciamos *'guafle'*) *s. m.* URUG. Galleta cuadrada o rectangular formada por capas de oblea y crema o dulce.

wagon-lit (del francés; pronunciamos *'vagonli'*) *s. m.* RESTRINGIDO. Coche cama.

walkie-talkie (del inglés; pronunciamos *'gualquitalqui'*) *s. m.* TECNOL. Aparato portátil, receptor y transmisor de ondas de radio, para establecer comunicación a corta distancia con otra persona: *Los policías municipales patrullan con walkie-talkie. Muchos excursionistas van con un walkie-talkie para no perderse.*

walkiria *s. f.* Valquiria.

walkman (marca registrada) (del inglés; pronunciamos *'gualman'* o *'guolman'*) *s. m.* TECNOL. Radiocasete o casete portátil, de pequeño tamaño, con auriculares: *En el metro siempre voy con el walkman.*

walón, na *adj. / s. m.* y *f.* Valón.

wash and wear (del inglés; pronunciamos *'huasanhúear'*) *adj.* ARG.; URUG. [Tela, prenda] que no necesita ser planchada.

washingtoniano, na *adj. / s. m.* y *f.* De Washington, capital de los Estados Unidos de Norteamérica: *el desfile washingtoniano, el triunfo de los washingtonianos.*

wáter o **váter** *s. m.* VULGAR. Retrete.

water-closet (del inglés; pronunciamos *'váter closet'*) *s. m.* RESTRINGIDO. Wáter.

waterpolo *s. m.* DEP. Deporte parecido al balonmano que practican en una piscina dos equipos de siete nadadores, que intentan meter la pelota en la portería contraria: *El waterpolo es un deporte olímpico.* SIN. polo acuático.

watt (pronunciamos *'vat'*) *s. m.* En la nomenclatura internacional, vatio.

wau (pronunciamos *'güau'*) *s. m. / f.* (masculino y femenino indistintamente) FON. Elemento vocálico velar cerrado que sólo aparece en la posición periférica de los diptongos como semiconsonante o semivocal: *En las palabras «causa» y «cuatro», la «u» es un wau.*

wéber o **weberio** (pronunciamos *'véber'*) *s. m.* FÍS. Unidad de flujo magnético en el Sistema Internacional.

weekend (del inglés; pronunciamos *'güiken'*) *s. m.* RESTRINGIDO. Fin de semana: *El próximo weekend nos vamos al campo.*

welter (del inglés; pronunciamos *'huelter'* o *'velter'*) *s. m.* DEP. Categoría de boxeo que incluye los pesos comprendidos entre 63,503 y 66,678 kg.

western (del inglés; pronunciamos *'güestern'*) *s. m.* **1** Película de acción ambientada en el oeste americano durante la época de la colonización: *Conozco mucha gente aficionada a los western.* **2** Género cinematográfico que forman las películas de esta clase: *El western ha sido cultivado también por algunos directores italianos y españoles.*

whiskería (pronunciamos *'güisquería'*) *s. f.* Bar de camareras o de alterne.

whisky (del inglés; pronunciamos 'güisqui') s. *m.* Güisqui.

winchester (marca registrada) (del inglés; pronunciamos *'huinchester'* o *'güinchester'*) *s. m.* Fusil americano de repetición muy famoso en el Oeste.

windsurf o **windsurfing** (del inglés; pronunciamos *'güinsurf'*) *s. m.* DEP. Deporte acuático que consiste en deslizarse sobre las olas con una tabla que lleva acoplada una vela: *practicar windsurf, hacer windsurf.*

windsurfista (pronunciamos *'güindsurfista'*) *s. m. / f.* Persona que practica el windsurf o es aficionada a él: *Los windsurfistas son muy amantes de la costa española de Tarifa por las grandes olas.*

wing *s. m.* DEP.; ARG. En rugby y en fútbol, extremo de la delantera.

wiscacho *s. m.* ARG., URUG.; COLOQUIAL. Vaso de whisky.

wolfram *s. m.* Volframio.

wolframio *s. m.* Volframio.

wolframita *s. f.* Volframita.

X

x *s. f.* **1** Vigésima quinta letra del alfabeto español que representa un sonido doble compuesto de *k* o de *g* sonora y de *s*. Su nombre es «equis». ‖ **2 rayos* X.**

xantofila *s. f.* (no contable) BOT. Pigmento vegetal que da color amarillo a las plantas.

xeneise *adj. / s. m.* y *f.* DEP.; ARG. [Persona] que es hincha del equipo de fútbol de Boca Juniors.

xenofobia *s. f.* (no contable) Ideología y comportamiento contrarios a lo extranjero o a los extranjeros: *En los últimos años está aumentando la xenofobia en muchos países.*

xenófobo, ba *adj. / s. m.* y *f.* Que siente o demuestra hostilidad u odio hacia lo extranjero o los extranjeros: *partido xenófobo, política xenófoba, manifestación xenófoba, publicación xenófoba. Me horrorizan los xenófobos.*

xenón *s. m. X* o *Xe.* Elemento químico gaseoso, incoloro, insípido e inodoro, presente en el aire en pequeñas cantidades, de escasa reactividad química.

xerocopia *s. f.* Copia fotográfica obtenida por medio de xerografía.

xerófilo, la *adj.* BOT. [Planta] que está adaptada a la vida en un medio o ambiente seco: *Los cactos son plantas xerófilas, por eso abundan en Almería.*

xerofítico, ca *adj.* Xerófilo.

xerófito, ta *adj.* Xerófilo.

xeroftalmía o **xeroftalmia** *s. f.* MED. Enfermedad de los ojos caracterizada por la sequedad de la conjuntiva y la opacidad de la córnea.

xerografía *s. f.* **1** (no contable) Técnica que permite reproducir en seco por medios electrostáticos cualquier texto o imagen. **2** RESTRINGIDO. Copia obtenida por esta técnica: *Hazme dos xerografías.*

xerox (plural *xerox*; marca registrada) *s. f.* **1** TECNOL. Máquina que reproduce textos o imágenes por medio de la xerografía. **2** Copia obtenida por esta máquina: *Tengo que hacer varias xerox hoy mismo; son muy urgentes.* SIN. xerocopia, xerografía.

xi *s. f.* Decimocuarta letra del alfabeto griego.

xifoides *adj. / s. m.* ANAT. [Cartílago] de figura parecida a la punta de una espada, en que termina el esternón humano: *apéndice xifoides.*

xilema *s. m.* BOT. Conjunto de los vasos leñosos de las plantas que distribuyen la savia bruta desde la raíz a las hojas.

xilófago, ga *adj. / s. m.* y *f.* ZOOL. [Insecto] que roe la madera: *La termita es un xilófago.*

xilofón *s. m.* Xilófono.

xilófono o **xilofón** *s. m.* Instrumento musical de percusión formado por una fila escalonada de láminas, metálicas o de madera, que se golpean con dos macillos: *Tocará el xilófono en la orquesta del colegio.*

xilografía *s. f.* **1** (no contable) Arte y técnica de grabar en madera: *La xilografía se cultiva artesanalmente en muchas escuelas de arte.* **2** Impresión tipográfica con planchas de madera grabadas: *Hay una exposición de xilografías modernas en el Centro Municipal de Cultura.*

xiloprotector, ra *adj.* [Sustancia] que protege la madera: *barniz xiloprotector, pintura xiloprotectora.*

xilórgano *s. m.* Antiguo instrumento musical de percusión, parecido al xilófono pero formado por cilindros o varillas de madera, utilizado en los siglos XVIII y XIX.

Y

y *s. f.* **1** Vigésima sexta letra del alfabeto español que representa una consonante de articulación palatal, fricativa y sonora, excepto cuando aparece a final de palabra como último elemento de un diptongo o triptongo que representa una semivocal. Su nombre es «*y griega*».

y (se sustituye por *e* ante palabras que empiezan por *i* o *hi*) *conj. copul.* **1** Enlace coordinante que une palabras, sintagmas u oraciones de la misma naturaleza gramatical: *Ayer me compre una falda y dos pantalones.* OBSERVACIONES: En ocasiones tiene valor intensificador: *¡Y pensar que lo tuve todo! Mi hermana estuvo llorando días y días.* **2** Puede utilizarse sin valor de enlace en expresiones interrogativas para preguntar por el estado, circunstancia o lugar en que se encuentra la persona o cosa que se menciona: *¿Y el enfermo, cómo se encuentra hoy? ¿Y qué tal el último examen?*

ya *adv. temp.* **1** Confirma la realización de la acción, circunstancia o hecho de que se habla. **1**1 Cuando esta acción, circunstancia o hecho es el resultado de un proceso previsto o natural: *Ya eres toda una mujer.* **1**2 Cuando esta acción, circunstancia o hecho es algo que se desea, se teme o se espera: *¿Ya has llegado? Ya podemos irnos.* OBSERVACIONES: En todas las acepciones temporales, presupone que en un momento anterior se da la situación contraria y por eso se niega con *aún no* y no con *ya no*: *¿Ya duerme? No, aún no duerme.* **2** Con relación al pasado, equivale a 'en este momento', 'en la actualidad': *Pablito ya come muy bien.Tenía su despacho de abogado en casa, pero ya no se dedica al Derecho. Puedes utilizar la impresora, ya no la necesito.* OBSERVACIONES: No admite la matización con preposiciones, excepto con *desde* en uso coloquial: *Empezaremos a imprimir los carteles desde ya mismo.* **3** (con verbos en futuro) Equivale a 'en otro momento', 'dentro de algún tiempo', 'en el futuro': *Ya nos veremos .Ya lo haremos otro día.* **4** (con verbos en futuro) Intensifica especialmente la esperanza, promesa o amenaza con que se dice que ocurrirá una cosa: *Tranquilo, ya os invitaré a cenar. Ya hablaremos cuando vuelva. ¡Ya verás cuando se entere tu padre!* OBSERVACIONES: Se repite a final de frase como intensificador: *¡Ya estudiarás, ya!* **5** (con verbos en presente) Equivale a 'enseguida', 'inmediatamente', 'pronto': *La comida la sirven ya.* OBSERVACIONES: Con la forma *mismo* toma un sentido enfático o intensificador: *Avisa a tu madre ya mismo para que no nos espere.* **6** INTENSIFICADOR. Intensifica la afirmación, negación o pregunta que se hace: *Ya he entendido lo que quieres decir. Este árbol ya no crecerá más. ¿Ya quieres comer?* **7** (con el verbo *poder*) En pretérito imperfecto de indicativo, expresa queja o disgusto: *¡Ya podían haber avisado antes!* **7**1 En presente expresa ánimo o aviso: *¡Ya pueden ir pasando al salón!* **8** En el diálogo, expresa asentimiento o resignación: –«*No hemos encontrado entradas.*» –«*Ya.*» OBSERVACIONES: Se usa frecuentemente para contraponer una cosa mediante una adversativa fuerte: –«*No tenemos zapatillas rojas.*» –«*Ya, pero yo las quiero rojas.*» || *conj. distrib.* **9** Relaciona dos posibilidades que se alternan; equivale a '*o...o*': *Ya sea a las cinco ya sea a las siete la reunión se celebrará. Ya sea por teléfono ya sea por fax ella nos dará la información.* || *interj.* **10** (sola o acompañada de verbos como *entender* o *recordar*) Se usa para indicar que se ha entendido algo que no se entendía o se recuerda algo que ya no se recordaba: *Ya me acuerdo, tú eres la hija de Marcelo. Ya entiendo. Ya veo.* **11** Expresa incredulidad o sorpresa ante lo que dice una persona: –«*Soy actor profesional.*» –«*¡Ya, ya... y yo cantante de boleros!*» –«*Mamá, nos vamos al cine.*» –«*¿Ya, tan pronto?*» FR. Y LOC. **desde* ~. no ~ ... sino** o **~ no... sino** 1 Se usa con carácter aditivo para generalizar lo que se dice: *Fueron invitados, ya no sólo los familiares, sino también todos los amigos y vecinos.* 2 Se usa con carácter adversativo: *Los obreros negociaron no ya que les subieran los sueldos, sino que les mantuvieran el puesto de trabajo. Espero que cambies de conducta ya no por mí, sino por tu familia.* **~ que** *conj. causal* Introduce una causa como explicación de lo que expresa otra: *Ya que no hay solución, no insistas más.* 1 Encabezando una proposición en posición inicial, expresa un hecho evidente en el contexto, que justifica otro relacionado con una decisión o impulso: *Ya que hace tan bueno, ¿por qué no vamos al campo? Ya que estás de pie, alcánzame un vaso, por favor. Ya que te pones tan pesada, me voy.* OBSERVACIONES: ◊ A veces se inserta en un contexto irónico: *Ya que sabes tanto, ¿cuál es la capital de Panamá?* ◊ También se emplea para sonsacar al interlocutor: *Ya que has viajado tanto, tendrás muchas anécdotas que contar.* ◊ (en tono emotivo o enfático, a menudo reforzado por *al menos, siquiera*) Introduce una proposición que expresa una carencia o falta que el hablante toma como justificación para pedir o exigir algo: *Ya que no haces nada, al menos no estorbes.* 2 Encabezando una proposición en posición no inicial: *Vámonos de aquí, ya que se ponen tan pesados. ¿Y por qué no lo alcanzas tú, ya que eres tan buen mozo? Que lo haga ella, ya que tanto interés tenía.* 3 Puede presentar una circunstancia explicativa novedosa: *Por favor, hazlo tú, ya que seguramente no terminaré antes de las dos.* En este caso puede justificar hechos que no están relacionados con la voluntad: *Sencillo no es, ya que Einstein no logró resolverlo. No se veían bien las pisadas, ya que se había hecho de noche.* SIN. pues. RELACIONES Y CONTRASTES: La locución *ya que* es mucho más usada que *pues* en el lenguaje oral: *Ya que nadie le recibía decidió irse. Ya que no tiene trabajo, podía estudiar algo.*

yaba *s. f.* **1** AMÉR. C., COL., CUBA, MÉX. Árbol frondoso, de tronco recto y copa amplia, que tiene un fruto del tamaño de una pera pequeña y flores violáceas. **2** AMÉR. C., COL., CUBA, MÉX. Árbol silvestre de la familia de las papilionáceas, de hojas ovaladas, flores pequeñas violáceas y fruto amarillo.

yac o **yak** *s. m.* (macho y hembra) *Bos grunniens.* Mamífero rumiante de gran tamaño, con el cuerpo cubierto de pelo largo y lanoso y dos cuernos curvados en la frente, que habita en el Tíbet.

yacaré *s. m.* (macho y hembra) *Caiman latirostris.* Reptil del orden de los cocodrilos, de color negruzco o verde oscuro con manchas negras, que vive en ríos y pantanos de América del Sur y tiene una piel muy apreciada.

yacer *v. intr.* **1** ELEVADO. Estar ‹una persona› tendida o acostada [en un lugar]: *El accidentado yace* ***en*** *el suelo.* **2** ELEVADO. Estar ‹una persona› enterrada [en un lugar]: *Sus padres yacen* ***en*** *este sepulcro. Sus restos yacen* ***en*** *el cementario civil de Madrid.* **3** ELEVADO, RESTRINGIDO. Realizar ‹dos personas› el acto sexual. ⇒ **89.**

yachting (del inglés; pronunciamos *'yatin'*) *s. m.* DEP.; RESTRINGIDO. Deporte de competición entre embarcaciones de vela.

yacija *s. f.* **1** Cama pobre o cualquier cosa como un montón de paja, donde uno se estira para reposar: *En la habitación el único mobiliario eran dos yacijas que estaban en el suelo.* **2** RESTRINGIDO. Hoyo, fosa que se hace en tierra para enterrar a un cadáver: *La sierra le sirve de yacija para siempre.* FR. Y LOC. **ser de mala ~** RESTRINGIDO. 1 Ser ‹una persona› de mal dormir. 2 Ser ‹una persona› inquieta. 3 Ser ‹una persona› vagabunda y de malas costumbres.

yacimiento *s. m.* **1** GEOL. Lugar donde se encuentra de forma natural una cierta cantidad de mineral, roca o fósiles: *un yacimiento de carbón, un yacimiento de hierro.* **2** Lugar donde se encuentran restos arqueológicos o prehistóricos: *un yacimiento del Neolítico. Tras dos años de trabajos en el yacimiento, tuvieron que abandonarlo por falta de recursos económicos.*

yacuzzi (pronunciamos *'yacusi'*) *s. f.* Jacuzzi, bañera preparada con chorros a presión que se usa para masajes corporales.

yagua *s. f.* **1** ANTILLAS, COL., MÉX., PERÚ, VEN. Conjunto de diversos tipos de palma con cuyas hojas se hacen cestos, sombreros, techos de choza.

yagual *s. m.* AMÉR. C., MÉX. Rodete para llevar pesos sobre la cabeza.

yaguar *s. m.* (macho y hembra) AMÉR.; RESTRINGIDO. Jaguar.

yaguaraté o **yaguareté** *s. m.* ARG., BOL., URUG., PAR. Jaguar.

yaguré *s. m.* AMÉR. Mofeta.

yak *s. m.* Yac.

yámbico, ca *adj.* MÉT. Del yambo: *poesía yámbica, metro yámbico, ritmo yámbico, verso yámbico.*

yambo *s. m.* **1** *Eugenia jambos.* Árbol grande de la familia de las mirtáceas, de hojas opuestas y flores en inflorescencias, cuyo fruto, parecido a una manzana pequeña, es la pomarrosa. **2** MÉT. Pie de las poesías griega y latina formado por una sílaba breve y otra larga. **3** MÉT. Grupo acentual de la poesía española formado por una sílaba átona seguida de otra tónica.

yang *s. m.* REL. Principio universal activo y masculino del taoísmo que constituye, junto con su opuesto el yin, el principio fundamental de la vida y es responsable de la alternancia de los fenómenos en la Naturaleza.

yanqui *adj. / s. m.* y *f.* **1** HIST. Que era partidario del Norte de la Unión en la Guerra de Secesión americana: *Los yanquis vencieron a los sudistas o confederados.* **2** a menudo PEYORATIVO. Norteamericano, de los Estados Unidos de América del Norte: *forma de vida yanqui, la democracia yanqui. Las yanquis han ganado el campeonato de baloncesto.*

yantar *v.intr.* URUG.; COLOQUIAL, RESTRINGIDO en España. Tomar alimentos ‹una persona›.

yantar *s. m.* LITERARIO. Comida: *Son aficionados al buen yantar.*

yapa o **llapa** *s. f.* AMÉR. DEL S. Regalo, pequeña cantidad de un producto que da el vendedor al comprador para atraerlo como cliente. FR. Y LOC. **de ~** AMÉR. DEL S. De propina, gratuitamente, por añadidura.

yarará *s. f.* ARG., BOL., PAR., URUG. Serpiente muy venenosa, de color pardo claro que llega a alcanzar hasta un metro y medio de longitud.

yaraví (plural *yaravíes,* preferible a *yaravís*) *s. m.* AMÉR. DEL S. Canción popular de origen quechua, de carácter melancólico y tema amoroso.

yarda *s. f.* Medida inglesa de longitud que equivale a un poco más de noventa y un centímetros.

yareta *s. f.* ARG. Planta peregrina de la alta cordillera que produce una fruta del tamaño del sauco.

yatagán *s. m.* Sable con la hoja curvada, utilizado por los turcos y otros pueblos orientales. SIN. alfanje.

yatay (plural *yatáis*) *s. m.* BOT. Palmera de palmito comestible que crece en América del Sur, cuyas fibras se emplean para fabricar sombreros y su fruto para elaborar aguardiente.

yate *s. m.* **1** Embarcación de recreo, a motor o a vela, generalmente lujosa: *yate de crucero. Se puede alquilar un yate en cualquier puerto de las islas.* **2** Velero de regatas: *El yate gallego se retiró en la primera manga.*

ye *s. f.* COL. Nombre de la letra *y.*

yedra *s. f.* Hiedra.

yegua *s. f.* **1** Hembra del caballo que tiene cinco o más años: *En la carrera compiten buenas yeguas.* SIN. jaca. **2** (lenguaje masculino) VULGAR. Mujer llamativa o que tiene muy buena figura.

yeguada *s. f.* **1** Conjunto de caballos y yeguas dedicado a la cría: *El torero ha formado una yeguada en un pueblo cerca de Salamanca.* **2** Manada o rebaño de ganado caballar.

yeguar *adj.* De las yeguas.

yeguarizo, za *adj.* **1** ARG., URUG. Caballar. || *s. m.* **2** ARG, URUG. Animal caballar.

yeguato, ta *s. m. / f.* Cría de asno y yegua: *El jefe le ha regalado al niño una yeguata preciosa.*

yegüerizo, za *s. m./f.* Persona que se ocupaba del cuidado de las yeguas: *Las obligaciones de los yegüerizos estaban bien precisadas en las leyes antiguas.*

yegüero, ra *s. m./f.* Yegüerizo.

yeísmo *s. m.* FON. Fenómeno fonético que consiste en pronunciar la *ll* palatal, lateral, fricativa y sonora como la *y* palatal, fricativa y sonora: *El yeísmo es un rasgo característico de grandes zonas de la Península y América.*

yeísta *adj.* 1 Del yeísmo: *pronunciación yeísta.* || *adj./s. m.* y *f.* 2 Que practica el yeísmo: *Los hablantes yeístas pronuncian igual «cayado» que «callado», «poyo» que «pollo».*

yeito *s. m.* URUG.; COLOQUIAL. Encanto de una persona.

yelmo *s. m.* Parte de la armadura que protegía la cabeza y el rostro: *Los yelmos tenían una abertura para los ojos.*

yema *s. f.* 1 Parte central del huevo de los vertebrados ovíparos que contiene el embrión: *Carlos batió dos claras y dos yemas para hacer una tortilla.* 2 Parte inferior de la punta del dedo, opuesta a la uña: *La secretaria teclea las letras de la máquina con las yemas de los dedos.* 3 BOT. Brote en forma de botón de donde sale una nueva rama, una hoja o una flor: *El rosal está lleno de yemas.* 4 Dulce seco y redondeado que se hace con azúcar y la parte central del huevo, típico de algunas ciudades españolas: *En Ávila son famosas las yemas de Santa Teresa.*

yemení (plural *yemeníes* o *yemenís*) *adj./s. m.* y *f.* Del Yemen, país de la Península Arábiga: *los dirigentes yemeníes. Llegó a Granada un grupo de yemeníes.*

yen *s. m.* Unidad monetaria del Japón.

yeral *s. m.* Terreno sembrado de yeros.

yerba *s. f.* 1 BOT. Hierba. 2 COLOQUIAL. Marihuana. || *s. m.* 3 URUG.; COLOQUIAL. Militar de uniforme. || 4 ARG., URUG. **~ mate*.**

yerbabuena *s. f.* Hierbabuena.

yerbal *s. m.* ARG., PAR., URUG. Plantación de yerba mate.

yerbatero, ra *adj./s. m.* y *f.* 1 AMÉR. Curandero que utiliza hierbas para curar o que las vende. || *adj.* 2 ARG., PAR. De la yerba mate. || *s. m./f.* 3 ARG., PAR. Persona que se dedica al cultivo, comercio o industria del mate.

yerbear *v. intr.* ARG., PAR. Matear.

yerbera *s. f.* ARG., PAR., URUG. Vasija para guardar las hojas de mate.

yermar *v. tr.* RESTRINGIDO. Dejar ‹una persona› [un campo] sin cultivar: *Las tierras poco fértiles se han yermado en estos últimos años.*

yermo, ma *adj.* 1 ELEVADO. Que no está poblado: *El viejo vivía solitario en un pueblo yermo, cerca de la sierra. Muchos antiguos pueblos se han quedado yermos.* 2 [Terreno] que es estéril o no está cultivado: *Mi padre compró una tierra yerma. El vecino se esfuerza por trabajar un terreno yermo.* || *s. m.* 3 *Terreno deshabitado: La comuna de jóvenes se instaló en un yermo de Soria.*

yerna *s. f.* COL., P. RICO, REP. DOM., VEN.; COLOQUIAL. Nuera.

yerno *s. m.* Marido de la hija de una persona respecto a ésta: *El yerno de Laura viene a comer.*

yero *s. m.* 1 (preferentemente en plural) BOT. *Ervum ervilia.* Hierba leguminosa cuya semilla se emplea como alimento del ganado: *En la Armuña de Salamanca se producen yeros.* 2 BOT. Semilla o fruto de esta planta.

yerra *s. f.* AMÉR. DEL S. Hierra, marca del ganado.

yerro *s. m.* 1 ELEVADO. Equivocación o falta cometida por ignorancia o por descuido: *Cuando se empieza en un trabajo se cometen muchos yerros. Los jefes atribuían sus yerros a su inexperiencia.* SIN. fallo, error. ANT. acierto. 2 ELEVADO. Falta contra preceptos morales, religiosos o artísticos: *El joven actor reconoció sus yerros y prometió enmendarse.*

yérsey *s. m.* AMÉR. Jersey.

yerto, ta *adj.* ELEVADO. Que se ha quedado tieso, rígido o inmóvil por el frío, la muerte, el miedo u otra impresión violenta: *Encontramos su cuerpo yerto en medio de un descampado. Vámonos, que me estoy quedando yerta de frío.*

yesal *s. m.* Yesar.

yesar *s. m.* 1 Terreno donde abunda el mineral de yeso. SIN. yesera. 2 Cantera de yeso: *El pueblo vive del yesar.* SIN. yesera.

yesca *s. f.* 1 Materia muy seca, generalmente vegetal, tratada para que se encienda con facilidad: *un encendedor o mechero de yesca.* 2 Cualquier materia seca que arde con facilidad: *Con el calor los bosques mediterráneos se convierten en una yesca que arde con la chispa más pequeña.* 3 RESTRINGIDO. Estímulo que excita las pasiones: *La yesca de su odio se desató con la separación.* FR. Y LOC. **dar ~** COLOQUIAL, RESTRINGIDO. 1 Exigir ‹una persona› a otra persona:*Tenemos que darle yesca al niño para que estudie más.* 2 COLOQUIAL. Repartir críticas o golpes ‹una persona› a otra persona: *El crítico le daba yesca ayer a la última película de nuestro director. En el partido del domingo los visitantes repartieron yesca hasta que el árbitro expulsó a uno.*

yesera *s. f.* 1 Yesería. 2 Yesar.

yesería *s. f.* 1 Lugar donde se fabrica o vende yeso: *En el callejón han instalado una yesería.* 2 Obra hecha de yeso. 3 Decoración realizada sobre una pared enlucida con yeso: *El piso ya está habitable, pero queremos conservar la yesería que tenía y hay que arreglarla.*

yesero, ra *adj.* 1 Del yeso: *industria yesera.* || *s. m./f.* 2 Persona que tiene por oficio hacer, vender o trabajar el yeso: *Los yeseros empiezan a trabajar en el piso mañana.*

yeso *s. m.* 1 Sulfato de calcio, compacto o terroso, generalmente blanco y muy blando que, deshidratado y molido, se endurece rápidamente si se amasa con agua: *una pared de yeso. Antes de pintar la pared hay que picarla y darle un enlucido de yeso.* 2 Obra de escultura de este material: *Los alumnos de la Escuela de Arte venden sus yesos la próxima semana.*

yesón *s. m.* Cascote o fragmento de yeso.

yesquero, ra *s. m./f.* 1 Persona que tenía por oficio fabricar o vender yesca. || *s. m.* 2 Encendedor de yesca. 3 URUG. Encendedor, mechero.

yeta *s. f.* ARG., MÉX., PAR. URUG.; COLOQUIAL. Mala suerte, desgracia.

yetatore *s. m./f.* ARG., PAR., URUG.; COLOQUIAL. Persona que trae mala suerte. SIN. gafe.

yeti *s. m.* Monstruo gigantesco imaginario parecido al hombre con el cuerpo cubierto de pelo, que vive en el Himalaya: *He leído un libro que hablaba del origen del Yeti.*

yeyé *adj./s. m.* y *f.* COLOQUIAL. Del movimiento pop de la década de los años sesenta y de sus seguidores: *música yeyé, chica yeyé. Los yeyés eran bastante inofensivos.*

yeyo *s. m.* 1 VEN.; COLOQUIAL. Desmayo. 2 ARG.; RESTRINGIDO. Ano.

yeyuno *s. m.* ANAT. Segunda porción del intestino delgado que empieza en el duodeno y termina en el íleon.

yiddish (del inglés; pronunciamos *'yidis'*) *s. m.* LING. Variedad lingüística de la rama germánica hablada por los judíos: *El yiddish se habla todavía por algunas comunidades repartidas en varios países de Europa oriental.*

yin *s. m.* **1** REL. Principio universal pasivo y femenino del taoísmo, que constituye, junto con su opuesto el yang, el principio fundamental de la vida. **2** COL. Bluyín, pantalón vaquero.

yira *s. f.* ARG., URUG.; COLOQUIAL; PEYORATIVO. Prostituta callejera.

yiu-yitsu *s. m.* DEP. Jiu-jitsu.

yo (plural *nosotros;* de tercera persona; singular; masculino y femenino; sujeto: *yo;* complemento directo: *me, a mí;* complemento indirecto: *me, a mí;* complemento circunstancial: *mí, comigo*) *pron. pers.* **1** Pronombre con el que la persona que habla o escribe se refiere a sí misma. OBSERVACIONES: ◊ Funciona siempre como sujeto. ◊ En español no es necesaria la aparición del pronombre personal para reconocer a qué persona se refiere la oración, se reconoce gracias a las formas verbales: *Como poco ahora.* ◊ Se utiliza enfáticamente o en casos necesarios: *Yo no fumo. –«¿Quién es Jorge Ruiz?» –«Soy yo.»* ◊ A menudo la primera persona se designa con *nosotros*, la tercera persona o la forma impersonal con *se: Cuando me mande el dinero se le enviará el pedido.* ‖ *s. m.* **2** Por oposición al mundo exterior, conjunto de la actividad sensorial y mental de la persona en cuanto que siente y piensa: *el yo del poeta.* FR. Y LOC. **~ de ti / usted / él ...** COLOQUIAL. Se usa para dar a alguien un consejo o hacerle una advertencia, equivale a *'si yo estuviera en tu (su) situación': Yo de ti llamaría a la policía.* **~ que tú / usted / él ...** COLOQUIAL. Yo de ti / usted / él...: *Yo que tú no buscaría otro piso.*

yod *s. f.* FON. Elemento palatal cerrado que aparece en la posición seminuclear de los diptongos como semiconsonante o como semivocal: *El primer sonido del diptongo de la palabra «pie» es una yod.*

yodado, da *adj.* Que contiene yodo: *una solución yodada.*

yodo o **iodo** *s. m. I.* Elemento químico sólido negro metálico, del grupo de los halógenos, poco soluble y con un punto de fusión muy bajo, que se encuentra en sales y organismos marinos y se utiliza como desinfectante: *tintura de yodo. Ponte yodo en la herida.*

yodoformo *s. m.* (no contable) Compuesto químico de yodo, hidrógeno y carbono que se usa como antiséptico.

yoga *s. m.* **1** (no contable) FILOS. Doctrina filosófica hindú que busca alcanzar la perfección del espíritu. **2** (no contable) Práctica derivada de esta doctrina que busca conseguir el dominio del cuerpo y la concentración mental.

yoghourt *s. m.* Yogur.

yogui *s. m. / f.* **1** Asceta hindú que alcanza la perfección con el yoga. **2** Persona que practica el yoga.

yogur o **yoghourt** *s. m.* **1** (no contable) Producto elaborado con leche fermentada y sometida a cierta temperatura, de consistencia cremosa y sabor ligeramente agrio. **2** Medida de este producto contenida en un envase.

yogurtera *s. f.* Electrodoméstico para elaborar yogur.

yola *s. f.* Embarcación ligera con una vela, que se impulsa a remo.

yonqui *s. m. / f.* JERGAL. Persona que se inyecta droga: *Los yonquis son uno de los grupos de riesgo del SIDA.*

yóquey o **yoqui** *s. m. /* f. DEP. Jocquey.

yorkshire (del inglés; pronunciamos *'yorksair'*) *s. m.* (macho y hembra) Perro de cierta raza.

yoyó *s. m.* **1** Juguete formado por dos pequeños discos unidos por un eje con un cordón enrollado por el que, sujeto por el otro extremo a un dedo, asciende y desciende: *jugar con el yoyó, bajar el yoyó a tierra, subir el yoyó, lanzar el yoyó.* **2** URUG. Bizcocho de dos tapas, bañado en chocolate, con dulce de leche en medio.

ytrio *s. m.* QUÍM. Itrio.

yuan *s. m.* Unidad monetaria de China.

yuca *s. f.* **1** Planta arborescente de la familia de las liliáceas, de tallo alto rematado por rígidas hojas en abanico con flores blancas colgantes en forma de globo. **2** Denominación genérica de algunas especies de mandioca.

yucal *s. m.* Terreno poblado de yucas.

yucateco, ca *adj. / s. m.* y *f.* De Yucatán, estado de México: *los yucatecos, las ruinas yucatecas.*

yudo *s. m.* DEP. Judo.

yudoka *s. m. / f.* DEP. Judoka: *Un yudoka necesita entrenarse mucho. Las yudocas españolas han ganado varias medallas en los campeonatos.*

yugada *s. m.* **1** Unidad de superficie que equivale a unas 32 hectáreas. **2** Yunta.

yugo *s. m.* **1** AGR. Instrumento de madera que unía dos animales de tiro y al que se sujetaba la lanza del carro o el timón del arado. **2** Armazón de madera unido a una campana que permite que ésta gire. **3** ELEVADO. Carga pesada o atadura: *el yugo de la ley. El protagonista de la novela soporta el yugo de su matrimonio.* **4** HIST. Especie de horca bajo la que hacían pasar a los enemigos vencidos en la antigua Roma. FR. Y LOC. **sacudirse el ~** COLOQUIAL; RESTRINGIDO. Librarse ‹una persona› de la opresión o del dominio de otra persona o de una cosa.

yugoeslavo, va *adj. / s. m.* y *f.* Yugoslavo.

yugoslavo, va *adj. / s. m.* y *f.* De Yugoslavia, antiguo país europeo: *los enfrentamientos yugoslavos.*

yugular *v. tr.* **1** ELEVADO. Cortar ‹una persona› el cuello [a otra persona o a un animal]. SIN. degollar. **2** ELEVADO. Detener ‹una persona o una cosa› el desarrollo de [una enfermedad]. **3** ELEVADO. Interrumpir ‹una persona› el desarrollo de [una actividad] bruscamente.

yugular *adj. / s. f.* Se usa en la LOC. **vena * ~.**

yunga *s. m.* (en plural) BOL., CHILE, EC., PERÚ. Valles cálidos y húmedos que hay a ambos lados de los Andes.

yunque *s. m.* **1** Bloque de hierro, de superficie acerada, sobre el que se golpean con martillo los metales para forjarlos: *golpear sobre el yunque.* **2**.ANAT. Huesecillo del oído interno, entre el martillo y el estribo. **3** RESTRINGIDO. Persona paciente y firme ante las adversidades: *Paco lo puede soportar porque es un yunque.*

yunta *s. f.* **1** Par de bueyes, mulas u otros animales que se sujetan juntos para realizar tareas agrícolas: *Su abuelo araba las tierras con una yunta de bueyes.* **2**.P. RICO, VEN. Gemelos de camisa.

yuntería *s. f.* **1** Conjunto de yuntas. **2** Lugar en el que se recogen las yuntas.

yuntero, ra *s. m./f.* Agricultor que utilizaba la yunta para labrar.

yuppie (del inglés; pronunciamos '*yupi*') *s. m./f.* Joven del mundo de los negocios con una posición económica elevada o que se ha acabado acomodando después de haber sido un joven contestatario.

yuquerí *s. m.* ARG. Planta del género de las mimosáceas con frutos semejantes a la zarzamora.

yurta *s. f.* Tienda circular, con techo en forma de cúpula, utilizada por los nómadas del Norte de Mongolia.

yuta *s. f.* (no contable) ARG.; COLOQUIAL. Cuerpo de policía.

yute *s. m.* **1** Planta de la familia de las tiliáceas de hojas dentadas, flores amarillas y fruto en cápsula, de cuya corteza se extrae una fibra que se emplea en la industria textil. **2** Materia textil y tejido que se elabora con la corteza de esta planta.

yuxtaponer *v. tr.* **1** Poner ‹una persona› [una cosa] junto [a otra]: *El conserje siempre yuxtapone las cajas* ***a*** *las maletas.* || *v. prnl.* **2** Estar ‹una cosa› junto [a otra]: *No me gusta nada como ha decorado la casa, los muebles se yuxtaponen sin ninguna armonía.* ⇒ **60.**

yuxtaposición *s. f.* **1** GRAM. Unión de dos o más oraciones sin utilizar nexos o palabras que las unan: *Esas oraciones están unidas por yuxtaposición.* SIN. asíndeton (RESTRINGIDO). **2** (no contable) ELEVADO. Forma de colocar elementos similares uno a lado del otro: *yuxtaposición de cajas, yuxtaposición de coches, yuxtaposición de soldados.*

yuxtapuesto *p.* Participio irregular de *yuxtaponer.*

yuyero, ra *s. m./f.* URUG.; COLOQUIAL. Persona que se dedica a vender hierbas medicinales o a curar con ellas.

yuyo *s. m.* **1** AMÉR. DEL S. Hierba silvestre. **2** ARG., CHILE, PAR., URUG. Hierba aromática o medicinal.

Z

z *s. f.* Vigésima séptima y última letra del alfabeto español que representa un sonido de articulación interdental, fricativa y sorda. Su nombre es «zeta» o «zeda».

zabajón *s. m.* COL. Sabajón.

zabeca o **sabeca** *s. f.* **1** ARG., URUG.; COLOQUIAL; HUMORÍSTICO. Cabeza de una persona. **2** ARG.; COLOQUIAL; HUMORÍSTICO. Talento de una persona.

zabordar *v. intr.* MAR. Quedarse ‹una embarcación› detenida en la arena o en las rocas.

zacatal *s. m.* AMÉR. C., MÉX. Pastizal.

zacate *s. m.* **1** AMÉR. C., MÉX. Hierba, pasto o forraje para alimentar al ganado. **2** MÉX. Estropajo de fibra vegetal para fregar o lavar.

zacateca *adj. / s. m.* y *f.* De un pueblo amerindio que vivía en México: *la cultura zacateca. Los zacatecas están extinguidos.*

zafada *s. f.* **1** COL.; COLOQUIAL. Comportamiento público desagradable o desvergonzado. **2** ARG.; COLOQUIAL. Acción de zafarse.

zafado, da *adj.* **1** COL.; COLOQUIAL. Que está chalado. **2** AMÉR. DEL S.; COLOQUIAL. Que es desvergonzado o atrevido.

zafadura *s. f.* ARG. Rotura de una cuerda.

zafaduría *s. f.* ARG., PAR., URUG.; COLOQUIAL. Dicho o hecho atrevido, desvergonzado o indecente.

zafar *v. intr.* **1** RESTRINGIDO. Aprobar ‹un estudiante›. ‖ *v. prnl.* **2** Evitar ‹una persona› encontrarse con [otra persona o con un peligro]: *Conseguí zafarme* ***de*** *mis acreedores.* **3** Evitar ‹una persona› [hacer una cosa]: *María se zafa todos los días* ***de*** *limpiar los platos.* **4** Soltarse ‹una cosa› [del lugar en que estaba atada]: *La cuerda se zafó* ***de*** *un mosquetón y el escalador se llevó un susto.* **5** ARG., VEN.; RESTRINGIDO. Dislocarse ‹un hueso›. **6** ARG., VEN.; COLOQUIAL. Portarse ‹una persona› con atrevimiento o desvergüenza. **7** Romperse ‹una tela o una prenda›.

zafarrancho *s. m.* **1** Acción y resultado de quitar los estorbos de una parte de la embarcación y dejarla preparada para un determinado trabajo o actividad: *El capitán decreta zafarrancho cada dos por tres y nos pasamos todo el día trabajando.* **2** COLOQUIAL. Limpieza general: *Los sábados por la mañana en el cuartel toca zafarrancho. Mi abuela decreta zafarrancho en casa cuando está aburrida.* **3** COLOQUIAL. Lío, jaleo, riña: *En el bar se armó un zafarrancho y al poco tiempo apareció la policía.* **4** ARG., URUG.; COLOQUIAL. Cosa mal hecha. **5** ARG., URUG.; COLOQUIAL. Persona que se arregla mal. ‖ **6 ~ de combate** MIL. Preparación de todo lo necesario para llevar a cabo una acción de guerra inmediata.

zafiedad *s. f.* Calidad de zafio: *No quiero cenar con esa gente, no soporto la zafiedad de Pedro.*

zafio, fia *adj. / s. m.* y *f.* Que es grosero y mal educado: *Este portero es un zafio, no sabe ni saludar correctamente. El director lo ha castigado porque hacía unos gestos muy zafios en clase.*

zafiro *s. m.* **1** MINERAL. Piedra preciosa transparente y de gran dureza, variedad azul del corindón, que se utiliza en joyería: *un anillo de zafiros.* **2** ELEVADO. Color azul oscuro como el de este mineral: *el zafiro del cielo.*

zafra *s. f.* **1** MIN. Escombro de una mina o cantera. **2** RESTRINGIDO. Recipiente metálico para guardar el aceite: *Recuerdo perfectamente la zafra de la casa de mi abuela.* **3** Cosecha de la caña de azúcar: *El presidente ha anunciado que la zafra de este año es muy buena.* **4** Fabricación del azúcar. **5** Tiempo que dura esta fabricación. **6** URUG. Cosecha de un producto agrícola. **7** URUG. Trabajo de temporada en un sector industrial.

zaga *s. f.* **1** (no contable) RESTRINGIDO. Parte posterior o trasera de algo: *la zaga de un ejército. La batalla se perdió porque la caballería descuidó la zaga.* **2** DEP. Conjunto de jugadores que forman la defensa de un equipo: *Los locales ganaron el partido gracias a la accción de la zaga. La zaga de los juveniles es muy buena.* ANT. delantera. FR. Y LOC. **a la ~** RESTRINGIDO. Detrás, atrás: *El campeón se quedó a la zaga del pelotón y acabó retirándose. Vosotros vais delante y nosotros vamos a la zaga.* **no ir(le) / quedarse a la ~** COLOQUIAL. No ser inferior ‹una persona o una cosa› a otra: *Alicia era muy inteligente, pero su hermana no le iba a la zaga. Mi coche no se queda a la zaga de ese nuevo modelo tuyo.*

zagal, la *s. m. / f.* **1** RESTRINGIDO. Adolescente o persona muy joven: *María ya tiene dos zagalas creciditas.* **2** LITERARIO. Joven que era enviado a cuidar las ovejas: *El valle estaba lleno de zagales. Clara es muy buena zagala, ella sola cuida de las ovejas de toda la familia.* **3** RESTRINGIDO; HUMORÍSTICO, AFECTIVO. Hombre o mujer: *No es mala zagala tu mujer. Pepe es un zagal estupendo.*

zaguán *s. m.* Portal, espacio cubierto situado a la entrada de una casa, próximo a la puerta de la calle: *Abrió el portón un criado y esperamos en el zaguán del palacete al administrador.*

zaguero, ra *s. m./f.* 1 DEP. Jugador que juega en un equipo de fútbol como defensa: *Los zagueros del equipo visitante jugaban duro y sucio y fueron sancionados con varias faltas y una expulsión.* 2 DEP. Jugador que se sitúa en los deportes de pelota por parejas lejos de la red o del frontón: *El zaguero vasco desbordó siempre a su oponente mejicano.*

zahareño, ña *adj.* 1 [Ave salvaje] que es difícil de domesticar. 2 RESTRINGIDO. [Persona] que es muy arisca o de difícil trato.

zaherir *v. tr.* ELEVADO. Hacer o decir ‹una persona› cosas para ofender [a otra persona]: *Su maestro le zahería constantemente delante de los demás alumnos.* ⇒ **75.**

zahína *s. f.* BOT. Sorgo.

zahón *s. m.* (preferentemente en plural) Especie de mandil, usado por caballistas y hombres de campo, generalmente de cuero, con perneras abiertas por detrás que se sujetan a la pierna: *Cuando monta a caballo en su finca siempre va con unos zahones lujosamente labrados.*

zahonado, da *adj.* RESTRINGIDO. [Res] que tiene las patas de distinto color por delante que por detrás.

zahorí (plural *zahorís* o *zahoríes*) *s. m./f.* 1 Persona a quien se atribuye la capacidad de descubrir las cosas ocultas, especialmente las que están bajo tierra, como los minerales o las aguas subterráneas: *Los jardineros contrataron a un zahorí para que les indicara dónde cavar un pozo.* 2 RESTRINGIDO. Persona observadora, capaz de adivinar lo que otros piensan o sienten: *Ana es una zahorí para los negocios.*

zahúrda *s. f.* 1 LITERARIO. Lugar donde se guardan los cerdos. 2 ELEVADO. Vivienda o habitación muy pobre o sucia: *En el barrio viejo algunas casas son zahúrdas más que viviendas humanas. Arregla tu cuarto un poco, que parece una zahúrda.*

zaíno, na o **zaino, na** *adj.* 1 [Caballería] que tiene el pelo de color castaño oscuro y uniforme. 2 [Toro, vaca] que tiene el pelo de color negro sin mezcla de blanco: *En la corrida de hoy el primero fue un toro zaíno de buena presencia.*

zaire *s. m.* Unidad monetaria de Zaire, país africano.

zaireño, ña *adj./s. m.* y *f.* De Zaire, país africano: *la cultura zaireña. Los zaireños recibieron al rey cordialmente.*

zalagarda *s. f.* RESTRINGIDO. Discusión o pelea muy violenta en apariencia o acción que produce mucho ruido y confusión: *Hubo una zalagarda en la cárcel, y los presos se alborotaron en el comedor. Los jóvenes se enfrentaron a los policías y se preparó una zalagarda en un momento.*

zalamería *s. f.* Demostración de cariño exagerada o empalagosa, generalmente para adular a una persona o para conseguir una cosa: *El chico trata a su abuela con mucha zalamería cuando tiene que pedirle la paga. A la jefa no le gustan las zalamerías.*

zalamero, ra *adj./s. m.* y *f.* (ser/estar) Que hace o tiende a hacer zalamerías: *Mi hijo es un zalamero, siempre está encima de mí besuqueándome. Estás muy zalamero últimamente, algo andas buscando.*

zalea *s. f.* RESTRINGIDO. Piel de oveja o carnero curtida con su lana.

zalema *s. f.* 1 Zalamería. 2 RESTRINGIDO. Reverencia que se hace mostrando sumisión o respeto: *La nueva jefa ya nos ha advertido que le interesa el trabajo y no las zalemas.*

zamacuco, ca *s. m./f.* 1 RESTRINGIDO. Persona poco inteligente o torpe: *Hijo, eres un zamacuco, todo lo tienes que romper.* 2 RESTRINGIDO. Persona que calla o se hace la tonta pero que consigue siempre lo que quiere: *No me fío de María, es muy zamacuca.* ‖ *s. m.* 3 COLOQUIAL. Borrachera.

zamacueca *s. f.* CHILE. Cueca.

zamaquear *v. tr.* PERÚ; COLOQUIAL. Zarandear, sacudir con violencia ‹una persona› [a otra persona o una cosa].

zamarra *s. f.* 1 Prenda de abrigo de piel con su lana, en forma de chaleco o chaqueta, propia del campo: *Cuando estoy en el pueblo me pongo la zamarra del abuelo y no paso frío.* 2 Chaquetón de piel o forrado de piel: *En invierno me gusta la zamarra más que el abrigo.* SIN. pelliza. 3 Piel de oveja o carnero curtida con su pelo: *En el pueblo tenemos una zamarra como alfombra en todas las habitaciones.*

zamarrear *v. tr.* 1 RESTRINGIDO. Mover ‹un animal› [la presa que tiene entre los dientes] con brusquedad para rematarla. 2 RESTRINGIDO. Mover o golpear ‹una persona› [a otra persona] con violencia: *El jefe estaba fuera de sí zamarreando al contable.* SIN. zarandear. 3 RESTRINGIDO. Poner ‹una persona› en apuros [a su contrincante] en una disputa para demostrar superioridad: *Varios alumnos zamarrearon ayer al conferenciante en algunos momentos del coloquio.*

zamarrilla *s. f.* *Tencrium polium.* Planta leñosa y aromática de la familia de las labiadas, de hojas estrechas y flores blancas o amarillas en racimos, de un aroma desagradable.

zamarro *s. m.* 1 Zamarra. 2 (en plural) COL., EC., VEN. Especie de zahones para montar a caballo.

zamba *s. f.* 1 Baile folclórico del noroeste argentino: *bailar la zamba.* 2 Música y letra de esta danza.

zambardo *s. m.* 1 ARG.; COLOQUIAL. Suerte en el juego. 2 ARG.; COLOQUIAL. Torpeza, estropicio.

zambo, ba *adj./s. m.* y *f.* 1 AMÉR. DEL S.; a veces PEYORATIVO. [Persona] que desciende de familia negra e india. ‖ *adj.* 2 [Persona o animal] que tiene las piernas torcidas hacia fuera y junta las rodillas al andar: *Mi hermana siempre viste faldas largas porque es un poco zamba. El quinto toro era un zambo que se cayó varias veces.*

zambomba *s. f.* 1 MÚS. Instrumento musical popular formado por un cilindro hueco, tapado por uno de los extremos con una piel tirante que tiene una varilla en el centro, la cual, al ser frotada con la mano, produce un sonido ronco y monótono: *La zambomba sólo se toca en Navidad.* ‖ *interj.* 2 COLOQUIAL, RESTRINGIDO. Expresión que se utiliza para manifestar sorpresa: *¡Zambomba, qué susto!*

zambombazo *s. m.* 1 COLOQUIAL. Golpe fuerte: *El portero sacó de un zambombazo y metió gol en la portería contraria.* 2 COLOQUIAL. Explosión, ruido fuerte y seco: *El zambombazo se oyó a un kilómetro.*

zambra *s. f.* 1 Antiguo baile español de carácter alegre que se ha conservado entre los gitanos: *El grupo flamenco acabó su actuación con una zambra en la que intervinieron todos los espectadores.* 2 COLOQUIAL. Alboroto de un grupo numeroso de gente que se divierte: *Los vecinos organizaron ayer una zambra y nos han despertado.*

zambullida *s. f.* 1 Acción y resultado de zambullir o zambullirse: *Antes de comer, Luis se da una zambullida rápida en la piscina.* 2 DEP.; ARG., URUG. En el fútbol, estirada del portero.

zambullir *v. tr./prnl.* **1** Meter ‹una persona› [a otra persona o una cosa] [en un líquido]: *Su hija* ***se*** *zambulló* ***en*** *la piscina de cabeza.* || *v. prnl.* **2** Meterse ‹una persona› de pronto [en una actividad]: *Sofía se zambulle* ***en*** *la lectura y se olvida de todo. A Luisa le gusta zambullirse* ***entre*** *los paseantes.* ⇒ **53.**

zamburiña *s. m. Chlamys varia.* Molusco marino con una concha de dos piezas abombadas, parecida a la de la vieira, que habita en fondos arenosos.

zamorano, na *adj./s. m.* y *f.* De Zamora, ciudad y provincia española.

zampabollos (plural *zampabollos*) *s. m./f.* **1** COLOQUIAL; PEYORATIVO. Persona que es muy aficionada a comer mucho y sin control: *La zampabollos de tu hermana nos ha vaciado la nevera.* SIN. tragón, comilón. **2** COLOQUIAL; PEYORATIVO. Persona que no tiene gracia o es un poco torpe: *El nuevo conserje que hemos contratado es un poco zampabollos.*

zampado, da *adj.* PERÚ; COLOQUIAL. Borracho.

zampar *v. tr./prnl.* **1** Comer ‹una persona o un animal› [una cosa] con ansia y precipitación: ***Te*** *has zampado diez croquetas en un momento.* || *v. tr.* **2** COLOQUIAL. Lanzar o enviar ‹una persona› [una cosa] con violencia o poco delicadamente a [otra persona]: *Mi jefe me ha zampado una carpeta de trabajo extra para el fin de semana. Como nos portemos mal mi padre nos zampará dos tortas.* **3** ARG., URUG. Poner ‹una persona› descuidadamente [una prenda de vestir o un adorno] a otra persona. || *v. prnl.* **4** ARG., URUG. Arreglarse o vestirse ‹una persona› descuidadamente.

zampatortas (plural *zampatortas*) *s. m./f.* COLOQUIAL; PEYORATIVO. Zampabollos.

zampón, na *adj./s. m.* y *f.* **1** COLOQUIAL; PEYORATIVO. Que come con glotonería o con exceso: *Soy una zampona, no me dejes aquí las galletas que me las como todas.* **2** PERÚ; COLOQUIAL. Que es entrometido.

zampoña *s. f.* Instrumento rústico musical de viento parecido a una flauta o formado por un conjunto de cañas de distintos tamaños que forman una escala: *Los antiguos pastores tocaban la zampoña en el campo, según las novelas.*

zamuro *s. m.* COL., VEN.; RESTRINGIDO. Zopilote.

zanahoria *s. f.* **1** Planta herbácea umbelífera de hojas compuestas y flores blancas, fruto seco y comprimido y raíz gruesa, amarilla o rojiza, en forma de huso. **2** Raíz comestible de esta planta: *Me gustan mucho las zanahorias.*

zanahorio, ria *adj.* COL., VEN.; COLOQUIAL. [Persona] que es ingenua.

zanca *s. f.* **1** Pata larga de algunas aves: *la zanca de las cigüeñas.* **2** COLOQUIAL. Pierna de un hombre o animal cuando es larga y delgada: *Tu niño tiene unas zancas tremendas.*

zancada *s. f.* Paso largo: *El detective tiene las piernas muy largas y anda a zancadas.* FR. Y LOC. **en dos zancadas** COLOQUIAL. En muy poco tiempo, con gran rapidez: *En dos zancadas estoy en tu casa.*

zancadilla *s. f.* **1** Acción que consiste en poner una persona de repente la pierna delante de alguien que corre o anda para que tropiece: *Luis era especialista en ponerle zancadillas a las chicas.* **2** COLOQUIAL. Dificultad que se le pone a una persona para perjudicarla: *Algunas compañeras le pusieron todo tipo de zancadillas para que no ascendiera. En nuestro trabajo, como en todos, abundan las zancadillas.*

zancadillear *v. tr.* Poner ‹una persona› una zancadilla [a otra persona]: *El árbitro expulsó al portero por zancadillear a un contrario dentro del área. No me fío de él, intenta zancadillearme para que no me asciendan.*

zancajo *s. m.* **1** RESTRINGIDO. Hueso del pie que forma el talón: *Este niño es malo, le gusta pisar en los zancajos a los compañeros.* **2** RESTRINGIDO. Talón del pie, del zapato o de una media: *Aquel mendigo anda con los zancajos rotos.*

zanco *s. m.* **1** (preferentemente en plural) Cada uno de los dos palos largos utilizados para caminar a cierta altura en lugares pantanosos o en algunos ejercicios circenses de equilibrio: *La niña se sostiene sobre los zancos con dificultad.* **2** RESTRINGIDO. Zueco o zapato de madera.

zancón, na *adj.* VEN.; COLOQUIAL. [Prenda de vestir] que queda corta.

zancudo, da *adj.* RESTRINGIDO; PEYORATIVO. Que tiene las piernas largas: *Tu novio es un zancudo de cuidado.* || *adj./s. f.* **2** (plural) [Ave] que tiene las patas largas y delgadas, como la cigüeña o la grulla: *En esta laguna hay muchas zancudas.* || *s. m.* **3** AMÉR. Mosquito.

zanganada *s. f.* COLOQUIAL. Hecho o dicho inoportuno y sin sentido: *No digas más zanganadas y vámonos ya.* SIN. majadería.

zanganear *v. intr.* Estar ‹una persona› voluntariamente ociosa: *Este hijo mío se pasa el día zanganeando y no estudia nada.* SIN. holgazanear.

zángano, na *adj./s. m.* y *f.* **1** COLOQUIAL. Persona perezosa y vaga: *Eres una zángana, te pasas todo el día paseando sin hacer nada.* **2** COLOQUIAL. Persona que es torpe o tiene poca gracia: *No seas zángano, y pórtate bien con tus primas.* || *s. m.* **3** Macho de la abeja reina: *En la colmena los zánganos son expulsados después de cumplir su misión.*

zangolotear *v. tr.* **1** COL.; COLOQUIAL. Mover ‹una persona› [a otra persona o una cosa] repetidamente y con violencia. || *v. intr.* **2** COLOQUIAL; RESTRINGIDO. Moverse ‹una persona› de un lugar a otro sin ningún provecho: *La abuela se pasa el día zangoloteando* ***por*** *casa, pero no hace nada. He estado toda la mañana zangoloteando* ***de*** *oficina* ***en*** *oficina y no he podido resolver ningún papel. Ayer tu compañera zangoloteaba* ***de*** *una ventanilla* ***a*** *otra sin conseguir solucionar su problema.* || *v. prnl.* **3** COL.; COLOQUIAL. Moverse ‹una persona›. **4** VEN.; RESTRINGIDO. Moverse ‹una persona› al caminar.

zanguango, ga *adj./s. m.* y *f.* **1** ARG., URUG.; COLOQUIAL. Persona mal educada o sin gracia. **2** ARG.; COLOQUIAL. Persona torpe y robusta.

zanja *s. f.* **1** Excavación larga y estrecha hecha en el suelo: *La calle está llena de zanjas porque están cambiando todos los conductos eléctricos.* **2** AMÉR. Surco o hendidura del terreno producida por una corriente de agua.

zanjar *v. tr.* Resolver ‹una persona› [un asunto o una dificultad]: *Su novia zanjó la discusión con un portazo. Han decidido los dos líderes del partido zanjar sus diferencias con un abrazo público. Una enemistad de años no se zanja con una palmadita en la espalda.*

zanquilargo, ga *adj.* COLOQUIAL; PEYORATIVO. Que tiene las piernas largas: *Este muchacho va a ser muy zanquilargo.*

zapa *s. f.* **1** Excavación de una galería subterránea o de una zanja al descubierto: *Las presas hicieron una zapa continuada durante nueve meses para llegar hasta una alcantarilla cercana.* **2** Especie de pala que usan los soldados del arma de zapadores: *Los soldados de zapadores llevan la zapa cruzada a la espalda.* **3** Piel áspera de algunos peces como la pintarroja o la lija. **4** Cuero o metal labrados que imitan el granulado de la piel de esos peces. FR. Y LOC. **labor/trabajo de ~** RESTRINGIDO. Actividad dedicada oculta o disimuladamente a hacer fracasar una actividad o perjudicar a una persona: *Carlos no hace nada en la oficina, sólo está encargado de labores de zapa al servicio del jefe.*

zapador *s. m.* Soldado del cuerpo de ingenieros que se ocupa en obras de caminos, de defensa o de fortificación: *Los zapadores cavan zanjas o tienden puentes.*

zapallada *s. f.* **1** URUG.; COLOQUIAL. Tontería, bobada. **2** ARG.; COLOQUIAL. Acierto por casualidad.

zapallo *s. m.* **1** AMÉR. DEL S. Calabaza, planta cucurbitácea. **2** AMÉR. DEL S. Fruto de esta planta. **3** ARG., URUG.; COLOQUIAL. Cabeza de una persona. || *adj. / s. m.* **4** AMÉR. C. Persona gruesa.

zapapico *s. m.* RESTRINGIDO. Herramienta formada por un mango de madera con una barra metálica perpendicular, aguda por un extremo y cortada y afilada por el otro, que se utiliza para picar la tierra o un muro. SIN. pico.

zapar *v. intr.* **1** Trabajar ‹una persona› con la zapa: *Los que llegábamos tarde al campamento éramos castigados a zapar dos horas en el campo.* || *v. tr.* **2** Hacer ‹una persona› una galería subterránea en [un lugar]: *El comando zapó la vía férrea y colocó explosivos para volarla.*

zapata *s. f.* **1** MEC. Pieza del sistema de frenos de un automóvil que actúa contra las ruedas, llantas o ejes para moderar o impedir su movimiento: *Tienes que cambiar las zapatas, porque están gastadas.* **2** ARQ. Pieza horizontal, generalmente sobre una columna, que sostiene una viga. **3** VEN.; COLOQUIAL. Base o zócalo.

zapatazo *s. m.* **1** COLOQUIAL. Golpe dado con un zapato: *En algunos ejércitos, los soldados saludan a sus superiores dando un zapatazo. Te vas a hacer daño, no se puede clavar un clavo a zapatazos.* **2** COLOQUIAL. Caída o golpe fuerte contra algo, y el ruido que se produce: *Su hermana iba leyendo por la calle y se pegó un zapatazo contra un semáforo.*

zapateado *s. m.* **1** Baile español o parte del mismo en el que se zapatea rítmicamente, generalmente sin acompañamiento musical: *La actriz baila un zapateado muy bueno al final del primer acto.* **2** Acción y resultado de zapatear.

zapatear *v. intr. / tr.* **1** Dar ‹una persona› golpes en el suelo con los pies calzados: *Los alumnos zapateaban en la tarima para protestar contra el conferenciante.* || *v. intr.* **2** Bailar ‹una persona› un zapateado: *La niña quiere aprender a zapatear para bailar flamenco.* **3** Golpear ‹el conejo› la tierra con las patas delanteras rápidamente cuando siente al cazador o al perro.

zapatera *s. f.* En el dominó, partida que se pierde sin haber colocado ninguna ficha.

zapatería *s. f.* **1** Tienda donde se venden zapatos. **2** Fábrica de zapatos: *En Alicante hay muchas zapaterías.* **3** (no contable) Oficio de hacer zapatos: *La zapatería es una tradición familiar entre nosotros.*

zapatero, ra *adj.* **1** De los zapatos o de las zapaterías: *La industria zapatera de muchos pueblos es artesanal.* **2** COLOQUIAL. [Alimento] que está duro o acorchado porque lleva tiempo cocinado o está mal hecho: *En el bar nos sirvieron unas judías zapateras indigestas.* || *s. m. / f.* **3** Persona que por oficio hace, vende o arregla zapatos: *Tengo que llevar las botas al zapatero.* || *s. m.* **4** Mueble que sirve para guardar zapatos: *Tenemos que comprar un zapatero.* **5** *Germis lacustris.* Insecto hemíptero de cuerpo estrecho y patas largas que se desliza velozmente en la superficie del agua. FR. Y LOC. **~ a tus zapatos** Indica que cada uno tiene que ocuparse de aquello que conoce y sabe.

zapateta *s. f.* RESTRINGIDO. Salto en el que se choca un pie contra otro o una mano contra el pie contrario en señal de alegría: *Cuando se enteró de que le había tocado la lotería, salió de casa dando zapatetas.*

zapatiesta *s. f.* COLOQUIAL. Jaleo, discusión o pelea muy ruidosa: *Esa pareja se lleva muy mal y todos los días organiza una zapatiesta en casa.*

zapatilla *s. f.* **1** Zapato cómodo y ligero que se usa para estar por casa: *En casa ando en bata y zapatillas.* **2** Calzado ligero, bajo y de suela muy delgada: *zapatillas de bailarina.* **3** Calzado deportivo de lona o de cualquier otro material flexible: *zapatillas de gimnasia.* **4** Pieza de goma, ante o cuero con que se protegen o calzan algunas cosas. **5** COL. Zapato femenino de puntera afilada y tacón alto.

zapato *s. m.* Pieza de piel o de otro material, provista de suela de cuero o de otro material resistente en su parte inferior, con la que se protege el pie para caminar. FR. Y LOC. **dar con la horma* de su ~** o **encontrar la horma de su ~. estar* como un niño con zapatos nuevos. no llegar a la altura* de los zapatos. no llegarle a la suela* del ~. saber* dónde le aprieta el ~. ser la horma* de su ~. zapatero* a tus zapatos.**

¡zape! *interj.* **1** Voz que se usa para ahuyentar a los gatos. **2** RESTRINGIDO. Expresa sorpresa o asombro ante algo. **3** Manifiesta la intención de rehuir cualquier peligro.

zaperoco *s. m.* VEN.; COLOQUIAL. Desorden, alboroto.

zapote *s. m.* **1** AMÉR. Árbol de hasta 10 m de altura, de madera blanca y poco resistente, hojas alternas, flores rojizas en racimos y fruto comestible de carne amarilla oscura. Destila un jugo lechoso que se usa para elaborar chicle. **2** AMÉR. Fruto de este árbol.

zapoteca *adj. / s. m.* y *f.* Zapoteco.

zapoteco o **zapoteca** *adj. / s.m.* y *f.* **1** De un pueblo amerindio que vive en México: *un poblado zapoteco. Los grupos zapotecos viven en el estado de Oaxaca.* || *s. m.* **2** LING. Conjunto de lenguas habladas por este pueblo.

zapping (del inglés) *s. m.* COLOQUIAL. Cambio de canal televisivo utilizando el mando a distancia: *Carlos se pasa la tarde delante de la televisión haciendo zapping.*

zaque *s. m.* Pequeño saco de piel que se utiliza como recipiente, especialmente para vino o aceite: *un zaque de vino.*

zaquizamí (plural *zaquizamíes*) *s. m.* **1** RESTRINGIDO. Desván o habitación que tiene como techo el tejado. **2** RESTRINGIDO. Habitación pequeña, incómoda y sucia: *Hijo, tu habitación parece un zaquizamí.*

zar *s. m.* Título que se daba al emperador de Rusia y al soberano de Bulgaria: *el zar Nicolás I.*

zarabanda *s. f.* **1** Danza popular española de los siglos XVI y XVII, frecuentemente censurada por los moralistas por sus movimientos. **2** Música y letra de esta danza. **3** Danza de ritmo ternario que forma parte de las sonatas desde el siglo XVII. **4** COLOQUIAL. Jaleo, bullicio: *Se ha organizado una zarabanda en la calle que no deja dormir a nadie.*

zaragata *s. f.* COLOQUIAL. Riña, alboroto: *En cuanto salgo de casa los chicos me organizan una zaragata.*

zaragatero, ra *adj.* COLOQUIAL. Que es zalamero: *Hija, no seas zaragatera, ya sabes que no saldrás de casa hasta que no hagas los deberes del colegio.*

zaragatona *s. f. Plantago psillium.* Planta herbácea anual, de tallo velludo ramificado, hojas opuestas y estrechas, flores pequeñas en espiga y fruto con muchas semillas que se emplean en medicina y en la industria textil.

zaragozano, na *adj. / s. m.* y *f.* **1** De Zaragoza, ciudad y provincia española: *el tren zaragozano.* || **2 calendario* ~.**

zaragüelles *s. m.* (Se usa en plural) **1** COLOQUIAL, RESTRINGIDO. Pantalones muy anchos y mal hechos. **2** Calzones masculinos anchos usados antiguamente en ciertas zonas rurales de Valencia y Murcia.

zaranda *s. f.* **1** Utensilio metálico parecido a un colador, utilizado para separar las partes más gruesas de una sustancia, especialmente para colar dulces como la jalea. **2** Utensilio rectangular, con el fondo de red de soga, que se utiliza en los lagares para separar las raspas de los hollejos de la uva. **3** Criba.

zarandaja *s. f.* (preferentemente en plural) COLOQUIAL. Cosa pequeña, sin valor o de poca importancia: *No puedo entretenerme en zarandajas.*

zarandear *v. tr.* Mover ‹una persona› [a otra persona o una cosa] con rapidez y energía: *El portero agarró al ratero y lo zarandeaba con ganas. Los padres han protestado, porque no admiten que el maestro zarandee a los niños.*

zarandeo *s. m.* Acción y resultado de zarandear: *A mí no me zarandea nadie.*

zarandillo *s. m. / f.* RESTRINGIDO. Persona que se mueve de una parte a otra como un niño. FR. Y LOC. **traer / llevar como un ~** Hacer ir frecuentemente a ‹una persona› de un sitio a otro.

zaraza *s. f.* COL., VEN. Tela de algodón poco fina.

zarazo, za *adj.* **1** AMÉR. DEL S. Que está un poco borracho. **2** AMÉR. [Fruto] que está poco maduro.

zarcillo *s. m.* **1** Pendiente en forma de aro: *A Pilar le han regalado unos zarcillos de oro por su santo.* **2** BOT. Órgano largo, voluble y delgado que tienen ciertas plantas como la vid y les sirve para asirse y trepar: *los zarcillos de la vid.*

zarco, ca *adj.* ELEVADO. De color azul claro: *Anabel tiene los ojos zarcos.*

zarevich (del ruso) *s. m.* **1** HIST. Hijo del zar. **2** HIST. Primer hijo del zar reinante.

zarigüeya *s. f.* (macho y hembra) *Didelphis marsupialis.* Mamífero marsupial americano, de hocico alargado, orejas redondas, cola capaz de sujetar a sus crías para transportarlas y marsupio poco desarrollado.

zarina *s. f.* Emperatriz de Rusia o mujer de un zar: *la zarina Catalina I.*

zarismo *s. m.* (no contable) HIST. Gobierno absoluto de los zares.

zarista *adj.* **1** Del zarismo: *el periodo zarista.* || *adj. / s. m.* y *f.* **2** Que es partidario del zarismo: *En Rusia se están organizando los zaristas.*

zarpa *s. f.* **1** Mano o pie de un animal con dedos provistos de uñas fuertes y largas: *las zarpas del tigre.* SIN. garra. **2** COLOQUIAL; HUMORÍSTICO. Mano de una persona: *Niño, no eches la zarpa al pastel todavía.* FR. Y LOC. **echar la ~ 1** COLOQUIAL. Apoderarse ‹una persona› de una cosa con violencia o engaño: *Paco escondió la cartera para que nadie le echara la zarpa.* **2** COLOQUIAL. Agarrar ‹una persona› una cosa con las manos o las uñas: *La camarera echó la zarpa al vaso antes de que cayera al suelo.*

zarpar *v. intr.* Salir ‹una embarcación› del lugar en el que estaba fondeada: *El próximo barco de Mallorca zarpa a las tres de la tarde.*

zarpazo *s. m.* **1** Golpe dado por los animales con las zarpas o garras: *El león estaba nervioso y le dio un zarpazo al domador.* **2** (no contable) Desgracia personal, sobre todo cuando se produce de repente: *Se enfrentó ella sola al zarpazo del cáncer. El accidente del niño fue un zarpazo terrible para sus padres.*

zarpear *v. tr.* AMÉR. C., MÉX. Salpicar, particularmente de barro, ‹una persona o una cosa› [a otra].

zarracina *s. f.* RESTRINGIDO. Ventisca con lluvia.

zarrapastroso, sa *adj. / s. m.* y *f.* **1** (ser / estar) COLOQUIAL; PEYORATIVO. [Persona] que viste con ropas sucias y rotas: *¡Siempre has sido una zarrapastrosa ! ¡Menuda pinta tienes, estás hecho un zarrapastroso!* SIN. andrajoso. **2** (ser / estar) [Cosa] que es sucia o rota: *La ropa que lleva es zarrapastrosa. Estos decorados están zarrapastrosos.*

zarza *s. f.* **1** *Rubus fruticosus.* Arbusto de la familia de las rosáceas de tallos muy largos y espinosos, hojas compuestas y flores en racimo cuyo fruto es la zarzamora. **2** COLOQUIAL. Cualquier arbusto espinoso.

zarzal *s. m.* **1** Matorral de zarzas. **2** Lugar poblado de zarzas: *La pelota se ha caído entre los zarzales.*

zarzamora *s. f.* **1** Fruto en baya de la zarza, de granos morados y dulces. **2** Zarza.

zarzaparrilla *s. f.* **1** Arbusto de la familia de las liliáceas de tallos largos, trepadores y espinosos, hojas con forma de corazón, flores verdes en racimo y fruto redondo. **2** Bebida refrescante elaborada con la raíz de esta planta, que posee, además, propiedades medicinales como depurativo.

zarzuela *s. f.* **1** Obra de teatro cantada en la que alternan el canto, el diálogo y el baile: *una cantante de zarzuela. Voy a ver una zarzuela.* **2** Letra de esta obra: *El maestro escribe zarzuelas muy buenas.* **3** Música de esta obra: *Esa chica es la nieta de un famoso compositor de zarzuelas.* **4** Plato de pescado y marisco condimentados con una salsa.

zarzuelista *s. m. / f.* Persona que escribe la letra o la música de zarzuelas: *A principios de siglo había buenos zarzuelistas.*

¡zas! *interj.* **1** Se utiliza para imitar el ruido producido por un golpe: *Estábamos en casa y oímos ¡zas!: el gato había roto un jarrón.* **2** Se usa para indicar la manera brusca e inesperada con que se produce algo: *Entramos despacio en casa y, ¡zas!, pillamos a los nenes comiéndose la tarta.*

zascandil *s. m. / f.* COLOQUIAL. Persona poco formal e inconstante que no para tranquila en ningún sitio: *El zascandil de tu primo me ha dejado plantada esta tarde. La directora dice que el nuevo auxiliar es buen chico, pero un poco zascandil.*

zascandilear *v. intr.* Hacer ‹una persona› cosas sin formalidad y sin utilidad: *Hijo, a ver si trabajas algo y dejas de zascandilear esta tarde.*

zeda *s. f.* Zeta.

zedilla *s. f.* Cedilla.

zéjel *s. m.* LIT. Composición poética popular de origen árabe que incluye una estrofa inicial o estribillo y un número variable de estrofas de cuatro versos, tres monorrimos seguidos de otro de rima igual a la del estribillo: *El zéjel era muy popular en el siglo* XVI.

zen *adj. / s. m.* REL. Forma filosófica de la religión budista introducida en China y posteriormente en Japón en el siglo XIII, procedente de la India: *El zen busca controlar el pensamiento.*

zénit *s. m.* Cénit.

zeolita *s. f.* Grupo de minerales de silicato hidratado de aluminio, calcio, magnesio, potasio y sodio, que se presentan en agregados cristalinos de colores claros y forma estrellada.

zepelín *s. m.* Globo dirigible de forma alargada.

zeta, ceda o **zeda** *s. f.* Nombre de la letra *z*.

zeugma *s. m.* RET. Figura retórica que consiste en la supresión de una palabra que puede sobrentenderse en algunos miembros de un período, porque se expresa en otro miembro.

zigoto o **cigoto** *s. m.* **1** BIOL. Célula que resulta de la unión del gameto masculino con el femenino en la reproducción sexual de animales y plantas. **2** BIOL. Célula huevo que resulta de la fecundación o unión de las células reproductoras.

zigurat *s. m.* ARTE. Edificación religiosa del arte sumerio-acadio, en forma de torre escalonada de base cuadrada o rectangular, con el santuario en la cima: *El zigurat solía usarse como observatorio astronómico.*

zigzag *s. m.* Línea que forma en su desarrollo ángulos alternativos hacia un lado y hacia el otro: *El rayo se representa como una línea en zigzag. Los borrachos andan en zigzag.*

zigzaguear *v. intr.* Moverse ‹una persona, un animal o una cosa› en zigzag: *El defensa se acercó zigzagueando hasta la línea del fondo.*

zinc *s. m.* QUÍM. *Zn.* Cinc.

zíper *s. m.* MÉX. Cremallera, cierre de una prenda.

zipizape *s. m.* COLOQUIAL. Riña, jaleo, discusión: *Cuando la grúa quiso llevarse el coche, se armó un buen zipizape entre el dueño y los guardias.*

zircón *s. m.* MIN. Circón.

zirconio *s. m.* QUÍM. *Zr.* Circonio.

zócalo *s. m.* **1** ARQ. Parte inferior de un edificio sobre la que se nivelan los basamentos. **2** Rodapié o franja que se pinta en la parte inferior de una pared: *El baño y la cocina tienen un zócalo de baldosín.* **3** ARQ. Especie de pedestal. **4** ARQ. Parte inferior de un pedestal. **5** GEOL. Escudo, estructura geológica. **6** MÉX. Zona central de una plaza o parque públicos.

zócate *s. m.* VEN. Casquillo, portalámparas.

zoco *s. m.* **1** En Marruecos y otros lugares del Norte de África, mercado o lugar en que éste se celebra. Fuimos al zoco a comprar telas, y volvimos con una alfombra y dos lámparas. **2** Antiguamente, plaza de una población.

zodiacal *adj.* Del Zodiaco: *signo zodiacal.*

zodiaco o **zodíaco** *s. m.* (preferentemente con mayúscula) Zona celeste donde se encuentran los doce signos o constelaciones que el Sol recorre en su movimiento aparente: *constelaciones del Zodiaco, signos del Zodiaco.*

zombi o **zombie** *s. m.* **1** Según el vudú, muerto que ha vuelto a la vida artificialmente y actúa de una manera automática, sin conciencia de sus actos: *No me gustan las películas de zombis.* ‖ *adj. / s.m.* **1** (ser / estar) COLOQUIAL. Persona que está atontada y actúa de forma automática: *Estoy completamente zombi, no he dormido desde hace dos días. No te fíes de tu prima, es un zombi, todo lo hace mal.*

-zón *suf.* Significa 'resultado de' y forma sustantivos a partir de verbos: *cerrar - cerrazón, hinchar - hinchazón.*

zona *s. f.* **1** Extensión o parte de un terreno con unos límites determinados: *zona militar, zona industrial, zonas ajardinadas, zona abisal, zona sur, zona norte.* **~ verde** Zona destinada a arbolado o parques. **2** Parte de una cosa: *la zona del hombro. En esta zona de la fábrica hace mucho frío.* **3** GEOGR. Cada una de las cinco partes de la superficie de la Tierra dividida por los trópicos y los círculos polares. **~ glacial** GEOGR. Zona situada dentro de los círculos polares. **~ templada** GEOGR. Zona situada entre los trópicos y los círculos polares inmediatos a aquéllos. **~ tórrida** GEOGR. Zona situada entre los dos trópicos y dividida por el ecuador en dos partes iguales. **4** DEP. Parte del campo de baloncesto más cercana a la cesta, marcada por una línea de forma trapezoidal. **5** COL. Barrio reservado por las autoridades para la prostitución.

zoncear o **sonsear** *v. intr.* ARG., URUG.; COLOQUIAL. Tontear, hacer o decir tonterías ‹una persona›.

zoncera o **sonsera** *s. f.* ARG., URUG.; COLOQUIAL; RESTRINGIDO en España. Tontería, simpleza.

zonda *s. m.* ARG. Viento fuerte y cálido que suele soplar en algunas provincias.

zonzo, za o **sonso, sa** *adj. / s. m.* y *f.* ARG., URG.; COLOQUIAL. Que no tiene gracia o viveza.

zoo *s. m.* Zoológico.

zoófago, ga *adj. / s. m.* ZOOL. Que se alimenta de materias animales: *organismo zoófago, insecto zoófago.*

zoofilia *s. f.* (no contable) PSIQUIAT. Atracción erótica que experimentan algunas personas por los animales. SIN. bestialismo.

zoogeografía *s. f.* (no contable) Parte de la Geografía que estudia la distribución de los animales sobre la Tierra.

zoografía *s. f.* Parte de la Zoología que trata de la descripción de los animales.

zoolatría *s. f.* (no contable) Adoración o culto a los animales, propio de algunas religiones.

zoología *s. f.* (no contable) Parte de la Biología que estudia los animales.

zoológico, ca *adj.* **1** De la Zoología o de los animales: *La clasificación zoológica es tarea del investigador.* ‖ *s. m.* **2** Lugar donde se muestran al público animales salvajes o poco corrientes: *He visto delfines en el zoológico.* SIN. zoo. **parque / jardín ~.**

zoólogo, ga *s. m. / f.* Persona que se dedica por profesión a la Zoología.

zoom (del inglés; pronunciamos *'zum'*) *s. m.* Objetivo de distancia focal variable que permite la aproximación o el alejamiento óptico de un objeto: *El realizador de esta serie de televisión abusa del zoom.*

zoomorfo, fa *adj.* Que tiene forma o figura de animal: *signo zoomorfo, decoración zoomorfa, divinidad zoomorfa.*

zoonosis (plural *zoonosis*) *s. f.* MED. Enfermedad de los animales que puede transmitirse a las personas.

zoospermo *s. m.* Espermatozoide.

zoospora *s. f.* Espora móvil que se desplaza mediante flagelos.

zootecnia *s. f.* (no contable) Conjunto de conocimientos y técnicas relativos a la cría de animales domésticos: *La zootecnia es fundamental para mejorar el rendimiento de la ganadería.*

zopenco, ca *adj. / s. m.* y *f.* COLOQUIAL. Que tiene poca inteligencia o ingenio: *Eres un poco zopenco, ¡con lo fácil que es !.* SIN. torpe, tonto, zoquete, tarugo (COLOQUIAL).

zopilote *s. m.* (macho y hembra) *Coragyps atratus.* Ave americana de plumaje negro, que se alimenta de animales muertos y vive formando bandadas.

zoquete *adj. / s. m.* **1** Que tiene poca inteligencia o ingenio: *Este chico es un zoquete, le cuesta mucho entender las cosas.* SIN. zopenco, tarugo, torpe, tonto. || *s. m.* **2** CHILE. Casquillo, portalámparas. **3** URUG. Media corta. **4** ARG., URUG.; COLOQUIAL. Bofetada.

zorcico *s. m.* **1** Composición musical de origen popular propia del país vasco. **2** Baile y letra que se ejecutan al ritmo de esta música.

zorongo *s. m.* **1** Pañuelo doblado y anudado a la cabeza propio de los trajes regionales aragoneses y navarros. **2** Moño ancho y aplastado. **3** Baile popular andaluz y música y canto de este baile.

zorrear *v. intr.* **1** RESTRINGIDO; PEYORATIVO. Dedicarse ‹una mujer› a la prostitución: *Esa señora zorreará por las noches, pero es muy buena vecina.* **2** Tener ‹un hombre› relaciones con prostitutas: *Me han dicho que a Pepe le gusta zorrear de vez en cuando.*

zorrera *s. f.* **1** Guarida o refugio de los zorros: *Los niños han descubierto una zorrera en el monte.* **2** COLOQUIAL. Habitación llena de humo y humareda grande y desagradable que se produce dentro de aquélla: *Quita la sartén de la lumbre, que has organizado una zorrera tremenda. No me gusta que fumeis aquí, porque la casa se convierte en una zorrera.*

zorrería *s. f.* **1** COLOQUIAL; PEYORATIVO. Astucia, acción engañosa para conseguir alguna cosa de forma indirecta: *Fue una zorrería decirle a su madre que estaba enfermo para no ir al colegio.* **2** (no contable) COLOQUIAL. Astucia del zorro para buscar su alimento y evitar cualquier peligro.

zorrillo *s. m.* AMÉR. Mofeta.

zorro, rra *s. m. / f.* **1** (en femenino también significa '*zorro común*') *Vulpes vulpes.* Mamífero de la misma familia que el perro y el lobo, con hocico puntiagudo, cola larga y pelo pardo rojizo con el vientre y la punta de la cola blancos, que habita en bosques y zonas abiertas. || *adj. / s. m. y f.* **2** COLOQUIAL. [Persona, palabras, comportamiento] que es muy astuto o muestra astucia: *Ese profesor es demasiado zorro para dejarse engañar.* || *s. m.* **3** Piel de algunos zorros que se emplea en peletería y prenda de abrigo hecha con esa piel. **4** (en plural) RESTRINGIDO. Utensilio doméstico de limpieza, formado por un mango de madera rematado por numerosas tiras de tela o piel: *Para sacudir el polvo de las puertas usa los zorros.* || *adj. / s. f.* **5** COLOQUIAL; PEYORATIVO. Prostituta. **6** COLOQUIAL; PEYORATIVO. Mujer que se comporta con una excesiva libertad sexual: *Mi abuelo cree que todas las chicas jóvenes son unas zorras.* FR. Y LOC. **hecho unos zorros** 1 COLOQUIAL. [Persona] que está muy cansada: *Después de la dura marcha los soldados volvían hechos unos zorros.* 2 COLOQUIAL. [Cosa] que está destrozada o no sirve para nada: *Los cojines quedaron hechos unos zorros de tanto tirarlos al suelo.* **no tener ni zorra (idea)** COLOQUIAL. No saber ‹una persona› nada de una cosa: *No tiene ni zorra idea de lo que ha pasado. Yo no tengo ni zorra de música.*

zorruno, na *adj.* **1** De la zorra o raposa: *costumbres zorrunas.* **2** COLOQUIAL; PEYORATIVO. Que es astuto o recuerda a la zorra: *El protagonista tiene una mirada zorruna.*

zorzal *s. m.* (macho y hembra) Género *Turdus.* Conjunto de diferentes especies de aves paseriformes, que forman bandadas, anidan en los árboles y en los matorrales y durante el invierno habitan en la Península Ibérica: *En esta comarca pueden verse el zorzal común y el zorzal real.*

zote *adj. / s. m.* y *f.* COLOQUIAL; PEYORATIVO. Que es ignorante y poco inteligente: *Hija, no seas zote, desátate los cordones para quitarte los zapatos.*

zotehuela *s. f.* MÉX.; COLOQUIAL. Patio trasero de una casa, donde se suele lavar y tender la ropa.

zozobra *s. f.* **1** (no contable) RESTRINGIDO. Acción y resultado de zozobrar: *La zozobra de los dos cargueros ha sido causada por la tempestad. La zozobra de un negocio es fácil en época de crisis.* **2** (no contable) Sensación de angustia y temor: *Lina sentía una gran zozobra, no sabía con cuál de los dos chicos salir.*

zozobrar *v. intr.* **1** Hundirse ‹una embarcación›: *Un carguero ha zozobrado cerca de las costas gallegas.* **2** Estar ‹una cosa› a punto de desaparecer o de fracasar: *La empresa empezó a zozobrar el año pasado. Nuestro proyecto está zozobrando, cada vez lo apoya menos la dirección.* **3** Estar ‹una persona› insegura ante la incertidumbre de una cosa: *Llevo toda la temporada zozobrando, no sé qué oferta de trabajo elegir.*

zuavo *s. m.* HIST. Soldado de infantería francesa que estaba destinado en las colonias africanas.

zueco *s. m.* **1** Calzado de madera de una sola pieza que se usa en algunas zonas rurales húmedas encima de los zapatos para protegerlos de la lluvia: *El zueco es un calzado tradicional de Galicia y Asturias.* **2** Zapato de cuero con la suela ancha de corcho o madera y, generalmente, sin talón: *Los trabajadores de los hospitales suelen usar zuecos.*

-zuelo *suf.* -uelo.

zulú (plural *zulúes*) *adj. / s. m.* y *f.* **1** De un pueblo de raza negra que vive en la República Sudafricana: *El viajero visitó uno de los poblados zulúes.* || *s. m.* **2** LING. Lengua bantú hablada por los zulúes.

zumaque *s. m.* **1** Arbusto de tallo leñoso, hojas compuestas, flores en racimo y fruto redondo, cuya corteza tiene mucho tanino y se emplea como curtiente. **2** COLOQUIAL; HUMORÍSTICO. Vino: *Yo creo que a éste le gusta el zumaque.*

zumba *s. f.* **1** Acción de burlarse, sin malicia, de alguien: *A mi abuela le gusta mucho la zumba, no te sorprendas por ello.* SIN. broma, burla. **2** Cencerro grande que lleva el animal que encabeza o guía un rebaño o una manada. **3** AMÉR. Tunda, zurra. **4** MÉX.; COLOQUIAL. Borrachera.

zumbado, da *adj./s. m.* y *f.* (estar) COLOQUIAL. Que está un poco loco: *Yo creo que nuestro profesor está zumbado.* **2** VEN.; COLOQUIAL. Que va muy rápido.

zumbador *s. m.* Timbre eléctrico de zumbido sordo.

zumbar *v. intr.* **1** Hacer ‹una cosa› un ruido monótono y desagradable: *El niño tiene gripe y le zumban les oídos. Hay que llamar al técnico, porque la tele zumba un poco.* || *v. tr.* **2** COLOQUIAL. Golpear ‹una persona› [a otra persona]: *Niña, como no te portes bien, tendremos que zumbarte.* SIN. zurrar. || *v. tr./prnl.* **3** Hacer ‹una persona› burla de [otra persona]: ***Se** zumbó **de** su vecina.* FR. Y LOC. **ir/salir zumbando** COLOQUIAL. Ir o salir muy deprisa: *Saldré zumbando para no perder el avión.*

zumbel *s. m.* Cuerda que se enrolla en el trompo o peonza para lanzarlos y hacerlos girar.

zumbido *s. m.* **1** Sonido continuado, monótono y desagradable: *Las abejas producen un zumbido característico. El zumbido del viento no la dejó dormir.* **2** Sensación de oír un sonido silbante: *Tengo un zumbido en los oídos que me produce dolor de cabeza.*

zumbón, na *adj./s. m.* y *f.* COLOQUIAL. Que es burlón o bromista: *Miguel es muy zumbón, siempre está gastando bromas, pero sin mala idea. La profesora dijo la última frase con un tono zumbón.*

zumo *s. m.* **1** (no contable) Líquido obtenido al exprimir algunas frutas o vegetales: *zumo de naranja, zumo de zanahoria.* **2** COLOQUIAL, RESTRINGIDO. Utilidad o beneficio obtenido de una cosa: *Marta le ha sacado bien el zumo a su proyecto y ha conseguido que la asciendan.*

zunchar *v. tr.* RESTRINGIDO. Poner ‹una persona› zunchos alrededor de [una cosa] para reforzarla o sujetarla: *Hay que zunchar el canalón del garaje, porque se va a romper.*

zuncho *s. m.* **1** Pieza metálica o abrazadera en forma de anillo, que se pone alrededor de una cosa para reforzarla o sujetarla: *La tubería se sujeta a la pared con varios zunchos.* **2** Refuerzo metálico para juntar o sujetar partes de un edificio en ruinas. **3** Armadura, en forma de espiral, de un pilar o de una columna de hormigón armado.

zurcido *s. m.* Acción o resultado de zurcir una tela: *el zurcido de unos calcetines, el zurcido de un siete.*

zurcir *v. tr.* Arreglar ‹una persona› [una tela que se ha roto] cosiéndola con puntadas entrecruzadas que imitan el mismo tejido: *Se me enganchó la chaqueta y se desgarró, pero la modista me la ha zurcido y ha quedado como nueva.* FR. Y LOC. **que te/lo zurzan** COLOQUIAL. Se utiliza para indicar que una persona se desentiende de otra persona, o que no le importa lo que dice, quiere o le pasa: *No quiero saber nada de él, que lo zurzan.* ⇒ **90.**

zurdazo *s. m.* **1** DEP. Patada dada al balón con la pierna izquierda: *El futbolista se pasó el balón al pie izquierdo y marcó el gol de un zurdazo.* **2** Golpe dado con la mano o el brazo izquierdos: *Los zurdazos del campeón son peligrosos.*

zurdo, da *adj./s. m.* y *f.* **1** Que utiliza la mano izquierda en lugar de la derecha: *Carmen es zurda, porque escribe con la mano izquierda.* || *adj./s. f.* **2** [Mano, pierna] que está situada en el lado izquierdo: *Jugando a la pelota tu hijo tiene muy buena zurda. El delantero dio una patada con la zurda.*

zurear *v. intr.* Hacer ‹la paloma› arrullos.

zurito, ta *adj.* [Paloma] que no está domesticada. SIN. zuro. **paloma zurita.**

zuro, ra *adj.* **1** [Paloma, palomo] que no está domesticado. || *s. m.* **2** Corazón de la mazorca de maíz después de desgranada.

zurra *s. f.* **1** COLOQUIAL. Golpes o azotes fuertes que se dan a una persona o animal: *Unos gamberros le robaron la cartera y le dieron una zurra de palos.* SIN. tunda, somanta (COLOQUIAL). **2** Acción de zurrar las pieles. FR. Y LOC. **darse una ~** COLOQUIAL. Hacer ‹una persona› un trabajo o esfuerzo que cansa mucho: *Me he dado una buena zurra limpiando los cristales.*

zurrar *v. tr.* **1** COLOQUIAL. Golpear ‹una persona› [a otra persona] fuertemente. SIN. zumbar. **2** COLOQUIAL. Vencer ‹una persona› [a otra persona] en una discusión o en una competición: *Lo he zurrado de lo lindo en la carrera.* **3** COLOQUIAL. Manifestar ‹una persona› en público que desaprueba la conducta de [otra persona]: *Los diputados zurraron a los representantes ante la asamblea.* **4** Preparar y curtir ‹una persona› [las pieles]. FR. Y LOC. **~ la badana*.**

zurriagazo *s. m.* COLOQUIAL. Golpe dado con un zurriago o con cualquier otra cosa flexible: *Los niños se pegaron unos buenos zurriagazos con sus cinturones.* SIN. latigazo.

zurriago *s. m.* **1** Látigo: *Cuando éramos pequeños mi abuelo nos amenazaba con el zurriago.* **2** Correa con que se hace girar la peonza.

zurriburri *s. m.* (no contable) COLOQUIAL. Barullo, jaleo: *En el mercado había un zurriburri terrible porque la policía buscaba allí a un delincuente.* SIN. follón (COLOQUIAL).

zurrón *s. m.* **1** Bolsa de piel que llevan los pastores o los cazadores: *Los cazadores guardan las piezas de caza en el zurrón.* SIN. morral. **2** Cáscara tierna que cubre la dura en algunos frutos: *el zurrón de la castaña.* **3** ANAT. Bolsa formada por las membranas que envuelven el feto. **4** COL.; COLOQUIAL. Persona tonta y boba. **5** COL.; COLOQUIAL. Persona de escaso valor moral o cobarde. **6** COL.; COLOQUIAL. Mujer flaca y fea.

zurrunguiar *v. tr.* COL.; COLOQUIAL. Tocar ‹una persona› el tiple o la guitarra de forma inarmónica.

zurullo *s. m.* **1** COLOQUIAL. Trozo endurecido o más compacto de una materia blanda o esponjosa: *En la masa del pastel hay un zurullo.* **2** VULGAR. Excremento endurecido: *Andando por el campo, Luisa pisó un zurullo.*

zutano, na *s. m./f.* (en singular) COLOQUIAL. Persona indeterminada, en correlación con *fulano* o *mengano*: *La reunión fue un desastre: fulano estaba en contra, mengano estaba a favor, y zutano se marchó.* SIN. perengano (COLOQUIAL).

APÉNDICE

- **Conjugaciones**
  - Verbos regulares
  - Verbos irregulares
- **Índice de verbos irregulares**

CONJUGACIONES

VERBOS REGULARES

Primera conjugación. Modelo: *cantar*

INDICATIVO

Presente	Pretérito imperfecto	Pretérito perfecto simple	Futuro imperfecto	Condicional simple
canto	*cantaba*	*canté*	*cantaré*	*cantaría*
cantas	*cantabas*	*cantaste*	*cantarás*	*cantarías*
canta	*cantaba*	*cantó*	*cantará*	*cantaría*
cantamos	*cantábamos*	*cantamos*	*cantaremos*	*cantaríamos*
cantáis	*cantabais*	*cantasteis*	*cantaréis*	*cantaríais*
cantan	*cantaban*	*cantaron*	*cantarán*	*cantarían*

Pretérito perfecto	Pretérito pluscuamperfecto	Pretérito anterior	Futuro perfecto	Condicional compuesto
he cantado	*había cantado*	*hube cantado*	*habré cantado*	*habría cantado*
has cantado	*habías cantado*	*hubiste cantado*	*habrás cantado*	*habrías cantado*
ha cantado	*había cantado*	*hubo cantado*	*habrá cantado*	*habría cantado*
hemos cantado	*habíamos cantado*	*hubimos cantado*	*habremos cantado*	*habríamos cantado*
habéis cantado	*habíais cantado*	*hubisteis cantado*	*habréis cantado*	*habríais cantado*
han cantado	*habían cantado*	*hubieron cantado*	*habrán cantado*	*habrían cantado*

SUBJUNTIVO

Presente	Pretérito imperfecto	Futuro imperfecto
cante	*cantara (-ase)*	*cantare*
cantes	*cantaras (-ases)*	*cantares*
cante	*cantara (-ase)*	*cantare*
cantemos	*cantáramos (-ásemos)*	*cantáremos*
cantéis	*cantarais (-aseis)*	*cantareis*
canten	*cantaran (-asen)*	*cantaren*

Pretérito perfecto	Pretérito pluscuamperfecto	Futuro perfecto
haya cantado	*hubiera (-ese) cantado*	*hubiere cantado*
hayas cantado	*hubieras (-eses) cantado*	*hubieres cantado*
haya cantado	*hubiera (-ese) cantado*	*hubiere cantado*
hayamos cantado	*hubiéramos (-ésemos) cantado*	*hubiéremos cantado*
hayáis cantado	*hubierais (-eseis) cantado*	*hubiereis cantado*
hayan cantado	*hubieran (-esen) cantado*	*hubieren cantado*

IMPERATIVO	GERUNDIO	PARTICIPIO
canta	*cantando*	*cantado*
cantad	*habiendo cantado*	

Segunda conjugación. Modelo: *temer*

INDICATIVO

Presente	Pretérito imperfecto	Pretérito perfecto simple	Futuro imperfecto	Condicional simple
temo	*temía*	*temí*	*temeré*	*temería*
temes	*temías*	*temiste*	*temerás*	*temerías*
teme	*temía*	*temió*	*temerá*	*temería*
tememos	*temíamos*	*temimos*	*temeremos*	*temeríamos*
teméis	*temíais*	*temisteis*	*temeréis*	*temeríais*
temen	*temían*	*temieron*	*temerán*	*temerían*

Pretérito perfecto	Pretérito pluscuamperfecto	Pretérito anterior	Futuro perfecto	Condicional compuesto
he temido	*había temido*	*hube temido*	*habré temido*	*habría temido*
has temido	*habías temido*	*hubiste temido*	*habrás temido*	*habrías temido*
ha temido	*había temido*	*hubo temido*	*habrá temido*	*habría temido*
hemos temido	*habíamos temido*	*hubimos temido*	*habremos temido*	*habríamos temido*
habéis temido	*habíais temido*	*hubisteis temido*	*habréis temido*	*habríais temido*
han temido	*habían temido*	*hubieron temido*	*habrán temido*	*habrían temido*

SUBJUNTIVO

Presente	Pretérito imperfecto	Futuro imperfecto
tema	*temiera (-ese)*	*temiere*
temas	*temieras (-eses)*	*temieres*
tema	*temiera (-ese)*	*temiere*
temamos	*temiéramos (-ésemos)*	*temiéremos*
temáis	*temierais (-eseis)*	*temiereis*
teman	*temieran (-esen)*	*temieren*

Pretérito perfecto	Pretérito pluscuamperfecto	Futuro perfecto
haya temido	*hubiera (-ese) temido*	*hubiere temido*
hayas temido	*hubieras (-eses) temido*	*hubieres temido*
haya temido	*hubiera (-ese) temido*	*hubiere temido*
hayamos temido	*hubiéramos (-ésemos) temido*	*hubiéremos temido*
hayáis temido	*hubierais (-eseis) temido*	*hubiereis temido*
hayan temido	*hubieran (-esen) temido*	*hubieren temido*

IMPERATIVO	GERUNDIO	PARTICIPIO
teme	*temiendo*	*temido*
temed	*habiendo temido*	

Tercera conjugación. Modelo: *partir*

INDICATIVO

Presente	Pretérito imperfecto	Pretérito perfecto simple	Futuro imperfecto	Condicional simple
parto	*partía*	*partí*	*partiré*	*partiría*
partes	*partías*	*partiste*	*partirás*	*partirías*
parte	*partía*	*partió*	*partirá*	*partiría*
partimos	*partíamos*	*partimos*	*partiremos*	*partiríamos*
partís	*partíais*	*partisteis*	*partiréis*	*partiríais*
parten	*partían*	*partieron*	*partirán*	*partirían*

Pretérito perfecto	Pretérito pluscuamperfecto	Pretérito anterior	Futuro perfecto	Condicional compuesto
he partido	*había partido*	*hube partido*	*habré partido*	*habría partido*
has partido	*habías partido*	*hubiste partido*	*habrás partido*	*habrías partido*
ha partido	*había partido*	*hubo partido*	*habrá partido*	*habría partido*
hemos partido	*habíamos partido*	*hubimos partido*	*habremos partido*	*habríamos partido*
habéis partido	*habíais partido*	*hubisteis partido*	*habréis partido*	*habríais partido*
han partido	*habían partido*	*hubieron partido*	*habrán partido*	*habrían partido*

SUBJUNTIVO

Presente	Pretérito imperfecto	Futuro imperfecto
parta	*partiera (-ese)*	*partiere*
partas	*partieras (-eses)*	*partieres*
parta	*partiera (-ese)*	*partiere*
partamos	*partiéramos (-ésemos)*	*partiéremos*
partáis	*partierais (-eseis)*	*partiereis*
partan	*partieran (-esen)*	*partieren*

Pretérito perfecto	Pretérito pluscuamperfecto	Futuro perfecto
haya partido	*hubiera (-ese) partido*	*hubiere partido*
hayas partido	*hubieras (-eses) partido*	*hubieres partido*
haya partido	*hubiera (-ese) partido*	*hubiere partido*
hayamos partido	*hubiéramos (-ésemos) partido*	*hubiéremos partido*
hayáis partido	*hubierais (-eseis) partido*	*hubiereis partido*
hayan partido	*hubieran (-esen) partido*	*hubieren partido*

IMPERATIVO	GERUNDIO	PARTICIPIO
parte	*partiendo*	*partido*
partid	*habiendo partido*	

VERBOS IRREGULARES

Para cada tipo, se dan sólo los tiempos en que aparecen irregularidades. Por irregularidad entendemos todo aquello que se aparta de los tres modelos regulares.

Tipo 1: *abolir*

Verbo defectivo.

INDICATIVO

Presente

abolimos
abolís

Pretérito imperfecto

abolía
abolías
abolía
abolíamos
abolíais
abolían

Pretérito perfecto simple

abolí
aboliste
abolió
abolimos
abolisteis
abolieron

Futuro imperfecto

aboliré
abolirás
abolirá
aboliremos
aboliréis
abolirán

Condicional simple

aboliría
abolirías
aboliría
aboliríamos
aboliríais
abolirían

SUBJUNTIVO

Presente

Carece.

Pretérito imperfecto

aboliera (-ese)
abolieras (-eses)
aboliera (-ese)
aboliéramos (-ésemos)
abolierais (-eseis)
abolieran (-esen)

Futuro imperfecto

aboliere
abolieres
aboliere
aboliéremos
aboliereis
abolieren

IMPERATIVO

abolid

GERUNDIO

aboliendo

PARTICIPIO

abolido

Siguen este modelo:
agredir
blandir
transgredir
trasgredir

Tipo 2: *acaecer*

Verbo defectivo. Sólo se conjuga en 3.ª persona de singular y de plural.

INDICATIVO

Presente

acaece
acaecen

Pretérito imperfecto

acaecía
acaecían

Pretérito perfecto simple

acaeció
acaecieron

Futuro imperfecto

acaecerá
acaecerán

Condicional simple

acaecería
acaecerían

SUBJUNTIVO

Presente

acaezca
acaezcan

Pretérito imperfecto

acaeciera (-ese)
acaecieran (-esen)

Futuro imperfecto

acaeciere
acaecieren

IMPERATIVO

Carece.

GERUNDIO

acaeciendo

PARTICIPIO

acaecido

Sigue este modelo:
acontecer

Tipo 3: *actuar*

INDICATIVO

Presente

actúo
actúas
actúa
actuamos
actuáis
actúan

SUBJUNTIVO

Presente

actúe
actúes
actúe
actuemos
actuéis
actúen

IMPERATIVO

actúa
actuad

Siguen este modelo:

acentuar
atenuar
conceptuar
continuar
deshabituar
desvirtuar
devaluar
efectuar
evacuar
evaluar
exceptuar
extenuar
fluctuar
graduar
habituar
infatuar
insinuar
menstruar
perpetuar
preceptuar
puntuar
redituar
revaluar
situar
tatuar
usufructuar
valuar

Tipo 4: *adquirir*

INDICATIVO

Presente

adquiero
adquieres
adquiere
adquirimos
adquirís
adquieren

SUBJUNTIVO

Presente

adquiera
adquieras
adquiera
adquiramos
adquiráis
adquieran

IMPERATIVO

adquiere
adquirid

Siguen este modelo:

inquirir
readquirir

Tipo 5: *agradecer*

INDICATIVO

Presente

agradezco
agradeces
agradece
agradecemos
agradecéis
agradecen

SUBJUNTIVO

Presente

agradezca
agradezcas
agradezca
agradezcamos
agradezcáis
agradezcan

Siguen este modelo:

abastecer
aborrecer
acrecer
adolecer
adormecer
amanecer
amortecer
anochecer
aparecer
apetecer
atardecer
autoabastecerse
blanquecer
carecer
compadecer
comparecer
complacer
conocer
convalecer
crecer
decrecer
desabastecer
desagradecer
desaparecer
desconocer
desenmohecer
desentorpecer
desentumecer
desfallecer
desfavorecer
desguarnecer
desmerecer
desobedecer
desvanecer
embastecer
embebecerse
embellecer
emblandecer
emblanquecer
embravecer
embrutecer
empalidecer
empecer
empequeñecer
emplastecer
emplumecer
empobrecer
emputecer
enaltecer
enardecer
encallecer
encanecer
encarecer
encarnecer
enceguecer
endentecer
endurecer
enflaquecer
enfurecer
engrandecer
enlobreguecer
enloquecer
enmohecer
enmudecer
enmugrecer
ennegrecer
ennoblecer
enorgullecer
enrarecer
enriquecer
enrojecer
enronquecer
ensoberbecer
ensombrecer
ensordecer
entallecer
entenebrecer
enternecer
entontecer
entorpecer
entristecer
entumecer
envanecer
envejecer
envilecer
escarnecer
esclarecer
establecer
estremecer
fallecer
favorecer
fenecer
florecer
fortalecer
fosforecer
guarecer
guarnecer

(Continúa)

humedecer
languidecer
merecer
nacer
obedecer
obscurecer
ofrecer
oscurecer
pacer
padecer
palidecer
parecer
perecer
permanecer
pertenecer
placer
prevalecer
reaparecer
reblandecer
reconocer
recrudecer
reflorecer
rejuvenecer
renacer
resplandecer
restablecer
reverdecer
robustecer
tallecer
verdecer

Tipo 6: *aislar*

INDICATIVO

Presente

aíslo
aíslas
aísla
aislamos
aisláis
aíslan

SUBJUNTIVO

Presente

aísle
aísles
aísle
aislemos
aisléis
aíslen

IMPERATIVO

aísla
aislad

Siguen este modelo:

ahijar
airar
rehilar
sobrehilar

Tipo 7: *andar*

INDICATIVO

Pretérito perfecto simple

anduve
anduviste
anduvo
anduvimos
anduvisteis
anduvieron

SUBJUNTIVO

Pretérito imperfecto

anduviera (-ese)
anduvieras (-eses)
anduviera (-ese)
anduviéramos (-ésemos)
anduvierais (-eseis)
anduvieran (-esen)

Futuro imperfecto

anduviere
anduvieres
anduviere
anduviéremos
anduviereis
anduvieren

Sigue este modelo:

desandar

Tipo 8: *ansiar*

INDICATIVO

Presente

ansío
ansías
ansía
ansiamos
ansiáis
ansían

SUBJUNTIVO

Presente

ansíe
ansíes
ansíe
ansiemos
ansiéis
ansíen

IMPERATIVO

ansía
ansiad

Siguen este modelo:

aliar
ampliar
ataviar
aviar
cablegrafiar
calcografiar
caligrafiar
chirriar
cinematografiar
confiar
contrariar
criar
desafiar
descarriar
desconfiar
desliar
desvariar
desviar
enfriar
enviar
esgrafiar
espiar
espurriar
expatriar
expiar
extasiar
extraviar
fiar
fotografiar

(Continúa)

gloriarse
guiar
hastiar
historiar
liar
malcriar
mecanografiar
mimeografiar
paliar
piar
pifiar
porfiar
radiografiar
recriar
repatriar
resfriar
rociar
telegrafiar
vaciar
variar

Tipo 9: *aquejar*

Verbo defectivo. Sólo se conjuga en 3.ª persona (singular o plural)

INDICATIVO

Presente

aqueja
aquejan

Pretérito imperfecto

aquejaba
aquejaban

Pretérito perfecto simple

aquejó
aquejaron

Futuro imperfecto

aquejará
aquejarán

Condicional simple

aquejaría
aquejarían

SUBJUNTIVO

Presente

aqueje
aquejen

Pretérito imperfecto

aquejara (-ase)
aquejaran (-asen)

Futuro imperfecto

aquejare
aquejaren

IMPERATIVO

Carece.

GERUNDIO

aquejando

PARTICIPIO

aquejado

Sigue este modelo:
antojarse

Tipo 10: *asir*

INDICATIVO

Presente

asgo
ases
ase
asimos
asís
asen

SUBJUNTIVO

Presente

asga
asgas
asga
asgamos
asgáis
asgan

Sigue este modelo:
desasirse

Tipo 11: *atañer*

Verbo defectivo. Sólo se conjuga en 3.ª persona (singular o plural)

INDICATIVO

Presente

atañe
atañen

Pretérito imperfecto

atañía
atañían

Pretérito perfecto simple

atañó
atañeron

Futuro imperfecto

atañerá
atañerán

Condicional simple

atañería
atañerían

SUBJUNTIVO

Presente

ataña
atañan

Pretérito imperfecto

atañera (-ese)
atañeran (-esen)

Futuro imperfecto

atañere
atañeren

IMPERATIVO

Carece.

GERUNDIO

atañendo

PARTICIPIO

atañido

Tipo 12: *aterir*

Verbo defectivo. Sólo se usan el infinitivo: *aterir,* y el participio: *aterido.*

Tipo 13: *aunar*

INDICATIVO

Presente

aúno
aúnas
aúna
aunamos
aunáis
aúnan

SUBJUNTIVO

Presente

aúne
aúnes
aúne
aunemos
aunéis
aúnen

IMPERATIVO

aúna
aunad

Siguen este modelo:

aullar
aupar
embaular

Tipo 14: *averiguar*

INDICATIVO

Pretérito perfecto simple

averigüé
averiguaste
averiguó
averiguamos
averiguasteis
averiguaron

SUBJUNTIVO

Presente

averigüe
averigües
averigüe
averigüemos
averigüéis
averigüen

Siguen este modelo:

achiguar
amortiguar
apaciguar
atestiguar
desaguar
fraguar
menguar
santiguar

Tipo 15: *balbucir*

Verbo defectivo. No se conjuga en la 1.ª persona del singular del presente de indicativo. Carece de presente de subjuntivo. Esas formas se suplen por las correspondientes del verbo *balbucear.*

INDICATIVO

Presente

balbuceo
balbuces
balbuce
balbucimos
balbucís
balbucen

SUBJUNTIVO

Presente

balbucee
balbucees
balbucee
balbuceemos
balbuceéis
balbuceen

Tipo 16: *bendecir*

INDICATIVO

Presente

bendigo
bendices
bendice
bendecimos
bendecís
bendicen

Pretérito perfecto simple

bendije
bendijiste
bendijo
bendijimos
bendijisteis
bendijeron

SUBJUNTIVO

Presente

bendiga
bendigas
bendiga
bendigamos
bendigáis
bendigan

Pretérito imperfecto

bendijera (-ese)
bendijeras (-eses)
bendijera (-ese)
bendijéramos (-ésemos)
bendijerais (-eseis)
bendijeran (-esen)

Futuro imperfecto

bendijere
bendijeres
bendijere
bendijéremos
bendijereis
bendijeren

IMPERATIVO

bendice
bendecid

GERUNDIO

bendiciendo

(Continúa)

PARTICIPIO

bendecido / bendito
(La forma *bendito*, sólo en construcciones pasivas en subjuntivo.)

Sigue este modelo:
maldecir

Tipo 17: *caber*

INDICATIVO

Presente

quepo
cabes
cabe
cabemos
cabéis
caben

Pretérito perfecto simple

cupe
cupiste
cupo
cupimos
cupisteis
cupieron

Futuro imperfecto

cabré
cabrás
cabrá
cabremos
cabréis
cabrán

Condicional simple

cabría
cabrías
cabría
cabríamos
cabríais
cabrían

SUBJUNTIVO

Presente

quepa
quepas
quepa
quepamos
quepáis
quepan

Pretérito imperfecto

cupiera (-ese)
cupieras (-eses)
cupiera (-ese)
cupiéramos (-ésemos)
cupierais (-eseis)
cupieran (-esen)

Futuro imperfecto

cupiere
cupieres
cupiere
cupiéremos
cupiereis
cupieren

Tipo 18: *caer*

INDICATIVO

Presente

caigo
caes
cae
caemos
caéis
caen

Pretérito perfecto simple

caí
caíste
cayó
caímos
caísteis
cayeron

SUBJUNTIVO

Presente

caiga
caigas
caiga
caigamos
caigáis
caigan

Pretérito imperfecto

cayera (-ese)
cayeras (-eses)
cayera (-ese)
cayéramos (-esemos)
cayerais (-eseis)
cayeran (-esen)

Futuro imperfecto

cayere
cayeres
cayere
cayéremos
cayereis
cayeren

GERUNDIO

cayendo

Siguen este modelo:
decaer
recaer

Tipo 19: *cazar*

INDICATIVO

Pretérito perfecto simple

cacé
cazaste
cazó
cazamos
cazasteis
cazaron

SUBJUNTIVO

Presente

cace
caces
cace
cacemos
cacéis
cacen

Siguen este modelo:

abalanzarse
abalizar
abrazar
acorazar
actualizar
adelgazar
aderezar
adverbializar
afianzar
agilizar
agonizar
agudizar
aguzar
alcanzar
alcoholizarse
alfabetizar
alunizar
alzar
amarizar
amenazar
amerizar
amordazar
amortizar
amostazarse
analizar
anarquizar
anatematizar
apelmazar
aplazar
arborizar
armonizar
aromatizar
atemorizar
atenazar
aterrizar
aterrorizar
atezar
atizar
atomizar
automatizar
autorizar
avanzar
avezar
azuzar
balizar
barnizar
bautizar
bostezar
calzar
canalizar
candidatizar
canonizar
capitalizar
caracterizar
carbonizar
caricaturizar
carrozar
castellanizar
catalizar
catequizar
cauterizar
centralizar
chapuzar
chorizar
cicatrizar
civilizar
climatizar
cloroformizar
colectivizar
colonizar
comercializar
compatibilizar
computadorizar
computarizar
computerizar
conceptualizar
confraternizar
contabilizar
contemporizar
cotizar
cristalizar
cristianizar
cruzar
culpabilizar
culturizar
danzar
democratizar
desalinizar
desamortizar
desautorizar
desbrozar
descabezar
descalzar
descapitalizar
descentralizar
descerezar
descontextualizar
descortezar
descruzar
descuartizar
desdramatizar
desembarazar
desengarzar
desenlazar
desenzarzar
desertizar
desesperanzar
desestabilizar
desguazar
deshumanizar
deslizar
desmenuzar
desmilitarizar
desmoralizar
desmovilizar
desnacionalizar
desnaturalizar
desorganizar
despedazar
despenalizar
desperezarse
despersonalizar
despiezar
desplazar
despolitizar
despopularizar
desratizar
destrozar
despiezar
desvalorizar
digitalizar
dinamizar
disfrazar
divinizar
dogmatizar
dramatizar
economizar
editorializar
ejemplarizar
electrizar
electrolizar
embarazar
embozar
embrazar
empapuzar
emplazar
empozarse
encabezar
encarnizar
encauzar
encolerizar
enderezar
endulzar
enfatizar
enfervorizar
engarzar
enjaezar
enlazar
enlozar
ensalzar
entrecruzar
entrelazar
entronizar
enzarzar
ergotizar
erizar
erotizar
esbozar
escandalizar
esclavizar
escolarizar
escorzar
españolizar
especializar
esperanzar
esquematizar
estabilizar
estandarizar
estatalizar
estatizar
esterilizar
estigmatizar
estilizar
eternizar
evangelizar
exorcizar
exteriorizar
familiarizar
fecundizar
fertilizar
finalizar
fiscalizar
flexibilizar
formalizar
fosilizarse
fraternizar
galvanizar
garantizar
generalizar
germanizar
globalizar
gozar
granizar
hechizar
helenizar
herborizar
higienizar
hipnotizar
hispanizar
horrorizar
hospitalizar
hostilizar
hozar
humanizar
idealizar
impermeabilizar

(Continúa)

indemnizar
independizar
individualizar
industrializar
infrautilizar
informatizar
inmortalizar
inmovilizar
inmunizar
insonorizar
institucionalizar
interiorizar
intranquilizar
inutilizar
ionizar
ironizar
izar
jerarquizar
labializar
laicizar
lanzar
latinizar
lazar
legalizar
lexicalizar
liberalizar
liofilizar
localizar
lotizar
magnetizar
martirizar
masculinizar
materializar
maternizar
matizar
mecanizar
mediatizar
memorizar
mentalizar
mercantilizar
metabolizar
metalizar
meteorizar
militarizar
mineralizar
miniaturizar
minimizar
modernizar
monetizar
monopolizar
moralizar
motorizar
movilizar
municipalizar
nacionalizar
nasalizar
naturalizar
neutralizar
nominalizar
normalizar
nuclearizar
obstaculizar
optimizar
organizar
orzar
paganizar
palatalizar
parabolizar
paralizar
particularizar
pasterizar
pasteurizar
patentizar
penalizar
personalizar
pluralizar
poetizar
polarizar
polemizar
polinizar
politizar
popularizar
pormenorizar
potabilizar
preconizar
presurizar
privatizar
problematizar
profesionalizar
profetizar
profundizar
protagonizar
protocolizar
psicoanalizar
pulverizar
puntualizar
punzar
racionalizar
radicalizar
ralentizar
reagudizar
realizar
realzar
rebozar
recalzar
rechazar
reemplazar
regularizar
relanzar
relativizar
remozar
remplazar
rentabilizar
reorganizar
repentizar
reprivatizar
responsabilizar
retazar
retozar
revalorizar
revigorizar
revitalizar
rezar
ridiculizar
rivalizar
rizar
romanizar
ronzar
rozar
ruborizar
sacralizar
satirizar
sectorizar
secularizar
sensibilizar
señalizar
silogizar
simbolizar
simpatizar
sincronizar
singularizar
sinterizar
sintetizar
sintonizar
sistematizar
socializar
sodomizar
solazar
solemnizar
solidarizar
sollozar
somatizar
sonorizar
sovietizar
suavizar
sublimizar
sutilizar
tamizar
tapizar
tazar
teatralizar
temporizar
teologizar
teorizar
texturizar
timpanizarse
tiranizar
totalizar
tranquilizar
trapazar
traumatizar
trazar
trenzar
trivializar
tronzar
trozar
uniformizar
universalizar
uperizar
urbanizar
utilizar
valorizar
vaporizar
velarizar
vigorizar
virilizarse
visibilizar
visualizar
vitalizar
vocalizar
volatilizar
vulcanizar
vulgarizar

Tipo 20: *ceñir*

INDICATIVO

Presente

ciño
ciñes
ciñe
ceñimos
ceñís
ciñen

Pretérito perfecto simple

ceñí
ceñiste
ciñó
ceñimos
ceñisteis
ciñeron

SUBJUNTIVO

Presente

ciña
ciñas
ciña
ciñamos
ciñáis
ciñan

Pretérito imperfecto

ciñera (-ese)
ciñeras (-eses)
ciñera (-ese)
ciñéramos (-ésemos)
ciñerais (-eseis)
ciñeran (-esen)

Futuro imperfecto

ciñere
ciñeres
ciñere
ciñéremos
ciñereis
ciñeren

IMPERATIVO

ciñe
ceñid

GERUNDIO

ciñendo

Siguen este modelo:

constreñir
desceñir
desteñir
estreñir
reñir
reteñir

Tipo 21: *cocer*

INDICATIVO

Presente

cuezo
cueces
cuece
cocemos
cocéis
cuecen

SUBJUNTIVO

Presente

cueza
cuezas
cueza
cozamos
cozáis
cuezan

IMPERATIVO

cuece
coced

Siguen este modelo:

destorcerse
escocer
recocer
retorcer
torcer

Tipo 22: *coercer*

INDICATIVO

Presente

coerzo
coerces
coerce
coercemos
coercéis
coercen

SUBJUNTIVO

Presente

coerza
coerzas
coerza
coerzamos
coerzáis
coerzan

Tipo 23: *coger*

INDICATIVO

Presente

cojo
coges
coge
cogemos
cogéis
cogen

SUBJUNTIVO

Presente

coja
cojas
coja
cojamos
cojáis
cojan

Siguen este modelo:

absterger
acoger
asperger
converger
desproteger
emerger
encoger
escoger
proteger
recoger
sobrecoger

Tipo 24: *colgar*

INDICATIVO

Presente

cuelgo
cuelgas
cuelga
colgamos
colgáis
cuelgan

Pretérito perfecto simple

colgué
colgaste
colgó
colgamos
colgasteis
colgaron

SUBJUNTIVO

Presente

cuelgue
cuelgues
cuelgue
colguemos
colguéis
cuelguen

IMPERATIVO

cuelga
colgad

Siguen este modelo:

descolgar
rogar

Tipo 25: *comenzar*

INDICATIVO

Presente

comienzo
comienzas
comienza
comenzamos
comenzáis
comienzan

Pretérito perfecto simple

comencé
comenzaste
comenzó
comenzamos
comenzasteis
comenzaron

SUBJUNTIVO

Presente

comience
comiences
comience
comencemos
comencéis
comiencen

IMPERATIVO

comienza
comenzad

Siguen este modelo:

empezar
recomenzar
tropezar

Tipo 26: *concernir*

Verbo defectivo. Sólo se conjugan el infinitivo, el gerundio y las 3.as personas del presente y pretérito imperfecto de indicativo y de subjuntivo.

INDICATIVO

Presente

concierne
conciernen

Pretérito imperfecto

concernía
concernían

SUBJUNTIVO

Presente

concierna
conciernan

Pretérito imperfecto

concerniera (-ese)
concernieran (-esen)

GERUNDIO

concerniendo

PARTICIPIO

concernido

Tipo 27: *conducir*

INDICATIVO

Presente

conduzco
conduces
conduce
conducimos
conducís
conducen

Pretérito perfecto simple

conduje
condujiste
condujo
condujimos
condujisteis
condujeron

SUBJUNTIVO

Presente

conduzca
conduzcas
conduzca
conduzcamos
conduzcáis
conduzcan

Pretérito imperfecto

condujera (-ese)
condujeras (-eses)
condujera (-ese)
condujéramos (-ésemos)
condujerais (-eseis)
condujeran (-esen)

Futuro imperfecto

condujere
condujeres
condujere
condujéremos
condujereis
condujeren

Siguen este modelo:

aducir
deducir
inducir
introducir
producir
reconducir
reducir
reproducir
seducir
traducir

Tipo 28: *contar*

INDICATIVO

Presente

cuento
cuentas
cuenta
contamos
contáis
cuentan

SUBJUNTIVO

Presente

cuente
cuentes
cuente
contemos
contéis
cuenten

IMPERATIVO

cuenta
contad

Siguen este modelo:

acordar
acostar
amolar
apostar
aprobar
asolar
atronar
colar
comprobar
concordar
consolar
costar
degollar
demostrar
denostar
desamoblar
desaprobar
descollar
desconsolar
descontar
descornar
desolar
desollar
despoblar
discordar
disonar
encontrar
encordar
ensoñar
escornar

(Continúa)

holgar
mostrar
poblar
probar
recontar
recordar
recostar
reencontrar
rencontrar
renovar
repoblar
reprobar
resollar
resonar
rodar
solar
soldar
soltar
sonar
soñar
tostar
trascordarse
tronar
volar

Tipo 29: *convencer*

INDICATIVO

Presente

convenzo
convences
convence
convencemos
convencéis
convencen

SUBJUNTIVO

Presente

convenza
convenzas
convenza
convenzamos
convenzáis
convenzan

Siguen este modelo:

ejercer
mecer
vencer

Tipo 30: *dar*

INDICATIVO

Presente

doy
das
da
damos
dais
dan

Pretérito perfecto simple

di
diste
dio
dimos
disteis
dieron

SUBJUNTIVO

Pretérito imperfecto

diera (-ese)
dieras (-eses)
diera (-ese)
diéramos (-ésemos)
dierais (-eseis)
dieran (-esen)

Futuro imperfecto

diere
dieres
diere
diéremos
diereis
dieren

Tipo 31: *decir*

INDICATIVO

Presente

digo
dices
dice
decimos
decís
dicen

Pretérito perfecto simple

dije
dijiste
dijo
dijimos
dijisteis
dijeron

Futuro imperfecto

diré
dirás
dirá
diremos
diréis
dirán

Condicional simple

diría
dirías
diría
diríamos
diríáis
dirían

SUBJUNTIVO

Presente

diga
digas
diga
digamos
digáis
digan

Pretérito imperfecto

dijera (-ese)
dijeras (-eses)
dijera (-ese)
dijéramos (-ésemos)
dijerais (-eseis)
dijeran (-esen)

Futuro imperfecto

dijere
dijeres
dijere
dijéremos
dijereis
dijeren

IMPERATIVO

di
decid

GERUNDIO

diciendo

PARTICIPIO

dicho

Siguen este modelo:

contradecir
desdecir

Tipo 32: *delinquir*

INDICATIVO

Presente

delinco
delinques
delinque
delinquimos
delinquís
delinquen

SUBJUNTIVO

Presente

delinca
delincas
delinca
delincamos
delincáis
delincan

Tipo 33: *desproveer*

INDICATIVO

Pretérito
perfecto simple

desproveí
desproveíste
desproveyó
desproveímos
desproveísteis
desproveyeron

SUBJUNTIVO

Pretérito
imperfecto

desproveyera (-ese)
desproveyeras (-eses)
desproveyera (-ese)
desproveyéramos (-ésemos)
desproveyerais (-eseis)
desproveyeran (-esen)

Futuro
imperfecto

desproveyere
desproveyeres
desproveyere
desproveyéremos
desproveyereis
desproveyeren

GERUNDIO

desproveyendo

PARTICIPIO

desproveído
desprovisto

Sigue este modelo:
proveer

Tipo 34: *discernir*

INDICATIVO

Presente

discierno
disciernes
discierne
discernimos
discernís
disciernen

SUBJUNTIVO

Presente

discierna
disciernas
discierna
discernamos
discernáis
disciernan

IMPERATIVO

discierne
discernid

Siguen este modelo:
cernir
hendir

Tipo 35: *distinguir*

INDICATIVO

Presente

distingo
distingues
distingue
distinguimos
distinguís
distinguen

SUBJUNTIVO

Presente

distinga
distingas
distinga
distingamos
distingáis
distingan

IMPERATIVO

distingue
distinguid

Siguen este modelo:
extinguir
subdistinguir

Tipo 36: *dormir*

INDICATIVO

Presente

duermo
duermes
duerme
dormimos
dormís
duermen

Pretérito
perfecto simple

dormí
dormiste
durmió
dormimos
dormisteis
durmieron

SUBJUNTIVO

Presente

duerma
duermas
duerma
durmamos
durmáis
duerman

Pretérito
imperfecto

durmiera (-ese)
durmieras (-eses)
durmiera (-ese)
durmiéramos (-ésemos)
durmierais (-eseis)
durmieran (-esen)

Futuro
imperfecto

durmiere
durmieres
durmiere
durmiéremos
durmiereis
durmieren

IMPERATIVO

duerme
dormid

GERUNDIO

durmiendo

Tipo 37: *enraizar*

INDICATIVO

Presente

enraízo
enraízas
enraíza
enraizamos
enraizáis
enraízan

Pretérito perfecto simple

enraicé
enraizaste
enraizó
enraizamos
enraizasteis
enraizaron

SUBJUNTIVO

Presente

enraíce
enraíces
enraíce
enraicemos
enraicéis
enraícen

IMPERATIVO

enraíza
enraizad

Siguen este modelo:

arcaizar
homogeneizar

Tipo 38: *erguir*

INDICATIVO

Presente

irgo o *yergo*
irgues o *yergues*
irgue o *yergue*
erguimos
erguís
irguen o *yerguen*

Pretérito perfecto simple

erguí
erguiste
irguió
erguimos
erguisteis
irguieron

SUBJUNTIVO

Presente

irga o *yerga*
irgas o *yergas*
irga o *yerga*
irgamos
irgáis
irgan o *yergan*

Pretérito imperfecto

irguiera (-ese)
irguieras (-eses)
irguiera (-ese)
irguiéramos (-ésemos)
irguierais (-eseis)
irguieran (-esen)

Futuro imperfecto

irguiere
irguieres
irguiere
irguiéremos
irguiereis
irguieren

IMPERATIVO

irgue o *yergue*
erguid

GERUNDIO

irguiendo

Tipo 39: *errar*

INDICATIVO

Presente

yerro
yerras
yerra
erramos
erráis
yerran

SUBJUNTIVO

Presente

yerre
yerres
yerre
erremos
erréis
yerren

IMPERATIVO

yerra
errad

Tipo 40: *estar*

INDICATIVO

Presente

estoy
estás
está
estamos
estáis
están

Pretérito perfecto simple

estuve
estuviste
estuvo
estuvimos
estuvisteis
estuvieron

SUBJUNTIVO

Pretérito imperfecto

estuviera (-ese)
estuvieras (-eses)
estuviera (-ese)
estuviéramos (-ésemos)
estuvierais (-eseis)
estuvieran (-esen)

Futuro imperfecto

estuviere
estuvieres
estuviere
estuviéremos
estuviereis
estuvieren

Tipo 41: *forzar*

INDICATIVO

Presente

fuerzo
fuerzas
fuerza
forzamos
forzáis
fuerzan

Pretérito perfecto simple

forcé
forzaste
forzó
forzamos
forzasteis
forzaron

SUBJUNTIVO

Presente

fuerce
fuerces
fuerce
forcemos
forcéis
fuercen

IMPERATIVO

fuerza
forzad

Siguen este modelo:

almorzar
avergonzar
esforzar
reforzar

Tipo 42: *freír*

INDICATIVO

Presente

frío
fríes
fríe
freímos
freís
fríen

Pretérito perfecto simple

freí
freíste
frió
freímos
freísteis
frieron

SUBJUNTIVO

Presente

fría
frías
fría
friamos
friáis
fríen

Pretérito imperfecto

friera (-ese)
frieras (-eses)
friera (-ese)
friéramos (-ésemos)
frierais (-eseis)
frieran (-esen)

Futuro imperfecto

friere
frieres
friere
friéremos
friereis
frieren

IMPERATIVO

fríe
freíd

GERUNDIO

friendo

PARTICIPIO

freído /frito

Siguen este modelo:

refreír
sofreír

Tipo 43: *haber*

INDICATIVO

Presente

he
has
ha
hemos
habéis
han

Pretérito perfecto simple

hube
hubiste
hubo
hubimos
hubisteis
hubieron

Futuro imperfecto

habré
habrás
habrá
habremos
habréis
habrán

Condicional simple

habría
habrías
habría
habríamos
habríais
habrían

SUBJUNTIVO

Presente

haya
hayas
haya
hayamos
hayáis
hayan

Pretérito imperfecto

hubiera (-ese)
hubieras (-eses)
hubiera (-ese)
hubiéramos (-ésemos)
hubierais (-eseis)
hubieran (-esen)

Futuro imperfecto

hubiere
hubieres
hubiere
hubiéremos
hubiereis
hubieren

Tipo 44: *hacer*

INDICATIVO

Presente

hago
haces
hace
hacemos
hacéis
hacen

Pretérito perfecto simple

hice
hiciste
hizo
hicimos
hicisteis
hicieron

Futuro imperfecto

haré
harás
hará
haremos
haréis
harán

Condicional simple

haría
harías
haría
haríamos
haríais
harían

SUBJUNTIVO

Presente

haga
hagas
haga
hagamos
hagáis
hagan

Pretérito imperfecto

hiciera (-ese)
hicieras (-eses)
hiciera (-ese)
hiciéramos (-ésemos)
hicierais (-eseis)
hicieran (-esen)

Futuro imperfecto

hiciere
hicieres
hiciere
hiciéremos
hiciereis
hicieren

IMPERATIVO

haz
haced

PARTICIPIO

hecho

Siguen este modelo:

deshacer
rehacer

Tipo 45: *henchir*

INDICATIVO

Presente

hincho
hinches o *hinchas*
hinche o *hincha*
henchimos o *hinchamos*
henchís o *hincháis*
hinchen o *hinchan*

Pretérito perfecto simple

henchí
henchiste
hinchó
henchimos
henchisteis
hinchieron o *hincharon*

SUBJUNTIVO

Presente

hincha
hinchas
hincha
hinchamos
hincháis
hinchan

Pretérito imperfecto

hinchiera (-iese) o *hinchara (-ase)*
hinchieras (-ieses) o *hincharas (-ases)*
hinchiera (-iese) o *hinchara (-ase)*
hinchiéramos (-iésemos) o *hincháramos (-ásemos)*
hinchierais (-ieseis) o *hincharais (-aseis)*
hinchieran (-iesen) o *hincharan (-asen)*

Futuro imperfecto

hinchiere o *hinchare*
hinchieres o *hinchares*
hinchiere o *hinchare*
hinchiéremos o *hincháremos*
hinchiereis o *hinchareis*
hinchieren o *hincharen*

IMPERATIVO

hinche o *hincha*
henchid

GERUNDIO

hinchiendo o *hinchando*

Tipo 46: *huir*

INDICATIVO

Presente

huyo
huyes
huye
huimos
huís
huyen

Pretérito perfecto simple

huí
huiste
huyó
huimos
huisteis
huyeron

SUBJUNTIVO

Presente

huya
huyas
huya
huyamos
huyáis
huyan

Pretérito imperfecto

huyera (-ese)
huyeras (-eses)
huyera (-ese)
huyéramos (-ésemos)
huyerais (-eseis)
huyeran (-esen)

Futuro imperfecto

huyere
huyeres
huyere
huyéremos
huyereis
huyeren

IMPERATIVO

huye
huid

GERUNDIO

huyendo

Siguen este modelo:

afluir
argüir
atribuir
circuir
concluir
confluir
constituir
construir
contribuir
derruir
destituir
destruir
diluir
disminuir
distribuir
estatuir
excluir
fluir
imbuir
incluir
influir
inmiscuirse
instituir
instruir
intuir
obstruir
ocluir
prostituir
reargüir
recluir
reconstituir
reconstruir
redargüir
redistribuir
refluir
rehuir
restituir
retribuir
sustituir

Tipo 47: *ir*

INDICATIVO

Presente

voy
vas
va
vamos
vais
van

Pretérito imperfecto

iba
ibas
iba
íbamos
ibais
iban

Pretérito perfecto simple

fui
fuiste
fue
fuimos
fuisteis
fueron

SUBJUNTIVO

Presente

vaya
vayas
vaya
vayamos
vayáis
vayan

Pretérito imperfecto

fuera (-ese)
fueras (-eses)
fuera (-ese)
fuéramos (-ésemos)
fuerais (-eseis)
fueran (-esen)

Futuro imperfecto

fuere
fueres
fuere
fuéremos
fuereis
fueren

IMPERATIVO

ve
id

GERUNDIO

yendo

Tipo 48: *jugar*

INDICATIVO

Presente

juego
juegas
juega
jugamos
jugáis
juegan

Pretérito perfecto simple

jugué
jugaste
jugó
jugamos
jugasteis
jugaron

SUBJUNTIVO

Presente

juegue
juegues
juegue
juguemos
juguéis
jueguen

IMPERATIVO

juega
jugad

Tipo 49: *leer*

INDICATIVO

Pretérito perfecto simple

leí
leíste
leyó
leímos
leísteis
leyeron

SUBJUNTIVO

Pretérito imperfecto

leyera (-ese)
leyeras (-eses)
leyera (-ese)
leyéramos (-ésemos)
leyerais (-eseis)
leyeran (-esen)

Futuro imperfecto

leyere
leyeres
leyere
leyéremos
leyereis
leyeren

GERUNDIO

leyendo

Siguen este modelo:

creer
releer
poseer
sobreseer

Tipo 50: *lucir*

INDICATIVO

Presente

luzco
luces
luce
lucimos
lucís
lucen

SUBJUNTIVO

Presente

luzca
luzcas
luzca
luzcamos
luzcáis
luzcan

Siguen este modelo:

deslucir
enlucir
relucir
translucir
traslucir

Tipo 51: *morir*

INDICATIVO

Presente

muero
mueres
muere
morimos
morís
mueren

Pretérito perfecto simple

morí
moriste
murió
morimos
moristeis
murieron

SUBJUNTIVO

Presente

muera
mueras
muera
muramos
muráis
mueran

Pretérito imperfecto

muriera (-ese)
murieras (-eses)
muriera (-ese)
muriéramos (-ésemos)
murierais (-eseis)
murieran (-esen)

Futuro imperfecto

muriere
murieres
muriere
muriéremos
muriereis
murieren

IMPERATIVO

muere
morid

GERUNDIO

muriendo

PARTICIPIO

muerto

Tipo 52: *mover*

INDICATIVO

Presente

muevo
mueves
mueve
movemos
movéis
mueven

SUBJUNTIVO

Presente

mueva
muevas
mueva
movamos
mováis
muevan

IMPERATIVO

mueve
moved

Siguen este modelo:

condolerse
conmover
demoler
doler
llover
moler
morder
promover
remoler
remorder
remover

Tipo 53: *mullir*

INDICATIVO

Pretérito
perfecto simple

mullí
mulliste
mulló
mullimos
mullisteis
mulleron

SUBJUNTIVO

Pretérito
imperfecto

mullera (-ese)
mulleras (-eses)
mullera (-ese)
mulléramos (-ésemos)
mullerais (-eseis)
mulleran (-esen)

Futuro
imperfecto

mullere
mulleres
mullere
mulléremos
mullereis
mulleren

GERUNDIO

mullendo

Siguen este modelo:

bruñir
bullir
engullir
escabullirse
gañir
gruñir
muñir
rebullir
tullir
zambullir

Tipo 54: *oír*

INDICATIVO

Presente

oigo
oyes
oye
oímos
oís
oyen

Pretérito
perfecto simple

oí
oíste
oyó
oímos
oísteis
oyeron

SUBJUNTIVO

Presente

oiga
oigas
oiga
oigamos
oigáis
oigan

Pretérito
imperfecto

oyera (-ese)
oyeras (-eses)
oyera (-ese)
oyéramos (-ésemos)
oyerais (-eseis)
oyeran (-esen)

Futuro
imperfecto

oyere
oyeres
oyere
oyéremos
oyereis
oyeren

IMPERATIVO

oye
oíd

GERUNDIO

oyendo

Siguen este modelo:

desoír
entreoír

Tipo 55: *oler*

INDICATIVO

Presente

huelo
hueles
huele
olemos
oléis
huelen

SUBJUNTIVO

Presente

huela
huelas
huela
olamos
oláis
huelan

IMPERATIVO

huele
oled

Tipo 56: *pagar*

INDICATIVO

Pretérito
perfecto simple

pagué
pagaste
pagó
pagamos
pagasteis
pagaron

SUBJUNTIVO

Presente

pague
pagues
pague
paguemos
paguéis
paguen

Siguen este modelo:

abnegarse
abogar
aborregarse
abotagarse
abotargarse
abrigar
abrogar
agregar
agringarse
ahogar
alargar
albergar
alegar
aletargar
allegar
amagar
amargar
anegar
añusgarse
apagar
apechugar
apegarse
arengar
arraigar
arremangar
arrepanchigarse
arriesgar
arrogar
arrugar
atosigar
azogar
bogar
bregar
cabalgar
cagar
cargar
castigar
catalogar
centrifugar
changar
chingar
circunnavegar
coaligar
coligar
comulgar
congregar
conjugar
delegar
derogar
derrengar
desabrigar
desahogar
desapegarse
desarraigar
desarrugar
desasosegar
descabalgar
descargar
descomulgar
descuajaringar
descuajeringar
desembargar
desembragar
desfogar

(Continúa)

desligar
desmigar
desnarigar
despegar
desperdigar
desporrondingarse
despulgar
desvirgar
devengar
diptongar
disgregar
divagar
divulgar
doblegar
dragar
drogar
embargar
embragar
embriagar
empalagar
encabalgar
encargar
endilgar
endomingarse
enfangar
enjalbegar
enjuagar
enjugar
entalegar
entregar
envegarse
erogar
espigar
espulgar
estomagar
estragar
estregar
excomulgar
expurgar
fatigar
fisgar
fugarse
fumigar
fustigar
halagar
homologar
hostigar
hurgar
indagar
instigar
interrogar
intrigar
investigar
irrigar
irrogar
jeringar
juzgar
largar
legar
ligar
litigar
llagar
llegar
madrugar
mangar
mendigar
merengar
migar
mitigar
monologar
naufragar
navegar
obligar
otorgar
pegar
pingar
plagar
postergar
prejuzgar
pringar
prodigar
prologar
prolongar
promulgar
propagar
prorrogar
purgar
rasgar
recargar
relegar
rehogar
remangar
repanchigarse
repanchingarse
repantigarse
repantingarse
replegar
respingar
restregar
rezagarse
rezongar
segregar
sesgar
sirgar
sobrecargar
sojuzgar
sosegar
subdelegar
subrogar
subyugar
sufragar
tangar
trafagar
tragar
vagar
vengar

Tipo 57: *pedir*

INDICATIVO

Presente

pido
pides
pide
pedimos
pedís
piden

Pretérito perfecto simple

pedí
pediste
pidió
pedimos
pedisteis
pidieron

SUBJUNTIVO

Presente

pida
pidas
pida
pidamos
pidáis
pidan

Pretérito imperfecto

pidiera (-ese)
pidieras (-eses)
pidiera (-ese)
pidiéramos (-ésemos)
pidierais (-eseis)
pidieran (-esen)

Futuro imperfecto

pidiere
pidieres
pidiere
pidiéremos
pidiereis
pidieren

IMPERATIVO

pide
pedid

GERUNDIO

pidiendo

Siguen este modelo:

comedirse
competir
concebir
derretir
despedir
desvestir
embestir
expedir
gemir
impedir
investir
medir
reexpedir
rendir
repetir
revestir
servir
travestir
vestir

Tipo 58: *pensar*

INDICATIVO

Presente

pienso
piensas
piensa
pensamos
pensáis
piensan

SUBJUNTIVO

Presente

piense
pienses
piense
pensemos
penséis
piensen

IMPERATIVO

piensa
pensad

Siguen este modelo:

acertar
acrecentar
alentar
apacentar
apretar
arrendar
asentar
aserrar
atravesar
aventar
calentar
cerrar
confesar
denegar
desalentar
desapretar
desarrendar
desconcertar
desempedrar
desenterrar
desgobernar
deshelar
desmembrar
despertar
desplegar
desterrar
empedrar
encerrar
encomendar
enmendar
ensangrentar
enterrar
entrecerrar
escarmentar
gobernar
helar
herrar
mentar
nevar
perniquebrar
quebrar
recalentar
recomendar
repensar
requebrar
resembrar
resquebrar
retemblar
reventar
sembrar
sentar
serrar
subarrendar
temblar
tentar

Tipo 59: *poder*

INDICATIVO

Presente

puedo
puedes
puede
podemos
podéis
pueden

Pretérito perfecto simple

pude
pudiste
pudo
pudimos
pudisteis
pudieron

Futuro imperfecto

podré
podrás
podrá
podremos
podréis
podrán

Condicional simple

podría
podrías
podría
podríamos
podríais
podrían

SUBJUNTIVO

Presente

pueda
puedas
pueda
podamos
podáis
puedan

Pretérito imperfecto

pudiera (-ese)
pudieras (-eses)
pudiera (-ese)
pudiéramos (-ésemos)
pudierais (-eseis)
pudieran (-esen)

Futuro imperfecto

pudiere
pudieres
pudiere
pudiéremos
pudiereis
pudieren

IMPERATIVO

puede
poded

GERUNDIO

pudiendo

Tipo 60: *poner*

INDICATIVO

Presente

pongo
pones
pone
ponemos
ponéis
ponen

Pretérito perfecto simple

puse
pusiste
puso
pusimos
pusisteis
pusieron

Futuro imperfecto

pondré
pondrás
pondrá
pondremos
pondréis
pondrán

Condicional simple

pondría
pondrías
pondría
pondríamos
pondríais
pondrían

SUBJUNTIVO

Presente

ponga
pongas
ponga
pongamos
pongáis
pongan

Pretérito imperfecto

pusiera (-ese)
pusieras (-eses)
pusiera (-ese)
pusiéramos (-ésemos)
pusierais (-eseis)
pusieran (-esen)

Futuro imperfecto

pusiere
pusieres
pusiere
pusiéremos
pusiereis
pusieren

IMPERATIVO

pon
poned

PARTICIPIO

puesto

Siguen este modelo:

anteponer
componer
contraponer
deponer
descomponer
disponer
exponer
imponer
indisponer
interponer
oponer
posponer
predisponer
presuponer
proponer
recomponer
reponer
sobreponer
superponer
suponer
transponer
trasponer
yuxtaponer

Tipo 61: *predecir*

INDICATIVO

Presente

predigo
predices
predice
predecimos
predecís
predicen

Pretérito perfecto simple

predije
predijiste
predijo
predijimos
predijisteis
predijeron

SUBJUNTIVO

Presente

prediga
predigas
prediga
predigamos
predigáis
predigan

Pretérito imperfecto

predijera (-ese)
predijeras (-eses)
predijera (-ese)
predijéramos (-ésemos)
predijerais (-eseis)
predijeran (-esen)

IMPERATIVO

predice
predecid

GERUNDIO

prediciendo

PARTICIPIO

predicho

Tipo 62: *prohibir*

INDICATIVO

Presente

prohíbo
prohíbes
prohíbe
prohibimos
prohibís
prohíben

SUBJUNTIVO

Presente

prohíba
prohíbas
prohíba
prohibamos
prohibáis
prohíban

IMPERATIVO

prohíbe
prohibid

Sigue este modelo:

cohibir

Tipo 63: *querer*

INDICATIVO

Presente

quiero
quieres
quiere
queremos
queréis
quieren

Pretérito perfecto simple

quise
quisiste
quiso
quisimos
quisisteis
quisieron

Futuro imperfecto

querré
querrás
querrá
querremos
querréis
querrán

Condicional simple

querría
querrías
querría
querríamos
querríais
querrían

SUBJUNTIVO

Presente

quiera
quieras
quiera
queramos
queráis
quieran

Pretérito imperfecto

quisiera (-ese)
quisieras (-eses)
quisiera (-ese)
quisiéramos (-ésemos)
quisierais (-eseis)
quisieran (-esen)

Futuro imperfecto

quisiere
quisieres
quisiere
quisiéremos
quisiereis
quisieren

IMPERATIVO

quiere
quered

Tipo 64: *raer*

INDICATIVO

Presente

raigo o *rayo*
raes
rae
raemos
raéis
raen

Pretérito perfecto simple

raí
raíste
rayó
raímos
raísteis
rayeron

SUBJUNTIVO

Presente

raiga o *raya*
raigas o *rayas*
raiga o *raya*
raigamos o *rayamos*
raigáis o *rayáis*
raigan o *rayan*

Pretérito imperfecto

rayera (-ese)
rayeras (-eses)
rayera (-ese)
rayéramos (-ésemos)
rayerais (-eseis)
rayeran (-esen)

Futuro imperfecto

rayere
rayeres
rayere
rayéremos
rayereis
rayeren

GERUNDIO

rayendo

Tipo 65: *regar*

INDICATIVO

Presente

riego
riegas
riega
regamos
regáis
riegan

Pretérito perfecto simple

regué
regaste
regó
regamos
regasteis
regaron

SUBJUNTIVO

Presente

riegue
riegues
riegue
reguemos
reguéis
rieguen

IMPERATIVO

riega
regad

Siguen este modelo:

cegar
fregar
negar
plegar
refregar
renegar
segar
trasegar

Tipo 66: *regir*

INDICATIVO

Presente

rijo
riges
rige
regimos
regís
rigen

Pretérito perfecto simple

regí
registe
rigió
regimos
registeis
rigieron

SUBJUNTIVO

Presente

rija
rijas
rija
rijamos
rijáis
rijan

Pretérito imperfecto

rigiera (-ese)
rigieras (-eses)
rigiera (-ese)
rigiéramos (-ésemos)
rigierais (-eseis)
rigieran (-esen)

Futuro imperfecto

rigiere
rigieres
rigiere
rigiéremos
rigiereis
rigieren

IMPERATIVO

rige
regid

GERUNDIO

rigiendo

Siguen este modelo:

colegir
corregir
elegir
reelegir

Tipo 67: *reír*

INDICATIVO

Presente

río
ríes
ríe
reímos
reís
ríen

Pretérito perfecto simple

reí
reíste
rió
reímos
reísteis
rieron

SUBJUNTIVO

Presente

ría
rías
ría
riamos
riáis
rían

Pretérito imperfecto

riera (-ese)
rieras (-eses)
riera (-ese)
riéramos (-ésemos)
rierais (-eseis)
rieran (-esen)

Futuro imperfecto

riere
rieres
riere
riéremos
riereis
rieren

IMPERATIVO

ríe
reíd

GERUNDIO

riendo

Siguen este modelo:

desleír
engreír
sonreír

Tipo 68: *reunir*

INDICATIVO

Presente

reúno
reúnes
reúne
reunimos
reunís
reúnen

SUBJUNTIVO

Presente

reúna
reúnas
reúna
reunamos
reunáis
reúnan

IMPERATIVO

reúne
reunid

Tipo 69: *roer*

INDICATIVO

Presente

roo, o *roigo o royo*
roes
roe
roemos
roéis
roen

Pretérito perfecto simple

roí
roíste
royó
roímos
roísteis
royeron

SUBJUNTIVO

Presente

roa, o *roiga* o *roya*
roas, o *roigas* o *royas*
roa, o *roiga* o *roya*
roamos, o *roigamos* o *royamos*
roáis, o *roigáis* o *royáis*
roan, o *roigan* o *royan*

Pretérito imperfecto

royera (-ese)
royeras (-eses)
royera (-ese)
royéramos (-ésemos)
royerais (-eseis)
royeran (-esen)

Futuro imperfecto

royere
royeres
royere
royéremos
royereis
royeren

GERUNDIO

royendo

Sigue este modelo:

corroer

Tipo 70: *saber*

INDICATIVO

Presente

sé
sabes
sabe
sabemos
sabéis
saben

Pretérito perfecto simple

supe
supiste
supo
supimos
supisteis
supieron

Futuro imperfecto

sabré
sabrás
sabrá
sabremos
sabréis
sabrán

Condicional simple

sabría
sabrías
sabría
sabríamos
sabríais
sabrían

SUBJUNTIVO

Presente

sepa
sepas
sepa
sepamos
sepáis
sepan

Pretérito imperfecto

supiera (-ese)
supieras (-eses)
supiera (-ese)
supiéramos (-ésemos)
supierais (-eseis)
supieran (-esen)

Futuro imperfecto

supiere
supieres
supiere
supiéremos
supiereis
supieren

Tipo 71: *sacar*

INDICATIVO

Pretérito perfecto simple

saqué
sacaste
sacó
sacamos
sacasteis
sacaron

SUBJUNTIVO

Presente

saque
saques
saque
saquemos
saquéis
saquen

Siguen este modelo:

abanicar
abarcar
abarrancar
abdicar
abocarse
aborrascarse
abroncar
acercar
achacar
achicar
acidificar
acurrucarse
adjudicar
afincar
ahorcar
ahuecar
alambicar
amoscarse
amplificar
apalancar
aparcar
apencar
aplacar
aplicar
apocar
arrancar
arrascar
arriscar
atacar
atascar
atracar
atrancar
autentificar
bancar

(Continúa)

beatificar
becar
bifurcarse
blocar
bonificar
brincar
buscar
caducar
calcar
calcificar
calificar
cascar
centuplicar
cercar
certificar
chamuscar
chancar
chascar
chiscar
chocar
churruscar
ciscar
clarificar
clasificar
claudicar
clocar
codificar
colocar
comiscar
complicar
comunicar
conculcar
confiscar
contraindicar
convocar
cosificar
criticar
crucificar
cuadruplicar
cualificar
cuantificar
damnificar
decalcificar
decodificar
decuplicar
dedicar
defecar
deificar
demarcar
densificar
deprecar
derrocar
desaparcar
desatascar
desatracar
desatrancar
desbancar
desbarrancar
desbocarse
descalcificar
descalificar
descercar
descodificar
descolocar
desconvocar
desecar
desembarcar
desembocar
desempacar
desenfocar
desenroscar
desfalcar
desflecar
deshipotecar
desintoxicar
desmarcar
desmitificar
desmultiplicar
desnucar
despotricar
destacar
desubicarse
diagnosticar
dignificar
discar
disecar
dislocar
diversificar
domesticar
dosificar
dulcificar
duplicar
edificar
educar
ejemplificar
electrificar
embancar
embarcar
embarrancar
embaucar
embelecar
embicar
embocar
emborrascarse
emboscar
embrocar
embroncarse
empacar
empericarse
enamoricarse
enamoriscarse
enancarse
enarcar
encharcar
enfocar
enfoscar
enfrascar
engrescar
enmarcar
enrocar
enroscar
ensacar
entrechocar
entresacar
entroncar
equivocar
erradicar
escenificar
esculcar
esparrancarse
especificar
estacar
estancar
estatificar
estucar
evocar
explicar
fabricar
falsificar
fornicar
fortificar
funcar
fructificar
gasificar
glorificar
gratificar
hincar
hipotecar
hocicar
humidificar
identificar
imbricar
implicar
imprecar
incomunicar
inculcar
indicar
intensificar
intoxicar
intrincar
invocar
justificar
lacar
lenificar
lubricar
lubrificar
macarse
machacar
machucar
magnificar
maleducar
mancar
manducar
marcar
mariscar
mascar
masificar
masticar
medicar
melificar
mercar
metrificar
mistificar
mitificar
mixtificar
modificar
molificar
momificar
mordiscar
mortificar
multiplicar
musicar
nidificar
notificar
obcecar
ofuscar
oliscar
osificarse
pacificar
panificar
pecar
pellizcar
pencar
perjudicar
personificar
pescar
petrificar
picar
placar
planificar
plantificar
plastificar
platicar
pontificar
practicar
predicar
prefabricar
prevaricar
pronosticar
prosificar
provocar
publicar
purificar
quilificar
quimificar
radicar
ramificarse
rarificar
rascar
ratificar
rebrincar
rebuscar
recalcar
recalcificar
rectificar
reduplicar
reedificar
reeducar
reembarcar
refrescar
reivindicar
remarcar
remolcar
repescar
repicar
replicar
resecar

(Continúa)

retocar
retrucar
reubicar
reunificar
revivificar
revocar
revolcar
roncar
roscar
rubricar
rusificar
sacarificar
sacrificar
salificar
salpicar
santificar
saponificar
secar
septuplicar
sextuplicar
significar
simplificar
sindicar
sofisticar
sofocar
solidificar
sonsacar
suberificarse
suplicar
surcar
tabicar
tascar
tecnificar
testificar
tipificar
tocar
tonificar
trabocar
trabucar
traficar
trafulcar
trambucar
trancar
trastocar
tratrocar
trifurcarse
trincar
triplicar
triscar
trompicar
trucar
truncar
ubicar
unificar
vacar
ventiscar
verificar
versificar
viaticar
vindicar
vitrificar
vivificar

Tipo 72: *salir*

INDICATIVO

Presente

salgo
sales
sale
salimos
salís
salen

Futuro imperfecto

saldré
saldrás
saldrá
saldremos
saldréis
saldrán

Condicional simple

saldría
saldrías
saldría
saldríamos
saldríais
saldrían

SUBJUNTIVO

Presente

salga
salgas
salga
salgamos
salgáis
salgan

IMPERATIVO

sal
salid

Sigue este modelo:
sobresalir

Tipo 73: *satisfacer*

INDICATIVO

Presente

satisfago
satisfaces
satisface
satisfacemos
satisfacéis
satisfacen

Pretérito perfecto simple

satisfice
satisficiste
satisfizo
satisficimos
satisficisteis
satisficieron

Futuro imperfecto

satisfaré
satisfarás
satisfará
satisfaremos
satisfaréis
satisfarán

Condicional simple

satisfaría
satisfarías
satisfaría
satisfaríamos
satisfaríais
satisfarían

SUBJUNTIVO

Presente

satisfaga
satisfagas
satisfaga
satisfagamos
satisfagáis
satisfagan

Pretérito imperfecto

satisficiera (-ese)
satisficieras (-eses)
satisficiera (-ese)
satisficiéramos (-ésemos)
satisficierais (-eseis)
satisficieran (-esen)

Futuro imperfecto

satisficiere
satisficieres
satisficiere
satisficiéremos
satisficiereis
satisficieren

IMPERATIVO

satisfaz o *satisface*
satisfaced

PARTICIPIO

satisfecho

Tipo 74: *seguir*

INDICATIVO

Presente

sigo
sigues
sigue
seguimos
seguís
siguen

Pretérito perfecto simple

seguí
seguiste
siguió
seguimos
seguisteis
siguieron

SUBJUNTIVO

Presente

siga
sigas
siga
sigamos
sigáis
sigan

Pretérito imperfecto

siguiera (-ese)
siguieras (-eses)
siguiera (-ese)
siguiéramos (-ésemos)
siguierais (-eseis)
siguieran (-esen)

Futuro imperfecto

siguiere
siguieres
siguiere
siguiéremos
siguiereis
siguieren

IMPERATIVO

sigue
seguid

GERUNDIO

siguiendo

Siguen este modelo:

conseguir
perseguir
proseguir
subseguir

Tipo 75: *sentir*

INDICATIVO

Presente

siento
sientes
siente
sentimos
sentís
sienten

Pretérito perfecto simple

sentí
sentiste
sintió
sentimos
sentisteis
sintieron

SUBJUNTIVO

Presente

sienta
sientas
sienta
sintamos
sintáis
sientan

Pretérito imperfecto

sintiera (-ese)
sintieras (-eses)
sintiera (-ese)
sintiéramos (-ésemos)
sintierais (-eseis)
sintieran (-esen)

Futuro imperfecto

sintiere
sintieres
sintiere
sintiéremos
sintiereis
sintieren

IMPERATIVO

siente
sentid

GERUNDIO

sintiendo

Siguen este modelo:

adherir
advertir
arrepentirse
asentir
circunferir
conferir
consentir
controvertir
convertir
desmentir
diferir
digerir
disentir
divertir
herir
hervir
inferir
ingerir
injerir
interferir
invertir
malherir
mentir
pervertir
preferir
preterir
proferir
referir
reinvertir
requerir
resentirse
revertir
subvertir
sugerir
transferir
trasferir
zaherir

Tipo 76: *ser*

INDICATIVO

Presente

soy
eres
es
somos
sois
son

Pretérito imperfecto

era
eras
era
éramos
erais
eran

Pretérito perfecto simple

fui
fuiste
fue
fuimos
fuisteis
fueron

SUBJUNTIVO

Presente

sea
seas
sea
seamos
seáis
sean

Pretérito imperfecto

fuera (-ese)
fueras (-eses)
fuera (-ese)
fuéramos (-ésemos)
fuerais (-eseis)
fueran (-esen)

Futuro imperfecto

fuere
fueres
fuere
fuéremos
fuereis
fueren

Tipo 77: *soler*

Verbo defectivo. Sólo se conjugan los tiempos presente, pretérito imperfecto, pretérito perfecto simple, pretérito perfecto de indicativo y el presente de subjuntivo, además de las formas no personales.

INDICATIVO

Presente

suelo
sueles
suele
solemos
soléis
suelen

SUBJUNTIVO

Presente

suela
suelas
suela
solamos
soláis
suelan

Tipo 78: *surgir*

INDICATIVO

Presente

surjo
surges
surge
surgimos
surgís
surgen

SUBJUNTIVO

Presente

surja
surjas
surja
surjamos
surjáis
surjan

Siguen este modelo:

afligir
convergir
dirigir
erigir
exigir
fingir
infligir
infringir
mugir
refringir
refulgir
restringir
resurgir
rugir
sumergir
teledirigir
transigir
ungir
urgir

Tipo 79: *tañer*

INDICATIVO

Pretérito perfecto simple

tañí
tañiste
tañó
tañimos
tañisteis
tañeron

SUBJUNTIVO

Pretérito imperfecto

tañera (-ese)
tañeras (-eses)
tañera (-ese)
tañéramos (-ésemos)
tañerais (-eseis)
tañeran (-esen)

Futuro imperfecto

tañere
tañeres
tañere
tañéremos
tañereis
tañeren

GERUNDIO

tañendo

Tipo 80: *tender*

INDICATIVO

Presente

tiendo
tiendes
tiende
tendemos
tendéis
tienden

SUBJUNTIVO

Presente

tienda
tiendas
tienda
tendamos
tendáis
tiendan

IMPERATIVO

tiende
tended

Siguen este modelo:

ascender
atender
cerner
condescender
contender
defender
desatender
descender
desentenderse
distender
encender
entender
extender
heder
hender
malentender
perder
sobreentender
sobrentender
subtender
transcender
trascender
verter

Tipo 81: *tener*

INDICATIVO

Presente

tengo
tienes
tiene
tenemos
tenéis
tienen

Pretérito perfecto simple

tuve
tuviste
tuvo
tuvimos
tuvisteis
tuvieron

Futuro imperfecto

tendré
tendrás
tendrá
tendremos
tendréis
tendrán

Condicional simple

tendría
tendrías
tendría
tendríamos
tendríais
tendrían

SUBJUNTIVO

Presente

tenga
tengas
tenga
tengamos
tengáis
tengan

Pretérito imperfecto

tuviera (-ese)
tuvieras (-eses)
tuviera (-ese)
tuviéramos (-ésemos)
tuvierais (-eseis)
tuvieran (-esen)

Futuro imperfecto

tuviere
tuvieres
tuviere
tuviéremos
tuviereis
tuvieren

IMPERATIVO

ten
tened

Siguen este modelo:

abstenerse
atenerse
contener
detener
entretener
mantener
obtener
retener
sostener

Tipo 82: *teñir*

INDICATIVO

Presente

tiño
tiñes
tiñe
teñimos
teñís
tiñen

Pretérito perfecto simple

teñí
teñiste
tiñó
teñimos
teñisteis
tiñeron

SUBJUNTIVO

Presente

tiña
tiñas
tiña
tiñamos
tiñáis
tiñan

Pretérito imperfecto

tiñera (-ese)
tiñeras (-eses)
tiñera (-ese)
tiñéramos (-ésemos)
tiñerais (-eseis)
tiñeran (-esen)

Futuro imperfecto

tiñere
tiñeres
tiñere
tiñéremos
tiñereis
tiñeren

IMPERATIVO

tiñe
teñid

GERUNDIO

tiñendo

PARTICIPIO

teñido / tinto

Tipo 83: *traer*

INDICATIVO

Presente

traigo
traes
trae
traemos
traéis
traen

Pretérito perfecto simple

traje
trajiste
trajo
trajimos
trajisteis
trajeron

SUBJUNTIVO

Presente

traiga
traigas
traiga
traigamos
traigáis
traigan

Pretérito imperfecto

trajera (-ese)
trajeras (-eses)
trajera (-ese)
trajéramos (-ésemos)
trajerais (-eseis)
trajeran (-esen)

Futuro imperfecto

trajere
trajeres
trajere
trajéremos
trajereis
trajeren

(Continúa)

GERUNDIO

trayendo

Siguen este modelo:

abstraer
atraer
contraer
detraer
distraer
extraer
retraer
retrotraer
sustraer

Tipo 84: *trocar*

INDICATIVO

Presente

trueco
truecas
trueca
trocamos
trocáis
truecan

Pretérito perfecto simple

troqué
trocaste
trocó
trocamos
trocasteis
trocaron

SUBJUNTIVO

Presente

trueque
trueques
trueque
troquemos
troquéis
truequen

IMPERATIVO

trueca
trocad

Siguen este modelo:

emporcar
volcar

Tipo 85: *valer*

INDICATIVO

Presente

valgo
vales
vale
valemos
valéis
valen

Futuro imperfecto

valdré
valdrás
valdrá
valdremos
valdréis
valdrán

Condicional simple

valdría
valdrías
valdría
valdríamos
valdríais
valdrían

SUBJUNTIVO

Presente

valga
valgas
valga
valgamos
valgáis
valgan

Siguen este modelo:

equivaler
prevaler

Tipo 86: *venir*

INDICATIVO

Presente

vengo
vienes
viene
venimos
venís
vienen

Pretérito perfecto simple

vine
viniste
vino
vinimos
vinisteis
vinieron

Futuro imperfecto

vendré
vendrás
vendrá
vendremos
vendréis
vendrán

Condicional simple

vendría
vendrías
vendría
vendríamos
vendríais
vendrían

SUBJUNTIVO

Presente

venga
vengas
venga
vengamos
vengáis
vengan

Pretérito imperfecto

viniera (-ese)
vinieras (-eses)
viniera (-ese)
viniéramos (-ésemos)
vinierais (-eseis)
vinieran (-esen)

Futuro imperfecto

viniere
vinieres
viniere
viniéremos
viniereis
vinieren

IMPERATIVO

ven
venid

GERUNDIO

viniendo

Siguen este modelo:

avenir
contravenir
convenir
desavenir
devenir
intervenir
prevenir
provenir
reconvenir
revenirse
sobrevenir
subvenir

Tipo 87: *ver*

INDICATIVO

Presente

veo
ves
ve
vemos
veis
ven

Pretérito imperfecto

veía
veías
veía
veíamos
veíais
veían

SUBJUNTIVO

Presente

vea
veas
vea
veamos
veáis
vean

Pretérito imperfecto

viera (-ese)
vieras (-eses)
viera (-ese)
viéramos (-ésemos)
vierais (-eseis)
vieran (-esen)

Futuro imperfecto

viere
vieres
viere
viéremos
viereis
vieren

GERUNDIO

viendo

PARTICIPIO

visto

Siguen este modelo:

entrever
prever

Tipo 88: *volver*

INDICATIVO

Presente

vuelvo
vuelves
vuelve
volvemos
volvéis
vuelven

SUBJUNTIVO

Presente

vuelva
vuelvas
vuelva
volvamos
volváis
vuelvan

IMPERATIVO

vuelve
volved

PARTICIPIO

vuelto

Siguen este modelo:

absolver
desenvolver
devolver
disolver
envolver
resolver
revolver

Tipo 89: *yacer*

INDICATIVO

Presente

yazco o *yazgo o yago*
yaces
yace
yacemos
yacéis
yacen

SUBJUNTIVO

Presente

yazca, o *yazga* o *yaga*
yazcas, o *yazgas* o *yagas*
yazca, o *yazga* o *yaga*
yazcamos, o *yazgamos* o *yagamos*
yazcáis, o *yazgáis* o *yagáis*
yazcan, o *yazgan* o *yagan*

IMPERATIVO

yace o *yaz*
yaced

Sigue este modelo:

subyacer

Tipo 90: *zurcir*

INDICATIVO

Presente

zurzo
zurces
zurce
zurcimos
zurcís
zurcen

SUBJUNTIVO

Presente

zurza
zurzas
zurza
zurzamos
zurzáis
zurzan

Siguen este modelo:

desuncir
esparcir
estarcir
fruncir
resarcir
uncir

Tipo 91:

VERBOS QUE SÓLO TIENEN IRREGULAR EL PARTICIPIO

abrir: *abierto*
adscribir: *adscrito*
cincunscribir: *circunscrito*
cubrir: *cubierto*
describir: *descrito*
descubrir: *descubierto*
encubrir: *encubierto*
entreabrir: *entreabierto*
escribir: *escrito*
inscribir: *inscrito*
prescribir: *prescrito*
proscribir: *proscrito*
pudrir: *podrido*
reabrir: *reabierto*
recubrir: *recubierto*
repudrir: *repodrido*
romper: *roto*
suscribir: *suscrito*
transcribir: *transcrito*
trascribir: *trascrito*

Tipo 92:

VERBOS QUE TIENEN DOS PARTICIPIOS

bendecir: *bendecido /bendito* (sólo en construcciones pasivas en subjuntivo)
desproveer: *desproveído / desprovisto*
difundir: *difundido / difuso*
dispersar: *dispersado / disperso*
freír: *freído / frito*
imprimir: *imprimido / impreso*
incurrir: *incurrido / incurso*
maldecir: *maldecido / maldito* (sólo en construcciones pasivas en subjuntivo)
prender: *prendido / preso*
proveer: *proveído / provisto*
radiodifundir: *radiodifundido / radiodifuso*
refreír: *refreído / refrito*
reimprimir: *reimprimido / reimpreso*
sobreimprimir: *sobreimprimido / sobreimpreso*
sofreír: *sofreído / sofrito*
suspender: *suspendido / suspenso*
teñir: *teñido / tinto* (sólo en construcciones absolutas)

ÍNDICE DE VERBOS IRREGULARES

A

B

C

coger: tipo 23
cohibir: tipo 62
colar: tipo 28
colectivizar: tipo 19
colegir: tipo 66
colgar: tipo 24
coligar: tipo 56
colocar: tipo 71
colonizar: tipo 19
comedirse: tipo 57
comenzar: tipo 25
comercializar: tipo 19
comiscar: tipo 71
compadecer: tipo 5
comparecer: tipo 5
compatibilizar: tipo 19
competir: tipo 57
complacer: tipo 5
complicar: tipo 71
componer: tipo 60
comprobar: tipo 28
computadorizar: tipo 19
computarizar: tipo 19
computerizar: tipo 19
comulgar: tipo 56
comunicar: tipo 71
concebir: tipo 57
conceptualizar: tipo 19
conceptuar: tipo 3
concernir: tipo 26
concluir: tipo 46
concordar: tipo 28
conculcar: tipo 71
condescender: tipo 80
condolerse: tipo 52
conducir: tipo 27
conferir: tipo 75
confesar: tipo 58
confiar: tipo 8
confiscar: tipo 71
confluir: tipo 46
confraternizar: tipo 19
congregar: tipo 56
conjugar: tipo 56
conmover: tipo 52
conocer: tipo 5
conseguir: tipo 74
consentir: tipo 75
consolar: tipo 28
constituir: tipo 46
constreñir: tipo 20
construir: tipo 46
contabilizar: tipo 19
contar: tipo 28
contemporizar: tipo 19
contender: tipo 80
contener: tipo 81
continuar: tipo 3
contradecir: tipo 31
contraer: tipo 83
contraindicar: tipo 71
contraponer: tipo 60
contrariar: tipo 8
contravenir: tipo 86
contribuir: tipo 46
controvertir: tipo 75
convalecer: tipo 5
convencer: tipo 29
convenir: tipo 86
converger: tipo 23
convergir: tipo 78
convertir: tipo 75
convocar: tipo 71
corregir: tipo 66
corroer: tipo 69
cosificar: tipo 71
costar: tipo 28
cotizar: tipo 19
crecer: tipo 5
creer: tipo 49
criar: tipo 8
cristalizar: tipo 19
cristianizar: tipo 19
criticar: tipo 71
crucificar: tipo 71
cruzar: tipo 19
cuadruplicar: tipo 71
cualificar: tipo 71
cuantificar: tipo 71
cubrir: tipo 91
culpabilizar: tipo 19
culturizar: tipo 19

D

damnificar: tipo 71
danzar: tipo 19
dar: tipo 30
decaer: tipo 18
decalcificar: tipo 71
decir: tipo 31
decodificar: tipo 71
decrecer: tipo 5
decuplicar: tipo 71
dedicar: tipo 71
deducir: tipo 27
defecar: tipo 71
defender: tipo 80
degollar: tipo 28
deificar: tipo 71
delegar: tipo 56
delinquir: tipo 32
demarcar: tipo 71
democratizar: tipo 19
demoler: tipo 52
demostrar: tipo 28
denegar: tipo 58
denostar: tipo 28
densificar: tipo 71
deponer: tipo 60
deprecar: tipo 71
derogar: tipo 56
derrengar: tipo 56
derretir: tipo 57
derrocar: tipo 71
derruir: tipo 46
desabastecer: tipo 5
desabrigar: tipo 56
desafiar: tipo 8
desagradecer: tipo 5
desaguar: tipo 14
desahogar: tipo 56
desalentar: tipo 58
desalinizar: tipo 19
desamoblar: tipo 28
desamortizar: tipo 19
desandar: tipo 7
desaparcar: tipo 71
desaparecer: tipo 5
desapretar: tipo 58
desaprobar: tipo 28
desarraigar: tipo 56
desarrendar: tipo 58
desarrugar: tipo 56
desasirse: tipo 10
desasosegar: tipo 56
desatascar: tipo 71
desatender: tipo 80
desatracar: tipo 71
desatrancar: tipo 71
desautorizar: tipo 19
desavenir: tipo 86
desbancar: tipo 71
desbarrancar: tipo 71
desbocarse: tipo 71
desbrozar: tipo 19
descabalgar: tipo 56
descabezar: tipo 19
descalcificar: tipo 71
descalificar: tipo 71
descalzar: tipo 19
descapitalizar: tipo 19
descargar: tipo 56
descarriar: tipo 8
descender: tipo 80
descentralizar: tipo 19
desceñir: tipo 20
descercar: tipo 71
descerezar: tipo 19
descodificar: tipo 71
descolgar: tipo 24
descollar: tipo 28
descolocar: tipo 71
descomponer: tipo 60
descomulgar: tipo 56
desconcertar: tipo 58
desconfiar: tipo 8
desconocer: tipo 5
desconsolar: tipo 28
descontar: tipo 28
descontextualizar: tipo 19
desconvocar: tipo 71
descornar: tipo 28
descortezar: tipo 19
describir: tipo 91
descruzar: tipo 19
descuajaringar: tipo 56
descuajeringar: tipo 56
descuartizar: tipo 19
descubrir: tipo 91
desdecir: tipo 31
desdramatizar: tipo 19
desecar: tipo 71
desembarazar: tipo 19
desembarcar: tipo 71
desembargar: tipo 56
desembocar: tipo 71
desembragar: tipo 56
desempacar: tipo 71
desempedrar: tipo 58
desenfocar: tipo 71
desengarzar: tipo 19
desenlazar: tipo 19
desenmohecer: tipo 5
desenroscar: tipo 71
desentenderse: tipo 80
desenterrar: tipo 58
desentorpecer: tipo 5
desentumecer: tipo 5
desenvolver: tipo 88
desenzarzar: tipo 19
desertizar: tipo 19
desesperanzar: tipo 19
desestabilizar: tipo 19
desfalcar: tipo 71
desfallecer: tipo 5
desfavorecer: tipo 5
desflecar: tipo 71
desfogar: tipo 56
desgobernar: tipo 58
desguarnecer: tipo 5
desguazar: tipo 19
deshabituar: tipo 3
deshacer: tipo 44
deshelar: tipo 58
deshipotecar: tipo 71
deshumanizar: tipo 19
desintoxicar: tipo 71
desleír: tipo 67
desliar: tipo 8
desligar: tipo 56
deslizar: tipo 19
deslucir: tipo 50
desmarcar: tipo 71
desmembrar: tipo 58
desmentir: tipo 75
desmenuzar: tipo 19
desmerecer: tipo 5
desmigar: tipo 56
desmilitarizar: tipo 19
desmitificar: tipo 71
desmoralizar: tipo 19
desmovilizar: tipo 19
desmultiplicar: tipo 71
desnacionalizar: tipo 19
desnarigar: tipo 56
desnaturalizar: tipo 19
desnucar: tipo 71
desobedecer: tipo 5
desoír: tipo 54
desolar: tipo 28
desollar: tipo 28
desorganizar: tipo 19
despedazar: tipo 19
despedir: tipo 57
despegar: tipo 56
despenalizar: tipo 19
desperdigar: tipo 56
desperezarse: tipo 19
despersonalizar: tipo 19
despertar: tipo 58
despiezar: tipo 19
despiezar: tipo 19
desplazar: tipo 19
desplegar: tipo 58
despoblar: tipo 28
despolitizar: tipo 19
despopularizar: tipo 19
desporrondingarse: tipo 56
despotricar: tipo 71
desproteger: tipo 23
desproveer: tipos 33 y 92
despulgar: tipo 56
desratizar: tipo 19
destacar: tipo 71
desteñir: tipo 20
desterrar: tipo 58
destituir: tipo 46
destorcerse: tipo 21
destrozar: tipo 19
destruir: tipo 46
desubicarse: tipo 71
desuncir: tipo 90
desvalorizar: tipo 19
desvanecer: tipo 5
desvariar: tipo 8
desvestir: tipo 57
desviar: tipo 8

desvirgar: tipo 56
desvirtuar: tipo 3
detener: tipo 81
detraer: tipo 83
devaluar: tipo 3
devengar: tipo 56
devenir: tipo 86
devolver: tipo 88
diagnosticar: tipo 71
diferir: tipo 75
difundir: tipo 92
digerir: tipo 75
digitalizar: tipo 19
dignificar: tipo 71
diluir: tipo 46
dinamizar: tipo 19
diptongar: tipo 56
dirigir: tipo 78
discar: tipo 71
discernir: tipo 34
discordar: tipo 28
disecar: tipo 71
disentir: tipo 75
disfrazar: tipo 19
disgregar: tipo 56
dislocar: tipo 71
disminuir: tipo 46
disolver: tipo 88
disonar: tipo 28
dispensar: tipo 92
disponer: tipo 60
distender: tipo 80
distinguir: tipo 35
distraer: tipo 83
distribuir: tipo 46
divagar: tipo 56
diversificar: tipo 71
divertir: tipo 75
divinizar: tipo 19
divulgar: tipo 56
doblegar: tipo 56
dogmatizar: tipo 19
doler: tipo 52
domesticar: tipo 71
dormir: tipo 36
dosificar: tipo 71
dragar: tipo 56
dramatizar: tipo 19
drogar: tipo 56
dulcificar: tipo 71
duplicar: tipo 71

E

economizar: tipo 19
edificar: tipo 71
editorializar: tipo 19
educar: tipo 71
efectuar: tipo 3
ejemplarizar: tipo 19
ejemplificar: tipo 71
ejercer: tipo 29
electrificar: tipo 71
electrizar: tipo 19
electrolizar: tipo 19
elegir: tipo 66
embancar: tipo 71
embarazar: tipo 19
embarcar: tipo 71
embargar: tipo 56
embarrancar: tipo 71
embastecer: tipo 5
embaucar: tipo 71
embaular: tipo 13. Se usa también la conjugación regular.
embebecerse: tipo 5
embelecar: tipo 71
embellecer: tipo 5
embestir: tipo 57
embicar: tipo 71
emblandecer: tipo 5
emblanquecer: tipo 5
embocar: tipo 71
emborrascarse: tipo 71
emboscar: tipo 71
embozar: tipo 19
embragar: tipo 56
embravecer: tipo 5
embrazar: tipo 19
embriagar: tipo 56
embrocar: tipo 71
embroncarse: tipo 71
embrutecer: tipo 5
emerger: tipo 23
empacar: tipo 71
empalagar: tipo 56
empalidecer: tipo 5
empapuzar: tipo 19
empecer: tipo 5
empedrar: tipo 58
empequeñecer: tipo 5
empericarse: tipo 71
empezar: tipo 25
emplastecer: tipo 5
emplazar: tipo 19
emplumecer: tipo 5
empobrecer: tipo 5
emporcar: tipo 84
empozarse: tipo 19
emputecer: tipo 5
enaltecer: tipo 5
enamoricarse: tipo 71
enamoriscarse: tipo 71
enancarse: tipo 71
enarcar: tipo 71
enardecer: tipo 5
encabalgar: tipo 56
encabezar: tipo 19
encallecer: tipo 5
encanecer: tipo 5
encarecer: tipo 5
encargar: tipo 56
encarnecer: tipo 5
encarnizar: tipo 19
encauzar: tipo 19
enceguecer: tipo 5
encender: tipo 80
encerrar: tipo 58
encoger: tipo 23
encolerizar: tipo 19
encomendar: tipo 58
encontrar: tipo 28
encordar: tipo 28
encubrir: tipo 91
encharcar: tipo 71
endentecer: tipo 5
enderezar: tipo 19
endilgar: tipo 56
endomingarse: tipo 56
endulzar: tipo 19
endurecer: tipo 5
enfangar: tipo 56
enfatizar: tipo 19
enfervorizar: tipo 19
enflaquecer: tipo 5
enfocar: tipo 71
enfoscar: tipo 71
enfrascar: tipo 71
enfriar: tipo 8
enfurecer: tipo 5
engarzar: tipo 19
engrandecer: tipo 5
engreír: tipo 67
engrescar: tipo 71
engullir: tipo 53
enjaezar: tipo 19
enjalbegar: tipo 56
enjuagar: tipo 56
enjugar: tipo 56
enlazar: tipo 19
enlobreguecer: tipo 5
enloquecer: tipo 5
enlozar: tipo 19
enlucir: tipo 50
enmarcar: tipo 71
enmendar: tipo 58
enmohecer: tipo 5
enmudecer: tipo 5
enmugrecer: tipo 5
ennegrecer: tipo 5
ennoblecer: tipo 5
enorgullecer: tipo 5
enraizar: tipo 37
enrarecer: tipo 5
enriquecer: tipo 5
enrocar: tipo 71
enrojecer: tipo 5
enronquecer: tipo 5
enroscar: tipo 71
ensacar: tipo 71
ensalzar: tipo 19
ensangrentar: tipo 58
ensoberbecer: tipo 5
ensombrecer: tipo 5
ensoñar: tipo 28
ensordecer: tipo 5
entalegar: tipo 56
entallecer: tipo 5
entender: tipo 80
entenebrecer: tipo 5
enternecer: tipo 5
enterrar: tipo 58
entontecer: tipo 5
entorpecer: tipo 5
entreabrir: tipo 91
entrecerrar: tipo 58
entrecruzar: tipo 19
entrechocar: tipo 71
entregar: tipo 56
entrelazar: tipo 19
entreoír: tipo 54
entresacar: tipo 71
entretener: tipo 81
entrever: tipo 87
entristecer: tipo 5
entroncar: tipo 71
entronizar: tipo 19
entumecer: tipo 5
envanecer: tipo 5
envegarse: tipo 56
envejecer: tipo 5
enviar: tipo 8
envilecer: tipo 5
envolver: tipo 88
enzarzar: tipo 19
equivaler: tipo 85
equivocar: tipo 71
ergotizar: tipo 19
erguir: tipo 38
erigir: tipo 78
erizar: tipo 19
erogar: tipo 56
erotizar: tipo 19
erradicar: tipo 71
errar: tipo 39
esbozar: tipo 19
escabullirse: tipo 53
escandalizar: tipo 19
escarmentar: tipo 58
escarnecer: tipo 5
escenificar: tipo 71
esclarecer: tipo 5
esclavizar: tipo 19
escocer: tipo 21
escoger: tipo 23
escolarizar: tipo 19
escornar: tipo 28
escorzar: tipo 19
escribir: tipo 91
esculcar: tipo 71
esforzar: tipo 41
esgrafiar: tipo 8. Se usa también la conjugación regular.
españolizar: tipo 19
esparcir: tipo 90
esparrancarse: tipo 71
especializar: tipo 19
especificar: tipo 71
esperanzar: tipo 19
espiar: tipo 8
espigar: tipo 56
espulgar: tipo 56
espurriar: tipo 8. Se usa también la conjugación regular.
esquematizar: tipo 19
estabilizar: tipo 19
establecer: tipo 5
estacar: tipo 71
estancar: tipo 71
estandarizar: tipo 19
estar: tipo 40
estarcir: tipo 90
estatalizar: tipo 19
estatificar: tipo 71
estatizar: tipo 19
estatuir: tipo 46
esterilizar: tipo 19
estigmatizar: tipo 19
estilizar: tipo 19
estomagar: tipo 56
estragar: tipo 56
estregar: tipo 56
estremecer: tipo 5
estreñir: tipo 20
estucar: tipo 71
eternizar: tipo 19
evacuar: tipo 3. Se usa también la conjugación regular.
evaluar: tipo 3
evangelizar: tipo 19
evocar: tipo 71
exceptuar: tipo 3
excluir: tipo 46
excomulgar: tipo 56
exigir: tipo 78
exorcizar: tipo 19
expatriar: tipo 8. Se usa también la conjugación regular.
expedir: tipo 57
expiar: tipo 8
explicar: tipo 71
exponer: tipo 60
expurgar: tipo 56
extasiar: tipo 8
extender: tipo 80
extenuar: tipo 3
exteriorizar: tipo 19
extinguir: tipo 35
extraer: tipo 83
extraviar: tipo 8

F

fabricar: tipo 71
falsificar: tipo 71
fallecer: tipo 5
familiarizar: tipo 19
fatigar: tipo 56
favorecer: tipo 5
fecundizar: tipo 19
fenecer: tipo 5
fertilizar: tipo 19
fiar: tipo 8
finalizar: tipo 19
fingir: tipo 78
fiscalizar: tipo 19
fisgar: tipo 56
flexibilizar: tipo 19
florecer: tipo 5
fluctuar: tipo 3
fluir: tipo 46
formalizar: tipo 19
fornicar: tipo 71
fortalecer: tipo 5
fortificar: tipo 71
forzar: tipo 41
fosforecer: tipo 5
fosilizarse: tipo 19
fotografiar: tipo 8
fraguar: tipo 14
fraternizar: tipo 19
fregar: tipo 65
freír: tipo 42
fructificar: tipo 71
fruncir: tipo 90
fugarse: tipo 56
fumigar: tipo 56
funcar: tipo 71
fustigar: tipo 56

G

galvanizar: tipo 19
gañir: tipo 53
garantizar: tipo 19
gasificar: tipo 71
gemir: tipo 57
generalizar: tipo 19
germanizar: tipo 19
globalizar: tipo 19
gloriarse: tipo 8. Se usa también la conjugación regular.
glorificar: tipo 71
gobernar: tipo 58
gozar: tipo 19
graduar: tipo 3
granizar: tipo 19
gratificar: tipo 71
gruñir: tipo 53
guarecer: tipo 5
guarnecer: tipo 5
guiar: tipo 8

H

haber: tipo 43
habituar: tipo 3
hacer: tipo 44
halagar: tipo 56
hastiar: tipo 8
hechizar: tipo 19
heder: tipo 80
helar: tipo 58
helenizar: tipo 19
henchir: tipo 45
hender: tipo 80
hendir: tipo 34
herborizar: tipo 19
herir: tipo 75
herrar: tipo 58
hervir: tipo 75
higienizar: tipo 19
hincar: tipo 71
hipnotizar: tipo 19
hipotecar: tipo 71
hispanizar: tipo 19
historiar: tipo 8
hocicar: tipo 71
holgar: tipo 28
homogeneizar: tipo 37
homologar: tipo 56
horrorizar: tipo 19
hospitalizar: tipo 19
hostigar: tipo 56
hostilizar: tipo 19
hozar: tipo 19
huir: tipo 46
humanizar: tipo 19
humedecer: tipo 5
humidificar: tipo 71
hurgar: tipo 56

I

idealizar: tipo 19
identificar: tipo 71
imbricar: tipo 71
imbuir: tipo 46
impedir: tipo 57
impermeabilizar: tipo 19
implicar: tipo 71
imponer: tipo 60
imprecar: tipo 71
imprimir: tipo 92
incluir: tipo 46
incomunicar: tipo 71
inculcar: tipo 71
incurrir: tipo 92
indagar: tipo 56
indemnizar: tipo 19
independizar: tipo 19
indicar: tipo 71
indisponer: tipo 60
individualizar: tipo 19
inducir: tipo 27
industrializar: tipo 19
infatuar: tipo 3
inferir: tipo 75
infligir: tipo 78
influir: tipo 46
informatizar: tipo 19
infrautilizar: tipo 19
infringir: tipo 78
ingerir: tipo 75
injerir: tipo 75
inmiscuirse: tipo 46
inmortalizar: tipo 19
inmovilizar: tipo 19
inmunizar: tipo 19
inquirir: tipo 4
inscribir: tipo 91
insinuar: tipo 3
insonorizar: tipo 19
instigar: tipo 56
institucionalizar: tipo 19
instituir: tipo 46
instruir: tipo 46
intensificar: tipo 71
interferir: tipo 75
interiorizar: tipo 19
interponer: tipo 60
interrogar: tipo 56
intervenir: tipo 86
intoxicar: tipo 71
intranquilizar: tipo 19
intrigar: tipo 56
intrincar: tipo 71
introducir: tipo 27
intuir: tipo 46
inutilizar: tipo 19
invertir: tipo 75
investigar: tipo 56
investir: tipo 57
invocar: tipo 71
ionizar: tipo 19
ir: tipo 47
ironizar: tipo 19
irrigar: tipo 56
irrogar: tipo 56
izar: tipo 19

J

jerarquizar: tipo 19
jeringar: tipo 56
jugar: tipo 48
justificar: tipo 71
juzgar: tipo 56

L

labializar: tipo 19
lacar: tipo 71
laicizar: tipo 19
languidecer: tipo 5
lanzar: tipo 19
largar: tipo 56
latinizar: tipo 19
lazar: tipo 19
leer: tipo 49
legalizar: tipo 19
legar: tipo 56
lenificar: tipo 71
lexicalizar: tipo 19
liar: tipo 8
liberalizar: tipo 19
ligar: tipo 56
liofilizar: tipo 19
litigar: tipo 56
llagar: tipo 56
llegar: tipo 56
llover: tipo 52
localizar: tipo 19
lotizar: tipo 19
lubricar: tipo 71
lubrificar: tipo 71
lucir: tipo 50

M

macarse: tipo 71
machacar: tipo 71
machucar: tipo 71
madrugar: tipo 56
magnetizar: tipo 19
magnificar: tipo 71
malcriar: tipo 8
maldecir: tipos 16 y 92
maleducar: tipo 71
malentender: tipo 80
malherir: tipo 75
mancar: tipo 71
manducar: tipo 71
mangar: tipo 56
mantener: tipo 81
marcar: tipo 71
mariscar: tipo 71
martirizar: tipo 19
mascar: tipo 71
masculinizar: tipo 19
masificar: tipo 71
masticar: tipo 71
materializar: tipo 19
maternizar: tipo 19
matizar: tipo 19
mecanizar: tipo 19
mecanografiar: tipo 8
mecer: tipo 29
mediatizar: tipo 19
medicar: tipo 71
medir: tipo 57
melificar: tipo 71
memorizar: tipo 19
mendigar: tipo 56
menguar: tipo 14
menstruar: tipo 3
mentalizar: tipo 19
mentar: tipo 58
mentir: tipo 75
mercantilizar: tipo 19
mercar: tipo 71
merecer: tipo 5
merengar: tipo 56
metabolizar: tipo 19
metalizar: tipo 19
meteorizar: tipo 19
metrificar: tipo 71
migar: tipo 56
militarizar: tipo 19
mimeografiar: tipo 8
mineralizar: tipo 19
miniaturizar: tipo 19
minimizar: tipo 19
mistificar: tipo 71
mitificar: tipo 71
mitigar: tipo 56
mixtificar: tipo 71
modernizar: tipo 19
modificar: tipo 71
moler: tipo 52
molificar: tipo 71
momificar: tipo 71
monetizar: tipo 19
monologar: tipo 56
monopolizar: tipo 19
moralizar: tipo 19
morder: tipo 52
mordiscar: tipo 71
morir: tipo 51
mortificar: tipo 71
mostrar: tipo 28
motorizar: tipo 19
mover: tipo 52
movilizar: tipo 19
mugir: tipo 78
multiplicar: tipo 71
mullir: tipo 53
municipalizar: tipo 19
muñir: tipo 53
musicar: tipo 71

N

nacer: tipo 5
nacionalizar: tipo 19
nasalizar: tipo 19
naturalizar: tipo 19
naufragar: tipo 56
navegar: tipo 56
negar: tipo 65
neutralizar: tipo 19
nevar: tipo 58
nidificar: tipo 71
nominalizar: tipo 19
normalizar: tipo 19
notificar: tipo 71
nuclearizar: tipo 19

O

obcecar: tipo 71
obedecer: tipo 5
obligar: tipo 56
obscurecer: tipo 5
obstaculizar: tipo 19
obstruir: tipo 46
obtener: tipo 81
ocluir: tipo 46
ofrecer: tipo 5
ofuscar: tipo 71
oír: tipo 54
oler: tipo 55
oliscar: tipo 71
oponer: tipo 60
optimizar: tipo 19
organizar: tipo 19
orzar: tipo 19
oscurecer: tipo 5
osificarse: tipo 71
otorgar: tipo 56

P

pacer: tipo 5
pacificar: tipo 71
padecer: tipo 5
paganizar: tipo 19
pagar: tipo 56
palatalizar: tipo 19
paliar: tipo 8
palidecer: tipo 5
panificar: tipo 71
parabolizar: tipo 19
paralizar: tipo 19
parecer: tipo 5
particularizar: tipo 19
pasterizar: tipo 19
pasteurizar: tipo 19
patentizar: tipo 19
pecar: tipo 71
pedir: tipo 57
pegar: tipo 56
pellizcar: tipo 71
penalizar: tipo 19
pencar: tipo 71
pensar: tipo 58
perder: tipo 80
perecer: tipo 5
perjudicar: tipo 71
permanecer: tipo 5
perniquebrar: tipo 58
perpetuar: tipo 3
perseguir: tipo 74
personalizar: tipo 19
personificar: tipo 71
pertenecer: tipo 5
pervertir: tipo 75
pescar: tipo 71
petrificar: tipo 71
piar: tipo 8
picar: tipo 71
pifiar: tipo 8
pingar: tipo 56
placar: tipo 71
placer: tipo 5
plagar: tipo 56
planificar: tipo 71
plantificar: tipo 71
plastificar: tipo 71
platicar: tipo 71
plegar: tipo 65
pluralizar: tipo 19
poblar: tipo 28
poder: tipo 59
poetizar: tipo 19
polarizar: tipo 19
polemizar: tipo 19
polinizar: tipo 19
politizar: tipo 19
poner: tipo 60
pontificar: tipo 71
popularizar: tipo 19
porfiar: tipo 8
pormenorizar: tipo 19
poseer: tipo 49
posponer: tipo 60
postergar: tipo 56
potabilizar: tipo 19
practicar: tipo 71
preceptuar: tipo 3
preconizar: tipo 19
predecir: tipo 61
predicar: tipo 71
predisponer: tipo 60
prefabricar: tipo 71
preferir: tipo 75
prejuzgar: tipo 56
prender: tipo 92
prescribir: tipo 91
presuponer: tipo 60
presurizar: tipo 19
preterir: tipo 75
prevalecer: tipo 5
prevaler: tipo 85
prevaricar: tipo 71
prevenir: tipo 86
prever: tipo 87
pringar: tipo 56
privatizar: tipo 19
probar: tipo 28
problematizar: tipo 19
prodigar: tipo 56
producir: tipo 27
proferir: tipo 75
profesionalizar: tipo 19
profetizar: tipo 19
profundizar: tipo 19
prohibir: tipo 62
prologar: tipo 56
prolongar: tipo 56
promover: tipo 52
promulgar: tipo 56
pronosticar: tipo 71
propagar: tipo 56
proponer: tipo 60
prorrogar: tipo 56
proscribir: tipo 91
proseguir: tipo 74
prosificar: tipo 71
prostituir: tipo 46
protagonizar: tipo 19
proteger: tipo 23
protocolizar: tipo 19
proveer: tipos 33 y 92
provenir: tipo 86
provocar: tipo 71
psicoanalizar: tipo 19
publicar: tipo 71
pudrir: tipo 91
pulverizar: tipo 19
puntualizar: tipo 19
puntuar: tipo 3
punzar: tipo 19
purgar: tipo 56
purificar: tipo 71

Q

quebrar: tipo 58
querer: tipo 63
quilificar: tipo 71
quimificar: tipo 71

R

racionalizar: tipo 19
radicalizar: tipo 19
radicar: tipo 71
radiodifundir: tipo 92
radiografiar: tipo 8
raer: tipo 64
ralentizar: tipo 19
ramificarse: tipo 71
rarificar: tipo 71
rascar: tipo 71
rasgar: tipo 56
ratificar: tipo 71
reabrir: tipo 91
readquirir: tipo 4
reagudizar: tipo 19
realizar: tipo 19
realzar: tipo 19
reaparecer: tipo 5
reargüir: tipo 46
reblandecer: tipo 5
rebozar: tipo 19
rebrincar: tipo 71
rebullir: tipo 53
rebuscar: tipo 71
recaer: tipo 18
recalcar: tipo 71
recalcificar: tipo 71
recalentar: tipo 58
recalzar: tipo 19
recargar: tipo 56
recluir: tipo 46
recocer: tipo 21
recoger: tipo 23
recomendar: tipo 58
recomenzar: tipo 25
recomponer: tipo 60
reconducir: tipo 27
reconocer: tipo 5
reconstituir: tipo 46
reconstruir: tipo 46
recontar: tipo 28
reconvenir: tipo 86
reconvertir: tipo 75
recordar: tipo 28
recostar: tipo 28
recriar: tipo 8
recrudecer: tipo 5
rectificar: tipo 71
recubrir: tipo 91
rechazar: tipo 19
redargüir: tipo 46
redistribuir: tipo 46
redituar: tipo 3
reducir: tipo 27
reduplicar: tipo 71
reedificar: tipo 71
reeducar: tipo 71
reelegir: tipo 66
reembarcar: tipo 71
reemplazar: tipo 19
reencontrar: tipo 28
reexpedir: tipo 57
referir: tipo 75
reflorecer: tipo 5
refluir: tipo 46
reforzar: tipo 41
refregar: tipo 65
refreír: tipos 42 y 92
refrescar: tipo 71
refringir: tipo 78
refulgir: tipo 78
regar: tipo 65
regir: tipo 66
regularizar: tipo 19
rehacer: tipo 44
rehilar: tipo 6
rehogar: tipo 56
rehuir: tipo 46
reimprimir: tipo 92
reinvertir: tipo 75
reír: tipo 67
reivindicar: tipo 71
rejuvenecer: tipo 5
relanzar: tipo 19
relativizar: tipo 19
releer: tipo 49
relegar: tipo 56
relucir: tipo 50
remangar: tipo 56
remarcar: tipo 71
remolcar: tipo 71
remoler: tipo 52
remorder: tipo 52
remover: tipo 52
remozar: tipo 19
remplazar: tipo 19
renacer: tipo 5
rencontrar: tipo 28
rendir: tipo 57
renegar: tipo 65
renovar: tipo 28
rentabilizar: tipo 19
reñir: tipo 20
reorganizar: tipo 19
repanchigarse: tipo 56
repanchingarse: tipo 56
repantigarse: tipo 56
repantingarse: tipo 56
repatriar: tipo 8. Se usa también la conjugación regular.
repensar: tipo 58
repentizar: tipo 19
repescar: tipo 71
repetir: tipo 57
repicar: tipo 71
replegar: tipo 56
replicar: tipo 71
repoblar: tipo 28
reponer: tipo 60
reprivatizar: tipo 19
reprobar: tipo 28
reproducir: tipo 27
repudrir: tipo 91
requebrar: tipo 58
requerir: tipo 75
resarcir: tipo 90
resecar: tipo 71
resembrar: tipo 58
resentirse: tipo 75
resfriar: tipo 8
resolver: tipo 88
resollar: tipo 28
resonar: tipo 28
respingar: tipo 56
resplandecer: tipo 5
responsabilizar: tipo 19
resquebrar: tipo 58
restablecer: tipo 5
restituir: tipo 46

restregar: tipo 56
restringir: tipo 78
resurgir: tipo 78
retazar: tipo 19
retemblar: tipo 58
retener: tipo 81
reteñir: tipo 20
retocar: tipo 71
retorcer: tipo 21
retozar: tipo 19
retraer: tipo 83
retribuir: tipo 46
retrotraer: tipo 83
retrucar: tipo 71
reubicar: tipo 71
reunificar: tipo 71
reunir: tipo 68
revalorizar: tipo 19
revaluar: tipo 3
revenirse: tipo 86
reventar: tipo 58
reverdecer: tipo 5
revertir: tipo 75
revestir: tipo 57
revigorizar: tipo 19
revitalizar: tipo 19
revivificar: tipo 71
revocar: tipo 71
revolcar: tipo 71
revolver: tipo 88
rezagarse: tipo 56
rezar: tipo 19
rezongar: tipo 56
ridiculizar: tipo 19
rivalizar: tipo 19
rizar: tipo 19
robustecer: tipo 5
rociar: tipo 8
rodar: tipo 28
roer: tipo 69
rogar: tipo 24
romanizar: tipo 19
romper: tipo 91
roncar: tipo 71
ronzar: tipo 19
roscar: tipo 71
rozar: tipo 19
ruborizar: tipo 19
rubricar: tipo 71
rugir: tipo 78
rusificar: tipo 71

S

saber: tipo 70
sacar: tipo 71
sacarificar: tipo 71
sacralizar: tipo 19
sacrificar: tipo 71
salificar: tipo 71
salir: tipo 72
salpicar: tipo 71
santificar: tipo 71
santiguar: tipo 14
saponificar: tipo 71
satirizar: tipo 19
satisfacer: tipo 73
secar: tipo 71
sectorizar: tipo 19
secularizar: tipo 19
seducir: tipo 27
segar: tipo 65
segregar: tipo 56
seguir: tipo 74
sembrar: tipo 58
sensibilizar: tipo 19
sentar: tipo 58
sentir: tipo 75
señalizar: tipo 19
septuplicar: tipo 71
ser: tipo 76
serrar: tipo 58
servir: tipo 57
sesgar: tipo 56
sextuplicar: tipo 71
significar: tipo 71
silogizar: tipo 19
simbolizar: tipo 19
simpatizar: tipo 19
simplificar: tipo 71
sincronizar: tipo 19
sindicar: tipo 71
singularizar: tipo 19
sinterizar: tipo 19
sintetizar: tipo 19
sintonizar: tipo 19
sirgar: tipo 56
sistematizar: tipo 19
situar: tipo 3
sobrecargar: tipo 56
sobrecoger: tipo 23
sobreentender: tipo 80
sobrehilar: tipo 6
sobreimprimir: tipo 92
sobrentender: tipo 80
sobreponer: tipo 60
sobresalir: tipo 72
sobreseer: tipo 49
sobrevenir: tipo 86
socializar: tipo 19
sodomizar: tipo 19
sofisticar: tipo 71
sofocar: tipo 71
sofreír: tipos 42 y 92
sojuzgar: tipo 56
solar: tipo 28
solazar: tipo 19
soldar: tipo 28
solemnizar: tipo 19
soler: tipo 77
solidarizar: tipo 19
solidificar: tipo 71
soltar: tipo 28
sollozar: tipo 19
somatizar: tipo 19
sonar: tipo 28
sonorizar: tipo 19
sonreír: tipo 67
sonsacar: tipo 71
soñar: tipo 28
sosegar: tipo 56
sostener: tipo 81
sovietizar: tipo 19
suavizar: tipo 19
subarrendar: tipo 58
subdelegar: tipo 56
subdistinguir: tipo 35
suberificarse: tipo 71
sublimizar: tipo 19
subrogar: tipo 56
subseguir: tipo 74
subtender: tipo 80
subvenir: tipo 86
subvertir: tipo 75
subyacer: tipo 89
subyugar: tipo 56
sufragar: tipo 56
sugerir: tipo 75
sumergir: tipo 78
superponer: tipo 60
suplicar: tipo 71
suponer: tipo 60
surcar: tipo 71
surgir: tipo 78
suscribir: tipo 91
suspender: tipo 92
sustituir: tipo 46
sustraer: tipo 83
sutilizar: tipo 19

T

tabicar: tipo 71
tallecer: tipo 5
tamizar: tipo 19
tangar: tipo 56
tañer: tipo 79
tapizar: tipo 19
tascar: tipo 71
tatuar: tipo 3
tazar: tipo 19
teatralizar: tipo 19
tecnificar: tipo 71
teledirigir: tipo 78
telegrafiar: tipo 8
temblar: tipo 58
temporizar: tipo 19
tender: tipo 80
tener: tipo 81
tentar: tipo 58
teñir: tipos 82 y 92
teologizar: tipo 19
teorizar: tipo 19
testificar: tipo 71
texturizar: tipo 19
timpanizarse: tipo 19
tipificar: tipo 71
tiranizar: tipo 19
tocar: tipo 71
tonificar: tipo 71
torcer: tipo 21
tostar: tipo 28
totalizar: tipo 19
trabocar: tipo 71
trabucar: tipo 71
traducir: tipo 27
traer: tipo 83
trafagar: tipo 56
traficar: tipo 71
trafulcar: tipo 71
tragar: tipo 56
trambucar: tipo 71
trancar: tipo 71
tranquilizar: tipo 19
transcender: tipo 80
transcribir: tipo 91
transferir: tipo 75
transgredir: tipo 1
transigir: tipo 78
translucir: tipo 50
transponer: tipo 60
trapazar: tipo 19
trascender: tipo 80
trascordarse: tipo 28
trascribir: tipo 91
trasegar: tipo 65
trasferir: tipo 75
trasgredir: tipo 1
traslucir: tipo 50
trasponer: tipo 60
trastocar: tipo 71
tratrocar: tipo 71
traumatizar: tipo 19
travestir: tipo 57
trazar: tipo 19
trenzar: tipo 19
trifurcarse: tipo 71
trincar: tipo 71
triplicar: tipo 71
triscar: tipo 71
trivializar: tipo 19
trocar: tipo 84
trompicar: tipo 71
tronar: tipo 28
tronzar: tipo 19
tropezar: tipo 25
trozar: tipo 19
trucar: tipo 71
truncar: tipo 71
tullir: tipo 53

U

ubicar: tipo 71
uncir: tipo 90
ungir: tipo 78
unificar: tipo 71
uniformizar: tipo 19
universalizar: tipo 19
uperizar: tipo 19
urbanizar: tipo 19
urgir: tipo 78
usufructuar: tipo 3
utilizar: tipo 19

V

vacar: tipo 71
vaciar: tipo 8
vagar: tipo 56
valer: tipo 85
valorizar: tipo 19
valuar: tipo 3
vaporizar: tipo 19
variar: tipo 8
velarizar: tipo 19
vencer: tipo 29
vengar: tipo 56
venir: tipo 86
ventiscar: tipo 71
ver: tipo 87
verdecer: tipo 5
verificar: tipo 71
versificar: tipo 71
verter: tipo 80
vestir: tipo 57
viaticar: tipo 71
vigorizar: tipo 19
vindicar: tipo 71
virilizarse: tipo 19
visibilizar: tipo 19
visualizar: tipo 19
vitalizar: tipo 19
vitrificar: tipo 71
vivificar: tipo 71
vocalizar: tipo 19
volar: tipo 28
volatilizar: tipo 19
volcar: tipo 84
volver: tipo 88
vulcanizar: tipo 19
vulgarizar: tipo 19

Y

yacer: tipo 89
yuxtaponer: tipo 60

Z

zaherir: tipo 75
zambullir: tipo 53
zurcir: tipo 90